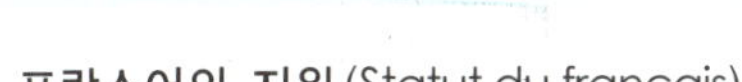

프랑스어의 지위 (Statut du français)

- **불어 사용자**: 1억 8,150만 명　　**- 불어 학습자**: 8,260만 명
- **불어권국제기구** (Organisation internationale de la Francophonie) :
  55개 회원국, 13개 옵서버국 (55 États et gouvernements membres et 13 observateurs)
- **불어사용 국가**
  불어 공용어 국가 : 29개 국가의 32개 정부(32 États et gouvernements membres)
  불어 통용어 국가 : 23개 국가
  불어권국제기구 비참여국 중 불어 통용어 국가 : 알제리, 시리아

자료 : Organisation internationale de la Francophonie

통용어(Langue en partage) 국가

가 나 (Ghana)	루마니아 (Roumanie)	모리타니 (Mauritanie)	세인트루시아 (Sainte-Lucie)	캅베르 (Cap-Vert)
그리스 (Grèce)	레바논 (Liban)	몰다비아 (Moldavie)	안도라 (Andorre)	키프러스 (Chypre)
기네비소 (Guinée Bissau)	마케도니아(Macédoine)	베트남 (Vietnam)	알바니아 (Albanie)	튀니지 (Tunisie)
도미니크 (Dominique)	모로코 (Maroc)	불가리아 (Bulgarie)	이집트 (Égypte)	
라오스 (Laos)	모리스 (Maurice)	상투메 프린시페 (São Tomé et Principe)	캄보디아 (Cambodge)	

NOUVEAU DICTIONNAIRE CORÉEN-FRANÇAIS

새한불사전

한국불어불문학회

SOCIÉTÉ CORÉENNE DE LANGUE ET LITTÉRATURE FRANÇAISES

한국외국어대학교 지식출판원

개정판 서문

지난 2007년 2월, 한국불어불문학회는 학계와 프랑스어 학습자들의 숙원이었던 ≪새한불사전≫을 간행하였다. 본 사전은 학회의 온 역량을 결집하여 만든 노작이라 할 수 있다. 그러나 한 언어의 어휘는 지속적으로 변화하는 대상이어서, 그 모습을 한정된 인쇄공간에 담아내야 하는 사전 또한 출간과 동시에 개정판을 준비해야 하는 숙명을 지니는 창제물이라 할 것이다. 또한 1978년 한국외국어대학교 출판부에서 나왔던 구 한불사전이 간행된 지 29년이라는 세월이 흘러 새 사전의 조속한 간행에 대한 학습자들의 요구가 너무나 드높았기에, 최근의 프랑스어와 한국어의 어휘 변화를 충분히 담아내지 못한 채 ≪새한불사전≫을 출간했다는 판단이 없지 않았다. 이에 학회는 이 같은 아쉬움을 해소하고자 개정판 간행을 결정하기에 이르렀다. ≪새한불사전≫ 출간 이후 학회의 모든 사전을 기획, 간행하고 이를 보다 체계적으로 관리하고자 「사전위원회」를 설치하였으며, 본 개정판은 동 위원회의 첫 번째 사업이 되었다.

본 개정판은 특히 다음과 같은 점에 힘을 쏟았다.

우선 사전 항목의 기술과 대역을 좀 더 체계화하였으며, '몸짱', '문자메시지', '댓글', '악플' 등의 신조어를 최대한 추가하였다. 아울러 오자와 다소 적절하지 않다고 판단되는 대역들을 수정하였다. 또한 조사, 어미, 의존명사 등과 같은 우리말 기능어들에 대해 보다 상세히 기술하고 번역하였다. 이는 특히 프랑스인 한국어 학습자를 배려한 것이다. 예컨대 의존 명사 '수', '줄' 등의 경우에는 보다 상세한 설명과 용례를 제시했다. 또 특히 동사 변화 중 모음조화와 관련이 있는 '어', '아' 계열의 어미에 관해 보다 상세한 설명을 제시했다. 이 부분은 특히 프랑스 리옹 3대학의 이진명 교수의 기여가 컸음을 밝혀둔다.

끝으로 부록에 '한글 맞춤법 통일안'과 '표준어 규정'을 프랑스어 대역과 함께 수록하였다.

한국불어불문학회
사전위원회
2008년 8월 26일

머 리 말

한국불어불문학회는 10년 가까운 시일을 들여 1978년 ≪한불사전≫을 간행하였다. 이 사전은 학회가 여러 난관을 극복하면서 최대한의 역량을 결집시켜 이루어낸 성과로서, 출간 이후 국내외에서 거의 유일한 한 · 불 이개어 사전으로 소중하게 활용되었다. 1990년대에 들어와 이 사전의 미비점들을 보완하면서 그 사이의 한국어나 불어의 변모를 충실히 반영하는 개정판 개발의 필요성이 운위되던 상황에서, 몇몇 원로 교수의 발의와 주도로 한불사전 개편 구상이 구체화되기 시작하였다. 1994년 여름, 한국학술진흥재단으로부터 한 · 불 이개어 사전의 사전학적 기초 연구를 위한 지원비를 받게 되고, 아울러 한국외국어대학교 조규철 교수의 교섭으로 한국외국어대학교 출판부가 재정 지원을 결정하자, 학회 출판관리위원회 산하에 「개정판 한불사전 편찬위원회」(위원장 조규철)가 구성되었다. 당시로서는, 거시구조는 전면적으로 갱신하되, 미시구조 설계와 기술은 부분적으로 수정·보완하는 정도의 개정판을 1999년 후반에 출간하는 것을 목표로 하였다.

「개정판 한불사전 편찬위원회」는 「한국어 사전 작성위원회」와 「한불 대역 집필위원회」로 이원화된 「한불사전 집필위원회」(위원장: 정지영)와 「예비연구소위원회」(위원: 황경자, 홍재성, 전성기)로 구성되었다. 「예비연구소위원회」는 개정판 한불사전 편찬의 바탕이 될 수 있는 이개어 사전학적 원칙과 방법론을 고안하는 연구를 즉시 시작하였고, 「한국어 사전 작성 위원회」는 개정판 사전의 설계와; 이에 따른 거시구조 구축, 미시구조 모형화 등의 첫 단계 작업에 착수하였다. 수정 · 보완의 구체적 범위와 내용을 한정하기 위한 구판의 다각적 분석과 검토, 품사별로 주요 항목의 표본 기술 등을 포함한 예비 연구를 통해 양측 위원회는 ≪한불사전≫의 전면적인 쇄신과 개편이 불가피하다는 결론에 이르러, 학회에서는 개정판이 아닌 완전히 새로운 범용적 중규모 한 · 불 이개어 사전을 개발하는 것으로 최종계획을 확정짓게 되었다. 이로써 「개정판 한불사전 편찬위원회」는 「새한불사전 편찬위원회」가 되었으며, 그 후 10년이 넘는 기간 동안, ≪새한불사전≫을 완성하기 위한 긴 여정이 이어졌다.

「새한불사전 편찬위원회」는 조규철 교수와 원윤수 교수에 이어 정지영 교수가 위원장을 맡아 운영되었다. 거시구조의 구성을 비롯하여 사전텍스트 상에 한국어로 표시되는 모든 정보의 표상을 전담한 「한국어 사전 작성위원회」(책임자: 이병근, 홍재성)는 국어학 전문 인력의 협력을 받으면서 2002년 초까지 두 차례에 걸친 교열을 포함한 모든 작업을 완료하였다. 한 · 불대역 작업에는 전성기 교수의 주관 하에 재한 프랑스인을 포함하여 학회 회원 중심으로 40여명의 전문 인력이 대거 참여하였는데, 한국어 사전 기술 작업의 첫 부분이 완료된 1996년 4월경부터 시작하여 2003년 12월에 마무리가 되었다. 한편, 1차적으로 완성된 대역원고를 대상으로 하여 2001년부터 2006년 11월까지 최종원고의 질적인 완성도를 높일 뿐만 아니라 사전텍스트가 필수적으로 요구하는 형식적/구조적 통일성과 일관성을 최대한 확보하기 위해 모두 5차에 걸쳐 단계별로 다양한 전문적인 교열작업을 진행하였는데, 그 과정에서 재한 프랑스인은 물론 캐나다를 비롯한 해외의 전문가의 참여와 협조도 소중한 기여가 되었다.

이와 같은 새한불사전 편찬 작업은 다음과 같은 점에서 가히 국내에서는 전례가 없던 사전학적 모험의 여정이었다고 할 것이다. 이 사전은 (i) 사전학 · 사전편찬론의 발전과 새로운 사전 편찬 환경의 전개에 주목하면서, 이개어 사전학 연구 성과에 기반하여 기획과 설계를 하였고, (ii) 사전 텍스트의 작성은 불어학자와 국어학자의 공동 작업에 의한 현대 한국어 어휘의 재분석과 최신의 언어학적 어휘기술 자료를 활용한 한 · 불 어휘의 대조분석에 바탕을 두었으며, (iii) 사전편찬 작업의 전 과정, 전 국면에 컴퓨터에 의한 전산 정보처리 기술을 폭넓게 활용하여 구축된 것이다.

여기에 상재하는 ≪새한불사전≫은 수많은 불어불문학회 회원을 비롯한 불어불문학 전공학도 뿐만 아니라, 국어학자와 정보처리 전문가를 포함한 국내외의 많은 전문인력의 동참과 노고의 값진 결실이다. 일일이 거명할 수는 없지만, 이 모든 분들의 참여와 기여에 대해 깊이 감사를 드리는 바이다. 10년 이상 총무간사로 편찬위원회 재무 · 사무 처리를 맡아 본 박시현 교수, 사전 편찬의 마지막 단계에서 필수적인 모든 실무적 · 기술적 마무리 작업을 총괄하여 수행한 박만규 교수, 그리고 대역 · 교열작업에 참여하면서, 여러 해를 관리, 조정, 보완작업을 수행한 Guillaume Jeanmaire 교수의 노고에 각별한 사의를 표한다.

이 사전을 출간하기까지는 필요한 재원을 확보하는 데 많은 어려움이 있었으나, 한국외국어대학교의 두 번에 걸친 재정적 지원이 결정적인 기여를 하였다. 한국외국어대학교 당국의 결단에 감사할 뿐이다. 아울러 편찬 작업이 시작될 수 있었던 단초를 마련해준 한국학술진흥재단의 연구비 지원에 대해서도 감사를 표하고 싶다. 학회의 새한불사전 편찬 기획에 깊은 관심을 갖고 재정의 일부를 담당해 준 주한 프랑스 대사관과 수암장학재단의 호의에도 감사를 표하는 바이다. 새한불사전의 전산적 활용가치를 긍정적으로 평가하고 학회 사전 편찬 활동에 협력 의사를 갖고 있던 <언어과학>의 지원도 도움이 되었음을 지적해 둔다.

한국불어불문학회

새한불사전 편찬위원회

2007년 1월

새한불사전 집필진

1. 예비연구

「**예비연구소위원회**」

황경자, 홍재성, 전성기

2. 한국어 정보 작성

「**한국어 사전 작성위원회**」 위원장 : 이병근, 홍재성

고길수, 김미현, 김원근, 김윤진, 김종명, 김종인, 나윤희, 노윤채, 류희선, 문경훈, 박동호, 박만규, 박진호, 박혜진, 송근영, 신중진, 심재중, 안근종, 윤경희, 이성헌, 이승희, 이하영, 이혜은, 이호영, 임준서, 장수연, 정은진, 정희경, 조형실, 한선혜, 홍명희, 황혜영

3. 한불대조부분집필

「**한 · 불 대역 집필위원회**」 위원장 : 전성기

강이연, 곽노경, 권순제, 권영옥, 김광현, 김보경, 김선이, 김언자, 김정연, 김정희, 김종명, 김현주, 남봉순, 노현희, 박만규, 박숙희, 박시현, 박혜숙, 송정희, 신정아, 오현금, 원윤수, 윤애선, 이근님, 이기언, 이선경, 이성헌, 이수미, 이영훈, 이향, 임정혜, 정영란, 정지영, 조규철, 최미경, 하영동, 한민주, 홍재성, 황경자

Pascal Grotte, Guillaume Jeanmaire, Simon Kim, Jin-Mieung Li, Jacques Raphanel, Cathy Rapin

4. 교열 및 교정

(1) 교열

김명숙, 김미현, 김보경, 김슬기, 김언자, 김윤선, 김종명, 김종인, 김준식, 김준한, 박만규, 박시현, 박한표, 심재중, 심하나, 유기환, 이수미, 이영기, 임성숙, 장유림, 전성기, 조아현, 최정애, 한선혜, 한윤희, 허남경, 홍용철, 황경자

Hélène Benae, Eric Bidet, Albert Chansavang, André Clas, Gabriel Corbière, Marie Faure, Mélina Guedet, Guillaume Jeanmaire, B. Khalid, Simon Kim, Germain Malnoury, François Monget, Christophe Muser, E. Van Tien Nguyen, Frédéric Ojardias, Jérome Pinot, Jacques Raphanel, Cathy Rapin, Fabienne Rivory, Ismaël de Saint-Léger, Marina Schwimmer, Sylvie Thibonnet.

(2) 교정

김보경, 김용현, 김종인, 박만규, 심재중, 조경아, 한선혜, 홍명희

Johann Blondeau, Marie Caisso, Janine Corouge, Aline Depoilly, Séverine Deveau, Martine Durade, Arnaud Duval, Guillaume Jeanmaire, Michaël Joalland, Simon Kim, Xavier Liaudet, Marie-Claude Lory, Loïc Madec, Virgile Mangiavillano, Marie-Pierre Sieffermann, Stéphanie Tomé-Garnier

(3) 전산처리 기술지원

정회선, 송길용, 홍명희

5. 개정판

(1) 교열

권지현, 김준한, 박만규, 박진호, 선영아, 심재중, 이수원, 이진명, 조은미, 최미경, 편혜원, 호정은

Guillaume Jeanmaire, Simon Kim

(2) 교정

박만규, 손정훈, 송근영, 이경수, 정연복, 정예영

새한불사전의 특징

1. 표제어의 규모

본 사전은 현대 한국어의 고빈도 일반 핵심 어휘를 엄선하여 수록했다. 표제어는 주표제어/부표제어/준표제어의 세 범주로 위계화 하였는데, 주표제어는 37,000여개에 이르고 복합어와 '술어명사+기능동사' 결합표현을 포함하여 총 77,000여 표제어를 담고 있다.

2. 사전의 성격 및 특징

2.1. 기본적 성격

본 사전은 기본적으로 범용적 중규모 한불 이개어사전이다. 출발언어를 한국어, 목표언어를 프랑스어로 하는 학습자 사전의 성격을 우선으로 하고, 1차 기능은 한국어 사용자를 위한 프랑스어 산출 정보의 수록 및 활용에 두었으며, 여기에 한국어를 학습하고 한국 연구에 종사하는 프랑스 사용자를 위한 기능을 겸비하도록 배려했다.

한국어 부분 구성과 불어대역을 구분하여 각각의 전문가들이 기술하였다. 한국어 부분은, 이개어 번역사전의 성격을 고려하여, 일반 국어사전과 달리, 한국어의 구문정보 및 어휘결합정보를 풍부히 수록하였으며, 1990년대 이후에 빈번히 사용되기 시작한 상당수의 신어('노래방', '휴대폰', '줄기세포' 등), 외래어('마마보이', '디지털', '인터넷', '채팅' 등)는 물론, 사용빈도가 높은 구어, 속어 등도 상당수 표제어화 하였다.

2.2. 표제어의 배열

본 사전은 표제어의 배열방식에 있어 재배열(regroupement) 방식, 즉 동일한 어기를 공유하는 어휘들을 하나의 주표제어 아래 부표제어로 모아 놓는 방식을 취했다. 예컨대 '촌수'가 '촌(寸)'의 부표제어로 제시되고, '촌스럽다', '촌놈', '촌닭', '촌뜨기', '촌장', '촌티', '촌사람', '대학촌', '빈민촌', '지구촌' 등이 모두 주표제어 '촌(村)' 아래에 통합되어 있다. 이처럼, 찾고자 하는 어휘와 형태적으로나 의미적으로 긴밀한 관계를 맺고 있는 어휘들을 하나의 항목에 모두 통합하여 기술함으로써, 사전 사용자로 하여금 관련된 지식을 한꺼번에 효율적으로 습득할 수 있도록 하였다.

2.3. 용례

본 사전은 불어학습사전으로도 기능할 수 있도록, 용례 구성 시에 불어 대역표현을 염두에 두고, 특히 번역시 통사구조가 변하는 용례를 많이 수록하였다. 불어대역 부분에서는 표현의 등가성(équivalence)과 자연스러움을 최대한 추구하였으며, 특히 한국에 고유한 문화용어들과 상징어(idéophones) 등에 대해서는 체계적 설명을 제시했다.

실용적 용례 10만 개 이상을 수록했으며, 속담을 포함한 관용표현도 2800여 개를 올렸다.

용례 구성 시에는 i) 표제어가 취할 수 있는 보어들을 최대한 제시하였으며, ii) 명사 보어뿐 아니라 절성분 보어도 수록하였다. 예컨대 '억누르다'의 경우 명사 보어가 쓰인 '욕망을[욕구를] ~'뿐 아니라 절성분 보어가 쓰인 '담배를 피우고 싶은 것을 ~'와 같은 용례도 수록하였다. 용례의 형태에 있어서도, 예구뿐 아니라 문장도 많이 수록하였다.

또한 어휘 간 결합관계를 체계적으로 수록한 것은 국내에서 간행되는 이개어 사전에서는 최초의 일이라 평가된다. 예컨대 술어명사 '연락'의 경우, 가장 기본적인 기능동사인 '하다'와 결합하여 '연락을 하다'라는 표현을 구성하되, 이의 변이형인 '주다, 취하다'와도 결합하며, '연락'이 주어 자리에 오면, '연락이 되다/가다/오다/닿다' 등과 같이 쓰이기도 한다. 이처럼 표제어 술어명사에 가능한 모든 기능동사와의 결합표현 11,000 여개를 등재했다. 물론 이 같은 유형 외에도, 표제어와 빈번하게 결합하는 다양한 동사, 형용사들과의 결합표현들을 최대한 수록했다. 역시 '연락'의 예를 들면, '연락을 바라다/유지하다/끊다/단절하다', '연락이 두절되다/뜸하다' 등과 같은 표현들이다.

2.4. 부록사전

본 사전은 한국어 표제어를 가나다 순으로 배열하는 방식으로 구성된 사전에서는 찾아보기 어렵거나, 시류에 따라 빠르게 변하여 별도로 취급하는 것이 더욱 편리한 분야 어휘의 불어대역어를 다음과 같은 다양한 부록으로 수록하여 사용자의 요구를 충족시키고자 하였다.

1. 한글 맞춤법
2. 표준어 규정
3. 한국어 용언의 활용
4. 세계의 지명
5. 대한민국 주요 기관
6. 프랑스 주요 기관
7. 주요 국제 기구
7. 게시·공고문
9. 영어 약어
10. 정보통신 용어

각 부록의 내용을 간략히 설명하면 다음과 같다.

1. 한글 맞춤법

한글 맞춤법을 불어와 한국어로 제시함으로써, 프랑스인 한국어 학습자들에게 그 원칙을 이해하게 하고 한국인이 이를 불어로 소개하거나 설명하고자 할 때 도움이 되도록 함.

2. 표준어 규정

프랑스인 한국어 학습자들에게 그 원칙을 이해하게 하고 한국인이 이를 불어로 소개하거나 설명하고자 할 때 도움이 되게 하고자 한국어의 표준어 규정을 불어와 한국어로 제시함.

3. 한국어 용언의 활용

프랑스인 한국어 학습자들과 한국어를 불어로 소개하거나 설명하려는 한국인을 위해 한국어 용언활용규칙을 한국어와 불어로 제시함.

4. 세계의 지명

세계 각국의 국가명과 그 수도 및 주요 도시명을 불어로 제시하고 아울러 형용사형도 수록함.

5. 대한민국 주요 기관

'감사원', '교육인적자원부', '통계청' 등과 같은 한국의 정부기관과 '교통개발연구원', '한국교육개발원', '한국과학기술연구원' 등의 정부출연연구기관, '대한주택공사', '한국관광공사', '한국전력공사' 등과 같은 정부투자기관, 그리고 '경실련', '참여연대' 등의 비정부기구들의 불어 번역을 수록함.

6. 프랑스 주요 기관

프랑스의 행정부, 입법부, 사법부, 정당 및 기타 주요 기관들의 불어명을 한국어로부터 찾을 수 있도록 함.

7. 주요 국제 기구

'국제노동기구', '국제사법재판소', '세계보건기구' 등 주요 UN 기구들과 그 외의 국제기구들, 즉 '북대서양조약기구', '북미자유무역협정' 등의 불어명을 한국어로부터 찾을 수 있도록 함.

8. 게시·공고문

'관계자 외 출입금지', '금연', '문에 기대지 마시오', '신장개업', '정기세일', '출입금지' 등과 같이 특정한 상황에서 쓰이는 관용표현들로서, 특히 게시되거나 공고되는 표현들을 수록하고 이에 대응되는 불어표현을 제시함.

9. 영어 약어

'AIDS, GNP, DMZ, DNA, APEC, ASEAN, OECD, OPEC' 등과 같이 일상생활에서 주로 영어 약어로 사용되는 표현들을 수록함.

10. 정보통신 용어

'메모리', '프린터', '명령어', '바이트', '브라우저', '서버', '업그레이드', '이모티콘', '정보고속도로', '채팅', '지상파 DMB', 'ADSL' 등, 컴퓨터와 인터넷 및 통신 용어를 수록함.

일러두기

1. 사전 항목 구조

본 사전의 항목구조는 다음과 같다.

항목구조	**예시**
주표제어	추종
한자 어원	追從
품사	명
의미구분	① 뒤를 좇음 ② 판단 없이 믿고 따름
불어 대역	action de suivre *qn*.
용례	¶~ 세력
불어 대역	suiveurs, imitateurs, épigones {*litt*}.
준표제어	◇_(을) **하다**
불어 대역	suivre (les traces de) *qn*; imiter *qn*; être aux ordres de *qn*; (...)
용례	¶많은 젊은이들이 그를 ~하고 있다
불어 대역	Beaucoup de jeunes le suivent [suivent son exemple, suivent ses recommandations, suivent ses conseils. suivent ses préceptes, l'imitent, l'écoutent, sont influencés par lui, subissent son influence].
숙어/속담	***타의 ~을 불허하다**
불어 대역	être sans rival [sans pareil, incomparable, hors pair].
부표제어	◆**_자** -者
품사	명
대역	partisan(*e*), disciple *mf*, secta*teur*(*trice*) {*vx*}.
용례	¶그 분에게는 ~자가 많다
불어 대역	Il a un grand nombre de partisans [de disciples].

2. 표제어의 구조

앞서『사전의 특징』에서 언급한 대로, 본 사전은 형태적으로나 의미적으로 긴밀한 관계를 맺고 있는 어휘들을 하나의 항목에 모두 통합하여 기술하는 재배열(regroupement) 방식을 취하고 있다. 즉, 단일어는 주표제어로 등재하고 복합어는 부표제어로 올리는 것을 기본 원칙으로 삼았다. 그러나 사전 사용자들의 검색 편의성을 고려하여 일부 복합어는 주표제어화 하기도 하였다. 또한 술어명사와 기능동사의 결합표현은 준표제어로 올려 이 유형의 복합표현들을 체계적으로 기술하고자 했다. 예컨대 '사랑하다'와 '사랑을 하다'와 같은 표현들은 주표제어 '사랑' 아래 준표제어로 기술하는 것이다. 숙어와 속담은 별도의 구획에 모아 제시함으로써 쉽게 찾아볼 수 있게 하였다. 이들에 관한 보다 자세한 설명을 다음에 제시한다.

(1) 주표제어

① 올림말

▶ 'ㄱ', 'ㄴ', 'ㄷ'과 같은 자소와 체언, 용언 등의 단일어, 그리고 조사, 어미, 접사 등의 단일형태소는 주표제어로 등재한다.

▶ 복합어 가운데, 자주 쓰이는 것과 합성용언은 주표제어로 등재한다.

보 기 **메어꽂다** 타, **내려다보다** 타, **넘어가다** 자, **타고나다** 자

▶ 접두사를 포함하는 복합어는 가급적 주표제어로 올린다.

보 기 가석방 假釋放, 총망라 總網羅, 초고속 超高速, 피고용자 被雇傭者

▶ 유일활용형의 표현은 활용형을 그대로 주표제어화 한다.

보 기 허튼, 걸핏하면, 덩달아, 더불어, 가로되, 가라사대

그러나 활용형이 둘 이상인 불구용언의 경우에는 기본형을 주표제어로 올린다.

보 기 달다, 대하다, 더없다, 데리다, 말미암다

▶ 오직 하나의 접사 또는 어근과 결합하여 쓰이는 어근은 전체 결합형을 주표제어로 삼는다. 예를 들어, 형용사 '불철저하다'는 어근 '불철저'가 오직 '하다'와만 결합하므로, '불철저'가 아니라 '불철저하다'를 주표제어로 올린다.

보 기 **불철저하다** 不徹底- 형 être imparfait(*e*), incompl*et*(*ète*), défectueu*x*(*se*).

그러나 다른 명사와 어울려 쓰이는 등 다른 형태와도 어울리는 어근은 주표제어화 한다. 예를 들어 '유명', '국제'는 '유명 인사', '유명하다', '국제 기구', '국제적' 등과 같이 쓰이므로 주표제어로 올리고 다른 어근이나 접사와 결합한 형태를 부표제어로 다룬다.

보 기

유명[2] **有名** 어근 ¶~ 작가[인사] ◆**_하다** 형 ◆**_세** -稅 명 ◆**_무실하다** -無實- 형

국제 國際 어근 ¶~ 문제 ◆**_적** -的 명관 ◆**_성** -性 명 ◆**_화** -化 명 ◆**_결혼** -結婚 명

▶ 부정형으로만 쓰이는 용언은 긍정형을 주표제어로 올린다.

보 기 **아랑곳하다** 자타, **거들떠보다** 타, **아무렇다** 형

▶ 고유명사의 등재 : 자주 쓰이는 고유명사들은 주표제어로 등재한다.

보 기

한국의 주요 지명(백두산, 압록강)과 국가명(고구려, 조선), 기타(경복궁)

중국의 역사적 주요 인명(공자, 맹자)과 국가명(청, 당, 진), 서적명(논어, 주역) 등

② 동형표제어

▶ 두 단어 혹은 형태소 사이에 의미 공통 성분이 전혀 없을 때는 두 표제어로 구분하고 각각에 어깨번호를 부여한다.

▶ 동형표제어의 배열 : 동형표제어는 품사별 구분 없이 일련번호를 붙여 '명사, 의존명사, 관형사, 분류사, 조사, 어미, 접미사, 접두사'의 순으로 배열한다.

보 기

수[1] 명 mâle *m*.
수[2] 명 수단, 방법 의명 capacité *f*; possibilité *f*.
수[3] 手 명 【운동】 un coup ((dans le jeu de go)). 분류 ((바둑이나 장기))
수[4] 數 명
수[5] 數 명 fortune *f*, chance *f*, divination *f*.
수[6] 壽 명
수[7] 繡 명
수[8] 秀 명
수[9] 首 분류
-수[10] 手 접미 ((suffixe employé pour désigner certaines professions)).
-수[11] 囚 접미 prisonni*er*(*ère*), détenu(*e*). ¶ 사형~ condamné(*e*) à mort. ¶ 탈옥~ prisonni*er*(*ère*) évadé(*e*).
수-[12] 접두 mâle *m*.
수-[13] 數 접두 plusieurs, de nombreux(*ses*); quelques.

③ 복수 표제어의 표기

▶ 상징어의 음상적 변이형들은 두 표제어를 병기할 수 있다. 이들은 다음과 같이 쉼표로 연결한다.

보 기

고꾸라뜨리다, 꼬꾸라뜨리다 타 culbuter, renverser; faire tomber.

▶ 형태음운론적 변이 관계에 있는 형태소들은 '↔'로 연결한다. 이 때 대표 표제어 하나에 항목 기술을 하고 나머지에는 참조표지를 단다.

보 기

-ㄴ다[3]↔-는다 어미 ((suffixe flexionnel de terminaison phrastique du mode déclaratif ...)).
-는다 어미 ☞ -ㄴ다[3]

(2) 준표제어

① 표지 : 준표제어는 ◇로 표시하고, 표제어가 반복되는 부분은 '_'로 표시한다.

② 올림말

▶ 술어명사와 기능동사가 결합한 복합표현은 준표제어로 올린다. 술어명사는 문장의 의미구성에서 술어 기능(보통 동사와 형용사가 맡는 기능)을 하는 명사를 말하고, 기능동사는 술어명사가 쓰인 문장에서 문법적 서술어로서 기능만을 담당하는 대개 어휘적 의미가 비어있는 동사를 말한다. 기본형 기능동사에는 '하다, 되다, 시키다, 받다, 당하다, 주다, 있다, 없다, 이다' 등이 있다. 이때 조사가 생략될 수 있으면 이를 괄호 안에 넣는다.

보 기

수긍 首肯 명 ◇_(을) 하다 ◇_(이) 되다[가다]
차단 遮斷 명 ◇_(을) 하다[시키다] ◇_(이) 되다 ◇_(을) 당하다

▶ 문법적 의미나 어휘적 의미가 들어간 확장형 기능동사가 오는 경우도 준표제어화 한다.

보 기

거래 去來 명 ◇**_를 트다**
수작[2] 酬酌 명 ◇**_(을) 부리다[꾸미다]**

▶ 합성동사로 보기에는 미약한 「동사+동사」, 「동사+보조동사」 형식의 연쇄는 준표제어로 올린다.

보 기

남기다 타 ◇**남겨 놓다** ◇**남겨 두다**
구하다[1] ◇**구해 내다**
굶다 타 ◇**굶어 죽다**

▶ 불구용언의 활용형이 문법화된 경우, 이를 준표제어화 한다.

보 기

말미암다 자 ◇**말미암은** ◇**말미암아**
대하다 對- 자타 ◇**-에 대하여[대해]** ◇**-에 대한**

▶ 표제어가 특정 조사와 어울려서만 쓰이는 경우 이를 준표제어화 한다.

보 기

굴지 屈指 명 excellence *f*, prééminence *f*. ◇**_의** ¶ 우리나라 ~의 대기업들
발군 拔群 명 éminence *f*. ◇**_의** ¶ ~의 공을 세우다

③ 준표제어에는 품사를 표시하지 않는다.

(3) 부표제어

① 표지 : 각각의 준표제어 앞에 ◆ 표시를 하고 표제어가 반복되는 부분은 '_'로 표시한다. 따라서 첩어는 '_ _'로 표시된다.

보 기

쿵, 쿵쿵, 쿵쿵거리다[대다] → **쿵** 부 ◆**_하다** 자 ◆**_ _** 부 ◆**_ _거리다[대다]** 자

② 올림말

▶ 기본적으로 합성어나 파생어는 부표제어로 삼는다.

▶ '-이/-히'형 부사는 파생어이므로 부표제어로 삼는다. 반면에 '-게' 형은 용례에서 다룬다. 그러나 '-이/-히'형 부사가 용법이 복잡해서 기술 내용이 많을 경우는 주표제어로 등재할 수 있다.

③ 부표제어의 배열 순서 : 우선 용언화 접사에 의한 파생, 고빈도 파생부사, '_적', '_성', '_화' 따위의 고빈도어를 앞에 배열하고, 나머지는 복합어 구성 방식에 관계없이 '_가나다', '가나다_' 순으로 배열한다.

보 기

소설[1] 小說 명 ◆**_적** -的 명 ◆**_화** -化 명 ◆**_가** -家 명 ◆**_론** -論 명 ◆**_사** -史 명 ◆**_집** -集 명 ◆**_책** -冊 명 ◆**단편_** 短篇- 명 ◆**장편_** 長篇- 명 ◆**장편_** 掌篇- 명

④ 부표제어에는 품사범주를 붙인다.

3. 본문

(1) 어원 정보

① 주표제어가 외래어일 때는 두 가지로 구분하여 처리한다.

▶ 한자어일 때는 우측에 해당 한자를 적어준다.

보 기

묘사 描寫 명 description *f*, représentation *f*, peinture *f*, dessin *m*.
수고 受苦 명 effort *m*, peine *f*, travail(aux) *m* pénible.

▶ 한자 이외의 외래어인 경우는 그것이 기원한 언어만 밝히고 원어 표기는 하지 않는다.

보 기

카덴짜 이 명 cadence *f*.
몽타주 프 명 montage *m*.

다만 영어에서 기원한 외래어는 그 원어를 표기해 준다.

보 기

사바나 영{savanna} 명 【지리】 savane *f*.

② 본 사전에서 제시하는 어원의 목록은 4. 약어표에 제시한다.

(2) 품사

① 주표제어와 부표제어에는 품사를 표시한다.

② 두 어휘 이상이 융합된 어휘에는 품사 표지를 붙이지 않는다.

보 기

-다는 ((‘-다고 하는’의 준말)) ((suffixe flexionnel introduisant un discours rapporté ou une cause)).
① ¶ 가겠~ 사람은 그냥 보내라 Laisse partir ceux qui veulent partir. (...)

③ 본 사전에서 사용되는 품사들의 목록은 4. 약어표에 제시한다.

(3) 의미구분

① 주표제어, 준표제어, 부표제어가 둘 이상의 구분되는 뜻을 가지고 있을 때는 이들을 구분하고, 각각의 의미에 ①, ②, ③과 같은 원번호를 부여한다.

보 기

허름하다 형 ① 남루하다 être minable; ((옷 따위)) être râpé(*e*), usé(*e*), élimé(*e*), fatigué(*e*); ((가구 따위)) être pauvre, minable. ② 싸다 ne pas être ch*er*(*ère*); être sans valeur, de pacotille. ¶ 허름한 물건으로 사와라 Va acheter une babiole [de la camelote].

② 본 사전의 1차적 기능은 한국인 사용자를 위한 프랑스어 산출 정보의 수록에 있으므로 한국어 다의어의 의미정의나 자세한 의미기술은 부차적인 문제라 할 수 있다. 다의어의 의미정보는 오히려 목표언어인 프랑스어 대역을 효율적으로 찾기 위한 지표로서 기능한다

고 볼 수 있다. 따라서, 구분된 각 의미에 대해 간략한 정의나 동의어를 제시하거나, 겹괄호 안에 의미 구분을 위한 주석을 제시한다. 경우에 따라 가장 기본적인 뜻인 첫 번째 의미에 관한 지적은 생략하였다.

보 기

교섭 交涉 명 ① négociations *fpl*, pourparlers *mpl*; marchandages *mpl*. ¶ 직접[예비, 비공개] ~ des négociations directes [préparatoires, secrètes]. (...) ② 접촉, 관계 relation *f*, rapport *m*.

(4) 전문영역 및 화계

① 전문영역 표지와 한국어 화계표지는 주표제어, 준표제어, 부표제어, 숙어/속담에 적용하며, 그 위치는, 주표제어, 부표제어의 경우에는 품사표지 다음에 두고, 준표제어와 숙어표제어의 경우에는 그 다음 에 둔다. 물론 다의어의 경우, 해당 의미구분 표지 다음에 둔다.

② 전문영역 표지의 목록은 4. 약어표에 제시한다.

③ 한국어 화계는 다음 것들 가운데 하나를 지적한다.

보 기 【문어】, 【고어】, 【구어】, 【속어】, 【비어】, 【아어】

여기서 '속어'는 일반 대중이 서로 잘 아는 사이에서 쓰는 속된 말이며, '비어'는 사용이 금기시 되는 비천한 말을 이른다. 그리고 '아어'는 어린아이들이 쓰는 말을 말한다.

(5) 용례

① 한국어 용례를 제시할 때, 주표제어에 해당하는 부분은 '~'로 표시한다.

② 용례는 성차별, 지방차별 등, 이데올로기 편향적_용례를 최대한 배제하여 구성한다.

③ 용례는 예구 또는 예문으로 구성하되, 술어적 성격의 표제어에 대해서는 가급적 특징적 보어가 모두 실현된 구조를 용례로 제시한다. 예를 들어 표제어가 '나가다'인 경우 단순히 '나가다' 혹은 '진도를 나가다'라는 표현에 그치지 않고 가능한 보어들을 실현한 용례를 제시한다.

보 기

¶ 30 페이지까지 진도를 나갔다 On en est à la page 30 (du manuel) / On a étudié jusqu'à la page 30 (du manuel). ¶ 한 시간에 3 페이지씩 ~ avancer à raison de trois pages par heure.

(6) 불어 대역

① 불어 대역은 표제어(주표제어, 준표제어, 부표제어 및 숙어/속담)의 대역과 용례의 대역으로 나뉜다. 표제어의 대역에는 문법적 성수 표지를 부착하고, 필요할 경우, 화계 정보 및 다양한 주석을 제시한다. 용례의 대역에도 화계 정보 및 주석을 제시할 수 있으나, 성수 표지는 붙이지 않는다.

② 복수 대역어 구분을 위한 주석

▶ 하나의 의미구분 내에서 여러 개의 불어 대역어가 대응되며, 보다 세분된 의미에 따라 불어 대역어가 결정되는 경우에는 그에 관한 주석을 '(( ))' 안에 달아 줌으로써 사전 사용자들이 올바른 대역을 선택할 수 있도록 한다.

보 기

나머지 명 reste *m*, restant *m*; ((먹고 난)) restes *mpl*; ((잔고)) reliquat; ((여분)) superflu *m*, surplus *m*; ((잉여)) excès *m*, excédent *m*.

허름하다 형 ① 남루하다 être minable; ((옷 따위)) être râpé(*e*), usé(*e*), élimé(*e*), fatigué(*e*); ((가구 따위)) être pauvre, minable.

▶ 하나의 의미구분 내에서 여러 개의 불어 대역어가 대응되며, 주어/보어의 분포에 따라 불어 대역어가 결정되는 경우에는 '(( ))' 안에 그 대표적인 보어를 제시한다.

보 기

따다 타 ① cueillir ((un fruit, une fleur, un champignon)), arracher ((un navet, une pomme-de-terre)), récolter, moissonner ((des céréales)), ramasser ((un épi, un champignon)), vendanger ((un raisin)), ((une abeille)) butiner ((une fleur)), glaner ((un épi, un champs)), recueillir ((un fruit)).
수정[3] **修正** 명 ◇_(을) **하다** corriger; réviser ((une théorie)); modifier ((un plan)); amender ((un projet de loi)); retoucher ((un tableau ou une photo)).

▶ 경우에 따라 단지 하나의 예시로서 주어 또는 보어의 분포를 제시할 수 있다.

보 기

허여멀겋다 형 ① 하얗다 ((teint)) être clair(*e*), blanc(*che*).
끗발 명 un bon jeu *m* ((au jeu de cartes)).
초반[1] **初盤** 명 début *m*, première moitié *f*. ◆_**전** -戰 명 phase *f* initiale ((d'une campagne électorale)).

③ 대역어에 대한 보충적 설명 : 대역어 제시만으로는 충분하지 못할 때, 대역어 뒤에 그에 대한 보충적 설명을 제시할 수 있다.

▶ 대역어에 대한 메타언어적 주석이 필요할 때, 예컨대 표제어가 음성상징어나 기능어일 때, 이를 '(( ))' 안에 제시한다.

보 기

딸카닥 감 clic-clac! ((onomatopée exprimant le fracas)).
-러↔-으러 어미 ((suffixe flexionnel conjonctif qui introduit la complétive d'un verbe de mouvement comme *ga* (aller), *o* (venir) et qui exprime le but du mouvement. La complétive en -러 partage beacoup de propriétés syntaxiques avec l'infinitif qui suit le verbe de mouvement en français. -러 s'ajoute au radical verbal qui se termine par une voyelle, -으러 au radical verbal qui se termine par une consonne)).

▶ 표제어가 한국 문화용어 또는 고유명사일 때, 한글로마자 표기 뒤에 그에 관한 설명을 '< >' 안에 제시한다. 한국 문화용어란 한국 고유의 문화적 대상이나 개념을 나타내는 어휘나 표현을 말하는 것으로 '김치', '막걸리' 등이 그 예이다. 한국 고유명사에는 '백제', '백두산', '추석' 등이 있다.

보 기

막걸리 명 *makgeolli m* <alcool de riz populaire coréen d'aspect laiteux [de couleur laiteuse]>. ¶~를 마시다 boire du *makgeolli*.
백제 百濟 명 【역사】 Baekje <un des trois royaumes coréens ((18 av. J.C. -660))>.

▶ 한국 문화용어는 원칙적으로 한국어 표현의 로마자 전사를 대역으로 제시한다. 그러나 한국 문화용어의 로마자 전사에 의한 표기는, 널리 통용되는 기존의 불어표현이 존재할 때는 적용하지 않는다.(예: '밥' riz, '청자' céladon, 바둑 go, '인삼' ginseng, 뚝배기

bol en terre cuite)

▶ 한국 문화용어와 한국 고유명사의 로마자 표기는 개정 로마자 표기법 체계에 따른다. 그러나 현행 로마자 표기법과 다른 형태로 이미 널리 쓰이고 있는 표기형태가 있을 때는, 이를 인정하여 다음과 같이 처리한다.

i) 표제어일 때는, 새 표기를 기존의 표기 앞에 병기한다.

보 기

김치 명 *gimchi m, kimchi*
조선[1] **朝鮮** 명 Joseon, Chosun

ii) 그러나 용례 대역에서는 널리 쓰이는 기존의 표기만을 쓴다.

보 기 김치 *kimchi*, 조선 Chosun

▶ 한국 문화용어는 이탤릭으로 제시하고 한국 고유명사는 이탤릭으로 하지 않는다.

④ 표제어의 성수표지

▶ 주표제어와 부표제어의 대역에는 다음과 같은 성수 표지를 부착한다.

보 기 *m, f, mpl, fpl, inv*

▶ 성수 표지는 머리어에 넣는다.

보 기 **시**[2] **時** 명 출생 시각 l'heure *f* de naissance.

▶ 남성형과 여성형이 동일한 명사에는 *mf*의 표지를 단다.

보 기 **귀족 貴族** 명 ① noble *mf*

▶ 남성형 뒤에 여성형을 괄호 안에 덧붙인 형식의 명사에는 성수 표지를 달지 않는다.

보 기

고용 雇用 명 ◆_**원** -員 명 employé(*e*), salarié(*e*). ◆_**인[자]** -人[者] 명 employeu*r*(*se*), patron(*ne*)

⑤ 복수 대역어의 제시 방법

▶ 표제어의 대역어가 여럿일 경우, 서로 의미차이가 없는 것끼리는 쉼표(,)로 연결하고, 근소한 의미의 차이가 있는 것들끼리는 세미콜론(;)으로 연결한다.

▶ 용례의 대역어가 여럿일 경우, 용례가 예구일 때는 표제어의 대역어와 마찬가지로 연결하고, 용례가 예문일 때는 '/'로 연결한다.

보 기

소지[2] **素地** 명 (...) ¶ 오해의 ~가 없도록 조심하거라 Prends garde de ne pas courir le risque d'un quiproquo / Fais attention à ne pas provoquer de malentendu.

⑥ 표제어의 특성에 따라 표제어 자체에는 대역이 없을 수도 있다. 예를 들어 '어안'의 경우 그 자체로는 대역이 없으나 '어안이 벙벙하다'에 대역을 제시한다.

보 기

어안 명 *~이 벙벙하다 être abasourdi(*e*), ébahi(*e*), effaré(*e*), ahuri(*e*), confondu(*e*); rester muet(*te*) de stupeur, ne pas en revenir, tomber des nues.

또한 다음과 같은 음성상징어나 기능어의 경우에는 불어대역이 존재하지 않으므로 메타언어적 주석만 '(( ))' 내에 제시한다.

보 기

간질간질 부 ((onomatopée pour désigner le chatouillement)).
-다[3] 어미 ① ((suffixe flexionnel de terminaison phrastique du mode déclaratif de degré neutre ou d'infériorité)).

⑦ 화계정보 : 표제어의 대역과 용례의 대역 모두에 화계 정보를 제시할 수 있다.

보 기

술고래 명 gros(*se*) buveu*r*(*se*); ivrogne, ivrognesse *f*, sac *m* à vin, alcoolique, alcoolo {*fam*}, picoleu*r*(*se*) {*fam*}, pochard(*e*) {*fam*}, poivrot(*e*) {*fam*}, soûlard(*e*) {*fam*}, soûlaud(*e*) {*fam*}.

술[1] 명 alcool *m*; boisson *f* alcoolique [alcoolisée]. ¶~ 한 잔 하다 boire [prendre] un verre {*fam*}.

본 사전에서 제시하는 화계는 다음과 같다.

구어 {*fam*}, 속어 {*pop*}, 비어 {*vulg*}, 문어 {*litt*}, 고어 {*vx*}.

(7) 숙어 및 속담

① 한국어의 숙어나 속담은 '*' 표지 뒤에 제시한다.

② 속담의 경우, 불어 대역도 가급적 속담으로 제시한다.

보 기

바늘 명 (...) *~ 도둑이 소 도둑 된다 Qui vole un oeuf, vole un boeuf.
소식[2] **消息** 명 (...) *무~이 희~ Pas de nouvelles, bonnes nouvelles.

그러나 한국어 속담에 대응되는 적절한 불어 속담이 없을 경우, 비유적 표현이나 상투적 표현으로 대체할 수 있다.

보 기

뚝배기 명 (...) *~**보다는 장맛**(**이 좋다**) Qu'importe le flacon, pourvu qu'on ait l'ivresse / Le contenu est plus important que le contenant / Le contenant [l'aspect extérieur] a beau être laid, le contenu peut être bon [est plus important] / La réalité [le contenu, la substance] est plus important(*e*) que l'aspect extérieur.

4. 약어표

(1) 어원 정보

언 어 명	약어	언 어 명	약어
그리스어	그	에스파냐어	에
네덜란드어	네	이탈리아어	이
노르웨이어	노	인도네시아어	인
독일어	독	일본어	일
라틴어	라	중국어	중
러시아어	러	체코어	체
루마니아어	루	타이어	타
말레이어	말	터키어	터
몽골어	몽	페르시아어	페
베트남어	베	포르투갈어	포
불가리아어	불	폴란드어	폴
산스크리트어	산	프랑스어	프
세르보크로아트어	세	헝가리어	헝
스웨덴어	스	히브리어	히
아랍어	아	힌디어	힌
영어	영		

(2) 품사

감	감탄사	분류	분류사
관	관형사	어근	어근
대	대명사	어미	어미
명	명사	의명	의존명사
부	부사	접두	접두사
수	수사	접미	접미사
자	자동사	조동	보조동사
접	접사	조형	보조형용사
조	조사		
타	타동사		
형	형용사		

(3) 불어 약호

Adj	adjectif	형용사	N	nom	명사
Adv	adverbe	부사	{*nsc*}	nom scientifique	학명
cond	conditionnel	조건법	P	phrase	절
conj	conjonction	접속사	*pl*	pluriel	복수
f	féminin	여성	*p.p.*	participe passé	과거분사
fpl	féminin pluriel	여성복수	*p.pr.*	participe présent	현재분사
fut	futur	미래	*qc*	quelque chose	사물
ind	indicatif	직설법	*qn*	quelqu'un	사람
inf	infinitif	부정법	*qp*	quelque part	장소
inv	invariable	불변화	{rare}	emploi rare	드문 용법
m	masculin	남성	*subj*	subjonctif	접속법
mf	masculin et féminin	남여성 동일형태	V	verbe	동사
mpl	masculin pluriel	남성복수			

(4) 기호

( ) : 수의적 요소

《 》: 표제어의 대역에 관한 주석

1. 의미구분을 위한 한국어 주석
2. 대역어의 주어/보어 분포에 관한 주석
3. 대역어에 대한 보충적 설명 (메타언어적 주석 및 백과사전적 설명)

< > : 한국 문화 용어와 고유명사의 로마자 표기 뒤에 놓는 설명

[ ] : 교체 가능 요소

{ } : 불어 화계

【 】: 한국어 화계, 전문영역

¶ : 용례

(5) 한국어 및 불어 화계

【고어】 고어, 옛 표현	【구어】 구어	【문어】 문어
【비어】 비어	【속어】 속어	【아어】 아동어
{*arg*} 은어	{*fam*} 구어	{*litt*} 문어
{*pop*} 속어	{*vulg*} 비어	{*vx*} 고어

(6) 전문영역

【건설】	건설	【법률】	법률	【의학】	의학
【건축】	건축	【불교】	불교	【인명】	인명
【경제】	경제	【사회】	사회	【인쇄】	인쇄
【고유】	고유 명사	【생물】	생물	【전기】	전기
【고적】	고적	【성서】	성서	【정보】	정보
【고제】	고제도	【수공】	수공	【정치】	정치
【골프】	골프	【수산】	수산	【조류】	조류
【공업】	공업	【수학】	수학	【종교】	종교
【광물】	광물	【식물】	식물	【지리】	지리
【광업】	광업	【신화】	신화	【지명】	지명
【교육】	교육	【심리】	심리	【책명】	책명
【교통】	교통	【약학】	약학	【천문】	천문
【군사】	군사	【어류】	어류	【천주】	천주교, 가톨릭
【기계】	기계	【언론】	언론	【철학】	철학
【기독】	기독교	【언어】	언어학	【출판】	출판
【논리】	논리	【역사】	역사	【컴퓨】	컴퓨터
【농업】	농업	【연영】	연극, 영화	【통신】	통신
【동물】	동물	【예술】	예술	【한의】	한의학
【문학】	문학	【오락】	오락	【항공】	항공
【물리】	물리	【외교】	외교	【해부】	해부학
【미술】	미술	【운동】	운동	【해양】	해양
【민속】	민속	【음악】	음악	【화학】	화학

자모(字母) 배열(排列) 순서
Ordre des lettres coréennes

1) 자음(子音) - 초성(初聲) - Consonnes initiales

ㄱ ㄲ ㄴ ㄷ ㄸ ㄹ ㅁ ㅂ ㅃ ㅅ ㅆ ㅇ ㅈ ㅉ ㅊ ㅋ ㅌ ㅍ ㅎ

2) 모음(母音) - 중성(中聲) - Voyelles (sons m dians)

ㅏ ㅐ ㅑ ㅒ ㅓ ㅔ ㅕ ㅖ ㅗ ㅘ ㅙ ㅚ ㅛ ㅜ ㅝ ㅞ ㅟ ㅠ ㅡ ㅢ ㅣ

3) 끝자음 - 종성(終聲) - Consonnes finales

ㄱㄲㄳ ㄴㄵㄶ ㄷ ㄹ ㄺ ㄻ ㄼ ㄽ ㄾ ㄿ ㅀ ㅁ ㅂ ㅄ ㅅㅆ ㅇ ㅈ ㅊ ㅋ ㅌ ㅍ ㅎ

로마자 표기법

(문화관광부 고시 제2000-8호(2000년 7월 7일))

제1장 표기의 기본 원칙

제1항 국어의 로마자 표기는 국어의 표준 발음법에 따라 적는 것을 원칙으로 한다.

제2항 로마자 이외의 부호는 되도록 사용하지 않는다.

제2장 표기 일람

제1항 모음은 다음 각호와 같이 적는다.

1. 단모음

ㅏ	ㅓ	ㅗ	ㅜ	ㅡ	ㅣ	ㅐ	ㅔ	ㅚ	ㅟ
a	eo	o	u	eu	i	ae	e	oe	wi

2. 이중 모음

ㅑ	ㅕ	ㅛ	ㅠ	ㅒ	ㅖ	ㅘ	ㅙ	ㅝ	ㅞ	ㅢ
ya	yeo	yo	yu	yae	ye	wa	wae	wo	we	ui

[붙임 1] 'ㅢ'는 'ㅣ'로 소리 나더라도 'ui'로 적는다.

보기 광희문 Gwanghuimun

[붙임 2] 장모음의 표기는 따로 하지 않는다.

제2항 자음은 다음 각호와 같이 적는다.

1. 파열음

ㄱ	ㄲ	ㅋ	ㄷ	ㄸ	ㅌ	ㅂ	ㅃ	ㅍ
g, k	kk	k	d, t	tt	t	b, p	pp	p

2. 파찰음

ㅈ	ㅉ	ㅊ
j	jj	ch

3. 마찰음

ㅅ	ㅆ	ㅎ
s	ss	h

4. 비음

ㄴ	ㅁ	ㅇ
n	m	ng

5. 유음

ㄹ	r, l

[붙임 1] 'ㄱ, ㄷ, ㅂ'은 모음 앞에서는 'g, d, b'로, 자음 앞이나 어말에서는 'k, t, p'로 적는다.([ ] 안의 발음에 따라 표기함.)

보 기

구 미	Gumi	영 동	Yeongdong	백 암	Baegam
옥 천	Okcheon	합 덕	Hapdeok	호 법	Hobeop
월곶 [월곧]	Wolgot	벚꽃 [벋꼳]	beotkkot	한밭 [한받]	Hanbat

[붙임 2] 'ㄹ'은 모음 앞에서는 'r'로, 자음 앞이나 어말에서는 'l'로 적는다. 단, 'ㄹㄹ'은 'll'로 적는다.

보 기

구 리	Guri	설 악	Seorak	칠 곡	Chilgok
임 실	Imsil	울 릉	Ulleung	대관령 [대괄령]	Daegwallyeong

제3장 표기상의 유의점

제1항 음운 변화가 일어날 때에는 변화의 결과에 따라 다음 각호와 같이 적는다.

1. 자음 사이에서 동화 작용이 일어나는 경우

보 기

백마 [뱅마]	Baengma	신문로 [신문노]	Sinmunno	종로 [종노]	Jongno
왕십리 [왕심니]	Wangsimni	별내 [별래]	Byeollae	신라 [실라]	Silla

2. 'ㄴ, ㄹ'이 덧나는 경우

보 기

학여울 [항녀울]	Hangnyeoul	알약 [알략]	allyak

3. 구개음화가 되는 경우

보 기

해돋이 〔해도지〕	haedoji	같이 〔가치〕	gachi	맞히다 〔마치다〕	machida

4. 'ㄱ, ㄷ, ㅂ, ㅈ'이 'ㅎ'과 합하여 거센소리로 소리 나는 경우

보 기

좋고 〔조코〕	joko	놓다 〔노타〕	nota
잡혀 〔자펴〕	japyeo	낳지 〔나치〕	nachi

다만, 체언에서 'ㄱ, ㄷ, ㅂ' 뒤에 'ㅎ'이 따를 때에는 'ㅎ'을 밝혀 적는다.

보 기

묵호	Mukho	집현전	Jiphyeonjeon

〔붙임〕 된소리되기는 표기에 반영하지 않는다

보 기

압구정	Apgujeong	낙동강	Nakdonggang	죽 변	Jukbyeon
낙성대	Nakseongdae	합 정	Hapjeong	팔 당	Paldang
샛 별	saetbyeol	울 산	Ulsan		

제2항 발음상 혼동의 우려가 있을 때에는 음절 사이에 붙임표(-)를 쓸 수 있다.

보 기

중앙	Jung-ang	반구대	Ban-gudae
세운	Se-un	해운대	Hae-undae

제3항 고유 명사는 첫 글자를 대문자로 적는다.

보 기

부 산	Busan	세 종	Sejong

제4항 인명은 성과 이름의 순서로 띄어 쓴다. 이름은 붙여 쓰는 것을 원칙으로 하되 음절 사이에 붙임표(-)를 쓰는 것을 허용한다. (( ) 안의 표기를 허용함.)

보 기 **민용하** Min Yongha (Min Yong-ha) **송나리** Song Nari (Song Na-ri)

1. 이름에서 일어나는 음운 변화는 표기에 반영하지 않는다.

보 기 **한복남** Han Boknam (Han Bok-nam) **홍빛나** Hong Bitna (Hong Bit-na)

2. 성의 표기는 따로 정한다.

제5항 '도, 시, 군, 구, 읍, 면, 리, 동'의 행정 구역 단위와 '가'는 각각 'do, si, gun, gu, eup, myeon, ri, dong, ga'로 적 고, 그 앞에는 붙임표(-)를 넣는다. 붙임표(-) 앞뒤에서 일어나는 음운 변화는 표기에 반영하지 않는다.

보 기

충청북도	Chungcheongbuk-do	제주도	Jeju-do	의정부시	Uijeongbu-si
양주군	Yangju-gun	도봉구	Dobong-gu	신창읍	Sinchang-eup
삼죽면	Samjuk-myeon	인왕리	Inwang-ri	당산동	Dangsan-dong
봉천 1동	Bongcheon 1(il)-dong	종로 2가	Jongno 2(i)-ga	퇴계로 3가	Toegyero 3(sam)-ga

[붙임] '시, 군, 읍'의 행정 구역 단위는 생략할 수 있다.

보 기 **청주시** Cheongju **함평군** Hampyeong **순창읍** Sunchang

제6항 자연 지물명, 문화재명, 인공 축조물명은 붙임표(-) 없이 붙여 쓴다.

보 기

남산	Namsan	속리산	Songnisan	금강	Geumgang
독도	Dokdo	경복궁	Gyeongbokgung	무량수전	Muryangsujeon
연화교	Yeonhwagyo	극락전	Geungnakjeon	안압지	Anapji
남한산성	Namhansanseong	화랑대	Hwarangdae	불국사	Bulguksa
현충사	Hyeonchungsa	독립문	Dongnimmun	오죽헌	Ojukheon
촉석루	Chokseongnu	종 묘	Jongmyo	다보탑	Dabotap

제7항 인명, 회사명, 단체명 등은 그동안 써 온 표기를 쓸 수 있다.

제8항 학술 연구 논문 등 특수 분야에서 한글 복원을 전제로 표기할 경우에는 한글 표기를 대상으로 적는다. 이때 글자 대응은 제2장을 따르되 'ㄱ, ㄷ, ㅂ, ㄹ'은 'g, d, b, l'로만 적는다. 음가 없는 'ㅇ'은 붙임표(-)로 표기하되 어두에서는 생략하는 것을 원칙으로 한다. 기타 분절의 필요가 있을 때에도 붙임표(-)를 쓴다.

보 기

집	jib	짚	jip	밖	bakk
값	gabs	붓꽃	buskkoch	먹는	meogneun
독립	doglib	문리	munli	물엿	mul-yeos
굳이	gud-i	좋다	johda	가곡	gagog
조랑말	jolangmal	없었습니다	eobs-eoss-seubnida		

부칙

① (시행일) 이 규정은 고시한 날부터 시행한다.

② (표지판 등에 대한 경과 조치) 이 표기법 시행 당시 종전의 표기법에 의하여 설치된 표지판(도로, 광고물, 문화재 등의 안내판)은 2005. 12. 31.까지 이 표기법을 따라야 한다.

③ (출판물 등에 대한 경과 조치) 이 표기법 시행 당시 종전의 표기법에 의하여 발간된 교과서 등출판물은 2002. 2. 28.까지 이 표기법을 따라야 한다.

Système de transcription en lettres latines de l'alphabet coréen

(Déclaration d'août 2000 du Ministère du Tourisme et de la Culture sud-coréen)

Chapitre 1 : Principes de bases de la transcription

Article 1 : La transcription de l'alphabet coréen se fait en principe en suivant la prononciation standard du coréen.

Article 2 : Dans la mesure du possible, on n'utilise pas d'autres signes que les caractères latins.

Chapitre 2 : Synthèse de la transcription

Article 1 : Les voyelles se transcrivent comme dans les encadrés ci-dessous.

1. Voyelles simples

ㅏ	ㅓ	ㅗ	ㅜ	ㅡ	ㅣ	ㅐ	ㅔ	ㅚ	ㅟ
a	eo	o	u	eu	i	ae	e	oe	wi

2. Diphtongues

ㅑ	ㅕ	ㅛ	ㅠ	ㅒ	ㅖ	ㅘ	ㅙ	ㅝ	ㅞ	ㅢ
ya	yeo	yo	yu	yae	ye	wa	wae	wo	we	ui

[Remarque 1] 'ㅢ' se transcrit par '*ui*' même lorsqu'il se prononce [i].

보 기 광희문 Gwanghuimun

[Remarque 2] Il n'y a pas de transcription particulière pour les voyelles longues.

Article 2 : Les consonnes se transcrivent comme dans les encadrés ci-dessous.

1. Occlusives

ㄱ	ㄲ	ㅋ	ㄷ	ㄸ	ㅌ	ㅂ	ㅃ	ㅍ
g, k	kk	k	d, t	tt	t	b, p	pp	p

2. Affriquées

ㅈ	ㅉ	ㅊ
j	jj	ch

3. Fricatives

ㅅ	ㅆ	ㅎ
s	ss	h

4. Nasales

ㄴ	ㅁ	ㅇ
n	m	ng

5. Liquides

ㄹ	r, l

[Remarque 1] 'ㄱ, ㄷ, ㅂ' se transcrivent respectivement par '*g*, *d*, *b*' lorsqu'ils sont suivis par une voyelle et par '*k*, *t*, *p*' lorsqu'ils sont suivis par une consonne ou en position finale. (Pour 'ㅈ, ㅊ, ㅌ' en position finale, la transcription se fait comme à l'intérieur des crochets).

Exemples

구 미	Gumi	영 동	Yeongdong	백 암	Baegam
옥 천	Okcheon	합 덕	Hapdeok	호 법	Hobeop
월곶 [월곧]	Wolgot	벚꽃 [벋꼳]	beotkkot	한밭 [한받]	Hanbat

[Remarque 2] 'ㄹ' se transcrit par '*r*' lorsqu'il est suivi par une voyelle), et par '*l*' devant une consonne (lorsqu'il est suivi par une consonne) ou en position finale. Cependant, 'ㄹㄹ' est transcrit par '*ll*'.

Exemples

구 리	Guri	설 악	Seorak	칠 곡	Chilgok
임 실	Imsil	울 릉	Ulleung	대관령 [대괄령]	Daegwallyeong

Chapitre 3 : Points à noter concernant la transcription

Article 1 : Lorsqu'il y a un changement phonologique, on l'écrit comme cela est fait à l'intérieur des crochets.

1. Lorsqu'il se produit une assimilation entre deux consonnes

Exemples

백마 [뱅마]	Baengma	신문로 [신문노]	Sinmunno	종로 [종노]	Jongno
왕십리 [왕심니]	Wangsimni	별내 [별래]	Byeollae	신라 [실라]	Silla

2. Lorsque 'ㄴ, ㄹ' se rajoutent

Exemples

학여울 (항녀울)	Hangnyeoul	알약 (알략)	allyak

3. Dans le cas d'une palatalisation

Exemples

해돋이 (해도지)	haedoji	같이 (가치)	gachi	맞히다 (마치다)	machida

4. Lorsque 'ㄱ, ㄷ, ㅂ, ㅈ' sont associés à 'ㅎ', ils produisent le son d'une consonne forte.

Exemples

좋고 (조코)	joko	놓다 (노타)	nota
잡혀 (자펴)	japyeo	낳지 (나치)	nachi

Cependant, dans le cas des mots non-fléchis, lorsque ㄱ, ㄷ et ㅂ sont suivis de 'ㅎ', on transcrit ce dernier par '*h*'.

Exemples

묵호	Mukho	집현전	Jiphyeonjeon

[Remarque] On ne tient pas compte des consonnes fortes dans la transcription.

Exemples

압구정	Apgujeong	낙동강	Nakdonggang	죽 변	Jukbyeon
낙성대	Nakseongdae	합 정	Hapjeong	팔 당	Paldang
샛 별	saetbyeol	울 산	Ulsan		

Article 2 : Lorsqu'il y a une confusion ou une ambiguïté possible liée à la prononciation, on peut mettre un trait d'union (-) entre les syllabes pour éviter tout malentendu.

Exemples

중앙	Jung-ang	반구대	Ban-gudae
세운	Se-un	해운대	Hae-undae

Article 3 : Pour les noms propres, la première lettre s'écrit avec une majuscule.

Exemples

부 산	Busan	세 종	Sejong

Article 4 : Pour les noms de personnes, on les écrit séparément en commençant d'abord par le nom de famille suivi du prénom. Par principe, on écrit le prénom en un seul mot mais l'on autorise l'usage du trait d'union entre chaque syllabe à l'intérieur de parenthèses.

Exemples **민용하** Min Yongha (Min Yong-ha) **송나리** Song Nari (Song Na-ri)

1. Pour la transcription du prénom, on ne prend pas en compte les changements phonologiques.

Exemples **한복남** Han Boknam (Han Bok-nam) **홍빛나** Hong Bitna (Hong Bit-na)

2. Pour la transcription du nom de famille, on peut admettre qu'ils puissent ne pas suivre les règles de transcription énoncées précédemment (김 : Kim).

Article 5 : Pour les divisions territoriales '도, 시, 군, 구, 읍, 면, 리, 동' et les avenues '가', on les note respectivement *'do, si, gun, gu, eup, myeon, ri, dong, ga'*, précédés d'un trait d'union. On ne prend pas en compte les changements phonologiques.

Exemples

충청북도	Chungcheongbuk-do	**제주도**	Jeju-do	**의정부시**	Uijeongbu-si
양주군	Yangju-gun	**도봉구**	Dobong-gu	**신창읍**	Sinchang-eup
삼죽면	Samjuk-myeon	**인왕리**	Inwang-ri	**당산동**	Dangsan-dong
봉천 1동	Bongcheon 1(il)-dong	**종로 2가**	Jongno 2(i)-ga	**퇴계로 3가**	Toegyero 3(sam)-ga

[Remarque] Les divisions territoriales '시, 군, 읍' (*'si, gun, eup'*) peuvent être omises.

Exemples **청주시** Cheongju **함평군** Hampyeong **순창읍** Sunchang

Article 6 : Pour les noms géographiques, les noms de sites historiques ou culturels et les noms d'ouvrages architecturaux, on ne met pas de trait d'union.

Exemples

남산	Namsan	**속리산**	Songnisan	**금강**	Geumgang
독도	Dokdo	**경복궁**	Gyeongbokgung	**무량수전**	Muryangsujeon
연화교	Yeonhwagyo	**극락전**	Geungnakjeon	**안압지**	Anapji
남한산성	Namhansanseong	**화랑대**	Hwarangdae	**불국사**	Bulguksa
현충사	Hyeonchungsa	**독립문**	Dongnimmun	**오죽헌**	Ojukheon
촉석루	Chokseongnu	**종 묘**	Jongmyo	**다보탑**	Dabotap

Article 7 : Pour les noms de personnes, d'entreprises ou de groupes, il est possible d'utiliser l'ancienne transcription.

Article 8 : Dans le cas des articles académiques ou dans des domaines particuliers, si on l'écrit dans le but de pouvoir le retranscrire en hangeul (alphabet coréen), on le transcrit tel quel (sans tenir compte des changements phonologiques). Dans ce cas, la transcription se fait comme dans le chapitre 2 mais 'ㄱ, ㄷ, ㅂ, ㄹ' se transcrivent uniquement par 'g, d, b, l'. La lettre 'ㅇ', qui ne se prononce pas, se transcrit par un trait d'union (-) sauf en début de mot. Lorsque l'on en ressent la nécessité pour séparer les syllabes, on le transcrit par un trait d'union (-).

Exemples

집	jib	짚	jip	밖	bakk
값	gabs	붓꽃	buskkoch	먹는	meogneun
독립	doglib	문리	munli	물엿	mul-yeos
굳이	gud-i	좋다	johda	가곡	gagog
조랑말	jolangmal	없었습니다	eobs-eoss-seubnida		

Avenants.

① Jour de la mise en vigueur de la nouvelle transcription en lettres latines : Ces règles sont en vigueur depuis le jour de la déclaration.

② Mesures d'application au niveau des panneaux indicateurs : Tous les panneaux indicateurs ((panneaux de signalisation, panneaux publicitaires, etc.)) installés avec l'ancien système de transcription avaient jusqu'au 31 décembre 2005 pour s'aligner sur le nouveau système de transcription.

③ Mesures d'application au niveau des livres et des manuels : Tous les livres ou manuels parus à l'époque de l'ancien système avaient jusqu'au 28 février 2002 pour se mettre en règle avec le nouveau système de transcription.

ㄱ 명 *giyeok m* ((première lettre consonantique de l'alphabet coréen)).

***낫 놓고 ~자도 모른다** ne savoir ni *a* ni *b*; être ignorant(*e*) comme une carpe. ☞ 낫

가[1] 명 ① 가장자리 bord *m* ((d'une rivière)); rebord *m* ((d'une table)); confins *mpl*, lisière *f* ((d'un champ, d'une forêt)); bordure *f* ((de gazon, de chaussée)); contour *m* ((d'un tapis, d'une forêt)). ② 근처 à côté de; près de. ◇**_(이) 없다** être sans fin [sans limite, sans borne]; être infini(*e*), illimité(*e*); ((plaine)) être immense; être interminable, éternel(*le*). ¶ ~없는 하늘 le ciel immense. ¶ 어머니의 ~없는 사랑 un amour maternel sans borne. ¶ ~없는 평야 une plaine étendue sans borne; une plaine immense à perte de vue.

◆**_없이** 부 sans borne(s); infiniment; interminablement. ¶ ~없이 넓은 하늘 des espaces infinis.

◆**길_** 명 bord *m* de la rue [de la route]. ¶ 쓰레기를 길~에다 내놓다 sortir les poubelles sur le trottoir.

◆**바닷_** 명 bord *m* de la mer, plage *f*. ¶ 바닷~에서 방학을 지내다 passer *ses* vacances au bord de la mer.

◆**창_** 窓 명 rebord *m* de la fenêtre. ¶ 창~에 앉다 s'asseoir près de la fenêtre; s'asseoir sur le rebord de la fenêtre. ¶ 창~에 화분을 놓다 mettre le pot de fleurs sur le rebord de la fenêtre.

가[2] 명 【음악】 la *m* ((note de musique)).

◆**_단조** -短調 명 la *m* mineur.

◆**_장조** -長調 명 la *m* majeur.

가[3] 可 명 ① 옳음 bon; bien; le pour *m* ((et le contre)), les avantages *mpl* ((et les inconvénients)). ¶ 제안에 대해 ~와 부를 따지다 peser [considérer, examiner, balancer] le pour et le contre d'une proposition, discuter des avantages et des inconvénients d'une proposition; évaluer les conséquences possibles d'une proposition; considérer une proposition sous tous ses aspects. ② 찬성 oui; ((voix)) pour. ¶ 투표를 해 보니 ~가 부보다 적었다 Il y a eu moins de voix pour que de voix contre / La majorité était contre / Le projet a été rejeté par la majorité. ③ ((성적)) *ga m* <note la plus basse d'un système de 5 notes utilisé dans les écoles (*su* (수), *u* (우), *mi* (미), *yang* (양), *ga* (가)>. ¶ 성적표에 ~가 많다 J'ai beaucoup de *ga* dans mon bulletin. ¶ 성적을 ~를 받다[주다] avoir [donner] un *ga*. ¶ 다른 과목들은 성적이 괜찮은 편인데, 체육만 ~를 받았다 J'ai des notes à peu près correctes [acceptables] dans toutes les matières, sauf un [en dehors d'un] *ga* en E.P.S. [en sport]. ◇**_하다** ☞ 가하다[1]

◆**_표** -票 명 pour *m*, oui *m* ¶ ~표와 부표가 동수이다 Il y a autant de voix pour que de voix contre.

◆**_부** -否 명 ☞ 가부

-가[4] 조 ((particule. -가 s'ajoute au substantif qui se termine par une voyelle, -이 par une consonne)). ① ((marque du sujet. Bien que cette particule soit marque du sujet, souvent elle laisse entendre un sens d'exclusivité: 'personne [rien] d'autre, précisément'.)) ¶비~ 온다 Il pleut / La pluie tombe. ¶아기~ 웃는다 Le bébé rit [sourit]. ¶우리~ 그 일을 하겠다C'est nous [personne d'autre, précisément] qui allons faire ce travail. ② ((double marque de sujet dans les relations partie-tout. Lorsqu'il est ajouté à un substantif qui est précédé d'un autre marqué par 는/은 ou 가/이, ce dernier indique le thème, le premier le vrai sujet de la phrase. Le thème exprime l'idée générale alors que le sujet la détaille ou précise.)) ¶코끼리는 코~ 길다 Quant à l'éléphant, sa trompe est longue. / La trompe de l'éléphant est longue. ¶나는 불어~ 좋다 J'aime bien le français. / Quant à moi, le français est bien. / Le français me plaît. ¶알프스가 경치가 좋아요. Quant aux Alpes, les paysages sont beaux. / Les paysages des Alpes sont beaux. ¶나는 그이가 미워요. Je n'aime pas cette personne. / Pour moi, cette personne est détestable. ¶구두~ 치수~ 맞지~ 않아서 바꾸러 가야겠다 Je vais aller changer ces chaussures, parce que ce n'est pas la bonne pointure. ③ ((avec des constructions négatives)) ¶오늘은 학교에 가기~ 싫다 Aujourd'hui je n'ai pas envie d'aller à l'école. ¶어쩐지 처음부터 예사롭지~ 않더라니 Ah, c'est pour cela que dès le début j'ai senti qu'il y avait un je ne sais quoi d'anormal. ④ ((marque de l'attribut avec la copule négative

아니다)) ¶고래는 물고기~ 아니다 La baleine n'est pas un poisson. ¶너는 바보~ 아니다 Tu n'es pas un idiot. ⑤ ((marque de transformation avec le verbe 되다)) ¶그이는 학자~ 된다 Il devient un savant. ¶강물이 모여 바다~ 된다 Les eaux des fleuves rassemblées deviennent [forment] la mer.

-가⁵ -哥 [접미] ¶ 네가 김~냐? Kim, c'est bien toi? / Ton nom de famille, c'est bien Kim? ¶ 그 사람은 성이 김~이다 Son nom de famille est Kim.

-가⁶ -街 [접미] ① 거리 rue *f*; boulevard *m*; avenue *f*; quartier *m*. ¶ 생 자크 ~ la rue Saint Jacques. ¶ 번화~ un quartier plein d'animation [très animé]; des rues très animées. ② 계층, 주변 milieu *m*, monde *m*. ¶ 암흑~ milieux louches. ¶ 대학~ quartier [milieu] universitaire.

-가⁷ -家 [접미] ① personne *f* qui a une tendance à *qc*. ¶ 식도락~ gourmand(*e*); un gourmet. ¶ 애연~ un(*e*) (grand(*e*)) fumeu*r*(*se*). ② spécialiste *mf*, expert(*e*). ¶ 법률~ un juriste. ¶ 음악~ musicien(*ne*). ¶ 혁명~ un révolutionnaire.

-가⁸ -歌 [접미] chant *m*. ¶ 국~ un hymne national. ¶ 유행~ une chanson populaire [à la mode] ¶ 자장~ une berceuse.

-가⁹ -價 [접미] frais *mpl*; prix *m*. ¶ 고~ prix élevé [excessif, exorbitant]. ¶ 상한~ prix plafond. ¶ 하한~ prix plancher. ¶ 할인~ prix réduit.

가¹⁰ 假- [접두] ① 임시의 temporaire, provisoire; à titre d'expérience. ¶~석방 mise en liberté provisoire. ¶~입학 admission conditionnelle dans une école. ¶~조약 traité provisoire. ② 가짜의 faux(*sse*), supposé(*e*), prétendu(*e*). ¶~명으로 sous un nom d'emprunt; sous un pseudonyme. ¶~성을 내다 parler en changeant *sa* voix; falsifier *sa* voix.

가가대소 呵呵大笑 [명] éclat *m* de rire. ◇_(를) **하다** rire aux éclats, rire à gorge déployée, rire à ventre déboutonné, hurler de rire.

가가호호 家家戶戶 [부] de porte à porte; de maison en maison. ¶~ 방문하다 faire du porte à porte.

가감 加減 [명] 【수학】 addition *f* et[ou] soustraction *f*; ((증감)) augmentation *f* et [ou] diminution *f*. ¶ (형벌의) ~ 사유 les circonstances aggravantes ou atténuantes. ◇_(을) **하다** augmenter et[ou] diminuer; ajouter et[ou] soustraire. ¶ 병의 증세에 따라 약의 분량을 ~하여 복용하다 augmenter ou diminuer la posologie d'un médicament suivant les symptômes de la maladie. ◇_(이) **되다** augmenter ou diminuer; être aggravé(*e*) ou atténué(*e*).

◆_**승제** -乘除 [명] (les) quatre opérations *fpl* arithmétiques.

가객¹ 佳客 [명] invité(*e*) [hôte *mf*] de marque bienvenu(*e*) [apprécié(*e*)], personne *f* qu'on accueille avec plaisir.

가객² 歌客 [명] ménestrel *m*, chanteu*r*(*se*) ((amateur ou professionnel, de chants et de mélopées d'autrefois)).

가건물 假建物 [명] constructions *fpl* provisoires; installations *fpl* provisoires.

가게 [명] boutique *f* ((de charcutier)); magasin *m*; ((초라한)) échoppe *f* ((de cordonnier)); commerce *m*. ¶ ~ 주인 boutiquier; propriétaire du magasin. ¶ 반찬 ~ un magasin de *banchan*. ¶ 신발 ~ magasin de chaussures. ¶~를 볼 사람을 구하다 chercher un gérant qui puisse tenir la boutique [le magasin]. ¶ 나는 저 ~의 단골이다 Je suis un(*e*) client(*e*) fidèle [un(*e*) habitué(*e*)] de ce magasin. ¶~를 경영하다 tenir une boutique; gérer un magasin. ¶ 10시에 ~를 열다[닫다] ouvrir [fermer] la boutique [le magasin] à 10 heures. ¶~를 차리다 ouvrir un magasin [commerce]. ¶~를 걷어치우다 fermer boutique; céder le magasin. ¶ 대로변에 ~를 내다[차리다, 열다] ouvrir [tenir] un magasin [une boutique] dans une rue passante. ¶ 저 ~는 물건 값이 상당히 비싸다 Ce magasin-là est très cher. ¶ 우리 ~에서는 그런 물건을 취급하지 않습니다 Dans notre magasin, nous ne nous occupons pas de ce genre d'articles.

◆_ㅅ**방** -房 [명] arrière-boutique *f*; arrière-salle *f* d'une boutique.

◆_ㅅ**집** [명] maison *f* attenante à la boutique.

◆**구멍**_ [명] échoppe *f*; petite baraque *f*.

가격¹ 價格 [명] ((값)) prix *m*; ((가치)) valeur *f*. ¶ ~이 싸다[비싸다] C'est bon marché / Ce n'est pas cher [C'est cher / Cela coûte cher / C'est coûteux]. ¶~이 오른다[내린다] Les prix sont en hausse [en baisse] / Les prix montent [baissent]. ¶~이 많이 떨어졌다[내렸다] Les prix se sont effondrés [ont beaucoup baissé]. ¶~이 얼마입니까? Combien cela coûte-t-il? / Combien ça coûte [fait, vaut]? / C'est combien?{*fam*} ¶~을 정하다 fixer un prix ((pour *qc*)); fixer le prix (de *qc*). ¶~을 깎다 rabattre le prix, baisser le prix; faire baisser le prix. ¶~을 흥정하다 marchander un prix, négocier un prix, débattre un prix. ¶ 터무니없는 ~을 부르다 faire payer un prix fou; demander un prix exorbitant. ¶~을 올리다 augmenter le prix (de *qc*). ¶~을 내리다 baisser le prix (de *qc*). ¶~을 붙일 수 없을 만한 것 objet sans [hors de] prix. ¶ 일정한 ~으로 à (un) prix fixe.

◆_**변동** -變動 【경제】 fluctuation *f* des prix.

◆_**인하** -引下 [명] baisse *f* des prix.

◆_**조정** -調整 [명] contrôle *m* des prix.

◆_**파괴** -破壞 [명] casse *f* [matraquage *m*] des prix.

◆_**표** -表 [명] tarif *m*.

◆**공정**_ 公定 [명] prix *m* fixé par les pouvoirs publics.

◆**균일**_ 均一 [명] prix *m* unique.

◆**도매**_ 都賣- [명] prix *m* de gros.

◆**생산자**_ 生産者- [명] prix *m* à la production [du producteur]; prix *m* de revient; prix *m* coûtant; prix *m* de fabrique.

◆**소매**_ 小賣- [명] prix *m* de détail.

◆**소비자**_ 消費者- [명] prix *m* à la consommation.

◆**예상**_ 豫想 [명] estimation *f* ((des travaux, du

coût)).

가격[2] 加擊 명 action de donner un coup; coup *m*. ¶ 결승 경기에서 이긴 것은 상대 선수에 대한 복부 ~이 주효했기 때문이다 Il doit sa victoire en finale à l'efficacité de ses coups donnés dans le ventre / C'est grâce à l'efficacité de ses coups donnés dans le ventre [portés à l'estomac] qu'il a remporté la finale.

가결 加決 명 【법률】 adoption *f* ((d'un projet de loi, d'une loi)). ¶ 의안의 ~ vote d'une proposition de loi. ◇_(을) **하다** adopter ((un projet de loi)); faire passer ((un projet de loi)); voter, accepter ((un projet de loi présenté à l'assemblée)). ¶ 회칙 개정안을 만장일치로 ~하다 adopter à l'unanimité le projet de révision du règlement (d'une association, d'une société). ¶ 원안대로 ~하다 voter [adopter] un projet de loi sans modification. ◇_(이) **되다** ((loi)) passer; être adopté(*e*). ¶ 동의안이 ~되었다 La motion a été adoptée [a passé]. ¶ 동의는 만장일치에서 3 표 모자르게 ~되었다 La motion a passé à l'unanimité moins 3 voix. ¶ 찬성 112 표 반대 85 표로 ~되다 être adopté(*e*) par 112 voix contre 85. ¶ 예산안은 80대 95로 ~되었다. Le projet de budget a été voté [adopté] à 95 voix contre 80. ¶ 의장의 제안이 ~되었습니다 La proposition du président a été adoptée.

가계[1] 家系 명 généalogie *f*; famille *f*; lignée *f*, descendance *f*.

◆_**도** -圖 명 arbre *m* généalogique; généalogie *f*.

가계[2] 家計 명 économie *f* domestique; budget *m* familial; frais *mpl* de [du] ménage. ¶ ~를 꾸려나가다 boucler le budget familial; joindre les deux bouts du budget domestique {*fam*}. ¶ ~를 줄이다 économiser sur les dépenses du ménage. ¶ ~가 넉넉치 못하다 avoir du mal à subvenir aux frais du ménage, être à court pour les frais du ménage; avoir des fins de mois difficiles; avoir du mal à joindre les deux bouts.

◆_**부** -簿 명 livre *m* de compte (pour les frais du ménage). ¶ ~부를 적다 tenir les comptes du ménage; tenir *ses* comptes.

◆_**수표** -手票 명 chèque *m* au porteur; chèque *m* à ordre; chèque *m* certifié.

가계약 假契約 명 contrat *m* provisoire. ◇_(을) **하다** [**맺다**] passer [conclure] un contrat provisoire avec *qn*; s'engager par contrat provisoire.

가곡 歌曲 명 【음악】 ① *gagok m* <chant lyrique, accompagné par un petit ensemble instrumental. Il comprend des ballades *sijo*, qui traitent de l'amour, de la loyauté, et des *gasa*, chants narratifs remarquables par l'emploi du falsetto, du vibrato et de bien d'autres ornements vocaux>. ② air *m*, mélodie *f*, chant *m*. ¶ 독일 ~ lied(*er,s*) (allemand). ¶ 프랑스 ~ mélodie française; airs français.

◆_**집** -集 명 recueil *m* de chants; livret *m* [livre *m*] de chants.

가공[1] 加工 명 façonnage *m*, façonnement *m*, travail(*aux*) *m*, apprêt *m*. ◇_(을) **하다** fabriquer *qc*; manufacturer; produire; travailler ((une matière première)); façonner, transformer, ouvrer, ouvrager, traiter; ((직물, 가죽을)) apprêter. ¶ 수입한 원자재를 ~하여 수출하다 exporter des produits manufacturés [fabriqués] à partir de matières premières importées. ◇_(이) **되다** être fabriqué(*e*); être travaillé(*e*). ¶ 잘 ~된 제품 produits bien finis; produits manufacturés.

◆_**품** -品 명 objet *m* ouvré [façonné]; produit *m* industriel; produits *mpl* manufacturés.

◆_**기술** -技術 명 technique *f* de fabrication.

◆_**무역** -貿易 명 commerce *m* de produits manufacturés.

◆_**산업** -產業 명 industrie *f* légère; industrie *f* de biens d'usage et de consommation.

◆_**식품** -食品 명 produits *mpl* industriels alimentaires; plats *mpl* cuisinés (tout prêts), plats *mpl* tout préparés.

◆_**업자** -業者 명 fabricant(*e*); industriel *m*; manufacturier *m*.

◆**보세**_ 保稅- 명 traitement *m* des marchandises en entrepôt.

◆**보세_무역** 保稅-貿易 명 exportation *f* des marchandises en entrepôt.

◆**위탁_무역** 委託-貿易 명 exportation *f* des marchandises en consignation.

◆_**비** -費 명 frais *mpl* de fabrication.

가공[2] 架空 명 ① aérien(*ne*), en l'air. ¶ ~ 케이블 câble aérien. ¶ ~ 전력선 câble électrique aérien. ¶ ~ 철도 autorail aérien. ◇_(을) **하다** poser ((un câble)) aérien. ¶ 케이블을 ~하다 poser un câble aérien. ② 공상 fiction *f*, imagination *f*, chimère *f*. ¶ ~의 사건 aventure fictive [imaginaire]. ¶ ~ 인물 personnage fictif [imaginaire].

◆_**적** -的 명관 imaginaire; irréel(*le*); fictif(*ve*), chimérique. ¶ ~적 이론 théorie imaginaire.

◆_**선** -線 명 câble *m* téléphonique aérien; circuit *m* aérien.

가공[3] 可恐 명 effroi *m*, épouvante *f*, horreur *f*, atrocité *f*. ¶ ~의 위력 la force de l'effroi.

◆_**하다** 형 être effrayant(*e*), horrifiant(*e*), terrifiant(*e*), épouvantable, horrible. ¶ 이 화기의 위력은 ~할 만하다 La violence de ces feux [flammes, incendies] est effrayante [épouvantable, horrible]. ¶ ~할 상대 un adversaire horrifiant [terrifiant]. ¶ ~할 인물 un personnage effroyable [horrible].

가관 可觀 명 chose *f* à voir; beau [grand] spectacle *m*; belle vue *f*. ◇_**이다** Quel spectacle / C'est à voir! / Cela [Ça] mérite [vaut la peine] d'être vu! / Ça vaut [mérite] le déplacement! ¶ 그 녀석 우쭐거리는 꼴이 ~이다 Ce que ce type a l'air ridicule lorsqu'il se la joue {*fam*} [se donne de grands airs]! ¶ 그 옷을 입으니 그 여자는 정말 ~이다 Elle est vraiment ridicule là-dedans [accoutrée comme ça, affublée comme ça] / De quoi a-t-elle l'air dans cette tenue [dans cet accoutrement]! {*fam*}.

가교[1] 架橋 명 pont *m*. ¶ A와 B 사이에서 ~ 역할을 하다 servir de pont entre A et B; jouer le rôle de pont entre A et B.

가교[2] 假橋 명 pont provisoire *m*.

가구[1] 家口 명 ① 가족 famille *f*. ② 식구 membre *m* d'une famille. ¶ 3인 ~ une famille de trois (personnes). ¶ 우리 집은 5인 ~이다 Nous sommes cinq chez nous.

가구[2] 家具 명 meuble *m*; ameublement *m*; mobilier *m*. ¶ 서양식 ~ des meubles de style occidental. ¶ ~가 딸린 방 une chambre meublée [garnie]; un meublé. ¶ ~ 한 벌을 사다 acheter un mobilier complet. ¶ ~를 들여오다 meubler ((un appartement)); garnir ((une maison)) de meubles. ¶ ~가 많다[적다] être bien [peu] meublé(*e*).

◆ **_재** -材 명 matériau(*x*) *m* d'ameublement [pour la fabrication de meubles]. ¶ ~재를 다듬다 tailler des matériaux d'ameublement. ¶ 오동나무는 좋은 ~재이다 Le paulownia est un bon matériau d'ameublement / Le paulownia convient à l'ameublement.

◆ **_점** -店 명 maison *f* d'ameublement.

가극 歌劇 명 opéra *m*. ¶ ~에 출연하다 jouer dans un opéra.

◆ **_단** -團 명 troupe *f*[compagnie *f*] d'opéra.

◆ **_작가** -作家 명 librettiste *m*.

◆ **_장** -場 명 (théâtre *m* de l') opéra *m*.

가금 家禽 명 volaille *f*, basse-cour *f*; oiseaux *mpl* domestiques. ¶ 뒷마당에다 ~을 키우다 élever [nourrir] de la volaille dans l'arrière-cour.

◆ **_시장** -市場 명 marché *m* aux volailles.

가급적 可及的 부 le plus, le moins ... possible, autant que possible. ¶ ~ 빨리 le plus vite possible. ¶ ~ 많이 le plus possible; autant que possible; le maximum. ¶ ~ 조속한 회답 la réponse la plus rapide possible. ¶ ~ 집이 아니라 제 사무실로 전화 주셨으면 좋겠습니다 Je voudrais que vous téléphoniez, si c'est possible, à mon bureau, pas chez moi.

가까스로 부 ((겨우)) tout juste, de justesse; ((애써서)) à grand-peine, avec peine, difficilement. ¶ ~ 난관을 벗어나다 s'en tirer avec peine. ¶ ~ 위험을 모면하다 échapper tout juste [de peu] à un danger; l'échapper belle. ¶ 기다리는 사람이 많아서 ~ 버스를 탔다 Il y avait tellement de monde que j'ai pu à peine prendre le bus. ¶ 집에서 늦게 출발해서 ~ 10시 기차를 탈 수 있었다 Comme je suis parti(*e*) tard de la maison, j'ai pu tout juste prendre le train de 10 heures.

가까워지다 자 ① ((거리가)) approcher; se rapprocher de *qc*. ¶ 길이 새로 생겨 두 도시의 거리가 매우 가까워졌다 La nouvelle route a bien rapproché les deux villes. ② ((시간이)) approcher. ¶ 정초가 가까워진다 Le Jour de l'An approche. ¶ 새벽이 가까워지자 사람들 발걸음 소리가 들리기 시작했다 L'aube approchant, des pas ont commencé à se faire entendre. ③ ((사이가)) se rapprocher de *qn*; devenir intime avec *qn*. ¶ 그들이 서로 가까워진 지는 꽤 오래 되었다 Ça fait très longtemps qu'ils sont devenus intimes. ¶ 두 사람을 가까워지게 하다 favoriser l'intimité de deux personnes.

가까이 부 ① presque, à peu près, environ, près de; vers. ¶ 10개 ~ près de dix; une dizaine. ¶ 6천 명 ~ à peu près six mille personnes. ¶ 세 시간 ~ 기다리다 attendre presque trois heures. ¶ 나는 자정 ~ 되어서 잠이 들었다 Je me suis endormi(*e*) vers minuit. ② ((장소)) près de, non loin de, à deux pas de; à côté de, à proximité de; dans le voisinage, aux environs de *qc*. ¶ 나는 여기 ~에 산다 J'habite près d'ici. ¶ 그 여자들은 서로 ~ 앉아 있었다 Elles s'étaient assises l'une près de l'autre. ¶ 나는 그 여자에게 ~ 다가갔다 Je me suis approché(*e*) d'elle. ¶ 강 한복판 ~까지 접근하다 s'approcher du milieu du fleuve. ¶ 우리집 ~에 공원이 있다 Il y a un parc près de chez moi. ¶ 무엇을 ~서 관찰하다 examiner *qc* de près. ③ 친하게 intime. ¶ 이웃과 ~ 지내다 être intime avec *son* voisin. ¶ 우리 아들은 요즘 옆집 딸과 ~ 지낸다 Mon fils fréquente la fille des voisins en ce moment.

◆ **_하다** 재 se lier avec *qn*; frayer avec *qn*, s'associer à [avec] *qn*; se lier d'amitié avec *qn*. ¶ 그 남자는 자기 동료들과 거의 ~하지 않았다 Il frayait peu avec ses collègues. ¶ 그는 ~하기 힘들다 Il est peu abordable. 타 aimer *qc*, apprécier *qn*. ¶ 책을 ~하는 생활 une vie au milieu des livres, une vie dans et par les livres. ¶ 될 수 있는 대로 담배와 술을 ~하지 마십시오 Éloignez-vous autant que possible des cigarettes et de l'alcool / Tenez-vous loin [Méfiez-vous des, Évitez les] cigarettes et l'alcool autant que possible / Prenez autant de distance que possible vis-à-vis de l'alcool et des cigarettes.

가깝다 형 ① ((공간)) être près (de); être proche. ¶ 그 도시는 여기서 매우 ~ Cette ville est tout près d'ici. ¶ 나의 집은 우체국과[에서] ~ Ma maison est près de la poste. ¶ 구리는 서울과[에서] 거리가 매우 ~ Guri est tout près de Séoul. ¶ 학교는 이 길로 가는 것이 더 ~ C'est plus rapide par ce chemin pour aller à l'école. ¶ 가까운 은행 une banque proche. ¶ 가까운 지하철 역 une station de métro proche. ¶ 가장 가까운 길로 질러가다 aller par le plus court chemin. ¶ 가까운 곳에 두고 다른 곳에서 찾았군! Pourquoi chercher ailleurs ce que l'on a chez soi? ② ((시간)) être proche, prochain(*e*). ¶ 이제 봄이 ~ Maintenant le printemps est proche. ¶ 가까운 시일 내에 dans les jours prochains. ¶ 가까운 장래에 dans un proche avenir [un avenir prochain, un avenir très proche, un avenir peu éloigné], prochainement, dans peu de temps, bientôt, (incessamment) sous peu; à brève échéance; à bref délai, sans tarder, tantôt {*vx*}. ③ ((관계)) être proche, intime; être famili*er*(*ère*) avec *qn*; être parent(*e*) de *qn*. ¶ 그 여자는 내 동생과 ~ Elle est intime avec ma sœur. ¶ 그 남자는 나와 촌수가 ~ Il est mon proche parent. ¶ 그들은 서로 매우 가까운 사이다 Ils sont très amis l'un et l'autre. ¶ 가까운 친구 un(*e*) ami(*e*) intime. ¶ 가까운 일가친척 un proche parent. ¶ 가까운 이웃 un(*e*) proche voisin(*e*). ④ ((정도)) être presque ((parfait)). ¶ 그가 쓴 돈은 백만 원에 ~ C'est presque [à peu près, environ, près d']un million de wons qu'il a dépensé. ¶ 완벽에 ~ C'est presque parfait. ¶ 그 아저씨는 나이가 60에 ~ Ce monsieur a presque soixante ans / Ce monsieur frise [approche de] la soixantaine. ⑤ ((유사)) être proche de; être similaire à; ressembler à. ¶ 그 사람의 계획은 내 것에 ~ Son projet est proche du [est similaire au, ressemble au] mien. ¶ 개는 늑대에 ~ Le chien est proche du loup. ¶ 진품에 가까운 모조품 des imitations proches de l'original. ¶ 가까운 예를 들자면 pour prendre un exemple courant [habituel, familier].

***가까운 이웃이 먼 친척보다 낫다** Un bon voisin vaut mieux que des parents éloignés.

***법보다 주먹이** ~ La force est plus proche de nous que la loi / Force passe droit / La force prime le droit.

◆**가깝게** 부 proche, intime. ¶ 가깝게 느껴지다 se sentir proche.

가꾸다 타 ① cultiver ((des céréales)). ¶ 채소를 ~ cultiver des légumes. ¶ 꽃을 ~ cultiver des fleurs. ② ((재능을)) cultiver ((*son* intelligence)). ③ 치장하다 décorer, orner; parer, garnir. ¶ (몸을) ~ se parer. ¶ 얼굴을 ~ soigner le visage. ¶ 늙을수록 가꾸어야 한다 Plus on vieillit, plus il faut se soigner.

가끔 부 parfois, quelquefois, de temps en temps, de temps à autre. ¶ 그 친구는 ~ 오지 자주는 오지 않는다 Il vient quelquefois, mais pas souvent.

◆**_가다** 부 parfois, quelquefois, de temps à autre, de temps en temps. ¶ 그 사람은 요즘도 나를 ~가다 찾아온다 Il me rend visite de temps à autre même ces jours-ci.

가나다순 -順 명 ordre *m* alphabétique du coréen [du *hangeul*]. ¶ ~으로 배열[정렬]하다 ranger [classer] *qc* dans l'ordre alphabétique[par ordre alphabétique] du coréen. ¶ 표제어를 ~으로 정렬하세요. Classez les entrées par ordre alphabétique du coréen. ¶ ~의 역순으로 dans l'ordre inverse alphabétique.

◆**_ 정렬** -整列 명 classement *m* par ordre alphabétique du coréen.

◆**_ 소팅** 명 triage *m* [tri *m*, classement *m*] par ordre alphabétique du coréen.

가난 명 pauvreté *f*, indigence *f*, misère *f*, dénuement *m*; besoin *m*, gêne *f*, privation *f*. ¶ ~은 죄가 아니다 Pauvreté n'est pas vice. ¶ ~을 이겨내다[극복하다] vaincre [surmonter] la pauvreté. ¶ ~에 쪼들리다 être dans la misère. ¶ ~에서 벗어나다 sortir de la misère.

◆**_하다** 형 être pauvre, besogneux(*se*), nécessiteux(*se*). ¶ ~한 사람들 les pauvres. ¶ ~한 삶을 이어가다 mener une vie pauvre. ¶ ~한 살림을 차리다 entrer en ménage sans argent. ¶ ~한 집 une famille pauvre. ¶ 몹시 ~ être très pauvre, indigent(*e*), misérable, miséreux(*se*). ¶ 그 사람은 ~하다 Il est pauvre. ¶ ~하게 태어나다[살다] naître [vivre] pauvre. ¶ ~하게 자라나다 grandir dans la misère.

***(가랑이가) 찢어지게 ~하다** être pauvre comme Job.

***마음이 ~한 자는 복이 있나니** Bienheureux les pauvres en esprit [d'esprit] ((saint Mathieu, ch. XVIII, v, de 10 à 13)).

◆**_뱅이** 명 pauvre *mf*, indigent(*e*), miséreux(*se*), sans-le-sou *mf inv*. ¶ 돈 한 푼 없는 ~뱅이 un pauvre sans un sou, un(*e*) miséreux(*se*) sans un sou; celui qui couche sur la paille. ¶ 그 사람은 도박으로 ~뱅이가 되었다 Il a perdu toute sa fortune au jeu / Il s'est ruiné au jeu.

가내 家內 명 famille *f*.

◆**_공업** -工業 명 industrie *f* domestique.

◆**_공장** -工場 명 fabrique *f* à domicile

◆**_문제** -問題 명 affaire *f* familiale [domestique].

가냘프다 형 être frêle, grêle. ¶ 가냘픈 목소리 une voix grêle [frêle, fluette]. ¶ 가냘픈 허리 la taille svelte [mince]. ¶ 가냘픈 여자 une faible femme. ¶ 내 남동생은 손목이 ~ Mon petit frère a les poignets frêles. ¶ 몸이 ~ être faible de corps.

가녀리다 형 ☞ 가냘프다

가누다 타 ① ((몸을)) se tenir en équilibre; être en équilibre. ¶ 한발로 몸을 ~ se tenir en équilibre sur un pied. ¶ 그 아저씨는 몹시 취해서 몸을 가누지 못한다 Ce monsieur est tellement ivre qu'il ne tient pas debout. ¶ 그 아기는 아직 목을 잘 가누지도 못한다 Ce bébé a encore du mal à tenir son cou. ② ((정신을)) se maîtriser, se surmonter, se retenir, se commander, se dominer. ¶ 정신[기운]을 ~ se reprendre, se ressaisir; rassembler *ses* esprits [forces].

가느다랗다 형 être très fin(*e*), mince, délié(*e*), effilé(*e*). ¶ 가느다란 손발 les membres grêles [fluets]. ¶ 가느다란 손가락 les doigts effilés. ¶ 가느다란 목소리 une voix faible [grêle, fluette]. ¶ 내 우산은 손잡이가 ~ Mon parapluie a le manche mince.

가느스름하다 형 être un peu mince; ((taille)) un peu délié(*e*); ((doigt)) fluet(*te*). ¶ 가느스름한 몸매 le corps fluet. ¶ 가느스름한 막대기 un bâton mince.

가는귀 명 début *m* de surdité.

***~를 먹다** être un peu sourd, être un peu dur d'oreille [de la feuille {*fam*}], ne pas avoir l'ouïe très fine, être à moitié sourd(*e*), avoir un début de surdité. ¶ ~를 먹었니, 말을 못 알아듣게 Tu es sourd? Tu ne comprends pas ce que je te dis?.

가늘다 형 ① ((굵기)) être fin(*e*), mince, délié(*e*), effilé(*e*), étroit(*e*). ¶ 가는 목 le cou mince. ¶ 가는

ㄱ

비 une pluie fine. ¶ 가는 실 un fil ténu [fin]. ¶ 가는 허리 la taille fine; une taille de guêpe. ¶ 가는 모시 la ramie fine. ¶ 가는 신음 소리 de faibles gémissements. ¶ 가는귀를 먹다 être dur d'oreille [de la feuille {*fam*}]; avoir les portugaises ensablées {*fam*}. ¶ 이 유리관은 매우 ~ Ce tube de verre est très mince. ¶ 이 연필은 (심이) ~ Ce crayon a une mine fine. ¶ 그 여자는 목소리가 ~ Elle a une voix frêle. ② ((크기)) être fin(*e*). ¶ 가는 모래 du sable fin. ¶ 가는 알갱이 des grains fins. ¶ 이 광주리에 담긴 배들은 알이 ~ Les poires qui sont dans ce panier sont très finement granuleuses / La texture des poires se trouvant dans ce panier est très finement granuleuse.

◆**가늘게** 閉 ((écrire)) fin. ¶ 이 볼펜은 가늘게 써진다 Ce stylo à bille écrit fin. ¶ 눈을 가늘게 뜨다 entrouvrir les yeux, plisser les paupières.

가늠 명 ① 겨냥 mise *f* en joue, visée *f*. ¶ ~이 틀리다 mal viser. ② 판단 prévision *f*, pronostic *m*. ◇_(을) **하다[잡다]** ① viser, pointer; braquer ((une arme)). ¶ 목표를 잘 ~해 방아쇠를 당기다 appuyer sur la gâchette après avoir bien mis la cible en joue. ¶ 총을 잘 ~해 쏘다 tirer en ajustant bien *sa* visée. ② 판단 calculer; prévoir; observer, regarder attentivement; mesurer, prévoir. ¶ 정세[형세]를 ~하다 observer le développement de la situation. ¶ 오늘날과 같은 불확실성의 시대에는 미래에 대해 ~하는 것이 쉽지 않다 Dans une époque d'incertitude comme aujourd'hui, il n'est pas facile de prévoir l'avenir. ¶ 짙은 안개 때문에 한 치의 앞도 ~을 할 수 없다 À cause du brouillard épais on ne voit pas même à dix pas devant soi. ¶ 물이 흐려서 깊이를 ~할 수 없다 On ne peut pas estimer la profondeur de l'eau parce qu'elle est trouble. ¶ ~을 잡을 수가 없다 On ne peut pas mesurer exactement. ◇_(이) **되다** être calculable, prévisible. ¶ 어두운 산길이라 방향이 잘 ~되지 않았다 Le sentier étant obscur, je n'ai pas pu bien m'orienter. ¶ ~되지 않을 정도의 세월 le temps incommensurable [immensurable].

◆**_쇠** 명 appareil *m* de visée; œilleton *m* ((de viseur)).

◆**_자** 명 hausse *f*.

가능 可能 명 possibilité *f*. ¶ 불가능을 ~으로 만들다 rendre possible l'impossible.

◆**_하다** 형 être possible. ¶ ~한 계획 un projet réalisable. ¶ ~한 범위 내에서 autant que possible; dans la mesure du possible. ¶ ~하면 si cela se peut; si possible. ¶ ~한 한 빨리 le plus vite possible; aussi vite que possible. ¶ ~한 한 적게 틀리도록 하세요 Faites le moins de fautes possible. ¶ 모든 ~한 경우에 dans tous les cas possibles. ¶ 실행이 ~한 exécutable, praticable, réalisable. ¶ 그렇게 하는 것은 얼마든지 ~하다 C'est toujours possible de faire comme ça. ¶ 그가 우승하는 것은 ~하다 C'est possible qu'il remporte le championnat.

◆**_성** -性 명 possibilité *f*. ¶ 이번 일은 성공할 ~성이 반반이다 Ce projet a autant de chances de réussite que d'échec. ¶ ~성이 높다[낮다] C'est fort [peu] probable / On a de fortes [peu de] chances de+*inf* / Il est fort probable que+*ind* [Il est peu probable que+*subj*] / Il y a peu d'espoir [de fortes chances, de grandes chances] (pour) que+*subj* / Les chances (pour) que+*subj* ..... sont grandes [faibles]; il y a un grand [faible] espoir de+*inf*. ¶ 이 소송은 이길 ~성이 70 %다 On a 70 % de chance de gagner ce procès. ¶ ~성이 별로 없는 일[계획] un événement peu probable [un projet difficilement réalisable].

◆**_세계** -世界 명 【철학】 monde *m* possible.

◆**_세계의미론** -世界意味論 명 sémantique *f* des mondes possibles.

가다[1] 재 ① aller, se rendre; s'en aller; passer; partir. ¶ 프랑스[멕시코, 미국]에 ~ aller en France [au Mexique, aux États-Unis]. ¶ 외국에 ~ aller à l'étranger. ¶ 시장에 ~ aller au marché. ¶ 약국[미장원, 정육점]에 ~ aller à la pharmacie, aller chez le pharmacien [aller chez le coiffeur, aller chez le boucher]. ¶ 교회[미사]에 ~ aller à l'église [à la messe]. ¶ 병원에 ~ aller voir un médecin. ¶ 집에 ~ aller [rentrer] chez *soi*. ¶ 차[배, 기차, 비행기]로 ~ aller [se rendre *qp*] en voiture [en bateau, en train, en avion]. ¶ 이만 가봐야겠습니다 Il faut que je m'en aille / Je vous laisse / Je vous quitte. ¶ 그 사람은 너 기다리다 가버렸어 Il t'a attendu mais il est parti. ¶ 내 차로 가자 On y va dans ma voiture / On prend ma voiture. ¶ 그 사람은 결국 마지막 기차로 갔다 Il est finalement parti par le dernier train. ¶ 그는 AF 722편으로 간다고 한다. Il dit partir [y aller] par [sur] le vol AF 722. ¶ 걸어서 ~ aller [s'y rendre] à pied. ¶ 말[자전거, 코끼리]을 타고 ~ aller à cheval [à bicyclette, à dos d'éléphant]. ¶ …에게(로) ~ aller voir *qn*; ((누가 있는 방향으로)) aller vers *qn*. ¶ 그 사람은 형한테 갔어 Il est allé voir son (grand) frère. ¶ 나는 그 문제를 따지러 사장에게 갔다 Je suis allé(*e*) me plaindre au patron de ce problème. ¶ …에서 …로 ~ aller de *qp* à *qp*. ¶ 이 기차는 서울에서 부산으로 간다 Ce train va de Séoul à Busan. ¶ 일하러[낚시하러, 투표하러] ~ aller à *son* travail [à la pêche, aux urnes]. ¶ 장보러 ~ aller faire des achats. ¶ 산책하러 ~ aller en promenade [se promener, faire une promenade {*fam*}, se balader {*fam*}, faire une balade {*fam*}, prendre l'air {*fam*}]. ¶ 아이를 데리러 ~ aller prendre [chercher] un enfant ((à l'école)). ¶ 어딜 가십니까? -장 보러 가요 Où allez-vous? - Je vais faire des courses. ¶ 그 사람 저기 간다! Le voilà (qui passe)! ¶ 먼저 가세요 À vous d'abord / Allez-y / Après vous. ② 운행하다 aller. ¶ 이 비행기는 동경으로 간다 Cet avion va à Tokyo. ¶ 학교 버스가 학생들을 데리러 그리로 갈 거야 Le car scolaire viendra prendre les élèves. ¶ 이 기차[버스]는 강릉까지는 간다 Le train [Le bus] va jusqu'à Gangneung. ¶ 그 곳은 산세가 험해서 차가 못 간다 La région est

ㄱ

tellement montagneuse que la voiture ne peut y aller. ¶ 무작정 부산으로 가는 버스를 탔다 J'ai pris le bus qui va à Busan sans aucun but précis [sans (aucun) projet précis]. ¶ 문과대로 가는 길이 어디입니까? Quel est le chemin qui va à la faculté des lettres? ¶ 헐레벌떡 뛰어갔지만 버스는 이미 가 버린 뒤였다 J'ai couru à toute vitesse, mais le bus était déjà parti. ¶ 그 차는 시속 100km로 간다 Cette voiture fait 100km/h [du cent à l'heure] / Cette voiture roule à 100 à l'heure. ¶ 전 속력으로 ~ se lancer à toute vitesse. ③ aller à ⦅un spectacle⦆; assister à ⦅une réunion⦆; participer à ⦅un colloque⦆. ¶ 모임에 ~ aller [assister, participer] à la réunion. ¶ 음악회에[체육대회에] ~ aller au concert [à la réunion sportive]. ¶ 어제 친구들을 만나러 동창회에 갔다 Hier je suis allé(*e*) voir des amis à la réunion des anciens élèves. ¶ 이웃 고등학교 학생들이 잘 가는 까페 un café fréquenté par les élèves du lycée voisin. ④ ⦅군대에⦆ partir ⦅à l'armée⦆; ⦅학교에⦆ entrer ⦅au lycée, à l'université⦆, être admis(*e*) ⦅sur concours à l'université⦆. ¶ 군대에 ~ ⦅자원⦆ s'engager (dans l'armée); ⦅징집⦆ être enrôlé [se faire enrôler] dans l'armée, s'enrôler dans l'armée, partir [aller] à l'armée [au service, au régiment], entrer dans l'armée (pour le service militaire), rejoindre les rangs de l'armée. ¶ 그 아이가 벌써 학교에 갈 나이가 됐구나 Il est déjà arrivé à l'âge scolaire! / Il est déjà d'âge scolaire! / Il est déjà en âge d'être scolarisé! ⑤ (정도에) 이르다 arriver ⦅à un certain état⦆, atteindre ⦅un certain point⦆. ¶ 소년의 키는 선생님의 허리쯤에 갈까 말까 했다 La tête de ce garçon arrivait à peine à la taille de son maître. ⑥ ⦅추이가⦆ ¶ 논쟁이 어디까지 갔지? Jusqu'où est allé le débat? ¶ 결국 사건이 거기까지 갔다 L'affaire est arrivée [est allée] jusque-là / L'affaire en est arrivée là. ¶ 일이 그 지경까지 가도록 넌 도대체 뭘 했냐? Qu'as-tu fait pour que l'affaire en arrive là? ¶ 두 집안의 싸움으로 두 사람은 파혼까지 가게 되었다 La querelle des deux familles a conduit à ce que ces deux personnes rompent leurs fiançailles. ⑦ ⦅상황에⦆ arriver ⦅à un point d'une discussion⦆. ¶ 결론 부분에 가면 힘주어 말해라 Quand tu arrives à la conclusion, tu parles avec plus de force. ¶ 이 부분에 가서 특히 조심해라 Fais plus attention à cette partie. ¶ 이 장면에 가면 모든 관객이 눈물을 흘렸다 Tous les spectateurs ont versé des larmes à [au moment de] cette scène. ¶ 그런 상황에 가면 quand tu te trouves dans une pareille situation. ⑧ ⦅젓가락 등이⦆ arriver à, parvenir à+*inf.* ¶ 나는 돼지고기에는 젓가락[숟가락, 손]이 안 간다 Quant au porc, je ne parviens pas à en manger. ⑨ ⦅손, 품이⦆ 들다 exiger, demander, réclamer; nécessiter. ¶ 이 일에는 손[손질, 품]이 많이 간다 Ce travail nécessite [demande] beaucoup de soin. ¶ 잔손질이 많이 가는 일 un travail minutieux [méticuleux]. ⑩ ⦅눈, 눈길, 시선이⦆ se fixer sur *qc*/*qn*. ¶ 그 여자의 옷에[그 여자에게] 자꾸 눈길[눈, 시선]이 간다 Mes regards se fixent fréquemment sur son vêtement [sur elle]. ¶ 사람들의 시선이 예쁜 여자에게 가는 것은 당연하다 Il est normal que les regards des gens se fixent sur une belle femme. ⑪ 나아가다 mener à ⦅la réunification⦆. ¶ 민주주의[통일]로 가는 길 le chemin qui mène à la démocratie [à la réunification]. ¶ 역사는 어디로 가고 있는가? Où va l'histoire? ¶ 우리 사회는 어디로 가고 있는가? Où va notre société? ¶ 최근 북미관계가 우려스러운 방향으로 가고 있다 Les relations entre la Corée du Nord et les États-Unis vont [évoluent] de mauvaise façon [de façon inquiétante, dans une mauvaise direction]. ¶ 사회 분위기가 향락적 분위기로 가고 있다 La société se laisse aller à [dériver vers, entraîner vers] la recherche des plaisirs. ¶ 산업구조가 선진국형으로 가고 있다 La structure industrielle évolue [tend] vers celle d'un pays développé. ⑫ 새다 faire une digression [des digressions] (de); s'écarter du sujet. ¶ 이야기가 이상한 방향으로 간다[갔다] On s'écarte du sujet / La discussion dérape [dévie du sujet] / La discussion a dévié (du sujet) / La discussion a dérapé]. ⑬ ⦅진로⦆ entrer ⦅dans une entreprise, au CNRS⦆. ¶ 회사[연구소]에 ~ entrer dans une entreprise [dans un laboratoire], trouver une place [un emploi] dans une entreprise [dans un laboratoire]. ¶ 망설임 끝에 필립스로 가기로 했다 J'ai décidé d'aller [d'entrer, de travailler] chez Philips après beaucoup d'hésitation. ¶ 경쟁 회사에 부장으로 ~ Il est entré dans une compagnie concurrente comme [en tant que] directeur. ¶ 동생은 졸업 후 프랑스 국립과학연구센터로 갔다 Mon frère est entré au CNRS après avoir terminé ses études. ¶ 대학원에 가서 공부를 계속하기로 했다. J'ai décidé de poursuivre mes études dans le cadre d'un troisième cycle / J'ai décidé de prolonger mes études par un master [mastère]. ⑭ 부여되다 aller à *qn.* ¶ 이익금은 자선단체로 갈 것이다 Les bénéfices iront [seront distribués] à des œuvres charitables. ¶ 재산이 모두 장남에게 갈 것이다 Toute la propriété va à son fils aîné. ¶ 이 물건은 원주인에게 가야 한다 Cet objet doit revenir au propriétaire originel [au propriétaire d'origine, au premier propriétaire, au propriétaire de départ]. ¶ 토지 소유권은 결국 농민들에게 갔다 Le droit de propriété foncier est enfin allé aux paysans. ¶ 그에게 한 개가 더 갔다 Un autre [Un de plus] lui est distribué / Il en a un autre [un de plus]. ¶ 불상 한 점이 밀매꾼들을 통해 일본으로 갔다 Une statue de Bouddha est entrée au Japon par contrebande [clandestinement, de façon clandestine]. ¶ 그 그림이 어디로 갔는지 아무도 모른다 Personne ne sait où le tableau est allé [a disparu]. ⑮ 생기다 se former, apparaître, survenir. ¶ 벽에 금이 갔다 Une fissure s'est formée [est apparue,

est survenue] sur [dans] le mur / Il y a une fissure dans [sur] le mur / Le mur est fissuré / Le mur s'est lézardé [crevassé, fissuré]. ¶ 주름이 간 치마 une jupe froissée; ((주름치마)) une jupe plissée. ¶ 이 옷은 주름이 가지 않는다 Ce vêtement n'a pas besoin d'être repassé / Ce vêtement ne se froisse pas / Ce vêtement est infroissable. ¶ 눈가에 잔주름이 ~ avoir de petites rides autour des yeux, avoir des pattes-d'oie. ¶ 주름이 간 이마 ((avoir)) le front ridé. ¶ 그 정치인은 그 사건으로 정치 생명에 흠집이 갔다 Cet événement a nui à sa carrière politique. ⑯ ((손에)) tomber entre les mains de *qn*. ¶ 너에게[네 손에] 가면 남아나는 물건이 없다니까 Tout ce qui te tombe entre les mains est cassé [abîmé]. ⑰ ((시점에)) il faut attendre ... pour+*inf*. ¶ 내일쯤에 가서야 알 수 있다 Il faut attendre demain pour connaître le résultat / On ne le saura que demain. ¶ 결국에 가서는 finalement, à la fin. ¶ 선거 결과는 내일쯤 가면 나올 것이다 Le résultat de l'élection sera connu demain / On pourra connaître le résultat de l'élection demain. ¶ 그 계획은 실천 단계에 가서는 흐지부지 되고 말았다 Le projet est tombé à l'eau à l'étape de la pratique [au moment de la mise en pratique]. ⑱ ((기계가)) marcher, fonctionner. ¶ 이 시계는 잘 안 간다 Cette montre ne marche pas. ¶ 이 시계 가고 있는 거야, 죽은 거야? Cette montre marche-t-elle ou pas? / Cette montre marche-t-elle ou est-elle cassée? ¶ 내 차는 5년이 넘었는데 아직 잘 간다 Ma voiture va [marche] bien même si elle a plus de 5 ans. ¶ 우리 회사는 알콜로 가는 차를 개발했다. Notre société a développé la [une] voiture qui marche à l'alcool. ⑲ ((시간이)) s'écouler, passer. ¶ 세월이 간다 Le temps passe [s'écoule]. ¶ 해가 감에 따라서 à mesure que les années passent. ¶ 4월도 다 갔다 Avril aussi est presque passé. ¶ 좋은 시절 이제 다 갔어 La plus belle période [époque] fait désormais parti du passé / La belle époque [L'âge d'or] est terminé(e) [fait partie du passé]. ¶ 날이[해가] 갈수록 à mesure que les jours [les années] passent. ¶ 모두들 시간 가는 줄 모르고 재미있게 놀았다 Tout le monde s'est amusé sans voir le temps passer / Tout le monde a passé du bon temps sans voir les heures s'écouler / Personne n'a vu le temps passer. ⑳ 사라지다 s'en aller, disparaître. ¶ 가 버린 희망[행운] un espoir [une chance] qui s'en est allé(*e*) [perdu(*e*)]. ㉑ ((전기가)) y avoir une panne ((d'électricité)); ((전기불이)) s'éteindre. ¶ 전기가 갔다 Il y a une panne d'électricité / Il n'y a plus d'électricité. ¶ 전기불이 갔다 La lumière (électrique) s'est éteinte. ㉒ 빠지다 disparaître. ¶ 이 세제를 쓰면 때가[얼룩이] 잘 간다 Cette lessive efface bien les taches. ㉓ 【속어】 까무러치다 tomber K.-O., être K.-O., au tapis; être bien [déjà] parti(*e*), soûl(*e*), pété(*e*) {*fam*}, abruti(*e*) par l'alcool; être sonné(*e*), groggy, chancelant(*e*), titubant(*e*), vacillant(*e*). ¶ 그 선수는 펀치 한 방에 완전히 갔다 Le boxeur était complètement sonné [groggy] après un coup de poing. ¶ 창피하게 소주 2병에 가냐? Quelle honte d'être déjà bien parti(*e*) [soûl(*e*), ivre, pété(*e*) {*fam*}, de chanceler, de tituber, de mal tenir l'alcool, de mal tenir le coup] avec [après] seulement deux bouteilles de *soju*! ㉔ 죽다 mourir; disparaître ((du monde, de la terre)). ¶ 먼저 가신 순국 영령들께 묵념을 올리겠습니다 On va observer une minute de silence pour les gens morts pour la patrie [au champ d'honneur]. ¶ 그는 이제 가고 없습니다 Il n'existe plus. ¶ 건강하던 사람이 졸지에 갔다 Il est mort brusquement alors qu'il était en bonne santé. ㉕ 지속하다 aller, durer. ¶ 세일이 이달 말까지 간대 On dit que les soldes vont [durent] jusqu'à la fin du mois. ¶ 이 유행은 오래 가지 못할 거다 Cette mode ne durera pas longtemps / Cette mode ne sera que passagère [ne fera pas long feu {*fam*}]. ¶ 담배 끊겠다는 결심이 하루도 못 갔다 Ma décision d'arrêter la cigarette n'a pas duré un jour. ¶ 이 억울함은 평생을 가도 잊을 수 없다 De toute ma vie, je ne pourrai pas oublier cette injustice. ㉖ 견디다 faire ((une durée de temps)). ¶ 양식이 두 달을 가지 못할 것이다 Les vivres ne font pas deux mois. ¶ 이 비누는 오래 간다 Ce savon fera un long usage / Ce savon fera un usage prolongé. ¶ 오래 못 가는 천 une étoffe peu résistante. ¶ 하루 밖에 못 가는 꽃 une fleur qui ne dure qu'un jour. ㉗ 해당하다 correspondre à; avoir ((une hauteur de 100 mètres)); coûter. ¶ 그 아이는 성적이 반에서 중간 정도는 간다 Sa note à l'école correspond à la moyenne de la classe. ¶ 그 건물은 높이가 100m 쯤 간다 Cet immeuble a environ 100 mètres de haut / Cet immeuble a une hauteur d'une centaine de mètres. ¶ 쌀이 가마에 15만원 ~ Le riz coûte 150 mille wons le sac de 80 kilos. ¶ 으뜸가는 명필 C'est le meilleur calligraphe. ¶ 첫째가는 일 le travail qui vient en premier [au premier rang]. ㉘ 변질되다 perdre *sa* fraîcheur, s'altérer; (s')aigrir; se gâter, pourrir. ¶ 이 고기는 (맛이) 좀 갔다 Cette viande est avariée [n'a plus bon goût, est putréfiée]. ¶ 국이 맛이 갔다 Cette soupe est tournée [piquée]. ¶ 맛이 간 맥주 une bière éventée. ¶ 내 컴퓨터가 맛이 갔어 Mon ordinateur a rendu l'âme [ne marche plus, ne fonctionne plus, est cassé, est en panne, est foutu {*fam*}, est nase {*fam*}, est naze {*fam*}]. ¶ 그 친구는 (완전히) 맛이 갔다 Il est (complètement) diminué ((à cause de la fatigue, d'une grippe, de la maladie, etc.)) / ((피로)) Il est complètement nase [naze, crevé, fichu, foutu, mort, patraque, miné, vidé, K.-O., knock-out, raplapla, raplati, flagada, ramollo, hors service [H.S.], vidé, claqué, chiné, pompé, lessivé] {*fam*} / Il est sur les dents [sur les rotules, sur les genoux] / Il est mort de fatigue / Il tombe [meurt] de fatigue / Il est à moitié

mort / Il n'en peut vraiment plus / Il est au bout du rouleau / Il est à bout de force / Il est à ramasser à la petite cuillère {*fam*} / Il n'y a plus rien à tirer de lui {*fam*} / ((술)) Il est ivre mort / Il est complètement parti [bourré, beurré, pété, schlass, rond, plein] {*fam*}. ¶ 저 인간 완전히 맛이 갔어 Il est complètement malade, ce type! / Il n'est vraiment pas bien, celui-là {*fam*} / Ce type a complètement perdu la tête [l'esprit, la raison, la boule {*fam*}] / Ce type est complètement fou [fêlé {*fam*}] / Ce type débloque [déraille] complètement / Ce type est fou à lier. ¶ 이 생선은 물이 갔다 Ce poisson est pourri [a pourri, n'a plus bon goût]. ¶ 이 천[실크]은 색깔이 갔다 Cette étoffe [soie] est déteinte / Les couleurs de cette étoffe [soie] sont passées. ㉙ ((입맛 등이)) perdre ((l'appétit)). ¶ 나는 요즘 입맛이 완전히 갔다 J'ai complètement perdu l'appétit ces temps-ci. ¶ 밥맛이 가서 식사 때면 괴롭다 Je me sens mal à l'aise à chaque repas parce que j'ai perdu l'appétit. ㉚ ((피해, 손해 따위가)) subir; devenir ((une charge)). ¶ 이번 일로 가족들에게[회사에] 엄청난 피해가 갔다. Cette affaire a fait [a causé] de grands torts à ma famille [à ma société] / Ma famille [Ma société] a subi de grands torts à cause [à l'occasion] de cette affaire. ¶ 그 사람에게는 절대 해가 가지 않도록 해라 Il ne faut surtout pas lui causer de torts [d'ennuis]. ¶ 건강에 무리가 가지 않도록 해라 Prends garde de ne pas nuire à ta santé / Prends garde de ne pas abîmer [compromettre] ta santé. ¶ 주위 사람들에게 부담이 가지 않도록 해야 한다 Il ne faut pas que cela soit une charge pour l'entourage [pour les voisins]. ㉛ ((전화, 연락, 통고 등이)) être adressé(*e*) à *qn*. ¶ 1주일 후에 모임이 있다고 회원들에게 통고가 갔다 Ils ont donné aux membres l'avis qu'il y aurait une réunion une semaine plus tard. ¶ 이사회로부터 김 사장에게 최후통첩이 갔다 Le conseil d'administration a adressé un ultimatum au P.-d.g. Kim. ㉜ ((이해, 납득, 판단, 의심 등이)) avoir ((des doutes)). ¶ 그의 행동이 이해가 안 간다 Je n'arrive pas à comprendre son comportement. ¶ 아무래도 나는 그 사람이 의심이 간다 De toute façon, je ne peux pas m'empêcher de douter de lui. ¶ 그의 범행에 심증은 가지만 물증이 없다 On le soupçonne d'être l'auteur de ce crime mais il n'y a pas de preuve matérielle. ¶ 동생이 그렇게 했을까 의심이 간다 Je doute fort que mon frère l'ait fait. ㉝ ((관심, 호감, 동정, 애착 등이)) être ((sympathique)) à *qn*. ¶ 나는 그 여자에게[그 여자의 상냥함에] 호감이 간다 Elle [Son amabilité] m'est sympathique. ¶ 불어에 특히 애착이 간다 Je tiens surtout au français / Je suis passionné(*e*) notamment de [par le] français.
***가는 말이 고와야 오는 말이 곱다** ☞ 말¹
***갈 데까지** ~ atteindre un point [le stade] de non retour; s'envenimer irrévocablement; arriver à *son* terme; toucher [tirer] à *sa* fin, aller jusqu'au bout. ¶ 그들은 사이가 갈 데까지 갔어 Leurs rapports sont irrévocablement [définitivement] envenimés. ¶ 두 남녀는 이미 갈 데까지 간 사이야 Ce couple a atteint un point de non retour / Ils ont atteint un point de non retour / Ils sont allés très loin / Ils ne peuvent plus revenir en arrière / Ils ont déjà couché ensemble. ((결별, 절교)) Ce couple a déjà rompu / ((동침)) Ce couple a déjà consommé [est déjà allé loin].
***손이** ~ demander beaucoup de travail [de main d'œuvre, de soin, de préparation], donner beaucoup de travail. ¶ 손이 많이 가는 음식 un plat qui demande beaucoup de préparation [qui demande beaucoup de travail, qui donne beaucoup de travail].
***어디로[어디에]** ~ ① passer *qp*, disparaître. ¶ 차표가 어디로 가버렸다 Mon billet a disparu / J'ai égaré mon billet. ¶ 차표가[내 안경이] 어디로 갔지? - 여기 있잖아! Où est (encore) passé [a encore bien pu passer] mon billet?[Où peut bien être mon billet?] - Le voilà! [Où sont (encore) passées [ont (encore) bien pu passer] mes lunettes? - Elles sont là!] ② disparaître. ¶ 그 많던 재산이 다 어디로 갔는지! Où est allée toute cette énorme fortune! ¶ 예전의 그 열정은 다 어디로 가고 탐욕만 남았는가! Toute la passion d'autrefois a disparu [s'en est allée, est partie] et l'avidité seule reste.
◆**오고_** aller et venir; échanger. ¶ 정치인들과 폭력배들 사이에 돈이 오고 간다 Les hommes politiques et les gangsters font du marché noir.
◆**오다_** 뿐 par hasard; quelquefois, parfois, de temps en temps; avec le temps. ¶ 살다 보면 ~ 좋은 일도 있다 La vie nous réserve de temps en temps de belles surprises.

가다² 타 ① ((길을)) se déplacer sur ((un chemin)). ¶ 산길[시골길]을 ~ se déplacer sur un chemin de montagne [sur un chemin de campagne]. ¶ 밤길을 ~ marcher (pendant) la nuit. ¶ 다니던 길로 가는 것이 더 안전할 거다 Il sera plus sûr d'emprunter [de suivre, de passer par] le chemin habituel. ¶ 산길을 가다가 이상한 버섯을 발견했다 J'ai trouvé d'étranges champignons en parcourant la montagne. ¶ 길을 가다가 우연히 친구를 만났다 Le hasard a voulu que je rencontre un ami chemin faisant [en chemin, en cours de chemin] / J'ai vu un ami par hasard chemin faisant [en chemin, en cours de chemin]. ② ((행위를 하러)) aller ((voir un spectacle, faire une balade, se baigner)). ¶ 산책을 ~ aller se promener [faire une promenade, se balader {*fam*}, faire une balade {*fam*}, prendre l'air {*fam*}]. ¶ 목욕을 ~ aller prendre un bain. ¶ 문병을 ~ aller faire une visite à un malade. ¶ 꿩 사냥을 ~ aller à la chasse aux faisans. ¶ 야외로 소풍을 ~ aller en pique-nique au grand air, aller pique-niquer au grand air. ¶ 어제 극장에 연극 구경을 갔다 Je suis allé(*e*) au théâtre hier / Je suis allé(*e*) voir une pièce. ¶ 우리 과는 내일 청평으로 여행을

간다 Demain, notre département part en voyage à Cheongpyeong. ¶ 우리는 제주도로 신혼여행을 갔다 Nous sommes allés à [sur] l'île de Jeju pour notre voyage de noce(*s*) [en voyage de noce(*s*), pour notre lune de miel]. ¶ 그는 시내에 심부름을 갔다 Il est allé en ville faire une commission. ③ ((비유적)) suivre ((une voie)). ¶ 자기 길을 ~ ((이동)) passer *son* chemin; ((자기 뜻대로)) faire à *sa* guise; ((남과 다르게)) se désolidariser d'avec ses collègues, faire bande à part. ¶ 고난의 길을 ~ suivre une voie [un chemin] difficile. ¶ 우리의 갈 길 la voie que nous devons suivre, le chemin que nous devons suivre. ¶ 내가 가는 길을 누가 막을 거냐? Qui peut oser me barrer le passage? / Qui osera me faire obstacle? ¶ 형제가 서로 같은[다른] 길을 간다 Ces frères suivent la même voie [des voies différentes]. ¶ 그들은 정치적으로 서로 다른 길을 가고 있다 Ils suivent des voies politiques différentes. ¶ 그것은 학자가 갈 길이 아니다 Ce n'est pas la voie de la recherche [du chercheur] / Ce n'est pas la carrière du chercheur. ¶ 아무리 험한 길을 갈지라도 quelque [si] escarpée que soit la route [le chemin, la voie] que nous suivons [que nous empruntons]. ¶ 그들은 먼 길을 함께 가면서 말 한마디 안 했다 Ils ne se sont pas dit [Ils n'ont pas échangé] un seul mot pendant tout ce long trajet. ④ ((‘이동’ 보어와)) faire ((un voyage)). ¶ 여행을 ~ faire un voyage. ¶ 그는 미국으로 도망을 갔다 Il s'est enfui aux États-Unis. ¶ 우리 집은 서울로 이사를 갔다 Ma famille a déménagé à Séoul. ¶ 그 선생님은 다른 학교로 전근을 가셨다 Ce professeur est allé [est passé] dans une autre école / Ce professeur a changé d'école. ¶ 남편은 내일 부산으로 출장을 간다 Mon mari va en voyage d'affaires à Busan demain.

가다[3] 조동 ① ((진행)) aller (en) V-ant. ¶ 상황이 악화되어 간다. La situation va (en) se dégradant. ¶ 그는 통증이 심해져 간다 Son mal va en empirant. ¶ 불안이 더 가중되어 가고 있었다 L'inquiétude allait croissant. ¶ 고기가 다 익어 간다. La viande est presque cuite. ¶ 날이 어두워 간다 Il commence à faire sombre. ¶ 관세 장벽이 나날이 높아만 간다 Les barrières douanières ne font qu'augmenter. ¶ 책을 다 읽어 간다 J'ai presque terminé ce livre. ② ((동시동작)) en+*p.pr.* ¶ 점심을 걸러 가면서 토론을 했다 Nous avons discuté en sautant même le déjeuner. ¶ 그는 농담까지 섞어 가면서 말했다 Il a parlé en y mêlant même des plaisanteries [en y ajoutant même des plaisanteries]. ¶ 쉬어 가면서 일해라 Tu travailleras en te reposant. ③ ((발화시점 이후의 진행)) continuer à/de+*inf.* ¶ 앞으로도 이 일을 계속해 갈 것이다 Je ne cesserai pas de faire ce travail.

가다듬다 타 ① ((정신을)) se ressaisir; s'armer de (tout *son*) courage; se calmer, s'apaiser, se recueillir, se remettre. ¶ 생각을 ~ réfléchir. ¶ 마음을 ~ se ressaisir, se calmer. ¶ 정신을 가다듬고 공부에 전념하다 se ressaisir et s'appliquer à *son* étude. ② ((옷차림을)) arranger ((*sa* tenue)). ¶ 옷매무새를 ~ arranger *sa* tenue. ¶ 자세를 ~ se redresser. ③ ((목청을)) s'éclaircir ((la voix)). ¶ 노래를 하기 전에 목소리를 ~ s'éclaircir la voix avant de chanter; se racler la gorge avant de chanter {*fam*}.

가닥 명 ① fil *m* ((d'une corde, de laine)); bande *f*; cordon *m*. ¶ 실 ~ fil (de laine). ② ((par quel)) bout *m* ((commencer)).

* **~을 잡다** voir le bout du tunnel. ¶ 일의 ~을 잡기가 어렵다 Je ne sais pas par quel bout commencer.
* **~이 지다[나다]** se diviser, se ramifier.

분류 ¶ 실 한 ~ un bout de fil. ¶ 머리를 두 ~으로 땋다 natter les cheveux en deux tresses. ¶ 한 ~의 희망이 남아 있다 Il reste encore un espoir.

가담 加擔 명 participation *f*, collaboration *f*. ◇_(을) **하다** participer; prendre part à *qc*. ¶ 음모[범죄, 범행, 데모]에 ~하다 tremper dans un complot [participer à un crime, être complice d'un crime; participer à une manifestation]. ¶ 나는 그런 음모에 ~할 수 없다 Je ne peux pas prendre part à une telle intrigue. ¶ 그 사람은 어느 쪽에도 ~하지 않는다 Il ne prend aucun parti.

◆**_자** -者 명 participant(*e*) *mf*, collabora*teur*(*trice*). ¶ 단순~자 simple participant *m*, simple acteur *m*.

가당찮다 可當- 형 être injuste, déraisonnable; ne pas convenir. ¶ 가당찮은 요구 une demande déraisonnable. ¶ 너의 지적은 ~ Ce que tu dis est injustifié. ¶ 노인이 젊은 처녀와 결혼하는 것은 ~ Il ne convient pas qu'un vieillard se marie avec une jeune fille. ¶ 가당찮게 내가 그런 일을 할 수 있나? Je n'oserais pas faire une telle chose.

가도 街道 명 grande route *f*, voie *f* de communication.

◆**경춘_** 京春- 명 la route qui va de Séoul à Chuncheon.

◆**상승_** 上乘- 명 hausse *f* constante [continue], progrès *mpl* constants [continus]. ¶ 상승 ~를 달리다 être en hausse constante [continue], faire des progrès constants [continus], progresser constamment; remporter des succès constamment.

가독성 可讀性 명 lisibilité *f* d'un texte. ¶ ~이 높다[낮다] être facile [difficile] à lire. ¶ 글자의 호수를 크게 하면 ~이 높아진다 Si l'on augmente la taille des caractères, le texte devient plus lisible. ¶ ~을 높이다[떨어뜨리다] améliorer [diminuer] la lisibilité d'un texte.

가동 稼動 명 opération *f*, trav*ail*(*aux*) *m*, fonctionnement *m*. ¶ 수출 산업의 ~ 저조 la stagnation des industries d'exportation. ¶ 새 원자로의 ~을 지켜보다 contrôler la mise en fonctionnement du nouveau réacteur nucléaire. ◇_(을) **하다[시키다]** faire tourner ((une machine)). ¶ 기계를 하루 12 시간씩 ~한다 On fait tourner la machine douze heures par jour. ◇_(이) **되다** tourner, fonctionner. ¶ 공장이 24시간 완전 ~되고 있다 Les usines tournent vingt-quatre heures sur vingt-quatre.

◆_력 -力 명 régime *m* ((du moteur)). ¶ 엔진의 ~력이 떨어졌다 Le régime du moteur a baissé. ¶ 엔진의 ~력을 올리다[키우다] faire monter [faire baisser] le régime du moteur.

◆_률 -率 명 ¶ taux *m* d'activité.

◆_시설 -施設 명 installation *f* en service [en marche, opérationnelle].

◆_인구 -人口 명 population *f* active.

◆_일수 -日數 명 nombre *m* de jours ouvrables ((par mois)).

가두 街頭 명 rue *f*. ¶ ~에서 à la rue; sur le pavé. ¶ ~판매하다 être en vente dans les rues.

◆_모금 명 collecte *f* dans les rues. ¶ ~모금을 하다 organiser une collecte dans les rues.

◆_선전 -宣傳 명 publicité *f* dans les rues. ¶ ~선전을 하다 faire de la publicité dans les rues.

◆_시위 -示威 명 manifestation *f* de rue [dans les rues, sur la voie publique]. ¶ 격렬한 ~시위 une violente manifestation de rue [sur la voie publique]. ¶ ~시위(를) 하다[벌이다] manifester sur la voie publique. ¶ ~시위가 벌어졌다[일어났다] Il y a eu [On a assisté à] une manifestation de rue [sur la voie publique, en ville].

◆_연설 演說 명 discours *m* sur la voie publique. ¶ ~연설을 하다 faire un discours sur la voie publique. ¶ ~연설을 듣다 écouter un discours donné sur la voie publique.

가두다 타 ① enfermer, confiner; ((옥에)) mettre en prison [sous les verrous], enfermer *qn* ((dans une cellule)); ((한정된 장소에)) mettre en résidence surveillée. ¶ 죄수를 옥[감방]에 ~ mettre en prison; enfermer dans une cellule. ¶ 닭을 우리에 가두어 기르다 élever des poules dans un poulailler. ② ((물을)) faire entrer ((de l'eau)). ¶ 논에 물을 ~ faire entrer l'eau dans la rizière.

가두리 명 bord *m*, bordure *f*.

◆_양식 -養殖 명 élevage en filet.

◆_양식장 -養殖場 명 ferme *f* d'élevage en filet.

가드 영{guard} 명 【운동】 arrière *m*.

가드레일 영{guardrail} 명 garde-fou *m*.

가든파티 영{garden party} 명 garden party(~-~s, garden-parties) *f* {*vx*}, partie *f* [réception *f* mondaine] en plein air. ¶ ~를 열다 organiser une réception mondaine en plein air.

가득 부 plein(*e*) de *qc*; ((être plein)) à ras bord, jusqu'au bord; plein ((les poches)). ¶ 바구니에 포도가 ~ 담겨 있다 Le panier est plein de grappes de raisin. ¶ 수레에 짐이 ~ 실려 있다 La charrette est pleine à craquer. ¶ 잔이 넘치도록 ~ 붓다[따르다] remplir un verre à ras bord. ¶ 방안 ~ 향기가 피어난다 La chambre exhale une odeur agréable / Une odeur agréable s'exhale de la chambre.

◆_하다 형 être plein(*e*) de *qc*; être comble, bondé(*e*). ¶ 바구니가 사과로 ~하다 Le panier est plein de pommes. ¶ 나쁜 생각이 ~한 머리 la tête pleine de mauvaises idées. ¶ 동전으로 ~한 주머니 la poche pleine de pièces de monnaie. ¶ 연기가 ~한 방 une chambre enfumée. ¶ 컵에 물이 ~하다 un verre est plein d'eau. ¶ 방 안에 사람이 ~하다 La salle est comble. ¶ 눈에 눈물이 ~하다 avoir les yeux baignés [trempés] de larmes; avoir des larmes plein les yeux. ¶ 입에 음식이 ~하다 avoir la bouche pleine. ¶ 마음에 근심이 ~하다 avoir beaucoup de soucis. ¶ 수심이 ~한 얼굴 un visage très soucieux. ¶ 행복이 ~한 집 une famille resplendissante de bonheur. ¶ 독에 물을 ~하게 채우다 remplir d'eau une jarre à ras bord.

◆_ _ 부 ((être plein)) à déborder; ((remplir)) à ras bord, jusqu'au bord. ¶ ~~ 채우다 remplir à ras bord [jusqu'au bord]. ¶ 논마다 봇물이 ~~ 괴어 있다 Toutes les rizières sont immergées.

가득히 부 ☞ 가득

가등기 假登記 명 enregistrement *m* provisoire au cadastre. ◇_(를) 하다 enregistrer provisoirement ((un terrain)) au cadastre. ◇_(가) 되다 être provisoirement enregistré(*e*) au cadastre.

가뜩 부 ① ☞ 가득 ② ☞ 가뜩이나

가뜩이나 부 en [de] plus, bien plus, en outre, outre cela, de surcroît, par-dessus le marché; de mal en pis; un malheur ne venant jamais seul; coup sur coup; l'un après à l'autre; ((반어적으로)) pour tout arranger, pour couronner le tout, brochant sur le tout; pour comble de malheur [d'infortune], par [de] surcroît, pis encore; et comme si ça ne suffisait pas {*fam*}, ... ¶ ~ 사이가 나쁜데, 거기다 대고 욕을 해? Déjà qu'ils sont à couteaux tirés, et là-dessus, toi, tu l'insultes? / Ils sont déjà en mauvais termes et toi, par-dessus le marché tu l'injuries? / Ils s'entendent mal et pour couronner le tout, toi, tu l'insultes? ¶ ~ 어려운데다가 이런 일까지 생기다니 Quel malheur! N'ai-je pas encore suffisamment de problèmes? / Je n'avais vraiment pas besoin de ça!

가뜬하다 형 ☞ 거뜬하다, 가뿐하다

가라사대 【고어】 selon, d'après. ¶ 공자 ~ Confucius dit ...; selon [d'après] Confucius ... ¶ 성경에 ~ on lit dans la Bible que+*ind*.

가라테 일 명 *karaté m*. ¶ ~ 도장 une salle d'entraînement de karaté. ¶ ~ 유단자 un *karatéka* ceinture noire (*x*)ième dan ((premier *dan*, deuxième *dan*, etc.)).

가라앉다 자 ① ((배가)) couler, sombrer. ¶ 배는 바다 속으로 가라앉았다 Le bateau sombra dans les flots. ② ((찌꺼기가)) se déposer. ¶ 주전자에 찌꺼기가 ~ avoir du dépôt au fond de la bouilloire. ③ ((몸이)) 가라앉다 se noyer. ¶ 그 여자는 수영을 못해 물속으로 가라앉는다 Ne sachant pas nager, elle finit par se noyer. ④ ((흥분, 마음이)) se calmer, s'apaiser; devenir calme, tranquille. ¶ 흥분이 ~ retrouver *son* calme. ¶ 사람들 마음이 가라앉았다 Les esprits se sont calmés [tranquillisés]. ⑤ ((아픔이)) passer. ¶ 두통이 가라앉았다 Le mal de tête est passé. ⑥ ((숨결이)) redevenir régulier(ère); ((기침이)) se calmer. ¶ 그는 거친 숨결이 가라앉았다 Son souffle court est redevenu régulier. ¶ 기침이 가라앉았다 La toux s'est calmée. ⑦ ((바람, 파도가)) se calmer. ¶ 파도가 가라앉자 어부들은 출어 준비를 서둘렀다 Dès que la mer se fut calmée, les pêcheurs se hâtèrent de partir pour la pêche. ⑧ ((부기가)) désenfler. ¶ 약을 발랐더니 부기가 가라앉았다 J'ai mis un emplâtre, et la tuméfaction a diminué. ¶ 퍼렇게 부어 오른 눈두덩이 닷새가 지나도록 가라앉지 않았다 Son œil au beurre noir n'a pas désenflé même après cinq jours. ⑨ ((분위기가)) s'apaiser. ¶ 떠들썩한 분위기가 ~ Une atmosphère bruyante s'apaise. ⑩ ((목소리가)) être calme, posé(e). ¶ 그 남자의 목소리는 착 가라앉아 있었다 Sa voix était calme, posée.

가라앉히다 타 ① laisser se déposer. ¶ 방안의 먼지를 ~ laisser les poussières de la chambre se déposer. ② ((배를)) couler; faire couler; faire sombrer *qc* ((dans l'eau, dans la mer)). ③ 진정시키다 calmer, apaiser, adoucir ((la peine, la douleur)). ¶ 마음을 ~ se calmer, se tranquilliser. ¶ 흥분을 ~ calmer [apaiser] *qn*. ¶ 진통제가 잠시 아픔을 가라앉혔다 Le calmant a apaisé un moment la douleur. ④ ((분위기 따위를)) refroidir. ¶ 그의 낙방 소식이 집안 분위기를 착 가라앉혔다 La nouvelle de son échec a refroidi l'ambiance familiale.

가라오케 일 명 *karaoké m*. ¶ ~에 가서 노래를 부르다 aller chanter dans un *karaoké*.

가락[1] 명 ① ((음조)) ton *m*. ¶ 바이올린의 ~ la tonalité du violon. ¶ 구성진 ~ un ton mélancolique. ② ((솜씨)) dextérité *f* ((d'un prestidigitateur)); habilité *f* ((d'un artisan)).
*~**이 나다** devenir expérimenté(*e*) dans ((un travail)); acquérir une expérience; commencer à apprendre le métier, faire *ses* classes, se faire la main. ¶ 이제는 일에 ~이 나서 눈 감고도 할 수 있다 Maintenant que je suis entraîné(*e*) [que j'ai de l'expérience], je pourrai le faire les yeux fermés.
*~**이 나오다** ((본 실력이)) reprendre *son* allure normale.
분류 ((une)) chanson. ¶ 노래 한 ~ une chanson.

가락[2] 명 ① 물레가락 fuseau(*x*) *m*. ② 토막 bâton *m*; barre *f*. ¶ ~이 굵다 être gros(*se*).
◆**_국수** 명 *garakguksu fpl* <grosses nouilles blanches faites de farine de blé>.
분류 ((un)) bâton *m*. ¶ 엿 두 ~ deux bâtons de sucre d'orge.

가락지 명 ((알이 없는)) anneau(*x*) *m*; ((알이 있는)) bague *f*; ((결혼반지)) alliance *f*. ¶ ~를 낀 손가락 doigt bagué. ¶ ~를 끼다[끼고 있다] passer la bague [porter une bague (au doigt)]. ¶ ~를 빼다 retirer *sa* bague.

가람 伽藍 명 【불교】 bâtiment *m* d'un temple (bouddhique). ¶ 불교 ~ un temple bouddhique. ¶ 절의 ~을 건축하다 construire un temple bouddhique.

가랑눈 명 neige *f* fine, poudreuse *f*.

가랑니 명 petit pou(*x*) *m*.

가랑머리 명 natte *f*.

가랑무우 명 navet *m* dont la racine se devise en plusieurs renflements.

가랑비 명 pluie *f* fine; bruine *f*, crachin *m*. ¶ ~가 내린다 Il pleut légèrement / Il tombe une pluie fine / Il pleuvote [pleuvine, pleuvasse] / Il bruine / Il y a du crachin.

가랑이 명 ① entrejambe *m*. ¶ ~를 벌리다 écarter les jambes.② ((바지의)) jambe *f* ((d'un pantalon)). ¶ 바지~ entrejambes d'un pantalon.
*~**가 찢어지게 가난하다** être pauvre comme Job.
***뱁새가 황새 쫓아가려다가 ~ 찢어진다** Il faut faire selon ses moyens / Il faut savoir garder son rang / Il ne faut pas péter plus haut que son cul {*vulg*}.

가랑잎 명 ① 낙엽 feuille *f* morte. ¶ ~이 바람에 흩날린다 Les feuilles mortes s'envolent au vent. ② 떡갈잎 feuille *f* de chêne.

가래[1] 명 【농업】 bêche *f*. ¶ ~로 밭을 갈다 bêcher un champ.
◆**_날** 명 fer *m* d'une bêche.

가래[2] 명 glaire(*s*) *f*(*pl*) au fond de la gorge. ¶ 피가 섞인 ~ des glaires sanglantes. ¶ ~를 삭이다 calmer *ses* expectorations. ¶ ~가 많이 나오다 avoir beaucoup de glaires. ¶ 목에 ~가 끓다 avoir des glaires au fond de la gorge. ¶ ~**를 뱉다** cracher, [expectorer] des glaires.
◆**_침** 명 crachat *m*; glaviot *m* {*fam*}, graillon *m* {*fam*}, mollard *m* {*fam*}.

가래[3] 명 【식물】 noix *f* sauvage.

가래[4] 명 long bâtonnet *m* (*de tteok, de yeot* (엿)). ¶ 굵은[가는] 떡 ~ de longs bâtonnets épais [fins] de *tteok*.
◆**_떡** 명 *tteok m* présenté en longs bâtonnets. ¶ ~떡을 썰다 découper du *tteok* en longs bâtonnets.

가래톳 명 inflammation *f* des glandes lymphatiques de l'aine. ¶ ~이 서다 avoir mal à l'aine. ¶ ~이 풀어지다 n'avoir plus mal à l'aine.

가랭이 명 ☞ 가랑이

가량 의명 environ; à peu près; presque. ¶ 10마일 ~ environ 16 kilomètres. ¶ 여기서 얼마 ~이나 되겠습니까? D'ici, combien y a-t-il à peu près de kilomètres? / D'ici, quelle est la distance approximative en kilomètres? ¶ 그 아저씨는 쉰 살 ~ 되어 보였다 Il m'a semblé qu'il approchait de la cinquantaine.

가려내다 타 ① 골라내다 sélectionner. ¶ 썩은 과일을 ~ séparer les fruits gâtés [abîmés, pourris] des autres. ② 밝혀내다 tirer au clair; élucider, éclaircir; clarifier; vérifier; constater. ¶ 시비[사실의 진위]를 ~ discriminer le vrai du faux, examiner un fait pour en déterminer la part de vrai et de faux;

s'assurer de la vérité d'un fait; trouver la vérité; tirer *qc* au clair, clarifier *qc*.

가려듣다 타 faire le tri dans ce que l'on écoute, garder les éléments intéressants d'un discours. ¶ 나쁜 얘기는 가려들어라 Il faut savoir faire le tri dans ce que l'on écoute / Fais le tri dans ce que l'on te dit / Il faut choisir les bonnes paroles [les bons conseils]. ¶ 나쁜 말과 좋은 말을 ~ choisir les bonnes paroles dans un discours, garder les éléments intéressants d'un discours. ¶ 남의 말을 ~ faire le tri dans ce que l'on écoute, garder les éléments intéressants du discours de *qn.*

가려먹다 타 ne manger que ce qui *nous* plaît, ne manger [ne prendre] que ce que l'on aime, faire le(la) difficile, faire la fine bouche. ¶ 음식을 가려먹는 습관을 고치다 corriger *sa* mauvaise habitude de ne manger que ce qui *nous* plaît [de ne manger que ce que l'on aime, de faire la fine bouche]. ¶ 우리 아이는 음식을 골고루 먹지 않고 가려먹는다 Notre enfant ne mange que ce qui lui plaît [il ne mange que ce qu'il(elle) aime].

가려보다 타 faire le tri dans ce que l'on regarde [dans ce qu'il faut voir ou ne pas voir]; 《텔레비전》 ne pas regarder n'importe quel programme [n'importe quelle émission], choisir les bonnes émissions, distinguer les bons des mauvais programmes [les bonnes des mauvaises émissions]. ¶ 나쁜 영화는 가려보아야 한다 Il faut faire le tri dans les films / Il ne faut pas voir n'importe quel film / Il faut distinguer les bons des mauvais films / Il faut choisir les bons films / Il faut choisir ses films. ¶ 봐서는 안 될 것과 봐도 되는 것을 ~ faire le tri dans ce qu'il faut voir et ce qu'il ne faut pas voir, choisir ce qu'il faut voir [ce qui est intéressant à voir].

가려지다[1] 자 être caché(*e*), couvert(*e*), voilé(*e*). ¶ 창이 커튼으로 가려져 있다 La fenêtre est voilée par un rideau.

가려지다[2] 자 être tiré(*e*) au clair, élucidé(*e*), éclairci(*e*), clarifié(*e*), vérifié(*e*), constaté(*e*). ¶ 시비[진위]가 가려졌다 On a tiré l'affaire au clair.

가련하다 형 être pauvre, misérable; être pitoyable. ¶ 가련한 신세 sort lamentable. ¶ 이 소년은 가련한 고아이다 Ce garçon est un pauvre orphelin. ¶ 그 남자의 처지는 ~ Il se trouve dans une situation pitoyable. ¶ 나는 그 고아를 ~ 여겨서 도와주었다 J'ai eu pitié de cet orphelin et je l'ai aidé. ¶ 그 여자는 가련하게도 남편과 아들을 잃고 말았다 Par malheur, elle a perdu son mari et son fils.

가련히 부 ☞ 가련하다

가렴주구 苛斂誅求 명 demandes *fpl* exorbitantes et exactions *fpl.* ¶ ~를 일삼는 탐관오리 des fonctionnaires corrompus qui font sans cesse des demandes exorbitantes et qui commettent sans arrêt des exactions.

가렵다 형 démanger; être prurigineux(*se*). ¶ 다리[머리, 등]가 ~ Ça me démange aux jambes [La tête me démange, Ça me démange dans le dos]. ¶ 오금이 ~ Ça me démange sous les genoux. ¶ 가려운 곳을 긁다 gratter les endroits où l'on éprouve une démangeaison, gratter là où ça démange.

***가려운 데를 긁어주다** répondre aux besoins de *qn.* ¶ 우리는 서민의 가려운 데를 긁어 주는 정부를 원한다 Nous aimerions avoir un gouvernement qui sache répondre aux besoins du peuple.

***귀가** ~ Les oreilles tintent à *qn.*

◆**가려움증** -症 명 prurit *m.*

가령 부 ① 예컨대 par exemple. ¶ ~ 이런 경우에는 dans ce cas(-là) par exemple. ¶ ~ 파리에서는 par exemple, à Paris. ¶ 바다에 사는 포유동물, ~ 고래는 ... Les mammifères qui vivent dans la mer, par exemple les cétacés ... ¶ 누군가가, ~ 네가 그런 짓을 했다면 Si quelqu'un, par exemple toi, avait fait un tel acte, ... ② 《가정》 si, quand; supposé que+*subj*; à supposer que+*subj*. ¶ ~ 그렇다손 치더라도 나는 허락하지 않겠다 Même si c'était le cas, je ne le permettrais pas. ¶ ~ 그가 합격했다고 치자 Supposons qu'il soit reçu à l'examen. ¶ ~ 통일이 되었다고 하자 Supposons [À supposer] que le pays soit réunifié. ¶ ~ 너에게 백만 원이 있다면 그 돈으로 무얼 하겠니? Si tu avais un million de wons, qu'en ferais-tu?

가례 家禮 명 rites *mpl* familiaux. ¶ 유교적 ~ rites familiaux confucianistes. ¶ ~를 지키다[준수하다] observer [respecter] les rites familiaux.

가로[1] 명 ① largeur *f.* ¶ ~ 2미터 2 mètres de large [de largeur]. ¶ ~로 선을 긋다 tirer une ligne horizontale. ¶ ~로 쓰다 écrire horizontalement 《de gauche à droite》.

◆**_무늬** 명 motif *m* en ligne (horizontale).

◆**_세로** 명 ① longueur *f* et largeur *f.* ② 《부사적》 en longueur et en largeur, verticalement et horizontalement. ③ 사방으로 dans toutes les directions. ¶ ~세로로 글자를 맞추는 퀴즈 (un jeu de) mots croisés.

◆**_쓰기** 명 écriture *f* horizontale 《de gauche à droite》. ¶ ~쓰기를 하다 écrire horizontalement.

◆**_줄** 명 ligne *f* horizontale.

◆**_놓다** 타 mettre *qc* en travers.

가로[2] 街路 명 rue *f*; 《대로》 avenue *f.*

◆**_등** -燈 명 réverbère *m*, lampadaire *m.*

◆**_수** -樹 명 arbre *m* en bordure d'une rue [d'une route].

가로놓이다 자 ① se mettre [se poser] en travers de *qc*; être posé(*e*) [couché(*e*), mis(*e*)] en travers. ¶ 한강에 가로놓인 철교 un pont en fer qui enjambe le fleuve Han. ¶ 간밤에 폭풍우로 쓰러진 나무가 도로 위에 가로놓여 있다 Les arbres abattus par la tempête la nuit dernière sont couchés en travers de la route. ¶ 길 한가운데에 장애물이 가로놓여 있다 Il y a un obstacle en plein milieu de la route. ② 《장애물이》 se mettre [se poser] en travers 《du chemin de *qn*》, entraver; 《결과상태》 être devant

ㄱ

qn. ¶ 두 사람의 사이에는 넘기 힘든 여러 장애가 가로놓여 있었다 De nombreux obstacles difficiles à surmonter s'étaient mis entre eux deux [étaient venus les séparer, étaient venus entraver leur relations, avaient entravé leurs relations]. ¶ 우리 앞에는 많은 어려움이 가로놓여 있다 Il y a beaucoup d'obstacles devant nous.

가로눕다 자 s'allonger, se coucher; être étendu(e) sur le sol [par terre]. ¶ 벤치에 ~ s'allonger [se coucher] sur un banc.

가로되 자 【고어】 *qn* dit; selon *qn.* ¶ 맹자 ~ Mencius dit... / Selon Mencius.... ☞ 가라사대

가로막다 타 ① ((길을)) barrer ((le chemin, la route)). ¶ 누가 가는 길을 ~ barrer le chemin[la route] à *qn.* ② 방해하다 empêcher *qn* de+*inf*; interrompre, entraver, gêner, contrarier ((les projets de *qn*)). ¶ 누구의 말을 ~ interrompre *qn*; couper la parole à *qn.* ¶ 왜 제 말을 가로막으십니까? Pourquoi m'interrompez-vous donc? / Pourquoi me coupez-vous la parole? ¶ 남의 일을 가로막지 마시오 N'entravez pas le travail d'autrui / Ne gênez pas les autres. ¶ 역사의 움직임을 가로막을 수 없었다 On n'a pas pu [Il a été impossible d']empêcher le cours [le déroulement] de l'Histoire.

가로막히다 자 être barré(*e*). ¶ 휴전선은 철조망으로 가로막혀 있다 La ligne d'armistice est garnie de barbelés. ☞ 가로막다

가로맡다 타 se mêler (des affaires des autres); faire *qc* à la place de *qn.* ¶ 남의 일을 제멋대로 ~ faire le travail de *qn* sans lui avoir demandé préalablement. ¶ 그 사람은 그 일을 가로맡아 처리했다 Il a pris en charge toute l'affaire et l'a réglée.

가로젓다 타 secouer.

***머리를** ~ secouer la tête, faire non de la tête.

가로지르다 타 croiser, traverser. ¶ 길을 ~ traverser la rue.

가로채다 타 ① 빼앗다 enlever *qc* à *qn*; intercepter *qc*, voler *qc* à *qn*, arracher *qc* à *qn*, voler à la tire. ¶ 날치기가 행인의 손가방을 가로채어 달아났다 Le pick-pocket s'est enfui en arrachant son sac à un passant. ¶ 새끼가 어미 먹이를 가로채 먹었다 Le petit a pris ce que sa mère allait manger. ② 횡령하다 détourner ((des fonds)). ¶ 회사의 공금을 ~ détourner des fonds de la société. ¶ 누가 내 몫을 가로챘나? Qui a pris ma part? ③ ((말을)) couper la parole à *qn*, couper le sifflet à *qn* {*fam*}; couper la chique à *qn* {*fam*}. ¶ 왜 남의 말을 가로채고 그래? Pourquoi tu me coupes la parole? / Pourquoi tu m'interromps? ④ ((사람을)) enlever *qn* à *qn*, prendre *qn* à *qn.* ¶ 남의 여자를 ~ prendre [piquer {*fam*}] la femme d'un autre. ¶ 그 녀석은 우리 일꾼을 가로채 갔다 Il nous a pris [piqué {*fam*}] des ouvriers.

가료 加療 명 traitement *m* médical; soins *mpl* médicaux; thérapie *f*, thérapeutique *f.* ¶ 입원 ~ 중이다 être hospitalisé(*e*) pour suivre un traitement. ◇_(를) **하다** traiter ((un malade, un(*e*) patient(*e*)), administrer un traitement ((à un malade, un(*e*) patient(*e*)), donner [apporter] des soins médicaux ((à un malade)).

가루 명 ① ((곡식의)) farine *f.* ¶ 밀~ de la farine (de blé). ¶ 쌀~ de la farine de riz. ¶ 콩~ de la farine de soja. ② 분말 poudre *f.* ¶ ~ 비누 du savon en poudre, de la poudre de savon. ¶ ~ 우유 du lait en poudre. ¶ ~ 커피 du café en poudre. ¶ 후추 ~ du poivre pilé, du poivre moulu. ¶ 빵~ de la panure. ¶ 무엇을 ~로 만들다 réduire *qc* en poudre; pulvériser *qc.* ¶ 무엇을 ~를 내다 mettre *qc* en poudre.

***뼈가 ~가 되도록 일하다** travailler comme un forçat [comme une bête de somme, comme un galérien, comme un nègre, comme un forcené, comme une brute, comme un bœuf, comme un cheval, comme un malade {*fam*}, comme une bête {*fam*}, comme un fou {*fam*}], travailler sans relâche, se tuer à la tâche, trimer, s'échiner au travail, s'épuiser à la tâche.

가르다 타 ① 분배, 분리하다 diviser; partager, répartir; séparer. ¶ 무엇을 반으로 가르다 partager *qc* en deux [par la moitié]. ¶ 수입[이익]을 똑같이 반반씩 가르면 어때? Si on partageait le revenu par moitié? ¶ 백군과 청군으로 (편을) 갈라 싸우자 Jouons à [Faisons] deux équipes: les blancs et les bleus. ¶ 여러 부분으로 ~ diviser en plusieurs parties. ¶ 유산을 공동 상속인에게 갈라 주다 répartir l'héritage entre les héritiers. ② ((옳고 그름을)) distinguer *qc* de *qc.* ¶ 선악을 ~ distinguer le bien et le mal. ¶ 시비를 가려보자 Voyons qui a raison et qui a tort. ¶ 흑백을 ~ distinguer le blanc et le noir. ③ ((머리를)) se faire une raie ((dans les cheveux)). ¶ 그는 머리를 가운데로 갈라 넘겼다 Il s'est coiffé en arrière avec une raie au milieu. ¶ 가르마를 타서 머리를 가르다 se faire une raie (dans les cheveux). ④ ((사이를)) séparer deux personnes. ¶ 선생님은 두 학생의 사이를 갈라놓았다 Le professeur a éloigné les deux élèves l'un de l'autre / Le professeur les a séparés. ⑤ ((장소를)) diviser. ¶ 휴전선은 한반도를 동서로 가르고 있다 La ligne d'armistice divise la péninsule coréenne d'est en ouest. ⑤ ((물살, 바람 따위를)) fendre. ¶ 고깃배가 물살을 힘차게 가르며 다가오고 있다 Le bateau de pêche approche du port en fendant puissamment les flots. ¶ 폭음을 내며 전투기 편대가 창공을 가르고 날아갔다 Une escadrille de chasseurs est passée déchirant le ciel avec un bruit assourdissant. ¶ 화살이 바람을 가르며 날아갔다 La flèche s'est envolée en fendant les airs. ¶ 번갯불이 밤하늘을 가른다 L'éclair fend le ciel de la nuit.

가르랑거리다 자 faire entendre des râles en respirant, émettre des râles, râler, respirer péniblement ((comme un asthmatique)). ¶ 그 아저씨는 가래가 목에 걸려 자꾸 가르랑거렸다 Cet homme respirait péniblement [émettait des râles] à cause

des glaires qui obstruaient sa gorge.

가르마 명 raie *f*, séparation *f* ((dans les cheveux)). ¶ 가운데[왼쪽]로 ~를 타다 avoir [porter] la raie au milieu [à gauche].

◆_비치개 명 broche *f* à cheveux ((en bambou ou en métal employée pour faire la raie)).

가르치다 타 ① enseigner ((*qc* à *qn*)), apprendre à *qn* (*qc*/à+*inf*); instruire *qn*. ¶ 공부를 ~ donner [dispenser] un enseignement. ¶ 예의범절을 ~ apprendre le savoir-vivre ((à *qn*)). ¶ 운전을 ~ apprendre à conduire ((à *qn*)), enseigner ((à *qn*)) la conduite. ¶ 아이들에게 읽기를 ~ apprendre aux enfants à lire. ¶ 무엇을 가르치십니까? Qu'enseignez-vous? ② 알려주다 faire connaître [savoir] ((*qc* à *qn*)); révéler ((un secret)). ¶ 비공개 사실을 가르쳐 주다 dévoiler des secrets [quelque chose de confidentiel]. ③ ((길, 시간 등을)) indiquer à *qn* ((le chemin)), montrer à *qn* ((le chemin de la gare)). ¶ 길 좀 가르쳐 주시겠습니까? Voulez-vous m'indiquer le chemin? ¶ 우체국이 어디 있는지를 가르쳐 주시겠습니까? Voulez-vous me dire où se trouve la poste, s'il vous plaît? / Pourriez-vous m'indiquer la poste, s'il vous plaît? ¶ 지금 몇 시인지 좀 가르쳐 주세요 Dites-moi quelle heure il est. ④ ((선생으로서)) guider *qn* dans ((les études)); instruire *qn*, donner des cours [leçons] à *qn*. ¶ 학생을 ~ donner des cours aux élèves. ¶ 그 선생은 대학에서 가르치고 있습니다 Ce professeur enseigne à l'université. ⑤ ((버릇을)) corriger ((les mauvaises habitudes)). ¶ 아이들의 버릇을 가르쳐 주다 corriger les [mauvais travers des] enfants.

***하나를 가르치면 열을 안다** Il[Elle] apprend très vite.

가르침 명 ((교훈)) leçon *f*, enseignement *m*, précepte *m*; ((교의)) doctrine *f*; ((충고)) instructions *fpl*, avis *m*, conseil *m*. ¶ 누구의 ~에 따르다 suivre les leçons [préceptes, instructions, avis] de *qn*. ¶ 스승의 ~에 따라 suivant l'enseignement du[de *son*] maître. ¶ ~을 저버리다 ne pas tenir compte de l'enseignement ((de *qn*)). ¶ 많은 ~을 담고 있는 책 un livre plein d'enseignements. ¶ 선생님의 ~ 덕분에 제가 성공할 수 있었습니다 J'ai pu réussir grâce à votre enseignement / C'est grâce à votre enseignement que j'ai pu réussir. ◇_(을) **받다** recevoir l'enseignement de *qn*. ¶ 이 문제에 대해 선생님의 ~을 받고 싶습니다 Je voudrais recevoir vos conseils à propos de ce problème. ◇_(을) **주다** donner un conseil à *qn*, conseiller *qc* à *qn*. ¶ 그는 내게 바르게 살라는 ~을 주었다 Il m'a conseillé de vivre correctement. ◇_을 **베풀다** dispenser [donner] un enseignement.

가름 명 ① 나눔 division *f*; partage *m*. ¶ 내 것과 네 것의 ~을 확실히 하자 Séparons bien tes affaires des miennes. ② 분별 distinction *f*; discrimination *f*, différenciation *f*, discernement *m*. ¶ 진실과 거짓의 ~ distinction entre le vrai et le faux. ◇_(을) **하다** distinguer, discriminer, différencier, discerner; décider ((du vainqueur)). ¶ 승패를 ~하다 engager un combat décisif, disputer un match décisif. ¶ 무엇이 옳고 그른지를 ~하다 distinguer le vrai du faux; discerner ce qui est vrai de ce qui est faux.

가리[1] 명 verveux *m*, nasse *f*.

가리[2] 명 travers *mpl* de bœuf.

가리[3] 명 tas *m*, monceau(*x*) *m*, amas *m*, accumulation *f*. ¶ 곡식[건초] ~ tas de gerbes [foin].

가리[4] 명 cours *m* et contenu *m* d'une affaire.

가리개 명 cache *m*; paravent *m*; voile *m*. ¶ 눈 ~ un masque de nuit; un bandeau pour les yeux; des œillères ((pour le cheval)). ¶ 귀 ~ une oreillette, un protège-oreille.

가리나무 명 aiguilles *fpl* de pin ((employées pour le chauffage)).

가리다[1] 타 ① cacher, masquer, couvrir, voiler. ¶ 그들은 그 여자의 눈을 가리고 데려갔다 Ils ont emmené la fille en lui bandant les yeux. ¶ 누구의 눈을 ~ bander les yeux à *qn*. ¶ 두 손으로 얼굴을 ~ se cacher le visage des deux mains. ¶ 피고는 신문기자들을 피하기 위해 모자로 얼굴을 가리고 있다 L'accusé(*e*) se couvre le visage de son chapeau pour éviter les journalistes. ② masquer, couvrir, voiler [cacher] ((la lumière)). ¶ 사진을 현상하게 빛을 좀 가려 주세요 Cachez-moi [Voilez-moi] s'il vous plaît la lumière pour que je puisse développer une pellicule. ¶ 커튼으로 창문 좀 가려요 Tirez les rideaux (sur les fenêtres) / Fermez les rideaux. ③ ((결점을)) cacher ((*ses* défauts)). ¶ 인간은 본능적으로 자신의 결점[약점]을 가린다 L'homme cache ses défauts instinctivement. ④ ((눈앞, 물체를)) voiler ((les yeux)); voiler, cacher ((le soleil, la lune)). ¶ 눈물이 눈앞을 가린다 Les larmes me brouillent les yeux. ¶ 구름이 해를 가렸다 Les nuages ont voilé le soleil. ¶ 나무가 해를 가리고 있다 Les arbres cachent le soleil. ¶ 네가[네 몸이] 해를 가린다 Tu caches le soleil [la lumière].

***눈 가리고 아웅 한다** faire prendre des vessies pour des lanternes; pratiquer la langue de bois. ¶ 너 눈 가리고 아웅 하는구나; 눈 가리고 아웅 하지 마라 Mon œil! / C'est un peu gros ce que tu me dis là! / N'essaie pas de mentir, je ne suis pas dupe [crédule, naïf(*ve*)] / On ne me la fait pas à moi! / C'est vrai ton mensonge? / C'est trop gros ton mensonge! / Il est un peu trop gros ton mensonge! Tu ne crois pas? / Je te vois venir (avec tes gros sabots)! / Tu n'espères tout de même pas que je vais te croire? / Quel mensonge! / Je ne suis pas si crédule [naïf(*ve*)] que j'en ai l'air! / Je trouve ça (un peu) gros / C'est (un peu) gros (ton mensonge) / C'est gros comme une maison / N'essaie pas de mentir / Je sais que tu mens.

***자기 앞을 가릴 줄 알다** savoir se débrouiller [se prendre en main(s)]. ¶ 그는 자기 앞을 가릴 줄 안다 [자기 앞가림을 할 줄 안다] Il sait se prendre en main(s).

가리다[2] 재 ① être caché(*e*), voilé(*e*). ¶ 그가 나무에[로] 가렸다 Il est caché par un arbre. ¶ 우리 집은 앞집에 가려 보이지 않는다 On ne voit pas notre maison parce qu'elle est cachée par la maison voisine. ② ⟪비밀에⟫ être voilé(*e*), être entouré(*e*) ⟪de mystère⟫. ¶ 그 사건은 비밀에[로] 가려(져) 있다 Cette affaire est entourée de secrets / Cette affaire baigne dans le secret. ③ 막히다 ne pas se voir, ne pas être visible. ¶ 그는 앞 사람에게 가려 (사진에) 안 나왔다 On ne le voit pas car il est caché par la personne (qui est) devant lui. ¶ 비밀통로는 누군가에 의해 나무로 교묘히 가려져 있었다 Le passage secret avait été discrètement dissimulé par quelqu'un avec du bois. ¶ 납치범들에 의해 아이는 눈이 (수건으로) 가려, 자신이 어디로 끌려가는지 알 수 없었다 L'enfant, dont les yeux avaient été bandés avec une serviette par les kidnappeurs, ne pouvait pas savoir où ils l'emmenaient.

가리다[3] 타 ① choisir *qc*, opter pour *qc*; faire [fixer, arrêter] *son* choix sur *qc*; choisir ⟪*ses* amis, *ses* fréquentations⟫. ¶ 둘 중에 하나를 ~ choisir entre deux choses. ¶ 우수작을 가리기가 정말 쉽지 않다 Ce n'est vraiment pas facile de choisir les meilleures œuvres. ¶ 잘못 ~ mal choisir, faire un mauvais choix. ¶ 친구를 잘 가려 사귀어야 한다 Il faut bien choisir ses fréquentations. ¶ 몇 사람 중에서 누구를 가리다 choisir *qn* entre [parmi] plusieurs personnes. ¶ 어떤 친구가 좋은 친구인지 잘 가려서 사귀어라 Fais-toi des amis qui soient de bons amis / Choisis bien tes fréquentations. ¶ 남녀노소를 가리지 않고 sans distinction d'âge et de sexe. ② ⟪음식을⟫ ne manger que ce qui plaît à *qn*, faire le(la) difficile, faire la fine bouche. ¶ 음식을 가려 먹지 말아라 Ne mange pas que ce qui te plaît / Ne fais pas le(la) difficile sur la nourriture / Ne fais pas la fine bouche. ③ ⟪얼굴을⟫ ⟪un bébé⟫ reconnaître les visages. ¶ 이 애는 낯을 가리지 않는다 Cet enfant n'a pas peur d'un nouveau visage / Cet enfant n'est pas farouche. ④ ⟪똥, 오줌을⟫ ⟪un bébé⟫ savoir faire *ses* besoins tout(*e*) seul(*e*), être propre. ¶ 이 애는 벌써 똥, 오줌을 가릴 줄 알아요 Cet enfant sait déjà faire ses besoins tout seul / Cet enfant est déjà propre. ⑤ ⟪시비, 방법을⟫ distinguer, faire la différence ⟪entre *qc* et *qc*⟫. ¶ 잘잘못[시비]을 가려 본들 무엇하겠니? À quoi bon discuter des raisons et des torts? ¶ 선악을 가릴 줄 모르면 인간도 아니다 Un homme n'est pas digne de ce nom, s'il ne sait distinguer le bien du mal. ¶ 그는 수단방법[물불]을 가리지 않는다 Il mobilise [met en œuvre] tous ses moyens. ¶ 흑백을 분명히 가려보자 Tirons cette affaire au clair / Soyons au clair sur cette affaire. ¶ A와 B를 ~ établir [faire] une distinction entre A et B; faire la différence entre A et B. ¶ 때와 장소를 가리지 않고 그 친구는 크게 웃었다 Il a ri très fort sans se soucier ni du lieu ni du moment. ⑥ ⟪셈을⟫ payer ⟪un loyer, une dette⟫; régler ⟪un compte, une note d'hôtel⟫. ¶ 채권자에게 빚을 ~ rembourser une dette au créancier. ¶ 현금으로 셈을 ~ payer comptant ⟪une marchandise⟫. ¶ 한 푼도 셈을 가리지 않고 sans débourser un sou. ¶ 셈을 가려야 할 액수 somme due.

가리마 명 raie *f*. ☞ 가르마

가리맛 명 【패류】 palourde *f*, *Sinono vacula constricta* {*nsc*}.

가리비 명 【패류】 coquille *f* Saint-Jacques, *Pecten yessoensis* {*nsc*}.

가리사니 ① 지각 intelligence *f*, discernement *m*, perspicacité *f*. ¶ ~없는 여자 une femme stupide [insensée]. ② 실마리 idée *f* directrice; principe *m* directeur. ¶ ~를 잡을 수 없다 On ne sait [pas] à quoi s'en tenir / Il est impossible de savoir où l'on veut en venir

가리새[1] 명 cours *m* [direction *f*] des événements; tournure *f* des événements. ¶ ~를 모르겠다 On ne sait (pas) à quoi s'en tenir.

가리새[2] 명 고부라진 쇠 fer *m* dont la pointe est recourbée ⟪employé pour travailler la porcelaine⟫.

가리새[3] 명 【조류】 spatyle *f*.

가리온 명 【동물】 cheva*l*(*aux*) *m* blanc à crinière noire.

가리워지다 재 ☞ 가려지다[1]

가리키다[1] 타 ① indiquer. ¶ 먼 산을 ~ indiquer une montagne au loin. ¶ 그는 나에게 빈 자리를 가리켜 주었다 Il m'indiqua une place libre. ¶ 교통순경이 외국인 여자에게 길을 가리켜 준다 Un agent (de police) indique le chemin à une étrangère. ¶ 시계바늘이 정오를 가리키고 있다 L'aiguille de la montre indique midi. ¶ 온도계는 영하 10도를 가리키고 있다 Le thermomètre est à dix degré au-dessous de zéro. ② appeler; désigner. ¶ 온실효과란 바로 이런 현상을 가리킨다 L'effet de serre désigne justement ce type de phénomène. ¶ 사람들은 그 사람을 가리켜 만물박사라고 한다 On dit de lui qu'il est savant dans tous les domaines / On dit de lui que c'est une véritable encyclopédie vivante. ¶ 이런 것을 가리켜 부전자전이라 한다 Pour parler de cela, on dit ≪Tel père, tel fils≫ / On appelle cela une transmission de père en fils.

가리키다[2] 타 ☞ 가르치다

가린주머니 명 【속어】 radin(*e*) {*fam*}, rat *m* {*fam*}, rapiat(*e*) [rapia] {*fam*}, personne *f* avare comme un rat [qui les lâche avec un élastique {*fam*}], vieux pingre *m*.

가마[1] 명 palanquin *m*; chaise *f* à porteurs; litière *f*. ¶ ~를 타다 monter dans une chaise à porteurs. ¶ ~에서 내리다 descendre d'une chaise à porteurs. ¶ ~를 메다 mettre une chaise à porteurs sur les épaules. ¶ ~를 내려놓다 poser [déposer] une chaise à porteur.

*~(를) 태우다 flatter *qn*; mener *qn* en bateau, monter

un bateau à *qn*, faire marcher *qn*. ¶ 그들은 내가 제일 잘 한다고 ~를 태웠다 Ils m'ont flatté en me disant que j'étais le(*la*) meilleur(*e*).

*~ **타고 시집가기는 틀렸다** L'affaire n'ayant pas démarré dans de façon favorable [de manière souhaitable], on est mal engagé [mal parti].

◆**_꾼** 명 porteur *m*.

가마² 명 ① zone *f* du tourbillon du cuir chevelu situé au sommet du crâne (ou vertex *m*). ② endroit *m* où le poil d'un animal forme un tourbillon.

◆**쌍_** 雙 명 deux zones *fpl* de tourbillon adjacentes.

가마³ 명 ☞ 가마솥

가마⁴ 명 chaudron *m*; chaudière *f*; ((기와 굽는 굴)) four *m* (d'un potier). ¶ 숯[도자기, 벽돌] ~ un four à charbon [à poterie, à brique]. ¶ ~에서 도자기를 구워 내다 cuire des poteries en céramique au four.

가마⁵ 명 ☞ 가마니

가마귀 명 ☞ 까마귀

가마니 명 *gamani m* <sac en paille tressée pour mettre le riz>. ¶ 쌀~ un *gamani*. ¶ 짚으로 ~를 짜다 fabriquer [tisser, tricoter] un *gamani*. ¶ ~에 담다 mettre ((le riz)) dans un *gamani*.

분류 *gamani m* <unité de poids d'environ 80 kg (pour évaluer le poids du riz)>. ¶ 쌀 한 ~를 들여놓다 acheter un *gamani* [un *gama*] de riz. ☞ 섬²

가마득하다 형 ☞ 까마득하다

가마솥 명 chaudron *m*, chaudière *f*, marmite *f*.

*~**에 든 고기** situation où l'on est poussé(*e*) dans *ses* derniers retranchements.

가마우지 명 【조류】 cormoran *m*.

가막사리 명 【식물】 sorte de chardon *m*; *Biden tripartita* {*nsc*}.

가막소 -所 명 【속어】 ☞ 감옥

가막쇠 명 【공업】 crochet *m* de fer (servant à fermer une porte).

가막조개 명 【패류】 ☞ 재첩

가만¹ 감 Attends!, Un instant!, Silence!, Chut! ¶ ~, 누가 온다 Attends! [Chut!] il y a quelqu'un qui vient.

가만² 부 comme cela, tel(*le*) quel(*le*), tel qu'*il est*, comme *il est*, sans rien changer, sans rien modifier. ¶ 그 사람이 하는 대로 ~ 내버려둬라 Laisse-le faire les choses comme il veut [comme il l'entend, à sa manière, comme bon lui semble].

◆**__** 부 doucement; sans bruit, discrètement; sans se faire remarquer. ¶ ~~ 속삭이다 souffler doucement [discrètement] *qc* ((à l'oreille de *qn*)). ¶ ~~ 걷다 marcher à pas feutrés [sans être aperçu].

◆**_히** 부 doucement; sans bruit; sans se faire remarquer.

가만두다 타 ① 내버려두다 laisser tranquille; ne pas réagir. ¶ 동생이 울음을 그칠 때까지 가만두었다 J'ai laissé mon petit frère pleurer jusqu'à ce qu'il s'arrête. ¶ 다음번에는 너를 가만두지 않겠다 La prochaine fois, tu vas voir de quel bois je me chauffe [tu auras de mes nouvelles, tu entendras parler de moi, je ne te laisserai pas faire]. ¶ 그 녀석의 잘못된 행동을 가만둘 수 없다 On ne peut laisser agir ce type de la sorte. ¶ 남편은 게을러서 지붕이 새는 데도 가만두고 있어요 Mon mari qui a un poil dans la main ne s'occupe pas de la fuite du toit. ② 건드리지 않다 ne pas toucher, ne pas déplacer. ¶ 그 아이는 컵을 책상 위에 가만두었다 Il n'a pas touché au verre qui se trouvait sur le bureau.

가만있다 재 ① ne pas bouger; ne pas parler; rester sans mot dire [sans rien faire, les bras croisés]; ne pas réagir. ¶ 그렇게 가만있지 말고 말 좀 해라 Ne reste pas comme ça à ne rien dire, ouvre la bouche. ② ne pas sortir, rester enfermé(*e*) [confiné(*e*)]. ¶ 하루 종일 집에 가만있어라 Reste toute la journée à la maison / Reste à la maison jusqu'au soir.

◆**가만있자** 감 Réfléchissons (un moment)! / Voyons! / Voyons voir! {*fam*} / Un moment, je réfléchis. ¶ 가만있자, 오늘이 며칠이더라? Voyons! on est [nous sommes] quel jour déjà aujourd'hui?

가만히 부 ①그대로 tel(*le*) quel(*le*), comme il(elle) est. ¶ ~ 두다[내버려두다] laisser *qc* comme il est; laisser *qn* tranquille. ② 조용히 silencieusement, en silence, doucement, sans (faire de) bruit. ¶ ~ 있다 rester silencieux(*se*); être [rester] immobile. ¶ ~ 바라보다 regarder silencieusement. ¶ 아무 말 없이 ~ 앉아있다 être [rester] assis(*e*) en silence. ¶ ~ 속삭이다 chuchoter silencieusement. ¶ 그 사건에 대해서는 ~ 있는 게 좋겠다 Le mieux serait de garder cela pour vous. ¶ ~ 돈을 쥐어 주다 donner de l'argent sans rien dire [sans rien ajouter, sans commentaire]. ③ ((방관)) sans rien faire; les bras croisés. ¶ ~ 앉아서 구경만 하다 regarder (passivement) *qc* sans y prendre part [sans intervenir], regarder ((un spectacle)) avec indifférence [sans s'y mêler], assister à un événement en simple spectateur [en simple observateur], demeurer indifférent(*e*) à *qc*, ne pas réagir, rester les bras croisés (sans rien faire), être seulement specta*teur*(*trice*), ne faire que regarder, être [rester] specta*teur*(*trice*) [indifférent(*e*)] ((devant une affaire, devant une bagarre)). ¶ 그 아저씨는 ~ 앉아서 매달 500만 원의 수입을 올린다 Il a un revenu de [Il gagne] cinq millions de wons par mois sans rien faire [sans travailler, sans se fatiguer {*fam*}]. ④ 살짝, 몰래 à la dérobée, furtivement; à pas de loup; en sourdine; secrètement; en secret. ¶ ~ 뒤를 밟다 poursuivre *qn* à pas de loup. ¶ ~ 들어가다 entrer sans faire de bruit [discrètement]. ¶ ~ 집을 나가다 sortir de chez *soi* à la dérobée. ¶ ~ 방안을 들여다보다 regarder à la dérobée l'intérieur d'une pièce [chambre]. ¶ ~ 남의 속을 떠보다 sonder les intentions [l'opinion] de *qn*. ¶ ~ 귓속말을 주고받다 se chuchoter *qc* discrètement à l'oreille, se faire des messes basses. ⑤ 곰곰히 ((réfléchir)) posément, mûrement. ¶ 그 때 일을 ~ 생각해 보니 모두가 꿈만 같다 Après y avoir mûrement réfléchi [Après mûre réflexion], il me semble que tout était comme un rêve.

가망 可望 명 ((희망)) espérance *f*, espoir *m*; ((전망)) vue *f*, perspective *f*; avenir *m*; ((가능성)) probabilité *f*, vraisemblance *f*; possibilité *f*. ◇_(이) **있다** être possible; être prometteu*r*(*se*), être plein(*e*) d'espérance; ne pas être sans espoir; avoir devant *soi* un bel avenir; promettre de réussir. ¶ 이 환자는 회생할 ~이 충분히 있다 Ce patient a de fortes chances de survivre. ◇_(이) **없다** être sans espoir; être désespéré(*e*); ne permettre aucun espoir; ((maladie, passion)) être incurable; ((personne)) être perdu(*e*), incorrigible, décourageant(*e*); ((situation)) être désespéré(*e*); être sans issue possible; ((projet)) n'avoir aucune chance de réussir. ¶ ~없는 일을 하다 faire des choses qui ont peu de chance de réussir. ¶ 그 사람은 이길 ~이 없다 Les chances sont contre lui. ¶ 그가 오늘 돌아올 ~은 거의 없다 Il y a peu de chance qu'il rentre aujourd'hui / Il est peu probable qu'il rentre aujourd'hui. ¶ 그는 회복할 ~이 없다고 의사는 말한다 Le médecin ne donne aucun espoir sur sa guérison. ¶ 이 환자는 도저히 살아날 ~이 없습니다 Ce(*tte*) patient(*e*) n'a aucune chance de survivre [n'a aucun espoir de rétablissement, n'a aucune chance de guérir]. ¶ 그 의안이 통과될 ~은 없다 Il y a peu de chance qu'on adopte ce projet de loi.

◆_**성** -性 명 possibilité *f*, chances *fpl* de réussir [de réussite, de voir le jour]. ¶ ~성이 없는 일 un projet qui n'a aucune chance de réussir [qui a peu de chances de voir le jour]. ¶ ...할 ~성이 꽤 있다 Il y a de fortes chances que+*subj*. ¶ 군축협상의 실질적 진전은 ~성이 희박하다 Il est peu probable que les négociations en vue du désarmement avancent réellement.

가맣다 형 ☞ 까맣다

가매장 假埋葬 명 sépulture *f* provisoire. ◇_(을) **하다** donner une sépulture provisoire à *qn*. ¶ 신원이 확인되지 않은 시체를 ~하다 donner une sépulture provisoire à un corps non identifié.

가맹 加盟 명 affiliation *f* ((à une fédération)); accession *f* ((à un traité)); adhésion *f* ((à un pacte)). ¶ 남북한의 국제연합 ~이 마침내 이루어졌다 Finalement, l'affiliation de la Corée du Sud et de la Corée du Nord à l'O.N.U. s'est réalisée. ◇_(을) **하다** s'affilier à, adhérer à ((un parti)); entrer dans ((une alliance)). ¶ 국제무역기구에 가맹하다 entrer dans l'Organisation Mondiale du Commerce.

◆_**국** -國 명 pays *m* membre de ((l'O.N.U.)).

◆_**자** -者 명 affilié(*e*), associé(*e*), membre *m*.

◆_**단체** 單體 명 association *m* d'affiliation.

◆_**점** -店 명 ((chez)) les commerçants *mpl* affiliés ((au réseau Eurocard MasterCard/VISA)).

가면 假面 명 ① masque *m*. ¶ ~을 쓰다 se mettre un masque; se masquer ¶ ~을 벗다 ôter *son* masque, se démasquer. ② ((비유)) apparence *f*, masque *m*.

*~**을 벗기다** arracher le masque à *qn*; démasquer ((un intrigant, une intrigue)).

*~**을 벗다** lever le masque, se démasquer.

*~**을 쓰고** sous le masque [voile, semblant]; sous de faux semblants. ¶ 우정이란 ~을 쓰고 sous le masque [voile, semblant] de l'amitié; sous de faux semblants d'amitié.

◆_**극** -劇 명 théâtre *m* masqué, mascarade *f*.

◆_**무도회** -舞蹈會 명 bal *m* masqué; mascarade *f*.

가명 假名 명 pseudonyme *m*, nom *m* d'emprunt.;((예명)) nom *m* d'artiste [de scène]; pseudonyme *m*.;((필명)) nom *m* de plume. ¶ ~으로 글을 쓰다[발표하다] écrire [publier] sous un nom de plume [sous un pseudonyme, sous un nom d'emprunt, sous un faux nom].

가묘[1] 假墓 명 tombeau(*x*) *m* provisoire. ¶ ~를 만들다 dresser [élever, ériger] un tombeau provisoire(ment).

가묘[2] 家廟 명 autel *m* dressé dans une maison et où l'on enchâsse une tablette funéraire.

가무 歌舞 명 chant *m* et danse *f*. ¶ ~를 즐기다 aimer chanter et danser. ¶ ~에 능하다 bien danser.

◆_**단** -團 명 un groupe de danseu*r*(*se*)s.

가무잡잡하다 형 être noirâtre, noiraud(*e*), foncé(*e*); être bronzé(*e*), hâlé(*e*). ¶ 그 사람은 얼굴[피부]이 ~ Son visage [Sa peau] est bronzé(*e*) [hâlé(*e*)]. ¶ 그 사람은 얼굴이 가무잡잡하게 그을렸다 Il avait le visage hâlé [bronzé]. ☞ 까무잡잡하다

가문 家門 명 famille *f*. ¶ ~의 명예 l'honneur de la famille. ¶ 좋은 ~의 자제 le fils d'une bonne famille. ¶ 그의 ~에는 예술가가 많다 Il y a beaucoup d'artistes dans sa famille. ¶ ~을 더럽히다 déshonorer (le nom de) *sa* famille], souiller l'honneur de la famille [le nom des ancêtres], entacher l'honneur de *sa* famille.

가문비나무 명 【식물】 sapin *m* du Yeso; épicéa *m* du Japon, ((일어)) *yesomatsu*, *Picea jezoensis* {*nsc*}.

가물 명 ☞ 가뭄

가물가물 부 avec clignotement; en clignotant; vaguement. ¶ 배가 저 멀리 ~ 사라져갔다 Le bateau a disparu au loin petit à petit. ¶ 그는 ~ 잠 속으로 빠져들었다 Le sommeil l'a progressivement gagné.

◆_**하다**_ 자 clignoter, vaciller; être chancelant, vacillant, mal assuré(*e*); être confus(*e*), vague, imprécis(*e*), flou(*e*); avoir de vagues souvenirs, se rappeler vaguement [confusément] *qc*/*qn*; se souvenir vaguement de *qc*/*qn*. ¶ 멀리 있는 간판의 글자가 ~한다. J'arrive à peine à lire les panneaux au loin. ¶ 그 때의 기억이 똑똑히 떠오르지 않고 ~한다. J'ai la mémoire qui vacille.

가물거리다 자 ① clignoter, vaciller. ¶ 가물거리는 불빛 une lumière clignotante. ¶ 촛불이 바람에 가물

거렸다 La bougie vacillait dans le vent. ② ((시야가)) être imprécis(*e*) à cause de l'éloignement, être flou(*e*) ((sur l'horizon)); être difficile à distinguer [à discerner]. ¶ 멀리서 가물거리는 섬 une île floue sur l'horizon [aux contours imprécis sur l'horizon, de contours imprécis au loin, dont les contours sont imprécis au loin]. ③ ((기억이)) être vacillant(*e*), être chancelant(*e*); ((추억이)) être vague, imprécis(*e*), flou(*e*), confus(*e*); être mal assuré(*e*). ¶ 가물거리는 기억 une mémoire vacillante [qui vacille]. ¶ 가물거리는 과거의 추억 souvenir vague [imprécis] du temps passé. ④ ((모습이)) être imprécis(*e*) dans la mémoire; avoir de vagues souvenirs, se rappeler vaguement [confusément] *qc/qn*; se souvenir vaguement de *qc/qn*. ¶ 그 사람 얼굴이 가물거린다 Je me souviens vaguement de son visage. ¶ 생전의 그의 늠름했던 모습이 눈앞에서 자꾸만 가물거린다 Je me souviens vaguement à maintes reprises de son apparence majestueuse de son vivant.

가물다 자 se dessécher; être *sec*(*sèche*); être aride. ¶ 날씨[날]가 너무 가물어서 걱정이다 Je m'inquiète de la sécheresse. ¶ 가문 논에 물을 대다 irriguer les rizières.

가물치 명 【어류】 poisson *m* à tête de serpent, *Channa argus* {*nsc*}.

가뭄 명 sécheresse *f*; aridité *f*. ¶ ~철 saison sèche; saison de la sécheresse. ¶ 벼는 ~을 잘 탄다 Le riz craint la sécheresse / Le riz est très sensible à la sécheresse. ◇_(이) 들다 entrer dans la saison sèche.

*~에 콩나기 rareté extrême.

가뭇가뭇하다 형 être tacheté(*e*); être piqueté(*e*); être moucheté(*e*). ¶ 등에 가뭇가뭇한 반점이 있는 곤충 un insecte tacheté de noir sur le dos.

가뭇없이 부 invisiblement; sans laisser de traces. ¶ 배가 물속으로 ~ 사라졌다 Le bateau a coulé sans laisser de traces.

가뭇하다 형 être noirâtre. ¶ 이 조약돌은 색이 ~ Ce caillou est noirâtre.

가미 加味 명 assaisonnement *m*; addition *f*; ajout *m*. ◇_(를) 하다 ① assaisonner; épicer. ¶ 스테이크에 겨자를 ~하여 먹다 manger du bifteck avec de la moutarde. ¶ 초콜렛 맛을 ~한 아이스크림 une glace parfumée au chocolat. ¶ 수프에 후추를 ~하다 mettre du poivre dans la soupe. ② 부가하다 donner à *qc* une teinte [nuance] de *qc*; ajouter *qc* à *qc*; agrémenter *qc* de *qc*. ¶ 설명에 일화를 ~하다 agrémenter un exposé d'anecdotes.

가발 假髮 명 perruque *f*; postiche *m*, moumoute *f* {*fam*}. ¶ ~ 만드는 사람 un perruquier. ¶ ~을 쓴 사람 une personne portant perruque, une tête à perruque [à moumoute {*fam*}].

가방 명 ((총칭어)) sac *m*; ((핸드백)) sac *m* à main; / ((여행용)) valise *f* ; ((책, 서류용)) serviette *f*; cartable *m*; porte-documents *m inv*; sacoche *f*, ((트렁크류)) mallette *f*, attaché-case(~s-~s) *m*; ((의사의)) trousse *f* ((de médecin)). ¶ 가죽 ~ un sac [une serviette, une trousse] en cuir. ¶ ~을 들다[메다] prendre[porter] un sac[une serviette, une trousse]. ¶ ~에 돈을 넣다 mettre de l'argent dans *son* sac. ¶ 너의 ~끈이 너무 길다[짧다] La bandoulière [bretelle, courroie] de ton sac est trop longue [courte].

◆**손_** 명 sac *m* à main.

◆**여행_** 旅行- 명 sac *m* de voyage, valise *f*.

◆**책_** 冊- 명 cartable *m*.

가배 명 【역사】 *gabae* <jeu de l'époque de Silla qui durait un mois du 16 juillet au 15 août du calendrier lunaire, consistant à réunir toutes les femmes du pays que l'on divisait en deux camps. Le camp perdant devait préparer les mets de Chuseok>.

가법 家法 명 règles *fpl* familiales. ¶ ~을 지키다[준수하다] observer [respecter] les règles familiales. ¶ ~을 바로잡다 rétablir les règles familiales. ¶ 이 집은 ~이 매우 엄하다 Cette famille a des règles très strictes.

가벼이 부 ☞ 가볍게

가변 可變 어근 changement *m*; modification *f*.

◆**_적** 명관 transformable; mobile; altérable; modifiable. ¶ 그 결정은 아직 ~적이다 La décision est encore modifiable.

◆**_성** 性 명 nature *f* instable.

◆**_비용** -費用 명 frais *mpl* de remplacement.

◆**_요소** -要素 명 facteur *m* de variation [de changement, variable].

◆**_자본** -資本 명 capital *m* variable.

◆**_차선** -車線 명 voie *f* modifiable.

가볍게 부 ① 살짝 doucement; délicatement; légèrement. ¶ ~ 문을 두드리다 frapper à la porte doucement. ¶ ~ 치다 frapper doucement. ¶ ~ 흔들다 secouer légèrement. ¶ ~ 스치다 frôler; effleurer légèrement [délicatement]. ¶ ~ 인사하다 donner le bonjour timidement; saluer légèrement. ¶ 누구에게 ~ 목례만 하다 saluer *qn* de la tête [d'un signe des yeux]. ② 쉽게 facilement, aisément. ¶ 그 사람은 그 담장을 ~ 뛰어 넘었다 Il a sauté facilement le mur. ¶ 나는 ~ 숙제를 끝냈다 J'ai facilement fini les [mes] devoirs. ¶ 상대를 ~ 물리치다 J'ai facilement vaincu mon adversaire. ③ 대수롭지 않게 à la légère. ¶ ~ 여기다[생각하다, 보아 넘기다] prendre à la légère. ¶ 정의를 위해서는 자기 목숨도 ~ 여겨야 한다 Il faut être capable de risquer sa vie pour la justice. ¶ 너는 그 일을 너무 ~ 보고 있어 Tu sous-estimes l'importance de cette affaire / Tu prends cette histoire trop à la légère. ¶ ~ 볼 일이 아니다 Ce n'est pas une chose négligeable. ④ 경솔하게 avec légèreté [désinvolture]. ¶ ~ 처리하다 traiter avec légèreté [désinvolture]. ¶ ~ 행동하다[굴다] se comporter légèrement [avec légèreté, avec désinvolture]. ⑤ 간단히, 적게 légèrement, simplement. ¶ 아침식사를 ~ 하다[먹다] prendre un petit-déjeuner simple. ¶ 화장을 ~ 하다 se maquiller légèrement [simplement].

가볍다 형 ① ((무게)) être lég*er*(*ère*), ne pas être lourd(*e*). ¶ 가벼운 짐을 지다 porter un fardeau léger. ¶ 이 가방은 매우 ~ Cette valise est très légère. ¶ 그 여자는 (몸무게가) ~ Elle ne pèse pas beaucoup. ② ((정도)) être lég*er*(*ère*), ne pas être grave. ¶ 가벼운 감기 une légère grippe. ¶ 가벼운 병 une maladie peu importante. ¶ 가벼운 식사 un repas léger. ¶ 가벼운 잘못 une faute légère; une peccadille. ¶ 가벼운 처벌을 받다 recevoir une punition légère. ¶ 가벼운 운동을 하다 faire un peu de sport. ③ ((느낌)) être désinvolte; être insouciant(*e*), écervelé(*e*). ¶ 일을 끝내고 나니 나는 마음이 ~ Le travail fini, j'ai le cœur léger. ¶ 가벼운 발걸음으로 d'un pas désinvolte. ¶ 가벼운 옷차림 une tenue légère. ④ ((행실)) être lég*er*(*ère*), volage; être frivole, superficiel(*le*). ¶ 가벼운 여자 une femme légère [volage]. ¶ 그 남자는 행동이 ~ Il a un comportement désinvolte [superficiel, léger, frivole]. ⑤ ((입이)) être indiscr*et*(*ète*); ne pas tenir *sa* langue.

◆**가벼워지다** 자 devenir lég*er*(*ère*); s'alléger. ¶ 짐이 가벼워졌다 Le fardeau s'est allégé [est devenu léger]. ¶ 마음이 가벼워졌다 Mon cœur est en paix.

◆**가볍게** 부 facilement; simplement. ¶ 발걸음도 가볍게 d'un pas léger. ¶ 그 사람은 그 어려운 일을 가볍게 해치웠다 Il a facilement résolu cette affaire complexe.

◆**가벼움** 명 légèreté *f.* ¶ 참을 수 없는 존재의 가벼움 l'insoutenable légèreté de l'être.

가보 家寶 명 trésor *m* de famille. ¶ 대대로 물려 내려온 ~ un trésor de famille transmis de génération en génération.

가봉 假縫 명 essayage *m.* ¶ ~ 바늘 épingles pour ajuster un vêtement au moment de l'essayage ((pour préciser les retouches à faire)). ¶ ~은 언제 합니까? Quand serait-il possible d'essayer? ◇_(을) **하다** essayer ((une robe)). ¶ 단골 양장점에서 ~하다 essayer une robe chez *sa* couturière. ¶ ~하기 위해 시침 바느질하다 bâtir ((une jupe)) pour l'essayage. ¶ 결혼 예복을 ~하다. se faire tailler [faire, confectionner] une tenue de mariage. ¶ 양복점에 ~하러 가다 aller essayer chez le tailleur. ¶ 다음 월요일에 ~하러 오세요 Venez lundi prochain pour l'essayage.

◆**_실** -室 명 salon *m* d'essayage ((d'une maison de couture, d'un magasin)).

가부 可否 명 ① 옳고 그름 oui ou non; bon ou mauvais; bien ou mal; le pour *m* et le contre *m*, les avantages *mpl* et les inconvénients *mpl.* ¶ ~를 따지다 peser [considérer, examiner, balancer] le pour et le contre, discuter des avantages et des inconvénients de *qc*; mettre *qc* en balance; évaluer les conséquences possibles de *qc*; considérer une chose sous tous ses aspects. ② 찬부 (le) pour *m* et (le) contre *m*; (le) oui ou (le) non. ¶ ~ 결정 une décision d'une manière ou d'une autre. ¶ 법안의 ~를 투표에 부치다 faire voter un projet de loi. ¶ ~가 동수[반반]이다 Il y a autant de (voix) pour que de (voix) contre. ¶ 내일 중으로 ~를 알려드리겠습니다. Je vous préviendrai demain si c'est oui ou si c'est non. ¶ ~를 논하다 débattre le pour et le contre. ¶ ~를 묻다 chercher à savoir le pour et le contre. ¶ ~를 따지다 peser [considérer, examiner, balancer] le pour et le contre, discuter des avantages et des inconvénients de *qc*; mettre *qc* en balance; évaluer les conséquences possibles de *qc*; considérer une chose sous tous ses aspects. ¶ ~를 결정하다 prendre une décision, faire un choix, donner une réponse, accepter ou refuser. ¶ ~를 투표에 부치다 faire voter ((un projet de loi)).

◆**_간** -間 명 quelles que soient les circonstances [les conditions], en toutes circonstances, dans tous les cas (de figure), dans n'importe quel cas. ¶ ~간에 상관없이 quelle que soit la situation, dans tous les cas (de figure), dans n'importe quel cas, de toutes les façons, quelles que soient les circonstances [les conditions], en toutes circonstances. ¶ ~간에 대답하다 donner une réponse quelle qu'elle soit.

가부장 家父長 명 patriarche *m.*

◆**_적** -的 명 patriarc*al*(*ale*, *aux*). ¶ ~적 질서 l'ordre patriarcal.

◆**_제** -制 명 système *m* patriarcal, patriarcat *m.*

가부좌 跏趺坐 명 en position du lotus. ◇_(를) **하다**[**틀고 앉다**] s'asseoir en (position du) lotus.

가부키 일 명 【연영】 *kabuki m.*

가분수 假分數 명 ① 【수학】 expression *f* fractionnaire. ② ((terme moqueur servant à désigner une personne qui a une tête anormalement grosse)). ¶ 그는 머리가 유난히 큰 ~이다 Il a une tête énorme [anormalement grosse].

가분하다 형 ☞ 가뿐하다

가불 假拂 명 ((미리)) paiement *m* [payement *m*] anticipé; avance *f* de salaire; ((임시로)) un acompte; une avance *f.* ◇_(을) **하다**[**받다**] avancer; faire une avance de salaire à ((un employé)) ¶ 봉급에서 삼십만원을 ~하다 avancer ((à *qn*)) 300 000 wons sur *son* salaire. ¶ 월급을 ~해 쓰다 dépenser l'avance de salaire.

가빠지다 자 commencer à (s')étouffer, perdre haleine. ¶ 그는 뛰어서 숨이 가빠졌다 Il a couru à perdre haleine.

가뿐가뿐 부 légèrement, ((marcher)) sur la pointe des pieds. ¶ 발끝을 들고 ~ 걸어가다 marcher sur la pointe des pieds[comme sur des œufs].

◆**_하다** 형 être lég*er*(*ère*). ¶ ~한 발걸음 des pas légers.

가뿐하다 형 se sentir lég*er*(*ère*). ¶ 몸이 ~ se sentir (le corps) léger. ¶ 이제는 마음이 ~ se sentir soulagé(*e*). ¶ 가뿐한 걸음으로 d'un pas léger.

◆**가뿐히** 뷔 facilement. ¶ 그 정도 일이야 가뿐히 해결할 수 있지 Je peux facilement résoudre un problème de ce niveau.

가뿟하다 형 être plutôt lég*er*(*ère*).

가쁘다 형 perdre haleine; être essoufflé(*e*). ¶ 숨(이) 가쁘다 avoir de la peine à respirer; être haletant(*e*); avoir le souffle court. ¶ 가쁜 숨을 몰아쉬며 avec le souffle court, à bout de souffle; haletant(*e*); en respirant bruyamment.

◆**가쁘게** 뷔 ☞ 숨가쁘게

가삐 뷔 ((respirer)) difficilement, avec gêne. ¶ 숨을 ~ 내쉬다[몰아쉬다] haleter, respirer bruyamment.

가사[1] 家事 명 ① ménage *m*. ② 가사노동 travaux *mpl* ménagers. ¶ ~를 돌보다 s'occuper des travaux ménagers; tenir le ménage; tenir la maison. ¶ ~에 전념하다[매달리다] vaquer aux soins du ménage. ¶ ~에 쫓기다 être pris(*e*) par les travaux ménagers; être toujours occupé(*e*) aux travaux ménagers.

가사[2] 歌詞 명 paroles *fpl* ((d'une chanson)). ¶ ~를 쓰다 écrire les paroles d'une chanson. ¶ 곡은 아는데 ~를 못 외운다 Je connais la mélodie mais je ne connais pas les paroles par cœur.

가사[3] 袈裟 명 【불교】 étole *f* (de cérémonie) ((d'un bonze)).

가사상태 假死狀態 명 coma *m*. ¶ ~에 빠지다 entrer [sombrer] dans le coma.

가산[1] 加算 명 addition *f*. ¶ 운임 ~ addition des frais de transport [de port]. ◇_(을) **하다** ajouter; additionner. ¶ 원금에 이자를 ~하다 ajouter les intérêts au capital. ¶ 추가비용을 모두 ~하여 보내주시기 바랍니다 Envoyez-moi le montant exact additionné des frais supplémentaires. ◇_(이) **되다** (s')ajouter; (s')additionner. ¶ 매년 이자가 10 %씩 ~됩니다 Il y a 10 % d'intérêts qui viennent s'ajouter chaque année.

◆**_금** -金 명 supplément *m*; montant *m* additionnel; somme *f* additionnelle.

◆**_세** -稅 명 surtaxe *f*.

가산[2] 家産 명 biens *mpl* de famille; ((세습재산)) patrimoine *m*. ¶ 주색잡기로 ~을 탕진하다 dépenser [manger] tout *son* bien; dilapider *son* patrimoine en s'adonnant à la débauche. ¶ 그 사람은 피땀 흘려 많은 ~을 모았다 Il a amassé un grand patrimoine en suant sang et eau. ¶ ~이 기울고 있다 La famille va à la ruine.

가살 명 affectation *f*; préciosité *f*, manque *m* de naturel. ◇_(을) **부리다** faire des manières.

◆**_스럽다** 형 être prétentieu*x*(*se*), guindé(*e*), affecté(*e*), compassé(*e*), maniéré(*e*). ¶ 그는 너무 ~스럽다 Il fait trop de manières / Il pose trop.

◆**_(장)이** 명 poseu*r*(*se*), mijaurée *f*.

가상 假想 명 supposition *f*; hypothèse *f*; virtualité *f*. ¶ ~ 작업 un travail hypothétique. ¶ ~ 범위 un cercle [une sphère] hypothétique. ¶ ~ 질량 une masse hypothétique [supposée]. ¶ ~ 적국 un pays ennemi hypothétique. ¶ ~ 핵전쟁 une guerre nucléaire hypothétique. ¶ ~의 적과 싸우다 se battre contre un ennemi hypothétique ¶ ...라는 그 사람의 ~은 옳은 것으로 밝혀졌다 Il a été démontré que son hypothèse (précisant que ...) était juste. ◇_(을) **하다** supposer; imaginer. ¶ 적의 공습을 ~한 비상대피 훈련 exercice d'évacuation immédiate dans l'hypothèse d'une attaque de l'ennemi.

◆**_적** -的 명관 imaginaire; virtuel(*le*), potentiel(*le*).

◆**_국** -國 명 pays *m* imaginaire.

◆**_극** -劇 명 fiction *f*.

◆**_현실** -現實 명 réalité *f* virtuelle. ¶ ~현실에 빠져들다 être plongé(*e*) [immergé(*e*)] dans un monde virtuel. ¶ 컴퓨터로 ~현실을 실현하다 réaliser *son* rêve de façon virtuelle à l'aide d'un ordinateur.

가상하다 嘉尙- 형 être digne d'éloges, louable, remarquable, admirable; exemplaire; méritoire, mériter des louanges. ¶ 네 용기가 ~ Ton courage est admirable [remarquable, exemplaire]. ¶ 어린 나이에도 집안을 돌보려는 그의 노력이 가상하다 Son ardeur à vouloir s'occuper des travaux ménagers malgré son jeune âge est admirable.

◆**가상히** 뷔 ((apprécier *qc*)) de façon élogieuse. ¶ 누구를 가상히 여기다[생각하다] faire grand cas de *qc*, apprécier *qc* de façon élogieuse. ¶ 누구의 정성을 가상히 여기다 louer *qn* pour *son* dévouement. ¶ 왕은 그의 행동을 가상히 여겨서 치하했다 Le roi juge sa conduite digne de louanges [apprécie sa conduite de façon élogieuse].

가새풀 명 【식물】 millefeuille *f*, mille-feuille(~~*s*) *f*.

가석방 假釋放 명 liberté *f* provisoire. ¶ 그는 감옥에서 ~으로 나왔다 Il est en liberté provisoire. ◇_(을) **하다** mettre *qn* en liberté provisoire. ¶ 죄수를 ~하다 mettre un criminel en liberté provisoire. ◇_(이) **되다** être mis(*e*) en liberté provisoire. ¶ 8.15 특사로 정치범들이 ~되었다 Le 15 août ((jour de l'anniversaire de l'indépendance)), les prisonniers politiques sont mis en liberté provisoire.

◆**_자** -者 명 personne *f* mise en liberté provisoire.

가선 架線 명 installation *f* d'un câble; pose *f* de fils électriques.

◆**_공사** -工事 명 installation *f* d'un câble; pose *f* de fils électriques.

가설[1] 架設 명 construction *f* ((d'un pont)); installation *f* ((d'une machine)); pose *f* ((d'un câble)). ¶ ~ 공사 travaux d'installation [de construction]. ¶ ~ 작업 installation; construction. ¶ 전화 ~ installation du téléphone. ¶ ~ 중 en construction. ◇_(을) **하다** installer, construire. ¶ 전기를 ~하다 installer l'électricité. ¶ 다리를 ~하다 construire un pont. ¶ 철도를 ~하다 construire [poser] une ligne de chemin de fer. ◇_(이) **되다** être construit(*e*), posé(*e*), construit(*e*). ¶ 서울과 부산 사이에 고속철도가 ~되고 있다 Un chemin de fer à grande vitesse [Un T.G.V.] entre Séoul et Busan est actuellement en construction.

◆**_비** -費 명 frais *mpl* d'installation.

ㄱ

가설² 假設 명 installation *f* temporaire [provisoire]. ¶ ~ 극장 un théâtre [cinéma] provisoire. ¶ ~ 건축물 une construction provisoire; un baraquement. ¶ ~ 무대 une scène provisoire. ¶ ~ 철도 un chemin de fer provisoire. ◇_(을) **하다** établir [installer] *qc* provisoirement. ¶ 무너진 다리 옆에 부교를 ~하였다 On a construit provisoirement un pont flottant à côté du pont détruit.

◆_**물** -物 명 installation *f* temporaire [provisoire].

가설³ 假說 명 hypothèse *f*; ((가정)) supposition *f*, conjecture *f*. ¶ ~ 추리 un raisonnement qui part d'une [qui repose sur une] hypothèse. ¶ 작업 ~ une hypothèse de travail. ¶ 모든 과학적 법칙은 ~에서 출발한다 Tous les principes scientifiques partent d'une hypothèse. ¶ ~에 입각한 신문기사 un article de journal se basant sur des suppositions. ¶ ~을 증명하다 vérifier une hypothèse. ¶ ~을 받아들이다 accepter une hypothèse. ◇_**을 세우다** faire [établir, poser] une hypothèse.

◆_**적** -的 명관 hypothétique.

가성¹ 假性 명 faux(*sse*), pseudo-.

◆_**근시** -近視 명 fausse myopie *f*, pseudo-myopie *f*, myopie *f* spasmodique.

◆_**콜레라** 명 pseudo-choléra *m*, syndrome *m* cholériforme, diarrhée *f* cholériforme.

가성² 假聲 명 ((voix)) de fausset, de tête; voix *f* déguisée. ¶ ~으로 노래하다 chanter en voix de fausset. ¶ ~을 내다[쓰다] déguiser *sa* voix; imiter [prendre] la voix de *qn* d'autre

가성³ 苛性 명 【화학】 causticité *f*.

◆_**소다** 명 soude *f* caustique.

가성화합물 加成化合物 명 【화학】 (produit *m*) composé *m*.

가세¹ 加勢 명 ((조력)) aide *f*, secours *m*; ((지지)) appui *m*, soutien *m*; ((원군)) renfort *m*. ◇_(를) **하다** aider *qn*, secourir *qn*; apporter *son* appui à *qn*; venir à l'aide [au secours] de *qn*; venir en aide à *qn*; donner un coup de main à *qn*. ¶ 학생들의 시위에 시민들까지 ~하였다 Même des citoyens ont soutenu la manifestation des étudiants. ¶ 아이들 싸움에 부모들까지 ~하여 싸웠다 Même les parents sont intervenus dans la dispute des enfants. ¶ 약한 편에 ~하다 être du côté des faibles, secourir [défendre] les faibles. ◇_(가) **되다** être renforcé(*e*); être soutenu(*e*). ¶ 지나가던 행인 수백 명이 ~되어 광장은 청중들로 가득했다 La place était bondée de spectateurs à cause de l'arrivée supplémentaire de centaines de personnes passant dans le quartier.

◆_**자** -者 명 partisans *mpl*, sympathisants *mpl*.

가세² 家勢 명 situation *f* financière d'une famille. ¶ ~가 기울고 있다 La famille court [va] à sa ruine.

가소롭다 可笑- 형 être ridicule, grotesque, risible; être dérisoire. ¶ 가소로운 인물[녀석] un personnage [un type] grotesque; un médiocre, un minable {*fam*}, un moins que rien {*fam*}. ¶ 가소로운 일 un événement dérisoire. ¶ 그가 회장이라니 참 가소롭군 Lui, président de la société! Il y a de quoi rire [C'est grotesque]! ¶ 가소롭게 굴다 se conduire de manière ridicule [d'une manière grotesque]. ¶ 가소롭게도 그 녀석은 내게 이래라 저래라 한다 Ce minable [Ce moins que rien] ose se mêler de mes affaires.

가소성 可塑性 명 plasticité *f*. ¶ ~ 물질 matière plastique.

가속¹ 加速 명 accélération *f*. ¶ 자동차의 순간 ~ accélération instantanée d'une voiture. ◇_(을) **하다** [**시키다**] accroître *sa* vitesse, accélérer, mettre la surmultipliée {*fam*}, mettre le turbo {*fam*}, appuyer sur le champignon {*fam*}, écraser la pédale d'accélérateur, passer la surmultipliée {*fam*}, mettre (toute) la gomme {*fam*}; mettre les gaz. ◇_**이 붙다** accélérer, accroître *sa* vitesse, aller plus vite. ¶ ~이 붙으면 이 자동차는 무섭게 달린다 Quand cette voiture accélère, sa vitesse fait peur [elle roule à faire peur, elle roule de façon terrifiante].

◆_**적** -的 명관 accéléré(*e*). ¶ ~적으로 à toute [pleine, grande] vitesse, à toute pompe {*fam*}, (à) pleins gaz {*fam*}, plein pot {*fam*}, à toute vapeur, à tombeau ouvert, à fond la caisse {*fam*}; comme un bolide [une flèche, comme un trait].

◆_**운동** -運動 명 mouvement *m* accéléré.

◆_**장치[기]** -裝置[器] 명 accélérateur *m*.

◆_**페달** 명 la pédale d'accélération, l'accélérateur.

가속² 家屬 명 ① membres *mpl* d'une famille. ② 자기아내 ma femme *f*.

가솔 家率 명 membres *mpl* d'une famille. ¶ ~을 거느리다 être à la tête d'une famille. ¶ ~을 이끌고 고향으로 돌아가다 rentrer au pays avec *sa* famille.

가솔린 영{gasoline} 명 essence *f*.

◆_**엔진** 영{gasoline engine} 명 moteur *m* à essence.

가수¹ 歌手 chanteur(*se*); cantatrice *f*. ¶ 유행가 ~ chanteur(*se*) populaire. ¶ 오페라 ~ chanteur(*se*) d'opéra, cantatrice.

가수² 假數 명 【수학】 mantisse *f*.

가수분해 명 【화학】 hydrolyse *f*.

가수요 假需要 명 demande *f* spéculative. ¶ ~ 현상 demande spéculative. ¶ ~가 있다[늘고 있다] Il y a une demande spéculative [La demande spéculative augmente].

가스 영{gas} 명 gaz *m*. ¶ ~가 샌다 Il y a une fuite de gaz. ¶ ~ 냄새가 난다 Ça sent le gaz.

◆_**관** -管 명 gazoduc *m*, pipeline *f*.

◆_**레인지**{gas range} 영 명 fourneau(*x*) *m* à gaz; cuisinière *f* à gaz, gazinière *f*.

◆_**보일러**{gas boiler} 영 명 chaudière *f* à gaz.

◆_**불** 명 gaz *m*. ¶ ~불로 음식을 가열하다 cuire de la nourriture sur un réchaud à gaz.

◆_**실** -室 명 chambre *f* à gaz. ¶ ~실에서 죽은 유태인들 les juifs morts dans les chambres à gaz.

◆_**중독** -中毒 명 intoxication *f* au gaz. ¶ ~중독 환자 un(*e*) patient(*e*) intoxiqué(*e*) par le gaz, un(*e*) patient(*e*) victime d'une intoxication par le gaz.

◆_총 -銃 명 fusil *m* à gaz ((lacrymogène)). ¶ ~총을 쏘다 tirer avec un pistolet à gaz, tirer avec un revolver à gaz. ¶ ~총으로 범인을 쏘다 tirer avec un fusil à gaz sur un criminel.
◆도시_ 都市- 명 gaz *m* de ville.
◆연탄_ 軟炭- 명 gaz *m* de houille, ((일산화탄소)) oxyde *m* de carbone (CO). ¶ 연탄 ~를 맡다[에 중독되다] inhaler de l'oxyde de carbone [s'intoxiquer à [être intoxiqué(*e*) par] l'oxyde de carbone].
◆프로판_ 독 명 (gaz *m*) propane *m*.

가슴 명 ① 흉곽 poitrine *f*, poitrail *m*. ¶ ~을 펴다 bomber la poitrine; se cambrer; redresser le buste. ¶ 자기 ~에 아기를 꼭 껴안다 serrer [étreindre, presser] très fort *son* enfant contre *sa* poitrine [contre *son* cœur]. ¶ ~이 시원해지는 음료수 une boisson rafraîchissante. ¶ ~이 넓다 avoir une large poitrine. ¶ ~이 결리다 avoir mal à la poitrine, ressentir des douleurs dans la poitrine, avoir mal au flanc; avoir un point de côté, ressentir un picotement dans le côté. ¶ ~이 아프다 avoir mal à la poitrine. ¶ ~을 드러내다 montrer [découvrir] *sa* poitrine [*ses* seins], exhiber *ses* seins. ② 젖가슴 sein *m*, ((soutien-)) gorge *f* {*litt*}. ¶ 풍만한 ~ une poitrine opulente [abondante, généreuse, plantureuse], une forte [grosse] poitrine, une gorge abondante [généreuse, opulente, plantureuse, rebondie]; ((il y a)) du monde au balcon {*fam*}. ¶ 납작한 ~ une poitrine plate (comme une limande); des œufs sur le plat {*fam*}. ③ 폐 poitrine *f*, poumons *mpl* ¶ ~ 가득히[깊이] 숨을 들여 마시다 respirer à pleins poumons [respirer profondément]. ④ 심장 cœur *m*. ¶ 나는 두려움에 ~이 두근거린다 Le cœur me bat de crainte. ⑤ 마음 cœur *m*. ¶ ~이 따뜻하다 être chaleureux(*se*), avoir bon cœur. ¶ ~이 벅차다 être profondément ému(*e*) [touché(*e*)]. ¶ 나는 고향 생각으로 벌써 ~이 설렌다 Je suis déjà tout excité(*e*) à l'idée de rentrer au pays. ¶ ~이 찡하다 être ému(*e*), touché(*e*). ¶ 나는 하고 싶은 말을 다 하고 나니 ~이 후련했다 Je me suis senti(*e*) délivré(*e*) [soulagé(*e*)] après avoir dit tout ce que j'avais à dire. ¶ ~에 맺히다 s'enfoncer au plus profond de *son* âme [de *son* cœur]; ((원한이)) avoir un profond ((ressentiment)) au fond du cœur. ¶ ~에 새기다 graver dans *son* cœur. ¶ 그것이 ~에 와 닿았다 Ça me va tout droit au cœur. ¶ 그는 조국에 대한 그리움이 ~에 사무쳤다 La nostalgie de sa patrie le pénètre jusqu'au plus profond de son cœur [de son âme] / La nostalgie de sa patrie l'émeut [le touche] profondément. ¶ 그 여자는 그 남자에 대한 원한이 ~에 맺혔다 Elle garde un profond ressentiment [une profonde rancune] contre lui / Elle lui garde rancune / Elle a de la rancune contre lui / Elle garde [a] une dent contre lui / Elle le déteste du fond du cœur [profondément] / Elle lui en veut terriblement. ¶ ~에 희망이 넘치다[가득 차다] déborder [être débordant(*e*), plein(*e*)] d'espoir. ¶ 누구의 ~에 상처를 주다[입히다] blesser *qn*. ¶ ~으로 말하다 parler sincèrement [avec sincérité, avec franchise, à cœur ouvert, franchement]. ¶ ~으로 느끼다 ressentir avec le cœur.

*~**에 멍이 들다** avoir un cœur meurtri.
*~**에 못을 박다** blesser (le cœur de) *qn*.
*~**에 손을 얹다** engager *son* honneur; faire *qc* sur *son* honneur [sur l'honneur]. ¶ 너 ~에 손을 얹고 생각 좀 해 봐라 Réfléchis sincèrement à ton comportement [à ta conduite, à tes actes passés] / Repentis-toi. ¶ ~에 손을 얹고 말하다 parler sincèrement [avec sincérité], affirmer *qc* sur *son* honneur, parler en donnant *sa* parole d'honneur, donner *sa* parole d'honneur [engager *son* honneur, engager *sa* parole] pour certifier *qc*. ¶ ~에 손을 얹고 말하는데 나는 잘못이 없어 Sur mon honneur je te promets que je n'ai rien fait.
*~**을 쓸어내리다** avoir un poids en moins sur la poitrine, être [se sentir] soulagé(*e*) [délivré(*e*)], avoir le cœur léger.
*~**을 열다** ouvrir *son* cœur à *qn*, s'ouvrir [se confier] à *qn*, s'épancher.
*~**을 울리다** attrister *qn*, peiner *qn*, affliger *qn*.
*~**을 저미게 하다** briser le cœur de *qn*, ronger le cœur de *qn*.
*~**을 적시다** émouvoir *qn*, toucher *qn*.
*~**을 졸이다** s'inquiéter, se tourmenter, se faire un sang d'encre; être anxieux(*se*), angoissé(*e*) inquiet(*ète*); être nerveux(*se*), tendu(*e*); ((attente)) être fiévreux(*se*). ((un chagrin)) serrer le cœur ((de *qn*)).
*~**을 쥐어뜯다** affliger *qn*, attrister *qn*, peiner *qn*.
*~**을 찌르다** déchirer [fendre, arracher] le cœur de *qn*, faire mal à *qn*, faire de la peine à *qn*, attrister *qn*. ¶ 그 마지막 한 마디가 내 ~을 찌른다 Ces derniers propos me déchirent [me fendent, m'arrachent] le cœur [me font mal, me font de la peine, m'attristent].
*~**을 치다** se sentir meurtri(*e*), révolté(*e*), abattu, affecté. ¶ 그는 그 여자가 자신을 이용했다는 것을 뒤늦게 알고 ~을 쳤다 Il se sentit meurtri [révolté] lorsqu'il réalisa sur le tard (de façon douloureuse) qu'elle s'était servi de lui [qu'elle l'avait berné].
*~**을 태우다** s'inquiéter, se soucier, se tracasser, se tourmenter, se faire du souci [des soucis]; se faire de la bile [du mouron, des cheveux blancs] {*fam*}, se biler {*fam*}, se faire du mauvais sang, se faire un sang d'encre; se préoccuper. ¶ 사랑으로 ~을 태우다 languir d'amour ((pour *qn*)).
*~**을 털어놓다** ouvrir *son* cœur à *qn*, s'ouvrir [se confier] à *qn*, s'épancher. ¶ 나는 ~을 털어놓을 수 있는 친구가 필요하다 J'ai besoin d'avoir quelqu'un à qui me confier.
*~**이 (철렁) 내려앉다** avoir un sursaut, sursauter; être pris(*e*) de panique.
*~**이 답답하다** ((흉곽이)) souffrir d'oppression, se

sentir oppressé(*e*) ((à cause de la chaleur)); étouffer, avoir besoin d'air; ((마음이)) avoir le cœur serré, avoir de la peine, être peiné(*e*), angoissé(*e*).
*~**이 떨리다** trembler, avoir le trac; frémir.
*~**이 뛰다** avoir le cœur qui bat; ((le cœur)) palpiter; être tout excité(*e*).
*~**이 뜨겁다** être chaleureu*x*(*se*); éprouver un vif sentiment (de remerciement). ¶ 나는 기쁨에 ~이 뛴다 Mon cœur bat de joie.
*~**이 뜨끔하다** ((흉곽이)) avoir une douleur vive dans la poitrine; ((비유적)) sursauter, être piqué(*e*) [touché(*e*)] au vif.
*~**이 메이다** ((en)) avoir le cœur serré, cela me serre le cœur; avoir le cœur gros; être très ému(*e*) [touché(*e*)].
*~**이 무너져내리다[무너지다]** tomber dans un grand [dans le plus] profond désespoir, tomber dans une détresse accablante.
*~**이 뭉클하다** avoir *qc* sur le cœur; avoir le cœur gros, en avoir gros [lourd] sur le cœur [sur la patate {*fam*}].
*~**이 미어지다** ((le cœur)) être plein(*e*) de tristesse.
*~**이 부풀다** avoir le cœur qui bat [palpite] très fort [qui bat la chamade].
*~**이 뿌듯하다** éprouver un sentiment de satisfaction, éprouver de la satisfaction, avoir le sentiment du devoir accompli ((après avoir achevé une grande tâche)); se sentir fi*er*(*ère*) de *qc*.
*~**이 섬뜩하다** ((*son* cœur)) tressaillir de peur, frémir, frissonner.
*~**이 아프다** Cela *me* serre [*me* déchire, m'arrache, *me* brise, *me* crève, *me* fend, *me* perce, *me* ronge] le cœur ((de voir ...)) / Cela me fait de la peine / Cela me fait mal / Cela m'attriste / Je suis attristé(*e*). ¶ 그것을 보고 그 여자는 ~이 아팠다 Cette scène lui a fait mal [l'a attristée, lui a fait de la peine, lui a déchiré le cœur, lui a fendu le cœur]. ¶ 외아들을 잃는다는 것은 ~아픈 일이다 Ça fait mal de perdre son fils unique. ¶ ~ 아프게도 tristement.
*~**이 울렁거리다** être tout excité(*e*) à l'idée de ..., être tout troublé(*e*), être dans un grand émoi, ((cœur)) palpiter, battre très fort.
*~**이 찔리다** être piqué(*e*) [touché(*e*), atteint(*e*)] au vif; ne pas avoir la conscience [l'esprit] tranquille [en paix]; se sentir visé(*e*); être mal à l'aise, se sentir mal à l'aise; se sentir embarrassé(*e*); se sentir gêné(*e*), avoir mauvaise conscience, avoir *qc* [un poids, une faute] sur la conscience, avoir *qc* à se reprocher.
*~**이 찢어지다** avoir une douleur déchirante [à vous fendre le cœur]. ¶ ~이 찢어질 것 같은 아픔 une douleur déchirante [à *vous* fendre le cœur].
*~**이 철렁하다** avoir un sursaut, sursauter.
*~**이 타다** être inqui*et*(*ète*), soucieu*x*(*se*); être angoissé(*e*); être tourmenté(*e*); être dévoré(*e*) d'inquiétude; être impatient(*e*), s'impatienter, brûler d'impatience; être agité(*e*), nerveu*x*(*se*); être dévoré(*e*) [consumé(*e*)] d'angoisse, brûler d'angoisse.
*~**이 터지다** avoir le cœur fendu [déchiré, brisé] par le chagrin, avoir le cœur rempli de chagrin, être déchiré(*e*) (de douleur); être extrêmement triste; être accablé(*e*), être très triste; avoir le cœur gros, être plongé(*e*) dans un chagrin, en avoir gros [lourd] sur le cœur [sur la patate {*fam*}]. ¶ (슬픔으로) ~이 터질 것 같다 J'ai le cœur fendu [déchiré, brisé] / J'en ai gros sur le cœur [sur la patate {*fam*}].
◆**_둘레** 명 tour *m* de poitrine. ¶ 나는 ~둘레가 90cm 이다 Je fais 90 de tour de poitrine. ¶ 이번 신체검사에서 ~둘레를 쟀다 Lors de cette visite médicale, on a mesuré notre tour de poitrine.
◆**_속** 명 ((au)) fond *m* de *son* cœur; véritables pensées *fpl*, ce que l'on pense vraiment. ¶ 그것은 ~속에서 우러나오는 말 같았다 Ça semblait venir du fond du cœur. ¶ 저는 아버님의 그 말씀을 항상 ~속에 깊이 간직하고 있다 Je garde toujours profondément au fond de mon cœur ces paroles de mon père. ¶ 그의 ~속에 무슨 생각이 들었는지는 아무도 모른다 Personne ne sait ce qu'il pense vraiment [quelles sont ses véritables pensées].
◆**_앓이** 명 ① **【한의】** gastrite *f* (et œsophagite *f*). ② ((비유적)) souffrance *f* de ne pas voir *qn*, souffrance *f* due à l'éloignement ou à l'absence de *qn*. ¶ ~앓이를 하다[앓다] souffrir d'une gastrite (et d'une œsophagite); ((비유적)) souffrir de ne pas voir *qn*; souffrir de l'éloignement ou de l'absence de *qn*, en avoir gros sur le cœur.
◆**_파기[팍, 패기]** 명 poitrine *f*. ¶ 고릴라가 손으로 ~파기를 두드렸다 Le gorille s'est tambouriné la poitrine avec les poings. ¶ ~팍으로 공을 받다 recevoir le ballon dans la poitrine.
◆**새_** 명 thorax *m* en bréchet [en carène]; ((비유적)) peureu*x*(*se*), couard(*e*), poltron(*ne*), poule *f* mouillée {*fam*}.

가습기 加濕氣 명 humidificateur *m*. ¶ ~를 틀다 mettre en route [allumer] l'humidificateur.

가시[1] 명 ① ((나무의)) épine *f*; ((풀잎의)) piquant *m*; ((살에 박힌)) écharde *f*. ¶ ~가 있는 ((plante)) épineu*x*(*se*). ¶ 손가락에 ~가 박히다 attraper une écharde au doigt; s'enfoncer une épine [une écharde] dans le doigt. ¶ ~를 빼다 retirer [extraire] une écharde. ② ((생선의)) arête *f* ((de poisson)). ¶ 생선 ~ 하나가 목에 걸렸어요 J'ai une arête dans la gorge / Une arête m'est restée dans la gorge.
*~**(가) 돋히다[박히다]** être mordant(*e*), piquant(*e*). ¶ ~돋힌[박힌] 말 parole mordante [piquante].
***눈엣 ~** personne détestée, la bête noire de *qn*; personne *f* gênante. ¶ 그 사람은 나를 눈엣 ~로 여긴다 Je suis sa bête noire / Il me considère comme sa bête noire / Il ne peut pas me voir en peinture

/ Il ne peut pas me supporter [me sentir {*fam*}, m'encadrer {*fam*}] / J'ai une tête qui ne lui revient pas {*fam*}.

◆_관 -冠 명 Couronne *f* d'épines (du Christ).

◆_나무 명 【식물】 arbre *m* épineux; ronce *f*, épine *f*; chêne *m* blanc; *Cyclobalanopsis myrsinaefolia* {*nsc*}. ¶ 산에 ~나무가 많다 Il y a beaucoup d'arbres épineux dans la montagne.

◆_덤불 명 buisson *m* d'épines.

◆_방석 명 situation *f* extrêmement inconfortable. ¶ ~방석에 앉은 느낌이었다 Je me sentais très mal à l'aise.

◆_밭길 명 chemin *m* jonché de buissons épineux; ((비유적)) voie *f* difficile ((dans la vie)), chemin *m* jonché d'embûches. ¶ 인생의 ~밭길을 걷다 suivre une voie difficile dans la vie [un chemin jonché d'embûches].

가시[2] 명 ver *m*. ¶ 된장에 ~가 났다[생겼다] Il y a des vers dans le *doenjang*.

가시다[1] 자 disparaître, s'effacer. ¶ 아픔이[고통이] 가셨다 La douleur a disparu / Je n'ai plus mal. ¶ 애티가 ~ perdre *son* apparence enfantine. ¶ 핏기가 ~ perdre *ses* couleurs, pâlir, blêmir. ¶ 아직도 가시지 않은 더위 une chaleur persistante. ¶ 채 가시지 않은 시골티 un air de campagnard qui reste [dont on n'arrive pas à se défaire complètement]; un côté campagnard [un aspect campagnard, des allures de campagnard] dont on n'arrive pas à se défaire complètement.

가시다[2] 타 (*se*) rincer, (*se*) laver. ¶ 입을 ~ se rincer la bouche. ¶ 병을 ~ rincer une bouteille. ¶ 그릇을 ~ rincer la vaisselle. ¶ 소금물로 입을 ~ se rincer [se laver] la bouche [se gargariser] avec de l'eau salée.

가시버시 명 mari *m* et femme *f*; couple *m*.

가시적 可視的 명관 réel(*le*), concr*et*(*ète*), effecti*f*(*ve*). ¶ ~으로 드러나다 se montrer au grand jour. ¶ ~인 성과[결과]를 얻다 obtenir des résultats concrets.

가식 假飾 명 apparence *f* trompeuse, vernis *m*; faux-semblant(~-~*s*) *m*, prétention *f*. ¶ ~없이 sincèrement; ((parler)) sans fard; naturellement, simplement, de manière non affectée, sans recherche. ¶ ~이 없는 사랑 un amour sincère. ◇_이 있다[없다] être faux(*sse*), feint(*e*), hypocrite [être sincère, véritable, naturel(*le*), vrai(*e*)]. ¶ 그의 말에는 ~이 있다 Ses paroles sonnent faux / Ses propos ne sont pas sincères. ¶ 그는 ~이 없는 사람이다 C'est quelqu'un de sincère [de franc, de vrai].

◆_적 -的 명관 faux(*sse*), feint(*e*), hypocrite; affecté(*e*).

가신 家臣 명 【역사】 serviteur *m*, vass*al*(*ale*, *aux*). ¶ 충성스러운 ~ un vassal [un sujet] fidèle.

가심끌 명 ciseau(*x*) *m* de finissage.

가심질 명 trav*ail*(*aux*) *m* de finissage au ciseaux.

가십 영{gossip} 명 échos *mpl* ((d'un journal)), potins *mpl*, courrier *m* mondain.

◆_거리 명 matière *f* à écrire du courrier mondain.

◆_기사 -記事 명 échos *mpl*, potins *mpl*; courrier *m* mondain, petite nouvelle *f* mondaine ou locale.

가악 歌樂 명 chant *m* et musique *f*.

가압류 假押留 명 【법률】 saisie *f* provisionnelle [par provision]. ¶ ~ 결정 une décision de saisie provisionnelle. ¶ ~ 명령 un ordre de saisie provisionnelle. ¶ ~ 결정에 이의를 제기하다 émettre une réserve sur la décision d'une saisie provisionnelle, s'élever contre [contester] la décision d'une saisie provisionnelle. ◇_(를) 하다[시키다] faire une saisie provisionnelle. ¶ 법원은 채무자의 재산을 ~했다 Le tribunal a fait une saisie provisionnelle des biens des débiteurs. ◇_(를) 당하다[(가) 되다] être saisi(*e*) à titre provisionnel. ¶ 채무자는 재산을 ~ 당했다 Les débiteurs se sont fait saisir leurs biens de manière provisionnelle. ¶ 채권자의 요청에 따라 재산이 ~되었다 Selon les créanciers, les biens ont été saisis de manière provisionnelle.

가액 價額 명 somme *f*, valeur *f*. ¶ 액면 ~ une somme marquée, une valeur nominale. ¶ 최고 ~ la somme la plus élevée [maximale]. ¶ 높은[낮은] ~ une somme élevée [basse]. ¶ 이 물건에 얼마의 ~을 매길 생각입니까? À combien comptez-vous fixer le prix de cet objet?

가야 伽倻 명 【역사】 (royaume *m* de) Gaya <ancien état situé dans la partie sud de la péninsule coréenne>.

◆_금 -琴 명 【음악】 *gayageum m* <instrument à 12 cordes pincées de la famille de la cithare. C'est sans doute l'un des instruments emblématiques de la Corée. Il passe pour remonter au royaume de Gaya au tout début de notre ère mais aurait été en fait conçu sous le royaume de Silla d'après le modèle du zheng chinois à 16 cordes. Le *gayageum* est constitué d'une caisse de résonance en bois de paulownia sur laquelle sont tendues 12 cordes en soie>. ¶ ~금 산조 un solo instrumental joué au *gayageum* avec un discret accompagnement de tambour. ¶ ~금 병창 un chant accompagné au *gayageum*. ¶ ~금 연주 un concert de *gayageum*. ¶ ~금을 타다[뜯다, 연주하다] jouer [pincer les cordes] du *gayageum*.

가언 假言 어근 【논리】 hypothèse *f*.

◆_명제 -命題 명 proposition *f* hypothétique.

◆_적 -的 명관 hypothétique.

가업 家業 명 profession *f* [métier *m*] de famille. ¶ 아버지의 ~을 계승하다[잇다] succéder à *son* père dans sa profession [professionnellement], prendre la suite [la succession] de *son* père dans le cadre d'une entreprise familiale.

가없다 형 ☞ 가[1]

가없이 부 ☞ 가[1]

가역반응 可逆反應 명 【화학】 réaction *f* réversible.

ㄱ

가역성 可逆性 명 réversibilité *f.*

가연물 可燃物 명 combustible *m.*

가연성 可燃性 명 combustibilité *f,* inflammabilité *f.* ¶~ 물질 matière inflammable.

가열 加熱 명 chauffage *m,* chauffe *f,* cuisson *f.* ◇_(을) 하다[시키다] donner de la chaleur à *qc*; élever la température de *qc*; chauffer *qc*; mettre *qc* sur le feu. ¶ 용액을 80도로 ~하다 chauffer un liquide à 80 degrés. ¶ 그것은 ~하면 빨갛게 된다 Cela devient rouge à la cuisson. ◇_(이) 되다 être chauffé(*e*).
◆_기 -器 명 appareil *m* de chauffage; fer *m* à chauffer.
◆_분해 -分解 명 décomposition *f* par la chaleur.
◆_살균 -殺菌 명 stérilisation *f* par la chaleur.

가열차다 苛烈- 형 être acharné(*e*), âpre, violent(*e*), ardent(*e*), rude, intense. ¶ 가열찬 전투 un combat intense. ¶ 가열찬 투쟁 une lutte acharné(*e*) [âpre, animée, ardente, violente], un conflit acharné [rude]. ¶ 가열찬 노력 des efforts acharnés [intenses]. ¶ 더욱 가열차게 공부해야겠다 Il va falloir étudier avec encore plus d'acharnement [encore plus d'ardeur, encore plus énergiquement].

가엽다 형 être pauvre, pitoyable, malheureux(*se*), misérable. ¶ 아, 가여운 사람! Ah, mon pauvre! / Pauvre de toi! ¶ 이 가여운 아이는 부모를 잃었다 Ce pauvre enfant a perdu ses parents! ¶ 어렵게 사는 사람을 가엽게 여기다 avoir de la compassion [de la sympathie] pour les pauvres. ☞ 가엾다

가엾다 형 être pauvre, pitoyable, malheureux(*se*), misérable. ¶ 가엾은 신세 un sort pitoyable. ¶ 부모 잃은 저 아이는 참으로 ~ Cet enfant qui a perdu ses parents fait vraiment pitié. ¶ 저렇게 개를 학대하는 것을 보니 가엾은 생각이 든다 Cela me donne de la peine de voir ce chien maltraité. ¶ 저 노인이 그렇게 힘든 일을 해야 하다니 가엾은 일이다 Il est pitoyable de voir ce vieillard travailler si durement. ¶ 가엾어라 Quelle malheur! / Cela me fait pitié! ¶ 가엾어 보이는 거지 un clochard qui fait pitié. ¶ 가엾게 여기다 prendre *qn* en pitié. ¶ 가엾게도 저 아이는 의붓아버지에게 매일 얻어맞는다 Ce pauvre enfant est battu [se fait battre] par son beau-père tous les jours.

가오리 명 【동물】 raie *f.*
◆_연 명 cerf-volant(*~s-~s*) *m* en forme de raie.

가옥 家屋 명 maison *f,* bâtiment *m,* logis *m,* logement *m.* ¶ 현대식[재래식] ~ une maison moderne [classique, traditionnelle]. ¶ ~ 구조 la structure d'une maison.
◆_대장 -臺帳 명 registre *m* immobilier.

가외 加外 명 supplément *m,* excès *m.* ¶ ~ 시간 heures *fpl* supplémentaires, heures *fpl* sup {*fam*}, ((faire des)) extra(s) *mpl* {*fam*}. ¶ ~로 일을 하다 faire des heures supplémentaires [des heures sup {*fam*}], faire des extras {*fam*}.
◆_수당 -手當 명 supplément *m* [prime *f,* indemnités *fpl*] touché(*e*)(s) pour les heures supplémentaires. ¶ ~수당을 받다 toucher un supplément [une prime, des indemnités] pour les heures supplémentaires.

가요 歌謠 명 chant *m,* chanson *f,* mélodie *f,* air *m*; lied *m.* ¶ ~ 대상 le prix qui récompense [qui couronne] la meilleure chanson de l'année. ¶ ~를 부르다 chanter. ¶ ~를 배우다 apprendre une chanson.

가용[1] 家用 명 ① dépenses *fpl* ménagères; frais *mpl* du ménage ② usage *m* privé ¶ 시골 살림은 도회지 살림보다 ~이 덜 든다 En campagne, la vie est moins coûteuse qu'en ville.

가용[2] 可用 명 utilisable. ¶ ~ 자원 ressources utilisables; ressources disponibles [que l'on a à disposition].

가용성[1] 可鎔性 명 fusibilité *f.*

가용성[2] 可溶性 명 solubilité *f.*

가운[1] 家運 명 destin *m* [destinée *f,* sort *m,* fortune *f*] d'une famille. ¶ ~이 기울었다 La [Sa] famille a sombré / Le destin de sa famille a été funeste [sombre] / La [Sa] famille est sur le déclin. ¶ ~을 만회하다 rétablir [relever] la fortune de la famille.

가운[2] 영{gown} 명 robe *f* de chambre.

가운데 명 milieu(*x*) *m,* centre *m,* cœur *m.* ¶ (생선) ~ 토막 le morceau du milieu ((le meilleur morceau d'un poisson)). ¶ ~가 제일 잘 보이는 자리다 C'est au milieu qu'on voit le mieux. ¶ ~를 노려라 Vise en plein milieu. ¶ 그 천은 ~를 잘라서 둘로 나누자 Partageons cette étoffe en deux en la coupant au milieu. ¶ 가장자리에 앉지 말고 ~에 가서 앉아라 Ne t'assieds pas sur le côté, assieds-toi au milieu. ¶ 우리는 음식을 ~에 두고 빙 둘러 앉았다 On s'est assis autour du repas. ¶ 길 ~에 au milieu de la rue; en plein milieu de la rue. ¶ 동네 ~에 위치한 건물들 les bâtiments qui se trouvent au milieu du quartier. ¶ 방 ~에 가서 앉아 Assieds-toi au milieu de la pièce.
*부처님 ~ 토막 C'est un ange / On dirait un ange.
◆_손가락 명 médius *m,* majeur *m.*
◆한_ 명 ((en)) plein centre *m*; ((au)) beau milieu *m.* ¶ 서울 한~에 살다 habiter dans le centre de Séoul ¶ 도로 한~에서 차가 멈췄다 La voiture s'est arrêtée en plein milieu de la route. ¶ 바다 한~로 나아가다 gagner le large.
의명 ① parmi. ¶ 너희들 ~ parmi vous; d'entre vous. ¶ 너희들 두 사람 ~ 누가 이 일을 할래? Lequel de vous deux aimerait [serait d'accord pour] faire ce travail? ¶ 이 ~에서 누가 불어를 제일 잘하니? Qui d'entre vous parle le mieux [est le plus à l'aise en] français? ¶ 우리들 ~에서 가장 키가 큰 사람 le plus grand d'entre nous. ¶ 많은 후보자들 ~에서 한 명을 뽑다 sélectionner une personne parmi les nombreux candidats. ¶ 이 ~에서 어느 것이든 5개만 가지고 가라 Prends n'importe lesquels mais n'en prends que cinq. ¶ 형제들 ~ 첫째가 제일 똑똑하다 Parmi ses frères, c'est l'aîné le plus intelligent.

¶ 그 작가의 대표작 ~ 제일 유명한 작품은 어느 것이냐 Quelle est l'œuvre la plus célèbre parmi les œuvres représentatives de cet auteur? ② ((상황, 배경)) au cours de *qc*, pendant que+*ind*, alors que+*ind*, tandis que+*ind*. ¶ 그럭저럭 하는 ~ 3 년이 흘렀다 Trois années se sont écoulées pendant lesquelles je n'ai pas fait grand-chose. ¶ 책을 읽는 ~ 새로운 단어를 발견했다 J'ai trouvé un nouveau mot au cours de ma lecture. ¶ 박수갈채가 울려 퍼지는 ~ 막이 내렸다 Le rideau s'est baissé sous les applaudissements nourris du public [dans un tonnerre d'applaudissements]. ¶ 그 학생은 가정 형편이 어려운 ~에서도 공부를 열심히 했다 Cet élève a travaillé durement dans de très mauvaises conditions familiales. ¶ 나는 청중들이 많이 모인 ~ 연설을 했다 J'ai fait [prononcé] un discours devant un public nombreux.

가웃 분류 ((et)) demi(*e*). ¶ 다섯 말 ~ cinq boisseaux et demi.

가위[1] 명 ciseaux *mpl*. ¶ ~로 종이를 자르다 couper du papier avec des ciseaux.

◆**_질** 명 ① coup *m* de ciseaux; cisaillement *m*. ② 영화검열 censure *f*. coupure *f*.; ciseaux *mpl* d'Anastasie {*fam*}. ¶ ~질을 하다 tailler avec des ciseaux; censurer.

◆**_바위보** 명 jeu *m* de «pierre-papier-ciseaux», jeu *m* de «pierre-caillou-ciseaux» (qui permet de se départager). ¶ ~바위보로 순서를 정하다 décider l'ordre en jouant à «pierre-papier-ciseaux». ¶ ~바위보를 하다 jouer à «pierre-papier-ciseaux».

◆**_표** -標 명 marque *f*, croix *f*, coche *f*, marque *f* de pointage «×»; le symbole de la multiplication «×»; un '×'. ¶ 틀린 곳에 ~표를 하다[긋다] mettre une marque [une croix] au niveau des erreurs, pointer les erreurs.

가위[2] 명 *~(**에**) **눌리다** faire un mauvais rêve [un cauchemar], faire des cauchemars, cauchemarder.

가위[3] 可謂 부 vraiment, tout à fait, en un mot, bref; littéralement, à la lettre. ¶ 그 사람은 ~ 군자라 할 수 있다 On peut dire que c'est vraiment un homme de vertu. ¶ 내장산의 가을 단풍은 ~ 절경이라 할 만하다 On peut dire des feuillages d'automne du mont Naejang qu'ils constituent vraiment un spectacle magnifique. ¶ 토함산의 해돋이는 ~ 장관이다 Le lever du soleil au [sur le] mont Toham est vraiment un spectacle magnifique. ☞ 가히

가으내 부 tout l'automne. ¶ 그 노인은 ~ 시골에 있었다 Ce vieillard est resté tout l'automne à la campagne.

가을 명 automne *m*. ¶ 어느 ~날 오후에 un après-midi d'automne. ¶ 푸른 ~ 하늘 le ciel bleu d'automne. ¶ ~은 단풍의 계절이다 L'automne est la saison où les feuilles prennent de belles couleurs. ¶ 올 ~에는 수확이 좋을 것이다 Cet automne, la récolte sera bonne.

◆**_갈이** 명 labour *m* d'automne. ¶ ~갈이(를) 하다 faire les labours d'automne.

◆**_걷이** 명 récolte *f* d'automne. ¶ 들판에서는 ~걷이가 한창이다 En ce moment, nous sommes au cœur des [en pleines] récoltes d'automne dans les champs.

◆**_날** 명 jour *m* d'automne. ¶ ~날(의) 아침 un matin d'automne, un matin automnal. ¶ 맑은[화창한] ~날 un beau jour d'automne.

◆**_보리** 명 orge *f* d'automne.

◆**_비** 명 pluie *f* d'automne [automnales].

◆**_빛** 명 ambiance *f* d'automne. ¶ 드높은 하늘을 보니 ~빛이 완연하다 en regardant le ciel dégagé, on sent que l'automne est véritablement [incontestablement] là [arrivé].

◆**_철** 명 (saison *f* d') automne *f*. ¶ 한국의 ~철 automne de Corée, l'automne en Corée.

◆**초_** 初 명 début de l'automne.

◆**늦_** 명 fin de l'automne.

가이드 영{guide} 명 guide *m*.

가이드라인 영{guideline} 명 indication *f*; ((충고)) conseil *m*; ((지시사항)) directive *f* ((sur *qc*)). ¶ 안전에 관한 ~ directives de [concernant la] sécurité. ¶ 건강 ~ directives de [concernant la] santé. ¶ ~을 따르다 suivre des directives.

가이드북 영{guidebook} 명 ① guide *m* de voyage, guide *m* (touristique). ② guide *m* d'emploi [d'utilisation], guide *m* d'instructions, guide *m* technique, manuel *m* d'utilisation [opératoire, technique], guide *m* de l'utilisateur. ¶ 프로그램 사용의 ~을 읽다 lire le guide [le manuel] d'utilisation d'un logiciel. ¶ ~을 **내다[찍다]** faire paraître [imprimer] un guide touristique, éditer un guide touristique.

가인 佳人 명 belle (femme) *f*. ¶ 절세(의) ~ une beauté rare.

가일층 加一層 부 encore (bien) plus; plus encore; (bien) davantage ¶ ~ 노력하다[분발하다] faire des efforts redoublés [plus d'efforts]; redoubler d'efforts.

가입 加入 명 adhésion *f*, entrée *f*, affiliation *f*, inscription *f*, abonnement *m*. ¶ ~ 신청 demande d'inscription. ¶ ~ 절차 procédures d'abonnement. ¶ 전화 ~ abonnement par téléphone. ¶ 조약 ~ adhésion à un traité, signature d'un traité [d'une convention]. ¶ 전화 ~ 신청자 un demandeur d'abonnement au téléphone, un candidat à l'abonnement au téléphone. ◇_(**을**) **하다** adhérer à ((un syndicat)), s'inscrire à ((un club)) ajouter, joindre; entrer dans ((une association)); s'affilier à ; se joindre à ((une organisation)). ¶ 그 정치가는 공화당에 ~했다 Ce politicien est entré [s'est affilié] au Parti Républicain. ¶ 보험에 ~하다 prendre une assurance. ◇_(**을**) **시키다** inscrire *qn*, abonner *qn*. ¶ 어머니는 아들을 소원대로 보이 스카우트에 ~시켰다 La mère a inscrit son fils aux scouts comme il le désirait. ◇_(**이**) **되다** être inscrit(*e*). ¶ 정회원으로 불어불문학회에 ~되어 있다 être inscrit(*e*)

ㄱ

[adhérent(*e*)] à la Société Coréenne de Langue et Littérature Françaises en tant que membre titulaire.

◆_금[비] -金[費] 명 frais *mpl* d'inscription [d'abonnement].

◆_자 -者 명 affilié(*e*), adhérent(*e*), membre *m*, abonné(*e*).

◆전화_자 電話者 명 abonné(*e*) du téléphone.

◆전화_자 명부 電話者 名簿 명 liste *f* des abonnés du téléphone.

◆_권 -權 명 droit *m* d'affiliation.

◆_전화 -電話 명 numéro *m* d'abonné.

◆_국 -國 명 signataire *m* ((d'un traité)), adhérent(*e*) ((à un traité)).

가자미 명 【동물】 sole *f*; poisson *m* plat.

◆_눈 명 regard *m* de travers [en coin, du coin de l'œil]. ¶ ~눈을 뜨고 쳐다보다 regarder ((*qn*)) de travers [en coin, du coin de l'œil].

◆_식해 -食醢 명 salaison *f* de la sole. ¶ ~식해를 담그다 préparer la salaison de la sole.

가작 佳作 명 ① œuvre *f* bien faite; ouvrage *m* bien fait, bel ouvrage *m* ② ((상)) ouvrage *m* ayant reçu un prix de consolation [un prix secondaire, un prix de deuxième catégorie]. ¶ 신춘문예에서 ~에 당선되다 recevoir un prix de consolation [un prix de deuxième catégorie] au concours de jeunes écrivains.

가장[1] 부 le(*la*, *les*) plus, on ne peut plus {*fam*} ((intelligent)); extrêmement; au suprême degré; suprêmement; à l'extrême. ¶ ~ 아름답다 être le(*la*) plus beau(*belle*). ¶ ~ 중요하다 être le(*la*) plus important(*e*); avoir une importance capitale [primordiale]. ¶ ~ 심한 경우 le pire des cas. ¶ ~ 새로운 것 le(*la*) plus récent(*e*). ¶ ~ 기초적인 지식 les connaissances les plus élémentaires. ¶ 그의 ~ 가까운[친한] 친구 son ami(*e*) le(*la*) plus proche, son(*sa*) meilleur(*e*) ami(*e*). ¶ 그 시대의 ~ 훌륭한 작가 le meilleur écrivain de son temps. ¶ 이제까지 본 것 중에 이것이 ~ 좋다 C'est ce que j'ai vu de meilleur jusqu'à présent. ¶ 이것은 내가 본 것 중에서 ~ 훌륭한 영화다 C'est le meilleur film que j'aie jamais vu. ¶ 누가 ~ 잘 할지 맞춰보세요 Devinez qui sera le meilleur. ¶ ~ 많이 le maximum. ¶ 내가 ~ 잘 아는 것 ce que je sais le mieux. ¶ 내가 ~ 잘 아는 것[내가 ~ 잘 하는 것] ce que je sais [ce que je fais] le mieux. ¶ 현대인의 삶에 있어서 ~ 큰 적은 스트레스다 À notre époque [À l'époque actuelle] [Dans la société actuelle], le pire [le plus grand] ennemi c'est le stress. ¶ 인간의 삶에 있어서 ~ 중요한 것은 건강이다 Dans la vie, le plus important, c'est la santé / La santé passe avant tout. ¶ 내가 ~ 좋아하는 가수[작가, 요리, 영화] mon(*ma*) chanteur(*se*) préféré(*e*) [mon auteur favori, mon plat favori, mon film préféré]. ¶ ...하는 것이 ~ 좋다 Le mieux, c'est de+*inf*. ¶ ...중에서[가운데서] ~ ... le(*la*) plus ... parmi [d'entre] ... ¶ 우리들 중 ~ 훌륭한 사람 les meilleurs d'entre nous. ¶ 친구 중의 누구를 ~ 좋아하느냐? Qui aimes-tu le plus parmi tes amis? / Quel ami préfères-tu?

가장[2] 假裝 명 ① déguisement *m*; travestissement *m*; camouflage *m*; travesti *m*; mascarade *f*. ¶ ~ 무도회 bal masqué. ¶ ~ 행렬 défilé costumé [masqué]. ¶ ~용 의상 déguisement. ② 거짓 꾸밈 affectation *f*; faux-semblant(~-~*s*) *m*; artifice *m*, dissimulation *f*. ◇_(을) **하다** se travestir en; se déguiser ((à l'aide de)); feindre, affecter, prétendre. ¶ 여자로 ~하다 se déguiser [se travestir] en femme. ¶ ...을 ~하고 sous prétexte de *qc*/*inf*, sous le masque [couvert] de. ¶ 양민을 ~하다 faire le bon citoyen. ¶ 대학생을[으로] ~한 사기꾼 un escroc qui se fait passer pour un étudiant. ¶ 손님으로 ~하다 se faire passer pour un client. ¶ 그는 감정을 조금도 ~하지 않는다 Il ne dissimule pas du tout ses sentiments. ¶ 우정을 ~하다 feindre l'amitié. ¶ 겸손을 ~한 교만 la fausse modestie. ¶ 태연을 ~하고 모르는 체하다 faire semblant de ne pas savoir, feindre l'ignorance. ¶ 태연한 척 ~하다 faire comme si de rien n'était; feindre l'indifférence.

가장[3] 家長 명 chef *m* de famille; patriarche *m*. ¶ ~의 역할 le rôle d'un chef de famille. ¶ 소년·소녀 ~ un orphelin chef de famille.

가장귀 명 fourche *f* d'un arbre. ¶ ~가 진 나뭇가지 branche fourchue.

가장이 명 petite branche *f*; ramille *f*, rameau(*x*) *m*. ¶ ~를 치다 élaguer une petite branche.

가장자리 명 bord *m*, marge *f*, bordure *f*.; frange *f*, ourlet *m*. ¶ 접시 ~가 모두 이가 빠졌다 Toutes les assiettes sont ébréchées. ¶ 식탁의 ~에 놓다 poser *qc* sur le bord de la table.

가장조 명 【음악】 ☞ 가[2]

가재[1] 명 【동물】 écrevisse *f*.

*~**는 게 편** On est toujours du côté des siens.

◆_걸음 명 ¶ ~걸음(을) 하다 marcher en crabe.

가재[2] 家財 명 ① meubles *mpl*, mobilier *m*, ameublement *m*, garniture *f*. ② fortune *f* de *qn*, biens *mpl*. ¶ 화재로 ~(도구)를 다 잃다 perdre tous *ses* biens dans un incendie.

가재기 명 article *m* [objet *m*] défectueux.

가전 家電 어근 【전기】 électroménager *m*.

◆_제품 -製品 명 appareils *mpl* électroménagers. ¶ 백색 ~제품 les ≪produits blancs≫ ((appareils électroménagers tels que réfrigérateur, cuisinière, machine à laver, etc., par opposition aux ≪produits bruns≫, matériel audiovisuel tel que chaîne hi-fi, téléviseur, magnétoscope, etc.)).

가정[1] 家庭 명 famille *f*; foyer *m*. ¶ 단란한 ~ une famille heureuse. ¶ ~을 가지다 fonder une famille [un foyer]; entrer en ménage. ¶ ~을 꾸미다[이루다] fonder un foyer, fonder une famille. ¶ 엄격한 ~에서 자라다 être élevé(*e*) [grandir] dans une famille sévère. ¶ ~으로 돌아가다 rentrer au foyer.

◆_적 -的 명관 ménag*er*(*ère*), famili*al*(*ale*, *aux*),

domestique. ¶ ~적인 남자 homme qui s'occupe bien de son foyer.

◆_교육 -敎育 명 éducation *f* familiale.

◆_문제 -問題 명 problème *m* familial.

◆_법률 상담소 -法律相談所 명 centre *m* de consultations juridiques pour les familles.

◆_법원 -法院 명 【법률】 tribun*al*(*aux*) *m* des affaires familiales.

◆_부인 -夫人 명 maîtresse *f* de maison; mère *f* de famille; ménagère *f*.

◆_생활 -生活 명 vie *f* familiale [de famille].

◆_용 -用 명 ménag*er*(*ère*). ¶ ~용 기구 appareils ménagers.

◆_용품 -用品 명 articles de ménage.

◆_의례 -儀禮 명 cérémonie *f* familiale, rite *m* [rituel *m*] familial. ¶ ~의례 준칙 règles concernant les cérémonies familiales.

◆_집 명 maison *f* familiale.

가정² 家政 명 ménage *m*; arts *mpl* ménagers.

◆_경제 經濟 명 【경제】 économie *f* domestique.

◆_부 -婦 명 femme *f* de ménage; gouvernante *f*.

◆_학 -學 명 économie *f* [gestion *f*] domestique.

◆_(학)과 -(學)科 명 section *f* ménagère; département *m* des arts ménagers, département *m* des sciences de la maison.

가정³ 假定 명 supposition *f*, hypothèse *f*, conjecture *f*. ¶ 근거 없는 ~ une supposition gratuite [sans fondement]. ¶ ...라는 ~ 하에[아래] supposé que+*subj*, dans l'hypothèse où+*cond*. ¶ ~에 입각한 신문기사 un article de journal se basant sur des suppositions. ¶ ~을 논거로 추론하다 argumenter [raisonner] en s'appuyant sur une supposition. ¶ ~을 증명하다 vérifier une hypothèse. ¶ ~을 받아들이다 admettre une hypothèse. ◇_(을) 하다 supposer *qc*/que+*subj*; admettre par hypothèse que+*subj*. ¶ ...이라 ~하여 à supposer [supposé, en supposant, dans la supposition] que+*subj*; dans l'hypothèse où+*cond*. ¶ ..이라 ~하면 si l'on suppose que+*ind*. ¶ 핵전쟁이 일어난다고 ~을 해 보자 Supposons [Mettons] que la guerre nucléaire éclate. ¶ 그것이 사실이라 ~하더라도 네가 잘못이다 Même si l'on suppose que cela est vrai, tu as tort. ◇_을 세우다 élaborer [échafauder] une hypothèse.

◆_적 -的 명관 hypothétique. ¶ ~적인 상황 une situation hypothétique. ¶ 그것은 그가 ~적으로 한 말이다 Il l'a dit par supposition.

◆_법 -法 명 【언어】 mode *m* conditionnel.

가제 假題 명 titre *m* provisoire. ¶ 무엇에 ~를 달다 donner [choisir] un titre provisoire à *qc*.

가져가다 타 ① emporter; prendre; porter; enlever. ¶ 그 곳에서 밥을 해 먹기 위해 취사도구를 가져갔다 On a emporté les ustensiles nécessaires pour faire la cuisine [cuisiner] là-bas. ¶ 우산을 가져가는 것이 좋겠습니다 Vous feriez mieux de prendre un parapluie. ¶ 돈을 넉넉히 ~ avoir assez d'argent sur *soi*. ¶ 이 꽃을 그 여자한테 가져가라 Apporte-lui ces fleurs. ¶ 나머지 짐은 벌써 그리로 가져갔어 On y a déjà apporté le reste des bagages. ¶ 그 녀석이 내 연구실에서 책을 가져갔어 Ce type a pris des livres dans mon cabinet de travail [dans mon bureau]. ② 끌고가다 recourir à *qc*, avoir recours à *qc*; apporter ((une solution)). ¶ 이 문제를 법정까지 가져가야 되겠습니까? Faut-il recourir [avoir recours] à la justice pour cette affaire? / Croyez-vous qu'il soit nécessaire d'aller jusqu'au tribunal pour cette affaire? ¶ 문제를 해결하는 방향으로 가져가야 한다 Il faut apporter une solution au problème.

가져다주다 타 ① apporter; transporter. ¶ 나는 박선생님께 물을 가져다주었다 J'ai apporté de l'eau à M. Park. ② 결과를 낳다 apporter; engendrer, entraîner, procurer, produire, provoquer. ¶ 사랑의 감정이 그 사람에게 안정을 가져다주었다 L'amour lui a apporté la stabilité / L'amour l'a rendu stable. ¶ 무기의 우수성이 아군에게 승리를 가져다주었다 La supériorité de nos armes a donné la victoire à nos soldats.

가져오다 타 ① apporter *qc*. ¶ 너 그거 왜 가져왔니? Pourquoi est-ce que tu as apporté ça? ¶ 깜빡하고 서류를 안 가져왔다 J'ai oublié d'apporter le dossier. ¶ 도시락 잊지 말고 가져와라 N'oublie pas d'apporter ton repas [casse-croûte]. ② 초래하다 causer; entraîner, provoquer. ¶ 심각한 결과를 ~ entraîner de graves conséquences. ¶ 큰 변화를 ~ apporter une modification importante; causer un grand changement. ¶ 이번 사건은 정치권에 심각한 파장을 가져왔다 Cet incident a entraîné de graves problèmes [conséquences] dans le milieu [monde] politique.

가족 家族 명 (membres *mpl* d'une) famille *f*. ¶ 그 남자는 ~을 잘 보살핀다 Il prend soin des siens / Il s'occupe bien de sa famille. ¶ ~과 함께 살다 vivre en famille; vivre avec *sa* famille. ¶ 우리는 5인 ~이다 Nous sommes cinq chez nous [dans la famille]. ¶ 7인 ~ une famille de sept (personnes). ¶ ~이 많다[적다] avoir une famille nombreuse [peu nombreuse]. ¶ ~을 부양하다 nourrir [élever] sa famille. ¶ ~을 데리고 여행하다 voyager en famille. ¶ ~의 품에 안기다 retourner [rentrer] chez *soi* [à la maison].

◆_계획 -計劃 명 planning *m* familial; contrôle *m* des naissances.

◆_법 -法 명 【법률】 lois *fpl* de la famille. ¶ ~의 제정 établissement des lois [du code] de la famille. ¶ ~을 제정하다[입안하다] codifier les lois de la famille.

◆_수당 -手當 명 allocations *fpl* familiales, indemnité *f* pour charges de famille.

◆_적 -的 명관 famili*al*(*ale, aux*). ¶ ~인 분위기 une ambiance [une atmosphère] familiale.

◆_제도 -制度 명 système *m* familial.

◆_회의 -會議 명 conseil *m* familial.

◆대[소]_ 大[小]- 명 famille *f* nombreuse [peu nombreuse].

◆핵_ 核 명 famille *f* nucléaire.

가죽 명 ① 피부 peau(*x*) *f.* ¶ ~을 벗기다 écorcher ((un lapin)); dépouiller ((un lièvre)). ¶ ~을 무두질하다 tanner [préparer] une peau. ¶ 그 남자는 뼈와 ~뿐이다 Il n'a plus que la peau sur les os / Il est squelettique. ② 피혁 cuir *m*, peau(*x*) *f.* ¶ ~의 en cuir, de cuir; en peau. ¶ ~ 구두 des chaussures en cuir. ¶ ~ 가방 une valise [une serviette] en cuir. ¶ ~ 잠바 un blouson en cuir. ¶ ~ 제품 des articles de cuir; la maroquinerie.

◆_끈 명 lanière *f* de cuir. ¶ 물건을 ~으로 묶다 attacher [fixer] un objet avec une lanière de cuir.

◆_옷 명 vêtement *m* en [de] cuir. ¶ 멋진 ~ 옷 un vêtement en cuir superbe, un superbe vêtement en cuir. ¶ ~ 옷을 입다[걸치다; 벗다] mettre [enfiler, enlever] un vêtement en cuir.

가죽나무 명 【식물】 ailante *m*; vernis *m* du Japon.

가중 加重 어근 aggravation *f* ((de peine, d'un crime, d'une maladie)); envenimement *m* ((d'une plaie, d'une querelle)). ◇_(이) 되다 s'alourdir; s'aggraver; grandir, s'agrandir. ¶ 일에 대한 부담이 점차 가중되고 있다 La charge de travail augmente de plus en plus.

◆_처벌 -處罰 명 aggravation *f* de peine.

◆_치 -値 명 indice *m* pondéré. ¶ ~치를 주다 pondérer un indice.

가중하다 苛重- 형 être lourd(*e*), pesant(*e*). ¶ 가중한 세금에 시달리다 être accablé(*e*) d'impôt; souffrir d'un excès d'impôts [de lourds impôts]. ¶ 가중한 세금을 부과하다 augmenter excessivement les impôts, pressurer [tondre] le contribuable. ¶ 가중한 처사 une mesure excessive [aggravée].

가증스럽다 可憎- 형 être odieux(*se*), abominable, haïssable, détestable. ¶ 그런 거짓말을 하다니 그가 가증스럽구나 Qu'il ait fait un tel mensonge est détestable. ¶ 가증스러운 녀석 un type odieux, un individu haïssable. ¶ 가증스러운 행위[범죄] une conduite odieuse [un crime odieux].

◆가증스럽게, 가증스레 부 abominablement, odieusement. ¶ 가증스럽게 놀다[굴다] s'amuser [se conduire] odieusement.

가증하다 可憎- 형 ☞ 가증스럽다

가지[1] 명 branche *f*; ((집합적)) branchage *m*, ramure *f.* ¶ ~를 뻗다[내리다] se ramifier, étendre au loin *ses* ramifications. ¶ ~를 치다 ébrancher ((un arbre)); élaguer [tailler] ((un arbre, les branches mortes)). ¶ 나무가 ~를 친다 L'arbre étend ses branches [se ramifie]. ¶ 이 이론[학설]은 ~를 많이 쳤다 Cette théorie a eu de nombreuses ramifications. ¶ 이 학파[종파]는 ~를 쳤다 Cette école [Cette secte] s'est divisée en différentes branches. ¶ ~에서 ~로 de branche en branche. ¶ ~가 휘었다[늘어졌다] La branche a plié [fléchi] / L'arbre plie ((sous le poids des fruits)).

*~ 많은 나무에 바람 잘 날 없다 Une famille nombreuse a toujours des soucis.

◆_치기 명 ébranchage *m*, élagage *m*, émondage *m*.

◆곁_ 명 branche *f* latérale, branches *fpl* inutiles ou nuisibles. ¶ ~가지를 치다 couper les branches latérales, émonder.

◆나뭇_ 명 branches *fpl* d'un arbre.

가지[2] 명 【식물】 aubergine *f.* ¶ ~를 무치다 assaisonner des aubergines.

가지[3] 의명 espèce *f*, sorte *f*, genre *m*, type *m*, variété *f.* ¶ 한[한두] ~ une chose [une ou deux choses]. ¶ 한 ~만 물어봅시다 Permettez-moi de vous demander une chose. ¶ 그렇다면 한~ 문제가 생깁니다 S'il en est ainsi, nous avons un problème. ¶ 그가 말한 것은 다음과 같이 세 ~로 요약될 수 있습니다 Ce qu'il a dit peut être résumé en [selon les] trois points suivants. ¶ 두세 ~ 말씀드릴 것이 있습니다 J'ai deux ou trois choses à vous dire. ¶ 여러[몇] ~ plusieurs [différentes] espèces de. ¶ 거기에는 여러 ~ 방법이 있다 Il y a plusieurs moyens pour faire cela. ¶ 여러 ~ 방향으로 생각해 봐야 한다 Il faut réfléchir sous bien des rapports. ¶ 여러 ~로 비용이 든다 Ça entraîne des frais divers. ¶ 몇 ~ 마음에 걸리는 것이 있다 J'ai plusieurs choses qui me pèsent sur le cœur [qui me tourmentent l'esprit, me contrarient, me chiffonnent (l'esprit), me tracassent, me turlupinent {*fam*}]. ¶ 옷은 몇 ~나 가져가려고 하니? Combien de vêtements veux-tu emporter?

◆_ _ 명 différentes [diverses] manières *fpl*, manières *fpl* [façons *fpl*] différentes. ¶ ~~로 ((essayer)) de différentes manières, de façons différentes; ((expliquer *qc*)) de diverses manières. ¶ ~~의 varié(*e*); divers(*e*), différent(*e*); de différentes espèces; de diverses sortes; multiple; nombreux(*se*); beaucoup de+N ¶ 환자에게 ~~로 손을 써보았지만 허사였다 On a tout essayé pour le malade, mais en vain. ¶ 생각도 ~~다 Autant de têtes, autant d'opinions. ¶ 연필의 종류만 해도 ~~다 Même pour les crayons, il y en a plusieurs sortes. ¶ 그 친구는 ~~를 다 구비하고 있다 Il est muni [pourvu] de tous genres de choses. ¶ 그 사람은 회의에 참석하지 않기 위해 ~~ 이유를 댄다 Il allègue divers prétextes pour ne pas assister à la réunion.

◆_ㅅ수 -數 명 nombre *m* de sortes; variété *f*, diversité *f*; choix *m*. ¶ ~ㅅ수를 세다 dénombrer. ¶ ~ㅅ수가 많다[적다] avoir beaucoup [peu] de genres de, être [peu] varié(*e*). ¶ 상품의 ~ㅅ수가 많다[적다] Les articles sont [ne sont pas] très variés / Il y a beaucoup de [peu de] choix. ¶ 중국요리는 ~ㅅ수가 많다 La cuisine chinoise est très variée [d'une extrême variété] / La cuisine chinoise a des plats variés. ¶ 이 가게에는 물건의 ~ㅅ수가 적다 Il y a peu d'articles dans ce magasin / Les produits de ce magasin sont peu variés.

ㄱ

◆_각색 -各色 명 toutes sortes *fpl*. ¶ ~각색의 tous(toutes) les; toutes sortes de. ¶ ~각색의 사람들 des gens de toutes sortes. ¶ ~각색의 수단을 강구하다 employer tous les moyens disponibles; prendre toutes les mesures possibles; épuiser tous les moyens. ¶ 색깔이 저마다 ~각색이다 Les couleurs en sont très variées.

가지각색 명 ☞ 가지³, 각양각색

-가지고 조 ① avec ((cela)). ¶ 그것~ 뭘 하겠니? Qu'est-ce qu'on peut faire avec cela? ¶ 비싸기만 하지 별로 필요도 없는 것을~ 어떻게 하려고 그러니? Que comptes-tu faire de cet article qui coûte cher mais ne sert presque à rien? ② ((suffixe flexionnel conjonctif exprimant soit la consécution de deux événements, soit une relation de cause à effet ou encore la manière)). ¶ 그래~ 몸이 성할 리가 없다 S'il continue [persiste] comme cela, il va sûrement compromette [détruire] sa santé. ¶ 이래~는 어림도 없다 Si ça continue, on ne pourra rien faire. ¶ 그 정도 해 ~야 시험에 합격할 수 있겠니? Crois-tu que tu puisses réussir à l'examen, si tu n'as fait que cela [n'as rien fait d'autre que cela]?

가지기 명 veuve *f* vivant en concubinage avec un célibataire.

가지다¹ 타 ① 몸에 지니다 avoir; porter. ¶ 그 여자는 통장을 가지고 은행에 갔다 Elle est allée à sa banque avec son livret d'épargne. ② 소유하다 prendre; avoir, posséder; se procurer. ¶ 그 사람은 좋은 만년필을 가지고 있다 Il a un beau stylo (à plume). ¶ 나는 땅에 떨어진 돈을 주워 가졌다 J'ai ramassé l'argent tombé par terre. ¶ 우리도 드디어 우리 집을 가지게 되었다 Nous avons fini par nous acheter notre propre maison / Nous avons enfin une maison à nous. ③ ((지식, 경험, 성품 등을)) avoir, posséder. ¶ 그 사람은 좋은 성품을 가지고 있다 Il a bon caractère / Il est doux / C'est une bonne nature. ¶ 인간은 경험을 통해 새로운 지식을 가지게 된다 L'homme apprend par expérience. ④ ((감정을)) éprouver (un sentiment envers *qn*)). ¶ 그 사람은 자신의 능력에 믿음을 가지고 있다 Il a confiance en ses capacités. ¶ 그 여자는 나에 대해 불만을 가지고 있었다 Elle éprouvait du mécontentement à mon sujet. ⑤ ((관계를)) avoir ((des relations avec *qn*)). ¶ 그 사람은 그 여자와 성관계를 가졌다 Il a eu des relations sexuelles avec elle. ⑥ ((모임, 행사를)) donner ((un concert)); tenir ((une réunion)); disputer ((un match, une rencontre sportive)). ¶ 몬트리올 관현악단이 연주회를 가질 것이다 L'orchestre symphonique de Montréal donnera un concert. ¶ 졸업생들이 모교에서 모임을 가졌다 Les anciens élèves de l'école ont organisé une réunion dans les locaux de leur ancienne école. ¶ 한국이 프랑스와 축구 경기를 가졌다 La Corée a disputé un match de football contre la France. ⑦ ((아이, 새끼를)) attendre un enfant [un bébé], être enceinte, être en cloque {*vulg*}; ((동물)) attendre des petits, être gravide, gestante, pleine, grosse. ¶ 그 여자는 아이를 가졌다 Elle attend un enfant [un bébé] / Elle est enceinte / Elle est en cloque {*vulg*}. ¶ 고양이가 새끼를 가졌다 La chatte attend des petits. ⑧ ((가지고)) avec, au moyen de, en; sur, pour. ¶ 열쇠를 가지고 자물쇠를 열다 ouvrir la serrure avec une clé. ¶ 조그만 일을 가지고 화를 내지 마라 Ne te mets pas en colère pour si peu.

가지다² 조동 ((verbe auxiliaire lié au suffixe flexionnel -아/어 servant à exprimer la manière, la consécution de deux événements ou encore une relation de cause à effet)). ¶ 그 사람은 막일을 해 가지고 먹고 산다 Il gagne sa vie en faisant de durs labeurs. ¶ 저 산은 너무 높아 가지고 올라가기 어렵다 Cette montagne est tellement haute qu'il est difficile d'en gagner le sommet.

가지런하다 형 ① ((높이가)) être égal(*ale*, *aux*), pareil(*le*). ¶ 이 동네는 담장들이 높이가 ~ Les murs de ce quartier sont de la même hauteur. ② ((배열이)) être en (bon) ordre, être bien ordonné(*e*), bien rangé(*e*). ¶ 가지런한 치아 de belles dents; une belle denture [dentition].

◆**가지런히** 부 en ordre, avec ordre; régulièrement. ¶ 신발이 ~ 놓여 있다 Les chaussures sont bien rangées [en ordre]. ¶ 책을 가지런히 세우다 ranger des livres; mettre des livres en ordre. ¶ 책꽂이에 가지런히 꽂혀 있는 책들 des livres bien ordonnés sur un rayon. ¶ 높이를 가지런히 하다 égaliser la hauteur [le niveau].

가짜 假- 명 ① faux *m*, imitation *f*, contrefaçon *f*. ¶ ~ 금 un similor. ¶ ~ 보석 de faux bijoux; des bijoux en toc. ¶ ~ 이름 un faux nom; un pseudonyme. ¶ ~를 조심하시오 Méfiez-vous des contrefaçons. ¶ 그 천원권은 ~이다 Ce billet de mille wons est faux [contrefait] / C'est un faux billet de mille wons. ¶ 그 서명은 ~였다 La signature était contrefaite [fausse, falsifiée]. ② ((사람)) imposteur *m*. ¶ ~ 형사 un individu déguisé en inspecteur [usurpant le titre d'inspecteur]. ¶ 그 녀석 ~야 Ce type est un imposteur.

가차¹ 假借 명 emploi *m* de caractères chinois pour transcrire des mots étrangers ((le caractère n'est plus un idéogramme, seule la prononciation compte)).

가차² 假借 ◇_(가) **없다** être impitoyable, implacable. ¶ 그 사령관은 부하들을 다루는 데에 ~ 없다 Le commandant traite ses hommes impitoyablement [sans merci]. ¶ 그는 ~ 없는 사람이다 C'est un homme impitoyable.

◆_**없이** 부 impitoyablement, implacablement, inexorablement; sans pitié, sans merci; sans ménagement(*s*). ¶ 누구에게 ~없이 벌을 주다 punir *qn* sans rémission [sans pitié]. ¶ ~ 없이 징계를 내리다 réprimander impitoyablement, sanctionner ((une faute)) sans ménagement, prendre une sanction contre *qn* sans rémission. ¶ ~없이 말하다

parler sans ménagement(*s*); ne pas mâcher ses mots. ¶ ~없이 비판하다 critiquer sans ménagement.

가창 歌唱 명 ① chant *m*, action de chanter. ② chant *m*, chanson *f*.

◆_력 -力 명 aptitude *f* pour le chant. ¶ ~력이 뛰어나다 être excellent(*e*) en chant, être doué(*e*) pour le chant.

가창오리 명 【조류】 sarcelle *f*; *Anas formosa* {*nsc*}.

가책 呵責 명 remords *mpl* (de conscience), problèmes *mpl* de conscience, ((avoir)) mauvaise conscience *f* [*qc* sur la conscience, *qc* à se reprocher], poids *m* [faute *f*] sur la conscience, repentir *m*, scrupule *m*, cas *m* de conscience. ¶ 양심의 ~으로 고민하다 être tourmenté(*e*) par les remords, être rongé(*e*) [accablé(*e*), bourrelé(*e*)] de remords; être la proie des remords, ne pas avoir la conscience [l'esprit] tranquille [en paix], avoir *qc* [un poids, une faute] sur la conscience, avoir mauvaise conscience, avoir des problèmes de conscience, avoir le sentiment pénible d'avoir mal agi, avoir *qc* à se reprocher, avoir des repentirs, être pris(*e*) de remords. ◇_(을) **받다[느끼다]** avoir des remords, être tourmenté(*e*) par les remords, être rongé(*e*) [accablé(*e*), bourrelé(*e*)] de remords; être la proie des remords, ne pas avoir la conscience [l'esprit] tranquille [en paix], avoir *qc* [un poids, une faute] sur la conscience, avoir mauvaise conscience, avoir des problèmes de conscience, avoir *qc* à se reprocher, avoir le sentiment pénible d'avoir mal agi, avoir des repentirs, avoir des scrupules, être pris(*e*) de remords. ¶ 그 사람은 양심의 ~을 느끼고 있다 Sa conscience le tourmente [harcèle, tenaille, torture] / Il n'a pas la conscience tranquille [en paix] / Il a un poids sur la conscience. ¶ 그 사람은 그 돈을 받은 것에 약간의 ~을 느끼고 있다 Il a quelques remords d'avoir accepté cet argent.

가처분 假處分 명 ① mesure *f* [disposition *f*] provisoire. ② 【법률】 ordonnance *f* provisoire. ¶ 법원에 ~ 신청을 하다 faire la demande d'une ordonnance provisoire devant les tribunaux.

◆_소득 -所得 명 【경제】 revenu *m* [surplus *m*] disponible.

가청 可聽 어근

◆_음 -音 명 【물리】 son *m* audible.

◆_주파수 -周波數 명 【물리】 audiofréquence *f*.

가축 家畜 명 anim*al*(*aux*) *m* domestique(*s*); ((집합적)) bét*ail*(besti*aux*) *m*. ¶ ~을 치다[기르다] élever du bétail.

◆_병원 -病院 명 clinique *f* vétérinaire.

◆_ 시장 -市場 명 foire *f* aux bestiaux.

가출 家出 명 fugue *f*. ¶ ~ 청소년 les adolescents [les jeunes] en fugue. ¶ ~ 신고 une déclaration de fugue. ◇_(을) **하다** faire une fugue.

가출옥 假出獄 명 mise *f* en liberté conditionnelle [surveillée]; ((가석방)) libération *f* conditionnelle [surveillée]; élargissement *m* [relaxe f] provisoire. ¶ ~ 중이다 être mis(*e*) en liberté surveillée. ◇_(을) **하다** mettre ((un prisonnier)) en liberté provisoire. ¶ 보석으로 ~하다 bénéficier de la liberté provisoire sous caution. ◇_(이) **되다** être mis(*e*) en liberté provisoire. ¶ 모범수들이 8.15 특사로 ~이 되었다 Les prisonniers qui ont montré le bon exemple ont été mis en liberté provisoire, grâce à l'amnistie de la fête nationale du 15 août.

◆_자 -者 명 prisonni*er*(*ère*) libéré(*e*) conditionnellement; prisonni*er*(*ère*) libéré(*e*) sous surveillance.

가치[1] 價値 명 valeur *f*, prix *m*. ¶ 상품의 ~ la valeur d'un article [d'une marchandise]. ¶ 책의 ~ la valeur d'un livre. ¶ 비평가들은 그 작품의 예술적 ~를 높이 평가했다 Les critiques ont estimé très haute [grande] la valeur esthétique de cette œuvre. ¶ 미달러화의 ~가 많이 올랐다[떨어졌다] La valeur du dollar américain a beaucoup augmenté [baissé]. ◇_(가) **있다** avoir de la valeur; valoir ((X won)); valoir (la peine, le coup {*fam*}) [mériter] de+*inf*; être méritant(*e*), valorisant(*e*), satisfaisant(*e*), intéressant(*e*). ¶ 과학적으로 ~ 있는 발견 une découverte intéressante sur le plan scientifique. ¶ 대가를 바라지 않고 남을 돕는 것은 ~ 있는 일이다 Aider les autres gratuitement sans attendre quelque chose en retour est un acte valorisant. ¶ 이 물건은 백만원의 ~가 있다 Cet article vaut un million de wons. ¶ 이것은 굉장한 ~가 있는 골동품이다 C'est un bibelot d'une valeur énorme [inestimable]. ¶ 그 전시회는 볼 만한 ~가 있다 Cette exposition vaut la peine [mérite] d'être vue [mérite d'être visitée, vaut le coup d'être vue {*fam*}]. ◇_(가) **없다** n'avoir aucune valeur; ne pas mériter [ne pas valoir la peine, ne pas valoir le coup] de+*inf*; ne pas être méritant, valorisant(*e*). ¶ 이것은 아무런 ~가 없다 Ça n'a aucune valeur. ¶ 그것은 논의할 ~가[조차] 없는 문제이다 C'est une question qui ne mérite pas d'être discutée.

◆_관 -觀 명 jugement *m* de valeur, vision *f* des choses, valeurs *fpl* de *qn*. ¶ ~관의 문제 une question de jugement de valeur. ¶ ~관의 정립[확립] établissement des valeurs, restauration des valeurs. ¶ ~관의 혼란 confusion dans les valeurs. ¶ 올바른 ~관 valeur juste. ¶ 그것은 ~관의 차이에서 비롯된 문제이다 Ce problème est dû à la différence de jugement de valeur. ¶ 건전한 ~관을 확립하다 former un jugement de valeur sain.

◆_론 -論 명 ① 【경제】 philosophie *f* des valeurs. ¶ ~ 논쟁 une discussion sur les valeurs. ② 【철학】 théorie *f* des valeurs morales, axiologie *f*.

◆_척도 -尺度 명 mesure *f* de valeur. ¶ 화폐를 ~척도로 삼다 considérer le billet monétaire comme une mesure de valeur.

◆_판단 -判斷 명 【철학】 jugement *m* de valeur.

◆교환_ 交換 명 【경제】 valeur *f* d'échange.

◆**부가**_ 附加- 명 valeur *f* ajoutée. ¶ 부가~세 une taxe à la valeur ajoutée ((약: T.V.A.)). ¶ 그것은 부가~가 높은 일이다 C'est un travail à grande valeur ajoutée.

◆**사용**_ 使用- 명 【경제】 valeur *f* d'usage; utilité *f*. ¶ 이 물건은 사용~가 전혀 없다 Cette marchandise n'a guère d'utilité.

◆**이용**_ 利用- 명 utilité *f*.

◆**희소**_ 稀少- 명 valeur *f* rare.

가치[2] 분류 ☞ 개비[1]

가친 家親 명 mon père *m*.

가칠하다 형 ☞ 까칠하다

가칭 假稱 명 désignation *f* [appellation *f*, nom *m*] provisoire. ¶ ~ 개혁위원회 un comité nommé provisoirement «Comité de réforme». ¶ 그 이름은 ~일 뿐이다 Cette appellation n'est que provisoire. ◇_(을) **하다** appeler provisoirement.

가타부타 可-否- 부 le oui ou le non. ¶ ~ 말이 없다 ne dire ni oui ni non; ne pas répondre. ¶ 왜 ~ 말이 없니? Pourquoi ne dis-tu pas oui ou non?

가탈 명 ☞ 까탈

가택 家宅 명 ① maison *f*, demeure *f*, habitation *f*. ② 【법률】 domicile *m*.

◆**_방문** -訪問 명 visite *f* domiciliaire.

◆**_수색** -搜索 명 perquisition *f* au domicile.

◆**_침입** -侵入 명 violation *f* de domicile. ¶ ~에 침입하여 털다 cambrioler une maison.

가톨릭 이 명 ① 교회 Église *f* catholique. ② 신자 catholique.

◆**_교** -敎 명 Église *f* catholique; catholicisme *m*.

가통 家統 명 tradition *f* [coutume *f*] familiale. ¶ ~의 보존 le respect [le maintien] des traditions familiales. ¶ 훌륭한 ~ belle [grande] tradition de famille. ¶ 보잘 것 없는 ~ tradition de famille peu remarquable. ¶ ~을 잇다 hériter des traditions familiales. ¶ ~을 유지하다[보존하다] maintenir [conserver] les traditions familiales.

가투 街鬪 명 violente manifestation *f* de rue [sur la voie publique]. ¶ 대학생들의 ~로 시내교통이 마비되었다 La circulation en ville a été paralysée par une violente manifestation des étudiants sur la voie publique. ◇_(를) **하다[벌이다]** participer à une violente manifestation de rue [à une manifestation violente dans la rue, à une violente manifestation sur la voie publique], manifester violemment dans la rue [sur la voie publique].

가트 영{GATT} 명 GATT *m* ((*General Agreement on Tariffs and Trade*)), Arrangement *m* général pour les tarifs et le commerce.

가파르다 형 être escarpé(*e*), abrupt(*e*), raide, ardu(*e*). ¶ 가파른 산 une montagne escarpée. ¶ 가파른 언덕[경사] une pente raide [abrupte]. ¶ 가파른 산길 un sentier raide. ¶ 이 비탈은 오르기에 ~ Cette pente est raide à gravir / Cette pente est dure à monter.

가판 街販 명 vente *f* en plein air.

◆**_대** -臺 명 étalage *m*; stand *m*; étal *m*.

◆**_점** -店 명 kiosque *m* (à journaux); boutique *f* en plein air.

가표 可票 명 vote *m* affirmatif; voix *f* favorable; vote *m* pour *qn*. ¶ 누구에게 ~를 던지다 voter pour [donner] sa voix à *qn*. ¶ ~가 열, 부표가 아홉이다 Il y a dix voix pour et neuf voix contre.

가풀막 명 (sol *m* en) pente *f*. ◇_(이) **지다** être en pente.

가풍 家風 명 tradition *f* d'une famille; coutume *f* d'une maison. ¶ 엄격한 ~ ambiance de famille sévère. ¶ 아름다운 ~ belle ambiance *f* de famille. ¶ ~을 잇다 [유지하다, 보존하다] suivre [conserver, préserver] les habitudes de la famille. ¶ ~에 맞지 않다 ne pas cadrer avec les habitudes de la famille. ¶ 우리 집 ~을 따르다 suivre la tradition de ma maison. ¶ 그것은 대대로 전해 오는 우리 집 ~이다 C'est une vieille habitude [coutume] de ma famille / C'est une coutume [tradition] que ma famille respecte de génération en génération.

가필 加筆 명 retouche *f*, remaniement *m*, correction *f*. ◇_(을) **하다** retoucher ((un tableau)); remanier ((un roman)); corriger ((une œuvre)). ¶ ~한 글 un texte retouché [corrigé]. ¶ ~한 글씨 une retouche. ¶ 초고[원고]에 ~하다 corriger le [son] brouillon [manuscrit].

가하다[1] 可- 형 ① 옳다 être juste, correct(*e*), raisonnable, exact(*e*). ¶ 그들에게 중벌을 내림이 ~ Il est juste de leur donner [infliger] un châtiment [une punition] sévère. ¶ 나는 이 의견이 ~고 생각한다 Je trouve cette opinion raisonnable / Je trouve que c'est un avis sage [raisonnable]. ② 좋다 être bon(*ne*), acceptable. ¶ 둘 중에 어느 것을 택해도 ~ Vous pouvez choisir soit l'un soit l'autre.

가하다[2] 加- 타 ① 더하다 additionner, ajouter ((2 à 3)); 부가하다 joindre ((une pièce à un dossier)). ② 증가시키다 accroître ((*ses* forces)); redoubler ((d'adresse)). ¶ 힘을 ~ accroître *ses* forces; faire un effort supplémentaire, mettre encore plus de force, redoubler de force, décupler *ses* efforts, faire peser ((toutes)) ses forces ((sur)). ¶ 속력을 ~ prendre de la vitesse, accélérer. ¶ (자동차의) 속력을 가하기 위해 액셀을 밟았다 J'ai accéléré pour prendre de la vitesse. ③ 주다 donner ((un coup)), infliger ((une sanction)). ¶ 열을 ~ chauffer. ¶ 무엇에 비판을 ~ critiquer *qc*, porter un jugement critique sur *qc*. ¶ 압력을 ~ exercer une pression sur, faire pression sur. ¶ 제재를 ~ infliger une sanction. ¶ 누구에게 타격을 ~ donner [porter] un coup à *qn*. ¶ 무엇에[누구에게] 영향력을 ~ exercer son influence sur *qc*/*qn*.

***박차를** ~ ☞ 박차

가학 加虐 명 maltraitance *f*, sévices *mpl*, mauvais traitements *mpl*, ((법률)) voies *fpl* de fait, coups *mpl* et blessures *fpl*, brutalité *f*, violence *f*, agression *f*; cruauté *f*.

ㄱ

◆_성 -性 명 violence *f*, agression *f*, cruauté *f*, sadisme *m*. ¶ ~성 변태 sadisme.
◆_증 -症 명 sadisme *m* (à caractère pathologique).
◆_행위 -行爲 명 acte *m* brutal; acte *m* de cruauté [de barbarie]; acte *m* cruel [barbare].

가해 加害 명 violences *fpl*; agression *f*, ((법률)) voies *fpl* de fait. ◇_(를) 하다 agresser, faire du mal à *qn*, commettre une agression; causer un préjudice à *qn*, faire violence à *qn*, brutaliser *qn*, battre *qn*.
◆_자 -者 명 agresseur *m*. ¶ 그 사람은 ~자라기보다 피해자다 Il est plutôt victime qu'agresseur.
◆_행위 -行爲 명 acte *m* de violence.

가형 家兄 명 mon frère *m* aîné.

가호 加護 명 protection *f* (divine). ¶ 신의 ~ 를 빌다 prier pour obtenir la protection divine. ◇_(를) 받다 bénéficier de la protection divine.

가혹 苛酷 어근 cruauté *f*, dureté *f*.
◆_하다 형 être dur(*e*), rude, rigoureux(*se*), sévère, cruel(*le*). ¶ ~한 벌 une punition sévère; un châtiment rigoureux. ¶ ~한 운명 un sort impitoyable. ¶ ~한 처사 une mesure sévère, une manière d'agir dure. ¶ 그 피고인에게 내린 판결은 ~했다 La sentence contre cet accusé a été sévère. ¶ 이 장군은 부하들에게 너무 ~하다 Ce général traite trop durement ses soldats [subordonnés]. ¶ 포로들은 ~한 대우를 받았다 Les prisonniers ont subi des traitements inhumains. ¶ ~하게 다스리다 sévir. ¶ ~하게 벌을 주다 donner une peine sévère. ¶ (학생들의 답안지를) ~하게 채점하다 corriger (les copies des élèves) sévèrement.
◆_행위 -行爲 명 acte *m* de violence.

가화만사성 家和萬事成 Quand l'harmonie règne dans la famille, tout va pour le mieux. ¶ 우리 집 가훈은 ~이다 «Quand l'harmonie règne dans la famille, tout va pour le mieux» telle est notre devise familiale.

가환군 可換群 명 【수학】 groupe *m* abélien.

가획 加劃 명 ajout *m* d'un trait ((à un caractère chinois ou à une lettre coréenne)). ◇_(을) 하다 ajouter un trait à un caractère chinois ou à une lettre coréenne. ¶ '야'자는 '아'자에 ~하여 만든 것이다 On écrit la lettre coréenne "ㅑ(*ya*)" en ajoutant un trait au caractère "ㅏ(*a*)".

가훈 家訓 명 précepte *m* familial. ¶ ~을 정하다 fixer des préceptes familiaux. ¶ 우리 집 ~은 정직이다 'L'honnêteté' est la devise [le précepte] de ma famille.

가히 可- 부 ① 능히 facilement, aisément, sans difficulté. ¶ 그 사람의 심정을 ~ 짐작하겠다 On devine facilement [aisément] ses sentiments. ② 말 그대로 littéralement, à la lettre; vraiment. ¶ 수준은 ~ 세계적이라 할 수 있다 On peut dire que c'est vraiment un niveau mondial. ¶ 그 분은 ~ 이 방면의 독보적 존재라 할 수 있다 On peut dire qu'il est vraiment sans égal dans ce domaine.

각[1] 各 관 chaque, chacun(*e*) de; tous, toutes. ¶ ~ 가정[고을, 직장]에서는 dans chaque famille [dans tous les villages, dans tous les lieux de travail].

각[2] 角 명 angle *m*. ¶ ~이 매우 예리하다 Cet angle est très aigu. ◇_(이) 지다 faire l'angle.
*~(을) 세우다 s'opposer à *qn*. ¶ 누구와 ~을 세우다 s'opposer à *qn*.
◆_거리 명 【물리】 distance *f* angulaire.
◆_괄호 -括弧 명 crochets *mpl*.
◆_속도 -速度 명 【물리】 vitesse *f* angulaire.
◆_시차 -視差 명 【물리】 parallaxe *f* angulaire.
◆_형 -形 명 ① 모서리가 각이 진 형태 forme *f* angulaire (carrée). ② 뿔 모양 forme *f* conique.

각[3] 脚 명 quartier *m* ((de bœuf)); pièce *f*, morceau(*x*) *m*.
*~을 뜨다 découper un animal en quartiers.

-각[4] -閣 접미 tour *f*, pavillon *m*. ¶ 종~ un clocher. ¶ 임진~ le pavillon panoramique Imjin ((situé près du 38e parallèle permettant d'apercevoir une partie de la Corée du Nord)).

각가지 各- 명 ① diverses [toutes] sortes *fpl*.; toutes espèces *fpl*. ② varié(*e*), divers(*e*); de différentes espèces; de toute(s) sorte(s); multiple. ¶ ~ 방법[생각, 물건] de différentes manières [idées, choses]. ¶ ~로 ((essayer)) de différentes manières [par différents moyens].

각각 各各 부 chacun(*e*), séparément; à part; individuellement, respectivement. ¶ ~ 따로 자다 faire chambre à part. ¶ ~ 자기 몫이 있다 À chacun sa part. ¶ ~ 자기 생각이 있다 À chacun ses idées. ¶ 그들은 ~ 책을 두 권씩 썼다 Ils ont chacun écrit deux livres. ¶ 나는 그 책들을 ~ 두번씩 읽었다 J'ai lu deux fois chacun de ces livres.

각개 各個 명 chacun(*e*); chaque chose *f*.
◆_전투 -戰鬪 명 combat *m* individuel.

각계 各界 명 différents milieux *mpl* (sociaux). ¶ 이 자리에는 ~의 인사들이 다 모였다 Toutes les personnalités de différents milieux sont rassemblées ici.
◆_각처 -各處 명 différents milieux *mpl* et différents endroits *mpl*. ¶ ~각처에서 de différents milieux et de différents endroits.
◆_각층 -各層 명 différents milieux *mpl* et classes *fpl* de la société. ¶ ~각층의 명사 des personnalités de différents milieux et classes de la société.

각고 刻苦 명 peine *f* [mal *m*] qu'on se donne; labeur *m* assidu; dur [pénible] labeur *m*. ¶ ~의 노력으로[끝에] par un labeur assidu, grâce aux efforts assidus, grâce à des efforts assidus.

각골난망 刻骨難忘 명 ◇_이다 se souvenir à jamais; chérir le souvenir [la mémoire] de *qn*. ¶ 이렇게 큰 도움을 주시다니 ~입니다 Je n'oublierai jamais l'aide précieuse que vous m'avez apportée / Je vous remercie infiniment de m'avoir apporté une aide aussi précieuse.

각광 脚光 명 (feux *mpl* de la) rampe *f*. ◇_(을) 받다 être en vedette [très en vue]. ¶ 그 남자는 뛰어난

협상력으로 세계 외교 무대에서 ~을 받았다 Il s'est fait remarquer dans les milieux diplomatiques internationaux par ses dons de négociation.

각국 各國 명 chaque pays *m*; divers pays *mpl*; tous les pays *mpl*. ¶ 세계 ~의 대표들이 참석한 가운데 en présence de représentants de tous les pays. ¶ 아주 지역의 ~에서 이번 회의에 대표를 파견했다 Tous les pays de l'Asie ont envoyé leurs délégués à cette réunion.

각궁 角弓 명 arc *m* en corne ((de bœuf)).

각급 各級 관 chaque niveau *m*, tous les niveaux *mpl*. ¶ ~ 기관[학교]에 시책을 하달하다 transmettre les directives à des organismes de divers niveaux [aux établissements scolaires].

각기 各其 부 chacun(*e*); respectivement. ¶ ~ 다른 생각 des idées respectivement différentes. ¶ ~ 자기 일에 충실하면 된다 Ce qui est nécessaire, c'est d'accomplir chacun son devoir. ¶ ~ 자신의 요구를 말했다 Ils ont présenté respectivement leur demande / Chacun a présenté sa requête. ¶ ~ 자기 생각이 있다 Chacun a ses idées (personnelles). ¶ 사람들은 ~ 장점과 단점이 있다 Tout le monde a des qualités et des défauts.

각기병 脚氣病 명 【의학】 béribéri *m*.

각다귀 명 ① 【곤충】 sorte de moustique *m*. ② 착취자 extorqueu*r*(*se*); exacteur *m* {*vx*}; vampire *m*. ¶ 그는 ~같은 놈이다 Il est comme un vampire / Il ressemble à un vampire.

각단 명 cours *m* et tournure *f* (des choses).

각도 角度 명 ① 【수학】 angle *m*. ¶ ~를 재다 mesurer un angle. ② 관점 ((sous cet)) angle *m*, aspect *m*, point *m* de vue. ¶ 모든 ~에서 검토하다 examiner ((une question)) sous tous ses aspects [sous tous les angles]. ¶ 이런 ~에서 접근해 볼 필요도 있다 Il est également nécessaire d'aborder ce problème sous [de] ce point de vue. ¶ 바로 이런 ~에서 그 문제에 접근해야 한다 C'est sous cet angle qu'il faut aborder ce problème.

◆**_계** -計 명 goniomètre *m*.

각론 各論 명 exposé *m* détaillé (par matière, chapitre). ¶ 총론에서 ~으로 들어가겠습니다 On passe de l'exposé général [de la présentation générale] au détail. ☞ 총론

각료 閣僚 명 ministre *mf*

◆**_회의** -會議 명 conseil *m* de Cabinet.

각막 角膜 명 【의학】 cornée *f*.

◆**_염** 명 【의학】 inflammation *f* de la cornée; kératite *f*.

◆**_이식술** -移植術 명 【의학】 greffe *f* de la cornée; kératoplastie *f*.

각목 角木 명 carré *m*; bois *m* équarri, chevron *m*; bille *f*. ¶ 탁자에 ~을 덧대었다 On a ajouté un chevron sous la table. ¶ 사람들에게 ~을 휘두르다 brandir un bâton de bois contre des personnes.

각목문자 刻木文字 명 écriture *f* gravée sur bois ((aux temps primitifs)).

각박하다 형 être froid(*e*); être insensible, impassible, indifférent(*e*), inhumain(*e*), dur(*e*), impitoyable, implacable, inexorable, endurci(*e*), impitoyable, sans pitié; avoir un cœur dur [de pierre, de marbre], avoir une pierre à la place du cœur, ne pas avoir de cœur. ¶ 각박한 사람 un(*e*) sans-cœur {*fam*}, un homme dur [froid]. ¶ 각박한 세상이다 Les temps sont durs / C'est un monde sans pitié / Le monde est impitoyable. ¶ 이곳은 인심이 ~ Ici, les gens ne sont pas gentils [accueillants] / Ici, les gens sont froids [méchants]. ¶ 그는 사람들을 너무 각박하게 대한다 Il se montre trop froid avec les gens / Il traite les gens de manière trop distante.

◆**각박함** 명 froideur *f* (de cœur), sécheresse *f* de cœur; insensibilité *f*, dureté *f*, indifférence *f*.

각반 脚絆 명 jambière *f* (d'étoffe); molletière *f*, leggings *fpl*, houseaux *mpl*, guêtre *f*. ¶ ~을 차다[풀다] se guêtrer [enlever *sa* guêtre].

각방 各房 명 chambre *f* à part; chambre *f* particulière [individuelle]. ◇**_(을) 쓰다** prendre une chambre particulière [individuelle]. ¶ 그 부부가 ~을 쓴지는 이미 오래 됐다 Ça fait déjà longtemps que ce couple fait chambre à part.

각방면 各方面 명 chaque direction *f*; tous les domaines *mpl*; tous les sens *mpl*. ¶ ~으로부터 de tous (les) côtés.

각별 各別 어근

◆**_하다** 형 être particuli*er*(*ère*), spéci*al*(*ale*, *aux*); être exceptionnel(*le*); être spéci*al*(*ale*, *aux*); être privilégié(*e*). ¶ ~한 배려 des soins particuliers, une attention particulière. ¶ ~한 대접을 받다 être très bien [exceptionnellement] accueilli(*e*) [reçu(*e*)]. ¶ 그 친구와 나는 ~한 사이다 Lui et moi, nous avons une relation privilégiée. ¶ 그 사람과는 옛날부터 ~하게 지내는 사이이다 J'ai une relation privilégiée avec lui depuis très longtemps.

◆**_히** 부 (tout) particulièrement, en particulier, spécialement; exceptionnellement. ¶ ~히 대우하다 traiter *qn* avec déférence; accueillir *qn* poliment; bien accueillir *qn*. ¶ ~히 부탁하다 demander spécialement. ¶ 이 점에 ~히 유의해라 Fais attention en particulier [tout particulièrement, surtout] à ce point-là.

각본 脚本 명 ① ((연극의)) pièce *f* ((de théâtre)); livret *m* ((d'un opéra)); ((영화의)) scénario *m*; texte *m* ((d'une pièce de théâtre)). ② ((비유적)) 짜여진 틀 plan *m*, scénario *m*. ¶ ~대로 움직이기만 하면 된다 On n'a qu'à agir d'après le scénario [plan]. ◇**_을 짜다** rédiger un scénario; ((비유적)) prévoir un scénario, préétablir un plan, élaborer un plan. ¶ 그를 속이기로 우리끼리 ~을 짰다 Nous avons conjointement [ensemble] élaboré [préétabli, envisagé] le plan de le tromper. ◇**_이 짜이다** ((un scénario, un plan)) être élaboré(*e*), préétabli(*e*). ¶ ~이 다 짜여 있다 On a le scénario [plan] / Nous avons notre scénario [plan].

◆_**작가** -作家 명 dramaturge *mf*; auteur *m* [écrivain *m*] dramatique; librettiste; scénariste *mf*.

각부 各部 명 chaque partie *f* ((du corps)); chaque ministère *m* (département *m*, division *f*, bureau *m*, service *m*).

각살림 各- 명 ménage *m* indépendant. ◇_(을) **하다[차리다]** faire ménage à part; se séparer. ¶ 그들 부부는 1년 동안 (따로) ~을 해야 했다 Ce couple a dû se séparer pendant 1 an / Ce couple a dû faire ménage à part pendant 1 an.

각색 脚色 명 adaptation *f*. ¶ 소설의 ~ adaptation d'un roman. ¶ 김선생이 희곡 작품의 ~을 맡았다. Monsieur KIM s'est occupé [chargé] de l'adaptation de la pièce de théâtre. ◇_(을) **하다** adapter ((un roman à la scène (pour la télévision))); tirer ((une pièce d'un roman)); dramatiser. ¶ 이 영화는 염상섭의 소설을 ~한 것이다. Ce film est tiré d'un roman de Yeom Sangseop / On a adapté un roman de Yeom Sangseop pour ce film. ¶ 네 맘대로 ~하지 말고 사건을 있는 대로 얘기해 봐라 N'adapte [Ne raconte] pas les choses comme cela t'arrange, raconte les faits tels qu'ils se sont passés [de façon objective]. ◇_(이) **되다** être dramatisé(*e*). ¶ 그 이야기는 지나치게 ~된 이야기이다 Cette histoire est trop dramatisée [exagérée].

◆_**자** -者 명 adapta*teur*(*trice*).

◆_**상** -賞 명 prix *m* d'adaptation.

각서 覺書 명 ((외교상의)) mémorandum *m*; note *f* diplomatique; ((의견서)) mémoire *m*; ((의정서)) protocole *m*. ¶ ~를 교환하다 échanger des mémorandums. ¶ ...하기로 ~를 쓰다 jurer de+*inf* par écrit; promettre de+*inf* par écrit. ¶ ...한다는 ~를 쓰다 jurer par écrit que+*ind*; promettre par écrit que+*ind*.

각선미 脚線美 명 ligne *f* harmonieuse des jambes. ¶ 그 여자는 ~가 뛰어나다 Elle a de belles jambes [des jambes bien galbées].

각설 却說 명 fait de revenir à *son* sujet [*ses* moutons]. ◇_**하다** revenir à *son* sujet [à *ses* moutons]. ¶ ~하고, 본론으로 들어갑시다 Maintenant, revenons à notre sujet / Maintenant, parlons de notre sujet. ¶ ~하고, 우리 주인공은 부모에게 하직하고 문을 나섰다 Bref [En un mot], notre héros s'est mis en route après avoir dit au revoir à ses parents.

각설이 명 【민속】 *gakseori* *m* <un mendiant-chanteur>. ¶ 작년에 왔던 ~ 죽지도 않고 또 왔네 C'est moi le *gakseori* le même que l'an passé. Me voilà de retour toujours vivant ((chanson chantée par les *gakseori*)).

◆_**타령** 명 【민속】 *gakseori taryeong* *m* <nom d'un genre de chants populaires coréens>. ¶ ~타령을 하다[부르다] chanter un *gakseori taryeong*.

각설탕 명 sucre *m* en morceaux; ((un)) morceau(*x*) de sucre.

각섬석 角閃石 명 【광물】 amphibole *f*; hornblende.

각성 覺醒 명 éveil *m*, réveil *m*; désabusement *m*, désillusion *f*. ¶ 조국 통일에 대한 민족적 ~ réveil du peuple sur la réunification. ¶ 실패가 오히려 ~의 계기가 되었다 L'erreur nous a donné plutôt l'occasion de nous détromper / L'erreur nous a amenés plutôt à nous détromper. ◇_(을) **하다** s'éveiller, se réveiller; se désabuser, revenir à *soi*; se détromper. ¶ 그런 큰 실수를 하고도 ~하지 못한단 말이냐? Même une telle erreur ne peut te détromper? ◇_(을) **시키다** éveiller; réveiller; désabuser, désillusionner *qn*; ouvrir les yeux à *qn*. ¶ 누구를 무지에서 ~시키다 réveiller *qn* de *son* ignorance. ¶ 그 참사는 국민들을 크게 ~시켰다 Ce désastre a éveillé le peuple.

◆_**제** -劑 명 excitant *m*, stimulant *m*.

각수 刻手 명 graveur *m*, sculpteur *m*, ciseleur *m*.

각시 명 ① 새색시 nouvelle mariée *f*; ((voile de)) mariée *f*. ② 아내 *sa* femme *f*.

◆_**놀음** 명 jeu(*x*) *m* de poupée.

각암 角岩 명 【광물】 espèce de quartzite *f*.

각양각색 명 diversité *f*; variété *f*; toutes sortes *fpl*. ¶ ~의 물건들이 진열되어 있다 Toutes sortes d'articles [d'objets] sont étalés [exposés] dans la vitrine. ◇_**이다** ¶ 사람들의 생김새가 ~이다 La physionomie de chacun est particulière / Chaque être humain a sa physionomie / Il y a autant de physionomies que d'êtres humains / Chacun est différent / Tout individu a ses particularités [ses caractéristiques physiques]. ¶ 사람들은 생각하는 것이 ~이다 À chacun sa pensée.

각오 覺悟 명 résolution *f*, décision *f*, détermination *f*; intention *f* ferme. ¶ 굳은 ~ une décision ferme [inébranlable]. ¶ 죽을 ~로 적과 싸웠다 Il a combattu l'ennemi sans avoir peur de la mort [sans crainte de la mort, sans craindre la mort]. ◇_(를) **하다[다지다]** se préparer à *qc*; prendre une résolution [la résolution de+*inf*]; se résoudre, se décider à+*inf*, se déterminer; s'attendre à *qc*/*inf*, décider de+*inf*; se résigner. ¶ 죽음을 ~하다 se préparer à la mort. ¶ 그만한 벌은 이미 ~하고 있는 바다 Je m'attends déjà à une telle punition. ¶ ~를 새로이 하고 그 일에 대처했다 Cette fois-ci, il est bien décidé à faire face à [à affronter] ce problème / Cette fois-ci, il a pris la ferme résolution d'affronter [de résoudre] le problème. ¶ 야단맞을 것을 ~하고 사실대로 말씀드렸다 J'ai dit la vérité malgré la punition qui m'attendait. ¶ 너, 단단히 ~해라 Toi, gare à toi! / Fais gaffe! ◇_**가 되다** être prêt(*e*) [résolu(*e*), décidé(*e*), déterminé(*e*)] à *qc*/*inf*. ¶ 무슨 일이 일어나더라도 그 사람은 ~가 되어 있다 Il est prêt à tout. ¶ 그 일을 해낼 만한 ~가 되어 있는지 모르겠다 Je ne sais pas s'il est prêt à faire ce travail. ◇_(이)**다** être prêt(*e*) [résolu(*e*), décidé(*e*), déterminé(*e*)] à *qc*/*inf*. ¶ 나는 그것을 단행할 ~이다 Je le ferai à tout prix / Je suis prêt(*e*) [résolu(*e*), décidé(*e*), déterminé(*e*)] à faire cela. ¶ 그 여자는 상사에게 철저히 따질 ~이다 Elle a décidé de demander des explications (sur ce fait) à son chef.

각운 脚韻 명 【문학】 rime *f.* ¶~을 교묘하게 달다[밟다] rimer avec adresse.

각의 閣議 명 conseil *m* des ministres [de Cabinet]. ¶~를 열다 ouvrir un conseil des ministres. ¶~의 의결을 거치다 se servir de la résolution adoptée par le conseil des ministres. ☞ 국무

각인 刻印 명 gravure *f* d'un sceau; empreinte *f.* ◇_(을) **하다** graver un sceau; graver. ¶돌에 글자를 하나하나 정성껏 ~하였다 Il a gravé avec soin chaque lettre sur la pierre. ◇_(이) **되다** être gravé(*e*). ¶그 사건은 그 아이의 머릿속에 깊이 ~되어 있는 것 같았다 Il me paraissait que cet accident était profondément gravé dans son esprit [était gravé au plus profond de son esprit [de sa mémoire], était gravé en profondeur dans son esprit].

각자 各自 대 chacun(*e*); chaque membre *m.* ¶~가 맡은 바 일에 충실해야 한다 Chacun est responsable de [doit être fidèle à] sa tache. ¶~의 생각을 말하다 donner chacun *son* opinion. ¶~ 할 일을 하다 faire chacun *son* travail. ¶그들은 ~ 자기 방으로 들어갔다 Ils sont entrés chacun dans la chambre.

각자병서 各字竝書 명 【언어】 agglomérat *m* consonantique; consonne *f* géminée, géminée *f* ((ex. ㄲ, ㄸ, ㅃ, ㅆ, ㅉ)).

각재 角材 명 bois *m* équarri.

각종 各種 명 toute(*s*) sorte(*s*) *f*(*pl*) [espèce(*s*) *f*(*pl*)] (de marchandises). ¶~(의) 상품[질병, 서적, 업무] toutes sortes d'articles [de maladies, de livres, de travaux].

각주 脚註 명 annotation *f*, note *f* en bas de page. ◇_**를 달다** annoter, mettre des notes (en bas de page).

각지 各地 명 divers [différents] endroits *mpl*, ((voyager aux)) quatre coins *mpl* ((du monde)); partout. ¶전국 ~에서 다 모여들다 affluer de tous horizons [de toutes les provinces du pays, de toutes les régions du pays], venir des quatre coins du pays [de tous horizons].

각질 角質 명 【동물】 kératine *f.*

◆_**화** -化 명 kératinisation *f.*

◆_**층** -層 명 couche *f* de kératine.

각처 各處 명 tout(*tous*) côté(*s*) *m*(*pl*); toute(*s*) part(*s*) *f*(*pl*), ((aux)) quatre coins *m*(*pl*) ((du monde)). ¶전국 ~에 흩어져 있다 être dispersé(*e*)s [épars(*es*), réparti(*e*)s, éparpillé(*e*)s] dans tout le pays [aux quatre coins du pays].

각추 角錐 명 【기하】 pyramide *f.*

각추렴 各- 명 cotisation *f*, contribution *f.* ◇_(을) **하다** cotiser; verser une cotisation; se cotiser. ¶모두에게 비용[금품, 돈]을 ~하였다 Tout le monde a versé la cotisation. ¶그들은 ~해서 저녁을 먹었다 Ils se sont cotisés pour dîner ensemble.

각축 角逐 명 concurrence *f*, compétition *f*, rivalité *f.* ◇_(을) **하다** ¶20 세기 초에는 열강이 ~하는 소용돌이 속에서 한 나라의 운명이 좌우되었다 Au début du 20e siècle, la concurrence entre les grandes puissances a décidé du destin d'un pays.

◆_**장** -場 명 champ *m* de compétition. ¶열강들의 ~장 champ de compétition des grandes puissances.

◆_**전** -戰 명 compétition *f*, rivalité *f.* ¶금메달을 놓고 두 선수는 서로 ~전을 벌였다[폈다] Les deux athlètes ont rivalisé entre eux pour la médaille d'or / Les deux athlètes se sont disputé la médaille d'or.

각층 各層 명 ☞ 각계

각파 各派 chaque parti *m* (politique); chaque secte *f* ((d'une religion)); chaque tendance *f* ((littéraire, philosophique, artistique)).

각판 刻版 명 【인쇄】 ① gravure *f* sur bois. ② planche *f* gravée ((pour l'impression)).

각필 閣筆 명 ◇_(을) **하다** s'arrêter d'écrire, poser *sa* plume. ¶오늘은 이만 ~하겠습니다 Aujourd'hui, c'est sur ces mots que je pose ma plume / Je pose ma plume ici pour aujourd'hui / Aujourd'hui, je m'arrête sur ces mots [ici pour aujourd'hui] / C'est sur ces mots que je conclurai aujourd'hui.

각하[1] 却下 명 【법률】 rejet *m* ((d'une proposition)). ¶소송의 ~ rejet du procès. ◇_(를) **하다[시키다]** rejeter ((un appel)); repousser ((une requête)). ¶청원서를 ~하다 rejeter une [la] pétition. ¶소송[상고, 상소]을 ~하다 rejeter un appel. ¶판사는 변호인 측으로부터의 이의를 ~했다 Le juge a rejeté l'objection soulevée par l'avocat. ◇_(가) **되다** être rejeté(*e*). ¶그는 대법원에 상고하였으나 ~되었다 Il avait demandé une révision à la Cour de cassation, mais elle a été rejetée.

각하[2] 閣下 명 (Son) Excellence *f*; ((본인에게)) Votre Excellence. ¶대통령 ~ Monsieur le président de la République.

각혈 咯血 명 crachement *m* de sang; hémoptysie *f.* ◇_(을) **하다** cracher du sang. ¶이 폐병 환자는 기침을 할 때마다 ~을 한다 Ce tuberculeux crache du sang chaque fois qu'il tousse.

간[1] 명 salure *f*, goût *m* salin [de sel]; assaisonnement *m* (en sel). ¶~을 맞추다 saler ((un plat)). ¶~이 짜게[싱겁게] 되다 être trop salé [n'être pas assez salé, être insipide, fade]. ¶스프가 ~이 꼭 맞는다 La soupe est salée à point [comme il faut]. ◇_(을) **하다** saler *qc.* ◇_(을) **보다** goûter pour voir si un plat [mets] est bien assaisonné [assez salé]. ◇_**이 되다** être bien assaisonné(*e*); être salé(*e*) [assaisonné(*e*)] comme il faut. ¶이 냉동식품은 벌써 ~이 되어 있다 Ce (produit) surgelé est déjà assaisonné.

간[2] 肝 명 간장 foie *m.* ¶~기능 부전 insuffisance rénale; déficiences rénales. ¶~ 기능을 강화하는 약 médicament qui améliore les fonctions rénales. ¶아무래도 나는 ~에 이상이 있나 보다 J'ai bien l'impression que j'ai un problème au foie.

*~(이) **크다** avoir du cœur au ventre, avoir de

l'estomac {*fam*}, avoir des tripes {*fam*}, avoir du cran {*fam*}; être courageu*x*(*se*); ne pas avoir froid aux yeux, ne pas manquer d'audace [d'air {*fam*}, de culot {*fam*}, de toupet {*fam*}, d'aplomb {*fam*}, de cran {*fam*}], être culotté(*e*) {*fam*}, gonflé(*e*) {*fam*}. ¶ ~이 큰 audacieu*x*(*se*), hardi(*e*); courageu*x*(*se*). ¶ ~ 크게도 그는 회사돈을 제멋대로 썼다 Il a eu l'audace [le toupet {*fam*}, la désinvolture] d'utiliser à des fins personnelles l'argent de la société.

*~(**이**) **작다** ne rien avoir dans le ventre, ne pas avoir de tripes {*fam*}, manquer de courage [de cran {*fam*}], être dégonflé(*e*) {*fam*}, être timide, pusillanime, apeuré(*e*), timoré(*e*), crainti*f*(*ve*), poltron(*ne*), lâche, pleutre, couard(*e*) {*litt*}, dégonflé(*e*) {*fam*}, trouillard(*e*) {*fam*}, froussard(*e*) {*fam*}, pétochard(*e*) {*fam*}, capon(*ne*) {*vx*}, être une poule mouillée {*fam*}. ¶ 그는 간이 작아 큰일은 못할 거야 Comme il manque de courage [Comme il n'a rien dans le ventre, Comme ses ambitions sont limitées], il ne pourra rien faire de grand [il n'arrivera à rien de grand].

*~**이 떨어질 뻔했다** J'ai eu une peur bleue / J'ai eu très peur / J'ai eu la trouille de ma vie {*fam*} / J'ai bien cru que j'allais mourir [y passer]. ¶ 모퉁이에서 차가 갑자기 나타나 ~ 떨어질 뻔했다 Voyant soudainement déboucher une voiture au coin de la rue, j'ai cru ma dernière heure arrivée [j'ai eu la peur de ma vie].

*~**이 콩알만 해지다** être fo*u*(*folle*) d'épouvante; avoir une peur bleue, avoir les foies blancs, avoir les chocottes [les dents] {*fam*}.

***누구의 ~을 녹이다** ① faire succomber *qn*, faire fondre *qn*, attendrir *qn*, faire craquer *qn* {*fam*}, désarmer *qn*, conquérir *qn* ② être anxieu*x*(*se*), très nerveu*x*(*se*); ((몹시 애타게 하다)) causer [donner] beaucoup de soucis à *qn*, tracasser *qn*, tourmenter *qn*, turlupiner *qn* {*fam*}; torturer *qn*, jouer avec les nerfs de *qn*; mettre en peine *qn*.

*~**을 졸이다** se ronger les sangs, se faire un sang d'encre, être très angoissé(*e*), être terriblement inqui*et*(*ète*), paniqué(*e*); être très tendu(*e*); être très [extrêmement] impatient(*e*) et anxieu*x*(*se*), se tourmenter, être dévoré(*e*) d'angoisse, être d'inquiétude, être sur des charbons ardents, être sur le gril {*fam*}. ¶ 시합에 나간 아들이 다치지나 않을까 ~을 졸였다 J'étais dévoré(*e*) d'inquiétude à l'idée que mon fils, parti faire un match, se blesse.

*~**에 기별도 안 갔다** J'ai l'impression de n'avoir rien mangé / Ça ne m'a pas rassasié [suffi, nourri] / Ça ne m'a pas rempli l'estomac [la panse {*fam*}] / J'ai encore (bien) faim / Je suis loin d'être rassasié [calé(*e*) {*fam*}] / J'ai encore de la place pour manger / J'ai encore la dent {*fam*} / J'ai encore très faim / Ce repas n'était qu'un apéritif / C'était un très maigre repas.

*~**에 붙었다 쓸개에 붙었다 하다** être inconsistant(*e*); être infidèle ((en amitié)); être fourbe; être double.

◆_**덩이** 명 【속어】 foie *m*; cœur *m*{*fig*}.

*~**덩이(가) 붓다** ne pas avoir froid aux yeux, ne pas manquer d'aplomb [d'audace, de toupet {*fam*}, d'air {*fam*}], avoir du cœur au ventre, avoir de l'audace [de l'aplomb, du toupet {*fam*}, du culot {*fam*}], avoir de l'estomac {*fam*}, avoir des tripes {*fam*}, avoir du cran {*fam*}, être intrépide, audacieu*x*(*se*), gonflé(*e*) {*fam*}; être éhonté(*e*), impudent(*e*), effronté(*e*), culotté(*e*) {*fam*}, être sans vergogne.

*~**덩이(가) 크다** avoir du cœur au ventre, avoir du courage [de l'estomac {*fam*}, des tripes {*fam*}, du cran {*fam*}], être courag*eux*(*euse*).

*~**덩이(가) 작다** ne rien avoir dans le ventre, ne pas avoir de tripes {*fam*}, manquer de courage [de cran {*fam*}], , être dégonflé(*e*) {*fam*}, froussard(*e*) {*fam*}, trouillard(*e*) {*fam*}; être timide, apeuré(*e*), timoré(e), crainti*f*(*ve*).

◆_**디스토마** 명 distomatose *f*.

◆_**암** -癌 명 cancer *m* du foie.

◆_**염** -炎 명 【의학】 affection *f* du foie; hépatite *f*. ¶ A[B]형 ~염 hépatite *f* A [B]. ¶ 만성[급성] ~염 affection chronique [aiguë] du foie. ¶ ~염을 앓다 souffrir du foie. ¶ ~염에 걸리다 attraper [avoir] une affection au foie. ¶ ~염이 도지다 être de nouveau atteint(*e*) d'une affection au foie.

◆_**유** -油 명 【약학】 huile *f* de foie de morue. ¶ ~유를 추출하다 extraire de l'huile de foie de morue.

◆_**이식** -移殖 명 【의학】 greffe *f* du foie. ¶ ~이식 수술 greffe du foie. ¶ ~이식을 하다 procéder à [faire] une greffe du foie.

간³ 間 분류 ¶ 세 ~ 집 une maison de trois pièces ¶ 방 두 ~, 부엌 한 ~ deux pièces et une cuisine. ¶ 댁은 방이 몇 ~이나 됩니까? Combien de pièces avez-vous? ¶ 아흔아홉 ~ 고래 등 같은 집 une très grande maison; une maison très spacieuse; un palais.

간⁴ 間 의명 ① ((시간)) durant, pendant, pour. ¶ 1개월 ~ pendant un mois. ¶ 5분 ~ 휴식하기로 한다 On fait une pause de cinq minutes. ¶ 과거 20년 ~ 꾸준히 모아온 돈이 적지 않다 On a amassé un bon pécule [s'est constitué un bon petit pécule] ces vingt dernières années. ¶ 그 ~ 별고 없으셨는지요? Tout va bien chez vous? / Comment allez-vous? ¶ 나는 얼마 ~ 서울을 떠나 있겠다 Je ne serai plus à Séoul pendant quelque temps. ¶ 그 전람회는 다음 달 1일 부터 일주일 ~ 계속 된다 Cette exposition se déroulera pendant une semaine à partir du premier du mois prochain. ② ((장소)) entre. ¶ 대구 포항 ~ 고속도로 l'autoroute qui relie Daegu à Pohang. ¶ 이 고속버스는 서울 대전 ~을 운행한다 Cet autocar fait la navette entre Séoul et Daejeon. ¶ 서울과 광주 ~에도 고속철도를 신설할 필요가 있을

것이다 Il faudrait construire une nouvelle ligne de KTX entre Séoul et Gwangju. ③ 상관없이 quel que soit, peu importe ((le moyen)), que+*subj* ... ou non; sans distinction de ((sexe)). ¶ 남자건 여자건 ~에 aussi bien les filles que les garçons; sans distinction de sexe. ¶ ...든(지) _에 que+*subj* ... ou non; quel(quelle, quels, quelles) que soi(en)t; peu importe. ¶ 누구든(지) 간에 qui que ce soit; n'importe qui. ¶ 비가 오든 안 오든(지) 간에 Qu'il pleuve ou non. ¶ 비용이야 얼마가 들든(지) 간에 quel que soit le montant; peu importe la somme qu'il faudra investir. ¶ 어떻게 해서든지 간에 peu importe le moyen.

-간⁵ 間 [접미] ① 사이, 관계 parenté *f*, relation *f* ¶ 숙질~ parenté [relation] d'oncle à neveu; oncle et neveu ¶ 부자~ père et fils. ¶ 부부~의 금슬이 좋다 C'est un couple bien uni [en parfaite harmonie] / Dans ce couple, ils mènent une vie conjugale heureuse / Ce couple est parfaitement assorti / Ils s'entendent à merveille [comme deux tourtereaux]. ¶ 우리는 사촌~이다 Nous sommes cousins. ¶ 친구~에 그렇게까지 해야 되겠니? Est-ce qu'on peut faire ça à un ami? ¶ 형제~의 우애가 좋다 bien s'entendre entre frères et sœurs. ② ((장소)) lieu(*x*) *m*, endroit *m*.

◆**단_** [명] petite pièce *f* [chambre *f*]; pièce *f* unique.

◆**대장_** [명] forge *f*.

◆**마굿_** [명] écurie *f*.

◆**문_** [명] vestibule *m*; porche *m*; entrée *f*.

◆**방앗_** [명] moulin *m*.

◆**외양_** [명] étable *f*.

간간이 間間- [부] ① ((시간)) occasionnellement; de temps en temps; une fois par hasard; à l'occasion ¶ 그 남자는 ~ 집 생각이 났다 Il pense parfois à sa famille. ¶ ...하는 일이 ~ 있었다 Il est arrivé de temps en temps que ... ② ((장소)) d'une façon espacée; d'une manière éparse [parsemée, clairsemée], par intervalles; de distance en distance; ici et là, par-ci par-là. ¶ 옷감에 ~ 작은 무늬가 있다 Sur l'étoffe, il y a de petits motifs imprimés ici et là de façon clairsemée / Cette étoffe est parsemée de petits motifs.

간간하다 [형] être plutôt salé(*e*); être un peu saumâtre; avoir une saveur salée. ¶ 간간하니 맛나다 être salé(*e*) à point.

간격 間隔 [명] espace *m*, intervalle *m*, écartement *m*, espace *m* de temps; trou *m*, brèche *f*, interstice *m*., vide *m*. ¶ 1분 ~으로 toutes les minutes. ¶ 2미터 ~으로 à intervalles de deux mètres ¶ A와 B 사이의 ~ distance [espace] entre A et B ¶ 일정한 ~을 두고 à intervalles réguliers. ¶ ~을 두다[넓히다, 벌리다, 좁히다] séparer ((deux objets)) par une certaine distance, espacer ((deux objets)) [augmenter l'intervalle ((entre deux objets)), écarter [aérer, espacer] ((deux objets)); diminuer l'intervalle ((entre deux objets)), resserrer [rapprocher] ((des objets les uns des autres))]. ¶ ~이 넓다[좁다] l'espace intercalaire est grand [petit], l'espace qui sépare A de B [entre A et B] est large [étroit]; ((복수 주어)) être très [peu] espacé(*e*)s.

간결 簡潔 [어근] (clarté *f* et) concision *f*, brièveté *f*, netteté *f* ((de style)); laconisme *m* {*litt*}.

◆**_하다** [형] être clair(*e*) et concis(*e*), net(*te*), sobre, succinct(*e*), efficace. ¶ ~한 설명 des explications claires et concises. ¶ ~한 문장 des phrases claires et concises. ¶ ~한 표현 une expression concise. ¶ ~하게 요약하다 résumer de façon claire et concise. ¶ 글이 매우 ~하게 구성되어 있다 C'est un style très clair et concis / Ceci est rédigé dans un style très clair et concis.

◆**_성** -性 [명] (clarté *f* et) concision *f*, brièveté *f*, netteté *f* ((de style)).

◆**_미** -美 [명] beauté *f* d'un style clair et concis [de la concision].

◆**_체** -體 [명] style *m* (clair et) concis.

◆**_히** 簡潔- [부] clairement, nettement, simplement, de façon claire et concise.

간계 奸計 [명] ruse *f*, machination *f*, fourberie *f*. ◇**_를 꾸미다** méditer un projet pervers. ◇**_에 빠지다** ¶ 그는 간신배들의 ~에 빠져 희생되고 말았다 Tombant dans la ruse [dans le piège] de gens fourbes [Piégé par des gens fourbes], il a fini par être sacrifié [éliminé].

간고 艱苦 [명] rude épreuve *f*; difficulté *f*; pauvreté *f*. ¶ ~를 견디어 내다 supporter de rudes épreuves.

간곡 懇曲 [어근]

◆**_하다** [형] être (très) sincère, instant(*e*), sérieu*x*(*se*), fervent(*e*); venir du fond du cœur. ¶ ~한 부탁 une demande pressante, une prière instante. ¶ ~한 충고 conseils sincères [qui viennent du fond du cœur], conseils cordiaux. ¶ ~하게 타이르다 faire de sincères remontrances. ¶ ~하게 부탁하다 demander instamment, solliciter, supplier, demander de bien vouloir+*inf*; prier *qn* de+*inf*.

◆**_히** [부]

간곳 [명] ◇**_(이) 없다** disparaître. ¶ 내가 안경을 어디다 두었는지 ~(이) 없네 Je ne sais vraiment pas où j'ai pu mettre ces lunettes.

◆**_없이** [부] complètement, sans laisser de traces. ¶ ~없이 사라지다 disparaître complètement [sans laisser de traces, sans laisser d'adresse].

간과¹ 干戈 [명] ① bouclier *m*. et lance *f*.; arme *f*. ② 전쟁 guerre *f*.

간과² 看過 [명] tolérance *f*. ◇**_(를) 하다** passer sur *qc*; laisser passer ((une erreur)); fermer les yeux sur *qc*; tolérer; laisser échapper, ne pas remarquer; passer à l'as {*fam*}. ¶ 누구의 과실을 ~하다 fermer les yeux sur les fautes de *qn*. ¶ 이 점은 절대 ~해서는 안 됩니다 On ne peut vraiment pas laisser passer une telle chose. ¶ 앞으로 이런 실책은 절대 ~하지 않겠다 À l'avenir, je ne laisserai plus passer une telle erreur. ¶ 그가 돈이 없다는 걸 ~하고 기부금을

요구했다 Ils ont sollicité un don de sa part alors qu'ils savaient qu'il n'avait pas d'argent. ◇_(가) 되다 être omis(*e*), oublié(*e*), escamoté(*e*), éludé(*e*), pris(*e*) à la légère, étudié(*e*) superficiellement. ¶ 이 논문에서는 몇 가지 중요한 점이 ~되어 있다 Dans cette thèse [ce mémoire, cet article], quelques points importants ont été escamotés [éludés, ont été vus trop rapidement].

간관 諫官 명 【역사】 fonctionnaire *mf* (de doléances); conseill*er*(*ère*). ¶ ~이 임금의 잘못을 지적했다 Le fonctionnaire a présenté des doléances au roi.

간교 奸巧 명 ruse *f*, finesse *f*, malice *f*, astuce *f*, fourberie *f*.
◆_하다 형 être rusé(*e*), astucieu*x*(*se*), mal*in*(*gne*); être fourbe. ¶ ~한 무리 une bande de fins matois. ¶ ~한 술책 tactique habile. ¶ ~한 사람 personne rusée. ¶ ~하게 속이다 tromper *qn* astucieusement [avec fourberie, de façon rusée]. ¶ ~하게도, 그는 나를 속였다 Il s'est joué de moi avec fourberie.
◆_함 명 ruse *f*, finesse *f*, malice *f*, astuce *f*, fourberie *f*.

간구 懇求 명 demande *f* pressante; prière *f* instante. ◇_(를) 하다 solliciter *qc*; supplier *qn* de faire *qc*. ¶ 우리를 죄에서 구원해 주실 것을 (간절히) ~하나이다 Sauve-nous de nos péchés / Je te prie de pardonner nos péchés / Je vous supplie de nous sauver du péché [de nous délivrer du mal] / Délivre-nous du mal. ¶ 성공할 수 있기를 ~합니다 Je vous souhaite vivement [sincèrement] de réussir / Je vous souhaite sincèrement le succès [la réussite].

간균 桿菌 명 bacille *m*. ☞ 간상균

간극 間隙 명 ① ((틈)) interstice *m*, fente *f*, ouverture *f*, trou *m*, brèche *f*. ¶ A와 B 사이의 ~ l'espace entre A et B. ¶ 마루바닥에 ~이 생겼다 Une fente s'est formée dans le parquet / Il y a une fente dans le parquet. ¶ ~을 메우다 boucher les interstices ((d'un plancher)), calfeutrer [obturer] ((une fenêtre)), boucher un trou [une brèche]. ② ((불화)) rupture *f*; brouille *f* ((entre deux personnes)); différend *m*, discorde *f*. ¶ 두 사람 사이에 ~이 생겼다 Une brouille [Un désaccord, Un différend, Une mésentente] s'est introduite [installée] dans leur relation / Ils se sont brouillés [querellés] / Ils sont brouillés / Il s'est installé un certain malaise entre eux / Ils sont en froid. ◇_이 있다 avoir un désaccord [un différend, une mésentente] avec *qn*, se brouiller avec *qn*, être en brouille avec *qn*, être en froid avec *qn*; avoir un différend avec *qn*; avoir une prise de bec avec *qn* {*fam*}. ¶ 두 사람 사이에 정서적 ~이 있는 것 같다 Ils n'ont pas l'air d'être faits pour s'entendre.

간기 刊記 명 colophon *m*, achevé *m* d'imprimé.

간난 艱難 명 rude épreuve *f*; difficulté *f* extrême; adversité *f*. ¶ ~의 시대 une époque d'adversité (très grande, grave). ¶ ~과 고통 adversité et douleur. ¶ ~을 겪다 passer par de rudes épreuves, en voir de dures [de toutes les couleurs, des vertes et des pas mûres], en baver {*fam*}, en chier {*vulg*}. ¶ ~을 견디다[참다] supporter de rudes épreuves. ¶ ~을 극복하다[이겨내다] surmonter une difficulté.

간난하다 형 ☞ 가난

간납 肝納 명 foie *m* frit; poisson *m* frit.

간년 刊年 명 bienn*al*(*ale*, *aux*), bisannuel(*le*), qui revient [a lieu] tous les deux ans.

간뇌 間腦 명 【의학】 diencéphale *m*, cerveau(*x*) *m* intermédiaire.

간니 명 dent *f* définitive, dent *f* permanente. ¶ 아이가 ~가 났다 L'enfant a ses premières dents définitives.

간단 簡單 어근 simplicité *f*, brièveté *f*, facilité *f*.
◆_하다 형 être simple, bre*f*(*ève*), concis(*e*), succinct(*e*), facile, enfantin(*e*). ¶ 이 문제는 (풀기가) 매우 ~하다 Ce problème est très simple [facile] à résoudre / C'est un problème enfantin. ¶ 그것은 아주 ~하다 C'est très [hyper {*fam*}, vachement {*fam*}] simple [facile] / C'est fastoche {*fam*} / C'est simple [facile] comme bonjour / C'est facile comme tout / C'est élémentaire / C'est du gâteau {*fam*} [du billard {*fam*}, du nanan {*fam*}] / C'est un jeu d'enfant (pour moi) / C'est enfantin! / C'est d'une simplicité enfantine / C'est l'enfance de l'art / Ça peut se faire les doigts dans le nez {*fam*} / Ce sera pour moi une formalité / Ce sera pour moi une plaisanterie de ((battre ce record)) / C'est bête comme chou / C(e n)'est pas (bien) compliqué / Ce n'est (pourtant) pas sorcier ((ce que je vous demande)) / Ce n'est pas le diable / Ce n'est pas la mer à boire / Ce n'est pas (bien) malin / Ce n'est pas plus malin que ça! / Ce n'est pas la mort / Ce n'est pas le bout du monde / Ça ne fait [fera] pas un pli. ¶ ~한 식사를 하다 faire un repas léger, un repas succinct. ¶ ~한 일 un travail simple [facile], une formalité. ¶ ~한 방법 une méthode simple. ¶ ~한 보고 un exposé sommaire. ¶ 다음 내용을 ~하게 요약하시오 Faites un résumé succinct de ce texte.
◆_히 부 ① 간결히 simplement, en un mot, en deux mots. ¶ 용건만 ~히 말해라 Dis-moi en deux mots ce que tu veux / Dis-moi en deux mots la raison de ta visite [de ta venue]. ¶ 전화를 ~히 하다 parler peu longtemps au téléphone. ¶ ~히 말하(자)면[말해서] bref; en un mot. ¶ ~히 말하자면, 그 친구가 약속을 어긴 거야 en un mot, il a manqué à sa promesse. ¶ 일을 ~히 하다 simplifier [faciliter] une tâche. ② 가볍게 succinctement, léger. ¶ 아침을 ~히 들다 manger léger le matin, petit-déjeuner {*fam*} succinctement. ③ 손쉽게 facilement. ¶ ~히 해치우다 se débarrasser facilement de *qc*; finir [terminer] *qc* sans difficulté. ¶ ~히 해결될 수 있는 문제가 아니다 Ce n'est pas un problème facile (à résoudre) / Ce n'est pas un problème enfantin.
◆_명료 -明瞭 명 simplicité *f* et clarté *f*, clarté *f*

et concision *f*. ¶ 그의 논지는 늘 ~명료하다 Ce qu'il dit est toujours clair et concis. ¶ ~명료한 글 un texte clair et concis. ¶ ~명료한 문장[설명] des phrases [des explications] claires et concises. ¶ 기사는 나에게 그 기계의 기능을 ~명료하게 설명해주었다 Il m'a expliqué clairement et simplement les fonctions de cet appareil. ¶ 내용을 ~명료하게 추리다 résumer ((un texte)) de manière claire et concise, extraire l'essentiel, ne garder que les points importants ((d'un texte)).

◆_함 명 brièveté *f*, facilité *f*, simplicité *f*.

간단없다 間斷- 형 être incessant(*e*), ininterrompu(*e*), continuel(*le*), constant(*e*), permanent(*e*); ne pas cesser. ¶ 간단없는 노력 efforts permanents [constants].

◆간단없이 부 sans arrêt, sans cesse, sans interruption, sans relâche; continuellement. ¶ 한강은 간단없이 흐르고 있다 Le fleuve Han coule sans cesse. ¶ 사건[일]이 간단없이 이어졌다 Les événements se succédèrent les uns aux autres. ¶ 그는 간단없이 말을 이어 갔다 Il a continué son discours de façon prolongée [sans reprendre son souffle, sans s'arrêter].

간담[1] 肝膽 명 속마음 pensée *f* secrète, fond *m* du cœur.

*~이 서늘해지다 avoir froid dans le dos; donner froid dans le dos, donner des sueurs froides. ¶ 그 이야기를 들으니 ~이 서늘했다 Cette histoire m'a donné des sueurs froides [donné froid] dans le dos.

*~을 서늘하게 하다 donner le frisson [des sueurs froides à] ((à *qn*)), donner froid dans le dos. ¶ 구경꾼의 ~을 서늘하게 하다 donner le frisson au spectateur.

간담[2] 懇談 명 entretien *m* cordial; causerie *f* intime; conversation *f* amicale. ◇_(을) 하다 avoir un entretien avec *qn*; avoir une conversation intime avec *qn* ((sur un projet)). ◇_을 나누다 causer avec *qn* ((sur un projet)), avoir un entretien avec *qn*; avoir une conversation intime avec *qn* ((sur un projet)).

◆_회 -會 명 réunion *f* de hauts responsables pour parler de choses communes [pour parler de sujets frivoles].

간당 奸黨 명 groupe *m* [bande *f*] de fins matois.

간당간당하다 형 être sur le point de+*inf*. ¶ 끈이 끊어질 듯이 간당간당한다 Le fil est sur le point de lâcher. ¶ 차에 휘발유가 간당간당한다 On n'a presque plus d'essence. ¶ 간당간당하게 매달려있다 être sur le point de tomber.

간데 명 ☞ 간곳

간데족족 부 partout où l'on va; où que l'on aille. ¶ 그는 ~ 말썽을 일으킨다 Il sème la discorde partout où il va.

간드랑간드랑 부 ((se balancer, remuer)) doucement. ¶ ~ 흔들리다 osciller [remuer, se balancer] doucement.

◆_하다 자 osciller [remuer, se balancer] doucement.

간드러지다 형 être séduisant(*e*), charmant(*e*), coquet(*te*), attrayant(*e*), fascinant(*e*). ¶ 간드러진 목소리 une voix ravissante. ¶ 간드러진 곡조 une mélodie attrayante. ¶ 노래를 간드러지게 부르다 chanter d'une façon charmante. ¶ 간드러지게 웃다 sourire avec charme [avec séduction].

간들간들 부 ((바람이)) doucement; ((물체가)) en se balançant doucement, en oscillant doucement; ((태도가)) d'une manière charmante [séduisante, coquette], avec charme, avec séduction. ¶ 그 여자는 허리를 ~ 흔들며 내 쪽으로 걸어왔다 Elle s'est approchée de moi en remuant les hanches d'une manière séductrice.

◆_하다 자 ((바람이)) souffler doucement; ((물체가)) se balancer [osciller, remuer] doucement; ((태도가)) se conduire d'une manière coquette [charmante, séduisante].

간략 簡略 어근 simplicité *f*, brièveté *f*.

◆_하다 형 être simple, ((exposé)) être sommaire; être bref(*ève*); être simpliste. ¶ 지나치게 ~한 설명 une explication simpliste [trop sommaire]. ¶ ~한 보고 un exposé sommaire. ¶ ~한 결혼식 une cérémonie de mariage simple [discrète, sobre, simplifiée]. ¶ ~한 편지 une petite lettre. ¶ ~하게 줄이다 abréger, raccourcir, simplifier. ¶ 약력을 ~하게 소개하다 se présenter brièvement.

◆_히 부 brièvement, simplement, sommairement, en abrégé, en raccourci.

간막이 間- 명 ☞ 칸막이

간만 干滿 명 flux *m* et reflux *m*; marée *f* haute et marée *f* basse. ¶ ~의 차가 크다[작다] Il y a une forte marée [une marée peu importante].

간명하다 형 ☞ 간단

간발 명 ((il s'en est fallu)) d'un cheveu [d'un doigt], de (très) peu, ((passer)) à un doigt [à deux doigts] ((de *qc*, du cœur)), ((être à)) deux doigts de ((la mort)), ((gagner)) d'une courte pointe, ((coiffer *qn*)) sur le poteau, à la dernière minute. ¶ ~의 차이로 2등을 하다 arriver deuxième pour une différence minime, se faire coiffer au poteau [sur le poteau].

간밤 명 cette nuit *f*, la nuit *f* dernière. ¶ ~에 잘 잤어? As-tu bien dormi cette nuit [la nuit dernière]?

간병 看病 명 soins *mpl* (d'un malade). ¶ 딸의 정성스러운 ~으로 어머니는 병세가 호전되었다 Grâce aux bons soins de sa fille, la mère s'est rétablie. ¶ 극진한 ~의 보람도 없이 그는 어젯밤에 죽었습니다 Les soins les plus attentifs n'ont pas permis de le maintenir en vie [ne l'ont pas empêcher de mourir] / Il a quitté ce monde hier soir malgré les soins les plus attentionnés [malgré les meilleurs soins, malgré les plus grands soins]. ◇_(을) 하다 soigner; donner des soins à ((un malade)); entourer ((un malade)) de soins. ¶ 자지 않고 밤새워 ~을 하다

veiller au chevet d'un malade.

◆_인 -人 명 aide *f* soignante. ¶ ~인을 쓰다 faire appel à une aide soignante.

간부[1] 姦夫 명 homme *m* adultère.

간부[2] 姦婦 명 femme *f* adultère.

간부[3] 幹部 명 cadres *mpl*, dirigeants *mpl*; encadrement *m* ((d'une entreprise)).

◆_급 -級 명 dirigeants *mpl*.

◆_진 -陣 명 le groupe *m* des cadres.

◆_회의 -會議 명 réunion *f* des cadres.

◆고위_ 高位- 명 cadre *m* supérieur.

간빙기 間氷期 명 【지질】 période *f* interglaciaire.

간사 幹事 명 secrétaire *mf*; membre *m* exécutif; commissaire *m* ((d'une réunion)), organisa*teur*(*trice*) ((d'une fête)).

◆대표_ 代表 명 responsable *mf*.

◆_장 -長 명 secrétaire *mf* génér*al*(*ale*).

◆_진 -陣 명 les membres *mpl* exécutifs, les responsables *mpl*.

◆_회 -會 명 commission *f* des membres exécutifs.

◆총무_ 總務 명 secrétaire *mf* aux affaires générales.

간사스럽다 형 ☞ 간사하다

간사위 명 ressource *f*. ¶ ~가 있다[좋다] être plein(*e*) de ressource, avoir de nombreuses ressources [talents], avoir plus d'un tour dans *son* sac, avoir plus d'une corde [plusieurs cordes] à *son* arc.

간사하다 奸邪- 형 être rusé(*e*), mali*n*(*gne*), malicieu*x*(*se*), futé(*e*), fourbe; être astucieu*x*(*se*), roué(*e*). ¶ 간사한 짓을 하다. tricher ((au jeu, aux cartes, aux examens)); truquer. ¶ 간사한 인물[행동] une personne [une ruse, un artifice] rusée. ¶ 간사한 꾀 finesse; ((user de)) ruse, artifice. ¶ 간사한 웃음 un rire malicieux, un sourire malicieux. ¶ 그 사람은 간사해 보인다 Il a l'air rusé. ¶ 간사하게 웃다 sourire malicieusement.

◆간사함 명 ruse *f*, malice *f*, fourberie *f*, astuce *f*, sournoiserie *f*.

간살[1] 間- 명 ① 칸막이 cloison *f*. ¶ ~이 넓은 방 une pièce séparée par de vastes cloisons. ② ((거리)) espace *m*, intervalle *m*, place *f*; espace *m* libre; espacement *m*, écartement *m* ((de deux choses)). *~을 지르다 séparer une pièce par une ou plusieurs cloisons.

간살[2] 명 flagornerie *f* {*vx*}; ((faire de la)) lèche *f*. ◇_(을) 부리다[떨다] flatter *qn*, flagorner *qn*; chatouiller l'amour-propre de *qn*; faire du plat à *qn*; lécher; lécher les bottes de *qn* {*pop*}, faire de la lèche à *qn*.

◆_장이 명 flatteu*r*(*se*), lécheu*r*(*se*), enjôleu*r*(*se*), lèche-botte(~-~*s*) {*fam*}, lèche-cul(~-~*s*) *m* {*vulg*}, hypocrite *mf*, fayot *m* {*fam*}.

간상균 桿狀菌 명 【의학】 bacille *m*.

간상세포 桿狀細胞 명 【생물】 bâtonnet *m*.

간색 看色 명 ① échantillonnage *m*, ensemble *m* d'échantillons. ② 물건의 질을 살피기 위해 일부를 봄 examen *m* [test *m*] par échantillon. ◇_(을) 하다 prélever [choisir] des échantillons, échantillonner ((une étoffe)), prendre des échantillons de; extraire, sélectionner. ¶ 비슷한 제품 중에서 하나를 ~하다 choisir [sélectionner] un article parmi plusieurs d'aspect similaire.

간석지 干潟地 명 laisse *f*, lais *mpl*; lagune *f* asséchée.

간선- 幹線- 명 ligne *f* principale, grande ligne *f*.

◆_도로 -道路 명 grande voie *f* de communication.

◆_철도 -鐵道 명 grande ligne *f* ferroviaire.

간선제 間選制 명 【정치】 suffrage *m* indirect. ¶ ~를 채택하다 adopter le suffrage indirect. ¶ ~로 대통령을 뽑다 élire un président au suffrage indirect.

간섭 干涉 명 ① intervention *f*, ingérence *f*, interférence *f*, intrusion *f*. ¶ 내정 ~ ingérence dans les affaires intérieures ((d'un pays)). ¶ 주제넘은 ~ intervention excessive. ¶ 부모의 지나친 ~은 아이를 도리어 망친다 Les parents ne doivent pas trop couver leurs enfants / Ce n'est pas bon pour un enfant d'avoir des parents excessivement protecteurs. ¶ 그는 대학에 들어가서야 부모님 ~에서 겨우 벗어날 수 있었다 Ce n'est qu'à partir de l'université qu'il a pu enfin voler de ses propres ailes. ② 【물리】 ((광파, 음파의)) interférence *f*. ◇_(을) 하다 intervenir dans ((un débat)); se mêler ((des affaires d'autrui)); s'immiscer, s'ingérer dans ((la vie privée d'autrui)), fourrer *son* nez {*fam*} dans ((les affaires d'autrui)). ¶ 일일이[공연히] ~하다 se mêler de tout. ¶ 이제부터는 자네 일에 아예 ~하지 않겠네 Je ne me mêlerai plus de tes affaires. ¶ 쓸데없이 남의 일에 ~하지 마라 Occupe-toi de tes affaires! / Mêle-toi de tes affaires [de ce qui te regarde]! / Je ne te demande pas l'heure qu'il est {*fam*} / On ne t'a pas sonné {*fam*} / De quoi je me mêle? {*fam*} / Et ta sœur? {*fam*} / Mêle toi de tes oignons! {*fam*} / Reste en dehors de ça. ¶ ...하는 데에 간섭하다 intervenir dans, se mêler de. ◇_(을) 받다 être la victime de *qn* qui s'est mêlé(*e*) de *ses* affaires [qui est venu(*e*) mettre le nez dans *ses* affaires {*fam*}], subir une indiscrétion dans *ses* affaires, se faire espionner, se faire fourrer le nez {*fam*} dans *ses* affaires. ¶ 나는 누구의 ~도 받고 싶지 않다 Je ne veux pas qu'on se mêle de mes affaires / Je veux que personne ne s'immisce dans mes affaires [ne se mêle de mes affaires] / J'interdis à quiconque de se mêler de mes affaires.

◆_무늬 명 franges *fpl* d'interférence (motif composé de bandes claires et sombres résultant de l'interférence consécutive et destructive d'ondes lumineuses sur une émulsion holographique.

◆_색 -色 명 couleur *f* d'interférence (cf. ci-dessus).

◆_현상 -現狀 명 phénomène *m* d'interférence (interférence consécutive et destructive d'ondes lumineuses sur une émulsion holographique).

간성 干城 명 gardien *m* ((de l'État, de la liberté)),

défenseur *m*. ¶ 나라[자유]의 ~ gardien de l'État [de la liberté].

간소- 簡素- 어근 simplicité *f*.

◆**_하다** 형 être simple, modeste, sobre. ¶ ~한 절차 de simples procédures. ¶ ~한 의식 une simple cérémonie. ¶ ~한 (옷)차림 une tenue sobre. ¶ ~한 생활 une vie modeste. ¶ 그 여자는 옷차림이 늘 ~하다 Elle s'habille toujours sobrement. ¶ ~하게 차린 음식 un repas simple. ¶ 모두들 ~하게 차려입고 나왔다 Tout le monde est venu habillé sobrement.

◆**_화** -化 명 simplification *f*. ¶ 생활[절차, 기구, 업무, 행정]의 ~화 simplification de la vie [des procédures, d'une organisation ((administrative)), du travail, administrative]. ¶ 행정기구를 ~화하다 simplifier une organisation administrative. ¶ 업무를 ~화하다 simplifier le travail. ¶ ~화되다 se simplifier; être simplifié(*e*). ¶ 일상생활이 비교적 ~화되었다 La vie quotidienne est devenue plutôt simple.

간수[1] -水 명 sel *m* fondu par l'humidité; saumure *f*.

간수[2] 看守 명 gardien(*ne*) de prison, geôli*er*(*ère*), surveillant(*e*) ((d'un établissement pénitentiaire)).

◆**_장** -長 명 surveillant(*e*) génér*al*(*ale*) ((d'un établissement pénitentiaire)).

간수[3] 間數 명 【건축】 ① nombre *m*. de *gan*. ② 방의 수 nombre *m* de pièces ((d'une maison)).

간수[4] 看守 명 entretien *m*, préservation *f*, protection *f*. ¶ 책 ~에 신경을 좀 쓰거라 Occupe-toi bien de la préservation des livres. ◇**_(를) 하다[시키다]** garder, préserver de; protéger contre; maintenir, conserver, entretenir. ¶ 가구를 창고에 ~ conserver des meubles dans un grenier. ¶ 장마철에 옷을 잘 ~ bien protéger les vêtements lors de la saison des pluies. ¶ 그것을 단단히 ~해 두어라 Garde cela dans un endroit sûr [en lieu sûr]. ¶ 패물을 장롱 속에 잘 ~하다 garder en lieu sûr les objets de valeur dans l'armoire.

간식 間食 명 goûter *m*, collation *f*; quatre-heures *m inv*. ¶ ~ 시간 l'heure du goûter. ¶ 오늘 ~은 무엇입니까? Qu'est-ce qu'on a pour le goûter aujourd'hui? ¶ ~을 주다[먹다] donner [manger] un goûter [une collation]. ¶ 떡을 ~으로 먹다 manger [grignoter] du *tteok* entre les repas; manger du *tteok* comme goûter. ◇**_을 하다** goûter; faire une collation; manger entre les repas. ¶ 아이들은 오후에 한 번 ~을 한다 Les enfants ont une collation [un goûter] l'après-midi.

◆**_꺼리** 명 de quoi goûter.

간신 奸臣 명 sujet *m* [ministre *m*] perfide [traître]; sujet *m* déloyal [infidèle]; sujet *m* fourbe [rusé]; courtisan *m*, flatteur *m*; adulateur *m*.

◆**_배** -輩 명 sujet *m* fourbe [rusé]; courtisan *m*, flatteur *m*; adulateur *m*.

간신히 艱辛- 부 avec peine, difficilement; tout juste, de justesse, juste à temps; au dernier moment; à la dernière minute. ¶ 아내는 ~ 잠이 들었다 Ma femme s'est endormie difficilement / Ma femme a difficilement trouvé le sommeil. ¶ ~ 먹고 살 만한 월급 un salaire de misère. ¶ ~ 시간에 대다 arriver juste à temps, arriver au dernier moment [à la dernière minute]. ¶ 나는 ~ 기차를 탔다 J'ai pu attraper mon train, mais de justesse / J'ai failli rater mon train. ¶ ~ 피하다 échapper tout juste.

간실간실 부 flatteusement, obséquieusement.

간악하다 奸惡- 형 être méchant(*e*), pervers(*e*). ¶ 간악한 신하 un courtisan pervers. ¶ 간악한 무리들 une bande de malfaisants [nuisibles]. ¶ 간악한 술책 une tactique perverse. ¶ 간악하게도 그는 죄 없는 사람을 모함했다 Il a méchamment accusé un innocent.

◆**간악함** 명 méchanceté *f*, perversité *f*.

간약하다 형 ☞ 간략

간언[1] 間言 명 propos *m* pour semer la discorde [la division, la désunion, la zizanie], propos *mpl* calomnieux. ◇**_(을) 하다[놓다]** tenir des propos pour semer la discorde; médire de *qn* [calomnier *qn*] pour semer la discorde [la zizanie]. ¶ 그는 우리 둘 사이에 ~을 놓아 불화를 이끌어내려고 했다 Dans l'intention de semer la discorde entre nous, il a tenu des propos calomnieux. ◇**_(이) 들다** y avoir des propos calomnieux (pour semer la discorde, la zizanie). ¶ ~이 들어 일이 틀어지고 말았다 Suite à des propos calomnieux, le projet n'a pas abouti [le projet a capoté {*fam*}, tout a raté {*fam*}].

간언[2] 諫言 명 remontrance *f* ((au roi, à un supérieur)); observation *f*, reproche *m*; conseil *m*. ¶ 충신의 ~ remontrance d'un ministre fidèle ((à *son* roi)). ¶ ~을 받아들이다 accepter des remontrances. ¶ ~에 따르다 suivre les conseils de *qn*. ¶ ~에 귀를 기울이다 écouter [suivre] les conseils de *qn*. ¶ ~에 귀를 기울이지 않다 rester sourd(*e*) aux conseils [aux remontrances] de *qn*. ¶ ~은 귀에 거슬리는 법이다 Les remontrances ne sont pas toujours douces aux oreilles. ◇**_(을) 하다[드리다]** faire des remontrances à *qn* au sujet de *qc*; donner des conseils à *qn*; conseiller à *qn* de+*inf*. ¶ ~하는 말 des remontrances.

간여 干與 명 participation *f*, ingérence *f*. ◇**_(를) 하다** participer à *qc*; intervenir dans *qc*, s'immiscer, s'ingérer dans ((la vie privée d'autrui)), se mêler ((des affaires d'autrui)), fourrer *son* nez {*fam*} ((dans les affaires d'autrui)). ¶ 내 일에 ~하지 마라 Ne te mêle pas de mes affaires / Mêle-toi de ce qui te regarde [de tes affaires, de tes oignons {*fam*}] / Ce ne sont pas tes affaires [tes oignons {*fam*}]. ¶ 나는 그 일을 기획하는 데에 처음부터 ~해 왔다 J'ai participé dès le début à l'organisation de ce travail. ☞ 관여

간요하다 肝要- 형 être important(*e*), nécessaire, essentiel(*le*), indispensable, capit*al*(*ale*, *aux*), ((problème)) vit*al*(*ale*, *aux*). ¶ 이 학문에는 수학적

소양이 ~ Pour cette étude, il est indispensable d'avoir de bonnes connaissances en mathématiques. ☞ 긴요하다

간원 懇願 명 supplication *f*, sollicitation *f*, insistance *f*. ¶ 누구의 ~에 따라 sur l'insistance de *qn*; à la sollicitation (pressante) de *qn*. ◇_(을) **하다** prier *qn* de+*inf*; supplier, conjurer *qn* de+*inf*. ¶ 학부모들은 선생님께 잘못을 한 학생들을 용서해 달라고 ~했다 Les parents d'élèves ont supplié le professeur de pardonner à leurs enfants pour leurs fautes.

간음[1] 姦淫 명 adultère *m*; liaison *f* illicite [immorale]; rapports *mpl* illicites. ◇_(을) **하다** commettre un adultère; avoir des rapports illicites. ¶ 아내 이외의 다른 여자와 ~한 자 un homme qui a eu des rapports illicites avec une autre femme, un homme qui a eu une aventure extraconjugale, un homme qui a commis un adultère.

◆_**죄** -罪 명 adultère *m*.

간음[2] 間音 명 【언어】 son *m* intermédiaire.

간음[3] 幹音 명 【음악】 note *f* de la gamme.

간이 簡易 어근 simple, facile. ¶ ~ 음식점[역, 화장실, 숙소] un petit restaurant, un restaurant de quartier, un restaurant populaire, une auberge, une gargote, une cafétéria [une (toute) petite gare, des toilettes mobiles, une auberge provisoire].

간자 間者 명 espion(*ne*); agent *m* secret. ☞ 간첩

간자말 명 cheval(*aux*) *m* aux joues et front blancs.

간자미 명 【어류】 petite raie *f*.

간장[1] -醬 명 sauce *f* de soja. ¶ ~으로 간을 하다[맞추다] assaisonner avec de la sauce de soja. ¶ ~을 담그다 préparer [faire] de la sauce de soja. ¶ ~을 치다[넣다] assaisonner un plat avec de la sauce de soja [mettre de la sauce de soja (dans un plat)].

◆_**독** 명 jarre *f* contenant de la sauce de soja.

◆_**종지** 명 petite coupelle *f* de sauce de soja.

◆**국**_ 명 sauce *f* de soja pour une soupe.

간장[2] 肝腸 명 foie *m* et intestins *mpl*.

*~**이 녹다** fondre ((devant la gentillesse de *qn*)), s'attendrir, succomber, être désarmé(*e*), craquer {*fam*}; être très impatient(*e*), bouillir [brûler, griller, frétiller, piaffer, sécher, mourir, pétiller {*vx*}] d'impatience, être sur des charbons ardents, être haletant(*e*) d'impatience, trépigner d'impatience. ¶ 그 여자의 애교에 ~이 녹은 사내가 많다 Beaucoup d'hommes fondent [sont désarmés] devant son charme. ¶ 네 소식 기다리느라고 내 ~이 녹는다 Je brûle [meurs] impatient(*e*) d'avoir de tes nouvelles / J'attends impatiemment de tes nouvelles.

*~**이 타다** se tourmenter, se tracasser, se turlupiner, se ronger d'inquiétude, se ronger les sangs, se faire du mauvais sang, se faire un sang d'encre; être dévoré(*e*) [rongé(*e*)] d'inquiétude, être tourmenté(*e*), anxieux(*se*), angoissé(*e*), nerveux(*se*). ¶ 그는 집 나간 아이 걱정에 ~이 다 탈 지경이었다 Il était dévoré d'inquiétude à la suite de la fugue de son fils / Il était très tourmenté par la fugue de son fils.

*~**을 끊다** être déchiré(*e*) (de douleur); être extrêmement triste; être accablé(*e*), être très triste, pitoyable, mélancolique, avoir le cœur déchiré [brisé], être tourmenté(*e*); être accablant(*e*), déchirant(*e*). ¶ ~을 끊는 울음소리가 들려왔다 Il nous parvenait [Nous percevions] des gémissements déchirants.

*~**을 녹이다** ① faire succomber *qn*, faire fondre *qn*, attendrir *qn*, faire craquer *qn* {*fam*}, désarmer *qn*, conquérir *qn*. ② être anxieux(*se*), très nerveux(*se*); ((애타게 하다)) jouer avec les nerfs de *qn*; torturer *qn; tourmenter qn, tracasser qn, turlupiner qn* {*fam*}, donner [causer] beaucoup de soucis à *qn.; mettre en peine qn.* ¶ 미인의 웃음은 뭇 사내의 ~을 녹인다 Le sourire d'une belle femme fait fondre [fait succomber, désarme] un jeune homme. ¶ 그 여자는 미모로 그 남자의 ~를 녹였다 La beauté de cette femme l'a fait succomber [l'a désarmé, l'a vaincu]. ¶ 그 여자의 아름다운 노래소리는 사람들의 ~을 녹인다 Son merveilleux chant [Son chant mélodieux] conquiert [désarme] les gens. ¶ 그 장사꾼은 사탕을 줄듯 말듯 아이의 (애)~을 녹이고 있다 Ce marchand joue avec les nerfs de [taquine, tourmente, torture] l'enfant en faisant mine de lui donner des bonbons.

*~**을 태우다[끓이다]** se faire du souci, s'inquiéter, se ronger les sangs, se faire du mauvais sang, se faire un sang d'encre, se tourmenter, se turlupiner. ¶ 나는 ~을 끓이며 그 사람의 전화를 기다렸다 Très inquiet(*ète*), j'attendais impatiemment son appel / J'attendais en me faisant un sang d'encre. ¶ 그만 ~을 태우고 이젠 말 좀 해 봐라 Arrête de t'en faire [de te tourmenter], essaie d'en parler [parles-en, ne garde pas tout pour toi, confie-toi] à présent.

간장[3] 肝臟 명 【해부】 foie *m*.

◆_**병** -病 명 【의학】 maladie *f* de foie; hépatisme *m*; insuffisance *f* hépatique.

◆_**염** -炎 명 【의학】 hépatite *f*, cirrhose *f*.

간적 奸賊 명 brigand *m*, bandit *m*.

간절하다 懇切- 형 être ardent(*e*), pressant(*e*). ¶ 간절한 부탁 une requête pressante. ¶ 간절한 충고 un conseil pressant. ¶ 간절한 욕망 un désir irrésistible. ¶ 간절한 호소 un appel pressant. ¶ 엄마는 아들을 보고픈 생각이 간절했다 La mère tenait ardemment à voir son fils. ¶ 내 아내는 딸에 대한 그리움이 간절했다 Ma fille manquait beaucoup à mon épouse. ¶ 그는 무릎을 꿇고 간절하게 간청했다 Il m'a supplié(*e*) à genoux.

◆**간절히** 부 vivement, profondément, ardemment, passionnément; avec insistance. ¶ 무엇을 간절히 바라다 espérer vivement[ardemment] *qc*. ¶ 간절히 부탁하다 demander vivement. ¶ 간절히 타이르다 essayer de convaincre avec douceur et sincérité.

¶ 나는 당신이 성공하시길 간절히 빕니다 Je vous souhaite vivement de réussir.

간접 間接 명 indirect(*e*). ¶ 그 사람은 직접 ~으로 의사를 타진해 왔다 Il m'a demandé (à la fois) directement et indirectement ce que j'en pensais.
◆**_적** -的 명관 indirect(*e*). ¶ ~적 원인[영향, 관계] cause [influence, relation] indirecte. ¶ ~적으로 영향을 주고받다 s'influencer l'un à l'autre indirectement. ¶ 나는 그 사람을 ~적으로 알고 있다 Je le connais indirectement. ¶ 이 일과 저 일은 ~적으로 관계가 있다 Ces deux affaires sont indirectement reliées.
◆**_경험** -經驗 명 expérience *f* indirecte.
◆**_동화** -同化 명 【언어】 assimilation *f* indirecte. ¶ ~동화 현상 phénomène d'assimilation indirecte.
◆**_무역** -貿易 명 commerce *m* indirect.
◆**_민주주의** -民主主義 명 démocratie *f* indirecte.
◆**_선거** -選擧 명 suffrage *m* indirect.
◆**_세** -稅 명 impôt *m* indirect.
◆**_전염** -傳染 명 【의학】 infection *f* indirecte.
◆**_화법** -化法 명 discours *m* [style *m*] indirect.

간조 干潮 명 ☞ 썰물

간주[1] 看做 명 considération *f*. ◇_(를) **하다** considérer [regarder] *qn*/*qc* comme+Adj/N; tenir *qn*/*qc* pour+Adj/N. ¶ 무엇을 농담으로 ~하다 prendre *qc* pour une plaisanterie. ¶ 누구를 범인으로 ~하다 considérer *qn* comme le coupable. ¶ 대답을 안 하는 사람은 결석으로 ~한다 On considère comme absent celui qui ne répond pas à l'appel. ¶ 침묵을 승낙으로 ~하다 considérer *son* silence comme un acquiescement [comme une approbation]. ¶ 재판부는 그의 행동을 법적으로 정당한 것으로 간주하였다 Le tribunal a [Les juges ont] considéré sa conduite comme légitime. ◇_(가) **되다** être considéré(*e*) comme+Adj/N; passer pour+Adj/N. ¶ 그는 자유의 적으로 ~되고 있다 Il est considéré comme un ennemi de la liberté. ¶ 그는 난봉꾼으로 ~되고 있다 On le prend pour un débauché.

간주[2] 間奏 명 【음악】 interlude *m*.
◆**_곡** -曲 명 interlude *m*, intermède *m*.

간증 干證 명 【기독】 aveu(*x*) *m*, confession *f*, profession *f* ((de foi)). ¶ 신앙 ~ confession [profession] de foi. ¶ ~을 듣다 écouter un aveu [une confession]. ◇_(을) **하다** confesser; faire profession de foi; déclarer [exposer] ouvertement [publiquement] *qc*. ¶ 그 신부는 자신의 영적 체험을 신도들 앞에서 ~하였다 Ce prêtre a témoigné de [a exposé publiquement] son expérience spirituelle devant ses fidèles.

간지[1] 間紙 명 feuillets *mpl* intercalaires; intercalaire *m*. ¶ ~를 넣고 제본하다 relier un livre après y avoir mis des intercalaires. ¶ 책의 장(章) 사이에 ~를 끼우다 insérer des (feuillets) intercalaires entre les différents chapitres d'un livre.

간지[2] 干支 명 le cycle *m* sexagésimal (formé par la combinaison des 10 troncs célestes avec les 12 rameaux terrestres) ((Les 12 rameaux terrestres, combinés avec les 10 troncs célestes, forment les 60 éléments du cycle sexagésimal qui sert à désigner les années, les mois, les jours dans le calendrier lunaire traditionnel)).

간지럼 명 chatouillement *m*, démangeaison *f*. ◇_(을) **타다** être sensible au chatouillement; être chatouilleux(*se*). ◇_(을) **태우다** chatouiller ((*qn*, les côtes à *qn*)), gratouiller.

간지럽다 형 ① sentir [éprouver] un chatouillement ((à la plante des pieds)); démanger. ¶ 코[목]가 ~ sentir un chatouillement au nez [à la gorge]. ¶ 아이 간지러워, 그만해 Assez [Arrête], tu me chatouilles. ② être gênant(*e*), embarrassant(*e*), troublant(*e*); faire rougir. ¶ 간지러운 이야기[소리] des mots qui font rougir, des mots gênants [embarrassants]. ¶ 간지럽게 말을 하다 minauder, faire du charme ((à *qn*)); essayer d'attirer l'attention ((de *qn*)). ¶ 간지럽게 아양을 떨다 faire des coquetteries, faire des mines, faire *sa* coquette; prodiguer des amabilités [des sourires] (à tout le monde), affecter l'amabilité, minauder; faire du charme à *qn*.
***귀가** ~ Les oreilles ont dû *vous* tinter [corner, siffler] / *Vos* oreilles ont dû siffler. ¶ 어젯밤에 누가 내 욕을 하는지 귀가 간지럽더라구 J'ai comme l'impression qu'hier soir on a dit du mal de moi.
◆**낯_** 형 ((사람)) être [se sentir] gêné(*e*) [embarrassé(*e*), troublé(*e*)], avoir les joues en feu, rougir, avoir honte de, éprouver de la gêne, être dans *ses* petits souliers, perdre contenance, ne pas savoir où se mettre; ((이야기, 소리)) faire rougir, être gênant, embarrassant(*e*), troublant(*e*). ¶ ...하는 것을 낯간지럽게 여기다 rougir de+*inf*, avoir honte de+*inf*, éprouver de la honte+*inf*. ¶ ...하는 것은 낯간지러운 일이다 C'est une honte de+*inf*.

간지럽히다 타 chatouiller *qn*, grat(t)ouiller *qn*. ¶ 간지럽히지 마! Arrête de me chatouiller. ¶ 동생의 겨드랑이를 ~ chatouiller *son* petit frère [*sa* petite sœur] sous les bras.

간지르다 타 ☞ 간질이다

간직 명 ◇_(을) **하다** ① garder ((précieusement)); conserver, réserver. ¶ 저녁식사를 위해서 고기를 ~해 두다 garder de la viande pour le dîner. ¶ 편지의 사본을 ~하다 conserver le double d'une lettre. ¶ 아버지 유품을 소중히 ~해라 Garde précieusement l'objet ayant appartenu à ton père. ② ((말, 생각 따위를)) conserver, garder, graver ((dans *son* cœur, dans *sa* mémoire, dans *son* esprit)). ¶ 마음[가슴] 속에 ~하다 garder [graver] *qc* dans *sa* mémoire [dans son esprit, dans son cœur]; retenir *qc*. ¶ 추억[회상]을 잊지 않고 ~하다 garder [conserver, graver] un souvenir dans *son* cœur [dans *sa* mémoire, dans *son* esprit]. ¶ 그 여자는 마음 속 깊이 비밀을 하나 ~하고 있다 Elle garde un secret au fond de son cœur. ◇_(이) **되다** être conservé(*e*).

¶ 대대로 ~되어 온 가보 les trésors de famille qui ont été conservés pendant plusieurs générations.

간질 癎疾 명 【의학】 épilepsie *f*; grand mal *m*.

◆**_병** -病 명 épilepsie *f*; grand mal *m*.

◆**_증세** -症勢 명 symptôme *m* d'épilepsie.

◆**_환자** -患者 명 épileptique *mf*.

간질간질 부 ((onomatopée pour désigner le chatouillement)).

◆**_하다** 형 ¶ 등이 ~하다 avoir des démangeaisons dans le dos.

간질거리다 자 chatouiller; être chatouillant(*e*). ¶ 손등[발바닥]이 간질거린다 Le dos de ma main [la plante de mes pieds] me chatouille [me démange].

간질이다 타 chatouiller. ¶ 물결이 발목을 간질였다 L'eau ondulante me chatouillait la cheville. ¶ 그 사람의 부드러운 음성이 귓가를 간질인다 Sa voix douce me chatouille les oreilles.

간척 干拓 명 assèchement *m*; poldérisation *f*; drainage *m*; mise *f* en valeur ((des marais)). ¶ ~계획 un plan d'assèchement. ¶ ~ 공사 travaux d'assèchement [de drainage, de poldérisation]. ¶ ~ 사업 des travaux de drainage [d'assèchement, de poldérisation]. ¶ 서해안에서 ~ 사업을 벌이다 entreprendre des travaux de poldérisation dans la mer jaune. ◇_(을) **하다** assécher; poldériser; mettre ((un marais)) en valeur. ¶ 늪지를 ~해 옥토로 바꾸다 assécher un marais pour le changer en terre fertile.

◆**_지** -地 명 terrain *m* asséché, polder *m*. ¶ ~지를 개발하다 mettre en valeur un terrain asséché.

간첩 間諜 명 espion(*ne*); agent *m* secret; mouchard(*e*) {*fam*}. ¶ ~을 보내다[색출하다] envoyer un espion [rechercher un espion].

◆**_망** -網 명 réseau(*x*) *m* d'espionnage.

◆**_선** -船 명 navire-espion(*~s-~s*) *m*; bateau-espion(*~x-~s*) *m*.

◆**_신고** -申告 명 signalement *m* d'espionnage.

◆**_죄** -罪 명 espionnage *m*.

◆**_행위** -行爲 명 espionnage *m*.

◆**무장_** 武裝- 명 espion(*ne*)s armé(*e*)s.

◆**이중_** 二重- 명 espion *m* [agent *m*] double.

간청 懇請 명 supplication *f*, sollicitation *f*, instance *f* {*vx*}, prière *f*. ¶ 그 친구의 간청에 못 이겨 영화를 보러 갔다 Je suis allé au cinéma à la sollicitation pressante de cet ami [à sa demande insistante]. ¶ ~을 받아들이다[들어주다] accepter la sollicitation ((de *qn*)). ¶ ~을 거절하다[물리치다, 뿌리치다] refuser la sollicitation de *qn*. ◇_(을) **하다** demander avec instance à *qn* de+*inf*; supplier *qn*, implorer *qn*, conjurer *qn* de+*inf*. ¶ 도움[허가, 원조]을 ~하다 demander de l'aide avec instance [la permission ((à *qn*)), l'assistance]. ¶ 그는 무릎을 꿇고 내게 도와달라고 ~했다 Il m'a supplié à genoux de l'aider. ¶ 모임에 참석해 주기를 ~하다 demander instamment à *qn* d'honorer une réunion de *sa* présence. ◇_(을) **받다** être sollicité(*e*). ¶ 도와달라는 ~을 받다 être vivement sollicité(*e*) pour aider *qn*, être prié(*e*) d'aider *qn*.

간체 簡體 명 ((한자)) écriture *f* simplifiée.

◆**_자** -字 명 ((한자)) caractère *m* simplifié. ¶ ~자로 쓰다 écrire en utilisant les caractères (chinois) simplifiés [la forme simplifiée des caractères chinois].

간추리다 타 ① trier, choisir, extraire ((l'essentiel)); faire un tri. ¶ 이 글의 요점을 간추려 보아라 Résume / Extrais l'essentiel / Ne garde que les points importants de ce texte / Fais un résumé de ce texte. ¶ 중요한 것만 간추려서 엮은 시험 문제집 un questionnaire d'examen où on a gardé [sélectionné] l'essentiel. ② 가지런히 바로잡다 mettre de l'ordre dans ((*ses* affaires)). ¶ 서류를 ~ mettre de l'ordre dans *ses* dossiers.

간취 看取 명 découverte *f* ((d'un secret)); pénétration *f*, percement *m* ((d'un secret)); compréhension *f* ((de la situation)). ◇_(를) **하다** deviner ((la pensée)); pénétrer, découvrir ((un secret)); percer ((les motifs)); lire *qc* dans la pensée [le cœur, les yeux] de *qn*; comprendre, saisir ((la situation)). ¶ 나는 그 의원이 그 일의 주동자임을 금방 ~할 수 있었다 J'ai tout de suite deviné que ce député jouait un rôle prépondérant dans l'affaire. ☞ 간파, 알아차리다

간택 揀擇 명 sélection *f* d'un futur membre de la famille royale. ◇_(을) **하다** sélectionner un futur membre de la famille royale. ¶ 부마를 ~하다 choisir le gendre du roi. ◇_(이) **되다** être sélectionné(*e*) comme futur membre de la famille royale. ¶ 세자빈으로 ~되다 être choisie [sélectionnée] comme Dauphine.

간통 姦通 명 adultère *m*; rapports *mpl* illicites. ◇_(을) **하다** commettre un adultère; avoir des rapports illicites. ¶ 정숙해 보이는 부인이 하인과 ~을 했다 Une femme que l'on croyait chaste a commis un adultère avec son domestique [son serviteur].

◆**_자** -者 명 adultère *mf*.

◆**_죄** -罪 명 【법률】 adultère *m*. ¶ ~죄로 남편을 고소하다 porter plainte contre *son* mari pour avoir commis un adultère.

간투사 間投詞 명 【언어】 interjection *f*.

◆**_적** -的 명관 interjecti*f*(*ve*). ¶ ~적 용법 emploi *m* interjectif.

간파 看破 명 découverte *f* ((d'un secret)); pénétration *f*, percement *m* ((d'un secret)); compréhension ((de la situation)). ◇_(를) **하다** deviner ((la pensée)); pénétrer, découvrir ((un secret)); percer ((les motifs)); lire *qc* dans la pensée [le cœur, les yeux] de *qn*. ¶ 누구의 속셈[흉계]을 ~하다 découvrir les arrière-pensées [les intentions cachées, les intentions] de *qn*, lire dans les pensées de *qn* [percer les motifs de *qn*]. ¶ 나는 한 눈에 그 녀석이 사기꾼이라는 것을 ~할 수 있었다 J'ai deviné tout de suite que ce type était un escroc. ¶ 경찰은 금방 그 사람이 주동자임을 ~했다 La police s'est tout de suite aperçu qu'il jouait un rôle prépondérant. ◇_(를) **당하다**((가) **되다**) être découvert(*e*). ¶ 나는 그이에게 나의 본심을 금방 ~당했다 Il a tout de suite lu dans mes pensées. ¶ 우리 계획은 이미 적에게 ~당했다 Notre projet a déjà été découvert [trouvé, mis au jour] par l'ennemi. ¶ 마침내 적의 흉계[음모]가 ~되었다 La conspiration de notre ennemi a fini par être mise au jour [par être découverte, par être dévoilée].

간판 看板 명 ① enseigne *f*, panneau(*x*) *m* publicitaire; panneau-réclame(*~x-~*) *m*. ¶ ~ 글씨[그림] le texte [l'image] d'un panneau publicitaire. ¶ ~을 달다 suspendre un panneau publicitaire; mettre [accrocher] une enseigne. ¶ ~을 내리다 descendre un panneau publicitaire. ② 대표 ((le joueur)) phare, emblématique, emblème *m*. ¶ 그는 우리 팀의 ~ 선수다 Il est le joueur emblématique [l'emblème, le joueur phare] de notre équipe. ③ 명분, 자격 prétexte *m*, couvert *m*. ¶ 자선을 ~으로 sous le couvert [sous le prétexte] de la charité. ¶ 그 사람은 ~은 그럴듯하지만 실속이 없다 Sous [Malgré] une apparence [présentation] flatteuse [Sous un masque respectable] le contenu est vide / Malgré de bonnes références, l'homme est décevant [il s'avère inefficace] / Malgré ses bonnes références, il n'est pas intéressant [il s'avère inefficace]. ¶ 외국 유명 대학의 박사학위를 ~으로 하여 muni(*e*) du [bénéficiant de la réputation du] diplôme de doctorat d'une université renommée à l'étranger. ¶ ~을 따기 위해 대학에 가는 사람도 많다 Il y a beaucoup de gens qui vont à l'université pour paraître [pour briller].

*~**을 달다** ouvrir [se lancer dans] le commerce de *qc*, ouvrir un cabinet.

*~**을 내리다** fermer définitivement un magasin [une boutique], arrêter définitivement une activité commerciale.

◆**_장이** 명 peintre *m* d'enseignes.

◆**입_** 立- 명 panneau(*x*) *m* [enseigne *f*] publicitaire posé(*e*) sur le trottoir à l'entrée d'un commerce.

간편 簡便 어근 commodité *f*, convenance *f*; simplicité *f*.

◆**_하다** 簡便- 형 être simple, commode, pratique, maniable. ¶ ~한 옷차림을 하다 s'habiller de façon [de manière] pratique [fonctionnelle]; avoir une tenue pratique [fonctionnelle]. ¶ ~한 도구 outil de commodité. ¶ ~한 방법을 찾아내다 trouver une méthode pratique. ¶ ~하게 접히는 의자 une chaise facilement pliable. ¶ ~하게 먹을 수 있는 음식 un plat [quelque chose de] facile à manger. ¶ ~하게 차리고 길을 나서다 sortir avec une tenue peu habillée [sobre, simple], sortir en tenue décontractée.

◆**_성** -性 명 commodité *f*, convenance *f*, simplicité *f*.

간품 看品 명 examen *m* de la qualité ((des marchandises)); échantillonnage *m*. ◇_(을) **하다** échantillonner; examiner la qualité de *qc* [sur des échantillons].

간하다 諫- 타 donner des conseils ((au roi, à un supérieur)) ((pour qu'il cesse de boire)); conseiller à *qn* de+*inf*; émettre un avis au sujet de *qc*; faire des remontrances à *qn* au sujet de *qc*. ¶ 신하들은 청나라의 침입에 대비해 군사를 양성하도록 임금께 간곡히 간하였다 Les sujets ont conseillé au roi de former une armée pour se prémunir contre l'invasion de la dynastie Ching.

간행 刊行 명 publication *f*, édition *f*. ¶ 불경 ~ la publication des Écritures bouddhiques. ◇_(을) **하다** publier ((un livre)); faire paraître ((un ouvrage)); éditer ((un roman)). ◇_(이) **되다** être publié(*e*); paraître. ¶ 이 책은 작년에 ~되었다 Ce livre est paru l'an dernier.

◆**_물** -物 명 publication ♠

◆**_사** -辭 명 préface *f*. ¶ ~사를 쓰다 écrire une préface.

◆**_자** -者 명 édi*teur*(*trice*).

◆**정기_물** 定期物 명 publication *f* périodique; périodique *m*. ☞ 출판

간헐 間歇 어근 intermittence *f*.

◆**_적** -的 명관 intermittent(*e*). ¶ ~적인 출혈이 있을 수도 있습니다 Il peut y avoir des hémorragies intermittentes. ¶ ~적으로 내리는 비 la pluie qui tombe par intermittence.

◆**_천** -泉 명 ~ 온천 source *f* thermale intermittente.

간호 看護 명 soins *mpl* ((à un malade, un enfant, un vieillard)). ¶ 병 ~ soins à un malade [à un patient]. ¶ 밤샘 ~ veillée. ¶ 극진한 ~ les plus grands soins, des soins très attentifs [très dévoués]. ¶ 딸의 정성어린 ~로 어머니는 병환이 다 나으셨다 Grâce aux soins très attentifs de sa fille, la mère a été guérie. ¶ 부상자의 ~를 맡다 s'occuper de soigner un(*e*) blessé(*e*). ◇_(를) **하다** soigner; donner des soins à ((un malade)); entourer ((un malade)) de soins. ¶ 밤새껏 (자지 않고) ~하다 veiller au chevet ((d'un malade)). ◇_(를) **받다** être soigné(*e*). ¶ 자식들의 극진한 ~를 받았지만 결국 어머니는 돌아가시고 말았다 La mère avait reçu les plus grands soins de ses enfants, mais néanmoins elle a fini par mourir.

◆**_부[원]** -婦[員] 명 infirmière *f*.

◆**_사** -士 명 infirmi*er*(*ère*), garde-malade(*~-~s*) *m*.

◆**_장교** -將校 명 officier infirmi*er*(*ère*).

◆**_조무사** -助務士 명 aide-soignant(*e*)(*~-~s*) *mf*.

◆**_학** -學 명 études *fpl* d'infirmière.

◆**_학과** -學科 명 formation *f* d'infirmière.

◆**_학교** -學敎 명 école *f* d'infirmières.

간혹 間或 부 quelquefois, parfois, de temps en temps, de temps à autre, tantôt; à l'occasion. ¶ 그 학생은 ~ 지각할 때도 있다 Il est en retard de temps en temps / Il lui arrive d'être en retard. ¶ ~ 만나는 친구 un ami que je rencontre de temps en temps.

¶ 그 아이는 ~ 걸어서 오기도 하고, 차로 오기도 한다 Il vient tantôt à pied, tantôt en voiture / Il vient quelquefois à pied, quelquefois en voiture.

*간혹 가다(가) occasionnellement; de temps en temps, de temps à autre; une fois par hasard; à l'occasion. ☞ 간간이

갇히다 자 ① être enfermé(*e*), emprisonné(*e*); être retenu(*e*). ¶ 감옥에 갇힌 죄수 un criminel emprisonné(*e*) [incarcéré, écroué, sous les verrous, derrière les barreaux]. ¶ 방에 ~ être enfermé(*e*) dans une chambre. être enfermé(*e*). ¶ 새장 속에 갇힌 새 un oiseau enfermé dans sa cage. ¶ 우리에 갇힌 돼지 un cochon enfermé dans la porcherie. ② ((눈, 비 따위에)) être retenu(*e*), pris(*e*). ¶ 비가 와서 하루 종일 집안에 갇혀 있었다 J'ai dû rester retenu(*e*) [coincé(*e*), bloqué(*e*), immobilisé(*e*)] toute la journée dans la maison à cause de la pluie. ¶ 눈에 ~ être retenu(*e*) [pris(*e*)] par la neige.

-갈 접미 science *f*, étude *f*; -ologie; traité *m* de ... ¶ 한글~ étude de la langue coréenne. ¶ 소리~ phonologie. ¶ 월~ syntaxe.

갈가리 부 en (menus) morceaux; en pièces; en lambeaux, en charpie. ¶ 그 옷은 하도 낡아서 ~ 찢어졌다 Ce vêtement est en lambeaux [en charpie] tellement il est usé. ¶ 그 소식에 나는 가슴이 ~ 찢어지는 듯했다 Mon cœur s'est brisé à cette nouvelle.

갈가마귀 명 【조류】 corneille *f*.

갈개 명 petit fossé *m* (entre deux rizières).

갈겨쓰다 타 gribouiller, griffonner. ¶ 글씨를 마구[함부로] ~ gribouiller (sans soin).

갈고랑쇠 명 crochet *m* de fer.

갈고랑이 명 ☞ 갈고리

갈고리 명 crochet *m*. ¶ ~ 모양의 crochu(*e*), recourbé(*e*). ¶ 무엇을 ~에 걸다 accrocher *qc* à un crochet.

◆_못 명 clou *m* en forme de crochet.

갈고쟁이 명 crochet *m* (de bois).

갈구 渴求 명 soif *f*; désir *m* ardent. ◇_(를) **하다** être assoiffé(*e*), affamé(*e*), avide de *qc*. ¶ 평화를 ~하는 마음 un cœur assoiffé de paix. ¶ 농부들은 매일매일 단비를 ~하고 있다 Tous les jours, les paysans attendent ardemment [avec impatience] la pluie. ☞ 갈망

갈구리 명 ☞ 갈고리

갈그랑거리다 명 ☞ 가르랑거리다

갈근탕 葛根湯 명 【한의】 *galgeuntang m* <décoction à base de racine de maranta>. ¶ ~을 달이다 préparer du *galgeuntang*; faire du *galgeuntang*. ¶ ~을 마시다 boire du *galgeuntang*.

갈기 명 crinière *f*.

갈기갈기 부 en (menus, mille) morceaux, en pièces; en lambeaux, en charpie. ¶ 책을[서류를] ~ 찢다 déchirer un livre [des dossiers] en (mille) morceaux. ¶ 천을 ~ 찢다 déchiqueter une étoffe. ¶ 가슴이 ~ 찢어지다 avoir le cœur brisé.

갈기다 타 ① 때리다 battre *qn* ((à coup de poing)); donner [assener] un coup à *qn*; frapper *qn*. ¶ 몽둥이로 머리를 ~ frapper *qn* à la tête avec un bâton. ¶ 뺨을 ~ donner une claque sur les joues, donner [flanquer {*fam*}] une gifle [une baffe {*fam*}, une taloche {*fam*}] à *qn*; donner un soufflet [une calotte {*fam*}] à *qn*, gifler *qn*. ¶ 채찍으로 말 궁둥이를 ~ faire claquer *son* fouet sur la croupe d'un cheval. ¶ 호되게 ~ battre violemment [comme plâtre]; rosser *qn* de coups. ② 베다 couper, faucher. ¶ 도끼로 ~ fendre avec une hache [à la hache]. ③ ((글씨를)) griffonner, gribouiller. ¶ 그는 글씨를 알아볼 수 없게 갈겨 놓았다 Il a griffonné quelque chose d'illisible. ¶ 편지를 갈겨쓰다 griffonner [gribouiller] une lettre. ④ ((총이나 포를)) canarder. ¶ 나는 적을 향해 기관총을 냅다 갈겼다 J'ai canardé l'ennemi. ⑤ 【속어】 ((오줌을)) pisser {*fam*} ((dans la rue)); ((똥을)) chier {*vulg*} ((dans la rue)), déféquer; ((침을)) cracher par terre. ¶ 길가에 오줌을 ~ pisser {*fam*} sur le trottoir [dans la rue]. ¶ 요즈음에는 길거리에 침을 찍찍 갈기고 다니는 사람은 볼 수 없다 Ces jours-ci, il est rare de voir des gens cracher par terre dans la rue.

갈꽃 명 【식물】 fleur *f* de roseau; roseau(*x*) *m*. ¶ ~을 꺾다 cueillir une fleur de roseau. ¶ ~이 바람에 흔들린다 Les roseaux se balancent au gré du vent.

갈다[1] 타 substituer; remplacer; changer *qc* pour *qc*. ¶ A를 B로 갈다 remplacer A par B; substituer B à A. ¶ 임원들을 모두 ~ remplacer tous les cadres [(toute) l'équipe dirigeante], changer l'équipe dirigeante. ¶ 구두를 갈아 신다 changer de souliers. ¶ 타이어를 ~ changer [remplacer] un pneu. ¶ 자동차 부속품을 새 것으로 ~ changer [remplacer] une pièce [un accessoire] de voiture. ¶ 학교의 이름을 ~ donner un nouveau nom à une école. ¶ 게시판 광고를 ~ changer une [mettre une nouvelle] affiche dans la rue. ¶ 어항의 물을 ~ changer l'eau de l'aquarium.

갈다[2] 타 ① ((날을)) aiguiser ((un couteau)); affiler ((un couteau)), affûter ((un couteau)); repasser ((la lame d'un rasoir sur un cuir, un couteau)); donner du fil à ((une lame)). ¶ 칼을 ~ aiguiser [affiler, affûter] un couteau. ¶ 숫돌로[에] 칼을 ~ émoudre {*vx*} *qc*. ② ((보석을)) tailler ((du jade)). ¶ 옥을 갈아 구슬을 만들다 tailler du jade pour en faire des perles. ③ ((먹을)) frotter un bâtonnet (pour faire de l'encre de Chine). ¶ 벼루에 먹을 ~ frotter un bâtonnet pour faire de l'encre dans une pierre à encre de Chine. ④ ((밀, 커피 따위를)) 분쇄하다 moudre ((du blé, du café)); concasser ((des fèves, du cacao)); ((마늘을)) écraser ((de l'ail)), ((유발에 마늘을)) piler ((de l'ail dans un mortier de cuisine)), pulvériser, égruger ((du poivre)); ((강판에)) râper ((du céleri)). ¶ 맷돌에 녹두를 ~ concasser des haricots mungo dans un mortier. ¶ 사과를 강판에 ~ râper des pommes. ⑤ ((이빨을)) 갈다 grincer ((des dents)). ¶ 자면서 이를 ~ grincer des dents pendant le sommeil.

*이를 ~ 이[1]

갈다[3] 타 ① 땅을 뒤집다 cultiver, labourer ((un champ)). ¶ 밭을 ~ cultiver un champ. ② 뿌려 심다 semer, ensemencer, cultiver. ¶ 밀을 갈다 ensemencer une terre en blé; emblaver. ¶ 밭에 채소를 ~ cultiver des légumes dans un champ.

갈대 명 【식물】 roseau(*x*) *m*. ¶ 여자의 마음은 ~와 같다 Le cœur de la femme est faible comme le roseau. ¶ 인간은 생각하는 ~이다 L'homme est un roseau pensant.

◆_**밭** 명 marais *m* plein de roseaux

◆_**숲** 명 champ *m* de roseaux.

갈데없다 형 c'est [c'était] *son* destin de devenir ((enseignant)); être ... de nature [par nature], être inné(*e*), être ((un poète)) né, avoir *qc* dans le sang [dans la peau], être fait(*e*) pour; être un véritable ((escroc)). ¶ 그 사람은 갈데없는 공무원이었다 C'était son destin de devenir fonctionnaire. ¶ 그는 갈데없는 사기꾼이다 C'est un véritable escroc, celui-là!

갈등 葛藤 명 enchevêtrement *m*, complication *f*, dissentiment *m*, dissension *f*; inimitié *f*, discorde *f* ((entre familles)), désaccord *m*, fâcherie *f*; différend *m*, tiraillement *m*; dilemme *m*. ¶ 집안의 ~ des dissensions à l'intérieur d'une famille. ¶ 당내의 ~ un désaccord à l'intérieur d'un parti. ¶ 고부간의 ~ la mésentente entre belle-mère et belle-fille. ¶ 사회 계층 간의 ~을 겪다 souffrir des conflits d'intérêts entre les classes sociales [des luttes de classe]. ¶ 노사간의 ~이 심화되었다 Le conflit [La tension, La dissension, Le climat] entre les employés et la direction s'est aggravé(*e*). ◇_**(을) 하다** hésiter entre deux choses [personnes], tergiverser, balancer, être incertain(*e*), indécis(*e*), ne savoir que choisir. ¶ 그 여자는 누구와 결혼해야 할지 몰라 갈등하고 있다 Elle hésite pour le choix de son futur mari / Elle a du mal à faire le choix de son futur époux. ◇_**을 일으키다[야기시키다, 해소하다, 풀다]** provoquer, déclencher [créer de, apaiser, éteindre] un conflit. ¶ 괜히 ~을 일으키지 마라 Ne crée inutilement de conflit / Ne nourris pas le conflit / Ne complique pas les choses inutilement. ◇_**이 있다[없다]** y avoir un conflit [ne pas y avoir de conflit]. ¶ 우리 사이엔 전혀 ~이 없다 entre nous, il n'y a aucune dissension. ◇_**(이) 생기다** se produire un conflit [un malaise, un différend, un désaccord, une brouille, une fâcherie]; se brouiller. ¶ 그 일로 우리 사이에 ~이 생겼다 Suite à cet incident, il s'est produit un malaise entre nous [nous nous sommes brouillés].

갈라놓다 타 diviser, séparer, couper. ¶ 바다가 육지를 갈라놓았다 La mer sépare la terre (en deux). ¶ 두 사람 사이를 ~ briser une relation entre deux personnes. ¶ 고기를 여러 부위로 ~ découper ((un animal)) en morceaux; ((닭 따위)) découper ((une volaille)); ((소 따위)) débiter ((un bœuf)). ¶ 시간을 몇 단계로 ~ diviser le temps en plusieurs intervalles.

갈라서다 자 ① s'aligner séparément [en plusieurs rangs]; se séparer ¶ 학생들은 두 줄로 갈라섰다 Les élèves se sont divisés en deux files [rangs] [ont formé deux files]. ¶ 두 파벌은 당내 내분으로 완전히 갈라섰다 Deux factions se sont radicalement opposées [définitivement séparées, se sont démarquées, se sont individualisées] à l'intérieur du parti. ② 이혼하다 se séparer, divorcer. ¶ 그 아이의 부모는 불화로 갈라섰다 Ses parents se sont séparés [ont divorcé] pour incompatibilité d'humeur.

갈라지다 자 ① se diviser, se partager, se fendre, se lézarder, se crevasser. ¶ 땅[벽]이 갈라진다 Le sol [mur] se fend [se crevasse]. ¶ 박이 두 쪽으로 갈라졌다 La calebasse s'est fendue en deux. ¶ 뱀이 갈라진 혀를 널름거린다 Le serpent sort sa langue fourchue. ¶ 심한 가뭄으로 논바닥이 거북등처럼 갈라졌다 Suite à une sévère sécheresse, le sol des rizières s'est craquelé comme la carapace d'une tortue. ¶ 얼음판이 갈라지기 시작했다 La glace ((de la banquise)) [Le glacier] a commencé à se crevasser [à se fissurer, à se fendre]. ② ((길이)) bifurquer. ¶ 길이 대전에서 두 갈래로 갈라진다 La route bifurque à Daejeon. ③ 헤어지다 se séparer. ¶ 그들은 목적지에서 합류하기로 하고 삼거리에서 갈라졌다 Ils ont décidé de se retrouver à destination après s'être séparés à un carrefour / Ils se sont séparés à un carrefour [à une fourche] et ont décidé de se rejoindre à destination. ¶ 남북으로 갈라진 이산가족 des familles séparées [divisées, écartelées] entre la Corée du Nord et la Corée du Sud. ④ ((사이가)) se brouiller. ¶ 서로 사이가 갈라진 친구들 des amis brouillés. ¶ 참가자들은 찬반 양편으로 갈라져서 자기주장을 폈다 Les participants ont exposé [présenté] leur point de vue après avoir fait clairement deux camps: le camp des pour et celui des contre. ¶ 사회당은 두 파로 갈라졌다 Le parti socialiste s'est divisé en deux. ¶ 지도부의 내분으로 당이 둘로 ~ Le parti s'est scindé en deux courants [fractions] à la suite d'un conflit entre les dirigeants du parti.

갈래 명 ① 분파 branche *f*, ramification *f*. ② 분기 bifurcation *f*, fourche *f*. ③ 구분 division *f*, section *f*. ¶ 여러 ~의 길[시냇물] un chemin [une route] avec ramification [un ruisseau à plusieurs bras, un ruisseau ramifié]. ¶ 두 ~로 나누다 diviser en deux parties.

갈래갈래 부 en charpie, en menus morceaux, en lambeaux, en pièces. ¶ 이 옷은 ~ 찢어졌다 Ce vêtement est en charpie [en lambeaux].

갈리다[1] 자 ① 분열되다 se diviser, se fractionner. ¶ 부모님의 형제가 남북으로 갈리었다 Les frères et sœurs de mes parents vivent séparés [sont séparés] les uns des autres par le 38e parallèle. ¶ 정당은 세 파로 갈리었다 Le parti se divisa en trois groupes. ② ((의견이)) être partagé(*e*), diverger. ¶ 그 문제에

관해 의견이 갈린다 Les avis sont partagés sur se sujet. ③ ((길이)) se ramifier, se diviser, bifurquer, se séparer de. ¶ 길은 여기서 갈린다 La route bifurque ici. ¶ 길이 동서로 갈린다 La route se divise en deux: vers l'est et vers l'ouest. ¶ 호남선은 경부선과 대전에서 갈려 나간다 La ligne (de chemin de fer) Honam (Daejeon-Mokpo) se sépare de celle Gyeongbu (Séoul-Busan) à Daejeon.

갈리다[2] 재 être remplacé(*e*) par; être changé(*e*), modifié(*e*); être objet de changement; changer. ¶ 담임 선생님이 갈렸다 On a changé de professeur principal / On a un nouveau professeur principal. ¶ 새 정부가 들어서면서 각료가 모두 갈렸다 Avec l'arrivée du nouveau gouvernement, il y a eu un remaniement ministériel complet.

갈리다[3] 재 ① ((칼이)) s'aiguiser. ¶ 이 칼은 잘 갈린다 Ce couteau s'aiguise bien. ② ((구슬 따위가)) se polir ((facilement)). ¶ 옥돌이 예쁘게 갈린다 Le jade se polit joliment. ③ ((곡물 따위가)) se moudre. ¶ 잘 갈리지 않는 콩 des pois durs à moudre. ④ ((먹 따위가)) ((un bâtonnet d'encre)) bien se frotter sur une pierre à encre de Chine. ¶ 이 먹은 벼루에 부드럽게 갈린다 Ce bâtonnet se frotte bien sur la pierre à encre de Chine.

*이가 ~ ☞ 이[1]

타 faire forger. ¶ 어린 소년에게 낫을 갈리었다 J'ai fait forger par un jeune garçon une faucille.

갈리다[4] 재 ((땅이)) être labouré(*e*), cultivé(*e*); se labourer ((facilement)). ¶ 논이 깊이 갈렸다 le champ a été labouré profondément.

타 ((논을)) faire labourer ((un champ)). ¶ 머슴에게 밭을 ~ faire labourer un champ à un ouvrier agricole.

갈림길 명 bifurcation *f*, fourche *f* d'un chemin; point *m* de jonction de plusieurs routes, embranchement *m*. ¶ 그들은 ~에서 헤어졌다 Ils se sont séparés à l'embranchement. ¶ 생사의 ~ entre la vie et la mort, aux frontières de la vie et de la mort.

*~에 서다 être devant [face à] un dilemme. ¶ 양자택일의 ~에 서다 être obligé(*e*) de choisir entre deux alternatives, être devant [face à] un dilemme.

갈망 渴望 명 désir *m* ardent; envie *f* passionnée; nostalgie *f*, soif *f*, désir *m* brûlant [violent]. ¶ 배움에 대한 ~ une soif d'apprendre. ¶ 평화에 대한 ~ un ardent désir de paix. ◇_(을) 하다 languir de, avoir soif de; attendre avec impatience; désirer ardemment. ¶ 이재민들은 구호의 손길을 ~하고 있다 Les sinistrés attendent ardemment [avec impatience] l'arrivée des secours [les secours]. ¶ 온 국민은 남북통일을 ~한다 Tout le peuple attend ardemment [avec impatience] la réunification des deux Corées. ¶ 그는 미국에 유학가는 것을 ~하고 있다 Il languit d'aller faire des études aux États-Unis.

갈매 명 vert *m* foncé.

갈매기 명 【조류】 mouette *f*, goéland *m*.

갈매기살 명 viande *f* de hampe ((base du diaphragme dont on a enlevé les deux aponévroses)).

갈모 명 housse *f* de chapeau en papier huilé (pour le protéger de la pluie).

갈무리 명 derniers préparatifs *mpl*; finition *f*. ¶ 겨울을 나기 위한 ~ derniers préparatifs pour passer l'hiver. ¶ 일이란 처음과 ~가 매우 중요하다 Dans un travail c'est toujours le début et la finition qui sont les étapes les plus importantes. ◇_(를) 하다 ranger; placer en ordre; achever, mettre la dernière main à. ¶ 제 앞 ~도 못하면서 남의 일에 참견한다 Il s'occupe de celles des autres alors qu'il est incapable de régler ses propres affaires. ¶ 한국 사람들은 겨울 동안 땅에 묻은 독 안에 ~해 두었던 김치를 먹는다 Les Coréens mangent le *gimchi* qu'ils ont bien conservé en hiver dans des jarres enterrées dans le sol. ¶ 사람 머리에 ~할 수 있는 지식의 양 la quantité de connaissances que peut emmagasiner un cerveau humain.

갈물 명 matière *f* colorante rougeâtre extraite de l'écorce du chêne.

갈바람 명 vent *m* d'ouest ((terme technique de marine)).

갈밭 명 ☞ 갈대

갈범 명 【동물】 tigre *m*.

갈보 명 prostituée *f*, putain *f* {*vulg*}, traînée *f*, catin *f* {*vx*}; pierreuse *f* {*vx*}, respectueuse *f*.

◆_집 명 maison *f* close; maison *f* de prostitution; bordel {*vulg*}.

갈분 葛粉 명 amidon *m* d'arrow-root.

갈비[1] 명 ① 늑골 côte *f*, côtelette *f*. ② 갈비요리 travers *m* ((de porc, de bœuf)). ¶ ~를 뜯다 manger (avec les doigts) des travers ((de porc, de bœuf)). ③ 마른 사람 personne *f* très maigre, squelette *m* ambulant, sac *m* [paquet *m*] d'os.

◆_뼈 명 côte *f*.

◆_ㅅ대 명 côte *f*. ¶ ~ㅅ대가 부러지다 se casser [se fracturer] une côte.

◆_ㅅ집 명 restaurant *m* spécialisé en *galbi*. ¶ ~ㅅ집에서 식사를 하다 manger dans un restaurant de *galbi*.

◆_씨 -氏 명 squelette *m* ambulant, sac *m* d'os, paquet *m* d'os.

◆_찜 명 *galbijjim* *m* <plat de travers de boeuf mijoté à la sauce de soja avec des légumes>.

◆_탕 -湯 명 *galbitang* *m* <plat constitué de bouillon dans lequel on a cuit des travers de bœuf et ajouté du riz>.

◆돼지_ 명 travers *mpl* de porc.

◆불_ 명 travers *mpl* (de porc, de bœuf) rôtis.

◆소_ 명 travers *mpl* de bœuf.

갈비[2] 명 【건축】 largeur *f* d'une maison (de la chute du toit à la chute du toit).

갈삿갓 명 chapeau(*x*) *m* de roseaux (de forme conique).

갈새 명 【동물】 fauvette *f* riveraine; effarvatte *f*;

bec-fin *m* des roseaux; rousserole *f* des roseaux.

갈색 褐色 ⓜ couleur *f* brune [rouge-brun], couleur *f* marron; ((cheveux)) châtain, ((peau)) brun(*e*), ((chaussures)) marron *inv*. ¶ ~ 머리 des cheveux châtains; des cheveux bruns. ¶ ~ 인종 une race brune.

갈수 渴水 ⓜ insuffisance *f* [manque *m*] d'eau.

◆**_기** -期 ⓜ période *f* [saison *f*] de sécheresse.

갈수기 渴水期 ⓜ période *f* [saison *f*] de sécheresse.

갈수록 ⓟ de plus en plus. ¶ 날이 ~ 병세가 더해간다 La maladie s'aggrave avec le temps [progressivement]. ¶ 해가 ~ 부채가 쌓인다 Plus les années passent, plus nos dettes augmentent / Nos dettes augmentent avec le temps.

*~ **태산이다** C'est de mal en pis / Les choses vont de mal en pis.

갈아엎다 ⓣ retourner. ¶ 쟁기로 밭[땅]을 ~ retourner le champ [terre] avec une charrue.

갈아입다 ⓣ changer d'habits [de vêtements]; se changer. ¶ 그는 갈아입을 옷이 없다 Il n'a pas de quoi se changer. ¶ 한복으로 ~ quitter son costume pour mettre un *hanbok*. ¶ 셔츠를 ~ changer de chemise. ¶ 속옷을 ~ changer de linge. ¶ 젖은 옷을 마른 옷으로 ~ ôter des vêtements mouillés et se changer. ¶ 아버지는 들어오셔서 외출복을 평상복[편한 옷차림]으로 갈아입으셨다 Une fois rentré à la maison, mon père a quitté son costume pour une tenue d'intérieur [pour une tenue décontractée] / Une fois rentré à la maison, mon père a enlevé son complet-veston pour se changer [pour se mettre] en habits de tous les jours [en tenue d'intérieur, en tenue décontractée].

갈아치우다 ⓣ éliminer *qn*, remplacer, se débarrasser de *qc*. ¶ 대통령은 부패사건에 연루된 국방장관을 즉각 갈아치웠다 Le président de la République a immédiatement remplacé le ministre de la Défense impliqué dans une affaire de corruption. ¶ 앞으로 있을 선거에서 부패한 정권을 갈아치웁시다! Débarrassons-nous du parti au pouvoir corrompu lors des [à l'occasion des] prochaines élections.

갈아타다 ⓣ changer ((de monture, de véhicule)). ¶ 말[차, 기차, 비행기]을 ~ changer de cheval [de voiture, de train, d'avion]. ¶ 대전에서 열채[기차]를 ~ changer de train à Daejeon. ¶ 대전에서 목포행 열차로 ~ prendre le train de Mokpo à (la gare de) Daejeon. ¶ 버스를 두 번 갈아타고 ... Avec le bus, il faut changer deux fois ...

갈음 ⓜ substitution *f*, remplacement *m*, changement *m*. ◇**_(을) 하다** substituer *qc* à *qc*; remplacer *qc* par *qc*; changer *qc* pour [contre] *qc*. ¶ 은행에서 수표를 현금으로 ~하다 changer à la banque des chèques en espèces.

◆**_ 옷** ⓜ vêtements *mpl* de rechange.

갈이[1] ⓜ labour *m*, labourage *m*, culture *f*. ¶ 논밭 ~ culture[labourage] des champs.

◆**_질** ⓜ labourage *m* ((d'une rizière irriguée)). 분류 superficie *f* qui peut être labourée par un bœuf [en un jour]. ¶ 열흘 ~ une superficie qui peut être labourée en dix jours. ¶ 이 논은 사흘 ~는 된다 On peut labourer cette rizière en trois jours.

갈이[2] ⓜ substitution *f*, remplacement *m*, changement *m*. ¶ 물~ un roulement ((du personnel d'une entreprise, des étudiants)).

갈잎 ⓜ ① 낙엽 feuille *f* morte. ② 떡갈잎 feuille *f* de chêne. ③ 갈대잎 feuille *f* de roseau. ¶ 자연 속의 ~의 노래 le chant des roseaux dans la nature.

갈조류 褐藻類 ⓜ algues *fpl* séchées.

갈증 渴症 ⓜ soif *f*, désir *m*; ((비유)) convoitise *f*, soif ((d'argent, de pouvoir)). ¶ ~이 심하다 avoir la pépie; avoir grand'soif, être assoiffé(*e*), avoir terriblement soif; mourir de soif, haleter de soif, souffrir de la soif; tirer la langue. ¶ ~을 느끼다 avoir soif; être assoiffé(*e*); avoir la gorge sèche. ¶ 배움에 대한 ~을 느끼다 avoir soif [être avide] de connaissances [d'apprendre]. ◇**_(이) 나다** avoir soif; être assoiffé(*e*). ◇**_(을) 풀다** boire; se désaltérer; étancher sa soif.

갈짓자걸음 ⓜ marche *f* en zigzag. ¶ ~으로[을] 걷는 술주정뱅이 un ivrogne qui titube. ◇**_(을) 하다** marcher en zigzag.

갈참나무 ⓜ 【식물】 chêne *m* blanc.

갈채 喝采 ⓜ hourras *mpl*, bravos *mpl*, acclamations *fpl*, applaudissements *mpl*. ¶ 그칠 줄 모르는 ~ des applaudissements qui n'en finissent pas [sans fin, interminables]. ¶ 우레와 같은 ~ une salve [un tonnerre, une tempête] d'applaudissements. ¶ 장내가 떠나갈 듯한 ~ une tempête [un tonnerre] d'applaudissements. ◇**_(를) 받다** se faire applaudir [acclamer]. ¶ 우레와 같은 ~를 받다 se faire applaudir à tout casser [rompre]. ◇**_를 보내다** applaudir, acclamer. ¶ 연사에게 ~를 보내다 applaudir un orateur. ◇**_를 불러일으키다** soulever [provoquer] des applaudissements. ¶ 그 사람의 연설은 열광적인 ~를 불러일으켰다 Son discours a provoqué de chaleureux applaudissements.

◆**박수_** 拍手_ ⓜ applaudissements *mpl*. ☞ 박수

갈취 喝取 ⓜ prise *f*, extorsion *f*; vol *m*; pillage *m*. ¶ 금품[재산, 재물] ~ vol d'objets précieux [extorsion de biens]. ◇**_(를) 하다** prendre, dérober, ravir, extorquer; voler; piller. ¶ 타인에게서 돈을 ~ ravir de l'argent à *qn*; frustrer *qn* de sa fortune.

갈치 ⓜ 【어류】 sabre *m*; trichiure *m*, *Trichiurus lepturus* {*nsc*}.

갈쿠리 ⓜ ☞ 갈고리

갈퀴 ⓜ râteau(*x*) *m*. ¶ 낙엽[검불]을 ~로 긁어모으다 ratisser les feuilles mortes [les feuilles séchées]. ¶ ~같은 손 les mains avec des ongles crochus [trop longs].

◆**_질** ⓜ ratissage *m*, râtelage *m* ((du foin)). ¶ ~질(을) 하다 ratisser, râteler.

갈탄 褐炭 ⓜ 【광물】 lignite *m*.

◆_난로 -煖爐 명 poêle *m* à charbon.

갈파 喝破 명 découverte *f*. ◇_(를) 하다 découvrir [atteindre] ((la vérité)). ¶ 석가가 ~한 진리 la vérité découverte [illuminée] par Sakyamuni.

갈팡질팡 부 dans l'embarras.

◆_하다 자 ne savoir que faire; être déconcerté(*e*), embarrassé(*e*), dérouté(*e*), désorienté(*e*); rester perplexe; ne plus savoir où donner de la tête. ¶ 수험생들을 ~하게 하는 시험관 un examinateur qui déroute les candidats. ¶ ~하지 말고 한 가지 목표를 정해서 일로매진해라 Ne tergiverse pas [N'hésite pas], fixe-toi un objectif et va jusqu'au bout [suis-le jusqu'au bout, fonce {*fam*}].

갈포 葛布 명 (tissu *m* en) crin (végétal). ¶ ~ 옷[저고리]. vêtement [veste] en crin végétal.

갈피 명 ① espace *m*, intervalle *m* entre deux choses. ¶ 책 ~에 낙엽을 끼워 넣다 glisser [placer, insérer] une feuille morte entre les pages d'un livre. ¶ 수첩[옷] ~에 돈을 좀 숨겨 두었다 J'ai glissé quelques billets entre les feuilles de mon carnet [entre les vêtements]. ② 방향 point *m* important; essentiel *m*.

*~를 못 잡다 être perplexe; ne savoir que faire. ¶ 그 친구는 언제 떠날지 또 어디로 갈지 ~를 못 잡고 있다 Il ne sait pas quand il partira, ni où il ira. ¶ 무슨 말인지 ~를 못 잡겠다 Je n'y comprends rien. ¶ 무엇을 해야할지 ~를 잡을 수 없다 Je ne sais que faire.

갉다 타 gratter, ronger. ¶ 쥐가 천장을 갉는다 Les souris grattent dans le plafond / On entend les souris gratter dans le plafond. ¶ 낙엽을 갈퀴로 갉아 모으다 ratisser les feuilles mortes.

갉아먹다 타 ① grignoter, ronger, mordiller. ¶ 사과를 ~ grignoter une pomme. ¶ 다람쥐가 도토리를 갉아 먹는다 L'écureuil grignote les glands. ¶ 초콜릿을 ~ grignoter un morceau de chocolat. ② ((돈이나 재산을)) grignoter [dépenser] petit à petit [progressivement]. ¶ 누구의 돈을 찔끔찔끔 다 ~ grignoter [dilapider progressivement] tout l'argent de quelqu'un. ¶ 큰아들이 부모의 재산을 다 갉아먹었다 Le fils aîné a [dilapidé progressivement, grignoté] la fortune de ses parents.

감[1] 명 【식물】 plaquemine *f*, kaki *m*. ¶ 이 ~은 덜 익어서 맛이 떫다 Ce kaki n'étant pas assez mûr est âpre au goût.

*~ 고장의 인심 une bonté de cœur [bienveillance] extrême.

*~ 내고 배낸다 faire *qc* à *sa* guise.

*남의 집 제사에 ~ 놔라 배 놔라 한다 fourrer *son* nez dans les affaires des autres {*fam*}.

◆_꽃 명 fleur *f* du plaqueminier.

◆_나무 명 plaqueminier *m*.

◆_물 명 jus *m* de kaki.

◆_식초 명 vinaigre *m* de kaki.

◆_장아찌 명 *jangajji m* de plaquemines.

◆곶_ 명 kaki *m* séché.

◆단_ 명 kaki *m* sucré.

◆땡_ 명 kaki *m* trop mûr, plaquemine *f* trop mûre.

감[2] 명 matière *f*, étoffe *f*, tissu *m*. ¶ ~을 아끼지 않고 쓰다 ne pas épargner [économiser] l'étoffe. ¶ 새 ~으로 옷을 짓다 confectionner des vêtements avec une étoffe neuve.

의명 ((classificateur servant à compter la quantité d'étoffe)). ¶ 저고리 한 ~ la quantité d'étoffe pour confectionner une veste.

감[3] 感 명 ① 느낌 sensation *f*, sentiment *m*, impression *f*. ¶ 결승전을 앞두고 왠지 ~이 나쁘다 À la veille de la finale, j'ai un mauvais pressentiment [je sens mal les choses, je ne suis pas très confiant(*e*)]. ② 감도 réceptivité *f*. ¶ ~이 좋다[나쁘다] avoir une bonne [mauvaise] réceptivité. ¶ 무전기가 ~이 좋다 Ce radiotéléphone a une bonne réceptivité. ¶ (전화기의) ~이 좋습니까? La ligne est-elle bonne? / Vous entendez bien? ¶ 전화기의 ~이 멀다 La communication est mauvaise / La ligne est mauvaise [brouillée] / J'entends mal. ◇_(을) 받다 avoir l'impression. ¶ 이미 때가 늦은 ~을 받았다 J'ai eu l'impression que c'était déjà trop tard. ◇_(을) 잡다 sentir les choses, comprendre *qc*, deviner *qc*. ¶ 무슨 일이 일어났는지를 (눈치로) 대충 ~을 잡았다 J'ai deviné [Je vois, Je comprends] en gros ce qui s'est passé. ¶ 그 녀석은 눈치가 빨라 ~을 빨리 잡는다 Comme ce type a l'esprit vif, il comprend vite. ◇_을 주다 donner [causer] une sensation. ¶ 거친 ~을 주는 qui donne une sensation rude au toucher. ¶ 기분 좋은 ~을 주다 donner [causer, provoquer] une sensation agréable. ◇_이 있다[없다] sembler [ne pas sembler] à *qn*; avoir [ne pas avoir] l'impression [le sentiment] que+*ind*. ¶ 마흔에 장가를 가니 늦은 ~이 없지 않다 Se marier à quarante ans ((pour un homme)), il me semble que c'est un peu tard. ◇_이 들다 avoir l'impression [le sentiment] que+*ind*, éprouver un sentiment. ¶ 공허한 ~이 들다 éprouver un sentiment de vide. ¶ 몹시 당한 ~이 든다 J'ai l'impression qu'on s'est moqué de moi [d'avoir été refait(*e*) {*fam*}, qu'on m'a eu(*e*) {*fam*}].

접미 sens *m* ((des responsabilités)), sentiment *m*.

◆사명_ 使命- 명 sens *m* vocationnel, vocation *f*.

◆열등_ 劣等- 명 sentiment *m* [complexe *m*] d'infériorité.

◆의무_ 義務- 명 sens *m* du devoir.

◆정의_ 正義- 명 sens *m* de la justice.

◆책임_ 責任- 명 sens *m* des responsabilités.

-감[4] 접미 ① matière *f* à+*inf*.

◆글_ 명 ((de la)) matière *f* à écrire.

◆일_ 명 ((du)) trav*ail*(*aux*) *m* (à faire), ouvrage *m*, tâche *f*, besogne *f*. ¶ 일~을 얻어오다 se faire procurer un travail. ¶ 일~이 떨어졌다 ne plus avoir de travail. ② 될 만한 사람 personne *f* susceptible de devenir ((président)), personne *f* ayant l'étoffe ((d'un président)), personne *f* ayant le profil ((d'un

diplomate, d'un acteur)), personne *f* qualifiée pour devenir [pour être] ((P.-d.g.)); ((신랑감, 신부감)) parti *m* possible; ((대통령감)) présidentiable *mf*; ((장관감)) ministrable *mf*; ((형용사)) fait(*e*) [né(*e*)] pour être ((président(*e*), ministre); potentiel(*le*), probable, futur(*e*) ((mari, femme)). ¶ 그 사람은 대통령[외교관, 배우]~이다 Il a l'étoffe d'un président [d'un diplomate, d'un acteur] / Il a les qualités requises [idéales] pour être un bon président [un bon diplomate, un bon acteur / Il a le profil d'un président [d'un diplomate, d'un acteur] / Il est né pour être président [diplomate, acteur] / ((배우감)) Il a des dispositions [aptitudes] pour devenir acteur. ¶ 그 사람은 사장[반장]~이 안 돼 Il n'est pas qualifié [Il n'est pas fait] pour être P.-d.g. / Il n'a pas le profil d'un P.-d.g. [Il n'a pas les qualités nécessaires [requises] pour être délégué / Il n'est pas fait pour devenir délégué].

◆사위[며느리]ㅅ_ 명 parti *m* possible pour *son* fils [pour *sa* fille], jeune homme *m* ou jeune fille *f* qu'on aimerait bien voir entrer dans la famille [qu'on aimerait bien comme gendre ou belle-fille]; futur gendre *m* [future belle-fille *f*, future bru *f*]. ¶ 그 여자는 내 며느릿~으로는 부족해 Elle n'a pas les qualités requises pour être ma belle-fille.

◆신랑_ 新郎- 명 homme *m* qui a les qualités potentielles pour être un bon mari; homme *m* susceptible de devenir le mari d'une femme, mari *m* potentiel; futur mari *m* [époux *m*]; mari *m* [époux *m*] souhaitable; un parti *m* possible, un bon parti *m* (pour une femme). ¶ 그 남자는 좋은 신랑~이다 Il a les qualités requises pour être un bon mari [un bon chef de famille] / Cet homme est un bon parti.

◆신부_ 新婦 명 femme *f* qui a les qualités potentielles pour être une bonne épouse; femme *f* susceptible de devenir l'épouse d'un homme, épouse *f* potentielle; future femme *f* [épouse *f*]; femme *m* [épouse *f*] souhaitable; un parti *m* possible, un bon parti *m* (pour un homme).

감가 減價 명 réduction *f* du prix; marchandage *m*. ◇_(를) **하다** réduire le prix. ¶ 물건 값에서 1만 원을 ~ baisser le prix original de 10 000 wons.

◆_상각 -償却 명 【경제】 amortissement *m*. ¶ ~상각을 하다 faire des amortissements. ¶ ~상각을 고려하여 물건의 값을 정해야 한다 Il faut décider le prix des objets en tenant compte de l'amortissement.

◆_상각비 -償却費 명 【경제】 frais *mpl* d'amortissement.

감가상각 減價償却 명 ☞ 감가

감각 感覺 명 sens *m*, sensation *f*, sentiment *m*, sensibilité *f*. ¶ 미적 ~ le sens esthétique. ¶ 현대적인 ~을 살려 지은 건축물 une architecture réalisée avec une sensibilité moderniste. ¶ 그 남자는 음악에 대해서 좋은 ~을 가지고 있다 Il a l'oreille musicale / Il a le sens de la musique. ¶ 새로운 ~을 주는 패션 la mode qui diffuse une nouvelle sensibilité. ¶ ~이 뛰어나다[발달하다, 예민하다] avoir le sens de ((la musique)), avoir la bosse {*fam*} ((des mathématiques, des maths, de la musique, du commerce, des langues)), être fait(*e*) pour les ((langues)), avoir ((la musique)) dans la peau [dans le sang], être doué(*e*) ((pour les langues)), avoir un don pour ((les maths, les langues, le commerce)), avoir des dons de ((poète)), avoir des dispositions [des aptitudes] pour ((les mathématiques, les langues)), avoir des facilités ((en mathématiques, pour les langues)); avoir le génie ((des affaires)). ¶ ~이 둔하다[느리다] ne pas avoir le sens ((de la musique)), ne pas être doué(*e*) ((en anglais)), ne pas être fait(*e*) pour ((les langues)), ne pas avoir ((la danse)) dans la peau [dans le sang]. ¶ 언어 ~이 뛰어나다 [발달하다, 예민하다] être doué(*e*) en langue [pour les langues], avoir une bonne sensibilité de la langue, avoir la bosse des langues {*fam*}. ◇_**이 있다[없다]** ① garder une bonne sensibilité [une sensibilité normale] ((au niveau de la peau)), sentir ((*ses* jambes)) [avoir perdu la sensibilité, ne plus sentir ((*ses* jambes)), être engourdi(*e*)]. ¶ 다리에 ~이 없어! Je ne sens plus mes jambes / J'ai les jambes engourdies ((à cause du froid)). ② avoir [ne pas avoir] le sens de ((l'orientation)); avoir un don [des dispositions, des facilités] pour ((les langues, la musique)), être fait(*e*) pour *qc* [ne pas avoir de don pour *qc*, ne pas être fait(*e*) pour *qc*]. ¶ 방향 ~이 있다 avoir le sens de l'orientation. ¶ 그 남자는 외국어에 ~이 있다[뛰어나다] Il a un don [des dispositions, des facilités] pour les langues étrangères / Il est (très) doué pour les langues étrangères / Il a la bosse des langues {*fam*}.

◆_적 -的 명관 ((beauté)) sensuel(*le*); ((nerfs, activité)) sensiti*f*(*ve*); ((nerfs, système, organes)) sensoriel(*le*); ((organe)) des sens; ((반사적)) ((un geste, un tir, un arrêt)) réflexe. ¶ ~적 묘사 une description sensuelle. ¶ ~적인 골 un but réflexe. ¶ ~적으로 공을 피하다[공을 막다, 골을 넣다] éviter la balle par réflexe [faire un arrêt réflexe, marquer un but réflexe].

◆_권 -圈 명 cercle *m* sensoriel.

◆_력 -力 명 sensibilité *f*.

◆_론 -論 명 【철학】 sensualisme *m*, sensationnisme *m*.

◆_파 -派 명 【철학】 sensualiste *mf*, sensationniste *mf*.

◆_기관 -器官 명 organe *m* sensoriel [des sens].

◆_기관학 -器官學 명 esthési-physiologie *f*.

◆_기능 -機能 명 faculté *f* des sens.

◆_묘사 -描寫 명 description *f* révélatrice des sentiments.

◆_미 -美 명 beauté *f* sensuelle.

◆_식물 -植物 명 plante *f* sensitive.

◆_신경 -神經 명 nerfs *mpl* sensitifs, nerfs *mpl* sensoriels.

◆_중추 -中樞 명 système *m* sensoriel.

감감 부 très loin ((de savoir que+*ind*)); ((ignorer)) complètement. ¶ 그런 일이 일어난 줄은 ~ 모르고 있었네 J'ignorais complètement [J'étais très loin de savoir] qu'il était arrivé une chose pareille.

◆_무소식 -無消息 명 aucune [pas la moindre] nouvelle *f*, aucun [pas le moindre] signe *m* de vie. ¶ 그는 1년 전부터 ~무소식이다 Cela fait un an qu'il ne donne plus le moindre signe de vie.

◆_소식 -消息 명 sans aucune nouvelle, sans signe de vie. ¶ 몇 년 전에 떠난 사람이 여태 ~소식이다 Cela fait plusieurs années qu'il n'a pas donné le moindre signe de vie [qu'on est sans nouvelles de lui].

감감하다 형 ① ((소식이)) ne pas recevoir [ne pas avoir] de nouvelles de *qn*; ne pas donner de nouvelles. ¶ 며칠이 지나도 소식이 ~ Cela fait déjà plusieurs jours qu'il n'a pas donné le moindre signe de vie [qu'on est sans nouvelle] / Déjà plusieurs jours se sont écoulés sans qu'aucune nouvelle ne me soit parvenue [sans que j'ai reçu la moindre nouvelle]. ② ((기억이)) ne pas se souvenir de *qc/qn*, n'avoir aucun souvenir de *qn/qc*. ¶ 그 사람에 대해서는 기억이 ~ Je ne me souviens pas du tout de lui. ③ ((거리가)) percevoir à peine *qc*. ¶ 먼 바다 위에 배 한 척이 눈에 ~ Au loin sur la mer je perçois à peine un bateau.

감개 感慨 명 émotion *f* profonde. ¶ ~(가) 무량하다 [깊다, 그지없다] ressentir une émotion profonde; être ému(*e*) jusqu'au fond de l'âme. ¶ 지난날을 회상하니 참으로 ~무량하다 Je ressens une grande émotion au souvenir des jours passés. ¶ ~무량한 듯이 comme bouleversé(*e*) par une émotion profonde, comme sous le coup d'une émotion profonde. ¶ ~에 잠기다[젖다] ressentir une émotion profonde, être ému(*e*) jusqu'au fond de l'âme [jusqu'aux larmes].

감격 感激 명 émotion *f* (profonde). ¶ 해방의 ~ l'émotion qu'on éprouve de la libération du pays. ¶ ~의 눈물을 흘리다 être ému(*e*) jusqu'aux larmes; pleurer d'émotion. ¶ ~의 순간을 맛보다 vivre des moments émouvants. ◇_(을) **하다** s'émouvoir; être touché(*e*) [ému(*e*)] par *qc*. ¶ ~하기 쉬운 facilement ému(*e*), émotif(*ve*), sensible, impressionnable, d'une nature impressionnable, facile à impressionner. ¶ 누구의 친절에 ~하다 être ému(*e*) de l'amabilité de *qn*. ¶ 누구의 말을 듣고 몹시 ~하다 être ému(*e*) d'entendre *qn* dire *qc*. ¶ 그는 그 광경을 보고 ~하여 말을 잇지 못했다 Il était tellement ému du spectacle qu'il en a perdu la parole.

◆_적 -的 명관 émouvant(*e*), touchant(*e*), pathétique. ¶ ~적인 장면 spectacle émouvant, scène émouvante.

◆_스럽다 형 être ému(*e*), touché(*e*). ¶ 오랜만에 조국에 돌아오니 매우 ~스럽다 Je suis très ému(*e*) de regagner mon pays [ma patrie] après une si longue absence. ¶ 이번 승리는 참으로 ~스럽다 Cette victoire est vraiment émouvante. ¶ ~스러운 장면 un spectacle touchant, une scène touchante. ¶ 이런 자리에 서게 된 것이 저에게는 무척 ~스럽습니다 Je suis très ému(*e*) de me trouver à cette place.

감고 甘苦 명 amertume *f* et douceur *f*; joie *f* et peine *f*. ¶ 인생의 ~를 맛보다 goûter les joies et les peines de la vie.

감광 명 【화학】 exposition *f* à la lumière; sensibilité *f* à la lumière. ◇_(을) **하다[시키다]** exposer à la lumière.

◆_성 -性 명 sensibilité *f* à la lumière.

◆_계 -計 명 sensitomètre *m*.

◆_도 -度 명 impressionnabilité *f*, degré de sensibilité *m*.

◆_막 -幕 명 plaque *f* impressionnable.

◆_물질 -物質 명 sensibilisateur *m*.

◆_약 -藥 명 sensibilisateur *m*.

◆_제 -劑 명 sensibilisateur *m*.

◆_지 -紙 명 papier *m* sensible.

◆_판 -板 명 plaque *f* impressionnable.

감군 減軍 명 réduction *f* des effectifs militaires. ¶ ~ 협상 négociation pour la réduction des effectifs militaires. ◇_(을) **하다** réduire les effectifs militaires.

감귤 -柑橘 명 mandarine *f*.

감금 監禁 명 détention *f*, emprisonnement *m*; ((정치범, 광인의)) internement *m*., détention *f*; ((불법)) séquestration *f*. ◇_(을) **하다[시키다]** enfermer, emprisonner *qn*; détenir *qn* ((dans une forteresse)); mettre *qn* sous les verrous; interner ((un fou dans un asile)); ((불법)) séquestrer *qn*. ¶ 피의자를 구치소에 ~하다 détenir un prévenu à la maison d'arrêt. ◇_(이) **되다[(을) 당하다]** être mis(*e*) sous les verrous; être enfermé(*e*), emprisonné(*e*), écroué(*e*), détenu(*e*), incarcéré(*e*); ((불법)) être séquestré(*e*). ¶ 독방[자택, 방안]에 ~을 당하다 être enfermé(*e*) [détenu(*e*)] dans une cellule [être enfermé(*e*) à la maison, être enfermé(*e*) dans une pièce; ((불법)) être séquestré(*e*); être assigné(*e*) à résidence]. ¶ ~되어 있다 être sous les verrous [derrière les barreaux], être écroué(*e*); ((불법)) être séquestré(*e*).

◆불법_ 不法 명 détention *f* arbitraire; séquestration *f*. ¶ 누구를 불법~하다 séquestrer *qn*.

감기 感氣 명 rhume *m*, rhinite *f*, froid *m*, refroidissement, grippe *f*, virose *f*, crève *f* {*fam*}. ¶ 가벼운[약한] ~ (petit) rhume. ¶ 지독한[심한] ~ gros rhume; mauvaise grippe, crève {*fam*}. ¶ ~가 덜해졌다 Mon rhume s'est atténué / Je suis moins enrhumé(*e*) / Mon rhume est moins violent [marqué, fort, aigu]. ¶ ~가 떨어지다 guérir d'un rhume. ¶ ~ 기운이 좀 있다 se sentir un peu grippé(*e*), couver un rhume [une grippe]. ◇_(가) **들다[(에) 걸리다]** prendre [attraper] froid; attraper un rhume [la grippe], s'enrhumer, se gripper; attraper la crève {*fam*}.

*~ **고뿔도 남을 안 주다** être très près de *ses* sous; les lâcher avec un élastique; être très avare, être radin {*fam*}, rapiat {*fam*}, rat {*fam*}.

◆**_몸살** 명 grippe *f*, (bonne) crève {*fam*}.

◆**_약** -藥 명 médicament *m* pour [contre] le rhume.

◆**기침_** 명 rhume *m* [rhinite *f*] avec trachéite, rhinotrachéite *f*.

◆**목_** 명 mal(*aux*) *m* de gorge; ⟪세균성⟫ angine *f*; 【의학】 amygdalite *f*; ⟪바이러스성⟫ pharyngite *f*; rhinopharyngite *f*.

◆**코_** 명 rhume *m* (de cerveau), rhinite *f*, coryza *m*.

◆**유행성_** 流行性- 명 influenza *f*.

감기다[1] 자 ⟪눈이⟫ se fermer. ¶ 너무 졸려서 눈이 감긴다 Mes yeux se ferment de sommeil.

◆**감겨드리다** 타 ⟪눈을⟫ fermer les yeux à [de] *qn* ⟪qui vient de mourir⟫, abaisser [fermer] les paupières ⟪d'un mourant⟫. ¶ 아들은 아버지의 눈을 감겨 드렸다 Le fils a fermé les yeux de son père.

감기다[2] 자 ① ⟪줄 따위가⟫ s'enrouler; s'enrouler autour de *qc*. ¶ 실패에 실이 감긴다 Le fil s'enroule sur la bobine. ¶ 실이 실패에 잘 감기지 않는다 Le fil ne s'enroule pas bien sur la bobine. ¶ 나뭇가지에 덩굴이 감겨 있다 La plante grimpante s'enroule autour des branches d'arbres. ② ⟪옷이⟫ coller à ⟪la peau⟫. ¶ 치마가 비에 젖어 다리에 칭칭 감긴다 La jupe, mouillée par la pluie, colle aux jambes. ③ ⟪사람이나 동물이⟫ s'agripper à *qn*. ¶ 아기는 어머니 무릎에 감기며 재롱을 떤다 Le bébé fait des mines, agrippé aux jupes [agrippé aux jambes, dans le giron] de sa mère.

감기다[3] 타 baigner ⟪un enfant⟫, laver ⟪*qn*, les cheveux de *qn*⟫, faire prendre un bain ⟪à *qn*⟫. ¶ 어린아이에게 미역을 ~ baigner [faire prendre un bain à] un enfant ⟪dans une rivière⟫. ¶ 어머니는 딸의[에게] 머리를 감기고는 빗겨 주셨다 La mère a lavé les cheveux de sa fille et les lui a peignés. ¶ 어린애 머리를 ~ laver la tête [les cheveux] d'un enfant. ¶ 깨끗한 물에 머리를 ~ laver les cheveux ⟪de *qn*⟫ avec de l'eau propre.

감내 堪耐 명 patience *f*, endurance *f*, persévérance *f*; ténacité *f*. ¶ 3년간의 ~ persévérance de trois ans. ¶ 그 사람은 오랜 세월 동안의 ~를 이제야 보상받았다 Sa patience a été enfin récompensée après de longues années. ◇_(를) **하다** patienter, endurer, persévérer, supporter.

감내하다 堪耐- 타 supporter, endurer; souffrir avec patience ⟪le mal, des insultes⟫. ¶ 고통을 ~ supporter la souffrance. ¶ 그는 아내를 잃은 슬픔을 감내할 수 없었다 La perte de sa femme lui était insupportable. ¶ 힘든 일을 ~하다 endurer [supporter] un travail difficile.

감다[1] 타 fermer ⟪les yeux⟫. ¶ 그는 생각에 잠겨 조용히 눈을 감았다 Absorbé dans ses pensées, il a doucement fermé les yeux. ¶ 나는 겨냥을 잘 하기 위해 한 쪽 눈을 감았다 J'ai fermé un œil pour bien viser. ¶ 눈을 꼭 감아야 돼 Tu dois bien fermer les yeux.

***눈을** ~ fermer les yeux ⟪pour l'éternité⟫, s'éteindre, expirer, cesser d'être, mourir. ¶ 아버지는 병실에서 쓸쓸히 눈을 감으셨다 Mon père s'est éteint seul dans une chambre d'hôpital.

감다[2] 타 ⟪머리를⟫ (*se*) laver; ⟪멱을⟫ se baigner (dans une rivière). ¶ 머리를 ~ se laver les cheveux. ¶ 샴푸로 ~ se faire un shampo(o)ing, se shampouiner [se shampooiner] les cheveux. ¶ 매일 (머리를) ~ se laver les cheveux tous les jours. ¶ 머리를 감을 때마다 머리카락이 너무 많이 빠진다 A chaque shampoing, je perds beaucoup de cheveux. ¶ 멱을 ~ se baigner dans une rivière, prendre un bain de rivière. ¶ 아이들은 강에 미역 감으러 갔다 Les enfants sont allés se baigner dans la rivière.

감다[3] 타 ① remonter ⟪une montre⟫. ¶ 시계의 태엽을 ~ remonter une montre. ② ⟪테이프 따위를⟫ rembobiner ⟪une cassette⟫. ¶ 이 카세트테이프를 앞으로[뒤로, 끝까지] 감아라 Fais avancer [Avance] la cassette / Fais avancer [Avance] la bande [Rembobine la cassette, Rembobine la cassette jusqu'au bout]. ¶ 테이프를 빨리 감으려면 이 버튼을 눌러라 Appuie sur ce bouton pour rembobiner rapidement (la cassette). ③ 휘감다 entourer de ⟪*ses* bras⟫ ⟪la taille de *qn*⟫. ¶ 그 권투선수는 팔로 상대의 목을[허리를]감았다 Le boxeur a entouré de ses bras le cou [la taille] de son adversaire. ④ s'enrouler sur ⟪*soi*-même⟫. ¶ 방울뱀이 (제) 몸을 감고 있다 Le serpent à sonnette [Le crotale] s'enroule sur lui-même. ⑤ ⟪실 따위를⟫ bobiner, envider ⟪du fil⟫, embobiner. ¶ 실패에 실을 ~ (em)bobiner du fil. ⑥ ⟪목도리, 옷 따위를⟫ enrouler ⟪autour de *son* cou une écharpe, un foulard⟫, nouer ⟪un foulard autour du cou, sur la tête un foulard, un fichu sous le menton⟫, se mettre ⟪une écharpe ou un foulard autour du cou⟫, envelopper ⟪*sa* tête d'un voile⟫, ⟪따뜻한 옷을⟫; ⟪몸에⟫ s'envelopper ⟪dans un châle⟫, ⟪몸에 따뜻한 옷을⟫ s'emmitoufler ⟪dans un châle⟫; jeter ⟪sur les épaules une écharpe, un châle⟫. ¶ 목도리[스카프]를 목에 ~ enrouler autour de *son* cou une écharpe [un foulard], nouer un foulard autour du cou, se mettre une écharpe [un foulard] autour du cou, jeter sur les épaules une écharpe [un foulard]. ⑦ ⟪끈, 붕대 따위를⟫ enrouler *qc* autour de *qc*. ¶ 상처를 붕대로 ~ bander une plaie. ¶ 다친 사람의 상처[부위]를 붕대로 감아 주다 panser un blessé, faire un pansement à un blessé. ¶ 의사는 환자의 팔을 붕대로 감았다 Le médecin a fait un pansement au bras [a pansé le bras] du malade. ¶ 소포를 노끈으로 감았다 J'ai attaché le colis avec une ficelle.

감당 堪當 명 action d'accomplir *qc*; prise *f* en charge de *qc*. ¶ 뒷~ ⟪마무리⟫ arrangement *m*, fin *f* de travaux; ((일의 책임을 짐)) prise de responsabilité; ((뒷수습)) remise en ordre, rangement, réparation des dégâts, redressement de la situation; conséquences d'un acte. ¶ 주어진 일의 ~ prise en charge d'une affaire confiée. ¶ 그 사람은 업무가 ~이 되지 않았다 Il n'a pas su prendre son travail bien en main. ◇_(을) **하다** accomplir [s'acquitter de] son travail; avoir la force de supporter *qc*; faire face à *qc*. ¶ 그 사람은 자신의 임무를 능히 ~할 수 있다 Il est tout à fait capable d'accomplir sa mission. ¶ 대체 이 일을 어떻게 ~하려고 하니? Comment comptes-tu accomplir ce travail? ¶ 그 여자는 부모의 기대를 끝내 ~하지 못했다 Elle n'a pu répondre aux attentes de ses parents. ¶ 그 여자는 아이를 잃은 슬픔을 감당하지 못하고 통곡했다 Elle a fondu en larmes ne pouvant supporter la perte de son fils.

◆뒷_ 명 ① 일의 마무리 arrangement *m*, fin *f* de travaux. ② 일의 책임을 짐 prise de responsabilité. ③ 뒷수습 remise en ordre, rangement, réparation des dégâts, redressement de la situation; conséquences d'un acte.

감도 感度 명 sensibilité *f*, impressionnabilité *f* ((d'une plaque photographique)); réceptivité *f* ((d'un récepteur de la radio)). ¶ ~(가) 높은 [좋은, 뛰어난] 라디오 un poste de radio d'une grande [bonne, excellente] réceptivité. ¶ ~(가) 낮은[나쁜, 떨어지는] 필름 une pellicule de faible [de mauvaise] sensibilité.

◆고_(의) 高- 명관 de haute sensibilité *f*.

◆저_(의) 底- 명관 de basse sensibilité *f*.

감독 監督 명 ① ((감시)) surveillance *f*; ((지도)) direction *f*; ((관리)) contrôle *m*; ((시찰)) inspection *f*; ((공사)) conduite *f* ((de travaux)). ¶ ~이 소홀하다 avoir une surveillance relâchée [aléatoire], mal surveiller, faire une mauvaise surveillance. ¶ 누구의 ~하에 두다 laisser [mettre] sous le contrôle de *qn*. ② 【연영】 연출행위 réalisation *f*. ③ 감독자 surveillant(*e*); direc*teur*(*trice*); inspec*teur*(*trice*). ¶ 공사 ~ conducteur [directeur] des travaux. ¶ 현장 ~ chef de chantier; contremaître. ④ 【연영】 연출자 réalisa*teur*(*trice*), metteur *m* en scène, cinéaste *mf*; ((무대)) régisseu*r*(*se*) (d'un théâtre). ⑤ 【운동】 entraîneur *m* d'une équipe; directeur *m* sportif, gérant *m* sportif, président *m* d'un club; ((국가대표의)) entraîneur *m* ((de l'équipe de Corée)). ¶ 그는 선수 겸 ~이다 Il est à la fois joueur et entraîneur de l'équipe. ¶ 이 팀의 ~은 누구입니까? Qui est l'entraîneur de cette équipe? ◇_(을) **하다** surveiller ((des réparations)); diriger, conduire ((des travaux)); être chargé(*e*) de la direction ((d'un groupe)); contrôler, inspecter; mettre en scène, réaliser ((un film)). ¶ 공사를 ~ conduire [diriger] des travaux. ¶ 부모는 자식을 잘 ~해야 한다 Les parents doivent bien surveiller leurs enfants. ¶ 누가 이 일을 ~하고 있느냐? Qui est le responsable de ce travail? ¶ 아무개씨가 ~한 영화 le film réalisé par Monsieur Un tel. ◇_(을) **받다** être surveillé(*e*); être dirigé(*e*), conduit(*e*). ◇_(을) **당하다** être surveillé(*e*), contrôlé(*e*), se faire surveiller, faire l'objet d'une surveillance [d'un contrôle].

◆_관 -官 명 surveillant(*e*); direc*teur*(*trice*); inspec*teur*(*trice*), contrôleu*r*(*se*).

◆_관청 -官廳 명 autorité *f* compétente; bureau(*x*) *m* d'inspection.

◆_권 -權 명 droit *m* de surveillance [inspection].

◆_기관 -機關 명 autorité *f* compétente; organe *m* d'inspection.

◆_부주의 -不注意 명 manque *m* de surveillance; surveillance *f* relâchée [peu satisfaisante, aléatoire].

◆_위원 -委員 명 membre *m* d'un comité d'inspection.

◆무대_ 舞臺- 명 régisseu*r*(*se*) d'un théâtre.

◆미술_ 美術- 명 direc*teur*(*trice*) artistique; responsable *mf* artistique.

◆시험_ 試驗 명 ((행위)) surveillance *f* d'un examen; ((사람)) surveillant(*e*) d'un examen.

◆영화_ 映畵- 명 metteur *m* en scène, réalisa*teur*(*trice*), cinéaste *mf*.

감돌다 자 faire une courbe, tournoyer. ¶ 회의장에는 긴장감이 감돌았다 L'ambiance était tendue dans la salle de réunion.
타 tourner. ¶ 시냇물이 골짜기를 감돌아 흘러간다 Le ruisseau coule en suivant la courbe de la vallée.

감동 感動 명 émotion *f*; impression *f* profonde. ¶ 시적 ~ émotion poétique. ¶ 벅찬 ~을 억누를 수 없다 Je ne peux pas retenir une si grande émotion. ¶ 잔잔한 ~이 일고 있다 Il se produit une douce émotion. ◇_(을) **하다**[(이) **되다**] s'émouvoir de *qc*; être ému(*e*), touché(*e*) de *qc*; être impressionné(*e*) par *qc*; s'attendrir; être ému(*e*), touché(*e*) de *qc*; être impressionné(*e*) par *qc*. ¶ 그 여자는 ~해서 눈물을 흘린다 Elle est émue [touchée, attendrie] jusqu'aux larmes. ¶ 마을 사람들은 아들의 지극한 효성에 ~하였다 Les villageois se sont émus de la grande piété filiale du fils. ¶ 나도 모르게 그 이야기에 ~이 되어 눈물이 나왔다 J'ai été tellement touché par cette histoire que j'ai pleuré sans m'en rendre compte. ◇_(을) **시키다** toucher *qn*, émouvoir *qn*; attendrir *qn*. ¶ 그의 연설이 청중들을 크게 ~시켰다 Son discours a beaucoup touché les auditeurs. ◇_(을) **주다**[**불러일으키다**] émouvoir *qn*, toucher *qn*; attendrir *qn*. ¶ 그 음악은 내게 깊은 ~을 주었다 Cette musique m'a ému(*e*) profondément. ◇_(을) **받다** être ému(*e*), touché(*e*) de *qc*; être impressionné(*e*) par *qc*. ¶ 청중들은 그 음악으로부터 깊은 ~을 받았다 Les auditeurs ont été très émus par cette musique.

◆_적 명관 émotionnel(*le*), émoti*f*(*ve*), touchant(*e*), émouvant(*e*). ¶ 매우 ~적인 장면 un spectacle [une scène] très émouvant(*e*) [touchant(*e*)]. ¶ 매우 ~적인 이야기 une histoire très émouvante [touchante].

¶ 그 사랑 이야기는 무척 ~적이다 Cette histoire d'amour me touche beaucoup.

감등 減等 명 déclassement *m*. ☞ 강등

감람 橄欖 명 【식물】 olivier *m*.

◆**_나무** 명 olivier *m*.

◆**_산** -山 명 【성서】 le Mont *m* des Oliviers.

◆**_석** -石 명 【광물】 olivine *f*.

◆**_유** -油 명 huile *f* d'olive.

감량 減量 명 diminution *f* de volume [de poids, de quantité]. ¶ 체중 ~에 어려움을 겪는 역도 선수 un(*e*) haltérophile qui a du mal à réduire son poids [à perdre du poids], un(*e*) haltérophile qui réduit son poids difficilement [péniblement]. ¶ 불경기에는 ~ 경영이 필요하다 en période de crise économique il faut une gestion resserrée. ◇**_(을) 하다** réduire ((*son* poids)). ¶ 체중을 70킬로까지 ~하다 réduire *son* poids à 70 kilos.

감로 甘露 명 ① rosée *f* douce. ② nectar *m*.

◆**_수** -水 명 eau(*x*) *f* sucrée refroidie après ébullition.

◆**_주** -酒 명 liqueur *f* sucrée.

감리 監理 명 surveillance *f* [inspection *f*] et gestion *f*. ¶ ~ 기관 organisation [agence, administration] d'inspection et de gestion. ¶ 공사 ~ contrôle [inspection et gestion] des travaux. ¶ 그 회사의 주식은 ~ 대상 종목이 되었다 Les actions [Les titres] de cette société ont fait l'objet d'un contrôle [d'une enquête] de l'autorité compétente. ◇**_(를) 하다** surveiller [inspecter] et gérer [diriger]; contrôler. ¶ 나는 교량 공사를 ~하는 일을 맡았다 Je suis chargé de l'inspection et de la gestion des travaux d'un pont. ◇**_(가) 되다** être inspecté(*e*) et géré(*e*). ◇**_(를) 받다** recevoir l'inspection.

◆**_사** -士 명 inspecteur *m*.

◆**_위원회** -委員會 명 comité *m* d'inspection.

감리교 監理教 명 【기독】 Église *f* méthodiste.

감리교회 監理教會 명 【기독】 Église *f* méthodiste.

감마선 -線 명 【물리】 rayons *mpl* gamma. ¶ ~ 치료를 받다 suivre un traitement de rayons gamma.

◆**_발생기** -發生機 명 générateur *m* de rayons gamma.

◆**_투사[조사]** -投射 명 émission *f* de rayons gamma [examen *m* par les rayons gamma].

감면 減免 명 réduction *f*, allègement *m*; dispense *f*, exemption *f*, exonération *f* ((d'impôts)); ((형벌)) atténuation *f* ((de peine)), remise *f* de peine. ¶ 세금 ~의 혜택을 받다 bénéficier d'une réduction d'impôts ¶ 형벌의 ~ une atténuation de peine; une remise de peine. ◇**_(을) 하다** exempter, exonérer, réduire, alléger; dispenser *qn* de *qc*; réduire [alléger] la peine ((d'un condamné)). ¶ 죄수에게 형의 일부를 ~해주다 remettre à un condamné une partie de *sa* peine, réduire la peine infligée à un condamné, alléger la peine d'un condamné.

감명 感銘 명 émotion *f*, impression *f* profonde. ¶ ~(이) 깊다 être émouvant(*e*), touchant(*e*), être riche en émotion, être bouleversant(*e*). ¶ ~깊은 영화 un film émouvant [riche en émotion, bouleversant]. ¶ ~깊은 사건들 des événements riches en émotion [bouleversants]. ¶ ~ 깊게 읽은 책 un livre lu avec beaucoup d'émotion. ◇**_(을) 주다** toucher *qn*, émouvoir *qn*; remuer *qn*. ¶ 그 사람의 위대한 정신은 우리에게 깊은 ~을 주었다 Sa grandeur d'âme nous a profondément touchés. ◇**_(을) 받다** être ému(*e*), touché(*e*); ressentir une vive impression.

감미 甘味 명 goût *m* sucré, saveur *f* sucrée; douceur *f*. ¶ ~를 느끼다 goûter la saveur sucrée de *qc*. ¶ ~가 돈다[느껴진다] Il y a un goût sucré.

◆**_롭다** 형 ① être sucré(*e*); être dou*x*(*ce*); être délicieu*x*(*se*), exquis(*e*). ¶ ~로운 맛 goût sucré [doux, agréable]. ¶ 꿀처럼 ~ être dou*x*(*ce*) comme le miel; être sucré(*e*) comme le miel. ② ((비유적)) être agréable, dou*x*(*ce*), suave. ¶ ~로운 향기 un parfum doux [agréable]. ¶ ~로운 목소리 une voix douce. ¶ ~로운 음악 une musique douce. ¶ ~로운 추억 ¶ 이 악기는 음색이 매우 ~롭다 Cet instrument donne un son très doux / Cet instrument produit un son très doux. ¶ ~롭게 들리는 노래 chanson douce [agréable, suave] à l'écoute.

◆**_료** -料 명 édulcorant *m*.

감발 명 bande *f* de toile dont on s'enveloppe les pieds. ¶ ~을 하다 s'envelopper les pieds d'une bande de toile. ¶ 그 사람은 다리에 ~을 둘렀다[쳤다] Il s'est enveloppé les jambes d'une bande de toile.

감방 監房 명 cellule *f* (d'une prison). ¶ ~에 처넣다[가두다] emprisonner *qn*, mettre *qn* en prison; enfermer *qn* dans une cellule. ¶ ~에 갇히다[들어가다] être emprisonné(*e*).

감별 鑑別 명 discernement *m*, distinction *f*, tri *m*. ¶ 병아리 ~ le triage des poussins. ◇**_(을) 하다** discerner; distinguer; trier; sélectionner. ¶ 병아리 암수를 ~하다 trier [séparer] les poussins mâles des poussins femelles.

◆**_법** -法 명 technique *f* de triage.

◆**_사** -士 명 trieu*r*(*se*). ¶ 병아리 ~사 un(*e*) trieu*r*(*se*) de poussins.

감복 感服 명 admiration *f*, émerveillement *m*; forte impression *f*. ◇**_(을) 하다** admirer *qn*/*qc*; éprouver [avoir] de d'admiration; tomber en admiration devant *qn*/*qc*; s'émerveiller de *qc*; éprouver une forte impression. ¶ 사람들은 그의 열정[애국심, 정성]에 ~하였다 On a admiré sa passion [son patriotisme, sa sincérité]. ¶ ~하여 avec admiration [émerveillement]. ◇**_(을) 시키다** susciter de l'admiration, émerveiller *qn*. ¶ 그는 남모르는 선행으로 여러 사람들을 ~시켰다 Il a suscité l'admiration de nombreuses personnes par sa bonne action accomplie dans la discrétion. ◇**_(이) 되다** devenir admirati*f*(*ve*). ¶ 하늘도 그의 정성에 ~이 되어 그를 도와주시는 것 같았다 Même le ciel touché par sa sincérité, aussi semble-t-il l'avoir aidé.

감복숭아 명 【식물】 amande *f*.

◆**_나무** 명 amandier *m*.

감봉 減俸 명 réduction *f* de salaire, réduction *f* des appointements. ◇_(을) **하다** réduire le salaire ((de *qn*)), réduire [diminuer] les appointements de *qn*. ◇_(이) **되다**[(을) **당하다**] ((un salaire)) être réduit(*e*). ¶ 그는 연속된 무단결근으로 1개월 ~을 당했다 Il s'est vu réduire son salaire un mois en raison d'une absence prolongée non prévue [non signalée à l'avance, sans justification à l'avance].

감사[1] 監事 명 inspec*teur*(*trice*), contrôleur *m*; commissaire *m* aux comptes. ¶ ~의 업무 le travail du commissaire aux comptes.

◆**회계_** 會計- 명 inspec*teur*(*trice*) à la Cour des Comptes.

감사[2] 監査 명 inspection *f*; contrôle *m*; enquête *f*; vérification *f*; examen *m* ((des livres de comptes)). ¶ 회계 ~ inspection à la cour aux comptes. ¶ 자체 ~ propre inspection. ¶ ~ 보고서 rapport d'inspection. ¶ ~ 제도 service d'inspection. ◇_(를) **하다** inspecter; vérifier des comptes; examiner. ¶ 엄밀한 ~를 하다 faire un examen minutieux [méticuleux, approfondi, précis, soigneux]. ◇_(를) **받다**[**당하다**] être inspecté(*e*). ¶ 국방부는 감사원으로부터 철저한 ~를 받았다 Le ministère de la défense nationale a été durement [sévèrement] contrôlé par les services d'inspection.

◆**_역** -役 명 inspectorat *m*.

◆**_원** -院 명 service *m* d'inspection.

◆**_기관** -機關 명 inspection *f*.

◆**국정_** 國政- 명 inspection *f* parlementaire. ¶ 국회는 정기 국정 ~에 들어갔다 L'Assemblée nationale a commencé son inspection parlementaire annuelle.

◆**특별_** 特別- 명 inspection *f* exceptionnelle.

감사[3] 感謝 명 reconnaissance *f*, gratitude *f*; remerciement *m*. ¶ ~의 표시로 en témoignage de *sa* gratitude [de *sa* reconnaissance]. ¶ 심심한 ~의 뜻을 표하다 témoigner de la reconnaissance [gratitude] à *qn*; témoigner sa gratitude [reconnaissance] à *qn*. ¶ ~의 마음을 갖다 avoir de la gratitude pour [envers, à l'égard de] *qn*. ¶ ~의 인사말을 하다 remercier *qn*, faire des remerciements à *qn*, adresser des [*ses*] remerciements à *qn*, exprimer *ses* remerciements [*sa* reconnaissance] à *qn*. ¶ ~의 눈물을 흘리다 pleurer de reconnaissance. ¶ 뭐라 ~의 말을 드려야 할지 모르겠습니다 Je ne sais pas comment vous remercier. ◇_(를) **하다** remercier *qn* de *qc*; faire [adresser] des remerciements à *qn*. ¶ 하느님께 ~를 하다 rendre grâce à Dieu ((pour ses bienfaits)). ¶ 충고해주셔서 ~합니다 Je vous remercie de vos conseils. ¶ 친절을 베풀어주셔서 ~합니다 Je vous suis obligé de vos bontés. ¶ 선물을 주셔서 ~합니다 Je vous remercie pour [de] votre cadeau. ¶ 와 주셔서 ~합니다 Je vous remercie [Je vous suis très reconnaissant(*e*)] d'être venu(*e*, *s*). ¶ 도와주시면 정말 ~하겠습니다 Si vous pouviez m'aider, je vous en serais très [infiniment] reconnaissant(*e*).

◆**_장** _狀 명 lettre *f* de remerciements.

◆**_패** _牌 명 감사패 plaque *f* [tablette *f*] de remerciements [de reconnaissance, de gratitude] ((témoignant de la gratitude d'une association ou de la société pour une action remarquable)). ¶ ~패를 주다[증정하다] donner [décerner] à *qn* une plaque de remerciements. ¶ ~패를 받다 recevoir une plaque de remerciements. ¶ 불우 이웃을 돌본 사람들에게 ~패를 증정하였다 Une plaque de remerciements a été remise aux personnes s'étant occupées [ayant fait preuve de générosité [d'attention] auprès] des plus démunis.

◆**_히** 부 en (*vous*) remerciant (du fond du cœur). ¶ ~히 먹겠습니다 Merci pour ce repas / Merci de nous avoir préparé ce bon [délicieux] repas / Merci de me faire partager un si bon repas / Merci de m'avoir invité(*e*) à partager ce repas / Bon appétit.

감사[4] 監司 명 【고제】 préfet *m*.

감산[1] 減算 명 【수학】 soustraction *f*. ◇_(을) **하다** faire une soustraction, soustraire.

감산[2] 減産 명 réduction *f* [diminution *f*] de la production. ¶ 중동 산유국은 요즘 석유의 ~을 계획하고 있다 Les pays du Moyen-Orient projettent de réduire [de diminuer] leur production de pétrole. ¶ 농산물 수확(량)의 ~ la réduction [la diminution] des récoltes. ◇_(을) **하다** diminuer [restreindre, réduire] la production. ¶ 2할 ~하다 diminuer la production de vingt pour cent. ◇_(이) **되다** baisser. ¶ 가뭄으로 올해는 쌀 생산량이 10 퍼센트나 ~되었다 Cette année la production de riz a baissé de 10 % à cause de la sécheresse.

감상[1] 鑑賞 명 appréciation *f*; admiration *f*. ¶ 영화[미술, 음악] ~ appréciation d'un film [d'une peinture, d'une musique]. ¶ 나의 취미는 음악 ~이다 J'aime beaucoup écouter de la musique / J'apprécie beaucoup la musique / Je goûte la musique. ◇_(을) **하다** apprécier *qc*, goûter *qc*. ¶ 문학 작품을 ~하다 apprécier la littérature. ¶ 시를 ~하는 법을 배우다 apprendre à aimer un poème [comment goûter un poème, comment apprécier un poème]. ¶ 자연을 ~하다 admirer la nature.

◆**_실** -室 명 salle *f* d'écoute. ¶ 음악 ~실 médiathèque. ¶ 영화 ~실 cinémathèque.

◆**_회** -會 명 réunion *f* d'appréciation. ¶ 음악[영화, 연극] ~회 réunion d'appréciation de musique [cinéma, théâtre].

감상[2] 感傷 명 sentimentalité *f*. ◇_**에 젖다**[**빠지다**, **흐르다**] devenir sentiment*al*(*ale*, *aux*); devenir émoti*f*(*ve*). ¶ 이 글은 너무 ~에 젖어 있다[빠졌다, 흘렀다] Ce texte est trop sentimental.

◆**_적** -的 명관 sentiment*al*(*ale*, *aux*); émoti*f*(*ve*). ¶ ~적인 소설 un roman sentimental. ¶ 그는 나이가 들면서 자기도 모르게 ~적으로 되어 버렸다 Plus il vieillit, plus il devient émotif malgré lui.

◆**_주의** -主義 명 sentimentalisme *m*. ¶ ~주의에 빠지

다 sombrer dans le sentimentalisme.

감상[3] 感想 명 impression *f*; idée *f*, avis *m*, opinion *f*; pensée *f*, sentiments *mpl*. ¶ 그 사건에 대한 ~ *ses* sentiments [*son* impression, *son* opinion] sur [vis-à-vis de] l'affaire. ¶ ~을 말하다 faire part de *ses* impressions. ¶ ~을 쓰다[적다] écrire *ses* impressions. ¶ ~을 묻다 demander les impressions de *qn*. ¶ 서울에 오신 ~이 어떻습니까? Quelle impression avez-vous de Séoul? / Que pensez-vous de Séoul? ¶ ~이 어떻습니까? Qu'en pensez-vous? / Quelle est votre impression?

◆_**록** -錄 명 impressions *fpl* ((de voyage)).

◆_**문** -文 명 écrit *m* dans lequel on a noté *ses* impressions.

감색 紺色 명 bleu *m inv* foncé [marine].

감성 感性 명 sensibilité *f*, réceptivité *f*. ¶ ...에 대한 ~이 예민하다[날카롭다] être extrêmement sensible à ... ¶ ...에 대한 ~이 둔하다[무디다] être peu sensible [récepti*f*(*ve*)] à ...

◆_**적** -的 명관 récepti*f*(*ve*); émotionnel(*le*). ¶ ~ 접근법 technique d'approche de la clientèle jouant sur les réactions émotionnelles des clients potentiels ((marketing)).

◆_**지수** -指數 명 quotient *m* émotionnel. ¶ ~지수가 높은[낮은] 사람 une personne très [peu] émotionnelle. ¶ ~지수를 자극하는 발언 une parole qui sensibilise les gens.

감세[1] 減稅 명 réduction *f* des impôts; diminution *f* des taxes; détaxe *f*, dégrèvement *m* d'impôt. ¶ ~ 정책 politique de réduction des impôts; politique de diminution des taxes. ¶ ~ 운동을 벌이다 lancer un mouvement favorable à une réduction des impôts. ◇_(를) **하다** diminuer [réduire] une taxe [un impôt]; détaxer ((une denrée)); dégrever ((un contribuable)).

◆_**안** -案 명 projet *m* de loi pour la réduction des impôts.

감소 減少 명 diminution *f*, décroissement *m* ((de population)); décroissance *f* ((des forces)); amoindrissement *m*. ¶ 인구의 지속적인 ~ diminution continue de la population. ¶ 체중 ~ diminution de [du] poids. ¶ 흡연 인구는 요즘 들어 ~ 추세에 있다 Actuellement la population des fumeurs s'amenuise [diminue, est à la baisse, a tendance à diminuer]. ¶ 올해는 수출량이 다소 ~를 나타냈다[보였다] Cette année, les exportations ont accusé une diminution [baisse] légère. ◇_(를) **하다** diminuer, décroître; s'amoindrir; être en décroissance. ¶ 범죄 발생률이 예년보다 5퍼센트 ~하였다 Le pourcentage de crime a diminué de 5 % par rapport aux années précédentes. ¶ 나는 한 달 새 몸무게가 5킬로나 ~하였다 en un mois mon poids a baissé de 5 kilos / En un mois j'ai perdu 5 kilos. ¶ 대학 지원율이 매년 조금씩 ~하고 있다 Chaque année le nombre de candidats à l'entrée à l'université diminue petit à petit. ◇_(가) **되다** diminuer. ¶ 가뭄으로 쌀 생산량이 10 퍼센트 ~되었다 La production de riz a diminué de 10 % à cause de la sécheresse.

◆_**율** -率 명 taux *m* de diminution.

감속 減速 명 ralentissement *m* ((d'une machine)); décélération *f*. ¶ ~ 운전 une conduite prudente; ((이정표)) Ralentir. ¶ ~ 운전[운행]하다 ralentir, conduire moins vite. ◇_(을) **하다**[**시키다**] ralentir, conduire moins vite. ¶ 2[3, 4]단으로 ~하다 rétrograder (de troisième, de quatrième) en seconde.

◆_**장치** -裝置 명 ralentisseur *m*.

감수[1] 甘受 명 ◇_(를) **하다** accepter *qc*; supporter *qc*, endurer *qc*; se résigner à *qc*. ¶ 모욕을 ~하다 endurer une humiliation. ¶ 비난을 ~하다 endurer des reproches. ¶ 어떤 결과도 ~할 각오가 되어 있다 Je suis prêt à accepter n'importe quel résultat. ¶ 내가 벌여 놓은 일이니 힘들더라도 ~해야지 Comme je suis responsable de cette histoire [de cette affaire], je suis prêt à en assumer toutes les conséquences.

감수[2] 減水 명 décrue *f*; baisse *f* des eaux. ◇_(를) **하다**[(**가**) **되다**] ((rivière)) décroître; ((niveau d'eau)) baisser.

감수[3] 減收 명 diminution *f* de rendement. ¶ 올해는 비가 적게 와서 농작물의 ~가 예상된다 Comme il n'a pas beaucoup plu cette année, on prévoit une diminution de la production agricole. ◇_**하다**[(**가**) **되다**] diminuer. ¶ 올해 농사는 수확이 크게 ~할 것 같다 Cette année, les récoltes agricoles vont grandement diminuer.

감수[4] 監修 명 direction *f*, supervision *f*, correction *f*, révision *f*. ¶ 황 교수(의) ~하에[아래] 출판된 사전 un dictionnaire publié sous la direction [sous la supervision] du professeur Hwang. ◇_(를) **하다** superviser [contrôler, diriger] une publication. ¶ 김 선생이 직접 백과사전 편찬을 ~하였다 M. Kim a lui-même supervisé la rédaction de l'encyclopédie.

◆_**자** -者 명 superviseur *m* ((d'une publication)).

감수[5] 減數 명 【수학】 diminuteur *m*.

감수분열 減數分裂 명 【생물】 méiose *f*, réduction *m* méiotique.

감수성 感受性 명 sensibilité *f*. ¶ 청소년기는 ~이 매우 예민한 시기이다 L'adolescence est une période de sensibilité extrême.

감시 監視 명 surveillance *f*, garde *f*, observation *f*; guet *m*. ¶ 누구의 ~하[아래]에 있다 être sous la surveillance de ((la police)). ¶ ~의 눈을 피하다 échapper à la surveillance de *qn*. ¶ ~가 소홀한 틈을 타서 탈출에 성공하다 réussir une évasion [à s'évader], profitant d'un relâchement [d'une baisse] de la surveillance. ¶ ~를 늦추다[게을리 하다] négliger la surveillance. ◇_(를) **하다** surveiller ((des prisonniers, une porte)); exercer une surveillance sur *qn*/*qc*; surveiller ((les fenêtres)); observer ((les

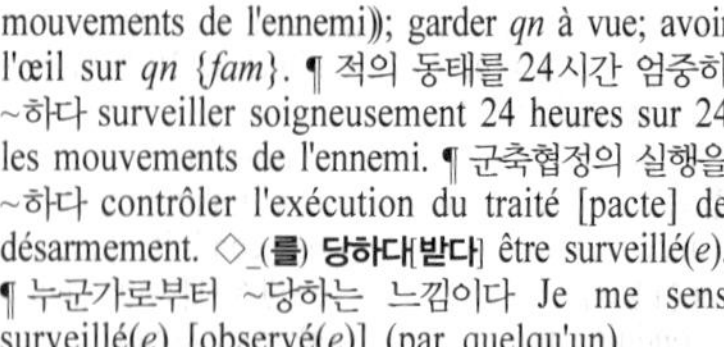

mouvements de l'ennemi)); garder *qn* à vue; avoir l'œil sur *qn* {*fam*}. ¶ 적의 동태를 24시간 엄중히 ~하다 surveiller soigneusement 24 heures sur 24 les mouvements de l'ennemi. ¶ 군축협정의 실행을 ~하다 contrôler l'exécution du traité [pacte] de désarmement. ◇_(를) **당하다[받다]** être surveillé(*e*). ¶ 누군가로부터 ~당하는 느낌이다 Je me sens surveillé(*e*) [observé(*e*)] (par quelqu'un).

◆**_대** -臺 명 tour *f* de guet; poste *m* de surveillance. ¶ ~대를 만들다[설치하다] installer une tour de surveillance. ¶ ~대에 오르다[올라가다] monter sur la tour de guet.

◆**_망** -網 명 réseau *m* de surveillance. ¶ ~망을 펴다[치다] établir un réseau de surveillance. ¶ 삼엄한 ~망을 뚫다[피하다] passer au travers d'un réseau [esquiver un réseau] de surveillance très serré. ¶ ~망을[에서] 빠져나가다 échapper à un réseau de surveillance.

◆**_병** -兵 명 sentinelle *f*; garde *f*.

◆**_선** -船 명 garde-côte (~-~(*s*)) *m*; ((어선의)) garde-pêche *m inv*.

◆**_소** -所 명 poste *m* d'observation.

◆**_원** -員 명 surveillant(*e*); garde *m*; veilleu*r*(*se*).

◆**_인[자]** -人[者] 명 sentinelle *f*; surveillant(*e*); garde *m*, guetteur *m*. ¶ ~인의 눈을 피하다 s'éloigner de la vue [du regard] du veilleur.

◆**_장치** -裝置 명 dispositif *m* de surveillance.

감식 鑑識 명 identification *f* ((des écritures)); jugement *m* d'expert; évaluation *f*, estimation *f*, expertise *f*. ¶ 보석 ~ estimation des bijoux. ¶ 필적[지문, 혈흔]의 ~ identification des écritures [des empreintes digitales, des traces de sang]. ¶ 전문가의 ~을 구하다[전문가에게 ~을 의뢰하다] recourir au jugement d'un expert [d'un connaisseur]. ¶ 미술품의 ~에 능하다 être expert(*e*) en objets d'art. ◇_(을) **하다** expertiser; faire l'expertise de ((un tableau)); évaluer *qc*; estimer *qc*; apprécier la valeur ((d'un tableau)). ¶ ~할 수 있는 사람 un(*e*) connaisseu*r*(*se*) en *qc*; un expert en *qc*. ¶ 그는 위조지폐를 ~해 낼 수 있는 전문가이다 Il est expert dans l'identification de la fausse monnaie.

◆**_가** -家 명 connaisseu*r*(*se*) en *qc*; expert *m* en *qc*; bon juge *m* ((en matière de *qc*)).

◆**_과** -課 명 expertise *f*, service *m* d'authentification; ((경찰의)) (service *m* de l') identité *f* judiciaire.

◆**_력** -力 명 capacité *f* [faculté *f*] de jugement [de discernement].

◆**_인** -人 명 expert *m*.

◆**범죄_** 犯罪- 명 ((법률)) identification *f* criminelle (à partir des empreintes génétiques, de cheveux, des traces de sang, etc.).

감실감실 부 vaguement, indistinctement, faiblement.

◆**_하다** 자 être vague, indistinct(*e*), imprécis(*e*), faible.

감싸이다 자 être entouré(*e*); être enveloppé(*e*). ¶ 아기가 두꺼운 배내옷으로 감싸여 있다 Le bébé est enveloppé dans des langes. ¶ 온 마을이 짙은 안개에 감싸여 있다 Tout le village est plongé dans un épais brouillard.

감싸쥐다 타 prendre [tenir, saisir] bien [complètement]. ¶ 두 팔로 무릎을 ~ entourer ses genoux de ses bras.

감안 勘案 명 (prise *f* en) considération *f* [compte *m*]. ◇_(을) **하다** prendre *qc* en considération, tenir compte de *qc*, faire entrer *qc* en ligne de compte. ¶ 무엇을 ~하여 compte tenu de *qc*; vu *qc*. ¶ 가정 형편을 ~하여 학비를 면제해 주다 dispenser *qn* des frais de scolarité compte tenu de [vu] ses conditions familiales [vu sa situation (familiale) précaire, vu la précarité de sa situation familiale]. ¶ 당시 상황을 ~하면 그의 행동은 충분히 이해가 된다 Si on tient compte du contexte à ce moment-là, on peut facilement comprendre sa conduite. ¶ ~하지 않고 sans tenir compte de *qc*, sans prendre en considération *qc*. ☞ 참작, 고려[1]

감압 減壓 명 réduction *f* de la pression, décompression *f*. ◇_(을) **하다** réduire la pression, décompresser.

◆**_기** -器 명 【기계】 décompresseur *m*.

감액 減額 명 réduction *f* ((d'une somme)). ◇_(을) **하다[시키다]** réduire ((une somme)). ◇_(이) **되다[(을) 당하다]** baisser, diminuer. ¶ 우리 부처 예산이 국회 심의에서 10퍼센트 ~되었다 Les crédits budgétaires de notre ministère ont été diminué de 10 % à l'occasion du débat parlementaire [du vote du Parlement].

감언 甘言 명 paroles *fpl* mielleuses [flatteuses], belles paroles *fpl*; flatterie *f*, belles promesses *fpl*. ¶ ~에 이끌리다 être séduit(*e*) par des paroles mielleuses; être séduit(*e*) par de belles promesses. ¶ 누구를 ~으로 꾀다 séduire *qn* par des paroles mielleuses.

◆**_이설** -利說 명 paroles *fpl* mielleuses, belles paroles *fpl*; belles promesses *fpl*. ¶ ~이설에 속다[속아넘어가다] se laisser prendre par des paroles mielleuses. ¶ 누구를 ~이설로 속이다 tromper *qn* avec [par] de belles paroles. ¶ ~이설로 처녀를 꾀다 séduire une jeune fille par de belles promesses.

감연히 敢然- 부 courageusement, audacieusement, hardiment; résolument, fermement. ¶ ~ 난국에 대처하다 faire face courageusement à de graves difficultés. ¶ 군사독재에 항거하여 ~ 일어나다 s'élever résolument [fermement] contre la dictature militaire.

감염 感染 명 contagion *f* ((d'une maladie, du rire)); infection *f*, contamination *f*. ◇_(이) **되다[(을) 당하다]** être contagieu*x*(*se*); se transmettre par contagion; être contaminé(*e*); être infecté(*e*). ¶ 많은 사람이 콜레라에 ~되었다 Beaucoup de gens sont contaminés par le bacille du choléra. ¶ 공산주의에 ~되다 être gagné(*e*) [contaminé(*e*)] par les idées du communisme; subir l'influence du communisme. ◇_(을) **시키다** contaminer *qn*, transmettre une maladie à *qn*. ¶ 병을 남에게 ~시키지 않도록 주의해야 한다 Il faut faire attention à ne pas transmettre cette maladie à quelqu'un d'autre.

◆_**성** -性 명 transmissibilité *f*, contagiosité *f*; ((형용사)) contagieux(*se*), transmissible. ¶ ~ 질병 une maladie contagieuse; une maladie transmissible.

◆_**경로** -徑路 명 voie *f* de contamination [de transmission].

◆_**원** -源 명 foyer *m* de contagion; source d'infection, foyer *m* infectieux.

감옥 監獄 명 prison *f*, pénitencier *m*; geôle *f* {*litt*}; cachot *m*. ¶ 창살 없는 ~ un endroit où la liberté n'est pas totale, où l'on se sent prisonnier ((sans qu'il n'y ait de prison à proprement parler)), prison *f* ((au sens figuré)). ¶ 요즈음 내 생활은 완전히~ 생활이야 Ces jours-ci, ma vie est vraiment un enfer. ¶ 누구를 ~에 넣다[가두다, 집어넣다] mettre [enfermer, jeter] *qn* en prison; emprisonner *qn*. ¶~에 들어가다[갇히다] être emprisonné(*e*); être mis(*e*) en prison [au cachot]. ¶ ~에서 나오다 sortir de prison.

◆_**살이** 명 vie *f* de prison; prison *f*.

감원 減員 명 réduction *f* du personnel; dégraissage *m* des effectifs d'une entreprise. ¶ 대규모의 ~ un dégraissage à grande échelle. ¶ 대기업들 사이에 ~ 바람이 불고 있다 À l'intérieur des grandes entreprises [Dans les grandes entreprises], on licencie beaucoup [il y a un vent de licenciement qui souffle fort]. ◇_(을) **하다** réduire [diminuer] le personnel; dégraisser les effectifs d'une entreprise. ¶ 이 회사에서는 이번 인사에서 10명을 ~할 예정이다 Dans cette entreprise, lors du prochain remaniement du personnel, on prévoit de licencier 10 employés. ◇_(이) **되다** ((personnel)) être réduit(*e*).

감응 感應 명 ① 종교적 réponse *f* (du Ciel, de Dieu); réaction *f*. ② 공감 sympathie *f*. ¶ 누구와 ~하여 en sympathie avec *qn*. ¶ 상호 ~ une sympathie réciproque. ③ 전기의 induction *f*, influence *f*. ◇_(을) **하다** ① répondre à ((un appel)); écouter une prière. ¶ 그 여자의 효심에는 하늘도 ~하시리라 Même le ciel écouterait [entendrait] la prière de cette fille entièrement dévouée à ses parents. ② réagir à; influencer, induire. ¶ 전기에 ~하다 réagir à l'électricité. ◇_**을 얻다** éprouver de la sympathie. ◇_**을 일으키다**[(을) **시키다**] provoquer de la sympathie. ◇_(이) **되다** éprouver de la sympathie.

◆_ **전기** -電氣 명 électricité *f* induite.

◆_ **전류** -電流 명 courant *m* [flux *m*] d'induction, courant *m* [circuit *m*, flux *m*] induit.

◆_ **코일** 명 bobine *f* d'induction.

◆**전자**_ **장치** 電磁裝置 명 dispositif *m* d'induction électrique [magnétique].

감자¹ 명 【식물】 pomme *f* de terre. ¶ 구운[삶은] ~ des pommes de terre au four [(cuites) à l'eau, en robe des champs, bouillies]. ¶ ~를 심다[캐다] planter [arracher, récolter] des pommes de terre. *~ **밭에서 바늘 찾는다** chercher une aiguille dans une meule de foin.

◆_**가루** 명 fécule *f* (de pommes de terre).

◆_**국** 명 soupe *f* de pommes de terre.

◆_**국수** 명 pâtes *fpl* faites avec de la fécule de pommes de terre.

◆_**떡** 명 *tteok* de pommes de terre.

◆_**밥** 명 riz *m* avec des pommes de terre.

◆_**볶음** 명 pommes *fpl* de terre sautées.

◆_**술** 명 eau *f* de vie de pommes de terre.

◆_**조림** 명 *gamjajorim m* <plat d'accompagnement, pommes de terre mijotées longtemps dans une sauce de soja souvent avec du sésame>.

◆_**탕** -湯 명 *gamjatang m* <ragoût pimenté avec pommes de terre et échine de porc [longe de porc]>.

◆_**튀김** 명 pommes *fpl* (de terre) frites.

◆_**퓌레** 명 purée *f* de pommes de terre; pommes *fpl* (de terre) mousseline.

감자² 減資 명 réduction *f* [diminution *f*] de capital. ◇_(를) **하다** diminuer [réduire] un capital.

◆_ **차익** 差益 명 bénéfice *f* net secondaire [consécutif] à une réduction de capital.

감전 感電 명 commotion *f* électrique, électrocution *f*. ◇_(이) **되다** recevoir une commotion électrique, s'électrocuter. ¶ 고압전류에 ~되어 죽다 mourir des suites d'une électrocution par courant à haute tension.

◆_**사** -死 명 électrocution *f*.

감점 減點 명 réduction *f* [diminution *f*] des points [notes]; retrait *m* d'un point, (point *m* de) pénalité *f*. ◇_(을) **하다** ((학교에서)) retirer des points; ((운동경기에서)) pénaliser. ◇_(이) **되다**[(을) **당하다**] se faire retirer des points, se faire pénaliser d'un point, perdre des points; être pénalisé(*e*). ¶ 우리 팀에서 반칙을 하여 1점 ~당했다 Notre équipe a été pénalisée d'un point pour une faute [suite à une infraction au règlement, à la règle du jeu] / On a perdu un point [On s'est fait retirer un point, On a été pénalisés d'un point] pour avoir commis une faute.

◆_ **제도[제]** -制度[制] 명 système *m* de pénalités.

감접이 명 frange *f* d'un tissu [d'une étoffe] ((faite pour éviter qu'il s'effiloche)).

감정¹ 鑑定 명 jugement *m* d'expert, expertise *f*; ((평가)) évaluation *f*, estimation *f*, appréciation *f*; ((확인)) vérification *f*. ¶ 필적 ~ expertise d'authenticité d'une écriture. ¶ 정신 ~ expertise mentale. ¶ 틀린 ~ une erreur de jugement. ¶ 전문가에게 ~을 의뢰하다 recourir au jugement d'un expert [d'un connaisseur]. ◇_(을) **하다** expertiser ((un tableau)), faire l'expertise de *qc*, procéder à une expertise, soumettre *qc* à une expertise; évaluer, estimer, apprécier; vérifier ((des écritures)); identifier ((des empreintes digitales)). ¶ 필적을 ~하다 vérifier des écritures [l'authenticité d'une écriture, l'origine d'une écriture]; s'assurer du caractère authentique d'une écriture. ¶ 진품 ~하다 faire expertiser ((un bijou)); faire vérifier l'authenticité ((d'un objet)). ◇_(을) **받다** être expertisé(*e*), bénéficier d'une expertise, être soumis(*e*) à une expertise, faire l'objet d'une expertise. ¶ 전문가의 ~을 받다 être soumis(*e*) au jugement d'un expert, être expertisé(*e*), bénéficier d'une expertise; faire l'objet d'une expertise.

◆_**가** -家 명 【법률】 expert *m*, estimateur *m*, connaisseu*r*(*se*).

◆_**가** -價 명 prix *m* d'expertise.

◆_**료** -料 명 frais *mpl* d'expertise.

◆_**서** -書 명 rapport *m* d'expertise.

◆_**원** -院 명 centre *m* d'expertise.

◆_**인** -人 명 expert *m*, estimateur *m*, connaisseur *m*.

◆_**평가사** -評價士 명 expert *m* chargé de l'estimation des objets dans une vente aux enchères; commissaire-priseur(~*s*-~*s*) *m* (en charge) de l'estimation des marchandises.

감정² 感情 명 sentiment *m*, pensée *f*; ((정서)) émotion *f*; ((격정)) passion *f*; ((충동)) impulsion *f*; ((심정)) cœur *m*. ¶ ~을 나타내다[드러내다] manifester ses sentiments. ¶ ~을 숨기다 cacher [dissimuler] ses sentiments ¶ ~을 억제하다 contenir [maîtriser] ses sentiments; se contenir, se maîtriser; refouler son émotion, étouffer ses passions. ¶ ~을 상하게 하다 froisser, blesser, vexer. ¶ ~이 상하다 être blessé(*e*), froissé(*e*), vexé(*e*). ¶ ~에 지배되다 s'abandonner [se laisser aller] à ses sentiments. ¶ 누구의 ~에 호소하다 en appeler au cœur de *qn*. ¶ 일시적인 ~으로 sous l'impulsion du moment. ¶ ~을 넣어 연주하다 jouer d'une façon expressive [avec sentiment]. ◇_**을 느끼다** ressentir *qc*. ¶ 나는 그 여자에게 야릇한 ~을 느낀다 J'éprouve un sentiment troublant pour elle [à son égard].

◆_**적** -的 명관 sentiment*al*(*ale, aux*). ¶ 너무 ~적으로 대응하지 마라 Ne sois pas si sentimental.

◆_**이입** -移入 명 【철학】 objectivation *f* du moi.

감정³ 憾情 명 ressentiment *m*, rancune *f*, rancœur *f*; ((미움)) haine *f*. ◇_(을) **내다** en vouloir ((à *qn*)). ◇_(을) **사다** s'attirer le ressentiment [la haine] ((de *qn*)), mettre *qn* en colère. ◇_(을) **품다** avoir du ressentiment [de la rancune, de la rancœur] ((pour *qn*, contre *qn*)); garder de la rancune ((à *qn*)). ◇_(이) **나다** avoir du ressentiment [de la rancune, de la rancœur] ((pour *qn*, contre *qn*)). ◇_(이) **있다** avoir du ressentiment [de la rancune, de la rancœur] ((pour *qn*, contre *qn*)); garder de la rancune à *qn*. ¶ 너 나한테 ~ 있니? Tu m'en veux?

감주 甘酒 명 *gamju m* <boisson sucrée faite avec du riz fermenté>.

감지 感知 명 perception *f*, sensation *f*. ◇_(를) **하다** percevoir, saisir, appréhender; pressentir ((le danger)). ¶ 심상치 않은 일이 벌어지고 있음을~ sentir qu'il se passe quelque chose d'étrange [de pas normal{*fam*}, d'inhabituel]. ◇_(가) **되다** être perçu(*e*).

◆_**기** -器 명 détecteur *m*. ¶ 가스 누출 ~기 un détecteur de fuite de gaz.

감지덕지 感之德之 명 avec reconnaissance; avec gratitude. ◇_(이)**다** être extrêmement reconnaissant(*e*); savoir gré ((à *qn* de *qc*)). ¶ 그 처분만으로도 저는 ~입니다 Je n'ai pas à me plaindre, ça aurait pu être bien pire. ◇_(를) **하다** être extrêmement reconnaissant(*e*); savoir gré ((à *qn* de *qc*)). ¶ 그것만으로도 ~해라 [...한 것만으로도 ~해라] Tu peux t'estimer heureu*x*(*se*) [Estime-toi heureu*x*(*se*)], ça aurait pu être bien pire / Tu peux remercier le Ciel, ça aurait pu être beaucoup plus grave / Sois content(*e*) [Estime-toi heureu*x*(*se*)], ce n'est rien à côté de ce qui aurait pu t'arriver.

부 avec reconnaissance; avec gratitude.

감질 疳疾 명 appétit *m* impossible à satisfaire; désir *m* [besoin *m*] insatiable. ◇_(을) **내다** éprouver un désir [appétit] insatiable; trouver *qc* insuffisant, rester insatisfait(*e*); être avide. ¶ 그렇게 ~을 내지 말고 얌전히 기다려라 Ne sois pas trop avide, attends calmement / ((방정내지말고)) T'excite pas, attends calmement. ◇_(이) **나다** rester sur *sa* faim [sur *sa* soif]; se sentir insatiable [insatisfait(*e*)]; éprouver un désir [appétit] insatiable; trouver *qc* insuffisant, rester insatisfait(*e*); ne pas en avoir assez. ¶ 술잔이 작아 ~이 난다 Mon verre d'alcool est si petit que je reste sur ma soif. ¶ 물이 ~나게 나온다 L'eau ne coule qu'au goutte à goutte / L'eau coule trop lentement[très faiblement]. ¶ 그렇게 ~나게 굴지 말고 빨리 말을 해 Ne me mets pas en appétit [Ne me mets pas l'eau à la bouche], dépêche-toi de dire ce que tu as à dire / Ne me fais pas languir, parle [dis ce que tu as à dire].

감쪽같다 형 être comme neu*f*(*ve*), être remis(*e*) à l'état primitif [initial]; sembler parfait(*e*), compl*et*(*ète*), impeccable, nickel {*fam*}. ¶ 그가 어떻게 도망쳤는지 참으로 감쪽같은 일이다 C'est curieux comme il s'est volatilisé. ¶ 세탁을 하니 감쪽같았다 Une fois lavé(*e*), c'était (tout à fait) comme neuf.

감쪽같이 부 irréprochablement, parfaitement, complètement, définitivement, impeccablement. ¶~ 속다 se laisser tromper complètement; se laisser attraper complètement ((par des flatteries)); être parfaitement dupe. ¶ 무엇을~ 고쳐 놓다 réparer *qc* comme neuf; réparer *qc* si bien ((qu'on a l'impression que c'est (comme) neuf)); remettre *qc* à l'état primitif [initial]. ¶~ 사라지다[없어지다] disparaître sans laisser de traces [sans laisser d'adresse]; se volatiliser [s'évanouir] (subitement).

감찰 監察 명 inspection *f*. ◇_(을) **하다** inspecter

((des travaux)). ◇_(을) **받다** recevoir une inspection, se faire inspecter.

◆**_감관** -監官 명 inspec*teur*(*trice*).

감참외 명 【식물】 melon *m* dont la chair a la couleur du kaki.

감천 感天 명 réponse *f* du Ciel ((à une prière, un souhait)).

*__지성이면 ~이라__ À toute prière fervente le Ciel est favorable.

감청[1] 紺靑 명 bleu *m* foncé [marine].

◆**_색** -色 명 bleu *m* foncé [marine].

감청[2] 監聽 명 écoute *f* téléphonique (clandestine). ◇_(을) **하다** capter[intercepter] secrètement ((un message)); écouter clandestinement; écouter aux portes. ¶ 통화 내용을 ~하다 écouter (clandestinement) une conversation téléphonique (privée). ◇_(을) **당하다**[(이) **되다**] être victime d'une écoute téléphonique clandestine.

감초 甘草 명 【식물】 (racine *f* de la) réglisse.

*__약방의__ ~ personne *f* qu'on retrouve partout; une personne *f* indispensable [irremplaçable], un oiseau *m* rare {*fam*}; touche-à-tout *m*, mêle-tout *m inv*.

감촉 感觸 명 ① 표면의 상태 toucher *m*. ¶ ~이 나쁘다 [거칠다] être rude au toucher [être rugueu*x*(*se*), raboteu*x*(*se*), râpeu*x*(*se*), rêche]. ¶ ~이 좋다[부드럽다] être agréable au toucher [être dou*x*(*ce*) au toucher, lisse, soyeu*x*(*se*), moelleu*x*(*se*), douillet(*te*), velouteu*x*(*se*), onctueu*x*(*se*)]. ② 만져 본 느낌 sensation *f* (au toucher). ¶ 무엇의 ~을 느끼다 ressentir *qc* au toucher, avoir une sensation tactile de *qc*. ¶ ~이 불쾌하다 être désagréable au toucher.

감추다 타 ① cacher, dissimuler, enfouir; receler ((un objet volé)). ¶ 옷장 속에 돈을 ~ dissimuler de l'argent dans une armoire. ¶ 서랍 속에 감추어 두었던 편지를 꺼내어 읽다 sortir une lettre enfouie au fond d'un tiroir pour la lire. ② ((몸, 사람을)) se cacher, se planquer {*pop*}. ¶ 몸을 ~ se cacher; se planquer {*pop*}. ¶ 두 손으로 얼굴을 ~ se cacher le visage des deux mains. ¶ 그 여자는 살인자를 집에 감추어 주었다 Elle a caché un criminel chez elle. ③ ((이름을)) cacher ((*son* nom)), ne pas se faire connaître. ¶ 이름을 ~ ne pas se faire connaître; cacher son nom; garder l'incognito. ④ ((사실을)) cacher; tenir *qc* secr*et*(*ète*); couvrir ((*son* jeu)); taire ((la vérité)). ¶ 그 남자는 떳떳하지 못한 과거를 사람들에게 감추어 왔다 Il a caché aux autres son passé indigne. ¶ 감추지 않고 이야기하다 parler franchement [sans déguisement]. ¶ 사실을 감추지 말고 그대로 얘기해 보렴 Ne cache pas la vérité, parle franchement.

*__감출 줄은 모르고 훔칠 줄만 안다__ ne pas voir plus loin que le bout de son nez.

감축[1] 感祝 명 ① 감사 reconnaissance *f*, gratitude *f*; remerciements *mpl*. ② 축하 félicitations *fpl*; célébration *f*. ◇_(을) **하다** éprouver [être pénétré(*e*) d'] une profonde reconnaissance; se féliciter vivement de *qc* ((d'un grand succès)). ¶ 회갑을 ~ se féliciter vivement de son soixantième anniversaire.

감축[2] 減縮 명 réduction *f*, limitation *f*, diminution *f*, restriction *f*. ¶ 병력~ une réduction des effectifs militaires. ¶ 무기~협상 des négociations sur le désarmement; des pourparlers sur le désarmement. ◇_(을) **하다**[**시키다**] réduire, diminuer, restreindre. ◇_(이) **되다** être réduit(*e*), restreint(*e*). ¶ 냉전이 종식된 후에도 전체 핵무기의 양은 ~되지 않았다 Même après la guerre froide, le nombre des armes nucléaires n'a pas diminué.

감치다 타 ① ((가장자리를)) border ((un chapeau)); faire un ourlet ((à un pantalon)), ourler. ② 꿰메다 coudre [assembler] ((deux morceaux de tissu)). ¶ 치마단을 ~ faire un ourlet à une jupe.

감칠맛 명 ① 맛 goût *m* fin [savoureux, appétissant]; saveur *f* douce. ② 매력 charme *m*, attrait *m*. ◇_(이) **나다** être fin(*e*), savoureu*x*(*se*), appétissant(*e*). ◇_(이) **있다**[**없다**] être [ne pas être] fin(*e*), savoureu*x*(*se*), appétissant(*e*), attachant(*e*), captivant(*e*). ¶ ~이 있는 수필 un essai captivant.

감탄 感歎 명 admiration *f*, émerveillement *m*; exclamation *f*. ¶ 그의 멋진 묘기가 사람들의 ~을 자아냈다 Les gens ont poussé une salve d'exclamations pour ses superbes acrobaties. ◇_(을) **하다** s'émerveiller de *qc*/+*inf*; être saisi(*e*) d'admiration; s'exclamer d'admiration. ¶ ~할 만한 admirable, merveilleu*x*(*se*). ¶ ~해 마지 않다 ne pas cesser d'admirer. ¶ 나는 그의 성실성에 정말 ~했다 J'ai été vraiment admirati*f*(*ve*) devant son zèle au travail / Sa diligence au travail m'a émerveillé(*e*).

◆**_스럽다** 형 être admirable, exemplaire. ¶ 그의 용기가 정말 ~ Son courage est vraiment admirable [exemplaire].

◆**_문** -文 명 【언어】 phrase *f* exclamative. ¶ 이 문장은 ~문으로 볼 수 없다. On ne peut pas considérer cette phrase comme une phrase exclamative. ¶ 한국어에서 ~문은 감탄형 종결어미로 표시된다 En coréen, les phrases exclamatives sont marquées par le suffixe flexionnel terminatif du mode exclamatif.

◆**_부호** -符號 명 【언어】 point *m* d'exclamation. ¶ 문장 끝에 ~부호를 붙이다 mettre un point d'exclamation à la fin d'une phrase.

◆**_사** -詞 명 【언어】 exclamatif *m*. ¶ 이 단어는 전통적으로 ~사로 분류되어 왔다 Ce mot est classé traditionnellement parmi les exclamatifs.

감탕 명 boue *f*, bourbe *f*, bourbier *m*, fange *f*. ¶ 갯벌에 들어가자 검은 ~ 속으로 발이 푹푹 빠졌다 Aussitôt que nous avons marché dans la laisse, nos pieds se sont enfoncés profondément dans la boue.

감퇴 減退 명 diminution *f*, décroissance *f* ((de la popularité)); amoindrissement *m* ((de la puissance)); affaiblissement *m* ((intellectuel, de la vue)). ¶ 식욕 ~ une diminution de l'appétit. ¶ 정력 ~ un manque [un affaiblissement] d'énergie. ¶ 시력 ~ un affaiblissement de la vue. ◇_(를) **하다**[(가) **되다**] diminuer, décroître, s'amoindrir, ((la mémoire)) s'estomper, s'altérer, faiblir, défaillir, décliner, flancher {*fam*}, se détériorer, faire défaut; être amoindri(*e*). ¶ 나이가 드니까 기억력이 ~된다 Avec l'âge, la mémoire s'estompe [faiblit, flanche {*fam*}, décline, devient moins fiable, fait défaut, se détériore, a des défaillances, peut vaciller].

감투[1] 명 ① 모자 chapeau(*x*) *m* en crin (de cheval). ② 벼슬 rang *m*, position *f*, situation *f*, poste *m*, place *f*, fonction *f*, charge *f*.
*~**를 쓰다** s'élever à un haut rang; arriver à une dignité; entrer en fonction; être nommé(*e*) à un poste.
◆**_싸움** 명 bataille *f* pour s'élever à un haut rang [pour obtenir un poste important].
◆**벼락_** 명 poste *m* inattendu. ¶ 벼락~를 쓰다 être nommé(*e*) subitement à un poste inattendu.

감투[2] 敢鬪 어근 combati*f*(*ve*).
◆**_상** -賞 명 combativité *f*. 명 esprit *m* [instinct *m*, tempérament *m*] combatif; combativité *f*, intrépidité *f*. ¶ ~정신이 돋보이다 se montrer combati*f*(*ve*), montrer de la combativité.

감표[1] 監票 명 surveillance *f* lors d'un scrutin.
◆**_위원** -委員 명 scrutateur *m*.

감표[2] 減票 명 (signe *m*) moins *m*.
◆**_ 요인** -要因 명 inconvénient *m*, défaut *m*, désavantage *m*.

감하다 減- 타 ① 감소시키다 diminuer, réduire, amoindrir; atténuer ((une douleur)). ¶ 형을 ~ réduire une peine. ¶ 월급을 ~ réduire le salaire. ¶ 내 몫을 감하여 그에게 주었다 J'ai réduit ma part et la lui ai attribuée. ☞ 줄이다 ② ((수를)) soustraire, retrancher, déduire *qc* de *qc*. ¶ 1할을 ~ faire une réduction de 10 %. ¶ 10에서 2를 ~ soustraire 2 de 10. ¶ 다섯에서 둘을 감하면 셋이 된다 Cinq moins deux égale(nt) trois.

감행 敢行 명 action *f* audacieuse[hardie, intrépide, risquée, pleine de détermination]. ◇_(을) **하다** oser *qc*/*inf*; s'enhardir, se risquer à+*inf*; se hasarder à+*inf*; risquer ((une attaque)). ¶ 아군은 오늘 새벽 기습공격을 ~하였다 Les alliés ont risqué une attaque éclair [surprise] à l'aube.

감형 減刑 명 réduction *f* d'une peine ◇_(을) **하다** réduire une peine. ◇_(이) **되다** ((une peine)) être réduit(*e*). ¶ 사형에서 종신형으로 ~되었다 La sentence de mort a été commuée en détention [en travaux forcés] à perpétuité.

감호 監護 명 contrôle *m*, surveillance *f*. ◇_(가) **되다** être surveillé(*e*). ◇_(를) **하다** ((감독하다)) surveiller, superviser; ((보호하다)) s'occuper de.
◆**_소** -所 명 institut *m* de surveillance.
◆**보호_(처분)** 保護(處分) 명 【법률】 surveillance *f* et protection *f*.

감화 感化 명 bonne influence *f*. ¶ 누구의 ~로 sous l'influence de *qn*. ◇_(를) **하다**[**시키다**, **주다**] influencer *qn*; exercer une influence sur *qn*. ◇_(가) **되다**[(를) **받다**] être influencé(*e*) par *qc*/*qn*; subir l'influence de *qc*/*qn*; se laisser influencer par *qc*/*qn*. ¶ ...로부터 깊은 ~를 받다 être fortement influencé(*e*) par ((le confucianisme)), subir une grande influence ((de *qc*)).
◆**_력** -力 명 influence *f*, pouvoir *m* d'influence.
◆**_교육** -教育 명 【법률】 ((centre d')) éducation *f* surveillée; ((maison de)) correction *f*, redressement *m*; ((de)) rééducation *f*, ((centre)) correctionnel(*le*), réadaptation *f*.
◆**_원** -院 명 【법률】 maison *f* de correction [de redressement]; centre *m* d'éducation surveillée.

감회 感懷 명 souvenirs *mpl*, réminiscence *f*, mémoire *f*, sentiments *mpl*; mouvement *m* de l'âme. ¶ 오랜만에 고향을 찾으니 ~가 새롭다 J'ai été profondément ému(*e*) de rentrer après si longtemps au pays / J'ai été remué(*e*) [ému(*e*)] par beaucoup de souvenirs en revenant après une si une longue absence au pays. ¶ 깊은 ~에 젖다[빠지다] être profondément ému(*e*); être saisi(*e*) d'une profonde émotion.

감흥 感興 명 intérêt *m*, plaisir *m*, goût *m*. ¶ ~에 맡겨 시를 써 나가다 composer un poème en se laissant aller à l'inspiration. ◇_(을) **주다** apporter [donner] du plaisir à *qn*, intéresser *qn*. ¶ 이 소설은 나에게 아무런 ~도 주지 않는다 Ce roman ne m'apporte aucun plaisir / Ce roman ne m'intéresse pas du tout [ne me passionne pas du tout]. ◇_**을 깨다** gâter le plaisir; affaiblir [déduire] l'intérêt. ◇_**이 일어나다** s'intéresser à *qc*; prendre intérêt [plaisir, goût] à *qc*; trouver du plaisir à+*inf*.

감히 敢- 부 avec audace, avec hardiesse, avec courage. ¶ ~ ...하다 oser+*inf*; s'enhardir, se risquer à+*inf*; se permettre de+*inf*. ¶ 아무도 ~ 그 사람을 비판하지 못했다 Personne n'a osé le critiquer. ¶ 제가 ~ 어떻게 그런 일을 하겠습니까 Comment pourrais-je oser faire une chose pareille? ¶ ~ 그런 말을 하다니 Comment oses-tu (dire des choses pareilles)?

갑[1] 甲 명 ① ((십간의)) *gap m* <la première des 10 divisions du ciel>. ② ((차례의)) A *m*; le(la) premi*er*(*ère*); l'un(*e*) ((...l'autre)). ¶ 갑과 을 A et B; l'un et l'autre.

갑[2] 甲 명 carapace *f*. ¶ 게나 가재는 ~이 딱딱한 동물이다 Le crabe comme l'écrevisse est un animal à carapace dure.

갑[3] 匣 명 boîte *f*, cassette *f*, coffret *m*; paquet *m*. ¶ 무엇을 ~에 넣다 mettre [ranger] *qc* dans une boîte [caisse]. ¶ 무엇을 ~에서 꺼내다 retirer *qc* d'un coffret [d'une boîte].
분류 un paquet ((de cigarettes)). ¶ 담배 한 ~을 사다 (s')acheter un paquet de cigarettes [de clopes

ㄱ

{*fam*}].

갑각류 甲殼類 명 【동물】 crustacés *mpl*.

갑갑증 명 ennui *m*. ¶ ~을 없애다[풀다] tromper [dissiper] l'ennui. ¶ ~에 빠지다 mourir d'ennui; étouffer, suffoquer. ¶ ~만 더하다 ne faire que s'ennuyer davantage. ◇_**이 나다** être ennuyé(*e*).

갑갑하다 형 ① être ennuyeux(*se*), assommant(*e*), fastidieux(*se*), embêtant(*e*); suffocant(*e*), étouffant(*e*). ¶ 갑갑한 느낌이 들다 se sentir étouffé(*e*). ¶ 하루 종일 집에만 있으려니 ~ C'est ennuyant de rester toute la journée à la maison, on étouffe à la longue / Je me sens étouffé(*e*) de rester enfermé(*e*) à la maison toute la journée. ¶ 사무실이 환기가 안 되어 ~ Le bureau est mal aéré, on étouffe là-dedans. ¶ 방이 좁아 ~ On étouffe dans cette pièce tellement elle est petite. ② 좁다, 부자유스럽다 être étroit(*e*), étriqué(*e*), serré(*e*), exigu(*ë*). ¶ 갑갑한 옷 un vêtement dans lequel on se sent (trop) à l'étroit [trop serré(*e*), mal à l'aise], un vêtement qui serre trop, un vêtement étriqué. ¶ 이 신발은 (너무 작아) 발이 ~ Ces chaussures serrent trop [sont trop petites].

갑골 胛骨 명 carapace *f* de tortue ¶ 고대 중국인들은 ~에 글자를 새겼다 Les peuples de la Chine antique inscrivaient des caractères sur les carapaces de tortue.

◆_**문** -文 명 【언어】 écrits *mpl* figuratifs [inscriptions *fpl*] sur des carapaces de tortue.

◆_**문자** -文字 명 【언어】 symboles *mpl* écrits sur des carapaces de tortue; écriture *f* hiéroglyphique; hiéroglyphe *m*.

갑년 甲年 명 année *f* du soixantième anniversaire. ¶ ~이 되다[~을 맞다] arriver à la soixantaine. ¶ 금년이 그 여자의 ~이다 Cette année, elle arrive à la soixantaine.

갑론을박 甲論乙駁 명 discussion *f* ardente [enflammée]; débat *m* interminable [sans fin]; le pour *m* et le contre *m*. ¶ 이 문제는 오래 전부터 학자들 사이에 ~이 계속되어 왔지만 아직 해결되지 않고 있다 Ce problème a été longtemps l'objet de débats passionnés [a été l'objet de débats interminables [sans fin]] parmi les savants, mais il n'est toujours pas résolu. ◇_(**을**) **하다** discuter longuement [sans fin]; discuter interminablement sans se mettre d'accord. ¶ 지금은 이런 문제로 ~할 시간이 아니다 Ce n'est pas le moment de discuter longuement [indéfiniment] de ce problème. ¶ 그것은 ~할 필요가 없는 문제이다 C'est une question qui n'a pas besoin d'être discutée longuement.

갑문 閘門 명 porte *f* [vanne *f*] d'écluse. ¶ ~을 닫다[내리다] fermer [baisser, lâcher] les écluses [les portes de l'écluse]. ¶ ~을 열다[올리다] ouvrir [lever] les écluses [les portes de l'écluse].

◆_**식** -式 명 ¶ ~식 교량 une porte d'écluse qui fait office de pont.

갑부 甲富 명 personne *f* la plus riche ((d'une communauté)); millionnaire *mf*, magnat *m*; personnes *fpl* fortunées, nantis *mpl*, richard *m* {*fam*}, nabab *m* {*fam*}. ¶ 누대에 걸친 ~ millionnaires sur plusieurs générations, des gens très riches depuis plusieurs générations. ¶ 당대의 ~ le personnage riche [fortuné] de l'époque, le richard {*fam*} de l'époque. ¶ 장안의[에] 소문난[알아주는] ~ le célèbre millionnaire.

갑사 甲紗 명 gaze *f* de soie.

◆_**댕기** 명 ruban *m* ((attaché aux tresses des cheveux)) en gaze de soie.

◆_**치마[저고리]** 명 jupe *f* [boléro *m*] traditionnel(*le*) coréen(*ne*) en gaze de soie.

갑상선 甲狀腺 명 【해부】 thyroïde *f*, glande *f* [corps *m*] thyroïde.

◆_**비대증** -肥大症 명 hypertrophie *f* thyroïdienne.

◆_**암** -癌 명 cancer *m* de la thyroïde.

◆_**종양** -腫瘍 명 goitre *m*.

갑신정변 甲申政變 명 【역사】 coup *m* d'État de l'année Gapsin (1884).

갑오경장 甲午更張 명 réforme de (l'année) Gabo (1894) ((roi Gojong 31)).

갑옷 甲_ 명 armure *f*; cotte *f* de mailles; cuirasse *f*. ¶ ~을 입다[걸치다] revêtir une armure. ¶ ~으로 무장하다 s'armer d'une cuirasse. ¶ ~처럼 단단한 très résistant(*e*).

갑일 甲日 명 soixantième anniversaire *m*. ¶ 내일이 아버지 ~입니다 Demain est le soixantième anniversaire de mon père. ¶ ~을 맞아 잔치를 열다 donner [organiser] un banquet pour fêter *son* soixantième anniversaire.

갑자기 부 soudain, soudainement, subitement; tout à coup; à brûle-pourpoint. ¶ ~ 비가 쏟아지기 시작했다 Soudain, il a commencé à pleuvoir. ¶ 그는 ~ 일어나 나가 버렸다 Il s'est levé et est sorti soudainement. ¶ ~ 공격하다 attaquer par surprise.

갑작스럽다 형 être soudain(*e*); ((visite)) être imprévu(*e*), inattendu(*e*), impromptu(*e*), abrupte; ((changement)) être brusque; ((mort)) être subit(*e*). ¶ 갑작스러운 방문 une visite imprévue. ¶ 갑작스러운 초대 une invitation inattendue. ¶ 사태의 갑작스러운 변화 un changement brusque de situation. ¶ 갑작스러운 죽음 une mort subite. ¶ 그는 갑작스러운 일이 생겨서 오지 못했다 Il n'a (pas) pu venir à cause d'un (incident) imprévu / Un imprévu l'a empêché de venir. ¶ 갑작스러운 질문을 받고 그는 난처해 했다 Il ne savait plus que répondre à cette question inattendue [impromptue] / Il montrait une très grande perplexité devant cette question inattendue / Cette question imprévue l'avait plongé dans une très grande perplexité / Cette question abrupte l'avait rendu très perplexe. ¶ 갑작스럽게 그건 또 무슨 말이냐? Que vient faire cette histoire subitement? / Que me racontes-tu là [Que me chantes-tu là] tout à coup? / Qu'est-ce que c'est que cette annonce brutale? / Tout à coup, qu'est-ce que tu veux dire?

갑작스레 뿐 brusquement. ¶ 그의 아버지가 ~ 돌아가셨다 Son père est décédé brusquement.

갑절 명 double *m*; deux fois. ¶ ~의 크기 grandeur [format] double. ¶ 거리를 ~로 하다 doubler la distance. ◇_**이 되다** doubler, être multiplié(*e*) par deux; être le double de; être deux fois plus+*Adj* que *qn*. ¶ 그는 재산이 ~이 됐다 Il a doublé sa fortune / Il a multiplié sa fortune par deux. ¶ 인구가 ~이 됐다 La population a doublé. ¶ 그의 재산은 내 것의 ~이나 된다 Il est deux fois plus riche que moi / Sa fortune est le double de la mienne.

분류 fois *f*. ¶ 세 ~ trois fois; triple. ¶ 여섯 ~이 되다 devenir six fois plus grand.

◆**몇_** 명 infiniment plus, beaucoup plus. ¶ 그는 나보다 재산이 몇~이나 많다 Il est infiniment [beaucoup] plus riche que moi.

갑종 甲種 명 catégorie *f* A; grade *m* A; première classe *f*. ¶ ~으로 분류하다 classer dans la catégorie A.

◆_**근로소득세** -勤勞所得稅 명 impôt *m* sur le revenu.

갑주 甲冑 명 armure *f*. ¶ ~를 입다 porter [revêtir] une armure.

갑창 甲窓 명 【건축】 double fenêtre *f*.

갑충 甲蟲 명 【곤충】 scarabée *m*; scarabéidés *m*.

갑판 甲板 명 pont *m* ((d'un bateau)). ¶ ~에 오르다 monter sur le pont. ¶ ~을 깔다 ponter. ¶ ~이 있는 ponté(*e*).

◆_**장** -長 명 maître *m* d'équipage.

◆_**적하** -積荷 명 pontée *f*.

◆**상[하]_** 上[下]- 명 pont *m* supérieur [inférieur].

값 명 ① prix *m*. ¶ 이 옷은 ~이 3만원이다 Le prix de ce vêtement est de trente mille wons / Ce vêtement coûte 30 mille wons. ¶ 이것은 ~이 얼마입니까? Combien ça coûte [vaut]? / C'est combien? / Ça vaut combien? / Combien je vous dois? ¶ ~이 오르다[내리다] les prix augmentent [baissent]; devenir plus ch*er*(*ère*) [moins ch*er*(*ère*)], prendre [perdre] de la valeur. ¶ 채소 ~이 올라도 너무 올랐다 Le prix des légumes a augmenté de manière spectaculaire / Les légumes sont actuellement hors de prix. ¶ 신발 ~이 내렸다 Le prix des chaussures a baissé. ¶ ~을 물어보다 demander le prix. ¶ ~을 올리다[내리다] augmenter [élever] [baisser, diminuer] le prix de *qc*. ¶ ~을 깎다 faire baisser le prix de *qc*. ¶ ~을 흥정하다 négocier le prix, marchander. ¶ ~을 ...에 매기다[부르다] fixer [déterminer] le prix [annoncer un prix ((pour une marchandise)), demander ((100 euros)) pour ((une marchandise))]. ¶ 너무 싼[비싼 ~에[으로] 사다[팔다] acheter [vendre] au rabais [à un prix exagéré, à un prix exorbitant]. ¶ 그 도자기는 엄청난 ~에 팔렸다 Cette poterie a été vendue à un prix excessif [exorbitant]. ② 대금 prix *m*, montant *m*. ¶ 신발[음식, 술] ~을 내다[치르다] payer le prix des chaussures [payer le repas, payer à boire]. ¶ 손님, 물건 ~은 주시고 가셔야죠 Monsieur, faudrait peut-être (penser à) payer avant de partir / Vous oubliez de payer, monsieur. ¶ ~을 청구하다 demander à être payé(*e*).

*~(**을**) **하다** avoir un comportement digne de *qc*. ¶ 나이 ~을 해라 Comporte-toi comme tu le devrais (à ton âge) [comme ton âge l'exige, en adulte] / Montre ta maturité / Fais preuve de maturité / Ne te comporte pas comme un enfant [comme un gamin {*fam*}] / Ne fais pas l'enfant / Ne sois pas puéril(*e*) / Montre que tu es un adulte / Conduis-toi en adulte / Montre que tu es grand(*e*). ¶ 밥~을 해라 Arrête de nous parasiter, mets-toi au travail [prends-toi en main(*s*), prends-toi en charge] / Arrête de vivre comme un parasite, gagne ton pain [ta vie]. ¶ 덩치~을 하다 avoir une force correspondant [conforme] à *sa* corpulence, avoir une force en rapport avec *sa* corpulence [correspondant bien à *sa* corpulence]. ¶ 고액연봉 선수들이 몸~을 못해 우승이 힘들게 됐다 L'équipe a difficilement gagné à cause de la mauvaise performance [de la performance indigne] de joueurs de très haut niveau ayant justifié une prime de transfert très élevée. ¶ 공부는 실력으로 하는 것이지 이름~으로 하는 것이 아니다 Ce n'est pas seulement en fonction de sa réputation ou de son nom que l'on a [obtient] des résultats [que l'on réussit dans la recherche], mais en raison des efforts persévérants [de la poursuite de l'étude, de la poursuite des efforts, d'un travail continu, d'efforts continus]. ¶ 너는 생긴 것은 멀쩡해가지고 얼굴~은 못 하냐? Pourquoi étant bâti comme tu l'es, tes résultats sportifs sont-ils aussi médiocres? / Pourquoi avec ton allure d'intello {*fam*}, tes résultats sont-ils aussi médiocres? / Avec la tête ((de sportif, d'intello)) que tu as, tu devrais avoir de meilleurs résultats.

***부르는 게 ~이다** ne pas avoir de prix; être sans prix; être inestimable; ça n'a pas de prix!

◆_**나가다** 자 avoir un prix élevé, être coûteu*x*(*se*), onéreu*x*(*se*). ¶ ~나가는 물건은 벌써 다 팔리고 없다 Les articles coûteux [dont le prix est élevé] sont déjà tous vendus. ¶ 이것은 꽤 ~나가는 물건입니다 C'est un objet extrêmement coûteux. ¶ 이것은 ~이 하나도 안 나가는 것이다 C'est un objet de peu de valeur.

◆_**비싸다** 형 être ch*er*(*ère*), coûteu*x*(*se*), onéreu*x*(*se*), dispendieu*x*(*se*), chérot {*fam*}, hors de prix, coûter cher. ¶ ~비싼 대가를 치르고 à grands frais; au prix de dépenses énormes.

◆_**싸다** 형 être bon marché, ne pas coûter cher. ¶ ~싼 동정은 필요없다 On n'a pas besoin d'une telle pitié.

◆_**어치** 명 valeur *f*. ¶ ~어치가 올라가다[떨어지다, 생기다] prendre [perdre] de la valeur, augmenter [baisser] la valeur de *qc*. ¶ 비싸지만 그만한 ~어치가

있다 C'est cher, mais ça le vaut [mais c'est le prix]. ¶ 이것은 한 푼의 ~어치도 없다 Ça ne vaut rien. ¶ ~어치를 떨어뜨리다 faire baisser le prix; faire perdre de la valeur à *qc*.

◆_지다 형 ☞ 값지다

◆최대_ 最大- 명 valeur *f* maximale, maximum *m*.

◆최소_ 最小- 명 valeur *f* minimale, minimum *m*.

◆헐_ 명 prix *m* dérisoire; prix *m* bas, vil prix *m*; ((헐값에)) ((pour)) une bouchée *f* de pain [une bagatelle *f*, trois francs *mpl* six sous, presque rien, trois fois rien]. ¶ 나는 그것을 헐~에 샀다 J'ai acheté cela pour presque rien [pour une bouchée de pain, pour une bagatelle, pour trois fois rien, à bas prix, pour un prix dérisoire]. ¶ 헐~에 드리는 겁니다 Je vous le donne à bas prix. ¶ 나는 이 책을 헐~에 샀다 J'ai acheté ce livre à bas prix.

값지다 형 ① avoir de la valeur, être de grande valeur; être précieu*x*(*se*); être de grand prix; ((ameublement)) être riche, somptueu*x*(*se*); être de luxe; être coûteu*x*(*se*), dispendieu*x*(*se*). ¶ 값진 물건 [귀금속] des objets précieux [des métaux précieux de grande valeur]. ② 보람이 크다 valoir la peine, être rentable, utile, servir à quelque chose. ¶ 값진 땀을 흘리다 faire des efforts utiles [rentables, fructueux, bien récompensés], suer sang et eau [travailler à la sueur de *son* front] et voir ses efforts récompensés. ¶ 값지게 살다 avoir une vie réussie [qui a du sens, pleine de sens]; donner du sens à *sa* vie.

갓¹ 명 ① 모자 *gat m* <chapeau(*x*) traditionnel coréen fait de crin de cheval>. ¶ ~ 쓴 양반 un *yangban* portant un *gat*. ② 갓 모양의 씌우개 couvercle *m* en forme de *gat*.

*~ 쓰고 자전거 타는 격이다 se dit de *qc* qui n'est pas en harmonie.

◆_끈 명 lacet *m* [ficelle *f*, cordon *m*] d'un *gat*.

◆_집 명 boîte *f* dans laquelle on range [servant à ranger] un *gat*.

◆양반_ 兩班- 명 le *gat m* de l'aristocratie coréenne.

◆전등_ 電燈- 명 abat-jour *m inv*.

갓² 명 【식물】 moutardin *m*, moutardon *m*; *Bassica juncea* {*nsc*}.

◆_김치 명 *gimchi m* de moutardin.

갓³ 부 ① fraîchement; de frais; nouvellement, récemment ((arrivé, peint, etc.)). ¶ ~ 꺾은 꽃 fleurs nouvellement cueillies. ¶ 시골에서 ~ 올라온 소녀 une fille qui vient de monter de la province. ¶ 면도를 ~ 하고 난 fraîchement rasé. ¶ ~ 구워 낸 빵 du pain frais. ¶ 대학을 ~ 나온 젊은이 un jeune homme frais émoulu de l'université. ¶ ~ 낳은 달걀 un œuf tout frais pondu. ② 겨우 à peine; tout juste. ¶ 그 남자의 나이 이제 ~ 서른이다 Il a tout juste trente ans.

갓⁴ 분류 *gat* <classificateur pour les aliments ayant une forme aplatie>. ¶ 굴비[고사리] 열 ~ dix *gat* d'ombrines séchées [de fougère aigle], dix paquets de dix ombrines séchées [de fougère aigle].

갓난아기 명 ☞ 갓난아이

갓난아이 명 nouveau-né(*e*), nourrisson *m*, bébé *m*. ¶ ~처럼 굴다[~나 마찬가지이다] agir comme un bébé [n'être autre qu'un bébé]. ¶ ~도 아닌데 도대체 왜 그러니? Mais pourquoi tu agis comme un bébé? / Tu n'es pas un bébé! / Arrête de faire ton bébé! ¶ ~를 돌보다 garder un enfant.

갓난애 명 ☞ 갓난아이

갓난이 명 ☞ 갓난아이

갔다오다 자타 rentrer, revenir, retourner. ¶ 학교에[를] ~ rentrer de l'école. ¶ 군대에[를] ~ finir son service militaire. ¶ 들에 일을 갔다 와서 피로하다 être fatigué(*e*) après le travail aux champs.

강- 强- 접두 fort(*e*), puissant(*e*), violent(*e*), sévère, dur(*e*), irraisonnable, s*ec*(*sèche*), fort(*e*). ¶ ~추위 (courte) période sèche et froide. ¶ ~타자 un puissant batteur, un joueur [un batteur] qui frappe fort, un batteur redoutable. ¶ ~펀치 un violent coup de poing. ¶ ~행군 action de forcer le chemin; ((비유적)) surpassement. ¶ ~훈련 l'exercice dur.

강¹ 江 명 fleuve *m*. ¶ 깊은[얕은] ~ un fleuve profond [peu profond]. ¶ ~(물)이 넘쳤다[범람했다] Le fleuve est en crue. ¶ ~(물)이 얼었다 Le fleuve a gelé. ¶ 얼었던 ~(물)이 풀렸다[녹았다] Le fleuve a dégelé. ¶ ~(물)이 흐른다 Le fleuve coule. ¶ ~(물)을 거슬러 올라가다[내려가다] remonter [descendre] un fleuve. ¶ ~(물)을 배로[헤엄쳐] 건너다 passer [traverser, franchir] un fleuve. ¶ ~(물)을 막다 barrer le cours d'un fleuve. ¶ ~을 준설하다 draguer (le lit) d'un fleuve. ¶ ~을 타다 emprunter un fleuve.

*~건너 불구경[~건너 불 보듯 하다] rester impassible devant ((une scène affreuse)), assister à ((une scène horrible)) en spectateur indifférent, agir [se comporter, se conduire] comme si on n'était pas concerné(*e*) ((par une affaire)), rester tout à fait indifférent(*e*), être complètement indifférent(*e*), rester [être] specta*teur*(*trice*) [indifférent(*e*)] ((devant une affaire, devant une bagarre)); regarder (passivement) *qc* sans y prendre part [sans intervenir], regarder ((un spectacle)) avec indifférence [sans s'y mêler], assister à un événement en simple spectateur [en simple observateur], demeurer indifférent(*e*) à *qc*, ne pas réagir, rester les bras croisés; ça lui passe dix pieds au-dessus de la tête ((expression québécoise)).

◆_가 명 bord *m* [berge *f*] d'un fleuve; rive *f*. ¶ ~가의 호텔 hôtel au bord d'un fleuve.

◆_기슭 명 bord *m* d'un fleuve.

◆_나루 명 un passage *m* de fleuve.

◆_남 -南 명 partie *f* de Séoul située au sud du fleuve Han, les quartiers *mpl* de la rive gauche (du fleuve Han à Séoul); sud *m* du fleuve Yangzi(jiang) [du fleuve Bleu {*vx*}]. ¶ ~남 갔던 제비가 돌아오면 다시 봄이 찾아온다 Le retour des hirondelles du sud du fleuve Yangzi(jiang) annonce le printemps.

◆_둑 명 digue *f*; berge *f* d'un fleuve. ¶ ~둑을 따라 걷다 marcher sur le long de la digue d'un fleuve.

◆_물 명 eau *f* d'un fleuve. ¶ 도도히 흐르는 역사의 ~물 le cours de l'Histoire qui coule majestueusement comme un fleuve.

◆_바람 명 le vent *m* du fleuve.

◆_변 -邊 명 bord *m*, rive *f*. ¶ ~변 도로 route au bord d'un fleuve. ¶ ~변 마을 village au bord d'un fleuve. ¶ ~변을 거닐다 se promener le long [sur le bord] du fleuve. ¶ 엄마야 누나야 ~변 살자 Maman, grande sœur, allons vivre au bord du fleuve.

◆_북 -北 명 partie *f* de Séoul située au nord du fleuve Han, les quartiers *mpl* de la rive droite (du fleuve Han à Séoul).

◆_산 -山 명 les montagnes *fpl* et les rivières *fpl*. *십년이면 ~산도 변한다 En dix ans, beaucoup de choses changent.

◆_심 -深 명 milieu(*x*) d'un fleuve.

◆_줄기 명 cours *m* d'eau; courant *m*. ¶ 도도하게 굽이치는 ~줄기 cours d'eau qui serpente majestueusement ((la vallée)).

◆_폭 -幅 명 largeur *f* d'un fleuve. ¶ ~폭이 넓다 Ce fleuve est large.

강² 綱 명 【생물】 classe *f*, espèce *f*, genre *m*.

강간 强姦 명 viol *m*. ¶ 미성년자~ les viols de mineurs. ◇_(을) **하다** violer ((une femme)). ◇_(을) **당하다** être violé(*e*).

◆_범 -犯 명 violeur *m*.

◆_죄 -罪 명 (délit *m* de) viol *m*.

강강수월래 명 *ganggangsuwollae* <danse folklorique de femmes>. ☞ 강강술래

강강술래 명 【민속】 *ganggangsullae* <ronde coréenne où plusieurs personnes forme un cercle; chanson de cette danse>.

강건하다 형 être viril(*e*), vigoureux(*se*), être fort(*e*); ((homme)) être robuste; ((homme, corps)) être vigoureux(*se*). ¶ 강건한 기상 un tempérament vigoureux. ¶ 강건한 정신 un esprit saint et viril. ¶ 강건한 문체 un style vigoureux. ¶ 신체가 ~ avoir une forte [robuste] constitution [une constitution solide]; avoir une santé robuste.

강견 强肩 명 【야구】 défenseur *m* qui a un lancer rapide et précis. ¶ 저 팀의 좌익수는 매우 ~이라 2루 주자가 홈에 들어오는 것은 무리일 겁니다 Ce sera très dur pour le coureur de la deuxième base d'atteindre le marbre [la plaque de but] car le joueur de champ gauche de cette équipe a un lancer rapide et précis.

강경 强硬 어근 fermeté *f*, résolution, vigueur *f*.

◆_하다 형 être fort(*e*), résolu(*e*), vigoureux(*se*), ferme, énergique, inflexible, intransigeant(*e*); être rigoureux(*se*). ¶ ~한 어조로 말하다 parler d'un ton rigoureux. ¶ ~한 태도를 보이다 se montrer inflexible. ¶ ~한 수단을 취하다 prendre des mesures énergiques [rigoureuses, draconiennes, drastiques, radicales]. ¶ 그는 ~하다 Il reste intransigeant. ¶ ~하게 반대하다[주장하다, 항의하다] protester [réclamer] d'une façon vigoureuse.

◆_히 부 fortement, fermement, résolument, vigoureusement.

◆_노선 -路線 명 ligne *f* dure.

◆_책[수단] -策[手段] 명 mesures *fpl* énergiques [rigoureuses, draconiennes, drastiques, radicales].

◆_파 -派 명 partisan(*e*) intransigeant(*e*).

강계 疆界 명 frontière *f* ((d'un état)); limite *f*, bornes *fpl*. ¶ ~를 정하다 fixer [tracer] les limites de *qc*; délimiter la frontière ((entre deux états)).

강골 强骨 명 caractère *m* [tempérament *m*] inflexible [inébranlable]. ¶ ~이다 avoir un caractère [un tempérament] inflexible [inébranlable]. ¶ 그런 고초를 겪고도 버티다니 그 사람 참 ~이다 C'est une personne de caractère inébranlable pour avoir résisté à de telles épreuves.

강공 强攻 명 【운동】 attaque *f* violente. ◇_(을) **하다** [**펴다**] attaquer violemment.

강관 鋼管 명 tuyau(*x*) *m* d'acier.

강괴 鋼塊 명 【광업】 lingot *m* d'acier.

강구 講究 명 recherche *f* d'une solution; délibération *f* sur *qc*. ◇_(를) **하다** rechercher un moyen approprié; délibérer sur *qc* ((pour trouver une solution)). ¶ 대책을 ~하다 délibérer sur les mesures à prendre. ◇_(가) **되다** être en (cour de) délibération.

강국 强國 명 grande puissance *f*; nation *f* puissante. ¶ 사대~ les quatre grandes puissances ((la Chine, la Russie, les États-Unis et le Japon)). ¶ ~대열에 들다[끼다, 오르다] entrer [s'intégrer, faire *son* entrée] dans le monde des grandes puissances. ¶ 세계 ~의 하나로 꼽(히)다[치다] compter parmi les grandes puissances (du monde). ¶ 스포츠 ~ une nation puissante sur le plan sportif.

◆군사_ 명 nation *f* puissante sur le plan militaire.

강권¹ 强權 명 autorité *f*. ¶ ~을 발동하다[행사하다, 휘두르다] faire un coup d'autorité; user de pouvoirs coercitifs.

◆_적 -的 명관 d'une façon autoritaire. ¶ ~적 태도 une attitude autoritaire.

◆_발동 -發動 명 【법률】 mis en exercice ((d'un pouvoir)).

◆_주의 -主義 명 autoritarisme *m*.

◆_통치 -統治 명 régime *m* [gouvernement *m*] autoritaire.

강권² 强勸 명 contrainte *f*. ¶ 누구의 ~에 눌려[못 이겨, 의해] par [sous la] contrainte (de *qc*); de force. ◇_(을) **하다** contraindre *qn* à ((une démarche, faire *qc*)); forcer *qn* à+*inf*; forcer la main à *qn*. ¶ 동행을 ~ forcer *qn* à l'accompagner.

강기 剛氣 명 fermeté *f*, vaillance *f*, intrépidité *f*. ¶ 그 사람은 ~가 있다 Il possède en lui une sorte de vaillance. ¶ 그 사람은 얼굴[맵에 ~가 서려 있다[~를 띠고 있다] On peut remarquer une sorte de fermeté sur son visage [dans ses paroles].

강남콩 江南- 명 ☞ 강낭콩

강낭콩 명 **【식물】** haricot *m* commun, haricot *m* vert ((originaire d'Amérique)); mange-tout *m inv*; *Phaseolus vulgaris* {*nsc*}.

강냉이 명 ☞ 옥수수

강단[1] 剛斷 명 décision *f* [résolution *f*, détermination *f*] ferme; inflexibilité *f*. ◇_**(이) 있다** avoir une décision ferme.

◆**_지다** 형 être ferme, décidé(*e*), inflexible. ¶ 연약해 보여도 저 여자는 ~진 면이 있다 Sous des apparences frêles, elle a des côtés fermes.

◆**_성** -性 명 fermeté *f*, inflexibilité *f*.

강단[2] 講壇 명 chaire *f*; estrade *f*.

*~**에 서다** monter en chaire [sur l'estrade]. ¶ 그는 10년 전부터 ~에 섰다 Il donne des cours depuis plus de dix ans.

*~**을 떠나다** ne plus donner de cours (à l'école); quitter[abandonner] *sa* chaire ((à l'université)).

*~**을 지키다** rester à l'école ((et donner des cours)), conserver *sa* chaire ((à l'université)).

◆**_문학** -文學 명 littérature *f* cérébrale[savante, érudite, docte, absconse].

◆**_비평** -批評 명 critique *f* académique.

◆**_사회주의** -社會主義 명 socialisme *m* de (la) chaire, *Kathedersozialismus m*.

강담 講談 명 discours *m*; conférence *f*. ¶ ~을 듣다 écouter un discours. ◇_**(을) 하다** faire un discours.

강당 講堂 명 ① salle *f* de conférence. ② 학교의 salle *f* de réunion; auditorium *m*.

강대 強大 어근

◆**_하다** 형 être grand(*e*), fort(*e*); être puissant(*e*). ¶ ~한 군사력 une puissante force armée ¶ ~한 제국 une nation puissante

◆**초_국** 超國 명 superpuissance *f*.

강도[1] 強度 명 ① intensité *f*, puissance *f*, force *f*; degré *m* de force. ¶ ~ 높은 훈련 un entraînement de haute intensité. ② 세기 **【물리】** résistance *f* ((des matériaux)).

강도[2] 強盜 명 ① ((사람)) cambrioleur *m*, voleur *m*, bandit *m*, brigand *m*, gangster *m*. ¶ ~에게 가지고 있던 것을 모두 털렸다[뺏겼다] Le voleur a pris tout ce que j'avais / Je me suis fait entièrement dévaliser par des cambrioleurs. ② ((행위)) cambriolage *m*, vol *m* à main armée, brigandage *m*; ((은행)) attaque *f* à main armée ((d'une banque)). ¶ ~ 및 상해죄 cambriolage avec coups et blessures. ◇_**(를) 당하다** être cambriolé(*e*); être victime d'une agression à main armée. ◇_**를 만나다** être cambriolé(*e*), être victime d'un vol ((à l'arraché, par suite d'une menace)) [d'un cambriolage, d'une agression], être volé(*e*) [pillé(*e*), visité(*e*)] par un cambrioleur, avoir la visite d'un cambrioleur. ¶ 나는 밤길[대낮]에 ~를 만났다 J'ai été victime d'un vol (par suite d'une menace) dans la rue la nuit [en plein jour]. ◇_**(가) 들다** être volé(*e*) [pillé(*e*), visité(*e*)] par un cambrioleur, avoir la visite d'un cambrioleur, être cambriolé(*e*), être victime d'un cambriolage. ¶ 우리 집에 ~가 들었다 Notre maison a été volé(*e*) [pillé(*e*), visité(*e*)] par un cambrioleur / Notre maison a été cambriolé(*e*).

◆**_질[짓]** 명 cambriolage *m*.

◆**_살인** -殺人 명 vol *m* avec meurtre; cambriolage *m* et meurtre *m* [homicide *m*].

◆**날_** 명 fieffé(*e*) voleu*r*(*se*). ¶ 저 놈은 칼만 안 들었지 순 ~다 Il n'a pas l'air d'être un voleur, mais en réalité c'en est un. ¶ 이 물건을 거저 달라니 순 ~군 Il me demande cela gratuitement, c'est un fieffé voleur, ma parole!

◆**노상_** 路上- 명 voleur *m* de grand chemin, voleu*r*(*se*) à l'étalage; chapardeu*r*(*se*).

◆**무장_** 武裝- 명 voleur *m* armé.

◆**복면_** 覆面- 명 voleur *m* masqué.

◆**열차_** 列車- 명 attaque *f* d'un train à main armée.

◆**은행_** 銀行- 명 attaque *f* à main armée d'une banque, hold-up *m* d'une banque, braquage *m* {*fam*} d'une banque.

◆**택시_** 명 attaque *f* à main armée d'un taxi.

강도[3] 剛度 명 **【물리】** force *f* résistante; résistance *f*.

강독 講讀 명 lecture *f* avec commentaire; exposé *m* d'un texte; explication *f* de texte. ¶ 원서 ~ exposé d'un manuscrit. ¶ 경전 ~ exégèse [commentaire] des Livres Sacrés. ◇_**(을) 하다** faire une explication de texte, faire le commentaire d'un texte.

강동 江東 명 **【지리】** Gangdong ((région de Chine à l'est du (fleuve) Yangzi(jiang) ou région à l'est de Séoul)).

강둑 江_ 명 berge *f*, quai *m* d'un fleuve; digue *f*, levée *f*.

강등 降等 명 dégradation *f*, rétrogradation *f*; cassation *f* ((d'un officier etc.)); réduction *f* à un grade inférieur [à une classe inférieure]. ◇_**(을) 시키다** dégrader, rétrograder ((un sous-officier)), casser; réduire à un grade inférieur [à une classe inférieure]; descendre *qn* d'une classe. ¶ 사고의 책임을 물어 그를 1계급 ~시켰다 Le tenant pour responsable de l'incident, on l'a rétrogradé au rang de simple soldat. ¶ 장교를 사병으로 ~시키다 rétrograder un officier au rang de simple soldat. ◇_**(이) 되다** être dégradé(*e*), rétrogradé(*e*), être réduit(*e*) à un grade inférieur [à une classe inférieure]. ¶ 주 장군은 반역죄로 인해 일등병으로 ~되었다 Le général Ju a été rétrogradé au rang de simple soldat pour trahison.

강력 強力 어근 ① grand pouvoir *m*, puissance *f*, force *f*, solidité *f*, résistance *f*. ② violence *f*.

◆**_하다** 형 être (très) puissant(*e*), fort(*e*), énergique. ¶ ~한 빛 une lumière intense. ¶ ~한 살충제 un insecticide très efficace [puissant]. ¶ 그 폭탄은 위력이 정말 ~했다 La violence de cette bombe fut vraiment effrayante [atroce, épouvantable]. ¶ ~하

게 주장[만류, 부인, 항의]하다 insister vigoureusement, insister avec force [dissuader fortement; nier fortement; protester vigoureusement].

◆_반[계] -班[係] 명 brigade *f* antigang, brigade *f* de répression et d'intervention ((생략)) B.R.I. *f*.

◆_범 -犯 명 dangereux(*se*) malfai*teur*(*trice*); crime *m* à main armée.

◆_분 -粉 명 farine *f* de blé de force ((type 55 pour le pain, la pâte à pizza)), farine *f* panifiable.

◆_접착제 -接着劑 명 colle *f* forte, glu *f*.

◆_폭약 -爆藥 명 explosif *m* (très) puissant.

강력히 強力- 부 ☞ 강력

강렬하다 형 être fort(*e*), intense, ardent(*e*), violent(*e*), sévère. ¶ 강렬한 빛 une lumière intense. ¶ 강렬한 의지 une forte volonté. ¶ 강렬한 욕구 un désir ardent. ¶ 이 화가는 강렬한 색채를 즐겨 쓴다 Ce peintre aime utiliser des couleurs vives. ¶ 강렬하게 내리쬐는 태양 un soleil qui tape ardemment [fort].

◆강렬함 명 intensité *f*, violence *f*.

강령 綱領 명 points *mpl* essentiels; principes *mpl* généraux. ¶ 정당의 ~ le programme (électoral) d'un parti politique. ¶ 새로운 ~을 채택하다 choisir de nouveaux principes. ¶ 당의 ~을 준수하다 être dans la ligne du parti.

강론 講論 명 ① ((학술의)) exposé *m*, discussion *f*. ② ((교리의)) prédication *f*, prêche *m*, sermon *m*, enseignement *m*. ◇_(을) 하다 expliquer, analyser ((un texte)); exposer point par point ((une théorie)); discuter; prêcher, enseigner.

강림 降臨 명 【천주】 Avent *m*; arrivée *f*; venue *f*, avènement *m*, descente *f*. ◇_(을) 하다 descendre sur la terre. ¶ 성령이 ~하셨다 Le Saint-Esprit est descendu sur terre.

◆성령_절 聖靈-節 명 Pentecôte *f*.

강매 強賣 명 vente *f* forcée. ◇_(를) 하다 forcer à acheter; imposer ((une marchandise)).

강목 綱目 명 【생물】 classification *f*. ¶ ~을 나누다 classifier; ranger par catégories.

강박 強迫 어근 oppression *f*, pression *f*, menace *f*; obsédant(*e*), obsessionnel(*le*).

◆_감 -感 명 obsession *f*, hantise *f*. ¶ ~감을 갖다 avoir [être pris(*e*) d', être en proie à] une obsession. ¶ ~감을 버리다 se débarrasser d'une obsession.

◆_관념 -觀念 명 idée *f* obsédante; obsession *f*, hantise *f*. ¶ ~관념에 빠지다[사로잡히다] être en proie à une obsession; avoir des idées obsédantes.

◆_증 -症 명 trouble *m* obsessionnel compulsif, ((생략)) TOC *m*.

◆_행위 -行爲 명 conduite *f* compulsive (dans la névrose obsessionnelle).

강변 強辯 명 prétention *f*, forte affirmation *f*. ◇_(을) 하다 prétendre, affirmer [soutenir] (avec force) jusqu'au bout, certifier, assurer, protester. ¶ 그는 정의를 위하여 한 일이라고 ~ 했다 Il a prétendu [assuré, certifié] (jusqu'au bout) avoir commis son acte au nom de la justice.

강보 襁褓 명 couverture *f* de bébé ((servant aussi quand on porte le bébé sur le dos)). ¶ ~에 싸인 아기 un bébé enveloppé dans une couverture.

강보합세 強保合勢 명 【경제】 maintien *m* à la hausse ((des taux d'intérêt)). ¶ 주가[부동산 시세]가 여전히 ~를 유지하고 있다 Les cours de la bourse [Les cours immobiliers] sont continuellement à la hausse [sont en hausse continuelle].

강사[1] 講士 명 orateur *m*, conférenci*er*(*ère*). ¶ ~가 등단했다 Le conférencier est monté à la tribune. ¶ 누구를 ~로 초빙하다[모시다, 모셔오다] inviter [faire venir] *qn* pour donner une conférence.

◆초청[초빙]_ 招請[招聘]- 명 conférenci*er*(*ère*) invité(*e*).

강사[2] 講師 명 chargé(*e*) de cours; lec*teur*(*trice*). ¶ ~를 구하다 chercher [avoir besoin d']un(*e*) lec*teur*(*trice*). ¶ 대학에 ~로 나가다 être chargé(*e*) de cours [lec*teur*(*trice*)] à l'université.

◆대학_ 大學- 명 chargé(*e*) de cours; lec*teur*(*trice*).

◆시간_ 時間- 명 chargé(*e*) de cours.

◆전임_ 專任- 명 maître *m* de conférence.

◆학원_ 學院- 명 lec*teur*(*trice*) dans un institut (privé).

◆_료 -料 명 rémunération *f* d'un chargé de cours.

◆_실 -室 명 salle *f* des lecteurs[chargés de cours].

강산성 強酸性 명 forte acidité *f*. ¶ ~을 띠다 avoir une forte acidité. ¶ ~의 시약 un réactif très acide.

강생 降生 명 【기독】 incarnation *f*. ¶ 그리스도[천주]의 ~ L'incarnation du Christ [L'incarnation]. ◇_(을) 하다 s'incarner. ¶ 그리스도는 인간의 구원을 위해 인간의 모습으로 ~하셨다 Le Christ s'est incarné en homme [a pris forme humaine] pour sauver les êtres humains.

◆_구속 -救贖 명 【기독】 incarnation *f* et rédemption *f*.

강선 腔線 명 rayure *f*.

강설[1] 講說 명 conférence *f*, cours *m*. ◇_(을) 하다 faire une conférence; donner un cours; parler sur ((un sujet)).

강설[2] 降雪 명 chute *f* de neige. ¶ 심한 ~때문에 서울-강릉 간 교통이 두절되었다 Suite à de fortes chutes de neige, la circulation est interrompue entre Séoul et Gangneung.

◆_량 -量 명 précipitations *fpl* nivales. ¶ ~량이 50센티에 이르렀다 Il est tombé 50 centimètres de neige.

강성 強性 명 dureté *f*, fermeté *f*, solidité *f*. ¶ 이번 내각에는 ~인사들이 대폭 기용되었다 Dans le gouvernement actuel ont été nommés essentiellement [en majorité] des responsables à la personnalité solide [des titulaires à forte personnalité]. ¶ ~을 보이다 se montrer ferme [inflexible], faire preuve de fermeté.

강성하다 強盛- 형 être vigoureux(*se*), énergique,

puissant(*e*), prospère ¶ 이 나라는 옛날에 강성한 국력을 지녔었다 Ce pays avait autrefois une puissance prospère.

강세 强勢 명 ① tendance *f* à la hausse. ¶ 금융 관련주가 ~에서 약세로 돌아섰다 Les valeurs bancaires relancées à la hausse ont tourné à la baisse. ¶ 엔화[주식] 시세가 계속 ~이다 Les cours du yen [de la Bourse] sont continuellement à la hausse / Les cours du yen [de la Bourse] sont en hausse continuelle. ② 【언어】 accent *m* tonique [d'intensité]. ¶ 이 단어는 첫째 음절에 ~가 온다 Ce mot s'accentue [est accentué] sur la première syllabe. ◇_**를 보이다[띠다]** ((les cours de la bourse)) être affiché(*e*) à la hausse, afficher une hausse. ¶ 주식이 ~를 띠고 있다 Les valeurs boursières [Les actions] sont à la hausse [sont en hausse] / Le cours du marché [des actions (à la Bourse)] est en hausse / Le marché est à la hausse.

강속구 强速球 명 【운동】 puissance *f* et vitesse *f* d'une balle (lancée) ((au baseball)). ¶ 이 투수는 시속 150킬로미터의 ~를 던진다 La vitesse de balle de ce lanceur atteint les 150 km/h.

강수 降水 명 précipitations *fpl* (atmosphériques).

◆_**계** -計 명 pluviométrie *f*.

◆_**량** -量 명 précipitations *fpl*.

◆**연_량** 年-量 명 précipitations *fpl* annuelles.

◆_**일수** -日數 명 précipitations *fpl* journalières.

강술[1] 명 ☞ 깡술

강술[2] 講述 명 conférence *f*, cours *m*. ◇_(을) **하다** faire une conférence, donner un cours.

강습[1] 强襲 명 assaut *m* violent; charge *f*; attaque *f* impétueuse. ¶ 3루수 앞 ~ 안타로 1루에 진출하다 atteindre la première base [le premier but] sur un roulant [sur un simple] devant le joueur de troisième base. ¶ 태풍의 ~으로 큰 피해를 입다 subir des dégâts importants suite aux ravages d'un violent typhon. ◇_(을) **하다** donner l'assaut; livrer un assaut ((contre une position)); assaillir ((une troupe)); attaquer ((l'ennemi)) avec impétuosité.

강습[2] 講習 명 cours *m* d'instruction [d'entraînement]; conférence *f*, stage *m*; recyclage *m*. ¶ 요리 ~을 다니다[나가다] suivre [assister à] des cours de cuisine. ¶ 꽃꽂이 ~ un cours d'art floral. ◇_(을) **하다** donner des cours; organiser un stage. ¶ 그는 스키학교에서 스키 ~을 해 주었다 Il m'a donné des cours dans une école de ski / Il m'a enseigné le ski dans une école (de ski). ◇_(을) **받다** suivre un cours ((d'été)); participer à un stage; faire un stage. ¶ 그들은 방학 동안에 수영~을 열심히 받았다 Ils ont suivi assidûment des cours de natation pendant les vacances.

◆_**생** -生 명 stagiaire, participant(*e*), audi*teur*(*trice*).

◆_**소** -所 명 école *f* ((de natation)).

◆_**회** -會 명 cours *mpl* réguliers. ¶ 요리 ~회를 열다 ouvrir des cours de cuisine.

◆**하계[동계]**_ 夏季[冬季]_ 명 cours *m* [stage *m*] d'été [d'hiver].

강시 僵屍 명 cadavre *m* (de *qn* qui est mort de froid).

강신 降神 명 ((제사; 굿)) descente *f* d'un esprit (divin); adombrement *m*. ◇_(을) **하다** ((en parlant d'un esprit divin)) descendre, pénétrer (temporairement) le corps de *qn*.

◆_**굿** 명 cérémonie *f* au cours de laquelle une apprentie-chamane devient chamane en recevant dans son corps un esprit divin qui va devenir son maître.

◆_**무** -舞 명 danse *f* d'une chamane adombrée[habitée].

◆_**술** -術 명 spiritisme *m*.

◆_**자** -者 명 spirite.

강심장 强心臟 명 dur(*e*) à cuir {*fam*}. ¶ ~의 소유자 un(*e*) dur(*e*) à cuir {*fam*}. ¶ 아무리 ~이라 해도 그 영화를 보면 놀라지 않을 수 없다 On a beau être un(*e*) dur(*e*) à cuir comme toi, on ne peut pas être indifférent à [étonné par] cette scène.

강심제 强心劑 명 cardiotonique *m*, tonicardiaque *m*; tonique *m* pour le cœur. ¶ ~를 맞다 se faire injecter un tonicardiaque [un cardiotonique]. ¶ ~를 먹다 prendre un cardiotonique.

강아지 명 petit chien *m*; jeune chien *m*, chiot *m*. ¶ ~를 낳다 mettre bas [mettre au monde] des chiots. ¶ ~처럼 뛰놀다 s'amuser comme des petits fous.

◆_**풀** 명 【식물】 vulpin *m*; *Setaria viridis* {*nsc*}.

강안 江岸 명 berge *f*, rive *f* (d'un fleuve). ¶ 배가 ~에 닿았다 Le navire a atteint les rives (du fleuve).

강압 强壓 명 oppression *f*, répression *f*, pression *f*, coercition *f*, autorité *f*. ¶ 선배의 ~에 못 이겨 cédant à la pression [au pouvoir] d'un aîné. ¶ 선배의 ~으로 sous la pression d'un aîné. ◇_(을) **하다** opprimer ((une opinion, la liberté)); réprimer ((une insurrection)). ¶ 부모님들은 아들이 대학에 가도록 ~하였다 Les parents ont forcé leur fils à aller à l'université.

◆_**적** -的 명관 répressi*f*(*ve*), coerciti*f*(*ve*). ¶ ~적인 방법은 좋지 않다 Une méthode trop autoritaire n'est pas toujours bonne. ¶ 너무 ~적으로 하면 반발이 생길 우려가 있다 Si l'on est trop dur [coercitif, autoritaire], l'enfant peut se révolter [réagir violemment] / Une éducation trop rigide [autoritaire] peut entraîner une réaction violente [une révolte] chez l'enfant. ¶ 그 남자의 부모는 거의 ~적으로 그를 대학에 가게 했다 Ses parents l'ont pratiquement [quasiment] forcé à aller à l'université.

◆_**수단** -手段 명 mesure *f* répressive; moyen *m* oppressif; moyen *m* coercitif.

◆_**정책** -政策 명 politique *f* d'oppression [de répression].

◆_**정치** -政治 명 politique *f* d'oppression, despotisme *m*.

강약 强弱 명 force *f* et faiblesse *f*; intensité *f* ((d'un son)). ¶ 진동의 ~ force et faiblesse de la vibration. ¶ ~을 조절하다 maîtriser la force et la faiblesse.
◆_**부동** -不同 명 ((서로 상대가 되지 않음)) trop grande différence *f* de niveaux, différence *f* de niveaux trop importante [incomparable]. ¶ 그들은 ~부동하다 Il y a une trop grande différence de niveaux entre eux / Il y a [existe] un trop grand décalage entre eux / Ils ne sont pas comparables / Ils ne jouent pas dans la même catégorie / La comparaison entre eux n'est pas possible / Ce n'est même pas la peine de les comparer / Leur niveau est incomparable / Il [Ce joueur] est incomparablement meilleur que l'autre / Il vaut cent fois mieux que lui{*fam*} / Il n'y a pas photo {*fam*} entre eux.
◆_**부호** -符號 명 【음악】 indication *f* de nuance.
강역 疆域 명 【고어】 ① 국경 frontière *f*. ② 국경 안, 영토의 구역 territoire *m*, domaine *m*.
강연 講演 명 conférence *f*, discours *m*; allocution *f*. ¶ 총리의 텔레비전 ~ une allocution télévisée du Premier ministre. ¶ 한국사에 관한 그의 ~ sa conférence sur l'histoire de la Corée. ¶ 그 사람의 ~은 훌륭하다[서툴다] C'est un excellent [mauvais] orateur. ¶ ~조로 말하다 parler d'un ton oratoire. ¶ 누구에게 ~을 청하다[부탁하다] demander à *qn* de faire [de donner] une conférence. ¶ 나는 그의 철학 ~을 재미있게 들었다 J'ai suivi sa conférence sur la philosophie avec intérêt. ◇_(을) **하다** donner [faire] une conférence; faire [prononcer] un discours. ¶ 오늘날의 프랑스 문학이라는 연제로 ~을 하다 faire une conférence sur la littérature française d'aujourd'hui.
◆_**료** -料 명 honoraires *mpl d'un conférencier.*
◆_**장** -場 명 salle *f* de conférence.
◆**공개_회** 公開會 명 conférence *f* publique.
◆**무료[유료]_** 無料[有料]- 명 conférence *f* gratuite[payante].
◆**시국_** 時局 명 conférence *f* sur les actualités politiques, conférence *f* sur la situation politique actuelle.
강염기 强鹽基 명 base *f* forte.
◆_**성** -性 명 basicité *f* forte.
강요 强要 명 contrainte *f*. ¶ 누구의 ~에 못 이겨 en cédant à la contrainte de *qn*. ¶ ~에 의한 자백 confession sous la contrainte, confession forcée. ◇_(를) **하다** forcer [contraindre] *qn* à+*inf*. ¶ 복종을 ~하다 forcer *qn* à obéir. ¶ 자백을 ~하다 forcer une confession. ¶ 자기 의견을 남에게 ~하다 imposer *son* opinion à *qn*. ¶ 술을 마시라고 ~하다 forcer *qn* à boire. ◇_(를) **당하다[받다]** être contraint(*e*) à+*inf*. ¶ 친구로부터 물건을 사달라는[사달라고] ~를 당하다[받다] être poussé(*e*) [entraîné(*e*), obligé(*e*), forcé(*e*)] par un ami à acheter *qc* [à faire un achat]. ¶ 그는 이사장으로부터 사직을 ~당했다 Il a été révoqué de force par le directeur général. ◇_(가) **되다** être exigé(*e*). ¶ 어머니에게는 한평생 가족들을 위한 희생만이 ~되었다 Pendant toute sa vie, ma mère a dû se sacrifier pour sa famille.
강우 降雨 명 pluie *f*, chute *f* de pluie; précipitation *f* (atmosphérique).
◆_**계** -計 명 pluviomètre *m*.
◆_**기** -期 명 période *f* pluvieuse.
◆_**량** -量 명 quantité *f* d'eau tombée; pluviosité *f* ((d'une région)). ¶ 금년은 예년에 비해 ~량이 많았다 Cette année, on a eu une lourde pluviosité [beaucoup de pluie] par rapport aux autres années [par rapport aux années précédentes].
◆**인공_** 人工- 명 pluie *f* artificielle.
강원 江原 명 【지리】 région *f* du Gangwon.
강음 强音 명 【음악】 note *f* accentuée.
강의 講義 명 cours *m* ((d'histoire, de chimie)). ¶ 불어[불작문] ~ cours de français [de thème français]. ¶ 통신 ~ cours par correspondance. ¶ 라디오[TV] 방송 ~ cours radiodiffusé [télédiffusé]. ¶ ~의 내용을 (노트에) 적다 prendre les notes d'un cours. ¶ 대학에 ~를 나가다 être chargé(*e*) de cours à l'université. ¶ ~를 맡다 être chargé(*e*) d'un cours. ¶ 그는 이번 새 학기에는 ~를 맡지 않았다 Il ne va pas faire de cours ce semestre. ¶ 그는 지난 학기 민 교수의 ~를 들었다 Il a suivi le cours du professeur Min le semestre dernier. ¶ 그 선생님 ~는 따라가기가 어렵다 Il est difficile de suivre le cours de ce professeur. ¶ ~에 출석하다 assister à un cours. ¶ ~에 빠지다[결석하다, ~를 빼먹다] manquer un cours [être absent(*e*), sécher {*arg*} (un cours)]. ¶ ~ 중에 밖으로 나가지 마시오 Ne pas sortir pendant le cours. ¶ 이번 학기에는 ~가 너무 많다 J'ai trop de cours ce semestre. ◇_(를) **하다** faire [donner] un cours. ¶ 그는 금년에 프랑스 혁명에 대한 ~를 했다 Cette année, il a consacré son cours à la Révolution Française. ◇_**가 있다[없다]** avoir des cours [ne pas avoir de cours]. ¶ 나는 내일 ~가 없다 Je n'ai pas de cours demain. ¶ 나는 두 시부터 ~가 있다 J'ai un cours à partir de 2 heures de l'après-midi.
◆_**록** -錄 명 notes *fpl* de l'enseignant pour son cours.
◆_**노트** 명 notes *fpl* de cours; ((강의록)) notes *fpl* de l'enseignant pour son cours.
◆_**시간** -時間 명 heure *f* de cours. ¶ ~ 시간 중에 pendant la durée du cours, durant le cours, pendant l'heure du cours, pendant les heures de cours.
◆_**실** -室 명 salle *f* de cours.
◆**공개_** 公開 명 cours *m* public; conférence *f*. ¶ 프랑스 문학 공개~ conférence sur la littérature française.
강인성 强靭性 명 ténacité *f*, dureté *f*, solidité *f*. ¶ ~을 보이다 manifester *sa* ténacité.
강인하다 强靭- 형 être dur(*e*), tenace, résistant(*e*); être fort(*e*), solide, inflexible, opiniâtre, obstiné(*e*). ¶ 강인한 의지 volonté de fer. ¶ 강인한 체력 solide

vigueur corporelle. ¶ 체력이 ~ avoir une forte résistance corporelle.

강자 强者 명 homme *m* fort, le fort *m*. ¶ ~와 약자 le fort et le faible. ¶ 이 회사가 자동차업계의 새로운 ~로 떠올랐다 Cette société a montré sa toute nouvelle force dans le domaine de l'industrie automobile. ¶ 그 여자는 이 분야의 ~다 Elle est forte dans ce domaine.

강자성 强磁性 명 【물리】 ferromagnétisme *m*. ¶ ~을 띤 물체 objet ferromagnétique.

◆_**체** -體 명 matière *f* [substance *f*] ferromagnétique.

강장강장 부 à petits pas pressés. ¶ ~ 뛰다 trottiner [courir] à petits pas pressés. ¶ ~ 걷다 marcher à petits pas pressés.

강장동물 腔腸動物 명 【생물】 cœlentérés *mpl*. ¶ 해파리는 ~에 속한다 La méduse fait partie des cœlentérés.

강장제 强壯劑 명 tonifiant *m*, médicament *m* tonique. ¶ ~를 복용하다 prendre un tonifiant [un médicament tonique].

강재 鋼材 명 matériaux *mpl* d'acier.

강적 强敵 명 ennemi *m* redoutable; ((스포츠)) riv*al*(*ale*, *aux*) puissant(*e*, *s*), adversaire *m* redoutable [puissant, de taille], grand joueur *m*; ((팀)) équipe *f* puissante [redoutable, valeureuse], grande équipe *f*. ¶ ~을 만나다 tomber sur un adversaire redoutable [un adversaire de taille, un grand joueur, une très grande équipe]. ¶ ~을 물리치다 vaincre un adversaire redoutable [un adversaire de taille, un grand joueur]; vaincre une grande équipe. ¶ 단결하여 ~에 대항하다 s'unir [faire bloc] contre un ennemi puissant [redoutable]. ¶ 우리들은 ~과 상대해야 했다 Il nous a fallu affronter une équipe redoutable [une grande équipe]. ¶ 이틀 밤을 새고도 멀쩡하니 참 ~이다 Il tient bien le coup [Il résiste bien, Il est résistant, Il est toujours en forme, Il est toujours frais et dispos] même après 2 nuits blanches, c'est vraiment un surhomme! / Pour avoir enduré deux nuits blanches (consécutives) et rester le même, c'est vraiment un surhomme [quel sacré gaillard {*fam*}]!

강점[1] 强點 명 le (point *m*) fort *m* ((de *qn*)). ¶ 그의 ~은 시련에 부딪쳐도 좌절하지 않는 데에 있다 Son fort, c'est de ne pas se décourager face aux épreuves. ¶ 이것이 그의 ~이다 C'est son (point) fort.

강점[2] 强占 명 occupation *f* par la force. ¶ 일제의 ~ 하에서 sous l'occupation imposée par les Japonais, sous l'occupation coloniale japonaise [des Japonais]. ¶ 토지의 ~ occupation des terres [d'un territoire] par la force. ◇_(을) **하다** occuper par la force [de force], occuper militairement. ¶ 적군은 무력으로 우리 땅을 ~했다 L'ennemi a pris notre territoire par la force militaire. ◇_(을) **당하다** [(이) **되다**] être occupé(*e*) de force, subir l'occupation militaire [par la force]. ¶ 일제에 ~되었던 조국 notre patrie occupée de force pendant la colonisation japonaise.

강정 명 *gangjeong m* <gâteau traditionnel de farine (de riz glutineux)>.

◆**깨** 명 *gangjeong m* au sésame.

◆**찹쌀** 명 *gangjeong m* de riz glutineux.

강제 强制 명 contrainte *f*, coercition *f*. ¶ ~ 결혼 mariage forcé. ¶ ~ 사역 travail forcé. ◇_(를) **하다** contraindre [obliger] *qn* à+*inf*; exiger, imposer ((un sacrifice)).

◆_**로** 부 par contrainte, par (la) force; de force. ¶ ~로 결혼시키다 marier *qn* par contrainte [de force], forcer *qn* à se marier. ¶ ~로 수용하다 détenir dans un camp (de prisonniers).

◆_**적** -的 명관 obligatoire, imposant(*e*). ¶ 그의 권유는 거의[반] ~적이었다 Sa proposition était presque un ordre. / Sa proposition a été à moitié imposante.

◆_**성** -性 명 contraignant(*e*); par contrainte, de [par] force. ¶ 일에 ~성을 부여하다 rendre une affaire contraignante. ¶ 이 일은 ~성이 있다[없다] Cette affaire est [n'est pas] contraignante.

◆_**권** -權 명 【법률】 (droit *m* de) coercition *f*; pouvoir *m* coercitif.

◆_**노동** -勞動 명 travaux *mpl* forcés; trav*ail*(*aux*) *m* obligatoire(*s*).

◆_**력** -力 명 force *f* coercitive.

◆_**송환** -送還 명 rapatriement *m* forcé.

◆_**수용소** -收容所 명 camp *m* de concentration.

◆_**집행** -執行 명 exécution *f* forcée.

◆_**처분** -處分 명 【법률】 liquidation *f* par les autorités.

강조 强調 명 insistance *f*. ¶ 불조심 ~ 주간 semaine consacrée à la prévention du feu. ¶ 자주국방에 대한 ~ insistance sur la défense nationale indépendante. ◇_(를) **하다** ① 역설하다 souligner ((l'importance d'un événement)); insister; mettre l'accent sur; appuyer sur ((un point)). ¶ 이 문제는 아무리 ~해도 지나칠 것이 없다 On ne saurait trop insister sur cette question. ¶ 대통령은 취임사에서 경제 안정을 특히 ~했다 Au cours [Au moment] de son investiture, le président de la République a surtout insisté sur la stabilisation économique. ¶ 그는 물가를 10퍼센트 이내로 억제해야 한다고 ~했다 Il a surtout souligné qu'il fallait enrayer l'inflation avec l'objectif [comme objectif] de passer en dessous de dix pour cent. ② 두드러지게 하다 accentuer; faire ressortir ((le rouge)). ¶ 눈가의 색조를 ~한 화장 maquillage qui a mis l'accent sur les couleurs des ombres à paupières. ¶ 이 그림은 어둠이 짙게 깔린 하늘을 ~했다 Ce tableau a fait ressortir le ciel par l'intensité des ombres. ◇_(가) **되다** être intensifié(*e*); être mis(*e*) en valeur. ¶ 내 생각에 그 점이 별로[충분히] ~되지 않은 것 같다. Je pense que ce point n'est pas suffisamment souligné [mis en valeur].

◆_**법** -法 명 【언어】 emphase *f*, accentuation *f*,

accent *m* d'intensité. ¶ ~법을 써서 표현하다 exprimer *qc* avec emphase.

◆_점 -點 명 point *m* d'insistance.

강좌 講座 명 ① chaire *f*, tribune *f*. ② cours *m*. ¶ ~ 안내 guide des cours. ¶ ~를 열다[개설하다] ouvrir [créer] un cours. ¶ ~를 폐지[폐쇄]하다 clore [fermer, arrêter] un cours. ¶ 나는 한 학기에 두 ~를 듣는다 J'ai deux cours à suivre par semestre. ¶ 그 선생님이 이 ~를 담당한 교수다 C'est le professeur qui est chargé de ce cours. ③ 【불교】 séances *fpl* d'exégèse des textes bouddhiques.

◆공개_ 公開- 명 cours *m* public.

◆교양_ 教養- 명 cours *m* de culture générale ((beaux-arts, musique, théâtre, éducation physique)) accessible à tous les étudiants.

◆통신_ 通信- 명 cours *m* par correspondance.

◆특별_ 特別- 명 cours *m* spécial.

◆하기_ 夏期- 명 cours *mpl* d'été.

강직하다 剛直- 형 être droit(*e*), incorruptible, inflexible, juste; être rigide. ¶ 강직한 사람 homme droit [honnête]. ¶ 강직한 성품 caractère inflexible.

강진 強震 명 secousse *f* sismique très forte; violent *m* séisme *m* [tremblement *m* de terre]. ¶ 이 지역에 진도 7의 ~이 발생하여 수천 명의 사상자를 냈다 Un violent séisme de 7 degrés sur l'échelle de Richter a frappé cette région et a causé plusieurs milliers de morts et de blessés.

강짜 명 jalousie *f* excessive [déraisonnable, pathologique]. ◇_(를) **부리다[놓다]** se montrer très [excessivement] jaloux(*se*), montrer une jalousie déraisonnable, être terriblement jaloux(*se*) de *qn*. ◇_(가) **나다** être excessivement jaloux(*se*) de *qn*, manifester une jalousie pathologique.

강철 鋼鐵 명 acier *m*. ¶ ~로 만든 d'acier, en acier. ¶ ~같은 성격의 소유자 homme au caractère d'acier.

◆_관 -管 명 tube *m* d'acier.

◆_판 -板 명 plaque *f* d'acier.

강청 強請 명 demande *f* persistante. ¶ 그 사람의 ~에 못 이겨 도움을 약속하였다 Forcé par sa demande persistante, je lui ai promis de l'aider. ◇_(을) **하다** requérir; importuner *qn* de ses demandes; imposer, forcer, contraindre. ¶ 무엇을 해 달라고 ~을 하다 importuner [requérir] *qn* de+*inf*.

강촌 江村 명 hameau(*x*) *m* au bord d'un fleuve. ¶ 이 ~ 풍경이 매우 수려하다 Le paysage de ce hameau situé au bord du fleuve est très pittoresque. ¶ ~에 살다 vivre au bord d'un fleuve.

강추위 強- 명 grand froid *m*, *froid m glacial* [*sibérien*]; froid *m* vif [aigu]; froid *m* de canard {*fam*}. ¶ ~를 이겨내다 survivre au grand froid, surmonter le grand froid. ¶ 영하 20도를 밑도는 ~가 엄습했다 Un grand froid [Un froid glacial] au-dessous de moins 20 degrés a sévi [est survenu]. ¶ 이런 ~는 10년 만에 처음이다 C'est la première fois depuis 10 ans que l'on a un grand froid pareil. ¶ 열흘 전부터 ~가 계속되고 있다 Le grand froid sévit depuis 10 jours. ¶ 오늘은 대단한 ~다 Aujourd'hui il fait vraiment très froid.

강치 명 【생물】 otarie *f*.

강타 強打 명 ① ((donner un)) coup *m* violent. ¶ 홍 선수의 ~가 상대의 턱에 작렬했다 Le coup violent du boxeur Hong a heurté très fort le menton de l'adversaire. ② ((태풍)) ravages *mpl*, dévastation *f*. ◇_(를) **하다** ① frapper fort [dur, durement, brutalement, violemment, avec violence]. ¶ 그 타자는 제1구를 ~했다 Ce batteur a frappé très fort la première balle. ② ravager, dévaster. ¶ 태풍이 동해안을 ~했다 Le typhon a ravagé la côte est. ◇_(를) **당하다** être frappé(*e*) durement [dur, brutalement, violemment, avec violence]. ¶ 제1구를 ~당해 우리 팀은 홈런을 얻어맞았다 À cause de la première balle renvoyée si loin, notre équipe a été victime d'un *home run*. ¶ 가슴을 ~당하다 recevoir un coup violent à la poitrine.

강타자 強打者 명 【운동】 frappeur *m* [((퀘벡)) batteur *m*] redoutable. ¶ 투수가 두려워하는 ~ le puissant frappeur qui fait peur au lanceur.

강탈 強奪 명 extorsion *f*, exaction *f*; action de s'approprier *qc* par la violence. ◇_(을) **하다** extorquer *qc* à *qn*; arracher par la force *qc* à *qn*; s'emparer de *qc*. ¶ 소지품을 ~하다 dévaliser *qn*, dépouiller ((un passant)). ¶ 강도가 우리에게 총을 들이대고 상품을 ~해 갔다 Le brigand nous a extorqué nos marchandises en nous menaçant avec son pistolet. ◇_(을) **당하다** être dépouillé(*e*), dévalisé(*e*); se faire dépouiller [dévaliser, dérober, prendre, voler]. ¶ 가진 돈을 모두 ~ 당하다 se faire dépouiller par la force de tout *son* argent, se faire dérober [prendre, voler] par la force tout *son* argent.

강토 疆土 명 territoire *m*. ¶ 조국 ~를 빼앗기다 perdre la souveraineté du territoire national [de *sa* patrie], perdre la souveraineté nationale.

강파르다 형 ① 마르다 être maigre, décharné(*e*), étique; être susceptible. ¶ 몸이 ~ être efflanqué(*e*). ② 까다롭고 괴팍하다 être méticuleux(*se*), difficultueux(*se*), difficile. ¶ 성격이 ~ être méticuleux(*se*), difficulteux(*se*), difficile, ne pas avoir un caractère facile.

강판[1] 薑板 명 râpe *f* ((à fromage)). ¶ ~에 사과를 갈다 râper une pomme.

강판[2] 鋼板 명 ① 강철판 plaque *f* en acier. ② 줄판 【출판】 cliché *m* en acier.

강판[3] 降板 명 【운동】 renvoi *m* au vestiaire ((d'un lanceur au baseball)). ◇_(을) **시키다** chasser ((un lanceur)) de son monticule, renvoyer ((un lanceur)) au vestiaire. ¶ 감독은 투수를 4회에 ~시킬 수밖에 없었다 L'entraîneur a été obligé de renvoyer le lanceur au vestiaire lors de la quatrième manche. ◇_(을) **당하다** être chassé(*e*) de *son* monticule, être renvoyé(*e*) au vestiaire. ¶ 저 투수는 초반에 실점을 많이 하고 ~당했다 Ce lanceur a été renvoyé au vestiaire [chassé de son monticule] à cause d'une trop grande perte de points au début de la partie.

강평 講評 명 jugement *m*, critique *f*, remarque *f*, observation *f*. ¶ 그의 발표에 대해 ~을 부탁합니다 Veuillez nous faire part de vos remarques sur son exposé. ◇_(을) **하다** porter un jugement sur *qc*; faire la critique de *qc*; faire des remarques [des observations] sur *qc*. ¶ 이 작품에 대해 김 선생님이 ~해 주시겠습니다 M. Kim va nous donner ses observations sur cet ouvrage.

◆**_회** -會 명 réunion *f* de critiques ((littéraires ou cinématographiques)).

강풍 強風 명 vent *m* fort [violent]; grand vent *m*; bise *f*. ¶ ~이 몰아치다 Il vente très fort. / Il y a un vent très fort. / Il y a un grand vent.

강하 降下 명 descente *f*, chute *f*, tombée *f*, baisse *f*. ¶ 기온의 ~ baisse de température. ¶ 전압 ~ diminution de voltage. ◇_(를) **하다** descendre, baisser. ¶ 고도 500미터까지 ~하다 descendre jusqu'à 500 mètres d'altitude.

◆**급_** 急- 명 brusque chute *f* ((de température)); ((항공)) piqué *m*. ¶ 급~ 폭격 un bombardement en piqué. ¶ 기온의 급~로 인해 à cause de la brusque chute de température. ¶ 기온이 급~하였다 La température est descendue brusquement [a brusquement chuté]. ¶ ((비행기가)) 급~하다 faire un piqué.

◆**방사성_물** 放射性-物 명 retombées *fpl* radioactives.

강하다 強- 형 ① être fort(*e*), puissant(*e*), violent(*e*). ¶ 강한 나라 grande puissance, nation puissante. ¶ 강한 바람 un coup de vent violent. ¶ 강한 의지 une forte volonté, une volonté de fer. ¶ 가장 강한 자가 이기기 마련이다 C'est toujours le plus fort qui gagne. ¶ 강한 저항을 받다 affronter une forte résistance. ② 튼튼하다 être vigoureux(*se*), robuste, solide. ¶ 체력이 강한 사람 homme à forte vigueur physique. ¶ 의지가 강한 사람 homme à la volonté de fer. ③ 강렬하다 être vi*f*(*ve*), violent(*e*); ((성격)) être ferme, inflexible. ¶ 그 친구는 개성이 ~ Il a une forte personnalité. ¶ 강하게 나오다 prendre une attitude décidée [ferme]; se montrer agressi*f*(*ve*). ¶ 도수가 강한 술 un alcool fort ((degré alcoolique élevé)). ④ 잘 하다 être fort(*e*), bon(*ne*) doué(*e*), exceller ((en *qc*)). ¶ 이 팀은 원정 경기에 ~ Cette équipe est efficace [redoutable] sur terrain adverse. / Cette équipe gagne souvent ses matchs à l'extérieur. ¶ 이 학생은 수학에 ~ Cet élève est fort [doué, bon, fortiche {*fam*}] en mathématiques. ⑤ 질기다 être résistant(*e*), durable. ¶ 병충해에 강한 식물 une plante résistante aux ravages des insectes et aux maladies. ¶ 이 식물은 생명력이 ~ Cette plante a une forte vigueur.

◆**강해지다** 자 devenir fort(*e*) [robuste].

강해 講解 명 lecture *f* explicative, exégèse *f*. ¶ 성서 ~ la lecture explicative de la Bible, l'étude de la Bible. ◇_(를) **하다** faire une lecture explicative; étudier et expliquer, expliquer et faire comprendre. ¶ 학생들에게 프랑스어 원서를 쉽게 ~하여 주었다 On a fait aux élèves une lecture explicative du texte originel en français.

강행 強行 명 exécution *f* à tout prix [forcée]; exécution forcée; ((법률)) application *f* ((d'une loi)) par la force; mise *f* en vigueur malgré l'opposition. ◇_(을) **하다** faire *qc* à tout prix; imposer *qc*. ¶ 빗속에서 시합을 ~하다 disputer un match en dépit de la pluie; (s')imposer un match sous la pluie. ¶ 여당은 야당의 반대에도 불구하고 무리하게 표결을 ~하려고 했다 La majorité a essayé d'imposer le vote malgré l'opposition. ¶ 가택수색을 ~하다 perquisitionner (de force). ◇_(이) **되다** être imposé(*e*). ¶ 공사가 ~되었다 Les travaux ont été imposés.

강행군 強行軍 명 action de forcer le chemin; ((비유적)) surpassement *m*. ◇_(을) **하다** forcer le chemin, faire une marche forcée; ((비유적)) se surpasser. ¶ 눈보라가 치는 밤길을 ~하다 forcer le chemin la nuit malgré la tempête [rafale] de neige. ¶ 그 사람은 ~을 해서라도 일을 기한 내에 끝마치려고 한다 Il veut terminer à tout prix le travail dans les délais fixés [impartis] même s'il doit se surpasser [s'épuiser à la tâche].

강호¹ 強豪 명 ((스포츠)) adversaire *m* puissant [redoutable, de taille], riv*al*(*ale*, *aux*) puissant(*e*,*s*); ((팀)) équipe *f* puissante [redoutable, valeureuse], grande équipe *f*. ¶ ~ 일본을 물리치다 vaincre la grande [la valeureuse, la redoutable] équipe japonaise. ¶ 여러 ~들을 물리치고 결승에 진출했다 On s'est qualifiés pour la finale [On a gagné notre place en finale] après avoir éliminé les plus grandes équipes [les meilleurs équipes, de très grandes équipes, des équipes redoutables]. ¶ ~를 만나 힘겨운 승리를 거두다 remporter une victoire difficile [douloureuse, à l'arraché] sur une équipe redoutable, arracher la victoire sur une équipe redoutable. ¶ ~들이 격돌했다 Les meilleurs joueurs [Les plus grands joueurs] se sont affrontés [se sont rencontrés]. / ((테니스)) Les têtes de série se sont affrontées. / ((팀)) Les grandes [meilleures] équipes [Les équipes les plus fortes, Les équipes les plus aguerries] se sont affrontées.

강호² 江湖 명 ① fleuve *m* [rivière *f*] et lac *m*. ¶ ~에 낚싯대를 드리우다 lancer la [une] ligne [canne à pêche] dans la rivière. ② 자연 nature *f*. ¶ ~에 묻혀 살다 vivre dans la nature, vivre en pleine nature. ¶ ~로 돌아가다 faire un retour à la nature, retourner à la nature. ③ 은신처 lieu(*x*) *m* de retraite d'un lettré; refuge *m* (à la nature).

◆**_제현** -諸賢 명 vous tous.

강화¹ 講和 명 négociation *f* de paix. ¶ ~의 성립 installation de la paix. ¶ ~의 제의 proposition de paix; ouverture vers la paix. ¶ 굴욕적 ~ une paix humiliante [honteuse]. ¶ ~를 제의하다 solliciter [demander] la paix; faire des offres de paix. ◇_(를)

ㄱ

하다[맺다] faire la paix avec; déposer les armes. ¶ 두 나라는 마침내 ~를 맺을 수 있었다 Les deux pays ont enfin pu faire la paix.

◆**_조건** -條件 명 condition *f* de paix.

◆**_조약** -條約 명 traité *m* de paix.

◆**_회의** -會議 명 conférence *f* de paix.

◆**단독_** 單獨- 명 paix *f* séparée.

강화² 强化 명 fortification *f*, intensification *f*, consolidation *f*; renforcement *m*, raidissement *m*. ◇_(를) **하다[시키다]** (*se*) fortifier, (s')intensifier, (*se*) consolider; (*se*) renforcer; (s')affermir. ¶ 체력을 ~하다 fortifier le corps. ¶ 군사력을 ~하다 renforcer l'armée [les effectifs militaires]. ¶ 조직[수비]을 ~ consolider l'organisation [la défense]; renforcer la défense. ◇_(가) **되다** être renforcé(*e*), consolidé(*e*). ¶ 그 팀은 신인선수들의 보강으로 전력이 매우 ~되었다 Cette équipe a été renforcée par le recrutement de nouveaux joueurs.

◆**_유리** -琉璃 명 verre *m* renforcé [armé].

◆**_플라스틱** 명 plastique *m* renforcé.

강화도 江華島 명 île *f* de Ganghwa.

◆**_조약** -條約 명 【역사】 traité *m* de l'île de Ganghwa (1876).

갖- 접두 espèce *f*, sorte *f*.

◆**_가지** 명 de diverses sortes, de différentes espèces; divers(*e*), différent(*e*), varié(*e*); multiple, nombreux(*se*); beaucoup de+N. ¶ ~가지 물건[색깔, 일, 생각, 현상] différentes [plusieurs] sortes d'objets [couleurs, activités, pensées, phénomènes]. ¶ 상점에 진열된 옷감의 빛깔이 ~가지이다 Les couleurs des tissus exposés en [dans la] vitrine du magasin sont variées.

갖다 타 ☞ 가지다¹

갖다 (('가져다가'의 준말)) prendre. ¶ 물건을 제자리에 ~ 놓다 remettre les affaires à leur place. ¶ 쓰레기를 ~ 버려라 Sors les poubelles. ¶ 누구에게 뇌물을 ~ 바치다 remettre des pots de vin à *qn*.

갖바치 명 cordonnier *m*.

*~ **내일 모레** toujours renvoyer au lendemain.

갖은 관 toutes sortes de. ¶ ~ 수단을 다 쓰다 essayer tous les moyens possibles [en *son* pouvoir], utiliser tous les moyens en *son* pouvoir, tout essayer, prendre toutes les mesures possibles, mettre tout en œuvre pour+*inf*, faire tout *son* possible, faire le maximum, faire tout ce qui est en *son* pouvoir; faire flèche [feu] de tout bois. ¶ ~ 수고를 다 하다 se donner toutes les peines du monde. ¶ 그는 ~ 고생을 (다) 했다 Il a subi toutes sortes de peines. / Il a supporté [subi, a été soumis à] de multiples peines [des peines multiples et variées]. / Il en a vu dans sa vie {*fam*} / Il a traversé [est passé par] toutes sortes d'épreuves. / Il est passé par de dures [par de rudes] épreuves. / Il en a vu de dures [de toutes les couleurs, des vertes et des pas mûres]. {*fam*} / Il a connu toutes les difficultés de la vie. / Il en a bavé dans la vie. {*fam*} ¶ 이 백화점에는 ~ 물건이 다 있다 Il y a toutes sortes d'articles [d'objets] dans ce grand magasin. / Il y a des articles divers et variés dans ce grand magasin. / Il y a [On trouve] de tout dans ce grand magasin. ¶ 너는 ~ 소리를 다 하는구나! Tu dis n'importe quoi! / Ce que tu dis n'as pas de sens! / Ce que tu dis est insensé!

갖추 부 complètement, entièrement, totalement; tout; de toutes sortes. ¶ 살림살이[세간]를 ~ 차리다 se procurer tout ce qui est nécessaire au ménage. ¶ 모든 예문을 ~ 들다 donner des exemples variés, donner tous les exemples possibles.

갖추다 타 ① garnir, munir, fournir; meubler, équiper. ¶ 방 안에 가구를 ~ meubler [équiper] la chambre. ¶ 재료를 다 갖추어야 요리를 시작할 수 있다 On ne peut commencer à cuisiner qu'après avoir (préparé) tous les ingrédients. ② ((자세를)) se préparer, se mettre en position de, s'apprêter à+*inf*, se tenir prêt(*e*) à+*inf*. ¶ 자세[준비, 태세]를 ~ se mettre en position de [se préparer à+*inf*; se préparer à la défense, se tenir prêt(*e*) à défendre, se mettre en position de défense, s'organiser pour la défense, s'apprêter à défendre]. ¶ 예의[예절]를 ~ agir avec courtoisie; faire bonnes contenances.

갖추어지다 자 être garni(*e*), muni(*e*), fourni(*e*); être meublé(*e*), équipé(*e*); être établi(*e*). ¶ 기반 시설이 제대로 갖추어져야 도시가 발전한다 Une ville doit être munie d'infrastructures de base pour pouvoir prospérer. ¶ 조건만 갖추어지면 우리는 일을 시작하겠습니다. Nous commencerons le travail dès que les conditions seront favorables.

갖춰지다 자 ☞ 갖추어지다

갖풀 명 gélatine *f*. ¶ ~로 붙이다 coller avec de la gélatine.

같다 형 ① être le(la) même, être identique. ¶ 그는 나이는 먹었어도 마음은 젊었을 때와 ~ Malgré son âge avancé, il a gardé un esprit jeune [son esprit est resté jeune]. ¶ 그들은 국적은 다르지만 관심사는 ~ Leur nationalité est différente, mais leur intérêt est le même. ¶ 크기에 있어서 한국은 영국과 ~ La superficie de la Corée est la même que celle de l'Angleterre / La Corée est aussi grande que l'Angleterre. ¶ 길이[넓이, 높이, 액수]가 ~ La longueur [La superficie, La hauteur, La somme, Le montant] est la(le) même. ¶ 그 친구는 당신과 키가 ~ Il est aussi grand que vous / Il est de votre taille. ¶ 그들은 나이가 모두 ~ Ils sont tous du même âge. ¶ 같은 말을 몇 번이나 되풀이하다 répéter plusieurs fois la même chose. ¶ 나도 당신과 같은 생각입니다 Je suis d'accord avec vous / Je suis de votre avis / J'ai la même opinion que vous / Je partage votre avis [votre pensée ((là-dessus)), vos opinions, votre point de vue] / J'abonde dans votre sens / Je suis du même bord. ¶ 같은 입장[처지]에서 dans la même situation. ¶ 같은 간격을 두고 심어진 나무들 des arbres plantés à distance égale [à intervalles réguliers]. ¶ 그 친구는 당신과 같은 동네에서 살고 있다 Il habite le même quartier que vous. ¶ 내일도 같은 시간 같은 장소에서 만나자 Rendez-vous demain, au même endroit à la même heure. ② 동종이다 être le(*la*) même. ¶ 그 여자는 작년[동생]과 같은 옷을 입고 있다 Elle porte le même vêtement que l'année dernière [que sa petite sœur]. ¶ 이것과 같은 것으로 좀 더 큰 것은 없습니까? Je voudrais le même, mais un peu plus grand [mais dans la taille supérieure] / Est-ce qu'il y a le même, mais un peu plus grand? ¶ 같은 옷차림을 한 두 처녀 deux jeunes filles habillées de la même façon. ③ 동등하다 revenir au même. ¶ 끝난 것과 ~ Cela revient au même. ¶ 이것은 새 것이나 ~ Autant dire que cela est fini / On peut considérer la chose comme terminée. ¶ 결국에 가선 같은 일이지 C'est presque nouveau. ④ 유사하다 être similaire, semblable, identique; se ressembler. ¶ 당신들은 모두 ~ Vous êtes tous pareils / Vous vous ressemblez tous. ¶ 생김새가 거의 ~ Leur apparence est presque la même. ¶ 그 쌍둥이는 똑 ~ Ces jumeaux sont exactement les mêmes. ¶ 꼭 같은 것이 둘 있을 수 없다 Il n'y a pas deux choses absolument pareilles / On ne peut pas avoir deux choses complètement identiques. ⑤ 비유되다 c'est comme; on dirait. ¶ 그것은 산에 가서 물고기를 찾는 것과 ~ C'est comme vouloir décrocher la lune [tenter l'impossible]. ¶ 그 인형은 꼭 사람 ~ On dirait que cette poupée-là est un être humain [est vivante]. ¶ 봄 같은 따뜻한 날씨 un temps doux évoquant le printemps, un temps doux quasi printanier. ¶ 천사 같은 소녀 une petite fille pareille à un ange [d'allure angélique]. ¶ 천사 같은 미소 un sourire angélique. ¶ 산더미(와도) 같은 파도 des vagues hautes comme des montagnes. ¶ 어머니(와도) 같은 애정 un amour quasi maternel, un amour de type maternel, un amour maternel. ¶ 바보 같은 놈 Espèce d'imbécile! / Gros bêta [nigaud]! ⑥ 같은 부류이다 être comme. ¶ 그 친구(와) 같은 사람 quelqu'un comme lui. ¶ 이(와) 같은 물건 quelque chose comme cela. ¶ 그 사람 같은 부자 un riche comme lui. ¶ 당신 같은 사람들 des gens comme vous. ¶ 당신같은 비평가 un critique comme vous. ¶ 서울, 부산 같은 대도시에 dans les grandes villes comme Séoul ou Busan. ¶ 나는 예복 같은 것은 가지고 있지 않다 Je n'ai pas de vêtement pouvant servir de tenue de soirée / Je n'ai rien comme tenue de soirée / Je n'ai aucune tenue de soirée / Je n'ai pas de tenue habillée [de costume habillé]. ¶ 내 친구는 그(와) 같은 짓을 할 사람이 아니다 Mon ami ne se comporterait jamais comme cela [ainsi] / Mon ami ne ferait jamais une chose pareille [ne commettrait jamais un tel acte] / Mon ami n'est pas du genre à faire cela [à faire une chose pareille, à commettre un tel acte] {*fam*}. ¶ 그 사람은 네가 생각하는 것 같은 대학자는 아니다 Il n'est pas un aussi grand savant que tu le crois. ¶ 같은 한국 사람끼리 entre Coréens. ⑦ ...인 것 같다 avoir l'air, sembler, paraître. ¶ 그 여자는 퍽 피로한 것 ~ Elle a l'air bien fatigué / Elle paraît bien fatiguée. ¶ 행복한 것 ~ avoir l'air heureux, avoir un air réjoui [une mine réjouie]. ¶ 그 친구는 그곳에 가고 싶지 않은 것 ~ Il semble qu'il ne veuille pas y aller. ¶ 비가 올 것 ~ On dirait qu'il va pleuvoir / Je pressens [J'ai l'impression] qu'il va pleuvoir / Le temps est orageux. ¶ 이 계획은 성공할 것 ~ Ce projet me paraît devoir aboutir / Je sens [Je pressens, J'ai l'impression] que ce projet va aboutir. ¶ 그 친구는 올 것 같지 않다 Je ne crois [pense] pas qu'il vienne / Il me semble qu'il ne viendra pas / Ça m'étonnerait qu'il vienne. ¶ 그는 이 사실을 알지 못하는 것 ~ Il semble [paraît] ignorer cela [cette nouvelle] / Il semble ne pas être au courant. ¶ 그 친구는 개구쟁이(인 것) ~ Il m'a l'air d'un coquin [d'un petit malin, d'un petit diable, d'un polisson, d'une crapule] / Je le trouve coquin [espiègle]. ¶ 그 남자는 사기꾼(인 것) 같았다 Il avait l'air d'un escroc / Il m'a semblé être un escroc. ⑧ ((자격)) être digne de. ¶ 말 같은 말을 해야지 Il ne faut pas dire n'importe quoi / Il faut faire [Fais] attention à ce que tu dis / Surveille ton langage. ¶ 사람 같은 사람 un être humain qui est digne d'être un homme.

***같은 값이면** si le prix est le même; au même prix, tant qu'à faire.

***같은 값이면 다홍치마** Au même prix [Tant qu'à faire], je prendrai le meilleur.

***같아서는** ¶ 아침 같아서는 비가 올 듯 하더니 맑게 개었다 Alors qu'on aurait dit ce matin qu'il allait pleuvoir, il fait beau maintenant / Le ciel qui était couvert ce matin s'est dégagé. ¶ 생각[마음] 같아서는 si j'avais pu, si je pouvais le faire. ¶ 생각 같아서는 도와주고 싶지만, 도저히 그럴 사정이 안 되는 구나 Si j'avais pu, je t'aurais aidé(*e*), mais je ne suis vraiment pas en mesure de le faire [mais la situation [les circonstances] ne me le permet(*tent*) vraiment pas, mais les circonstances m'en empêchent].

***같으니라고** espèce de ((salaud)), quel sale ((type)). ¶ 몹쓸 녀석 같으니라고 Quel sale type! / Quelle ordure! {*fam*} / Quel fumier! {*fam*} / Quel type odieux! ¶ 버르장머리 없는 놈 같으니라고 Quel grossier personnage! / Quel individu grossier!

***같으면** ① quant à, d'après *qc*. ¶ 이 사람으로 말할 것 같으면 quant à lui. ¶ 그 책을 볼 것 같으면 d'après ce livre. ② si c'était ((moi)), à ((*ta*)) place. ¶ 평일 같으면 1시간 걸릴 길 la route qui d'habitude demande une heure. ¶ 나 같으면 그런 짓은 안 한다 Si c'était moi, je ne réagirais pas comme cela [je ne le ferais pas]. ¶ 그 사람이 옛날[전] 같으면 나를 무시하지는 못했을 것이다 Avant [Autrefois], il(elle) ne m'aurait pas ignoré(e). ¶ 다른 날 같으면 화를 냈을 텐데 오늘은 그렇지 않았다 Si c'était un autre jour, je me serais fâché(*e*), mais aujourd'hui je garde mon calme.

*뭣 ~ être moche, laid(*e*), hideux(*se*), affreux(*se*), ignoble, repoussant(*e*), horrible. ¶ 그 사람은 생긴 것이 꼭 뭣 ~ Ce qu'il(elle) peut être moche [laid(e), repoussant(e), hideux(se)]!

같아지다 재 devenir ég*al*(*ale, aux*); se mettre d'accord. ¶ 두 사람의 주장이 서로 같아졌다 Ces deux-là se sont enfin mis d'accord [sont enfin tombés d'accord] sur leurs opinions / Les opinions de ces deux personnes se sont accordées [se sont rejointes]. ¶ 나무의 높이가 아이의 키와 같아졌다 L'arbre est maintenant aussi grand que l'enfant / L'arbre a poussé autant que l'enfant.

같이[1] 부 ① -와 함께 ensemble, de concert; avec *qn*; en compagnie de *qn*. ¶ 어릴 때 ~ 놀던 친구 un(*e*) ami(*e*) d'enfance. ¶ ~ 기뻐하다 partager le plaisir avec *qn*. ¶ ~ 일을 하다 travailler ensemble, travailler de concert. ¶ 나는 오랫동안 그 친구와 ~ 일을 했다 J'ai travaillé pendant longtemps avec lui. ② 다름 없이 comme. ¶ 보통 때와 ~ comme d'ordinaire, comme d'habitude, comme à l'ordinaire. ¶ 예상했던 바와 ~ 사태는 심각하다 Comme je l'avais pressenti [prévu], la situation est très grave. ¶ 내가 하는 것과 ~ 하면 된다 Tu n'as qu'à faire comme moi [comme je fais]. ③ 동등하게, 공평하게 également, équitablement, à égalité. ¶ 똑~ 분배하다 partager *qc* équitablement [de manière équitable]. ④ 동시에 en même temps, à la fois, simultanément. ¶ ~ 도착하다 arriver en même temps. ¶ 두 가지 일을 ~ 해서는 안 된다 Il ne faut pas faire deux choses en même temps [à la fois] / Il faut faire une chose après l'autre.

◆ **_하다** 뮤 ☞ 같이하다

같이[2] 조 ① 처럼 comme; comme si. ¶ 얼음~ 차다 être froid(*e*) comme la glace, être glac*ial*(*ale, als*). ¶ 번개~ 빠르다 être rapide comme l'éclair. ¶ 대낮~ 밝다 être clair(*e*) comme le jour. ¶ 누구를 어린애~ 취급하다 traiter *qn* comme un enfant. ¶ 친딸~ 키우다 élever ((une fille)) comme (si c'était) *sa* propre fille. ② ((때를 나타내는 일부 명사에 붙어)) 때를 강조 ¶ 새벽~ 떠나다 partir au petit matin [à l'aube]. ¶ 매일~ 지각하다 être en retard tous les jours.

같이하다 타 partager ((la pensée de *qn*)), avoir le(*la*) même, être du(*de la*) même. ¶ 누구와 의견을 ~ avoir la même opinion que *qn*, partager l'opinion [l'avis, le point de vue, la pensée] de *qn*, être de l'avis de *qn*, abonder dans le sens de *qn*, être du même bord que *qn*, être d'accord avec *qn*, être en communion avec *qn*. ¶ 운명을 ~ partager le destin. ¶ 마음을 ~ partager la pensée de *qn*, avoir la même pensée que *qn*, penser la même chose ((que *qn*)), avoir une pensée commune, avoir une communion de pensée, être en communion avec *qn*. ¶ 누구와 일생을 ~ partager *sa* vie avec *qn*, vivre avec *qn*. ¶ 때를 ~ se passer en même temps. ¶ 자리를 ~ se trouver ensemble.

같잖다 형 être méprisable, insignifiant(*e*); déplaire, dégoûter; être difficile à supporter. ¶ 이 녀석은 하는 소리가 ~ Ce qu'il dit est insignifiant [n'a pas de sens, est méprisable]. ¶ 똑똑한 체 하는 꼴이 ~ Son air pédant me déplaît [me dégoûte]. ¶ 나 참 같잖아서 Je (ne) supporte pas ces réflexions [son comportement, son attitude]. / Ça m'énerve. / Ça m'agace. / Son attitude m'horripile. / Que son attitude est insupportable! ¶ 같잖게 굴다 se comporter de façon méprisable. ¶ 같잖은 녀석 un type [gars] méprisable {*fam*}. ¶ 같잖은 일로 화를 내다 se mettre en colère [se fâcher, s'énerver, s'offenser, s'offusquer, se froisser] pour un rien [pour un détail (sans importance, insignifiant), pour une broutille, pour une bagatelle, pour peu de chose, pour pas grand-chose {*fam*}, facilement]; se vexer d'un rien [pour un rien, facilement], se formaliser pour un rien [de tout]; être susceptible. ¶ 같잖은 말 하지 마라 Ne dis pas [Ne sors pas] des énormités pareilles! / Ne dis pas de bêtises [d'idioties, d'âneries, de conneries {*fam*}] pareilles! / Arrête de délirer {*fam*} [de dire n'importe quoi]! / Ne tiens pas des propos extravagants! / Ne parle pas pour ne rien dire! / Il ne faut pas dire n'importe quoi. / Tu dis vraiment n'importe quoi.

갚다 타 ① ((빚을)) rembourser ((un emprunt)). ¶ 원금[이자]을 ~ rembourser le capital [les intérêts]. ¶ 외상값[꾼 돈] 십만 원[백 유로]을 ~ rembourser une dette de 100 mille wons [de 100 euros]. ¶ 채무자가 채권자에게 빚[돈]을 갚았다 Le débiteur s'est acquitté de ses dettes envers le créancier. ¶ 그 남자는 술집에 외상(값)을 안 갚았다 Il n'a pas remboursé [réglé] toutes ses anciennes consommations. ¶ 이자는 놔두고 원금만이라도 갚아라 Laisse tomber les intérêts, mais rembourse au moins le capital. ¶ 한국은 미국에서 들여온 차관을 모두 갚았다 La Corée a remboursé tout l'emprunt aux États-Unis. ¶ 연 15 %의 이자를 갚아 나가는 것이 버겁다 Il est difficile de rembourser une dette avec un intérêt annuel de 15 % / Il est difficile de rembourser un prêt à 15 % d'intérêts (annuels). ¶ 북한은 외채를 현찰[현물]로 갚았다 La Corée du Nord a payé [remboursé] ses dettes extérieures en argent [en nature]. ¶ 나중에 벌면 갚을게요 Je vous rembourserai quand je pourrai. ¶ 갚을 것을 생각해서 빌려야지 Quand on emprunte quelque chose, il faut penser à le rendre. ② ((은혜, 원수 따위를)) rendre ((la politesse à *qn*)); rendre ((la pareille à *qn*)). ¶ 은혜를 ~ rendre la politesse à *qn*, s'acquitter d'un service rendu, acquitter une dette de reconnaissance, s'acquitter d'une dette (morale). ¶ 그 동안 입은 은혜를 어떻게 갚지요? Je ne sais pas comment vous remercier de tout ce que vous avez fait pour moi. ¶ 원수를 ~ se venger de *qn/qc*; venger une injure; se venger d'un ennemi; tirer [prendre] vengeance. ¶ 부모님의 원수를 ~ venger *ses* parents. ¶ 내가 은혜를 원수로 갚을 수는 없지 않겠니? Je ne peux tout de même pas rendre le mal pour le bien / Je me refuse à rendre le mal pour le bien / Je ne peux tout de même pas répondre à la gentillesse par de la grossièreté [par de la malveillance]. ¶ 그 녀석에게 이 모욕[치욕]을 반드시 갚고야 말겠다 Je le vengerai à tout prix de cette humiliation [de cet affront, de ce déshonneur, de cette infamie].

개[1] 명 chien(*ne*). ¶ 미친 ~ un chien enragé. ¶ 사나운 ~ un chien méchant. ¶ ~를 기르다[키우다] élever un chien. ¶ ~를 데리고 나가 운동시키다[산책시키다] faire faire de l'exercice à *son* chien, permettre à *son* chien de se dégourdir les pattes [promener [sortir] *son* chien]. ¶ ~를 훈련시키다 dresser un chien. ¶ 그런 것은 ~도 안 먹겠다 C'est vraiment immangeable [infect, infâme]! ((même le chien n'en mangerait pas)). ¶ ~가 짖는다 Le chien aboie.

***~도 제 주인은 물지 않는다** Il faut être reconnaissant envers son bienfaiteur / Il faut exprimer [manifester] de la gratitude à son bienfaiteur / Il ne faut pas oublier de remercier son bienfaiteur / Tu pourrais me remercier au moins! {*fam*} / Tu pourrais au moins dire merci! {*fam*}.

***~만도 못한 놈** Pire qu'un chien! / Chien! / L'enfoiré! {*vulg*} / Le salopard! {*vulg*}.

***~같이 벌어서 정승같이 쓰다** gagner par tous les moyens de l'argent et le dépenser pour une noble cause.

***~팔자가 상팔자다** ☞ 상팔자

***~패듯이 패다** battre *qn* comme plâtre, frapper *qn* violement, frapper *qn* à mort, passer *qn* à tabac {*fam*}, frapper *qn* jusqu'au sang, tabasser *qn* {*fam*}.

***~떼처럼 모이다[몰려가다]** se regrouper pour se donner du courage [pour se sentir fort].

***서당~ 삼 년에 풍월을 읊는다** C'est par la pratique que l'on se perfectionne / C'est en forgeant qu'on devient forgeron.

***제 버릇 ~ 줄까** Chassez le naturel, il revient au galop / Il est difficile de corriger ses défauts / On ne corrige [change] pas le caractère de quelqu'un / Le caractère ne se corrige pas.

***짖는 ~는 물지 않는다** Chien qui aboie ne mord pas / Il fait plus de bruit que de mal.

***밥 먹을 때는 ~도 때리지 않는다** Il ne faut surtout pas déranger quelqu'un lorsqu'il mange / Manger est un moment sacré.

***똥 묻은 ~[돼지]가 겨 묻은 ~를 나무란다** C'est l'hôpital qui se moque de la charité / C'est l'infirmerie qui se moque de l'hôpital / La pelle se moque du fourgon / voir une [la] paille dans l'œil du prochain [de *son* prochain, de *son* voisin, de *son* frère] et ne pas voir la poutre (qui est) dans le *sien* (dans la traduction des Évangiles par Sylvestre de Sacy (1672); Matthieu 7, 5 et Luc 6, 41) / C'est la paille et la poutre / Il ne s'est pas regardé (dans un miroir, dans une glace) {*fam*} / Il devrait se regarder dans une glace [dans un miroir] avant de parler {*fam*}.

◆_구멍 명 trou *m* pour chien; trou *m* aménagé dans une haie pour les chiens; chatière *f*. ¶ ~구멍을 뚫다 percer un trou pour chien dans une haie. ¶ ~구멍으로 도망치다 fuir par une percée dans la haie; fuir lâchement.

***~구멍에 망건 치기** Qui trop embrasse mal étreint.

***막다른 골목으로 쫓긴 짐승이 ~ 찾아 헤매듯** Un homme qui se noie s'accroche à un brin de paille ((proverbe arménien)).

◆_고기 명 ① 고기 viande *f* de chien, ((manger)) du chien *m*. ② 막된 사람 personne *f* impossible à vivre; personne *f* insupportable; personne *f* de caractère odieux, personne *f* caractérielle, caractériel(*le*).

◆_기름 명 aspect *m* graisseux du visage. ¶ ~기름 낀 얼굴 visage graisseux. ¶ 얼굴에 ~기름이 돌다[흐르다] avoir le visage graisseux, avoir une mine graisseuse. ¶ ~기름이 번드레하다 être graisseu*x*(*se*).

◆_꿈 명 rêve *m* absurde [dépourvu de sens]. ¶ ~꿈을 꾸다 faire un rêve absurde [qui n'a pas de sens]. ¶ 돼지꿈인 줄 알았는데 ~꿈이었다 Je pensais que c'était un rêve de bon augure, mais ce rêve n'avait aucun sens [n'avait pas de signification, était absurde].

◆_똥 명 crotte *f* de chien, étron *m*. ¶ ~ 철학 une philosophie de bas étage [médiocre].

***~똥[쇠똥]도 약에 쓰려면 없다[개똥도 ~에 쓰려니 귀하다]** ☞ 약[1]

◆_띠 명 signe *m* (chinois) du chien.

◆_망신 -亡身 명 honte *f* [infamie *f*] terrible [scandaleuse]. ¶ ~망신(을) 당하다 être terriblement déshonoré(*e*); être victime d'une infamie terrible. ¶ ~망신(을) 주다[시키다] déshonorer *qn* impitoyablement.

◆_목걸이 명 collier *m* de chien; le collier *m* du chien.

◆_발 명 patte *f* de chien; ((비유적)) 【속어】 action de rater un but facile [un but tout fait, un but servi sur un plateau, une occasion en or] ((au football)). ¶ 그 선수는 완전히 ~발이었다 Ce joueur a raté un but facile [un but tout fait, un but servi sur un plateau, une occasion en or].

***~발 쇠발 쓰다** écrire sans soin, écrire comme un cochon {*fam*}, avoir une vilaine écriture [une écriture détestable, une écriture illisible, une écriture de cochon {*fam*}], ne pas avoir une belle écriture, avoir une écriture quasiment indéchiffrable [pratiquement illisible].

***~발에 땀 나다** peiner beaucoup, s'affairer pour obtenir un résultat extraordinaire, dépenser beaucoup d'énergie, en baver (des ronds de chapeau), en chier {*vulg*}, se donner beaucoup de mal.

*~**발에 편자** jeter des perles aux pourceaux, donner de la confiture aux cochons.

◆_**밥** 명 ① pâtée *f* du chien, aliments *mpl* pour chiens; croquettes *fpl* pour chiens. ② plat *m* immangeable qu'on a préparé sans soin.

*~**밥에 도토리** un intrus, un chien dans un jeu de quilles, un canard dans une couvée de poussins, un paria.

◆_**싸움** 명 combat *m* de chiens.

◆_**새끼** 명 【비어】 salaud *m* {*vulg*}, enfoiré *m* {*vulg*}, ordure *f* {*vulg*}, enculé *m* ordure *f* {*vulg*}.

◆_**소리** 명 【속어】 【비어】 énormités *fpl*, idioties *fpl*, absurdités *fpl*, bêtises *fpl*, inepties *fpl*, propos *mpl* extravagants [insensés]; paroles *fpl* sans valeur; propos *mpl* incohérents [insensés]. ¶ ~소리(를) 하다 dire des énormités, dire des idioties [absurdités, bêtises], débiter des inepties, tenir des propos extravagants [insensés], dire des choses qui ne collent pas [qui ne riment à rien, qui n'ont pas de sens], tenir des propos insensés. ¶ 그 녀석이 하는 소리는 다 ~소리다 Tout ce qu'il dit n'a pas de sens [est méprisable, est insensé].

◆_**소주** -燒酒 명 ((médecine chinoise)) "alcool *m* de chien", fortifiant *m* destiné surtout aux personnes qui viennent d'être opérées (composé d'extrait de jus de viande de chien et de produits naturels utilisés en médecine chinoise [orientale]). ¶ ~소주를 먹다 prendre un fortifiant corsé.

◆_**수작** 명 【속어】 mauvais [vilain, sale {*fam*}] tour *m*. ¶ ~수작(을) 하다[부리다] mijoter *qc* de louche; faire [préparer] un mauvais [vilain, sale {*fam*}] tour ((à *qn*)), manigancer *qc*.

◆_**자식** 명 【비어】 sale type *m*; salaud *m*, salopard *m* {*fam*}, enfoiré *m* {*vulg*}, enculé *m* {*vulg*}. ¶ 세상에 그런 ~자식이 어디 있니 Quel salaud! / C'est le pire des salauds!

◆_**잠** 명 ① action de dormir en chien de fusil. ② 한번 깨었다가가 다시 자는 잠 deuxième sommeil *m*. ¶ ~잠을 자다 ① dormir [être couché(*e*)] en chien de fusil. ② faire un second sommeil.

◆_**장국** -醬 명 soupe *f* de chien.

◆_**장수** 명 marchand *m* de chiens.

◆_**죽** 명 ① bouillie *f* pour les chiens. ② bouillie *f* préparée sans soin [de mauvaise qualité]. ③ 【속어】 (prendre, ramasser une)) veste *f*, ((ramasser, se prendre une)) pelle *f*, ((ramasser, prendre une)) gamelle *f*.

*~**죽을 쑤다** rater [louper {*fam*}, foirer {*fam*}, queuter {*fam*}] complètement ((un examen)), se ramasser ((à un examen)), se faire étaler à un examen {*fam*}, se faire étendre ((au bac)), ramasser [prendre] une gamelle {*fam*}, ramasser [se prendre] une pelle {*fam*}, prendre [remporter, ramasser] une veste {*fam*}. ¶ 오늘 시험은 완전히 ~죽을 쑤었다 Aujourd'hui, j'ai complètement raté [queuté {*fam*}, loupé {*fam*}] mon examen / Je me suis complètement ramassé à cet exam(en) {*fam*} / Je suis complètement passé(*e*) à côté de cet exam {*fam*}.

◆_**죽음** 명 mort *f* stupide. ¶ ~죽음(을) 하다[당하다] mourir stupidement [inutilement, pour rien]. ¶ 그 사람은 총 한 방 못 쏘고 ~죽음을 당했다 Il a été tué [abattu] sans avoir pu tirer une seule balle [avant même d'avoir pu se battre, au premier coup de fusil, dès le premier combat].

◆_**지랄** 명 【비어】 conneries *fpl* {*fam*}, sottises *fpl* {*fam*}, niaiseries *fpl* {*fam*}, imbécillités *fpl*, idioties *fpl*, âneries *fpl*, bêtises *fpl*; action *f* insensée. ¶ ~지랄(을) 하다[떨다] faire des conneries [bêtises]. ¶ 어디서 그런 ~지랄을 떨고 있느냐 Quelle scène terrible tu fais là [tu oses faire]? / Comment oses-tu faire des conneries (pareilles)? {*fam*}.

◆_**집** 명 niche *f* (du chien).

◆_**털** 명 poils *mpl* de chiens.

◆_**판** 명 【속어】 situation *f* insensée [désordonnée, impensable], désordre *m* [état *m*] épouvantable, pagaille *f*, pagaïe *f*, anarchie *f*, gabegie *f*, merde *f* {*fam*}, bordel *m* {*fam*}, foutoir *m* {*fam*}. ¶ 노는 꼬락서니를 보니 ~판이다 Leur comportement est insensé / Ils s'amusent de façon abusive [insensée]. ¶ 요즈음 정치가 아주 ~판이다 La politique d'aujourd'hui, c'est l'anarchie [l'incohérence, le désordre, le bordel {*fam*}, la pagaille, du n'importe quoi].

◆_**헤엄** 명 nage *f* du chien.

◆**들**_ 명 chien *m* sauvage.

◆**똥**_ 명 ((잡종견)) bâtard *m*; ((욕설)) corniaud *m*.

◆**사냥**_ 명 chien *m* de chasse.

개² 個 분류 pièce *f*, morceau(*x*) *m*. ¶ 사과 세 ~ trois pommes. ¶ 비누 두 ~ deux pains de savon, deux savons. ¶ 각설탕 두 ~ deux morceaux de sucre, deux sucres. ¶ 이 배는 ~당[한 ~에] 천오백 원이다 Ces poires coûtent 1 500 wons pièce. ¶ 학생들에게 사과를 한 ~씩 나누어 주어라 Donne une pomme à chaque élève. ¶ 사과는 한 사람이 한 ~씩만 먹어라 Ne prenez qu'une pomme chacun.

개³ 명 포구 petit bras *m* de mer; crique *f*, anse *f*.

◆_ㅅ**고랑** 명 ruisselet *m*; ru *m* {*vx*}.

◆_ㅅ**골** 명 ruisselet *m*; ru *m* {*vx*}.

-개⁴ 접미 ((suffixe verbal servant à former des substantifs)). ¶ 가리~ un paravent; une voile; un écran. ¶ 덮~ un couvercle; une couverture; un capot. ¶ 지우~ une gomme. ¶ 이쑤시~ un cure-dent(s).

개-⁵ 접두 sauvage; de mauvaise qualité *f* ((préfixe nominal indiquant la mauvaise qualité)).

◆_**떡** 명 pâte *f* de sarrasin [d'orge] et armoise cuite à la vapeur.

◆_**살구** 명 abricot *m* sauvage.

개가[1] 凱歌 명 chant *m* de victoire [de triomphe]; victoire *f*, triomphe *m*. ¶ 현대 과학의 ~ le triomphe de la science contemporaine. ◇_(를) **부르다** chanter la victoire [le triomphe] de *qc*, pousser des cris de joie, crier victoire. ¶ 연구를 시작한지 5년 만에 드디어 ~를 부를 수 있었다 Après cinq ans de recherches, on a enfin pu crier victoire. ◇_(를) **올리다[거두다]** atteindre un objectif avec succès; remporter une victoire ((dans une bataille)); triompher ((de *ses* adversaires)). ¶ 이 연구소에서는 100기가바이트 용량의 램을 개발하는 ~를 올렸다 Cet institut a réussi à fabriquer [à faire] des barrettes de mémoire de 100 Go [gigaoctets, gigas {*fam*}].

개가[2] 改嫁 명 remariage *m* (d'une femme); secondes noces *fpl*. ¶ 조선시대에는 여자들의 ~가 허용되지 않았다 Au temps du royaume de Joseon, le remariage des femmes était interdit. ◇_(를) **하다** ((une femme)) se remarier. ¶ 이웃집 과부는 아래 동네 홀아비에게 ~를 하게 되었다 La veuve de la maison voisine s'est remariée avec le veuf du village d'en bas.

개가식 開架式 명 libre accès *m* du public aux rayons d'une bibliothèque. ¶ 이 도서관은 ~이다 Dans cette bibliothèque, le public a librement accès [a un accès direct] aux rayons. ¶ ~ 도서관 bibliothèque dont l'accès aux rayons est libre pour le public.

개각 改閣 명 changement *m* de Cabinet [de ministère]; remplacement *m* partiel ou total du Cabinet. ¶ 부분 ~ changement partiel du Cabinet [du ministère]. ¶ 대폭적인 ~을 단행하다 effectuer le remplacement d'une grande partie de l'équipe du Cabinet, remplacer une grande partie de l'équipe [des membres] du Cabinet. ◇_(을) **하다** changer totalement ou partiellement le Cabinet. ¶ 전면적인 ~을 하다 changer totalement le Cabinet.

개간 開刊 명 sortie *f* [lancement *m*] du premier numéro ((d'un journal, d'une revue, d'un magazine)). ¶ 신문[잡지]의 ~ le premier numéro d'un journal [d'une revue, d'un magazine]. ◇_(을) **하다** sortir le premier numéro ((d'un journal, d'une revue, d'un magazine)), lancer ((un nouveau journal, un nouvel hebdomadaire, un nouveau magazine, une nouvelle revue)). ◇_(이) **되다** ((une nouvelle revue)) être créé(*e*), être lancé(*e*), sortir, voir le jour. ¶ 올 들어 새 잡지들이 많이 ~되었다 Cette année, beaucoup de nouvelles revues ont été créées [ont vu le jour, sont sorties].

개간 開墾 명 défrichage *m*, défrichement *m* ((d'une lande)); mise *f* en valeur ((d'un marais)). ¶ 간석지의 ~ défrichage d'un terrain asséché. ◇_(을) **하다** défricher ((une lande, une forêt)); mettre ((une terre)) en valeur. ¶ 야산을 ~하다 mettre des collines en valeur. ¶ 황무지[처녀지]를 ~하다 défricher un terrain vague [vierge, désert]. ¶ 그들은 버려진 땅을 공들여 ~하여 옥토로 만들었다. C'est avec soin qu'ils ont mis en valeur le terrain abandonné.

◆**_지** -地 명 terrain *m* défriché, territoire *m* défriché, parcelle *f* défrichée.

◆**_사업** -事業 명 travaux *mpl* de défrichement.

◆**산림** 山林- 명 défrichage *m* de forêt.

개강 開講 명 commencement *m* d'un cours[d'une session universitaire]; rentrée *f* universitaire; premier cours *m* ((d'une série)); ouverture *f* ((d'une série de conférences)). ◇_(을) **하다** commencer un cours; faire le premier cours; ouvrir ((une série de conférences)). ¶ 한국의 대학은 3월 1일에 ~한다 Dans les universités coréennes, les cours commencent le 1er mars. ¶ 우리 학교는 다음 주에 ~한다 Chez nous, la rentrée universitaire aura lieu la semaine prochaine.

개개 個個 명 chacun(*e*); chaque chose *f*; un(*e*) à un(*e*); un(*e*) par un(*e*); l'un(*e*) après l'autre. ¶ ~의 경우를 다 고려할 수는 없다 On ne peut pas considérer [prendre en compte, tenir compte de] toutes les possibilités [tous les cas (de figure)]. ¶ 그의 강연은 개요에서부터 ~의 문제까지 다루었다 Son discours a couvert les grandes lignes et les problèmes particuliers de chacun.

◆**_인** -人 명 chaque personne *f*.

개개비 명 【동물】 rousserolle *f*, effarvatte *f*.

개경 開京 명 【역사】 Gaegyeong <ancienne capitale du royaume Goryeo>, aujourd'hui Gaeseong.

개골개골 부 ☞ 개굴개굴

개골창 명 fossé *m*; rigole *f*; ruisseau(*x*) *m* (dans la rue); caniveau(*x*) *m*. ¶ ~을 치다 nettoyer un fossé [une rigole, un ruisseau]. ¶ ~에 빠지다 tomber dans un fossé.

개과천선 改過遷善 명 résipiscence *f*, repentir *f*, pénitence *f*, contrition *f*. ◇_(을) **하다** revenir à de meilleurs sentiments; faire pénitence, se repentir, s'amender (de *ses* fautes). ¶ 그는 ~해서 이제 완전히 새 사람이 되었다 Maintenant qu'il a fait pénitence de ses fautes[de sa conduite], il est devenu quelqu'un de tout à fait différent.

개관[1] 開館 ① ouverture *f* ((d'une maison)); inauguration *f* ((d'une salle d'exposition)). ¶ ~ 행사 inauguration. ¶ 이 박물관은 다음 주 ~을 앞두고 마무리 공사가 한창이다 Il y a des travaux en cours pour l'ouverture du musée la semaine prochaine / On est en plein dans les derniers travaux[les travaux de finition] avant l'ouverture du musée la semaine prochaine. ② 그날의 일을 시작하기 위하여 문을 엶 ouverture *f* ((d'une maison)). ¶ ~ 시간은 오전 9시부터 오후 5시까지 ouvert de 9 à 17 heures. ¶ 박물관의 ~ 시간 heure d'ouverture d'un musée. ◇_(을) **하다** ① 새로 문을 열다 ouvrir ((une maison)); inaugurer ((une salle d'exposition)). ¶ 새 미술관은 9월 1일 ~하기로 되어 있다 Le nouveau musée est censé ouvrir (ses portes) le premier septembre. ② 그날의 일을 시작하기 위하여 문을 엶 être ouvert(*e*). ¶ 도서관은 일요일을 제외하고 매일 ~한다

La bibliothèque est ouverte [ouvre ses portes] tous les jours, sauf le dimanche. ◇_(이) 되다 être ouvert(*e*), inauguré(*e*). ¶ 마침내 새 국립박물관이 5년간의 공사 끝에 ~되었다 Le nouveau musée national a enfin été inauguré après cinq ans de travaux.

◆_식 -式 명 cérémonie *f* d'ouverture.

개관2 概觀 명 vue *f* générale, panorama *m*; aspect *m* général; aperçu *m* d'ensemble; perspective *f* générale. ¶ 세계사 ~ un panorama de l'histoire universelle. ◇_(을) 하다 donner une vue d'ensemble ((de la situation)). ¶ 전체를 ~해 보면 en donnant une vue d'ensemble ((de la situation)).

개괄 概括 명 ① sommaire *m*, résumé *m*; vue *f* générale. ② 【논리】 généralisation *f*. ◇_(을) 하다 ① résumer, faire un résumé de ((la pensée d'un auteur)). ¶ 이 책은 인류가 해결해야 할 문제를 ~하고 있다 Ce livre récapitule [passe en revue] les problèmes que l'humanité a à résoudre. ¶ ~하여 말하면 en résumé, en gros, en substance. ② 총괄하다 généraliser.

◆_적 -的 명관 sommaire, génér*al*(*ale*, *aux*). ¶ ~적 설명 une explication sommaire. ¶ 너무 ~적으로 표현되다 être exprimé(*e*) de façon trop sommaire. ¶ 생각을 ~적으로 진술하다 exposer sommairement *ses* idées.

개교 開校 명 ouverture *f* d'une école, fondation *f* d'une école; inauguration *f* d'une école. ¶ 그 대학은 ~ 100년을 맞았다 Cette université célèbre son centenaire. ¶ 우리 학교는 이번 입시에서 ~ 이래 최고의 합격률을 보였다 Mon lycée a eu le meilleur pourcentage de réussite au concours d'entrée à l'université depuis son ouverture. ◇_(를) 하다 ouvrir une école, fonder une école; inaugurer une école. ¶ 우리 학교는 해방되던 해에 ~했다 Mon école [université] a été inaugurée l'année de l'indépendance [de la libération].

◆_기념일 -記念日 명 anniversaire *m* de la fondation d'une école [d'une université].

◆_식 -式 명 (cérémonie *f* d') inauguration *f* d'une école. ¶ ~식을 거행하다 célébrer la cérémonie d'ouverture d'une école.

개구도 開口度 명 【언어】 degré *m* d'aperture.

개구락지 명 ☞ 개구리

개구리 명 【동물】 grenouille *f*. ¶ 식용 ~ grenouille comestible. ¶ ~가 운다 La grenouille coasse.

*~ **올챙이 적 생각 못 한다** ☞ 올챙이

*~**도 움츠려야 뛴다** Il faut faire des efforts pour arriver à *qc*.

***우물 안** ~ personne *f* qui n'est pas au courant des affaires du monde; personne *f* sans expérience, qui ne connaît pas le monde[qui n'a jamais voyagé]. ¶ 그 사람은 우물 안 ~다 Il n'a jamais perdu de vue le clocher de son village / Il n'a jamais vu plus loin que le clocher de son village.

◆_헤엄 명 brasse *f*.

개구장이 명 ☞ 개구쟁이

개구쟁이 명 petit(*e*) coquin(*e*); fripon(*ne*), petit garnement *m*, petit(*e*) espiègle [polisson(*ne*)], chenapan *m*, galopin *m*, canaille *f*, petit canaillou *m* {*fam*}. ¶ ~ 시절 l'enfance espiègle. ¶ ~ 친구들 petites canailles, petits fripons. ¶ 이 ~ 녀석 Quelle canaille, celui-là! / Petit galopin [canaillou {*fam*}]! ¶ 대단한 ~야 Quel garnement! / Quelle canaille, celui-là! ¶ ~ 짓을 하다 faire des espiègleries [des pitreries]; faire le pitre [le zouave {*fam*}, le clown {*fam*}, l'imbécile, le con {*pop*}].

개국1 開國 명 ① 건국 fondation *f* d'un État.. ¶ 조선의 ~은 1392년이다 La fondation du royaume de Joseon date de 1392 / Le royaume de Joseon fut fondé en 1392. ② 통상개시, 개방 ouverture *f* d'un pays ((au commerce étranger)). ¶ ~ 정책을 펴다 lancer une politique d'ouverture, ouvrir *son* pays ((au commerce international)). ◇_(을) 하다 fonder un État; ouvrir un pays au commerce.

◆_공신 -功臣 명 ministre *m* méritant lors de la fondation d'un État[d'un royaume, d'une dynastie].

개국2 開局 명 ouverture *f* d'une station de télévision [de radio]. ¶ ~ 25주년 기념 행사 les célébrations du vingt-cinquième anniversaire de l'ouverture de la station[chaîne]. ◇_(을) 하다 ouvrir une station de télévision [de radio]. ¶ 오늘은 광주 방송국이 ~하는 날이다 Aujourd'hui, c'est le jour d'ouverture de la station de télévision à Gwangju.

개굴개굴 부 coâ-coâ ((onomatopée désignant le coassement de la grenouille)).

◆_하다 자 coasser.

개그 영{gag} 명 gag *m*, blague *f*. ◇_(를) 하다 faire une blague.

◆_맨 명 comique *m*, humoriste.

개근 皆勤 명 assiduité *f*; présence *f* continue [assidue]. ◇_(을) 하다 ne pas manquer ((l'école)) une seule fois; assister régulièrement à ((un cours)). ¶ 그 여자는 고등학교 때 3년 내내 ~했다 Cette femme fut une élève assidue pendant ses trois années de lycée.

◆_상 -賞 명 prix *m* d'assiduité.

◆_상장 -賞狀 명 attestation *f* d'assiduité.

개기 皆旣 명 【천문】 éclipse *f* totale.

◆_식 -蝕 명 【천문】 éclipse *f* totale.

◆_월식 -月蝕 명 【천문】 éclipse *f* de lune.

◆_일식 -日蝕 명 【천문】 éclipse *f* de soleil.

개꿈 명 rêve *m* absurde [dépourvu de sens]. ¶ 네 꿈은 ~이다 Le rêve que tu as fait est dépourvu de sens / Ton rêve n'a aucun sens [n'a pas de signification, est absurde].

개나리 명 【식물】 forsythia *m*; *Forsythia koreana* {*nsc*}. ¶ ~가 만발한 뜰 un champ de forsythias en fleur.

◆_꽃 명 【식물】 (fleur *f* de) forsythia *m*.

개나발 명 bêtises *fpl*, âneries *fpl* {*fam*}, imbécillités *fpl*, sornettes *fpl*, inepties *fpl*, balivernes *fpl*, fadaises *fpl.* ¶ ~ 같은 소리 des sottises, des bêtises, des absurdités, des âneries, des imbécillités, des inepties, des balivernes, des sornettes.

*~을 불다 dire [raconter] des bêtises [âneries, absurdités, sottises, fadaises, conneries {*fam*}], débiter [dire] des balivernes, raconter [débiter] des sornettes, tenir des propos incohérents, débiter des inepties.

개념 槪念 명 notion *f*, concept *m*, conception *f*; idée *f* générale ¶ 동일 ~ un concept identique. ¶ 중심 ~ le concept principal. ¶ 기초적 ~ une notion fondamentale. ¶ 명확한[일반적인] ~ un concept clair [général]. ¶ ~을 파악하다 saisir le concept. ¶ 무엇에 관한 ~을 얻다[얻게 해주다] se faire [donner] une idée de *qc*. ¶ ~을 이해하다 comprendre la notion [le concept]

◆_**적** -的 명관 conceptuel(*le*).

◆_**화** -化 명 conceptualiser. ¶ 문화적 차이에서 기인하는 번역의 난점을 ~화하다 conceptualiser les difficultés de traduction qui viennent de la différence de culture.

◆_**론** -論 명 【철학】 conceptualisme *m*.

◆_**작용** -作用 명 【철학】 opération *f* conceptuelle.

개다[1] 자 s'éclaircir. ¶ 하늘이 맑게 개었다 Le ciel s'est éclairci. ¶ 날씨가 화창하게 개었다 Le temps est clair et beau / Il fait très beau. ¶ 비가 개었다 La pluie a cessé / Il a cessé de pleuvoir. ¶ 안개가 개었다 Le brouillard s'est dissipé.

개다[2] 타 물에 풀다 dissoudre. ¶ 덩어리를 ~ dissoudre [écraser] des grumeaux. ¶ 가루약을 물에 잘 개어 먹어라 Prends ce médicament (en poudre) après l'avoir dissous dans de l'eau.

개다[3] 타 plier, replier. ¶ 이불을 ~ ranger la literie.

개다리소반 -小盤 명 petite table *f* (avec des pieds de table comme les pattes d'un chien).

개도국 開途國 명 pays *m* sous-développé; pays *m* en voie de développement.

개떡 명 biscuit *m* à base de sarrasin [d'orge] et d'armoise ((cuite à la vapeur)).

◆_**같다** 형 être insignifiant(*e*), sans valeur; ((histoire)) être peu intéressant(*e*); ((conversation)) être ennuyeux(*se*); ((lecture)) être fastidieux(*se*); ((인생이)) être terne, monotone. ¶ 일이 되어가는 꼴이 참 ~같다 Rien ne marche comme on le voudrait / Tout va de travers [de guingois]. ¶ ~같은 인생 une vie terne [monotone]; une vie sans relief. ¶ ~같은 자식 un pauvre type {*fam*}[mec {*fam*}, individu, gars {*fam*}, bougre{*fam*}]. ¶ ~같은 수작을 하다 jouer de mauvais tours ((à *qn*)), essayer d'arnaquer (*qn*) {*fam*}.

◆_**같이** 부 ((faire *qc*)) très mal, par-dessus la jambe. ¶ 이게 숙제 한 거야? ~같이 했잖아? T'appelles ça avoir fait tes devoirs? T'as fait ça comme un cochon oui?

개똥벌레 명 【동물】 ver *m* luisant; luciole *f*, lampyre *m*. ¶ ~의 불(빛) la lueur d'une luciole. ☞ 반딧불이

개똥지빠귀 명 【동물】 calandrette *f*, *Turdus naumani eunomus* {*nsc*}.

개략 槪略 명 aperçu *m*; résumé *m*, abrégé *m*, sommaire *m*. ◇_(을) **하다** apercevoir; résumer. ¶ ~해서 말하면 (pour résumer les choses) en peu de mots, (en) bref, en résumé, en somme, en un mot.

◆_**적** -的 명관 bref(*ève*), succinct(*e*), sommaire. ¶ ~적(인) 설명 une explication sommaire. ¶ ~적으로 말하면 (pour résumer les choses) en peu de mots, (en) bref, en résumé, en somme, en un mot.

개량 改良 명 amélioration *f*, perfectionnement *m*; réforme *f*. ¶ 품종[종자] ~ amélioration d'une race [d'une espèce]. ◇_(을) **하다[시키다]** rendre meilleur(*e*); améliorer, perfectionner; apporter des perfectionnements [des changements utiles] ((à *qc*)); réformer. ¶ ~할 여지가 있다[없다] être susceptible d'être amélioré(*e*), être améliorable [perfectible] [ne pas être améliorable, être imperfectible]. ◇_(이) **되다** se perfectionner; être amélioré(*e*), perfectionné(*e*). ¶ 이 기계는 많이 ~되었다 Cette machine a été très perfectionnée.

◆_**식** -式 명 amélioré(*e*), perfectionné(*e*); «nouvelle formule *f*».

◆_**종** -種 명 race *f* [espèce *f*] améliorée.

◆_**주의** -主義 명 【사회】 réformisme *m*.

◆_**형** -形 명 modèle *m* amélioré, «nouvelle formule *f*».

개런티 영{guarantee} 명 cachet *m*, indemnité *f*, rétribution *f* ((une vedette, un acteur)). ¶ 터무니없는 ~를 요구하다 demander un cachet prohibitif [excessif] ((pour tourner dans un spot publicitaire)). ¶ 저 배우는 이번 광고 촬영에서 1억 원의 ~를 받았다 Cette vedette a reçu un cachet [une rétribution] de cent millions de wons pour le tournage de ce spot publicitaire.

개론 槪論 명 ① 원론 principes *mpl* généraux. ¶ ~에서 각론으로 넘어가다 passer des principes généraux à un exposé détaillé. ② 입문 introduction *f* ((à la philosophie)); notions *fpl* ((d'algèbre)), éléments *mpl* ((de linguistique)). ¶ ~ 강의 un cours d'introduction. ¶ 경제학[문학] ~ introduction à l'économie [à la littérature].

◆_**적** -的 명관 général(*ale, aux*). ¶ ~적인 이야기를 하다 raconter une histoire dans *ses* grandes lignes.

◆_**서** -書 명 manuel *m* d'introduction ((à la philosophie)). ¶ 철학 ~서를 사다 acheter un manuel d'introduction à la philosophie.

개막 開幕 명 lever *m* du rideau; ouverture *f*, rideau(*x*) *m*. ¶ 연극 ~ 시간 l'horaire du lever de rideau d'une pièce de théâtre. ¶ 7시 정각 ~ Rideau à sept heures précises. ◇_(을) **하다** lever le rideau; commencer. ◇_(이) **되다** commencer. ¶ 올림픽은 9월 8일 ~된다 L'ouverture des Jeux olympiques aura lieu le 8 septembre.

◆_**식** -式 명 cérémonie *f* d'ouverture.

◆_전 -戰 명 première compétition *f* ((d'un sportif)); jeu(*x*) *m* d'ouverture.

개망나니 명 pauvre type *m*. ¶ ~ 짓 une imbécillité, une sottise, une bêtise. ¶ ~ 짓을 하다 faire des sottises [des bêtises, des âneries]. ¶ 그 녀석은 ~다 C'est un pauvre type [individu, gars].

개망신 -亡身 명 grand déshonneur *m*; honte *f* [infamie *f*] terrible [scandaleuse]; grande honte *f*. ◇_(을) **하다[당하다]** être terriblement déshonoré(*e*); être victime d'une terrible infamie; être [faire] la grande honte ((de *sa* famille)). ¶ 그는 준비도 없이 출전했다가 ~만 당하고 돌아왔다 Il a participé à une compétition sans aucune préparation et à sa grande honte il est revenu bredouille. ◇_**이다** être [faire] la grande honte ((de *sa* famille)). ¶ 집안의 ~이다 être [faire] la grande honte de *sa* famille.

개머리판 -板 명 crosse *f* de fusil. ¶ ~을 어깨에 대다 appuyer la crosse de *son* fusil contre *son* épaule. ¶ ~으로 내리치다 taper[donner un coup (de haut en bas)] avec une crosse de fusil.

개명 改名 명 changement *m* de prénom; nouveau(*x*) prénom *m*. ◇_(을) **하다** faire un changement de prénom, changer le prénom de *qn*. ¶ A를 B로 ~하다 changer le prénom de A en (celui de) B.

개모음 開母音 명 【언어】 voyelle *f* ouverte.

개문 開門 명 porte *f* ouverte. ¶ 버스가 ~ 상태로 출발하였다 Le bus a démarré avec la porte ouverte. ◇_(을) **하다** ouvrir la porte.

개미 명 【동물】 fourmi *f*. ¶ ~처럼 부지런히 일하다 travailler comme des fourmis, être une fourmi travailleuse.

*~ **새끼 한 마리 안 보인다[한 마리 볼 수 없다; 한 마리도 없다]** Il n'y a pas un chat; ne pas trouver [voir, rencontrer] âme qui vive; ((거리, 길)) être désert(*e*). ¶ 길[거리]에는 ~ 새끼 한 마리 안 보인다[한 마리도 없다] Il n'y a pas le moindre véhicule sur la route / La rue est absolument déserte, il n'y a pas un chat [pas âme qui vive]. ¶ 우리가 현장에 도착했을 때 그들은 이미 다 달아나고 ~ 새끼 하나 볼 수 없었다 Lorsque nous sommes arrivés sur les lieux, ils étaient tous déjà partis, il n'y avait plus personne [nous n'avons pas trouvé âme qui vive].

◆_귀신 -鬼神 명 【동물】 fourmilion *m*, fourmi-lion(~*s*-~*s*) *m*.

◆_산 -酸 명 【화학】 acide *m* formique (HCOOH).

◆_지옥 -地獄 명 entonnoir *m* du fourmilion ((dans lequel la larve du fourmilion attire les fourmis ou d'autres insectes pour les broyer avec ses mandibules)).

◆_집 명 fourmilière *f*.

◆_핥기 명 【동물】 fourmilier *m*.

◆_허리 명 taille *f* de guêpe. ¶ ~허리 같다 avoir une taille de guêpe.

개발 開發 명 ① mise *f* en valeur; exploitation *f*, développement *m* ((d'un nouveau produit)); exploration *f* ((de l'espace)). ¶ 국토[유전] ~ exploitation de la terre [du pétrole]. ¶ 우주 ~ exploration de l'espace. ② ((산업이나 경제 따위를)) recherches *mpl* ((techniques)) pour le développement ((économique)). ¶ 경제 ~ recherches pour le développement économique. ③ ((지식이나 재능 따위를)) éducation *f*[développement *m*] de l'intelligence (et des facultés); inspiration *f*; exploitation *f*. ④ ((새로운 물건이나 생각 따위를)) développement *m* ((d'un nouveau produit)) ¶ 신제품 ~ développement d'un nouveau produit. ◇_(을) **하다[시키다]** ① mettre en valeur ((une terre)). ¶ 토지를 ~하다 défricher [faire valoir, mettre en valeur] un terrain. ¶ 전원을 ~하다 exploiter une source d'énergie électrique. ② exploiter ((une industrie)). ③ éclairer *qn* ((sur un sujet)); aider *qn* de *ses* lumières. ¶ 아이의 지능을 ~하다 développer l'intelligence d'un enfant. ¶ 어린이의 잠재 능력을 ~시키다 mettre en valeur les capacités potentielles d'un enfant. ④ mettre au point ((une nouvelle technique)). ¶ 신기술을 ~하다 mettre au point une nouvelle technique. ¶ 새로운 차종을 ~하다 améliorer [perfectionner] un nouveau type de voiture.

◆_도상국 -途上國 명 pays *m* en voie de développement.

◆_비 -費 명 frais *mpl* de développement. ¶ 신제품[신기술] ~비 frais *mpl* de développement pour de nouveaux produits.

◆_제한구역 -制限區域 명 zone *f* d'exploitation contrôlée.

◆저_국 低-國 명 pays *m* sous-développé.

개방 開放 명 ouverture *f*. ¶ ~ 정책 une politique d'ouverture. ¶ ~의 물결 une vague d'ouverture. ¶ 문호 ~ ouverture de *ses* portes ((à l'extérieur, aux investisseurs étrangers)), ouverture de *ses* frontières. ¶ 미국의 수입 ~ 압력 pression américaine pour faciliter l'ouverture à leurs produits. ◇_(을) **하다** ouvrir; laisser ouvert(*e*); donner accès à *qc*; rendre accessible à *qn*. ¶ 농수산물 수입을 ~하다 s'ouvrir aux importations des produits agricoles et marins, favoriser l'importation des produits agricoles et marins. ¶ 외국에 문호를 ~하다 ouvrir *ses* portes à l'étranger ((aux investisseurs étrangers)). ¶ 도서관을 일반인에게 ~하다 ouvrir une bibliothèque au public; rendre une bibliothèque accessible au public. ◇_(이) **되다** être ouvert(*e*). ¶ 일반에 ~되어 있다 être ouvert(*e*) [accessible] au public.

◆_적 -的 명관 ouvert(*e*), franc(*che*). ¶ ~적인 성격 un caractère ouvert [franc].

◆_성 -性 명 caractère *m* ouvert, ouverture *f* ((d'esprit)).

◆_화 -化 명 ouverture *f*. ¶ 급속한[급격한] ~화 ouverture soudaine. ¶ ~화(의) 물결 vague d'ouverture. ¶ ~화(가) 되다 s'ouvrir ((à *qc*)).

◆_경제 -經濟 명 【경제】 économie *f* ouverte.

◆_대학 -大學 명 【교육】 centre *m* national d'enseignement par correspondance.

◆_부류 -部類 명 【언어】 classe *m* ouverte. ¶ 명사와 같은 어휘는 ~를 이룬다 Les mots comme les substantifs constituent une classe ouverte.

◆_식 -式 명 ouvert(*e*).

◆_주의 -主義 명 politique *f* de la porte ouverte.

개벽 開闢 명 création *f* ((du monde)); commencement *m* ((du monde)). ¶~이래 depuis que le monde existe; depuis que le monde est créé; depuis la création [le commencement] du monde. ◇_(을) **하다** créer le monde; ((le monde)) être créé.

*천지가 ~하기 전에는 jamais; Combien de temps devra s'écouler avant que *tu* ...?; ne pas être prêt(*e*) [être loin] de+*inf*; le jour est loin où ..., ce n'est pas demain que ..., c(e n)'est pas demain la veille que ... {*fam*}, ce n'est pas pour bientôt, ce n'est pas pour tout de suite, ce n'est pas encore pour demain {*fam*}; quand les poules auront des dents; ça ne risque pas d'arriver; *tu* ne *risques* pas de+*inf* .... de si tôt [((오용)) de sitôt].

◆천지_ 天地- 명 commencement *m* du monde; création *f* du monde.

개변 改變 명 ① ((상태, 제도 따위의)) transformation *f*, modification *f*, innovation *f*. ¶ 국가 조직의 ~ innovation d'une organisation nationale. ¶ 사회 제도의 ~ réforme d'un système social. ② ((사상, 의식 따위의)) changement *m* d'esprit. ¶ 국민 의식의 ~ changement de l'esprit du peuple. ◇_(을) **하다** changer, modifier, transformer; renouveler. ◇_(이) **되다** être changé(*e*), modifié(*e*), transformé(*e*); se renouveler.

개별 個別 명 individuel(*le*); un(*e*) à un(*e*). ¶~ 면담 un entretien individuel. ¶~ 통지 une annonce personnelle.

◆_적 -的 명관 individuel(*le*), personnel(*le*). ¶~적으로 individuellement, séparément, à part. ¶~적인 행동은 삼가 주십시오 Essayez de ne pas agir individuellement. ¶~적으로 문의해 보아야 합니다 Il faut s'informer individuellement.

◆_성 -性 명 individualité *f*, singularité, particularité *f*, originalité *f*. ¶ 두 현상은 각각 ~성이 있다 Ces deux phénomènes ont chacun leur particularité. ¶~성을 갖다[지니다] avoir *son* individualité.

◆_화 -化 명 individualisation *f*. ¶~화(를) 하다[시키다] individualiser. ¶~화(가) 되다 être individualisé(*e*).

개보수 改補修 명 rénovation *f*, remodelage *m*. ¶ 아파트 ~ 공사 travaux de rénovation d'un appartement.

개복 開腹 명 ouverture *f* du ventre. ◇_(을) **하다** ouvrir le ventre de *qn*.

◆_수술 -手術 명 【의학】 laparotomie *f*.

개봉 開封 명 ① ((편지 따위를)) ouverture *f*. ② ((영화 따위를)) sortie *f*. ◇_(을) **하다** ① décacheter ((une lettre, un pli)), ouvrir ((une lettre)). ¶ 편지를 ~하지 않고 돌려보내다 renvoyer une lettre sans même l'avoir ouverte. ② projeter pour la première fois, sortir (sur les écrans).

◆_관 -館 명 salle *f* [cinéma *m*] d'exclusivités.

◆_박두 -迫頭 명 Bientôt [Prochainement] sur les écrans.

개비[1] 명 morceau(*x*) *m* (de bois); allumette *f*.

◆성냥_ 명 allumette *f*.

◆장작_ 명 bûche *f* (de bois).

분류 morceau(*x*) *m* (de bois); ((성냥)) allumette *f*, ((담배)) cigarette. ¶ 성냥 두~ deux allumettes. ¶ 담배 한 ~ une cigarette, une clope {*fam*}.

개비[2] 改備 명 remplacement *m*, changement *m*, substitution *f*. ◇_(를) **하다** remplacer, changer ((un pneu)); (s')acheter [se procurer] un nouveau ((parapluie)). ¶ 이부자리를 ~하다 s'acheter une nouvelle literie. ¶ 헌 가구를 새 것으로 ~하다 remplacer les vieux meubles par des neufs.

개뿔 명 ☞ 쥐뿔

개사 改詞 명 changement *m* des paroles ((d'une chanson)). ◇_(를) **하다** changer les paroles ((d'une chanson)). ¶~한 노래 가사 des paroles changées [modifiées].

◆_곡 -曲 명 chanson *f* dont les paroles ont été modifiées [dont le texte a été modifié].

개산 概算 명 approximation *f*, évaluation *f* [estimation *f*] approximative. ¶ 인구를 ~으로 집계하다 calculer par approximation la population. ¶ 그것은 ~으로 5퍼센트다 Cela fait approximativement 5 %. ◇_(을) **하다** faire un compte approximatif; estimer [évaluer] approximativement.

개살구 명 abricot *m* sauvage.

*빛 좋은 ~ un trompe-l'œil; une belle apparence cache un contenu très pauvre / Sous [Malgré] une apparence [présentation] flatteuse [Sous un masque respectable] le contenu est vide.

개새끼 명 ① chiot *m*. ② 【비어】 ((사람)) connard *m* {*vulg*}, enculé *m* {*vulg*}, enfoiré *m* {*vulg*}, pédé *m* {*fam*}, enflure *f* {*fam*}, ordure *f* {*vulg*}. ¶ 이 ~야! L'enculé! / L'enfoiré! / Le pédé! / Le connard! / L'enflure! / L'ordure! / Espèce d'enculé [enfoiré]!

*~도 주인을 보면 꼬리를 친다 Il faut être reconnaissant envers son bienfaiteur / Il faut exprimer [manifester] de la gratitude à son bienfaiteur / Il ne faut pas oublier de remercier son bienfaiteur / Tu pourrais me remercier au moins! {*fam*} / Tu pourrais au moins dire merci! {*fam*}.

개선[1] 改善 명 amélioration *f*, perfectionnement *m*, réforme *f*. ¶ 근로조건의 ~ l'amélioration des conditions de travail. ¶~의 여지가 있다[없다] avoir des possibilités [ne pas avoir de possibilités] d'amélioration, être [ne pas être] améliorable. ◇_(을) **하다** améliorer, perfectionner; opérer une réforme. ¶ 처우[체질, 제도]를 ~하다 améliorer les conditions de travail [une constitution ((chétive)), un système]. ◇_(이) 되다 s'améliorer. ¶ 노동조건이 ~되었다 Les conditions de travail sont meilleures.

◆_안 -案 명 projet *m* (de loi) amélioré [réformé]. ¶ ~안을 마련하다 préparer l'amélioration d'un projet (de loi). ¶ ~안을 내어 놓다 améliorer un projet (de loi).

◆_책 -策 명 mesure *f* visant à améliorer ((les services administratifs)); moyen *m* d'amélioration.

개선[2] 凱旋 명 rentrée *f* triomphale; triomphe *m*. ◇_(을) 하다 rentrer en vainqueur [en triomphe]. ¶ 서울로 ~하다 rentrer en triomphe à Séoul.

◆_가 -歌 명 chant *m* de victoire [triomphe].

◆_문 -門 명 arc *m* de triomphe.

◆_장군 -將軍 명 génér*al*(*aux*) *m* vainqueur.

개설[1] 開設 명 création *f* ((d'un bureau)); fondation *f* ((d'une banque)); ouverture *f* ((d'une maison de commerce)); établissement *m* ((d'une succursale)). ◇_(을) 하다 créer, fonder, ouvrir, établir. ¶ 신용장을 ~하다 créer une lettre de crédit. ¶ 예금 구좌를 ~하다 ouvrir un compte (bancaire). ¶ 전화를 ~하다 faire installer une nouvelle ligne téléphonique. ¶ 지점을 ~하다 fonder une succursale. ¶ 강좌를 ~하다 créer un cours, inaugurer un nouveau cours.

개설[2] 槪說 명 explication *f* générale; exposition *f* [exposé *m*] sommaire; initiation *f*. ¶ 철학 ~ introduction à la philosophie. ¶ 불문학 ~ introduction à la littérature française. ◇_(을) 하다 exposer sommairement; expliquer d'une manière générale; traiter (un sujet) dans *ses* lignes générales.

개성[1] 開城 명 Gaeseong <ancienne capitale du royaume de Goryeo (918-1392); Gaegyeong (開京)>.

개성[2] 個性 명 personnalité *f*, individualité *f*, originalité *f*, particularité *f*. ¶ ~을 발휘하다 révéler *sa* personnalité [*son* originalité]. ¶ 각자의 ~을 살리다[무시하다] respecter les [négliger les, ne pas tenir compte des] particularités de chacun. ¶ 각자의 ~을 존중하다 respecter les particularités de chacun. ¶ ~이 강하다 avoir une forte [puissante] personnalité. ¶ ~이 두드러지게 나타나다 avoir une forte personnalité. ◇_이 있다[없다] avoir de la personnalité [manquer de personnalité].

◆_적 -的 명관 personnel(*le*), origin*al*(*ale*, *aux*), recherché(*e*). ¶ ~적인 옷차림[머리 모양] tenue originale, tenue recherchée [coiffure originale, coupe de cheveux originale].

◆_주의 -主義 명 individualisme *m*.

개소[1] 個所 분류 endroit *m*; lieu(*x*) *m*. ¶ 사오 ~의 고적을 둘러보았다 J'ai visité quatre ou cinq monuments historiques.

개소[2] 開所 명 ouverture *f* [inauguration *f*] d'un lieu. ¶ 새 신병 훈련소가 이번 달에 ~를 한다 Le nouveau camp d'entraînement sera ouvert ce mois-ci.

◆_식 -式 명 cérémonie *f* d'ouverture.

개수[1] 改修 명 restauration *f*, réparation *f*, réfection *f*, reconstruction *f* ((d'un chemin, d'un pont)). ¶ 도로[하천]의 ~ 공사 travaux de restauration d'une route [d'un pont]. ¶ 대대적인[전면적인, 부분적인] ~에 들어가다 commencer une restauration complète [totale, partielle]. ◇_(를) 하다 restaurer, réparer, refaire, reconstruire.

개수[2] 槪數 명 nombre *m* [chiffre *m*] approximatif.

개수[3] 箇數 명 nombre *m* ((d'objets)). ¶ ~를 세다[헤아리다] compter, dénombrer. ¶ ~가 몇 개 남는다[넘친다] Il reste quelque nombre ((d'objets)). ¶ ~가 다 맞다[다 있다, 틀림없다] Le nombre est exact / Le compte est juste / Le compte y est. ¶ ~가 좀 모자란다[빠진다] Il en manque / Le compte n'y est pas. ¶ ~가 틀리다 Le nombre est inexact [n'est pas juste] / Le compte n'est pas juste / Le compte n'y est pas.

개수대 -臺 명 évier *m*. ¶ 그릇을 ~에 넣고 닦다 faire la vaisselle dans l'évier.

개숫물 명 eau(*x*) *f* de vaisselle, eau(*x*) *f* grasse. ¶ ~을 버리다 jeter l'eau de vaisselle.

개시[1] 開市 명 ouverture *f* d'un marché; ouverture *f* d'un magasin; première vente *f* du jour. ¶ ~부터 외상으로 팔다 vendre à crédit dès l'ouverture d'un marché. ¶ ~가 좋다[나쁘다] La première vente du jour est bonne [mauvaise]. ◇_(를) 하다 ouvrir un marché [un magasin]; commencer à vendre. ¶ 오늘은 아직 ~도 못했다 Je n'ai encore rien vendu aujourd'hui.

개시[2] 開始 명 commencement *m*, début *m*; ouverture *f* ((d'une séance)). ¶ 영업[공격, 투표] ~ l'ouverture quotidienne [matinale] d'un magasin [d'un commerce] [le début d'une attaque, l'ouverture du dépouillement]. ¶ ~부터 du début. ◇_(를) 하다 commencer à+*inf*; se mettre à+*inf*. ¶ 교섭을 ~하다 entamer [engager] des négociations. ◇_(가) 되다 être commencé(*e*). ¶ 벌써 공사가 ~되었다 La construction est déjà commencée.

개식 開式 명 ouverture *f* d'une cérémonie.

◆_사 -辭 명 discours *m* d'ouverture.

개신 改新 명 réforme *f*, rénovation *f*, renouvellement *m*, innovation *f*. ◇_(을) 하다 réformer, renouveler, rénover, innover; apporter des réformes ((à la Constitution, dans une entreprise)).

개신교 改新敎 명 【종교】 protestantisme *m*. ¶ ~ 신자 un(*e*) protestant(*e*).

개심 改心 명 repentir *m*; ((종교, 문학)) résipiscence *f*, pénitence *f*. ¶ ~의 눈물을 흘리다 verser des larmes de repentir. ◇_(을) 하다[(이) 되다] se repentir; venir à résipiscence; ((행동에 대한)) se corriger, se réformer, s'amender ¶ 진심으로 ~하다 se repentir sincèrement; être pénétré de repentir. ◇_(을) 시키다 amener *qn* à résipiscence; ramener *qn* à la raison [au devoir].

◆_자 -者 명 repenti(*e*).

개심술 開心術 명 【의학】 opération *f* à cœur ouvert.

¶ 의사가 심장병 환자에게 ~을 시행하였다 Le médecin a opéré le patient à cœur ouvert.

개악 改惡 명 changement *m* en mal, aggravation *f.* ¶ 노동법의 ~ aggravation de la loi du travail. ◇_(을) **하다** changer *qc* en mal; rendre pire [plus mauvais], aggraver.

개안 開眼 명 ① recouvrement *m* de la vue. ② 【불교】 ((깨달음)) Illumination *f*, Éveil *m*; cérémonie *f* d'inauguration d'une nouvelle image [statue] bouddhique. ◇_(을) **하다** ((불교)) arriver à l'Illumination; arriver à l'illumination.

◆_ **수술** 手術 명 【의학】 intervention *f* chirurgicale pour recouvrer la vue ((greffe de la cornée ou kératoplastie par exemple)).

개암 명 【식물】 noisette *f*; aveline *f.* ¶ ~을 따다 cueillir des noisettes. ¶ ~을 줍다 ramasser des noisettes.

◆_**나무** 명 【식물】 noisetier *m*, coudrier *m*; avelinier *m*.

◆_**나무숲** 명 noiseraie *f*, coudraie *f.*

개어귀 명 embouchure *f*, bouches *fpl* ((d'un fleuve)); estuaire *f.*

개업 開業 명 ouverture *f*, fondation *f* ((d'un magasin)). ¶ 그 상점은 아직도 예전 그 자리에서 ~ 중이다 Ce magasin fonctionne toujours [est toujours fonctionnel] au même endroit / Il y a toujours le même magasin au même endroit. ◇_(을) **하다** ouvrir ((une boutique)); établir, installer ((une maison d'alimentation)); fonder, créer ((une maison de commerce)). ¶ 약국을 ~하다 s'établir pharmacien. ¶ 변호사를 ~하다 s'établir avocat, établir un cabinet d'avocat.

◆_**식** -式 명 cérémonie *f* d'ouverture.

◆_**의** -醫 명 médecin *m* qui a une clinique privée.

개역 改譯 명 révision *f* d'une traduction. ¶ ~ 성경 une Bible dont la traduction a été revue et corrigée. ◇_(을) **하다** réviser une traduction.

개연 蓋然 명 probabilité *f.*

◆_**적** -的 명관 probabiliste. ¶ ~적 판단에 속하다 dépendre d'un jugement probabiliste.

◆_**성** -性 명 probabilité *f.* ¶ 그 이론은 ~성을 띠고 있다 Cette théorie est probablement exacte / Il est fort probable que cette théorie soit juste [exacte]. ¶ ~성이 있다 Il est probable que+*ind.* ¶ ~성이 높다[크다] Il y a un fort [gros] pourcentage ((de réussite)) / Il est fort probable que+*subj* / Il y a de fortes chances que+*subj.* ¶ 사실일 ~성이 적다[희박하다] Il est peu probable [Il y a peu de chances] que ce soit vrai.

◆_**론** -論 명 【철학】 probabilisme *m*.

◆_**론자** -論者 명 probabiliste *mf.*

◆_**율** -率 명 【논리】 pourcentage *m* de probabilité.

개요 概要 명 aperçu *m*; résumé *m*, abrégé *m*, sommaire *m.* ¶ 사태의 ~를 말하다 donner un aperçu de la situation; résumer la situation. ¶ ~를 작성하다 rédiger un résumé. ¶ 현대 한국문학 ~를 읽다 lire un ouvrage [un manuel] d'introduction à la littérature moderne [contemporaine] coréenne.

개운찮다 형 ne pas se sentir frais(fraîche) et dispos(*e*); ne pas se sentir lég*er*(*ère*) [soulagé(*e*)]; avoir un arrière-goût [un goût désagréable]; être peu satisfaisant(*e*). ¶ 일이 잘못된 것 같아 왠지 뒷맛이 ~ Comme j'ai l'impression que cela ne s'est pas bien passé [que cela s'est mal passé], je ne me sens pas très à l'aise.

개운하다 형 ① ((기분이)) se sentir frais(fraîche) et dispos(*e*); se sentir lég*er*(*ère*), soulagé(*e*). ¶ 개운한 느낌이 들다 se sentir frais(fraîche). ¶ 목욕을 하고 나니 (몸이) ~ Je me sens bien après mon bain. ¶ 푹 자고 나니 ~ Maintenant que j'ai bien dormi, je me sens frais et dispos. ② ((맛이)) faire du bien ((à *qn*)). ¶ 이 국은 참 ~ Cette soupe me fait beaucoup de bien / Je me sens mieux [d'attaque {*fam*}] après avoir bu cette soupe / Cette soupe m'a remis(*e*) en forme.

개울 명 ruisseau(*x*) *m*, ruisselet *m*; rivière *f.* ¶ ~에 빠지다 tomber dans une rivière. ¶ ~에서 고기를 잡으며 놀다 s'amuser en attrapant [en pêchant] des poissons dans la rivière.

◆_**가** 명 bord *m* d'un ruisseau [d'une rivière].

◆_**물** 명 eau(*x*) *f* d'un ruisseau. ¶ ~물에 손을 씻다 se laver les mains dans un ruisseau. ¶ ~물에서 빨래를 하다 faire la lessive dans (l'eau d')un ruisseau [dans le courant d'un ruisseau, dans le lit d'un ruisseau].

개원 開院 명 ouverture *f* ((du Parlement, d'un hôpital)). ¶ 국회는 지금 ~ 중이다 L'assemblée est ouverte. ¶ 선거 부정이 논란이 되어 국회 ~이 늦추어지고 있다 L'ouverture du Parlement est retardée à cause d'une polémique sur une fraude [corruption] électorale. ◇_(를) **하다** s'ouvrir; commencer, débuter. ¶ 제 19차 정기 국회가 내주 초에 ~할 예정이다 La dix-neuvième cession ordinaire du Parlement se tiendra [s'ouvrira, commencera, débutera] normalement au début de la semaine prochaine. ¶ 동네에 병원이 하나 ~하여 영업 중이다 Une clinique [Un cabinet médical] vient d'ouvrir dans notre quartier.

◆_**식** -式 명 cérémonie *f* d'ouverture.

개월 個月 분류 nombre *m* de mois. ¶ 3 ~ 동안 pendant trois mois. ¶ 임신 8 ~의 여자[여인] une femme qui est enceinte de huit mois. ¶ 나는 24 ~ 할부로 자동차를 구입했다 J'ai acheté ma nouvelle voiture payable en vingt-quatre mensualités. ¶ 누나는 임신 5 ~이다 Ma grande sœur est enceinte de cinq mois.

개음절 開音節 명 【언어】 syllabe *f* ouverte.

개의 改議 명 ① 다시 논의함 reconsidération *f.* ② ((동의에 대한)) proposition *f* d'un amendement; modification *f* proposée ((à un projet)). ◇_(를) **하다** ① rediscuter; reconsidérer. ② amender ((un projet)); proposer un amendement. ¶ 의안을 ~하다 proposer un amendement à un projet de loi, proposer l'amendement d'un projet de loi.

◆_권 -權 명 droit *m* d'amendement.

개의하다 介意- 자타 se soucier de *qc*; faire attention à *qc*; tenir compte de *qc*; regarder à *qc*. ¶ 남의 비판[의견]에[을] ~ ne pas se soucier [ne pas tenir compte] des critiques [des opinions] d'autrui. ¶ 남이 뭐라 하든 개의치 말고 밀고 나가라 Ne te soucie pas du qu'en-dira-t-on.

개이다 자 ☞ 개다[1]

개인 個人 명 individu *m*; particuli*er*(*ère*). ¶ ~의 자유 liberté individuelle. ¶ ~과 사회[집단] l'individu et la société [et le groupe]. ¶ 나 ~의 의견을 말하자면 à mon avis, personnellement. ¶ ~(의) 자격으로 행동하다 agir à titre privé [en tant que simple particulier]. ¶ ~의 이익만을 추구하다 ne s'intéresser qu'à *ses* profits personnels. ¶ 그것은 한 ~에게 국한된 문제가 아니다 Ce problème ne touche pas qu'une seule personne.

◆_적 -的 명관 individuel(*le*), particuli*er*(*ère*); personnel(*le*); privé(*e*). ¶ ~적으로 individuellement, personnellement. ¶ ~적인 문제 un problème privé [personnel]. ¶ ~적으로 충고하다 donner un conseil en privé. ¶ 그는 ~적으로는 좋은 사람이다 Personnellement, je trouve qu'il est quelqu'un de bien. ¶ ~적으로 여쭈어보아도 좋겠습니까? Puis-je vous poser une question en privé? ¶ ~적인 감정에 치우치다 donner trop d'importance à *ses* sentiments (personnels), se laisser dépasser [déborder] par ses sentiments (personnels). ¶ 그는 ~적인 사정 때문에 참석하지 못했다 Il n'a pas participé à cause d'un problème personnel.

◆_별 -別 명 individuel(*le*), personnel(*le*) respecti*f*(*ve*). ¶ ~별로 individuellement; personnellement; respectivement.

◆_기 -技 명 technique *f* personnelle, *sa* technique. ¶ ~기를 뽐내다 se vanter [se faire gloire, se prévaloir] de *sa* technique. ¶ ~기가 화려하다[뛰어나다] avoir une technique personnelle hors du commun.

◆_용 -用 명 particuli*er*(*ère*), à usage privé[particulier, personnel, individuel]. ¶ ~용 물품 objet [article, marchandise, produit] à usage privé.

◆_전[1] -展 명 exposition *f* privée (des œuvres d'un artiste). ¶ 미술 ~전 une exposition d'art [d'œuvres d'art]. ¶ ~전을 열다 organiser une exposition privée.

◆_전[2] -戰 명 épreuve *f* individuelle. ¶ 이 대회는 ~전과 단체전으로 치러진다 Dans ce tournois, il y aura des épreuves individuelles et collectives [par équipe] / Ce tournois se déroulera avec des épreuves individuelles et collectives. ¶ 체조 ~전 종합 우승을 차지하다 terminer premi*er*(*ère*) du concours individuel général de gymnastique.

◆_주의 -主義 명 individualisme *m*. ¶ ~주의와 이기주의는 종종 혼동된다 On confond souvent l'individualisme avec l'égoïsme. ¶ ~주의적(인) individualiste.

◆_주의자 -主義者 명 individualiste *mf*.

◆_차 -差 명 différences *fpl* résultant des individus et de leur façon de voir, différence *f* ((de niveaux)), disparité *f* ((des niveaux, des goûts)). ¶ 학생들마다 ~차가 심해서 수업 진행하기가 힘들다 La disparité de niveaux des élèves étant trop importante, j'éprouve des difficultés à enseigner / Comme il y a trop de différence de niveaux entre les élèves, j'ai du mal à enseigner (dans de bonnes conditions). ¶ 그 선생님은 ~차를 무시한다 Cet(*te*) enseignant(*e*) ne tient pas compte de la différence de niveaux de ses étudiants (quand il(elle) enseigne).

◆_경기 -競技 명 compétition *f* individuelle. ¶ 단체경기와 ~경기 compétition par équipe et compétition individuelle.

◆_교수 -敎授 명 leçon *f* particulière [privée]. ¶ ~교수를 하다 donner des leçons privées [cours privés, leçons particulières, cours particuliers]. ¶ ~교수를 받다 prendre des leçons particulières.

◆_교습 -敎習 명 leçon *f* particulière [privée]. ¶ ~교습을 하다 donner des leçons privées [cours privés, leçons particulières, cours particuliers]. ¶ ~교습을 받다 prendre des leçons particulières.

◆_기업 -企業 명 entreprise *f* [compagnie *f*] privée.

◆_비서 -秘書 명 secrétaire *mf* particuli*er*(*ère*). ¶ ~비서를 두다 avoir une secrétaire particulière.

◆_사업 -事業 명 affaires *fpl* privées. ¶ ~사업을 하다 diriger [conduire] une affaire [entreprise] privée.

◆_상 -償 명 prix *m* individuel. ¶ ~상과 단체상을 휩쓸다 remporter [rafler {*fam*}] tous les prix en individuel et par équipe.

◆_소득 -所得 명 【경제】 revenu *m* par tête [par habitant]. ¶ ~소득이 이만 달러에 이르렀다 Le revenu par habitant a atteint vingt mille dollars.

◆_소유 -所有 명 propriété *f* privée, propriété *f* d'un particulier. ¶ 그 건물은 ~소유가 아니다 Ce bâtiment n'est pas une propriété privée / Ce bâtiment n'appartient pas à un particulier.

◆_숭배 -崇拜 명 culte *m* de la personnalité.

◆_심리학 -心理學 명 【심리】 psychologie *f* individuelle. ¶ ~심리학과 집단 심리학 psychologie individuelle et psychologie sociale.

◆_어음 명 【경제】 effet *m* personnel.

◆_위생 -衛生 명 hygiène *f* privée.

◆_윤리 -倫理 명 éthique *f* individuelle [personnelle]. ¶ ~윤리와 사회 윤리 éthique individuelle [personnelle] et sociale [collective].

◆_지도 -指導 명 leçon *f* particulière; orientation *f* individuelle ¶ 그 학생은 ~지도를 받아 성적이 올랐다 Cet élève a un meilleur bulletin depuis qu'il suit des cours particuliers.

◆_택시 명 taxi *m* indépendant.

◆_플레이 명 ((스포츠)) jeu(*x*) *m* trop individuel [personnel]; ((개인행동)) comportement *m* égoïste. ¶ ~플레이하다 ((스포츠)) la jouer ((trop)) personnel [perso {*fam*}]; ((개인행동)) se comporter égoïstement [avec égoïsme], avoir un comportement égoïste.

◆_회사 -會社 명 entreprise *f* [compagnie *f*, boîte *f* {*fam*}] privée. ¶~회사를 경영하다 diriger une compagnie privée.

개입 介入 명 intervention *f*; ((간섭)) ingérence *f*, immixtion *f*. ¶노사 분쟁에 제 3자의 ~을 막다 défendre l'intervention d'une tierce personne dans un conflit entre employeurs et employés. ◇_(을) **하다** intervenir dans ((un conflit)); se mêler ((des affaires des autres)); s'immiscer dans, fourrer *son* nez ((dans les affaires d'autrui)). ¶남의 사생활에 ~(을) 하다 s'immiscer dans la vie privée d'autrui. ¶국경 분쟁에 유엔이 ~했다 L'O.N.U. est intervenue dans un conflit frontalier. ¶우리가 협상하는 데에 제3자가 ~(을) 하는 것은 바람직스럽지 못하다 L'intervention d'une tierce personne n'est pas souhaitable lors de nos négociations. ◇_(을) **시키다** faire intervenir. ¶이 일에 다른 사람은 ~시키지 말아라 Ne fais pas intervenir les autres dans cette affaire. ◇_(이) **되다** être mêlé(*e*) à ((une affaire)). ¶그는 자신도 모르는 사이에 엄청난 일에 ~되어 있었다 Il a été mêlé, sans le savoir, à une affaire d'une grande importance.

◆**무력** 武力- 명 intervention *f* armée.

개작 改作 명 remaniement *m*; refonte *f*, adaptation *f*; plagiat *m*. ◇_(을) **하다** remanier; adapter; refondre ((un dictionnaire, un texte)); plagier ((un auteur, une œuvre)). ¶소설을 연극[영화]용으로 ~하다 adapter un roman pour le théâtre [pour le cinéma]. ¶이미 발표했던 작품을 ~하여 다시 출판하다 remanier un ouvrage déjà paru et le publier [et le faire paraître].

◆_자 -者 명 adapta*teur*(*trice*).

개장¹ 改葬 명 remise *f* en état d'une tombe; déplacement *m* d'une tombe. ◇_(을) **하다** déplacer [remettre en état] une tombe.

개장² 開場 명 ouverture *f*. ¶~ 시간 horaires d'ouverture. ¶오전 11시 ~ Ouverture à onze heures. ◇(을) **하다** ouvrir.

◆_식 -式 명 inauguration *f*, cérémonie *f* d'ouverture.

개장³ 改裝 명 transformation *f*, rénovation *f*. ◇_(을) **하다** faire des aménagements ((à un musée)); faire des transformations ((dans une maison)); modifier l'arrangement ((d'une pièce)). ¶가게를 ~하다 transformer [rénover, moderniser] un magasin. ¶실내를 ~하다 transformer [rénover, moderniser] l'intérieur. ¶살림집을 가게로 ~하다 transformer une maison en magasin [en commerce].

개재 介在 명 interposition *f*, médiation *f*. ◇_(를) **하다** se trouver [s'interposer] ((entre A et B)), interposer ((*sa* médiation, *ses* bons offices)). ¶국경 분쟁에 ~하다 servir de médiateur dans un conflit frontalier. ◇_(가) **되다** s'interposer. ¶이번 법 개정 논의에는 무슨 흑막이 ~되어 있는 것 같다 Dans la discussion de l'amendement de cette loi s'interpose [il y a] un écran qui empêche d'y voir clair [qui empêche la compréhension, qui empêche de bien comprendre].

개전¹ 開戰 명 ouverture *f* [engagement *m*] des hostilités; ((기독교)) (dans l'Armée du Salut) début *m* de la propagande religieuse. ¶~ 초에 au début des hostilités; au commencement de la guerre. ¶~이 임박했다 L'ouverture des hostilités est imminente / Le combat [La guerre] va commencer. ¶~의 시기를 엿보다 attendre le bon moment pour engager le combat. ◇_(을) **하다** engager [commencer, ouvrir] des hostilités.

개전² 改悛 명 repentir *m*; résipiscence *f*, pénitence *f*. ¶~의 정[빛]을 뚜렷이 보이다 se repentir sincèrement, faire preuve d'un repentir sincère, être pénétré(*e*) de repentir. ¶~의 정[빛]이 보이므로 관대히 처벌하다 punir avec indulgence parce qu'on fait preuve d'un repentir sincère. ◇_(을) **하다** se repentir, venir à résipiscence. ◇_(을) **시키다** amener *qn* à résipiscence [à faire pénitence].

개점 開店 명 ouverture *f* d'un magasin; ((개업)) ouverture *f*, fondation *f* ((d'un magasin)). ¶상점의 ~ 시각 heure d'ouverture d'un magasin. ¶~ 시간은 오전 10시다 Ce magasin [Cette boutique] ouvre à 10 heures du matin. ¶우리 상점의 ~은 내달 초로 예정되어있다 Notre magasin a l'intention d'ouvrir au début du mois prochain. ¶신문에 ~ 광고를 내다 faire de la publicité dans les journaux pour l'ouverture d'un magasin. ◇_(을) **하다** ouvrir un magasin [une boutique]; ((개업)) établir [installer, ouvrir] un magasin. ¶이 가게는 오전 9시에 ~한다 Cette boutique ouvre à 9 heures du matin. ¶그 컴퓨터 판매 회사는 여러 개의 매장을 동시에 ~하였다 Cette compagnie qui vend des ordinateurs a ouvert plusieurs magasins [plusieurs points de vente] en même temps.

◆_ 휴업상태 休業狀態 명 commerce *m* végétant; état *m* végétatif d'un commerce. ¶가게 문은 열었지만 손님이 없어 ~ 휴업상태다 Le magasin a ouvert ses portes, mais faute de clientèle, il végète [il est en train de mourir].

개정¹ 改正 명 ((변경)) modification *f*, révision *f* ((d'un contrat, d'une Constitution)); ((수정)) amendement *m* ((à un projet de loi)); ((개혁)) réforme *f*; ((개량)) amélioration *f*. ¶법률[헌법, 회칙] ~ la modification [la réforme] d'une loi [l'amendement d'une Constitution, la révision d'une Constitution; la modification du règlement ((d'une société))]. ¶선거인 명부의 ~ révision des listes électorales. ¶교과 과정의 전면적인 ~이 필요하다 Il faut procéder à une réorganisation générale du programme de l'enseignement / Il faut réorganiser radicalement le programme de l'enseignement. ◇_(을) **하다** modifier, amender, réviser, réformer, améliorer. ¶조약을 ~하다 réviser un traité. ¶교과서를 ~하다

réviser un manuel scolaire. ◇_(이) **되다** être révisé(*e*). ¶ ~된 열차 시간표는 이 달 1일부터 실시된다 Les nouveaux horaires pour les trains entreront en vigueur [seront effectifs] à partir du premier jour du mois.

◆**_가격** -價格 명 prix *m* modifié.

◆**_세율** -稅率 명 le taux *m* de l'impôt réformé. ¶ 새해부터 ~세율이 적용된다 Le taux de l'impôt réformé est valable à partir de la nouvelle année.

◆**_안** -案 명 projet *m* de révision (d'une loi). ¶ 헌법 ~안을 국회에 상정하다 présenter le projet de révision ((de la Constitution)) à l'Assemblée nationale.

개정² 改訂 명 révision *f*. ¶ 초판본을 ~ 보완하다 réviser la première édition. ◇_(을) **하다** remanier ((un livre)); préparer une édition revue et corrigée. ◇_(이) **되다** être révisé(*e*). ¶ 이번에 ~되어 나온 책에는 오류가 전혀 없다 Dans cette réédition, il n'y a plus aucune erreur.

◆**_증보판** -增補版 명 【출판】 édition *f* revue et augmentée.

◆**_판** -版 명 【출판】 édition *f* revue et corrigée.

개정³ 開廷 명 ouverture *f* d'une audience (du tribunal). ¶ 법정이 ~ 중이다 Le tribunal est en séance / Le tribunal tient séance. ◇_(을) **하다** ouvrir une audience [séance]. ¶ 1 시간 후에 다시 ~하겠습니다 Nous allons rouvrir l'audience dans une heure. ◇_(이) **되다** ((une audience)) être ouvert(*e*). ¶ 법정은 1시간 휴정한 후에 다시 ~되었다 L'audience a été rouverte après une heure de pause.

◆**_기일** -期日 명 date *f* d'ouverture d'une audience.

◆**_일** -日 명 jour *m* d'audience; date *f* fixée pour l'ouverture d'une audience.

개제 改題 명 changement *m* de titre ((d'un livre)). ◇_(를) **하다** changer le titre ((d'une revue)). ¶ 그 잡지는 「세계의 문학」이라고 ~하여 다시 출간된다 Cette revue sera de nouveau publiée sous le nouveau titre *La Littérature du monde*.

개조 改造 명 rénovation *f*, réaménagement *m*, transformation *f*, réorganisation *f*, modification *f*, reconstruction *f*. ¶ 의식[사회, 정신] ~ reconsidération de son mode de pensée [réorganisation de la société, reconsidération de sa façon de pensée]. ◇_(를) **하다** transformer, réorganiser, reconstituer, rebâtir, aménager. ¶ 집을 ~하다 aménager une maison. ¶ 1층을 실험실로 ~하다 aménager le rez-de-chaussée en laboratoire. ◇_(가) **되다** être reconstitué(*e*); être transformé(*e*). ¶ 그 버스는 간이식당으로 ~되었다 Cet autocar a été transformé [aménagé] en petit restaurant. ◇_(를) **시키다** reconstituer *qc*, transformer *qc*; reconsidérer *qc*. ¶ 그 녀석은 의식을 완전히 ~시켜야 한다 Il faut que ce type reconsidère [corrige, revoit] radicalement son mode [sa façon] de pensée.

개종¹ 改宗 명 conversion *f*; changement *m* de religion. ¶ ~을 강요당하다 être contraint(*e*) à la conversion. ◇_(을) **하다** se convertir ((à une autre religion)). ¶ 기독교에서 불교로 ~하다 se convertir du christianisme au bouddhisme, abandonner le christianisme pour le bouddhisme. ¶ 가족들은 내가 기독교로 ~하는 것을 반대한다 Ma famille est opposée à ce que je me convertisse [que j'adhère] au christianisme. ◇_(을) **시키다** convertir *qn*. ¶ 개신교 신자들을 구교로 ~시키다 convertir des protestants au catholicisme.

개종² 開宗 명 ((불교)) fondation *f* d'une secte. ◇_(을) **하다** fonder une secte religieuse.

개중 個中 명 parmi; dans le tas {*fam*}. ¶ ~에는 아는 얼굴도 꽤 있다 Il y a quelques visages que je connais déjà. ¶ ~에는 쓸 만한 것도 더러 있다 Il y a parfois des choses utiles / On peut parfois trouver des choses utiles.

개진 開陳 명 exposé *m*, rapport *m*. ◇_(을) **하다** exposer, exprimer, expliquer. ¶ 의견을 ~하다 donner *son* opinion sur *qc*; donner *son* avis; exprimer *sa* pensée. ◇_(이) **되다** être exposé(*e*). ¶ 그 안건에 대해 여러 의견들이 ~되었다 Plusieurs avis ont été émis sur ce sujet [sur ce problème].

개차반 명 garnement *m*, mauvais sujet *m*, chenapan *m* {*pop*}, vaurien(*ne*), sacripant *m*; fripouille *f*, canaille *f*, racaille *f*. ¶ 그 녀석은 ~이다 C'est de la racaille ce type {*fam*}. ¶ 그 놈 하는 짓은 ~이다 C'est un bas coquin.

개찬 改撰 명 correction *f*, révision *f* ((d'un ouvrage)). ◇_(을) **하다** corriger, réviser. ◇_(이) **되다** être corrigé(*e*), révisé(*e*).

개찰 改札 명 contrôle *m* des billets [des tickets]. ¶ 입구에서 ~을 받으십시오 Veuillez composter votre billet à l'entrée. ◇_(을) **하다** contrôler [poinçonner] les billets.

◆**_구** -口 명 accès *m* aux quais, tourniquet *m* ((dans le métro)).

개척 開拓 명 ① 개간 défrichement *m*; défrichage *m*; mise *f* en valeur ((des marais)). ¶ 서부 ~ 시대 l'époque de la conquête de l'Ouest, l'époque des premiers colons d'Amérique. ¶ 이주민들이 황무지 ~에 나섰다 Les émigrant(*e*)s ont commencé à défricher les terres incultes. ② ((자원 따위를)) exploitation *f*. ③ 새로운 분야를 개발 ouverture *f*, création *f* ((d'un nouveau domaine)). ◇_(을) **하다** exploiter ((une terre)); défricher ((une forêt, une lande)); mettre ((une terre)) en valeur. ¶ 과학 탐구의 새로운 분야를 ~하다 explorer un nouveau domaine scientifique. ¶ 기업 활동의 새로운 분야를 ~하다 ouvrir un nouveau domaine de l'activité industrielle. ¶ 시장을 ~하다 ouvrir [créer] un nouveau marché; trouver de nouveaux débouchés; trouver un créneau [un nouveau marché]. ¶ 신천지를 ~하다 défricher le nouveau monde. ¶ 운명을 ~하다 se frayer *son* chemin [*son* destin]. ◇_(이) **되다** être défriché(*e*).

◆**_사** -史 명 l'histoire *f* des grands défrichements.

◆_사업 -事業 명 travaux *mpl* de défrichement.
◆_자 -者 명 pionnier(*ère*); défricheur(*se*); ((집합적으로)) premiers colons *mpl*. ¶ 서부의 ~자들 les conquérants [premiers colons] de l'Ouest (américain).
◆_지 -地 명 terres *fpl* nouvellement exploitées [défrichées]; terrain *m* exploité [mis en valeur].

개천 -川 명 ① égout *m*, fossé *m* d'écoulement. ② ((개울)) (petit) cours *m* d'eau, ruisseau(*x*) *m*. ¶ ~에서 빨래하는 아낙네들 les femmes qui font la lessive dans un ruisseau. ¶ 동네 앞으로 ~이 흐른다 Le ruisseau longe le village.
*~에서 용 났다 ☞ 용[2]
◆실 명 le petit cours *m*.

개천절 開天節 명 fête *f* commémorative [anniversaire *m*, jour *m*] de la fondation de la Corée ((le 3 octobre)). ¶ ~ 기념식 La cérémonie de la fête du trois octobre.

개체 個體 명 individu *m*.
◆_개념 -概念 명 【논리】 concept *m* individuel.
◆_군 -群 명 【생물】 population *f*.
◆_발생 -發生 명 【생물】 ontogenèse *f*, ontogénie *f*.
◆_변이 -變異 명 【생물】 variation *f*, mutationnisme *m*.
◆_주의 -主義 명 【철학】 individualisme *m*.
◆접합_ 接合- 명 【생물】 zygote *m*.

개최 開催 명 organisation *f*. ¶ 군축회의 ~가 연기되었다 L'organisation de la conférence sur le désarmement a été repoussée. ¶ 사소한 잘못으로 인해 간부회의 ~가 늦어지고 있다 La réunion des cadres est retardée à cause d'une faute bénigne [mineure]. ◇_(를) **하다** organiser ((une conférence, une exposition)); donner ((un bal, un concert)). ¶ 민주당은 다음 달 전당대회를 ~할 예정이다 Le parti démocrate a l'intention de tenir son congrès [d'organiser sa grande assemblée générale] le mois prochain. ¶ 국민 궐기 대회를 ~하다 organiser un rassemblement national. ◇_(가) **되다** être organisé(*e*), donné(*e*); se tenir, avoir lieu. ¶ 회의는 오후 5시에 ~되었다 La réunion s'est tenue à cinq heures de l'après-midi.
◆_국 -國 명 pays *m* organisateur. ¶ 월드컵[올림픽] ~국 pays organisateur de la Coupe du Monde [des Jeux olympiques].
◆_일 -日 명 date *f* d'ouverture [d'inauguration].
◆_자 -者 명 organisat*eur*(*trice*).
◆_지[장소] -地[場所] 명 site *m* d'organisation, ville *f* d'accueil. ¶ 전국체전 ~지를 아직 정하지 못했다 La ville d'accueil des futurs championnats nationaux de Corée n'est pas encore définie.
◆_시간 -時間 명 heure *f* d'ouverture.

개축 改築 명 reconstruction *f*. ¶ 시 청사가 ~ 중에 있다 Le bâtiment de la mairie est en reconstruction. ¶ 그 건물의 ~은 불가능하다 Il est impossible de reconstruire cet édifice. ◇_(을) **하다** reconstruire ((un édifice)); rebâtir ((une maison)); refaire ((la toiture d'une maison)). ¶ 창고를 ~하다 reconstruire un entrepôt. ◇_(이) **되다** être reconstruit(*e*), rebâti(*e*). ¶ 새로 ~된 건물 un bâtiment nouvellement rénové.
◆_공사 -工事 명 travaux *mpl* de reconstruction. ¶ 그 주택단지에는 ~공사가 한창이다 Ils sont en pleine reconstruction dans ce quartier résidentiel.

개칭 改稱 명 changement *m* de nom. ◇_(을) **하다** changer de nom. ¶ 경무대를 청와대로 ~하다 changer de nom: ne plus s'appeler Gyeongmudae mais la Maison Bleue. ◇_(이) **되다** ((nom)) être changé(*e*).

개코같다 형 【속어】 être sale, ignoble, minable, insignifiant(*e*). ¶ 개코같은 녀석 un sale type.
◆**개코같이** 부 【속어】 très mal, par-dessus la jambe. ¶ 일은 개코같이 하면서 봉급 타령만 한다 Il n'arrête pas de se plaindre de son salaire alors qu'il ne fait pas son boulot {*fam*} correctement.

개키다 타 ☞ 개다[3]

개탄 慨嘆 명 désolation *f*; chagrin *m*; affliction *f*, lamentation *f*, plainte *f* bruyante. ¶ ~을 금할 수 없다 ne pas pouvoir s'empêcher de déplorer *qc* [que+*subj*]. ◇_(을) **하다** déplorer *qn*/que+*subj*; se désoler, s'affliger; se plaindre de *qc*; se lamenter sur *qc*. ¶ ~할 일 situation déplorable; spectacle lamentable; incident regrettable. ¶ 운명을 ~하다 se lamenter sur *son* sort. ¶ 일이 이렇게 된 것은 정말 ~하지 않을 수 없다 On ne peut que déplorer en être arrivé là.
◆_스럽다 형 être regrettable, lamentable, déplorable, affligeant(*e*). ¶ 저렇게 자기 생각만 하다니 참으로 ~스럽다 Je trouve vraiment affligeant qu'il ne pense qu'à lui-même. ¶ 고위층에 부패가 만연한 것은 ~스러운 일이 아닐 수 없다 On ne peut que déplorer qu'il y ait tant de corruption chez les fonctionnaires de haut rang [chez les hauts fonctionnaires, dans la classe dirigeante, dans la haute société].

개통 開通 명 ouverture *f* ((d'une route, d'une ligne de chemin de fer, d'une ligne téléphonique)). ¶ 늑장 공사로 인해 터널 ~이 늦어지고 있다 L'ouverture du tunnel est retardée par des travaux prolongés [qui s'éternisent]. ◇_(을) **하다** ouvrir. ¶ 새 지하철 노선을 ~하다 ouvrir une nouvelle ligne de métro. ◇_(이) **되다** être ouvert(*e*), inauguré(*e*). ¶ 터널이 ~되었다 Le tunnel est ouvert au public. ¶ 이번에 새로 ~된 구간은 10 킬로미터에 달한다 La nouvelle section de route fait dix kilomètres.
◆_식 -式 명 cérémonie *f* d'ouverture. ¶ 신설 철도의 ~식 inauguration d'une nouvelle ligne de chemin de fer. ¶ 고속도로 ~식 inauguration d'une nouvelle autoroute.

개판 改版 명 【출판】 recomposition *f* ((d'un texte)); réédition *f*, édition *f* revue et corrigée. ¶ 초판본의 오류는 ~ 시에 정정될 것이다 Les erreurs de la première édition seront corrigées au moment de la réédition [de la nouvelle édition]. ◇_(을) **하다** recomposer un texte; remanier un livre; préparer une édition revue et corrigée ((d'un dictionnaire)); rééditer ((un ouvrage)), refaire. ◇_(이) **되다** ((un texte, une édition)) être corrigé(*e*).

개펄 명 【지리】 terrain *m* humide des rives d'une rivière ou de la mer; banc *m* de sable (recouvert à marée haute), sable *m* mouillé. ¶ ~에서 조개를 줍다 ramasser des coquillages sur la plage [sur le sable].

개편 改編 명 réorganisation *f*, réforme *f*; ((재구성)) restructuration *f*; ((산업의)) redéploiement *m*. ¶ 교과서[정부 기구, 조직] ~ réforme des manuels scolaires [des organes gouvernementaux; d'une structure, d'un système]. ¶ 내각의 전면적인 ~이 곧 있을 예정이다 Une réorganisation ministérielle [recomposition du paysage ministériel] aura lieu prochainement. ◇_(을) **하다** ((단체를)) réorganiser, réformer, restructurer, redéployer; ((책을)) rééditer, refaire, refondre. ¶ 당직을 ~해야 한다 Il faut opérer une restructuration de l'équipe de direction du parti [du bureau national du parti, des dirigeants du parti]. ◇_(이) **되다** ((단체가)) être réorganisé(*e*), réformé(*e*); ((책이)) être réédité(*e*), refait(*e*), refondu(*e*).

개평 명 ((노름에서)) somme *f* donnée par le gagnant (au jeu) aux perdants ou aux spectateurs. ¶ 그는 쩨쩨하게 ~도 안 준다 Il est tellement pingre qu'il ne veut rien donner ni aux perdants ni aux spectateurs. ◇_(을) **뜯다[떼다]** prendre sur la somme gagnée.

◆_**꾼** 명 specta*teur*(*trice*) attendant l'argent que versera un gagnant.

개폐[1] 開閉 명 ouverture *f* et fermeture *f*. ¶ 이 문의 ~는 자동입니다 L'ouverture et la fermeture de cette porte sont automatiques.

◆_**교** -橋 명 【건설】 pont *m* mobile [tournant, basculant].

◆_**기** -器 명 【전기】 interrupteur *m*.

◆_**장치** -裝置 명 système *m* d'ouverture et fermeture. ¶ 자동 ~장치 dispositif de fermeture automatique.

개폐[2] 改廢 명 révision *f* ou abolition *f* [annulation *f*, abrogation *f*] ((d'une loi)). ¶ 노동 악법 ~ 문제가 현안으로 떠올랐다 Il apparaît que la question de la révision ou de l'abolition de la sinistre loi sur le travail est devenu(*e*) l'un des problèmes les plus cruciaux [les plus urgents] à régler. ◇_(를) **하다** réorganiser ou bien abolir; réorganiser [réviser, modifier] ou bien supprimer. ¶ 법률을 ~하다 réviser ou abolir [abroger, annuler] une loi. ◇_(가) **되다** être réorganisé(*e*) ou aboli(*e*).

개표 開票 명 dépouillement *m* du scrutin. ¶ ~ 결과를 발표하다 annoncer le résultat du dépouillement du scrutin. ¶ ~ 결과 김씨가 최고 득표자가 되었다 D'après les résultats du dépouillement du scrutin, M. Kim est en tête [a reçu le plus de voix]. ¶ ~ 상황을 알려드리겠습니다 Je vais vous faire le point sur la situation actuelle du dépouillement des suffrages / Je vous annonce les résultats provisoires après un dépouillement partiel du scrutin. ¶ ~에 들어가다 commencer le dépouillement. ◇_(를) **하다** dépouiller le scrutin. ¶ 참관인들의 입회하에 ~하도록 하겠습니다 Nous allons dépouiller le scrutin sous le contrôle de scrutateurs [d'observateurs].

◆_**구** -區 명 quartier *m* de dépouillement du scrutin.

◆_**소** -所 명 lieu(*x*) *m* de dépouillement des votes; bureau(*x*) *m* de vote.

◆_**참관인** -參觀人 명 scruta*teur*(*trice*).

개피 명 ☞ 개비[1]

개피떡 명 pâte *f* de riz et de haricots rouges (cuite à la vapeur), *tteok m* fourré de pâte de haricots rouges.

개학 開學 명 rentrée *f* (des classes). ¶ ~을 맞다 faire la rentrée des classes. ¶ 우리는 내일부터 ~이다 Demain, pour nous, c'est la rentrée (des classes). ¶ 대학은 ~이 언제냐? C'est quand la rentrée à l'université? ◇_(을) **하다** rentrer à l'école. ¶ 너희 학교는 언제 ~하니? C'est quand pour vous la rentrée?

◆_**식** -式 명 cérémonie *f* de la rentrée des classes.

◆_**일** -日 명 le jour *m* de la rentrée.

개항 開港 명 ouverture *f* d'un port ((aux étrangers, au commerce extérieur)). ¶ 열강들에 의해 ~을 강요당하다 être forcé(*e*) par les grandes puissances ((européennes)) de leur ouvrir un port national. ◇_(을) **하다** ouvrir un port ((au commerce extérieur, à des puissances étrangères)). ◇_(이) **되다** s'ouvrir ((au commerce extérieur)).

◆_**기** -期 명 époque *f* d'ouverture des ports ((au commerce extérieur)).

◆_**론** -論 명 thèse *f* prônant le développement des échanges avec l'étranger grâce à l'ouverture des ports pour développer le commerce maritime [les échanges maritimes], thèse *f* prônant l'extension du commerce maritime.

◆_**장** -場 명 port *m* ou aéroport *m* ouvert au commerce extérieur.

개헌 改憲 명 réforme *f* [modification *f*, amendement *m*] de la Constitution. ¶ ~ 논의가 다시 제기되었다 On a rouvert le débat sur la réforme de la Constitution. ¶ ~ 저지 투쟁이 벌어지고 있다 Une lutte pour la défense de la réforme de la Constitution s'est ouverte / La défense de l'amendement de la Constitution a justifié une lutte [discussion]. ◇_(을) **하다** modifier la Constitution.

◆_**안** -案 명 proposition *f* de la réforme de la Constitution. ¶ ~안을 국회에 제출하다 présenter la proposition de la réforme de la Constitution à l'assemblée nationale. ¶ ~안을 날치기로 통과시키다

faire passer rapidement la proposition de la réforme de la Constitution ((sans le consentement des autres)).

개혁 改革 명 réforme *f*, réformation *f*, innovation *f*, rénovation *f*, amélioration *f*; renouvellement *m*. ¶ 토지[통화, 화폐, 경제, 사회, 교육, 체제, 행정, 세제, 구조] ~ réforme agraire [monétaire, économique [de l'économie], sociale [de la société], de l'éducation [pédagogique], d'un système, administrative [de l'administration], fiscale [de la fiscalité], structurelle]. ◇_(을) **하다** réformer *qc*, apporter des réformes à *qc*; innover *qc*, rénover *qc*, améliorer *qc*; renouveler *qc*. ¶ 입시 제도를 ~하다 réformer le système de concours d'entrée à l'université. ◇_(이) **되다** être réformé(*e*), innové(*e*), rénové(*e*), amélioré(*e*); être renouvelé(*e*).

◆**_가** -家 명 réforma*teur*(*trice*), innova*teur*(*trice*).

◆**_안** -案 명 projet *m* de réforme.

◆**_파** -派 명 tendance *f* [aile *f*] réformatrice; ((개혁주의자)) réforma*teur*(*trice*), partisan(*e*) des réformes.

◆**종교_** 宗敎- 명 【역사】 la Réforme.

개화[1] 開化 명 ouverture *f* d'un pays à la civilisation occidentale. ¶ ~ 문물 les produits de la civilisation occidentale. ¶ ~의 물결 vague d'ouverture à la civilisation occidentale. ◇_(를) **하다** être civilisé(*e*); ouvrir *ses* portes à la civilisation occidentale, s'ouvrir aux étrangers. ◇_(가) **되다** se civiliser. ¶ 의식이 ~되었다 Les rites se sont civilisés. ◇_(를) **시키다** civiliser. ¶ 로마의 정복은 골을 ~시켰다 La conquête romaine civilisa la Gaule.

◆**_국** -國 명 pays *m* ayant ouvert ses portes à la civilisation occidentale.

◆**_기** -期 명 époque *f* d'ouverture de la Corée aux influences étrangères, période *f* où la Corée (de la fin du 19e siècle) [le royaume de Joseon] ouvrit *ses* portes à la civilisation occidentale [où la Corée commença à accepter les produits de la civilisation occidentale].

◆**_당** -黨 명 Gaehwa-dang <parti politique progressiste à l'origine du coup d'état manqué de 1884>.

◆**_사상** -思想 명 la philosophie *f* [la pensée f] étrangère (essentiellement occidentale).

◆**_운동** -運動 명 mouvement *m* de modernisation; mouvement *m* *gaehwa* <mouvement de modernisation à la fin du 19ème siècle>.

◆**_인** -人 명 peuple *m* civilisé.

◆**_파** -派 명 【역사】 faction *f* politique ayant ouvert la Corée (de la fin du 19e siècle) aux influences étrangères.

개화[2] 開花 명 ① 꽃이 핌 éclosion *f*, épanouissement *m*, floraison *f*. ② 번영 épanouissement *m*. ◇_(를) **하다** ((꽃이)) s'ouvrir, éclore, s'épanouir; ((나무가)) fleurir; être en fleur(*s*); ((문화가)) s'épanouir. ¶ 낭만주의가 ~하던 시대 l'âge d'or du romantisme.

◆**_기** -期 명 floraison *f*.

개활지 開豁地 명 vaste terrain *m*; terrain *m* étendu [qui s'étend à perte de vue]. ¶ 넓은 ~ un vaste terrain; un terrain qui s'étend à perte de vue.

개황 槪況 명 situation *f* générale; aspect *m* général. ¶ 현재의 ~으로는 d'après la situation générale actuelle. ¶ 오늘 주식시장의 ~을 말씀드리겠습니다 Voici le climat général de la Bourse d'aujourd'hui.

◆**일기_** 日氣- 명 bulletin *m* météo.

개회 開會 명 ouverture *f* ((d'une réunion, d'une assemblée)). ¶ ~를 선언하다 déclarer l'ouverture. ◇_(를) **하다** ouvrir ((une assemblée)); commencer la séance, entrer en séance. ¶ 지금부터 경영 실무자 회의를 ~합니다 À présent, nous allons commencer la réunion des responsables administratifs. ◇_(가) **되다** être ouvert(*e*).

◆**_사** -辭 명 discours *m* d'ouverture.

◆**_선언** -宣言 명 déclaration *f* d'ouverture.

◆**_식** -式 명 cérémonie *f* d'ouverture.

개흙 명 vase *f*, limon *m*.

객 客 명 ① 방문객 visiteu*r*(*se*); 나그네 voyageu*r*(*se*), vagabond *m*. ¶ 어떤 ~이길래 이렇게 큰소리를 치는가? Quel visiteur [Qui] êtes-vous pour vous adresser à moi avec un tel ton? / Qui êtes-vous pour oser m'interpeller ainsi? ¶ 지나가던 ~입니다 Je suis un visiteur de passage. ② 초대손님 invité(*e*), hôte(*sse*). ¶ ~이 많아 주인은 앉을 자리도 없다 Le maître n'a pas de place pour s'asseoir parce qu'il y a trop d'invité(*e*)s. ③ 쓸모없는 군더더기 parasite *m*.

***주인은 어디가고 ~들만 남아있다** Il manque les principaux intéressés.

◆**_꾼** 명 hôte *mf* indésirable.

***잔칫집에 ~꾼만 많다** Il manque les principaux intéressés / Il n'y a que les hôtes [Il n'y a que ceux] dont la présence n'était pas indispensable [souhaitable] / Il manque ceux dont la présence était souhaitée [dont la présence était importante].

◆**_식구** -食口 명 parasite *m*, écornifleu*r*(*se*), pique-assiette *mf inv*. ¶ 우리 집에는 ~식구가 많다 De nombreuses personnes vivent à nos crochets [à nos dépens] / Nous entretenons beaucoup de gens chez nous. ¶ ~식구가 많아서 살림이 피지 못한다 Il y a tant de personnes qui vivent à nos crochets que nous avons du mal à joindre les deux bouts / Nous entretenons tant de monde à la maison que nous équilibrons difficilement notre budget.

객거 客居 명 vie *f* hors du pays natal. ◇_(를) **하다** vivre en dehors du pays natal.

객고 客苦 명 inconfort *m* [souffrance *f*] ressenti(*e*) par une personne en dehors de *sa* région [de *sa* terre] natale; dépaysement *m*; souffrance *f* [dépression *f*] de l'exilé. ¶ ~에 지치다 en avoir assez d'être loin de *sa* terre natale; ne plus supporter de vivre loin de *sa* patrie [de *sa* terre natale]. ¶ ~가 심하다[~에 시달리다] ressentir un inconfort

ㄱ

hors de *sa* terre natale, souffrir hors de *sa* région natale. ◇_(를) **치르다** se donner du mal [de la peine] pour rien, se fatiguer pour rien, faire des efforts inutiles. ◇_(를) **풀다** noyer *son* chagrin d'exilé; atténuer *sa* souffrance d'exilé [d'étranger]. ¶ 한 잔 술로 ~를 풀다 noyer *son* chagrin d'être exilé(*e*) dans un verre d'alcool; boire de l'alcool pour atténuer *sa* souffrance d'exilé [d'étranger].

객관 客觀 명 objet *m*. ¶ ~과 주관의 대립 l'opposition entre l'objet et le sujet.

◆_**적** -的 명관 objecti*f*(*ve*). ¶ ~적 묘사[가치, 비평] description [valeur, critique] objective. ¶ ~적(인) 태도 attitude objective. ¶ ~적으로 objectivement, avec objectivité. ¶ ~적으로 판단할 때 타당성이 없다 Il n'y a pas de pertinence lorsqu'on juge avec objectivité.

◆_**성** -性 명 objectivité *f*. ¶ ~성이 결여된 이야기 récit qui manque d'objectivité. ¶ 그의 비평 태도에는 ~성이 있다 Il a une objectivité à son attitude critique. ¶ 그의 상황 판단에는 ~성이 없다 Il manque d'objectivité dans son jugement de [pour juger] la situation / Il ne juge pas objectivement la situation.

◆_**화** -化 명 objectivation *f*. ¶ ~화(를) 하다 objectiver ((*sa* conscience)). ¶ ~화(를) 시키다 objectiver.

◆_**식** -式 명 ((question)) fermé(*e*), ((des questions, un questionnaire)) à choix *m* multiple; ((un examen)) sous forme de Q.C.M. ¶ ~식 문제 des questions fermées, des questions à choix multiple, un questionnaire à choix multiple, ((생략)) un Q.C.M. *m*. ¶ 이번 시험은 ~식 (문제) 50 %, 객관식 (문제) 50 %로 출제될 것이다 Dans cet examen, vous aurez cinquante pour cent de questions fermées [à choix multiple] et cinquante pour cent de questions ouvertes / Dans cet examen, vous aurez autant de questions fermées [à choix multiple] que de questions ouvertes.

◆_**주의** -主義 명 objectivisme *m*.

◆_**주의자** -主義者 명 objectiviste *mf*.

객귀 客鬼 명 âme *f* errante en terre étrangère. ¶ 그는 타향에서 죽어 ~가 되었다 en expirant en terre étrangère, son âme est devenue errante.

객기 客氣 명 courage *m* [bravoure *f*] inutile [hors de propos]; témérité *f*. ◇_(를) **부리다** faire preuve de témérité.

객담 客談 명 paroles *fpl* inutiles [hors de propos]; propos *mpl* oiseux; balivernes *fpl* {*fam*}, fadaises *fpl* {*fam*}, sornettes *fpl*. ◇_(을) **하다** dire des paroles inutiles [propos oiseux]; débiter [dire] des fadaises [balivernes {*fam*}]. ◇_**을 나누다** débiter [dire] des fadaises[balivernes] {*fam*}; tenir des propos oiseux; parler pour ne rien dire; refaire le monde. ◇_**을 늘어놓다** débiter [dire] des fadaises [balivernes {*fam*}].

객사 客死 명 mort *f* hors de *son* pays natal. ◇_(를) **하다** mourir en cours de voyage; mourir hors de *son* pays [à l'étranger]. ¶ 머나먼 이국땅에서 ~하다 mourir hors de *son* pays natal [de *sa* patrie]. ◇_(를) **시키다** tuer en cours de voyage.

객석 客席 명 ① salle *f*. ② ((좌석)) place *f* de l'invité. ¶ ~을 메우다 remplir [combler] la salle. ¶ ~을 향해 인사하다 saluer les spectateurs. ¶ ~에서 박수갈채가 터져나왔다 Un tonnerre d'applaudissements a retenti dans la salle. ¶ ~이 텅 비었다 La salle est vide.

객선 客船 명 ① paquebot *m*, navire *m*. ② bateau(*x*) *m* venu d'ailleurs.

객소리 客- 명 propos *mpl* inutiles. ◇_(를) **하다** tenir des propos déplacés. ¶ ~를 해 대는 사람 les gens qui parlent pour ne rien dire. ¶ 그런 ~는 하지도 말아라 Ne dis pas des sottises [des bêtises, des âneries] / Ne parle pas pour ne rien dire.

객수 客愁 명 dépaysement *m* du voyageur; nostalgie *f*. ¶ ~를 달래다 apaiser [calmer, amadouer] le dépaysement. ¶ ~에 젖다 avoir le mal du pays, être nostalgique.

객실 客室 명 ((배, 열차 등의)) cabine *f*, compartiment *m*; ((호텔, 여관 등의)) chambre *f* (d'hôtel). ¶ ~ 담당 급사 le garçon de chambre. ¶ ~에 자리를 잡다 s'asseoir dans la cabine; avoir une place dans un compartiment. ¶ ~에서 시중을 들다 servir dans une chambre ((d'hôtel)).

객원 客員 명 membre *m* invité [associé, intermittent, temporaire]. ¶ ~으로 일하다 travailler comme membre invité [associé].

◆_**교수** -敎授 명 professeur *m* invité [associé]. ¶ ~교수로 출강하다 enseigner en tant que professeur invité [associé].

◆_**연구원** -硏究員 명 chercheu*r*(*se*) associé.

◆_**지휘자** -指揮者 명 chef *m* d'orchestre invité [associé].

객인 客人 명 ① 손님 visiteu*r*(*se*). ② 객쩍은 사람 personne *f* insignifiante [inutile].

객장 客場 명 local *m* mis à la disposition des clients (pour passer des ordres) dans une banque ou une agence boursière.

객적다 客- 형 (('객쩍다'의 잘못)) ☞ 객쩍다

객주 客主 명 ① 위탁판매업자 commissionnaire *m*. ② 객줏집 주인 aubergiste *mf*, hôteli*er*(*ère*).

객줏집 客主- 명 auberge *f*. ¶ ~에서 한잔 하다 boire un verre d'alcool dans une auberge. ¶ ~에 들다 entrer dans une auberge (pour se reposer), faire halte dans une auberge.

객지 客地 명 région *f* étrangère; loin de *sa* région natale [de ses racines], hors de *sa* région natale. ¶ ~ 생활에 고생이 많지? Ce n'est pas trop dur de vivre loin de tes racines [de ta région natale]? / Hors de ta région natale, tu ne souffres pas trop? ¶ ~에서 혼자 지내기가 힘들다 Il est difficile de vivre seul loin de *sa* région natale [loin de *ses* racines].

◆_살이 명 vie *f* dans une région étrangère, vie *f* loin de *son* pays natal. ¶ ~살이 십년에 주름살만 늘었다 Vivre dix ans loin de mon pays natal m'a fait beaucoup vieillir.

객쩍다 형 être inutile, niais(*e*); être indigne de confiance; être peu sûr(*e*), incertain(*e*); être douteux(*se*); être sujet(*te*) à caution; être récusable; être peu sincère; être vain(*e*), futile. ¶ 객쩍은 소리를 하다 dire des paroles inutiles [propos oiseux]; débiter[dire] des fadaises[balivernes {*fam*}, niaiseries {*fam*}]; parler pour ne rien dire. ¶ 그는 객쩍은 듯이 머리를 긁적였다. Il s'est gratté la tête d'un air gêné. ¶ 객쩍게 웃다 sourire niaisement.

객차 客車 명 voiture *f* [wagon *m*] de voyageurs. ¶ 그 기차는 ~ 열 량과 화물차 두 량으로 되어있다 Ce train se compose de dix voitures de voyageurs et de deux voitures de fret. ¶ ~에 오르다 monter dans un wagon.

객창 客窓 명 chambre *f* d'hôtel.

객체 客體 명 【언어】 objet *m*.

◆_경어법 -敬語法 명 【언어】 registre *m* honorifique de l'objet.

객체 客體 명 ① 【철학】 objet *m*. ¶ 주체와 ~ le sujet et l'objet. ② 【법률】 ¶ 범죄의 ~ l'objet du crime. ¶ 영토는 통치의 ~이다 La terre est l'objet du gouvernement.

◆_존대법 -尊待法 명 【언어】 registre *m* honorifique de l'objet.

객토 客土 명 【농업】 terre *f* pour amendement, amendement *m* naturel, terre *f* utilisée comme amendement, terre *f* apportée [ajoutée] pour améliorer [pour amender] un champ ou une rizière. ◇_(를) 하다 pratiquer l'amendement d'une terre [d'un champ, d'une rizière], amender une rizière [un champ]; amender un champ avec de la terre, apporter un amendement (naturel) à un sol, apporter de la terre pour améliorer [amender] un champ ou une rizière.

◆_작업 -作業 명 amendement *m* d'une terre.

객혈 喀血 명 crachement *m* de sang; ((의학)) hémoptysie *f*. ◇_(을) 하다 cracher du sang.

갤러리 영{gallery} 명 galerie *f*. ¶ 현대 아트 ~ une galerie d'art moderne.

갤런 영{gallon} 분류 gallon *m*. ¶ 1 ~의 휘발유 un gallon d'essence.

갤럽 영{gallop} 명 galop *m*.

갭 영{gap} 명 ① 틈 brèche *f*. ② 간격 interstice *m*, différence *f*, décalage *m*, gap *m* ((inflationniste)), écart *m*; gap *m* ((technologique)), retard *m*. ¶ ~을 없애다 supprimer l'écart. ¶ ~이 크다 L'écart est grand entre ... ◇_이 있다 Il y a un décalage entre ...

갯가 명 ① rivage *m* [bord *m*] d'une embouchure (recouvert seulement à marée haute). ¶ ~에 나가다 sortir au bord d'une embouchure. ② bord *m* d'une rivière.

갯가재 명 【동물】 squille *f*, *Squilla oratoria* {*nsc*}.

갯마을 명 village *m* au bord de la mer. ¶ ~에서 살다 habiter au bord de la mer.

갯물 명 eau(*x*) *f* d'un estuaire; estuaire *m*; bras *m* de mer

갯바람 명 vent *m* de la mer (du large); brise *f* marine [de mer]. ¶ ~이 분다 Le vent du large souffle.

갯바위 명 rochers *mpl* sur le rivage de la mer [du bord de mer]. ¶ ~에서 낚시를 하다 pêcher dans les rochers sur le rivage de la mer [du bord de mer, au bord de la mer].

갯버들 명 【식물】 saule *m*, *Salix gracilistyla* {*nsc*}.

갯벌 명 terrain *m* humide des rives d'une rivière ou de la mer; banc *m* de sable (recouvert à marée haute), sable *m* mouillé. ¶ ~에서 조개를 양식하다 élever des coquillages sur un banc de sable.

갯솜 명 éponge *f*.

갯수 명 nombre *m* [chiffre *m*] approximatif. ☞ 개수[3]

갯장어 명 【동물】 anguille *f* de mer; congre *m*.

갯지렁이 명 【동물】 néréide *f*, néréis *f*.

갱[1] 坑 명 【광업】 fosse *f*, trou *m*, puits *m*, galerie *f*. ¶ ~이 무너져 많은 광부들이 매몰되었다 Plusieurs mineurs de fond ont été ensevelis suite à l'écroulement de la galerie.

◆무저_ 無底- 명 【기독】 l'abysse *m* où tombent les démons condamnés.

◆_문 -門 명 【광업】 porte *f* de la fosse.

갱[2] 영{gang} 명 gang *m*, gangster *m*. ¶ ~들이 판치는 무법천지 un monde anarchique où les gangsters font la loi [où règnent les gangsters].

◆_단 -團 명 gang *m*, bande *f* de malfaiteurs [de voyous]. ¶ ~단을 조직하다 organiser un gang.

◆_두목 -頭目 명 chef *m* de gang, chef *m* de bande; caïd *m* {*fam*} ((de la drogue)); ((마피아의)) parrain *m*.

◆_영화 -映畫 명 film *m* de gangsters.

갱내 坑內 명 【광업】 intérieur *m* [fond *m*] d'une mine. ¶ ~ 광부 un mineur de fond. ¶ ~ 작업을 하다 travailler dans les mines. ¶ ~로 들어가다 descendre dans [au fond d'] une mine.

갱년기 更年期 명 âge *m* critique, retour *m* d'âge; ménopause *f*. ¶ ~ 증상을 보이다 avoir des signes de ménopause. ¶ ~에 접어들다 arriver à l'âge critique [à l'âge de la ménopause]. ¶ 그 여자는 ~가 되었다 Elle est arrivée à l'âge de la ménopause [à l'âge critique].

◆_장애 -障碍 명 【의학】 troubles *mpl* ménopausiques [liés à la ménopause, fonctionnels de la ménopause]. ¶ ~장애를 겪다 connaître [ressentir] des troubles liés à la ménopause.

갱도 坑道 명 【광업】 galerie *f*, puits *m* (de mine); tunnel *m*. ¶ ~를 뚫다[굴진하다] creuser une galerie [un puits, un tunnel].

갱목 坑木 명 ① ((철길의)) traverse *f* de chemin de fer. ¶ 그들은 철길의 ~을 밟고 걸었다 Ils ont marché sur les traverses du chemin de fer. ② 【광업】

poteau(*x*) *m* [étai *m*] de mine, étançon *m* de mine. ¶ 갱도에 ~을 받치다 mettre [installer] un poteau [un étai] dans une galerie [un puits (de mine), un tunnel, une mine].

갱생 更生 명 ① régénération *f* ((d'une âme par la pénitence)). ¶ ~의 길을 걷다 rentrer dans la bonne voie [le droit chemin], racheter *sa* conduite, se racheter. ② retour *m* à la vie; résurrection *f*. ③ transformation *f* pour un nouvel usage (de *qc* hors d'usage tel quel), amélioration *f*. ◇_(을) **하다** racheter *sa* conduite passée; se racheter, s'amender; rentrer dans la bonne voie [le droit chemin]; renaître, revenir à la vie, ressusciter; devenir tout autre [un tout autre homme]. ¶ 죽을병에서 ~을 하다 réchapper d'une maladie mortelle. ◇_(을) **시키다** faire renaître, régénérer; remettre *qn* sur la bonne voie [sur le droit chemin].

◆**_보호시설** -保護施設 명 centre *m* de réadaptation pour les anciens prisonniers [pour les détenus juste après leur libération [en fin de détention], pour les détenus enfin libérés après une longue détention].

◆**_원** -院 명 maison *m* de redressement ((pour les jeunes délinquants)).

◆**_지도** -指導 명 plan *m* de redressement ((pour remettre les jeunes délinquants sur la bonne voie)).

◆**자력_** 自力- régénération *f* autonome; rétablissement par ses propres moyens.

◆**회사_법** 會社-法 loi de réhabilitation des sociétés.

갱신 更新 명 ((법률의)) renouvellement *m* ((d'un bail)); reconduction *f*; ((예약, 가입 등의)) réabonnement *m*; rénovation *f*. ◇_(을) **하다** renouveler ((un contrat, un abonnement)); reconduire *qc*; rénover; se réabonner à ((un journal)). ¶ 신문 구독을 ~하다 se réabonner à un journal, renouveler l'abonnement à un journal. ◇_(이) **되다** ((계약이)) être renouvelé(*e*).

갱지 更紙 명 papier *m* de mauvaise qualité [de qualité médiocre], papier *m* recyclé. ¶ 질 나쁜 ~로 인쇄한 책 un livre imprimé avec du papier de qualité médiocre.

갸륵하다 형 être admirable; être louable, méritoire, exemplaire. ¶ 갸륵한 마음씨 un cœur d'or. ¶ 갸륵한 소년 un garçon admirable [adorable]. ¶ 갸륵한 정성 un dévouement remarquable. ¶ 갸륵한 행위 acte louable [méritoire]. ¶ 네가 그런 생각을 하다니 갸륵하구나 C'est merveilleux [formidable] de penser [d'avoir pensé] à cela / Je te félicite d'avoir pensé à cela.

◆**갸륵히** 부 admirablement, exemplairement. ¶ 왕은 그 아이의 효성을 갸륵히 여겼다 Le roi a considéré la piété de cet enfant comme exemplaire.

갸름하다 형 être ovale, oblong(*ue*); ((다리가)) être long(*ue*) et mince. ¶ 그 여자는 손이 ~ Elle a des mains longues avec des doigts fins. ¶ 갸름한 얼굴 visage ovale.

갸우뚱 어근 ((la tête)) penchée; obliquement, de travers, en [de] biais, en oblique.

◆**_하다[거리다, 대다]** 재타 incliner, pencher ((la tête)). ¶ 고개를 ~거리다 incliner la tête sur l'épaule (en signe de doute); hausser les épaules.

◆**_ _** 부 ((la tête)) penchée.

갸우뚱갸우뚱 부 ((incliner la tête sur l'épaule à plusieurs reprises)) en signe de doute.

◆**_하다** 재타 incliner la tête sur l'épaule à plusieurs reprises (en signe de doute). ¶ 고개를 ~하다 incliner la tête sur l'épaule à plusieurs reprises (en signe de doute).

갸우뚱거리다 타 incliner la tête sur l'épaule à plusieurs reprises (en signe de doute). ¶ 고개를 ~ incliner la tête sur l'épaule à plusieurs reprises (en signe de doute).

갸우뚱대다 타 ☞ 갸우뚱거리다

갸웃 어근 obliquement; de travers; en [de] biais; en oblique.

◆**_하다[거리다, 대다]** 재타 incliner la tête sur l'épaule à plusieurs reprises (en signe de doute); hausser les épaules. ¶ 잘 모르겠다는 듯 고개를 ~거리다 hausser les épaules l'air de dire qu'on ne sait pas [pour exprimer *son* ignorance].

◆**_ _** 부 ((incliner la tête sur l'épaule à plusieurs reprises)) en signe de doute. ¶ ~~하다 incliner la tête sur l'épaule à plusieurs reprises (en signe de doute).

갹출 醵出 명 contribution *f*, cotisation *f*. ◇_(을) **하다** contribuer, cotiser. ¶ 수재 의연금을 ~하다 collecter des fonds pour aider les populations sinistrées par les dégâts des eaux [par les inondations], collecter des fonds pour aider les populations victimes des inondations.

걔 대 ① cet(*te*) enfant-là *mf*. ② ((‘그 아이’의 준말)) ce type, ce gars *m*, celui(celle)-là. ¶ ~는 요즘 뭐하고 지내니? Qu'est-ce qu'il devient celui-là?

거[1] 명 ☞ 것

거[2] 명 ☞ 그거

거간 居間 명 ① ((일)) courtage *m*. ② ((사람)) courtier *m*; agent *m* ((de change)); représentant *m* ((de commerce)); intermédiaire *m* commercial(*aux*).

◆**_꾼** 명 courtier *m*, intermédiaire *m* commercial(*aux*) [financier], agent *m* financier. ¶ 네가 ~꾼 노릇을 해 다오 Sers-moi de courtier / Sois mon courtier.

◆**_질** 명 courtage *m*. ¶ ~질(을) 하다 faire du courtage.

거개 擧皆 명 la plupart *f* ((des hommes, des cas, etc.)); une grande [la plus grande] partie *f*, majorité *f* ((des cas)). ¶ ~의 사람들은 그 사람을 잊고 있었다 La plupart des hommes [gens] l'avaient oublié.

거구 巨軀 명 carrure *f* impressionnante [de déménageur {*fam*}, de bûcheron {*fam*}], grand gabarit *m*, grande stature *f*, grosse carcasse *f* {*fam*}. ¶ 당당한 풍채를 지닌 ~의 남자 un homme qui a une carrure impressionnante. ¶ 그는 ~를 이끌고 이 먼 곳까지 왔다 Il est venu de très loin en traînant sa grosse carcasse {*fam*} [avec sa grande stature]. ¶ 그 남자는 100 킬로의 ~다 Il a un gabarit de 100 kilos.

거국 擧國 [어근] tout le pays *m*; la nation *f* entière.
◆_**적** -的 [명관] ☞ 거국적
◆_**내각** -內閣 [명] ☞ 거국내각

거국내각 擧國內閣 [명] gouvernement *m* neutre [pas trop marqué politiquement, situé au centre de l'échiquier politique, modéré, centriste]. ¶ ~을 구성하다 former un gouvernement centriste. ¶ ~을 이끌다 diriger un gouvernement centriste.

거국적 擧國的 [명관] qui concerne toute la nation, nation*al*(*ale*, *aux*). ¶ ~으로 일치단결해서 국난을 극복하다 s'unir pour vaincre [pour venir à bout d']une crise nationale. ¶ ~인 사업[행사] une affaire nationale [une manifestation nationale, un événement national].

거금[1] 距今 [부] à compter de maintenant [dans le passé]. ¶ 그 일도 이제 ~ 30년이 되었다 Il y a [de cela] trente ans / Cela date de trente ans.

거금[2] 巨金 [명] grande [grosse, forte] somme *f* (d'argent), somme *f* colossale. ¶ ~ 1억 원이나 들여서 들여 놓은 기계 une machine qui a coûté environ 100 millions de wons. ¶ 그런 ~을 어디서 구했니? Où as-tu trouvé [Où est-ce que tu as dégoté {*fam*}] cette grosse somme? / Comment as-tu fait pour trouver une telle somme [une si grosse somme]?

거기 [대] ① ((장소, 지점)) cet endroit-là; là. ¶ ~ 그 집 la maison que voilà. ¶ ~를 통해 오십시오 Passez par là. ¶ 내가 갈 때까지 ~에 있어라 Reste là [Ne bouge pas de là] jusqu'à ce que j'arrive [jusqu'à ma venue]. ¶ ~까지 가려면 시간이 얼마나 걸리냐? Tu mets combien de temps pour aller [te rendre] là-bas? ¶ ~에서 이리 오려면 무엇을 타니? Quel moyen de transport utilises-tu pour te rendre de là-bas jusqu'à chez moi [pour venir jusqu'ici]? ¶ 바로 ~가 문제이다 C'est bien là la question. ② ((정도)) à ce point; tellement. ¶ 그와의 관계가 ~까지 이르러 있니? En es-tu là avec lui? ¶ 나도 ~까지는 미처 생각지 못했다 Moi, non plus, je n'avais pas pensé à cela [je n'y avais pas pensé].

거꾸러뜨리다 [타] ☞ 거꾸러트리다

거꾸러지다 [재] ① 넘어지다 tomber, s'abattre, s'affaisser. ¶ 앞으로 ~ s'effondrer. ¶ 술에 취하여 ~ s'écrouler ivre-mort. ¶ 기진맥진하여 ~ tomber de fatigue. ② 【속어】 죽다 crever {*fam*}, claquer {*fam*}, clamser {*fam*}, y rester. ¶ 칼에 맞아 ~ mourir d'un coup de couteau.

거꾸러트리다 [타] ① 넘어뜨리다 faire tomber; abattre, renverser. ¶ 상대방을 ~ terrasser [jeter à terre] un adversaire. ¶ 때려서 ~ renverser *qn* d'un coup de poing. ¶ 다리를 걸어서 ~ faire tomber *qn* à la renverse en lui crochetant les jambes. ② 이기다 vaincre, battre. ¶ 그런 강적을 거꾸러뜨리다니 너 정말 대단하구나! Tu es vraiment très fort pour faire tomber un tel adversaire! ③ 【속어】 죽이다 tuer, étendre, liquider *qn*. ¶ 한 칼에 ~ abattre [tuer] *qn* d'un seul coup de sabre.

거꾸로 [부] ① sens dessus dessous; en sens inverse; à l'envers; la tête en bas; renversé(*e*). ¶ 나무에 ~ 매달리다 se suspendre la tête en bas à un arbre. ¶ 사진을 ~ 걸다 mettre une photo à l'envers. ¶ 신발을 ~ 신다 mettre *ses* chaussures à l'envers. ② 반대로, 역으로 au contraire; par contre; en revanche; dans la direction opposée; contrairement à; en opposition à [avec]; à l'opposé de; ((aller)) en sens contraire [inverse]. ¶ ~ 말하면 à l'inverse. ¶ 나이를 ~ 먹다 ne pas faire preuve de maturité, se comporter comme un gamin, avoir un comportement immature, ne pas avoir le comportement digne de *son* âge; avoir un comportement qui n'est pas digne de *son* âge. ¶ 그 사람은 나의 뜻을 완전히 ~ 이해하고 있었다 Il avait compris complètement de travers ce que je disais. ¶ ~ 가는 세상 le monde qui va à l'envers [qui marche sur sa tête]. ¶ 이건 ~ 된 세상이구나 C'est le monde à l'envers / C'est la meilleure! / C'est le comble [le pompon {*fam*}]! / On aura tout vu [entendu]! ③ 오히려 loin de, ((être)) à cent lieues de+*inf*; tant s'en faut; plutôt que ((de)); bien au contraire; contrairement; en revanche. ¶ 그 녀석은 나에게 용서를 빌기는커녕 ~ 화를 내었다 Non seulement il ne m'a pas demandé pardon, mais bien au contraire il s'en est pris à moi.

-거나 [어미] peu importe ce que+*ind*, que+*subj* ou non (ça m'est bien égal) ((suffixe flexionnel conjonctif)). ¶ 그 녀석이 오~ 말~ 우리는 떠나겠다 Qu'il vienne ou non [Qu'il vienne ou qu'il ne vienne pas], nous allons partir. ¶ 날씨가 춥~ 말~ 예정 시간에 떠나자 Quel que soit le temps [Que le temps soit froid ou non, Qu'il fasse froid ou non], partons à l'heure prévue. ¶ 믿~ 말~ Que tu me [le] croies ou non! / Tu peux penser ce que tu veux [ce qu'il te plaira] (ça m'est bien égal); jusqu'à preuve du contraire. ¶ 비싸~ 싸~ 이 물건은 사치이다 Qu'il soit cher ou bon marché, cet article est un luxe. ¶ 어느 것을 고르사~ 잘 사시는 겁니다 Peu importe ce que vous choisirez, vous aurez fait une bonne affaire.

거나하다 [형] être un peu [à moitié] ivre, être gai(*e*), gris(*e*), pompette, être éméché(*e*), être entre deux vins; être un peu parti(*e*) {*fam*}. ¶ 그는 거나해서 집에 돌아왔다 Il est rentré légèrement ivre chez lui. ¶ 그 여자는 거나하게 취해 있었다 Elle était éméchée [pompette].

거년 去年 [명] l'année *f* dernière; l'an *m* dernier; il y a un an. ¶ ~에는 눈이 많이 왔다 L'année dernière, il a beaucoup neigé.

거느리다 [타] mener, diriger, conduire, guider, commander, avoir sous *ses* ordres [sous *sa* protection]. ¶ 직원 300명을 거느린 경영주 une personne qui dirige [qui a sous ses ordres] 300 employés. ¶ 휘하에 부대를 거느리고 à la tête de *son* unité [de *ses* troupes]. ¶ 병사를 ~ avoir des soldats sous *ses* ordres. ¶ 그 남자는 많은 식구들을 거느리고 있다 Il est à la tête d'une grande famille.

-거늘 어미 tandis que, quoique, bien que, encore que ((suffixe flexionnel conjonctif)). ¶ 그 녀석도 사람이~ 어찌 피붙이를 그리는 정이 없으랴 Ce type a beau être peu démonstratif [Même si ce type ne manifeste pas ses sentiments, Bien qu'il soit peu expansif], il pense quand même à sa famille. ¶ 그리 하라 일렀~ 왜 하지 않았느냐? Je t'ai demandé de le faire, pourquoi ne l'as-tu pas fait? ¶ 오랜만의 산행이~ 중도에서 하산할 수야 있나 Pour une fois qu'on est [va] à la montagne, on ne va tout de même pas abandonner à mi-chemin [à mi-parcours, avant d'arriver au sommet].

-거니 어미 ① ((생각, 추측, 기대)) en pensant que+*ind*, en se disant que+*ind*; à l'idée de+*inf* ((suffixe flexionnel conjonctif exprimant une supposition, une attente, etc.)). ¶ 내 집이~ 여기고 편하게 지내게 Fais comme (si tu étais) chez toi / Mets-toi à l'aise comme chez toi. ¶ 여기가 고향이~ 하고 생각하며 지낸다 Je vis là-bas en pensant [en me disant] que je suis au pays. ¶ 잘 되겠~ 하고 신경 안 쓰고 있었다 Je ne me souciais de rien en me disant [en espérant] que tout allait bien se passer. ¶ 내일이면 만날 수 있겠~ 생각하면 몹시 기쁘다 Je suis très heureux(*se*) à l'idée de pouvoir le(la) rencontrer demain. ② ((반복)) ((suffixe flexionnel conjonctif exprimant l'itération)). ¶ 말을 주~ 받~ 하다 échanger des propos. ¶ 잔을 주~ 받~ 하면서 너무 많이 마셨다 J'ai trop bu en échangeant sans arrêt des verres ((coutume coréenne qui consiste à échanger *son* verre avec un autre convive)).

-거니와 어미 non seulement ... mais encore [mais aussi] ... ((suffixe flexionnel conjonctif)). ¶ 그 여자는 유식도 하~ 멋도 있다 Elle est non seulement instruite, mais aussi élégante. ¶ 그 남학생은 공부도 잘 하~ 운동도 잘 한다 Cet élève est non seulement brillant mais aussi sportif. ¶ 돈도 없~ 시간도 없다 n'avoir ni argent, ni temps.

거닐다 자타 flâner, déambuler, se promener ((dans les rues)); se balader {*fam*}. ¶ 오솔길을[에서] 한가하게 ~ se balader {*fam*} tranquillement sur un sentier. ¶ 파도 소리를 들으며 해변을[에서] ~ se promener sur la plage en écoutant le bruit des vagues. ¶ 길을 따라 거닐다가 그 친구를 만났다 Je l'ai rencontré(*e*) au cours d'une promenade.

거대 巨大 어근 colossal(*ale, aux*), énorme, immense, géant(*e*), gigantesque.

◆**_하다** 형 être colossal(*ale, aux*), immense, énorme, géant(*e*), gigantesque. ¶ 거대한 건축물 un édifice gigantesque. ¶ 거대한 동상 une statue colossale [gigantesque]. ¶ 거대한 떡갈나무 un chêne géant. ¶ 거대한 제국 un immense empire. ¶ 거대한 포부 ((avoir)) de très grandes ambitions. ¶ 그 남자는 체구[몸집]가 ~ Il a une carrure impressionnante [de bûcheron {*fam*}, de déménageur {*fam*}].

◆**_도시** -都市 명 méga(lo)pole *f*.

◆**_발육** -發育 명 【의학】 gigantisme *m*; hyperplasie *f*, hypertrophie *f*.

거덜 명 faillite *f*, banqueroute *f*. ◇**_(이) 나다** faire [tomber en] faillite; faire banqueroute; se ruiner. ¶ 그 아저씨는 술을 너무 마셔, 몸이 ~이 났다 Cet homme a ruiné sa santé à cause d'une consommation excessive d'alcool. ¶ 도박으로 ~나다 se ruiner à jouer [au jeu]. ¶ 그 녀석은 완전히 ~ 났다 Ce type est complètement ruiné / Ce type est coulé {*fam*}. ◇**_(을) 내다** ruiner, anéantir. ¶ 살림을 ~을 내다 se ruiner.

거동 擧動 명 ① 동작 mouvement *m*, geste *m*. ¶ ~이 불편하다[어렵다] ne pas être à l'aise [être raide] dans *ses* mouvements; avoir du mal à se déplacer, manquer de mobilité. ② 행실 action *f*; comportement *m*, conduite *f*, allure *f*. ¶ ~을 조심하다 se surveiller; se conduire de *son* mieux. ¶ 사람들은 자네의 ~을 주시하고 있네 On observe tes faits et gestes. ¶ ~이 수상한 자를 조심하라 Méfie-toi des gens au comportement louche [suspect]. ◇**_(을) 하다** bouger, se déplacer, se mouvoir. ¶ ~하기가 힘들다 bouger [se déplacer] difficilement, se déplacer avec difficulté. ¶ ~을 못 하다 ne pas pouvoir se déplacer; être paralysé(*e*), grabataire {*litt*}.

거두 巨頭 명 chef *m*; ((주요인물)) personnage *m* de marque [important, éminent, illustre]; personnalité *f* importante; ((업계, 재계의)) magnat *m*. ¶ 낭만파의 ~ un grand [un personnage illustre] du romantisme. ¶ 그는 금융계의 ~다 C'est un magnat de la finance. ¶ 오늘 정계의 ~들이 모여 한 가지 사안을 다룬다 Aujourd'hui, les grands de la politique sont réunis pour traiter cette question.

◆**_회담** -會談 명 conférence *f* au sommet.

거두다[1] 타 ① 수확하다 cueillir ((des fleurs)); recueillir ((du blé)); ramasser. ¶ 곡식을 ~ rentrer la récolte [moisson]; récolter ((le blé)). ¶ 벌이 꽃에서 꿀을 거둔다 Les abeilles butinent les fleurs. ② 널려 있는 것을 모으다 ramasser, collecter; rentrer ((le linge)). ¶ 빨래를 ~ rentrer le linge. ¶ 나누어 준 실습 기구들을 모두 거두어서 잘 보관하여 두어라 Rassemblez tous les instruments des travaux pratiques et rangez-les bien. ¶ 폐품을 ~ ramasser [collecter] des objets [des appareils] hors d'usage. ③ ((돈 따위를)) percevoir, lever ((un impôt)). ¶ 기부금[셋돈]을 ~ percevoir les contributions [loyers]. ¶ 세금을 ~ percevoir les impôts. ¶ 회비를 ~ percevoir les cotisations.

거두다[2] 타 ① 도로넣다 remettre ((l'épée au fourreau)). ¶ 칼을 칼집에 ~ remettre l'épée au fourreau. ②

벌여 놓은 것을 정리하다 rassembler *ses* affaires avant de partir. ¶ 살림을 거두어 고향을 떠나다 quitter *son* pays natal pour s'installer ailleurs. ¶ 일손을 거두고 집으로 돌아가는 농부들 les paysans qui rentrent chez eux après avoir terminé leur travail [après leur journée de travail]. ③ 그치다; 철회하다 mettre fin à *qc*; supprimer ((un abus, une grève)). ¶ 울음, 눈물을 ~ s'arrêter [cesser] de pleurer. ¶ 이제 그만 눈물을 거두고 말 좀 해 봐요 Arrête de pleurer maintenant, dis quelque chose. ¶ 그 말씀[명령]만은 거두어 주십시오 Veuillez retirer vos paroles / Ne dites pas cela [Veuillez annuler votre ordre / Veuillez donner un contre-ordre]. ¶ 소송을 ~ renoncer à une action en justice; retirer une plainte.
***숨을** ~ exhaler *son* dernier souffle, rendre le dernier soupir, rendre l'âme.

거두다[3] 타 ① 돌보다 soigner *qn*; s'occuper de *qn*/*qc*; avoir soin de *qn*/*qc*; veiller sur *qn*/*qc*. ¶ 아이들을 거두어 주다 s'occuper des enfants; prendre les enfants de *qn*. ¶ 남의 자식을 친자식처럼 거두어 주다 s'occuper de l'enfant de *qn* comme du sien. ② 가꾸다 cultiver, faire du maraîchage. ¶ 채소밭을 ~ cultiver des légumes sur une grand échelle, faire du maraîchage. ③ 치다꺼리하다 prendre soin de *qc*, prendre *qc* en charge; s'occuper de *qc*, aider à ((des travaux)). ¶ 부엌일을 ~ s'occuper des travaux de la cuisine. ¶ 늙으신 부모님을 받들며 집안일을 거두어 나가다 s'occuper des travaux ménagers tout en prenant en charge *ses* vieux parents. ④ 치우다 remettre *qc* à *sa* place, mettre de l'ordre dans ((*ses* affaires)), ranger. ¶ 물건들을 ~ tout remettre en [à *sa*] place. ¶ 자네 물건들을 좀 거두게 Rangez vos affaires.

거두다[4] 타 remporter ((la victoire)); réaliser ((de gros bénéfices)); obtenir ((des résultats remarquables)). ¶ 연습을 많이 해야 시합에서 승리를 거둘 수 있다 Il faut beaucoup s'entraîner pour remporter la victoire.

거두어들이다 타 rentrer ((la récolte)). ¶ 곡식을 ~ rentrer la récolte [moisson]; récolter ((le blé)). ¶ 세금[회비]을 ~ percevoir les impôts.

거두절미 去頭截尾 명 suppression *f* de l'introduction et de la conclusion. ◇_(를) **하다** supprimer l'introduction et la conclusion; résumer. ¶ ~하면 pour en venir à l'essentiel. ¶ ~하고 용건만 간단히 말하시오 Pas la peine de nous raconter tout en détail, venez-en à l'essentiel.

거둬들이다 타 ① cueillir ((des fleurs)); recueillir ((du blé)); ramasser. ② remporter ((la victoire)); réaliser ((de gros bénéfices)); obtenir ((des résultats remarquables)). ③ remettre. ④ soigner *qn*; veiller sur *qn*/*qc*. ⑤ ranger; mettre de l'ordre dans; arranger ((une chambre)). ☞ 거두어들이다

거드름 명 air *m* hautain; morgue *f*, arrogance *f*, insolence *f*. ◇_(을) **피우다[부리다, 빼다]** prendre des airs avantageux; se donner de grands airs. ¶ 그처럼 ~피우는 사람은 처음 보았다 Je n'ai jamais vu quelqu'un d'aussi arrogant [hautain] que lui!
◆_**쟁이** 명 personne *f* arrogante.

거들 영{girdle} 명 gaine *f*, gaine-culotte(~*s*-~*s*) *f*; corset *m*. ¶ ~을 입어야 날씬해 보인다 Il faut porter une gaine [un corset] pour paraître mince.

-거든[1] 어미 si, quand, une fois que ((suffixe flexionnel conjonctif temporel)). ¶ 그 사람이 찾아올 때 내가 자리에 없~ 기다리고 있으라고 말하시오 Si je suis absent quand il viendra, dites-lui de m'attendre. ¶ 이 소설을 다 읽고 나~ 내게 빌려 줘 Quand tu auras lu ce roman, tu me le prêteras. ¶ 집에 도착하~ 전화해라 Appelle-moi [Passe-moi un coup de fil] quand tu arrives [tu seras] chez toi.

-거든[2] 어미 ① 감탄 vraiment ((suffixe flexionnel de terminaison phrastique de l'exclamation, utilisé par le locuteur supérieur à l'égard de son interlocuteur inférieur ou entre les amis intimes)). ¶ 경치가 참 좋았~ Le paysage est vraiment magnifique! ¶ 비가 참 많이 왔~ Il a vraiment beaucoup plu! ② ((이유, 전제)) parce que, puisque, comme ((pour donner une explication)). ¶ 왜 안 먹느냐고? 아까 많이 먹었~ Je te demande pourquoi tu ne manges pas? - Parce que j'ai bien mangé tout à l'heure. ¶ 어제 민서가 귀국했~. 그러니까 우리 한번 모이자고 Hier, Minseo est rentré en Corée. Alors il faudra qu'on se réunisse pour fêter ça [son retour].

-거들랑 어미 si, au cas où ((suffixe flexionnel conjonctif exprimant l'hypothèse)). ¶ 무슨 일이 있~ 즉시 연락해라 Contacte-moi ((par téléphone)) immédiatement si tu as un problème [au cas où tu aurais un problème, en cas de problème]. ¶ 누가 오~ 잠시 기다리라고 해라 Dis-lui [Demande-lui] d'attendre un instant au cas où quelqu'un viendrait.

거들다 타 ① 돕다 aider *qn*; donner [filer {*fam*}] un coup de main à *qn*; soutenir ((un candidat à une élection)), épauler *qn*, appuyer; aider à, participer à, contribuer à ((un travail)). ¶ 영향력을 총동원해 한 후보자를 ~ appuyer un candidat de toute *son* influence. ¶ 아무도 나를 거들어 줄 사람이 없다 Il n'y a personne pour m'aider. ¶ 집안 살림을 ~ aider [participer, contribuer] à la subsistance de la famille. ¶ 어머니의 집안일을 ~ aider *sa* mère dans les travaux ménagers. ¶ 우두커니 있지만 말고 이리 와서 이것 좀 거들어라 Ne reste pas les bras croisés à ne rien faire, viens plutôt m'aider. ¶ 농민들의 일손을 거들어 주었다 J'ai participé aux travaux des paysans / J'ai aidé les paysans dans leurs travaux. ② 남의 행동이나 말에 끼어들어 참견하다 intervenir dans la conversation des autres, mettre *son* grain de sel {*fam*}. ¶ 괜히 옆에서 한 마디 거들다가 핀잔만 들었다 Je suis intervenu(*e*) maladroitement [J'ai bêtement donné mon opinion et puis je me suis fait rabrouer [je me suis fait remettre à ma place, on m'a remis à ma place]. ¶ 그 사람은 분명히 한몫 거들고 나설 거야 Ça m'étonnerait beaucoup qu'il n'y prenne pas part.

거들떠보다 타 faire [prêter] attention à *qc* ((toujours à la forme négative)), tenir compte de *qc*. ¶ 무엇을 거들떠보지 않다 ne faire [prêter] aucune attention à *qc*, ne même pas y jeter un coup d'œil; s'en balancer [taper] {*fam*}, s'en battre l'œil {*fam*}. ¶ 그는 시험이 낼 모렌데 책을 거들떠보지도 않는다 Il n'ouvre même pas ses livres alors qu'on est à la veille de l'examen. ¶ 그 녀석이 진실을 말한다 해도 아무도 거들떠보지 않을 것이다 Personne ne prête attention à ses propos même s'il dit la vérité.

거들뜨다 타 lever ((les yeux)). ¶ 눈을 ~ lever les yeux

거들먹거리다 자 prendre [affecter, se donner] de grands airs, se donner des airs importants [d'importance], se hausser [se pousser] du col, se faire valoir, ((남자)) faire le grand seigneur, ((여자)) faire *sa* [la] duchesse, faire le(la) fi*er*(*ère*), se montrer dédaigneu*x*(*se*) [prétentieu*x*(*se*), suffisant(*e*), hautain(*e*)]; chercher à se rendre intéressant(*e*), faire l'intéressant(*e*) [l'important(*e*)], fanfaronner, poser (pour la galerie), se vanter de *qc*, s'enorgueillir de *qc*, se glorifier de *qc*, plastronner, parader, frimer {*fam*}, crâner {*fam*}, étaler ((*sa* science)), faire étalage de, la ramener {*fam*}. ¶ 돈깨나 있다고 되게 거들먹거리는군 Il se vante de ses richesses ostensiblement.

거듭 부 de [à] nouveau, encore une fois, une fois de plus. ¶ ~ 말하다 répéter *qc*, redire *qc*, reparler de *qc*; insister sur *qc*; recommencer [répéter, reprendre] ((une explication, *ses* explications)); réitérer ((un conseil)). ¶ ~ 말하지만 그 친구는 잘못이 없다 J'insiste, mais il n'est pas en tort. ¶ ~ 강조하지만 앞으로는 절대로 그런 일이 있어서는 안 된다 J'insiste une fois de plus, mais il ne faut plus qu'un tel événement se reproduise. ¶ ~ 사과하다 faire encore des excuses; s'excuser une fois de plus; demander encore pardon à *qn*. ◇_(을) **하다** 타 répéter, renouveler, recommencer, redire; réitérer, accumuler; retomber dans une ((faute)). ¶ 실패를 ~하다 accumuler les échecs, répéter [multiplier] les échecs, aller d'échec en échec. ¶ 회를 ~할수록 ((연속물)) plus le feuilleton avance ....; ((야구)) plus on avance dans le match. ¶ ~해서 말하다 répéter *qc*, redire *qc*, reparler de *qc*; insister sur *qc*; recommencer [répéter, reprendre] ((une explication, *ses* explications)); réitérer ((un conseil)). ◇_(이) **되다** 자 se répéter, se renouveler. ¶ ~된 실패에 그 여자는 완전히 좌절했다 Elle est complètement dépitée de ses échecs répétés.

◆_**나다** 자 renaître. ¶ 이번 총선 결과를 겸허히 받아들여 국민을 위한 당으로 ~나야 한다 Il faut accepter humblement les résultats de ces élections générales pour que notre parti se réoriente dans la direction souhaitée par le peuple.

◆_ _ 부 à plusieurs [maintes] reprises, maintes [plusieurs] fois.

◆_**제곱** 명 【수학】 puissance *f* ((deux, trois, quatre, etc.)) d'un nombre.

거뜬하다 형 être lég*er*(*ère*), agile, leste, preste; se sentir lég*er*(*ère*), se sentir fr*ais*(fr*aîche*) et dispos(*e*). ¶ 매일 운동을 하니 몸이 ~ Je me sens fr*ais*(fr*aîche*) et dispos(*e*) [Je me sens bien, Je suis en forme] car je fais du sport tous les jours. ¶ 마음이 ~ se sentir fr*ais*(fr*aîche*) et dispos(*e*), se sentir bien. ¶ 거뜬하게 légèrement, avec agilité; ((손쉽게)) facilement, aisément, sans peine.

거뜬히 부 légèrement, avec agilité; ((손쉽게)) facilement, aisément, sans peine, ((gagner, l'emporter)) haut la main, les doigts dans le nez {*fam*}. ¶ 무엇을 ~ 들어 올리다 soulever *qc* facilement [aisément]. ¶ 그런 일쯤이야 ~ 해 치울 수 있지 Je peux facilement faire ce travail / Ça peut se faire les doigts dans le nez {*fam*} / Ce travail, c'est une formalité pour moi {*fam*} / C'est d'une simplicité enfantine ce travail / Ça ne fera pas un pli / Ce n'est pas (un travail) bien compliqué(*e*) [pas sorcier] ((ce que tu me demandes)).

-거라 어미 ((suffixe flexionnel de terminaison phrastique de l'impératif, utilisé par le locuteur supérieur à l'égard de son interlocuteur inférieur)). ¶ 네가 가~ C'est toi qui dois y aller! / C'est toi qui vas y aller! / C'est à toi d'y aller. ¶ 거기 있~ Reste là-bas! ¶ 그만 자~ Dors maintenant!

거란 명 【역사】 Mongols *mpl* khitans ((peuple nomade toungouse établi en Mandchourie et en Mongolie)).

거래 去來 명 commerce *m*; ((법률)) transaction *f*, opération *f* commerciale, échange *m*; ((개개의 거래)) affaire *f*, marché *m*; ((비합법)) trafic *m*. ¶ ~ 관계를 맺다 faire des affaires avec *qn*. ¶ ~의 성립[파기] conclusion [annulation] d'un marché. ¶ 공정[불법] ~ transaction légale [trafic]. ¶ 한국의 대미 ~ les relations commerciales entre la Corée et les États-Unis. ¶ 그 ~에서 돈을 많이 밑졌다 J'ai perdu beaucoup d'argent dans cette affaire. ¶ ~가 가능한 가격 조건 les conditions de prix compatibles avec les transactions commerciales. ¶ ~가 이루어졌다 [성립했다, 잘 되었다] La transaction a été adoptée. ¶ 오늘 증권시장에서는 ~가 한산했다 Aujourd'hui, il y a peu d'échange dans la Bourse. ◇_(를) **하다** faire des affaires avec *qn*. ¶ 누구와 반도체를 대량으로 ~하다 établir avec *qn* des relations commerciales à grande échelle dans le secteur des semi-conducteurs. ◇_**를 트다** établir des relations commerciales avec *qn*. ¶ 중국과 ~를 트다 établir [nouer, mettre en route] des relations commerciales avec la Chine. ◇_(가) 되다 s'échanger. ¶ 이 시장에서는 주로 농산물이 ~된다 Dans ce marché, on échange surtout des produits agricoles. ◇_(가) 있다[없다] être [ne pas être] en relation (d'affaires) avec *qn*. ¶ 이 은행과는 오래전부터 ~가 있었다 Nous sommes des clients de cette banque depuis longtemps.

◆_량 -量 명 volume *m* de transactions. ¶ 그 기업은 외국 업체와의 ~량을 늘려 갔다 Cette entreprise a augmenté son volume de transactions avec les entreprises étrangères. ¶ ~량이 많다[적다] Les transactions sont [peu] nombreuses / Le volume des transactions est [peu] important.

◆_세 -稅 명 taxes *fpl* sur les opérations [sur les transactions] commerciales.

◆_액 -額 명 montant *m* des échanges.

◆_자 -者 명 personne *f* qui fait des transactions; client *m* (commercial). ¶ 이 업체는 ~자가 매우 많다 Cette entreprise a beaucoup de clients.

◆_처 -處 명 client(*e*); lieu *m* de transactions. ¶ ~처를 늘리다 développer les lieux de transactions. ¶ ~처가 늘어났다 Il y a de plus en plus de lieux de transactions.

◆신용_ 信用- 명 transaction *f* à crédit.

◆은행_ 銀行- 명 opérations *fpl* bancaires.

◆증권_소 證券所 명 Bourse *f*.

◆현금_ 現金- 명 opération *f* au comptant.

◆현물_ 現物- 명 échange *m* en nature.

거러지 명 【속어】 clochard(*e*), clodo *m* {*fam*}, mendiant(*e*), vagabond(*e*), S.D.F. *mf*; ((비유적)) personne *f* très sale [cradingue {*fam*}, crade {*fam*}]. ¶ ~도 그런 ~가 없다 Il(Elle) est vraiment crado, celui(*celle*)-là {*fam*} / On ne peut pas faire plus crade {*fam*} que lui(qu'elle)!

거렁뱅이 명 【속어】 clochard(*e*), clodo *m* {*fam*}, mendiant(*e*), vagabond(*e*), S.D.F. *mf*; ((비유적)) (petit, jeune) morveux(*se*) {*fam*}, (petit) péteux(*se*) {*fam*}, (petit) merdeux(*se*) {*fam*}. ¶ ~ 주제에 잠자코 있을 것이지 Il ferait mieux de se taire, ce petit morveux qui ne connaît rien au problème / Ce petit morveux qui ne connaît rien au problème n'a rien à dire / Il n'a rien à dire ce jeune morveux qui ne connaît rien au problème. ¶ ~ 신세가 되었다 Je suis tombé(*e*) dans la misère / Je suis sur la paille. ¶ 이건 또 어디서 굴러먹던[굴러먹다 온] ~냐? De quoi se mêle-t-il ce petit morveux? / Qu'a-t-il besoin de se mêler de ça, ce petit morveux?

거론 擧論 명 action de traiter [de discuter, d'aborder] un problème [un sujet]. ¶ 그 문제는 ~의 여지가 없다 Il n'est pas nécessaire de discuter de [d'aborder] ce problème. ◇_(을) 하다 soulever une question; mettre en discussion. ¶ 오늘 신문 사설에서는 대학개혁 문제를 ~하고 있다 Aujourd'hui, l'éditorial du journal soulève [aborde] le problème de la réforme de l'université. ¶ 그것은 ~할 가치도 없다 Ça ne vaut pas la peine d'en discuter. ¶ 왜 지나간 문제를 또 ~하십니까? Pourquoi abordez-vous de nouveau un sujet déjà traité? ◇_(이) 되다 faire l'objet d'une discussion; être discuté(*e*), étudié(*e*). ¶ 그 이야기는 요즘 젊은 층에서 많이 ~되는 것이다 Cette histoire est un sujet de discussion chez les jeunes [dans la jeunesse] / Cette histoire fait souvent l'objet de conversations chez les jeunes. ¶ 교육 개혁을 위해 여러 가지 방안들이 ~되고 있다 Pour la réforme de l'éducation, plusieurs propositions sont discutées [étudiées].

거룩하다 형 être divin(*e*), sacré(*e*), saint(*e*), sublime; être grand(*e*), glorieux(*se*). ¶ 거룩한 희생 un sacrifice divin. ¶ 신의 거룩한 사랑 l'amour saint de Dieu. ¶ 거룩한 뜻 une intention divine. ¶ 이 위인은 거룩한 업적을 남겼다 Ce grand homme a laissé une œuvre glorieuse.

거룻배 명 bac *m*. ¶ ~를 타고 강을 건너다 traverser la rivière en bac. ¶ ~를 젓다 godiller sur un bac.

거류민 居留民 명 résident(*e*) *mf* ((espagnol(*e*) en France)). ¶ 그 지역에는 한인 ~들이 많이 산다 Beaucoup de résidents coréens habitent dans ce quartier.

◆_단 -團 명 groupe *m* de résidents. ¶ 재일~단 les résidents coréens (pro-sudistes) au Japon.

거르다[1] 타 filtrer, passer *qc* au filtre, extraire les impuretés par filtrage. ¶ 여과지로 불순물을 ~ filtrer les impuretés avec du papier filtre. ¶ 국물을 ~ filtrer un bouillon. ¶ 술을 ~ filtrer de l'alcool.

거르다[2] 타 passer, sauter ((un repas, un passage)), omettre. ¶ 끼니를 거르지 말고 규칙적으로 밥을 먹어라 Ne saute pas les repas, mange régulièrement. ¶ 나는 운동을 며칠을 걸렀다 Je n'ai pas fait de sport ces derniers jours. ¶ 이 잡지는 일주일 걸러 한 번씩 나온다 Ce magazine sort une fois toutes les deux semaines [une semaine sur deux]. ¶ 하루씩 걸러서 출근하다 aller au travail [travailler] un jour sur deux. ¶ 한 집 걸러서 두 번째 집이거든 Passez une première maison, c'est la deuxième. ¶ 마을 사람들 모두가 한두 입 걸러 그 일을 모두 다 아는 듯하다 Il semble que tous les gens du village sont au courant de cette affaire.

거름 명 ① ((땅에 주는 거름)) fumier *m*, engrais *m*, fumure *f*; ((퇴비)) engrais *m* vert; ((인분)) engrais *m* humain, vidanges *fpl*; ((화학비료)) fertilisant *m*. ¶ ~더미 un tas de fumier. ¶ ~ 구덩이 une fosse d'aisances; une fosse à purin, une fosse à fumier, un purot. ¶ ~ 치는 사람 une personne qui répand de l'engrais [du fumier]. ¶ ~ 냄새가 지독하다 Le fumier sent terriblement mauvais [sent très fort, empeste] / Du tas de fumier se dégage une forte odeur. ¶ 땅[나무]에 ~을 주다 fertiliser [engraisser, fumer] la terre [donner de l'engrais à un arbre, fertiliser la terre autour d'un arbre, mettre de l'engrais au pied d'un arbre]. ② ((비유적)) levain *m*, ferment *m* ((de la société)). ¶ 너는 사회의 ~이 되거라 Deviens un ferment [un levain] de la société.

◆_기 명 fertilité *f*. ¶ ~기 많은 논 un champ fertilisé.
◆_발 명 efficacité *f* d'un engrais. ¶ 이 논은 ~발이 부족하다 Ce champ manque d'engrais [a besoin d'engrais].
◆_지게 명 hotte *f* traditionnelle coréenne servant autrefois à transporter l'engrais. ¶ ~지게를 지다 porter une hotte remplie d'engrais.
◆_통 -桶 명 ((통)) baquet *m* d'engrais; ((구덩이)) fosse *f* d'aisances. ¶ ~통에 빠지다 tomber dans un fosse d'aisances.
◆_흙 명 terre *f* fertilisé [enrichie en engrais].
◆밑_ 명 levain *m*, ferment *m* ((de la société)). ¶ 밑~이 되다 devenir un ferment [un levain] ((de la société)).

거름종이 명 papier *m* filtre.

거리[1] 명 rue *f*; route *f*; boulevard *m*; avenue *f*. ¶ 사람들 왕래가 많은 ~ rue passante [très fréquentée]. ¶ 번화한 ~ une rue vivante [animée]. ¶ 한적한 ~ une rue tranquille [calme]. ¶ ~의 불량배 les voyous de la rue. ¶ ~의 여인 fille des rues. ¶ ~의 악사 des musicien(*ne*)s de rue [ambulant(*e*)s]. ¶ ~를 활보하다 parcourir une rue à grands pas. ¶ 대학생들이 ~로 나섰다 Les étudiants sont sortis dans la rue. ¶ ~에 떠도는 소문에 따르면 d'après la rumeur de la rue. ¶ 밤~가 휘황찬란하다 La rue est étincelante [resplendissante] la nuit. ¶ 휴일이라 ~가 한산하다 La rue est tranquille [calme, silencieuse] parce que c'est (un jour) férié aujourd'hui.
◆네[사]_ [四]- 명 carrefour *m*.
◆삼_ 三- 명 bifurcation *f* ((sur une route)).
◆저자_ 명 rue *f* commerciale, le centre-ville *m*.
◆_ _ 부 à chaque pas. ¶ ~마다 사람들로 북적인다 À chaque pas, les gens se bousculent.

거리[2] 의명 ((재료)) matière *f*, substance *f*, fournitures *fpl*, étoffe *f*; ((대상)) cause *f* ((d'ennuis)), sujet *m* ((d'ennuis)), objet *m*; ((사람)) cible *f*, objet *m*, point *m* de mire ((des railleries)); ((먹을, 소일)) ((avoir)) de quoi ((manger, s'occuper)). ¶ 생각할 ~ matière à réflexion, un sujet de réflexion. ¶ 이 부분은 별로 논의할 만한 ~가 없다 Sur ce sujet, nous avons peu matière à discuter [nous n'avons pas grand-chose à dire]. ¶ 대화를 이어갈 ~가 없어서 난처했다 J'étais embarrassé(*e*) de ne pas trouver de sujet de conversation [d'être à court de sujets de conversation, de ne pas savoir comment meubler la conversation].

거리[3] 距離 명 distance *f*, éloignement *m*; ((간격)) intervalle *m*; ((차이)) différence *f*. ¶ 가까운[먼, 상당한] ~ distance proche [longue, grande]. ¶ 그곳은 걸어서[차로] 20분 ~이다 Il est à vingt minutes à pied [en voiture].¶ 집에서 학교까지의 ~ distance entre la maison et l'école. ¶ ~를 재다[측정하다] mesurer une distance. ¶ ~를 좁히다[벌리다] réduire [accroître] une distance. ¶ ~를 두다[유지하다] ((대인관계에서)) tenir *qn* à distance, prendre *ses* distances ((avec *qn*)) [conserver *ses* distances, garder *ses* distances ((avec *qn*))]. ¶ 그 여자와 사귈 때는 어느 정도 ~를 두어라 Garde tes distances lorsque tu es [sors] avec elle. ¶ 각기 100미터의 ~를 두고 en respectant [gardant] un écart [un intervalle, une distance] de 100 mètres, à intervalles de cent mètres. ¶ 이 그림은 ~를 두고 보는 편이 낫다 On apprécie mieux ce tableau à distance. ¶ 뒤처졌던 선수가 선두와의 ~를 점점 좁히고 있다 Le coureur distancé réduit progressivement l'écart avec les coureurs de tête / Le coureur en queue de peloton réduit progressivement la distance avec les coureurs de tête. ¶ 손[눈]이 닿는 ~에 있다 être à portée de (la) main, être accessible [être à portée de *sa* vue, être visible pour *qn*]. ¶ 여기서 1킬로 이내의 ~에 교회가 무려 5개나 있다 Il (n')y a pas moins de cinq églises dans un rayon d'un kilomètre. ¶ ~가 멀다[가깝다] C'est loin ((d'ici)) / Ce n'est pas tout prêt / Ce n'est pas la porte à côté {*fam*} [C'est prêt [à deux pas] ((d'ici))]. ¶ ~가 줄다[늘다] La distance diminue [augmente].
◇_가 있다 être différent(*e*), divergent(*e*); diverger. ¶ 이상과 현실 사이에 ~가 있다 L'idéal est loin de la réalité. ¶ 그 사람의 대답은 내가 예상하던 것과는 ~가 먼 것이다 Sa réponse est très différente de celle que j'attendais. ¶ 우리 서로의 의견에는 상당한 ~가 있다 Nos opinions [points de vue, avis] divergent beaucoup / Nos opinions sont très divergentes [sont très éloignées l'une de l'autre].
◇_가 느껴지다 ressentir des divergences [une (certaine) différence] avec *qn*; ((거리감이 느껴지다)) ressentir une certaine distance [réserve, gêne]. ¶ 그 친구만 만나면 왠지 서먹해지고 ~가 느껴진다 Je ressens toujours une certaine distance [une certaine gêne, une certaine réserve] entre lui et moi / Je me sens toujours mal à l'aise (quand je suis) avec lui [en sa présence].
◆_감 -感 명 distance *f* ((entre deux personnes)), réserve *f*, gêne *f*. ¶ ~감을 가지고 대하다 se montrer distant(*e*) avec *qn*. ¶ 그 친구에게는 왠지 ~감이 느껴진다 Je ressens une certaine distance entre lui et moi [une certaine gêne à son égard, une certaine difficulté à communiquer avec lui] / Je me sens un peu distant(*e*) de lui / Je me sens un peu mal à l'aise [un peu gêné(*e*)] avec lui.
◆_계 -計 명 télémètre *m*.
◆가시_ 可視- 명 distance *f* visible.
◆단[장, 중]_ 短[長, 中]- 명 distance *f* courte [longue distance *f*, distance *f* moyenne]. ¶ 단[장, 중]~ 경주 ((스포츠, 달리기)) course de vitesse, sprint [(course de) fond ((au-delà de 10 000 m)), (course de) demi-fond ((800 m, 1 500 m, 5 000 m voire 10 000 m))]. ¶ 장~ 전화를 하다 faire un appel longue distance.
◆비행_ 飛行- 명 distance *f* d'un vol.
◆사정_ 射程- 명 portée *f* (d'une arme).

ㄱ

◆**안전_** 安全 명 distance *f* de sécurité. ¶ 운전을 할 때는 반드시 앞차와의 안전~를 확보해야 한다 Lorsqu'on conduit, il faut impérativement maintenir [garder, respecter] une distance de sécurité avec le véhicule précèdent [qui précède, qui se trouve devant] / Le conducteur de tout véhicule doit impérativement respecter une distance de sécurité avec le véhicule précédent.

◆**직선_** 直線 명 distance *f* à vol d'oiseau [en ligne droite].

-거리[4] 접미 qui a lieu tous les ((mois)). ¶ 달~ règles, menstruations. ¶ 이틀~ qui a lieu tous les deux jours. ¶ 해~ qui a lieu chaque année, annuel(*le*).

-거리[5] 접미 ((suffixe nominal à valeur dépréciative)). ¶ 얘기~ matière à discuter, un sujet de conversation. 짓~ un tel acte. ¶ 패[떼]~ une bande ((de voleurs, de voyous, de loups affamés)). ¶ 그것은 문제~가 되지 않는다 Ce n'est pas sujet à problème. ¶ 웃음~가 되다 donner matière à plaisanter, être l'objet [la cible, le point de mire] des railleries, être un objet de risée, être la risée [l'objet de risée [l'objet de dérision, le sujet de moquerie, la fable] de ((de *ses* amis, d'une collectivité, d'un groupe)), faire l'objet de railleries [d'une moquerie, de moqueries], être la risée ((d'un groupe, d'une collectivité, de tous, de tout le monde)), être en butte aux moqueries ((d'une collectivité)), se ridiculiser, se rendre ridicule, être ridiculisé(*e*), être tourné(*e*) en ridicule.

거리끼다 자 peser sur la conscience de *qn*, avoir un poids [*qc*, une faute] sur la conscience, ne pas avoir la conscience [l'esprit] tranquille [en paix], avoir *qc* à se reprocher, peser à *qn*, *tourmenter qn, tracasser qn, travailler qn, préoccuper qn, turlupiner qn* {*fam*}; être gêné(*e*), être embarrassé(*e*); être gênant(*e*), embarrassant(*e*). ¶ 양심에 거리낄 일은 절대 하지 마라 Ne fais jamais quelque chose qui te pèserait sur la conscience [que tu regretterais].

거리낌 명 poids *m* sur la conscience, cas *m* de conscience, scrupule *m*, *qc* à se reprocher, remords *mpl* (de conscience), problèmes *mpl* de conscience, repentir *m*. ◇_(**이**) **없다** ne pas peser sur la conscience de *qn*; avoir la conscience tranquille [en paix], ne rien avoir à se reprocher. ¶ 그 일에 대해 나는 아무 ~이 없다 Cette affaire me laisse la conscience en paix / J'ai la conscience parfaitement tranquille avec [à propos de] cette affaire / Cette affaire ne me préoccupe pas [ne me concerne en rien] / Cette affaire ne me donne pas le moindre souci.

◆**_ 없이** sans gêne, sans scrupule, sans réserve, sans hésitation, franchement, ouvertement. ¶ ~ 없이 말하다[행동하다] parler [agir] ouvertement. ¶ 남의 물건을 ~ 없이 사용하다 utiliser sans gêne les affaires des autres, ne pas hésiter à utiliser ce qui ne nous appartient pas.

-거리다 접미 ((suffixe verbale, souvent lié à un idéophone, exprimant l'itération)). ¶ 깜박~ clignoter. ¶ 들썩~ être soulevé(*e*) et retomber à plusieurs reprises, se soulever et retomber à répétition, faire de petits mouvements, être agité(*e*) d'un petit mouvement de bas en haut; trembler, trembloter, ((물이)) frémir; ((타동사)) soulever et lever un objet et le laisser retomber à plusieurs reprises, secouer *qc*, remuer ((les lèvres)), ballotter *qc*; osciller, se balancer, s'agiter, être secoué(*e*) ((de secousses horizontales)); ((어깨, 궁둥이를)) secouer les épaules légèrement, s'agiter, se tortiller ((sur *sa* chaise)); ((입술을)) remuer les lèvres. ¶ 펄럭~ s'agiter [flotter] au (gré du) vent.

거마비 車馬費 명 frais *mpl* de transport. ¶ 참석자에게 ~를 지급하다 payer [rembourser] les frais de transport aux participants.

거만 倨慢 명 arrogance *f*, insolence *f*, hauteur *f*, orgueil *f*, dédain *m*, condescendance *f*, morgue *f* {*litt*}. ◇_(**을**) **떨다[부리다]** se montrer dédaigneux(*se*) [prétentieux(*se*), suffisant(*e*), hautain(*e*), présomptueux(*se*)]; affecter [prendre, se donner] de grands airs, se donner des airs importants [d'importance], s'enorgueillir de *qc*, se glorifier de *qc*, se vanter de *qc*, se faire valoir de, se prévaloir de *qc*, se hausser [se pousser] du col, montrer de la morgue {*litt*}.

◆**_하다** 형 être arrogant(*e*), hautain(*e*), dédaigneux(*se*), condescendant(*e*), suffisant(*e*), prétentieux(*se*), orgueilleux(*se*), insolent(*e*). ¶ ~한 사람 personne arrogante. ¶ ~한 태도 un air hautain [condescendant, dédaigneux]. ¶ ~하게 굴다 se montrer dédaigneux(*se*) [prétentieux(*se*), suffisant(*e*), hautain(*e*)], montrer de la morgue {*litt*}. ¶ ~하게 내려다보다 regarder *qn* de haut, dédaigner *qn*.

◆**_스럽다** 형 être hautain(*e*), arrogant(*e*), orgueilleux(*se*), dédaigneux(*se*), insolent(*e*), prétentieux(*se*). ¶ ~스러운 태도 une attitude hautaine [arrogante].

거머리 명 ① 【동물】 sangsue *f*. ② ((비유적)) personne *f* importune et tenace, personne *f* envahissante, pot *m* de colle {*fam*}, crampon *m* {*fam*}, glu *f* {*fam*}, casse-pieds *m* {*fam*}; harceleur(*se*); tourmenteur(*se*) {*litt*}. ¶ 저 녀석은 꼭 찰~같다 Ce type est un vrai pot de colle / Quel pot de colle [Quelle glu], ce type! ¶ ~ 같이 찰싹 달라붙다 s'accrocher (à *qn*) comme une sangsue; être collant comme un pot de colle {*fam*}. ¶ ~처럼 서민들의 피를 빨아먹다 sucer le sang des citoyens comme un vampire.

거머잡다 타 saisir, attraper, empoigner; étreindre; s'agripper à *qc*/*qn*. ¶ 누구의 소매를 ~ saisir *qn* par la manche. ¶ 기회를 ~ saisir une occasion.

거머쥐다 타 saisir, empoigner, étreindre; s'agripper.

¶ 부와 명예를 한 손에 ~ acquérir [conquérir] la richesse et la gloire.

거멓다 형 ☞ 꺼멓다

거명 擧名 명 citation *f.* ((d'un nom)) ◇_(을) **하다** nommer *qn*, désigner *qn*; citer un nom. ¶ 현 단계에서 후보자의 이름을 ~하는 것은 적절치 않다 Il n'est pas convenable de donner le nom des candidats dans la situation actuelle. ◇_(이) **되다** être cité(*e*). ¶ 신임 장관 후보로 누구누구가 ~되고 있습니까? Quels sont ceux qui ont été désignés comme candidats à la fonction de ministres?

거목 巨木 명 ① très grand arbre *m*, arbre *m* gigantesque. ¶ ~들이 빽빽이 서있는 숲 une forêt dans laquelle poussent drus de très grands arbres. ② ((비유적)) grande figure *f.* ¶ 그가 이 사회의 ~으로 자라기를 빈다 Je souhaite qu'il devienne une grande figure de la société. ¶ 정계의 ~이 쓰러졌다 La grande figure du monde politique a été renversée.

거무스름하다 형 être noirâtre, sombre; ((teint)) être hâlé(*e*). ¶ 피부색이 거무스름한 여자 une brunette; une femme au teint mat. ¶ 거무스름한 얼굴 le visage au teint mat.

거무죽죽하다 형 être noirâtre, sombre; ((teint)) être hâlé(*e*). ¶ 눈 가장자리가 ~ avoir les yeux cernés ((à cause de la fatigue)). ¶ 거무죽죽한 껍질 une écorce [peau] noirâtre.

거무튀튀하다 형 être noirâtre, sombre; ((teint)) être hâlé(*e*). ¶ 거무튀튀한 얼굴 le visage au teint mat.

거문고 명 *geomungo m* <cithare à six cordes inventée au VIe siècle dans le royaume de Goguryeo à partir du *qin* chinois. Elle est munie de six cordes en soie>. ◇_**를 뜯다**[**타다**] jouer du *geomungo*.

◆_**자리** 명 【천문】 constellation *f* de la Lyre.

거문도사건 巨文島事件 명 【역사】 occupation *f* britannique de l'île de Geomun (1885-1887).

거물 巨物 명 personnalité *f*; personne *f* importante; grand personnage *m*; (grande) figure *f*; notabilité *f*; gros bonnet *m* {*fam*}; (grand) ponte *m* ((de la presse, de l'université)). ¶ 정계의 ~ une grande figure du monde politique.

◆_**급** -級 명 notabilités *fpl*, personnalités *fpl*. ¶ 그는 ~급에 속한다 Il fait partie des grands de ce monde [des personnalités, des grandes figures, des notabilités, des gens de la haute {*fam*}]. ¶ ~급 인사를 대거 초빙하다 inviter de nombreuses (hautes) personnalités.

거뭇거뭇 부 taché(*e*) de noir. ¶ ~ 불탄 자국 des traces de brûlure.

◆_**하다** 형 être taché(*e*) de noir; être noirâtre. ¶ 피로 때문인지 그 여자의 눈가가 ~해 보였다 Elle a les yeux cernés sans doute à cause de la fatigue. ¶ ~한 반점이 있는 벌레 un insecte taché de noir.

거미 명 【동물】 araignée *f.* ¶ ~가 기어 다닌다 L'araignée avance sur le sol.

*~**도 줄을 쳐야 벌레를 잡는다** Pour avoir des résultats, il faut toujours un travail de préparation.

*~ **알 까듯** en désordre, obscurément, vaguement.

◆_**발** 명 chaton *m* ((en forme de patte d'araignée)).

◆_**줄** 명 toile *f* d'araignée. ¶ ~줄을 치다 ((une araignée)) filer [tisser, ourdir] *sa* toile. ¶ 나비가 ~줄에 걸렸다 Un papillon a été piégé [est resté prisonnier] dans une toile d'araignée. ¶ ~줄에 이슬이 맺혀있다 La rosée s'est déposée sur la toile d'araignée / Les gouttes de rosée se sont déposées [restent accrochées] sur la toile d'araignée. ¶ 서울의 도로망은 ~줄 같다 Le réseau routier de Séoul ressemble à une toile d'araignée.

*산 **입에 ~줄 치랴** Chaque jour apporte sa pitance / On ne mourra pas de faim / Même au fond du trou, il y a toujours un moyen de remonter la pente.

◆_**집** 명 toile *f* d'araignée.

◆**물**_ 명 araignée *f* d'eau, *Argyroneta aquatica* {*nsc*}.

거반 居半 부 presque tout, plus de la moitié; presque, à peu près. ¶ 밥이 ~ 다 되었다 Le riz est presque cuit / Le riz sera bientôt prêt.

거병 擧兵 명 rassemblement *m* d'une armée; mobilisation *f* de troupes; levée [formation *f*] d'une armée. ¶ 그 당시에 100만 대군의 ~은 쉬운 일이 아니었다 À l'époque, il n'était pas facile de rassembler [de mobiliser] un million de soldats. ◇_(을) **하다** rassembler une force armée; lever des troupes; mobiliser une armée. ¶ 적을 무찌르기 위해 10만 병력을 ~하였다 Nous mobilisâmes une armée de cent mille soldats pour défendre notre partie contre l'ennemi.

거보 巨步 명 grand pas *m* ((dans la recherche scientifique)), pas *m* de géant. ¶ 민주주의를 향한 ~를 내딛다 effectuer un grand pas vers la démocratie.

거봉 巨峰 명 sommité *f.* ¶ 한국 철학계의 ~ une sommité de la philosophie coréenne. ¶ ~으로 우뚝 서다 apparaître comme une sommité.

거봐 감 Tu vois bien, j'avais raison; qu'est-ce que je te disais? ¶ ~, 내가 조심하라고 했잖아 Tu vois bien, j'avais raison. Je t'avais bien dit de faire attention.

거부[1] 巨富 명 personne *f* richissime [riche comme Crésus]; (multi)millionnaire *mf*, (multi)milliardaire *mf*; richard(*e*) {*fam*}, personne *f* pleine aux as {*fam*}. ¶ 그런 ~가 쩨쩨하게 구느냐? Comment cette personne richissime peut-elle être si avare? ¶ 그 사람은 대단한 ~다 Il est extrêmement fortuné / Il est richissime / Il est plein aux as {*fam*} / Il est plusieurs fois millionnaire / Il est multimillionnaire [multimilliardaire].

거부[2] 拒否 명 ① 【법률】 refus *m*, rejet *m*; non-acceptation(~-~*s*) *f.* ② déni *m* de justice; non-acceptation (~-~*s*) *f.* ¶ 요구[협상]의 ~ rejet [refus] de la réclamation [de la négociation]. ◇_(를) **하다** refuser; opposer un refus {*litt*}; rejeter, repousser. ¶ 노동자들의 인금인상 요구를 ~하다 refuser une augmentation de salaire aux ouvriers. ¶ 누구의 제안[초대, 요구]을 딱 잘라 ~하다 refuser tout net la proposition [l'invitation, la demande, la réclamation] de *qn*. ¶ 일하기를 ~하다 refuser de travailler.

◆**_감** -感 명 sentiment *m* de rejet. ¶~을 갖다[가지다] éprouver un sentiment de rejet. ¶~을 보이다 manifester un sentiment de rejet. ¶~이 들다 éprouver un sentiment de rejet.

◆**_권** -權 명 droit *m* de veto *m inv*.

◆**_반응** -反應 명 réaction *f* de rejet. ¶~반응을 보이다 avoir une réaction de rejet.

거북 명 【동물】 tortue *f*. ¶~ 등껍질처럼 딱딱하다 être dur(*e*) comme une carapace de tortue.

◆**_선** -船 명 【역사】 bateau-tortue(~*x*-~*s*) *m* ((navire de guerre conçu par l'amiral Yi Sunsin, rendu célèbre ayant permis en 1592 de battre la marine japonaise)).

◆**_딱지** 명 carapace *f* de tortue.

◆**_점** -占 명 divination *f* par l'interprétation de l'incinération de carapaces de tortue. ¶~점을 치다 pratiquer la divination par l'interprétation de l'incinération de carapaces de tortue.

◆**_이** 명 ① 동물 tortue *f*. ② 느림보 ((avancer comme une)) tortue *f*, ((avancer comme un)) escargot *m*, ((se traîner comme une)) limace *f*, traînard(*e*) {*fam*}, lambin(*e*); paresseux(*se*), fainéant(*e*); lourdaud(*e*). ¶ 토끼와 ~이의 경주 la course du lièvre et de la tortue. ¶ 교통체증 때문에 차들이 ~이처럼 기어간다 Les voitures avancent comme des tortues [comme des escargots] à cause de l'embouteillage.

거북살스럽다 형 ☞ 거북하다

거북스럽다 형 ☞ 거북하다

거북하다 형 être [se sentir] mal à l'aise, ne pas être à *son* aise; être embarrassé(*e*); gêné(*e*). être embarrassant(*e*), gênant(*e*); gêner; être incommodant(*e*), peu accommodant(*e*). ¶ 거북한 상대 un partenaire gênant. ¶ 대하기 거북한 사람 une personne peu accommodante [peu sociable, difficile [pénible] à vivre]. ¶ 듣기에 거북한 말 une parole gênante [désagréable] à entendre. ¶ 구두가 꼭 끼어 ~ Mes souliers me font mal [me serrent trop] / Je suis trop serré(*e*) dans mes chaussures / Je me sens trop à l'étroit dans mes chaussures. ¶ 뱃속이 ~ avoir l'estomac embarrassé [dérangé, retourné], avoir le cœur [l'estomac] (tout) barbouillé, être pris d'un malaise à l'estomac, ne pas se sentir bien, avoir une barre sur l'estomac, être dérangé(*e*) {*fam*}. ¶ 숨쉬기가 ~ avoir du mal à respirer, avoir une respiration difficile. 그 사람 앞에서는 왠지 모르게 ~ J'éprouve une gêne envers lui sans raison [sans savoir pourquoi] / Je ne me sens pas à l'aise en sa présence sans savoir pourquoi / Je ne sais pour quelle raison, mais je ne me sens pas à l'aise [je me sens mal à l'aise] en sa présence [devant lui]. ¶ 상대를 거북하게 만들다 gêner l'autre, donner de la gêne à l'autre.

◆**거북해하다** 자 se sentir gêné(*e*) [mal à l'aise]. ¶ 누구 앞에서 몹시 거북해하다 se sentir gêné(*e*) [mal à l'aise] en présence de *qn* [devant *qn*]. ¶ 거북해하지 마세요 Mettez-vous à l'aise [à votre aise] / Ne vous gênez pas! / Faites comme chez vous.

거사[1] 居士 명 ① 【불교】 simple fidèle *m*. ② 벼슬 없는 선비 lettré *m* qui reste effacé (sans accéder à un poste officiel).

거사[2] 擧事 명 déclenchement *m* (d'une entreprise). ¶~의 성공 le succès de la mise en œuvre. ◇_(를) **하다** passer à [engager] l'action; mettre à exécution; déclencher; attaquer {*pop*}. ¶~하기로 한 날이 오자 그들은 하나 둘씩 모여들었다 Le jour prévu pour le déclenchement du Coup d'état, les rebelles ont commencé à se rassembler. ◇_**를 벌이다** tenter un coup. ¶ 그들은 목숨을 걸고 ~를 벌였다 Ils ont tenté un coup au risque de leur vie.

◆**_일** -日 명 le Jour J. ¶ 군인들은 5월 16일을 ~일로 정했다 Les militaires ont fixé le 16 mai comme Jour J.

거상[1] 巨商 명 riche commerçant *m*.

거상[2] 居喪 명 ((être en)) deuil *m*. ¶~ 중에는 몸가짐을 삼가야 한다 Il faut avoir un comportement convenable [respectueux, réservé] pendant le deuil.

거석 巨石 명 mégalithe *m*; mégalithique.

◆**_기념물** -記念物 명 monument *m* mégalithique.

◆**_문화** -文化 명 civilisation *f* mégalithique.

◆**_숭배** -崇拜 명 le culte *m* du mégalithe.

거선 巨船 명 grand bateau(*x*) *m*.

거성[1] 去聲 명 【언어】 ton *m* haut (uni) (un des quatre tons du chinois). ¶ 글자를 ~으로 발음하다 prononcer une lettre avec un ton haut. ¶ 이 글자는 당시에는 ~으로 발음되었다 À cette époque-là, cette lettre était prononcée avec un ton haut.

거성[2] 巨星 명 ① 별 grande étoile *f*. ② 위인 grand homme *m*. ¶ 문단의 ~이 떨어졌다 Une grande étoile du monde littéraire s'est éteinte.

거세 去勢 명 ① 단종 castration *f*, stérilisation *f*, émasculation *f*. ② 세력제거 exclusion *f*, réduction *f* ((d'une opposition)). ◇_(를) **하다[시키다]** castrer, châtrer, émasculer, stériliser; exclure. ¶ 반대세력을 ~하다 exclure les opposants. ◇_(가) **되다** être châtré [émasculé]. ◇_(를) **당하다[(가) 되다]** se faire [se voir] exclure. ¶ 그와 그의 측근들은 정적에 의해 완전히 ~당했다 Lui et son entourage se sont fait carrément exclure par leur adversaire politique. ¶~된 말 un cheval(*aux*) hongre.

◆**_계** -鷄 명 chapon *m*.

◆**_마** -馬 명 cheval(*aux*) *m* hongre.

◆**_술** -術 명 castration *f*.

◆**_우** -牛 명 bœuf *m*.

거세다 형 ① ((사람이나 성격이)) être agressif(*ve*).

¶ 그는 성격이 ~ Il a un caractère rude. ¶ 거센 여자 une femme agressive; une maîtresse femme. ② ((불길, 바람 따위가)) être rude, violent(*e*), furieux(*se*), fort(*e*), féroce. ¶ 거센 바람 un vent violent. ¶ 거센 파도 une vague furieuse. ¶ 거센 반발을 불러일으키다 provoquer une vive réaction. ¶ 불길이 거세어지다 Les flammes deviennent violentes. ¶ 갑자기 비바람이 거세게 몰아치기 시작했다 Soudain la tempête s'est déchaînée avec violence. ¶ 거세게 항의하다 protester violemment.

거센소리 명 【언어】 (consonne *f*) forte *f* ((예: ㄲ, ㄸ, ㅃ, ㅆ, ㅉ)).

거소 居所 명 adresse *f* de *qn*; (lieu(*x*) *m* de) résidence *f*; (lieu(*x*) *m* d')habitation *f*, domicile *m*, demeure *f*. ¶ ~를 정하다 établir *sa* demeure [*son* domicile]; fixer *sa* résidence; se fixer à; s'installer *qp*. ¶ 그는 ~가 불명하다 On ne connaît pas son adresse / On ne sait pas où il habite / Son domicile est inconnu.

거수 擧手 명 action de lever la main. ¶ 안건을 ~로 채택하다[표결하다] adopter[voter] une proposition à main levée. ¶ ~로써 찬성의 뜻을 보이다[표하다, 나타내다] exprimer *son* accord à main levée. ◇_(를) **하다** lever la main.

◆**_가결** -可決 명 décision *f* à main levée.

◆**_경례** -敬禮 명 salut *m* militaire, garde-à-vous *m inv*. ¶ ~경례를 붙이다 faire un salut militaire, se mettre au garde-à-vous.

◆**_표결** -票決 명 vote *m* à main levée. ¶ ~표결에 붙이다 procéder à un vote à main levée.

거스르다 타 ① 따르지 않다 s'opposer à ((la tendance générale)), agir contre [contrairement à] ((la volonté de *ses* parents)), aller à contre-courant de *qc*, aller contre ((les tendances de l'époque)), aller à l'encontre de ((l'opinion commune)), froisser *qn*, agacer *qn*, contrarier *qn*; désobéir à ((*ses* parents)), ne pas suivre ((la tendance générale)), contrevenir à ((un ordre)). ¶ 부모[하늘]의 뜻을 ~ désobéir à *ses* parents, agir contrairement à la volonté de *ses* parents, contrarier *ses* parents [désobéir aux desseins de la Providence]. ¶ 대세를 ~ ne pas suivre l'opinion générale [commune], aller à l'encontre de l'opinion commune [communément admise], aller à contre-courant de [s'opposer à] la tendance générale, ne pas suivre la tendance générale; aller contre la tendance ((de son temps)), aller contre le courant [les tendances] de l'époque. ② 잔액을 주거나 받다 rendre, récupérer ((la monnaie)). ¶ 잔돈을 거슬러 주다[받다] rendre [récupérer] la monnaie. ¶ 만원을 냈으니 이천 원을 거슬러 주시면 됩니다 Comme je vous ai donné 10 000 wons, rendez-moi 2 000 wons de monnaie.

거스름돈 명 monnaie *f*. ¶ ~을 주다 rendre la monnaie à *qn*. ¶ 깜박 잊고 ~을 안 받았다 Mince! J'ai oublié de récupérer la monnaie. ¶ ~ 여기 있습니다 Voici votre monnaie. ¶ ~은 필요 없습니다 Gardez la monnaie. ¶ ~은 100원입니다 Voilà 100 wons pour la monnaie. ¶ 만원을 내면 ~이 얼마지요? Combien reste-t-il de monnaie sur 10 000 wons?

거스리다 타 ☞ 거스르다

거슬러 올라가다 재타 ① remonter ((une rivière, un fleuve)). ¶ 배를 타고 한강을 ~ remonter le fleuve Han en bateau. ② ((시간을)) remonter à ((telle époque)). ¶ 근원으로 ~ remonter jusqu'à la source [vers la source, vers l'origine]. ¶ 원시 시대로 ~ remonter à l'époque primitive. ¶ 팔월 한가위는 신라 시대까지 거슬러 올라간다 La fête de Chuseok [Le 15 du huitième mois lunaire] remonte à l'époque de Silla.

거슬리다 재 ① être déplaisant(*e*), désagréable. ¶ (그것은) 비위에 거슬린다 C'est désagréable. ¶ 그의 말[행동]은 내 비위에 거슬린다 Ses propos m'irritent [me déplaisent] [Sa conduite m'irrite / Sa conduite me déplaît]. ② ((귀, 눈에)) être désagréable, pénible ((à entendre, à voir)); être contrariant(*e*), agaçant(*e*), irritant(*e*), vexant(*e*), énervant(*e*), taper [porter] sur les nerfs de *qn*; ((소리)) être dissonant(*e*), criard(*e*); être discordant(*e*). ¶ 귀에 ~ être désagréable [pénible] à entendre, ne pas être doux(*ce*) à l'oreille, être discordant(*e*), dissonant(*e*), cacophonique, criard(*e*); être contrariant(*e*), agaçant(*e*), énervant(*e*). ¶ 눈에 ~ être désagréable [déplaisant(*e*), pénible] à voir; ((색채, 색조)) être discordant(*e*), criard(*e*), aigre, choquer les regards [la vue], offusquer *qn*, blesser [choquer] la vue. ¶ 귀에 거슬리는 말 des paroles [propos] désagréables [contrariant(*e*)s].

***좋은 약은 입에 쓰고, 참된 말은 귀에 거슬리는 법이다** Comme les bons remèdes sont durs à avaler, les bons conseils peuvent être désagréables à entendre.

거시 巨視 어근 macro-; macroscopique.

◆**_적** -的 명관 macroscopique. ¶ ~적 안목 vue macroscopique. ¶ ~적 분석 analyse macroscopique. ¶ ~적으로 생각해야지 그렇게 눈앞의 작은 일들에만 신경 쓰면 안 된다 Il ne faut pas uniquement s'attacher aux petites choses, mais aussi avoir une vue globale / Il faut voir plus loin que le bout de son nez.

◆**_경제학** -經濟學 명 【경제】 macro-économie *f*.

◆**_구조** -構造 명 macrostructure *f*.

거시기 대 chose *f*, truc *m* {*fam*}, trucmuche {*pop*}, machin *m* {*pop*}, bidule *m* {*fam*}; un(*e*) tel(*le*), Tartempion. ¶ 그 사람 이름이 뭐였지? ~ 말이야, 키 크고 뚱뚱한 친구 Comment s'appelait-il, déjà? Machin, bidule, il est grand et gros. ¶ 왜 ~ 있잖아, 잣 같은 것 깔 때 쓰는 것 말야 Tu sais, il y a un truc pour décortiquer des fruits comme le pignon.

거식증 拒食症 명 【의학】 anorexie *f*. ¶ ~에 걸리다 souffrir d'anorexie.

◆**_환자** -患者 명 anorexique *mf*.

거실 居室 명 (salle *f* de) séjour *m*, pièce *f* commune, living-room(~-~*s*) *m*, ((생략)) living *m*; ((응접실)) salon *m*. ¶ 차는 ~로 나가 마십시다 On passe au salon pour le thé.

거액 巨額 명 grosse somme *f* d'argent, somme *f* d'argent importante. ¶ ~의 부채 une dette importante. ¶ ~의 기부금을 희사하다 faire don d'une grosse somme d'argent. ¶ ~의 주문을 하다 passer une commande pour une grosse somme d'argent. ¶ ~의 몸값을 받다[요구하다] recevoir [exiger] une grosse rançon; 《스카우트》 recevoir [exiger] une somme exorbitante d'argent pour le transfert d'un joueur de haut niveau [d'un dirigeant d'entreprise]. ¶ ~의 비자금을 조성하다 constituer des fonds secrets considérables. ¶ 그런 ~을 함부로 놓아두다니! Comment peut-on négliger une telle somme d'argent? ¶ ~을 들여 장만한 가구 un meuble acquis pour une grosse somme.

거역 拒逆 명 insubordination *f*, insoumission *f*, désobéissance *f*. ◇_(을) **하다** s'opposer à 《la tendance générale》, agir contre [contrairement à] 《la volonté de *ses* parents》, aller à contre-courant de *qc*, aller contre 《les tendances de l'époque》, aller à l'encontre de 《l'opinion commune》, froisser *qn*, agacer *qn*, contrarier *qn*; désobéir à 《*ses* parents》, ne pas suivre 《la tendance générale》, contrevenir à 《un ordre》, contrecarrer. ¶ 부모에게 [부모의 말을] ~하다 désobéir à *ses* parents, aller à l'encontre de la volonté de *ses* parents, contrarier *ses* parents. ¶ 상관의 명령을 ~하다 désobéir [contrevenir] à (un ordre de) *ses* supérieurs. ¶ 내 말을 ~하면 가만두지 않겠다 Il t'arrivera des histoires [Je vais te montrer de quel bois je me chauffe, Tu auras de mes nouvelles] si tu me désobéis [si tu ne m'écoutes pas] / T'as intérêt à m'écouter [à m'obéir] {*fam*}.

거울 명 ① miroir *m*, glace *f*. ¶ ~달린 장(농) une armoire à glace. ¶ ~같은 호수 un lac miroitant. ¶ ~에 비치다 se réfléchir dans un miroir [dans une glace]. ② 모범 exemple *m*, modèle *m*. ¶ 신사임당은 한국 여성의 ~이다 Sin Saimdang est un modèle pour les femmes coréennes. ◇_~**을 보다** se regarder dans un miroir [dans une glace]. ◇_**이 되다** servir d'exemple [de modèle]. ◇_(**로**) **삼다** suivre [se conformer à] l'exemple de ... ¶ 실패를 ~삼아 더욱 노력할 것이다 Je redoublerai d'efforts en tenant compte de mes échecs. ¶ 지난날의 잘못을 ~삼아 en tenant compte de mes erreurs passées. ¶ 성인을 ~로 삼아라 Prenez exemple sur les saints.

***눈은 마음의 ~이다** Les yeux sont le miroir de l'âme.

◆**_장수** 명 miroiti*er*(*ère*).

◆**_가게** 명 miroiterie *f*.

◆**손_** 명 miroir *m* à main.

거웃 명 ☞ 음모[1]

거위 명 【동물】 oie *f*. ¶ 숫~ un jars. ¶ ~새끼 un oison. ¶ ~알 un œuf d'oie. ¶ 황금알을 낳는 ~ la poule aux œufs d'or. ¶ ~고기를 먹다 manger de l'oie.

◆**_걸음** 명 pas *m* de l'oie.

거의 부 ① 대체로 presque; à peu près; quasi, quasiment {*pop*}. ¶ ~ 만장일치로 à la quasi-unanimité. ¶ ~ 확실하다[불가능하다, 완벽하다] C'est presque sûr [impossible, parfait]. ¶ ~ 같은 것이다 C'est à peu près la même chose. ¶ 일을 ~ 끝냈다 J'ai quasiment [presque] fini (mon travail). ¶ 이제 ~ 다 되었다 Maintenant, c'est presque fini. ¶ 시간이 ~ 다 되었다 Il est presque l'heure. ② 대부분 presque tous, la plupart, la majorité *f*. ¶ ~ 매일 presque tous les jours. ¶ 나는 그들을 ~ 다 알고 있다 Je les connais presque tous. ¶ ~ 모두가 왔다 Presque tous sont venus. ③ 《부정적》 presque rien, presque personne, presque ne ... pas. ¶ ~ 아무 것[아무]도 없다 Il n'y a presque rien [personne]. ¶ 나는 어제 저녁에 ~ 잠을 자지 못했다 Je n'ai presque pas dormi la nuit dernière / J'ai quasiment passé une nuit blanche {*fam*}. ④ 약, 대략 à peu près, environ, grossièrement, grosso modo, aux alentours *mpl* de. ¶ ~ 5만이나 되는 관람객들 à peu près cinquante mille spectateurs. ⑤ 하마터면 《passer》 (tout) près de 《la catastrophe, la mort, la victoire》, à un doigt de, à deux doigts de 《la catastrophe, la mort》, 《être》 à deux doigts de 《la mort, de mourir》; un peu plus et 《il y passait》 {*fam*}; il s'en est fallu d'un doigt [d'un cheveu]; faillir, manquer de+*inf*, 《être》 tout près de, il s'en est fallu de peu [Peu s'en est fallu] que+*subj*, 《l'échapper》 belle. ¶ 그는 ~ 죽을 뻔했다 Il est passé tout près [à un doigt, à deux doigts] de la mort / Il a échappé de peu à la mort / Il s'en est fallu d'un rien / Un peu plus et il y passait {*fam*} / Il aurait bien pu y passer {*fam*}.

거의거의 부 presque; à peu près, grossièrement, grosso modo. ☞ 거의

거인 巨人 명 ① géant(*e*), colosse *m*; Titan *m*. ¶ 구척장신의 ~ un géant de neuf pieds de haut. ¶ 키가 2미터가 넘는 ~ un géant dont la taille dépasse 2 mètres. ② 비범한 사람 géant *m* 《de la pensée》; grande figure *f* 《d'une époque》. ¶ 재계의 ~ un magnat de la finance.

***작은** ~ un petit géant.

◆**_증** -症 명 【의학】 gigantisme *m*.

거장 巨匠 명 grand(*e*) artiste *mf*; (grand) maître *m* 《de la peinture》, expert *m*, orfèvre *m*, grand clerc *m*, maître *m* 《en la matière》; virtuose *mf* 《de la musique》; grand(*e*) spécialiste *mf* 《des maladies nerveuses》; autorité *f*. ¶ ~의 솜씨다 C'est d'une adresse digne d'un maître. ¶ 바이올린의 ~ 파가니니 Paganini, virtuose du violon. ¶ 현대 미술의 ~ un maître de la peinture contemporaine. ¶ ~인 체하다 se donner des airs de grand maître. ¶ 그는 문단의 ~이다 C'est un écrivain de premier ordre. ¶ 그는 사계의 ~이다 Il fait autorité dans ce domaine / Il est hors pair dans son domaine / C'est une autorité dans ce domaine / Il excelle dans ce domaine / Il reste inégal [est inimitable] dans ce domaine / Il est très compétent [très fort]

ㄱ

dans ce domaine / Il est parfaitement qualifié / Il est expert [est orfèvre, est grand clerc, est passé maître] en la matière / C'est l'homme ad hoc / C'est une compétence en la matière {fam} / Cet homme est un expert en la matière.

거재 巨財 명 fortune *f* énorme [colossale]; immense fortune *f*. ¶ ~를 모으다 amasser des millions; accumuler [constituer] une fortune énorme [colossale]. ¶ 그 여자는 평생 모은 ~를 선뜻 희사하였다 Elle a fait don sans regret de la fortune accumulée au cours de sa vie.

거저 부 ① gratuitement, gratis {fam}, gratos {fam}, à titre gratuit, gracieusement, aux frais de la princesse, sans bourse délier, à l'œil {fam, vx}, ((avoir eu qc)) pour rien, pour une bouchée de pain, sans se faire payer. ¶ 그런 건 ~ 준대도 싫다 Je n'en veux pas même si on me la propose gratis {fam} [même si on me la donne]. ¶ 거의 ~ 얻다시피 했다 Je l'ai eu(*e*) presque pour rien [pour une bouchée de pain, presque gratis {fam}, presque gratos {fam}]. ¶ ~ 일을 시키지는 않는다 Je ne le(la) fais pas travailler à titre gratuit. ② 하는 일 없이 sans rien faire, sans travailler, sans faire le moindre effort, sans se fatiguer {fam}, sans se bouger le cul {vulg}. ¶ 그는 ~ 세월만 보내고 있다 Il passe son temps à ne rien faire [à glandouiller {fam}, à traînasser {fam}, à glander {fam}]. ¶ ~ 앉았기가 심심하다 Je m'ennuie de rester assis sans rien faire.

◆**_먹다** 타 obtenir *qc* sans faire le moindre effort, profiter gratis de *qc* {fam}. ¶ 염치없게 남이 애써 해 놓은 것을 ~먹으려는 거냐? Aurais-tu l'audace de profiter gratis de ce que l'autre s'est efforcé d'avoir?

◆**_먹기** 명 chose *f* facile à faire; trav*ail*(*aux*) *m* aisé. ¶ 그 정도 일이야 ~먹기지 Ce genre de travail est très facile. ¶ ...하는 것은 ~먹기지 C'est facile à faire de+*inf*.

거저리 명 【동물】 coléoptère *m*, escarbot *m*, scarabée *m*, *Neatus picipes* {nsc}.

거적 명 natte *f* de paille. ¶ ~을 깔다[덮다] étendre [couvrir d'] une natte. ¶ ~으로 덮다 couvrir d'une natte.

◆**_눈** 명 yeux *mpl* avec les paupières supérieures tombantes.

◆**_때기** 명 bout *m* de natte. ¶ 덮을 것이라곤 ~때기 하나 밖에 없다 Il n'y a qu'une natte comme couverture.

◆**_문** -門 명 natte *f* tendue en guise de porte. *~**문에 돌쩌귀** C'est un cautère sur une jambe de bois.

◆**_송장[주검]** 명 cadavre *m* [mort *m*] enveloppé dans une natte.

◆**_자리** 명 natte *f*.

거절 拒絶 명 refus *m*, rejet *m*. ◇**_(을) 하다** refuser ((un pourboire, une invitation)); rejeter ((une offre, une proposition)); repousser ((une demande)); décliner ((une invitation)). ¶ 딱 잘라[일언지하에, 매정스럽게] ~하다 refuser tout net [carrément, froidement]. ¶ 누구의 면회를 ~하다 refuser de recevoir *qn*. ¶ 누구의 제안을 단호히 ~하다 refuser catégoriquement la proposition de *qn*. ¶ 누구와 동행하기를 ~하다 refuser d'accompagner *qn*. ◇**_(이) 되다** être refusé(*e*); être rejeté(*e*); être repoussé(*e*). ◇**_(을) 당하다** essuyer un refus. ¶ 나는 보기 좋게 ~당했다 J'ai essuyé un refus tout net.

◆**_증서** -證書 【법률】 protêt *m*.

거점 據點 명 point *m* d'appui; position *f* ((stratégique)), base *f*; repaire *m* ((de brigands, de rebelles)), nid *m* ((de brigands)), refuge *m*, ((아지트)) planque *f* {fam}. ¶ 첩보 활동의 ~ le repaire d'un réseau d'espionnage. ¶ ~을 확보하다 établir [fonder] une base.

거조 擧措 명 ① 태도 comportement *m*, attitude *f*, conduite *f*. ¶ 자연스러운 ~ un comportement naturel. ② 큰일 catastrophe *f*. ¶ 당시의 분위기로는 당장 무슨 ~가 날 듯했다 Vue l'ambiance (orageuse) qui régnait à ce moment-là, on avait bien l'impression qu'il allait y avoir une catastrophe [que les choses allaient se gâter, que ça allait tourner mal, que ça allait chauffer {fam}, que ça allait barder {fam}] / Il y avait de l'électricité dans l'air.

거족적 擧族的 명관 à l'échelle nationale. ¶ ~(인) 행사[운동] un événement [un mouvement] à l'échelle nationale. ¶ ~으로 들고일어나다 protester [manifester] tous ensemble. ¶ 우리 모두 반핵운동에 ~으로 참여합시다 Participons tous ensemble à la manifestation contre le nucléaire.

거주 居住 명 domicile *m*, résidence *f*, demeure *f*, habitation *f*. ¶ ~ 시설 l'établissement d'une résidence. ¶ ~ 지역[지구] quartier de résidence. ¶ ~ 증명서 certificat de résidence; carte de séjour. ¶ ~ 이전의 자유 liberté du changement de résidence. ¶ ~ 불명 domicile *m* inconnu. ¶ 인디언 ~ 지역 le quartier indien. ◇**_(를) 하다** habiter, résider, demeurer ((à Séoul)); être domicilié(*e*) à. ¶ 서울에서 1년 이상 ~한 외국인 un(*e*) étrang*er*(*ère*) qui habite [qui vit] depuis plus d'un an à Séoul. ¶ 이 지역에 ~하고 있는 사람들의 수가 얼마나 됩니까? Combien d'habitants y a-t-il dans ce quartier?

◆**_권** -權 명 【법률】 droit *m* de résidence.

◆**_민** -民 명 habitants *mpl*, résidents *mpl*.

◆**_자** -者 명 résident(*e*). ¶ 한국에 있는 프랑스인 ~자 les résidents français en Corée.

◆**_지** -地 명 lieu(*x*) *m* de résidence. ¶ ~지를 옮기다 déménager, changer de domicile.

◆**_제한** -制限 명 limitation *f* de la durée de séjour. ¶ ~제한을 하다 limiter la durée de séjour de *qn*. ¶ ~제한이 되다[(을) 당하다] avoir une durée de séjour limitée.

거죽 명 ① endroit *m*, dessus *m*. ¶ ~이 너덜너덜해졌다 Le dessus est usé. ② 외양 apparence *f*, extérieur m, façade f, enveloppe f, dehors, décor m, écorce f. ¶ 안과 ~이 다르다 C'est une simple [fausse] apparence / Ce n'est qu'une façade / Pure façade! {fam} / Les choses ne sont pas toujours ce qu'elles paraissent / Les apparences sont souvent trompeuses / Tout ce qui brille n'est pas or / L'habit ne fait pas le moine / L'air ne fait pas la chanson. ¶ 그 사람은 ~만 멀쩡하지 속은 엉망이다 Il est normal seulement d'apparence extérieure, mais intérieurement c'est le désordre / Il a l'air normal, mais en fait il est confus.

거즈 영{gauze} 명 ((bande, compresse de)) gaze f.

거지 명 mendiant(e), gueux(se), va-nu-pieds m inv {fam}, clochard(e), clodo m {fam}. ¶ ~ 근성 la nature [le comportement, le fond] de clochard [mendiant]. ¶ ~ 움막 une excavation servant d'abri à un clochard. ¶ ~ 생활을 하다 mendier (sa vie). ¶ ~ 짓을 하다 mendier; demander la charité [l'aumône]; tendre la main. ¶ ~ 신세가 되다 être réduit(e) à la mendicité [à mendier]. ¶ ~에게 동냥을 주다 faire l'aumône à un mendiant. ¶ 불쌍한 ~에게 한 푼 적선합쇼 Donnez-moi une pièce de monnaie, s'il vous plaît.

***뱃속에 ~가 들어앉았나 보다** Tu as un appétit d'ogre ou quoi?

***동냥은 안 주고 ~ 쪽박만 깨다** ne pas aider qn, mais bien au contraire lui nuire.

***~ 발싸개 같은 놈** Quel vaurien! / Quelle fripouille!

◆**_같다** 형 être pauvre; misérable; sale; être désagréable; être lâche. ¶ ~같은 놈 vaurien, misérable; malheureux, fripouille.

◆**_같이** 부 très mal. ¶ 너는 무슨 일을 이렇게 ~같이 해놓았니? Comment peux-tu saboter le travail comme ça?

◆**_꼴[꼬락서니]** 명 allure f [aspect m, apparence f] d'un clochard.

거지반 居之半 부 presque tout, plus de la moitié; presque, à peu près.

거진 부 ☞ 거의

거짓 명 mensonge m, fausseté f, duplicité f, perfidie f, invention f, hypocrisie f, tromperie f, malhonnêteté f. ¶ ~ 웃음 sourire factice [hypocrite, mignard, préfabriqué], faux sourire, sourire contraint [forcé, pincé]; rire forcé [contraint]. ¶ ~ 증언을 하다 faire un faux témoignage. ¶ 참과 ~을 잘 분별해야 한다 Il faut bien distinguer le vrai du faux. ¶ 감히 뉘 앞이라고 ~을 아뢰오리까? Comment oses-tu me mentir? ¶ ~으로 mensongèrement, faussement, malhonnêtement, perfidement, hypocritement. ¶ ~(으로) 알려주다 [패하다] apprendre qc à qn de façon fallacieuse, tromper qn [faire semblant de perdre]. ¶ ~(으로) 아닌[아픈] 체 하지 마라 Ne fais pas semblant d'avoir mal. ◇_**이다** être faux(sse), mensonger(ère), malhonnête. ¶ 그가 말한 것은 모두 ~이다 Tout ce qu'il a dit est faux. ¶ ...다는 것은 ~이다 Il est faux que ... ◇_**(이) 없다** être sincère. ¶ 그 사람의 말에는 전혀 ~이 없다 Ses propos sont tout à fait sincères. ¶ ~없는 대화 dialogue dans lequel il n'y a aucune fausseté.

◆**_되다** 형 être faux(sse), mensonger(ère), malhonnête. ¶ 그 녀석은 행동이 ~되다 Son comportement est mensonger.

거짓말 명 mensonge m, bobard m {fam}, salades fpl {fam}. ¶ ~ 같은 incroyable, invraisemblable. ¶ 서투른[그럴듯한] ~ un mensonge maladroit [spécieux]. ¶ 악의 없는 ~ un mensonge innocent. ¶ 그것은 온통 ~ 투성이다 C'est un tissu de mensonges. ¶ ~을 퍼뜨리고 다니다 faire courir toutes sortes de mensonges. ¶ ~이 탄로 났다[드러났다] Le mensonge a été divulgué [dévoilé]. ¶ ~도 때로는 쓸 데가 있다 Le mensonge est parfois un expédient commode. ¶ ~에도 정도가 있다 Je veux bien qu'on soit menteur, mais pas à ce point-là / On peut mentir, mais il y a des limites. ¶ 그것은 속이 뻔히 들여다보이는 ~이다 C'est cousu de fil blanc. ¶ 그 사람이 아프다는 것은 전혀 ~이다 Sa maladie est une pure invention. ◇_**(을) 하다** mentir; faire [dire, débiter] des mensonges. ¶ 뻔뻔스럽게 [천연덕스럽게] ~하다 mentir effrontément [comme un arracheur de dents]. ¶ 그 사람은 ~할 사람이 아니다 Il n'est pas du genre à mentir. ¶ ~하지 마라 Ne mens pas! / Pas possible! / Ne raconte pas de salades {fam}! ¶ 그 녀석은 밥 먹듯 ~을 한다 Ce type ment comme il respire.

***새빨간 ~** un pur mensonge; un trop gros mensonge; un mensonge grossier [maladroit, trop gros], un mensonge cousu de fil blanc.

◆**_쟁이** 명 menteur(se), mythomane.

◆**_탐지기** -探知機 명 détecteur m de mensonge. ¶ ~탐지기로 경찰에서 조사를 받다 être soumis(e) au détecteur de mensonge (dans le cadre d'un interrogatoire de la police, être interrogé(e) par la police avec détecteur de mensonge.

거짓부렁 명 【구어】 bobard m {fam}, salades fpl {fam}, craque f {fam}, boniment m {fam}.

거찰 巨刹 명 grand temple m (bouddhique).

거참 감 Ah, ça alors! / Mince (alors)! ¶ ~ 안됐군 Ah, ça alors! C'est vraiment dommage [C'est vraiment pas de chance {fam}!]. ¶ ~ 곤란하게 됐는데 Mince! ça m'ennuie beaucoup, mais ...

거창하다 巨創- 형 être grandiose, gigantesque, énorme, immense, colossal(ale, aux). ¶ 거창한 계획 un projet immense. ¶ 거창한 사업 une affaire colossale. ¶ 거창하게 일을 벌이다 entreprendre de grands travaux, commencer des travaux de grande envergure, se lancer dans de grands travaux. ¶ 별것도 아닌 일을 거창하게 떠벌이다 grossir démesurément l'importance d'un fait insignifiant, grossir une affaire sans importance; faire d'un incident sans portée un événement considérable, faire tout un drame d'une histoire sans importance, dramatiser un incident banal, faire de *qc* [en faire] un fromage [un drame] {*fam*}, faire tout un plat de *qc* {*fam*}, en faire tout un plat {*fam*}, faire de *qc* [en faire] toute une histoire [une montagne].

거처 居處 명 demeure *f*, domicile *m*, résidence *f*. ¶ ~를 정하다 établir *sa* demeure [*son* domicile]; fixer [établir] *sa* résidence ((à Séoul)); se fixer à. ¶ ~를 옮기다 changer de domicile, déménager. ¶ 일정한 ~가 없다 être sans domicile fixe. ¶ 그는 ~가 불명확하다 Son domicile (actuel) est inconnu. ◇_(를) **하다** habiter; rester. ¶ 나는 그 친구가 어디에 ~하는지 모른다 Je ne sais pas où il habite. ¶ 이곳이 제가 ~하는 방입니다 C'est [Voici] la chambre où j'habite.

거쳐가다 자 ① passer par. ¶ 장례행렬은 그 분의 모교를 거쳐갔다 Le cortège des funérailles est passé par l'école dont il est sorti diplômé. ② 과정이나 단계를 밟다[겪다] passer par ((telle ou telle épreuve)). ¶ 그 선생의 손을 거쳐간 학생들은 무수히 많다 Les élèves qui ont suivi l'enseignement de ce professeur sont innombrables.

거쳐오다 자 traverser ((une période, une époque)). ¶ 오랜 역사를 겪쳐온 우리 문화 notre culture qui a un long passé.

거추장스럽다 형 être embarrassant(*e*), encombrant(*e*), gênant(*e*). ¶ 거추장스러운 복장 une tenue encombrante. ¶ 거추장스러운 동행인 une compagne gênante. ¶ 우산을 가지고 다니는 것은 ~ Il est embarrassant de se promener avec un parapluie. ¶ 거추장스럽게 굴다 agir incommodément. ¶ 그 후보자는 수행원들을 거추장스럽게 여겼다. Ce candidat trouve gênants les membres de son entourage. ¶ 그 아이는 동생이 따라다니는 것을 거추장스럽게 여겼다. Cet(*te*) enfant trouve gênant que son(*sa*) petit(*e*) frère(*sœur*) le(*la*) suive partout [le(*la*) suive en permanence].

거춤거춤 부 grossièrement; grosso modo. ¶ 방을 ~ 치우다 ranger une chambre grossièrement.

거취 去就 명 conduite *f*, comportement *m*, attitude *f* ¶ ~를 결정하다 adopter une attitude; prendre une décision [un parti]. ¶ ~를 분명히 하다 déterminer le comportement. ¶ 찬성인지 반대인지 ~를 분명히 해라 Tu es pour ou contre? Fais-toi ton comportement certainement. ¶ ~를 망설이다 hésiter sur le parti à prendre; ne (pas) savoir que faire [décider]. ¶ 그 사람은 ~가 분명하다 Son attitude est nette

거치 据置 명 à échéance fixe; ((emprunt, prêt, dépôt)) remboursable après un délai fixé. ¶ ~ 기간 échéance d'une traite. ¶ 3년 ~ 10년 분할 상환 emprunt remboursable 10 ans après un délai fixé de 3 ans. ¶ 이번 차관은 10년 ~이다 L'échéance de ce prêt est à dix ans. ◇_(를) **하다** différer le remboursement d'un emprunt.

거치다 타 ① passer; passer par. ¶ 세관을 ~ passer la douane. ¶ 도쿄를 거쳐 프랑스에 가다 passer par Tokyo pour se rendre en France, aller en France en passant par Tokyo [via Tokyo]. ¶ 사장실은 비서실을 거쳐 들어가야 한다 Il faut passer par le bureau de la secrétaire avant de pouvoir entrer dans celui du P.-d.g. ② 과정이나 단계를 밟다[겪다] passer par ((telle ou telle épreuve)). ¶ 예심을 ~ instruire ((une affaire)); ouvrir une instruction. ¶ 서류 전형을 거친 뒤 필기시험을 치르다 passer l'épreuve écrite après avoir passé un examen sur dossier. ¶ 응모 작품들은 모두 예비 심사를 거쳐 본 심사를 받게 된다 Toutes les œuvres présentées ((lors d'un concours)) sont soumises à un examen préliminaire avant le véritable concours. ¶ 우리는 중, 고등학교를 거쳐 대학에 진학한다 Après (être passé par) le collège et le lycée, on entre à l'université.

거치장스럽다 형 ☞ 거추장스럽다

거치적거리다 자 encombrer, obstruer, gêner ((*qn*, la circulation)), déranger ((*qn* dans *son* travail)), entraver ((la circulation)), rendre *qc* difficile; être encombrant(*e*), gênant(*e*). ¶ 통행에 ~ gêner [entraver] la circulation. ¶ 일하는 데 ~ gêner [déranger] *qn* dans *son* travail.

거치적대다 자 ☞ 거치적거리다

거칠거칠하다 형 ☞ 거칠다

거칠다 형 ① être grossi*er*(*ère*), rêche; être rugueu*x*(*se*). ¶ 거친 천 étoffe grossière. ¶ 거친 피부 peau rêche. ② ((올 따위가)) 굵고 성기다 être lâche; être à larges mailles. ¶ 거친 그물 filet à larges mailles. ③ ((가루나 알갱이가)) 굵다 être grossi*er*(*ère*), rêche; être rugueu*x*(*se*). ¶ 거친 모래를 체로 치다 tamiser du sable grossier. ④ ((성질이나 행동이)) 사납다 être brut*al*(*ale*, *aux*), rude, violent(*e*); être brusque, rude. ¶ 거친 행동을 하다 être brusque dans *ses* manières, avoir des gestes brusques. ¶ 그 남자는 성격이 ~ Il est d'un caractère violent. ¶ 거칠게 굴다 agir avec rudesse, se comporter de manière peu cavalière. ¶ 무엇을[누구를] 거칠게 다루다 manier *qc* avec rudesse [traiter *qn* avec rudesse]. ⑤ ((말투나 문체가)) 세련되지 못하다 être rude, grossi*er*(*ère*). ¶ 문체가 ~ être rude; être peu soigné(*e*). ¶ 그는 말투가 ~ Il a une manière de parler rude. ¶ 말을 거칠게 하다 avoir un langage grossier [familier], parler grossièrement, avoir une façon de parler qui est peu cavalière. ⑥ ((날씨, 파도가)) 사납다 être violent(*e*). ¶ 거친 바다 mer agitée [houleuse, déchaînée]. ¶ 거친 바람 un vent violent. ⑦ ((목소리 따위가)) 세다 être gros(*se*), hargneu*x*(*se*), rude. ¶ 거친 목소리 grosse voix, voix hargneuse. ¶ 숨을 거칠게 몰아쉬다 respirer fort [bruyamment], avoir une forte respiration.

거칠하다 형 ☞ 꺼칠하다

거침 명 hésitation *f* ◇_(이) **없다** être direct(*e*), sans hésitation. ¶ ~없는 진군 marche ((d'un régiment)) [avance] déterminée. ¶ ~없는 답변 une réponse sans hésitation. ¶ ~없는 태도 une attitude directe.

ㄱ

¶ 그 녀석은 윗사람 앞에서 바른 말을 하는 데에 ~이 없다 Ce type ose dire franchement la vérité [ce qu'il pense] à ses aînés.

◆_없이 부 sans hésitation; sans obstacle; sans heurt. ¶ ~없이 길을 나아가다 avancer sans hésitation. ¶ ~없이 거짓말을 하다 mentir sans scrupule [comme un arracheur de dents]. ¶ 일은 ~없이 진행되고 있다 Le travail avance sans difficulté.

거포 巨砲 명 ① canon *m* de gros calibre. ② 【운동】 frappe *f* [boulet de] canon, boulet *m* de canon ((au baseball)); ((운동선수)) joueur *m* ((de baseball)) qui frappe fort ((une frappe dont la vitesse ou la puissance est celle d'un boulet de canon)) [qui a une frappe canon]. ¶ ~를 날리다 frapper très fort la balle, faire une frappe canon. ¶ 홈런을 쏘아대는~ une frappe (boulet de) canon grâce à laquelle [un boulet de canon grâce auquel] le batteur réussit un *home run*.

거푸 부 à la file; coup sur coup; à plusieurs reprises. ¶ 맥주 석 잔을~ 마시다 boire trois verres de bière à la file [coup sur coup]; enfiler trois verres de bière {*fam*}.

거푸집 명 ① moule *m*, moulure *f*. ② poche *f* d'air ((qui se forme sous une couche de peinture ou un papier collé sur un mur)).

거품 명 ① 포말 écume *f*, bulle *f*; ((비누나 맥주의)) mousse *f*; ((입의)) écume *f*, bave *f*. ¶ 비누~ bulle de savon. ¶ ~을 내다[일으키다] faire des bulles. ¶ ~을 걷어내다 écumer ((le pot-au-feu)). ¶ 계란을 ~을 내다 battre des œufs. ¶ ~이 꺼지다[사라지다] Les bulles crèvent [éclatent]. ¶ 하얗게 ~이 일다 faire des bulles blanches. ¶ ~이 이는 맥주 une bière à bulles, une bière moussée [qui mousse]. ② 공허함 ((partir en)) fumée *f*.

***입에 ~을 물다** s'énerver; se jeter sur *qn* de toutes *ses* forces.

◆**게_** 명 l'écume aux lèvres. ¶ 게~을 뿜으며 쓰러지다 s'effondrer l'écume aux lèvres.

***입에 게~을 물다** avoir l'écume aux lèvres. ¶ 두 사람은 입에 게~을 물고 싸우고 있다 Ces deux personnes se disputent, l'écume aux lèvres. ¶ 그렇게 게~을 물고 이야기할 것이 아니다 Il n'y a pas de quoi s'énerver [t'énerver].

◆**물_** 명 ① bulle *f* ((d'eau)). ② 헛수고 efforts *mpl* vains [inutiles], peine *f* perdue. ¶ 물~이 되다 s'en aller [s'évanouir] en fumée, être réduit(*e*) en poussière, tomber à l'eau, être balayé(*e*); ((노력이)) être annihilé(*e*), brisé(*e*); n'aboutir à rien, ne servir à rien.

거하다 형 ① être grand(*e*), important(*e*) énorme, gigantesque, immense. ¶ 덩치가 거한 남자 un homme d'une forte corpulence [qui a une carrure impressionnante, qui a une carrure de déménageur, qui a une carrure de bûcheron], un grand gabarit, une grande stature, une armoire à glace, une grosse carcasse {*fam*}, un homme d'une bonne [forte, solide] constitution, un homme solidement [bien] bâti. ¶ 규모가 거한 건물 un bâtiment immense. ② être généreu*x*(*se*). ¶ 거하게 한 턱 내다 offrir une généreuse tournée.

거한 巨漢 명 géant(*e*), colosse *m*; ((희랍신화)) Titan *m*.

거함 巨艦 명 grand navire *m* de guerre.

거행 擧行 명 célébration *f*. ◇_(을) **하다** célébrer ((une cérémonie, une fête)). ¶ 결혼식을 ~하다 célébrer un mariage. ¶ 광복 50주년 기념식을 ~하다 célébrer le cinquantième anniversaire de l'indépendance. ¶ 분부대로 ~하겠습니다 À vos ordres. ◇_(이) **되다** avoir lieu; se tenir; être célébré(*e*). ¶ 대통령 취임식은 3월 1일 ~될 예정이다 La cérémonie de prise de fonction du président aura lieu le premier mars.

걱정 명 ① inquiétude *f*, souci *m*, préoccupation *f*. ¶ 부모는 자식들 ~에 마음 편할 날이 없다 Les enfants causent toujours du souci [sont un souci perpétuel pour] leurs parents. ¶ 그는 공연한 ~으로 시간만 허비한다 Il perd son temps avec des soucis secondaires. ¶ 아무 ~이 없다 n'avoir aucun souci, ne pas avoir la moindre inquiétude [aucune inquiétude]. ¶ 그 여자는 늘 ~이 많다 Elle a toujours des soucis / Elle est toujours très inquiète [anxieuse] / Elle s'alarme pour un rien. ② 나무람 réprimande *f*. ◇_(을) **하다** s'inquiéter pour [au sujet de] *qn*, s'en faire pour *qc* /*qn*; être inqui*et*(*ète*) de *qc*/de+*inf*/que+*subj*, être inqui*et*(*ète*) au sujet de *qn*; se faire du souci, se tracasser, se tourmenter, se faire de la bile [des cheveux, du mouron, du mauvais sang] {*fam*}, se biler {*fam*}, se faire de la mousse {*fam*}, se frapper {*fam*}; se préoccuper de *qc*, s'embarrasser. ¶ 친구의 취직을 ~하다 se préoccuper de trouver un emploi à un ami. ¶ 누구를 ~해 주다 se mettre en peine pour *qn*. ¶ 너는 ~해 주는 사람이 있어서 좋겠다 Tu as de la chance d'avoir quelqu'un qui se fait du souci pour toi. ¶ 어머니는 내 건강을 ~하신다 Ma mère s'inquiète de mon état de santé / Mon état de santé inquiète [préoccupe] ma mère. ¶ ~하지 않아도 됩니다 Il n'y a pas de quoi vous inquiéter. ¶ ~한다고 될 일이 아니다 Ça ne sert à rien de s'inquiéter / À quoi bon s'inquiéter? ¶ 쓸데없이[공연히] ~하다 s'inquiéter pour rien, s'inquiéter [se faire du souci] sans raison. ¶ 그런 ~은 하나마나다 Il n'y a pas de quoi s'inquiéter / Il n'y a pas lieu de s'inquiéter. ◇_(을) **끼치다** inquiéter *qn*, causer [donner, inspirer] de l'inquiétude [du souci] à *qn*, susciter l'inquiétude de *qn*. ◇_(을) **덜다** se débarrasser d'une partie de *ses* soucis; éprouver un soulagement. ◇_**을 듣다** se faire gronder [réprimander]. ◇_**에서 벗어나다** oublier *ses* soucis. ◇_(이) **되다** s'inquiéter; craindre [avoir peur] que+*subj*. ¶ ~되시겠습니다 Je comprends bien votre inquiétude. ¶ 나는 ~되어 견딜 수 없다 Je suis dévoré(*e*) [rongé(*e*)] d'inquiétude

/ Je me ronge d'inquiétude / Je suis mort(*e*) [Je meurs, Je suis malade] d'inquiétude {*fam*} / Je suis fou(folle) d'inquiétude / Je suis fou(folle) inquiet(ète) {*fam*}. ¶ 나는 그 사람의 장래가 ~이 된다 Je m'inquiète de son avenir. ¶ 나는 혹시 그 친구가 오지나 않을까 ~된다 Je crains [J'ai peur] qu'il ne vienne pas. ◇_**이다** être inquiétant(*e*), alarmant(*e*); s'inquiéter; craindre [avoir peur] que+*subj*. ¶ 하루하루 먹고 사는 것이 ~이다 C'est une inquiétude de vivre au jour le jour. ¶ 나는 네가 ~이지 다른 사람은 아무 상관없다 C'est pour toi que je m'inquiète, pas pour les autres. ¶ 나는 그 친구가 와줄 지 ~이다 J'ai peur [Je crains] qu'il ne vienne pas. ¶ 답장을 해야 할 지 안 해야 할 지 ~이다 Je me demande si je dois répondre ou non à cette lettre. ¶ 길이 막히지나 않을까 ~이다 Je me demande si la route est encombrée ou non. ¶ 일은 많은데 몸이 아프니 ~이다 Je m'inquiète d'avoir tant de choses à faire alors que je suis malade. ¶ 나는 생활비가 없어서 ~이다 Je m'inquiète de ne pas avoir de quoi vivre. ¶ 빨리 일을 끝마쳐야 할텐데 ~이다 Je suis inquiet(ète) parce que je dois rapidement terminer ce travail.

*~**도 팔자** s'inquiéter plus qu'il ne faut.

*~**이 태산이다** avoir une montagne [des tas, une tonne, des tonnes] de soucis.

◆_**스럽다** 형 être inquiétant(*e*), alarmant(*e*); s'inquiéter. ¶ 이 사태는 정말 ~스럽다 Cet événement est vraiment inquiétant. ¶ 나는 단지 그 친구가 ~스럽다 Je m'inquiète seulement pour lui / Seul son cas me préoccupe. ¶ 나는 그 여자가 잘 지내는지 ~스럽다 Je me demande si elle va bien. ¶ ~스러운 일 une affaire inquiétante. ¶ ~스러운 모습을 하다 avoir l'air soucieux. ¶ 누구를 ~스럽게 바라보다 regarder *qn* d'un air soucieux [d'un air inquiet, anxieusement].

◆_**거리** 명 sujet *m* d'inquiétude.

건¹ 件 의명 cas *m*, affaire *f*, question *f*. ¶ 최근에 자동차 사고 ~ 수가 현저히 늘었다 Depuis quelque temps, le nombre d'accidents de voiture a considérablement augmenté. ¶ 그 ~은 어떻게 되었습니까? Qu'est devenue cette affaire?

*한 ~ **올리다** faire une belle affaire, faire un (gros) coup, achever une (grosse) affaire, décrocher [obtenir] un gros contrat [un business].

*~ **수를 올리다** décrocher [obtenir] un gros contrat [un business].

분류 affaire *f* ((nombre d'affaires, de cas traités, de questions, de cambriolages)). ¶ 비슷한 일이 두세 ~ 의뢰가 들어왔다 J'ai reçu deux ou trois demandes semblables. ¶ 어제 저녁에 강도 사건이 두 ~ 있었다 Hier soir, il y a eu deux cambriolages.

-건² 어미 peu importe ce que+*ind*, que+*subj* ... ou non (ça m'est bien égal) ((suffixe flexionnel conjonctif)). ¶ 그가 울~ 말~ 내가 알 바 아니다 Qu'il pleure ou non, ça ne me regarde pas. ¶ 좋~ 싫~ 간에 Que ça te plaise ou non. ☞ -거나

-건³ 대 ce que+*ind* ((forme contractée de 것-은)). ¶ 내가 말하고 싶은 ~ 바로 그거야 C'est justement ce que je voulais dire / C'est justement de cela dont je veux te parler. ☞ 것

건-⁴ 乾- 접두 sec(*sèche*), séché(*e*). ¶ ~어물 des poissons séchés. ¶ ~포도 des raisins secs (de Corinthe).

건각 健脚 명 bonnes jambes *fpl*; bon(*ne*) marcheur(*se*); bon(*ne*) coureur(*se*). ¶ 그 선수는 ~을 자랑한다 Cet athlète est un bon coureur [est doué pour la course, a des jambes puissantes, a de bonnes jambes, a de la détente]. ¶ 이번 국제육상대회에는 세계의 ~들이 대거 참석한다 Les meilleurs coureurs du monde seront réunis lors des épreuves internationales d'athlétisme.

건강 健康 명 santé *f*. ¶ ~ 상태 état de santé. ¶ ~상 이유로 pour raison de santé. ¶ ~을 위하여 매일 아침 산책을 하다 faire une promenade tous les matins pour entretenir *sa* santé. ¶ ~을 해치다 abîmer *sa* santé; compromettre *sa* santé (par des imprudences); nuire à la santé. ¶ 그는 과로로 ~을 해쳤다 Le surmenage a détruit [a ruiné {*litt*}] sa santé. ¶ ~을 회복하다 recouvrer la santé; reprendre des forces; se rétablir. ¶ 그는 규칙적인 생활 덕분에 ~을 회복하였다 Il a retrouvé la santé grâce à un rythme de vie régulier. ¶ ~에 좋다[나쁘다] être favorable [être nuisible, nuire] à la santé, être bon(*ne*) [mauvais(*e*)] pour la santé. ¶ ~에 주의하다 [유의하다] veiller à *sa* santé, prendre soin de *sa* santé. ¶ ~이 좋다[나쁘다] être en bonne [mauvaise] santé; aller [ne pas aller] bien, se porter bien; être bien [mal] portant(*e*).

◆_**히** 부 en bonne santé. ¶ 몸 ~히 잘 지내기 바란다 Prends soin de toi.

◆_**관리** -管理 명 entretien *m* de *sa* forme physique. ¶ ~관리를 하다 entretenir *sa* forme physique.

◆_**미** -美 명 beauté *f* de la jeunesse; vigueur *f*; santé *f* de fer. ¶ 그는 ~미가 넘친다 Son visage est resplendissant de santé / Il resplendit de jeunesse[de santé] / Il est rayonnant de santé / Il déborde de santé / Il est en pleine santé / Il est solide comme le Pont-Neuf {*fam*} / Il a une santé de fer / Il est plein de santé / Il respire la santé / Il pète de [la] santé {*fam*}.

◆_**식** -食 명 nourriture *f* diététique, aliment *m* diététique.

◆_**인** -人 명 personne *f* en pleine santé, personne *f* vigoureuse; personne *f* bien portante [vigoureuse, solide, gaillarde, robuste]; personne *f* rayonnante de santé.

◆_**진단** -診斷 명 examen *m* médical.

◆_**체** -體 명 corps *m* bien bâti [robuste]; corps *m* en pleine santé.

건강하다 健康- 형 être en [jouir d'une] bonne santé; aller [se porter] bien; être bien; être bien portant(*e*);

ㄱ

être sain(*e*). ¶ 건강한 아이 un(*e*) enfant en bonne santé, un(*e*) enfant qui se porte bien. ¶ 건강한 치아 ((avoir)) de bonnes dents. ¶ 그 남자는 언제나 ~ Il est toujours en bonne santé. ¶ 건강하게 자라(나)다 bien grandir. ¶ 건강하게 보이다 sembler en bonne santé, sembler bien se porter.

◆**건강히** 부 en bonne santé. ¶ 몸 건강히 잘 지내기 바란다 Prends bien soin de toi / Fais attention à toi.

건건이 명 plats *mpl* d'accompagnement très simples. ¶ 밥과 ~ du riz et quelques plats d'accompagnement très simples. ¶ 그때 우리는 살림이 어려워 ~ 하나 겨우 차려 놓고 밥을 먹었다 Comme à cette époque, nous étions pauvres, nous ne mangions que du riz avec quelques plats d'accompagnement très simples.

건건하다 형 être insipide [fade], manquer de saveur [de goût]. ¶ 이 국은 (맛이) ~ La soupe manque de saveur [de goût] / La soupe est fade [insipide].

건곤 乾坤 명 ① ciel *m* et terre *f* ((expression allégorique)). ② le yang *m* et le yin *m*. ③ premier et second volume *m* (d'un ouvrage en deux volumes).

◆**_일색** -一色 명 monde *m* [paysage *m*] tout blanc [enneigé, blanc de neige]. ¶ 눈이 내려 천지가 ~일색이다 Comme il a neigé, le monde [le paysage] est tout blanc.

◆**_일척** -一擲 명 tout *m* pour le tout. ¶ ~일척의 혈투를 벌이다 risquer [jouer] le tout pour le tout.

건과 乾果 명 fruit *m* sec.

건교부 建交部 명 ☞ 건설교통부

건국 建國 명 fondation *f* d'un État. ¶ ~ 기념일 anniversaire de la fondation d'un État. ◇**_(을) 하다** fonder un État.

◆**_일** -日 명 jour *m* de la fondation d'un État.

◆**_공로 훈장** -功勞 勳章 명 médaille *f* méritante de fondation d'un État; médaille *f* du mérite *m* de fondation d'un État.

건군 建軍 명 fondation *f* d'une armée. ◇**_(을) 하다** former une armée.

건기 乾期 명 période *f* de sécheresse. ¶ ~에 접어들다 entrer dans une période de sécheresse. ¶ ~가 시작되었다[끝났다] La période de sécheresse a commencé [est terminée].

건너 명 au-delà de ...; de l'autre côté; sur l'autre rive [bord]. ¶ 물 ~ au-delà de la rive [de la rivière, de la mer]; de l'autre côté de la rive [de la rivière, de la mer]. ¶ 그는 우리집 ~쪽에 산다 Il habite de l'autre côté de chez nous / Il habite en face de chez nous. ¶ 길[강] ~에 산다 demeurer {*litt*} [habiter] de l'autre côté de la rue [la rivière]. ¶ 다리 ~ 보이는 붉은 지붕 toit rouge qu'on voit de l'autre côté d'un pont. ¶ 저 ~에 간다 Je vais de l'autre côté. ¶ 약국은 길 ~에 있어요 La pharmacie se trouve de l'autre côté de la rue.

*~ㅅ**산 보고 꾸짖기** critiquer *qn* par allusions [indirectement, sans avoir l'air d'y toucher].

***하루 ~ 한 번 씩** une fois tous les deux jours.

***한 입 ~ 두 입** ((se faire connaître par)) le bouche à oreille; de bouche à oreille; passer [circuler] de bouche en bouche.

◆**_ㅅ마을** 명 village *m* situé de l'autre côté; village *m* en face.

◆**_ㅅ방** -房 명 chambre *f* qui fait face à la chambre principale; chambre *f* en face.

◆**_ㅅ집** 명 maison *f* d'en face.

◆**_편** -便 명 l'autre côté *m*. ¶ ~편에 de l'autre côté; en face. ¶ 나는 강 ~편에 살고 있다 J'habite de l'autre côté de la rivière. ¶ 그는 식사할 때에 내 ~편에 앉아있었다 À table, il restait assis en face de moi.

건너가다 재타 ① traverser ((une rue, un pont)), passer ((un pont)); franchir ((les océans)). ¶ (헤엄쳐서) 강을 ~ traverser [passer] une rivière (à la nage). ¶ 철길을 ~ traverser une voie ferrée. ② 옮기다 aller de l'autre côté ((d'un fleuve)). ¶ 미국으로 ~ aller aux États-Unis; émigrer aux États-Unis.

건너다[1] 타 passer, circuler ((de bouche en bouche)). ¶ 소문이란 한 입 건너고 두 입 건너는 사이에 부풀려지게 마련이다 La rumeur fait boule de neige.

건너다[2] 재타 traverser ((une rue, un pont)), passer ((un pont)); franchir ((les océans)). ¶ 버스를 타려 길을 ~ traverser la rue [la chaussée] pour prendre le bus. ¶ 다리를 ~ traverser [passer] un pont. ¶ 강을 ~ traverser [passer] un fleuve. ¶ 아이들은 손을 들고 길을 건넌다 Les enfants traversent la rue la main [le bras] levé(*e*). ¶ 길 건널 때 조심해라 Traverse la rue avec prudence [prudemment] / Fais attention quand tu traverses la rue. ¶ 내 손을 잡고 건너라 Prends ma main et traverse / Prends ma main pour traverser. ¶ 그 쪽은 위험하니 이리로 [이 다리로] 건너라 C'est dangereux ce côté-là, traverse donc par ici [ce pont-ci].

건너다니다 재타 passer, traverser. ¶ 장사하러 국경을 [바다를] ~ traverser [passer, franchir] régulièrement la frontière [traverser régulièrement la mer, franchir régulièrement les océans] pour faire du commerce. ¶ 출퇴근 때 이 길을 건너다니는 사람이 의외로 많다 Contrairement à ce que l'on pourrait croire, nombreux sont ceux qui passent par ce chemin-là pour aller (au) ou rentrer du travail [pour se rendre (au) ou revenir du travail]. ¶ 학교 갈 때 매일 이 다리로 건너다니니? Tu passes tous les jours par ce pont pour aller à l'école? ¶ 위험하니 다음부터는 이리로 건너다니지 말아라 C'est dangereux, ne passe pas par ici la prochaine fois.

건너다보다 타 ① regarder de l'autre côté, jeter un regard [un coup d'œil] sur. ¶ 맞은편의 양옥집을 ~ regarder la maison de style européen qui est de l'autre côté de la rue [en face]. ② ((남의 것을)) convoiter ((le bien d'autrui)); ambitionner ((le titre de roi)).

ㄱ

*건너다보니 절터 convoiter le bien d'autrui.

건너뛰다 재타 ① 넘다 sauter, franchir *qc* d'un bond [d'un saut, en sautant], sauter par-dessus *qc*. ¶ 도랑을 ~ franchir [sauter] un fossé. ¶ 장애물을 ~ franchir un obstacle (d'un bond). ② 생략하다 sauter ((un repas)), se priver de ((repas)), passer *qc*, omettre *qc*, négliger *qc*. ¶ 끼니[차례]를 ~ sauter un repas [passer *son* tour]. ¶ 시간이 모자라니 이 대목은 건너뛰겠습니다 Faute de temps, nous n'aborderons pas [nous éviterons] ce sujet. ¶ 이 부분은 별로 중요하지 않으니 건너뛰고 그 다음으로 넘어가자 Cette partie n'étant pas très importante, passons à la suivante. ¶ 10페이지에서 20페이지로 ~ sauter de la page 10 à la page 20.

건너보다 타 regarder (discrètement) sur le côté, épier; convoiter ((les biens d'autrui)). ¶ 그는 옆사람을 슬쩍 건너보았다 Il a regardé discrètement son voisin.

건너오다[1] 재타 venir en passant par; traverser ((une rue, une rivière, un pont)) (pour rejoindre *qn*), passer ((un pont)) (pour rejoindre *qn*), franchir ((les océans)) (pour rejoindre *qn*, pour venir voir *qn*). ¶ 그는 저녁 때 아랫마을로 건너왔다 Le soir, il est descendu au village. ¶ 길[강]을 건너와 Traverse la rue [le fleuve] pour me rejoindre / Viens me rejoindre de l'autre côté de la rue [du fleuve]. ¶ 배를 타고 건너와 Prends le bateau pour me rejoindre. ¶ 너를 만나러 바다를 건너왔다 J'ai traversé la mer [les océans] pour venir te voir. ¶ 새로 난 다리로 건너왔다 Je suis venu(*e*) en passant par le nouveau pont. ¶ 지름길로 건너왔다 J'ai pris un raccourci pour venir / Je suis venu(*e*) en prenant un raccourci. ¶ 이리로 건너와라 Viens par ici.

건너오다[2] 재타 ① ((물건 따위가)) s'introduire, venir; être introduit(*e*), être importé(*e*). ¶ 해마다 많은 밀수품이 중국에서 우리나라로 건너온다 Chaque année, beaucoup de marchandises de contrebande chinoises sont introduites en Corée. ¶ 이거 물 건너온 제품이야 C'est un produit venu de l'étranger / C'est un produit importé. ② 전파되다 se répandre, gagner, se propager, s'étendre. ¶ 기독교는 16세기에 한국으로 건너왔다 Le christianisme a été introduit en Corée au XVIe siècle / Le christianisme s'est propagé en Corée au XVIe siècle.

건너지르다 타 traverser. ¶ 한 어린 아이가 길 가운데를 건너질러 뛰어갔다 Un enfant a traversé en courant en plein milieu de la rue.

건너짚다 재타 supposer, conjecturer. ☞ 넘겨짚다

건넌방 -房 명 chambre *f* [pièce *f*] qui fait face à la chambre du propriétaire [des parents] ((dans une maison traditionnelle coréenne)).

건널목 명 passage *m* à niveau; ((횡단보도)) passage *m* (pour) piétons, passage *m* clouté {*vx*}, les clous *mpl*. ¶ ~을 건널 때에는 조심해야 한다 Il faut faire attention lorsqu'on traverse [franchit] le passage à niveau [((횡단보도)) lorsqu'on traverse le passage (pour) piétons [le passage clouté]]. ¶ 차가 ~을 통과하고 있다 La voiture traverse le passage à niveau.

◆_지기 명 garde-barrière(~-~*s*) *mf*.

건네다 타 ① donner [passer {*fam*}, filer {*fam*}] ((*qc* à *qn*)). ¶ 누구에게 돈을 ~ donner [passer {*fam*}, filer {*fam*}] de l'argent à *qn*. ¶ 누구에게 봉투를 ~ donner [passer {*fam*}, filer {*fam*}] une enveloppe à *qn*. ② ((말을)) adresser ((la parole, un compliment, à *qn*)). ¶ 나는 그 사람에게 농담을 건넸다 Je lui ai fait [adressé] une plaisanterie. ¶ 그 사람하고는 인사를 몇 마디 건네었을 뿐, 다른 얘기는 없었다 Je lui ai seulement adressé quelques mots de salutation, rien d'autre.

건네받다 타 recevoir *qc* de *qn*. ¶ 물건을 몰래 ~ recevoir discrètement des objets. ¶ 정보원으로부터 정보를 ~ recevoir des nouvelles du centre d'informations.

건네오다 타 venir de *qn*; recevoir [se faire donner, se faire offrir] *qc*. ¶ 그 친구는 내게 선물을 건네왔다 Il m'a offert un cadeau. ¶ 그는 내게 감사의 말을 건네왔다 Il m'a remercié.

건네주다 타 ① 주다 donner, passer, filer {*fam*}. ¶ 거기 소금 좀 건네주겠니? Tu peux me donner [me passer] du sel, s'il te plaît? / Puis-je avoir le sel, s'il te plaît? ② 건너게 하다 faire traverser; faire passer ((sur l'autre rive)); passer ((les gens d'une rive à l'autre)). ¶ 누구를 배로 강을 ~ faire passer *qn* en bateau sur l'autre rive; passer *qn* d'une rive à l'autre sur une barque.

건달 乾達 명 vaurien *m*; libertin *m* {*litt*}, sans-le-sou *m inv* {*fam*}; bon *m* à rien {*pop*}; voyou *m*, crapule *f*, fripouille *f*, fainéant(*e*), glandeu*r*(*se*) {*fam*}, branleu*r*(*se*) {*fam*}, jean-foutre *m inv*, je-m'en-foutiste[fichiste](~-~-~s) *m* {*fam*}. ¶ 그 녀석은 땡전 한 푼 없는 ~이다 Ce type, c'est un bon à rien et un fauché. ¶ 그 골목에는 ~들이 어슬렁거린다 Il y a des voyous qui traînent dans cette ruelle. ¶ 그 친구야말로 한심한 ~이오 Lui, c'est un vrai glandeur.

◆_패 -牌 명 bande *f* de voyous. ¶ ~패에 끼어 허송세월하지 마라 Ne gaspille pas ton temps avec cette bande de voyous.

◆백수_ 白手 명 type *m* qui ne fait rien, oïsif *m*, désœuvré *m*, glandeu*r*(*se*) {*fam*}, branleu*r*(*se*) {*fam*}, jean-foutre *m inv*, je-m'en-foutiste[fichiste](~-~-~s) *m* {*fam*}.

-건대 어미 à; selon, suivant, d'après; en considération de, compte tenu de, tenant compte de ((suffixe flexionnel conjonctif)). ¶ 듣~ d'après ce qu'on dit. ¶ 내가 보~ à mon avis. ¶ 이 사실로 보~ en considération de ce fait. ¶ 내 경험으로 보~ 그것은 그다지 쉬운 일이 아니다 Si j'en juge d'après mon expérience, cela n'est pas si facile. ¶ 바라~ 제가 힘이 되어 드릴 수 있었으면 좋겠습니다 Je souhaiterais pouvoir vous aider. ¶ 결론을 말하~ 그는 굉장한 낙관론자이지요 en conclusion, je pense que cet homme est un grand optimiste.

건더기 명 ① morceaux *mpl* de viande ou de légumes (dans un liquide, dans une soupe). ¶ 국의 ~를 건져 먹다 prendre des morceaux de viande ou de légumes dans la soupe. ¶ ~만 먹지 말고 국물과 함께 먹어라 Ne prends pas seulement des morceaux de viande ou de légumes [les morceaux, ce qui est solide], mange toute la soupe [Prends aussi du bouillon [le liquide, ce qui est liquide]! ¶ ~만 남았다 Il ne reste que des morceaux de viande et de légumes (il n'y a plus de soupe, il n'y a plus de bouillon) / Il n'y a plus de liquide dans cette soupe. ¶ 무슨 국이 국물만 멀겋고 ~가 없지 C'est de l'eau claire, ce bouillon! Il n'y a aucun morceau de viande ou de légumes. ② 내용이나 근거 contenu *m*; teneur *f* ((d'un article)); fond *m* ((d'un ouvrage)); quelque chose à+*inf*. ¶ 뭐 이야기할 ~가 있어야지 Je n'ai pas grand-chose à raconter. ¶ 변명할 ~가 없다 Je n'ai pas d'excuse à avancer [à proposer] / Je n'ai aucune excuse / Je ne trouve pas d'excuse. ③ 소득 avantage *m*, bénéfice *m*. ¶ ~ 조금만이라도 남겨다오 Laisse-moi au moins ma part. ¶ 아무 ~도 없다 Ce n'est pas rentable / Ce travail ne rapporte rien [ne paye pas du tout].

건덕지 명 ☞ 건더기

건데기 명 (('건더기'의 잘못)) ☞ 건더기

건드러지다 être chic. être ivre, saoul(*e*), soûl(*e*).

건드리다 타 ① toucher (à) *qc/qn*. ¶ 내 연장을 건드리지 마 Ne touche pas à mes outils. ¶ 지붕이 다 썩어서 건드리기만 해도 무너질 것 같다 Le toit est complètement pourri et le moindre contact suffirait à l'effondrer. ¶ 이 돈은 절대로 건드리면 안 돼 Il ne faut jamais toucher à cet argent. ② 자극하다 irriter *qn*, exciter *qn*, provoquer *qn*, blesser *qn*, vexer *qn*, offenser *qn*. ¶ 남의 신경을 ~ rendre *qn* nerveux, taper [porter] sur les nerfs de *qn*. ¶ 그가 내 마음의 상처를 건드린다 Il remue le couteau dans la plaie. ¶ 왜 내 비위를 건드리냐? Pourquoi tu me cherches {*fam*}? / Pourquoi tu me provoques? / Pourquoi tu m'agresses? ③ 화나게 하다 énerver *qn*, irriter *qn*, vexer *qn*, froisser *qn*, agacer *qn*, provoquer *qn*, offenser *qn*, taper [porter] sur les nerfs de *qn*, se frotter à *qn*. ¶ 가만히 있는 사람을 왜 자꾸 건드려? Pourquoi tu cherches à m'énerver? / Pourquoi tu me cherches? {*fam*} / Si tu cherches, tu vas me trouver {*fam*}. ④ 희롱하다 toucher à *qn*; harceler sexuellement ((une femme)). ¶ 여자를 ~ harceler sexuellement une femme. ¶ 다시 내 동생을 건드렸다가는 혼날 줄 알아! Si tu touches encore à mon petit frère [à ma petite sœur, à un seul de ses cheveux], tu entendras parler de moi [tu auras de mes nouvelles, tu auras affaire à moi, il t'arrivera des histoires] / T(u n)'as pas intérêt à toucher encore à mon petit frère [à ma petite sœur]! {*fam*} / Je ne te laisserai pas toucher encore à mon petit frère [à ma petite sœur] / C'est la dernière fois que tu touches à mon petit frère [à ma petite sœur]. ⑤ (일에) 손을 대다 se lancer dans ((une entreprise, un travail)). ¶ 뒷감당도 못할 일을 왜 건드려? Pourquoi te lances-tu dans une entreprise [dans un travail] que tu n'es pas capable de terminer? / Ce que tu as entrepris, tu es incapable d'en assumer les conséquences.

건들거리다 자 mener une vie paresseuse; vivre dans l'oisiveté [l'inaction]; paresser toute la journée, mener une vie de fainéantises; traîner, traînailler, traînasser, ne rien faire, demeurer [rester, séjourner] sans objet précis, perdre *son* temps à des riens, muser, musarder, lanterner, lambiner; tirer au flanc, tirer au cul {*fam*}, se tourner [rouler] les pouces {*fam*}, se les tourner {*fam*}; rester les bras croisés; ne pas en ficher une rame {*fam*}, ne pas se fatiguer [se fouler {*fam*}, se casser {*fam*}]; buller {*fam*}, coincer la bulle {*fam*}, paresser, flemmarder {*fam*}, glander {*fam*}, glandouiller {*fam*}, se la couler douce {*fam*}, peigner la girafe. ¶ 그 녀석은 하는 일 없이 동네를 건들거리며 돌아다닌다 Il passe sa vie à errer ça et là dans le quartier / Il paresse [glandouille] toute la journée dans le quartier {*fam*}.

건들건들 부 ① ((바람이)) souffler ((doucement)). ¶ ~ 부는 봄바람 une brise printanière. ¶ 가을이 되니 시원한 바람이 ~ 불기 시작했다 Avec l'arrivée de l'automne, un vent frais a commencé à souffler doucement. ② ((행동이)) avec une démarche chaloupée [décontractée], avec une démarche de casseur. ¶ 건달들이 ~ 걸어가고 있다 Les voyous ont [adoptent] une démarche chaloupée / Les voyous essaient d'impressionner avec une démarche chaloupée / Les voyous roulent des mécaniques {*fam*}. ¶ 그는 항상 ~ 걸어다닌다 Il a une démarche chaloupée [décontractée, de casseur] / Il roule toujours les mécaniques {*fam*}. ③ ((빈둥거리는 모양)) sans objet précis, en paraissant, en lambinant, en traînassant {*fam*}. ¶ 시험 때가 가까워졌으니 ~ 놀지만 말고 공부 좀 해라 La date de l'examen approche, arrête de traînasser {*fam*} [de lambiner] et mets-toi au travail.

◆**_하다** 자 ① 폼잡다 fanfaronner, plastronner, poser (pour la galerie), la ramener {*fam*}, faire l'important, se donner des airs, crâner {*fam*}, se la jouer [péter] {*fam*}, jouer les durs {*fam*}, rouler les mécaniques {*fam*}. ② 빈둥거리다 mener une vie paresseuse; vivre dans l'oisiveté [dans l'inaction]; paresser toute la journée, mener une vie de fainéantises; traîner, traînailler, traînasser, ne rien faire, demeurer [rester, séjourner] sans objet précis, perdre *son* temps à des riens, muser, musarder, lanterner, lambiner; tirer au flanc, tirer au cul {*fam*}, se tourner [rouler] les pouces {*fam*}, se les tourner {*fam*}; rester les bras croisés; ne pas en ficher une rame {*fam*}, ne pas se fatiguer [se fouler {*fam*}, se casser {*fam*}]; buller {*fam*}, coincer la bulle {*fam*}, paresser, flemmarder {*fam*}, glander {*fam*}, glandouiller {*fam*}, se la couler douce {*fam*}, peigner la girafe.

건들다 타 ☞ 건드리다

건뜻건뜻 부 par-dessus la jambe, à la va-vite {*fam*}, à la hâte ((manière de faire *qc* approximativement)).

건립 建立 명 construction *f*; érection *f*; édification *f*. ¶ ~ 중이다 être en construction. ◇_(을) **하다** bâtir, construire; édifier, élever, ériger. ¶ 절[성당]을 ~하다 édifier un temple [une chapelle]. ¶ 새 정부 청사를 ~ construire un nouveau bâtiment de l'administration. ¶ 기념비를 ~하다 élever un monument commémoratif.

◆_**자** -者 명 constructeur *m*.

-건마는 어미 ☞ -건만

-건만 어미 quoique+*subj*, bien que+*subj*; encore que+*subj*; en dépit de; mais; malgré; néanmoins; quand même; toutefois, pourtant ((suffixe flexionnel conjonctif)). ¶ 날마다 몹시 기다리~ 아들은 소식도 없다 Bien qu'elle l'attende jour et nuit, elle est sans la moindre nouvelle [elle n'a aucune nouvelle] de son fils. ¶ 그를 사랑하는 내 마음을 모를 리 없~ 그는 언제나 나를 무시했다 Bien qu'il sache pertinemment que je l'aime, il a fait toujours comme si je n'existais pas. ¶ 정성을 다했~ 어머니의 병세는 차도가 없었다 J'ai fait tout ce que j'ai pu pour soigner ma mère, mais son état n'a guère évolué. ¶ 내 마음을 좀 알아주었으면 좋겠~ 그 여자는 그런 나의 바람을 언제나 꺾어 놓았다 J'aurais voulu qu'elle s'intéresse à moi [qu'elle comprenne que je l'aime], mais elle n'a jamais répondu.

건망증 健忘症 명 【의학】 amnésie *f*; manque *m* de mémoire. ¶ ~ 환자 un(*e*) amnésique. ¶ ~이 심하다 être très étourdi(*e*) [distrait(*e*)], être (très) tête en l'air, être une tête de linotte, avoir une cervelle d'oiseau, tout oublier, avoir une tête sans cervelle; avoir une très mauvaise mémoire. ¶ 그 여자는 ~이 있다 Elle est étourdie [distraite, (un peu) tête en l'air] / C'est une tête de linotte / Elle oublie tout. ¶ 나이를 먹으면 ~이 심해지게 마련이다 L'amnésie s'aggrave avec l'âge.

건명 件名 명 dénomination *f*, titre *m*, entête *f*. ¶ ~이 뭔데? Comment s'appelle ((cette affaire))?

◆_**목록** -目錄 명 liste *f* de noms.

건물 建物 명 bâtiment *m*, construction *f*, édifice *m*. ¶ 근대식 ~ une construction moderne. ¶ 웅장한 ~ une construction majestueuse. ¶ ~을 세우다[짓다, 올리다] construire un bâtiment. ¶ ~을 허물다 détruire [démolir] un bâtiment. ¶ 그 역은 르네상스 양식으로 지어진 멋진 ~이다 La gare est un bel édifice de style Renaissance.

◆_**주** -主 명 propriétaire *m* de bâtiment.

◆**가**_ 假 명 échafaudage *m*.

◆**고층**_ 高層- 명 grand immeuble *m*; bâtiment *m* élevé; haute construction *f*, gratte-ciel *m inv*; grande tour *f*. ¶ 나는 저 고층~에 살아요 Moi, j'habite dans ce grand immeuble là-bas. ¶ 내 사무실은 저 고층~ 안에 있어요 Mon bureau se trouve dans ce grand immeuble.

◆**목조**_ 木造 명 construction *f* en bois.

◆**석조**_ 石造 명 maison *f* [édifice *m*, construction *f*] (bâti(*e*)) en [de] pierre.

건반 鍵盤 명 clavier *m*; touches *fpl* ((d'un piano)). ¶ ~ 위를 달리는 손 une main qui court sur le clavier. ¶ ~을 두드리다[치다] jouer du piano, toucher du piano, tapoter du piano.

◆_**악기** -樂器 명 【음악】 instrument *m* à clavier.

건방 명 insolence *f*; arrogance *f*; irrespect *m*; impertinence *f*. ◇_(을) **떨다** se permettre des impertinences. ¶ ~ 좀 그만 떨어! Arrête d'être impertinent(*e*)!

◆_**지다** 형 être impertinent(*e*), insolent(*e*), effronté(*e*), arrogant(*e*), rogue, hautain(*e*), orgueilleux(*se*), présomptueux(*se*), prétentieux(*se*), suffisant(*e*), dédaigneux(*se*), fat(*e*), infatué(*e*). ¶ ~진 녀석 un type insolent; un impertinent [insolent, effronté]; un orgueilleux; un prétentieux, un présomptueux. ¶ ~진 말을 하다 dire des impertinences [des insolences]. ¶ ~진 태도를 보이다 laisser voir une attitude insolente; montrer des manières impertinentes. ¶ (너) 참 ~지구나! Ce que [Comme] tu es [peux être] insolent! ¶ 그런 생각을 하다니 너 참 ~지구나! Mais comme tu es insolent d'imaginer une chose pareille! ¶ ~지게 굴지 마! Cesse d'être impertinent! / Arrête de te conduire comme un insolent! ¶ ~지게 대답하다 répondre avec insolence. ¶ ~지게도 ...하다 avoir l'audace [la hardiesse, le front] de+*inf*. ¶ ~지게도 윗사람에게 대들다니! Tu as eu l'audace de tenir tête à ton supérieur. ¶ 그 녀석은 ~지게도 나를 반박했다 Ce type a eu l'audace de me contredire.

건배 乾杯 명 ((porter un)) toast *m*. ◇_(를) **하다[들다]** trinquer ((au succès d'une entreprise, avec des amis)), boire à la santé de *qn* ou au succès de *qn*, porter un toast à *qn*, porter un toast en l'honneur de *qn*.

감 santé, tchin-tchin!, à ta [votre] santé, à votre bonne santé, à la tienne, à la vôtre [nôtre], à toi [vous, nous], à la bonne vôtre {*fam*}. ¶ 건강을 위하여 ~! À votre [À ta, À notre] santé! / À votre bonne santé / À la vôtre [À la tienne, À la nôtre]! / À la bonne vôtre {*fam*} / Santé!

건빵 乾- 명 biscuit *m* sec; biscuit *m* de soldat; ration *f* de biscuits. ¶ ~으로 배를 채우다 être saturé(*e*) de biscuits secs; saturer le ventre de biscuits secs.

건사 명 ((돈의)) surveillance *f*; ((건강의)) soins *mpl*; ((일의)) direction *f*, conduite *f*, contrôle *m*. ◇_(를) **하다** ① ((돈 따위를)) maintenir; garder; conserver; retenir. ¶ 이 돈은 자네가 ~하게 Tu vas garder cet argent. ② ((건강을)) soigner; prendre soin de *qc*/*qn*.

¶ 그 애는 너무 어려서 자기 건강도 ~할 줄 모른다 Elle est trop petite pour prendre soin de sa santé. ¶ 여덟 식구를 ~하자니 매우 힘이 든다 C'est très difficile de faire vivre une famille de huit personnes. ③ ((일을)) s'occuper de *qc*/*qn*, prendre soin de *qc*/*qn*, veiller sur *qc*/*qn*. ¶ 그것은 ~를 잘 해야 한다 Il faut en prendre soin correctement. ¶ 고용인들의 ~를 잘 해야 한다 Il faut veiller avec soin sur ses employés / Il faut prendre bien soin de ses employés / Il faut s'occuper avec soin de ses employés.

건설 建設 명 construction *f*; érection *f* ((d'un monument)). ¶ 도시[철도] ~ construction d'une ville [d'une voie ferrée]. ¶ 복지 사회의 ~을 위하여 노력하다 faire des efforts pour la construction d'une société de bien-être. ◇_(을) **하다** construire ((un édifice, un pont, une route)); bâtir, établir ((un barrage)); élever ((un monument)); ériger ((un arc de triomphe)). ¶ 부동산 가격 안정을 위해 주택을 많이 ~하다 construire beaucoup de logements pour stabiliser le prix des biens immobiliers. ◇_(이) **되다** être construit(*e*). ¶ 이 다리는 100년 전에 ~되었다 Ce pont a été construit il y a 100 ans.

◆**_적** -的 명관 constructi*f*(*ve*), positi*f*(*ve*). ¶ ~적인 비판 une critique constructive [positive]; une critique productive. ¶ ~적 조치를 취하다 prendre des mesures constructives [positives].

◆**_공사** -工事 명 travaux *mpl* de construction.

◆**_부** -部 명 Ministère *m* de la Construction.

◆**_비** -費 명 frais *mpl* de construction.

◆**_업** -業 명 construction ((immobilière)), (le secteur *m* [le domaine *m*, le milieu *m*] du) bâtiment, ((travailler dans)) le bâtiment.

◆**_업자** -業者 명 entrepreneur *m* de construction.

◆**_업체** -業體 명 entreprise *f* de construction.

◆**_회사** -會社 명 entreprise *f* de bâtiment [de construction].

건설교통부 建設交通部 명 Ministère *m* de la Construction et des Transports.

건성[1] 명 inattention *f*, distraction *f*. ◇_**이다** faire les choses sans soin [de façon désinvolte, sans égard, sans attention, avec nonchalance, avec négligence, de façon expéditive, par-dessus la jambe, à la hâte, à la va-vite {*fam*}, distraitement], expédier, bâcler {*fam*} ((un travail)). ¶ 너는 매사에 왜 그리 ~이니? Pourquoi es-tu toujours si désinvolte [si peu consciencieux] dans tout ce que tu fais [dans tout ce que tu entreprends, dans tes activités]? / Pourquoi tu fais toujours tout de façon désinvolte [sans égard, sans soin, sans attention, à la hâte, à la va-vite {*fam*}, sans te concentrer, avec négligence,par-dessus la jambe {*fam*}, de façon expéditive, sans y prêter réellement attention, distraitement]?

◆**_으로** 부 sans (y prêter réellement) attention; distraitement, d'un air distrait; avec négligence, sans soin, sans égard, de façon désinvolte, de façon expéditive, par-dessus la jambe, à la hâte à la va-vite {*fam*}. ¶ ~으로 듣다 écouter d'une oreille distraite [inattentive], n'écouter que d'une oreille, ne prêter qu'une oreille distraite ((aux paroles de *qn*)). ¶ ~으로 읽다[넘기다] lire [feuilleter, parcourir] un livre sans porter attention. ¶ ~으로 인사하다 saluer *qn* d'un air distrait. ¶ 그 직원은 일을 ~으로 한다 Cet employé manque de sérieux dans son travail / Cet employé est un peu trop désinvolte dans son travail. ¶ 그는 ~으로 내게 대답했다 Il m'a répondu d'une manière distraite.

◆**_ _** 부 sans (y prêter réellement) attention, sans *se* concentrer; distraitement, d'un air distrait, d'un air vacancier; avec négligence, sans soin, sans égard, de façon désinvolte, de façon expéditive, par-dessus la jambe, à la hâte, à la va-vite {*fam*}, à la hâte. ¶ ~~하지 말고 좀 정성들여 해라 Soigne davantage ton travail / Ne bâcle pas ton travail.

건성[2] 乾性 명 sec(*sèche*); ((건조시키는)) siccati*f*(*ve*), dessicati*f*(*ve*). ¶ 피부가 ~이라 꺼칠꺼칠하다 Comme j'ai la peau sèche [ma peau est sèche], elle est râpeuse.

◆**_늑막염** -肋膜炎 명 【의학】 pleurésie *f* sèche; pleurite *f*.

◆**_유** -油 명 huile *f* siccative.

◆**_지** -脂 명 graisse *f* siccative.

◆**_피부** -皮膚 명 peau *f* sèche.

건수 件數 명 nombre *m* de cas (traités) [d'affaires, de questions]. ¶ 취급한 ~ nombre de cas traités. ¶ 도난 ~ nombre de cambriolages. ¶ 화재 ~ nombre d'incendies. ¶ 처리해야 할 ~가 많다 Il y a beaucoup d'affaires à régler / Les affaires à régler sont nombreuses. ¶ 오늘 뭐 ~ 없니 Tu n'aurais pas un bon coup {*fam*}? ¶ 큰 ~가 있다 J'ai une affaire en or! ◇_(를) **올리다** faire une belle affaire, faire un (gros) coup, achever une (grosse) affaire, décrocher [obtenir] un gros contrat [un business, le jackpot].

건승 健勝 명 bonne santé *f*, solidité *f*. ¶ ~을 빌다 souhaiter une bonne santé à *qn*.

◆**_하다** 형 être en bonne santé. ¶ 부디 ~하시길 바랍니다 Je vous souhaite surtout une bonne santé.

건식 乾式 명 système *m* d'impression à cartouche.

◆**_복사** -複寫 명 impression *f* à cartouche.

건실하다 健實- 형 être solide, sûr(*e*), honnête, méthodique. ¶ 건실한 방법 une méthode sûre. ¶ 건실한 사람 une personne honnête [sérieuse]; un esprit solide. ¶ 건실한 기업체 une entreprise solide. ¶ 건실한 영업 une gestion saine. ¶ 건실한 사상 un esprit sérieux [sain]; une idée raisonnable [modérée]. ¶ 건실한 투자 un placement sûr; un investissement raisonnable. ¶ 건실하게 살아가다 mener une vie honnête. ¶ 건실하게 돈을 벌다 gagner *sa* vie honnêtement.

건아 健兒 명 jeune homme *m* en bonne santé, jeune

homme *m* vigoureux, gaillard *m*; ⦅대한의⦆ les jeunes représentants *mpl* de la [de notre] nation, les braves représentants *mpl* de la Corée, les ambassadeurs *mpl* de la Corée. ¶ 조국[대한]의 ~들 les jeunes représentants de la [de notre] nation, les braves représentants de la Corée, les ambassadeurs de la Corée. ¶ 장하다, 대한의 ~들이여 Bravo! (Vivent) les jeunes représentants de la Corée!

건어 乾魚 명 poisson *m* séché.

건어물 乾魚物 명 poissons *mpl* séchés. ¶ ~ 시장 marché aux poissons séchés. ¶ ~ 값이 많이 올랐다 Le prix des poissons séchés a beaucoup augmenté / Le prix des poissons séchés a connu une augmentation importante.

건울음 명 pleurs *mpl* simulés; sanglots *mpl* feints; larmes *fpl* de crocodile. ¶ ~(을) 울다 verser des larmes hypocrites [de crocodile].

건육 乾肉 명 viande *f* séchée.

건의 建議 명 proposition *f*; suggestion *f*; recommandation *f*; mémoire *m*; pétition *f*. ¶ ~를 묵살하다 ne pas écouter [rester sourd à] une proposition; rester sourd(*e*) à toutes les suggestions. ¶ 누구의 ~를 받아들이다 accepter la proposition de *qn* ¶ 박씨의 ~로 suivant la recommandation de M. Park. ◇_(를) 하다 proposer, recommander, demander; adresser un mémoire ⦅au gouvernement⦆. ¶ 우리는 새 컴퓨터를 사자고 학교에 ~하였다 Nous avons proposé à l'établissement d'acheter de nouveaux ordinateurs.

◆_문 -文 명 ⦅adresser un⦆ mémoire *m* ⦅au préfet, à une assemblée⦆; ⦅집단⦆ pétition *f*. ¶ ~문을 국회에 제출하다 adresser un mémoire à une assemblée.

◆_서 -書 명 mémoire *m*; recommandation *f*; représentations *fpl*.

◆_안 -案 명 proposition *f*, motion *f*. ¶ 대정부 ~안 une proposition [une demande] adressée au gouvernement. ¶ ~안을 채택하다 accepter [choisir] une motion.

◆_자 -者 명 personne *f* qui présente une motion [fait une proposition]; auteur *m* d'une proposition.

◆_함 -函 명 boîte *f* aux réclamations.

건장하다 健壯- 형 être bien portant(*e*), robuste; être costaud(*e*), solide. ¶ 건장한 청년들 de solides gaillards. ¶ 그 남자는 매우 ~ Il est en [jouit d'une] bonne santé / C'est un solide gaillard. ¶ 그 남자는 체격이 ~ Il est d'une bonne [forte, solide] constitution.

건장히 부 robustement.

건재 建材 명 matériaux *mpl* de construction.

◆_상 -商 명 marchand(*e*) de matériaux de construction. ¶ ~상에서 목재를 사다 acheter du bois à un marchand de matériaux de construction.

건재상 建材商 명 ⦅가게⦆ magasin *m* de matériaux de construction; ⦅사람⦆ marchand(*e*) de matériaux de construction.

건재하다 健在- 형 ① être bien portant(*e*); être en bonne santé; aller [se porter] bien. ¶ 할아버지는 그 연세에도 여전히 건재하시다 Grand-père est encore bien portant malgré son grand âge. ¶ 그 정치가는 아직도 ~ Cet homme politique est encore en pleine activité. ② aller bien; être en bonne voie. ¶ 그 남자의 주먹은 아직까지도 ~ Il a encore un sacré coup de poing {*fam*}.

건전 健全 어근 santé *f*; solidité *f*; équilibre *m*.

◆_하다 형 être sain(*e*), solide, juste, judicieux(*se*), équilibré(*e*). ¶ ~한 독서 une lecture saine. ¶ ~한 사상 des idées saines. ¶ ~한 오락 divertissement honnête [innocent]. ¶ ~(한) 재정[예산] un budget équilibré. ¶ 심신이 ~하다 être sain de corps et d'esprit.

*~한 신체에 ~한 정신 un esprit sain [une âme saine] dans un corps sain ⦅Mens sana in corpore sano⦆.

◆_가요 -歌謠 명 les chansons *fpl* «saines»⦅les seules chansons autorisées par le régime (politique) dictatorial des années 70, 80; les chansons non subversives, orthodoxes, qui sont dans la ligne⦆.

◆_사상 -思想 명 idées *fpl* saines.

건전지 乾電池 명 pile *f* (sèche). ¶ 시계에[의] ~를 갈아 끼우다 changer les piles ⦅sèches⦆ de la montre [pendulette de bureau]. ¶ 이 카메라에는 어떤 ~를 넣어야 됩니까? Quelle pile faut-il pour [doit-on mettre dans] cet appareil photo? ¶ 폐~를 분리수거하다 collecter séparément les piles usagées. ¶ ~가 약[수명]이 다 되었다 Les piles sont usées [mortes] / Les piles sont déchargées. ¶ 이 ~는 재충전이 가능하다 Cette pile est rechargeable.

건져내다 타 retirer de l'eau, repêcher. ¶ 물에 빠진 물건을 건져내다 retirer un objet de l'eau.

건조[1] 乾燥 명 séchage *m*; dessiccation *f*; déshydratation *f*. ¶ ~ 주의보 un avis signalant un dessèchement excessif [anormal] de l'air atmosphérique, un avis signalant un degré d'hygrométrie anormalement [excessivement] bas. ◇_(를) 시키다 ⦅faire⦆ sécher; se dessécher. ¶ ~가 잘 된 빨래 du linge bien sec.

◆_하다 형 être sec(*sèche*), séché(*e*), desséché(*e*); être sans intérêt, plat(*e*). ¶ 이 지역은 기후가 ~ Cette région a un climat aride. ¶ ~한 토양 un terrain aride.

◆_기 -機 명 séchoir *m*; ⦅세탁⦆ sèche-linge *m inv*; ⦅손⦆ sèche-mains *m inv*.

◆_ 기후 -氣候 명 climat *m* aride.

◆_ 지역 地域 명 région *f* aride.

◆_ 지형 地形 명 topographie *f* d'un lieu [d'un pays] aride.

◆_ 야채 野菜 명 légumes *mpl* désoxydés.

◆_체 -體 명 style *m* sec.

건조[2] 建造 명 construction *f*, érection *f*, édification *f* ⦅d'un temple, d'un palais, d'un navire⦆. ◇_(를) 하다 bâtir ⦅un pont⦆; construire ⦅un navire⦆; édifier. ¶ 군함을 ~하다 construire un navire de guerre. ◇_(가) 되다 être construit(*e*).

◆_물 -物 명 bâtiment *m*.

건지다 타 ① faire sortir [retirer] *qc* de l'eau; repêcher *qc*; relever ((un vaisseau)). ¶ 물통에 빠진 버들잎을 ~ retirer des feuilles de saule tombées dans un seau d'eau. ¶ 건더기를 건져 먹다 extraire les morceaux de viande ou de légumes d'une soupe [d'un ragoût] et les manger. ② retirer *qn* de l'eau. ¶ 물에 빠진 사람을 ~ retirer de l'eau *qn* qui se noie. ③ sauver *qn*. ¶ 나는 겨우 목숨만 건질 수 있었다 J'ai seulement sauvé la vie à moi. ¶ 그 사람은 내 생명을 건져 준 고마운 사람이다 Je dois beaucoup à cette personne qui m'a sauvé la vie. ④ récupérer *qc*, sauver *qc*. ¶ 겨우 밑천을 ~ récupérer difficilement l'argent investi [le capital]. ¶ 이번 화재에서 건진 것이 고작 이것이다 Je n'ai pu sauvé que cela de l'incendie. ¶ 이 책에서는 건질 게 하나도 없어 Il n'y a rien à retenir de ce livre / Il n'y a rien d'intéressant dans ce livre.

***물에 빠진 사람 건져 주었더니 보따리 내놓으라고 한다** Vous lui donnez le doigt [la main], il vous prend le bras / ((적반하장)) Ce serait plutôt à moi de te dire ça / C'est le monde à l'envers / On aura tout entendu.

건초 乾草 명 foin *m*; fourrage *m* (sec). ¶ ~를 만들다 faire les foins [la fenaison].

◆_더미 명 tas *m* de foin. ¶ ~더미에서 잠을 자다 dormir dans le foin.

◆_열 -熱 명 【의학】 rhume *m* des foins.

건축 建築 명 ① 건조 construction *f*; édification *f* ((d'une cathédrale)). ¶ 성 베드로 성당의 ~에는 수백 년이 걸렸다 La construction de la Basilique Saint-Pierre dura [a pris] plusieurs siècles / Il a fallu plusieurs siècles pour construire la Basilique Saint-Pierre. ② 건축물 construction *f*, bâtiment *m*, édifice. ③ 건축술 architecture *f*. ¶ 고딕 ~ architecture gothique. ◇_(을) 하다 construire, bâtir, édifier. ◇_(이) 되다 être construit(*e*).

◆_가 -家 명 architecte *mf*.

◆_공사 -工事 명 travaux *mpl* de construction.

◆_공학 -工學 명 engineering *m* architectural.

◆_물 -物 명 construction *f*, bâtiment *m*, édifice *f*.

◆_비 -費 명 frais *mpl* de construction.

◆_사 -士 명 (1급의, 2급의) architecte *m* diplômé (de première classe, de seconde classe).

◆_설계사무소 -設計社務所 명 bureau(*x*) *m* d'étude d'un architecte.

◆_술 -術 명 architecture *f*.

◆_양식 -樣式 명 style *m* d'une construction.

◆_업 -業 명 affaire *f* d'une construction.

◆_업자 -業者 명 entrepreneur *m* de construction.

◆_재료 -材料 명 matière *f* de construction.

◆_주 -主 명 propriétaire *m* de construction.

◆_학 -學 명 architectonique *f*.

건치 健齒 명 bonnes dents *fpl*. ¶ ~ 미인 une belle femme qui a de bonnes dents. ¶ ~가 몇 개나 됩니까? Combien avez-vous encore de bonnes dents?

건투 健鬪 명 lutte *f* courageuse [héroïque], courage *m*, effort *m* vigoureux. ¶ 당신의 ~를 빕니다 Je vous souhaite beaucoup de courage / Bon courage! ◇_(를) 하다 lutter courageusement [héroïquement]; faire tous *ses* efforts. ¶ 대한의 건아들이 올림픽에서 ~하는 모습을 보니 흐뭇하다 Je suis content(*e*) de voir les braves représentants de la Corée lutter courageusement [héroïquement] aux Jeux olympiques.

건평 建坪 명 surface *f* totale habitable d'une construction [d'un bâtiment], surface *f* totale habitable sur deux ou plusieurs étages. ¶ 이 집은 대지 100평에 ~ 60평이다 Cette maison fait 60 *pyeong* [198 m²] (habitables) sur un terrain de 100 *pyeong* [330 m²].

◆연_ 延- 명 surface *f* totale habitable d'une construction. ¶ 연~ 10000평의 고층 건물 un grand building d'une surface totale habitable de 10 000 *pyeong*.

건폐율 建蔽率 명 【건설】 coefficient *m* d'emprise au sol. ¶ ~이 높다[낮다] Le coefficient d'emprise au sol est élevé [bas].

건포[1] 乾脯 명 viande *f* de bœuf séchée; poisson *m* séché. ¶ 고기를 말려 ~를 만들다 fabriquer de la viande séchée.

건포[2] 乾布 명 chiffon *m* sec. ¶ ~로 물기를 닦다 essuyer *qc* avec un chiffon sec.

건포도 乾葡萄 명 raisin *m* sec [de Corinthe].

건학이념 建學理念 명 objectif *m* [vocation *f*] d'un établissement. ¶ ~을 살리다[따르다] rester fidèle aux [respecter les] objectifs d'un établissement. ¶ 우리 학교의 ~은 민주 시민의 양성이다 La vocation de notre établissement est de former des citoyens démocrates.

걷기 명 marche *f*. ¶ 살을 빼는 데에는 ~가 제일이다 Il n'y a rien de mieux que la marche pour perdre des kilos.

걷다[1] 자타 ① marcher. ¶ 하루에 만 보를 ~ marcher [faire] dix mille pas par jour. ¶ 10리를 ~ marcher 10 *ri*. ¶ 길을 ~ marcher dans la rue. ¶ 밤길을 혼자 걷는 것은 위험하다 Il est dangereux de se promener seul la nuit. ¶ 빙판 위를 ~ marcher sur la chaussée verglacée [sur du verglas]. ¶ 큰 걸음으로[빠른 걸음으로] ~ marcher à grand pas [à grandes enjambées] [marcher d'un pas pressé]. ¶ 가벼운[무거운] 발걸음으로 ~ marcher d'un pas léger [lourd]. ¶ 절룩거리며 ~ marcher en boitant, boiter, boitiller. ¶ 정처 없이 ~ marcher sans destination [sans but précis]. ¶ 수업이 끝나고 한눈팔지 말고 집까지 걸어라 Ne traîne pas en chemin [en route], rentre immédiatement après l'école. ¶ 걸어서 가다[오다] se rendre *qp* [y aller] à pied [venir à pied, venir à pinces {*fam*}]. ¶ 걸어서 10분 걸린다 Cela prend dix minutes à pied. ¶ 걸으면서 얘기하자 Discutons

ㄱ

(tout) en marchant. ¶ 아기가 걷기 시작한다 Le bébé commence à marcher / Le bébé fait ses premiers pas. ¶ 그 여자는 걷는 모습이 예쁘다 Elle est belle lorsqu'elle marche / Elle a une belle démarche. ¶ 나 혼자 걷는 외로운 길 un chemin désert où je me promène seul; ((비유적)) une voie peu empruntée que je suis seul(*e*) à suivre, une voie déserte que je suis seul(*e*) à emprunter. ② ((비유적)) avancer, évoluer, naviguer. ¶ 오늘까지 나는 그저 앞만 보고 걸어 왔다 Jusqu'à aujourd'hui [Jusqu'à présent], j'ai toujours avancé en regardant droit devant moi. ¶ 평생을 묵묵히 외길만을 걸어 온 사람 une personne qui a évolué [navigué] toute sa vie ¶ 국제연합이 걸어 온 길과 걸어가야 할 길 le chemin que l'O.N.U. a parcouru et celui qu'il reste à faire.

걷다[2] [타] ① retrousser. ¶ 바지를 ~ retrousser un [*son*] pantalon. ¶ 소매를 ~ retrousser [relever] *ses* manches; ((비유적)) relever [retrousser] *ses* manches (pour se mettre au travail avec ardeur, pour aider *qn*, pour intervenir), se mettre au travail avec ardeur, prendre une part active à *qc*; montrer *sa* [s'avancer avec une] ferme résolution. ¶ 치맛자락을 ~ retrousser *sa* jupe. ② 내리다 descendre; ((기, 돛을)) amener ((les couleurs, les voiles)). ¶ 기를 ~ amener [descendre] le drapeau (national), amener [descendre] les couleurs. ¶ 태극기를 ~ amener [descendre] le drapeau national coréen. ¶ 돛을 ~ amener les voiles. ③ 수거하다 rentrer ((le linge)). ¶ 빨래를 ~ rentrer le linge. ¶ 밖에 널어놓은 내의 좀 걷어 오너라 Rentre le linge qui est dehors. ④ 치우다 enlever, ranger. ¶ 멍석을 ~ rouler une natte. ¶ 모기장을 ~ ranger une moustiquaire. ¶ 텐트를 ~ plier une tente; lever le camp. ¶ 현수막을 ~ enlever [ranger] une banderole.

걷다[3] [타] ☞ 거두다[1]

걷어들이다 [타] ☞ 거두어들이다

걷어붙이다 [타] soulever *qc* en le roulant; relever, retrousser ((*ses* manches)). ¶ 소매[팔]를 ~ relever [retrousser] *ses* manches (pour se mettre au travail avec ardeur, pour aider *qn*, pour intervenir). ¶ 바짓가랑이를 ~ retrousser le bas de *son* pantalon.
***소매[팔]를** ~ ☞ 소매[1]

걷어차다 [타] ① donner un coup de pied dans; lancer [envoyer, faire sauter] *qc* d'un coup de pied; repousser *qc* du pied; ((말 따위가 뒷발로)) ruer. ¶ 누구의 정강이[배]를 ~ donner un grand coup de pied dans les tibias [dans le ventre] ((de *qn*)). ¶ 계엄군이 시위가담자들을 군화발로 걷어차고 있었다 L'armée, qui officie dans les territoires où l'état de siège a été décrété, repoussait [refoulait] les manifestants à coups de pied. ¶ 말이 뒷발로 어린애를 걷어찼다 Le cheval a frappé l'enfant en ruant. ¶ 나는 잘 때 이불을 걷어차는 버릇이 있다 J'ai la fâcheuse habitude de repousser [rejeter] les couvertures [de me découvrir] lorsque je dors. ② ((비유적)) refuser net; rejeter ((une offre)), repousser ((une demande)); ((애인을)) laisser tomber [larguer {*fam*}, plaquer {*fam*}] ((*sa* petite amie)). ¶ 출세를 위해 애인을 하루아침에 걷어차 버리다니 Quand je pense qu'il l'a larguée [plaquée] {*fam*} du jour au lendemain pour sa propre carrière (je suis révolté(*e*) [outré(*e*)]). ¶ 그는 화가 나서 자리를 걷어차고 나갔다 Furieux, il se leva brusquement, et sortit de la pièce / Furieux, il partit en claquant la porte [brutalement].

걷어차이다 [자] ① recevoir un coup de pied, se faire donner un coup de pied. ¶ 축구를 하다가 상대 선수에게 걷어차였다 Il s'est fait donner un coup de pied par un joueur de l'équipe adverse en jouant au football. ② ((비유적)) se faire plaquer {*fam*} [larguer {*fam*}] ((par sa petite amie)). ¶ 그는 애인에게 걷어차였다 Il s'est fait plaquer {*fam*} [larguer {*fam*}] par sa petite amie / Sa petite amie l'a quitté [largué {*fam*}, laissé tomber].

걷어채다 [자] recevoir un coup de pied, se faire donner un coup de pied. ¶ 그는 말에 걷어채어 크게 다쳤다 Il a été gravement blessé par un coup de sabot de cheval / Un coup de sabot de cheval lui a causé une grave blessure. ¶ 나는 상대 선수에게 옆구리를 걷어챘다 Mon adversaire m'a donné un coup de pied sur le flanc.

걷어채이다 [자] ☞ 걷어채다

걷어치다 [타] ☞ 걷어치우다

걷어치우다 [타] ① enlever, effacer, écarter ((un obstacle)); ranger *qc*, remettre *qc* à *sa* place. ¶ 네 방에 어질러 놓은 책들을 빨리 걷어치워라 Ramasse vite tes livres éparpillés un peu partout dans ta chambre / Remets de l'ordre dans ta chambre. ② (하던 일을) 그만두다 cesser [s'arrêter] de faire *qc*, laisser tomber *qc* {*fam*}; quitter, abandonner, fermer ((boutique)); renoncer à ((*ses* études)). ¶ 그 남자는 학업을 걷어치웠다 Il a renoncé à (continuer) ses études / Il a abandonné ses études. ¶ 장사를 걷어치우고 농사나 지어 볼 생각이다 J'ai l'intention de laisser tomber ce commerce pour faire de l'agriculture. ¶ 말 같지 않은 소리 그만 걷어치워라 Arrête de parler pour ne rien dire / Arrête de dire des choses qui n'ont pas de sens / Mets-la en veilleuse! {*fam*} / Écrase! {*fam*} / La ferme [La boucle]! {*fam*}.

-걷이 [접미] récolte *f*.
◆**가을_** [명] récolte *f* d'automne [automnale].

걷잡다 [타] prendre, arrêter, garder; ((막다)) arrêter ((une attaque)), empêcher ((l'inflation)); contrôler. ¶ 걷잡을 수 없는 혼란에 빠지다 perdre la tête; se trouver dans une situation inextricable. ¶ 걷잡을 수 없는 분노에 치를 떨면서 en serrant les dents sous le coup d'une colère incontrôlable [sans pouvoir contrôler *sa* colère]. ¶ 순식간에 확산되는 불길을 도저히 걷잡을 수 없었다 On ne parvenait [n'arrivait] pas à maîtriser [contrôler] le feu [l'incendie] qui se propageait si rapidement. ¶ 걷잡

을 수 없이 불어나는 강물 le courant impétueux d'un fleuve. ¶ 대기업도 한 번 기우니까 걷잡을 수 없이 쓰러져 버렸다 Même si c'était une grande entreprise, une fois son déclin amorçait il était inévitable qu'elle fasse faillite. ¶ 이 말에 그는 걷잡을 수 없이 눈물이 쏟아졌다 À ces mots, malgré lui, il ne put contrôler ses pleurs [il pleurait sans pouvoir se contrôler, il ne pouvait s'empêcher de pleurer].

걷히다 자 ① ((돈 따위가)) être quêté(*e*), collecté(*e*); rentrer. ¶ 돈이 걷혔다 L'argent a été collecté [ramassé lors d'une quête]. ¶ 회비가 잘 걷힌다 La cotisation rentre bien. ¶ 세금이 잘 걷힌다 Les impôts rentrent bien. ¶ 기부금이 잘 걷히지 않는다 La quête ne marche pas bien. ② se dissiper, disparaître. ¶ 구름 걷힌 파란 하늘 ciel bleu après que les nuages se sont dissipés [après la dissipation des nuages]. ¶ 구름이 걷힌다 Les nuages se dissipent. ¶ 안개가 걷힌다 Le brouillard se dissipe [disparaît].

걸 대 ① ce que ((forme contractée de 것-을)). ¶ 내 ~ 내가 갖는데 왜 참견이냐 Cela m'appartient [C'est à moi], je fais ce que je veux [ce qu'il me plaît (de faire)] avec [tu n'as aucun droit]. Tu n'as pas à donner ton opinion [Je ne te demande pas ton avis, Ce n'est pas ton problème, Ça ne te regarde pas]. ¶ 네가 보낸 ~ 아직 못 받았다 Je n'ai pas encore reçu ce que tu m'avais envoyé. ¶ 먹을 ~ 좀 다오 Donne-moi quelque chose à manger [à grignoter]. ② j'aurais mieux fait de+*inf.* ¶ 여기 오지 말 ~ 괜히 왔다 J'aurais mieux fait de rester chez moi [de ne pas venir] / Je me demande bien pourquoi je suis venu [Je suis venu pour rien]. ¶ 차라리 포기하고 말 ~ J'aurais mieux fait de jeter l'éponge [d'abandonner].

◆**그_** 대 cela. ¶ 그~ 말하는 게 아니라 Ce n'est pas ce que je voulais dire.

◆**이_** 대 ceci. ¶ 아~ 어쩌나? 케이크를 완전히 망쳐버렸어 Zut, comment je vais faire? J'ai complètement raté ce gâteau. ¶ 아~ 살까말까 Est-ce que je le prends [je l'achète] ou pas?

◆**저_** 대 une chose *f* pareille, un tel acte *m*. ¶ 저~ 그냥 (두고 봐야만 하나) Franchement, je ne sais pas ce qui me retient [pourquoi je me retiens (de ...)] (de le frapper, de le corriger, de le gifler, de lui fracasser la tête, de lui casser la gueule {*fam*}).

걸개그림 명 une grande banderole *f* accrochée sur un bâtiment.

걸걸하다 형 ① ((음성 따위가)) être gros(*se*) et guttur*al*(*ale*, *aux*), être rauque, enrouée, voilé(*e*) éraillé(*e*), cassé(*e*). ¶ 목소리가 ~ avoir une grosse voix grave et gutturale, avoir une voix rauque [enrouée, éraillée]. ② ((성격 따위가)) être ouvert(*e*), sincère, gai(*e*), jovi*al*(*ale*, *aux*); être de bonne humeur. ¶ 걸걸한 성격 un caractère jovial.

걸고넘어가다 타 remettre ((une affaire, une question)) sur le tapis, ressasser. ¶ 그녀는 과거의 문제를 꼭 걸고넘어간다 Elle remet toujours les affaires [problèmes] du passé sur le tapis / Elle reprend [ressasse] toujours les problèmes du passé.

걸고넘어지다 타 impliquer *qn* dans ((une affaire)); ((트집잡다)) trouver à redire. ¶ 왜 나까지 걸고넘어지는 거야 Pourquoi tu m'impliques moi aussi là-dedans? / Pourquoi tu me fais aussi porter le chapeau? ¶ 그 사람은 계속 내 말을 걸고넘어졌다 Il a trouvé à redire à tous mes propos.

걸다[1] 타 ① pendre *qc* ((au mur)); suspendre *qc* ((à une corde)); accrocher ((son chapeau)); tendre une tapisserie)). ¶ 가게의 간판을 ~ mettre l'enseigne d'une boutique. ¶ 옷을 옷걸이에 ~ accrocher [suspendre] un vêtement sur un cintre. ¶ 모자를 못에 ~ accrocher un chapeau à une patère [à un crochet]. ¶ 벽에 그림을 ~ fixer un tableau sur un mur. ② ((기계에)) mettre [accrocher] *qc* sur ((une machine)). ¶ 용지를 윤전기에 걸어 인쇄하다 mettre le papier sur la rotative pour l'imprimer. ¶ 솜을 물레에 걸어 실을 뽑는다 On met le coton sur le rouet puis on le file. ③ 착용하다 mettre ((des lunettes, un collier)), ajuster. ¶ 귀걸이를 ~ mettre une [des] boucle(*s*) d'oreille(*s*). ¶ 안경을 코에 ~ ajuster des lunettes sur *son* nez, mettre des lunettes, chausser des lunettes {*fam*}. ¶ 수건을 목에 ~ accrocher une serviette autour du cou. ④ 잠그다 fermer ((une porte)) à clef. ¶ 문고리[고리쇠]를 ~ fermer la porte à clef. ¶ 대문에 빗장을[대문을 빗장으로] ~ fermer le portail à l'aide d'une barre [d'une bâcle]. ¶ 금고에 자물쇠를[금고를 자물쇠로] ~ fermer un coffre-fort à clef. ⑤ ((엔진, 브레이크 따위를)) mettre ((un moteur)) en marche [mouvement]; démarrer. ¶ 브레이크를 ~ freiner. ¶ 자동차에 시동[발동]을 ~ mettre le contact; faire démarrer la voiture. ⑥ ((신체 일부를)) prendre [accrocher] la jambe [l'intérieur de la jambe] de *son* adversaire (pour le faire tomber) ((lutte coréenne)). ¶ 안다리를 걸어 좌로 돌려라 Pends [Accroche] l'intérieur de la jambe de ton adversaire pour le faire basculer à gauche ((lutte coréenne)). ⑦ ((목숨, 승부, 장래를)) risquer ((*sa* vie)); hasarder ((*sa* réputation)). ¶ 청년들에게 나라의 장래[미래]를 ~ mettre [faire peser, faire reposer] sur les épaules des jeunes l'avenir du pays, charger les jeunes de l'avenir du pays, rendre les jeunes responsables de l'avenir du pays. ¶ 이번 선거에 당의 운명을 걸었다 L'avenir de notre parti dépend du résultat de ces élections. ¶ 목숨[생명, 생사]을 걸고 싸우다 se battre au risque [péril] de *sa* vie. ¶ 목숨을 걸고 맹세하다 le jurer sur *sa* vie [sur *sa* tête]. ¶ 아들(의 목숨)을 걸고 맹세하다 le jurer sur la tête de *son* fils. ¶ 생사를 건 모험 une aventure périlleuse. ¶ 승부를 건 한 판 une rencontre décisive, un match décisif. ⑧ ((보증금 따위를)) verser, donner, déposer ((des arrhes, une caution)); ((돈, 상금을)) mettre en jeu; jouer ((de l'argent)); parier, miser ((une somme sur)); hasarder. ¶ 계약금[선금, 보증금]을 ~ verser des arrhes à titre d'acompte [donner [verser] un acompte, donner [verser] des arrhes à titre d'acompte; verser une caution]. ¶ 판돈 10만 원을 ~ hasarder cent mille wons au jeu. ¶ 상금으로 100만원을 ~ mettre en jeu un million de wons. ¶ 경마에 돈을 ~ jouer une somme d'argent [parier] sur [pour] un cheval. ¶ 뺑소니 운전사를 찾는 데에 현상금 300만원을 걸었다 J'offre [Je promets] trois millions de wons à celui qui trouvera [qui réussira à trouver] le chauffeur qui a pris la fuite. ¶ 그 남자는 그 사업에 전 재산을 걸었다 Il a mis toute sa fortune dans cette entreprise. ¶ 누가 옳은지, 저녁을 걸자 Faisons un pari! Celui qui perd paie le dîner [invite l'autre à dîner]. ⑨ ((안건 따위를)) présenter *qc* lors d'une réunion. ¶ 안건을 회의에 ~ présenter un sujet à débattre lors d'une réunion.

*이름만 ~ être seulement inscrit(*e*), mais ne rien faire [ne pas du tout être acti*f*(*ve*)]. ¶ 그 녀석은 이름만 걸고 활동은 하지 않는다 Il est seulement inscrit là-bas, mais il ne fait strictement rien.

걸다[2] 타 ① ((말을)) adresser ((la parole à *qn*)), s'adresser ((à *qn*)), interpeller *qn*, aborder *qn*. ¶ 누구에게 말을 ~ adresser la parole à *qn*; s'adresser à *qn*; interpeller *qn*, aborder *qn* ((dans la rue)). ¶ 운전수가 나에게 정중히 말을 걸었다 Le chauffeur s'est adressé à moi poliment. ② ((시비, 장난을)) chercher dispute [chicane, noise] à *qn*; provoquer *qn*; faire ((une scène à *qn*)). ¶ 젊은 여자에게 연애[수작, 농]를 ~ courtiser; faire la cour à une femme. ¶ 요정이 공주에게 마술을 걸었다 La fée a jeté un ((mauvais)) sort à [a ensorcelé] la princesse. ¶ 깡패들이 공연히 싸움[시비]을 걸어 왔다 Des voyous nous ont provoqué sans raison. ¶ 남자 아이들이 우리에게 장난을 걸어 왔다 Les garçons nous ont taquinées. ③ ((재판을)) faire [intenter] un procès ((à *qn*)). ¶ 부장은 회사를 상대로 재판을 걸었다 Le directeur a intenté un procès contre sa compagnie. ④ ((계략, 올가미를)) mettre, tendre ((un piège)). ¶ 그 녀석에게 올가미를 걸어 꼼짝 못하게 했다 Je lui ai tendu un piège pour le neutraliser. ⑤ ((전화를)) téléphoner ((à *qn*, chez *qn*)); donner ((un coup de téléphone [fil] à *qn* {*fam*})). ¶ 그 여학생은 프랑스에서 어머니에게 전화를 걸었다 Cette étudiante a téléphoné à sa mère de France. ¶ 경찰[112번]에 전화를 걸었다 J'ai appelé la police / J'ai appelé Police Secours / J'ai fait le 14 ((en Corée le 112)). ⑥ ((희망, 기대를)) miser ((*son* dernier espoir)), jouer ((*sa* dernière carte)). ¶ 그 일에 마지막 희망을 ~ miser *son* dernier espoir, jouer *sa* dernière carte. ¶ 젊은 세대에게 거는 기대가 무척 크다 On espère [On attend] beaucoup des jeunes / On mise beaucoup sur les jeunes.

걸다[3] 형 ① ((토양이)) être fertile, riche, fécond(*e*). ¶ 땅이 ~ Le sol est fertile [riche]. ② ((태도 따위가)) être mauvais(*e*), médisant(*e*), mal embouché(*e*), grossi*er*(*ère*). ¶ 입이 ~ être mauvaise [méchante] langue; parler grossièrement. ③ ((식성이)) ne pas être difficile [exigeant(*e*)] ((sur la nourriture)). ¶ 그는 식성이 걸어 무엇이든 잘 먹는다 Il n'est pas difficile [pas exigeant] sur la nourriture, il mange tout ce qu'on lui donne / Il mange de tout, il n'est pas difficile. ④ ((음식 따위가)) être riche; ((repas)) être copieu*x*(*se*); être épais(*se*), consistant(*e*); être visqueu*x*(*se*), pâteu*x*(*se*); ((brouillon)) être gras(*se*). ¶ 건 죽 une bouillie épaisse. ¶ 잔치가 ~ Le festin est copieux. ¶ 소스를 걸게 하다 épaissir une sauce, lier une sauce.

걸대 명 perche *f*, gaule *f* ((utilisée pour accrocher des objets à un endroit inaccessible de la main)).

-걸랑 어미 ☞ -거들랑

걸러지다 자 se filtrer; être filtré(*e*). ¶ 오염물질이 정화장치에 의해 걸러진다 Les substances polluées sont filtrées par un système d'épuration des eaux usées. ¶ 사람들은 언론에 의해 한 번 걸러진 내용을 접한다 Les gens n'ont accès aux informations qu'une fois filtrées par la presse.

걸레 명 ① chiffon *m*, serpillière *f*, torchon *m*; toile *f* à laver. ¶ 마른[젖은] ~ chiffon sec [mouillé]. ¶ ~로 닦다[닦아내다, 훔치다] polir; essuyer. ② 누더기 chiffon *m*, lambeaux *mpl*, guenilles *fpl*, haillon, hardes *fpl*, loque *f*, nippes *fpl*. ¶ 저게 어디 옷이냐, ~지 T'appelles ça un vêtement? C'est un torchon, oui. ¶ 저 옷은 ~다[~나 진배없다] Ce ne sont que des loques. ③ 【비어】 ((여자)) garce *f* {*vulg*}, chienne *f* {*vulg*}, traînée *f* {*vulg*}. ¶ 저년은 ~야 Quelle garce, celle-là! {*vulg*}

◆**_질** 명 action *de* passer la serpillière. ¶ ~질(을) 하다 passer la serpillière ((sur le plancher)).

◆**대_** 명 balai *m* à franges, ((퀘벡)) vadrouille *f*.

◆**손_** 명 chiffon *m*.

걸려들다 자 être pris(*e*), tomber dans ((un piège)). ¶ 그물에 걸려든 고기들 poissons pris [accrochés] dans le filet; la prise du jour. ¶ 그 사기꾼에게 걸려든 사람이 부지기수이다 Trop de personnes se sont laissées piéger par [ont été piégées par, ont été victimes de] cet escroc. ¶ 계략[함정, 작전]에 ~ tomber dans la tactique ((de *qn*)) [tomber dans un piège, se mettre en danger; tomber dans la combine ((de *qn*))].

걸려오다 자 ((quelqu'un)) appeler; ((téléphone)) sonner. ¶ 전화가 걸려왔다 Quelqu'un a téléphoné / Le téléphone a sonné.

걸리다[1] 자 ① ((목에)) rester coincé(*e*) ((en travers de la gorge)). ¶ 생선 가시가 목에 걸렸다 J'ai une arrête dans le gosier / Une arrête m'est restée coincée dans le gosier. ② 매달리다 s'accrocher à *qc*. ¶ 연이 나뭇가지에 걸렸다 Le cerf volant s'est accroché à une branche. ¶ 옷자락이 못에 걸렸다 Le pan de la robe s'est accroché à un clou. ¶ 벽에 그림이 걸려 있다 Un tableau est accroché [pendu] au mur. ¶ 외투가 못에 걸려 있다 Le manteau est accroché à la patère. ¶ 돌부리에 걸려 넘어졌다 J'ai trébuché sur une pierre et je suis tombé. ¶ 초승달이 중천에 걸려 있다 La nouvelle lune brille au zénith. ¶ 붉은 해는 서산마루에 걸려 있다 Le soleil rougeoyant passe [se couche, disparaît] derrière la montagne à l'ouest. ¶ 동쪽 하늘에 걸려 있는 샛별 Vénus qui est visible [qui apparaît] à l'est le matin, l'étoile du matin. ③ ((그물, 낚시, 함정 등에)) être pris(*e*) ((dans un piège)). ¶ 쥐덫에 ~ être pris à la ratière [à la souricière, au piège à rat]. ¶ 낚시(바늘)에 고기가 걸렸다 Un poisson a mordu à l'hameçon. ¶ 잉어[참새]가 그물에 걸렸다 Une carpe [Un moineau] s'est fait prendre [piéger] dans le filet. ¶ 나비가 거미줄에 걸렸다 Un papillon a été pris dans une toile d'araignée. ¶ 좋은 일자리라도 하나 걸렸으면 한다 J'espère trouver un travail intéressant. ④ ((이름, 체면이)) être en jeu; jouer ((*son* honneur)). ¶ 그 일에 내 이름이 걸려 있으니 잘 해야 된다 Il faut faire du bon travail car mon honneur est en jeu [il y va de mon honneur]. ⑤ ((돈, 상금이)) être (mis(*e*)) en jeu, être mis(*e*) à prix. ¶ 현상금이 걸린 수배자 un criminel dont la tête a été mise à prix, un homme pour la capture duquel on a promis une récompense. ¶ 거액의 상금이 걸려 있는 경기 un match dans lequel est mise en jeu une grosse somme d'argent [une somme importante d'argent], un match pour lequel il y a une grosse récompense pour le vainqueur, un match avec une grosse somme d'argent mise en jeu [avec une prime [récompense] importante pour le vainqueur]. ⑥ ((운명이)) dépendre de. ¶ 그 선거에는 당의 운명이 걸렸다 Le destin de ce parti dépend de cette élection. ¶ 당의 운명이 걸린 선거 une élection qui va décider du [qui va conditionner le] destin du parti. ⑦ 잡히다 se faire attraper [arrêter ((par la police))], se faire pincer {*fam*}, se faire choper {*fam*}; se faire prendre sur le fait [la main dans le sac, en flagrant délit, en faute, en train de+*inf*], se faire prendre [surprendre] en flagrant délit [en faute], se faire choper la main dans le sac {*fam*}. ¶ 그는 사기꾼에게 걸려 돈을 날렸다 Il s'est fait piquer son argent par un escroc {*fam*}. ¶ 음주운전자가 교통순경에게 걸렸다 Un conducteur en état d'ébriété s'est fait arrêter par la police [pincer par les flics {*fam*}]. ¶ 불친절한 가이드에게 걸려서 여행이 재미없었다 Étant tombé(*e*) sur un guide antipathique [désagréable], je n'ai pas beaucoup apprécié le voyage. ¶ 내 손에 걸리기만 해봐라 Attends un peu que je te retrouve! / Il s'en souviendra / Tu (ne) l'emporteras [Il (ne) l'emportera] pas au paradis / Je te rendrai la monnaie de ta pièce / Je me vengerai (tôt ou tard)! / Si je le retrouve, je lui fais la peau [ça va être sa fête, il va voir ce qu'il va voir, il va m'entendre, celui-là]! {*fam*} / Tu vas déguster {*fam*}! / Tu vas voir! / Tu vas le payer cher! / Tu (ne) perds rien pour attendre! / Je te réserve [garde] un chien de ma chienne! / Je t'attends [Je l'aurai, Je le rattraperai] au tournant / Ça va être ta fête / Je vais te faire ta fête / Tu vas voir ce que tu vas voir! / Tu auras de mes nouvelles! / Tu auras affaire à moi! / Attends un peu que je te retrouve / Je vais te montrer de quel bois je me chauffe cette fois-ci! / Il s'en repentira. ⑧ (계략, 함정, 사건에) 빠지다 tomber dans ((un piège)). ¶ 적의 모략[계략]에 ~ tomber dans les manœuvres de l'adversaire. ¶ 최면(술)에 ~ tomber [être] en état d'hypnose, être mis(*e*) en état d'hypnose, être sous hypnose, être hypnotisé(*e*). ¶ 공주는 마법에 걸렸다 [공주에게는 마법이 걸렸다] La princesse s'est fait jeter un sort [a été ensorcelée]. ⑨ (병이) 들다 prendre ((froid)), attraper ((froid, une maladie)), contracter ((une maladie)). ¶ 감기에[가] ~ prendre [attraper] froid, attraper un rhume [la grippe]. ¶ 이질에 ~ être atteint(*e*) de la dysenterie. ¶ 열병에 ~ contracter une forte fièvre. ¶ 감기만 걸리면 기침이 심하다 Il suffit d'attraper un rhume pour avoir une forte toux / C'est normal d'avoir une forte toux [de tousser autant] si on attrape un rhume [si on est enrhumé]. ⑩ ((법률, 구속, 제약 따위에)) être contre ((la loi)), contrevenir ((au règlement)); être pris(*e*), arrêté(*e*), bloqué(*e*) par *qc/qn*. ¶ 야간 통금에 ~ être victime du [bloqué(*e*) par le] couvre-feu. ¶ 그의 행위는 경범죄에 걸린다 Son acte constitue [correspond à] un délit / Son acte est délictueux. ¶ 차가 신호등에 걸려 정지하고 있다 Une voiture est arrêtée au feu. ¶ 장마에 걸려 공사가 늦어지고 있다 Les travaux ont pris du retard à cause de la saison des pluies. ¶ 도시계획에 걸린 판자촌 un bidonville gênant [rendant difficile] la réalisation d'un projet urbain. ¶ 글을 읽을 때 걸리는 곳이 없니? Tu n'as pas de difficultés quand tu lis cet article? ⑪ ((마음, 가슴에)) inquiéter *qn*, préoccuper *qn*, causer du souci à *qn*, tracasser *qn*, travailler *qn*. ¶ 체면[양심]에 걸리는 짓 ce qui me préoccupe. ¶ 마음에 걸리는 소식 nouvelle inquiétante. ¶ 마음에 걸리는 일이 많이 있다 J'ai beaucoup de sujets d'inquiétude. ¶ 그가 화해하지 않고 멀리 떠난 것이 무척 마음에 걸린다 Le fait qu'il soit parti loin sans se réconcilier avec moi me travaille [préoccupe énormément]. ¶ 그 여자의 건강이 늘 마음에 걸린다 Sa santé me préoccupe en permanence [me donne des soucis permanents, est un éternel souci pour moi]. ¶ 그 친구에게 거짓말 한 것이 늘 마음에 걸린다 Je m'inquiète toujours de lui avoir menti [de ne pas lui avoir dit la vérité]. ⑫ ((시간이)) demander, prendre ((deux heures, trois jours)). ¶ 다리를 건설하는 데 3년이나 걸렸다 Cela a demandé trois ans pour construire ce pont / Il a fallu trois ans pour construire ce pont. ¶ 닷새 걸린다 Cela demande [prend] cinq jours. / Il faut

cinq jours. ¶ 그렇게 하면 시간이 오래 걸릴 걸 À cette cadence, ça prendra [ça risque de prendre] beaucoup de temps à mon avis. ¶ 이 서류 꾸미는 데 꼬박 사흘이 걸렸다 Il m'a fallu trois journées entières pour écrire [pondre {*fam*}] ce dossier / J'ai mis trois journées entières à faire ce dossier. ¶ 이 작업이 끝나려면 몇 달이나 걸릴까? Cela demandera combien de mois pour finir ce travail? ⑬ ((전화가)) fonctionner, arriver à joindre *qn*. ¶ 마침내 경찰서에 전화가 걸렸다 J'ai fini par joindre la police. ¶ 이 전화는 잘 걸리지가 않는다 Ce téléphone fonctionne mal.

***급히 먹는 밥이 걸리기 쉽다** Il ne faut pas (vouloir) faire les choses trop rapidement / Qui va doucement va sûrement(qui va sûrement va loin) / Qui va doucement va loin / Qui va piano va sano.

걸리다[2] 타 faire marcher *qn*. ¶ 어린애를 ~ faire marcher un enfant.

걸리적거리다 자 encombrer le passage, obstruer, gêner *qn* dans ((un travail)), déranger *qn*; entraver *qc*; être encombrant(*e*), gênant(*e*). ¶ 걸리적거리게 방 한가운데에 누워 있지 말고 한쪽으로 비켜라 Ne reste pas là en plein milieu de la pièce, mets-toi dans un coin / N'encombre pas le passage, circule.

걸림돌 명 empêchement *m*, obstacle *m*, contrariété *f*, pierre *f* d'achoppement, écueil *m*. ¶ ~을 치우다[제거하다] éliminer un obstacle. ¶ 그 새로운 규정은 금융시장 문제 개선의 ~로 작용했다 La nouvelle clause était un obstacle à l'amélioration du problème du marché financier. ¶ 우리 사업에는 커다란 ~이 두 개 있다 Nous avons deux grands obstacles [deux sérieux problèmes, deux problèmes majeurs] dans nos affaires. ¶ 어떤 ~이 나타났다[등장했다] Un obstacle surgit. ◇_**이 되다** faire obstacle à ((un plan)); empêcher *qn* de.

걸립 乞粒 명 ① 【민속】 esprit *m* inférieur (vénéré dans le chamanisme). ② collecte *f* faite pour un village (par un groupe passant de village en village). ③ 【불교】 collecte *f* (faite par des bonzes pour leur temple).

◆_**굿** 명 cérémonie *f* [rite *m*] chamanique exécuté(*e*) en l'honneur de l'esprit inférieur (vénéré dans le chamanisme).

걸맞다 형 s'équilibrer; être semblable; être bien assorti(*e*); s'adapter; s'harmoniser avec; aller, seoir à *qn*/*qc*; être bien assorti(*e*); être conforme à; être digne de. ¶ 분위기에 걸맞지 않은 옷차림 une tenue inadaptée à la situation [à l'esprit ((de la réunion))]. ¶ 수입과 걸맞은[걸맞지 않은] 생활을 하다 vivre conformément à [au-dessus de] *ses* moyens. ¶ 걸맞지 않은 부부 un couple mal assorti. ¶ 그것은 대장부에게 걸맞지 않은 행위이다 C'est une action indigne d'un homme. ¶ 이 두 색깔은 ~ Ces deux couleurs vont bien ensemble [s'harmonisent bien, sont bien assorties, forment un assortiment heureux]. ¶ 이 장군의 경력은 그의 명성과 ~ La carrière du général Yi est digne de sa réputation.

걸머지다 타 porter *qc* sur le dos [sur les épaules]; se charger de; assumer ((une responsabilité)). ¶ 나라의 장래를 ~ porter sur *ses* épaules l'avenir de la nation. ¶ 자루를 걸머지고 떠나다 partir avec un sac sur le dos.

걸물 傑物 명 personnalité *f*, esprit *m* supérieur; personne *f* remarquable; ((비유적)) clown *m* (de service), pitre *m*, bouffon *m*. ¶ 그는 우리 학교의 ~이다 C'est une personnalité de mon école. ¶ 그놈 참 과연 ~이군 Ce type, c'est un clown [un pitre].

걸상 -床 명 siège *m*; banc *m* ((d'école)); chaise *f*; tabouret *m* ((de cuisine)).

◆**나무_** 명 une chaise *f* en bois.

걸쇠 명 loquet *m*, clenche *f*. ¶ ~를 따다[풀다] soulever [retirer] le loquet d'une porte. ¶ ~를 채우다[잠그다] mettre le loquet [fermer le loquet].

걸스카웃 영{Girl Scout} 명 ((천주교)) scoute *f*, jeannette *f*; ((개신교)) éclaireuse *f*.

◆_**대회** -大會 명 congrès *m* des scoutes.

◆_**대원** -隊員 명 les scoutes *fpl* ; ((개신교)) les Éclaireuses *fpl*.

걸식 乞食 명 mendicité *f*. ¶ 문전 ~을 하다 aller de porte en porte en mendiant. ◇_**(을) 하다** mendier; demander la charité [l'aumône]; tendre la main. ¶ 그는 ~을 하며 살고 있다 Il vit de mendicité.

걸신 乞神 명 voracité *f*; faim *f* de loup; faim *f* dévorante, faim *f* pressante, faim *f* canine, fringale {*fam*}. ◇_**(이) 들다[들리다]** être avide; être cupide; être gourmand(*e*), glouton(*ne*); avoir une faim de loup. ¶ 그는 ~들린 사람 마냥 계속 먹어댄다 Il mange [grignote] à longueur de journée comme un affamé [comme une personne obsédée par l'envie de manger] / Il a tout le temps faim / Il est sujet à des fringales permanentes [à une fringale permanente, à une faim insatiable] / Il s'empiffre à longueur de journée {*fam*}.

걸어가다 자타 marcher; aller *qp* à pied; se rendre *qp* à pied; faire le trajet à pied. ¶ 산길을 ~ faire une randonnée pédestre. ¶ 한 시간을 ~ marcher une heure. ¶ 한 시간에 4km를 ~ marcher 4 km par heure. ¶ 여기서 거기까지 꼬박 이틀을 걸어갔다 Nous avons marché deux jours sans nous arrêter. ¶ 그는 친구를 만나러 그 먼 길을 걸어갔다 Il a fait ce long trajet à pied pour rencontrer un(*e*) ami(*e*). ¶ 아이들은 큰 길로 걸어갔다 Les enfants marchent dans la grande rue. ¶ 아기가 엄마에게(로) 걸어가고 있다 Le bébé marche vers [en direction de] sa mère / Le bébé marche pour rejoindre sa mère. ¶ 식구들이 모두 삼촌 댁까지 걸어갔다 Toute la famille s'est rendue à pied chez mon oncle. ¶ 남쪽으로 ~ marcher vers le sud. ¶ 이 길로 쭉 걸어가시면 우체국이 나올겁니다 Suivez cette rue jusqu'au bout et vous verrez la poste. ¶ 학교에서 집까지 ~ rentrer de l'école à pied. ¶ 갈 때는 걸어갔다가 올 때는 버스 타고 왔다 À l'aller, on y est allés à pied, au retour on est rentrés en bus.

걸어다니다 자타 marcher, se promener. ¶ 여기저기를 ~ se promener ici et là. ¶ 맨발로 ~ se promener pieds nus. ¶ 여기서는 신발을 신고 걸어다니면 안 된다 Ici, il ne faut pas marcher avec des chaussures.

걸어오다[1] 자타 ① marcher vers *qn*; venir à pied. ¶ 그들은 하루에 100km를 걸어왔다 Ils ont marché 100 km par jour. ¶ 우리는 꼬박 하루를 걸어왔다 Nous avons marché toute la journée. ¶ 그 여자는 조용히 내게 걸어왔다 Elle s'est doucement approchée de moi. ¶이리로 천천히 걸어오세요 Marchez lentement vers moi. ¶ 집에서 여기까지 걸어온거니? Tu es venu à pied de chez toi? ¶ 그 사람은 제 발로 걸어왔다 Il est venu à pied par ses propres moyens. ¶ 고작 그 얘기 하러 여기까지 걸어온거야? Tu es venu exprès ici à pied pour me dire cela? ② ((비유적)) faire *qc* jusqu'au jour d'aujourd'hui. ¶ 그 사람은 평생 교육의 길만을 걸어왔다 Il a consacré toute sa vie à l'éducation.

걸어오다[2] 타 ((말을)) adresser la parole à *qn*, s'adresser à *qn*; ((시비, 싸움을)) chercher dispute [des noises {*fam*}], provoquer *qn*. ¶ 말을 ~ adresser (la parole à *qn*). ¶ 그쪽에서 먼저 싸움을 걸어오지 않았소? C'est vous qui m'avez provoqué en premier / C'est vous qui avez commencé, non? ¶ 그들은 사소한 일로 내게 시비를 걸어왔다 Ils m'ont provoqué [cherché dispute] pour des riens [pour des problèmes secondaires, pour des broutilles].

걸어잠그다 타 fermer ((le verrou)); fermer ((une porte)) à clé. ¶ 문[자물쇠]을 ~ fermer une porte à clé [fermer ((une porte)) au cadenas, fermer avec un cadenas, cadenasser ((une porte))].

걸음 명 marche *f*, allure *f*, pas *m*, démarche *f*. ¶ 한~마다 à chaque pas. ¶ 몇 ~ 앞서 걸어가다 marcher quelques pas en avant. ¶ 한 ~ 나아가다[물러나다] faire un pas en avant [en arrière]; avancer [reculer] d'un pas. ¶ ~을 걷다[내딛다, 떼어놓다, 옮기다] faire un pas. ¶ ~을 갑자기 멈추다 s'arrêter soudain [soudainement, brusquement, subitement]. ¶ ~을 재촉하다[늦추다] hâter [ralentir] le pas. ¶ 어려운 ~을 하셨습니다. 어서 들어오세요 Je vous remercie d'avoir fait un si grand déplacement [d'avoir fait un tel déplacement pour nous voir] et je vous prie d'entrer / Je vous remercie d'avoir fait un si long déplacement et je vous prie d'entrer [et je vous invite à entrer] / Après un si long déplacement dont je vous remercie, je vous prie d'entrer [je vous invite à entrer]. ¶ 그는 이 분야에서 언제나 남보다 몇 ~ 앞서 있다 Il a toujours de l'avance [Il prend toujours le pas] sur les autres dans ce domaine. ¶ 빠른 ~으로 다가가다 approcher de *qc*/*qn* à pas de géant. ¶ ~이 빠르다[느리다] marcher vite [lentement].

*** 한 ~ 한 ~** pas à pas; graduellement.

***나 그네는 ~아 날 살려라하고 내뺐다** Il a pris ses jambes à son cou / La peur lui a donné des jambes / Il avait le feu au derrière [le diable aux trousses] / Il a couru ventre à terre.

***천리 길도 한 ~부터** Pas à pas, on va loin / Les petits ruisseaux font les grandes rivières.

◆게_ 명 marche *f* en crabe [de côté]. ¶ 게~으로 걷다[게~(질) 치다] marcher en crabe [de côté]; ((비유적으로)) avancer comme une tortue [comme un escargot], piétiner, patiner, faire du surplace, marquer le pas, avancer bien peu, n'avancer que lentement, ne guère avancer [progresser, évoluer], stagner, traîner en longueur.

◆고양이_ 명 ((à)) pas *mpl* feutrés, pas *mpl* de velours. ¶ 뒤꿈치를 들고 고양이~을[으로] 걷다 marcher sur la pointe des pieds [à pas feutrés].

◆도둑_ 명 ((marcher)) à pas *mpl* de loup, à pas *mpl* de velours. ¶ 살금살금 도둑~으로[을] 걷다 marcher à pas de loup [de velours] comme un voleur.

◆뒷 질 명 marche *f* à reculons. ¶ 뒷~질(을) 치다[하다] marcher à reculons.

◆발_ 명 pas *m*, allure *f*. ¶ 결국 그는 발~도 가볍게 집으로 돌아갔다 Il est finalement rentré chez lui d'un pas léger.

◆소_ 명 ((à)) pas *mpl* de tortue. ¶ 소~을 하다 marcher à pas de tortue.

◆양반_ 명 démarche *f* de *yangban* ((démarche lente à grands pas pour se donner de grands airs)), démarche *f* majestueuse [prétentieuse]. ¶ 그는 으스대듯 양반~으로 걸어갔다 Il marchait en se donnant de grands airs / Il avait une démarche prétentieuse [majestueuse].

◆(여덟) 팔자_ 八字 명 action *de* marcher les pieds en éventail. ¶ 그 녀석은 언제나 (여덟) 팔자 ~으로 걷는다 Ce type marche toujours les pieds en éventail.

◆오리_ 명 ((à)) pas *mpl* de canard. ¶ 오리~으로 걷다[오리~(질) 치다] marcher en canard.

◆종종_ 명 petits pas *mpl* rapides. ¶ 마음이 급해 종종~을 치다 marcher à petits pas rapides parce qu'on est pressé.

◆첫_ 명 premier pas *mpl*; premier échelon *m* ((du succès)). ¶ 첫~을 내딛다[떼다] faire *ses* premiers pas [*ses* débuts].

◆황새_ 명 grande enjambée *f*. ¶ 성큼성큼 황새~을 하다[걷다] marcher à grand pas [à grandes enjambées].

걸음걸이 명 manière *f* de marcher; allure *f*, démarche *f*. ¶ 어색한[이상한] ~ une démarche maladroite; une allure gauche. ¶ 피로한[불편한, 상쾌한, 어기적대는, 힘찬] ~ la démarche d'une personne fatiguée [épuisée] [une démarche instable, ((d'))un pas allègre, une démarche lente et précautionneuse [très empruntée], une allure vive]. ¶ 무거운 ~로 d'un pas lourd, d'une démarche lourde [pesante]. ¶ 가벼운 ~로 d'un pas léger, d'une démarche légère [élégante, sautillante]. ¶ ~로 그 사람임을 알아보았

다 Je l'ai reconnu(*e*) à son allure [à sa démarche]. ¶ 그는 ~가 이상하다 Il a une allure étrange [bizarre].

걸음마 명 marche *f* d'un bébé [qui commence à marcher]. ¶ 우리나라에서 이 분야는 아직 ~ 단계에 있다 Notre pays en est encore à ses débuts dans ce domaine. ¶ 아기가 ~를 시작했다[뗐다, 배우고 있다] Le bébé commence [apprend] à marcher.

-걸이 접미 crochet *m*; croc *m*, patère *f*. ¶ 옷~ un cintre; un portemanteau.

걸인 乞人 명 mendiant(*e*), gueux(*se*), pauvre(*sse*). ¶ 그는 ~ 노릇을 하면서 이리저리 돌아다닌다 Il erre de-ci de-là en mendiant. ¶ 그는 ~ 행색을 함으로써 남의 눈을 속였다 Il a trompé son monde [tout le monde] en jouant au mendiant [en jouant le rôle d'un mendiant].

걸작 傑作 명 ① ((작품)) chef-d'œuvre *m*. ¶ 이 그림은 피카소의 ~이다 Ce tableau est un chef-d'œuvre de Picasso. ¶ 이것은 그의 필생의 ~이다 C'est le chef-d'œuvre de sa vie. ② ((사람)) clown *m* (de service), pitre *m*, bouffon *m*. ¶ 그 친구 정말 우리 반의 ~이야 Il est le clown de notre classe / C'est le pitre de la classe. ③ ((반어적)) paroles *f* [action *f*] ridicule(s) [inconcevable(s)], comble *m*. ¶ 그 사람의 대답이 ~이었다 Sa réponse a été «grandiose» [«sublime»] / Sa réponse a été un chef d'œuvre de conneries {*vulg*}] / Sa réponse était ridicule [inconcevable, grotesque].

◆_품 -品 명 chef-d'œuvre *m*.

걸쭉하다 형 être épais(*se*), consistant(*e*); ((욕설, 말 따위가)) être savoureux(*se*), truculent(*e*). ¶ 걸쭉한 국 un potage consistant, une soupe épaisse. ¶ 걸쭉한 크림 de la crème épaisse. ¶ 걸쭉한 전라도 욕 une insulte truculente de la région du Jeolla.

걸출하다 傑出- 형 être supérieur(*e*), proéminent(*e*); être distingué(*e*), remarquable. ¶ 걸출한 작품 ouvrage d'une valeur remarquable. ¶ 걸출한 인물[학자] un homme [un(*e*) savant(*e*)] très distingué(*e*).

걸치다[1] 자 ① ((양쪽에)) s'étendre d'un endroit à un autre. ¶ 계곡 사이에 걸쳐 있는 줄다리 un pont en corde mis en place [installé] d'un bord à l'autre de la vallée étroite et encaissée [du défilé] ② 걸리다 être étendu(*e*). ¶ 아직도 빨랫줄에 빨래가 걸쳐 있다 Le linge est encore étendu sur la corde à linge. ③ ((해나 달이)) décliner; tomber; descendre. ¶ 해가 서산에 걸쳐 있다 Le soleil disparaît [descend, se couche, décline] derrière la montagne à l'ouest / Le soleil est couché derrière la montagne [colline] à l'ouest / Le soleil est passé derrière la montagne à l'ouest. ④ ((기간)) ...동안; ((범위)) ...을 포괄하는 durer; s'étendre sur[de ... à ...]; recouvrir; s'étaler, courir ¶ 6 개월에 걸쳐서 durant (un délai de) six mois. ¶ 여러 차례에 걸쳐서 강연하다 donner des conférences à plusieurs reprises. ¶ 세 번에 걸쳐 심의가 이루어졌다 La délibération a été prise après [au terme de] trois discussions. ¶ 몇 시간에 걸친 연설 discours durant plusieurs heures. ¶ 정치, 사회, 문화 전반에 걸쳐 토론하다 avoir un débat couvrant tous les domaines politique, social et culturel. ¶ 여러 세기에 걸친 유물들 des reliques datant d'une période qui s'étend sur plusieurs siècles. ¶ 여러 부문에 걸친 종합적인 노력 une prise en charge globale [globalisante] qui s'étend sur plusieurs domaines [qui recouvre, touche, concerne] plusieurs domaines.

걸치다[2] 타 ① 닿게 하다 enjamber; embrasser; mettre [placer, poser] *qc* en travers de *qc*, placer *qc* contre ((le bord du toit)). ¶ 사다리를 처마 끝에 ~ placer une échelle contre le bord du toit. ¶ 여울목에 널다리를 걸쳤다 On a jeté un pont en bois au début du rapide. ② 얹어 걸다 enfiler; mettre. ¶ 어깨에 잠바를 ~ mettre [enfiler] un blouson sur les épaules. ¶ 수건을 목에 ~ mettre une serviette autour du cou. ¶ 옷을 빨아 나뭇가지에 걸쳐 놓다 accrocher un vêtement sur une branche après l'avoir lavé. ③ 올려놓다 mettre; poser. ¶ 책상에 다리를 ~ ((installé sur *son* fauteuil)) mettre [poser] *ses* pieds sur le bureau. ¶ 의자에 엉덩이를 ~ être à moitié assis(*e*) sur une chaise. ④ (옷이나 이불 등을) 대강 입거나 덮다 enfiler, passer, mettre. ¶ 급히 잠옷을 ~ passer [enfiler, mettre] un pyjama en toute hâte. ¶ 외투를 ~ enfiler un manteau. ¶ 실오라기 하나 걸치지 않은 알몸 le corps nu comme un ver.

걸치다[3] 타 【구어】 boire ((un coup, un coup de rouge)). ¶ 술을 한잔 ~ boire un coup {*fam*}.

걸터앉다 자 ① s'asseoir les jambes pendantes. ② se mettre à califourchon sur *qc*; s'asseoir à califourchon; enfourcher ((une chaise)); être à cheval sur *qc*; chevaucher. ¶ 의자[책상, 소파]에 ~ s'asseoir à califourchon sur une chaise; s'asseoir sur une chaise à califourchon; enfourcher une chaise [s'asseoir les jambes pendantes sur le bureau, sur un canapé].

걸프렌드 영{girlfriend} 명 petite amie *f*, *sa* copine *f*, nana *f* {*fam*}.

걸핏하면 부 souvent, fréquemment; mainte(*s*) fois; aisément, facilement; volontiers. ¶ ~ 화를 내다 se mettre facilement en colère, s'offusquer [se froisser] aisément, être soupe au lait, avoir la tête près du bonnet, être coléreux(*se*), irascible, emporté(*e*), chatouilleux(*se*), ombrageux(*se*), irritable; un rien l'irrite. ¶ 그 친구는 ~ 설교하려 든다 Il est toujours prêt à faire la morale. ¶ ~ 지각이다 arriver [être] souvent en retard.

검 劍 명 épée *f*, sabre *m*; baïonnette *f*. ¶ ~을 겨누다 pointer *son* épée sur *qn* ¶ ~을 거두다 mettre *son* épée au repos; se mettre en position de repos [de trêve]; rengainer *son* épée. ¶ ~을 뽑다 dégainer une épée, tirer une épée; ¶ ~을 갈다 repasser le fil d'une épée. ¶ 순순히 내 ~을 받아라 Inutile de te défendre puisque de toute façon tu es perdu [tu es un homme mort] / Laisse-toi embrocher {*fam*} gentiment [sans te défendre]. ¶ ~을 버리고 항복하라 Lâche ton épée et capitule!

검객 劍客 명 épéiste *mf*, escrimeu*r*(*se*). ¶ 당대 최고의 ~ l'épéiste le plus doué [le plus fort, le meilleur] de l'époque [de sa génération]. ¶ 달인의 경지에 이른 ~ un épéiste qui est arrivé au stade de champion [qui a atteint un niveau très élevé], un excellent épéiste; un champion d'escrime.

검거 檢擧 명 arrestation *f*, arrêt *m*. ¶ ~ 선풍이 분다 On assiste à une série d'arrestations [à des arrestations en masse]. ¶ ~ 선풍에 휘말리다 être pris(*e*) à l'occasion d'une série d'arrestations. ¶ 용의자의 ~에 수사력을 집중하다 concentrer toute l'énergie de l'enquête pour l'arrestation du suspect. ¶ 경찰이 폭력조직 일제 ~에 나섰다 La police a arrêté en même temps tous les membres d'une bande de malfaiteurs. ◇_(를) **하다** arrêter, appréhender *qn*; saisir *qn* au corps; constituer *qn* prisonnier. ¶ 마약 밀수단을 전원 ~하다 arrêter tous les contrebandiers de drogue. ◇_(가) **되다** être arrêté(*e*). ¶ 선거법 위반으로 ~되다 être arrêté(*e*) pour violation de [pour entorse à] la loi électorale, être arrêté(*e*) pour délit électoral.

◆_**망** -網 명 filet *m*; réseau(*x*) *m*. ¶ ~망을 치다 tendre un filet. ¶ ~망에 걸리다 être pris(*e*) dans le filet ((tendu par la police)).

검다 형 ① être noir(*e*), foncé(*e*), sombre. ¶ 그 여자는 검은 옷을 입고 있다 Elle est (habillée) en noir / Elle porte une robe noire. ¶ 피부가 ~ avoir la peau mate [basanée, cuivrée]. ¶ 얼굴이 ~ avoir le teint basané [cuivré]. ¶ 검게 칠하다 peindre tout en noir; peindre avec une teinte foncée. ¶ 검게 물들이다 teindre en noir; foncer ((une teinte, *ses* cheveux, la couleur de *ses* cheveux)). ② ((마음이)) être méchant(*e*), malicieu*x*(*se*), pervers(*e*), sournois(*e*). ¶ 뱃속이 검은 사람 une personne au cœur mauvais [méchant]; une personne méchante de nature; une personne sournoise.

검댕 명 suie *f*; encrassement *m*. ¶ ~ 투성이의 얼굴 le visage couvert de suie [noir de suie, fuligineux]. ¶ ~을 닦다[닦아내다, 털다, 털어내다] balayer [enlever] la suie. ¶ 얼굴에 ~을 칠하다 se mettre de la suie sur le visage [avoir le visage couvert de suie]. ¶ ~이 끼다[앉다] être couvert(*e*) de suie; être encrassé(*e*); devenir noir(*e*) de suie. ¶ 얼굴[손, 옷]에 ~이 묻다 avoir le visage couvert de suie [les mains couvertes de suie, ses vêtements couverts de suie].

검도 劍道 명 *kendo m* ((art martial traditionnel japonais qui se pratique avec un sabre en bambou tenu à deux mains)). ¶ ~의 고수 ((사람)) une personne très habile au *kendo* [à manier le sabre en bambou du *kendo*]; ((수준이 높음)) habileté au maniement du sabre en bambou du *kendo*. ¶ ~ 정신 l'esprit du *kendo*. ¶ ~를 하다[연마하다, 익히다] faire du [pratiquer le, s'initier au] kendo. ¶ ~ 5단 ((être)) cinquième dan au *kendo*.

◆_**장** -場 명 salle *f* d'entraînement de *kendo*.

◆_**사범** -師範 명 maître *m* de *kendo*.

검둥이 명 ① personne *f* à peau brune. ② 흑인 noi*r*(*e*), nègre(*sse*). ③ ((개의 이름)) noirot *m*.

검무 劍舞 명 danse *f* du sabre.

검문 檢問 명 inspection *f*, vérification *f*; contrôle *m*, enquête *f*. ¶ ~ 검색을 강화하다 renforcer le contrôle et l'inspection. ¶ 경찰의 ~ le contrôle d'identité par la police. ¶ ~에 불응하다 refuser l'inspection. ◇_(을) **하다** inspecter, vérifier, contrôler. ¶ 통행인을 ~하다 vérifier les cartes d'identité des passants. ◇_(을) **받다[당하다]** subir [être soumis(*e*) à] un contrôle d'identité, se faire contrôler son identité.

◆_**소** -所 명 bureau(*x*) *m* d'inspection; point *m* de contrôle.

◆**불심**_ 不審 명 contrôle *m* d'identité ((par la police)).

검박하다 형 être simple, frug*al*(*ale*, *aux*), modeste, économe. ☞ 검소

검버섯 명 taches *fpl* (pigmentées) séniles ((des vieillards)). ¶ 노인들의 얼굴에는 ~이 핀다[낀다, 돋는다] Des taches (pigmentées) séniles apparaissent [se développent] sur le visage des personnes âgées.

검불 명 herbes *fpl* et feuilles *fpl* séchées. ¶ 옷[머리]에 ~이 묻었다[붙었다] Les herbes et feuilles séchées ont taché mes vêtements [mes cheveux].

◆_**밭** 명 champ *m* d'herbes et feuilles séchées.

검붉다 형 être rouge foncé *inv*, être rouge sombre *inv*. ¶ 검붉은 피 un sang rouge sombre.

검사[1] 檢査 명 inspection *f*, examen *m*; épreuve; ((선박 따위의)) révision *f*, remise *f* en état; ((회계 따위의)) vérification *f*, ((제품 따위)) conditionnement *m*. ¶ 숙제 ~ vérification [contrôle] des devoirs. ¶ 시력 ~ examen de la vue. ¶ 자동차 정기 ~ contrôle technique régulier et obligatoire d'une voiture. ¶ 철저한[허술한] ~ un examen approfondi [superficiel, rapide]. ¶ ~를 필하다 passer le contrôle (technique). ¶ ~를 통해 생산된 물품들의 품질을 확인하다 vérifier la qualité des marchandises fabriquées par un contrôle. ¶ ~에서 불합격 판정을 받다 être déclaré(*e*) inapte lors d'un contrôle [lors d'une inspection]. ◇_(를) **하다** inspecter, examiner, réviser, vérifier, conditionner. ¶ 품질을 ~하다 vérifier la qualité ¶ 시력을 ~하다 mesurer l'acuité visuelle. ◇_(를) **받다** être soumis(*e*) à un examen; être inspecté(*e*); présenter *qc* à l'inspection de *qn*. ¶ 가지고 계신 짐은 세관의 ~를 받아야 합니다 Vos bagages doivent être soumis à un contrôle [à une inspection] du bureau de la douane.

◆_**관** -官 명 inspec*teur*(*trice*); ((세관, 시험의)) examina*teur*(*trice*), ((회계의)) vérifica*teur*(*trice*).

◆_**기** -器 명 machine *f* [appareil *m*] d'inspection.

◆_**대** -臺 명 table *f* d'examen.

◆_소 -所 명 bureau(*x*) *m* d'inspection; ((생사 따위의)) salle *f* de conditionnement ((de la soie)).
◆_원 -員 명 inspec*teur*(*trice*).
◆_증 證 명 certificat *m* d'inspection.
◆_필 -畢 명 vérification *f* faite. ¶ ~필 증을 받다 recevoir l'attestation de vérification.
◆신체_ 身體 명 visite *f* médicale
◆적성_ 敵性 명 test *m* d'aptitude.

검사² 檢事 명 procureur *m* (de la République). ¶ ~로 재직하다[~ 직에 있다] exercer les fonctions de procureur.
◆_장 -長 명 chef *m* du Parquet [du Ministère public].
◆지방_ 地方- 명 procureur *m* de province.
◆차장_ 次長 명 assistant *m* procureur général.

검사³ 劍士 명 épéiste; escrimeu*r*(*se*). ¶ 뛰어난 ~ une fine lame.

검산 檢算 명 vérification *f* de comptes; vérification *f* d'un calcul. ¶ 이 장부는 아직 ~이 끝나지 않았다 Ce livre de comptes n'a pas encore été examiné [vérifié]. ◇_(을) 하다 vérifier des comptes; vérifier un calcul.

검색 檢索 명 ① recherche *f*; fouille *f*; inspection *f*; perquisition *f*. ¶ 수하물 ~ la fouille des bagages. ¶ 세관의 ~을 통과하다 passer au contrôle des douanes. ¶ ~에 걸리다 se faire prendre (en défaut) lors d'un contrôle; ((세관)) se faire arrêter à la douane. ② 【컴퓨】 recherche *f*. ¶ 인터넷을 통한 정보 ~ la recherche des renseignements sur Internet. ◇_(을) 하다 ① fouiller; faire une perquisition ((au domicile de *qn*)). ¶ 짐을 ~하는 세관원 douanier qui fouille les bagages. ¶ 방문객들의 몸을 ~하다 fouiller des visiteurs. ② faire une recherche ¶ 컴퓨터로 자료를 ~하는 중이다 On est en train de faire une recherche sur ordinateur. ¶ 이렇게 하면 ~하기에 편리하다 Comme ça, c'est très commode pour les recherches. ◇_(을) 당하다 faire l'objet d'une inspection; être fouillé(*e*).

검소 儉素 명 simplicité *f*; modestie *f*; économie *f*.
◆_하다 형 être simple, sobre; être frug*al*(*ale*, *aux*), modeste, économe, avoir des goûts simples, se contenter de peu. ¶ ~한 생활을 하다 mener une vie modeste [simple]. ¶ 그는 ~한 사람이다 Il a des goûts simples [sobres] / Il se contente de peu. ¶ ~한 예식 une cérémonie modeste[sans prétention]. ¶ 옷차림이 ~하다 être habillé(*e*) [vêtu(*e*)] simplement [sans recherche]. ¶ ~하게 살다 vivre simplement [frugalement, modestement, de peu], mener un train de vie simple [modeste].

검속 檢束 명 ① arrestation *f*, emprisonnement *m*, détention *f*. ② contrainte *f*; restriction *f*. ¶ 보호~ détention surveillée. ¶ 범인(의) ~ détention [arrestation] d'un criminel [malfaiteur]. ◇_(을) 하다 emprisonner *qn*, arrêter *qn*, détenir *qn*. ¶ 용의자를 ~ arrêter un suspect. ◇_(이) 되다 être arrêté(*e*), écroué(*e*). ¶ 범인이 ~되었다 Le malfaiteur a été arrêté.

검수 檢收 명 action de subir un contrôle qualitatif et quantitatif des marchandises d'un commerce. ◇_(를) 하다 subir un contrôle qualitatif et quantitatif de *ses* marchandises. ¶ 음식 재료를 ~하다 subir un contrôle qualitatif et quantitatif de *ses* fournitures [de *ses* réserves alimentaires]. ◇_(를) 받다 subir un contrôle qualitatif et quantitatif de *ses* marchandises.

검술 劍術 명 escrime *f*; maniement *m* de l'épée; art *m* de l'escrime. ¶ ~을 닦다[연마하다] s'entraîner au maniement de l'épée. ¶ ~이 뛰어나다[~에 능하다, ~의 고수이다, ~의 달인이다] être très fort(*e*) [exceller, être expert(*e*), être rompu(*e*) {*litt*}] dans l'art de l'escrime, (très) bien manier l'épée.

검시 檢屍 명 examen *m* (légal) d'un cadavre; autopsie *f*. ¶ ~ 결과 타살인 것으로 판명되었다 Après l'autopsie, on a conclu qu'il y avait eu meurtre. ¶ 오늘 중으로 ~가 있을 예정이다 L'autopsie est prévue pour aujourd'hui. ◇_(를) 하다 faire l'examen d'un cadavre, examiner un cadavre; procéder à [pratiquer] une autopsie, faire l'autopsie d'un cadavre, autopsier.
◆_관 -官 명 médecin *m* légiste.

검안¹ 檢案 명 examen, inspection *f*, vérification *f*, contrôle *m*. ¶ ~검색 contrôle ((dans les aéroports)). ¶ ~을 강화하다 renforcer le contrôle ((dans les aéroports)). ◇_(을) 하다 contrôler ((les passagers)); faire le contrôle ((des passagers)); ((시체를)) faire l'autopsie d'un corps.

검안² 檢眼 명 【의학】 examen *m* optique (des yeux); optométrie *f*. ◇_(을) 하다 examiner les yeux [la vue]. ¶ ~을 한 뒤 안경을 맞췄다 J'ai acheté des lunettes après avoir passé un examen des yeux.

검약 儉約 명 économie *f*, épargne *f*, frugalité. ¶ 나는 ~을 신조로 삼고 있다 J'ai pour principe la sobriété.
◆_하다 형 être simple, sobre; être frug*al*(*ale*, *aux*), modeste, économe, avoir des goûts simples, se contenter de peu. ¶ ~한 살림살이 un ménage modeste.

검역 檢疫 명 quarantaine *f*; contrôle *m* sanitaire. ¶ ~ 작업 contrôle sanitaire. ¶ ~ 중이다 être en quarantaine. ¶ ~을 위해 입항[상륙]을 금지당하다 être retenu(*e*) en quarantaine. ◇_(을) 하다 soumettre à une quarantaine; faire un contrôle sanitaire. ¶ 항구에 들어온 배를 ~하다 faire un contrôle sanitaire sur un bateau ancré au port.
◆_관 -官 명 officier *m* [médecin *m*] du service [contrôle] sanitaire.
◆_반 -班 명 section *f* du contrôle sanitaire.
◆_법 -法 명 【법률】 loi *f* concernant le contrôle sanitaire.
◆_선 -船 명 vedette *f* du contrôle sanitaire.
◆_소 -所 명 service *m* [contrôle *m*] sanitaire; lazaret *m* {*vx*}. ¶ ~에서 검역을 받다 subir un contrôle au

service sanitaire.

◆_전염병 -傳染病 명 【법률】 maladie *f* épidémique qui fait l'objet du contrôle sanitaire.

검열 檢閱 명 ① inspection *f*, vérification *f*, examen *m*, contrôle *m*. ¶~ 번호 numéro d'inspection. ¶~ 제도 système de contrôle. ② 【군사】 inspection *f* ((des locaux, de l'équipement)), examen *m* ((de l'uniforme militaire)), revue *f* (de casernement). ¶군장 ~ examen du matériel militaire du soldat. ¶막사 ~ revue de casernement. ② 사전 검사와 통제 censure *f*. ¶~필 passé(*e*) à la censure; après censure. ¶신문의 ~ censure des journaux. ¶엄격한 ~ une censure sévère. ¶~을 폐지하다 supprimer la censure. ¶~을 통과하다 être admis(*e*) après inspection; passer la censure. ¶~에 걸리다 ne pas être censuré(*e*). ¶그 영화는 ~ 과정에서 많은 부분이 삭제되었다 Ce film s'est vu censuré à plusieurs endroits. ◇_(을) **하다** ① examiner, inspecter; regarder de près; faire une inspection. ¶우편물을 ~하다 passer en revue le courrier ② 【군사】 examiner, inspecter; faire une inspection. ¶사령관이 부대를 ~했다 Le commandant a inspecté les troupes. ③ interdire ((une pièce de théâtre)); faire [passer] la revue, passer en revue. ¶언론[영화]을 ~하다 passer en revue la presse [le cinéma]. ◇_(을) **받다** se faire passer en revue, être inspecté(*e*), faire l'objet d'une inspection. ¶위생 상태를 ~받다 faire l'objet d'un contrôle sanitaire.

◆_관 -官 명 censeur *m*; inspecteur *m*. ¶영화 ~관 censeur pour le cinéma.

검은자위 명 partie *f* noire [brune] de l'œil; iris *m*.

검은콩 명 soja *m* noir, pois *m* chinois de couleur noire. ¶~ 우유 lait au soja noir.

검인 檢印 명 sceau(*x*) *m* [cachet *m*] d'approbation; estampille *f*. ¶~필 vu(*e*) et certifié(*e*). ¶~을 찍다 sceller, estampiller, viser; apposer un visa sur. ¶~이 없으면 무효입니다 Ce qui n'est pas estampillé n'est pas valable. ¶여권에는 영사의 ~이 있어야 한다 Le passeport doit être visé par le consulat. ◇_(을) **받다** se faire viser. ¶이 서류는 구청의 ~을 받아야 한다 Ce document doit être visé par la mairie.

◆_증 -證 명 visa *m*.

검인정 檢認定 명 approbation *f* officielle après contrôle. ¶~ 교과서 manuel *m* de classe reconnu par les autorités. ¶이 교과서는 문교부 ~이다[~을 받았다, ~을 땄다] Ce manuel scolaire a été approuvé officiellement après le contrôle du ministère de l'Éducation nationale.

검자 檢字 명 index *m* des caractères chinois (d'après le nombre de traits). ¶~ 표 tableau(*x*) des caractères chinois.

검정[1] 명 ① noir *m*; couleur *f* noire. ¶~ 머리 des cheveux noirs; une chevelure noire. ¶~ 물감 une teinture noire; un colorant noir. ¶~ 치마 une jupe noire. ② 검은 때나 그을음 noir *m*; crasse *f*, saleté *f*, tache *f* noire; suie *f*, noir *m* de fumée. ¶~이 묻어 더러워지다 être barbouillé(*e*) de noir. ¶볼에 ~이 묻다 avoir du noir sur la joue. ¶~을 벗기다 enlever le noir.

◆_개 명 chien *m* noir.

*~**개는 돼지 편** On est toujours du côté des siens / Qui se ressemble s'assemble.

◆_색 -色 명 noir *m*, couleur *f* noire.

검정[2] 檢定 명 approbation *f* [sanction *f*, certification *f*] officielle; autorisation *f*; ((검사)) examen *m*, inspection *f*. ¶~ 교과서 livre scolaire autorisé[reconnu] (par le gouvernement). ¶~ 시험 examen pour l'obtention d'un certificat officiel. ¶~필 approuvé et certifié. ¶교육부 ~필 approuvé(*e*) par le ministère de l'Éducation. ¶기능 ~ approbation d'une fonction. ¶무시험 ~ certification sans examen. ◇_(을) **하다** donner une approbation officielle; approuver, autoriser, examiner, inspecter. ¶자격이 있는지 ~하다 examiner si on est qualifié.

◆_고시 -考試 명 examen *m* pour l'obtention d'un certificat officiel. ¶대학 입학 자격 ~고시 examen de qualification à l'entrée aux universités.

◆_료 -料 명 frais *mpl* d'autorisation [d'examen].

검정고시 檢定考試 명 examen *m* pour une licence [permission, autorisation]; examen *m* pour l'obtention d'un certificat officiel; ((고등학교 검정고시)) examen *m* externe de fin d'études secondaires équivalent du baccalauréat, examen *m* externe donnant l'équivalent du baccalauréat. ¶~를 실시하다[시행하다] instituer [mettre en vigueur, mettre en place] cet examen. ¶고등학교 ~를 치다[치르다] passer l'examen donnant l'équivalent du baccalauréat. ¶고등학교 ~에 합격하다[불합격하다] réussir [échouer] à l'examen donnant l'équivalent du baccalauréat.

검증 檢證 명 vérification *f*, inspection *f*, constatation *f*; homologation *f* ((d'un testament)). ¶이 물건은 ~ 대상이니 손대지마라 Ne touche pas à cet objet puisqu'il est destiné à l'inspection. ◇_(을) **하다** faire une inspection; vérifier, inspecter, homologuer. ¶범죄 현장을 ~하다 inspecter le lieu du crime. ◇_(이) **되다** être vérifié(*e*). ¶그것은 아직 ~되지 않은 가설일 뿐이다 Ce n'est qu'une hypothèse qui n'a pas encore été soumise à (la) vérification. ◇_(을) **받다** être soumis(*e*) à (la) vérification.

◆_물 -物 명 objet *m* soumis à (la) vérification.

◆_조서 -調書 명 【법률】 procès-verbal *m*. ¶~조서를 꾸미다 dresser un procès verbal.

◆현장_ 現場 명 【법률】 inspection *f* [descente *f*] sur les lieux ((d'un crime, d'un accident)).

검지 一指 명 index *m*.

검진 檢診 명 【의학】 examen *m* médical; ((성병의)) examen *m* des maladies vénériennes. ¶정기 ~ examen médical régulier. ¶집단 ~ examen médical collectif. ◇_(을) **하다** faire passer un examen médical. ◇_(을) **받다** subir un examen médical. ¶ 성병 ~을 받다 subir un examen pour des maladies vénériennes. ¶ 의사에게 ~받다 être soumis(*e*) à un examen par un médecin; être examiné(*e*) par un médecin.

검찰 檢察 명 parquet *m*, ministère *m* public, magistrature *f* debout; procureur *m* (de la République). ¶ ~의 정치적 중립 la neutralité politique du parquet. ¶ ~ 업무[사무] des affaires dont s'occupe le ministère public [le parquet]. ¶ ~ 측 증인 un témoin à charge. ¶ 사건의 증인으로 ~에 출두하다[소환되다] se présenter au [être convoqué par le] parquet en tant que témoin d'une affaire. ¶ 뇌물 사건의 피의자로 ~에 고발되다 être accusé [inculpé] par le parquet pour une affaire de pot-de-vin. ¶ 이 사건은 ~에서 수사 중이다 Cette affaire est en cours d'enquête au parquet / Le parquet fait actuellement une enquête sur cette affaire.

◆**_관** -官 명 procureur *m* (de la République).

◆**_청** -廳 명 ministère *m* public; parquet *m*.

◆**_총장** -總長 명 Procureur *m* général; directeur *m* du ministère public; Avocat *m* général.

◆**대_청** 大-廳 명 Parquet *m* général.

검출 檢出 명 【화학】 détection *f*, analyse *f* (chimique). ◇_(을) **하다** détecter, déceler, discerner, analyser (une substance chimique). ◇_(이) **되다** être détecté(*e*), décelé(*e*). ¶ 수도물에서 중금속이 ~되었다 Du métal a été détecté dans l'eau du robinet. ¶ 사체 부검 결과 위에서 독극물이 ~되었다 D'après les résultats de l'autopsie, une substance toxique a été décelée dans l'estomac.

◆**_기** -器 명 détecteur *m*.

검침 檢針 명 relevé *m* d'un compteur. ◇_(을) **하다** relever le(*s*) compteur(*s*) ((à eau, à gaz, d'électricité)). ¶ 수도[전기] ~을 하다 relever le compteur à eau [relever le compteur d'électricité; relever l'électricité]. ◇_(을) **받다** se faire relever le(*s*) [*son*] compteur(*s*) ((d'eau, d'électricité, de gaz)). ¶ 오늘 전기 ~을 받았다 Aujourd'hui, on est passé relever mon compteur d'électricité.

◆**_원** -員 명 releveu*r*(*se*) de compteurs.

검토 檢討 명 examen *m*; investigation *f*, enquête *f*, vérification *f*, étude *f*. ¶ 철저한 ~ une inspection minutieuse. ¶ ~ 중이다 être en cours d'enquête; l'enquête est en cours. ¶ ~를 요하다 demander l'enquête. ¶ ~ 결과 그의 판단이 잘못되었다는 것이 판명되었다 Après vérification [Vérification faite], il est devenu clair que son jugement n'était pas juste. ◇_(를) **하다** examiner, vérifier, étudier, considérer ((les faits)). ¶ 답안지를 여러 번 ~하다 vérifier les réponses d'examen plusieurs fois. ¶ 정부는 유가 인상을 ~하고 있다 Le gouvernement étudie l'augmentation du prix du pétrole (et ses conséquences). ¶ 보고서를 ~해 본 결과 이번 사업은 연기하는 편이 낫겠다 Il serait préférable de repousser ce projet d'entreprise après vérification du rapport. ◇_(가) **되다** être examiné(*e*). ¶ 충분히 ~된 사업 계획 un projet d'entreprise bien [minutieusement] examiné, un projet épluché {*fam*}. ◇_(를) **받다** être vérifié(*e*).

◆**재_** 再 명 révision *f*. ¶ 재~하다 examiner à nouveau; reconsidérer, réviser. ¶ 재~를 요하다 exiger un nouvel examen [un réexamen].

검표 檢票 명 contrôle *m* des billets. ◇_(를) **하다** contrôler les billets.

◆**_원** -員 명 contrôleu*r*(*se*).

검푸르다 형 être bleu noir *inv*. ¶ 검푸른 바다 la mer (qui est) bleu noir.

겁[1] 怯 명 crainte *f*, peur *f*, timidité *f*. ¶ ~에 질린 얼굴 un visage marqué par la peur, un visage terrorisé [épouvanté]. ◇_(을) **내다[먹다]** avoir peur ((de *qc*)), avoir de l'appréhension, appréhender, craindre *qc*, redouter *qc*. ¶ 모든 학생들이 그 선생님을 ~낸다 Ce professeur terrorise tous les étudiants. ¶ 외국인과 대화하기를 ~내다 avoir peur de parler avec un étranger. ¶ 그렇게 ~낼 것까지는 없어요 Il n'y a pas de quoi s'angoisser de cette façon [d'avoir une telle peur] / Une telle peur n'est pas justifiée / Il n'y a pas de raison d'avoir une telle peur / Vous n'avez rien à craindre / Il n'y a rien à craindre. ◇_(을) **집어먹다** s'épouvanter, s'effrayer de *qc*, être pris(*e*) de peur [de panique]; être saisi(*e*) [transi(*e*)] de peur, être saisi(*e*) de frayeur; être pris(*e*) de panique. ◇_(을) **주다** faire peur à *qn*. ¶ ~주지 마세요 Ne me faites pas peur! ◇_(이) **나다** avoir peur ((de *qc*)), être pris(*e*) de peur, craindre *qc*, redouter *qc*, appréhender *qc*, avoir de l'appréhension, avoir la frousse [les jetons, les chocottes, les boules] {*fam*}. ¶ ~이 나서 sous le coup de la crainte; pris(*e*) de peur. ¶ 그 이야기를 들으니 ~이 더럭 났다 J'ai été saisi(*e*) de peur à l'écoute de cette histoire / En écoutant cette histoire, j'ai tressauté de peur [j'ai ressenti une violente angoisse] / Cette histoire m'a fait tressaillir. ¶ 그 여자를 만나기가 ~난다 J'ai peur de la rencontrer. ¶ 그 아이는 야단맞을까 ~이 나서 오지 않았다 Cet enfant n'est pas rentré à la maison dans la crainte de se faire gronder. ◇_(이) **많다[없다]** être peureu*x*(*se*), crainti*f*(*ve*), poltron(*ne*), timide, pusillanime [courageu*x*(*se*), hardi(*e*), intrépide, brave, audacieu*x*(*se*), téméraire]. ¶ 우리 애는 도대체 ~이 없어요 Mon enfant n'a peur de rien [est sans peur, est intrépide, n'a pas froid aux yeux] / Mon enfant, c'est un casse-cou {*fam*}.

◆**_결** 명 ((sous le)) coup *m* de la peur. ¶ ~결에 엉뚱한 대답을 하다 donner [faire] une réponse incohérente sous le coup de la peur.

◆**_쟁이** 명 lâche *f*, poltron(*ne*) *mf*, poule *f* mouillée {*fam*}.

겁[2] 劫 분류 【불교】 kalpa *m*.

◆**_운** -運 명 malchance *f*: mauvaise fortune *f*;

mauvais sort *m*. ¶ 그 사람의 사주에는 ~운이 끼었다 Il a un destin marqué par la malchance / Il est né sous une mauvaise étoile.

겁간 劫姦 명 viol *m*. ◇_(을) **하다** violer ((une femme)). ◇_(을) **당하다** se faire violer.

겁탈 劫奪 명 ① 약탈 pillage *m*, vol *m*. ② 강간 viol *m*. ◇_(을) **하다** piller, voler; prendre par force; violer; enlever de force. ¶ 처녀를 ~하다 abuser d'une jeune fille; violer une jeune fille.

것 의명 ① ((nom dépendant ou non autonome, il s'emploie après toutes sortes de mots déterminatifs; utilisé après la particule déterminative -의, après les démonstratifs 이, 그, 저, après les déterminatifs ordinaires et interrogatifs)) chose *f*, objet *m*, matière *f*, sujet *m*, affaire *f*. ¶내 ~ le mien, la mienne. ¶네 ~ le tien, la tienne. ¶이것이 누구의 ~입니까? À qui est [appartient] ceci? ¶어느 ~을 원하세요? Lequel [Laquelle] voulez-vous? ¶그중 어떤 ~들은 읽을 만합니다 Certains (d'entre eux) méritent d'être lus. ¶아무 ~이나 골라라 Choisis n'importe lequel [celui que tu veux]. ¶새 ~과 헌 ~ le neuf et le vieux. ¶내 친구[아버지]의 ~ ce qui est à mon ami(*e*) [à mon père]. ② ((Utilisé après les suffixes flexionnels déterminatifs -ㄴ/-은, -는, -ㄹ/-을, -던, il sert à nominaliser ou substantiver une locution verbale ou une proposition)) ((objet, chose)) ce que, le fait que. ¶비싼[싼] ~ ce qui est cher [bon marché]. ¶좋은[나쁜, 새로운, 오래된] ~ ce qui est bien [mauvais; nouveau, neuf; vieux, ancien]. ¶먹을[마실] ~ quelque chose à manger [boire]. ¶네가 본 ~을 모두 내게 말해 봐 Dis-moi tout ce que tu as vu. ¶나는 그 친구가 합격한 ~을 몰랐다 Je ne savais pas qu'il avait réussi. ¶그 사람은 내가 오리라는 ~을 미리 알고 있었다 Il savait déjà que j'allais venir / Il était déjà au courant de ma venue [visite]. ¶그 여자가 그 사실을 알고 있다는 ~이 놀라울 따름이다 Je m'étonne seulement qu'elle le sache. ¶아침에 일찍 일어나는 ~은 어렵다 C'est difficile [Ce n'est pas facile] de se lever tôt le matin. ¶내가 그 여자를 처음 만난 ~은 어느 책방에서였다 C'était dans une librairie que je l'ai rencontrée pour la première fois. ③ ((terme péjoratif désignant une personne)) petit jeune *m*, petit(e) jeunot(*te*) {*fam*} ce type-là, celui-là. ¶어린 ~이 말이 많다 Ce jeunot parle trop [est trop bavard] / Ce blanc-bec a la langue trop pendue. ¶요즘 젊은 ~들은 예의가 없어 Les petits jeunes d'aujourd'hui ignorent les bonnes manières. ¶저 ~이 죽고 싶어 환장했나 On dirait qu'il ne tient vraiment pas à la vie, celui-là / Il est suicidaire, celui-là / J'ai vraiment envie de lui faire la peau à celui-là. ④ ((locution sous forme de radical + -ㄴ/-은, -는, -ㄹ/-을, -던 + ~ 같다, exprimant la supposition ou la ressemblance.)) sembler, paraître, avoir l'air; avoir l'impression que; on dirait que. ¶하늘을 보니 비가 올 ~ 같다 D'après le ciel, je pressens [on dirait] qu'il va pleuvoir. ⑤ ((locution sous forme de radical + -ㄹ/-을 + ~이다, exprimant le futur, la supposition, la possibilité ou l'intention.)) ¶나도 내일 갈 ~이다 Moi aussi, j'irai demain. ¶내일은 눈이 올 ~이다 Demain, il neigera. ⑥ ((locution sous forme de radical + -ㄹ/-을 + ~, exprimant l'interdiction)) Il est interdit de+*inf*, ne pas+*inf* ((recommandation)) à+*inf*. ¶강의실 안에서 담배 피우지 말 ~ Il est interdit de fumer dans la salle de cour. ¶접이식 의자를 사용하지 말 ~ Ne pas utiliser les strapontins. ¶다시 볼 ~ À revoir / À réviser / À vérifier. ⑦ ((locution sous forme de radical + -ㄹ/-을 + ~(이) 없다, pour rassurer)) il n'y a pas de quoi+inf, ce n'est pas la peine de+inf. ¶염려하실 ~ 없어요 Il n'y a pas de quoi vous inquiéter. ¶그렇게까지 할 ~은 없다 Ce n'est même pas la peine de faire tout ça. ⑧ ((locution sous forme de radical + -ㄹ/-을 + ~없이)) sans+*inf*. ¶그 친구를 기다릴 ~ 없이 시작하자 Commençons sans l'attendre. ⑨ ((locution sous forme de radical + -ㄴ/-은, -는, -ㄹ/-을, -던 + ~으로 하다/치다)) faire comme si. ¶이번 일은 없었던 ~으로 하자 Cette fois, on fait comme si ça comptait pour du beurre [comme si ça n'avait jamais existé]. ⑩ ((locution sous forme de radical + -/-을 + ~을, exprimant le regret)) ¶집에 있을 ~을 괜히 나갔어 J'aurais mieux fait de rester chez moi, je suis sorti(*e*) pour des prunes {*fam*} [pour rien] [je me suis déplacé(*e*) pour rien]. ⑪ ((locution sous forme de radical + -ㄴ/-은, -는, -ㄹ/-을, -던 + ~이다, exprimant un sentiment emphatique)) c'est que, cela signifie que, cela dit que, disons que. ¶그것이 바로 생각해 보아야 할 문제인 ~이다 C'est bien la question à [sur] laquelle il faut réfléchir.

겅중 어근

◆_**거리다** 자 marcher [avancer] à grands pas [à grandes enjambées]. ¶ 그는 좋아서 ~거리며 뛰어다녔다 Heureux, il a couru à grandes enjambées.

◆_ _ 부 en faisant de grands bonds. ¶ ~~ 뛰다 courir en faisant de grands bonds.

겉 명 ① surface *f*, face *f*. ¶ ~이 오톨도톨한 호두껍질 une coque [une coquille] de noix dont la surface est irrégulière [n'est pas lisse]. ② ((옷 따위의)) 바깥면 endroit *m*. ¶ ~에 털이 달린 코트 un manteau de fourrure ((par opposition à un manteau fourré)). ③ 드러난 모습, 외면 extérieur *m*, dehors *m*, apparence *f* extérieure. ¶ ~으로는 à l'extérieur; extérieurement; au dehors; en apparence. ¶ 감정[본심]을 ~으로 드러내다 exprimer [représenter] des sentiments profonds [le fond de sa pensée]. ¶ ~으로는 아무렇지 않은 척하다 garder un calme apparent [un air calme]. ¶ ~만 보고 판단하다 juger (seulement) sur l'apparence, se fier à l'apparence. ¶ ~은 그럴듯해 보인다 Si l'on ne juge que par l'apparence, ça a l'air bien [cette personne a l'air bien]. ¶ 그이는 ~만 그렇지 속은 다르다 Malgré son air bourru, il a bon cœur.

*~ **다르고 속 다르다** les apparences sont trompeuses.

*~**만 보고는 알 수 없다** On ne peut pas juger quelqu'un seulement sur son apparence / On ne doit pas juger sur les apparences [se fier aux apparences] / Les apparences sont souvent trompeuses / Tout ce qui brille n'est pas or / L'habit ne fait pas le moine / L'air ne fait pas la chanson.

*~**으로 빙빙 돌기만 하다** ne faire que tourner en rond. ¶ 그 사람은 언제나 ~으로 빙빙 돌기만 할뿐 핵심은 건드리지 않는다 Habituellement, il n'arrive jamais à l'essentiel, il ne fait que tourner en rond.

***수박 ~핥기** ☞ 수박

◆_**감** 명 endroit *m*.

◆_**껍질** 명 écorce *f*, peau(*x*) *f*, revêtement *m* extérieur.

◆_**보기** 명 apparence *f*, extérieur *m*, dehors *m*. ¶ 그 남자는 ~보기와는 달리 아주 꼼꼼하다 Il est très délicat contre toute apparence. ¶ ~보기에는 그럴 듯하다 L'aspect extérieur (de cet objet) est agréable [intéressant, séduisant, beau, esthétique] / Cet objet a une belle allure [présentation]. ¶ ~보기에 좋은 게 속도 좋은 법이다 Une belle apparence [Une apparence agréable] révèle quelque chose de bon / Sous une belle apparence, c'est forcément bon.

◆_**면** -面 명 surface *f*, extérieur *m*.

◆_**싸개** 명 couverture *f*; papier *m* d'emballage; enveloppe *f* extérieure.

◆_**약다** 형 être intelligent(*e*), mais superficiel(*le*); être d'une intelligence vive, mais peu profonde. ¶ 그 사람은 스스로 꾀를 낸 줄 알지만 사실은 ~약은 짓을 한 셈이다 Il croit être l'auteur de cette ruse [de ce piège] [Il croit avoir été malin] mais il n'y a personne qui s'y laissera prendre [mais il n'y a que lui qui pense que c'en est un(*e*)].

◆_**여물다** 자 ne pas être assez mûr(*e*).

◆_**웃음** 명 faux rire *m*.

◆_**인사** -人事 명 salutations *fpl* formelles, salutations *fpl* de politesse. ¶ 그 사람의 말은 그저 ~인사에 지나지 않는다 Il a dit ça seulement par politesse [pour la forme] / Ses propos ne traduisent pas le fond de sa pensée.

◆_**자락** 명 ((저고리, 두루마기, 치마의)) revers *m* externe ((d'un vêtement traditionnel coréen)).

◆_**짐작** 명 évaluation *f* à vue; estimation *f* approximative.

◆_**칠** -漆 명 laque *f*, peinture *f*.

◆_**흙** 명 ① terre *f* superficielle. ② 갈이흙, 경토 terre *f* arable.

겉넓이 명 superficie *f*, surface *f*, étendue *f*.

겉눈썹 명 sourcil *m*.

겉늙다 자 paraître [faire] plus que son âge; paraître vieux(vieille) pour *son* âge. ¶ 그의 얼굴은 심한 고생으로 인해 겉늙어 보였다 Il paraît plus vieux que son âge tellement il a eu la vie dure.

겉대 명 partie *f* extérieure ((de la tige d'un légume)).

겉돌다 자 ① se mêler mal à *qc*; s'ajuster mal; tourner à vide. ② ne pas faire bon ménage avec *qn*; faire groupe [bande] à part. ¶ 그렇게 겉돌다가 무엇을 이룰 수 있겠니? Qu'est-ce que tu pourras faire de bien (dans la vie) si tu fais toujours bande à part?

겉멋 명 chic *m* extérieur; élégance *f* visible. ◇_(**을**) **내다**[**부리다, 피우다**] s'intéresser à sa présentation [à son aspect extérieur, à sa tenue extérieure]. ¶ 사람이 ~만 내서는[피워서는] 곤란하다 Il ne faut pas s'intéresser qu'à sa présentation [qu'à son aspect extérieur, qu'à sa tenue extérieure]. ◇_(**이**) **들다** s'intéresser (trop) à sa présentation [à son aspect extérieur, à sa tenue extérieure].

겉모습 명 ☞ 겉모양

겉모양 명 apparence *f*; dehors *m*; extérieur *m*. ¶ ~으로 사람을 판단하다 juger [apprécier] une personne sur son aspect extérieur [sur son apparence]. ¶ ~에 속지 마라 Ne te fie pas aux apparences / Méfie-toi des apparences. ¶ ~만 그럴 듯하다 Une belle apparence cache un contenu très pauvre / Sous [Malgré] une apparence [présentation] flatteuse [Sous un masque respectable] le contenu est vide [Seul son aspect physique est intéressant / En dehors de son aspect physique, il n'a rien de positif / Il est beau, mais ça s'arrête là {*fam*}]. ¶ 사물이 반드시 ~과 같지만은 않다 Les choses ne sont pas toujours ce qu'elles paraissent. ¶ 이 둘은 일단 ~에서부터 차이가 난다 Rien que d'aspect extérieur, il est évident qu'ils sont différents [on voit tout de suite qu'ils sont différents] / Par l'aspect extérieur, les différences sont évidentes / Dès le premier abord, on voit qu'ils sont différents.

겉버선 명 chaussette *f* en étoffe (assortie au costume coréen).

겉보리 명 orge *f* non décortiqué.

*~ **서 말만 있으면 처가살이 안 한다** Il est très difficile pour un homme d'envisager de vivre chez ses beaux-parents / Il faut vraiment manquer d'argent pour un homme pour accepter de vivre chez ses beaux-parents.

겉봉 명 enveloppe *f* (extérieure); papier *m* d'emballage; extérieur *m* d'une enveloppe. ¶ ~에 주소를 쓰다 écrire une adresse sur l'enveloppe; mettre l'adresse sur une enveloppe.

겉봉투 명 ☞ 겉봉

겉씨식물 -植物 명 【식물】 gymnosperme *f*.

겉옷 명 vêtement *m* extérieur (de dessus); survêtement *m*.

*~**을 달라 하면 속옷까지 내어 줘라** Si un ami te demande quelque chose, donne-lui en plus [sois généreux, ne mégote pas {*fam*}, ne sois pas radin {*fam*}] / Quand tu donnes quelque chose, ne sois pas radin [donne avec prodigalité, sois généreux, ne mégote pas {*fam*}].

ㄱ

겉잡다 타 ((대략)) se faire une idée approximative de *qc*; faire une évaluation en gros [approximative]; évaluer à vue; avoir une idée approximative; ((추측)) deviner; ((견적)) évaluer, estimer. ¶ 대강 ~ faire une évaluation en gros [approximative]. ¶ 남아 있는 물건의 수를 겉잡아 헤아리다 estimer approximativement le nombre de marchandises restantes. ¶ 그 청소년의 행동은 겉잡을 수 없다 Il est difficile de cerner [comprendre] le comportement de cet adolescent.

겉장 명 couverture *f* d'un livre. ¶ 이 책은 ~이 찢어졌다 La couverture de ce livre(-ci) est déchirée [décollée].

겉저고리 명 veste *f* [jaquette *f*] de femme.

겉절이 명 *geotjeori m* <sorte de *gimchi* frais qui n'a pas fermenté, crudités saumurées et assaisonnées que l'on mange tout de suite contrairement au *gimchi*>. ◇_(를) **하다** faire du *geotjeori*. ¶ 배추를 ~해서 먹다 manger des choux en *geotjeori*.

겉쪽 명 l'extérieur *m*. ¶ 이 상자는 안쪽이 ~보다 더 깨끗하다 L'intérieur de cette boite est plus propre que l'extérieur.

겉창 -窓 명 fenêtre *f* extérieure; volet *m*, contrevent *m*.

겉치레 명 décoration *f*, ostentation *f*, apparat *m*, parure *f*, étalage *m*. ¶ ~를 좋아하다[~에 신경 쓰다] être porté(*e*) à l'ostentation; donner beaucoup d'importance à l'aspect extérieur [à l'apparence]. ¶ 그 여자는 실속보다 ~를 중요하게 생각한다 Elle attache plus d'importance à son apparence extérieure [à sa tenue, à sa présentation] qu'à l'essentiel [qu'au reste]. ¶ 그의 말은 ~에 불과하다 Son histoire n'est qu'une façade. ¶ ~뿐인 인사는 싫다 Je n'aime pas saluer seulement pour la forme [par politesse]. ¶ 그 여자는 언제나 ~가 요란하다 La parure de cette femme est toujours tape-à-l'oeil [trop voyante]. ¶ 정치가의 말은 ~만 번드레하다 Chez les politiciens, il n'y a que l'éloquence [le style] qui compte. ◇_(를) **하다** se parer; sauver les apparences; faire étalage de; travailler la présentation.

겉치마 명 jupe *f*. ¶ ~로 속치마가 비친다 On voit le cotillon [la jupe de dessous] sous la jupe.

겉치장 -治粧 명 ornement *m* extérieur, parure *f*, ((겉모습)) aspect *m* extérieur, apparence *f*. ¶ 그 여자는 ~에 너무 많은 시간과 돈을 들인다 Elle dépense trop d'argent et de temps pour son aspect extérieur. ¶ ~이 뭐가 중요하냐, 내용이 문제지 Ne t'intéresse pas à l'aspect extérieur, mais au contenu / Ne regarde pas la forme, intéresse-toi au fond / C(e n)'est pas l'emballage qui compte! {*fam*} / C'est le fond qui compte. ◇_(을) **하다** orner; travailler la présentation; parer l'extérieur de *qc*.

게[1] 명 crabe *m*. ¶ ~의 집게발 pince de crabe.
*__가재는 ~편이다__ On est toujours du côté des siens. ¶ 가재는 ~편이라고 그놈이 그놈이다 Qui se ressemble, s'assemble, on peut tous les mettre dans le même panier.
◆**_거품** 명 écume *f*, bulle *f*. ¶ (입에) ~거품을 물다[물고 말하다] parler l'écume aux lèvres.
◆**_걸음** 명 démarche *f* de côté ((rappelant celle d'un crabe)). ¶ ~걸음(을) 치다[~걸음으로 걷다] marcher en crabe.
◆**_눈** 명 œil *m* [yeux *mpl*] de crabe.
*(**마파람에**) **~눈 감추듯** ☞ 마파람
◆**_딱지** 명 carapace *f* de crabe. ¶ ~ 같은 집 une (toute) petite maison.
◆**_자리** 명 【천문】 (signe *m* du) Cancer.
◆**_장** 명 ① sauce *f* de soja dans laquelle on conserve les crabes. ② *gejang* <plat d'accompagnement à base de crabe accommodé à la sauce de soja>. ¶ ~을 담그다 préparer du *gejang*.
◆**꽃_** 명 crabe *m* commun, *Neptunus trituberculatus* {*nsc*}. ¶ 꽃~ 탕 soupe de crabe.
◆**민물_** 명 crabe *m* d'eau douce.
◆**바닷_** 명 crabe *m* de mer.
◆**숫_** 명 crabe *m* (mâle).
◆**암_** 명 femelle *f* crabe.

게[2] 부 【구어】 là-bas. ¶ ~ 섰거라 Arrête-là! ¶ ~ 아무도 없느냐 Il n'y a personne là-bas?

게[3] ((forme contractée de 것이)) la chose [personne] qui. ¶ 손에 든 ~ 뭐냐 Qu'est-ce que tu as dans les mains? ¶ 조그만 ~ 어른한테 대들다니 Comment un petit morveux comme toi peut tenir tête à ses supérieurs [à ses aînés]!

-게[4] 어미 ① ((suffixe flexionnel de terminaison phrastique de l'impératif s'adressant à un égal, à une personne inférieure hiérarchique ou à une personne plus jeune)). ¶ 열심히 일하~ Travaille diligemment! / Fais de ton mieux! ¶ 자네들끼리 가~ Allez-y entre vous. ¶ 그 일은 자네가 맡~ Charge-toi de ce travail / Prends en charge ce travail.

-게[5] 어미 ① ((suffixe flexionnel de terminaison phrastique à valeur exclamative)). ¶ 그만한 돈이 있으면 얼마나 좋~ Que je serais heureux si j'avais une telle somme! ¶ 그렇게라도 됐으면 좋~ Que je serais heureux(*se*) si j'arrivais déjà à ce résultat! / Je serais déjà heureux(*se*) d'arriver à ce résultat. ② ((suffixe flexionnel de terminaison phrastique servant à poser de fausses questions)). ¶ 그건 가져다 무엇에 쓰~? Tu l'utiliseras pour quoi? / À quoi ça te servirait? ¶ 이제 떠나서 언제 닿~? À quoi bon partir maintenant! ¶ 이 많은 것을 어느 천 년에 다 읽~? Quand est-ce que je pourrai lire tous ces livres? / Jamais je ne pourrai lire tous ces livres.

-게[6] 어미 ① -ment ((suffixe flexionnel qui sert à former des adverbes décrivant la manière dont se déroule l'action)). ¶ 용감하~ 싸우다 battre bravement [courageusement, vaillamment, hardiment]. ¶ 크~ 말하다 parler fort. ¶ 짧~ 설명하다

ㄱ

exprimer simplement. ② -ment ((suffixe flexionnel qui sert à former des adverbes décrivant l'état résultant de l'action achevée)). ¶ 꽃이 아름답~ 피었다 Les fleurs se sont joliment épanouies. ¶ 피부가 검~ 탔다 La peau est bronzée. ¶ 아이가 크~ 자랐다 Cet enfant a bien [beaucoup] grandi. ③ 귀결 ((suffixe flexionnel conjonctif exprimant l'aboutissement d'une action, avec le verbe auxiliaire 되다)) être amené à+*inf*. ¶ 음악을 좋아하~ 되다 être amené(*e*) à aimer la musique. ¶ 한국에 대해서 관심을 갖~ 되다 être amené à s'intéresser à la Corée. ¶ 무슨 자격으로 프랑스에 가사~ 됩니까? À quel titre allez-vous en France? ¶ 할 수 없이 같이 가~ 되었다 J'ai été obligé(*e*) d'aller avec lui / J'ai dû l'accompagner. ¶ 결국 여기까지 오~ 되었다 Finalement, j'en suis arrivé(*e*) là / J'ai fini par en arriver là. ④ ((사역)) faire faire, faire+*inf* ((suffixe flexionnel servant à former le causatif ou le factitif)). ¶ 아이한테 우유를 마시~ 하다 faire boire du lait à un enfant. ¶ 춤을 못 추~ 하다 empêcher *qn* de danser. ¶ 그 분을 만나~ 해 주시오 Donnez-moi la chance de rencontrer cette personne. ¶ 나를 화나~ 만드는군 Ça m'énerve trop / Ça me met hors de moi. ¶ 아이에게 노래하~ 시키다 faire chanter un enfant. ⑤ ((목적)) pour+*inf*, afin de+*inf*; pour que+*subj*, afin que+*subj* ((suffixe flexionnel servant à former le causatif ou le factitif)). ¶ 차가 지나가~ 길을 비켜라 Faites de la place [Ecartez-vous, Mettez-vous sur le côté] pour que la voiture puisse passer / Laissez le passage à la voiture. ¶ 감기 들지 않~ 조심하시오 Faites attention à ne pas attraper de rhume / Tâchez de ne pas vous enrhumer. ¶ 잘 볼 수 있~ 가까이 오시오 Approchez-vous de moi pour que je puisse bien [mieux] vous voir. ¶ 애가 못나가~ 문을 잘 닫아라 Ferme bien la porte afin que les enfants ne puissent pas sortir. ⑥ ((문장부사를 구성)) -ment. ¶ 불행하~도 그는 이번 시험에 떨어졌다 Malheureusement, il a raté cet examen. ⑦ ((정도)) au point de+*inf*; à en faire ((pâlir *qn*)). ¶ 오늘은 날이 눈이 부시~ 맑다 Aujourd'hui, il fait un temps magnifique [resplendissant]. ¶ 그는 조 선생 뺨치~ 바둑을 잘 둔다 Il joue aussi bien au go que monsieur Jo. ⑧ ((양태)) ¶ 그 여자는 특히 눈이 예쁘~ 생겼다 Elle a surtout de jolis yeux / Chez elle, ce sont les yeux qu'elle a de plus beau. ¶ 오늘은 굶~ 생겼다 Je pressens [Je sens] que je ne vais pas pouvoir manger aujourd'hui [que je vais être contraint(*e*) de jeûner aujourd'hui, que je vais devoir me passer de déjeuner aujourd'hui]. ¶ 시에 대한 평가는 다르~ 마련이다 C'est normal que l'appréciation d'un poème soit différente d'une personne à l'autre [qu'un poème soit différemment apprécié d'une personne à l'autre, que tout le monde n'est pas le même jugement sur un poème].

-게⁷ 조 ((après '내, 네, 제') à *qn* ((particule dative)). ¶ 그 일은 내~ 맡겨라 Tu peux me laisser juger de cela. ¶ 이것은 네~ 주마 Je te le donnerai.

게걸스럽다 형 avoir une faim dévorante; avoir un appétit vorace [d'ogre], avoir un gros [bon, robuste, solide, féroce, sacré {*fam*}] appétit, avoir un bon coup [joli, sacré] de fourchette {*fam*}, avoir un appétit vorace [terrible], avoir de l'appétit, avoir beaucoup d'appétit, avoir gros appétit, être un(*e*) gros(*se*) mangeur(*se*), avoir un joli [bon, sacré] coup de fourchette {*fam*}; manger avec appétit [d'un bon appétit], manger comme un ogre; être gourmand(*e*), glouton(*ne*), vorace, morf*al*(*ale*) {*fam*}. ¶ 아이가 참 ~ C'est vrai qu'il a un appétit féroce [un sacré appétit] {*fam*}. ¶ 게걸스럽게 먹다 dévorer, bâfrer {*fam*}, s'empiffrer {*fam*}, se goinfrer {*fam*}; manger à belles dents; avaler *sa* nourriture à grosses bouchées.

-게끔 어미 ((suffixe flexionnel conjonctif exprimant le but ou le souhait)) à ce que, en sorte que. ¶ 뒤탈이 없~ 잘 조치하시오 Faites en sorte qu'il n'y ait pas de problème / Finissez bien le travail / Faites-le de manière impeccable. ¶ 그 사람이 그 일을 마무리 짓~ 하시오 Laissez-le finir ce travail.

-게나 어미 【구어】 ((suffixe flexionnel de terminaison phrastique utilisé entre vieux amis à valeur injonctive)). ¶ 어서 오사~ Veuillez entrer cher ami. ¶ 연락을 좀 더 자주 하~ Appelle-moi plus souvent. ¶ 많이 먹~ Mange à ta faim.

게놈 독 명 génome *m*.

◆_ **지도** - 地圖 명 carte *f* du génome *m*. ¶ ~ 지도를 만들다[완성하다] réaliser [dresser, décrire, faire] la carte du génome [achever [dresser, décrire] la carte complète du génome].

게다 일 명 *geta fpl* <socque japonais>. ¶ ~를 신다[벗다] mettre [enlever] des *geta*.

게다가 부 ① 그에 더하여 en outre; en plus; d'ailleurs; en sus; par surcroît. ¶ 이건 유용한 책이고 ~ 값도 싸다 C'est un livre utile et, en plus, il n'est pas cher. ¶ ~ 그는 많은 돈을 받았다 En outre, il a reçu une grosse somme d'argent. ② 설상가상으로 en [de] plus, bien plus, en outre, outre cela, en prime, de surcroît, par-dessus le marché; ((tomber)) de Charybde en Scylla; de mal en pis; un malheur ne vient jamais seul; coup sur coup; l'un après à l'autre; ((반어적)) pour tout arranger, pour couronner le tout, brochant sur le tout, la cerise sur le gâteau; pour comble de malheur [d'infortune], par [de] surcroît, pis encore; c'est le [un] comble!, il ne manquait plus que cela [ça]!; il [elle, ils] n'avai(en)t (vraiment) pas besoin de ça {*fam*}; et comme si ça ne suffisait pas {*fam*}, ...; c'est complet, c'est trop fort, c'est le bouquet {*fam*}, c'est le pompon {*fam*}, c'est la meilleure {*fam*}. ¶ ~ 그 친구는 병까지 걸렸다 Pour surcroît de malheur, il est tombé malade. ¶ ~ 그는 건강마저 해쳤다 Pis encore, il a ruiné sa santé. ¶ 비가 내렸는

데 ~ 바람까지 불기 시작했다 Il pleuvait et en plus le vent s'est mis à souffler.

게르만 독 명 Germain(*e*) ((peuple de la région correspondant à peu près à l'Allemagne, à l'époque du Bas-Empire et du haut Moyen Âge)). ¶ ~ 민족 les Germains, les peuples germaniques.

게릴라 에 명 guérilla *f*; ((사람)) guérillero *m*. ¶ ~ 훈련을 받다 passer par un entraînement de guérilla. ¶ ~를 침투시키다 faire pénétrer des guérilleros.

◆_**식** -式 관 à la manière des guérilleros; suivant la technique de la guérilla, suivant les habitudes [la technique] des guérilleros. ¶ ~식 출몰 apparition et disparition suivant la technique de la guérilla [suivant les habitudes [la technique] des guérilleros].

◆_**전** -戰 명 la guerre *f* de guérilla. ¶ ~전을 벌이다 commencer la guerre de guérilla.

◆_**부대** -部隊 명 détachement *m* de guérilleros; troupe *f* de guérilleros.

◆_**전술** -戰術 명 la tactique *f* [la stratégie *f*] de la guérilla. ¶ ~전술을 쓰다 appliquer la tactique de la guérilla.

게스트 영{guest} 명 invité(*e*) ((d'une émission)).

게슴츠레 부 d'un air vague. ¶ 눈을 ~ 뜨고 en ouvrant les yeux d'un air vague.

게시 揭示 명 affichage *m*; ((게시물)) affiche *f*, placard *m*; avis *m*, notification *f*, bulletin *m*, communiqué *m*, écriteau(*x*) *m*. ¶ ~를 붙이다 apposer un avis; poser une affiche, mettre un placard. ¶ ...라는 ~가 붙어 있다 Voici un avis disant que ... ◇_**(를) 하다** afficher un avis, afficher une annonce ((sur un mur)), poser une affiche, mettre un placard. placarder *qc*. ¶ 상세한 내용은 추후 ~할 예정이다 Plus tard sera affiché un avis avec des informations détaillées [avec de plus amples détails, avec plus de précisions]. ◇_**(가) 되다** ((un avis)) être affiché(*e*); être mis(*e*) ((sur le panneau d'affichage)).

◆_**문** -文 명 avis *m*; annonce *f*, information *f* écrite.

◆_**물** -物 명 avis *m*, annonce *f*, information *f* écrite. ¶ 홈페이지에 ~물을 올리다[삭제하다] mettre [supprimer] des informations sur la page d'accueil.

◆_**판** -板 명 panneau(*x*) *m* d'affichage, tableau(*x*) *m* d'annonces, panneau-réclame(*~x~s*) *m*; ((인터넷)) tableau(*x*) *m* d'affichage électronique; panneau(*x*) *m* d'affichage électronique; service *m* des petites annonces. ¶ 인터넷 ~판 tableau(*x*) d'affichage électronique ¶ 나는 그것을 ~판에서 읽었다 J'ai appris cela par le tableau [panneau] d'affichage / J'ai lu cela sur le tableau d'affichage.

게양 揭揚 명 action d'accrocher haut et bien en vue. ¶ 국기 ~ action de hisser le drapeau national. ◇_**(을) 하다** hisser, arborer, lever, dresser, mettre, déployer ((un drapeau)). ¶ 배가 태극기를 ~하고 있다 Le navire porte le drapeau coréen. ◇_**(이) 되다** être hissé(*e*), mis(*e*). ¶ 대통령이 암살된 후 집집마다 조기가 ~되었다 À la suite de l'assassinat du président de la République, le drapeau a été mis en berne partout dans la ville (devant chaque maison).

◆_**대** -臺 명 hampe *f* d'un drapeau. ¶ 국기 ~대 la hampe du drapeau national

게우다 타 ① 토하다 vomir, cracher ((du sang)), rendre ((ce qu'on a mangé)), dégobiller {*fam*}, dégueuler {*vulg*}, gerber {*vulg*}. ¶ 나는 저녁 먹은 것을 다 게웠다 J'ai vomi tout mon dîner. ¶ 그는 술을 많이 마셔서 먹은 것을 다 게웠다 Après avoir trop bu [Ayant trop bu (d'alcool)], il a rendu [vomi] tout ce qu'il avait mangé. ② 반환하다 rendre, restituer ((l'argent détourné)). ¶ 그는 그동안 착복한 돈을 다 게워 내야 한다 Il doit rendre [restituer] tout l'argent qu'il a détourné pendant ce temps-là.

게으르다 형 être paresseu*x*(*se*), oisi*f*(*ve*), désœuvré(*e*), indolent(*e*), fainéant(*e*), avoir un poil dans la main, avoir les côtes en long. ¶ 게으른 성품 un caractère indolent. ¶ 그 녀석은 천성이 게으른 놈이다 Ce type est paresseux de naissance [de nature] / Ce type est de nature paresseuse. ¶ 나는 게으른 탓으로 그이한테 편지도 못 내고 있다 Je suis si paresseux que je ne lui ai pas encore écrit. ¶ 그는 게으르기 짝이 없다 Il est on ne peut plus {*fam*} paresseux / Difficile d'être plus paresseux que lui / C'est le roi des paresseux / Plus paresseux que lui, tu meurs {*fam*}.

게으름 명 paresse *f*, oisiveté *f*, indolence *f*; ((태만)) négligence *f*. ◇_**(을) 피우다[부리다]** paresser, fainéanter, flemmarder {*fam*}, traîner, traînailler, traînasser, glander {*fam*}, glandouiller {*fam*}, rester sans rien faire, rester inacti*f*(*ve*) [oisi*f*(*ve*)], mener une vie oisive, perdre *son* temps à des riens [à ne rien faire], se laisser vivre, se prélasser, céder à la paresse, demeurer [rester, séjourner] sans objet précis, muser, musarder, lanterner, lambiner; avoir [rester] les doigts de pied en éventail {*fam*}, tirer au flanc, tirer au cul {*fam*}, se tourner [rouler] les pouces {*fam*}, se les tourner {*fam*}; rester les bras croisés; ne pas en ficher une rame {*fam*}, ne pas se fatiguer [se fouler {*fam*}, se casser {*fam*}]; buller {*fam*}, coincer la bulle {*fam*}, se la couler douce {*fam*}, peigner la girafe; relâcher *ses* efforts.

◆_**뱅이** 명 paresseu*x*(*se*), fainéant(*e*), feignant(*e*) {*fam*}, flemmard(*e*) {*fam*}, cossard(*e*) {*fam*}, mou *m*, tire-au-flanc *mf inv* {*fam*}, glandeu*r*(*se*) {*vulg*}, branleu*r*(*se*) {*vulg*}, tire-au-cul *mf inv* {*vulg*}; désœuvré(*e*). ¶ 그는 천성이 ~뱅이다 Il est né paresseux, celui-là / Il est paresseux de naissance, celui-là / Il a toujours eu un poil dans la main, celui-là.

게을리하다 타 négliger *qc*/de+*inf*; être négligent(*e*); manquer d'attention ((au travail)), être inattenti*f*(*ve*). ¶ 공부를 [공부하기를] ~ négliger son travail [*ses* leçons], ne pas s'appliquer à *ses* études. ¶ 그는 직무를 게을리한다 Il montre de la négligence dans son travail.

게이 영{gay} 명 gay *m*; homosexuel *m*.

게이지 영{gage} 명 jauge *f*, indicateur *m* ((du niveau d'huile)).

게이트 영{gate} 명 【운동】 barrière *f* aux sauts d'obstacles ((concours hippiques)).

게임 영{game} 명 ① 시합 compétition *f*, match *m*, partie *f*, ((disputer une)) rencontre *f* (sportive). ¶ ~에 나가다 participer à une compétition; prendre part dans un match. ¶ ~에(서) 이기다 gagner [remporter] une partie [une rencontre, un match]. ¶ ~에(서) 지다 être battu(*e*) dans un match, perdre une partie [une rencontre, un match]. ¶ ~에(서) 비기다 faire match nul. ¶ A팀이 B팀에게 3대 2로 ~을 내줬다 L'équipe A a été battue par l'équipe B par 3 (points) à 2 [sur le score de 3 à 2]. ¶ ~은 3대 3으로 비겼다 On a fait match nul avec [sur le score de] 3 partout. ¶ ~은 파리에서 벌어졌다[있었다] Le match s'est disputé à Paris. ② 놀이 jeu(*x*) *m*, récréation *f*, amusement *m*, divertissement *m*, passe-temps *m inv*. ¶ 인생은 결코 ~이 될 수 없다 La vie n'est en aucune façon un jeu / La vie n'a rien d'un jeu / Il ne faut pas prendre la vie pour un jeu. ◇_(을) **하다** jouer à un jeu; faire une partie [un match], disputer une rencontre. ¶ 카드 ~을 하다 faire une partie de cartes.
◆_**기** -機 명 console *f* de jeux vidéo.
◆_**산업** -產業 명 industrie *f* du jeu.
◆_**셋** 명 ((테니스)) jeu, set et match; 【운동】 fin *f* de match
◆**내기**_ 명 partie *f* ((d'échecs, de cartes)) [match *m*] avec comme enjeu de l'argent [un repas, une tournée].
◆**온라인**_ 명 jeux *mpl* vidéo en ligne sur Internet [sur P.C.].
◆**인터넷**_ 명 jeux *mpl* vidéo sur Internet.
분류 partie *f*. ¶ 저하고 테니스 한 ~ 치실래요 Voulez-vous faire une partie de tennis avec moi?

게재 揭載 명 publication *f*, insertion *f*. ¶ 학회지에 논문~ 신청을 하다 demander l'insertion d'un article dans la revue d'une société savante. ◇_(를) **하다** faire publier ((un article dans une revue, une annonce dans un journal)); faire insérer [faire passer] ((un article dans une revue, une annonce dans un journal)); faire un reportage ((sur *qc*)). ¶ 신문에 광고를 ~하다 faire insérer [faire passer] une annonce dans un journal [dans la presse]. ¶ 그는 학회지에 논문을 ~했다 Il a fait insérer [Il a fait passer] son article dans la revue d'une société savante. ◇_(가) **되다** être publié(*e*). ¶ 신문에 ~되다 paraître dans un journal, être publié(*e*) dans la presse. ¶ 그 논문이 ~된 잡지 la revue qui contient l'article, la revue où est publié l'article.
◆_**료** _料 명 tarif *m* pour faire insérer ((un article dans une revue, une annonce dans un journal)).

-겠- 어미 ① ((미래, 추측, 의지)) penser [croire, avoir le sentiment, sentir] que+*fut proche*, avoir l'impression que+*ind*; sans doute, devoir+*inf* ((suffixe flexionnel temporo-modal du futur ou futur proche qui s'insère entre le radical et le suffixe flexionnel de terminaison phrastique. Le futur exprime une action qui doit ou peut se produire dans l'avenir et peut exprimer une supposition et une atténuation)). ¶ 내일은 날씨가 흐리~습니다 Il fera un temps couvert demain / Le ciel sera couvert [nuageux] demain. ¶ 이 구름 좀 봐; 곧 비가 오~다 Regarde ces nuages, je crois [j'ai bien l'impression, j'ai le sentiment, je sens] qu'il va pleuvoir. ¶ 이렇게 힘든 일도 할 수 있~니? Es-tu sûr(*e*) de bien pouvoir [Pourras-tu] faire un travail si difficile [pénible]? ¶ 저와 같이 가시지 않~어요? Voulez-vous venir avec moi? ¶ 얼굴을 보니 좀 게으르~다 À en juger par l'apparence, il doit être paresseux. ¶ 비가 오면 나는 택시를 타~다 S'il pleut, je prendrai un taxi. ¶ 누가 노크했어? - 아마 우체부~지 Qui a frappé? - C'est sans doute le facteur. ② ((완곡한 표현)) ¶ 그 일에 대해서는 전혀 모르~습니다 Je ne sais rien à ce sujet. ¶ 잘 아시~어요? Vous avez bien compris? ¶ 처음 뵙~습니다 (Je suis) enchanté(*e*) [ravi(*e*), très heureux(*se*)] (de faire votre connaissance, de vous connaître).

겨 명 balle *f*, son *m* ((du grain)).
***똥 묻은 개가 ~ 묻은 개 나무란다** voir une [la] paille dans l'œil du prochain [de *son* prochain, de *son* voisin, de *son* frère] et ne pas voir la poutre (qui est) dans le *sien* (dans la traduction des Évangiles par Sylvestre de Sacy (1672); Matthieu 7, 5 et Luc 6, 41) / C'est la paille et la poutre / C'est l'hôpital qui se moque de la charité / C'est l'infirmerie qui se moque de l'hôpital / La pelle se moque du fourgon / Il ne s'est pas regardé (dans un miroir, dans une glace) {*fam*} / Il devrait se regarder dans une glace [dans un miroir] avant de parler {*fam*}.
◆**볏**_ 명 balle *f* du riz.
◆**쌀**_ 명 son *m* du riz.

겨냥 명 mise *f* en joue, action *de* viser, visée *f*; ((조준)) fin pointage *m*; visée *f*, réglage *m*. ¶ ~이 빗나가다 manquer *son* coup [but]; frapper à côté. ◇_(을) **하다** viser, ajuster *qc*; coucher [mettre, tenir] *qc*/*qn* en joue. ¶ 누구[무엇]에게 총을 ~하다 viser, ajuster *qc*/*qn* avec un fusil ¶ 누구[무엇]를 총으로 ~하다 mettre [coucher, tenir] *qc*/*qn* en joue. ¶ 잘 ~하여 쏘다 tirer après avoir bien ajusté *son* tir. ¶ 장관의 이번 조치는 한국에 거주하는 모든 외국인을 ~한 것이다 La mesure prise par le ministre vise tous les étrangers résidant en Corée.

겨누다 타 viser ((*qc*, *qn* avec un fusil)), ajuster ((une cible avec un fusil)); mettre [coucher, tenir] *qc*/*qn* en joue, braquer ((un revolver, un fusil sur *qn*)), pointer ((une arme sur *qn*)). ¶ 정확히 ~ viser juste. ¶ 잘 겨누어 쏘다 tirer après avoir bien visé. ¶ 겨누지 않고 쏘다 tirer au hasard [à l'aventure]. ¶ 총으로 누구를 ~ mettre [coucher, tenir] *qn* en joue; viser [ajuster] *qn* avec un fusil, braquer un revolver [fusil] sur *qn*, pointer *son* [un(*e*)] arme [revolver] sur *qn* [en direction de *qn*]. ¶ 총으로 늑대의 머리를 ~ viser le loup à la tête avec un fusil. ¶ 한쪽 눈을 감고 목표물을 ~ viser l'objectif avec un œil fermé [d'un seul œil].

겨드랑 명 aisselle *f* ☞ 겨드랑이

겨드랑이 명 ① 신체 부위 aisselle *f*. ¶ 누구의 ~를 간질이다 chatouiller *qn* sous les bras. ¶ 무엇을 ~(밑)에 끼다 porter [tenir, avoir] *qc* sous le bras. ¶ 두 손을 양 ~ 사이에 끼다 mettre les mains sous ses emmanchures ② ((옷)) entournure *f*, emmanchure *f*. ¶ 저고리 ~가 찢어졌다 Le veston est déchiré aux emmanchures.

◆_**냄새** 명 odeur *f* sous les bras.

◆_**털** 명 poils *mpl* sous les bras.

겨레 명 nation *f*, peuple *m*; compatriote *mf*; descendance *f* d'un même ancêtre. ¶ 온 ~의 희망 l'espoir de toute la nation. ¶ 우리 ~는 평화를 사랑하는 민족이다 Nous sommes une nation qui adore la paix. ¶ 유구한 ~의 역사 l'histoire très ancienne du peuple coréen.

◆_**말** 명 langue *f* du peuple coréen, langue *f* coréenne.

◆_**붙이** 명 de la même nation *f*, appartenant au même peuple.

◆_**사랑** 명 l'amour *m* du peuple.

◆**한**_ 명 nation *f* unique.

겨루다 타 se mesurer avec *qn*; rivaliser ((d'adresse, d'esprit)) avec *qn*; être [entrer] en concurrence (rivalité) avec *qn*; faire concurrence à *qn*; disputer ((un prix, la victoire)) à *qn*; le disputer à ((un ami)) en adresse [en esprit]. ¶ 누구와 힘[실력, 자웅]을 ~ comparer *ses* forces à celles de *qn*. ¶ (그는) 내가 한번 겨루어 볼 만한 상대이다 C'est un adversaire valable pour moi. ¶ 내 프랑스어 실력으로는 그 친구와 겨룰 수가 없다 Je ne suis pas capable de [de taille à] rivaliser avec lui en français / Il est bien meilleur que moi en français (il n'y a pas photo {*fam*}).

겨를 명 temps *m*; temps *m* libre [disponible]; loisir *m*. ¶ 내가 대꾸할 ~도 주지 않고 그 사람은 나가버렸다 Il est sorti sans me laisser le temps de protester. ¶ 무슨[어느] ~에 그걸 다 다 찾아보겠어 On n'aura jamais le temps de trouver tout ça. ◇_(**이**) **있다[없다**] avoir [ne pas avoir] le temps ((de+*inf*)). ¶ 쉴 ~이 없다 n'être pas libre; n'avoir pas de temps libre. ¶ 나는 그럴 ~이 없다 Je n'ai pas le temps (de faire ça). ¶ (그럴) ~이 있으면 들르세요 Passez chez moi lorsque vous trouverez le temps. ¶ 자네가 그런데 신경 쓸 ~이 어디 있어? Tu n'as pas le temps de te préoccuper de [de faire attention à des] futilités pareilles.

*__눈코 뜰 ~이[도] 없다__ être submergé(*e*), débordé(*e*) ((par les événements)), surchargé(*e*) ((de travail)), très occupé(*e*) [pris(*e*)]; ne plus savoir où donner de la tête.

겨우 부 ① 간신히 difficilement; tout juste; de justesse. ¶ ~ 위험을 모면하다 échapper de justesse [de peu] au péril; l'échapper belle. ¶ ~ 시간에 대어 가다 arriver tout juste à temps. ¶ ~ 시험에 합격하다 être reçu(*e*) [réussir] de justesse à un examen. ¶ ~ 생계를 꾸려가다 subsister difficilement, vivoter [survivre] péniblement, gagner tout juste de quoi vivre [*sa* vie]. ② 기껏해야 à peine; c'est à peine si+P; ne ... que; seulement. ¶ 그것은 ~ 1주일 전 일이다 Cela remonte à une semaine [à huit jours] à peine / Cela remonte à tout juste huit jours. ¶ 아버지가 일주일 용돈을 ~ 2만원 주셨어 Mon père ne m'a donné que vingt mille wons d'argent de poche. ¶ 나는 그 사람하고는 ~ 면식이나 있을 뿐이다 C'est à peine si je le connais. ¶ 비가 ~ 땅을 적실만큼 내렸다 Il a tout juste plu pour mouiller [humidifier] le sol. ¶ ~ 이게 다야? C'est tout?

겨우겨우 부 근근이 à peine; tout juste; avec peine; difficilement. ¶ 하루하루를 ~ 살아가다 vivre au jour le jour.

겨우내 부 tout l'hiver. ¶ ~ 쌓였던 눈이 녹기 시작한다 La neige qui s'est accumulée tout l'hiver commence à fondre.

겨우살이[1] 명 ① ((생활용품)) articles *mpl* d'hiver. ¶ ~를 장만하다 acquérir des articles d'hiver. ② ((월동)) action de passer l'hiver. ¶ ~ 준비를 하다 faire les préparatifs en prévision de l'hiver. ◇_(**를**) **하다** passer l'hiver.

겨우살이[2] 명 【식물】 gui *m*.

겨울 명 hiver *m*. ¶ ~에 en hiver. ¶ ~을 나다[보내다, 지내다] passer l'hiver. ¶ ~(을 날) 준비를 하다 se préparer pour l'hiver; faire des préparatifs pour passer l'hiver. ¶ 올 ~은 추위가 심하다[따뜻하다] L'hiver est rigoureux [doux] cette année. ¶ 지난[작년] ~에는 유난히 눈이 많이 왔다 L'hiver dernier, il a exceptionnellement beaucoup neigé [il a neigé beaucoup plus que d'habitude]. ¶ 나는 내년 ~에 스키를 배우려고 한다 J'ai l'intention d'apprendre le ski [à skier] l'hiver prochain. ¶ 1969년 ~은 정말 지내기 어려웠다 L'hiver 1969 fut particulièrement rude [difficile à vivre]. ¶ 그 여자는 해마다 ~이면 심하게 독감을 앓는다 Chaque année, elle attrape un gros rhume en hiver. ¶ ~이 온다[(지나)갔다] L'hiver approche [est passé]. ¶ 날씨가 ~다와졌다 On est passé dans un temps vraiment [franchement] hivernal / On est vraiment [franchement] (entré) dans la période hivernale [dans le froid hivernal] / Le temps [Le climat] est devenu franchement hivernal.

◆_**나무** 명 arbre *m* dépouillé de son feuillage [dépouillé de ses feuilles, aux branches

ㄱ

dépouillées], arbre *m* dénudé [dégarni].
◆_날 명 jour *m* d'hiver; temps *m* hivernal.
◆_눈 명 pousse *f* de printemps.
◆_맞이 명 accueil *m* de l'hiver; à l'occasion de l'hiver. ¶ ~맞이 축제 une fête pour accueillir [pour entrer dans] l'hiver.
◆_바람 명 vent *m* d'hiver.
◆_밤 명 nuit *f* d'hiver.
◆_방학 -放學 명 les vacances *fpl* d'hiver [de Noël].
◆_비 명 pluie *f* d'hiver.
◆_새 명 oiseaux *mpl* d'hiver [que l'on ne voit que l'hiver].
◆_옷 명 vêtements *mpl* d'hiver.
◆_용품 -用品 명 articles *mpl* d'hiver.
◆_잠 명 sommeil *m* hivernal; hibernation *f*. ¶ ~잠을 자다 hiverner.
◆_철 명 hiver *m*; saison *f* d'hiver.
◆_철새 명 oiseau(*x*) *m* migrateur [de passage] d'hiver.
◆한_ 명 milieu *m* de l'hiver ¶ 한~에 au milieu [au fort, au cœur] de l'hiver, en plein hiver.

겨워하다 형 ☞ 겹다

겨자 명 moutarde *f*. ¶ 냉면에 ~를 넣다 mettre de la moutarde dans le plat de *naegmyeon*. ¶ ~ 좀 주시겠어요? Pouvez-vous me passer la moutarde?
◆_ㅅ가루 명 moutarde *f* en poudre.
◆_연고 -軟膏 명 sinapisme *m*, cataplasme *m*.
◆_씨 명 graine *f* de moutarde.

격-[1] 隔 접두 ((un jour)) sur deux; tous les deux ((ans)).
◆_일[주, 월, 년] 명 un jour [une semaine, un mois, une année] sur deux; tous les deux jours [toutes les deux semaines, tous les deux mois, tous les deux ans].

격[2] 格 명 ① ((신분, 자격)) rang *m*, grade *m*, classe *f*, ordre *m*, position *f*, situation *f*, condition *f*. ¶ 그가 이 조직의 우두머리 ~인 사람이다 C'est le chef de la bande. ¶ 그 사람이 나보다 사회적으로 ~이 위다 Il a une position [une situation] plus élevée que moi dans la société. ¶ ~에 어울리지 않는 옷차림 une tenue qui ne convient pas [une tenue inadaptée] à la situation. ¶ ~이 다르다 être d'un rang [ordre] différent. ¶ ~이 올라가다[떨어지다] être promu(*e*) [rabaissé(*e*)]; gagner [perdre] de l'estime. ② ((주로 '~이다'의 형태로)) 셈, 꼴 comme si. ¶ 그런 바보 같은 질문을 하다니, 마치 도둑에게 도둑질했냐고 묻는 ~이잖아 Poser une telle question, c'est comme si on demandait [cela équivaut à demander] à un voleur s'il avait volé / C'est naïf [absurde] que de demander à un voleur s'il a volé. ③ 【언어】 cas *m*. ¶ 한국어에서는 조사가 명사의 ~을 나타낸다 en coréen, les particules marquent le cas des substantifs [mots] auxquels elles sont liées / En coréen, les cas des mots se distinguent [sont marqués] par les particules. ◇_(이) 있다[없다] avoir de la distinction, être noble, raffiné(*e*) [n'avoir pas de distinction].
*소 잃고 외양간 고치는 ~이다 fermer l'écurie lorsque les chevaux sont (déjà) dehors [alors que le cheval s'est sauvé], entreprendre une action lorsqu'elle ne peut plus être utile, s'affairer [faire les choses] quand il est trop tard [lorsque cela n'est plus nécessaire], prendre des précautions [dispositions] quand le mal est arrivé [quand il n'est plus temps de l'éviter], prendre des dispositions trop tard / Il est trop tard de [pour] fermer l'écurie lorsque les chevaux sont déjà dehors [quand le cheval s'est sauvé] / Après la mort, le médecin.
◆_기능 -機能 명 fonction *f* casuelle.
◆_문법 -文法 명 【언어】 grammaire *f* casuelle.
◆_변화 -變化 명 【언어】 déclinaison *f*; flexion *f* casuelle. ¶ 독일어에는 ~가 있다. Il y a [Il existe] des déclinaisons en allemand / L'allemand a des déclinaisons [des désinences casuelles] / L'allemand est une langue casuelle. ¶ ~변화 어미 désinences casuelles.
◆_ 언어 -言語 명 langue *f* casuelle.
◆_조사 -助辭 명 【언어】 particule *f* casuelle.
◆_지배 -支配 명 【언어】 rection *f* casuelle. ¶ 라틴어는 ~지배 언어이다 Le latin est une langue à rection casuelle.
◆_틀 명 【언어】 grille *f* casuelle, configuration *f* casuelle. ¶ 동사의 ~틀 la grille casuelle du verbe
접미 cas *m*.
◆대_ 對- 명 【언어】 (cas *m*) accusatif *m*.
◆목적_ 目的- 명 【언어】 cas *m* régime.
◆사_ 斜- 명 【언어】 cas *m* oblique.
◆주_ 主- 명 【언어】 cas *m* sujet.

격감 激減 명 forte [grave, importante] diminution *f*. ¶ 농업 인구의 ~ décroissance rapide [considérable] de population agricole. ◇_(을) 하다 diminuer [décroître] rapidement [considérablement]. ¶ 수출[수입]이 ~하고 있다 Les exportations [importations] baissent considérablement. ¶ 올해 들어 노사분규가 ~했다 Les conflits entre la direction et les employés sont beaucoup moins fréquents cette année. ◇_(이) 되다 diminuer [décroître] rapidement [considérablement].

격납고 格納庫 명 hangar *m* ((pour avion, voiture)).

격년 隔年 명 tous les deux ans. ¶ 회의[대회]를 ~으로 치르다 faire une réunion [un congrès] tous les deux ans.
◆_제 -制 명 système *m* biannuel. ¶ ~제로 tous les deux ans.

격노 激怒 명 violente colère *f*, colère *f* noire, rage *f* folle, fureur *f*, emportement *m*, rogne *f* {*fam*}. ◇_(를) 하다 entrer dans une colère noire [dans une rage folle], se mettre dans une colère noire, être furieux(*se*) contre *qn* [que+*subj*]; s'emporter, se déchaîner contre *qn*; bouillonner d'exaspération contre *qc*; s'abandonner à la colère, sortir de *ses* gonds; fulminer, tempêter, tonner. ¶ 선생님은 ~해서 버럭 소리를 질렀다 Le professeur a hurlé de colère. ¶ 누구를 ~케 하다 exaspérer *qn*; mettre *qn* en furie [en rage, en rogne {*fam*}]; faire enrager *qn*.

격돌 激突 명 coup *m* [heurt *m*, choc *m*, collision *f*] violent(*e*). ¶ 경찰과 데모대가 ~을 거듭했다 Des heurts se sont produits à plusieurs reprises entre la police et les manifestants [entre les manifestants et les forces de l'ordre]. ◇_(을) **하다** se heurter violemment contre *qc*; entrer en conflit violent avec *qn*. ¶ 정기 국회에서 예산안을 둘러싸고 여야가 ~했다 Le parti au pouvoir s'est violemment heurté contre le parti d'opposition sur la préparation du budget dans la session ordinaire de l'Assemblée nationale.

격동 激動 명 mouvement *m* violent; perturbation *f* violente; ((마음)) violente secousse *f*; bouleversement *m*, ébranlement *m*; trouble *m* [agitation *f*] violent(*e*); profond désarroi *m*. ¶ ~의 세월 temps troublés; période de changements bouleversants. ◇_(을) **하다** se mouvoir d'un mouvement brusque; ((심리적으로)) se troubler fortement; perdre son calme. ¶ ~하는 세태 bouleversement [perturbation] de la société. ¶ ~하는 세계정세 l'état d'un monde en plein [en complet] désarroi.

◆**기** -期 명 période *f* troublée.

격랑 激浪 명 ① vagues *fpl* furieuses [déchaînées]; mer *f* démontée [en furie]; flots *mpl* courroucés {*litt*}. ¶ ~을 헤치며[뚫고] 노를 젓다 ramer [godiller] entre les vagues. ② ((비유적)) épreuve *f*. ¶ 그는 잇따른 불행의 ~을 꿋꿋이 헤쳐 나갔다 Il a surmonté le déferlement de malheurs successifs.

격려 激勵 명 encouragement *m*, stimulation *f*, exhortation *f*. ¶ ~의 편지 une lettre d'encouragement. ¶ 누구에게 따뜻한 ~를 보내다 encourager *qn* de compassion sincère [de sympathie profonde]. ◇_(를) **하다** encourager *qn*; exhorter *qn* à *qc*/*inf*. ¶ 선수를 ~하다 encourager les athlètes [les joueurs]. ◇_(를) **받다** être encouragé(*e*), stimulé(*e*). ¶ 그는 ~를 받고 더욱 공부에 정진하였다 Il s'est appliqué davantage à ses études après avoir été encouragé [stimulé].

◆**_금** -金 명 prime *f* d'encouragement. ¶ ~금을 주다 donner une certaine somme d'argent à *qn* pour l'encourager, offrir une prime d'encouragement. ¶ ~을 받다 recevoir de l'argent en signe d'encouragement, bénéficier d'une prime d'encouragement.

◆**_문** -文 명 document *m* [écrit *m*] d'encouragement.

◆**_사** -辭 명 discours *m* d'encouragement.

격렬하다 激烈- 형 être fort(*e*), vif(*ve*); ((travail)) être intense; ((froid)) être violent(*e*); ((attaque)) être furieux(*se*); ((rythme)) être impétueux(*se*), véhément(*e*). ¶ 격렬한 논쟁 un débat vif [passionné, orageux]. ¶ 격렬한 전투 combat acharné; lutte violente. ¶ 격렬하게 비난하다 blâmer fortement. ¶ 격렬하게 항의하다 protester avec énergie [énergiquement, vivement, avec véhémence, avec virulence, avec force vigoureusement, véhémentement {*litt*}] ((contre *qc*)), élever de violentes protestations ((contre *qc*)), vitupérer ((contre *qn*/*qc*)).

◆**격렬히** 부 ((frapper)) fort, fortement, vivement, furieusement; ((s'élancer)) avec impétuosité; avec virulence, vigoureusement, avec énergie, énergiquement, avec véhémence, véhémentement {*litt*}. ¶ 격렬히 싸우다 se battre furieusement.

격론 激論 명 vive discussion *f*; débat *m* orageux; propos *mpl* violents. ¶ ~이 오가다 avoir une violente discussion ((avec *qn*)). ◇_(을) **하다[벌이다]** discuter chaudement; avoir une discussion animée [âpre] avec *qn*. ¶ 우리는 그 문제를 놓고 찬반 ~을 벌였다 Nous avons eu une violente discussion [une discussion animée, une discussion âpre, un violent débat, un débat contradictoire] sur le sujet [sur la question].

격류 激流 명 ① torrent *m* violent [furieux, fougueux, impétueux]. ¶ ~에 쓸려 내려가다[떠내려가다, 휘말리다, 휩쓸리다] ((baigneur, baraque, pont)) être emporté(*e*) par un courant violent; ((sable)) être charrié(*e*) par un torrent rapide. ¶ ~가 휩쓸다[덮치다, 삼켜버리다, 휩쓸고 지나가다] balayer; emporter tout; envahir. ② ((사조)) violent courant *m* ((de pensées, d'idées)). ¶ 시대의 ~를 타고 민주화의 길로 나가다 avancer vers la démocratie en suivant le courant de pensées impétueux [le violent courant de pensées] de l'époque.

◆**_타기** 명 rafting *m*, canyoning *m*.

격률 格率 명 【수학, 철학】 axiome *m* ((mathématique, philosophique, de géométrie)); postulat *m*; maxime *f*. ¶ 엄격한 ~ une maxime sévère [rigoureuse, inflexible]. ¶ ~을 지키다[준수하다] suivre une maxime.

격리 隔離 명 isolement *m*, cantonnement *m*; quarantaine *f*. ◇_(를) **하다[시키다]** isoler, cantonner; mettre en quarantaine. ¶ 전염병 환자를 일반 환자와 ~하여 수용하다 isoler les malades contagieux des autres malades et regrouper dans un service, faire un service de maladies infectieuses. ¶ 패륜아를 사회로부터 영원히 ~하다 condamner à la peine de mort ou à la prison à perpétuité les personnes responsables [coupables] de crimes pervers [sordides]. ◇_(가) **되다[(를) 당하다]** être isolé(*e*); être séparé(*e*).

◆**_기간** -期間 명 période *f* d'isolement; ((전염병)) quarantaine *f*. ¶ ~ 기간 동안 나는 혼자 살아남는 법을 배웠다 Pendant cette période d'isolement, j'ai appris à survivre seul.

◆**_병동** -病棟 명 pavillon *m* des contagieux [de quarantaine].

◆_수용소 -收容所 명 camp *m* de prisonniers; ((전염병)) service *m* des maladies infectieuses (et contagieuses), service *m* des contagieux.

◆_실 -室 명 ((수용소, 감옥)) cellule *f* d'isolement ((pour personne dangereuse)); ((병원)) chambre *m* d'isolement (pour contagieux).

◆_환자 -患者 명 patient(*e*) isolé(*e*).

격멸 擊滅 명 extermination *f*; anéantissement *m* ((des forces ennemies)). ◇_(을) **하다[시키다]** exterminer ((une armée)); anéantir ((l'ennemi, une armée)).

격무 激務 명 trav*ail*(*aux*) *m* écrasant [fatigant]; tâche *f* lourde; occupation *f* absorbante. ¶ ~를 감당해[이겨]내지 못하다 être dans l'impossibilité de faire [être incapable de supporter] un travail trop fatigant. ¶ ~에 시달리다 être surchargé(*e*) de travail. ¶ ~로(에) 쓰러지다 s'épuiser au travail.

격문 檄文 명 proclamation *f*, manifeste *m*. ¶ ~을 띄우다[붙이다] lancer une proclamation [un manifeste]. ¶ ~으로 궐기를 호소하다 appeler [adresser] le soulèvement par une proclamation.

격발[1] 激發 명 accès *m* ((de colère, d'émotion)). ◇_(을) **하다** avoir un accès ((de colère)); provoquer un accès ((de colère)).

격발[2] 擊發 명 ((arme à)) percussion *f*. ◇_(을) **하다** tirer ((un coup de feu, une balle, un coup de revolver, un coup de fusil)). ◇_(이) **되다** être tiré(*e*). ¶ 이 총은 ~이 잘 되지 않는다 Ce fusil ne marche [ne fonctionne] pas bien.

◆_장치 -裝置 명 percuteur *m*.

격변 激變 명 changement *m* brusque [subit]. ◇_(을) **하다** changer brusquement [subitement]. ¶ ~하는 국제 정세 la situation internationale qui change brusquement.

격분 激憤 명 indignation *f*, exaspération *f*; violente colère *f*. ¶ 그 소식을 듣고 우리는 ~을 참지 못했다 À cette nouvelle, nous n'avons pu que nous indigner. ◇_(을) **하다** s'indigner, s'exaspérer; être furieu*x*(*se*) contre *qn*/que+*subj*. ¶ 그는 자신에 관한 터무니없는 소문을 듣고 ~해서 소리를 질렀다 Il a hurlé [rugi] de colère après avoir entendu une rumeur invraisemblable sur lui-même. ¶ 그는 ~한 나머지 말을 잇지 못했다 Il ne pouvait pas continuer à parler parce qu'il était trop en colère. ◇_(을) **시키다** indigner *qn*, exaspérer *qn*, horripiler *qn*, énerver *qn*, irriter *qn*, mettre *qn* à bout (de nerfs), rendre *qn* furieu*x*(*se*), mettre [foutre {*vulg*}] *qn* en rogne {*fam*}.

격상 格上 명 promotion *f*, avancement *m*. ¶ 신분의 ~ une promotion ((professionnelle)). ◇_(이) **되다** obtenir de l'avancement. ¶ 이번 일로 우리 부서의 지위가 ~되었다 Grâce à ce travail, notre service a obtenu de l'avancement [a bénéficié d'une promotion]. ◇_(을) **시키다** faire obtenir de l'avancement.

격세유전 隔世遺傳 명 【생물】 atavisme *m*; retour *m* atavique.

격세지감 隔世之感 명 grand changement *m*, grande évolution *f*. ¶ ~을 느끼다 sentir qu'il y a eu une grande évolution; sentir que le temps est complètement changé [révolu]. ¶ 내 어릴 적을 생각하면 ~이 든다[있다] Je sens que les temps ont complètement changé [que les habitudes ont complètement changé] lorsque je pense à mon enfance.

격식 格式 명 formalités *fpl*, formes *fpl*, façons *fpl*, cérémonie *f*. ¶ ~을 차리다[갖추다] respecter les formes [les habitudes], être respectueu*x*(*se*) des formes [des habitudes]; obéir à des règles consacrées [à un certain cérémonial], attacher de l'importance aux formes, être attaché(*e*) aux formes; être formaliste. ¶ ~을 갖추어 손님을 맞다 recevoir les gens avec cérémonial. ¶ ~(을) 차리지 않고 sans façon(*s*); sans cérémonie [formalité(*s*)]; sans le cérémonial habituel [classique]. ¶ 너무 ~을 차리시는군요 Vous êtes trop formaliste [cérémonieux]. ¶ 까다로운 ~ 따위를 차리지 않는 사람 un homme qui évite un cérémonial trop compliqué [qui simplifie les formes]. ¶ ~에 맞다 être en bonne et due forme; être conforme au cérémonial habituel [classique].

격심하다 激甚- 형 être grave, fort(*e*), vi*f*(*ve*), intense; être violent(*e*), furieu*x*(*se*); être impétueu*x*(*se*), véhément(*e*). ¶ 격심한 피해[손해]를 입다 subir [éprouver] un grand dommage; subir des dégâts considérables [importants]. ¶ 격심한 식량난[물가고]에 시달리다 souffrir de sévères [de graves] problèmes d'alimentation [d'une grave pénurie alimentaire] [subir une forte hausse des prix, souffrir d'une forte hausse des prix]. ¶ 격심한 고통 une douleur aiguë [déchirante]. ¶ 남미 국가들은 빈부의 차가 ~ L'inégalité des richesses entre les pays d'Amérique du Sud est importante.

격앙 激昂 명 fureur *f*, emportement *m*. ◇_(이) **되다** être furieu*x*(*se*). ¶ ~된 군중의 함성 Les cris du public furieux ¶ ~된 분위기를 가라앉히다 calmer [apaiser] l'atmosphère furieuse. ◇_(을) **시키다** rendre *qn* furieu*x*(*se*); mettre en fureur; mettre [foutre] *qn* en rogne {*fam*}.

격언 格言 명 maxime *f*, anaphorisme *m*, adage *m*, proverbe *m*. ¶ ~을 인용하여[써서] 말하다 parler en utilisant [en citant] des maximes. ¶ 선인들이 남긴 ~치고 틀린 건 없다 Il n'y a aucune maxime des anciens qui ne soit pas juste.

◆_사전[집] -辭典[集] 명 dictionnaire *m* [recueil *m*] de proverbes [de maximes].

격월 隔月 명 un mois *m* sur deux; à un mois d'intervalle; bimestriel(*le*). ¶ 잡지를 ~로 발행하다 publier une revue à un mois d'intervalle.

◆_간 -刊 명 qui paraît un mois sur deux [tous les deux mois], bimestriel(*le*). ¶ ~간 잡지 une revue bimestrielle, un bimestriel.

격음 激音 명 【언어】 ((consonne)) aspirée. ¶ ~으로 발음하다 aspirer ((une consonne)).

◆_**화** -化 명 【언어】 aspiration *f* ((d'une consonne)).

격의 隔意 명 réserve *f*, retenue *f*. ◇_(가) **있다[없다]** avoir de la réserve, avoir de la retenue, être froid(*e*) [être sans réserve, franc(*che*)]. ¶ ~ 있는 어조 un ton distant, un ton avec une certaine retenue; un ton froid. ¶ 누구와 ~ 없는 대화를 나누다 s'entretenir avec *qn* à cœur ouvert. ¶ 누구에게 ~없이 행동하다[굴다] avoir un comportement très direct à l'égard de *qn*. ¶ 서로 ~없이 이야기를 해 봅시다 Je vous propose qu'on s'entretienne à cœur ouvert.

격일 隔日 명 un jour *m* sur deux; à un jour d'intervalle. ¶ 내가 다니는 회사는 ~로 근무한다 Dans ma compagnie, on travaille tous les deux jours [un jour sur deux].

◆_**제** -制 명 ((qui fonctionne)) un jour sur deux, alterné(*e*). ¶ ~제로 근무하다 travailler un jour sur deux. ¶ ~제운행 la circulation (automobile) alternée.

격일제 隔日制 명 système *m* de travail où l'on travaille un jour sur deux. ¶ ~로 근무하다 travailler un jour sur deux. ¶ ~를 실시하다 mettre en place un système de travail où l'on travaille un jour sur deux.

격자 格子 명 ① treillage *m*, grillage *m*, treillis *m*. ② 갓끈의 구슬 perle *f* de la mentonnière du *gat* (갓).

◆_**무늬[문양]** -[紋樣] 명 ((étoffe à)) carreaux *mpl*.

◆_**문** -門 명 porte *f* grillagée [ajourée].

◆_**창** -窓 명 fenêtre *f* grillagée [treillagée]; fenêtre *f* à losanges.

격전 激戰 명 ((전투)) bataille *f* [lutte *f*] acharnée; combat *m* rude [chaud, âpre]; ((운동)) rencontre *f* (sportive) acharnée, match *m* très disputé, lutte *f* acharnée. ¶ ~을 벌이다[치르다] combattre [se battre] avec acharnement; livrer un combat rude ((contre l'ennemi)).

◆_**지** -地 명 terrain *m* d'une lutte acharnée. ¶ 이 선거구는 이번 선거에서 최대의 ~지다 Dans cette circonscription électorale, la lutte est des plus rudes.

격정 激情 명 passion *f* (déchaînée); ardeur *f*; sentiment *m* violent. ¶ ~에 사로잡히다 être esclave de *ses* passions; être en proie à une passion. ¶ 그는 ~에 찬 어조로 말했다 Il a parlé avec beaucoup de passion. ¶ ~에 못 이겨(겨워) ((faire *qc*)) poussé(*e*) par une passion violente.

◆_**적** -的 명관 déchaîné(*e*), violent(*e*), passionnel(*le*), frénétique, impulsi*f*(*ve*). ¶ ~적인 감정[음악, 행위] un sentiment déchaîné [une musique violente, une conduite intempestive]. ¶ ~적인 문체 un style (littéraire) passionnel. ¶ ~적으로 포옹하다 (s')éteindre passionnément. ¶ 그 여자는 ~적이다 Elle est d'une nature impulsive.

격조 格調 명 ton *m*, style *m*, tenue *f*, ((품위)) classe *f*, dignité *f*. ¶ ~를 떨어뜨리다 dégrader [abaisser] l'allure [la prestance]; être dégradant(*e*), abaissant(*e*), avilissant(*e*). ¶ ~ 높은 연설 un discours d'une haute tenue. ¶ ~가 떨어지는[낮은] 글 une écriture dont le style est médiocre. ◇_(가) **있다[없다]** être correct(*e*), avoir de la dignité, avoir de la tenue, avoir de l'allure, avoir de la prestance [être incorrect(*e*), manquer de dignité, ne pas avoir de tenue]. ¶ 품위 없이 나대지 말고 ~있게 행동해 Ne te comporte pas comme un sauvage, présente-toi dignement [comporte-toi avec dignité, aie une tenue correcte]. ¶ ~ 없는 글 une écriture dont le style est médiocre.

격조하다 隔阻- 자 laisser *qc* sans nouvelles; négliger d'écrire [de rendre visite] à *qn*; avoir moins de relations avec *qn*; être éloigné(*e*), écarté(*e*). ¶ 그 동안 ~했습니다. Ça fait longtemps qu'on ne s'est pas contactés [qu'on ne s'est pas donné de nouvelles]. ¶ 오랫동안 ~한 것을 용서하십시요 Excusez-moi d'avoir gardé si longtemps le silence.

격주 隔週 명 toutes les deux semaines, une semaine sur deux; bimensuel(*le*). ¶ ~로 근무하다 travailler toutes les deux semaines [une semaine sur deux]. ¶ 모임이 ~로 있다 avoir un rendez-vous toutes les deux semaines.

◆_**간** -刊 명 qui paraît toutes les deux semaines [deux fois par mois], bimensuel(*le*). ¶ ~간 잡지 une revue bimensuelle, un bimensuel.

격증 激增 명 augmentation *f* [accroissement *m*] rapide [considérable], augmentation *f* vertigineuse. ¶ 도시 인구의 ~ l'augmentation [l'accroissement] considérable [explosi*f*(*ve*), vertigineu*x*(*se*)] de la population de la ville. ◇_(을) **하다** augmenter [s'accroître] rapidement [considérablement]; se multiplier soudainement; être en augmentation rapide. ¶ 지난 10년 사이에 인구가 5000만명으로 ~했다 La population est passée rapidement à 50 millions d'habitants ces 10 dernières années. ¶ 최근 범죄가 ~했다 Ces derniers temps, la criminalité a augmenté rapidement.

격차 隔差 명 inégalité *f*; disparité *f*; différence *f*. ¶ 빈부[소득]의 ~ inégalité des richesses [des revenus]. ¶ ~를 줄이다[없애다] réduire [supprimer] les inégalités [les différences]. ¶ 실력의 ~를 극복하다 dépasser le problème des inégalités [des différences] d'aptitudes [de niveau]. ¶ ~가 너무 많이 난다[진다] Il y a une trop grande inégalité [différence].

격찬 激讚 명 louanges *fpl* ardentes; éloge *m* éclatant [chaleureux, enthousiaste]. ◇_(을) **하다[보내다]** louer *qn*/*qc* avec enthousiasme; prodiguer des louanges à *qn*; faire un éloge éclatant de *qn*/*qc*; combler *qn* d'éloges; porter [élever] *qn*/*qc* aux nues. ¶ 그의 용기에 사람들은 ~을 보냈다 Les gens ne tarissent pas d'éloges sur son courage. ◇_(을)

받다 recevoir un éloge éclatant. ¶ 그 음악가의 이번 연주회는 평론가들로부터 ~(을) 받았다 Le concert de ce musicien a reçu les [a bénéficié des] louanges ardentes des critiques.

격추 擊墜 명 action d'abattre ((un avion ennemi)). ◇_(를) **하다**[**시키다**] abattre ((un avion ennemi)). ¶ 미사일로 적기를 ~시키다 abattre un avion ennemi avec [à l'aide d', au moyen d']un missile. ◇_(가) **되다**[(를) **당하다**] être abattu(*e*). ¶ 아군기 1대가 ~되었다 Un de nos avions a été abattu.

격침 擊沈 명 action de couler ((un vaisseau ennemi)). ◇_(을) **시키다** couler ((un vaisseau ennemi)). ¶ 함포 사격으로 적군의 함정을 ~시켰다 Nous avons coulé les vaisseaux ennemis avec des canons. ◇_(이) **되다** être coulé(*e*). ¶ 우리 배가 적의 어뢰를 맞고 ~되었다 Nos bateaux ont été coulés après avoir été touchés par des torpilles.

격퇴 擊退 명 refoulement *m*; ((진지로부터)) action de déloger un ennemi de sa position; ((숨은 곳에서)) débusquement *m*. ◇_(를) **하다**[**시키다**] refouler, repousser; déloger; débusquer. ¶ 적의 침입을 격퇴하다 repousser les invasions. ◇_(가) **되다** être repoussé(*e*) par. ◇_(를) **당하다** être repoussé(*e*)

격투 激鬪 명 combat *m* furieux [violent], violent affrontement *m*, lutte *f* furieuse; rixe *f* violente; bagarre *f*, pugilat *m* violent. ¶ ~ 끝에 강도를 붙잡다 maîtriser [capturer] un cambrioleur après une violente lutte [après une lutte acharnée, après un violent affrontement, après un violent combat]. ◇_를 **하다**[**벌이다**] se battre avec fureur, engager un combat.

◆_**기** -技 명 art *m* martial(*aux*).

격파 擊破 명 écrasement *m* ((d'un ennemi)), anéantissement *m*; casse *f* de planches, de briques ou de tuiles ((planchettes en mousse, planches de sapin, tuiles plates et briques)); techniques *fpl* de casses ((casses en puissances et casses aériennes ou acrobatiques)). ¶ ~ 시범을 보이다 faire [réaliser] une démonstration de casse de planches, de briques ou de tuiles. ◇_(를) **하다**[**시키다**] écraser ((l'ennemi)); rompre [enfoncer] les lignes ennemies; casser des planches [des briques] ((au poing, au pied, avec le tranchant de la main, avec le coude, avec la tête; casse combinée : bras et jambes)). ¶ 이마로 벽돌을 ~하다 casser des briques avec le front [avec la tête]. ¶ 선봉대가 적의 주력을 ~했다 L'avant-garde a écrasé les forces principales de l'ennemi. ¶ 한국팀이 준결승에서 일본팀을 ~했다 L'équipe coréenne a battu l'équipe japonaise en demi-finale. ◇_(가) **되다** être écrasé(*e*), battu(*e*), vaincu(*e*). ◇_(를) **당하다** être écrasé(*e*) [battu(*e*), vaincu(*e*)] par. ¶ 무력하게[힘없이] ~당하다 être écrasé(*e*) sans résistance [sans la force de résister].

격하 格下 명 diminution *f* de grade [de rang, de classe]. ¶ 스탈린 ~ 운동 le mouvement de dégradation de Staline. ◇_(를) **하다**[**시키다**] dégrader. ¶ 그렇게 말을 한다면 우리가 그를 너무 ~시키는 것은 아닐까? En parlant ainsi, ne le dégradons-nous pas trop? ◇_(가) **되다** être dégradé(*e*).

격하다[1] 隔- 타 ① (거리를) 떼다 laisser [ménager] de l'espace ((entre A et B)); laisser un intervalle ((entre A et B)); séparer ((A et B)); espacer ((les lignes)). ¶ 우체국은 우리 집과 길 하나를 격하고 있다 Une rue sépare la poste de chez nous. ② (시간을) 벌리다 espacer ((*ses* visites)). ¶ 그들은 하루를 격하여 만난다 Ils se rencontrent tous les deux jours.

격하다[2] 激- 형 être violent(*e*), impétueux(*se*), ardent(*e*); être coléreux(*se*), rageur(*se*), irritable, irascible, atrabilaire {*vx*}, bilieux(*se*), ombrageux(*se*), chatouilleux(*se*), être soupe au lait, avoir la tête près du bonnet. ¶ 격한 태도를 보이다 se montrer violent(*e*). ¶ 어제 저녁 그와 나 사이에는 격한 말이 오고갔다 Hier soir, lui et moi avons eu une violente dispute. ¶ 그 여자는 격한 감정[심정]을 그대로 드러냈다 Elle a laissé voir sa violente émotion. ¶ 내 동생은 성격이 매우 ~ Mon petit frère a un caractère très violent.

자 être furieux(*se*) contre *qn*; s'emporter [se déchaîner] contre *qn*; bouillonner d'exaspération contre *qc*; s'abandonner à la colère; être surexcité(*e*); perdre la tête [*son* sang froid]; s'émouvoir. ¶ 격해서 그렇게 무작정 화만 내면 어떡하니 Tu ne dois pas te fâcher comme ça sans réfléchir. ¶ 격하기 쉬운 성격 un caractère susceptible [irascible, ombrageux, chatouilleux, atrabilaire {*fam*}], une susceptibilité chatouilleuse.

격화 激化 명 intensification *f*, recrudescence *f*, redoublement *m*, aggravation *f*, augmentation *f*. ◇_(가) **되다** devenir violent(*e*); s'aggraver. ¶ 시위가 날로 ~되고 있다 La manifestation s'aggrave de jour en jour. ◇_(를) **시키다** aviver ((une douleur)); envenimer ((une querelle)). ¶ 그의 사과는 오히려 우리의 분노를 ~시켰을 뿐이다 Au contraire, ses excuses n'ont fait que redoubler [qu'aviver, qu'exciter] notre colère.

◆_**일로** -一路 명 tout droit vers l'aggravation. ¶ 노사간의 갈등이 ~일로에 있다 Le conflit entre le patronat et les ouvriers [entre la direction et les employés] va tout droit vers l'aggravation. ¶ ~를 달리다 aller tout droit vers l'aggravation.

겪다 타 faire l'expérience de *qc*; goûter à ((la prison)); connaître ((des adversités)); être victime de, subir ((de dures épreuves)), expérimenter *qc*. ¶ 갖은 고초[어려움]를 겪다 passer par [essuyer, subir] de dures [rudes] épreuves, en voir de dures [des vertes et des pas mûres, de toutes les couleurs] {*fam*}, en baver {*fam*} [avoir connu toutes les difficultés de la vie, en avoir vu de dures {*fam*}, être passé(*e*) par des moments difficiles]. ¶ 그런 일은 겪어 보지 않으면 모른다 On ne peut juger de cela sans l'avoir expérimenté. ¶ 올여름 농민들은 또 물난리를 겪었다 Cet été, les paysans ont à nouveau subi [ont encore été victimes d', ont été une nouvelle fois victimes d'] une nouvelle série d'inondations.

견 絹 명 soie *f* très fine et (tissée d'une façon) peu serrée. ¶ ~으로 옷을 짓다[만들다] fabriquer [tisser] des vêtements avec de la soie très fine.

견강부회 牽强附會 명 argument *m* forcé; interprétation *f* forcée; raisonnement *m* tiré par les cheveux {*fam*}. ¶ 그런 해석은 지나친 ~이다 Une telle interprétation semble tirée par les cheveux. ◇_(를) **하다** faire un raisonnement tiré par les cheveux.

견고하다 堅固- 형 être solide, fort(*e*), résistant(*e*); être ferme, certain(*e*). ¶ 견고한 요새 une forteresse inexpugnable [imprenable]; un château bien fortifié. ¶ 이 금고는 어떤 화재에도 견딜 만큼 ~ Ce coffre-fort est assez solide pour résister à tout incendie.¶ 견고하게 지은 건물 un bâtiment solidement construit.

◆**견고히** 부 solidement, fermement. ¶ 세계 1위의 지위를 견고히 유지하다 se maintenir fermement à *son* rang de numéro un mondial.

견과 堅果 명 【식물】 fruit *m* dur ((terme générique désignant cacahouète, noisette, amande, châtaigne, etc.)).

◆_**류** -類 명 les fruits *mpl* durs.

견디다 재타 ① endurer, supporter [courageusement] ((des souffrances)); souffrir ((des affronts, des tourments)); résister ((à l'épreuve)); se résigner à ((des inconvénients)); prendre patience; patienter. ¶ 유혹을 견디어 내다 repousser [vaincre] une tentation. ¶ 유혹에[을] 견디지 못하다 céder à la séduction; succomber à une tentation; ne pas résister à la tentation de+*inf*. ¶ 그는 어려운 상황을 잘 견디어 냈다 Il a bien supporté la situation pénible. ¶ 동료들이 못살게 구는 것을 잘 견디어 내다 bien supporter les taquineries des collègues. ¶ 나는 더 이상 견딜 수가 없다 Ma patience est à bout / Je ne tiens plus / C'est plus fort que moi. ¶ 견딜 수 없는 모욕[아픔] un affront [une douleur] insupportable. ¶ 이 돈이면 월말까지는 견디겠다 Avec cet argent je tiendrai bien jusqu'à la fin du mois. ② 버티다 résister à ((la chaleur)); être à l'épreuve ((du feu)); bien supporter ((la fatigue)); être résistant(*e*) à. ¶ 이 등산화는 가죽으로 만든 것이라 오래 견디겠다 Ces chaussures de montagne, étant en cuir, tiendront [résisteront] longtemps [feront de longues années]. ¶ 그 식물은 추위를[에] 잘 견딘다 Cette plante résiste bien au froid. ¶ 밧줄이 과중한 무게를[에] 견디지 못하고 끊어졌다 La corde s'est rompue ayant cédé sous l'excès de poids.

견문 見聞 명 ① observation *f* et expérience *f*. ¶ ~(이) 일치하다 Ce qu'on a vu correspond à ce qu'on a entendu. ② 지식 connaissances *fpl* acquises par l'observation et l'expérience. ¶ ~을 넓히다 étendre la sphère de *ses* connaissances; enrichir *ses* connaissances. ¶ 그는 ~이 넓다[풍부하다] avoir des connaissances très étendues; avoir une vaste expérience du monde. ¶ 그는 ~이 좁다[빈약하다, 없다] Il a peu d'expérience [Il manque d'expérience du monde, Il n'a aucune expérience]. ◇_(을) **하다** voir et entendre ((diverses choses en voyageant)); observer et expérimenter *qc*. ¶ 그는 여러 나라를 ~하고 돌아와 육영사업에 종사했다 Au retour de sa visite de plusieurs pays, il s'est donné à l'enseignement.

◆_**록** -錄 명 mémoires *fpl*; récit *m* de voyage.

견물생심 見物生心 명 envie *f* provoquée par la vue des objets. ¶ ~이라고, 누구라도 이 경우에는 그걸 차지하고 싶을 게다 Comme le dit le proverbe, la vue des objets provoquant l'envie, n'importe qui, dans ce cas, souhaitera en prendre possession.

견본 見本 명 échantillon *m* ((de tissu)); modèle *m*; spécimen *m*. ¶ ~을 뜨다[만들다] échantillonner ((des draps)); prélever des échantillons. ¶ ~을 보고 무엇을 사다[주문하다] acheter *qc* sur un échantillon. ¶ 배달받은 물건이 ~과 좀 다르다 L'objet délivré diffère un peu de l'échantillon! ¶ 실물이 ~대로이다 [~과 같다] L'objet correspond à l'échantillon.

◆_**매매** -賣買 명 vente *f* à échantillon.

◆_**시(장)** -市(場) 명 foire *f* d'exposition.

견사 絹絲 명 fil *m* de soie.

견습 見習 명 apprentissage *m*; ((변호사, 의사의)) stage *m*. ¶ ~사원으로 일하다 travailler comme un stagiaire. ¶ ~이 필요하다 Il faut un stage. ◇_(을) **하다** apprendre ((un métier)); s'initier à ((une profession)); faire *son* apprentissage ((à la maison X)). ¶ 잠시 ~(을) 해보고 일을 하시오 Travaillez après un peu d'apprentissage. ◇_(을) **시키다** mettre *qn* en apprentissage.

◆_**공** -工 명 apprenti(*e*). ¶ 약간 명의 ~공을 모집하다 recruter quelques apprentis.

◆_**생** -生 명 stagiaire *mf*; aide *mf*; élève *mf*.

◆_**기간** -期間 명 durée *f* d'un stage d'apprentissage *m*, durée *f* de stage, période *f* de formation.

견식 見識 명 discernement *m*; jugement *m*; connaissance *f*. ¶ ~을 넓히다 ouvrir *son* esprit. ¶ 그사람은 ~이 넓다[풍부하다, 많다] Il est plein de discernement / Il est judicieux [éclairé]. ¶ 그사람은 ~이 적다 [좁다] Il manque de discernement / Il n'est pas très judicieux / Il manque de jugeote {*fam*}.

견실하다 堅實- 형 être sûr(*e*), sérieux(*se*); être solide; être sain(*e*). ¶ 견실한 경영 gestion saine [sûre] ((d'un commerce)). ¶ 이 기업은 재무구조가 ~ Cette entreprise a une solide structure financière. ¶ 기초를 견실하게 다지다 consolider le fondement. ¶ 사업을 견실하게 꾸려나가다 conduire une entreprise en sûreté.

견우 牽牛 명 Gyeonu ((héros masculin du conte populaire de Gyeonu et Jiknyeo; conte où deux amoureux Gyeonu et Jiknyeo, séparés par la rupture d'un pont, ont pu se retrouver grâce à un nouveau pont formé par les corbeaux et les pies)).

ㄱ

견우성 牽牛星 명 【천문】 Altaïr *f.*

견원지간 犬猿之間 명 comme chien et chat, adversité *f.* ¶ 그와 나는 ~이다 Lui et moi sommes comme chien et chat. ¶ ~으로 지내다 vivre comme chien et chat. ¶ ~처럼 아옹다옹하다 se quereller comme chien et chat.

견인 牽引 명 traction *f*, remorquage *m*. ◇_(을) **하다** tirer, traîner; remorquer. ¶ 아무 차나 ~을 하는 것은 아니다 On ne remorque pas n'importe quelle voiture. ◇_(이) **되다**[(을) **당하다**] être remorqué(*e*); ((불법주차한 차가)) être déplacé(*e*) [évacué(*e*)] et mis(*e*) en fourrière, être emmené(*e*) à la fourrière. ¶ 불법 주차한 차는 ~된다 Tous les véhicules en stationnement interdit seront (déplacés [évacués] et) mis en fourrière / Tous les véhicules en stationnement interdit seront emmenés à la fourrière.

◆_**력** -力 명 force *f* de traction.

◆_**차** -車 명 ① dépanneuse *f*, tracteur *m*, semi-remorque(~-~*s*) *m*. ② camion *m* de la fourrière.

견장 肩章 명 épaulette *f.* ¶ 저 장교는 어깨에 빛나는 ~을 달고 있다 Cet officier-là porte une épaulette brillante. ¶ ~을 하다 porter une épaulette.

* ~**을 떼다** dégrader *qn* de *son* titre d'officier].

견적 見積 명 estimation *f* ((de travaux à effectuer)); évaluation *f* ((du montant des réparations)); devis *m* ((d'un imprimeur)); expertise *f*, appréciation *f.* ¶ ~이 얼마 나왔니? Et à combien est-il évalué? ◇_(을) **하다**[**내다**, **떼다**, **끊다**] estimer, évaluer, apprécier; établir un devis. ¶ ~을 한번 내어 보세요 Commencez par faire établir un devis. ¶ 비싸게 ~하다 surestimer, surévaluer. ¶ 싸게 ~하다 sous-estimer, sous-évaluer. ¶ 아무리 비싸게 ~해도 au maximum; en évaluant au plus fort.

◆_**가(격)** -價(格) 명 coût *m* [montant *m*] prévu lors du devis.

◆_**서** -書 명 devis *m*.

견제 牽制 명 contrôle *m*, surveillance *f*, mise *f* d'un frein à *qc*. ¶ ~ 세력이 없으면 여당은 제멋대로 하려고 할 것이다 Sans le contrepoids, le parti au pouvoir voudra agir à sa guise. ¶ 경쟁자들에 대한 ~를 소홀히 하다 négliger de contrôler *ses* concurrents. ¶ 누구에 대한 ~가 심하다[약하다, 없다] exercer un contrôle sévère [exercer un contrôle léger, ne pas exercer de contrôle] sur *qn*. ◇_(를) **하다** contrôler, surveiller, brider, réprimer. ¶ 국제 사회에서 한 나라를 ~하다 contrôler un pays dans la communauté internationale. ¶ 투수가 주자를 ~한다 Le lanceur feinte le coureur. ◇_(를) **당하다** subir un contrôle. ◇_(를) **받다** être sous le contrôle de *qn*.

◆_**구** -球 명 【운동】 une balle de feinte. ¶ 주자에게 ~구를 던지다 lancer une balle pour feinter le coureur à la base.

견주다 타 comparer ((A avec(à) B)); rapprocher; mettre en parallèle; confronter ((deux idées)); faire la comparaison ((entre A et B, de deux choses)). ¶ 누구[무엇]와 견주어(서) en comparaison de *qc/qn*; par comparaison à [avec] *qc/qn*; par rapport à *qc*; à côté [auprès] de *qc/qn*. ¶ 누구와 견주어 전혀 손색이 없다 ne céder en rien à *qn*; être égal(*ale*, *aux*) à *qn*. ¶ 우리나라의 전자공업은 선진국에[과] 견주어 볼 만하다 L'industrie électronique de notre pays est comparable à celle des pays développés. ¶ 금강산의 아름다움은 견줄 데가 없다 La beauté du mont Geumgang est sans égale. ¶ 동생과 키를 견주어 보다 comparer *sa* taille avec la taille de *son* frère cadet. ¶ 나와 한번 실력을 견주어 보자 Voyons [On va voir] lequel de nous deux [d'entre nous] est le plus fort.

견지[1] 見地 명 point *m* de vue. ¶ 기존의 ~를 (그대로) 유지하다[지키다] maintenir [garder] tel quel le point de vue déjà existant. ¶ 대국적 ~에 서다 se placer au-dessus de la mêlée; faire passer l'essentiel. ¶ 대국적 ~에서 무엇을 보다 considérer *qc* dans son ensemble, envisager *qc* d'un point de vue plus large, porter un jugement (sur *qc*) en tenant compte de la situation globale; voir les choses en grand. ¶ 모든 ~에서 검토하다 considérer ((un fait)) sous tous ses aspects. ¶ 내(가 보는) ~로는 À mon sens. ¶ 어떤 ~에서는 d'un certain point de vue; ((considéré(*e*))) sous un certain angle. ¶ 그가 말한 것은 바로 다음과 같은 ~에서이다 C'est dans ce sens-ci qu'il l'a dit.

견지[2] 堅持 명 persévérance *f.* ◇_(를) **하다** persévérer dans ((*sa* politique)); garder ((les traditions)); rester fidèle ((à un idéal)). ¶ 그는 자기주장을 여전히 ~하고 있다 Il persévère encore dans son opinion / Il persiste et signe. ◇_(가) **되다** être défendu(*e*). ¶ 무슨 일이 있어도 민주주의 노선은 ~되어야 한다 Quoi qu'il arrive, les programmes de la démocratie doivent être sauvegardés.

견직물 絹織物 명 soierie *f*; tissu *m* de soie.

견책 譴責 명 remontrance *f*, réprimande *f*, semonce *f.* ¶ ~ 처분을 받다 recevoir un blâme, se voir infliger un blâme. ◇_(을) **하다** faire une remontrance [une réprimande, une semonce] à *qn*; réprimander, remontrer {*vx*, *litt*}. ¶ 과실에 대해 부하직원을[부하직원의 과실을] ~하다 réprimander la faute d'un subalterne. ◇_(을) **받다** recevoir une réprimande; être l'objet de remontrances. ¶ 그 공무원은 직무태만으로 엄한 ~을 받았다 Ce fonctionnaire s'est fait sévèrement réprimander pour négligence professionnelle. ◇_(을) **당하다** subir des réprimandes. ¶ 상사로부터 ~을 당하다 subir des réprimandes de la part d'un supérieur.

◆_**성** -性 관 blâmable. ¶ ~ 인사 action de sanctionner un(*e*) employé(*e*) ((le[la] rétrograder ou le[la] muter)).

견학 見學 명 visite *f* d'étude. ¶ 현장 ~ une sortie pédagogique [éducative]. ¶ 박물관 ~la visite d'un musée dans le cadre d'une sortie pédagogique. ◇_(을) **하다[가다]** faire une sortie pédagogique [éducative]; visiter ((un musée)) dans le cadre d'une sortie pédagogique. ¶ 공장 ~을 가다 visiter une usine dans le cadre d'une sortie pédagogique.
◆실지_ 實地- 명 sortie *f* pédagogique [éducative].

견해 見解 명 vue *f*, avis *m*, opinion *f*, interprétation *f*; point *m* de vue. ¶ 올바른[합리적인] ~ un avis [une opinion] juste [raisonnable]. ¶ 다른[비슷한, 상반된] ~ une opinion différente [similaire, opposée]. ¶ 그것은 잘못된 ~이다 C'est une mauvaise idée. ¶ 무엇에 대해 (자신의) ~를 밝히다 donner [émettre] *son* avis [*son* opinion] sur *qc*; présenter [exposer] son opinion [ses vues] sur *qc*. ¶ 누구에게 ~를 묻다 demander l'opinion de *qn*. ¶ 무엇에 대해 어떤 ~를 갖다 avoir *sa* propre opinion [*son* opinion, *son* point de vue] sur *qc*. ¶ 무엇에 대해 남들의 ~를 구하다[모으다] demander [assembler] l'opinion des autres sur *qc*. ¶ 다른 사람들의 ~를 따르다[받아들이다] se plier à la volonté des autres; céder devant la volonté des autres; suivre l'opinion des autres. ¶ 우리는 그 점에서 완전히 ~(의) 일치를 보았다 Nous avons la conformité de vues sur ce point [sujet]. ¶ 무엇에 대해 누구와 다른 ~를 갖다[~를 달리하다, ~가 다르다] avoir des vues différentes avec *qn* sur *qc*; être d'avis différents avec *qn* sur *qc*; ne pas être du même avis que *qn* sur *qc*. ¶ 무엇에 대해 누구의 ~를 듣다 entendre l'avis de *qn* sur *qc*. ¶ (누구와) ~의 차이를 보이다[드러내다] être d'avis différent; ne pas être du même avis que *qn*. ¶ 네 ~대로라면 selon toi. ¶ 그 사람의 ~에 따르면[의하면] d'après son avis, selon son opinion, selon lui(elle). ¶ 누구와 ~가 같다[일치하다, ~를 같이하다] être d'accord avec *qn*; parvenir à une entente; être du même avis que *qn*; partager l'opinion de *qn*.
◆무_ 無- 명 indifférence *f*, détachement *m*; insouciance *f*, nonchalance *f*. ¶ 그는 정치에 관한한 언제나 무~의 입장이다 Il ne s'intéresse pas à la politique / Il est toujours indifférent à la politique.
◆_차(이) -差(異) 명 différence *f* de vues, divergence *f* d'opinions [de vues]. ¶ ~차를 좁히다[없애다] réduire [effacer] les différences de vues, réduire les divergences d'opinions. ¶ 누구와 ~차를 좁히지 못하다 ne pas pouvoir réduire les différences de vues [les divergences, les oppositions] avec *qn*. ¶ 그와 나 사이에는 상당한 ~차가 존재한다 Nous sommes d'avis complètement différents / Nous avons une opinion radicalement différente / Nous avons des vues radicalement différentes / Nous ne sommes pas du tout du même avis.

겯다[1] 재타 ① ((기름기에)) être graisseux(*se*), huileux(*se*), visqueux(*se*); être imbibé(*e*) [imprégné(*e*)] d'huile; être onctueux(*se*). ¶ 기름[때]에 겯은 옷 un vêtement maculé d'huile [un vêtement très sale]. ② (기름이) 배게 하다. huiler ((une toile)). ¶ 장판지를 기름에 ~ huiler du lino(léum). ③ (몸에) 익다 être accoutumé(*e*), habitué(*e*) à; être expérimenté(*e*) en ((un genre de travail)). ¶ 손에 겯은 연장 un instrument que l'on manie bien.

겯다[2] 타 ① 짜다, 엮다 tresser, natter ((de la paille)). ② 걸어세우다 échafauder; dresser un échafaudage; dresser [mettre] des objets longs en faisceau. ¶ 비계를 단단히 겯어서 안전사고를 방지하다 prévenir un accident en dressant [en mettant en place, en installant] un échafaudage solide. ¶ 총을 ~ ranger les fusils en faisceaux. ③ se prendre [se tenir] ((par l'épaule)). ¶ 어깨를 ~ se prendre [se tenir] par l'épaule.

결[1] 명 veinure *f*; grain *m* ((du bois, de la pierre)); fil *m* ((du bois, de la viande)); texture *f* ((des matériaux)); veine *f* ((du bois)). ¶ ~을 따라 판자를 자르다 tailler des planchettes dans le fil. ¶ ~이 고운 à grain fin [serré]. ¶ ~이 거친 à gros grain(*s*); à grain grossier. ¶ ~이 있는 목재 bois veiné. ¶ ~이 있는 천 étoffe moirée; tissu ondé.
◆물_ 명 vague *f*, flots *mpl*. ¶ ~결이 아주 잔잔하다 La surface de l'eau est peu agitée. ¶ ~결이 거칠어졌다 Les vagues sont devenues plus fortes [hautes, violentes].
◆비단_ 명 veinure *f* de soie; grain *m* de soie. ¶ ~결 같은 피부[마음씨] une peau de pêche [un cœur d'or].
◆살_ 명 (apparence *f* de la) peau(*x*) *f*. ¶ 고운[거친, 부드러운] ~결 une belle peau [une peau rugueuse, une peau douce].
◆숨_ 명 respiration *f*, souffle *m*. ¶ 아기가 숨~이 고르다[거칠다] Le bébé a une respiration régulière [rude et bruyante]. ¶ 조상의 숨~을 느끼다 ressentir l'esprit [l'âme] des aïeux [des ancêtres].

결[2] 의명 loisir *m*; temps *m* (libre); court instant *m*, laps *m* de temps. ¶ 그 사람은 어느 ~에 가버렸다 Il a disparu à notre insu ((sans que personne s'en aperçût)).
◆꿈_ 명 rêve *m*; ((au cours d'un)) songe *m*; ((en)) rêve *m*. ¶ 무엇을 꿈~에 보다 voir *qc* en rêve.
◆엉겁_에 부 inopinément; sans que l'on s'y attende; inconsciemment; à son insu; involontairement; sans le vouloir; d'un mouvement spontané. ¶ 엉겁~에 누구[무엇]를 따라가다 suivre *qn*/*qc* inopinément.
◆잠_ 명 demi-sommeil *m*; dans *son* sommeil; en dormant. ¶ 잠~에 무엇을 듣다 entendre *qc* sans être totalement éveillé.

결가부좌 結跏趺坐 명 【불교】 position *f* (assise) en lotus, façon *f* de s'asseoir les jambes croisées ((le pied gauche sur la cuisse droite et vice versa)). ◇_(를) **하다** s'asseoir en lotus, les jambes croisées ((le pied gauche sur la cuisse droite et vice versa)). ¶ 스님은 ~를 하고[틀고] 수행에 들어갔다 Le bonze

ㄱ

ㄱ

a commencé à prier les jambes croisées (dans la position du lotus).

결강 缺講 명 fait de ne pas donner un cours [de manquer un cours]. ¶ 김 교수는 ~ 없이 강의를 진행하였다 Le professeur Kim n'a pas manqué un seul de ses cours. ◇_(을) **하다** ne pas faire [donner] un cours.

결격 缺格 명 manque *m* de qualité [titre, qualification]; ((법)) incapacité *f*. ◇_(을) **하다** être disqualifié(*e*), perdre le droit de+*inf*.

◆_**사유** -事由 명 cause *f* [raison *f*] d'une incapacité (légale); motif *m* de l'inaptitude à+*inf*. ¶ 공무원 (임용) ~ motif(*s*) de l'inaptitude à devenir fonctionnaire. ¶ 해외여행에 ~가 없는[있는] 사람 personne autorisée [non autorisée] à quitter le territoire national. ¶ 삼촌은 그 일이 ~가 되어[~로 작용하여] 정교수 승진에서 탈락되었다 Cet incident a été considéré comme une preuve d'incompétence empêchant la promotion de mon oncle au poste de professeur titulaire.

◆_**사항** liste des titres [qualifications] manquant(*e*)s.

결과 結果 명 effet *m*, résultat *m*, conséquence *f*, issue *f*, suite *f*. ¶ 원인과 ~ la cause et l'effet. ¶ 오랜 노력의 ~ le fruit de longs efforts. ¶ ~를 보고 판단하다 juger après avoir vu les résultats [d'après les résultats]. ¶ ~에 따라 selon les résultats. ¶ 중요한 것은 ~이다 C'est le résultat qui compte. ¶ 이번 일은 부실공사에서 비롯된 ~이다 Ce sont des travaux défectueux [mal effectués, frauduleux] qui sont à l'origine de cet accident / Des travaux effectués avec négligence sont à l'origine de l' [de cet] accident. ¶ ~는 매일반[마찬가지]이다 Le résultat (en) est le même / Cela revient au même. ¶ ~가 신통치 않았다 On n'a eu qu'un résultat médiocre. ¶ 그 사람이 각별히 노력한 ~, 우리 일은 순조롭게 진행되었다 Grâce à ses efforts exceptionnels, nos affaires ont pris une bonne tournure [ont avancé comme prévu, se sont bien déroulées, se sont bien engagées]. ¶ 그 ~(로), 우리의 수입은 반으로 줄었다 Par conséquent [En conséquence, De ce fait], nos revenus ont diminué de moitié. ◇_(를) **낳다[얻다, 만들다, 이끌다]** avoir [obtenir] un résultat. ¶ 좋은[나쁜] ~를 낳다[얻다] avoir [obtenir] de bons [de mauvais] résultats. ◇_(를) **내놓다[보여주다]** montrer [exposer, présenter] un résultat. ◇_(가) **나오다[만들어지다]** les résultats sortent. ¶ ~가 아직 나오지 않았다 Nous n'avons pas encore les résultats / Les résultats ne sont pas encore sortis [connus] / Les résultats n'ont pas encore été dévoilés. ◇_(가) **되다** avoir comme [pour] conséquence ..., avoir pour [comme] résultat ..., ça a eu le résultat de ..., ça a entraîné .... ¶ 도우려고 한 일이 오히려 일을 어렵게 만든 ~가 되었다 J'ai voulu donner un coup de main, mais loin de les aider ça a au contraire compliqué les choses [j'ai au contraire compliqué l'affaire].

◆_**적** -的 명관 résultant(*e*). ¶ ~적으로 par conséquent. ¶ 의도는 좋았으나 ~적으로 잘못되었다 Nous n'avons eu qu'un résultat médiocre malgré nos bonnes intentions / L'intention était bonne, mais pas le résultat. ¶ ~적으로 볼 때 네가 거기 간 것은 잘못이다 Vu les résultats, tu as tort d'y aller [d'aller là-bas].

◆_**론** -論 명 jugement *m* après coup. ¶ ~론이지만 그 일을 시작하지 말 걸 그랬다 À en juger après coup, ce n'était pas la peine de commencer. ¶ 그건 ~론에 불과하다 C'est facile d'en juger après coup.

◆_**절** -節 명 【언어】 proposition *f* consécutive, consécutive *f*.

결구 結句 명 ① dernier paragraphe *m* d'un écrit en prose (surtout dans une lettre). ¶ 편지의 ~를 맺다 terminer une lettre. ② 【문학】 dernière strophe *f* d'un poème chinois.

결국 結局 부 enfin; à la fin; finalement; après tout; au bout du [en fin de] compte; en somme [définitive]. ¶ ~ 나보고 어떻게 하란 말인가요? Mais enfin, que voulez-vous que je fasse? ¶ ~(은) 시간이 문제다 C'est, après tout, une question de temps. ¶ ~ 모든 일이 잘 되었다 Finalement, tout s'est bien passé. ¶ ~ ...이[하게] 되다 revenir à *qc*/+*inf*; finir par+*inf*. ¶ 온 방안을 뒤진 끝에 ~ 그 서류를 찾아냈다 J'ai fini par trouver [par mettre la main sur] ce document après avoir fouillé de fond en comble toute la pièce. ¶ ~(은) 마찬가지다 Cela revient au même. ¶ 어느 길로 가든 ~에는 그 광장에 이르게 된다 Peu importe par où l'on passe, on arrivera finalement toujours à cette place. ¶ 그 사람은 ~에 가선 그 일을 하고야 말 것이다 Il finira bien par le faire. ¶ ~에 가서는 실력있는 사람이 이긴다 À la fin, celui qui a des aptitudes triomphera [gagnera] / La victoire revient finalement au plus fort [à celui qui a des aptitudes] / Celui qui a des aptitudes finit par triompher.

결근 缺勤 명 absence *f* ((au bureau, à l'atelier)). ¶ 질병으로 인한 ~ absence due à la maladie. ◇_(을) **하다** s'absenter, manquer *son* service, ne pas aller [ne pas se rendre] à *son* travail. ¶ 그 직원은 자주 ~(을) 한다 Il s'absente fréquemment. ¶ 회사에 ~하기로 하다 décider de ne pas aller travailler.

◆_**계** _屆 명 lettre *f* (explicative) justifiant *son* absence, justification *f* d'absence, mot *m* d'absence. ¶ 오늘 중으로 ~계를 제출하시오 Il faudrait que vous me présentiez [que vous m'apportiez] votre justification d'absence aujourd'hui / Veuillez me présenter [m'apporter] votre justification d'absence aujourd'hui.

◆_**일수** -日數 명 nombre *m* de jours d'absence.

◆_**자** -者 명 absent(*e*), manquant(*e*).

◆**무단**_ 無斷- 명 absence *f* non notifiée [motivée]. ¶ 계속 이렇게 무단~을 하면 자넨 해고야 Si tu continues à manquer sans raison, je vais devoir te renvoyer [te mettre dehors, te mettre à la porte].

◆**장기**_ 長期 명 absence *f* prolongée.

결단 決斷 명 décision *f*, détermination *f*, résolution *f*, fermeté *f*. ¶ 용기 있는 ~이 필요하다 Il faut prendre une décision courageuse. ◇_(을) **하다**[**내리다**] décider de+*inf*; se décider à+*inf*; se déterminer à; prendre la décision de+*inf*. ¶ ~을 내릴 때가 되었다 Il est temps de se décider ¶ 그 작자를 해고하기로 마침내 ~을 내렸다 Nous avons finalement pris la décision de renvoyer cet individu.

◆_**코** 부 certainement; sûrement; à coup sûr; pour sûr; infailliblement; immanquablement. ¶ ~코 이 일은 성사시켜야 한다 Nous devons certainement achever ce projet.

◆_**력** -力 명 esprit *m* de décision. ¶ 우리 과장은 ~력이 없다 Notre chef de section ne sait pas prendre de décision [ne sait pas trancher, ne sait pas conclure].

◆_**성** -性 명 décision *f*, détermination *f*, résolution *f*, fermeté *f*. ¶ 너는 ~성이 전혀 없다 Tu manques totalement de fermeté.

◆**사생**_ 死生- 명 résolution *f* [détermination *f*] absolue, détermination *f* inflexible. ¶ 사생~하고 적진에 뛰어들다 se lancer [se jeter, se précipiter] dans le camp ennemi avec une détermination absolue.

결딴 명 ruine *f*, destruction *f*, perte *f*. ◇_(을) **내다** ruiner; détruire. ¶ 자꾸 그런 식으로 행동하면 그 놈을 ~내버리고 말거야 Je vais le démolir [le casser] s'il continue d'agir ainsi {*fam*} / Je vais lui montrer de quel bois je me chauffe à ce type(-là) [Je vais lui apprendre à faire le malin] s'il continue (d'agir ainsi) {*fam*} / S'il continue, je vais le lui faire payer cher {*fam*} [il va le payer cher {*fam*}, il va voir ce qu'il va voir {*fam*}, je vais lui faire sa fête {*fam*}, ça va être sa fête {*fam*}]. ◇_(이) **나다** être complètement détruit(*e*); tomber en ruine [dans la ruine, en déconfiture], faire la culbute, faire faillite [banqueroute]; arriver à *sa* fin, se ruiner, se perdre; être foutu(*e*) {*pop*}, fichu(*e*) {*fam*}. ¶ 이번 홍수로 다리가 완전히 ~났다 Le pont a été complètement détruit [a été emporté] par les inondations. ¶ 오랜 정치적 혼란 때문에 나라 경제가 ~났다 L'économie du pays est (complètement) anéantie à la suite d'une longue période d'instabilité politique.

결렬 決裂 명 rupture *f*, arrêt *m*. ¶ 노사협상의 ~ la rupture des négociations entre la direction et les ouvriers. ◇_(을) **시키다** rompre *qc*. ¶ 양국의 통상 협상을 결렬시키다 rompre les négociations commerciales entre les deux pays. ◇_(이) **되다** être rompu(*e*), échouer. ¶ 교섭[회담]이 ~되었다 Les négociations sont rompues.

결례 缺禮 명 manquement *m* à l'étiquette [aux convenances]. ¶ ~인 줄 알면서도 이렇게 부탁드립니다 Je vous demande ce service bien que je sache là manquer à l'étiquette [ne pas respecter les (bonnes) règles]. ¶ 느닷없이 이렇게 들이닥치다니 세상에 그런 ~가 어디 있니? Débarquer à l'improviste [Faire irruption comme ça] chez les gens, comment peut-on manquer de savoir-vivre à ce point? ◇_(를) **하다**[**범하다**] manquer aux convenances; négliger l'étiquette; commettre une impolitesse. ◇_(가) **되다** être impoli. ¶ 그런 식으로 행동하면 ~가 된다 Cela peut être (considéré comme) impoli [incorrect]] si tu agis comme ça [ainsi, de la sorte].

결론 結論 명 conclusion *f*. ¶ ~만 말하다 en venir directement aux conclusions [au fait, au résultat]. ¶ ~부터 이야기하자면 si je commence par la conclusion [par la fin]. ¶ ...라는 ~을 얻다 arriver à la conclusion. ¶ ...라는 ~에 이르다[도달하다] en arriver [venir] à la conclusion que. ¶ 취조 결과, 타살이라는 ~에 이르렀다 Les enquêteurs conclurent à l'assassinat. ¶ ~이 뭔데? Quelle est la conclusion? ¶ ~이야 뻔한 것 아니야? On sait déjà comment ça va se terminer, non? / On connaît déjà (à l'avance) la fin de l'histoire, non? ¶ ~으로서 en conclusion; pour conclure. ◇_(을) **내다**[**내리다**, **맺다**, **짓다**] conclure [formuler une conclusion, tirer une conclusion]. ¶ 이 조사를 통해 두 가지 ~을 내릴 수 있다 D'après [Au travers de] cette enquête, on peut formuler deux conclusions / À partir de cette enquête, on peut tirer deux conclusions. ¶ 경찰은 그가 범인이라는 ~을 내렸다[범인이라고 ~지었다] La police a conclu qu'il était l'auteur du crime. ◇_(이) **나다** arriver [venir] à la conclusion. ¶ 그렇게 쉽게 ~이 날 수 있을까? Est-ce qu'on arrive à la conclusion si facilement que cela?

◆_**적** 的 명관 ((으로)) ((en)) conclusion *f*; conclusi*f*(*ve*). ¶ ~적으로 en conclusion, pour conclure, en définitive, finalement. ¶ ~적으로 말해 네가 잘못했다 En conclusion, c'était ta faute [c'est toi le responsable, c'est toi le coupable, tu es le coupable].

결리다 자 faire mal; faire souffrir; être douloureux(*se*); avoir mal, ressentir une douleur ((aux épaules, au dos)); être courbatu(*e*) {*litt*}, ankylosé(*e*), engourdi(*e*), moulu(*e*); ((옆구리가)) avoir un point de côté. ¶ 온몸이 결린다 Je ressens des douleurs partout dans le corps / J'ai [Je ressens] des douleurs musculaires diffuses / J'ai mal partout / Je suis courbatu(*e*) {*litt*} de partout. ¶ 어제 잠을 잘못 자서 목이 결린다 J'ai un torticolis car j'ai mal dormi cette nuit. ¶ 숨을 쉴 때마다 옆구리가 결린다 Je ressens un point de côté chaque fois que je respire [à chaque respiration].

결막 結膜 명 conjonctive *f*.

◆_**염** -炎 명 【의학】 conjonctivite *f*. ¶ ~염에 걸리다 [~을 앓다] avoir une conjonctivite.

◆_**반사** -反射 명 【의학】 réflexe *m*. conjonctival.

◆_**여포증** -濾胞症 명 【의학】 folliculose *f*

conjonctivale.

◆**_충혈** -充血 명 【의학】 hyperémie *f* de la conjonctivite.

◆**_하출혈** -下出血 명 【의학】 ecchymose *f* sub-conjontivale.

결말 結末 명 해결 arrangement *m*, règlement *m*; 끝 fin *f*, terme *m*, dénouement *m* ((d'un drame, d'une affaire)); 결과 issue *f*, aboutissement *m*, résultat *m*. ¶ 소설의 예기치 못한 ~ fin surprenante d'un roman. ¶ 이 소설의 주인공은 ~에 가서 어떻게 되니? Qu'est-ce qui arrivera au personnage principal [central] de ce roman à la fin? ◇**_(을) 짓다[내다]** finir, terminer; mettre fin à *qc*; en finir avec *qc*; arranger [régler, conclure] une affaire. ◇**_(을) 보다** aboutir à [arriver à, déboucher sur] un dénouement. ¶ 좋게[나쁘게] ~을 보다 aboutir à [arriver à, déboucher sur] un bon [mauvais] dénouement. ◇**_(이) 나다** se terminer, être conclu(*e*). ¶ 그것은 벌써 ~이 난 일이다 L'affaire est close. ¶ 이 사건은 ~이 어떻게 날까? Quel sera le dénouement de cette affaire? / Comment cette affaire finira-t-elle [se dénouera-t-elle]?

결명자 決明子 명 *Cassia tora* {*nsc*} <graine d'une plante séchée utilisée dans la pharmacopée chinoise dont on fait une décoction, bonne pour les yeux, les maux de tête et la constipation>. ¶ ~는 눈에 좋다 Le *Cassia tora* est bon pour les yeux.

◆**_차** -茶 명 *gyeolmyeongjacha m*, décoction *f* de *Cassia tora* <décoction de ces graines séchées, souvent bue froide et servie à la place de l'eau>. ¶ ~차를 끓여 마시다 boire à la place de l'eau une décoction de *Cassia tora* refroidie.

결미 結尾 명 fin *m* (d'un texte). ¶ 멋진 표현으로 ~를 장식하다[맺다] finir [terminer, clore] un texte par une belle formule.

결박 結縛 명 ligotage *m*. ¶ 누구의 ~을 풀어주다 libérer *qn* de *ses* liens[de *ses* entraves] ◇**_(을) 하다** lier, attacher, ligoter. ◇**_(이) 되다[(을) 당하다]** être attaché(*e*), ligoté(*e*).

결백 潔白 명 pureté *f*, innocence *f*. ¶ 자신의 ~을 증명하다 démontrer [prouver] *son* innocence. ¶ ~을 주장하다 ((chercher à)) se justifier.

◆**_하다** 형 être pur(*e*), innocent(*e*), intègre. ¶ ~한 사람 personne intègre [innocente]. ¶ 이 사건에서 그 사람은 ~하다 Il est innocent dans cette affaire.

결번 缺番 명 ① fait de ne pas faire *son* tour de garde. ¶ 그는 이번의 ~으로 징계를 받았다 Il a été puni [châtié] pour avoir manqué son tour de garde. ② 빠진 번호 numéro *m* manquant. ¶ ~을 채우다 combler les numéros manquants. ¶ 그 번호는 ~이다 C'est le numéro manquant.

결벽 潔癖 명 amour *m* excessif de la propreté; propreté *f* minutieuse; intégrité *f*, incorruptibilité *f*, perfectionnisme *m*. ¶ ~에 가까울 정도로 완벽을 추구하다 rechercher la perfection extrême [dans ses moindres détails, de façon obsessionnelle]. ¶ 그 여자는 ~이 너무 심하다 Elle est obsessionnelle / Elle est trop minutieuse [perfectionniste] / Elle est trop maniaque de la propreté. ◇**_이 있다** être maniaque de la propreté; être obsessionnel(*le*), perfectionniste.

◆**_성** -性 명 amour *m* excessif de la propreté; propreté *f* minutieuse.

◆**_증** -症 명 【의학】 névrose *f* obsessionnelle; obsession *f* de la propreté. ¶ 그 여자는 ~증이 있다 Elle est maniaque de la propreté / Il(Elle) est trop perfectionniste / Il(Elle) est obsessionnel(*le*) [a une névrose obsessionnelle]. ¶ 그 작가는 ~증 때문에 글을 못 쓰고 있다 Cet écrivain ne peut rien écrire à cause de son perfectionnisme.

결별 訣別 명 séparation *f*, adieu(*x*) *m*. ¶ ~의 편지 lettre d'adieux [de rupture]. ¶ 누구에게 ~을 고하다 [선언하다] dire adieu à *qn*, faire *ses* adieux à *qn*. ◇**_(을) 하다** se séparer, se quitter; dire adieu à *qn*, faire *ses* adieux à *qn*; rompre avec *qn*. ¶ 애인과 ~하다 se séparer d'avec *son*(*sa*) petit(*e*) ami(*e*), rompre avec *son*(*sa*) petit(*e*) ami(*e*). ¶ 과격파와 ~하다 se séparer des extrémistes [rompre avec les extrémistes].

결본 缺本 명 volume *m* manquant à une collection. ¶ 이 총서에는 ~이 하나 있다 Il manque un volume à cette collection.

결부 結付 명 jonction *f*, union *f*, lien *m*, rapport *m*, relation *f*, implication *f*. ◇**_(를) 시키다** joindre, unir, lier, relier; impliquer. ¶ 그 일을 이번 일과 ~시켜 생각해 보아라 Réfléchis en reliant cette affaire à l'autre. ¶ 나를 그 일에 ~시키지 말라 Ne m'implique pas dans cette affaire. ◇**_(가) 되다** être lié(*e*), impliqué(*e*). ¶ 이번 사건에 ~된 사람은 모두 다 참고인 자격으로 조사하였다 On a fait une enquête auprès de toutes les personnes impliquées dans cette affaire, à titre de témoins.

결빙 結氷 명 gel *m*, congélation *f*, verglas *m*. ¶ 노면의 ~을 방지하다 prendre des mesures contre le verglas. ◇**_(이) 되다** geler, se congeler.

◆**_기** -期 명 période *f* de gel.

◆**_점** -點 명 point *m* de congélation.

결사[1] 決死 어근 résolu(*e*) [décidé(*e*)] à mourir, bravant [défiant] la mort, au péril de *sa* vie; avec un courage désespéré, ((se jeter)) à corps perdu; décision *f* très ferme, résolution *f* inébranlable.

◆**_적** -的 명관 ne reculant devant rien; acharné(*e*), désespéré(*e*). ¶ ~으로 싸우다[대들다, 저항하다] mettre de l'acharnement à lutter [tenir tête farouchement, résister avec acharnement]. ¶ 그의 저항은 ~적이었다 Il a résisté jusqu'au bout. ¶ ~적인 반대 une opposition farouche [acharnée].

◆**_대** -隊 명 mission *f* sacrifiée.

◆**_반대** -反對 명 opposition *f* acharnée. ¶ 그는 그 결정에 ~반대(를) 했다 Il s'est opposé avec acharnement à cette décision.

◆_**항전** -抗戰 명 résistance *f* acharnée. ¶ ~항전의 결의를 다지다 décider fermement de résister avec acharnement.

결사[2] 結社 명 association *f*, société *f*, fraternité *f*, organisation *f*. ¶ 집회 및 ~의 자유 la liberté de réunion et d'association. ◇_(를) **하다** fonder une société.

◆**비밀**_ 秘密- 명 société *f* secrète; franc-maçonnerie *f*.

결사[3] 結辭 명 adieu(*x*) *m*, mots *mpl* d'adieux, conclusion *f*.

결산 決算 명 règlement *m* ((d'un compte)); arrêté *m* d'un compte; liquidation *f* ((d'un compte, de fin de mois)); bilan *m*. ¶ 1/4 분기의 ~ la liquidation trimestrielle. ¶ 회계년도의 ~ la liquidation d'année budgétaire. ¶ 정기 국회에서 ~ 보고를 하다 faire un rapport de liquidation en session ordinaire du Parlement. ¶ ~을 끝내다 faire un règlement de compte, faire une liquidation. ◇_(을) **하다** liquider, balancer, régler, arrêter; dresser [arrêter] un bilan. ¶ 한 해의 일들을 ~하다 dresser le bilan de l'année en cours.

◆_**서** -書 명 bilan *m* (de liquidation).

◆_**일** -日 명 jour *m* de la liquidation [du règlement].

◆_**기한** -期限 명 terme *m*.

◆**기말**_ 期末- 명 bilan *m* de fin d'exercice

◆**연말**_ 年末- 명 bilan *m* de fin d'année.

◆**총**_ 總 명 règlement *m* général (d'un compte).

결석[1] 缺席 명 absence *f*; ((법정)) défaut *m*, contumace *f*, non-comparution(~-~*s*) *f*. ◇_(을) **하다** ne pas se présenter; ne pas assister à ((une réunion)). ¶ 수업에 ~하다 manquer la classe, être absent(*e*) à un cours, ne pas assister à un cours. ¶ 오늘은 ~한 학생이 많다 Il y a beaucoup d'absents aujourd'hui / Il manque beaucoup d'élèves aujourd'hui.

◆_**계** -屆 명 notification *f* d'absence, lettre *f* (explicative) justifiant *son* absence, justification *f* d'absence, mot *m* d'absence, lettre *f* justificative d'une absence. ¶ ~계를 내다 présenter une notification d'absence.

◆_**생** -生 명 (élève *mf*) absent(*e*).

◆_**자** -者 명 absent(*e*), manquant *m*; ((법정)) non-comparant(~-~*e*).

◆_**신고** -申告 명 déclaration *f* d'absence.

◆_**일수** -日數 명 nombre *m* de jours d'absence.

◆**무단**_ 無斷- 명 absence *f* sans autorisation préalable; absence *f* sans avertir.

결석[2] 結石 명 【의학】 calcul *m*, pierre *f*. ¶ 요도에 ~이 생기다 avoir un calcul dans l'urètre.

◆**신장**_(**증**) 腎臟-(症) 명 【의학】 lithiase *f* rénale; gravelle *f*, pierre *f*.

◆**요도**_(**증**) 尿道-(症) 명 【의학】 lithiase *f* urinaire.

결선 決選 명 ((대회)) finale *f* ((d'un quiz)); ((선거)) scrutin *m* final ((de ballottage)); vote *m* final, deuxième tour *m* (d'une élection). ¶ ~을 치르다 disputer la finale ((d'un quiz)); ((선거)) disputer le deuxième tour ((d'une élection)). ◇_**에 오르다**[**나가다**] se qualifier pour la finale; rester sur la liste du scrutin final [aller jusqu'au vote final]. ¶ 퀴즈 대회의 연말 ~에 오르다[진출하다] se qualifier pour la finale [gagner *son* billet pour la finale] du quiz de fin d'année.

◆_**투표** -投票 명 scrutin *m* final, vote *m* final, scrutin *m* de ballottage, dernier tour *m* de scrutin. ¶ ~투표에서 당선되다 être élu(*e*) au dernier tour de scrutin.

결성 結成 명 formation *f*, organisation *f*, constitution *f*. ¶ 노조 ~ formation [constitution, création] d'un syndicat ouvrier. ◇_(을) **하다** former, organiser, constituer. ¶ 지하 조직[정치 단체, 정당, 조합]을 ~하다 former une organisation clandestine [une association politique, un parti politique, un syndicat]. ◇_(이) **되다** se constituer, s'organiser. ¶ 새로 ~된 재개발 조합 association nouvellement constituée pour le projet de reconstruction de la cité (résidentielle).

◆_**식** -式 명 cérémonie *f* pour fêter la décision de créer une entreprise.

결속 結束 명 union *f*, unité *f*; ((연대)) solidarité *f*; ((동맹)) coalition *f*, ligue *f*, combinaison *f*. ¶ ~을 다지다[강화하다, 굳게 하다] consolider [affermir, renforcer] une union. ¶ 회원들의 ~을 다지다 affermir la solidarité des membres. ¶ 그들의 ~은 단단하다 Ils sont très solidaires. ◇_(을) **하다**[(**이**) **되다**] s'unir; se coaliser, s'allier, se liguer. ¶ 회원들끼리 ~이 안 된다 Les membres ne s'unissent pas entre eux. ◇_(을) **시키다** unir, allier, coaliser, liguer.

◆_**력** -力 명 solidarité *f*. ¶ 그들은 이번 일에 강한 ~을 발휘했다 Ils ont fait preuve d'une grande solidarité face à cet événement. ¶ 그들은 ~이 강하다[약하다] Ils sont très solidaires [peu solidaires].

결손 缺損 명 ① déficit *m*, manque *m*, insuffisance *f*. ② 손실, 손해 perte *f*, dommage *m*, dégât *m*. ¶ ~을 메우다[보전하다] combler un déficit. ◇_(을) **보다**[**내다**] subir des pertes ¶ 작년에 우리 회사는 많은 ~을 냈다 L'année dernière, notre société a subi beaucoup de pertes. ◇_(이) **나다** être en déficit.

◆_**금**[**액**] -金[額] 명 le montant *m* du déficit.

◆_**가정** -家庭 명 famille *f* incomplète.

◆_**계산서** -計算書 명 compte *m* de déficit.

◆_**부위** -部位 명 partie *f* manquante.

◆_**처분** -處分 명 liquidation *f* par déficit.

결승 決勝 명 finale *f*. ¶ 월드컵 ~ la finale de la coupe du monde, la finale du Mondial, la finale du championnat du monde. ¶ ~에 진출하다[나가다, 오르다, 올라가다] arriver en finale, se qualifier pour la finale, gagner *sa* place en finale, gagner *son* billet [*son* ticket] pour la finale. ¶ 누구와 ~을 다투다[~에서 만나다, ~에서 붙다] disputer la finale [rencontrer *qn* en finale, être opposé(*e*) à *qn* en finale]. ¶ ~에서 아깝게 지다 être vaincu(*e*) [battu(*e*)] en finale de justesse [de très peu, sur le fil], perdre une finale très disputée, perdre la finale de très peu [à quelques points près, regrettablement, de justesse], essuyer [concéder, connaître] une défaite rageante en finale, subir [essuyer, concéder] une défaite en finale avec très peu d'écart, se faire devancer d'une courte tête [d'un poil {*fam*}] en finale, se faire coiffer [être coiffé(*e*)] sur le poteau [sur le fil, au poteau] en finale.

◆_선 -線 명 ligne *f* d'arrivée. ¶ ~선에 이르다 parvenir sur la ligne d'arrivée, franchir la ligne d'arrivée.

◆_전 -戰 명 finale *f*. ¶ ~전을 벌이다 disputer la finale. ¶ 서울에서 ~전이 벌어진다 La finale a lieu à Séoul. ¶ ~전 출전 선수 un(*e*) finaliste.

◆_점 -點 명 ① 지점 ((육상, 수영)) lieu(*x*) *m* d'arrivée. ② ((점수)) but *m* [point *m*] décisif. ¶ ~점을 올리다 marquer le but décisif.

◆준_전 準戰 명 demi-finale *f*.

결승문자 結繩文字 명 quipo *m*, quipou *m*, quipu *m* ((chez les Incas)).

결식아동 缺食兒童 명 enfant *mf* sous-alimenté(*e*) [mal nourri(*e*)].

결실 結實 명 ① fructification *f*. ¶ 가을은 ~의 계절이다 L'automne est la saison des fruits [de la fructification, de la production des fruits, de la formation des fruits] / L'automne est l'époque de la maturation des fruits. ¶ ~이 빠르다[느리다, 더디다] fructifier précocement[tardivement]. ② 성과 fruit *m*, résultat *m*. ¶ 오랜 연구의 ~ le fruit de longues (années de) recherches. ¶ 뭔가 ~이 있어야 일한 보람이 있을 텐데 Il faut [Il faudrait] un minimum de résultats pour que le travail en vaille la peine [pour que l'affaire soit rentable]. ◇_을 보다[맺다, 이루다] ¶ 일을 벌렸으면 ~을 맺어야지 Une fois commencé, il faut aboutir à un résultat. ¶ 합심한 결과 좋은 ~을 볼 것 같다 Comme on a agi de concert, on pressent de bons résultats. ¶ 그는 일의 ~을 보지 못한 채 죽고 말았다 Il est mort sans voir les fruits de son travail.

◆_기 -期 명 époque *f* [saison *f*] de la fructification.

결심[1] 決心 명 détermination *f*, décision *f*, résolution *f*. ¶ ~을 굳히다 affermir une décision. ¶ ~을 실행에 옮기다 passer de la décision aux actes; exécuter ce qu'on a décidé. ◇_(을) 하다 prendre une résolution [un parti]; prendre la résolution [le parti] de+*inf*; se résoudre, se décider, se déterminer à+*inf*. ¶ 굳게 ~하다 décider fermement, prendre une résolution ferme. ¶ 그 부부는 집을 팔기로 ~했다 Ce couple a décidé de vendre la maison [l'appartement]. ¶ 그는 이제부터 더 적극적으로 살 것을 ~했다 Il s'est décidé à se conduire désormais de façon plus active dans la vie. ◇_(을) 시키다 décider *qn* à+*inf*. ◇_이 서다 prendre *sa* décision [*son* parti], se déterminer. ¶ 나는 ~이 섰다 La décision est prise / Mon parti est pris.

결심[2] 結審 명 【법률】 la clôture *f* des débats (lors d'un jugement). ¶ ~에서는 예심과 다른 판결이 나올 수 있다 en clôture des débats, la sentence peut être différente de la conclusion de l'instruction.

◆_공판 -公判 명 séance *f* publique de clôture des débats.

결어 結語 명 conclusion *f*. ¶ ~를 맺다 conclure.

결여 缺如 명 absence *f*, manque *m*, pénurie *f*. ¶ 상상력[의지]의 ~ manque d'imagination[de volonté]. ◇_(가) 되다 manquer. ¶ 그의 답변에는 성의가 ~되어 있다 Il manque d'empressement dans ses explications. ¶ 진실이 ~된 태도 une attitude qui manque de sincérité.

결연 結緣 명 relation *f*, parenté *f*. ◇_(을) 하다[맺다] nouer une relation. ¶ 북경 대학과 ~을 맺기로 하다 décider de faire un jumelage avec l'université de Pékin.

◆자매_ 姉妹- 명 jumelage *m*. ¶ 자매~을 맺다 faire un jumelage.

결연하다 決然- 형 être résolu(*e*), déterminé(*e*) à+*inf*. ¶ 결연한 태도 une attitude décidée. ¶ 결연한 어조로 말하다 parler sur un ton résolu. ¶ 이 문제에 대한 그의 태도는 결연했다 Quant à ce problème, sa décision est prise. ¶ 그 일을 조속히 해결하려는 대통령의 의지는 결연했다 Le président de la République était fermement décidé à régler cette affaire le plus tôt possible. ¶ 불의에 맞서 결연하게 일어서다 s'élever fermement contre l'injustice.

◆결연히 부 résolument; avec résolution; fermement. ¶ 어려운 일을 결연히 감행하다 entreprendre avec résolution une affaire difficile.

결원 缺員 명 vacance *f* ((dans le personnel)); poste *m* vacant. ¶ ~을 보충하다 suppléer à une vacance. ¶ 이 반에는 ~이 몇 명 있다 Il manque des élèves dans cette classe / L'effectif de cette classe n'est pas au complet. ¶ 10명의 ~이 생겼다[났다] Il y a 10 postes vacants.

결의[1] 決議 명 résolution *f*, décision *f*, conclusion *f*. ¶ 의회의 ~ 사항 le sujet [le motif] de la décision du Parlement [de l'Assemblée nationale, de l'Assemblée parlementaire]. ◇_(를) 하다 prendre une résolution [décision]; décider de+*inf*, résoudre de+*inf*. ¶ 파업을 ~하다 décider de faire grève. ¶ 미국 하원은 이라크에 대한 제재 조치를 취하기로 ~했다 La Chambre des Représentants des États-Unis a décidé de prendre des sanctions contre l'Irak. ◇_(가) 되다 ((une résolution, une décision)) être pris(*e*). ¶ 동맹휴업을 하기로 ~되었다 Il a été décidé de faire une grève coordonnée avec les autres syndicats / Il a été décidé avec les autres syndicats de faire une grève.

◆_문 -文 명 texte *m* d'une résolution.

◆_안 -案 명 proposition *f* de résolution. ¶ ~안을 제출[채택]하다 proposer [adopter] une résolution.

결의[2] 結義 명 serment *m*. ◇_(를) 하다 jurer d'être ((frères)); faire serment de+*inf*.

◆_형제 -兄弟 명 personnes *fpl* ayant fait serment d'être comme des frères.

결의[3] 決意 명 résolution *f*, détermination *f*. ¶ 굳은 ~ une résolution ferme. ¶ 필승의 ~를 다지다 renforcer la détermination à gagner. ◇_(를) **하다** se résoudre à; déterminer de+*inf*.

결자 缺字 명 lettre *f* omise; caractère *m* [mot *m*] omis; bourdon *m*.

결자해지 結者解之 명 résoudre *soi*-même ce qu'on a causé; débrouiller *soi*-même ce qu'on a embrouillé. ¶ 그는 ~로 그 일을 마무리했다 Il a réglé [résolu] lui-même cette affaire dont il était à l'origine. ¶ ~라고, 이 일은 너 자신이 꼭 해결해야 한다 Comme on dit «débrouiller soi-même ce qu'on a embrouillé», il faut que tu résolves toi-même cette affaire.

결장[1] 結腸 명 côlon *m*.

◆**_염** -炎 명【의학】*Colonitis* {*nsc*}.

◆**_절개수술** -切開手術 명【의학】côlotomie *f*.

결장[2] 缺場 명 absence *f* du terrain ((d'un joueur)). ¶ ~ 선수 명단 liste des joueurs absents. ◇_(을) **하다** ne pas participer à un match, être absent(*e*) du terrain. ¶ 우리 팀의 주장은 부상으로 결승전에 ~했다 Le capitaine de notre équipe n'a (pas) pu participer à la finale à cause [en raison] d'une blessure.

결재 決裁 명 approbation *f*, jugement *m*. ¶ ~ 서류 documents approuvés; ((결재해야 될 서류)) documents à approuver. ◇_(를) **하다** approuver. ¶ 서류를 ~하다 approuver des documents. ◇_(를) **받다** soumettre [présenter] *qc* au jugement ((à l'approbation)) de *qn*. ◇_**를 올리다** soumettre ((des documents)) à l'approbation [au jugement] ((d'un supérieur)). ◇_(가) **나다[되다]** être approuvé(*e*), recevoir le consentement de *qn*, recevoir le feu vert de *qn*. ¶ 사장의 ~가 났다 Le directeur a donné son accord [son consentement, son autorisation, son feu vert].

◆**_권** -權 명 droit *m* de décision [d'approbation].

결전 決戰 명 combat *m* décisif; lutte *f* [bataille *f*] décisive; finale *f*, grand match *m*, match *m* important. ¶ ~의 시간[날, 순간]이 가까워온다[왔다] L'heure [Le jour, Le moment] du combat décisif [du grand match, de la finale] approche [a sonné]. ¶ ~의 의지를 불태우다 faire un effort de volonté pour le combat. ¶ 누구와 ~을 치르다 faire l'ultime combat [le combat décisif] avec *qn*.

◆**_장** -場 명 lieu(*x*) *m* désigné [prévu] pour le combat décisif [pour le grand match].

결절 結節 명 ①【식물】nodosité *f*, nouure *f*. ②【의학】tubercule *m*; *Nodus* {*nsc*}; ((뼈의)) tubérosité *f*. ¶ ~의 형성 formation du tubercule; tuberculisation.

◆**_성 홍반** -性 紅斑 명【의학】nodule *m* [papule *f*] rouge.

결점 缺點 명 défaut *m*, imperfection *f*, manque *m*, insuffisance *f*, défectuosité *f*, faute *f*. ¶ 사소한[큰] ~ petits défauts, menus [grands] défauts. ¶ ~을 감추다[숨기다] cacher *ses* défauts; masquer un défaut. ¶ ~을 고치다 corriger [remédier à] un défaut. ¶ 자신의 ~을 고치다 se corriger (de *ses* défauts). ¶ 남의 ~을 이용하다 profiter des défauts [insuffisances] des autres. ¶ ~을 지적하다 relever [signaler] un défaut. ¶ ~을 찾다 chercher des défauts. ¶ ~을 찾을 수 없는[찾기 어려운] 뛰어난 솜씨 une dextérité irréprochable. ¶ 누구나 ~은 있다 Chacun a ses défauts. ¶ 이 작품은 ~이 거의 없다[눈에 띄지 않는다] Cette œuvre est presque parfaite [proche de la perfection] / Cette œuvre est sans défaut perceptible [visible, apparent]. ¶ 나는 ~투성이다[~이 많다] Je suis plein(*e*) de défauts. ¶ 이것이 그의 ~이다 C'est là son défaut / C'est là qu'il pèche {*fam*}. ¶ 용기가 부족한 점이 네 ~이다 Ton défaut c'est que tu manques de courage [que tu n'es pas assez courageux].

결정[1] 結晶 명 cristal(*aux*) *m*. ¶ 노력[땀]의 ~ fruit de longs efforts. ◇_(이) **되다** se cristalliser; être cristallisé(*e*); porter *ses* fruits.

◆**_체** -體 명 crist*al*(*aux*) *m*. ¶ 첨단 기술의 ~체 les techniques de pointe les plus sophistiquées [perfectionnées, modernes].

◆**_작용** -作用 명 cristallisation *f*.

결정[2] 決定 명 décision *f*, détermination *f*, conclusion *f*, fixation *f* ((d'une date, d'un prix)) ¶ 부모의 ~에 따르다 suivre [se conformer à] la décision de *ses* parents. ◇_(을) **하다[짓다, 내리다]** décider, conclure, déterminer, fixer, arrêter; prendre une décision, se décider. ¶ 수상자를 ~하다 sélectionner des lauréats. ¶ 태도를 ~하다 déterminer la position. ¶ 이번 여행은 제주도로 가기로 ~했다 On a décidé d'aller à l'île de Jeju pour ces vacances. ¶ 우리는 거사일을 일주일 후로 ~했다 Nous avons décidé de repousser de plus d'une semaine la date du démarrage de l'affaire [la date du démarrage de l'entreprise, la date du début de l'entreprise, la date du début des travaux, la date de la mise en route de l'affaire]. ¶ ~을 내려 주세요 Prenez une décision / Décidez-vous. ¶ 오랜 토의 끝에 파업을 하기로 ~내리다 décider la grève après une longue discussion [après de nombreux échanges]. ◇_(이) **되다[나다]** être décidé(*e*).

◆**_적** -的 명관 décisi*f*(*ve*). ¶ ~적인 증거[실수] une preuve [une erreur] décisive. ¶ ~적으로 상황을 악화시키다 aggraver considérablement la situation, aggraver la situation de façon notoire [conséquente]. ¶ 이 법안의 통과는 ~적이다 Il est certain que ce projet de loi sera adopté.

◆**_권** -權 명 pouvoir *m* décisionnel [de décision]. ¶ ~권을 가지다 avoir le pouvoir de décision, avoir le pouvoir décisionnel. ¶ 누구에게 ~권을 주다 donner le pouvoir de décision [le pouvoir décisionnel] à *qn*. ¶ ~권은 심판에게 있다 La décision appartient à l'arbitre.

◆**_권자** -權者 명 mandataire *mf*.

ㄱ

◆_론 -論 명 déterminisme *m*.

◆_전 -戰 명 rencontre *f* décisive; rencontre *f* sportive [match *m*, partie *f*] qui décidera du champion; ((우승 결정전)) finale *f*. ¶ 챔피언 ~ une rencontre décisive qui décidera du champion. ¶ ~을 하다[치르다, 거행하다] disputer une rencontre décisive[la finale]. ¶ 두 팀은 우승~에서 서로 만났다 Les deux équipes se sont rencontrées en finale.

◆_타 -打 명 coup *m* décisif. ¶ ~타를 날리다[먹이다, 가하다] jouer un coup décisif. ¶ ~타를 맞다 voir *son* adversaire jouer un coup décisif. ¶ ~타가 터졌다 On a assisté à un coup décisif.

◆_판 -版 명 édition *f* définitive; version *f* définitive. ¶ 보들레르 전집의 최종~판 édition définitive des œuvres complètes de Baudelaire.

결제 決濟 명 règlement *m* [liquidation *f*] ((d'un compte)). ¶ 대금 ~가 늦어지고 있다 Le règlement du paiement a du retard. ◇_(를) **하다** régler, payer, acquitter, liquider. ¶ 신용카드로 대금을 ~하다 régler ((un achat)) par carte de crédit. ◇_(가) **되다** être acquitté(*e*).

결집 結集 명 attroupement *m*; ralliement *m*. ◇_(을) **하다** ((모이다)) se rallier à, s'attrouper; ((모으다)) assembler, ameuter, attrouper, rallier. ¶ 진보 세력이 ~하여 보수 세력에 대항했다 Les progressistes se sont regroupés [ralliés] pour battre les conservateurs. ◇_(이) **되다** s'attrouper; être attroupé(*e*). ¶ 전 국민의 ~된 힘 les forces unies du peuple. ◇_(을) **시키다** rassembler, ameuter, attrouper, rallier. ¶ 세력을 ~시키다 rassembler les forces.

결초보은 結草報恩 명 ◇_(을) **하다** rendre un bienfait (en ce monde ou dans l'autre [même après *sa* mort]).

결코 決- 부 jamais; en aucune façon; aucunement, nullement; pas le moins du monde; pas du tout. ¶ 나는 그 제안을 ~ 수락하지 않겠다 Jamais je n'accepterai la proposition. ¶ 그 사람이 싫은 것은 ~ 아니다 Ce n'est pas du tout que je ne l'aime pas. ¶ ~ 그런 일은 일어나지 않을 것이다 Ça ne produira jamais un problème. ¶ ~ 늦은 것은 아니다 Ce n'est pas du tout [en aucune façon] trop tard.

결탁 結託 명 collusion *f*, connivence *f*, conspiration *f*, complicité *f*. ¶ 정치권과 재계의 ~ une conspiration entre le monde politique et celui de l'économie. ◇_(을) **하다** conspirer, comploter; s'entendre pour ((nuire à *qn*)); se conjurer contre *qn*. ¶ 그들은 폭력배와 ~하여 음모를 꾸몄다 Ils ont comploté avec une bande de voyous. ◇_(이) **되다** entrer en collusion; être complice de *qn*. ¶ 저 정치인은 폭력조직과 ~되어 있다 Ce politicien-là est complice de cette bande de malfaiteurs / Ce politicien-là a fricoté avec cette bande de malfaiteurs {*fam*}.

결투 決鬪 명 duel *m*. ¶ 누구에게 ~를 신청하다 provoquer *qn* en duel; jeter le gant à *qn*; demander raison à *qn*. ¶ ~에 응하다 accepter [relever] le défi; relever le gant. ◇_(를) **하다[벌이다]** se battre en duel; aller sur le terrain.

결판 決判 명 jugement *m* du vrai et du faux; action de juger qui a raison ou tort. ◇_(을) **내다** régler, finir, mettre fin à *qc*. ¶ 누가 이기는가 당장 ~을 내자 Mesurons-nous tout de suite pour savoir qui est le meilleur. ◇_(이) **나다** être réglé(*e*), fini(*e*). ¶ 그 시합은 단번에[초반에] ~이 났다 Ce match a été réglé en quelques secondes / On connaissait déjà le résultat du match après quelques secondes de jeu / Dès les premières minutes [secondes] du match, on savait qui allait gagner.

결핍 缺乏 명 manque *m*, défaut *m*, disette *f*, insuffisance *f*, quantité *f* manquante. ¶ 애정 ~ manque d'affection. ¶ 지금 아프리카에서는 식량~으로 많은 사람들이 죽어가고 있다 Aujourd'hui, en Afrique, de nombreuses personnes meurent à cause du manque de nourriture. ◇_(이) **되다** faire défaut, manquer; s'épuiser, se tarir, se vider, tirer à *sa* fin. ¶ 그 도시는 계속된 전쟁으로 식료품이 ~되어 간다 Les réserves alimentaires commencent à s'épuiser dans cette ville avec cette guerre qui s'éternise.

◆_증 -症 명 manque *m*, insuffisance *f*, déficience *f*, carence *f* (importante). ¶ 산소 ~증 hypoxie. ¶ 애정[영양] ~증 un manque d'affection [la dénutrition, la malnutrition]. ¶ 그는 비타민 B ~증을 앓았다 Il souffre d'un manque de vitamine B [d'avitaminose B, du béribéri].

결하다 缺- 타 manquer; être déficient(*e*); faire défaut. ¶ 예의를 ~ brûler la politesse, être impoli(*e*).

결함 缺陷 명 défaut *m*, imperfection *f*, vice *m*, déficience *f*, défectuosité *f*; lacune *f*. ¶ 신체적 ~ un défaut corporel [de conformation]. ¶ 정신적 ~ une déficience mentale. ¶ 구조적인 ~ défaut structural. ¶ 성격상의 ~ déficience de caractère. ¶ 발음상의 ~ un défaut de prononciation. ¶ 한 부분에서 ~을 발견하다 trouver un défaut dans une partie. ◇_(이) **있다[없다]** avoir des défauts, être défectueux(*se*) [être parfait(*e*), irréprochable]. ¶ 그 자동차는 출고 때부터 ~이 있었다 La voiture avait déjà des défauts avant sa sortie.

결합 結合 명 union *f*, combinaison *f*, liaison *f*, association *f*, coalition *f*, fusion *f*; couplage *m*. ¶ 기술과 자본의 ~ la fusion entre une technique et le capital [les capitaux, les fonds]. ¶ 연구와 산업의 ~ le couplage de la recherche et de l'industrie. ¶ 두 사람의 ~을 진심으로 축하합니다 Je vous félicite sincèrement tous les deux pour votre union [pour votre mariage]. ◇_(을) **하다** ((무엇이[누가] 무엇과[누구와])) s'unir à [avec] *qn*/*qc*.; ((무엇을 무엇과)) unir; coupler; combiner; fusionner. ¶ 내 친구는 3년 만에 그 여자와 다시 ~하였다 Mon ami s'est à nouveau uni à [s'est remis avec] cette femme après trois ans de séparation. ¶ 산소는 수소와 ~하여 물이 된다 L'oxygène combiné à l'hydrogène donne de l'eau. ¶ 산소와[에] 수소를 ~하면 물이 된다 L'oxygène en présence d'hydrogène donne de l'eau. ◇_(이) **되다** s'unir, se combiner. ¶ 물과 기름은 쉽사리 ~되지 않는다 L'eau et l'huile ne se mélangent pas bien ((émulsion de l'huile dans l'eau)). ◇_(을) **시키다** unir, combiner, associer, joindre, relier. ¶ 그들을 ~시키는 우정 l'amitié qui les unit.

◆_**가** -價 명 【언어】 valence *f*. ¶ ~가 분석 analyses valencielles.

◆_**력** -力 명 adhérence *f*.

◆_**체** -體 명 ensemble *m*, union *f*, combinaison *f*, fusion *f*. ¶ 사회는 개인들의 ~체이다 La société est l'ensemble des individus.

◆_**법칙** -法則 명 【수학】 principe *m* de combinaison.

◆_**조직** -組織 명 tissu *m* conjonctif.

결항 缺航 명 suspension *f* d'un service de transport [par air ou par mer]. ¶ 비행기의~ suspension d'un vol. ¶ 이 항공사는 ~이 잦다 Il y a beaucoup de suspensions de vol [Les suspensions de vol sont fréquentes] dans cette compagnie aérienne. ◇_(을) **하다** suspendre un vol. ¶ 태풍 때문에 서울-부산간은 ~합니다 Le service est interrompu entre Séoul et Busan à cause du typhon. ◇_(이) **되다** être suspendu(*e*). ¶ 짙은 안개로 모든 비행기가 10시까지 ~되었다 Tous les vols sont suspendus [interrompus] jusqu'à 10 heures à cause d'un brouillard épais.

결핵 結核 명 【의학】 tubercule *m*; tuberculose *f*, phtisie *f*. ¶ ~에 걸리다 être atteint(*e*) de tuberculose. ¶ ~으로 죽다 mourir de tuberculose.

◆_**성** -性 관 tuberculeux(*se*). ¶ ~성 뇌막염 une méningite tuberculeuse.

◆_**균** -菌 명 bacille *m* de la tuberculose (de Koch).

◆_**예방** -豫防 명 prévention *f* de la tuberculose. ¶~ 예방 협회 association de prévention contre la tuberculose.

◆_**요양소** -療養所 명 sanatorium *m*.

◆_**전문의** -專門醫 명 phtisiologue *m*.

◆_**환자** -患者 명 tuberculeux(*se*).

◆**폐** 肺- 명 tuberculose *f* pulmonaire.

결행 決行 명 action *f* décisive; mise *f* à exécution. ◇_(을) **하다** exécuter *qc* ((résolument)); mettre ((un plan)) à exécution; faire *qc* coûte que coûte. ¶ 드디어 오늘 자정에 그 계획을 ~하기로 했다 Finalement, nous avons décidé de mettre ce projet à exécution coûte que coûte dès aujourd'hui à minuit. ◇_(이) **되다** être exécuté(*e*); être mis(*e*) à exécution. ¶ 새벽에 ~된 기습 작전 attaque surprise exécutée à l'aube.

결혼 結婚 명 mariage *m*, alliance *f*. ¶ ~ 선물 cadeau(*x*) de mariage. ¶ ~ 자금 fonds nécessaires pour un mariage. ¶ 누구와 ~을 약속하다 s'engager à se marier avec *qn*; faire une promesse de mariage à *qn*. ◇_(을) **하다** se marier avec *qn*, épouser *qn*, contracter mariage. ¶ 그 사람은 평생 ~하지 않을 생각이다 Il a l'intention de ne jamais se marier. ¶ 그는 그 여자와 ~할 사이이다 Il va se marier avec elle. ¶ 그 남자는 그 여자와 ~해서 잘 살고 있다 Cet homme vit heureux depuis qu'il est marié à cette femme. ◇_(을) **시키다** marier ((*sa* fille)) à *qn*. ¶ 딸을 의사와 ~시키다 marier *sa* fille avec[à] un médecin ¶ 요즘은 자식 하나 ~시키는 데 돈이 너무 많이 든다 Ces jours-ci, il faut trop d'argent pour marier un enfant.

◆_**관** -觀 명 point *m* de vue sur le mariage; opinion *f* sur le mariage. ¶ ~을 펴다[피력하다] exposer [confier] *son* point de vue sur le mariage; donner [exposer, émettre] *son* opinion sur le mariage; dire ce que l'*on* pense du mariage.

◆_**기념일** -記念日 명 anniversaire *m* de mariage.

◆_**반지** 명 alliance *f*; anneau(*x*) *m* nupti*al*(*aux*) (de mariage).

◆_**상담소** -相談所 명 agence *f* matrimoniale.

◆_**생활** -生活 명 vie *f* conjugale.

◆_**식** -式 명 cérémonie *f* de mariage; noces *fpl*. ¶ 성대한 ~식 une cérémonie de mariage [de noces] en grande pompe [somptueuse]. ¶ ~식을 올리다 célébrer le mariage ((*ses* noces)). ¶ ~식 에 참석하다 être de noce(*s*).

◆_**적령기** -適齡期 명 âge *m* nubile.

◆_**피로연** -披露宴 명 réception *f* de mariage; repas *m* de noces.

◆_**행진곡** -行進曲 명 marche *f* nuptiale.

◆**국제** _國際 명 mariage *m* international.

◆**연애** _戀愛- 명 mariage *m* d'amour.

◆**정략** _政略 명 mariage *m* de convenance [de raison].

◆**중매** _仲媒 명 mariage *m* arrangé (par une personne entremise).

겸 兼 접 et; en même temps; de plus; à la fois. ¶ 여기가 거실 ~ 서재이다 Cette pièce fait à la fois salle de séjour et bureau (de travail) [fait à la fois office de salle de séjour et de cabinet de travail, sert à la fois de séjour et de cabinet de travail]. ¶ 거실 ~ 서재로 쓰다 utiliser une pièce à la fois comme séjour et comme bureau (de travail) [cabinet de travail]. ¶ 아침 ~ 점심을 먹다 prendre un brunch. ¶ 그 남자는 팀에서 선수~ 코치로 있다 Cet homme est à la fois joueur et entraîneur [et coach] de l'équipe. ¶ 그 여자는 공부도 할 ~ 구경도 할 ~ (해서) 인도로 떠났다 Elle est partie en Inde non seulement pour le tourisme mais aussi pour ses études / Elle profitera de ses études là-bas en Inde pour visiter le pays.

겸무 兼務 명 cumul *m* de fonctions. ◇_(를) **하다** cumuler deux [plusieurs] fonctions. ¶ 두 기관에 ~하다 travailler [être employé] à la fois dans deux établissements.

겸비 兼備 명 double dotation *f*. ◇_(를) **하다** avoir [posséder] en même temps; joindre, allier réunir ((le savoir et la sagesse)). ¶ 문무[지덕]를 ~ exceller par la plume et par l'épée [être à la fois érudit(*e*) et vertueux(*se*)]. ¶ 재색을 ~한 여자 femme douée à la fois d'esprit et de beauté, femme aussi jolie que spirituelle.

겸사겸사 兼事兼事 㖏 en même temps; à la fois. ¶ 볼 일도 있고 안부도 궁금하고 해서 ~ 들렀다 Je suis venu(*e*) [Je suis ici] en même temps pour affaires et pour m'informer de ta santé [et pour prendre de tes nouvelles] / Je suis venu(*e*) [Je suis ici] pour affaires, mais j'en profite également pour prendre de tes nouvelles.

겸상 兼床 명 table *f* pour deux personnes ou plus. ¶ ~을 차리다 préparer une table [un repas] pour deux personnes ou plus. ◇_(을) **하다** manger à la même table. ¶ 옛날 한국의 여인들은 남편과 ~을 할 수 없었다 Dans les temps anciens [Autrefois], les femmes coréennes ne pouvaient pas manger à la même table que leur mari.

겸손 謙遜 명 modestie *f*; humilité *f*; effacement *m*. ¶ ~의 미덕을 발휘하다 se conduire avec modestie [modestement]. ¶ ~의 말씀이십니다 Vous êtes trop modeste. ¶ 지나친 ~은 오히려 실례가 된다 Une modestie trop exagérée peut au contraire être mal perçue par l'autre. ¶ 지나친 ~은 오히려 해가 될 수 있다 Trop de modestie nuit parfois. ◇_(을) **떨다** agir [se conduire] avec modestie.

◆_**하다** 형 être modeste, effacé(*e*), humble ¶ ~한 말씨 les paroles modestes. ¶ ~한 태도 une attitude modeste. ¶ 당신은 지나치게 ~합니다 Vous êtes trop modeste / Vous aimez trop à rester effacé.

◆_**히** 㖏 modestement, humblement, avec modestie. ¶ 그 학생은 ~히 뒤로 물러섰다 Cet élève a humblement laissé sa place. ¶ ~히 처신하다 agir [se conduire] modestement.

겸양 謙讓 명 modestie *f*, humilité *f*; déférence *f*. ¶ ~의 미덕을 발휘하다 faire preuve d'humilité [de modestie]. ◇_(을) **하다** se comporter modestement [avec modestie, avec humilité]. ¶ 그는 늘 ~하는 태도로 다른 사람을 대한다 Il se comporte toujours très modestement avec les autres.

◆_**스럽다** 형 être modeste, humble.

◆_**법** -法 명 【언어】 registre *m* de déférence [de modestie, d'humilité].

겸업 兼業 명 cumul *m* de professions. ◇_(을) **하다** cumuler deux professions. ¶ 이 집은 식당과 여관을 겸업하고 있다 Cette maison fait à la fois auberge et restaurant / Cette maison fait à la fois office d'auberge et de restaurant [sert à la fois d'auberge et de restaurant].

겸연쩍다 慊然- 형 être embarrassé(*e*), gêné(*e*), ennuyé(*e*); être mal à l'aise. ¶ 그 사람은 겸연쩍은 얼굴[표정]을 했다 Il prit une expression embarrassée [gênée]. ¶ 겸연쩍은 태도 une attitude embarrassée. ¶ 몰래 감추려던 일이 드러나니 겸연쩍군 Je suis ennuyé(*e*) qu'on ait découvert ce que j'avais essayé de cacher. ¶ 그는 겸연쩍은 듯 머리를 긁적였다 Il s'est gratté la tête d'une manière embarrassée. se sentir gêné(*e*) [ennuyé(*e*), mal à l'aise]. ¶ 그 사람의 아버지는 겸연쩍어 하며 속내이야기를 털어놓았다 Son père a dit le fond de sa pensée d'un air gêné [de façon embarrassée]. ¶ 그 여자는 거짓말한 것을[에 대해] 겸연쩍어 했다 Elle s'est sentie gênée d'avoir dit un mensonge [d'avoir menti]. ¶ 동생은 겸연쩍게 웃었다 Mon petit frère a ri timidement.

겸용 兼用 명 usage *m* multiple; multistandard *a*. ¶ 이 제품은 100볼트와 220볼트 ~이다 Cet appareil peut indifféremment se brancher sur du 110 ou du 220 volts / Cet appareil marche [fonctionne] à la fois sur [avec] du 110V et du 220V. ¶ 이 방은 응접실과 서재 ~이다 Cette pièce fait à la fois (office de) salon et (de) bureau [cabinet de travail] / Cette pièce sert à la fois de salon et de cabinet de travail. ◇_(을) **하다** employer à divers usages. ¶ 우리는 이 방을 회의실 및 시청각실로 ~하고 있다 Nous utilisons cette pièce à la fois comme salle de réunion et comme salle multimédia / Nous utilisons cette pièce comme salle de réunion ainsi que comme salle multimédia. ◇_(이) **되다** être à usages multiples. ¶ 이 소파는 침대로도 ~됩니다 Ce canapé fait aussi lit en même temps.

겸임 兼任 명 cumul *m* de fonctions. ◇_(을) **하다** cumuler deux [plusieurs] fonctions. ¶ 두 회사의 사장을 ~하다 cumuler la direction de deux compagnies. ¶ 그는 부총리와 경제기획원 장관을 ~하고 있다 Il cumule les fonctions de vice-Premier ministre et de ministre de la Planification Economique. ¶ 장관이 이 위원회 위원장을 ~하게 되어 있다 Le ministre doit cumuler sa fonction [sa mission] avec celle de président du comité.

◆_**교수** -敎授 명 professionnel *m* ((avocat, médecin)) qui est professeur associé à l'université en plus de son travail.

◆_**국** -國 명 pays *m* où un diplomate occupe un poste diplomatique important sur le plan international. ¶ 유엔 총회 의장 ~국 un pays où un diplomate occupe le poste de secrétaire général de l'ONU.

겸직 兼職 명 cumul *m* d'emplois [de fonctions]. ¶ ~ 금지 interdiction de cumul d'emplois. ¶ ~을 면하다 éviter le cumul d'emplois [de fonctions]. ¶ 장관과 국회의원은 ~이 가능하다 Il est possible de cumuler les fonctions de ministre et de député (de l'Assemblée nationale). ◇_(을) **하다** cumuler des emplois [des fonctions], avoir plusieurs emplois [fonctions]. ☞ 겸임

겸하다 兼- 타 ① cumuler. ¶ 그는 총장과 이사장을 겸하고 있다 Il est à la fois le président de l'université et le président du conseil d'administration de la même université. ¶ 대통령이 당 총재를 겸한다 Le président de la République cumule sa fonction avec celle de président du parti. ¶ 주장 선수는 혼자서 공격과 수비를 겸하며 눈부신 활약을 하였다. Le capitaine a montré [a fait preuve d']une activité débordante en participant à la fois à l'attaque et à la défense. ② 아울러 가지다 être à la fois [en même temps] A et B; faire aussi (office de). ¶ 출장을 겸한 해외 나들이 un voyage d'affaires qui devient aussi voyage touristique, un voyage d'affaires où l'on en profite pour faire du tourisme [pour visiter le pays]. ¶ 이 외투는 비옷을 겸한 것이다 Ce manteau fait aussi (office d')imperméable / Ce manteau sert aussi d'imperméable. ¶ 문무를 ~ exceller par la plume et par l'épée. ¶ 체력과 기량을 ~ être à la fois fort physiquement [musclé(*e*)] et adroit [habile]. ¶ 이 사전은 문법서로서의 기능도 겸하고 있다 Ce dictionnaire est en même temps un livre de grammaire [une grammaire] / C'est à la fois un dictionnaire et une grammaire.

겸허 謙虛 명 modestie *f*, humilité *f*. ¶ ~의 자세 une attitude modeste [humble].

◆**_하다** 형 être modeste, effacé(*e*), humble. ¶ ~한 태도 une attitude modeste. ¶ ~한 자세로 임하다 affronter une situation avec une attitude humble [avec humilité]. ¶ 선거 결과를 ~하게 받아들이다 accepter avec humilité les résultats d'une élection. ¶ 우리는 이번 교훈을 ~하게 받아들여야 할 것이다 Il faut accepter cette leçon avec humilité [avec modestie].

◆**_히** 부 humblement, avec humilité, avec modestie. ¶ 자신의 행동을 ~히 되돌아보다 revenir avec humilité sur *son* comportement, réapprécier avec humilité *son* comportement.

겹[1] 명 pli *m*; double *m*. ¶ (두) ~으로 된 포장 un double emballage. ¶ 종이를 여러 ~으로 접다 plier une feuille de papier plusieurs fois. ¶ 이 방은 벽이 ~으로 되어 있어서 방음이 잘 된다 Cette pièce est bien insonorisée grâce à ses murs à double paroi. 분류 plusieurs fois *fpl*.

◆**_** 명 ((포개어 거듭됨)) pli *m*; ((거듭된 켜)) épaisseur *f*, couche *f*. ¶ ~~으로 물건을 포장하다 emballer *qc* soigneusement (avec plusieurs épaisseurs de papier).

◆**_이** 부 ☞ 겹겹이

겹-[2] 접두 double; doublé(*e*). ¶ ~눈 un œil composé, un œil à facettes, une ommatidie. ¶ ~두루마기 un *durumagi* [pardessus coréen] doublé.

겹가지 명 【식물】 tiges *mpl* [rameaux] opposé(*e*)s.

겹겹이 부 de plusieurs couches [épaisseurs]. ¶ 종이로 ~ 싸다 emballer *qc* de plusieurs couches de papier. ¶ 산에 ~ 둘러싸인 마을 un village entouré de tous côtés par des montagnes.

겹낫표 명 【출판】 sorte de guillemets (『...』) *mpl*. ¶ 책 이름에는 ~를 치는 게 관례이다 C'est une habitude de mettre entre『...』le titre d'un livre.

겹다 형 ① être impossible à retenir [à dominer]; être irrésistible; être difficile à contenir. ¶ 흥에 겨워서 덩실덩실 춤을 추다 danser avec de grands mouvements amples dans un transport de plaisir. ¶ 북받치는 설움에 겨워 눈물을 흘리다 verser des larmes [répandre des pleurs] envahi(*e*) par la tristesse. ¶ 그 사람은 분에 겨워 혼자 씩씩거렸다 Ne pouvant se maîtriser, il s'est mis en colère tout seul. ② (힘에) 부치다; (분수에) 넘치다 dépasser ((les capacités de *qn*)). ¶ 그 일은 정말 힘에 ~ Ce travail est très difficile [ardu, pénible]. ¶ 힘에 겨운 일 travail qui dépasse les capacités de *qn*.

◆**눈물_** 형 ((une histoire)) mettre les larmes aux yeux, arracher [tirer] des larmes ((à *qn*)), faire pleurer ((*qn*)); faire pitié. ¶ 눈물겨운 사연 une histoire qui met les larmes aux yeux [qui arrache des larmes], une histoire qui fait pleurer.

겹사돈 -査頓 명 personne *f* doublement apparentée par le mariage. ¶ 양가는 두 자식을 주고받아 ~을 맺었다[~이 되었다] Ces deux familles sont doublement apparentées par le mariage.

◆**_(지)간** -(之)間 명 ((familles)) doublement apparentées par le mariage. ¶ 저 두 양반은 ~지간이다 Ces deux personnes appartiennent à des familles doublement apparentées par le mariage.

겹살림 명 ① 한 가족의 두 살림 entretien *m* de deux maisons (pour une seule famille). ¶ 아버지의 직장이 지방이라서 우리 집은 ~을 할 수밖에 없다 Nous sommes obligés d'entretenir deux maisons parce que mon père travaille en province. ② ((첩살림)) entretien *m* d'une maîtresse. ◇**_(을) 하다** entretenir une autre femme que *son* épouse, entretenir une maîtresse. ¶ 그는 아내 몰래 ~(을) 하고[차리고] 있다 Il entretient secrètement une autre femme [une maîtresse].

겹옷 명 vêtement *m* doublé; double épaisseur *f* de vêtements. ¶ ~을 입으니 한결 따뜻하군 Je me sens bien plus au chaud habillé avec deux épaisseurs.

겹이불 명 couverture *f* doublée. ¶ 이곳에서는 아무리 여름이라도 밤에는 ~을 덮는 게 낫다 Ici, on a beau être en été, il est préférable de se couvrir la nuit avec une couverture doublée.

겹잎 명 【식물】 feuilles *f* opposées.

겹질리다 자타 ((다리가, 발목이)) se fouler ((la cheville)), se faire une entorse; ((목이)) attraper [avoir] un torticolis, ((의학)) ressentir une cervicalgie. ¶ 내가 목을 겹질린 것 같다 J'ai sans doute (attrapé) un torticolis. ¶ 내 다리가[목이] 겹질린 것 같다 Peut-être me suis-je foulé la cheville / Peut-être me suis-je fait une entorse.

겹창 -窓 명 double vitrage *m*. ¶ ~(을) 친[두른] 방 une pièce avec double vitrage. ¶ ~이 달린[(나) 있는] 방 une pièce avec double vitrage.

겹쳐지다 자 ① (s') entasser, (s') amonceler, (s') empiler; mettre l'un(*e*) sur l'autre. ¶ 시계의 시침과 분침이 겹쳐졌다 L'aiguille des heures coïncide avec celle des minutes. ② ((날짜, 일 따위가)) 일치하다

ㄱ

être [tomber] le même jour; se superposer; avoir ((deux événements, deux rendez-vous)) qui tombent en même temps [le même jour, au même moment]; avoir ((deux événements)) qui se chevauchent [qui coïncident]; coïncider, se chevaucher, se recouper ¶ 여러 가지 일들이 겹쳐지는 바람에 정신이 없다 J'ai plusieurs choses qui tombent le même jour [à faire le même jour, à faire en même temps] alors je ne sais pas comment faire.

겹치다 자 ① (s')entasser, (s')amonceler, (s')empiler; mettre l'un(*e*) sur l'autre. ¶ 그 서류는 다른 서류와 겹쳐 있어서 눈에 안 띄었다 J'ai eu du mal à mettre la main sur ce dossier car il était posé sous un autre. ② 한꺼번에 일어나다 arriver ensemble [en même temps], tomber en même temps [au même moment]; avoir ((deux ou plusieurs événements, deux ou plusieurs rencontres)) concomitant(*e*)s [simultané(*e*)s, qui tombent en même temps [le même jour, au même moment]]; avoir ((deux événements, deux rendez-vous)) qui se chevauchent [coïncident]; ((deux rendez-vous)) coïncider (avec), se chevaucher, se recouper. ¶ 공휴일이 일요일과 겹쳤다 Ce jour férié tombe un dimanche. ¶ 올 추석 명절은 일요일과 겹치게 되었다 (Le jour de) *Chuseok* tombera un dimanche cette année. ¶ 여러 가지 일이 한꺼번에 겹쳐서 정신이 없다 Je ne sais plus où donner de la tête car j'ai trop de choses [trop de soucis] qui s'abattent sur moi, qui tombent sur moi, qui me tombent dessus, qui m'arrivent] en même temps. ¶ 불운이 겹쳤다 Toute une série de catastrophes vient de nous tomber dessus / Ces temps-ci, on a malheur sur malheur. ¶ 두 가지 모임이 겹쳐서 어디를 가야 될지 모르겠다 Comme j'ai deux réunions concomitantes [simultanées, qui tombent en même temps], je ne sais laquelle des deux choisir [à laquelle je vais assister].

타 empiler, entasser, amonceler, mettre l'un(*e*) sur l'autre. ¶ 책 두 권을 나란히 겹쳐 놓았다 J'ai mis deux livres l'un sur l'autre. ¶ 이불을 요위에 겹쳐 깔다 étendre un édredon [une couette] sur une natte. ¶ 초배지를 겹쳐 발랐다 On a mis une nouvelle couche de papier sur une ancienne couche.

겹혼인 -婚姻 명 mariage *m* entre membres de familles déjà liées par un mariage. ¶ 그 두 집안은 ~으로 겹사돈간이 되었다 Ces deux familles sont doublement apparentées par le mariage. ◇_(을) **하다** se marier entre membres de familles déjà liées par un mariage.

경[1] 黥 명 ① 【역사】 peine *f* infligée à un voleur. ② châtiment *m* sévère; vive réprimande *f*, douleur *f* difficile à supporter; dure [rude] épreuve *f*. ◇_(을) **치다** être puni(*e*) sévèrement; être maltraité(*e*); être traité durement; passer par de dures [rudes] épreuves; en voir de dures [des vertes et des pas mûres, de toutes les couleurs] {*fam*}. ¶ ~을 칠 놈 같으니라고 Sois maudit! / Au diable! ¶ 그 사람은 단단히 ~을 쳤다 Il a reçu un bon savon [une bonne engueulade] {*fam*} / Il a passé un sale quart d'heure {*fam*}.

*~**을 칠 놈** une personne maudite.

경[2] 更 명 ((à la première)) veille *f*. ¶ 삼 ~ troisième veille; de 23 heures à 1 heure. ¶ 초 ~ ((à la première)) veille; de 19 heures à 21 heures.

경[3] 經 명 ① livre *m* classique du confucianisme. ¶ ~을 읽다 lire un texte classique du confucianisme. ② 【불교】 soutra *m*, sûtra *m*; livre *m* sacré du bouddhisme. ¶ ~을 읽다 lire un texte sacré ((du bouddhisme)); réciter un sûtra. ¶ ~ 소리 그윽한 산사의 경내 l'intérieur d'un temple bouddhique paisible dans la montagne profonde d'où parvient le son des sûtras.

***쇠귀에 ~읽기다** ☞ 쇠귀

◆**사서오_** 四書五- 명 【책명】 les Quatre livres *mpl* (de philosophie morale et politique de la Chine ancienne) et les Cinq Classiques *mpl*.

경[4] 卿 명 ① Lord. ¶ 러셀 ~ Lord Russel. ② 【역사】 *gyeong* <titre donné à un haut dignitaire en Corée par le roi>. ¶ ~들의 생각은 어떠하오? Qu'en pensez-vous, Messieurs?

경[5] 京 수 dix millions *mpl* de milliards.

-경[6] 傾 접미 environ, vers. ¶ 1900년~ vers [aux environs de] 1900. ¶ 5시~(에) vers (les) cinq heures ¶ 17세기 말~ vers la fin du dix-septième siècle.

경-[7] 輕- 접두 léger(*ère*); peu important(*e*), minime. ¶ ~비행기 un avion léger. ¶ ~전차 un char (d'assaut) léger. ¶ ~정비 une réparation légère [minime, peu importante].

경가극 輕歌劇 명 【예술】 opérette *f*.

경각[1] 頃刻 명 moment *m*, instant *m*, seconde *f*, minute *f*. ¶ 더 이상 ~도 미룰[지체할] 수 없다 On ne plus accepter [se permettre] de retard supplémentaire / C'est vraiment le dernier délai. ¶ ~을 아껴 연구에 몰두하다 ne se donner entièrement qu'aux études; (ne) se consacrer entièrement (qu')aux études, s'adonner à l'étude.

*~**을 다투다** être très urgent(*e*); être dans un moment très critique. ¶ 환자의 생명이 ~을 다투고 있다 Le malade n'en a plus pour longtemps à vivre / Ses jours sont comptés. ¶ 그것은 ~을 다투는 문제이므로 서둘러야 한다 On doit se dépêcher car le problème est (vraiment) urgent.

*~**에 달려 있다** être très urgent(*e*); être dans un moment très critique. ¶ 환자의 생명이 ~에 달려 있다 À présent, ce malade n'en a plus pour longtemps (à vivre) / À présent, ses jours sont comptés.

◆**_지간** -之間 명 en un instant, en un éclair, en un clin d'œil, très rapidement, (très) brutalement. ¶ 그것은 ~지간에 일어난 일이었다 C'est un accident qui s'est produit [qui est survenu] en un instant [en une seconde, (très) brutalement, très rapidement].

경각[2] 傾角 명 【물리】 angle *m* d'inclinaison.

경각심 警覺心 명 vigilance *f*. ¶ 그 사고는 우리 모두에게 ~을 불러일으켰다[일깨웠다] Cet accident [Cette catastrophe, Cet événement] a suscité la vigilance de nous tous. ¶ 그 사고는 ~이 해이해져서 일어난 인재이다 C'est une catastrophe humaine qui est arrivée par manque de vigilance. ◇**_을 주다[갖게 하다]** susciter la vigilance de *qn*, mettre *qn* en garde, prévenir *qn* du danger. ¶ 그 사고는 우리 모두에게 ~을 갖게 해주었다 Cet incident [Cet événement] a suscité la vigilance de tous.

경감[1] 輕減 명 réduction *f*, allégement *m*, atténuation *f* ((des souffrances)); diminution *f*. ¶ 노동 시간의 ~ réduction des heures de travail. ◇**_(을) 하다** réduire, diminuer, atténuer, alléger. ¶ 비용을 ~하다 réduire *ses* dépenses. ¶ 세를 ~하다 diminuer les impôts. ¶ 형을 ~하다 réduire une peine. ¶ 이 약은 고통을 ~해 준다 Ce médicament atténue [allège, soulage] la douleur. ◇**_(을) 시키다** diminuer; réduire; atténuer. ◇**_(이) 되다** être diminué(*e*). ¶ 이번 조치로 교사들의 수업 부담이 ~되었다 Les enseignants ont moins d'heures de cours [ont un emploi du temps allégé] grâce à cette disposition [mesure].

경감[2] 警監 명 capitaine *m* (de police).

경개 景槪 명 vue *f*, scène *f*, paysage *m*, perspective *f*. ¶ 이곳은 ~가 좋다[나쁘다] La vue [Le paysage] est magnifique ici [La vue n'est pas belle ici]. ¶ 이 산은 아름다운 ~를 자랑한다 Cette montagne est célèbre pour ses beaux paysages.

경거망동 輕擧妄動 명 acte *m* irréfléchi et téméraire. ¶ ~을 삼가라 Garde-toi d'agir à la légère. ◇**_(을) 하다** agir à la légère [sans réfléchir].

경건하다 敬虔- 형 être dévot(*e*), pieux(*se*). ¶ 경건하게 기도하다 prier pieusement. ¶ 교회의 경건한 분위기 l'atmosphère pieuse de l'église. ¶ 이곳에 오니 경건한 마음이 생긴다 Dans ces lieux, je me sens l'âme pieuse.

경계[1] 境界 명 limite *f*, frontière *f*, bornes *fpl*, lisière *f*, démarcation *f*, bordure *f*, délimitation *f*. ¶ 밤과 낮의 ~ limite entre le jour et la nuit. ¶ 불가침의 ~ limite inviolable. ¶ ~ 아닌 ~ une frontière fictive, une frontière qui n'est pas la vraie. ¶ 압록강은 한반도와 중국의 ~를 이룬다 Le fleuve Apnok forme la frontière entre la péninsule coréenne et la Chine. ¶ 스트라스부르는 프랑스와 독일의 ~에 자리 잡고 있다 Strasbourg se situe à la frontière de la France et de l'Allemagne [entre la France et l'Allemagne]. ¶ 이 두 개념 사이는 ~가 분명하다[뚜렷하다, 확연하다] La frontière est claire entre ces deux concepts. ¶ 그 환자는 생사의 ~를 넘나들고[오락가락하고] 있다 Le patient est au bord de la vie et de la mort. ¶ 그는 남녀 간의 넘을 수 없는 ~를 가끔 무시하는 무례를 보인다 Il a l'indélicatesse de négliger quelquefois [de ne pas toujours respecter] les limites à ne pas dépasser entre l'homme et la femme.

◆**_마찰** -摩擦 명 【물리】 conflit *m* frontalier.
◆**_비** -碑 명 stèle *f* marquant la frontière. ¶ ~비를 세우다 ériger une stèle marquant la frontière.
◆**_석** -石 명 stèle *f* marquant la frontière.
◆**_선** -線 명 limite *f*, frontière *f*, borne *f*.
◆**_점** -點 명 borne *f*.
◆**_조건** -條件 명 【수학】 conditions *fpl* limites.
◆**_침범** -侵犯 명 violation *f* de la frontière.
◆**_획정** -劃定 명 délimitation *f* de la frontière.

경계[2] 警戒 명 ① ((경비)) surveillance *f*, vigilance *f*, garde *f*. ¶ 비상 ~ surveillance d'urgence. ¶ 삼엄한[허술한] ~ une surveillance stricte [sévère, austère, rigoureuse, une haute surveillance [une surveillance relâchée]. ¶ ~를 엄중히 하다 redoubler de vigilance; faire bonne garde. ¶ 적의 침투에 대비해 ~를 강화하다 renforcer les dispositifs de surveillance contre l'infiltration des ennemis. ② ((조심)) précaution *f*. ◇**_(를) 하다** surveiller, garder, prendre *ses* précautions contre; prendre garde; être sur *ses* gardes [en garde, en éveil, aux aguets]; se méfier de *qn*.

◆**_경보** -警報 명 alerte *f* (aérienne); alerte *f* pour la vigilance. ¶ ~경보를 내리다 décréter l'alerte.
◆**_망** -網 명 réseau(*x*) *m* de surveillance. ¶ ~망을 뚫다 passer au travers d'un réseau de surveillance, échapper à [mettre en défaut, trouver une faille à] un réseau de surveillance. ¶ 물샐틈없는 ~망 un réseau de surveillance sans faille [imperméable, sûr, efficace].
◆**_색** -色 명 【생물】 couleur *f* aposématique, couleur *f* avertisseuse. ¶ ~색을 띠다 avoir une couleur avertisseuse.
◆**_수위** -水位 명 cote *f* d'alerte. ¶ 집중호우로 한강이 ~수위에 이르렀다 À la suite de pluies diluviennes [de précipitations violentes], le niveau du fleuve Han [le fleuve Han] a dépassé la cote d'alerte.
◆**_신호** -信號 명 sign*al*(*aux*) *m* d'alerte [d'alarme].
◆**_심** -心 명 méfiance *f*, doute *m*, garde *f*, vigilance *f*, attention *f*. ¶ ~심을 늦추지 않다 ne pas relâcher de *sa* vigilance, ne pas relâcher [ne pas baisser] *sa* garde, rester vigilant(*e*). ¶ ~심을 품다 se méfier, ne pas avoir confiance, douter de, prendre garde, être méfiant(*e*), soupçonneux(*se*); avoir la puce à l'oreille.

경고 警告 명 avertissement *m*, notification *f*, préavis *m*, avis *m* d'avertissement. ¶ 아무런 ~ 없이 sans avertir; sans aucun avertissement; sans prévenir; à l'improviste; au débotté. ¶ ~에[를] 따르다 suivre l'avertissement. ◇**_(를) 하다** avertir *qn* que+*ind*/de *qc*; mettre en garde (contre); avertir; prévenir *qn* ((d'un danger, d'un risque)). ¶ 그에게 ~해 주어서 뭐가 나쁠 게 있는가? Quel mal y a-t-il à l'avertir? ¶ ~해 두겠는데 앞으로 내 물건에 손대지 마 Je te préviens [Je t'aurais prévenu], à l'avenir [dorénavant, à partir de maintenant] ne touche plus à mes affaires / C'est la dernière fois que tu touches à mes affaires, c'est mon dernier avertissement / Tu n'as pas intérêt à toucher à mes affaires {*fam*}. ¶ 경찰은 도둑에게 움직이면 쏜다고 ~했다 Le policier a mis en garde le voleur, lui précisant qu'on lui tirerait dessus s'il bougeait. ◇_(를) **받다** recevoir un avertissement, être averti(*e*). ¶ 나는 위험에 대해 ~를 받았다 J'ai été averti(*e*) du danger. ¶ 한 번만 더 ~를 받으면 저 선수는 퇴장이다 Au prochain avertissement, ce joueur sera expulsé.

◆_**문** -文 명 avis *m* [texte *m*] d'avertissement.

◆_**장** -狀 명 avis *m* [feuille *f*] d'avertissement. ¶ ~장을 보내다 envoyer un avis d'avertissement.

경골[1] 硬骨 【생물】 ((poissons)) osseux; squelette *m* complètement ossifié; ((비유적)) caractère *m* inflexible, inflexibilité *f*; opiniâtreté *f*, obstination *f*.

◆_**(어)류** -(魚)類 명 téléostéens *mpl*, poissons *mpl* osseux.

경골[2] 頸骨 명 【의학】 vertèbre *f* cervicale.

경골[3] 脛骨 명 【의학】 tibia *m*; ((형용사)) tibi*al*(*ale*, *aux*).

경공업 輕工業 명 industrie *f* légère. ¶ ~ 중심의 산업 구조 une structure basée sur les industries légères. ¶ ~이 발달한[낙후된] 나라 un pays où les industries sont développées [sous-développées].

◆_**제품** -製品 명 produits *mpl* des industries légères.

◆_**진흥(정)책** -振興(政)策 명 politique *f* du développement des industries légères.

경과 經過 명 ① passage *m*, cours *m*, marche *f*, fuite *f* ((du temps)); écoulement *m*; expiration *f*. ¶ 시간의 ~에 따라 à mesure que le temps passe, au cours du temps. ② 경위, 상태 cours *m*, tournure *f*, déroulement *m*, train *m*, marche *f* actuelle ((des choses, des événements)); évolution *f*, progression *f*; phase *f* ((d'une maladie)). ¶ 사건의 ~를 보고하다[주시하다] faire un rapport sur l'évolution [sur le déroulement] de l'affaire [sur la marche des événements, sur la tournure des événements] [observer le déroulement des événements [la tournure des événements, le cours des choses, la tournure des choses]]. ¶ 시합의 ~를 해설하다 commenter le déroulement d'un match. ¶ ~가 순조롭다 suivre *son* cours, aller *son* train; tout se déroule bien [correctement, comme prévu, sans incident, sans problème, sans accroc]. ¶ 그 사건 이후 ~가 어떻게 진행되었니? Comment la situation a-t-elle évolué après l'incident? / Comment cela s'est-il déroulé après l'incident? / Que s'est-il passé après l'incident? ¶ 수술 후의 ~가 좋지 않다 Les suites de l'opération ne sont pas bonnes. ◇_(를) **하다** ((시간이)) se passer, s'écouler, se dérouler; ((기한이)) expirer. ¶ 5년이 ~하여 cinq ans après. ¶ 그들을 본 후로 10년이 ~했다 Dix ans ont passé depuis que je les ai vus. ¶ 그가 사망한 지 4시간이 ~했다 Il est mort il y a quatre heures / Il y a [Voilà] quatre heures qu'il est mort. ◇_(가) **되다** être passé(*e*); être expiré(*e*). ¶ 이 우유는 유통기한이 3일이나 ~된 것이다 Quant à ce lait, la date limite de sa consommation est dépassé de trois jours.

◆_**보고** -報告 명 rapport *m* sur le déroulement d'une affaire.

경관[1] 景觀 명 paysage *m*, vue *f*, perspective *f*, panorama *m*. ¶ 이 곳은 ~이 빼어나게 좋다[아름답다, 수려하다] D'ici, on a une belle vue panoramique. ¶ 뭐라고 할까, 그 곳의 ~은 참으로 아름다웠지 Comment le dire, les paysages étaient exceptionnellement beaux.

경관[2] 警官 명 agent *m* (de police); policier *m*. ¶ 사건 현장에 ~을 급파하다 envoyer un agent de police sur le lieu du crime. ¶ ~을 부르다 appeler la police. ¶ 이보시오, 경관 S'il vous plaît, monsieur l'agent!

◆_**직** -職 명 poste *m* de policier. ¶ ~직을 수행하다[그만두다, 떠나다] travailler en qualité d'agent de police.

◆**여자**_ 女子- 명 femme *f* agent; policière *f*.

경교 景敎 명 【종교】 nestorianisme *m*.

경구 敬具 명 respectueusement vôtre; salutations *fpl* distinguées, salutations *fpl* les meilleures, salutations *fpl* respectueuses, considérations *fpl* respectueuses ((formule finale en bas d'une lettre)).

경구개 硬口蓋 명 【의학】 palais *m* dur; voûte *f* du palais.

◆_**음** -音 명 【언어】 palatale *f*.

경국지색 傾國之色 명 beauté *f* fascinante; beauté *f* séduisante, une femme *f* d'une beauté exceptionnelle, la plus belle femme du monde. ¶ 그 여자의 미모는 가히 ~이라 할 만하다 La beauté de cette femme est vraiment exceptionnelle.

경극 京劇 명 【예술】 théâtre *m* ou opéra *m* chinois classique (de Pékin).

경금속 輕金屬 명 mét*al*(*aux*) *m* léger.

◆_**합금** -合金 명 alliage *m* de métaux légers.

경기[1] 景氣 명 conjoncture économique, marche *f* [état *m*] des affaires; activité *f* [tendance *f*] de la marche. ¶ 부동산 ~ la conjecture immobilière. ¶ 시중(의) ~ la marche des affaires. ¶ ~를 부양하다 relancer [faire repartir, donner un nouvel élan à] l'économie. ¶ ~를 회복시키다 rétablir [restaurer] l'économie [la conjoncture économique]. ¶ 이 장사만은 ~를 타지 않는다 Seul ce commerce n'est pas soumis à la fluctuation de la conjoncture. ¶ ~가 좋다[나쁘다] La conjoncture est bonne / ((개인의 상점)) Le commerce prospère [languit] / Les affaires marchent bien [ne marchent pas] / ((사회적으로)) La conjoncture économique est favorable [défavorable]. ¶ ~가 과열되었다 La conjoncture est surchauffée. ¶ ~가 불투명하다 La conjoncture est imprévisible. ¶ ~가 좋은 사람 un homme d'affaires dont les affaires prospèrent. ¶ ~가 좋아지다[나빠지다, 침체되다, 회복되다] la conjoncture s'améliore [se détériore, stagne, se recouvre]. ¶ ~가 침체기에 접어들고 있다 La conjoncture économique entre en période de stagnation. ¶ ~가 어떻습니까? Comment vont les affaires?

◆**급_** 急- 명 boom *m*; conjoncture *f* rapide.

◆**불_** 不- 명 mauvaise conjoncture *f*, crise *f* économique.

◆**호_** 好- 명 bonne conjoncture *f*.

◆**_변동** -變動 명 fluctuation *f* économique.

◆**_회복** -回復 명 reprise *f* des affaires.

◆**_후퇴** -後退 명 marasme *m* économique.

경기[2] 競技 명 match(*s, es*) *m*; épreuve *f* ((de vitesse)); compétition *f* (sportive). ¶ 근대 오종 ~ le pentathlon moderne. ¶ ~를 포기하다 abandonner une épreuve [la compétition]. ¶ ~에서 이기다[지다] gagner [perdre] un match; sortir vainqueur [vaincu(*e*)] d'une compétition. ¶ ~에 참가하다 participer à une épreuve (sportive); prendre part [participer] à une compétition. ¶ ~가 이제 막 시작되었다 [끝났다] Le match [La partie] vient de commencer [de se terminer]. ◇**_(를) 하다[벌이다]** faire une partie de; faire un match. ¶ 그런 식으로 ~하는 것은 불공평하다 Mener une épreuve de telle manière est injuste. ¶ 부상이 심해 그 선수는 더 이상 ~할 수 없게 되었다 Ayant une blessure grave, ce sportif n'est pas en mesure de se livrer à une compétition.

◆**_력** -力 명 talent *m* [force *f*] en compétition (sportive). ¶ 뛰어난[훌륭한] ~을 발휘하다 faire preuve d'un très grand talent en compétition.

◆**_자** -者 명 joueu*r*(*se*), compétiteu*r*(*se*), sporti*f*(*ve*).

◆**_장** -場 명 terrain *m* de sports; stade *m*. ¶ ~장 질서를 유지하다 maintenir [préserver, assurer] l'ordre public dans un stade [dans les tribunes (parmi les spectateurs)].

◆**_종목** -種目 명 épreuve *f*.

◆**국제_** 國際- 명 compétition *f* internationale.

◆**단체_** 團體- 명 sport *m* d'équipes; épreuve *f* collective.

◆**마술_** 馬術- 명 concours *m* hippique.

◆**실내_** 室內- 명 épreuve *f* de salle.

◆**운동_** 運動- 명 épreuve *f* sportive, compétition *f* sportive.

◆**육상[수상]_** 陸上[水上]- 명 épreuves *fpl* d'athlétisme [de natation].

경기[3] 京畿 명 【지명】 Séoul et la région du Gyeonggi; province *f* du Gyeonggi.

◆**_도** -道 명 【지명】 province *f* du Gyeonggi.

◆**_지방** -地方 명 【지명】 région *f* du Gyeonggi.

경기[4] 驚氣 명 【한의】 convulsion *f*. ¶ 열성~ ((faire)) des convulsions fébriles. ◇**_(를) 하다[일으키다]** avoir [faire] des convulsions. ¶ 아기가 ~를 해서 병원에 데려갔다 Le bébé ayant fait des convulsions, je l'ai emmené à l'hôpital / J'ai emmené le bébé à l'hôpital parce qu'il avait fait des convulsions.

경기관총 輕機關銃 명 【군사】 mitrailleuse *f* légère. ¶ 테러리스트들은 ~을 마구 난사했다 Les terroristes ont mitraillé partout.

경기구 輕氣球 명 ballon *m* léger, mongolfière *f*.

경기병 輕騎兵 명 【군사】 ((병사)) soldat *m* cavalier. ((부대)) cavalerie *f* légère.

경기체가 景幾體歌 명 【문학】 *gyeonggichega m* <genre poétique de la fin de l'époque de Goryeo (pratiqué par les intellectuels) dont le dernier vers se termine par «gyeonggi otteo hayeo-itga», d'où son nom>.

경내 境內 명 enceinte *f* ((d'un temple)). ¶ ~를 한 바퀴 돌아보다[두루 살펴보다] faire un tour de l'enceinte du temple. ¶ 사찰 ~에서는 조용히 하십시오 Silence dans l'enceinte du temple.

경농 耕農 명 labour *m*, agriculture *f*.

경뇌막 硬腦膜 명 【의학】 méninge *f* légère; dure-mère(*~s-~s*) *f*.

경단 瓊團 명 *gyeongdan m* <petit gâteau fabriqué à base de farine de riz glutineux [de sorgho glutineux]>. ¶ ~을 빚다 fabriquer des *gyeongdan*.

경대 鏡臺 명 table *f* de toilette; coiffeuse *f*. ¶ ~를 펴고 얼굴을 비춰보다 déplier la petite table de toilette et se regarder dans le miroir. ¶ 화장을 끝내고 ~를 접다[접어치우다] terminer la toilette [le maquillage] et plier la petite table de toilette.

경도[1] 傾度 명 pente *f*, inclinaison *f*, déclivité *f*. ¶ ~ 30도의 기울기 une pente de 30°.

경도[2] 傾倒 명 penchant *m*, affection *f*, penchant *m* pour *qc*, prédilection *f*. ¶ 좌익 사상에의 ~ un penchant pour l'idéologie gauchiste. ◇**_(가) 되다** s'adonner à *qc*, se livrer à *qc*; avoir un penchant [une prédilection] pour *qc*; être passionné(*e*) de ((musique)), se passionner pour *qc*/*qn*; ((사람에게)) être amoureu*x*(*se*) de *qn*, être un admirateur zélé [fervent] de *qn*. ¶ 마르크스주의에 ~된 학생들 des étudiants passionnés par le marxisme [de marxisme]. ¶ 그는 스탕달에게 ~되어 있다 Il se passionne pour Stendhal / C'est un passionné de Stendhal.

경도[3] 經度 명 ① menstruation *fpl*, règles *fpl* mensuelles. ② 【지리】 longitude *f*. ¶ 위도와 ~ latitude et longitude. ¶ 표준시는 ~에 따라 정해진다 L'heure standard est déterminée à partir de l'heure du méridien. ¶ 이곳의 ~는 동경 10도 10분이다 Ce lieu est situé à 10 degrés et 10 minutes de longitude est. ¶ ~는 날짜선을 중심으로 동경과 서경으로 구분된다 La longitude se divise en longitude est et ouest à partir du méridien d'origine. ¶ 서울과 도쿄는 ~가 다르다 Les longitudes de Séoul et de Tokyo sont différentes [ne sont pas les mêmes].

◆**_계** -計 명 【지리】 appareil *m* qui sert à mesurer la longitude.

◆**_선** -線 명 【지리】 ligne *f* de la longitude. ¶ 이 두 도시는 같은 ~선상에 놓인다[있다] Ces deux villes sont situées sur la même longitude.

경도[4] 硬度 명 dureté *f* ((d'une substance)); solidité *f*. ¶ 이 신소재는 ~가 매우 높다[낮다] La dureté [La solidité] de la nouvelle matière est très élevée [faible].

◆**_시험기** -試驗器 명 testeur *m* de solidité.

경동맥 脛動脈 명 【의학】 carotide *f*.

◆**_출혈** -出血 명 【의학】 hémorragie *f* carotidienne.

경동사 輕動詞 명 【언어】 verbe *m* léger (light verb).

경락[1] 競落 명 【경제】 vente *f* aux enchères; (vente *f* à l')encan *m* {*vx*}. ◇_(을) **하다** vendre aux enchères (publiques). ◇_(이) **되다** être vendu(*e*) aux enchères. ¶ 그 집은 5천만 원에 ~되었다 Cette maison a été vendue aux enchères au prix de 50 millions de wons.

◆**_가** -價 명 【경제】 prix *m* adjudicatif.

◆**_물** -物 명 【경제】 objet *m* [bien *m*] mis aux enchères.

◆**_인** -人 명 【경제】 commissaire-priseur *m*; crieur *m*; adjudica*teur*(*trice*).

◆**_기일** -期日 명 【경제】 délai *m* d'adjudication administrative.

경락[2] 經絡 명 【한의】 points *mpl* méridiens. ¶ ~마사지 réflexothérapie *f*, massages le long des méridiens corporels chinois, massages aux points méridiens; massages de certaines zones le long de certains méridiens (corporels chinois) drainant l'énergie corporelle [vitale] ((selon la médecine chinoise)). ¶ ~을 따라 침을 놓다[뜸을 뜨다] pratiquer l'acupuncture aux points méridiens [poser des bâtonnets d'armoise [des moxas] sur les points méridiens, brûler les points méridiens avec des bâtonnets d'armoise [des moxas], brûler des moxas aux points méridiens].

경량 輕量 명 poids *m* léger. ¶ ~ 벽돌 brique au poids léger.

◆**_급** -級 명 catégorie *f* des poids légers. ¶ ~급 챔피언[우승자] le champion ((de boxe)) [le gagnant] dans la catégorie des poids légers.

경력 經歷 명 carrière *f*, profession *f*, vie *f* passée; expérience *f*; antécédents *mpl*. ¶ 무대 ~ expériences de la scène. ¶ 연구 ~ expérience dans le domaine de la recherche [comme chercheur]. ¶ 스키 ~ 20년의 베테랑 un skieur vétéran de 20 ans de pratique. ¶ 오랜 ~ une longue carrière. ¶ 화려한 ~ une carrière splendide, une superbe carrière. ¶ 초라한 ~ une carrière insignifiante. ¶ 사업가로서의 ~ une carrière d'homme d'affaires. ¶ 외교관으로서의 그의 ~에는 나무랄 데가 없다 Dans sa carrière diplomatique, il n'y a rien qui suscite la critique [qui soit sujet à la critique] / Sa carrière diplomatique est irréprochable en tout point. ¶ 여러 가지[다양한] ~의 소유자 une personne très expérimentée, une personne ayant de multiples expériences, une personne ayant une grande [vaste] expérience; une personne ayant exercé plusieurs professions. ¶ 어떠한 ~의 사람입니까? Quels sont ses antécédents [ses expériences professionnelles antérieures, ses activités antérieures]? ¶ ~을 소개하다[말하다] parler de *sa* formation et de *sa* carrière. ¶ ~을 조사하다 vérifier la carrière de *qn*. ¶ 그 사람의 ~을 알고 싶습니다 Je voudrais avoir des informations [Je voudrais en savoir plus] sur ses antécédents [sur ses expériences précédentes, sur son expérience professionnelle, sur ses expériences professionnelles antérieures, sur ses activités antérieures] / Je voudrais avoir un résumé de son CV. ¶ 그는 불어사용국가에서 외교관으로 다년간 근무한 ~이 있다 Il a une expérience de plusieurs années en tant que diplomate dans les pays francophones. ¶ ~이 없어 그는 좋은 일자리를 갖지 못한다 À défaut d'expériences professionnelles, il ne peut trouver un bon poste. ¶ ~이 많다[부족하다, 적다] avoir eu une carrière bien remplie [creuse, courte]. ¶ ~이 화려하다 avoir eu une carrière couronnée de succès.

◆**_자** -者 명 personne *f* expérimentée. ¶ ~자를 직원으로 채용하다[고용하다] engager des personnes expérimentées.

경련 痙攣 명 【의학】 convulsion *f*, spasme *m*, crampe *f*, crispation *f*. ¶ 안면 ~ un tic. ¶ 눈동자 ~ palpitation. ¶ (문필가의) 손가락 ~ la crampe des écrivains. ¶ 심장 ~ une crampe cardiaque. ¶ ~이 가라앉았다 Ma crise de spasme s'est apaisée. ◇_(을) **하다[일으키다]** se convulser; avoir des convulsions [spasmes]; être saisi(*e*) d'une crampe ((en nageant)); donner [causer] des convulsions ((à *qn*, aux membres)); convulsionner. ¶ 사지가 ~을 했다 Mes membres se sont convulsés. ¶ 손발[위]이 ~하다 avoir une crampe aux pieds et aux mains [à l'estomac]. ¶ 어제 우리 아이가 갑자기 다리에 ~을 일으켰어요 Hier, mon enfant a soudain été saisi(*e*) de crampes dans les jambes [a présenté brutalement des crampes dans les jambes]. ◇_**이 일어나다[일다]** avoir des convulsions [spasmes]; être saisi(*e*) d'une crampe ((en nageant)). ¶ 그 여자의 입술은 분노로 파르르 ~이 일었다 Les lèvres de cette femme ont frémi sous le coup de la colère.

◆**_성** -性 명 ((toux)) convulsi*f*(*ve*); ((contraction)) spasmodique. ¶ ~성 기침[발작] une toux convulsive [une crise spasmodique]. ¶ ~성 마비 paralysie spasmodique.

◆**신경성_** 神經性 명 crispation *f* nerveuse.

◆**위_** 胃- 명 crampe *f* d'estomac.

경례 敬禮 명 salutation *f*, salut *m*. ¶ 국기에 대한 ~ salutation au drapeau national. ¶ ~를 서로 교환하다 échanger des salutations cérémonieuses. ¶ 전체 차렷, 선생님께 ~! Debout![Levez-vous!] Saluez le maître [la maîtresse, le(la) professeur]! ((se fait généralement au début d'une heure de cours dans les collèges et les lycées)). ◇_(를) **하다[붙이다, 올리다]** saluer *qn*; adresser un salut; faire un salut à

ㄱ

qn. ¶ 모자를 벗고 ~하다 tirer *son* chapeau à *qn*; saluer *qn* d'un coup de chapeau. ¶ 노인에게 공손히 머리를 숙여 ~를 하다 s'incliner respectueusement devant les personnes âgées [devant les anciens]. ¶ 국기에 (대해) ~하다 saluer le drapeau (national). ¶ (손을 올려) ~를 하다 faire le salut militaire, se mettre au garde-à-vous. ◇_(를) **받다** être salué(*e*). ¶ 부하들로부터 ~를 받다 être salué(*e*) par *ses* soldats, se faire accueillir par le salut de *ses* soldats.

◆**거수**_ 擧手- 명 salut *m* militaire, garde-à-vous *m inv*.

◆**군대식** _ 軍隊式 명 salut *m* militaire, garde-à-vous *m inv*.

경로[1] 經路 명 cours *m*, courant *m*, route *f*, voie *f*, direction *f*, conduit *m*, cana*l*(*aux*) *m*; déroulement *m*, développement *m*, procédé *m*, procédure *f*. ¶ 무장공비의 침투 ~ les manœuvres [les techniques, les stratégies, les procédures, les procédés, les méthodes] d'infiltration de la guérilla communiste dans le pays. ¶ 범행 ~ le déroulement d'un crime. ¶ 정보의 ~ réseau d'information. ¶ 역사 변천의~ processus de l'évolution historique. ¶ 비밀[은밀한] ~를 거쳐서[통하여] par voie confidentielle [secrète]. ¶ 정당한 ~를 거쳐서 par la voie légale. ¶어떤 ~를 통해 그 소식을 들었니? Par quelle voie [Par quel intermédiaire, Comment] as-tu été mis au courant de cette nouvelle [as-tu appris la nouvelle]? ¶ 같은 ~를 밟다 suivre le même processus [la même voie]. ¶ 이 지경에 이른 ~를 말하다 décrire par quelle voie on en est arrivé là. ¶ ~를 더듬어가다[추적하다] suivre la piste à tâtons. ¶ ~를 차단하다 couper la route. ¶ 바른 ~를 통하다 faire les choses par la voie légale [par les moyens légaux, selon les règles [de façon légale, en respectant la loi, de façon légaliste, de façon régulière, à la régulière {*fam*}]. ¶ 무슨[어떤] ~로 par quel processus [procédé]. ¶ 여러 가지 ~로 par divers procédés, par diverses procédures, par diverses manœuvres, par diverses voies.

경로[2] 敬老 명 respect *m* pour les [à l'égard des] personnes âgées.

◆**_당** -堂 명 lieu *m* de réunion et de repos pour les personnes âgées.

◆**_사상[정신]** -思想[精神] 명 respect *m* pour les [à l'égard des] personnes âgées, considération *f* à l'égard des personnes âgées [à l'égard des anciens]. ¶ 요즈음에는 ~사상이 희박해졌다 Ces jours-ci l'attention portée aux anciens s'est raréfiée. ¶ 신세대들은 대체로 ~정신이 희박하다 D'une façon générale, la nouvelle génération ne respecte guère les personnes âgées [les anciens].

◆**_석** -席 명 place *f* réservée aux personnes âgées. ¶ ~석은 노인들이 앉게끔 비워두는 게 좋겠다 Ce serait bien de laisser libres les places assises réservées aux personnes âgées afin qu'elles puissent s'y asseoir. ¶ ~석은 노인들에게 양보합시다 Cédons les places réservées aux personnes âgées.

◆**_우대증** -優待證 명 carte *f* senior ((autrefois appelée carte vermeil {*vx*})).

◆**_잔치** 명 fête *f* en l'honneur des personnes âgées ((organisée souvent par la mairie, les associations des habitants du quartier)).

◆**_회** -會 명 association *f* d'aide aux personnes âgées.

경륜[1] 經綸 명 compétence *f* administrative [politique]. ¶ 학식과 ~을 두루 갖춘 인사 un notable [une célébrité] doté de savoir et de compétence. ¶ 그는 의장을 하기에는 ~이 아직 모자란다[부족하다, 딸린다] Il manque encore de compétence pour devenir président (d'un comité). ¶ ~이 풍부한 사람 un homme doté d'une large compétence.

경륜[2] 競輪 명 courses *fpl* de bicyclettes.

◆**_선수** -選手 명 cycliste *mf* (professionne*l*(*le*)).

◆**_장** -場 명 vélodrome *m*.

경리 經理 명 ① administration *f* financière; comptabilité *f*. ¶ ~를 보다[맡다, 담당하다] être chargé(*e*) de l'administration financière; gérer la comptabilité. ② ((사람)) comptable *mf* d'une entreprise.

◆**_과[부]** -科[部] 명 caisse *f*; service *m* de gestion financière; comptabilité *f*.

◆**_사원** -社員 명 employé *m* du service de la comptabilité.

◆**_장부** -帳簿 명 livre *m* de comptes.

경마 競馬 명 tiercé *m*, course *f* de chevaux; hippisme *m*. ¶ ~에 말을 내놓다 faire courir un cheval; engager un cheval dans une course. ¶ ~에 돈을 걸다 parier [jouer] aux courses de chevaux; miser dans les courses de chevaux. ¶ ~에서 돈을 벌다[손해보다] gagner [perdre] au tiercé. ¶ ~로 한몫 잡다 faire fortune au tiercé. ¶ ~에 출전하다 monter en course.

◆**_기수** -騎手 명 jockey *m*.

◆**_용 말** -用 명 cheva*l*(*aux*) *m* de course.

◆**_장** -場 명 hippodrome *m*; champ *m* [terrain *m*, piste *f*] de course.

◆**_팬[광]** [狂] 명 amateur *m* [passionné(*e*)] de tiercé [de courses].

경망스럽다 輕妄- 형 être lég*er*(*ère*), imprudent(*e*), indiscr*et*(*ète*), insouciant(*e*). ¶ 경망스러운 행동[짓]은 삼가라 Ne sois pas imprudent / Abstiens-toi d'avoir des attitudes imprudentes. ¶ 경망스런 생각 idées [pensées] indiscrètes [frivoles]. ¶ 그 사람은 왜 그리 경망스러운지 ... Comme il est indiscret ... ¶ 경망스럽게 처신하다 se conduire [agir] de façon indiscrète. ¶ 경망스럽게 떠들어대다 bavarder indiscrètement, parler avec indiscrétion. ¶ 그는 경망스럽게도 그 말을 입 밖에 내 버렸다 Il a prononcé ce mot imprudemment / Il a laissé échapper ce mot par mégarde.

경망하다 輕妄- 형 être imprudent(*e*), téméraire. ¶ 그 젊은이는 너무 경망해서 못쓰겠어 Ce jeune est trop imprudent.

ㄱ

경매 競賣 명 enchères *fpl*; vente *f* aux enchères ((de meubles)); vente *f* à la criée; encan *m*. ¶ ~공고 avis des enchères. ¶ ~ 시장 marché des enchères, hôtel des ventes aux enchères ((Hôtel Drouot)). ¶ 그림을 ~로 팔다[사다] vendre [acheter] un tableau aux enchères. ◇_**(를) 하다** vendre aux enchères. ¶ 압류 물품을 ~하다 mettre [vendre] la marchandise saisie aux enchères. ◇_**(가) 되다** être vendu(*e*) à l'encan. ¶ 그 가구들은 800만 원에 ~되었다 Ces meubles ont été vendus aux enchères pour 8 millions de wons. ¶ 그 집은 헐값에 ~가 되었다. Cette maison a été vendue aux enchères au prix bas [à bas prix]. ◇_**에 넘어가다** être mis(*e*) aux enchères. ◇_**에 부치다[내놓다]** vendre *qc* aux enchères [à la criée]; mettre [vendre] *qc* à l'encan.

◆_**가격** -價格 명 prix *m* adjugé. ¶ 터무니없는 ~가격 une folle enchère.

◆_**인** -人 명 adjudica*teur*(*trice*); commissaire-priseur *m*.

◆_**장** -場 명 salle *f* des ventes, hôtel *m* des ventes.

◆_**처분** -處分 명 disposition *f* de la vente publique. ¶ 강제로 ~처분되다[당하다] être mis(*e*) aux enchères de force [par une décision juridique], être obligé(*e*) [acculé(*e*)] de vendre *ses* biens aux enchères.

◆_**품** -品 명 article *m* présenté à la vente aux enchères.

◆**강제**_ 强制- 명 vente *f* aux enchères forcée [imposée].

◆**부정(사기)**_ 不正(詐欺)- 명 vente *f* aux enchères illicite.

경멸 輕蔑 명 mépris *m*, dédain *m*. ¶ ~의 눈으로 바라보다 regarder avec mépris [dédaigneusement]. ¶ ~투로 말하다 parler dédaigneusement [avec mépris, de façon dédaigneuse]. ◇_**(을) 하다** dédaigner, mépriser; témoigner du dédain à [pour] *qn*.¶ ~할 만한 méprisable. ¶ ~할 따름이다 n'avoir que du mépris [dédain] pour *qn*/*qc*. ¶ 누구를 ~하다 avoir [tenir] *qn* en mépris; mépriser *qn*. ¶ 그 여자는 그의 위선을 ~하였다. Elle a méprisé son hypocrisie. ¶ 그를 가난하다고 ~한다 On le méprise d'être pauvre. ¶ ~하여 ((regarder)) avec mépris; d'un air [ton] méprisant; dédaigneusement. ◇_**(을) 받다[당하다]** être méprisé(*e*). ¶ 주위 사람들에게 ~을 당하다 faire l'objet du mépris public.

◆_**적** -的 명관 ((sourire)) méprisant(*e*); ((air)) dédaigneu*x*(*se*). ¶ ~적인 태도 une attitude dédaigneuse.

◆_**감** -感 명 sentiment *m* de mépris. ¶ ~감을 갖다[품다] avoir du mépris; cultiver le mépris.

경모[1] 敬慕 명 admiration *f*, adoration *f*, amour *m* et respect *m*. ¶ 스승에 대한 ~ amour et respect de *ses* professeurs. ◇_**(를) 하다** admirer, adorer; aimer et respecter.

경모[2] 景慕 명 culte *m*, adoration *f*. ¶ 임에 대한 ~ amour [adoration] pour *son*(*sa*) bien-aimé(*e*). ◇_**(를) 하다** honorer, adorer, respecter.

경묘하다 輕妙- 형 être lég*er*(*ère*) et gracieu*x*(*se*). ¶ 경묘한 필치 plume légère; style simple et gracieux [léger et spirituel]. ¶ 경묘한 농담 une plaisanterie spirituelle.

경무 警務 명 administration *f* de la police. ¶ ~ 행정 administration de la police.

경무대 景武臺 명 *Gyeongmudae* <ancien nom du palais présidentiel sud-coréen, la Maison bleue>.

경문 經文 명 ① ((불교)) sûtra *m*; Écritures *fpl* bouddhiques. ¶ ~을 외우다[강독하다] mémoriser [commenter, expliquer] les sûtras. ② ((도교)) livre *m* taoïste. ③ ((천주교)) prière *f*.

경미하다 輕微- 형 être insignifiant(*e*), frêle, lég*er*(*ère*), faible. ¶ 경미한 피해[손해]에 그쳤다 Ce ne sont que des dégâts [dommages] insignifiants. ¶ 그의 부상 정도는 ~ Sa blessure reste légère / Le degré de sa blessure reste léger. ¶ 이번 지진으로 건물이 경미하게 흔들리는 것을 감지할 수 있었다 On a pu sentir les bâtiments trembler légèrement lors de ce tremblement de terre [de ce séisme].

경박스럽다 輕薄- 형 ☞ 경박하다

경박하다 輕薄- 형 être frivole, lég*er*(*ère*), inconstant(*e*), factice; manquer de sérieux. ¶ 경박한 사람[성격] personne [caractère] frivole. ¶ 경박한 말투 façon de parler frivole [légère]. ¶ 경박한 몸가짐 une attitude [des gestes] frivole(*s*). ¶ 그는 하는 짓이 ~ Son comportement manque de sérieux. ¶ 공적인 자리에서 그런 태도를 취하다니 그는 참 경박하기도 하군! Qu'il est frivole de se comporter ainsi dans une place publique!

경배 敬拜 명 salut *m* respectueux; adoration *f*, vénération *f*. ◇_**(를) 하다[드리다, 올리다]** saluer respectueusement; vénérer, adorer.

경범죄 輕犯罪 명 【법률】 délit *m* léger; contravention *f*. ¶ 차도를 무단 횡단하다가 ~ 처벌을 받았다 J'ai eu une contravention pour avoir traversé en dehors du passage piétons [en dehors des clous, en dehors du passage protégé].

경변증 硬變症 명 【의학】 cirrhose *f*.

◆**간**_ 肝- 명 cirrhose *f* du foie.

경보[1] 警報 명 sign*al*(*aux*) *m* d'alarme; alarme *f*; alerte *f*. ¶ 잘못된 ~ une fausse alerte. ¶ ~에 따라 신속히 움직이십시오 Réagissez rapidement (en réponse) aux signaux d'alerte. ¶ ~가 울리면 대피하십시오 Mettez-vous à l'abri en cas d'alerte. ◇_**를 내리다[발하다]** donner [sonner] l'alarme; alerter; décréter ((une alerte)). ¶ 지금 이 일대에는 홍수 ~가 내려 져 있다 Actuellement, l'alerte aux inondations est donnée [est décrétée, a été décrétée] dans cette région. ¶ 뒤늦게 내린 ~ 때문에 많은 피해가 났다 L'alerte ayant été décrétée tardivement, les dégâts sont considérables [très importants]. ◇_**를 풀다[해제하다]** lever une alerte, donner l'avis de fin d'alerte.

◆_**기** -器 명 avertisseur *m*, sirène *f*. ¶ 도난~기 un antivol. ¶ 화재~기 alerte au feu. ¶ ~기가 울렸다

L'alerte est sonnée. ¶ ~기가 제대로 작동되지 않는다 Le système d'alerte [La sirène] ne fonctionne pas bien [n'est pas au point].

◆_망 -網 명 réseau(*x*) *m* d'alarme [d'alerte, d'avertissement]. ¶ 구멍 뚫린[어설픈, 완벽한] ~망 réseau d'alarme [d'alerte, d'avertissement] insuffisant [imparfait, parfait].

◆_발동 -發動 명 décret *m* d'alerte. ¶ ~발동에 따라 우리는 서둘러 비상체제로 돌입했다 Suite au décret d'alerte, nous avons rapidement mis en route des mesures d'urgence.

◆_신호 -信號 명 sign*al*(*aux*) *m* d'alarme.

◆_음 -音 명 sirène *f*. ¶ 귀를 찢는 듯한 ~음 la sirène qui casse les oreilles.

◆_장치 -裝置 명 système *m* d'alerte; système *m* d'alarme.

◆_체제 -體制 명 système *m* d'alerte. ¶ 우리나라의 전쟁 ~체제는 그다지 완벽하지 않은 것 같다 Notre système d'alerte de guerre ne semble pas parfait / Le système d'alerte de guerre de notre pays ne semble pas parfait. ¶ ~체제를 완벽하게 갖추다[마련하다] perfectionner le système d'alerte; posséder [disposer d']un système parfait d'alerte.

◆_해제 -解除 명 fin *f* d'une alerte. ¶ ~해제에 따라 그들은 아무 일도 없었다는 듯 일상생활로 돌아왔다 À la fin de l'alerte, ils sont retournés au quotidien [ils ont repris la vie quotidienne, ils ont repris leurs habitudes] comme si de rien n'était.

◆공습_ 空襲 명 alerte *f* aérienne. ¶ 공습~가 내렸다[울렸다] L'alerte aérienne est donnée. ¶ 공습~가 풀렸다[해제되었다] L'alerte aérienne est terminée.

◆공중_기 空中-機 명 système *m* aéroporté d'alerte et de surveillance, SAAS.

◆기상_ 氣象- 명 météo *f*; prévision *f* du temps.

◆조기_망 早期-網 명 réseau(*x*) *m* d'alerte à la première phase.

◆태풍[폭풍]_ 颱風[暴風]- 명 alerte *f* au typhon [à la tempête].

◆홍수_ 洪水- 명 alerte *f* aux inondations.

경보² 競步 명 【운동】 course *f* à pied. ¶ 1만 미터 ~에 출전하다 s'inscrire [participer] à une course à pied de 10 000 mètres.

◆_선수 -選手 명 coureur *m* à pied.

◆_선수권 대회 -選手權 大會 명 Championnat *m* de course à pied.

경복궁 景福宮 명 【고적】 palais *m* Gyeongbok. ¶ ~을 관람하다 visiter le palais Gyeongbok.

경부 頸部 명 【의학】 cou *m*; région *f* cervicale.

경부고속도로 京釜高速道路 명 l'autoroute *f* Séoul-Busan.

경부선 京釜線 명 la ligne *f* Séoul-Busan.

경비¹ 經費 명 frais *mpl* (généraux); débours *m*, dépense *f*, dépens *mpl*. ¶ ~ 문제로 출장을 연기하다 reporter à plus tard le voyage pour raison financière [pour manque de fonds, faute de fonds]. ¶ 제(諸) ~ les frais totaux. ¶ 사업 [여행, 환영회] ~ fonds [frais] d'entreprise [de voyage, de réception]. ¶ 소송 ~ 부담의 판결을 받다 être condamné(*e*) aux dépens. ¶ 모든 ~를 다 빼고 나니 3000만원의 이익이 남았다 Les frais généraux une fois prélevés [déduits] [Si l'on déduit les frais généraux], il reste 30 millions de wons de bénéfice. ¶ ~를 들이다 faire des dépenses. ¶ ~들인 것만 손해가 되다 en être pour *ses* frais. ¶ ~를 절약하다[삭감하다] diminuer les frais; regarder à la dépense; dépenser avec mesure. ¶ ~를 쓰다 faire des dépenses. ¶ 누구의 ~를 자기가 부담하다 prendre à sa charge les frais occasionnés par *qc* [les frais de *qn*]. ¶ ...의 ~로 aux dépens [aux frais] de. ¶ 반값의 ~로 일을 시작하다 commencer *qc* à moitié frais. ¶ ~는 한 백만원 쯤 들 것입니다 Il vous faut à peu près 1 million de wons avec les frais. ¶ ~는 얼마나 들까요 À combien s'élèvent les frais? ¶ 이 일은 ~가 많이 든다 Ce travail est très coûteux.

경비² 警備 명 défense *f*, garde *f*, surveillance *f*; service *m* de sûreté. ¶ ~ 태세 état de garde. ¶ ~ 체제를 갖추다 s'organiser pour la défense. ¶ 과잉 ~ excès de défense [de garde]. ¶ 삼엄한[철저한, 물샐틈없는, 허술한] ~ une surveillance stricte [sévère, austère, rigoureuse], une haute surveillance [une surveillance relâchée]. ¶ 물샐틈없는 ~ une surveillance sans faille, une surveillance parfaite. ¶ 엄중한 ~ 하에[아래] sous bonne garde. ¶ ~를 강화하다 renforcer la surveillance [la garde]; redoubler de vigilance. ¶ ~를 해제하다[풀다] lever la garde. ¶ ~를 시작하다 prendre *son* tour de garde. ¶ 연도에는 ~가 삼엄하다 La surveillance des rues est stricte. ◇_(를) **하다** défendre, garder, protéger, surveiller. ¶ 전선을 ~하다 défendre le front. ¶ 국경의 ~를 엄중히 하다 renforcer la défense aux frontières. ¶ 도처에 무장병들이 ~를 하고 있다 Partout, des soldats armés montent la garde. ◇_**를 서다** surveiller, monter la garde. ¶ 은행에 무장경관이 ~를 서고 있다 Un policier armé surveille la banque. ◇_**를 세우다** faire monter la garde à *qn*. ◇_**를 펴다[펼치다]** organiser la surveillance.

◆_대 -隊 명 garde *f*; corps *m* [équipe *f*] de garde.

◆_망 -網 명 réseau *m* de surveillance. ¶ 경찰은 범인 검거를 위해 ~망을 쳤다[구축했다] La police a mis en place un réseau de surveillance pour arrêter le malfaiteur. ¶ 범인들은 ~망을 뚫고 달아났다 Les malfaiteurs sont passés au travers du [ont esquivé le, ont échappé au] réseau de surveillance avant de s'enfuir. ¶ ~망이 허술하다 Le réseau de surveillance est déficient [trop lâche, trop perméable, peu efficace, inefficace]. ¶ ~망이 두텁다 Le réseau de surveillance est très serré.

◆_병 -兵 명 soldat *m* de garde.

◆_선 -船 명 garde-côte(~-~*s*) *m*.

◆_실 -室 명 poste *m* de garde.

◆_원 -員 명 gardien *m*, concierge *m*. ¶ 아파트의 ~원 un gardien d'immeuble dans un ensemble résidentiel, le concierge d'un immeuble dans un ensemble résidentiel.

◆_정[함] -艇[艦] 명 【군사】 stationnaire *m*.

◆_초소 -哨所 명 poste *m* de garde.

◆국경_ 國境- 명 surveillance *f* [garde *f*] des frontières.

◆야간_ 夜間- 명 garde *m* de nuit.

경비행기 輕飛行機 명 avion *m* léger.

경사[1] 傾斜 명 inclinaison *f*, penchant *m*, pente *f*, déclivité *f*. ¶ ~가 심한[완만한] 언덕 colline à pente forte [douce]. ◇_(가) 지다 incliner; être en pente; pencher. ¶ 남쪽으로 완만하게[급하게, 약간] 경사진 언덕 une colline qui penche doucement [abruptement, un peu] vers le sud; colline dont la pente vers le sud est douce [abrupte].

◆_각 -角 명 angle *m* d'inclinaison. ¶ ~각이 큰[작은] 절벽 une falaise à une inclinaison forte [douce].

◆_도 -度 명 pente *f*, inclinaison *f*. ¶ ~도가 높은[낮은] 내리막길 descente rapide [douce].

◆_로 -路 명 chemin *m* en pente.

◆_면 -面 명 pente *f*, talus *m*. ¶ 공이 ~면을 따라 굴러 내려온다 La balle roule le long de la pente.

◆_지 -地 명 terrain *m* en pente. ¶ ~지에 집을 짓다 construire *sa* maison sur un terrain en pente.

◆궤도_ 軌道- 명 【천문】 inclinaison *f* d'orbite.

경사[2] 慶事 명 événement *m* heureux. ¶ ~가 겹치다 vivre en même temps plusieurs événements heureux, plusieurs événements heureux arrivent à *qn* en même temps, plusieurs événements heureux surviennent [se produisent] en même temps. ◇_를 맞다 (avoir la chance de) vivre un événement heureux. ◇_(가) 나다 arriver un événement heureux. ¶ 옆집에 ~났네 Il est arrivé chez mon voisin un événement heureux.

◆_스럽다 형 ((événement, jour)) être heureu*x*(*se*). ¶ 이렇게 ~스런 날에 en ce jour de bonheur. ¶ 아들을 얻었다니 그것 참 ~스러운 일이구나 C'est un grand bonheur pour vous d'avoir un fils! / Quel bonheur pour vous d'avoir un fils.

경사[3] 警査 명 sergent *m* de police.

경산부 經産婦 명 multipare *f*, femme *f* qui a déjà donné naissance à un ou plusieurs enfants.

경상[1] 經常 어근 ((형용사)) courant(*e*), commun(*e*), habituel(*le*), ordinaire, réguli*er*(*ère*).

◆_비 -費 명 frais *mpl* généraux.

◆_세입 -歲入 명 recette *f* ordinaire.

◆_세출 -歲出 명 dépense *f* ordinaire.

◆_수지 -收支 명 balance *f* des paiements.

◆_ 예산 -豫算 명 budget *m* ordinaire.

경상[2] 輕傷 명 blessure *f* légère [bénigne], 【아어】 bobo *m*. ¶ 큰 사고임에도 그는 운 좋게 ~에[으로] 그쳤다 Il a eu un accident très grave mais, par chance, il n'est que légèrement blessé. ◇_을 입다 être légèrement blessé(*e*), être blessé(*e*) superficiellement; être atteint(*e*) [être victime d'] une blessure légère [bénigne], présenter une blessure légère [bénigne]; 【아어】 voir un bobo. ◇_을 입히다 blesser *qn* légèrement.

◆_자 -者 명 blessé *m* léger.

경상도 慶尙道 명 【지명】 province *f* du Gyeongsang.

경색 梗塞 명 ① herméticité *f*, dureté *f*. ¶ 정국(의) ~으로 인해 여야간의 대화가 단절되었다 La tension du gouvernement a empêché la communication entre la majorité et l'opposition. ② 【의학】 infarctus *m*. ◇_(이) 되다 être [devenir] tendu(*e*). ¶ 전직대통령의 폭탄 발언으로 정국이 ~되었다 La grande révélation de l'ex-président a fait monter la tension du gouvernement.

◆심근_(증) 心筋_(症) 명 【의학】 infarctus *m* du myocarde.

경서 經書 명 classiques *mpl* du confucianisme. ¶ ~ 연구가 un expert du confucianisme. ¶ ~를 탐독[공부]하다 étudier les classiques du confucianisme.

경석 輕石 명 【광업】 pierre *f* ponce.

경석고 輕石膏 명 【광업】 anhydrite *m*.

경선[1] 經線 명 méridien *m*.

경선[2] 競選 명 élection *f* avec des candidats multiples. ¶ ~을 통해 대통령 후보를 결정하다 choisir [désigner] le candidat aux présidentielles d'un parti par une élection primaire au sein du parti avec plusieurs candidats, faire une primaire avec plusieurs candidats pour désigner le candidat du parti aux présidentielles, désigner entre plusieurs candidats à l'intérieur du parti par une élection primaire le candidat aux élections présidentielles. ¶ 대통령 후보 ~ 대회 un meeting [un rassemblement, une réunion] pour désigner, parmi plusieurs, un candidat à la présidentielle. ¶ ~에 참여하다 participer à une élection avec plusieurs candidats [avec des candidats multiples], être candidat(*e*) parmi d'autres à une élection, être l'un(*e*) des candidat(*e*)s à une élection. ◇_(을) 하다 procéder à [organiser] une élection avec des candidats multiples.

경성 京城 명 【지명】 Gyeongseong <ancien nom de Séoul sous l'occupation japonaise>.

경솔 輕率 명 imprudence *f*, témérité *f*, légèreté *f*, étourderie *f*, irréflexion *f*. ¶ 자네의 ~을 탓하는 것은 아니지만, Je ne te reproche pas ton imprudence, mais ...

◆_하다 형 être imprudent(*e*), téméraire, irréfléchi(*e*), lég*er*(*ère*). ¶ ~한 사람 un(*e*) étourdi(*e*), un(*e*) imprudent(*e*). ¶ ~한 판단 un jugement hâtif. ¶ ~한 짓을 하다 faire des imprudences, commettre des imprudences [une imprudence]. ¶ 그는 행동이 ~ Il se comporte imprudemment / Il prend les choses à la légère. ¶ 동생에게 그런 말을 하다니 너 참 ~하구나 Tu as l'imprudence de le dire à ton frère. ¶ 일을 ~하게 처리하다 faire le travail à la légère [imprudemment]. ¶ ~하게 결론을 내리다 formuler une conclusion à la légère. ¶ ~하게도 ...하다 avoir l'imprudence de+*inf*.

◆_히 㝉 à la légère; par [avec] étourderie; imprudemment. ¶ 중요한 일을 앞두고 ~히 행동하지 마라 Ne te conduis pas à la légère à la veille d'un événement important.

경수[1] 硬水 몡 eau(*x*) *f* calcaire, eau(*x*) *f* dure. ¶ 이곳의 물은 ~라서 식수로는 적당하지 않다 L'eau de cette région n'est pas buvable, parce qu'elle contient du calcaire.

경수[2] 輕水 몡 eau(*x*) *f* légère.

◆_로 -爐 몡 réacteur *m* à eau légère.

경승지 景勝地 몡 lieu(*x*) où l'on a une vue magnifique; site *m* pittoresque. ¶ ~를 두루 돌아보다 [구경하다, 탐방하다] visiter [parcourir] les sites pittoresques; faire un tour des sites pittoresques.

경시 輕視 몡 mépris *m*, dédain *m*, négligence *f*. ¶ 인명[도덕] ~ 풍조 tendance à la dévalorisation de la vie humaine [de la morale]. ◇_(를) **하다** négliger, mépriser; faire peu de cas de; dédaigner; attacher peu d'importance à ((un événement)); dévaloriser *qc*. ¶ 세론을 ~하다 mépriser [ne pas prêter l'oreille à, se moquer de] l'opinion publique. ¶ 사태를 ~하다 prendre les choses [la situation] à la légère. ¶ 요즘은 우리 것과 옛 것을 ~하는 경향이 있다 Aujourd'hui, on a tendance à dévaloriser [à renier] nos valeurs et nos traditions [nos valeurs traditionnelles]. ◇_(가) **되다** être méprisé(*e*). ¶ 국산품이라고 ~되어서야 되겠는가? Comment peut-on mépriser les produits de chez soi [de son pays]?

경식 硬式 몡 【운동】 ((le tennis)) à balle *f* dure. ¶ 정구는 연식보다 ~이 운동량이 훨씬 많다 Le tennis à balle dure demande plus de force que le tennis à balle molle.

경신 更新 몡 ① renouvellement *m*, remplacement *m*. ¶ 기록(의) ~ amélioration d'un record. ② ((개혁)) rénovation *f*. ◇_(을) **하다** améliorer [battre] un record. ¶ 우리 선수가 높이뛰기 세계 기록을 ~했다 Notre athlète a battu le record du monde de saut en hauteur. ◇_(이) **되다** être battu(*e*). ¶ 지난 번 올림픽 대회에서 많은 기록들이 ~되었다 De nombreux records ont été battus aux derniers Jeux olympiques.

경실련 經實聯 몡 ☞ 경제정의실천연합

경악 驚愕 몡 étonnement *m*, surprise *f*, ébahissement *m*, stupéfaction *f*, stupeur *f*, choc *m*, coup *m*, secousse *f*. ¶ 그의 암살사건에 온 나라가 ~을 금치 못했다 Son assassinat a choqué [secoué] tout le pays. ◇_(을) **하다** être étonné(*e*), surpris(*e*); être frappé(*e*) de stupéfaction; être choqué(*e*) [secoué(*e*), traumatisé(*e*)] par *qc*. ¶ 그는 너무 ~하여 아무 말도 할 수 없었다 Sa stupéfaction fut si grande qu'il en eut la parole coupée / Sa stupéfaction si grande lui a coupé la parole. ¶ 연쇄 살인사건에 사람들은 ~하고 분노했다 Les gens ont été choqués [secoués, traumatisés] et indignés par cette histoire [par cette affaire] de meurtres en série. ◇_을 **불러일으키다** frapper; étonner; stupéfaire; choquer, secouer.

경애 敬愛 몡 respect *m* et affection *f*.

◆_하다 㔇 aimer et respecter. ¶ ~하는 김 선생님 Cher Monsieur Kim. ¶ ~하는 국민 여러분 Chers citoyens. ¶ ~하는 수령님[지도자 동지] ((북한)) Notre grand leader bien-aimé.

◆_심 -心 몡 respect *m* et affection *f*.

경양식 輕洋食 몡 plat *m* occidental léger, petit plat *m* occidental. ¶ 오늘 점심은 ~으로 하지 On prendra à midi un plat occidental léger.

◆_집 몡 restaurant *m* occidental de petits plats; restaurant *m* de cuisine occidentale familiale. ¶ ~집에서 식사를 하다 prendre un repas dans un restaurant occidental.

경어 敬語 몡 mot *m* [terme *m*] honorifique; formule *f* de politesse; terme *m* respectueux. ¶ 올바른 ~ 사용 l'emploi correct des formules de politesse. ¶ ~를 써서 말하다 s'exprimer en termes respectueux. ¶ 웃어른에게는 ~를 써야 한다 Devant les personnes âgées, il faut utiliser les termes respectueux / Il faut parler à ses anciens en termes respectueux.

◆_법 -法 몡 【언어】 registre *m* honorifique [de déférence]. ¶ 한국어에는 ~법이 매우 발달해 있다 Le coréen abonde en expressions honorifiques / Le registre honorifique du coréen est très riche.

경역 境域 몡 territoire *m*; région *f* frontalière. ¶ 감히 내 ~을 침범하다니 Comment oses-tu empiéter sur mon territoire! ¶ 신성한 ~ un lieu sacré.

경연[1] 慶宴 몡 banquet *m*, festin *m*; réunion *f* de fête; réception *f* ¶ 왕이 신하들을 위하여 ~을 베풀었다 Le roi a organisé [donné] un banquet en l'honneur de ses ministres [collaborateurs]. ¶ 100명이 참석한 ~ un banquet de cent couverts.

경연[2] 競演 몡 concours *m*, épreuve *f*, compétition *f*. ¶ ~에 상을 내걸다 offrir un prix pour un concours. ◇_(을) **하다[벌이다]** faire un concours; faire une compétition; faire concurrence. ¶ 후보자들이 열띤 ~을 벌이고 있다 Les candidats sont engagés dans une compétition acharnée.

◆_대회 -大會 몡 concours *m*, épreuve *f*, compétition *f*. ¶ 국악[민속] ~ la compétition de la musique nationale [traditionnelle].

경영[1] 經營 몡 administration *f* ((d'une entreprise)); direction *f* ((d'une usine)); gestion *f* ((des affaires)). ¶ ~의 다각화[합리화, 혁신] la pluralisation [la rationalisation, la révolution] de l'administration. ¶ ~ 방침 la ligne ((de conduite)) [le plan] de l'administration. ¶ 노동자의 ~ 참여 participation des ouvriers [des employés, des salariés] à l'administration [à la gestion] de l'entreprise. ¶ ~ 상태가 좋다 La gestion est bonne [saine]. ¶ 그 남자는 회사 ~에 남다른 재능이 있나보다 Il semble qu'il ait un sens aigu [aiguisé] des affaires. ¶ 그의

뛰어난 ~으로 사업이 크게 번창하였다 Ses affaires sont très prospères grâce à son excellente administration. ¶ ~의 일선에 서다 être en première ligne au sein de l'administration de l'entreprise. ◇_(을) **하다** administrer, gérer, diriger. ¶ 회사를 ~하다 administrer [diriger, gérer] une compagnie [entreprise]; être président (directeur général) [P.-d.g.] d'une compagnie. ¶ 호텔을 ~하다 tenir [gérer] un hôtel. ¶ 한국인이 ~하는 식당 un restaurant tenu par un Coréen.

◆_**권** -權 명 les droits *mpl* de la direction.

◆_**난** -難 명 difficulté *f* administrative [à gérer], problèmes administratifs [de gestion]. ¶ ~난에 빠지다 avoir des difficultés administratives [des problèmes de gestion].

◆_**대학** -大學 명 【교육】 《한국》 faculté *f* de gestion; 《프랑스》 école *f* de gestion.

◆_**상** -上 명 en matière d'administration. ¶ ~상의 애로가 많다 Il y a beaucoup de problèmes en matière d'administration.

◆_**인** -人 명 gérant(*e*).

◆_**자** -者 명 【경제】 《관리자》 administra*teur*(*trice*), direc*teur*(*trice*), gérant(*e*); 《소유자》 propriétaire *mf*, patron(*ne*); chef *m* d'entreprise. ¶ ~자와 노동조합은 협상에 들어갔다 Des pourparlers sont engagés entre le patronat et les syndicats ouvriers.

◆_**주** -主 명 《가게, 식당, 호텔》 gérant *m*; gérant *m* de société, dirigeant *m*; gestionnaire *m*; chef *m* de groupe; 《기업, 회사》 directeur *m*, administrateur; propriétaire *m*.

◆_**진** -陣 명 la direction *f*, les dirigeants *mpl*.

◆_**진단** -診斷 명 audit *m*; examen *m* de la gestion d'une entreprise.

◆_**층** -層 명 classe *f* chargée de l'administration [de la gestion].

◆_**학** -學 명 Sciences *fpl* de gestion.

◆_**학과** -學科 명 département *m* [U.F.R. *mf*] de gestion.

경영[2] 競泳 명 【운동】 épreuve *f* de natation. ¶ 400미터 ~에 출전하다 prendre part au 400 mètres nage. ◇_(을) **하다** prendre part à une épreuve de natation.

경외 敬畏 명 crainte *f* respectueuse. ¶ 종교적 ~ crainte et respect à l'égard de Dieu. ¶ 신[자연]에 대한 ~ crainte et respect à l'égard de Dieu [envers la nature].

◆_**심** -心 명 sentiment *m* de crainte respectueuse. ¶ ~심을 갖다[품다, 지니다] éprouver un sentiment de crainte respectueuse.

경외감 敬畏感 명 crainte *f* respectueuse; profond respect *m*. ¶ 그 희생적 행동은 우리 모두에게 그에 대한 ~을 불러일으켰다 Son dévouement extrême nous a tous inspiré un profond respect. ¶ 우리들은 ~에 절로 고개가 숙여졌다[몸을 떨었다] Nous nous sommes inclinés par profond respect [Nous tremblions par crainte respectueuse]. ¶ 그분에 대한 ~이 일어나는 것을 어쩔 수 없다 C'est normal qu'on éprouve un profond respect pour cet homme. ◇_**을 갖다**[**지니다**, **품다**] éprouver un profond respect pour *qn*. ¶ 우리 모두는 페스탈로찌에 대해 ~을 갖고[지니고, 품고] 있다 Nous avons tous un profond respect pour Pestalozzi.

경우 境遇 명 conditions *fpl*, circonstance *f*, situation *f*, cas *m*, occasion *f*. ¶ ~의 수 nombre de cas. ¶ ~에 따라서(는) selon les circonstances. ¶ 일을 그때그때 ~에 맞게 처리해야 한다 Il faut s'adapter aux circonstances. ¶ 내[네, 그 사람의, 우리의] ~ mon [ton, son, notre] cas. ¶ 한 [두, 여러] 가지 ~ une [deux, plusieurs] cas. ¶ 모든 ~에 dans toutes les situations. ¶ 지금[그때] 같은 ~ dans le cas actuel; dans les circonstances actuelles [dans un pareil cas]. ¶ 처음 보는 ~ une situation que l'on n'a jamais vue [connue]; une situation sans précédent. ¶ 그가 처한 지금의 ~에서는 dans sa situation actuelle. ¶ 그런 ~에는 dans ce cas là; dans un pareil cas; en pareille circonstance. ¶ 이런 ~에는 en pareille situation. ¶ 어떤 ~에는 dans certains cas. ¶ 어떤 ~에도 en toute occasion; dans toutes les situations. ¶ 어떠한 ~에도 결코 ...않다 dans [en] aucun cas. ¶ 지금 이 ~에 딱 들어맞는 말이다 C'est bien le cas de le dire. ¶ 그러한 ~가 생기면 dans une situation pareille; en pareille circonstance. ¶ 비나 눈이 올 ~에는 en cas de pluie ou de neige. ¶ 가능한 ~를 모두 고려해 보다 envisager tous les cas possibles. ¶ 위험한 ~에는 en cas de danger. ¶ 필요한[특별한, 예외적인] ~에는 en cas de nécessité [en cas d'événement exceptionnel, dans des circonstances exceptionnelles]. ¶ 상관없는 ~에는 참견하지 마라 Mêle-toi de ce qui te regarde / Occupe-toi [Mêle-toi] de tes affaires [de tes oignons {*fam*}] / Ce ne sont pas tes affaires / Cela ne te regarde pas. ¶ 그것은 ~가 다르다 C'est un cas différent. ¶ 너와 나는 ~가 다르다 Ton cas est différent du mien. ¶ 그렇게 하지 않으면 안 되는 ~가 종종 있다 Parfois, on est obligé de le faire [on n'a pas le choix]. ¶ 이것이 바로 전화위복이 된 ~다 Ceci est l'exemple parfait d'une situation où l'on passe de l'échec au succès [du malheur au bonheur]. ¶ 이렇게 어려운 ~는 처음이다 C'est la première fois que je suis confronté à un cas aussi complexe. ¶ 정직해서 손해를 보는 ~도 있다 L'honnêteté ne paie pas toujours.

*~**를 모르다**[(**가**) **없다**] avoir un comportement inadapté et choquant. ¶ 내 살다 살다 너처럼 ~없는 놈은 처음 본다 C'est bien la première fois de ma vie que je vois un individu avoir une conduite aussi choquante que la tienne / Jamais de ma vie je n'ai vu quelqu'un avoir une conduite aussi choquante que la tienne!

*~(**가**) **밝다** avoir une conduite appropriée aux événements. ¶ 그 친구처럼 ~가 밝은 사람이 그런 무례를 범했을 리가 없다 C'est impossible qu'il ait

commis une telle grossièreté lui qui est d'habitude si bien élevé.

*~**가 ~이니 만큼** étant donné [vu] *ta* situation, vu les circonstances. ¶ ~가 ~이니 만큼 이번 한번만 봐 주겠다 Étant donné ta situation, je te pardonne pour cette fois-ci.

경운기 耕耘機 명 tracteur *m*. ¶ ~를 몰다[운전하다] conduire un tracteur. ¶ ~를 타다 se déplacer à bord d'un tracteur.

경원 警遠 명 ((se tenir à)) distance *f* (respectueuse). ◇_**(을) 하다** se tenir à distance (respectueuse); prendre [garder, conserver] *ses* distances, éviter *qn*. ¶ 서로 ~하는 사이 une relation [un rapport] où l'on garde ses distances, une relation distante. ¶ 감독관을 ~하다 garder *ses* distances avec un(*e*) inspec*teur*(*trice*).

경위[1] 經緯 명 circonstances *fpl*, détails *mpl*. ¶ 사고의 ~를 조사하다 enquêter sur les circonstances d'un accident. ¶ 사정이 그렇게 된 ~를 설명해보시오 Expliquez-moi en détail ce qui vous est arrivé. ¶ ~야 어떻든 간에 quelles que soient les circonstances.

경위[2] 警衛 명 lieutenant *m* de police.

경위[3] 經緯 어근 chaîne *f* et trame *f*.

◆**_도** -度 명 longitude *f* et latitude *f*.

◆**_선** -線 명 méridien *m* et parallèle *m*.

◆**_의** -儀 명 【수학】 théodolite *m*.

경유[1] 輕油 명 【화학】 huile *f* légère; carburant *m* diesel, gazole *m*, diesel *m*, combustible diesel *m*, combustible pour diesel [pour moteur diesel], gas-oil *m*, gasoil *m*, gas-oil auto *m*, gas-oil moteur *m*, huile *f* diesel.

◆**_발동기** -發動機 명 moteur *m* diesel.

경유[2] 鯨油 명 huile *f* de baleine.

경유[3] 經由 명 via ((Toyko)). ¶ 파리에서 홍콩 ~로 서울로 가다 aller de Paris à Séoul via [en passant par] Hong Kong. ◇_**(를) 하다** passer par; faire une escale à; aller *qp* via *qp*. ¶ 깔레를 ~하여 영국에 가다 passer par Calais pour se rendre en Angleterre.

경음 硬音 명 【언어】 (consonne *f*) forte *f*.

◆**_화** -化 명 【언어】 renforcement *m* [redoublement *m*, gémination *f*] d'une consonne.

경음악 輕音樂 명 【음악】 musique *f* légère. ¶ ~을 연주하다 jouer de la musique légère.

◆**_단** -團 명 【음악】 groupe *m* de musique légère.

경의 敬意 명 respect *m*, considération *f*, déférence *f*; amitiés *fpl* respectueuses; compliments *mpl*. ◇_**를 표하다** exprimer *son* respect pour *qn*, présenter *ses* respects à *qn*; montrer du respect envers *qn*. ¶ 무엇에 ~를 표하여 par respect pour *qc*; avec [par] égard pour *qc*.

경이 驚異 명 merveille *f*, surprise *f*, étonnement *m*, émerveillement *m*. ¶ ~의 눈으로 보다 ouvrir de grands yeux d'admiration.

◆**_롭다** 형 être étonnant(*e*), surprenant(*e*), merveilleu*x*(*se*), prodigieu*x*(*se*), miraculeu*x*(*se*), incroyable. ¶ 인간의 달 착륙은 ~로운 사건이었다 L'atterrissage d'un homme sur la lune fut un événement extraordinaire [prodigieux].

◆**_적** -的 명관 étonnant(*e*), surprenant(*e*), merveilleu*x*(*se*), prodigieu*x*(*se*), miraculeu*x*(*se*), incroyable. ¶ ~적인 사건[현상] événement [phénomène] étonnant [surprenant]. ¶ 한국 경제의 ~적인 발전 le développement incroyable [prodigieux, miraculeux] de l'économie coréenne.

◆**_감** -感 명 sentiment *m* d'émerveillement, impression *f* d'émerveillement. ¶ ~감을 맛보다 éprouver [goûter] un sentiment d'émerveillement. ¶ ~감을 불러일으키다 provoquer un effet d'émerveillement.

경인 京仁 【지리】 Séoul et Incheon, Séoul-Incheon. ¶ ~ 지역 l'agglomération Séoul-Incheon.

경작 耕作 명 culture *f*, affermage *m*, labourage *m*. ¶ ~ 면적은 전부 만 평이다 La surface totale cultivable est de [s'élève à] dix mille *pyeong*. ¶ 이 지역은 ~ 용도로 사용되는 것이 원칙이다 Cette région est essentiellement agricole. ◇_**(을) 하다** cultiver, exploiter; être fermi*er*(*ère*); cultiver la terre. ◇_**(이) 되다** être cultivé(*e*); être exploité(*e*).

◆**_권** -權 명 droit *m* d'exploitation.

◆**_물** -物 명 produit *m* agricole.

◆**_자** -者 명 fermi*er*(*ère*), cultiva*teur*(*trice*).

◆**_지** -地 명 terre *f* cultivée; labours *mpl*.

경장 更張 명 réforme *f*, rénovation *f*, restauration *f*, innovation *f*. ¶ 갑오~ réforme de (l'année) Gabo (1894). ◇_**(을) 하다** rénover, réformer, innover.

경쟁 競爭 명 concurrence *f*, compétition *f*, rivalité *f*; concours *m*. ¶ 선의의 ~ une compétition loyale [cordiale, avec fair-play]. ¶ 불꽃 튀(기)는 ~ une compétition acharnée [âpre, ardente, vive]. ¶ ~을 피하다[방지하다] éviter [prévenir] la concurrence. ¶ ~에 이기다[지다] gagner [perdre] une compétition; sortir vainqueur d'une compétition; vaincre *qn* [être vaincu(*e*)]; l'emporter sur *qn* dans une compétition; gagner [perdre] un concours. ¶ ~이 치열하다[심하다] La compétition [La lutte, La concurrence] est acharnée [vive, ardente, redoutable, violente, acharnée, âpre, sévère, rude, terrible] / La lutte est serrée. ◇_**(을) 하다[벌이다]** entrer [être] en compétition [en concurrence, en rivalité] avec *qn*; rivaliser avec *qn*, faire concurrence à *qn*, concurrencer *qn*; concourir avec *qn*. ¶ 우승컵을 차지하기 위해 서로 ~하다 être en compétition pour remporter la coupe. ¶ 가격과 품질에 있어서 당사의 제품과 ~할 수 있는 것은 없다고 확신합니다 Je suis sûr(*e*) [Je suis certain(*e*), J'affirme] qu'aucun produit ne peut rivaliser avec les [ne peut être comparé aux] nôtres en terme de qualité et de prix [en ce qui concerne la qualité et le prix]. ◇_**(을) 시키다** faire entrer ((des personnes)) en compétition. ¶ 아이들끼리 지나치게 ~시키지 마시오 Ne faites pas trop entrer en compétition les enfants entre eux. ◇_(이) 되다 être en compétition. ¶ 그 녀석과는 ~이 되지 않는다 Il ne peut pas rivaliser avec moi / Il ne fait pas le poids / Il n'est pas un adversaire de taille / Il ne m'arrive pas à la cheville / On ne joue pas dans la même catégorie.

◆_적 -的 명관 compétitif(ve), concurrentiel(le), performant(e). ¶ 두 나라는 ~적 공존의 관계이다 Les deux pays ont des relations à la fois de concurrence et de dépendance.

◆_국 -國 명 pays m rival [concurrent].

◆_력 -力 명 compétitivité f, pouvoir m concurrentiel. ¶ 국제~력 compétitivité internationale. ¶ 치열한 국제사회에서 ~력이 없으면 살아남을 수 없다 On ne pourrait pas survivre sans compétitivité dans le monde international [au niveau international].

◆_률 -率 명 taux m d'admissibilité ((à un concours)). ¶ 그 선발시험은 매우 높은 ~률을 보이고 있다 Le taux d'admissibilité de ce concours est très élevé / Il y a une concurrence très sévère pour être admis à ce concours. ¶ 그 학교는 5대1의 ~률을 보이고 있다 Le taux d'admissibilité de cette école est de 1 sur 5 [de 20 %] / Un candidat sur cinq seulement sera admis à cette école. ¶ 대학입시의 ~률이 나날이 높아간다 Le taux d'admissibilité du concours d'entrée à l'université est de plus en plus élevé / La compétition est de plus en plus rude pour l'entrée [pour entrer] à l'université.

◆_사 -社 명 entreprise f rivale; concurrent(e). ¶ ~사를 따돌리고 계약을 하다 conclure [passer] un marché avec une entreprise rivale; passer [conclure] un contrat avec une entreprise rivale.

◆_심 -心 명 émulation f, esprit m de compétition, esprit m compétitif. ¶ ~심을 유발하다 développer l'esprit de compétition [un esprit compétitif]; inciter à la concurrence; susciter l'émulation entre ... ¶ ~심이 강하다 avoir un esprit compétitif poussé à l'extrême [aiguisé, très développé].

◆_자 -者 명 concurrent(e); rival(ale, aux); candidat(e) ((d'un concours)).

◆_가격 -價格 명 【경제】 prix m concurrentiel.

◆_입찰 -入札 명 【경제】 adjudication f compétitive.

◆공개_ 公開- 명 compétition f ouverte.

◆과당_ 過當- 명 compétition f excessive.

◆국내[대외]_ 國內[對外]- 명 compétition f [concurrence f] interne [externe].

◆군비_ 軍備- 명 compétition f concernant les armements.

◆생존_ 生存- 명 lutte f pour la vie, compétition f pour survivre, combat m vital.

◆자유_ 自由- 명 libre concurrence f.

경적 警笛 명 sifflet m (d'alarme); ((자동차)) klaxon m, avertisseur m sonore; ((선박)) corne f de brume. ¶ ~ 금지 구역 zone où il est interdit de klaxonner. ¶ ~을 울리다 siffler, klaxonner, donner un coup de klaxon. ¶ 뒤에서 ~이 울렸다 J'ai entendu quelqu'un klaxonner derrière.

경전[1] 經典 명 【종교】 Livres mpl Sacrés ((de l'Egypte, de l'Inde, des Hébreux, des Chrétiens)); ((불교)) soutra m, sûtra m; ((기독교)) Bible f; ((회교)) Coran m.

경정 更正 명 correction f, révision f, remaniement m; rectification f. ¶ 추가 ~ 예산 budget supplémentaire et rectificatif. ◇_(을) 하다 réviser, corriger, rectifier. ◇_(이) 되다 être révisé(e), rectifié(e).

경정맥 頸靜脈 명 【의학】 (veine f) jugulaire f.

경제 經濟 명 économie f; ((재정)) finances fpl; ((절약)) économie f, épargne f. ¶ 한국의 ~ 사정 les conditions économiques [la situation économique, l'environnement économique] de la Corée. ¶ 국민[가정, 국가, 농촌, 사회] ~ l'économie de la nation [les finances de la famille, les ressources (pécuniaires) familiales; les finances de l'État, les ressources de l'État, les finances publiques, les deniers publics; l'économie agraire; l'économie sociale, les finances sociales, les ressources sociales]. ¶ 국내[대외, 해외] ~ l'économie intérieure, l'économie nationale [l'économie internationale, les échanges commerciaux d'un pays avec l'étranger]. ¶ 자립 ~ économie autonome; autarcie. ¶ 자유[통제, 계획] ~ économie libérale [dirigée, planifiée]. ¶ 자본주의 ~ économie capitaliste. ¶ ~의 안정 stabilité de l'économie [économique]. ¶ ~의 발전을 위해서는 정치적 안정이 필요하다 Il faut une stabilité de la politique pour le développement économique. ¶ ~를 안정시키다 stabiliser [équilibrer] l'économie. ¶ ~가 안정되어 있다[불안하다] avoir une économie stable [instable].

◆_적 -的 명관 économique; peu coûteux(se). ¶ ~적으로 économiquement; avec économie. ¶ 시간을 ~적으로 사용하다 utiliser [distribuer] le temps économiquement. ¶ 일을 ~적으로 처리하다 régler [traiter] économiquement une affaire. ¶ 이렇게 하면 더 ~적이다 Ce sera plus économique si l'on agit ainsi. ¶ ~적인 문제[이유] problème [raison] économique. ¶ ~적인 고립[독립] isolation [indépendance] économique. ¶ ~적인 수송 방법 moyen de transport économique. ¶ ~적인 측면에서 보자면 d'un point de vue économique; sur le plan économique. ¶ 비~적 peu [pas] économique, coûteux(se), onéreux(se).

◆_성 -性 명 efficacité f économique; rentabilité f. ¶ ~성이 있다[없다] être [ne pas être] profitable, rentable, avantageux(se), payant(e); rapporter, payer [ne pas rapporter, ne pas payer].

◆_각료 간담회 -閣僚 懇談會 명 délibération f des ministères intéressés aux questions économiques.

◆_개발 -開發 명 développement m de l'économie.

¶ 제 6차 ~개발 계획 le sixième grand projet du développement de l'économie.

◆_계 -界 명 milieu(*x*) *m* [monde *m*] économique.

◆_계획 -計劃 명 plan *m* économique.

◆_공황 -恐慌 명 crise *f* économique.

◆_관념 -觀念 명 sens *m* de l'économie. ¶~관념이 있다[없다] avoir [ne pas avoir] le sens de l'économie.

◆_구조 -構造 명 structure *f* de l'économie.

◆_권[1] -權 명 pouvoir *m* économique; ((가정)) ((tenir les)) cordons *mpl* de la bourse. ¶ 그 집은 여자가 ~권을 쥐고 있다 Dans cette famille, c'est la femme qui a le pouvoir économique [qui tient les cordons de la bourse {*fam*}].

◆_권[2] -圈 명 bloc *m* économique.

◆_난[1] -難 명 problème *m* [difficultés *fpl*] économique(*s*).

◆_난[2] -欄 명 rubrique *f* économique [financière] (d'un journal).

◆_력 -力 명 puissance *f* économique; potentiel *m* économique; ((개인의)) situation *f* financière. ¶ 지금 집을 사는 것은 우리 집 ~력으로는 무리야 Actuellement, nous n'avons pas le potentiel économique [la situation financière] pour acquérir un logement.

◆_림 -林 명 foresterie *f* polyvalente.

◆_백서 -白書 명 livre *m* blanc sur l'économie.

◆_법칙 -法則 명 loi *f* économique.

◆_봉쇄 -法則 명 blocus *m* (économique).

◆_사 -史 명 histoire *f* de l'économie.

◆_사관 -史觀 명 conception *f* de l'histoire de l'économie.

◆_사범 -事犯 명 crime *m* [délit *m*] économique; ((사람)) personne *f* ayant commis un crime [un délit] économique, délinquant *m* économique, criminel *m* économique.

◆_생활 -生活 명 vie *f* économique.

◆_성장 -成長 명 développement *m* de l'économie. ¶~성장률 taux de développement économique.

◆_수역 -水域 명 zone *f* d'intérêt économique.

◆_원조 -援助 명 aide *f* économique.

◆_위기 -危機 명 crise *f* économique.

◆_인 -人 명 représentants *mpl* [responsables *mpl* et cadres *mpl*] du milieu économique.

◆_정책 -政策 명 politique *f* économique.

◆_제재 -制裁 명 sanction *f* économique.

◆_주체 -主體 명 sujet *m* économique.

◆_지수 -指數 명 indice *m* économique.

◆_지표 -指標 명 indicateur *m* économique.

◆_체제 -體制 명 système *m* économique.

◆_학 -學 명 économie *f*; économique *f*; science *f* économique. ¶~학적으로 말한다면 économiquement parlant.

◆_학자 -學者 명 économiste *mf*.

◆_활동 -活動 명 activité *f* économique. ¶~활동 인구 la population active.

◆지하_ 地下- 명 économie *f* immergée [souterraine].

경제정의실천연합 經濟正義實踐聯合 명 association *f* civique pour une meilleure justice économique [de l'économie].

경조[1] 競漕 명 【운동】 course *f* à l'aviron; régates *fpl*. ¶~용 보트 canot utilisé pour des régates.

경조[2] 慶弔 명 événements *mpl* heureux et tristes.

◆_사 -事 명 événements *mpl* heureux et tristes. ¶ 친지들의 ~사에 빠짐없이 참석하다 participer toujours aux événements heureux et tristes de *sa* famille.

경조부박하다 輕佻浮薄- 형 être frivole, futile, lég*er*(*ère*). ¶ 경조부박한 사람 une personne frivole.

경종 警鍾 명 ① tocsin *m*; ((화재시의)) avertissement *m* d'incendie. ② 경고, 경계 avertissement *m*. *~**을 울리다** sonner le tocsin; donner [sonner] l'alarme; mettre en garde. ¶ 최근의 에이즈 확산은 문란한 성도덕에 ~을 울려주고 있다 La propagation récente du SIDA est un signal d'alarme concernant [traduisant] le dérèglement de nos pratiques sexuelles.

경주[1] 傾注 명 action de verser; concentration *f*. ◇_(를) **하다** concentrer ((*ses* forces pour *qc*)). ¶ 정부는 월드컵을 유치하는 데에 온갖 노력을 ~했다 Le gouvernement a concentré tous ses efforts [a fait le maximum, a fait des pieds et des mains] pour accueillir la (prochaine) coupe du monde [pour être l'organisateur de la prochaine coupe du monde]. ¶ 전력을 ~하다 concentrer toutes *ses* forces pour *qc*, mettre toutes *ses* forces [toute *son* énergie] à *qc*, consacrer toutes *ses* forces [tous *ses* efforts] à *qc*; faire tout ce que l'on peut [tout ce qui est en *son* pouvoir, le maximum, du [le] mieux qu'on peut], donner le meilleur de *soi*, faire des pieds et des mains.

경주[2] 競走 명 course *f*, sprint *m*. ¶~에 이기다[지다] gagner [perdre] à la course. ◇_(를) **하다[벌이다]** faire une [la] course avec *qn*. ¶ 그는 100미터 ~하듯이 달렸다 Il a couru comme s'il faisait un cent mètres.

◆_마 -馬 명 cheva*l*(*aux*) *m* de course.

◆_용 자동차[자전거] -用 自動車[自轉車] 명 voiture *f* [vélo *m*] de course.

◆_자 -者 명 coureu*r*(*se*).

◆_장 -場 명 piste *f*, champs *m*; terrain *m* de course.

◆자동차_ 自動車- 명 course *f* d'automobiles.

◆장거리_ 長距離- 명 course *f* de fond.

경주[3] 慶州 명 【지명】 ville *f* de Gyeongju <ancienne capitale du royaume de Silla>.

경중 輕重 명 ① poids *m*. ② (degré *m* d')importance *f* ¶ 무엇의 ~을 따지다 mesurer l'importance [la portée] ((d'une affaire)). ¶ 사안(事案)의 ~을 가리다 distinguer l'importance d'une affaire. ¶ 과실의 ~에 따라서 처벌하다 punir [infliger une punition] selon l'importance de la faute.

경증 輕症 명 maladie *f* bénigne. ¶ ~ 환자 un(*e*) patient(*e*) atteint(*e*) d'[présentant] une maladie bénigne. ¶ ~의 폐렴 une pneumopathie bénigne.

경지[1] 境地 명 ① état *m* (d'âme); condition *f*, circonstance *f*, horizon *m*. ¶ 아마추어의 ~를 벗어나다 quitter [abandonner] le statut d'amateur, devenir professionnel(*le*). ¶ 성인의 ~에 달하다[이르다] atteindre l'état de sainteté. ¶ 달관[무아]의 ~에 이르다 atteindre [arriver] à l'état de détachement [parvenir à un [l'] état extatique [de sérénité], parvenir au dépassement total de *soi*-même, atteindre la parfaite béatitude]. ② ((분야)) domaine *f*, territoire *m*, sphère *f*, milieu(*x*) *m*. ¶ 이 책은 이 방면의 연구에서 새로운 ~를 열었다[개척했다] Ce livre a ouvert un nouvel horizon à l'étude de ce domaine.

경지[2] 耕地 명 【농업】 ((경작지)) terre *f* labourée; ((경작에 적합한)) terre *f* arable [cultivable]. ¶ ~ 면적 la superficie des terres cultivables. ¶ ~ 정리 le remembrement. ¶ ~가 넓다 avoir une grande [importante] surface cultivable, avoir un important domaine cultivable [un domaine cultivable étendu].

경직 勁直 명 raidissement *m*. ¶ 이미 사체의 ~이 시작되고 있었다 Le corps a déjà commencé à se raidir. ◇_(이) 되다 se raidir; ((ambiance)) se tendre. ¶ 날씨가 추워지자 갑자기 근육이 ~되었다 Avec l'arrivée du froid, les muscles se raidirent [se contractèrent] subitement. ¶ 어느 나라에서건 군대는 ~된 조직이다 L'armée est une organisation rigide [rigoureuse] dans tous les pays. ¶ ~된 분위기 une ambiance tendue.

◆_성 -性 명 robustesse *f*, hardiesse *f*, aplomb *m*, droiture *f*, intégrité *f*; rigidité *f*. ¶ 신체의 ~성을 풀다 relâcher *ses* muscles; se relâcher, se détendre. ¶ 체제의 ~성을 제거해 나가다 abandonner la rigidité du système. ¶ 태도의 ~성을 벗다[버리다] se montrer moins rigide; avoir une attitude moins rigide.

경진 競進 명 diagnostic *m* qualitatif des marchandises. ¶ 컴퓨터 ~ 대회 un concours pour juger de la qualité du matériel informatique. ¶ 농산물 ~ 대회 un concours de produits agricoles, un concours agricole.

◆_대회 -大會 명 concours *m*. ¶ 농산물 ~ un concours de produits agricoles, un concours agricole.

경질[1] 更迭 명 changement *m*, remplacement *m*. ¶ 장관의 ~ changement de ministre. ◇_(을) 하다 changer *qn*, remplacer *qn*; muter ((un ministre)); faire démissionner *qn*, renvoyer *qn*. ¶ 대통령은 예기치 않게 국무총리를 ~했다 Le président de la République a remplacé soudainement [de façon inattendue] le [son] Premier ministre / Le président a changé soudainement de Premier ministre. ◇_(이) 되다 être changé(*e*), remplacé(*e*); être muté(*e*). ¶ 이번 개각에서 5명의 장관이 ~되었다 Cinq ministres ont été remplacés lors de ce remaniement ministériel.

경질[2] 硬質 명 dureté *f*; ((형용사)) dur(*e*), solide, résistant(*e*); sclérosé(*e*).

◆_고무 명 caoutchouc *m* résistant [durci].

◆_섬유 -纖維 명 textile *m* résistant.

◆_유리 -琉璃 명 verre *m* incassable.

경차[1] 經差 명 【지리】 différence *f* de longitude.

경차[2] 輕車 명 petite voiture *f* de faible cylindrée, voiture *f* de petite cylindrée, petite cylindrée *f*, petite voiture *f*, voiture *f* de tourisme, voiture *f* citadine. ¶ ~ 우대 정책 une politique donnant la priorité aux [favorisant les, en faveur des] (voitures de) petites cylindrées [petites voitures (de faible cylindrée)]. ¶ ~를 타다 se déplacer en (voiture de) petite cylindrée [en voiture de faible cylindrée].

경찰 警察 명 police *f*. ¶ ~의 급습 charge; attaque de la police. ¶ ~의 보호를 받다 être sous la protection de la police. ¶ ~의 신세를 지다 avoir affaire à la police. ¶ ~을 부르다 appeler la police. ¶ ~과의 공조 체제를 갖추다 avoir un système de coopération [de collaboration] avec la police. ¶ 누구를 ~에 넘기다 livrer *qn* à la police; remettre *qn* entre les mains de la police. ¶ ~에 알리다[신고하다] signaler *qn* à la police; avertir la police; porter plainte à la police; dénoncer *qn* à la police. ¶ 그 일은 ~에서 다룬다 On traite ce problème au commissariat de police / C'est au commissariat de police qu'on traite ce problème. ¶ ~이 분쟁에 개입했다 La police est intervenue dans un conflit.

◆_견 -犬 명 chien *m* policier.

◆_관 -官 명 【법률】 agent *m* de police; policier *m*. ¶ 사고가 나서 ~관을 불렀다 J'ai appelé la police parce qu'il avait eu un accident. ¶ 범인이[강도가] ~관에게 잡혔다 Le malfaiteur [Le cambrioleur] a été arrêté par la police. ¶ 유능한[무능한, 청렴한, 부패한] ~관 un policier compétent [incompétent, incapable; honnête; corrompu]. ¶ ~관이 되다 devenir policier. ¶ 그 ~관은 비리를 저질렀다 Ce policier a commis un acte de corruption [a commis une corruption, est coupable de corruption].

◆_권 -權 명 pouvoir *m* de police, autorité *f* policière. ¶ ~권을 발동하다 user du pouvoir de la police [de l'autorité policière]. ¶ ~권을 남용하다 faire mauvais usage [abuser, mésuser {*litt*}] du pouvoir de la police.

◆_력 -力 명 force *f* policière [de police]; forces *fpl* de l'ordre.

◆_서 -署 명 commissariat *m* de police. ¶ ~서로 잡혀가다[연행되다] être emmené(*e*); être conduit(*e*); être amené(*e*) au commissariat de police.

◆_의 날 명 fête *f* de la police nationale.

◆_수사관 -搜査官 명 inspecteur *m* de police.

◆_국가 -國家 명 【정치】 État *m* policier; pays *m* [régime *m*] basé sur la force de la police.

◆_병원 -病院 명 l'hôpital *m* de la police.

◆_서장 -署長 명 commissaire *m* de police.
◆_수첩 -手帖 명 registre *m* d'un policier.
◆_차 -車 명 voiture *f* de police. ¶ 사건 현장으로 ~차를 보내다 envoyer une voiture de police sur les lieux de l'incident [l'accident]. ¶ 경찰관이 ~차로 거리를 순찰하였다 Il y a eu des patrouilles de police dans les rues.
◆_학교 -學校 명 école *f* de police.
◆_행정 -行政 명 administration *f* de la police.
◆사복_ 私服- 명 policier *m* en civil.
◆수상_ 水上- 명 police *f* maritime.
◆연방_ 聯邦- 명 police *f* fédérale.
◆지방_ 地方- 명 police *f* locale.

경첩 명 gond *m*, charnière *f*. ¶ 스프링식 ~ une charnière à ressort. ¶ 문에 ~을 달다 fixer les gonds d'une porte.

경청 傾聽 명 écoute *f*, audition *f* (attentive). ◇_(을) **하다** écouter attentivement. ¶ 선생님 말씀을 열심히 ~하다 écouter de toutes *ses* oreilles.

경추 頸椎 명 【생물】 vertèbre *f* cervicale.
◆_신경 -神經 명 【생물】 nerf *m* cervical.

경축 慶祝 명 félicitation *f*. ¶ 광복절 ~행사 la cérémonie qui marque l'anniversaire de l'indépendance de la République. ◇_(을) **하다** féliciter, célébrer. ¶ 광복 50주년을 ~하는 행사가 성대하게 치러졌다 On a célébré le cinquantième anniversaire de l'indépendance de la République en grande pompe.
◆_일 -日 명 jour *m* de fête; festivité *f*; fête *f* (nationale).

경치 景致 명 vue *f*, paysage *m*, panorama *m*, site *m*. ¶ 시골 ~ paysage champêtre. ¶ 아름다운 ~ paysage superbe [magnifique]. ¶ 창밖의 ~를 감상하다 apprécier le paysage [la belle vue] de la fenêtre. ¶ ~가 좋다[아름답다] Le paysage est magnifique / La vue est splendide. ¶ 그 지방에는 ~ 좋은 곳이 많다 Cette région offre [possède] de nombreux beaux sites [paysages].

경칩 驚蟄 명 Gyeongchip <une des 24 divisions du calendrier luni-solaire, vers le 5 mars>.

경칭 敬稱 명 titre *m* (honorifique); titre *m* de politesse [de civilité]; 【언어】 terme *m* [forme *f*] honorifique [de déférence, de politesse]. ¶ ~ 표현 expressions honorifiques. ¶ ~은 생략하겠습니다 Je vous remercie de bien vouloir m'excuser de ne pas mentionner [d'omettre] dans [d'élaguer de] mon discours les titres honorifiques des divers participants / J'allègerai mon discours de tous les titres / J'allègerai mon discours en ne précisant pas les titres honorifiques des divers participants / Je ne détaillerai pas tous les titres (honorifiques des divers participants) / Ne vous offusquez pas si je retire [si j'omets, si j'enlève, si je ne mentionne pas] les titres honorifiques pour gagner du temps. ¶ 웃어른에게 ~으로 말하다 parler aux aînés avec déférence [en utilisant la forme honorifique]; parler respectueusement aux aînés; employer le registre honorifique [de déférence] pour les aînés. ¶ '분'은 사람을 가리키는 데 쓰는 ~ 형태이다 '*Bun*' est une forme honorifique servant à désigner les personnes. ◇_**을 붙이다** ajouter [utiliser] toujours le titre de politesse. ◇_**을 쓰다** utiliser le titre de politesse pour *qn*.

경쾌하다 輕快- 명 être lég*er*(*ère*), agile; ⟪pas⟫ être leste; ⟪mouvement⟫ être preste, alerte. ¶ 기분이 ~ se sentir bien à l'aise; se sentir frais et dispos; avoir le cœur léger. ¶ 경쾌한 음악[리듬, 소리] la musique [un rythme, un son] alerte. ¶ 경쾌한 복장 un costume léger; des vêtements légers. ¶ 경쾌한 발걸음으로 à pas légers. ¶ 경쾌하게 흘러나오는 음악 소리 une musique entraînante.

경탄 驚歎 명 admiration *f*, émerveillement *m*; ⟪pousser un⟫ cri *m* d'étonnement. ¶ ~을 불러일으키다 émerveiller *qc*; inspirer une grande admiration à *qn*. ¶ ...에 ~을 금치 못하다 être saisi(*e*) d'admiration devant *qc*, être émerveillé(*e*). ◇_(을) **하다** s'émerveiller ⟪du talent d'un artiste⟫; être saisi(*e*) d'admiration devant *qc*; éprouver une vive admiration pour *qn*/*qc*. ¶ ~하여 바라보다 regarder en s'émerveillant [avec étonnement, avec admiration]; ouvrir de grands yeux, écarquiller les yeux. ¶ 그 사람의 한국 고전 문학에 대한 깊은 조예는 우리를 ~케 한다 Sa connaissance approfondie de la littérature classique coréenne nous inspire une grande admiration [provoque chez nous un émerveillement]. ¶ ~할 재능 un talent prodigieux. ¶ ~할 만하다 Ça vaut l'émerveillement.

경토[1] 耕土 명 【농업】 terre *f* arable; terre *f* labourable; sol *m* végétal.

경토[2] 輕土 명 【농업】 sol *m* facile à cultiver; terre *f* légère; terreau(*x*) *m*.

경판[1] 京板 명 édition *f* de Séoul [de la capitale], impression *f* à Séoul ⟪d'un journal⟫. ¶ ~ 춘향전 version de Séoul du *pansori* de l'histoire de Chun Hyang.

경판[2] 經板 명 édition *f* des classiques (du confucianisme, du bouddhisme). ¶ 해인사에는 팔만대장경의 ~이 보관되어 있다 Les quatre vingt mille planchettes de bois sur lesquelles est gravé le *Tripitaka koreana* sont conservées dans le temple *Haein*(*-sa*).

경품 景品 명 prime *f*, petit cadeau(*x*) *m* en prime, cadeau(*x*) publicitaires. ¶ ~ 추첨이 있겠습니다 Nous allons tirer au sort le grand gagnant tout à l'heure. ¶ 당첨자에게 ~을 주다 donner [offrir] une prime aux gagnants. ¶ 푸짐한 ~이 준비되어 있다 Il y aura de nombreux lots à gagner.
◆_권 -券 명 bon *m* donnant droit à une prime.

경풍[1] 輕風 명 brise *f*, vent *m* léger.

경풍[2] 驚風 명 【한의】 convulsion *f*. ¶ ~을 일으키다 faire des convulsions, être pris(*e*) de convulsions. ☞ 경기[4]

ㄱ

ㄱ

경하 慶賀 명 félicitations *fpl.* ◇_(를) **하다** féliciter. ¶ ~할 일이다 Ça mérite des félicitations / Permettez-moi de vous féliciter / (Toutes mes) félicitations / Tous mes compliments / Congratulations / Ça s'arrose {*fam*}. ¶ 선생님의 수상을 ~해 마지않습니다 Permettez-moi de vous présenter [Je vous adresse, Veuillez accepter] mes félicitations pour (l'obtention de) votre prix. ¶ 사람들은 그 일을 크게 ~했다 Nombreux sont ceux qui ont présenté leurs félicitations pour cet événement / Nombreux sont ceux qui ont adressé leurs félicitations pour cet événement / Nombreux sont ceux qui ont accueilli cet événement par des félicitations.

경학 經學 명 étude *f* des classiques chinois (du confucianisme).

경합 競合 명 ① lutte *f* serrée; compétition *f*, concurrence *f*. ¶ 심한 ~ une compétition [concurrence] acharnée [rude, âpre, sévère, terrible], une lutte serrée. ¶ ~이 없는 선거구 une circonscription électorale où il n'y a pas de concurrence [pas de compétition], une circonscription électorale où les résultats sont connus d'avance. ¶ 이번 대회에는 우수한 선수들이 대거 출전하여 치열한 ~이 예상된다 On prévoit une lutte serrée pour ce tournoi parce que beaucoup de grands joueurs y participent [sont présents]. ② 【법률】 ⦅죄의 중복⦆ délit *m* conjoint, conjonction *f* de deux délits; délit *m* aggravé, délit *m* double [complexe], délit *m* conjugué [associé]. ◇_(을) **하다[벌이다]** mener une lutte serrée (jusqu'au dernier moment); rivaliser avec *qn* pour+*inf*; disputer *qc* à *qn*; être en concurrence avec *qn* pour+*inf*. ¶ 대통령 선거에 네 명의 후보가 ~을 벌이고 있다 Quatre candidats sont en lutte serrée [sont dans un mouchoir de poche] pour remporter les élections présidentielles. ◇_(을) **시키다** faire rivaliser avec *qn* pour+*inf*.

◆**_범** -犯 명 【법률】 auteur d'un délit conjoint [complexe].

경합금 輕合金 명 【화학】 alliage *m* léger.

경향[1] 京鄕 명 capitale *f* et province *f*. ¶ ~ 각지에서 모여들다 venir des quatre coins du pays [de toutes les provinces, de tout horizon].

경향[2] 傾向 명 tendance *f*; inclination *f*, disposition *f*, penchant *m* à *qc* [à faire *qc*]. ¶ 나쁜[새로운] ~ une mauvaise [nouvelle] tendance. ¶ 현대 교육의 ~ les tendances de l'éducation moderne. ¶ ~을 파악하다[알다] saisir [comprendre] la tendance. ¶ 물가가 하락하는 ~을 보이고 있다 Les prix marquent une tendance à la baisse / La tendance des prix est à la baisse / Les prix tendent à baisser. ¶ 이 사건만으로도 정계의 ~을 짐작할 수 있다 À partir de ce seul événement, on peut bien saisir [évaluer, comprendre] la tendance du monde politique. ¶ 그는 무조건 반대하는 ~이 강하다 Il a une forte tendance [un fort penchant] à la contradiction [à l'opposition] / Il a un fort esprit de contradiction. ◇_**이 있다** avoir tendance à (faire) *qc*. ¶ 약한 모음은 사라져버리는 ~이 있다 Les voyelles faibles tendent à disparaître. ¶ 요즘 젊은 사람들은 힘든 일을 회피하는 ~이 있다 Aujourd'hui, les jeunes ont tendance à éviter les tâches [travaux] pénibles.

◆**_극** -劇 명 【연영】 théâtre *m* engagé ⦅essentiellement socialiste, dans les années 1930⦆. ¶ 1930년대의 ~극 le théâtre engagé des années (19)30. ¶ ~극을 상연하다 jouer une pièce de théâtre engagée.

◆**_성** -性 명 inclination *f*, tendance *f*.

◆**_문학** -文學 명 【문학】 littérature *f* à thèse

경험 經驗 명 expérience *f*; pratique *f*, acquis *m*; épreuve *f* (personnelle). ¶ 사회[인생] ~ expérience sociale. ¶ 간접[직접] ~ expérience indirecte [directe]. ¶ 새로운[산, 놀라운, 쓰라린, 오랜, 즐거운] ~ une expérience nouvelle [une expérience vivante, une expérience étonnante, une triste expérience, une longue expérience [pratique], une expérience amusante]. ¶ 실무에서 얻은 ~ une expérience acquise par la pratique. ¶ 우리들 누구에게나 흔히 있는 ~ une expérience qui peut toucher [qui touche] (un peu) tout le monde, une expérience qui concerne la majorité d'entre nous, une expérience commune. ¶ 잊을 수 없는 ~ une expérience inoubliable. ¶ ~을 통해 학습하는 것이 가장 좋은 방법이다 C'est avec l'expérience que l'on apprend le mieux. ¶ 예전의 ~을 되살려 그 일을 한번 해보도록 하겠다 J'essaierai de le faire en me rappelant mes expériences passées [en faisant bon usage de mes expérience passées, en mettant à profit mes expériences passées, en tirant profit de mes expériences passées]. ¶ 나의 ~으로는 d'après mon expérience. ¶ ~으로[에 비추어] 알다 savoir à la lumière des faits de ⦅l'expérience⦆. ¶ 나의 오랜 ~에 비추어 ...라고 말할 수 있다 Une longue pratique me permet de dire que+*ind*. ¶ ~이 풍부하다[많다] avoir beaucoup d'expérience. ¶ ~이 부족하다 manquer de pratique [de métier]. ¶ 그것은 그들에게 새로운 ~이었다 Ce fut une nouveauté pour eux. ◇_(을) **하다** faire l'expérience de *qc*. ¶ 내 ~한 바로는 이 방법이 가장 좋다 D'après mon expérience, c'est le meilleur moyen. ¶ 이번에 정말 좋은 ~을 했다 Cette fois-ci, ça a vraiment été une bonne expérience pour moi. ¶ 이런 일은 처음 ~하는 일이다 C'est la première fois que j'ai une expérience comme ça. ¶ ~을 뼈저리게 ~하다 retirer une profonde leçon d'une expérience très douloureuse. ◇_**을 쌓다** faire l'apprentissage de *qc*. ¶ 인생(의) ~을 쌓다 faire l'apprentissage de la vie. ◇_**이 되다** être une ⦅bonne, mauvaise⦆ expérience. ¶ 이번 시험의 실패가 그에게는 좋은 ~이 될 것이다 Je suis sûr(*e*) que son échec à l'examen lui servira d'expérience. ◇_**이 있다[없다]** avoir de l'[ne pas avoir d']expérience; avoir déjà fait *qc* [n'avoir jamais fait *qc*]. ¶ 당신은 이 일에 ~이 있으십니까? Avez-vous déjà travaillé dans ce domaine? ¶ 그 남자는 연애 ~이 없다 Il n'a aucune expérience amoureuse / Il n'a jamais flirté [jamais eu de flirt]. ¶ 나는 아직 한 번도 강의를 해 본 ~이 없다 Je n'ai jamais donné le moindre cours / Je n'ai jamais enseigné / Je n'ai aucune [pas la moindre] expérience dans l'enseignement. ¶ 프랑스에 가본 ~이 있느냐? As-tu déjà été en France? / Es-tu déjà allé(*e*) en France?

◆**_적** -的 명관 empirique, expériment*al*(*ale*, *aux*); d'après *mon* expérience. ¶ ~적 개념 un concept empirique. ¶ ~적으로 볼 때 이번 일은 잘못된 것이다 D'après mon expérience, l'affaire est mal engagée.

◆**_담** -談 명 histoire *f* vécue. ¶ 자신의 사업에 대한 ~담을 들려주다 raconter [faire part de] *son* expérience des affaires à *qn*. ¶ ~담을 이야기하다 raconter ce que l'on a vu et ressenti; parler de *son* expérience.

◆**_론** -論 명 empirisme *m*.

◆**_론자** -論者 명 empiriste *mf*.

◆**_자** -者 명 personne *f* expérimentée. ¶ ~자 우대 avantage accordé [priorité] aux personnes expérimentées. ¶ 이런 일에는 자네 같은 ~자가 필요해 On a besoin de quelqu'un d'expérimenté comme toi pour faire ce travail.

◆**_주** -主 명 【언어】 affecté *m* (《영어》 experiencer *m* (Fillmore)). ¶ 이 명사(구)의 의미역은 ~이다 Le rôle sémantique de ce nom [ce syntagme nominal] est celui d'affecté [experiencer] / Le rôle sémantique qu'assume ce nom [ce syntagme nominal] est celui d'affecté [experiencer].

◆**_주의** -主義 명 【철학】 empirisme *m*. ¶ ~ 철학 la philosophie de l'empirisme; l'empirisme. ¶ ~를 표방하다[내세우다] professer l'empirisme; se déclarer partisan(*e*) de l'empirisme.

◆**_철학** -哲學 명 【철학】 philosophie *f* empirique.

경혈 經穴 명 【한의】 points *m* méridiens 《points précis des tissus ou des organes dans lesquels on introduit des aiguilles d'acupuncture pendant un temps variable》. ¶ 신체[팔, 다리]의 ~ des points méridiens du corps [des bras, des jambes]. ¶ ~ 부위[지점] des points méridiens. ¶ ~에 침을 놓다[뜸을 뜨다] introduire une aiguille d'acupuncture en un point méridien [poser des moxas sur les points méridiens, brûler les points méridiens avec des moxas, brûler des moxas aux points méridiens].

경협 經協 명 【경제】 coopération *f* économique.

◆**남북_** 南北- 명 coopération *f* économique entre la Corée du Sud et la Corée du Nord [entre les deux Corées]. ¶ 남북 ~ 사업 les affaires [les projets] de coopération économique entre la Corée du Sud et la Corée du Nord. ¶ 남북 ~ 물자 les ressources [les matières premières] qui permettent [qui entrent dans, qui servent à] la coopération économique entre les deux Corées]. ¶ 최근 들어 남북~이 활발해졌다 Récemment [Depuis peu], la coopération économique entre les deux Corées s'est développée [s'est mise en place].

경호 警護 명 garde *f*, escorte *f*; protection *f*. ¶ ...의 ~ 아래 sous l'escorte de ...; sous la conduite de ... ¶ ~의 임무를 맡다 contracter une obligation de la protection. ¶ ~가 철저하다 avoir une protection rapprochée [rigoureuse]. ¶ ~가 허술하다 avoir une protection lâche [relâchée]. ◇_(를) **하다** garder, escorter. ¶ 요인을 ~하다 protéger un V.I.P. ◇_(를) **받다** être escorté(*e*), être sous la protection de *qn*. ¶ 군대의 ~를 받다 être sous la protection des armées. ¶ 안전하게 ~받고 있다 être sous bonne garde.

◆**_실** -室 명 sécurité *f* 《présidentielle》. ¶ 청와대 ~실 sécurité présidentielle de la Corée.

◆**_원** -員 명 garde *m* (du corps). ¶ 무장 ~원 un garde (du corps) armé. ¶ 비밀 ~원 un garde (du corps) discret. ¶ ~원을 배치하다 installer [placer] des gardes [des sentinelles].

경화[1] 硬化 명 durcissement *m*; raidissement *m*, racornissement *m*; 《의학》 sclérose *f*. ◇_(가) **되다** durcir, se raidir; se scléroser. ¶ 이 사건 이후 북한의 태도가 갑자기 ~되었다 L'attitude de la Corée du Nord s'est soudainement raidie après cet événement. ¶ 나이를 먹으면 동맥이 ~된다 L'âge durcit les artères / Avec l'âge, les artères durcissent.

◆**_증** -症 【의학】 명 durcissement *m* (progressif) 《des artères》. ¶ 동맥~증 un durcissement (progressif) des artères; une artériosclérose.

◆**_유** -油 명 huile *f* obtenue par hydrogénation.

◆**간_** 肝- 명 【의학】 sclérose *f* du foie.

◆**동맥_(증)** 動脈-(症) 명 【의학】 artériosclérose *f*; sclérose *f* artérielle.

경화[2] 硬貨 명 【경제】 pièce *f* (de monnaie); monnaie *f*; espèces *fpl* sonnantes; monnaie *f* solide (acceptée partout). ¶ ~ 부족을 겪다 être à court de monnaie. ¶ ~로 지불하다 payer [régler] en espèces [en liquide].

경화학공업 輕化學工業 명 industrie *f* chimique légère.

경황 景況 명 état *m* de choses; conditions *fpl*; circonstances *fpl*, situation *f*, conjoncture *f* 《favorable, difficile》. ¶ 무슨 ~으로 그런 일까지 참견할 수 있겠니? Étant donné mon emploi du temps [ma charge de travail, mes préoccupations], comment voulez-vous que je me permette de participer à ce genre d'activités? [je ne peux pas me permettre de participer à ce genre d'activités]. ◇_**이 있다[없다]** avoir le loisir de+*inf* [ne pas avoir le loisir de+*inf*; ne pas avoir le cœur à+*inf*; ne pas être [se sentir] d'humeur à+*inf*; être trop occupé [fatigué, souffrant, déçu] pour faire *qc*]. ¶ 대학 입시가 얼마 남지 않았는데 무슨 ~이 있겠니? Comment veux-tu que je me permette de penser à autre chose devant l'imminence du concours d'entrée à l'université [alors que le concours d'entrée à l'université est imminent]? ¶ ~이 없어서 아무 준비도 없이 왔다 Je suis venu(*e*) sans aucune préparation car j'étais beaucoup trop occupé. ¶ 무엇을 할 ~이 없다 être trop occupé(*e*) [fatigué(*e*), souffrant(*e*)] pour faire *qc*. ¶ 나는 지금 너무 바빠서 누구와도 만날 ~이 없다 Je suis beaucoup trop occupé(*e*) pour rencontrer qui que ce soit.

곁[1] 명 côté *m*, flanc *m*; bord *m* (d'une tranchée). ¶ 부모 ~을 떠나다 quitter le giron familial, quitter le foyer parental [familial]. ¶ 거기 있지 말고 내 ~으로 오너라 Viens à côté de moi, ne reste pas là / Ne reste pas éloigné(*e*), viens à côté de moi [à mes côtés, près de moi] / Ne reste pas éloigné(*e*), rapproche-toi. ¶ 바로 ~에 서다 se tenir tout près. ¶ 화분을 책상 ~에 놓다 mettre [poser] une plante [un pot de fleur] sur le bord du bureau. ¶ ~에서 시중을 들다 rester aux côtés [au chevet, auprès] de *qn*, veiller ((un malade)).

곁-[2] 접두 latér*al*(*ale*, *aux*), rattaché(*e*) à *qc*, contigu(*ë*). ¶ ~다리 le superflu, l'accessoire. ☞ 곁가지, 곁눈, 곁방

곁가지 명 branches *fpl* superflues. ¶ 사과나무가 ~가 많아 열매가 잘 안 맺는다 Ce pommier ne donne pas beaucoup de fruits parce qu'il a trop de branches latérales. ¶ 중요한 요점만 부각시키고 ~는 다 잘라내라 Élague [Il faut élaguer] l'accessoire pour ne garder que l'essentiel] / Enlève l'accessoire [le superflu], ne garde que l'essentiel.

곁길 명 embranchement *m*; chemin *m* détourné. *~**로 빠지다** s'engager dans un chemin de traverse.

곁눈 명 regard *m* de côté; regard *m* en coin [coulisse]; regard *m* oblique. ¶ ~으로 보다 regarder du coin de l'œil; regarder de biais; regarder de travers; jeter un regard oblique [en biais]. ☞ 곁눈질

곁눈질 명 œillade *f*; regard *m* de côté (malicieux et mauvais); regard *m* paillard; regard *m* polisson. ¶ ~로 훔쳐보다[노려보다] lorgner [guigner] *qn* d'un air méchant; lancer des œillades à *qn*; regarder du coin de l'œil; fixer sur *qn* un regard paillard [polisson]; regarder *qn* de côté; jeter un regard oblique sur *qn*. ◇_**(을) 하다** lorgner [guigner] *qn* d'un air méchant; lancer des œillades à *qn*; regarder du coin de l'œil; fixer sur *qn* un regard paillard [polisson]; regarder *qn* de côté; jeter un regard oblique sur *qn*. ¶ 그 남자는 옆에 앉은 여자에게 ~을 했다 Cet homme a lorgné une femme assise à côte de lui. ¶ 남편은 20년 동안 ~ 한 번 안 하고 살아 왔다 Mon mari a vécu pendant 20 ans sans jamais lorgner les autres femmes.

곁다리 명 superflu *m*, accessoire *m*. *~**(를) 끼다** venir sans être invité(*e*), s'inviter (tout(*e*) seul(*e*)), s'incruster {*fam*}, taper l'incruste {*fam*}. ¶ 남의 일에 ~로 끼어들어 이러쿵저러쿵하다 fourrer *son* nez à tort et à travers dans les affaires des autres.

곁두리 명 ☞ 새참

곁들다 자타 ① 끼어들다 être pour une part dans *qc*. ¶ 맛있는 음식에 신나는 음악까지 곁들어 흥을 돋구었다 Un bon repas et en plus une musique entraînante ont égayé l'ambiance / Un bon repas et en plus une musique entraînante ont favorisé une bonne ambiance. ② 거들다 aider *qn*; donner[prêter] la main à *qn*; assister[seconder] *qn*. ¶ 그녀는 옆에 서서 그의 말을 곁들어 주었다 Debout à ses côtés, elle l'a appuyé dans ses propos / Debout à ses côtés, elle a confirmé ses affirmations.

곁들이다 타 ① garnir; joindre; ajouter. ¶ 스테이크에 감자 튀김을 ~ garnir un steak de frites, accompagner un steak de frites, servir des frites en accompagnement [en garniture] à un steak. ② 덧붙이다 accompagner ((un cadeau d'une lettre)); joindre ((un petit mot à un bouquet de fleurs)). ¶ 노래에 춤을 ~ accompagner une chanson d'une danse.

곁땀 명 sueur *f* [transpiration *f*] des aisselles [sous les bras]. ◇_**(이) 나다** transpirer sous les bras [des aisselles, au niveau des aisselles].

◆_**내** 명 odeur *f* de transpiration sous les bras. ¶ ~내가 나다 sentir la transpiration sous les bras, sentir la transpiration [exhaler une mauvaise odeur (de transpiration)] au niveau des aisselles. ¶ ~내가 심하다 exhaler des odeurs nauséabondes au niveau des aisselles, sentir exceptionnellement fort [mauvais] (la transpiration) sous les bras, puer [chlinguer, cocotter, fouetter] sous les bras {*fam*}.

곁말 명 mot *m* allusif; allusion *f*; mot *m* à double sens; jeu(*x*) *m* de mots. ¶ 학생들의 ~ jeux de mots des élèves. ¶ ~을 쓰다 employer des mots à double sens; faire des jeux de mot.

곁방 -房 명 bureau(*x*) *m* adjacent à celui du directeur; pièce *f* louée. ¶ 사장실의 ~이 비서실이다 Le bureau adjacent à celui du directeur est celui du secrétaire.

◆_**살이** 명 vie *f* de ménage en location. ¶ ~살이(를) 하다 vivre en location.

곁방석 -方席 명 flagorneu*r*(*se*), complimenteu*r*(*se*); flatteu*r*(*se*), lécheu*r*(*se*) de bottes; lèche-cul *m inv* {*vulg*}, fayot *m* {*arg*}.

곁부축 명 action de soutenir ((une personne âgée)). ◇_**(을) 하다** soutenir. ¶ 노인의 팔을 ~하다 soutenir un vieillard par le bras.

곁붙이 명 parent *m* éloigné.

곁상 -床 명 petite table *f* (qu'on ajoute à la table principale). ¶ ~을 차리다 dresser la petite table à côté de la table principale.

곁쇠 명 passe-partout *m inv*; double [fausse] clef *f*.

곁자리 명 place *f* qui se trouve sur les côtés.

곁집 명 ① 별채 annexe *f*. ② 이웃하여 붙은 집 maison *f* voisine [contiguë].

곁쪽 명 proche *m*; proche parent *m*.

ㄱ

결채 명 annexe *f.*

계[1] 戒 명 ① commandement *m*, précepte *m*, leçon *m.* ☞ 계명[1] ② 【불교】 commandement *m* ((du bouddhisme)).

계[2] 界 명 règne *m*, monde *m.* ¶ 동물[식물, 광물]~ le règne [le monde] animal [le règne végétal, le monde végétal; le monde minéral]. ¶ 조류는 어떤 ~에 속하지요? À quel monde appartiennent les oiseaux?

계[3] 計 명 stratagème *m*, ruse *f*, artifice *m.* ◇_**를 쓰다** utiliser un stratagème.

◆**미인_** 美人- 명 stratagème *m* consistant à utiliser la beauté d'une femme ((pour des raisons quelconques)).

계[4] 契 명 *gye m* <coutume ((sorte de tontine)) qui consiste à verser régulièrement une somme d'argent sur un compte qui peut servir soit à l'un des membres en cas de besoin, soit à financer une activité conviviale, un voyage ou un repas collectif; groupe d'amis versant régulièrement de l'argent dans une caisse commune pour financer des activités conviviales>. ¶ ~가 깨졌다 Le *gye* est dissolu. ◇_**를 들다** être membre d'un *gye.* ◇_**를 하다[조직하다]** organiser un *gye.* ◇_**를 타다** recevoir l'argent contribué au *gye.*

◆_**모임** 명 *gyemoim m* <réunion d'un *gye*>.

◆_**원** -員 명 membre d'un *gye.*

◆_**주** -主 명 organisa*teur*(*trice*) d'un *gye.*

◆_**ㅅ날** 명 jour *m* où les membres d'une tontine paient leur contribution ou reçoivent les versements des autres membres.

◆_**ㅅ돈** 명 somme *f* versée régulièrement sur un compte spécial. ¶ ~ㅅ돈을 붓다[내다] contribuer à un *gye.* ¶ ~ㅅ돈을 타다 recevoir l'argent contribué au *gye.*

계[5] 計 명 somme *f* totale [globale]; tot*al*(*e*, *aux*) *m*; montant *m.* ¶ ~ 삼 만원 정 une somme de 30 mille wons net. ☞ 합계

-계[6] -届 접미 registre *m*; avis *m.* ¶ 결석~ notification d'absence, lettre (explicative) justifiant *son* absence, justification d'absence, mot d'absence, lettre justificative d'une absence. ¶ 숙박~ registre d'un hôtel.

-계[7] -界 접미 milieu(*x*) *m*, monde *m*, cercle *m.* ¶ 정[재]~ le milieu politique [financier]. ¶ 실업~ le monde des affaires. ¶ 문학[음악, 미술]~ le monde littéraire [musical, artistique]. ¶ 각~의 인사들 des célébrités de chaque milieu.

-계[8] -系 접미 ① 계열, 계통 système *m.* ¶ 불어는 라틴어~에 속한다 Le français est une langue latine [fait partie des langues latines]. ¶ 태양~ le système solaire. ¶ 신경~ le système nerveux. ② 혈통 famille *f.* ¶ 독일~ 미국인 un(*e*) Américain(*e*) d'origine allemande. ¶ 라틴~ 민족들 des peuples d'origine latine. ③ 당파 parti *m.* ¶ 사회당~ 언론 기관 l'organe de presse du parti socialiste. ¶ 그 남자는 K씨~ 인물들 중 한 사람이다 Il est un des membres du parti de monsieur K.

-계[9] -計 접미 ((기구)) vérificateur *m*, calibreur *m*, jauge *f.* ¶ 온도~ un thermomètre. ¶ 체중~ une balance. ¶ 속도~ un compteur de vitesse.

계가 計家 명 ((바둑)) ((faire le)) compte *m* des territoires ((à la fin d'une partie de *go* pour savoir qui a gagné la partie)). ¶ 두 사람은 바둑을 끝내고 ~에 들어갔다 Les deux joueurs ont commencé à compter leurs territoires à la fin de la partie de *go.* ◇_(**를**) **하다** faire le compte [compter] des territoires ((à la fin d'une partie de *go* pour savoir qui a gagné la partie)). ¶ 바둑에서 ~하는 방식은 나라마다 다르다 La façon de compter les territoires au jeu de *go* varie d'un pays à l'autre.

계간 季刊 명 publication *f* trimestrielle. ¶ 잡지를 ~으로 내다 publier une revue trimestrielle. ¶ 이 논문집은 ~이다 C'est revue trimestrielle.

◆_**지** -誌 명 revue *f* trimestrielle.

계고 戒告 명 【법률】 avertissement *m*, réprimande *f*, semonce *f.* ◇_(**를**) **하다** donner un avertissement à *qn*; faire une remontrance [semonce] à *qn.* ¶ 누구에게 엄중히 ~하다 avertir *qn* avec du sérieux.

◆_**장** -狀 명 【법률】 lettre *f* de notification. ¶ ~장을 보내다[발송하다] envoyer un avertissement.

계곡 溪谷 명 vallée *f*; ((작고 좁은)) vallon *m*; *val* (*als*, *aux*) *m*, ravin *m*; gorge *f.* ¶ 깊고 가파른 ~ une vallée haute et raide. ¶ ~에 흐르는 물 un cours d'eau dans une vallée. ¶ ~에 안개가 자욱이 끼었다 La vallée est entièrement couverte de brouillard.

계관시인 桂冠詩人 명 【문학】 poète *m* lauréat.

계교 計巧 명 machination *f*, intrigue *f*, complot *m*, cabale *f.* ◇_**를 꾸미다[부리다]** intriguer, comploter, machiner ((une conspiration)); ourdir [tramer] une machination.

계급 階級 명 ① classe *f* (sociale); couche *f* sociale; hiérarchie *f*; caste *f.* ¶ ~ 간의 대립 la lutte des classes. ¶ ~ 타파 abolition des classes. ¶ 노동자[군인, 양반, 중산층, 자본가] ~ la classe ouvrière [militaire, noble, bourgeoise, capitaliste]. ¶ 상류[하류] ~ la haute société [le prolétariat]. ¶ 제 3 ~ le tiers état. ¶ 착취 ~ une classe exploitée. ¶ ~을 이루다[형성하다] former une classe. ¶ ~이 없는 사회를 꿈꾸다 rêver d'une société sans classes. ② 지위 서열 rang *m*, garde *m*; hiérarchie *f.* ¶ ~이 높다[낮다] être d'un rang élevé [bas]. ¶ ~이 같다[다르다] être du même rang [de rang différent]. ¶ ~이 올라가다 être élevé(*e*) à un rang supérieur. ¶ 그 남자는 탁월한 공적으로 2 ~ 특진했다 Son mérite distingué lui a valu de sauter un grade. ¶ 대령이 중령 보다 ~상 위다 Le grade de colonel est supérieur à celui de lieutenant-colonel. ¶ 중위는 소위 보다 한 ~ 위다 Le grade de lieutenant colonel est immédiatement au-dessus de celui de sous-lieutenant.

◆_적 -的 명관 de classe; hiérarchique. ¶ ~적 의식 conscience de classe. ¶ ~적 질서 ordre hiérarchique. ¶ ~적인 관점 angle de vision social. ¶ ~적 대립 une confrontation hiérarchique. ¶ ~적 이해 une connaissance de la hiérarchie; une appréhension du système hiérarchique.
◆_장 -章 명 insigne *m*.
◆_사회 -社會 명 【사회】 société *f* hiérarchisée.
◆_의식 -意識 명 【사회】 conscience *f* de classe. ¶ ~의식에 눈뜨다 se rendre compte de l'importance du rang social. ¶ ~의식이 강하다 avoir une très vivre conscience de *sa* classe (sociale). ¶ ~의식을 생기게 하다 faire naître une conscience de classe.
◆_정년 -停年 명 【군사】 fin *f* d'un mandat de la fonction publique[de l'armée], retraite *f* (de la fonction publique[de l'armée]) à un rang[un grade] déterminé.
◆_제도 -制度 명 【사회】 hiérarchie *f* sociale.
◆_투쟁 -鬪爭 명 【사회】 lutte *f* [conflit *m*, antagonisme *m*] des classes.
◆무산_ 無產- 명 【사회】 prolétariat *m*.
◆유산_ 有產- 명 【사회】 bourgeoisie *f*.

계기[1] 契機 명 occasion *f*. ¶ 그 일을 ~로 그는 유명해졌다 C'est ce qui l'a rendu célèbre. ¶ 이러한 만남을 ~로 해서 그들은 가까워졌다. Ils sont devenus proches à cette occasion. ¶ 그 여자가 이 일을 시작하게 된 ~는 정말 우연한 것이었다 C'est vraiment par une pure coïncidence qu'elle a commencé ce travail. ◇_가 되다 donner à *qn* l'occasion de+*inf*; motiver, causer; être l'occasion de *qc*.

계기[2] 計器 명 compteur *m*, jauge *f*.
◆_비행 -飛行 명 【항공】 vol *m*[navigation *f*] aux instruments (sans visibilité). ¶ ~비행을 하다 voler en s'appuyant exclusivement sur les instruments de bord.
◆_착륙방식 -着陸方式 명 【항공】 méthode *f* (radiogoniométrique) d'atterrissage, système *m* d'atterrissage aux instruments ((약)) ILS *m* ((Instrument Landing System)), atterrissage *m* sans visibilité.
◆_판 -板 명 tableau(*x*) *m* de bord. ¶ ~판을 읽다 lire le tableau de bord.

계단 階段 명 escalier *m*; degré *m* ((du trône, de l'autel)); perron *m* ((d'une entrée, d'un vestibule)); marche *f* ((d'un escalier)). ¶ ~의 층계참 un palier de repos. ¶ 나선형 ~ un escalier tournant [hélicoïdal, en spirale, en colimaçon]. ¶ 비상 ~ un escalier de secours. ¶ 가파른 ~ un escalier élevé. ¶ ~을 오르다[내려가다] monter [descendre] les escaliers. ¶ ~을 헛디디다 manquer une marche dans les escaliers. ¶ ~에서 넘어지다[떨어지다] tomber dans les escaliers. ¶ ~으로 올라가다[내려가다] monter [descendre] par les escaliers. ¶ 그는 ~을 두 칸씩 뛰어올라갔다 Il a grimpé les escaliers par deux marches à la fois.
◆_식 -式 명 ((cultures)) en étages *mpl*, en terrasses *mpl*. ¶ ~식 개간지 des cultures en terrasses. ¶ (극장의) ~식 좌석 un gradin. ¶ ~식 학습법 une méthode d'études par étapes. ¶ 그 언덕은 ~식 포도원으로 되어있다 Sur cette colline, on cultive la vigne en terrasses.

계도 啓導 명 direction *f*, gouverne *f*, conduite *f*. ¶ 교통질서 ~ 기간 période de sensibilisation au code de la route. ◇_(를) 하다[시키다] guider, conduire, diriger. ¶ 불량 청소년들을 ~하여 올바른 길로 나아가게 하다 remettre les jeunes délinquants sur la bonne voie [sur le droit chemin, sur les rails]. ◇_(를) 받다 être dirigé(*e*), guidé(*e*), conseillé(*e*). ¶ 그 사람의 ~를 받고 나는 많이 변할 수 있었다 Après avoir été dirigé(*e*) par cet homme, j'ai beaucoup changé.

계란 鷄卵 명 œuf *m* (de poule).
*~**으로 바위를 치는 격이다** Contre cognée serrure ne peut.
◆_형 -形 명 ovale, ovoïde. ¶ ~형의 얼굴 un visage ovale.
◆_덮밥 명 riz *m* couvert d'un œuf (demi-cuit).
◆_지 -紙 명 【연영】 papier *m* albuminé.
◆_탕 -湯 명 soupe *f* d'œuf.

계략 計略 명 stratagème *m*, ruse *f*, artifice *m*. ¶ 교묘한 ~ une ruse habile. ¶ 나쁜 ~ un stratagème d'intention malveillante. ¶ ~에 능한 plein(*e*) de ressources; rusé(*e*), astucieu*x*(*se*), fin(*e*). ¶ ~을 간파하다 détecter un stratagème. ¶ 상대의 ~을 역이용하다 tirer parti [profit] des manœuvres de l'adversaire. ¶ 상대의 ~을 무위로 돌리다 déjouer un stratagème de l'adversaire. ¶ ~에 걸려들다[빠지다] tomber dans un piège; se laisser attraper. ¶ 누구를 ~에 빠뜨리다[옭아넣다] piéger *qn*. ¶ 나는 그의 ~에 말려들었다 Je suis tombé(*e*) dans son piège. ¶ 그의 ~은 멋지게 성공했다[들어맞았다] Il a employé son stratagème avec succès. ¶ 내 짐작으로는 무슨 ~이 있는 것 같다 Il me semble qu'il y a un piège. ◇_을 꾸미다[짜다] inventer un stratagème; ourdir une intrigue. ◇_을 쓰다 utiliser un stratagème.
◆_가 -家 명 ((fin, habile)) stratège *m*, manœuvri*er*(*ère*), magouilleu*r*(*se*) {*fam*}.

계량 計量 명 pesée *f*; mesure *f*; jaugeage *m*. ¶ ~ 단위 unité de mesure. ◇_(을) 하다 peser, mesurer; effectuer une mesure [une pesée]; jauger ((un réservoir, un navire)). ¶ 화물을 ~하다 peser des marchandises.
◆_적 -的 명관 quantitati*f*(*ve*). ¶ ~적(인) 연구[방법, 분석] une étude [moyen, analyse] quantitati*f*(*ve*). ¶ ~적으로 측정하다 mesurer [évaluer] quantitativement.
◆_기 -器 명 compteur *m*; jauge *f*, appareil *m* à mesurer. ¶ 수도 ~기 le compteur d'eau. ¶ 전기 ~기 le compteur électrique.
◆_경제학 -經濟學 명 【경제】 économétrie *f*.
◆_컵 명 verre *m* mesureur.

계류 繫留 명 ① amarrage *m*; mouillage *m* ((d'une bouée)). ② ((사건이)) ¶ 그 사건은 아직 ~ 중이다 L'affaire est toujours en cours. ◇_(를) **하다** ¶ amarrer, mouiller ((une bouée, une mine)). ¶ 배를 부두에 ~하다 amarrer un navire au quai. ◇_(가) **되다** ① être amarré(e), être à l'ancre. ¶ 그 배는 부표에 ~되어 있다 Le navire est à l'ancre. ② être en cours. ¶ 그 사건은 검찰에 ~되어 있다 L'affaire est en cours à la vindicte publique.

◆**_기구** -氣球 명 ballon *m* captif.

◆**_부표** -浮標 명 (bouée *f* de) corps-mort *m*; bouée *f* d'ancre.

◆**_장** -場 명 abri *m*; ((선박)) mouillage *m*. ¶ 선박 ~ un mouillage [un abri pour les bateaux]; un parc à bateaux; un lieu d'ancrage. ¶ 비행기[우주선] ~ un hangar d'avions [un abri pour les aéronefs].

계륵 鷄肋 명 ① côte *f* de poulet. ② ((비유적)) chose *f* à laquelle on tient malgré *son* peu de valeur.

계리사 計理士 명 expert *m* comptable; agent *m* comptable; comptable *m*. ¶ ~ 시험을 보다 passer le concours d'expert comptable. ¶ ~ 사무실을 내다 ouvrir un bureau de comptabilité[d'expertise comptable].

계림 鷄林 명 【역사】 Gyerim ((autre nom de Silla)).

계면 界面 명 【물리】 두 물질의 경계면 interface *f*.

계면조 界面調 명 【음악】 ton *m* [mode *m*] mineur dans la musique coréenne classique.

계면쩍다 형 ☞ 겸연쩍다

계명[1] 戒名 명 【불교】 nom *m* de religion (des bouddhistes).

계명[2] 誡命 명 commandement *m*, précepte *m* ((divin)). ¶ ~을 어기다[깨뜨리다] violer un commandement. ¶ ~을 지키다[따르다] observer les commandements.

◆**십_** 十- 명 【종교】 les dix Commandements.

계명[3] 階名 명 【음악】 note *f* de la gamme. ¶ ~으로 부르다 chanter les notes de la gamme.

계명성 啓明星 명 【천문】 Vénus *f*, étoile *f* du matin. ☞ 샛별

계모 繼母 명 belle-mère *f* (seconde femme du père), marâtre *f*. ¶ 그 아이의 어머니는 친어머니가 아니고 ~이다 Sa mère n'est pas sa mère biologique, mais sa belle-mère.

계몽 啓蒙 명 éclaircissement *m* sur *qc*; illumination *f*; édification *f*; instruction *f*; vulgarisation *f*, propagation *f* ((d'idées)). ¶ 민주주의에 대한 ~ l'éclaircissement sur la démocratie. ◇_(을) **하다[시키다]** illuminer, éclairer, édifier, instruire. ¶ 무엇에 관해서 누구를 ~하다 éclairer *qn* sur *qc*; ouvrir les yeux de *qn* [à *qn*] au sujet de *qc*. ¶ 사회복지의 중요성에 대해 국민들을 어느 정도 ~시킬 필요가 있다 On doit éclairer les citoyens sur l'importance du bien-être collectif.

◆**_적** -的 명관 édifiant(*e*). ¶ 그 작가의 소설은 매우 ~적이다 Son roman est très édifiant.

◆**_군주** -君主 명 【정치】 monarque *m* éclairé.

◆**_사상[주의]** -思想[主義] 명 【철학】 philosophie *f* du siècle des lumières.

◆**_시대** -時代 명 Siècle *m* des Lumières.

◆**_운동** -運動 명 mouvement *m* pour éclairer le peuple. ¶ 농촌 ~운동을 벌이다 mouvement d'instruction des masses paysannes.

◆**_주의** -主義 명 【철학】 philosophie *f* des Lumières, philosophie *f* du Siècle des lumières, philosophie *f* du XVIIIe siècle. ¶ ~철학[사상] la philosophie des Lumières, la philosophie du Siècle des lumières, la philosophie du XVIIIe siècle. ¶ ~시대 Le Siècle des lumières, le XVIIIe siècle.

계발 啓發 명 illumination *f*, inspiration *f*, instruction *f*. ◇_(을) **하다** éclairer *qn* sur *qc*; aider *qn* de ses lumières; ouvrir l'esprit [les yeux] de *qn*; illuminer; édifier *qn*. ¶ 지능[재능, 소질]을 ~하다 révéler *ses* talents [*ses* dons, *ses* qualités]. ◇_(이) **되다** être révélé(*e*). ¶ 어떤 부모들은 조기 교육을 통해 아이들의 언어 재능이 더 잘 ~될 수 있다고 믿는다 Certains parents pensent que l'on peut révéler les talents linguistiques des enfants par une éducation précoce.

계백 階伯 명 【인물】 Gyebaek <général à la chute du royaume de Baekje>. ¶ ~ 장군 le général Gyebaek.

계보 系譜 명 généalogie *f*; tableau(*x*) *m* généalogique; arbre *m* généalogique; origine *f*; certificat *m* d'origine; lignée *f*, lignage *m*. ¶ 근대 사실주의 문학의 ~ tableau généalogique de la littérature du réalisme moderne. ¶ ~를 따지다[조사하다] faire une recherche généalogique.

계부[1] 季父 명 oncle *m* (paternel) plus jeune.

계부[2] 繼父 명 beau-père(~*x*-~*s*) *m* (second mari de la mère), parâtre *m*.

계분 鷄糞 명 fiente *f*.

계사[1] 繫辭 명 【언어】 copule *f*. ¶ 한국어에서는 '이다'가 ~ 역할을 한다 En coréen, '*ida*' sert de copule.

◆**_구문** -構文 명 【언어】 construction *f* à copule.

◆**_동사** -動詞 verbe *m* copulatif.

계사[2] 鷄舍 명 poulailler *m*. ¶ 닭을 ~에 넣다 rentrer les poules dans le poulailler.

계산 計算 명 calcul *m*, compte *m*; opération *f*; supputation *f*; addition *f*; règlement *m* définitif; arrêt *m* d'un compte. ¶ ~ 착오 erreur du [sur le] calcul du prix de revient. ¶ 원가 ~ établissement du prix de revient. ¶ ~을 맞추어 보다 réajuster des comptes. ¶ ~은 내 앞으로 달아 놓으시오 Mettez l'addition [ça] sur mon compte. ¶ ~이[에] 능하다[서툴다] être fort [faible] en calcul. ¶ ~이 정확하다[빠르다, 느리다] Les comptes sont précis [Les calculs sont rapides, Les calculs sont lents]. ¶ ~이 맞다 Le compte y est [est juste]. ¶ 아무리 친한 사이라도 ~은 틀림없이 하자 Même entre bons amis, il faut des comptes précis / Les bons comptes font les bons amis. ◇_(을) **하다** calculer; faire [effectuer] un calcul; compter; chiffrer; opérer ((une addition)); supputer ((une fortune)); évaluer; estimer ((une distance)); régler, payer. ¶ 암산으로 ~하다 calculer mentalement. ¶ 손익[비용, 이재]을 ~하다 calculer (les) pertes et (les) profits, comparer les pertes et les profits [évaluer [mesurer] les dépenses [les sorties], évaluer [mesurer] les bénéfices [les recettes, les entrées], évaluer [mesurer]. ¶ 책값은 월말에 ~하겠습니다 Je paierai le prix du livre à la fin du mois. ◇_(이) **되다** être calculé(*e*), estimé(*e*); être réglé(*e*), payé(*e*). ¶ 잘 ~되었는지를 확인하다 vérifier si le calcul est juste. ¶ 그 사람의 행동은 치밀하게 ~된 것이다 Il avait estimé [prévu] toutes les conséquences à l'avance. ◇_**에 넣다** mettre sur la note, ajouter à une note. ¶ 송료를 ~에 넣어 경비를 청구하다 demander à être remboursé(*e*) y compris les frais de (trans)port [y compris l'affranchissement].

◆_**적** -的 명관 calcula*teur*(*trice*). ¶ ~적인 사람 un calculateur, un homme intéressé.

◆_**기** -器 명 machine *f* à calculer; totalisateur *m*, totaliseur *m*, calculateur *m*; arithmomètre *m*; ((전기)) machine *f* à calculer électrique; ((전자)) calculateur *m* électronique, calculatrice *f*.

◆_**대** -臺 명 ((payer à la)) caisse *f*.

◆_**법** -法 명 【수학】 arithmétique *m*.

◆_**서** -書 명 état *m* de compte; ((음식점의)) addition *f*; note *f* ((d'hôtel)); ((청구서)) facture *f*.

◆_**척** -尺 명 règle *f* à calcul.

◆_**표** -表 명 barème *m*.

계상 計上 명 affectation *f* de fonds; attribution *f* ((d'une somme)). ◇_(을) **하다** faire entrer *qc* dans un budget; porter (inscrire) ((certaines dépenses)) au budget; affecter. ¶ 특수 목적을 위해 얼마간의 금액을 ~하다 affecter une certaine somme à des fins spéciales. ¶ 200만원의 예비비를 예산에 ~하다 faire entrer [inclure] dans le budget un fonds de réserve de deux millions de wons. ◇_(이) **되다** être inclus(*e*) dans un budget. ¶ 이것은 내년도 예산에 ~되어 있다 C'est déjà inclus dans le budget de l'année prochaine.

◆_**액** -額 명 somme *f* attribuée.

계선 繫船 명 amarrage *m*, ancrage *m* ((d'un navire)).

◆_**말뚝** 명 bitte *f* d'amarrage, bollard *m*.

◆_**부두** -埠頭 명 quai *m* d'un port.

◆_**잔교** -棧橋 명 jetée *f* d'embarquement [de débarquement]. ☞ 계류

계속 繼續 명 continuation *f* ((de l'espèce, d'une route, d'une histoire, d'une action, etc.)); perpétuation *f* {*litt*} ((de l'espèce)); prolongement *m* ((d'un mur)); suite *f* ((d'un roman)). ¶ 5개년 ~ 사업 une affaire de 5 ans. ¶ 다음 호에 ~ à suivre. ¶ 이 이야기는 무엇의 ~이다 Cette histoire fait suite à *qc*. ◇_(을) **하다** continuer ((un ouvrage, sa carrière, etc.)); prolonger ((une ligne droite)); poursuivre ((un travail)); reprendre ((une conversation)); perpétuer ((la race, une tradition)). ¶ 프랑스 현대 사회에 대한 연구를 ~하다 Poursuivre ses études de la société moderne de la France ¶ 가던 길을 ~하다 continuer son chemin; se remettre en marche. ¶ ~해서 하다 continuer à [de] faire *qc*. ◇_(이) **되다** continuer. ¶ ~되는 맑은 날씨 un beau temps persistant [durable, prolongé]; une (longue) série [suite] de belles journées.

◆_**적** -的 명관 continuel(*le*); ((un travail)) continu(*e*); ((étude)) suivi(*e*); ((collaboration)) permanent(*e*). ¶ 나는 ~적인 지원이 필요하다 J'ai besoin d'une aide continue [suivie].

◆_**성** -性 명 continuité *f*; durabilité *f*; constance *f*; permanence *f*; persistance *f*. ¶ ~성이 있다[없다]. être [ne pas être] continu(*e*) [durable, constant(*e*), permanent(*e*), persistant(*e*)]. ¶ ~성을 유지하다 maintenir la continuité; assurer la continuité; assurer le maintien.

부 continuellement, constamment, toujours. ¶ 그 사람은 지하철역에서부터 집까지 ~ 달려왔다 Il a couru d'une traite [sans s'arrêter] de la station de métro jusqu'à chez lui. ¶ ~ 나의 친구가 되어 주게 Conservez-moi votre amitié. ¶ 당분간 파리에 ~ 머물겠습니다 Je vais rester à Paris pendant quelque temps.

계수[1] 季嫂 명 belle-sœur *f* (femme d'un frère cadet).

계수[2] 計數 명 calcul *m*, compte *m*, supputation *f*, estimation *f*, évaluation *f*. ¶ ~형 전자계산기 une calculatrice électrique. ¶ ~에 밝은 사람 personne bonne en calcul [douée pour le calcul mental].

계수[3] 係數 명 ① 【수학】 exposant *m*. ② 【물리】 coefficient *m* ((de dilatation)). ¶ 상관 ~ coefficient de corrélation. ¶ 미분 ~ coefficient différentiel; dérivée. ¶ 마찰 ~ coefficient de friction. ¶ 팽창 ~ coefficient de dilatation. ③ 【경제】 coefficient *m*. ¶ 엥겔 ~ coefficient d'Engel.

계수나무 桂樹- 명 【식물】 cinnamome *m*; cannelier *m*.

계승 繼承 명 succession *f*, héritage *m*. ¶ 전통 문화의 ~ 발전 succession et développement de la culture traditionnelle. ◇_(을) **하다** succéder à, hériter de *qn*. ¶ 전통을 ~하다 succéder à la tradition. ¶ 왕위를 ~하다 succéder au trône. ◇_(이) **되다** succéder. ¶ 큰 아들에게 가업이 ~되었다 L'entreprise a été attribuée [accordée par succession] au fils aîné / Le fils aîné a hérité de l'entreprise / L'entreprise est allée au fils aîné.

◆_**권** -權 명 【법률】 droit *m* de succession.

◆_**자** -者 명 successeur *m*, hérit*ier*(*ère*).

계시[1] 癸時 명 【민속】 Gyesi <la seconde des 24 périodes horaires, entre 0:30 et 1:30 du matin>.

계시[2] 啓示 명 révélation *f*. ¶ ~ 문학 littérature de textes révélés. ¶ 신의 ~에 의해 씌어진 책 un livre révélé. ◇_(를) **하다[주다, 내리다]** révéler. ◇_(를) **받다** recevoir une révélation. ¶ 꿈에 신의 ~를 받다 recevoir une révélation de Dieu lors d'un rêve.

◆_**록** -錄 명 【기독】 Apocalyse *f*, les Révélations

fpl de saint Jean.

계시[3] 計時 명 【운동】 chronométrage *m* ((d'une épreuve sportive)). ◇_(를) **하다** ((경기 따위에서)) chronométrer ((un coureur)). ¶ 육상 선수들의 기록을 ~하다 homologuer[enregistrer] les records d'athlétisme.

계시다[1] 자 ((terme respectueux)) être, exister, demeurer, se trouver, résider, rester. ¶ 아버지는 집에 계시니? Est-ce que ton père est chez toi? ¶ 안녕히 계십시오 Au revoir!

계시다[2] 조동 ((forme honorifique)) être en train de. ¶ 어머니께서 편지를 쓰시고 계신다 La mère écrit une lettre. ¶ 어머니께서는 머리를 손질하고 계신다 Ma mère est en train de se coiffer.

계약 契約 명 【법률】 contrat *m*, convention *f*, engagement *m*; ((임대차 계약)) bail *m*. ¶ 건설 ~을 따내다 obtenir un contrat de construction. ¶ ~을 이행하다 exécuter [être fidèle à] un contrat. ¶ ~을 위반하다 prendre acte de la rupture de *son* contrat. ¶ ~을 깨뜨리다 violer [rompre, casser] un contrat. ¶ ~을 무르다[취소하다, 파기하다] annuler [résilier] un contrat. ¶ ~을 갱신하다[연장하다] renouveler *son* contrat [prolonger *son* contrat]. ¶ ~대로 하다 respecter *son* contrat. ¶ ~의 만료 la fin d'un contrat. ¶ ~은 유효하다 Le contrat est valable. ¶ 본 ~은 1년간 유효함 Ce contrat reste [est] valable pour un an. ◇_(을) **맺다[하다]** passer [conclure] un contrat avec *qn*; faire une convention avec *qn*; contracter un engagement; s'engager par contrat. ¶ 매매 ~을 하다[맺다] faire[conclure] un marché avec *qn*. ¶ 임대[전세] ~을 맺다 louer une maison avec dépôt annuel. ¶ 정식으로 ~을 하다 passer un contrat officiellement. ¶ 보증금 3000만원에 월 200만원씩 주기로 하고 사무실을 ~했다 J'ai fait un contrat pour la location du bureau avec 30 millions de wons de dépôt de sécurité et 2 millions de wons de loyer mensuel. ◇_(이) **되다** réaliser un contrat.

◆**_가격** -價格 명 prix *m* fixé par un contrat.

◆**_결혼** -結婚 명 mariage *m* avec contrat, mariage *m* sous contrat.

◆**_금** -金 명 acompte *m*.

◆**_노동자** -勞動者 명 travailleur *m* engagé sur contrat; contractuel(*le*); main-d'œuvre(*~s~*) *f* contractuelle.

◆**_불이행** -不履行 명 non-exécution *f* d'un contrat.

◆**_서** -書 명 contrat *m*; contrat *m* enregistré; convention *f* par écrit. ¶ ~서에 서명하다 signer un contrat.

◆**_유효기간** -有效期間 명 durée *f* de validité d'un contrat.

◆**_자** -者 명 contractant(*e*); partie *f* contractante.

◆**_조항** -條項 명 stipulation *f* [clause *f*, article *m*] d'un contrat.

◆**가_** 假- 명 contrat *m* provisoire.

◆**구두_** 口頭- 명 contrat *m* verbal; convention *f* verbale.

◆**쌍무[편무]_** 雙務[片務]- 명 contrat *m* bilatéral [unilatéral].

◆**장기_** 長期- 명 contrat *m* à long terme.

◆**사회_설** 社會-說 명 théorie *f* du contrat social.

계엄 戒嚴 명 garde *f*, surveillance *f* étroite; mise *f* en état d'alerte.

◆**_령** -令 명 état *m* de siège [d'alerte]; loi *f* martiale; couvre-feu(*~-~x*) *m*. ¶ 전국[부분] ~령 un état de siège du pays [d'une localité]. ¶ ~령을 내리다[선포하다] proclamer la loi martiale; proclamer l'état de siège [d'alerte]. ¶ ~령을 해제하다 lever l'état de siège [d'alerte]. ¶ ~령이 해제되었다 L'état d'alerte est levé.

◆**_사령관** -司令官 명 officier *m* juge à la cour martiale.

◆**_사령부** -司令部 명 quartier *m* général (des armées) ((responsable de l'application de la loi martiale)).

◆**_지구** -地區 명 région *f* de surveillance.

◆**비상_** 非常- 명 état *m* d'urgence.

계열 系列 명 ① 【생물】 ordre *m*, genre *m*, catégorie *f*, espèce *f*. ② ((파당)) secte *f*, faction *f*, groupe *m*, clan *m*, clique *f* {*vulg*}. ¶ 좌파 ~의 신문 un journal de gauche. ③ ((학파, 유파)) école *f*, catégorie *f*. ¶ 낭만주의 ~에 속하다[들다] appartenir à [faire partie de] l'école romantique; ((작품이)) être inspiré(*e*) du romantisme. ¶ 자연주의 ~의 문학작품 une œuvre littéraire inspirée du naturalisme. ④ série *f*, lignée *f*, genre *m*. ¶ 알스톰 ~의 회사 une filiale d'Alstom.

◆**_적** -的 명관 catégoriel(*le*); ((언어)) paradigmatique. ¶ ~적 관계 une relation paradigmatique.

◆**_별** -別 명 par catégorie. ¶ 학생을 ~별로 모집하다 recruter des étudiants en les regroupant par section ((système mis en place à la fin des années 70, au début des années 80; actuellement *hakbuje* (학부제))).

◆**_화** -化 명 ((기업의)) affiliation *f* d'entreprises; intégration *f* verticale. ¶ 기업의 (수평, 수직) ~화 affiliation d'entreprises; intégration *f* (horizontale, verticale).

◆**_기업** -企業 명 【경제】 entreprise *f* sous contrôle; ((계열(회)사)) société *f* [entreprise *f*] affiliée.

◆**_성** -性 명 affiliation *f*. ¶ ~성을 띠다 appartenir plus ou moins à; faire partie plus ou moins de. ¶ ~성이 있다[없다]. [ne pas] être affilié(*e*).

◆**_(회)사** -(會)社 명 【경제】 (société *f*) filiale *f*; société *f* liée [apparentée]; société *f* affiliée [appartenant] ((au groupe Hyundai)). ¶ ~사를 통합하다[분리하다]. unifier[séparer] les filiales d'un groupe.

◆**사회_** 社會- 명 la discipline *f* [la filière *f*, le domaine *m*] des sciences sociales.

◆**어문_** 語文- 명 la discipline *f* [la filière *f*, le domaine *m*] des langues et littératures.

◆**이공_** 理工- 명 la discipline *f* [la filière *f*, le domaine m] des sciences et technologies.

◆인문_ 人文- 명 la discipline f [la filière f, le domaine m] des sciences humaines.

계원 係員 명 employé(e); préposé(e). ¶ ~의 안내를 받다 être guidé(e) par un employé.

◆접수_ 接受 명 personne f chargée de l'accueil, réceptionniste mf.

◆출납_ 出納 명 agent comptable, m comptable; caissier(ère).

계육 鷄肉 명 (viande f de) poulet m.

계율 戒律 명 【불교】 commandement m, précepte m. ¶ 엄격한 ~ des commandements rigoureux. ¶ ~을 지키다[어기다] observer [violer] les commandements.

계이름 階- 명 【음악】 note f.

계장 係長 명 chef m (de service). ¶ 경리 ~ le chef comptable, le chef du service comptable.

계쟁 係爭 명 【법률】 litige m, différend m, contestation f, conflit m, dispute f, controverse f. ¶ ~ 중의 사건 cas en litige.

◆_권리 -權利 명 droit m de contestation.

◆_물 -物 명 objet m en litige.

◆_점 -點 명 point m de litige.

계절 季節 명 saison f. ¶ 사 ~ quatre saisons. ¶ 나뭇잎의 색깔은 ~에 따라 바뀐다 La couleur des feuilles change suivant la saison. ¶ ~에 상관없이 en toutes saisons. ¶ ~의 변화를 느끼다 sentir le changement de saison. ¶ ~이 바뀌었다 La saison a changé. ¶ ~이 이르다[늦다] La saison est précoce [tardive]. ¶ 수확의 ~이 왔다 La saison des moissons est arrivée. ¶ 가을은 사색의 ~이다 L'automne est la saison de la méditation.

◆_적 -的 명관 saisonnier(ère). ¶ 기후의 ~적 변화 changement saisonnier du temps. ¶ 패션의 ~적 특성을 살리다 souligner les caractéristiques saisonnières de la mode.

◆_병 -病 명 maladie f saisonnière.

◆_풍 -風 명 【지리】 vent m saisonnier. ¶ ~풍 기후 un climat de vents saisonniers. ¶ ~풍 지대 une région [zone] de vents saisonniers.

계정 計定 명 【경제】 compte m. ¶ ...의 ~에 넣다 mettre [déposer, transférer] sur le compte de ...

◆_잔고 -殘高 명 solde m (des comptes).

◆당좌_ 當座- 명 compte m courant.

◆수취_ 受取- 명 compte m créditeur.

◆지불_ 支拂- 명 compte m débiteur.

◆이메일 _ 명 compte m e-mail [courriel].

계제 階梯 명 ① 순서, 단계 étape f, degré m, stade m, phase f. ¶ 일은 새로운 ~에 접어들고 있다 L'affaire entre dans une nouvelle phase. ¶ 지금은 그럴 ~가 아니다 Ce n'est pas le moment de faire cela. ¶ 내가 간섭할 ~가 아니다 Ce n'est pas le moment que j'intervienne. ② 기회 occasion f, chance f. ¶ 이번 ~에 직업을 바꿔야겠다 Il faudra que je change de métier à cette occasion.

계좌 計座 명 【경제】 compte m. ¶ 은행에 ~를 개설하다 ouvrir un compte bancaire.

계주 繼走 명 【운동】 (course f de) relais m. ¶ 남자 400미터 ~에 출전하다 participer au relais 4 x 100 mètres homme.

계집 명 ① 【비어】 femme f, femelle f {vulg}, femme f, fille f, nana {fam}, gonzesse f {fam}, nénette f {fam}, pépée f {fam}, meuf f {arg}. ② 【비어】 정부 maîtresse f, concubine f.

*~을 얻다[두다] prendre [avoir] une maîtresse [concubine].

◆_질 명 【비어】 libertinage m [débauche f] avec des femmes. ¶ ~질(을) 하다 être débauché par les femmes.

◆_아이[애] 명 【속어】 fillette f, petite fille f, jeune fille f. ¶ ~아이 같은 애 un enfant aux airs [allures] de fillette. ¶ ~아이 같이 굴다 se comporter comme une fillette.

계책 計策 명 moyen m, mesure f, ruse f, stratagème m, stratégie f, artifice m; plan m, expédient m, ressource f. ¶ 최선의 ~ le meilleur plan pour+inf. ¶ ~이 하나 머리에 떠올랐다 J'ai un plan en tête. ¶ 좋은 ~이 있으면 말해 봐라. Si tu as un meilleur plan, dis-le-moi. ◇_을 세우다[강구하다, 꾸미다, 궁리하다] chercher un moyen; réfléchir sur les moyens à employer; élaborer un plan. ¶ 난국을 타개하기 위한 ~을 하나 세웠다 On a élaboré un plan pour surmonter cette [la] situation difficile. ◇_을 부리다[쓰다] recourir à la ruse; user d'artifices. ¶ 그를 함정에 빠트리기 위해 그들은 교묘한 ~을 부렸다 Ils ont élaboré un plan subtil pour le piéger. ◇_이 있다[없다] avoir un [ne pas avoir de] plan. ¶ 좋은[현명한] ~이 한 가지 있다 J'ai un bon plan.

계측 計測 명 mesure f, mesurage m. ¶ 토지의 ~ mesurage d'un terrain. ◇_(을) 하다 mesurer. ¶ 물건의 무게와 길이, 부피를 정확히 ~해 보시오 Mesurez avec exactitude le poids, la longueur et le volume de l'objet. ◇_(이) 되다 être mesuré(e). ¶ 한 치의 오차도 없이 정확히 ~되어야 한다 Il faut que ce soit exactement mesuré sans la moindre erreur.

◆_공학 -工學 명 les sciences fpl de la mesure.

◆_기기 -器機 명 instrument m de mesure.

계층 階層 명 couche f [classe f, stratification f] (sociale); ordre m; étage m. ¶ 저[고]소득 ~ la catégorie des bas [hauts] revenus. ¶ 지배[피지배] ~ classe dominante [dominée]. ¶ 지식인[노동자] ~ classe intellectuelle [ouvrière]. ¶ 사회 여러 ~의 인사 des personnalités de diverses origines sociales. ¶ ~ 간의 갈등 le conflit des classes. ¶ 그는 모든 ~의 사람들에게 인기가 있다 Il est populaire chez les gens de toutes origines sociales.

◆_화 -化 명 hiérarchisation f des classes.

계통 系統 명 système m, domaine m; organisation f, ordre m; groupe m, parti m, clan m, clique f; ((혈통)) race f, sang m, lignée f, ascendance f. ¶ 신경[근육, 소화기] ~ système nerveux [musculaire, digestif]. ¶ 지휘[명령] ~ système de commandement [d'ordre]. ¶ 행정[예술] ~ domaine administratif [artistique]. ¶ 같은 ~의 품종들 des espèces de même ordre.¶ ~을 밟아 결재를 받도록 하시오 Faites approuver [signer] par la hiérarchie. ¶ 프랑스어는 로망어 ~이다 Le français est une langue appartenant à la famille des langues romanes / Le français est une langue de la famille des langues romanes / Le français est une langue romane.

◆_적 -的 명관 systématique; méthodique. ¶ ~적으로 systématiquement, méthodiquement.

◆_도 -圖 명 diagramme *m* [schéma *m*] de distribution; ((혈통)) arbre *m* généalogique.

◆_론 -論 명 【문법】 généalogie *f* (des langues). ¶ 한국어[프랑스어] ~ la généalogie du coréen [du français].

◆_학 -學 명 systématique *f*; ((혈통)) généalogie *f*.

◆_발생 -發生 명 phylogenèse *f*.

계투 繼投 명 ((야구)) relève *f* d'un lanceur ((au baseball)). ◇_(를) 하다 ((des lanceurs)) se relever.

계파 系派 명 faction *f*, clique *f*, tendance *f*, mouvance *f*, coterie *f*, clan *m*. ¶ ~간의 갈등 un conflit entre différentes tendances (politiques). ¶ 여당 내에는 여러 ~가 있다 Il y a plusieurs factions [tendances] dans la majorité.

계표[1] 界標 명 borne *f*; limite *f*, périmètre *m*; pierre *f* de bornage. ¶ ~를 세우다[설치하다] élever [ériger, installer] une borne.

계표[2] 計票 명 décompte *m* des voix [des bulletins] (après le dépouillement d'un scrutin). ◇_(를) 하다 décompter des voix.

◆_원 -員 명 participant *m* au dépouillement des bulletins de vote.

계피 桂皮 명 【식물】 cannelle *f*, cinnamome *m*.

◆_ㅅ가루 명 cannelle *f* en poudre; cinnamone *m*, cannelier *m*.

◆_차 -茶 명 thé *m* à la cannelle.

계호 戒護 명 garde *f*, surveillance *f*. ¶ 교도관의 ~를 받다 être gardé(*e*) par un geôlier, être surveillé(*e*) par un(*e*) gardien(*ne*) de prison. ◇_(를) 하다 garder, surveiller.

계획 計劃 명 projet *m*, plan *m*, dessein *m*. ¶ 친구들과의 유럽 여행 ~ le projet de partir en voyage [de voyager] en Europe avec des amis. ¶ 실행 불가능한 ~ un projet irréalisable. ¶ 신중한[원대한] ~ un projet prudent [grandiose]. ¶ 5개년 ~ un plan quinquennal. ¶ 경제개발~ un plan de développement économique. ¶ ~을 바꾸다[변경하다, 수정하다] changer de projet, modifier [corriger] un projet. ¶ ~을 포기하다 renoncer à un projet. ¶ 모든 것이 ~ 대로 진행되었다 Tout s'est déroulé selon le plan. ¶ ~이 실패했다 Le projet a échoué. ¶ 방학 동안에 무엇을 하실 ~이십니까? Quel projet avez-vous pour les vacances? ¶ 나는 내주에 여행을 떠날 ~이다 J'ai l'intention de partir en voyage la semaine prochaine. ¶ 벌써 좋은 ~이 서 있으니 걱정하지 마라 Ne t'inquiète pas car on a déjà un bon plan. ◇_(을) 하다[세우다, 수립하다, 작성하다, 짜다] projeter ((un voyage, etc.)); se proposer de+*inf*; préparer ((une attaque, une évasion)); comploter ((un crime)); tramer, ourdir ((un complot)). ¶ 그는 주말에 가족과 휴가를 떠나기로 ~했었다 Il avait l'intention de partir pour le week-end avec sa famille. ¶ 그는 무엇인가를 ~하고 있다 Il a quelque projet en tête. ¶ 그는 모든 것을 미리 ~한다 Il planifie tout à l'avance. ¶ 누구를 살해할 것을 함께 ~하다 projeter [concerter, ourdir] ensemble un plan pour assassiner *qn*. ¶ 우리는 여행 ~을 세웠다 Nous avons élaboré un projet de voyage.

◆_적 -的 명관 prémédité(*e*), systématique, à dessein, selon un projet pré-établi. ¶ ~적인 음모 un complot prémédité. ¶ 그는 ~적으로 우리 일은 방해하는 것 같다 Il semble nous perturber à dessein.

◆_성 -性 명 propriété d'être calcula*teur*(*trice*), d'être systématique, d'être prévoyant(*e*). ¶ ~성(이) 있다 être calcula*teur*(*trice*), être systématique; être prévoyant(*e*). ¶ 사람이 ~성이 있어야지, 이제 와서 뭘 어떻게 하자는 거냐? Il faut être prévoyant, ce n'est pas au dernier moment [maintenant] qu'il faut s'y prendre [faire les choses].

◆_경제 -經濟 명 【경제】 économie *f* planifiée.

◆_서 -書 명 (dossier *m* d')un plan *m*.

◆_안 -案 명 projet *m*.

◆_표 -表 명 plan *m* [programme *m*] d'un projet.

◆도시_ 都市- 명 plan *m* d'urbanisation.

곗돈 契- 명 somme *f* d'argent versée régulièrement sur un compte qui peut servir soit à l'un des membres en cas de besoin, soit à financer une activité conviviale. ☞ 계[4]

고[1] 명 boucle *f* ((de ruban, de ficelle, etc.)); maille *f* ((d'un filet, d'un tricot)). ¶ ~를 풀다[매다] défaire [faire] une boucle.

고[2] 鼓 명 tambour *m*, caisse *f*. ¶ ~를 잡다 battre la caisse [le tambour].

고[3] 관 ce ....-là. ¶ ~ 놈[녀석] ce petit-là. ☞ 그[1]

고[4] 故 관 feu(*e*), défunt(*e*). ¶ ~ 미테랑 대통령 feu le président Mitterrand.

-고[5] 어미 ① et ((suffixe flexionnel conjonctif servant à énumérer, à faire une liste)). ¶ 재미있~ 유익한 책 un livre intéressant et utile. ¶ 이것은 사과(이)~ 저것은 배다 Ceci est une pomme et cela est une poire. ¶ 인생은 짧~ 예술은 길다 La vie est courte, mais l'art est long. ¶ 길~ 짧은 것은 대 봐야 안다 Il faut mesurer les choses pour savoir si elles sont longues ou courtes. ¶ 흥정은 붙이~ 싸움은 말려라 Engage [Démarre] les négociations et apaise la querelle. ¶ 날 진정 사랑해 준다면 부자(이)~ 가난뱅이(이)~(를) 가리지 않겠다 Si une personne m'aime vraiment, je ne tiens compte ni de sa richesse ni de sa pauvreté. ② et ((suffixe flexionnel conjonctif servant à énumérer, à faire une liste)).

¶ 그는 밥도 먹~ 술도 마시~ 했다 Il a mangé et bu de l'alcool. ¶ 그는 지식도 있~ 경험도 있다 Il a des connaissances et de l'expérience. ③ ((suffixe flexionnel conjonctif exprimant la simultanéité de deux événements et souvent le moyen)). ¶ 유모차를 밀~ 돌아다니기가 쉽지가 않아요 Ce n'est pas facile de se déplacer en poussant un landau / Ce n'est pas facile de se déplacer avec une poussette. ¶ 차를 몰~ 왔다 Je suis venu(*e*) en voiture. ¶ 테이프를 듣~ 불어를 배우다 apprendre le français en écoutant des cassettes [avec des cassettes]. ¶ 자막을 보~ 노래를 부르다 chanter en lisant les paroles qui défilent sur l'écran. ¶ 거울(을) 보~ 화장하다[면도하다] se maquiller [se raser] devant la glace. ④ puis, ensuite, après+*infinitif passé* ((suffixe flexionnel conjonctif servant à exprimer une relation d'ordre chronologique)). ¶ 그는 아침 식사를 하~ 집을 나섰다 Il a pris son petit déjeuner, puis il est parti (de la maison). ¶ 목욕을 하~ 나니 몸이 개운하다 Je me sens bien après avoir pris un bain. ¶ 나는 1시간 동안 책을 읽~ 잠이 들었다 Je me suis endormi(*e*) après avoir lu un livre pendant une heure. ¶ 밥 먹~ 가거라 Mange avant de partir. ¶ 문 닫~ 들어오너라 Entre et ferme la porte derrière toi. ¶ 꼼짝 말~ 손들어! Que personne ne bouge, et haut les mains! ⑤ ((suffixe flexionnel conjonctif servant à exprimer le maintien de l'état résultant)). ¶ 그 여자는 모자를 쓰~ 있다 Elle porte un chapeau. ¶ 고무장갑을 끼~ 설거지해야지 Il faut faire la vaisselle avec des gants. ⑥ ((진행)) être en train de ((-고 있다 (avec le verbe auxiliaire 있다; gérondif, action en cours)). ¶ 버스가 철교를 건너~ 있다 Le bus est en train de traverser le pont métallique. ¶ 저는 그때 대학교에 다니~ 있었습니다 À cette époque, j'étais étudiant à l'université. ¶ 그는 식사를 하~ 있습니까? Est-il en train de prendre un repas? ¶ 나는 그것을 읽~ 있는 중이다 Je suis en train de le lire. ⑦ suite à *qc*, à ((ces paroles, ces mots)) ((suffixe flexionnel conjonctif exprimant un rapport de cause à effet)). ¶ 그는 풋과일을 먹~ 배탈이 났다 Il a eu mal au ventre [Il a eu des coliques (intestinales), Il a eu des crampes intestinales] après avoir mangé des fruits pas mûrs. ¶ 그 여자는 내 말을 듣~ 화를 냈다 en entendant mes paroles, elle s'est mise en colère. ⑧ ((강조)) ¶ 길~ 긴 세월 un temps éternel, un temps extrêmement long ¶ 넓~ 넓은 바다 une mer infiniment vaste ¶ 쌓이~ 쌓인 원한 une vieille rancune, des rancunes accumulées ⑨ -고 싶다 ((exprime le souhait avec l'adjectif auxiliaire de souhait 싶다)). ¶ 여행이 가~ 싶다 Je voudrais partir en voyage. ⑩ ((당연)) bien sûr, certainement. ¶ 그렇~ 말~ Mais oui, bien sûr. ¶ 암, 가~ 말~ Mais oui, certainement j'y vais. ⑪ et ((toi)) ((suffixe flexionnel de terminaison phrastique servant à exprimer un reproche)). ¶ 그럼 너는 무얼 하~? Et toi, qu'est-ce que tu fais? ¶ 설거지는 누가 하~? Et la vaisselle, qui va la faire?

-고[6] 조 ① ((suffixe flexionnel de citation)). ¶ 아빠는 피곤하다~ 말했다 Papa a dit qu'il était fatigué. ¶ 이 말을 불어로 뭐라~ 하죠? Comment dit-on ça en français? ¶ 갑자기 '쿵' 하~ 소리가 났다 Soudain on a entendu un bruit sourd. ② ((pour rapporter les paroles des autres)) que ((particule du discours indirect)); de+*inf.* ¶ 나는 그 여자가 옳다~ 생각한다 Je pense qu'elle a raison. ¶ 우리는 그 친구가 성공하리라~ 확신했다 On était sûr [On ne doutait pas] qu'il allait réussir. ¶ 그는 한 번 찾아오겠다~ 약속했다 Il a promis de venir nous voir [de venir nous rendre visite] une fois. ¶ 애들은 엄마에게 사탕을 사 달라~ 졸라댔다 Les enfants ont importuné leur mère pour avoir des bonbons / Les enfants ont fait une colère pour obtenir des bonbons. ③ ((-고 (해서))) parce que ((relation de cause à effet)); cela ne veut pas dire pour autant que ... ¶ 많이 먹는다~ (해서) 살이 찌는 것은 아니다 Ce n'est pas parce que l'on mange beaucoup, que l'on grossit forcément [automatiquement] [que l'on est forcément gros] / Manger beaucoup, cela ne veut pas dire pour autant qu'on grossit / Manger beaucoup n'est pas forcément synonyme d'obésité. ¶ 가난하다~ (해서) 남을 깔보아서는 안 된다 Il ne faut pas manquer d'égards envers [mépriser, regarder de haut] quelqu'un juste [seulement] parce qu'il est pauvre. ¶ 그렇다~ (해서) 달리 좋은 방도가 있는 것도 아니다 Ça ne veut pas dire pour autant qu'il y a une meilleure solution. ④ ((반문)) ((suffixe flexionnel de terminaison phrastique servant à exprimer l'interrogation à soi-même)) Quoi, tu dis que+*ind* ....? ¶ 뭐? 제 주제에 예쁘다~? Elle croit qu'elle est si belle que ça? ¶ 뭐 그 친구가 죽었다~? Quoi, tu dis qu'il est mort? ⑤ ((접속조사)) ☞ -이고

-고[7] -高 접미 chiffre *m.* ¶ 매상~ chiffre d'affaires. ¶ 생산[판매]~ production [vente]. ¶ 수출~ chiffre d'affaires à l'exportation. ¶ 어획~ la quantité de poissons pêchés [attrapés].

-고[8] -苦 접미 souffrance *f.* ¶ 생활~에 시달리다 souffrir de [avoir des] difficultés financières, souffrir financièrement, avoir du mal à joindre les deux bouts, avoir des fins de mois difficiles, gagner difficilement *son* pain [*sa* vie], tirer le diable par la queue, avoir du mal à vivre.

고-[9] 高 접두 haut(*e*), élevé(*e*). ¶ ~성능 ((chaîne)) haute fidélité, très puissant(*e*); très performant(*e*). ¶ ~소득 revenus élevés; gros revenus. ¶ ~임금 un salaire élevé, un haut salaire. ¶ ~품질 qualité supérieure.

고가[1] 古歌 명 chanson *f* ancienne. ¶ ~ 연구 étude des chansons anciennes.

고가[2] 古家 명 maison *f* ancienne; maison *f* inhabitée [délabrée].

고가[3] 高價 명 prix *m* élevé; cherté *f* ((de la vie)); cher(*ère*), coûteux(*se*). ¶ ~의 사치품 des articles de luxe très chers. ¶ 엄청난 ~ un prix exorbitant [exagéré]. ¶ ~를 지불하다 payer cher [chèrement]. ¶ 골동품을 ~로[를 주고] 매입하다 acheter une antiquité à un prix élevé.

◆**_품** -品 명 article *m* de prix; objet *m* de valeur.

고가[4] 高架 어근 surélevé(*e*).

◆**_도로** -道路 명 route *f* surélevée. ¶ ~도로로 다니다 emprunter [prendre] une route surélevée.

◆**_사다리** 명 la grande échelle *f* ((des sapeurs-pompiers)); échelle *f* coulissante.

◆**_전선** -電線 명 câble *m* électrique aérien.

고각[1] 高閣 명 un (vaste) pavillon traditionnel, grand édifice *m*.

◆**_대루** -大樓 명 un (vaste) pavillon traditionnel, grand édifice *m*.

고각[2] 高角 명 angle *m* d'élévation

고각[3] 鼓角 명 clairons *mpl* et tambours *mpl*.

◆**_함성** -喊聲 명 la sonnerie *f* retentissante des clairons et le bruit *m* éclatant des tambours.

고간 庫間 명 ☞ 곳간

고갈 枯渴 명 tarissement *m* ((des eaux, des ressources)); épuisement *m* ((d'une source, des finances)); dessèchement *m* ((d'un étang, du cœur, de l'imagination)); manque *m*, pénurie *f*. ¶ 자원[물]의 ~ tarissement des ressources [des eaux]. ¶ 인재의 ~ manque d'hommes de valeur. ◇**_(이) 되다** *se* tarir, s'épuiser, se vider, tirer à *sa* fin; se dessécher. ¶ 그 사람은 이제 재능이 ~된 모양이다 Son talent s'est épuisé. ◇**_(을) 시키다** épuiser *qc*. ¶ 전쟁은 나라의 자원을 ~시킨다 La guerre épuise les ressources d'un pays.

고개[1] 명 cou *m*, nuque *f*, tête *f*. ¶ ~를 돌리다 tourner la tête. ¶ ~를 들다 lever la tête. ¶ ~를 숙이다 baisser la tête. ¶ ~를 끄덕이다 faire un signe de tête; acquiescer de la tête. ¶ ~를 젓다[흔들다] secouer la tête; faire non de la tête. ¶ ~를 젖히다 renverser la tête (en arrière).

◆**_ㅅ짓** 명 signe *m* de tête. ¶ 찬성[거부]의 고갯짓 un signe de tête pour montrer *son* accord [*son* désaccord] ¶ ~ㅅ짓을 하다 faire un signe de tête. ¶ 좌우로 ~ㅅ짓을 하다 secouer la tête; faire non de la tête. ¶ 위아래로 ~ㅅ짓을 하다 faire un signe de tête approbateur; faire signe que oui; acquiescer de la tête, hocher la tête en marque [en signe] d'approbation. ¶ ~ㅅ짓으로 찬의를 표하다 exprimer *son* approbation par un signe de tête, hocher la tête en marque [en signe] d'approbation, faire un signe de tête approbateur; faire signe que oui, acquiescer de la tête.

*~**를 돌리다** refuser; ne pas répondre ((à une demande)), rester sourd(*e*) ((à une demande)). ¶ 도와달라는 그의 요청에 모두들 ~를 돌렸다 Tout le monde est resté sourd à sa demande d'aide / Personne ne s'est intéressé à [n'a considéré, n'a répondu à] sa demande d'aide.

*~**를 들다** se montrer, montrer [pointer] *son* nez, faire surface, apparaître, se manifester. ¶ 윤락산업이 다시금 ~를 들고 있다 Le monde de la prostitution fait de nouveau surface [se manifeste à nouveau] / On parle de nouveau du monde de la prostitution.

*~**를 숙이다[떨구다]** reconnaître *sa* faute [*sa* culpabilité]. ¶ 증거를 들이대자 피의자는 ~를 숙였다 Lorsqu'on leur présenta des preuves, les prévenus reconnurent leur culpabilité. ¶ ~를 끄덕이다 hocher [secouer] la tête, approuver de la tête, accepter [acquiescer] d'un signe de tête, faire un signe d'acquiescement; répondre par un signe de tête affirmatif; faire un signe de tête; hocher la tête en signe d'approbation. ¶ 내 의견에 모두들 ~를 끄덕였다 Ils ont tous acquiescé mon avis d'un signe de tête.

*~**를 젓다[흔들다]** ne pas du tout vouloir+*inf*, ne pas du tout avoir envie de+*inf*. ¶ 그의 행동에 넌덜머리가 난 사람들은 민수라면 모두들 ~를 저었다 Les gens étaient tellement écœurés par son comportement que personne ne voulait entendre parler de Minsu. ¶ 그 사람 얘기만 나오면 모두들 ~를 절레절레 흔든다 Personne ne veut entendre parler de lui.

고개[2] 명 ① col *m*. ¶ ~를 넘다[넘어가다] passer [franchir] un col. ② ((비유적)) seuil *m*. ¶ 그는 이제 50 ~를 넘었다 Il a franchi [passé] le seuil [le cap] de la cinquantaine / Il a dépassé la cinquantaine.

◆**_ㅅ길** 명 côte *f*, pente *f*, montée *f*, raidillon *m*. ¶ 우리는 ~ㅅ길을 따라 올라갔다 Nous sommes monté(*e*)s par cette côte / Nous avons monté [grimpé] la côte.

◆**_ㅅ마루** 명 sommet *m*; haut *m*; cime *f*; crête *f*; pic *m*; pointe *f*; faîte *m* ((d'une montagne)). ¶ ~ㅅ마루 너머 de l'autre côté du sommet. ¶ ~ㅅ마루에 오르다 grimper jusqu'au sommet (d'une montagne).

고객 顧客 명 client(*e*); ((집합적)) clientèle *f*. ¶ ~ 유치 경쟁 compétition pour attirer la clientèle. ¶ ~ 지향[위주]의 상품 판매 전략 stratégie de vente de marchandise ayant pour but d'attirer la clientèle. ¶ ~을 끌다[유치하다] attirer la clientèle. ¶ ~을 늘리다 gagner de la clientèle. ¶ 많은 ~을 갖고 있다 avoir une grosse clientèle. ¶ 그 분은 우리 가게의 단골 ~이다 Ce monsieur est un client fidèle [un bon client, un habitué] de notre magasin.

◆**_층** -層 명 clientèle *f*.

고갱이 명 moelle *f* ((d'une tige)); ((알맹이)) nœud *m* ((d'une question)); (point *m*) essentiel *m* ((d'une affaire)). ¶ 배추 ~ le cœur d'un chou chinois.

고거 대 ☞ 그것

고건물 古建物 명 vieux édifices *mpl*; vieux monuments *mpl*; bâtiments *mpl* [monuments *mpl*] anciens. ¶ ~을 보존하다 conserver les monuments anciens [les vieux édifices]. ¶ ~을 헐다 démolir les vieux édifices [les vieux bâtiments, les vieilles bâtisses].

고건축 古建築 명 architecture *f* ancienne; architecture *f* antique.

◆_**물** -物 명 œuvre *f* [réalisation *f*] d'architecture ancienne.

고검 高檢 명 【법률】 bureau(*x*) *m* du procureur *m* général. ¶ 사건을 ~에 송치하다 envoyer l'affaire au bureau du procureur général.

고것 대 ☞ 그것

고견 高見 명 ① excellente opinion *f* [idée *f*]. ② ((남의 의견)) votre opinion, vos idées *fpl*, votre avis *m*, votre point *m* de vue, ce que vous pensez. ¶ 그 일에 관해 선생님의 ~을 듣고 싶습니다 Je voudrais entendre votre point de vue à ce sujet [sur la question] / Je voudrais connaître votre point de vue sur cette affaire / J'aimerais avoir votre avis sur la question / Pourriez-vous me donner votre point de vue sur la question? / J'aimerais [Je voudrais] connaître votre opinion sur la question / J'aimerais savoir ce que vous en pensez sur la question.

고결 高潔 어근 noblesse *f*, caractère *m* noble, intégrité *f*.

◆_**하다** 형 être noble, élevé(*e*). ¶ ~한 사람 une personne aux sentiments élevés; une âme noble; une personne intègre. ¶ ~한 성품[인격]의 소유자 une personne aux sentiments élevés; une âme noble; une personne intègre. ¶ ~한 희생정신 l'esprit noble de sacrifice.

◆_**성** -性 명 noblesse *f*, caractère *m* noble, intégrité *f*.

고고 呱呱 명 cri *m* du nouveau né. ¶ ~의 소리[성]를 울리다 pousser *son* premier cri; venir au monde; voir le jour [la lumière].

◆_**성** -聲 명 premier cri *m* du nouveau né.

고고하다 孤高- 형 être noble, distingué(*e*); trancher sur le commun des hommes. ¶ 고고한 생활 une vie noble et solitaire. ¶ 세상의 속된 일에서 떠난 고고한 선비 un noble lettré qui s'est réfugié dans le spirituel. ¶ 그는 자기만 고고한 체한다 Il prétend être le seul homme distingué. ¶ 고고하게 de façon noble. ¶ 고고하게 살다 mener une vie noble et solitaire.

고고학 考古學 명 archéologie *f*. ¶ ~ 연구 recherche archéologique. ¶ ~ 자료 vestiges archéologiques.

◆_**적** -的 명관 archéologique. ¶ ~적 발견 une découverte archéologique. ¶ ~적 고찰[연구] une étude [une recherche] archéologique.

◆_**자** -者 명 archéologue *mf*.

고공 高空 명 ciel(*cieux*) *m*; haute altitude *f*. ¶ 비행기가 ~을 날고 있다 L'avion vole à haute altitude. ¶ ~에서 à grande altitude. ¶ 8천 피트의 ~에서 à 8 000 pieds d'altitude.

◆_**비행** -飛行 명 vol *m* à haute altitude.

고과 考課 명 évaluation *f* des capacités et qualités ((des étudiants, des fonctionnaires, des soldats)); bulletin *m* personnel; examen *m* des étudiants. ¶ 업무 처리 능력을 ~에 반영하다 faire refléter [faire apparaître] les capacités de travail dans le bulletin personnel. ◇_(를) **하다** évaluer le bulletin personnel.

◆_**점수** -點數 명 bulletin *m* personnel. ¶ ~점수가 좋다[나쁘다] avoir un bon [mauvais] bulletin.

◆_**표** -表 명 bulletin *m* personnel.

◆**인사**_ 人事- 명 système *m* d'évaluation au mérite.

고관 高官 명 haute fonction *f* [charge *f*]; poste *m* important [élevé]; dignité *f*; ((사람)) haut fonctionnaire *m*. ¶ 정부의 ~들이 많이 참석한 심포지엄 un symposium auquel beaucoup de hauts fonctionnaires ont participé.

◆_**대작** -大爵 명 haut rang *m*; personne *f* de haut rang; (grand) dignitaire *m*.

고교 高校 명 lycée *m*. ¶ ~ 야구[축구]대회 un tournois de baseball [de football] lycéen.

◆_**생** -生 명 lycéen(*ne*).

◆_**평준화** -平準化 명 parité *f* des lycées; mise *f* à niveau des lycées; alignement *m* académique des lycées; nivellement *m* des lycées. ¶ ~평준화를 실시하다 appliquer l'égalitarisme entre les établissements du secondaire; appliquer l'équivalence entre les établissements du secondaire; mettre sur un pied d'égalité les lycées; établir la parité entre les lycées.

고구 考究 명 ((탐구, 조사)) recherche *f*, étude *f*, investigation *f*, enquête *f*, examen *f*; ((숙고)) considération *f*, réflexion *f*. ◇_(를) **하다** faire des recherches [investigations] sur *qc*; étudier [examiner] *qc* à fond; faire [procéder à] une enquête sur *qc*. ¶ 어떤 문제를 ~하다 procéder à une étude approfondie d'une question.

고구려 高句麗 명 【역사】 Goguryeo, Koguryŏ <l'un des Trois Royaumes antiques de Corée, 37 av. J.-C.-668>.

고구마 명 【식물】 patate *f* douce. ¶ ~ 덩굴[줄기] tige de la patate douce. ¶ ~ 밭 un champ de patates douces. ¶ ~를 캐다 arracher des patates douces.

◆**군**_ 명 patate *f* douce grillée.

고국 故國 명 pays *m* natal [d'origine]; patrie *f*. ¶ ~ 산천을 그리워하다 se souvenir de *son* pays natal [de *sa* patrie] avec nostalgie, avoir la nostalgie de *son* pays natal [du pays], avoir le mal du pays, être nostalgique.

고군분투 孤軍奮鬪 명 action de lutter sans être aidé(*e*) [sans être soutenu(*e*), tout seul]; action de lutter pour accomplir une œuvre difficile sans aide extérieure. ◇_(를) **하다** lutter [se défendre, persévérer] sans être soutenu(*e*), lutter pour accomplir une œuvre difficile sans aide extérieure. ¶ 그 사람은 경쟁에서 살아남기 위해 ~하고 있다 Il est en train de lutter tout seul afin de survivre à la compétition.

고궁 古宮 명 ancien [vieux] palais *m*. ¶ ~을 둘러 보다 faire un tour dans le vieux palais. ¶ 휴일을 맞아 ~에 나들이 나온 가족들 les familles qui visitent l'ancien palais à l'occasion de leurs congés.

고귀 高貴 어근 noblesse *f*; élévation *f* ((de l'esprit, de l'âme)).

◆**_하다** 형 être noble, élevé(*e*), sublime. ¶ 선열들의 ~한 넋을 기리다 louer l'âme (noble) de ceux qui sont morts pour la justice. ¶ ~한 생명 une vie bourgeoise. ¶ ~한 정신 un esprit élevé [sublime]. ¶ ~한 희생 un noble sacrifice. ¶ ~하신 분 une personne noble; une personne de grandes qualités; ((남자)) un grand monsieur; ((여자)) une grande dame; une personne de haute lignée; une personne de sang noble, une personne de sang bleu. ¶ 이 사람은 인품이 ~하다 Cette personne a de la noblesse / Cette personne est un grand personnage[un grand monsieur, une grande dame].

고금 古今 명 passé *m* et présent *m*; autrefois [hier] et aujourd'hui; dans le passé et maintenant. ¶ 동서 ~을 통틀어서 à travers toutes les époques et partout dans le monde; de toutes les époques et de tous les pays. ¶ ~의 학문을 섭렵하다 parcourir [s'étendre sur] les études d'hier et d'aujourd'hui [du passé et du présent, anciennes et modernes]. ¶ 그것은 동서 ~의 진리다 C'est une vérité universelle(ment reconnue).

고금리 高金利 명 【경제】 intérêts *mpl* élevés. ¶ ~ 정책 une politique d'intérêts élevés. ¶ 중소기업들이 ~로 시달림을 받고 있다 Les petites et moyennes entreprises souffrent des intérêts élevés.

고급 高級 명 ((계급)) haut rang *m*; ((정도)) qualité *f* supérieure; première qualité *f*; premier ordre *m*; ((형용사적으로)) supérieur(*e*), de qualité, de marque, de luxe; de haute [première] qualité; de haut rang. ¶ ~ 제품[의류] produit [vêtement] de qualité supérieure. ¶ ~ 차 voiture de luxe. ¶ ~ 호텔 [식당] hôtel [restaurant] de luxe. ¶ ~ 관리 haut fonctionnaire. ¶ ~ 장교 un officier de haut rang, un officier supérieur. ¶ 그 여자는 뭐든지 ~으로만 사려고 한다 Elle ne veut acheter que des produits de luxe. ¶ 이 시계는 꽤[대단히] ~이다 Cette montre est assez [très] luxueuse.

◆**_스럽다** 형 être luxueux(*se*), être ((un produit)) de luxe [de marque]. ¶ ~스러운 옷[보석, 집, 차] des vêtements de marque [des bijoux de luxe, une maison luxueuse, une voiture de luxe]. ¶ 이 식당은 실내가 매우 ~스럽다 Ce restaurant a un intérieur vraiment luxueux. ¶ 그는 ~스러운 취미를 가졌다 Il a des goûts de luxe / Il a des goûts de bourge {*fam*}.

◆**_반** -班 명 classe *f* de niveau avancé.

◆**_품** -品 명 article *m* de choix [de luxe]; produit *m* de marque.

고기[1] 명 ① viande *f*, chair *f*. ¶ ~ 한 점 un morceau de viande. ¶ 다진 ~ un hachis (de viande); de la viande hachée. ¶ ~가 연하다[질기다] La viande est tendre [dure]. ¶ ~를 작은 덩어리로 썰다 débiter [couper] la viande en petits morceaux. ¶ ~를 다지다 hacher la viande. ¶ ~에 간을 하다 assaisonner la viande, saler la viande. ¶ ~를 씹다 mâcher de la viande. ② 물고기 poisson *m*. ¶ 민물[바닷] ~ poisson d'eau douce [de mer]. ¶ 강에서 ~를 잡다 pêcher du poisson dans la rivière.

*~ **값을 하다** être fort(*e*) proportionnellement à *sa* corpulence. ¶ 그 사람 힘쓰는 것이 ~ 값이나 하겠어? Il n'a pas beaucoup de force par rapport à sa corpulence [en considérant son gabarit].

*~**는 씹어야 맛을 안다** Il faut directement expérimenter les choses pour bien les connaître / C'est en forgeant qu'on devient forgeron.

*~**도 먹어본 사람이 많이 먹는다** C'est par la pratique qu'on acquiert de la compétence / Celui qui a beaucoup pratiqué est compétent [a acquis du savoir-faire, a acquis de la compétence] / Celui qui a beaucoup d'expérience connaît bien son travail [est compétent] / L'entraînement permet d'améliorer les performances / C'est en forgeant qu'on devient forgeron.

*물 **반** ~ **반** ((se dit quand il y a un grand nombre de poissons dans l'eau)).

◆**_떼** 명 banc *m* de poissons, banc *m* ((de harengs, de thons, de sardines)).

◆**_만두** -饅頭 명 *mandu m* à la viande.

◆**_ㅅ간** -間 명 boucherie *f*; ((chez)) le boucher *m*. ¶ ~ㅅ간에서 고기를 조금 샀다 J'ai acheté un peu de viande chez le boucher [à la boucherie].

◆**_ㅅ국** 명 soupe *f* à la viande [avec des morceaux de viande].

◆**_ㅅ덩이[ㅅ덩어리]** 명 morceau *m* de viande, tranche *f* de viande. ¶ ~ㅅ덩이를 칼로 자르다 couper une tranche de viande avec un couteau.

◆**_ㅅ배** 명 bateau(*x*) *m* de pêche. ¶ ~ㅅ배를 타고 나갔던 어부들이 아직 돌아오지 않았다 Les pêcheurs qui sont allés en mer avec un bateau de pêche ne sont pas revenus.

◆**_ㅅ집** 명 restaurant *m* de viande, restaurant *m* où l'on sert de la viande.

◆**_잡이** 명 pêche *f*, pêcheu*r*(*se*). ¶ ~잡이(를) 하다 pêcher en mer. ¶ 오늘은 ~잡이가 꽤 잘 되었다 La pêche a été bonne aujourd'hui.

◆**닭_** 명 poulet *m*.

◆**돼지_** 명 porc *m*.

◆**불_** 명 *bulgogi m* <tranches de bœuf marinées puis grillées sur le feu (à la façon d'un barbecue)>.

명 bœuf *m*. ¶ ~고기 1 kg 주세요 Donnez-moi [Mettez-moi] un kilo de bœuf.

◆**양_** 羊- 명 viande *f* de mouton, mouton *m*; agneau(*x*) *m*.

고기[2] 대 là-bas. ☞ 거기

고기[3] 古記 명 archives *fpl*; document *m* ancien; texte *m* ancien.

고기⁴ 古器 명 vase *m* ancien.

고기밥 명 nourriture *f* [aliments *mpl*] pour le poisson; appât *m*.
*~**이 되다** servir de nourriture aux poissons; se noyer.

고기압 高氣壓 명 haute pression *f* (atmosphérique); anticyclone *m*. ¶ 대륙성 ~ haute pression atmosphérique continentale. ¶ ~ 세력이 한국 서부를 덮고 있다 Un anticyclone est centré sur l'ouest de la Corée du Sud. ¶ 중부 이북에 ~이 발달해 있다 Un anticyclone se développe au nord de la Corée. ◆_**권**-圈 명 zone *f* de haute pression atmosphérique, anticyclone *m*. ¶ ~권에 들다 se trouver dans une zone de haute pression atmosphérique, se trouver au sein d'un anticyclone. ¶ ~권에서 벗어나다 sortir d'une zone de haute pression atmosphérique, sortir d'un anticyclone.

고까짓 관 ☞ 그까짓

고깐 관 ☞ 그깟

고깔 명 sorte de coiffe *f* des moines bouddhistes.

고깝다 형 être désagréable; être blessant(*e*), désobligeant(*e*), déplaisant(*e*). ¶ 그 말을 들으니 은근히 고까운 생각이 든다 Ces propos commencent à me déplaire. ¶ 나는 그 사람이 내 부탁을 들어주지 않은 것이 고까웠다 Son refus à ma demande m'a désobligé(*e*). ¶ 누구[무엇]를 고깝게 여기다 trouver *qc/qn* désobligeant(*e*). ¶ 자네를 친구로 생각해서 해 주는 얘기이니 너무 고깝게 듣지 말게 C'est un conseil d'ami, ne le prends pas trop mal.

고깟 관 ☞ 그깟

고꾸라뜨리다, 꼬꾸라뜨리다 타 culbuter, renverser; faire tomber. ¶ 씨름선수는 상대를 발로 걸어 단번에 바닥에 고꾸라뜨렸다 Le lutteur a renversé d'emblée [d'un seul coup] son adversaire par terre en lui prenant [en lui accrochant] la jambe [l'intérieur de la jambe]. ☞ 거꾸러트리다

고꾸라지다 자 s'écrouler; tomber. ¶ 그는 발을 헛디뎌서 그만 앞으로 고꾸라지고 말았다 en trébuchant, il a fini par tomber. ☞ 거꾸러지다

고난 苦難 명 souffrance *f*, supplice *m*, difficulté *f*, adversité *f*. ¶ ~의 시기 une époque de souffrance [de difficultés, d'adversité]. ¶ 그는 ~의 길을 걷고 있다 Il parcourt un chemin difficile. ¶ 그의 일생은 ~의 연속이었다 Sa vie n'a été qu'une suite de souffrances. ¶ 그는 인생에서 온갖 ~을 겪어 왔다 Il a connu toutes les souffrances de la vie. ¶ ~을 극복하다[이겨내다] surmonter [vaincre, dominer] les difficultés.

고난도 高難度 명 (degré *m*) de grande difficulté. ¶ ~(의) 동작[기술, 묘기] un mouvement [une technique] de grande difficulté.

고년 대 ((diminutif de '그년')) la garce *f* {*vulg*}, *la chipie f* {*fam*}, *la peste f* {*fam*}. ¶ ~이 앙큼하게도 나를 속였다 Elle m'a sournoisement trompé(*e*), la garce {*vulg*} / Elle m'a eu(*e*) {*fam*}, la garce.

고놈 대 ① ((diminutif de '그놈')) petit *m*; petit bout *m* de chou, petit père *m*. ¶ ~ 참 귀엽게 생겼다 Qu'il est mignon [trognon {*fam*}, chou {*fam*}] ce petit (bout de chou)! / Il est vraiment mignon, ce petit! ② (('고것'의 속된 표현)) ce machin, ce truc, cette chose, ça. ¶ 술, ~이 그립구나 L'alcool, cette chose me manque. ◇_**의** ce(*cet, cette, ces*) fichu(*e, s*), foutu(*e, s*), fichu(*e, s*), damné(*e, s*), satané(*e, s*), sacré(*e, s*), maudit(*e, s*), sale(*s*), putain {*vulg*} [connard, connasse {*vulg*}] de ((camion)). ¶ ~의 말실수 때문에 일이 힘들어졌다 À cause de cette maudite parole malencontreuse [maladroite] [À cause de cette fichue bévue], l'affaire s'est compliquée.

고뇌 苦惱 명 angoisse *f*, tourment *m*, peine *f*, chagrin *m*; souffrance sentimentale *f*; douleur *f*; mal *m*. ¶ 견디기 어려운 ~ un chagrin difficile à surmonter. ¶ ~에 차다[휩싸이다] se noyer dans le chagrin. ¶ 이 소설은 소외된 현대인의 ~를 그리고 있다 Ce roman décrit la souffrance de l'homme moderne isolé. ◇_**(를) 하다** s'angoisser, se tourmenter. ¶ ~하는 지식인 un intellectuel angoissé [anxieux, tourmenté, inquiet].

고니 명 【동물】 cygne *m*.

고다 타 ① (고기나 뼈를) 푹 삶다[끓이다] faire cuire *qc* longtemps. ¶ 삼을 넣고 닭을 ~ faire cuire un poulet avec du ginseng. ② 졸이다 réduire ((un jus, une sauce)); mijoter *qc*; faire cuire à petits bouillons. ¶ 엿을 고아 과당을 만들다 obtenir du fructose à partir du sucre d'orge cuit. ③ 증류시키다 distiller. ¶ 소주를 ~ distiller des grains pour obtenir du *soju*.

고단수 高段數 명 haut niveau(*x*) *m*; haute qualité *f*, haut grade *m*. ¶ 그는 영어를 ~로 구사한다 Il parle [manie] un excellent anglais / Son anglais a un très bon niveau.

고단위 高單位 명 degré *m* élevé; ((antibiotiques à)) beaucoup d'unités; fort(*e*). ¶ ~(의) 항생제[비타민제] des antibiotiques [des vitamines] fortement dosé(*e*)s, des antibiotiques [des vitamines] à dosage élevé.

고단하다 형 ① se sentir fatigué(*e*); être fatigué(*e*), las(*se*); être épuisé(*e*), excédé(*e*), exténué(*e*) (de travail); mourir [tomber] de fatigue; être accablé(*e*) de fatigue. ¶ 오늘 일을 많이 했더니 몹시 ~ Je me suis surmené(*e*) aujourd'hui, et je meurs de fatigue. ② (일이) 피곤하고 힘들다 être fatigant(*e*), harassant(*e*); être épuisant(*e*); être rude. ¶ 고단한 하루 une rude journée, une journée fatigante [harassante, épuisante].

고달프다 형 ① être fatigué(*e*), épuisé(*e*), exténué(*e*), excédé(*e*). ¶ 고달픈 얼굴 visage fatigué. ¶ 그는 고달픈 기색이다 Il a l'air épuisé. ¶ 그는 요즘 빚 때문에 ~ Ces jours-ci, il a des ennuis de dette. ¶ 나는 이 나이에 새벽일을 하느라 몸이 ~ Je suis épuisé(*e*), à mon âge, de travailler au petit matin. ② 일이 고생스럽다 être lassant(*e*), ennuyeux(*se*), fastidieux(*se*), assommant(*e*) {*fam*}, exténuant(*e*). ¶ 고달픈 신세 une situation pénible. ¶ 고달픈 인생 une vie difficile. ¶ 고달픈 일 un travail dur [pénible], une tâche pénible. ¶ 고달픈 나날을 보내다 passer des jours assommants [rudes]. ¶ 고달프게 살아가다 mener une vie dure [pénible].

고담 古談 명 histoire *f* du temps passé; vieille histoire *f*; vieux conte *m*.

고담준론 高談峻論 명 discours *m* grandiloquent, discours *m* de haute tenue.

고답적 高踏的 명관 transcendant*al*(*ale*, *aux*). ¶ ~인 생활 une vie transcendantale.

고답파 高踏派 명 【문학】 le Parnasse *m*; école *f* parnassienne. ¶ ~ 시인 poète parnassien.

고당 高堂 명 grande maison *f*; édifice *m*; ((양친)) vos [tes] parents *mpl*; ((남의 집)) votre maison *f* [résidence *f*] ((expression honorifique)). ¶ ~의 만복을 기원하나이다 Tous nos vœux de bonheur pour votre famille!

고대[1] 부 tout à l'heure; à l'instant; il y a un instant [quelques minutes]. ¶ 그 사람은 ~ 떠났다 Il est parti à l'instant. / Il vient à l'instant de partir. / Il vient tout juste de partir.

고대[2] 古代 명 ① antiquité *f*; temps *mpl* anciens. ¶ ~와 현대 les temps anciens et les temps modernes. ② 【역사】 l'Antiquité *f*. ¶ ~와 중세 l'Antiquité et le Moyen Âge. ¶ ~ 중국[이집트] la Chine [l'Egypte] ancienne. ¶ ~ 그리스 올림픽 경기 les Jeux olympiques d'antiquité grecque.

◆_**국어** -國語 명 【문법】 ancien coréen *m*; coréen *m* de l'antiquité. ¶ ~국어를 연구하다 étudier l'ancien coréen.

◆_**사** -史 명 【역사】 histoire *f* de l'époque ancienne.

◆_**인** -人 명 anciens *mpl*.

◆_**문명** -文明 명 civilisation *f* antique.

◆_**사회** -社會 명 【사회】 société *f* antique.

◆_**소설** -小說 명 【문학】 roman *m* classique.

고대[3] 苦待 명 souhait *m* ardent, attente *f* impatiente. ◇_(를) **하다** attendre *qc* impatiemment [avec impatience]; être fatigué(*e*) [las(*se*)] d'attendre *qc*. ¶ ~하고 ~하던 여름방학 vacances d'été si attendues (depuis longtemps avec impatience). ¶ 우리들은 여름방학이 오기를 ~했다 Nous étions impatients de voir venir les vacances d'été. ¶ 우리는 그가 살아 돌아오기를 ~한다 Nous souhaitons ardemment qu'il revienne vivant.

고대광실 高臺廣室 명 une grande maison *f*, maison *f* [résidence *f*] princière [royale].

고대로 부 tel(*le*) quel(*le*), comme il est; comme cela; de cette façon; de cette manière. ☞ 그대로

고데 일 명 fer *m* à friser. ¶ ~ 머리 des cheveux frisés avec un fer à friser. ¶ ~ 기구 un fer à friser. ◇_(를) **하다** se faire friser les cheveux avec un fer à friser. ¶ 미장원에서 오늘 ~를 했다 Aujourd'hui, je me suis fait friser les cheveux avec un fer à friser chez le coiffeur.

고도[1] 古都 명 vieille ville *f*; ancienne capitale *f*. ¶ 천 년의 ~, 경주 Gyeongju, une vieille ville de mille ans.

고도[2] 高度 명 ① altitude *f*, hauteur *f*. ¶ ~ 천 미터의 상공을 비행하다 survoler à mille mètres d'altitude. ¶ 비행 ~ altitude du vol. ¶ 비행기가 5천 미터의 ~를 유지하고 있다 L'avion maintient une altitude [une hauteur] de 5 000 mètres. ¶ ~를 높이다[낮추다] prendre [perdre] de l'altitude. ¶ ~를 제한하다 limiter l'altitude. ¶ ~를 측정하다 mesurer l'altitude. ② 높은 수준 niveau(*x*) *m* élevé(*s*). ¶ ~의 경제 성장 forte croissance économique. ¶ ~의 기술 technologie de haut niveau. ¶ 그 일에는 ~의 정밀 작업이 요구된다 On y demande [exige, réclame] un travail d'extrême précision. ¶ ~로 발달한 문명 civilisation très avancée.

◆_**화** -化 명 élévation *f* du niveau, perfectionnement *m*, développement *m*. ¶ ~화된 기술 une technique très avancée. ¶ 능률을 ~화하다 augmenter l'efficacité [le rendement].

◆_**계** -計 명 altimètre *m*.

◆_**성장** -成長 명 forte croissance *f*.

◆_**제한지구** -制限地區 【지리】 명 zone *f* qui limite la hauteur de construction.

고도[3] 孤島 명 île *f* isolée [solitaire, perdue]. ¶ 절해의 ~ une île solitaire au milieu des mers [des océans].

고독 孤獨 명 solitude *f*, isolement *m*. ¶ ~을 느끼다 se sentir seul(*e*) [esseulé(*e*), isolé(*e*), abandonné(*e*)]. ¶ 그는 ~을 씹으며 겨울 바다를 바라보고 있었다 Il regardait la mer d'hiver avec un sentiment de grande solitude. ¶ 그 여자는 ~을 벗 삼아 밤을 지새웠다 Elle a passé la nuit à broyer du noir / La solitude l'a accompagnée toute la nuit.

◆_**하다** 형 être solitaire, isolé(*e*), délaissé(*e*). ¶ ~한 생활을 하다 vivre dans la solitude, mener une vie solitaire. ¶ 그 남자도 알고 보면 ~한 사람이다 Lorsqu'on le connaît bien, on réalise [il apparaît bien] que lui aussi est un solitaire. ¶ ~하게 살다 vivre seul(*e*) [isolé(*e*), dans la solitude].

◆_**감** -感 명 sentiment *m* de solitude. ¶ 밤이 되자 갑자기 ~감이 나를 엄습했다 À la tombée de la nuit, un sentiment de solitude m'a brusquement assailli(*e*).

고동[1] 명 sifflet *m* (à vapeur); sirène *f*. ¶ ~ 소리 un sifflement; un coup de sifflet. ¶ ~을 울리다 donner un coup de sifflet.

고동[2] 鼓動 명 battement *m* du cœur. ¶ 심장의 ~ 소리가 들린다 J'entends le battement de son [mon] cœur. ¶ 심장의 ~이 약해진다 Les battements du cœur s'affaiblissent. ¶ ((심장이)) ~을 멈추다 ((le cœur)) s'arrêter de battre. ◇_(을) **치다** ((심장, 가슴이)) battre. ¶ 환자의 심장이 불규칙하게 ~친다 Le cœur du malade bat irrégulièrement. ¶ (감격하여) 가슴이 ~치다 avoir le cœur battant (d'émotion).

고동[3] 명 ☞ 고둥

고동색 古銅色 명 couleur *f* cuivrée [brune]. ¶ ~으로 칠하다 peindre en brun cuivré.
고되다 형 ① être fatigué(*e*), épuisé(*e*), las(*se*), à bout. ¶ 매일 밤늦게까지 일하려니 (몸이) 참 ~ Je suis épuisé(*e*) de travailler tard tous les soirs. ¶ 나는 심신이 ~ Je suis à bout. ② 일이 힘겹다 être dur(*e*), pénible, fatigant(*e*). ¶ 고된 직업 un métier rude [ingrat]. ¶ 고된 나날을 보내다 passer des jours pénibles. ¶ 고된 일로 지치다 être épuisé(*e*) par une lourde besogne. ¶ 이 작업은 몹시 ~ Ce travail est très dur [pénible]. ¶ 고되게 일하다 travailler péniblement [avec peine].
고두밥 명 riz *m* trop dur. ¶ 전기밥솥에 물을 적게 넣었더니 ~이 되고 말았다 Comme je n'ai pas mis assez d'eau dans l'autocuiseur, le riz est trop dur.
고두쇠 명 goupille *f*; cheville *f*.
고둥 명 【동물】 mollusque *m* à coquille *f* spiralée.
고드름 명 stalactite *f*. ¶ ~을 따다 décrocher une stalactite. ¶ 처마 밑에 ~이 달려 있다[생겼다] Des stalactites pendent [se sont formées] sous l'avant-toit [sous l'auvent].
고들고들하다, 꼬들꼬들하다 형 être dur(*e*), durci(*e*); ((국수)) être ferme, al dente. ¶ 고들고들[꼬들꼬들]한 밥 du riz durci. ¶ 국수 가락이 고들고들[꼬들꼬들]하다 Les nouilles sont très fermes [al dente].
고들빼기 명 【식물】 crucifère *m*, *Ixeris sonchifolia* {*nsc*} ((crucifère dont la racine et les feuillages sont comestibles)). ¶ ~ 김치[나물] un *gimchi* [*namul*] de crucifère <plat d'accompagnement à base de crucifères blanchis, frits et assaisonnés>.
고등 高等 어근 supérieur(*e*), niveau(*x*) *m* élevé.
◆**_계** -係 명 【역사】 *godeunggye* <département de la police chargé de la surveillance et de la répression politique du peuple coréen pendant l'occupation japonaise>. ¶ 그 사람은 ~계 형사로 일했던 친일파이다 C'était un collaborateur du Japon qui a travaillé comme policier au *godeunggye* / Cette personne a été collaborateur du Japon en exerçant des fonctions de policier au *godeunggye* / Cette personne a collaboré avec le Japon en tant que policier au *godeunggye*.
◆**_교육** -教育 명 【교육】 enseignement *m* supérieur.
◆**_동물** -動物 명 【동물】 animaux *mpl* supérieurs.
◆**_법원** -法院 명 【법률】 Cour *f* d'appel.
◆**_사범학교** -師範學校 명 École *f* Normale Supérieure.
◆**_수학** -數學 명 【수학】 mathématiques *fpl* supérieures; Maths Sup.
◆**_학교** -學校 명 lycée *m*. ¶ 인문계 ~학교 un lycée d'enseignement général. ¶ 여자 ~학교 un lycée de jeunes filles. ¶ 공업 ~학교 un lycée technique. ¶ 실업 ~학교 un lycée professionnel.
◆**_학생** -學生 명 lycéen(*ne*).
고등어 명 【동물】 maquereau(*x*) *m*.
고딕 영{gothic} 명 ① 【건축】 gothique. ¶ ~ 양식 le style gothique. ¶ ~ 성당 une église gothique. ② 【출판】 ((caractère, lettre)) gothique.
◆**_식** -式 명 【건축】 style *m* gothique. ¶ ~식 건축 une architecture gothique.
◆**_체** -體 명 caractères *mpl* gothiques. ¶ ~체로 인쇄하다 imprimer en caractères gothiques.
고라니 명 【동물】 élan *m*, orignac *m*, orignal *m*, wapiti *m*.
고락[1] 명 ① 낙지의 배 ventre *m* d'une pieuvre ② 낙지의 먹물 sépia *f* (d'une pieuvre, des céphalopodes). ¶ 낙지가 ~을 뿜는다 La pieuvre émet un jet d'encre.
고락[2] 苦樂 명 peine *f* et joie *f*. ¶ 누구와 생사 ~을 함께하다[같이하다] partager *ses* peines et *ses* joies avec *qn*; partager peines et joies avec *qn*.
고란초 皐蘭草 명 【식물】 fougère *f* arborescente.
고랑[1] 명 menottes *fpl*; fers *mpl*, entraves *fpl*. ◇**_을 차다** être menotté(*e*). ◇**_을 채우다** mettre [passer] les menottes à *qn*.
◆**쇠_** 명 menottes *fpl*. ☞ 수갑
고랑[2] 명 sillon *m*. ¶ ~을 내다[파다] creuser [tracer, ouvrir] un sillon. ¶ 밭 한 ~을 매다 désherber un sillon de champ.
◆**밭_** 명 sillon *m* de champ.
고래[1] 명 【동물】 ① cétacés *mpl*. ② baleine *f*. ¶ ~ 수염 fanon de baleine. ¶ ~ 기름 blanc de baleine; huile de baleine. ¶ 새끼 ~ baleineau(*x*).
*~**등 같은 기와집** une maison (à toiture de tuiles) très haute et de belle apparence.
*~ **싸움에 새우등 터진다** ☞ 새우
◆**_잡이** 명 pêche *f* à la baleine; baleinier *m*. ¶ ~잡이 배 baleinière.
◆**술_** 명 alcoolique *m*, buveur(*se*) (invétéré(*e*)), ivrogne *m*, alcoolo {*fam*}, picoleur(*se*) {*fam*}, pochard(*e*) {*fam*}, poivrot(*e*) {*fam*}, soûlard(*e*) {*fam*}, soûlaud(*e*) {*fam*}, soûlot(*e*) {*fam*}.
고래[2] 명 ((dans le système de chauffage coréen par le sol)) cheminée *f* en couloir (sous le parquet chauffant).
◆**방_** 명 ((dans le système de chauffage par le sol)) cheminée *f* en couloir (sous le parquet chauffant).
***그는 방~를 짊어지고 산다** Il se laisse vivre sans prendre d'activité professionnelle / Il ne fait rien de sa vie / C'est un glandeur professionnel {*fam*}.
고래[3] 古來 명 temps *mpl* anciens, temps *mpl* immémoriaux.
◆**_로** 부 depuis les temps anciens, depuis toujours, depuis la nuit des temps. ¶ ~로 성공을 거둔 자는 시간을 아꼈다 Depuis toujours, ceux qui ont réussi n'ont pas perdu leurs temps [ceux qui n'ont pas perdu leurs temps ont réussi] / Depuis toujours l'avenir appartient à ceux qui se lèvent tôt.
고래고래 부 à pleins poumons; à tue-tête. ¶ ~ 소리[고함]를 지르다[치다] crier à tue-tête [à pleins poumons, de toutes *ses* forces]; crier fort [comme

un sourd].

고랭지 高冷地 명 haute altitude *f* et région *f* froide.

◆**_농업** -農業 명 agriculture *f* en haute altitude dans les régions froides.

고량 高粱 명 【식물】 sorgho *m*; gros millet *m*.

◆**_주** -酒 명 vin *m* de sorgho.

고량진미 膏粱珍味 명 mets *m* rare et délicat; régal *m*; bonne chère *f*, ripaille *f*, bombance *f*. ¶ ~로 대접하다 préparer un festin pour *qn*; régaler *qn*.

고렇다 형 【구어】 être comme ça[cela]; en être ainsi. ¶ 네 녀석이 잘못을 했으니 고렇지! Comme tu as mal agi, ça s'est passé comme ça! / C'est parce que tu as fait cette bêtise, ça s'est passé ainsi! / C'est à cause de ce que tu as fait que c'est arrivé! ¶ 고렇게 내달리다간 다친다 À courir comme ça tu vas te faire mal / Si tu cours vite comme ça, tu vas finir par te blesser / Si tu cours de cette manière, tu vas te casser la figure [la gueule] {*fam*}. ☞ 그렇다

고려[1] 考慮 명 considération *f*, délibération *f*, ((숙의)) réflexion *f*. ¶ ~ 중인 문제 problème à l'étude. ¶ 문제에 대한 신중한 ~ une considération circonspecte du problème. ¶ 그 사람의 제의는 ~의 여지가 없다 On n'a pas à tenir compte de sa proposition. ◇**_(를) 하다** considérer *qc* ((sous tous ses aspects)); étudier ((une question)); réfléchir ((à un problème)); tenir compte de *qc*; prendre *qc* en considération. ¶ ~해야 할 점 ce qu'il y a à prendre en considération; ce qui est important. ¶ 이 문제는 ~해 볼 만하다 Ce sujet est à prendre en considération. ¶ 충분히 ~한 후에 결정하시오 Prenez la décision après avoir suffisamment réfléchi. ¶ 그는 프랑스로 유학 가는 문제를 진지하게 ~해 보았다 Il a pris sérieusement en considération l'idée d'aller faire ses études en France. ¶ 무엇을 ~하여 en considération ((des services rendues)); eu égard à ((sa personne)). ◇**_(가) 되다** être en pris(*e*) en considération. ¶ 그 사람의 의견은 전혀 ~되지 않았다 Ses opinions n'ont pas du tout été prises en considération. ◇**_에 넣다** prendre en considération. ¶ 만일의 사태를 ~에 넣어야만 한다 Il faut prendre en considération les situations éventuelles.

고려[2] 高麗 명 【역사】 Goryeo, Koryŏ <royaume fondé par Wang Geon, qui régna sur la Corée de 918 à 1392>.

◆**_가사[가요]** -歌詞[歌謠] 명 【문학】 *Goryeo gayo* ((chansons et poèmes lyriques de l'époque de Goryeo)). 명 【문학】 poésie *f* populaire de Goryeo.

◆**_자기** -瓷器 명 céramique *f* de l'époque de Goryeo.

◆**_장** -葬 명 enterrement *m* (vivant) des parents devenus trop vieux ((pratique funéraire de l'époque de Goryeo)).

◆**_청자** -青瓷 명 *Goryeo cheongja* ((céladon de Goryeo)).

고령 高齡 명 grand âge *m*, âge *m* avancé; ((60세 이상)) troisième âge *m*; ((75세 이상)) quatrième âge *m*; vieillesse *f*. ¶ ~에도 불구하고 malgré *son* grand âge. ¶ ~ 인구가 늘어나고 있다 La population âgée s'accroît [croît, augmente] / La population vieillit [est vieillissante]. ¶ 그 여자의 할아버지는 80세 ~에도 정정하시다 Son grand père (à elle) est encore vigoureux malgré ses 80 ans.

◆**_화** -化 명 vieillissement *m* de la société [de la population]. ¶ 의학의 발달로 사회가 점점 ~화되어 가고 있다 Grâce au progrès médical [aux progrès de la médecine], les gens vivent de plus en plus vieux.

◆**_자** -者 명 personne *f* âgée, personne *f* d'un âge avancé; homme *m* âgé, femme *f* âgée: vieillard *m*, vieille *f*. ¶ 최~자 le(la) doyen(*ne*); le doyen *m* d'âge ((d'une assemblée)).

고령토 高嶺土 명 【광업】 kaolin *m*. ¶ ~로 도자기를 빚다 faire de la poterie avec du kaolin.

고령토 高嶺土 명 【광업】 kaolin *m*. ¶ ~로 도자기를 만들다 faire de la poterie à base de kaolin; faire de la porcelaine.

고례 古禮 명 us *mpl* et coutumes *fpl* (anciens), us *mpl* du temps jadis, coutumes *fpl* d'antan, mœurs *fpl* d'autrefois, usage *m* ancien. ¶ ~에도 그런 법식은 없었다 Même dans les mœurs d'antan, on ne trouve pas de règle [d'usage] semblable.

고로[1] 古老 명 personne *f* âgée pleine d'expérience. ¶ 마을 ~의 말에 따르면 이 근처에 큰 절이 있었다고 한다 D'après l'ancien du village, il y avait un grand temple dans les environs.

고로[2] 故- 접 donc, par conséquent, pour cette raison. ¶ 그런 ~ en conséquence de quoi, par conséquent, pour cette raison.

고로케 명 ☞ 크로켓

고료 稿料 명 rémunération *f* [honoraires *mpl*] pour un manuscrit. ¶ 원고지 한 장 당 ~가 얼마나 됩니까? Combien est-on payé par page?

고루 부 ① également; uniformément; d'une manière égale; impartialement, équitablement; avec équité [impartialité]. ¶ 아이들에게 과자를 ~ 나누어 주다 donner équitablement des biscuits aux enfants. ¶ 일꾼들에게 작업을 ~ 할당하다 répartir équitablement les tâches des [entre les] ouvriers. ¶ 얼굴에 영양크림을 ~ 바르다 étaler uniformément la crème nutritive sur le visage. ② 빠짐없이 두루 sans discrimination. ¶ 음식은 가리지 않고 ~ 먹어야 한다 Il ne faut pas être difficile pour la nourriture / Il ne faut pas faire la fine bouche / Il faut manger ce qu'on nous donne [ce qu'il y a dans notre assiette]. ¶ 여러 분야의 책을 ~ 섭렵하다 lire énormément de livres dans différents domaines.

◆**_고루** 부 ☞ 골고루

고루하다 固陋- 형 avoir l'esprit étroit [borné]; être entêté(*e*), opiniâtre. ¶ 고루한 노인 un vieillard enfermé dans ses habitudes, une vieille bourrique {*fam*}. ¶ 그 사람은 고루한 사고방식을 지녔다 Cette personne est étroite d'esprit [est complètement

ㄱ

bornée, a l'esprit étroit] / Cette personne ne regarde [voit] que par le petit bout de la lorgnette. ¶ 이 녀석은 참 ~ Ce type est vraiment étroit d'esprit [est vraiment borné].

고르다[1] 형 ① être uniforme, égal(*ale*, *aux*), pareil(*le*). ¶ 고른 분포를 보이다 montrer une répartition uniforme. ¶ 그 나라는 경제 각 분야에서 고른 성장을 이룩했다 Le pays a réussi à réaliser une croissance égale dans chaque secteur de l'économie. également, uniformément, pareillement; avec équité [impartialité]. ¶ 이 아이들은 키가 모두 ~ Ces enfants sont tous de même taille. ¶ 이 상자의 사과는 크기가 ~ Les pommes de ce cageot sont toutes de la même grosseur. ¶ 그는 이가 ~ Ses dents sont de même taille / Il a de belles dents. ¶ 이 나무는 프랑스 전국에 고르게 분포해 있다 Cet arbre est répandu dans toute la France. ¶ 가족들은 유산을 고르게 분배했다 L'héritage a été distribué uniformément à tous les membres de la famille. ② 일정하다 être uniforme, égal(*ale*, *aux*), uni(*e*), pareil(*le*), équitable, impartial(*ale*, *aux*). ¶ 이 학생은 늘 성적이 ~ Cet élève obtient toujours des résultats stables. ¶ 이 지역은 일 년 내내 날씨가 ~ Cette région a un climat stable tout le [au] long de l'année. ¶ 그는 숨결[심장 박동]이 고르지 않았다 Le rythme de sa respiration [Son battement de cœur] n'était pas constant [stable, régulier]. ¶ 땅이 고르지 않고 울퉁불퉁하다 La surface de la terre est irrégulière [n'est pas plate].

고르다[2] 타 aplanir ((un terrain)); niveler ((le sol)). ¶ 길을 ~ égaliser une allée. ¶ 모래판의 바닥을 ~ aplanir le sable.

고르다[3] 타 choisir ((une carrière)); faire choix de *qc/qn*; sélectionner; arrêter [fixer] *son* choix sur *qc*; jeter *son* dévolu sur *qc/qn*; opter pour *qc*; préférer *qc* ((à *qc*)). ¶ 신랑감을 ~ choisir *son* mari. ¶ 쌀에서 돌을 ~ enlever les grains de sable du riz. ¶ 나는 여러 개의 넥타이 중에서 가장 마음에 드는 것을 골랐다 J'ai choisi la cravate qui me plaisait le plus. ¶ 나는 이것과 저것 중에서 어떤 것을 고를까 망설이는 중이다 J'hésite à prendre celle-ci ou celle-là.

고름[1] 명 pus *m*. ¶ ~을 짜다 évacuer [faire sortir] le pus ((d'un abcès)). ¶ 상처에 ~이 생겼다 Il s'est formé du pus au niveau de la plaie. ¶ 상처에서 ~이 나온다 Du pus s'écoule de la plaie / La plaie suppure.

고름[2] 명 soutache *f*. ¶ 저고리 ~ soutache d'une veste traditionnelle coréenne. ¶ ~을 풀다[매다] défaire [faire] la soutache.

◆**옷_** 명 soutache *f* d'un vêtement.

고리[1] 명 anneau(*x*) *m*, chaînon *m*, maillon *m*, boucle *f*. ¶ ~ 모양 en forme d'anneau(*x*). ¶ ~를 채우다[풀다] boucler [déboucler] une boucle.

◆**귀_** 명 boucle *m* d'oreilles.

◆**문_** 명 anneau(*x*) *m* en fer (servant de poignée de porte), poignée *f* de porte (en forme d'anneau).

◆**쇠_** 명 anneau(*x*) *m* d'un chaînon; chaînon *m*, maillon *m*.

고리[2] 高利 명 intérêt *m* de taux élevé [excessif], intérêt *m* usuraire; usure *f*. ¶ ~로 빚을 얻다 avoir des dettes à taux d'intérêt élevés. ¶ ~로 돈을 빌려주다 pratiquer l'usure; prêter (de l'argent) à l'usure.

◆**_대금업** -貸金業 명 entreprise *f* qui pratique le prêt à usure [le prêt usuraire]. ¶ ~대금업자 un(*e*) usurier(*ère*), un prêteur (sur gages).

◆**_채** -債 명 prêt *m* usuraire.

고리다 형 ☞ 구리다

고리타분하다 형 ① ((냄새가)) être infect(*e*), répugnant(*e*), écœurant(*e*), nauséabond(*e*), fétide. ¶ 이 방 안에는 고리타분한 냄새가 배어있다 Ça sent le renfermé dans cette chambre / Cette chambre sent le renfermé / Ça sent le fauve [le vieux bouc] dans cette chambre {*fam*}. ② 진부하다 être vieillot(*te*), routinier(*ère*), conservateur(*trice*), encroûté(*e*). ¶ 고리타분한 표현 une expression rebattue; un lieu commun. ¶ 고리타분한 학설 une théorie démodée. ¶ 그 남자는 고리타분한 생각[짓]만 한다 Il n'a que des idées vieillottes / Il a l'esprit routinier [étroit] / C'est une personne encroûtée / C'est une vieille barbe. ¶ 이 사람은 참 ~ Cette personne est vraiment encroûtée [vieux jeu].

고린내 명 mauvaise odeur *f*, odeur *f* fétide [infecte, répugnante], puanteur *f*. ◇**_가 나다** sentir mauvais; exhaler [dégager] une odeur fétide; puer, empester. ¶ 발에서 ~가 나다 puer des pieds.

고릴라 명 【동물】 gorille *m*.

고립 孤立 명 isolement *f*, isolation *f*. ¶ ~ 정책 politique d'isolement. ¶ 국제적 ~을 자초하다 se retrouver isolé(*e*) sur la scène internationale, provoquer *son* isolement de la scène internationale. ◇**_(이) 되다** s'isoler, se séparer. ¶ ~된 지역 un endroit [coin {*fam*}] isolé [reculé, perdu, retiré, paumé {*pop*}], un trou complètement paumé {*fam*}. ¶ 그 마을은 강물의 범람으로 외부와 완전히 ~되었다 Le village a été complètement isolé de l'extérieur suite au débordement du fleuve. ◇**_(을) 시키다** isoler *qn*; mettre *qn* en quarantaine. ¶ 침략국을 경제적으로 ~시키다 isoler économiquement l'état agresseur.

◆**_적** -的 명관 isolé(*e*), solitaire.

◆**_성** -性 명 isolement *m*, isolation *f*.

◆**_화** -化 명 isolation *f*.

◆**_감** -感 명 sentiment *m* d'isolement[de solitude]. ¶ ~감을 느끼다 se sentir isolé(*e*) (du reste du monde); se trouver coupé(*e*) du monde extérieur; se sentir seul(*e*) [esseulé(*e*), délaissé(*e*)]. ¶ ~감에 빠지다[휩싸이다] se laisser glisser dans la solitude, se sentir gagner par l'isolement, être prostré dans la solitude. ¶ 그 여자는 혼자 남자 ~감이 들었다 Dès qu'elle s'est retrouvée toute seule, elle s'est sentie isolée / Dès qu'elle a été seule, elle est tombée dans la solitude / Aussitôt qu'elle est restée seule elle s'est sentie isolée.

◆_어 -語 명 【언어】 langues *fpl* isolantes. ¶ 중국어는 ~어에 속한다 Le chinois appartient aux langues isolantes.

◆_무원 -無援 명 isolé(*e*) et sans secours.

◆_주의 -主義 명 【정치】 isolationnisme *m*. ¶ ~주의자 isolationniste.

고마워하다 자타 être reconnaissant(*e*) ((de *qc* envers *qn*)); remercier *qn* de *qc*; faire [adresser] des remerciements à *qn*. ¶ 누구의 호의에 대해 무척 ~ être très [infiniment, éternellement] reconnaissant(*e*) à *qn* d'un bienfait. ¶ 요즘 아이들은 부모님에게 고마워할 줄을 모른다 Les enfants de nos jours font preuve d'ingratitude envers leurs parents. ¶ 그 여자는 친구가 도와준 것에 대해 매우 고마워하였다 Elle était très reconnaissante envers son ami de l'avoir aidée.

고막[1] 명 (('꼬막'의 잘못)) ☞ 꼬막

고막[2] 鼓膜 명 (membrane *f* du) tympan *m*. ¶ ~을 터뜨리다 crever [déchirer] les tympans; casser les oreilles à *qn*, assourdir *qn*. ¶ ~이 터지다 avoir les tympans brisés [déchirés]. ¶ ~이 터질 정도로 시끄러운 음악 une musique qui crève [déchire] les tympans; une musique assourdissante.

◆_염 -炎 명 【의학】 otite *f* moyenne, tympanite *f*.

고만[1] 부 【구어】 ☞ 그만[1]

고만[2] 부 【구어】 ☞ 그만[2]

고만고만하다 형 être à peu près de la même taille [grandeur, dimension]. ¶ 그들은 모두 키[실력, 나이]가 ~ Ils sont à peu près de la même taille [de la même compétence, du même âge]. ☞ 그만그만하다

고만두다 타 【구어】 ① 중지하다 arrêter [s'arrêter] de faire *qc*. ¶ 이제 어리석은 짓은 제발 고만둬! Maintenant, s'il te plaît, arrête de faire des bêtises / Je t'en prie, arrête maintenant de faire des idioties. ② 포기하다 abandonner en cours de route. ¶ 책을 읽으려다가 졸려서 고만두었다 Il s'apprêtait à lire un roman, mais il y a renoncé tellement il avait sommeil / Sur le point de se mettre à lire il a arrêté car il tombait de sommeil. ☞ 그만두다

고만하다 형 ☞ 그만하다[1], 그만하다[2]

고맘때 명 ☞ 그맘때

고맙다 형 être reconnaissant(*e*) à *qn* ((d'un bienfait)); ((말 따위가)) être aimable, gentil(*le*), gracieux(*se*), bienveillant(*e*). ¶ 고마운 사람 personne à qui l'on est reconnaissant(*e*). ¶ 고마운 친구 ami(*e*) à qui l'on est reconnaissant(*e*). ¶ 고마운 말씀 une parole aimable [gentille, bienveillante], une parole qui vous fait chaud au cœur. ¶ 고마운 배려[관심] une gentille [bienveillante] attention. ¶ 고마운 선물 un cadeau qui nous touche beaucoup [qui nous inspire de la reconnaissance, qui nous comble]. ¶ 당신에게 고마운 생각이 듭니다. Je vous suis obligé(*e*) de vos bontés. ¶ 나는 그의 도움이 너무 고마웠다 Je lui ai vraiment été reconnaissant(*e*) de son aide [de m'avoir aidé(*e*)]. ¶ (대단히) 고맙습니다 Je vous remercie (infiniment) / Merci (beaucoup) / Mille mercis. ¶ 도와주셔서 정말 고맙습니다 Je vous suis très reconnaissant(*e*) de m'avoir aidé(*e*). ¶ ...하여 주시면 고맙겠습니다 Je vous serais reconnaissant(*e*) de+*inf*. ¶ 고맙게 avec gratitude. ¶ 귀하의 친절에 대해 고맙게 생각합니다 Je vous suis obligé(*e*) de votre bonté. ¶ 고맙게도 그 사람은 ...하여 주었다 Il a été assez aimable pour+*inf*; il a eu l'amabilité de+*inf*.

◆고마움 명 reconnaissance *f*, gratitude *f*. ¶ 누구에게 고마움을 느끼다 être pénétré(*e*) de reconnaissance envers *qn*. ¶ 누구에게 고마움을 표하다 témoigner de la reconnaissance [gratitude] à *qn*. ¶ 누구에 대한 고마움을 잊어버리다 oublier d'être reconnaissant(*e*) envers *qn*, se montrer ingrat(*e*) envers *qn*.

고매하다 高邁- 형 être noble, élevé(*e*), supérieur(*e*) ¶ 고매한 정신 un esprit noble; une grande âme. ¶ 고매한 인격 un caractère noble et plein de dignité ¶ 고매한 인품의 소유자 une personne pleine de dignité.

고명[1] 명 garniture *f*, accompagnement *m* décoratif. ¶ 생선 요리에 ~으로 실고추를 뿌리다[얹다] décorer un poisson avec des piments rouges coupés en filament.

◆_딸 명 fille *f* unique (parmi plusieurs fils).

고명[2] 高名 명 ① 이름 votre nom *m* ((expression honorifique)). ② 명성 réputation *f*, renommée *f*, renom *m*, célébrité *f*. ¶ 선생님의 ~은 익히 들었습니다 J'ai beaucoup entendu parler de vous.

◆_하다 형 être célèbre, renommé(*e*), illustre, fameux(*se*), réputé(*e*). ¶ ~하신 선생님들과 자리를 함께 하게 되어 영광입니다 C'est pour moi un grand honneur d'avoir été invité(*e*) en si bonne compagnie [parmi des personnes si illustres] / C'est pour moi un grand honneur d'être présent(*e*) ici.

고모 姑母 명 tante *f* (paternelle).

◆_부 -夫 명 oncle *m* ((mari d'une tante paternelle)).

◆대[왕]_ 大[王]- 명 grand-tante(~-~*s*) *f* paternelle.

고모음 高母音 명 【언어】 voyelle *f* haute [fermée].

고목[1] 古木 명 vieil arbre *m*. ¶ 몇 백 년 된[묵은] ~ un arbre séculaire.

◆_나무 명 vieil arbre *m*.

고목[2] 枯木 명 arbre *m* mort.

◆_나무 명 arbre *m* mort.

고무[1] 鼓舞 명 encouragement *m*, exhortation *f*. ◇_(를) 하다[시키다] encourager, exhorter. ¶ 군의 사기를 ~하다[시키다] relever le moral de l'armée. ¶ 나는 더욱 분발하도록 학생들을 ~시켰다 J'ai encouragé les élèves à faire plus [redoubler] d'efforts. ◇_(가) 되다 être encouragé(*e*). ¶ 학계는 이 새로운 발견에 ~된 분위기다 Les milieux académiques semblent être encouragés [stimulés, dopés, boostés] grâce à [par] cette nouvelle découverte.

◆_적 -的 명관 encourageant(*e*), prometteu*r*(*se*). ¶ 그는 이번 일을 매우 ~적인 것으로 평가했다 Il a jugé cette affaire très prometteuse. ¶ 석유화학 공업의 전망은 매우 ~적이다 Les perspectives d'avenir de l'industrie pétrochimique sont très encourageantes.

고무[2] 프{gomme} 명 ① caoutchouc *m*; gomme *f*. ¶ ~ 공 balle en caoutchouc. ¶ ~ 패킹[도장, 마개, 튜브] garniture [sceau, sceau, bouée] en caoutchouc. ¶ ~ 타이어 pneumatique, pneu. ¶ ~를 입힌 (방수)천 tissu caoutchouté. ¶ ~를 채취하다 extraire le caoutchouc. ¶ ~처럼 탄력 있는 몸매 un corps élastique (comme du caoutchouc). ② 지우개 gomme *f* (à effacer). ¶ 잘못 쓴 글자를 ~로 지우다 effacer les fautes avec une gomme.

◆_관 -管 명 tuyau *m* de caoutchouc.

◆_나무 명 【식물】 hévéa *m*.

◆_밴드 명 élastique *m*.

◆_보트 명 canot *m* pneumatique.

◆_신 명 mocassins *mpl* en [de] caoutchouc, chaussure *f* (traditionnelle) en caoutchouc. ¶ ~신 한 켤레 une paire de chaussures en caoutchouc. ¶ ~신에 구멍이 나서 물이 샌다 Comme les chaussures en caoutchouc sont trouées, l'eau y pénètre / L'eau pénètre dans mes chaussures en caoutchouc trouées. ¶ ~신을 떼우다 refermer le trou [l'orifice] de *sa* chaussure en caoutchouc. ¶ ~신을 신다[벗다]. mettre [enlever] des mocassins en caoutchouc.

*~**신을 거꾸로 신다** laisser tomber [larguer {*fam*}, plaquer {*fam*}] *son* petit ami parti à l'armée.

◆_장갑 명 gant *m* en caoutchouc.

◆_줄 명 élastique *m*. ¶ ~줄을 끊다 couper l'élastique. ¶ ~줄로 머리를 묶다 s'attacher les[attacher *ses*] cheveux à l'aide d'un élastique. ¶ ~줄 놀이를 하다 jouer à l'élastique. ¶ 그는 그 사건을 ~줄처럼 늘려서 이야기하곤 했다 Il avait tendance à raconter cette histoire avec exagération / Il avait tendance à broder sur cette histoire / Il avait tendance à en rajouter lorsqu'il racontait cette histoire {*fam*}.

◆_지우개 명 gomme *f* (à effacer). ¶ ~지우개로 무엇을 지우다 effacer *qc* avec une gomme.

◆_질 -質 명 consistance *f* caoutchouteuse, substance *f* gommeuse. ¶ ~질의 gommeu*x*(*se*), caoutchouteu*x*(*se*).

◆_창 명 semelle *f* de caoutchouc. ¶ ~창을 댄 신발 des souliers à semelles de caoutchouc.

◆_풀 명 gomme *f* arabique.

◆_풍선 -風船 명 ballon *m* de baudruche en caoutchouc.

◆_호스 명 tuyau *m* en caoutchouc.

◆아라비아_ 명 gomme *f* arabique.

◆인조_ 人造 명 caoutchouc *m* artificiel.

◆재생_ 再生- 명 caoutchouc *m* recyclé.

◆합성_ 合成- 명 caoutchouc *m* synthétique.

고무락거리다, 꼬무락거리다 재타 ① remuer d'un mouvement lent, remuer lentement. ¶ 발가락을 꼬무락거려 보아라 Remue lentement tes doigts de pieds. ② 늦장부리다 agir avec lenteur. ¶ 늦었는데 왜 이렇게 꼬무락거리니? Pourquoi tu bouges aussi lentement alors qu'on est en retard?

고문[1] 古文 명 ① 옛글 écrit *m* [texte *m*] ancien. ¶ ~을 인용해 가며 이야기하다 parler en citant des textes anciens. ② 과목 (enseignement *m* des) textes *mpl* anciens, littérature *f* ancienne[antique, classique]. ¶ 인문계 고등학교에서는 주당 두 시간 ~을 가르친다 On enseigne les textes classiques deux fois par semaine dans les lycées littéraires.

◆_체 -體 명 style *m* archaïque. ¶ ~체 서간 une lettre écrite dans un style archaïque. ¶ 이 글은 지나치게 ~체로 되어 있다[~이다] Ce texte est écrit dans un style trop archaïque.

고문[2] 拷問 명 supplice *m*, torture *f*, tourment *m* {*vx*}. ¶ ~ 도구 instrument de torture [de supplice]. ¶ 물[전기] ~ supplice de l'eau [gégène]. ¶ 피의자에 대한 가혹한 ~ une torture cruelle envers le(la) prévenu(*e*). ¶ ~에 못 이겨 거짓 자백을 하다 faire des aveux inexacts [forcés] sous la torture. ◇_(을) **하다** mettre *qn* à la torture; livrer *qn* au supplice; infliger [soumettre à] la question, torturer *qn*. ¶ 누구를 ~하여 죽이다 torturer *qn* à mort. ◇_(을) **받다[당하다]** être torturé(*e*). ¶ 경찰에서 모진 ~을 당하다 être torturé(*e*) violemment au commissariat de police. ¶ ~을 받다가 죽다 être torturé(*e*) jusqu'à la mort, subir des tortures et en mourir.

◆_대 -臺 명 chevalet *m* (de torture).

◆_실 -室 명 salle *f* d'interrogatoire[de tortures, de supplices].

고문[3] 顧問 명 conseill*er*(*ère*). ¶ ~ 변호사 avocat-conseil ¶ 법률[기술] ~ conseill*er*(*ère*) juridique [technique]. ¶ ~을 두다 avoir un conseiller. ¶ ~에게 조언을 구하다 demander des recommandations au conseiller. ¶ 그는 이 회의에 ~ 자격으로 참석했다 Il a participé à cette conférence en tant que conseiller. ¶ 외국인 전문가를 ~으로 채용하다[쓰다, 초빙하다] employer un expert [spécialiste] étranger comme conseiller.

◆_관 -官 명 conseill*er*(*ère*).

◆_단 -團 명 équipe *f* de conseillers.

◆_역 -役 명 rôle *m* [fonction *f*, mission *f*] de conseiller.

고문서 명 archives *fpl*; document *m* ancien. ¶ ~ 보관소 les archives ¶ 연구를 위해 ~를 뒤지다 fouiller dans les archives pour une recherche. ☞ 고문[1]

◆_학 -學 명 paléographie *f*. ¶ ~학자 archiviste; paléographe.

고문헌 古文獻 명 archives *fpl*. ¶ ~을 발굴하다 fouiller (dans) les archives.

고물[1] 명 farine *f* (dont on enrobe les *tteok* (떡)). ¶ 떡에 ~을 묻히다 couvrir les *tteok* avec de la farine ((de soja)).

◆**떡_** 명 poudre *f* [farine *f*] servant à couvrir les *tteok*.

◆**콩_** 명 poudre *f* [farine *f*] de soja.

◆**팥_** 명 poudre *f* [farine *f*] de haricot rouge.

고물[2] 명 poupe *f*, arrière *m* ((d'un navire)). ¶ 배의 이물과 ~ la proue et la poupe d'un navire. ¶ 배가 ~부터 가라앉기 시작한다 Le navire commence à sombrer[chavirer] par la poupe / La poupe du navire commence à s'engouffrer.

고물[3] 古物 명 ① vieillerie *f*, antiquité *f*, bric-à-brac *m inv*. ¶ 털털대는 ~ 자동차 une vieille voiture [une vieille guimbarde, un vieux tacot] qui cahote. ¶ 그까짓 ~들은 왜 자꾸 모으는 거니? Pourquoi est-ce que tu collectionnes ces vieilleries [antiquités]? ¶ 이 차도 이제 ~이 다 되었다 Cette voiture n'est plus qu'un tas de ferraille. ② ((사람)) vieux débris *m*, vieux croûton {*fam*}. ¶ 나도 이제 ~이 다 되었다[~이나 마찬가지다] Je ne suis plus qu'un vieux débris [vieux croûton {*fam*}].

◆**_상** -商 명 ① 고물 장수 brocanteu*r*(*se*). ② 고물 가게 brocante *f*.

고물가 高物價 명 vie *f* chère, cherté *f* de la vie. ¶ ~ 시대를 살다 vivre une époque (où la vie est) chère. ¶ 본격적인 ~ 시대에[로] 접어들다 entrer véritablement dans une période de cherté. ¶ 효과적인 ~ 억제책을 강구하다[펴다] prendre des mesures efficaces contre la hausse des prix. ¶ 유류 파동 이후 서민들은 ~에 고통 받고 있다 Les citoyens souffrent de la hausse des prix depuis la crise du pétrole.

고민 苦悶 명 souffrance *f* morale; angoisse *f*, souci *m*, tourment *m*, inquiétude *f*. ¶ ~ 끝에 병들다 tomber malade après une longue période d'angoisse [après une angoisse prolongée]. ¶ ~을 잊으려고 술을 마시다 boire afin d'oublier *ses* inquiétudes [souffrances morales]; noyer *ses* angoisses dans l'alcool. ¶ 누구에게 ~을 털어 놓다 confier *ses* angoisses à *qn*. ◇**_(을) 하다** souffrir; être angoissé(*e*), rongé(*e*) ((par un souci)). ¶ 금전[이성] 문제로 ~하다 souffrir de problèmes financiers [affectifs, sentimentaux]. ¶ 그 사람은 교통사고 후에 뺑소니친 일로 ~했다 Il était angoissé d'avoir commis un délit de fuite après l'accident [de ne pas être resté après avoir provoqué l'accident]. ¶ 그는 ~하는 표정을 지었다 Son visage prit une expression extrêmement soucieuse. ◇**_(이) 되다** tourmenter, travailler, angoisser, préoccuper, tracasser, turlupiner {*fam*}, empêcher de dormir. ¶ 나는 그 일이 무척 ~된다 Cette affaire me préoccupe beaucoup / Cette histoire me tracasse beaucoup. ◇**_이다** être une angoisse. ¶ 나는 돈이 한 푼도 없는 것이 ~이다 C'est une angoisse de ne pas avoir d'argent du tout. ¶ 그 친구는 쓸데없는 일로 ~이다 Il nourrit des angoisses [Il s'angoisse] pour peu de chose / Il se crée des angoisses disproportionnées [excessives] / Il se crée des angoisses pour des choses insignifiantes / Il se fait des nœuds à l'estomac pour rien. ◇**_이 있다[없다]** avoir des angoisses, avoir des inquiétudes [ne pas avoir d'angoisses, ne pas avoir d'inquiétudes]. ¶ 그는 말 못할 ~이 있는 것 같다 Il semble avoir des angoisses dont il n'arrive pas à parler. ¶ 너 무슨 ~이 있니? Qu'est-ce qui te tracasse [t'angoisse, t'inquiète, t'empêche de dormir]? / Qu'est-ce qui ne va pas? / Y'a-t-il quelque chose qui ne va pas?

◆**_스럽다** 형 être angoissant(*e*), inquiétant(*e*).

◆**_거리** 명 sujet *m* d'inquiétude, souci *m*; souffrance *f* morale; angoisse *f*.

고발 告發 명 accusation *f*, ((법률)) dénonciation *f*. ¶ 누구의 ~에 의해 입건되다 être dénoncé(*e*) par *qn* et mis(*e*) en accusation. ◇**_(을) 하다** accuser *qn*. ¶ 뺑소니 운전사를 경찰에 ~하다 dénoncer pour délit de fuite le chauffeur au commissariat (de police). ◇**_(이) 되다[(을) 당하다]** être accusé(*e*); être dénoncé(*e*). ¶ 선거법 위반으로 ~되다 être dénoncé(*e*) pour délit contre la loi électorale. ¶ 명예 훼손죄로 ~당하다 être dénoncé(*e*) pour diffamation [discrédit].

◆**_인** -人 【법률】 명 accusa*teur*(*trice*); dénoncia*teur*(*trice*).

◆**_장** -狀 명 【법률】 acte *m* d'accusation.

◆**_정신** -精神 명 tempérament *m* [esprit *m*] de dénonciateur [de délation].

◆**소비자_센터** 명 centre *m* de dépôt des plaintes des consommateurs; association *f* de défense des consommateurs.

고방 庫房 명 débarras *m*, cagibi *m*, remise *f*, resserre *f* ¶ ~에 곡식을 보관하다 conserver des céréales dans une remise.

고배 苦杯 명 expérience *f* pénible.

*~**를 들다[마시다]** essuyer [subir] un échec (humiliant); passer par [subir] de durs épreuves; ((승부에서)) être battu(*e*), vaincu(*e*); subir [essuyer] une défaite.

고백 告白 명 aveu(*x*) *m*; confession *f*, déclaration *f*, profession *f* ((de loi)). ¶ 사랑의 ~ une déclaration d'amour. ◇**_(을) 하다** avouer, confesser, déclarer ((sa flamme)). ¶ 누구에게 사랑을 ~하다 déclarer son amour[sa flamme] à *qn*. ¶ 신앙을 ~하다 professer sa foi; faire profession de foi. ¶ 죄를 ~하다 confesser [avouer, accuser] ses péchés. ¶ 네가 무슨 잘못을 저질렀는지 솔직히 ~해 봐라 Avoue franchement quelle faute tu as commise.

◆**_록** -錄 명 【문학】 Confessions *fpl* ((de Saint Augustin)).

◆**_성사** -聖事 명 【천주】 confession *f* de *ses* péchés.

고법 高法 명 Cour *f* d'appel. ¶ 서울 ~ la Cour d'appel de Séoul.

◆_판사 -判事 명 juge *m* de la cour d'appel.

고변 告變 명 dénonciation *f* d'un complot[d'un coup monté]. ¶ 왕은 충신들의 ~을 듣지 않았다 Le roi n'a pas écouté la dénonciation du complot de ses sujets loyaux[de ses partisans]. ◇_(을) **하다** dénoncer un complot[un coup monté].

고별 告別 명 adieu(*x*) *m*. ¶ ~ 파티 une réunion [un banquet; un dîner; un pot, un thé] d'adieu. ¶ ~ 연주회 un concert d'adieu. ¶ ~ 연설을 하다 prononcer une allocution d'adieu. ¶ 누구에게 ~ 인사를 하다 faire *ses* adieux à *qn*. ◇_(을) **하다** faire *ses* adieux à *qn*, dire adieu à *qn*; se séparer, se quitter.

◆_사 -辭 명 discours *m* [allocution *f*] d'adieu.

◆_식 -式 명 cérémonie *f* d'adieu; ((죽은 사람에 대한)) cérémonie *f* funèbre.

고본 古本 명 ① livre *m* d'occasion. ¶ ~ 시장 une librairie de livres d'occasion. ② 옛날 책 vieux livre *m*. ☞ 고서[1]

고봉 高峰 명 haute montagne *f*; haut sommet *m*, sommet *m* élevé. ¶ 히말라야에는 ~들이 많다 Il y a de nombreux sommets élevés sur la chaîne de l'Himalaya / La chaîne de l'Himalaya comporte de nombreux sommets très élevés.

◆최_ 崔- 명 ① le plus haut sommet. ¶ 백두산은 우리나라의 최~이다 Le mont Baekdu est le plus haut sommet de Corée. ② ((비유적)) le(*la*) plus grand(*e*); sommet *m*. ¶ 그는 우리 화단의 최~이라 평가받고 있다 Il est considéré comme le plus grand de nos peintres / Il est considéré comme un sommet dans (le monde de) la peinture.

고부 姑婦 명 belle-mère *f* et bru *f*. ¶ ~ 사이가 원만하다 avoir de bonnes relations entre belle-mère et bru.

◆_간 -間 명 relation *f* entre belle-mère et bru. ¶ ~간의 갈등을 풀다 résoudre les conflits entre belle-mère et bru [entre la belle-mère et sa bru]. ¶ 저 두 여자는 ~간이다 Ces deux femmes sont belle-mère et bru.

고부라지다 자 ☞ 꼬부라지다

고부랑하다, 꼬부랑하다 형 être courbé(*e*), coudé(*e*), tordu(*e*). ¶ 나는 고부랑한 길을 따라 걸었다 Je suivais un sentier sinueux. ¶ 그는 이제 늙어 허리가 ~ Il a le dos courbé parce qu'il est vieux.

고부리다, 꼬부리다 타 ☞ 구부리다

고분 古墳 명 tombeau(*x*) *m* ancien; tumulus *m*. ¶ ~ 벽화 peintures sur les parois des tombeaux. ¶ ~을 발굴하다 découvrir [déterrer] un tombeau ancien.

고분고분 부 docilement. ¶ 누구의 말을 ~ 잘 듣다 bien écouter les conseils de *qn*; obéir à *qn*. ¶ 부모의 말에 ~ 잘 따르다 obéir à ses parents.

◆_하다 형 être docile, obéissant(*e*), soumis(*e*), doux(*ce*), humble. ¶ ~한 아이[성격] un(*e*) enfant [un caractère] docile. ¶ 태도가 ~ avoir une attitude docile. ¶ 이 아이는 부모에게 ~ Cet enfant obéit très bien à ses parents.

고분자 高分子 명 【화학】 polymère *m*, macromolécule *f*.

◆_화합물 -化合物 【화학】 composé *m* hautement polymérisé.

고불거리다, 꼬불거리다 자 ☞ 구불거리다

고불탕하다, 꼬불탕하다 형 être légèrement courbé(*e*) [coudé(*e*), tordu(*e*)]. ☞ 고부랑하다, 꼬부랑하다

고비[1] 명 ① moment *m* crucial; tournant *m* [point *m*] décisif. ¶ 마지막 ~에서 au dernier moment; au moment décisif. ¶ 어려운 ~를 잘 넘기다[헤쳐나가다] bien passer le cap [un cap difficile]; avoir su affronter les épreuves difficiles; franchir avec succès un cap périlleux. ¶ 그는 삶의 ~를 수없이 넘어온 사람이다 Il en a vu dans sa vie {*fam*} / Il est passé par de rudes épreuves / Il en a vu de dures [de toutes les couleurs, des vertes et des pas mûres] / Il en a bavé {*fam*}. ¶ 우리 사업이 이제 힘든 ~를 넘어섰다고 자신한다 À présent, nous sommes sûrs que notre affaire [entreprise] a passé le cap. ¶ 그의 인생에서 지금이 ~라고 할 수 있다 On pourrait dire que c'est le tournant décisif de sa vie. ② 절정 fort *m*; comble *m*, apogée *f*, paroxysme *m*. ¶ 이 시점을 ~로 폭동이 가라앉을 조짐이 보인다 L'émeute a l'air de s'apaiser après un paroxysme. ¶ 여름은 지금이 한창 ~다 À présent, nous sommes au plus fort de l'été.

◆한_ 명 le moment le plus fort; le plus fort de ((l'été)). ¶ 더위가 한~를 넘었다 Les grandes chaleurs sont [La canicule est] passée(s).

고비[2] 명 【식물】 fougère *f*.

◆_나물 명 fougère *f*.

고뿔 명 rhume *m*; grippe *f*, froid *m*, virose *f*, crève {*fam*}. ¶ ~에 걸리다 prendre [attraper] froid; attraper un rhume [la grippe, la crève {*fam*}]; s'enrhumer. ¶ ~이 영 떨어지지 않는다 Il y a longtemps que le rhume me tient / Il y a longtemps que je souffre d'un rhume.

고삐 명 bride *f*, rênes *fpl*; guides *fpl*. ¶ ~를 늦추다[놓다, 풀다] lâcher la bride [les rênes] ((à un cheval, à *qn*)). ¶ 말 ~를 잡다 tenir [mener] un cheval par la bride. ¶ ~를 당기다[죄다] tenir la bride serrée [courte, haute] ((à un cheval, à *qn*)).

*~**를 늦추다** relâcher la discipline; relâcher *son* attention; desserrer la vis.

*~**를 조이다** resserrer [serrer] les boulons [resserrer la discipline, redoubler d'attention].

*~ **풀린 망아지처럼 날뛰다** être déchaîné(*e*) comme un poulain auquel on aurait lâché la bride; agir à sa guise [faire n'importe quoi] sans se soucier des autres.

고사[1] 古史 명 antiquité *f*, histoire *f* ancienne, histoire *f* antique. ¶ ~를 연구하다[탐구하다]. étudier l'antiquité.

고사[2] 告祀 명 offrande *f* aux esprits ((pour éloigner

les calamités)). ◇_를 **지내다[올리다]** faire une offrande aux esprits pour éloigner tous les malheurs possibles (à l'occasion de l'achat d'une voiture neuve) ((coutume coréenne pour apporter la prospérité dans toute entreprise)).

*~**를 지내다** rester dans un coin sans rien consommer ((dans un bar)). ¶ 너 ~ 지내고 있니? 그러지 말고 한잔 하지 그래 Arrête de rester dans ton coin sans rien consommer, viens plutôt boire un verre (avec nous).

◆**_떡** 명 *tteok m* préparé à l'occasion de l'offrande aux esprits.

◆**_상** -床 명 plat *m* préparé à l'occasion de l'offrande aux esprits.

고사[3] 考査 명 examen *m*, épreuve *f*, test *m*. ¶ ~ 과목 la matière d'examen. ¶ ~ 감독관 un(*e*) examina*teur*(*trice*). ¶ 구술 ~ l'examen oral; l'épreuve orale. ¶ 면접 ~ l'examen d'entretien. ¶ ~ 일시를 잡다[공고하다] fixer [annoncer] la date d'examen. ¶ ~를 준비하다[~에 대비하다] préparer un examen. ¶ ~를 치르다 passer un examen. ¶ 이번 ~는 다음 주에 있을 예정이다 L'examen est prévu pour la semaine prochaine.

◆**_장** -場 명 salle *f* d'examen.

◆**기말_** 期末- 명【교육】examen *m* de fin d'année [de semestre].

◆**본_** 本- 명【교육】examen *m* principal.

◆**중간_** 中間- 명【교육】examen *m* de mi-année [de mi-semestre], (examen *m*) partiel.

◆**필답_** 명 examen *m* écrit; épreuve *f* écrite.

◆**학력_** 學力- 명【교육】examen *m* de connaissances.

고사[4] 固辭 명 refus *m*. ◇_(를) **하다** s'entêter à refuser *qc*; persister dans *son* refus. ¶ 그 사람은 총리직 제의를 몇 차례나 ~했다 Il persiste dans son refus de prendre [d'assumer] les fonctions de Premier ministre.

고사[5] 枯死 명 dessèchement *m*, flétrissement *m* ((d'une plante)). ◇_(를) **하다** mourir, se flétrir; se faner. ¶ 가뭄으로 나무들이 ~하고 있다 Les arbres meurent à cause de la sécheresse [l'aridité]. ¶ 정부의 적극적인 지원이 없으면 첨단 과학은 ~하고 만다 Sans le concours [soutien] actif de l'État, les sciences d'avant-garde vont [risquent de] disparaître. ◇_(를) **시키다** faire mourir. ¶ 약물로 나무들을 ~시키다 faire mourir des arbres avec des produits chimiques.

고사[6] 故事 명 fait *m* historique; anecdote *f*, légende *f*; tradition *f* ¶ ~의 내력을 말하다 remonter à l'origine[la source] d'une légende; faire l'historique ((d'une question)). ¶ 그는 중국의 ~를 인용해 가며 현학적인 연설을 했다 en citant des anecdotes chinoises, il a donné un discours pédantesque.

◆**_성어** -成語 명 maxime *f* traditionnelle; expression *f* [locution *f*, idiotisme *m*] tirée d'un fait historique [d'une légende].

고사리 명【식물】fougère *f* aigle (comestible). ¶ ~를 캐다[뜯다] arracher de la fougère aigle.

*~ **같은 손** petites mains *fpl* d'un enfant; menottes *fpl*. ¶ 아이가 ~같은 손으로 병든 어머니를 간호하다니 감동적이다 Que c'est attendrissant de voir ce petit soigner sa maman malade avec ses petites mains!

고사포 高射砲 명 canon *m* antiaérien; canon *m* de D.C.A. ¶ ~ 부대 une troupe d'artillerie antiaérienne. ¶ ~ 탄 des balles d'artillerie antiaérienne. ¶ ~를 쏘다 tirer un coup de canon de D.C.A.

고사하고 姑捨- 부 mis(*e*) à part, outre; en laissant de côté; sans parler de, sans compter. ¶ 비용문제는 ~ 또 다른 문제가 있다 Mis à part [Outre] les problèmes financiers, il existe encore d'autres problèmes. ¶ 밥은 ~ 그들에게 물 한 잔 얻어먹지 못했다 Bon! pour le repas, passons, mais ils auraient pu me servir un verre d'eau tout de même. ¶ 칭찬은 ~ 야단만 맞지 않아도 다행이다 Sans parler de compliments, je peux m'estimer heureu*x*(*se*) si je ne suis pas grondé(*e*) tout simplement.

고산 高山 명 haute montagne *f*; alpin(*e*), alpestre. ¶ ~ 지형 la disposition d'un terrain de haute montagne. ¶ ~ 동물 les animaux alpins. ¶ ~ 식물 les plantes alpestres.

◆**_기후** -氣候 명【지리】climat *m* de haute montagne.

◆**_대** -帶 명【식물】zone *f* de flore alpine.

◆**_병** -病 명【의학】mal *m* des montagnes [d'altitude].

◆**_족** -族 명【고유】peuple *m* alpin.

◆**_지대** -地帶 명【지리】région *f* de haute montagne.

고삼 高三 명 troisième [dernière] année *f* de lycée; (classe *f* de) terminale *f*.

◆**_병** -病 명 mal *m* des bacheliers ((souffrance venant du stress de la préparation au concours d'entrée à l'université)).

고상하다 高尙- 형 être raffiné(*e*), noble, distingué(*e*), élevé(*e*). ¶ 고상한 사상 une pensée noble. ¶ 고상한 인품을 지닌 사람 une personne noble. ¶ 고상한 취향의 가구들 des meubles de grande classe [de style]. ¶ 그는 자기만 고상한 취미를 지닌 듯 군다 Il se comporte comme s'il était le seul à avoir des passe-temps raffinés.

고샅 명 ① 골목길 ruelle *f*, passage *m*. ¶ 마을(의) ~ les ruelles du village. ② 사타구니 entrecuisse *m*. ¶ 속옷을 벗자 ~으로 시원한 기운이 스쳐갔다 Lorsqu'il retira *ses* sous-vêtements, un vent frais passa entre *ses* cuisses[jambes].

◆**_길** 명 ruelle *f*, passage *m*. ¶ 그네들은 천천히 걸어 어느덧 ~길로 접어들었다 Ils se sont engagés[avancés] lentement dans une ruelle / Ils ont marché lentement et sont entrés dans le passage.

고색 古色 명 air *m* [apparence *f*] antique. ¶ ~을 띠다 avoir l'air antique. ¶ ~이 창연하다 être patiné(*e*) par le temps.

◆_**창연하다** -蒼然 형 ¶~창연한 교회 une vieille église patinée par le temps. ¶~창연한 자동차 une voiture antédiluvienne.

고생 苦生 명 effort *m*, peine *f*, tracas *m*, souci *m*. ¶~에 찌들다 être rongé(*e*) de soucis. ¶~을 모르고 자라다 grandir sans (avoir de) souci. ¶사전을 만드느라 ~이 많으십니다 Vous vous donnez beaucoup de peine pour faire ce dictionnaire. ◇_(을) **하다** peiner, souffrir; avoir de la difficulté [de la peine, du mal] à+*inf*; se donner du mal [de la peine] pour+*inf*; avoir des ennuis [soucis]; en baver {*fam*}, en chier {*vulg*}. ¶가난으로 ~하다 souffrir de la pauvreté. ¶집을 구하는 데 ~하다 se donner du mal pour trouver un logement. ¶너는 좀 더 ~을 해야 한다 Tu dois encore apprendre les réalités de la vie / Il te faut encore manger de la vache enragée {*fam*}. ¶가족을 부양하느라 ~하는구나 Tu te donnes de la peine pour soutenir ta famille. ¶~한 보람이 있었다 Ce ne fut pas peine perdue. ¶~해서 avec peine; à grand-peine; ((accomplir *qc*)) laborieusement. ◇_(이) **되다** être difficile, éprouvant(*e*). ◇_(을) **시키다** créer [causer] des ennuis à *qn*; donner du souci [tracas] à *qn*. ¶그는 젊어서 아내를 무척 ~시켰다 Il a causé beaucoup de tracas [soucis] à sa femme quand il était jeune. ◇_**이다** peiner; en baver {*fam*}. ¶밤늦게까지 시험 준비하느라 모두들 ~이다 Tout le monde peine à étudier jusqu'à une heure avancée de la nuit pour préparer son examen.

*~ **끝에 낙이 온다** Après la pluie, le beau temps.

***젊어서 ~은 사서도 한다** Faire des efforts [Travailler avec ardeur] dans sa jeunesse sera une expérience valorisante pour l'avenir.

***사서 ~(을) 하다** se compliquer la vie; se fatiguer inutilement; se donner du mal pour rien [si peu]; s'emmerder {*fam*} pour si peu; se créer des problèmes qui n'en valent pas la peine; ((자발적으로)) travailler avec ardeur pour acquérir une expérience pour l'avenir.

◆_**스럽다** 형 être difficile, éprouvant(*e*). ¶사전 편찬 작업은 몹시 ~ C'est vraiment du travail d'éditer un dictionnaire.

◆_**길** 명 chemin *m* plein de difficultés [d'embûches]; parcours *m* semé d'embûches. ¶~길로 들어서다[접어들다] une période de difficultés commence (pour *qn*); s'engager dans un chemin plein de difficultés.

◆_**문** -門 명 commencement *m* d'un parcours semé d'embûches. ¶~문이 열리다 une période de difficultés commence (pour *qn*); s'engager dans un chemin plein de difficultés. ¶~문이 훤하다 Tu vas en voir de dures / Tu vas en baver {*fam*}.

◆_**바가지** 명 peine *f* énorme. ¶~바가지를 뒤집어쓰다 se donner beaucoup de peine [beaucoup de mal], se donner un mal fou [un mal de chien] {*fam*}.

◆_**주머니** 명 source *f* [cause *f*] de souffrances permanente. ¶~주머니를 차다[달다] avoir une cause de souffrances permanente.

◆**생**_ 生- 명 beaucoup de mal *m* [de peine *f*]; mal *m* fou [de chien]. ¶생~(을) 하다 travailler comme un esclave [un forçat, un nègre, un bœuf, une bête de somme], travailler à des ouvrages pénibles, se fatiguer beaucoup, galérer {*fam*}, se donner un mal fou [un mal de chien, beaucoup de mal, beaucoup de peine]; crouler sous le travail {*fam*}; se crever au travail, se crever la santé à+*inf*, se mettre en quatre, se décarcasser, se défoncer, s'éreinter, en baver {*fam*}, en chier {*vulg*}.

고생대 古生代 명 【지리】 paléozoïque *m*, primaire *m*; ère *f* primaire. ¶~ 생물[동물, 식물] un organisme [un animal, une plante] paléozoïque. ¶~ 지층 une couche paléozoïque.

고생물 古生物 명 【생물】 être *m* vivant fossilisé.

◆_**학** -學 명 paléontologie *f*.

◆_**학자** -學者 명 paléontologiste, paléontologue.

고서[1] 古書 명 ① livre *m* ancien, manuscrit *m*. ¶~ 전시회 une exposition de livres anciens. ¶~ 전문가 un expert en livres anciens. ② 헌책 livre *m* usagé, vieux livre *m*.

◆_**점** -店 명 magasin *m* de livres anciens; librairie *f* de livres anciens [manuscrits]; ((chez un)) bouquiniste *m*.

-고서[2] 어미 ((suffixe flexionnel conjonctif exprimant la plupart du temps une simple relation d'ordre chronologique)). ¶이 프로그램 보~ 밥 먹자 Mangeons après avoir fini de regarder cette émission. ¶너는 밥을 다 먹~도 또 배고프다고 하니? Tu dis que tu as toujours faim même après avoir fini ton repas? ¶그의 말을 직접 들어 보지 않~는 뭐라 말할 수 없어요 Je ne peux dire quoi que ce soit avant de l'avoir directement entendu de sa bouche. ¶어머니는 아들이 돌아온 것을 확인하~야 안심을 했다 Sa mère ne fut soulagée qu'après avoir vérifié le retour de son fils.

고서적 古書籍 명 ① livre *m* ancien, manuscrit *m*. ¶그는 ~을 많이 수집했다 Il collectionnait beaucoup de livres anciens. ② 헌책 livre *m* usagé, vieux livre *m*.

◆_**상** -商 명 ① 고서적 장수 marchand *m* de livres anciens [manuscrits]; bouquiniste *m*. ② 고서점 magasin *m* de livres anciens.

고성[1] 古城 명 vieux château(*x*) *m*.

고성[2] 高聲 명 ① 큰 목소리 haute voix *f*. ¶~을 지르며 다투다 se chamailler en criant. ¶오늘 회의에서는 ~이 오갔다 Il y a eu des débats à haute voix lors de la conférence d'aujourd'hui. ② 높은 목소리 ton *m* aigu [élevé]. ¶~으로 à haute voix; ((chanter)) à tue-tête.

◆_**방가** -放歌 명 tapage *m* (nocturne). ¶공원에서

~방가를 하는 것은 금지되어 있다 Il est interdit de faire du tapage (nocturne) dans le parc.

고성능 高性能 명 excellente qualité *f*; bon [grand] rendement *m*; haute fidélité *f*, ((optique de)) haute précision *f*. ¶ ~ 수신기 un récepteur de haute fidélité [très puissant]. ¶ ~ 컴퓨터 un ordinateur très puissant. ¶ 이 확성기는 ~이다 Ce haut-parleur est d'excellente qualité. ¶ 이 무전기는 ~이라 소리가 잘 들린다 On entend bien avec ce poste récepteur parce qu'il est d'excellente qualité.

고소[1] 告訴 명 【법률】 ((porter)) plainte *f*, accusation *f*; inculpation *f*; ((소송)) instance *f*. ¶ 누구의 ~에 의하여 sur la plainte de *qn*. ¶ ~를 취하하다 retirer une [*sa*] plainte. ◇_(를) **하다** porter plainte contre *qn*; déposer une plainte contre *qn*; accuser *qn*; inculper *qn*. ¶ 가해자를 ~하다 porter plainte contre l'agresseur. ¶ 누구를 주거침입으로 ~하다 porter plainte contre *qn* pour avoir envahi le territoire résidentiel. ◇_(가) **되다**[(를) **당하다**] être accusé(*e*); être dénoncé(*e*). ¶ 사기로 ~당하다 être accusé(*e*) d'escroquerie.

◆_**인** -人 명 【법률】 plaignant(*e*), accusa*teur*(*trice*).

◆_**장** -狀 명 【법률】 (lettre *f* de) plainte *f*.

◆**맞**_ 명 【법률】 accusation *f* mutuelle.

고소[2] 苦笑 명 sourire *m* amer [forcé]. ¶ 명백히 잘못한 그가 도리어 옳다고 하니 ~를 금할 수 없다 Je ne peux retenir un sourire amer quand on dit qu'il a raison alors qu'il a clairement tort.

고소공포증 高所恐怖症 명 【의학】 acrophobie *f*.

고소득 高所得 명 gros [hauts] revenus *mpl*, revenus *mpl* élevés. ¶ ~을 올리다 avoir de gros revenus [de hauts revenus, des revenus élevés].

◆_**자** -者 명 personne *f* ayant de hauts revenus; gros contribuable *m*.

◆_**층** -層 명 classe *f* privilégiée.

고소하다 형 ① avoir le goût de l'huile de sésame; être savoureu*x*(*se*). ¶ 고소한 깨소금 맛 un goût savoureux du sésame. ¶ 이 참기름은 정말 ~ Cet huile de sésame est vraiment savoureuse. ② 후련하다 ((남의 일에)) trouver une certaine satisfaction (à la vue des sottises de *qn*); c'est bien fait! / C'est bien fait pour lui(elle) [pour sa poire {*fam*}, pour sa gueule {*fam*}]! / Ça *lui* apprendra! / Il ne l'a pas volé! ¶ 그 사람이 실패한 것을 보니 참 ~ C'est bien fait pour lui qu'il ait échoué! ¶ 그것 참 ~ C'est bien fait pour lui(elle) [pour sa gueule {*fam*}, pour ses pieds] / Ça lui apprendra! / Il(Elle) l'a bien mérité! / Il(Elle) ne l'a pas volé! / Il(Elle) l'a cherché(, c'est bien fait pour lui(elle))! / Cela lui donnera une (bonne) leçon! / Cela lui fera les pieds!

고속 高速 명 grande vitesse *f*. ¶ 한국 경제의 ~ 성장 la croissance [l'expansion] économique extrêmement rapide de la Corée; l'expansion économique explosive de la Corée, l'explosion économique de la Corée. ¶ ~으로 차를 몰다 rouler à grande [à toute, à pleine] vitesse [à toute allure], rouler à toute pompe {*fam*}, rouler pleins gaz {*fam*}, conduire plein pot {*fam*} [à fond la caisse {*fam*}]; filer comme un bolide [comme une flèche, comme un trait], rouler à tombeau ouvert. ¶ 차들이 매우 ~으로 달린다 Les voitures roulent à une très grande vitesse [à toute vitesse, à toute allure] / Les voitures roulent pleins gaz {*fam*} [à fond la caisse {*fam*}]. ¶ 지난 20여 년 동안 우리 경제는 ~으로 성장했다 Depuis les vingt dernières années, notre économie s'est développée rapidement [à grande vitesse].

◆_**선** -船 명 navire *m* rapide.

◆_**도로** -道路 명 【교통】 autoroute *f*, ((시내의)) route *f* [voie *f*] express.

◆_**버스** 명 【교통】 autocar *m* rapide [express].

◆_**전철** -電鐵 명 【교통】 métro *m* à grande vitesse, train *m* intra-urbain.

◆_**철도** -鐵道 명 【교통】 chemin *m* de fer rapide.

◆_**촬영** -撮影 명 tournage *m* accéléré.

◆**최**_ 最 명 vitesse *f* maximale.

고속도 高速度 명 ☞ 고속

고송 古松 명 vieux pin *m*.

고수[1] 固守 명 persistance *f*; ténacité *f*. ◇_(를) **하다** ((간수하다)) tenir à *qc*, rester fidèle à ((la tradition, un principe)), persister dans ((*son* opinion)), ne pas démordre de *qc*, ne pas en démordre; ((막다)) défendre ((*sa* position)) de pied ferme, défendre avec acharnement. ¶ 원칙을 ~하다 rester fidèle à un principe. ¶ 중립을 ~하다 rester fidèle à *sa* position de neutralité, rester toujours neutre. ¶ 민주주의를 ~하다 rester attaché(*e*) à la démocratie, être un ardent partisan de la démocratie, être un partisan convaincu de la démocratie. ¶ 자기 자리를 ~하다 défendre sa position de pied ferme. ¶ 그 사람은 종전의 입장을 ~하고 있다 Il n'a pas [jamais] démordu de sa position initiale / Il a toujours défendu de pied ferme la même position.

고수[2] 鼓手 명 tambour *m*.

고수[3] 高手 명 personne *f* très habile [douée, forte] ((aux échecs)). ¶ 장기의 ~ une personne très habile aux échecs. ¶ 마작이라면 내가 너보다 훨씬 ~다 Au mah-jong, je suis beaucoup plus doué(*e*) que toi.

고수레[1] 명 pétrissage *m* avec de l'eau chaude. ◇_(를) **하다** pétrir *qc* avec de l'eau chaude.

고수레[2] 명 【민속】 *gosure* <action de lancer aux esprits un peu de nourriture (avant de manger)>. ◇_(를) **하다** lancer aux esprits un peu de nourriture (avant de manger).

감 *gosure*! <formule rituelle utilisée lorsqu'on lance aux esprits un peu de nourriture>.

고수머리 ① cheveux *mpl* frisés [bouclés], ((흑인머리)) cheveux *m* crépus [crêpelés]. ¶ 그는 심한 ~이다 Il a les cheveux très frisés [frisés comme un mouton] [Il a les cheveux ondulés]. ¶ 그는 반 ~이다 Il a les cheveux ondulés. ② personne *f* aux cheveux

ㄱ

frisés; tête *f* bouclée, frisé(*e*). ¶ 이봐, ~, 나 좀 봐! Hé, toi, le petit frisé, regarde-moi!

고수부지 高水敷地 명 territoire *m* autour d'un cours d'eau. ¶ 한강 ~에 마련된 공원 un parc aménagé autour du fleuve Han.

고숙 姑叔 명 oncle *m* ((mari d'une tante paternelle)).

고스란히 부 ① 그대로 sans changement, tel(*le*) quel(*le*), intact(*e*). ¶ 집은 탔지만 금고는 ~ 남았다 La maison a brûlé, mais le coffre-fort n'a subi aucun dommage. ¶ 잃어버린 서류가 ~ 되돌아왔다 J'ai retrouvé intacts tous les documents que j'avais perdus. ② 전부 tout(*e*) enti*er*(*ère*), entièrement, totalement. ¶ ~ 다 가져가다 tout emporter. ¶ 모든 이익금이 ~ 그 사람에게 돌아갔다 Il a empoché tout le profit.

고스톱 영{go-stop} 명 jeu(*x*) *m* de cartes *go-stop* <variante (simplifiée) du jeu de cartes japonais *hwatu* (화투)>. ¶ ~을 하다[치다] jouer au *go-stop*; faire une partie de *go-stop*. ¶ 밤새워[심심풀이로] ~을 하다 jouer toute la nuit au *go-stop*. ¶ 심심풀이로 ~을 하다 jouer au *go-stop* pour tuer le temps; jouer au *go-stop* pour faire passer le temps. ¶ ~에서 돈을 따다[잃다] gagner [perdre] de l'argent au *go-stop*.

◆ **_판** 명 partie *f* de *go-stop*. ¶ ~판을 벌이다 faire une partie de *go-stop*.

고슬고슬 부 ((le riz est cuit)) juste comme il faut ((avec la proportion idéale d'eau)). ¶ 밥이 ~ 잘 됐다 Le riz est cuit juste comme il faut / Le riz est juste bien cuit / Le riz est parfait ((avec la proportion idéale d'eau)).

◆ **_하다** ((le riz)) être cuit juste comme il faut. ¶ 밥이 ~하게 잘 됐다 Le riz est cuit juste comme il faut / Le riz est parfait.

고슴도치 명 【동물】 hérisson *m*. ¶ 그는 ~처럼 말 속에 가시가 많다 Il y a beaucoup de sous-entendus dans ses propos / Il y a toujours quelque sous-entendu dans ce qu'il dit / Dans ses propos, il y a anguille sous roche / Ses propos cachent [dissimulent] quelque chose.

***~도 제 새끼가 제일 곱다고[제 새끼는 함함하다고] 한다** Les parents n'arrivent pas à voir les défauts de leurs enfants.

고승 高僧 명 【불교】 moine *m* de haute vertu; grand moine *m*, grand bonze *m*.

고시[1] 古詩 명 ① poème *m* ancien; poésie *f* ancienne. ② 【문학】 vers *m* libre.

◆ **_집** -集 명 recueil *m* de poèmes anciens.

고시[2] 告示 명 avis *m*; déclaration *f*; annonce *f*. ¶ 구청장의 ~ une annonce du maire de l'arrondissement. ◇_**(를) 하다** annoncer, faire savoir *qc*; notifier *qc*. ¶ 학생들에게 등록기간을 ~하다 annoncer les dates [la période] d'inscriptions aux étudiants. ¶ 그것은 정부에서 ~한 가격보다 비싸게 거래되고 있다 Ça se vend plus cher que le prix notifié par le gouvernement / Le prix annoncé est plus élevé que celui notifié par le gouvernement.

◇_**(가) 되다** être annoncé(*e*), révélé(*e*), rendu(*e*) public. ¶ 추곡 수매 가격이 ~되었다 Le prix de vente des céréales récoltées à l'automne a été fixé.

◆ **_판** -板 명 tableau(*x*) *m* d'affichage.

◆ **_가** -價 명 【경제】 prix *m* affiché.

고시[3] 考試 명 concours *m*. ¶ ~ 공부 la préparation à un concours. ¶ ~를 치다[보다] ¶ ~를 치다[보다] passer un concours. ¶ ~를 준비하다 préparer un concours. passer un concours. ¶ ~에 붙다 réussir un concours; être admis(*e*). ¶ ~에 실패하다[떨어지다] ne pas être admis(*e*) à un concours.

◆ **_원** -院 명 *gosiwon m* <petit studio pour les étudiants qui préparent un concours>.

◆**검정_** 考試- 명 examen *m* pour une licence [permission, autorisation]; examen *m* pour l'obtention d'un certificat officiel; ((고등학교 검정 고시)) examen *m* de fin d'études secondaires ((équivalent du baccalauréat)), diplôme *m* équivalent au [du] baccalauréat, examen *m* donnant l'équivalent du baccalauréat.

◆**국가_** 國家- 명 concours *m* d'État.

◆**사법_** 司法- 명 concours *m* d'admission à la magistrature.

◆**외무_** 外務- 명 concours *m* pour devenir diplomate.

◆**행정_** 行政- 명 concours *m* administratif.

고시랑거리다 자 grommeler, grogner, murmurer, bougonner, ronchonner {*fam*}, râler {*fam*}, rouspéter. ☞ 구시렁거리다

고시조 古時調 명 【문학】 *gosijo m* <ancien *sijo*, sorte de poème lyrique>. ¶ ~ 한 수 un *gosijo*. ¶ 어제 수업 시간에는 ~를 감상하였다 Hier, pendant le cours, on a écouté[étudié] un *gosijo*.

고식적 姑息的 명 ban*al*(*ale*, *als*), plat(*e*), usé(*e*), rebattu(*e*), classique, ancien(*ne*). ¶ ~(인) 요법 un traitement palliatif. ¶ ~(인) 해결책 une solution de demi-mesure. ¶ ~인 수단을 쓰다 recourir à un expédient; prendre une demi-mesure. ¶ 의원의 질의에 장관은 ~인 답변만 늘어놓았다 Le ministre n'a donné que des réponses classiques aux questions du politicien. ¶ ~으로 대응하지 말고 더 근본적인 해결책을 찾아보시오 Cherchez une solution plus novatrice [moderne] plutôt que de proposer une solution classique.

고심 苦心 명 peine *f*, mal *m*, souci *m*, ennui *m*, souffrance *f* ((morale)). ¶ ~ 끝에 결정을 내리다 prendre une [sa] décision après mûre réflexion. ¶ ~ 중이다 être en pleine réflexion. ◇_**(을) 하다** se donner beaucoup de peine [mal] pour+*inf*; s'ingénier à faire *qc*; se décarcasser {*fam*}, se démener, se fatiguer, se casser le cul {*fam*}; se mettre en quatre. ¶ 그는 이 문제를 해결하기 위해 ~하고 있다 Il se donne beaucoup de mal pour régler ce problème. ¶ 이 작품에는 작가의 ~한 흔적이 보인다 Dans cet ouvrage, on ressent les efforts pénibles fournis par l'auteur.

◆_담 -談 명 ((raconter)) la peine qu'on a eue. ¶ ~담을 이야기하다 dire la peine qu'on a eue ((à faire *qc*)).

◆_작 -作 명 résultat *m* de longs [pénibles] efforts.

◆_참담 -慘憺 명 longs [pénibles] efforts *mpl.* ¶ ~참담하다 se creuser la tête [la cervelle {*fam*}]; se torturer l'esprit ((pour faire *qc*)), se torturer [se creuser] les méninges ((pour trouver une solution)), faire travailler sa matière grise. ¶ ~참담하며 해결책을 모색하다 se creuser [se torturer] les méninges pour trouver une solution, chercher une solution par tous les moyens.

고싸움 명 【민속】 *gossaum* <jeu traditionnel (de la province du Jeolla du Sud) du 15 janvier du premier mois lunaire lors duquel deux équipes tirent sur une corde, le but étant de faire toucher terre à l'équipe adverse>. ¶ 이 지역민들은 정월 초부터 대보름까지 ~ (판)을 벌이면서 새해를 맞이한다 Les gens de cette région commencent la nouvelle année en jouant au *gossaum* du début de l'année jusqu'au 15 du premier mois lunaire.

고아 孤兒 명 orphelin(*e*). ¶ ~ 신세를 한탄하다 se lamenter sur *son* sort d'orphelin(*e*). ¶ ~를 데려다 키우다 adopter un(*e*) orphelin(*e*). ¶ ~로 자라다 grandir orphelin(*e*). ¶ 그는 열 살에 ~가 되었다 Il a perdu ses parents à l'âge de dix ans. ¶ 그는 부모형제가 있어도 ~나 다름없다 Il est presque orphelin même s'il a des frères et sœurs et des parents.

◆_원 -院 명 orphelinat *m*.

◆전쟁_ 戰爭- 명 orphelin(*e*) de guerre.

◆천애_ 天涯- 명 orphelin(*e*) sans aucun soutien.

고아하다 高雅- 형 ① être noble, élégant(*e*). ¶ 그는 인품이 ~ Il a une personnalité noble. ¶ 고아한 자태를 지닌 여인 une femme d'apparence élégante. ② 세련되다 être raffiné(*e*). ¶ 고아한 이조백자 une poterie raffinée de la dynastie des Yi. ¶ 고아한 정취가 느껴지는 정원 un joli jardin bien raffiné.

고안 考案 명 invention *f*, idée *f*, élaboration *f* ((d'un plan)). ¶ 신제품의 ~ l'élaboration d'un nouveau produit. ◇_(을) **하다** inventer ((une machine)); imaginer ((un outil, une méthode)). ¶ 교육부는 교육개혁의 일환으로 새 대입제도를 ~해 냈다 Dans le cadre de la réforme de l'éducation, le ministre de l'Éducation nationale a élaboré [planifié, mis au point] une nouvelle méthode de concours d'entrée à l'université. ◇_(이) **되다** être inventé(*e*). ¶ 새로 ~된 외국어 교수법 une nouvelle méthode inventée pour l'enseignement des langues étrangères.

◆_물[품] -物[品] 명 nouveau produit *m*. ¶ 이것은 그 사람의 ~물이다 C'est son nouveau produit.

◆_자 -者 명 inven*teur*(*trice*); auteur *m* ((d'un procédé)).

고압 高壓 명 ① 【물리】 haute tension *f*; haute pression *f*. ¶ ~ 가마 four à haute pression. ¶ ~ 산소실 citerne [réservoir] d'oxygène à haute pression. ¶ ~ 터빈 turbine haute tension. ¶ 가스는 ~에서 부피가 줄어든다 Un gaz diminue de volume à haute pression / Pour diminuer le volume d'un gaz, il faut en augmenter la pression / Un gaz est comprimé à [sous] haute pression. ② 【전기】 haute tension *f* électrique. ¶ ~ 송전 l'envoi de l'électricité sous haute tension. ¶ ~ 전기 électricité sous haute tension. ¶ ~ 전류 courant électrique à haute tension. ¶ ~ 전류 주의! Attention! Haute tension. ¶ ~ 케이블 un câble haute tension. ¶ 이 공장에서 사용하는 전기는 ~이다 L'électricité qu'on utilise dans cette usine est de haute tension.

◆_적 -的 명관 ((태도)) hautaine; ((수단)) autoritaire, oppressi*f*(*ve*), vexatoire {*litt*}, compressi*f*(*ve*), opprimant(*e*), répressi*f*(*ve*). ¶ 누구에게 ~적 수단을 쓰다[취하다] prendre une mesure autoritaire [répressive] envers *qn*. ¶ ~적으로 억누른다고 국민의 저항이 수그러드는 것은 아니다 Ce n'est pas en prenant une mesure autoritaire envers le peuple que la résistance va diminuer. ¶ 형사는 내게 매우 ~적인 태도를 보였다 L'inspecteur a pris une attitude très hautaine vis-à-vis de moi.

◆_계 -計 명 【물리】 piézomètre *m*, piézographe *m*, tube *m* piézoélectrique.

◆_선 -線 명 【전기】 ligne *f* à haute tension.

고액 高額 명 forte somme *f*, grosse somme *f* (d'argent); somme *f* élevée. ¶ ~ 납세자 personne qui paie des taxes élevées; personne lourdement taxée [imposée]. ¶ ~ 소득 gros [hauts] revenus; revenus importants [élevés]. ¶ ~의 뇌물[보수]을 받다 se laisser corrompre par une grosse somme d'argent, recevoir en pot-de-vin une grosse somme d'argent, recevoir un pot-de-vin important. ¶ 1억 원은 누구에게나 ~이라 할 수 있다 Pour n'importe qui [Pour quiconque] 100 millions de wons est une grosse somme (d'argent).

◆_권 -券 명 gros billet *m*. ¶ ~권으로 지불하다 payer avec un gros billet. ¶ 제겐 ~권 밖에 없습니다 Je n'ai que des gros billets.

◆_지폐 -紙幣 명 gros billet *m*.

-고야 어미 ① ((' ~고(야) 말다'의 형태로, 행동이나 상태가 실현됨)) finir par+*inf.* ¶ 그는 결국 그 말을 하~ 말았다 Il a fini par le dire finalement. ¶ 그는 마음먹은 일은 끝내 하~ 마는 성격이다 Il finit par faire ce qu'il veut à la fin. ¶ 5년 동안의 각고의 노력 끝에 그는 목적을 이루~ 말았다 Il a fini par atteindre son but après d'énormes efforts durant les 5 dernières années. ¶ 이번에는 어떻게 해서든지 일을 마무리 짓~ 말겠다 Je finirai par mettre fin à l'affaire cette fois-ci. ② ((수사 의문문에서 ' ...서야 ...할 수 없다'의 의미로)) ¶ 그 사람이 알~ 그런 짓을 했겠니? Tu penses qu'il aurait agit de cette sorte s'il le savait? ¶ 네 행동이 그러하~ 어디 성공할 수 있겠나? Est-ce que tu vas arriver à atteindre ton but avec de telles attitudes?

고약 膏藥 명 emplâtre *m*. ¶ ~을 바르다[붙이다]

appliquer [mettre] un emplâtre. ¶ ~을 떼어내다 retirer l'emplâtre.

고약스럽다 형 ☞ 고약하다

고약하다 형 ① être méchant(*e*), dur(*e*); avoir mauvais caractère; être mauvais(*e*), malicieu*x*(*se*), pervers(*e*), espiègle. ¶ 고약한 사람 personne méchante. ¶ 그 사람은 고약한 성격의 소유자이다 Il a mauvais[sale] caractère / Cette personne a un caractère de chien. ¶ 그는 성미[심사]가 ~ Il est méchant. ¶ 저 사람은 입이 ~ C'est une mauvaise langue. ¶ 누구에게 고약하게 굴다 être méchant(*e*) avec *qn*; se comporter méchamment avec *qn*. ¶ 그렇게 고약하게 행동하니 미움을 받지 Comme tu te conduis si méchamment[Comme tu es si dur avec les autres], ce n'est pas étonnant que tout le monde te déteste / Comme tu es si casse-pieds, les autres ne peuvent pas te sentir {*fam*}. ② ((냄새 따위가)) 역하다 être mauvais(*e*), puant(*e*), fétide, nauséabond(*e*). ¶ 고약한 냄새를 풍기다 avoir (très) mauvaise haleine, avoir une haleine fétide [nauséabonde], sentir mauvais [puer {*fam*}] de la bouche, puer de la gueule {*fam*}, refouler du goulot [du bec] {*fam*}; *son* haleine empeste ((l'ail)). ③ ((날씨가)) 궂다 être affreu*x*(*se*), sale. ¶ 날씨가 ~ Le temps est affreux / Il fait très mauvais / Il ne fait pas beau / Le temps est couvert [vilain] / Il fait mauvais temps [un sale temps, un temps de chien] / Il fait un temps pluvieux / Il fait mauvais ((pour sortir)) / Il fait un temps affreux [épouvantable, dégueulasse {*fam*}, pourri] / Il fait un temps à ne pas mettre un chien [les pieds] dehors. ④ ((일, 사건 따위가)) 꼬이다 être difficile, ennuyeu*x*(*se*), embarrassant(*e*). ¶ 오늘은 일진이 ~ Aujourd'hui, ce n'est pas mon jour de chance / Rien ne marche aujourd'hui, ce n'est pas mon jour / Aujourd'hui, je suis dans un mauvais jour [je ne suis pas dans un jour de chance]. ¶ 이 책은 읽기가 ~ Ce livre est difficile à lire. ¶ 일이 고약하게 되었군 L'affaire a mal tourné. ⑤ ((용모가)) 험상궂다 être laid(*e*), grotesque. ¶ 저 운전수는 고약하게 생겼다 Ce chauffeur a l'air d'un fripon.

고얀 관 méchant(*e*), grossi*er*(*ère*), ((personne)) à problèmes; ((놈)) sale type *m*, grossier personnage *m*, goujat *m*, malotru *m*, mufle *f*, rustre *m*. ¶ ~ 녀석[놈] Sale type! / Quel mufle! / Quel goujat!

고양 高揚 명 exaltation *f*, amélioration *f*, élévation *f*. ◇_(을) **하다[시키다]** améliorer; exalter; élever. ◇_(이) **되다** être amélioré(*e*); s'exalter.

고양이 명 【동물】 chat(*te*) *mf*. ¶ 새끼 ~ chaton. ¶ 나는 쥐를 잡으려고[애완용으로] ~를 기른다[키운다] J'élève un chat pour qu'il puisse attraper des souris [comme animal de compagnie].

*~ **목에 방울 달기** tenter [se lancer dans] une entreprise [une démarche] délicate [difficile] et périlleuse [dangereuse].

*~ **앞의 쥐** être paralysé(*e*) [intimidé(*e*)] devant *qn* ((comme une souris devant un chat)).

*~**한테 생선을 맡기다** donner la brebis à garder au loup.

◆_**과** -科 명 félins *mpl*, félidés *mpl*.

◆_**세수** -洗手 명 toilette *f* de chat. ¶ ~세수를 하다 faire une toilette de chat.

◆**도둑**_ 명 chat *m* de gouttière. ¶ 도둑~처럼 살금살금 숨어들다 se glisser dans la maison discrètement [sans faire de bruit] à pas de velours [à pas feutrés].

◆**들[집, 산]**_ 명 chat *m* sauvage [domestique, sauvage].

◆**암**_ 명 chatte *f*.

◆**수**_ 명 matou *m*.

고어 古語 명 mot *m* vieilli; archaïsme *m*; ancien ((français)); ((사어)) archaïsme *m*. ¶ ~ 사전 dictionnaire d'archaïsme. ¶ ~ 투성이의 난해한 글 texte incompréhensible plein de mots vieillis [d'archaïsmes]. ¶ ~를 인용하며 말하다 parler en utilisant beaucoup d'archaïsmes. ¶ 그 말은 이제 ~가 되었다 Ce mot est devenu un archaïsme.

고언 苦言 명 amers reproches *mpl*, critiques *fpl* acerbes, conseils *mpl* pénibles à entendre, remontrances *fpl*, réprimandes *fpl*, sévères observations *fpl* [remarques *fpl*]; conseil *m* [avis *m*] très franc. ¶ 누구의 ~을 받아들이다 accepter d'amers reproches de la part de *qn*; accepter les remontrances [les réprimandes, les critiques] de *qn*. ◇_(을) **하다[드리다]** adresser d'amers reproches [des critiques acerbes] à *qn*, assener [asséner] des critiques acerbes à *qn*, faire de sévères observations à *qn*, faire des remontrances [des réprimandes] à *qn*.

고역 苦役 명 trav*ail*(*aux*) *m* pénible; corvée *f*. ¶ ~을 치르다 souffrir, peiner. ¶ 그 ~을 이겨내다니, 당신은 참 대단하십니다 Vous devez être fi*er*(*ère*) d'avoir surmonté ces difficultés. ◇_**이다** ¶ 나에게는 숨쉬고 사는 것 자체가 ~이다 Même vivre est une corvée pour moi / La vie devient trop lourde [pénible] pour moi / La vie est devenue trop pénible pour moi.

고열 高熱 명 ① température *f* élevée. ¶ 무엇에 ~을 가하다 chauffer *qc* à une température élevée. ¶ ~을 받은 엔진 moteur surchauffé. ¶ ~로 달구어진 쇳덩이 morceau de fer chauffé à une température élevée. ② 높은 체온 forte fièvre *f*. ¶ ~에 시달리다 souffrir d'une forte fièvre. ¶ ~로 헛소리를 하다 délirer à cause d'une forte fièvre. ¶ ~로 몸이 펄펄 끓다 être brûlant(*e*) de fièvre. ◇_**이 나다** avoir une forte fièvre.

고엽 枯葉 명 feuille *f* morte. ¶ 가을에는 한적한 길에서 ~들을 밟으며 거닐고 싶다 En automne, j'aime marcher sur les routes tranquilles en foulant les feuilles mortes.

◆_**제** -劑 명 【약학】 défoliant *m*. ¶ ~제 후유증에 시달리는 월남전참전 병사들 les soldats de la guerre du Vietnam souffrant des complications des défoliants [qui présentent les effets secondaires chroniques liés aux défoliants]. ¶ 베트남전에서 미국은 ~제를 살포했다 Les Américains ont pulvérisé des défoliants pendant la guerre du Vietnam.

고옥 古屋 명 vielle maison *f*; vieux bâtiment *m*.

고온 高溫 명 haute température *f*; température *f* élevée. ¶ ~ 살균 stérilisation à une haute température. ¶ ~ 처리 traitement *m* de haute température. ¶ 금속 재료를 ~으로 가열하다 chauffer du métal à une température élevée. ¶ 적도 지방은 일 년 내내 ~이다 Les régions équatoriales ont une température élevée tout au long de l'année / Le climat équatorial est caractérisé par des températures élevées tout l'année.

◆**_다습하다** -多濕 형 être chaud(*e*) et humide. ¶ ~다습한 기후 climat chaud et humide.

◆**_계** -計 명【물리】pyromètre *m*.

◆**_지대** -地帶 명【지리】région *m* de climat chaud et humide.

고요 명 tranquillité *f*, calme *m*. ¶ 폭풍 전야의 ~ le calme avant la tempête. ¶ 밤의 ~를 깨는 비명 소리 un cri qui réveille la tranquillité de la nuit.

◆**_하다** 형 être paisible, tranquille. ¶ ~한 마음 un âme paisible. ¶ ~한 밤 une nuit silencieuse. ¶ ~한 아침의 나라 le pays du matin calme. ¶ ~한 나날을 보내다 mener une vie paisible [tranquille]. ¶ 바다는 ~했다 La mer était calme [tranquille].

***쥐 죽은 듯 ~하다** On entendrait une mouche voler / C'est le calme absolu / Il règne un calme absolu / Le plus profond silence règne.

◆**_히** 부 paisiblement. ¶ ~히 눈을 감다 mourir [fermer les yeux] paisiblement.

고욤 명【식물】plaquemine *f* sauvage.

◆**_나무** 명【식물】plaqueminier *m* sauvage.

고용 雇用 명 embauchage *m* ((de travailleurs)); embauche *f*, emploi *m*. ¶ 불법 ~ embauche illégale. ◇**_(을) 하다** embaucher ((des journaliers)); engager ((du personnel)); employer ((des ouvriers)). ¶ 운전사를 ~하다 embaucher un chauffeur. ◇**_(이) 되다** être embauché(*e*). ¶ 그 공장에는 외국 노동자들이 불법으로 ~되어 있다 Dans cette usine, on embauche des employés étrangers de façon illégale.

◆**_살이** 명 vie *f* chez quelqu'un en échange de ses services; vie *f* d'un salarié(*e*), vie *f* d'un employé(*e*). ¶ 남의 집 ~살이를 십 년 만에 그만두었다 J'ai arrêté d'être employé(*e*) chez eux au bout de dix ans de travail / J'ai arrêté de vivre chez eux au bout de dix ans de travail (à domicile).

◆**_원** -員 명 employé(*e*), salarié(*e*).

◆**_인[자]** -人[者] 명 employeu*r*(*se*), patron(*ne*); ((집합적)) direction *f*, les patrons *mpl*.

◆**_주** -主 명 employeu*r*(*se*), patron(*ne*); ((집합적)) direction *f*, les patrons *mpl*.

◆**_계약** -契約 명【법률】((contracter un)) engagement *m*. ¶ ~계약서 un contrat *m* de travail, un contrat d'embauche.

◆**_정책** -政策 명【경제】mesures *fpl* pour [politique *f* de] l'emploi.

◆**_조건** -條件 명【사회】conditions *fpl* de travail.

◆**불완전_** 不完全- 명【경제】sous-emploi *m*.

◆**완전_** 完全- 명【경제】plein-emploi *m*; plein emploi *m*.

◆**피_인[자]** 명 un(*e*) employé(*e*). ¶ 피~자와 ~자는 서로 협력해야 한다 Les employés [salariés] et les employeurs doivent coopérer (entre eux).

고우 故友 명 ① vieil(*le*) ami(*e*); ami(*e*) de longue date. ¶ 오랜만에 ~를 만났다 J'ai rencontré longtemps après un vieil ami / J'ai rencontré un vieil ami que je n'avais pas vu depuis des années[lustres]. ¶ 그는 그녀의 스승이자 ~였다 C'était à la fois son professeur et un vieil ami. ② 죽은 친구 ami(*e*) défunt(*e*). ¶ 그들은 ~를 추모하며 묵념하였다 Ils ont prié pour leur ami défunt.

고원 高原 명 plateau(*x*) *m*. ¶ 파미르 ~은 세계의 지붕이다 Le plateau du Pamir est le toit du monde.

◆**_지대** -地帶 명【지리】région *f* de plateaux. ¶ 광활한 ~지대 une vaste région de plateaux.

고위 高位 명 dignité *f*, haut rang *m*; ((형용사)) élevé(*e*), de haut rang, supérieur(*e*). ¶ ~ 간부[관리] un cadre supérieur. ¶ ~ 성직자 un ecclésiastique de rang élevé [de haut rang].

◆**_직** -職 명 poste *m* élevé; haut placé(*e*), ((cadre)) supérieur(*e*). ¶ ~직 간부[공무원] un cadre supérieur[un haut fonctionnaire, un(*e*) technocrate]. ¶ ~직에 오르다 accéder à un poste élevé; passer cadre. ¶ ~직에서 물러나다 quitter un poste élevé.

◆**_층** -層 명 classe *f* dirigeante; haute *f* société.

◆**_회담** -會談 명 conférence *f* des cadres.

고위도 高緯度 명【지리】haute latitude *f*. ¶ ~ 지방[지역] région de haute latitude. ¶ 모스크바는 ~에 속한다 Moscou fait partie d'une région de haute latitude.

고유 固有 명 caractéristique *f*, particularité *f*, essence *f*; inhérence *f*. ¶ 인간 ~의 권리 les droits propres à un être humain, les droits de l'homme. ¶ 프랑스 포도주 ~의 맛 saveur particulière [caractéristique] du vin français. ¶ 한국 ~의 풍속 une coutume particulière à la Corée. ¶ 그것은 내 ~ 권한에 속한다 Cette affaire relève de notre juridiction [de nos compétences, de nos prérogatives, de notre responsabilité] / Cette affaire est de notre ressort.

◆**_하다** 형 être propre (à), inhérent(*e*) (à), intrinsèque, caractéristique, particuli*er*(*ère*), spécifique, sui generis. ¶ ~한 성질 caractère propre ((à *qn*)). ¶ ~한 맛 saveur bien caractéristique, goût (bien) caractéristique, goût bien particulier. ¶ 너만의 ~한 생각 tes propres idées. ¶ 어떤 사람에게 ~한 성격 caractère propre à une personne.

◆**_성** -性 명 originalité *f*.

◆**_명사** -名詞 명【언어】non *m* propre.

◆**_색** -色 명 couleur *f* caractéristique. ¶ ~색을 지니

대[가지다, 띠다] avoir *sa* couleur caractéristique.
◆_어 -語 명 【언어】 ① 토박이말 mot *m* autochtone. ② 순우리말 mot *m* purement coréen; mot *m* d'origine coréenne. ¶ ~어와 한자어 mots purement coréens et mots sino-coréens. ¶ ~를 살려 쓰다 faire valoir les mots purement coréens par rapport aux mots sino-coréens; utiliser de préférence les mots purement coréens; redonner plus de vie [d'importance] aux mots purement coréens.

고육지계 苦肉之計 명 ☞ 고육지책

고육지책 苦肉之策 명 solution *f* palliative [de rechange], expédient *m*, palliatif *m*. ¶ ~을 취하다[쓰다] recourir à un expédient [à un palliatif]. ¶ 그 조치는 마땅한 대안이 없어 ~으로 나온 것이다 On a recouru à cette solution palliative [de rechange], faute de trouver une bonne solution.

고육책 苦肉策 명 ☞ 고육지책

고율 高率 명 taux *m* élevé. ¶ ~의 이자 un intérêt élevé. ¶ ~ 관세 un tarif douanier élevé. ¶ 지난 해 물가는 ~의 인상폭을 보였다 L'année dernière, les prix ont connu un taux d'inflation élevé [une inflation élevée] / L'année dernière, le taux d'inflation (des prix) a été élevé. ¶ 누진세는 소득이 클수록 ~을 적용하는[매기는] 세법이다 L'impôt progressif est une loi fiscale qui fixe un taux d'imposition qui s'élève avec le revenu.

고을 명 【고어】 contrée *f*, région *f*, district *m*. ¶ 이 ~은 인심이 좋기로 유명하다 Cette région est célèbre pour les gens qui ont du cœur.

고음 高音 명 son *m* élevé; ton *m* aigu; aigu *m*. ¶ ~을 잘 내는 가수 un(*e*) chanteur(*se*) qui a une voix de soprano; ((남자)) un chanteur qui a une voix de ténor, un ténor; ((여자)) une soprano. ¶ 저음에서 ~으로 옮기다 passer du grave à l'aigu. ¶ 그 소프라노 가수는 ~ 처리가 좀 미숙한 느낌이 든다. J'ai l'impression que cette chanteuse à voix de soprano a du mal dans les aigus.
◆_부 -部 명 【음악】 soprano(*s*, *i*) *m*. ¶ ~부 기호 clef *f* de sol.

고의[1] 故意 명 dessein *m*; délibération *f*; intention *f*. ¶ ~든 우연이든 que ce soit volontaire ou accidentel. ¶ 그것은 ~가 아니었다 Je ne l'ai pas fait exprès / Ce n'était pas mon intention.
◆_로 부 exprès; à dessein; de propos délibéré; volontairement, intentionnellement. ¶ ~로 그런 것은 아니니 용서해 주게 Pardonne-moi, je ne l'ai pas fait exprès.
◆_적 -的 명관 intentionnel(*le*), délibéré(*e*), volontaire, voulu(*e*) {*fam*}; ((acte)) prémédité(*e*). ¶ ~적 기물파손 행위 un acte intentionnel de vandalisme. ¶ ~적인 누락 une omission volontaire. ¶ ~적으로 약속을 어기다 manquer un rendez-vous par mauvaise volonté. ¶ 그것은 ~적이다 C'est voulu {*fam*}.
◆_성 -性 명 dessein *m*; délibération *f*; intention *f*. ¶ ~성이 짙은 발언 une parole [une réflexion] pleine [chargée, lourde] de sous-entendus, une parole chargée de sens, des propos non innocents [à but provocateur]. ¶ 그 사람의 행동은 전혀 ~성이 없는 단순한 실수에 불과하다 Son geste est dû à une simple erreur sans aucune mauvaise intention.

고의[2] 袴衣 명 *goui m* <pantalon coréen traditionnel que les hommes coréens portaient autrefois en été, encore porté de nos jours par quelques hommes âgés>.
◆_적삼 명 *gouijeoksam m* <pantalon et boléro coréens traditionnels que les hommes coréens portaient autrefois en été, encore portés de nos jours par quelques hommes âgés>.
◆_춤 명 ceinture *f* du *goui*.

고이 부 ① avec prudence, prudemment; avec précaution, soigneusement; doucement; gentiment, docilement. ¶ ~ 간직하다[모셔두다] garder avec précaution, garder précieusement. ② 곱게 bien. ¶ ~ 키운 딸 une fille bien élevée. ¶ 어려움을 모르고 ~ 자라다 grandir sans connaître de grosses difficultés. ③ 편히 tranquillement; ((dormir)) sur *ses* deux oreilles, paisiblement. ¶ ~ 잠드소서! Reposez en paix. ④ 그대로, 손상 없이 tel(*le*) quel(*le*), tel qu'il(elle) est [qu'ils(elles) sont], intact(*e*), en l'état, sans changement, sans modification. ¶ 무엇을 ~ 돌려보내다 renvoyer *qc* tel(*le*) quel(*le*).

고이다 자 s'accumuler. ¶ 눈에 눈물이 ~ avoir les larmes aux yeux. ¶ 웅덩이에 물이 고였다 Il s'est formé une flaque d'eau [une petite mare]. ¶ 비가 온 후면 마당에 물이 고인다 L'eau s'accumule dans le jardin après la pluie. ¶ 맛있는 음식을 보니 입에 침이 고인다 Je sens la salive venir à ma bouche [Je salive, J'ai l'eau à la bouche] lorsque je vois un bon repas.

고인[1] 古人 명 anciens *mpl*; ancêtres *mpl*, aïeux *mpl*. ¶ ~들의 자취를 좇아가다 suivre les traces de *ses* ancêtres.

고인[2] 故人 명 mort(*e*), défunt(*e*); trépassés *mpl* {*litt*}. ¶ ~의 미망인 la veuve du défunt. ¶ ~의 유족(들) la famille d'un(*e*) défunt(*e*). ¶ ~이 되다 mourir, décéder, trépasser. ¶ ~이 되신 뒤랑 씨 feu M. Durand. ¶ ~의 명복을 빌다 prier pour le repos (éternel) de l'âme de *qn*. ¶ (삼가) ~의 명복을 빕니다 Je prie pour le repos de son âme / Je vous présente toutes mes condoléances.

고인돌 명 【고적】 dolmen *m*.

고임금 高賃金 명 salaire *m* élevé. ¶ ~시대에 들어서다 entrer dans[commencer] une époque de salaires élevés. ¶ ~정책 une politique des salaires élevés.

고입 高入 명 entrée *f* au lycée. ¶ ~ 시험 l'examen d'entrée au lycée. ¶ ~ 수험생 un(*e*) étudiant(*e*) préparant l'entrée au lycée.

고자[1] 鼓子 명 eunuque *m*.

-고자[2] 어미 ((suffixe flexionnel conjonctif exprimant le but)) pour que ..., afin de+*inf*; prêt(*e*) à+*inf*; avec l'intention de+*inf*;dans le but de+*inf*. ¶ 내가 말하~ 하는 바가 바로 그것이다 C'est (justement) ce que je voulais [j'allais] dire.

고자세 高姿勢 명 attitude *f* hautaine [dédaigneuse, condescendante]; ((se donner de)) grands airs *mpl*; air *m* hautain [supérieur, impérieux]. ◇_를 **취하다** avoir une attitude hautaine ¶ 안하무인으로 ~가 되다 mépriser les autres, regarder les gens de haut. ¶ 그 사람이 갑자기 ~로 나오는 이유가 뭐야? Pourquoi est-ce qu'il nous méprise tout d'un coup?

고자질 告者- 명 mouchardage *m*, rapportage *m* {*fam*}, cafardage *m* {*fam*}. ◇_(을) **하다** rapporter *qc* à *qn*; dénoncer ((des camarades)); cafarder *qn* {*fam*}, moucharder, faire le mouchard; caf(*e*)ter {*fam*}. ¶ 그녀는 어머니에게 동생의 잘못을 ~했다 Elle a rapporté les bêtises de son frère [de sa sœur] à sa mère. ¶ 그 남학생은 선생님에게 친구들이 때렸다고 ~했다 Cet élève a rapporté à sa maîtresse que ses copains [camarades] l'avaient frappé.

◆**_쟁이** 명 rapporteu*r*(*se*); cafard(*e*) {*fam*}, mouchard(*e*) {*pop*}, caf(*e*)teu*r*(*se*) {*fam*}, balance *f* {*fam*}.

고작 부 au maximum, au plus, tout au plus; à peine; c'est à peine si+P. ¶ ~ 한다는 말이 그것뿐이냐? C'est tout ce que tu as (trouvé) à dire? ¶ ~ 좋다는 것이 이것이니? C'est tout ce que tu as trouvé de beau? ¶ 뼈가 빠지게 일해도 나는 월급이 ~ 이것 밖에 안 된다 Je me tue au travail pour ce salaire de misère {*fam*} / Je travaille comme un fou [comme un nègre, comme un malade, comme un forçat], mais c'est tout ce que je gagne!

◆**_해야[해서]** 부 à peine; c'est à peine si+P; tout au plus, à tout casser {*fam*}, au maximum. ¶ 여기서부터 거리가 ~해야 10킬로미터 밖에 안 된다 D'ici il y a à peine dix kilomètres. ¶ 인원은 ~해야 열 명 밖에 없었다 C'est à peine si l'on pouvait compter dix personnes. ¶ 그 친구 성격으로 보아 ~해야 내게 전화나 한 번 하면 다행이다 Vu sa personnalité, il m'appellera au maximum [tout au plus, à tout casser {*fam*}] une fois / Vu sa personnalité, il ne m'appellera pas plus d'une fois.

고장[1] 명 contrée *f*, région *f*, 산지 pays *m* producteur ((de *qc*)). ¶ 나는 이 ~에서 자랐다 J'ai été élevé(*e*) dans ce pays. ¶ 담배의 ~ pays producteur de tabac. ¶ 말로 유명한 ~ région bien connue pour ses chevaux. ¶ 대구는 사과의 ~이다 Daegu est le pays des pommes.

고장[2] 故障 명 panne *f* ((de voiture)); défaut *m*, imperfection *f*. ¶ 자동차 ~ une panne de voiture. ¶ 텔레비전의 ~을 고치다 dépanner [réparer] un téléviseur. ¶ 이 기계는 ~이 잦다 Cet appareil tombe souvent en panne. ◇_(이) **나다**[_을 **일으키다**] avoir [subir, être victime d']une panne, tomber en panne. ¶ 배가 기관 ~을 일으켰다 Le navire a subi une panne de moteur / Le bateau [navire] est tombé en panne de moteur. tomber en panne. ¶ 브레이크가 ~나다 avoir une panne de freins. ¶ ~난 원인을 발견하다 découvrir la cause d'une panne. ¶ 텔레비전이 어디가 ~났습니까? Quelle est la panne qui affecte ce téléviseur? / Où est la panne de ce téléviseur? ¶ 만일 ~이 나면 즉시 새 제품으로 교환해 드리겠습니다 On vous le remplacera par un neuf dès qu'il tombera en panne. ◇_(을) **내다** mettre en panne, casser ((une machine, un appareil, une montre)).

고쟁이 명 *gojaengi* <culotte longue et bouffante que les femmes coréennes portent comme sous-vêtement>.

고저 高低 명 hauteur *f*. ¶ 음의 ~에 따라 par rapport à la hauteur du son.

◆**_장단** -長短 명 rythme *m* et hauteur *f* d'un son.

고적 古蹟 명 monument *m* historique; vestiges *mpl*, reste *m*, ruines *fpl*. ¶ ~을 답사하다[돌아보다] visiter des monuments historiques; visiter les vestiges ((d'un ancien temple)). ¶ 경주 일대에는 ~이 많다 Il y a de nombreux monuments historiques dans toute la région de Gyeongju.

◆**_지** -地 명 site *m* historique.

고적대 鼓笛隊 명 【음악】 fanfare *f*. -하다

고적 孤寂 어근

◆**_하다** 형 être calme, solitaire. ¶ 고적한 절 un temple calme. ¶ ~한 분위기 une ambiance calme [solitaire]. ¶ ~한 생활을 하다 mener une vie de solitude. ¶ ~하게 tranquillement, calmement.

◆**_감** -感 명 sentiment *m* paisible [serein, de sérénité]. ¶ ~감이 깃든 계곡 la vallée sereine [tranquille, paisible].

고전[1] 古典 명 ① classique *m*. ② 옛 서적 ouvrage *m* classique. ¶ 동서양의 ~들을 폭넓게 읽다 lire une vaste sélection d'ouvrages classiques de l'Orient et de l'Occident. ③ ((비유적)) classique *m*. ¶ 이 책은 그 분야의 ~이 되었다 Ce livre est devenu un classique dans ce domaine.

◆**_적** -的 명관 ((style)) classique.

◆**_주의** -主義 명 【예술】 classicisme *m*.

◆**_파** -派 명 【예술】 école *f* classique.

◆**_극** -劇 명 【연영】 théâtre *m* classique.

◆**_문학** -文學 명 【문학】 littérature *f* classique.

◆**_음악** -音樂 【음악】 명 musique *f* ancienne.

고전[2] 苦戰 명 combat *m* [lutte *f*] difficile. ¶ 의외의 강적을 만나 ~ 중이다 Actuellement, je lutte péniblement contre un adversaire d'une force surprenante. ¶ 결승전 경기는 상당한 ~이었다 La finale fut un match difficile. ◇_(을) **하다** lutter péniblement; avoir affaire à forte partie; être dans une situation difficile ((dans un combat)). ¶ 선거에서 엄청나게 ~하다 lutter péniblement [être acculé(*e*) à une lutte difficile, être obligé(*e*) de faire une lutte difficile] pour être élu(*e*). ¶ 자금난으로 ~하다 être dans une situation financière difficile.

고전소설 古典小說 명 roman *m* classique.

고정 固定 명 fixité *f*, immobilité *f*, fixation *f*, immobilisation *f*. ¶ ~ 수입 un revenu fixe. ◇_(을)

하다[시키다] fixer, immobiliser; assujettir. ¶ 부러진 다리를 움직이지 않도록 단단히 ~해야 한다 Il faut bien immobiliser la jambe cassée pour qu'elle ne bouge pas. ¶ 시선을 한 곳에 ~하다 fixer *son* regard sur un endroit bien précis. ◇_(이) **되다** être fixé(*e*); être fidèle. ¶ 그 작가는 상당수의 ~된 독자를 가지고 있다 Cet écrivain a de nombreux lecteurs fidèles.

◆_**적** -的 명관 réguli*er*(*ère*), fixe. ¶ ~적인 수입 un revenu régulier[fixe].

◆_**화** -化 명 fixation *f*; gel *m*.

◆_**관념** -觀念 명 idée *f* toute faite [préconçue, reçue]; stéréotype *m*, lieu(*x*) commun(*s*), cliché *m*. ¶ ~관념을 가지다 avoir des idées toutes faites [des idées préconçues, des idées reçues, des préjugés]; avoir un parti pris. ¶ 사회민주주의에 대한 부정적인 ~관념을 깨뜨리다 combattre [lutter contre] les préjugés anti-socio-démocratiques.

◆_**급** -給 명 fixe *m*; appointements *mpl* fixes. ¶ ~급을 받는 일자리 un emploi (stable) avec des revenus réguliers.

◆_**석** -席 명 place *f* fixée.

◆_**식** -式 명 d'une façon figée.

◆_**자본** -資本 명 【경제】 capit*al*(*aux*) *m* fixe.

◆_**자산** -資產 명 【경제】 biens *mpl* immeubles [immobiliers]; ((기업의)) immobilisations *fpl*.

◆_**환율제** -換率制 명 【경제】 taux *m* de change fixe.

고정표 固定票 명 votes *mpl* sûrs; voix *fpl* assurées [acquises]. ¶ 그 후보는 ~가 많다 Ce candidat a beaucoup de voix assurées[acquises]. ¶ 우리 당의 ~는 300만이나 된다 Notre parti a trois millions de voix acquises.

고제 古制 명 ancien système *m*; ancien régime *m*.

고조[1] 高調 명 ① ton *m* élevé, ton *m* aigu, aigu *m*. ② ((비유적)) sommet *m*; point *m* culminant; apogée *m*, comble *m*. ◇_**에 달하다** atteindre le point culminant [*son* apogée]. ¶ 그 소식을 듣고 일동의 흥분은 ~에 달했다 À cette nouvelle, l'émotion de l'assistance a atteint son paroxysme [maximum] / Cette nouvelle a porté l'émotion de l'assistance à son comble. ◇_(를) **시키다** remonter ((le moral)). ¶ 위축된 군의 사기를 ~시키는 것이 필요하다 Il est nécessaire de remonter le moral des troupes. ◇_(가) **되다** être à *son* comble [apogée]. ¶ ~된 사기 le moral au beau fixe ((des troupes)). ¶ 분위기가 ~되었다 L'ambiance bat son plein / L'ambiance est à son comble / L'ambiance est extraordinaire [fabuleuse, prodigieuse].

고조[2] 高潮 명 ① marée *f* haute. ¶ ~이다 être à marée haute. ② ((감정이나 기세가)) 극도로 높은 상태. ravissement *m*, transport *m*, exaltation *f*.

◆**최_** 最- 명 (le) comble *m* des combles.

고조[3] 高祖 명 arrière-arrière-grand-père(~-~-~*s*-~*s*) *m*.

고조모 高祖母 명 arrière-arrière-grand-mère (~-~-~*s*-~*s*) *f*.

고조부 高祖父 명 ☞ 고조[3]

고조선 古朝鮮 명 【역사】 Gojoseon, Kochosŏn <premier Etat antique de Corée fondé en 2333 av. J.-C. par Dangun, appelé aussi Dangun Joseon>.

고졸 高卒 명 personne *f* ayant fait des études jusqu'au lycée, bacheli*er*(*ère*). ¶ 이 회사에 입사하려면 ~ 이상의 학력이 필요하다 Pour être embauché(*e*) dans cette compagnie, il faut avoir au moins terminé le lycée [être bacheli*er*(*ère*), avoir le[*son*] baccalauréat ((coréen))].

고종 姑從 명 cousin(*e*) ((enfants des sœurs du père)).

◆_**사촌** -四寸 명 cousin(*e*) ((enfants des sœurs du père)).

고종 高宗 명 【역사】 Gojong. ① <le 23ème roi du royaume de Goryeo>. ② <le 26ème roi du royaume de Joseon>.

고주망태 명 ivresse *f* complète, (forte) ébriété *f*. ¶ ~가 되도록 술을 마시다 boire jusqu'à être ivre mort.

고주파 高周波 명 【물리】 ((amplification à)) haute fréquence *f*.

◆_**발전기** -發電機 명 【물리】 généra*teur*(*trice*) (d'électricité) à haute fréquence.

◆_**전류** -電流 명 【전기】 courant *m* électrique à haute fréquence.

고즈너기 부 ☞ 고즈넉이

고즈넉이 부 calmement, tranquillement, sans bruit, doucement. ¶ 누구를 ~ 바라보다 regarder calmement *qn*.

고증 考證 명 investigation *f* ((minutieuse)); recherches *fpl*. ¶ 무엇을 철저한 ~을 통해 밝히다 révéler *qc* à l'aide de recherches approfondies. ◇_(을) **하다** se documenter sur *qc*; faire des recherches [investigations] sur *qc*. ¶ 발굴된 부장품의 연대를 ~하다 faire une recherche archéologique sur une période ancienne à partir des objets enterrés avec un mort [retrouvés, enterrés dans la tombe d'un mort]. ◇_(이) **되다** être documenté(*e*) sur *qc*. ¶ ~이 잘 된 소설[논문] un roman [une thèse] bien [solidement] documenté(*e*).

◆_**학** -學 명 étude *f* bibliographique.

고지[1] 高地 명 ① hauteur *f*, éminence *f*, colline *f*, côte *f*, piton *m*, platea*u*(*x*) *m*. ¶ ~를 탈환하다[점령하다] reconquérir [occuper] les plateaux. ② 목표 but *m*; fin *f*; objectif *m*. ¶ ~에 도달하다 atteindre l'objectif. ③ 유리한 입장 position *f* avantageuse. ¶ 협상에서 유리한 ~를 선점하다 prendre une position avantageuse lors des négociations.

고지[2] 告知 명 annonce *f*, information *f*, avis *m*; notification *f*, communication *f* ((d'un avis)). ◇_(를) **하다** annoncer *qc* à *qn*; informer *qn* de *qc* [que+*ind*]; notifier *qc* à *qn*. ¶ 계약 당사자에게 구두로 또는 서면으로 변경 사실을 ~하다 annoncer les changements oralement ou par écrit aux personnes concernées par le contrat. ◇_(가) **되다** être annoncé(*e*); être notifié(*e*).

◆_**서** -書 명 note *f*, communication *f* écrite;

information *f* écrite. ¶ 내게 납세 ~서가 날아왔다 J'ai reçu un avis d'imposition. ¶ 이번 달에는 전화요금 ~서를 받지 못했다 Je n'ai pas reçu de facture de téléphone ce mois-ci.

고지대 高地帶 명 plateau(*x*) *m*; région *f* (haute) en altitude. ¶ 여름철에는 ~에 수도물이 잘 안 나온다 L'eau courante n'a pas un débit satisfaisant [ne coule pas bien] sur les hauts plateaux [en altitude, en montagne] en été.

고지식하다 형 être simple et honnête; être sans astuce, naïf(*ve*); être raide, rigide; ((esprit)) être étroit(*e*); être peu compréhensif(*ve*); être peu accommodant(*e*). ¶ 그 사람은 너무 고지식해서 탈이다 Son défaut c'est qu'il est trop naïf. ¶ 그 사람은 고지식해서 남들이 하는 말을 그대로 곧이듣는다 Étant un peu naïf, il gobe tout ce qu'on lui raconte {*fam*}. ¶ 고지식한 인물 une personne naïve. ¶ 고지식하게 honnêtement, naïvement. ¶ 고지식하게도 그 여자는 사기꾼의 말을 그대로 따랐다 Naïvement, elle a écouté ce que l'escroc lui a dit.

고진감래 苦盡甘來 명 Après la peine, vient la joie / Après la pluie, le beau temps.

고질 痼疾 명 ① 고질병 maladie *f* chronique [incurable]. ¶ ~이 된 기관지염 une bronchite chronique. ② 나쁜 관행 mauvaise habitude *f*. ◇_**이 되다** devenir chronique.

◆_**적** -的 명관 chronique, fréquent(*e*), récidivant(*e*), récurrent(*e*); (habitude) invétéré(*e*). ¶ ~적인 문제 un problème chronique. ¶ ~적으로 chroniquement. ¶ ~적 부정부패 fraudes et corruption chroniques. ¶ ~적인 교통 체증 un embouteillage récurrent [fréquent, récidivant, chronique].

◆_**병** -病 명 ① maladie *f* chronique [incurable]. ¶ 그 환자는 ~병인 신경통으로 시달리고 있다 Ce patient souffre d'une névralgie chronique. ② maladie *f* [plaie *f*, défaut *m*] chronique ((de la politique coréenne)). ¶ 한국 정치의 ~병인 정경유착의 뿌리를 뽑아야 한다 Il faut éradiquer la collusion entre la politique et l'économie qui est chronique dans la politique coréenne.

고집 固執 명 entêtement *m*, obstination *f*, opiniâtreté *f*. ¶ 제 ~대로만 하다 n'en faire qu'à sa tête. ¶ ~(이) 센 entêté(*e*), têtu(*e*), obstiné(*e*), opiniâtre; indocile, rétif(*ve*). ◇_(**을**) **하다**[**부리다**, **세우다**] s'entêter, s'obstiner. ¶ 자기 의견을 ~하다 s'obstiner dans *son* idée; persister dans *son* opinion; s'entêter dans *ses* opinions. ¶ 그 학생은 대학에 가지 않고 취직을 하겠다고 ~을 부린다 Cet élève s'est entêté à trouver un travail au lieu de poursuivre ses études à l'université.

◆_**스럽다** 형 être entêté(*e*), têtu(*e*), avoir la tête dure.

◆_**불통** -不通 명 tête *f* de mule [de pioche {*fam*}, de lard {*fam*}], cabochard(*e*) {*fam*}, bourrique *f* {*fam*}, vrai mulet *m* {*fam*}. ¶ ~불통인 노인네를 겨우 설득하다 parvenir à convaincre avec difficulté un vieillard têtu [une vieille bourrique {*fam*}].

◆_**쟁이**[**통이**] 명 tête *f* de mule [de pioche {*fam*}], cabochard(*e*) {*fam*}, bourrique *f* {*fam*}, vrai mulet *m* {*fam*}.

고집통이 명 personne *f* têtue; entêté(*e*). ¶ 그 녀석 어찌나 ~던지, 설득하는 데 애를 먹었어 Celui-là il est tellement têtu, que pour le convaincre j'ai vraiment eu de la peine.

고차 高次 어근 haut degré *m*.

◆_**적** -的 명관 élevé, de haut niveau (de réflexion). ¶ ~적 수단 un moyen sophistiqué[très recherché]. ¶ ~적 관점 un point de vue élevé. ¶ ~적인 문제 un problème de haut niveau de réflexion; un problème qu'il faut aborder de haut; un problème qui nécessite des connaissances élevées [pointues, approfondies].

◆_**방정식** -方程式 명 【수학】 équation *f* de haut degré.

◆_**함수** -函數 명 【수학】 fonction *f* de haut degré.

고차원 高次元 명 haut *m* degré; niveau(*x*) *m* élevé.

◆_**적** -的 명 de haut degré; d'un niveau élevé. ¶ ~적 기술 techniques de pointe [sophistiquées]. ¶ ~적인 단계 un stade supérieur ((de réflexion, de raisonnement)), un niveau supérieur [très élevé, très profond] ((de réflexion)). ¶ ~적으로 생각하다 raisonner à un niveau très élevé.

고착 固着 명 adhérence *f*. ¶ ~ 상태에 빠지다 aboutir à [évoluer vers] un état stationnaire, rester stationnaire [immobilisé(*e*)], arriver à un état de stagnation, marquer le pas, stagner, piétiner, patiner, ne plus guère avancer [progresser, évoluer], n'évoluer que très peu. ◇_(**을**) **하다** adhérer à *qc*; coller à *qc*; tenir fortement à *qc*; se fixer à *qc*. ◇_(**이**) **되다** être collé(*e*) à *qc*, être fixé(*e*) à *qc*. ◇_(**을**) **시키다** adhérer, fixer, coller.

◆_**제** -劑 명 【화학】 fixateur *m*.

◆_**화** -化 명 fixation *f*. ¶ 한반도의 분단이 ~화되었다 La division de la péninsule coréenne est restée telle quelle.

고찰 考察 명 considération *f*, observation *f*, réflexion *f*. ◇_(**을**) **하다** considérer ((une chose sous tous les aspects)); examiner *qc* ((à fond)); réfléchir ((sur un sujet)); étudier ((une question)). ¶ 이 장에서는 현대불어의 음성학적 특징을 ~해 보고자 한다 Dans ce chapitre, nous allons examiner le français contemporain et ses caractéristiques phonétiques. ¶ 이 문제는 모든 각도에서 ~할 필요가 있다 Il est nécessaire de considérer ce problème sous tous les aspects. ◇_(**이**) **되다** être considéré(*e*) ((sous tous les aspects)); être examiné(*e*) ((à fond)); être étudié(*e*).

고참 古參 명 ancien *m* ((du régiment)); vétéran *m*. ¶ 그는 이 직장에서 20년이나 일한 ~이다 Il a vingt ans d'ancienneté dans cet emploi. ¶ 그는 나보다 훨씬 ~이다 Il a beaucoup plus d'ancienneté que moi.

◆_병 -兵 명 vétéran *m*.

고철 古鐵 명 ferraille *f*. ¶ 폐기된 핵잠수함을 ~로 팔아넘기다 vendre à la ferraille un sous-marin nucléaire défectueux. ¶ 이 기계는 이제 낡아서 ~이 되었다 Cette vieille machine [bécane {*fam*}] est réduite à un tas de ferraille [n'est plus qu'un tas de ferraille, est réduite à l'état de ferraille].

고체 固體 명 (corps *m*) solide *m*. ¶~ 연료 combustibles solides. ¶ 액체에서 ~로 변하다 rendre à l'état solide un liquide ((solidification)).

고쳐먹다 타 se déterminer, se décider; se corriger. se reprendre, changer d'avis. ¶ 그는 마음을 고쳐먹고 열심히 공부했다 Il s'est décidé et a travaillé durement / Prenant son courage à deux mains il a étudié sérieusement / Avec résolution il s'est mis à étudier ardemment. ¶ 그는 그 여자에게 전화를 하려다가 생각을 고쳐먹었다 Il voulait téléphoner à cette jeune fille, mais il a décidé de ne pas le faire / Il avait l'intention de téléphoner à cette fille et il a changé d'avis.

고초 苦楚 명 souffrance *f*, douleur *f*; détresse *f*; difficulté *f*, épreuve *f*, adversité *f*. ¶ 온갖 ~를 다 겪다 passer par [essuyer, subir] de dures [rudes] épreuves, en voir de dures [des vertes et des pas mûres {*fam*}, de toutes les couleurs {*fam*}] {*fam*}, en baver {*fam*} [avoir connu toutes les difficultés de la vie].

고추 명 ① 【식물】 piment *m* (rouge). ¶ 이 ~는 맵지 않다 Ce piment n'est pas piquant. ¶ 밭에 ~를 심다 planter des piments dans un champ. ¶~를 따다 cueillir des piments. ¶~를 먹다 manger des piments.

*작은 ~가 맵다 Être petit ne veut rien dire / Une personne de petite taille est plus forte, solide et perspicace qu'une personne de grande taille / «Petit mais costaud» {*fam*}. ② ((성기)) zizi *m* {*fam*}, zigounette *f* {*pop*}.

◆_ㅅ가루 명 piment *m* en poudre, poudre *f* de piment, piment *m* moulu. ¶ 한국 음식에는 ~ㅅ가루가 중요한 양념으로 쓰인다 Le piment est utilisé comme condiment important dans la cuisine coréenne.

*~ㅅ가루를 뿌리다 (alors que tout va bien) mettre son grain de sel, intervenir au mauvais moment [quand il ne faut pas], faire une gaffe [un impair], gaffer, dire une bourde, mettre les pieds dans le plat, gâcher (le plaisir de *qn*), faire une réflexion malvenue [maladroite], être maladroit(*e*), faire une réflexion qui tombe très mal, saboter ((les affaires de *qn*)), mettre son grain de sel, semer la pagaille dans, perturber, mettre [foutre] la merde {*fam, vulg*} ((dans les affaires de *qn*)), gâcher une affaire juste avant de la terminer.

◆_ㅅ잎(나물) 명 feuilles *fpl* de piment.

◆_잠자리 명 【동물】 libellule *f* rouge.

◆_장 -醬 명 *gochujang m* <pâte de soja ((fermentée, à laquelle on a ajouté du piment))>.; condiment *m* [sauce *f*] à base de pâte de piment. ¶ 찌개에 ~장을 풀다[넣다] relever un ragoût avec un condiment à base de piment.

◆월남_ 越南 명 piments *mpl* importés du Vietnam.

고출력 高出力 명 impression *f* de haute qualité.

고충 苦衷 명 douleur *f*, peine *f*, tourment *m*. ¶ 누구에게 자신의 ~을 호소하다 confier ses peines à *qn*. ¶ 남의 ~을 이해하다 comprendre la peine d'autrui. ¶ 더 이상은 말할 수 없는 나의 ~을 헤아려 주시오 Essayez de comprendre la peine dans laquelle je suis de ne pouvoir en dire plus.

고취 鼓吹 명 inspiration *f*, animation *f*. ◇_(를) 하다[시키다] inspirer à *qn* ((un sentiment, une idée, un dessein)); insuffler à *qn* ((du courage, un désir de vengeance)); inculquer à *qn* ((de bons principes)). ¶ 누구에게 민족정신을 ~하다[시키다] inspirer l'esprit national à *qn*. ¶ 누구에게 애국심을 ~하다[시키다] inspirer à *qn* un sentiment patriotique; animer [réchauffer] le patriotisme de *qn*. ◇_(가) 되다 ((un sentiment, une idée)) être inspiré(*e*); ((du courage)) être insufflé(*e*): ((de bon principes)) être inculqué(*e*).

고층 高層 명 étage *m* élevé; étage *m* supérieur. ¶~ 건물 un grand immeuble; un bâtiment élevé; une haute construction; un gratte-ciel, une (grande) tour. ¶~ 아파트 ((건물)) une grande tour résidentielle; ((단지)) un ensemble de grands immeubles d'habitation, un ensemble de grandes tours résidentielles, un ensemble [une cité] résidentiel(*le*) composée de grandes tours.

고치 명 cocon *m* (de ver à soie). ¶~에서 실을 뽑다 dévider un cocon.

◆누에_ 명 cocon *m*.

고치다 타 ① réparer ((une montre)), remettre en état (de marche); arranger ((une pendule)); raccommoder ((un vêtement)); remailler ((un filet)); refaire ((un mur)); restaurer ((un château)); ((대충)) rafistoler, retaper. ¶ 시계를 ~ réparer une montre. ¶ 기계를 ~ réparer [remettre en état de marche] une machine. ¶ 헌 옷을 고쳐 입다 raccommoder un ancien vêtement. ② (병을) 낫게 하다 guérir ((un malade, une maladie)). ¶ 위장병을 ~ guérir ((un patient)) d'un embarras gastrique. ③ 바로잡다; 교정하다 corriger ((les fautes)); rectifier ((une erreur)); réviser ((un manuscrit)); revoir ((un brouillon)); retoucher ((un tableau)); remanier ((un texte)); modifier ((un passage)); guérir *qn* ((de *sa* timidité)); rajuster ((*sa* cravate)); arranger ((un rideau)). ¶ 원고[답안지]를 ~ réviser un manuscrit [relire sa copie]. ¶ 자세를 ~ se redresser. ¶ 나쁜 버릇을 ~ corriger les défauts. ¶ 좀 더 완벽한 불어로 ~ corriger dans un meilleur français [dans un français plus élégant]. ¶ 그 여자는 외출하기 전에 화장을 고쳤다 Avant de sortir, elle s'est refaite une beauté / Avant de sortir, elle a refait son maquillage. ¶ 고칠 여지가 없는 버릇[성격] une manie incorrigible, une manie incurable [un caractère incorrigible]. ④ 바꾸다 changer, modifier, transformer. ¶ 이름을 ~ changer de nom. ¶ 계획을 ~ modifier ses plans. ¶ 기차 시간표를 새로 ~ modifier à nouveau les horaires du train.

고택 古宅 ㉨ vieille maison *f*, maison *f* ancienne.

고토 故土 ㉨ pays *m* natal; anciens territoires *mpl*. ¶ 고려는 고구려의 ~를 회복하지 못했다 Goryeo n'a pas pu reconquérir les anciens territoires de Goguryeo.

고통 苦痛 ㉨ douleur *f*, souffrance *f*, peine *f*, tourment *m* ((de la jalousie)); torture *f* ((de la soif, du remords)). ¶ 육체적[몸의] ~ une douleur physique [corporelle]. ¶ 정신적[마음의] ~ une douleur psychique [mentale]. ¶ 참을 수 없는 ~ une douleur insoutenable. ¶ ~을 참다 supporter la douleur. ¶ ~을 가라앉히다 apaiser la douleur; adoucir la douleur. ¶ ~이 심하다 avoir une grande douleur, avoir très mal, souffrir énormément. ¶ ~이 사라졌다[가라앉았다] La douleur a disparu [s'est apaisée]. ¶ 그것은 내게 큰 ~이다 Cela m'est très pénible. ¶ ~을 나누다[나눠갖다] partager les peines [la souffrance] de *qn*, s'associer aux peines [à la souffrance] de *qn*. ◇_을 **느끼다[겪다]** sentir [ressentir, éprouver] une douleur. ◇_(을) **받다** être en peine, souffrir, peiner. ¶ 나는 그 일로 ~을 많이 받았다 J'ai beaucoup souffert à cause de cet événement / Cet événement m'a fait beaucoup souffrir. ◇_(을) **주다** faire souffrir *qn*, faire du mal à *qn*; faire de la peine à *qn*, peiner *qn*, attrister *qn*; tourmenter *qn*, torturer *qn*; accabler *qn*, affliger *qn*.

◆**_스럽다** ㉭ être douloureux(*se*), pénible.

고투 苦鬪 ㉨ combat *m*[lutte *f*] difficile. ¶ ~를 무릅쓰다 affronter un combat difficile.

고풍 古風 ㉨ ancienne mode *f*, style *m* archaïque; archaïsme *m*.

◆**_스럽다** ㉭ être de style archaïque. ¶ ~스러운 표현 une expression archaïque. ¶ ~스러운 건물 un bâtiment de style archaïque.

고프다 ㉭ avoir faim, être affamé(*e*), avoir la dalle [la dent] {*fam*}; ((출출하다)) avoir un creux {*fam*}. ¶ 배가 몹시 ~ avoir très faim, avoir une faim de loup, être affamé(*e*), mourir de faim {*fam*}. ¶ ~ 고파 죽겠다 Je meurs de faim / J'ai une faim de loup / J'ai l'estomac dans les talons / J'ai une de ces faims {*fam*}. ¶ 배고팠던 시절 l'époque [la période] où j'étais pauvre [où je manquais de tout].

고하 高下 ㉨ grade *m*, rang *m*. ¶ 지위의 ~를 막론하고 엄정하게 일을 처리하다 régler une affaire avec fermeté [avec rigueur] sans tenir compte du rang social.

고하다 告― ㉺ ① dire ((la vérité, que+*ind*)); annoncer ((une nouvelle, que+*ind*)); informer ((un ami d'une décision)). ¶ 독일 국민에게 고함 une annonce au peuple allemand. ¶ 자신의 의사[뜻]를 ~ déclarer [manifester] *ses* intentions. ¶ 마지막을 ~ prendre fin. ¶ 작별을 ~ faire *ses* adieux ((à *qn*)). ¶ 그런 일은 즉시 웃어른들에게 고해야 한다 Il faut tout de suite informer les anciens de ce problème. ② 고해 바치다 rapporter *qc* à *qn*; dénoncer ((des camarades)); cafarder *qn* {*fam*}, moucharder {*fam*}, faire le mouchard {*fam*}; caf(*e*)ter {*fam*}. ¶ 다시 나를 괴롭히면, 아버지에게 고해 바치겠어 Si tu m'embêtes encore, j'irai le répéter [le dire] à mon père.

고학 苦學 ㉨ études *fpl* dans l'adversité, études *fpl* de *qn* qui travaille pour payer ses études. ¶ 그는 ~으로 대학까지 졸업했다 Il a fini ses études universitaires tout en travaillant pour payer ses études. ◇_(을) **하다** étudier tout en travaillant pour payer *ses* études.

◆**_생** -生 ㉨ étudiant(*e*) dans le besoin[dans l'adversité], étudiant(*e*) qui travaille (pour payer ses études).

고학년 高學年 ㉨ ((des)) classe *fpl* supérieures.

◆**_생** -生 ㉨ élève des classes supérieures.

고함 高喊 ㉨ cri *m*, hurlement *m*, vocifération *f*. ¶ ~ 소리 un cri, un hurlement. ◇_(을) **지르다[치다]** crier (à tue-tête); hurler, vociférer; pousser des cris [hurlements, vociférations]. ¶ 고래고래 ~지르다 crier à pleins poumons [de toutes ses forces, à tue-tête]. ¶ 나가라고 ~치다 crier (à *qn*) de s'en aller.

고해[1] 告解 ㉨ 【천주】 confession *f*. ☞ 고백 ◇_(를) **하다** se confesser. ¶ 그는 어제 신부님께 ~를 했다 Il a confessé ses péchés[Il s'est confessé] au curé hier.

◆**_성사** -聖事 ㉨ 【천주】 confession *f*. ¶ ~성사를 하다 se confesser.

고해[2] 苦海 ㉨ 【불교】 ce bas monde *m* plein de misères. ¶ 인생은 ~다 La vie est pleine de difficultés / La vie n'est pas un long fleuve tranquille.

고행 苦行 ㉨ mortification *f*, ascèse *f*, macération *f*; ascétisme *m*. ◇_(을) **하다** mortifier *son* corps; pratiquer l'ascétisme. ¶ ~을 하지 않고는 깨달음을 얻지 못한다 Tu ne peux atteindre l'éveil sans pratiquer l'ascétisme.

고향 故鄕 ㉨ pays *m* (natal), ville *f* natale; (mère *f*) patrie *f*. ¶ 마음의 ~ un endroit où l'on se sent comme chez soi [comme à la maison]. ¶ 음악[예술]의 ~ le berceau de la musique [des arts]. ¶ ~을 그리워하다 regretter *son* pays, avoir le mal du pays, avoir la nostalgie de *son* pays. ¶ ~을 떠나다 quitter *son* pays (natal). ¶ ~으로 돌아가다 retourner au pays natal; regagner [rentrer dans] *ses* foyers. ¶ ~이 어디십니까? Vous êtes originaire d'où?

◆**_집** ㉨ maison *f* natale; maison *f* de ses parents. ¶ ~집으로 돌아가다 rentrer chez *ses* parents[dans la maison familiale] / rentrer chez *lui*.

고혈 膏血 ㉨ sueur *f* et sang *m*. ¶ 백성들의 ~을 짜내는

탐관오리 un fonctionnaire corrompu qui suce le peuple jusqu'à la moelle.

고혈압 高血壓 명 【의학】 hypertension *f.* ¶ ~ 환자 un(*e*) hypertendu(*e*), une personne [un patient] souffrant d'hypertension. ¶ ~ 치료제 un traitement pour l'hypertension. ¶ ~으로 쓰러지다 faire un malaise secondaire [dû] à l'hypertension. ¶ 나이가 들면 ~을 조심해야 한다 Il faut faire attention à l'hypertension quand on vieillit.

고형 固形 명 solide *m.* ¶ ~ 성분 un composant solide.

◆**_물** -物 명 corps *m* solide; solide *m.*

고혹적 蠱惑的 명 séduisant(*e*); charmant(*e*). ¶ ~인 자태 une apparence séduisante. ¶ 그 여자는 목소리가 ~이다 Elle a une voix charmante.

고환 睾丸 명 【의학】 testicule *m.*

◆**_염** -炎 명 【의학】 orchite *f.*

◆**부_** 副- 명 【의학】 épididyme *m.*

고희 古稀 명 âge *m* de 70 ans. ¶ ~를 맞이하다 fêter ses 70 ans.

◆**_연** -宴 명 banquet *m* donné en l'honneur de *son* soixante-dixième anniversaire.

곡[1] 曲 명 composition *f* (musicale); morceau(*x*) *m* ((de piano)); pièce *f* ((vocale, instrumentale)); air *m*, mélodie *f.* ¶ 슈베르트의 ~을 연주하다 jouer un morceau de Schubert. ¶ 그것은 참 아름다운 ~이다 C'est un très beau morceau (de musique) / C'est une très belle mélodie. ¶ 이것은 내가 전에 들어본 ~이다 C'est une pièce musicale que j'ai déjà eu l'occasion d'écouter auparavant. ¶ 누구의 노랫말[시]에 ~을 붙이다 composer un air sur les paroles de *qn.*

분류 ((une)) chanson *f.* ¶ 프랑스 가곡을 한 ~ 부르다 chanter une chanson française.

접미 pièce *f* (musicale), morceau(*x*) *m.* ¶ 피아노[성악, 반주]~ une pièce de piano [vocale, d'accompagnement]. ¶ 애창~ un air que l'on aime chanter; *sa* chanson préférée. ¶ 글렌 굴드 연주~ 모음 l'ensemble du répertoire de Glenn Gould.

곡[2] 哭 명 lamentation *f*, pleurs *mpl* pour les morts. ¶ ~ 소리가 나다 entendre des lamentations. ◇_(을) **하다** pleurer en poussant des cris, se lamenter, se répandre en lamentations.

***귀신이 ~할 노릇이다** C'est un fait incompréhensible / C'est vraiment incroyable [un miracle]! / Je n'en reviens pas! ¶ 그 사람이 합격하다니 정말 귀신이 ~할 노릇이다 C'est vraiment un miracle qu'il ait réussi à l'examen.

곡가 穀價 명 prix *m* des céréales. ¶ 이중 ~ 정책 une politique de double prix des céréales.

곡간 명 ((‘곳간’의 잘못)) ☞ 곳간

곡괭이 명 pioche *f*, houe *f.* ¶ ~로 땅을 파다 creuser la terre avec une pioche.

◆**_질** 명 creusement *m.* ¶ ~질을 하다 creuser avec une pioche.

곡기 穀氣 명 nourriture *f.* ◇**_를 끊다** ne rien manger. ¶ 병중인 할아버지는 며칠째 ~를 끊으시고 계신다 Grand-père, qui est malade, n'a rien mangé depuis plusieurs jours.

곡류 穀類 명 céréales *fpl*, grains *mpl.*

곡률 曲率 명 【수학】 courbure *f.* ¶ ~ 중심[반경] rayon de courbure. ¶ 공간 ~ courbure de l'espace.

곡마단 曲馬團 명 (troupe *f* de) cirque *m.*

곡면 曲面 명 【수학】 surface *f* courbe.

◆**_체** -體 명 polygone *m.*

곡목 曲目 명 programme *m* ((d'un concert, d'un récital)); titre *m* des morceaux de musique (qui sont au programme). ¶ 연주할 ~을 고르다 choisir le morceau de musique que l'on va jouer ((pour un récital)).

곡물 穀物 명 céréales *fpl*, grains *mpl.* ¶ ~ 시장 marché aux grains. ¶ ~ 창고 grange; grenier.

◆**_상** -商 명 marchand *m* de grains.

곡사포 曲射砲 명 【군사】 canon *m* à tir courbe. ¶ ~를 쏘다 tirer un obus avec un canon à tir courbe.

곡선 曲線 명 (ligne *f*) courbe *f.* ¶ ~을 그리다 dessiner une courbe. ¶ ~을 그리며 날다 voler dans le ciel en dessinant une courbe.

◆**_미** -美 명 beauté *f* [élégance *f*] de la ligne. ¶ 한복은 ~미가 돋보인다 Le *hanbok* a une belle ligne.

곡성 哭聲 명 bruit *m* des lamentations; mélopée *f* funèbre. ¶ 유족들의 ~이 귓가에 들려왔다 On entendait les lamentations de la famille du défunt.

곡식 穀食 명 grains *mpl*, céréales *fpl.* ¶ 들판에 무르익은 ~ des épis ((de blé)) mûris dans les champs; un champ doré de céréales.

◆**_알** 명 grains *mpl.*

곡신 穀神 명 dieu(*x*) *m* des céréales; Cérès *f* ((déesse des moissons)).

곡예 曲藝 명 tour *m* ((d'un saltimbanque)); tour *m* d'adresse [d'acrobatie]; ((줄타기)) tour *m* d'équilibre; ((그네타기)) voltige *f.* ◇_(를) **하다[부리다]** faire [exécuter] des tours d'acrobatie; faire des acrobaties.

*~**(를) 하다** jongler; courir [prendre] des risques, s'aventurer, se risquer à+*inf.* ¶ 그는 아내와 정부 사이에서 ~를 하고 있다 Il jongle entre sa femme et sa maîtresse.

◆**_단** -團 명 troupe *m* de cirque; troupe *m* d'acrobates; les gens *mpl* de cirque.

◆**_비행** -飛行 명 haute voltige *f.*

◆**_사** -師 명 acrobate; équilibriste; trapéziste; jongleur(*se*).

곡용 曲用 명 【언어】 déclinaison *f.* ¶ 명사[대명사, 형용사]의 ~ déclinaison des substantifs [pronoms, adjectifs]. ◇_(을) **하다** se décliner.

곡우(穀雨) 명 Gokou <une des 24 divisions du calendrier luni-solaire, vers le 20 avril>.

곡절 曲折 명 ① péripéties *fpl*, complication *f.* ¶ 인생의 ~ les péripéties de la vie. ¶ 사건의 ~ les complications d'une affaire. ¶ 많은 ~ 끝에 문제는 해결되었다 Après bien des péripéties, le problème fut résolu. ② 까닭, 사정 circonstance *f*, cause *f*, raison *f.* ¶ 그가 연락이 없는 데에는 무슨 ~이 있을 것이다 Il doit bien y avoir une raison pour qu'il n'appelle pas / On est sans nouvelle de lui, mais il y a sûrement une bonne raison à cela. ¶ 무슨 ~인지 그 친구가 아무 연락 없이 오지 않는다 Il lui est sans doute arrivé quelque chose puisqu'il n'est toujours pas là et n'a même pas téléphoné.

곡조 曲調 명 air *m*, mélodie *f.* ¶ 슬픈 ~의 노래 une chanson (à mélodie) triste. ¶ 가사에 ~를 붙이다 composer un air sur des paroles. ¶ 그 친구는 ~에 맞지 않게 노래를 한다 Il chante faux.

곡주 穀酒 명 alcool *m* de riz ((ou d'autres céréales)).

곡차 穀茶 명 【불교】 *gokcha m* <langage codé désignant de l'alcool de riz dans un temple bouddhique>. ¶ ~ 한 잔 하시지요 Prenez un verre d'alcool / Buvez une tasse[une coupe] d'alcool.

곡창 穀倉 명 ① grange *f*, grenier *m*. ② ((비유적)) région *f* productrice de céréales; grenier *m*.

◆**_지대** -地帶 명 région *f* productrice de céréales; grenier *m*. ¶ 전라도는 한국의 ~지대이다 La province du Jeolla est le grenier de la Corée.

곡필 曲筆 명 écrit *m* [rapport *m*] mensonger [faux, controuvé, fallacieux]. ◇**_(을) 하다** déformer, falsifier ((un fait)); altérer ((la vérité)).

곡학아세 曲學阿世 명 recherche *f* [étude *f*] faite dans des intentions douteuses. ◇**_(를) 하다** ((savants)) travestir la science pour plaire au public.

곡해 曲解 명 malentendu *m*, méprise *f.* ◇**_(를) 하다** mal comprendre [interpréter] *qc*; se méprendre sur *qc/qn*. ¶ 내 뜻은 그런 것이 아니니 ~하지 마십시오 Ne prenez pas ça mal, ce n'était pas ce que je voulais dire.

-곤 어미 ((avoir)) l'habitude de+*inf* ((suffixe flexionnel servant à exprimer une habitude dans le passé, cf. imparfait en français)). ¶ 아들은 여름방학마다 나를 보러 시골에 내려오~ 했다 Chaque année, pour les vacances d'été, mon fils descendait me voir en province.

곤경 困境 명 situation *f* difficile [critique]; embarras *m*. ¶ ~에서 벗어나다[빠져나오다] sortir d'une impasse; se tirer d'un mauvais pas. ◇**_에 처하다[빠지다]** tomber dans une situation difficile; se trouver en face d'une situation embarrassante. ◇**_에 빠뜨리다** mettre *qn* dans une situation difficile.

곤괘 坤卦 명 【민속】 *gongwae* <une des 64 combinaisons des huit diagrammes>.

곤궁 困窮 명 gêne *f*, pauvreté *f*, indigence *f*, dénuement *m*; misère *f*, nécessité *f.* ◇**_에 처하다[빠지다]** être [tomber] dans la misère.

◆**_하다** 형 être dans la gêne [le besoin, la nécessité]. ¶ 곤궁한 입장에 놓이다 être dans une situation embarrassante. ¶ 그 남자는 사업에 실패해서 요즘 매우 ~ Actuellement, cet homme est dans une gêne extrême car il avait monté une affaire qui n'a pas marché. ¶ 곤궁하게 살다 vivre dans la pauvreté [le besoin, la misère, la gêne]; vivre dans les privations; être réduit(*e*) à l'indigence; souffrir de privations.

곤돌라 외 명 ① gondole *f.* ② nacelle *f.*

곤두- 접두 ¶ ~서다 ((poils, plumes)) se hérisser; se dresser. ¶ ~세우다 hérisser ((ses poils, ses plumes)).

곤두박질 명 chute *f* à la renverse, dégringolade *f* {*fam*}. ◇**_을 하다[치다]** dégringoler [tomber] la tête la première. ¶ 그 아이는 발을 헛디뎌 계단에서 ~쳤다 Cet enfant est tombé la tête la première [a roulé] dans les escaliers après avoir trébuché [après avoir manqué une marche].

곤두서다 자 ① ((des poils, des plumes)) se hérisser; se dresser; s'emporter, se hérisser de colère. ¶ 그 이야기를 듣고 머리털이 곤두섰다 Cette histoire m'a fait dresser les cheveux sur la tête. ② ((신경이)) avoir les nerfs tendus, être énervé(*e*), avoir les nerfs à vif [à fleur de peau]. ¶ 너무 시끄러워서 온 몸의 신경이 곤두서는 것 같았다 C'était si bruyant que j'avais les nerfs tendus [que j'étais énervé(*e*), que j'étais tendu(*e*), j'étais irrité(*e*)].

곤두세우다 타 ① hérisser ((*ses* plumes, *ses* poils)). ¶ 머리털[눈썹]을 곤두세우고 화내다 s'emporter; se hérisser de fureur. ¶ 닭이 고양이를 보고 깃털을 곤두세웠다 La poule a hérissé ses plumes en apercevant un chat. ② ((신경을)) se contracter, avoir les nerfs tendus. ¶ 그 일에 너무 신경을 곤두세우지 마라 Ne t'en fais pas trop pour cette affaire [pour ça].

곤드라지다 자 dormir profondément [d'un sommeil de plomb, du sommeil du juste]. ¶ 술에 취해 ~ s'endormir ivre mort(*e*). ¶ 그는 지친 나머지, 그 자리에 그만 곤드라지고 말았다 Epuisé de fatigue, il s'est endormi [est tombé, s'est affaissé] comme une masse [il est tombé de sommeil].

곤드레만드레 부 ((soûl)) comme un cochon [âne]. ¶ ~ 취하다 s'enivrer; être ivre mort(*e*); être soûl(*e*) comme un cochon [comme un âne].

곤란 困難 명 difficulté *f*, obstacle *m*, peine *f*, détresse *f*, embarras *m*, ennui *m*. ¶ ~을 겪다[느끼다] avoir de la peine [des ennuis, des difficultés]; éprouver une gêne.

◆**_하다** 형 être difficile, embarrassant(*e*), ennuyeux(*se*), gênant(*e*). ¶ ~한 부탁을 하다 faire une demande difficile. ¶ ~한 처지에 빠지다 être dans une situation délicate [difficile]. ¶ 처리하기 ~한 일 un problème [une affaire] difficile à résoudre. ¶ ~한 인물 une personne difficile. ¶ 그는 ~하다는 표정을 지었다 Il a fait une grimace d'embarras. ¶ 이 사람은 다루기가 ~하다 C'est une personne pas facile [difficile, difficile à manier]. ¶ 나는 숨쉬기가 ~하다 J'ai du mal à respirer. ¶ 그와 같이 일하게 되면 ~한데 Je vais avoir du mal si je travaille avec lui. ¶ 그건 좀 ~한데 Je suis désolé(*e*) de devoir refuser (mais je ne peux pas accepter) / Ça m'embête de vous dire non, mais ... ¶ ~하게 de manière compliquée. ¶ 일을 ~하게 만들다 compliquer les choses.

ㄱ

곤로 焜爐 일 명 poêle *m*, brasero *m*.
◆석유_ 石油 명 poêle *m* à mazout.
곤룡포 袞龍袍 명 【역사】 habit *m* officiel [du roi].
곤마 困馬 명 ((바둑)) pion *m* en danger, pion *m* en échec dans le jeu de *baduk* (*go*).
곤봉 棍棒 명 bâton *m*; gourdin *m*, matraque *f*, ((체조용)) mil *m*. ¶ ~으로 때리다 donner la bastonnade. ¶ ~ 세례를 받다 recevoir une pluie de coups de bâtons [recevoir la bastonnade], se faire bastonner ((par la police)).
◆_체조 -體操 명 mil *m* ((petite massue de bois utilisée en gymnastique pour les exercices d'assouplissement; instrument de gymnastique en bois, en forme de quille, utilisé pour les exercices du membre supérieur)).
곤색 -色 명 bleu *m* foncé [marine]. ☞ 감색
곤욕 困辱 명 affront *m* vif [cruel, cuisant]; insulte *f*; offense *f* grave. ◇_을 **당하다[치르다]** être insulté(*e*), humilié(*e*); essuyer [recevoir] un affront; souffrir, peiner. ¶ 다섯 시간이나 시험을 보느라고 ~을 치렀다 J'ai souffert de passer l'examen pendant 5 heures.
곤장 棍杖 명 【역사】 massue *f* (pour frapper les criminels), matraque *f*. ◇_(을) **치다[때리다]** donner la bastonnade. ◇_(을) **맞다** recevoir la bastonnade.
곤죽 명 ① fondrière *f*; terrain *m* marécageux. ¶ 눈이 녹아 길이 ~이 되었다 Le chemin est devenu marécageux après la fonte des neiges. ② 뒤범벅 gâchis *m*, fouillis *m*; confusion *f*. ¶ 일을 ~을 만들다 mettre la confusion; gâcher un travail [une affaire].
곤지 명 marque *f* rouge (sur le front d'une nouvelle mariée). ¶ 이마에 ~를 찍다 maquiller d'une marque rouge sur le front.
곤지곤지 명 jeu(*x*) *m* de mains (des nourrissons) ((lorsqu'un bébé tapote la paume de *sa* main gauche avec la main droite)). ◇_(를) **하다** ((un bébé)) tapoter la paume de *sa* main gauche avec la main droite.
곤충 昆蟲 명 insecte *m*.
◆_류 -類 명 insectes *mpl*.
◆_채집 -採集 명 collection *f* d'insectes.
◆_학 -學 명 entomologie *f*.
◆_학자 -學者 명 entomologiste.
곤하다 困- 형 être fatigué(*e*), las(*se*), excédé(*e*), épuisé(*e*), exténué(*e*). ¶ 곤한 잠에 빠지다[을 자다] s'endormir épuisé(*e*).
◆곤하게 부 ☞ 곤히
곤혹스럽다 困惑- 형 avoir du mal à+*inf*; être embarrassant(*e*), gênant(*e*); être douloureux(*se*), pénible. ¶ 참 곤혹스러운 일이다 C'est une affaire vraiment délicate. ¶ 곤혹스러운 질문을 하다 poser des questions embarrassantes. ¶ 대하기 곤혹스러운 상대 une personne difficile à manier. ¶ 그는 곤혹스러운 표정을 지었다 Il a grimacé (de douleur). ¶ 동생은 그 일 때문에 곤혹스러운 처지에 놓여있다 Mon petite frère [Ma petite sœur] se trouve dans une situation embarrassante [délicate] à cause de cette affaire / Cette affaire a mis mon petit frère [ma petite sœur] dans une situation embarrassante [délicate]. ¶ 그의 말을 듣자니 무척 곤혹스러웠다 J'ai eu du mal à l'écouter parler. ¶ 그의 질문에 대답하기가 ~ C'est gênant [difficile] de répondre à sa question / Sa question est gênante [embarrassante].
◆곤혹스러워하다 자 tourmenter *qn*, embarrasser *qn*, gêner *qn*. ¶ 그는 나의 부탁에 곤혹스러워했다 Ma demande l'a tourmenté.
곤히 困- 부 d'un sommeil profond. ¶ ~ 잠들다 s'endormir d'un sommeil profond.
곧 부 ① 즉시 à l'instant; immédiatement, instantanément, sur-le-champ; sans délai; dès que+*ind*; aussitôt que+*ind*. ¶ 지금 ~ 갑니다 J'arrive tout de suite. ¶ 이 약은 ~ 효과가 나타날 거야 Ce médicament va agir immédiatement [va avoir de l'effet tout de suite] / Tu vas ressentir les effets du médicament tout de suite. ¶ 그는 도착하자마자 ~ 다시 떠났다 Il est reparti aussitôt arrivé. ¶ 그는 책상에 앉자마자 ~ 졸기 시작했다 Il a commencé à somnoler dès qu'il s'est assis à son bureau. ¶ 나는 시계가 울리자 ~ 침대에서 일어났다 J'ai sauté du lit dès que le réveil s'est mis à sonner. ¶ 그 사람은 자신의 입장을 설명하고 ~ 그 비판에 응답했다 Il a expliqué sa position, et a immédiatement répondu aux critiques. ② 머지않아 bientôt. ¶ 이제 ~ 겨울이다 C'est bientôt l'hiver. ¶ 그 여자는 ~ 서른 살이 된다 Elle va bientôt avoir trente ans / Elle va sur ses trente ans. ¶ ~ 장마철에 접어들게 되다 C'est bientôt la saison des pluies. ¶ 그가 유학생활을 끝내고 ~ 돌아올 거다 Il rentrera dans son pays dès qu'il aura terminé ses études. ③ 즉 c'est-à-dire; autrement dit; à savoir. ¶ 여기가 바로 한국, ~ 나의 조국이다 Voilà la Corée, autrement dit mon pays. ¶ 뤼테스 ~ 예전의 파리 Lutèce, c'est-à-dire l'ancien nom de Paris. ¶ 너의 실패는 ~ 나의 실패다 Ton échec, c'est aussi mon échec.
곧다 형 ① ((모습 따위가)) être droit(*e*), rectiligne, vertic*al*(*ale*, *aux*). ¶ 곧은 길 une rue droite. ¶ 곧은 선 une ligne droite. ¶ 자세가 ~ se tenir droit. ¶ 곧게 de façon droite. ¶ 곧게 뻗은 나무[고속도로] un arbre tout droit [une autoroute toute droite]. ② ((마음이)) être honnête, probe, droit(*e*), intègre, loy*al*(*ale*, *aux*), franc(*che*). ¶ 곧은 성격 une personnalité honnête. ¶ 곧은 성품[심성]의 소유자 une personne honnête.
곧바로 부 ① directement, immédiatement après *qc*, sans faire de détours, sans perdre de temps. ¶ 다른 데 들르지 말고 집으로 ~ 오너라 Rentre directement à la maison / Rentre immédiatement (à la maison) sans faire de détours. ¶ 집에 도착하면 ~ 전화해라 Appelle-moi dès que tu rentres à la maison. ② 똑바로 tout droit; directement. ¶ 이 길로 ~ 가면 우체국이 나온다 Si vous allez tout droit dans cette rue, vous trouverez le bureau de poste.

곧이곧대로 副 tel(*le*) quel(*le*), sans rien changer, sans rien modifier; sans déguisement; franchement, honnêtement; avec probité. ¶ 사실을 ~ 말하다 raconter les faits tels qu'ils se sont passés. ¶ 누구의 말을 ~ 믿다 croire (sans esprit critique) [avaler] naïvement tout ce que dit *qn*, gober {*fam*} (naïvement) les paroles de *qn* [tout ce que dit *qn*].

곧이듣다 他 croire *qc*; ajouter foi à ((une nouvelle)); accepter *qc* sans discrimination. ¶ 그는 순진하게도 내 말[농담]을 곧이듣고서 내가 시키는대로 했다 Naïvement, il a fait ce que je lui ai dit de faire, prenant mes paroles au sérieux [au pied de la lettre]. ¶ 그가 하는 말[이야기]은 곧이듣기가 힘들다 C'est difficile à croire ce qu'il raconte. ¶ 이 허황된 이야기를 곧이들을 사람은 아무도 없다 Personne ne va croire cette histoire saugrenue.

곧이어 副 et juste après, immédiatement après. ¶ ~ 신부 입장이 있겠습니다 Et maintenant, la mariée va faire son entrée / Et maintenant, nous allons assister à l'entrée [à l'arrivée] de la mariée. ¶ 벨이 울리더니 ~ 전화 받는 목소리가 들렸다 J'ai entendu la sonnerie du téléphone chez mon interlocuteur et immédiatement après sa voix.

곧잘 副 ① fréquemment; souvent. ¶ 우리가 같은 동네에 살 때 나는 ~ 그의 집에 가곤 했다 J'allais souvent chez lui quand nous habitions dans le même quartier. ¶ 그 녀석은 여러 사람 앞에서 ~ 재치있는 말을 한다 Il parle souvent avec humour et talent devant les autres [en public]. ② 제법 잘 bien; assez bien; habilement; adroitement; ((utiliser)) ingénieusement; avec succès. ¶ 약이 ~ 듣는다 Le médicament est efficace. ¶ 무엇을 ~ 하다 être habile[adroit(*e*), expert(*e*)] à+*inf*; être fort(*e*) ((en mathématiques, aux échecs)). ¶ 불어를 ~ 한다 parler assez bien le français. ¶ 이야기를 ~ 하다 parler bien; avoir une conversation pleine d'esprit. ¶ 글을 ~ 쓰다 bien écrire. ③ 쉽게 facilement. ¶ 그는 ~ 남의 말을 믿는다 Il croit facilement ce qu'on lui dit.

곧장 副 ① tout droit; directement, verticalement. ¶ 이 길을 따라 ~ 가라 Prends cette route et va tout droit. ¶ 저 버스는 시청까지 ~ 간다 Ce bus va tout droit jusqu'à la mairie. ② 쉬지 말고 sans s'arrêter (en cours de route); sans repos. ¶ ~ 집에 돌아가다 rentrer directement chez *soi* [à la maison] (sans s'arrêter en cours de route). ¶ 전화 받고 ~ 달려오는 길이다 Je suis venu(*e*) directement après le coup de téléphone.

곧추세우다 他 ① redresser *qc*/*qn*; brandir, arborer; élever, lever (à bout de bras). ¶ 깃대[아이]를 ~ brandir un étendard, arborer un drapeau [brandir un enfant, (é)lever un enfant à bout de bras]. ② ((몸을)) se redresser, ((꽁지를)) redresser ((*sa* queue)). ¶ 그 사람은 자세[몸]를 곧추세우고 끝까지 강연을 경청했다 Il s'est redressé et il a écouté le discours jusqu'à la fin. ¶ 공작새가 꽁지를 멋지게 곧추세웠다 Le paon a fait la roue de façon majestueuse.

곧추안다 他 prendre ((un bébé)) dans *ses* bras dans la position verticale.

곧추앉다 自 s'asseoir bien droit.

골¹ 名 colère *f*, emportement *m*. ◇_(을) **내다[부리다]** se mettre en colère, s'énerver, piquer une [*sa*] crise {*fam*}, monter sur *ses* grands chevaux. ◇_(이) **나다** se mettre en colère, s'emporter, se fâcher, s'irriter, se vexer, s'énerver. ¶ ~이 나 있다 être en colère, fâché(*e*), irrité(*e*). ¶ ~나게 하다 s'attirer la colère de *qn*, énerver *qn*, irriter *qn*, vexer *qn*.

골² 名 【속어】 tête *f*, crâne *m* {*fam*}, cervelle *f* {*fam*}, ciboulot *m* {*fam*}; ((골수)) moelle *f*. ¶ ~이 아프다[쑤시다] avoir mal à la tête [au crâne {*fam*}].

*~**을 썩이다** se tourmenter, se soucier de *qn*/*qc*, se faire du souci [des soucis, des cheveux blancs {*fam*}, du mouron {*fam*}, de la bile {*fam*}], se biler {*fam*}; se torturer l'esprit; se mettre martel en tête {*litt*}. ¶ 자식 때문에 ~을 썩일 필요는 없다 Il est inutile de se faire trop de soucis pour ses enfants.

*~**이 비다** avoir la tête vide, n'avoir rien dans la tête [dans le crâne {*fam*}, dans la cervelle {*fam*}, dans le ciboulot {*fam*}], avoir une petite tête, avoir une tête sans cervelle, être écervelé(*e*), stupide, sot(*te*), con(*ne*) {*fam*}, débile {*fam*}, être un(*e*) crétin(*e*) (des Alpes) {*fam*} [un(*e*) demeuré(*e*), une andouille {*fam*}]. ¶ ~빈 놈! Crétin! {*fam*} / Débile! {*fam*} / T(u n)'as rien dans le ciboulot [dans le crâne]! {*fam*}

◆_**머리** 名 crâne *m* ((soucieux)) {*fam*}, caboche *f* ((encombrée de soucis)) {*fam*}, ciboulot *m* {*fam*}; ((se faire)) des cheveux *mpl* (blancs) {*fam*}.

*~**머리를 앓다** se faire du mouron {*fam*}, se faire des cheveux (blancs) {*fam*}.

골³ 名 sillon *m*. ¶ ~을 파다 tracer[creuser, ouvrir] un sillon. ¶ 깊은 감정의 ~이 파이다 avoir des sentiments négatifs ((envers *qn*)).

골⁴ 英{goal} 名 【운동】 ((축구)) but *m*, ((농구)) panier *m*. ¶ 오늘은 ~ 운이 별로 없는 것 같다 On n'a visiblement pas beaucoup de chance aujourd'hui pour marquer des buts. ¶ 우리 팀은 한 ~ 차이로 일본에 이겼다[졌다] Notre équipe a remporté la victoire [perdu] d'un but contre le Japon. ¶ 상대 팀은 우리 팀을 세 ~ 앞서가고[뒤지고] 있다 L'équipe adverse a trois buts de plus [de moins] que nous. ◇_(을) **넣다[내다, 얻다, 터뜨리다]** marquer [mettre, inscrire] un but, mettre le ballon au fond des buts [des filets], faire trembler les filets [le petit filet]. ¶ 우리 팀의 스트라이커는 오늘 한 ~도 넣지 못했다 L'attaquant de notre équipe n'a pu marquer [inscrire] aucun but [le moindre but] aujourd'hui. ◇_(을) **먹다** encaisser un but. ¶ 역습에 휘말려 한 ~을 먹었다 On a encaissé un but lors d'une contre-attaque. ◇_(이) 나다[터지다] ((un but)) être marqué [inscrit]; y avoir un but. ¶ 축구는 ~이 많이 나야 보는 재미가 있다 Un match de foot(ball) est intéressant quand il y a beaucoup de buts. ¶ 오늘 게임은 ~이 잘 나지 않는다 Il n'y a pas beaucoup de buts aujourd'hui.

◆_게터 영{goal getter} 명 butteur *m*. ¶ 뚜렷한 ~게터가 없는 게 우리 팀의 약점이다 La faiblesse de notre équipe est qu'on ne possède aucun butteur digne de ce nom.

◆_대 명 cadre *m*; poteau(*x*) *m*; transversale *f*. ¶ 강슛한 공이 ~대를 맞고 튀어나왔다[스치고 말았다] Ce tir puissant a rebondi sur le cadre [la transversale, les poteaux].

◆_문 -門 명 cage *f*, les buts *mpl*. ¶ 우리 팀에는 ~문을 든든히 지키는 골키퍼가 있어서 다행이다 On a de la chance d'avoir un gardien qui protège si bien nos buts [sa cage] / On a de la chance d'avoir un si bon gardien de but].

◆_ 에어리어 영{goal area} 명 surface *f* de réparation [de but].

◆_키퍼[잡이] 영{goalkeeper} 명 gardien *m* de but, goal *m*, le dernier rempart *m*. ¶ 이 선수는 타고난 ~키퍼이다 C'est un gardien de but inné.

◆_킥 영{goal-kick} 명 coup *m* de pied de renvoi (aux six mètres), dégagement *m*.

◆노_ 영{no-goal} 명 ① absence *f* de but. ② but *m* refusé. ¶ 심판은 이번 골을 노~로 선언[판정]했다 L'arbitre a refusé de valider [n'a pas validé] ce but. ¶ 마음먹고 찬 슛인데 노~이 되었다 J'ai shooté[tiré] de toutes mes forces, mais il n'y a pas eu but.

◆자살_ 自殺 명 ((marquer un)) but *m* contre *son* camp.

골간 骨幹 명 ① 【의학】 ossature *f*, squelette *m*. ② 핵심 ossature *f*, essentiel *m*, noyau(*x*) *m*. ¶ 세제개혁은 이번 조치의 ~을 이룬다 La réforme des impôts est la principale mesure visant à corriger ce qu'on appelle le monopole de la richesse.

골격 骨格 명 ① ossature *f*. ¶ ~이 건장한 사람 un homme bien charpenté [à l'ossature solide]. ② 틀 charpente *f* ((d'un bâtiment)). ¶ 이 건물의 ~이 거의 완성되었다 On a presque fini la charpente de ce bâtiment. ¶ 본격적인 집필에 앞서 소설의 ~은 대충 구상했다 J'ai conçu le roman avant de commencer sérieusement à l'écrire.

골계 滑稽 명 plaisanterie *f*, humour *m*.

◆_미 -美 명 (le) charme *m* de l'humour ((dans les romans)).

◆_문학 -文學 명 littérature *f* humoristique.

◆_소설 -小說 명 roman *m* humoristique.

◆_전 -傳 명 Golgyejeon <recueil de contes écrit par Seo Geojeong en 1477>.

골고루 부 d'une manière égale, également; sans (faire de) distinction; en parties égales, équitablement. ¶ 과자를 어린애들에게 ~ 나누어주다[분배하다] partager équitablement des biscuits entre les enfants; donner des biscuits aux enfants en parts égales. ¶ ~ 먹어라 Mange un peu de tout.

골골 부 tout le temps, perpétuellement. ¶ 그 친구의 형은 한동안 ~ 앓았다 Son frère a été très malade pendant un certain moment.

◆_하다 자 souffrir d'une longue maladie; être malade tout le temps. ¶ ~하는 사람 personne qui est perpétuellement malade.

골나다 자 ☞ 골[1]

골다 타 ronfler. ¶ 우리 남편은 코를 심하게 곤다 Mon mari ronfle très fort. ¶ 코를 고는 소리 ronflement. ¶ 코를 골고 자는 사람 un ronfleur.

골다공증 骨多孔症 명 【의학】 ostéoporose *f*.

골덴 명 velours *m* côtelé. ¶ ~ 바지 un pantalon en velours côtelé.

골동품 骨董品 명 ① antiquité *f*, objet *m* ancien. ¶ ~ 가게 magasin d'antiquités, (boutique d') antiquaire *m*. ¶ ~ 상인 antiquaire. ¶ ~ 감정사 expert en antiquités. ¶ ~ 수집가 collectionneu*r*(*se*) d'antiquités. ¶ ~ 애호가 amateur *m* d'antiquités. ¶ ~을 수집하다 collectionner des antiquités [des objets d'art ancien]. ¶ 이것은 ~으로서의 가치가 별로 없다 Ceci a peu de valeur en tant qu'antiquité. ¶ ~의 진위 여부를 감정하다 authentifier[estimer] une pièce ancienne ((par un antiquaire)). ¶ 우리 가게에서는 모조 ~도 판다 Dans notre magasin, on vend aussi des imitations d'antiquités. ② ((사람, 이론)) pièce *f* de musée. ¶ 그 사람도 이제는 ~에 지나지 않는다 Il a fait son temps. ¶ 그의 이론은 이미 ~이 되어버렸다 Sa théorie est déjà une pièce de musée.

골드 영{gold} 명 or *m*.

골똘하다 형 se passionner pour ((une recherche)); raffoler de ((la danse)); s'absorber, se plonger dans ((l'étude)); s'appliquer à ((un travail)); s'adonner à ((l'étude)). ¶ 독서에 ~ être absorbé(*e*) [plongé(*e*)] dans la lecture. ¶ 그는 수학 문제 푸는 데 골똘해서 시간가는 줄도 모른다 Il n'a pas vu le temps passer tant il était absorbé à résoudre son problème de maths.

◆골똘히 부 profondément. ¶ 골똘히 생각에 잠겨있다 être absorbé(*e*) par une idée. ¶ 무엇에 대해 골똘히 생각하다 réfléchir profondément sur *qc*.

골라내다 타 faire un tri, faire une sélection. ¶ 상한 생선을 ~ enlever les poissons avariés[pourris]. ¶ 여러 개 중에서 ~ faire un choix[un tri, une sélection].

골라잡다 타 choisir, faire une sélection, sélectionner. ¶ 너도 하나 마음대로 골라잡아 Toi aussi, choisis et prends ce qui te plaît.

골리다 타 se moquer de *qn*, se foutre de la gueule de *qn* {*fam*}, tourner *qn* en dérision [en ridicule], ridiculiser *qn*; jouer de mauvais tours à *qn*. ¶ 누구를 골려 주다 en faire voir [baver {*fam*}] à *qn*, faire avaler des couleuvres à *qn*. ¶ 이번엔 그 녀석을

골려 줘야지 Je vais lui en faire voir [baver {*fam*}] cette fois-ci. ¶ 어찌나 거드름을 피우는지 내가 한 번 골려 주었다 Il se la joue tellement que je me suis une fois foutu(*e*) de sa gueule {*fam*}.

골마루 명 corridor *m*; passage *m* étroit; couloir *m*.

골목 명 ruelle *f*; allée *f*, passage *m*. ¶ 꼬불꼬불한 ~을 따라가다 suivre un passage courbé. ¶ 좁은 ~을 지나가다 passer par une allée étroite. ¶ ~ 어귀에 다다르다 se trouver à l'entrée d'une ruelle. ¶ 막다른 ~에 이르다[부딪치다] tomber sur une impasse [un cul de sac]. ¶ ~ 끝에서 오른쪽으로 돌아가면 식당이 하나 있습니다 Vous tournez à droite au bout de l'allée et vous verrez un restaurant. ¶ ~ 모퉁이를 돌아섰을 때 느닷없이 강도가 덤벼들었다 Un brigand m'a soudainement sauté dessus [s'est jeté sur moi] quand j'ai tourné à l'angle de la ruelle. ¶ 우리 집은 다음 ~에 있다 Notre maison est dans la prochaine allée.

◆**_ _** 명 ① toutes les ruelles *fpl*. ¶ 쓰레기가 ~~에 수북히 쌓여 있다 Les ordures sont entassées dans toutes les ruelles. ② coins *mpl* et recoins *mpl*, dans les moindres recoins *mpl*; partout; ((connaître *qc*/*qn*)) comme *sa* poche. ¶ 그 동네는 내가 ~~ 안 돌아다닌 데가 없다 Je connais ce quartier comme ma poche / Dans ce quartier il n'y a pas un recoin que je ne connaisse pas.

◆**_길** 명 chemin *m* (du passage).

◆**_대장** -大將 명 chef *m* de la bande du quartier; caïd *m* du quartier {*fam*}. ¶ ~대장 노릇을 하다 jouer les caïds {*fam*}; se prendre pour le caïd du quartier {*fam*}.

◆**뒷_** 명 (ruelle *f* d'un) quartier *m* défavorisé [insalubre]; milieu(*x*) *m* défavorisé. ¶ 그 친구는 뒷~ 출신이다 Il est d'origine pauvre [modeste] / Il est issu d'un milieu défavorisé / C'est un gamin des rues.

골몰 汨沒 명 absorption *f* ((par un travail)). ◇**_(을) 하다** se consacrer [se vouer, se donner] entièrement à ((une activité)), se donner corps et âme [tout entier(*ère*)] à *qc*; être absorbé(*e*) ((par un travail)), être tout entier à ((*son* travail)), être plongé(*e*) dans ((un livre)), s'absorber dans ((*son* travail)); se plonger dans *qc*; s'absorber dans *qc*; s'appliquer à *qc*. ¶ 대책 마련에 ~하다 être totalement absorbé(*e*) par la recherche de solutions. ¶ 그는 요즘 새로운 프로그램[소프트웨어] 개발에 골몰하고 있다 en ce moment, il se consacre au développement d'un nouveau programme [logiciel].

골무 명 dé *m* (à coudre). ¶ ~를 끼고 이불을 꿰매다 coudre un duvet [un édredon] avec un dé à coudre.

골반 骨盤 명 【의학】 pelvis *m*, bassin *m*. ¶ ~이 큰 여자 une femme qui a un grand bassin.

◆**_경 수술** -鏡 手術 명 cœlioscopie *f*, célioscopie *f*, pelviscopie *f* gynécologique, laparoscopie *f*.

◆**_벽** -壁 명 parois *fpl* du bassin; parois *fpl* de la cavité pelvienne.

◆**_협착** -狹窄 명 étroitesse *f* du bassin, défilé *m* pelvien.

골방 -房 명 petite pièce *f* sombre; cabinet *m*; petite chambre *f* ((attachée à la pièce principale)); ((창고로 쓰이는)) débarras *m*. ¶ 저 못된 놈을 ~에 가두도록 해라 enferme ce garnement dans le débarras. ¶ ~에 틀어박혀 두문불출하다 s'enfermer dans une petite pièce sombre et ne pas sortir.

골백번 -百番 명 bien des fois, souvent, à maintes reprises. ¶ 그 얘기는 ~도 더 들었다 J'ai entendu cette histoire plus d'une centaine de fois / Tu nous en as rebattu les oreilles, de [avec] cette histoire / J'en ai par-dessus la tête de cette histoire. ¶ ~(을) 말해도 모르겠니? On a beau te l'expliquer cent fois, tu ne comprends toujours pas?

골뱅이 명 ① 【동물】 escargot *m* de mer ((sorte de bulot)), *Monoplex australasiae* {*nsc*}; natice *f*, *Natica* {*nsc*} ((nom donné aux gastéropodes marins en général, plus précisément à un gastéropode perceur consommé comme les bulots)). ② , à commercial, ar(r)obase *f* ((dans le libellé des adresses électroniques)).

◆**_(무침) 안주** 명 salade *f* pimentée de bulots ((que l'on prend comme amuse-gueule)).

골병 -病 명 maladie *f* chronique; lésions *fpl* internes [profondes, définitives], séquelles *fpl* définitives; coup *m* mortel [meurtrier]. ◇**_(이) 들다** être atteint(*e*) d'une maladie chronique; présenter des lésions internes [profondes, définitives]. ¶ 이렇게 일하다가는 ~들어 죽을 거다 Si je continue à travailler ainsi, je vais finir par mourir d'une maladie chronique. ¶ 그 남자는 반정부 활동을 하던 시기에 고문을 당해 온몸에 ~이 다 들었다 Il porte sur tout le corps des séquelles profondes de l'époque où il a été torturé pour ses activités antigouvernementales.

골상 骨相 명 physionomie *f*, traits *mpl*. ¶ 이 젊은이는 ~이 아주 훤하다[좋다] Ce jeune homme a un visage aux traits bien dessinés [aux traits gracieux] / Ce jeune homme a un beau visage / Ce jeune homme a une physionomie agréable. ¶ 점쟁이는 ~을 보고 내 미래를 내다봤다 La voyante a prédit mon avenir d'après ma physionomie.

◆**_학** -學 명 physiognomonie *f*; phrénologie *f*.

◆**_학자** -學者 명 physiognomoniste *mf*.

골샌님 骨- 명 personne *f* à l'esprit étroit; personne *f* têtue et conservatrice; personne *f* qui a des arrière-pensées. ¶ 그는 글자 그대로 ~이다 C'est à l'évidence une personne étroite d'esprit.

골수 骨髓 명 【의학】 ① moelle *f* osseuse. ¶ ~에 염증이 생기다 avoir une ostéomyélite. ¶ ~를 이식하다 faire une greffe de moelle. ¶ ~를 채취하다 faire une ponction de moelle. ② ((비유적)) âme *f*, cœur *m*. ¶ 그 친구는 미국에 오래 살아서인지 버터 냄새가 ~에까지 배어 있다 Je ne sais pas si c'est parce qu'il a longtemps vécu aux États-Unis, mais il s'est complètement américanisé [il a pris un profil [un style] américain, il pue l'américanisme {*fam*}, il fait l'Américain]. ¶ 누구의 ~에 사무치다[맺히다] pénétrer *qn* jusqu'à la moelle des os, s'enfoncer au plus profond de *son* âme [de *son* cœur]. ¶ 그리움[분]을 ~에 새기다[새겨두다] graver *un* souvenir nostalgique [*sa* colère] dans *son* cœur. ¶ 그는 ~ 사회주의자다 Il est viscéralement socialiste / Il est socialiste jusqu'au bout des ongles.

◆**_분자** -分子 명 partisan *m* convaincu.

◆**_염** -炎 명 【의학】 ostéomyélite *f.*

골육 骨肉 명 chair *f* et os *m*; proches parents *mpl.* ¶ 우리는 ~의 정을 나눈 한 핏줄이다 Nous sommes liés par le sang / Nous sommes frères de sang.

◆**_상잔** -相殘 명 querelle *f* [guerre *f*] intestine, dissensions *fpl* au sein d'une famille. ¶ 한국전쟁은 ~상잔의 비극이다 La guerre de Corée est une histoire de famille qui a tourné à la tragédie.

◆**_(지)간** -(之)間 명 personnes *fpl* de la même famille, membres *mpl* d'une même famille, (la) chair *f* de *sa* chair {*litt*}. ¶ ~간에 서로 불화하다 être en désaccord entre personnes de la même famille.

골인 영{goal in} 명 【운동】 ((축구)) but *m*; ((농구)) panier. ¶ 슛, ~! Tir, but! ◇**_(을) 시키다** ((축구)) marquer [mettre, inscrire] un but, mettre le ballon au fond des buts [des filets], faire trembler les filets [le petit filet]; ((농구)) marquer un panier. ◇**_(을) 하다** ((축구)) marquer [mettre, inscrire] un but, mettre le ballon au fond des buts, faire trembler les filets [le petit filet]; ((농구)) marquer un panier. ¶ 만 미터 경주에서 그가 일등으로 ~했다 Il est arrivé premier aux dix mille mètres. ◇**_(이) 되다** (y) avoir un but. ¶ 헤딩 슛한 공이 ~되었다 Le but a été marqué de la tête.

*~**(을) 하다** réussir ((à se marier)). ¶ 이 쌍은 5년간의 열애 끝에 마침내 결혼에 ~하였다 Ce couple a enfin réussi à se marier au bout de cinq ans d'amour passionné.

◆**_지점** -地點 명 ligne *f* de but, (ligne *f* d')arrivée *f.* ¶ ~지점을 눈앞에 두고 마라토너는 실신을 했다 Le marathonien a perdu connaissance juste avant la ligne d'arrivée.

골자 骨子 명 essentiel *m*, principal *m*, substance *f*, nœud *m.* ¶ ~만 말하면 pour l'essentiel, pour ne parler que de l'essentiel, en substance. ¶ 장광설은 그만 두고 ~가 뭔지 이야기해 봐 Assez de grands discours, viens-en à l'essentiel. ¶ 문제[논쟁]의 ~는 이렇다 Tel est le nœud du problème [l'essentiel de la question]. ¶ ~를 흐리지 말고 제대로 설명해봐 Ne parle pas dans le vague, explique-toi correctement [comme il faut].

골잡이 명 【운동】 buteur(*se*).

골재 骨材 명 【건축】 matériaux *mpl* pour le béton. ¶ ~ 채취선 bateau(*x*) *m* dragueur. ¶ ~를 채취하다 extraire des matériaux, extraire du sable [des cailloux].

골절[1] 骨折 명 fracture *f* ((du crâne, du bras)). ¶ 단순[복합] ~ fracture simple[compliquée]. ¶ 두개골 ~ fracture du crâne. ◇**_(이) 되다** se fracturer ((la jambe)); se casser ((le bras)); avoir le bras [la jambe] fracturé(*e*).

◆**_상** -傷 명 fracture *f.* ¶ ~상을 입다 se fracturer ((des côtes)).

골절[2] 骨節 명 jointure *f*, articulation *f.* ¶ 그 환자는 무릎의 ~이 빠졌다 Le genou de ce patient est sorti de son articulation / Ce(*tte*) patient(*e*) s'est déboîté(*e*) le genou.

골조 骨組 명 charpente *f*, ossature *f.* ¶ 신축 건물의 ~가 다 완성되었다 L'ossature de ce nouvel édifice est terminée [achevée]. ◇**_를 세우다** construire la charpente ((d'un édifice)). ◇**_가 올라가다** ((la charpente)) être monté(*e*), être assemblé(*e*); être construit(*e*), mis(*e*) en place. ¶ 신축 건물의 ~가 다 올라갔다 La charpente [L'ossature] de ce nouvel édifice a été définitivement [complètement] montée [assemblée] / La charpente de ce nouvel édifice est terminée [achevée].

골짜기 명 vallée *f*; ((작은)) vallon *m*, val *m* {*litt*}; ((협곡)) gorge *f.* ¶ 내 고향은 ~ 마을이다 Mon village (natal) est dans une vallée. ¶ 산을 넘고 ~를 건너 par monts et par vaux. ¶ 깊은 ~ une gorge profonde. ¶ ~ 아래로 떨어지다 tomber dans un ravin.

◆**산_** 山- 명 ☞ 산골짜기

골짝 명 ☞ 골짜기

골초 -草 명 gros [grand] fumeur *m*; personne *f* qui fume comme un pompier [comme un sapeur, comme une locomotive]. ¶ 그는 하루에 세 갑씩이나 피워대는 ~다 C'est un grand fumeur qui fume ses trois paquets par jour.

골치 명 ① 【속어】 tête, caboche *f* {*fam*}, cervelle *f* {*fam*}, crâne *m* {*fam*}, ciboulot *m* {*fam*}. ¶ 어제 과음을 했더니만 아직도 ~가 아프다 J'ai trop bu hier, j'ai encore mal à la tête [au crâne {*fam*}]. ② casse-tête(~-~*s*) *m*, souci *m*.

*~**가 아프다** avoir du souci. ¶ ~ 아픈 일[사람]이다 C'est un casse-tête[C'est un casse-pieds / Il est casse-couilles, celui-là! {*fam*} / C'est un enquiquineur {*fam*} / C'est un emmerdeur {*fam*} / C'est un chieur {*pop*}]. ¶ 너 때문에 ~가 지끈지끈 아프다 Tu me casses les pieds [les couilles] {*fam*} / Tu m'enquiquines {*fam*} / Tu m'emmerdes {*fam*} / Tu me fais chier {*pop*}. ¶ 그 일 때문에 ~가 지끈지끈 아프다 Cette affaire est un véritable casse-tête. ¶ 우리 ~ 아프게 하지 말고 제발 가만히 있어라 Ne nous casse pas les pieds, fous-nous la paix {*fam*}.

*~**를 썩이다** causer du tracas ((à *qn*)). ¶ ~를 썩고 있다 se tracasser la tête pour *qc*/à+*inf*, se casser la tête {*fam*} pour *qc*, exaspérer *qn*, agacer *qn*, taper sur les nerfs de *qn*. ¶ 그 사람이 끝끝내 내[내게] ~를 썩인다 Il me casse les pieds jusqu'au bout. ¶ 그 사람[일] 때문에 내가 ~를 썩고 있다 Je me tracasse à cause de lui[cette affaire] / Cet

homme[Cette affaire] me cause beaucoup de tracas.

*~를 앓다 avoir mal à la tête [au crâne {*fam*}]. ¶ 그 사람[일] 때문에 ~를 몹시 앓았다 Cet homme [Cette affaire] m'a causé beaucoup de tracas / Je me suis fait(*e*) beaucoup de tracas à cause de lui[cette affaire].

◆_ㅅ거리 명 tracas *m*, souci *m*. ¶ 그 사람[일]은 내게 ~ㅅ거리가 되었다 Cet homme[Cette affaire] est devenu(*e*) un souci pour moi. ¶ 생각치도 않던 ~ㅅ거리가 생기다 avoir des ennuis auxquels on ne pensait pas.

◆_ㅅ덩어리 명 personne *f* source d'ennuis [de tracas]. ¶ 그는 식구들에게 ~ㅅ덩어리에 지나지 않는다 Il n'est qu'un souci pour la famille.

골키퍼 영{goalkeeper} 명 【운동】 gardien *m* de but.

골탕 명 tourment *m*.

*~을 먹다 en voir de dures {*fam*} [de toutes les couleurs, des vertes et des pas mûres], en baver (des ronds de chapeau) {*fam*}, en roter, en chier {*pop*}. ¶ 그는 사기꾼에게 걸려 큰 ~을 먹었다 Cet imposteur [Ce tricheur] lui en a fait voir de belles.

*~을 먹이다 faire avaler des couleuvres, en faire baver à *qn* {*fam*}. ¶ 사채업자는 계획적으로 나에게[를] ~먹였다 Le créancier avait prévu de m'en faire voir de belles.

골통 명 【속어】 tête *f*, cervelle *f* {*fam*}, crâne *m*, caboche *f* {*fam*}, ciboulot *m* {*fam*}, tronche {*fam*}. ¶ 돌에 맞아 ~이 깨졌다[부서졌다] Un coup de pierre m'a fendu la caboche. ¶ ~이 터지도록 싸우다 se quereller violemment, se battre à mort, se battre [se disputer] comme des chiffonniers [comme des furies, avec fureur]; ((여자들이)) se crêper le chignon, se prendre aux cheveux. ¶ ~(을) 부숴 버리기 전에 여기서 썩 나가! Sors d'ici [Disparais de ma vue, File] avant que je te casse[te brise, t'éclate] la tête [la gueule] {*fam*}! / File et que je ne te revoie plus! / Casse-toi [Fous le camp, Ouste, hors d'ici] immédiatement avant que je t'éclate la tronche [que je t'abîme le portrait]! {*pop*}.

골판지 -板紙 명 carton *m* ondulé. ¶ ~(로 만든) 상자 une boîte en carton ondulé.

골패 骨牌 명 jeu(*x*) *m* des osselets, osselets *mpl*.

골퍼 영{golfer} 명 joueu*r*(*se*) de golf, golfeu*r*(*se*).

골품제 명 【역사】 *golpum m* <stratification, classes sociale(s) à l'époque de Silla>.

골프 영{golf} 명 golf *m*. ¶ ~ 연습장 terrain d'entraînement au golf. ◇_(를) 치다[하다] faire du [pratiquer le, jouer au] golf.

◆_공 명 balle *f* de golf.

◆_광 -狂 명 fou *m* de golf.

◆_장 -場 명 terrain *m* de golf, green *m*.

◆_채 명 canne *f* de golf, club *m* de golf.

◆_화 -靴 명 chaussures *fpl* de golf.

곪다 자 ① ((plaie)) suppurer, s'infecter, se former du pus. ¶ 여름에는 환부가 쉽게 곪는다 En été, une plaie suppure[s'infecte] facilement. ¶ 그 환자는 상처가 곪았다 Il s'est formé du pus au niveau de la plaie de ce patient / La plaie de ce patient a suppuré. ¶ 그는 다리 상처가 곪았다 De la plaie de sa jambe s'est écoulé du pus / La plaie de sa jambe a suppuré. ¶ 종기[뾰루지]가 곪았다 L'abcès [Le bouton] a suppuré. ¶ 상처가 곪아 터졌다 De la plaie, s'est écoulé du pus. ¶ 그렇게 손을 대면 더 곪는다 Si tu y touches, ça va s'infecter encore plus. ¶ 곪았던 상처가 터졌다[아물었다] La plaie s'est ouverte [a cicatrisé]. ② ((비유적)) couver. ¶ 결국 그 문제가 곪아 터졌다 Ce problème qui couvait a finalement éclaté.

곯다[1] 자 pourrir. ¶ 곯은 달걀 un œuf pourri. ¶ 호박이 곯았다 La courge a pourri. ¶ 내 테니스 라켓이 곯았다 Ma raquette de tennis est foutue [pourrie].

곯다[2] 타 ne pas manger à *sa* faim, ne pas se remplir l'estomac, ne pas contenter *son* estomac. ¶ 어렸을 때 나는 배를 자주 곯았다 Quand j'étais petit(*e*), je n'ai pas souvent mangé à ma faim. ¶ 어린 것들이 허구한 날 배를 곯다니! Les petits ne mangent jamais à leur faim!

곯리다 타 affamer *qn*, ne pas donner à manger à *qn*. ¶ 벌이가 그저 식구들 배나 안 곯릴 정도야 Je gagne tout juste de quoi nourrir ma famille / Ma paye me permet à peine de nourrir ma famille. ¶ 어린 것의 배를 곯리다니! Comment peut-on laisser un enfant le ventre [l'estomac] vide!

곯아떨어지다 자 s'effondrer de fatigue [de sommeil], s'écrouler comme une masse dans un profond sommeil, s'écrouler de fatigue [de sommeil], s'endormir sous le coup de l'ivresse [sous le coup de la fatigue]. ¶ 그는 술이 취해서 잠에 곯아떨어졌다 Il a succombé au sommeil sous l'effet de l'alcool / Lorsqu'il fut tout à fait ivre, il s'endormit. ¶ 그는 피곤에 지쳐, 침대에 눕자마자 그냥 곯아떨어졌다 Fourbu, à peine allongé, il s'est endormi / Rompu par la fatigue, il s'est endormi dès qu'il s'est allongé / Vidé [Épuisé], il a succombé au sommeil.

곰 명 【동물】 ours *m*. ¶ ~ 인형 ours en peluche, nounours *m* ((dans le langage enfantin)). ¶ 새끼 ~ ourson(*ne*). ¶ 회색 ~ ours gris, grizzly. ¶ ~(의) 쓸개 un fiel d'ours. ¶ 이런 ~처럼 미련한 놈아 Quel lourdaud! / Quel balourd!

*재주는 ~이 넘고 돈은 되놈이 번다 gagner l'argent du travail d'un autre ((se dit lorsque quelqu'un tire profit des travaux d'autrui)).

◆반달_ 명 ours *m* brun de Mandchourie.

◆백[북극, 불]_ 명 ours *m* blanc [polaire, brun].

◆암_ 명 ourse *f*.

곰곰 부 ☞ 곰곰이

곰곰이 부 minutieusement; avec mûre réflexion, avec attention, dans les moindres détails. ¶ 무엇에 대해 ~ 생각해 보다 réfléchir mûrement à *qc*, réfléchir en détail à *qc*, réfléchir (à *qc*) dans les moindres détails. ¶ ~ 생각해 보면 그가 틀리다는 것을 알게 된다 Après mûre réflexion, on s'aperçoit qu'il a tort. ¶ ~ 생각한 끝에 나는 떠나지 않기로 했다 Après avoir mûrement réfléchi, j'ai décidé de ne pas partir.

곰국 명 *gomguk m* <bouillon gras de viande ((souvent de bœuf)); sorte de pot-au-feu coréen>. ¶ ~(의) 국물을 훌훌 마시다 boire le bouillon du *gomguk* avec appétit[en faisant du bruit]. ¶ ~을 끓이다 faire [préparer] un *gomguk*. ¶ ~에 파와 소금을 넣어 먹다 manger un *gomguk* assaisonné avec de l'oignon blanc [de la ciboule] et du sel.

곰방대 명 longue pipe *f* (traditionnelle coréenne). ¶ ~를 물고 있다 avoir la pipe à la bouche. ¶ ~를 뻐끔뻐끔 빨다 tirer des bouffées de[sur] sa pipe.

곰배팔 명 ☞ 곰배팔이

곰배팔이 명 personne *f* qui a le bras tordu.

곰보 명 personne *f* au visage variolé, personne *f* qui porte des marques de variole [de petite vérole]. ¶ 그는 어렸을 때 천연두를 앓아 ~가 되었다 Quand il était petit, il a eu la variole et il est resté marqué au visage.

◆_빵 명 *gomboppang m* <pâtisserie de forme ronde, inégale par-dessus, faite avec une pâte levée (farine, œufs, beurre et sucre)>.

◆살짝_ 명 personne *f* qui a le visage légèrement taché (par la maladie), personne *f* au visage légèrement variolé.

곰보딱지 명 【속어】 personne *f* qui porte des marques de variole [petite vérole]. ¶ 그 아이는 지독한 ~였다 Cet enfant avait le visage très grêlé.

곰삭다 자 être bien fait(*e*), avoir bien mariné [macéré]; ((고기가)) être à point. ¶ 젓갈이 곰삭아 맛이 좋다 Le poisson a bien saumuré.

곰살궂다 형 être gentil(*le*), charmant(*e*), attenti*f*(*ve*) aux autres, tendre, doux(*ce*). ¶ 그 애는 곰살궂어 친구들이 많을 거야 Sa gentillesse lui vaudra (d'avoir) beaucoup d'amis! / Tout gentil comme il est, il doit avoir beaucoup d'amis. ¶ 그는 남자 녀석이 너무 곰살궂게 군다 Lui, il est trop doux comme garçon.

곰살맞다 형 ☞ 곰살궂다

곰장어 명 ① sorte d'anguille *f*, *Eptatretus burgeri* {*nsc*}. ② sorte d'anguille *f*, *Muraenesox cinereus* {*nsc*}.

곰탕 -湯 명 *gomtang m* <bouillon gras de viande ((souvent de bœuf)); sorte de pot-au-feu coréen>. ¶ ~집 restaurant qui sert du *gomtang*, restaurant de *gomtang*. ¶ ~ 2인분[두 그릇] 주세요 Deux *gomtang*, s'il vous plaît.

◆(소)꼬리_ 명 *gomtang m* de queue de bœuf.

곰팡내 명 odeur *f* de moisi. ¶ ~ 나는 qui sent le moisi. ¶ 방에서 ~가 나다 sentir le renfermé.

곰팡이 명 moisissure *f*, moisi *m* ((d'un fromage)); champignon *m* microscopique. ¶ ~ 제거제 produit anti-moisissures [contre les moisissures]. ¶ 검은 ~ moisissure noire. ¶ 누룩 ~ levain, ferment, levure. ¶ 푸른 ~ moisissure bleue. ¶ 흰 ~ moisissure blanche. ¶ ~로 온통 뒤덮여 있다 être entièrement recouvert(*e*) de moisissure. ¶ ~를 없애다[털어내다] enlever le moisi. ¶ ~를 배양하다 cultiver des champignons microscopiques, faire la culture de champignons microscopiques. ¶ ~가 슬다[피다, 생기다] moisir, être piqué(*e*) (par le moisi) [du moisi s'est formé]. ¶ 벽에 ~가 슬었다[피었다] Le mur est moisi [couvert de moisissures]. ¶ 빵에 ~가 피어서 먹을 수 없게 됐다 Le pain est piqué, on ne peut plus le manger.

곱[1] 명 double *m*; deux fois *fpl* plus. ¶ ~의 크기 une grandeur[un format] double, une taille double, le double de la taille. ¶ 그 때문에 일을 ~으로 하게 됐다 À cause de cela, l'affaire a pris deux fois plus d'ampleur ¶ 원금을 ~으로 갚다 rembourser [rendre] au double du capital. ¶ 이것은 저것보다 ~이나 길다[넓다, 많다, 무겁다, 비싸다, 크다] Ceci est deux fois plus long [large, nombreux, lourd, cher, grand] que cela. ¶ ~이 되다 avoir doublé, devenir deux fois plus. ¶ 주식에 투자한 돈이 일년 뒤에 ~이 되었다 L'argent investi dans des actions a doublé au bout d'un an. ¶ 이것은 저것보다 가격이 ~이다 Le prix de ceci fait le double de cela / Cela vaut le double / C'est deux fois plus cher / Ça coûte deux fois plus cher.

분류 fois *f* ((dans la multiplication)); nombre *m* de fois. ¶ 그의 재산은 우리 집 재산의 몇[세] ~이나 된다 Ses biens font plusieurs[trois] fois les nôtres. ¶ 8은 2의 몇 ~일까요? 8 fait combien de fois 2? ¶ 인원을 세 ~으로 늘리다 augmenter par trois le personnel. ¶ 여섯 ~이 되다 devenir 6 fois plus (grand, nombreux), être 6 fois plus. ◇_(을) **하다** multiplier ((un nombre par un autre nombre)). ¶ ...에 5를 ~하다 multiplier ((un nombre)) par cinq. ¶ 3에다 몇을 ~해야 21이 될까요? Par quoi faut-il multiplier 3 pour faire 21?

◆_절 명 double *m*. ☞ 갑절

◆_하기 명 multiplication *f*. ¶ 나에게는 나누기보다 ~가 쉽다 Pour moi, la multiplication est plus facile que la division. ¶ 5 ~ 4는 20이다 Quatre fois cinq font vingt / Le produit de 5 par 4 fait 20.

곱[2] 명 léger duvet *m* de moisi. ¶ 간장에 ~이 끼었다 Il s'est formé un léger duvet de moisi sur la sauce de soja.

곱다[1] 형 ① être beau(*belle*, beaux), joli(*e*), ravissant(*e*), élégant(*e*), raffiné(*e*), propre, net(*te*); ((peau)) être doux(*ce*), ((sable, sel)) être fin(*e*). ¶ 고운 말 une langue pure; une forme d'expression élégante et raffinée. ¶ 고운 치마를 입은 아가씨 Une jeune fille qui porte une jolie jupe. La jeune mariée [jeune fille] est vraiment belle. ¶ 그 색시 참 곱더라 Je l'ai trouvée si belle, cette jeune fille / Elle m'a semblé très [si] belle, cette jeune fille. ¶ 얼굴이

~ avoir un beau visage [un jolie figure, une jolie frimousse {*fam*}], être beau(*belle*). ¶ 그 여자는 결혼 한 후 더욱 고와졌다 Elle est devenue plus jolie depuis son mariage. ¶ 마음이 ~ avoir bon cœur. ¶ 내 아내는 한복 입은 모습이 참 ~ Ma femme est vraiment belle en habits traditionnels. ¶ 저 모자 색깔이 ~ La couleur de ce chapeau est belle / La couleur de ce chapeau me plaît. ¶ 곱게 차려입다 être joliment habillé(*e*). ¶ 곱게 접은 손수건 un mouchoir joliment plié. ② 가는 être fin(*e*). ¶ 고운 모래 sable fin; sablon.

곱다[2] 자 être engourdi(*e*) par le froid; être transi(*e*) de froid. ¶ 너무 추워 곱은 손을 녹히다 réchauffer *ses* mains engourdies par le froid. ¶ 손이 곱을 정도로 추운 날씨 un froid paralysant, un froid glacial, un temps glacial, un froid de canard, un froid sibérien.

곱다랗다 형 ① être très beau(*bel*, *belle*, *beaux*); être joli(*e*). ¶ 곱다란 외모 une belle apparence physique. ② ((온전하다)) être tel(*le*) quel(*le*).

곱돌 명 【광물】 minér*al*(*aux*) *m*; sorte d'albâtre *m*. ¶ ~(로 만든) 밥솥 récipient en pierre pour cuire le riz. ¶ ~을 갈다[자르다] polir [découper] un minéral

곱배기 명 ☞ 곱빼기

곱빼기 명 ① deux fois *fpl* plus, le double. ¶ 질책을 ~로 받다 recevoir deux fois plus de réprimandes. ¶ 나는 형이라고 동생보다 질책을 ~로 받았다 Étant l'aîné, j'ai reçu deux fois plus de réprimandes que mon cadet / Étant l'aîné, je suis puni deux fois plus sévèrement que mon cadet. ② ((음식)) double portion *f* [ration *f*] (dans une même assiette, pour une personne), double part *f* de ((glace)); double. ¶ 곰탕 ~ une double portion de *gomtang*. ¶ 이 운동선수는 ~를 먹어도 배가 안 찬다 Même une double portion [ration] ne suffit pas à rassasier cet athlète [n'est pas suffisante pour cet athlète, ne suffit pas à cet athlète] / Même avec une double portion, cet athlète ne mangerait pas à sa faim. ¶ 자장면을 ~로 [자장면 ~를] 시키다 commander une double portion de *jajangmyeon*.

곱사 명 bossu(*e*).

◆**_등이** 명 bossu(*e*).

◆**_병** -病 명 syndrome *m* d'atrophie osseuse conduisant à une gibbosité; «la maladie du bossu». ¶ 그 사람은~병에 걸려 ~등이가 되었다 Atteint par un syndrome d'atrophie osseuse, il est devenu bossu.

◆**_춤** 명 danse *f* du bossu ((danse faisant partie du folklore coréen)). ¶ ~춤을 추다 danser «la danse du bossu».

곱새기다 타 ① 오해하다 mal comprendre, se méprendre sur *qc*; prendre des vessies pour des lanternes. ¶ 남의 말을 곱새겨 듣지 마라 Ne te méprends pas sur les intentions des autres. ② 고깝게 생각하다 être froissé(*e*); être tracassé(*e*) par *qc*. ③ 거듭 생각하다 réfléchir à *qc*. ¶ 이 글은 그 뜻을 곱새길수록, 우리에게 좋은 교훈을 준다 Plus on réfléchit sur le sens de ce texte, plus il nous sert de leçon. ¶ 그 학생은 선생님의 말씀을 다시금 곱새겨 보았다 L'élève a repensé à nouveau aux paroles de son professeur.

곱셈 명 multiplication *f*. ¶ ~을 배우다[가르치다] apprendre [enseigner] les multiplications. ◇_(을) **하다** faire une multiplication, faire le produit de ..., multiplier ((un nombre par un autre)). ¶ 3에 6을 ~하면, 18이 된다 3 multipliés par 6 font [fait, égale(nt)] 18 / 3 fois 6 (font) 18.

◆**_법** -法 명 règles *fpl* de multiplication.

◆**_표** -表 명 tables *fpl* de multiplication.

◆**_기호** -記號 명 signe *m* multiplicatif [multiplicateur].

곱슬 명 ((cheveux)) frisé(*s*), bouclé(*s*). ¶ 그 아이는 머리가 ~이에요 Cet enfant a les cheveux frisés[bouclés] / Cet enfant est frisé[bouclé].

◆**_하다** 형 être bouclé(*e*), frisé(*e*); ((구불구불하다)) être ondulé(*e*). ¶ 그 여자는 머리가 ~ Elle a les cheveux frisés [bouclés] / Elle est frisée. ¶ 털이 곱슬곱슬한 개 un chien à poil frisé. ¶ 머리를 곱슬곱슬하게 지지다 se friser les cheveux.

◆**_머리** 명 cheveux *mpl* frisés[bouclés]; ((웨이브진)) cheveux *mpl* ondulés; ((숱이 많고 곱슬곱슬한, 흑인머리처럼)) cheveux *mpl* crépus; ((잘게 웨이브진)) cheveux *mpl* crêpelés.

곱슬곱슬하다 형 ☞ 곱슬

곱씹다 타 remâcher *qc*, ressasser *qn*, ruminer (*qc*), retourner *qc* dans sa tête, retourner sur *qc* {*vx*}. ¶ 나는 그 말의 뜻을 곰곰이 곱씹어 보았으나, 그 사람의 진의를 짐작할 수조차 없었다 J'ai repensé à ce qu'il m'avait dit, mais je n'arrive même pas à deviner sa véritable intention.

곱자 명 équerre *f* (de charpentier).

곱장다리 명 jambes *fpl* arquées.

곱창 명 intestin *m* grêle du bœuf; tripes *fpl* (de bœuf). ¶ ~을 구워먹다 manger des tripes de bœuf grillées.

◆**_구이** 명 tripes *fpl* de bœuf grillées.

◆**_찌개[전골]** 명 ragoût *m* de tripes.

곱추 명 bossu(*e*). ¶ 그 사람은 ~다 Il est bossu. ¶ 등이 ~처럼 굽다 avoir le dos courbé comme un bossu.

곳 명 ((장소)) endroit *m*, lieu(*x*) *m*, place *f*; théâtre *m* ((d'un événement, d'une bataille)); ((추상적인)) 지점 point *m*. ¶ ~에 따라 소나기가 오겠습니다 Il y aura des averses en certains points du territoire. ¶ 어제 갔던 ~ là où je suis allé(*e*) hier. ¶ 경치가 좋은 ~이다 C'est un lieu [un endroit] pittoresque. ¶ 사는 ~이 어디십니까? Où habitez-vous? ¶ 그 도시는 여기서 3킬로 떨어진 ~에 있다 La ville est à 3 kilomètres d'ici. ¶ 피아노를 놓을 ~이 없다 Je n'ai pas de place pour mettre un piano. ¶ 책을 보신 후에 원래 있던 ~에 놓으시오 Après avoir consulté le livre, prière de le [veuillez le, ayez l'obligeance de le] remettre à sa place, s'il vous plaît. ¶ 감동이 마음 깊은 ~에서 우러나온다 L'émotion vient du fond du cœur.

◆그_ 대 cet endroit(-ci) *m*, ce lieu(-ci) *m*, ce coin(-ci) *m*. ¶ 그~은 내가 잘 안다 Je connais bien cet endroit [ce lieu, ce coin].

◆이_ 대 cet endroit(-ci) *m*, ce lieu(-ci) *m*, ce coin(-ci) *m*, ici. ¶ 아~은 옛날에 우체국이 있던 자리이다 (Ici), c'est l'endroit où autrefois se trouvait le bureau de poste.

◆ 저_ 대 cet endroit-là *m*, ce lieu-là *m*, ce coin-là *m*, cet endroit *m* là-bas, là-bas, ((çà et)) là. ¶ 아~저~ çà et là; un peu partout.

분류 endroit *m*, région *f*. ¶ 빈 자리가 한 ~ 있다 Il y a une place libre. ¶ 불이 서너 ~에서 동시에 났다 L'incendie s'est déclaré simultanément en trois ou quatre points [foyers] différents. ¶ 그들은 프랑스의 여러 ~ 둘러보았다 Ils ont visité plusieurs régions de France.

◆_ _ 명 partout, en tous lieux; çà et là; de toute(s) part(s). ☞ 곳곳

곳간 -間 명 grenier *m* à grains, grange *f*, hangar *m*.

곳곳 명 partout, en tous lieux; çà et là; de toute(*s*) part(*s*), ((aux, des)) quatre coins *mpl* ((du monde)), dans tous les coins *mpl*. ¶ ~에서 물난리를 겪고 있다 Partout, on souffre des inondations. ¶ ~으로부터 de partout. ¶ 한국 ~에 partout en Corée. ¶ 정원에는 ~에 화단이 있다 Il y a des plates-bandes çà et là dans le jardin. ¶ 그 소문은 금세 ~으로 퍼져나갔다 Immédiatement le bruit s'est répandu partout. ¶ 온몸 ~이 아프지 않은 데가 없다 J'ai mal partout / J'ai des douleurs dans tout le corps. ¶ 전국 ~을 다 다녀보았다 Nous avons parcouru tout le pays.

곳집 명 grenier *m* à grains, grange *f*, hangar *m*. ¶ 수확한 곡식을 ~에 넣다 mettre le grain récolté dans la grange.

공[1] 명 balle *f*, ballon *m*; boule *f*. ¶ 새[헌] ~ un ballon neuf [vieux]. ¶ 바람이 빠진 ~ un ballon dégonflé. ¶ 찢어진[찌그러진] ~ un ballon déchiré. ¶ ~을 갖고 놀다 jouer avec un ballon [une balle]. ¶ ~을 굴리다 faire rouler un ballon [une balle]. ¶ ~을 놓치다[빠뜨리다] rater le ballon. ¶ (손으로) ~을 던지다 envoyer [lancer] un ballon. ¶ 다른 공으로 ~을 맞추다 frapper la boule avec une autre boule ((au billard))]. ¶ ~을 멀리 보내다[날리다] envoyer un ballon [une balle] loin. ¶ ~을 몰다 dribbler avec le ballon. ¶ ~을 잘 보다[쳐다보다] ((야구, 테니스)) (bien) observer [apprécier] (l'angle et la vitesse de) la balle ((au baseball, au tennis)). ¶ ~을 (잘) 고르다 ((야구)) apprécier l'angle et la vitesse de la balle ((au baseball)), bien apprécier [apprécier correctement] une balle. ¶ ~을 가슴으로[머리로] 받다 réceptionner le ballon sur la tête [sur la poitrine]. ¶ ~을 글러브로[손으로] 잡다[받다] attraper [réceptionner] la balle avec le gant de baseball [à la main]. ¶ ~을 쫓아가다[주우러 다니다] courir après un ballon. ¶ ~을 줍다 ramasser une balle. ¶ ~을 (발로) 차다 frapper le ballon avec le pied; donner un coup de pied dans le ballon, shooter dans un ballon. ¶ ~을 방망이[채]로 치다 frapper la balle avec une batte [une raquette]. ¶ ~을 튀기다 faire rebondir le ballon [la balle]. ¶ ~이 네트에 걸렸다 La balle reste accrochée au filet. ¶ ~이 (떼굴떼굴) 구른다 La balle [le ballon] roule. ¶ ~이 (멀리) 날아간다 La balle [le ballon] va loin. ¶ ~이 골대를 [네트를, 담장을] 넘어간다 La balle [le ballon] passe au-dessus du but [du filet, du mur]. ¶ ~이 골문[구멍, 링]에] 들어간다 Le ballon [La balle] entre dans le but [dans le trou ((au golf)), dans le panier]. ¶ ~이 (발 아래) 떨어진다 Le ballon tombe devant les pieds. ¶ ~이 빗맞다 manquer [rater {*fam*}] la balle (de baseball) ((au baseball)). ¶ ~이 (지붕에) 올라갔다 Le ballon [La balle] est (maintenant) sur le toit / Ils ont envoyé le ballon [la balle] sur le toit. ¶ ~이 찢어졌다 Le ballon est déchiré. ¶ ~이 높이 [불규칙하게, 옆으로] 튄다[튀어오른다] Le ballon rebondit haut [Le ballon rebondit irrégulièrement, Le rebond est dévié]. ¶ ~이 (골대, 링을 맞고) 튀어나온다 Le ballon rebondit sur la cage du but [sur le panier]. ¶ ~에 방망이를 갖다 대다[맞추다] frapper la balle avec la batte. ¶ 그 아이는 ~에 얼굴을 맞았다 Cet enfant a reçu la balle [le ballon] en plein visage. ¶ ~의 안배를 잘하다 bien répartir les différents types de lancers de balle ((au baseball)). ¶ 이번 볼은 아주 좋은[나쁜] ~이다 ((야구)) Cette fois-ci, la balle est bonne [mauvaise] ((au baseball)). ¶ 이번 ~은 빠른 직구[커브]였다 ((야구)) Cette fois-ci, la balle est droite [brossée] et rapide ((au baseball)).

◆_**놀이** 명 jeu *m* de ballon. ¶ ~놀이(를) 하다 jouer au ballon.

◆_**던지기[치기, 받기, 차기]** 명 lancer *m* de balles [jeu(*x*) *m* de balle, (s'amuser à) drib(b)ler, réceptionner, shooter]. ¶ 아이들이 ~ 던지기[치기, 받기, 차기]를 하며 논다 Les enfants s'amusent à lancer une balle [s'amusent [jouent] avec une balle, s'amusent à drib(b)ler; s'amusent à réceptionner une balle; s'amusent à shooter dans un ballon].

◆**가죽[고무, 플라스틱]**_ 명 ballon *m* en cuir [en caoutchouc, en plastique].

◆**농구[럭비, 배구, 축구]**_ 명 ballon *m* de basket-ball [de rugby, de volley-ball, de football].

◆**당구**_ 撞球- 명 boule *f* de billard.

◆**탁구[테니스, 야구]**_ 卓球- 명 balle *f* de ping-pong [de tennis, de baseball].

공[2] 空 명 ① 영 zéro *m*. ¶ 숫자 0은 ~으로도 읽는다 Le chiffre 0 se lit aussi *kong*. ② 동그라미 zéro *m*. ¶ ~이 몇 개나 붙었는지 세기도 힘든 고액수표 un gros chèque dont on ne peut pas compter le nombre de zéro. ¶ ~ 표를 하다[치다] dessiner [tracer, faire, écrire] un zéro. ③ 【불교】 vide *m*, vacuité *f*. ¶ ~의 사상 la pensée de la vacuité. ④ 공짜 gratuité *f* ((sans avoir rien fait, sans s'être fatigué(e))). ¶ 나는 이 책을 ~으로 얻었다 J'ai eu ce livre gratuitement. ¶ 남의 연구 결과를 ~으로 먹으려 하다니 Quelle idée [prétention] que de chercher à tirer profit du travail d'autrui sans y avoir contribué [participé]! ◇_(을) **치다** n'aboutir à rien [à aucun résultat], essayer [tenter] *qc* pour rien, faire un travail sans résultat, faire *qc* en vain [vainement, pour rien]; 헛수고하다 faire de vains efforts, se fatiguer [se donner de la peine] pour rien; se perdre en efforts inutiles. ¶ 오늘은 ~쳤다 Aujourd'hui, j'ai fait un essai infructueux [ma tentative a été infructueuse] / Aujourd'hui, je n'ai abouti à rien / Aujourd'hui, je me suis fatigué(*e*) pour rien.

공[3] 功 명 ① 공로 exploit *m*; action *f* d'éclat; mérite *m*; acte *m* méritoire, services *mpl* ((rendus)). ¶ 각자에게 ~에 따라 상을 주어야 한다 Il faut récompenser chacun selon le mérite de ses actes. ¶ 이번 일이 성사된 데는 그 사람의 ~이 크다 Dans la réalisation de ce projet, il s'est remarquablement distingué / Il y est pour beaucoup dans la réussite de ce projet. ¶ 그 사람은 전사한 전우의 ~을 가로챘다 Il s'est approprié les mérites d'un soldat mort au combat. ¶ ~을 나누다[나누어 갖다] partager le mérite d'un acte. ¶ (자신의) ~을 남에게 돌리다 attribuer *son* mérite à d'autres. ¶ (남의) ~을 시샘하다 être envieu*x*(*se*) du mérite des autres. ¶ ...에 대한 누구의 ~을 인정하다 reconnaître les mérites de *qn*. ¶ (자신의) ~을 자랑하다[과시하다] se vanter de [être fier de] ce que l'on a fait. ¶ 사람들은 국가에 대한 그의 ~을 치하했다[높이 사다, 높이 평가하다] On l'a félicité pour ses mérites dans les services rendus au pays / Il est estimé pour les (différents) services (qu'il a) rendus au pays. ¶ 누구의 ~을 평가절하하다 sous-estimer les mérites de *qn*. ② 정성 application *f*, efforts *mpl*, travail *m*, zèle *m*, soin *m*, ((se donner de la)) peine *f*, ((se donner du)) mal *m*, ((y mettre toute son)) âme *m*. ◇_**을 다투다** disputer du degré de participation à la réalisation d'un projet. ¶ 합동작전으로 범인을 검거한 경찰들은 서로 ~을 다투었다 Après avoir arrêté un criminel (grâce à l'action combinée de plusieurs services), les policiers se sont disputés sur la participation effective (de chacun de ces services) dans le résultat final. ◇_(을) **들이다** faire *qc* avec application, mettre tout *son* cœur à *qc*/*inf*, y mettre toute *son* âme, faire *qc* [travailler] avec soin [soigneusement, avec minutie], se donner tout entier à ((un travail)); faire ((un travail)) de tout *son* cœur; se donner de la peine [du mal] pour faire [réaliser] *qc*, peiner pour faire *qc*. ¶ ~들여 만든 음식 plat fait [préparé] de tout cœur. ¶ ~들인 보람도 없이 모든 게 허사가 되었다 En dépit des efforts, rien n'a abouti. ¶ ~들인 흔적이 역력한[없는] 작품 une œuvre qui porte manifestement [ne porte pas] trace des efforts nécessaires à sa réalisation. ◇_**을 세우다[올리다]** se distinguer par *ses* exploits. ¶ 이 의사는 전염병 퇴치에 큰[대단한, 뛰어난] ~을 세웠다 Ce médecin a spécialement contribué à l'éradication des maladies contagieuses. ◇_**을 쌓다** multiplier les contributions. ¶ 조국에 ~을 쌓은 사람들 les hommes qui ont rendu d'éminents services à la patrie. ◇_**이 있다[없다]** [ne pas] avoir (beaucoup) contribué à *qc*, avoir du mérite, [ne pas] mériter, [ne pas] être méritoire, [ne pas] être méritant(*e*), [ne pas] être digne d'éloge, y être pour beaucoup [n'y être pour rien] dans *qc*. ¶ ~이 있는 사람 une personne méritante. ¶ 그 사람은 국가에 현저한 ~이 있다 Il a apporté une remarquable contribution à la nation. ◇_(이) **들다** demander une grande application; exiger [demander] beaucoup de travail; demander [coûter] de grands efforts. ¶ 대부분의 수제품은 ~이 많이 든다 La plupart des produits [des objets] faits à la main demandent une grande application.

*~**든 탑이 무너지랴** Une chose réalisée durement ne s'écroule pas facilement / Un travail bien fait dure longtemps.

공[4] 公 명 ((vie, affaires)) public(*que*), professionnel(*le*); ((mission)) officiel(*le*). ¶ ~과 사를 구별하다 distinguer la vie publique de la vie privée, ne pas confondre *sa* vie publique avec *sa* vie privée, ne pas confondre l'intérêt public avec *ses* intérêts personnels. ¶ ~은 ~이고 사는 사다 Il faut distinguer la vie publique de la vie privée / Il ne faut pas confondre sa vie publique avec sa vie privée / Il ne faut pas confondre l'intérêt public avec ses intérêts personnels / Il ne faut pas confondre ce qui est d'ordre professionnel avec ce qui ressortit à la vie privée.

◆ **개념** -槪念 명 concept *m* du bien public. ¶ 토지 ~개념 le concept de la propriété foncière d'État.

공[5] 영{gong} 명 gong *m*. ¶ ~을 울리다 faire retentir le gong. ¶ ~이 울리고 2라운드가 시작되었다 Le gong retentit et le deuxième round commença / Le coup de gong annonça le commencement du deuxième round.

공[6] 公 대 vous ((terme honorifique employé autrefois par un seigneur s'adressant à un vassal)). ¶ 이번 전쟁에는 ~의 공이 컸소 Dans cette guerre, vos mérites furent grands [honorables] / Vous vous êtes remarquablement distingué dans cette guerre.

공[7] 公 의명 ((titre honorifique)) monsieur; Son [Votre] Altesse *f* [Excellence *f*]; 공작 duc *m*, prince *m*. ¶ 윈저 ~ le duc de Windsor. ¶ 필립 ~ le prince Philippe ((le duc d'Édimbourg)).

-공[8] -公 접미 ((suffixe honorifique placé derrière certains noms propres)). ¶ 충무~ nom d'empreint que s'est attribué lui-même l'amiral Yi Sunsin, le *ho* (호, pseudonyme) de l'amiral Yi Sunsin.

-공[9] -工 [접미] ouvri*er*(*ère*). ¶ 기능~ technicien(*ne*). ¶ 숙련~ ouvri*er*(*ère*) compétent(*e*). ¶ 인쇄~ typographe.

공-[10] 公- [접두] ((entreprise, fonds)) public(*que*); officiel(*le*). ¶ ~기업 une entreprise publique. ¶ ~금 fonds public; argent de l'État ((d'un établissement public, d'un groupe)).

공-[11] 空 [접두] ① 공짜 gratuit(*e*), offert(*e*) (par la maison); pour rien. ¶ ~돈이 생기다 gagner de l'argent sans effort. ¶ ~술 un alcool offert. ② 빈; 헛된 (le) vide, faux, vain(*e*), inutile, ((promesse)) en l'air. ¶ ~포를 쏘다 tirer à blanc. ¶ ~론 théorie inapplicable [irréalisable]; vaines élucubrations; argumentation vide de sens. ¶ ~수표 chèque sans provision; vaine promesse, promesse en l'air.

공간[1] 空間 [명] ① espace *m*. ¶ 무한한 ~ espace infini. ¶ 삶의 ~ espace vital. ¶ 시간과 ~을 초월한 진리 la vérité qui transcende le temps et l'espace. ¶ 우주 ~ l'espace cosmique [interstellaire], le cosmos. ¶ ~의 시학 poétique de l'espace. ② 공백, 빈자리 (espace *m*) vide *m*, place *f*. ¶ 이 방은 책으로 꽉 차서 남아있는 ~이 없다 Il n'y a pas de place dans cette chambre parce qu'elle est pleine de livres. ¶ 그 사람의 죽음으로 생긴 ~은 그 무엇으로도 메울 길이 없으리라 Rien ne pourra remplir le vide causé par son décès.

◆**_적** -的 [명관] spati*al*(*ale, aux*).

◆**_성** -性 [명] spatialité *f*.

◆**_감각** -感覺 [명] conscience *f* de l'espace.

◆**_개념** -槪念 [명] notion *f* de spatialité.

◆**_구성** -構成 [명] composition *f* d'espaces.

◆**_도형** -圖形 [명] géométrie *f* spatiale.

◆**_예술** -藝術 [명] art *m* à trois dimensions, art *m* dans l'espace.

◆**_지각** -知覺 [명] perception *f* spatiale.

◆**_학습** -學習 [명] étude *f* pour évoluer dans l'espace ((cosmonautes)).

공간[2] 公刊 [명] publication *f*. ◇_**(을) 하다** publier. ◇_**(이) 되다** être publié(*e*).

◆**_물** -物 [명] ce qui est publié; publication *f*.

공갈 恐喝 [명] ① ((위협)) menace *f*, intimidation *f*, chantage *m*. ¶ 갖은 ~과 협박으로 누구에게서 금품을 뜯어내다 extorquer de l'argent à *qn* par toutes sortes de menaces. ② ((거짓말)) mensonge *m*, bobard *m* {*fam*}, salades *fpl* {*fam*}, boniment *m* {*fam*}, craque *f* {*fam*}. ¶ 내 말을 ~로 듣지 마라 Crois-moi, je ne mens pas. ◇_**(을) 하다[치다]** menacer *qn*, intimider *qn*; faire du chantage à *qn*, faire chanter *qn*. ¶ ~하고 달래고 하여 tantôt en menaçant, tantôt en flattant. ◇_**(을) 치다** 【속어】 mentir, raconter des mensonges [des bobards {*fam*}, des salades {*fam*}, des craques {*fam*}, des boniments {*fam*}]. ¶ ~치지 마! Arrête de raconter des craques [des salades, des boniments] {*fam*}! / Pas de salades {*fam*}! / Assez de boniments {*fam*}! ◇_**이다** être un mensonge. ¶ 그 사람의 말은 전부 ~이다 Ce qu'il dit n'est que mensonges. ¶ 이것은 ~이 아니야 Ce n'est pas un mensonge.

◆**_범** -犯 [명] suspect *m* d'avoir menacé *qn*; maître chanteur *m*.

◆**_죄** -罪 [명] délit *m* de menace.

공감 共感 [명] sympathie *f*. ¶ ~을 구하다 chercher à attirer la sympathie. ◇_**(을) 하다** sympathiser avec *qn*; être d'accord avec *qn*, partager l'opinion de *qn*. ¶ 그들은 즉시 ~했다 Ils ont tout de suite sympathisé. ¶ 그 사람도 내 말에 ~하는 듯 고개를 끄덕였다 Il partageait mes idées puisqu'il a opiné [acquiescé] d'un signe de tête. ¶ 나는 네가 방금 한 말에 전혀 ~할 수 없다 Je ne suis pas du tout d'accord avec ce que tu viens de dire. ◇_**을 느끼다** avoir [éprouver, ressentir] de la sympathie pour *qn*. ◇_**을 불러일으키다** inspirer de la sympathie à *qn*. ¶ 이 책은 많은 ~을 불러일으켰다 (Le contenu de) ce livre a inspiré de la sympathie à beaucoup de monde / Ce livre a plu à beaucoup de monde. ◇_**을 얻다** ((opinion)) obtenir l'adhésion de *qn*, être partagé(*e*) par *qn*. ¶ 그의 의견은 다른 사람들의 ~을 얻었다 Son opinion a été partagée [adoptée] par d'autres / Son opinion a obtenu l'adhésion des autres. ◇_**(이) 가다** partager l'opinion [les idées] de *qn*, être d'accord avec *qn*. ¶ 이 대목은 ~이 가는 부분이다 Je partage les idées de l'auteur dans ce passage / Je suis d'accord avec les idées de l'auteur dans ce passage.

◆**_대** -帶 [명] liens *mpl* de sympathie; liens *mpl* d'empathie. ¶ 두 사람 사이의 ~대 les liens de sympathie entre deux personnes. ¶ ~대를 형성하다 former des liens de sympathie; créer des liens d'empathie. ¶ 그 사람과 나 사이에는 ~대가 있다[없다] Il existe des liens de sympathie entre lui et moi [Il n'y a aucun lien de sympathie entre lui et moi].

공감각 共感覺 [명] 【심리】 synesthésie *f* ((relation associative [association] spontanée de sensations appartenant à des domaines différents)).

◆**_적** -的 [명관] relati*f*(*ve*) à [relevant de] la synesthésie [d'une association de type synesthésie].

공개 公開 [명] révélation *f*, divulgation *f*; action *de* faire connaître *qc* au public, action *de* rendre publi*c*(*que*) *qc*. ¶ 그 서류들은 일반인들에게 ~가 금지되어 있다 Il est interdit de rendre publics ces documents / Ces document ne sont pas accessibles au public, ne sont pas autorisés à l'accès public. ◇_**(를) 하다[시키다]** ouvrir [rendre accessible] au public, rendre publi*c*(*que*); révéler, divulguer. ¶ 이 편지의 내용은 ~할 수 없는 것이다 Cette lettre ne peut être rendue publique / Il est interdit de révéler cette lettre. ¶ 그 사람은 자신의 발명품을 ~할 예정이다 Il va rendre publique sa nouvelle invention. ◇_**(가) 되다** être révélé(*e*) [accessible] au public. ¶ 이번 토의는 ~될 것이다 Cette fois-ci, le débat sera ouvert.

◆_적 -的 명관 public(*que*). ¶ ~적으로 창피를 주다 humilier *qn* publiquement. ¶ 이런 얘기는 ~적으로 할 수 있는 성질의 것이 아니다 Cela n'est pas du domaine de ce dont on peut parler publiquement.

◆_강좌[강의] -講座[講義] 명 cours *m* ouvert au public.

◆_경쟁 -競爭 명 compétition *f* ouverte.

◆_방송 -放送 명 émission *f* ouverte au public.

◆_법인 -法人 명 fondation *f* publique

◆_서한 -書翰 명 lettre *f* ouverte.

◆_석상 -席上 명 ((en)) public *m*. ¶ ~석상에서 en public; publiquement, ouvertement.

◆_수사 -搜査 명 enquête *f* ouverte au public.

◆_재판 -裁判 명 audience *f* publique.

◆_주 -株 명 action *f* cotée en bourse.

◆_주의 -主義 명 【법률】 attitude *f* qui consiste à rendre publics les résultats des instructions judiciaires quand elles sont terminées; attitude *f* consistant à respecter la règle de transparence concernant les affaires publiques quelles soient juridiques, fiscales, etc. [à ne rien cacher à la population d'un pays [à la nation]; transparence *f*.

◆_처형 -處刑 명 exécution *f* publique.

◆_투표 -投票 명 scrutin *m* public.

◆_토론 -討論 명 débat *m* public.

◆_회의 -會議 명 séance *f* publique; réunion *f* publique.

◆기업_ 企業- 명 introduction *f* des actions d'une entreprise en bourse.

공것 空- 명 chose *f* gratuite [offerte], chose *f* qui tombe du ciel, obtenue sans effort; bonne aubaine *f*, manne *f*. ¶ 귀한 물건을 ~으로 얻다 acquérir quelque chose de précieux [rare] gratuitement. ¶ 그 친구는 ~을 너무 좋아하는 경향이 있다 Il a tendance à trop aimer ce qui est gratuit. ¶ 세상에 ~이 어디 있어? En ce monde, il n'y a rien de gratuit! *~ **바라면 이마가 벗어진다** Il ne faut pas trop aimer ce qui est gratuit.

공격 攻擊 명 attaque *f*, ((déclencher l', passer à l', préparer une)) offensive *f*, assaut *m*; ((공습)) raid *m* ((de bombardiers)), charge *f* ((de cavalerie)); agression *f*; attaque *f*, critique *f*, accusation *f*. ¶ 기습~ attaque par surprise; coup de main. ¶ 선제~ attaque préventive. ¶ 정면[측면, 배면] ~ attaque de front [de côté, à revers]. ¶ ~ 명령을 내리다 donner l'ordre d'attaquer, donner l'assaut; déclencher l'offensive. ¶ ~을 개시하다 déclencher [engager, lancer] une attaque; déclencher une offensive [l'offensive]. ¶ ~ 개시! À la charge! ¶ ~은 최선의 방어다 L'attaque est la meilleure des défenses / L'attaque est la meilleure défense. ¶ ~의 표적이 되다 devenir le point de mire (de la critique); devenir la cible d'une attaque. ¶ ~의 화살을 돌리다 changer la cible d'une attaque; changer de cible. ¶ ~을 가하다 déclencher une attaque [l'offensive]; prendre l'offensive. ¶ ~을 견디어내다 soutenir [résister à] une attaque; supporter une attaque. ¶ ~을 물리치다 repousser [refouler] une attaque. ¶ 적의 ~을 저지하다 repousser une attaque. ¶ 후반전에는 ~에 치중해라! Concentrez-vous sur l'attaque en deuxième mi-temps! ◇_(을) **하다**[**감행하다**] attaquer; donner l'assaut, monter à l'assaut ((d'une position)), assaillir; se ruer sur *qn/qc*. ¶ 적의 요새를 ~하다 attaquer une forteresse. ¶ 쉴 새 없이[맹렬히] ~하다 attaquer sans arrêt [violemment]. ◇_(을) **당하다** être attaqué(*e*), critiqué(*e*). ¶ 그 사람의 터무니없는 발언은 여지없이 ~당했다 Ses paroles déraisonnables ont été sévèrement critiquées. ◇_(을) **받다** être attaqué(*e*), critiqué(*e*). ¶ 적의 ~을 받아 아군이 거의 전멸했다 Les troupes ont été presque anéanties par l'attaque. ¶ 국무총리는 여야 쌍방으로부터 맹렬한 ~을 받았다 Le Premier ministre a été violemment critiqué, autant par la majorité que par l'opposition.

◆_적 -的 명관 offensi*f*(*ve*), agressi*f*(*ve*). ¶ ~적(인) 행동 [어조, 말투, 발언, 태도] une action agressive [un ton agressif, une façon de parler agressive, une parole agressive, une attitude agressive]. ¶ 그 사람은 매사에 ~적이다 Il est toujours agressif. ¶ ~적인 그 사람의 말투에 나는 놀랐다 J'ai été surpris(*e*) par sa façon agressive de parler. ¶ 그 사람이 그렇게 ~적으로 나올 줄 몰랐다 Je n'imaginais pas qu'il serait aussi agressif! ¶ 우리 팀이 초반부터 ~적으로 나오고 있다 Notre équipe est offensive depuis le début.

◆_성 -性 명 agressivité *f*. ¶ ~성을 띠다 être agressi*f*(*ve*), offensi*f*(*ve*). ¶ ~성이 드러나다 se révéler agressi*f*(*ve*).

◆_대형 -隊形 명 formation *f* d'attaque. ¶ ~대형을 취하다 se mettre [se disposer] en formation d'attaque.

◆_력 -力 명 capacité *f* offensive. ¶ 이 팀은 ~력은 뛰어나지만 수비력이 부족하다 Cette équipe est forte en attaque, mais faible en défense.

◆_로 -路 명 chemin *m* de l'offensive. ¶ 적의 ~로를 차단하다 bloquer le chemin d'offensive de l'ennemi.

◆_목표 -目標 명 objectif *m* d'attaque. ¶ 먼저 ~목표를 설정하라! Etablis d'abord un objectif d'attaque!

◆_수 -手 명 attaquant(*e*). ¶ 저 선수가 이 팀의 가장 뛰어난 ~수다 Ce joueur est le meilleur attaquant de cette équipe.

◆_수단 -手段 명 moyen *m* d'attaque.

◆_용 -用 명 pour l'attaque, ((char)) d'assaut. ¶ ~용 전차 un char d'assaut. ¶ ~용 헬리콥터 un hélicoptère d'assaut

◆인신_ 人身- 명 attaque *f* personnelle (contre *qn*). ¶ 인신~을 하다 attaquer quelqu'un personnellement. ¶ 인신~적인 발언을 즉시 중지하시오! Cessez d'en faire une attaque personnelle!

ㄱ

공경 恭敬 명 respect *m*, égards *mpl*, estime *f*, considération *f*, vénération *f*. ◇_(을) **하다** respecter *qn*; témoigner du respect à *qn*; avoir de grands égards pour *qn*; tenir *qn* en haute estime. ¶ ~할만한 respectable; vénérable; honorable; estimable. ¶ ~하는 태도 une attitude respectueuse. ¶ 어른을 ~할 줄 알아야 한다 On doit respecter les grandes personnes. ◇_(을) **받다** avoir l'estime. ¶ 그는 많은 사람들에게 ~을 받고 있다 Il a l'estime [est respecté] de beaucoup de monde.

◆_**심** -心 명 respect *m*, estime *f*. ¶ 그는 윗사람들에 대한 ~심이 부족하다 Il manque d'estime ((상급자)) pour ses supérieurs [((연장자)) pour ses anciens].

공고[1] 公告 명 annonce *f* officielle; publication *f*, avis *m*. ¶ 경매 ~ un avis de vente aux enchères. ¶ 특허 ~ la publication d'un brevet d'invention. ¶ 사원 채용[모집] ~ offre d'emploi; avis de poste vacant. ◇_(를) **하다** annoncer publiquement; publier. ¶ 헌법 개정안을 ~하다 publier un projet d'amendement de la Constitution. ¶ 주주총회는 사정상 한 달 후로 연기되었음을 ~합니다 On annonce publiquement que l'assemblée générale des actionnaires est reportée d'un mois par force majeure. ◇_(가) **되다[나다]** être annoncé(*e*) publiquement; être publié(*e*). ¶ 신문에 교수 채용 ~가 났다 L'annonce de recrutement de professeurs est publiée dans le journal.

◆_**문** -文 명 annonce *f*, avis *m*, publication *f*. ¶ ~문이 나붙다 L'annonce est affichée.

공고[2] 鞏固 어근 solidité *f*, fermeté *f*.

◆_**하다** 형 être solide, ferme. ¶ ~한 수비 une défense solide.

◆_**히** 부 solidement, fermement. ¶ ~히 하다 consolider, renforcer, affermir. ¶ 벽을 ~히 쌓다 bâtir un mur solide.

◆_**성** -性 명 solidité *f*, fermeté *f*.

공고[3] 工高 명 lycée *m* technique. ¶ ~ 출신의 기능공 un technicien sorti du lycée technique. ¶ ~를 마치고 산업체에 들어가다 entrer dans l'industrie après avoir terminé le lycée technique.

공공 公共 명 public *m*. ¶ ~의 복지 bien-être public. ¶ ~의 적 un ennemi public. ¶ ~의 이익을 도모하다 chercher l'intérêt général; agir dans l'intérêt public. ¶ 경찰의 임무는 ~의 안녕과 질서를 지키는 것이다 Le devoir de la police est d'assurer la paix et l'ordre publics.

◆_**성** -性 명 civisme *m*.

◆_**기관** -機關 명 institution *f* publique.

◆_**단체** -團體 명 association *f* publique.

◆_**사업** -事業 명 entreprise *f* publique.

◆_**시설** -施設 명 équipement *m* public.

◆_**요금** -料金 명 tarif *m* public.

◆_**용수** -用水 명 eaux *fpl* à usage public.

◆_**재산** -財產 명 bien *m* public.

◆_**투자** -投資 명 investissement *m* public.

공공성 명 caractère *m* public, responsabilité *f* publique. ¶ 사업의 ~을 강조하다 renforcer la responsabilité publique des entreprises. ¶ 사업의 ~을 강조하다 renforcer le civisme des entreprises.

공공연히 公公然- 부 publiquement, ouvertement; en public. ¶ ~ 나타내다 afficher publiquement. ¶ 그 두 사람은 애인 사이임을 ~ 드러내놓고 다닌다 Ces deux personnes se promènent en montrant ouvertement leur amour. ¶ ~ 반대하다 s'opposer publiquement.

공공연하다 公公然- 형 être fait(*e*) au vu et au su de tout le monde; être notoire. ¶ 공공연한 비밀 un secret de polichinelle, un faux secret (bien vite connu de tous). ¶ 그가 공금을 횡령했다는 것은 공공연한 사실이다 Il est notoire [bien connu] qu'il s'est approprié des fonds publics. ¶ 공공연하게 ouvertement.

공과[1] 工科 명 (section *f* de) technologie *f*. ¶ ~ 계통 domaine *m* technologique. ¶ ~ 학생 étudiant(*e*) en technologie. ¶ ~를 택하다 choisir la section de technologie.

◆_**대학** -大學 명 ((한국)) faculté *f* de technologie; ((프랑스)) école *f* d'ingénieurs. ☞ 공대[2]

공과[2] 功過 명 mérite *m* et démérite *m*; réussites *fpl* et échecs *mpl*. ¶ 누구의 ~를 따지다[논하다] évaluer les réussites et les échecs de *qn*.

공과금 公課金 명 taxes *fpl* publiques. ¶ ~ 납부를 고지하다 envoyer la facture des taxes publiques. ¶ ~을 (은행을 통해) 내다[납부하다] payer des taxes publiques (par mouvement bancaire). ¶ ~을 연체하다 ne pas effectuer à temps [prendre du retard dans, être en retard dans] le paiement [le versement] des taxes publiques.

공관 公館 명 ① 관저 résidence *f* officielle. ¶ 총리 ~ la résidence officielle du Premier ministre. ② (재외)공관 mission *f* diplomatique [consulaire]. ¶ 재외 ~ la mission diplomatique à l'étranger.

◆_**장** -長 명 chef *m* de mission diplomatique. ¶ 해외 ~장 (연석)회의 la réunion [l'assemblée] des chefs de mission diplomatique.

공교롭다 工巧- 형 arriver par hasard; être accidentel(*le*), fortuit(*e*). ¶ 공교로운 사건 un accident; un coup de hasard; un incident. ¶ 공교로운 우연의 일치 une coïncidence curieuse [fâcheuse]. ¶ 공교로운 만남 une rencontre fortuite. ¶ 공교롭게 par hasard; accidentellement, fortuitement. ¶ 공교롭게도 나는 그와 역에서 마주치게 되었다 Accidentellement, je suis tombé(*e*) sur lui à la gare.

공교육 公敎育 명 enseignement *m* public. ¶ ~의 위기 la crise de l'enseignement public.

◆_**비** -費 명 coût *m* de l'enseignement public.

공교하다 工巧- 형 être habile, adroit(*e*), ingénieux(*se*). ¶ 이 석공은 솜씨가 ~ Ce tailleur de pierre est habile.

공구 工具 명 outil *m*, instrument *m*. ¶ ~ 한 벌[세트] un assortiment d'outils. ¶ 절삭 ~ un outil de coupe.

◆_점 -店 명 magasin *m* d'outillage.
◆_통 -桶 명 boîte *f* à outils.
공국 公國 명 【역사】 duché *m*, principauté *f* ((de Monaco)).
공군 空軍 명 armée *f* de l'air; forces *fpl* aériennes. ¶ ~ 기지 base *f* aérienne. ¶ ~ 본부 quartier *m* général des forces aériennes. ¶ ~ 부대 unité *f* aérienne. ¶ ~ 참모총장 chef *m* d'état-major de l'armée de l'air. ¶ ~에 입대하다 entrer dans l'armée de l'air. ¶ ~으로 복무하다 servir dans l'armée de l'air. ¶ 그 작전 지역에는 ~이 출격중이다 Dans cette zone d'opération, l'armée de l'air est en intervention.
◆_기 -機 명 avion *m* militaire; avion *m* de l'armée de l'air.
◆_력 -力 명 force *f* aérienne. ¶ 우리나라는 가상 적국에 대해 ~력의 절대 우위를 지키고 있다 Notre pays maintient la supériorité aérienne absolue sur tout ennemi potentiel.
◆_사관학교 -士官學校 명 académie *f* [école *f*] militaire de l'armée de l'air.
공권 公權 명 【법률】 ((개인적 공권)) droit *m* civique; ((국가적 공권)) droit *m* public. ¶ 그 국회의원은 재판에 의해 ~을 제한[박탈]당했다 Ce député a vu ses droits civiques réduits [a été privé de ses droits civiques] par le tribunal.
◆_력 -力 명 【법률】 pouvoir *m* public. ¶ ~력을 행사하다 exercer un pouvoir public. ¶ ~력을 남용하다[휘두르다] abuser de ses pouvoirs publics. ¶ ~력을 무시하다[유린하다] ignorer les [porter atteinte aux] pouvoirs publics.
◆_박탈 -剝奪 명 【법률】 privation *f* des droits civiques.
◆_정지 -停止 명 【법률】 suspension *f* des droits civiques.
공그르다[1] 타 coudre sans laisser de fil apparent. ¶ 나는 실이 보이지 않도록 하기 위해 이불을 공글렀다 J'ai cousu la couverture de sorte qu'on ne voit pas le fil de la couture.
◆공그르기 명 couture *f* sans laisser de fil apparent.
공그르다[2] 타 niveler, aplanir, égaliser. ¶ 울퉁불퉁한 땅을 ~ aplanir [niveler, égaliser] un terrain.
공글리다 타 ① 일을 잘 마무리 짓다 achever [finir, terminer] soigneusement ((un travail)). ¶ 그 사람은 자기 일을 공글리고 집으로 돌아갔다 Il a terminé son travail avec soin, puis il est rentré chez lui. ② 땅을 다지다 battre [consolider] le sol pour le rendre dur. ¶ 비 온 뒤에는 테니스 코트를 공글려야 한다 Après la pluie, il faut battre le court de tennis.
공금 公金 명 fonds *m* public; argent *m* de l'État [d'un établissement public, d'une communauté]; biens *mpl* sociaux. ¶ ~을 횡령하다[유용하다] s'approprier [détourner] des fonds publics.
◆_횡령[유용] -橫領[流用] 명 abus *m* de biens sociaux [détournement *m* de fonds publics].
공급 供給 명 offre *f*, approvisionnement *m*, fourniture *f*, alimentation *f* ((en eau, en électricité, en gaz de la ville)). ¶ ~ 부족 insuffisance de l'offre. ¶ ~의 법칙 la loi de l'offre. ¶ 물자 ~ approvisionnement ((d'une ville)). ¶ 수요와 ~ l'offre et la demande. ¶ ~을 끊다 interrompre la fourniture. ¶ ~이 달린다 L'offre est insuffisante. ¶ 오전 10시부터 3시간 동안 수돗물 ~이 중단됩니다 L'alimentation en eau sera interrompue pendant 3 heures à partir de 10h du matin. ◇_(을) **하다** offrir [fournir] *qc* à *qn*; approvisionner *qn* de *qc*. ¶ 공장에 전력을 ~하다 alimenter une usine en courant électrique. ¶ 환자에게 피를 ~하다 transfuser du sang à un patient. ¶ 자재를 제때에 ~해 드리지 못해서 죄송합니다 Nous sommes désolés de ne pas pouvoir vous approvisionner en temps voulu. ◇_(이) **되다** être approvisionné(*e*), fourni(*e*). ¶ 전원이 ~되지 않아서 공장 가동이 불가능하다 L'électricité étant coupée, le fonctionnement de l'usine est impossible. ¶ 우리 회사에 ~되는 원료는 질이 별로 좋지 않다 La qualité des matériaux [du matériel] fournis à notre compagnie n'est pas bonne. ◇_(을) **받다** être fourni(*e*). ¶ 정기적으로 ~받는 물품들이 무엇입니까? Quels sont les produits régulièrement fournis?
◆_과잉 -過剩 명 【경제】 surabondance *f* de l'offre.
◆_독점 -獨占 명 【경제】 monopole *m* de l'offre.
◆_량 -量 명 quantité *f* de l'offre. ¶ 걸프전의 여파로 원유 ~량이 줄었다 À la suite de la guerre du Golfe, l'offre du pétrole a baissé.
◆_로 -路 명 voie *f* d'approvisionnement. ¶ ~로를 차단하다 bloquer la voie d'approvisionnement.
◆_원 -源 명 source *f* d'approvisionnement. ¶ 단백질 ~원 une source d'approvisionnement en protéines.
◆_지 -地 명 source *f* d'approvisionnement. ¶ 영국은 스웨덴의 주요 석탄 ~지이다 L'Angleterre est la source d'approvisionnement en charbon de la Suède.
공급자 명 approvisionneu*r*(*se*), fournisseu*r*(*se*). ¶ ~ 중심의 논리 la Théorie de l'approvisionnement.
공기[1] 명 osselet *m*. ¶ ~를 하다 jouer aux osselets.
◆_놀이 명 jeu(*x*) *m* des osselets, les osselets *mpl*.
◆ㅅ돌 명 osselet *m*.
공기[2] 空氣 명 ① air *m*. ¶ ~의 흐름[저항] le flux [la résistance] de l'air. ¶ ~보다 가벼운 기체 le gaz plus léger que l'air. ¶ 신선한 ~ l'air frais ((de la campagne)) ¶ 탁한 ~ l'air vicié [pollué] ((des grandes villes)). ¶ 시원한 새벽 ~를 마시다 respirer l'air frais du matin. ¶ 바깥 ~를 쐬다 prendre l'air, prendre un bol d'air frais. ¶ 방의 ~를 바꾸다[신선한 ~를 들어오게 하다] aérer une chambre [une pièce], faire entrer de l'air frais dans une chambre [dans une pièce]. ¶ 공[튜브, 타이어]에 ~를 넣다[빼다] gonfler [dégonfler] un ballon [une bouée, un pneu]. ¶ ~가 빠진[새는] 타이어 un pneu dégonflé, un pneu à plat, un pneu crevé [un pneu qui se dégonfle, un pneu qui fuit]. ¶ 연료에 ~를 혼합하다 mélanger l'air au combustible. ¶ ~가 건조하다 L'air est sec. ¶ ~가 맑다[깨끗하다] L'air est pur [propre]. ¶ 실내

~가 탁하다 L'air de la maison [de la pièce] est vicié [mauvais] / Ça manque d'air. ¶ ~가 (잘) 통하는 [통하지 않는] 방 une chambre bien [mal] aérée. ¶ 찬 ~가 얼굴에 닿는다 Je sens le froid de l'air sur mon visage. ¶ ~가 들어가지 않게 병마개를 단단히 막아라 Enfonce bien le bouchon pour ne pas laisser entrer l'air. ② 분위기 atmosphère *f*; ambiance *f*. ¶ ~가 이상해지더니 말다툼이 시작되었다 L'ambiance s'est dégradée [L'atmosphère est devenue tendue] et les querelles ont commencé. ¶ ~가 험악한 것 같으니 자리를 피하고 봅시다 L'ambiance est à l'orage [Il y a de l'orage dans l'air, L'atmosphère est tendue, L'ambiance ne me dit rien qui vaille], partons d'ici. ¶ 그 폐가 주변에는 음산한 ~가 감돌고 있었다 Autour de cette maison abandonnée régnait une atmosphère morne.

◆_압 -壓 명 pression *f* atmosphérique; ((타이어)) pression *f* des pneus.

◆_베개 명 oreiller *m* pneumatique.

◆_압축기 -壓縮機 명 compresseur *m* d'air.

◆_역학 -力學 명 【물리】 aérodynamique *f*.

◆_저항 -抵抗 명 【물리】 résistance *f* de l'air.

◆_전염 -傳染 명 【의학】 contagion *f* par l'air.

◆_정화기 -淨化器 명 purificateur *m* d'air, assainisseur *m*.

◆_제동기 -制動機 명 frein *m* à air comprimé.

◆_청정제 -淸淨劑 명 purifiant *m* d'air.

◆_총 -銃 명 fusil *m* à air comprimé.

◆_펌프 명 pompe *f* à air.

◆압축_ 壓縮 명 【물리】 air *m* comprimé.

◆액체_ 液體 명 【물리】 air *m* liquide.

공기[3] 公器 명 organe *m* public. ¶ 신문은 사회의 ~라고 불린다 Les journaux sont appelés les organes publics de la société.

공기[4] 工期 명 durée *f* des travaux. ¶ ~를 맞추다[~안에 일을 끝내다] respecter la durée des travaux [finir à temps les travaux]. ¶ ~를 단축하다 réduire la durée des travaux. ¶ ~를 연장하다 prolonger la durée des travaux.

공기[5] 空器 명 bol *m*. ¶ ~에 밥을 푸다 remplir un bol de riz. ¶ ~에 밥을 담아 먹다 manger du riz dans un bol.

◆_ㅅ밥 명 bol *m* de riz.

◆밥_ 명 bol *m* à riz.

분류 bol *m* ((de riz)). ¶ 밥 한 ~ un bol de riz.

공기업 公企業 명 entreprise *f* publique.

공납 公納 명 impôt *m*; taxe *f*.

◆_금 -金 명 ((부과금)) impôts *mpl*; ((학교의)) frais *mpl* de scolarité. ¶ ~금 고지서[통지서] ((학교의)) la facture des frais de scolarité; ((부과금)) la feuille d'impôt(*s*). ¶ ~금을 내다[납부하다] payer [acquitter] les frais de scolarité [((부과금)) les impôts]. ¶ ~금을 인상하다 augmenter les frais de scolarité [((부과금)) les impôts].

공단[1] 貢緞 명 soie *f*, soierie *f* (sans dessins). ¶ ~ 치마 une jupe en soie. ¶ 한복감으로 ~을 사용하다 utiliser de la soie pour des vêtements coréens.

공단[2] 工團 명 zone *f* industrielle. ¶ ~ 지대 un site industriel. ¶ 이 자리에 대규모 ~이 들어설 예정이다 Une énorme zone industrielle est prévue à cet endroit.

공당 公黨 명 parti *m* politique.

공대[1] 恭待 명 ① accueil *m* très respectueux. ② ((존대)) manière d'être *f* respectueuse; politesse *f*, sorte de vouvoiement *m*; ((존댓말)) termes *mpl* [expressions *mpl*, mots *mpl*] respectueux [honorifiques, de déférence, de politesse]; ((존대법)) registre *m* honorifique [de déférence, de politesse], mode *m* honorifique [respectueux, de déférence, de politesse] ((en fonction de l'âge et du rang social de l'interlocuteur)); registre *m* (de langue)[mode *m*] respectueux [honorifique, déférent] de l'axe interlocutif (= relations entre le locuteur et son interlocuteur), usage *m* [emploi *m*] du système honorifique. ¶ 한국말에서는 ~가 많이 쓰인다 La langue coréenne fait un grand usage de termes honorifiques. ◇_(를) 하다 ① accueillir *qn* avec respect; traiter *qn* avec respect [avec égards, avec politesse]; respecter *qn*; tenir *qn* en haute [grande] estime; être poli(*e*) [courtois(*e*)] avec *qn*. ② 높임말을 쓰다 vouvoyer *qn*; s'exprimer en termes respectueux; s'adresser à *qn* en employant la deuxième personne du pluriel. ◇_(를) 받다 être accueilli(*e*) avec respect; être respecté(*e*); avoir [être dans] l'estime de *qn*; être traité(*e*) avec respect [avec égards, avec politesse]; être tenu(*e*) en haute [grande] estime.

공대[2] 工大 명 ((한국)) faculté *f* de technologie; ((프랑스)) école *f* d'ingénieurs. ¶ M.I.T. ~ la faculté de technologie du Massachusetts. ¶ 그는 서울 ~에 다닌다 Il fréquente la faculté de technologie de l'université nationale de Séoul.

◆_생 -生 명 ((한국)) étudiant(*e*) d'une faculté de technologie; ((프랑스)) élève *mf* d'une école d'ingénieurs.

공대공 空對空 명 air-air. ¶ ~ 미사일 un missile air-air.

공대지 空對地 명 air-sol. ¶ ~ 미사일 un missile air-sol.

공덕 功德 명 mérite *m*; vertu *f*; charité *f*. ¶ ~을 베풀다 faire la charité. ¶ ~을 쌓다 accumuler les mérites et les vertus. ¶ 누구의 ~을 기리다[칭송하다] louer les mérites de [célébrer la vertu de] *qn*. ¶ ~이 높다 être de grande vertu. ¶ 부처님의 ~으로 일이 성사되었다 Par la grâce de Bouddha, l'affaire s'est bien arrangée.

◆_심 -心 명 sens *m* de la charité. ¶ 그에게 과연 ~심이 있는지 의심스럽다 Il est douteux qu'il connaisse vraiment le sens de la charité.

공돈 空- 명 argent *m* gagné sans effort [facilement]; revenu *m* inattendu. ¶ ~이 생기다 recevoir inopinément de l'argent. ¶ 이 돈은 ~이니 마음대로

쓰세요 Disposez librement de cet argent gagné sans effort. ¶ ~은 오래 못 간다 L'argent facilement gagné file facilement / L'argent gagné sans effort disparaît vite [est vite dépensé] / Argent vite gagné [gagné sans effort], (aussi) vite dépensé / Vite gagné, vite dépensé.

공돌이 명 【속어】 ((terme péjoratif désignant un)) ouvrier *m* d'usine, prolo *mf* {*fam*} ((prolétaire *mf*)); ((공과대나 공업고등학교 학생)) élève *mf* d'un lycée (d'enseignement) technique ou étudiant(*e*) du technique; élève *mf* du technique.

공동[1] 共同 명 commun(*e*). ¶ ~ 수도[우물] un robinet [puits] collectif. ¶ ~ 연구 des recherches collectives. ¶ ~ 작업[구입] un travail [un achat] en groupe ¶ ~ 경영[경작; 관리] une cogestion [une culture en commun, une administration commune]. ¶ ~ 제작 une coproduction ¶ ~(의) 소유 un bien commun; une propriété commune. ¶ ~(의) 이익을 위하여 pour l'intérêt commun. ¶ ~(의) 생활을 하다 vivre en communauté. ¶ 그는 명목상 ~ 대표다 Il est co-représentant en titre. ¶ 이 일은 우리 ~(의) 책임이다 Cette affaire est sous [fait l'objet de] notre responsabilité commune / Nous partageons la responsabilité de cette affaire / Nous prenons la responsabilité commune de cette affaire. ¶ ~으로 작업하다 travailler en équipe [en groupe]. ¶ ~으로 사업을 시작하다 ((여럿이서)) lancer [monter] une affaire [une entreprise] en commun; ((둘이서)) monter une boîte à deux {*fam*} [en association avec *qn*]. ¶ 민관 ~으로 일을 추진하다 lancer une affaire en association publique et privée. ¶ 이 우물은 ~으로 사용한다 On utilise ce puits en commun. ¶ 이 비용은 우리가 ~으로 부담한다 Nous allons partager les frais [les dépenses] / Nous allons faire caisse commune. ¶ 그들은 네 사람이 ~으로 차를 한 대 샀다 À quatre, ils ont acheté une voiture.

◆**_적** -的 명관 commun(*e*). ¶ ~적 이익 un intérêt commun. ¶ ~적인 관심사 une préoccupation commune.

◆**_격** -格 명 【언어】 comitatif *m* (cas exprimant l'accompagnement, réalisé en français par un syntagme prépositionnel; ex. il est venu *avec* ses parents).

◆**_격조사** -格助詞 명 particule *f* comitative; particule *f* d'accompagnement.

◆**_경제** -經濟 명 【경제】 économie *f* commune.

◆**_규제 수역** -規制 水域 명 【법률】 zone *f* maritime sous contrôle communautaire.

◆**_기업** -企業 명 entreprise *f* commune.

◆**_담보** -擔保 명 【경제】 gage *m* commun.

◆**_묘지** -墓地 명 cimetière *m* public.

◆**_사회** -社會 명 communauté *f*.

◆**_상속** -相續 명 【법률】 héritage *m* commun.

◆**_생활** -生活 명 vie *f* commune.

◆**_성명** -聲明 명 communiqué *m* commun. ¶ ~성명을 발표하다 annoncer [publier] un communiqué commun.

◆**_선언** -宣言 명 déclaration *f* commune.

◆**_우승** -優勝 명 ((premiers)) ex aequo.

◆**_작전** -作戰 명 opération *f* commune.

◆**_전선** -戰線 명 front *m* commun. ¶ 누구와 ~전선을 펴다 faire cause commune avec *qn*.

◆**_재산** -財產 명 biens *mpl* communs.

◆**_정범** -正犯 명 coauteur *m* d'un crime.

◆**_주택** -住宅 명 habitation *f* collective.

◆**_체** -體 명 communauté *f*.

◆**_출자** -出資 명 【경제】 placement *m* [investissement *m*] en commun.

◆**_판매** -販賣 명 【경제】 vente *f* en commun.

공동[2] 空洞 명 ① caverne *f*, grotte *f*. ② 【의학】 cavité *f*. ¶ 폐의 ~ la cavité pulmonaire.

◆**_화** -化 명 désertification *f*. ¶ 도시 ~화 현상 un phénomène de désertification d'une ville.

공동체 共同體 명 communauté *f*. ¶ ~의 의의 les buts [objectifs] d'une communauté. ¶ ~를 이루다 créer [fonder] une communauté.

◆**_적** -的 명관 communautaire.

◆**사회_** 社會- 명 société *f* communautaire.

◆**운명_** 運命- 명 ensemble *m* de personnes ayant un destin commun.

◆**이익_** 利益- 명 communauté *f* d'intérêts.

공동선 명 ligne *f* commune; intérêts *mpl* communs; intérêt *m* général. ¶ 개인의 이익보다 ~을 앞세우다 faire passer l'intérêt général avant l'intérêt personnel[particulier].

공들다 자 ☞ 공[3]

공들이다 자 ☞ 공[3]

공란 空欄 명 blanc *m*; case *f* vide; marge *f*. ¶ ~에 기입하시오 Écrivez dans la case vide. ¶ ~을 채우다 [메우다] remplir les blancs. ¶ ~으로 남아 있다 rester blanc(*che*) [non rempli(*e*)]. ¶ ~으로 내버려두다[남겨두다] laisser en blanc [non rempli(*e*)].

공랭식 空冷式 명 refroidissement *m* à air. ¶ ~ 엔진 le moteur à refroidissement à air. ¶ ~ 냉각 방식 un radiateur à refroidissement à air.

공략 攻略 명 prise *f* ((d'une ville)); conquête *f* ((d'une région)); enlèvement *m* ((d'une position)). ◇_(을) **하다** prendre ((une ville)); conquérir ((une région)); enlever ((une position ennemie)). ¶ ~하기 어려운 진지 une position difficile à prendre. ¶ 적의 후방을 ~하다 attaquer l'ennemi à revers [par derrière]. ¶ 단기간에 수학을 효과적으로 ~하기 위한 참고서 un livre de référence pour maîtriser efficacement et rapidement les mathématiques.

공력 功力 명 effort *m*, tentative *f*; ((불교)) force *f* acquise par la pratique. ¶ ~이 높다[낮다] faire beaucoup d'efforts [peu d'efforts]. ◇**_을 들이다** faire des efforts. ¶ 많은 ~을 들여 만든 작품 une œuvre élaborée avec beaucoup d'efforts.

공로 功勞 명 ① mérite *m*. ② ((무훈)) exploit *m*. ③ ((봉사)) service *m* (rendu). ¶ ~가 있는 사람 personne méritante. ¶ ...하는 데에 ~가 크다 avoir joué un rôle important dans *qc*, avoir beaucoup contribué ((à *qc*, au succès d'une entreprise)), y être pour beaucoup dans *qc*. ¶ 무엇에 대해 누구의 ~를 치하하다 louer *qn* pour *qc*. ¶ 국가에 큰 ~가 있는 사람들에게 훈장을 수여하다 décerner une décoration à ceux qui ont mérité de la patrie. ¶ 그 사람은 이번 일에 ~를 인정받아 승진했다 Il a été promu pour sa contribution dans cette affaire. ¶ 그 사람은 별다른 ~가 없다 Son aide est minime. ¶ 이번 일이 성사된 것은 다 그 사람의 ~이다 C'est grâce à lui qu'on a réussi cette affaire. ◇_**를 세우다** assumer [jouer] un rôle important; y être pour beaucoup dans *qc*. ¶ 그는 이번 경기에서 우리 팀이 이기는 데에 큰 ~를 세웠다 Il a joué un rôle important dans la victoire lors de cette rencontre / Il y est pour beaucoup dans notre victoire.

◆_**상** -賞 명 décorations *fpl* et ordres *mpl* attribués en fonction de services rendus, ((ordre national du)) Mérite *m*.

◆_**자** -者 명 personne *f* méritante. ¶ ~자를 표창하다 reconnaître publiquement les mérites de *qn*.

◆_**주** -株 명 action *f* [titre *m*] donné(*e*) à titre de gratification ((à un membre méritant d'une entreprise)).

공론[1] 公論 명 ① opinion *f* (publique), voix *f* du peuple. ¶ ~을 무시하다 ne pas tenir compte de l'opinion publique. ¶ ~에 붙이다 s'informer de l'opinion publique. ¶ ~에 따라 국사를 처리하다 régler les affaires de l'État en tenant compte de l'opinion publique. ¶ 선거의 공정을 기하라는 ~이 일고 있다 L'opinion publique réclame de la transparence dans les élections. ② 논의 raisonnement *m* juste; argument *m* solide [bien fondé].

◆_**화** -化 명 éveil *m* de l'opinion publique. ¶ 내각 책임제를 ~화시키려는 움직임이 있다 Il y a un mouvement visant à éveiller l'opinion publique sur le régime parlementaire. ¶ 이번 안건은 ~화할 필요가 있다 Cette question doit faire l'objet d'une discussion publique.

공론[2] 空論 명 théorie *f* inapplicable [irréalisable]; vaines élucubrations *fpl*. ¶ ~으로 흐르다 se perdre dans de vaines élucubrations. ¶ ~을 일삼다 s'adonner à des discussions stériles. ¶ 그것은 ~이다 Ce ne sont que des mots / C'est juste une vue de l'esprit / C'est une discussion inutile [stérile].

◆**공리**_ 空理- 명 théories *fpl* irréalisables, vaines discussions *fpl*.

◆**탁상**_ 卓上- 명 discussion *f* abstraite [purement académique], discussion *f* inutile [oiseuse, byzantine, futile, stérile], vaines élucubrations *fpl*; vue *f* de l'esprit; ((정치의)) des discussions *fpl* de café du Commerce {*fam*}. ¶ 탁상~을 하다[벌이다] discuter dans le vide, discuter du sexe des anges {*fam*}; faire de la stratégie en chambre {*fam*}; avoir de vaines discussions; se livrer à des discussions byzantines [oiseuses], s'adonner à des discussions stériles; se perdre dans de vaines élucubrations.

공룡 恐龍 명 dinosaure *m*; ((총칭)) dinosauriens *mpl*. ¶ ~ 시대 la période des dinosauriens [des dinosaures]. ¶ ~의 화석이 발견되었다 On a trouvé des fossiles de dinosaure.

공륜 公倫 명 (('공연윤리심의위원회'의 약칭)) ☞ 공연윤리심의위원회

공리[1] 公理 명 ((수학, 논리)) axiome *m*; ((도리)) vérité *f* universelle.

공리[2] 功利 명 utilité *f* (publique); profit *m*

◆_**적** -的 명관 utilitaire. ¶ 매사를 ~적으로 생각하다 considérer toutes choses d'un point de vue utilitaire.

◆_**성** -性 명 utilité *f*; caractère *m* utilitaire.

◆_**주의** -主意 명 utilitarisme *m*.

◆_**주의자** -主義者 명 utilitariste *mf*.

공립 公立 명 institution *f* publique.

◆_**대학** -大學 명 université *f* publique; université *f* nationale [d'état]; université municipale.

◆_**학교** -學校 명 établissement *m* d'enseignement public.

공매 公賣 명 vente *f* publique; ((경매)) vente *f* (publique) aux enchères, (vente *f* à la) criée *f*. ¶ ~에 부치다 mettre *qc* aux enchères [à l'encan {*vx*}]. ◇_**(를) 하다** mettre *qc* aux enchères, vendre *qc* aux enchères [à l'encan {*vx*}].

◆_**처분** -處分 명 mise *f* aux enchères.

◆**강제**_ 强制- 명 vente *f* publique forcée, adjudication *f* forcée.

공맹 孔孟 명 Confucius *m* et Mencius *m*. ¶ ~의 사상을 공부하다 étudier la pensée de Confucius et celle de Mencius.

◆_**지도** -之道 명 doctrine *f* de Confucius et de Mencius; confucianisme *m*.

◆_**학** -學 명 étude *f* de Confucius et de Mencius.

공명[1] 公明 어근 équité *f*, impartialité *f*, loyauté *f*, droiture *f*, justice *f*.

◆_**(정대)하다** 형 être loy*al*(*ale*, *aux*), équitable, imparti*al*(*ale*, *aux*), juste, droit(*e*). ¶ ~(정대)한 조처 mesure équitable [impartiale]. ¶ ~(정대)하게 부 équitablement, impartialement, loyalement, avec droiture. ¶ ~(정대)하게 행동하다 agir [se conduire, se comporter] avec équité [loyalement].

◆_**성** -性 명 impartialité *f*, équité *f*, loyauté *f*, droiture *f*, justice *f*.

◆_**선거** -選擧 명 élection *f* impartiale. ¶ ~선거를 치르다 procéder à une élection impartiale.

공명[2] 功名 명 renommée *f*; exploit *m*; hauts faits *mpl*; acte *m* méritoire, action *f* d'éclat [mémorable, remarquable], belles actions *fpl*; exploit *m* {*litt*} ((militaire)); acte *m* héroïque, services *mpl* éminents; ((명예)) gloire *f*, honneur *m*. ¶ ~ 다툼을 하다 disputer la victoire [la gloire d'une réussite] à *qn*. ¶ ~을 추구하다 poursuivre [rechercher] la gloire. ¶ 천하에 ~을 떨치다 acquérir un grand renom dans le monde entier. ◇**_을 세우다** accomplir une action d'éclat [mémorable, remarquable], accomplir un exploit [un acte héroïque, de belles actions], se distinguer [se signaler] par *ses* exploits, rendre des services éminents ⟪à la patrie⟫.

◆**_심** -心 명 amour *m* de la gloire, appétit *m* de gloire, ambition *f.* ¶ ~심이 강한 사람 un homme ambitieux [très fier de sa notoriété]. ¶ ~심에 사로잡히다 être pris(*e*) par l'ambition [être obsédé(*e*) par la gloire]. ¶ ~심을 북돋우다[부추기다] stimuler l'ambition de *qn.*

◆**부귀_** 富貴- 명 richesse *f*, honneur *m* et gloire *f*.

공명[3] 共鳴 명 ① 【물리】 résonance *f.* ② 공감 sympathie *f.* ¶ ~을 일으키다 inspirer la sympathie. ◇**_(을) 하다** ① ⟪물체가⟫ résonner. ② sympathiser avec *qn*; partager l'opinion de *qn.* ¶ 그 사람의 의견[생각]에 ~하는 사람이 많다 Il y a beaucoup de gens qui partagent son opinion [adhérent à ses idées].

◆**_기** -器 명 【물리】 résonateur *m.*

◆**_상자** -箱子 명 caisse *f* de résonance.

◆**_음** -音 명 【언어】 sonante *f.*

◆**_자** -者 명 sympathisant(*e*), partisan(*e*).

공모[1] 公募 명 ⟪채권 따위의⟫ souscription *f* (publique); concours *m* ouvert à tous; ⟪가입자 따위의⟫ recrutement *m* (public). ◇**_(를) 하다** ouvrir une souscription, organiser un concours. ¶ 주식을 ~하다 lancer une souscription (publique) pour les actions ⟪d'une compagnie⟫. ¶ 사원을 ~하다 recruter le personnel ⟪d'une société⟫. ¶ 통역을 ~하다 recruter des interprètes (par concours). ¶ 현상 소설을 ~하다 créer un concours primé [un prix] de romans.

◆**_전** -展 명 exposition *f* à la suite d'un concours. ¶ 사진 ~전 exposition des photos sélectionnées dans un concours.

◆**_주** -株 명 actions *fpl* auxquelles tout le monde peut souscrire. ¶ ~주 청약제도 système de souscription.

공모[2] 共謀 명 complot *m*, conspiration *f*, conjuration *f*, complicité *f*; ⟪법률용어⟫ collusion *f* ⟪avec *qn*, entre le patronat et le gouvernement⟫. ◇**_(를) 하다** comploter ⟪*qc*, dans le but de tuer *qn*⟫; conspirer ⟪contre le gouvernement⟫. ¶ 누구와 ~해서 행동하다 agir en complicité avec *qn.* ¶ 그들은 오래 전부터 쿠데타를 ~하고 있었다 Ils complotaient un coup d'État depuis longtemps.

◆**_자** -者 명 complice *mf*, comploteur *m*, conspira*teur*(*trice*), conjuré(*e*).

공무[1] 工務 명 administration *f* d'une usine.

◆**_국** -局 명 service *m* chargé de l'impression (d'un journal).

공무[2] 公務 명 fonction *f* publique; affaire *f* publique; service *m* public. ¶ ~ 중에 입은 부상 blessure subie pendant l'exercice d'une fonction publique. ¶ ~를 집행하다 exercer une fonction publique [*ses* fonctions publiques].

◆**_상** -上 명 exercice *m* d'une fonction publique. ¶ ~상 비밀을 누설하다 révéler un secret acquis dans l'exercice d'une fonction publique. ¶ ~상 어쩔 수 없는 일이다 On y est obligé pour exercer une fonction publique. ¶ 이 일은 ~상 밝힐 수 없다 On ne peut rien divulguer sur cette affaire car elle concerne notre fonction publique.

◆**_원** -員 명 fonctionnaire *mf.* ¶ 고급 ~원 haut fonctionnaire. ¶ 하급[별정직] ~원 fonctionnaire subalterne [extraordinaire]. ¶ 국가[지방] ~원 fonctionnaire d'État [d'une administration locale]. ¶ 부패 ~원 fonctionnaire corrompu. ¶ 행정직[세무직, 기술직] ~원 fonctionnaire administratif [fiscal, technique]. ¶ ~원 복무 규정을 지키다 observer la réglementation du service des fonctionnaires. ¶ ~원 시험을 치르다 passer un concours de fonctionnaires. ¶ ~원으로 임용되다 être nommé(*e*) à un poste de fonctionnaire. ¶ ~원의 처우 개선을 요구하다 réclamer l'amélioration des conditions de travail des fonctionnaires. ¶ ~원 신분으로 어찌 그럴 수 있나! Comment peut-on agir ainsi en tant que fonctionnaire! ¶ ~원 자격을 사칭하다 se faire passer pour un fonctionnaire. ¶ ~원 티를 내다 bien montrer qu'on est fonctionnaire, avoir tout l'air d'un fonctionnaire.

◆**_원법** -員法 명 statut *m* général des fonctionnaires.

◆**_집행** -執行 명 exercice *m* d'une fonction publique. ¶ ~집행 중의 ⟪agent, fonctionnaire de l'État⟫ dans l'exercice de *ses* fonctions.

공무역 公貿易 명 Sorte de troc *m* exercé autrefois entre un pays vassal qui remet un tribut et un pays suzerain qui donne en retour un cadeau.

공문[1] 公文 명 document *m* officiel; pièce *f* [note *f*] officielle. ¶ ~을 기안하다 préparer un document officiel. ¶ ~을 내다[띄우다, 보내다] présenter [envoyer, expédier] un document officiel. ¶ ~을 받다 recevoir un document officiel.

◆**_서식** -書式 명 formules *fpl* officielles, style *m* utilisé sur les documents officiels.

공문[2] 孔門 명 école *f* de Confucius; confucianisme *m.* ¶ ~에 들다 commencer à suivre l'enseignement de Confucius.

공문서 公文書 명 document *m* officiel; note *f* officielle. ¶ ~ 위조 falsification d'un document officiel, faux ⟪et usages de faux⟫ en écriture publique. ¶ ~를 철하다 attacher ensemble des documents officiels après les avoir classés.

공물 貢物 명 tribut *m.* ¶ ~을 바치다 payer (un) tribut ⟪à *qn*⟫. ¶ ~을 바치게 하다 imposer un tribut ⟪à une nation⟫.

공민 公民 명 citoyen(*ne*). ¶ ~의 의무 les devoirs du citoyen, les devoirs civiques.

◆**_교육** -教育 명 éducation *f* civique.

ㄱ

◆_권 -勸 명 droits *mpl* civiques [civils]. ¶ ~권을 주다[얻다, 박탈하다] accorder [obtenir, priver *qn* de] *ses* droits civiques. ¶ ~권을 행사하다 agir en tant que citoyen. ¶ ~권을 침해하다 empiéter sur les droits civiques.

◆_정신 -精神 명 esprit *m* civique, civisme *m*.

공박 攻駁 명 attaque *f* (en paroles), accusation *f* publique, dénonciation *f*; réfutation; ((반격)) riposte. ◇_(을) **하다** attaquer *qn* (en paroles); réfuter; riposter ((à une attaque)); accuser *qn* publiquement. ¶ 남의 의견을 ~하다 attaquer *qn*.

공밥 空- 명 repas *m* obtenu sans payer [sans travailler]; repas *m* gratuit. ¶ ~을 먹다[먹여 주다] prendre [donner, offrir] un repas gratuitement. ¶ 누가 ~ 먹여 주겠대? 일을 해야지 Qui dit qu'on donne le repas gratuitement? Il faut travailler!

공방[1] 攻防 명 attaque *f* et défense *f*; offensive *f* et défensive *f*, bataille *f*. ¶ 밀고 당기는 ~을 계속하다 continuer une bataille acharnée. ¶ 두 팀의 치열한 ~은 무승부로 끝났다 Le rude combat entre les deux équipes s'est terminé sans résultat.

◆_전 -戰 명 bataille *f*. ¶ 이곳은 적군과 치열한 ~이 벌어졌던 곳이다 C'est ici qu'a eu lieu une violente bataille contre l'ennemi.

공방[2] 工房 명 atelier *m* d'artisan.

공배 명 ((바둑)) ((espace *m* vide qui ne constitue pas un territoire ((au jeu de *go*)). ¶ ~를 메우다 remplir des espaces vides. ¶ ~에 두다 mettre des pions [des pierres] dans un espace vide.

공배수 公倍數 명 【수학】 commun multiple *m*.

◆최소_ 最小- 명 le plus petit commun multiple *m*, ((생략)) le P.P.C.M *m*. ¶ 6과 8의 ~를 찾으시오 Trouvez le P.P.C.M. de 6 et 8.

공백 空白 명 ① ((종이의)) blanc *m*; ((여백)) marge *f*. ¶ ~인 페이지 une page vierge [blanche, laissée en blanc]. ¶ 책의 ~에 메모를 하다 écrire des notes dans la marge. ② ((빈 상태)) vide *m*, absence *f*, ((빈틈)) lacune *f*, ((권력의)) vacance *f* ((du pouvoir)). ¶ 기억의 ~ ((avoir)) un trou (de mémoire). ¶ 정치적 ~ une suspension des activités politiques. ¶ ~이 생기다[~이 남다, ~을 남기다] faire un vide [laisser faire] un vide. ¶ 그의 죽음이[그가 떠난 것이] 집안에 커다란 ~을 남겼다 Sa mort [Son départ] a laissé un grand vide dans sa famille. ¶ 10 년간의 ~을 채우다 combler un vide de dix années. ¶ 그 선수의 부상으로 생긴 ~을 어떻게 메울 것인가가 관건이다 Le point crucial [Le grand problème], c'est comment [Le grand problème sera de] combler le vide causé par [consécutif à, secondaire à] la blessure de ce joueur. ¶ 대통령의 죽음으로 권력의 ~ 상태가 발생했다 La mort du président de la République a créé un vide au sein du pouvoir.

◆_기 -期 명 interruption *f*, break *m*, (période *f* de) vacance *f*, (longue) période *f* d'absence [de silence], période *f* d'éclipse sur la scène ((cinématographique)), période *f* d'inactivité, période *f* de relatif oubli, période *f* de vide. ¶ 정치적 혼란으로 야기된 문화의 ~기 une période de vide culturel due aux troubles politiques. ¶ 저 가수는 한 동안 ~기가 있었다 Ce chanteur était tombé dans l'oubli. ¶ 1년의 ~기 끝에 컴백하다 faire *son* retour[*son* come-back] sur scène après un break d'un an. ¶ ~기를 벗어나다 sortir d'une période d'inactivité, retrouver la scène, faire *son* come-back, faire *sa* rentrée ((sur telle scène dans tel rôle)), faire *son* retour sur scène après une longue période de silence [après un break].

◆_상태 -狀態 명 vide *m*; vacuité *f*. ¶ 권력의 ~상태가 한동안 지속되었다 La (période de) vacance du pouvoir a duré un certain temps.

공범 共犯 명 ((죄)) complicité *f*; ((사람)) complice *mf*, coauteur *m*. ¶ ~으로 몰리다 être accusé(*e*) de complicité. ¶ 저 사람이 이번 사건의 ~이다 Cet homme est complice dans cette affaire. ¶ 경찰은 또 다른 ~이 있는지 여부를 조사 중이다 La police est en train d'enquêter pour savoir s'il n'y a pas d'autres complices.

◆_자 -者 명 complice *mf* ((d'un vol)).

◆_죄 -罪 명 complicité *f*. ¶ ~죄로 기소되다 être mis(*e*) en accusation pour complicité.

공법[1] 公法 명 droit *m* public. ¶ ~ 위반 -違反 violation du droit public.

◆_학 -學 명 étude *f* du droit public.

◆국제_ 國際 명 droit *m* public international.

공법[2] 工法 명 méthode *f* de construction. ¶ 최신[특수] ~ méthode de construction complètement nouvelle [méthode de construction spéciale]. ¶ 이 다리는 새로운 ~으로 만들어졌다 Ce pont a été construit suivant une nouvelle méthode de construction.

공병[1] 空甁 명 bouteille *f* vide. ¶ ~ 20원 환불 bouteille vide consignée 20 wons.

공병[2] 工兵 명 génie *m* (militaire).

◆_대 -隊 명 (corps *m* du) génie *m*.

◆_장교 -將校 명 officier *m* du génie.

공보 公報 명 bulletin *m* (officiel); communiqué *m* (officiel); ((홍보)) informations *fpl* publiques. ¶ ~ 자료 documents concernant les informations publiques. ¶ ~ 업무 le service d'informations publiques. ¶ ~를 담당하다 s'occuper des informations publiques. ¶ 선거 ~를 내붙이다 afficher un communiqué officiel pour les élections. ¶ ~에 나다[실리다, 발표되다] apparaître [être inséré(*e*), être publié(*e*)] dans le bulletin officiel. ¶ ~에 따르면 selon le communiqué officiel.

◆_실 -室 명 bureau(*x*) *m* d'informations publiques.

◆_원[관] -院[館] 명 service *m* d'informations publiques, centre *m* d'informations publiques.

◆_부 -部 명 le ministère *m* [les bureaux *mpl*] de l'Information (Publique).

공복[1] 公僕 명 fonctionnaire *mf* public(*que*) [d'État], serviteur *m* public. ¶ 투철한 ~ 의식 la bonne conscience d'un fonctionnaire public. ¶ 공무원은

국민의 ~이다 Les fonctionnaires sont au service du peuple.

공복2 空腹 명 estomac *m* vide [creux], ventre *m* creux; état *m* de jeûne; faim *f*. ¶ 아침 일찍 ~에 물을 마시다 boire de l'eau à jeun tôt le matin. ¶ ~에 먹는 약 un médicament à prendre à jeun, un remède qu'il faut prendre à jeun. ¶ ~에 술을 마시다 boire à jeun. ¶ ~을 달래다 tromper [calmer] *sa* faim. ¶ ~으로 쓰러질 것 같다 Il me semble que je vais mourir de faim / Je crève de faim {*fam*} / Je crève la dalle {*fam*} / J'ai la dalle {*fam*}. ◇**_을 느끼다** avoir le ventre creux [l'estomac vide, l'estomac creux, l'estomac dans les talons], avoir faim, claquer du bec {*fam*}, avoir les crocs {*fam*} [la dalle {*fam*}, la dent {*fam*}]; la crever {*fam*}, la sauter {*fam*}. ◇**_이다** être à jeun.

◆**_감** -感 명 faim *f*, sentiment d'avoir le ventre creux. ¶ ~감을 느끼다 ressentir la faim.

공부 工夫 명 étude *f*, recherche *f* ((du grec, du droit)), leçon *f* ((de piano)), travail *m*. ¶ 오늘은 ~가 잘 [안] 된다 Aujourd'hui, je travaille bien [j'ai du mal à travailler]. ¶ 우리 아들은 ~밖에 모른다 Mon fils ne pense qu'à ses études / Mon fils ne fait rien d'autre qu'étudier. ¶ 이런 경험도 다 좋은 ~가 된다 Cette expérience servira aussi de bonne leçon. ¶ ~를 게을리 하다 négliger *ses* études. ¶ 외국에서 ~를 마치다 achever *ses* études à l'étranger. ¶ ~에 몰두하다[여념이 없다] s'absorber [se plonger] dans ses études. ¶ 남의 ~를 방해하다 empêcher *qn* d'étudier [de travailler, de bosser {*fam*}]. ◇**_(를) 하다** travailler, faire des études; étudier; prendre des leçons ((de piano)). ¶ ~한 사람 personne instruite. ¶ ~를 잘하는 학생 un(*e*) élève brillant(*e*). ¶ 열심히 ~하다 travailler assidûment [avec assiduité, avec acharnement], être studieu*x*(*se*), travailleu*r*(*se*), bosseu*r*(*se*) {*fam*}, bûcheu*r*(*se*) {*fam*}, être un(*e*) élève appliqué(*e*) [travailleu*r*(*se*), studieu*x*(*se*), bosseu*r*(*se*) {*fam*}, bûcheu*r*(*se*) {*fam*}, consciencieu*x*(*se*)]. ¶ 나는 훌륭한 선생님에게서 불어 ~를 하고 있다 J'étudie le français avec un excellent professeur. ¶ 대학에서 물리학[역사학]을 ~하다 étudier la physique [l'histoire] à l'université. ◇**_(를) 시키다** faire étudier *qn*; ((비유적)) payer les études de *qn*, soutenir *qn* financièrement dans *ses* études. ¶ 그 사람의 부모님은 그 사람을 좀더 ~시키고 싶어 하신다 Ses parents veulent lui faire poursuivre un peu ses études. ¶ 이 아주머니는 행상을 해서 자식들을 대학까지 ~시켰다 Cette femme a payé les études de ses enfants jusqu'à l'université, en pratiquant de la vente à domicile.

◆**_방** -房 명 ① bureau(*x*) *m*; cabinet *m* de travail [d'étude]. ② 사설 학습 장소 (salle *f* d')étude *f*; permanence *f*.

◆**_벌레** 명 【속어】 étudiant(*e*) obsédé(*e*) par *son* travail [ne pensant qu'à travailler], élève *mf* travailleu*r*(*se*), bûcheu*r*(*se*) {*fam*}, (sacré(*e*)) bosseu*r*(*se*) {*fam*}, élève *mf* piocheu*r*(*se*) {*fam*}, polar *mf* {*arg*}.

◆**_시간** -時間 명 heure *f* d'étude [de classe].

◆**시험_** 試驗- 명 préparation *f* d'un examen *m*. ¶ 시험 ~를 하다 préparer un examen.

공분 公憤 명 ((의분)) juste indignation *f*; ((민중의 분노)) indignation *f* du public. ◇**_을 느끼다** éprouver une juste indignation contre *qn*, s'indigner contre *qc*.

공비 共匪 명 guérilla *f* communiste; guérillero *m*. ¶ ~가 출현했다[침투했다] Un guérillero est apparu [s'est infiltré]. ¶ ~를 토벌하다[소탕하다] nettoyer une région de ses guérilleros.

◆**무장_** 武裝- 명 guérillero *m* armé.

공사1 工事 명 travaux *mpl*, construction *f*. ¶ 도로건설(보수) ~les travaux de construction [de réfection] d'une route. ¶ 그 건물은 지난해부터 ~중이다 Ce bâtiment est en travaux depuis l'année dernière. ¶ ~에 착수하다[~를 시작하다] commencer des travaux. ¶ ~를 감독하다 inspecter [conduire, diriger, surveiller] des travaux. ◇**_(를) 하다** faire des travaux.

*~**중 천천히** Ralentir, travaux!

◆**_비** -費 명 frais *mpl* [coût *m*] des travaux [des constructions]. ¶ ~비가 상당히 많이 든다 Le coût des travaux est très élevé / On dépense une somme considérable pour les travaux.

◆**_철** 명 période *f* de travaux.

◆**_판** 명 chantier *m* de construction. ¶ ~판에서 막노동을 하다 travailler sur un chantier de construction.

◆**_(현)장** -(現)場 명 chantier *m* de travaux [de construction]

◆**부실_** 不實- 명 travaux *mpl* exécutés avec négligence.

◆**토목_** 土木- 명 travaux *mpl* publics.

공사2 公私 명 vie *f* publique et vie *f* privée; affaires *fpl* publiques et privées ¶ ~를 구별하다 distinguer la vie publique de la vie privée, ne pas confondre *sa* vie publique avec *sa* vie privée, ne pas confondre l'intérêt public avec *ses* intérêts personnels. ¶ ~를 혼동하다 confondre l'intérêt public avec *ses* propres intérêts, ne pas faire de distinction entre *sa* vie [le domaine] public(*que*) et *sa* vie [le domaine] privé(*e*).

◆**_다망하다** -多忙- 형 être occupé(*e*) [surchargé(*e*)] tant dans *sa* vie publique que dans *sa* vie privée. ¶ ~다망하신 중에도 이렇게 와 주셔서 감사합니다 Merci d'être venu(*e*) malgré un emploi du temps très chargé.

공사3 公使 명 ministre *m* plénipotentiaire (dans une ambassade). ¶ 주불[영국 주재] 한국 ~ le ministre plénipotentiaire de l'ambassade de Corée en France [en Angleterre]. ¶ ~를 파견[소환]하다 envoyer [rappeler] un ministre plénipotentiaire (dans une

ambassade).
◆관_ 館- 명 légation *f*.
◆대리_ 代理- 명 chargé(e) d'affaires (dans une ambassade).
◆특명전권_ 特命全權- 명 ministre *m* plénipotentiaire extraordinaire muni de pleins pouvoirs.

공사[4] 公社 명 société *f* d'État, entreprise *f* publique. ¶~를 점차 사기업[민간기업]으로 전환하다 transformer progressivement des régies d'État en entreprises privées.
◆대한석유_ 大韓石油- 명 société *f* pétrolière de Corée.
◆인민_ 人民- 명 ((중국의)) commune *f* populaire.
◆조폐_ 造幣- 명 Hôtel *m* des Monnaies (de Corée).
◆지하철_ 地下鐵- 명 Régie *f* du métropolitain.
◆_채 -債 명 bon *m*; titre *m*; obligation *f* (municipale); effets *mpl* publics; emprunt *m* (public). ¶~채 시장 un marché obligataire; un marché d'emprunts obligataires, un marché de titres d'obligations.

공사[5] 空士 명 école *f* militaire d'aviation. ¶~에 입학하다 entrer à l'école militaire d'aviation.
◆_생도 -生徒 명 élève *mf* officier d'aviation.

공사관 公使館 명 【법률】 légation *f*.

공사립 公私立 어근 public(*que*) et privé(*e*). ¶~ 학교장들이 모여 회의를 한다 Les directeurs des établissements d'enseignement public et privé sont en réunion / Les directeurs des établissements d'enseignement public et privé se rencontrent pour une réunion.

공산[1] 共産 어근 communisme *m*.
◆_화 -化 명 ¶~화(가)되다 devenir communiste. ¶~화(를)시키다
◆_군 -軍 명 armée *f* communiste [rouge].
◆_권[진영] -圈[陣營] 명 camp *m* communiste; pays *mpl* communistes.
◆_당 -黨 명 parti *m* communiste. ¶~당 기관지 le journal officiel du parti communiste. ¶~당 선언 le Manifeste du parti communiste.
◆_당원 -黨員 명 communiste *mf*.
◆_주의 -主義 명 communisme *m*. ¶~주의 운동 un mouvement [une manifestation] communiste.
◆_주의자 -主義者 명 communiste *mf*.
◆_혁명 -革命 명 révolution *f* communiste.

공산[2] 公算 의명 probabilité *f*; possibilité *f*. ¶~이 있다[없다] Il est probable que+*subj*, Il est peu probable que+*subj*, Il y a peu de chance (pour) que+*subj*. ¶~이 크다 Il est fort probable que+*ind*, il y a de fortes chances (pour) que+*subj*. ¶이 계획은 성공할 ~이 크다 Il y a de fortes chances (pour) que ce projet réussisse. ¶금년에는 무역이 흑자로 돌아설 ~이 크다 Il est fort probable que cette année, le bilan du commerce extérieur redevienne [soit] positif.

공산품 工産品 명 produit *m* industriel. ¶~의 품질관리를 하다 faire un contrôle de qualité sur des produits industriels.

공상 空想 명 imagination *f* ((vaine)); fantaisie *f*, chimère *f*; ((몽상)) rêverie *f*, rêvasserie *f*. ¶그것은 단지 ~에 불과하다 Ce n'est qu'une illusion / C'est une pure illusion. ◇_(을) 하다 rêver, rêvasser, imaginer, songer. ¶그 분은 쓸데없는 ~만 하고 있다 Il ne fait que rêvasser / Il ne fait que rêver inutilement. ◇_에 잠기다[빠지다] se laisser aller à la rêverie, se plonger dans *ses* rêveries; donner libre cours à *sa* fantaisie; se repaître de chimères, bayer aux chimères.
◆_적 -的 명관 imaginaire; ((animal)) fantastique; ((histoire)) fabuleux(*se*); ((projet)) chimérique; ((personnage)) fictif(*ve*).
◆_가 -家 명 rêveur(*se*); caractère *m* rêveur; esprit *m* chimérique.
◆_과학소설[영화] -科學小說[映畵] 명 roman *m* [film *m*] de science-fiction.

공생 共生 명 symbiose *f*; commensalisme *m*; mutualisme *m*. ¶정치권력과 언론의 ~관계 symbiose entre le pouvoir politique et la presse. ¶~의 길을 모색하다 chercher le moyen de vivre en symbiose. ◇_(을) 하다 vivre en symbiose.
◆_동물[식물] -動物[植物] 명 espèces *fpl* commensales ((de la vigne)), symbiote *m*, symbionte *m*, micro-organismes *mpl* animaux [végétaux] vivant en symbiose.
◆편리_ 片利- 명 parasitisme *m*.

공석[1] 公席 명 ((présence *f* du)) public; ((모임)) réunion *f*, meeting *m*. ¶~에서 en public; devant tout le monde. ¶~에서는 그런 발언을 삼가야 한다 Il faut éviter ce genre de discours en public. ¶~에 나가기를 기피하다 éviter d'apparaître en public; éviter de se montrer devant un public.

공석[2] 空席 명 place *f* (de) libre [vacante]; poste *m* vacant; vacance *f*. ¶그 사람이 사직하면 ~이 하나 생긴다 Sa démission créerait un poste vacant / S'il démissionne, cela fera un poste vacant / S'il quitte *son* poste il y aura une place de libre. ¶지금으로서는 의장 자리를 ~으로 두는 것이 좋겠다 Pour le moment, il vaut mieux laisser vacant le poste du président / Dans cette situation ce serait mieux de laisser libre la place du président. ◇_이다 ((une place, un poste)) être vacant(*e*), libre, inoccupé(*e*). ¶총리 자리가 아직 ~이다 Le poste du Premier ministre est encore inoccupé.

공설 公設 어근 public(*que*); ((시립의)) municipal(*ale, aux*).
◆_운동장 -運動場 명 stade *m* [terrain *m* de sport] public [municipal].
◆_시장 -市場 명 marché *m* public [municipal].

공세 攻勢 명 offensive *f*; attaque *f*, assaut *m*. ¶~로 전환하다 passer à l'offensive [à l'attaque]. ◇_를 취하다[펴다, 펼치다] prendre [passer à] l'offensive, déclencher [lancer, mener] une offensive [une attaque]. ◇_를 받다 être pris(*e*) d'assaut. ¶ 기자들의 질문 ~를 받다 être pris(*e*) d'assaut[assailli(*e*)] par les questions des journalistes; être pressé(*e*) de questions par les journalistes.

◆**외교**_ 外交- 명 offensive *f* diplomatique.

◆**평화**_ 平和- 명 ((lancer une)) offensive *f* (diplomatique) pour la paix.

공소 公訴 명 【법률】 action *f* publique; accusation *f* publique; vindicte *f* publique. ¶ ~를 제기하다[기각하다] intenter [rejeter] une action publique. ¶ ~를 유지[철회]하다 maintenir [retirer] une accusation publique.

◆**_권** -權 명 pouvoir *m* d'intenter une action publique.

◆**_기각** -棄却 명 rejet *m* d'une action publique.

◆**_사실** -事實 명 charge *f*, accusation *f*, objet *m* de poursuite.

◆**_시효** -時效 명 validité *f* d'une action publique. ¶ ~시효가 만료되다 venir à l'échéance de la prescription d'une action publique.

◆**_유지** -維持 명 maintien *m* d'une action publique. ¶ 이번 사건은 ~유지가 어렵다 Pour cette affaire il est difficile de maintenir une action publique.

◆**_장** -張 명 accusation *f* publique, acte *m* d'accusation.

공손 恭遜 명 politesse *f*; courtoisie *f*; déférence *f*; humilité *f*. ¶ 지나친 ~은 오히려 상대를 불편하게 한다 Une politesse obséquieuse est plutôt une gêne pour autrui / Les marques de politesse exagérées gênent plutôt les autres / Les politesses exagérées rendent plutôt l'autre mal à l'aise.

◆**_하다** 형 être poli(*e*), modeste, respectueu*x*(*se*), déférent(*e*). ¶ ~한 말투 un ton poli [déférent], un parler courtois. ¶ ~한 태도 une attitude humble et respectueuse. ¶ 누구를 ~하게 대하다 se comporter courtoisement [avec respect] envers *qn*, agir avec politesse envers *qn*. ¶ ~하게 인사하다 saluer *qn* poliment.

◆**_히** 부 poliment, respectueusement.

◆**_법** -法 명 【문법】 registre *m* de déférence, registre *m* déférent[d'humilité].

공수[1] 攻守 명 offensive *f* et défensive *f*; attaque *f* et défense *f*. ¶ ~ 교대 alternatives [alternance] d'offensive et de défensive. ¶ ~의 전환이 빠르다[늦다] être rapide[lent(*e*)] dans des alternatives d'offensive et de défensive. ¶ 그는 ~ 양면에서 큰 활약을 보였다 Il a fait preuve de prodige tant en offensive qu'en défensive / Il s'est montré aussi bon en défense qu'en attaque. ¶ 그 팀은 ~가 다 강하다 Cette équipe est aussi bonne en attaque qu'en défense.

공수[2] 空輸 명 transport *m* aérien [par voie aérienne]. ¶ 대규모 ~ le transport aérien de grande envergure. ◇**_(를) 하다** transporter *qc* par avion. ¶ 구호물자를 ~하다 transporter des provisions de secours par voie aérienne. ¶ 위급한 환자를 헬기로 ~하다 transporter par hélicoptère un malade dans un état critique. ◇**_(가) 되다** être transporté(*e*) par voie aérienne. ¶ 긴급 ~된 의약품 des médicaments transportés d'urgence par voie aérienne. ¶ ~된 보병 1개 사단 une division d'infanterie transportée par avion. ¶ 수술에 필요한 혈액이 헬기로 긴급 ~되었다 Le sang nécessaire pour l'opération a été transporté d'urgence par hélicoptère.

◆**_부대** -部隊 명 unités *fpl* parachutistes, troupes *fpl* aéroportées.

◆**_특전단** -特戰團 명 forces *fpl* spéciales aéroportées.

◆**_화물** -貨物 명 fret *m* aérien.

공수래공수거 空手來空手去 명 On vient au monde les mains vides et on quitte le monde les mains vides / L'homme naît sans rien et meurt sans rien / ((재물에 욕심이 필요 없다)) Le désir de posséder [d'acquérir] des biens est inutile [ne sert à rien, n'a pas de sens]. ◇**_(이)다** On vient au monde les mains vides et on quitte le monde les mains vides / L'homme naît sans rien et meurt sans rien. ¶ 어차피 인생은 ~다 De toute façon, l'homme naît sans rien et meurt sans rien.

공수병 恐水病 명 rage *f*. ◇**_에 걸리다** attraper [contracter] la rage: ((결과상태)) être enragé(*e*), avoir la rage. ¶ ~에 걸린 개 un(*e*) chien(*ne*) enragé(*e*).

◆**_환자** -患者 명 patient(*e*) enragé(*e*).

공수표 空手票 명 chèque *m* sans provision [en blanc], chèque en bois {*fam*}; ((비유)) promesse *f* en l'air, promesse *f* de Gascon [d'ivrogne]. ¶ ~를 남발하다[날리다] faire une surémission de chèques sans provision; ((비유적)) multiplier des promesses en l'air. ¶ 그 분의 약속은 ~로 끝나고 말았다 Sa promesse s'est avérée vaine.

*~**(를) 떼다** émettre [signer] un chèque sans provision; ((비유적)) faire une promesse en l'air.

공순이 명 【속어】 ouvrière *f* d'usine.

공술[1] 명 alcool *m* gratuit [offert]. ¶ ~을 마시다[얻어먹다] boire gratuitement [à l'œil {*fam*}] de l'alcool, se faire payer un verre.

공술[2] 供述 명 déposition *f*, témoignage *m*. ◇**_(을) 하다** faire une déposition; faire un témoignage. ¶ 누구에게 불리[유리]한 ~을 하다 déposer contre [en faveur de] *qn*; témoigner contre [en faveur de] *qn*.

◆**_서** -書 명 déposition *f*, déposition *f* écrite.

◆**_인** -人 명 déposant(*e*); témoin *m*.

공습 空襲 명 【군사】 bombardement *m* [raid *m*] aérien, attaque *f* aérienne. ¶ 대규모[대대적인] ~ un bombardement aérien de grande envergure. ¶ ~을 감행하다 procéder à [mettre en œuvre, exécuter] un raid aérien. ¶ 이라크에 대한 ~이 임박했다 L'attaque aérienne contre l'Irak est imminente. ¶ 적의 ~에 대처하다 prendre des mesures contre le raid aérien de l'ennemi, faire face au raid aérien

ㄱ

de l'ennemi. ◇_(을) 하다 procéder à [effectuer] un bombardement [un raid] aérien [à une attaque aérienne]. ¶ 적이 불시에 ~해 왔다 L'ennemi a procédé à un bombardement aérien inopinément. ◇_(을) 받다[당하다] être[faire] l'objet d'un bombardement aérien; subir une attaque aérienne.

◆_경보 -警報 명 alerte *f* aérienne ((à la bombe)). ¶~경보를 내리다[발하다, 발령하다] donner [sonner] l'alerte aérienne. ¶~경보를 해제하다 annoncer la fin d'une alerte aérienne, lever une alerte aérienne.

공시¹ 公示 명 【법률】 affichage *m*, annonce *f*, publication *f*, avis *m* au public. ◇_(를) 하다 annoncer *qc* ((officiellement)); publier *qc*. ¶ 경매를 ~하다 afficher une vente publique. ◇_(가) 되다 s'annoncer; être annoncé(*e*), affiché(*e*).

◆_가 -價 명 valeur déterminée publiquement ((d'une terre, d'un terrain)); prix *m* de vente publique ((d'une terre, d'un terrain)). ¶ 토지의 ~가 le prix de vente publique d'une terre.

◆_사항 -事項 명 avis *m* (du gouvernement), communiqué *m*.

◆_송달 -送達 명 【법률】 affichage *m* du résultat[verdict].

◆_지가 -地價 명 le prix de vente publique d'une terre.

◆_최고 催告 명 【법률】 annonce *f* de sommation.

◆혼배_ 婚配- 명 【천주】 ban *m* de mariage.

공시² 共時 어근 【언어】 synchronie *f*.

◆_적 -的 명관 synchronique.

◆_언어학 -言語學 명 linguistique *f* synchronique.

◆_태 -態 명 synchronie *f*.

공식 公式 명 ① 【수학】 formule *f*. ¶ 인수분해 ~ la formule de factorisations. ¶~에 대입하다[넣다] substituer. ¶~으로 나타내다 formuler ((un théorème)). ¶~을 만들다 formuler. ¶~을 외우다 apprendre par cœur des formules. ② 관례 usage *m*, habitude *f*, coutume *f*. ¶ 이런 순서로 일을 진행하는 것이 거의 ~이 되어 있다 Il est devenu quasiment coutumier [en usage] de procéder dans cet ordre. ③ 공적인 형식 officiel(*le*). ¶~방문[발표, 회담, 행사] une visite [une annonce, une conférence, une cérémonie] officielle, un événement officiel. ¶~시합 une compétition officielle, un match officiel. ¶ 그것은 아직 ~으로 발표되지는 않았다 Il n'est pas encore annoncé officiellement.

◆_적 的 명관 officiel(*le*). ¶~적인 발표 [행사] une annonce officielle, un avis officiel; une cérémonie officielle. ¶ 정부의 ~적인 답변은 다음과 같다 La réponse officielle du gouvernement est comme suit...

◆_화 -化 명 officialisation *f* ((d'une candidature)); officialisé(*e*). ¶ 우리 모임의 ~화는 아직 시기상조이다 L'officialisation de notre réunion est encore prématurée. ¶~화하다[시키다] officialiser ((une nomination)); rendre officiel(*le*) ((un état de fait)). ¶~화되다 être officialisé(*e*).

◆_석상 -席上 명 publiquement; à titre officiel. ¶~석상에서 그런 말을 하는 것이 아니다 Il n'est pas convenable de parler ainsi publiquement[à titre officiel].

◆_어 -語 명 langue *f* officielle.

◆_주의 -主義 명 formalisme *m*.

◆비_ 非- 명관 non officiel(*le*), officieu*x*(*se*). ¶ 비~적인 모임을 하다 faire [organiser] une rencontre informelle.

공신 功臣 명 sujet *m* [serviteu*r*(*se*), subalterne *mf*, domestique *mf*] de mérite; vass*al*(*ale*, *aux*) de mérite; personne *f* qui a bien mérité de la patrie [qui a rendu des services digne d'estime]; personne *f* de mérite. ¶ 그 분이 이번 일에 일등 ~이다 Il est le plus méritant dans cette affaire. ¶~을 포상하다 récompenser une personne méritante.

공신력 公信力 명 crédit *m* public. ◇_을 얻다[잃다] gagner [perdre] le crédit public. ((le crédit public)) être en baisse. ◇_(이) 있다[없다] avoir du crédit public [ne pas avoir de crédit public]. ¶~ 있는 기관에 일을 맡기다 confier l'affaire à une institution ayant du crédit public, remettre l'affaire entre les mains d'un établissement ayant la reconnaissance publique.

공안¹ 公安 명 ordre *m* public; sécurité *f* [tranquillité *f*] publique. ¶~을 유지하다 maintenir la sécurité publique. ¶~을 해치다 troubler la sécurité publique.

◆_검사 -檢事 명 procureur *mf* chargé(*e*) de la sécurité publique.

◆_경찰 -警察 명 police *f* assurant l'ordre public.

◆_사범 -事犯 명 crime *m* [infraction *f*] contre la sécurité publique. ¶ 그는 ~사범으로 체포되었다 On l'a arrêté(*e*) pour entrave à la sécurité publique.

공안² 公案 명 avant-projet *m* [plan *m*, ébauche *f*] d'un document officiel; matière *f* à débattre choisie en tenant compte de l'opinion publique.

공약¹ 公約 명 engagement *m* pris en public; programme *m* électoral, promesse *f* électorale ¶ 공화당의 ~ un programme électoral du Parti Républicain. ¶~을 남발하다[재확인하다] multiplier [re-confirmer] les promesses électorales. ¶ 당의 ~을 실천하다 réaliser les promesses électorales du parti. ¶~을 지키다[어기다] tenir [manquer à] *sa* promesse électorale. ◇_(을) 하다 s'engager publiquement à+*inf*. ◇_을 내걸다 faire une promesse électorale.

◆선거_ 選擧 명 promesse *f* électorale.

공약² 空約 명 promesse *f* en l'air [de Gascon]. ◇_이 되다 s'avérer une promesse en l'air. ¶ 여당의 공약은 ~이 되고 말았다 Le programme proposé par le parti au pouvoir s'est avéré une promesse en l'air.

공약수 公約數 명 【수학】 dénominateur *m* commun.

◆최대_ 最大- 명 le plus grand commun

dénominateur *m* commun.

공양 供養 명 ① action de présenter [d'offrir] de la nourriture ((à un supérieur)). ② 【불교】 offrande *f* de nourriture ((devant le Bouddha)); repas *m* ((pris dans un temple bouddhique)). ¶ 절에서 먹는 아침[점심, 저녁] ~ un petit déjeuner [un déjeuner, un dîner] pris [partagé] dans un temple bouddhique. ◇_(을) **하다**[**드리다**, **올리다**] offrir un repas à un supérieur; faire une offrande devant le Bouddha; prendre un repas. ¶ 부모를 극진히 ~하다 offrir respectueusement de la nourriture à *ses* parents.

◆**_미** -米 명 【불교】 riz *m* consacré ((au Bouddha)).

◆**_주** -主 명 【불교】 personne *f* qui fait une offrande.

공언 公言 명 parole *f* impartiale; déclaration *f* (en public). ◇_(을) **하다** déclarer [hautement, publiquement, ouvertement]. ¶ 서슴지 않고 ...라고 공언하다 ne pas hésiter à déclarer publiquement que+*ind*, déclarer sans (la moindre) hésitation que+*ind*. ¶ 나는 그 사건과 아무 관계가 없음을 ~할 수 있다 Je peux déclarer que je ne suis absolument pas impliqué(*e*) dans cette affaire-là. ¶ 그 사람은 앞으로 정치 활동을 하지 않겠다고 ~했다 Il a déclaré qu'il arrêterait la politique.

공업 工業 명 industrie *f*. ¶ ~ 중심지 centre industriel. ¶ 전자[전기, 섬유, 식품, (중)화학, 금속, 기계, 자동차] ~ industries électroniques [électriques, textiles, alimentaires, chimiques (lourdes), métallurgiques, mécaniques, automobiles]. ¶ ~ 폐수 eaux usées d'origine industrielle [rejetées par une usine]. ¶ ~의 발달을 촉진시키다 favoriser le développement industriel. ¶ ~을 기초로 국가를 재건하다 redresser [relever] le pays en mettant les industries au premier plan.

◆**_화** -化 명관 industrialisation *f*. ¶ ~화하다 industrialiser ((une fabrication, un pays)). ¶ ~화되다 s'industrialiser.

◆**가내_** 家內- 명 industrie *f* domestique.

◆**경_** 輕 명 industrie *f* légère.

◆**_계** -界 명 secteur *m* de l'industrie.

◆**_고등학교** -高等學校 명 lycée *m* (d'enseignement) technique.

◆**_국** -國 명 pays *m* industriel; pays *m* industrialisé. ¶ 선진 ~국들 pays d'industries avancées, pays industrialisés.

◆**_규격** -規格 명 norme *f* [standard *m*] de fabrication.

명 zone *f* [complexe *m*] industriel(*le*).

◆**_도시** -都市 명 ville *f* industrielle.

◆**_디자인** 명 design *m* industriel.

◆**_용** -用 명 usage *m* industriel.

◆**_용수** -用水 명 eaux *fpl* à usage industriel.

◆**_전문대학** -專門大學 명 institut *m* de technologie.

◆**_제품** -製品 명 produits *mpl* industriels [manufacturés].

◆**_지대** -地帶 명 région *f* industrielle.

◆**_지역** -地域 명 secteur *m* [zone *f*] industriel(*le*).

◆**중_** 重- 명 industrie *f* lourde.

공여 供與 명 action de faire profiter *qn* de *qc* [d'offrir *qc* à *qn*]. ¶ 그 사람은 뇌물 ~ 혐의로 구속영장이 발부되었다 Un mandat d'arrêt a été lancé contre cet homme suspecté d'avoir versé des pots-de-vin / Suspecté d'avoir versé des pots-de-vin, il est sous le coup d'un mandat d'arrêt. ◇_(를) **하다** faire bénéficier de *qc* à *qn*, offrir *qc* à *qn*, faire don de *qc* à *qn*. ¶ 한국은 러시아에 차관을 ~하기로 했다 La Corée a décidé de faire bénéficier la Russie d'un prêt international.

공역 共譯 명 traduction *f* commune [cosignée]. ¶ 박씨와 장씨 ~의 traduit(*e*) par Madame Park et Monsieur Jang. ¶ 이 책은 두 사람의 ~으로 출간되었다 Ce livre est publié avec une traduction réalisée en commun par deux personnes. ◇_(을) **하다** traduire en commun [en collaboration] avec *qn*, collaborer à la traduction ((d'une œuvre)).

◆**_자** -者 명 co-traduc*teur*(*trice*), collabora*teur*(*trice*) d'une traduction.

공연[1] 公演 명 représentation *f* ((d'un spectacle, d'un opéra, d'un ballet, d'un cirque)), séance *f* ((d'un film, d'un concert)); concert *m*. ¶ 낮[밤] ~ séance de la journée [du soir]. ¶ 순회 ~ une tournée. ¶ 지방[해외] ~ un concert donné en province [à l'étranger]. ¶ 장기[단기] ~ une représentation [un spectacle] de longue [de courte] durée. ¶ 첫 ~ première (représentation). ¶ ~ 중인 햄릿극 Hamlet en train d'être joué [en cours de représentation]. ¶ ~이 연기되었다 La représentation a été reportée / Le spectacle a été reporté. ¶ ~을 중단하다 interrompre une représentation. ¶ 최장 ~ 기록을 세우다 établir un record de nombre de représentations. ¶ 오늘 이곳에서는 연극 ~이 있다 Aujourd'hui on donne ici une représentation théâtrale. ◇_(을) **하다** jouer [représenter] ((une pièce de théâtre)); présenter ((une pièce)); mettre en scène ((une pièce)); donner ((un spectacle)). ¶ 연극 ~을 하다 monter la pièce de *qn*. ¶ 하루에 두 번 ~하다 donner deux représentations par jour. ◇_(이) **되다** ((une pièce)) être joué(*e*). ¶ 그 연극은 오늘 밤 세종문화회관에서 ~될 예정이다 La pièce sera jouée ce soir au Centre culturel Sejong / au grand théâtre Sejong [au grand centre de spectacles Sejong]. ¶ 그 작품은 한 달간 계속 공연되었다 La pièce a été donnée pendant un mois sans interruption.

◆**_권** -勸 명 droits *mpl* de représentation [d'adaptation *f*] ((d'une pièce, d'une œuvre)).

◆**_법** -法 명 lois *fpl* sur les représentations et les spectacles.

◆**_윤리위원회** -倫理委員會 명 commission *f* [comité *m*] de censure *f*.

◆**_음란죄** -淫亂罪 명 attentat *m* [outrage *m*] aux (bonnes) mœurs *fpl* pour obscénité.

◆**위문_** 慰問 명 tournée *f* [représentation *f*] spéciale

de visites ((de soldats, de prisonniers, de malades)).

◆_장 -場 명 lieu(*x*) *m* de représentation (théâtrale), lieu(*x*) *m* de spectacle, scène *f*.

ㄱ

공연[2] 共演 명 prestation *f* commune. ◇_(을) **하다** jouer avec *qn* dans ((un film, une pièce)), jouer ensemble ((dans un film)) ¶ 이 작품에서는 두 사람이 ~했다 Dans cette pièce [Dans ce film], les deux acteurs ont joué ensemble.

◆_자 -者 명 act*eur*(*trice*) qui joue avec tel(*le*) ou tel(*le*) act*eur*(*trice*), co-act*eur*(*trice*).

공연히 空然- 부 sans raison, sans fondement; vainement, inutilement, en vain; pour des riens, pour des détails (qui n'en valent pas la peine), pour un oui ou pour un non, à tout propos, à propos d'un rien, à propos de rien, pour la moindre broutille, au moindre prétexte. ¶ ~ 트집을 잡다 chercher querelle pour des riens [pour des détails, pour un oui ou pour un non, à tout propos, à propos d'un rien, à propos de rien, pour la moindre broutille, au moindre prétexte]; trouver à redire sur des vétilles [à tout]; chercher des histoires; chercher des poux (dans la tête) à *qn* {*fam*}; chercher la petite bête {*fam*}, pinailler {*fam*}, discutailler {*fam*}; ergoter sur des vétilles; couper les cheveux en quatre; chicaner {*fam*}; chinoiser {*fam*}, vétiller, ratiociner, subtiliser; enculer les mouches {*pop*}. ¶ 별 것도 아닌 일에 ~ 화를 내다 se mettre en colère [se vexer, s'offenser, se froisser] pour peu de chose. ¶ 별 것도 아닌 일에 ~ 화를 내지마세요 Ne vous froissez pas pour si peu!

공연스레 부 en vain, inutilement; vainement, pour rien. ☞ 공연히

공연윤리심의위원회 公演倫理審議委員會 명 commission *f* [comité *m*] de censure *f*.

공연하다 空然- 형 être inutile, futile, vain(*e*), oiseu*x*(*se*), superflu(*e*), peu nécessaire. ¶ 공연한 싸움을 하다 se jeter dans des bagarres inutiles. ¶ 저 녀석을 아무리 타일러보았자 그건 공연한 일입니다 C'est en vain que vous lui donnez des conseils / Ça ne sert à rien de lui donner des conseils, à celui-là {*fam*}. ¶ 그 감독관은 늘 공연한 일로 사람을 오라가라한다 Le surveillant nous oblige tout le temps à beaucoup de va-et-vient inutiles. ¶ 공연하게 inutilement, vainement, en vain; sans raison, sans motif valable. ☞ 공연히

공염불 空念佛 명 vaines remontrances *fpl*; ((헛된 말)) belles paroles *fpl*, promesse *f* vaine. ¶ 그 아이를 애써 타일렀지만 ~에 그쳤다 On a beau le sermonner, il n'en fait qu'à sa tête / On a beau lui donner des conseils, il y reste sourd. ¶ 충고도 그 사람의 귀에는 ~이었다 Il restait sourd à mes conseils / Mes recommandations sont restées pour lui lettre morte. ¶ 선거공약은 ~이 되었다 Les engagements pris lors de la campagne électorale ne sont restés que de vaines promesses.

* **~을 외다** se fatiguer pour rien, se donner du mal [de la peine] pour rien.

공영[1] 公營 명 public(*que*); ((시영의)) municip*al*(*ale*, *aux*).

◆_선거(제) -選擧(制) 명 régime *m* électoral public.

◆_주차장 -駐車場 명 parking *m* public.

◆_주택 -住宅 명 logement *m* géré par une collectivité locale [par une municipalité, par un département]; ((프랑스)) H.L.M. *mf* (Habitation *f* à Loyer Modéré).

공영[2] 共榮 명 co-prospérité *f*. ¶ 인류의 ~에 이바지해야 한다 Il faut contribuer à la co-prospérité des sociétés humaines. ◇_(을) **하다** prospérer ensemble; se développer en commun.

◆_권 -權 명 droit *m* à la co-prospérité.

◆공존_ 共存- 명 coexistence *f* et co-prospérité *f*.

공예 工藝 명 artisanat *m* d'art; arts *mpl* industriels; arts *mpl* et métiers *mpl*.

◆_가 -家 명 artisan *m* d'art.

◆_미술 -美術 명 arts *mpl* et métiers *mpl*; arts mécaniques *mpl*.

◆_품 -品 명 œuvres *fpl* artisanales, objets *mpl* artisanaux. ¶ ~품 전시회 une exposition d'artisanat.

◆_학교 - 學校 명 Conservatoire *m* des Arts et Métiers.

◆금속_ 金屬- 명 artisanat *m* de métaux.

공용[1] 公用 명 usage *m* public; ((공무)) affaire *f* officielle. ¶ ~으로 en mission officielle; pour affaires officielles. ◇_(을) **하다** utiliser dans l'intérêt public [dans le cadre de l'intérêt public]. ◇_(이) **되다** être pour affaires officielles, être une mission officielle.

◆_물 -物 명 articles *mpl* [objets *mpl*] à usage public.

◆_시설 -施設 명 établissement *m* public [industriel, militaire]; équipements *mpl* [installations *fpl*] à usage public.

◆_어 -語 명 langue *f* officielle d'un État.

◆_여권 -旅券 명 passeport *m* de fonction.

◆_재산 -財産 명 biens *mpl* publics, propriété *f* publique.

공용[2] 共用 명 usage *m* commun [public]; d'un usage commun. ¶ 남녀 ~ usage commun pour hommes et femmes; ((의복)) unisexe, destiné(*e*) indifféremment aux hommes et aux femmes. ◇_(을) **하다** utiliser *qc* en commun. ¶ 지하 창고는 세 가구가 ~하고 있다 La cave du sous-sol est utilisée en commun par les trois familles.

◆_물 -物 명 propriété *f* publique.

공원[1] 公園 명 parc *m*, jardin *m* (public); ((시가지 속의 작은)) square *m*. ¶ ~에서 만나다 se donner rendez-vous dans un parc. ¶ ~을 거닐다 flâner dans un parc [dans un jardin public]. ¶ ~을 만들다[설치하다] créer [faire] un jardin public [un parc].

◆_묘지 -墓地 명 cimetière *m*.

◆_용지 -用地 명 emplacement *m* destiné à faire un jardin public [un parc].

◆국립_ 國立- 명 parc *m* national.

◆대_ 大- 명 grand parc *m*, parc *m* de grande étendue.

공원[2] 工員 명 ouvri*er*(*ère*) (d'usine). ¶ ~ 모집 offres d'emploi pour ouvriers, recrutement d'ouvriers. ¶ 자동차 회사에서 ~으로 일하다 travailler comme ouvrier dans une usine d'automobiles.

공유[1] 公有 어근 public(*que*); ((시, 군의)) municip*al*(*ale*, *aux*), commun*al*(*ale*, *aux*).

◆**_화** -化 명 nationalisation *f*, étatisation *f*. ¶ 사유지를 ~화하다 nationaliser [étatiser] une propriété privée.

◆**_림** -林 명 forêt *f* domaniale.

◆**_재산** -財産 명 propriété *f* publique; domaine *m* public [d'État]; biens *mpl* publics.

◆**_지** -地 명 terrain *m* public.

공유[2] 共有 명 propriété *f* commune; copropriété *f*. ◇_(를) **하다** posséder ((un bien)) en commun; avoir *qc* en commun; partager *qc* avec *qn*. ¶ 그 부부는 모든 재산을 ~한다 Ces époux [conjoints] ont tous leurs biens en commun. ¶ 생각을 ~하다 partager les mêmes idées.

◆**_건물** -建物 명 immeuble *m* en copropriété.

◆**_결합** -結合 명 【화학】 liaison *f* covalente.

◆**_면적** -面積 명 espace *m* commun.

◆**_자** -者 명 copropriétaire *mf*; ((법)) indivisaire *mf*.

◆**_재산[물]** -財産物 명 propriété *f* commune; ((부부의)) biens *mpl* communs; ((법)) biens *mpl* indivis.

◆**_제** -制 명 ((부부의 재산제)) régime *m* matrimonial; régime *m* de propriété commune [collective].

공으로 空- 부 gratuitement, gratis {*fam*}, franco {*fam*}, gracieusement. ¶ ~ 얻다 obtenir gratuitement. ¶ 아니, 이걸 ~ 먹으려는 심산이냐 Tu ne comptais tout de même pas obtenir ça gratuitement / Tu voudrais obtenir ça gratuitement? / Rien n'est gratuit, tu sais / Il faudrait quand même donner quelque chose en échange, tu ne crois pas? ¶ ~ 일하다 accomplir un travail sans se faire payer [pour rien]. ¶ 나는 이 집을 ~ 산거나 같다 J'ai eu cette maison pour presque rien [pour une bouchée de pain]. ☞ 공짜

공의 公義 명 justice *f* publique [universelle].

◆**_롭다** 형 être intègre (en justice), juste, équitable, imparti*al*(*ale*, *aux*). ¶ 신의 ~로운 뜻 juste volonté divine.

공의회 公議會 명 concile *m* (du Vatican).

공이 명 pilon *m* ((pour le mortier)); percuteur *m* ((de fusil)). ¶ 이 총은 ~를 뺐기 때문에 격발이 되지 않는다 Ce fusil privé de son percuteur n'effectue pas la mise à feu.

◆**_치기** 명 chien *m* (de fusil), gâchette *f*. ¶ 총의 ~치기를 당기다 appuyer [tirer] sur la gâchette.

◆**절구_** 명 pilon *m*.

공익 公益 명 intérêt *m* public; utilité *f* publique. ¶ ~에 부합되는 일을 하다 agir dans [travailler pour] l'intérêt public; faire ce qui concourt à [ce qui va dans le sens de] l'intérêt public. ¶ ~을 도모하다 travailler pour l'intérêt public. ¶ ~을 해치다 nuire à l'intérêt public. ¶ 사회의 ~을 우선시하다 donner la priorité à l'intérêt public.

◆**_단체** -團體 명 organisation *f* [association *f*, société *f*] d'intérêt public.

◆**_법인** -法人 명 personne *f* morale.

◆**_사업** -事業 명 entreprise *f* d'intérêt public [d'utilité publique].

공인[1] 公認 명 autorisation *f* officielle, approbation *f* officielle, reconnaissance *f* officielle; ((형용사적)) autorisé(*e*) (officiellement), approuvé(*e*) (officiellement), officiel(*le*); officiellement reconnu(*e*). ◇_(을) **하다** autoriser [approuver, reconnaître] officiellement; ((기록을)) homologuer ((un record)). ◇_(을) **받다** être autorisé(*e*) [approuvé(*e*), reconnu(*e*)] officiellement: ((기록이)) être homologué(*e*). ¶ 그는 민주당에서 대선 후보로 ~받고 있다 Sa candidature à l'élection présidentielle est ratifiée par le Parti Démocrate.

◆**_구** -球 명 balle *f* ((de golf, de ping-pong, de tennis)) homologuée, ballon *m* ((de football, de rugby)) homologué.

◆**_기록** -記錄 명 record *m* homologué.

◆**_중개사** -仲介士 명 agent *m* immobilier.

◆**_회계사** -會計司 명 expert-comptable *m*.

◆**비_** 非- 명관 officieu*x*(*se*); non officiel(*le*).

공인[2] 公人 명 personnage *m* public. ¶ 신문기자는 ~이다 Le journaliste (de presse) est un homme public.

공일 空日 명 dimanche *m*; (jour *m* de) congé *m*; jour *m* férié. ¶ ~날 jour férié. ¶ 오늘은 ~이어서 영업을 하지 않는다 On ne travaille pas aujourd'hui, car c'est un jour férié. ☞ 공휴일

공임 工賃 명 frais *mpl* de main-d'œuvre; paye *f* [paie *f*, salaire *m*] d'un ouvrier. ¶ ~이 오르고 있다[많이 든다] Les salaires des ouvriers sont en hausse. ¶ ~이 줄었다[내렸다] Les salaires des ouvriers ont diminué. ¶ ~이 올라서 이윤이 적다 La baisse du bénéfice est due à la hausse des salaires des ouvriers.

공자[1] 公子 명 jeune descendant *m* de noblesse; fils *m* précieux, fils *m* d'un grand noble.

◆**귀_** 貴- 명 jeune *m* de naissance [de race, de sang] noble; beau garçon *m*, bel homme *m*.

공자[2] 孔子 명 Confucius; ((중국어)) Kongzi, K'ong-tseu, Kongfuzi ou K'ong-fou-tseu. ¶ ~왈 맹자왈 belles paroles, paroles d'hommes célèbres; une expression rabattue; une idée vieillotte. ¶ ~의 가르침 enseignements de Confucius, confucianisme. ¶ ~의 말씀 paroles de Confucius.

공작[1] 工作 명 ① fabrication *f* [édification *f*] mécanique; œuvre *f* artisanale, travaux *mpl* manuels. ¶ ~ 실습[기계] un apprentissage, un stage artisanal [une machine-outil (~*s*-~*s*)]. ¶ ~ 시간 le temps [l'étape, la phase] de la fabrication. ② 작전, 조작 opération *f*, manœuvre *f*, machination *f*,

ㄱ

manipulation *f.* ¶ 사전[예비, 정치, 선전] ~ des manœuvres préalables [des manœuvres préliminaires, les préparatifs; des manœuvres politiques; des opérations de propagande]. ¶ 부정한 선거 ~ des manœuvres électorales. ¶ 악랄한 음해 ~ de ténébreuses machinations [de ténébreux complots, de ténébreuses conspirations]. ¶ 특수 ~ des opérations [manœuvres] spéciales. ◇_(을) **하다** tramer, machiner, ourdir; ((꾀하다)) manœuvrer, faire des démarches ((auprès de *qn*)). ¶ 준비 ~을 하다 faire des manœuvres préliminaires, faire des préparatifs, préparer le terrain. ◇_(을) **펴다[펼치다, 벌이다]** manœuvrer, manipuler, machiner, tramer ourdir; employer des moyens astucieux.

◆**_금** -金 명 fonds *mpl* nécessaires aux manœuvres.

◆**_대** -隊 명 forces *fpl* des services secrets.

◆**_물** -物 명 objets *mpl* artisanaux.

◆**_선** -船 명 navire-espion(~*s*-~*s*) *m*; bateau-espion(~*x*-~*s*) *m*.

◆**_원** -員 명 agent *m* secret, agent *m* des services secrets.

◆**_정치** -政治 명 manœuvre *f* politique; intrigues *fpl*.

공작² 孔雀 명 paon *m*; ((드물게)) paonne *f*; ((새끼)) paonneau(*x*) *m*. ¶ ~이 꽁지를 폈다 Le paon fait la roue.

◆**_나비** 명 paon *m* de jour, vanesse *f*; paon *m* de nuit, saturnie *f*.

◆**_새** 명 paon *m*; ((드물게)) paonne *f*; ((새끼)) paonneau(*x*) *m*.

◆**_석** -石 명 malachite *f*.

공작³ 公爵 명 duc *m*. ¶ ~의 성 palais ducal. ¶ ~ 칭호를 받다 être fait duc.

◆**_부인** -夫人 명 duchesse *f*.

◆**_령** -領 명 duché *m*.

공작창 명 ((항공기)) hangars *mpl* d'avions[d'un aérodrome].

공장 工場 명 usine *f*; ((작은)) fabrique *f*; établissement *m* industriel, manufacture *f*. ¶ 제철[자동차, 방직] ~ usine sidérurgique [d'automobiles, de textile]. ¶ ~ 노동자 ouvri*er*(*ère*) d'usine. ¶ ~ 폐수 eaux polluées [usées] (par des usines). ¶ ~에 다니다 aller à l'usine. ¶ ~에서 일하다 travailler en [dans une] usine. ¶ ~에서 갓 나온 자동차 automobile sortie droit de l'usine. ¶ ~이 24시간 완전 가동되고 있다 Les usines tournent vingt-quatre heures sur vingt-quatre. ¶ ~을 짓다[세우다] faire construire [bâtir] une usine. ¶ ~을 폐쇄하다 fermer [condamner] une usine.

◆**_도 가격** -渡價格 명 prix *m* de fabrique [d'usine].

◆**_장** -長 명 direc*teur*(*trice*) d'usine; capitaine *m* d'industrie.

◆**_주** -主 명 industriel *m*; ((옛)) propriétaire *mf* d'usine.

◆**_지대** -地帶 명 zone *f* industrielle.

공저 共著 명 livre *m* [œuvre *f*] écrit(*e*) en collaboration; ouvrage *m* réalisé en collaboration. ¶ 백씨와 ~로 쓴 책 livre écrit en collaboration avec M. Baek. ◇_(를) **하다** apporter *sa* collaboration à ((un ouvrage)), collaborer avec *qn* à ((un ouvrage)). ¶ 이 책은 두 사람이 ~하였다 Deux personnes ont collaboré à l'écriture de ce livre.

◆**_자** -者 명 collabora*teur*(*trice*), coauteur *m*.

공적¹ 公的 명관 public(*que*); officiel(*le*). ¶ ~인 일로 pour un travail officiel. ¶ ~인 자리 une réunion [un repas] pour une affaire officielle. ¶ ~ 업무[활동] affaires [activités] publiques. ¶ ~으로는 더 이상 할 말이 없습니다 Officiellement, je n'ai plus rien à dire.

◆**_부조** -扶助 명 aide *f* sociale, allocation *f* sociale.

공적² 公敵 명 ennemi(*e*) public(*que*). ¶ 인류의 ~ un ennemi de l'humanité. ¶ 사회의 ~ un ennemi de la société.

공적³ 功績 명 mérite *m*; action *f* méritoire, hauts faits *mpl*; acte *m* méritoire, action *f* d'éclat [mémorable, remarquable], belles actions *fpl*; exploit *m* {*litt*} ((militaire)); acte *m* héroïque; ((노력)) service *m*; ((기여)) contribution *f*. ¶ ~을 기리다[인정하다] louer *qn* pour *ses* mérites [évaluer *ses* mérites, apprécier *ses* mérites; reconnaître *ses* mérites, admettre *ses* mérites]. ¶ 그는 국가에 많은 ~이 있다 C'est un homme qui a rendu de grands services [des services éminents] à la patrie / ((공식적인 표현)) Il a bien mérité de la patrie. ¶ 자신의 ~이라고 주장하다 s'attribuer tout le mérite (d'une action). ◇_**을 쌓다[세우다, 남기다]** réaliser de nombreuses actions méritoires, réaliser de nombreux exploits [accomplir une action d'éclat [mémorable, remarquable], accomplir [réaliser] un exploit [un acte héroïque, de belles actions], se distinguer [se signaler] par *ses* exploits, rendre des services éminents ((à la patrie))].

공전¹ 公轉 명 【천문】 révolution *f* ((sidérale)). ¶ 천체의 ~ 운동 mouvement de révolution du globe céleste. ¶ 지구의 ~과 자전 révolution et rotation de la Terre. ◇_(을) **하다** tourner, graviter ((autour du soleil)). ¶ 지구는 태양 주위를, 달은 지구 주위를 ~한다 La Terre tourne autour du Soleil, la Lune autour de la Terre. ¶ 지구가 ~하는 주기는 365일 6시간 9분이다 La Terre tourne autour du soleil en 365 jours 6 heures et 9 minutes.

◆**_궤도** -軌道 명 orbite *f* de révolution.

◆**_주기** -週期 명 période *f* de révolution.

공전² 空前 명 ((*qc*)) sans précédent; ((événement)) inouï(*e*). ¶ ~의 대히트 un succès sans précédent. ¶ ~의 대 성황을 이루다 remporter un succès sans précédent.

◆**_절후** -絶後 명 sans précédent ni suivant; unique.

공전³ 空轉 명 mouvement *m* à vide; stagnation *f*. ¶ 협상의 ~ la stagnation des négociations. ¶ 남북 대화는 ~만 거듭하고 있다 Le dialogue entre la Corée du Sud et la Corée du Nord stagne / Le dialogue entre la Corée du Sud et la Corée du Nord tourne en rond {*fam*}. ◇_(을) **하다**[(이) **되다**] tourner à vide [en rond], patiner; piétiner, marquer le pas, ne pas évoluer, ne pas avancer, ne pas progresser, ne pas faire de progrès, faire du surplace. ¶ 토론이 ~하고 있다 La discussion tourne en rond [tourne à vide, piétine]. ¶ 국회는 사흘째 ~되고 있다 L'Assemblée (nationale) tourne en rond [tourne à vide] depuis 3 jours.

공전[4] 工專 명 (('공업전문대학'의 약어)) ☞ 공업

공정[1] 工程 명 procédé *m* (de fabrication); réalisation *f* partielle (d'un projet, de travaux); ((물리)) rendement *m*. ¶ 새로운 기계의 도입으로 ~이 훨씬 단축되었다 L'introduction de nouvelles machines a considérablement raccourci le procédé de fabrication. ¶ 여러 가지 ~을 거치다 passer par différents procédés. ¶ ~의 반이 끝났다 La moitié du procédé est terminée.

◆_**관리** -管理 명 gestion *f* des procédés.

◆**생산**_ 生產- 명 procédé *m* de fabrication.

◆**작업**_ 作業- 명 état *m* des travaux; progression *f* des travaux.

공정[2] 公正 명 équité *f*; impartialité *f*; justice *f*; honnêteté *f*. ¶ ...에 ~을 기하다 poursuivre l'impartialité; mettre en usage un système d'équité; juger *qc* d'une façon impartiale.

◆_**하다** 형 être équitable, impartial(*ale*, *aux*), juste; être honnête. ¶ ~한 심판(관) arbitre [juge] impartial. ¶ ~한 판결[심판]을 내리다 porter un jugement équitable, juger impartialement [équitablement]. ¶ 그 분은 잘잘못을 따지는 것이[데 있어서] ~하다 Il sait discerner le bien du mal / Il est équitable pour distinguer le bien du mal. ¶ 지원자들을 ~하게 심사해야 한다 Il faut juger les candidats impartialement / Il faut examiner les candidatures équitablement.

◆_**히** 부 équitablement, impartialement. ¶ 문제를 ~히 다루다 traiter impartialement un problème.

◆_**성** -性 명 équité *f*, impartialité *f*; justice *f*; honnêteté *f*. ¶ ~성을 확보하다 assurer l'impartialité, garantir l'équité.

◆_**거래** -去來 명 transaction *f* équitable; opération *f* commerciale. ¶ ~거래위원회 la commission de contrôle des opérations commerciales; la commission de régularisation de la concurrence.

공정[3] 公定 어근 officiel(*le*).

◆_**가격** -價格 명 prix *m* officiel.

◆_**시세** -時勢 명 cours *m* officiel.

◆_**이율** -利率 명 taux *m* d'intérêt officiel.

◆_**임금** -賃金 명 salaire *m* fixé par l'autorité compétente.

◆_**할인율** -割引率 명 taux *m* d'escompte officiel; taux *m* d'escompte central (fixé par la Banque de France).

◆_**환율** -換率 명 taux *m* de change officiel.

공제[1] 共濟 어근 entraide *f*; secours *m* mutuel. ◇_(를) **하다** s'entraider, s'aider mutuellement, se serrer les coudes, s'épauler.

◆_**사업** -事業 명 œuvres *fpl* de secours mutuel.

◆_**조합** -組合 명 société *f* mutualiste [de secours mutuel], mutuelle *f*, association *f* mutuelle.

◆_**조합원** -組合員 명 mutualiste *mf*, adhérent(*e*) d'une mutuelle.

공제[2] 控除 명 retenue *f*, prélèvement *m*, précompte *m*; ((세금의)) abattement *m*, exemption *f*, exonération *f* ((fiscale)). ¶ 배우자 ~ l'exonération d'impôts sur le revenu pour le conjoint. ¶ 사회보장 연금의 ~ le prélèvement (sur le salaire) pour la sécurité sociale. ¶ 소득세 ~ 혜택을 받다 bénéficier de l'exemption d'impôts sur le revenu. ◇_(를) **하다** prélever, retenir; précompter; exonérer, exempter, abattre. ¶ 수입에서 세금을 미리 ~하다 prélever des impôts sur le revenu. ¶ 봉급의 1 퍼센트를 불우이웃 돕기로 ~하다 retenir[faire une retenue de] 1 % sur le revenu pour aider les pauvres. ◇_(를) **받다**[(가) **되다**] être exempté(*e*), exonéré(*e*) ((d'impôts)). ¶ 기부금이 봉급에서 미리 ~되었다 La contribution a été prélevée sur son salaire.

◆_**액** -額 명 somme *f* prélevée; somme *f* exonérée [exemptée].

◆**기초**_ 基礎- 명 abattement *m* à la base, retenue *f* à la source.

◆**부양**_ 扶養- 명 abattement *m* pour les charges familiales.

공조 共助 명 entraide *f*; secours *m* mutuel. ¶ 수사기관 간의 빈틈없는 ~ 체제의 확립 l'établissement d'un système de coopération fiable entre les services chargés de l'enquête. ◇_(를) **하다** s'entraider, coopérer. ¶ 육군, 해군, 공군은 모두 국토 방위를 위해 긴밀히 ~하고 있다 L'armée de terre, la Marine et l'Armée de l'air coopèrent étroitement pour la défense du pays.

공존 共存 명 coexistence *f*. ¶ 평화 ~ une coexistence pacifique. ◇_(을) **하다** coexister. ¶ 우리 사회는 근대성과 전통이 ~하는 과도기적 사회이다 Notre société est dans une période de transition où modernité et tradition coexistent. ¶ 그 분의 마음속에는 그 일에 대한 기대감과 두려움이 ~하고 있었다 L'espoir et la peur à propos de cette affaire coexistaient en lui / Au fond de lui, il avait autant de crainte que d'espoir pour ce travail.

◆_**공영** -共榮 명 coexistence *f* et prospérité *f* commune.

공주 公主 명 princesse *f*. ¶ 그렇게 옷을 입으니 마치 ~같다 Avec ces vêtements, tu as l'air d'une princesse.

◆_**병** -病 명 narcissisme *m*; complexe *m*; syndrome *m* de la princesse. ¶ 그 여자는 ~병에 걸렸어. Elle se prend pour une princesse [pour une diva, pour une Miss Monde] / Elle se comporte comme si elle était la plus belle femme de la terre / Elle se croit sortie de la cuisse de Jupiter.

공준 公準 명 【수학】 postulat *m*.

공중[1] 公衆 명 public *m*. ¶ ~ 앞에서 연설하다 prononcer un discours devant un public. ¶ ~의 (안녕과) 이익을 위해 dans l'intérêt public [général].

◆_**도덕** -道德 명 sens *m* [esprit *m*] civique. ¶ 이 나라 사람들의 ~은 엉망이다 Le sens civique de ce peuple est déplorable / Les habitants de ce pays ont un sens civique déplorable.

◆_**목욕탕** -沐浴湯 명 bains *mpl* publics; thermes *mpl*.

◆_**위생** -衛生 명 santé *f* publique.

◆_**전화** -電話 명 téléphone *m* public; ((간막이가 된)) cabine *f* téléphonique.

◆_**화장실[변소]** -化粧室[便所] 명 toilettes *fpl* publiques.

공중[2] 空中 명 air *m*; ciel(cieux) *m*; espace *m*. ¶ ~의 aérien(*ne*); ((énergie)) atmosphérique. ¶ ~에 떠 있는 저것이 무엇이냐? Qu'est-ce qui flotte là-bas dans les airs? ¶ ~에 매달리다[떠다니다] être suspendu(*e*) [flotter] dans les airs. ¶ ~에 던지다 jeter *qc* en l'air. ¶ ~을 날아다니는 새 un oiseau qui vole dans le ciel.

*~**에 뜨다** avorter; n'aboutir à aucun résultat; partir en fumée. ¶ 그 계획이 완전히 ~에 떴다 Ce projet a totalement avorté / Ce projet est tout à fait tombé à l'eau {*fam*}.

◆_**권** -權 명 droit *m* aérien.

◆_**곡예** -曲藝 명 acrobatie *f* aérienne. ¶ 위험한 ~곡예를 하다 faire des acrobaties aériennes dangereuses.

◆_**관측** -觀測 명 observation *f* aérienne.

◆_**급유** -給油 명 ravitaillement *m* (en carburant) en vol.

◆_**누각** -樓閣 명 projet *m* en l'air; ((bâtir)) des châteaux en Espagne {*fig*}. ¶ ~누각을 쌓아 올리다 bâtir des châteaux en Espagne.

◆_**보급** -補給 명 ravitaillement *m* en (plein) vol.

◆_**분해** -分解 명 décomposition *f* [explosion *f*] en plein vol. ¶ ~되다 se décomposer [exploser] en plein vol.

◆_**전** -戰 명 combat *m* aérien. ¶ ~전을 벌이다 faire un combat aérien.

◆_**제비** 명 saut *m* périlleux; culbute *f*. ¶ ~제비를 넘다[하다] faire un saut périlleux; faire des culbutes; faire des acrobaties aériennes ((en avion)).

◆_**투하** -投荷 명 largage *m* ((de charges)).

◆_**폭격** -爆擊 명 bombardement *m* aérien; largage *m* de bombes.

◆_**촬영** -撮影 명 prise *f* de vue aérienne.

공즉시색 空卽是色 명 【불교】 pensée *f* bouddhiste selon laquelle toute chose ayant une forme est vide et inversement tout ce qui est vide a une forme. ☞ 색즉시공

공증 公證 명 légalisation *f*; authentification *f*, certification *f* ((conforme)). ¶ 번역 서류에 대한 ~ authentification de documents traduits, certification conforme de documents traduits. ¶ ~ 수속을 하다 suivre le procédé d'authentification. ◇_(을) **하다** légaliser ((la signature de *qn*)); authentifier ((un acte, une pièce)); certifier conforme ((un document)); authentiquer ((une pièce)). ¶ 변호사 사무실에서 매매 계약을 ~하였다 On a fait authentifier le contrat de vente chez l'avocat. ◇_(을) **받다** ((사람이)) faire authentifier; ((서류가)) être authentifié(*e*), certifié(*e*) ((conforme)). ¶ 이 서류는 공증사무소에서 ~을 받아야 유효하다 Ce document ne sera valable qu'après avoir été authentifié [certifié conforme] chez un notaire.

◆_**인** -人 명 notaire *mf*. ¶ ~인 입회하에 성립된 계약 contrat conclu par-devant notaire. ¶ ~인에게 출두하다 comparaître par-devant notaire.

◆_**사무소** 事務所 명 cabinet *m* [étude *f*] de notaire.

공지[1] 空地 명 terrain *m* inoccupé [libre, vague, vide].

공지[2] 公知 명 annonce *f* publique. ¶ 그 일은 ~의 사실이다 C'est un fait public. ◇_(를) **하다** annoncer *qc* publiquement. ¶ 주민들에게 긴급사고시의 주의 사항을 ~하였다 On a communiqué aux habitants ce qu'il faut faire en cas d'urgence.

◆_**사실** -事實 명 fait *m* public.

◆_**사항** -事項 명 communiqué *m* public, annonce *f* publique; avis *m* public.

공직 公職 명 fonction *f* publique; charge *f* publique; office *m* public. ¶ ~에 몸담다[있다] travailler [être] dans la fonction publique. ¶ ~에 염증을 느끼다 avoir [éprouver] du dégoût pour la fonction publique, avoir de l'aversion pour la fonction publique. ¶ ~에 취임하다 entrer dans l'Administration; devenir haut fonctionnaire; entrer au service du gouvernement [de l'Administration]. ¶ ~에서 물러나다 quitter la fonction publique ¶ 누구를 ~에서 추방하다 renvoyer *qn* de la fonction publique. ¶ ~을 박탈당하다 être destitué(*e*) de ses fonctions publiques. ¶ ~을 희망하다 chercher à entrer dans la fonction publique.

◆_**사회** -社會 명 société *f* de fonctionnaire.

◆_**생활** -生活 명 vie *f* de fonctionnaire.

◆_**자** -者 명 fonctionnaire *mf*.

공직자 公職者 명 fonctionnaire *m*.

◆_ **윤리** -倫理 명 éthique *f* des fonctionnaires. ¶ 최근 공직자 ~ 윤리가 무너지고 있다 Aujourd'hui, l'éthique des fonctionnaires a tendance à disparaître.

공집합 空集合 명 【수학】 ensemble *m* vide.

공짜 명 objet *m* reçu [obtenu] gratuitement; (à) titre *m* gratuit; gratuité *f*. ¶ ~ 구경[술, 식사] un spectacle [un alcool, un repas] gratuit. ¶ ~ 손님 un(*e*) spectateur(*trice*) [un(*e*) voyageur(*se*)] non payant(*e*). ¶ ~로 à titre gratuit, gratuitement, gratis {*fam*}, gratos {*fam*}, à l'œil {*fam*}. ¶ 무엇을 ~로

얻다[타다] obtenir *qc* gratuitement, recevoir *qc* gratis [à l'œil]. ¶ 이번 일은 ~로 해드리겠습니다 Je vous le fais gratuitement pour cette fois. ¶ 이것은 ~나 다름없다 C'est presque gratuit. ¶ ~라도 싫다 Même si c'était gratuit, cela ne m'intéresserait pas / Même si c'est gratuit, je n'en veux pas. ◇_(이)다 être gratuit(*e*), gratis {*fam*}, gratos {*fam*}, ne rien coûter, ne rien avoir à payer. ¶ 구경하는 것은 ~입니다 Vous pouvez regarder gratuitement / Regarder, c'est gratuit [ça ne coûte rien].

*~ **라면 양잿물도 마다 않는다** ☞ 양잿물

* ~ **좋아하면 이마가 벗어진다** À force d'être attiré(*e*) par le gratuit [de courir après tout ce qui est gratuit], tu vas devenir chauve ((proverbe coréen)).

공차기 명 jeu *m* de ballon; football *m*. ◇_(를) **하다** jouer au ballon; jouer au foot(ball).

공창 公娼 명 prostitution *f* tolérée par les autorités. ¶ ~에 드나들다 fréquenter les maisons de prostitution tolérées par les autorités. ¶ ~을 폐지하다[허가하다] abolir [autoriser] la prostitution. ¶ ~을 폐쇄하다 fermer les maisons closes tolérées par les autorités.

◆_**가** -街 명 quartier *m* de prostitution reconnu par les autorités.

◆_**제(도)** -制(度) 명 système *m* de prostitution toléré par les autorités.

공채[1] 公債 명 ((채무)) emprunt *m* public; dette *f* publique; ((증서)) bon *m* du Trésor, rentes *fpl* (sur l'État, effets *mpl* publics. ¶ 5리 이자의 ~ un emprunt d'État à intérêt de cinq pour cent. ¶ ~ 모집에 응하다 souscrire à un emprunt d'État. ¶ ~를 발행하다[공모하다] émettre [lancer] des effets publics. ¶ ~를 상환하다 amortir un emprunt d'État. ¶ ~를 천만 원 어치 가지고 있다 avoir dix millions de wons d'effets publics.

◆_**시장** -市場 명 Bourse *f*.

◆_**증서** -證書 명 effets *mpl* publics.

공채[2] 公採 명 recrutement *m* [concours *m*] ouvert (à tous) sur annonce officielle. ¶ 그는 MBC방송국의 ~ 1기이다 Il est entré chez MBC au premier concours de recrutement ouvert. ¶ 그 회사는 ~로 100명, 특채로 10명을 뽑았다 Cette entreprise a recruté 100 personnes sur concours d'embauche ouvert et 10 sur recrutement spécial / Cette entreprise a embauché 110 personnes dont 10 sur recrutement spécial. ◇_(를) **하다** embaucher [recruter] *qn* sur annonce officielle à l'occasion d'un concours [d'un recrutement] ouvert (à tous). ¶ 신입사원을 ~하다 embaucher [recruter] de nouveaux employés sur annonce officielle à l'occasion d'un concours ouvert (à tous). ◇_(가) **되다** être embauché(*e*) [recruté(*e*)] sur annonce officielle à l'occasion d'un concours ouvert (à tous). ¶ 이번에 200명이 새로 ~되었다 Cette fois-ci, deux cents personnes ont été recrutées à l'occasion d'un concours ouvert à tous.

공책 空冊 명 cahier *m*. ¶ 국어[산수] ~ un cahier de langue coréenne [d'arithmétique, de mathématiques]. ¶ ~에 필기를 하다 prendre des notes [écrire, rédiger] sur un cahier. ¶ 그 학생은 ~을 뜯어 종이비행기를 접었다 Cet étudiant a arraché des feuilles de son cahier et en a fait des avions en papier.

공처가 恐妻家 명 mari *m* qui se fait mener par le bout du nez par sa femme. ¶ 그는 ~이다 Chez lui, c'est sa femme qui porte la culotte. ¶ 세상에 그 사람보다 더 한 ~는 없을 것이다 Il n'y a probablement pas de mari qui se fasse mener ainsi par sa femme.

공천 公薦 명 recommandation *f*, présentation *f*, nomination *f* ((faite par un groupe)); investiture *f*. ¶ 공화당 ~으로 입후보하다 se porter candidat(*e*) (à une élection) avec le soutien du parti républicain. ◇_(을) **하다** nommer ((un candidat)). ¶ 후보자를 ~하다 ((un parti politique)) présenter un candidat ((aux élections)). ◇_(을) **받다**[(이) **되다**] être nommé(*e*) candidat(*e*). ¶ 당으로부터 시의회 후보 ~을 받다 être nommé(*e*) candidat(*e*) aux élections municipales.

◆_**자** -者 명 candidat(*e*) (présenté(*e*)).

◆_**후보** -候補 명 candidat(*e*) officiellement désigné(*e*) [présenté(*e*)] par un parti.

공청 公廳 명 office *m* gouvernemental. ¶ ~ (과정)을 통해 의견을 수렴하다 faire une enquête d'opinion par un office gouvernemental.

◆_**회** -會 명 ((퀘벡어)) audience *f* [audition *f*] publique. ¶ ~회를 열어 여론을 알아보다 s'informer de l'opinion publique au cours de séances d'audition publique.

공출 供出 명 offre *f* au gouvernement; réquisition *f* de produits par le gouvernement. ¶ 쌀의 ~ 가격 le prix officiel du riz proposé par le gouvernement. ◇_(을) **하다** remettre ((le riz)) au gouvernement; réquisitionner ((les denrées)) (sous l'occupation japonaise). ¶ 물자 부족을 타개하기 위해 일제는 조선에서 각종 물자를 ~하였다 Le Japon impérialiste a réquisitionné en Corée divers matériaux pour combler un manque. ◇_(이) **되다** ((식량이)) être réquisitionné(*e*) (par le gouvernement); être remis(*e*) au gouvernement. ¶ 이 공장의 생산품은 정부의 요구에 따라 모두 ~되었다 Toutes les matières fabriquées dans cette usine ont été réquisitionnées à la demande du gouvernement.

◆_**미** -米 명 riz *m* réquisitionné par le gouvernement.

◆_**할당** -割當 명 quote-part *f* (~*s*-~*s*) de contributions ((en riz)); part *f* exigée du gouvernement.

공치다 空- 타 n'aboutir à rien [à aucun résultat], faire un travail sans résultat, faire un travail sans résultat, faire *qc* en vain, faire *qc* en vain [vainement, pour rien], essayer [tenter] *qc* pour

ㄱ

rien; 헛수고하다 faire de vains efforts, se fatiguer [se donner de la peine] pour rien; se perdre en efforts inutiles. ¶ 비가 와서 나는 오늘 장사를 공쳤다 À cause de la pluie, mon commerce ne m'a rien rapporté aujourd'hui.

공치사[1] 功致辭 명 ((faire)) *son* propre éloge *m*; ((se vanter de [se targuer de, faire valoir])) *ses* mérites. ¶ 내가 ~나 듣자고 이러는 것은 아니다 Je ne fais pas cela pour recevoir des compliments [éloges]. ◇_(를) **하다** se vanter, se targuer de *ses* mérites, faire valoir *ses* mérites. ¶ 별 것 아닌 것 갖고 너무 ~하지 마라. Ne te vante pas pour si peu, il n'y a rien d'extraordinaire à cela! / Ce n'est pas grand-chose, ne fais pas l'important!.

공치사[2] 空致辭 명 compliment *m* mensonger. ¶ 괜한 ~로 나를 위로하려 들지 마라 N'essaie pas de me consoler par tes compliments mensongers! / Ne me raconte pas des bêtises pour me consoler. ◇_(를) **하다** faire un compliment mensonger.

공탁 供託 명 【법률】 dépôt *m*, consignation *f*. ¶ 법원은 그의 재산에 대한 ~ 여부를 결정할 것이다 Le tribunal va décider s'il faut mettre en dépôt les biens de cet individu. ◇_(을) **하다** mettre *qc* en dépôt, consigner [déposer] ((une somme d'argent)). ¶ 아파트 입주권을 얻기 위해 계약금을 은행에 ~하다 mettre en dépôt la caution dans une banque pour obtenir le droit d'emménager dans un appartement.

◆_**금** -金 명 argent *m* mis en dépôt. ¶ ~금을 걸다[내다] mettre en dépôt de l'argent.

◆_**물** -物 명 dépôt *m*; objet *m* mis en dépôt [en consignation].

◆_**소** -所 명 caisse *f* des dépôts et consignations.

◆_**자** -者 명 déposant(*e*).

공터 空- 명 terrain *m* vague, terrain *m* abandonné. ¶ 아이들이 ~에서 놀고 있다 Les enfants jouent dans un terrain vague.

공통 共通 명 communauté *f*, ((형용사적)) commun(*e*) ((à *qc*/*qn*)), pareil(*le*); le / la même *mf*. ¶ 여러 경우에 ~으로 적용되는 규칙 règle qui s'applique communément dans tous les cas. ¶ 만인 ~의 commun(*e*) à tous les hommes [à tout le monde]. ¶ ~의 이해를 가지다 avoir des intérêts communs (avec *qn*). ¶ 양국 ~(의) 관심사를 논의하다 discuter les questions d'intérêts communs des deux pays. ◇_**이다** ¶ 금전욕은 만인에게 ~이다 Le goût pour l'argent est le même pour tout le monde. ◇_(**이**) **되다** être commun(*e*). ¶ 두 나라는 이해관계에 있어서 ~되는 부분이 많다 Ces deux pays ont beaucoup d'intérêts communs.

◆_**적** -的 명관 commun(*e*). ¶ 모두에 적용되는 ~적(인) 특성 une caractéristique commune à tous [à tout le monde]. ¶ 장남은 ~적으로 책임감이 강하다 En général, le fils aîné a (toujours) une grande part de responsabilités.

◆_**성** -性 명 caractère *m* commun; trait *m* commun. ¶ 이해[사상]의 ~성 une communauté d'intérêts [d'idées]. ¶ 그들의 ~성을 포착하다 saisir [trouver] leurs points communs.

◆_**분모** -分母 명 dénominateur *m* commun. ¶ 양측의 ~분모를 찾으려는 노력 l'effort de chercher le dénominateur commun.

◆_**어** -語 명 langue *f* commune; langage *m* commun. ¶ 보디랭귀지는 만국 ~어이다 Le langage corporel est universel.

◆_**점** -点 명 point *m* commun; ressemblance *f*, similitude *f*. ¶ ~점이 있다[없다] avoir quelque chose de commun [n'avoir rien de commun]. ¶ 이것이 그 사람들 간의 ~점이다 C'est un de leurs points communs. ¶ 그들은 차이점보다 ~점이 더 많다 Ils ont plus de points communs que de différences. ¶ ~점을 찾다 chercher des points communs [similitudes].

공판 公判 명 procès *m* public; audience *f* publique. ¶ 살인 사건의 ~ une audience sur un crime; un procès criminel. ¶ ~의 심리를 맡다 prendre en charge l'audience. ¶ ~에 회부하다 mettre (une affaire) en procès; ouvrir un procès; poursuivre un procès, attaquer en procès. ¶ ~에 회부되다[붙여지다]. être mise en jugement [en procès]. ¶ ~을 열다 ouvrir l'audience publique. ¶ ~은 내일 있다 L'audience [Le procès] aura lieu demain. ¶ 내일부터 ~이 열린다 L'audience s'ouvre dès demain. ¶ ~에서 변호하다 plaider au tribunal. ◇_(을) **하다** tenir audience. ¶ 법원은 내일 전직 대통령의 수뢰사건을 ~할 예정이다 Demain, le tribunal tiendra audience sur l'affaire de corruption de l'ex-président de la République.

◆_**일** -日 명 jour *m* [date *f*] de l'audience. ¶ ~일을 엄수하다 respecter la date [le jour] de l'audience.

◆_**정** -廷 명 salle *f* d'audience.

◆_**기록** -記錄 명 rapport *m* d'audience.

공판장 共販場 명 marché *m* public. ¶ 농산물[수산물] ~ un marché public de produits agricoles [marins].

공평 公平 어근 équité *f*, impartialité *f*, égalité *f*, droiture *f*, justice *f*.

◆_**하다** 형 être équitable, imparti*al*(*ale, aux*); être juste pour [envers, à l'égard de] *qn*; être ég*al*(*ale, aux*), équitable, juste. ¶ 이윤의 ~한 분배 une distribution égale [équitable] du profit [du bénéfice]. ¶ 우리는 신분에 관계없이 모두 ~한 대우를 받았다 Nous avons été traités équitablement, indépendamment de nos statuts sociaux. ¶ 법은 만인에게 ~하다 Tous les êtres humains sont égaux devant la loi. ¶ 그는 부하들에게 상벌을 내리는 데 있어서 항상 ~하다 Il répartit toujours avec équité les récompenses et punitions de *ses* subalternes / Il récompense et punit *ses* subalternes toujours de manière impartiale [juste]. ¶ 두 사람에게 같은 과제를 주는 것이 ~하다 Il est juste de donner à ces deux personnes le même devoir. ¶ 누구를 ~하게 다루다 traiter *qn*/*qc* avec équité [équitablement, impartialement]. ¶ 모두에게 ~하게 기회를 주다

donner les mêmes opportunités à tout le monde; donner une même chance à tous.

◆_히 副 à parts égales; équitablement, impartialement; justement. ¶ ~히 나누다 distribuer *qc* à parts égales, partager *qc* équitablement.

◆_성 性 명 équité *f*, impartialité *f*, égalité *f*, droiture *f*, justice *f*.

공포[1] 公布 명 promulgation *f*, proclamation *f*; annonce *f* officielle. ¶ 개정된 헌법의 ~ une proclamation d'amendement à la constitution. ◇_(를) 하다 promulguer ((une loi)), proclamer ((des droits)); annoncer officiellement. ¶ 이 법은 ~한 날부터 20일 경과 후 시행한다 Cette loi entrera en vigueur vingt jours après le jour de sa promulgation. ◇_(가) 되다 être promulgué(*e*), proclamé(*e*) ¶ 법률은 공화국 대통령에 의하여 ~된다 Les lois sont promulguées par le président de la République.

◆_일 -日 명 jour *m* de la proclamation (de la constitution).

공포[2] 空砲 명 coup *m* [tir *m*] à blanc. ¶ ~를 쏘다 tirer à blanc. ¶ 10발의 ~를 쏘다 tirer dix coups à blanc.

◆_탄 -彈 명 balle *f* à blanc.

공포[3] 恐怖 명 peur *f*, panique *f*, épouvante *f*, terreur *f*, horreur *f*, effroi *m*, frayeur *f*. ¶ ~ 분위기를 조성하다 instaurer un climat de terreur. ¶ ~의 비명 un cri d'épouvante [de terreur]. ¶ ~의 도가니 une grande (sensation de) frayeur. ¶ ~에 싸인 도시 une ville saisie de panique [d'épouvante, de terreur]. ¶ ~에 떨다[사로잡히다] trembler de peur [d'effroi, de frayeur]; grelotter de peur; claquer des dents [être saisi(*e*) de frayeur[d'épouvante]; être en proie à la peur; être pris(*e*) de panique]. ¶ ~를 느끼다 éprouver de la peur [de la frayeur]; avoir peur; prendre peur. ¶ 그는 죽음의 ~를 모른다 Il ne sait rien de la mort / Il ne craint pas la mort / Il ne connaît pas la peur de la mort[de mourir].

◆_감 -感 명 sensation *f* de peur [de frayeur]. ¶ ~감에 휩싸이다 être saisi(*e*) de frayeur, être saisi(*e*) par une sensation d'épouvante; être en proie à la peur. ¶ ~감을 자아내다 créer [provoquer] une sensation de peur.

◆_시대 -時代 명 la Terreur *f* (blanche); l'époque de la Terreur.

◆_심 -心 명 peur *f*, horreur *f*, terreur *f*. ¶ ~심을 불러일으키다 inspirer (de) la peur [terreur].

◆_정치 -政治 명 politique *f* de la terreur; ((역사)) la Terreur *f*. ¶ 스탈린은 ~정치를 폈다 Staline a mené une politique de terreur.

◆_증 -症 명 phobie *f*. ¶ 무대[고소, 광장, 폐쇄] ~증 le trac (d'un acteur) [le vertige, l'agoraphobie, la claustrophobie].

공표 公表 명 publication *f*, annonce *f* officielle. ◇_(를) 하다 rendre *qc* public(*que*); publier, annoncer, proclamer. ¶ 그들은 드디어 결혼을 ~했다 Ils ont enfin annoncé officiellement leur mariage / Finalement ils ont publié les bans (de leur mariage). ¶ 사건의 진상을 빠짐없이 ~하다 rendre publique toute la vérité sur l'affaire. ◇_(가) 되다 être publié(*e*) [proclamé(*e*), annoncé(*e*), rendu(*e*) public(*que*)]. ¶ 새로운 학설이 ~되자마자, 학계는 열띤 토론이 벌어졌다 Dès que la nouvelle théorie a été rendue publique, des discussions animées [de vifs débats] se sont engagé(*e*)s dans les milieux académiques.

공학[1] 工學 명 sciences *fpl* polytechniques, sciences *fpl* de l'ingénierie *f*.

◆_적 -的 명관 technologique.

◆기계[전기, 토목]_ 機械[電氣, 土木]- 명 technologie *f* mécanique [électrique, des travaux publics, du génie civil].

◆_박사 -博士 명 docteur *m* en technologie.

공학[2] 共學 명 enseignement *m* [instruction *f*] mixte.

◆남녀_ 男女- 명 école *f* mixte. ¶ 우리 학교는 남녀~이다 Notre école est une école mixte.

공한 公翰 명 lettre *f* officielle ¶ ~을 보내다[띄우다] envoyer [faire parvenir] une lettre officielle.

공한지 空閑地 명 terrain *m* vide [vague]; ((쓰지 않고 비워둔 땅)) terre *f* (laissée) inexploitée; terre *f* en jachère, terre *f* en friche. ¶ 공장 뒤에는 ~가 100여 평 있다 Derrière l'usine, il y a environ 100 *pyeong* de terrain vague. ¶ ~에 세금을 물리다 faire payer des taxes sur les terres en jachère.

공항 空港 명 aéroport *m*; centre *m* d'aviation. ¶ ~에 착륙하다 atterrir à l'aéroport. ¶ 그는 ~으로 친구를 마중나갔다 Il est allé accueillir un(*e*) ami(*e*) à l'aéroport.

◆_버스[택시] 명 bus *m* [taxi *m*] de l'aéroport, limousine *f* d'aéroport.

◆국제_ 國際 명 aéroport *m* international.

공해[1] 公海 명 【법률】 eaux *fpl* internationales; haute mer *f*. ¶ 어선을 ~상에서 나포하다 capturer [saisir] des navires de pêche en dehors de *ses* eaux territoriales.

공해[2] 公害 명 nuisances *fpl*, pollution *f* ((de l'air, des eaux)). ¶ ~문제가 심각하다 Les problèmes de pollution sont graves. ¶ ~가 없는 non pollué(*e*). ¶ ~를 방지하다 prendre des mesures (préventives) contre la pollution ((des eaux, de l'air)).

◆_방지 -防止 명 mesures *fpl* (préventives) contre la pollution.

◆_병 -病 명 maladie *f* causée par la pollution.

◆_산업 -産業 명 industries *fpl* à hautes nuisances.

◆소음_ 騷音- 명 nuisances *fpl* sonores [du bruit], pollution *f* sonore.

공허 空虛 명 vide *m*, néant *m*, vanité *f*, vacuité *f*, futilité *f*. ¶ 갑자기 ~가 엄습한다 Tout à coup le néant sévit / Soudain le vide s'est installé.

◆_하다 형 être vide, vain(*e*), futile. ¶ 그가 죽다니 참으로 ~한 느낌이 든다 Il est mort et je ressens vraiment un sentiment de vide / Avec sa mort

ㄱ

j'ai vraiment le sentiment d'un vide. ¶ 그 여자는 ~한 마음을 메울 길이 없었다 Elle ne pouvait pas combler ce sentiment de vide dans son cœur / Elle n'arrivait pas à trouver le moyen de remplir ce vide en elle. ¶ 그의 충고는 내겐 ~한 소리일 뿐이었다 Son conseil ne m'a servi à rien / Ses conseils tombent dans le vide / Pour moi, ses bonnes paroles sonnent dans le vide. ¶ 그 일을 이제 와서 포기한다는 것은 너무나 ~하다 C'est vraiment dommage d'abandonner ce travail maintenant! / Laisser tomber maintenant alors qu'on a fait tout ce travail, c'est vraiment décourageant! {*fam*} ¶ ~하게 울려퍼지는 메아리 un écho qui se répercute dans le vide. ¶ 내 귓가에는 그의 목소리가 ~하게 들렸다 Sa voix arrivait à mes oreilles et sonnait dans le vide / J'entendais sa voix, mais elle sonnait à mes oreilles dans le vide.

◆_감 -感 명 sentiment *m* de vide.

공헌 貢獻 명 contribution *f*, service *m*; apport *m*, aide *f*, concours *m*. ¶ 중동 평화에 대한 그의 ~은 지대하다 Il a beaucoup contribué à la paix au Moyen-Orient. ◇_(을) **하다** apporter *sa* contribution à *qc*, contribuer à *qc*; faire beaucoup pour *qc*; rendre service à ((l'État)). ¶ 지역 발전에 많은 ~을 하다 contribuer beaucoup au développement de la région. ¶ 그 과학자는 한국이 인공위성을 쏘아올리는 데 크게 ~했다 Ce scientifique a beaucoup contribué au lancement d'un satellite en Corée.

◆_도 -度 명 degré *m* de contribution. ¶ ~도가 높다[낮다]. beaucoup[peu] contribuer.

공화 共和 어근

◆_국 -國 명 république *f*, pays *m* républicain, État *m* républicain.

◆_당 -黨 명 parti *m* républicain.

◆_당원 -黨員 명 membre *m* du parti républicain, républicain(*e*).

◆_정 -政 명 régime *m* républicain.

◆_정치 -政治 명 politique *f* républicaine.

◆_제 -制 명 républicanisme *m*.

◆_주의 -主義 명 républicanisme *m*.

◆_주의자 -主義者 명 républicain(*e*).

◆민주_국 民主-國 명 république *f* démocratique.

◆프랑스_국 民主-國 명 République *f* française.

공황 恐慌 명 ① panique *f*, terreur *f*, effroi *m*, épouvante *f*, affolement *m*. ¶ ~ 상태에 빠지다 être pris(*e*) de panique; être gagné(*e*) par la panique; être saisi(*e*) de terreur. ② 【경제】 crise *f* (économique). ¶ ~을 극복하다 surmonter une crise. ◇_**에 빠지다** entrer [plonger, se précipiter] dans une crise économique.

◆_장애 -障碍 명 【심리】 troubles *mpl* mentaux[psychiques]. ¶ 그 환자는 ~장애를 보이고 있다 Ce patient souffre de troubles mentaux.

◆경제_ 經濟 명 crise *f* économique; ((주식)) panique *f* boursière.

◆대_ 大- 명 grande crise *f* économique; la crise *f* mondiale de 1929. ¶ 그 나라는 대~을 겪었다 Ce pays a subi [connu, traversé] une grande crise économique.

공회 公會 명 assemblée *f* générale; réunion *f* générale; réunion *f* publique.

◆_당 -堂 명 salle *f* de réunion publique; salle *f* municipale.

공훈 功勳 명 [grand] mérite *m*, exploit *m*; service *m* éminent, action *f* d'éclat. ¶ 빛나는[혁혁한] ~ un brillant exploit; un service extraordinaire. ◇_**을 세우다** accomplir des exploits ((à la guerre)), se distinguer (par *ses* exploits) ((dans une bataille)), rendre des services éminents [méritoires] (à la patrie). ¶ 나라를 위해 ~을 세운 사람 une personne qui a rendu des services éminents [méritoires] à la patrie.

공휴일 公休日 명 jour *m* férié [de congé régulier]; fête *f* chômée. ¶ 대통령 선거일은 임시 ~이다 Le jour de l'élection présidentielle est un jour de congé exceptionnel.

공히 共- 부 à la fois, en même temps; tous[toutes] (les deux). ¶ 두 사건 ~ 정치성을 띠고 있다 Ces deux affaires sont toutes les deux politiques.

◆명실_ 名實- 부 à la fois pour le nom et dans la réalité; à la fois nominalement et dans la réalité[pratique]. ¶ 우리나라는 이제 명실~ 선진국 대열에 들어섰다 Maintenant, la Corée fait partie de la liste des pays développés / À présent notre pays appartient aux pays industrialisés.

-곶 串 접미 cap *m*, promontoire *m*; pointe *f*, avancée *f*. ¶ 장산~ le cap de Changsan.

곶감 명 kaki *m* séché; plaquemine *f* séchée.

*~ **뽑아 먹듯[빼 먹듯]하다** dépenser petit à petit *ses* économies [de l'argent gagné avec peine].

***우선 먹기는 ~이 달다** Quand un profit se présente, on le saisit immédiatement sans se soucier de la suite [des conséquences]. ((Ce qui semble juste à première vue peut se révéler source de désagréments)).

과[1] 科 명 ① département *m*; U.F.R. *f* ((unité de formation et de recherche)). ¶ 무슨 ~에 다니세요? Dans quel département [U.F.R.] êtes-vous (étudiant(*e*)) [étudiez-vous]? ¶ 그는 작년에 ~를 바꿨다 Il a changé de département l'année dernière. ② 【생물】 famille *f*. ¶ 호랑이가 무슨 ~에 속하는지 아니? Tu sais à quelle famille appartient le tigre?

◆_대표 -代表 명 représentant(*e*) [délégué(*e*)] d'un département.

◆_도서실 -圖書室 명 bibliothèque *f* d'un département.

◆_사무실 -事務室 명 bureau *m* d'un département.

접미 ① 분과 service *m*; département *m*. ¶ 내[외]~ le service de médecine interne [externe]. ¶ 소아~ le service de pédiatrie. ¶ 나는 불어불문~에 다닌다 Je suis (étudiant(*e*)) dans le [au] département de littérature et langue françaises. ② 【생물】 famille *f.* ¶ 고양이~ [동물] des félidés [un félin].

과[2] 課 명 ((관청 따위의)) section *f*; service *m.* ¶ 그 일은 우리 ~ 소관이 아니다 Cette affaire ne relève pas des compétences de notre service. ¶ 그는 자리를 다른 ~로 옮겼다 Il a changé de poste pour un autre service.

분류 ① 과목 leçon *f*, matière *f.* ¶ 한 ~가 끝날 때마다 숙제를 내다 donner des devoirs à chaque fin de leçon [à la fin de chaque leçon]. ¶ 제 5 ~ la cinquième leçon, leçon 5. ¶ 이 ~까지는 하고 종강하겠다 Les cours s'arrêteront à cette leçon / Nous nous arrêterons à cette leçon. ¶ 이 ~에서 우리는 복합과거에 대해 공부합니다 Dans cette leçon, nous étudierons le passé composé. ¶ 지난 시간에 몇 ~까지 했지요? Au cours précédent, on s'est arrêté à quelle leçon?

접미 ① 과목 ¶ 수학~ 교과목 des matières du département de mathématiques. ② 분과 service *m.* ¶ 총무[인사, 경리]~ le service des affaires générales [du personnel, de la comptabilité].

과-[3] 過 접두 abus *m.* ¶ ~음[식] des abus d'alcool [des excès de table]. ¶ ~소비 des dépenses excessives. ¶ ~보호[하는 부모] une protection excessive ((des enfants de la part de leurs parents)) [parents qui couvent [choient] *leurs* enfants, parents excessivement protecteurs].

-과[4] 조 ((-과 s'ajoute au substantif qui se termine par une consonne, -와 par une voyelle)) ((liaison des mots)) et, avec, ainsi que. ¶산~ 바다 la montagne et la mer. ¶인간~ 자연 les êtres humains [l'homme] et la nature. ¶꽃~ 나비와 벌 fleur, papillon et abeille. ¶손~ 발 les mains et les pieds. ¶저기 말~ 소가 있다 Là-bas, il y a un cheval et un bœuf. ¶나는 삼촌~ 함께 고향에 다녀왔다. Je suis allé à mon pays natal avec mon oncle (et en est revenu). / J'ai fait un voyage à mon pays natal avec mon oncle. ((Il indique le mot auquel un autremot est comparé.)) de, à, avec. ¶ 이것은 저것~ 다르다. Ceci est différent de cela. ¶ 상드라와 니콜라의 학교 성적이 앙드레의 성적~ 꼭 같아요. Les notes scolaires de Sandra et de Nicolas sont absolument pareilles [identiques] à celles d'André. ¶ 월요일의 기온은 일요일~ 비슷하겠습니다. La température du lundi sera semblable à celle du dimanche.

과감 果敢 어근 hardiesse *f*, audace *f*, intrépidité *f.*

◆**_하다** 형 être hardi(*e*), audacieu*x*(*se*), plein(*e*) d'audace, entreprenant(*e*); déterminé(*e*), résolu(*e*), décidé(*e*); courageu*x*(*se*), brave, vaillant(*e*), culotté(*e*) {*fam*}, gonflé(*e*) {*fam*}; intrépide. ¶ ~한 공격 une attaque intrépide [audacieuse]. ¶ ~한 수단을 쓰다[취하다]. utiliser[employer] des moyens draconiens, prendre des mesures draconiennes [drastiques]. ¶ 그는 일을 추진하는 것이 [데 있어서] ~하다 Il est très entreprenant [audacieux] dans son travail / Il est plein d'audace pour ce qui est de mener *son t*ravail. ¶ 무엇을 ~하게 생략하다 se passer délibérément de *qc* ((formalités)).

◆**_성** -性 명 courage *m*, bravoure *f*, intrépidité *f*, vaillance *f*, hardiesse *f.* ¶ …데에 ~성을 보이다 faire preuve de courage; se montrer courageux.

과객 過客 명 personne *f* de passage; voyageu*r*(*euse*).

과거[1] 科擧 명 【역사】 examen *m* officiel; concours *m* d'État à l'époque de Goryeo et de Joseon ((destiné à recruter des hauts fonctionnaires)). ◇_(를) 보다 se présenter au concours d'État.

◆**_제도** -制度 système *m* du concours d'État.

과거[2] 過去 명 ① passé *m.* ¶ ~에 dans le passé; autrefois, anciennement, jadis. ¶ ~에는 없던 일이다 Ça ne s'est jamais produit dans le passé. ¶ ~ 10년간 (durant, au cours de) ces dix dernières années. ¶ ~의 일은 돌이킬 수 없다 On ne peut pas revenir en arrière / Ce qui est fait est fait. ¶ ~를 되돌아보다 se remémorer le passé; revenir dans le passé [dans le temps passé]. ¶ ~를 들추다 fouiller dans le passé. ¶ 가슴아픈 ~를 쉽게 잊다 oublier trop vite [facilement] les moments douloureux [le passé douloureux; les blessures du passé]. ¶ ~를 묻지 말자 Oublions [Tirons un trait sur] le passé / C'est de l'histoire ancienne. ② 【언어】 passé *m.* ¶ ~ 시제 문장[동사] phrase mise [verbe mis] au passé. ¶ 다음 문장을 ~로 바꾸시오. Mettez les phrases suivantes au passé.

◆**_분사** -分詞 【언어】 participe *m* passé.

◆**_사** -事 événement *m* passé.

◆**_시제** -時制 명 【언어】 passé *m*; temps *m* du passé *m*; temps *m* passé; temps *m* (du verbe) exprimant [qui exprime] le passé. ¶ ~ 시제의 용법 emplois des temps du passé; emplois du passé.

◆**_완료** -完了 명 【언어】 parfait *m*; prétérit *m.*

◆**_지사** -之事 명 fait *m*[événement *m*] du passé; ((c'est)) du passé. ¶ 한 때는 티격태격 했지만 이제 다 ~지사가 되었다 Autrefois, on s'est beaucoup disputé, mais maintenant c'est du passé.

과격 過激 어근

◆**_하다** 형 être violent(*e*); être excessi*f*(*ive*); être extrême, radic*al*(*ale*, *aux*). ¶ ~한 사람 une personne de nature excessive, une personne au tempérament fougueux [violent]. ¶ ~한 운동을 하다 faire du sport de manière excessive, faire des exercices trop violents, faire des sports violents. ¶ ~한 노동을 하다 se surmener, faire un travail excessif. ¶ 그는 언동이 ~하다 Ses paroles et son comportement sont excessifs / Il se conduit de manière excessive. ¶ 누구에게 ~하게 나오다 se comporter [agir] violemment vis-à-vis de *qn.* ¶ 누구를 ~하게 다루다 malmener *qn*; traiter *qn* violemment [brutalement].

◆**_성** -性 명 violence *f*, extrémité *f.* ¶ 지나친 ~성의 소유자 une personne extrêmement violente.

◆**_분자** -分子 명 éléments *mpl* extrémistes.

◆_사상 -思想 명 idées *fpl* extrémistes [radicales].

◆_주의 -主義 명 extrémisme *m*, radicalisme *m*. ¶ ~주의는 용납할 수 없다 On ne peut pas admettre l'extrémisme.

◆_파 -派 명 groupe *m* extrémiste.

◆_행위[행동] -行爲[行動] 명 comportement *m* excessif; conduite *f* violente [brutale].

과꽃 명 【식물】 reine-marguerite *f*, aster *m* de Chine; *Callistephus chinensis* {*nsc*}.

과녁 명 but *m*, cible *f*. ¶ ~을 맞히다 toucher [atteindre] le but [la cible]. ¶ ~을 못 맞히다 manquer le but [la cible] ¶ 화살이 ~ 한복판에 꽂혔다 La flèche s'est plantée au centre de la cible.

◆_판 -板 명 cible *f*. ¶ 화살이 ~판에 꽂혔다 La flèche s'est plantée dans la cible.

과년하다 過年- 형 avoir dépassé l'âge où l'on se marie normalement ((se dit d'une jeune fille)). ¶ 과년한 처녀 une vieille fille; une catherinette {*anc*}.

과다 過多 명 surabondance *f*, excès *m*. ¶ 지출의 ~가 문제다 Les dépenses excessives sont [Le caractère excessif des dépenses est] un problème.

◆_하다 형 être surabondant(*e*), être excessi*f*(*ve*). ¶ ~한 지출을 하다 faire des dépenses excessives. ¶ 이 환자는 출혈이 ~해서 위험하다 L'hémorragie de ce patient est telle qu'on craint pour sa vie / Ce malade a perdu tellement de sang que sa vie est en danger.

◆_공급 -供給 명 excès *m* de l'offre ((sur la demande)); ((연료의)) suralimentation *f*.

◆_섭취 -攝取 명 absorption *f* excessive. ¶ 지방의 ~섭취는 성인병의 원인이 된다 L'absorption excessive de graisses [l'obésité] peut provoquer des maladies chez les adultes.

◆_지출 -支出 명 dépenses *fpl* excessives.

◆영양_ 營養 명 suralimentation *f*. ¶ 영양~로 비만이 되다 devenir gros(*se*) [obèse] par suralimentation, prendre de l'embonpoint [engraisser] par suralimentation.

◆지방_ 脂肪- 명 obésité *f*.

과단 果斷 어근 résolution *f*, fermeté *f*.

◆_하다 prendre rapidement une décision, se décider rapidement, trancher rapidement; être fermement résolu(*e*) [décidé(*e*), déterminé(*e*)].

◆_성 -性 명 résolution *f*, fermeté *f*. ¶ ~성(이) 있는 사람 personne qui prend rapidement des décisions, personne qui agit résolument, personne résolue, personne déterminée, personne qui décide [détermine, résout] *qc* rapidement. ¶ ~성 있는 조치 mesures énergiques [puissantes, fortes]. ¶ ~성(이) 있다 être résolu(*e*), déterminé(*e*), décidé(*e*), ferme, énergique; avoir un esprit de résolution, agir résolument.

과당 果糖 명 【화학】 sucre *m* de fruit; fructose *m*, lévulose *m*.

과당경쟁 過當競爭 명 concurrence *f* effrénée [excessive].

과대 銙帶 명 【역사】 ceinture *f* métallique dont le métal varie en fonction du rang social.

과대 誇大 어근 exagération *f*, amplification *f*; fanfaronnade *f*, vantardise *f*, emphase *f*.

◆_하다 타 exagérer; amplifier, grossir ((les faits)); bluffer, charger, embellir, enjoliver, en remettre, encenser, enfler, exalter, faire mousser, grandir, hâbler, ne pas y aller de main morte, surestimer, surévaluer, surfaire, vanter.

◆_광고 -廣告 명 publicité *f* exagérée [mensongère, extravagante, à sensation]; battage *m* ((autour d'un film)).

◆_망상(증) -妄想(症) 명 mégalomanie *f*. ¶ ~망상 환자 un(*e*) mégalomane. ¶ ~망상에 빠지다[사로잡히다] sombrer dans la mégalomanie.

◆_포장 -鋪裝 명 emballage *m* démesuré ((par rapport à son contenu)); publicité *f* extravagante; ((film)) surfait [sur estimé]. ¶ ~포장해서 말하다 parler en exagérant [avec exagération], exagérer ((les faits)); raconter avec emphase.

과대 過大 어근

◆_하다 형 ((과도)) être excessi*f*(*ve*), extravagant(*e*), démesuré(*e*), exorbitant(*e*), immodéré(*e*); énorme, gigantesque, monstrueu*x*(*se*), grandiose; ((과장)) être exagéré(*e*). ¶ ~한 요구를 하다 faire une demande excessive [démesurée, exorbitante]. ¶ ~한 부담을 주다 imposer une charge excessive [une pression morale] à *qn*, mettre trop de pression sur *qn*, importuner *qn*, ennuyer [embêter, gêner] *qn*. ¶ ~한 책임을 주다 imposer une trop lourde responsabilité à *qn*, faire porter une trop lourde responsabilité à *qn*. ¶ 세무서에서 이달치 나의 소득을 ~하게 평가했다 Ce mois-ci, au bureau de perception des impôts, ils ont surévalué mon salaire.

◆_평가 -評價 명 surestimation *f*; surévaluation *f*. ¶ 누구의 능력을 ~평가하다 surestimer capacités [compétences] de *qn*. ¶ 자신의 실력을 ~평가하지 마라 Ne te surestime pas! / Ne surestime pas tes capacités! / N'aie pas une trop haute opinion de toi-même!

과도[1] 果刀 명 couteau(*x*) *m* à fruits. ¶ ~로 과일을 깎다 éplucher les fruits avec un couteau à fruits.

과도[2] 過渡- 어근 (de) transition *f*.

◆_기 -期 ☞ 과도기

◆_내각 -內閣 명 cabinet *m* provisoire.

◆_정부 -政府 명 gouvernement *m* provisoire [de transition].

과도기 過渡期 명 période *f* de transition [transitoire].

◆_적 -的 명관 transitoire; de transition. ¶ ~적 체계 un régime de transition. ¶ ~적 현상 un phénomène transitoire.

과도하다 -過度 형 être démesuré(*e*), exagéré(*e*), excessi*f*(*ve*), immodéré(*e*), outré(*e*). ¶ 과도한 노출 une exhibition excessive; une exposition excessive; un exhibitionnisme {*fig*}. ¶ 과도한 음주 un abus d'alcool. ¶ 과도한 욕망 un désir immodéré [effréné]. ¶ 과도한 흡연 un abus de tabac. ¶ 과도하게 de manière excessive, avec excès, excessivement, démesurément, outre mesure.

과두정치 寡頭政治 명 oligarchie *f*. ¶ 이 나라는 현재 ~ 체제 하에 있다 Ce pays est sous régime oligarchique.

과두제 寡頭制 명 【정치】 oligarchie *f*.

과락 科落 명 échec *m* à une unité de valeur [U.V.]; échec à un examen. ¶ 그는 한 과목 ~으로 이번 시험에 떨어졌다 Il a échoué [a été recalé à, a raté {*fam*}] cet examen à cause d'une matière. ¶ 이 과목은 ~만 면하면 다행이다 Dans cette U.V., c'est déjà bien si tu évites la note éliminatoire / Dans cette U.V., si tu as (au-dessus de) la moyenne, tu peux t'estimer heureux. ◇_(을) **하다** rater une U.V.[être recalé(*e*) à une U.V.]. ¶ 나는 지난 학기에 수학에서 ~을 했다 Le semestre dernier, j'ai raté l'U.V. de mathématiques. ¶ 그는 두 과목이나 ~을 했다 Il a même raté deux U.V.

과로 過勞 명 surmenage *m*; excès *m* de travail, fatigue *f*. ¶ ~로 쓰러지다 tomber malade par excès de fatigue, tomber malade par suite de surmenage. ◇_(를) **하다** travailler à l'excès; se surmener. ¶ 너무 ~하지 않도록 주의하십시오 Faites attention de ne pas trop vous surmener!

◆_**사** -死 명 mort *f* par excès de fatigue.

과료 科料 명 contravention *f*, amende *f*, procès-verbal *m*[p.-v. *m*], contredanse *f* {*fam*}. ¶ 도로법 위반 시에는 15만원 이하의 ~를 부과한다 En cas d'infraction au code de la route, on inflige une amende inférieure à 150 mille wons.

과린산 過燐酸 명 【화학】 superphosphate *m*.

◆_**석회** -石灰 명 superphosphate *m* de chaux.

과립 顆粒 명 granulé *m*. ¶ 약재를 ~으로 만들다 fabriquer des médicaments à partir de granulés.

◆_**형성** -形成 명 granulation *f*.

과목 科目 명 matière *f* (scolaire), 《대학》 U.V. (unité *f* de valeur); cours *m*. ¶ 무슨 ~을 가장 좋아하니? Quelle est ta matière préférée? ¶ 이번 학기에는 네 ~을 수강한다 J'ai choisi quatre cours [U.V.] pour ce semestre [cette session]. ¶ 내일은 시험이 두 ~이 있다 Demain, j'ai des examens dans deux matières [U.V.].

◆_**낙제** -落第 명 《대학》 échec *m* à une unité de valeur [U.V.]. ☞ 과락

◆**개설**_ 改設- 명 ouverture *f* d'un cours, cours *m* ouvert.

◆**교양**_ 教養- 명 cours *m* de culture générale 《beaux-arts, musique, théâtre, éducation physique》 accessible à tous les étudiants.

◆**선택**_ 選擇- 명 matière *f* [U.V. *f*, cours *m*] facultative [à option].

◆**전공**_ 專攻- 명 cours *mpl* [U.V. *f*] spécialisés d'un département, cours *m* [U.V. *f*] de spécialité (du département).

◆**필수**_ 必須- 명 matière *f* [U.V. *f*, cours *m*] obligatoire.

과묵 寡默 어근 taciturnité *f*, morosité *f*.

◆_**하다** 형 être taciturne, silencieux(*se*), qui parle peu, peu loquace. ¶ ~한 청년 un jeune homme [un garçon] silencieux [peu loquace, taciturne, renfermé]. ¶ 아버지는 (성격이) ~하시다 Papa est taciturne [reste toujours très silencieux] / Papa est peu loquace [parle toujours très peu].

◆_**성** -性 명 caractère *m* taciturne [peu loquace], taciturnité *f*.

과문하다 寡聞- 형 avoir des connaissances insuffisantes; être mal renseigné(*e*), peu informé(*e*). ¶ 과문한 탓으로 저는 그것에 대하여 말할 수 없습니다 Mes connaissances étant limitées [N'étant pas versé dans ce domaine], je ne puis vous parler de cela.

과민 過敏 어근 hypersensibilité *f*, hyperémotivité *f*; nervosité *f*; surexcitation *f*.

◆_**하다** 형 être très sensible; être hypersensible, hyperémotif(*ve*), nerveux(*se*), énervé(*e*), excité(*e*), être sur les nerfs; être impressionnable,. ¶ 남동생은 요즘 입시 때문에 신경이 ~해 있다 Ces jours-ci [En ce moment], mon petit frère est très nerveux [sur les nerfs] à cause de l'examen d'entrée à l'université. ¶ 무엇에 대해 ~한 반응을 보이다 réagir (très) nerveusement face à *qc*.

◆_**성** -性 명관 hypersensibilité *f*, hyperémotivité *f*; nervosité *f*; surexcitation *f*.

◆_**반응** -反應 명 réaction *f* nerveuse; réaction *f* hypersensible [hyperémotive].

◆_**증** -症 명 【의학】 éréthisme *m*.

◆**신경_(증)** 神經-(症) 명 【의학】 hyperesthésie *f*, hyperalgésie *f*.

과밀 過密 명 《인구의》 surpeuplement *m*; surcharge *f*.

◆_**하다** 형 être surpeuplé(*e*). ¶ 우리나라는 인구가 ~하다 Notre pays [La Corée] est surpeuplé(*e*).

◆_**도시** -都市 명 ville *f* surpeuplée.

◆_**지역** -地域 명 zone *f* [région *f*] surpeuplée.

◆_**학급** -學級 명 classe *f* surchargée.

과반 果盤 명 plateau(*x*) *m* à fruits.

과반수 過半數 명 majorité *f* (absolue); 《대다수》 la plupart. ¶ ~의 지지[찬성]를 얻다 obtenir [emporter] la majorité; obtenir l'approbation [être soutenu(*e*)] à la majorité. ¶ ~의 찬성에 의해 결정된 사항 décision prise à la majorité (des voix). ¶ 투표의 ~로 제안을 채택하다 adopter une proposition à la majorité des voix. ¶ ~를 차지하다 [얻다] obtenir [emporter] la majorité (absolue); avoir la majorité (absolue); être en majorité.

과보호 過保護 명 protection *f* excessive 《des enfants de la part de leur parents》. ¶ ~는 오히려 아이를 망친다 Couver [Choyer] son enfant peut au contraire être négatif pour lui(elle). ◇_(를) **하다**

((parents)) couver [choyer, dorloter, materner] *ses* enfants; être excessivement protec*teur*(*trice*).

과부 寡婦 명 veuve *f*. ¶ ~가 되다 perdre son mari; devenir veuve. ¶ 전쟁으로 많은 ~가 생겼다 La guerre a fait beaucoup de veuves.

*~ **사정은 홀아비가 안다** Le veuf sait bien ce que vit la veuve / Ceux qui connaissent les mêmes malheurs sympathisent entre eux.

과부족 過不足 명 excès *m* et manque *m*; plus *m* et moins *m*. ¶ ~ 없이 딱 맞다 C'est exactement [juste, pile {*fam*}] ce dont j'avais besoin / C'est exactement la quantité qu'il me fallait / C'est parfait.

과부하 過負荷 명 surcharge *f* de poids. ◇_(를) **걸다** surcharger. ¶ 과도한 요구로 팀의 정상적인 활동에 ~를 걸지 말아라 Ne surcharge pas l'activité normale d'un service par une demande excessive [non justifiée]. ◇_(가) **걸리다** être surchargé(*e*), avoir une surcharge; ((업무에)) être surchargé(*e*), débordé(*e*) ((de travail)), crouler sous ((le travail)), avoir trop de ((travail)). ¶ 기계에 ~가 걸렸다 La machine est surchargée / L'appareil a une surcharge. ¶ 내가 요즘 업무에 ~가 걸려있어 Je suis surchargé(*e*) [débordé(*e*)] de travail ces temps-ci / En ce moment, je croule sous le travail.

과분하다 過分― 형 excéder; être trop ((grand, beau, bien)) pour *qn*; passer les bornes; être au-dessus du rang de *qn*. ¶ 과분한 찬사에 몸둘 곳을 모르겠습니다 Je suis confus(*e*) de tant d'éloges. ¶ 그 사람이 상을 받다니 과분한 일이다 Il a reçu un prix, c'est trop![ça dépasse les bornes]! ¶ 그 여자는 너 같은 남자에겐 과분하다 Cette femme est trop bien pour toi / Il ne vaut pas cette fille. ¶ 그렇게 환대받는다는 것은 너에겐 과분하다 Tu as été trop bien accueilli(*e*) / Être accueilli(*e*) de cette façon-là, c'est trop pour toi.

과불급 過不及 명 excès *m* ou défaut *m* (de capacité). ◇_**이다** être en excès [en défaut] (de capacité).

과산화― 過酸化 어근 【화학】 suroxydation *f*.

◆_**수소** -水素 명 oxygéné(*e*).

◆_**수소수** -水素水 명 eau *f* oxygénée.

◆_**망간** 명 peroxyde *m* de manganèse.

◆_**물** -物 명 peroxyde *m*.

과세[1] 過歲 명 célébration *f* du nouvel an.

◆**이중**_ 二重- 명 célébration *f* du nouvel an du calendrier grégorien et du nouvel an lunaire. ¶ 요즘은 이중~를 거의 하지 않는다 De nos jours, on ne célèbre presque plus à la fois le nouvel an solaire et le nouvel an lunaire.

과세[2] 課稅 명 imposition *f*, taxation *f*; ((세금)) taxe *f*, impôt *m*, contribution *f*. ◇_(를) **하다** imposer ((les salariés, les revenus, une taxe sur *qc*)); frapper ((une marchandise)) d'un impôt; taxer ((les boissons)). ¶ 수입품은 엄격하게 ~를 한다 On impose rigoureusement les marchandises importées.

◆_**가격** -價格 명 prix *m* TVA.

◆_**면제** -免除 명 exemption *f* d'impôts; exonération *f* d'impôts.

◆_**소득** 所得 명 revenus *mpl* imposables.

◆_**율** -率 명 taux *m* de l'impôt. ¶ 근로 소득에 대한 ~율을 조정하다 calculer le taux d'impôt du revenu des salariés [fixer le barème du montant d'imposition des contribuables].

◆_**표준** -標準 명 assiette *f* d'un impôt. ¶ ~표준이 잘못 잡혀서 세금을 많이 냈다 Étant donné qu'il y a eu une erreur dans le calcul de l'assiette de l'impôt, j'ai été lourdement taxé(*e*).

◆**누진**_ 累進- 명 imposition *f* au taux progressif.

과소[1] 過少 명 trop peu. ¶ 계속되는 투자의 ~ le manque consécutif d'investissements.

과소[2] 過疎 명 ((인구의)) sous-((peuplement)). ¶ 인구 ~지역과 과밀지역 une région sous-peuplée et une région surpeuplée.

과소비 過消費 명 dépenses *fpl* excessives; surconsommation *f*, consommation *f* à l'excès. ◇_(를) **하다** faire des dépenses excessives, consommer de façon excessive.

과소평가 過少評價 명 sous-estimation *f*, sous-évaluation *f*. ◇_(를) **하다** sous-estimer *qc*/*qn*, sous-évaluer *qc*. ¶ 그의 실력을 ~하지 마시오 Ne sous-estimez pas [Ne sous-évaluez pas] ses capacités. ◇_(가) **되다** être sous-estimé(*e*), sous-évalué(*e*). ¶ 그는 능력에 비해 ~되어 있다 Ses capacités sont sous-estimées.

과속 過速 명 excès *m* de vitesse. ◇_(을) **하다** faire un excès de vitesse, dépasser la vitesse limitée [autorisée]. ¶ 고속도로에서 ~을 하다 faire un excès de vitesse [dépasser la vitesse autorisée] sur l'autoroute.

◆_**운전** -運轉 명 conduite *f* avec excès de vitesse.

과수댁 寡守宅 명 veuve *f* ((terme honorifique)).

과수원 果樹園 명 verger *m*; champ *m* d'arbres fruitiers; -(r)aie ((cerisaie, bananeraie, châtaigneraie, oliveraie)).

과시 誇示 명 ostentation *f* ((de courage)), étalage *m* ((d'érudition)), affection *f*, déploiement *m* ((de richesse)), démonstration *f* ((de force)), ((faire)) parade *f* ((de *ses* lectures)). ◇_(를) **하다** déployer ((*sa* richesse)); exhiber ((*ses* décorations)); montrer *qc* avec ostentation; faire montre d'ostentation avec *qc*; faire parade [montre, étalage] de *qc*; afficher *qc*. ¶ 그는 그 동안 닦은 기량을 마음껏 ~하였다 Il a fait montrer de toutes ses techniques qu'il a acquises jusqu'à présent. ¶ 자신의 지식을 ~하다 étaler toujours *ses* connaissances.

◆_**욕** -慾 명 envie *f* [besoin *m*] de montrer [d'étaler] (*ses* richesses), désir *m* d'étaler (*ses* richesses) [d'en mettre plein la vue aux autres {*fam*}]. ¶ ~욕에 빠지다[사로잡히다] éprouver le besoin d'étaler (*ses* richesses, *ses* biens).

과식 過食 명 excès *m* de nourriture; gourmandise *f*. ◇_(을) **하다** manger avec excès; trop manger.

¶ 그는 ~하여 병이 났다 Il est tombé malade parce qu'il a trop mangé.

과신 過信 명 excès *m* de confiance; confiance *f* excessive [aveugle]. ◇_(을) **하다** avoir trop (de) confiance en *qn/qc*; faire trop (de) confiance à *qn*. ¶ 자신을 ~하다 avoir trop (de) confiance en *soi*. ¶ 그는 브레이크 성능을 ~하다가 큰 사고를 당했다 Il comptait trop sur (la sûreté de) ses freins si bien qu'il a eu un sérieux accident / Il a été victime d'un grave accident parce qu'il comptait sur ses freins. ¶ 자기 실력을 ~하다가는 큰코다치기 쉽다 Si on a trop (de) confiance en soi, on finit un jour par se casser le nez [on peut le payer (très) cher] / Si on croit trop en *ses* capacités, il est facile de se casser la figure.

과실[1] 果實 명 ① fruit *m*. ② ((결실)) fruit *m*. ◇_**을 맺다** porter des fruits, fructifier: être fructueux(*se*). ◇_**을 따다** cueillir des fruits.

◆_**주** -酒 명 alcool *m* de fruits.

과실[2] 過失 명 faute *f*; erreur *f*; négligence *f*. ¶ ~로 par négligence; par erreur; par faute. ¶ 자신의 ~을 인정하다 avouer sa faute; s'apercevoir de son erreur; reconnaître ses torts. ¶ 누구의 ~로 돌리다 imputer une faute à *qn*; rejeter une faute sur *qn*. ¶ 그것은 내 ~이 아니다 Ce n'est pas (de) ma faute. ◇_**을 범하다** commettre une faute; faire une erreur. ¶ 중대한[가벼운] ~을 범하다 commettre une faute grave [légère].

◆_**범** -犯 명 négligence *f*, personne *f* coupable d'un délit par négligence.

◆_**상해(죄)** -傷害(罪) 명 blessures *fpl* par imprudence.

◆_**치사(죄)** -致死(罪) 명 homicide *m* involontaire [par imprudence].

과언 過言 명 expression *f* excessive; exagération *f*; excès *m* de langage. ¶ ...라고 해도 ~이 아니다 Ce n'est pas exagéré de dire que+*ind*; Ce n'est pas excessif de dire que+*ind*; On peut dire sans exagération que+*ind*; on n'exagère rien en disant que+*ind*. ¶ 설악산은 남한 제일의 명산이라고 해도 결코 ~이 아니다 Ce n'est pas du tout exagéré de dire que la montagne Seorak est la plus célèbre de la Corée du Sud.

과업 課業 명 tâche *f*, devoir *m*. ¶ ~을 맡기다[부여하다] confier une tâche à *qn*. ¶ ~을 완수하다 accomplir une tâche.

과연 果然 부 en effet, vraiment, effectivement, réellement; comme prévu, comme on pense. ¶ 그 사람의 솜씨는 ~ 소문대로군[소문대로 빼어나군]! En effet, son talent est aussi remarquable que le laissaient croire les rumeurs. ¶ ~ 그는 뛰어난 예술가이다 C'est vraiment un excellent artiste. ¶ ~ 그 아버지에 그 아들이다 Tel père tel fils / Il tient bien de son père, celui-là {*fam*} / C'est tout à fait son père / Bon sang ne peut [ne saurait] mentir.

과열 過熱 명 chauffage *m* excessif; surchauffe *f*. ¶ 난로의 ~로 화재가 발생했다 Une surchauffe du chauffage a été à l'origine de l'incendie / Un incendie s'est déclaré à cause de la surchauffe d'un appareil de chauffage. ¶ 부동산 투기의 ~ des spéculations effrénées sur les immobiliers. ◇_(을) **하다**[(이) **되다**] être chauffé(*e*) à l'excès; être surchauffé(*e*). ¶ 엔진이 ~했다 Le moteur a surchauffé / Le moteur fait de la surchauffe.

과오 過誤 명 faute *f*, erreur *f*, tort *m*. ¶ ~를 깨닫다 se rendre compte d'une faute; réaliser son erreur. ◇_**를 범하다**[**저지르다**] commettre une faute; se mettre en tort; faire une erreur.

과외 課外 명 ① en dehors du programme régulier [d'études]; hors programme; parascolaire; périscolaire; cours *m* particulier; leçons *fpl* particulières. ¶ ~ 활동[지도]에 힘쓰다 se préoccuper des activités extra-scolaires [parascolaires, périscolaires]. ¶ ~가 성행하고 있다 Les cours particuliers jouissent d'une grande vogue. ② en supplément. ¶ ~의 수입이 생겼다 Je me suis fait de l'argent en supplément [en plus de ce que je gagne normalement]. ◇_(를) **하다** ① ((가르치다)) donner des cours particuliers [privés]. ¶ 내 친구는 고등학생들에게 영어 ~를 한다 Un de mes amis donne des cours particuliers d'anglais à des lycéens. ② ((배우다)) suivre [recevoir] des cours particuliers. ¶ ~를 해야 꼭 좋은 대학에 가는 건 아니다 On n'est pas obligé de recevoir des cours particuliers pour entrer dans une bonne université. ◇_(를) **받다** suivre [recevoir] des cours particuliers.

◆_**공부** -工夫 명 leçons *fpl* particulières; cours *m* particulier [privé].

◆_**선생** -先生 명 enseignant *m* qui donne des leçons particulières; précepteur(*trice*).

◆_**활동** -活動 명 activité *f* extras-colaire [parascolaire, périscolaire].

과욕 過慾 명 excès *m* de convoitise. ◇_**이다** être un excès de convoitise. ¶ 그것은 그에게는 ~이다 C'est un excès de convoitise de sa part. ◇_(을) **부리다** brûler de convoitise; être envieux(*se*). ¶ ~을 부리지 마라 Arrête d'être envieux(*se*) / Arrête de vouloir tout comme ça!

과용 過用 명 dépense *f* excessive; utilisation *f* excessive (du sucre); usage *m* excessif (des médicaments). ◇_(을) **하다** dépenser trop; utiliser *qc* trop; être prodigue. ¶ 약을 ~하다 prendre trop de médicaments. ¶ 오늘 ~하신 것은 아닌지요 Aujourd'hui, je me demande si vous n'avez pas fait trop de dépenses.

과원 課員 명 personnel *m* d'une section [d'un service].

과유불급 過猶不及 명 L'excès ne vaut pas mieux que le manque / L'excès est toujours un défaut / On pêche par excès.

과육 果肉 명 chair *f* d'un fruit.

과음 過飮 명 intempérance *f* dans la consommation de la boisson. ◇_(을) **하다** boire [trop]; boire avec excès. ¶ 어제 저녁에 좀 ~을 했더니 골치가 아프다 J'ai un peu trop bu hier soir, j'ai mal à la tête.

과인 寡人 대 Nous; Notre ((formule de majesté employée par le roi)). ¶ 이것이 모두 ~의 불찰로 빚어진 일이요 Tout cela est de Notre faute / Tout ceci est arrivé à cause de Nous.

과일 명 fruit *m* (comestible). ¶ ~을 좋아하다 aimer les fruits. ¶ 후식으로 ~을 먹었다 J'ai mangé [pris] des fruits comme dessert. ¶ ~의 껍질을 벗기다 éplucher des fruits, enlever la peau des fruits.

◆_**가게** 명 fruiterie *f*; marchand(*e*) de fruits; ((chez le/la)) fruiti*er*(*ère*).

◆_**장수** 명 fruiti*er*(*ère*); marchand(*e*) de fruits

과잉 過剩 명 surabondance *f*, excédent *m* surplus *m*, surcroît *m*; excès *m*; surplus *m*; ((형용사적)) excédentaire, surabondant(*e*), superflu(*e*).

◆_**공급** 명 approvisionnement *m* excessif. ¶ 원유는 현재 ~공급 되고 있다 Aujourd'hui, le pétrole est en approvisionnement excessif / Ces temps-ci, l'approvisionnement de pétrole est excédentaire.

◆_**방어** -防禦 명 excès *m* de légitime défense.

◆_**보호** -保護 명 protection excessive ((des enfants de la part de leurs parents)). ¶ 자식을 ~보호하는 부모 des parents qui couvent [choient] leurs enfants, des parents excessivement protecteurs.

◆_**생산** -生產 명 surproduction *f*.

◆_**충성** -忠誠 명 fidélité *f* excessive; dévouement *m* aveugle [sans borne, absolu]; ((경멸적)) fidélité *f* servile. ¶ ~충성을 하다 être exagérément fidèle à *qn*, être dévoué(*e*) aveuglement à *qn*.

◆_**친절** -親切 명 excès *m* de gentillesse, gentillesse *f* excessive. ¶ ~친절을 보이다 se montrer trop gentil(*le*) à l'égard de *qn*.

◆_**반응** -反應 réaction *f* exagérée. ¶ ~반응을 보이다 réagir de manière exagérée.

과자 菓子 명 biscuit *m*; gâteau(*x*) *m*; pâtisserie *f*; ((당과)) confiserie *f*, sucrerie *f*, friandise *f*. ¶ ~를 만들다[굽다] confectionner [faire cuire] des biscuits; faire [faire cuire] des gâteaux, faire des pâtisseries. ¶ ~를 사먹다 s'acheter une pâtisserie [des gâteaux, des biscuits].

◆_**가게** 명 pâtisserie *f*, confiserie *f*.

◆_**장수** 명 pâtissi*er*(*ère*), confiseu*r*(*se*).

◆_**점** -店 명 pâtisserie *f*, confiserie *f*.

과작 寡作 명 rareté *f* des œuvres [d'un écrivain]. ¶ 그는 ~의 작가이다 C'est un écrivain qui écrit peu [est peu productif].

과장 誇張 명 exagération *f*; style *m* ampoulé [emphatique, hyperbolique, grandiloquent]; broderie *f*, enflure *f* {*litt*}, grandiloquence *f*, emphase *f*, hyperbole *m*, amplification *f*; fanfaronnade *f*. ¶ 그의 이야기에는 ~이 많다 Il y a beaucoup d'exagération dans ce qu'il raconte / Son histoire est très exagérée. ◇_(이) **있다**[**없다**] être dit(*e*) [raconté(*e*)] avec [sans] exagération. ¶ ~ 없이 있는 그대로 이야기해 보아라 Raconte les choses telles quelles sans exagérer / Sans broder, raconte-nous ton histoire. ◇_(을) **하다** exagérer ((un événement)), amplifier ((un fait)), broder ((une histoire)), fanfaronner, grossir ((une description)), gonfler ((une nouvelle)), en rajouter, enjoliver ((une situation)). ¶ 사실을 ~하다 exagérer [amplifier, gonfler, enjoliver, grossir] un fait. ¶ 터무니없이 ~을 하다 dire des énormités [extravagances, des folies]. ¶ ~하여 avec exagération; avec emphase, avec grandiloquence. ◇_(이) **되다** être exagéré(*e*), emphatique, enflé(*e*), ampoulé(*e*), enjolivé(*e*), grossi(*e*), gonflé(*e*). ¶ ~된 광고 une publicité exagérée [excessive, abusive]. ¶ 완전히 실패라고 한 것은 ~된 말이었다 C'était exagéré de dire qu'il s'agissait d'un échec complet / C'était trop de raconter qu'il s'agissait d'un échec total.

◆_**법** -法 명 【문법】 hyperbole *f*.

◆_**증** -症 명 【의학】 mythomanie *f*.

과적 過積 명 chargement *m* excessif, surcharge *m*. ¶ ~ 차량 단속 un contrôle des véhicules surchargés [trop chargés]. ◇_(을) **하다** être surchargé(*e*), trop chargé(*e*), dépasser *son* poids. ¶ ~을 한 화물차 le wagon de marchandises [fourgon, camion] trop chargé [surchargé].

과점 寡占 명 【경제】 oligopole *m*.

과정[1] 過程 명 processus *m*, cours *m*, étape *f*. ¶ 자동차를 생산하는 ~에서 문제가 생겼다 Des problèmes sont survenus dans la fabrication des voitures.

◆**생산**_ 生產- 명 processus *m* de production.

◆**진화**_ 進化- 명 processus *m* de l'évolution.

과정[2] 課程 명 cycle *m* (d'enseignement); cursus *m*; programme *m* d'études ¶ 고등[대]학교 ~을 마치다 terminer ses études secondaires [supérieures]. ¶ 소정의 ~을 마치다[수료하다, 이수하다] terminer les cours requis [obligatoires].

◆**박사**_ 博士- 명 ((en)) doctorat *m*.

◆**석사**_ 碩士 명 ((en)) master *m* ¶ 그 학생은 석사~에 있다 Cet(*te*) étudiant(*e*) est en master.

과제 課題 명 ① problème *m*. ¶ 연구 ~ un thème de recherche [un sujet d'étude]. ¶ 어려운 ~를 안게 되었다 Je me suis retrouvé(*e*) avec des problèmes compliqués / Je me suis retrouvé(*e*) avec un tas de problèmes difficiles (à régler). ¶ 앞으로의 ~로 남겨 두다 laisser ce problème (à résoudre) pour plus tard. ② 숙제 tâche *f*, devoir *m*, trava*il*(*aux*) *m*. ¶ 여름방학 ~ les devoirs des vacances d'été. ¶ ~가 너무 많아서 학생들의 부담이 크다 Comme il y a beaucoup de devoirs, les élèves se sentent débordé(*e*)s / Les élèves sont surchargés de travail [de devoirs]. ¶ ~를 내주다 donner des devoirs [un travail] à faire.

◆_**물** -物 명 devoir *m*.

◆**당면**_ 當面- 명 un problème à résoudre dans

l'immédiat.

과중 過重 명 surcharge *f*. ¶ 세금의 ~ une surcharge d'impôts.

◆_**하다** 형 être trop lourd(*e*); être surchargé(*e*); être au-dessus des forces[des capacités] de *qn*. ¶ 업무가 너무 ~하다 être surchargé(*e*) de travail.

과중하다 過重- 형 être trop lourd(*e*); être surchargé(*e*); être au-dessus des capacités [forces] de *qn*. ¶ 과중한 노동에 시달리다 être accablé(*e*) d'un dur travail; être écrasé(*e*) d'une tâche au-dessus de *ses* capacités; être surchargé(*e*) de travail. ¶ 고용인들에게 과중한 부담을 지우다 imposer [donner] de lourdes responsabilités à *ses* employés. ¶ 과중한 세금을 부과하다 surcharger *qn* d'impôts; faire peser de lourds impôts sur *qn*. ¶ 수행하기에 과중한 임무 une tâche difficile [pénible] à accomplir, un travail pénible à réaliser. ¶ 과중한 책임 une responsabilité très lourde, une responsabilité au delà de *ses* capacités.

과즙 果汁 명 jus *m* de fruits. ¶ ~을 짜다 extraire le jus (d'une orange), presser ((un fruit pour en obtenir du jus)).

과징금 過徵金 명 amende *f*. ¶ 100만 원의 ~을 물리다 devoir payer une amende d'un million de wons. ¶ ~을 내다[납부하다] payer [verser] une amende.

과찬 過讚 명 éloges *fpl* excessifs; compliment *m* excessif. ¶ ~의 말씀입니다 Je ne mérite pas de tels compliments [de tels éloges] / Vous exagérez.

◇_(**을**) **하다** faire des éloges excessifs de *qn*; faire des compliments excessifs à / de *qn*; faire [adresser] un compliment excessif à *qn*.

과태료 過怠料 명 amende *f* en cas de retard pour un paiement; amende *f* pour retard de paiement. ¶ ~를 부과하다[물리다] infliger une amende à *qn* [condamner *qn* à une amende] pour retard de paiement. ¶ 첫 아이의 출생 신고를 늦게 하여 ~를 물었다[냈다] J'ai eu [payé] une amende pour avoir déclaré trop tard la naissance de mon premier enfant.

과포화 過飽和 명 sursaturation *f*. ◇_(**가**) **되다** être sursaturé(*e*).

◆_**상태** -狀態 명 (état *m*) sursaturé.

◆_**용액** -溶液 명 solution *f* sursaturée.

◆_**지방산** -脂肪酸 명 acide *m* adipique.

◆_**현상** 現狀 명 phénomène *m* de sursaturation.

과표 課標 명 ((‘과세표준’의 약어)) ☞ 과세[2]

과하다[1] 課- 타 ① ((세금 따위를)) 매기다 imposer *qn* ((une taxe sur *qc*)); mettre un impôt sur *qc*; frapper ((une marchandise)) d'une taxe; taxer ((les boissons)); infliger [condamner] *qn* à ((une amende)). ¶ 세금을 ~ imposer ((les salariés, les revenus, une taxe sur *qc*)). ¶ 국민에게 과중한 세금을 ~ accabler la population [*ses* concitoyen(*ne*)s] d'impôts; charger la population [le peuple] de lourds impôts. ¶ 100만원의 벌금을 ~ condamner [infliger] *qn* à une amende d'un million de wons. ¶ 과태료를 ~ condamner *qn* à une amende [infliger une amende à *qn*] pour retard de paiement. ② ((임무, 책임 따위를)) 주다 assigner ((une tâche)); imposer ((un travail, une tâche à *qn*, de dures conditions à *qn*)). ¶ 정부는 그 부처에 새 업무를 과했다 Le gouvernement a imposé une nouvelle tâche à ce ministère. ¶ 중대한 과제[과업]를 ~ imposer une tâche [un devoir] important(*e*) à *qn*. ¶ 책임을 ~ imposer une responsabilité à *qn*; charger *qn* d'une responsabilité. ③ ((시험, 성적 따위를)) 부과하다 donner *qc* à faire ((à un(*e*) élève)). ¶ 교수가 학생에게 리포트를 과했다 Le professeur a donné un exposé à faire à ses élèves.

과하다[2] 科- 타 infliger ((une peine)) à *qn*. ¶ 벌을 ~ infliger une peine à *qn*. ¶ 판사는 피고에게 징역 10년형을 과했다 Le juge a infligé une peine de dix ans à l'accusé(*e*) / Le juge a condamné l'accusé(*e*) à dix ans.

과하다[3] 過- 형 dépasser, surpasser, être au-dessus de; être excessi*f*(*ve*); être de trop; dépasser les bornes; exagérer, aller trop loin. ¶ 그건 너무 과해! C'est exagéré [trop] / C'est de trop. ¶ 그 말은 너무 ~ Ces paroles sont excessives / Ces paroles sont démesurées. ¶ 그 사람은 욕심이 ~ Il est trop ambitieux / Il a trop d'ambition. ¶ 그는 어제 저녁 술이 과해 정신이 없었다 Hier soir, il a tellement bu qu'il n'avait plus toute sa tête / Il a bu trop d'alcool hier soir et il n'avait plus tous ses esprits. ¶ 그 날 당신 처사는 너무 과했소 Ce jour-là, vous avez dépassé les bornes. ¶ 당분이 과하게 함유된 식품 un aliment trop riche en glucose [en sucre].

과학 科學 명 science *f*; sciences *fpl*. ¶ 농업에 ~을 응용하다 utiliser les sciences dans l'agriculture; mettre en pratique les recherches scientifiques dans l'agriculture; appliquer les ((méthodes)) scientifiques à l'agriculture.

◆_**적** -的 명관 scientifique; de science. ¶ 회사를 ~적으로 경영하다 administrer une société selon une méthode scientifique.

◆_**성** -性 명

◆_**화** -化 명 le fait de rendre qc scientifique. ¶ ~화하다 rendre *qc* scientifique. ¶ ~화되다 être rendu(*e*) scientifique.

◆_**계** -界 명 monde *m* scientifique, cercle *m* scientifique.

◆_**기술** -技術 명 technique *f* scientifique; (sciences *fpl* et) technologies *fpl*.

◆_**기술부** -技術部 명 ministère *m* des Sciences et Technologies.

◆_**만능주의** -萬能主義 명 scientisme *m*.

◆_**소설** -小說 명 roman *m* scientifique.

◆_**영화** -映畵 명 film *m* scientifique.

◆_**자** -者 명 scientifique *mf*, homme *m* de science; savant(*e*).

◆_**주의** -主義 명 【철학】 scientisme *m*.

◆_**철학** -哲學 명 philosophie *f* des sciences;

épistémologie *f*.
◆공상_ 空想 명 science-fiction *f*.
◆순수[응용]_ 純粹[應用]- sciences *fpl* pures [appliquées]. 명
◆사회[인문]_ 社會[人文]- 명 sciences *fpl* sociales [humaines].
◆자연_ 自然- 명 sciences *fpl* naturelles.

과히 過- 부 trop, excessivement, démesurément, exagérément, tellement. ¶ ~ 나쁘지 않은데 Ce n'est pas trop mauvais. ¶ 지금은 사정이 ~ 좋지 않다 Maintenant, la situation n'est pas tellement bonne. ¶ ~ 걱정하지 않아도 된다 Ne t'en fais pas trop! {*fam*} / Ne te bile pas (trop)! {*fam*} / Ne te fais pas trop [tant] de bile, tout se passera bien {*fam*}.

곽 명 boîte *f*, caisse *f*. ¶ 무엇을 ~ 속에 넣다 mettre *qc* dans une boîte; ranger *qc* dans une caisse.

관[1] 冠 명 ① coiffure *f* de cérémonie (coréenne). ② couronne *f*, diadème *m*. ¶ ~을 쓰다 mettre une coiffure de cérémonie.

관[2] 官 명 organisme *m* gouvernemental; administration *f*. ¶ ~에서 하는 일이 다 그렇지 뭐 Dans l'administration, c'est toujours la même chose, quoi.

관[3] 棺 명 bière *f*, cercueil *m*. ¶ 시신을 ~에 넣다 mettre un corps [un cadavre, un mort] dans un cercueil; faire la mise en bière.

관[4] 管 명 tube *m* ((à essais, à vide)); ((도관)) tuyau(*x*) *m*, conduit *m* ((d'aération)); conduites *fpl* ((d'eau)); ((집합적)) tuyauterie *f*; canalisation *f* ((d'eau)).
◆_악기 명 instrument *m* à vent.
◆가스_ 명 tuyau *m* à gaz; conduites *fpl* de gaz.
◆수도_ 명 conduites *fpl* d'eau; canalisation *f* d'eau.
◆하수_ 下水 명 tuyau(*x*) *m* d'égout.

-관[5] 官 접미 agent *m*. ¶ 경찰~ un agent de police. ¶ 외교~ un(*e*) diplomate. ¶ 서기~ un(*e*) secrétaire (d'administration). ¶ 재판~ un(*e*) juge. ¶ 하사~ un sous-officier(~-~*s*).

-관[6] 觀 접미 idée *f*, conception *f*, vue *f*, vision *f*. ¶ 가치~ le sens des valeurs. ¶ 사회~ une conception [des idées, des vues] sur la société. ¶ 세계~ une conception [une vue, une vision] du monde. ¶ 인생~ une conception de la vie.

-관[7] 館 접미 résidence *f*, maison *f* ((blanche)). ¶ 한국~ le pavillon coréen. ¶ 백악~ la Maison Blanche. ¶ 영빈~ la résidence à l'usage des hôtes de marque.

관가 官家 명 【역사】 ① 관청 bâtiment *m* de l'administration nationale (ou municipale), organisme *m* de l'État. ② 시골의 원 gouvernement *m* provincial.

관개 灌漑 명 irrigation *f*. ¶ ~ 시설이 잘 되어 있다 Le système d'irrigation est bien conçu. ◇_(를) 하다 irriguer; arroser.
◆_공사 -工事 명 trav*ail*(*aux*) *m* d'irrigation.
◆_용수 -用水 명 eau(*x*) *f* d'irrigation.

관객 觀客 명 specta*teur*(*trice*), visiteu*r*(*se*), ((총칭)) public *m*, assistance *f*. ¶ ~이 많다 [적다] Il y a beaucoup [peu] de spectateurs. ¶ 이 연극에 ~이 많이 몰리고[들고] 있다 Cette pièce attire beaucoup de spectateurs [un vaste public, un public nombreux]. ¶ ~들의 반응이 좋다 Les spectateurs ont beaucoup apprécié ce film [cette pièce, ce spectacle] / Ce film [Cette pièce, Ce spectacle] connaît un vif succès (auprès du public).
◆_석 -席 명 place *f*, ((야외의)) tribune *f*, gradins *mpl*. ¶ ~석에서 박수[폭소] 가 터져나왔다 Les applaudissements [Les rires] des spectateurs ont éclaté dans le public.

관건 關鍵 명 clef *f* [essentiel *m*] d'un problème. ¶ 성공의 ~은 끈기이다 La clef de la réussite, c'est la ténacité. ¶ ~을 쥐다 détenir la clef du problème. ¶ 그 사람이 문제 해결의 ~을 쥐고 있다 C'est lui qui détient la clef du problème. ◇_이다 être la clef du problème. ¶ 재정 문제가 이번 일의 성공 여부의 ~이다 Le succès de cette affaire dépend entièrement [essentiellement] du problème financier.

관견 管見 명 suggestion *f*, proposition *f*. ¶ ~에 의하면 à mon humble avis.

관계[1] 官界 명 haute administration *f* ((autrefois : les mandarins)). ¶ ~에 들어가다 entrer dans la haute administration. ¶ ~에서 떠나다 quitter la haute administration.

관계[2] 關係 명 ① relation *f*, rapport *m*, lien *m*; participation *f*, implication *f*. ¶ ~ 기관 l'organisation concernée. ¶ ~ 법규 la réglementation concernée. ¶ ~ 서류 les dossiers concernés. ¶ 국제 ~ les relations internationales. ¶ 이해 ~ un rapport [une relation] d'intérêts. ¶ 인간 ~ les relations humaines. ¶ 한불 ~ les relations franco-coréennes. ¶ 개인과 국가와의 ~ les rapports entre l'individu et l'État. ¶ 작가와 독자와의 ~ les rapports de l'écrivain avec ses lecteurs. ¶ 교육 ~의 서적 un livre relatif à l'éducation. ¶ 사업 ~로 해외 출장을 떠나다 aller à l'étranger pour affaires / partir en voyage d'affaires à l'étranger. ¶ 비가 오는 ~로 경기는 내일로 연기합니다 Le match est remis à demain pour cause de pluie. ¶ 기후 ~로 이 식물은 한국에서는 잘 자라지 못한다 Cette plante ne pousse pas bien en Corée à cause du climat. ② ((남녀의)) liaison *f*, relations *fpl* sexuelles. ◇_(이)다[_에 있다] être lié(*e*) à *qc*/*qn* [avec *qn*], avoir un rapport [un lien] avec *qc*/*qn*. ¶ 나는 그 남자와 친한 ~다 Je suis étroitement lié(*e*) (avec) lui / Je suis très intime avec lui. ¶ 남이야 가든 말든 네가 무슨 ~냐? Qu'on s'en aille ou non, est-ce que ça te regarde? ¶ 나는 그 여자와 특별한 ~에 있었다 J'avais une relation spéciale avec elle. ◇_(가) 있다 être ((étroitement)) lié(*e*) à *qc*, être relati*f*(*ve*) à *qc*; être en relation avec *qc*/*qn*; se rapporter [rattacher] à *qc*; avoir rapport à *qn*/*qc*; se rattacher à *qc*, avoir trait à *qc*, concerner *qn*/*qc*. ¶ 영어와 불어 간에는 밀접한 ~가 있다 Il y a un

rapport très étroit entre l'anglais et le français. ¶ 이 두 문제는 서로 ~가 있다 Ces deux questions se rattachent [sont liées] l'une à l'autre. ¶ 그는 정계와 ~가 있다 Il a des relations avec les milieux politiques. ¶ 그것이 그에게 무슨 ~가 있느냐? En quoi cela le concerne-t-il? ¶ 그 두 사람은 오래 전부터 ~가 있었다 Ces deux personnes pendant longtemps ont entretenu des relations [depuis longtemps entretiennent des relations]. ◇_(가) 없다 ne pas avoir de relation avec *qc*/*qn*; être sans relation, n'avoir aucun rapport avec *qc*. ¶ 그것은 이 사건과 아무 ~도 없다 Cela n'a aucun rapport avec cette affaire. ¶ 그 대답은 질문과 아무 ~도 없다 La réponse n'a aucun rapport avec la question. ¶ 저 분은 당신의 친척입니까? -아뇨, 아무 ~가 없습니다 Cette personne est de votre famille? Non, il n'y a aucune parenté. ¶ 이번 운동회는 날씨와 ~없이 개최한다 La journée des sports aura lieu quel que soit le temps [quelque temps qu'il fasse]. ¶ 나는 그 사건에 ~가 없다 Je n'ai rien à voir là-dedans [dans cette affaire] / Je ne suis pour rien dans cette affaire / Je ne suis aucunement impliqué(*e*) [compromis(*e*)] dans [lié(*e*) à, mêlé(*e*) à] cette affaire. ◇_(가) 되다 être lié(*e*) à *qc*, être impliqué(*e*) dans [compromis(*e*) dans, associé(*e*) à, mêlé(*e*) à] ((une affaire sordide, une sale affaire, un scandale)); être en relation avec *qc*. ¶ 그 사람은 이번 음모에 ~되어 있다 Il a pris part à ce complot. ◇_(를) 하다 participer à *qc*, avoir part à *qc*, prendre part à *qc*. ¶ 복지사업에 ~하다 participer à une œuvre de bienfaisance. ¶ 영화 사업에 ~한 지 10 년이 넘었다 Il y a [Cela fait] plus de 10 ans que je suis dans le cinéma. ¶ 그러한 일에 ~하지 마라 Ne te mêle pas de cette affaire. ¶ 그것은 네가 ~할 바가 아니다 Cela ne te concerne [regarde] pas / Ce ne sont pas tes affaires [oignons]{*fam*} / De quoi je me mêle? {*fam*} ◇_(를) 갖다[가지다] ① être lié(*e*) à *qc*, être en relation avec *qc*/*qn*; se rapporter [rattacher] à *qc*; avoir rapport à *qn*/*qc*, se rattacher à *qc*, avoir trait à *qc*, concerner *qn*/*qc*; avoir [entretenir] de ((bonnes)) relations avec ((un pays)). ¶ 그 문제는 한국의 이해와 깊은 ~를 갖고 있다 Ce problème est en étroite relation avec les intérêts profonds de la Corée / Cette question est étroitement liée aux intérêts profonds de la Corée. ② ((성관계를)) avoir un rapport sexuel [une relation sexuelle] avec *qn*, coucher (une fois) avec *qn*. ¶ 그는 동료 여직원과 (성적) ~를 가졌다 Il a couché [Il a eu une relation sexuelle] avec une collègue de bureau. ◇_(를) 맺다 ① entamer [nouer] des relations avec *qn*; entrer [se mettre] en relation avec *qn*; avoir des rapports avec *qn*. ¶ 그 사람은 우리와 사교적 ~를 맺고 있다 Il a, avec nous, des relations mondaines. ② ((성관계를)) avoir un rapport sexuel [une relation sexuelle] avec *qn*, coucher (une fois) avec *qn*. ¶ 누구와 불륜의 ~를 맺다 [계속하다] avoir [continuer] des relations adultères avec *qn*. ◇_를 유지하다 [지속하다, 계속하다] entretenir des relations [conserver des relations]. ¶ 그 사람은 친구와 거래 ~를 유지하고 있다 Il entretient avec son ami des relations d'affaires. ¶ 한국은 미국과 늘 우호적인 ~를 유지해 왔다 La Corée a toujours entretenu des relations amicales avec les États-Unis. ◇_를 끊다[단절하다] rompre les relations. ¶ 외교 ~를 단절하다 rompre les relations diplomatiques. ¶ 이번 기회에 그 회사와 ~를 끊으려고 한다 Nous allons rompre toutes relations avec cette entreprise. ¶ 여자와 모든 ~를 끊다 rompre toutes relations avec une femme.

◆_관 -官 명 autorités *fpl* compétentes. ¶ ~ 회의 une réunion des autorités compétentes.

◆_당국 -當局 명 (les) autorités *fpl*.

◆_사 -詞 명 【언어】 relatif *m*. ¶ ~대명사[형용사, 부사] un pronom [un adjectif, un adverbe] relatif.

◆_자 -者 명 concerné(*e*); intéressé(*e*). ¶ ~자 일동 toutes les personnes concernées ¶ ~자 각위 ((편지 서두)) Monsieur, Madame; À qui de droit. ¶ 범죄사건의 ~자로 기소되다 être mis en accusation comme auteur présumé d'un crime.

◆_절 -節 명 【언어】 proposition *f* (déterminative) relative.

◆_화 -化 명 【언어】 relativisation *f*. ¶ 이 구문은 ~ 변형이 안 된다 Cette construction n'admet pas la relativisation.

◆상관_ 相關- 명 corrélation *f*.

◆인과_ 因果 명 relation *f* de cause à effet; (relation *f* [rapport *m*] de) causalité *f*.

관공서 官公署 명 établissement *m* public; bureaux *mpl* administratifs ((administration publique)).

관광 觀光 명 tourisme *m*. ¶ ~ 개발 exploitation touristique. ¶ ~ 계절[철] la saison touristique. ¶ ~ 도시 une ville touristique. ¶ ~ 붐 l'expansion [l'essor, le boom] du tourisme. ¶ ~ 사업 l'entreprise touristique. ¶ ~ 시설 l'équipement [l'établissement] touristique. ¶ ~ 안내 le guide (touristique). ¶ ~ 안내소 office du tourisme. ¶ ~ 안내원 un(*e*) guide touristique. ¶ ~ 여행 un voyage d'agrément; un voyage [un séjour] touristique, un circuit touristique. ¶ ~ 영화 un film touristique. ¶ ~ 자원 des ressources touristiques. ¶ ~ 코스 l'itinéraire touristique. ¶ ~ 팸플릿 un prospectus touristique. ◇_(을) 하다 faire du tourisme. ¶ 경주로 ~(하러) 가다 aller faire du tourisme à Gyeongju.

◆_객 -客 명 un(*e*) touriste.

◆_공사 -公社 명 office *m* national de tourisme.

◆_국[지] -國[地] 명 pays *m*[lieu *m*, site *m*] touristique.

◆_단 -團 명 groupe *m* de touristes.

◆_버스 명 autocar *m* de tourisme.

◆_열차 -列車 명 train *m* touristique.

◆_협회 -協會 명 syndicat *m* d'initiative.

◆_호텔 명 hôtel *m* de tourisme.

관구 管區 명 district *m*, circonscription *f*; région *f* militaire. ¶ 그 지역은 4개의 주교 ~로 이루어져 있다 Cette région est composée de quatre diocèses / Cette région se divise en quatre circonscriptions ecclésiastiques.
관군 官軍 명 armée *f* royale [impériale].
관권 官權 명 pouvoir *m* [autorité *f*] du gouvernement [d'une administration]. ¶ 이번 공사 입찰에 ~이 개입되었다 Les autorités sont intervenues dans cette adjudication de travaux publics.
관급 官給 어근 approvisionnement *m* par l'État.
◆_(물)품 -(物)品 명 matériel *m* fourni par l'administration publique; fournitures *fpl* publiques.
◆_시설 -施設 명 établissement *m* public.
◆_공사 -工事 명 chantier *m* de l'État; travaux *mpl* d'intérêt national.
관기 官妓 명 *gwangi f* <gisaeng attachée au palais royal ou à une administration>.
관내 管內 명 intérieur *m* d'une région administrative. ¶ ~의 불량배들을 소탕하다 chasser les délinquants d'une région (administrative). ¶ ~를 순시하다 faire une tournée d'inspection dans *sa* circonscription [*sa* région, *son* département, etc.]. ¶ 파리경시청 ~의 경찰서 commissariat relevant de la préfecture de police de Paris.
관념 觀念 명 ① idée *f*. ② conception *f*, concept *m*; notion *f*. ¶ 시간 ~이 없다 ne pas avoir la notion du temps. ¶ 선악의 ~이 부족하다 ne pas avoir une notion claire du bien et du mal. ¶ 위생 ~이 없다 ne pas avoir de notions d'hygiène.
◆_적 -的 명관 idéal(*ale*, *als*, *aux*); ((추상적)) abstrait(*e*).
◆고정_ 固定- 명 idée *f* toute faite [préconçue, reçue], opinion *f* préconçue, parti *m* pris, préjugé *m*; stéréotype *m*, cliché *m*, lieu(*x*) *m* commun(*s*). ¶ 고정~을 가지다 avoir des idées toutes faites [des idées préconçues, des idées reçues, des préjugés]; avoir un parti pris.
◆_론 -論 명 【철학】 idéalisme *m*.
◆_론자 -論者 명 idéaliste.
◆도덕_ 道德- 명 sens *m* moral.
관노 官奴 명 *gwanno m* <esclave attaché au gouvernement ou à une administration>.
관능 官能 명 ① 【생리】 fonction *f* organique. ② sensation *f* (de plaisir), sens *m*, sensualité *f*.
◆_적 -的 명관 sensuel(*le*), charnel(*le*), voluptueux(*se*).
◆_검사 -檢查 명 test *m* sensoriel.
◆_미 -美 명 beauté *f* sensuelle.
관대하다 寬大- 형 être généreux(*se*) ((envers *qn*)); être magnanime ((envers/pour *qn*)); être indulgent(*e*) ((avec *qn*)), avoir de l'indulgence (pour *qc*); être tolérant(*e*); être clément(*e*); être bienveillant(*e*). ¶ 관대한 처분을 바랍니다 Je sollicite vivement votre indulgence. ¶ 우리 회사 사장은 직원들의 실수에 대해 ~ Notre patron est indulgent [généreux] envers la maladresse [les erreurs] des employés. ¶ 이상하게도 그 남자는 너에게는 항상 ~ Il est toujours singulièrement généreux envers toi. ¶ 관대하게 대하다 traiter avec indulgence. ¶ 누구를 관대하게 용서하다 pardonner à *qn* avec indulgence; montrer de l'indulgence, se montrer indulgent(*e*) envers *qn*.
◆**관대히** 부 avec générosité, généreusement; avec indulgence, avec magnanimité, magnanimement; avec tolérance; charitablement; débonnairement.
-관데 어미 en raison (à cause) de quoi ... pour que ((suffixe flexionnel conjonctif de raison ou de cause, utilisé dans une proposition interrogative)). ¶ 네가 무엇이~ 이 일에 끼어들려 하느냐? Qui es-tu pour te mêler de cette affaire? ¶ 무슨 일이 있었~ 그 여자가 그리 슬퍼하느냐? qu'est-ce qui s'est passé pour qu'elle ait l'air si triste? ¶ 요즈음 무엇이 그리 바쁘~ 한번도 오지 않느냐? À quoi étais-tu si occupé(*e*) pour ne pas venir me voir?
관동 關東 명 Gwandong <côté est de Daegwallyeong, province du Gangwon>. ¶ ~ 지방 région du Gwandong; province du Gangwon.
관두다 타 ((‘그만두다’의 준말)) laisser tomber, renoncer à *qc*. ¶ 직장을 ~ laisser tomber *son* boulot. ¶ 싫으면 관둬라 Si tu n'es pas content(*e*) [Si ça ne te plaît pas], laisse tomber. ¶ 외출하려다가 비가 와서 관두었다 J'allais sortir, mais j'ai laissé tomber [j'y ai renoncé] parce qu'il pleuvait.
관등 官等 명 rang *m* officiel; grade *m*. ¶ ~이 오르다 être promu(*e*) au grade supérieur; obtenir de l'avancement. ¶ ~이 떨어지다 être rétrogradé(*e*).
◆_성명 -姓名 명 【군대】 grade *m* et nom *m* officiels. ¶ ~성명을 대다 donner *son* nom et *son* grade officiels.
관람 觀覽 명 visite *f* ((d'un musée)). ¶ 일반인의 ~을 허가하다[불허하다] être ouvert(*e*) [interdit(*e*)] au public. ◇_(을) 하다 visiter ((un monument)); assister à ((un spectacle, un match, un événement)). ¶ 축구 경기를 ~하러 가다 assister à un match de football.
◆_객[자] -客[者] 명 visiteu*r*(*se*); specta*teur*(*trice*).
◆_권 -券 명 billet *m* [ticket *m*] d'entrée.
◆_료 -料 명 tarif *m* (pour l'entrée).
◆_석 -席 명 place *f*; ((야외의)) tribune *f*, gradins *mpl*.
관련 關聯 명 rapport *m* ((entre deux événements)); relation *f*; connexion *f*. ¶ ~ 기사 l'article concerné. ¶ ~ 산업 les industries connexes [reliées, rattachées, ayant rapport avec]. ¶ ~ 사항 un fait connexe. ¶ 이 두 가지 사실의 ~을 너는 어떻게 설명하겠는가? Comment expliques-tu la relation entre ces deux faits? ◇_(이) 있다[없다] avoir une [ne pas avoir de] relation avec *qc*. ¶ 나는 이 사건과 아무런 ~도 없다 Je n'ai rien à voir avec cette affaire. ¶ 이 문제는 내가 앞서 말한 것과 ~이 있다 Ce

problème est relatif à ce dont j'ai parlé. ◇_(을) **하다** avoir rapport [trait] à *qc*; se rapporter à *qc*, se rattacher à *qc*; concerner *qn*/*qc*; être relati*f*(*ve*) à *qc*; être en relation avec *qc*/*qn*. ¶ ...와 관련해서 à propos de *qc*; relativement à *qc*. ¶ 이 일과 ~하여 생각나는 것은 아무것도 없다 Je n'ai aucune idée sur [à propos de] cette affaire / Je ne me rappelle rien qui soit relatif à cette affaire. ◇_(이) **되다** être impliqué(*e*) dans [compromis(*e*) dans, mêlé(*e*) à, associé(*e*) à] ((une sale affaire, une affaire sordide)). ¶ 부정부패 사건에 ~되다 être impliqué(*e*) [compromis(*e*)] dans [mêlé(*e*) à, associé(*e*) à] une affaire de corruption. ¶ 이 사건들은 서로 미묘하게 ~되어 있었다 Ces événements sont subtilement liés l'un à l'autre. ◇_(을) **시키다[짓다]** établir un lien [une relation] entre deux choses. ¶ 그 문제는 이번 일과 ~시키지 마라 Ne relie pas ce problème à cette affaire / N'établis pas de lien [relation] entre ce problème et cette affaire. ¶ 나를 그 사람들과 ~지어 평가하지 마시오 Ne me jugez pas par rapport aux autres.

◆**_성** -性 명 rapport *m*. ¶ 스트레스와 병과의 ~성 rapport entre le stress et la maladie.

◆**_법** -法 명 législation *f* concernant [de] ... ¶ 모성보호 ~법 législation de [concernant, garantissant] la protection maternelle (et infantile). ¶ 신문 ~법 législation concernant la presse écrite.

◆**_자** -者 명 intéressé(*e*); complice; personne *f* impliquée. ¶ 이번 사건의 ~자는 모두 소환될 예정이다 Toutes les personnes impliquées dans cette affaire seront interpellées.

관례 慣例 명 ① 관습 usage *m*, habitude *f*. coutume *m*. ② 선례 précédent *m*. ◇**_를 따르다** suivre l'usage; se conformer à la coutume. ¶ ~에[을] 따라 conformément à [selon, suivant] l'usage. ◇**_를 깨뜨리다** aller contre l'usage. ◇_(이)**다** C'est la coutume de+*inf*, Il est d'usage de+*inf*. ¶ 성탄절에 선물을 하는 것이 ~이다 C'est la coutume d'offrir des cadeaux à Noël.

관록 貫祿 명 expertise *f*, savoir-faire *m inv*, expérience *f*. ¶ ~을 자랑하다 se targuer de son savoir-faire [de son expérience]. ◇**_을 갖다** avoir de l'expérience. ◇**_이 붙다** gagner en expérience [en savoir-faire].

관료 官僚 명 haut fonctionnaire *m*, technocrate.

◆**_적** -的 명관 technocratique.

◆**_정치** -政治 명 pouvoir *m* [influence *f*] politique des hauts fonctionnaires.

◆**_제** -制 명 système *m* technocratique.

◆**_주의** -主義 명 fonctionnarisme *m*, technocratie *f*.

◆**_주의자** -主義者 명 technocrate.

관류하다 貫流- 재타 ① ((rivière)) traverser ((une plaine)). ¶ 이 강은 평야를 관류하고 있다 Cette rivière traverse la plaine. ② 바탕에 깔려있다 être imprégné(*e*) dans *qc*. ¶ 그 작가의 작품 속에는 계몽주의 정신이 관류하고 있다 Ses œuvres sont imprégnées de [marquées par] l'esprit des Lumières. ¶ 그 사람의 전 생애를 통해 관류하고 있는 목표를 뚜렷이 읽을 수 있다 On peut trouver chez lui un objectif qui a été présent tout au long de sa vie.

관리[1] 官吏 명 (haut) fonctionnaire *m*. ¶ ~가 되다 devenir fonctionnaire; entrer dans la fonction publique. ¶ 그 사람은 유능한 ~다 C'est un fonctionnaire compétent.

◆**고급_** 高級- 명 haut fonctionnaire *m*.

◆**하급[말단]_** 下級[末端]- 명 fonctionnaire subalterne.

관리[2] 管理 명 gestion *f*, administration *f*, contrôle *m*; direction *f*. ¶ 철저한 ~ une gestion stricte [sévère]. ¶ 재산[건물, 건강, 품질, 생산] ~ gestion de la fortune [des immeubles, de la santé, de la qualité, des produits]. ¶ 무엇을 국가 ~ 하에 두다 mettre *qc* sous le contrôle de l'État. ◇_(를) **하다** administrer, diriger, gérer. ¶ 남의 재산을 ~하다 gérer les biens d'autrui. ◇_(를) **받다** être géré(*e*) par. ◇_(가) **되다** être géré(*e*). ¶ 소중한 문화재들이 제대로 ~되지 않고 있다 De nombreux biens culturels [De nombreux trésors nationaux] sont mal gérés.

◆**_비** -費 명 frais *mpl* d'entretien; charges *fpl* ((d'un immeuble)).

◆**_소[사무소]** -所[事務所] 명 administration *f*, bureau *m* administratif; bureau *m* de la direction.

◆**_실** -室 명 bureau *m* de gestion immobilière; syndic *m*.

◆**_인[자]** -人[者] 명 gérant(*e*) d'immeuble, régisseur *m* ((d'une propriété)), administra*teur*(*trice*) de biens.

◆**_직** -職 명 poste *m* d'administrateur [de gérant].

관립 官立 명 établissement *m* [institution *f* publique] public [gouvernemental, d'État]. ¶ ~ 단체 une organisation publique.

관망 觀望 명 observation *f*. ◇_(을) **하다** observer, regarder attentivement; guetter. ¶ 형세[정세, 사태의 추이]를 ~ observer la situation [observer le développement de la situation]; suivre attentivement le cours des événements, observer [regarder] de quel côté souffle le vent.

◆**_적** -的 명관 attenti*f*(*ve*). ¶ ~적(인) 태도를 취하다 adopter une attitude d'observateur [attentive].

관명 官名 명 titre *m* de fonction officielle. ¶ ~을 사칭하다 usurper [s'attribuer, s'arroger] un titre officiel.

관목 灌木 명 arbuste *m*, arbrisseau(*x*) *m*.

◆**_덤불** 명 buisson *m*.

관문 關門 명 ① porte *f* (d'une ville); portail *m*; entrée *f*; barrière *f*; seuil *m*. ② 힘든 과정 barrière *f* ((sociale)), barrage *m*, obstacle *m*, difficulté *f*, épreuve *f*. ¶ 시험의 ~ épreuves d'un concours [d'un examen]. ¶ 어려운 ~을 통과하다 franchir un seuil

ㄱ

difficile; surmonter les difficultés [les obstacles], triompher [venir à bout] d'une difficulté, vaincre des difficultés; passer les épreuves.

관물 官物 명 propriété *f* de l'État. ¶ ~을 사사로이 사용하다 faire usage illicite [profiter] de biens du domaine public ((détournement de biens publics)).

◆_**함** -函 명 【군사】 casier *m* où un militaire range ses effets personnels.

관민 官民 명 État *m* et peuple *m*; fonctionnaire et civil *m*. ¶ ~이 협력하여 avec le concours de l'État et du peuple.

관변 官邊 어근 État *m*; gouvernement *m*. ¶ ~ 소식통에 따르면 selon une source officielle.

◆_**단체** -團體 명 organisation *f* gouvernementale.

관보 官報 명 journ*al*(*aux*) *m* officiel.

관복 官服 명 uniforme *m* ((des hauts fonctionnaires dans le passé)).

관부 官府 명 【역사】 ① 조정 gouvernement *m* ((à l'époque des royaumes coréens)). ② 관청 bureaux *mpl* [services *mpl*] administratifs du pays.

관북 關北 명 Gwanbuk <nord de la province Hamgyeong, région située en Corée du Nord au nord-est>. ¶ ~ 지방 région nord de la province Hamgyeong.

관비 官費 명 budget *m* d'une administration; frais *mpl* [dépenses *fpl*] d'une administration. ¶ 그 행사에 필요한 모든 경비는 ~로 지급된다 Les dépenses nécessaires à cet événement seront faites sur le budget administratif / L'argent nécessaire à cette fête sera pris sur le budget administratif.

관사[1] 官舍 명 logement *m* de fonction. ¶ ~를 배정받다 recevoir [bénéficier d']un logement de fonction. ¶ ~에서 살다 résider dans un logement de fonction.

관사[2] 冠詞 명 【언어】 article *m*. ¶ ~를 생략하다 omettre l'article.

◆**정[부정, 부분]_** 定[不定, 部分]- 명 article *m* défini [indéfini, partitif].

관상[1] 管狀 명 ((qui a la)) forme *f* d'un tube, tubuliforme; ((lampe, conduit)) tubulaire, ((식물)) tubulé(*e*) ((fleur)).

◆_**화** -化 명 transformation *f* en tube.

◆_**기관** -器官 명 organe *m* tubulaire.

관상[2] 觀賞 명 contemplation *f*, admiration *f* de la nature.

◆_**용** -用 명 décorati*f*(*ve*), ornement*al*(*ale*, *aux*), d'ornement. ¶ ~용 식물 une plante ornementale.

◆_**수** -樹 명 plante *f* d'ornement [ornementale].

관상[3] 觀相 명 physionomie *f*; physiognomonie *f*. ◇_(을) **보다** juger du caractère d'une personne d'après sa physionomie.

◆_**가** -家 명 physionomiste, physiognomoniste.

◆_**학[술]** -學[術] 명 physiognomonie *f*.

관상[4] 冠狀 명 forme *f* de couronne; en forme de couronne, ((artère)) coronaire.

◆_**동[정]맥** 動[靜]脈 명 artère *f* [veine *f*] coronaire.

◆_**봉합** -縫合 명 suture *f* coronarienne.

관상대 觀象臺 명 observatoire *m*; observatoire *m* [station *f*] météorologique. ¶ 중앙~ observatoire central.

관서[1] 官署 명 bureau(*x*) *mpl* de l'administration nationale. ¶ 경찰 ~ bureau de police; commissariat.

관서[2] 關西 명 Gwanseo <côté ouest de Daegwallyeong, province du Gangwon>. ¶ ~ 지방 région du Gwanseo; province du Gangwon.

관선 官選 명 désigné(*e*) [imposé(*e*), assigné(*e*)] par l'État, nommé(*e*) par le gouvernement.

◆_**변호사** -辯護士 명 avocat(*e*) désigné(*e*) d'office.

◆_**이사** -理事 명 administrateur *m* nommé par le gouvernement.

관성 慣性 명 【물리】 inertie *f*. ¶ ~의 법칙 principe d'inertie; loi d'inertie. ◇_**이 붙다[생기다]** accroître [augmenter] l'inertie.

◆_**모멘트[능률]** -[能率] 명 moment *m* d'inertie.

관세 關稅 명 (droits *mpl* de) douane *f*, tarif *m* douanier. ¶ ~가 붙는 soumis(*e*) aux droits de douane. ¶ ~가 붙지 않는 ((marchandise)) exempt(*e*) de douane, détaxé(*e*). ¶ 상품에 ~를 부과하다 imposer une marchandise en douane. ¶ ~를 지불하다 acquitter des droits de douane; payer la douane. ¶ ~를 지불하고 세관에서 상품을 찾다 dédouaner des marchandises, récupérer des marchandises après avoir payé les droits de douane.

◆_**동맹** -同盟 명 union *f* douanière.

◆_**면세품** -免稅品 명 produits *mpl* détaxés.

◆_**율** -律 명 taux *m* du tarif douanier.

◆_**장벽** -障壁 명 barrière *fpl* douanières.

◆_**청** -廳 명 Office *m* National des Douanes.

◆**보호_** 保護 명 tarif *m* protecteur (des droits de douane).

관세음보살 觀世音菩薩 명 【불교】 Bodhisattva Avalokitesvar. ¶ 나무 ~ <récitations que font les bouddhistes et qui veulent dire *retourner à l'Éveil*> / croyance absolue en Bodhisattva Avalokitesvar.

◆_**상** -像 명 statue *f* du Bodhisattva Avalokitesvar.

관솔 명 branche *f* résineuse du pin.

◆_**불** 명 torche *f* faite avec une branche de résineux.

관습 慣習 명 coutume *f*, usage *m*; us *mpl* et coutumes *fpl*. ¶ ~에 따라 selon [suivant, conformément à] l'usage. ¶ ~에[을] 따르다 se soumettre à l'usage, suivre la coutume.

◆_**적** -的 명 habituel(*le*).

◆_**법** -法 명 droit *m* coutumier.

◆**사회_** 社會- 명 habitude *f* sociale.

관식 官食 명 ((recevoir *sa*)) ration *f*, nourriture *f* (distribuée à des prisonniers).

관심 關心 명 intérêt *m*, attention *f*. ¶ 일반의 ~의 대상이 되다 intéresser le public. ¶ 요즘 직장인들은 건강에 대한 ~이 높다 Les employés d'aujourd'hui font attention à leur santé. ◇_**을 갖다[가지다]** s'intéresser à *qc*/*qn*; prendre [porter] intérêt à *qc*. ¶ 우리들은 선거 결과에 많은 ~을 갖고 있다 Nous nous intéressons beaucoup au résultat de l'élection

/ Nous sommes curieux de connaître le résultat des élections. ◇_**을 끌다** attirer l'intérêt [l'attention] de *qn*; inspirer de l'intérêt à *qn*; intéresser *qn*. ¶ 그 정도면 그의 ~을 끌기에 충분하다 Ceci est suffisant pour éveiller [attirer] son intérêt. ◇_**을 보이다** montrer de l'intérêt pour *qc*. ◇_**이 있다[없다]** s'intéresser [ne pas s'intéresser] à *qc*, être [ne pas être] intéressé(*e*) par *qc*, porter [ne pas porter] intérêt à *qc*; ((신경을 쓰다)) se préoccuper [ne pas se préoccuper] de *qc*. ¶ 그 친구는 프랑스 유학에 ~이 있다 Il pense partir en France pour y faire ses études. ¶ 그는 돈 버는 데에는 전혀 ~이 없다 Il ne se soucie guère de gagner de l'argent.

◆**_사** -事 명 préoccupation *f*. ¶ 내 최대의 ~는 제자를 키우는 일이다 Ma principale préoccupation est de former mes disciples.

관아 官衙 명 【역사】 (bureau(*x*) *m* d'une) administration *f*.

관악 管樂 명 【음악】 musique *f* exécutée avec des instruments à vent.

◆ **합주** -合奏 명 exécution de musique par plusieurs instruments à vent.

관악기 管樂器 명 instrument(*s*) *m*(*pl*) à vent.

관여 關與 명 participation *f*. ◇_**(를) 하다** participer à *qc*; prendre [avoir] part à *qc*. ¶ 정치에~하다 prendre part à la politique. ¶ 경영에 ~하다 participer à la gestion ((d'une entreprise)). ¶ 이것은 네가 ~할 바가 아니다 Cette affaire ne te concerne pas.

관영 官營 명 ((régie)) d'État, nation*al*(*ale*, *aux*), publi*c*(*que*). ¶ 중국 ~ 통신에 따르면 selon la presse publique chinoise.

◆**_요금** -料金 명 tarif *m* fixé par les pouvoirs publics.

관용[1] 官用 명 officiel(*le*).

◆**_어** -語 명 langue *f* officielle.

◆**_여권** -旅券 명 passeport *m* officiel.

◆**_차** -車 명 voiture *f* officielle.

관용[2] 慣用 명 idiomatique.

◆**_구** -句 명 【언어】 idiome *m*; phrase *f* idiomatique; expression *f* idiomatique; expression *f* figée, expression *f* courante.

◆**_적** -的 명관 idiomatique; figé(*e*).

◆**_어** -語 명 【언어】 idiome *m*; phrase *f* idiomatique; expression *f* figée.

◆**_표현[어법]** -表現[語法] 명 【언어】 expression *f* [usage *m*] idiomatique [figé(*e*)]; locution *f*.

관용[3] 寬容 명 tolérance *f*, indulgence *f*, générosité *f*. ¶ ~을 바랍니다 Nous comptons sur votre indulgence. ◇_**을 하다[베풀다]** se montrer indulgent; montrer de l'indulgence; faire preuve d'indulgence.

◆**_적** -的 명관 tolérant(*e*), indulgent(*e*), génére*ux*(*se*). ¶ ~적인 태도 une attitude tolérante.

관운 官運 명 prédestination *f* à la carrière administrative. ◇_**이 있다[없다]** montrer une [ne pas montrer de] prédestination pour une carrière administrative; être prédestiné(*e*) [ne pas être prédestiné(*e*)] pour une carrière administrative. ¶ 그는 ~이 없었다 Il n'était pas prédestiné à une carrière administrative / Il n'était pas fait pour une carrière administrative. ◇_**이 트이다** réussir *sa* carrière administrative.

관원 官員 명 fonctionnaire *mf*. ☞ 관리[1]

관음 觀音 명 ☞ 관세음보살

관음보살 觀音菩薩 명 ☞ 관세음보살

관음상 觀音像 명 【불교】 ☞ 관세음보살

관음증 觀淫症 명 voyeurisme *m*.

관인[1] 官認 명 autorisation *f* [approbation *f*, reconnaissance *f*] officielle; ((형용사적)) autorisé(*e*) [approuvé(*e*)] officiellement; officiellement reconnu(*e*); certifié(*e*), accrédité(*e*); agréé(*e*) par l'État. ¶ ~ 정비소 garage agréé par l'État. ¶ ~ 중개사 agent certifié [accrédité]. ◇_**을 받다** être autorisé(*e*) [approuvé(*e*)] officiellement; être officiellement reconnu(*e*), être certifié(*e*), accrédité(*e*); être agréé(*e*) par l'État.

◆**_학원** -學院 명 institut *m* officiellement reconnu par l'administration.

관인[2] 官印 명 sceau(*x*) *m* (officiel). ¶ ~이 찍힌 서류 une pièce munie d'un sceau officiel. ¶ ~을 위조하다 falsifier un sceau officiel. ◇_**을 받다** être authentifié(*e*) par un sceau officiel.

관자놀이 貫子- 명 【해부】 tempe *f*.

관작 官爵 명 【역사】 rang *m* (officiel) et titre *m* de noblesse.

관장[1] 灌腸 명 lavement *m*, clystère *m* {*vx*}. ◇_**(을) 하다** se faire faire un lavement.

◆**_약** -藥 명 lavement *m*.

관장[2] 管掌 명 prise *f* en charge. ◇_**(을) 하다** se charger de *qc*; diriger, administrer, commander. ¶ 국무를 ~하다 administrer les affaires de l'État. ¶ 사무를 ~하다 se charger des affaires de bureau.

관장[3] 館長 명 direc*teur*(*trice*); conserva*teur*(*trice*) ((d'un musée, d'une bibliothèque)).

◆**국립미술_** 國立美術- 명 direc*teur*(*trice*) du Musée National.

관저 官邸 명 résidence *f* officielle.

관전 觀戰 명 visite *f* du théâtre des opérations; action d'assister à un match. ◇_**(을) 하다** assister à un match

◆**_기** -記 명 compte-rendu(~-~*s*) *m* (d'un match).

◆**_평** -評 명 commentaire *m* sur un match. ¶ 오늘 시합의 ~평을 말씀해 주십시오 Faites-moi un commentaire sur le match d'aujourd'hui.

관절 關節 명 articulation *f*, jointure *f* ((du genou)); ((형용사적)) articulaire. ¶ ~ 탈구 dislocation *f* d'une articulation. ¶ ~을 삐다 se faire une entorse. ¶ 어깨의 ~이 빠졌다 Je me suis déboîté l'épaule.

◆**_류머티즘** 명 rhumatisme *m* articulaire.

◆**_신경통** -神經痛 명 névralgie *f* articulaire.

◆**_염** -炎 명 arthrite *f*.

관점 觀點 명 point *m* de vue, vue *f*, avis *m*, opinion *f*. ¶ 누구와 ~이 같다 avoir le même point de vue

ㄱ

que *qn*, partager un point de vue avec *qn*, ((deux personnes)) partager le même point de vue, avoir la même opinion que *qn*. ¶ 나는 그와 ~이 다르다 Mon avis est différent du sien. ¶ ~에 따라서는 selon les points de vue. ¶ 나의 ~에서는 selon mon avis, d'après moi, selon moi. ¶ 이 ~에서 본다면[보면] de ce point de vue, sous cet angle, dans cette perspective. ¶ 언어학적 ~에서는 du point de vue linguistique. ¶ 나는 이 문제를 바라보는 ~이 바뀌었다[바꿨다] Je vois maintenant la question sous un autre angle / Je vois la question d'un autre œil [avec un regard neuf] / J'ai un nouveau regard sur la question. ¶ 서로 ~을 나눠갖다[같이 하다] partager le même point de vue, avoir la même opinion que *qn*.

관정 管井 명 puits *m* cylindrique [tubulaire]. ¶ ~을 뚫다 forer [creuser] un puits cylindrique.

관제[1] 官制 명 【법률】 règlements *mpl* (concernant les organes administratifs); organisation *f* administrative. ¶ ~ 개혁 réforme *f* de l'organisation administrative. ¶ ~를 정하다 établir les statuts d'un organe administratif [officiel].

관제[2] 官製 명 émission *f* par l'administration; émis(*e*) par un organisme gouvernemental, fabriqué(*e*) par l'État, organisé(*e*) à l'initiative du gouvernement. ¶ ~ 데모 manifestation organisée à l'initiative du gouvernement. ¶ ~ 언론 presse créée par le gouvernement.

◆ **_엽서** -葉書 명 cartes *fpl* postales fabriquées par l'État.

관제[3] 管制 명 contrôle *m*; censure *f* ((de l'information, de la presse)). ◇_(를) **하다** contrôler ((les mouvements des avions)); censurer ((l'information, la presse)). ¶ 항공기를 ~하다 contrôler les mouvements des avions pour assurer une sécurité au niveau d'un aéroport, contrôler les trajectoires et les horaires des divers avions pour éviter les accidents.

◆ **_탑** -塔 명 tour *f* de contrôle.

◆ **_사** -士 명 aiguilleu*r*(*se*).

◆ **_장치** -裝置 명 dispositifs *mpl* de contrôle.

◆**등화_** 燈火- 명 camouflage *m* des lumières; black-out *m inv*.

◆**보도_** 報道- 명 censure *f* de l'information, censure *f* de la presse.

관조 觀照 명 ① contemplation *f*, méditation *f*. ② 【철학】 intuition *f*. ◇_(를) **하다** se plonger dans la contemplation. ¶ 인생을 ~하다 contempler la vie avec détachement.

◆ **_적** -的 명관 contemplati*f*(*ve*); détaché(*e*).

◆ **_자** -者 명 contemplatif *m*.

관중 觀衆 명 specta*teurs*(*trices*); ((총칭)) public *m*, assistance *f*. ¶ 야구장에 ~이 많다[적다] Les tribunes du stade de baseball sont remplies de spectateurs / Le stade de baseball est plein [Dans le stade de baseball, l'assistance est clairsemée / Le stade de baseball est clairsemé / Le stade de baseball est quasiment vide]. ¶ 수만 명의 ~이 운집한 가운데 devant plusieurs dizaines de milliers de spectateurs. ¶ 많은 ~을 끌다 attirer beaucoup de [de nombreux] spectateurs, attirer un public nombreux.

◆ **_석** -席 명 tribune *f* des spectateurs, tribune *f* (du public).

관직 官職 명 fonction *f* [charge *f*] publique. ¶ ~에 오르다 assumer une fonction publique.

관찬 官撰 명 rédaction *f* [compilation *f*] officielle. ◇_(이) **되다** être édité(*e*) par les services gouvernementaux ((en France, le Journal officiel)).

◆ **_문헌** -文獻 명 documents *mpl* officiels édités par le gouvernement.

관찰 觀察 명 observation *f*. ¶ 정확한[정밀한] ~ une observation précise [minutieuse]. ¶ 개미의 습성에 대한 ~ observation des habitudes des fourmis. ◇_(을) **하다** observer *qc*/*qn*, considérer, regarder *qc*/*qn* (attentivement); étudier ((une personne)). ¶ 벌의 생태를 ~하다 scruter la vie des abeilles. ◇_(이) **되다** être observable, visible; être observé(*e*). ¶ 육안으로 ~되지 않는 별들 Les étoiles qui sont invisibles à l'œil nu.

◆ **_력** -力 명 esprit *m* d'observation. ¶ ~력이 날카로운 사람 personne qui a l'esprit d'observation.

◆ **_자** -者 명 observa*teur*(*trice*).

관찰사 觀察使 명 【역사】 gouverneur *m* de province.

관철 貫徹 명 accomplissement *m*, réalisation *f*. ◇_(을) **하다** accomplir *qc*, réaliser *qc*. ¶ 목적을 ~하다 atteindre *son* but, parvenir à *ses* fins. ¶ 요구를 ~하다 réussir à faire accepter *ses* revendications [à faire reconnaître *ses* droits par *qn*]. ◇_(이) **되다** être accompli(*e*), réalisé(*e*). ¶ 우리의 요구가 ~될 때까지 농성을 해야 한다 La grève doit continuer jusqu'à ce que nos revendications soient acceptées. ◇_(을) **시키다** faire accepter, faire admettre. ¶ 그는 무슨 일이 있어도 자기 주장을 ~시키고야 마는 성격이다 Il finit par obtenir ce qu'il veut à tout prix / Il obtient toujours ce qu'il veut et à n'importe quel prix.

관청 官廳 명 bureau(*x*) *m* d'une administration. ¶ ~에 근무하다 être employé(*e*) dans une administration.

◆**감독[당해, 주무]_** 監督[當該, 主務]- 명 autorité *f* compétente.

관측 觀測 명 observation *f*. ¶ 천체[기상] ~ une observation astronomique [météorologique]. ¶ 희망적인 ~이 나오고 있다 Les prévisions optimistes commencent à naître. ¶ 나의 ~으로는 de mon point de vue, à mon avis [sens]; d'après mes observations. ¶ 정치권의 ~으로는 Selon les analyses des milieux politiques. ◇_(을) **하다** observer. ¶ 기상[일식]을 ~하다 observer les phénomènes météorologiques [une éclipse du soleil]. ◇_(이) **되다** être observable, visible; être observé(*e*). ¶ 이 망원경으로는 목성까지 ~된다 Ce télescope nous permet d'observer le firmament jusqu'à Jupiter. ¶ 그가 복권될 거라고 ~되고 있다 Il apparaît qu'il va reprendre ses fonctions.

◆**기구** -氣球 명 ballon *m* d'essai; ((비유적)) ballon-sonde(~*s*-~*s*) *m*.

◆**_대** -隊 명 expédition *f* scientifique.

◆**_소** -所 명 observatoire *m*.

◆**_통** -通 명 organe *m* d'observation [observateurs]. ¶ ...라고 ~통은 말하고 있다 Les observateurs disent que ...

관치 官治 명 contrôlé(*e*) par l'État.

◆**_금융** -金融 명 ingérence *f* de l'État dans la finance.

관통 貫通 명 pénétration *f*, perforation *f*, ((드물게)) transpercement *m* {*litt*}. ◇_(을) **하다** percer ((une planche)) de part en part; transpercer; perforer ((l'estomac)). ¶ 총알이 그의 심장을 ~했다 La balle lui a percé le cœur. ¶ 터널이 산을 ~하고 있다 Le tunnel perce la montagne.

◆**_상** -傷 명 perforation *f* ((des intestins par une balle)). ¶ 그는 팔[가슴]에 ~상을 입었다 Une balle lui a percé le bras [le cœur].

관포지교 管鮑之交 명 grande amitié *f*.

관하 管下 명 circonscription *f*; juridiction *f*. ¶ ~각 경찰서에 수배자 명단을 배포하다 fournir [donner, rendre publique] la liste des criminels recherchés dans chaque poste de police de la circonscription.

관하다 關- 자 concerner. ¶ ~에 관하여[관해(서)] sur ((ce sujet)); à propos de; à l'égard de; quant à; en ce qui concerne. ¶ ~에 관한 relati*f*(*ve*) à *qc*, sur *qc*, qui concerne *qc*, concernant *qc*. ¶ 종교[과학]에 관한 책 livre sur la religion [sur la science]. ¶ 한국에 관한 자료 les documents relatifs à la Corée. ¶ 국가의 이해에 관한 문제[일]이다 Cela concerne les intérêts de l'État. ¶ 내 생명에 관한 문제[일]이다 Il y va de ma vie / C'est ma vie qui est en jeu. ¶ ...에 관한 한(은) Tant qu'il s'agit de ... ¶ 나에 관한 한 pour ce qui me regarde, en ce qui me concerne; pour [quant à] moi; pour ma part. ¶ 이 점에 관해서 à cet égard; à ce propos; à ce sujet. ¶ ...에 관하여 이야기하다[논의하다, 언급하다, 연구하다] parler de *qc* [discuter de *qc*, mentionner *qc*, étudier *qc*]. ¶ 돈 문제에 관해서는 pour ce qui est de l'argent, en ce qui concerne l'argent. ¶ 이 제안에 관해서는 여러가지 하고 싶은 말이 있다 J'aurais beaucoup à dire sur [au sujet de] cette proposition. ¶ 나는 그 일에 관해서는 아무 것도 모른다 Je ne suis pas du tout au courant de cette affaire / Je ne sais rien sur cette affaire.

관할 管轄 명 contrôle *m*, juridiction *f*, ressort *m*, circonscription *f*. ¶ 보건부의 ~에 속하다 relever [être du ressort] du ministère de la Santé publique. ¶ ...의 ~ 밖에 있다[밖이다] être en dehors de la juridiction [compétence] de *qn*/*qc*. ◇_(을) **하다** avoir le contrôle de *qc*; avoir la juridiction sur *qc*. ¶ 그 사항은 우리 부서에서 ~하지 않는다 Cette affaire ne relève pas de notre service. ◇_**이다[아니다]** relever [ne pas relever] de *sa* juridiction [de *ses* compétences, de *ses* prérogatives, de *sa* responsabilité], être [ne pas être] du ressort de *qn*. ¶ 이 사건은 우리 ~이 아니다 Cette affaire ne relève pas de notre juridiction [de nos compétences, de nos prérogatives, de notre responsabilité] / Cette affaire n'est pas de notre ressort.

◆**_관청** -官廳 명 autorité *f* compétente.

◆**_구역** -區域 명 zone *f* couverte par l'autorité compétente.

◆**_권** -權 명 juridiction *f*.

◆**_서** -署 명 commissariat *m* de police compétent.

◆**_재판소** -裁判所 명 tribun*al*(*aux*) *m* compétent; juridiction *f* compétente.

관행 慣行 명 coutume *f*, usage *m*, pratique *f*, tradition *f*. ¶ 정치권의 오랜 ~ vieille pratique dans les milieux politiques. ¶ ~에[을] 따르다 se soumettre à l'usage. ¶ ~을 무시할 수 없다 ne pas pouvoir ignorer la tradition.

관현악 管絃樂 명 musique *f* orchestrale.

◆**_곡** -曲 명 composition *f* [œuvre *f*, pièce *f*] orchestrale.

◆**_단** -團 명 orchestre *m*.

관형 冠形 어근 【언어】 détermination *f*, qualification *f*.

◆**_격** -格 명 【언어】 cas *m* déterminatif. ¶ ~격 조사 particule déterminative.

◆**_구** -句 명 syntagme *m* déterminatif.

◆**_사** -詞 명 déterminant *m*, épithète *f*, qualificatif *m* (en tant que partie du discours). ¶ ~(사)형 어미 suffixe flexionnel déterminatif.

◆**_어** -語 명 déterminant *m*, épithète *f*, qualificatif *m* (en tant que fonction syntaxique).

◆**_절** -節 명 proposition *f* déterminative [qualificative].

◆**_화** -化 명 transformation *f* d'un verbe ou d'un adjectif en déterminant.

관혼상제 冠婚喪祭 명 les quatre grandes cérémonies *fpl* de famille célébrant le passage à l'âge adulte, le mariage, les funérailles et la mémoire des ancêtres.

괄괄하다 형 être vi*f*(*ve*), ardent(*e*), violent(*e*). ¶ 괄괄한 성격의 남자 un homme gaillard et dynamique. ¶ 괄괄한 목소리 une voix dynamique.

괄목하다 刮目- 자 attirer le regard. ¶ ~괄목할 만한 ((progrès)) remarquable, notable, qui attire l'attention; tangible. ¶ 괄목할 만한 성장[발전] des progrès remarquables [notables, appréciables, énormes, fulgurants, immenses, formidables, importants, étonnants, foudroyants, surprenants, épatants {*fam*}], de grands [notables] progrès. ¶ 괄목할 만하다 mériter une attention particulière. ¶ ~할 만한 진전이 있다 On note un progrès remarquable. ¶ 한국은 최근 30년 동안 괄목할 만한 경제발전을 이룩하였다 La Corée a réalisé un développement remarquable au cours des 30 dernières années.

◆**괄목상대** 刮目相對 명 progrès *mpl* remarquables [appréciables, énormes, immenses, formidables, importants, étonnants, foudroyants, surprenants, épatants {*fam*}], grands progrès *mpl*, nette amélioration *f*. ¶ 너의 불어회화 실력이 굉장히 괄목상대했구나! Ton français s'est amélioré de façon remarquable.

괄시 恝視 명 manque *f* d'égards; accueil *m* froid [glacial]; indifférence *f*; mépris *m*. ◇_(를) **하다** accueillir *qn* froidement; mépriser *qn*. ¶ 그를 너무 ~하지 마라 Ne sois pas si méprisant envers lui [à son égard]! ◇_(를) **받다** être méprisé(*e*). ¶ 돈이 없다고 ~를 받다 être peu considéré(*e*) en raison de *sa* pauvreté [en raison de *sa* situation (financière) précaire].

괄호 括弧 명 ((소괄호)) parenthèse *f*; ((중괄호)) accolade *f*; ((대괄호)) crochet *m*. ¶ ~(를) 열다[닫다] ouvrir [fermer] la parenthèse [le crochet, l'accolade, les guillemets]. ¶ ~로 묶다[~안에 넣다] mettre *qc* entre parenthèses.

◆**이중**_ 二重- 명 doubles parenthèses *fpl*.

광[1] 명 magasin *m*; entrepôt *m*; dépôt *m*; hangar *m*; grange *f*, remise *f*. ¶ ~ 속에 처박아 두다 reléguer *qc* dans un entrepôt.

광[2] 光 명 ① lumière *f*; clarté *f*; clair *m*. ② 광택, 윤기 brillant *m*, lustre *m*, éclat *m*. ¶ ~이 있는[없는] brillant, éclatant [sombre, terne, pâle, mat]. ¶ 이것은 닳아서 ~이 없어졌다 Cela a perdu son éclat à force d'être utilisé [à force d'usure]. ③ 【화투】 *gwang m* <carte la plus valorisée (20 points) au *hwatu* (화투)>. ¶ ~을 내(놓)다[버리다] devoir jouer *son gwang* à un mauvais moment et le perdre. ¶ ~을 먹다[따다] prendre un *gwang*. ¶ 3[5] ~을 하다 avoir pris 3 [5] *gwang* au cours d'une partie de *hwatu*. ◇_(이) **나다** être brillant(*e*), luisant(*e*), reluisant(*e*), étincelant(*e*), éclatant(*e*), poli(*e*), lustré(*e*), lisse; briller (avec éclat), reluire, étinceler; avoir du brillant [de l'éclat]. ¶ 마호가니는 닦으면 아름다운 ~이 난다 L'acajou, une fois poli, brille [est reluisant, brillant]. ◇_(을) **내다** ① 윤기나게 하다 faire briller ((des chaussures, des meubles, les chromes de sa voiture)), faire reluire [briller] ((des cuirs)), donner du lustre à *qc*, donner du lustre [cati] ((à une étoffe)), catir ((du drap à chaud)), lustrer ((les peaux, une étoffe)), lisser ((les peaux, les cuirs)); polir *qc*; astiquer, faire briller ((les cuivres, des meubles)), briquer ((sa voiture)), cirer ((des chaussures)). ¶ 구두를 닦아서 ~을 내다 faire briller des chaussures en les frottant. ② vouloir briller; se manifester avec éclat; faire des étincelles {*fam*}. ¶ 그는 별것도 아닌 일을 ~낸다 Il veut briller pour un rien. ¶ 네가 한 일에 너무 ~내지 마라 N'essaie pas de trop briller pour ce que tu as fait / Arrête de vouloir briller pour ce que tu as fait. ◇_**을 죽이다** décatir, délustrer ((une étoffe)); dépolir ((de l'or)).

*때 **빼고** ~**내다** se faire très b*eau*(b*elle*), se faire le plus beau possible; mettre *ses* plus beaux habits, s'endimancher, se parer, se mettre sur *son* trente-et-un, s'attifer {*fam*}. ¶ 때 빼고 ~내고 어딜 가는 거니? Où est-ce que tu vas dans cette tenue éclatante [magnifique]? / Où est-ce que tu vas tout(*e*) resplendissant(*e*)? / Tout(*e*) endimanché(*e*) comme ça, où vas-tu? / Où est-ce que tu vas attifé(*e*) comme ça? {*fam*} / Où est-ce que tu vas faire le beau? {*fam*}.

◆_**도** -度 명 intensité *f* de la lumière, intensité *f* lumineuse, luminosité *f*, (degré *m* de) brillance *f*.

◆_**섬유** -纖維 명 fibre(*s*) *f*(*pl*) optique(*s*).

◆_**원** -源 명 source *f* de lumière, source *f* lumineuse.

◆_**케이블** 명 【통신】 câble *m* à [en, de] fibre(s) optique(s), câble *m* optique.

◆**일**_ 日- 명 lumière *f* solaire [du soleil], rayonnement *m* solaire. ¶ 일~이 너무 눈부시다 être ébloui(*e*) [gêné(*e*)] par la lumière du soleil.

◆**자연**_ 自然- 명 lumière *f* naturelle.

-광[3] 狂 접미 fou(*folle*), fanatique, fana *mf* {*fam*}, mordu(*e*) {*fam*}, fondu(*e*) {*fam*}, enragé(*e*), fervent(*e*), accro *mf* {*fam*}. ¶ 그는 야구~이다 Il est fou [Il raffole] de baseball / C'est un accro {*fam*} [un mordu {*fam*}] de baseball {*fam*}.

◆**수집**_ 收集- 명 un collectionneur fou [démesuré].

◆**스피드[스포츠]**_ 명 un fou [un dingue {*fam*}, un maniaque] de la vitesse [un fou de sport, un mordu {*fam*} de sport].

-광[4] 鑛 접미 mine *f*. ¶ 금~ une mine d'or. ¶ 탄~ une mine de charbon. ¶ 노천~ une mine en plein air.

광견병 狂犬病 명 rage *f*.

광경 光景 명 spectacle *m*; scène *f*; tableau(*x*) *m*. ¶ 아름다운[처참한, 무서운] ~ un beau [affreux, effrayant] spectacle. ¶ 그 여자는 놀라운 ~을 목격했다 Elle fut témoin d'une scène étonnante / Elle assista à un spectacle surprenant. ¶ 믿을 수 없는 ~이 내 눈 앞에 펼쳐졌다 Un spectacle incroyable se déroula devant mes yeux. ¶ 이상한 ~이 떠올랐다 Il me revint (en mémoire) une scène étrange / Je me rappelai un singulier tableau.

광고 廣告 명 publicité *f*; réclame *f*; annonce *f* (publicitaire); ((포스터)) affiche *f*; ((내용 견본, 살포지)) prospectus *m*. ¶ ~ 매체 médium de publicité. ¶ ~ 수입 gains [parts de bénéfice, profits] acquis par la publicité. ¶ ~ 효과 effet produit par la publicité. ¶ ~ 부족으로 제품이 잘 안 팔린다 Le manque de publicité nuit à la vente de nos produits. ¶ 공익 ~ une campagne de publicité commanditée par l'État. ¶ 과대 ~ publicité mensongère. ¶ 과잉

~ publicité excessive. ¶ 구인[구직] ~ des petites annonces. ¶ 신문[텔레비전] ~ publicité dans un journal [à la télévision]. ¶ 전면 ~ publicité couvrant une page entière de journal. ¶ 점멸 ~ publicité lumineuse à éclairage alternatif. ¶ 나는 오늘 신문에서 멋있는 ~를 보았다 Aujourd'hui, j'ai vu une superbe publicité dans le journal. ¶ 텔레비전으로 ~가 나가야 물건이 잘 팔린다 Les publicités télévisées facilitent la vente des produits / Il faut faire des publicités à la télévision pour que les produits se vendent mieux. ◇_(를) **하다[내다]** faire de la publicité; faire de la réclame ((pour un produit)); ((포스터로)) mettre ((une pièce de théâtre)) à l'affiche; faire paraître [passer] des publicités. ¶ 신문[잡지]에 ~하다 faire de la publicité dans les journaux [revues]. ¶ 신문에 구인[구직] ~를 내다 faire passer une offre [demande] d'emploi dans un journal. ¶ 그 회사는 신제품을 ~하느라고 막대한 돈을 썼다 Cette société a dépensé beaucoup d'argent en publicité pour ses nouveaux produits. ¶ 백화점들이 세일을 한다고 신문에 ~를 냈다 Les grands magasins ont fait de la publicité pour les soldes dans les journaux. ◇_(가) **되다** être porté(*e*) à la connaissance du public [du plus grand nombre] par la publicité. ¶ 그것은 오히려 우리 제품의 좋은 ~가 된다 Cela fait plutôt de la bonne publicité pour nos produits.

◆**_란** -欄 명 espace *f* publicitaire.

◆**_료[비]** -料[費] 명 frais *mpl* de publicité ((à la radio, à la télévision)).

◆**_문** -文 명 slogan *m* publicitaire. ¶ ~문을 작성하는 사람 «Concepteur» en publicité.

◆**_물** -物 명 support *m* publicitaire. ¶ ~물의 홍수 la multiplicité des supports publicitaires, l'abondance des publicités.

◆**_업** -業 명 ((secteur tertiaire)) (la) publicité *f*.

◆**_주** -主 명 annonceur *m* (publicitaire); sponsor *m*.

◆**_지** -紙 명 publicité *f*, prospectus *mpl* (publicitaires) ((dans la boîte aux lettres)).

◆**_탑** -塔 명 colonne *f* publicitaire.

◆**_판** -板 명 cadre *m* [encadrement *m*, support *m*] publicitaire.

◆**_회사** -會社 명 agence *f* de publicité.

광공업 鑛工業 명 industries *fpl* minières et manufacturières.

광구 鑛區 명 concession *f* minière.

광기 狂氣 명 ((accès de)) folie *f*, démence *f*, délire *m*; aliénation *f* (mentale). ¶ 그 사람의 눈빛에는 ~가 있다 Il y a de la folie dans ses yeux. ◇_(를) **부리다** délirer, extravaguer.

광년 光年 분류 année-lumière(~*s*-~) *f*. ¶ 지구에서 1천 ~ 떨어져 있는 별 une étoile éloignée de mille années-lumière de la terre.

광대 명 【민속】 saltimbanque *m*, bateleur(*se*); acteur(*trice*); comédien(*ne*); bouffon(*ne*), farceur(*se*) *m*, clown *m*. ¶ ~ 노릇(을) 하다 jouer un rôle de saltimbanque.

◆**_극** -劇 명 farce *f*.

◆**_놀이** 명 jeu *m* de saltimbanque.

◆**_탈** 명 masque *m* de comique.

광대무변하다 廣大無邊- 형 être vaste et illimité(*e*); être sans bornes. ¶ 광대무변한 우주 l'univers vaste et illimité.

광대하다 廣大- 형 être vaste, très étendu(*e*), immense, infini(*e*), s'étendre à perte de vue. ¶ 광대한 간척지 un polder immense [très étendu, qui s'étend à perte de vue].

광대뼈 명 【해부】 pommette; zygoma *m*. ¶ ~가 툭 튀어나온 사람 une personne aux pommettes saillantes.

광도 光度 명 intensité *f* [puissance *f*] lumineuse; luminosité *f*. ¶ 별의 ~ magnitude (d'une étoile).

◆**_계** -計 명 photomètre *m*.

◆**_측정** -測定 명 photométrie *f*.

광란 狂亂 명 folie *f*, délire *m*, démence *f*. ¶ ~의 질주 une course folle. ◇_(을) **부리다** délirer, avoir un comportement dément [délirant, incohérent], devenir comme fou(*folle*) [à moitié fou(*folle*)]. ◇_**에 빠지다** être atteint de folie; avoir le délire; délirer; devenir comme fou(*folle*) [à moitié fou(*folle*)].

◆**_적** -的 명관 fou(*fol*, *folle*).

광량자 光量子 명 【물리】 photon *m*; quantum *m* de lumière.

광막하다 廣漠- 형 être vaste, immense. ¶ 광막한 사막 un désert vaste. ¶ 광막한 초원 un pré vaste.

광맥 鑛脈 명 filon *m*, veine *f*, gisement *m* (minier). ¶ ~을 찾아내다 tomber sur [découvrir] un filon (d'or).

광명 光明 명 lumière *f*, lueur *f*; lueur *f* [rayon *m*] ((d'espoir)). ◇_**을 (던져)주다** donner une lueur (d'espoir); jeter une lumière nouvelle sur ((la question)); ((문제에)) faire la lumière sur ((une question)). ◇_**을 얻다[찾다]** être éclairé(*e*), éclairci(*e*). ¶ 그분은 맹인에게 ~을 되찾게 했다 Il a rendu la vue à un aveugle.

광목 廣木 명 cotonnade *f*, (étoffe *f* de) coton *m*.

광물 鑛物 명 minéral(*aux*) *m*; ((ressources)) minéral(*ale*, *aux*). ¶ 풍부한 ~ 자원을 가진 나라 un pays qui a de riches ressources minérales.

◆**_성** -性 명 ce qui est minéral, ce qui a un caractère minéral.

◆**_계** -界 명 règne *m* minéral.

◆**_학** -學 명 minéralogie *f*.

광물질 鑛物質 명 substance *f* minérale.

광배 光背 명 auréole *f*, nimbe *m*.

광범위 廣範圍 명 zone *f* vaste [large]; espace *m* large; immensité *f*, vastitude *f*. ¶ ~ 살충제 un insecticide à usage multiple. ¶ 이 지역에서 ~로 발견되는 화석 fossiles découverts sur une grande partie de cette région [sur la quasi-totalité de cette région, sur une grande proportion de cette région, sur de vastes étendues de cette région].

◆_하다 형 être très étendu(*e*), vaste, immense, de grande envergure. ¶ ~한 조사를 벌이다 faire de longues (et minutieuses) recherches. ¶ ~한 영향을 미치다 avoir de l'influence dans plusieurs domaines. ¶ 이 식물은 ~한 범위에 걸쳐 서식하고 있다 Cette plante vit dans de vastes étendues. ¶ 이 논문은 주제가 ~하다 Le sujet de cette thèse est très vaste. ¶ ~하게 응용되는 기술 une technique appliquée dans de vastes domaines. ¶ ~하게 퍼지다 s'étendre largement

광범하다 廣範- 재 ☞ 광범위

광복 光復 명 (restauration *f* de) l'indépendance *f* (suite à l'occupation japonaise). ◇_(을) 하다 retrouver *son* indépendance.

◆_군 -軍 명 force *f* [armée *f*, troupe *f*, front *m*] d'indépendance [de libération]; soldats *mpl* de la Libération [de l'indépendance].

◆_절 -節 명 jour *m* commémoratif de l'indépendance de la Corée (le 15 août).

◆_회 -會 명 Mouvement *m* pour l'indépendance; Mouvement *m* pour la libération; Association *f* pour l'indépendance.

광부 鑛夫 명 (ouvrier *m*) mineur *m*; mineur *m* de fond.

광산 鑛山 명 mine *f*. ¶ ~을 개발하다 exploiter une mine. ¶ ~에 투자하다 investir des capitaux dans une mine.

◆_업 -業 명 exploitation *f* minière; industrie *f* minière.

◆_채굴권 -採掘權 명 concession *f* minière.

◆_촌 -村 명 village *m* minier.

광상곡 狂想曲 명 【음악】 capriccio *m* ((forme musicale)).

광석 鑛石 명 minerai *m*. ¶ ~ 검파기 le détecteur de minerai. ¶ ~ 운반선 le (cargo) minéralier.

광선 光線 명 rayon *m* (de soleil); rai(*s*) *m* {*litt*} ((de soleil)). ¶ ~의 굴절 réfraction. ¶ ~을 쏘다 irradier *qn* ((médecine nucléaire)).

◆반사[굴절]_ 反射[屈折]- 명 rayons *mpl* réfléchis [réfractés].

◆태양_ 太陽 명 rayon *m* de soleil.

광섬유 光纖維 명 fibres *mpl* optiques.

광속 光速 명 vitesse *f* de la lumière.

광속도 光速度 명 【물리】 vitesse *f* de la lumière. ¶ ~로 à la vitesse de la lumière.

광시곡 狂詩曲 명 r(h)apsodie *f*. ¶ 리스트의 헝가리 ~ les rhapsodies hongroises de Liszt.

광신 狂信 명 fanatisme *m*.

◆_집단 -集團 명 groupe *m* fanatique.

◆_도[자] -徒[者] 명 fanatique.

◆_적 -的 명관 fanatique. ¶ ~적 국수주의 nationalisme fanatique.

광야 曠野 명 vaste plaine *f*, désert *m*; immensité *f*. ¶ ~를 달리다 courir par l'immensité.

광약 光藥 명 cire *f*, encaustique *f*. ¶ ~으로 가구를 반들반들하게 닦았다 J'ai fait briller [reluire] les meubles avec de la cire] / J'ai frotté les meubles avec de la cire [de cire] pour les faire reluire [briller] / J'ai ciré les meubles pour les faire reluire / J'ai passé les meubles à l'encaustique pour les faire reluire.

광양자 光量子 명 【물리】 photon *m*.

광어 廣魚 명 【어류】 cardeau *m* hirame ou cardine *f* du Pacifique; (poisson *m* noble proche du) turbot *m* [de la barbue *f* ou du flet *m*]; *Paralichthys olivaceus* {*nsc*}.

광언 狂言 명 paroles *fpl* [propos *mpl*] insensé(*e*)s [absurdes], parole *f* extravagante, extravagance *f*.

광업 鑛業 명 industrie *f* [exploitation *f*] minière.

◆_소 -所 명 bureaux *mpl* de l'exploitation minière.

광역 廣域 어근 vaste région *f* [zone *f*].

◆_화 -化 명 élargissement *m* ((d'une circonscription électorale)).

◆_경제 -經濟 명 union *f* économique de plusieurs pays.

◆_권 -圈 명 zone *f* [sphère *f*] délimitée.

◆_도시 -都市 명 mégalopole *f*.

◆_수사 -搜査 명 grande enquête *f*.

◆_선거구 -選擧區 명 vaste circonscription *f* électorale.

◆_변성암 -變成巖 명 roches *fpl* métamorphiques répandus sur une vaste région.

광역학 光力學 명 【물리】 mécanique *f* dynamique de la lumière.

광열 光熱 명 lumière *f* et chaleur *f*.

◆_비 -費 명 frais *mpl* d'éclairage et de chauffage.

광염 光焰 명 flamme *f* vive.

광영 光榮 명 honneur *m*, gloire *f*. ☞ 영광

광우리 명 ☞ 광주리

광우병 狂牛病 명 maladie *f* de la vache folle, ((의학)) encéphalopathie *f* spongiforme bovine ((ou maladie *f* à prions des vaches)). ¶ ~에 걸린 소 une vache atteinte d'une encéphalopathie spongiforme bovine.

광원 光源 명 【물리】 source *f* lumineuse.

광음 光陰 명 temps *m*.

◆일촌_ 一村- 명 une seconde *f*, un instant *m*. ¶ 일촌~도 함부로 쓰지 마라 Ne gaspille [Ne gâche] pas la moindre seconde.

광의 廣義 명 sens *m* large [extensif]; signification *f* extensive. ¶ ~로 해석하다 prendre [expliquer] ((un mot)) dans son sens large [extensif] [au sens large du terme]. ¶ ~로는 au sens large (du terme), dans son sens large.

광인 狂人 명 fou(*folle*), dément(*e*). ¶ ~의 짓이다 C'est de la (pure) folie.

광작 廣作 명 【농업】 exploitation *f* (agricole).

광장 廣場 명 place *f* (publique); ((건물 앞)) esplanade *f*. ¶ 시청 앞 ~ la place de la mairie. ¶ 여의도 ~

la place de Yeouido. ¶ 방돔 ~에 있는 가게들 les magasins de la place Vendôme. ¶ 시위대가 ~에 모여 있다 Les manifestants se sont rassemblés sur la place.
◆**만남의 _** 명 point *m* de rencontre.
◆**_공포증** -恐怖症 명 agoraphobie *f*.
광적 狂的 명관 fou(*folle*); excessi*f*(*ve*); fanatique; déchaîné(*e*), effréné(*e*). ¶ ~ 신앙심 une croyance[foi] fanatique. ¶ ~ 지지자 des supporters fanatiques. ¶ ~ 행동을 하다[보이다] agir [se comporter, se conduire] fanatiquement. ¶ 음악을 ~으로 좋아하다 aimer la musique de façon presque fanatique. ◇**_이다** être fou(*folle*); être excessi*f*(*ve*); être fanatique; être déchaîné(*e*), effréné(*e*). ¶ 우표 수집에 ~인 애착을 보이다 montrer un attachement excessif pour la collection des timbres. ¶ 누구에게[에 대해] ~인 분노를 표출하다 manifester une colère folle envers *qn*. ¶ 그는 축구 응원하는 데 있어서 ~이다 Il est presque fanatique quand il s'agit d'encourager des footballeurs.
광전기 光電氣 명 【물리】 photoélectricité *f*.
광전도 光傳導 명 【물리】 conduction *f* de la lumière.
광전류 光電流 명 【물리】 courant *m* photoélectrique.
광전자 光電子 명 【물리】 photon *m*.
광점 光點 명 【물리】 point *m* lumineux.
광주리 명 corbeille *f*, panier *m* ((en osier, bambou etc., et de forme ronde)). ¶ ~에 사과가 가득하다 La corbeille est pleine de pommes.
분류 corbeille *f* ((de fruits)). ¶ 배 한 ~ une corbeille de poires.
광중성자 光中性子 명 【물리】 neutron *m*.
광증 狂症 명 folie *f*; aliénation *f*, psychose *f*.
광증폭기 光增幅機 명 【물리】 photo *f* amplificateur.
광차 光差 명 【물리】 décalage *m* chronologique astronomique ((effet Doppler)).
광채 光彩 명 lustre *m*, brillant *m*, éclat *m*. ◇**_(를) 내다** faire briller [reluire, étinceler], lustrer, donner de l'éclat à. ¶ 새로 산 가구가 전등불에 ~를 낸다 Le nouveau meuble brille [reluit] sous la lumière de la lampe. ¶ 자동차에 ~를 내다 faire reluire [astiquer] *sa* voiture. ◇**_(가) 나다** briller avec éclat, étinceler, reluire; avoir de l'éclat, avoir du lustre [de l'éclat], avoir du brillant; être brillant(*e*), étincelant(*e*), éclatant(*e*), lustré(*e*), luisant(*e*), reluisant(*e*), lisse]. ◇**_를 더하다** redoubler d'éclat. ¶ 달빛 속에서 그의 눈은 ~를 더해갔다 Ses yeux brillaient [redoublaient d'éclat] sous la lumière de la lune. ¶ 이 옷은 너의 모습에 ~를 더해 준다 Ce vêtement te met en valeur / Ce vêtement fait resortir ta beauté. ◇**_를 잃다** perdre *son* éclat. ¶ 그의 눈은 ~를 잃었다 Ses yeux ont perdu tout éclat.
광천 鑛泉 명 【지질】 source *f* d'eau minérale; source *f* thermale.
◆**_수** -水 명 eau *f* minérale, eau *f* de source.
광체 光體 명 【물리】 corps *m* lumineux.
광축 光軸 명 【물리】 axe *m* optique.
광층 鑛層 명 couche *f* minérale.
광케이블 光- 명 【통신】 câble *m* à [en, de] fibre(s) optique(s), câble *m* optique.
광태 狂態 명 comportement *m* anormal; extravagance *f*, conduite *f* extravagante [déraisonnable]. ◇**_를 부리다** se comporter anormalement, avoir des comportements psychopathologiques; faire des extravagances, se livrer à des extravagances, se conduire déraisonnablement, faire des folies.
광택 光澤 명 lustre *m* ((d'un vernis)); poli *m* ((d'un objet métallique)); luisant *m* ((d'une étoffe)); brillant *m*. ¶ ~을 잃다 se ternir. ◇**_(이) 나다[있다]** avoir du lustre [de l'éclat], avoir du brillant; être brillant(*e*), étincelant(*e*), éclatant(*e*), lustré(*e*), luisant(*e*), reluisant(*e*), lisse [briller avec éclat, reluire, étinceler]. ¶ ~이 있는 ((marbre)) poli(*e*); ((meuble)) luisant(*e*); ((papier)) glacé(*e*). ¶ ~이 없는 ((photo)) mat(*e*), terne, sans lustre, sans éclat. ◇**_(을) 내다** faire briller ((des chaussures, des meubles, les chromes de sa voiture)), faire reluire [briller] ((des meubles, des cuirs)), donner du lustre à *qc*, donner du lustre [cati] ((à une étoffe)), catir ((du drap à chaud)), lustrer ((les peaux, les cuirs, une étoffe)), lisser ((les peaux, les cuirs)); polir *qc*; astiquer, faire briller ((les cuivres, des meubles)), briquer ((sa voiture)), cirer ((des chaussures)).
광통신 光通信 명 transmission *f* par câbles optiques.
광파 光波 명 【물리】 onde *f* lumineuse.
광포 狂暴 어근 brutalité *f*, férocité *f*.
◆**_하다** 형 être brut*al*(*ale, aux*); ((caractère)) être violent(*e*); ((peuplade)) être féroce. ¶ ~한 사람 une personne violente. ¶ ~한 집단 un groupe violent. ¶ 그의 아버지는 성격이 매우 ~하다 Son père est très brutal.
◆**_성** -性 명 violence *f*. ¶ ~성을 드러내다 faire montre de brutalité; se montrer violent(*e*).
◆**_화** 化 명 ((caractère de *qn*)) fait de devenir violent(*e*) [brut*al*(*ale, aux*)], acquisition *f* de la brutalité, évolution *f* vers la violence [vers la brutalité]. ¶ ~화하다[되다] ((caractère de *qn*)) devenir violent(*e*) [brut*al*(*ale, aux*)], évoluer vers la violence [vers la brutalité].
광폭 廣幅 명 grande largeur *f*. ¶ ~의 천 étoffe en grande largeur. ¶ 이 차에는 ~(의) 타이어가 적합하다 Les pneus larges sont mieux adaptés à cette voiture.
광풍 狂風 명 vent *m* fort [violent]; coup *m* de vent. ¶ 정념의 ~ une véritable tempête passionnelle, une bourrasque passionnelle, un embrasement passionnel. ¶ ~이 몰아친다 Le vent souffle avec violence.
광학 光學 명 【물리】 optique *f*.

◆_기계 -器械 명 instrument *m* [appareil *m*] d'optique.
◆_산업 -産業 명 industrie *f* optique.
◆_유리 -琉璃 명 verres *mpl* optiques.
◆_현미경 -顯微鏡 명 microscope *m* optique.
◆굴절_ 屈折- 명 dioptrique *f*.
◆반사_ 反射- 명 catoptrique *f*.

광합성 光合成 명 photosynthèse *f*. ¶ 식물의 ~ 작용 la photosynthèse des plantes.

광행차 光行差 명 【천문, 물리】 aberration *f*.

광화문 光化門 명 Gwanghwamun <porte principale du palais Gyeongbok>.

광화학 光化學 명 【물리】 photochimie *f*. 명 réaction *f* photochimique.
◆_분해 -分解 명 désintégration *f*, décomposition *f* photochimique.

광활하다 廣闊- 형 être spacieu*x*(*se*), vaste, étendu(*e*). ¶ 광활한 평야 une vaste plaine. ¶ 광활한 서부 le grand Ouest.

광휘 光輝 명 éclat *m* ((du soleil)); brillant *m* ((de l'or)); splendeur *f*; étincellement *m*; scintillement *m* ((des étoiles)); miroitement *m* ((des eaux)). ¶ ~를 발하다 briller, étinceler, scintiller; être éclatant(*e*), brillant(*e*), étincelant(*e*).

괘 卦 명 signe *m* divinatoire, présage *m*. ◇_(를) 보다[읽다] prédire l'avenir, dire la bonne aventure. ¶ ~ 보는 사람 personne qui prédit l'avenir, devin(*eresse*), diseu*r*(*se*) de bonne aventure, voyant(*e*), chiromancien(*ne*).

괘념 掛念 명 souci *m*; pensée *f* soucieuse. ◇_(을) 하다 se faire de souci. ¶ 사람들이 뭐라고 하든 조금도 ~하지 않다 ne pas se soucier le moins du monde [ne pas se préoccuper le moins du monde. se moquer éperdument [royalement, totalement]] du qu'en-dira-t-on [de ce que disent les autres, de ce que vont (en) dire les gens]. ¶ 이번 일에 대해 너무 ~치 마십시오 Ne vous faites pas trop de souci à ce sujet.

괘도 掛圖 명 carte *f* murale. ¶ ~를 벽에 걸다 accrocher une carte murale au mur. ¶ 지리시간에 ~를 보며 수업을 했다 Nous avons utilisé une carte murale durant l'heure [le cours] de géographie.

괘선 罫線 명 【인쇄】 ligne *f*, raie *f*, trait *m*.

괘씸 어근
◆_하다 형 être déloy*al*(*ale*, *aux*), fourbe, trompeu*r*(*se*), perfide; être insolent(*e*), incorrect(*e*), impertinent(*e*), détestable, désagréable; manquer à la parole donnée, ne pas respecter *ses* engagements. ¶ ~한 녀석 un individu déloyal [fourbe]. ¶ ~한 소리를 하다 dire [se permettre] des impertinences. ¶ ~한 처사 une façon d'agir [un comportement] déloyal [infidèle, fourbe, perfide]. ¶ 그런 거짓말을 하다니 너 참 ~하구나 Comment oses-tu dire de tels mensonges! Quelle insolence! [Quel toupet! / T'es vraiment gonflé(*e*) / Tu manques vraiment pas d'air!]. ¶ ~하게도 그 사람은 약속을 지키지 않았다 Il a eu l'insolence de ne pas tenir sa promesse.
◆_히 부 insolemment, perfidement, déloyalement; de façon impertinente [fourbe, agaçante, irritante, dérangeante]. ¶ 누구를 ~히 여기다 considérer *qn* comme déloyal [fourbe, trompeur, perfide].
◆_죄 -罪 명 fait de perdre la faveur de [de tomber en disgrâce auprès de, d'être mal vu(*e*) de, d'être mal considéré(*e*) par] *son* supérieur hiérarchique suite à une incorrection [une impolitesse, une maladresse, une faute] envers lui; ostracisme *m* [exclusion *f*, désaveu *m*] qui résulte d'une incorrection [d'une faute] envers un supérieur hiérarchique. ¶ ~죄에 걸리다 être déconsidéré(*e*) par [mal considéré(*e*) par, mal vu(*e*) de, perdre la faveur de] *son* supérieur hiérarchique à la suite d'incorrections [d'impolitesses, de maladresses] envers lui; être pénalisé(*e*) [sanctionné(*e*)] pour incorrection [pour faute] envers un supérieur hiérarchique.

괘종시계 掛鐘時計 명 pendule *m*.

괘지 罫紙 명 papier *m* rayé
◆양면_ 兩面- feuille *f* de cahier à carreaux ou à lignes *recto-verso*.

괜스레 부 en vain, vainement; inutilement; gratuitement; sans raison. ☞ 괜히

괜시리 부 ☞ 괜히

괜찮다 형 ① être bon(*ne*), passable, satisfaisant(*e*), correct(*e*), honnête; ne pas être mal. ¶ 그 친구 괜찮은 사람이야 Cet ami est une personne assez gentille [sympathique] / C'est quelqu'un de bien / C'est un chouette type{*fam*}. ¶ 그 가게에는 괜찮은 물건들이 많다 Il y a beaucoup de bons produits à acheter dans ce magasin / Ce magasin est bien approvisionné [achalandé]. ¶ 괜찮은 점수를 얻다 obtenir une assez bonne note [une note satisfaisante, une note correcte]. ¶ 이 음식 (맛이) 괜찮군 Ce plat n'est pas mauvais [mal]. ② 무방하다 ((verbe auxiliaire de permission ou autorisation avec -아(어)도 qui s'ajoute au radical du verbe principal)) il est possible [permis] de inf, pouvoir inf, ne pas se faire du mal, ne pas se faire du tort; 지장없다 ne pas se faire obstacle, ne pas être un obstacle. ¶ 들어가도 괜찮아요? Puis-je entrer? ¶ 내일 저녁 모임엔 좀 늦어도 괜찮다 Ce n'est pas grave si tu es un peu en retard pour le rendez-vous de demain soir. ¶ 수돗물을 그냥 마셔도 괜찮을까요? Peut-on boire l'eau du robinet comme cela [directement, telle quelle] ((sans la faire bouillir, sans la stériliser, sans la filtrer))? / L'eau du robinet est-elle potable? ¶ 괜찮습니다 C'est bon / Ça ne fait rien / Ça ne pose pas de problème. ¶ (나로서는) 아무래도 괜찮다 Pour ma part, c'est bon / En ce qui me concerne, c'est bon.

괜한 형 inutile; gratuit(*e*); vain(*e*). ¶ ~ 걱정을 하다 se faire du souci [s'inquiéter] pour rien, se faire inutilement du souci. ¶ ~ 불평 하지 말고 일이나 열심히 해라 Cesse de te plaindre inutilement, mets-toi plutôt sérieusement au travail. ¶ 넌 왜 ~ 소리를 해서 아이를 울리냐? Pourquoi fais-tu pleurer cet enfant en lui racontant des choses inutiles?

괜히 부 gratuitement, sans raison, sans motif; pour rien; inutilement, en vain, vainement. ¶ ~ 애쓰다 s'efforcer [se donner de la peine] en vain; faire des efforts pour rien. ¶ ~ 폐만 끼쳤군요 Je vous ai dérangé pour rien; je m'en excuse. ¶ 그들은 ~ 떠들어댔을 뿐이다 Ils ont fait toute une histoire pour rien. ¶ ~ 싸우다 se quereller [se disputer] sans raison [motif]. ¶ ~ 쓸데없는 말 하지 마라 Ne parle pas pour ne rien dire / Ne dis pas de choses sans intérêt. ¶ ~ 트집을 잡다 [부리다] chercher des histoires, chercher matière à dispute; trouver à redire sur des vétilles; chercher des poux (dans la tête) ((à *qn*)) {*fam*}; chercher la petite bête {*fam*}, pinailler {*fam*}; chicaner {*fam*}, discutailler; enculer les mouches {*pop*}; chercher querelle sur des riens. ¶ 비가 오면 ~ 마음이 우울하다 Lorsqu'il pleut, je ne sais pas pourquoi, mais je deviens mélancolique. ¶ 낙엽이 떨어지는 걸 보니 ~ 눈물이 난다 En regardant les feuilles mortes tomber, des larmes me venaient aux yeux

괭이 명 houe *f*, hoyau(*x*) *m*.

◆**_질** 명 action *de* travailler à la houe. ¶ ~질(을) 하다 travailler à la houe.

괴괴하다 형 être tranquille, calme, silencieu*x*(*se*), morne. ¶ 괴괴한 거리 une rue morne.

괴기 怪奇 어근 caractère *m* extravagant [mystérieux].

◆**_하다[스럽다]** 형 être fantastique, extraordinaire, mystérieu*x*(*se*), grotesque, bizarre, étrange, extravagant(*e*). ¶ ~한 분위기 une ambiance bizarre [étrange, grotesque]. ¶ ~한 음성 une voix étrange [bizarre, extravagante].

◆**_물** -物 명 objet *m* bizarre [étonnant, étrange].

◆**_영화** -映畵 명 film *m* d'horreur.

◆**_소설** -小說 명 roman *m* [conte *m*] fantastique.

괴나리봇짐 명 havresac *m*. ¶ ~을 메고 길을 떠나다 se mettre en route avec un havresac sur le dos.

괴다[1] 자 ((물 따위가)) se regrouper, se réunir, s'accumuler (dans un endroit creux); se déposer, se sédimenter (dans un endroit creux). ¶ 여기는 비가 온 뒤에는 물이 괸다 L'eau forme ici des flaques après la pluie. ¶ 그 여자의 눈에 눈물이 괴었다 Ses yeux se remplirent de larmes. ☞ 고이다

괴다[2] 타 ① caler, mettre une cale sous *qc*; appuyer, soutenir. ¶ 장롱다리에 마분지 조각을 ~ caler les pieds d'une armoire avec un morceau de carton ¶ 책상이 흔들거려 다리를 나뭇조각으로 괴었다 J'ai mis un morceau de carton sous les pieds de ma table qui branlait. ② ((신체를)) soutenir ((*son* menton)); appuyer, accoter ((*sa* tête)). ¶ 손으로 턱을 ~ poser *son* menton sur *sa*(*ses*) main(s), s'appuyer le menton sur la main.

괴담 怪談 명 histoire *f* de revenants [fantômes]; conte *m* fantastique.

괴도 怪盜 명 voleur *m* mystérieux.

괴력 怪力 명 force *f* extraordinaire [incroyable, prodigieuse, herculéenne, surhumaine, hors du commun]. ¶ 그 남자는 맨손으로 사자를 때려잡는 ~를 지녔다 Cet homme est doté d'une force incroyable [prodigieuse, hors du commun, herculéenne, surhumaine] / C'est homme est un véritable hercule. ¶ 그런 작은 체구에서 어떻게 그런 ~이 솟아나는지 모르겠다 Je n'arrive pas à croire qu'un petit corps puisse cacher une force aussi extraordinaire.

괴로움 명 peine *f*, douleur *f*, souffrance *f*, tourment *m*. ¶ 분만의 ~ les douleurs de l'enfantement {*vx*} [de l'accouchement]. ¶ 정신적 ~에 시달리다 avoir des problèmes mentaux, être psychiquement tourmenté(*e*). ¶ ~을 참다 supporter une douleur; endurer des souffrances. ◇**_을 겪다** être en proie à la douleur.

괴롭다 형 ① être peiné(*e*), tourmenté(*e*); avoir de la peine à+*inf*, avoir du mal à+*inf*, souffrir; ((난처하다)) être embarrassé(*e*), être dans l'embarras, se trouver dans une situation embarrassante; ((몸이)) être douloureu*x*(*se*), souffrant(*e*), ((광경, 노력이)) être pénible; ((일이)) être laborieu*x*(*se*); ((고통스러운)) être affligeant(*e*), angoissant(*e*), désolant(*e*) ((un spectacle)); être atroce, navrant(*e*), poignant(*e*); ((입장이)) être embarrassant(*e*). ¶ 괴로운 심경 des sentiments douloureux. ¶ 괴로운 얼굴 [표정]을 하다 prendre un air accablé [torturé]; prendre un visage de martyr(*e*). ¶ 괴로운 문제 un sujet[une question] pénible. ¶ 나는 요즘 인사 문제로 (마음이) 무척 ~ J'ai beaucoup de problèmes [de soucis] avec le personnel en ce moment. ¶ 그 여자는 아들의 소식을 듣지 못해서 (마음이) ~ Cette femme souffre de ne pas avoir pu recevoir de nouvelles de son fils / Cette femme souffre que son fils l'ait laissée sans nouvelles. ¶ 그런 말을 해야 하는 것이 나에게는 몹시 ~ Cela me fait de la peine d'avoir à le dire. ¶ 나는 관절염 때문에 걷기가 ~ J'ai de la peine à marcher à cause de l'arthrite. ¶ 보기에 ~ être pénible à voir; c'est un spectacle affligeant. ¶ 숨을 괴롭게 몰아쉬다 respirer péniblement [avec difficulté]. ¶ 매우 괴롭게 느끼다 se sentir extrêmement gêné(*e*), éprouver une grande confusion.

◆**괴로움** 명 peine *f*; douleur *f*; souffrance *f*; tourment *m*. ¶ 부상병은 ~을 참지 못해 소리를 질러댔다 Le soldat blessé, ne supportant pas la douleur, a hurlé. ¶ 내 친구는 그 일로[때문에] 많은 ~을 겪었다 Mon ami a beaucoup souffert à cause de cette affaire.

괴롭히다 타 faire souffrir *qn*; accabler *qn*, affliger

qn, faire de la peine à *qn*, tourmenter *qn*, désoler *qn*; harasser *qn*, tracasser *qn*, causer du souci à *qn*; harceler *qn*, fatiguer *qn*, contrarier *qn*; gêner, ennuyer, importuner *qn*, bassiner *qn* {*fam*}, molester *qn*, embêter *qn*, enquiquiner *qn* {*fam*}. ¶ 그 사람은 항상 나를 괴롭힌다 Cet homme m'ennuie sans arrêt / Cet homme m'importune sans cesse. ¶ 이런 문제로 다시 날 괴롭히지 말아라 Ne viens plus m'embêter [m'importuner] avec un tel problème. ¶ 나를 좀 괴롭히지 마시오 Laissez-moi tranquille! / Ne m'ennuyez plus, s'il vous plaît / Fichez-moi la paix {*fam*}! ¶ 그 문제가 내 마음을 괴롭힌다 Ce problème m'ennuie [me tracasse, me chiffonne]. ¶ 그 소식이 내 마음을 괴롭힌다 Cette nouvelle me fait de la peine [m'afflige, m'est désagréable]. ¶ 대학을 나오지 못했다는 사실이 늘 그의 마음을 괴롭힌다 Il souffre toujours de ne pas avoir pu étudier à l'université. ¶ 아들을 너무 심하게 나무란 것이 하루 종일 나를 괴롭혔다 J'ai regretté toute la journée d'avoir grondé mon fils aussi sévèrement.

괴뢰 傀儡 명 marionnette *f*, pantin *m*, fantoche *m*. ¶ 저들은 적국의 ~에 지나지 않는다 Ils sont seulement les fantoches de l'ennemi.
◆ **_군** -軍 명 armée *f* fantoche.
◆ **_도당** -徒黨 명 cabale *f* fantoche.
◆ **_정부** -政府 명 gouvernement *m* fantoche.
◆ **_정권** -政權 명 régime *m* fantoche.
◆ **_집단** -集團 명 groupe *m* fantoche.

괴리 乖離 명 écart *m*; éloignement *m*, décollage *m*. ◇ **_(가) 되다** s'éloigner; s'écarter. ¶ 현실과 ~된 주장 une revendication sans lien avec la réalité.

괴멸 壞滅 명 destruction *f* totale; démolition *f*, ruine *f* totale; anéantissement *m*. ◇ **_(을) 하다[당하다, _(이) 되다]** être entièrement détruit(*e*), démoli(*e*); tomber en ruine; être anéanti(*e*). ¶ 적군의 기습으로 아군의 보급부대가 ~하였다[되었다] Le train de ravitaillement a été décimé [anéanti] par une attaque surprise. ◇ **_(을) 시키다** détruire entièrement, écraser, étouffer; démolir; mettre en ruine; anéantir, décimer. ¶ 아군은 적 2개 대대를 ~시켰다 Nous avons écrasé deux bataillons ennemis.

괴문서 怪文書 명 pamphlet *m* [document *m*] de source inconnue; document *m* mystérieux. ¶ 요즘 정가에는 대통령의 비리를 폭로하는 ~가 떠돌고 있다 Un document mystérieux qui dévoile la corruption du président circule actuellement dans le monde politique.

괴물 怪物 명 ① monstre *m*; fantôme *m*; apparition *f*, spectre *m*. revenant *m*. ¶ ~같은 monstrueux(*se*). ② 기인 (un) personnage *m* étonnant, (un) monstre *m* de ((science)), (un) phénomène *m* ((musical)). ¶ ~ 투수

괴발개발 부 d'une façon brouillonne [illisible]; grossièrement; sans soin; négligemment; maladroitement; gauchement. ¶ ~ 쓴 글씨라 알아볼 수 없다 ne pas pouvoir reconnaître (un manuscrit) en raison de *son* écriture illisible [indéchiffrable].

괴벽 怪癖 명 habitude *f* bizarre [excentrique, extravagante, odieuse, particulière]; manie *f*, tic *m*. ◇ **_이 있다** avoir la bizarre habitude de *inf*.

괴변 怪變 명 accident *m* étrange; événement *m* anormal [bizarre]; changement *m* mystérieux (éclipse, tremblement de terre). ¶ ~이 일어났다 Un accident étrange s'est produit / Il s'est produit quelque chose d'anormal.

괴상망측하다 怪常罔測- 형 être extraordinaire et incompréhensible; être mystérieux(*se*), bizarre, étrange, curieux(*se*), anormal(*e*), extravagant(*e*), grotesque, inexplicable. ¶ ~한 차림을 한 여자 une femme bizarrement habillée [accoutrée]; une femme habillée [accoutrée] grotesquement. ¶ ~한 소문 une rumeur bizarre.

괴상하다 怪常- 형 être extraordinaire, anormal(*e*), extravagant(*e*), fantastique, grotesque, bizarre, curieux(*se*), étrange, singulier(*ère*), inexplicable, mystérieux(*se*). ¶ 괴상한 물건 un objet étrange. ¶ 괴상한 목소리를 내다 parler d'une voix extraordinaire [curieuse, grotesque]. ¶ 그 사람은 몰골이 ~ Il a une apparence extraordinaire [bizarre] / Il a un look étrange {*fam*}. ¶ 괴상하게 생긴 식물 une plante à la forme étrange [bizarre].

괴성 怪聲 명 hurlement *m* (de douleur, de peur); un grand cri *m*. ◇ **_(을) 지르다[치다]** pousser un hurlement [un grand cri]; hurler; crier.

괴수 魁首 명 chef *m* de bande; meneur *m*.

괴이다[1] 재 ☞ 고이다, 괴다[1]

괴이다[2] 타 ☞ 괴다[2]

괴이쩍다 怪異- 형 être étrange; être bizarre, bizarroïde; être insolite; être mystérieux(*se*); être louche; être saugrenu(*e*); être troublant(*e*); être curieux(*se*). ¶ 요즘 마을에 괴이쩍은 소문이 돈다 Ces temps-ci d'étranges rumeurs courent dans le village / De drôles de bruits courent ces jours-ci dans le village. ¶ 그가 갑자기 돌아온 것이 ~ C'est étrange qu'il soit revenu tout à coup / C'est curieux, ce retour brutal.

괴이하다 怪異- 형 étrange, monstrueux(*se*), bizarre, grotesque, mystérieux(*se*). ¶ 참 괴이한 일[현상]이다 Quel phénomène étrange! ¶ 괴이한 죽음 une mort mystérieuse.

괴질 怪疾 명 maladie *f* mystérieuse [étrange]. ¶ 지역에 원인 모를 ~이 퍼지고 있다 Une maladie bizarre, d'origine inconnue, se répand dans la province.

괴짜 怪- 명 personne *f* bizarre [originale]; singulier personnage *m*; original(*ale*, *aux*); un drôle d'individu [de type *m* {*fam*}, de numéro *m* {*fam*}, d'énergumène *m* {*fam*}, de moineau *m* {*fam*}, d'oiseau *m* {*fam*}, de phénomène *m* {*fam*}, de coco *m* {*fam*}, de pistolet *m* {*fam*}, de zèbre m {fam}, de zig m {fam}, de zigoto m {fam}]; excentrique; un individu m bizarre [louche]. ¶ 우리 반에는 ~가 많다 Il y a beaucoup d'élèves originaux dans notre classe / Il y a beaucoup d'originaux [de numéros {fam}] dans notre classe.

괴팍하다 乖愎- 형 être difficile, délicat(e), peu sociable; être exigeant(e) sur qc; être intraitable; être blasé(e); être difficile à contenter. ¶ 괴팍한 성미 un caractère difficile [délicat, exigeant]; un caractère peu sociable [intraitable]. ¶ 괴팍한 버릇이 있다 avoir une manie bizarre. ¶ 저 노파는 (성질이) ~ Cette vieille dame a un caractère difficile. ¶ 괴팍하게 굴다 faire le(la) difficile, faire la fine bouche; être difficile à contenter, exigeant(e); être difficile, délicat(e). ¶ 그렇게 괴팍하게 굴지 마라 Arrête d'être si bizarre [pénible, difficile]! / Ne fais pas le(la) difficile! / Ne fais pas la fine bouche!

괴한 怪漢 명 homme m suspect; individu m louche. ¶ ~의 습격을 받다 être attaqué(e) [agressé(e)] par un homme suspect.

괴혈병 壞血病 명 【의학】 scorbut m.

굄돌 명 pierre f d'appui [de soutien]; cale f; coin m. ¶ 그 돌을 ~ 위에 올려놓아라 Mets cette pierre sur les pierres d'appui.

굉음 轟音 명 bruit assourdissant m. ¶ ~을 울리며 돌아가는 기계 une machine qui fait un bruit assourdissant.

굉장히 宏壯- 부 très, extrêmement, énormément, considérablement, remarquablement, formidablement, fabuleusement, grandement, magnifiquement, splendidement; à merveille, de façon grandiose. ¶ ~ 싼[좋은] 포도주 un vin extrêmement bon marché [bon]. ¶ ~ 춥다 faire terriblement froid, faire un froid glacial [un froid de canard {fam}], se (les) peler {fam}, se (les) cailler {fam}; avoir très [terriblement] froid. ¶ 목이 ~ 마르다 avoir très soif. ¶ 머리가 ~ 아프다 J'ai très mal à la tête / J'ai un mal de tête terrible. ¶ ~ 돈이 궁하다 vivre dans l'indigence; être extrêmement pauvre. ¶ 술을 ~ 좋아하는군요 Tu aimes beaucoup l'alcool, on dirait. ¶ 일이 ~ 잘 되어 가고 있다 l'affaire marche comme sur des roulettes {fam} / Tout va remarquablement bien.

굉장하다 宏壯- 형 être magnifique, somptueux(se), grandiose, splendide, superbe, imposant(e), majestueux(se), incroyable, terrible, exceptionnel(le), extraordinaire, formidable, épatant(e) {fam}. ¶ 그 사람은 굉장한 인물이다 C'est une personnalité extraordinaire. ¶ 굉장한 미인이다 C'est une beauté magnifique! ¶ 아무것도 아닌 일을 굉장하게 부풀리다 grossir démesurément l'importance d'un fait sans importance [insignifiant]; grossir une affaire sans importance; faire d'un incident sans portée un événement considérable; faire tout un drame d'une histoire sans importance; faire de qc [en faire] un fromage [un drame] {fam}, faire tout un plat de qc {fam}, en faire tout un plat {fam}, faire de qc [en faire] toute une histoire [une montagne], (se) faire toute une montagne de qc. ¶ 굉장하게 여기다 considérer qc comme très important; accorder beaucoup d'importance [une importance extrême] à qc.

-교¹ 教 접미 enseignement m; leçon f; préceptes mpl; doctrine f; religion f; culte m. ¶ 불~ bouddhisme. ¶ 기독~ christianisme. ¶ 카톨릭~ catholicisme. ¶ 밀~ bouddhisme ésotérique. ¶ 사~ secte.

-교² 校 접미 ((초등학교)) école f; ((중학교)) collège m; ((고등학교)) lycée m; ((대학교)) université f. ¶ 출신~ école dont on est sorti [alma mater] ((référence coutumière en Corée)). ¶ 명문~ une école [un collège, un lycée, une université] réputé(e).

-교³ 橋 접미 pont m. ¶ 가~ construction de pont. ¶ 인도~ pont. ¶ 철~ pont en [de] fer. ¶ 오작~ le pont Ojak ((pont légendaire)).

교가 校歌 명 chant m [hymne m] d'une école. ¶ ~를 부르다 chanter le chant de l'école. ¶ ~ 제창이 있겠습니다 Nous allons chanter le chant de l'école.

교각 橋脚 명 pile f d'un pont. ¶ ~을 세우다 dresser un pont.

교감¹ 校監 명 adjoint m au chef d'établissement; sous-principal(~-~aux) m.

교감² 交感 명 sympathie f, entente f. ◇_(을) 하다 communier avec ((les morts)), échanger [communiquer] avec qn. ◇_(이) 되다 être convenu(e). ¶ 우리끼리는 다 그렇게 하기로 사전에 ~이 다 되어 있었다 Nous avions déjà convenu à l'avance d'agir ainsi. ◇_(이) 있다[없다] éprouver de la sympathie (l'un pour l'autre) [ne ressentir aucune sympathie (l'un pour l'autre)]. ¶ 그는 여권 핵심부와 ~이 있었던 것 같다 Il semble qu'il a bénéficié d'une entente avec de hauts dignitaires du gouvernement.

◆**_신경** -神經 명 【해부】 (nerf m) grand sympathique m; sympathique m.

교계 教界 명 monde m religieux; milieu(x) m ecclésiastique. ¶ ~의 지도자들 les principaux dignitaires des différentes religions.

교과 教科 명 학과목 matière f, discipline f, cours m.

◆**_과정** -課程 명 programme(s) m(pl) d'enseignement, curriculum m.

◆**_목** -目 명 matière f, discipline f, cours m.

교과서 教科書 명 livre m de classe; livre m scolaire; manuel m (scolaire). ¶ 국어 ~ manuel de coréen. ¶ 국정[검인정] ~ livre [manuel] scolaire officiel; livre scolaire édité [autorisé] par le gouvernement. ¶ 검정필 ~ manuel (scolaire) autorisé [validé]. ¶ 그 사람의 책은 이제 이 분야의 ~가 되다시피 했다 Son livre est devenu un quasi manuel dans le domaine.

◆_적 -的 명관 académique. ¶ 그 사람은 ~적이다 Il est très académique.

교관 教官 명 (officier *m*) instructeur *m* ((école militaire)); instructeur *m* militaire.

교교하다 皎皎- 형 être clair(*e*), brillant(*e*). ¶ 달빛이 교교한 밤거리 une rue éclairée par le clair de lune.

교구[1] 教區 명 【종교】 diocèse *f*, paroisse *f*, circonscription *f* ecclésiastique.

교구[2] 教具 명 matériel *m* scolaire.

교권 教權 명 ① ((종교의)) autorité *f* ecclésiastique. ② ((교육자의)) autorité *f* d'un éducateur. ¶ 그것은 명백한 ~ 침해이다 C'est un empiètement évident sur l'autorité des enseignants.

교기 校旗 명 fanion *m* d'une école.

교내 校內 명 intérieur *m* d'une école; (intra-)scolaire (par opposition à extra-scolaire), dans [à l'intérieur de] l'école; ((대학교의)) dans le [à l'intérieur du] campus. ¶ ~에서 dans [à l'intérieur de] l'école; dans le [à l'intérieur du] campus. ¶ ~ 방송 (émission de) radio scolaire ((faite par des lycéens ou des étudiants)). ¶ ~ 체육대회 réunion sportive scolaire.

교단[1] 教壇 명 chaire *f*, estrade *f* (du professeur dans les salles de classe).

*~에 서다 entrer dans le corps enseignant [dans l'enseignement], devenir enseignant(*e*); se destiner à l'enseignement.

교단[2] 教團 명 confrérie *f*, communauté *f* religieuse.

교대[1] 交代 명 alternance *f*; relève *f*; remplacement *m*. ¶ ~ 요원 une équipe de relève ¶ 업무[근무] ~ une relève. ¶ 공장에서 3교대 근무를 하다 faire les trois-huit dans une usine ◇_(를) 하다 relever *qn*, (*se*) relayer *qn*, prendre la relève [le relais] de *qn*, remplacer *qn*. ¶ 우리는 주야로 ~하며 열심히 일했다 Nous avons beaucoup travaillé en nous relayant jour et nuit. ¶ 나는 그 사람과 근무를 ~하였다 Je l'ai relayé. ◇_(를) 시키다 faire remplacer, relever. ¶ 보초를 ~시키다 faire relever [remplacer] un garde.

◆_로 부 alternativement, en alternance. ¶ ~로 하다 faire *qc* en alternance; se relayer. ¶ 그들은 ~로 밤새워 환자를 간호했다 Ils se sont relayés toute la nuit pour veiller auprès du malade. ¶ 3부 ~로 (sous forme de) trois équipes travaillant par alternance.

교대[2] 教大 명 institut *m* pédagogique pour la formation des enseignants du primaire.

교도[1] 教徒 명 croyant(*e*); fidèle, adepte *mf*.

◆기독_ 基督- 명 chrétien(*ne*).

◆불_ 佛- 명 bouddhiste.

◆회_ 回- 명 musulman(*e*).

교도[2] 教導 명 instruction *f* (morale), édification *f*, direction *f*, orientation *f*. ¶ 학생들의 ~ instruction [édification] des élèves. ◇_(를) 하다 instruire *qn*; édifier, diriger [guider] *qn*.

◆_교사 -教師 명 professeur *m* d'instruction morale.

◆_주임 -主任 명 responsable *m* d'instruction morale ((en France : le surveillant général, le censeur)).

교도[3] 矯導 명 instruction *f*, éducation *f*, redressement *m*, réhabilitation *f* à la vie civile. ◇_(를) 하다 instruire, éduquer, redresser, réhabiliter.

◆_관 -官 명 éducateur *m* (en milieu carcéral).

◆_소 -所 명 maison *f* de redressement, prison *f*.

◆_행정 -行政 명 administration *f* de redressement.

교독 交讀 명 【종교】 lecture *f* à tour de rôle ((culte protestant)). ◇_(을) 하다 faire une lecture à deux voix ((culte protestant)). ¶ 시편을 ~하다 lecture des psaumes à deux voix ((culte protestant)).

◆_문 -文 명 passage *m* destiné à une lecture à deux voix ((culte protestant)).

교두보 橋頭堡 명 tête *f* de pont.

* ~를 확보하다[마련하다] détenir [s'assurer] une tête de pont pour ... ¶ 유럽 진출을 위한 ~를 확보하다 détenir [s'assurer] une tête de pont pour pénétrer en Europe.

교란 攪亂 명 trouble *m*, dérangement *m*, perturbation *f*; bagarre *f*, soulèvement *m*, émeute *f*; agitation *f*. ¶ 방송 청취 ~ perturbation des émissions de radio. ¶ 정치적 ~ des troubles politiques; un soulèvement. ◇_(을) 하다[시키다] perturber; troubler; brouiller. ¶ 간첩을 보내어 적의 후방을 ~ envoyer des espions provoquer des troubles sur les arrières de l'ennemi. ¶ 방해 전파로 통신을 ~시키다 brouiller les communications par des ondes perturbatrices. ◇_(이) 되다 être perturbé(*e*), troublé(*e*). ¶ 유언비어로 민심이 ~되었다 De faux bruits [Des rumeurs] perturbaient l'opinion publique.

◆_전술 -戰術 명 stratégie *f* de perturbation.

교량 橋梁 명 pont *m*. ¶ ~ 공사 des travaux de construction d'un pont. ¶ 새 ~을 건설하다 construire un nouveau pont.

교련 教鍊 명 préparation *f* militaire.

◆_복 -服 명 uniforme *m* de la préparation militaire.

교류 交流 명 ① échanges *mpl* ((culturels)); relations *fpl*. ¶ 인사 ~ échange de personnel. ¶ 양국간의 문화 ~ échanges culturels entre deux pays. ¶ 양국간의 경제 및 문화 ~를 확대하다[촉진시키다] développer [encourager, promouvoir] les échanges économiques et culturels entre deux pays. ② 【전기】 courant *m* alternatif. ¶ ~ 전류 le courant alternatif. ◇_(를) 하다 faire [procéder à] un échange, entretenir des échanges ((culturels)). ¶ 두 부서는 서로 인사 ~를 하였다 Un échange de personnel a eu lieu entre deux sections. ◇_가 있다[없다] avoir des échanges [ne pas avoir d'échanges].

◆_발전기 -發電機 명 alternateur *m*, dynamo *m* à courant alternatif.

교리 教理 명 doctrine *f* (religieuse); dogme *m*. ¶ ~상의 doctrin*al*(*ale*, *aux*). ¶ ~ 교육 l'enseignement de la doctrine. ¶ 기독교 ~ la doctrine chrétienne; les dogmes du christianisme. ¶ ~에 어긋나다 violer [transgresser] la doctrine; ne pas respecter la doctrine.

◆_문답 -問答 명 catéchisme *m*.

교린정책 交隣政策 명 politique *f* d'entente. ¶ ~을 펴다 pratiquer [appliquer, développer, étendre] une politique d'entente.

교만 驕慢 명 arrogance *f*; prétention *f*; suffisance *f*; fierté *f*; orgueil *m*; vanité *f*; présomption *f*; fatuité *f*. ¶ ~에 가득찬 사람 une personne pleine d'arrogance; une personne gonflée de prétention. ¶ 그런 식의 언행은 ~에 지나지 않는다 Cette manière de dire est tout bonnement de la prétention / Cette façon de s'exprimer est arrogante. ◇_(을) 떨다[부리다] se montrer; montrer *sa* vanité; faire étalage de *sa* suffisance. ¶ 그 녀석 요즘 돈을 좀 벌었다고 ~을 떨고 다닌다 Il parade parce que ces jours-ci, il a gagné un peu d'argent. / Il se promène d'une façon arrogante, car ces jours-ci il a gagné un peu d'argent. / Il se balade avec prétention parce qu'il vient de gagner quelques sous {*fam*}.

◆_하다 형 être arrogant(*e*); être prétentieu*x*(*se*); être hautain(*e*); être orgueilleu*x*(*se*); être présomptueu*x*(*se*); être vaniteu*x*(*se*); être suffisant(*e*). ¶ 그 친구는 출세한 뒤 아주 ~해졌다 Il est devenu arrogant depuis qu'il a réussi. / Il ne se sent plus depuis qu'il a tiré le gros lot. {*fam*} / Depuis qu'il a percé, il pète plus haut que son cul {*pop*}. ¶ ~하게 행동하다 se comporter [se conduire, agir] avec arrogance [avec prétention, avec orgueil, avec vanité, orgueilleusement].

교명 校名 명 nom *m* de l'école [du collège, du lycée, de l'université].

교목 喬木 명 (grand) arbre *m*.

교묘하다 巧妙- 형 être adroit(*e*), habile ((à faire *qc*)), versé(*e*) ((dans un art)); être ingénieu*x*(*se*). ¶ 교묘한 거짓말 un mensonge ingénieux [adroit, habile]. ¶ 교묘한 술책 une ruse [une tactique, une manœuvre] habile. ¶ 솜씨가 교묘한 마술사 un magicien habile. ¶ 저 사람은 사업수단이 매우 ~ Il gère ses affaires de façon très habile ¶ 교묘하게 둘러대다 donner [fournir] de bons prétextes. ¶ 교묘하게 숨기다 cacher [camoufler] ingénieusement. ¶ 무엇에서 교묘하게 빠져나가다 se sortir habilement de *qc*.

교무 敎務 명 ① direction *f* des études. ② (('교무주임'의 약칭)) responsable des études. ¶ ~ 선생님 enseignant(*e*) responsable des études. ◇_(를) 보다 être responsable des études.

◆_과[처] -課[處] 명 bureau *m* de direction.

◆_실 -室 명 salle *f* des professeurs.

◆_주임 -主任 명 responsable des études.

◆_행정 -行政 명 administration *f* scolaire.

교문 校門 명 entrée *f* d'un établissement d'enseignement ((école, collège, lycée, université)). ¶ ~을 나서다 sortir d'une [de l'] école; finir [terminer, achever] *ses* études.

교미 交尾 명 copulation *f*; coït *m*; accouplement *m* ((des animaux)). ¶ ~ 중인 잠자리 les libellules en copulation. ◇_(를) 하다 s'accoupler; copuler; ((새가)) s'apparier. ◇_(를) 붙이다 accoupler. ¶ 순종 진도개 두 마리를 ~ 붙이다 accoupler deux chiens Jindo pur-sang.

◆_기 -期 명 période *f* de copulation; saison *f* des amours; rut *m*, époque *f* des chaleurs; ((새)) pariade *f*.

교민 僑民 명 résident(*e*); habitant(*e*).

교배 交配 명 【생물】 croisement *m*, mélange *m* ((de deux espèces)); métissage *m*. ¶ 두 식물 간의 인공 ~ l'hybridation par génie génétique de deux plantes. ◇_(를) 하다[시키다] croiser ((un âne avec une jument)); faire des croisements ((de races)). ¶ 숫당나귀와 암말을 ~시키면 노새가 된다 Le croisement d'un âne avec une jument donne un mulet.

◆이종_ 異種- 명 réalisation *f* [exécution *f*] de l'hybridation; action de croiser ((un animal avec un autre)), [de faire des croissements ((entre animaux, entre végétaux)), d'hybrider].

교범 敎範 명 méthode *f* d'enseignement; modèle *m* pédagogique.

교복 校服 명 uniforme *m* ((des collégiens, des lycéens)). ¶ ~을 벗다 enlever l'uniforme; quitter l'uniforme.

교본 敎本 명 manuel *m*. ¶ ~을 참고하시오 Consultez le manuel! / Référez-vous au manuel!

교부[1] 交付 명 délivrance *f* ((par un établissement scolaire ou une société, de certains documents)). ¶ ~ 통지서 avis d'ouverture pour la délivrance de formulaires d'inscription. ¶ 원서 ~ délivrance de formulaires d'admission. ¶ 접수증의 ~를 요구하다 demander un récépissé [un reçu, un avis de réception]. ◇_(를) 하다 délivrer [donner, remettre] ((un certificat, un reçu)). ¶ 증명서를 ~하다 délivrer un certificat. ¶ 합격 확인서를 ~ confirmer une admission. ¶ 여권을 ~하다 délivrer un passeport [des passeports].

◆_금 -金 명 subvention *f* ((de l'État)).

◆_세 -稅 명 【법률】 impôts *mpl* collectés par le gouvernement central et répartis ensuite entre les diverses régions.

◆_처 -處 명 bureau *m* de délivrance

교부[2] 敎父 명 【천주】 Pères *mpl* de l'Eglise.

교분 交分 명 relations *fpl* amicales [cordiales]; amitié *f*, intimité *f*. ¶ ~이 깊은 몇몇 친구들만이 초대되었다 Seuls quelques amis choisis [très chers, très intimes] ont été invités / On n'a invité que quelques intimes. ◇_을 맺다 se lier (d'amitié) avec *qn*; nouer (une) amitié avec *qn*; nouer des liens étroits avec *qn*. ◇_이 있다 avoir une amitié pour *qn*; conserver une amitié à *qn*; être intimement lié(*e*) [intime] avec *qn*.

교사[1] 校舍 명 bâtiment *m* scolaire [d'une école]; école *f*. ¶ 낡은 ~ bâtiment scolaire délabré; école en mauvais état. ¶ ~를 새로 짓다 construire un nouveau bâtiment scolaire.

교사² 敎師 명 ((중고등학교의)) professeur(*e*) *m* (dans le secondaire); enseignant(*e*); ((초등학교의)) institu*teur*(*trice*), instit {*fam*}, maître(*sse*) d'école, professeur(*e*) *m* des écoles ((en France, enseignant(*e*) titulaire de l'enseignement primaire, ayant réussi au concours de professeur des écoles)).
◆가정_ 家庭- 명 précep*teur*(*trice*).

교사³ 敎唆 명 incitation *f*, instigation *f*. ¶ 살인 ~죄 complicité dans une incitation au meurtre. ¶ 누구의 ~로 범행을 저지르다 commettre un crime à l'instigation de *qn*. ◇_(를) **하다** inciter *qn* à *qc*/à+*inf*, provoquer *qn* à faire *qc*; inspirer, suggérer à *qn qc*/de+*inf*. ¶ 범죄[나쁜 짓]를 하도록 ~하다 inciter *qn* à commettre un crime [un délit]. ¶ 그 일은 틀림없이 그 녀석이 ~하였을 것이다 C'est sûrement lui qui l'a incité à le faire. ¶ 하수인을 시켜 살인을 ~하다 inciter *qn* à assassiner; faire tuer *qn* par un assassin.
◆_범[자] -犯[者] 명 instiga*teur*(*trice*), incita*teur*(*trice*); meneu*r*(*se*).

교살 絞殺 명 étranglement *m*, strangulation *f*. ◇_(을) **하다** étrangler *qn*; stranguler *qn*. ¶ 누구를 밧줄로 ~하다 étrangler [stranguler] *qn* avec une corde. ◇_(을) **당하다**[(이) **되다**] être étranglé(*e*). ¶ ~당한 흔적이 뚜렷하다 Les marques de strangulation sont indubitables.

교생 敎生 명 stagiaire dans l'enseignement; étudiant(*e*) stagiaire ((qui fait un stage pédagogique, se destinant à l'enseignement)).
◆_실습 -實習 명 stage *m* pédagogique (des étudiants qui se destinent à l'enseignement). ¶ ~실습을 나가다 faire un stage pédagogique.

교서 敎書 명 message *m* ((du président de la République)), allocution *f* ((radiotélévisée du chef de l'État)), déclaration *f*. ¶ 대통령의 연두 ~ vœux (pour la nouvelle année) du président. ¶ ~를 내리다 ((le président)) prononcer [faire] une allocution; faire [prononcer] une déclaration. ¶ 로마교황의 ~ le message pontifical; la bulle papale [du pape].

교섭 交涉 명 ① négociations *fpl*, pourparlers *mpl*; marchandages *mpl*. ¶ 직접[예비, 비공개] ~ des négociations directes [préparatoires, secrètes]. ¶ ~ 중이다 être en négociations; être en pourparlers (avec *qn*). ¶ ~을 통해서 par voie de négociations. ¶ 원만하게 ~이 진행[추진] 중이다 Les négociations sont en bonne voie [sont bien engagées]. ¶ ~의 여지가 전혀 없다 Il n'y a aucune possibilité de négocier. ¶ ~이 결렬[중단]되었다 Les négociations ont été rompues [interrompues]. ② 접촉, 관계 relation *f*, rapport *m*. ◇_(을) **하다**[**벌이다**] négocier ((une affaire)), traiter avec *qn*, faire des démarches; entrer en pourparlers; engager [amorcer, entamer] des négociations. ¶ 무역협상을 위해 ~을 벌이고 있다 Des négociations pour le commerce extérieur sont en cours. ◇_**을 갖다** se mettre en rapport [relation, contact] avec *qn*; avoir [entretenir] des relations [rapports] avec *qn*. ¶ 누구와 ~을 갖다 se mettre en rapport [relation, contact] avec *qn*; avoir des relations [rapports] avec *qn*. ¶ 노조는 회사 측과 지난주에 처음 ~을 가졌다 Les premières négociations entre les syndicats et le patronat ont eu lieu la semaine dernière. ◇_**이 있다**[**없다**] avoir des relations [rapports] avec *qn* [n'avoir aucun rapport [aucune relation] avec *qn*]; [ne pas] être en rapport [relation, contact] avec *qn*. ¶ 나는 그 사람과는 아무런 ~도 없다 Je n'ai aucun rapport [aucune relation] avec lui.
◆_단체 -團體 명 groupe *m* de négociation.
◆_위원 -委員 명 négocia*teur*(*trice*), délégué(*e*).
◆단체_권 團體權 명 droit *m* du représentant syndical de négocier avec les autorités représentatives.

교성 嬌聲 명 voix *f* de coquette. ¶ ~을 지어서 말하다 parler d'une voix affectée.

교세 敎勢 명 puissance *f* [influence *f*] d'une religion. ¶ ~를 확장하다 renforcer l'influence d'une confession religieuse.

교수¹ 絞首 어근 pendaison *f*, étranglement *m*, strangulation *f*.
◆_대 -臺 명 gibet *m*, potence *f*. ¶ ~대로 보내다 envoyer ((un criminel)) au gibet. ¶ ~대에 오르다 monter au gibet. ¶ ~대에서 죽다 finir sa vie au gibet.
◆_형 -刑 명 (supplice *m* de la) pendaison *f*, ((mériter la)) potence *f*, supplice *m* de la potence, ((condamner *qn* à la)) corde *f*. ¶ ~형을 선고하다 condamner *qn* à la pendaison; condamner *qn* à la corde. ¶ ~형에 처하다 exécuter quelqu'un par la pendaison. ¶ ~형을 폐지하다 abolir le supplice de la pendaison.

교수² 敎授 명 ① ((행위)) enseignement *m*; instruction *f*. ¶ 피아노 개인 ~ une leçon particulière de piano. ¶ ~ 방법 une méthode d'enseignement. ② ((사람)) professeur(*e*) *m* (d'université); enseignant-chercheur *m* titulaire d'université. ¶ 영문학 ~ un(*e*) professeur(*e*) de littérature anglaise. ◇_(를) **하다** enseigner, professer *qc*; donner des leçons. ◇_(를) **받다** prendre des leçons.
◆_법 -法 명 méthodologie *f* de l'enseignement; méthode *f* d'enseignement; pédagogie *f*. ¶ 새로운 ~법을 개발하다[도입하다]. développer [introduire] de nouvelles méthodes d'enseignement [une nouvelle pédagogie].
◆_단 -團 명 corps *m* des enseignants, corps *m* des professeurs des universités, corps *m* des maîtres de conférences.
◆_실 -室 명 salle *f* des professeurs.
◆_요목 -要目 명 plan *m* de cours.
◆_직 -職 명 poste *m* d'enseignement; poste *m* de professeur.
◆_진 -陣 명 personnel *m* enseignant, équipe *f*

enseignante.
◆_회의 -會議 명 conseil *m* général [assemblée *f* générale] des professeurs.
◆정_ 正- 명 ☞ 정교수
◆부_ 副- 명 ☞ 부교수
◆조_ 助- 명 ☞ 조교수
◆지도_ 指導- 명 direc*teur*(*trice*) de recherches; ((박사논문의)) direc*teur*(*trice*) de thèse de doctorat, direc*teur*(*trice*) de recherche au C.N.R.S.
◆객원_ 客員- 명 professeur(*e*) *m* invité(*e*).
◆교환_ 交換- 명 professeur(*e*) *m* détaché(*e*) (enseignant(*e*) dans le cadre d'un échange universitaire); professeur(*e*) *m* associé(*e*).
◆명예_ 名譽- 명 professeur(*e*) *m* émérite; professeur(*e*) *m* honoraire.
◆석좌_ 碩座- 명 professeur(*e*) *m* en chaire.
◆초빙_ 招聘- 명 professeur(*e*) *m* invité(*e*).

교습 敎習 명 éducation *f*, enseignement *m*, instruction *f*; ((군대의)) entraînement *m* militaire; ((운동의)) entraînement *m* ((d'un boxeur, d'un cheval de course)). ¶ 운전 ~ leçon de conduite. ¶ 직업 ~ éducation professionnelle. ¶ ~ 중이다 être en apprentissage. ◇_(을) **하다** faire un stage; enseigner; instruire. ¶ 이 학원은 외국어를 ~하는 곳이다 C'est un institut où on enseigne les langues étrangères. ◇_(을) **받다** prendre des leçons; suivre des cours. ¶ 나는 피아노[요리, 꽃꽂이, 승마] ~을 받았다 J'ai pris des leçons de piano [J'ai suivi des cours de cuisine, J'ai suivi des cours d'arrangement floral, J'ai suivi un stage d'équitation].
◆_소 -所 명 école *f* professionnelle. ¶ 댄스~소 l'école de danse. ¶ 자동차 ~소 l'auto-école(~-~*s*)[l'autoécole, école de conduite].

교시[1] 敎示 명 instruction *f*, enseignement *m*; indication *f*; renseignement *m*. ¶ 수령의 ~를 따르다 obéir aux instructions du dirigeant. ◇_(를) **하다** instruire, enseigner; renseigner *qn* sur *qc*, donner des indications à *qn*. ◇_(를) **받다[주다]** recevoir [donner] des instructions; obtenir de [donner à] *qn* des renseignements.

교시[2] 校時 분류 ((première, deuxième, etc.)) heure *f* de cours (de la journée). ¶ 오늘은 1 ~에 수학을 한다 Aujourd'hui, en première heure, nous avons cours de mathématiques. ¶ 4 ~가 끝나고 나한테 와라 Viens me voir à la fin du quatrième cours [de la quatrième heure de cours].

교신 交信 명 correspondance *f*, communication *f*. ¶ 우편 ~ correspondance par courrier. ¶ 위성을 통한 ~ communication par satellites. ¶ 갑자기 무전 ~이 끊어졌다 La communication en morse a été brusquement coupée. ◇_(을) **하다** être en communication avec *qn*; entretenir une correspondance avec *qn*. ¶ 컴퓨터로 편지[정보]를 서로 ~하다 communiquer [correspondre, échanger des informations] par e-mail [par courrier électronique, par courriel]. ¶ 전화로 의견을 ~하다 échanger des idées par téléphone. ¶ 불빛 신호로 배와 ~하다 communiquer avec les bateaux par signal lumineux.

교실 敎室 명 (salle *f* de) classe *f*. ¶ ~에 들어가다 entrer dans la classe. ¶ ~에서 떠들지 마라 Ne faites pas de bruit dans la classe.
◆계단_ 階段- 명 amphithéâtre *m*.

교안 敎案 명 【교육】 un plan *m* de cours. ¶ ~을 준비하다 [작성하다] préparer [rédiger] un plan de cours.

교양 敎養 명 culture *f*, éducation *f*, instruction *f*. ◇_**을 쌓다[기르다]** se cultiver, s'instruire. ◇_**(이) 있다[없다]** être cultivé(*e*), instruit(*e*) [être inculte, manquer de culture]; être bien [mal] élevé(*e*), bien [mal] éduqué(*e*) [manquer d'éducation, ne pas avoir d'éducation]. ¶ ~이 있는 cultivé(*e*), instruit(*e*). ¶ ~이 없는 sans culture; inculte, qui manque de culture. ¶ ~없이 이 무슨 짓이냐 C'est très mal élevé [très impoli] ce que tu fais là.
◆_과목 -科目 명 matières *fpl* [cours *m*] de culture générale ((beaux-arts, musique, théâtre, éducation physique, etc.)) (accessible(*s*) à tous les étudiants); matières *fpl* d'enseignement général.
◆_과정 -科程 명 programme *m* d'enseignement en culture générale; cycle *m* d'enseignement général universitaire; propédeutique *f*.
◆_교육 -敎育 명 enseignement *m* général sur la culture; études *f* générales sur la culture [des sujets culturels].
◆_인 -人 명 personne *f* instruite [cultivée]. ¶ ~인답게 행동해라 Conduis-toi comme une personne bien éduquée / Sois [Reste] poli(*e*)!.
◆_학부 -學部 명 faculté *f* d'enseignement général [des arts libéraux]; culture *f* générale.

교언영색 巧言令色 명 paroles *fpl* et attitude *f* flatteuses; flatteries *fpl*.

교역 交易 명 échange *m*; commerce *m*; trafic *m*; négoce *m*. ¶ 외국과의 ~ le commerce extérieur. ¶ 그 나라는 ~ 조건이 매우 까다롭다 Les échanges commerciaux avec ce pays sont trop difficiles. ◇_(을) **하다** échanger des produits. ¶ 그 나라와는 공산품을 주로 ~하고 있다 Ce sont essentiellement des produits industriels que l'on échange avec ce pays.
◆_(상대)국 -(相對)國 명 partenaire *m* commercial.
◆_량 -量 명 volume *m* d'échange; volume *m* des échanges.
◆_지 -地 명 marché *m* des échanges internationaux.

교역자 敎役者 명 【기독】 prêtre *m* [missionnaire *m*] (catholique), pasteur *m* [missionnaire *m*] (protestant); clergé *m*.

교열 校閱 명 révision *f*. ¶ 문서의 ~ révision de document [dossier]. ◇_(을) **하다[보다]** réviser ((un texte, un manuscrit)). ¶ 원고를 꼼꼼히 ~을 하다 réviser minutieusement un manuscrit.
◆_본 -本 명 texte *m* révisé.

ㄱ

◆_과 -課 명 service *m* de la révision ((édition)).
◆_자 -者 명 réviseur *m*.

교외[1] 郊外 명 faubourgs *mpl*, banlieue *f* ((parisienne, séoulite)), environs *mpl*; suburbain(*e*), ((지역, 지대)) ((quartier)) excentrique, extra-muros. ¶ ~ 거주자 banlieusard(*e*); ((총칭)) population suburbaine (de la banlieue). ¶ 서울 ~에 살다 habiter dans la banlieue de Séoul [banlieue séoulite]. ¶ 그 사람의 가족들은 ~로 이사를 갔다 Sa famille a déménagé en banlieue.
◆_선 -線 명 lignes *fpl* de banlieue.

교외[2] 校外 명 en dehors de l'école; ((activité)) extra-scolaire.
◆_활동 -活動 명 activités *f* extras-colaires. ¶ ~활동 지도에 만전을 기하다 prendre soin des élèves dans leurs activités extra-scolaires.

교우[1] 教友 명 【종교】 coreligionnaires *mpl*; fidèle. ¶ 기독교 ~ coreligionnaires chrétiens; fidèle; frère [sœur] en Jésus-Christ.

교우[2] 校友 명 camarade de classe [d'école]; condisciple *m*; camarade d'études; ((졸업 후의)) ancien(*ne*) élève.
◆_회 -會 명 ((재학생의)) amicale *f* des élèves [étudiants]; ((졸업생의)) amicale *f* [association *f*] des anciens élèves.

교우[3] 交友 명 ① amitié *f*, relations *fpl*, fréquentations *fpl*. ② ami(*e*); camarade; compagnon *m*, compagne *f*. ¶ 누구에게 깊은 ~의 정을 품다 concevoir une profonde amitié pour *qn*. ¶ ~가 많다[적다] avoir beaucoup [peu] d'amis ◇_(를) **하다** se lier d'amitié avec *qn*, avoir des relations amicales avec *qn*, se faire un camarade [un(*e*) ami(*e*)], nouer une amitié; fréquenter *qn*. ¶ 좋은 친구와만 ~를 하도록 해라 Ne fréquente que de bons amis [des amis sérieux]!
◆_관계 -關係 명 relations *fpl* amicales. ¶ 누구와 ~관계를 갖다 se lier d'amitié avec *qn*, se faire un camarade [un(*e*) ami(*e*)], nouer une amitié; avoir des relations amicales avec *qn*; être lié(*e*) d'amitié avec *qn*. ¶ 누구의 ~관계를 알아 보다 s'enquérir des relations amicales de *qn*. ¶ 그들과 ~관계를 끊지 않는 것이 좋을 거다 Il serait bon de ne pas vous brouiller avec eux / Il serait bon de ne pas rompre les relations avec eux. ¶ 그 사람은 ~관계가 좋다 Il est en bons termes avec ses amis.

교원 教員 명 enseignant(*e*); ((총칭)) personnel *m* enseignant; corps *m* enseignant; ((국민학교의)) institu*teur*(*trice*), maître(*sse*) (d'école), professeur *m* des écoles. ¶ ~ 생활 une carrière dans l'enseignement. ¶ ~ 자격증을 따다[얻다] obtenir un certificat d'aptitude pédagogique; obtenir un certificat de pédagogie. ¶ ~이 되다 entrer dans l'enseignement [dans le corps enseignant]; devenir enseignant(*e*).
◆_자격증[검정시험] -資格證[檢定試驗] 명 certificat *m* d'aptitude pédagogique ((à l'enseignement secondaire)); certificat *m* d'aptitude au professorat ((de l'enseignement secondaire)), C.A.P.E.S. *m* (coréen) [examen *m* ou concours *m* du C.A.P.E.S. coréen].

교육 教育 명 éducation *f*, instruction *f*, études *fpl*, formation *f*. ¶ ~의 기회 균등 le droit à l'éducation. ¶ ~ 수준[정도]이 높다 avoir un haut niveau d'étude. ¶ 그는 ~ 정도가 낮다 Il n'a pas beaucoup d'instruction. ¶ 학교 ~만큼 가정 ~도 중요하다 L'éducation familiale est aussi importante que l'éducation scolaire. ¶ 자녀 ~에 관심이 많다[높다] s'intéresser beaucoup à l'éducation des enfants. ¶ 자녀 ~에 어려움이 많은 과부 une veuve qui a beaucoup de mal à assurer l'éducation de *ses* enfants; une veuve qui se sacrifie pour l'éducation de *ses* enfants. ¶ ~에 극성스럽다 s'intéresser beaucoup [trop] à l'éducation de *ses* enfants. ¶ ~에 종사하다 travailler dans l'enseignement. ◇_(을) **하다[시키다]** élever, éduquer, instruire *qn*; faire faire des études à ((*son* enfant)); former ((*qn*, le goût de *qn*)); éduquer ((les animaux)); dresser. ¶ 아이들을 잘 ~시키다[하다] bien éduquer *ses* enfants. ¶ 아이들에게 외국어를 ~시키다 enseigner les langues étrangères aux enfants [initier les enfants aux langues étrangères]. ¶ 신입사원들에게 정신 ~을 시키다[하다] enseigner aux nouvelles recrues l'esprit [l'idéologie] de l'entreprise, imprégner les nouvelles recrues de l'esprit de l'entreprise [de la maison], inculquer aux nouvelles recrues l'esprit [l'idéologie] de l'entreprise, conditionner les nouvelles recrues. ◇_(을) **받다** recevoir une éducation. ¶ 그는 프랑스에서 ~을 받았다 Il a fait ses études en France. ¶ 그는 탁월한 ~을 받았다 Il a reçu une excellente éducation. ¶ ~을 잘[못] 받은 사람 une personne bien [mal] élevée, une personne bien [mal] éduquée. ◇_(이) **되다** se faire enseigner *qc*. ¶ 그들은 이런 경우에 그렇게 행동하도록 사전에 충분히 ~되어 있다 On leur a déjà suffisamment appris [enseigné] comment se comporter dans ces circonstances [dans ces conditions].
◆_적 -的 명관 éducati*f*(*ve*), instructi*f*(*ve*). ¶ 이 영화는 매우 ~적이다 Ce film est très instructif [éducatif].
◆_감 -監 명 surveillant *m* général; ((행정)) conseiller *m* d'éducation.
◆_개혁 -改革 명 réforme *f* de l'éducation, réforme *f* de l'enseignement.
◆_과정 -課程 명 【교육】 programme *m* d'enseignement [de l'éducation nationale]; programme *m* des cours [d'études].
◆_관 -觀 명 philosophie *f* de l'éducation; réflexion *f* sur l'éducation [sur l'enseignement]. ¶ 그는 뚜렷한 ~관을 가지고 있다 Il a des idées précises sur l'éducation.
◆_과정 -課程 명 système scolaire *f*; cursus *m*; programme *m* d'enseignement ((de l'éducation

nationale)); programme *m* des cours. *f*, cursus *m*.

◆_계 -界 명 milieu(*x*) *m* enseignant.

◆_기관 -機關 명 établissement *m* [organisme *m*] d'enseignement [scolaire].

◆_대학 -大學 명 école *f* normale d'instituteurs.

◆_방법 -方法 명 méthode *f* pédagogique; méthode *f* d'enseignement; pédagogie *f*.

◆_법 -法 명 loi *f* sur l'enseignement; lois *fpl* scolaires.

◆_과학기술부 -科學技術部 명 Ministère *m* de l'Education, des Sciences et de la Technologie.

◆_비 -費 명 ((국가의)) budget *m* de l'éducation [l'enseignement]; frais *mpl* d'études, frais d'enseignement; frais *mpl* d'études d'une famille.

◆_세 -稅 명 taxe *f* pour l'enseignement.

◆_심의회 -審議會 명 comité *m* ((municipal)) de l'instruction publique.

◆_열 -熱 명 implication *f* dans l'éducation de *ses* enfants. ¶ ~열이 높은 부모 des parents qui s'impliquent dans [qui se consacrent à] l'éducation de leurs enfants. ¶ ~열이 낮은 부모 des parents qui ne s'impliquent pas assez dans [qui négligent] l'éducation de leurs enfants.

◆_자 -者 명 enseignant(*e*), pédagogue *mf*, éduca*teur*(*trice*).

◆_장 -場 명 lieu *m* d'enseignement; salle *f* de cours [de classe, d'étude]. ¶ 어서 ~장으로 돌아가 주세요 Rentrez vite dans votre salle de cours.

◆_제도 -制度 명 système *m* scolaire [d'enseignement].

◆_평가 -評價 명 évaluation *f* de l'enseignement.

◆_학 -學 명 pédagogie *f*, science *f* de l'éducation.

◆_행정 -行政 명 administration *f* de l'instruction publique.

◆고등_ 高等- 명 enseignement *m* supérieur.

◆공_ 公- 명 éducation *f* publique.

◆대학_ 高等- 명 enseignement *m* supérieur [universitaire].

◆무_자 無-者 명 personne *f* sans éducation, personne *f* non éduquée.

◆사_ 私- 명 éducation *f* privée, enseignement *m* privé.

◆상업_ 商業- 명 études *fpl* commerciales.

◆의무_ 義務- 명 enseignement *m* obligatoire.

◆재_ 再- 명 recyclage *m* ((des ouvriers)).

◆중등_ 中等- 명 enseignement *m* secondaire ((collège et lycée)).

◆초등_ 初等- 명 enseignement *m* primaire.

◆평생_ 平生- formation *f* continue; formation *f* professionnelle continue, formation *f* continue(*lle*) pendant toute la durée de la vie professionnelle, mise *f* à jour des connaissances professionnelles pendant toute la vie.

교의 敎義 명 doctrine *f* dogme *m*. ¶ 기독교의 ~ la doctrine chrétienne; les dogmes du christianisme. ¶ ~상의 doctrin*al*(*ale*, *aux*).

교인 敎人 명 croyant(*e*); fidèle *mf*. ¶ 기독교 ~이 되다 devenir chrétien(*ne*), se christianiser.

교자상 交子床 명 grande table *f* de cérémonie [de réception] ((pour un banquet, pour le culte aux ancêtres)). ¶ ~을 차리다[보다] dresser la table du banquet; ((제사)) dresser la table du culte aux ancêtres.

교장 校長 명 ① ((초등학교의)) direc*teur*(*trice*) d'école. ② ((중학교의)) direc*teur*(*trice*) (d'un collège); ((고등학교의)) proviseur *m* (d'un lycée).

교재 敎材 명 matériel *m* scolaire [pédagogique]; manuel *m* scolaire, livre *m* scolaire, méthode *f* (d'enseignement). ¶ ~ 개발[선정] élaboration [sélection] du matériel d'enseignement [du matériel pédagogique]. ¶ 이 강좌에서는 이 책을 ~로 사용하고 있다 Dans ce cours, on utilise ce livre comme matériel pédagogique. ¶ 이 강의는 ~가 무엇입니까? Quel est le matériel pédagogique de ce cours? ¶ 이 책을 ~로 채택했다 On a choisi ce livre comme matériel pédagogique.

◆_비 -費 명 frais *mpl* du matériel pédagogique.

◆보충_ 補充- 명 matériel *m* pédagogique complémentaire.

◆부_ 副- 명 matériel *m* pédagogique secondaire [accessoire].

◆주_ 主- 명 matériel *m* pédagogique principal [de référence].

교전 交戰 명 combat *m*, bataille *f*; engagement *m*. ¶ 지역 zone *f* de combat. ¶ ~ 상태 belligérance *f*, état *m* de guerre; hostilités *fpl*. ¶ ~ 상태에 들어가다 entrer en guerre; engager [commencer] les hostilités. ¶ ~을 중지하다 cesser le feu, arrêter [cesser] le combat. ◇_(을) **하다[벌이다]** se livrer à une bataille [à un combat]; s'engager dans un combat; faire la guerre contre *qc*/*qn*. ¶ 적과 ~하다 combattre (contre) l'ennemi. ¶ 치열하게 ~을 벌이다 se livrer à un combat acharné.

◆_국 -國 명 pays *m* en guerre; parties *fpl* belligérantes; pays *m* belligérant.

◆비_국 非-國 명 pays *m* non-belligérant.

교점 交點 명 ① point *m* d'intersection. ② 【천문】 nœud *m*.

교접 交接 명 coït *m*; ((동물의)) accouplement *m*, copulation *f*. ◇_(을) **하다** faire l'amour; ((동물의)) s'accoupler.

◆_기 -期 명 période *f* d'accouplement.

◆_불능 -不能 명 impuissance *f*, impotence *f* sexuelle.

◆_불능인 -不能人 명 impuissant *m* [impotent *m*] sexuel.

교정[1] 校正 명 correction *f* (d'épreuves). ¶ ~ 작업 corrections. ¶ ~을 완료하다 finir [finaliser] la correction. ¶ ~필(畢) ((édition)) revu(*e*), révisé(*e*), corrigé(*e*). ◇_(을) **하다[보다]** corriger, revoir. ¶ 세심하게 ~하다 corriger minutieusement.

◆_ 부호 - 符號 명 signes *mpl* pour la correction.

◆_쇄 -刷 명 épreuves *fpl* en placard.

◆_지 -紙 명 (les pages *fpl* de) corrections *fpl*.

교정² 矯正 명 correction *f*, rectification *f*, redressement *m*, châtiment *m*, punition *f*. ¶ 나쁜 자세의 ~ correction des mauvaises postures [attitudes] du corps; correction des positions [des attitudes] vicieuses du corps. ¶ 치아 ~ l'orthodontie. ◇_(을) **하다** corriger, rectifier, redresser, modifier; reprendre, admonester *qn*; faire la leçon à *qn*; punir, châtier, infliger une correction. ¶ 자세[척추, 치아]를 ~하다 corriger les positions vicieuses du corps [corriger une déformation de la colonne vertébrale, redresser la colonne vertébrale; traiter les malpositions des dents, pratiquer l'orthodontie]. ¶ 근시를 안경으로 ~하다 corriger la myopie avec des lunettes. ¶ 악습을 ~하다 corriger une mauvaise habitude. ¶ ...의 과오를 ~하다 reprendre les fautes de *qn*, corriger *qn* de *ses* fautes. ¶ 자기의 잘못을 ~하다 se reprendre, se corriger. ¶ 발음을 ~하다 corriger un défaut de prononciation de *qn*, corriger la prononciation de *qn*. ¶ ~할 수 있는 corrigible, rectifiable. ¶ ~할 수 없는 incorrigible. ◇_(을) **시키다** corriger. ¶ 아이의 나쁜 습관을 ~시키다 corriger les mauvaises habitudes d'un(*e*) enfant. ◇_(이) **되다** être corrigé(*e*). ¶ 나는 굽은 자세가 조금 ~되었다 On a légèrement corrigé [redressé] ma posture voûtée [ma colonne vertébrale] / Je me tiens un peu moins voûté(*e*) [un peu plus droit(*e*)] qu'auparavant.

◆_법 -法 명 méthode *f* de correction.

◆척추_판 脊椎板 명 table *f* de traction (pour la colonne vertébrale).

교정³ 校訂 명 révision *f*, correction *f*. ¶ 원고의 ~ correction de la version originale. ¶ 요(要) ~ à revoir, à corriger. ◇_(을) **하다** corriger, réviser, revoir ((un manuscrit)). ¶ 2쇄에서 약간 ~하다 apporter quelques corrections au deuxième tirage.

◆_본 -本 명 version *f* corrigée.

◆_자 -者 명 réviseur *m*, correc*teur*(*trice*).

◆_판 -版 명 tirage *m* corrigé. ¶ 최신 ~판 dernier tirage.

교정⁴ 校庭 명 cour *f* (d'une école); école *f*, campus *m*. ¶ 정든 ~을 떠나다 quitter *son* école bien aimée.

교제 交際 명 fréquentation *f*, relations *fpl*, rapports *mpl*. ¶ ~ 상대 une relation, une connaissance. ¶ 이성 ~ une relation amoureuse. ¶ 원조 ~ des rapports intéressés ((entre jeunes en quête d'argent et personnes plus âgées)); des rapports sexuels avec un mineur, une liaison entre un homme mûr et une adolescente. ¶ 사업상의 ~ des rapports de commerce; une relation d'affaires. ¶ ~가 매우 넓다 avoir beaucoup de relations, connaître beaucoup de gens, avoir le bras long. ¶ ~를 끊다 rompre (toute relation) avec *qn*, cesser *ses* relations avec *qn*, couper les ponts avec *qn* {*fam*}. ¶ ~에 능하다 avoir le sens des relations, savoir y faire dans les relations, savoir se faire valoir, avoir de l'entregent. ¶ ~를 싫어하는 être farouche, peu sociable, sauvage, asoci*al*(*ale*, *aux*). ¶ ...와의 오랜 ~를 통해 à travers une longue relation avec *qn*, à force de fréquenter *qn*. ¶ ~ 범위를 넓히다 étendre le cercle de *ses* relations, élargir *ses* relations. ¶ ...와의 ~를 자랑하다 se vanter de connaître *qn*, se vanter de *ses* relations avec *qn*. ¶ 7년간의 ~ 끝에 결혼하다 se marier au bout de sept années de flirt. ¶ 그 여자는 어떤 남자와 ~ 중이다 Elle voit régulièrement un homme / Elle a une relation (amoureuse) avec un homme / Elle sort avec un homme. ¶ 유감이지만 나는 그 친구와 ~가 없다 Malheureusement je n'ai aucune relation avec lui. ¶ 세간의 조롱에도 아랑곳하지 않고 그는 그 여자와의 ~를 계속했다 Ne tenant pas compte [Se moquant] des ragots, il maintint [poursuivit] sa liaison avec cette femme. ◇_(를) **하다** fréquenter *qn*, voir régulièrement *qn*, avoir des relations régulières avec *qn*, avoir une relation (amoureuse) avec *qn*; sortir avec *qn*; avoir une liaison avec *qn*. ¶ 그는 어떤 사람들과 ~하고 있는가? Quelles personnes [gens] fréquente-t-il? / Quel genre de relations [de fréquentations] a-t-il? / Quelles sont ses fréquentations? ¶ 깊이 ~하다 avoir une relation sérieuse, avoir une liaison ((avec *qn*)). ¶ 두 사람은 오랫동안 ~를 해왔다 Ces deux personnes ont une vieille relation / Il y a une vieille relation entre ces deux personnes. ◇_를 **트다**[**맺다**] nouer des relations avec *qn*.

◆_술 -術 명 entregent *m*. ¶ ~술이 좋다 avoir de l'entregent.

◆_비 -費 명 frais *mpl* de réception [de représentation].

교조 教祖 명 fonda*teur*(*trice*) d'une religion [d'une secte].

교조적 教條的 명관 dogmatique.

교조주의 教條主義 명 dogmatisme *m*.

◆_자 -者 명 dogmatiste *mf*.

교주¹ 校主 명 propriétaire *mf* [fonda*teur*(*trice*)] d'une école.

교주² 教主 명 chef *m* suprême (d'une secte religieuse).

교주³ 校註 명 annotation *f*. ◇_(를) **하다** corriger et noter. ¶ 김 선생이 ~한 책 le livre annoté par le professeur Kim.

교지¹ 校誌 명 revue *f* publiée par les élèves d'une école. ¶ ~를 발행하다 publier la revue d'une école [d'un établissement scolaire]. ¶ ~를 편집하다 compiler [rédiger, s'occuper de la rédaction] de la revue d'une école [d'un établissement scolaire].

교지² 校地 명 emplacement *m* (géographique) d'une école [d'un établissement scolaire]. ¶ ~를 선정하다 choisir l'emplacement d'une école [d'un établissement scolaire].

교지³ 教旨 명 ① 【역사】 ordre *m* royal donné à

un fonctionnaire ((à l'époque de Joseon)). ~를 내리다 donner un ordre ((à un vassal)). ② 【종교】 교주가 밝힌 ~ doctrine *f* religieuse.

교직 敎職 명 enseignement *m*; professorat *m*. ¶ ~ 과목[과정] cours *m* de formation pédagogique [cursus *m* didactique]. ¶ ~에 종사하다[몸을 담고 있다] être dans l'éducation, être enseignant(*e*), être dans le professorat.

◆**_원** -員 명 personnels *mpl* enseignant et administratif, enseignants *mpl* et administratifs *mpl*.

교집합 交集合 명 【수학】 ensemble *m* commun.

교차 交叉 명 croisement *m*, intersection *f*, bifurcation *f*; embranchement *m*. ◇_(를) **하다**[(가) **되다**] se croiser, se couper; se croiser avec *qc*, croiser *qc*, couper *qc*. ¶ 서로 ~하는 두 직선 deux lignes qui se coupent. ¶ 이 도로는 철도와 ~한다 Cette route croise une voie ferrée. ◇_(를) **시키다** faire croiser *qc* avec *qc*.

◆**_로** -路 명 carrefour *m*, croisement *m*, intersection *f*, fourche *f*. ¶ 입체 ~로 un saut-de-mouton; un croisement à niveaux différents; un échangeur.

◆**_점** -點 명 point *m* d'intersection; ((교차로)) croisement *m*, carrefour *m*.

◆**_승인** -承認 명 accords *mpl* bilatéraux.

교착 膠着 명 ① immobilisation *f*, impasse *f*. ¶ ~ 상태 immobilisation *f*, impasse *f*. ¶ 서부 전선은 ~ 상태에 빠졌다 Le front ouest est stationnaire. ② 【언어】 agglutination *f*. ◇_(이) **되다** s'agglutiner; se coller, se figer; aboutir à une impasse; être dans l'impasse, être au point mort.

◆**_어** -語 명 【언어】 langue *f* agglutinante. ¶ 우리말은 ~어 계열에 속한다 Notre langue [Le coréen] appartient au groupe des langues agglutinantes.

교체 交替 명 ① alternance *f* ((du jour et de la nuit)); changement *m* ((de position)); renversement *m* ((de la marée, du courant)); remplacement *m*, substitution *f*, retour *m* ((de la marée)); relève *f* ((de l'équipe)), renouvellement *m*; relais *m*. ¶ 각료의 ~ un changement ministériel. ¶ 선수[투수] ~ changement [remplacement] du joueur [du lanceur]. ② 【언어】 commutation *f*, substitution *f*, remplacement *m*; ((형태음운론)) alternance *f*. ¶ 자음[모음] ~ alternances consonantiques [vocaliques]. ◇_(를) **하다**[**시키다**] relever *qn*, relayer *qn*; prendre la relève [le relais] de *qn*; remplacer *qn*; alterner avec *qn*; se succéder (tour à tour); faire alterner, faire commuter A avec B. ¶ 중고 자동차의 부품을 ~하다 changer les pièces d'une vielle voiture. ¶ 대표단장을 ~시키다 remplacer le chef de la délégation. ¶ 두 요소를 ~를 하다 faire commuter deux éléments. ◇_(가) **되다** se faire relayer; être remplacé(*e*); 【언어】 commuter avec. ¶ 5회에 투수가 ~되었다 Le lanceur a été remplacé à la cinquième manche.

◆**_형** -型 명 modèle *m* rechargeable; modèle *m* avec pièces remplaçables. ¶ 이 제품은 부품 ~형이라 편리하다 Ce produit est pratique, parce qu'il est rechargeable.

◆**세대_** 世代- 명 renouvellement *m* [relève *f*] d'une génération; changement *m* de générations.

교칙 校則 명 règlement *m* d'une école. ¶ ~을 지키다 [어기다] observer [violer] les règlements de *son* école, obéir aux règlements de l'école.

교탁 敎卓 명 estrade *f*; chaire *f*. ¶ ~ 위에 화병이 놓여 있다 Il y a un vase sur l'estrade.

교태 嬌態 명 coquetterie *f*. ◇_**를 부리다** se montrer coquet(*te*).

교통 交通 명 ① trafic *m*; circulation *f*; communication *f*. ¶ 항공[해상, 육로] ~ un trafic aérien [maritime, routier]; transports par voie aérienne [maritime, routière]. ¶ ~이 혼잡하다 La circulation est dense [encombrée, congestionnée, difficile] / Le trafic est intense [est encombré, congestionné] / Il y a des embouteillages / Il y a des embouteillages [des bouchons. {*fam*} / La route est embouteillée / Ça bouchonne {*fam*} / On est pris dans un encombrement / Il y a beaucoup de circulation. ¶ 폭설로 시내 ~이 마비되었다 En raison d'importantes chutes de neige, la circulation en ville est paralysée [bloquée] / À cause de la neige, la route est embouteillée [encombrée]. ¶ 그 지역과의 ~이 두절되었다 La communication avec cette région est coupée [rompue]. ② 왕래 communication *f*, relation *f* (avec les autres pays, avec l'étranger). ◇_(을) **하다** ouvrir une communication [des relations, des échanges] (avec l'étranger), mettre en place des échanges [des relations] (avec l'étranger). ¶ 고려는 송나라와 황해의 뱃길을 통해 ~을 하였다 (Le Royaume de) Goryeo a ouvert [a mis en place, a mis en route] $$de Hwanghae [la mer Jaune] des communications [des échanges, des relations] par voie maritime avec la Chine de Song. ◇_**을 끊다** couper les relations [les communications] avec l'extérieur [avec l'étranger], arrêter les échanges avec l'extérieur. ¶ 외부와의 ~을 끊고 살다 vivre coupé(*e*) de toute relation extérieure; vivre sans communication avec l'extérieur. ◇_**이 있다**[**없다**] il y a des [il n'y a pas de] relations avec. ¶ 그쪽 사람들과는 거의 ~이 없다 Il n'y a pratiquement pas de relations avec les gens de là-bas [de l'autre côté].

◆**_기관** -機關 명 moyens *mpl* de transport [de communication]; transports *mpl* ((routiers, ferroviaires, aériens)). ¶ ~기관의 발달 le développement des moyens de transport.

◆**_난** -亂 명 congestion *f* du trafic [de la circulation].

◆**_량** -量 명 densité *f* de la circulation.

◆**_로** -路 명 réseau(*x*) *m* routier; axe *m* de communication; routes *fpl*.

◆**_법규** -法規 명 code *m* de la route. ¶ ~법규를

지키다 respecter le code de la route.

◆_부 -部 명 ministère *m* des Transports.

◆_비 -費 명 frais *m* de transport [voyage].

◆_사고 事故 명 accident *m* de la route [circulation]. ¶ ~사고가 발생했다 Un accident a eu lieu [s'est produit].

◆_순경 -巡警 명 gendarme *m* (mobile); agent *m* de police; motard *m*.

◆_안전 - 安全 명 sécurité *f* routière. ¶ ~ 안전 표지 les panneaux de signalisation de la sécurité routière

◆_정리 -整理 명 ((un agent de police)) faire la circulation.

◆_편[수단] -便[手段] 명 moyens *mpl* de transport.

◆대중_ 大衆- 명 transports *mpl* publics.

교파 教派 명 secte *f*; culte *m*, confession *f*. école *f*. ¶ 모든 ~가 참가하는 모임 une réunion à laquelle sont représentées toutes les confessions. ¶ ~를 만들다 fonder une secte.

교편 教鞭 명 enseignement *m*. ¶ ~ 생활 carrière d'enseignement.

*~을 잡다 enseigner (dans une école); être [devenir] professeur [enseignant].

교포 僑胞 명 ressortissant(*e*) coréen(*ne*) ((à l'étranger, au Japon, aux États-Unis)). ¶ 재일 ~ 2세 les ressortissants coréens de deuxième génération au Japon.

교풍 校風 명 tradition *f* [esprit *m*, mentalité *f*, trait *m* caractéristique] d'une école. ¶ ~을 세우다 fonder la tradition d'une école. ¶ ~에 어긋나다 échapper à la tradition d'une école.

교합 交合 명 ① rapport(*s*) *m*(*pl*) sexuel(*s*); coït *m*; ((특히 동물의)) accouplement *m*, copulation *f*. ② 합치 conformité *f*, concordance *f*, accord *m*. ¶ 말과 행동의 ~ conformité entre les paroles et les actes [des actes et des paroles, de ses actes avec ses paroles]. ◇_(을) 하다 ① avoir des rapports (sexuels) avec *qn*; faire l'amour; s'accoupler avec *qn*. ② 합치하다 être conforme à ((une règle)); correspondre; être en accord avec, concorder.

교향곡 交響曲 명 【음악】 symphonie *f*. ¶ 이 ~은 4악장으로 구성되어 있다 Cette symphonie est composée de quatre mouvements. ¶ 베토벤의 제5번 ~ la cinquième symphonie de Beethoven.

교향시 交響詩 명 【음악】 poème *m* symphonique.

교향악 交響樂 명 【음악】 musique *f* [composition *f* musicale] symphonique; symphonie *f*.

◆_단 -團 명 orchestre *m* symphonique [philharmonique].

교호 交互 명 alternance *f*; réciprocité *f*. ¶ 흑백이 ~로 놓인 무늬 une alternance de motifs noirs et blancs; des motifs blancs et noirs alternés. ¶ ~ 개념 concept *m* interchangeable. ¶ ~ 계산 compte *m* (courant) d'associé. ¶ ~ 작용 action *f* réciproque; interaction *f*. ◇_(를) 하다 alterner; être réciproque; se succéder.

◆_적 -的 명관 alternati*f*(*ve*); réciproque.

교화 教化 명 ((종교적, 도덕적)) édification *f*, instruction *f* ((des fidèles)); éducation *f* ((morale, religieuse)); évangélisation *f*; ((문명화)) civilisation *f* ((des peuplades)). ¶ 선교를 통한 원주민의 ~ 사업 l'éducation des habitants à travers l'évangélisation. ◇_(를) 하다[시키다] édifier, éduquer; civiliser; humaniser. ((도덕화)) donner une éducation morale; ((복음으로)) évangéliser; ramener *qn* dans le droit [bon] chemin. ¶ 불량소년을 ~하다[시키다] rééduquer les jeunes délinquants.

◆_력 -力 명 force *f* éducative; effet *m* de l'éducation.

◆_사업 -事業 명 œuvre *f* d'évangélisation; propagation *f* d'une doctrine; œuvre *f* de redressement (moral).

◆_소 -所 명 camp *m* de rééducation; [terme utilisé surtout en Corée du Nord]; prison *m*.

교환 交換 명 échange *m* ((de marchandises, de prisonniers, de coups)); troc *m* ((de denrées)); permutation *f* ((de fonctionnaires)); compensation *f* ((de traite, de billet à ordre)). ¶ 선물 ~ échange de cadeaux. ¶ 의견 ~ échange d'idées, échange de vues. ¶ 부품 ~이 가능한 기계 machine à pièces interchangeables [amovibles]. ¶ 포로 ~ échange de prisonniers. ◇_(을) 하다 échanger *qc* pour [contre] *qc*; faire un échange de *qc*; troquer *qc* contre *qc*. ¶ 신랑 신부는 예물을 ~했다 Les mariés ont échangé leurs cadeaux (de mariage). ¶ 불량품은 ~해 드립니다 Nous échangeons les produits qui ont des défauts. ¶ 신년인사[축하인사]를 ~하다 s'échanger les vœux de nouvel an. ¶ 유로를 한화로 ~하다 échanger des euros contre des wons. ¶ 어음을 ~하다 échanger une traite [un billet à ordre].

◆_가치 -價値 명 valeur *f* d'échange.

◆_교수 -教授 명 professeur *m* invité (dans un autre établissement à l'étranger).

◆_기 -機 명 ((전화교환기)) standard *m*; ((동전교환기)) machine *f* à faire de la monnaie.

◆_대 -臺 명 standard *m*.

◆_렌즈 명 objectif *m* interchangeable.

◆_학생 -學生 명 étudiant(*e*) en visite.

◆물물_ 物物 명 échange *m* des marchandises, troc *m*.

◆(전화)_국 (電話)-局 명 central *m* [central *m* téléphonique].

◆(전화)_수[원] (電話)-手[員] 명 standardiste *mf*, téléphoniste *mf*; opéra*teur*(*trice*).

교활하다 狡猾- 형 être rusé(*e*), astucieu*x*(*se*), ingénieu*x*(*se*), artificieu*x*(*se*), finaud(*e*), futé(*e*), habile, madré(*e*), fin(*e*), mali*n*(*gne*), matois(*e*), retors(*e*). ¶ 교활한 사람[놈] un homme [type] rusé, un fin renard, un fin matois, une fine mouche. ¶ 여우란 동물은 매우 ~ Le renard est un animal très rusé. ¶ 교활한 수단을 쓰다 employer [recourir à] la ruse; user d'artifices [de ruses, de subterfuges], ruser, finasser {*fam*}, recourir à un habile subterfuge, employer un artifice ingénieux; agir avec ruse. ¶ 교활하게 굴다 agir d'une manière rusée [ingénieuse, astucieuse], agir avec ruse; agir malicieusement [finement, ingénieusement]. ¶ 교활하게 웃다 rire malicieusement.

교황 敎皇 명 【천주】 pape *m*; Souverain Pontife *m*. ¶ ~의 권능 autorité papale

◆**_청** -廳 명 Vatican *m*; Saint-Siège *m*.

교회 敎會 명 église *f*; ((신교, 이교의)) temple *m* (protestant); ((유태교의)) synagogue *f*; ((로마 카톨릭)) église *f* catholique romaine. ¶ ~에 다니다 aller au temple (protestant). ¶ ~ 에 다니는 사람 personne qui va régulièrement au temple, un(*e*) protestant(*e*) pratiquant(*e*).

◆**_사** -史 명 【기독】 histoire *f* des églises.

◆**감리_** 監理- 명 église *f* méthodiste.

◆**장로_** 長老- 명 église *f* presbytérien

◆**침례_** 浸禮 명 église *f* baptiste.

◆**_음악** -音樂 명 musique *f* chrétienne.

교훈[1] 敎訓 명 leçon *f*, précepte *m*, conseil *m*; morale *f* [moralité *f*] ((d'une fable, d'un conte)); instruction *f*, édification *f*. ¶ 이 우화의 ~은 ...라는 것이다 La moralité [morale] de cette fable est que ... ◇**_을 주다** enseigner des valeurs morales. ◇**_을 얻다** tirer la leçon (de *qc*).

◆**_적** -的 명관 moralisant(*e*), moralisa*teur*(*trice*), édifiant(*e*), instructi*f*(*ve*).

교훈[2] 校訓 명 devise *f* d'une école.

구[1] 九 수 neuf. ¶ ~년 동안 pendant neuf ans. ¶ 제 ~번 째 le(la) neuvième. ¶ ~분의 이 deux neuvièmes. ¶ 걔는 반에서 ~등이다 Il est le neuvième de sa classe. ¶ 3 곱하기 3은 ~다 Trois fois trois font neuf.

구[2] 句 명 ① 【언어】 syntagme *m*, groupe *m*; 【문법】 locution *f*. ¶ 명사[동사]~ un syntagme [un groupe] nominal [verbal]. ② 【문학】 ((시의)) vers *m*.

◆**_구조** -構造 명 structure *f* syntagmatique.

구[3] 區 명 ① ((도시의)) arrondissement *m*. ¶ 종로~ l'arrondissement de Jongno. ② 구역 circonscription *f*, secteur *m*.

구[4] 球 명 boule *f*, globe *m*, sphère *f*; 공 balle *f*, ballon *m*.

◆**_형** -型 명 sphérique.

-구[5] 區 접미 circonscription *f*. ¶ 선거~ circonscription électorale. ¶ 투표~ bureau de vote. ¶ 교~ circonscription ecclésiastique.

-구[6] 口 접미 entrée *f*. ¶ 출입~ entrée. ¶ 개찰~ (guichet d')accès aux quais; tourniquet du métro. ¶ 창~ guichet.

구[7]**-** 舊 접두 ancien(*ne*), vie*ux*(*vieille*), passé(*e*); d'autrefois. ¶ ~세대 vieille génération, génération passée. ¶ ~시가지 vieille ville. ¶ ~체제 ancien régime; ancien système.

구하다[1] 救- 타 sauver ((la vie à *qn*, *qn* d'un danger)); tirer ((*qn* d'un péril)). ¶ 저 사람은 구할 길이 없다 Il n'y a pas moyen de le sauver / C'en est fait de lui. ¶ 이 난국에서 지금 나를 구해 줄 사람은 너밖에 없다 Il n'y a que toi qui puisses me tirer de cette situation difficile. ¶ 누구를 곤경에서 ~ secourir *qn* dans sa détresse. ¶ 물에 빠진 사람을 ~ sauver un noyé, tirer *qn* de la noyade. ¶ 의사가 응급 조치를 하여 환자를 구했다 Le médecin a sauvé la vie d'un patient par un traitement d'urgence. ¶ 그 사람은 간신히 목숨을 구했다 Il est tout juste parvenu à sauver sa vie. ¶ 구하기 어려운 sans espoir de salut. ◇**구해 내다** arracher ((*qn* à la mort)), délivrer, tirer. ¶ 죽음에서 구해 내다 arracher *qn* à la mort. ¶ 궁지에서 구해 내다 tirer *qn* d'un mauvais pas. ¶ 소방수는 많은 사람을 위험에서 구해 냈다 Le pompier a sauvé beaucoup de gens du danger.

구하다[2] 求- 타 ① chercher ((un emploi, du travail)), rechercher, quérir. ¶ 일자리를 ~ chercher un emploi [un travail, une place]. ¶ 재물 [행복]을 ~ chercher fortune [le bonheur]. ¶ 나는 이 일을 할 사람을 구했으나 헛수고였다 J'ai cherché en vain quelqu'un pour faire ce travail. ¶ 그 남자는 신부감을 구해서 결혼했다 Il a trouvé une jeune fille, et il s'est marié avec elle. ¶ 구하라, 그러면 얻을 것이다 Cherche et tu trouveras. ② 획득하다 se procurer, obtenir, pourvoir, se doter. ¶ 어렵게 차표를 ~ acheter [prendre] un billet difficilement. ¶ 그 사람은 천신만고 끝에 일자리를 구했다 Après de nombreuses difficultés, il a enfin trouvé un travail. ¶ 이런 귀중한 책을 어디서 구했니? Où as-tu trouvé un livre si précieux? ③ ((방도, 방법을)) (re)chercher ((un moyen)). ¶ ...할 방도를 ~ chercher le moyen de+*inf*. ④ ((양해, 동의 따위를)) 요구하다 demander *qc* à *qn* ((à *qn* de+*inf*)); solliciter ((la protection de la loi)); désirer, réclamer, enquérir. ¶ 설명을 ~ demander [exiger] une explication. ¶ 원조를 ~ demander aide [secours] à *qn*. ¶ 그 사람은 상대방에게 양해를 구했다 Il a présenté ses excuses à son interlocuteur. ¶ 진리를 구하여 à la recherche de la vérité. ¶ 허가를 ~ demander à *qn* la permission [l'autorisation] ((de faire *qc*)).

구가 謳歌 명 glorification *f*, panégyrique *m*; applaudissements *mpl*, approbation *f*. ◇**_(를) 하다** glorifier, chanter. ¶ 승리를 ~하다 chanter la victoire. ¶ 자유[평화]를 ~하다 chanter la liberté [la paix].

구간 區間 명 section *f*. ¶ 도로 공사 ~ une section de route en travaux.

구강 口腔 명 【해부】 cavité *f* buccale; bouche *f*.

◆**_암** -癌 【의학】 cancer *m* de la bouche.

◆**_외과** -外科 명 chirurgie *f* dentaire.

◆**_위생** -衛生 명 hygiène *f* dentaire.

구개 口蓋 명 【해부】 palais *m*; ((구강의)) palat*al*(*ale*).

◆**_음** -音 명 【언어】 palatale *f*.

◆**-화** -化 명 【언어】 palatalisation *f*. ¶ ~화(가) 되다 se palataliser; être palatalisé(*e*).

◆**경_** 硬 명 palais *m* dur

◆**경_음** 硬音 명 【언어】 palatale *f*.

◆**연_** 軟- 명 voile *m* du palais.
◆**연_음** 軟-音 명 【언어】 vélaire *f*.
◆**_골** -骨 명 os *m* du palais.
구걸 求乞 명 mendicité *f*. ¶ ~로 살아가다 mendier sa vie, vivre de mendicité. ◇_(을) **하다** mendier, demander l'aumône [la charité], faire la manche [la quête] ((dans le métro)); mendier ((des voix, des compliments)). ¶ 표를 ~하다 mendier des voix.
구격 具格 명 【언어】 cas *m* instrumental.
◆**_ 조사** - 助詞 명 【언어】 particule *f* instrumentale.
구결 口訣 명 【언어】 *gugyeol m* <système graphique datant de l'époque de Silla utilisé jusqu'au 19e siècle, consistant à emprunter les sons des caractères chinois pour transcrire les morphèmes grammaticaux>. ¶ 그 문서는 ~로 되어 있다 Ce document est écrit en *gugyeol*.
구경 명 visite *f*, plaisir *m* [jouissance *f*, délectation *f*] à un spectacle; spectacle *m*, attraction *f*. ◇_(을) **하다** visiter ((une ville)); assister à ((un spectacle, un match, un événement)). ¶ 서울은 ~할 만한 곳이 많다 Il y a beaucoup de choses (intéressantes) à voir [découvrir] à Séoul. ¶ 박물관을 ~하다 visiter un musée. ¶ 시내 ~을 하다 visiter le centre de la ville [le centre-ville {*pop*}]. ¶ 진귀한 물건을 ~ regarder un objet curieux [rare]. ¶ 호기심에서 ~을 하다 regarder *qc* en simple curieux; assister à *qc* en spectateur. ◇_(을) **가다[다니다]** aller voir, visiter, regarder; faire des excursions en des lieux divers; explorer ((des lieux)). ¶ 전시회 ~을 가다 aller voir une exposition. ¶ 그는 친구들과 주말마다 영화 ~을 다닌다 Le week-end [Tous les week-ends], il va au cinéma avec ses amis.
◆**_거리** 명 objet *m* intéressant (à voir); attraction *f*, spectacle *m*.
◆**_꾼** 명 specta*teur*(*trice*), curieu*x*(*se*), badaud *m*. ¶ ~꾼들이 몰려들었다 Des curieux [badauds] se sont attroupés ((devant un cordon de sécurité, sur la place)) / Des nuées de badauds [curieux] s'attroupaient.
◆**불_** 명 indifférence *f* totale.
*****강 건너 불~ 하듯 하다** rester impassible devant ((une scène affreuse)), assister à ((une scène horrible)) en spectateur indifférent, agir [se comporter, se conduire] comme si on n'était pas concerné(*e*) ((par une affaire)), rester tout à fait indifférent(*e*); regarder (passivement) *qc* sans y prendre part [sans intervenir], regarder ((un spectacle)) avec indifférence [sans s'y mêler], ne pas réagir, rester les bras croisés.
구공탄 九孔炭 명 briquette *f* de charbon.
구관 舊官 명 ancien fonctionnaire *m* [chef *m*].
*****~이 명관이다** «On ne sait pas si le suivant ne sera pas pire!» / C'est dans les vieux pots [dans les vieilles marmites] qu'on fait les meilleures [les bonnes] soupes.
구관조 九官鳥 명 【조류】 mainate *m*; *Gracula religiosa intermedia* {*nsc*}.
구교 舊教 명 Église *f* catholique romaine.
◆**_도** -徒 명 catholique.
구구단 九九段 명 règle *f* de la multiplication; tables *fpl* de multiplication. ¶ ~을 외다 apprendre par cœur les tables de multiplication.
구구절절 명 chaque phrase *f*, chaque vers *m*, chaque proposition *f*, chaque paragraphe *m*; partout. ¶ 그의 말은 ~(이) 옳다 Chacune de ses paroles est vraie / Tout ce qu'il dit est vrai. ¶ ~마다 애정이 가득 담긴 편지 une lettre où l'on sent l'amour dans chaque ligne [dans chaque mot], une lettre qui respire [qui exhale] l'amour de partout.
구구하다 區區- 형 ① être différent(*e*), divers(*e*), varié(*e*), divergent(*e*), opposé(*e*), divisé(*e*), partagé(*e*), éloigné(*e*); différer les uns(unes) des autres, varier. ¶ 무엇에 대해서 의견이 ~ avoir des avis différents [opinions différentes] sur *qc* / Les avis sont partagés sur *qc* / Ils sont (très) divisés sur ((ce point)). ② 쓸데없다 être petit(*e*), insignifiant(*e*); être de peu de valeur; être sans importance. ¶ 구구한 변명을 늘어놓다 donner des explications sans valeur; rassembler des raisons [justifications] sans valeur; trouver un tas d'excuses (sans valeur).
구국 救國 명 salut *m* de la patrie [nation]. ¶ 그 사람은 ~의 영웅이다 Il est le sauveur de la patrie.
구균 球菌 명 【생물】 microcoque *m*.
◆**연쇄상_** 連鎖狀- 명 streptocoque *m*.
◆**포도상_** 葡萄狀- 명 staphylocoque *m*.
구근 球根 명 【식물】 ((나리 따위의)) bulbe *m*; ((감자 따위의)) tubercule *m*; ((뿌리, 줄기)) rhizome *m*.
◆**_식물** -植物 명 plante *f* à bulbes.
구금 拘禁 명 【법률】 détention *f*, emprisonnement *m*, réclusion *f*, incarcération *f*. ◇_(을) **하다[시키다]** détenir *qn* en prison, enfermer *qn*, écrouer *qn*, emprisonner *qn*, incarcérer *qn*, interner *qn*, constituer *qn* prisonni*er*(*ère*); boucler *qn* {*fam*}, coffrer *qn* {*fam*}, mettre *qn* à l'ombre [au trou, sous les verrous, en cabane] {*fam*}, envoyer *qn* au trou {*fam*}. ◇_(을) **당하다[(이) 되다]** être détenu(*e*), emprisonné(*e*), incarcéré(*e*); être derrière les barreaux [sous les verrous] {*fam*}, être en taule [en cabane] {*fam*}. ¶ 형무소에 ~된 범인 un criminel détenu en prison.
◆**미결_** 未決- 명 détention *f* préventive.
◆**불법_** 不法- 명 détention *f* illégale [arbitraire, abusive].
구급 救急 어근 d'urgence, de secours.
◆**_법[조치]** 法[措置] 명 premiers secours *mpl*, secours *mpl* d'urgence, urgences *fpl*.
◆**_상자** -箱子 명 trousse *f* d'urgence médicale, trousse *f* de secours.
◆**_약(품)** -藥(品) 명 médicaments *mpl* de première urgence.
◆**_차** -車 명 ambulance *f*, SAMU *m inv*. ¶ ~차를

부르다 appeler une ambulance [le SAMU]

구기 球技 명 【운동】 jeu(*x*) *m* de balle [ballon]. ¶ 그 나라는 ~종목이 약하다 Ce pays est faible aux sports de balle [de ballon].

구기다 타 ① froisser, chiffonner ((papier, vêtement)). ¶ 옷을 ~ froisser un vêtement. ¶ 그 여자의 남편은 편지를 집어서 구겼다 Son mari a pris la lettre et l'a chiffonnée. ¶ 나는 편지를 구겨서 던져 버렸다 J'ai froissé la lettre puis l'ai jetée. ¶ 엄마는 못 쓸 종이를 구겨서 휴지통[쓰레기통]에 넣었다 Maman a froissé du papier inutilisable avant de le jeter dans la corbeille à papier. ② 체면을 잃다 perdre la face, avoir honte. ¶ 나는 아이들 때문에 얼굴[체면]을 완전히 구겼다 J'ai perdu complètement la face à cause de mes enfants.

◆**구겨지다** 자 se froisser, se friper; être froissé(*e*), chiffonné(*e*), fripé(*e*). ¶ 아무렇게나 앉으면 옷이 구겨진다 Si l'on s'assoit n'importe comment, les vêtements se froissent. ¶ 버스에서 그 여자의 치마가 구겨졌다 La jupe de cette femme s'est fripée dans l'autobus. ¶ 내 바지는 가방 안에서 구겨져서 다리게 해야겠다 Mon pantalon s'est froissé dans ma valise. Il faut que je le fasse repasser. ¶ 이 천은 감이 좋아서 잘 구겨지지 않는다 Ce tissu ne se froisse pas facilement puisqu'il est de bonne qualité.

구기자 枸杞子 명 ① ((식물)) épine-vinette *f*. ¶ ~(나무)를 가꾸다 cultiver une épine-vinette. ② ((열매)) fruit *m* de l'épine-vinette. ¶ ~를 따다 cueillir les fruits de l'épine-vinette. ③ ((차)) infusion *f* d'épine-vinette aux vertus revigorantes et stimulantes. ¶ ~(차)를 마시다 boire une infusion d'épine-vinette.

구기적거리다 타 froisser. ¶ 종이를 [옷을] ~ froisser du papier [des vêtements].

구김 명 froissure *f*, froissement *m* (action de froisser *qc*). ¶ 다리미로 (옷의) ~을 펴다 repasser les plis d'un vêtement; repasser ((un vêtement, un pantalon, une chemise)). ¶ ~이 잘 가지 않는 옷감 un tissu qui ne se froisse pas facilement. ¶ ~(이) 없는 밝은 성격 un caractère ouvert et accueillant.

구김살 명 (faux) pli *m*. ¶ 치마에 ~이 있다 La jupe est froissée.

*~**(이) 없다** avoir un caractère ouvert et accueillant. ¶ 그 사람은 유복한 가정에서 ~ 없이 자랐다 Il a vécu une enfance heureuse dans une famille aisée.

-구나 어미 Ah!, Tiens! ((suffixe flexionnel de terminaison phrastique servant à marquer la surprise, la perplexité, lorsque l'on découvre, réalise un fait)). ¶ 밖에 비가 오는~! Ah! [Tiens!] il pleut! ¶ 너는 오늘 내가 오는 줄 몰랐~ Ah, tu ne savais pas que je venais aujourd'hui!

구난 救難 명 sauvetage *m*, secours *m*. ¶ ~ 용구 appareil(*s*) de sauvetage. ¶ ~ 작업 opérations de sauvetage. ◇_(을) **하다** faire du sauvetage, secourir *qn*.

구내[1] 構內 명 enceinte *f* ((d'une école)). ¶ 학교 ~에서 벌어진 폭행사건 une violence qui a eu lieu dans l'enceinte de l'école. ¶ 역 ~에서는 담배를 피울 수 없다 Il est interdit de fumer dans le hall de gare.

◆**_매점** -賣店 명 boutique *f* située dans l'enceinte d'une école ou d'une entreprise.

◆**_방송** -放送 명 diffusion *f* d'information interne par haut-parleur.

◆**_식당** -食堂 명 cantine *f* d'une entreprise [d'une école], réfectoire *m* ((d'un hôpital, d'un lycée)), restaurant *m* d'entreprise [scolaire]; ((대학교 구내식당)) restaurant *m* universitaire, resto U *m* {*fam*}.

◆**_전화(번호)** -電話(番號) 명 (numéro *m* de) téléphone *f* interne.

구내[2] 區內 명 intérieur *m* d'un quartier. ¶ 우리 ~에는 백화점이 없다 Dans notre quartier, il n'y a pas de grand magasin.

구닥다리 명 vieil objet *m*, objet *m* vieux [ancien, sans valeur, démodé, usé, préhistorique, antédiluvien {*fam*}], vieillerie *f*, antiquité *f*, antiquaille *f*. ¶ 그 옷은 유행이 한참 지난 ~이다 C'est un vêtement complètement démodé / C'est une vraie antiquité, cette friperie [cette défroque] {*fam*}. ¶ 이 구닥다리들 제발 다 버려라! Jette-moi toutes ces antiquités [vieilleries], je t'en supplie!

구단 球團 명 équipe *f* professionnelle ((de football, de baseball, etc.; d'un sport d'équipe de balle, de ballon)), club *m* sportif ((d'un sport d'équipe de balle, de ballon)). ¶ 명문 ~ une grande équipe [un grand club] de football. ¶ ~을 해체하다[매각하다] dissoudre [vendre] une équipe.

◆**_주** -主 명 manager *m* d'une équipe; dirigeant *m* d'un club sportif ((d'un sport d'équipe de balle, de ballon)).

구대륙 舊大陸 명 Ancien[Vieux] Continent *m*.

구대장 區隊長 【군사】 chef *m* militaire d'un district.

구더기 명 asticot *m*, larve *f*, ver *m*. ¶ 썩은 고기에 ~가 들끓고 있다 Les vers fourmillent dans la viande avariée / La viande avariée est infestée de vers. ¶ ~같은 놈들! Bande d'abrutis [d'imbéciles]!

*~ **무서워 장 못 담그랴**? Il faut faire ce qu'il faut / Quelle que soit la difficulté que comporte une affaire, s'il est vraiment nécessaire de la mener jusqu'au bout, on le fera.

구덩이 명 creux *m*, bas-fond *m*, fosse *f*, trou *m*. ¶ 삽으로 ~를 파다 faire[creuser] un trou avec une pelle. ¶ 그 사람은 나무를 심으려고 ~를 하나 팠다 Il a fait[creusé] un trou pour planter un arbre. ¶ 비가 와서 ~에 물이 고였다 La pluie a laissé de l'eau dans la fosse. ¶ 발을 헛디뎌 ~에 빠지다 faire un faux pas et tomber dans une fosse.

구도[1] 構圖 명 composition *f* ((d'un tableau)); plan *m*, structure *f*, formation *f*, vue *f* d'ensemble. ¶ 소설의 ~ la structure d'un roman. ¶ ~가 좋은 그림 un tableau bien composé. ¶ ~는 대강 되었다 On a un plan approximatif. ¶ 새로운 세력 ~를 형성하다 [형성했다] réaliser un nouveau rapport entre les

forces / Il résulte de ceci une nouvelle composition entre les forces en présence. ◇_**를 잡다** prendre une vue d'ensemble. ¶ ~를 잘 잡아야 좋은 사진이 나온다 Il faut bien cadrer pour obtenir une bonne photographie.

구도² 求道 명 recherche *f* de la vérité[la Voie]. ¶ 험난한 ~의 길을 택하다 prendre le difficile chemin de la recherche de la vérité [de la Voie].

◆_**자** -者 명 personne *f* qui recherche la vérité [la Voie].

구독 購讀 명 abonnement *m*. ¶ ~을 갱신하다 renouveler un[*son*] abonnement ¶ 잡지의 ~을 신청하다 s'abonner, prendre un abonnement, souscrire un abonnement à *qc*. ◇_(**을**) **하다** être abonné à *qc*. ¶ 나는 주간지를 하나 ~한다 Je suis abonné(*e*) à un hebdomadaire.

◆_**료** -料 명 (tarif *m* de l') abonnement *m*.

◆_**자** -者 명 abonné(*e*).

◆**정기_** 定期 명 abonnement *m*.

구동 驅動 명 motricité *f*, commande *f*, transmission *f*. ◇_(**을**) **시키다** tracter. ◇_(**이**) **되다** être tracté(*e*).

◆_**력** -力 명 puissance *f* motrice ¶ 이 자동차는 ~력이 좋다 Cette voiture a une grande puissance motrice.

◆_**장치** -裝置 명 transmission *f*.

◆_**축** -軸 명 arbre *m* de transmission

◆**사륜_** 四輪 명 ((à)) quatre roues *fpl* motrices. ¶ 사륜~ 차 un véhicule à quatre roues motrices.

◆**전륜_** 前輪 명 ((à)) traction *f* avant. ¶ 전륜~ 차 voiture à traction avant.

◆**후륜_** 後輪 명 ((à)) traction *f* arrière.

구두¹ 명 ((단화)) chaussure *f*, soulier *m*; ((장화)) botte *f*; godasse *f* {*fam*}, grolle *f* {*fam*}, pompe {*fam*}. ¶ ~ 한 켤레 une paire de chaussures. ¶ 새[헌] ~ des chaussures neuves [usées, éculées]. ¶ 뒤축이 높은 ~ des chaussures à talons hauts. ¶ 징을 박은 ~ un soulier ferré. ¶ 잘 떨어지지 않는 ~ des chaussures qui ne s'usent pas rapidement. ¶ 짝짝이 ~ des chaussures dépareillées. ¶ 발이 조이는 새 ~ des chaussures neuves qui serrent le pied. ¶ ~를 고치다 réparer des chaussures. ¶ ~를 닦다 cirer [nettoyer, astiquer, faire briller] des chaussures. ¶ ~를 맞추다 faire faire des chaussures. ¶ ~를 벗다 se déchausser; enlever [quitter] *ses* chaussures. ¶ ~를 신다 se chausser; mettre des chaussures, chausser [mettre] des souliers. ¶ 몇 사이즈 ~를 신으십니까? - 40을 신습니다 Quelle pointure faites-vous? [Quelle est votre pointure?] - (Je fais) du 40. ¶ 이 ~ 잘 맞으십니다 Ces chaussures vous vont bien.

◆_**끈** 명 lacet *m*. ¶ ~끈을 풀다 délacer *ses* chaussures, défaire le nœud de *ses* lacets, dénouer des lacets de chaussure, défaire *ses* lacets. ¶ ~끈을 [고쳐] 매다 nouer [renouer, rattacher] *ses* lacets. ¶ 조심해! 네 ~이 풀어졌다 Attention, tes lacets sont défaits.

◆_**닦이** 명 cireur *m*.

◆_**솔** 명 brosse *f* à chaussures.

◆_**약** -藥 명 cirage *m*. ¶ ~약을 바르다 cirer des chaussures.

◆_**창** 명 semelle *f* de chaussure. ¶ ~창이 닳았다 Les semelles de tes chaussures sont usées. ¶ ~창을 갈다 ressemeler des chaussures; faire ressemeler des chaussures.

◆_**점[가게]** -店 명 boutique *f* de cordonnier, cordonnerie *f*.

◆_**장수[수선방]** 명 cordonnier *m*.

◆_**주걱** 명 chausse-pied(~-~*s*) *m*.

구두² 口頭 명 oral *m*. ¶ ~로 전하다[보고하다] transmettre *qc* à *qn* oralement. ¶ ~로 지시하다 donner des instructions par oral.

◆_**계약** -契約 명 contrat *m* oral. ¶ ~계약을 맺다 faire [passer] un contrat oral.

◆_**변론** -辯論 명 plaidoirie *f*.

◆_**시험** -試驗 명 examen *m* oral, épreuve orale, oral(*aux*) *m* ¶ ~시험을 보다 passer un (examen) oral [une épreuve orale].

◆_**심리** -審理 명 examen *m* oral, interrogatoire *m*.

◆_**약속** -約束 명 promesse *f* orale.

구두쇠 명 avare, radin(*e*), grigou *m*, harpagon *m*, ladre. ¶ 지독한 ~이다 C'est un(*e*) sale radin(*e*)! {*fam*}. ¶ 그 녀석은 ~로 유명하다 Ce type est réputé pour son avarice.

구두점 句讀點 명 【문법】 ponctuation *f*; signe *m* de ponctuation. ¶ ~ 없이 쓰다 écrire ((un texte)) sans ponctuation. ¶ ~을 찍다 ponctuer ((un texte)).

구둣발 명 pied *m* chaussé. ¶ ~로 들어가다 entrer sans se déchausser [en gardant *ses* chaussures]. ¶ 누구를 ~로 차다[짓밟다] donner un coup de pied en chaussures de ville à *qn* [marcher sur (le pied de) *qn* en chaussures de ville; piétiner *qc*/*qn* avec *ses* chaussures de ville; écraser *qc* sous *ses* chaussures de ville].

구들 명 *gudeul* *m* <système de chauffage par le sol, genre d'hypocauste>. ¶ 이 집은 지은 지 오래되어서 ~이 다 내려앉았다 Cette maison est tellement vieille [ancienne] que le sol chauffant s'est effondré. ¶ ~을 놓다 (faire) installer un système de chauffage par le sol. ¶ ~을 들어내다 enlever un système de chauffage par le sol; enlever un dallage [un revêtement de dalle, un pavement] d'un sol à hypocauste.

구들목 명 *gudeulmok* <*araenmok* en coréen du Sud, expression nord-coréenne pour désigner l'espace le plus chaud sur le *ondol* (sol chauffé) dans une pièce>. ¶ 아이는 날씨가 추워 따뜻한 ~부터 찾는다 Comme il fait froid, l'enfant cherche d'abord le *gudeulmok* ((l'endroit le plus chaud du sol)).

구들방 -房 명 *gudeulbang* *m* <chambre avec chauffage par le sol>. ¶ 뜨끈뜨끈한 ~에 누워 몸을 지지다 se réchauffer en restant allongé(*e*) sur le sol chaud [le *gudeul*].

구들장 명 *gudeuljang* *m* <dallage recouvrant un sol

à hypocauste>. ¶ ~이 꺼졌다 La surface du dallage [du *gudeul*] s'est effondrée.

*~ **신세를 지다** ne rien faire; ne pas travailler; rester toujours allongé(*e*) à ne rien faire; fainéanter; paresser; lézarder, faire le lézard, paresser au soleil; flemmarder, buller {*fam*}, glander {*fam*}. ¶ 그는 몇 년째 하는 일 없이 ~ 신세만 지고 있다 Cela fait des années qu'il ne travaille plus / ça fait des années que sans travail il reste à fainéanter.

*~**이 꺼져라 한숨을 쉬다** pousser [faire] un énorme soupir d'inquiétude.

*~**을 지다** se réchauffer allongé(*e*) sur le dallage chaud [sur le *gudeul*]; rester allongé(*e*) à ne rien faire sur les dalles chauffantes [sur le *gudeul*]. ¶ 그의 부친은 홧병이 나서 ~을 지고 앓아 누웠다 Son père étant malade, il reste allongé à ne rien faire sur les dalles chauffantes [le *gudeul*].

구라파 歐羅巴 **영**{Europe} 명 Europe *f*.

구락부 俱樂部 명 ☞ 클럽

구랍 舊臘 명 dernier mois *m* [du calendrier lunaire] de l'année précédente.

구래 舊來 명 transmission *f* depuis l'antiquité. ¶ ~의 악습을 고치다 corriger les mauvaises habitudes transmises depuis longtemps; changer les mauvais usages hérités de la tradition.

구럭 명 panier *m* de paille rond [sans anse porté en bandoulière pour les provisions].

구렁 명 ① creux *m*, dénivellation *f*, bas-fond (~~*s*) *m*, cuvette *f*, renfoncement *m*. ② ((비유적)) profondeur *f*, gouffre *m*; stade *m* le plus bas; le pire *m*; le plus mauvais *m*. ¶ 실수로 깊은 ~에 빠지다 tomber malencontreusement dans un gouffre très profond; tomber sans le vouloir dans un creux très profond. ◇_**을 벗어나다** sortir de *qc*. ¶ 가난의 ~을[에서] 벗어나다 sortir de la pauvreté.

구렁이 명 ① 동물 (grand) serpent *m* (moucheté de jaune) ((sorte de python)). ② 사람 vi*eux*(vi*eille*) mal*in*(*gne*); vi*eux*(vi*eille*) rusé(*e*) [renard(*e*)]; sournois(*e*), hypocrite *mf*, personne *f* trompeuse [fourbe *mf*]; fin(*e*) matois(*e*); madré(*e*). ¶ ~같은 사람 vi*eux*(vi*eille*) mal*in*(*gne*); renard(*e*); fin(*e*) matois(*e*).

*~ **담 넘어가듯 하다** faire le malin, jouer au vieux malin. ¶ ~ 담 넘어가듯 하지 말고 잘못을 솔직하게 인정해라. Reconnais franchement ta faute, et ne joue pas au vieux malin / Ne fais pas le malin et dis franchement que tu as eu tort.

***뱃속에 ~(가) 서너 마리는 들어 있다** être très sournois(*e*), fourbe, hypocrite, plein(*e*) de malice ((traduction littérale: réchauffer dans *son* sein plusieurs serpents, être un serpent caché)). ¶ 저 친구 뱃속에는 ~(가) 서너 마리는 들어 있다 C'est un vieux renard [routier], (défiez-vous-en!) / Cette personne est très sournoise [fourbe, hypocrite, pleine de malice].

*~**를 삶아먹었다** être on ne peut plus sournois(*e*) [hypocrite, fourbe], être des plus sournois [hypocrites, fourbes], témoigner d'une hypocrisie [d'une sournoiserie, d'une fourberie] incomparable. ¶ 저 사람은 ~를 삶아먹었는지 능글맞기 짝이 없다 Cette personne est on ne peut plus sournoise [hypocrite] / Il n'y a pas plus hypocrite que lui / Il a dû bouffer du serpent et ça a déteint sur lui {*fam*}.

구렁텅이 명 ① fosse *f*, trou *m*, creux *m*. ② ((비유적)) piège *m*, trappe *f*. ¶ 절망[불행]의 ~에 빠지다 tomber dans un profond désespoir [malheur]. ¶ 범죄와 마약의 ~에서 빠져나오다 sortir de la criminalité et des affaires de drogue [de la drogue] se sortir du gouffre du crime et de la drogue.

구레나룻 명 favoris *mpl*, rouflaquettes *fpl*; pattes *fpl* (de lapin, de lièvre). ¶ ~이 난 사나이 un homme qui porte des pattes [des favoris, des rouflaquettes]. ¶ 멋진 ~을 기르다 se laisser pousser de beaux favoris [de belles rouflaquettes].

-구려 어미 ① ((발견·감탄)) Ah! / Tiens! ((suffixe flexionnel de terminaison phrastique servant à marquer la surprise, la perplexité, lorsque l'on découvre, réalise un fait)). ¶ 오늘 안색이 안 좋으사~ Tiens! Aujourd'hui, vous n'avez pas bonne mine! ¶ 나만 그 사실을 모르고 있었~ Tiens! J'étais le(*la*) seul(*e*) à ne pas être au courant! ② ((권유)) Allez. ¶ 한잔 받으사~ Allez! Prenez un verre! ¶ 내 사무실에 한번 들르사~ Passez une fois [un jour] dans mon bureau.

구력 球歷 명 carrière *f* sportive dans un sport d'équipe avec ballon. ¶ 저 축구선수는 ~이 얼마나 됩니까? Depuis combien de temps, vit-il du football [est-il footballeur professionnel]? ¶ 저 투수는 ~은 짧지만 대범하게 승부를 건다 Ce lanceur n'a pas une grande carrière, mais il a du cran.

구령 口令 명 commandement *m* militaire ((commandements militaires brefs du type: Garde à vous!, Repos!, À vos rangs, fixe!, Demi tour, droite!, En joue!, Portez armes, etc.)). ¶ 우렁찬 ~ 소리 un commandement militaire retentissant. ¶ 병사들은 지휘관의 ~에 따라 차렷자세를 취했다 Les soldats se sont mis au garde-à-vous sur l'ordre du commandant. ¶ ~에 맞추어 행진하다 défiler en mesure [en rythme]. ¶ ~이 떨어졌다 Un commandement militaire a été donné. ◇_**(을) 붙이다** donner un commandement militaire.

구루마 일 명 ☞ 수레, 달구지

구루병 佝僂病 명 rachitisme *m*. ¶ ~에 걸리다 être rachitique, être atteint(*e*) de rachitisme.

구류 拘留 명 【법률】 détention *f* (provisoire); garde *f* à vue, captivité *f*, emprisonnement *m*. ¶ ~ 3일에 처하다 être condamné(*e*) à trois journées de détention (provisoire). ¶ ~중이다 être en détention. ◇_**(를) 살다** vivre en détention. ◇_**(를) 살리다** faire vivre *qn* en détention. ◇_**(가) 되다** être mis(*e*) en détention; être mis(*e*) en garde à vue.

ㄱ

◆_형 -刑 명 détention *f* temporaire.

구르다[1] 자 ① rouler, tourner. ¶ 공이 구른다 La balle roule. ¶ 바퀴[구슬]가 굴러 간다 Les roues avancent en tournant sur elles-mêmes. ¶ 이슬 방울이 잎사귀에서 굴러 떨어진다 Des gouttes de rosée roulent sur les feuilles et tombent (par terre). ② ((사람이)) rouler ((dans les escaliers)). ¶ 우리 아이가 계단에서 굴러 떨어졌다 Mon enfant est tombé en bas de l'escalier.

*구르는 돌에는 이끼가 안 낀다 Pierre qui roule n'amasse pas mousse.

*굴러 온 돌이 박힌 돌 빼낸다 On n'est jamais à l'abri de se faire voler sa place par quelqu'un d'autre.

*호박이 넝쿨째 굴러 떨어지다 [들어오다] C'est une fortune qui tombe du ciel / C'est une aubaine; avoir un coup de chance inespéré.

구르다[2] 타 taper des pieds; trépigner, piaffer. ¶ 마루를 쿵쿵 발로 ~ taper des pieds sur le plancher en bois. ¶ 그 사람은 추워서 발을 동동 굴렀어요 Il a tapé des pieds de froid. ¶ 발을 동동 구르며 울다 pleurer en tapant des pieds. ¶ 그는 어쩔 줄 몰라 발만 동동 구르고 있다 Il ne fait que trépigner, ne sachant que faire.

구름 명 nuage *m*, nuée *f*. ¶ ~ 낀 날씨 un temps nuageux, un temps couvert. ¶ ~ 낀 하늘 un ciel couvert [chargé] de nuages, un ciel gris [menaçant, nébuleux]. ¶ ~ 한 점 없는 하늘 un ciel sans nuage [dégagé]. ¶ ~ 사이로 햇살이 비쳤다 Le soleil perce les nuages / Des rayons de soleil ont passé entre les nuages. ¶ 지금 이 비행기는 ~ 속을 지나고 있다 Cet avion passe actuellement à travers les nuages. ¶ 해가 ~ 위로 솟았다 Le soleil brille au-dessus des nuages. ¶ ~이 끼기 시작한다 Le ciel [Le temps] commence à se couvrir / Des nuages commencent à se former / Le temps se gâte. {*fam*} ¶ ~이 걷힌다 Les nuages se dissipent / Le ciel s'éclaircit / Le ciel se dégage / Il y a une éclaircie [une embellie]. ¶ 산꼭대기에 ~이 걸려 있다 Des nuages flottent [sont accrochés] au sommet des montagnes. ¶ ~이 해를 가리고 있다 Des nuages cachent [couvrent] le soleil / Les nuages font écran au soleil. ¶ 바람이 ~을 싹 걷어냈다 Le vent a complètement chassé les nuages. ¶ 수평선 너머로 ~이 (뭉게뭉게) 피어올랐다 Des nuages se montrent [flottent] (en couches épaisses) à l'horizon.

*~같이 comme des nuages; par milliers. ¶ 달라이라마를 보려고 사람들이 ~같이 모여들었다 Les gens ont afflué par milliers pour voir le Dalaï-lama.

*(뜬)~ 잡는 소리 des propos irréalistes [insensés]; des énormités. ¶ 성실하게 살아갈 생각은 않고 그는 언제나 (뜬)~잡는 소리만 하고 있다 Au lieu d'avoir les pieds sur terre, il tient toujours des propos irréalistes.

◆_다리 명 viaduc *m*, passerelle *f*, passage *m* surélevé; pont *m*.

◆_바다 명 mer *f* de nuages; amoncellement *m* de nuages.

◆_사진 -寫眞 명 image *f* satellite; photo *f* de nuages. ¶ ~사진을 보면서 내일 날씨를 말씀드리겠습니다 Je vous annonce le temps qu'il fera demain en regardant les images satellites.

◆먹_ 명 nuage *m* noir (comme de l'encre); nuage *m* menaçant. ¶ 먹~이 몰려오는 걸 보니 소나기가 한바탕 지나갈 모양이다 En voyant les nuages noirs qui s'accumulent, on dirait qu'il va y avoir une averse / J'ai bien l'impression qu'on va avoir une averse, vu les nuages noirs [menaçants] (qui planent) à l'horizon. ¶ 갑자기 그의 앞날에 먹~이 끼기 시작했다 Tout d'un coup, son avenir s'est assombri / Soudain, des nuages noirs ont commencé à se profiler sur son futur.

◆뭉게_ 명 nuage *m* épais, nuée *f* épaisse, cumulus *m*.

◆비_ 명 nimbus *m* (cumulonimbus *m*, nimbostratus *m*).

◆새털_ 명 cirrus *m*.

◆인공_ 人工- 명 nuage *m* artificiel.

구름판 -板 명 planche *f* d'appel. ¶ ~을 밟다 prendre appui sur la planche d'appel.

구릉 丘陵 명 colline *f*, coteau(*x*) *m*, butte *f*, monticule *m*, tertre *m*, hauteur *f*.

◆_지대 -地帶 명 région *f* de coteaux.

구리 명 【광물】 cuivre *m* (rouge). ¶ ~ 제품 un article de[en] cuivre. ¶ ~를 함유한 cuivreux(*se*), qui contient du cuivre. ¶ ~를 제련하다 raffiner [fondre] du cuivre. ¶ 무엇에 ~를 입히다 cuivrer *qc*.

◆_ㅅ빛 명 couleur *f* cuivre [cuivrée]. ¶ 햇볕에 그을린 ~ㅅ빛 얼굴[피부] un visage cuivré [une peau cuivrée] au soleil.

구리다 형 ① 냄새가 퀴퀴하다 sentir le pourri [la pourriture], avoir une odeur (fétide) de pourriture, avoir une odeur putride ((odeur de pourriture, odeur d'œuf pourri)); être fétide, puant(*e*). ¶ 냄새가 ~ Ça sent l'œuf pourri / Ça sent le pourri [la pourriture] / Il y a une odeur de pourriture. ¶ 구린 냄새를 풍기는 동물 une bête puante. ② 수상쩍다 paraître douteux(*se*), suspect(*e*), louche; être douteux(*se*), ne pas être très clair(*e*) [net(*te*)]. ¶ 그 녀석은 구린 구석이 있는 모양이다 Ce type a l'air de cacher quelque chose / J'ai l'impression que ce type a quelque chose à (nous) cacher / J'ai l'impression qu'il (nous) cache quelque chose celui-là. ¶ 구린 데가 있으니 그가 그런 말을 했겠지 Je pense qu'il a dit cela parce qu'il n'avait pas la conscience tranquille / Il a dû dire ça parce qu'il se sentait mal à l'aise.

*속이[뒤가] ~ cacher [dissimuler] quelque chose, avoir quelque chose à cacher ((ça sent quelque chose)); ne pas avoir la conscience [l'esprit] tranquille [en paix], avoir *qc* [un poids, une faute] sur la conscience, avoir mauvaise conscience, avoir *qc* à se reprocher, avoir des repentirs, être pris(*e*) de remords, ((사물이, remords)) peser *qn* sur l'esprit [sur la conscience].

구린내 명 mauvaise odeur *f*; puanteur *f*; odeur *f* infecte. ¶ 향수를 뿌려서 실내의 ~를 없애다 faire disparaître les mauvaises odeurs en pulvérisant du désodorisant. ◇**_를 풍기다** projeter un liquide malodorant, dégager de mauvaises odeurs. ¶ 스컹크는 ~를 풍겨서 적을 물리친다 Le sconse [le putois, la mouffette] projette un liquide malodorant [dégage de mauvaises odeurs] pour repousser [dissuader] l'ennemi. ◇**_(가) 나다** sentir une odeur infecte, empester, embaumer, puer, sentir très mauvais, infecter {*vx*}, empuantir. ¶ 화장실에 ~가 나서 견딜 수 없다 Je ne peux pas supporter l'odeur infecte [la puanteur] des toilettes.

***~(가) 나다** il y a quelque chose d'étrange [de pas net] / être étrange [louche] / ça sent mauvais / ça pue. ¶ 그 공사의 수의계약 뒤에는 뭔가 ~가 난다 Il y a quelque chose de pas net [pas clair] dans ce contrat [cet accord] à l'amiable [de gré à gré] (concernant les travaux).

-구만↔-구먼 어미 ☞ -로구먼

구만리 九萬里 명 sans bornes *fpl*, sans limites; infini(*e*).

***앞길이 ~ 같다** avoir *son* avenir [toute la vie] devant *soi*, être très jeune. ¶ 앞길이 ~ 같은 젊은이가 그 정도에 포기하다니! Voir un jeune qui a toute la vie devant lui abandonner maintenant [à ce niveau-là] ... quel gâchis [quel dommage]!

구매 購買 명 achat *m*, acquisition *f* ((d'un immeuble)). ¶ 정부의 농산물 ~가격 prix d'achat [de vente] des produits agricoles du gouvernement. ◇**_(를) 하다** acheter *qc*, acquérir *qc*; faire achat [l'acquisition] de *qc*.

◆**_력** -力 명 pouvoir *m* d'achat.

◆**_욕** -慾 명 volonté *f* d'acheter.

◆**_자** -者 명 acheteu*r*(*se*), acquéreu*r*(*se*).

◆**_가격** -價格 명 prix *m* d'achat [d'acquisition].

◆**_계약** -契約 명 contrat *m* d'achat.

구멍 명 ① trou *m*, creux *m*, ouverture *f*, fente *f*, brèche *f*, trouée *f*. ¶ 바늘 ~ le chas [trou] d'une aiguille. ¶ 창에 난 ~ un trou dans une fenêtre en papier. ¶ 들여다 보는 ~ une ouverture, une trouée, une brèche. ¶ (자판기의) 돈 넣는 ~ fente pour mettre l'argent (dans un distributeur automatique). ¶ 배가 좌초하여 선체에 ~이 났다 Il y a un trou [brèche] dans le bateau parce qu'il s'est échoué sur un récif. ¶ 양말에 ~이 뚫렸다 Les [Mes, Tes] chaussettes sont trouées. ¶ 널빤지에 ~을 뚫다 faire un trou dans une planche, trouer une planche. ¶ 좀이 책에 ~을 뚫었다 Les mites ont troué le livre. ¶ ~을 메우다 boucher un trou. ② 짐승의 굴 terrier *m*, caverne *f*, grotte *f*. ¶ 토끼가 ~으로 숨었다 Le lapin s'est réfugié [caché] dans son terrier [dans son trou]. ③ 공백, 결손 perte *f*, déficit *m*, trou *m*. ¶ 장부상의 ~ un trou dans les comptes [dans la gestion]. ⑥ 결점 défauts *mpl*, imperfections *fpl*. ¶ 그 계획은 ~투성이이다 Ce projet est truffé d'erreurs. ◇**_을 메우다** boucher un trou; combler le déficit. ◇**_이 생기다[뚫리다]** il y a [constater] un trou ((dans la gestion)). ¶ 회사 경영에 큰 ~이 뚫렸다 Il y a un grand trou dans la gestion de l'entreprise.

***빠져나갈 ~이 없다** Il n'y a pas d'issue.

◆**_가게** 명 petite boutique *f*, échoppe *f*, baraque *f*. ¶ ~가게를 내다[차리다] ouvrir une petite boutique. ¶ 나는 조그만 ~가게를 하나 (운영)하고 있다 J'ai [Je tiens] une petite boutique [épicerie].

◆**_탄** -炭 명 briquette *f* de charbon ajourée [charbon aggloméré en forme de cylindre perforée]. ☞ 구공탄

구면¹ 舊面 명 (vieille) connaissance *f*, ami(*e*) de longue date. ◇**_이다** être de vieilles connaissances [de vieux amis, des amis de longue date]; se connaître depuis des années; se connaître déjà, s'être déjà rencontré(*e*)s. ¶ 그와 나는 ~이다 Lui et moi [Elle et moi], nous nous connaissons depuis des années. ◇**_이 되다** être amené(*e*)s à se connaître.

구면² 球面 명 【수학】 corps *m* [surface *f*] sphérique.

◆**_경** -鏡 명 miroir *m* sphérique.

◆**_계** -界 명 monde *m* sphérique.

◆**_기하학** -幾何學 명 géométrie *f* sphérique.

◆**_삼각형** -三角形 명 triangle *m* sphérique.

◆**_수차** -收差 명 【물리】 aberration *f* de sphéricité.

◆**_운동** -運動 명 mouvement *m* sphérique.

구명¹ 救命 명 sauvetage *m*. ¶ ~ 활동을 하다 opérer [faire] un sauvetage. ¶ ~을 요청하다 faire un appel au secours, demander de l'aide. ◇**_(을) 하다** sauver la vie à/de *qn*.

◆**_구** -具 명 appareil *m* [bouée *f*, échelle *f*] de sauvetage. ¶ 여객선에 ~구를 갖추다 remettre une bouée de sauvetage aux passagers.

◆**_대** -帶 명 ceinture *f* de sauvetage.

◆**_정** -艇 명 bateau(*x*) *m* de sauvetage.

◆**_운동** -運動 명 exercice *m* pour sauver des vies; démarches *fpl* pour conserver son poste [pour se maintenir à son poste]. ¶ 양심수의 ~운동을 펼치다 lancer un mouvement [une manifestation] en faveur de la libération des prisonniers de conscience. ¶ ~운동에 본격적으로 나서다 participer activement à des mouvements pour sauver des vies.

◆**_조끼[동의, 자켓]** -[胴衣] 명 gilet *m* de sauvetage. ¶ ~조끼를 착용하다 mettre [enfiler] un gilet de sauvetage.

구명² 究明 명 étude *f*, examen *m*, enquête *f*; élucidation *f*. ¶ 진실의 ~을 위해서 pour élucider la vérité. ◇**_(을) 하다** étudier [examiner] *qc* à fond; faire des recherches sur *qc*; faire des investigations sur *qc*; élucider, éclaircir ((une affaire)), faire (toute) la lumière sur, tirer ((une affaire)) au clair. ¶ 진리를 ~하다 chercher à connaître la vérité. ◇_

(이) **되다** être élucidé(*e*), ((une affaire)) être éclairci(*e*).

구명³ 舊名 명 nom *m* ancien

구문 構文 명 【언어】 construction *f* [structure *f*] d'une phrase. ¶ ~ 정보 des informations sur la construction d'une phrase. ¶ 불완전한 ~ une construction incomplète. ¶ 비인칭 ~ une construction impersonnelle. ¶ 절대 ~ construction absolue. ¶ 피동 ~ une construction passive.

◆_**론** -論 명 syntaxe *f*.

구물거리다 자 ① ((ver)) se tortiller ¶ 구더기가 구물거린다 Les vers se tortillent. ② ((느리게)) bouger lentement.

구미¹ 口味 명 ① appétit *m*, goût *m*. ② ((취향; 관심)) goût *m*, intérêt *m*. ◇_(**를**) **돋우다** stimuler [éveiller, exciter] l'appétit, mettre en appétit, donner de l'appétit. ¶ ~를 돋우는 전채 요리 une entrée qui met en appétit [qui éveille l'appétit]. ◇_(**를**) **잃다** perdre l'appétit. ¶ 그는 인생의 모든 것에 ~를 잃어버린 것같다 Il a l'air d'avoir perdu tout goût à la vie. ◇_(**가, 를**) **당기다** être appétissant(e); mettre *qn* en appétit, faire venir l'eau à la bouche, attirer *qn*, intéresser *qn*, séduire *qn*. ¶ ~(가) 당기는 요리 une cuisine appétissante [des plats appétissants]. ¶ 그의 제안에[그 계획] ~가 당긴다 Je m'intéresse à sa proposition [à son projet] / Sa proposition [Son projet] me séduit. ¶ ~가 당기는 일이다 Ce travail (me) met en appétit / Cela (me) met en appétit / Cela est appétissant / Cela fait venir l'eau à la bouche / Cette activité m'attire [m'intéresse, me séduit]. ◇_(**에**) **안 맞다** Ce n'est pas mon genre [style] de+*inf*, je ne suis pas du genre à+*inf*. ¶ 그 음식은 내 ~에 안 맞는다 Ce n'est pas mon type de nourriture / Ce n'est pas le genre de nourriture que j'aime. ¶ 그렇게 행동하는 것은 내 ~에 안 맞는다 Ce n'est pas mon genre d'agir ainsi.

구미² 歐美 명 Europe *f* et Amérique *f*, occident*al*(*ale*, *aux*). ¶ ~제국 des pays *mpl* occidentaux ¶ ~에서는 dans les pays occidentaux. ¶ ~일주 여행을 하다 faire un voyage (d'agrément) d'une semaine en Europe et en Amérique; parcourir l'Europe et l'Amérique.

◆_**인** -人 명 Européens *mpl* et les Américains *mpl*; les Occidentaux *mpl*

구미호 九尾狐 명 ① [vie*ux*(*vieille*)] renard(*e*) (à neuf queues) ② fin(*e*) [vie*ux*(*vieille*)] renard(*e*), fin(*e*) matois(*e*); rusé(*e*). ¶ 천 년 묵은 ~ un(*e*) vie*ux*(*vieille*) renard(*e*) (de mille ans), un(*e*) fin(*e*) matois(*e*). ¶ 저 여자는 ~보다 더 약아빠졌다 Cette fille-là est encore plus rusée qu'un vieux renard / Cette fille-là est une fine mouche.

구민 區民 명 habitants *mpl* d'un arrondissement [d'une ville]. ¶ ~체육대회 une compétition d'athlétisme à l'intérieur d'un arrondissement [d'un quartier]; une compétition de quartier [d'arrondissement]. ¶ ~의 날 le jour [la fête] des habitants d'un arrondissement.

구박 驅迫 명 mauvais traitement *m*; traitement *m* dur [cruel]. ◇_(**을**) **하다** maltraiter *qn*; traiter *qn* cruellement. ¶ 부인을 ~하다 maltraiter sa femme. ¶ 그는 나를 ~한다 Il est très dur avec moi / Il me traite mal. ¶ 그는 우리를 때리고 짐승처럼 ~한다 Il nous frappe et nous traite durement comme des bêtes. ◇_(**을**) **받다**[**당하다**] se faire maltraiter [malmener]; être maltraité(*e*), malmené(*e*). ¶ 며느리는 시어머니로부터 ~을 심하게 받아 왔다 La belle-fille a été sévèrement maltraitée par sa belle-mère / La belle-mère a été très cruelle avec [a toujours maltraité] sa belle-fille.

구법¹ 舊法 명 ancienne législation *f*; ancienne loi *f*; ancien code *m* de la loi. ¶ 신법과 ~ la nouvelle législation et l'ancienne législation; le nouveau code de la loi et l'ancien code de la loi.

구법² 求法 명 【불교】 recherche *f* de la Vérité (bouddhique).

구변 口辯 명 éloquence *f*; don *m* de la parole. ¶ ~이 좋다[뛰어나다, 남다르다] être éloquent(*e*), parler bien, avoir de l'éloquence, avoir le don de la parole, avoir la langue déliée, la langue bien pendue, avoir la parole facile [avoir une grande facilité d'élocution, être disert(*e*), parler avec facilité].

구별 區別 명 distinction *f* ((de A et de B; entre A et B)); (식별) discernement *m* ((entre A et B)); discrimination *f*, classification *f*; séparation *f*; démarcation *f*. ¶ 뚜렷한[세밀한] ~ distinction [classification, séparation, démarcation] claire [précise]. ¶ 남녀노소의 ~없이 sans distinction d'âge et de sexe. ◇_(**을**) **하다**[**짓다**] distinguer *qn*/*qc* de *qn*/*qc*, séparer *qn*/*qc* de *qn*/*qc*, discerner *qn*/*qc* de *qn*/*qc*; établir [faire] une description ((entre A et B)); discerner *qc*; faire la différence [la distinction] ((entre deux choses)); classer; séparer ((A et B, A de B)); différencier ((A de B)). ¶ 공과 사를 엄격히 ~해야 한다 Il faut clairement faire la distinction entre *sa* vie publique et *sa* vie privée. ¶ 옳고 그른 것을 ~을 짓다 discerner le vrai du faux [le vrai d'avec le faux]; distinguer le vrai du faux. ◇_(**이**) **되다** se distinguer; se reconnaître. ¶ 자유와 방종의 두 개념은 명확히 ~되어야 한다 La liberté et le libertinage sont deux concepts à distinguer / Il faut bien distinguer la liberté et le libertinage.

◆_**점** -點 명 point *m* de distinction.

구보 驅步 명 ① pas *m* de course; pas *m* (de) gymnastique; galop *m*. ¶ ~로 au pas de course; au pas (de) gymnastique; au petit galop. ¶ ~로 행진하다[가다, 달리다] défiler [aller, courir] au pas de course. ② ((말)) petit trot *m*; galop *m*. ◇_(**를**) **하다** prendre le pas de course.

구부러뜨리다 타 courber; plier; fléchir; tordre, couder. ¶ 숟가락을 ~ plier la cuillère.

구부러지다 자 (*se*) courber, se ployer, se plier, s'incurver. ¶ 철사는 구부러진다 Le fil de fer se plie.

구부리다 타 ① ((몸을)) (*se*) courber, (*se*) plier, (*se*) baisser, (*se*) pencher. ¶ 몸을 ~ se pencher. ¶ 무릎 ~ plier les genoux. ¶ 등을 ~ courber le dos. ¶ 허리[상체]를 courber le dos [l'échine], se courber, fléchir le buste, se pencher en avant. ¶ 팔[다리]을 ~ plier le bras [les jambes]. 앞으로 ~ se courber, se baisser, se pencher. ② ((물건을)) courber *qc*, ployer *qc*, couder *qc*, tordre *qc*. ¶ 작대기를 ~ tordre un bâton [un bout de bois].

구부정하다 형 être un peu courbé(*e*), courbe, voûté(*e*), cassé(*e*); être incurvé(*e*). ¶ 구부정한 자세 une position courbée [voûtée]. ¶ 그는 몸이 수척하고 ~ Il est élancé et un peu courbé [voûté]. ¶ 허리를 구부정하게 숙이다 se courber, se baisser, se pencher.

구분 區分 명 division *f*, section *f*; ((구획)) sectionnement *m* (d'une ville en circonscriptions électorales). ¶ A와 B 사이에는 아무런 ~이 없다 On ne distingue pas A de B / A et B sont égaux [pareils]. ◇_(을) **하다**[**짓다**, **시키다**] diviser *qc* ((en trois parties)); sectionner *qc* ((en deux parties)). ¶ 그는 가만히 있을 때와 나서야 할 때를 ~할 줄 안다 Il sait quand il faut rester tranquille et quand il faut intervenir. ◇_(이) **되다** se distinguer, se différencier. ¶ 동생은 형과 너무 닮아서 잘 ~되지 않는다 Ces deux frères se ressemblent tellement qu'il est difficile de les distinguer l'un de l'autre [de les reconnaître].

◆**_지** -肢 명 【논리】 catégorie *f* (logique); branche *f*.

◆**행정_** 行政- 명 division *f* administrative; circonscription *f*.

구불거리다 자 tourner; faire des détours; faire des méandres; serpenter, zigzaguer. ¶ 냇물이 목장사이로 구불거리며 흐른다 La rivière serpente entre les prairies. ¶ 산길이 구불거리며 나 있다 Le sentier de montagne forme des zigzags.

구불구불 부 en zigzag, en lacet(s). ¶ 숲 속에 오솔길이 ~ 나 있다 Le sentier serpente dans la forêt. ¶ ~ 이어지는 강줄기 le cours sinueux d'une rivière; une rivière qui fait des méandres.

◆**_하다** 형 être sinueu*x*(*se*), tortueu*x*(*se*), en zigzag, en lacet(*s*), serpenter, faire des zigzags, faire des méandres; être bouclé(*e*), frisé(*e*). ¶ ~한 산길 un sentier sinueux dans la montagne, un sentier qui serpente dans la montagne. ¶ 머리를 ~하게 파마하다 faire une permanente pour se friser les cheveux [pour avoir les cheveux frisés].

구불텅하다 형 être sinueu*x*(*se*); faire des méandres; être courbé(*e*) ¶ 구불텅한 시골길 un chemin de campagne sinueux; un sentier sinueux.

구붓하다 형 être un peu courbé(*e*), voûté(*e*), cassé(*e*). ¶ 그 노인은 등이 ~ Ce vieillard a le dos courbé [cassé] / Ce vieillard est voûté [courbé, cassé]. ¶ 활처럼 구붓한 나뭇가지 une branche courbée comme un arc, une branche arquée.

구비¹ 具備 명 équipement *m* total. ◇_(를) **하다** s'équiper (de *qc*), se munir de *qc*, se pourvoir de *qc*. ¶ 새로운 장비를 ~ se munir d'un nouvel équipement. ◇_(가) **되다** être approvisionné(*e*), achalandé(*e*) en *qc*; être muni(*e*), fourni(*e*), pourvu(*e*) de *qc*. ¶ 이 상점에는 운동용품이 잘 ~되어 있다 Ce magasin est bien approvisionné [achalandé] en articles de sport.

◆**_서류** -書類 명 papiers *mpl* nécessaires. ¶ 입사에 필요한 모든 ~서류를 갖추어서 가다 se présenter muni(*e*) de tous les papiers nécessaires.

◆**_조건** -條件 명 conditions *fpl* nécessaires. ¶ ~조건을 모두 갖추다 satisfaire à toutes les conditions.

구비-² 口碑 어근 tradition *f* (orale); légende *f*.

◆**_문학** -文學 명 【문학】 littérature *f* orale, littérature *f* transmise oralement.

◆**_전승** -傳承 명 transmission *f* orale; légende *f* transmise oralement [par la parole]. ¶ 이 이야기는 ~전승된 것이다 Cette histoire est une légende ancestrale / Cette histoire a été transmise de génération en génération.

구사 驅使 명 libre usage *m*; maîtrise *f* ((d'une langue)). ◇_(를) **하다** utiliser librement, maîtriser ((une langue)), parler ((une langue)) à la perfection. ¶ 3개국어를 완벽하게 ~하다 maîtriser trois langues.

구사대 救社隊 명 briseurs *mpl* [casseurs *mpl*] de grève. ¶ 시위현장에 ~가 나타나서 폭력을 행사했다 Les briseurs de grève sont apparus sur les lieux de la manifestation et ont commis des actes de violence.

구사상 舊思想 명 idées *fpl* démodées [arriérées]. ¶ ~의 소유자 personne [homme] aux idées arriérées; vie*ux*(vie*ille*) ringard(*e*) {*fam*}. ¶ ~에 물든 사람 personne aux idées arriérées [surannées, rétrogrades]; personne qui paraît rétrograde.

구사일생 九死一生 명 échapper par miracle [de justesse] à la mort; l'échapper belle; échapper à un cheveu près. ¶ 이 사람은 ~으로 살아났다 Il en a réchappé par miracle (à la mort) / Il a échappé à la mort de justesse / C'est un miracle qu'il s'en soit sorti vivant / Il l'a échappé belle.

구상¹ 具象 명 ① concret *m*. ¶ ~과 추상의 차이 différences entre le concret et l'abstrait. ② 【미술】 figurati*f*(*ve*). ¶ ~ 미술 art figuratif ((par opposition à l'art abstrait ou non-figuratif)).

◆**_적** -的 명관 concr*et*(*ète*), matériel(*le*); ((회화)) figurati*f*(*ve*).

◆**_성** -性 명 concret *m*.

◆**_화**¹ -化 명 matérialisation *f*, concrétisation *f*. ¶ ~화하다 matérialiser, concrétiser.

◆**_명사** -名詞 명 nom *m* concret.

◆**_미술** -美術 명 art *m* figuratif.

◆**_화**² -畵 명 peinture *f* figurative.

ㄱ

◆비_ 非- 명 non figuratif.

구상² 構想 명 plan *m*, ébauche *f* ((d'un roman)); projet *m*; conception *f*, idée *f*. ¶ 무엇에서 소설의 ~을 얻다 tirer l'ébauche d'un roman de *qc*; être inspiré(*e*) par *qc* pour la conception d'un roman. ¶ 계획에 대한 자신의 ~을 밝히다 présenter des propositions pour un projet. ¶ 좋은 ~이 하나 떠올랐다 Il m'est venu une bonne idée (à l'esprit) / Une bonne idée m'a traversé l'esprit. ◇_(을) **하다** élaborer; mûrir; méditer; projeter. ¶ 그 사람은 새 소설을 ~하고 있다 Il est en train de faire [d'élaborer] le plan d'un nouveau roman. ◇_(이) **되다** être conçu(*e*), élaboré(*e*). ¶ 이 작품은 완성 2년 전에 ~되었다 La conception de cette œuvre a commencé deux ans avant sa réalisation.

구상무역 求償貿易 명 accords *mpl* de clearing [de compensation, de troc]; commerce *m* extérieur basé sur un équilibre de la balance des échanges commerciaux ((suivant la technique du clearing)).

구상서 口上書 명 【외교】 note *f* verbale.

구색 具色 명 assortiment *m*, bon approvisionnement *m*; ((magasin)) bien approvisionné(*e*), bien achalandé(*e*). ¶ 이 두 색은 ~이 잘 맞는다 Ces deux couleurs forment un assortiment heureux / Ces deux couleurs sont bien assorties [vont bien ensemble, s'harmonisent bien]. ◇_을 **갖추다** assortir; bien approvisionner; se fournir de *qc*. ◇_이 **갖추어지다** être (bien) assorti(*e*); être (bien) pourvu(*e*). ¶ 그 회사는 이제 어느 정도 ~이 갖추어졌다 À présent, cette entreprise est pourvue des différents services utiles à son bon fonctionnement.

구석 명 coin *m*; encoignure *f*. ¶ 방 한쪽 ~에 앉다 s'asseoir dans un coin de la pièce. ¶ 시골 ~에 처박혀 있다 se retirer [se cloîtrer, se mettre] dans un coin de campagne. ¶ 마음 한 ~이 허전하다 Je ressens un vide dans le cœur.

◆_**지다** 형 être retiré(*e*), isolé(*e*), à l'écart; être dans un coin perdu [dans un trou {*fam*}].

◆_ _ 명 les coins et les recoins, ((fouiller)) de fond en comble. ¶ ~~ 샅샅이 찾아 보다 chercher *qc* dans les coins et les recoins, fouiller partout [((la maison)) de fond en comble].

◆_**방** -房 명 chambre *f* [pièce *f*] du fond.

◆**방**_ 房 명 encoignure *f*.

◆**집**_ 명 【속어】 ((집구석에)) à l'intérieur, dans la maison; ((속)) maison *f*, baraque *f* {*fam*}; ((가정내부)) famille *f*. ¶ 그 사람은 늘 집~에 처박혀 있다 Il reste toujours enfermé [cloîtré] chez lui / Il est très sédentaire [casanier, pantouflard {*fam*}]. ¶ 집~이 왜 이 모양이냐? Qu'est-ce qui se passe dans cette famille [dans cette baraque {*fam*}]? / Rien ne va comme il faut dans cette famille [dans cette baraque {*fam*}].

구석기 舊石器 명 paléolithique *m*.

◆_**인** -人 명 homme *m* du paléolithique.

◆_**시대** -時代 명 âge *m* paléolithique; le paléolithique *m*.

◆_**문화** -文化 명 culture *f* paléolithique.

구설 舊說 명 théorie *f* dépassée. ¶ 그 이론은 낡아서 이제는 ~에 지나지 않는다 Cette théorie a fait son temps, à présent elle est dépassée.

구설수 口舌數 명 ragot *m* {*fam*}, médisance *f*, racontar *m* {*fam*}, commérage *m*, cancan *m* {*fam*}. ¶ 그 문학상 선정에는 외압이 있었다는 ~가 끊이지 않고 있다 Pour l'attribution de ce prix littéraire, des bruits courent sur d'éventuelles pressions extérieures. ◇_**를 낳다** faire naître [être à l'origine de] beaucoup de potins, provoquer les médisances [du bruit autour de soi, le scandale], faire beaucoup de bruit, alimenter [nourrir] la rumeur publique, faire couler beaucoup de salive, faire beaucoup causer dans les chaumières {*fam*}. ¶ 영부인의 실언은 많은 ~를 낳았다 La parole malheureuse de la femme du président de la République a fait beaucoup de bruit. ◇_**에 오르다[오르내리다]** provoquer les médisances [du bruit autour de soi, le scandale]; être l'objet des ragots [de la rumeur], alimenter [nourrir] la rumeur publique, être sur la sellette, être sur le tapis, être mis(*e*) à l'ordre du jour, être l'objet de la conversation, devenir le centre d'intérêt, être le sujet des conversations, être sur les lèvres de tout le monde, être dans toutes les bouches [dans la bouche de tout le monde], faire l'objet des commérages [des conversations], prêter aux commérages. ¶ 그 사람은 괴팍한 성격 탓에 늘 남들의 ~에 오르내린다 À cause de son caractère peu sociable, il provoque toujours la médisance.

구성 構成 명 composition *f*; organisation *f*; constitution *f* ((d'une équipe)); structure *f*, formation *f*; charpente *f*, ossature *f*, construction *f*. ¶ 소설의 ~ la composition [la structure] d'un roman. ¶ ~이 잘된 문장 une phrase bien construite [faite]. ◇_(을) **하다** composer, constituer, former, organiser. ¶ 이 행위는 범죄를 ~한다 Cette action constitue un délit. ◇_(이) **되다** se composer de *qc*; être formé(*e*) [constitué(*e*), composé(*e*)] de *qc*. ¶ 이 연극은 5막으로 ~되어 있다 Cette pièce de théâtre est composée de cinq actes / C'est une pièce en cinq actes.

◆_**법** -法 명 syntaxe *f*. ¶ 문장 ~법 la syntaxe.

◆_**분자** -分子 명 élément *m* constituant [constitutif]; constituant *m*.

◆_**요소** -要素 명 élément *m* constitutif ((d'un délit)); élément *m* constituant; constituant *m*, composant *m*.

◆_**원** -員 명 membre *m* ((d'une société, d'une association, etc.)).

◆_**체** -体 명 corps *m* composant.

◆**직접**_**성분** 直接成分 명 les constituants immédiats ¶ 문장의 직접~요소[성분] les constituants immédiats d'une phrase.

구성지다 형 être gai(*e*) et entraînant(*e*). ¶ 구성진 노래 가락 une mélodie entraînante [qui met de l'ambiance]. ¶ 그 여자는 목소리가 ~ Elle a une voix entraînante. ¶ 구성지게 노래부르다 chanter de manière entraînante.

구세계 舊世界 명 Ancien [vieux] monde *m*; vieux continent *m*.

구세군 救世軍 명 【기독】 Armée *f* du Salut. ¶ 연말이 되면 ~은 가두모금을 벌인다 À la fin de l'année, l'Armée du Salut organise des collectes dans les rue.

◆**_남비** 명 marmite *f* de l'Armée du Salut (destinée aux collectes).

◆**_사관** -士官 명 salutiste.

◆**_사령관** -司令官 명 commandant *m* de l'Armée du Salut.

구세대 舊世代 명 ancienne [vieille] génération *f*. ¶ ~와 신세대 사이의 갈등 les conflits entre la vieille et la nouvelle génération; les conflits de génération. ¶ 그는 나이만 많으면 아무나 ~로 몰아붙이는 경향이 있다 Il tend à ranger tous les gens dans l'ancienne génération au-delà d'un certain âge. ¶ 나도 이제 ~에 속하는 나이가 되었다 Maintenant, moi aussi je fais partie de l'ancienne génération.

구세력 舊勢力 명 force *f* conservatrice [immobiliste]; force *f* influente du passé, gens *mpl* influents du passé. ¶ ~을 일소하다 écarter les influences du passé.

구세주 救世主 명 Sauveur *m*, Rédempteur *m*, Messie *m*. ¶ ~가 강림했다 Le Sauveur [Messie] est descendu du ciel. ¶ ~의 강림을 고대하다 espérer la venue d'un Messie.

구속[1] 拘束 명 contrainte *f*, restriction *f*, entrave *f*; 【법률】 arrestation *f*, détention *f*, contrainte *f* par corps, prise *f* de corps. ¶ ~이 없는 생활 une vie sans contrainte. ◇_(을) **하다**[**시키다**] contraindre [acculer] *qn* à faire *qc*; restreindre (la liberté de *qn*); 【법률】 arrêter *qn*. ¶ 자유를 ~ restreindre la liberté de *qn*. ¶ 검찰은 마피아 두목을 ~했다 Le chef de la Mafia a été arrêté sur instruction judiciaire. ◇_(을) **당하다**[(**이**) **되다**] être lié(*e*) [engagé(*e*), enchaîné(*e*)], être contraint(*e*) de faire *qc*, se faire imposer *qc* [forcer la main]; souffrir de restrictions; se faire arrêter [être arrêté(*e*)]. ¶ 사사로운 일에 ~되다 se laisser dominer par ses affaires personnelles. ◇_(을) **받다** être lié(*e*) [engagé(*e*), enchaîné(*e*)]; être contraint(*e*) de faire *qc*, se faire imposer *qc*; souffrir de restrictions. ¶ 나는 ~받는 것이 질색이다 J'ai horreur des contraintes.

◆**_력** -力 명 force *f* restrictive [contraignante]; 【법률】 vigueur *f* [validité *f*, pouvoir *m*] de restriction. ¶ 이 조약은 ~력을 갖는다[~이 있다] Ce traité a un pouvoir de restriction. ¶ ~력을 잃다 perdre *son* pouvoir [*sa* validité]. ¶ ~력이 없다 être sans pouvoir [sans efficacité].

◆**_영장** -令狀 명 법률 mandat *m* d'arrêt. ¶ ~영장을 발부하다 lancer un mandat d'arrêt contre *qn*.

◆**_적부심사** -適否審査 명 révision *f* des conditions de détention.

구속[2] 球速 명 【야구】 vitesse *f* de balle d'un lanceur. ¶ ~ 150 킬로미터의 강속구를 구사하는 투수 un lanceur qui maîtrise le lancer d'une balle à 150 km/h. ¶ 중반을 넘기자 투수의 ~이 급격히 떨어지고 있다 La vitesse de balle du lanceur a considérablement diminué dans la deuxième moitié du match.

구수하다 형 ① ((냄새, 맛 따위가)) être savoureux(*se*), délicieux(*se*), délectable; avoir une saveur délicate et appétissante; être doux(*ce*), succulent(*e*); avoir un fumet délicat; avoir une odeur agréable. ¶ 맛이 구수한 음식 mets dont le goût est agréable [délicieux]. ¶ 냄새가 ~ avoir une odeur agréable [délicieuse]; sentir bon. ② ((말이)) ((manière de s'exprimer)) être délicieux(*se*), agréable, plaisant(*e*). ¶ 구수한 사투리 dialecte [patois] qui a du charme. ¶ 구수한 옛날이야기 une belle histoire du passé; une vieille histoire savoureuse. ¶ 그 사람 말하는 것이 참 구수하다 Cette personne, quand elle parle, c'est vraiment délicieux, charmant.

구수회의 鳩首會議 명 délibération *f*, conférence *f*, conseil *m*; réunion *f*. ¶ 그들은 장시간에 걸친 ~ 끝에 타협책을 찾아냈다 Ils ont trouvé un compromis après de longues délibérations [discussions]. ◇_**를 갖다**[**열다**] donner [organiser, ouvrir] une conférence [une réunion].

구술 口述 명 exposé *m* oral; ((받아쓰기)) dictée *f*.; ((형용사적)) or*al*(*ale*, *aux*), verb*al*(*ale*, *aux*). ¶ 편지를 ~로 작성하다 dicter une lettre. ◇_(을) **하다** exposer oralement; dicter *qc*. ¶ 변호사는 아버지의 유언을 ~하였다 L'avocat a lu le testament de mon père.

◆**_시험** -試驗 명 (examen *m*) or*al*(*aux*) *m*.

구슬 명 ① bille *f* (en verre); perle *f*. ¶ ~ 장식이 있는 드레스 une robe brodée de perles. ¶ ~같은 땀(방울)을 흘리다 transpirer à grosses gouttes. ② 보석 joyau(*x*) *m*, bijou(*x*) *m*; 진주 perle *f*. ¶ 옥 ~ une perle de jade. ¶ ~같은 땀(방울)을 흘리다 transpirer à grosses gouttes.

*~**이 서 말이라도 꿰어야 보배** Les qualités naturelles ne suffisent pas à créer la valeur, il y faut encore l'art / Un objet de valeur (accessoire, mais très cher) n'a aucune valeur à lui tout seul s'il n'est pas associé à un autre objet pour que ce dernier soit fonctionnel.

◆**_땀** 명 gouttes *fpl* [perles *fpl*] de sueur. ¶ 그의 이마에 ~이 맺혀 있다 Des gouttes de sueur perlaient sur son front.

◆**_백** 명 sac *m* à main brodé de perles (réticule en perles).

◆**_치기** 명 jeu *m* de billes [jouer aux billes]. ¶

아이들이 ~치기를 하고 있다 Les enfants jouent aux billes.

◆옥_ 玉- 명 bille *f* de jade; perles *fpl* de jade. ¶ 은쟁반에 ~ 구르는 듯한 목소리로 d'une voix claire [lumineuse, chantante, cristalline, argentine, limpide].

구슬려삶다 타 appâter *qn*, attirer *qn* avec un appât; prendre [abuser] *qn* par de belles paroles; entourlouper *qn* {*fam*}; embobiner *qn* {*fam*}; entortiller *qn* {*fam*}. ¶ 같이 일하자고 그 사람을 잘 구슬려 삶아 봐 Appâte-le afin qu'il vienne travailler avec nous. / Embobine-le pour qu'il vienne bosser avec nous {*fam*}. ¶ 그 사람은 잘만 구슬려 삶으면 쉽게 우리 쪽으로 넘어 올 거야 S'il mord bien à l'appât, il va facilement venir vers nous. / Si on le prend par de belles paroles, il va se rallier à nous.

구슬리다 타 amadouer, cajoler, enjôler, adoucir. ¶ 그럴듯한 말로 아이를 ~ tromper l'enfant avec des propos aimables. ¶ 어머니는 아이가 학교에 가도록 살살 구슬렸다 La mère a amadoué gentiment son enfant pour qu'il aille à l'école. ¶ 수사관은 범인을 슬슬 구슬려서 자백시켰다 L'inspecteur de police a amadoué le criminel, et a réussi à lui arracher un aveu.

구슬프다 형 être triste, lugubre, sombre, mélancolique, attristant(*e*). ¶ 구슬픈 노래[가락, 곡조] un air [une mélodie] triste [mélancolique]. ¶ 구슬프게 들려오는 피리소리 un son mélancolique de flûte. ¶ 구슬프게 울다 pleurer de tristesse [d'amertume, de chagrin].

구습 舊習 명 vieille coutume *f* [convention *f*]; usage *m* ancien; vieille tradition *f*, mœurs *fpl* anciennes. ¶ 우리 사회의 각 부면에는 아직도 ~의 잔재가 남아있다 Dans chaque domaine de la société, il reste des vestiges de coutumes anciennes. ¶ ~에 얽매이다 rester fidèle [tenir] aux vieilles coutumes. ¶ ~을 과감히 일소하다[타파하다] effacer délibérément toutes les vieilles coutumes.

구시가 舊市街 명 vieilles rues *fpl*; vieille ville *f*. ¶ 델리는 ~와 신시가가 뚜렷이 구분되는 도시이다 Delhi est une capitale où se distingue nettement la vieille ville de la ville nouvelle.

구시대 舊時代 명 temps *m* [période *f*, siècle *m*] passé(*e*); époque *f* ancienne; autrefois. ¶ ~ 인물 un personnage révolu [dépassé, en vogue]. ¶ ~를 청산하다 enterrer le passé

◆_적 -的 명관 démodé(*e*), passé(*e*). ¶ ~적 발상 une idée vieillotte [surannée].

구시렁거리다 자 ((잔소리를)) grommeler, marmonner de vaines réprimandes [de vains reproches]; ((군소리를)) marmotter des paroles inutiles [superflues].

구식 舊式 명 style *m* démodé [dépassé, suranné]. ¶ ~ 결혼 le mariage à l'ancienne mode. ¶ ~ 풍습 une coutume désuète. ¶ ~으로 살다 vivre à l'ancienne. ◇_이다 être passé(*e*) de mode, avoir fait *son* temps, être démodé(*e*), dépassé(*e*), suranné(*e*), vie*ux*(vie*il*, vie*ille*), vieilli(*e*). ¶ 기계가 ~이다 Cette machine est un vieux modèle [ancien]. ¶ 방식이 ~이다 Ce procédé [Cet usage] est passé de mode [a fait son temps] / Cette manière est vieillie. ¶ 그는 생각[사상]이 ~이다 Son idée est dépassée. ¶ 옷[절차]이 ~이다 Ce vêtement est démodé [Cette procédure [formalité] est dépassée]. ¶ 저 양반은 ~이라 유행에는 깜깜하다 Comme il est vieux jeu, il ignore la mode.

구실[1] 명 fonction *f*, charge *f*, devoir *m*, obligation *f*, responsabilité *f*; ((역할)) rôle *m*, fonction *f*. ¶ 며느리 ~ les devoirs d'une belle-fille[bru]. ◇_(을) 하다 accomplir [remplir] *son* devoir; s'acquitter de *ses* fonctions [de *son* devoir]. ¶ 저 녀석이 언제 사람 ~을 할 수 있을까? Ce type-là, quand saura-t-il remplir [faire face à] ses responsabilités?

구실[2] 口實 명 prétexte *m*, excuse *f*, échappatoire *f*, subterfuge *m*, faux-fuyant(~-~*s*) *m*. ¶ 좋은[그럴듯한] ~ bonne excuse [bon prétexte]. ¶ 감기를 ~로 학교를 쉬다 prétexter un rhume pour ne pas aller à l'école. ¶ 어떠한 ~로도 변명이 안 된다 Quel que soit son prétexte, aucune excuse n'est valable. ¶ 그는 언제나 ~을 붙여 할 일을 안 하려고 한다 Il trouve toujours un prétexte pour ne pas faire les choses [ne pas travailler]. ¶ ~을 찾아내다[만들다] trouver [inventer] un prétexte; trouver une excuse. ¶ 그는 지각한 것을 변명할 ~을 찾아냈다 Il a trouvé un bon prétexte [une bonne excuse] pour expliquer son retard. ◇_이 있다[없다] avoir une excuse [ne pas avoir d'excuse]. ◇_(을) 삼다 prétexter *qc*. ¶ 그 사람은 약속을 ~삼아 사무실에 나오지 않았다 Il a prétexté un rendez-vous pour ne pas venir au bureau

구심[1] 求心 명 ① 【물리】 mouvement *m* centripète. ② 【불교】 ascèse *f* pour atteindre le cœur de l'âme.

◆_적 -的 명관 centripète.

◆_력 -力 명 【물리】 force *f* centripète.

◆_점 -點 명 centre *m* du mouvement centripète; cœur *m*. ¶ 반대세력의 ~점이 되다 devenir le noyau de l'opposition.

구심[2] 球審 명 【운동】 arbitre *m* principal (dans un match de baseball). ◇_을 보다 arbitrer un match (de baseball) en tant qu'arbitre principal [comme arbitre principal].

구십 九十 주관 quatre-vingt-dix *m*. ☞ 이십

구악 舊惡 명 anciens méfaits *mpl*; erreurs *fpl* [crimes *mpl*, méfaits *mpl*] commis(*es*) dans le passé. ¶ ~을 일소하다 effacer tous les méfaits [crimes] commis dans le passé. ¶ 누구의 ~을 들추어내다[폭로하다] dévoiler la mauvaise conduite (passée) de *qn*.

구애[1] 拘礙 명 empêchement *m*, obstacle *m*, entrave *f*, préoccupation *f*, souci *m*, anxiété *f*, inquiétude *f*. ◇_(를) 하다[받다, (가) 되다] empêcher, préoccuper, tracasser, inquiéter *qn.* ¶ 그는 형식 같은 데는 조금도 ~하지[받지] 않는다 Il ne respecte guère les formes / Les formalités ne le tracassent guère. se soucier [s'inquiéter, se préoccuper] de *qc*, se faire du souci à propos de *qc.* ¶ 사소한 일에 ~되다 se préoccuper [s'inquiéter, se faire du souci] pour un rien [à propos d'un rien, pour pas grand-chose {*fam*}], se préoccuper de faits [de choses] sans importance [secondaires]. ¶ 어떠한 ~도 받지 않고 행동하다 agir sans aucune contrainte [en toute liberté]. ¶ 형식에 ~되다 s'attacher trop aux formes [aux formalités]; se contraindre au respect des formes.

구애[2] 求愛 명 déclaration *f* d'amour. ¶ ~의 몸짓 gestes pour déclarer *son* amour [pour témoigner *son* amour], déclaration d'amour par des gestes. ◇_(를) **하다** faire une déclaration d'amour, déclarer *son* amour[*sa* flamme] à *qn.* ◇_(를) **받다** recevoir une déclaration d'amour. ¶ 그 남자는 그 여자의 ~를 받고 망설였다 Après avoir reçu la déclaration d'amour de cette femme, il a hésité.

구약성서 舊約聖書 명 Ancien Testament *m.*

구어 口語 명 【언어】 langue *f* parlée; langage *m* parlé. ¶ 그 단어는 ~에서만 쓰인다 Ce mot(-là) ne s'utilise [n'est employé] que dans la langue parlée / On utilise [emploie] ce mot uniquement dans la langue parlée.

◆**_적** -的 명관 parlé(*e*), or*al*(*ale*, *aux*); famili*er*(*ère*). ¶ ~적 표현 expression familière.

◆**_체** -體 명 style *m* parlé [oral]; style *m* familier; registre *m* [niveau *m* de langue] familier; langage *m* familier; langue *f* parlée; langage *m* parlé. ¶ 그 표현은 ~체에서는 안 쓰인다 Cette expression ne s'utilise pas [s'emploie pas] dans la langue parlée [le langage parlé] / Ce n'est pas une expression du registre familier.

구역 區域 명 zone *f*, région *f*, district *m*, territoire *m*; circonscription *f*, secteur *m*, quartier *m.* ¶ 정해진 ~을 함부로 벗어나지 마십시오 Ne sortez pas sans motif valable de la zone délimitée!

◆**관할_** 管轄- 명 ((재판소의)) juridiction *f*, district *m*; ((경찰의)) circonscription *f* policière.

◆**담당_** 擔當- 명 zone *f* de responsabilité; secteur *m* dont on a la charge.

◆**배달_** 配達- 명 ((우편물의)) zone *f* de livraison à domicile.

◆**안전_** 安全- 명 zone *f* de sécurité.

◆**위험_** 危險- 명 zone *f* dangereuse.

◆**주차금지_** 駐車禁止- 명 zone *f* de stationnement interdit.

◆**주차시간제한_** 駐車時間制限- 명 zone *f* à stationnement horaire limité.

구역질 嘔逆- 명 nausée *f*, haut-le-cœur *m inv.* ◇_(을) **하다** avoir des haut-le-cœur, avoir envie de vomir. ◇_(이) **나다** avoir la nausée [mal au cœur, des haut-le-cœur], avoir envie de vomir. ¶ ~나는 냄새 une odeur nauséabonde [écœurante, répugnante, fétide, infecte]. ¶ 저 ~나는 놈 type qui me donne la nausée [qui m'écœure].

◆**헛_** 명 nausée *f*, haut-le-cœur *m inv*; renvois *mpl.* ¶ 헛~(이) 나다 être pris(*e*) de nausée, avoir la nausée, avoir mal au cœur, avoir des renvois. ¶ 아내가 헛~ 하는 걸 보고 임신한 것을 알았다 J'ai compris que ma femme était enceinte quand je l'ai vu prise de nausée.

구연 口演 명 récit *m*, narration *f* (orale). ¶ 동화~ 대회 concours de narration (de contes pour enfants). ◇_(을) **하다** raconter, conter, réciter.

◆**_동화** -童話 명 contes *mpl* pour enfants (narrés de façon dramatique).

구완 명 ☞ 병구완

구우일모 九牛一毛 명 (une) aiguille *f* dans une meule de foin. ¶ 그걸 찾는다? 그건 ~격일세! Le retrouver? Mais c'est comme de chercher une aiguille dans une meule de foin!

구워삶다 타 amener *qn* dans *son* camp [faire changer *qn* d'avis] par tous les moyens. ¶ 누구를 ...하도록 구워삶다[구워삶아 ...하게 하다] faire changer *qn* d'avis par tous les moyens, convaincre *qn* de+*inf.*

구원[1] 救援 명 secours *m*, aide *f*; 【기독】 salut *m.* ¶ 누구에게 ~의 손길을 뻗다 porter secours à *qn.* ¶ 누구에게 ~을 청하다 demander de l'aide à *qn*; appeler *qn* à *son* aide; crier [appeler] au secours. ◇_(을) **하다** porter [prêter] secours à *qn*; prêter *son* assistance à *qn*; secourir, aider *qn.*; venir en aide à *qn*, sauver ((le monde)). ¶ ~하러 가다 aller [courir] au secours de *qn.* ◇_(을) **받다**[(이) **되다**] recevoir de l'aide.

◆**_군** -軍 명 troupe *f* de renfort *m*; renforts *mpl*, secours *mpl.*

◆**_물자[자금]** -物資[資金] 명 subventions *fpl* [fournitures *fpl*] de secours.

◆**_병** -兵 명 colonne *f* de renfort; ((증원부대)) troupe *f* de renfort, renforts *mpl.*

◆**_투수** -投手 명 lanceur *m* de relève, releveur *m* ((baseball)).

구원[2] 舊怨 명 vieille rancune *f.* ◇_**을 갚다** assouvir une vieille rancune. ◇_**을 풀다** régler une vieille rancune.

구월 명 septembre *m*; mois *m* de septembre. ¶ ~에 en septembre; au mois de septembre. ¶ ~ 어느 날 un jour de septembre. ¶ ~이 오면 quand septembre revient; quand nous serons en septembre. ¶ ~ 초[말]에 au début [à la fin] du mois de septembre. ¶ 그 일은 ~ 말에서 시월 초 사이에 있을 거다 Cela se produira fin septembre début octobre. ¶ ~ 중순에 (à la) mi-septembre. ¶ ~ 중[안]으로 dans le courant du mois de septembre. ¶ 지난 ~ septembre dernier. ¶ 이번 ~ ce septembre. ¶ 매년 ~에 en septembre chaque année. ¶ 올[작년, 내년] ~에 au mois de septembre de cette année [de l'année dernière, de l'année prochaine], en septembre prochain [en septembre dernier]. ¶ 그는 ~ 달 내내 여기에 머물렀다 Il est resté ici pendant tout le mois de septembre. ¶ ~로 결정되었다 On a décidé que ce serait en septembre. ¶ ~이 왔다[되었다] Septembre [le mois de septembre] est arrivé. ¶ (지금은) ~이다 Nous sommes en septembre / C'est le mois de septembre. ¶ ~ 1일이다 C'est le premier septembre.

구위 球威 명 【야구】 puissance *f* du lancer de balle ((au baseball)). ¶ 저 투수의 공은 ~가 대단하다 Ce joueur de baseball [Ce lanceur] possède un lancer d'une puissance terrible. ¶ 5회를 넘기면서 투수의 ~가 급속하게 떨어졌다 À partir de la sixième manche [Après la cinquième manche], la puissance du lanceur s'est effritée [s'est effondré, a brutalement chuté] / À partir de la sixième manche [Après la cinquième manche], le lanceur commençait à perdre très rapidement la puissance de son lancer.

구유 명 crèche *f*, auge *f*, mangeoire *f*. ¶ 말 ~ 위에 누운 아기 예수 l'enfant Jésus couché dans l'étable.

구은 舊恩 명 faveur *f* reçue autrefois. ¶ ~에 보답하다 rendre à *qn ses* (anciens) bienfaits, rendre la politesse à *qn*, rendre la pareille, renvoyer l'ascenseur à *qn* {*fam*}, payer *qn* de retour.

구음 口音 명 【언어】 son *m* vocal.

구이 명 grillade *f*. ¶ 멧돼지 ~ un sanglier grillé. ¶ 생선 ~ un poisson grillé. ¶ 소금 ~ une grillade au sel.

구인[1] 拘引 명 action d'amener [d'emmener, d'accompagner] *qn* (par la force) à la police, au bureau du procureur ou au tribunal. ◇_(을) **하다** amener *qn* à la police [amener *qn* au tribunal, au bureau du procureur]. ◇_(이) **되다** être amené(*e*) à la police [au commissariat (de police), au poste (de police)]; être amené(*e*) au tribunal.

◆**_장** -狀 명 【법률】 mandat *m* d'amener. ¶ ~을 발부하다 lancer un mandat d'amener ((contre *qn*)).

구인[2] 求人 명 offre *f* d'emploi. ¶ ~ 광고 des petites annonces *fpl* d'offres d'emploi. ¶ 신문에 ~ 광고를 내다 mettre une offre d'emploi dans un journal.

◆**_난** -難 명 la pénurie *f* de main-d'œuvre. ¶ ~난에 처한 중소기업들 des petites et moyennes entreprises face à une pénurie de main-d'œuvre.

◆**_란** -欄 명 une rubrique des offres d'emploi [des petites annonces], cadre *m* réservé pour les offres d'emploi. ¶ 신문의 ~란 des petites annonces dans les journaux.

구임원 舊任員 명 anciens cadres *mpl*. ¶ ~과 신규임원의 상견례 rencontre entre les anciens et les nouveaux cadres.

구입 購入 명 achat *m*, acquisition *f* ((d'un immeuble)). ◇_(을) **하다** acheter *qc*, acquérir *qc*; faire l'achat [l'acquisition] de *qc*. ◇_(이) **되다** s'acheter; être acheté(*e*), acquis(*e*).

◆**_가격** -價格 명 prix *m* d'achat [d'acquisition].

구작 舊作 명 ancien ouvrage *m*. ¶ ~을 고치다[다시 손질하다] retoucher une œuvre.

구전[1] 口傳 명 transmission *f* [tradition *f*] orale. ◇_(을) **하다** transmettre oralement. ◇_(이) **되다** se transmettre oralement.

◆**_문학** -文學 명 littérature *f* de tradition orale.

◆**_민요** -民謠 명 chant *m* folklorique de tradition orale.

구전[2] 口錢 명 (droit *m* de) courtage *m*; commission *f*. ¶ ~으로 얼마를 받았소 Quelle commission as-tu touché? / Tu t'es fait [Tu t'es pris] combien de commission? ¶ 10 %의 ~을 받다[지불하다] prendre [payer] dix pour cent de commission.

구절 句節 명 phrase *f*; passage *m*; paragraphe *m*; vers *m*. ¶ 시 한 ~을 읊다 réciter un vers. ¶ 이 책에서 한 ~만 베꼈다 J'ai copié un seul passage de ce livre.

구절양장 九折羊腸 명 sentier *m* en lacet(*s*). ¶ ~ 같은 산길 les lacets d'un chemin de montagne.

구절초 九節草 명 herbes *fpl* d'une espèce de chrysanthèmes; *Chrysanthemum sibiricum* {*nsc*}.

구절판 九折坂 명 *gujeolpan m* <plateau traditionnel à neuf casiers ou aliments cuisinés contenus dans ce plateau>.

구접스럽다 형 être grossi*er*(*ère*); être dégoûtant(*e*); être sale; être écœurant(*e*); être dégueulasse {*fam*}; être répugnant(*e*); être repoussant(*e*); être immonde; être sordide. ¶ 구접스러운 돼지우리 une porcherie dégoûtante [dégueulasse {*fam*}, écœurante]. ¶ 그 친구 하는 행동이 너무 ~ Son comportement est vraiment dégoûtant / Cette personne fait de totalement répugnant.

구정[1] 舊情 명 vieille(*s*) [ancienne(*s*)] amitié(*s*) *fpl*.

구정[2] 舊正 명 nouvel an *m* [Jour *m* de l'An] (du calendrier) lunaire [chinois]. ¶ ~을 맞아 어른들께 세배를 드리다 se prosterner à l'occasion du nouvel an lunaire devant les anciens de la famille pour les saluer et leur souhaiter une bonne année. ¶ 한국 사람들은 대부분 ~을 쉰다 La plupart des Coréens fêtent le nouvel an selon le calendrier lunaire.

구정물 명 eau(*x*) *f* de (la) vaisselle, eau *f* grasse; eaux *fpl* usées [d'égout]; eau *f* sale. ¶ 설거지한 ~을 싱크대에 버리다[쏟다] vider l'eau de la vaisselle [l'eau grasse] ((contenue dans une cuvette)) dans l'évier.

◆**_통** -桶 명 seau(*x*) *m* à eaux usagées.

구제[1] 救濟 명 secours *m*, assistance *f*, aide *f*. ¶ 빈민 ~에 힘쓰다 s'efforcer de procurer une assistance aux pauvres. ◇_(를) **하다** secourir ((des sinistrés)); sauver, aider ((les pauvres)); prêter secours (à *qn*). ¶ ~할 수 없는 irréparable; incorrigible; sans remède. ¶ 저 사람은 ~할 길이 없다 Il est incorrigible / On ne peut plus rien faire pour lui. ◇_(를) **받다** recevoir du secours; être sauvé(*e*). ◇_(가) **되다** être sauvé(*e*).

◆**_사업** -事業 명 œuvres *fpl* de charité [caritatives],

associations *fpl* caritatives; ((정부기관의)) assistance *f* [aide *f*] sociale.

◆_**자금** -資金 명 caisse *f* [fonds *mpl*] de secours.

◆_**책** -策 명 mesure *f* de secours [d'assistance].

구제[2] 驅除 명 désinsectisation *f*. ¶ 기생충 ~ désinsectisation. ¶ 해충 ~ 사업 une entreprise [un service] de désinsectisation.

구제[3] 舊制 명 ancien système *m*. ☞ 구제도

구제도 舊制度 명 ancien système *m*. ¶ ~를 폐지하다 abolir l'ancien système.

구조[1] 救助 명 sauvetage *m*; secours *m*, aide *f*. ¶ 인명 ~ sauvetage de vies humaines. ¶ 긴급 ~ sauvetage urgent. ¶ ~를 요청하다 appeler [crier] au secours. ◇_(를) **하다** sauver *qn* ((d'un naufrage)); secourir *qn*. ¶ 구조대원들이 산에서 조난당한 사람들을 ~했다 L'équipe de secours a sauvé les victimes d'un accident de montagne. ◇_(가) **되다** être secouru(*e*). ¶ 난파선의 선원들은 지나가던 화물선에 의해 ~됐다 L'équipage du vaisseau naufragé a été secouru par un cargo de passage.

◆_**대** -隊 명 équipe *f* de secours [de sauvetage].

◆_**선** -船 명 bateau(*x*) *m* de sauvetage.

◆_**신호** -信號 명 appel *m* de détresse, ; ((선박, 항공기)) S.O.S. *m*, signal *m* [balise *f*] de détresse; ((자동차)) feux *mpl* de détresse. ¶ ~신호를 보내다 envoyer un S.O.S.; lancer un appel [un signal, un S.O.S.] de détresse. ¶ ~신호를 듣다 recevoir un S.O.S.

구조[2] 構造 명 ① structure *f*; mécanisme *m*; composition *f*; conformation *f*; organisation *f*. ¶ 인체 ~ structure du corps humain. ¶ 기계 ~ mécanisme d'une machine. ¶ 골격 ~ conformation du squelette. ¶ 사회의 경제 ~ structures économiques de la société. ¶ ~가 간단하다[복잡하다] Le mécanisme est simple [compliqué]. ¶ ~를 분석하다[기술하다] analyser [décrire] la structure. ② 【언어】 structure *f*. ¶ ~ 분석 analyse structurelle.

◆_**적** -的 명관 structur*al*(*ale*, *aux*); structurel(*le*). ¶ 사회의 ~적 모순 la contradiction structurale d'une société.

◆_**화** -化 명 structuration *f*.

◆_**개혁** -改革 명 réformes *fpl* de structure.

◆_**물** -物 명 construction *f*.

◆_**분석** -分析 명 analyse *f* structurale.

◆_**역학** -力學 명 【건축】 dynamique *f* structurale.

◆_**식** -式 명 【화학】 formule *f* développée.

◆_**언어학** -言語學 명 【언어】 linguistique *f* structurale; structuralisme *m*.

◆_**조정** -調整 명 restructuration *f*. ¶ ~(을) 하다 restructurer. ¶ ~(이) 되다 être restructuré(*e*).

◆_**주의** -主義 명 structuralisme *m*. ¶ ~주의 철학 la philosophie structuraliste, le structuralisme. ¶ ~주의 언어학 linguistique *f* structurale.

◆_**체** -體 명 structure *f*; construction *f*, forme *f*; édifice *m*; composition *f*, installation *f*.

◆**상부[하부]**_ 上部[下部]- 명 superstructure *f* [infrastructure *f*].

◆**심층[표층]**_ 深層[表層]- 명 structure *f* profonde [superficielle, de surface].

구좌 口座 명 ☞ 계좌

구주[1] 救主 명 le Sauveur *m*, le Rédempteur *m*, le Christ *m*. ¶ ~ 예수 le Sauveur Jésus. ☞ 구세주

구주[2] 歐洲 명 Europe *f*.

구주[3] 舊株 명 【경제】 anciennes actions *fpl* ((en bourse)). ¶ ~를 매각하고 신주를 사들이다 vendre les anciennes actions et en acheter de nouvelles.

구직 求職 명 demande *f* d'emploi. ¶ ~ 광고 petites annonces *fpl* de demande d'emploi. ¶ ~ 신청 demande *f* d'emploi. ¶ 신문에 ~ 광고를 내다 passer une petite annonce dans un journal pour trouver un travail. ◇_(을) **하다** chercher un [du] travail [un emploi, du boulot {*fam*}].

◆_**난** -難 명 pénurie *f* d'emplois. ¶ 올해는 작년보다 ~난이 심하다[덜하다] Cette année il y a plus [moins] de demandes d'emploi que l'année dernière.

◆_**란** -欄 명 rubrique *f* des petites annonces de demande d'emploi.

◆_**자** -者 명 personne *f* qui cherche un emploi [du travail, du boulot {*fam*}], demandeu*r*(*se*) d'emploi; postulant(*e*).

구질 球質 명 【야구】 qualité *f* d'une balle ((au baseball)). ¶ 저 투수는 ~이 까다롭다 Ce lanceur-là lance des balles difficiles à frapper.

구질구질 부 ① en désordre, en pagaille; malproprement. ¶ 길가에 쓰레기들이 ~ 쌓여 있다 Les détritus traînent un peu partout aux bords de la route / Les détritus répandus aux bords de la route souillent la chaussée. ② ((비나 눈이)) ((pleuvoter, pleuviotter, pleuvasser, pleuviner,, pluviner, neigeoter)) de façon intermittente. ¶ 며칠째 비가 ~ 내린다 Cela fait plusieurs jours qu'il pleuviote [pleuvote] de façon intermittente.

◆_**하다** 형 ① être sale, malpropre, crotté(*e*), souillé(*e*), crasseu*x*(*se*); être inconvenant(*e*); être en désordre, en pagaille, mal tenu(*e*), mal rangé(*e*), désordonné(*e*), bordélique {*fam*}; être cracra {*fam*}, cradingue {*fam*}, crado {*fam*}. ¶ 방안이 ~하다 La pièce est en désordre [mal rangée, mal tenue, sens dessus dessous] / C'est le foutoir [le bordel, le boxon, le bazar, le fouillis] dans la pièce {*fam*}. ¶ ~한 변명은 그만 두어라 Arrête de t'excuser toujours [tout le temps], tu nous fatigues à la fin [avec tes excuses]. ② ((날씨)) faire un temps où il pleuv(i)ote [neigeote] de façon intermittente, un temps incertain avec une bruine [avec une faible neige, une neige fondue] intermittente. ¶ ~한 날씨 un temps où il pleuviote [neigeote] de façon intermittente, un temps incertain avec une bruine [avec une faible neige, une neige fondue] intermittente. ¶ ~하게 겨울비가 내린다 Il pleuv(i)ote de façon intermittente alors qu'il fait relativement beau [alors que le ciel est bleu].

ㄱ

구차스럽다 형 ① ((살림살이가)) être pauvre, besogneu*x*(*se*), nécessiteu*x*(*se*), indigent(*e*), miséreu*x*(*se*), piteu*x*(*se*), misérable; être dans le besoin [dans la nécessité, dans la précarité]. ¶ 실직으로 구차스러운 생활을 하다 vivre misérablement [dans la misère, dans la précarité] après avoir perdu *son* travail. ② 떳떳하지 못하다 ((사람이)) être gêné(*e*), embarrassé(*e*); ((변명)) être maladroit(*e*), peu valable. ¶ 너에게 이런 부탁을 하자니 몹시 ~ Je suis très gêné(*e*) [confus(*e*)] de te faire une telle demande. ¶ 구차스러운 변명은 하지 않겠다 Je ne chercherai pas à vous inonder avec des excuses maladroites [pitoyables] / Je ne vous ferai pas perdre de temps avec de mauvaises excuses [avec des excuses peu valables, avec des excuses pitoyables]. ¶ 구차스럽게 살다 vivre douloureusement.

◆구차스레 부 maladroitement. ¶ 구차스레 변명하다 fournir de mauvaises excuses [des excuses maladroites, des excuses pitoyables, des excuses peu valables], fournir un mauvais prétexte [un prétexte pitoyable].

구차하다 苟且- 형 être gênant(*e*), embarrassant(*e*), insignifiant(*e*); être pauvre, besogneu*x*(*se*), nécessiteu*x*(*se*), indigent(*e*), miséreu*x*(*se*), piteu*x*(*se*), misérable; être dans le besoin [dans la nécessité, dans la précarité]. ¶ 구차한 목숨 une vie de misère, un vie [existence] misérable, une existence précaire. ¶ 구차한 변명 de mauvaises excuses, des excuses peu valables [maladroites], un mauvais prétexte. ¶ 살림이 구차해지다 tomber dans la pauvreté [dans l'indigence, dans la misère], être pressé(*e*) par le besoin. ¶ 구차하게 pauvrement, misérablement; ((vivre)) dans la pauvreté, dans la précarité. ¶ 구차하게 굴다 quémander sans se soucier [en faisant fi] de *sa* dignité.

구척장신 九尺長身 명 homme *m* de (très) grande taille; géant *m*, colosse *m*.

구천[1] 九天 명 septième ciel *m*.

구천[2] 九泉 명 sombres rivages *mpl*; Hadès *m*; enfers *mpl*; séjour *m* [royaume *m*] des ombres. ¶ 굿을 해서 ~을 떠도는 혼령을 달래다 apaiser par une séance d'exorcisme une âme [des âmes] errant au royaume des ombres.

구청 區廳 명 mairie *f* d'arrondissement.

◆_장 -長 명 maire *m* d'arrondissement.

◆_직원 -職員 명 employé(*e*) de mairie d'arrondissement.

구체[1] 具體 명 concret *m*; ((형용사적)) concr*et*(*ète*), réel(*le*), tangible; détaillé(*e*). ¶ ~ 개념 notion *f* concrète.

◆_적 -的 명관 concr*et*(*ète*), réel(*le*), tangible; détaillé(*e*). ¶ ~적인 예를 들면서 à partir d'exemples concrets, en citant des exemples concrets. ¶ ~적으로 concrètement, d'une manière concrète; ((자세히)) en détail. ¶ ~적으로 어떻게 하려고? Concrètement, tu comptes t'y prendre comment? ¶ 다음을 ~적인 예를 들어 설명하시오 Expliquez le point suivant à l'aide d'exemples concrets.

◆_성 -性 명 concret *m*; sens *m* du concret.

◆_화 -化 명 concrétisation *f*, ((실현)) réalisation ((d'un projet)), matérialisation *f* ((d'une idée, d'un projet)). ¶ 계획을 ~화하다[시키다] concrétiser un projet; ((실현하다)) réaliser un projet. ¶ ~화되다 se concrétiser; ((실현되다)) se réaliser, se matérialiser, prendre corps. ¶ 계획이 ~화되었다 Le projet s'est concrétisé / Le projet a pris corps.

◆_명사 -名詞 명 nom *m* concret.

◆_안 -案 명 projet *m* concret, projet *m* précis.

구체[2] 球體 명 sphère *f*.

구체제 舊體制 명 ancien régime *m*; ancien système *m*. ¶ ~ 하에서 살다 vivre sous l'ancien régime. ¶ ~를 뒤엎고 공화정을 세우다 établir un régime républicain après avoir renversé l'ancien régime.

구축[1] 驅逐 명 expulsion *f*, exclusion, bannissement *m*. ◇_(을) **하다** expulser, exclure, chasser ((l'ennemi)), bannir; débarrasser ((un lieu de ses ennemis)); anéantir ((des insectes)). ◇_(이) **되다**[(을) **당하다**] être expulsé(*e*) par *qn*, être chassé(*e*), banni(*e*). ¶ 바퀴벌레는 여간해서 완전히 ~되지 않는다 Les cafards ne disparaissent pas facilement / On ne se débarrasse pas facilement des cafards.

◆_함 -艦 명 contre-torpilleur *m*. ¶ ~함 함대 flotte de contre-torpilleurs.

구축[2] 構築 명 construction *f*, fondation *f*. ◇_(을) **하다** construire ((un univers)), fonder, établir ((un camp)), bâtir. ¶ 진지를 ~하다 établir un camp; creuser une [des] tranchée(*s*). ¶ 독자적인 경지[문학 세계]를 ~하다 construire *son* propre monde [*son* univers littéraire]. ◇_(이) **되다** se construire; être construit(*e*), fondé(*e*), bâti(*e*), établi(*e*).

구출 救出 명 secours *m*; sauvetage *m*. ¶ ~ 작업 opération de sauvetage. ◇_(을) **하다** sauver ((la vie de *qn*, *qn*)), secourir ((*qn*)). ¶ 인명을 ~하다 sauver la vie de *qn*. ¶ 물에 빠진 사람을 ~하다 sauver *qn* de la noyade. ◇_(이) **되다** être sauvé(*e*), secouru(*e*). ¶ 위기에서 ~되다 être sauvé(*e*) d'un danger.

구충약 驅蟲藥 명 ① insecticide *m*; ((가루약)) poudre *f* insecticide. ¶ ~을 뿌리다[치다] pulvériser un insecticide. ② ((회충약)) vermifuge *m*. ¶ ~을 먹다 [복용하다] prendre un vermifuge.

구충제 驅蟲劑 명 ☞ 구충약

구취 口臭 명 mauvaise haleine , haleine *f* fétide [forte]. ¶ 그 사람은 ~를 없애려고 양치를 수시로 한다 Il se nettoie souvent les dents pour supprimer [pour faire disparaître] sa mauvaise haleine. ¶ ~가 나다 avoir mauvaise haleine, avoir une haleine forte [fétide], sentir mauvais de la bouche [puer de la bouche {*fam*}, empester de la bouche, puer de la gueule {*fam*}], refouler du goulot {*fam*}.

구치소 拘置所 명 maison *f* d'arrêt.

구타 毆打 명 coup *m* ((de poing, de pied, de bâton)).

¶ 그는 ~로 죽었다 Il a été battu à mort. ◇_(를) **하다** battre violemment *qn*, brutaliser *qn*, frapper *qn*, donner un coup [des coups] à *qn*, cogner *qn* {*pop*}, taper *qn*, rouer [bourrer] *qn* de coups, rosser *qn*, passer *qn* à tabac, tabasser *qn* {*fam*}, arranger *qn* {*fam*}, casser la gueule {*fam*} ((à *qn*)), abîmer *qn* [le portrait à *qn*] {*fam*}, amocher *qn* {*fam*}. ¶ 그 남자는 아내를 ~하여 기소되었다 Cet homme est accusé d'avoir battu sa femme. ◇_(를) **당하다** être battu(*e*), se faire tabasser {*fam*} ((par une bande de voyous)), se faire casser la gueule {*fam*}, se faire abîmer le portrait {*fam*}, se faire salement abîmer {*fam*}. ¶ 불량배들에게 ~당하다 être battu(*e*) par des voyous, être passé(*e*) à tabac par des voyous, se faire tabasser [se faire passer à tabac, se faire salement abîmer {*fam*}] par une bande de voyous.

구태 舊態 명 coutume *f* [habitude *f*] ancienne et obsolète, immobilité *f*, aucun changement *m*. ¶ 정치권은 아직 ~를 벗지 못하고 있다 Le monde politique ne s'est pas encore débarrassé [défait] de ses anciennes habitudes.

◆_**의연하다** rester dans le même état, ne pas du tout avancer [progresser]; il n'y a eu aucun progrès [changement] depuis longtemps.

구토 嘔吐 명 vomissement *m*. ¶ 심한 ~ des vomissements atroces. ◇_(를) **하다** vomir, rendre; rejeter *qc*; dégobiller {*fam*}, dégueuler {*fam*}, gerber {*vulg*}.

◆_**증** -症 명 symptôme *m* de vomissements.

구투 舊套 명 ancien style *m*; ancien mode *m*. ¶ ~의 문체 ancien style littéraire.

구파 舊派 명 ancienne école *f*, branche *f* [fraction *f*] conservatrice ((d'un parti)).

구판 舊版 명 vieille [ancienne] édition *f*, édition *f* précédente. ¶ ~을 개정하다 préparer une édition revue et corrigée.

구판장 購販場 명 coopérative *f*. ¶ 마을 ~을 통한 생필품의 공동구매 achats en commun de produits de première nécessité par la coopérative du village. ¶ ~을 설치하다 ouvrir une coopérative.

구학문 舊學問 명 études *fpl* basées sur les classiques chinois; études *fpl* des classiques chinois.

구한말 舊韓末 명 【역사】 période *f* de la fin de la dynastie Joseon, période *f* de l'empire de Corée, Daehan-jeguk (1897-1917).

구현 具現 명 réalisation *f*, incarnation *f*. ¶ 이 소설은 새로운 문학 경향의 ~이다 Ce roman incarne les nouvelles tendances littéraires. ◇_(을) **하다** incarner ((un idéal de beauté)); réaliser ((une idée)), concrétiser, matérialiser. ¶ 마르크스는 공산주의를 통해 이상사회를 ~하려고 했다 Marx a voulu réaliser une société idéale à travers le communisme. ◇_(이) **되다** se concrétiser, se matérialiser, se réaliser; être concrétisé(*e*), réalisé(*e*). ¶ 그의 이상은 이 업적 속에 ~되어 있다 Son idéal est concrétisé dans cette œuvre.

구형[1] 求刑 명 【법률】 réquisitoire *m*, demande *f* de peine ((par le procureur)). ◇_(을) **하다** réclamer une peine. ¶ 검사는 피고에게 1년 징역을 ~했다 Le procureur a réclamé (une peine d')un an de prison. ◇_(이) **되다** se voir infliger une peine. ¶ 다행히 그 사람에게는 징역형 대신에 벌금형이 ~됐다 Par chance, une amende lui a été infligée au lieu de la peine de prison.

구형[2] 球形 명 forme *f* sphérique.

구형[3] 舊形 명 ancien modèle *m*. ¶ 이 에어콘은 이제 ~이다 Ce climatiseur est devenu maintenant un modèle ancien.

구호[1] 口號 명 slogan *m*; phrase *f* à effet; mot *m* d'ordre. ¶ ...의 ~ 아래 sous le slogan [la devise] de *qc*. ¶ 선거 ~를 내걸다 lancer un mot d'ordre électoral [un slogan électoral]. ¶ 그 단체는 인류의 평화 실현이라는 거창한 ~를 내걸고 있다 Cette organisation adopte comme mot d'ordre «la réalisation de la paix de l'humanité», un slogan bien ambitieux. ¶ 데모대는 독재타도의 ~를 외치며 행진했다 Les manifestants ont marché en criant le slogan «À bas la dictature!». ¶ 삶의 질을 높이겠다는 대통령의 약속은 다만 ~에 그쳐버렸다 La promesse du président de la République d'élever la qualité de vie n'était qu'un slogan.

구호[2] 救護 명 secours *m*; aide *f*; sauvetage *m*. ¶ ~ 기관[단체] un organisme de secours et d'assistance. ¶ 난민 ~ aide aux sinistrés. ¶ 이재민들에게 따뜻한 ~의 손길을 뻗치다 porter secours aux sinistrés.

◆_**대[반]** -隊[班] 명 équipe *f* [poste *m*] de secours.

◆_**물자** -物資 명 provisions *fpl* de secours; secours *mpl* ((aux réfugiés)).

◆_**법** -法 명 moyen *m* de secours.

◆_**시설** -施設 명 établissement *m* de secours.

◆_**품** -品 명 secours *mpl*.

구혼 求婚 명 demande *f* en mariage. ¶ ~ 광고 annonces *fpl* matrimoniales. ◇_(을) **하다** faire une demande en mariage; demander ((une jeune fille)) en mariage; demander la main ((d'une jeune fille)).

◆_**자** -者 명 prétendant *m*.

구화 口話 명 langage *m* mimique des sourds-muets, mimologie *f*.

구황 救荒 명 denrée *f* alimentaire apportée à la population qui souffre de la famine.

◆_**식물** -植物 명 les plantes *fpl* sauvages mangées par les pauvres pendant les périodes de famine.

◆_**작물** -作物 명 produits *mpl* agricoles de secours destinées aux pauvres ((pendant une famine)).

구획 區劃 명 division *f*; morcellement *m*; section *f*, secteur *m*. ¶ ~을 나누다 diviser en secteurs. ¶ ~을 정리하다 aménager un quartier ((d'une ville)). ◇_(을) **하다** diviser *qc*; délimiter. ¶ 신도시를 열 구역으로 ~하다 diviser la ville nouvelle en dix secteurs.

◆행정_ 行政- 명 circonscription *f* [division *f*] administrative.

국[1] 명 soupe *f*; bouillon *m*, potage *m*; consommé *m*. ¶ 식은[뜨거운] ~ une soupe refroidie [chaude]. ¶ 쇠고기~ bouillon *m* [soupe *f*] de bœuf. ¶ 솥에서 ~이 끓는다 La soupe bout dans la marmite. ¶ ~을 끓이다 préparer [faire] une soupe [un potage, un ragoût]. ¶ (옷에) ~을 쏟다[흘리다] renverser [répandre] de la soupe sur *ses* habits. ¶ (그릇에) ~을 푸다[담다, 뜨다, 퍼 담다] verser de la soupe [du potage] (dans un bol).

◆_거리 명 ingrédients *mpl* pour faire une soupe. ¶ ~거리를 장만하다 faire les courses pour faire une soupe.

◆_그릇 명 bol *m*, soupière *f*.

◆_밥 명 riz *m* dans un bouillon [dans une soupe]. ¶ ~을 말다 mettre le riz dans *sa* soupe. ¶ 밥 말아먹게 ~ 한 그릇만 끓여줘 Fais-moi une soupe pour que je puisse y mettre mon riz.

-국[2] -國 접미 pays *m*. ¶ 강대~ grandes puissances. ¶ 적대~ pays ennemis. ¶ 개발도상~ un pays en voie de développement. ¶ 선진~ pays développés.

-국[3] -局 접미 bureau(*x*) *m*; département *m*; direction *f*. ¶ 사무~ bureau(*x*), secrétariat, étude (de notaire). ¶ 발산~ station émettrice, bureau (de poste) d'expédition. ¶ 수산~ station de réception; bureau de réception.

국가[1] 國家 명 État *m*, nation *f*, pays *m*. ¶ ~의 간섭 intervention de l'État. ¶ ~의 이익 intérêts [cause] de l'État; raison d'État. ¶ ~ 백년의 대계 plan d'État à long terme. ¶ ~에 이바지하다 servir l'État; servir *sa* patrie. ¶ 복지~를 건설하다 fonder l'État-providence.

◆_적 -的 명관 nation*al*(*ale*, *aux*), gouvernement*al*(*ale*, *aux*), de l'État. ¶ ~적 견지에서 au [du] point de vue national. ¶ ~적 문제 affaire(*s*) d'État. ¶ ~적 사업 une entreprise nationalisée. ¶ ~적 손실 une perte pour la nation.

◆_관 -觀 명 réflexion *f* idéologique sur la nation; philosophie *f* ayant pour objet la nation. ¶ 올바른 ~관의 정립 le fondement d'une réflexion idéologique sur la nation.

◆_론 -論 명 théorie *f* de l'État.

◆_경제 -經濟 명 économie *f* nationale.

◆_공무원 -公務員 명 fonctionnaire (de l'État).

◆_기관 -機關 명 organisme *m* gouvernemental

◆_보안법 -保安法 명 loi *f* de Sécurité nationale. ¶ ~보안법 위반 혐의로 구속되다 être arrêté(*e*) pour violation de la loi de Sécurité nationale.

◆_사회주의 -社會主義 명 socialisme *m* d'État; ((나찌즘의)) national-socialisme *m*

◆_시험 -試驗 명 concours *m* (d'État) national.

◆_주의 -主義 명 nationalisme *m*.

◆_주의자 -主義者 명 nationaliste.

국가[2] 國歌 명 hymne *m* national. ¶ ~를 연주하다[봉창하다] jouer [chanter] l'hymne national.

국감 國監 명 inspection *f* parlementaire. ¶ ~ 대상 기관 un organisme faisant l'objet d'une inspection parlementaire. ◇_을 하다[실시하다] faire [réaliser, procéder à, exécuter, effectuer] une inspection parlementaire. ◇_을 받다 subir [faire l'objet d']une inspection parlementaire.

◆_장 -場 명 lieu *m* prévu pour les inspections parlementaires.

국경 國境 명 frontière *f*. ¶ ~의 확정 délimitation d'une frontière. ¶ ~을 넘다 passer [franchir] la frontière. ¶ ~을 지키다 protéger les frontières. ¶ ~을 침범하다 violer les frontières d'un pays. ¶ 예술에는 ~이 없다 Les arts ne connaissent pas de frontières.

◆_선 -線 명 ligne *f* frontalière, frontière *f*.

◆_도시 -都市 명 ville *f* frontière [frontalière].

◆_분쟁 -紛爭 명 conflit *m* frontalier.

◆_지대 -地帶 명 zone *f* frontière [frontalière]; région *f* limitrophe.

◆_표말 -標抹 명 poteau-frontière(~*x*-~) *m*.

국경일 國慶日 명 (jour *m* de) fête *f* national (avec célébrations).

국고 國庫 명 Trésor *m* (public); caisses *fpl* de l'État. ¶ ~가 바닥이 났다 Les caisses de l'État sont vides. ¶ ~를 바닥내다 épuiser les caisses de l'État. ¶ 공직자가 부정축재한 재산을 ~로 환수하다 retourner dans les caisses de l'État les biens acquis de façon illicite par des fonctionnaires.

◆_금 -金 명 réserves *fpl* monétaires de la nation.

◆_보조 -補助 명 subvention *f* de l'État.

◆_부담 -負擔 명 dépenses *fpl* du Trésor.

국공립 國公立 명 nation*al*(*ale*, *aux*) et public(*que*).

국교[1] 國交 명 relations *fpl* diplomatiques. ¶ ~를 정상화하다 normaliser les relations diplomatiques. ◇_를 맺다[단절하다] entrer en [rompre les] relation diplomatiques.

◆_단절 -斷絶 명 rupture *f* des relations diplomatiques.

국교[2] 國教 명 religion *f* d'État.

국군 國軍 명 armée *f* nationale.

국궁 國弓 명 arc *m* ancien coréen; technique *f* de l'archerie traditionnelle de la Corée.

국권 國權 명 droit *m* national; souveraineté *f*, autorité *f* de l'État. ¶ ~을 잃다[상실하다, 유린당하다] perdre *sa* souveraineté. ¶ ~을 지키다[회복하다] retrouver *sa* souveraineté.

◆_상실 -喪失 명 perte *f* de la souveraineté.

◆_회복 -回復 명 retour *m* à la souveraineté.

국극 國劇 명 arts *mpl* traditionnels du théâtre d'un pays; pièce *f* de théâtre de l'ancienne Corée [de la Corée ancienne].

◆_단 -團 명 troupe *f* [compagnie *f*] de spectacle traditionnel.

국기[1] 國技 명 sport *m* national; art *m* national. ¶ 태권도는 한국의 ~이다 Le *taekwondo* est l'art martial national coréen.

ㄱ

국기[2] 國旗 명 drapeau(*x*) *m* (national); pavillon *m* (national). ¶ ~를 게양하다[올리다] hisser [arborer] le drapeau [hisser les couleurs]. ¶ ~를 내리다 abaisser le drapeau. ¶ ~에 경례하다 saluer le drapeau.

국난 國難 명 péril *m* national; crise *f* nationale; détresse *f* du pays. ¶ ~을 극복[타개]하다 vaincre [venir à bout] d'une crise nationale

국내[1] 國內 명 intérieur *m* (du pays). ¶ ~에(서) à l'intérieur; dans le pays. ¶ 그 범죄자는 아직 ~를 벗어나지 못한 것 같다 Le criminel semble ne pas avoir encore quitté le pays.

◆**_적** -的 명관 intérieur *m* (du pays).

◆**_뉴스** nouvelle *f* de l'intérieur.

◆**_문제** -問題 명 problème *m* intérieur.

◆**_법** -法 명 droit *m* national.

◆**_선** -線 명 《비행기》 ligne *f* aérienne intérieure; 《통신》 ligne *f* téléphonique intérieure.

◆**_소비** -消費 명 consommation *f* intérieure.

◆**_시장** -市場 명 marché *m* intérieur.

◆**_총생산** -叢生產 명 produit *m* intérieur brut (PIB *m*).

◆**_파** -派 명 personne *f* ayant fait ses études (uniquement) dans son pays [en Corée]. ¶ ~파 학자 un(*e*) chercheu*r*(*se*) [un(*e*) savant(*e*)] ayant fait *ses* études (uniquement) dans *son* pays [en Corée].

국내[2] 局內 명 intérieur *m* d'un service. ¶ 그는 ~에서 최고참 직원[과장]이다 C'est l'employé [le chef de service] ayant le plus d'ancienneté à l'intérieur du service.

국도 國道 명 route *f* nationale. ¶ ~를 아스팔트로 포장하다 asphalter les routes nationales. ¶ 복잡한 고속도로를 피해 ~를 이용하다 emprunter les routes nationales pour éviter les autoroutes encombrées.

국란 國亂 명 révolte *f*, rébellion *f*.

국량 局量 명 générosité *f*, grandeur *f* d'âme; compétence *f*. ¶ ~이 큰 사람 une personne généreuse, douée de grandeur d'âme; une personne douée de compétence pour gérer les affaires humaines.

국력 國力 명 puissance *f* (nationale) d'un pays. ¶ ~이 큰 나라 une nation puissante. ¶ ~이 쇠퇴하고 있다 La puissance du pays est en déclin. ¶ ~을 키우다 renforcer [accroître] la puissance du pays. ¶ 팔레스타인은 ~이 이스라엘에 상대가 안된다 Au regard de la puissance nationale, la Palestine n'est pas un adversaire de taille pour Israël.

국록 國祿 명 traitement *m* d'un fonctionnaire, émoluments *mpl*. ◇**_을 먹다** recevoir un traitement. ¶ ~을 먹고 살다 《fonctionnaire (de l'État)》 vivre de *son* traitement [de *ses* émoluments].

국론 國論 명 opinion *f* publique. ¶ ~의 분열[통일] division [unité] de l'opinion. ¶ ~이 둘로 갈라져 있다 L'opinion publique est partagée [divisée]. ¶ ~을 통일하다 unifier l'opinion publique.

국립 國立 명 nation*al*(*ale*, *aux*); d'État.

◆**_공원** -公園 명 parc *m* national.

◆**_극장** -劇場 명 théâtre *m* national.

◆**_대학** -大學 명 université *f* (nationale) 《ex. Université Nationale de Séoul》..

◆**_도서관** -圖書館 명 bibliothèque *f* nationale.

◆**_박물관[미술관]** -博物館[美術館] 명 musée *m* [musée *m* d'arts] national.

◆**_은행** -銀行 명 banque *f* nationale.

◆**_무용단** -舞踊團 명 corps *m* national de ballet.

◆**_관현악단** -管絃樂團 명 orchestre *m* national.

◆**_수사연구소** -搜査硏究所 명 Institut *m* national de recherche en criminologie.

국면 局面 명 situation *f*, tournure *f*, aspect *m*. ¶ ~의 전환을 시도하다 tenter un changement de situation; tenter de modifier la situation. ¶ ~이 일변했다 Tout apparaît sous un jour nouveau / La situation se présente sous un aspect entièrement changé. ¶ ~을 일변시키다 donner une autre tournure à une affaire. ¶ 어려운 ~을 타개하다 surmonter une difficulté. ¶ 그 사건으로 모든 상황이 새로운 ~에 접어들게 되었다 Suite à cette affaire, la situation a pris une tournure toute nouvelle.

국명 國名 명 nom *m* d'un pays.

국모 國母 명 épouse *f* royale, femme *f* du roi, reine *f*; impératrice *f*; reine *f* mère, mère *f* du roi.

국무 國務 명 questions *fpl* [affaires *fpl*] d'État. ¶ ~에 전념하다 s'occuper essentiellement [ne s'occuper que] des affaires d'État.

◆**_성** -省 명 département *m* d'État.

◆**_원** -院 명 Conseil *m* des ministres sous les première (1948-1960) et deuxième Républiques (1961-1972) de Corée.

◆**_위원** -委員 명 ministre *m* d'État.

◆**_장관** -長官 명 《미국의》 Secrétaire *m* d'État.

◆**_총리** -總理 명 Premier ministre *m*.

◆**_회의** -會議 명 conseil *m* des ministres.

국문 國文 명 alphabet *m* (coréen); texte *m* (coréen).

국문학 國文學 명 littérature *f* coréenne, lettres *fpl* coréennes. ¶ 대학에서 ~을 전공하다 étudier la [faire des études de] littérature (coréenne) à l'université.

◆**_과** -科 명 département *f* de littérature coréenne.

◆**_사** -史 명 histoire *f* de la littérature coréenne.

◆**_자** -者 명 spécialiste de littérature coréenne.

국물 명 bouillon *m*; jus *m*. ¶ ~을 숟가락으로 떠먹다 prendre le bouillon à la [avec une] cuillère. ¶ ~이 끓어 넘친다 Le bouillon déborde.

*~**도 없다** Il n'y a pas de rémunération ou avantage complémentaire. ¶ 제때에 일을 못 마치면 ~도 없을 줄 알아라 Sois bien sûr que tu n'auras pas un sou de plus si tu n'as pas fini ce travail à temps!

◆**김치_** 명 jus *m* de [du] *gimchi*.

국민 國民 명 peuple *m*, nation *f*; 《개인》 citoyen(*ne*). ¶ 교육은 ~의 권리이자 의무이다 L'éducation est à la fois un droit et un devoir du citoyen. ¶ ~의 판단에 맡기다 s'en remettre au jugement du peuple. ¶ ~의, ~에 의한, ~의 정부 gouvernement du peuple pour le peuple, par le peuple. ¶ ~에게 호소하다 en appeler à l'opinion publique. ¶ 주권은 ~에게 있다 La souveraineté appartient au peuple / Le peuple est souverain.

◆_성 -性 명 esprit *m* [caractère *m*] national; génie *m* national; mentalité *f* nationale.

◆_군 -軍 명 armée *f* populaire.

◆_병 -兵 명 soldat *m* de l'armée populaire.

◆_장 -葬 명 funérailles *fpl* [obsèques *fpl*] nationales. ¶ ~장을[으로] 치르다 célébrer des funérailles nationales.

◆_감정 -感情 명 sentiment *m* national. ¶ 요즘 한국 사람들은 독도 문제로 일본에 대한 ~감정이 격앙되어 있다 Ces jours-ci, le problème de l'île de Dokdo exacerbe le sentiment national coréen contre le Japon.

◆_개병제도 -皆兵制度 명 système *m* de conscription universelle.

◆_문학 -文學 명 littérature *f* nationale.

◆_복 -服 명 tenue *f* vestimentaire du peuple. ¶ 일제시대의 ~복 la tenue vestimentaire du peuple sous l'occupation japonaise.

◆_소득 -所得 명 revenu *m* national.

◆_운동 -運動 명 croisade *f* [campagne *f*] nationale ((contre *qc*)).

◆_음악 -音樂 명 musique *f* populaire d'Europe centrale et orientale du 19e siècle.

◆_의례 -儀禮 명 cérémonial *m* national.

◆_주 -株 명 actions *fpl* des entreprises publiques. ¶ ~주를 발행하다 émettre des actions sur les entreprises publiques.

◆_총생산 -總生産 명 produit *m* national brut ((생략 P.N.B.)).

◆_투표 -投票 명 référendum *m*, plébiscite *m*. ¶ ~투표를 실시하다 organiser un référendum.

◆재외_ 在外- 명 personnes *fpl* résidant à l'étranger, résidents *mpl* (coréens) à l'étranger, ressortissants *mpl* (coréens) résidant à l'étranger.

국민학교 國民學校 명 ☞ 초등

국민학생 國民學生 명 ☞ 초등

국방 國防 명 défense *f* nationale; défense *f* du territoire. ¶ ~의 의무 service militaire, devoir de défense du territoire. ¶ ~에 만전을 기하다 prendre toutes les mesures possibles pour la défense nationale.

◆_군 -軍 명 armée *f* de la défense nationale [territoire].

◆_력 -力 명 forces *fpl* de défense nationale [d'autodéfense]; forces *fpl* armées [militaires]; potentiel *m* militaire. ¶ ~력을 더욱 튼튼히 하다 fortifier la défense du territoire (national).

◆_부 -部 명 ministère *m* de la Défense nationale.

◆_비 -費 명 budget *m* de la Défense nationale.

◆_계획 -計劃 명 plan *m* de défense nationale.

국번 局番 명 préfixe *m* téléphonique. ¶ 이 전화번호는 ~이 틀렸다 Le préfixe de ce numéro de téléphone est faux.

국번호 명 ☞ 국번

국법 國法 명 loi *f*; ((헌법)) Constitution *f* (nationale). ¶ ~을 어기다 enfreindre [violer, transgresser] les lois. ¶ ~을 지키다 observer [respecter] les lois.

국보 國寶 명 trésor *m* national. ¶ 숭례문은 우리나라의 ~ 제1호이다 La porte Sungnye est le premier trésor national coréen. ¶ ~로 지정되다 être nommé(*e*) (au statut de) trésor national.

◆_적 -的 명관 d'une valeur exceptionnelle. ¶ ~적 존재 trésor national vivant; personne nommée trésor national.

◆_급 -級 명 méritant d'être classé trésor national. ¶ 이 도자기는 과연 ~급이다 Cette poterie serait effectivement digne d'être un trésor national.

국부[1] 局部 명 ① partie *f* (déterminée), point *m* déterminé, localité *f*, endroit *m*. ¶ 피해가 ~에 그쳐서 다행이다 Heureusement que les dégâts ne sont que locaux [se limitent à une seule région]. ② parties *fpl* (génitales). ¶ ~를 걷어채[이]다 donner [recevoir] un coup de pied dans les parties (génitales).

◆_적 -的 명관 loc*al*(*ale*, *aux*); localisé(*e*). ¶ ~적 고통 une douleur localisée. ¶ 다행스럽게도 차의 파손 부위는 ~적이었다 Heureusement, les dégâts sur la voiture sont minimes.

◆_마취 -痲醉 명 anesthésie *f* locale.

국부[2] 國父 명 roi *m*; père *m* de la nation. ¶ ~로 추앙받는 사람 personne vénérée comme le père de la nation.

국비 國費 명 dépenses *fpl* de l'État. ¶ ~로 aux frais de l'État; aux frais de la princesse {*fam*}. ¶ ~ 유학생 étudiant(*e*) à l'étranger bénéficiaire d'une bourse d'État.

국빈 國賓 명 hôte *m* d'État; invité(*e*) d'honneur de la nation. ¶ ~ 대우를 받다 être reçu comme un hôte d'État. ¶ ~으로 맞이하다 recevoir *qn* comme hôte d'État.

◆_방문 -訪問 명 【외교】 visite *f* d'un hôte d'État.

국사[1] 國史 명 histoire *f* nationale.

◆_편찬 -編纂 명 compilation *f* et rédaction *f* de l'histoire nationale.

◆_편찬위원회 -編纂委員會 명 Comité *m* de rédaction de l'histoire nationale.

국사[2] 國事 명 affaires *fpl* d'État. ¶ ~를 논하다 discuter des affaires d'État. ¶ 대통령은 ~를 돌보느라 여념이 없다 Le président de la République se donne corps et âme aux affaires de l'État.

◆_범 -犯 명 attentat *m* [crime *m*] contre la sûreté de l'État; ((범인)) criminel(*le*) d'État [politique].

국사[3] 國師 명 ① conducteur *m* d'une nation. ② ((불교)) moine *m* choisi par le roi comme conseiller de la nation. ③ ((호칭)) Révérendissime *m*, grand maître *m* (national).

국산 國産 명 produit *m* national [de fabrication nationale, made in ((Korea)) {*fam*}]. ¶ (순)~ 자동차

voiture de fabrication nationale [fabriquée en Corée] (cent pour cent coréenne). ¶ 이 물건은 외제가 아니라 ~이다 Ce produit est de fabrication nationale, non pas étrangère.

◆_품 -品 [명] produits *mpl* nationaux. ¶ ~품 애용을 장려하다 encourager l'utilisation des produits nationaux.

국상 國喪 [명] deuil *m* national. ¶ ~을 당하다[치르다] prendre part à un deuil national.

국서 國書 [명] lettre *f* officielle [note *f* diplomatique] envoyée par le souverain [chef d'État]; ((일국의 문헌)) livre *m* de l'histoire et des maximes nationales. ¶ 사신을 통해 왕의 ~를 보내다 faire parvenir une lettre officielle du roi par l'intermédiaire d'un messager.

국선 國選 [명] désignation *f* faite par l'administration judiciaire; désigné(é) par l'administration.

◆_변호인 -辯護人 [명] avocat(*e*) désigné(*e*) [commis(*e*)] d'office.

국세[1] 國稅 [명] droits *mpl* fiscaux; impôt *m*. ¶ ~를 내다[납부하다] acquitter *ses* impôts. ¶ ~를 지방세로 전환하다 convertir l'impôt national en taxe locale. ¶ ~를 징수하다 percevoir des impôts. ¶ ~를 체납하다 négliger de payer ses impôts.

◆_청 -廳 [명] Direction *f* générale des Impôts.

◆_청장 -廳長 [명] directeur *m* des impôts.

국세[2] 國勢 [명] puissance *f* de la nation. ¶ ~가 기울고 있다 La puissance nationale est sur son déclin.

국소 局所 [명] partie *f*.

◆_적 -的 [명관] loc*al*(*ale*, *aux*).

◆_성 -性 [명] localité *f*.

국수[1] [명] pâtes *fpl*, nouilles *fpl*, ((가는)) vermicelles *mpl*. ¶ 점심에 ~를 먹었다 Nous avons mangé des nouilles au déjeuner. ¶ ~ 한 그릇을 말다[말아먹다] (*se*) préparer [manger] un bol de nouilles (dans un bouillon). ¶ ~를 삶다 faire bouillir des nouilles.

*~(를) 먹다 participer au mariage de *qn* ¶ 언제 ~ 먹여 줄거니? Quand est-ce que tu vas te marier?

◆_틀 [명] appareil *m* servant à fabriquer des nouilles.

◆모밀_ [명] nouilles *fpl* de farine de blé noir [sarrasin].

◆비빔_ [명] *bibimkuksu fpl* <nouilles mélangées avec des légumes servies avec un condiment à base de pâte de piment>.

◆콩_ [명] *kongguksu fpl* <plat de nouilles servies dans un bouillon d'aspect laiteux [de couleur laiteuse] fait à base de soja (souvent accompagné d'un œuf dur, de concombres et de sel)>.

국수[2] 國手 [명] champion(*ne*) national(*e*) au *baduk* (바둑) [au jeu de *go*] ou aux échecs orientaux ((장기)).

국수[3] 國粹 [어근] vertus *fpl* nationales.

◆_적 -的 [명관] chauvin(*e*), patriote.

◆_주의 -主義 [명] nationalisme *m*; chauvinisme *m*. ¶ ~주의를 배격하다 repousser le chauvinisme. ¶ ~주의에 빠지다 tomber dans le chauvinisme. ¶ ~주의로 흐르다 pencher vers le chauvinisme.

◆_주의자 -主義者 [명] nationaliste.

국시 國是 [명] objectifs *mpl* politiques du gouvernement. ¶ ~를 정하다 déterminer les objectifs politiques du gouvernement.

국악 國樂 [명] musique *f* classique coréenne. ¶ ~과 양악의 접목을 시도하다 composer une pièce expérimentale où se rencontrent musique coréenne et musique occidentale.

◆국립_원 國立-院 [명] Institut *m* national de musique classique coréenne.

국어 國語 [명] ① langue *f* (nationale, d'un pays); langue *f* maternelle ¶ 여러 나라 ~를 말할 수 있는 사람 personne sachant parler plusieurs langues; un(*e*) polyglotte. ② langue *f* coréenne, coréen *m*.

◆_과 -科 [명] département *m* de coréen [de langue coréenne].

◆_문법 -文法 [명] grammaire *f* du coréen.

◆_사 -史 [명] histoire *f* de la langue coréenne.

◆_학 -學 [명] linguistique *f* coréenne. ¶ ~학 연구 recherches sur la langue coréenne.

◆_정화운동 -淨化運動 [명] campagne *f* pour la qualité de la langue coréenne.

◆국립_원 國立-院 [명] Institut *m* national de la langue coréenne.

[분류] langue *f*. ¶ 몇 개 ~나 할 줄 아니? Combien de langues sais-tu parler?

국역 國譯 [명] traduction *f* coréenne. ¶ 고전 ~ 사업 traduction des classiques coréens. ¶ 8만대장경의 ~을 완성하다 achever la traduction des *Tripitaka koreana* (écrits saints bouddhiques, gravés sur 80000 planches de bois, conservées au temple Haein). ◇_(을) 하다 traduire en coréen.

◆_본 -本 [명] version *f* coréenne.

국영 國營 [명] régie *f* d'État. ¶ 이 회사는 ~입니까 민영입니까? Cette société [entreprise] est-elle publique ou privée?

◆_화 -化 [명] nationalisation *f*, étatisation *f*. ¶ 기간산업을 ~화하다 nationaliser les industries clés.

◆_기업 -企業 [명] entreprise *f* nationalisée [étatisée].

◆_농장 -農場 [명] ferme *f* d'état; kolkhoze *m*.

국왕 國王 [명] roi *m*; ((군주)) monarque *m*, souverain *m*. ¶ ~ 내외 le couple royal. ¶ ~ 전하 (Votre) Altesse. ¶ ~에 즉위하다 monter sur le trône.

국외 國外 [명] étranger *m*. ¶ ~로 à l'étranger, en dehors du pays, à l'extérieur. ¶ ~에 나가 있다 être à l'étranger. ¶ ~로 망명하다 [도피하다] se réfugier, [fuir] à l'étranger, s'exiler, s'expatrier. ¶ ~로 추방하다 envoyer *qn* en exil, exiler *qn*, expatrier *qn*, expulser *qn* (de *son* pays), bannir *qn*, mettre *qn* au ban.

국외자 局外者 [명] personne *f* étrangère à (une question). ¶ ~는 이 일에 상관하지 마시오 Les personnes étrangères à cette question sont priées de ne pas intervenir.

국운 國運 [명] destin *m* du pays, sort *m* du pays.

¶ ~의 융성 [쇠퇴] prospérité nationale [ruine, marasme, crise, dépression] nationale. ¶ ~이 기운다 [쇠퇴한다] La prospérité du pays décline / Le sort du pays est en déclin. ¶ 전쟁에 ~을 걸다 mettre *son* avenir sur la guerre.

ㄱ

국원 局員 명 employé(*e*) (d'un bureau); ((집합적으로)) personnel *m*. ¶ ~ 전체 회의를 갖다 tenir une réunion générale; réunir tous les employés [tout le personnel].

국위 國威 명 prestige *m* [honneur *m*] national. ¶ ~를 선양하다 rehausser le prestige national. ¶ ~를 손상시키다 porter atteinte au prestige du pays; abaisser le prestige national.

국유 國有 명 Domaine *m* de l'État, domanialité *f*; domani*al*(*ale*, *aux*), nationalisé(*e*).

◆**_화** -化 명 nationalisation *f*, étatisation *f*. ¶ ~화하다 nationaliser, étatiser. ¶ 기간산업을 ~화하다 nationaliser les industries clés.

◆**_림** -林 명 forêt *f* de l'État, forêts *fpl* domaniales.

◆**_재산** -財產 명 propriété *f* de l'État, biens *mpl* domaniaux.

◆**_지** -地 명 domaine *m* foncier [propriétés *fpl* foncières] de l'État, terrain *m* appartenant à l'État.

국은 國恩 명 bienfaits *mpl* qu'on doit à sa patrie. ¶ ~에 보답하다 s'acquitter d'une dette envers *sa* patrie, s'acquitter des devoirs envers *son* pays; faire quelque chose en reconnaissance des bienfaits reçus du pays. ◇_(을) **입다** bénéficier des bienfaits du pays.

국익 國益 명 intérêt *m* national. ¶ ~을 생각하다 songer aux meilleurs intérêts du pays. ¶ ~에 배치되는 정책 une politique contraire à l'intérêt national.

국자 명 louche *f*, cuillère *f* à pot. ¶ ~로 국을 뜨다 prendre du potage [de la soupe] avec une louche.

국자감 國子監 명 【역사】 Gukjagam ((meilleure université confucéenne à l'époque de Goryeo)).

국장[1] 局長 명 chef *m* de bureau [service].

국장[2] 國葬 명 funérailles *fpl* [obsèques *fpl*] nationales. ¶ 누구의 장례를 ~으로 치르다 faire [célébrer] des funérailles nationales à *qn*.

국적 國籍 명 nationalité *f*. ¶ ~ 불명의 de nationalité inconnue. ¶ 한국 ~의 선박 un bateau battant pavillon coréen. ¶ 그 남자의 ~은 이탈리아이다 Il est de nationalité italienne. ¶ ~을 바꾸다[옮기다] changer de nationalité. ¶ 미국 ~을 얻다 acquérir [prendre] la nationalité américaine. ¶ ~을 상실하다 [박탈하다, 포기하다] perdre [être déchu(*e*) de] *sa* nationalité [priver *qn* de *sa* nationalité; abandonner *sa* nationalité, renoncer à *sa* nationalité, répudier *sa* nationalité]. ¶ ~을 회복하다 réintégrer *qn* dans la nationalité ((française)).

◆**_법** -法 명 loi *f* sur la nationalité.

◆**_증명서** -證明書 명 certificat *m* de nationalité.

◆**무_** 無- 명 apatride *mf*, sans-patrie *mf inv*, heimatlos *mf*, heimatlosat *m*, personne *f* dénaturalisée [sans nationalité légale].

◆**이중_** 二重- 명 double nationalité *f*.

국전 國展 명 concours *m* national des beaux-arts. ¶ ~ 초대작가 artiste qui fait ses débuts au concours national des beaux-arts. ¶ ~에 입선하다 être sélectionné(*e*) pour le concours national des beaux-arts.

국정[1] 國政 명 administration *f*, gouvernement *m* (du pays); affaires *fpl* d'État, affaires *fpl* gouvernementales; politique *f* intérieure. ¶ ~에 참여하다 prendre part à l'administration du pays. ¶ ~을 돌보다 s'occuper de l'administration nationale; administrer les affaires d'État, tenir [prendre] les rênes de l'État; gouverner un pays.

◆**_감사** -監査 명 inspection *f* parlementaire.

◆**_조사** -調査 명 enquête *f* parlementaire.

국정[2] 國定 명 officiel(*le*); établi(*e*) [autorisé(*e*)] par l'État, agréé(*e*) par le gouvernement [l'État]. ¶ ~ 세율 taux d'imposition; taux officiel, tarif des impôts.

◆**_교과서** -敎科書 명 manuel *m* scolaire officiel [agréé par le gouvernement, agréé par l'État].

국정감사 國政監査 명 inspection *f* parlementaire.

국제 國際 어근 internation*al*(*ale*, *aux*). ¶ ~ 문제 un problème international. ¶ ~ 관례 les us et coutumes internationaux.

◆**_적** -的 명관 internation*al*(*ale*, *aux*).

◆**_성** -性 명 ((à)) caractère *m* international.

◆**_화** -化 명 internationalisation *f*. ¶ 무엇을 ~화하다 internationaliser *qc*.

◆**_결혼** -結婚 명 mariage *m* international. ¶ ~결혼(을)하다 faire un mariage international.

◆**_경쟁력** -競爭力 명 compétitivité *f* internationale. ¶ ~경쟁력을 강화하다 renforcer la compétitivité internationale.

◆**_관계** -關係 명 relations *fpl* internationales. ¶ ~관계가 급변하고 있다 Les relations internationales sont en train de changer rapidement.

◆**_무대** -舞臺 명 scène *f* internationale.

◆**_법** -法 명 lois *fpl* internationales.

◆**_수지** -收支 명 【경제】 balance *f* du commerce international. ¶ ~수지가 악화되었다 Le déficit de la balance du commerce international s'est aggravé [s'est creusé].

◆**_어** -語 명 langue *f* internationale.

◆**_음성기호** -音聲記號 명 【언어】 alphabet *m* phonétique international ((A.P.I.)).

◆**_음성학회** -音聲學會 명 Association *f* phonétique internationale ((A.P.I.)).

◆**_전화** -電話 명 téléphone *m* international.

◆**_정세** -情勢 명 situation *f* de la politique internationale.

◆**_주의** -主義 명 【정치】 internationalisme *m*.

국조 國祖 명 fondateur *m* d'une nation.

국졸 國卒 명 diplômé *m* de l'école primaire ((certificat de l'école primaire)). ¶ 그 사람은 학력이 ~밖에 안 된다 Il n'a fait que l'école primaire.

ㄱ

국지 局地 어근 localité *f*, lieu *m* déterminé.
◆**_적** -的 명관 loc*al*(*ale*, *aux*), ((conflit, phénomène)) localisé(*e*). ¶~적 폭우 averses locales; orage local.
◆**_전** -戰 명 conflit *m* localisé.
국채 國債 명 ((장기)) emprunt *m* d'État; emprunt *m* national (à long terme); ((단기)) bon *m* du Trésor. ¶~ 발행고 montant d'un emprunt. ¶~를 발행[공모]하다 émettre [lancer] un emprunt. ¶~를 상환하다 amortir un emprunt national. ¶브라질은 거액의 ~를 지고 있다 Les emprunts faits par le Brésil sont très élevés / Le Brésil a emprunté (auprès des banques étrangères) des sommes considérables.
국책 國策 명 programme *m* [projets *mpl*] de politique intérieure; politique *f* nationale, politique *f* du gouvernement. ¶~ 사업 programme industriel rentable pour le profit national. ¶~은행 Banque en régie d'État. ¶~에 따라 설립된 기관 établissement public créé pour remplir un volet de programme politique. ¶~을 수행하다 réaliser le programme [les projets] de politique intérieure.
국철 國鐵 명 chemin *m* de fer national.
국체 國體 명 régime *m* politique; politique *f* nationale.
국치 國恥 명 humiliation *f* d'une nation [nationale]. ¶그것은 ~이다 C'est une humiliation pour le pays.
◆**_일** -日 명 jour *m* d'humiliation nationale ((jour de l'annexion de la Corée par le Japon le 29 août 1910)).
국태민안 國泰民安 명 prospérité *f* nationale et bien-être *m inv* du peuple. ¶~하다 La nation jouit de prospérité et de bien-être / La nation prospère et le peuple est heureux. ¶~을 비는 법회가 열렸다 Une cérémonie bouddhiste fut faite pour demander la prospérité et le bien-être national.
국토 國土 명 territoire *m* (national); territori*al*(*ale*, *aux*). ¶광대한[좁은] ~ vaste [petit] territoire. ¶~를 보전하다 préserver l'intégrité du territoire; garantir l'intégrité territoriale. ¶우리 ~를 소중히 가꾸어 자손들에게 물려주자 Léguons à la postérité un territoire que nous aurons défendu avec soin.
◆**_개발** -開發 명 exploitation *f* [mise *f* en valeur] du territoire; aménagement *m* du territoire.
◆**_개발계획** -開發計劃 명 plan *m* d'aménagement du territoire.
◆**_계획심의회** -計劃審議會 명 Commission *f* du plan pour l'aménagement du territoire.
◆**_방위** -防衛 명 défense *f* nationale.
◆**_이용관리법** -利用管理法 명 Loi *f* d'administration territoriale.
국판 菊版 명 【인쇄】 (format *m*) in-octavo *m inv*. ¶2판은 ~으로 간행할 계획이다 On a l'intention de faire une deuxième édition en format in-octavo.
◆**_본** -本 명 livre *m* in-octavo.
국풍 國風 명 mœurs *fpl*, coutumes *f*, usages *m* d'un peuple. ¶~을 진작하다[쇄신하다] encourager [rénover] les coutumes.
국학 國學 명 études *fpl* coréennes; étude *f* des classiques coréens. ¶~의 태두 grande autorité en études coréennes. ¶~ 진흥을 위한 사업을 추진하다 soutenir un projet pour la promotion des études coréennes.
◆**_자** -者 명 spécialiste en études coréennes.
국한 局限 명 localisation *f*, limitation *f*. ◇**_(을) 하다[시키다]** localiser, limiter. ¶꼭 그 문제에만 ~할[시킬] 필요는 없다 Il n'est pas nécessaire de s'en tenir à cette seule affaire. ◇**_(이) 되다** être limité(*e*). ¶그것은 이 지방에 ~된 이야기는 아니다 Ce n'est pas une affaire limitée à cette région ¶이번 시험에 응시자는 박사학위 소지자로 ~되었다 Seuls les candidats titulaires d'un doctorat peuvent se présenter à cet examen / Cet examen est limité aux candidats titulaires d'un doctorat.
국한문 國漢文 명 lettres *fpl* de l'alphabet *hangeul* et caractères *mpl* [idéogrammes *mpl*] chinois. ¶~ 혼용론은 시대착오적이다 L'insistance sur l'utilisation du coréen accompagné de caractères chinois est anachronique.
국헌 國憲 명 Constitution *f*. ¶~을 문란시키다 commettre un acte anticonstitutionnel [non conforme à la Constitution].
국호 國號 명 nom *m* officiel d'un pays. ¶왕건은 나라를 세우고 ~를 고려라 하였다 Wang Geon a fondé un État et l'a nommé [appelé] Goryeo.
국화[1] 國花 명 fleur *f* nationale. ¶무궁화는 한국의 ~다 L'hibiscus est la fleur nationale de la Corée.
국화[2] 菊花 명 【식물】 chrysanthème *m*.
◆**_과식물** -科植物 명 composées *fpl*, composacées *fpl*.
◆**_주** -酒 명 liqueur *f* de chrysanthème.
◆**_빵** 명 *gukhwappang m* <«*pancake*» coréen [sorte de petite gaufre coréenne] fourré(*e*) de pâte d'haricots rouges cuit dans un moule avec un dessin de chrysanthème>.
◆**_들** 명 chrysanthème *m* [camomille *f*] sauvage.
국회 國會 명 Assemblée *f* (nationale), Assemblée *f* parlementaire, Parlement *m*; ((미국)) Chambre *f* des représentants; ((일본)) Diète *f*. ¶~의 소집[해산] convocation [dissolution] de l'Assemblée. ¶~의 개회[휴회, 폐회] ouverture [suspension, clôture] d'une séance. ¶~ 회기 동안 pendant la session de l'Assemblée. ¶~가 열렸다 L'Assemblée nationale est en session. ¶누구를 ~로 보내다 envoyer quelqu'un à l'Assemblée nationale ¶~ 본회의에서 법안을 표결로 처리하다 voter une loi en session parlementaire. ¶이 안건은 ~의 동의가 있어야 한다 Cette proposition nécessite l'approbation de l'Assemblée.
◆**_도서관** -圖書館 명 bibliothèque *f* de l'Assemblée nationale.
◆**_법** -法 명 loi *f* sur la gestion de l'Assemblée

nationale.

◆_의사당 -議事堂 명 Assemblée *f* nationale.

◆_의원 -議員 명 député(*e*); ((영국)) membre *m* du Parlement. ¶ ~의원 선거 élection législative. ¶ ~의원 입후보자 candidat(*e*) aux élections législatives; ((영국)) candidat(*e*) au Parlement.

◆_의장 -議長 명 président *m* de l'Assemblée nationale.

◆_회기 -會期 명 session *f*.

◆정기[임시]_ 定期[臨時]- 명 session *f* ordinaire [session *f* extraordinaire].

군[1] 君 대 ((un pronom ou un nom suffisant qui exprime un léger respect à l'égard d'un inférieur avec qui le sujet parlant a une relation affective ou intime.)) vous (vouvoiement). ¶ ~은 지금 몇 살인가? Quel âge avez-vous? ¶ ~의 포부를 밝혀보게 Dites ce que vous voulez faire!
의명 Monsieur. ¶ 김~ Monsieur Kim.

군[2] 軍 명 ① 군대 armée *f*, troupe *f*; forces *fpl* (militaires, armées). ¶ ~ 경력 carrière militaire. ¶ ~의 정치적 중립 une neutralité (acquise) de l'armée. ② 무리, 떼 armée *f*, foule *f*, troupe *f*, multitude *f*. ¶ 홍[백]~ équipe rouge [blanche].

◆_단 -團 명 corps *m* d'armée.

◆_부대 -部隊 명 camp *m* militaire; caserne *f*.

◆_복무 -服務 명 service *m* national [militaire]. ¶ ~복무를 하다 faire *son* service national [militaire].

◆구세_ 救世- 명 l'Armée *f* du Salut.

◆다국적_ 多國籍 명 bataillon *m* international ((ex: légion étrangère)).

◆상비_ 常備- 명 troupes *fpl* d'intervention rapide [d'urgence].

◆십자_ 十字- 명 les Croisés *mpl*.

◆예비_ 豫備- 명 (armée *f* de) réserve *f*.

◆유엔_ 명 forces *fpl* de l'O.N.U.

◆육[해, 공]_ 陸[海,空]- 명 armée *f* de terre [marine *f* (nationale), armée *f* de l'air].

◆정규_ 正規- 명 armée *f* régulière.

◆한국_ 韓國- 명 forces *fpl* coréennes.

군[3] 郡 명 division *f* administrative du territoire coréen, commune *f*, *gun* <circonscription administrative en Corée>. ¶ 우리 도에는 13개 ~이 있다 La province est divisée en 13 *gun*. ¶ 이러한 일은 ~ 단위별로 처리하게 된다 Cette sorte d'affaire se traite au niveau des communes.

-군[4] -群 접미 chaîne *f* ((de magasins)); essaim *m*, foule *f*, groupe *m*, nuée *f*, troupe *f*; commune *f*. ¶ 이 일대에 상점~이 형성되었다 Des chaînes de magasins se sont formées dans la région.

◆학_ 學 명 groupe *m* d'écoles (réparties pour des raisons administratives); groupe *m* scolaire; circonscription *f* scolaire.

군-[5] 접두 ① superflu(*e*); en surplus, en excédent; dont on pourrait se passer. ¶ ~식구 un parasite, un pique-assiette {*fam*}, un écornifleur {*fam*} {*vx*}. ② inutile, accessoire; peu nécessaire. ¶ ~말[소리] propos superflus; inepties, propos inutiles [oiseux, futiles], paroles oiseuses [inutiles], futilités, balivernes {*fam*}, fadaises, sornettes {*vx*}, sottises, bêtises, âneries {*fam*}, absurdités, imbécillités {*fam*}. ¶ ~더더기 le superflu, chose superflue [inutile, insignifiante, frivole, futile, sans importance, dépourvue d'intérêt], vétille(*s*), détails; ((사람)) personne de trop ((dans une réunion)). ¶ ~살 excès *m* de graisse, bourrelet *m* de chair, bourrelet *m* [boule *f*] de graisse, embonpoint *m* (exagéré), obésité *f*; culotte *f* de cheval, poignée *f* d'amour, brioche *f*, bedaine *f*, bouée *f* {*fam*}, pneu {*fam*}.

-군[6] 어미 ((suffixe flexionnel de terminaison phrastique, d'infériorité, servant à marquer l'exclamation. Il est utilisé entre les enfants, entre les amis intimes et par un supérieur à l'égard d'un inférieur.)) ¶ 너는 키가 크~ Que tu es grand. ¶ 산이 참 높~ La montagne est vraiment haute. ¶너는 책을 빨리 읽었~. Tu as vite lu le livre.

군가 軍歌 명 marche *f* militaire, chant *m* militaire [guerrier].

군것질 명 grignotage *m* entre les repas, action de grignoter [de manger] ((des biscuits, des friandises)) entre les repas. ¶ 우리 아이는 ~이 너무 심하다 Mon enfant grignote trop. ¶ ~로 용돈을 다 써버리다 dépenser *son* argent de poche à acheter des cochonneries à grignoter. ◇_(을) **하다** grignoter [manger] entre les repas.

군견 軍犬 명 chien *m* de l'armée. ¶ ~을 훈련시키다 dresser des chiens militaires. ¶ 그 개는 ~으로 키울 것이다 Ce chien doit être dressé aux utilités militaires.

군경 軍警 명 armée *f* et police *f*. ¶ ~ 합동으로 수색 작전을 펼치고 있다 L'armée et la police coopèrent dans leurs recherches.

◆_ 유자녀 - 遺子女 명 pupille de la nation.

군계 郡界 명 limite *f* d'une commune.

군계일학 群鷄一鶴 명 un paon dans la basse-cour; un être [une personne] remarquable, très be*au*(*belle*), excellent(*e*), extraordinaire; personne *f* de valeur parmi les médiocres, personne *f* nettement au-dessus du lot, personne *f* se détachant (nettement) du lot. ◇_**이다** se détacher (nettement) [émerger, être nettement au-dessus du, sortir] du lot, se distinguer, exceller; être nettement [bien] supérieur(*e*), être bien meilleur(*e*) ((que les autres)), être à cent pieds au-dessus des autres. ¶ 그 여자는 ~이다: 800명 학생들 중에서 단연 1등이다 Elle est de loin la meilleure parmi ses 800 camarades [Elle surpasse de loin ses 800 camarades]; elle est comme un paon dans la basse-cour [elle émerge [se détache nettement, est nettement au-dessus] du lot].

군고구마 명 patate *f* douce rôtie.

군관 軍官 명 ① 【역사】 fonctionnaire *m* militaire

de rang inférieur à l'époque de Joseon. ② officier *m* en Corée du Nord.

군국주의 軍國主義 명 militarisme *m.* ¶ 최근에 일본에서 ~의 망령이 되살아나고 있다 Récemment, des relents de militarisme ont fait leur apparition au Japon.

◆_자 -者 명 militariste.

군기[1] 軍紀 명 discipline *f* militaire. ¶ ~가 세다 La discipline (militaire) est stricte. ¶ ~가 해이해지다[빠지다] la discipline (militaire) se relâche; la conduite de *qn* se relâche; être moins discipliné(*e*). ¶ 너 정말 ~가 빠졌구나! 정신을 꽉 차리게 해줄게 Tu t'es vraiment trop relâché(*e*) [Ta conduite s'est trop relâchée!] (Il) va falloir que je resserre les boulons [la discipline] {*fam*}. ¶ ~를 유지하다[어지럽히다] maintenir [troubler, manquer à] la discipline (militaire). ¶ ~를 확립하다[잡다] établir [instaurer] une discipline (militaire).

군기[2] 軍旗 명 drapeau(*x*) *m* [enseigne *f*] militaire, étendard *m.*

군기침 명 toux *f* sèche, toux *f* forcée. ◇_(을) **하다** avoir une toux forcée [sèche]; se forcer à tousser.

군납 軍納 명 fourniture *f* aux armées. ◇_(을) **하다** fournir l'armée. ¶ 이 회사는 군부대에 ~을 하고 있다 Cette société fournit l'armée / Cette société approvisionne une unité militaire. ◇_(이) **되다** ((l'armée)) être approvisionné(*e*).

◆_업자 -業者 명 fournisseur *m* de l'armée.

◆_품 -品 명 article *m* fourni à l'armée.

군내 명 odeur *f* aigre; odeur *f* putride [de pourri, de pourriture], odeur *f* désagréable de moisi [de renfermé]; odeur *f* rance [désagréable, déplaisante, répugnante, fétide]; ((sentir le)) ranci *m.* ◇_(가) **나다** ne plus sentir le frais, sentir l'aigre [le ranci, le pourri]; avoir une odeur fétide [de pourriture, putride, désagréable, déplaisante, répugnante, immonde], sentir mauvais, puer, empester. ¶ 이 김치는 오래 되어 ~가 난다 Ce vieux *gimchi* ne sent plus le frais / Ce *gimchi* sent l'aigre parce qu'il n'est plus très frais.

군단 軍團 명 【군사】 corps *m* d'armée. ¶ 제 1~의 일부 병력을 이동시키다 déplacer une partie des forces du 1er corps d'armée.

◆_사령부 -司令部 명 quartier *m* général du corps d'armée.

◆_장 -長 명 génér*al*(*aux*) *m* de corps d'armée.

군대 軍隊 명 armée *f*; forces *fpl* (militaires, armées); troupes *fpl.* ¶ ~에 입대하다 partir [aller] au régiment [au service, à l'armée]; être incorporé(*e*) dans l'armée; entrer dans l'armée (pour le service militaire); s'engager dans l'armée, rejoindre les rangs de l'armée. ¶ ~에 징집되다 être mobilisé(*e*) [enrôlé(*e*)]. ¶ ~에서 제대하다 être démobilisé(*e*), libéré(*e*) (des obligations militaires). ¶ ~를 이끌다[통솔하다] diriger une unité militaire. ¶ 외국에 ~를 파견하다 envoyer [expédier] des forces à l'étranger. ◇_(에) **가다** aller au régiment [au service, à l'armée]. ¶ 너 ~(에) 갔다 왔니? Tu as fait ton service militaire?

◆_생활 -生活 명 vie *f* de soldat. ¶ ~ 생활에 적응하다 s'adapter à la vie militaire.

◆_식 -式 명 à la militaire, militairement; comme un militaire. ¶ 우리 사장은 군인 출신이어서 뭐든지 ~식이다 Notre patron, étant issu de l'armée, règle tout de manière militaire.

군더더기 명 superflu *m*, chose *f* superflue [inutile, insignifiante, frivole, futile, sans importance, dépourvue d'intérêt], vétille(*s*) *f*(*fpl*), détails *mpl*; ((사람)) personne *f* de trop ((dans une réunion)). ¶ ~는 빼고 요점만 말해라 Épargne-nous les détails et va à l'essentiel! / Épargne-nous les détails [On n'a pas besoin des détails, Pas de paroles inutiles] Viens-en au fait, à l'essentiel [Va droit au fait!, Au fait!] / Raconte [Explique] en passant sur les détails / Parles-en sans entrer dans le détail / Dis-le rapidement / Omets [Passe, Épargne-nous, Épargne-moi] les détails / Fais abstraction des détails / Ne t'étends pas / Écourte les explications! / Fais-nous[Fais-moi] une synthèse [un résumé] en faisant abstraction des détails [en supprimant les détails] / Viens-en au fait [à l'essentiel] / Borne-toi à l'essentiel / Va droit au point essentiel / Ne t'étends pas / Dis-nous[-moi] en gros [grosso modo, sans entrer dans le détail, en abrégé, en substance, schématiquement] ce dont [de quoi] il s'agit. ¶ ~없이 간명한 글 un texte clair et concis dépourvu de tout détail inutile.

군데 분류 ① endroit *m*, lieu(*x*) *m*, place *f*, partie *f*, point *m.* ② ((문장의)) passage *m* ((d'un discours)). ¶ 잘못된 곳이 몇 ~ 있다 Il y a quelques fautes [défauts] par endroits. ¶ 모든 지역 중 한 ~만 빠졌다 De toutes les régions, il n'en manque qu'une.

◆_ _ 명부 divers endroits *mpl;* ((부사)) à divers endroits, par endroits, en de multiples endroits, par ci par là, çà et là, ici et là; partout. ¶ 벽 ~~가[벽이 ~~] 금이 갔다 Le mur s'est fissuré en de multiples endroits / Le mur s'est fissuré de partout. ¶ ~~ 들렀다 집으로 갈게 Je passerai en de multiples endroits avant de rentrer (à la maison).

군도 群島 명 groupe *m* d'îles, archipel *m.* ¶ 갈라파고스 ~ l'archipel des Galapagos. ¶ 필리핀 ~ l'archipel des Philippines.

군락 群落 명 【식물】 végétation *f*, flore *f.* ¶ 키가 큰 나무들이 ~을 이루고 있다 La végétation se compose d'arbres de grande taille.

군란 軍亂 명 insurrection *f* (de troupes), soulèvement *m*, émeute *f*; rébellion *f* militaire; coup *m* d'État. ◇_**이 나다**[**일어나다**] une insurrection éclate. ◇_**을 일으키다** fomenter une insurrection; mener une insurrection avec l'armée; déchaîner [provoquer, déclencher, soulever] une émeute.

군량 軍糧 명 【군사】 vivres *mpl*; provisions *fpl* (de bouche); ration *f* (pour l'armée). ¶ ~ 문제 questions [problèmes] d'approvisionnement en vivres à l'armée. ¶ ~ 사정 situation de l'approvisionnement en vivres à l'armée. ¶ 일인분의 ~ ration pour une personne. ¶ ~이 부족하다 L'approvisionnement de l'armée en vivres est insuffisant. ¶ ~을 보급하다 ravitailler l'armée en vivres.

◆_미 -米 명 riz *m* pour l'armée.

◆비상_ 非常- 명 réserve *f* de vivres pour l'armée; vivres *mpl* de réserve.

군력 軍力 명 force *f* militaire.

군령 軍令 명 ordre *m* [commandement *m*] militaire. ¶ ~을 어기는 자는 엄히 다스린다 Tout homme qui manquera aux ordres sera sévèrement puni.

군림 君臨 명 règne *m*, domination *f*. ◇_(을) **하다** dominer *qn/qc*, régner sur ((le monde industriel, les citoyens)). ¶ 대통령이 국민들 위에 ~하려고 해서는 안 된다 Le président de la République ne doit pas chercher à régner sur les citoyens. ¶ 그 가수는 오랫동안 재즈계의 거장으로 ~해 왔다 Il a longtemps régné en maître sur le jazz.

군막 軍幕 명 tente *f* militaire. ¶ ~을 치다 dresser les tentes. ¶ ~ 생활을 하다 camper; vivre sous la tente.

군말 명 mots *mpl* [propos *mpl*] superflus; inepties *mpl* , propos *mpl* inutiles [oiseux, futiles], paroles *mpl* oiseuses [inutiles], futilités *mpl* , balivernes *mpl*, fadaises *mpl* , sornettes *mpl* {*vx*}, sottises *mpl*, bêtises *mpl* , âneries *mpl* {*fam*}, absurdités *mpl*, imbécillités *mpl* {*fam*}. ¶ ~말고 시키는 대로 해 Obéis aux ordres [Fais ce que je te dis] sans te plaindre. ¶ 그 일의 중요성에 대해서는 ~이 필요없다 Toute explication supplémentaire concernant l'importance de cette affaire serait superflue. ◇_(을) **하다** parler inutilement; dire des inepties, tenir des propos oiseux [inutiles, futiles], dire des futilités [sottises, bêtises, âneries, absurdités, imbécillités], débiter [dire] des balivernes, parler pour ne rien dire, raconter [débiter] des sornettes {*vx*}.

군모 軍帽 명 casquette *f* d'uniforme; képi *m*.

군목 軍牧 명 aumônier *m*.

군무[1] 軍務 명 administration *f* militaire, travail *m* effectué dans le cadre militaire.

◆_이탈 -離脫 명 désertion *f*.

군무[2] 群舞 명 danse *f* en groupe. ◇_를 **추다** danser en groupe.

군문 軍門 명 armée *f*. ¶ ~에 있는 아들을 위해 기도하다 prier pour un fils qui effectue *son* service militaire. ¶ ~에 들어가다 rejoindre les rangs de l'armée, s'engager dans l'armée, commencer à faire son service national [militaire]; partir au régiment.

군민 郡民 명 habitants *mpl* d'une commune. ¶ ~ 대회 assemblée [réunion] des habitants d'une commune

군바리 軍_ 명 【속어】 troufion *m* {*fam*}, bidasse *m* {*fam*}, simple soldat *m* (du contingent), homme *m* de troupe, griveton *m* {*pop*}.

군밤 명 châtaigne *f* grillée; marron *m* chaud. ¶ ~을 까 먹다 décortiquer un marron (chaud) et le manger.

◆_장사 명 marchand(*e*) de marrons.

군번 軍番 명 numéro *m* matricule; matricule *m*. ¶ ~이 뭐냐? Quel est ton matricule?

◆_표 -標 명 insigne *m* métallique ovale sur lequel figure le nom, le matricule, le groupe sanguin, etc. d'un militaire.

군벌 軍閥 명 clan *m*; coterie *f* militaire.

◆_정치 -政治 명 dictature *f* [gouvernement *m*] militaire.

군법 軍法 명 code *m* militaire; droit *m* pénal militaire.

◆_회의 -會議 명 cour *f* martiale; conseil *m* de guerre; tribun*al*(*aux*) *m* militaire(*s*). ¶ ~회의 소관의 justiciable du tribunal militaire. ¶ ~회의에 회부하다 traduire [faire passer] *qn* devant le tribunal militaire [la cour martiale].

군병 軍兵 명 soldat *m*.

군복 軍服 명 uniforme *m* [tenue *f*] militaire. ¶ ~ 차림으로[을 입고] en uniforme militaire, en tenue militaire.

* ~**을 벗다** quitter l'uniforme; être démobilisé(*e*), être libéré(*e*) (des obligations militaires).

군부 軍部 명 autorités *fpl* militaires; ((총칭)) armée *f*. ¶ ~의 동향이 심상치 않다 Les autorités militaires ont des activités suspectes. ¶ ~가 쿠데타를 일으킬 조짐이 있다 On observe des signes avant-coureurs de coup d'État du côté militaire.

◆_독재 -獨裁 명 dictature *f* militaire.

군불 명 feu(*x*) *m* (dit «superflu») pour chauffer une pièce. ◇_(을) **때다** ① chauffer une pièce. ② 【속어】 분위기를 조성하다 s'en fumer [s'en griller] une {*fam*}, fumer une clope {*fam*}.

군비 軍備 명 armements *mpl*; préparatifs *mpl* de guerre. ¶ ~를 축소[제한, 확장, 강화]하다 réduire [limiter, développer, renforcer] les armements. ¶ ~ 경쟁 course aux armements.

◆_축소 -縮小 명 réduction *f* de la dépense militaire. ¶ ~축소 정책 politique de réduction des dépenses militaires.

◆_축소회의 -縮小會議 명 conférence *f* sur le désarmement.

군사[1] 軍士 명 militaire *m*, soldat *m*; (simple) soldat *m*, homme *m* de troupe (du contingent), bidasse *m* {*fam*}, troufion *m* {*fam*}. ¶ ~를 모으다 rassembler des soldats.

군사[2] 軍事 명 affaires *fpl* militaires.

◆_적 -的 명관 militaire.

◆_개입 -介入 명 intervention *f* militaire.

◆_고문 -顧問 명 conseiller *m* militaire.

◆_기지 -基地 명 base *f* militaire.

◆_도시 -都市 명 ville *f* de garnison.

◆_동맹 -同盟 명 alliance *f* militaire.

◆_력 -力 명 forces *fpl* militaires [armées].

◆_분계선 -分界線 명 ligne *f* de démarcation militaire.

◆_비 -費 명 dépenses *mpl* militaires.
◆_시설 -施設 명 installation *f* [construction *f*] militaire.
◆_우편 -郵便 명 poste *f* aux armées.
◆_원조 -援助 명 assistance *f* militaire.
◆_재판[법정] -裁判[法廷] 명 justice *f* [tribun*al*(*aux*) *m*] militaire.
◆_전략 -戰略 명 stratégie *f* militaire.
◆_정보 -情報 명 renseignements *mpl* [informations *fpl*] militaires.
◆_행동 -行動 명 action *f* [opération *f*] militaire.
◆_혁명 -革命 명 coup *m* d'État militaire; rébellion *f* militaire.
◆_훈련 -訓練 명 manœuvres *fpl* militaires. ¶ 대학생 ~[군사교육] entraînement [éducation] militaire des étudiants.
군사령관 軍司令官 명 commandant *m* en chef.
군사령부 軍司令部 명 quartier *m* général; ((총사령부)) grand quartier *m* général (G.Q.G. *m inv* {*fam*}).
군사부 君師父 명 roi *m*, maître *m* et père *m*.
◆_일체 -一體 명 même respect *m* pour le roi, son maître et son père.
군살 명 ① excès *m* de graisse, bourrelet *m* de chair, bourrelet *m* [boule *f*] de graisse, embonpoint *m* (exagéré), obésité *f*; culotte *f* de cheval, poignée *f* d'amour, brioche *f*, bedaine *f*, bouée *f* {*fam*}, pneu {*fam*}. ¶ 그 사람은 배에 ~이 많다 Il a beaucoup d'embonpoint / Il a du ventre [de la brioche {*fam*}, de la bedaine {*fam*}, une grosse bedaine {*fam*}] / Il a un sacré bide {*fam*} / Il est ventripotent [ventru, pansu]. ② ((비유적)) partie *f* inutile; partie *f* non [peu] productive ((d'une entreprise)). ◇_(을) 빼다 ① perdre de l'embonpoint, maigrir, perdre du poids. ② dégraisser ((les effectifs d'une entreprise)). ¶ 조직의 ~을 빼다 dégraisser les effectifs d'une entreprise. ◇_이 붙다[찌다] prendre de l'embonpoint [de la brioche, du ventre], engraisser, épaissir, forcir, grossir, prendre du poids, s'empâter, faire du lard {*fam*}.
군상 群像 명 groupe *m*; plusieurs personnes *fpl*; ((미술)) groupe *m* (sculptural). ¶ 이 소설은 물질 만능주의에 물든 젊은이들의 추악한 ~을 그리고 있다 Dans ce roman, il est question d'un groupe de jeunes gens malsains influencés par le matérialisme tout-puissant.
군색하다 형 ① 가난하다 être pauvre, indigent(*e*), misérable, être dans le besoin [dans la gêne, dans la précarité], manger de la vache enragée {*fam*}. ¶ 군색한 살림살이[차림, 사람] une vie misérable [une tenue misérable; une personne dans le besoin]. ¶ 저 집은 사는 게 ~ Ces gens-là vivent dans la précarité / Ces gens-là sont pauvres. ¶ 군색하게 살다 vivre dans la précarité [dans la misère, dans un état de misère avancé]. ② 초라하다 être pauvre, insuffisant(*e*), mauvais(*e*), peu valable, pitoyable. ¶ 군색한 변명 des excuses pitoyables, des excuses peu valables, de mauvaises excuses, des excuses maladroites, un mauvais prétexte, un prétexte pitoyable.
군세 軍勢 명 forces *fpl* militaires [armées]; troupes *fpl*; effectifs *mpl* militaires. ¶ ~ 확장 expansion des forces militaires, augmentation des effectifs militaires.
군소 群小 어근 ((partis politiques, écrivains)) nombreux mais peu importants.
◆_정당 -政黨 명 petite formation *f* politique, petit parti *m* politique. ¶ 많은 ~정당들이 난립하고 있다 Il y a trop de petites formations politiques.
◆_업체 -業體 명 petites entreprises *fpl*.
군소리 명 ineptie *f*, propos *mpl* accessoires, mots *mpl* [propos *mpl*] superflus; propos *mpl* inutiles [oiseux, futiles], paroles *fpl* oiseuses [inutiles], futilités *fpl*, balivernes *fpl*, fadaises *fpl*, sornettes *fpl* {*vx*}, sottises *fpl*, bêtises *fpl*, âneries *fpl*, absurdités *fpl*, imbécillités *fpl* {*fam*}. ¶ ~없이 맡은 일을 묵묵히 해 내다 effectuer sa tâche, en silence [sans se plaindre]. ◇_(를) 하다 dire des inepties, tenir des propos accessoires, parler pour ne rien dire. parler inutilement; tenir des propos oiseux [inutiles, futiles], dire des futilités [sottises, bêtises, âneries, absurdités, imbécillités], débiter [dire] des balivernes, raconter [débiter] des sornettes {*vx*}.
군속 軍屬 명 auxiliaire *m* de l'armée; civil *m* attaché à l'armée.
군수[1] 郡守 명 sous-préfet(~-~*s*) *m*.
군수[2] 軍需 어근 ravitaillement *m* et entretien *m* d'une armée.
◆_공장 -工場 명 fabrique *f* de munitions [d'armes]; usine *f* d'armement.
◆_물자 -物資 명 matériel *m* militaire.
◆_산업[경제] -産業[經濟] 명 industrie *f* militaire; industrie de l'armement [économie *f* de guerre].
◆_품 -品 명 munition *fpl*; matériel *m* de guerre; approvisionnement *m* de l'armée.
군시렁거리다 자 parler [grommeler, ronchonner, bougonner, marmonner] dans *sa* barbe, marmonner [parler, murmurer, marmotter, dire *qc*, se plaindre, grommeler] entre *ses* dents, marmonner des paroles inintelligibles, mâchonner ((des bouts de phrase)), bredouiller; grogner, bougonner, maugréer {*fam*}, grognasser {*fam*}. ¶ 그는 혼자서 뭐라고 군시렁거리고 있었다 Il murmurait quelque chose d'incompréhensible. / Il marmonnait seul je ne sais trop quoi / Il grommelait [marmonnait, parlait] seul dans sa barbe. / Il marmonnait des choses compréhensibles de lui seul dans sa barbe.
군식구 -食口 명 parasite *m*; pique-assiette(~-~*s*) *mf*, écornifleu*r*(*se*) {*fam*} {*vx*}. ¶ 이 게으른 사람은 김씨 집의 ~다 Ce paresseux vit aux dépens de *m*. Kim. ¶ 누구의 집의 ~가 되다 s'installer [vivre] en parasite chez *qn*, vivre aux dépens d'autrui [à la charge

de *qn*, aux crochets de *qn*]; manger au râtelier de *qn*.

군신 君臣 명 souverain *m* et ministres *mpl*. ¶ ~ 관계 relation [rapport] entre le souverain et ses ministres.

군악 軍樂 명 musique *f* militaire; fanfare *f*. ¶ ~을 연주하다 jouer de la musique militaire.

◆ **대** -隊 명 fanfare *f*.

군역 軍役 명 travail *m* à l'armée. ¶ ~에 종사하다 Il travaille dans l'armée.

군영 軍營 명 camp *m*; campement *m*; cantonnement *m*; caserne *f*; baraque *f*; baraquement *m*. ¶ ~에 머물러 있다 rester à la caserne. ¶ ~을 이탈하다 déserter *son* poste.

군왕 君王 명 roi *m*, souverain *m*.

-군요 어미 ((suffixe flexionnel de terminaison phrastique, poli, servant à marquer l'exclamation. Il est utilisé entre les adultes, par un inférieur à l'égard d'un supérieur.)) ¶ 경치가 참 아름답~ Les paysages sont très beaux / Que les paysages sont beaux. ¶ 점심 값 치고는 너무 비싸~ Pour un prix du déjeuner, c'est trop cher. ¶ 벌써 가을이 왔~ Déjà, l'automne est arrivé.

군용 軍用 명 usage *m* militaire, usage *m* de l'armée; ((matériel)) de guerre, militaire, à l'usage de l'armée.

◆ **_기** -機 명 avion *m* militaire.

◆ **_품** -品 명 munitions *fpl*; matériel *m* militaire [de guerre].

◆ **_열차** -列車 명 train *m* militaire.

◆ **_ 담요** 명 couverture *f* militaire.

군웅 群雄 명 seigneurs *mpl* rivaux [à une même époque]. ¶ ~이 할거하다 Les seigneurs s'opposent [se combattent] pour défendre leur fief et accaparer des territoires. / Les seigneurs sont en rivalité.

◆ **_할거** -割據 명 rivalités *fpl* féodales.

군율 軍律 명 discipline *f* militaire. ¶ 엄한 ~ discipline militaire sévère. ¶ ~ 유지 maintien de la discipline militaire. ¶ ~을 지키다[어기다] respecter, observer [violer, manquer à] la discipline militaire.

군의관 軍醫官 명 médecin *m* [chirurgien *m*] militaire.

군인 軍人 명 soldat *m*; militaire *m*; ((장교)) officier *m*. ¶ ~이 되다 devenir [se faire] militaire; endosser l'uniforme; entrer dans l'armée. ¶ 그 사람은 ~ 출신이다 Il était soldat.

◆ **_답다** 형 être digne d'un (vrai) soldat, avoir les qualités d'un vrai soldat. ¶ ~다운 행동을 하다 agir en vrai soldat.

◆ **_정신** -精神 명 esprit *m* militaire.

◆ **재향_** 在鄕- 명 ancien combattant *m*.

◆ **직업_** 職業- 명 soldat *m* de métier; militaire *m* de carrière [de métier].

◆ **퇴역_** 退役- 명 militaire *m* à la retraite.

군자 君子 명 homme *m* vertueux; sage *m*. ¶ ~연[인척]하다 feindre la sagesse. ¶ 그 사람은 진정한 ~다 C'est un vrai sage. ¶ ~는 소인배와 가까이 하지 않는다 Le sage ne fréquente pas les petits esprits.

◆ **성인_** 聖人- 명 saints *mpl* et sages *mpl*.

군자금 軍資金 명 fonds *mpl* de l'armée; caisse *f* militaire. ¶ ~을 모으다 rassembler des fonds pour l'armée.

군장 軍裝 명 ① uniforme *m* [habit *m*, tenue *f*] militaire. ② ((장비)) matériel *m* militaire d'un soldat. ¶ 완전 ~으로 en tenue (complète) de campagne. ◇ **_을 하다[메다]** se mettre en tenue de campagne. ¶ 완전 ~을 하고 50킬로를 행군했다 On a parcouru 50 km en tenue de campagne.

◆ **_검사** -檢査 명 examen *m* du matériel militaire du soldat.

군정 軍政 명 gouvernement *m* [administration *f*, régime *m*] militaire. ¶ 군사혁명이 일어나 ~이 시작되었다 Un régime militaire a été instauré après le coup d'État. ¶ ...을 ~ 하에 두다 mettre ((un territoire)) sous administration militaire. ¶ ~을 종식시키다 mettre fin au régime militaire. ◇ **_을 펴다[실시하다]** établir un régime militaire.

군제 軍制 명 ① système *m* militaire. ② organisation *f* [règlement *m*] de l'armée.

군졸 軍卒 명 militaire *m*; simple soldat *m*, homme *m* de troupe (du contingent), bidasse *m* {*fam*}, troufion *m* {*fam*}.

군주 君主 명 monarque *m*, souverain *m*, prince *m*; roi *m*.

◆ **_국** -國 명 monarchie *f*.

◆ **_독재** -獨裁 명 autocratie *f*; despotisme *m*, dictature *f*.

◆ **_정체** -政體 명 monarchie *f*; régime *m* monarchique.

◆ **입헌_국** 立憲國 명 monarchie *f* constitutionnelle.

군중 群衆 명 foule *f*, cohue *f*, affluence *f*, rassemblement *m*, multitude *f*. ¶ ~ 속의 고독을 느끼다 se sentir seul(*e*) au milieu de la foule. ¶ ~ 속에 섞이다 se mêler à la foule. ¶ ~ 속을 뚫고 나아가다 se faire un chemin [se frayer un passage] à travers la foule. ¶ 그 집회에는 많은 ~이 모였다 Une foule nombreuse s'est rassemblée lors de cette réunion. ¶ 성난 ~이 경찰과 충돌했다 La foule en colère s'est heurtée à la police.

◆ **_심리** -心理 명 psychologie *f* des foules. ¶ 군중~에 휩쓸리다 être gagné(*e*) par la psychologie des foules.

◆ **_집회** -集會 명 réunion *f* publique.

군진 軍陣 명 camp *m* militaire, campement *m*. ¶ ~을 치다 prendre position, camper; se mettre en formation.

군집 群集 명 rassemblement *m*, affluence *f*, groupe *m*, bande *f*, troupe *f*, attroupement *m*. ¶ 이 숲속에는 갖가지 식물들이 ~을 이루고 있다 Dans cette forêt il y a différents groupements végétaux.

◆ **_명사** -名詞 명 nom *m* collectif.

◆ **_식물** -植物 명 plantes *fpl* [végétaux *mpl*] qui

poussent en groupe [en bouquets, en tapis] ((comme les champignons)).

군청 郡廳 명 sous-préfecture(~-~s) *f.* ¶ ~ 소재지 l'agglomération où se trouve la sous-préfecture.

군청색 群青色 명 bleu *m* foncé; bleu *m* marine.

군축 軍縮 명 réduction *f* [limitation *f*] des armements; désarmement *m.* ¶ ~을 논의하다 discuter du désarmement. ◇_(을) **하다** désarmer; réduire [limiter] les armements [forces militaires].

◆**_협상** -協商 명 négociation *f* sur le désarmement; pourparlers *mpl* sur le désarmement.

◆**_회의** -會議 명 conférence *f* sur le désarmement.

군침 명 salive *f.* ◇_**을 삼키다**[**흘리다**] déglutir, avaler la salive [baver]; saliver. ¶ 며칠을 굶은 탓에 음식을 보자마자 그는 ~을 꿀떡 삼켰다 Comme il n'avait rien mangé depuis plusieurs jours, dès qu'il a vu de la nourriture, il a salivé. ¶ 이 옷은 내 것이니까 ~(도) 흘리지 마 Ne bave pas d'envie pour ce vêtement qui est à moi [le mien]. ◇_**이 돌다** saliver, en avoir l'eau à la bouche, ((l'eau)) venir à la bouche de *qn.* ¶ 이 매운 음식을 보니 ~이 절로 돈다 Quand je vois ce plat pimenté, l'eau me vient à la bouche [j'en salive d'envie, j'en ai l'eau à la bouche].

군함 軍艦 명 navire *m* [bâtiment *m*] de guerre.

군항 軍港 명 port *m* militaire; base *f* navale. ¶ ~ 도시 un port militaire.

◆**_제** -祭 명 festival *m* du port militaire.

군현 郡縣 【역사】 *gunhyeon* <*gun* et *hyeon*, divisions administratives à l'époque des Trois Royaumes>. ¶ ~을 설치하다 délimiter les divisions administratives *gunhyeon.*

군형법 軍刑法 명 droit *m* pénal militaire.

군화 軍靴 명 chaussures *fpl* [bottes *fpl*] militaires. ¶ ~를 신다 mettre des chaussures militaires. ¶ ~(의) 끈을 죄다 serrer les lacets de ses chaussures militaires. ¶ ~ 소리가 저벅저벅 요란하게 울렸다 Le bruit des chaussures militaires résonnait bruyamment.

◆**_ㅅ발** 명 pieds *mpl* chaussés de bottes militaires; ((비유적)) forces *fpl* armées, armée *f.* ¶ 그 나라의 민주화 투쟁은 ~ 아래 무참히 짓밟혔다 La lutte pour la démocratisation du pays a été impitoyablement écrasée par l'armée.

굳건하다 형 être solide, ferme, inébranlable, inflexible. ¶ 굳건한 기상[신념] une forte [solide] volonté [une solide conviction]. ¶ 저 사람은 의지가 매우 ~ Cette personne a une volonté inébranlable [très forte, de fer].

◆**굳건히** 부 solidement, fermement. ¶ 수비를 굳건히 하다 affermir [fortifier, consolider] *sa* défense.

굳다 형 être dur(*e*), solide, figé(*e*), ferme, inébranlable. ¶ 굳은 기반 [지반] une base [fondation] solide. ¶ 굳은 맹세 un serment absolu. ¶ 굳은 절개 une fidélité inébranlable. ¶ 굳은 빵 du pain dur. ¶ 굳은 표정을 하다 avoir un visage figé. ¶ 그는 신앙심이 매우 ~ Il a une foi inébranlable.

◆**굳게** 부 durement, solidement, fermement. ¶ 나는 너의 말을 굳게 믿었었다 J'ai fermement [solidement] cru en ta parole. ¶ 굳게 약속하다 promettre fermement. ¶ 마음을 굳게 먹다 décider fermement. ¶ 굳게 잠긴 문 une porte bien fermée à clé [bien verrouillée]. ¶ 그 소년은 집을 떠나기로 굳게 결심했다 Le garçon a fermement décidé de quitter son foyer.

굳다 자 ① devenir dur(*e*), solide, ferme; se durcir, se solidifier, s'endurcir; se coaguler, se solidifier; se congeler; se figer; prendre. ¶ 밀가루 반죽이 딱딱하게 굳었다 La pâte à tarte est devenue dure (comme la pierre, comme du béton) / La pâte (à tarte) a durci. ¶ 굳어진 피 du sang coagulé [figé, caillé]. ¶ 땅이 굳는다 Le sol se durcit. ¶ 시멘트가 굳었다 Le ciment a pris / Le ciment s'est durci. ② ((근육이나 뼈마디가)) se raidir, roidir, ankyloser, engourdir, paralyser. ¶ 팔다리가 굳고 있다 Les bras et les jambes se raidissent. ¶ 혀가 굳어 말이 잘 안 나온다 La langue engourdie, il n'est pas facile de parler / J'ai du mal à parler parce que j'ai la langue toute engourdie. ③ ((습관 따위가)) ne plus pouvoir se défaire ((d'une habitude)). ¶ 몸에 굳어버린 습관 une habitude dont on ne peut plus se défaire [se passer], habitude qu'il est impossible d'abandonner [de modifier]. ④ ((재물 따위가)) économiser de l'argent, faire des économies. ¶ 선배가 점심을 사주어서 점심 값이 굳었다 Puisqu'un aîné de mon université [de mon lycée] m'a payé le déjeuner, j'ai économisé le prix d'un repas. ¶ 술 안 먹으니 건강에도 좋고, 돈도 굳고 얼마나 좋소 Comme je ne bois pas, non seulement je ne m'esquinte {*fam*} pas la santé, mais en plus je fais des économies. C'est l'idéal, non?

***굳은 땅에 물이 괸다** Il faut être économe pour parvenir à amasser de l'argent.

***비온 뒤 땅이 더 굳는다** Après la pluie, le beau temps.

굳세다 형 être fort(*e*), robuste, vigoureux(*se*), solide, ferme, inébranlable. ¶ 굳센 의지[결의] une ferme volonté, une volonté de fer [une résolution ferme]. ¶ 그는 의지가[신념이] ~ Il a une volonté inflexible [une solide conviction]. ¶ 적의 저항이 예상 밖으로 ~ La résistance des ennemis est plus forte que prévue. ¶ 그는 어깨와 팔이 매우 ~ Il a les épaules et les bras robustes.

◆**굳세게** 부 fortement. ¶ 굳세게 살아가다[버티다] vivre pleinement [résister vigoureusement]. ¶ 일을 굳세게 추진해 나아가다 faire beaucoup avancer [progresser] un travail.

굳어지다 자 ① durcir, se durcir, s'endurcir, devenir solide, dur(*e*), ferme; se solidifier; se figer. ¶ 눈이 굳어지기 전에 치우자 Enlevons la neige avant que ça ne devienne dur / Balayons la neige avant qu'elle ne se solidifie. ¶ 반죽이 굳어졌다 La pâte est devenue dure. ¶ 굳어진 피 sang *m* coagulé [figé, caillé]. ② ((얼굴 따위가)) se figer; se durcir. ¶ 그 이야기를 듣자 그는 표정이 굳어졌다 Dès qu'il a entendu cette histoire, son visage s'est figé. / En entendant cette histoire, son expression s'est durcie. / Les traits de son visage se sont durcis aussitôt qu'il a appris la nouvelle. ③ ((사실, 현상, 체제가)) se confirmer; se consolider; se sceller; s'arrimer; se cimenter; se fixer. ¶ 그 보도 내용들은 점차 사실로 굳어지고 있었다 Le contenu de ce reportage était en train de se confirmer petit à petit comme une vérité / Ce reportage se confirmait être peu à peu la vérité. ¶ 그 이론은 아직 정설로 굳어지지 않았다 Cette théorie n'a pas encore été confirmée. ¶ 이 체제가 완전히 굳어지기 전에 개혁을 하자 Réformons le système avant qu'il ne se fige [se consolide, se durcisse] complètement.

굳은살 명 cal *m*, durillon *m*. ◇_**이 박이다** avoir un cal. ¶ 손에 ~이 박이도록 열심히 일하다 travailler dur au point d'avoir un cal dans la main.

굳이 부 ① fermement; à tout prix, coûte que coûte; obstinément, opiniâtrement; avec entêtement; assidûment. ② ((구태여)) exprès, à dessein, intentionnellement, avec intention, de propos délibéré, délibérément, volontairement. ¶ ~ 여기까지 오실 필요는 없어요 Vous n'êtes pas obligé(*e*) de vous déplacer exprès jusqu'ici.

굳히다 타 ① durcir, endurcir; rendre *qc* dur(*e*); tremper, scléroser, raidir; rendre ferme; donner de la consistance à ((une pâte)); affermir, consolider. ¶ 콘크리트[진흙, 물엿]를 ~ faire prendre [durcir] le béton armé [l'argile, le sucre d'orge mou]. ¶ 술은 혈관을 굳힌다 L'alcool sclérose les vaisseaux sanguins. ② ((마음을)) renforcer ((l'opinion de *qn*)). ¶ 마음[생각, 의견]을 굳혔다 Ma décision [Mon idée, Mon opinion] s'est raffermie. ¶ 그 사람의 대답이 나의 의견을 더욱 굳혔다 Sa réponse renforça mon opinion. ③ ((기반, 세력, 승리 따위를)) assurer, consolider ((*sa* position)). ¶ 기반을 ~ assurer *sa* position. ¶ 그는 이번 사건을 계기로 자신의 정치적 입지를 굳혔다 Par cet événement, il a consolidé sa position politique. ¶ 승리를 굳히는 결정적인 골이었다 C'était un but décisif qui a permis de rendre la victoire sûre / Le but marqué cette fois a raffermi la victoire. ④ ((바둑)) occuper un coin du damier ((au jeu de *go*)). ¶ 귀를 완전히 굳혔다 ((au jeu de *go*)) J'occupe tout un coin (du damier).

굴하다 屈- 자 fléchir, plier, ployer ((les genoux)); céder à ((l'adversaire)); succomber à ((la tentation)); pencher ((le corps)), se décourager. ¶ 어떠한 난관에도 굴하지 않다 ne céder à aucune difficulté. ¶ 그 사람은 한 번 실패에 굴할 사람이 아니다 Ce n'est pas quelqu'un qui pourrait se décourager après un seul échec.

굴[1] 명 huître *f*. ¶ ~ 양식 ostréiculture *f*, élevage *m* des huîtres. ¶ ~ 양식장 domaine *m* ostréicole, centre *m* d'ostréiculture, huîtrière *f*. ¶ ~ 장수 écailler(*ère*). ¶ ~을 따다[채취하다] ramasser [récolter] des huîtres.

◆_**껍질** 명 coquille *f* [écaille *f*] d'huîtres. ¶ ~껍질을 까다 ouvrir [écailler] des huîtres.

◆_**젓** 명 huîtres *fpl* saumurées. ¶ 어리~젓 saumure *f* pimentée d'huîtres.

굴[2] 窟 명 ① grotte *f*, caverne *f*, souterrain *m*, tunnel *m*. ¶ ~이 무너졌다 La grotte s'est effondrée. ¶ ~을 파다 creuser un tunnel [une grotte]. ¶ 여기는 마치 ~ 속 같이 어둡다 Ici, il fait sombre comme dans un tunnel. ¶ 기차가 ~ 속으로 들어가고 있다 Le train entre dans le tunnel. ¶ ~ 속에 숨다 se cacher dans une grotte. ② ((동물의)) antre *m*, tanière *f*; ((여우, 토끼의)) terrier *m*; ((두더지, 쥐, 개미 따위의)) trou *m*.

굴곡 屈曲 명 fléchissement *m*, flexion *f*, inflexion *f*, courbure *f*, sinuosité ((d'un chemin)); replis *mpl*. ¶ ~이 진 ((chemin, cours d'eau)) sinueux(*se*); qui serpente; ((route)) en lacet; ((rue)) tortueux(*se*). ¶ 해안선의 ~을 따라 걸어가다 marcher en suivant les courbes du rivage. ¶ 이 해안선은 ~이 심하다 Ce rivage est très découpé. ◇_**(이) 지다** être mouvementé(*e*). ¶ 그는 참 ~진 [~ 많은] 삶을 살았다 Il a mené une vie très mouvementée.

굴다 자 ① agir, se comporter, se conduire; se montrer+Adj ¶ 비겁하게 [성가시게, 바보 같이] ~ agir [se comporter] lâchement [de façon gênante, comme un idiot]. ¶ 그 친구는 우리에게 매우 얄밉게 [까다롭게] 굴었다 Il agissait très méchamment [méticuleusement] avec nous. ¶ 남을 못살게 ~ maltraiter, molester, malmener, rudoyer *qn*; se montrer dur(*e*) envers *qn*. ¶ 그 남자는 나를 귀찮게 군다 Cet homme est pénible avec moi / Cet homme m'embête beaucoup. ¶ 그 여자는 큰 일이라도 난 것처럼 굴었다 Elle s'agitait comme s'il était arrivé une catastrophe. ¶ 그 사람은 시간이 아까운 듯이 굴었다 Il s'agitait [se précipitait] comme si l'heure était proche.

굴다리 窟- 명 pont *m* de chemin de fer; ((구름다리)) viaduc *m*, passerelle *f*; passage *m* surélevé.

굴대 명 essieu(*x*) *m*.

굴뚝 명 cheminée *f*. ¶ ~ 삿갓 capuchon *m* de cheminée. ¶ ~에서 연기가 모락모락 피어오른다 La fumée sort de la cheminée par petits nuages. ¶ ~을 청소하다 nettoyer la cheminée.

* **...하고 싶은 마음이 ~ 같다** avoir une énorme envie de+*inf*; ce n'est pas l'envie qui m'en manque, mais ... ¶ 여길 떠나고 싶은 마음[생각]이 ~ 같다 Partir d'ici, ce n'est pas l'envie qui m'en manque, mais ...

***아니 땐 ~에 연기 나랴** Il n'y a pas [point] de fumée sans feu / Point d'effet sans cause.

굴러가다 자 ① rouler, aller en roulant. ¶ 공[돌멩이] 이 굴러간다 Un ballon [Une pierre] roule. ② fonctionner, marcher. ¶ 이 모임은 그런대로 잘 굴러

가고 있다 Cette association marche assez bien.

굴러내리다 자 dévaler (de la montagne); débouler; dégringoler; rouler. ¶ 바위들이 산 위에서 굴러내렸다 Les rochers ont dévalé de la montagne. ¶ 산비탈을 굴러내리다시피 하여 내려왔다 Je suis descendu(*e*) de la montagne comme si j'allais dévaler toute la pente.

굴러다니다 자타 ① ((사람이)) se rouler par terre; se retourner; se vautrer; se traîner. ¶ 배가 아파 방바닥을 굴렀다 Je me suis roulé(*e*) par terre parce que j'avais mal au ventre. ② ((물건이)) traîner. ¶ 바닥에 빈 병들이 굴러다닌다 Des bouteilles vides traînent sur le sol [par terre]. ③ 정한 곳 없이 이리저리 옮겨 다니다 se laisser vivre, ne rien faire, perdre *son* temps, passer *son* temps à ne rien faire, rester sans rien faire, perdre *son* temps à des riens [à ne rien faire], vagabonder, errer de-ci de-là, traîner, traînailler {*fam*}, traînasser {*fam*}, lambiner, glander {*fam*}, glandouiller {*fam*}; zoner {*fam*}, paresser, fainéanter, flemmarder {*fam*}, demeurer [rester, séjourner] sans objet précis, muser, musarder, lézarder, lanterner; tirer au flanc, tirer au cul {*fam*}, se rouler [se tourner] les pouces {*fam*} (par oisiveté), se les rouler {*fam*}, se les tourner {*fam*}; rester les bras croisés; ne pas en ficher une rame {*fam*}, ne pas se fatiguer [se fouler {*fam*}, se casser {*fam*}]; buller {*fam*}, coincer la bulle {*fam*}, se la couler douce {*fam*}, peigner la girafe; branler {*vulg*}. ¶ 그의 삶은 그저 발길 닿는 곳으로 굴러다니는 인생이었다 Sa vie était une existence où il se laissait traînailler là où ses pas le conduisaient / Il traînait les pieds partout où sa vie l'emmenait.

굴러들다 자 affluer; déferler; rentrer; déverser; rouler. ¶ 이제 큰 돈이 굴러들게 되어 있어 Maintenant beaucoup d'argent va affluer [rentrer, déferler].

***호박이 넝쿨째 굴러드는 격이다** On a obtenu plus que ce qu'on voulait.

굴러떨어지다 자 dégringoler; tomber en roulant; rouler comme une boule; dévaler; débouler; faire un roulé-boulé. ¶ 계단에서 ~ dégringoler des escaliers, rouler en bas des escaliers. ¶ 3층에서 밑으로 ~ dégringoler du deuxième étage en bas.

굴러먹다 자 vivoter, végéter; moisir, s'encroûter, croupir; traînasser {*fam*}, traîner, glander {*fam*}, glandouiller {*fam*}, glandouiller {*fam*}, se laisser vivre, ne rien faire, perdre *son* temps, passer *son* temps à ne rien faire, rester sans rien faire, perdre *son* temps à des riens [à ne rien faire], vagabonder, errer de-ci de-là, lambiner; zoner {*fam*}, paresser, fainéanter, flemmarder {*fam*}, demeurer [rester, séjourner] sans objet précis, muser, musarder, lézarder, lanterner. ¶ 그는 공사판에서만 십 년을 굴러먹은 사람이다 C'est une personne qui a une expérience de dix ans de chantiers. / C'est quelqu'un qui pendant dix ans n'a travaillé que sur des chantiers. ¶ 어디서 굴러먹다 온 놈이 여기 와서 큰 소리야? Je ne sais pas où tu as traîné, mais qu'est-ce tu viens réclamer? / Qu'est-ce que tu viens faire ici avec ta grande gueule après avoir traîné je ne sais où? {*fam*}.

굴렁쇠 명 cerceau(*x*) *m*. ¶ ~를 굴리며 놀다 jouer au cerceau.

굴레 명 ① bride *f*, têtière *f*. ¶ 소[말]에 ~를 씌우다 brider un bœuf [un cheval]. ② frein *m*, contrainte *f*, entrave *f*. ¶ 그는 가장이라는 자리를 ~로 느끼고 있다 Il ressent sa situation de chef de famille comme un fardeau.

***~를 쓰다** être contraint(*e*), entravé(*e*). ¶ 그는 하찮은 일로 이중인격자라는 ~를 쓰고 말았다 Pour des raisons futiles, il s'est attribué la réputation d'avoir une double personnalité.

***~를 씌우다** tenir *qn* en bride, tenir la haute bride à *qn*.

***~를 벗다** se défaire d'une entrave. ¶ 그는 수년 만에 비로소 채무의 ~를 벗어나게 되었다 Il ne s'est libéré du poids de ses dettes qu'après plusieurs années / Il s'est enfin acquitté de ses dettes après plusieurs années.

***~를 벗기다** libérer *qn* d'une entrave.

굴리다 타 ① rouler, faire tourner. ¶ 공[바퀴, 돌, 구슬]을 ~ faire rouler un ballon [une roue, une pierre, une perle]. ¶ 공을 ~ rouler une balle. ② ((발음을)) rouler. ¶ "r"의 음을 굴려서 발음하다 prononcer en roulant les "r". ¶ 쟤는 미국물 좀 먹었다고 영어 발음을 되게 굴리네. Ce type-là, il force un peu son accent pour montrer qu'il a vécu un peu aux États-Unis. ③ 아무데나 두다 négliger; laisser *qc* sans soin; abandonner. ¶ 책을 아무데나 굴리지 말고 잘 간수하여라. Au lieu de mettre les livres n'importe où, conserve-les dans un lieu sûr. ④ ((모가 난 물건을)) arrondir *qc*; rendre rond(*e*); abattre l'angle. ¶ 목수는 나무토막을 각이 지지 않도록 둥글게 굴렸다 Le charpentier a arrondi le morceau de bois pour qu'il n'y ait pas d'angle. ⑤ ((차를)) faire fonctionner, exploiter ((un véhicule)). ¶ 그는 자가용을 두 대나 굴린다 Il a deux voitures particulières [personnelles]. ¶ 내가 자가용 굴릴 돈이 어디 있니? Tu crois que j'ai assez d'argent pour avoir une voiture (particulière)? ⑥ 돈놀이를 하다 placer ((des fonds)); employer; faire fructifier (l'argent) ¶ 그 사람은 큰돈을 굴린다 Il manipule une grosse somme d'argent.

굴복 屈服 명 soumission *f*, capitulation *f*. ◇_(을) **하다** se rendre, rendre [déposer] les armes, capituler devant [face à] *qc*/*qn*; se soumettre à *qn*; baisser pavillon devant *qn*; céder à. ¶ 권위에 ~하다 se soumettre à l'autorité. ¶ 불의에 ~하다 capituler [céder] devant [face à] l'injustice. ¶ 유혹에 ~하다 céder à la séduction. ◇_(을) **시키다** soumettre, subjuguer ((un peuple)). ¶ 자기 의견에 무조건 남을 ~시키다 imposer de force *son* avis aux autres.

굴비 명 ombrine *f* séchée.

굴욕 屈辱 명 humiliation *f*, honte *f*, déshonneur *m*, affront *m*. ¶ 참을 수 없는 ~ une humiliation insupportable. ¶ 갖가지 ~을 참고 견디다 endurer toutes les humiliations. ◇_**을 주다** humilier *qn*, faire affront à *qn*, infliger la honte à *qn*; déshonorer *qn*. ◇_**을 당하다[겪다]** essuyer [subir, être victime d']un affront; essuyer une honte; être humilié(*e*).
◆_**적** -的 명관 humiliant(*e*). ¶ ~적인 대일 외교 une relation diplomatique humiliante avec le Japon.
◆_**스럽다** 형 être humiliant(*e*), déshonorant(*e*).
◆_**감** -感 명 sentiment *m* d'humiliation.

굴절[1] 屈折 명 ① réfraction *f*, déviation *f*, inflexion *f*, flexion *f*. ¶ 빛의 ~ réfraction d'un rayon lumineux. ◇_(**을**) **하다** fléchir; se réfracter. ② ((비유적)) 왜곡 déformation *f*. ③ 【언어】 flexion *f*. ◇_(**을**) **시키다** réfracter. ◇_(**이**) **되다** être fléchi(*e*), réfracté(*e*); ((비유적)) 왜곡되다 ¶ 빛은 수면에 들어갈 때 ~된다 Le rayon de lumière est réfracté à la surface de l'eau. ¶ ~된 시각을 바로잡다 rectifier un point de vue (erroné).
◆_**각(율)** -角(率) 명 angle *m* [indice *m*] de réfraction.
◆_**광선** -光線 명 rayon *m* réfracté [dévié].
◆_**력(성)** -力(性) 명 【물리】 réfringence *f*.
◆_**어** -語 명 【언어】 langue *f* flexionnelle [à flexion].
◆_**접미사** -接尾辭 명 【언어】 suffixe *m* flexionnel.
◆_**접사** -接辭 명 【언어】 affixe *m* flexionnel, flexion *f*, désinence *f*.
◆_**형태론** 屈折形態論 명 【언어】 morphologie *f* flexionnelle.

굴종 屈從 명 asservissement *m*, assujettissement *m*, servitude *f*. ¶ ~을 강요받다 se faire asservir de force. ◇_(**을**) **하다** s'asservir, se soumettre, s'assujettir à *qn*. ◇_(**을**) **시키다** asservir *qn*, soumettre *qn*, assujettir *qn*.

굴지 屈指 명 excellence *f*, prééminence *f*. ◇_**의** un(*e*) des premi*ers*(*ères*); un(*e*) des plus grand(*e*)s; de grande classe; de premier ordre; éminent(*e*), remarquable. ¶ 우리나라 ~의 대기업들 les plus grandes entreprises de notre pays.

굴착 掘鑿 명 forage *m* ((d'un tunnel)). ¶ ~공사 travaux de forage. ¶ ~공사 des travaux de forage. ◇_(**을**) **하다** creuser, forer, percer ((un tunnel)). ¶ 바위산을 ~하여 터널을 만들다 forer [percer] un tunnel dans la roche [dans un rocher].
◆_**기** -機 명 excava*teur*(*trice*), foreuse *f*; ((터널)) tunnelier *m*, taupe *f*, perforatrice *f*, trépan *m*; roue-pelle(~*s*-~*s*); pelle *f* mécanique.

굴참나무 명 【식물】 chêne-liège(~*s*-~*s*) *m*.

굴하다 재 fléchir, plier, ployer ((les genoux)); succomber à ((la tentation)), céder à ((l'adversaire)). ¶ 온갖 시련에도 굴하지 않다 ne pas s'écrouler [trébucher].

굵기 명 ① diamètre *m*; circonférence *f*; calibre *m*. ¶ 두 막대의 ~가 같다 Le diamètre de ces deux bâtons est le même. ② 부피 taille *f*; volume *m*; calibre *m*. ¶ 그 배는 알의 ~가 작다 Cette poire est de petit calibre [de petite taille] / La taille de cette poire est petite.

굵다 형 ① être gros(*se*), épais(*se*). ¶ 굵은 글씨[체]로 쓰다 écrire en gros caractères; ((볼드체)) mettre ((une expression)) en caractères gras. ¶ 굵은 선 une ligne épaisse. ¶ 올이 굵은 천 un tissu à trame épaisse. ¶ 이 칼은 손잡이가 너무 ~ Le manche de ce couteau est trop gros. ② ((알맹이가)) être gros(*se*). ¶ 굵은 모래 du gros sable. ¶ 굵은 빗방울 de grosses gouttes de pluie. ¶ 이 사과들은 알맹이가 ~ Ces pommes sont grosses. ③ ((목소리가)) être gros(*se*). ¶ 저 가수는 목소리가[음성이] 아주 ~ Ce chanteur a une grosse voix.
◆**굵게** 부 ((couper)) gros. ¶ 굵게 썰다[자르다] couper gros. ¶ 인생을 굵고 짧게 살다 mener une vie courte, mais pleine.

굵다랗다 형 être gros(*se*). ¶ 굵다란 막대기 un gros bâton. ☞ 굵다

굵직하다 형 être gros(*se*). ¶ 굵직한 목소리 une grosse voix. ¶ 굵직한 감자 une grosse pomme de terre. ☞ 굵다

굶기다 타 faire jeûner; laisser *qn* souffrir de la faim; laisser *qn* mourir de faim; affamer *qn*. ¶ 어머니는 바빠서 아이에게 저녁을 굶겼다 La mère, trop occupée, n'a pas donné le repas du soir à son enfant. ¶ 처자를 ~ laisser *sa* famille [*sa* femme et *ses* enfants] mourir de faim. ¶ 누구를 굶겨 죽이다 laisser mourir *qn* de faim.

굶다 타 ① jeûner; être affamé(*e*), être famélique; être réduit(*e*) à la famine. ¶ 밥[점심]을 ~ sauter un repas; manquer un repas [le déjeuner], [se passer du repas de midi]; ne pouvoir prendre un repas [le déjeuner]. ¶ 나는 하루종일 굶었다 Je n'ai rien mangé de la journée. ¶ 종일 굶었더니 배고파 견딜 수가 없어요. Comme je n'ai rien mangé de toute la journée, j'ai une faim intolérable [insupportable]. ② (자기 차례를) 거르다 ((놀이)) passer (*son* tour). ¶ 끗발이 안 올라 한번 굶겠네 Comme je n'ai pas de bonnes cartes, je passe.
*__굶기를 밥 먹듯 하다__ ne jamais manger à *sa* faim, souffrir de famine à cause de la misère, être très pauvre ((au point d'avoir des carences alimentaires, au point d'en être famélique)), mener une vie indigente, subsister difficilement [avec peine, péniblement], vivoter [survivre] péniblement, subsister [vivoter] tant bien que mal, avoir peine à vivre avec de maigres ressources, gagner tout juste *sa* vie, gagner à peine de quoi vivre [de quoi subvenir à *ses* besoins], avoir des revenus tout juste [à peine] suffisants pour subvenir à *ses* besoins, ne pas avoir de quoi subvenir à *ses* besoins; avoir des fins de mois difficiles; gagner difficilement *son* pain [*sa* vie], tirer le diable par la queue, avoir du mal à joindre les deux bouts,

vivre chichement [petitement, au jour le jour, médiocrement], vivre misérablement [dans la misère, dans la pauvreté, dans le besoin, dans la nécessité, dans la précarité], avoir du mal à vivre, végéter. ◇**굶어 죽다** mourir de faim.

굶주리다 자 ① être affamé(*e*), être famélique. ¶ 굶주린 늑대 un loup affamé. ② ((비유적)) être assoiffé(*e*), être avide de *qc*; avoir soif de *qc*; avoir faim de *qc*. ¶ 돈에 ~ être avide d'argent. ¶ 애정[사랑]에 ~ avoir soif d'affection [de tendresse]. ¶ 배움에 ~ être avide d'apprendre; avoir soif de connaissances.

굶주림 명 faim *f*; famine *f*. ¶ ~을 면하다 échapper tout juste à la famine; éviter tout juste de mourir de faim.

굼뜨다 형 être lent(*e*) ((dans *ses* mouvements, dans *son* travail, à se décider)). ¶ 그는 동작이 ~ Il a des mouvements lents. ¶ 머리 돌아가는 것이 ~ avoir l'esprit lent, être lent(*e*) à comprendre, être dur(*e*) à la détente, avoir du retard à l'allumage, avoir (toujours) un train [un métro] de retard, être (toujours) en retard d'une guerre, mettre du temps à comprendre; «Il(Elle) comprend vite, mais il faut lui expliquer longtemps». ¶ 저 사람은 일 처리하는 것이 ~ Cette personne est lente à exécuter [faire] son travail.

굼벵이 명 ① asticot *m*, larve *f*. ② 【속어】 ((사람)) personne *f* molle sans énergie [apathique et endormi(*e*), nonchalante, inerte], paresseux(*se*), traînard(*e*) {*fam*}, lambin(*e*) {*fam*}, mollasson(*ne*), chiffe-molle *f*, mollusque *m* {*fam*}, lavette *f* {*fam*}. ¶ ~ 같이 느리다[꾸물대다] être lent(*e*) [traîner] comme une limace {*fam*}, être lent(*e*) comme une tortue [comme un escargot], traîner, traînasser {*fam*}, traînailler {*fam*}, lambiner, lanterner, s'attarder, tarder, se remuer sans se presser.

*~**도 구르는 재주가 있다** Tout le monde a des talents cachés.

굼실거리다 자 frémir; trembler; palpiter; vibrer; trémuler. ¶ 멀리서 굼실거리는 물결 vagues déferlant au loin [au large].

굽 명 ① ((말, 소, 양 따위의)) 발굽 sabot *m* (du cheval); pied *m* fourchu. ¶ 말의 ~이 닳지 않도록 징을 박다 ferrer un cheval pour ne pas user les sabots. ② ((구두의)) 뒤축 talon *m* ((de soulier)). ¶ ~이 낮은 구두 des chaussures plates. ¶ ~이 높은 구두 ((하이힐)) des chaussures à talon(*s*) haut(*s*); ((뾰족 구두)) des chaussures à talons aiguilles; ((통굽)) des chaussures à semelle compensée. ③ ((그릇)) pied ((d'un verre)). ¶ ~이 높은 술잔 une coupe avec un pied assez élevé.

굽다[1] 형 être courbe, cintré(*e*), courbé(*e*), arqué(*e*), coudé(*e*), sinueux(*se*), tordu(*e*); plier, ployer. ¶ 굽은 길 une rue sinueuse. ¶ 굽은 (나뭇)가지 une branche courbée [tordue]. ¶ 굽은 등뼈 la colonne vertébrale déformée. ¶ 이 할머니는 연세가 드셔 등이 [허리가] 굽으셨다 Cette vieille femme [grand-mère {*fam*}] a le dos courbé par l'âge. ¶ 과일이 많이 달려 가지가 굽었다 Les branches ont ployé sous le poids des fruits.

자 pencher d'un côté; ((팔, 다리, 무릎)) se plier. ¶ 다친 팔이 잘 굽지 않는다 Mon bras blessé se plie difficilement / J'ai du mal à plier mon bras blessé.

*__팔이 안으로 굽지 밖으로 굽으랴__ On est toujours du côté des siens.

굽다[2] 타 ① griller ((des côtelettes, un poisson)); rôtir ((de la viande)); (faire) cuire ((une volaille à la broche)). ¶ 빵을 ~ griller du pain, faire du pain (grillé), faire des toasts; cuire du pain. ¶ 고기 [밤, 김, 오징어]를 ~ griller de la viande [des châtaignes, des feuilles de *gim*, des calmars séchés]. ② ((숯을)) faire du charbon. ¶ 나무를 태워 숯을 ~ fabriquer du charbon en brûlant du bois. ③ ((벽돌, 도자기, 옹기 따위를)) cuire. ¶ 벽돌 [도자기]을 ~ cuire des briques [poteries]. ④ ((사진을)) tirer, imprimer. ¶ 사진의 음화를 감광지에 옮겨 ~ tirer [imprimer] le négatif d'un film[d'une photo] sur papier.

◆**구워지다** 자 être cuit(*e*). ¶ 잘[적당히] 구워진 비프스테이크 un bifteck bien cuit [cuit à point].

굽다[3] 타 ((윷놀이)) avancer en même temps. ¶ 석 동을 구워서 간다 Trois pions avancent à la fois [en même temps].

굽실거리다 타 faire des courbettes pour flatter, courtiser, flagorner, baisser, courber ((la tête)); s'aplatir devant *qn*; plier [courber] l'échine devant *qn*; ramper; tomber à plat ventre {*fam*}. ¶ 머리[몸]를 ~ faire des courbettes devant *qn* pour le flatter. ¶ 땅에 머리가 닿도록 ~ s'aplatir littéralement devant *qn*; faire des courbettes jusqu'au sol devant *qn*. ¶ 그 직원은 상관 앞에서 늘 굽실거린다 Cet employé rampe toujours devant ses supérieurs.

굽어보다 타 regarder en bas. 내려다보다 regarder en bas; regarder à terre. ¶ 산꼭대기에서 아래를 ~ regarder vers le bas du sommet de la montagne.

굽어살피다 타 ((un supérieur)) prendre soin de ((un inférieur)), prendre connaissance de *qc*; tenir compte de *qc*; prendre *qc* en considération, considérer *qc*. ¶ 높은 곳에서 ~ regarder *qc* d'en haut, regarder du haut de *qc*. ¶ 임금이 민정을 굽어살폈다 Le roi a tenu compte de la situation du peuple. ¶ 전하, 굽어살피소서 Sire [Votre Majesté], veuillez considérer [prendre en compte] notre situation.

굽이 명 tournant *m*; virage *m*; courbe *f*; coude *m*; angle *m*; coin *m*. ¶ 가파른 ~를 돌아가다 se détourner d'un virage brusque [éviter un tournant brusque]. ¶ 강이 ~를 도는 곳 lieu où le fleuve fait une courbe [une boucle, un méandre]. ◇_**(를) 치다** tourner, tourbillonner, tournoyer, virevolter; serpenter; couler en faisant des méandres. ¶ 강물이 빙빙 ~를 치며 넘실거린다 Le fleuve a l'air de déborder en

ㄱ

tourbillonnant / Le fleuve semble vouloir quitter son lit en faisant des tourbillons [dans un mouvement tourbillonnaire].

◆_지다 ㉕ fléchir d'un côté; se courber d'un côté. ¶ 강물이 굽이진 곳 l'endroit où la rivière fait une courbe. ¶ 해안선이 육지로 깊게 굽이져 있다 Le littoral est courbé [incurvé] en profondeur vers l'intérieur des terres.

분류 virage *m*, tournant *m*, lacet *m*, coude *m*. ¶ 아흔아홉 ~를 돌아 재를 내려가다 descendre de la montagne en négociant [en passant par une suite de] quatre-vingt-dix-neuf virages. ¶ 몇 ~의 협곡을 거슬러 올라가다 monter la côte étroite qui serpente.

굽혀펴다 ㉖ plier et déplier. ¶ 허리를 굽혀펴는 운동 l'exercice d'assouplissement du dos [des reins].

◆**굽혀펴기** ㉔ ((faire des)) pompes *fpl* {*fam*} ¶ 팔 ~를 20번 하다 faire 20 pompes.

굽히다 ㉖ ① fléchir, courber, plier cintrer, arquer, voûter, tordre, cambrer, infléchir, chantourner, brusquer, incurver, gondoler. ¶ 어깨[고개, 등, 팔, 무릎, 허리]를 ~ courber [baisser, fléchir] les épaules [la tête, le dos, les bras, les genoux, les reins]. ¶ 허리가 굽혀지질 않아 Je ne peux pas me courber. ¶ 몸을 ~ se courber [s'incliner]. ¶ 무릎을 굽히지 않고 허리를 ~ courber la taille au lieu des genoux. ¶ 그 여자는 동전을 주으려고 몸을 앞으로 굽혔다 Elle s'est penchée pour ramasser des pièces de monnaie. ¶ 어깨를 굽히지 말고 쫙 펴고 다녀라 Ne recroqueville pas les épaules, marche avec les épaules bien droites. ② ((뜻, 의지를)) fléchir, céder. ¶ 결심을 굽히지 않다 persister dans *sa* résolution. ¶ 그는 좀체 자기 뜻을 굽히지 않으려 한다 Il n'a pas l'intention de fléchir dans sa détermination. ¶ 끝내 자기의 의견[생각]을 굽히지 않다 ne pas varier d'avis [d'opinion, d'idée] jusqu'au bout. ¶ 때로는 자기주장을 굽힐 줄도 알아야 한다 Il faut savoir de temps en temps faire des concessions. ¶ 끝까지 지조를 굽히지 않았던 선비 un lettré qui a gardé la foi jusqu'à la fin.

굿 ㉔ *gut m* <cérémonie chamaniste; exorcisme>.

◇_(을) **하다** exorciser. ¶ 나는 무당이 ~하는 것을 본 적이 있다 J'ai déjà vu une chamane pratiquer [exécuter] une séance d'exorcisme.

*~**이나 보고 떡이나 먹어라** Sois gentil, n'interviens pas / Ne te mêle pas de ça / Reste en dehors de ça. ¶ 네가 참견할 일이 아니니 ~이나 보고 떡이나 먹고 가라 Reste en dehors de ça.

◆_**거리** ㉔ mesure *f* à 9 temps jouée par une chamane lors d'une cérémonie chamaniste.

◆_**청** -廳 ㉔ 【민속】 pièce *f* principale [centrale] dans un local [local *m* central dans un endroit] consacré à une cérémonie chamaniste.

궁 宮 ㉔ ☞ 궁궐

궁구하다 窮究- ㉖ rechercher avec difficulté.

궁궐 宮闕 ㉔ palais *m* (royal); résidence *f* royale [impériale]. ¶ 폐허로 변한 ~ 터 le palais (tombé) en ruine.

◆**구중**_ 九重- ㉔ palais *m* royal bien clos (par neuf enceintes) et bien gardé.

궁극 窮極 ㉔ extrémité *f*, dernière phase *f*, dernier stade *m*. ¶ ~에 이르러서는[가서는] finalement, tout compte fait, en fin de compte, au bout du compte, après tout, tout bien considéré, en définitive, somme toute, in fine.

◆_**적** -的 ㉔㉕ fin*al*(*ale*, *aux*), derni*er*(*ère*). ¶ ~적 목적 le but [l'objectif] final. ¶ ~적으로 finalement, tout compte fait, en fin de compte, au bout du compte, après tout, tout bien considéré, en définitive, somme toute, *in fine*.

궁글다 ㉗ être caverneu*x*(*se*); être sourd(*e*). ¶ 그는 궁근 소리로 중얼거렸다 Il marmonnait d'une voix sourde [caverneuse].

궁금증 -症 ㉔ curiosité *f*, inquiétude *f*; désir *m* de savoir ((une nouvelle)). ¶ ~을 자아내다 provoquer de la curiosité, susciter de la curiosité; exciter [piquer] la curiosité de *qn*, inspirer de la curiosité à *qn*, réveiller la curiosité. ¶ ~을 풀어주다 satisfaire [assouvir] la curiosité de *qn*. ¶ 시간이 갈수록 ~이 더해 갔다 La curiosité s'accroît avec le temps.

궁금하다 ㉗ ① être curieu*x*(*se*). ¶ 시험 결과가 ~ Je suis curieu*x*(*se*) de connaître les résultats de l'examen. ¶ 네가 왜 왔는지 난 정말 ~ Je suis vraiment curieu*x*(*se*) de savoir pourquoi tu es venu(*e*) / Je me demande vraiment pourquoi tu es venu(*e*). ¶ 나는 그 친구 소식이 ~ Je voudrais bien avoir de ses nouvelles. ¶ 당신은 무엇이 궁금하십니까? Qu'est-ce que vous voulez savoir? ② être préoccupant(*e*). ¶ 궁금한 일에 대해 묻다 interroger *qn* sur ce qui *nous* préoccupe.

◆**궁금하게** ㉘ avec curiosité. ¶ 사람들은 그 일에 대해 ~ 생각한다[여긴다] On suit cette affaire avec curiosité / On est bien curieux de connaître le dénouement de cette affaire.

궁기 窮氣 ㉔ ((avoir l')) air *m* pauvre [misérable]. ¶ 그는 어딘지 얼굴에 ~가 흐른다 Je ne sais pas pourquoi, mais il a l'air pauvre.

궁내 宮內 ㉔ intérieur *m* du palais royal. ¶ ~ 대신 cour *f* royale, ministres *mpl* royaux.

궁녀 宮女 ㉔ dame *f* [demoiselle *f*] d'honneur; dame *f* [demoiselle *f*] de la cour.

궁뎅이 ㉔ fesses *fpl*, derrière *m* {*fam*}; postérieur *m*; cul *m* {*vul*}, arrière-train *m* {*fam*}, fessier *m* {*fam*}. ☞ 궁둥이

궁도 弓道 ㉔ tir *m* à l'arc.

궁둥이 ㉔ fesses *fpl*, derrière *m* {*fam*}; postérieur *m*; cul *m* {*vul*}, arrière-train *m* {*fam*}, fessier *m* {*fam*}.

*~**가 무겁다** ne pas savoir s'en aller (quand on est chez *qn*), ne pas vouloir se lever de *son* siège, être paresseu*x*(*se*), ne pas vouloir travailler, avoir les bras à la retourne {*fam*}, les avoir à la retourne

{*fam*}, avoir le cul collé à son siège {*fam*}, rester planté(*e*) comme un poireau; être lent à (ré)agir, être dur à la détente; rester longtemps au même endroit, s'enraciner, prendre racine; avoir le cul {*fam*} bien planté.

궁리 窮理 명 réflexion *f*. ¶ ~ 끝에 après mûre réflexion, tout bien pesé [considéré]. ¶ ~에 ~를 거듭하다 multiplier la réflexion, réfléchir sans arrêt. ¶ 그 사람은 ~가 많다 Il approfondit toujours ses réflexions. ¶ 그는 방학 때 친구들과 여행을 떠날 ~로 바쁘다 Il est préoccupé par l'idée de partir en vacances avec ses amis. ◇_(를) **하다** réfléchir profondément sur [à] *qc*. ¶ 아무리 ~해 보아도 별수 없다 On a beau y penser [réfléchir], il n'y a pas moyen. ¶ 빠져나갈 방법을 ~하다 réfléchir sur le moyen de s'en sortir [s'enfuir]. ¶ 그는 어떻게 그 문제를 해결할 수 있을까 ~하고 있다 Il est en train de réfléchir sur la manière de régler ce problème / Il se demande comment (il pourra) régler ce problème.

궁벽하다 窮僻- 형 être peu fréquenté(*e*); être retiré(*e*), solitaire, isolé(*e*); ((province)) être pauvre et reculé(*e*). ¶ 궁벽한 산골[촌락] une vallée reculée [un village isolé].

궁상 窮狀 명 misère *f*; situation *f* difficile; grave difficulté *f* ((matérielle, financière)). ◇_**을 떨다** afficher inutilement [ne pas cacher] *sa* pauvreté; crier [pleurer] misère, se plaindre de *sa* pauvreté, faire le(la) pauvre. ¶ 그는 장사가 안 된다고 ~만 떨고 있다 Il ne cache pas ses malheurs financiers.
◆_**맞다[스럽다]** 형 avoir un air pauvre [misérable]. ¶ 왜 ~맞게[스럽게] 앉아 있니? Que fais-tu là assis comme ça? Tu fais pitié à voir. ¶ 그의 태도가 ~스럽다 Son attitude est pitoyable.

궁색 窮塞 명 pauvreté *f*; indigence *f*; misère *f*; détresse *f*. ¶ ~을 면하다 échapper à la misère.
◆_**하다** 형 ① être très pauvre; être besogneux(*se*), nécessiteux(*se*), indigent(*e*), miséreux(*se*), piteux(*se*), misérable; être dans le besoin [dans la nécessité, dans la gêne]. ¶ ~한 살림 un ménage nécessiteux. ② 말의 이유나 근거가 부족하다 être pitoyable, maladroit, peu valable, mauvais(*e*), insuffisant(*e*). ¶ ~한 변명 de mauvaises excuses, des excuses peu valables [maladroites], un prétexte pitoyable [peu valable]. ¶ ~하게 답하다 répondre avec peu d'arguments [avec des arguments insuffisants], avoir une réponse peu argumentée. ◇_(을) **떨다** se faire plaindre; se montrer dans le besoin; faire pitié; attirer la compassion; se rendre pitoyable [émouvant]. ¶ 그만한 일에 왜 이리 ~을 떠니? Qu'est-ce que tu te fais plaindre pour si peu? / Pourquoi tu te fais plaindre pour si peu?

궁성 宮城 명 ① palais *m* royal [impérial]. ¶ ~ 수비대장 le chef de la garde du palais royal. ¶ ~의 수비를 강화하다 renforcer la défense du palais royal. ② murs *mpl* (d'enceinte) du palais.

궁수 弓手 명 archer *m*; tireur(*se*) à l'arc. ¶ ~를 사방에 배치하다 disposer des archers de tous les côtés.

궁술 弓術 명 tir *m* à l'arc. ¶ ~ 시범을 보이다 faire une démonstration de tir à l'arc. ¶ 뛰어난 ~을 자랑하다 faire preuve d'une exceptionnelle maîtrise au tir à l'arc.

궁실 宮室 명 appartement *m* royal. ¶ ~ 내부의 권력투쟁 une lutte de pouvoir à l'intérieur de la cour.

궁싯거리다 자 se tourner [se retourner] (dans son lit) ((faute de trouver le sommeil)).

궁여지책 窮餘之策 명 dernier expédient *m*; pis-aller *m inv*; dernière carte *f*, dernier ressort *m*. ¶ ~으로 comme pis-aller; en dernière ressource, en dernier ressort. ¶ 난국을 타개하기 위하여 ~을 생각하다 chercher un expédient pour se tirer d'embarras [pour se sortir d'un mauvais pas].

궁인 宮人 명 courtisane *f*, demoiselle *f* d'honneur. ☞ 궁녀

궁전 宮殿 명 palais *m* royal. ¶ 그의 집은 ~같이 으리으리하다 Sa maison est aussi somptueuse qu'un palais royal. ☞ 궁궐

궁정 宮廷 명 cour *f*.
◆ **문학** -文學 명 littérature *f* courtoise [de cour].

궁중 宮中 명 cour *f*. ¶ ~ 무용 danse *f* royale. ¶ ~ 요리 cuisine *f* royale. ¶ ~ 음악 musique *f* royale.

궁지 窮地 명 situation *f* difficile [critique, désespérée]; impasse *f*. ◇_**로 몰다[_에 빠뜨리다]** mettre *qn* dans une situation difficile. ◇_**에 빠지다** tomber dans une situation difficile; se trouver dans l'embarras. ◇_**에서 헤어나다** sortir d'une situation difficile; se tirer d'un mauvais pas, sortir de l'impasse.
***쥐도 ~에 몰리면 고양이를 문다** Méfie-toi de lui-même s'il a l'air faible. Comme dit le proverbe, «dans une impasse, même un rat peut mordre un chat».

궁핍 窮乏 명 misère *f*; pauvreté *f*; dénuement *m*; dèche *f* {*fam*}, débine *f* {*fam*}, mouise *f* {*fam*}, panade *f* {*fam*}.
◆_**하다** 형 être très pauvre, être misérable, miséreux(*se*), piteux(*se*); être dans le besoin [dans la nécessité, dans la gêne, dans la précarité]. ¶ ~한 살림 un ménage misérable. ¶ ~한 생활을 하다[~하게 살다] mener une vie indigente, vivre misérablement [chichement, dans la misère, dans la pauvreté, dans le besoin, dans la nécessité, dans la précarité], avoir une vie de misère [un vie misérable, une existence misérable].
◆_**화** -化 명 paupérisation *f*; appauvrissement *m*.

궁하다 窮- 형 ① être pauvre; être à court de *qc*; être dénué(*e*) de *qc*; être dans le besoin [dans la gêne]. ¶ 궁한 살림 un ménage misérable. ¶ 궁한 처지 une situation misérable. ¶ 걔는 요즘 용돈이 ~ Ces jours-ci, il est à court d'argent de poche. ② 난처하다 être gêné(*e*), embêté(*e*), embarrassé(*e*), être dans une situation embarrassante, être enfermé(*e*) dans un dilemme, être mis(*e*) au pied du mur, être acculé(*e*); ne (pas) savoir que [quoi, comment] faire. ¶ 대답이 ~ ne savoir que répondre.

궁합 宮合 명 【민속】 compatibilité *f* astrale entre un garçon et une jeune fille (estimée par un devin). ◇_**이 맞다[안 맞다]** ((un garçon et une fille)) avoir des thèmes astraux compatibles [incompatibles]. ¶ 우리는 ~이 안 맞는다 Nos thèmes (astraux) ne sont guère compatibles. ◇_**을 보다[맞춰보다]** vérifier la compatibilité astrale du couple. ¶ ~을 보고 혼인을 하다 se marier après avoir vérifié la compatibilité astrale du couple.

◆**겉[속]**_ 명 compatibilité *f* superficielle [profonde] d'un couple.

◆**찰떡**_ 명 harmonie *f* [équilibre *m*] parfait(*e*) d'un couple (en conséquence de leur bonne compatibilité astrale).

궁형 弓形 명 arche *f*; arc *m*; ogive *f*. ¶ ~의 천장 une voûte en ogives. ¶ ~의 다리 un pont en forme d'arc.

궂다 형 ① ((temps)) être mauvais(*e*), vilain(*e*), pluvieu*x*(*se*), affreu*x*(*se*), épouvantable. ¶ 그는 궂은 날씨에도 아랑곳하지 않고 길을 계속했다 Il a continué sa route sans craindre la pluie. ¶ 날씨가 ~ Il ne fait pas beau / Le temps est couvert [vilain] / Il fait mauvais temps [un sale temps, un temps de chien] / Il fait un temps pluvieux / Il fait mauvais ((pour sortir)) / Il fait un temps affreux [épouvantable, dégueulasse {*fam*}, pourri {*fam*}] / Il fait un temps à ne pas mettre un chien [les pieds] dehors. ② ((일 따위가)) 어렵다, 힘들다, 나쁘다 être pénible, fatigant(*e*), ingrat(*e*), désagréable, répugnant(*e*). ¶ 그 학생은 궂은 일은 도맡아 하는 우리 반의 살림꾼이다 Cette élève est comme la «maîtresse de maison» de notre classe, elle veille à tout l'entretien. ¶ 그는 궂은 일도 마다하지 않는 사람이다 C'est un homme qui ne refuse aucune tâche pénible. ¶ 그 사람은 좋다 ~ 말이 없다 Il ne dit ni si c'est bien, ni si c'est mal / Il n'exprime pas son opinion.

◆_**일** 명 trav*ail*(*aux*) *m* effectués par les employés des pompes funèbres. ¶ ~을 치르는 데는 절차와 격식이 따른다 Pour les funérailles, il y a des règles, des coutumes à suivre.

권하다 勸- 타 ① conseiller *qc* à *qn* [à *qn* de+*inf*]; recommander *qn*, inviter *qn* à *inf*, inciter *qn* à *inf*, encourager *qn* à *inf*. ¶ 독서[보험 가입, 취직]를 ~ conseiller [encourager] la lecture [l'adhésion à une assurance, un emploi]. ② ((음식, 담배 따위를)) inviter *qn* à *inf*, inciter *qn* à *inf*, encourager *qn* à *inf*. ¶ 술[담배]을 ~ inviter *qn* à boire de l'alcool [à fumer une cigarette]. ¶ 식사를 ~ inviter *qn* à prendre un repas, inviter *qn* à manger. ¶ 자리를 ~ inviter *qn* à s'asseoir, offrir [céder] une place, avancer un siège; proposer à *qn* de s'asseoir. ¶ 나는 손님께 중형차보다는 소형차를 권하고 싶습니다 Je voudrais vous conseiller de prendre [acheter] une petite voiture plutôt qu'une grande.

권[1] 卷 분류 tome *m*, volume *m*, livre *m*; ((영화의)) bobine *f*, rouleau(*x*) *m*. ¶ 책을 세 ~ 사다 acheter trois livres. ¶ 10 ~으로 된 대하소설 un roman-fleuve en dix tomes [volumes]. ¶ 제1 ~ le premier tome; le tome premier.

-권[2] -券 접미 billet *m*, ticket *m*. ¶ 만원~ un billet [une coupure] de 10 000 wons. ¶ 상품~ un bon d'achat. ¶ 입장~ un billet d'entrée. ¶ 승차~ un ticket [un billet] de transport. ¶ 초대~ un billet d'invitation. ¶ 할인~ un bon de réduction.

-권[3] -圈 접미 sphère *f*, zone *f*, cercle *m*. ¶ 이 지역은 태풍~ 내에 있다 Cette région est dans une zone de typhons. ¶ 당선~에 있다 être en bonne place; avoir des chances d'être élu(*e*) [de remporter la victoire]. ¶ 대기~ la couche atmosphérique. ¶ 문화~ espace culturel. ¶ 북극~ le cercle [la zone] arctique. ¶ 성층~ la stratosphère. ¶ 세력~ zone d'influence. ¶ 수도~ la région [zone] métropolitaine. ¶ 영향~ zone d'influence. ¶ 그 선수는 우승~ 에 들었다 Ce joueur est en bonne position [est bien parti {*fam*}] pour gagner [remporter la partie] / Ce joueur est sur le point de gagner.

-권[4] -權 접미 ① pouvoir *m*, puissance *f*, autorité ¶ 대~을 잡다 prendre le pouvoir suprême; être élu(*e*) président(*e*) (de la République). ② ((권리)) droit *m*. ¶ 참정~이 있다 avoir des droits politiques. ¶ 선거~을 행사하다 exercer *son* droit de vote. ¶ 피선거~ le droit d'éligibilité. ¶ 그 사람에게 상속~이 있다 Il a le droit d'hériter. ¶ 소유~을 주장하다 revendiquer [faire valoir] *son* droit de propriété. ¶ 친~ le droit paternel.

권고 勸告 명 recommandation *f*, conseil *m*. ¶ 친구의 ~를 받아들이다[따르다] accepter [suivre] les conseils [recommandations] d'un ami. ¶ 누구의 ~로 sur le conseil de *qn*. ¶ 누구의 ~에 따라 selon [sur] la recommandation [le conseil] de *qn*. ◇_**(를) 하다** faire des recommandations à *qn*, recommander [conseiller] *qn* à *qn* [à *qn* de+*inf*]; exhorter *qn* à *qc*/*inf*; pousser *qn* à ((donner sa démission)). ¶ 사직을 ~하다 pousser *qn* à donner *sa* démission [à la démission, à démissionner]; obliger *qn* à démissionner. ◇_**(를) 받다** être conseillé(*e*).

◆_**사직** -辭職 명 démission *f* induite [provoquée]; incitation *f* à la démission. ¶ 그는 ~사직을 당했다 On l'a poussé [l'a obligé] à donner sa démission [à démissionner, à la démission].

권농 勸農 명 encouragement *m* [promotion *f*] de l'agriculture. ◇_**(을) 하다** encourager [promouvoir] l'agriculture.

◆_**가** -歌 명 chant *m* pour encourager aux travaux agricoles.

권능 權能 명 pouvoir *m*, compétence *f*, autorité *f*. ¶ 하느님의 ~으로 못할 일이 없다 Rien n'est impossible pour Dieu / Dieu peut tout / Dieu est

ㄱ

tout-puissant. ¶ ~을 부여하다 conférer [donner] à *qn* un pouvoir.

권두 卷頭 명 début *m* d'un livre; pages *fpl* liminaires.
◆**_언** 명 avant-propos *m*; préface *f*; avis *m* au lecteur.

권력 權力 명 pouvoir *m*, puissance *f*, autorité *f*, influence *f*. ¶ ~구조[기구] structure [organisation] du pouvoir. ¶ 국가~ le pouvoir de l'État. ¶ 무소불위의 ~ pouvoir absolu. ¶ ~의 균형 équilibre des pouvoirs. ¶ ~의 자리에 앉다 arriver [parvenir] au pouvoir. ¶ ~의 집중을 방지하다 prendre des mesures contre la centralisation des pouvoirs. ¶ ~이 있는[없는] qui a du pouvoir [qui est sans pouvoir]; puissant(*e*), influent(*e*) [sans autorité, sans influence]. ¶ ~을 잡다[차지하다, 얻다, 쥐다] prendre le [s'emparer du, obtenir le, saisir le] pouvoir. ¶ ~을 행사하다 exercer *son* pouvoir [*son* autorité]. ¶ ~을 남용하다[휘두르다] abuser de *son* pouvoir [autorité]; outrepasser *ses* pouvoirs.
◆**_욕** -慾 명 désir *m* de puissance; aspiration *f* au pouvoir. ¶ 그는 ~욕에 사로잡혀 쿠데타를 일으켰다 Par appétit de puissance, il a fait un coup d'État.
◆**_자** -者 명 personne *f* influente, personne *f* qui a du pouvoir.
◆**_투쟁** -鬪爭 명 conflit *m* de pouvoir, lutte *f* pour le pouvoir. ¶ 등소평 사후에 대단한 ~투쟁이 있었다 Après la mort de Deng Xiao-ping, il y a eu un grand conflit pour le pouvoir.
◆**_형** -型 명 chaîne *f* du pouvoir. ¶ ~형 비리 la corruption de la chaîne du pouvoir.

권리 權利 명 droit *m*. ¶ 국민의 정당한 ~ les droits légitimes du peuple. ¶ 알 ~ le droit d'information. ¶ ...하는[할 수 있는] ~ le droit de (pouvoir)+*inf*. ¶ 잃었던 ~를 되찾다 retrouver un droit perdu. ¶ ~를 양도하다 transférer [céder] un droit à *qn*. ¶ ~를 옹호하다[보호하다] défendre les droits de *qn*. ¶ ~를 주장하다[요구하다] revendiquer *son* droit; faire valoir *ses* droits. ¶ ~를 짓밟다 empiéter sur [usurper sur] les droits de *qn*. ¶ ~를 취득하다[상실하다] acquérir [perdre] *ses* droits. ¶ ~를 침해하다[박탈하다] empiéter sur [usurper sur, violer] les droits de *qn* [priver *qn* de ses droits]. ¶ ~를 포기하다 renoncer à un droit. ¶ ~를 행사하다 exercer *ses* droits. ¶ 당신이 무슨 ~로 나를 막습니까? De quel droit m'empêchez-vous [de faire ceci]? ◇**_가 있다[없다]** [ne pas] avoir le droit de+*inf*; [ne pas] être en droit de+*inf*; [ne pas] avoir droit à *qc*. ¶ 인간은 누구나 자유와 행복을 누릴 ~가 있다 Tout homme a droit à la liberté et au bonheur. ¶ 그 사람은 그렇게 말할 ~가 있다[없다] Il a [n'a pas] le droit de parler ainsi.
◆**_금** -金 명 pas *m* de porte, caution *f*. ¶ 5천 만 원의 ~금이 붙은 점포 une boutique dont le pas de porte s'élève à 50 millions de wons. ¶ 이 상가는 ~금이 비싸다 Ce magasin a un pas de porte très élevé.
◆**_장전** -章典 명 Loi de 1689 établissant les droits du citoyen britannique.

권말 卷末 명 fin *f* d'un livre [volume]. ¶ ~ 부록 appendice, annexe.

권면 勸勉 명 encouragement *m*; stimulation *f*; exhortation *f*, soutien *m*; appui *m*. ¶ 어머니의 간곡한 ~으로 절에 다니기로 했다 Finalement j'ai décidé d'aller au temple bouddhiste sur les constantes exhortations de ma mère.

권모술수 權謀術數 명 manœuvre *f* subtile; machiavélisme *m*. ¶ 그 사람은 ~에 능하다 Il est doué pour les manœuvres subtiles. ¶ 온갖 ~가 판치는 정치권 milieu politique dominé par le machiavélisme. ◇**_를 부리다[쓰다]** procéder avec un art machiavélique; user de ruses [d'artifices].

권문세가 權門勢家 명 famille *f* influente. ¶ 그 이 부근에서 꽤나 행세하는 ~ 출신이다 Il est d'une famille assez influente dans les environs.

권법 拳法 명 ((권투)) boxe *f*; ((당수)) karaté *m*. ¶ ~을 익히다[전수받다] apprendre la boxe; s'initier au karaté [recevoir l'enseignement d'un maître].

권부 權府 명 pouvoir *m* politique; administration *f*. ¶ ~를 장악하다 prendre la direction de l'administration.

권사 勸士 명 【기독】 propaga*teur*(*trice*) de la foi chrétienne.

권선징악 勸善懲惡 명 encouragement *m* au bien et répression *f* du mal, exhortation *f* à la vertu et condamnation *f* du vice. ¶ 한국의 고대소설은 대체로 ~을 주제로 한다 Les romans coréens anciens ont en majorité pour thème l'encouragement au bien et la répression du mal.

권세 權勢 명 puissance *f*, pouvoir *m*, influence *f*, autorité *f*; crédit *m*, poids *m*; emprise *f*, empire *m*, ascendant *m*. ◇**_를 부리다** exercer un pouvoir [une autorité], user de *son* empire, exercer de l'ascendant sur *qn*, exercer *son* emprise sur *qn*; faire acte d'autorité, déployer *son* autorité. ◇**_(가) 있다** être puissant(*e*), influent(*e*), avoir de l'autorité [du poids, du crédit]. ¶ ~ 있는 집안 une famille puissante [influente].
◆**_욕** -慾 명 ambition *f*; désir *m* de puissance. ¶ ~욕에 사로잡히다 être la proie de *ses* ambitions.

권수 卷數 명 nombre *m* de livres. ¶ 책의 ~를 잘못 세다 se tromper sur le nombre de livres. ¶ 돌려받은 책이 ~가 모자란다 Certains des livres prêtés n'ont pas été rendus.

권언 權言 어근 ((‘권력과 언론’의 준말)) le pouvoir *m* et la presse *f*. ¶ ~유착 l'adhésion entre le pouvoir et la presse. ¶ ~관계 les relations entre le pouvoir et la presse.

권역 圈域 명 espace *m*; zone *f*; aire *m*; champ *m*. ¶ ~별로 나누다 diviser selon l'espace [selon la zone].

권외 圈外 명 ((au/en)) dehors de *qc*. ¶ 그 의원은 1차 투표에서 ~로 밀려났다 Ce député n'a pas été élu dès le premier tour de scrutin.

권위 權威 명 autorité *f*, considération *f*, crédit *m*, créance *f*, poids *m*, influence *f*, empire *m*, emprise *f*, ascendant *m*, réputation *f*; prestige *m*, dignité *f*. imposer *son* autorité [perdre de *son* autorité]. ¶ 윗사람이라고 해서 ~만 내세우려 해서는 안 된다 Un supérieur (hiérarchique) ne doit pas chercher à imposer son autorité dans tous les cas. ¶ 그 사람은 이 분야에서 ~를 인정받고 있다 Il fait autorité dans ce domaine. ◇_**(가) 있다[없다]** avoir de l'autorité [être sans autorité]; avoir [exercer] de l'ascendant sur *qn*, avoir de l'emprise [exercer *son* emprise] sur *qn*; être autoritaire [manquer d'autorité]. ¶ ~있는 소식통 milieu bien informé; source sûre. ¶ 그 문제에 관한 가장 ~있는 책 le livre qui fait le plus autorité sur ce sujet. ¶ 그 사람은 그 분야에서 상당히 ~가 있다 Il a une certaine autorité dans ce domaine. ¶ 그 아빠는 자식들에게 ~가 없다 Ce père n'a pas d'autorité sur ses enfants. ◇_**가 서다[떨어지다, 실추하다]** avoir de l'autorité [perdre *son* autorité]. ¶ 그 사람은 비겁한 행동으로 ~가 실추되었다 Son prestige a été diminué [atteint] par cet acte de lâcheté. ◇_**를 세우다[떨어뜨리다, 실추시키다]** faire une bonne publicité à *qn*, pousser en avant *qn* [discréditer *qn*, jeter le discrédit sur *qn*, jeter la déconsidération sur *qn*].

◆_**적** -的 명관 autoritaire. ¶ 그 사람은 매사에 너무 ~적이다 Il est très autoritaire en tout.

◆_**자** -者 명 (personne *f* qui fait) autorité *f* ((dans un domaine)); expert *m*. ¶ 언어학의 세계적 ~자들 les autorités mondiales en matière de linguistique. ¶ 그 사람은 이 분야의 최고 ~자이다 C'est le plus grand expert dans ce domaine.

◆_**주의** -主義 명 autoritarisme *m*. ¶ ~주의(적) 정권 un gouvernement autoritaire.

권유 勸誘 명 invitation *f*, sollicitation *f*; persuasion *f*, encouragement *m*, conseil *m*. ¶ 친구의 ~로 새로운 사업을 시작하다 entreprendre une nouvelle affaire sur les conseils d'un ami. ¶ ~를 물리치다[뿌리치다] résister à une sollicitation. ◇_**(를) 하다** inviter *qn* à+*inf*; solliciter *qn* de+*inf*. ¶ 누구에게 입당을 ~하다 inviter *qn* à adhérer à un parti politique. ¶ 보험 가입을 ~하다 pousser *qn* à contracter une assurance. ◇_**(를) 받다** être invité(*e*) à [sollicité(*e*) de]+*inf*. ¶ 여당으로부터 입당을 ~받다 être invité à adhérer au parti au pouvoir.

권익 權益 명 droits *mpl* et intérêts *mpl*. ¶ ~을 신장시키다 développer les droits et les intérêts de *qn*. ¶ 소외계층의 ~을 옹호하다[보호하다] protéger les droits et les intérêts des personnes défavorisées. ¶ (자신의) ~에 손상을 입다 être lésé(*e*) dans *ses* droits et *ses* intérêts.

권장 勸奬 명 encouragement *m*, exhortation *f*. ◇_**(을) 하다** encourager ((l'industrie)); exhorter *qn* ((à la vertu)); favoriser ((les arts)); stimuler ((l'industrie)); prêcher ((l'union)); recommander. ¶ 저축을 ~하다 encourager l'épargne. ¶ 허약한 학생들에게 운동을 ~하다 encourager les enfants un peu faible [qui ont une santé fragile] à faire du sport.

◆_**사항** -事項 명 objet *m* d'une suggestion [d'une incitation, d'une exhortation].

권좌 權座 명 trône *m*; siège du pouvoir; pouvoir *m*. ◇_**에 오르다** monter sur le trône; obtenir le pouvoir; prendre le pouvoir. ◇_**에서 내려오다** perdre le trône, perdre le pouvoir, être détrôné; abdiquer, lâcher le pouvoir.

권주가 勸酒歌 명 chanson *f* à boire. ¶ ~를 부르다 chanter une chanson à boire.

권총 拳銃 명 pistolet *m*; ((연발)) revolver *m*; ((자동)) pistolet *m* automatique. ¶ 6연발 ~ revolver à six coups. ¶ ~으로 누구를 위협하다 menacer *qn* avec [d'] un revolver. ¶ 누구에게 ~을 겨누다 braquer un revolver [fusil] sur *qn*, mettre *qn* en joue, viser *qn* avec un fusil, pointer *son* [un(*e*)] arme [fusil, revolver] sur *qn* [en direction de *qn*]. ¶ ~을 쏘다 tirer un coup de revolver. ¶ ~을 차고 다니다 porter un revolver.

◆_**질** 명 tir *m* au revolver.

◆_**집** 명 étui *f* de revolver.

◆**쌍**_ 雙 명 paire *f* de revolvers.

권태 倦怠 명 lassitude *f*, ennui *m*. ◇_**를 느끼다** se sentir las(*se*), se lasser de *qc*/*qn*/*inf*; s'ennuyer; éprouver de l'ennui; éprouver du dégoût pour *qc*. ¶ 단조로운 생활에 ~를 느끼다 se sentir las(*se*) du caractère monotone [de la monotonie] de l'existence [de la vie].

◆_**롭다** 형 être ennuyeux(*se*). ¶ ~로운 생활에서 탈출하다 s'échapper d'une vie ennuyeuse. ¶ 삶을 ~롭게 생각하다 trouver sa vie ennuyeuse; être las(*se*) de vivre; éprouver du dégoût pour la vie.

◆_**감** -感 명 sentiment *m* de lassitude.

◆_**기** -期 명 période *f* de lassitude (dans la vie conjugale). ¶ 그들의 결혼 생활은 ~기에 들어섰다 Leur vie conjugale est entrée dans une période de lassitude.

권토중래 捲土重來 명 ◇_**(를) 하다** reprendre l'offensive; se remettre à *qc* après un échec; déployer des efforts pour réparer un échec [pour tenter *sa* chance une fois de plus]. ¶ 그 사람은 언젠가 ~할 날만을 기다리고 있다 Il attend seulement le jour où il pourra reprendre l'offensive.

권투 拳鬪 명 boxe *f*. ◇_**(를) 하다** boxer; ((직업으로)) faire de la boxe. ¶ ~ 선수 le boxeur. ¶ ~ 시합 le match [combat] de boxe. ¶ ~ 팬 l'amateur de boxe.

◆_**장** -場 명 ring *m*.

◆_ **장갑[글러브]** 명 gants *mpl* (de boxe).

권한 權限 명 attributions *fpl*, pouvoir *m*, autorité *f*, compétence *f*. ¶ 무슨 ~으로 그런 명령을 하십니까? De quel droit donnez-vous de tels ordres? ¶ 자신의 ~을 벗어나다 dépasser *ses* attributions [*sa* compétence]; faire un abus de pouvoir, abuser de *son* autorité [de *son* pouvoir]; outrepasser *ses* droits [*ses* pouvoirs]. ¶ 누구의 ~에 속하다 être [entrer] dans les attributions (de *qn*) [il est dans les attributions de *qn* de+*inf* / il entre dans les attributions de *qn* de+*inf*]; relever de la compétence de *qn*. ¶ 누구에게 ~을 대행시키다 transférer ses attributions à *qn*. ¶ 누구에게 ...할 수 있는 ~을 부여하다 conférer [donner] le pouvoir à *qn* de+*inf*. ◇_**이 있다[없다]** avoir [ne pas avoir] le pouvoir de+*inf*; être [ne pas être] en *son* pouvoir. ¶ 내게는 그런 ~이 없다 Cela n'est pas en mon pouvoir / Ce(ci) n'est [n'entre] pas dans mes attributions / Cela dépasse ma compétence.

◆_**대행** -代行 명 remplacement *m*; remplaçant(*e*). ¶ 대통령 ~대행 président par intérim.

궐 闕 명 palais *m* royal. ¶ 그 사람은 임금의 총애를 받아 ~ 안 출입이 잦다 Ayant gagné la faveur du roi, il fréquente le palais royal. ¶ 이 소문이 ~ 밖으로 나가서는 안 된다 Cette rumeur ne doit pas sortir du palais. ☞ 궁궐

◆_**내** -內 명 intérieur *m* du Palais. ¶ 왕의 부름을 받고 ~내에 들어가다 rentrer au Palais sur ordre du roi [après avoir reçu une convocation du roi].

궐기 蹶起 명 ◇_**(를) 하다** se mettre en action pour *qc*; se dresser [se soulever] contre *qc*. ¶ 독재에 대항하여 ~하다 se soulever contre la dictature.

◆_**대회** -大會 명 manifestation *f*, assemblée *f* de protestation. ¶ 반핵 ~대회를 열다 organiser une manifestation antinucléaire.

궐련 명 cigarette *f*. ☞ 담배

궐석 闕席 명 défaut *m*, contumace *f*, non-comparution *f*. ¶ 그의 ~으로 회의가 연기되었다 À cause de son absence, la réunion a été reportée.

◆_**재판** 裁判 명 jugement *m* par défaut [par contumace].

◆_**판결** -判決 명 sentence *f* par contumace.

궤 櫃 명 caisse *f*; boîte *f*; coffre *m*; valise *f*. ¶ 돈~ un coffre d'argent, une caisse d'argent. ¶ 쌀~ un coffre à riz, une huche à riz.

궤도 軌道 명 ① 【천문】 orbite *f*, trajectoire *f*, cours *m*. ¶ 인공위성의 ~를 추적하다 suivre l'orbite d'un satellite. ¶ 인공위성을 ~에 올리다 placer un satellite (artificiel) sur orbite. ② 【교통】 voie *f* (ferrée); rails *mpl*. ¶ 기차는 ~를 따라 운행한다 Le train roule sur les rails. ¶ ~를 깔다 poser des rails; construire une voie ferrée. ¶ ((기차가)) ~를 벗어나다[이탈하다] ((train)) dérailler; quitter les rails; dévier.

*~**에 오르다[진입하다]** être sur la bonne voie; suivre la bonne voie; prendre bonne tournure, ((affaire)) bien s'engager. ¶ 사업이 제 ~에 올랐다 L'entreprise est sur la bonne voie.

*~**에 올리다** mettre [remettre ((une entreprise))] sur les rails [sur la bonne voie], remettre ((*qn*)) sur la (bonne) voie [sur les rails].

*~**를 벗어나다[이탈하다]** quitter le [sortir du, s'écarter du] droit chemin; dévier de [perdre, quitter] la bonne voie; se dévoyer; ((affaire)) prendre une mauvaise tournure.

◆_**차** -車 명 véhicule *m* monté sur rails [comme le train et le tramway].

◆**본_** 本- 명 (le) droit chemin *m*, (la) bonne voie *f*, voie *f* droite.

궤멸 潰滅 명 démolition *f*, destruction *f* entière, anéantissement *m*, ruine *f* totale. ◇_**(을) 시키다** détruire (entièrement, de fond en comble); annihiler, anéantir *qc*; mettre en ruine. ¶ 적 1개 대대를 ~시키다 anéantir un bataillon ennemi. ◇_**(이) 되다[(을) (당)하다]** être entièrement détruit(*e*); tomber en ruine; s'anéantir.

궤변 詭辯 명 sophisme *m*; argutie *f*, ergoterie *f*, ergotage *m*, chicane *f*, subtilité *f*, artifice *m*, discussion *f* oiseuse; argument *m* tiré par les cheveux {*fam*}. ◇_**을 늘어놓다** chicaner; user d'argutie; épiloguer, discutailler, discuter sur des détails. ◇_**을 부리다** ergoter, pinailler {*fam*}, chicaner, chinoiser {*fam*}, chipoter {*fam*} ((sur les moindres détails)), ratiociner, subtiliser, vétiller, couper les cheveux en quatre {*fam*}, enculer les mouches {*vulg*}. ¶ 그 사람의 이야기는 완전히 ~이다 Tout ce qu'il dit est totalement absurde / Ses paroles sont complètement oiseuses.

◆_**적** -的 명관 sophistique, captieux(*se*).

◆_**가** -家 명 argumenta*teur*(*trice*), ergoteu*r*(*se*), pointilleu*x*(*se*), vétilleu*x*(*se*), chicaneu*r*(*se*), chicani*er*(*ère*), coupeur *m* de cheveux en quatre {*fam*}; sophiste, philosophe *m* captieux.

궤양 潰瘍 명 【의학】 ulcère *m*.

◆_**성** -性 명 ((plaie, lésion)) ulcéreu*x*(*se*).

◆**위[십이지장]_** 胃[十二指腸]- 명 ulcère *m* à l'estomac [de l'estomac, gastrique] [ulcère au duodénum].

◆**위십이지장_** 胃十二指腸 명 ulcère *m* gastro-duodénal.

궤적 軌迹 명 ① ornière *f*, trace *f* de roues. ¶ 마차가 큰 ~을 그리며 들판을 한 바퀴 돌았다 La charrette a laissé de profondes ornières en faisant le tour de la prairie. ② 자취 traces *fpl* des devanciers. ¶ 조상들의 삶의 ~을 따라가다 suivre les traces de *ses* ancêtres. ③ 【수학】 lieu(*x*) *m* géométrique. ¶ ~을 구하다 chercher un lieu géométrique

궤짝 櫃- 명 coffre *m* ((à jouets)); caisse *f* ((de pommes)); boîte *f*. ¶ ~ 속의 옷들을 꺼내다 sortir les vêtements du coffre.

분류 caisse *f*. ¶ 사과 한~ une caisse de pommes.

귀[1] 명 ① oreille *f*, ((être dur de la)) feuille *f* {*fam*}, ((avoir les)) portugaises *fpl* {*arg*} ((ensablées)). ¶ ~에 대고 속삭이다 murmurer dans le creux de l'oreille; parler [dire *qc*] à *qn* à l'oreille [dans le creux de l'oreille], dire [glisser, souffler] *qc* à l'oreille. ¶ ~에 물이 들어가다 de l'eau pénètre [entre] dans les oreilles. ¶ ~가 크다 avoir de grandes oreilles. ¶ ~가 아프다 avoir mal à l'oreille [aux oreilles]; avoir des douleurs aux oreilles. ¶ ~를 후비다[파다] (*se*) nettoyer [curer] les oreilles. ¶

~를 막다 (*se*) boucher les oreilles. ¶ ~를 잡아당기다 tirer les oreilles à *qn*. ¶ ~를 뚫다 se faire percer les oreilles. ② 청각 oreille *f*, ouïe *f*; ((crever les, déchirer les)) tympans *mpl*. ¶ ~에 거슬리는 소리 bruit pénible [désagréable] à entendre. ¶ ~가 나쁘다[어둡다] ne pas avoir l'oreille fine; ne pas avoir une bonne ouïe, être dur(*e*) d'oreille [de la feuille {*fam*}]; avoir les portugaises ensablées {*fam*}, être (un peu) sourd(*e*). ¶ 나는 왼쪽[한쪽] ~가 잘 들리지 않는다 J'entends mal de l'oreille gauche [d'une oreille]. ¶ ~(가) 멀다 être sourd(e) comme un pot {*fam*}; être complètement sourd(e). ¶ ~가 멍멍하다 avoir les oreilles bouchées. ¶ ~가 울리다 avoir les oreilles qui bourdonnent; avoir des bourdonnements d'oreilles. ¶ 공짜라는 말에 ~가 솔깃하다[번쩍 뜨이다] dresser l'oreille au mot "gratis [gratuit]". ¶ 나는 그것이 아직도 ~에 쟁쟁하다 Je l'ai encore à [dans] l'oreille. ¶ 그 소리가 ~를 때린다 Ce bruit me casse les oreilles [m'assourdit, me crève les tympans {*fam*}, me déchire les tympans {*fam*}]. ¶ 자신의 ~를 의심하다 ne pas en croire *ses* oreilles. ③ 귀모양의 것 anse *f*, oreille *f*, oreillard *m*; orillon *m*. ¶ ~가 2개 달린 항아리 une jarre [un pot, une amphore] à deux anses [à deux poignées]. ¶ ~가 깨진 항아리 une jarre [un pot, une amphore] aux anses cassées [aux anses brisées]. ¶ ~ 달린 모자 un bonnet à oreilles. ④ 모서리 coin *m*. ¶ 종이의 ~를 접다 plier le coin d'une feuille de papier. ¶ 네 ~가 반듯한 책상 un bureau carré [rectangulaire]; un bureau en parfait état.

***그는 ~가 가려웠을 게다** *Ses* oreilles ont dû siffler / Les oreilles ont dû *lui* tinter [corner, siffler]. ¶ 누가 내 말을 하는지 ~가 가렵다 Les oreilles me sifflent. C'est peut-être qu'il y a quelqu'un qui parle de moi.

***~가 닳도록** à maintes reprises.

***~가 따갑다[아프다]** en avoir plein les oreilles. ¶ ~가 따갑도록 듣다 avoir les oreilles rebattues de *qc*. ¶ ~가 따가울 정도로 이야기하다[말하다] rebattre les oreilles de *qn* avec *qc*, seriner *qn*, répéter cent fois la même chose à *qn*, bassiner *qn* {*fam*}, fatiguer *qn*. ¶ 그만 좀 해, 나 이미 그거 ~가 따갑도록 들었어 Arrête ton refrain [Arrête de me bassiner avec ça, Arrête, tu me fatigues, Tu me casses les oreilles avec tes histoires], j'ai entendu ça mille fois [ça me casse les oreilles]. ¶ 아이고 시끄러워, ~ 따가워 죽겠어! 그만 좀 떠들 수 없어? Ah! Vous me cassez les oreilles! Vous (ne) pouvez pas vous taire?

***~가[를] 먹다** avoir l'oreille dure; être dur(*e*) d'oreille [de la feuille {*fam*}], avoir les portugaises ensablées {*arg*}; entendre mal, être (un peu) sourd(*e*). ¶ 너 ~ 먹었어? 왜 불러도 대답을 안 해? T'es sourd(*e*) ou quoi? Pourquoi tu (ne) réponds pas quand on t'appelle? ¶ 가는~를 먹다 être un peu sourd(*e*), être dur(*e*) d'oreille [de la feuille {*fam*}], avoir les portugaises ensablées {*arg*}, avoir de la merde dans les oreilles {*vulg*}.

***~(가) 밝다** avoir l'oreille [l'ouïe] fine; avoir une bonne ouïe.

***~(가) 트이다** commencer à avoir l'ouïe ((au français)); commencer à comprendre ((le français)). ¶ 불어에 ~가 트이다 commencer à avoir l'ouïe au français; commencer à comprendre le français.

***~를 기울이다** tendre [prêter] l'oreille à *qn*/*qc*, écouter *qn*/*qc* d'une oreille attentive [attentivement, avec attention], prêter une oreille attentive, écouter de toutes ses oreilles, être tout yeux, tout oreilles; être tout ouïe. ¶ 선생님 말씀에 ~ tendre l'oreille pour écouter (les paroles du) le professeur. ¶ 그 당시에는 그의 이론에 ~를 기울이는 사람이 아무도 없었다 À l'époque, personne n'avait prêté l'oreille à sa théorie.

***~를 빌리다** prêter l'oreille ((à *qn*)). ¶ ~ 좀 빌립시다 Prêtez-moi l'oreille un instant.

***~를 (쫑긋) 세우다** dresser l'oreille; ouvrir de grandes oreilles; prêter une oreille attentive; être tout yeux, tout oreilles; écouter attentivement [avec attention].

***~에 담아듣다** tendre l'oreille vers *qn*/*qc*, écouter *qn*/*qc* d'une oreille attentive [attentivement, avec attention], prêter une oreille attentive, écouter de toutes *ses* oreilles, être tout yeux, tout oreilles; être tout ouïe. ¶ 이 말을 ~담아들어라 Écoute bien [attentivement] ce que je vais te dire [mes paroles].

***~에 들어가다** parvenir [arriver] aux oreilles ((de *qn*)). ¶ 만약에 이것이 누구의 ~에 들어간다면 Si ça [cela] parvenait [arrivait] aux oreilles de *qn*.

***~에 못이 박히다** en avoir les oreilles rebattues. ¶ 나는 ~에 못이 박히게 그 말을 들었다 On m'en a rebattu les oreilles.

***~에 설다** être inhabituel à l'oreille.

***~에 익다** être familier à l'oreille.

***한 ~로 듣고 한 ~로 흘리다** cela lui entre par une oreille et lui sort par l'autre, n'écouter que d'une oreille, écouter d'une oreille distraite, avoir la tête comme une passoire.

***소 ~에 경 읽기다** On a beau lui parler, il fait toujours la sourde oreille / Autant vaut parler à un sourd / C'est comme si on parlait à un sourd[à un mur] / prêcher dans le désert.

***~가 보배** ne pas avoir beaucoup de connaissances, mais savoir se servir de ses oreilles.

◆_걸이 명 boucles *fpl* d'oreilles, pendants *mpl* [anneaux *mpl*] d'oreilles. ¶ ~걸이를 하다[달다] mettre des boucles d'oreilles.

◆_동냥 명 ouï-dire *m;* rumeur *f*, bruits *mpl* de couloir, racontar *m*, on-dit *m inv*. ¶ ~으로 들은 이야기 une histoire apprise par ouï-dire, une histoire entendu quelque part. ¶ ~을 하다 savoir *qc* [apprendre *qc*] par ouï-dire [parce qu'on en a entendu parler, parce qu'on l'a entendu quelque part].

◆_때기 명 【속어】 esgourde *f* {*arg*}, portugaises *fpl* {*fam*}.

◆_띔 명 insinuation *f*; allusion *f*; sous-entendu *m*. ¶ ~띔을 하다 faire savoir *qc* par insinuation, insinuer [suggérer] *qc*, insinuer que+*ind*, dire [chuchoter, murmurer, glisser, souffler] *qc* à l'oreille de *qn*. ¶ 진작 나에게 ~띔이라도 해주지 그랬니? Tu aurais dû me le souffler avant!

◆_마개 명 protège-tympan *m inv* ((d'aviateur)).

◆_머거리 명 sourd(*e*). ¶ ~머거리 삼 년이요 벙어리 삼 년이라 Il est bon de se taire et de rester aveugle pendant trois ans ((maxime destinée aux jeunes femmes mariées par leur famille afin qu'elles supportent les dures réalités du mariage)).

◆_밑머리 명 cheveux *mpl* tressés derrière les oreilles; patte *f* [favori *m*] d'oreille.

◆_ㅅ가 명 le bord *m* des oreilles. ¶ 그의 목소리가 ~ㅅ가에 맴돈다 Sa voix bourdonne dans mes oreilles. ¶ 아직도 ~ㅅ가에 선생님의 목소리가 쟁쟁해 La voix du professeur me reste encore clairement dans les oreilles. / J'ai encore la voix du professeur dans l'oreille. / J'entends encore la voix du professeur. / La voix du professeur retentit encore à mes oreilles. / Il me semble encore entendre la voix du professeur. ¶ ~ㅅ가로 듣다 écouter sans prêter attention. ¶ ~ㅅ가로 듣지 말고 내 얘기 명심해! Ouvre bien tes oreilles [Ouvre tes oreilles bien grand], écoute-moi bien. / N'écoute pas sans faire attention à ce que je te dis, mais retiens-le / Que ça ne te sorte pas par les oreilles, garde ce que je te dis dans ta tête / Que mes paroles ne te rentrent pas par une oreille pour sortir par l'autre / Écoute bien ce que j'ai à te dire / Fais bien attention à ce que je vais dire / Grave-toi bien dans l'esprit ce que je vais dire.

◆_ㅅ결 명 fait d'arriver par hasard aux oreilles de *qn* [d'entendre *qc* par hasard]. ¶ ~ㅅ결에 그 이야기를 들었어요 Cette histoire est arrivée par hasard à mes oreilles. / J'ai entendu cette histoire par hasard.

◆_ㅅ구멍 명 conduit *m* [trou *m*] d'oreille.

◆_ㅅ등 명 derrière *f* d'oreille. ¶ ~ㅅ등으로 듣다 écouter [entendre] sans prêter attention, écouter d'une oreille distraite [inattentive], n'écouter que d'une oreille, ne prêter qu'une oreille distraite ((aux paroles de *qn*)), écouter ce qu'on dit sans y prêter réellement attention, n'écouter que d'une oreille, écouter d'une oreille distraite [distraitement]. ¶ 기껏 얘기해 주었더니 ~ㅅ등으로 들었구나 Je te l'ai déjà dit, mais tu n'entends que d'une oreille / Je te l'ai raconté, mais tu ne m'écoutes pas! / Ça t'est entré [passé] par une oreille, ça t'est sorti par l'autre [tu n'as rien retenu!].

◆_ㅅ바퀴 명 pavillon *m*; conque *f*.

◆_ㅅ불 명 lobe *m*. ¶ 그 여자는 ~ㅅ불이 두텁대[얇대] Elle a un lobe épais [charnu].

◆_ㅅ전 명 pourtour *m* de l'oreille. ¶ 그의 말이 아직도 ~ㅅ전에 맴돈다 Ses paroles me tintent encore dans les oreilles. ¶ ~ㅅ전으로 듣다 écouter [entendre] sans prêter attention, écouter d'une oreille distraite [inattentive], n'écouter que d'une oreille, ne prêter qu'une oreille distraite ((aux paroles de *qn*)), écouter ce qu'on dit sans y prêter réellement attention, n'écouter que d'une oreille, écouter d'une oreille distraite [distraitement].

◆_싸대기 명 【속어】 ((terme familier désignant la zone (située) entre l'oreille et la joue)). ¶ 그 녀석 ~싸대기를 한 대 올려부칠까 보다 Je ne sais pas ce qui me retient [pourquoi je me retiens (de …)] (de lui flanquer une gifle, de lui en flanquer une {*fam*}, de lui en coller une {*fam*}, de lui en balancer une {*fam*}, de le frapper, de le tuer, de lui fracasser la tête, de lui casser la gueule {*vulg*}) / J'ai envie de le tuer celui-là.

◆_이개 명 cure-oreille(~-~*s*) *m*. ¶ ~이개로 귀지를 파내다 enlever du cérumen avec un cure-oreille.

◆_지 명 cérumen *m*, cire *f* d'oreille.

◆_청 명 tympans *m*. ¶ ~청을 울리는[때리는] 소리 son *m* faisant vibrer les tympans. ¶ ~청 떨어지겠다, 목소리 좀 낮추어라 Tu as failli me crever les tympans, baisse un peu la voix.

◆바늘_ 명 chas *m* [trou *m*, œil *m*] d'une aiguille. ¶ 바늘~에 실을 꿰다 passer le fil dans le chas d'une aiguille, enfiler une aiguille.

귀-² 貴- 접두 ① votre ((préfixe employé quand on parle de *qc* appartenant à l'interlocuteur)). ¶ ~사 votre entreprise. ¶ ~국 votre pays. ② 고귀한 cher(*ère*), précieux(*se*). ¶ ~부인 grande dame. ¶ ~금속 métaux précieux. ¶ ~공자 jeune homme de famille noble.

귀가 歸家 명 retour *m* [rentrée *f*] à la maison. ¶ ~를 서두르다 hâter *son* retour (à la maison), se dépêcher pour rentrer chez *soi*. ¶ ~ 길에 시장에 들르다 passer au marché sur le chemin du retour. ◇_(를) 하다 retourner [rentrer] chez *soi*. ¶ 그는 밤늦게 ~하곤 했다 Il rentrait tard le soir.

귀감 龜鑑 명 modèle *m*, exemple *m*; type *m*; parangon *m*. ¶ 누구를 ~으로 삼다 prendre modèle sur *qn*, prendre *qn* pour modèle. ◇_이 되다 servir d'exemple ((à *qn*)), être un modèle ((pour *qn*)). ¶ 그는 요즘 젊은이들에게 ~이 될 만한 사람이다 Il devrait être un modèle pour les jeunes d'aujourd'hui / Cette personne devrait servir d'exemple aux jeunes d'aujourd'hui.

귀걸이 boucles *fpl* d'oreilles, pendants *mpl* [anneaux *mpl*] d'oreilles. ¶ 진주 ~ des boucles d'oreilles en perles. ¶ ~ 한 쌍 une paire de boucles d'oreilles. ¶ ~를 달다 mettre des boucles d'oreilles.

*귀에 걸면 ~ 코에 걸면 코걸이 accommoder *qc* aux circonstances; faire à *sa* guise, interpréter *qc* à *sa* manière.

귀결 歸結 명 conséquence *f*, résultat *m*,

ㄱ

aboutissement *m*, suites *fpl*, conclusion *f*, fin *f*. ◇_**이다** être un aboutissement [une conséquence]. ¶ ...한 것은 당연한 ~이다 C'est un aboutissement naturel de+*inf*, C'est une conséquence naturelle [logique] de+*inf*. ◇_**(이)되다** aboutir [conduire, mener, conclure, revenir] à *qc*/*inf* ¶ 결국 모든 것이 돈 문제로 ~된다 Finalement [En définitive, En fin de compte], tout revient [se réduit] à une question d'argent.

귀경 歸京 명 retour *m* à Séoul [à la capitale]. ¶ ~ 행렬[인파] une file (de voitures) retournant à Séoul [l'affluence du retour vers Séoul]. ¶ ~길에 오르다 prendre le chemin du retour vers Séoul [vers la capitale]. ¶ ~ 차량이 몰려 고속도로가 혼잡하다 Comme il y a un afflux [un flot] de voitures, l'autoroute est encombrée [bouchée, congestionnée, embouteillée].

귀고리 명 ☞ 귀걸이

귀공자 명 jeune noble *m*, jeune homme *m* de famille noble. ¶ 그 분은 ~처럼 생겼다[~티가 난다]. Il a le physique [la prestance, l'air] d'un jeune noble / Il a un air de noblesse.

귀관 貴官 대 vous; votre ((formule officielle employée par un supérieur parlant à un officier inférieur)). ¶ ~들의 의견은 어떻소? Qu'est-ce que vous en pensez, Messieurs les officiers? / Qu'en pensez-vous, Messieurs les officiers?

귀국[1] 貴國 명 votre pays *m* [votre gouvernement *m*]. ¶ 대사, 현안에 대한 ~의 공식적인 입장은 무엇입니까? Monsieur l'ambassadeur, quelle est la position de votre pays sur cette affaire?

귀국[2] 歸國 명 retour *m* [rentrée *f*] dans *son* pays. ¶ ~길에 오르다 repartir pour *son* pays. ¶ 그 분의 ~환영회를 열자. Organisons une fête pour célébrer *son* retour au pays. ◇_**(을) 하다** retourner [rentrer, revenir] dans *son* pays, regagner *sa* patrie. ¶ 그 분들은 일시 ~했다 Ils sont retournés pendant quelque temps dans leur pays. ◇_**(을) 시키다** rapatrier *qn*, faire rentrer *qn* dans *son* pays.

귀금속 貴金屬 명 métal(*aux*) *m* précieux.

◆_**상(인)** -商(人) 명 orfèvre *m*; orfèvre-bijouti*er*(*ère*), orfèvre-joailli*er*(*ère*).

◆_**상(점)** -商(店) 명 orfèvrerie *f*, bijouterie *f*, joaillerie-orfèvrerie *f*.

◆_**세공** -細工 명 orfèvrerie *f*.

귀기울이다 재 ☞ 귀[1]

귀납 歸納 명 논리 induction *f*. ◇_**(을) 하다** induire *qc* de *qc* [que+*ind*]; faire un raisonnement par induction; procéder [raisonner] par induction. ¶ 지금까지 알려진 사실들로부터 ~해 보면 ... Si l'on induit des faits connus jusqu'à maintenant ... ◇_**(이) 되다** être induit(*e*).

◆_**적** -的 명관 inducti*f*(*ve*). ¶ ~ 결과[방법] une induction, une méthode inductive. ¶ ~적으로 추리하다 raisonner par induction.

◆_**명제** -命題 명 proposition *f* inductrice.

◆_**법** -法 명 【논리】 méthode *f* inductive; induction *f*.

귀농 歸農 명 retour *m* à la vie rurale, retour *m* à la campagne, retour *m* à la ferme, retour *m* à la nature. ¶ 최근 ~현상이 두드러진다 Ces temps-ci il y a un saisissant retour à la vie rurale. / Ces jours-ci le retour à la vie rurale est marquant. / Ces jours-ci on remarque un certain retour à la campagne. / Ce qui est frappant ces jours-ci, c'est ce retour à la nature.

귀담아듣다 타 tendre l'oreille vers *qn*/*qc*, écouter *qn*/*qc* d'une oreille attentive [attentivement, avec attention], prêter une oreille attentive, écouter de toutes ses oreilles, être tout yeux, tout oreilles; être tout ouïe. ¶ 선생님 말씀을 귀담아 들어라 Écoute attentivement les paroles du professeur. / Enfonce-toi les paroles du professeur dans ta tête [dans le crâne] {*fam*}.

귀대 歸隊 명 retour *m* à la caserne [au camp]. ◇_**(를) 하다** rentrer [retourner] à la caserne [au camp].

귀댁 貴宅 명 votre maison *f*, votre famille *f*, votre. ¶ ~을 한 번 방문하고 싶습니다만 J'aimerais bien un jour vous rendre visite.

귀두 龜頭 명 ① ((비석의 받침돌)) support *m* en pierre d'une stèle en forme de tortue. ② 【의학】 gland *m*.

귀뚜라미 명 grillon *m*, cri-cri *m inv*.

귀뚤귀뚤 감 cri-cri ((onomatopée exprimant le cri du grillon)). ¶ ~ 울다 ((grillon)) faire cri-cri, chanter, grésiller.

귀로 歸路 명 chemin *m* du retour; retour *m*. ¶ 대통령은 공식 일정이 끝나면 ~에 고향에 들를 예정이다 Une fois fini *ses* obligations officielles, il est programmé que le président de la République passe au retour dans *son* pays natal / Le programme officiel achevé, il est prévu que le président de la République visite *son* pays natal.

귀류법 歸謬法 명 【논리】 raisonnement *m* [démonstration *f*] par l'absurde. ¶ ~으로 증명하다 prouver *qc* par l'absurde, faire la démonstration de *qc* par l'absurde.

귀리 명 【식물】 avoine *f*.

귀물 貴物 명 objet *m* précieux [de valeur]; rareté *f*, objet *m* rare.

귀부인 貴婦人 명 (grande) dame *f*; dame *f* noble; femme *f* distinguée. ¶ 그 여자는 ~ 티가 난다 Elle a l'air distinguée / Elle a de la classe / Elle a l'air d'une grande dame. ¶ ~ 티를 내다 faire la grande dame.

귀빈 貴賓 명 hôte *mf* [invité(*e*)] de marque. ¶ ~ 대접을 받다 être reçu(*e*) comme un(*e*) invité(*e*) de marque. ¶ ~으로 예우하다 traiter *qn* avec les honneurs, recevoir *qn* comme un(*e*) invité(*e*) de marque. ¶ 이 자리에 참석해주신 내와~께 진심으로 감사드립니다 Je voudrais remercier de tout cœur tous les invités ici présents.

◆_석 -席 명 places *fpl* réservées aux invités [hôtes] de marque.

◆_실 -室 명 salle *f* réservée aux invités de marque.

귀성 歸省 명 retour *m* dans *son* pays natal (chez *ses* parents); retour *m* au foyer [au pays]. ◇_(을) **하다** retourner [rentrer] dans *son* pays natal [chez *ses* parents], retourner [rentrer] au pays, regagner *son* pays natal.

◆_객 -客 명 voyageurs *mpl* qui rentrent dans leur pays natal (à l'occasion de grandes fêtes annuelles).

◆_열차 -列車 명 train *m* transportant des gens qui rentrent dans leur pays natal (à l'occasion de grandes fêtes annuelles).

◆_인파 -人波 명 une foule *f* de personnes qui retournent au pays natal (à l'occasion de grandes fêtes annuelles).

◆_행렬 -行列 명 file *f* de gens ou de voitures qui retournent au pays natal (à l'occasion de grandes fêtes annuelles).

귀소본능 歸巢本能 명 instinct *m* du retour; instinct de retrouver sa maison même ivre mort ¶ 동물에게는 ~이 있다 Les animaux ont l'instinct de retourner à l'endroit où ils sont nés.

귀속 歸屬 명 appartenance *f*; retour *m*; ((법률)) réversion *f*. ¶ 쿠릴 열도의 ~ 문제 le problème d'appartenance des îles Kuriles. ¶ 그 섬의 주민들은 영국으로의 ~을 바란다 Les habitants de cette île souhaitent appartenir à la Grande Bretagne. ◇_(이) **되다** appartenir à *qn*/*qc*; faire partie de *qn*/*qc*. ¶ 그 분의 재산은 모두 국고에 ~될 것이다 Tous ses biens appartiendront aux caisses de l'État / Toute sa fortune reviendra à l'État. ◇_(을) **시키다** faire appartenir à *qn*/*qc*.

◆_재산 -財産 명 biens *mpl* sur lesquels quelqu'un a un droit de réversion.

귀순 歸順 명 soumission *f*, obéissance *f*, ralliement *m*; ((항복)) capitulation *f*. ¶ ~간첩 un(*e*) espion(*ne*) [agent secret] qui a fait défection, un(*e*) espion(*ne*) qui s'est rallié(*e*) à une autre cause. ¶ ~ 의사를 표명하다 exprimer l'intention de faire défection; exprimer l'intention de se rallier à *qn*. ◇_(을) **하다** se soumettre à *qn*; se rendre à *qn*; se plier à *qn*; se convertir à; faire défection; ((적이)) se rallier à *qn*.

◆_병 -兵 명 soldat *m* ennemi qui a fait défection [qui s'est rallié (volontairement)].

◆_자 -者 명 personne *f* qui a fait défection; dissident(*e*).

귀신 鬼神 명 esprits *mpl*, fantôme *m*, revenant *m*, spectre *m*; démon *m*; mânes *mpl*. ¶ ~의 존재를 부인하다[믿지 않다] nier l'existence des esprits [ne pas croire aux esprits]. ¶ ~이 나오는 집 une maison hantée par les fantômes, une maison habitée [visitée] par des esprits. ¶ ~도 모르게 일을 해치우다 régler une affaire à l'insu de tout le monde, régler une affaire sans que personne ne le sache. ¶ 제를 올려 ~을 달래다 consoler les esprits par des rituels funéraires. ¶ ~잡는 해병 un soldat de la marine qui n'a peur de rien, un soldat de la marine qui peut tout affronter. ¶ 그는 마치 ~에 홀린 것처럼 행동한다 Il se comporte comme s'il était possédé [comme un possédé]. ¶ 그 사람은 일 ~이다 C'est un travailleur acharné / Il[Elle] travaille comme un(*e*) forcené(*e*) / C'est un(*e*) bûcheur(*se*) {*fam*} / C'est un(*e*) sacré(*e*) bosseur(*se*) {*fam*} ◇_(이) **들리다[씌다]** être possédé(*e*) ((par le démon)). ¶ ~ 들린 사람 un(*e*) possédé(*e*) ((du démon)), un(*e*) énergumène [un(*e*) démoniaque]. ◇_**이다** être très fort(*e*) [doué(*e*)] pour *qc*, être imbattable. ¶ 그는 자기 몫을 챙기는 데는 ~이다 Il prend toujours la bonne part du gâteau.

*~**이 곡할 노릇이다** être mystérieux(*se*), énigmatique, inexplicable, incompréhensible, être extrêmement bizarre. ¶ 방금까지도 있던 지갑이 어디로 갔나, ~이 곡할 노릇이군 Où est passé le portefeuille qui était ici tout à l'heure? C'est incompréhensible!

*~ **씻나락 까먹는 소리(를) 하다** ☞ 씻나락

◆_같다 형 être extraordinaire, merveilleux(*se*), surnaturel(*le*). ¶ ~같은 솜씨 une grande habileté, une habileté surhumaine.

귀싸대기 명 【속어】 ((terme familier pour désigner la zone entre l'oreille et la joue)). ◇_**를 치다[때리다, 올려붙이다]** flanquer une gifle, en flanquer {*fam*} [en coller {*fam*}, en balancer {*fam*}, en foutre {*vulg*}] une {*fam*}.

귀양 명 exil *m*; bannissement *m*; proscription *f*; déportation *f*. ◇_(을) **가다** partir en exil, être expulsé(*e*), être envoyé(*e*) en exil. ◇_(을) **보내다** envoyer *qn* en exil; exiler *qn*; bannir *qn*; condamner *qn* à l'exil. ¶ 섬으로 ~보내다 exiler *qn* dans une île, bannir *qn* pour l'envoyer dans une île, condamner *qn* à vivre dans une île; déporter *qn* dans une île.

◆_살이 명 vie *f* en exil. ¶ ~살이를 하다 vivre en exil, être exilé(*e*) [banni(*e*)].

귀엣말 명 ☞ 귓속말

귀여워하다 타 affectionner, adorer, aimer, bercer, bichonner, câliner, caresser, chérir, chouchouter {*fam*}, choyer, dorloter, enjôler, gâter ¶ 아이를 ~ chérir [dorloter] un enfant. ¶ 눈에 넣어도 아프지 않을 만큼 ~ aimer *qn* comme la prunelle de *ses* yeux. ¶ 친자식처럼 ~ choyer *qn* comme si c'était *son* propre enfant.

귀염 명 amour *m*, affection *f*, tendresse *f*. ◇_(을) **받다** se faire choyer, se faire aimer; être l'objet d'amour; être cajolé(*e*) par *qn*.

◆_성 -性 명 charme *m*; séduction *f*, attirance *f*. ¶ ~성 있는 얼굴 visage mignon [adorable, charmant, craquant]; bonne bouille {*fam*}.

◆_둥이 명 mignon(*ne*); (petit(*e*)) chou(*te*, *x*); (petit) bout *m* de chou; chouchou(*te*); favori(*te*); petit trognon *m*. ¶ 그 애는 집안의 ~둥이로 자랐다 Cet enfant a été élevé comme le chouchou [favori] de la famille.

ㄱ

귀엽다 형 être mignon(*ne*), joli(*e*), adorable, craquant(*e*) {*fam*}, gracieux(*se*), mimi {*fam*}, biquet(*te*) {*fam*}. ¶ 귀여운 얼굴 visage mignon [adorable, ravissant, craquant, gracieux]. ¶ 귀여운 행동[짓]을 하다 faire des grâces [des mignardises]; avoir une attitude adorable [charmante, attirante], avoir des gestes charmants. ¶ 저 어린애는 참 ~ Cet enfant est vraiment mignon / Cet enfant est (vraiment) adorable [craquant(*e*) {*fam*}, gracieux]. ¶ 저 여자 아이는 목소리가 ~ Cette petite fille a une voix mignonne [charmante, ravissante, délicieuse]. ¶ 누구를 귀엽게 여기다 trouver *qn* mignon(*ne*) [charmant(*e*), adorable, craquant(*e*) {*fam*}]. ¶ 귀엽게 굴다 se comporter [agir] de manière ravissante [gracieuse, charmante, adorable], faire des grâces [des mignardises].

귀의 歸依 명 【불교】 conversion *f* ((religieuse)); action *de* prendre refuge dans le Bouddha. ◇_(를) **하다** devenir bouddhiste, devenir adepte du Bouddhisme; se convertir à la religion bouddhique; adopter le Bouddhisme; embrasser la foi bouddhique.

귀인 貴人 명 personne *f* de haute condition [naissance]; noble *mf*, aristocrate *mf*; bienfai*teur*(*trice*), protec*teur*(*trice*). ¶ 3월에 동방 ~의 도움을 받을 거라는 점괘가 나왔다 On a prédit qu'un bienfaiteur de l'Est va venir au mois de mars [en mars] apporter son aide.

귀일되다 歸一– 자 s'unir; tomber [se mettre] d'accord; se réunir; ((des rivières)) se mêler, confluer, converger. ¶ 모든 학문과 사상은 결국에는 하나로 귀일된다 Toutes les sciences et toutes les idées convergent en une seule vérité.

귀재 鬼才 명 génie *m*, prodige *m*; intelligence *f* extraordinaire. ¶ 그 감독은 영상미학의 ~이다 Ce(*tte*) réalisa*teur*(*trice*) a le génie de l'art cinématographique.

귀절 명 ☞ 구절

귀족 貴族 명 ① noble *mf*; ((총칭)) noblesse *f*, aristocratie *f*. ¶ ~ 행세를 하다 se comporter comme un noble, se donner un air de noble. ¶ ~이 되다 être anobli(*e*); s'anoblir; devenir noble. ¶ 그는 ~이다 Il est noble. ¶ 그는 ~ 태생이다 Il est de haute naissance[de sang noble, de sang bleu].

◆_**적** -的 명관 ((famille)) noble; ((titre)) de noblesse; ((manière, goût)) aristocratique.

◆_**층** -層 명 noblesse *f*.

귀중[1] 貴重 어근 grande valeur *f*.

◆_**하다** 형 être précieux(*se*), d'une grande valeur, de grand prix. ¶ ~한 시간 [물건, 자료, 책, 생명] un temps [un objet, un document, un livre, une vie] précieux(*se*). ¶ 무엇을 ~하게 보관하다 garder soigneusement [précieusement] *qc*; garder *qc* avec soin.

◆_**품** -品 명 objet *m* précieux [de valeur, de prix].

귀중[2] 貴中 의명 ((expression *f* ajoutée au nom d'une organisation, d'une compagnie, etc. dans l'adresse d'une lettre)) ¶ 불어불문학회 ~ la Société de Langue et Littérature Françaises.

귀지[1] cérumen *m*; bouchon *m* de cérumen [de cire]. ¶ ~를 파다[파내다] ôter le cérumen, enlever un bouchon de cérumen, se nettoyer [se curer] les oreilles (avec un cure-oreille).

귀지[2] 貴誌 명 votre publication *f* [magazine, quotidien, revue]. ¶ 이번 사건에 관한 ~의 태도는 매우 편파적인 것 같습니다 La position de votre revue sur cette affaire me semble très partiale.

귀착 歸着 명 aboutissement *m*. ◇_(을) **하다**((이) **되다**) aboutir [conduire, mener] à *qc*/*inf*, se réduire à *qc*/*inf*, revenir à *qc*. ¶ 모든 것이 돈 문제로 ~된다 Tout revient [se réduit] à une question d'argent. ¶ ...라는 결론에 ~하다 (en) arriver [en venir] à la conclusion que+*ind*.

◆_**점** -點 명 aboutissement *m*, conclusion *f*, résultat *m*, point *m* final.

귀찮다 형 être gênant(*e*), fâcheux(*se*), exaspérant(*e*), embêtant(*e*), importun(*e*), fatigant(*e*), embarrassant(*e*); être désagréable, agaçant(*e*), énervant(*e*); être assommant(*e*) {*fam*}, barbant(*e*) {*fam*}, rasant(*e*) {*fam*}, chiant(*e*) {*vulg*}, merdique {*fam*}. ¶ 귀찮은 아이 un(*e*) enfant fatigant(*e*) [énervant(*e*), casse-pieds {*fam*}]. ¶ 귀찮은 일 une tâche ennuyeuse [emmerdante]; un travail embêtant [merdique {*fam*}, chiant {*vulg*}]. ¶ 귀찮은 경쟁자 un(*e*) rival(*e*) gênant(*e*), un(*e*) concurrent(*e*) embêtant(*e*). ¶ 만사가 다 ~ Tout m'ennuie [m'exaspère] / Tout m'énerve [m'embête, m'emmerde {*fam*} / Tout me fait chier {*vulg*}] / J'en ai marre de tout. ¶ 참 귀찮기도 하군 C'est vraiment embêtant [emmerdant {*fam*}, chiant {*vulg*}]! / Ça m'embête [emmerde {*fam*}, me fait vraiment chier {*vulg*}]! ¶ 누구에게 귀찮게 굴다 embêter [ennuyer, importuner] *qn*; emmerder *qn* {*fam*}; courir sur le système de *qn* {*pop*}, faire cavaler *qn* {*pop*}, mettre les nerfs en boule de *qn* {*pop*}; faire chier *qn* {*vulg*}. ¶ 누구를 귀찮게 여기다 considérer *qc*/*qn* d'emmerdant [d'embêtant(*e*)]; être lassé(*e*) de *qc*/*qn*, se lasser de *qc*/*qn*/*inf*. ¶ 누구에게 귀찮게 졸라대다 importuner *qn*; solliciter *qn* de façon importune; déranger *qn*.

귀천 貴賤 명 noblesse *f* et peuple *m*; grandeur *f* et bassesse *f*, différence *f* [distinction *f*] de rang social. ¶ ~을 가리지 않고 사람을 똑같이 대하다 traiter les gens sans distinction de rang [sans tenir compte du rang social]. ¶ 직업에는 ~이 없다 Il n'y a pas de sot métier, il n'y a que de sottes gens / Il n'est point de sot métier.

귀청 명 ☞ 귀

귀추 歸趨 명 issue *f*, résultat *m*, dénouement *m*,

aboutissement *m*; tendance *f*, tournure *f*, fin *f*. ¶ 사건의 ~ la tournure d'une affaire [des événements], le dénouement d'une affaire. ¶ 이 모든 것의 ~가 어떻게 될까? Que sortira-t-il de tout cela? / Où tout cela amène-t-il? / Quelle en sera l'issue? / Tout ça va aboutir à quoi? ¶ ~에[를] 주목하다 s'intéresser au dénouement [à l'issue] ((d'une affaire)). ¶ ~가 주목되다 être intéressé(e) par le dénouement [par l'issue, par le résultat, par la fin, par l'aboutissement] de *qc*. ¶ 이 재판이 앞으로 어떻게 전개될지 ~가 주목된다 Le dénouement de ce procès attire l'attention de tout le monde / Je suis intéressé(*e*) par le dénouement de ce procès.

귀퉁이 명 coin *m*, encoignure *f*; angle *m*. ¶ 건물 한 ~에 가게를 얻다 louer un magasin dans l'angle [le coin] d'un bâtiment. ¶ 방 한 쪽 ~에 처박히다 être confiné(*e*) dans un coin de chambre.

귀틀집 명 【건축】 maison *f* en rondins.

귀하 貴下 명 Monsieur *m*; Madame *f*, Mademoiselle *f*. ((expression polie utilisée par un inférieur pour un supérieur sur l'enveloppe)) ¶ 김철수 ~ Monsieur Kim Cheolsu.

대 vous. ¶ 이번 일에는 ~의 공로가 컸습니다 Cette fois-ci, vous avez largement contribué à cette affaire.

귀하다 貴- 형 ① être rare, peu nombreux(*se*). ¶ 귀한 물건 un objet rare; une rareté; un objet précieux. ¶ 자손이 귀한 집안 une famille dont les descendants sont peu nombreux. ¶ 요즘은 일손이 ~ Ces jours-ci, il est difficile de trouver de la main d'œuvre / Ces temps-ci, la main-d'œuvre est rare. ② 소중하다 être précieux(*se*), inestimable. ¶ 귀한 목숨을 희생하다 sacrifier *sa* précieuse vie. ③ 신분이 높다 être de haut rang; être noble; être vénérable. ¶ 귀한 손님 invité(*e*) [hôte] de marque.

◆**귀히** 부 précieusement; avec soin; soigneusement; minutieusement. ¶ 그는 손없는 집안의 외아들로 ~ 자랐다 Comme il est fils unique, il a été élevé soigneusement [précieusement, dans le coton] / Comme il est fils unique, il a été dorloté.

귀항 歸港 명 retour *m* [rentrée *f*] au port d'attache. ◇_(을) **하다** rentrer au port, revenir [retourner] au port d'attache.

귀향 歸鄕 명 retour *m* [rentrée *f*] au pays natal. ¶ 수십년 만의 ~ retour au pays natal après plusieurs dizaines d'années [plusieurs décennies, longtemps]. ¶ 병사들의 ~을 환영하다 bien accueillir les soldats qui rentrent au pays; fêter le retour des militaires au pays natal. ◇_(을) **하다** retourner au [dans *son*] pays (natal), regagner *son* pays (natal).

귀화 歸化 명 naturalisation *f*. ¶ 외국인에게 ~를 허가하다 accorder la nationalité aux étrangers [se faire naturaliser]. ◇_(를) **하다** se faire naturaliser. ¶ 한국에[으로] ~한 사람 une personne naturalisée coréenne. ¶ 프랑스로 ~하다 se faire naturaliser français. ◇_(를) **시키다** naturaliser *qn*.

◆_**인** -人 명 personne *f* naturalisée.

귀환 歸還 명 retour *m*, rentrée *f*. ◇_(을) **하다** retourner, rentrer, regagner ((sa patrie)). ¶ 기지로 무사히 ~하다 rentrer sain et sauf à sa base (militaire). ◇_(을) **시키다** renvoyer *qn* ((dans sa patrie)); rapatrier *qn*.

귀휴 歸休 명 ☞ 휴가

귓밥 명 épaisseur *f* du lobe de l'oreille. ¶ 이 아이는 ~이 유난히 두텁다 Cet enfant a les lobes des oreilles particulièrement épais.

귓속말 명 chuchotement *m*, murmure *m*. ◇_(을[로]) **하다** parler bas, chuchoter, dire *qc* à voix basse [à mi-voix, tout bas]; dire [souffler, glisser, murmurer, chuchoter] *qc* à l'oreille de *qn*.

규격 規格 명 norme *f*, type *m*, standard *m*. ¶ ~대로의 normal, conforme à la norme, standard. ¶ ~을 따라서 selon la norme, conformément à la norme. ¶ 제품이 ~에 맞다 Le produit est conforme à la norme. ¶ ~을 맞추다[일정하게 하다, 통일하다] normaliser, standardiser, uniformiser.

◆_**화** -化 명 normalisation *f*, standardisation *f*; uniformisation *f* (des méthodes d'essai; des produits). ¶ ~화하다 normaliser, standardiser, uniformiser.

◆_**품** -品 명 produit *m* [article *m*] standardisé.

◆**공업표준**_ 工業標準 명 norme *f* industrielle de standardisation.

규명 糾明 명 éclaircissement *m*; [examen *m* serré [minutieux, rigoureux]; enquête *f*; instruction *f*; vérification *f*; recherche *f*. ¶ 진상 ~을 위해 전면적인 재수사가 필요하다 Une investigation [enquête, recherche] totale est à refaire pour tirer au clair cette affaire. ◇_(을) **하다** éclaircir, élucider, tirer *qc* au clair, faire la lumière sur *qc*, examiner *qc* à fond [de près, minutieusement]; interroger; faire une enquête serrée, enquêter sur *qc*; vérifier *qc*. ¶ 사고의 원인을 ~하다 éclaircir la cause d'un accident. ¶ 사건의 정확한 진상을 ~하다 faire (toute) la lumière sur une affaire, tirer au clair une affaire, élucider [éclaircir] une affaire. ◇_(이) **되다** être éclairci(*e*), éclairé(*e*); s'éclaircir, s'éclairer. ¶ 이번에는 반드시 역사적 진실이 ~되어야 한다 Cette fois-ci, la véritable histoire doit absolument être tirée au clair / Maintenant, il faut à tout prix que la vérité soit élucidé(*e*) / Cette fois-ci, il faut absolument faire toute la lumière sur [rétablir] la vraie histoire.

규모 規模 명 ① 크기 échelle *f*, étendue *f*, envergure *f*, dimension *f*, importance *f*. ¶ ~의 경제 l'économie d'échelle. ¶ 기업의 ~를 키우다 agrandir *son* entreprise. ¶ ~가 큰 살림살이 un grand ménage [une grande famille, un grand foyer], un ménage de grande envergure. ② équilibre *m*. ◇_(가) **있다[없다]** être [ne pas être] équilibré(*e*). ¶ 살림을 ~ 있게 하다 bien tenir un ménage; équilibrer les dépenses du ménage.

◆대_ 大- 명 ((de)) grande envergure [ampleur, dimension]; ((de)) grande importance. ¶ 대~ 작전 une opération d'envergure.

◆소_ 小- 명 ((de)) petite dimension *f* [envergure *f*].

규방 閨房 명 【고어】 quartier *m* des femmes; appartements *mpl* des femmes; gynécée *m*.

◆_문학 -文學 명 【문학】 écrits *mpl* littéraires des femmes de la haute société à l'époque de Joseon.

규범 規範 명 norme *f*, modèle *m*, exemple *m*; canon *m*; règle *f*, critère *m*. ¶ 도덕 ~이 엄격한 전통사회 société traditionnelle où s'impose une règle morale très stricte. ¶ 사회(의) ~을 지키다[따르다, 준수하다] observer [suivre, respecter] les règles de la société. ¶ ...를 ~(으로) 삼다 prendre exemple [modèle] sur *qn*; prendre *qn* pour [comme] modèle; suivre l'exemple de *qn*; s'inspirer de *qn*. ¶ 도덕의 ~이 되다 être un exemple [modèle] de vertu. ¶ 사회 ~이 느슨해지자 청소년 범죄가 늘고 있다 Le nombre d'infractions et de délits des adolescents augmente au fur et à mesure que la discipline publique se relâche.

◆_적 -的 명관 normati*f*(*ve*).

◆_문법 -文法 명 【언어】 grammaire normative *f*.

규산 硅酸 명 【화학】 acide *m* silicique *m*.

◆_염 -鹽 명 silicate *m*.

규석 硅石 명 【광물】 silex *m*.

규소 硅素 명 【화학】 silicium *m*.

규수 閨秀 명 ① jeune fille *f*, demoiselle *f*. ¶ 재색을 겸비한 ~ jeune fille aussi belle qu'intelligente. ② 학예가 뛰어난 여자 femme *f* de lettres. ¶ ~ 시인 femme *f* poète; ((경멸적)) poétesse *f*. ¶ ~ 작가 femme *f* de lettres; femme *f* écrivain; femme *f* auteur. ¶ ~ 화가 femme *f* peintre.

규식 規式 명 règle *f* et formalisations *fpl*; règlement *m*. ¶ ~에 맞게 en bonne et due forme.

규약 規約 명 statuts *mpl*, règlement *m*, code *m*; convention *f*, pacte *m*, accord *m*. ¶ 단체[연맹] ~ statuts d'une association [d'une fédération]. ¶ ~에 따라[~대로] 하다 faire *qc* selon le règlement [conformément au règlement]. ¶ 그것은 국제연맹의 ~을 위반한 것이다 C'est contre le règlement de la fédération internationale.

규율 規律 명 ① 질서 discipline *f*, ordre *m*. ¶ ~을 바로 잡다 rétablir la discipline [l'ordre]. ¶ ~을 지키다[어기다] respecter [enfreindre] la discipline. ¶ ~을 지키게 하다 faire régner la discipline; discipliner *qn*. ¶ ~이 문란해지고 있다 La discipline se relâche. ¶ 그는 ~ 바른 생활을 한다 Il mène une vie bien réglée. ¶ ~ 바르게 en bon ordre. ② 규칙 règle *f*, règlement *m*. ¶ 엄격한 ~ règle rigoureuse [sévère, inflexible, austère, stricte]. ¶ ~을 준수[위반]하다 observer [aller contre, enfreindre] les règlements. ◇_(이) **있다** être discipliné(*e*). ¶ ~ 있는 discipliné(*e*), ordonné(*e*).

◆_부 -部 명 conseil *m* de discipline.

규장각 명 【역사】 Gyujanggak <bibliothèque royale à l'époque de Joseon>.

규정[1] 規定 명 stipulation *f*, clause *f*; statut *m*, disposition *f*; règle *f*, règlement *m*; prescription *f*; ordonnance *f*. ¶ ~대로 conforme aux règles; selon les dispositions légales; ((contrat)) en bonne et due forme. ¶ ~대로 시행하다 exécuter *qc* selon les règles. ¶ 특별한 ~이 없는 한 pourvu qu'il n'y ait pas de règlements particuliers. ¶ 현행 ~으로는 selon le règlement actuel, selon les dispositions en vigueur. ¶ ~을 만들다 établir un règlement. ¶ ~을 준수하다[지키다, ~을 따르다] obéir aux règles [observer les règles, suivre les règles]. ¶ 그 점에 관하여는 아무런 법률상의 ~이 없다 Le règlement ne prévoit pas cela. ◇_(을) **하다** prescrire, ordonner, stipuler; définir, déterminer ((une condition)), régler; statuer, fixer. ¶ 이하 ~하는 바에 따라 selon la loi prescrite ci-dessous. ¶ 법으로 ~하다 stipuler par la loi, prescrire légalement. ◇_(을) **짓다** définir. ¶ 모두가 그의 행동을 범죄로 ~지었다 Tout le monde a défini son acte comme un crime. ◇_(이) **되다** se prescrire. ¶ ~된 prescrit(*e*), prévu(*e*) ((dans un article de loi)); imposé(*e*). ¶ ~된 요금 prix [tarif] fixé. ¶ ~된 학과목 une matière (inscrite) au programme. ¶ ~된 과정을 수료한 학생 un(*e*) élève [étudiant(*e*)] qui a terminé son cursus (de formation) [le cursus d'étude]. ¶ 그 학교의 학생은 모두 기숙사에 들어가도록 ~되어 있다 Les élèves de cette école sont tous obligés de vivre en pension. ¶ ...라고 법률에 ~되어 있다 Il est stipulé dans la loi que ...

◆_량[액] -量[額] 명 dose *f* prescrite.

◆_식 -食 명 régime *m*, aliment *m* diététique.

◆_종목 -種目 명 【운동】 épreuve *f* imposée; figures *fpl* imposées ((en patinage artistique)).

규정[2] 規程 명 ① 준칙 stipulation *f*, clause *f*, règlement *m* interne ((d'une administration)). ¶ 직원 채용 ~ règlement de recrutement. ② 표준 norme *f*, critère *m*, base *f*. ¶ 보수 ~ base des salaires.

규제 規制 명 contrôle *m*, réglementation *f*, restriction *f*. ¶ ~를 완화하다[강화하다] alléger, assouplir [renforcer] le contrôle. ¶ ...에 엄격한 ~를 가하다 exercer un contrôle sévère sur *qc*, imposer une restriction sévère à *qc*. ◇_(를) **하다** imposer une réglementation à *qc*. ¶ 사치품의 수입을 ~하다 restreindre l'importation de produits de luxe. ¶ 법률로 ...을 ~하다 réglementer *qc* par la loi. ◇_를 **풀다** lever une réglementation à *qc*.

규준 規準 명 critère *m*; norme *f*, standard *m*; canon *m*.

규찰 糾察 명 interrogatoire *m* minutieux [serré]. ¶ ~ 대상 ceux qu'on va soumettre à un interrogatoire serré; objet de l'interrogatoire. ◇_(을) **하다** faire subir un interrogatoire serré à *qn*.

규칙 規則 명 ① règle *f*, règlement *m*. ¶ ~ 위반

ㄱ

infraction *f*, [manquement *m*] à un règlement. ¶ 세부 ~ règlement détaillé. ¶ 엄격한 ~ règle stricte [rigoureuse, sévère]. ¶ 융통성 없는 ~ règle inflexible. ¶ 예외 없는 ~은 없다 Il n'y a pas de règle sans exception. ¶ ~을 따르다[지키다, 준수하다] suivre [observer, obéir à] la règle. ¶ ~을 어기다 [위반하다] enfreindre [violer] les règles. ¶ 무엇을 ~으로 삼다 prendre *qc* pour règle générale. ¶ ... 하는 것이 ~이다 Il est de règle de+*inf*. ¶ ~에 따라서 경기하다 jouer selon les règles (du jeu); entrer dans les règles du jeu, se conformer aux règles du jeu. ¶ 그것은 ~에 어긋난다 C'est contre les règles. ¶ 그는 매사를 ~대로만 하려고 한다 Il manque de souplesse. ② **【언어】** règle *f*. ¶ 투사~ règle de projection. ¶ 문법 ~ règle de grammaire. ¶ ~ 순서 ordre des règles.

◆_**적** -的 명관 réguli*er*(*ère*). ¶ ~적인 생활을 하다 mener une vie régulière. ¶ 매일 ~적으로 운동을 하다 avoir pour règle de faire des exercices physiques[de faire de l'exercice, de faire du sport] tous les jours.

◆_**성** -性 명 caractère régulier *m*, régularité *f*. ¶ ~성(이) 있다[없다] être [ne pas être] réguli*er*(*ère*).

◆_**화** -化 명 régularisation *f*. ¶ ~화(를)하다 régulariser.

◆_**동사** -動詞 명 **【언어】** verbe régulier.

규탄 糾彈 명 accusation *f*; blâme *m*, condamnation *f*; reproche *m*. ¶ 정부 ~ 대회 une manifestation pour dénoncer le gouvernement. ◇_(을) **하다** accuser; mettre *qn* en accusation; incriminer *qn*; blâmer, condamner; critiquer; dénoncer; s'élever contre *qc* ou *qn*; attaquer. ¶ 여당의 불법선거운동을 ~하다 dénoncer des propagandes électorales illégales du parti au pouvoir. ◇_(을) **받다** être accusé(*e*), blâmé(*e*), condamné(*e*). ¶ 여야의 이런 야합은 ~받아 마땅하다 Il faut dénoncer une telle alliance entre le parti au pouvoir et celui de l'opposition.

규합 糾合 명 ralliement *m* ((de troupes, de partisans)); rassemblement *m*, appel *m*. ◇_(을) **하다** rallier ((des troupes, des partisans)); battre le rappel; rassembler, réunir ((des hommes)). ¶ 동지들을 ~하다 rallier [rassembler] des partisans.

균 菌 명 ((세균)) bactérie *f*; microbe *m*; ((구균)) microcoque *m*; ((간균)) bacille *m*; ((이질균)) bacille *m* dysentérique. ¶ 상처 부위에 ~이 침투할 지 모르니 소독을 해라 Désinfecte ta blessure pour éviter l'infection.

◆**결핵**_ 結核 명 bacille *m* de la tuberculose; bacille de Koch.

◆**보자** 保者 명 porteu*r*(*se*) de bacilles [de germes, de microbes, d'un virus], porteu*r*(*se*) ((d'une maladie contagieuse, du virus du SIDA)).

◆_**류** -類 명 myco-, -myces, -mycète; ((의학)) fongus *m*.

균등 均等 명 égalité *f*, parité *f*. ¶ 기회의 ~을 보장[요구]하다 garantir [réclamer] l'égalité des chances.

◆_**하다** 형 être éga*l*(*ale*, *aux*). ¶ 균등한 권리를 보장하다[주장하다] garantir [réclamer] l'égalité des droits. ¶ 소득의 균등한 분배 distribution égale des revenus. ¶ 균등한 입장에서 sur un pied d'égalité. ¶ 비용을 균등하게 부담하다 contribuer à part égale à une dépense. ¶ 수익을 균등하게 나누다 distribuer des bénéfices en parts égales.

◆_**화** -化 명 égalisation *f*, nivellement *m* ((des salaires)); péréquation *f* ((des impôts, des salaires)).

균열 龜裂 명 ① fente *f*, fissure *f*, crevasse *f*, lézarde *f* ((d'un mur)). ¶ ~이 생긴 fendillé(*e*), crevassé(*e*), lézardé(*e*). ¶ 가뭄으로 논바닥에 ~이 생겼다 La sécheresse a crevassé les rizières / Les rizières se craquellent à cause de la sécheresse. ¶ 벽에 ~이 생기기 시작한다 Le mur commence à se fissurer. ② 분열 lézardes *fpl* {*litt*}, fissures *fpl*, désaccords *mpl*, dissensions *fpl*. ¶ 당 내부의 ~을 막기 위해 노력하다 faire des efforts pour empêcher les désaccords [les dissensions, les fissures] (entre les militants) au sein du parti. ◇_(을) **하다** se fissurer, se crevasser, se fendiller, se fêler, se fendre, se lézarder. ◇_(이) **되다** se fissurer, se crevasser, se lézarder, se fendiller, se fendre. ¶ 땅바닥이 ~되었다 Le sol s'est fissuré. ◇_(을) **시키다** fendre, provoquer des fentes [des crevasses, des fissures].

◆_**음** -音 명 bruit *m* ((crissement ou craquement)) produit par un objet qui se fendille [qui se fissure].

균일 均一 명 uniformité *f*, égalité *f*. ¶ 1,000원 ~ Tout est à mille wons. ¶ ~ 요금 un tarif unique.

◆_**하다** 형 être uniforme, unique, identique. ¶ 이 제품들은 치수가 ~하다 Ces produits ont [sont de] la même taille. ¶ ~한 가격을 적용하다 appliquer un prix unique. ¶ ~하게[로] 책정된 지원금 subvention dont le montant a été fixée uniformément.

◆_**적** -的 명관 uniforme. ¶ ~적으로 uniformément.

◆_**가** -價 명 prix unique *m*.

◆_**화** -化 명 uniformisation *f*, normalisation *f*. ¶ ~화하다 uniformiser, normaliser. ¶ 세율을 ~화하다 uniformiser le taux de taxe. ¶ 제품의 색상을 ~화하다 uniformiser la couleur des produits.

균점 均霑 명 portion *f* [part *f*] égale; lot *m* égal. ¶ 수익의 ~ participation égale aux bénéfices. ◇_(을) **하다** partager avec *qn* ((à parts égales)). ◇_(이) **되다** être partagé(*e*) en parts égales [de manière équitable,. équitablement].

균제 均齊 명 proportion *f* harmonieuse ((des parties)); symétrie *f* ((des deux ailes d'un bâtiment)). ¶ 그 그림은 ~의 미가 뛰어나다 Cette peinture brille par sa beauté symétrique. ¶ 무엇과 ~가 잡히게 하다 bien proportionner; rendre symétrique. ¶ ~가 잡힌 bien proportionné(*e*); ((façade)) symétrique. ¶ ~가 잡히지 않은 disproportionné(*e*); qui manque de proportion; asymétrique; ((forme)) irréguli*er*(*ère*). ◇_(를) **이루다**[(가) **되다**] 형 être proportionné(*e*), harmonieux(*se*), symétrique.

균질 均質 명 homogénéité *f*, cohérence *f*. ¶ ~의 homogène.

◆_**화하다** -化- 타 homogénéiser.

균형 均衡 명 équilibre *m*, aplomb *m*; stabilité *f*; pondération *f*; balance *f* ((des forces)). ¶ 수입과 지출의 ~ équilibre entre les recettes et les dépenses. ¶ ~을 유지하다 être en équilibre; garder l'équilibre, tenir la balance [la juste mesure]. ◇_**을 이루다** équilibrer, contrebalancer. ¶ 한반도에서 두 강대국의 세력이 ~을 이루고 있다 Les forces de deux grandes puissances se contrebalancent sur la péninsule coréenne. ◇_**을 잡다** mettre en équilibre, garder l'équilibre. ¶ 몸의 ~을 잡다 garder son équilibre, rétablir l'équilibre dans le corps. ¶ 한 발로 ~을 잡고 서다 se tenir en équilibre sur un pied. ◇_**을 잃다** perdre l'équilibre, être en déséquilibre. ◇_**이 깨지다** tomber en déséquilibre, être déséquilibré(*e*). ◇_**이 잡히다** être équilibré(*e*), proportionné(*e*), balancé(*e*), bâti(*e*). ¶ 저 사람 정말 ~ 잡힌 체격[몸매]를 가졌다 C'est quelqu'un de bien proportionné [fait, bâti]. ¶ ~이 잡히지 않은 그림 tableau qui manque d'harmonie [de pondération].

귤 橘 명 mandarine *f satsuma*, fruit *m* de *Citrus unshiu* {*nsc*}; clémentine *f*. ¶ 이 ~은 참 시다 Cette clémentine a une saveur très aigre.

◆_**껍질** 명 zeste *m*. ¶ ~껍질을 벗기다 peler [éplucher] des clémentines. ¶ 그는 얼굴이 ~껍질같이 얽었다 Il a un visage grêlé comme un zeste d'agrume.

◆_**나무** 명 mandarinier *m satsuma*, *Citrus unshiu* {*nsc*}.

◆_**밭** 명 plantation *f* de clémentiniers [de mandariniers].

◆_**빛** 명 orange.

그[1] 관 ce, cette, ces. ¶ ~ 아이 ce garçon [cette fille]-là. ¶ 문제의 ~ 사람 personne en question. ¶ ~ 근처 près de cet endroit-là. ¶ ~ 때문에 pour cette raison. ¶ ~ 이튿날 le lendemain, le jour d'après. ¶ ~ 자리에서 à cet endroit-là, en ce lieu. ¶ 오늘은 ~쯤 해 둡시다 Restons-en là pour aujourd'hui.

그[2] 대 ① ((사람)) il, elle; ((직접목적어 대명사)) le, la; ((간접목적어 대명사)) lui; ((강세형)) lui, elle; ((소유형용사)) son, sa, ses. ¶ ~가[~는] 너를 만나고 싶어 한다 Il veut te voir / Il veut te rencontrer. ¶ ~를 만났느냐? L'as-tu vu(*e*)? / L'as-tu rencontré(*e*)? ¶ 나는 ~를 존경한다 Je l'estime / Je le(la) respecte. ¶ ~에게[~에게서] 온 편지 la lettre qu'il a envoyée, la lettre expédiée par lui, sa lettre. ¶ ~에 의해 모든 일이 결정된다 C'est à lui(elle) de tout décider. ¶ 나는 ~의 누이[아버지]를 잘 안다 Je connais bien son père [sa sœur]. ¶ ~로 말하자면 이 문제에 대해 전문가라 할 수 있다 Quant à lui(elle), c'est un spécialiste de ce problème. ¶ ~ 자신 lui-même, elle-même. ¶ ~ 때문에 à cause de lui [d'elle]. ¶ ~ 덕분에 grâce à lui(elle). ¶ ~ 역시 이번 일에 대해 불만이다 Même lui(elle) n'est pas content de cette affaire. ¶ ~만이 이 곡을 연주할 수 있다 Lui seul [Elle seule] peut jouer [interpréter, exécuter] ce morceau de musique. ② ((사물, 사태)) cela, ça. ¶ ~에 따라 d'après cela. ¶ ~도 그렇지만 en dehors de cela, à part cela. ¶ ~야 그렇지요 C'est bien cela. ¶ ~로부터 삼년이 지났다 Voilà trois ans de cela. ¶ ~ 후에 après cela, sur ce.

그간 명 ces derniers temps, ces derniers jours, ces temps-ci, ces jours-ci, récemment, dernièrement. ¶ ~의 사정 circonstances de ces derniers temps. ¶ ~ 별일 없으셨지요? Comment allez-vous ces derniers temps? / Tout va bien chez [pour] vous ces jours-ci [ces derniers temps]? ¶ ~ 어떻게 지냈냐? Comment vas-tu ces derniers temps?

그거 대 ((forme contractée de 그것)) ça; cette chose-là; cela; celui-ci; celle-là; ce truc-là {*fam*}, ce machin[bidule]-là {*fam*}. ¶ ~ 아주 좋더라 Ça, c'était très bien! / Ce truc-là, c'est vachement chouette! ¶ ~ 말고 또 없냐? Pas cette chose-là [ça], il n'y en pas d'autre? ¶ ~ 말고 딴 것은 없어요? C'est le(*la*) seul(*e*) que vous avez (en magasin, en stock)? / Vous n'en avez pas d'autres? ¶ ~야 말로 듣던 중 반가운 소리군 Ça, c'est plutôt une bonne nouvelle. / Celle-là, c'est une heureuse nouvelle. ☞ 그것

그것 대 ce, ceci, cela, ça; celui-ci[là], celle-ci[là]; ((사물)) il, elle; ((사물)) le, la; y; en. ¶ ~은 무엇입니까? Qu'est-ce que c'est? / Qu'est-ce que c'est que ça? ¶ 나도 ~이 필요합니다 J'ai aussi besoin de cela / J'en ai besoin aussi. ¶ ~이 언제였죠? C'était quand? ¶ ~ 참 잘 되었습니다 C'est très bien fait / C'est parfait. ¶ ~부터 읽어보세요 Essayez de lire ça d'abord. ¶ ~이 더 좋겠다 Ce sera mieux. ¶ 너는 ~도 모르니? Tu ne connais même pas ça? ¶ ~에 관해 à ce sujet, à propos de cela. ¶ ~을 위해 pour cela [ça]. ¶ ~을 통해(서) à travers cela [ça]. ¶ ~ 때문에 à cause de cela [ça]. ¶ ~이 이것보다 더 좋겠어요 Je préfère celui-là [celle-là] à celui-ci [celle-ci] / Celui-là [celle-là] est meilleur(*e*) que celui-ci [celle-ci]. ¶ 그 여자는 사장에게 전화 거는 것을 잊었는데, ~이 결국 회사에 큰 손해를 입혔다 Elle a oublié de téléphoner au directeur, ce qui a, en définitive, nui à l'entreprise. ¶ 노인은 아무 말이 없었는데, 나는 ~을 동의한다는 뜻으로 받아들였다 Le vieillard n'a rien dit et j'ai pris son silence comme un signe d'accord.

그것참 감 Eh bien! / Tiens! / Voyons donc! ¶ ~, 희한한 일도 다 있군 Tiens, quelle étrange chose!

그게 【구어】 ((forme contractée de 그것-이)) ça. ¶ 처음 보는 건데, ~ 뭐냐? C'est la première fois que je vois ça, qu'est-ce que c'est? ¶ 네 꼴이 ~ 뭐냐? Regarde-moi dans quel état tu es ((tu n'es pas beau(belle) à voir)) / Regarde-moi ta tronche {*fam*} [l'état lamentable dans lequel tu es] / Ça ne te ressemble pas (un résultat pareil), qu'est-ce qui t'arrive? ¶ ~ 그거다 Ça [Cela] revient au même / Le résultat (en) est le même / C'est la même chose[pareil] / C'est du pareil au même / C'est exactement pareil / C'est pratiquement la même chose! / C'est bonnet blanc et blanc bonnet / C'est kif-kif (bourricot) {*fam*}.

그곳 때 cet endroit-là, là(-bas), y. ¶ 다들 모이려면 ~이 좋겠군요 Pour que tout le monde se réunisse, c'est mieux d'aller à cet endroit-là. ¶ 모두들 ~을 아주 좋아한다 Tout le monde aime [apprécie] beaucoup cet endroit. ¶ ~을 거쳐 가면 좋겠어요 Ce serait bien qu'on passe par là. ¶ ~에는 아직 못 가보았어요 Je n'ai pas encore été là-bas / Je n'y suis pas encore allé(*e*). ¶ 나는 그 사람을 ~에서 처음 만났다 Je l'y ai rencontré(*e*) pour la première fois. ¶ 내가 내일 ~으로 가겠습니다 Je vais y aller demain. ¶ 이 길은 ~에서(부터) 시작된다 Cette route commence par là. ¶ ~까지는 얼마나 됩니까? Combien de temps faut-il pour y aller? / Combien de temps mettez-vous pour y aller?

그글피 명 dans quatre jours. ¶ 글피도 시간이 없다면 ~ 만나기로 하자 Si tu n'as pas le temps dans trois jours, on se verra le lendemain [le jour d'après].

그까짓 관 choses *fpl* insignifiantes [secondaires], peu de chose, ((pour)) si peu; pareil(*le*), de *son* espèce. ¶ ~ 일로 걱정하지는 말게 Ne t'inquiète pas pour si peu. ¶ ~ 것 잃어버려도 상관없어 Je ne me soucie pas de la perte de si peu. ¶ ~ 녀석에게 뭘 바라겠어? À quoi peut-on s'attendre avec ce genre d'homme [avec un tel homme [type], avec un type pareil, avec un homme [type] de son espèce] / Que peut-on attendre de ce genre d'homme [d'un type pareil, d'un tel type]?

그깟 관 pour si peu de chose (insignifiante), pour des choses peu importantes, pour des choses sans valeur, pour des détails (sans importance). ¶ ~ 녀석은 필요 없다고 해 Dis-lui que je n'ai pas besoin d'un type comme lui, sans valeur pour moi. ¶ ~ 일에 뭘 그리 신경을 쓰니? Pourquoi t'inquiètes-tu pour si peu de chose? / Pourquoi t'en fais-tu pour si peu? / Pourquoi te préoccupes-tu de choses qui n'en valent pas la peine? ☞ 그까짓

그끄저께 명 il y a trois jours. ¶ ~가 내 생일이었다 Il y a trois jours, c'était mon anniversaire.
부 il y a trois jours. ¶ ~ 그 사람을 만났어 Je l'ai vu il y a de cela trois jours.

그끄제 명 ☞ 그끄저께

그나마 부 ① c'est déjà bien, c'est déjà ça, c'est toujours ça de positif, *tu peux t*'estimer heureux(*se*). ¶ 비가 오지 않아서 ~ 다행이다 Il n'a pas plu, c'est déjà bien [c'est déjà ça, c'est toujours ça de positif]. ② 그것마저도 non seulement ... mais encore [aussi], (et) en plus, en outre, en plus de cela, (et) de [par] surcroît, outre cela, en prime, par-dessus le marché; ((tomber)) de Charybde en Scylla; ((반어적으로)) et pour couronner le tout, pour tout arranger, brochant sur le tout, la cerise sur le gâteau; ce qui est pire encore, pour comble de malheur [d'infortune], pis encore, de mal en pis; c'est le [un] comble!, il ne manquait plus que cela [ça]!; il [elle, ils] n'avai(en)t (vraiment) pas besoin de ça {*fam*}; et comme si ça ne suffisait pas {*fam*}. ¶ 간신히 원고를 몇 페이지 썼는데 ~ 저장을 하지 않아서 날려버렸다 J'ai pu tant bien que mal écrire quelques pages [J'ai eu un mal fou à pondre quelques pages {*fam*}] et en plus [et en prime] j'ai tout perdu car je n'avais pas sauvegardé le document / Non seulement je n'ai pu écrire que quelques pages, mais en plus j'ai tout perdu car je n'avais pas sauvegardé le document.

그날그날 명 tous les jours, au jour le jour. ¶ ~의 일들을 기록하다 noter tous les jours [chaque jour] toutes ses activités. ¶ 그는 막노동으로 ~ 벌어먹고 산다 Il gagne sa vie au jour le jour en travaillant dans un chantier [en faisant des travaux de terrassement, en travaillant comme manœuvre] / Il vit au jour le jour de travaux de terrassier [d'un travail de terrassier, d'un travail de manœuvre].
부 chaque jour, tous les jours, jour après jour. ¶ 일기는 ~ 써야 한다 Il faut tenir un journal (intime) au jour le jour.

그냥 부 ① comme cela, tel(*le*) quel(*le*), tel qu'*il est*, sans rien changer, sans rien modifier. ¶ 생선을 ~ 날것으로 먹다 manger le poisson cru tel quel. ¶ 그거는 ~ 거기 둬 Laisse cela là, tel quel [sans y toucher] / N'y touche pas, laisse-le là à sa place. ¶ 상황을 ~ 지켜보기만 하다 ne faire qu'observer la situation, se contenter d'observer la situation, se limiter à l'observation de la situation. ¶ 그는 식당에 들어갔다가 자리가 없어서 ~ 나왔다 Il est entré dans le restaurant et, n'ayant pas de place, il est sorti tel qu'il est entré. ② 특별한 대가의도 없이 comme ça, sans raison particulière; comme ça, histoire de {*fam*}. ¶ 이거 ~ 주는 거예요? Vous donnez ça comme ça, gratuitement ((sans raison particulière))? ¶ ~ 한번 전화해 봤어 J'ai téléphoné comme ça, sans raison particulière.

그네 명 balançoire *f*, escarpolette *f*; ((곡예용)) trapèze *m* volant. ◇**_를 타다[뛰다]** faire de la balançoire. ¶ ~를 타다 떨어지다 tomber en faisant de la balançoire, tomber d'une balançoire.

◆**_뛰기** 명 balançoire *f*.

◆**_ㅅ줄** 명 corde *f* de la balançoire. ¶ ~ㅅ줄이 끊어졌다 La corde de la balançoire s'est rompue.

◆**공중_** 空中_ 명 trapèze *m* volant ¶ 공중~를 타다 faire du trapèze volant.

그녀 대 elle; ((직접목적어 대명사)) la; ((간접목적어 대명사)) lui; ((소유형용사)) son, sa, ses. ¶ ~개[는] 우리를 보고 인사를 했다 Elle nous a salué(*e*)s en nous voyant. ¶ 나는 오늘 아침에 ~를 보러 학교에 갔었다 Je suis allé(*e*) à l'école ce matin pour la

ㄱ

voir. ¶ 너는 ~를 정말 좋아했었니? L'as-tu vraiment aimée? ¶ ~의 어머니[오빠]는 나와 매우 친하다 Sa mère [son frère] est très proche de moi. ¶ 내 모자[시계, 안경]은 ~의 것보다 더 크다 Mon chapeau [ma montre, mes lunettes] est [sont] plus grand(*e*, *es*) que le sien [la sienne, les siennes]. ¶ 나는 어제 저녁에 ~와 함께 극장에 갔었다 Je suis allé(*e*) au théâtre avec elle hier soir. ¶ ~는 혼자서[스스로] 그것을 배웠다 Elle l'a appris(*e*) par elle-même.

그년 대 【비어】 ((‘그녀’의 속된 표현)) la garce *f* {*vulg*}, la chipie *f* {*fam*}, la peste *f* {*fam*} ¶ ~이 나한테 그럴 수가 있어? La garce {*vulg*}, comment peut-elle me faire ça à moi?

그놈 대 【비어】 ((‘그’의 속된 표현)) ce type *m* {*fam*}, ce mec *m* {*fam*}; 욕 le salaud *m* {*vulg*}, le salopard *m* {*vulg*}, le cochon *m* {*fam*}, l'ordure *f* {*vulg*}, l'enflure *f* {*vulg*}. ¶ ~이 나한테 그럴 수가 있어? Le salaud {*vulg*} [L'ordure {*vulg*}, L'enflure {*vulg*}], comment peut-il me faire ça à moi?

그늘 명 ① ombre *f*, obscurité *f*, ((나무그늘)) ombrage *m*. ¶ 나무 ~ 에서 à l'ombre d'un arbre; sous un arbre. ¶ ~ 밑에서 쉬다 se reposer à l'ombre. ¶ 옷을 ~에서 말리다 faire sécher un vêtement à l'ombre. ② ((비유적)) ombre *f*, obscurité *f*. ¶ 과거의 어두운 ~을 벗고 새로운 삶을 시작하다 recommencer une nouvelle vie en rompant avec un passé obscur. ¶ 사회의 ~에서 생겨나는 소외의식 conscience d'aliénation qui se forme dans l'ombre de la société. ¶ 사회의 ~에서 일하는 사람들을 잊어서는 안 된다 Il ne faut pas oublier ceux qui, dans la société, travaillent dans l'ombre. ③ ((보호; 후광, 영향력)) l'ombre *f* de *qn*. ¶ 그는 부모님 ~에서 이만큼 컸다 Il a grandi comme ça dans l'ombre de ses parents. ¶ 형의 ~에 가려 빛을 보지 못하다 Il n'a pas pu briller parce qu'il était dans l'ombre de son frère. ¶ 너는 평생을 그의 ~에서 벗어나지 못하는구나 Tu restes dans son ombre toute ta vie! ◇_(**이**) **지다**[**드리워지다**] être ombragé(*e*). ¶ ~진 couvert(*e*) d'ombre; ((lieu)) ombragé(*e*); ((어두운)) sombre. ¶ ~진 산비탈 versant ombragé de la montagne. ¶ 사회의 ~진 곳 obscurité de la société. ¶ 그 여자의 얼굴은 늘 ~이 져 있다 Elle a toujours un visage sombre.

그다지 부 ① ((pas)) si, tant (que ça), tellement; particulièrement, spécialement. ¶ 시험이 ~ 어렵지 않았다 L'examen n'était pas si difficile (que ça). ¶ 그는 ~ 잘 생긴 편은 아니다 Il n'est pas si beau (que ça). ② 그렇게도 autant que cela, autant que ça. ¶ 그 여자는 무슨 돈이 ~(도) 많을까? Elle n'a pas autant d'argent que cela.

그대 대 【문어】 toi, vous ((expression de politesse pour appeler un ami ou une personne plus jeune)). ¶ ~는 내 사랑 Tu es mon amour. ¶ ~에게 모든 것을 바칩니다 Je te donne tout. ¶ ~들은 장차 큰 인물이 될 것입니다 Un jour, vous serez de grands hommes.

그대로 부 ① comme cela, tel(*le*) quel(*le*), tel qu'*il est*, comme *il est*, sans rien changer; sans rien cacher; franchement. ¶ ~ 움직이지 마세요 Restez-là où vous êtes. ¶ 그 사람이 하는 일을 ~ 보고만 있을 거니? Vas-tu rester comme ça à le regarder travailler, sans rien faire d'autre? ② 그처럼, 똑같이 comme cela, tel(*le*) quel(*le*), sans rien changer, sans rien modifier. ¶ 남의 글을 ~ 베껴 쓰다 recopier tel quel ce qu'a écrit quelqu'un d'autre. ¶ 아이가 제 아버지를 ~ 빼닮았다 C'est tout à fait son père / C'est le portrait vivant [tout le portrait, le portrait (craché {*fam*}), l'image vivante, le sosie] de son père / C'est tout le portrait de son père / Il ressemble à son père comme deux gouttes d'eau [d'une manière frappante, sous toutes les coutures, en tous points] / On dirait tout à fait son père quand il était jeune.

그동안 명 dans l'intervalle; pendant ce temps-là; sur ces entrefaites; en attendant. ¶ ~ 어떻게 지내셨습니까? Comment allez-vous? ¶ ~ 어디에 있었어? Où étais-tu pendant ce temps-là? ¶ 그는 ~ 줄곧 침묵을 지키고 있었다 Pendant ce temps-là, il gardait le silence / Il restait silencieux pendant tout ce temps. ¶ ~을 생각하면 꿈만 같다 À cette époque je vivais dans un rêve! / À cette époque, j'avais l'impression d'être dans un rêve!

그득 부 pleinement, ((être plein(*e*))) à ras bord, jusqu'au bord; plein ((les poches)). ¶ 내 잔에 술을 ~채워라 Remplis d'alcool mon verre à ras bord. ☞ 가득

◆**_하다** 형 être plein(*e*) (à craquer) de *qc*; être comble; être bondé(*e*). ¶ 바구니에 과일이 ~하다 Le panier est plein [rempli] de fruits / Le panier déborde de fruits.

◆**_히** 부 pleinement, ((être plein(*e*))) à ras bord, jusqu'au bord; plein ((les poches)). ¶ 접시에 ~히 음식을 담다 remplir copieusement [bien remplir, remplir généreusement] une assiette.

그들 대 ils, elles; ((강세형)) eux, elles; ((직접목적보어 대명사)) les, ((간접목적보어 대명사)) leur; ((소유형용사)) leur, leurs. ¶ ~이[은] 우리를 만나고자 한다 Ils(Elles) veulent nous voir. ¶ 경찰은 ~을 체포했다 La police les a arrêté(*e*)s. ¶ 우리는 ~의 계획을 미리 알아챘다 Nous avons découvert leur projet à l'avance. ¶ ~에게 이 말을 꼭 전해라 Ne manque pas de leur transmettre ce message! ¶ ~ 자신도 이 사실을 잘 알고 있다 Eux-mêmes sont bien au courant de ce fait / Eux-mêmes le connaissent bien. ¶ 내 구두는 ~의 것과 가격이 같다 Mes souliers ont [valent] le même prix que les siens.

그따위 대 cette sorte *f*, cette espèce *f*, ce genre *m*; un(*e*) tel(*le*) ((type)), ((un type)) pareil(*le*), de *son* espèce. ¶ ~가 무얼 안다고? Qu'est-ce qu'il peut savoir celui-là? / Qu'est-ce que peut savoir un tel individu? / De quoi se mêle-t-il celui-là? ¶ 어디서 ~를 데리고 왔느냐? Pourquoi as-tu amené ce genre de type [un tel type, un type pareil]? ¶ ~를 대답이라고 하느냐 Tu appelles ça une

réponse?
관 tel(*le*) ((chose)); (un(*e*)) pareil(*le*) ((chose)); ((chose)) pareil(*le*); (un(*e*)) semblable ((propos)); de ce genre [de cette espèce, de cette sorte]. ¶ ~ 인간들이 선한 일을 할 리가 없지 Les gens de ce genre [de cette espèce] ne font rien de bien. ¶ ~ 변명은 듣고 싶지 않다 Je ne veux pas écouter ce genre d'excuses / Ce genre d'excuses ne m'intéresse pas.

그때 명 ce moment(-là) *m*; cette époque(-là) *f*; ce temps-là *m*. ¶ ~에 à cette époque(-là); en [dans] ce temps-là; alors; à ce moment(-là). ¶ ~부터 depuis lors, dès lors. ¶ ~까지 jusqu'alors, jusque-là. ¶ ~의 사람들 gens de cette époque. ¶ ~가 좋았지 À l'époque, c'était le bon temps. ¶ ~가 언제인고 하니 한 30년 쯤 전이다 Voyons, il y a déjà trente ans. ¶ ~의 결심을 잊지 말아라 Garde en mémoire la résolution que tu as prise à ce moment-là. ¶ ~ 그는 여덟 살이었다 À ce moment-là, il avait huit ans. ¶ ~를 나는 잘 기억하고 있다 Je me souviens bien de ce temps-là. ¶ 이 일은 ~가서 보자 Examinons cette affaire au moment où ce sera nécessaire. ¶ ~는 ~고, 지금은 지금이다 Ne mêlez pas les faits du passé avec ceux du présent. ◇_(의) de cette époque(-là), de ce temps-là, de ces jours-là.
◆_ _ 부 au fur à mesure (que), régulièrement, chaque fois. ¶ 숙제는 ~~ 하도록 해라 Tâche de faire tes devoirs régulièrement [au fur et à mesure qu'on te les donne].

그라운드 영{ground} 명 terrain *m* ((de jeu)), terrain *m* ((de football)). ¶ ~를 한 바퀴 돌다 faire le tour du terrain. ¶ ~에서 뛰다 courir sur le terrain. ¶ ~ 상태가 좋다[나쁘다] Le terrain de jeu est en bonne [mauvaise] condition [en bon [mauvais] état].
◆_볼 영{groundball} 명 roulant *m*. ¶ ~볼을 잡다 attraper un roulant.

그랑프리 프{grand prix} 명 le premier prix *m*; la Palme *f* d'or ((du festival de Cannes)). ◇_를 받다[차지하다] recevoir le premier prix. ◇_를 주다[수여하다] décerner le premier prix.

그래[1] 감 ① ((긍정 대답)) oui; oh! oui; mais oui!; ouais {*fam*}; bien sûr; ((부정 물음에 대한 부정 대답 non; mais non)). ¶ 너도 거기 가니? - ~, 나도 가. Toi aussi, tu y vas? - Oui, moi aussi. ¶ 너는 거기 안 가니? - ~, 나는 안 가. Tu n'y vas pas? - Non (, je n'y vais pas). ② ((놀람)) Vraiment? / C'est vrai? / Comment? / Tu dis? / Qu'est-ce que tu dis? / Quoi? {*fam*}. ¶ 나 시험에 합격했어. - ~? 그것 정말 잘 됐구나! J'ai réussi à mon examen. - Vraiment? Tant mieux pour toi.

그래[2] 형 ((동의, 화용적 연계)) en effet, effectivement, assurément, réellement, véritablement, vraiment. ¶ 그 분은 좀 별난 사람 같아. - 정말 ~ Il a l'air un peu bizarre. - Oui, tu as vraiment raison. ¶ 그 분은 성격이 너그럽지 않니? - 정말 ~ Il est généreux, n'est-ce pas? Oui, (il l'est) vraiment. ¶ 나는 그 영화를 좋아해. - 나도 ~ Moi, j'aime ce film. - Moi aussi (j'aime ce film). ☞ 그렇다

그래도[1] 접 ① ((역접논증)) cependant, pourtant; néanmoins, mais, toutefois; mais: quand même. ¶ 그 분은 결점이 많지만 ~ 나는 그 분이 좋다 Il a beaucoup de défauts, mais je l'aime quand même. ② ((관점변화 예비)) malgré (tout) cela, tout de même, quand même. ¶ ~ 당신한테는 그 사람만큼 잘 하는 사람도 없다 Malgré tout, il n'y a personne qui soit avec vous plus aimable que lui.

그래도[2] 부 même si c'est le cas. ¶ 아무리 ~ 소용이 없어. De tout de façon, ça ne sert à rien. ¶ ~ 그렇지, 네가 나한테 그런 말을 할 수 있니? Mais quand même, comment peux-tu me dire ça? ☞ 그렇다

그래서[1] 접 ① ((인과관계)) alors, donc, ainsi, pour cette raison, par conséquent, c'est pourquoi+*ind*, c'est pour cela[pour ça {*fam*}] que+*ind*, c'est la raison pour laquelle... ¶ 오는 데 길이 굉장히 막혔어. ~ (나는) 지하철을 탔지. Quand je suis venu(*e*) il y avait de tels embouteillages que j'ai pris le métro / En venant il y avait beaucoup de circulation [beaucoup de bouchons], alors j'ai pris le métro. ¶ ~ 그 사람이 오지 않은 겁니다 C'est pourquoi [C'est pour ça qu'] il n'est pas venu / C'est la raison pour laquelle il n'est pas venu. ② ((담화 진행의 요구)) Et alors? ¶ 어제 그 놈과 우연히 부닥쳤어. - 그래서(요)? Hier, j'ai croisé [vu] ce type par hasard. - Et alors?
부 항의 (Et) alors? ¶ ~ 어떻단 말입니까? Et alors, qu'est-ce que cela[ça] peut faire? ¶ ~ 용건이 뭡니까? Alors, que voulez-vous [qu'est-ce que vous voulez]? / Et alors, pour quoi?

그래서[2] 부 ¶ ~(야) 어디 학생이라고 할 수 있겠어? Comment un étudiant peut-il faire cela? / Comment en tant qu'étudiant il peut se permettre cela? ☞ 그렇다

그래야 접 ① ((필수조건의 제시)) ...et, ainsi, comme cela [ça], de cette façon-là. ¶ 곧 떠나세요. ~ 기차를 타실 겁니다 Partez tout de suite, comme ça, vous aurez votre train.
부 ((범위한정)) malgré (tout) cela; tout au plus. ¶ ~ 500원 정도 밖에 안됩니다 Cela coûte 500 wons tout au plus.

그래프 영{graph} 명 ((도표)) graphe *m*, graphique *m*, diagramme *m* (graphique). ¶ ~로 그리다 mettre (une statistique) en diagramme; mettre (une fonction) en graphique. ¶ ~를 그리다 faire un diagramme. ¶ 연도별 인구 증가율을 ~로 나타내다 représenter le taux de croissance annuelle de la population par un diagramme.
◆꺾은선_ -線 명 courbe *f*.
◆막대_ 명 histogramme *m*; diagramme *m* en bâtons.
◆_용지 -用紙 명 papier *m* pour graphique; papier *m* millimétré.

ㄱ

그래픽 영{graphic} 명 graphique *m*, illustré *m*, illustration *f*. ¶ 이 책은 어린이들이 이해하기 힘든 부분을 ~으로 처리했다 Ce livre a mis en graphique les parties difficiles à comprendre pour les enfants.

◆_디자인 명 design *m* graphique.

◆_디자이너 명 graphiste *mf*, designer *m* graphique; maquettiste *mf*.

◆_아트 명 les arts *mpl* graphiques.

◆_아티스트 명 graphiste *mf*, designer *m* graphique; maquettiste *mf*.

◆컴퓨터_ 명 graphique *m* (assisté) par ordinateur.

그랜드슬램 영{grand slam} 명 grand chelem *m* [schelem *m*]. ¶ ~의 위업을 이루다[달성하다] faire [réussir, réaliser] le (grand exploit du) grand chelem.

그랜드피아노 영{grand piano} 명 piano *m* à queue [de concert].

그램 영{gram} 분류 gramme *m*. ¶ 쇠고기 500 ~ 500 grammes de bœuf. ¶ 1 킬로는 1,000 ~이다 Un kilo, c'est 1 000 grammes. ¶ 이 원료는 ~ 당 단가가 100원이다 Le prix de cette matière est de 100 wons par gramme / Pour cette matière, c'est à 100 wons le gramme.

그러게 접 ① ((동의)) Je ne vous [te] le fais pas dire. ¶ ~ 말이야! Je ne te le fais pas dire. ② ((한탄)) Au fait, c'est vrai. ¶ ~ 거기는 왜 갔니? Au fait, c'est vrai, pourquoi est-il allé là-bas?

그러고 ((forme contractée de 그리하고)) ① ainsi, comme ça. ¶ ~ 멍하니 있지 말고 대책을 강구해라 Ne reste pas assis comme ça les yeux dans le vide [comme une vache (regarde passer un train)], mais essaie plutôt de trouver quelles sont les mesures à prendre. ② après t'être comporté(*e*) ainsi [de la sorte]. ¶ ~도 무슨 염치로 나를 찾아왔냐? Comment oses-tu venir me voir après t'être comporté(*e*) de la sorte?

그러나 접 ((논리적 대립)) mais; cependant, pourtant; ((논증적 대립)) mais; malgré ça [tout]. ¶ 그 분은 돈이 매우 많다 ~ 그 분의 동생은 그렇지 않다 Il a beaucoup d'argent, mais son petit frère n'en a pas / Il est (vraiment) riche, mais pas son petit frère / Cette personne a énormément d'argent, cependant pour son jeune frère ce n'est pas la même chose. ¶ 오늘은 날씨가 매우 좋구나. ~ 나는 너무 피곤해. Aujourd'hui, il fait très beau [le temps est très beau]. Mais je suis très fatigué(*e*). ¶ 그 분은 많은 것을 얻고자 했다 ~ 결국 얻은 것은 환멸뿐이었다 Il voulait avoir beaucoup de choses, mais finalement il a été désillusionné. ¶ 희귀한, ~ 본질적으로 자연스런 돌연변이 현상 un phénomène de mutation rare, mais naturel dans le fond.

◆_저러나 접 ((양보)) en tout cas. ¶ ~ 앞으로는 어쩔거냐? Au bout du compte, à l'avenir, qu'est-ce que tu vas faire [comment vas-tu [comptes-tu] t'y prendre]?

그러니 부 Et alors maintenant. ¶ ~ 이제 나한테 더 이상 무슨 희망이 있겠소? Et alors maintenant comment pourrais-je retrouver de l'espoir? / Et alors maintenant, je n'ai plus aucune porte de sortie [je n'ai plus aucun moyen de m'en sortir].

그러니까 접 alors. ¶ 시간이 얼마 안 남았다 ~ 내 말대로 해. Il ne nous reste pas beaucoup de temps, alors fais ce que je te dis.

부 C'est pour cela que ... ¶ ~ 똑같은 잘못을 되풀이하게 되잖니. C'est pour cela que tu répètes les mêmes erreurs.

감 alors. ¶ ~, 원하는 게 뭔지 솔직히 말해 보세요. Alors, dites-moi franchement ce que vous voulez.

그러니만치 접 ☞ 그러니만큼

그러니만큼 접 alors; donc; par conséquent. ¶ 너도 잘못을 했다 ~ 그 사람만을 나무랄 수는 없다 Toi aussi tu as fait une erreur, donc il n'est pas le seul à être blâmé.

그러다 자 (('그렇게 하다'의 준말)) faire ainsi [comme cela]. ¶ 왜 그러고 서 있니? Pourquoi tu restes là ainsi? ¶ 그러면 된대? On t'a dit que ça irait comme ça? ¶ 누구는 그러고 싶어서 그러겠니? Tu crois que j'ai fait ça parce que ça me plaît? ¶ 그러다(가) 체할라 Si tu manges comme ça, tu auras mal au ventre. ¶ 그러다가는 큰코다친다 Si l'on fait ainsi, on aura de gros problèmes. ¶ 그러거나 말거나 il fait ce qu'il veut. ¶ 그 녀석이 그러거나 말거나 내가 알 게 뭐냐? Ce gosse-là, il fait ce qu'il veut. Moi, cela m'est égal.

그러다가 접 ((forme contractée de 그렇게 하다가)) ainsi; comme cela. ¶ ~ 일을 그르치겠다 Ainsi, tu pourrais gâcher le travail. ¶ ~ 네가 지칠까 걱정이다 Je m'inquiète de ce que tu sois aussi [si] fatigué. ¶ ~ 말겠지. 신경쓰지 마 Cela va s'arrêter ainsi. Ne t'inquiète pas.

그러담다 타 ramasser, rassembler; râteler ((des feuilles)) et ((les)) mettre ((dans un panier)), racler, ratisser. ¶ 낙엽을 자루에 ~ ratisser et mettre des feuilles mortes dans un sac.

그러면[1] 접 ((충분조건의 제시)) alors, donc; comme cela[ça], ainsi, et. ¶ 빨리 따라가 봐. ~ 그 분을 만날 수 있을 거야. Vite cours derrière lui, et tu pourras le rattraper / Dépêche-toi, suis-le, comme ça tu vas réussir à l'attraper.

부 bien, donc; alors. ¶ ~ 난 이만 가보겠습니다 Eh bien, je vais partir[vous laisser, vous quitter]. ¶ 자, ~ 4시에 오십시오. Alors[Bon], venez à quatre heures.

그러면[2] (('그렇다면'의 준말)) dans ce cas-là, dans un pareil[tel] cas, dans ce cas, s'il en est ainsi, alors, donc. ¶ 상황이 ~ 너는 어떻게 할 거니? Et toi, qu'est-ce que tu ferais dans un tel cas[ce cas-là]? ¶ ~, 내일 전화하겠습니다 Alors, je vous téléphonerai demain. ☞ 그렇다

◆_ 그렇지 감 c'est bien cela, c'est cela même; c'est bien vrai; je m'en doutais bien; je m'y attendais. ¶ ~ 그렇지, 그 분이 안 올 리 없다 Je me doute bien qu'il ne peut que venir / J'en étais sûr qu'il ne pouvait que venir.

그러더니 ((forme contractée de 그리하더니)) Alors qu'avant ... , maintenant ... ¶ 그는 매일 내게 전화를 했다 ~ 언제부턴가 통 연락이 없다 Avant, il me téléphonait tous les jours. Et maintenant, depuis un certain temps, il ne m'appelle plus du tout [plus jamais].

그러면서 ((forme contractée de 그리하면서)) ① en me disant ces mots ¶ ~ 그가 내 손을 잡았다 Il m'a saisi la main en me disant ces mots. ② ((양보)) et avec ça; bien qu'ayant fait cela. ¶ ~ 자기가 무슨 선생님이야? Et avec ça, il prétend être professeur! ¶ ~도 그는 항상 남의 탓만 한다 Bien qu'ayant fait cela, il rend toujours les autres responsables.

그러모으다 타 ramasser, rassembler; râteler ((du foin)), racler, ratisser. ¶ 돈을 악착같이 ~ amasser de l'argent avec acharnement.

그러므로 접 ((논리적 결론)) donc, par conséquent; aussi. ¶ 나는 생각한다 ~ 나는 존재한다 Je pense, donc je suis.

그러자 접 alors; il s'en suit que+*ind*; suite à ça, sans plus attendre; tout de suite après; de suite. ¶ 실수로 그 분의 발을 밟았다 ~ 그 분이 고함을 질렀다 Sans faire exprès, je lui ai marché sur le pied. Tout de suite après, il a hurlé. ¶ 선생님께서 교실 안으로 들어오셨다 ~, 학생들은 일제히 기립하였다 Le professeur est entré dans la classe, et tout de suite tous les étudiants se sont levés.

◆_마자 부 dès *qc*/que+*ind*; à peine *qc*/que+*ind*; aussitôt. ¶ 나는 그 사람에게 위험하다고 소리쳤다 ~ 지붕이 무너져 내렸다 Je lui ai crié que c'était dangereux. Aussitôt, le toit s'est écroulé [effondré].

그러쥐다 타 tirer *qc* vers *soi* pour le prendre [l'empoigner, le saisir]; saisir, attraper, happer, agripper, s'emparer de *qc*. ¶ 라켓을 ~ attraper une raquette. ¶ 권총을 손안에 ~ prendre un pistolet (dans la main). ¶ 멱살을 ~ prendre *qn* à la gorge [au collet].

그러하다 형 être comme cela; être ainsi. ¶ 그러한 예는 얼마든지 찾을 수 있다 Ce genre d'exemple ne manque pas / On peut trouver des tas d'exemples comme celui-ci. ¶ 나는 그러한 사정을 모르고 그를 탓하기만 했다 Je n'ai fait que l'accuser sans connaître ce détail [cette précision].

그러한즉 접 donc; par conséquent. ¶ 모든 일이 처음부터 쉽지는 않다 ~ 너도 인내를 가지고 일에 임하거라 Tout début n'est pas facile, donc, tu vas prendre patience.

그럭저럭 부 ((‘그렇게저렇게’의 준말)) plus ou moins bien, ni bien ni mal, à peu près, comme ci comme ça {*fam*}, pas mal, on fait aller {*fam*}, sans plus, couci-couça {*fam*}. ¶ 나는 ~ 잘 지낸다 Je vais assez bien / Je vais pas trop mal / Ça peut aller / On fait aller {*fam*}.

그런 관 ((‘그러한’의 준말 forme contractée de 그러한)) ce genre *m*[type *m*] de *qn*/*qc*, un(*e*) pareil(*le*) *qn*/*qc*, un(*e*) tel(*le*) *qn*/*qc*. ¶ 나는 ~ 사람 모른다 Moi, je ne connais pas de personne pareille / Je ne connais pas une telle personne. ¶ 나는 ~ 기억이 없는데. Je ne m'en souviens pas / Je n'ai pas de pareil [tel] souvenir. ¶ ~ 일이 있었구나! Ah oui, il y a eu une affaire de ce genre! / Ah il y a eu ce problème-là! ¶ ~ 줄도 모르고 너에게 화를 내서 미안하구나. Je ne savais pas. Je suis désolé(*e*) de m'être emporté(*e*) [m'être mis(*e*) en colère] / Je suis désolé(*e*) de m'être mis(*e*) en colère après vous sans savoir.

그런고로 접 ☞ 그러므로

그런대로 부 à *sa* manière, comme tel(*le*); *qc* n'est pas extraordinaire [pas satisfaisant(*e*)], mais on peut tout de même s'en contenter. ¶ ~ 내 차는 아직 쓸만하다 Ma voiture n'est pas extraordinaire, mais je peux tout de même rouler avec [mais elle est encore utilisable, fonctionnelle]. ¶ 에어컨은 없지만 창문을 열면 ~ 견딜 만하다 Je n'ai pas la clim(atisation), mais si j'ouvre la fenêtre c'est tout de même supportable [mais je peux me contenter d'ouvrir la fenêtre, mais en ouvrant la fenêtre, c'est très supportable].

그런데 접 ① ((새로운 사실의 부가 및 전환)) alors; et cependant, et pourtant, en fait. ¶ 나는 그 사람이 결백하다고 생각했지 ~ 사실은 그 사람이 범인이었어. Je croyais qu'il était innocent, mais en fait il était coupable / J'ai pensé que cette personne était innocente. Pourtant elle était coupable. ② ((논증적 전환)) mais (malgré ça); mais curieusement. ¶ 날씨가 너무 좋다 ~ 몸이 너무 피곤하다 Il fait très beau. Mais curieusement, je suis très fatigué(*e*). 부 et, mais au fait. ¶ ~, 언제 떠나세요? Mais au fait, quand partez-vous? ¶ ~ 너는 어떻게 생각하니? Et toi, qu'est-ce que tu en penses?

그런데도 접 malgré cela; cependant; mais; néanmoins; tout de même; quand même. ¶ 내가 좋게 타일렀죠 ~ 그 녀석은 자기 잘못을 인정하지 않더라고요 Je l'ai pourtant bien prévenu, mais il n'a pas accepté ses erreurs.

그런만치 접 ☞ 그런만큼

그런만큼 접 ① donc. ¶ 그 여자는 공부를 열심히 했다 ~ 아는 것도 많다 Elle a beaucoup travaillé, donc, elle sait beaucoup de choses. ② cependant; malgré cela. ¶ 그 남자는 배운 것이 없다 그러나 ~ 순진한 면이 있다 Il n'est pas éduqué, mais il a une qualité, celle d'être innocent.

그런즉 접 ☞ 그러한즉

그럴듯하다 형 ① ((변명이)) être plausible, vraisemblable. ¶ 그럴듯한 변명을 늘어놓다 énumérer [étaler] des prétextes [des excuses, des raisons] plausibles. ¶ 그럴듯한 거짓말 un mensonge vraisemblable [qui semble plausible, qui sonne vrai]. ¶ 말을 그럴듯하게 하다 parler d'une manière plausible [d'une manière vraisemblable]; raconter une histoire plausible. ② 생각 외로 괜찮다 être pas mal, convenable, présentable. ¶ 잘 입혀놓으니 너도 그럴듯하구나. Comme on t'a bien habillé(*e*), tu as l'air pas mal toi aussi / Comme tu es bien sapé(*e*), toi aussi, tu passes bien {*fam*}. ¶ 이 그림 그럴듯한데. Ce tableau n'est pas trop mal. ¶ 그럴듯하게 차려입다 s'habiller convenablement [correctement].

그럼 감 ① ((긍정 확언)) mais oui, naturellement, évidemment, bien sûr (que oui), bien entendu, parfaitement, certainement, assurément. ¶ 같이 가시겠습니까? - ~, 가고말고요. Viendrez-vous avec nous? - Naturellement [Bien sûr, Evidemment, Bien entendu]. ② ((부정 물음에 대한 부정 확언)) mais non, naturellement, évidemment, bien sûr (que non), bien entendu, parfaitement, certainement, assurément ¶ 너는 거기 안 가니? - ~, 나는 안 가. Tu n'y vas pas? - Bien sûr que non. ③ ((확언, 화용적 연계)) en effet, effectivement; réellement. ¶ 그 사람 아직 미혼이지요, 그렇죠? - ~ Il n'est pas encore marié, n'est-ce pas? - En effet [Parfaitement] (il ne l'est pas).
부 ((종결)) et bien, allons. ¶ ~ 이만 가보겠습니다 Eh bien maintenant, je vous laisse [vous quitte, m'en vais].

그럼에도 접 malgré (tout) cela; cependant. ¶ 그 남자는 온종일 걸었다 ~ 지치지 않았다 Il a marché toute la journée, mais il n'est pas fatigué.
*~ **불구하고** malgré cela. ¶ 우리는 온 정성을 다해 그 사람을 돌보았다 ~ 불구하고 그 사람은 병을 회복하지 못했다 Nous avons pris soin de lui de tout cœur; malgré cela, il n'était pas guéri.

그렁그렁 부 pleinement à ras bords.
◆_**하다** 형 ((물, 눈물)) être plein(*e*), rempli(*e*) (à ras bord). ¶ 그의 눈에 눈물이 ~하다 Ses yeux sont pleins [noyés] de larmes / Il a les yeux pleins de larmes.

그렇게 부 ① ainsi, sur ce ton, comme ça. ¶ 내게 ~ 말하지 마라 Ne me parle pas pas ainsi [comme ça, sur ce ton]. ② 그토록 (aus)si, tellement. ¶ ~ 어려운 문제가 아니다 Ce n'est pas un problème si difficile.

그렇다 형 être comme cela; être ainsi. ¶ 그렇습니다 C'est cela / C'est ça / C'est ainsi / C'est comme ça / ça ne peut pas être autrement. ¶ 그렇지, 잘한다! Voilà, c'est bien, continue comme ça. ¶ 요즘 어떻게 지내? - 그저 그렇지 뭐. Comment ça va? - Ça peut aller / Pas mal!/ On fait aller {*fam*} / Plus ou moins bien / Comme ci comme ça {*fam*} / Couci-couça {*fam*} / Ni bien ni mal / Ça va / Sans plus {*fam*}. ¶ 저도 그렇다고 생각합니다 Moi aussi, je pense comme vous. ¶ 그건 그렇다 치자[치고] en tout cas; ((편지에서)) sinon. ¶ ~(고) 해서 네가 잘못했다는 말은 아니다 Cela ne veut pas dire pour autant que tu as tort. ¶ 암, 그렇고 말고 Bien sûr (que oui)! / Mais oui! / Certainement! / Tout à fait!

그렇다고 접 ainsi; comme cela. ¶ 네 말에 일리가 있다 ~ 내 말이 틀린 것은 아니다 Tu as raison, mais par rapport à ça [comme cela], je n'ai pas tort. ¶ ~ 나보고 입 다물고 있으라고? Dois-je me taire ainsi? ¶ ~ 마냥 놀고 있을 수만은 없다 Je ne peux pas rester ainsi sans travail.
*~ **하더라도[해도]** même s'il en est ainsi.
*~ **해서** ((Ce n'est pas)) une raison (valable) pour, ((Ce n'est pas) parce que ... qu'il faut .... ¶ ~ 해서 그렇게 하는 게 아니지 Ce n'est pas une raison (valable) pour agir ainsi.

그렇다마다 감 【구어】 mais oui; bien sûr; certainement; c'est bien cela. ¶ 그것이 마음에 드세요? -~ Cela vous plaît? - Oui, bien sûr.

그렇다면 donc, alors, s'il en est ainsi; dans ce cas. ¶ 그 분이 보이지 않는데. ~ 안 온 거지 뭐. Je ne le vois pas. Il n'est donc pas venu.

그렇듯이 ainsi, comme cela. ¶ 네가 ~ 나도 그 사실을 인정하기가 힘들다 Comme toi, moi aussi, il est difficile d'admettre cela / Moi aussi, j'ai du mal à l'admettre.

그렇지 감 ① ((칭찬)) voilà; c'est ça. ¶ ~! 참 잘 했구나. Voilà! Tu as bien fait (les choses)! ② ((동감)) non?, n'est-ce pas?; hein?; Tu vois?. ¶ 잘못한 쪽은 내가 아니라 그 사람인 걸 너도 인정하지? ~ Toi aussi, tu penses que c'est lui qui a tort et pas moi[que c'est sa faute et pas la mienne], n'est-ce pas? ③ ((확언, 화용적 연계)) Tu penses comme moi? N'est-ce pas? ¶ 알고보니 그 사람은 사기꾼이었어. ~? 내 말이 맞지? Je me suis rendu compte [J'ai compris, réalisé] que c'était un escroc. J'ai raison, non?[Je ne me trompe pas? Tu penses comme moi? Ce que je dis, c'est vrai, non?] ④ être comme ci comme ça; pouvoir aller. ¶ 하는 일은 잘 되어 가니? - ~ 뭐. Les choses vont bien comme tu veux? - Comme ci comme ça [Ça peut aller, Bof].

그렇지마는 접 ☞ 그렇지만

그렇지만 접 mais. ¶ 나는 입사시험에 떨어졌어. ~ 좌절하지는 않을거야. J'ai échoué au concours de recrutement[d'embauche]. Mais je ne serai pas démoralisé(*e*) pour autant [Mais ça ne me démoralise pas pour autant].

그레코로만 영{Greco-Roman} 명 【예술】 gréco-romain(*e*).
◆_**형** -型 명 【운동】 lutte *f* gréco-romaine.

그레고리력 -曆 영{Gregory-} 명 【천문】 calendrier *m* grégorien.

그려지다 자 ① être dessiné(*e*), peint(*e*). ¶ 동굴 안에 커다란 벽화가 그려져 있다 Une grande fresque est dessinée dans la grotte. ¶ 그 사람은 온 몸에 문신이 그려져 있다 Il s'est fait tatouer sur tout le corps. / Il a le corps recouvert de tatouages. ¶ 그 그림에는 아이들이 뛰노는 모습이 그려져 있다 Sur le tableau, on voit des enfants qui jouent. ② 글로 묘사되다

se décrire; se représenter. ¶ 이 책에는 당시 사회의 모습이 생생하게 그려져 있다 La société de l'époque est décrite d'une façon vivante dans ce roman. ¶ 보고서에는 그 도시의 미래상이 그려져 있다 Le rapport décrit le futur de la cité. ③ 회상되다 s'imaginer; se figurer; se représenter *qn*/*qc*; se rappeler. ¶ 아직도 가끔씩 네 모습이 눈앞에 그려진다 Je me rappelle encore de ton visage de temps en temps / Encore maintenant, ton visage se dessine devant mes yeux de temps en temps.

그로기 영{groggy} 명 être groggy, sonné(*e*). ¶ ~ 상태에 빠지다 avoir les jambes en coton [les jambes molles]. ¶ 저 선수는 거의 ~ 상태이다 Le sportif est presque groggy. ¶ 연타로 상대방을 ~ 상태로 몰다 rendre l'adversaire groggy par une série de coups de poing.

그로테스크하다 프{grotesque-}형 être grotesque. ¶ 그로테스크한 얼굴 un visage grotesque [caricatural, ridicule, balourd, bestial, trivial, vulgaire, burlesque, extravagant]. ¶ 그로테스크한 분위기 une ambiance grotesque [extravagante, burlesque, ubuesque].

그루 분류 ¶ 나무를 한 ~ 심다 planter un arbre.

그루터기 명 souche *f*; éteule *f*. ¶ 고목은 베어지고 ~만 남아 있었다 Le vieil arbre a été coupé et il n'est resté que sa souche.

그룹 영{group} 명 ① groupe *m*; peloton *m*. ¶ 선두[후미] ~ un peloton [un groupe] de tête [de queue]. ¶ ~을 지어 en groupe; en peloton; en tas. ¶ ~ 단위로 학습하다 apprendre *qc* en groupe [en équipe]. ¶ ~을 만들다[이루다, 결성하다] former[faire] un groupe; se grouper; se réunir en groupe. ¶ 몇 십 명씩 ~을 이루어 작업하다 travailler par groupe de plusieurs dizaines. ¶ ~을 해체하다 dissoudre un groupe. ¶ 지원자들을 성향에 따라 여러 ~으로 나누다 diviser les candidats en plusieurs groupes en fonction de leur penchant [tendance, inclination, goût]. ② 기업군 groupe *m* ((industriel, financier)), conglomérat *m*, holding *mf*, trust *m*; combinat *m*; complexe *m*; multinationale *f*. ¶ ~ 총수 le chef d'un conglomérat. ¶ 이 ~에는 수십 개 회사가 있다 Ce groupe possède plusieurs dizaines de firmes.

◆_사운드 영{group sound} 명 groupe *m* vocal; groupe *m* pop; groupe *m* rock.

◆_스터디 영{group study} 명 études *fpl* en groupe. ¶ ~스터디(를) 하다 étudier en groupe.

그르다 형 ① être faux(*sse*), erroné(*e*), inexact(*e*), incorrect(*e*); être injuste, malhonnête, frauduleux(*se*). ¶ 바르고 그른 것을 가리다 discerner [distinguer] le vrai et le faux. ¶ 그른 생각[태도] une fausse idée [une mauvaise attitude]. ¶ 그른 일[짓]을 하다 faire *qc* de mal. ② 가망이 없다 être sans espoir, désespéré(*e*); il est peu probable [il y a peu de chances] (pour) que+*subj*. ¶ …하는 것은[…하기(에)는] 이미 글렀다 Il est trop tard pour ... ¶ 환자가 살아나기는 다 글렀다 Il n'y a plus d'espoir pour le malade. ¶ 날씨가 개기는 글른 것 같다 Il y a peu de chances (pour) que le temps s'éclaircisse. ¶ 일이 잘 되기는 글렀다 Nous n'avons plus d'espoir pour que les choses aillent mieux.

그르렁 부 ronronnant.

◆_하다[거리다, 대다] 자 ((고양이가)) ronronner. ¶ 고양이가 목을 ~거린다 Le chat ronronne.

◆_ _ 부 faire entendre des râles en respirant, émettre des râles, râler, respirer péniblement ((comme un asthmatique)). ¶ 목에 가래가 끼어 ~~하다 émettre des râles à cause de glaires situés au fond de la gorge, respirer péniblement à cause des glaires qui obstruent *sa* gorge.

그르치다 타 commettre une faute [une erreur]; se tromper (dans un calcul); manquer *qc*, gâcher *qc*, rater *qc*. ¶ 일[계획]을 ~ gâcher un travail [faire avorter un projet]. ¶ 판단을 그르치다 se méprendre[faire une erreur de jugement, commettre une erreur de jugement]. ¶ 이번엔 일을 그르쳐서는 안 된다 Il ne faut pas commettre d'erreur cette fois-ci. ¶ 사소한 실수로 일생을 그르치다 gâcher sa vie à cause d'une simple petite erreur[d'une erreur sans importance], gâcher sa vie pour un rien[une bagatelle]

그릇 명 ① récipient *m*; bol *m*; vase *m*. ¶ 큰[작은] ~ un grand [petit] récipient. ¶ 밥[국, 물]~ un bol de riz [de soupe, d'eau]. ¶ 깨진 ~ un récipient [un bol, un vase] cassé. ¶ ~에 음식을 담다 mettre de la nourriture [à manger] dans un récipient [un bol]. ¶ 이걸 담을 ~을 주세요 Donnez-moi un récipient [un bol] pour mettre ceci. ¶ 그러다 ~ 깨겠다 Tu vas casser le récipient! ② 도량 capacité *f*, aptitude *f*; ((소질)) étoffe *f*. ¶ 그 분은 그런 큰 일을 맡을 만한 ~이 못된다 Il n'est pas capable de prendre en charge [diriger] une si grande affaire / Il n'en a pas l'étoffe / Il n'est pas à la hauteur.

***~이 크다** être doué(*e*) d'une grande capacité, être à la hauteur de *qc*.

◆놋_ 명 un bol *m* de laiton.

◆사기_ 명 un bol *m* [un récipient *m*] de porcelaine.

◆유리_ 명 un bol *m* [un récipient *m*] en verre.

◆질_ 명 un bol *m* [un récipient *m*] en terre.

분류 récipient *m*; bol *m*. ¶ 물 한 ~ un bol d'eau. ¶ 그 분은 한 끼에 밥 두 ~을 먹는다 Il prend deux bols de riz par repas.

그릇되다 자 devenir faux(*sse*), être erroné(*e*); tourner mal, prendre une mauvaise tournure. ¶ 그릇된 생각[해석] une idée [interprétation] erronée.

그리¹ 부 vers [par] cet endroit-là; là-bas, y; (dans) cette direction. ¶ 아이를 ~ 보낼께요 J'enverrai notre enfant là-bas. ¶ ~ 앉으세요 Asseyez-vous là-bas / Prenez place là-bas.

그리² 부 ① ainsi, comme cela, de cette façon, de cette manière; à ce point, tellement, si. ¶ ~ 하세요 Faites ainsi [comme cela]. ¶ 나는 내일 떠나니까 ~ 아세요 Demain, je pars. Souvenez-vous-en. ②

그다지 (au)tant, tellement, si. ¶ 시간이 ~ 많지 않다 Je n'ai pas tellement de temps / Je ne suis pas si disponible. ¶ 그를 만나기가 ~ 쉬운 일은 아니다 Il n'est pas si facile de le rencontrer.

그리고 접 ① ((병렬)) et. ¶ 여기에 성명, 주소, ~ 주민등록번호[체류증번호]를 적으세요 Écrivez ici votre nom, votre adresse et le numéro de votre carte d'identité [le numéro de votre carte de séjour]. ¶ 민서는 한국인이다 ~ 노에미는 프랑스인이다 Minseo est coréen et Noémie française. ② ((부가)) et puis; et en plus, qui plus est. ¶ 그는 머리가 나쁘다 ~ 노력도 안 한다 Il n'est pas intelligent. Et en plus, il ne fait aucun effort. ¶ ~ 또 무엇을 먹었니? Et puis [Avec ça], qu'est-ce que tu as mangé d'autre? ¶ ~말야, 내가 말했던 책 가져오는 것 잊지 마. Et n'oublie pas de m'apporter le livre dont je t'ai parlé. ③ ((완화된 대립)) et. ¶ 그의 아버지는 좌익이었다 ~ 그 분은 극우파 정치인이다 Son père était gauchiste [de gauche]. Quant à lui, il est d'extrême droite. ④ ((시간의 전후관계)) et ensuite, et puis. ¶ 우리는 실컷 놀았다 ~(나서) 이제는 쉬고 있다 On s'est bien amusé. (Et) maintenant on se repose. ⑤ ((인과관계)) après quoi, après ça; juste après. ¶ 눈이 하루 종일 내렸다 ~(는) 날씨가 추워졌다 Il a neigé toute la journée. Juste après le temps s'est refroidi [Après quoi, il a commencé à faire froid]. ⑥ ((관점 변화의 예비)) et cela. ¶ 중요한 것은 사는 게 아니라 사는 이유를 갖는 것이다 ~ 그것은 쉽사리 찾아지는 게 아니다 L'essentiel n'est pas de vivre, c'est d'avoir une raison de vivre. Et cela n'est pas facile à trouver.

그리니치시 -時 명 heure *f* moyenne [temps *m* moyen] (du méridien) de Greenwich, heure *f* G.M.T. ((*Greenwich mean time*)).

그리다[1] 타 ① dessiner, peindre. ¶ 화가가 그림을 그린다 Le peintre peint un tableau [une toile]. ¶ 꽃을 ~ dessiner une fleur. ¶ 풍경화[초상화, 정물화]를 ~ dessiner [peindre] un paysage [un portrait, une nature morte]. ¶ 어느 지역의 지도를 ~ dresser [lever] la carte d'une région. ¶ 도시의 약도를 ~ dessiner [faire] un plan de la ville. ¶ 하루 종일 그린 게 이거냐? C'est tout ce que tu as peint toute la journée? ¶ 너의 웃는 모습을 그리고 싶어 j'ai envie de dessiner [peindre] ton visage souriant. ¶ 아이들이 뛰노는 것을 ~ dessiner les enfants qui s'amusent en courant et en sautant. ② 묘사하다 décrire, narrer, raconter. ¶ 이 책은 사회를 충실하게 그리고 있다 Ce livre peint [dépeint] fidèlement [offre un tableau fidèle de] la société. ¶ 그 소설은 도시 영세민의 고달픈 삶을 그린 것이다 C'est un roman qui décrit la vie dure des pauvres citadins démunis. ③ se faire ((les sourcils)). ¶ 눈썹을 ~ se faire les sourcils. ¶ 입술을 ~ (*se*) mettre du rouge aux lèvres. ④ 상상하다 imaginer, évoquer, se souvenir, se rappeler. ¶ 도시의 미래상을 ~ faire une projection de la ville future, imaginer l'aspect de la ville future. ¶ 가끔씩 그 사람의 얼굴을 마음에 그려 봅니다 Je me souviens de temps en temps du visage de cet homme. ¶ 그 여자와 함께 보냈던 행복한 시절을 잠시 그려 보았다 Un instant, je me suis souvenu(*e*) de cette époque heureuse passée avec elle. ⑤ ((궤적을)) dessiner, tracer. ¶ 그 물체는 원을 그리며 돌고 있다 Cet objet tourne en dessinant un cercle [autour d'un cercle]. ¶ 돌이 포물선을 그리며 떨어졌다 La pierre est tombée en dessinant une trajectoire parabolique.

그리다[2] 타 ① 사모하다 s'attacher à *qn*; éprouver de l'affection pour *qn*; manquer à *qn*. ¶ 누구를 그리는 마음을 편지에 담다 écrire dans une lettre que *qn nous* manque [qu'on souffre de l'absence de *qn*]. ② 그리워하다 regretter ((*qn*, *sa* jeunesse)); avoir la nostalgie de *qc*; se souvenir ((du passé)) avec nostalgie; penser à *qn* avec affection. ¶ 고향을 ~ regretter *son* pays; avoir le mal du pays; avoir la nostalgie de *son* pays. ¶ 도회지 생활을 ~ rêver de la vie urbaine [la ville]. ¶ 가족을 애타게 그립니다 Ma famille me manque terriblement / Je soupire après ma famille / Je me languis de ma famille.

그리도 부 si, tellement, (au)tant, à ce point. ¶ 그 사람은 뭐가 ~ 바쁜지 모르겠다 Je ne sais pas pourquoi il est si occupé [pourquoi il est occupé à ce point].

그리마 명 【동물】 mille-pattes *m inv*, scolopendre *f*, myriapodes *m*.

그리스[1] 영{grease} 명 graisse *f*. ¶ 베어링에 ~를 바르다 graisser les paliers. ¶ 손에 ~가 묻다 avoir de la graisse sur les mains; avoir les mains graisseuses.

그리스[2] 명 【지명】 la Grèce *f*. ¶ ~ 로마시대 l'Antiquité gréco-romaine, l'époque gréco-romaine.

◆_문자 -文字 명 alphabet *m* grec.

◆_어 -語 명 (le) grec *m*, la langue *f* grecque. ¶ ~어로 en grec.

◆_신화 -神話 명 mythologie *f* grecque.

◆_정교 -正教 명 église *f* orthodoxe grecque.

그리스도 포 명 【기독】 le Christ *m*, Jésus-Christ *m*. ¶ ~ 이전[이후] avant Jésus-Christ [après Jésus-Christ], av. J.-C [ap. J.-C]. ¶ ~의 가르침을 따르다 suivre l'enseignement du Christ. ¶ ~를 믿다 croire en Jésus-Christ; être chrétien(*ne*).

◆_교 -教 명 christianisme *m*, religion *f* chrétienne. ¶ ~교의 chrétien(*ne*). ¶ ~교의 전도 une évangélisation; une christianisation.

◆_교도 -教徒 명 chrétien(*ne*).

◆_인 -人 명 chrétien(*ne*).

그리움 명 attachement *m* ((à *qn*)), affection *f* ((pour *qn*)); regret *m*; aspiration *f*, rêve *m*. ¶ 나는 고향에 대한 ~에 눈물 적신다 Je pleurs parce que j'ai le mal du pays / Je regrette mon pays (natal), je m'ennuie de chez moi / Je pleurs parce que j'ai la nostalgie de mon pays. ¶ 누구/무엇에 대한 ~을 간직하다 garder de l'affection pour *qn*, rester attaché(*e*) à *qn*/*qc*. ¶ 누구/무엇에 대한 ~에 잠겨 있다 être submergé(*e*) de nostalgie; être plongé(*e*) dans la mélancolie à cause de *qn*/*qc*. ¶ ~을 못 이기다 ne pas pouvoir oublier *qn*/*qc*. ◇_**을 갖다[을 느끼다]** avoir la nostalgie de *qc*/*qn*; regretter *qc*; sombrer dans un regret mélancolique.

그리워하다 타 regretter *qc*, se souvenir [se rappeler] avec nostalgie. ¶ 헤어진 친구를 ~ l'ami que j'ai quitté me manque. ¶ 고향을 ~ se souvenir de *son* pays natal avec nostalgie. ¶ 옛날을 ~ se rappeler du temps passé avec nostalgie. ¶ 고인을 그리워하는 마음은 모두가 한 가지입니다 Tous ont un même sentiment de regret pour le défunt.

그리하여 접 alors; donc; par conséquent. ¶ ~ 이 이야기도 여기서 끝이 난다 Alors, cette histoire se termine aussi ici.

그린 영{green} 명 ① vert *m*, couleur *f* verte. ¶ 영숙은 ~을 좋아한다 Yeongsuk aime le vert [la couleur verte]. ② 【골프】 surface *f* gazonnée ((de terrain de golf)); terrain *m* de golf. ¶ (골프장의) ~이 곱다 Le gazon (du terrain de golf) est bien vert / La surface gazonnée (du terrain de golf) est bien verte. ¶ 공을 ~에 올리다 mettre la balle sur le green [le gazon]. ¶ ~에 나가다[나서다] aller sur le terrain de golf. ③ 친환경적인 vert(*e*), écologique. ¶ 이 컴퓨터는 ~ 기능을 갖추고 있다 Cet ordinateur est équipé d'un contrôleur écologique. ¶ ~ 컴퓨터 un ordinateur vert.

그린란드 영{Greenland} 명 Groenland *m*.

그린벨트 영{greenbelt} 명 zone *f* verte; ceinture *f* verte. ¶ ~를 해제하다 enlever une zone [ceinture] verte. ¶ 이 지역은 ~로 묶여있다 Cette région est désignée zone verte.

그린피 영{green(s) fee} 명 frais *mpl* d'utilisation du terrain de golf.

그린피스 영{Greenpeace} 명 Greenpeace *m*.

그릴 영{grill} 명 ① gril *m*, barbecue *m*. ¶ 생선[고기]을 ~에 굽다 griller du poisson [de la viande]; cuire du poisson [de la viande] sur le gril. ② 스테이크 하우스 grill *m*.

그림 명 ((채색화)) peinture *f*, tableau(*x*) *m*, ((캔버스에 그린 유화)) toile *f*, ((단색화)) dessin *m*, ((스케치)) croquis *m*, esquisse *f*, ((수채화)) aquarelle *f*, ((판화)) gravure *f*, estampe *f*, ((그림책의)) image *f*, ((삽화)) illustration *f*, ((초상화)) portrait *m*. ¶ ~이 들어있는 책 un livre illustré. ¶ 피카소의 ~ un tableau de Picasso. ¶ ~을 감상하다 apprécier un tableau. ¶ 벽에 ~을 걸다 accrocher un tableau au mur; fixer [mettre] un tableau sur le mur. ¶ 전시회장에서 ~ 한 점을 사다 acheter un tableau dans une exposition. ¶ 자신의 생각을 ~으로 표현하다 exprimer *ses* pensées à travers sa peinture. ¶ ~ 참 좋다 Quel beau tableau! / Quelle belle peinture! / Quel beau dessin!

*~**의 떡** désirer le miel de l'autre monde; vouloir une personne inaccessible [un objet dont le prix est inabordable]; demander la lune. ◇_**(을) 그리다** faire une peinture [un tableau, un dessin, un croquis]; faire de la peinture, peindre; dessiner; ((스케치)) esquisser, ébaucher un dessin. ¶ 아름다운 경치를 ~으로 그리다 peindre un beau paysage [une belle vue]. ¶ 이 ~은 누가 그렸습니까? Qui a peint ce tableau? ◇_**이다** être un chef d'œuvre. ¶ 이번 골은 정말 ~같다 Ce but est un chef d'œuvre. ◇_**이 (안)되다** paraître [ne pas paraître] réalisable [plausible]. ¶ 이 제안은 ~이 된다 Cette proposition paraît réalisable. ◇_**이 (안) 나오다** imaginer [ne pas imaginer]. ¶ 이 아이디어를 어떻게 구체화할 지 ~이 나온다 Je vois [J'imagine] comment matérialiser [concrétiser, donner forme à] cette idée. ◇_**(이) 좋다** correspondre à l'image idéale ((du couple)). ¶ 둘이서 아주 ~ 좋구만 Vous formez un beau [joli] couple tous les deux ((Je vous envie)) / Vous correspondez à l'image idéale du couple.

◆_**같다** 형 être pittoresque. ¶ 한 폭의 ~같은 풍경 un paysage pittoresque.

◆_**문자** -文字 명 pictogramme *m*.

◆_**물감** 명 colorant *m*; matière *f* colorante.

◆_**엽서** -葉書 명 carte *f* postale.

◆_**일기** -日記 명 journ*al*(*aux*) *m* intime avec des dessins personnels [agrémenté de dessins personnels]. ¶ ~일기를 쓰다 écrire [tenir] un journal intime agrémenté de dessins personnels.

◆_**책** -冊 명 livre *m* illustré; livre *m* de peintures [de dessins, d'estampes].

◆**밑**_ 명 croquis *m*, esquisse *f*.

그림자 명 ① ombre *f*; silhouette *f*; ((모습)) traits *mpl* ((d'une personne)), physionomie *f*. ¶ 검은 ~ ombre noire. ¶ 해질 무렵이 되어 ~가 길어진다 L'ombre s'allonge[grandit] quand le soleil se couche. ¶ 옛날에는 스승님 ~도 밟지 않았다 Autrefois on ne pouvait même pas marcher sur l'ombre de son maître. ¶ 누구를 ~처럼 따라다니다 suivre *qn* comme *son* ombre. ② 영상 image *f* ((réfléchie)). ¶ 나무의 ~가 호수에 비친다 Les arbres se réfléchissent dans le lac. ③ ((비유적)) ¶ 거리에 사람의 ~조차 보이지 않는다 Il n'y a aucun passant [pas un chat] dans la rue / Dans cette rue il n'y a pas âme qui vive. ¶ 그가 어디로 가버렸는지 ~도 안 보인다 On ne voit même pas son ombre, il a disparu je ne sais où. ¶ 그의 얼굴에 어두운 ~가 드리워져 있다 Une ombre s'est dessinée sur son visage. ¶ 그에게 죽음의 ~가 드리우고 있다 L'ombre de la mort le poursuit. ◇_**(가) 지다** être couvert d'ombre; jeter[projeter] une ombre.

그립 영{grip} 명 ((손잡이)) poigne *f*, manche *m* ((d'une raquette)); ((잡는 방식)) prise *f* ((d'une raquette)) ¶ 이 라켓은 ~이 넓다[좁다]. Cette raquette a un gros manche[petit manche]. ¶ 저 선수는 ~을 잡는 방식이 잘못되어 있다 Ce joueur tient[prend] mal sa raquette.

그립다 형 être cher(*ère*); être inoubliable; penser

affectueusement à *qn*; chérir *qn*; ((그리워하다)) manquer; s'ennuyer de *qc*/*qn*; regretter *qn*; languir d'amour pour *qn*. ¶ 나는 그 여자가 무척이나 ~ Elle me manque terriblement. ¶ 그 시절이 ~ Le temps me manque. ¶ 사람이 ~ Le contact humain me manque. ¶ 고향이 ~ Mon pays natal me manque / J'ai la nostalgie de mon pays natal / Je languis de *mon* pays natal. ¶ 어린 시절이 그립구나 j'ai la nostalgie de *mon* enfance. ¶ 어릴 적 고향에서 듣던 나무꾼의 풀피리 소리가 그립구나 Le son de la flûte d'herbe dont jouait le jeune bûcheron dans mon enfance me manque [me transporte dans le passé, éveille chez moi de la nostalgie].

◆그리워지다 ㉶ être cher(*ère*); être inoubliable; penser affectueusement à *qn*; manquer; s'ennuyer de *qc*/*qn*; regretter *qn*. ¶ 옛날이 그리워지는 음악 musique qui transporte dans le passé.

◆그리워하다 ☞ 그리다[2]

그만[1] ㉾ ① pas plus, pas davantage; ne V plus; Assez ((bu, discuté)), cela suffit, c'en est assez ((pour aujourd'hui)), tenons-nous-en là ((pour aujourd'hui)); arrêter de+*inf*. ¶ ~ 가자[저 ~ 가겠습니다, 저 ~ 갈게요] Allez, on y va / Il est temps de rentrer pour nous maintenant [Je vais devoir y aller maintenant / Je dois vous quitter maintenant]. ¶ 이제 ~ 자자 Il est temps de dormir maintenant / Il faut qu'on dorme maintenant. ¶ ~ 마셔라 Arrête de boire maintenant (tu as assez bu pour aujourd'hui) / Assez bu maintenant, arrête-toi. ¶ 이제 ~ 좀 해라 Maintenant arrête, (si)tu veux bien / Arrête s'il te plaît. ¶ ~ 일하고 들어가 쉽시다 Arrêtons de travailler et rentrons nous reposer / On s'arrête là et on rentre faire une pause. ¶ 이제 ~ 끝내고 갑시다 Arrêtons-nous [Restons-en là, Tenons-nous-en là] pour aujourd'hui. ② 그대로 곧 aussitôt, dès que ..., aussitôt que ..., à peine ... que, à l'instant, sur-le-champ, sur le coup. ¶ 그는 집을 나서자마자 ~ 사고를 당했다 Dès qu'il est sorti de chez lui, il a eu un accident / À peine sorti de chez lui il a été pris dans un accident. ¶ 그 사람은 말이 떨어지기가 무섭게 ~ 나가 버렸다 Aussitôt qu'on le lui a dit, il est sorti / À peine le lui a-t-on dit, qu'il est sorti / Dès qu'il a entendu ces mots, il est parti / Dès que ces mots ont été prononcés il est parti. ③ 자신도 모르게, 어쩔 수 없이 instinctivement, inconsciemment, malgré *soi*, à *son* insu, sans s'en rendre compte, sans le vouloir, sans le faire exprès; ne pouvant faire autrement; inéluctablement, inévitablement. ¶ 깜짝 놀라 ~ 손에 든 그릇을 떨어뜨렸다 Extrêmement surpris, il a laissé tomber l'assiette[le plat] qu'il tenait dans les mains / De surprise, le plat lui est tombé des mains. ¶ 나는 너무 놀라서 ~ 소리를 지르고 말았다 J'étais si surpris(*e*) qu'instinctivement j'ai poussé un cri. ¶ 그는 길이 막혀서 ~ 약속에 늦고 말았다 Étant pris dans les embouteillages [En raison des embouteillages], il n'a pu faire autrement que d'arriver en retard à son rendez-vous [il n'a pas pu éviter d'arriver en retard à son rendez-vous].

◆_이다 ㉻ ① 끝이다 être fini(*e*). ¶ 학교에 가는 것도 오늘로 ~이다 C'est mon dernier jour d'école. ② 아주 좋다 être très bon(*ne*), excellent(*e*). ¶ 그 사람은 성격이 ~이다 Il a très bon caractère.

그만[2] 【구어】 ((‘그만한’의 준말)) sans valeur, sans importance, insignifiant(*e*), de rien du tout, qui mérite peu d'attention, malheureux(*se*), misérable; ((pour)) des détails (qui n'en valent pas la peine). ¶ ~ 일에 화를 내니? Tu t'énerves pour si peu [pour une broutille pareille, pour des détails]?

그만그만하다 ㉻ n'être ni plus ni moins; ne pas être mieux que l'autre; être similaire, semblable, analogue, pareil(*le*) à *qc*/*qn*; être tous [toutes] les mêmes. ¶ 그들은 모두 그만그만한 나이다 Ils ont tous à peu près le même âge. ¶ 이 오렌지들은 굵기가 ~ Ces oranges ont à peu près la même grosseur [calibre] / Ces oranges sont grossièrement de la même taille.

그만두다 ㉷ ① arrêter, cesser, interrompre ((ses études)); stopper, suspendre ((une activité)); renoncer à ((un projet, une succession)); abandonner ((*son* poste, *ses* devoirs)); délaisser ((un travail)), se désister, lâcher. ¶ 제발 그만두세요 Arrêtez, je vous en prie! ¶ 거래를 ~ cesser de faire du commerce avec *qn*, arrêter [stopper] les relations [les transactions] commerciales. ¶ 이제 그 이야기는 그만둡시다 N'en parlons plus / Laissons cette histoire de côté. ¶ 잔소리를 ~ cesser de faire des reproches [réprimandes]. ¶ 나는 하던 일을 그만두었다 J'ai arrêté mon travail. ¶ 장사를 ~ se retirer des affaires, arrêter le commerce. ¶ 학업[학교]을 그만두다 arrêter *ses* études. ¶ 술[담배]을 ~ cesser [s'arrêter] de boire [fumer]. ¶ 친구와 다투기를[다투는 것을] ~ cesser de se disputer [se quereller] avec un(*e*) ami(*e*). ② 사퇴하다 se retirer ((d'un poste)); retirer ((*sa* candidature, *sa* proposition)); quitter ((une profession, un emploi)); démissionner; donner *sa* démission. ¶ 학교를 ~ donner *sa* démission ((de professeur)). ¶ 직장[학교, 장관 자리]을 ~ quitter *son* travail [l'école, le poste de ministre]

그만저만하다 ㉻ être raisonnable, ne pas être si mauvais(*e*); être ni bien ni mal, comme ci comme ça {*fam*}, couci-couça {*fam*}, ça peut aller, on fait aller {*fam*}, sans plus. ¶ 사는 게 ~ J'ai du mal à équilibrer mon budget / Mon équilibre économique est bancal / J'ai du mal à joindre les deux bouts / C'est dur économiquement / Je tire le diable par la queue. ¶ 피해가 그만저만하니 다행이다 Heureusement que les dégâts sont limités [qu'il n'y a pas plus de dégâts].

그만큼 ㉾ à ce point; à tel point; autant que; aussi bien que; si. ¶ 그 남자가 네게 불만을 얘기한다는

것은 ~ 네게 관심이 있다는 뜻이다 S'il te fait part de son mécontentement, cela veut dire qu'il s'intéresse à toi.

그만하다[1] 타 cesser, arrêter, interrompre. ¶ 일을 ~ cesser [interrompre, arrêter] une activité. ¶ 그만하고 갑시다 Arrêtons-nous [Cessons ce que nous faisons] et partons.

그만하다[2] 형 n'être ni grand(*e*), ni petit(*e*); n'être ni meilleur, ni pire; être pareil(*le*); n'être ni plus ni moins. ¶ 그만한 일에 겁먹지 마라 Il ne faut pas avoir peur d'un travail comme ça. ¶ 그만한 일은 나도 얼마든지 할 수 있다 Ce genre de boulot {*fam*}, même moi je peux le faire / Ce type de travail, je peux le faire aussi bien (qu'un autre) / Ce genre de job, je peux le faire autant de fois que tu veux. ¶ 그만한 일로 좌절하면 안 된다 Il ne faut pas se décourager pour si peu (de chose). ¶ 음식이 그만하면 먹을 만하다 C'est mangeable / Ça se mange / Ça se laisse manger. ¶ 그만하면 좋은 성적이다 C'est déjà bien [satisfaisant] comme note [comme résultats, un résultat pareil] / Tu peux déjà t'estimer heureux(*se*) avec une telle note. ¶ 그만하면 충분하다 Ça suffit, comme cela / C'est suffisant / Il y en a suffisamment / C'est assez, comme ça. ¶ 피해가 그만하니 다행이다 Heureusement qu'il n'y a pas trop de dégâts. ¶ 그만하면 끝난 셈이다 Autant dire que cela est fini / On peut considérer la chose comme terminée. ¶ 그의 병세는 그저 ~ Son état de santé n'est ni meilleur ni pire. ¶ 상처가 그만해서 다행이다 Heureusement qu'il n'a pas été blessé davantage / On peut déjà s'estimer heureux qu'il n'ait que de telles blessures [qu'il n'ait que ça] ((ça aurait pu être beaucoup plus grave)).

그만하다[3] (('그럴 만하다'의 준말)) être valable, bon(*ne*). ¶ 그가 떠난 데는 그만한 이유가 있다 Il a certainement une bonne raison [une raison valable] pour être parti [d'être parti].

그맘때 명 à cette période; à peu près au moment où ..., à peu près à ce moment-là. ¶ ~는 누구나 다 그렇다 À cette période de la vie, c'est pour tout le monde pareil [c'est la même chose pour tout le monde]. ¶ 네가 돌아온 ~에 그도 돌아왔다 Tu es rentré(*e*) à peu près au même moment que lui [en même temps que lui].

그물 명 filet *m*; filet *m* à provisions; filet *m* à bagages; filet *m* à cheveux; épuisette *f*; ((수렵용)) panneau(*x*) *m*; ((체포용)) piège *m*, filet *m*, barrage *m* de police. ¶ ~무늬[모양] ((en)) forme de filet. ¶ ~을 뜨다[치다, 던지다, 올리다] tisser un filet [tendre des filets, lancer un filet, retirer un filet]. ¶ 잡은 고기를 ~에 가두어두다 garder des poissons pris dans un filet. ¶ ~로 물고기를 잡다[건져 올리다] prendre des poissons au filet. ¶ 전선들이 ~처럼 얽혀 있다 Toutes les lignes (électriques, à haute tension) sont enchevêtrées comme un filet. ¶ 통신망[그의 조직]이 전국에 ~처럼 깔려 있다 Le réseau des télécommunications couvre tout le pays comme un filet[Son organisation quadrille entièrement le pays] / Le réseau de télécommunication a lancé son filet sur tout le pays / Le réseau de télécommunication est une toile qui enveloppe tout le pays. ¶ ~을 빠져나가다 échapper d'un filet [d'un piège]; passer entre les mailles d'un filet.
◇_에 걸리다[걸려들다] être pris(*e*) [se laisser prendre] au filet. ¶ 경찰이 쳐 놓은 ~에 범인이 걸려들었다 Le malfaiteur a été arrêté grâce au barrage établi par la police / Le criminel a été pris dans les mailles du filet tendu par la police.
◆_코 명 maille *f* d'un filet.
◆_눈 명 mailles *fpl* d'un filet. ¶ ~눈이 촘촘하다[성기다] Les mailles du filet sont serrées [grosses].
◆_망 -網 명 filet *m*; épuisette *f*; panneau(*x*) *m*; piège *f*; barrage *m* de police.
◆_맥 명 【식물】 nervation *f* réticulée.
◆_질 명 pêche *f* des poissons avec un filet [avec une épuisette]; lancement *m* d'un filet. ¶ 몇 번이나 ~질을 했는데도 물고기는 한 마리도 잡지 못했다 J'ai beau avoir essayé plusieurs fois de lancer le filet, je n'ai toujours rien pris / J'ai eu beau essayé de lancer plusieurs fois le filet, je n'ai pas réussi à prendre un seul poisson.
◆새_ 명 pantière *f*, pantène *f*, pantenne *f*; ((메추라기)) tirasse *f*; ((종달새 그물)) ridée *f*.

그믐 명 dernier jour *m* du mois. ¶ 섣달 ~ le dernier jour de l'année.
◆_께 명 vers le [aux alentours du] dernier jour du mois. ¶ 이 달 ~께 vers la fin du [de ce] mois, vers le 30 [le 31] de ce mois.
◆_날 명 dernier jour *m* du mois. ¶ ~날 밤에 la dernière nuit du mois.
◆_달 명 ((월)) dernier mois *m* de l'année; ((달)) le croissant de la lune.
◆_밤 명 dernière nuit *f* du mois.
◆_사리 명 ombrine *f* pêchée vers la fin du mois.

그분 대 cette personne *f* ((forme polie de la troisième personne du singulier)). ¶ ~이 그렇게 말씀하셨어요 Cette personne a tenu ces propos / Cette personne a dit cela.

그새[1] 부 aussitôt, dès que; à l'insu de tout le monde, à *notre* insu, sans qu'on s'en aperçoive [rende compte], très rapidement, en un rien de temps, sans s'en rendre compte; brutalement. ¶ 구름이 잔뜩 끼어 있더니 ~ 해가 났다. Le soleil est brusquement apparu dans le ciel nuageux / Le ciel était couvert et brutalement le soleil est apparu.

그새[2] (('그 사이'의 준말)) entre temps, depuis ce temps-là, depuis tout ce temps. ¶ ~ 잘 지내셨습니까? Qu'est-ce que vous êtes devenu [Qu'avez-vous fait] depuis notre dernière rencontre?.

그스르다 타 fumer; brûler sans flamme; noircir de fumée. ¶ 고기를 불에 그슬러 익히다 rôtir [griller] la viande.

그슬리다 자타 fumer, boucaner; noircir de fumée;

ㄱ

rôtir, griller. ☞ 그스르다

그악스럽다 형 être féroce, méchant(*e*), violent(*e*), agressi*f*(*ve*); être farouche, tenace; être sévère, dur(*e*); être diligent(*e*), assidu(*e*) ((au travail)); être excessi*f*(*ve*). ¶ 그 사람은 성격이 워낙 그악스러워서 주변에 사람이 없다 Il est si caractériel [agressif] qu'il n'a pas d'amis. ¶ 누구에게 그악스럽게 대들다 tenir tête de façon agressive à *qn*.

그야말로 부 vraiment, certainement, en effet, en vérité, de fait, effectivement. ¶ 그는 ~ 한국 최고의 축구 선수다 C'est vraiment le meilleur joueur de football coréen [le meilleur footballeur coréen].

그어지다 자 se dessiner; être souligné(*e*). ¶ 밑줄이 그어진 부분을 주의깊게 보세요 Regardez attentivement la partie soulignée! ¶ 수표에 붉은 횡선이 그어져 있다 Une ligne horizontale rouge est dessinée sur le chèque.

그예 부 ☞ 기어이

그윽이 부 calmement; tranquillement; sereinement; vaguement; profondément et secrètement. ¶ 먼 하늘을 ~ 바라보다 regarder sereinement le ciel lointain. ¶ 방 안에는 장미의 향기가 ~ 퍼져 있었다 Le parfum exquis des roses s'est répandu dans la chambre.

그윽하다 형 ① être calme et tranquille, être serein(*e*) et paisible; être profond(*e*) et paisible; être vague et indéfinissable; être profond(*e*) et secr*et*(*ète*). ¶ 그윽한 눈길로 바라보다 fixer *qn* d'un regard tendre [langoureux]. ¶ 그윽한 향기가 퍼진다 Un parfum agréable se répand. ¶ 그윽하게 들려오는 음악 une musique que l'on entend paisiblement [tranquillement]. ② 깊숙하고 고요하다 ((lieu)) être retiré(*e*) et paisible. ¶ 그윽한 산골짜기 des vallées retirées.

그윽히 부 ☞ 그윽이

그을다 자 bronzer, être bronzé(*e*); se noircir. ¶ 얼굴이 검게 ~ avoir le visage bronzé. ¶ 굴뚝에 연기가 그을어 시커멓다 La cheminée est toute noire de fumée.

그을리다 자타 bronzer, être bronzé(*e*). ¶ 그는 얼굴을 구리빛으로 그을렸다 Son visage a bronzé au soleil. ¶ 그는 햇볕에 그을려 피부가 갈색으로 되었다 Il a bronzé au soleil, et sa peau est devenue brune.

그을음 명 suie *f*, noir *m* de fumée. ¶ ~을 제거하다[쓸어내다] enlever [faire tomber] la suie. ◇_(이) **끼다[앉다]** de la suie se forme [se dépose]; se couvrir de suie, s'encrasser. ¶ 냄비에 ~이 끼었다[앉았다] La casserole est couverte de suie. ¶ 그 사람은 얼굴이 ~이 끼어서 까맣다 Il a le visage barbouillé de suie. ◇_(이) **나다[생기다]** de la suie se forme [se dépose]; se couvrir de suie, s'encrasser. ¶ 이 난로는 ~이 많이 난다 Ce poêle est couvert de suie. ¶ 이 제품은 ~이 생기지 않는다 Ce produit est insalissable / Ce produit ne peut pas s'encrasser.

그이 대 cette personne *f*, il, elle; lui, elle; conjoint(*e*), petit(*e*) ami(*e*). ¶ 우리 ~는 가족들에게 너무 무관심하다 Mon mari ne s'occupe pas [néglige] assez de la famille.

그저 부 ① toujours, invariablement, de tout temps, continuellement, sans cesse, sans discontinuer; ne ((faire)) que+*inf*. ¶ 그는 하루 종일 ~ 텔레비전만 본다 Il ne fait que regarder la télévision du matin au soir / Il reste scotché devant la télé toute la journée {*fam*}. ② 다른 것 없이 seul(*e*), seulement, simplement; fortuitement; par hasard; en passant. ¶ 내 질문에 그 여자는 ~ 미소만 지었다 Elle n'a fait que sourire à ma question / Elle a juste esquissé un sourire à ma question. ③ 무조건, 오직, 다만 absolument. ¶ 그 여자에게 ~ 용서를 빌어라 Il faut absolument que tu lui demandes pardon [que tu t'excuses envers elle, que tu lui fasses tes excuses] / Je t'en prie, fais-lui tes excuses. ¶ ~ 감사할 따름입니다 Je vous remercie infiniment [du fond du cœur]. ④ 특별한 것 없이 comme ça; (tout) simplement, seulement, juste ((pour rire, pour plaisanter, par plaisanterie)). ¶ ~ 그래요 Ça peut aller / On fait aller {*fam*} / Comme ci, comme ça {*fam*} / Couci-couça {*fam*} / Ni bien, ni mal / Bof {*fam*} / Sans plus. ¶ ~ 한번 해 본 말이에요 J'ai dit ça comme ça.

그저께 명 avant-hier. ¶ ~ 아침 avant-hier matin. ¶ ~ 길에서 그 여자를 만났다 Je l'ai rencontrée avant-hier dans la rue.

그전 명 ① temps *m* passé; ancien temps *m*; (bon) vieux temps *m*; passé *m*; autrefois. ¶ ~ 주소 une ancienne adresse. ¶ 우리는 ~에 한 번 만난 적이 있습니다 Nous nous sommes déjà rencontrés une fois. ¶ ~에는 좋았었다 Avant c'était le bon temps. ¶ 우리는 ~부터 아는 사이이다 Nous nous connaissons depuis longtemps. ¶ ~처럼 comme auparavant; comme avant; comme par le passé. ¶ 그는 ~ 그대로이다 Il est resté le même qu'autrefois / Il n'a pas changé. ¶ 그에게서 ~의 모습은 찾아볼 수가 없다 On ne pouvait plus le reconnaître / Il n'est plus tel qu'il était. ② 어떤 시기 이전 avant. ¶ 모레가 기한인데 나는 ~에는 납부할 수 없다 Après-demain, c'est le dernier délai (pour le paiement), je ne peux (pas) payer avant.

그제 명 avant-hier. ☞ 그저께

그제서야 부 ☞ 그제야

그제야 부 c'est seulement maintenant que+*ind*, enfin. ¶ 내가 몇 번을 묻자 ~ 그는 자기 이름을 말했다 C'est seulement à la (é)nième demande qu'il m'a enfin donné son nom / Il a fallu que je lui demande à plusieurs reprises pour qu'il me donne enfin son nom.

그즈음 부 à ce moment-là; à l'époque. ¶ ~ 나는 그가 날 좋아한다는 걸 알았다 J'ai compris à l'époque qu'il m'aimait.

그지없다 형 être illimité(*e*), infini(*e*); être sans limites [sans bornes, sans fin]; être indescriptible, inexprimable, indicible, au-delà de toute expression; être on ne peut plus ((impoli(*e*), méchant(*e*)); ((discussion)) être interminable, éternel(*le*). ¶ 어머니의 그지없는 사랑 l'amour sans limites d'une mère. ¶ 가엾기가 ~ C'est on ne peut plus pitoyable. ¶ 슬프기[괴롭기] 그지없는 일 un événement on ne peut plus triste [douloureux]. ¶ 사람의 허영은 ~ La vanité humaine n'a pas [ne connaît pas] de limites.

◆**그지없이** 부 sans limites, sans bornes, sans fin; de manière indescriptible [inexprimable, indicible], au-delà de toute expression; on ne peut plus ((impoli(*e*), méchant(*e*)); ((discuter)) interminablement; éternellement. ¶ 누구를 그지없이 사랑하다 aimer *qn* sans bornes. ¶ 나는 지금 그지없이 행복하다 À présent, je suis au comble du bonheur [je suis le plus heureux des hommes, je suis au septième ciel, je suis aux anges].

그쪽 대 ① là-bas; de ce côté-là. ¶ ~은 추우니 이쪽으로 오세요 Venez par ici parce qu'il fait froid là-bas! ② 상대편 vous; l'autre partie *f* à qui on parle. ¶ 장소는 ~에서 정하시죠 C'est vous qui déciderez du lieu / Je vous laisse décider du lieu [choisir l'endroit]. ¶ 이 문제에 대해 ~의 반응은 어떤지 알아봐 Va vérifier quelle est la réaction de l'autre partie sur ce problème!

그치 대 【속어】 il; cet homme-là; ce type-là; cette personne-là. ¶ ~는 나쁜 놈이니 만나지 마 C'est un vilain type, ne le revois plus.

그치다 자 cesser, s'arrêter, s'interrompre; stopper. ¶ 비가 그쳤다 La pluie a cessé (de tomber) / La pluie s'est arrêtée / Il ne pleut plus. ¶ 폭풍우가 그쳤다 La tempête a cessé [s'est calmée, s'est apaisée]. ¶ 뇌우가 그쳤다 L'orage a cessé [s'est calmé]. ¶ 시끄러운 대포 소리가 이제 그쳤다 Les bruyants coups de canons ont enfin cessé. ¶ 비가 왔다 그쳤다 한다 Il pleut de temps en temps / Il pleut par intermittence. ¶ 그 사람의 연극에 대한 열정은 그칠 줄 모른다 Sa passion pour le théâtre est sans fin [sans limite]. ¶ 그칠 새 없이[그칠 줄 모르고] sans cesse, sans arrêt, sans répit, sans interruption, sans discontinuation, sans relâche, sans coupure. ¶ 그칠 새 없이 전화가 걸려온다 Le téléphone sonne sans cesse / Le téléphone ne cesse [n'arrête pas] de sonner.

타 s'arrêter, cesser. ¶ 말을 ~ s'interrompre, cesser de parler. ¶ 딸꾹질을 ~ arrêter[faire cesser] *son* hoquet. ¶ 아이가 울음을 그쳤다 l'enfant a cessé de pleurer. ¶ 뚝 그쳐! Arrête net! ¶ 내가 방에 들어가자 그들은 이야기를 그쳤다 Lorsque je suis entré(*e*) dans la chambre, ils ont arrêté de parler [se sont tus].

그토록 부 à ce point, tellement, si, tant que ça. ¶ 그 사람이 ~ 미웠나요? Tu le détestais [haïssais] à ce point [tant que ça]?

극[1] 劇 명 ① théâtre *m*; film *m*, drama *m*, drame *m*, cinéma *m*, art *m* dramatique. ¶ ~을 공연하다 représenter [monter, jouer] une pièce. ¶ ~을 연출하다 mettre en scène une pièce de théâtre. ¶ 저 배우는 무슨 ~에 출연했었지? Cet(*te*) acteur(actrice) a joué dans quelle pièce (de théâtre)? / Cet(*te*) acteur(actrice) a joué [tourné] dans quel film (déjà)? ② 희곡 pièce *f* ((de théâtre)); texte *m* de théâtre. ¶ ~을 쓰다 écrire une pièce [un texte de théâtre].

◆**_적** -的 명관 ((dénouement)) dramatique; ((scène)) pathétique, émouvant(*e*). ¶ ~적인 효과를 노리다 accentuer l'effet dramatique. ¶ 종료 몇 분을 남기고 우리 팀은 ~적으로 승부를 뒤집었다 Quelques minutes avant la fin du match, coup de théâtre, notre équipe a renversé la situation.

◆**_화** -化 명관 adaptation au théâtre ¶ 소설을 ~화하다 adapter un roman au théâtre. ¶ 그의 파란만장한 인생은 텔레비젼 드라마로 ~되었다 Sa vie tumultueuse [agitée] a été adaptée en feuilleton télévisé.

◆**_계** -界 명 monde *m* du théâtre.

◆**_영화** -映畵 명 film *m* de fiction.

◆**_예술** -藝術 명 art *m* dramatique.

◆**_작가** -作家 명 écrivain *m* de théâtre, auteur *m* dramatique; dramaturge *mf*.

◆**_작법** -作法 명 dramaturgie *f*; art *m* dramatique.

◆**가면_** 假面- 명 pièce *f* de théâtre avec masques, pièce *f* de théâtre masquée.

◆**단막_** 單幕- 명 pièce *f* en un seul acte.

◆**연속_** 連續- 명 série *f* télévisée, feuilleton *m* télévisé.

◆**인형_** 人形- 명 pièce *f* pour marionnettes.

◆**전위_** 前衛- 명 pièce *f* d'avant-garde.

◆**통속_** 通俗- 명 pièce *f* populaire.

◆**특집_** 特輯- 명 représentation *f* théâtrale exceptionnelle [exclusive, unique, spéciale].

◆**현대_** 現代- 명 pièce *f* contemporaine.

극[2] 極 명 ① 【지리】 pôle *m* (terrestre). ¶ ~ 지방 une région polaire. ② 【물리】 pôle *m* magnétique (de l'aimant). ¶ 같은 ~끼리는 밀치고 반대 ~끼리는 당긴다 Deux mêmes pôles se repoussent alors que deux pôles opposés s'attirent. ¶ 이 부부는 성격이 ~과 ~이다 Dans ce couple, ils ont des caractères diamétralement opposés. ③ 극도, 극한 comble *m*; apogée *m*; excès *m*. ¶ ~과 ~은 통한다 Souvent les contraires s'attirent. ◇**_에 달하다** arriver [être] au comble. ¶ 그는 절망의 ~에 달해 자살했다 Au comble du désespoir, il s'est suicidé. ¶ 이 부분에 이르러 긴장감은 ~에 달했다 Dans cette partie[scène], le suspens est à son comble. ◇**_을 달리다** être diamétralement opposé(*e*). ¶ 그와 너의 생각은 서로 ~을 달린다 Tes idées sont diamétralement opposées aux siennes.

◆**_좌표** -座標 명 【수학】 coordonnée *f* polaire.

◆**에스_** 명 pôle *m* sud.

◆**엔_** 명 pôle *m* nord.

-극[3] -劇 접미 pièce *f*, scène *f*, comédie *f*. ¶ 인질~을 벌이다 faire une prise d'otage. ¶ 자작~을 벌이다

faire *sa* [une] scène [crise], jouer la grande scène (du deux), faire du cinéma, jouer la comédie.

극-4 極- 접두 extrême; ultra-, hyper-, giga-. ¶ ~존칭 un terme [une forme, un registre] honorifique [respectueux, de déférence, de politesse] extrême; un terme très honorifique ((예: 사옵니다)). ¶ ~저온 une température extrêmement basse. ¶ ~초단파 des ultra hautes fréquences, des ondes décimétriques.

극광 極光 명 【지리】 aurore *f* polaire

◆**남_** 南- 명 aurore *f* australe

◆**북_** 北- 명 aurore *f* boréale.

극구 極口 부 à un degré extrême; avec le maximum de force [d'énergie]. ¶ 누구[...하는 것]를 ~ 만류하다 faire le maximum [insister lourdement] pour dissuader *qn* de faire *qc*. ¶ 범죄 사실을 ~ 부인하다 renier obstinément et énergiquement [avec le maximum de force [d'énergie]] un crime.

극기 克己 명 maîtrise *f* de *soi*; stoïcisme *m*. ◇_(를) **하다** se dominer; (savoir) se maîtriser

◆**_심** -心 명 un esprit *m* stoïque. ¶ ~심이 있는 사람 une personne stoïque. ¶ ~심을 발휘하다 mettre en pratique sa maîtrise de *soi*.

◆**_훈련** -訓練 명 exercices *mpl* de maîtrise de *soi*. ¶ ~훈련을 하다 faire des exercices pour savoir se maîtriser [se dominer].

극단[1] 極端 명 extrémité *f*; extrême *m*; excès *m*, exagération *f*, outrance *f*. ¶ 두 사람의 입장은 양 ~에 놓여 있다 Les positions de ces deux personnes sont extrêmes. ¶ ~을 피하다 éviter les extrêmes. ¶ 혼자 고민하다 보면 생각이 ~으로 흐르기 쉽다 Si on se morfond tout seul, on arrive facilement à des pensées extrêmes / En s'angoissant dans *son* coin, on arrive facilement à des idées extrêmes ¶ ~에서 ~으로 흐르다 passer d'un extrême à l'autre; passer du blanc au noir

◆**_적** -的 명관 extrême. ¶ ~(인) 수단[견해, 행동]은 피해야 한다 Il faut éviter un moyen [un comportement, une opinion] extrême. ¶ ~적으로 extrêmement; à l'excès; excessivement, démesurément.

◆**_론** -論 명 point *m* de vue [opinion *f*] extrême.

◆**_주의** -主義 명 extrémisme *m*.

◆**_주의자** -主義者 명 extrémiste *mf*.

◆**_화** -化 명 extrême *m*; excès *m*; exagération *f*; outrance *f*; extrémisme *m*. ¶ 그 사람들의 주장이 ~화하고[되고] 있다 Leurs idées deviennent extrêmes.

극단[2] 劇團 명 troupe *f* (théâtrale) [de comédiens]; compagnie *f* (théâtrale). ¶ ~을 창단하다[해체하다] monter [dissoudre] une troupe. ¶ ~에 들어가다 entrer dans une troupe (théâtrale) [une compagnie théâtrale].

◆**유랑_** 流浪- 명 troupe *f* itinérante.

극대 極大 명 maxim*um*(*ums*, *a*) *m*.

◆**_화** -化 명 rentabilisation *f* maximale. ¶ 이윤을 ~화하다 réaliser de gros bénéfices. ¶ 적당한 휴식을 취할 때 독서 능률이 ~화된다 Si on se repose comme il faut, la capacité de lecture est d'autant meilleure.

◆**_치** -值 명 (valeur *f*) maximum *m*.

극도 極度 명 extrême *m*; excès *m*; le dernier degré *m* [point *m*]. ¶ ~의 흥분 상태에 빠지다 tomber dans un état d'excitation extrême. ¶ ~의 스트레스[불안감]에 시달리다 être extrêmement stressé(*e*) [angoissé(*e*), inqui*et*(*ète*)]; être extrêmement angoissé(*e*) [être crevé(*e*) d'angoisse {*pop*}]. ¶ ~로 피로하다 être épuisé(*e*) [roué(*e*) de fatigue]; être mort(*e*) de fatigue; être sur les rotules, ne plus en pouvoir, être au bout du rouleau. ◇**_에 달하다[이르다]** être au comble de *qc*. ¶ 이 사건으로 국민들의 분노가 ~에 달했다 La population[Le peuple] est exaspéré(*e*) par cet événement / Les gens sont exaspérés par cet événement.

극동 極東 명 Extrême-Orient *m*. ¶ 최근의 ~ 정세 la situation politique actuelle en Extrême-Orient.

◆**_문제연구소** -問題研究所 명 Centre *m* de recherches sur l'Extrême-Orient.

극락 極樂 명 【불교】 paradis *m* bouddhique, monde *m* du bonheur céleste, Terre *f* Pure; bonheur *m* éternel; félicité *f*. ¶ ~에 가다 aller au paradis bouddhique.

◆**_세계** -世界 명 paradis *m* d'Amida; Terre *f* Pure.

◆**_왕생** -往生 명 renaissance *f* au paradis d'Amida. ¶ 그는 부처님 앞에서 선친의 ~왕생을 빌었다 Il a prié devant le Bouddha pour que son père mort aille au paradis bouddhique.

◆**_전** -殿 명 【불교】 Geungnakjeon <bâtiment principal d'un temple bouddhique où est conservé une statue du Bouddha Amitâbha>.

◆**_조** -鳥 명 oiseau(*x*) *m* de paradis.

극렬 極烈 어근 violence *f*.

◆**_하다** 형 être violent(*e*), furieu*x*(*se*), véhément(*e*). ¶ ~한 저항[투쟁, 논쟁]을 하다 se révolter violemment ((contre *qn*/*qc*)) [lutter violemment contre *qn*/*qc*, avoir une discussion chaude [animée] ((avec *qn*)). ¶ ~하게 violemment, furieusement; avec véhémence.

◆**_분자** -分子 명 élément *m* extrémiste.

◆**_팬** 명 supporter *m* fanatique; fan *m*; fou(*folle*) ((de *qn*/*qc*)).

◆**_운동권** -運動圈 명 groupe *m* d'activiste extrême.

극명 克明 어근

◆**_하다** 형 être extrêmement évident(*e*), manifeste, clair(*e*). ¶ 두 이론은 ~한 차이를[대립을] 보여준다 Ces deux théories sont radicalement opposées. ¶ ~하게 드러나는 모순[차이] contradiction [différence] qui saute aux yeux.

◆**_성** -性 명 clarté *f* manifeste.

극복 克服 명 domination *f*; action *de* surmonter, action *de* vaincre; conquête *f*. ◇_(을) **하다** surmonter, vaincre, dominer ((*ses* angoisses)); conquérir; maîtriser, dépasser, surpasser. ¶ 어려움[곤란, 난관]을 ~하다 vaincre [venir à bout d'] une difficulté; surmonter un obstacle, dépasser un problème. ¶ 그는 불굴의 정신으로 신체장애를 ~했다 Il a su surmonter son handicap physique grâce à un moral d'acier. ¶ 그 친구는 나로 하여금 위기를 ~하게 해 주었다 Cet ami m'a aidé à surmonter cette crise. ◇_(이) **되다** être conquis(*e*), surmonté(*e*).

극본 劇本 명 texte *m* d'une pièce de théâtre; livret *m* ((d'un opéra)); canevas *m* d'un spectacle; ((영화의)) scénario *m*.

극비 極秘 명 le plus grand secret *m*; secret *m* rigoureux. ¶ 이 약의 제조법은 ~ (사항)이다 Le processus de fabrication de ce médicament [remède] est gardé dans le plus grand secret. ◇_**에 붙이다** garder *qc* rigoureusement secret, garder *qc* dans le plus grand secret, garder [tenir] *qc* totalement secret. ¶ 이 내용은 ~에 붙여야 한다 Il faut tenir [garder] cela totalement secret / On doit conserver au secret le contenu (de ce document).

◆_**리** -裏 명 confidentiellement; à titre confidentiel; secrètement, en secret. ¶ 이 계획은 ~에 추진되어야 한다 Ce projet est à mettre en œuvre [à réaliser] dans le plus grand secret.

극빈 極貧 어근 pauvreté *f* extrême.

◆_**하다** 형 être extrêmement pauvre, indigent(*e*). ¶ ~한 상태에 있는 사람들을 구호하다 aider les gens extrêmement pauvres [démunis].

◆_**계층** -階層 명 classes *fpl* les plus défavorisées [démunies]; catégories *fpl* les plus défavorisées.

◆_**자** -者 명 indigent(*e*) *mf*.

극서 極暑 명 grandes chaleurs *fpl*; chaleur *f* intense; canicule *f*. ☞ 혹서

극성[1] 極性 명 ① polarité *f*. ¶ 자석의 같은 ~끼리는 서로 밀친다 Deux mêmes pôles d'un aimant se repoussent. ¶ ~을 부여하다 polariser *qc*. ② 【언어】 polarité *f*. ◇_**을 띠다** être impatient(*e*), impétueux(*se*); être effréné(*e*), fou(*folle*).

◆**긍정**_ 肯定- 명 polarité *f* positive. ¶ 긍정~어 un terme [un item] de [à] polarité positive.

◆**부정**_ 否定- polarité *f* négative. ¶ 부정~어 un terme [un item] de [à] polarité négative.

극성[2] 極盛 명 plénitude *f* ((de vigueur, d'énergie)); exubérance *f*, violence *f*, vivacité *f*, ardeur *f*. ◇_(**을**) **부리다[떨다]** s'acharner; être extrême. ¶ 추위가 ~을 부리고 있다 Il fait extrêmement froid / Il fait un froid de canard. ◇_**이다** s'acharner; être acharné(*e*) [attaché(*e*)] à *inf*. ¶ 부모들이 애들한테 과외를 시키려고 ~이다 Les parents s'acharnent à donner à leurs enfants des cours particuliers.

◆_**스럽다[맞다]** 형 être exubérant(*e*), acharné(*e*), violent(*e*), vif(*ve*), ardent(*e*). ¶ ~스럽게 공부하다 étudier avec acharnement; piocher {*fam*}, bûcher {*arg*}. ¶ ~스럽게 일하다 travailler avec ardeur.

극소 極小 명 minimum(*ums, a*) *m*. ¶ 비용을 ~로 줄이다 réduire [restreindre, limiter] les frais au minimum; minimiser les frais.

◆_**화** -化 명 minimisation *f*. ¶ 피해를 ~화하다 minimiser les dégâts.

◆_**수** -數 명 minorité *f*. ¶ 그에게 동조하는 사람들은 ~수이다 Très peu de gens ont adhéré à son opinion / Très peu de gens sont de son côté [le soutiennent, sont d'accord avec lui].

◆_**치** -値 명 valeur *f* minimum.

극시 劇詩 명 poème *m* dramatique; pièce *f* (de théâtre) en vers.

극심하다 極甚- 형 être excessif(*ve*), extrême, démesuré(*e*); être très grave; être considérable. ¶ 추위가 ~ Il fait terriblement froid. ¶ 극심한 피해를 입히다[보다] causer [avoir] des dégâts énormes; provoquer des dommages considérables [importants]. ¶ 극심한 통증을 느끼다 ressentir des douleurs extrêmes. ¶ 극심한 경쟁 une compétition excessive [démesurée].

극악무도하다 極惡無道- 형 être odieux(*se*), atroce, infâme, ignoble, exécrable, abominable. ¶ 극악무도한 사람 un monstre, un démon; une fripouille, un vaurien, une crapule, un scélérat. ¶ 극악무도한 행위[범행] un comportement [un crime] odieux.

극약 劇藥 명 médicament *m* fort et dangereux; remède *m* brutal [fort, de cheval]; poison *m* violent [virulent], poison *m* mortel; remède *m* drastique; un drastique *m*; drogue *f* mixture mortelle [forte]. ¶ ~을 먹다[마시다] prendre du poison.

◆_**처방** -處方 명 mesures *fpl* drastiques [draconiennes]; mesure *f* [décision *f*] radicale. ¶ ~을 내리다[쓰다] prendre des mesures drastiques.

극언 極言 명 propos *mpl* excessifs; remontrance *f* faite avec grande insistance ((à un supérieur)); expression *f* excessive. ¶ ~을 서슴지 않다 ne pas hésiter à tenir des propos excessifs ◇_(**을**) **하다** faire des remontrances par tous les moyens; parler sans ménagement [sans aucune retenue].

극우 極右 명 extrême droite *f*. ¶ 극좌에서 ~로의 변신 le passage soudain d'extrême gauche à l'extrême droite. ¶ ~ 노선을 걷다 faire partie de l'extrême droite.

◆_**적** -的 명관 d'extrême droite; extrémiste. ¶ 그는 정치 성향이 ~적이다 Il a des tendances [aspirations] d'extrême droite. ¶ ~적 발언을 서슴치 않다 ne pas hésiter à tenir des propos d'extrême droite [extrémistes].

◆_**파** -派 명 parti *m* d'extrême droite. ¶ 외국 노동자들에 대한 ~파의 테러 actes terroristes d'extrême droite à l'encontre des travailleurs étrangers.

극작 劇作 명 rédaction *f* d'une pièce de théâtre.

극작가 劇作家 명 écrivain *m* de théâtre; auteur *m* dramatique; dramaturge *mf*.

극장 劇場 명 ① (salle *f* de) cinéma *m*; salle *f* de spectacle, théâtre *m*. ¶ 그 영화는 변두리 ~에서 상영되고 있다 Ce film passe au cinéma dans la banlieue. ¶ 추석 연휴에는 좋은 영화들이 안방 ~을 찾아간다 Pendant les congés de Chuseok, il y a [on passe]

beaucoup de bons films à la télé. ¶ ~에 가다 aller au cinéma. ② théâtre *m*, salle *f* de théâtre. ¶ 국립~ le théâtre national. ¶ 오페라 ~ l'Opéra.
◆**원형_** 原型- 명 amphithéâtre *m*.

ㄱ

극점 極點 명 ① 절정 extrémité *f*, bout *m*. ② 극지점 apogée *m*; comble *m*; point *m* culminant; zénith *m*. ¶ 지구의 양 ~을 탐험하다 explorer les deux pôles. ③ 끝지점 extrémités *fpl* ((d'un segment)), points *mpl* limites ((d'un segment)). ¶ 선분의 양 ~ les extrémités [les points limites] d'un segment.

극존칭 極尊稱 명 【언어】 terme *m* [forme *f*, registre *m*] honorifique [de déférence, de politesse] extrême. ¶ ~으로 말하다 s'adresser à *qn* avec [en utilisant] la forme honorifique extrême; s'adresser à *qn* de manière extrêmement polie.

극좌 極左 명 ① extrême *f* gauche, gauchisme *m*. ② 사람 gauchiste *mf*, partisan(*e*) de (la) gauche. ¶ 그는 ~로 분류되어 공안당국의 감찰을 받고 있다 Étant étiqueté gauchiste, il fait actuellement l'objet d'une enquête policière[de la police].
◆**_적** -的 명관 gauchiste.
◆**_파** -派 명 parti *m* d'extrême gauche; parti *m* gauchiste.

극중 劇中 명 ((dans)) une pièce (de théâtre); ((dans)) un film [un feuilleton télévisé]. ¶ ~ 인물 un personnage dans un film [dans une pièce de théâtre]. ¶ ~ 상황 la situation d'un film [d'un feuilleton télévisé].
◆**_극** -劇 명 le théâtre *m* dans le théâtre.

극지 極地 명 régions *fpl* [terres *fpl*] polaires; régions *fpl* australes et boréales; arctique *m* et antarctique *m*. ¶ ~ 탐험 une expédition polaire [au pôle].
◆**_식물** -植物 명 plantes *fpl* polaires [des terres australes].

극지방 極地方 명 régions *fpl* polaires; régions *fpl* australes et boréales, pôle *m* austral et pôle *m* boréal; arctique *m* et antarctique *m*.

극진하다 極盡- 형 être dévoué(*e*), être très cordi*al*(*ale*, *aux*); être très bienveillant(*e*); être très gentil(*le*). ¶ 극진한 대접을 하다[받다] accueillir *qn* chaleureusement, faire [réserver] un accueil chaleureux [recevoir un accueil chaleureux, être reçu(*e*) chaleureusement par *qn*]. ¶ 극진한 정성으로 보살피다 s'occuper de *qn*/*qc* avec beaucoup de dévouement. ¶ …하는 데 있어서 극진하다 faire *qc* avec dévouement. ¶ 극진히 간호하다 soigner *qn* avec beaucoup de dévouement; être aux petits soins avec *qn*. ¶ 누구를 극진하게 대접하다 accueillir *qn* chaleureusement; réserver un accueil chaleureux à *qn*.

극찬 極讚 명 louanges *fpl* ardentes, éloge *m* éclatant [chaleureux, enthousiaste, ardent]. ◇_(을) **하다** louer *qn*/*qc* avec enthousiasme, prodiguer des louanges à *qn*, combler *qn* d'éloges, faire un éloge éclatant de *qn*/*qc*; porter [élever] *qn*/*qc* aux nues. ◇_(을) **받다** être couvert(*e*) [comblé(*e*)] de louanges, recevoir des louanges ardentes [d'ardentes louanges]; être porté(*e*) aux nues. ¶ 그의 소설은 평론가들의 ~을 받았다 Les critiques n'ont pas tari d'éloges sur son roman.

극초단파 極超短波 명 【물리】 micro-onde (~-~*s*) *f*.

극치 極致 명 dernier degré *m* ((de raffinement)), perfection *f*, fin *m* du fin, point *m* culminant. ¶ 이 작품은 거의 미의 ~라고 할 수 있다 Cette œuvre est la beauté même / Cette œuvre représente l'idéal de la beauté. ¶ 이 그림은 고려 시대 예술의 ~를 보여준다 Ce tableau montre le degré de perfection de l'art de Goryeo.

극피동물 棘皮動物 명 【생물】 échinodermes *mpl*.

극한 極限 명 ① extrême limite *f*, extrémité *f*, bout *m*, point *m* le plus éloigné. ¶ ~ 투쟁을 하다 mener la lutte jusqu'au bout [de façon extrémiste, jusqu'à la mort, désespérément, jusqu'aux dernières limites]. ¶ ~까지 가다 aller jusqu'au bout. ¶ 상상의 ~을 넘어서다 dépasser les limites de l'imagination. ② 【수학】 valeur *f* limite.
◆**_적** -的 명관 extrême, limite. ¶ ~적인 행동을 삼가다[피하다] éviter les extrêmes.
◆**_값** 명 valeur *f* limite.
◆**_상황** -狀況 명 situation *f* extrême.

극형 極刑 명 peine *f* capitale, peine *f* de mort. ¶ 강간범들은 ~으로 다스려졌다 Les violeurs ont été condamnés à la peine capitale. ◇_**에 처하다** condamner *qn* à la peine capitale[à mort].

극히 부 extrêmement. ¶ 그의 태도는 ~ 당연하다 Son attitude est tout à fait claire / Il n'y a aucune ambiguïté dans son attitude. ¶ 이런 일은 ~ 드물다 Cela arrive vraiment très rarement / Cela n'arrive pratiquement [presque] jamais.

근[1] 斤 분류 *geun m* <unité de poids valant 0,6 kilogramme ((pour la viande)) ou 375 grammes ((pour les légumes))>; livre *f*. ¶ 쇠고기 한 ~ un *geun* de bœuf. ¶ 이 집은 ~을 잘 준다 Ce magasin donne un peu plus que ce qu'on demande.

근[2] 根 명 【수학】 racine *f*. ¶ ~의 공식 formules des racines. ¶ 다음 방정식의 ~을 구하여라 Trouvez les racines de l'équation suivante.

근[3] 根 명 racine *f*, tubercule *f*, bourbillon *m*, noyau(*x*) *m* d'un abcès. ¶ 종기는 ~을 뽑아야 빨리 낫는다 Pour guérir vite d'un abcès, il faut l'exciser [le vider] [il faut en exciser le noyau].

근[4] 近 관 presque, environ, à peu près. ¶ 그 사람은 ~ 20년 동안 이 회사에서 일해 왔다 Ça fait presque vingt ans qu'il travaille dans cette entreprise. ¶ 보일러 수리하는 데 ~ 10만원 돈이 들었다 On a dépensé environ 100 000 wons pour réparer la chaudière.

근[5] 筋 접미 muscle *m*. ¶ 이두박~ biceps, biscoteaux {*fam*}. ¶ 유문괄약~ sphincter pylorique. ¶ 삼각~ ((muscle)) deltoïde.

근간[1] 近刊 명 ((최근에 나온)) publication *f* toute

récente [récemment parue]; ((ouvrage *m*)) à paraître; ((광고, 곧 나올)) à paraître (prochainement), en préparation, sous presse; ((신간의)) récemment paru(*e*) [publié(*e*)].

근간[2] 根幹 명 principe *m*, ligne *f* fondamentale ((de la politique)), fondements *mpl* ((de l'État, de la société)). ¶ 중화학공업은 우리나라 산업의 ~을 이룬다 L'industrie lourde et l'industrie chimique sont les fondements de notre industrie.

근거 根據 명 base *f*, fond *m*, fondement *m*; ((동기)) motif *m*; ((이유)) raison *f*. ¶ 무슨 ~로 그런 말을 합니까? Sur quoi vous basez-vous [vous fondez-vous] pour dire [pour affirmer] cela? ¶ 네 말의 ~를 대라 Quel est le fondement de ton propos? / Sur quoi te fondes-tu [te bases-tu] pour dire [pour affirmer] ça? ¶ 당신의 주장에는 과학적 ~가 결여되어 있다 Il manque de fondements scientifiques à vos affirmations. ¶ 이 마약 밀매 조직은 홍콩에 ~를 두고 있다 Ce réseau de trafic de drogue est basé à Hongkong. ¶ 우리 회사는 수출을 통해 재도약의 ~를 마련했다 Notre entreprise a utilisé l'importation comme tremplin pour se redresser. ◇**_를 두다** être fondé(*e*) sur. ¶ 이 주장은 다음과 같은 사실에 ~를 두고 있다 Ces affirmations sont fondées sur les éléments suivants. ◇**_(가) 있다[없다]** être (bien) fondé(*e*) [être dénué(*e*) de tout fondement, être sans fondement]. ¶ 그 사람의 말에는 분명히 ~가 있다 Il y a bien un fond de vérité dans ce qu'il nous dit / Il ne dit pas cela sans raison. ¶ ~ 없는 소문은 믿지 말아라 Ne crois pas à une rumeur sans[dénuée de] fondement.

◆**_지** -地 명 siège *m*, base *f*, repaire *m* ((de brigands, de rebelles)), nid *m* ((de brigands)), refuge *m*, ((아지트)) planque *f* {*fam*}. ¶ 그들은 비로소 활동의 ~지를 마련하게 되었다 Ils ont finalement établi une base pour leurs activités. ¶ 반란군들은 최근 들어 ~지를 옮겼다 Les rebelles ont récemment déménagé leur repaire.

근거리 近距離 명 petite[courte] distance *f*, proximité *f*. ¶ ~ 통학을 하다 aller à l'école située à proximité de chez *soi*. ¶ 나는 직장이 집에서 ~에 있다 Mon bureau se trouve à proximité de chez moi. ¶ ~에서 사격하다 tirer à une courte distance.

◆**_경주** -競走 명 ((단거리)) course *f* de vitesse; ((중거리)) course de demi-fond.

근검 勤儉 명 diligence *f* et économie *f*, frugalité *f*. ¶ ~을 생활화하다 prendre l'habitude d'être frug*al*(*ale*, *aux*). ¶ 그 사람은 ~이 몸에 배어 있다 Il est habitué à la diligence et l'économie.

◆**_하다** 형 être assidu(*e*) et frug*al*(*ale*, *aux*) [économe]. ¶ ~한 가정주부 une ménagère économe. ¶ ~한 생활을 하다 mener une vie assidue et frugale. ¶ 저 사람은 무척 ~하다 Celui-là est très assidu et frugal.

◆**_절약** -節約 명 diligence *f* et économie *f*, frugalité *f*. ¶ ~절약을 하다 être frug*al*(*ale*, *aux*) et économe. ¶ ~절약하는 습관을 들이다 prendre l'habitude d'être frug*al*(*ale*, *aux*) et économe.

근경 近景 명 premier plan *m*. ¶ 마을의 ~ le premier plan du village.

근계 謹啓 감 【문어】 Monsieur [Madame, Mademoiselle]; Cher Monsieur.

근교 近郊 명 (proche) banlieue *f*, les environs *mpl*, périphérie *f*, faubourgs *mpl*; ((근교의)) ((bois)) suburbain(*e*), ((trains, villes, lignes)) de banlieue. ¶ ~의 주민 population suburbaine, habitants de banlieue, banlieusards {*fam*}. ¶ ~의 소도시들 petites villes situées dans la banlieue [dans la périphérie, dans les faubourgs] d'une grande ville. ¶ 서울 ~에 살다 habiter en [dans la] banlieue séoulite [de Séoul].

◆**_농업** -農業 명 agriculture *f* dans les zones suburbaines.

근근이 僅僅- 부 péniblement, à grand-peine, avec peine, difficilement, tant bien que mal; ((겨우)) tout juste, de justesse. ¶ ~ 살아가다 vivoter [survivre] péniblement, gagner tout juste *sa* vie [de quoi vivre], subsister difficilement [avec peine, péniblement], subsister [vivoter] tant bien que mal, avoir peine à vivre avec de maigres ressources, gagner tout juste *sa* vie, gagner à peine de quoi vivre [de quoi subvenir à *ses* besoins], avoir des revenus tout juste [à peine] suffisants pour subvenir à *ses* besoins, avoir du mal à joindre les deux bouts, tirer le diable par la queue.

근근히 僅僅- 부 ☞ 근근이

근기[1] 根氣 명 ① patience *f*; persévérance *f*. ¶ 그 사람은 ~가 부족하다 Il manque de patience. ② 음식의 든든한 기운 ¶ 그래도 고기가 ~가 있다 La viande coupe [calme] notre faim plus facilement que d'autres aliments.

근기[2] 近畿 명 région *f* voisine de la capitale.

근년 近年 명 dernières années *fpl*. ¶ ~에 (들어) ces dernières années, depuis quelques années. ¶ ~에 보기 드문 큰 홍수가 났다 Il y a eu une grande inondation, fait rare ces dernières années.

근대 近代 명 temps *mpl* modernes; ((특히 프랑스대혁명이후)) époque *f* contemporaine. ¶ 중세에서 ~로의 이행기 période de transition du Moyen Âge à l'époque moderne. ¶ ~ 사회와 ~ 국가의 태동 la naissance d'une société et d'un État modernes.

◆**_적** -的 명관 moderne.

◆**_성** -性 명 modernité *f*; caractère *m* moderne.

◆**_화** -化 명 modernisation *f*. ¶ ~화하다 moderniser. ¶ ~화되다 se moderniser.

◆**_과학** -科學 명 science *f* moderne

◆**_국가** -國家 명 État *m* moderne

◆**_문명** -文明 명 civilisation *f* moderne.

◆**_문학** -文學 명 littérature *f* moderne

◆**_사** -史 명 histoire *f* moderne; ((프랑스대혁명부터 현대까지)) histoire *f* contemporaine.

◆**_사상** -思想 명 idées *fpl* [pensées *fpl*] modernes,

idéologie *f* [philosophie *f*] actuelle [contemporaine].
◆_사회 -社會 명 société *f* moderne.
◆_소설 -小說 명 roman moderne.
◆_식 -式 명 moderne.
◆_5종경기 -五種競技 명 【운동】 pentathlon *m* moderne.
◆_인 명 homme *m* moderne.
◆_철학 -哲學 명 philosophie *f* actuelle [contemporaine].
◆탈_ 脫- 명 époque *f* postmoderne.

근대 명 【식물】 bette *f* à carde, (bette *f*) poirée *f*, bette *f* à côtes, blette *f*, carde *f* poirée, *Beta vulgaris* var. *cicla* {*nsc*}.
◆_ㅅ국 명 soupe *f* aux b(l)ettes à la coréenne.

근데 접 ☞ 그런데

근동 近東 명 Proche-Orient *m*.
◆_지방 -地方 명 Proche-Orient *m*.

근래 近來 명부 jours *mpl* récents; ces derniers jours *mpl*, ces derniers temps *mpl*, ces temps-ci. ¶ ~에 와서는 그런 일이 드물다 C'est une chose rare ces jours-ci. ces temps-ci, ces jours-ci, ces derniers temps.

근력 筋力 명 force *f* musculaire. ¶ ~이 모자라다 manquer de force musculaire. ¶ ~을 기르다 accroître [améliorer] *sa* force musculaire. ¶ 내 할아버지께선 고령에도 불구하고 아직 ~이 좋으시다 Malgré son âge, mon grand-père reste encore vigoureux.

근로 勤勞 명 trava*il*(*aux*) *m*, labeur *m*.
◆_자 -者 명 travailleu*r*(*se*), ouvrie*r*(*ère*). ¶ ~자의 날 la fête du travail ((le 1er mai)).
◆_기준 -基準 명 normes *fpl* du travail.
◆_기준법 -基準法 명 loi *f* sur les normes du travail.
◆_대중[계층] -大衆[階層] 명 classe *f* ouvrière, masses *fpl* laborieuses [ouvrières] [classe *f* ouvrière, classes *fpl* laborieuses].
◆_봉사 -奉仕 명 service *m* bénévole, activités *fpl* d'intérêt général. ¶ 그는 ~봉사에 동원되었다 Il a été mobilisé pour des travaux [services] bénévoles.
◆_소득 -所得 명 revenu *m* du travail, salaire *m*.
◆_소득세 -所得稅 명 impôt *m* sur le revenu.
◆_조건 -條件 명 conditions *fpl* de travail.
◆초과_수당 超過-手當 명 rémunération *f* des heures supplémentaires.

근로소득세 勤勞所得稅 명 【법률】 impôt *m* sur les revenus salariés, impôt *m* (prélevé à la source) sur le salaire.

근린 近隣 명 voisinage *m*. ¶ ~에서 자재를 조달하다 s'approvisionner en matériaux du voisinage.
◆_공원 -公園 명 parc *m* voisin.

근면 勤勉 명 application *f*, assiduité *f*. ¶ ~을 생활신조로 삼다 prendre l'assiduité comme principe de vie.
◆_하다 형 être assidu(*e*), appliqué(*e*); être studieu*x*(*se*), travailleu*r*(*se*); être laborieu*x*(*se*), diligent(*e*). ¶ 그는 참 ~한 사람이다 C'est un homme très assidu / C'est un(*e*) grand(*e*) travailleu*r*(*se*). ¶ ~하게 일하다 travailler avec assiduité, s'appliquer [s'adonner] à *son* travail, travailler diligemment [avec application], être un(*e*) grand(*e*) travailleu*r*(*se*).
◆_성 -性 명 diligence *f*; application *f*; assiduité *f*.

근무 勤務 명 service *m*. ¶ ~ 규정 le règlement intérieur ((d'une entreprise)), le règlement interne ((d'une administration)). ¶ ~ 성적 évaluation selon l'assiduité au travail. ¶ 야간[주간] ~ service de nuit [de jour]. ¶ ~ 연한 années de service [d'ancienneté]. ¶ ~ 연수에 따라 selon les années de service, selon le rang d'ancienneté, selon l'ancienneté. ¶ ~ 조건 conditions de travail. ¶ ~ 평가체계 système d'évaluation du personnel. ¶ 육상[해상] ~ service à terre [à bord]. ¶ 초과 ~ heures supplémentaires. ¶ 해외[국내] ~ service à l'étranger [à l'intérieur du pays]. ¶ 특별[초과] ~ 수당 primes pour services particuliers, rémunération des heures supplémentaires. ¶ 오늘은 ~가 없는 날이다 Aujourd'hui, je ne suis pas de service. ◇_(를) 하다 travailler ((dans un bureau)); être de service. ¶ 월요일부터 금요일까지 하루 8시간 ~하다 travailler 8 heures par jour du lundi au vendredi. ¶ 경리사원으로 ~하다 travailler à la comptabilité.
◆_시간 -時間 명 heures *fpl* de bureau[de service].
◆_자 -者 명 personne *f* (qui est) de service [de garde].
◆_지[처] -地[處] 명 bureau(*x*) *m*, lieu(*x*) *m* de travail. ¶ ~지를 이탈하다 quitter le lieu de travail.

근방 近方 명 voisinage *m*, proximité *f*, environs *mpl*, parages *mpl*, ((dans le)) quartier *m*, coin *m* {*fam*}; ((대도시 근교, 교외)) banlieue *f* ((séoulite, parisienne)). ¶ 이 ~에 dans les environs [dans ce quartier, près d'ici]. ¶ 나는 서울 ~에 살고 있다 J'habite (dans) la banlieue [en banlieue] séoulite [de Séoul] / J'habite dans les environs de Séoul. ¶ ~에 구멍가게가 어디 있나? Y a-t-il une épicerie à proximité [dans les environs, près d'ici, dans le quartier, dans le coin {*fam*}]? ¶ 혹시 이 ~에 오게 되거든 전화하게 Passez-moi un coup de fil si vous passez près d'ici [dans le quartier, dans le coin {*fam*}, dans les parages].

근본 根本 명 principe *m*, source *f*, base *f*, fondement *m*; ((근원)) racine *f*; ((본질)) essentiel *m*. ¶ ~ 방침 ligne de conduite fondamentale. ¶ ~ 원리[법칙, 이념, 정신] principe[loi, idéologie, esprit] fondamental(*e*). ¶ ~ 원인 cause fondamentale. ¶ 이 일은 ~부터 잘못되었다 Dès le début, il y avait quelque chose qui n'allait pas [qui clochait {*fam*}]. ¶ 그 사람 ~은 어떤가? De quel milieu est-il? / Quel genre d'homme est-ce? ¶ 부의 ~은 토지이다 La terre est la source de la richesse. ¶ ~도 알 수 없는 사람을 쓸 수는 없다 On ne peut pas employer [engager] quelqu'un dont on ne connaît même pas les références [les antécédents] [dont on ne connaît rien]. ¶~을 캐다 trouver la cause [aller au fond] d'un problème.

◆_적 -的 명관 essentiel(*le*), fondament*al*(*ale, aux*), radic*al*(*ale, aux*). ¶~적인 문제를 해결하다 résoudre les problèmes fondamentaux. ¶~적인 개혁이 필요하다 Il faut réformer radicalement / Il faut une réforme radicale. ¶~적으로 essentiellement, fondamentalement, radicalement.

◆_주의 主義 명 【종교】 fondamentalisme *m*.

근사 近似 어근

◆_하다 형 ① être superbe, merveilleu*x*(*se*), chic, épatant(*e*), chouette, géni*al*(*ale, aux*), extra, sensationnel(*le*), formidable, fantastique, extraordinaire; être joli(*e*), être b*eau*(*belle, beaux*). ¶그 사람은 ~한 옷을 입고 있었다 Il s'est mis sur son trente-et-un. ¶그것 참 ~한데 Ça, c'est génial! / Ça, c'est superbe! / Ça en jette!{*fam*} / C'est génial [super, sensass {*fam*}, extra]! ② 가깝다 être proche, approchant(*e*), approximati*f*(*ve*), semblable; se rapprocher de. ¶아마 그의 생각이 내 생각에 가장 ~할 것이다 Sa pensée serait sans doute la plus proche de la mienne. ¶답을 가장 근사하게 맞히다 donner la réponse la plus proche.

◆_치[값] -値 명 approximation *f*, valeur *f* approximative.

근성 根性 명 nature *f*, caractère *m*. ¶거지 ~ radinerie, avarice; mendicité. ¶노예 ~ un esprit servile. ¶섬나라 ~ un esprit insulaire. ¶속물 ~ le snobisme. ¶승부 ~ la volonté de gagner [de remporter la victoire], un esprit de compétition [(de) gagnant]. ¶아부 ~ un esprit flatteur. ¶상인 ~을 드러내다 montrer *son* esprit mercantile. ¶승부 ~이 강하다 avoir de la volonté, avoir un fort esprit de compétition. ¶그 사람은 아직도 사기꾼 ~을 버리지 못하고 있다 Il n'a pas encore abandonné sa disposition à l'escroquerie. ◇_(이) 있다[없다] être [ne pas être] disposé(*e*) à *qc*, avoir des dispositions (innées, naturelles) pour *qc*.

근세 近世 명 âge *m* moderne; temps *mpl* modernes.

◆_사 -史 명 histoire *f* moderne.

근소세 勤所稅 명 ☞ 근로소득세

근소하다 僅少- 형 être peu, faible, moindre, maigre, minime, infime. ¶근소한 분량 une petite quantité, une quantité infime. ¶근소한 차이로 이기다 gagner de peu, battre *qn* [gagner] de justesse [à quelques points près], gagner d'une courte tête, l'emporter de très peu sur *qn*, coiffer ⦅un concurrent⦆ sur le poteau. ¶근소한 차이로 지다 perdre de peu, être battu(*e*) par un mince écart, subir [essuyer] une défaite avec un peu d'écart, perdre un match [une rencontre] de très peu, être coiffé(*e*) sur le fil, être coiffé(*e*) sur le poteau. ¶근소한 우위를 지키다 avoir un léger avantage. ¶두 후보의 표 차이는 근소했다 L'écart de voix entre les deux candidats a été très faible [minime, infime].

근속 勤續 명 ancienneté *f*, service *m* assidu. ¶그 직원은 ~ 연수가 35년이 된다 Cet(*te*) employé(*e*) a 35 ans d'ancienneté. ¶~ 연수[연한]에 따라 selon l'ancienneté, selon les années de service, selon le rang d'ancienneté. ◇_(을) 하다 travailler à un poste ⦅dans une entreprise⦆ pendant de nombreuses années. ¶30년간 ~하다 avoir 30 ans d'ancienneté.

◆_수당 -手當 명 prime *f* d'ancienneté.

◆_자 -者 명 personne *f* qui a de nombreuses années de service dans une entreprise. ¶10년 이상 ~자 personne qui a plus de 10 ans d'ancienneté.

근수 斤數 명 poids *m*. ¶~가 모자라다 être sous le poids recommandé. ¶~를 달다 peser *qc*.

근시 近視 명 myopie *f*. ¶그 사람은 지독한 ~다 Il est extrêmement myope. ¶~를 교정하다 corriger la myopie.

◆_안 -眼 명 myopie *f*; ⦅비유적⦆ myopie *f* intellectuelle, manque *m* de perspicacité, manque *m* de vision. ¶~안적 myope; ⦅비유적⦆ qui manque de perspicacité, qui manque de vision; ⦅un homme⦆ à courtes vues, ⦅사고방식⦆ étroit(*e*), étriqué(*e*), borné(*e*), obtus(*e*). ¶~안적 사고 des vues étroites [étriquées], un mode de pensée étroit, un esprit étroit [étriqué]. ¶그 사람 생각은 너무 ~안적이다 Il a des vues étriquées [trop étroites] / Ses idées sont trop limitées / Il ne voit pas plus loin que le bout de son nez / Il faudrait peut-être qu'il porte les yeux un peu plus loin! / Il regarde [voit] par le petit bout de la lorgnette / Il est étroit d'esprit / Il a l'esprit étroit [borné]. ¶10년 앞도 내다보지 못하는 ~안적인 도시 계획 urbanisme dont la perspective ne dépasse même pas dix ans.

근신 謹愼 명 réserve *f*; modération *f*, discrétion *f*, circonspection *f*, prudence *f*; arrêts *mpl*. ¶그 사람은 ~이 좀 필요하다 Il lui faut un peu de circonspection dans sa conduite. ¶누구에게 ~을 명하다 mettre *qn* aux arrêts, obliger *qn* à rester chez lui. ¶누구에게 ~ 처분을 내리다 ordonner à *qn* de rester chez *lui* [de ne pas sortir de chez *lui*]. ◇_(을) 하다 rester chez *soi*, ne pas sortir de chez *soi*. ¶저는 당분간 집에서 ~하고 있겠습니다 Je vais rester chez moi pendant quelque temps sans me manifester.

근심 명 inquiétude *f*, souci *m*, préoccupation *f*. ◇_(을) 하다 s'inquiéter pour [au sujet de] *qn*, s'inquiéter de la santé de *qn*, de l'heure de *qc*, se soucier de *qc*, s'en faire pour *qc*/*qn*; être inqui*et*(*ète*) de *qc*/*inf*/que+*subj*, être inqui*et*(*ète*) au sujet de *qn*; se faire du souci se tracasser, se tourmenter, se donner du tracas, se faire de la bile [des cheveux, du mouron, du mauvais sang] {*fam*}, se biler {*fam*}, se frapper {*fam*}; se préoccuper de *qc*, s'embarrasser. ¶혼자 ~해서 무슨 소용 있습니까? À quoi bon vous tracasser tout(*e*) seul(*e*)? ¶그 사람은 ~을 안 하는 성미이다 Il n'est pas du genre

à s'inquiéter {*fam*} / Il a un tempérament très optimiste. ◇_(이) 되다 être inquie*t*(*ète*) de *qc*/*inf*, avoir peur de *qc*/*inf*/que+*subj*; craindre *qc*/de+*inf*/que+*subj*. ¶ 그가 도중에 사고라도 나지 않았나 ~이 된다 Je crains qu'il ne lui soit arrivé quelque accident en chemin. ◇_(이) 있다[없다] être [ne pas être] inquie*t*(*ète*), anxieu*x*(*se*), se soucier [ne pas se soucier] de *qc*. ¶ 그 사람은 무슨 ~이 있는지 표정이 어두웠다 Il avait un visage sombre comme s'il avait des soucis. ¶ 나는 아무 ~도 없다 Je n'ai pas la moindre inquiétude / Je ne suis pas du tout inquie*t*(*ète*).

◆_스럽다 형 être inquie*t*(*ète*), anxieu*x*(*se*). ¶ 남편은 ~스러운 눈길로 아내를 지켜봤다 Le mari a surveillé sa femme d'un œil inquiet.

◆_거리 명 souci *m*; sujet *m* d'inquiétude, inquiétude *f*.

◆_걱정 명 souci *m*, inquiétude *f*; angoisse *f*, préoccupation *f*. ¶ ~걱정을 모두 떨쳐 버리고 마음껏 즐기자 Oublions tous nos soucis et amusons-nous pleinement. ¶ 그 사람은 아무런 ~걱정 없이 자랐다 Il a eu une enfance sans souci.

근엄하다 형 être sérieu*x*(*se*), grave, sévère, solennel(*le*), rigoureu*x*(*se*). ¶ 근엄한 사람 une personne sévère [sérieuse]. ¶ 근엄한 태도 attitude sévère. ¶ 근엄한 얼굴[표정]을 하다 prendre une expression [un air] grave [sévère, solennel(*le*)]. ¶ 근엄한 체 하다 feindre le sérieux, prétendre d'être sérieu*x*(*se*). ¶ 근엄하게 꾸짖다 réprimander *qn* sévèrement.

근영 近影 명 photo(graphie) *f* récente. ¶ 돌아가신 분의 ~ 앞에 머리 숙여 조의를 표하다 incliner la tête en signe de respect devant une photo récente du défunt.

근원 根源 명 racine *f*, origine *f*, source *f*; ((근본원인)) cause *f* première; principe *m*. ¶ 병[악]의 ~ l'origine d'une maladie, la source d'un mal. ¶ 돈이 모든 악의 ~이다 L'argent est la source de tous les maux. ¶ 범죄의 ~을 소탕하다 éradiquer les causes du crime. ¶ 악의 ~을 잘라 내다 couper le mal à *sa* racine, extirper [déraciner] un vice. ¶ ~으로 거슬러 올라가다 remonter à l'origine [à la source, au principe] ((de *qc*)). ◇_을 이루다 fonder le principe de *qc*. ◇_을 캐다[알다] aller au fond[trouver la cause] du problème.

◆_적 -的 명관 radic*al*(*ale*, *aux*); fondament*al*(*ale*, *aux*); premi*er*(*ère*); princip*al*(*ale*, *aux*). ¶ ~적 해결 방안 la solution principale [primordiale]. ¶ ~적 치유 la guérison totale d'une maladie.

◆_지 -地 명 origine *f*, provenance *f*; endroit *m* où un phénomène prend naissance.

근위 近衛 명 garde *f*, surveillance *f*.

◆_대 -隊 명 garde *f* royale.

◆_병 -兵 명 soldat *m* de la garde royale.

근육 筋肉 명 muscle *m*; ((집합적)) musculature *f*. ¶ 우람한[울퉁불퉁한] ~ des muscles développés [forts]; ((이두박근)) de gros biceps {*fam*}, des gros biscoteaux {*fam*}. ¶ ~ 덩어리 Monsieur Muscles, un balèze {*fam*}, une armoire à glace, un malabar {*arg*}. ¶ ~이 발달한 남자 un homme (bien) musclé [ayant une solide musculature, baraqué {*fam*}]. ¶ 운동을 통해 다리 ~을 단련하다 se muscler les jambes en faisant de l'exercice [du sport]. ¶ 이 운동은 어깨 ~을 발달시킨다 Cet exercice développe les muscles des épaules. ¶ 수영은 전신 ~을 사용하게 [움직이게] 한다 La natation fait travailler tous les muscles du corps. ¶ 그 남자는 완전히 ~ 덩어리야 Cet homme, il est hyper musclé [il est vraiment baraqué, il a des biceps {*fam*}]! / Cet homme, t'as vu ses biscoteaux {*fam*}?

◆_운동 -運動 명 travail *m* musculaire.

◆_조직 -組織 명 tissu *m* musculaire; musculature *f*.

◆_주사 -注射 명 (injection *f*) intramusculaire *f*.

◆_질 -質 명 ① ((근육으로 된 살)) musculeu*x*(*se*), musclé(*e*). ¶ ~질의 (très) musclé(*e*), athlétique, baraqué(*e*) {*fam*}. ¶ ~질의 육상선수들이 출발선으로 나왔다 Des athlètes (très) musclés se sont présentés sur la ligne de départ. ② ((근육이 발달한 몸)) ((personne)) très [hyper {*fam*}] musclée [baraquée {*fam*}], paquet *m* de muscles, Monsieur muscles. ¶ 내 남자친구는 정말 ~질이거든 Mon petit ami, il est hyper musclé [vraiment baraqué] {*fam*}.

◆_통 -痛 명 【의학】 douleur *f* musculaire; myalgie *f*.

근인 近因 명 la cause *f* directe d'un phénomène, cause *f* prochaine [immédiate]. ¶ 무엇의 ~이 되다 devenir la cause immédiate de *qch*.

근일 近日 명 dans quelques jours, d'ici quelques jours, bientôt, dans peu de temps, sous [dans] peu, prochainement, un de ces jours, un de ces quatre {*fam*}. ¶ ~ 상영 bientôt à l'affiche, prochainement sur cet écran. ¶ ~ 중에 그 사람을 만나봅시다 Allons le voir bientôt / Rendons-lui visite un de ces quatre {*fam*}.

근자 近者 명 ¶ ~에 ces derniers temps, ces temps-ci, ces derniers jours, ces jours-ci, dernièrement, récemment, nouvellement. ¶ ~에 들어[와서] 수출이 완전히 침체되고 있다 Ces derniers temps, les exportations sont en plein marasme.

근작 近作 명 ouvrage *m* récent.

◆_소설 -小說 명 le dernier *m* roman.

근저 根底 명 base *f*, fondement *m*. ¶ 우리 사회가 ~부터 흔들리고 있다 Ce sont les bases de notre société qui s'ébranlent. ¶ 그 사람 생각의 ~에 깔려 있는 문제의식은 이런 것이다 Telle est la conscience problématique qui est au fond de sa pensée. ◇_를 이루다 fonder la base de *qc*, être à la base de *qc*.

근저당 根抵當 명 emprunt *m* immobilier, hypothèque *f*. ¶ ~을 설정하다 contracter un emprunt immobilier; prendre une hypothèque. ¶ ~을 해제하

다 rembourser un emprunt immobilier; se libérer d'une hypothèque, déshypothéquer.

근절 根絶 명 suppression *f*, éradication *f*; extermination *f*. ¶ 선거 부정의 ~을 위해 노력하다 faire des efforts pour éliminer les tentatives d'élections truquées. ◇_(을) **하다[시키다]** supprimer, éradiquer, faire disparaître entièrement. ¶ 부정부패를 ~하다 éradiquer les fraudes et la corruption. ¶ 사치풍조를 ~시키다 faire disparaître les habitudes de consommation abusive de produits de luxe et de dépenses inutiles. ◇_(이) **되다** être supprimé(*e*), éliminé(*e*), éradiqué(*e*). ¶ 부정부패는 ~되어야 한다 Les fraudes et la corruption doivent être définitivement éliminées [éradiquées].

근접 近接 명 proximité *f*, voisinage *m*. ¶ ~ 촬영 gros plan. ◇_(을) **하다[(이) 되다]** être tout près de *qc*; toucher *qc*; s'approcher de; avoisiner. ¶ 우리나라 제품이 세계 수준에 ~하고 있다 La qualité des produits coréens avoisine celle des produits mondialement connus.

◆**_미래(상)** -未來(相) 명 【언어】 futur *m* proche.

◆**_과거(상)** -過去(相) 명 【언어】 passé *m* récent.

근조 謹弔 명 condoléances *fpl*.

근질거리다 자 démanger. ¶ 두드러기가 나서 몸이 근질거린다 À cause de l'urticaire, ça me démange [j'ai envie de me gratter]. ¶ 말하고 싶어서 입이 ~ brûler de parler. ¶ 때리고 싶어서 손이 근질거린다 La main me démange, j'ai envie de frapper.

근질근질하다 형 ① avoir des démangeaisons; démanger. ¶ 등이 ~ Le dos me démange. ② 좀이 쑤신다 se sentir étouffé(*e*); démanger à *qn*.

***몸이** ~ se sentir étouffé(*e*) ¶ 집에만 있었더니 몸이 ~ Je me sens étouffé(*e*) car je suis resté(*e*) à la maison toute la journée.

* **손이** ~ Ça me démange de faire quelque chose [d'être à nouveau actif(*ve*)]. ¶ 아무 일도 안 하고 있으려니 손이 ~ Comme je ne fais rien, ça me démange de faire quelque chose [ça me démange d'être à nouveau actif(*ve*), je brûle d'être actif(*ve*)].

* **입이** ~ Ma [La] langue me démange. ¶ 입이 근질근질해서 그 사람의 비밀을 말하지 않을 수 없었다 Il m'était difficile de retenir ma langue, tellement j'avais envie de divulguer son secret [tellement ça me démangeait de divulguer son secret].

* **주먹이** ~ Ça me démange de le(la) frapper.

근처 近處 명 voisinage *m*, proximité *f*, environs *mpl*, parages *mpl*, alentours *mpl*; ((dans le)) quartier *m*, coin *m* {*fam*}. ¶ 사고는 바로 이 ~에서 일어났다 L'accident a eu lieu tout près d'ici. ¶ 그는 학교 ~에 산다 Il habite près [non loin, à deux pas {*fam*}] de l'école [((대학교)) de l'université, de la fac {*fam*}]. ¶ 이 ~에 dans les environs; à proximité, dans le quartier, dans le coin {*fam*}; tout près; à deux pas d'ici. ¶ 이 ~에 주유소가 있습니까? Y a-t-il une station-service près d'ici [dans les environs, dans le quartier, dans le coin {*fam*}]? ¶ 저 사람은 난폭해서 동네 사람들이 ~에도 못 간다 Il est tellement violent que ses voisins ne s'approchent pas de lui [ne lui adressent pas la parole, ont peur de lui]. ◇_(이)**다** être aux environs de. ¶ 화재가 난 곳은 신촌 ~다 L'incendie a éclaté aux environs de Sinchon.

***~에도 못 가다** ne pas arriver à la cheville de *qn*, ne pas être de taille à rivaliser avec *qn*. ¶ 내 실력 가지고는 그 사람 ~에도 못 간다 Je ne lui arrive pas à la cheville / Je ne suis pas de taille à rivaliser avec lui / Il est bien meilleur que moi, il n'y a pas photo {*fam*}.

근체시 近體詩 명 *geunchesi m* <poésie chinoise de quatre à huit vers comptant chacun cinq syllabes>.

근치 根治 명 guérison *f* complète [totale]. ◇_(를) **하다** guérir [se rétablir] complètement [totalement], être totalement guéri(*e*) [rétabli(*e*)]. ◇_(가) **되다** être totalement guéri(*e*) [rétabli(*e*)].

근친 近親 명 proche parent *m*; ((집합적)) parenté *f*. ¶ 그 사람과는 ~ 간이다 C'est quelqu'un de ma famille / Il appartient à ma famille / C'est un proche parent.

◆**_관계** -關係 명 lien *m* de parenté.

◆**_결혼** -結婚 명 mariage *m* consanguin.

◆**_상간** -相姦 명 inceste *m*.

◆**_혼** -婚 명 mariage *m* entre proches parents.

근칭 近稱 명 【언어】 démonstratif *m* servant à désigner ce qui est proche du locuteur.

◆**_대명사** 近稱代名詞 명 【언어】 démonstratif *m* servant à désigner ce qui est proche du locuteur.

근하신년 謹賀新年 명 Je vous souhaite une bonne et heureuse année / Meilleurs vœux (et souhaits sincères) pour la nouvelle année / Je vous présente mes meilleurs vœux à l'occasion de la nouvelle année.

근해 近海 명 eaux littorales *fpl*. ¶ 제주도 ~ la zone côtière de l'île de Jeju. ¶ 그 배는 한국 ~를 순항 중이다 Le paquebot est en croisière dans les eaux littorales coréennes.

◆**_어업** -漁業 명 pêche *f* côtière.

◆**_어장** -漁場 명 lieu(*x*) *m* de pêche côtière.

근황 近況 명 situation *f* récente; ((demander des)) nouvelles *fpl* ((de *qn*)). ¶ 그 사람의 ~은 어떠한가요? Comment va-t-il? ¶ 누구의 ~을 물어보다 demander des nouvelles de *qn*.

글 명 écrit *m*; texte *m*; manuscrits *mpl*. ¶ ~을 쓰다 écrire. ¶ ~을 짓다 composer. ¶ ~을 읽다 lire. ¶ ~을 배우다 apprendre à lire et à écrire. ¶ 잡지에 ~을 싣다 écrire pour une revue. ¶ ~을 좋아하다 aimer lire. ¶ 남의 ~을 표절하다 plagier, démarquer ((un auteur)), faire du plagiat; piller ((un passage chez un auteur)). ¶ 그 사람의 ~은 명쾌하다[간결하다, 장황하다, 쉽다, 어렵다] Il écrit d'une façon claire [concise, redondante, facile, difficile]. ¶ 이 ~은

ㄱ

너무 어려워서 그 뜻을 이해하기 힘들다 Ce texte est trop difficile à comprendre. ¶ 그 사람은 ~을 쉽게[어렵게] 쓴다 Son texte se lit facilement [difficilement]. ¶ 그 사람은 ~을 모른다 Il est analphabète [illettré]. ¶ 다음 ~을 요약하시오 Résumez le texte suivant. ¶ 우리의 말과 ~을 다듬어야 한다 Il faut perfectionner notre façon de parler et d'écrire. ¶ 말은 쉬워도 ~로 표현하기는 어렵다 C'est facile à dire, mais ce n'est pas facile à mettre noir sur blanc [à coucher sur le papier, à écrire]. ¶ ~ 속에 담긴 작가의 생각을 읽어내다 lire entre les lignes pour capter les pensées de l'auteur.

◆ **_감** 명 matière *f* à écrire [d'un livre]; sujet *m* d'un article.

◆ **_공부** -工夫 명 études *fpl* de lecture. ¶ ~공부를 하다 apprendre à lire et à écrire.

◆ **_동무** 명 camarades *mpl* d'études.

◆ **_말** 명 langue *f* littéraire [écrite]; style *m* littéraire [écrit].

◆ **_방** -房 명 *geulbang m* <école privée de l'ancienne époque où l'on apprenait à lire et à écrire les lettres chinoises>.

◆ **_재주** 명 talent *m* littéraire; capacité *f* de rédaction. ¶ 뛰어난 ~재주 capacité de rédaction remarquable. ¶ 너는 ~재주가 있다[없다] Tu sais bien écrire [Tu ne sais pas écrire].

◆ **_쟁이** 명 ((경멸적 또는 자조적)) écrivain *m*.

◆ **_줄** 명 ① ((글자의)) ligne *f* d'écriture; ((시의)) ver *m*. ¶ ~줄 밑에 줄을 치다 souligner. ② ((학식)) éducation *f*, connaissances *fpl*. ¶ 그 사람은 ~줄이나 읽은 것 같다 Il semble qu'il ait une certaine éducation.

◆ **_짓기** 명 composition *f*, rédaction *f*. ¶ ~짓기 숙제 devoir de composition. ¶ ~짓기를 하다 écrire une composition.

글귀[1] -句 명 phrase *f*, vers *m*. ¶ 이것은 플라톤의 책에서 인용한 ~이다 Cette phrase est extraite des textes de Platon.

글귀[2] 명 capacité *f* de comprendre (oralement) un texte, compréhension *f* (orale) d'un texte. ◇_**가 밝다[어둡다]** comprendre bien [mal] le sens d'un texte.

글라스 영{glass} 명 verre *m* (de table). ¶ ~에 맥주를 따르다 verser de la bière dans un verre. ¶ ~를 가득 채우다 remplir le verre (à ras bord).

글라이더 영{glider} 명 planeur *m*. ¶ ~를 날리다 lancer un planeur.

글래머 영{glamour} 명 une femme *f* sensuelle; pin up *f inv*, cover-girl(~-~*s*) *f*. ¶ ~ 스타 une pin up. ¶ 저 여자 참 ~다 Cette femme est très sensuelle.

글러브 영{glove} 명 ① ((야구장갑)) gants *mpl* de baseball. ② ((권투장갑)) gants *mpl* de boxe. ③ ((스키의)) gants *mpl* de ski; ((벙어리장갑)) moufles *fpl*. ◇_**를 끼다[벗다]** mettre [ôter, enlever] *ses* gants.

글로벌리즘 영{globalism} 명 globalisme *m*.

글리세린 영{glycerin} 명 glycérine *f*.

글리코겐 영{glycogen} 명 【생물】 glycogène *m*.

글발 명 écriture *f* limpide [claire]; écriture *f* cohérente, savoir-faire *m inv* dans l'écriture. ¶ 그 기자는 ~이 좋다 Ce journaliste sait écrire. ◇_**이 서다** avoir une écriture limpide; écrire avec cohérence.

글썽거리다 재타 pleurnicher, ((des larmes)) venir aux yeux. ¶ 그 사람은 기뻐서 자기도 모르게 눈물이[을] 글썽거렸다 Il était si content que ses yeux se sont remplis de larmes à son insu.

글썽글썽 부 (avec) les larmes aux yeux, la larme à l'œil. ¶ 그의 눈에 눈물이 ~ 맺혀 있다 Les larmes lui viennent aux yeux / Il a les larmes aux yeux [la larme à l'œil] / Il est au bord des larmes.

◆ **_하다** 형 avoir les larmes aux yeux [la larme à l'œil], être au bord des larmes. ¶ 그 사람의 눈에 눈물이 ~한다 Les larmes lui viennent aux yeux.

글썽이다 재타 avoir les larmes aux yeux [la larme à l'œil], être au bord des larmes. ¶ 눈에 눈물이 ~ avoir les larmes aux yeux [la larme à l'œil], être au bord des larmes. ¶ 그 사람은 눈물을 글썽이며 편지를 읽었다 Il a lu la lettre, les larmes aux yeux.

글쎄 감 ① or; eh bien, euh! ¶ ~ 잘 모르겠네 Eh bien, je ne sais pas. ② 정말로, 분명히 puisque je te dis que ... ¶ ~ 내 말이 맞다니까 Puisque je te dis que j'ai raison.

*~**다** or; eh bien. ¶ ~다, 어디에서 그 책을 찾아야 할지 모르겠구나 Or, je ne sais pas où trouver ce livre.

*~ **말이다[말이야]** Tout à fait / Comme vous dites [tu dis] / Tu l'as dit, bouffi {*fam*}! / Je suis entièrement d'accord avec vous [avec toi].

*~**요** voyons ..., voyons voir!, eh bien!, euh ..., j'hésite, je réfléchis, je ne sais pas trop, laissez-moi le temps de réfléchir.

글쓴이 명 auteur *m*; écrivain *m*.

글씨 명 écriture *f*. ¶ ~가 예쁘다 avoir une belle écriture. ¶ ~가 삐뚤삐뚤하다 avoir une vilaine écriture [une écriture détestable, une écriture illisible, une écriture de cochon {*fam*}]. ¶ 갈겨쓴 ~라서 읽기(가) 어렵다 Cette vilaine écriture est difficile à lire [à déchiffrer] / Ces gribouillis sont difficiles à déchiffrer [sont pratiquement illisibles, sont quasiment indéchiffrables]. ¶ 이제 우리 애도 ~를 배울 나이가 되었다 Notre enfant est assez grand pour apprendre à lire. ◇_**(를) 쓰다** écrire. ¶ 그 사람은 ~를 잘[못] 쓴다 Il a une belle écriture [Il a une vilaine écriture / Il a une écriture détestable / Il a une écriture de cochon {*fam*}].

◆ **_체** -體 명 écriture *f*. ¶ 나는 그 사람의 ~체를 잘 알아볼 수 있다 Je peux facilement reconnaître son écriture.

◆**붓_** 명 calligraphie *f* (chinoise).

글월 명 phrase *f*, lettre *f*. ¶ 선생님의 ~을 받고 무척 감격했습니다 Je suis profondément ému(*e*) par votre lettre.

글자 -字 명 lettre *f*; caractère *m*; écriture *f*. ¶ ~의 발명 l'invention de l'écriture. ¶ 이 책은~가 작아서 읽기가 어렵다 Ce texte est difficile à lire, car les caractères sont très petits. ¶ 이게 무슨~지? Quel est ce caractère? / Quelle est cette lettre? ¶ ~ 그대로 littéralement; au pied de la lettre; à la lettre. ¶ 한 줄에 몇 ~나 들어가지? Combien de caractères peut-on mettre dans une ligne?

◆_체 -體 명 écriture *f* ((gothique, arabe, cursive, bâtarde)); 【컴퓨】 police *f* de caractère.

◆뜻_ 명 idéogramme *m*.

◆소리_ 명 phonogramme *m*.

글피 명 dans trois jours. ¶ ~가 네 생일이다 Dans trois jours, c'est ton anniversaire. ¶ 모레나 ~쯤 다시 오겠다 Je reviendrai dans deux ou trois jours.

긁다 타 ① (*se*) gratter. ¶ 머리를 ~ se gratter la tête. ¶ 등이 가려우니 좀 긁어 다오 Ça me démange dans le dos, gratte-moi un peu. ¶ 가려워도 긁지 말아라 Ne gratte pas même si cela démange. ② ((누룽지, 땅을)) racler. ¶ 솥의 누룽지를 긁어서 먹다 manger de la croûte de riz raclée au fond du four [de la casserole]. ③ ((감정을)) médire de *qn*. ¶ 누구의 심사를 긁다 mettre *qn* de mauvaise humeur. ④ ((일을)) remuer ((inutilement)) les choses. ¶ 공연한 일을 긁어 크게 만들지 마라 N'aggrave pas les choses en remuant inutilement.

*속(을) ~ énerver [agacer] *qn*; exaspérer *qn*, irriter *qn*, taper sur les nerfs de *qn*. ¶ 엄마 속을 긁지 마라 N'énerve pas maman.

*바가지를 ~ ((la femme)) faire des reproches à *son* mari; harceler *son* mari de reproches; ((une femme)) ne pas arrêter de faire des remarques ((à *son* mari)), harceler [asticoter] ((*son* mari)) pour qu'il [jusqu'à ce qu'il] fasse *qc*; faire de continuelles observations ((à *son* mari)).

*긁어 부스럼 provoquer inutilement un problème; mettre [mêler, ajouter] *son* grain de sel, intervenir inutilement. ¶ 긁어 부스럼 내지마 Ne fais rien (sinon tu risques d'aggraver la situation) / Laisse les choses telles quelles / Ne touche à rien / (Ne) t'en mêle pas inutilement.

긁어내다 타 ① ((녹, 때, 껍질 따위를)) enlever ((la rouille, la patine, le vert-de-gris, la crasse, la peau, l'écorce)); racler, grappiller, râper, gratter, enlever, éliminer (en raclant). ¶ 철판 위의 녹을 ~ enlever [décoller] en grattant la rouille sur la plaque de fer. ¶ 하수구의 흙을 ~ curer un égout ② ((돈을)) exploiter, pressurer, extorquer ¶ 누구한테서 돈을 ~ extorquer de l'argent à *qn*

긁어내리다 타 (*se*) gratter; racler, ratisser; ramasser, rassembler. ¶ 그 사람은 머리를 긁어내렸다 Il s'est gratté la tête.

긁어모으다 타 racler, ratisser; râteler; ramasser, rassembler, amasser. ¶ 낙엽을 ~ ramasser des feuilles mortes. ¶ 돈을 ~ amasser de l'argent.

긁적거리다 타 ① gratter (d'un petit geste). ¶ 그는 겸연쩍어서 머리만 긁적거리고 있다 Un peu gêné, il ne fait que se gratter la tête. ② ((글자를)) gribouiller. ¶ 심심해서 몇 자 긁적거려 보았다 Pour tuer le temps, j'ai gribouillé quelques lettres [caractères].

긁적긁적 부 se grattant. ¶ 머리[다리]를 ~ 긁다 se gratter la tête [les jambes].

◆하다[거리다, 대다] 타 se gratter. ¶ 가려워서 머리를 ~하다 se gratter la tête [le cuir chevelu] parce que ça démange.

긁히다 자타 être balafré(*e*), être blessé(*e*) légèrement; être écorché(*e*), être éraflé(*e*), être éraillé(*e*), être griffé(*e*), égratigné(*e*). ¶ 나는 고양이에게 뺨을 긁혔다 Le chat m'a griffé la joue. ¶ 못에 긁혀서 상처가 났다 J'ai une blessure après s'être écorché(*e*) à un clou.

금¹ 金 명 ☞ 금요일

금² 명 ligne *f*, trait *m*; ((균열)) fissure *f*. ◇_을 긋다 tracer une ligne. ◇_이 가다 se fêler, se lézarder. ¶ 벽에 ~이 많이 갔다 Le mur est lézardé.

*~(을) 긋다 tracer une limite [une frontière] à ne pas franchir. ¶ 그는 타협은 없다고 단호하게 ~을 그었다 Il a fermement tracé une limite [une frontière] à ne pas franchir en refusant tout compromis.

*~(이) 가다 se fissurer, se détériorer, se dégrader, se fragiliser. ¶ 그들의 우정에 ~이 갔다 Leur amitié s'est détériorée [dégradée, fragilisée].

금³ 金 명 or *m*. ¶ ~으로 장식한[만든] 왕관 une couronne dorée [plaquée or, feuilletée d'or] [une couronne en or]. ¶ 광산에서 ~을 캐내다 extraire de l'or dans une mine.

*침묵은 ~이다 Le silence est d'or.

*빛나는 것이 다 ~은 아니다 Tout ce qui brille n'est pas or.

*~이야 옥이야 키우다 tenir à *ses* enfants comme à la prunelle de *ses* yeux.

◆_가락지 명 anneau(*x*) *m* en or; bague *f* en or.

◆_값 명 prix *m* très élevé. ¶ 요즘 배추 값이 ~값이다 Ces jours-ci, les choux blancs [chinois] sont hors de prix [coûtent les yeux de la tête {*pop*}].

◆_괴 -塊 명 lingot *m* d'or.

◆_맥 -脈 명 filon *m* d'or; gisement *m* d'or. ¶ ~맥을 찾아내다 découvrir un filon d'or.

◆_메달 명 médaille *f* d'or.

◆_목걸이 명 collier *m* en or.

◆_반지 -斑指 명 bague *f* en or.

◆_배지 명 ① badge *m* [insigne *f*] en or. ② 국회의원 배지 insigne *f* des députés. ¶ ~배지를 달다 être député.

◆_붙이 명 objet *m* en or.

◆_빛 명 *qc* de doré. ¶ ~빛으로 빛나다[번쩍이다] ((금이)) briller; ((비유적)) briller comme l'or.

◆_색 -色 명 couleur *f* or [jaune].

◆_싸라기 ① 금 부스러기 bribe *f* d'or, miette *f* d'or, brin *m* d'or. ② objet *m* rare et précieux, trésor

m. ¶ ~싸라기 땅 une terre de grande valeur. ¶ ~싸라기 같다 C'est comme un trésor / J'y tiens comme à la prunelle de mes yeux.

◆_은방 -銀房 명 orfèvrerie *f*.

◆_장 -裝 명 ornement *m* en or. ¶ ~장을 두르다 orner d'or.

◆_줄 명 ① galon *m* d'or. ¶ 모자의 ~줄 galon d'or d'une casquette. ② 금으로 만든 줄 chaîne *f* en or pur. ¶ 시계의 ~줄 une chaîne de montre en or.

◆_테 명 monture *f* en or. ¶ ~테 안경 des lunettes à monture en or [d'or]. ¶ ~테를 두르다 mettre une monture en or [d'or].

◆순_ 純- 명 de l'or *m* pur [fin], de l'or *m* à vingt-quatre carats.

◆백_ 白- 명 platine *m*; ((오용)) or *m* blanc.

-금[4] -金 접미 ① argent *m*; frais *mpl*; montant *m*. ¶ 기부~ une contribution; une donation; un don. ¶ 등록~ droits d'inscription. ¶ 보험~ indemnité. ¶ 계약~ un dépôt de contrat. ¶ 보증~ un dépôt de garantie. ¶ 찬조~ contribution. ② 함량 or *m*; ((14K, 18K, 24K)) carat *m*. ¶ 18~ de l'or à dix-huit carats.

금-[5] 今- 접두 ce(*cette*). ¶ ~세기 ce siècle. ¶ ~주[년] cette semaine [cette année].

금강산 金剛山 명 【지명】 le mont Geumgang.

금강석 金剛石 명 diamant *m*.

금고[1] 金庫 명 coffre-fort *m*; caisse *f*; trésorerie *f*; caisse *f* d'épargne, fonds *mpl* [crédit *m*] communautaire(s). ¶ ~ 털이 cambrioleur de coffre-fort. ¶ 귀중품을 ~에 넣어[보관해] 두다 mettre [conserver] les objets précieux dans un coffre-fort. ¶ 은행 ~를 털다[열다] cambrioler [forcer] le coffre-fort d'une banque. ¶ ~는 굳게 닫혀 [잠겨] 있다 Le coffre-fort est fermé [est fermé à clé].

◆마을_ 명 fonds *mpl* communautaires.

◆신용_ 信用- 명 crédit *m* communautaire.

금고[2] 禁錮 명 emprisonnement *m*. ¶ 2년 ~에 처하다 condamner à deux ans de prison.

◆_형 -刑 명 peine *f* d'emprisonnement. ¶ ~형에 처하다 condamner à la prison [à une peine de prison]. ¶ ~형을 받다[선고받다] être condamné(*e*) à la prison.

금과옥조 金科玉條 명 règle *f* suprême, règle *f* d'or. ¶ 아버지의 가르침을 ~로 여기고 살아 왔다 J'ai suivi les précieuses leçons (morales) [les précieux conseils] transmis(*e*)s par mon père.

금관 金冠 명 couronne *f* en or. ¶ ~을 쓰다[벗다] mettre [ôter] une couronne en or. ¶ 무덤에서 ~을 발굴하다 découvrir une couronne en or au cours des fouilles d'une tombe.

금관악기 金管樂器 명 instrument *m* (à vent) en cuivre.

금광 金鑛 명 mine *f* d'or. ¶ 무진장한 ~을 발견하다 découvrir une immense mine d'or.

금괴 金塊 명 lingot *m* d'or.

금권 金權 명 pouvoir *m* de l'argent.

◆_만능주의 -萬能主義 명 ≪mammonisme *m*≫, culte *m* de l'argent. ¶ 요즈음은 ~만능주의 시대이다 De nos jours, l'argent est tout puissant.

◆_선거 -選擧 명 élections *fpl* dirigées par l'argent.

◆_정치 -政治 명 ploutocratie *f*.

금기 禁忌 명 tabou *m*, interdit *m*. ¶ 이 나라에서 그런 행동은 ~이다[로 되어 있다] C'est un acte tabou dans ce pays. ◇_를 깨다[어기다] briser un tabou.

◆_사항 -事項 명 éléments *mpl* tabou [interdits].

◆_시 -視 명 fait de considérer *qc* comme un tabou. ¶ ~시(를) 하다[(가) 되다] déclarer *qc* tabou; considérer *qc* comme un tabou.

금남 禁男 명 interdiction *f* aux hommes; interdit(*e*) aux hommes, réservé(*e*) aux femmes. ¶ ~의 집[장소] une maison [un lieu, un établissement] dont l'entrée est interdite aux hommes; ((여학생 기숙사)) une pension [un pensionnat, un internat] de jeunes filles.

금녀 禁女 명 interdiction *f* aux femmes; interdit(*e*) aux femmes, réservé(*e*) aux hommes. ¶ ~의 집 un lieu [un établissement] dont l'entrée est interdite aux femmes.

금년 今年 명 cette année *f*. ¶ ~도 다 지나갔다 L'année s'achève. ¶ ~에는 농사가 잘 되었다 La récolte est bonne cette année. ¶ 작년보다 ~ 여름이 더 덥다 Cet été, il fait plus chaud que l'année dernière.

금년도 今年度 명 présente année *f*, exercice *m* en cours. ¶ ~의 사업 계획 le plan de travail de l'année [de l'exercice] en cours.

금니 金_ 명 dent *f* couronnée en or. ¶ ~를 하다[해 넣다] couronner une dent en or. ¶ 이가 부러져서 ~를 해 넣었다 J'ai couronné en or une dent cassée.

◆_박이 명 personne *f* qui a des dents en or.

금단 禁斷 명 prohibition *f*, interdiction *f*; défense *f*. ¶ ~의 열매 fruits prohibés.

◆_현상 -現象 명 effet *m* de sevrage *m*.

금당 金堂 명 【불교】 *geumdang* <bâtiment [pavillon] principal d'un temple bouddhique>.

금도 襟度 명 magnanimité *f*, générosité *f*.

금도금 金鍍金 명 dorure *f*. ◇_(을) 하다 dorer. ¶ 이 메달은 ~한 것이다 Cette médaille est dorée.

금동 金銅 명 bronze *m* doré. ¶ ~ 불상 statue de Bouddha en bronze doré.

금력 金力 명 pouvoir *m* de l'argent. ¶ ~으로 선거에 당선되다 gagner l'élection par l'argent.

금령 禁令 명 loi *f* prohibitive; interdiction *f* par la loi. ◇_을 내리다[선포하다] promulguer une loi prohibitive; interdire par la loi. ◇_이 내려지다[선포되다] être interdit(*e*) par la loi.

금리 金利 명 taux *m* d'intérêt. ¶ 은행 ~가 높다[낮다] Le taux d'intérêt bancaire est élevé [bas]. ¶ ~를 2퍼센트 인하하다[인상하다] baisser [augmenter] le taux d'intérêt de deux pour cent. ¶ ~를 현실화하다 ajuster le taux d'intérêt à la situation actuelle.

◆_정책 -政策 명 politique *f* de taux d'intérêt.

◆고_ 高- 명 taux *m* d'intérêt élevé.

금명 今明 명 ☞ 금명간

금명간 今明間 명 aujourd'hui ou demain, tôt ou tard, ((dans un)) proche avenir *m*, brève échéance *f*; bref délai *m*. ¶ ~ 소식이 있을 것이다 Il y aura [On aura] des nouvelles tôt ou tard. ¶ ~에 bientôt, d'ici peu, (très) prochainement, dans un proche avenir [un avenir prochain, un avenir très proche, un avenir peu éloigné], dans peu de temps, bientôt, (incessamment) sous peu; sans tarder, tantôt {*vx*}; aujourd'hui ou demain. ¶ ~에 결정이 날 것이다 La décision sera prise aujourd'hui ou demain [très prochainement].

금문 金文 명 lettre *f* écrite en or.

금물 禁物 명 chose *f* prohibée [défendue, interdite]; tabou *m*. ◇_**이다** être prohibé(*e*), défendu(*e*), interdit(*e*), être tabou; il ne faut pas+*inf*. ¶ 방심은 ~이다 Il ne faut pas être distrait(*e*).

금박 金箔 명 feuille *f* d'or; dorure *f*. ¶ ~을 입히다 couvrir *qc* d'une feuille d'or; recouvrir *qc* d'une couche d'or.

금발 金髮 명 cheveux *mpl* blonds; chevelure *f* blonde. ¶ ~의 소녀 petite fille blonde.

금방 부 ① dans un instant, dans un moment, dans une [dans deux, dans cinq] minute(*s*) [seconde(*s*)], tout de suite, immédiatement, tout à l'heure; ((당장이라도)) ((risquer de mourir)) à chaque moment [instant], dans la minute qui suit. ¶ ~ 갈게 Je viens tout de suite / J'arrive tout de suite / J'arrive dans un instant [dans deux secondes, dans une minute, dans deux minutes]. ¶ ~ 비가 올 것 같은 날씨다 On dirait qu'il va bientôt pleuvoir. ¶ 그는 ~이라도 죽을 것 같았다 On avait l'impression qu'il risquait de mourir à tout moment [que sa mort était imminente, qu'il était agonisant] / Il donnait l'impression que sa mort était imminente. ② 조금 전에 tout à l'heure, (juste) à l'instant, il y a un instant [une minute, trente secondes] ¶ ~ 왔어 Je viens d'arriver (juste à l'instant) / Je suis arrivé(*e*) à l'instant. ¶ ~ 뭐라고 했니? Qu'est-ce que tu viens de dire? ③ 순식간에 en un instant, en un clin d'œil, en un rien de temps. ¶ 거짓말이 ~ 들통나버렸다 Le mensonge a été découvert en un instant. ¶ 나는 그것을 ~ 알아차렸다 Je m'en suis tout de suite aperçu.

◆_ _ 부 tout de suite, immédiatement, aussitôt; rapidement. ¶ 손님들이 ~~ 떠났다 Les visiteurs sont partis tout de suite.

금번 今番 명 cette fois-ci *f*. ☞ 이번

금본위제도 金本位制度 명 (système d')étalon-or *m*.

금붕어 명 poisson *m* rouge; cyprin *m* doré.

금비 金肥 명 engrais *m* chimique.

금상 金賞 명 premier prix *m*; médaille *f* d'or. ¶ 경연대회에서 ~을 수상하다 obtenir le premier prix au concours.

금상첨화 錦上添花 명 la cerise sur le gâteau; et pour couronner le tout, en prime; embellir; ajouter encore, rehausser. ◇_**다** être la cerise sur le gâteau; embellir, ajouter encore, rehausser. ¶ 이렇게 멋진 옷에 모자까지 쓰니 ~다 Ton chapeau met en valeur ton beau costume.

금서 禁書 명 livres *mpl* interdits; livres *mpl* publiés sous le manteau {*fam*}; l'Index *m*. ¶ ~ 목록 l'Index; le catalogue [la liste] des livres interdits. ¶ 이 책은 ~다 Ce livre est à l'Index. ¶ ~로 지정하다 mettre à l'Index; interdire la lecture [la circulation, la publication] (d'un livre).

금석 金石 명 fer *m* et pierre *f*; ((비유적)) chose *f* solide.

◆_**문(자)** -文(字) 명 épigraphe *f*, inscription *f* gravée ((sur le fer, la pierre)); pierre *f* tombale (gravée). ¶ ~문자학 -學 épigraphie.

◆_**지교** -之交 명 amitié *f* solide.

◆_**지약** -之約 명 promesse *f* irréversible.

금석지감 今昔之感 명 sentiment *m* qu'on ressent face aux changements entre le passé et le présent.

금성 金星 명 【천문】 Vénus *f*.

금세 부 immédiatement, aussitôt. ¶ 해가 지자 ~ 어두워졌다 Dès que le soleil se coucha, le ciel s'assombrit / Aussitôt le soleil couché, le ciel s'assombrit. ¶ 온 동네에 ~ 소문이 퍼졌다 La rumeur s'est répandue immédiatement dans tout le quartier.

금세공 金細工 명 orfèvrerie *f*. ¶ ~ 상점 orfèvrerie.

◆_**사** -師 명 orfèvre *m*.

금세기 今世紀 명 ce siècle *m*, époque *f* contemporaine. ¶ 그 여자는 ~ 최고의 소프라노로 평가받고 있다 Elle est reconnue comme la meilleure soprano du siècle.

금속 金屬 명 métal(*aux*) *m*.

◆_**성** -性 명 métallique. ¶ ~성 광택 un éclat [un reflet] métallique. ¶ ~성을 띤 말소리 une voix métallique. ¶ ~성 소리를 내다 émettre des sons métalliques. ¶ ~성 촉감 un toucher métallique.

◆_**가공** -加工 명 métallurgie *f*. ¶ ~가공업자 un métallurgiste, un métallo {*fam*}.

◆_**공업** -工業 명 métallurgie *f*; industrie *f* métallurgique [des métaux].

◆_**공예** -工藝 명 artisanat *m* utilisant le métal.

◆_**공학** -工學 명 ingénierie *f* métallurgique.

◆_**제** -製 명 fabrication *f* en métal.

◆_**제품** -製品 명 produit *m* métallique.

◆_**화학** -化學 명 chimie *f* des métaux.

◆_**활자** -活字 명 caractères *mpl* métalliques.

◆**경**_ 輕- 명 métal *m* léger.

◆**귀**_ 貴- 명 métal *m* précieux.

◆**비**_ 非- 명 métalloïde *m*, non-métal(*aux*) *m*.

◆**중**_ 重- 명 métal *m* lourd.

금수¹ 禽獸 명 bête *f*. ¶ ~ 같은 놈 une vraie brute; un homme ignoble. ¶ 그 사람은 ~만도 못한 사람이다 C'est un moins que rien.

금수² 禁輸 명 interdiction *f* d'exporter et d'importer; embargo *m* ((sur des marchandises)). ¶ ~ 조치를 해제하다 lever l'embargo.

◆_품 -品 명 marchandise *f* prohibée.

금수강산 錦繡江山 명 pays *m* aux beaux paysages; Corée *f*; paysage *m* cousu d'or.

금슬 琴瑟 명 harmonie *f*, accord *m*, concorde *f* ((se dit de deux époux bien unis)). ¶ ~이 좋은 부부 un couple bien uni, un couple en parfaite harmonie, un couple parfaitement assorti, (un couple ou le mari et la femme s'entendent comme) deux tourtereaux. ¶ 그 부부는 정말 ~이 좋다 C'est un couple bien uni [en parfaite harmonie] / Ils vivent le parfait amour / C'est un couple harmonieux / Dans ce couple, ils mènent une vie conjugale heureuse / Ce couple est parfaitement assorti / Ils s'entendent comme deux tourtereaux / Ils forment un couple parfait.

◆_지락 -之樂 명 bonheur *m* conjugal.

금시 今時 명 maintenant, à présent; à l'instant. ¶ ~에 immédiatement, tout de suite. ¶ ~에 의견을 바꾸다 changer d'avis en un rien de temps. ¶ 그 여자는 ~라도 울 듯 한 얼굴이 되었다 Elle était sur le point de pleurer.

금시초문 今始初聞 명 le fait d'entendre *qc* pour la première fois. ◇_**이다** entendre *qc* pour la première fois. ¶ 그것은 나로서는 ~이다 J'entends cela pour la première fois / Je n'ai jamais entendu cela auparavant / C'est du nouveau pour moi.

금식 禁食 명 jeûne *m*. ¶ ~ 기도 prière à jeun. ◇_(을) **하다** jeûner.

◆_일 -日 명 jour *m* de jeûne.

금실[1] 金- 명 fil *m* d'or.

금실[2] 琴瑟 명 ☞ 금슬

금액 金額 명 somme *f*, montant *m*, tot*al*(*aux*) *m*. ¶ 500유로의 ~ (somme de) 500 euro. ¶ 상당한[막대한] ~을 지출하다[치르다] dépenser [payer] une somme considérable [colossale]. ¶ 초과 근무를 ~으로 환산하다 calculer les primes pour les heures supplémentaires.

금언 金言 명 aphorisme *m*, maxime *f*. ¶ ~을 따르다 mettre en pratique [suivre] une maxime.

◆_집 -集 명 recueil *m* de maximes.

금연 禁煙 명 interdiction *f* de fumer; abstention *f* de fumer. ¶ ~! Défense de fumer! ¶ 작업 중 ~! Défense de fumer au travail! / Il est interdit de fumer pendant le service. ¶ ~ 건물 immeubles non-fumeurs. ¶ ~ 구역 zone non-fumeur. ¶ ~ 운동 lutte contre le tabagisme. ¶ 기내에서는 ~입니다 Il est interdit de fumer à bord. ¶ 직장 내에서의 ~을 의무화하다 ordonner l'interdiction de fumer aux bureaux. ◇_(을) **하다** interdire de fumer; s'abstenir de fumer; (s')arrêter de fumer. ¶ 오늘로 ~한지 7일째 됩니다 Cela fait 7 jours que je n'ai pas fumé.

◆_법 -法 명 loi *f* anti-tabagisme.

◆_석 -席 명 siège *m* non-fumeur.

금옥 金玉 명 or *m* et jade *m*.

금요일 金曜日 명 vendredi *m*. ¶ 그는 ~에[~ 내내] 집에 있었다 Il est resté chez lui vendredi [tout le vendredi] / Vendredi, il est resté (enfermé) chez lui toute la journée. ¶ ~에 봐! À vendredi! ¶ ~마다 tous les vendredis, chaque vendredi, le vendredi. ¶ ~쯤에 vers (le) vendredi. ¶ 이번[오는] ~에 Paris로 떠난다 Je pars pour [vais à] Paris ce vendredi. ¶ 다음 주 ~에 vendredi de la semaine d'après, vendredi en huit. ¶ ~ 저녁에 vendredi soir ¶ 오는 ~에 ce [le] vendredi qui vient, vendredi prochain. ¶ 1주일[2주일] 후의 ~에 오겠다 Je reviendrai vendredi en huit [en quinze] / Je reviendrai vendredi de la semaine d'après [dans deux semaines]. ¶ 3주마다[걸러] 한번씩 ~에 토론이 벌어졌다 Les discussions se sont déroulées un vendredi sur trois. ¶ 5월 두 번째 ~에 모임이 있을 거다 La réunion aura lieu le deuxième vendredi de mai. ¶ 그가 떠나기 전 ~에 그 일이 일어났다 Cela s'est produit vendredi avant son départ. ¶ 벌써 ~이다 On est [C'est, Nous sommes] vendredi déjà. ¶ 오늘은 11월 30일 ~이다 On est le vendredi 30 novembre. ¶ 올해 어버이날은 ~이다. La fête des parents tombe sur un vendredi cette année. ¶ ~로 결정되었다 On a décidé que ce serait vendredi. ¶ ~이 가장 좋겠다 Vendredi, ce serait le mieux [ça m'arrangerait] / Je préfère le vendredi. ¶ ~은 날씨가 좋았다 Vendredi était un beau jour / Il a fait beau vendredi.

금욕 禁慾 명 continence *f* (volontaire); ascétisme *m*, mortification *f*. ◇_(을) **하다** s'abstenir de tout plaisir charnel; réprimer ses passions.

◆_적 -的 명관 ((existence)) ascétique, mortifié(*e*). ¶ ~적인 생활을 하다 vivre en ascète.

◆_주의 -主義 명 ascétisme *m*.

◆_주의자 -主義者 명 ascète *mf*.

금융 金融 명 finance *f*, activité *f* financière; circulation *f* monétaire. ¶ ~ 감독 contrôle financier. ¶ ~ 개혁 réforme financière. ¶ ~ 제도 régime financier.

◆_권 -圈 명 monde *m* financier.

◆_가[계] -街[界] 명 milieu(*x*) *m* [monde *m*] financier; secteur *m* financier.

◆_거래 -去來 명 relations *fpl* financières, transactions *fpl* financières, opérations *fpl* financières.

◆_기관 -機關 명 organisme *m* financier, établissement *m* financier.

◆_사 -社 명 société *f* financière.

◆_시장 -市場 명 marché *m* financier, marché *m* des capitaux.

◆_업 -業 명 activités *fpl* financières, business *m* financier.

◆_정책 -政策 명 politique *f* financière.

◆_주 -株 명 valeur *f* financière.

◆_회사 -會社 명 compagnie *f* [société *f*] financière.

금은 金銀 명 or *m* et argent *m*.

◆_방 -房 명 magasin *m* d'orfèvre; bijouterie *f*, chez

le(*la*) bijoutier(*ère*). ¶~방에 가다 aller chez le bijoutier [dans une bijouterie].

◆_보화 -寶貨 명 trésor *m*; objet *m* précieux.

◆_세공술 -細工術 명 orfèvrerie *f*.

금의환향 錦衣還鄕 명 retour *m* au pays *m* natal (après avoir réussi). ◇_(을) 하다 rentrer dans *son* pays après avoir eu du succès; rentrer dans *son* pays après avoir réussi *sa* vie.

금일 今日 명 aujourd'hui *m*; ce jour *m*. ¶~ 임시 휴업 aujourd'hui fermeture momentanée, fermé pour aujourd'hui, fermeture exceptionnelle aujourd'hui. ¶~ 중으로 오십시오 Venez aujourd'hui même!

금일봉 金一封 명 don *m* d'argent de montant inconnu fait par un dignitaire. ¶이재민들에게 ~을 전달하다 faire un don d'argent (de montant inconnu) à des sinistrés.

금자탑 金子塔 명 ouvrage *m* impérissable.

*~을 세우다 accomplir une œuvre qui restera pour la postérité. ¶민족 문화의 빛나는 ~을 세우다 réaliser de grands exploits dans le domaine de la culture nationale.

금잔디 金- 명 beau gazon *m*, belle pelouse *f*, pelouse *f* dorée; *Zoysia tenuifolia* {*nsc*}.

금잔화 金盞花 명 【식물】 souci *m*.

금장식 金粧飾 명 ornement *m* en or. ◇_(을) 하다 orner d'or.

금전 金錢 명 monnaie *f*, argent *m*; argent *m* comptant. ¶~ 거래 affaires financières. ¶~을 목적으로 한 pour de l'argent, par intérêt de l'argent, mercenaire {*vx*, *litt*}. ¶~상의 곤란[일, 문제, 손실] ennui [affaire, question, perte] d'argent. ¶~상의 원조 aide pécuniaire, aide financière. ¶~상의 이익 profit [gain, intérêt] en argent [financier]. ¶~ 관계로 그 사람과 사이가 나빠졌다 j'ai de mauvaises relations avec lui à cause de l'argent.

◆_적 -的 명관 financier(*ère*), monétaire. ¶~적인 도움을 주다 donner une aide financière. ¶~적으로 곤란한 형편에 있다 Je suis dans une situation financièrement difficile.

◆_등록기 -登錄器 명 caisse *f* comptable; caisse *f* enregistreuse.

◆_신탁 -信託 명 crédit *m* financier.

◆_출납계 -出納計 명 caisse *f*; ((사람)) caissier(*ère*).

◆_출납부 -出納簿 명 livre *m* de caisse [de comptes].

금정틀 金井- 명 cadre *m* en bois (utilisé lorsqu'on creuse une tombe).

금제 禁制 명 prohibition *f*, interdiction *f*, défense *f*. ¶~ 품목에 넣다 inscrire *qc* sur la liste des produits interdits. ◇_(를) 하다 prohiber; interdire, défendre, faire interdire. ◇_를 풀다 lever une interdiction. ◇_(가) 되다 être interdit(*e*), défendu(*e*), prohibé(*e*).

◆_법 -法 명 【법률】 loi *f* prohibitive, loi *f* d'interdiction.

◆_조치 -措置 명 mesure *f* de prohibition [d'interdiction].

◆_품 -品 명 marchandise *f* prohibée [interdite], produit *m* interdit.

금족령 禁足令 명 interdiction *f* de sortir; consignation *f* d'un soldat au quartier. ◇_을 내리다[풀다] consigner un soldat au quartier [libérer un soldat qui était consigné, lever la consigne maintenant [bloquant] un soldat dans son quartier]. ¶딸아이가 늦게 들오는 일이 잦아 일주일 동안 ~을 내렸다 J'ai privé ma fille de sortie(*s*) [J'ai interdit à ma fille de sortir] pendant une semaine car il lui arrivait souvent de rentrer à une heure tardive.

금주[1] 禁酒 명 abstinence *f* de boissons alcoolisées. ¶~ 요법 régime sans alcool. ¶~ 운동 anti-alcoolisme. ◇_(를) 하다 s'abstenir de boire de l'alcool, renoncer à l'alcool, arrêter de boire, faire un [être en] sevrage d'alcool. ¶~하기로 맹세하다 jurer d'arrêter de boire. ¶~하는 중이다 être en sevrage d'alcool.

◆_령 -令 명 prohibition *f* de l'alcool, interdiction *f* de boire. ¶아버지께서 내게 ~령을 내리셨다 Mon père m'a interdit de boire.

◆_법 -法 명 la prohibition *f*, loi *f* sur la prohibition.

◆_회 -會 명 cercle *m* anti-alcoolique.

금주[2] 今週 명 cette semaine *f*. ¶~에는 수업이 없다 Nous n'avons pas de cours cette semaine. ¶~ 내에[안으로] 일을 끝내라 Finis le travail dans la [cette] semaine [d'ici la fin de la semaine]! ¶~ 중에 dans la semaine.

금줄 禁- 명 【민속】 corde *f* tendue pour empêcher le passage. ◇_을 치다 tendre une corde pour empêcher le passage.

금지 禁止 명 défense *f* ((d'afficher)); interdiction *f*; prohibition *f* ((du port d'armes)); suppression *f*. ¶~ 기간 période de prohibition, période [temps, saison] où quelque chose est interdit. ¶~ 조항 article de prohibition. ¶수입 ~ 조처를 취하다 prendre des mesures d'interdiction sur les produits importés. ¶주차 ~ stationnement interdit, interdiction de stationner. ¶좌회전 ~ interdiction de tourner à gauche. ¶유턴 ~ demi-tour interdit. ¶출입 ~ entrée interdite; défense d'entrer. ¶행상인 출입~ interdit aux vendeurs, pas de colporteurs. ¶통행 ~ passage interdit, interdit de circuler. ¶청소년 통행 ~ 지역 zone interdite aux mineurs. ◇_(를) 하다[시키다] défendre *qc* à *qn* [à *qn* de+*inf*]; prohiber ((l'importation des armes)); interdire ((l'opium)); condamner ((les armes atomiques)). ¶자동차 수입을 ~하다 interdire l'importations des voitures. ¶술[아편]을 ~하다 interdire les boissons alcoolisées [l'opium]. ◇_(가) 되다[(를) 당하다] être interdit(*e*), prohibé(*e*). ¶이 약품은 법률로 사용이 ~되어 있다 Ce médicament est interdit par la loi. ¶그 책은 판매가 ~되어 있다 La vente de ce livre est interdite. ¶회의 출석을 ~당하다 se faire interdire d'assister à la réunion. ¶반정부 집회는 경찰에 의해 ~당했다 La police a interdit la manifestation

anti-gouvernementale.
◆_곡 -曲 명 musique *f* [chanson *f*] interdite.
◆_령 -令 명 loi *f* de prohibition [d'interdiction].
금지옥엽 金枝玉葉 명 enfant *mf* ayant grandi [ayant été élevé(*e*)] comme un(*e*) prince(*sse*). ¶ ~으로 자라다 grandir comme un(*e*) prince(*sse*). ¶ ~처럼 기르다 élever *ses* enfants comme des princesses ou des princes.
금치산 禁治産 명 【법률】 interdiction *f* (judiciaire). ¶ ~을 선고하다 déclarer l'interdiction [la prohibition], frapper *qn* d'interdiction. ¶ ~을 청구하다 solliciter la prohibition, demander l'interdiction de *qn*. ¶ 그 사람은 정신병으로 ~ 선고를 받았다 On l'a jugé interdit parce qu'il est aliéné.
◆_자 -者 명 interdit(*e*) *mf* ((personne qui est incapable de disposer de *ses* biens)).
금파리 金- 명 mouche *f* dorée [verte].
금품 金品 명 argent *m* et objets *mpl* de valeur [de prix]. ¶ ~을 강탈하다 dévaliser *qn*, dérober *qn*. ¶ ~을 요구하다 demander de l'argent. ¶ ~을 수수한 혐의로 구속되다 se faire arrêter suite à une affaire de corruption.
금하다 타 ① défendre à *qn*/*qc* (de+*inf*); censurer, exclure, empêcher, prohiber ((l'importation des armes)); condamner ((les armes atomiques)); interdire, proscrire, supprimer. ¶ 상영[상연, 방송]을 ~ interdire un film [une projection, une émission]. ¶ 발행을 ~ interdire la publication ((d'un livre)); supprimer ((un journal)). ¶ 수출을 ~ mettre l'embargo sur les exportations. ¶ 호화 가구의 수입을 ~ interdire l'importation des meubles de luxe. ¶ 어떤 단어의 사용을 ~ proscrire l'usage d'un mot. ¶ 법은 중혼을 금하고 있다 La loi condamne la bigamie. ② ((눈물, 웃음, 감정 따위를)) s'empêcher de faire *qc*. ¶ 나는 눈물을 금할 수가 없었다 Je ne pouvais (pas) m'empêcher de pleurer. ¶ 나는 그 친구의 죽음에 슬픔을 금할 수 없었다 Devant sa mort, ma tristesse était immense. ¶ 그 사람은 불쌍한 감정이 드는 것을 금할 수 없다 Il ne peut se défendre d'un sentiment de pitié.
금형 金型 명 moule *m* [matrice *f*] en métal [métallique]. ◇_을 뜨다 fabriquer un moule en métal [métallique].
금혼 禁婚 명 interdiction *f* de mariage. ◇_(을) 하다[시키다] interdire le mariage.
금혼식 金婚式 명 noces *fpl* d'or. ◇_을 올리다 célébrer *ses* noces d'or.
금화 金貨 명 pièce *f* d'or; monnaie *f* en or. ¶ ~를 주조하다 monétiser de l'or. ¶ (금액을) ~로 지불하다 payer (une somme) en pièces d'or; payer *qc* en or.
금후 今後 명 avenir *m*; futur *m*. ¶ ~의 과제 un problème à résoudre ultérieurement, une tâche à accomplir dans l'avenir.
부 à compter de ce jour, à partir de maintenant, dès maintenant, dès à présent; dorénavant; à l'avenir; désormais. ¶ ~ 그런 일이 있을 것이다 Une telle chose va désormais arriver.
급[1] 級 명 classe *f*, niveau(*x*) *m*. ¶ 너와 나는 ~이 다르다 Je ne suis pas dans ta catégorie / On n'est pas dans la même catégorie / Nous ne sommes pas de [ne courrons pas dans] la même catégorie / Nous ne jouons pas dans la même catégorie / Tu n'es pas de taille à rivaliser avec moi / Tu ne m'arrives pas à la cheville. ¶ ~이 높다 avoir un haut niveau. ¶ ~이 오르다 atteindre un niveau supérieur. ¶ ~에 따라 분류하다 classer selon le niveau. ¶ 바둑 실력이 몇 ~이나 됩니까? Quel est votre niveau au *go*?
의명 niveau(*x*) *m*. ¶ 1~ 건축설계사 un architecte de premier niveau. ¶ 두 ~ 아래이다 être deux niveaux en dessous.
-급[2] -急 접미 niveau(*x*) *m*, rang *m*. ¶ 장관~의 d'un rang de ministre, ((réunion)) ministériel(*le*). ¶ 특~ 호텔 un hôtel de grand luxe [(à) cinq étoiles].
급-[3] 急- 접두 brusque, brut*al*(*ale*, *aux*); ((커브)) dangereu*x*(*se*), serré(*e*); ((경사)) abrupt(*e*), escarpé(*e*). ¶ ~강하 descente brutale [rapide], brusque chute. ¶ ~상승 hausse soudaine; montée [ascension] brutale [rapide] ((des prix)), brusque montée. ¶ ~브레이크[제동] freinage brusque [brutal]. ¶ ~커브 un tournant [un virage] très serré [dangereux, en épingle à cheveux].
급각도 急角度 명 angle *m* aigu. ¶ ~의 경사 une pente très raide [abrupte, escarpée]. ¶ ~로 à angle aigu. ¶ ~로 돌다 tourner [virer] brusquement, prendre un virage serré [en épingle à cheveux].
급강하 急降下 명 descente *f* rapide; chute *f*. ¶ 비행기의 ~ descente en piqué d'un avion. ¶ 온도의 ~ chute de température. ◇_(를) 하다 ((온도가)) baisser d'un coup {*fam*}, tomber, chuter; ((비행기가)) descendre en piqué, piquer. ¶ 비행기가 ~하였다 L'avion a fait un piqué. ¶ 기온[온도]이 영하 18도로 ~했다 La température a baissé d'un coup {*fam*} [est tombée, a chuté] jusqu'à moins 18 degré.
◆_폭격 -爆擊 명 bombardement *m* en piqué.
급격하다 형 être brusque, violent(*e*), emporté(*e*), vi*f*(*ve*), soudain(*e*), rapide. ¶ 누구에게 급격한 심경의 변화를 불러일으키다 provoquer [créer] chez *qn* un brusque changement d'état d'âme. ¶ 그는 체중의 급격한 감소를 보였다 Il a brusquement perdu du poids. ¶ 급격하게 변하는 국제정세 situation internationale très instable.
급경사 急傾斜 명 pente *f* raide [rapide, escarpée]; versant *m* abrupt ((d'une montagne)). ¶ 산길이 ~를 이루고 있다 Le sentier est en pente abrupte / Le sentier est abrupt [escarpé].
◆_면 -面 명 pente *f* raide.
급구 急求 명 besoin *m* urgent, recherche *f* urgente. ¶ 숙련공 ~ Recherche urgente [Besoin urgent] d'ouvriers expérimentés.
급급하다 형 être avide de, être cupide, être âpre

((au gain)); être uniquement préoccupé(*e*) par *qc*, ne penser [ne songer] qu'à *qc*, être tout enti*er*(*ère*) à. ¶ …하는 데에 ~ ne penser [ne songer] qu'à+*inf.* ¶ 그 사람은 사과는 하지 않고 변명에만 ~ Il ne fait que plaidoyer sans s'excuser. ¶ 그 사람은 돈벌이에 ~ Il ne pense [ne songe] qu'à gagner de l'argent / Il est âpre au gain. ¶ 명예에 급급해서 ne pensant qu'à l'honneur.

◆**급급히** 부 urgemment; impatiemment; impétueusement.

급기야 부 enfin, à la fin, finalement; après tout; au bout du compte, en fin de compte, en somme, en définitive, à la longue. ¶ 그는 ~ 빚까지 졌다 Il a fini par avoir des dettes. ¶ 그는 3일 내내 열에 시달리더니 ~ 헛소리까지 해댔다 Après trois jours de fièvre, il a fini par délirer [il délirait].

급등 急騰 명 hausse *f* subite [brutale] ((des prix)). ¶ 생활비의 ~ hausse subite du coût de la vie. ¶ 주식 시세의 ~ hausse subite des (valeurs des) actions, brusque remontée de la Bourse. ¶ 물가 ~ hausse subite des prix [inflation brutale]. ◇_(을) **하다** ((prix)) monter brusquement [soudainement, subitement]. ¶ 그 뉴스 때문에 주가가 ~했다 Cette nouvelle a provoqué une remontée subite de la Bourse [une remontée brutale des cours de la Bourse]. ¶ 산유국들의 감산조치로 유가가 ~했다 Le prix du pétrole a augmenté brusquement à cause de la décision qu'ont prise les pays producteurs de diminuer la production.

◆**_세** -勢 명 remontée *f* subite [brutale, soudaine]. ¶ 주가가 ~세로 돌아섰다 Les cours de la Bourse ont brusquement remonté / La Bourse est brusquement remontée.

급락 急落 명 baisse *f* subite ((des actions)); forte baisse *f* ((des prix)); effondrement *m* ((des cours)). ¶ 물가의 ~ la baisse subite des prix. ¶ 인기의 ~ la chute [la baisse subite] de la (cote de) popularité ((de *qn*)). ◇_(을) **하다** baisser subitement [soudainement, brusquement]. ¶ 환율이 ~한다 Le taux de change baisse brusquement.

◆**_세** -勢 명 en baisse *f* soudaine [brutale].

급랭 急冷 명 congélation *f* rapide. ◇_(을) **하다**[(이) **되다**] congeler [être congelé(*e*)] rapidement. ◇_(을) **시키다** congeler rapidement. ¶ 잡은 참치를 ~시키다 congeler rapidement le thon après l'avoir pêché.

급료 給料 명 salaire *m*, paie *f*, paye *f* ((d'un ouvrier)); gages *mpl* ((d'un domestique)); appointements *mpl* ((d'un employé)); ((봉급)) traitement *m* ((d'un fonctionnaire)); ((자유직 종사자에 대한 보수)) honoraires *mpl*. ¶ 적은 ~ salaire pauvre [médiocre], bas salaire. ¶ 많은 ~ salaire élevé, haut salaire. ¶ 내 남편은 ~가 높다[낮다] Mon mari est bien [mal] payé / Mon mari est bien [mal] rétribué. ¶ ~가 높은 회사 compagnie qui paie bien. ¶ ~를 지불하다 [주다] payer à *qn* des appointements; rétribuer *qn*. ¶ ~를 받다 recevoir [toucher] *son* salaire [*sa* paie, *ses* appointements, *son* traitement], être payé(*e*), rétribué(*e*). ¶ 월 200만 원의 ~를 받다 recevoir un salaire mensuel de deux millions de wons. ¶ ~를 올리다 augmenter (le salaire de) *qn*. ¶ 내 ~가 100 유로 올랐다 J'ai été augmenté(*e*) de cent euro.

급류 急流 명 rapide *m*, cours *m* d'eau [courant *m*] rapide; ((산 속의)) torrent *m*. ¶ ~를 타다 faire du rafting. ¶ 래프팅을 해서 ~를 타고 내려가다 descendre des rapides en raft. ¶ ~에 휩쓸리다 se noyer dans un torrent.

◆**_타기** 명 rafting *m*.

급무 急務 명 affaire *f* urgente [pressante]; nécessité *f* urgente; devoir *m* urgent.

급박하다 형 être imminent(*e*), urgent(*e*), pressant(*e*). ¶ 급박한 사태[상황] situation d'urgence. ¶ 시일이 ~ Le délai est imminent / Le temps presse. ¶ 상황이 급박하게 돌아간다 La situation change d'une seconde à l'autre.

급반등세 急反騰勢 명 chute *f* brutale des cours suivie d'une remontée brutale [violente]. ¶ 주가가 ~를 보였다[나타냈다] Les valeurs boursières ont subi une chute brutale suivie d'une remontée tout aussi (inattendue et) violente.

급변 急變 명 changement *m* subit [brusque]; accident *m* inopiné; cas *m* imprévu. ◇_(을) **하다** changer [se modifier, se transformer, se métamorphoser, évoluer] rapidement [brusquement, subitement]; être mouvant(*e*), rapidement évoluti*f*(*ve*). ¶ ~하는 국제 정세 une situation internationale qui change rapidement, une situation internationale instable [mouvante, rapidement évolutive]. ¶ 사태가 ~했다 La situation a soudainement [subitement] évolué [changé].

급보 急報 명 message *m* urgent [pressant]; alerte *f*. ¶ 그는 아버지가 위독하시다는 ~를 받고 급히 고향으로 내려갔다 Il est parti chez lui après avoir reçu un message urgent qui annonçait que son père était mourant [dans un état très grave, dans un état désespéré, très mal en point {*fam*}].

급부 給付 명 prestation *f* en nature ou en espèce. ◇_(를) **하다** fournir des subsides ou des choses nécessaires.

급부상 急浮上 명 ① ((잠수함 따위가)) 급히 떠오름 remontée *f* brutale ((d'un sous-marin)) en surface [à la surface de la mer], brusque émersion *f* ((d'un sous-marin)). ② ((비유적)) brusque émersion *f* ((d'une proposition)). ◇_(을) **하다**[(이) **되다**] ① remonter brutalement (à la surface), émerger brusquement. ¶ 잠수함이 ~했다 Le sous-marin est brutalement remonté à la surface de la mer / Le sous-marin a brutalement émergé. ② ((une proposition)) émerger brutalement. ¶ 그 제안이 해결책으로 ~했다 Cette proposition a brutalement émergé comme solution. ◇_(을) **시키다** faire remonter brutalement ((un sous-marin)) à la surface de la mer, faire

ㄱ

brutalement émerger ((un sous-marin)). ¶ 잠수함을 ~시키다 faire remonter brutalement un sous-marin en surface [à la surface de la mer], faire brutalement émerger un sous-marin.

급브레이크 영{-brake} 명 freinage *m* brusque [brutal]. ¶ ~를 밟다 freiner brusquement, faire un freinage brusque, piler {*fam*}.

급사[1] 急死 명 mort *f* subite [soudaine]. ◇_(를) **하다** mourir subitement, mourir sur le coup. ¶ 그는 교통사고로 ~했다 Il est mort sur le coup dans un accident de voiture.

급사[2] 給仕 명 coursier *m*, garçon *m* de courses ((dans un bureau)); ((호텔이나 식당의)) chasseur *m*.

급사[3] 急使 명 messag*er*(*ère*) exprè*s*(*esse*); porteu*r*(*se*) de dépêches; coursier *m*, message *m* [dépêche *f*] urgent(*e*). ¶ ~를 보내다[파견하다] dépêcher un messager exprès, envoyer un coursier.

급살 急煞 명 étoile *f* maléfique; mauvais présage *m*. ◇_(을) **당하다[맞다]** mourir subitement.
*~(을) **맞다** 【속어】 être maléfique. ¶ 비가 ~맞게 퍼붓는다 Il pleut des cordes tout d'un coup.

급상승 急上昇 명 brusque remontée *f*, hausse *f* soudaine; montée *f* [ascension *f*] brutale [rapide] ((des prix)), brusque montée *f*. ¶ 주가의 ~ 반전 brusque remontée de la Bourse [des cours de la Bourse], hausse subite des (valeurs des) actions. ◇_(을) **하다** remonter brusquement; ((prix)) monter brusquement [soudainement, subitement]. ¶ 그 배우는 인기가 ~했다 La cote de popularité de cet(*te*) ac*teur*(*trice*) est brusquement remontée.

급서 急逝 명 mort *f* subite. ◇_(를) **하다** mourir subitement.

급선무 急先務 명 travail *m* prioritaire et urgent, devoir *m* pressant, nécessité *f* urgente, exigence *f* primordiale, affaire *f* pressée. ¶ 당면한 ~ affaire urgente du jour [de l'heure]. ◇_(이)**다** être prioritaire, urgent(*e*), pressant(*e*). ¶ 그 사건의 원인을 찾아내는 것이 ~이다 Il est urgent de trouver les causes de cet accident. ¶ 서울시정은 무엇보다도 교통난 해결이 ~이다 Le plus urgent pour la ville de Séoul est de régler les problèmes de circulation.

급선회 急旋回 명 virage *m* très serré [dangereux, en épingle à cheveux]. ◇_(를) **하다** prendre un virage serré [en épingle à cheveux], virer [tourner] brusquement. ¶ 비행기는 갑자기 남쪽 방향으로 ~하였다 L'avion a viré brusquement vers le sud.

급성 急性 명 ((maladie)) aigu(*ë*) ((opposé à chronique)). ¶ ~ 간염 une hépatite aiguë. ¶ ~ 맹장염 une appendicite aiguë. ¶ ~ 폐렴 une pneumonie aiguë. ¶ ~ 전염병 une maladie contagieuse aiguë. ¶ ~ 질환 trouble *m* aigu, mal *m* aigu, maladie *f* aiguë. ◇_ **이다** être aigu(*ë*). ¶ 이 병은 ~이라서 빨리 치료해야 한다 Cette maladie étant aiguë, il faut la soigner au plus vite.

급성장 急成長 명 développement *m* rapide [soudain, prompt]. ◇_(을) **하다** se développer rapidement [en un coup de vent].

급소 急所 명 ① point *m* sensible, point *m* vital. ¶ ~를 치다[때리다] attaquer le point vital. ¶ ~를 맞고 쓰러지다 s'écrouler à la suite d'une attaque sur un point vital. ② 요점 essentiel(*le*); point *m* capital. ¶ ~를 찌르는 질문 question qui entre dans le vif du problème.

급속 急速 명 accélération *f*. ¶ ~ 냉각 congélation [refroidissement] rapide, surgélation.
◆**_하다** 형 s'accélérer, être [devenir] rapide. ¶ 급속한 발전[성장]을 이룩하다 atteindre un développement rapide. ¶ 경제가 급속(하게) 성장하고 있다 L'économie se développe rapidement / On assiste actuellement à un développement rapide de l'économie.
◆**_히** 부 rapidement, vite, promptement, avec rapidité, avec promptitude; en hâte. ¶ ~히 성장을 하다 se développer rapidement, prendre rapidement de l'importance, grandir [croître] rapidement [tout d'un coup], avoir une croissance rapide.

급속도 急速度 명 grande vitesse *f*. ¶ 관계[상태]가 ~로 악화되었다[나빠졌다, 좋아졌다, 호전되었다] Les relations ont [La situation a] mal [bien] tourné très rapidement / Les relations [La situation] se sont [s'est] aggravée(*s*) [améliorée(*s*)] très rapidement. ¶ 산업이 ~로 발전하다 L'industrie se développe à grande vitesse.

급송 急送 명 expédition *f* rapide. ¶ 산지 ~ expédition rapide depuis la région de production. ◇_(을) **하다[시키다]** envoyer [expédier] *qc* d'urgence [par exprès]. ¶ 수하물을 항공편으로 ~하다 envoyer un petit colis en urgence par avion. ◇_(이) **되다** être envoyé(*e*) [expédié(*e*)] d'urgence [par exprès].

급수[1] 給水 명 alimentation *f* [approvisionnement *m*, distribution *f*] d'eau (potable); service *m* des eaux, distribution *f* des eaux. ¶ 가뭄으로 ~제한을 실시하다[풀다] restreindre [supprimer la restriction de] l'alimentation d'une ville en eau pour cause de sécheresse. ¶ ~를 끊다[단절하다] couper [interrompre] l'alimentation en eau ◇_(를) **하다** alimenter [approvisionner, fournir, distribuer] en eau (potable).
◆**_관** -管 명 tuyau(*x*) *m* d'alimentation; conduite *f* d'eau.
◆**_선** -船 명 bateau-citerne(*~x-~s*) *m*.
◆**_장** -場 명 service *m* des eaux.
◆**_전** -栓 명 robinet *m* d'eau.
◆**_차** -車 명 camion-citerne *m*. 명 château(*x*) *m* d'eau.
◆**_탱크** 명 citerne *f*.
◆**_펌프** 명 pompe *f* à eau.

급수[2] 級數 명 ① 【수학】 progression *f* ((géométrique, arithmétique)).
◆**기하[등비]_** 幾何[等比]- 명 progression *f*

géométrique [par quotient].

◆ 산술[등차] 算術[等差]- 명 progression *f* arithmétique [par différence]. ② ((바둑)) grade *m*, niveau *m*; *dan m* ((au jeu de *go*, au *judo*)). ¶ 그 사람은 바둑[유도, 검도]의 ~가 높다 즉 3단이다 Il a un grade [niveau] élevé au jeu de *go* [au *judo*, au *kendo*]. Il est troisième dan.

급습 急襲 명 charge *f*; attaque *f* soudaine [par surprise], assaut *m*. ¶ 적의 ~으로 아군의 피해가 크다 Une attaque soudaine a causé de grands dégâts parmi nos troupes ◇_(을) **하다** charger [attaquer] à l'improviste [brusquement], donner l'assaut, prendre ((une tranchée)) d'assaut. ¶ 경찰은 불법 도박장을 ~하였다 La police a investi sans prévenir un tripot illégal. ◇_(을) **당하다** être attaqué(*e*) à l'improviste [brusquement].

급식 給食 명 distribution *f* de repas ((dans la cantine d'une école ou d'une entreprise)); demi-pension *f*. ¶ 학교 ~ restauration scolaire. ¶ 이 회사는 종업원들에게 ~을 제공한다 Cette société offre un service de restauration aux employés ◇_(을) **하다** fournir [distribuer] des repas à une collectivité ((scolaire, ouvrière)). ◇_(을) **받다** prendre le repas de midi (à la cantine d'une école ou d'une entreprise, au réfectoire, dans un restaurant d'entreprise). ¶ 학교에서 ~을 받다 être demi-pensionnaire.

◆ **_대** -臺 명 présentoir *m* d'une cantine (scolaire).

◆ **_비** -費 명 frais *mpl* [tarif *m*] de demi-pension.

◆ **_제** -制 명 (système *m* de) demi-pension *f*.

◆ **_아동** -兒童 명 demi-pensionnaire(~-~*s*).

급액 給額 명 montant *m* payé.

급여 給與 명 ① allocation *f*, prestation *f*. ② appointements *mpl*, salaire *m*, rétribution *f*, traitement *m*. ¶ ~ 소득 revenus salariaux. ¶ 이 회사는 ~가 좋은 편이다 Cette entreprise paie [offre] un bon salaire. ◇_(를) **주다** payer, rétribuer, rémunérer. ◇_(를) **받다** recevoir un salaire.

◆ **_금** -金 명 allocation *f*.

◆ **_기준** -基準 명 base *f* de salaire.

◆ **_소득세** -所得稅 명 impôt *m* (prélevé directement) sur le salaire.

◆ **_지불명세** -支拂明細 명 bulletin *m* de paie [de salaire].

◆ **_체계** -體系 명 système *m* de paiement.

◆ **현물_** 現物- 명 prestation *f* en nature.

급우 級友 명 camarade de classe. ¶ 사고로 ~를 잃다 perdre un camarade de classe dans un accident.

급유 給油 명 ravitaillement *m* en pétrole [essence, mazout]. ◇_(를) **하다** ravitailler en pétrole [essence, mazout].

◆ **_기** -機 명 appareil *m* de ravitaillement en vol ((armée de l'air)).

◆ **_선** -船 명 bateau(*x*) *m* ravitailleur (au large), pétrolier *m*.

◆ **_소** -所 명 poste *m* d'essence, station-service (~*s*-~) *f*

◆ **공중_** 空中- 명 ravitaillement *m* en vol.

급작스레 부 soudain, soudainement, subitement, brusquement. ¶ ~ 당한 일 un accident [un événement] qui est arrivé brusquement.

급장 級長 명 délégué(*e*) de classe.

급전[1] 急錢 명 somme(s) *f* [capitaux *mpl*] de nécessité pressante. ¶ ~을 꾸다 emprunter les sommes [les capitaux] impérativement nécessaires. ¶ ~을 마련[융통]해 주다 fournir immédiatement les sommes [les capitaux] impérativement nécessaires.

급전[2] 急轉 명 changement *m* brusque [soudain, subit]; (brusque) retournement *m*, revirement *m*. ¶ 형세의 ~ (직하) (brusque) retournement [revirement] de la situation. ¶ 사건은 ~직하로 해결되었다 L'affaire a été subitement résolue. ◇_(을) **하다** changer brusquement [soudain, subitement]; subir un changement brusque. ¶ 눈 깜짝할 사이에 사태가 ~하였다 La situation changea rapidement [brutalement, d'un seul coup] / La situation bascula brutalement [d'un seul coup] / On assista à un brusque retournement de la situation.

급전[3] 急電 명 dépêche *f* urgente; appel *m* téléphonique urgent. ¶ ~으로 알리다 annoncer par une dépêche urgente. ◇_을 **보내다[치다]** envoyer une dépêche urgente.

급정거 急停車 명 arrêt *m* brusque [net, brutal] ((d'une voiture)). ◇_(를) **하다** s'arrêter brusquement [net], piler {*fam*}; ((사람 주어)) stopper brusquement, freiner brusquement [brutalement].

급제 及第 명 【역사】 réussite *f* à un concours pour hauts fonctionnaires. ¶ 장원 ~ le premier prix au concours pour hauts fonctionnaires. ◇_(를) **하다** réussir au concours pour hauts fonctionnaires.

급제동 急制動 명 freinage *m* brutal. ◇_(을) **걸다** freiner brutalement [brusquement]; piler {*fam*}.

급조 急造 명 construction *f* hâtive. ◇_(를) **하다** bâtir [construire] *qc* à la hâte [en hâte]. ¶ 안을 ~하다 ébaucher hâtivement un projet. ◇_(가) **되다** être ébauché(*e*), esquissé(*e*) à la hâte, fait(*e*) à la hâte. ¶ ~된 다리 pont fait [construit] à la hâte. ¶ ~된 계획 plan [projet] fait [établi] à la hâte.

급증 急增 명 augmentation *f* rapide; croissance *f* rapide. ¶ 교통량의 ~ accroissement rapide de la circulation. ¶ 도시 인구의 ~ accroissement trop rapide de la population urbaine. ◇_(을) **하다[(이) 되다]** augmenter [s'accroître, se développer] rapidement; se multiplier. ¶ 지출이 ~하였다 Les dépenses se sont accrues.

급진 急進 어근

◆ **_적** -的 명관 radic*al*(*ale*, *aux*); extrême. ¶ ~적인 개혁 réforme radicale.

◆ **_사상** -思想 명 idées *fpl* radicales, idées *fpl* [opinions *fpl*] extrêmes.

◆ **_사회당** -社會黨 명 parti *m* radical-socialiste.

◆ **_정당** -政黨 명 parti *m* radical.

◆ **_주의** -主義 명 radicalisme *m*.

◆_주의적 -主義的 명관 extrémiste, radical(ale, aux). ◆_파 -派 명 groupe m extrémiste [radical].

급진전 急進展 명 progrès mpl rapides. ◇_(이) 되다 [(을) 하다] faire des progrès rapides, progresser rapidement. ¶ 협상이 ~ 되었다 La négociation a rapidement progressé.

급체 急滯 명 indigestion f soudaine. ◇_(를) 하다 avoir une indigestion soudaine.

급커브 急- 명 virage m [tournant m] dangereux [très serré, en épingle à cheveux]. ¶ ~를 돌다 prendre un virage dangereux [très serré, en épingle à cheveux].

급파 急派 명 envoi m d'urgence. ◇_(를) 하다 dépêcher [envoyer] d'urgence ((un messager)). ¶ 기자를 현장에 ~ dépêcher d'urgence un reporter sur les lieux. ◇_(가) 되다 être dépêché(e) [envoyé(e)] d'urgence.

급하다 형 ① être pressant(e), imminent(e), urgent(e); ((besogne, lettre)) être très pressé(e). ¶ 급한 경우에는 en cas d'urgence. ¶ 급한 편지 lettre urgente. ¶ 급한 일부터 처리하다 traiter par ordre d'urgence. ¶ 급한 용무가 있다 avoir une affaire urgente [une urgence] à régler. ¶ 기차 시간이 ~ On doit se dépêcher pour prendre le train. ¶ 난 지금 매우 급하니 다음에 전화하시오 Je suis très occupé(e) en ce moment. Rappelez-moi une autre fois! ¶ 돈이 ~ On a un urgent besoin d'argent. ¶ 우선 사람을 살리는 일이 ~ Le plus urgent [La première chose à faire] est de sauver les vies humaines / Il faut avant tout sauver les gens / Il faut avant tout s'occuper de la population [des habitants, des passagers] / Il faut privilégier les vies humaines. ② 조급하다 être impatient(e), pressé(e), impérieux(se), emporté(e), agacé(e), irascible, irritable; ((tempérament, nature)) être vif(ve), violent(e), fougueux(se), impétueux(se). ¶ 급한 성미 nature impétueuse; caractère impérieux [emporté, impatient]; tempérament vif [violent, fougueux]; ((avoir le)) sang chaud; ((avoir l'))humeur très impatiente. ¶ 저 사람은 성격이 ~ Cet homme est impatient / Cette personne est d'une nature impétueuse / Cette personne est d'un tempérament vif / Cette personne a le sang chaud. ¶ 마음만 급했지 일을 하나도 제대로 못했다 Malgré l'envie que nous avions d'avancer, nous n'avons pas du tout progressé / L'envie ne nous manquait pas, mais nous n'avons pas du tout progressé [avancé]. ¶ 급한 결론을 내리다 tirer rapidement une conclusion (de qc); tirer des conclusions hâtives; se hâter de conclure. ¶ 급하게 결론을 짓다 conclure hâtivement [précipitamment, dans la précipitation]. ③ ((경사나 빠르기가)) être raide, escarpé(e), abrupte; être dangereux(se). ¶ 급한 커브(길) un virage dangereux, un virage très serré [en épingle à cheveux]. ¶ 급한 물살 un courant rapide. ¶ 이 곳은 경사가 급해 사고가 많이 난다 À cause d'une pente dangereuse, on dénombre ici beaucoup d'accidents. ¶ 급하게 기울어진 경사 une pente (très) abrupte [raide]. ④ 위급하다 être urgent(e), critique, alarmant(e). ¶ 급한 환자 un malade dans un état critique. ¶ 급한 상황 une situation critique. ¶ 바쁠수록 마음을 급하게 먹어서는 안 된다 Plus on est pressé, plus on doit rester calme. ¶ 너무 급하게 굴지 마라 Ne sois pas impatient(e)! / Ne te presse pas!

◆급히 부 d'urgence, rapidement; trop rapidement, trop vite, hâtivement; précipitamment, en (toute) hâte; d'une manière pressée; urgemment; impatiemment. ¶ 급히 먹다 manger trop rapidement [trop vite]. ¶ 나는 급히 돈이 필요하다 J'ai un besoin urgent d'argent / J'ai besoin d'argent en urgence. ¶ 급히 드릴 말씀이 있습니다 J'ai quelque chose d'urgent à vous dire.

*급히 먹는 밥이 목이 멘다 La précipitation nuit à la réalisation d'un but.

급행 急行 명 (train m) express m, rapide m. ¶ 11시 50분발 부산행 ~ l'express de 11 h 50 à destination de Busan. ¶ ~을 타다 prendre un train express [un car de liaison rapide]. ¶ ~으로 가다 aller en train express [par car de liaison rapide]. ¶ 그곳까지는 ~으로 2시간이 걸린다 On met 2 heures pour y aller par l'express. ¶ 이 열차가 ~입니까 완행입니까? Est-ce un train express ou omnibus?

◆_료 -料 명 ① prix m [tarif m] du billet de l'express. ② pot-de-vin m [dessous-de-table m, enveloppe f] pour accélérer les procédures [les formalités]. ◆_열차 -列車 명 (train m) express m. ¶ 서울 부산간 ~ l'express Séoul-Busan.

급회전 急回轉 명 virage m très serré [en épingle à cheveux]; virage m dangereux. ◇_(을) 하다 tourner [virer] brusquement.

긋다 타 ① tracer [marquer, dessiner, pointer, circonscrire, retracer]; faire un trait; tirer un trait [une ligne]. ¶ 종이[땅]에 금[선, 줄]을 ~ tracer [marquer] une ligne sur le papier [sur le sol]. ¶ 글자의 획을 ~ tracer les traits d'une lettre [d'un alphabet, d'un caractère]. ② ((성냥을)) frotter, gratter, craquer ((une allumette)). ¶ 성냥불을 그어 당기다[대다] allumer en craquant une allumette. ③ ((칼로)) égratigner. ¶ 칼로 남의 얼굴을 ~ égratigner le visage de qn avec un couteau. ④ ((외상을)) faire inscrire [marquer] ((sur le carnet des objets vendus à crédit)), mettre[inscrire, ajouter] sur sa note[son ardoise {fam}]. ¶ 술 마시고 가진 돈이 없어서 외상을 그었다 Après avoir bu, faute d'argent j'ai fait porter le montant sur le cahier des débiteurs.

긍정 肯定 명 affirmation f. ¶ 그 사람의 대답은 ~도 부정도 아니었다 Sa réponse n'était ni affirmative, ni négative / Il n'a répondu ni par l'affirmative, ni par la négative / Il n'a dit ni oui, ni non / Sa réponse fut une réponse de Normand. ◇_(을) 하다 affirmer, confirmer.

◆_적 -的 명관 ① ((논리, 문법)) affirmati(ve). ¶

~적 명제 proposition affirmative. ¶ ~적 표현 forme affirmative; tournure affirmative. ② positi*f*(*ve*) ¶ ~적으로 생각하다 penser positivement, avoir des idées positives. ¶ 그 사람의 대답은 매우 ~적이다 Sa réponse est très positive. ¶ 인생을 ~적으로 바라보다 prendre la vie de façon positive.

긍정극어 肯定極語 명 【언어】 terme *m* [item *m*] de [à] polarité positive.

긍정부사 肯定副詞 명 【언어】 adverbe *m* d'affirmation.

긍지 矜持 명 orgueil *m*; fierté *f*; dignité *f*, amour-propre(~*s*-~*s*) *m*. ¶ 한민족으로서의 ~ orgueil national en tant que Coréen(*ne*). ◇_**를 갖다** [**느끼다**] mettre *son* orgueil à bien faire *qc*; être fi*er*(*ère*) de *qn*/*qc*, tirer fierté de *qc*; se sentir fi*er*(*ère*), s'enorgueillir, se glorifier, se prévaloir. ¶ 민족 문화에 대해 ~를 갖다 être fier de la fabuleuse culture. ◇_**를 지키다** garder *sa* dignité; sauver la face.

긍휼 矜恤 명 pitié *f*. ◇_(**을**) **하다** prendre *qn* en pitié; avoir pitié de *qn*; éprouver de la compassion pour *qn*; regarder *qn* avec pitié. ◇_(**을**) **베풀다** prendre *qn* en pitié; avoir pitié de *qn*.
◆_**히** 부 avec pitié. ¶ 누구를 ~히 여기다 prendre *qn* en pitié; avoir pitié de *qn*.

기¹ 氣 명 《원기》 vitalité *f*, vigueur *f*, énergie *f*, vivacité *f*, allant *m*, entrain *m*; 《힘의 전부》 force *f*, vigueur *f*, zèle *m*; 《숨》 haleine *f*, souffle *m*; 《정신력》 moral *m*; entrain *m*; 《철학》 vie *f*, vigueur *f*, force *f* vitale; 《객기》 fanfaronnade *f*, folle audace *f*. ¶ ~가 부족하다[넘치다] manquer [déborder] de vitalité. ¶ ~가 왕성하다 être plein(*e*) de vigueur. ¶ 자기 몸의 ~를 잘 다스려야 건강을 유지할 수 있다 Pour rester en bonne santé, il faut contrôler sa force vitale [son énergie]. ¶ 그 사람은 ~가 쇠해서 병이 들었다 Ayant épuisé toute son énergie, il est tombé malade. ¶ 그 사람은 ~가 세서 쉽게 말을 듣지 않는다 Il ne se soumet pas facilement parce qu'il est très entier [irréductible]. ¶ 어디선가 차가운 ~가 느껴진다 On sent un air froid quelque part. ¶ 이 이불에는 아직 따스한 ~가 남아 있다 La place est encore chaude sous cette couverture. ¶ 그 사람의 얼굴에는 붉은 ~가 돈다 Il a le teint rougeâtre. ◇_(**를**) **쓰다** s'efforcer de+*inf*, faire tous *ses* efforts pour+*inf*, se démener pour+*inf*. ¶ ~를 쓰고 노력하다 faire tout *son* possible, faire tout ce qui est en *son* pouvoir, faire le maximum, remuer ciel et terre, faire des pieds et des mains, utiliser [employer] tous les moyens en *son* pouvoir, faire feu [flèche] de tout bois; essayer par tous les moyens; se démener pour+*inf*, faire tous *ses* efforts pour+*inf*, mettre toute *son* énergie [tout *son* zèle] à *qc*/*inf*, se donner corps et âme [tout entier] à 《un travail》; se donner beaucoup de peine, se donner beaucoup de mal [un mal de chien {*fam*}, un mal fou, un mal du diable {*fam*}, un mal d'enfer {*fam*}], se décarcasser {*fam*}, se casser le cul {*vulg*}, se mettre en quatre, se dépenser, se battre, se bagarrer {*fam*} pour obtenir *qc*, se défoncer {*fam*}. ¶ ~를 쓰고 무거운 짐을 들어올리다 faire de grands efforts pour soulever un fardeau. ¶ ~를 쓰고 반대하다 faire une opposition acharnée; résister farouchement. ¶ ~를 쓰고 덤벼들다 attaquer [se jeter sur, se lancer sur] *qn* à corps perdu [de toutes *ses* forces]. ¶ 그 사람은 한 마디도 지지 않으려고 ~를 쓴다 Il s'obstine à répondre à chaque argument. ◇_**를 펴다** se sentir bien, se sentir à l'aise, se sentir triomphant(*e*). ¶ ~를 펴지 못하다 se sentir gêné(*e*), mal à l'aise; vivre dans la contrainte. ¶ 그는 형들에게 치여서 ~를 펴지 못하는 것같다 Il a l'air écrasé par ses frères (aînés). ¶ 내 집을 마련하니 이젠 우리도 ~를 펴고 살 수 있겠다 Puisque nous possédons un toit, désormais nous pouvons vivre à notre guise. ◇_**를 꺾다** abattre *qn*; décourager *qn*, démoraliser *qn*, démonter *qn*, saper le moral à *qn* {*fam*}; déprimer *qn*. ¶ 자라는 애의 ~를 꺾어서는 안 된다 Il ne faut pas décourager des enfants en pleine croissance. ◇_(**가**) **꺾이다** se décourager, se démoraliser, perdre courage; être abattu(*e*), déprimé(*e*), mal à l'aise. ¶ 그 사람은 이번 일로 ~가 많이 꺾였다 Cet événement l'a complètement abattu. ◇_(**를**) **죽이다** abattre *qn*; décourager *qn*, déprimer *qn*, démoraliser *qn*, démonter *qn*, saper le moral à *qn* {*fam*}. ¶ 요즘 부모들은 애들 ~ 죽이지 않으려고 너무 버릇없이 키운다 Les parents actuels gâtent leurs enfants pour préserver leur ego [leur estime personnelle]. ◇_(**가**) **죽다** être abattu(*e*), déprimé(*e*); être découragé(*e*); avoir le moral atteint [bas]. ¶ 그 사람은 ~가 죽었다 Il est abattu [déprimé] / Il a le moral atteint [bas]. ¶ 나는 ~가 죽어서 아무 말도 못 했다 J'étais abattu, alors je n'ai rien dit. ¶ 그 사람의 말에 우리는 ~가 팍 죽었다 Nous avons perdu courage en l'entendant parler [en entendant ce qu'il disait]. ◇_**가 나다**[**살다**, **오르다**] être plein(*e*) d'entrain [de vigueur]; être vi*f*(*ve*), acti*f*(*ve*), animé(*e*). ¶ ~가 나서 avec entrain; avec vigueur, vigoureusement. ¶ 그 녀석은 더욱 ~가 살아서[오라서] 대들었다 Il devenait vigoureusement impertinent. ◇_(**가**) **막히다**[**차다**] en avoir le souffle coupé, perdre *sa* parole; demeurer [rester] sans voix; être totalement interloqué(*e*); rester totalement muet(*te*) 《d'étonnement, de stupeur》, être stupéfait(*e*), stupéfié(*e*) de [par] *qc*, frappé(*e*) de stupeur, (tout) ébahi(*e*), abasourdi(*e*), muet(te) 《de stupeur》, ahuri(*e*), hébété(*e*), ébaubi(*e*), éberlué(*e*), interdit(*e*), médusé(*e*), pantois(*e*), sidéré(*e*), suffoqué(*e*), stupide {*litt*} 《de surprise》, épaté(*e*) {*fam*}, époustouflé(*e*) {*fam*}, estomaqué(*e*) {*fam*}, soufflé(*e*) {*fam*}, scié(*e*) {*fam*}; tomber des nues, ne pas en revenir, ne pas en croire *ses* oreilles, en rester baba [bouche bée, sur les fesses {*fam*}, sur le cul {*vulg*}]; en être comme deux ronds de flan {*fam*}, en rester coi(*te*); être étonnant(*e*), surprenant(*e*), ahurissant(*e*), épatant(*e*), stupéfiant(*e*), prodigieux(*se*); être extraordinaire, formidable, saisissant(*e*), éblouissant(*e*), superbe, ravissant(*e*), magnifique, époustouflante {*fam*}, soufflant(*e*) {*fam*}, incroyable. ¶ ~가 막혀서[차서] 말이 안 나왔다 Je restais muet(te) de stupeur / Abasourdi(*e*) [Sidéré(*e*), Stupéfait(*e*)], je ne pouvais prononcer un seul mot / Je suis resté(*e*) bouche bée sous le coup de la surprise / J'étais tellement choqué(*e*) que je ne pouvais pas dire un mot / J'en suis resté(*e*) tout(*e*) ébahi(*e*)! / J'en suis resté(*e*) baba [sur les fesses, sur le cul]! {*fam*} / J'en suis resté(*e*) comme deux ronds de flan / J'en suis tombé(*e*) des nues / J'en suis resté(*e*) muet(te) de stupeur. ¶ 그 녀석이 국회의원이 되다니 ~가 막힌 일이다[막힐 노릇이다, 찰 노릇이다] C'est incroyable que ce type soit devenu député! / Ce type est devenu député. Je n'en reviens pas [J'en tombe des nues, Je n'en crois pas mes oreilles, Cette nouvelle m'a scié(*e*) {*fam*} [soufflé {*fam*}], Ça me sidère, C'est trop fort, Ça me scie] / Je suis scié(*e*) {*fam*} que ce type soit devenu député! ¶ ~차게 magnifiquement, superbement, extraordinairement, drôlement {*fam*}. ¶ ~가 막히게 멋있는 자동차 voiture belle à en couper le souffle; magnifique voiture; voiture extrêmement belle [d'une extrême beauté]. ¶ 그 친구는 ~차게 멋진 집에서 산다 Il habite une magnifique maison. ◇_(가) **질리다** être effrayé(*e*), saisi(*e*) d'épouvante, muet(*te*) de stupeur. ¶ 그 엄청난 숫자에 ~가 질려서 아무 말도 할 수 없었다 Effrayé(*e*) par un tel chiffre, j'en suis resté(*e*) bouche bée [je ne pouvais prononcer un seul mot, je n'ai pas pu dire un mot, j'en suis resté(*e*) la bouche ouverte].

접미 ((기운)) aspect *m*; toucher *m*; tact *m*; sensation *f*; sentiment *m*. ¶ 감기~ signes avant coureurs du rhume. ¶ 기름~ un aspect graisseux; le gras, la graisse. ¶ 물~가 많은 땅 un sol humide. ¶ 소금~ la salure, la salinité. ¶ 시장~를 느끼다 avoir faim. ¶ 핏~ le teint, la carnation.

기[2] 旗 명 drapeau(*x*) *m;* (les) couleurs *fpl*; ((군기)) étendard *m*, enseigne *f*; ((함선의)) pavillon *m*; ((단[체]기)) bannière *f*; ((작은 기)) fanion *m*. ¶ 도시 전체에 경축을 위한 ~가 내걸렸다 Les drapeaux sont hissés par toute la ville pour la fête. ¶ ~를 올리다 hisser [arborer] un drapeau [les couleurs]. ¶ ~를 내리다 amener un drapeau [les couleurs]. ¶ ~를 흔들다 agiter un drapeau. ¶ ~를 꽂다 planter un drapeau ((sur un sommet)). ¶ ~가 바람에 휘날린다 Le drapeau flotte au vent. ¶ ~를 앞세우고 행진하다 défiler drapeau en tête.

◆_**수** -手 명 porte-drapeau(~-~*x*) *m*; porte-étendard(~-~*s*) *m*.

접미 drapeau(*x*) *m*. ¶ 우승~ drapeau[fanion] remis à l'équipe gagnante. ¶ 태극~ le drapeau coréen, l'étendard national coréen. ¶ 성조~ la bannière étoilée, le drapeau des États-Unis d'Amérique.

◆_**ㅅ대** 명 mât *m* (de drapeau), hampe *f* [lance *f*] de drapeau.

◆_**ㅅ발** 명 drapeau(*x*) *m*, étendard *m*, enseigne *f*, pavillon *m*, bannière *f*, fanion *m*. ¶ ~ㅅ발이 나부낀다 Le drapeau flotte au vent. ¶ ~ㅅ발을 날리다 faire flotter [hisser, arborer] un drapeau.

기[3] 期 분류 ① date *f* fixée; jour *m* convenu; terme *m*. ¶ 자네는 몇 ~ 졸업생인가? En quelle année avez-vous terminé vos études? ¶ 15 ~ 동문회 réunion de la quinzième promotion. ② époque *f*, temps *m*; ère *f*, âge *m*. ③ période *f*, délai *m*, terme; ((계절)) saison *f*. ④ ((병의)) stade *m* ((d'une maladie)). ¶ 3 ~ 암 환자 un(*e*) patient(*e*) en phase terminale [finale] d'un cancer.

기[4] 基 분류 ((classificateur servant à compter les objets longs et cylindriques)). ¶ 미사일 20 ~를 한국에 배치하다 installer 20 missiles en Corée ¶ 비석 세 ~가 파손되었다 Trois stèles ont été détruites.

-기[5] 접미 ① ((suffixe flexionnel du passif ou "quasi-passif"; changement d'orientation actantielle)). ¶ 쫓~다 être poursuivi(*e*). ¶ 감~다 s'enrouler; ((les yeux)) se fermer. ¶ 담~다 être mis(*e*) [placé(*e*), contenu(*e*)] dans *qc*; ((기억에)) être gravé(*e*) dans la mémoire. ¶ 안~다 se jeter dans les bras de *qn*; être tenu(*e*) dans les bras de *qn*. ② faire [laisser]+*inf* ((suffixe flexionnel du causatif [factitif] ou semi-causatif, changement d'orientation actantielle)). ¶ 남~다 laisser *qc*. ¶ 넘~다 tourner ((une page)); dépasser ((un temps)). ¶ 숨~다 cacher *qc*, tenir secret *qc*, dissimuler [taire] *qc*; déguiser ((*ses* sentiments)). ¶ 웃~다 faire rire; provoquer le rire. ③ ((suffixe flexionnel de nominalisation)) ¶ 쓰~ écriture f, ¶ 읽~ lecture, ¶ 뛰~ saut, ¶ 크~ taille, format, ¶ 굵~ grosseur, circonférence. ¶ 아버님께 이런 것을 말씀드리~가 쉽지 않아요. Parler (le fait de parler) à père ce genre de chose n'est pas facile. ¶ 빛이 밝~가 보름달과 같다 La clarté de la lumière comme (celle de) la pleine lune. ¶ 예쁘~는 이 꽃이 더 예뻐요. Quant à[pour] la beauté, cette fleur est meilleure [plus belle].

-기[6] -記 접미 ① journ*al*(*aux*) *m* ((de voyage)); récit *m* ((d'une expédition)). ② chronique *f*. ¶ 일~ un journal intime. ¶ 전~ une chronique de guerre. ¶ 여행~ un récit [un journal] de voyage. ¶ 탐방~ un reportage. ¶ 일대~ une biographie. ¶ 답사~ un récit d'exploration.

-기[7] -機 접미 ① machine *f*, engin *m*. ¶ 기중~ grue. ¶ 복사~ une machine à photocopier, un photocopieur, une photocopieuse, un copieur ((couleur)). ¶ 세탁~ une machine à laver le linge, un lave-linge. ¶ 전화~ un téléphone. ¶ 식기건조~ un séchoir à vaisselle. ¶ (진공)청소~ un aspirateur.

¶ 타자~ une machine à écrire. ¶ 현금지급~ un distributeur (automatique) de billets. ② 비행기 avion *m*. ¶ 보잉747~ un Boeing 747. ¶ 여객~ un avion de ligne [de transport]. ¶ 전투~ un chasseur. ¶ 전세~ un avion affrété; un charter. ¶ 전용~ un avion à usage spécial ((avion d'un Chef d'État)); un avion personnel [privé]. ¶ 제트~ un avion à réaction. ¶ 폭격~ un bombardier. ¶ 항공~ un avion. ¶ 화물~ un avion de fret.

-기[8] -器 [접미] ① instrument *m*, ustensile *m*, appareil *m*; machine *f*. ¶ 소화~ un (appareil) extincteur. ¶ 정수~ un purificateur d'eau. ¶ 주사~ une seringue. ② ((생리 기관)) appareil *m* ((respiratoire, digestif)). ¶ 소화~ l'appareil digestif. ¶ 생식~ l'appareil génital. ¶ 순환~ l'appareil circulatoire. ¶ 호흡~ l'appareil respiratoire.

기-[9] [접두] quelque *inv*. ¶ ~십만 원 quelque cent mille wons.

기하다 期- 타 ① se préparer; faire, effectuer. ¶ 시험 준비에 만전[완벽]을 ~ se préparer au maximum pour les examens; faire le maximum pour la préparation des examens ② ((언제))를 기하여 à la date de. ¶ 1월 24일을 기해 전국에 내려졌던 계엄령이 해제되었다 L'état de siège a été levé sur tout le territoire le [à la date du] 24 janvier.

기가 명{giga-} [분류] gigaoctet *m*, giga *m* {*fam*}. ¶ 120~ 바이트 용량의 하드디스크 un disque dur d'une capacité de 120 gigaoctet.

기각 棄却 명 【법률】 rejet *m*. ¶ 소의 ~ rejet d'un pourvoi. ¶ ~ 신청 demande de rejet. ¶ ~ 판결 décision de rejet. ◇_(을) 하다 rejeter. ¶ 상고를 ~하다 ((la Cour de Cassation)) rejeter un appel. ¶ 재판부는 검찰측[피고인]의 항소를 ~했다 Le tribunal a rejeté l'appel du ministère public [du parquet] [Le tribunal a rejeté l'appel de l'accusé]. ¶ 청구[상소]를 ~하다 rejeter une demande [un appel]. ◇_(이) 되다 ((un appel)) être rejeté(*e*). ¶ 공소가 ~되어 하급법원으로 되돌려졌다 L'appel ayant été rejeté, l'affaire a été renvoyée à un tribunal de rang inférieur.

기간[1] 基幹 [어근] point *m* d'appui; base *f*, fondement *m*.

◆_**산업** -產業 명 industrie *f* clé [de base]. ¶ 정부의 ~산업 육성 정책 politique pour la promotion des industries clé [de base].

기간[2] 既刊 명 ((ouvrage)) déjà paru(*e*), *vieux*(*vieil*, *vieille*) ((numéro)).

◆_**도서** -圖書 명 livres *mpl* déjà parus.

◆_**물** -物 명 ouvrage *m* déjà paru.

기갈 飢渴 명 privation *f*; manque *m* de nourriture; faim *f* et soif *f*. ¶ ~이 심하다 endurer [subir, connaître] de dures [difficiles, terribles, pénibles] privations. ¶ ~에 허덕이다 être privé(*e*) de nourriture; souffrir de la faim et de la soif. ◇_(이) 들다 avoir faim et soif.

기갑 機甲 [어근] blindé(*e*).

◆_**부대** -部隊 명 division *f* blindée, cavalerie *f* ((lourde)); unités *fpl* blindées; ((병과)) arme *f* blindée.

◆_**사단** -師團 명 division *f* blindée, (division *f* de) cavalerie *f*.

기강 紀綱 명 ordre *m* (public). ¶ ~이 해이해졌다 La discipline s'est relâchée [est délaissée]. ¶ ~을 바로잡다 rétablir la discipline et l'ordre. ¶ ~을 문란케 하다 porter atteinte à la discipline. ¶ ~을 세우다 [확립하다] mettre de l'ordre.

기개 氣概 명 grande force *f* de caractère; énergie *f*, fermeté *f*. ¶ 한국인의 ~를 세계만방에 떨치다 faire connaître le dynamisme des Coréens de par le monde. ¶ ~를 보이다 faire preuve d'une grande force de caractère [d'âme]; se montrer énergique. ◇_(가) 있다 avoir du caractère; être plein(*e*) d'énergie. ¶ 그는 ~ 있는 사람이다 Il a une grande force de caractère.

기거 起居 명 action de loger [de vivre]. ¶ ~를 같이하다 vivre ensemble; habiter sous le même toit; partager la vie de *qn*. ¶ ~를 묻다 prendre des nouvelles de *qn*, s'inquiéter de la santé de *qn*. ◇_(를) 하다 loger [habiter, vivre] ((chez *qn*)). ¶ 그는 친척집에 6개월째 ~하고 있다 Il loge chez un de ses parents depuis six mois.

기걸 奇傑 명 homme *m* de caractère; homme *m* remarquable [extraordinaire].

기겁 명 cri *m* de peur [d'épouvante, d'effroi]. ◇_(을) 하다 crier [s'écrier] de peur [d'épouvante, d'étonnement]. ¶ 그 여자는 뱀이라면 ~을 한다 Rien qu'à l'idée d'un serpent, elle crie.

기결 既決 명 décidé(*e*), réglé(*e*).

◆_**서류** -書類 명 rapport *m* entériné; dossier *m* [document *m*] au sujet duquel une décision a été prise.

◆_**수** -囚 명 détenu *m* qui a été jugé.

기계[1] 機械 명 machine *f*, appareil *m*; ((장치)) mécanisme *m*, mécanique *f*; ((공장설비)) machinerie *f*. ¶ 복잡한[정교한] ~ machine compliquée; machine complexe [machine ingénieuse, machine perfectionnée, appareil ingénieux, appareil perfectionné]. ¶ ~의 조립[분해] montage [démontage] d'une machine. ¶ ~가 고장났다 La machine est tombée en panne. ¶ 공장의 ~들이 돌아간다 Les machines de l'usine fonctionnent. ¶ ~를 움직이다 faire marcher [fonctionner] une machine; actionner une machine, mettre une machine en marche [en mouvement]. ¶ ~를 설치하다 installer une machine ¶ ~를 수리하다 réparer une machine ¶ 그 남자는 ~를 잘 만진다 Il manœuvre [maîtrise] bien la machine. ¶ ~로 제작된 fabriqué à la machine. ¶ ~처럼 정확한 exact(*e*) [précis(*e*)] comme une machine. ¶ 각 부분이 ~처럼 착착 맞아들어간다 Chaque partie s'ajuste d'une manière ordonnée comme dans un mécanisme. ¶ 그 사람의 부하들은 ~처럼 움직였다 Ses subalternes ont travaillé comme des machines. ¶ 노동자는 ~가 아니

ㄱ

ㄱ

다 Les ouvriers ne sont pas des machines. ¶ 그 사람은 수학 문제 푸는 ~다 Il résout les problèmes de mathématique comme [ainsi qu', à la manière d'] une machine.

◆_적 -的 명관 mécanique; ((geste)) machin*al*(*ale*, *aux*); automatique. ¶ ~적인 동작[단순노동] mouvement mécanique [travail machinal]. ¶ ~적인 주입식 교육 éducation basée sur la répétition mécanique ¶ ~적으로 암기하다 apprendre par cœur mécaniquement.

◆_화 -化 명 mécanisation *f*, motorisation *f*. ¶ 농업의 ~화 mécanisation de l'agriculture ¶ ~화 부대 troupe motorisée. ¶ 보병사단을 ~화하다 motoriser une division d'infanterie.

◆_공 -工 명 mécanicien(*ne*), mécano *m* {*fam*}.

◆_공업 -工業 명 industrie *f* mécanique.

◆_공학 -工學 명 mécanique *f*.

◆_론 -論 명 【철학】 mécanisme *m*. ¶ ~론적 유물론 matérialisme mécaniste.

◆_문명 -文明 명 civilisation *f* de la machine.

◆_번역 -飜譯 명 【컴퓨】 traduction *f* assistée par ordinateur; traduction *f* automatique.

◆_어 -語 명 【컴퓨】 langage *m* informatique.

◆_역학 -力學 명 【물리】 mécanique *f* dynamique; physique *f*.

◆_유 -油 명 huile *f* de graissage

◆_장치 -裝置 명 installation *f* mécanique.

◆_톱 명 scie *f* mécanique.

기계² 器械 명 appareil *m*, instrument *m*, outil *m*.

◆_체조 -體操 명 exercices *mpl* aux agrès.

◆의료_ 醫療- 명 appareil *m* médical.

기계³ 棋界 명 monde du *baduk* [(jeu de) *go*]. ☞ 바둑

기고 寄稿 명 collaboration *f* ((à la rédaction d'un journal)). ¶ 여러 잡지에서 ~를 청탁받다 être sollicité(*e*) pour la rédaction d'articles par plusieurs magazines. ◇_(를) 하다 rédiger ((un article)). ¶ 신문에 ~하다 écrire un article et l'envoyer au journal. ¶ 규칙적으로 신문에 ~하다 collaborer à la rédaction d'un journal. ¶ 잡지에 소설을 ~하다 collaborer à la rédaction d'un roman dans une revue.

◆_가 -家 명 collabora*teur*(*trice*).

기고만장 氣高萬丈 명 allégresse *f*, exultation *f*. ◇_이다 ((성남)) être furieux(*se*); ((의기양양)) exulter audacieusement. ¶ 그 사람은 이번 일이 자기 뜻대로 되었다고 ~이다 Il laisse exploser sa joie parce que cette fois-ci les choses ont été comme il les avait souhaitées / Il jubile que cette fois-ci les choses se soient passées comme il le voulait. ◇_(을) 하다 être plein(*e*) d'entrain [d'ardeur], avoir bon moral, avoir un air de triomphe; être hautain(*e*), alti*er*(*ère*), arrogant(*e*); prendre de grands airs; prendre un air fanfaron; faire l'important; être emporté(*e*), exaspéré(*e*). ¶ 그 녀석의 ~한 태도를 눈뜨고 볼 수 없다 Je ne peux pas supporter son attitude hautaine [son arrogance] / La vue de son arrogance m'est insupportable. ¶ 그 사람은 아버지만 믿고 ~해서 날뛴다 Il exulte de pouvoir recourir sans retenue à son père.

기골 氣骨 명 ① constitution *f*, ossature *f*, charpente *f*. ¶ ~이 장대한 사나이 homme d'une constitution extraordinaire; homme solidement charpenté. ② 기개 fermeté *f*, grande force *f* de caractère ◇_(이) 있다 avoir de la fermeté [du caractère, du cran].

기공¹ 技工 명 ① 기술 art *m*; technique *f*; habileté *f*; adresse *f*. ② 기능공 ouvri*er*(*ère*); qualifié(*e*); expert(*e*); expérimenté(*e*); spécialisé(*e*).

기공² 起工 명 commencement *m* de travaux; mise *f* en chantier ((d'un bateau)); pose *f* de la première pierre. ◇_(을) 하다 commencer une construction; poser la première pierre; donner les premiers coups de pioche; mettre ((un bateau)) en chantier. ¶ 작년에 ~한 이 다리는 3년 후에 준공될 것이다 Commencée l'année dernière, la construction de ce pont sera achevée dans trois ans.

◆_식 -式 명 cérémonie *f* de la pose de la première pierre.

기공³ 氣孔 명 【생물】 stomate *m*. pore *m*.

◆_체조 -體操 명 gymnastique *f* stomatique.

기관¹ 氣管 명 【해부】 trachée *f*.

◆_경검사 -鏡檢査 명 trachéoscopie *f*.

◆_호흡 -呼吸 명 【생물】 respiration *f* trachéale

기관² 器官 명 organe *m*. ¶ 신체의 여러 ~ organes du corps.

◆감각_ 感覺- 명 organe *m* des sens.

◆발성_ 發聲- 명 organe *m* vocal.

◆배설_ 排泄- 명 organe *m* d'excrétion.

◆소화_ 消化- 명 appareil *m* digestif.

◆청각_ 聽覺- 명 organe *m* de l'ouïe.

◆호흡_ 呼吸- 명 appareil *m* respiratoire.

기관³ 機關 명 ① 기계 machine *f*, moteur *m*. ② 기구 organe *m*, organisme *m*. ¶ 국가의 최고~ organisme suprême gouvernemental. ¶ 의사결정~ organisme de la décision de l'opinion. ¶ 그곳은 법률문제를 상담해 주는 ~이다 C'est un organisme qui délibère sur les problèmes juridiques.

◆_사 -士 명 mécanicien *m*.

◆_실 -室 명 chambre *f* des machines.

◆_원 -員 명 membre *m* d'un organisme. ¶ ~원을 사칭하다 se faire passer pour un membre d'un organisme.

◆_장 -長 명 ((배의)) chef *m* mécanicien; chef *m* d'une administration, président *m*, directeur *m*, chef *m*.

◆_조수 -助手 명 aide *m* mécanicien.

◆_지¹ -紙 명 journal *m* d'une institution.

◆_지² -誌 명 revue *f* d'une institution.

◆_투자가 -投資家 명 【경제】 investisseur *m* institutionnel.

◆가솔린_ 명 moteur *m* à essence.

◆교통_ 交通- 명 moyen *m* de transport [de locomotion].

◆내연_ 內燃- 명 moteur *m* à combustion interne.
◆디젤_ 명 moteur *m* diesel.
◆전기_ 電氣- 명 moteur *m* électrique.
◆증기_ 蒸氣- 명 moteur *m* à vapeur.
◆공공_ 公共- 명 service *m* public.
◆교육_ 教育- 명 établissement *m* d'enseignement.
◆국제_ 國際 명 organisme *m* international.
◆금융_ 金融- 명 organe *m* financier.
◆대행_ 代行- 명 agence *f*.
◆보도_ 報道- 명 organe *m* d'information.
◆보조_ 補助- 명 organe *m* d'aide.
◆언론_ 言論 명 presse *f*.
◆입법_ 立法- 명 organe *m* législatif.
◆자문_ 諮問 명 organe *m* consultatif.
◆집행_ 執行- 명 organe *m* exécutif.

기관단총 機關短銃 명 mitraillette *f*; pistolet *m* mitrailleur, sulfateuse *f* {*arg*}, kalachnikov *f* {*fam*}.

기관지 氣管支 명 【해부】 bronche *f*.
◆_염 -炎 명 bronchite *f*.
◆_ 카타르 명 catarrhe *m* bronchique.
◆_폐렴 -肺炎 broncho-pneumonie(~-~*s*) *f*(*pl*).

기관차 機關車 명 locomotive *f*. ¶ ~승무원 le personnel roulant. ¶ 전기[증기]~ une locomotive électrique [à vapeur]. ¶ ~를 운전하다 conduire une locomotive.

기관총 機關銃 명 mitrailleuse *f*. ¶ 경[중]~ mitrailleuse légère [lourde]. ¶ ~ 사격 tir de mitrailleuse. ¶ ~을 쏘다 mitrailler ((un train)); tirer à la mitrailleuse sur [contre] *qc*.

기관포 機關砲 명 canon *m* mitrailleur.

기괴하다 형 être étrange, extraordinaire, bizarre; ((불가사의의)) être incompréhensible, mystérieux(*se*). ¶ 기괴한 사건 un événement [un accident] mystérieux. ¶ 기괴한 소문이 돌았다 Une rumeur étrange s'est répandue [a circulé]. ¶ 기괴한 차림새 habillement [tenue] bizarre. ¶ 그날 밤 기괴한 일이 일어났다 Cette nuit-là une chose mystérieuse est arrivée. ¶ 그 여자는 그날 몹시 기괴하게 차리고 나타났다 Elle s'est montrée ce jour-là dans une tenue bizarre.

기교 技巧 명 art *m*, technique *f*, ((탁월함)) virtuosité *f* ((d'un pianiste)); ((익숙함)) habileté *f*, adresse *f*, dextérité *f* ((d'un prestidigitateur)). ¶ 내용은 물론 ~ 면에서도 뛰어난 작품 ouvrage excellent tant au plan du contenu qu'au niveau technique. ¶ 이런 일에는 ~가 필요하다 Il est nécessaire d'être habile [adroit] pour ce genre de chose. ¶ ~를 부리지 않은 그림 tableau sans artifice. ¶ 그는 지나치게 ~를 부리려 하는 경향이 있다 Il a tendance à user d'artifices excessifs / Il a tendance à abuser des artifices. ¶ ~를 보이다 déployer de l'adresse; faire preuve de virtuosité. ¶ 그 사람은 연주회[경기]에서 뛰어난 [놀라운] ~를 보여줬다[선보였다] Il nous a montré sa remarquable [son impressionnante] technique [sa virtuosité] lors du concert [du match].
◆_적 -的 명관 de virtuose, habile. ¶ 그 사람은 ~적으로 연주한다 Il a un jeu de virtuose.
◆_파 -派 명 ((사람)) virtuose; maître *m*; grand(*e*) technicien(*ne*); ((유파)) école *f* maniériste, maniérisme *m*.

기구[1] 氣球 명 ballon *m*, aérostat *m*, montgolfière *f* {*vx*}. ¶ ~ 조종사 aéronaute, aérostier. ¶ 관측용 ballon-sonde. ¶ ~를 타다 monter en ballon; faire une ascension en ballon. ¶ ~를 타고 세계를 일주하다 faire le tour du monde en ballon. ¶ ~를 띄우다 lancer un ballon. ¶ ~로 바다를 건너다 traverser la mer en ballon.

기구[2] 機構 명 ① mécanisme *m* ((d'une machine)). ② 조직 organisation *f*, organes *mpl*, institution *f*. ¶ ~를 개편하다 renouveler [réformer] une organisation. ¶ ~를 축소하다 réduire une organisation.
◆경제_ 經濟 명 organisme *m* [organisation *f*, institution *f*, organes *mpl*] économique(*s*).
◆경제협력개발_ 명 organisme *m* de coopération et de développement économique.
◆국제_ 國際 명 organisme *m* [organisation *f*] international(*e*).
◆국제노동_ 명 Organisation *f* internationale du Travail.
◆국제민간항공_ 명 Organisation *f* internationale de Navigation civile.
◆국제원자력_ 명 Organisation *f* nucléaire internationale.
◆석유수출국_ 명 Organisation *f m* des Pays exportateurs de Pétrole *m* (OPEP).
◆세계보건_ 명 Organisation *f* mondiale de la Santé (O.M.S.).
◆정부_ 政府- 명 organisme *m* gouvernemental, institutions *fpl* [organes *mpl*] du gouvernement.
◆정치_ 政治 명 mécanisme *m* politique.
◆행정_ 行政- 명 organisme *m* administratif.

기구[3] 器具 명 ① instrument *m*; ustensile m((de ménage)); appareil *m*. ② 공구 outil *m*. ¶ 아무런 ~ 없이 sans aucun instrument [outil]. ¶ 이 기계를 고치려면 몇 가지 ~가 필요하다 Nous avons besoin d'outils pour réparer cette machine.
◆운동_ 運動 - 명 instrument *m* pour les exercices musculaires.
◆의료_ 醫療- 명 instrument *m* médical.
◆전기_ 電氣- 명 appareil *m* électrique.

기구하다[1] 祈求- 타 souhaiter *qc*/*inf*/que+*subj*); prier pour, faire des vœux pour *qc*; aspirer à *qc* [à+*inf*]. ¶ 평화를 기구하는 마음 un cœur qui aspire à la paix.

기구하다[2] 崎嶇- 형 être mouvementé(*e*), troublé(*e*), agité(*e*); être malheureux(*se*), fatal(*e*), néfaste. ¶ 기구한 운명[팔재]을 타고나다 être né(*e*) avec un destin malheureux [fatal]; être né(*e*) sous une mauvaise étoile. ¶ 기구한 생애를 마감하다 mettre un terme à une vie malheureuse [misérable].

기권 棄權 명 renonciation *f* à un droit; abandon

ㄱ

m d'un droit; ((투표의)) abstention *f.* ¶ 투표의 ~ abstention. ¶ 찬성 10표, 반대 3표, 무효 ~ 1표로 통과[가결]되다 être adopté(*e*) par dix voix, trois contres et un bulletin nul. ¶ 동의는 찬성 150 ~ 25로 성립되었다 La motion a été adoptée par cent cinquante voix et vingt-cinq abstentions. ◇_(을) **하다** renoncer à [abandonner] un droit; s'abstenir. ¶ 나는 ~하겠다 Je m'abstiendrai. ¶ 이번 선거에 ~하는 일이 없도록 합시다 Pour ces élections, usons de nos droits [ne nous abstenons pas].

◆**_승** -勝 명 victoire *f* par abstention. ¶ ~승을 거두다 remporter une élection grâce à l'abstentionnisme.

◆**_율** -率 명 taux *m* d'abstention. ¶ ~율은 20퍼센트였다 Le taux d'abstention a atteint 20 %.

◆**_자** -者 명 abstentionniste.

◆**_방지운동** -防止運動 명 lutte *f* contre l'abstentionnisme.

기근 饑饉 명 ① famine *f*, disette *f.* ¶ ~으로 죽다 mourir de faim. ¶ 아프리카의 여러 나라들이 ~에 허덕이고 있다 Plusieurs pays africains sont frappés par la famine. ② 부족 rareté *f*, manque *m.* ¶ 남부지방의 가뭄으로 주민들이 물 ~에 시달리고 있다 Les habitants du sud souffrent de la sécheresse. ¶ 석탄 ~으로 공장의 조업이 어렵다 L'usine fonctionne mal par manque de charbon. ¶ ~(이) 들다 La famine sévit. ¶ ~이 든 해 année de famine.

기금 基金 명 fonds *m*, caisse *f*, capital(*aux*) *m.* ¶ ~을 모집하다 faire un appel de fonds; réunir des fonds. ¶ ~을 설립하다 créer [établir] un fonds.

◆**공동_** 共同- 명 fonds *m* commun.

◆**구제_** 救濟- 명 fonds *m* de secours.

◆**국제통화_** 國際通貨- 명 Fonds *m* monétaire international, ((생략)) F.M.I. *m.*

◆**빈민구호_** 貧民救護- 명 Fonds *mpl* de Secours des Pauvres.

기기 器機 명 appareil *m*, instrument *m.* ¶ ~ 제작소 l'usine d'appareils et instruments ((divers)). ¶ 이 실험실은 각종 첨단 ~들을 갖추고 있다 Ce laboratoire est équipé d'instruments de pointe.

기기묘묘하다 형 être très étrange, bizarre, curieux(*se*). ¶ 전 세계의 온갖 기기묘묘한 꽃나무들 toutes sortes de plantes très étranges, venues du monde entier. ¶ 기기묘묘한 재주 une dextérité [une adresse] très étrange.

기꺼이 부 avec plaisir; de bon cœur; volontiers; de plein gré; de bonne grâce. ¶ 누구의 부탁을 ~ 들어주다 répondre positivement à [accepter de bon cœur] la demande de *qn.* ¶ 남을 위해 ~ 자신을 희생하다 se sacrifier de bon cœur pour les autres.

기껍다 형 être insatisfait(*e*). ¶ 그는 그리 기꺼운 표정이 아니다 Il n'a pas l'air très satisfait.

기껏 부 le meilleur de *soi*-même, le maximum, tout ce qui est en *son* pouvoir. ¶ ~ 식사 준비를 해 놓았더니 그에게서 늦는다고 전화가 왔다 Alors que je me suis défoncée pour lui préparer un bon repas, il m'a appelée pour me dire qu'il serait en retard. ¶ 널 위해서 나는 모든 걸 했는데 ~ 한다는 소리가 그거냐? Après tout ce que j'ai fait pour toi, comment peux-tu me dire ça? [comment peux-tu me faire un tel discours [une telle déclaration]?

기껏해야 부 ① 다 해봐야 au maximum, tout au plus, à tout casser {*fam*}. ¶ ~ 만 원밖에 안 든다 Cela coûtera au maximum dix mille wons / Cela ne coûtera pas plus que dix mille wons / Cela coûtera tout au plus dix mille wons / Ça coûtera dix mille wons à tout casser {*fam*}. ② 보잘 것 없이 de moindre importance, sans importance. ¶ 이 일은 ~ 잔심부름 하는 일이다 Ce travail n'est qu'un service de moindre importance / Ce travail n'est qu'un petit coup de main {*fam*} / Ce travail n'engage pas à grand-chose.

기껏했자 부 ☞ 기껏해야

기나길다 형 être très long(*ue*), allongé(*e*); être interminable, sans fin, ne pas en finir. ¶ 기나긴 겨울밤 une nuit hivernale très longue; les très longues nuits d'hiver.

기내 機內 명 intérieur *m* de l'avion. ¶ ~에 들어가다 entrer dans l'avion, monter à bord de l'avion.

◆**_방송** -放送 명 informations *fpl* à bord. ¶ ~방송을 듣다 écouter les informations à bord.

◆**_식** -食 명 repas *m* à bord.

기네스북 영{Guinness Book} 명 (livre *m*) Guinness *m* des records. ¶ ~에 오를 만하다 être digne [mériter] d'être mis [placé, inscrit] dans le Guinness des records.

기녀 妓女 명 ① *gisaeng f*, dame *f* d'agrément, femme *f* de plaisir; *geisha f*, hôtesse *f.* ② 【역사】 hôtesse *f* (de la cour royale), courtisane *f*, dame *f* d'agrément.

기년 紀年 명 début *m* d'une nouvelle ère [époque]; ((année à partir de laquelle on compte les années)).

기념 紀念 명 commémoration *f*, souvenir *m.* ¶ 무엇의 ~으로 en souvenir de *qc*; en commémoration de *qc.* ¶ 파리에 다녀온 ~으로 그림엽서를 샀다 j'ai acheté des cartes postales pour conserver le souvenir d'un voyage à Paris. ◇_(을) **하다** commémorer, célébrer, fêter. ¶ ~할 만한 사건 un évènement mémorable. ¶ 그의 60회 생일을 ~하여 가족과 친지들이 모였다 La famille et les amis se sont réunis pour célébrer son soixantième anniversaire. ◇_(이) **되다** être commémoré(*e*), célébré(*e*), fêté(*e*). ¶ ~이 될 만한 일을 하다 faire quelque chose pour marquer [célébrer] *qc.*

◆**_관** -館 명 salle *f* commémorative, mémorial *m.*

◆**_물** -物 명 souvenir *m.*

◆**_비** -碑 명 monument *m* (commémoratif). ¶ ~를 세우다[건립하다] élever un monument ¶ ~비적인 업적 une œuvre monumentale. ¶ ~비적인 사건 un événement mémorable.

◆**_사** -辭 명 discours commémoratif. ¶ 광복절 ~사 discours commémoratif à l'occasion de l'anniversaire de l'indépendance.

◆_식(전) -式(典) 명 cérémonie *f* commémorative; commémoration *f*. ¶ 광복절 ~식이 거행되었다 La cérémonie de l'anniversaire de l'indépendance a eu lieu.
◆_일 -日 명 jour *m* commémoratif ((d'une victoire, de la libération)); anniversaire *m* ((de mariage)). ¶ 결혼[개교, 창립] ~일 anniversaire de mariage [de la fondation d'une école, de fondation].
◆_탑 -塔 명 colonne *f* commémorative.
◆_패 -牌 명 plaque *f* commémorative. ¶ 누구에게 ~패를 증정하다 offrir une plaque commémorative à *qn*.
◆_품 -品 명 souvenir *m*. ¶ 관광지에서 사온 ~품 souvenir acheté dans une région [un lieu touristique].
◆_호 -號 명 volume *m* commémoratif. ¶ 이번 호는 프랑스혁명 200주년 ~호로 꾸몄다 Ce volume a été fait pour commémorer le bicentenaire de la Révolution Française
◆_사업 -事業 명 travail *m* commémoratif
◆_사진 -寫眞 명 photo(graphie) *f* en souvenir [commémorative]. ¶ ~사진을 찍다 prendre une photo en souvenir (de *qc*).
◆_우표 -郵票 명 timbre *m* commémoratif.
◆천연_물 天然物 명 arbre *m* [objet *m*] classé monument historique.
기능[1] 技能 명 talent *m*, habileté *f*. ¶ ~을 연마하다 s'exercer à une technique. ¶ 새로운 ~을 습득하다 apprendre une nouvelle technique ¶ ~이 우수하다 d'une grande habileté. ¶ ~이 뛰어난 사람 homme très habile
◆_공 -工 명 technicien *m*. ¶ ~공을 양성하다 former un technicien.
◆_교육 -教育 명 formation *f* technique.
◆_사 -士 명 technicien(*ne*).
◆_올림픽 명 Olympiades *fpl* de la technologie.
◆_인 -人 명 technicien(*ne*).
◆_인력 -人力 명 puissance *f* technique humaine.
◆_직 -職 명 métier *m* technique.
기능[2] 機能 명 fonction *f* ((du foie, de l'adjectif)); ((작용)) fonctionnement *m* ((d'un organe, des institutions)). ¶ 위의 ~ fonction de l'estomac. ¶ 간이 제 ~을 다 하지[발휘하지] 못하고 있다 Le foie fonctionne mal / Les fonctions hépatiques ne se font pas correctement. ¶ 공무원들의 파업으로 행정 ~이 마비되었다 L'administration a été paralysée par la grève des fonctionnaires. ◇_(을) 하다 faire fonction de *qc*, fonctionner. ¶ 안전판의 ~을 하다 faire fonction de soupape de sûreté. ¶ 목적보어의 속사 ~을 하다 faire fonction d'attribut du complément d'objet.
◆_적 -的 명관 fonctionnel(*le*). ¶ ~적인 차이 différence fonctionnelle. ¶ ~적으로 fonctionnellement.
◆_성 -性 명 fonctionnalité *f*; fonctionnel(*le*). ¶ ~성을 최대한 살리다 accentuer au maximum le côté fonctionnel.
◆_기관 -器官 명 organe *m* fonctionnel [de fonction].
◆_심리학 -心理學 명 psychologie *f* fonctionnelle.
◆_언어학 -言語學 명 linguistique *f* fonctionnelle.
◆_장애 -障碍 【의학】 trouble *m* fonctionnel ((d'un organe)); désordre *m* fonctionnel, dysfonctionnement *m*, gêne *f* [obstacle *m*] au bon fonctionnement.
◆_주의 -主義 명 fonctionnalisme *m*.
◆생식_ 生殖_ 명 fonction *f* génératrice [reproductrice].
◆생활_ 生活_ 명 fonction *f* vitale.
◆소화_ 消化_ 명 fonction *f* digestive.
기다 재타 ① ramper; marcher à quatre pattes, se traîner. ¶ 네발로 ~ marcher à quatre pattes. ¶ 빙벽을 기어 올라가다 grimper le long de la muraille de glace. ¶ 네 발로 땅 위를 ~ marcher à quatre pattes. ¶ 담쟁이 넝쿨이 담을[나무를] 기어 올라간다 Le lierre grimpe sur les murs [le long des arbres]. ¶ 길이 얼어서 차들이 엉금엉금 기어서 가고 있다 La chaussée étant gelée [verglacée], les voitures avancent très lentement. ② ((성적이)) avoir de mauvaises notes [un mauvais bulletin]. ¶ 성적이 바닥을 기고 있다 avoir de mauvaises notes, avoir des notes qui frôlent le zéro[la bulle {*fam*}].
***기기도 전에 뛰려고 들다** mettre la charrue avant les bœufs; brûler les étapes; aller vite en besogne.
***기는 놈 위에 뛰는 놈 있고 뛰는 놈 위에 나는 놈 있다** On trouve toujours plus fort [malin] que soi / À malin, malin et demi. ③ 쩔쩔매다 ramper ((devant *qn*)); être intimidé(*e*) par *qn*, être effaré(*e*), effarouché(*e*), fulminé(*e*). ¶ 그 직원은 상급자 앞에서는 슬슬 긴다 Cet employé rampe toujours devant ses supérieurs.
기다랗다 형 être très long(*ue*). ¶ 머리를 기다랗게 땋은 여자 une femme qui arrange ses cheveux en longues tresses.
기다리다 타 attendre. ¶ 친구를 ~ attendre un ami. ¶ 애타게 ~ attendre avec impatience. ¶ 이제나 저제나 하고 ~ attendre en trépignant (d'impatience). ¶ 기다리다 지치겠다 On est fatigué d'attendre. ¶ 누구를 기다리게 하다 faire attendre *qn*; faire patienter *qn*. ¶ 잠깐 기다려 주십시오 Veuillez attendre un instant [une seconde, une minute], s'il vous plaît / Je vous prie d'attendre un instant (une minute, quelques secondes, quelques minutes). ¶ 조금만 더 기다려 주세요 Veuillez attendre encore un peu. ¶ 앞으로 일 주일 더 기다려 주세요 Attendez encore une semaine, s'il vous plaît. ¶ 기다리지 말고 먼저 시작해 Commence sans attendre. ¶ 세월은 사람을 기다리지 않는다 Le temps n'attend pas l'homme. ¶ 기다렸다는 듯이 Comme s'il (s'y) attendait. ¶ 오래 기다리시게 해서 죄송합니다 Veuillez m'excuser de vous avoir fait attendre si longtemps. ¶ 기다리고 기다리던 날이 왔다 Le jour si attendu est (enfin) arrivé. ¶ 출발신호만 ~

n'attendre que le signal du départ. ¶ 기회가 무르익기를 ~ attendre l'occasion favorable; attendre que la poire soit mûre {*fam*}. ¶ 앞으로의 연구 결과를 ~ attendre les résultats des recherches à venir. ¶ 설명을 기다릴 필요조차 없다 Ce n'est même pas la peine d'attendre l'explication. ¶ 나는 동생이 돌아오는 것을 기다렸다가 저녁을 함께 먹었다 J'ai attendu le retour de mon petit frère[ma petite sœur] pour manger avec lui[elle]. ② ((전화에서)) ne pas raccrocher [couper]. ¶ 기다리세요. Ne quittez [coupez] pas. ③ ((편지 끝에)) dans l'attente [l'espoir] de *qc*. ¶ 귀하의 회신을 기다리면서 ... dans l'attente de votre réponse ...; dans l'espoir de vous lire ...

기단¹ 基壇 명 piédest*al*(*aux*) *m*; socle *m*; base *f*, fondement *m*.

◆_**석** -石 명 piédest*al*(*aux*) *m*; socle *m* de pierre.

기단² 氣團 명 masse *f* d'air ¶ 고온다습한 북태평양 ~ une masse d'air chaud et humide du Pacifique du nord.

기대 期待 명 attente *f*, espérance *f*, espoir *m*. ¶ ~ 이상의 성과를 거두다 obtenir un résultat dépassant l'attente, réussir au-delà des espérances. ¶ 누구의 ~에 부응하다[보답하다] répondre à l'attente de *qn*. ¶ 누구의 ~와는 반대로 contrairement à l'attente de *qn*. ◇_(를) **하다** espérer+*inf*/que+*ind*/*subj*; s'attendre à *qc*. ¶ ~하셔도 좋습니다 Vous pouvez espérer. ¶ 독자들은 그의 새 소설을 ~하고 있다 Les lecteurs attendent son nouveau roman. ¶ 그에 대해서 너무 ~하지 마세요 N'attendez pas trop de lui. ¶ ...을 ~하고 dans l'attente de *qc*; dans l'espoir de (que+*ind*). ◇_**를 갖다[걸다]** espérer en ((*qn*, l'avenir)); ((바라다)) compter sur *qn*/*qc*. ¶ 아들의 음악적 재능에 큰 ~를 걸다[갖다] compter beaucoup sur le talent musical de son fils. ¶ ~를 갖게 하다 promettre beaucoup; faire espérer; donner espoir. ◇_**를 버리다** ne plus rien attendre de *qn*, désespérer de *qn*. ¶ 아들에 대한 ~를 버리다 ne plus rien attendre de *son* fils, désespérer de *son* fils. ◇_**를 저버리다[어기다]** tromper l'attente de *qn*; décevoir *qn*; frustrer *qn* dans son espérance. ◇_(**가**) **되다** se faire attendre. ¶ 그의 새 작품이 ~된다 Sa nouvelle œuvre se fait attendre ¶ 그 뒷이야기가 어떻게 전개될지 ~된다 Le développement de la prochaine histoire se fait attendre.

*~**가 크면 실망도 크다** Plus on espère, plus on est déçu.

◆_**감** -感 명 sentiment *m* d'espoir [attente]. ¶ ~감에 부풀어 있다 être animé(*e*) par l'espoir; être plein(*e*) d'espoir [espérance].

◆_**치** -値 명 niveau *m* espéré ¶ 결과가 나의 ~치에 미치지 못했다 Le résultat n'était pas à la hauteur de mes espérances / Le résultat n'était pas aussi bon que je l'avais espéré.

기대다¹ 자타 s'appuyer. ¶ 등을 ~ s'adosser. ¶ 벽에 몸을 ~ s'appuyer au mur. ¶ 난간에 기대지 마시오 Défense de s'appuyer sur le parapet [la balustrade, la rambarde, la rampe].

기대다² 자 s'appuyer sur *qn*, dépendre de *qn*/*qc*, compter sur *qn*/*qc*. ¶ 부모에게 ~ s'appuyer sur *ses* parents, dépendre de *ses* parents. ¶ 남에게 기대지 말라 Ne compte pas sur autrui. / Ne dépend pas d'autrui. ¶ 언제까지 아버지에게 기대어 살겠니? Jusqu'à quand tu comptes dépendre de ton père? ¶ 미국의 원조에 ~ compter [s'appuyer] sur l'aide des États-Unis.

기도¹ 祈禱 명 prière *f*, oraison *f*. ¶ 아침[저녁] ~ prière [office] du matin [du soir]. ¶ 누구의 ~를 들어 주다 entendre [exaucer] la prière de *qn*. ¶ 그 사람의 ~가 헛되지 않았다 Sa prière n'a pas été vaine ◇_(**를**) **하다[드리다]** prier, faire une prière. ¶ 신에게 ~하다 prier le bon Dieu. ¶ 어머니의 쾌유를 (위해) ~하다 faire des prières pour la guérison de *sa* mère. ¶ 자식들을 위해 ~하다 faire des prières pour *ses* enfants. ¶ 병을 낫게 해 달라고 ~하다 faire des prières pour se remettre d'une maladie. ¶ ~하는 마음으로 살다 vivre en priant.

◆_**문** -文 명 prières *fpl*.

◆_**서** -書 명 livre *m* de prière [d'office, d'heures]; bréviaire *m*.

◆_**원** -院 명 maison *f* de prière.

◆_**회** -會 명 réunion *f* de prière.

기도² 企圖 명 dessein *m*, projet *m*; essai *m*, tentative *f*, entreprise *f*. ¶ 요인 암살 ~ tentative d'assassinat d'un haut responsable [d'une personnalité]. ¶ 우리 조직을 와해시키려는 적의 ~가 무산되었다 La tentative de l'ennemi pour détruire notre organisation a échoué. ◇_(**를**) **하다** former le dessein [le projet] de+*inf*; projeter *qc* [de+*inf*]; se proposer de+*inf*; entreprendre ((une affaire)); tenter ((de+*inf*)); essayer de+*inf*. ¶ 밀항을 ~하다 entreprendre une traversée clandestine, projeter de s'embarquer clandestinement [en cachette, secrètement, illégalement] à bord d'un bateau [d'un navire]. ¶ 자살을 ~하다 essayer [tenter] de se suicider, faire une tentative de suicide.

기도³ 氣道 명 voies *fpl* respiratoires; organes *mpl* de la respiration; appareil *m* respiratoire. ¶ 그 사람은 ~가 막혀서 죽었다 Il est mort de troubles respiratoires.

기독 基督 어근 chrétien(*ne*).

◆_**론** -論 명 christianisme *m*.

◆_**인** -人 명 chrétien(*ne*).

◆_**연합** -聯合 명 association *f* chrétienne.

기독교 基督敎 명 christianisme *m*; religion *f* chrétienne. ¶ 독실한 ~ 신자 chrétien fervent. ¶ ~를 전파하다 propager le christianisme. ¶ ~를 믿는 사람들 chrétiens.

◆_**적** -的 명관 chrétien(*ne*). ¶ ~적 인도주의 humanisme chrétien.

◆_**도** -徒 명 chrétien(*ne*).

◆_사회주의 -社會主義 명 socialisme *m* chrétien.

◆_신학 -神學 명 théologie *f* chrétienne.

◆_청년회 青年會 명 union *f* chrétienne de jeunes gens [de jeunes filles].

기동[1] 起動 명 mouvement *m*; mise *f* en mouvement [marche, train]; démarrage *m*; amorçage *m*. ¶ 건강이 나빠서 ~이 힘들다 avoir peine à se mouvoir à cause de la mauvaise santé. ◇_(을) 하다 faire un mouvement; se mouvoir, bouger; se mettre en marche; démarrer.

◆_기 -器 명 démarreur *m*.

◆_상 -狀 명 【언어】 aspect *m* inchoatif.

기동[2] 機動 명 manœuvre *f*. ¶ ~ 순찰대 gendarmerie [garde, brigade] mobile; ((프랑스)) patrouille *f* de C.R.S., Compagnie *f* républicaine de Sécurité. ¶ ~ 작전 manœuvre rapide. ¶ ~ 타격대 force de frappe. ¶ ~ 훈련 manœuvre(s) (militaire).

◆_성 -性 명 manœuvrabilité *f*, maniabilité *f*. ¶ 이 차는 ~성이 뛰어나다 Cette voiture a une excellente manœuvrabilité. ¶ ~성이 없다 manquer de manœuvrabilité [de maniabilité].

◆_대 -隊 명 troupe *f*.

◆_력 -力 명 mobilité *f*.

기둥 명 ① pilier *m*; poteau(*x*); colonne *f*. ¶ ~을 세우다 élever[construire] un pilier; élever [dresser, ériger] une colonne. ② ((사람)) soutien *m*, pilier *m*. ¶ 그 사람은 집안[나라]의 ~이다 Il est le soutien de la famille [le pilier de l'état].

◆_감 명 ① matériaux *mpl* pour les piliers [poteaux, colonnes] d'une maison. ② ((사람)) soutien *m*. ¶ 그 사람은 이 나라의 ~감이다 Il est le soutien du pays.

◆_뿌리 명 ① base *f* d'une colonne. ② ((비유적)) base *f*; ((경제적으로)) minimum *m* vital. ¶ 아들 학비 때문에 기둥뿌리도 남지 못할 지경이다 À cause des frais scolaires de notre fils, nous n'avons même plus le minimum vital [nous avons tout juste, nous avons à peine] de quoi vivre [nous arrivons juste à survivre].

*~뿌리가 흔들리다 être déstabilisé(*e*), déséquilibré(*e*), fragilisé(*e*), ébranlé(*e*), affaibli(*e*), devenir précaire [instable, incertain(*e*)]. ¶ 딸 셋을 일 년에 모두 여의었더니 ~뿌리가 흔들린다 Ayant donné en mariage nos 3 filles en une seule année, notre situation financière [matérielle] est devenu précaire.

◆_서방 명 ① proxénète *m*, souteneur *m*, maquereau(*x*) *m* {*pop*}, mac {*arg*}, jules *m* {*arg*}, julot *m* {*arg*, *vx*}. ② amant *m* (d'une femme), greluchon *m* {*vx*}, gigolo *m* {*fam*}.

◆불 명 colonne *f* de feu.

기득 既得 명 acquisition *f* donnée. ◇_(을) 하다 acquérir *qc*.

◆_권 -權 명 droit *m* d'acquis, droits *mpl* acquis, (les) acquis *mpl*. ¶ ~권 세력 autorité acquise. ¶ ~권 층 classe sociale qui a des droits acquis [jouissant de droits acquis]. ¶ ~권을 상실하다[포기하다] perdre [abandonner] un droit. ¶ ~권을 인정하다 reconnaître un droit. ¶ ~권을 지키려고 안간힘을 쓰다 lutter pour protéger *ses* droits.

기똥차다 형 【속어】 être excellent(*e*), extra {*fam*}, super-((bon)), hyper-((sympa, bon)) {*fam*}, génial(*ale*, *aux*) {*fam*}, giga {*fam*}, épatant(*e*), géant(*e*) {*fam*}, fabuleux(*se*), sensass {*fam*}. ¶ 그것 참 기똥찬 생각이다 C'est une idée vraiment géniale [hyper-bonne] {*fam*} / C'est une idée extra {*fam*}. ¶ 기똥차게 à vous couper le souffle, à merveille, vachement, hyper, super, giga, sacrément, fichtrement, rudement, bigrement, drôlement. ¶ 기똥차게 맛있다 C'est drôlement [rudement] bon {*fam*} / C'est hyper[super]-bon / On se régale / C'est excellent [exquis, délicieux, succulent] / C'est un régal [un délice]. ¶ 차가 정말 기똥차게 좋다 C'est une voiture extra / C'est une super bagnole {*fam*} / Elle est extra [géniale], cette caisse {*fam*}.

기라성 綺羅星 명 scintillement *m* des étoiles, scintillation *f* des étoiles. ¶ 문단의 ~ 같은 인물들 des personnalités du monde littéraire, telles autant d'étoiles scintillantes.

기략 機略 명 ((hommes)) de ressources *fpl*. ¶ ~이 뛰어나다 être un homme de ressources.

기량 技倆 명 habileté *f*, adresse *f*, talent *m*. ¶ 뛰어난 ~을 과시하다[선보이다] déployer une habileté prodigieuse. ¶ 누구보다 ~이 월등하다 être plus habile [avoir plus de talent] que *qn*.

기러기 명 oie *f* sauvage.

기력[1] 氣力 명 force *f*, énergie *f*, vigueur *f*, courage *m*. ¶ ~을 회복하다[되찾다] recouvrer [restaurer, reconstituer] *ses* forces, reprendre des forces, récupérer (*ses* forces), se revigorer, se ragaillardir, se requinquer {*fam*}, se retaper {*fam*}. ¶ ~이 왕성하다 être très vigoureux(*se*), être débordant(*e*) d'énergie, déborder d'énergie. ¶ 늙어서 ~이 쇠하다 perdre presque toute *son* énergie avec l'âge. ◇_이 있다 avoir de l'énergie [des réserves, des forces], avoir la force [le courage] de+*inf*. ¶ 아직 ~이 있을 때 일을 해야 한다 Il faut travailler tant qu'on a encore de l'énergie. ◇_이 없다 ne pas avoir d'énergie de+*inf*, ne pas avoir la force [le courage] de+*inf*. ¶ 나는 더 이상 버틸 ~이 없다 Je n'ai plus la force de supporter cela [de le supporter].

기력[2] 棋力 명 compétence *f* au jeu de *baduk* [au jeu de *go*].

기로 岐路 명 tournant *m* [moment *m*] crucial. ¶ ~에 서다 se trouver à un tournant. ¶ 그 사람은 지금 선택의 ~에 놓여[서] 있다 Il est à un tournant / Il doit faire un choix / C'est un moment crucial pour lui / Il doit faire un choix crucial.

-기로서니 어미 ((아무리)) aussi ...., quelque ...que; si ...que; tout(e) ...que; avoir beau+*inf*; quoique+*subj*. ¶ 아무리 그렇기로서니 나한테 그럴 수 있냐?

Ce n'est pas une raison pour [Ça ne peut pas justifier] que tu me fasses ça à moi!

기록[1] 記錄 명 enregistrement *m*; ((문서)) document *m*, ((연대기)) chronique *f*, annales *fpl*; ((고문서)) archives *fpl*; ((의사록)) procès-verbal *m* ((d'une séance)), ((소송)) dossier *m* ((d'une procédure)), pièces *fpl*, papiers *mpl*. ¶ 사건에 관한 ~을 찾아보다 [없애다] réunir [supprimer] de la documentation sur une affaire. ¶ ~을 남기다 consigner par écrit, laisser des traces [des preuves, des pièces] écrites, laisser un témoignage écrit; ((역사)) laisser une empreinte [*sa* marque, une trace] ((dans l'Histoire)), marquer ((l'Histoire)) de *son* empreinte. ¶ 무엇을 ~에 남기다 enregistrer *qc* dans un document [dans les archives], laisser une trace [une preuve] écrite de *qc*. ¶ 그 사람에 관한 ~이 남아 있다[없어졌다] Il reste certains documents [certaines pièces, certains papiers] à son sujet [Certains dossiers sur lui ont disparu]. ◇_(을) **하다** enregistrer. ¶ 매일 일어난 일을 ~하다 enregistrer les événements de tous les jours [quotidiens]. ◇_(이) **되다** être consigné(*e*) par écrit, être enregistré(*e*). ¶ 그에 관한 일들이 이 책에 ~되어 있다 Les faits et gestes le concernant sont contenus [rapportés] dans cet ouvrage [ce livre]. ¶ 역사에 ~될 만한 일이다 C'est un fait digne d'être enregistré dans l'histoire [consigné dans un livre d'histoire].

◆_**계** -係 명 documentaliste, archiviste; service *m* de l'enregistrement; service *m* des archives; employé *m* [chargé *m*] de l'enregistrement; 【운동】 marqueu*r*(*se*); ((재판소)) greffe *m*; greffier *m*; ((공중관계의)) minutier *m* (central).

◆_**문학** -文學 명 littérature *f* documentaire.

◆_**영화** -映畵 명 (film *m*) documentaire *m*.

◆_**자** -者 명 chargé(*e*) de l'enregistrement.

기록[2] 記錄 명 record *m*. ¶ ~ 보유자 déten*teur*(*trice*) d'un record. ¶ 공인[비공인] ~ record homologué [officieux]. ¶ 세계 최고 ~ record du monde ¶ ~을 보유하다 détenir [établir] un record. ¶ ~을 재다 mesurer un record. ¶ 자신의 최고 ~을 경신하다 améliorer *son* meilleur record. ¶ 100미터에서 9초 87의 ~으로 우승하다 gagner au cent mètres en battant le record, en 9,87 secondes. ¶ 최고 득점 ~을 깨뜨리다 battre le record des points marqués [((축구)) des buts inscrits [marqués], ((농구)) des paniers inscrits] à l'occasion ((d'un match, d'un championnat)). ¶ 열심히 훈련하여 좋은[훌륭한] ~을 내다 établir un excellent record grâce à un entraînement très poussé. ¶ 3년 연속 우승의[3년 연속 우승하는] ~을 세우다 établir un record de victoires trois années de suite [consécutives]. ◇_(을) **하다** battre le record. ¶ 오늘 주가가 1000포인트를 ~했다 Le cours des actions d'aujourd'hui a atteint [dépassé] son taux record de 1 000.

◆_**적** -的 명관 record. ¶ ~인 한파 froid record.

◆**대**_ 大- 명 excellent record *m*, record *m* sensationnel. ¶ 대~을 세우다 établir un excellent record [un record sensationnel].

◆**신**_ 新- 명 (le) dernier record *m*. ¶ 세계[한국] 신~을 세우다 établir le record mondial [coréen].

기뢰 機雷 명 mine *f* ((sous-marine)). ¶ ~를 부설하다 [제거하다] mouiller une mine [enlever les mines].

기류 氣流 명 ① courant *m* atmosphérique ¶ ~의 변화가 심하다 Les changements de courants atmosphériques sont très violents. ② 분위기 atmosphère *f*. ¶ 군부의 ~가 심상치 않다 Le climat actuel parmi les hautes autorités militaires est étrange.

◆**난**_ 亂- 명 trouble *m* de courant. ¶ 비행기가 난~에 휘말렸다 L'avion s'est laissé entraîner par un courant aérien.

◆**상승**_ 上乘- 명 courant *m* ascendant; courant *m* aérien montant. ¶ ~를 타고 올라가다 s'élever plus haut en utilisant le courant ascendant.

◆**하강**_ 下降- 명 courant *m* descendant.

기르다[1] 타 ① élever ((un animal)), cultiver ((une plante)). ¶ 가축을 ~ élever un animal; faire l'élevage d'un animal. ¶ 개[소]를 ~ élever un chien[un bœuf]. ¶ 꽃[장미]을 ~ cultiver des fleurs [des roses]. ② ((아이를)) élever. ¶ 아이를 ~ élever un enfant. ¶ 어린애를 모유[우유]로 ~ élever [nourrir] un enfant au sein [au biberon]. ③ 교육하다 former. ¶ 인재[제재]를 ~ former des hommes de valeur [des élèves]. ¶ 후계자를 ~ former un successeur. ④ ((힘, 정신을)) accumuler, cultiver. ¶ 체력을 ~ accumuler de l'énergie. ¶ 담력을 ~ essayer de dominer la peur. ¶ 도의심을 ~ cultiver le sens moral. ⑤ ((버릇을)) prendre une habitude. ¶ 어려서부터 좋은 습관을 길러야 한다 Il faut prendre de bonnes habitudes dès son enfance. ⑥ ((병을)) ~ laisser croître [empirer] la maladie; entretenir *sa* maladie.

기르다[2] 타 élever; laisser pousser. ¶ 머리를 ~ (*se*) laisser pousser les cheveux. ¶ 머리를 길게 ~ (*se*) laisser pousser les cheveux longs. ¶ 턱수염을 ~ (*se*) laisser pousser la barbe. ¶ 수염을 더부룩하게 ~ (*se*) laisser pousser une barbe touffue.

기름 명 ① ((식용)) huile *f* (de friture). ¶ ~을 짜다 extraire l'huile (par pression). ¶ ~으로 튀기다 faire frire dans l'huile. ¶ 종이에 ~을 먹이다 huiler un papier. ② ((석유)) pétrole *m*, mazout *m*; ((휘발유)) essence *f*, carburant *m*. ¶ 차에 ~을 넣다 mettre de l'essence (dans *sa* voiture). ¶ (차에) ~이 떨어졌다 Je n'ai [On n'a] plus d'essence / Il n'y a plus d'essence. ③ ((윤활유)) lubrifiant *m*. ¶ 무엇에 ~을 치다 huiler *qc*; mettre de l'huile dans *qc*; lubrifier; graisser. ④ ((지방)) graisse *f*. ¶ ~이 밴 옷 un vêtement imprégné [taché] de graisse. ¶ 쇠고기의 ~을 잘라내다 dégraisser la viande de bœuf. ⑤ ((화장용, 약용)) pommade *f* (pour les cheveux), brillantine *f*, gel *m* (pour les cheveux), gomina *f*. ¶ 머리에 ~을 바르다 se pommader les cheveux, pommader *ses* cheveux; se gominer les cheveux,

passer *ses* cheveux à la gomina.
*~을 치다 graisser la patte à *qn*, soudoyer *qn*, acheter *qn*, corrompre *qn*. ¶ 관계기관에 ~을 치다 graisser la patte aux autorités concernées.
*불에 ~을 붓다 jeter [verser] de l'huile sur le feu.
*얼굴에 ~이 (좌르르) 흐르다 tout *lui* réussit [sourit] (en ce moment), tout baigne pour *lui* {*fam*}; avoir une chance incroyable.
◆_때 명 tache *f* d'huile.
◆_띠 명 nappe *f* de pétrole [d'hyrdocarbures], traînée *f* de pétrole [d'hydrocarbures]; marée *f* noire.
◆_종이 명 papier *m* huilé.
◆_집 명 huilerie *f*; marchand *m* de pétrole.
◆_칠 -漆 명 huilage *m*.
◆들_ 명 huile *m* de sésame sauvage.
◆옥수수_ 명 huile *m* de maïs.
◆올리브_ 명 huile *m* d'olive.
◆참_ 명 huile *m* de sésame.
◆콩_ 명 huile *m* de soja.
◆해바라기_ 명 huile *f* de tournesol.

기름기 명 ① ((고기의)) graisse *f* ((de porc)), ((enlever le)) gras *m*. ¶ ~를 빼다 dégraisser. ¶ ~가 많은[없는] 음식 nourriture grasse [maigre]. ② ((피부, 머리의)) aspect *m* graisseux; graisse *f*, matière *f* grasse. ¶ ~가 번드르한[흐르는] 피부 la peau grasse. ¶ ~가 하나도 없는 얼굴 visage sec. ③ ((식용유, 버터, 윤활유 따위의)) taches *fpl* de graisse. ¶ 설겆이 뒤에도 ~기가 남은 그릇 de la vaisselle sur laquelle il reste des taches de graisse même après lavage.

기름지다 ①être gras(*se*), graisseux(*se*), riche, lourd(*e*), nourrissant(*e*). ¶ 기름진 음식[식사] aliment gras, nourriture riche [grasse], plat gras; repas lourd [nourrissant]. ② ((토양이)) être riche, fertile, fécond(*e*) {*litt*}, producti*f*(*ve*). ¶ 기름진 토양 sol gras [fertile, riche, productif]. ¶ 땅이 ~ Le sol est fertile. ③ ((얼굴 따위가)) être gras(*se*), adipeux(*se*); ((visage, joues)) être plein(*e*), joufflu(*e*), rebondi(*e*); être bien en chair. ¶ 기름진 얼굴 un visage plein [joufflu, rebondi, adipeux].

기리다 타 célébrer, louer; faire l'éloge de *qn*; flatter, complimenter, magnifier, vanter, encenser, glorifier, exalter; applaudir, prôner, vénérer, apprécier, faire valoir, commémorer. ¶ 선열들의 업적을~ vénérer [glorifier] les œuvres des ancêtres. ¶ 누구의 숭고한 정신을~ apprécier [faire valoir] l'esprit sublime de *qn*. ¶ 한글날은 세종대왕이 한글을 창제한 것을 기리는 날이다 Le jour du *hangeul* est un jour qui célèbre [commémore] la création de l'alphabet coréen, le *hangeul*, par le roi Sejong.

기린 麒麟 명 girafe *f*.

기린아 麒麟兒 명 enfant *m* prodige.

기립 起立 명 action de se lever [se mettre debout]. ¶ 일동 ~! Debout! ◇_(을) 하다 se lever, se dresser, se mettre debout. ¶ 대통령이 입장하자 참석자들은 모두 ~했다 À l'entrée du président, toute l'assistance se leva.
◆_박수 -拍手 명 standing-ovation *f*, ovation *f*, action de se lever pour ovationner *qn*. ¶ 연주자에게 ~ 박수를 보내다 faire une standing-ovation à un musicien; ovationner debout un musicien, saluer debout un musicien par des ovations; se lever et [pour] ovationner un musicien, se lever et faire une ovation à un musicien.

기마 騎馬 어근 équitation *f*; cheva*l*(*aux*) *m* de selle; à cheval, ((police)) monté(*e*), ((statue)) équestre. ¶ ~ 경찰 police montée. ¶ ~ 민족 nomades à cheval. ¶ ~ 자세 attitude de monte [position] du cavalier. ¶ ~ 행렬 cavalcade
◆_대 -隊 명 cavalerie *f*.
◆_병 -兵 명 cavalier *m*.
◆_술 -術 명 équitation *f*, art *m* équestre.
◆_전 -戰 명 combat *m* de cavaliers.

기만 欺瞞 명 tromperie *f*, duperie *f*, imposture *f*. ¶ ~행위 fraude, tromperie. ◇_(을) 하다 tromper *qn*, abuser *qn*, duper *qn*; mystifier *qn*. ¶ 친구를 ~하다 abuser un ami. ◇_(을) 당하다 se laisser duper ((par des flatteries, par des propos flatteurs)), se laisser prendre; se laisser tromper ((par les apparences)); être (la) dupe de *qn*. ¶ 믿었던 친구에게 ~당하다 se laisser abuser [se faire trahir, être trahi(*e*)] par un(*e*) ami(*e*) en qui l'on en avait confiance.
◆_적 -的 명관 trompeu*r*(*se*), fallacieu*x*(*se*), artificieu*x*(*se*), captieu*x*(*se*){*litt*}, spécieu*x*(*se*) {*litt*}. ¶ ~적인 태도[언사] une attitude trompeuse [des paroles artificieuses, des paroles mielleuses].
◆_책 -策 명 ruse *f*; fourberie *f*. ¶ ~책을 쓰다 user de ruses [d'artifices, de fourberies], ruser.

기말 期末 명 fin *f* de semestre [trimestre]. ¶ ~ 시험 examen semestriel [trimestriel], examen final [de fin de semestre, de fin de trimestre].
◆_수당 -手當 명 gratification *f* en fin de semestre.

기맥 氣脈 명 circulation *f* d'énergie.
*~을 차리다 deviner [sentir, prévoir] ce qui va se passer, comprendre la situation. ¶ 그는 기맥을 차렸는지 얼른 자리를 피했다 Ayant peut-être senti [prévu] ce qui allait arriver, il a vite disparu.

기명 記名 명 signature *f*, souscription *f*. ¶ ~ 칼럼 une chronique signée, un billet signé. ¶ ~으로 투표하다 procéder à un scrutin découvert [à un scrutin public, à un vote ouvert]. ◇_(을) 하다 inscrire un nom ((sur une liste, sur une fiche)); ((서명)) signer, souscrire.
◆_날인 -捺印 명 signature *f*.
◆_채권 -債券 명 créance *f* nominative.
◆_투표 -投票 명 scrutin *m* public.
◆무_투표 無投票 명 scrutin *m* secret. ¶ 무~ 채권 créance [obligation] au porteur. ¶ 무~ 투표 vote secret.

기모노 일 명 *kimono m*.

기묘하다 奇妙- 형 être étrange, bizarre, drôle,

curieux(*se*), singulier(*ère*). ¶ 기묘한 방법으로 d'une façon [manière] bizarre [étrange]; d'une drôle de manière [façon]. ¶ 기묘한 차림새를 하다 s'habiller bizarrement; être vêtu(*e*) bizarrement; porter des vêtements bizarres; avoir un accoutrement bizarre; être bizarrement fagoté(*e*) {*fam*} [accoutré(*e*) {*fam*}]. ¶ 그 사람이 갑자기 사라지다니 기묘한 일이다 Il est bizarre qu'il ait disparu (si) brusquement. ¶ 기묘하게 생긴 바위들 des roches de formes bizarres. ¶ 기묘하게도 bizarrement, curieusement, étrangement.

기문 記文 명 écrits *mpl* sur un monument.

기물 器物 명 ① 《식기》 vaisselle *f*. ② 《기구》 ustensile *m*. ③ 《가구》 meuble *m*; mobilier *m*. ¶ ~을 파손하다 briser le mobilier.

◆ **_손괴죄** -損壞罪 명 【법률】 bris *m* de meubles.

기미[1] 명 taches *fpl* pigmentaires liées à l'âge, taches *fpl* de vieillissement [de vieillesse] {*pop*}. ¶ ~(가) 끼다 avoir le visage couvert [marqué] de taches pigmentaires liées à l'âge.

기미[2] 機微 명 signe *m*, symptôme *m*, indice *m*; soupçon *m*, pressentiment *m*. ¶ 용의자가 수사의 ~를 알아채고[눈치 채고] 도주해버렸다 Ayant pressenti l'enquête, le suspect s'est sauvé. ¶ 적이 공격할 ~가 보인다 L'attaque de l'ennemi est dans l'air. ◇ **_가 있다[없다]** il y a des signes en faveur de *qc* [laissant prévoir *qc*]; faire présager *qc* [il n'y a pas de de signes en faveur de *qc*, il n'y aucun indice de; ne pas faire présager *qc*]. ¶ 그는 종래 하산할 ~가 없다 Jusqu'à présent, il n'a pas du tout l'air de vouloir abandonner. ¶ 경제가 화생할 ~가 전혀 없다 Il n'y a aucun indice de la résurrection de l'économie.

기민하다 機敏- 형 être vi*f*(*ve*), prompt(*e*), agile, habile, preste. ¶ 기민한 동작[움직임] mouvement preste [rapide]. ¶ 그는 손놀림이 ~ Il a la main preste. ¶ 기민하게 대응하다[행동하다] réagir rapidement [agir prestement].

기밀 機密 명 secret *m*. ¶ ~ 서류[문서] documents secrets. ¶ 군사 ~ secret militaire. ¶ ~을 누설하다 révéler [divulguer] un secret. ¶ ~을 지키다 garder un secret.

◆ **_비** -費 명 fonds *mpl* secrets; caisse *f* noire.

기박하다 奇薄- 형 être infortuné(*e*), malheureu*x*(*se*), malchanceu*x*(*se*), peu heureu*x*(*se*), défavorisé(*e*) par le sort. ¶ 기박한 운명을 타고 나다 naître sous une mauvaise étoile. ¶ 기박한 팔자를 한탄하다 déplorer *son* infortune [*son* malheur].

기반 基盤 명 base *f*, fondement *m*, assises *fpl* 《de la société》. ¶ ~을 다지다[쌓다] établir [poser, jeter] des bases. ¶ 자립(의) ~을 마련하다[잡다] trouver des fonds pour être indépendant(*e*). ¶ 무엇을 ~으로 삼다[무엇에 ~을 두다] être basé(*e*) [fondé(*e*)] sur *qc*; se baser [se fonder, reposer, s'appuyer] sur *qc*. ¶ 그 사람은 꾸준한 노력으로 성공의 ~을 다졌다 Par de constants efforts, il a atteint [obtenu] le succès / Son succès trouve ses fondements dans la constance et l'effort.

기발하다 奇拔- 형 être origin*al*(*ale*, *aux*), singuli*er*(*ère*), peu commun(*e*), extraordinaire. ¶ 기발한 착상 une idée [une pensée] originale, une trouvaille remarquable, une conception audacieuse [ingénieuse, révolutionnaire, subtile, habile]. ¶ 기발한 발명(품) une invention [une création] extraordinaire. ¶ 기발한 생각 une pensée originale. ¶ 기발한 의견 une opinion originale, un avis original. ¶ 건축에 있어서 기발한 착상 des conceptions audacieuses en architecture.

기백 氣魄 명 vigueur *f*, énergie *f*, puissance *f*. ¶ 극지 탐험을 통해 남아의 ~을 떨치다 montrer avec l'expédition polaire ce que peut (accomplir) l'homme. ¶ ~에 차 있다[~이 넘치다] être plein(*e*) de vigueur [de force]. ◇ **_(이) 있다[없다]** être vigoureu*x*(*se*), puissant(*e*), être plein(*e*) de vigueur [manquer de vigueur, manquer d'énergie].

기법 技法 명 technique *f*, art *m*; procédé *m*. ¶ 경영 ~ technique de la gestion [de l'administration]. ¶ 창작 ~ technique de la création (artistique); technique de l'écriture. ¶ ~을 가르치다[전수하다] enseigner [transmettre] la technique [un savoir-faire]. ¶ ~을 익히다 apprendre la technique. ¶ 이 연주자는 ~이 뛰어나다 La technique de ce musicien est excellente.

기벽 奇癖 명 habitude *f* bizarre [excentrique]; tic *m*; 《편집》 manie *f*. ◇ **_(이) 있다** être un maniaque; avoir une habitude bizarre [une manie]. ¶ 그 사람은 ~이 있다 C'est un maniaque. ¶ 그 사람은 술만 마시면 우는 ~이 있다 Il a une habitude bizarre, chaque fois qu'il boit, il pleure.

기변 奇變 명 révolte *f* imprévue [inattendue]; changement *m* anormal; catastrophe *f*. ☞ 이변

기별 奇別 명 nouvelle *f*, information *f*, annonce *f*, avis *m*. ¶ 그에게서 아무런 ~이 없다 On est sans la moindre nouvelle [sans aucune nouvelle] de sa part / On n'a aucune nouvelle de sa part / Il n'a pas donné le moindre signe de vie. ◇ **_(을) 하다[보내다]** faire savoir [connaître] *qc* à *qn*; apprendre [annoncer] *qc* à *qn*; faire part de *qc* à *qn*; mettre *qn* au courant de *qc*; prévenir [aviser, avertir] *qn* de *qc*. ¶ 도착 시간을 누구에게 미리 ~하다 prévenir *qn* de *son* heure d'arrivée. ¶ 내가 ~을 할 때까지는 올 필요가 없네 Inutile de venir avant que je te prévienne. ◇ **_(을) 받다[(이) 오다]** être informé(*e*) [prévenu(*e*), averti(*e*), mis(*e*) au courant]; recevoir un avis. ¶ 급히 오라는 ~을 받았다 On m'a demandé de venir en urgence / On m'a appelé(*e*) en urgence / On m'a fait venir en urgence. ¶ 그 친구에게서 결혼[이사]했다는 ~을 받았다 Il m'a fait part de son mariage [déménagement]. ¶ 그 사람이 시험에 합격했다는 ~이 왔다 J'ai appris qu'il avait réussi son examen.

*간에 ~도 안 갔다 Ça ne m'a pas rassasié [suffi, nourri] / Ça ne m'a pas rempli l'estomac [la panse {*fam*}] / J'ai encore (bien) faim / Je suis loin d'être rassasié(*e*) [calé(*e*) {*fam*}] / J'ai encore de la place pour manger / J'ai encore la dent / J'ai encore très faim / Ce repas n'était qu'un apéritif.

기병[1] 起兵 명 mobilisation *f*; levée *f* de troupes. ◇_(을) 하다 lever une armée.

기병[2] 騎兵 명 soldat *m* de cavalerie; ((총칭)) cavalerie *f*.
◆_대 -隊 명 escadron *m*; (troupe *f* de) cavalerie *f*.
◆경_ 輕 명 cavalerie *f* légère.

기보[1] 記譜 명 【음악】 notation *f* musicale.
◆_법 -法 명 notation *f* musicale.

기보[2] 棋譜 명 manuel *m* de *baduk* [*go*]. ¶ 신문에 실린 결승국의 ~를 따라 두다 s'entraîner au *baduk* [au jeu de *go*] en étudiant la finale parue dans le journal.

기복 起伏 명 ondulation *f*, accidents *mpl* ((de terrain)), inégalité *f*, hauts *mpl* et bas *mpl*. ¶ 땅의 ~이 심하다 Ce terrain est accidenté. ¶ 그 사람의 인생에는 ~이 많았다 Sa vie fut mouvementée. ◇_이 있다 être accidenté(*e*), inég*al*(*ale*, *aux*); être ondulé(*e*); ((인생이)) être mouvementé(*e*); avoir des hauts et des bas, ne pas être constant(*e*), être irréguli*er*(*ère*). ◇_이 없다 être plat(*e*), lisse, uni(*e*), réguli*er*(*ère*); être réguli*er*(*ère*), constant(*e*), ég*al*(*ale*, *aux*).

기본 基本 명 base *f*, fondement *m*; principe *m* (fondamental); éléments *mpl*, rudiments *mpl*; b.a.-ba *m inv*, l'a b c *m inv* ((du métier)). ¶ ~ 원칙 principe(*s*) fondament*al*(*aux*) [élémentaire(*s*), de base], les premiers principes. ¶ ~ 어휘 vocabulaire élémentaire [de base], lexique de base, lexique rudimentaire. ¶ ~을 갖추다 établir la base. ¶ ~을 익히다 assimiler [apprendre] les bases [les rudiments, le b.a.-ba]. ¶ 프랑스어를 ~부터 다시 시작하다 recommencer l'étude du [d'étudier le] français par [à] la base. ¶ 그 사람은 ~이 안 된 사람이다 Il n'a aucune base. ◇_이다 c'est le minimum; c'est la moindre des choses; c'est le b.a.-ba. ¶ 영어는 ~이지 La maîtrise de l'anglais est une connaissance de base [un minimum fondamental]. ¶ 인사하는 것이 ~이 아닙니까? Vous pourriez au moins dire bonjour, vous ne croyez pas? C'est la politesse de base.
◆_적 -的 명관 fondament*al*(*ale*, *aux*), essentiel(*le*); élémentaire, rudimentaire. ¶ 그것은 ~적인 상식이다 C'est un sens commun élémentaire.
◆_권 -權 명 droits *mpl* fondamentaux.
◆_급 -給 명 salaire *m* de base.
◆_기 -技 명 technique *f* élémentaire. ¶ ~기가 있다[없다] avoir la technique élémentaire [manquer de technique élémentaire].
◆_단위 -單位 명 unité *f* fondamentale.
◆_료[요금] -料[料金] 명 tarif *m* de base; ((전화)) abonnement *m* de base; ((택시의)) (forfait *m* de) prise *f* en charge (d'un taxi), prix *m* forfaitaire minimal de départ (au compteur d'un taxi). ¶ 전화요금 ~료 l'abonnement de base au téléphone. ¶ 택시 ~료를 인상하다 augmenter le forfait de prise en charge des taxis.
◆_모음 -母音 명 【언어】 voyelles *fpl* de base.
◆_원리 -原理 명 principe *m* fondamental [de base].
◆_음 -音 명 【물리】 son *m* élémentaire.
◆_자세 -姿勢 명 pose *f* [attitude *f*] élémentaire. ¶ 그는 ~자세가 안 되어 있다 Il n'a pas la moindre bonne volonté.
◆_조건 -條件 명 condition *f* élémentaire. ① modèle *m* classique; modèle *m* de base. ② 【언어】 forme *f* élémentaire [de base].

기본법 寄本法 명 【미술】 mosaïque *f*.

기부 寄附 명 contribution *f*, souscription *f*, don *m*. ◇_(를) 하다 verser une contribution à *qn*; faire don de *qc* à *qn*, faire une donation à ((une œuvre d'intérêt social, une fondation)). ¶ 고아원에 후원금을 ~하다 verser une contribution à un orphelinat.
◆_금 -金 명 contribution *f*, souscription *f*. ¶ ~금을 모으다 faire [organiser] une collecte ((pour l'érection d'une statue, au profit d'une œuvre)), faire une quête ((pour les pauvres)); ouvrir une souscription ((en faveurs des sinistrés)). ¶ 천만 원의 ~금을 내기로 약속하다 promettre dix millions de wons.
◆_자 -者 명 souscripteur *m*.

기분 氣分 명 humeur *f*, disposition *f*, sentiment *m*. ¶ 이런[그런] ~ cette humeur [une telle humeur]. ¶ 내 ~ mon humeur. ¶ 울적한[우울한] ~ une humeur noire [chagrine, mélancolique]. ¶ 누구의 ~을 상하게 하다 froisser *qn*, vexer *qn*, offenser *qn*, piquer *qn*, déplaire à *qn*. ¶ 당신의 ~은 잘 압니다 Je vous comprends bien. ¶ ~ 좋은 일 événement agréable. ¶ ~ 나쁜 사람 personne désagréable. ¶ ~이 좋다 se sentir bien; être de bonne [joyeuse] humeur [d'une humeur joviale], être bien disposé(*e*), être en train; être frais et dispos. ¶ ~이 나쁘다[언짢다] se sentir mal à l'aise; être indisposé(*e*); être de mauvaise humeur [de mauvais poil {*fam*}], être mal disposé(*e*); n'être pas en train, ne pas être dans *son* assiette {*fam*}, être d'une humeur grincheuse. ¶ 그 사람은 ~이 좋아졌다[나빠졌다] Il est de meilleur humeur [Il n'est plus de bonne humeur] maintenant. ¶ ~이 엉망이다 être de très mauvaise humeur, être vraiment d'une humeur massacrante [détestable, exécrable, de chien, de dogue] {*fam*}. ¶ 그는 ~이 상했다 Il s'est froissé / Il est vexé [offensé] / Il a été offensé [froissé] ((par votre remarque)) / Il l'a mal pris. ¶ ~이 바뀌다[달라지다] changer les dispositions [les idées]. ¶ 오늘은 ~이 어떠세요? Comment vous trouvez-vous aujourd'hui? ¶ 네 아버지 ~이 어떤지 살피고 와라 Va voir comment va ton père [de quelle humeur il est]. ¶ 그때의 ~은 말로 형언할 수가 없다 Je ne peux pas exprimer le sentiment que j'avais à ce moment-là. ¶ 지금 ~으로는 아무 말도 하고 싶지 않다 Pour l'instant, je ne suis pas en humeur de dire quoi que ce soit. ¶ 그 친구는 ~좋게 나의 요구를 받아들였다 Il a accepté ma demande avec plaisir. ◇_(이) **나다** être [se sentir] d'humeur à+*inf*, avoir envie de+*inf*. ¶ 일할 ~이 나지 않다 ne pas en avoir envie de travailler, ne pas avoir le cœur à travailler, ne pas se sentir d'humeur à travailler. ◇_(이) **내키다** avoir envie de+*inf*, avoir le cœur à+*inf*, le cœur y est, se sentir d'humeur à+*inf*, ça *me* dit, ((si)) ça *vous* chante {*fam*}. ¶ ~이 내키지 않는다 Le cœur n'y est pas. ¶ 그 사람은 ~이 내키면 아무데서나 노래를 부른다 s'il en a envie [Si le cœur lui en dit], il chante, n'importe où! ¶ 그 사람은 ~ 내키는 대로 행동한다 Il n'en fait qu'à sa guise / Il se comporte à son gré. ◇_**이 되다**[**들다**] se sentir ((d'humeur à+*inf*)), être disposé(*e*) [porté(*e*)] à+*inf*; avoir le sentiment [l'impression] de+*inf* [que+*ind*]. ¶ ...하고 싶은 ~이 되다[들다] être [se sentir] d'humeur à+*inf*; être [se sentir] prêt(*e*) à+*inf*, être dans une disposition à+*inf*, être disposé(*e*) [porté(*e*)] à+*inf*; avoir le cœur à+*inf*. ¶ 어쩐지 내가 손해를 보는 듯한 ~이 든다 Je ne sais pourquoi, mais il me semble être perdant(*e*) dans l'affaire [m'être fait(*e*) avoir {*fam*}] / Je ne sais pourquoi, mais j'ai le sentiment [l'impression] d'être perdant(*e*) dans l'affaire [de m'être fait avoir {*fam*}, d'être pénalisé(*e*) par cette affaire, de ne pas être avantagé(*e*) par cette affaire, de ne pas être gagnant(*e*) dans cette affaire]. ◇_(**을**) **맞추다** plaire [faire plaisir] à *qn*, contenter *qn*. ¶ 그의 ~을 맞추는 것은 여간 어렵지가 않다 Il est très difficile de lui plaire [de le contenter]. ◇_**이다** [**이 아니다**] être [ne pas être, ne pas se sentir] d'humeur à+*inf*, avoir [ne pas avoir] envie de+*inf*, avoir [ne pas avoir] le cœur à+*inf*. ¶ 동네 전체가 잔치 ~이다 Tout le quartier [village] est en fête [a un air de fête]. ¶ 나는 지금 일할 ~이 아니다 Je n'ai guère envie de travailler maintenant / Je ne suis [Je ne me sens] pas d'humeur à travailler maintenant / Je n'ai pas le cœur à travailler maintenant.

◆_**전환** -轉換 명 divertissement *m*, distraction *f*; action *de* se changer les idées. ¶ ~전환을 하다 se distraire, se divertir, se changer les idées. ¶ 여행을 하면 ~전환이 되겠지 Un voyage vous changera les idées [vous distraira]. ¶ ~전환을 위해 한 잔 하자 Si nous prenions un verre pour nous distraire? ¶ ~전환으로 노래를 부르다 chanter pour se distraire. ¶ 애들을 데리고 나가서 ~이라도 시켜라 Va faire prendre l'air aux enfants.

◆_**파** -派 명 personne *f* d'humeur changeante [fantasque, inégale, capricieuse, inconstante]; personne *f* lunatique; (personne *f*) cyclothymique.

기브스 독 명 ☞ 깁스

기뻐하다 재타 manifester la joie [le contentement], être joyeux(*se*); éprouver de la joie [du plaisir]; se réjouir ((d'une flatterie, de voir *qn* réussir)), être heureux(*se*), content(*e*), satisfait(*e*) de *qc*. ¶ 그 소식에 모두들 기뻐했다 Tous ont manifesté leur joie à cette nouvelle. ¶ 부모님은 나의 합격 소식을[에 대해] 매우 기뻐하셨다 Mes parents étaient très contents de la nouvelle de ma réussite à l'examen.

기쁘다 형 être joyeux(*se*), heureux(*se*); être content(*e*), satisfait(*e*); être réjouissant(*e*); ((nouvelle)) être bon(*ne*); avoir le plaisir de+*inf*. ¶ 오늘같이 기쁜 날 un jour de bonheur comme aujourd'hui. ¶ 기쁜 소식이 있다[소식을 듣다] avoir une bonne nouvelle. ¶ 기쁜 얼굴로 avec un visage radieux, le visage radieux [rayonnant, souriant], l'air réjoui, avec une mine réjouie [joyeuse]. ¶ 기쁜 일이 있다[생기다] avoir *qc* qui fait plaisir ((à *qn*)). ¶ 그 사람은 기쁜 표정을 지었다 Il a pris un air réjoui / Il a un air réjoui [une mine réjouie, une mine joyeuse] / Il a la mine épanouie / Il a le visage rayonnant de joie / La joie éclate sur son visage. ¶ 이번 시험에 네가 합격해서 ~ Je suis très heureux(*se*) de ton succès à l'examen. ¶ 다시 뵙게 되어 매우 기쁩니다 Je suis très heureux(*se*) de vous revoir. ¶ 눈물이 나도록 ~ à pleurer; à faire pleurer. ¶ 그 여자는 기뻐서 어쩔 줄 몰랐다 Elle était follement heureuse / Elle planait dans le bonheur / Elle était dans le ravissement / Elle était aux anges. ¶ 어머니는 아들이 돌아오자 기쁜 나머지 울음을 터뜨리고 말았다 Touchée par le retour de son fils, la mère a fini par fondre en larmes. ¶ 이 모임에 참석하게 된 것을 기쁘게 생각합니다 Je suis très heureux(*se*) d'assister à cette réunion. ¶ 누구를 기쁘게 맞이하다 accueillir *qn* avec plaisir. ¶ 당신은 언제나 나를 기쁘게 하는 재주가 있군요 Vous savez toujours comment me faire plaisir.

기쁨 명 joie *f*; plaisir *m*; allégresse *f*; félicité *f*. ¶ ~을 표시하다[감추다] exprimer [dissimuler] *sa* joie. ¶ 누구와 ~을 나누다 partager *sa* joie avec *qn*. ¶ ...에서 ~을 느끼다[얻다] avoir du plaisir à+*inf*, prendre plaisir à+*inf*. ¶ 누구에게 ~을 가져다주다 faire la joie de *qn*. ¶ ~의 빛을 감추지 못하다 ne [pas] pouvoir dissimuler *sa* joie. ¶ ...을 ~으로 여기다 avoir le plaisir de+*inf*. ¶ ~에 넘쳐서 소리 지르다[춤을 추다] crier [danser] de joie. ¶ 그 여자의 가슴은 ~으로 두근거렸다 Son cœur battait de joie.

기사[1] 技師 명 ingénieur *m*; technicien(*ne*). ¶ 운전 ~ chauffeur. ¶ 전기[토목, 조선] ~ ingénieur électricien [des ponts et chaussées, des constructions navales].

기사[2] 記事 명 article *m* ((de revue)); chronique *f* ((littéraire, politique)). ¶ 신간서적 소개 ~ compte rendu des livres nouvellement parus. ¶ 신문에 ~를 쓰다 écrire un article ((pour un journal)). ¶ 잡지에 ~를 싣다 insérer un article dans une revue. ¶ ~를 검열하다 censurer un article. ◇_**가 나다** un article paraît. ¶ 신문에 그에 대한 ~가 났다 Il est paru un article sur lui dans le journal.

◆_**거리[감]** 명 informations *fpl* pour un article; matière *f* à écrire un article. ¶ ~거리가 될 만한 사건을 찾다 chercher un événement pour un article.

◆_**문** -文 명 article *m*; reportage *m*.

◆**논설_** 論說- 명 article *m* de fond.

◆**특종_** 特種- 명 exclusivité *f*, scoop *m*.

기사³ 棋士 명 joueur *m* de *baduk* [*go*]. ¶ 여류 ~ joueuse de *baduk* [*go*]. ¶ 프로 ~ joueur professionnel de go.

기사⁴ 騎士 명 chevalier *m* ((du Moyen Âge)). ¶ 원탁의 ~ chevaliers de la Table ronde. ¶ ~들의 무용담 exploits des chevaliers.

◆_**단** -團 명 ordre *m* de la chevalerie.

◆_**도** -道 명 chevalerie *f*. ¶ ~도 정신을 발휘하다 témoigner l'esprit chevaleresque.

기사회생 起死回生 명 retour *m* à la vie; résurrection *f*. ◇_**(을) 하다** revenir à la vie; ressusciter; échapper à la mort. ¶ 그 회사는 은행의 도움으로 ~하였다 L'assistance de la banque a permis à l'entreprise d'éviter la banqueroute / Cette entreprise a évité la banqueroute grâce à l'assistance de la banque. ◇_**(을) 시키다** faire revenir à la vie, sauver, faire ressusciter.

기산 起算 명 calcul *m* à partir d'une date. ◇_**(을) 하다** compter [calculer] à partir de *qc*; faire [effectuer] un calcul à partir d'une date. ¶ 이자는 3월 1일부터 ~했다 L'intérêt est calculé à partir du 1er mars.

◆_**일** -日 명 jour *m* de compte.

◆_**점** -點 명 moment *m* à partir duquel est effectué le calcul.

기상¹ 氣象 명 phénomène *m* atmosphérique. ¶ ~을 관측하다 observer les phénomènes atmosphériques. ¶ 환절기라 ~이 불순하다 Le temps est instable à cause du changement de saison.

◆_**경보** -警報 명 alarme *f* [alerte *f*] météorologique.

◆_**관측** -觀測 명 observation *f* météorologique.

◆_**관측소** -觀測所 명 observatoire *m* [station *f*] météorologique.

◆_**대** -臺 명 station *f* [poste *m*] météorologique; observatoire *m*.

◆_**이변** -異變 명 variation *f* météorologique anormale.

◆_**재해** -災害 명 sinistre *m* [désastre *m*] météorologique.

◆_**청** -廳 명 bureau *m* météorologique.

◆_**통보** -通報 명 bulletin *m* météorologique[de la météo].

◆_**학** -學 명 météorologie *f*.

◆_**학자** -學者 명 météorologiste, météorologue.

기상² 氣像 명 nature *f*; tempérament *m*. ¶ 진취적 ~을 갖다 avoir l'esprit d'initiative.

기상³ 起床 명 lever *m*. ¶ ~! Debout (là-dedans)! / (Soldats!) Levez-vous! ¶ ~ 시간 heure du lever. ¶ 아침 6시 ~을 규칙으로 하다 avoir comme[pour] règle de se lever à six heures le matin. ◇_**(을) 하다** se lever; sortir du lit.

◆_**나팔** -喇叭 명 réveil *m*.

◆_**벨** 명 sonnerie *f* de réveil.

기상천외 奇想天外 명 extravagance *f*, bizarrerie *f*, étrangeté *f*, idée *f* bizarre [fantastique, curieuse, extraordinaire].

◆_**하다** 형 être incroyable, inconcevable, inimaginable, impensable, invraisemblable, fabuleux(*se*), prodigieux(*se*), renversant(*e*), très étonnant [surprenant(*e*)], effarant(*e*), très origin*al*(*ale*, *aux*), fantastique, extraordinaire, extravagant(*e*), biscornu(*e*), saugrenu(*e*). ¶ ~한 사건 une chose [affaire] incroyable [invraisemblable]. ¶ ~한 생각 une pensée extravagante [bizarre, étrange]; une idée saugrenue [biscornue].

기색 氣色 명 air *m*, signe *m*, symptôme *m*, apparence *f*, aspect *m*; mine *f*, teint *m*, expression *f* du visage. ¶ ~이 나쁘다 ne pas avoir bonne mine; avoir mauvaise [grise] mine. ¶ 지친 ~이 역력하다 avoir manifestement [indéniablement, clairement, à l'évidence] l'air épuisé, avoir [manifester] de nets signes de fatigue, la fatigue se lit manifestement [se manifeste nettement, se laisse nettement voir] sur *son* visage, *son* visage trahit manifestement la fatigue, on voit clairement [il paraît évident] qu'il est fatigué, on lit clairement la fatigue sur son visage. ¶ 누구의 ~을 살피다 guetter la réaction de *qn* (sur son visage). ◇_**을 하다[보이다]** avoir une mine [un air, la mine, l'air] ((fatigué(*e*))), montrer des signes ((de fatigue)). ¶ 피곤한 ~을 하다 avoir l'air fatigué(*e*); montrer des signes de fatigue. ¶ 기뻐하는 ~을 보이다 avoir un air joyeux [une mine joyeuse, une mine réjouie, un visage gai, un visage épanoui, la mine épanouie]. ¶ 당황한 ~을 보이다 avoir l'air confus(*e*) [embarrassé(*e*), perplexe, troublé(*e*), déconcerté(*e*), décontenancé(*e*), dérouté(*e*)]. ◇_**이다** avoir l'air prêt à+*inf*. ¶ 그 사람은 당장에라도 문을 박차고 나갈 ~이다 Il a l'air prêt à sortir à tout moment.

기생¹ 妓生 명 *gisaeng* *f* <courtisane ou dame d'agrément formée aux arts de la danse, du chant et de la poésie pour accompagner et divertir les hommes; assimilée à la geisha>. ¶ ~의 접대를 받다 se faire servir par une *gisaeng*.

◆_**오라비** 명 ((terme dépréciatif désignant un)) homme *m* qui s'habille toujours de façon très voyante ou de façon très élégante [qui veut toujours paraître, qui cherche à briller par sa tenue ou par une apparence avantageuse]. ¶ ~오라비처럼 생긴 놈 un type avec des tenues très recherchées [qui veut toujours paraître].

◆_**집** 명 restaurant *m* de type traditionnel avec des *gisaeng*.

기생² 寄生 명 parasitisme *m*. ¶ ~ 동물[식물] parasite animal [végétal]. ¶ ~ 생활 vie de parasite. ◇_(을) **하다** parasiter ((un animal)); s'installer [vivre] en parasite chez *qn*, vivre aux dépens d'autrui [à la charge de *qn*, aux crochets de *qn*]; manger au râtelier de *qn* {*fam*}. ¶ 벼룩은 동물에 ~하는 곤충이다 Les puces sont des insectes qui parasitent les animaux.

◆_**물** -物 명 parasite *m*.

◆_**충** -蟲 명 (insecte *m*) parasite *m*; ((내장의)) ver *m* intestinal. ¶ 사회의 ~충 les parasites de la société.

기선¹ 汽船 명 bateau(*x*) *m* à vapeur, vapeur *m* {*vx*}, steamer *m*; ((상선)) paquebot *m*. ¶ ~을 타다 prendre le bateau.

◆_**회사** -會社 명 compagnie *f* de navigation.

기선² 機先 명 initiative *f*. ¶ ~을 빼앗기다 perdre l'initiative. ¶ ~을 잡다[제압하다] prendre les devants [l'initiative]; devancer *qn*, prévenir *qn*, aller au devant de *qc*.

기성¹ 既成 명 ((fait)) accompli(*e*), acquis(*e*), établi(*e*), préexistant(*e*); en place, existant(*e*). ¶ ~ 문단 cercle littéraire en place. ¶ ~ 작가 écrivain (qui a déjà fait son entrée dans le monde littéraire); écrivain connu [bien établi]. ¶ ~의 질서 l'ordre établi.

◆_**복** -服 명 prêt-à-porter(~*s*-~-~) *m*; costume *m* de confection.

◆_**세대** -世代 명 vieilles générations *fpl*.

◆_**인** -人 명 adulte *mf*.

기성² 奇聲 명 cri *m* étrange [bizarre], un drôle de cri *m*. ◇_**을 지르다** pousser un cri étrange [un drôle de cri].

기성회 期成會 명 association *f* pour la réalisation de *qc*.

◆_**비** -費 명 cotisation *f* à une association.

기세 氣勢 명 enthousiasme *m*, animation *f*, ardeur *f*, assurance *f*, vivacité *f*. ¶ 당당한 ~ air majestueux. ¶ 맹렬한 ~로 적을 공격하다 attaquer l'ennemi impétueusement. ¶ 누구의 ~를 꺾다 affaiblir l'ardeur de *qn*, refroidir l'ardeur [l'enthousiasme, le zèle] de *qn*, refroidir *qn*, rabattre l'exaltation de *qn*; déconcerter *qn*; décourager *qn*, abattre *qn*, démoraliser *qn*, démonter ((l'équipe adverse)), doucher *qn* {*fam*}. ¶ 우리의 ~에 눌려 그들은 아무런 말도 하지 못했다 Accablés par notre vivacité, ils n'ont pu rien dire. ¶ ~가 대단하다 être plein(*e*) d'entrain [d'ardeur, d'assurance]; avoir beaucoup d'assurance; pétiller d'ardeur. ¶ ~가 한풀 꺾였다[누그러졌다] Leur enthousiasme s'est refroidi / L'ardeur ((des joueurs)) s'est un peu affaiblie [a un peu faibli] / Cela nous a refroidi. ¶ 불꽃이 ~좋게 타올랐다 Les flammes montaient [s'élevaient] vigoureusement / Les flammes montaient en flamboyant / De grandes flammes s'élevaient vivement / Les flammes étaient vives. ◇_**를 올리다** s'animer, s'enthousiasmer, s'enflammer; attiser [enflammer, exciter, galvaniser] l'ardeur de *qn*, redonner de l'ardeur à *qn*.

*~**(가) 등등하다** avec beaucoup d'assurance. ¶ 그 사람은 자기에게 도전할 사람은 세상에 아무도 없다고 ~등등하게 말했다 Il a affirmé avec beaucoup d'assurance que personne au monde ne pouvait le défier. ◇_**(이)다**[~**가 아니다**] pouvoir+*inf*, être prêt(*e*) à+*inf*. ¶ 그는 금방이라도 달려들 ~이다 Il serait prêt à venir [Il pourrait venir] tout de suite s'il le fallait. ¶ 그 여자는 전혀 양보할 ~가 아니었다 Elle n'avait pas du tout [aucunement] l'intention de céder.

기소 起訴 명 【법률】 ① accusation *f*; plainte *f*; poursuite *f* (en justice). ② mise *f* en accusation; action *f* (judiciaire). ¶ 그 정도 증거로는 ~가 불가능하다 Avec seulement une preuve, aussi peu sûre [aussi contestable], on ne peut engager des poursuites judiciaires (contre lui). ◇_**(를) 하다** accuser *qn* de *qc*; former une accusation contre *qn*; porter [déposer une] plainte contre *qn*; intenter une action; engager des poursuites contre *qn*. ¶ 명예훼손죄로 ~하다 intenter une action en diffamation. ¶ 누구를 절도죄로 ~하다 accuser *qn* de vol. ◇_**(가) 되다**[**(를) 당하다**] ¶ 뇌물수수죄로 ~되다 être poursuivi(*e*) pour avoir reçu des pots-de-vin.

◆_**유예** -猶豫 명 【법률】 suspension *f* d'action judiciaire. ¶ ~유예를 하다 suspendre l'action judiciaire.

◆_**장** -狀 명 acte *m* d'accusation.

◆_**중지** -中止 명 【법률】 arrêt *m* des poursuites judiciaires.

기수¹ 基數 명 nombre *m* cardinal.

기수² 旗手 명 porte-drapeau(~-~*x*) *m*. ¶ 연대[대대] ~ porte-drapeau du régiment [bataillon]. ¶ 새로운 시대의 ~ C'est [ce sont] le(*s*) porte-drapeaux [les représentants] d'une nouvelle génération [époque].

기수³ 機首 명 nez *m* (d'un avion). ¶ ~를 서울로 돌리다 mettre le cap sur Séoul. ¶ 비행기가 ~를 내린다 L'avion commence à descendre / L'avion entame sa descente. ¶ 비행기가 ~를 올린다 L'avion décolle.

기수⁴ 騎手 명 cavali*er*(*ère*), écuy*er*(*ère*); ((경마의)) jockey *m*.

기숙 寄宿 명 pension *f*. ◇_**(을) 하다** prendre [être en] pension chez *qn*; être pensionnaire chez *qn*; loger chez *qn*; vivre dans une pension (de famille), vivre en pension; prendre pension chez un particulier. ¶ 친척 집에서 ~하다 loger [se faire héberger] chez un membre de *sa* famille, prendre pension chez un membre de *sa* famille, se faire héberger dans la famille.

◆_**사** -舍 명 pension *f*, pensionnat *m*, dortoir *m* ((d'un collège)); ((대학교 기숙사)) résidence *f* universitaire, foyer *m* pour étudiants. ¶ ~사 생활을 하다 vivre en [dans une] pension.

◆_**생** -生 명 pensionnaire *mf*.

◆_학교 -學校 명 pension *f*, pensionnat *m*, internat *m* ((de jeunes filles)).

기술¹ 技術 명 ① technique *f*. ¶ ~ 혁명[혁신] révolution technologique. ¶ ~상의 난점 difficulté(*s*) (d'ordre) technique(*s*). ¶ 전문[첨단] ~ une technique spécialisée [une technique de pointe, la technologie de pointe]. ¶ 통신 ~ technique de communication. ¶ 새로운[고도의] ~ nouvelle technique [une haute technologie]. ¶ ~을 개발하다 élaborer une technique. ② ((기능)) ((avoir du)) métier *m*, technique *f*, art *m* ((de faire *qc*)); ((기량)) habileté *f*, talent *m*, adresse *f*. ¶ 운전 ~ technique de conduite. ¶ 말하는 ~ l'art de parler. ¶ ~을 연마하다 s'exercer à un métier, apprendre un métier, assimiler la technique; se perfectionner dans une technique. ¶ 목수 ~을 배우다 apprendre le métier de charpentier [menuisier]. ¶ ~이 향상되다[늘다] faire des progrès en technique. ¶ 그 사람은 사람 다루는 ~이 좋다 Il est très habile pour [à] manipuler les gens.

◆_적 -的 명관 technique. ¶ ~적인 오류[결함] défaillance technique. ¶ ~적으로 au point de vue technique; techniquement. ¶ 곤란한 질문을 ~적으로 피해가다 éviter habilement des questions embarrassantes.

◆_계 -界 명 monde *m* technique.

◆_공 -工 명 ouvrier *m* technicien.

◆_력 -力 명 puissance *f* technique. ¶ ~력에서 앞서다 dépasser [devancer, surpasser] *qn* en puissance technique.

◆_병과 -兵科 명 service *m* technique de l'armée.

◆_원조 -援助 명 aide *f* technique. ¶ 개발도상국에 대한 ~원조 aide technique aux pays en voie de développement.

◆_재[인] -者[人] 명 technicien(*ne*); ingénieur *m*.

◆_직 -職 명 métier *m* technique.

◆_진 -陳 명 personnel *m* technique.

◆_학교 -學校 명 école *f* technique.

기술² 記述 명 description *f* ((d'un événement)), relation *f* ((des événements historiques)); narration *f*. ¶ 객관적인 역사 ~ une description historique objective, un récit [un exposé] historique objectif. ◇_(을) **하다** décrire *qc*, écrire *qc*, relater *qc*, narrer *qc*. ¶ 역사적 사실을 ~ relater des faits historiques. ◇_(이) **되다** être décrit(*e*), relaté(*e*). ¶ 그는 역사책에 민족의 영웅으로 ~되어 있다 Il est décrit comme un héros populaire dans les livres d'histoire.

◆_적 -的 명관 descriptif(*ve*), narratif(*ve*). ¶ ~적인 문체 un style descriptif [narratif].

◆_문법 -文法 명 【언어】 grammaire *f* descriptive.

◆_언어학 -言語學 명 【언어】 linguistique *f* descriptive.

기슭 명 pied *m* ((d'une montagne)), bas *m* ((d'une pente)); bord *m* ((d'une rivière)). ¶ 북악산 ~에 au pied [bas] de la montagne Bugaksan. ¶ 한강 ~에 늘어선 집들이 보인다 On voit des maisons alignées le long du fleuve Han. ¶ 수영하여 반대편 ~까지 가다 gagner l'autre rive à la nage.

기습 奇襲 명 attaque *f* par surprise, attaque-surprise *f*, attaque *f* surprise [éclair]; ((군사)) raid *m*. ¶ ~ 공격[작전] attaque-surprise [opération éclair]. ¶ ~ 한파 une vague de froid inattendue [imprévue]. ¶ ~으로 요새를 탈취하다 s'emparer d'une forteresse par une attaque éclair. ◇_(을) **하다** surprendre ((l'ennemi)); attaquer par surprise [à l'improviste]. ¶ 도시를 ~ attaquer une ville par surprise. ◇_(을) **당하다** être surpris(*e*); être attaqué(*e*) par surprise ¶ 한밤중에 ~을 당하다 être attaqué en pleine nuit à l'improviste.

◆_적 -的 명관 à l'improviste; imprévu(*e*); inattendu(*e*), déroutant(*e*), déconcertant(*e*). ¶ ~적인 질문 une question-surprise, une question déroutante [inattendue]. ¶ 무엇을 ~적으로 발표하다 annoncer *qc* à l'improviste.

◆_조 -組 명 troupe *f* de choc.

기승 氣勝 명 volonté *f* ferme. ◇_(을) **부리다[떨다]** atteindre la plus grande violence, être à *son* comble [à *son* point culminant], ((tempête)) faire rage, battre *son* plein; être de forte intensité; être virulent(*e*); être ardent(*e*), violent(*e*), intense. ¶ 더위가 ~을 부린다 C'est l'époque des grandes chaleurs / C'est la canicule / Il fait une chaleur de plomb [accablante, ardente, torride, excessive, horrible, intolérable] / On souffre des chaleurs caniculaires. ¶ 늦더위가 ~을 부리고 있다 Les dernières chaleurs de l'été sont ardentes [pénibles, fortes]. ◇_**이다** être de forte intensité; être virulent(*e*); être ardent(*e*), violent(*e*), intense. ¶ 여름이면 파리, 모기가 ~이다 L'été, c'est la pleine saison des mouches et des moustiques.

◆_스럽다 형 être entêté(*e*), obstiné(*e*), buté(*e*), être têtu(*e*) (comme une bourrique [une mule, un mulet]), avoir la tête dure (comme une bûche {*fam*}), avoir une tête de cochon. ¶ ~스러운 여자 une femme obstinée [têtue, entêtée]. ¶ 비가 ~스럽게 내렸다 Il pleuvait sans cesse [à n'en plus finir] / La pluie ne voulait pas s'arrêter.

기승전결 起承轉結 명 structure *f* [construction *f*, composition *f*] classique en quatre parties ((introduction, développement, climax, conclusion)) d'un poème chinois classique. ¶ 이 작품은 ~이 명확하다 Cette œuvre est bien construite / d'un bout à l'autre, on admire la construction de cette œuvre.

기식¹ 氣息 명 respiration *f*. ¶ 그는 ~이 힘들 정도로 쇠약해졌다 Il s'est tellement affaibli qu'il respire à peine.

기식² 寄食 명 parasitisme *m*. ¶ ~ 생활 une vie parasitique, une vie de parasite, une vie aux dépens [à la charge] de *qn*. ◇_(을) **하다** s'installer [vivre] en parasite chez *qn*; vivre aux dépens d'autrui [à la charge de *qn*, aux crochets de *qn*]; manger au râtelier de *qn*. ¶ 친척집에 ~하다 vivre en parasite chez un (de *ses*) parents.

기신 起身 명 action de se lever [se mettre debout]. ¶ 나는 병이 나서 ~이 어렵다 Je suis tombé(*e*) malade, et c'est à peine si je peux bouger [me lever]. ◇_(을) **하다** se lever; se mettre debout.

기십 수관 des dizaines *fpl*, plusieurs dizaines *fpl*. ¶ ~ 명의 사람들 plusieurs dizaines de personnes.

기아[1] 棄兒 명 abandon *m* d'enfant; ((버린 아이)) enfant abandonné(*e*) [trouvé(*e*)].

기아[2] 饑餓 명 faim *f*, inanition *f*; famine *f*, disette *f*. ¶ 아프리카의 ~ 문제 problème de la famine en Afrique. ¶ ~로 고통받다[~에 허덕이다] souffrir de la famine.

기악 器樂 명 musique *f* instrumentale.

◆_**과** -科 명 département *m* de musique instrumentale.

◆_**곡** -曲 명 musique *f* instrumentale.

기안 起案 명 préparation *f* d'un texte ((de loi)); élaboration *f* ((d'un plan)). ¶ ~ 용지 un papier préimprimé. ¶ ~을 작성하다 élaborer ((un projet de loi)). ◇_(을) **하다** préparer [ébaucher] ((un plan)); faire un brouillon de *qc*; préparer ((un texte)); élaborer ((un projet de loi)). ¶ 법률안을 ~하다 élaborer un projet de loi.

◆_**자** -者 명 auteur *m* d'un projet.

기암 奇巖 명 roche *f* aux formes bizarres.

◆_**괴석** -怪石 명 roche *f* aux formes bizarres.

기압 氣壓 명 【물리】 pression *f* atmosphérique. ¶ ~을 재다[측정하다] mesurer la pression atmosphérique. ¶ ~이 높다[낮다] La pression atmosphérique est haute [basse].

◆_**계** -計 명 baromètre *m*.

◆_**골** 명 ligne *f* de creux.

◆_**배치** -配置 명 distribution *f* des zones barométriques.

◆_**차** -差 명 écart *m* de pression atmosphérique. ¶ ~차가 심하다 Il y a un grand écart de pression atmosphérique.

◆**고**_ 高- 명 ((zone de)) hautes pressions *fpl* atmosphériques, anticyclone *m*.

◆**저**_ 低- 명 ((zone de)) basses pressions *fpl* atmosphériques; dépression *f* (atmosphérique). ¶ 저~의 영향으로 날씨가 흐리다 Placés sous l'influence d'une dépression atmosphérique, nous subissons un temps couvert.

*~**이다** être de mauvaise humeur, être d'une humeur massacrante [détestable, exécrable], ne pas être à prendre avec des pincettes. ¶ 그 친구는 지금 저~이다 Actuellement, il est de mauvaise humeur [d'une humeur massacrante, d'une humeur exécrable, d'une humeur détestable] / Actuellement, on peut difficilement l'approcher / Actuellement, il n'est pas à prendre avec des pincettes.

기약 期約 명 promesse *f*, engagement *m*, ((donner *sa*)) parole *f*, rendez-vous *m inv*. ◇_(을) **하다** promettre, s'engager à *qc*/*inf*, donner *sa* parole. ¶ 재회를[다시 만날 것을] ~하다 promettre de se revoir. ¶ 훗날을 ~하다 espérer [avoir l'espoir de, faire le serment de, être fermement résolu(*e*) à] réussir plus tard [un jour], faire le serment de réussir [de mieux faire] la prochaine fois. ◇_(이) **없다** n'avoir qu'un espoir infime [illusoire, ténu(*e*), lointain(*e*), incertain(*e*)]. ¶ ~없는 기다림 une attente avec un espoir illusoire [infime, ténu, lointain, incertain]. ¶ 아무런 ~ 없이 떠나다 partir sans promettre de revenir [sans promesse de retour]. ¶ 언제 다시 만나자는 ~도 없이 헤어지다 se séparer sans se promettre de se revoir [sans se dire quand on se reverra].

기약분수 既約分數 명 【수학】 fraction *f* simplifiée.

기어 영{gear} 명 ((자동차)) vitesse *f*. ¶ 1단 [2단] ~ première [deuxième] vitesse. ¶ 3단에서 2단으로 ~를 바꾸다 rétrograder de troisième en seconde; passer de troisième vitesse en seconde [quatrième]; débrayer de la troisième. ¶ 이 차는 자동 4단 ~이다 Cette voiture a une boîte automatique à quatre vitesses. ¶ ~가 고장난 차 une voiture dont la boîte de vitesse est cassée [hors d'usage]. ◇_(를) **넣다[빼다]** mettre une vitesse, passer une vitesse [débrayer et revenir au point mort]. ¶ 자동[수동]~ 차 une voiture à changement de vitesse automatique, une voiture automatique [une voiture à changement de vitesse manuel].

기어가다 자타 ① ramper; marcher à quatre pattes. ¶ 집으로 엉금엉금 ~ marcher très lentement vers la maison. ¶ 돌밭을 ~ ramper dans un champ pierreux. ② 천천히 가다 se déplacer très lentement, se traîner. ¶ 자동차가 기어간다 La voiture se traîne / La voiture roule très lentement.

기어나오다 자타 ① sortir ((de terre)). ¶ 벌레들이 바닥에서 기어나온다 Des insectes sortent de terre. ② 【속어】 sortir de ((chez *soi*)). ¶ 저녁이 되어야 그 사람은 집에서 기어나온다 Il ne sort de chez lui que le soir. ③ ((불빛 따위가)) 새어나오다 filtrer. ¶ 텐트에서 불빛이 기어나온다 La lumière filtre à travers la toile de la tente.

기어다니다 자타 ① ramper; marcher à quatre pattes. ¶ 아기가 방을 기어다닌다 Le bébé marche à quatre pattes dans la chambre. ② 천천히 움직이다 se déplacer très lentement; se traîner. ¶ 차가 빙판이 된 도로 위에서 기어다닌다 La voiture roule très lentement sur la route verglacée.

기어들다 자 ① entrer. ¶ 저녁이면 술꾼들은 술집으로 기어든다 Le soir, des ivrognes entrent dans le bar. ② 몰래 들어오다 s'introduire ((dans une pièce)), pénétrer ((dans un lieu à l'insu d'autrui)). ¶ 아무도 몰래 방안으로 기어들다 s'introduire dans la pièce à l'insu de tous. ③ 파고들다 chercher (à tâtons). ¶ 엄마 품으로 ~ chercher le sein de *sa* mère. ④ ((바람, 냄새 따위가)) pénétrer, s'insinuer, s'introduire, entrer. ¶ 한기가 옷소매로 기어든다 Le froid entre [s'introduit, pénètre] par les manches des vêtements. ⑤ ((목소리가)) avoir une petite [faible] ((voix)). ¶ 목소리가 ~ avoir une petite [faible] voix.

기어들어가다 자 ((목소리가)) être faible et peu assuré(*e*) [et hésitant(*e*), et traduisant un manque de confiance en *soi*]. ¶ 기어들어가는 목소리로 그가 말했다 Il a parlé d'une voix faible et mal assurée [hésitante].

기어오다 자타 ① ramper; venir vers *qn* à quatre pattes. ¶ 그는 나에게로 엉금엉금 기어왔다 Il est venu vers moi à quatre pattes. ② 힘없이 다가오다 se traîner. ¶ 너무 피곤해서 집까지 간신히 기어오곤 했다 J'étais tellement épuisé(*e*) que j'arrivais à peine à retrouver le chemin de ma maison. ③ 느리게 움직여 오다 se déplacer très lentement. ¶ 차들이 지하 주차장으로 기어온다 Des voitures entrent lentement dans un parking souterrain.

기어오르다 자타 ① grimper ((sur un arbre)). ¶ 나무 위로 ~ grimper sur un arbre. ¶ 벽을 ~ grimper sur le mur. ② ((오르막을)) grimper [gravir] non sans peine [avec difficulté]. ¶ 비탈길을 ~ gravir non sans peine une pente. ③ 【속어】 tenir tête à *qn*, braver *qn*, défier *qn*, s'en prendre à *qn*, s'opposer (ouvertement) à *qn*, se rebeller contre ((l'autorité paternelle)), se dresser contre *qn*, s'opposer à ((un supérieur)) avec grossièreté, se révolter contre *qn*, refuser d'obéir à *qn*, désobéir à *qn*, manquer de respect envers *qn*, ne pas respecter *qn*, se rebiffer contre *qn* {*fam*}, ruer dans les brancards. ¶ 선배에게 ~ braver [tenir tête à] un ancien; défier [tenir tête à] un aîné.

기어이 부 ① absolument, coûte que coûte, à tout prix, impérativement, infailliblement, sans faute. ¶ ~ 그 걸 해야겠냐? Il faut vraiment [absolument] que tu fasses ça? / Tu es vraiment obligé(*e*) de faire ça? ② 드디어 enfin. ¶ 그는 ~ 배우가 되었다 Il est enfin devenu comédien. ¶ 경찰은 ~ 범인을 잡고야 말았다 La police a fini par arrêter le criminel.

기어코 부 ☞ 기어이

-기에 어미 ① ((원인)) parce que ((suffixe flexionnel conjonctif à valeur causale)). ¶ 상황이 그러하~ 너한테 도움을 구한 거다 C'est parce que la situation était telle que j'ai fait appel à tes services [que je t'ai appelé au secours] / La situation était telle que j'ai fait appel à tes services. ② ((이유)) car; parce que ((suffixe flexionnel conjonctif indiquant la raison)). ¶ 딸이 보채기에 야단을 쳤다 J'ai grondé ma fille parce qu'elle m'importunait [parce qu'elle me cassait les pieds].

기억 記憶 명 mémoire *f*; souvenir *m*. ¶ 내 ~으로는 selon ma mémoire. ¶ 내 ~이 옳다면 si mes souvenirs sont exacts; si je me souviens bien; si j'ai bonne mémoire.¶ 누구[무엇]에 대한 ~을 더듬다 faire un effort de mémoire à propos de *qn*/*qc*. ¶ 누구[무엇]에 대한 ~을 떠올리다 se remémorer *qn*/*qc*. ¶ ~을 상실하다[잃다] perdre la mémoire, être frappé(*e*) d'amnésie. ¶ 끔직한 ~으로 남다 rester comme un affreux souvenir. ¶ 오래 ~에 남다 rester longtemps gravé(*e*) dans la mémoire de *qn*. ¶ 아직도 ~이 생생한 사건 un événement dont le souvenir est encore très vivant. ¶ ~이 희미하다 se souvenir très vaguement. ◇_(을) **하다** se souvenir de *qn*/*qc*; se rappeler *qc*/*qn*, graver [imprimer] *qc* dans *sa* mémoire; retenir *qc*; retenir *qc*; ((암기하다)) apprendre *qc* par cœur. ¶ ~할 만한 사건 événement mémorable, événement qui mérite d'être rappelé. ¶ 나를 ~하니? Tu te souviens de moi? / Tu vois qui je suis? ¶ 잘 ~해 두세요 Retenez bien cela / N'oubliez pas cela / Ayez bien cela en mémoire [à l'esprit]. ¶ 나는 아직 그 여자를 어린애로 ~하고 있다 Je me souviens d'elle encore comme d'une enfant / J'ai encore comme image d'elle celle d'une enfant. ◇_(이) **나다** se souvenir de *qn*/*qc*, se rappeler *qn*/*qc*. ¶ 그의 이름이 ~나지 않는다 Je ne me rappelle pas son nom / Je ne me souviens pas de son nom. ¶ 이 구절을 읽으면 어릴 적 가을이 ~난다 La lecture de ce passage me rappelle les automnes de mon enfance. ¶ 그때 무슨 말을 했는지 도무지 ~나지 않는다 Je ne me souviens plus du tout de ce que j'ai dit à ce moment-là. ◇_(이) **되다** être [rester] dans les mémoires, être mémorisé(*e*); se souvenir de *qc*/*qn*, se rappeler *qc*/*qn*, se souvenir [se rappeler] que+*ind*. ¶ 이 사건은 역사에 오래 ~될 것이다 Cette affaire restera longtemps dans les mémoires / On se souviendra longtemps de cette affaire. ¶ 나는 자식들에게 좋은 아버지로 ~되고 싶다 J'aimerais que mes enfants se souviennent de moi comme d'un bon père / J'aimerais que mes enfants gardent de moi l'image d'un bon père. ¶ 이곳에 큰 건물이 있었던 것으로 ~된다 Je me rappelle [Je me souviens] qu'il y avait un grand bâtiment ici. ¶ 컴퓨터에 ~되어 있는 프로그램 un programme [un logiciel] mémorisé par l'ordinateur. ◇_**이 있다[없다]** avoir des souvenirs. ¶ 나는 그에 대한 좋지 않은 ~이 있다 Je n'ai pas de bons souvenirs de lui. ¶ 나는 그 사람을 만난 ~이 전혀 없다 Pour autant qu'il m'en souvienne, je ne l'ai jamais rencontré.

◆_**력** -力 명 mémoire *f*. ¶ ~력이 좋다 avoir [une] bonne mémoire; avoir de la mémoire; être doté(*e*) d'une bonne mémoire. ¶ ~력이 나쁘다 avoir une mauvaise mémoire [la mémoire courte]; ne pas avoir de mémoire. ¶ 나는 ~력이 점점 떨어진다 Je perds de plus en plus la mémoire.

◆_**상실(증)** -喪失(症) 명 amnésie *f*.

◆_**용량** -容量 명 【컴퓨】 capacité *f* de mémoire.

◆_**장애** -障碍 명 troubles *mpl* de la mémoire, troubles *mpl* mnésiques.

◆_**장치** -裝置 명 【컴퓨】 mémoire *f* ((principale, centrale, primaire; externe, de masse, secondaire)). ¶ 주~장치와 보조~장치 une mémoire principale [centrale, primaire] et une mémoire auxiliaire [externe, de masse, secondaire].

기업 企業 명 entreprise *f*, industrie *f*; affaire *f*. ¶ ~ 활동 activités des entreprises. ¶ ~의 합리화 rationalisation des entreprises. ¶ ~의 이윤을 사회에 환원하다 redistribuer à la société une partie des bénéfices faits par les entreprises. ¶ ~을 경영하다 diriger [mener, gérer] une affaire [entreprise]. ¶ ~을 세우다[창립하다] fonder [créer, monter] une entreprise [une affaire, une boîte {*fam*}]. ◇_(을) **하다** gérer une affaire [une entreprise, une boîte {*fam*}]. ¶ ~하는 사람들 les gestionnaires d'entreprises.

◆**_화** -化 명 industrialisation *f*. ¶ 요즘은 농업도 점차 ~되어 가는 추세이다 Aujourd'hui, même l'agriculture s'industrialise de plus en plus.

◆**_가[인]** -家[人] 명 industriel *m*; chef *m* d'entreprise.

◆**_군** -群 명 groupe *m* d'entreprises.

◆**_연합** -聯合 명 cartel *m*, association *f*, consortium *m*.

◆**_주** -主 명 propriétaire *m* d'une entreprise.

◆**_체** -體 명 entreprise *f*.

◆**_합동** -合同 명 trust *m*.

◆**대_** 大- 명 grande entreprise *f*.

◆**부실_** 不實- 명 entreprise *f* insolvable.

◆**중소_** 中小- 명 petites et moyennes entreprises *fpl*; P.M.E. *f*.

기여 寄與 명 contribution *f*, service *m*, apport *m*, concours *m*, aide *f*. ¶ 무엇에 대한 ~가 크다[많다] avoir beaucoup contribué à *qc*, y être pour beaucoup dans *qc*, avoir joué un rôle important dans *qc*. ◇_(를) **하다** contribuer à *qc*, rendre service ((à la patrie)), apporter à *qc*, aider à *qc*, concourir à *qc*. ¶ 국가에 크게 ~하다 rendre de grands[d'éminents] services à la patrie. ¶ 그 분은 교육계에 ~한 바가 크다[많다] Cette personne a contribué grandement au monde de l'éducation.

◆**_도** -度 명 contribution *f*, service *m*, concours *m*, aide *f*. ¶ 이번 일에 그 분의 ~도가 높았다 Son apport [Son concours] a été énorme dans cette affaire / Il a beaucoup contribué à cette affaire / Il a été pour beaucoup dans cette affaire.

기역 명 *giyeok m* <appellation de la première lettre de l'alphabet coréen>. ¶ 그 사람은 ~ 니은부터 새로 배우고 있다 Il apprend tout depuis le début / Il apprend tout de nouveau à partir de *giyeok*, *nieun*.

◆**_자** -字 명 première lettre *f* de l'alphabet coréen. ¶ 집의 구조가 ~자 모양을 하고 있다 La structure de cette maison a la forme d'un *giyeok* / L'architecture de cette maison a la forme de la première lettre de l'alphabet coréen / Les deux ailes de la maison sont disposées perpendiculairement.

*낫 놓고 ~자도 모른다 être analphabète; être illettré(*e*) ((ne pas savoir faire le lien entre la forme en croissant de la serpe et la forme en croissant du *giyeok*)).

기연 奇緣 명 coïncidence *f* étrange; rencontre *f* mystérieuse; caprices *mpl* du hasard. ¶ 우리가 여기서 만나다니 참 ~이다 C'est une étrange coïncidence de nous rencontrer ici / Quelle coïncidence de nous rencontrer ici! ¶ 세상에 이런 ~이 있나! Quelle coïncidence! / Quel hasard!

기염 氣焰 명 enthousiasme *m*, ardeur *f*. ◇_(을) **토하다** s'illustrer, se distinguer, se signaler, se singulariser, se faire remarquer; s'enflammer; s'animer, s'enthousiasmer, s'exalter. ¶ 그 선수는 한 경기에서 40점을 올리는 ~을 토했다 Ce(*tte*) joueu*r*(*se*) s'est distingué(*e*) [s'est illustré(*e*), s'est signalé(*e*), s'est fait remarquer] en marquant 40 points dans un match.

기예 技藝 명 arts *mpl* d'agrément; ((기술)) technique *f* ((d'un art)). ¶ ~를 익히다 assimiler une technique, s'initier à un métier, apprendre un métier. ¶ ~가 뛰어나다 être un bon technicien[artisan], être du métier, connaître bien son métier.

기온 氣溫 명 température *f* (atmosphérique). ¶ ~(의) 변화[상승, 강하] un changement[hausse, baisse] de température. ¶ ~을 측정하다 mesurer la température, relever la température. ¶ ~이 높다[낮다] La température est haute[basse]. ¶ ~이 올라간다[내려간다] La température monte[baisse]. ¶ ~이 뚝 떨어졌다[급강하하였다] La température a baissé tout d'un coup[brutalement]. ¶ ~이 7도 내려갔다 La température a baissé de sept degrés. ¶ 내일 아침 최저 ~은 영하 4도, 낮 최고 ~은 영상 5도로 예상됩니다 Pour demain, la météo prévoit que la température descendra jusqu'à -4° (Celsius) le matin, et montera jusqu'à [atteindra] 5° (Celsius) dans le milieu de la journée / Pour demain matin, la météo annonce une baisse de température pouvant aller jusqu'à moins quatre degrés [jusqu'à quatre degrés au-dessous de zéro] et dans la journée pouvant atteindre cinq degrés [cinq degrés au-dessus de zéro]. ¶ 지금 ~은 섭씨 15도이다 Il fait actuellement 15 degrés (Celsius[centigrade]) / La température actuelle est de[s'élève à] 15 degrés (Celsius).

◆**평균_** 平均- 명 température *f* moyenne.

기와 명 tuile *f*. ¶ ~ 공장 tuilerie. ¶ ~ 지붕 toit en[de] tuiles. ¶ ~를 굽다 cuire des tuiles. ¶ ~로 지붕을 이다 couvrir un toit de tuiles. ¶ ~(를) 굽는 사람 un(une) tuili*er*(*ère*). ¶ ~(를) 굽는 가마 un four à tuiles.

◆**_집** 명 maison *f* couverte de tuiles.

◆**_ㅅ골** 명 sillon *m* de tuile; rigole *f* formée par les alignements des parties concaves des tuiles coréennes.

◆**_ㅅ장** 명 tuile *f*.

기왕 既往 명 passé, déjà, avant, auparavant; passé(*e*), d'autrefois, ancien(*ne*). ¶ ~의 저서들 les anciens textes, les anciens traités. ¶ ~에 하던 일이니 계속 하겠다 Je continuerai le travail que je faisais jusqu'à maintenant / Je continuerai le même travail que je faisais auparavant.

*~이면 다홍치마 Tant qu'à faire, autant prendre le meilleur / Au même prix [Pour le même prix, Tant qu'à faire], je prendrai le meilleur / Si j'ai le choix, tant qu'à faire, je prendrai le meilleur. 早 tant qu'à faire, autant. ¶ ~ 하는 거 제대로 합시다 Tant qu'à faire, autant bien le faire. ¶ ~ 시작한 일이니 내가 마무리를 짓겠다 Comme on a commencé, autant aller jusqu'au bout.

기요틴 프{guillotine} 명 guillotine *f*, échafaud *m*.

기용 起用 명 nomination *f*, désignation *f*, affectation *f*, sélection *f*. ¶ 투수 ~에 문제가 있다 L'entraîneur a mal choisi son lanceur. ◇_(을) **하다** choisir *qn* ((comme secrétaire)), nommer [appeler] *qn* ((à un poste)), porter son choix sur *qn* ((pour un poste)). ¶ 인재를 요직에 ~하다 nommer des gens compétents aux postes importants. ¶ 중요한 경기에 신인을 ~하다 sélectionner un joueur débutant pour un match décisif[important]. ◇_(이) **되다** être nommé(*e*) à un poste, être affecté(*e*) à un poste. ¶ 부총리는 현 각료들 중에서 ~될 것 같다 Il est probable que le vice-Premier ministre soit nommé parmi les ministres actuels.

기우 杞憂 명 crainte *f* imaginaire[non fondée]; vaine inquiétude *f*, souci *m* inutile. ◇_(이)**다** être une vaine inquiétude, être une crainte sans fondement, être une fausse crainte. ¶ 그것은 지나친 ~이다 Ce n'est qu'une vaine inquiétude[qu'une crainte sans fondement, une fausse crainte] / Tu t'inquiètes[Tu te fais de la bile {*fam*}] pour rien / Ce n'est qu'une fausse alarme / Il n'y a pas de quoi s'inquiéter. ¶ 나의 염려가 ~이기를 바란다 J'espère que je me fais du souci pour rien. ¶ 그의 걱정은 ~에 지나지 않았다 Sa crainte s'est avérée sans fondement[purement imaginaire] / Ce n'était qu'une fausse alarme.

기우뚱 부 en branlant, en vacillant, en chancelant. ¶ 건물이 ~ 흔들렸다 Le bâtiment a tremblé.

◆**_거리다[대다]** 자타 branler, vaciller, chanceler; être branlant(*e*), instable, en déséquilibre; se pencher, s'ébranler. ¶ 고개를 ~ hocher [secouer] la tête. ¶ 의자가 ~거린다 La chaise est branlante [instable]. ¶ 그는 거대한 몸집을 ~거리며 우리에게로 다가왔다 Il est venu chez nous en chancelant [d'un pas chancelant].

◆**_하다[1]** 자 ((un bateau)) menacer de chavirer [de se retourner]. ¶ 바람에 배가 ~했다 Le bateau menaçait de chavirer [de se retourner].

◆**_하다[2]** 형 être incliné(*e*), penché(*e*), être de travers, de traviole {*fam*}. ¶ 이 탑은 기우뚱한 채로 400년을 견뎌냈다 Cette tour [Cette pagode] a tenu 400 ans penchée[inclinée]. ¶ 벽에 그림이 ~하게 걸려있다 Le tableau est accroché de travers sur le mur.

기우제 명 rituel *m* pour faire tomber la pluie; danse *f* de la pluie. ¶ ~를 올리다[지내다] faire un rituel pour faire tomber la pluie; prier le ciel pour qu'il pleuve.

기운[1] 氣運 명 ① force *f* ((physique)), vigueur *f*, énergie *f*; ((원기)) vitalité *f*, entrain *m*; courage *m*. ¶ ~이 세다[넘치다] être fort(*e*) [plein d'énergie]. ② 증상, 기미 indication *f*, signe *m*, indice *m*; symptôme *m*; effet *m*; sensation *f*. ¶ 술 ~에 sous l'effet de l'alcool. ¶ 어제 저녁에 마신 술 ~이 남아 머리가 띵하다 Je ressens encore les effets de l'alcool que j'ai ingurgité hier soir, j'ai la tête un peu lourde [j'ai un peu mal à la tête]. ¶ 아직 약 ~이 남아 있다 Je suis encore sous l'effet des médicaments. ¶ 봄 ~이 완연하다 Le printemps est véritablement arrivé. ¶ 더운[찬] ~이 가시다 ne plus y avoir de chaleur [de froid]. ◇_(을) **내다** reprendre courage, se ressaisir. ¶ ~내세요, 조금만 더 가면 되니까 (Allez,) courage, nous sommes presque arrivés. ¶ 시험은 다음에도 있으니 ~내 Tu peux repasser l'examen, ne te décourage pas[ne te laisse pas abattre, ressaisis-toi]! ◇_**을 잃다** perdre des forces, perdre courage, se décourager, se laisser abattre. ◇_(을) **찾다[차리다, 회복하다]** reprendre des forces, recouvrer[retrouver, rétablir, récupérer] *ses* forces, recouvrer la santé, se revigorer, se requinquer {*fam*}; retrouver des forces [de l'énergie], reprendre des forces, se sentir revigoré(*e*). ¶ 며칠 쉬어야만 ~을 차릴 거다 Il faut plusieurs jours de repos [Plusieurs jours de repos *sont* nécessaires] pour reprendre [pour recouvrer] *ses* forces. ◇_(이) **나다[생기다]** prendre [gagner] des forces, se fortifier; retrouver des forces [de l'énergie], recouvrer[retrouver, rétablir, récupérer] *ses* forces, recouvrer la santé, se revigorer, se requinquer {*fam*}, (se sentir) reprendre des forces, se sentir revigoré(*e*). ¶ 그 말을 들으니 ~이 난다 À entendre cela, je me sens reprendre des forces / Ces paroles m'ont revigoré / Quand j'entends ça, je retrouve du tonus [de l'énergie, des forces] {*fam*}. ◇_(이) **빠지다** perdre *ses* forces, se vider de *son* énergie, perdre *sa* vitalité, s'épuiser; ((기운이 빠졌다)) ne plus avoir la force de faire *qc*; être à bout (de forces), être à la limite de *ses* forces, être épuisé(*e*), fatigué(*e*), K.-O. {*fam*}; être vidé(*e*) {*fam*}, à plat {*fam*}, lessivé(*e*) {*fam*}]. ◇_(이) **있다[없다]** ① avoir la force de faire *qc*; être en (pleine) forme [ne plus avoir la force de faire *qc*; être à bout (de forces, être épuisé(*e*), fatigué(*e*), K.-O. {*fam*}; être vidé(*e*) {*fam*}, à plat {*fam*}, lessivé(*e*) {*fam*}]. ¶ 걸을 ~도 없다 ne plus avoir la force de marcher; ne pas pouvoir faire un pas de plus [avancer davantage]; être épuisé(*e*). ¶ 오늘은 어쩐지 몸에 ~이 하나도 없다 Aujourd'hui, bizarrement, je me sens vraiment à plat [épuisé(*e*), K.-O. {*fam*}]. ② 가벼운 증상 ((ressentir encore un peu)) les effets *mpl* ((d'une grippe)). ¶ 감기[몸살] ~이 있다 couver un rhume[une grippe]; se sentir un peu enrhumé(*e*) [grippé(*e*)].

◆_**차다** 형 être fort(*e*), vigoureu*x*(*se*), être énergique; être plein(*e*) de force [de vigueur. d'énergie]. ¶ ~차게 avec vigueur, vigoureusement, vivement, avec énergie.

기운² 機運 명 tendance *f*, propension *f*, inclination *f*, penchant *m*; ambiance *f*. ¶ 동서 화해의 ~이 조성되었다 La réconciliation entre les blocs Est et Ouest est en voie de formation.

기울 명 son *m* ((résidu de la mouture du blé ou d'autres céréales, provenant du péricarpe des grains)).

◆**밀**_ son *m* du blé.

기울기 명 pente *f*, rampe *f*, gradient *m*. ¶ ~가 급하다[완만하다] La pente est raide[douce]. ¶ 주어진 방정식에서 두 접점을 지나는 직선의 ~를 구하라 D'après l'équation (suivante), trouvez le gradient d'une droite passant par deux points / D'après l'équation (suivante), cherchez le degré de déclivité d'une pente qui passe par deux points.

기울다 자 ① pencher, incliner, obliquer. ¶ 45도 ~ incliner à 45°. ¶ 지면이 기울었다 Le terrain est incliné [en pente]. ¶ 배가 기울었다 Le navire donne de la bande [gîte]. ② 쇠퇴하다 décliner, infléchir, se pencher, s'affaiblir, s'affaisser; se détériorer, s'alanguir; s'amollir, s'amoindrir; se coucher; décroître, décliner; se baisser; faiblir, dépérir, dégénérer; se ruiner; s'exténuer; s'émousser; se tarir. ¶ 가세가 기운다 La fortune de la famille s'amoindrit [se tarit, décline]. ¶ 운세가 기운다 La chance [Le sort] s'amoindrit. ¶ 국운이 기울고 있다 La force de la nation s'affaiblie. ③ se coucher. ¶ 해[달]가 기운다 Le soleil [La lune] décline [se couche]. ¶ 해가 지평선으로 기운다 Le soleil se couche [descend, décline] à l'horizon. ¶ 해가 기울기 전에 avant le coucher du soleil. ④ 쏠리다 incliner, pencher; être enclin(*e*) à *qc*. ¶ 사회주의로 ~ avoir des penchants [tendances] socialistes. ¶ 그 사람은 이미 우파 쪽으로 기울었다 Il a pris le parti de la droite. ¶ 이 작품은 허무주의로 기울고 있다 Cette œuvre penche vers le nihilisme / Il y a une tendance au nihilisme dans cette œuvre. ⑤ 모자라다 être insuffisant(*e*), manquer de *qc*. ¶ 실력은 내가 그 애한테 기운다 Je suis moins compétent(*e*) que ce gars [garçon].

기울어지다 자 ① pencher, être incliné(*e*); ((배가)) donner de la bande [de la gîte]. ¶ 건물이 옆으로 기울어져 있다 Le bâtiment est incliné de côté. ② ((형세가)) décliner; dépérir; s'étioler; décroître; tomber en déchéance. ¶ 상황이 기울어지고 있다 La situation décline. ¶ 가세가 기울어져 간다 La famille court [va] à sa ruine. ③ ((해나 달이)) décliner, se coucher, descendre, disparaître. ¶ 해가 서산에 기울어진다 Le soleil se couche [descend, disparaît, décline] derrière la montagne à l'ouest. ④ ((생각, 경향 따위가)) être enclin(*e*) [porté(*e*)] à *qc*/*inf*; incliner à *qc*/*inf*; tendre à *qc*/*inf*; être disposé(*e*) à+*inf*. ¶ 생각이 그 쪽으로 ~ être porté(*e*) [enclin(*e*)] dans cette direction [à ce choix].

기울이다¹ 타 ① pencher, incliner, abaisser, baisser, courber. ¶ 고개를 ~ incliner [pencher] la tête. ¶ 몸을 ~ se pencher, se courber, s'incliner. ② ((술잔을)) vider. ¶ 술잔을 ~ vider [sécher] un verre, faire cul sec.

***귀를** ~ écouter *qn* attentivement, tendre l'oreille pour *qc*, prêter l'oreille à *qn*/*qc*. ¶ 음악에 귀를 ~ prêter l'oreille à une musique; tendre l'oreille pour écouter de la musique. ¶ 선생님 말씀에 귀를 기울이다 écouter attentivement [prêter l'oreille à] ce que dit le professeur.

기울이다² 타 accorder *qc*; consacrer *qc* à *qn*; concentrer *qc* sur *qc*; se concentrer sur *qc*. ¶ 관심을 ~ concentrer [fixer] toute *son* attention sur *qn*/*qc*; prêter attention à *qn*/*qc*; focaliser toute *son* attention sur *qn*/*qc*, porter tout *son* intérêt à *qn*/*qc*, témoigner d'un total intérêt pour *qn*/*qc*. ¶ 노력[정성]을 ~ faire tous *ses* efforts pour+*inf*, se donner tout entier à *qc* [faire *qc* de tout *son* cœur; mettre tout *son* cœur à *qc*]. ¶ 자식들에게 애정을 ~ concentrer toute son affection sur *ses* enfants, consacrer toute *son* affection à *ses* enfants. ¶ 전력을 ~ s'appliquer de toutes *ses* forces à *qc*, se donner à fond à *qc*, se concentrer totalement sur *qc*.

기웃 부 en promenant le regard sur *qc*; en dirigeant *son* regard sur *qc*. ¶ 그 사람은 이쪽을 ~ 넘겨다본다 Il regarde de ce côté / Il promène le regard sur ce côté-ci.

◆__ 부 en promenant le regard sur *qc*; en dirigeant *son* regard sur *qc*. ◇__**거리다[대다]** 자타 regarder d'un côté et de l'autre; promener le regard sur *qc*, jeter un coup d'œil ça et là, épier. ¶ 방안을 ~거리다 promener *son* regard dans la pièce. ¶ 이리저리 ~거리다 fureter en épiant, se déplacer pour fouiller du regard. ◇__**하다** 타 ① tendre ((le cou pour voir *qc*)). ② incliner la tête sur l'épaule (en signe de doute). ¶ 의심스러운 표정으로 ~를 기웃하다 incliner la tête sur l'épaule en signe de doute.

기웃거리다 타 regarder d'un côté et de l'autre; promener le regard sur *qc*, jeter un coup d'œil ça et là, épier. ¶ 방안을 ~ promener *son* regard dans la pièce. ¶ 진열장을 신기한 눈초리로 ~ promener un regard curieux sur la vitrine. ¶ 어떤 녀석이 문 밖에서 기웃거리고 있다 Un type à l'extérieur de la porte épie [regarde] l'intérieur de la maison.

기원¹ 紀元 명 début *m* d'une ère; ère *f*; règne *m*. ¶ 단군 ~ 4300년 l'année [en] 4300 de l'ère de Dangun.

◆_**전** -前 명 avant Jésus-Christ, av. J.-C. ¶ ~전 100년 l'année 100 avant Jésus-Christ [av. J.-C].

◆_**후** -後 명 après Jésus-Christ, ap. J.-C.

◆신_ 新 명 nouvelle ère *f*. ¶ 신~을 이루다 inaugurer une nouvelle ère, marquer un moment historique. ¶ 이 발명으로 인류 문명의 ~을 이룩하게 되었다 Cette invention a marqué une nouvelle ère de notre civilisation.

◆서력_ 西曆 명 ère *f* chrétienne. ¶ 서력 ~ 5년에 en l'an 5 de l'ère chrétienne, en l'an 5.

기원[2] 祈願 명 prière *f*, invocation *f*, vœu(*x*) *m*, souhait *m*. ¶ 우리의 오랜 ~이 이루어졌다 Nos vœux les plus chers [Nos vieux souhaits] ont été exaucés. ◇_(을) **하다** prier, invoquer ((Dieu)) pour *qn*/*qc*; faire des vœux pour *qn*/*qc*; faire [dire] une [*sa*] prière; (바라다) souhaiter *qc* à *qn*. ¶ 하느님께 ~하다 prier Dieu pour *qn*/*qc*. ¶ 민족 통일[인류 평화]을 ~하다 prier pour la réunification de la péninsule coréenne [pour la paix dans le monde]. ¶ 조속한 쾌유를 ~합니다 J'espère que vous serez vite guéri(*e*) / Je vous souhaite un prompt rétablissement. ¶ 두 분의 행복을 ~합니다 Je vous souhaite du bonheur à tous (les) deux.

기원[3] 起源 명 origine *f*, source *f*, provenance *f*. ¶ 종의 ~ les origines des espèces. ¶ 이 풍습의 ~은 신라시대부터이다 Cette coutume [Cet usage, Cette habitude] remonte à[date de] l'époque de Silla. ¶ 의회의 ~은 이보다 훨씬 이전으로 거슬러 올라간다 L'origine du système parlementaire remonte à il y a bien plus longtemps que cela. ◇_(을) **하다** avoir *son* origine dans *qc*, tirer *son* origine de *qc*, prendre *sa* source dans *qc*, provenir de *qc*. ¶ 이 강은 산꼭대기에서 ~한다 Cette rivière prend sa source au sommet de la montagne. ¶ 이 풍습은 옛날에 신에게 제사 드리는 의식에서 ~하였다 Cette coutume tire son origine de la cérémonie d'offrande aux dieux tutélaires.

기원[4] 棋院 명 club *m* [association *f* de joueurs] de *baduk* [de *go*], lieu(*x*) *m* où l'on se réunit pour jouer au *baduk* [au *go*]. ¶ ~에서 바둑을 두다 jouer au *baduk* [au *go*] dans un club.

◆한국_ 韓國- 명 association *f* coréenne de *baduk*.

기율 紀律 명 discipline *f*, ordre *m*; règle *f*. ¶ ~을 어기다 aller contre les règles, manquer à l'ordre. ¶ ~을 지키다 respecter l'ordre [les règles]. ¶ ~이 잘 잡혀 있다 être bien discipliné(*e*). ◇_**을 세우다[바로잡다, 문란케 하다]** établir[rétablir, troubler] l'ordre. ◇_(**이**) **있다** La discipline règne ((dans cette école)). ¶ ~있는 생활 une vie disciplinée[bien réglée, bien organisée].

기음 氣音 명 【언어】 aspiration *f*.

기이하다 奇異- 형 être étrange, singuli*er*(*ère*), bizarre, curieu*x*(*se*), saugrenu(*e*), excentrique, origin*al*(*ale*, *aux*). ¶ 기이한 풍속 une coutume étrange [bizarre, curieuse, singulière]. ¶ 기이한 행동[현상] un comportement [un phénomène] étrange [bizarre, curieux, singulier]. ¶ 그 서류가 갑자기 사라지다니 참 ~ C'est vraiment bizarre[étrange] que les documents aient disparu tout d'un coup / C'est drôle que ces papiers se soient volatilisés d'un seul coup {*fam*}. ¶ 무엇을 기이하게 생각하다 trouver *qc* étrange [curieu*x*(*se*), bizarre]; être frappé(*e*) de la singularité de *qc*/*qn*. ¶ 기이하게 생긴 물건 un objet curieux [bizarre, étrange]; une chose avec une forme bizarre [étrange, curieuse].

기인 奇人 명 origin*al*(*ale*, *aux*), excentrique *mf*; maniaque *m*; personne *f* peu ordinaire.

기인하다 起因- 자 résulter de *qc*, découler de *qc*, dériver de *qc*, provenir de *qc*; tenir à *qc*; être dû [due] à *qc*; être causé(*e*), occasionné(*e*) par *qc*; avoir *son* origine dans *qc*. ¶ 그의 병은 과로에서 기인한 것이다 Sa maladie est due au surmenage.

기일[1] 忌日 명 jour *m* d'anniversaire de la mort de *qn*. ¶ 오늘은 할아버님의 ~이다 C'est aujourd'hui le jour d'anniversaire de la mort de mon grand-père.

기일[2] 期日 명 date *f* fixée, jour *m* convenu; ((법률)) terme *m*, échéance *f*, date *f* limite [d'expiration]. ¶ 등록금 납부 ~ la date limite pour payer les droits d'inscription scolaire [universitaire]. ¶ 세금을 ~ 내에 납부하다 payer les impôts avant l'échéance [avant la date limite]. ¶ 책을 ~ 안에 반납하다 retourner le livre emprunté dans les délais convenus. ¶ ~을 정하다 fixer une date. ¶ ~을 지키다[어기다] respecter [passer] le délai. ¶ ~을 넘기다[연기하다] dépasser [reporter] l'échéance. ¶ ~을 단축하다[연장하다] raccourcir le délai [prolonger le délai]. ¶ ~이 지나다[(다) 되다] dépasser la date, dépasser la date d'échéance [arriver à échéance]. ¶ 그 일에는 따로 ~이 없다 Il n'y a pas de délai fixe [de date limite] pour cela.

기입 記入 명 inscription *f* ((d'un nom sur un registre)). ◇_(을) **하다** inscrire *qc*, noter *qc*, enregistrer *qc*; coucher ((une clause, un article dans un acte)). ¶ 수입과 지출을 그때그때 장부에 ~해 두다 noter[inscrire] chaque fois[régulièrement] les recettes et les dépenses sur un livre de comptes[un registre]; faire *ses* comptes régulièrement. ◇_(**이**) **되다** être inscrit(*e*), noté(*e*), enregistré(*e*).

기자 記者 명 journaliste *mf*; ((탐방기자)) reporter *mf*, reporteur *m*; ((통신원)) correspondant(*e*); ((잡보의)) courriériste *mf*, chroniqueu*r*(*se*), envoyé(*e*) spécial. ¶ 담당 ~ un journaliste responsable d'une rubrique. ¶ 민완 ~ un journaliste expérimenté [chevronné]. ¶ 사진 ~ un(*e*) photographe journalistique [de presse]. ¶ 정치[경제, 과학]부 ~ un journaliste politique [financier, scientifique]. ¶ 잡지사 ~ un journaliste d'un magazine [d'une revue, d'un mensuel, d'un hebdomadaire]. ¶ 사이비 ~ un(*e*) pseudo-journaliste, un(*e*) mauvais(*e*) journaliste, un folliculaire {*litt*}; un plumitif; un gratte-papier, un(*e*) scribouillard(*e*). ¶ ~와 인터뷰를 하다 avoir une interview avec un(*e*) journaliste; être interviewé(*e*) par un(*e*) journaliste ¶ ~가 되다 devenir journaliste.

◆_단 -團 명 presse *f*.
◆_석 -席 명 place *f* réservée aux journalistes, tribune *f* de la presse.
◆_실 -室 명 salle *f* de (la) presse.
◆_증 -證 명 pièce *f* d'identité d'un journaliste, carte *f* de presse.
◆_클럽 명 club *m* de journalistes.
◆_회견 -會見 명 conférence *f* de presse. ¶ ~을 하다[갖다, 요청하다] faire [organiser, demander] une conférence de presse. ¶ ~회견에서 자신의 결백을 주장하다 plaider *son* innocence pendant la conférence de presse.
◆_회견장 -會見場 명 salle *f* de conférence de presse.
◆방송_ 放送- 명 journaliste *mf* [reporter *mf*] ((à la télévision, à la radio)); radioreporter *mf*.
◆신문_ 新聞- 명 journaliste *mf* de la presse écrite.
◆종군_ 從軍- 명 correspondant(*e*) de guerre (d'un journal).

기자재 機資材 명 matériau(*x*) *m*; approvisionnements *mpl*.

기자조선 箕子朝鮮 명 【역사】 Kija Chosŏn, Gija Joseon ((royaume légendaire qui succéda à Dangun Joseon [Tangun Chosŏn])).

기장[1] 명 longueur *f*. ¶ 바지 ~을 늘리다[줄이다] rallonger [raccourcir] un pantalon. ¶ 이 바지는 ~이 길다[짧다] Ce pantalon est long [court].

기장[2] 명 【식물】 (espèce de) millet *m*, mil *m*; *Panicum miliaceum* {*nsc*}.

기장[3] 機長 명 commandant(*e*) (de bord), pilote *mf*.

기재[1] 奇才 명 génie *m*; personne *f* géniale; prodige *m*.

기재[2] 記載 명 inscription *f*; mention *f*; enregistrement *m*. ¶ ~ 사항 un article mentionné. ◇_(를) 하다 inscrire, mentionner, noter; mettre par écrit. ¶ 장부에 ~하다 inscrire *qc* sur un registre [un livre de comptes]. ¶ 여백에 ~하다 écrire [noter] *qc* dans la marge. ◇_(가) 되다 être inscrit(*e*), mentionné(*e*), noté(*e*). ¶ 제 25조에 ~되어 있는 것과 같이 Comme mentionné dans l'article 25.

기저 基底 명 base *f*, fondement *m*, assise *f* ((d'un pont, d'un régime)); soubassement *m*; source *f*. ¶ 댐의 ~ 부분 un soubassement d'un barrage. ¶ 작품의 ~에 깔려있는 사상 les idées qui sous-tendent[sont à l'origine de] l'œuvre / les soubassements idéologiques de l'œuvre.
◆_구조 -構造 명 【언어】 structure *f* sous-jacente. ¶ ~를 설정하다 établir une structure sous-jacente.
◆_부 -部 명 fondement *m*, racines *fpl*.
◆_형 -形 명 【언어】 forme *f* sous-jacente.

기저귀 명 couche *f* ((de bébé)). ¶ ~를 빨다 laver une couche. ◇_를 차다[갈다] mettre [changer] une couche. ◇_를 채우다 mettre une couche ((à un bébé)), langer ((un bébé)).

기적[1] 汽笛 명 sifflet *m* ((d'une locomotive)), sifflet ((à vapeur)). ¶ 기차가 ~을 울렸다 Le sifflet d'une locomotive s'est fait entendre [a retenti, a sifflé]. ¶ ~ 소리가 요란하다 Un grand coup de sifflet retentit. ¶ ~이 운다 Un coup de sifflet d'une locomotive retentit.

기적[2] 奇蹟 명 miracle *m*, prodige *m*. ¶ 한강의[라인강의] ~ le miracle du fleuve Han [du Rhin]. ¶ ~을 믿다 croire aux miracles. ¶ ~을 행하다 faire [accomplir] des miracles. ¶ 한국팀이 프랑스를 이기다니 이것은 ~이다[이나 다름없다] C'est presque[quasiment] un miracle que l'équipe coréenne ait battu l'équipe française.
◆_적 -的 명관 miraculeux(*se*). ¶ ~적인 경제 성장 une croissance économique miraculeuse. ¶ ~적으로 살아나다 échapper à la mort miraculeusement.
◆_극 -劇 명 miracle *m* «Le miracle de Théophile».

기전 棋戰 명 tournoi *m* de *go* [de *baduk*]. ¶ 이번 ~의 승자 le champion de ce tournoi de *go* [de *baduk*].

기전력 起電力 명 【물리】 action de déclencher le courant d'électricité.

기전체 紀傳體 명 style *m* historique.

기절 氣絶 명 évanouissement *m*, défaillance *f*, ((의학)) syncope *f*. ¶ ~에서 깨어나다 revenir à *soi*, reprendre *ses* esprits, reprendre conscience, sortir de *sa* léthargie. ◇_(을) 하다 s'évanouir, défaillir; avoir une syncope; perdre connaissance; tomber en léthargie, tomber dans les pommes {*fam*}. ¶ ~할 정도로 놀라다 être surpris(*e*) au point de défaillir. ¶ 어머니는 아들이 죽었다는 소식을 듣고 ~했다 La mère s'est évanouie en apprenant la mort de son fils. ◇_(을) 시키다 faire perdre l'esprit à *qn*.
◆_초풍 명 grand étonnement *m*, ébahissement *m*, stupéfaction *f* (au point de perdre connaissance). ¶ ~초풍(을) 하다 tomber des nues, être décontenancé(*e*) par un événement inopiné, être ébahi(*e*); être sidéré(*e*); être frappé(*e*) d'un grand étonnement [de stupeur] au point de perdre connaissance.

기점[1] 起点 명 (point de) départ *m*, (point d')origine *f*; (point de) repère *m*; ((철도의)) tête *f* de ligne. ¶ 서울 ~ 150킬로미터 지점에서 교통사고가 났다 L'accident de la route s'est produit à 150km de Séoul. ¶ 무엇[어디, 언제])을 ~으로 삼다[하다] prendre *qc* [un lieu, une date] comme (point de) repère. ¶ 광화문을 ~으로 하여 거리를 재다 mesurer les distances en prenant la porte Gwanghwa comme point de repère. ¶ 1970년을 ~으로 이곳에 많은 공장이 들어섰다 C'est à partir de 1970 que beaucoup d'usines se sont installées[montées] ici.

기점[2] 基点 명 base *f*. ¶ 서울을 ~으로 하여 반경 100킬로미터 이내에 dans un rayon de cent kilomètres autour de Séoul. ¶ 이 범죄조직은 홍콩을 ~으로 하여 한국에 마약을 밀매해 왔다 Ce réseau criminel basé à Hongkong a fait du trafic de stupéfiants en Corée.

기정 既定 어근 acquis(*e*).
◆_방침 -方針 명 principe *m* acquis. ¶ ~방침대로 시행하다 exécuter *qc* selon les principes.

◆_사실 -事實 명 fait *m* établi. ¶ 무엇을 ~사실로 여기다[생각하다, 받아들이다] considérer *qc* comme un fait établi [comme acquis(*e*)].

기제[1] 忌祭 명 ☞ 기제사

기제[2] 機制 명 appareil *m*. ¶ 정신 ~ l'appareil *m* psychique. ¶ 음식물이 몸속에서 소화되는 ~에 대해 알고 싶다 Je veux savoir comment transite la nourriture dans l'appareil digestif.

기제사 명 rite *m* sacrificiel pour la commémoration de la mort de *qn*; cérémonie *f* commémorative d'offrandes ((aux ancêtres)). ¶ ~를 올리다[지내다] organiser[préparer] une cérémonie commémorative d'offrandes [un rite sacrificiel].

기조 基調 명 idée *f* dominante[directrice], pensée *f* prédominante; ((음악)) ton *m* (dominant). ¶ ~ 강연 conférence inaugurale sur un thème principal. ¶ ~ 연설 discours inaugural sur un thème principal. ¶ 실리를 교육의 ~로 삼다[하다] faire du pragmatisme la base de l'éducation. ¶ 정책의 ~가 흔들려서는 안된다 L'idée de base de la politique ne doit pas être bouleversée [chamboulée, dérangée, perturbée]. ¶ 우리 당은 경제 정의 실현을 정책 ~로 하고 있다 La réalisation de la justice économique est à la base de la politique de notre parti. ¶ 이 작품의 ~를 이루는 것은 작가의 휴머니즘이다 Cette œuvre prend source [son origine] dans l'humanisme de l'auteur / Le principe de cette œuvre a pour base l'humanisme de l'écrivain.

기존 既存 명 (déjà) existant(*e*), préexistant(*e*); actuel(*le*). ¶ ~(의) 건물[제도, 학설, 설비] un bâtiment [système, théorie, installation] existant(*e*) [actuel(*le*)]. ¶ ~(의) 구성원들이 거의 새 인물로 교체되었다 L'équipe déjà formée a été presque entièrement remplacée par des personnalités nouvelles.

기종 機種 명 type *m* (d'appareil). ¶ 비행기를 새 ~으로 바꾸다 s'équiper d'un nouveau type d'avion[appareil].

기준 基準 명 base *f*, modèle *m*; norme *f*, critère *m*, standard *m*; barème *m*. ¶ 분류(의) ~ les critères de la classification ¶ 당락의 ~을 정하다 fixer un barème de notes de passage et d'élimination. ¶ 무엇[누구]을 ~으로 삼다 prendre *qc* comme base [critère]; prendre *qn*/*qc* comme modèle. ¶ 전년도 예산을 ~으로 (하여) 새로운 예산안을 짜다 fixer [préparer, discuter, inscrire] un nouveau budget en regard du [par rapport au] budget de l'année dernière, dresser un nouveau budget en se basant sur le budget de l'année précédente. ¶ ~에 들다[적합하다] être à la [dans les] norme(*s*) [satisfaire à la norme], servir de critère. ¶ ~에 모자라다[못 미치다, 미달하다] ne pas être à la [dans les] norme(*s*); ne pas satisfaire au [être en dessous du] critère requis. ¶ ~이 모호하다 Les critères sont ambigus / Les critères ne sont pas objectifs.

◆_가격 -價格 명 prix *m* de base [cours *m* du marché immobilier].

◆_법 -法 명 loi *f* de base.

◆_선 -線 명 ligne *f* de repère.

◆_시가 -時價 명 cours *m* du marché

◆_점 -點 명 point *m* de repère.

◆_치 -値 명 valeur *f* numérique qui sert de repère.

◆_환율 -換率 명 étalon *m* monétaire

기중기 起重機 명 grue *f*. ¶ 무거운 물체를 ~로 들어올리다 soulever un objet lourd à l'aide d'une grue.

◆_선 -船 명 grue *f* flottante, pont-grue *m*.

기증 寄贈 명 don *m*, donation *f*. ¶ 장기 ~ un don d'organe. ◇_(을) **하다** faire don de *qc*; offrir *qc* à *qn*; faire une donation (par acte notarié). ¶ 도서관에 책을 ~하다 faire don de livres à une bibliothèque. ¶ 자선단체[고아원]에 물품을 ~하다 faire don de fournitures à une association charitable [un orphelinat]. ¶ 전재산을 ~하다 faire don de tous *ses* biens [de toute *sa* fortune]. ◇_(을) **받다** recevoir un don. ¶ 그는 뇌사자의 눈을 ~받아 광명을 되찾았다 Il a retrouvé la vue grâce à un don des yeux d'une personne en état de mort cérébrale. ◇_(이) **되다** être donné(*e*); se donner; être offert(*e*) en don.

◆_본 -本 명 exemplaire *m* offert gracieusement à un auteur (par une maison d'édition); exemplaire *m* offert en hommage (par un auteur).

◆_자 -者 명 dona*teur*(*trice*).

◆_품 -品 명 don *m*.

기지[1] 既知 명 (déjà) connu(*e*), donné(*e*). ¶ ~의 사실[사항] fait *m* connu [établi].

기지[2] 機智 명 (présence *f* d') esprit *m*; esprit *m* d'à-propos; ingéniosité *f*. ¶ ~가 풍부하다[번득이다] être spiritu*el*(*le*), intelligent(*e*), ingénieu*x*(*se*), être plein(*e*) [pétillant(*e*)] d'esprit, avoir l'esprit vif; avoir la repartie facile. ¶ ~가 뛰어나다 être ingénieu*x*(*se*) [intelligent(*e*), spirituel(*le*)]; avoir un esprit brillant [vif, éclatant], être plein(*e*) d'esprit. ¶ ~를 발휘하다[쓰다] montrer [faire montre de] sa présence d'esprit, faire montre de présence d'esprit. ¶ ~를 발휘해서 위기를 모면하다 éviter de peu [de justesse] un danger grâce à *sa* présence d'esprit. ◇_(가) **있다[없다]** avoir de l'esprit [ne pas avoir d'esprit], être [ne pas être] spiritu*el*(*le*), intelligent(*e*), ingénieu*x*(*se*), être plein(*e*) d'esprit; avoir de la [ne pas avoir de] présence d'esprit. ◇_(가) **넘치다** déborder d'esprit, être plein(*e*) [pétillant(*e*)] d'esprit, être brillant(*e*). ¶ ~가 넘치는 말 une parole intelligente [brillante, qui déborde d'esprit].

기지[3] 基地 명 base *f* ((militaire)). ¶ 군사[공군, 작전, 미사일] ~ une base militaire[aérienne, d'opération, de lancement de missiles]. ¶ 어업 ~ une base de pêche. ¶ 전진 ~ un poste avancé. ¶ 적의 ~를 공격하다 attaquer la base des ennemis [le camp ennemi]. ¶ 요충지에 ~를 건설하다[설치하다] construire [établir] une base militaire à un point stratégique important. ¶ ~를 옮기다[폐쇄하다] déplacer [fermer] la base. ¶ ~로 무사히 돌아오다 revenir sain et sauf à la base.

◆_촌 -村 명 village *m* près d'un camp militaire.

기지4 일 명 tissu *m*, étoffe *f*. ¶ ~가 좋네 C'est un tissu de bonne qualité.

◆_ 바지 명 pantalon *m* habillé.

기지개 명 étirement *m*, extension *f*. ◇_(를) 켜다[펴다] s'étirer. ¶ 잠에서 깨어나 ~를 켜다 s'étirer au réveil.

기진하다 氣盡- 자 être épuisé(*e*), exténué(*e*), harassé(*e*), crevé(*e*) {*fam*}, abattu(*e*), naze [nase] {*fam*}, crevé(*e*) {*fam*}, lessivé(*e*) {*fam*}. ¶ (나는) 기진해서 쓰러졌다 Je suis tombé(*e*) [me suis écroulé(*e*)] de fatigue. ☞ 기진맥진

기진맥진 氣盡脈盡 명 exténuation *f*, très grande fatigue *f*. ◇_(을) 하다 être exténué(*e*), épuisé(*e*), éreinté(*e*); être complètement nase [naze, crevé, fichu, foutu, mort, patraque, miné, vidé, K.-O., knock-out, raplapla, raplati, flagada, ramollo, hors service [H.S.], vidé, claqué, chiné, pompé, lessivé] {*fam*}, être sur les dents [sur les rotules, sur les genoux], être mort de fatigue, tomber [mourir] de fatigue, être à moitié mort, ne vraiment plus en pouvoir, être au bout du rouleau, être à bout de force, être à ramasser à la petite cuillère {*fam*}; il n'y a plus rien à tirer de *moi* {*fam*}. ¶ 기진맥진한 병사들 des soldats épuisés. ¶ 오랜 행군에 모두들 ~해 주저앉았다 Après une longue marche, tout le monde s'est effondré de fatigue.
부 mort(*e*) de fatigue, au bout du rouleau, sur les rotules, sur les genoux, sur les dents, à moitié mort. ¶ ~ 나자빠지다 s'effondrer [s'écrouler, tomber, s'affaisser] de fatigue, tomber exténué(*e*) [mort(*e*) de fatigue], tomber [s'affaisser] comme une masse.

기질 氣質 명 tempérament *m*, caractère *m*, nature *f*; naturel *m*; mentalité *f*. ¶ 과격한[낙천적인] ~ un tempérament violent [optimiste]. ¶ 예술가[상인]의 ~을 발휘하다 faire preuve d'un tempérament d'artiste[de commerçant]. ¶ 섬나라[촌동네] ~에서 벗어나지 못하다 ne pas arriver à se détacher de *son* insularité [de *sa* mentalité campagnarde], ne pas pouvoir se détacher de *sa* mentalité insulaire. ¶ 말솜씨를 보니 장사꾼 ~이 다분하다 Vu *sa* verve, il est doué pour le commerce / Avec *sa* langue bien pendue, il doit avoir la bosse du commerce [il est bon pour le commerce]. ¶ 그 사람과 나는 서로 ~이 다르다[맞지 않는다] Lui et moi sommes de tempéraments différents / Son tempérament et le mien s'accordent mal. ¶ 그의 ~은 약간 다혈질적이다 Il a [est d'] un tempérament un peu sanguin [impétueux, fougueux, volcanique, explosif, violent].

◆_적 -的 명관 (으로) par nature; de tempérament *m*. ¶ 그는 ~으로 화를 잘 낸다 Il est d'un tempérament colérique [coléreux, atrabilaire, emporté, bilieux, irascible, irritable].

기집 명 【비어】 ☞ 계집

기차 汽車 명 train *m*; ((par)) chemin *m* de fer. ¶ 부산행 ~ le train pour Busan, le train à destination de Busan. ¶ ~ 요금 tarif des trains[des chemins de fer]; prix d'un billet de train. ¶ ~를 갈아타다 changer de train, prendre une correspondance (pour Paris). ¶ ~를 놓치다 manquer [rater {*fam*}, louper {*fam*}] *son* [le] train. ¶ ~(표)를 예약하다 réserver une place ((dans un train)), faire [effectuer] la réservation d'une place ((dans un train)). ¶ ~를 타고[~로] 서울에 가다 aller [se rendre] à Séoul en train [par le train, par le chemin de fer]. ¶ 만원 ~를 타고 출근하다 aller au bureau avec un train bondé. ¶ 6시 15분 서울발 ~를 타다 prendre le train de 6 h 15 en provenance de Séoul. ¶ ~에 타다[오르다] monter dans le train [le wagon, le compartiment du train]. ¶ ~에서 내리다 descendre du train [du wagon, du compartiment du train]. ¶ 밤[초고속] ~로 여행하다 voyager en [par le] train de nuit [en T.G.V.]. ¶ 7시 35분 ~로 파리에 가다 aller à Paris par [avec] le train de 7 h 35. ¶ 이 ~로 어디까지 갈 수 있어요? Avec ce train, jusqu'où est-ce qu'on peut aller? ¶ 부산가는 첫 ~에 자리가 있는지 물어보다 demander s'il y a une place dans le premier train à destination de Busan. ¶ 그곳까지는 ~로 3시간 걸린다 Ce train met trois heures pour aller là-bas / Ça prend [On met] trois heures pour y aller en train. ¶ ~로 발송하다[보내다] envoyer *qc* par (le) train. ¶ 서울발 ~가 곧 역에 도착합니다 Le train en provenance de Séoul va bientôt entrer en gare. ¶ ~가 연착한다 Le train a du retard / Le train est en retard sur l'horaire [sur *son* horaire]. ¶ ~가 탈선했다 Le train a déraillé.

◆_ㅅ길 명 voie *f* ferrée; ligne *f* de chemin de fer; rails *mpl*.

◆_시간표 -時間表 명 horaire *m* des trains.

◆_표 -標 명 billet *m* de train.

기착 寄着 명 escale *f*. ◇_(을) 하다 faire escale *qp*. ¶ 미국행 비행기가 일본에 ~했다 L'avion à destination des États-Unis a fait escale au Japon.

◆_지 -地 명 port *m* d'escale. ¶ 중간 ~지 port d'escale.

기찰 譏察 명 inspection *f*. ◇_(을) 하다 inspecter; faire l'inspection de *qc*.

기창 旗槍 명 【역사】 hampe *f*.

기채 起債 명 ① emprunt *m*. ② 【경제】 émission *f* d'un emprunt. ◇_(를) 하다 ① faire un emprunt. ② émettre [lancer] un emprunt.

기척 명 signe *m*, indice *m*, trace *f*. ◇_(을) 하다[내다] signaler *sa* présence. ¶ 방에 들어오기 전에 ~ 좀 해라 Avant d'entrer dans la salle, signale ta présence d'une manière ou d'une autre. ◇_(이) 있다[없다] y avoir des [ne pas y avoir de] signes ((de vie)). ¶ 이 방에는 최근까지 사람이 살던 ~이 있다 D'après certains indices, cette pièce a été occupée récemment / Il y a des signes qui montrent que des gens ont habité dans cette pièce. ¶ 아무런 ~이 없다 Il n'y a aucun signe de vie.

◆**손_** 명 ((terme nord-coréen désignant l'))action de frapper à la porte. ¶ 손~을 내다 frapper à la porte ((terme nord-coréen)).

◆**인_** 人- 명 signe *m* de présence humaine, signe *m* qu'il y a quelqu'un. ¶ 인~을 내다 faire signe de *sa* présence, signaler *sa* présence d'une manière ou d'une autre.

기천 幾千 명 milliers *mpl*. ¶ ~ 만원 plusieurs dizaines de millions de wons. ¶ 이번 일에 돈이 ~은 들었다 Cette affaire m'a coûté une fortune / Cette histoire m'a coûté la peau des fesses {*vulg*}.

기체[1] 氣體 명 【물리】 corps *m* gazeux; gaz *m*; corps *m* aérien; corps *m* vaporeux. ¶ ~ 상태 état gazeux.

◆**_화** -化 명 gazéification *f*. ¶ ~화하다[되다] gazéifier [se gazéifier].

◆**_역학** -力學 명 aérodynamique *mf*.

◆**_연료** -燃料 명 combustible *m* gazeux.

기체[2] 機體 명 appareil *m*; avion *m*; fuselage *m* ((d'un avion)). ¶ ~에 이상이 있다[생겼다] Il y a [Il s'est produit] un défaut dans le fuselage / Il y a un problème dans l'avion. ¶ 엔진 상태가 안 좋아서 ~가 좀 흔들린다 Le moteur n'étant pas en bon état, l'avion est un peu secoué.

기초[1] 起草 명 préparation *f* d'un texte. ◇_(를) **하다** préparer, élaborer (un texte). ¶ 헌법을 ~하다 préparer le texte d'une Constitution. ¶ 법률안을 ~하다 élaborer un projet de loi.

기초[2] 基礎 명 base *f*; fondement *m*; assise *f*; fondations *fpl*; éléments *mpl* ((d'une science)), les rudiments *mpl* ((de la grammaire)), le b.a.-ba *m* ((des mathématiques)); l'a b c ((du métier)). ¶ ~ 작업[과목, 과학] les travaux [les matières, les sciences] de base. ¶ ~ 지식[어휘, 훈련] les connaissances [le vocabulaire, l'entraînement] de base. ¶ 경제학의 ~를 배우다 apprendre la base[les rudiments, les premiers éléments] de la science économique[de l'économie politique]. ¶ ~를 세우다[닦다, 다지다, 튼튼히 하다] établir [consolider] les fondations ((d'un bâtiment)); jeter les bases ((d'une science)); apprendre les bases ((du français)); renforcer *ses* connaissances de base. ¶ 무엇을 확고한 ~ 위에 세우다 établir *qc* sur des bases solides. ¶ 이 초안을 ~로 해서 새로운 안을 짜시오 Elaborez un nouveau plan sur la base de ce plan sommaire. ¶ 무슨 일이든 ~부터 튼튼히 해야 한다 Il faut toujours commencer par construire [jeter, établir, poser] des bases solides. ¶ 이 건물은 ~가 튼튼하다[약하다] Cet édifice a des fondations solides[faibles]. ¶ 그 사람은 ~가 안 되어 있다 Cette personne n'a aucune [pas de] base. ◇_(를) **하다[두다]** se baser sur *qc*. ¶ 객관적인 사실에 ~한 논리 전개 développement d'une logique basée sur un fait objectif. ¶ 최근의 언어학 이론에 ~를 두다 se baser sur les théories récentes de la linguistique. ◇_(가) **있다[없다]** avoir [ne pas avoir] les bases. ¶ 그의 프랑스어 지식은 ~가 없다 Il lui manque les bases du français.

◆**_적** -的 명관 fondamen*tal*(*ale*, *aux*), de base, basique. ¶ ~적인 개념 une notion de base; un concept fondamental.

◆**_공사** -工事 명 travaux *mpl* de fondations.

◆**_공제** -控除 명 partie *f* du revenu non imposable.

◆**_대사** -代謝 명 【생물】 métabolisme *m* de base. ¶ ~대사량 une quantité de base.

◆**_화장** -化粧 명 maquillage *m* de base.

기총 機銃 명 mitrailleuse *f*. ☞ 기관총

◆**_소사** -掃射 명 mitraillade *f*. ¶ ~소사를 퍼붓다 mitrailler.

기축[1] 機軸 명 axe *m*, essieu(*x*) *m*; centre *m*, noyau(*x*) *m*; plan *m*, invention *f*, idée *f*, méthode *f*. ¶ 무엇을 ~으로 하여[삼아] 조직을 운영하다 gérer une organisation axée [centrée] sur *qc* [tournant autour de *qc*].

기축[2] 祈祝 명 prière *f*, invocation *f*, vœu(*x*) *m*, souhait *m*. ◇_(을) **하다** prier pour *qn*/*qc*, invoquer ((un dieu)).

기층 基層 명 substrat *m*; base *f*, fondement *m*, support *m*. ¶ ~ 문화[언어] culture *f* de base [substrat *m* (en linguistique)]. ¶ 사회의 ~을 이루는 서민들 population qui est à la base de la société. ¶ 유럽 문화의 ~에는 기독교가 놓여 있다 Le Christianisme constitue la culture de base des sociétés européennes / Le Christianisme constitue la base de la culture européenne.

◆**_민** -民 명 population *f* de base d'une société, population *f* majoritaire [prédominante] d'une société.

기치 旗幟 명 ((군기의)) bannière *f*, enseigne *f*; emblème *m*, étendard *m*; ((비유적)) attitude *f*, position *f*. ◇_**를 내걸다[세우다, 표방하다]** lever l'étendard ((des revendications féministes)); se rallier à une cause ((contre/pour *qc*)). ¶ 자유와 평등의 ~를 내걸고 sous la bannière de la liberté et de l'égalité.

기침 명 toux *f*. ¶ 약을 먹어도 ~이 낫지를 않는다 J'ai beau prendre des médicaments, je tousse toujours autant. ◇_(을) **하다** tousser. ¶ ~을 심하게 하다 tousser beaucoup. ¶ 연거푸 ~을 하다 avoir une quinte [un accès] de toux.

◆**_감기** -感氣 명 rhume *m* accompagné de toux.

◆**_약** -藥 명 médicament *m*[remède *m*] contre la toux; sirop *m* contre la toux; sirop *m* pectoral {*vx*}.

◆**헛_** 명 toussotement *m* (de politesse de gène, de doute, de réticence, de nervosité) ((toussotement faits exprès pour signaler *sa* présence ou montrer *son* sentiment)). ¶ 방에 들어가기 전에 헛~을 하다 toussoter poliment [faire un petit toussotement] avant d'entrer dans la chambre.

기타[1] 其他 명 les autres *mpl*; le reste *m*, et autres

ㄱ

mpl. ¶ 총과 ~(의) 무기들 fusils et autres armes. ¶ ~의 일은 나는 전혀 알지 못한다 Pour le reste, je n'en sais rien. ¶ 중요한 요점들만 논하고 ~ 나머지 것들은 생략하기로 하자 On va discuter des points essentiels et laisser tomber le reste.

◆**_등등** -等等 명 etc. [et cætera]. ¶ 필요한 것은 망치, 톱, 대패, ~등등이다 Nous avons besoin d'un marteau, d'une scie, d'un rabot, etc.

기타² 영{guitar} 명 guitare *f.* ¶ ~ 연주자 guitariste, joueu*r*(*se*) de guitare ¶ ~를 배우다 apprendre à jouer de la guitare. ¶ 그 사람의 ~ 연주를 듣고 싶다 J'ai envie de l'entendre jouer de la guitare. ¶ ~ 반주에 맞추어 노래를 부르다 chanter avec un accompagnement à la guitare, chanter en s'accompagnant à la guitare. ¶ ~ 줄이 끊어졌다 Les cordes de la guitare ont rompu [se sont cassées]. ¶ ~를 치다[연주하다] jouer de la guitare.

◆**전자_** 電子- 명 guitare *f* électrique.

◆**클래식_** 명 guitare *f* classique.

◆**통[어쿠스틱]_** 명 guitare *f* acoustique.

기타리스트 영{guitarist} 명 guitariste *mf.*

기탁 寄託 명 ((mise en)) dépôt *m.* ◇_(을) **하다** mettre *qc* en dépôt. ¶ 불우이웃 돕기 성금을 ~하다 faire un don de charité pour les pauvres. ◇_(이) **되다** être mis(*e*) en dépôt.

◆**_금** -金 명 dépôt *m*; argent *m* déposé. ¶ 국회의원 선거에 출마하기 위해 ~을 내다 déposer une caution pour se porter candidat à la députation.

◆**_자** -者 명 déposant(*e*).

기탄 忌憚 명 réserve *f*, discrétion *f*, hésitation *f*. ◇_(이) **없다** être franc(*che*), être sans ménagement [sans hésitation, sans façon], ne pas se gêner. ¶ ~없는 대화를 나누다 échanger des propos francs.

◆**_없이** 부 franchement, carrément, en toute franchise; sans détours, sans ménagement, sans se gêner, sans réserve. ¶ ~없이 생각을 말씀해 주십시오 Dites sans réserve[franchement] ce que vous pensez.

기태 奇態 명 forme *f* bizarre [excentrique].

기통 汽筒 명 cylindre *m.* ¶ 4~ 엔진 un moteur à quatre cylindres.

기특하다 奇特- 형 être louable, méritoire, extraordinaire, admirable, merveilleu*x*(*se*). ¶ 기특한 소년 un garçon admirable [merveilleux, fantastique]. ¶ 기특한 행동 un acte [une conduite] remarquable [méritoire]; action *f* qui mérite des louanges. ¶ 네가 그 사람을 도운 것은 정말 기특한 일이다 Je trouve ça vraiment admirable que tu aies aidé cette personne-là / C'est vraiment fantastique de voir que tu as aidé cette personne. ¶ 누구를 기특하게 여기다 trouver *qn* admirable [merveilleu*x*(*se*), extraordinaire]. ¶ 기특하게도 저 아이는 동생을 잘 돌본다 Cet enfant-là s'occupe admirablement bien de son jeune frère.

기틀 명 point *m* essentiel [capital]; clef *f* de voûte; base *f*, fondement *m*; nœud *m* ((d'une affaire)). ¶ 도약의 ~을 마련하다 préparer les bases pour se lancer davantage [pour prendre *son* essor]. ¶ ~을 잡다[세우다, 확립하다] placer [poser] la clef de voûte; poser [mettre] les bases de *qc.* ¶ ~이 잡히다 la base s'est mise en place, les fondations sont faites, à présent tenir, être sur des bases sûres, avoir consolidé *ses* bases, avoir assis *ses* bases. ¶ 얼마 전까지 고생했지만 이제는 생활의 ~이 잡혔다 Jusqu'à récemment, j'ai eu du mal à joindre les deux bouts, mais maintenant, je suis à l'aise / Jusqu'à présent j'ai pas mal galéré, mais maintenant je peux y arriver {*fam*}

기포 氣泡 명 bulle *f* ((d'air)); bulle *f* d'ébullition.

◆**_성** -性 명 caractère *m* de ce qui fait des bulles.

◆**_제** -劑 명 agent *m* moussant.

기폭¹ 旗幅 명 ① drapeau(*x*) *m.* ¶ 장대에 ~이 펄럭이고 있다 Le drapeau flotte accroché au mât. ② 깃발의 나비 surface *f* [taille *f*] d'un drapeau. ¶ ~을 재다 mesurer la taille [la surface] d'un drapeau.

기폭² 起爆 명 action *f* qui cause une explosion. ¶ ~ 장치 un dispositif d'explosion; un détonateur.

◆**_제** -劑 명 détonateur *m.* ¶ 무엇에 대한 논쟁의 ~제가 되다 déclencher un débat sur *qc.* ¶ 이번 일이 경기 활성화에 ~제 역할을 하였다 Cette affaire a servi de détonateur à la relance économique.

기표 記票 명 scrutin *m.* ◇_(를) **하다** remplir *son* bulletin de vote. ¶ 투표용지에 ~하다 remplir *son* bulletin (de vote).

◆**_소** -所 isoloir *m.*

기품 氣品 명 allure *f* distinguée [digne]; noblesse *f* ((de caractère)). ¶ 그 여자에게서는 고상한 ~이 느껴진다 De cette femme se dégage une grande noblesse [une grande distinction]. ◇_(이) **있다[없다]** avoir l'air distingué, être digne [manquer de distinction, manquer de noblesse, être grossi*er*(*ère*), vulgaire]. ¶ ~ 있는 모습 un air noble [une attitude noble, un comportement élégant]. ¶ ~(이) 있는 사람 une personne qui est distingué [digne, noble, élégante]; une personne digne [noble, élégante, distinguée]. ¶ ~있게 행동해라 Conduis-toi avec dignité.

기풍 氣風 명 tempérament *m*, caractère *m*, disposition *f*, ((특성)) caractéristique *f*, trait *m*; ((정신)) esprit *m.* ¶ 요즘 젊은이들의 ~ l'esprit de la jeunesse d'aujourd'hui. ¶ 건전한 사회 ~을 조성하다 assainir la société. ¶ 학문을 숭상하고 자유를 존중하는 ~ l'esprit de vénération des sciences et de respect de la liberté; le respect des sciences et de la liberté.

기피 忌避 명 ① dérobade *f*, démission *f*, rejet *m*, refus *m* ② ((병역, 징역)) insoumission *f.* ¶ 병역 ~ l'insoumission, le(un) refus de partir à l'armée [de faire le service militaire]. ¶ 양심적 병역 ~ objection de conscience. ③ 【법률】 récusation *f* (d'un juge, d'un juré, d'un témoin). ¶ 증인 ~ une récusation de témoin. ◇_(를) **하다** éviter *qn*/*qc*, échapper à *qn*/*qc*, esquiver *qn*/*qc*, fuir *qn*/*qc*, se dérober à *qn*/*qc*, se soustraire à *qn*/*qc*. ¶ 징병을

~하다 faire acte d'insoumission, refuser de partir à l'armée [de faire le service militaire]. ¶ 책임을 ~하다 esquiver [éviter, se dérober à, se soustraire à] une responsabilité. ¶ 힘든 직업을 ~하다 éviter les métiers durs. ◇_(가) **되다[당하다]** être évité(*e*), esquivé(*e*).

◆**_인물** -人物 명 personne *f* à éviter; persona non grata {*lat*}.

◆**_자** -者 insoumis(*e*); objecteur *m* de conscience.

◆**_증** -症 명 peur de rencontrer ((les gens)). ¶ 대인 ~ peur de rencontrer les gens [de voir du monde].

기필코 期必- 부 absolument, impérativement, coûte que coûte, à tout prix, sans faute, infailliblement. ¶ ~ 성공하고야 말겠다 Je dois réussir à tout prix [quoiqu'il arrive, quoiqu'il m'en coûte] / Je ferai tout pour réussir.

기하 幾何 명 géométrie *f*. ¶ ~ 수업 un cours de géométrie.

◆**_급수적** -級數的 명 d'une progression géométrique, de façon géométrique. ¶ 인구가 ~급수적으로 늘어난다 La population augmente selon une progression géométrique [de façon géométrique].

◆**_학** -學 명 géométrie *f*. ¶ 유클리드[비유클리드] ~학 la géométrie euclidienne [non-euclidienne]. ¶ ~학 무늬 dessin géométrique. ¶ ~학적 형태 forme géométrique.

◆**입체_** 立體 명 géométrie *f* dans l'espace [à trois dimensions].

◆**평면_** 平面- 명 géométrie *f* plane [à deux dimensions].

기한 期限 명 terme *m*; ((기간)) délai *m*; ((법률의 기일)) échéance *f*, date *f* limite [d'expiration]. ¶ ~을 정하다[지키다, 어기다] fixer [respecter, ne pas tenir] le délai. ¶ ~을 넘기다[연장하다] dépasser [prolonger] le délai. ¶ ~에 맞추다 faire *qc* dans les délais prévus[fixés]. ¶ ~ 내[안]에 일을 끝내다 terminer un travail dans les délais [dans le délai prévu]. ¶ ~이 다가온다 La date limite approche. ¶ ~이 되었다[만료되었다, 지났다] L'échéance est arrivée à son terme [Le délai a expiré, La date limite est dépassée]. ¶ 3월 31일로 ~이 다가온다 La date limite du 31 mars approche / L'échéance du 31 mars approche. ◇_**이 있다[없다]** avoir une date limite; avoir un délai [ne pas avoir de date limite, de délai]. ¶ 이 제품은 보증 ~이 있다 La garantie de ce produit a une date limite. ¶ 이 일은 언제까지 끝내야 한다는 ~이 없다 Il n'y a pas de date limite pour terminer ce travail.

◆**_만료** -滿了 명 expiration *f* d'un délai.

◆**_부** -附 명 terme *m*; délai *m*; échéance *f*, date *f* limite [d'expiration].

◆**납세_** 納稅 명 délai *m* pour le paiement des impôts.

◆**지불_** 支拂- 명 délai *m* de paiement.

◆**최종_** 最終- 명 dernier délai *m*.

기함[1] 旗艦 명 vaisseau(*x*) *m* amiral(*aux*).

기함[2] 氣陷 명 effondrement *m*. ◇_(을) **하다** s'effondrer; s'écrouler; être épuisé(*e*) ((après avoir poussé un cri)).

기합 氣合 명 ① concentration *f* de l'esprit; ((지르는 소리)) *kihap m* ((cri énergétique dans les arts martiaux comme *taekwondo*)). ¶ 우렁찬 ~ 소리 un cri énergétique retentissant. ¶ ~과 함께 벽돌을 격파하다 ((arts martiaux)) casser des briques en poussant des *kihap* [des cris énergétiques]. ② 벌 peine *f* (disciplinaire); punition *f*. ¶ ~이 무서워서 시키는 대로 하다 faire tout ce qu'on *lui* commande [demande] par crainte [par peur] d'une punition. ◇_(을) **넣다** rassembler toutes *ses* forces [toute *son* énergie]; lancer des *kihap* [des cris énergétiques]. ◇_(을) **주다** donner des punitions à *qn*, punir *qn*. ◇_(을) **받다** subir[recevoir] une peine disciplinaire [des punitions]. ◇_**이 빠지다** perdre *sa* concentration d'esprit, perdre *sa* tension d'esprit.

기항 寄航 명 escale *f*; relâche *f*; arrivée *f* au port. ◇_(을) **하다** faire escale au port. ¶ 부산에 ~하다 faire escale à Busan.

◆**_지** -地 명 port *m* d'escale; port *m* de relâche.

기행[1] 紀行 명 journ*al*(*aux*) *m*, récit *m*, relation *f*; de voyage; ((책의 표제)) voyage *m* (en Orient); itinéraire *m* (de Paris à Jérusalem). ¶ 세계 음식 문화 ~ un voyage à travers les cultures culinaires du monde, un parcours culinaire des cultures du monde.

◆**_문** -文 명 récit *m* de voyage, journal *m* de voyage. ¶ ~문을 쓰다 écrire un récit de voyage.

기행[2] 奇行 명 conduite *f* étrange[bizarre, excentrique]; excentricité *f*. ¶ ~을 일삼다[행하고 다니다] se conduire excentriquement [d'une façon excentrique]; faire des excentricités. ¶ 그 분은 온갖 ~으로 유명하다 Cette personne est célèbre par ses excentricités de toutes sortes.

기현상 奇現象 명 phénomène *m* étrange et extravagant. ¶ ~이 일어났다[벌어졌다] Il s'est produit des phénomènes bizarres.

기혈 氣穴 명 【한의】 points *mpl* [trous *mpl*] par lesquels l'énergie du corps va et vient, points *m* méridiens ((points précis des tissus ou des organes dans lesquels on introduit des aiguilles d'acupuncture pendant un temps variable)).

기형 畸形 명 difformité *f*, malformation *f*, anomalie *f*; vice *m* de conformation; infirmité *f*. ¶ 지느러미가 ~인 물고기들 des poissons aux nageoires difformes.

◆**_적** 的 명관 anormal(*e*). ¶ 그 사람은 머리가 ~으로 크다 Il a la tête anormalement grosse. ¶ ~적으로 발달하다 se développer d'une manière anormale.

◆**_아** -兒 명 enfant *m* difforme; monstre *m*. ¶ ~아를 낳다 accoucher d'un enfant difforme.

◆**_학** -學 명 tératologie *f*.

기호[1] 記號 명 ① signe *m*, marque *f*; symbole *m*. ¶ o x ~ les signes o x. ¶ 이상한 ~들 des signes

étranges. ¶ 복잡한 수학 ~ des symboles mathématiques compliqués. ¶ 고도로 복잡한 ~ 체계 le système de signes le plus complexe. ¶ ~를 사용하다[붙이다] se servir d'un signe [mettre un signe]. ¶ 후보자들의 ~를 확인하다 vérifier le numéro des candidats. ¶ ~로 나타내다[표시하다] représenter[marquer] *qc* par un signe. ¶ 이 ~가 무슨 뜻이냐? Que veut dire ce signe? ② 【언어】 signe *m*.

◆_**논리학** -論理學 명 logique *f* symbolique.

◆_**학** -學 명 ((언어)) sémiologie *f*; ((의학)) séméiologie *f*.

◆**언어**_ 言語 signe *m* linguistique.

◆**화학**_ 化學 명 symbole *m* chimique.

기호² 嗜好 명 goût *m*, préférence *f*. ¶ 각자의 ~에 따라 au gré de chacun, selon ses préférences. ¶ 이 제품들은 소비자의 ~에 맞는다 Ces articles sont au goût des consommateurs. ¶ 젊은이들의 ~에 맞춘 새로운 상품을 개발하다 créer de nouveaux produits adaptés au goût des jeunes. ¶ 사람마다 ~가 다르다 Chacun a ses goûts et ses préférences.

◆_**(식)품** -(食)品 명 ((식품)) *son* plat *m* préféré; ((술커피 따위)) épicerie *f* fine.

기혼 旣婚 명 marié(*e*). ¶ ~ 여성[남성] femme mariée [homme marié].

◆_**자** -者 명 homme *m* [femme *f*] marié(*e*); personne *f* mariée.

기화¹ 奇貨 명 ① objet *m* précieux et rare. ② ((기회)) occasion *f*; ((핑계)) prétexte *m*. ¶ 상대의 실수를 ~로 (삼아) 전세를 역전시키다 renverser [retourner] la situation grâce à une faute de l'adversaire.

기화² 氣化 명 évaporation *f*, vaporisation *f*; volatilisation *f* ((du mercure, camphre)). ¶ ~ 현상 phénomène d'évaporation. ◇_(를) **하다** s'évaporer, se vaporiser; se volatiliser. ¶ 액체는 ~할 때 주위의 열을 흡수한다 Tout liquide qui s'évapore absorbe la chaleur qui l'environne. ◇_(가) **되다** s'évaporer, se vaporiser; se volatiliser.

◆_**기** -器 명 carburateur *m*.

◆_**열** -熱 명 chaleur *f* d'évaporation.

기회 機會 명 occasion *f* (favorable); chance *f*. ¶ 마지막[유일한] ~ la dernière occasion [l'occasion unique, l'occasion inespérée, l'occasion ou jamais, le moment ou jamais]. ¶ 적당한 ~에 au moment opportun [voulu], en temps opportun [utile, voulu], ¶ 나는 파리에 간 ~에 루브르 박물관을 구경했다 Lors de mon passage à Paris, j'en ai profité pour visiter le musée du Louvre / J'ai profité de mon passage à Paris pour visiter le musée du Louvre. ¶ ~를 기다리다 attendre l'occasion [le moment, l'instant] favorable [le moment opportun]. ¶ ~**를 놓치다** manquer [laisser échapper] une occasion [chance]. ¶ 누구에게 말할 ~를 놓치다 manquer [laisser échapper] l'occasion de parler à *qn*. ¶ ~**를 보다[노리다]** épier [guetter] le moment [l'occasion] favorable [le moment propice, le moment opportun]. ¶ ~를 보아 그 사람에게 당신의 말을 전하겠습니다 Je vais attendre le moment propice pour lui transmettre votre demande. ¶ ~를 얻다[이용하다] profiter d'une occasion; saisir une occasion. ¶ 자신의 영어 실력을 발휘할 ~를 얻다 profiter de l'occasion pour montrer ses connaissances de l'anglais [en anglais]. ¶ 이번 ~를 이용해서 그 사람의 마음을 돌려보자 Profitons de cette occasion pour lui faire changer d'avis! ¶ 오늘은 영업이 끝났으니 다음 ~를 이용해 주십시오 Le magasin va fermer [ferme], revenez une autre fois [un autre jour] [il faudra revenir un autre jour]. ◇_**를 잡다[포착하다]** saisir une occasion, profiter d'une occasion; prendre la balle au bond. ◇_**를 갖다** avoir l'occasion de+*inf*. ¶ 여러 분께 인사드릴 수 있는 ~를 갖게 되어서 기쁩니다 Je suis très content(*e*) d'avoir l'occasion de tous vous saluer. ◇_**를 주다** donner une chance [*sa* chance] à *qn*. ¶ 너에게 다시 한 번 (해볼) ~를 주겠다 Je te (re)donnerai une nouvelle chance (d'essayer). ◇_**가 되다** une occasion se présente. ¶ ~가 되면[닿으면] 그곳에 가보도록 하자 Essayons d'y aller si l'occasion se présente. ◇_**가 오다** une occasion se présente [survient]. ¶ 이런 ~는 다시 오지 않을 것이다 Une telle occasion ne se représentera pas une seconde fois / C'est l'occasion [le moment] ou jamais / Tu n'auras pas d'autre occasion. ¶ ~는 두 번 다시 오지 않는다 L'occasion ne se représentera pas une seconde fois / C'est l'occasion [le moment] ou jamais. ◇_**(이)다** c'est l'occasion de+*inf*. ¶ 출세할 수 있는 절호의[좋은] ~이다 C'est l'occasion unique [inespérée, ou jamais {*fam*}] de réussir dans la vie [dans la société]. ◇_**(가) 있다[없다]** avoir [ne pas avoir] l'occasion de+*inf*; une occasion se présente. ¶ ~(가) 있을 때마다 chaque fois que l'occasion se présente; à l'occasion, à chaque occasion. ¶ 나는 그 사람을 만날 ~가 없었다 Je n'ai pas eu l'occasion de le rencontrer. ¶ 그는 점수를 만회할 ~가 있었는데 놓치고 말았다 Il n'a pas saisi [Il a laissé échapper] l'occasion (qu'il avait) de refaire son retard [de rattraper son retard, de revenir à la marque, de revenir dans la partie].

◆_**균등주의** -均等主義 명 égalité *f* des chances; système *m* de la porte ouverte.

◆_**주의** -主義 명 opportunisme *m*, attentisme *m*.

◆_**주의자** -主義者 명 un(*e*) opportuniste, un(*e*) attentiste.

◆_**주의적** -主義的 명관 (de manière) opportuniste. ¶ ~주의적으로 행동하다 se comporter de manière opportuniste; épouser le terrain.

기획 企劃 명 plan *m*, projet *m*, programme *m*; planification *f*, planning *m*. ¶ 영화[출판, 광고] ~ projet de film [d'édition, de publicité]. ¶ 연주회의 ~을 맡다 s'occuper de l'organisation du concert. ◇_**(을) 하다** planifier; programmer *qc*, projeter *qc*; établir [dresser, élaborer] un plan; faire un projet; arrêter [fixer, établir] un programme. ¶ 신상품을

~하다 programmer de nouveaux produits. ¶ 파티를 ~하다 programmer une fête. ◇_(이) 되다 être planifié(*e*); être programmé(*e*), projeté(*e*); être établi(*e*), dressé(*e*), élaboré(*e*); être arrêté, fixé(*e*).

◆_력 -力 명 capacité *f* d'organisation.

◆_사 -社 명 société *f* organisatrice; agence *f* de planification. ¶ 광고 ~사 une agence de publicité, une agence publicitaire.

◆_실 -室 명 bureau(*x*) *m* de planification.

◆_원 -院 명 ministère *m* du Plan.

◆_자 -者 명 planifica*teur*(*trice*).

◆_전 -展 명 exhibition *f* spéciale.

◆_조정실 -調整室 명 bureau(*x*) *m* de planification et de coordination.

◆경제_원 經濟院 명 ministère *m* de la Planification économique [au Plan].

◆국가안전_부 國家安全部 명 Agence *f* de planification de la sécurité nationale.

기후 氣候 명 climat *m*; ((날씨)) temps *m*. ¶ 온난한[건조한, 고온다습한] ~ un climat chaud [sec, chaud et humide, humide]. ¶ ~(의) 변화 changement de climat. ¶ ~가 바뀌었다 Le climat a changé. ¶ ~가 좋다[나쁘다, 불순하다] Le climat est agréable [pénible, irrégulier]. ¶ 그곳은 여기와 ~가 다르다 Là-bas, ce n'est pas le même climat qu'ici [que chez nous].

◆대륙성_ 大陸性- 명 climat *m* continental.

◆아열대_ 亞熱帶- 명 climat *m* subtropical.

◆열대_ 熱帶- 명 climat *m* tropical.

◆온대_ 溫帶- 명 climat *m* tempéré.

◆한대_ 寒帶- 명 climat *m* polaire.

기흉 氣胸 명 【의학】 pneumothorax *m*.

긴가민가 부 en se demandant si. ¶ ~ 미심쩍다 douter de *qc*.

◆_하다 형 être douteu*x*(*se*).

긴급 緊急 명 (extrême) urgence *f* ((d'une question)); extrémité *f*; besoin *m* pressant; nécessité *f* urgente; circonstance *f* critique; cas *m* urgent [pressant, imprévu]. ¶ ~ 사태 situation critique. ¶ ~ 출동[명령, 동의] intervention [ordre, motion] d'urgence. ¶ ~ 구조[회의] sauvetage urgent [réunion d'urgence] ¶ ~ 수단[대책, 조치]을 강구하다 rechercher [réfléchir sur] des mesures d'urgence. ¶ ~을 요하는 사태 une situation critique.

◆_하다 형 être urgent(*e*), pressant(*e*). ¶ ~한 경우에는 au besoin, si nécessaire, en cas d'imprévu, en cas de nécessité, en cas d'urgence. ¶ 사장님이 ~한 일로 찾으십니다 Le président-directeur général veut vous voir pour une affaire urgente.

◆_히 부 avec urgence, d'urgence. ¶ 소방관들이 ~히 출동한다 Les pompiers interviennent d'urgence.

◆_조치 -措置 명 【법률】 mesure *f* d'urgence. ¶ ~조치 위반 violation d'une mesure d'urgence.

긴긴 관 très long(*ue*), interminable, sans fin, qui n'en finit pas. ¶ ~ 밤 une nuit très longue.

긴밀 緊密 어근 proximité *f*, intimité *f*, rapprochement *m*.

◆_하다 형 être étroit(*e*); être intime; être serré(*e*), rapproché(*e*). ¶ 누구와 ~한 관계를 유지하다 garder avec *qn* des relations étroites [assidues]. ¶ ~한 협조 coopération étroite [rigoureuse]. ¶ ~한 연락 contact étroit, liaison étroite. ¶ ~하게 협조하다 collaborer étroitement.

◆_히 부 étroitement, intimement, rigoureusement.

◆_감 -感 명 sentiment *m* étroit.

◆_도 -度 명 niveau *m* d'intimité; degré *m* de proximité.

긴박 緊迫 어근 tension *f*, imminence *f*.

◆_하다 형 être tendu(*e*), imminent(*e*); être urgent(*e*); être critique. ¶ ~한 상황[순간, 사태] situation tendue [instant critique, état critique]. ¶ 식량사정이 ~하다 La situation alimentaire est critique. ¶ 국제정세가 ~하게 돌아가고 있다 La situation internationale évolue de façon critique.

◆_감 -感 명 sentiment *m* tendu. ¶ ~감(이) 넘치는 활극 des scènes mouvementées; des scènes de combat excitantes; un film d'action excitant.

긴요하다 緊要- 형 être important(*e*), nécessaire, indispensable; être essentiel(*le*), princip*al*(*ale*, *aux*), vit*al*(*ale*, *aux*), capit*al*(*ale*, *aux*). ¶ 긴요한 도움을 주다 apporter [offrir, donner] une assistance essentielle [capitale, vitale]. ¶ 긴요한 문제 une question vitale. ¶ 긴요한 연장 un outil indispensable. ¶ ...하는 것이 ~ Il est indispensable de+*inf*. ¶ 이 돈은 긴요하게 쓰겠습니다 Je vais bien utiliser cet argent / Je vais dépenser cet argent à des fins utiles.

긴장 緊張 명 ① raideur *f*, rigidité *f*, tension *f*, contraction ((des muscles)). ¶ 근육의 ~ contraction des muscles. ② tension *f*; état *m* tendu ((des nerfs, de l'esprit, des relations, d'une situation)). ◇_(을) 하다 se tendre; se raidir; devenir tendu(*e*) [nerveu*x*(*se*)], se crisper. ¶ 너무 ~하지 말아라 Ne sois pas trop tendu(*e*) / Ne sois pas si contracté(*e*). ¶ ~하니까 할 말이 잘 떠오르지 않는다 Je suis si préoccupé(*e*) [anxieu*x*(*se*), stressé(*e*), crispé(*e*)] que je ne trouve pas les mots. ◇_(을) 시키다 crisper *qn*. ◇_을 풀다 se relâcher, se détendre. ¶ ~을 고조시키다 faire monter la tension. ◇_이 풀리다 se détendre, se relâcher, se décontracter; être détendu(*e*). ◇_(이) 되다 être tendu(*e*), contracté(*e*), crispé(*e*), nerveu*x*(*se*), inqui*et*(*ète*); devenir tendu(*e*). ¶ ~된 분위기 une atmosphère tendue. ¶ 매우 ~된 순간 moment de forte tension; moment angoissant. ¶ ~된 목소리 une voix étranglée ((par l'émotion)); une voix crispée. ¶ 양국 간의 관계가 몹시 ~되어 있다 Les relations [rapports] diplomatiques entre les deux pays [nations] sont tendues à l'extrême.

◆_감 -感 명 tension *f*; état *m* tendu ((des nerfs, de l'esprit, de relations)); ((육체적)) raideur *f*, rigidité *f*, tension *f*, raidissement *m* ((des muscles)). ¶ ~감이

감돌다[돌다] ((la situation)) être tendu(*e*); sentir la tension.

◆_완화 -緩和 명 détente *f.* ¶ 동서의 ~완화 la détente Est-Ouest. ¶ 한반도의[남북한 간의] ~완화 la détente dans la péninsule coréenne [dans les rapports entre la Corée du Sud et la Corée du Nord].

긴축 緊縮 명 réduction *f*, compression *f* ((des dépenses)); restriction *f*, diminution *f*, contraction *f.* ¶ 재정의 ~ restriction financière. ¶ ~ 생활을 하다 faire des restrictions sur les dépenses, se montrer extrêmement économe. ◇_(을) 하다 restreindre, réduire, diminuer, économiser.

◆_예산 -豫算 명 budget *m* restreint [d'austérité].

◆_재정 -財政 명 mesures *fpl* financières d'austérité.

◆_정책 -政策 명 politique *f* [mesures *fpl*] d'austérité.

긴팔 명 ((vêtement)) à manches *fpl* longues. ¶ 오늘 ~ 입으면 덥지 않을까? On n'aura pas trop chaud aujourd'hui avec des manches longues? ¶ ~ 와이셔츠[티셔츠] chemise [t(ee)-shirt] à manches longues. ¶ ~ 옷을 입고 외출하다 mettre un vêtement à manches longues pour sortir.

긴하다 緊- 형 être important(*e*), essentiel(*le*); ((필요)) être indispensable, capit*al*(*ale, aux*), incontournable. ¶ 긴한 부탁이 있어 왔습니다 Je suis venu(*e*) pour une affaire importante [urgente] / Je suis venu(e) parce que j'avais une demande capitale à vous faire. ¶ 무슨 긴한 용무라도 있습니까? Avez-vous quelque chose d'important à me dire?

◆**긴히** 緊- 부 pour (traiter d')une question importante; absolument. ¶ 긴히 말씀드릴 것이 있습니다 J'ai absolument besoin de vous parler / J'ai quelque chose d'important à vous dire.

긷다 타 puiser, tirer ((de l'eau)); pomper, baqueter. ¶ 샘물을 긷는 아낙네 une femme qui puise de l'eau à la fontaine [au puits]. ¶ 개울에서 물을 ~ puiser [tirer] de l'eau à la rivière. ¶ 두레박으로 물을 ~ tirer de l'eau avec un seau. ¶ 통에 물을 길어 넣다 remplir un baquet d'eau.

길[1] 명 ① ((총칭어)) voie *f*; ((도시간의)) route *f*, chaussée *f*; ((도시의)) rue *f*; ((산길)) chemin *m*, sentier *m*; ((통행)) passage *m*. ¶ ~ 건너편의 de l'autre côté de la rue, d'en face. ¶ ~ 양편의 de chaque côté [de part et d'autre] de la route [de la chaussée]. ¶ ~ 한복판에서 au milieu de la route [de la chaussée]. ¶ 바른 ~ le bon chemin, la bonne voie [route]. ¶ 좁은[넓은, 큰] ~ une route étroite [une route large, une grande route]. ¶ 이 ~로 쭉 가시면 우체국이 나옵니다 Suivez cette rue jusqu'au bout et vous arriverez à [verrez] la poste. ¶ 가장 가까운 ~로 가다 prendre le chemin le plus court. ¶ 시청까지 가장 가까운 ~이 어디죠? Quel est le chemin le plus court pour aller à l'hôtel de ville? ¶ 먼 ~로 돌아서 오다 venir en faisant un long détour. ¶ 새 ~이 뚫렸다[났다] Une nouvelle route a été construite. ¶ 공사로 막혔던 ~이 열렸다 La route qui était barrée [fermée, interdite à la circulation] en raison de travaux est de nouveau ouverte [rouverte] à la circulation / Il est de nouveau possible de circuler sur cette route qui était barrée en raison de travaux. ¶ 역으로 가는 ~ le chemin qui mène à la gare, le chemin de la gare. ¶ ~을 건너다 traverser la rue [la route, la chaussée]. ¶ ~을 내다[트다, 만들다, 건설하다] ouvrir [percer, tracer, construire] un chemin [une route]. ¶ ~을 잘못 들다 faire fausse route, se tromper de chemin. ¶ ~을 막다[비키다] barrer [ouvrir] la route [le passage, le chemin]. ¶ ~을 묻다[찾다] demander [chercher] son chemin. ¶ ~을 가르쳐주다[안내하다] indiquer [montrer] le chemin. ¶ ~을 가다가 그를 만났다 Je l'ai rencontré en route [sur mon chemin, sur mon trajet]. ¶ ~에서 친구를 만나다. rencontrer un ami dans la rue. ② ((여정)) chemin *m*, voyage *m*, itinéraire *m*. ¶ ~을 떠나다[나서다] prendre la route. ¶ 먼 ~을 떠나다 partir au loin. ¶ 나는 먼 ~을 왔다 J'ai fait un long trajet. ¶ 갈 ~이 멀다 avoir encore beaucoup de chemin à faire, avoir encore une longue route. ¶ ~을 멈추다 arrêter sa course, s'arrêter. ¶ ~을 잃다 perdre son chemin. ¶ 그 마을까지는 20리 ~이다 D'ici au village, il y a 8 km. ¶ ~이 어긋나다 prendre [suivre] des chemins différents [des voies différentes, des chemins divergents], aller sur une autre voie, voir ses chemins se séparer. ¶ 그와 길이 어긋났다 Nous avons vu nos chemins se séparer / Nous avons pris des chemins différents [des voies différentes, des chemins divergents]. ③ ((행로)) chemin *m*; (en cours de) route *f.* ¶ 귀가[집으로 돌아오는] ~에 sur le chemin [sur le trajet] du retour, en revenant chez moi, en rentrant (à la maison). ¶ 지나가는 ~에 en passant. ¶ 박물관으로 가는 ~이다 Je suis en route pour le musée. ¶ 그 사람을 만나고 오는 ~이다 Je viens de le(la) voir [rencontrer]. ④ ((수단, 방법)) moyen *m*, méthode *f*, voie *f*, façon *f*, manière *f.* ¶ 돈 버는 ~ moyen de gagner de l'argent. ¶ 성공[자활]의 ~ méthode pour réussir [pour devenir autonome]. ¶ 출세의 ~ moyen de réussir dans la vie [la société]. ¶ 그 사람은 살 ~이 막막하다 Il n'a pas de ressources pour vivre. ¶ ~이 있다[없다] y avoir un [ne pas y avoir de] moyen de+*inf*; y avoir une [ne pas y avoir de] solution. ¶ 여러 가지 ~이 있다 Il y a plusieurs façons de faire cela. ¶ 달리 ~이 없다 Il n'y a pas d'autre solution. ¶ 빠져나갈 ~이 없다 Il n'y a pas moyen de s'en sortir. ¶ 노력하면 ~이 열리게 마련이다 Il est normal que les efforts ouvrent de nouvelles voies. ⑤ ((인생 직업의 행로)) parcours *m*; piste *f.* ¶ 유전자 연구의 새로운 ~을 개척하다 exploiter une nouvelle piste dans la recherche génétique. ¶ 구도의 ~ la voie par laquelle on recherche la vérité. ¶ 험난한 예술가의 ~을 가다 poursuivre le parcours difficile de l'artiste. ⑥ 삶의 길 principes *mpl* moraux; voie *f.* ¶ (올)바른 ~ le droit chemin.

*~ **가는 사람 붙잡고 물어보라** Arrête un passant et demande-lui! / Demande à un passant!

*~**이 아니거든 가지 말고 말이 아니거든 듣지 말라** Si ce n'est pas la bonne route, n'y va pas [ne la prends pas], si ce n'est pas la vérité, n'écoute pas [reste sourd] / Ne prends pas les mauvais chemins [les mauvaises routes], n'écoute pas ce qui n'est pas la vérité.

*~**을 닦다** préparer la voie [le chemin].

*~**을 열다[열어주다]** laisser la place à *qn.* ¶ 후배들에게 ~을 열어주다 laisser la place aux plus jeunes.

◆**_가** 명 ((au)) bord *m* de la route, bordure *f* de route. ¶ ~가에 늘어선 가로수 les arbres qui bordent la route, les arbres en bordure de route.

◆**_거리** 명 rue *f,* avenue *f,* boulevard *m.* ¶ ~거리를 돌아다니다 rôder [errer, flâner] dans la ville [les rues]; battre le pavé.

◆**_놀이** 명 【민속】 parade *f* de la fanfare agricole.

◆**_동무[벗]** 명 compagnon(compagne) de route [voyage]. ¶ ~동무(를) 하다 voyager avec *qn*; faire un voyage en compagnie de *qn.*

◆**_모퉁이** 명 coin *m*, angle *m* (de rue); tournant *m.* ¶ ~모퉁이를 돌다 tourner au coin de la rue. ¶ ~모퉁이에 있는 상점 magasin au coin de la rue.

◆**_목** 명 entrée *f* [début *m*] d'une rue; entrée *f*; passage *m* d'une grande rue vers une plus petite. ¶ 그 집은 학교 가는 ~목에 있다 Cette maison se trouve sur le chemin de l'école / Cette maison est devant l'entrée de l'école. ¶ 장사꾼들은 ~목을 잘 잡아야 한다 Les commerçants doivent toujours s'installer dans une rue passante.

◆**_바닥** 명 route *f,* revêtement *m* d'une route [d'une chaussée]; milieu *m* d'une route [d'une chaussée]. ¶ ~바닥에 담배꽁초를 버리다 jeter *son* mégot de cigarette par terre. ¶ ~바닥에 쓰러지다 tomber par terre.

◆**_섶** 명 le bord *m* de la route. ¶ ~섶에 나 있는 풀 des herbes folles qui poussent au bord de la route [en bordure de route].

◆**_손** 명 voyageur(*se*) de passage.

◆**골목_** 명 ruelle *f.*

◆**내리막_** 명 descente *f.*

◆**산책_** 명 allée *f,* promenade *f.*

◆**오르막_** 명 montée *f,* côte *f,* raidillon *m.*

◆**오솔_** 명 sentier *m.*

길[2] 명 ① ((연장)) accoutumance *f* avec ((un outil)); ((물건)) bon état *m*; ((자동차 따위)) rodage *m*; prise *f* d'habitude; ((솜씨)) habileté *f,* savoir-faire *m* (*inv*). ② ((짐승)) apprivoisement *m* réussi, bonnes habitudes *fpl.* ◇**_(을) 들이다** ① prendre en main, s'habituer à. ② domestiquer ((une bête sauvage)), dompter ((un lion)), apprivoiser ((un singe)). ¶ 자동차를 ~들이다 prendre en main [s'habituer à] une voiture. ¶ 맹수를 ~들이다 dompter une bête féroce. ◇**_(이) 들다** se faire à ((un travail)), s'habituer à; s'apprivoiser, se domestiquer. ¶ 오래 사용해서 ~(이) 잘 든 연장 outil auquel on s'est bien habitué avec le temps. ¶ 반들반들하게 ~이 든 책상 une table polie à force d'utilisation. ¶ 승용차가 ~이 잘 들었다 La voiture a été bien rodée. ¶ 이제는 그런 일에 ~이 많이 들어서 별로 힘들지 않다 Maintenant que je me suis habitué(*e*) à ce travail [que je me suis fait la main], ce n'est pas bien difficile. ¶ ~이 잘 든 사냥개 un chien de chasse bien dressé.

길[3] 분류 taille *f* [hauteur *f*] d'un homme ((mesure de hauteur)). ¶ 깊이가 다섯 ~이 넘는 우물 un puits dont la profondeur fait plus de cinq fois la taille d'un homme.

*열 ~ **물속은 알아도 한 ~ 사람 속은 모른다** Il est plus facile de connaître dix pays qu'un seul homme / Il est quasiment impossible [très difficile] de lire dans les pensées d'un homme [de connaître un homme].

-길[4] 접미 qualité *f,* classe *f.*

◆**아랫_** 명 qualité *f* [classe *f*] inférieure ¶ 도박에는 그 사람이 나보다 아랫~이다 Pour ce qui est des jeux d'argent, il est moins habile [fort] que moi.

◆**윗_** 명 qualité *f* [classe *f*] supérieure ¶ 더 윗~의 물건을 보여 주시오 Montrez-moi un article de qualité supérieure s'il vous plaît.

길길이 부 ① ((흥분하여)) très excité(*e*); en faisant les fous. ¶ ~ (날)뛰다 s'agiter [courir] dans tous les sens en faisant les fous [très excités], être déchaîné(*e*), se déchaîner, faire les fous. ② 아주 높이 très haut. ¶ 강가에 갈대가 ~ 자라 있다 Au bord du cours d'eau, les roseaux ont poussé très haut [sont de grande taille].

길눈 명 don *m* [faculté *f*] de reconnaître son chemin [sa route], mémoire *f* de la route, sens *m* de l'orientation.

*~**이 밝다[어둡다]** avoir une bonne [mauvaise] mémoire de la route, reconnaître facilement [difficilement] son chemin [sa route], avoir un bon [mauvais] sens de l'orientation.

길다 형 ① être long(*ue*), allongé(*e*), prolongé(*e*). ¶ 긴 치마[소매] jupe [manche] longue. ¶ 꼬리[귀]가 긴 짐승 animal à longue queue [aux longues oreilles]. ¶ 그 사람은 얼굴이[다리가] ~ Il a un long visage [de longues jambes]. ② ((시간)) être long(*ue*). ¶ 긴 여행[여정]을 마치다 terminer un long voyage [itinéraire]. ¶ 긴 안목으로 보다 juger [considérer] sur le long terme. ¶ 길어야 사흘 trois jours (tout) au plus [au maximum], maximum trois jours.

***길고 짧은 것은 대봐야 안다** Avant de porter un jugement [de faire un classement], il faut d'abord évaluer les deux parties / Avant de porter un jugement, il faut d'abord être sur des faits [mettre les opposants en présence] / Il ne faut pas vendre la peau de l'ours (avant de l'avoir tué).

***꼬리가 길면 잡히기 마련이다** Il faut lier le sac avant

qu'il soit plein / Celui qui persévère dans de mauvaises actions finit un jour ou l'autre par se faire prendre [par être démasqué] / Celui qui commet trop d'exactions finit un jour ou l'autre par être démasqué.

길다랗다 형 être long(*ue*). ☞ 길다

길드 영{guild} 명 guilde *f*.

길들다 자 ① 손에 익다 ((un stylo, une plume)) être maîtrisé(*e*), fait(*e*), assoupli(*e*); être poli(*e*), lisse, brillant(*e*). ¶ 잘 길든 만년필 un stylo qu'on a bien en main.② 익숙하게 되다 s'habituer à, s'accoutumer à, se faire à ((un travail)), se faire la main, commencer à apprendre le métier, faire *ses* classes, s'initier, s'y mettre. ¶ 그는 그런 부당한 처사에 길들어 있다 Il est habitué à ces mesures excessives. ③ 순화되다 s'apprivoiser, se domestiquer; être domestiqué(*e*), apprivoisé(*e*), dressé(*e*); s'attacher à *qn*. ¶ 잘 길든 개 un chien bien dressé. ¶ 잘 길든 애완동물 un animal domestique bien apprivoisé.

길들여지다 자 s'habituer à, s'accoutumer à; être habitué(*e*) à, être accoutumé(*e*). ¶ 잘못된 습관에 ~ prendre une mauvaise habitude.

길들이다 타 ① 손에 익히다 assouplir, faire ((une plume, un stylo)); 윤내다 donner du lustre, polir, faire briller, lustrer, astiquer {*fam*}. ¶ 차를 ~ faire le rodage d'une voiture. ② 익숙하게 하다 habituer [accoutumer] *qn* à *qc*/*inf*. ¶ 그 일이 처음에는 어색해도 길들이기 나름입니다 Au début ce travail peut paraître inconfortable, mais cela dépend de comment on s'y habitue. ③ 순화시키다 apprivoiser, domestiquer; dresser ((un chien)). ¶ 동물을 ~ apprivoiser [dresser] un animal.

길라잡이 명 ① guide *m*. ② 안내서 guide *m*.

-길래 어미 comme, étant donné que ((suffixe flexionnel conjonctif marquant la raison, la cause)). ¶ 네가 바쁘다고 하~ 나 혼자 갔지 Comme tu m'as dit être occupé(*e*) [être pris(*e*)], j'y suis allé(*e*) tout(*e*) seul(*e*).

길러내다 타 ① élever. ¶ 자식을 잘 ~ bien élever *ses* enfants. ② 가르쳐 키워내다 former. ¶ 수많은 인재를 길러낸 명문고 un lycée réputé qui a formé de nombreux talents. ③ ((성격이나 정신을)) développer *qc* (chez *qn*). ¶ 어려서부터 그런 정신을 길러내는 것이 필요하다 Il est nécessaire de développer cet esprit chez les enfants dès le plus jeune âge.

길마 명 bât *m*.

길몽 吉夢 명 rêve *m* [songe *m*] de bon augure, rêve *m* [songe *m*] propice, rêve *m* d'heureux présage. ¶ ~을 꾸다 rêver d'un heureux présage.

길쌈 명 tissage *m* (à la main). ◇_(을) **하다** tisser ((une étoffe)).

◆_**꾼** 명 tisserand(*e*), tisseur(*se*).

길어오다 타 tirer à *soi* (d'en haut). ¶ 우물에서 물을 ~ tirer de l'eau du puits.

길이 명 longueur *f*, durée *f* ((d'un film)). ¶ ~를 재대[측정하다] mesurer la longueur. ¶ ~를 줄이다[늘이다] raccourcir [prolonger] la longueur. ¶ ~가 길다[짧다] avoir une grande [petite] longueur. ¶ 그 강은 ~가 100킬로이다 Cette rivière a 100 km de cours / C'est un fleuve de 100 kilomètres de long.

길이길이 부 toute *sa* vie, toujours. ¶ ~ 행복하시길 빕니다 Je prie pour que vous soyez toujours heureux(*se*).

길일 吉日 명 jour *m* propice [favorable, de bon augure, de bon présage], jour *m* faste. ¶ ~을 택하다 choisir le jour propice.

길잡이 명 guide *m*; repère *m*; point *m* de repère; indication *f*. ¶ 마음의 ~ guide de conscience; directeur de conscience; mentor. ¶ 성공의 ~ guide du succès. ¶ 북극성을 ~로 삼다 prendre l'étoile polaire pour guide. ¶ 그는 어린 시절 내내 나의 ~가 되어 주었다 Il m'a servi de guide pendant toute mon enfance. ¶ 이 책은 대학 생활의 ~이다 Ce livre est un guide de la vie universitaire.

길조[1] 吉兆 명 bon augure *m*, heureux présage *m*. ¶ ~가 들었는지 모든 일이 잘 풀린다 Tout se passe très bien, je pense que c'était de bon augure.

길조[2] 吉鳥 명 oiseau(*x*) *m* de bon augure. ¶ 한국에서는 까치를 ~로 여긴다 En Corée, on considère la pie comme un oiseau de bon augure.

길지 吉地 명 terrain *m* de construction à bonne géomancie.

길짐승 명 anim*al*(*aux*) *m* rampant; reptile *m*.

길쭉하다 형 être long(*ue*), allongé(*e*), être longuet(*te*); être oblong(*ue*). ¶ 길쭉한 연필 un crayon long. ¶ 내 동생은 얼굴이 ~ Mon frère a un visage oblong [long, allongé]. ¶ 무엇을 길쭉하게 자르다 couper *qc* en longueur [en long, dans le sens de longueur]. ¶ 길쭉하게 뻗은 반도 une péninsule étendue en longueur.

길하다 형 être propice, favorable; être chanceux(*se*); être de bon augure. ¶ 길한 징조이다 être de bon augure, être de bon signe. ¶ 운수가 ~ avoir de la chance, être chanceux(*se*), avoir une bonne fortune; avoir du pot [de la veine] {*fam*}, avoir du cul {*vulg*}; avoir un heureux sort.

길흉 吉凶 명 bonne et mauvaise chance *f*; bon et mauvais augure *m*; bonheur *m* et malheur *m*; grande fortune *f* et grande infortune *f*; bénédiction *f* et malédiction *f*. ¶ ~을 점치다 prédire [lire] l'avenir à *qn*; dire la bonne aventure à *qn*.

◆_**화복** -禍福 명 bonheur *m* et malheur *m*. ¶ ~화복은 인간의 힘으로 어쩔 수 없다 Le bonheur et le malheur sont au-dessus du pouvoir humain.

김[1] 명 algue *f* comestible; feuille *f* d'algue séchée; *Porphyra tenera* {*nsc*}. ¶ ~을 굽다 griller une feuille d'algue séchée; passer une feuille d'algue séchée sur le feu. ¶ ~을 양식하다 cultiver des algues. ¶ 밥을 ~에 싸 먹다 manger du riz enroulé dans une feuille d'algue séchée, mettre du riz dans une feuille d'algue séchée et le manger, envelopper du riz

dans une feuille d'algue séchée et le manger.
◆_발 명 ① séchoir *m* pour (sécher) les algues. ② petite natte *f* servant à rouler les *gimbap*.
◆_밥 명 *gimbap m*, *kimbap m* <rouleau(*x*) de riz cuit avec allumettes de légumes enveloppés dans une feuille d'algue séchée>. ¶ ~을 싸다[만들다] rouler [faire] des *gimbap*. ¶ ~을 먹다[들다] manger un [des] *gimbap*. ¶ ~을 썰다 couper en rondelles un *gimbap*.

김² 명 vapeur *f* (d'eau), fumée *f* ((du potage)); buée *f*. ¶ 뚜껑 틈으로 ~이 다 샜다 La vapeur s'est échappée complètement par le couvercle. ¶ ~ 빠진 맥주 une bière éventée [plate]. ¶ 유리창에 ~이 서린다 Les vitres se couvrent de buée. ¶ 차창에 서린 ~을 제거하다 enlever la buée de la vitre d'une voiture. ◇_(이) 나다 la vapeur s'échappe ((de la bouilloire, de l'autocuiseur)). ¶ 주전자에서 ~이 모락모락 난다 La vapeur s'échappe par bouffée de la bouilloire.
*~(이) 빠지다 perdre de *son* intérêt [de *son* sel, de *son* goût], devenir ennuyeu*x*(*se*), insipide, fade.¶ ~빠진 대화 une conversation ennuyeuse [sans intérêt]. ¶ 나는 열심히 이야기했는데 ~빠지게 아무도 관심을 보이지 않았다 J'ai parlé avec enthousiasme, mais malheureusement personne n'y a prêté attention.
*~(이) 새다 perdre de *son* intérêt. ¶ 그 분이 결말을 미리 이야기하는 바람에 ~이 샜다 Comme il a annoncé trop tôt la fin, l'histoire a perdu de son intérêt [perdu son sel, ne présente plus aucun intérêt].

김³ 의명 sous le coup de ((la boisson)), sous l'effet ((de l'alcool)); dans un accès de ((colère)); par la même occasion, profitant de *qc* ((profiter de *qc* pour+*inf*)), à l'occasion de *qc*; puisque, comme. ¶ 술 ~에 나온 말 une parole lancée sous le coup de la boisson [sous l'effet de l'alcool]. ¶ 파리에 머무는 ~에 à l'occasion de mon séjour à Paris, profitant de mon séjour[passage] à Paris. ¶ 우체국 가는 ~에 내 편지도 부쳐다오 Puisque tu vas à la poste, envoie aussi mes lettres [profites-en pour envoyer aussi mes lettres]. ¶ 말이 나온 ~에 그 이야기를 좀 더 해 보자 Puisqu'on en parle, discutons encore un peu. ¶ 하던 ~에 마저 하자 Puisqu'on a commencé, on va jusqu'au bout.
◆홧_에 부 sous le coup de la colère, dans un accès de colère. ¶ 그 분은 홧~에 술을 마셨다 Il a bu sous le coup de la colère.

김⁴ 명 mauvaises herbes *fpl*. ◇_(을) 매다 désherber; arracher [extirper] les mauvaises herbes; sarcler (un jardin). ¶ 밭에서 ~을 매다 arracher les mauvaises herbes dans un champ.
◆_매기 명 sarclage *m*, désherbage *m*, extirpation *f* des mauvaises herbes. ¶ ~매기를 하다 arracher les mauvaises herbes, désherber, sarcler.

김장 명 *gimjang m*; préparation *f* du *gimchi*(김치) d'hiver; *gimchi*(김치) *m* d'hiver. ¶ 이번 ~은 아주 잘 됐다 Cette fois-ci, le *gimjang* [le *gimchi* d'hiver] est une réussite. ◇_을 하다[담그다] faire[préparer] le *gimchi*(김치) d'hiver.
◆_거리 명 ingrédients *mpl* et produits pour faire du *gimjang* [du *gimchi* d'hiver].
◆_김치 명 *gimchi m* d'hiver.
◆_독 명 jarre *f* de conservation du *gimchi* d'hiver. ¶ ~독을 묻다 enterrer une jarre de *gimchi* d'hiver.
◆_철 명 période *f* de préparation du *gimchi* d'hiver. ¶ ~철이어서 배추 값이 비싸다 Comme c'est la période de la préparation du *gimjang*, les choux chinois [choux coréens, choux nappas] sont chers.

김치 명 *gimchi m* <choux chinois ou autres légumes saumurés et assaisonnés de piment, d'ail, de gingembre, de sauce de poisson, etc.; l'assaisonnement est différent selon les régions>. ¶ 반찬에 ~가 빠졌다 Le *gimchi* manque parmi les petits plats d'accompagnement (sur la table). ◇_를 하다[담그다] faire[préparer] du *gimchi*.
◆_ㅅ거리 명 ingrédients *mpl* avec lesquels on est susceptible de pouvoir faire du *gimchi*.
◆_ㅅ국 marinade *f* du *gimchi*; soupe *f* de *gimchi*. *(남은 떡 줄 생각도 안하는데) ~ㅅ국부터 마시다 vendre la peau de l'ours avant de l'avoir tué; prendre *ses* désirs pour des réalités; mettre la charrue avant les bœufs.
◆_ㅅ독 명 jarre *f* de *gimchi*.
◆_찌개 명 ragoût *m* préparé avec du *gimchi* et de la viande (de porc en général).
◆배추[무, 오이]_ 명 *gimchi m* (fait à base) de choux chinois [de navets chinois, de concombres].
◆백_ 명 *gimchi m* blanc <*gimchi* non pimenté>.
◆보쌈_ 명 *gimchi m* enveloppé dans des feuilles de choux saumurées.
◆열무_ 명 *gimchi m* fait à base de petits navets chinois.
◆총각_ 명 *gimchi m* fait avec des radis blancs (sans enlever ni tiges ni feuilles).

깁다 타 ① coudre; ourler; raccommoder, rapiécer, ravauder, repriser; surfiler. ¶ 더덕더덕 기운 옷 un vêtement rapiécé de milles morceaux. ¶ 기운 데 투성이의 양말 une chaussette pleine de rapiècements. ¶ 헌 옷을 ~ ravauder [rapetasser {*fam*}] de vieux vêtements. ¶ 헤진 데를 ~ rapiécer [recoudre] une déchirure. ¶ 그물을 ~ ourler un filet. ② 보충하다 compléter, rajouter; étoffer. ¶ 이 수정판은 몇 군데를 기워 고쳐 쓴 것에 불과하다 Cette édition corrigée n'est qu'une ancienne version que l'on a complétée ici et là [à divers endroits] / Cette édition corrigée n'est qu'une ancienne version à laquelle on a rajouté quelques chapitres [que l'on a étoffée ici et là].

깁스 독 명 plâtre *m*. ☞ 기브스

깃¹ 명 revers *m* ((d'un habit)); col *m* ((de robe, de pardessus)); encolure *f*. ¶ 외투 ~을 세우다 relever le col de *son* pardessus[manteau].

◆옷_ 명 col *m* d'un habit. ¶ ~깃을 여미다 resserrer *son* col, rajuster *ses* vêtements[*sa* tenue].

*~**깃만 스쳐도 인연이다** La providence provoque des rencontres.

깃² 명 ((날개털)) plume *f*, duvet *m*; ((깃숱)) plumage *m*; ((날개)) aile *f*; ((날개, 꼬리의 긴 깃)) penne *f*. ¶ 새가 ~을 치며 날아오른다 Les oiseaux s'envolent à tire-d'aile [en battant des ailes]. ¶ 새가 ~을 간다 L'oiseau change [se remplume] de plumage. ¶ 새가 ~을 접었다 L'oiseau a replié[refermé] ses ailes.

◆_털 명 plume *f*.

깃들다 자 faire son nid; demeurer, s'installer; tomber, arriver. ¶ 어둠이 깃들고 있다 La nuit tombe. ¶ 이 지역에 평화가 깃들기 시작한다 La paix commence à s'installer dans cette région. ¶ 희망이 우리 가슴 속에 깃들어 있다 L'espoir reste dans notre cœur. ¶ 건전한 정신은 건전한 육체에 깃든다 Un esprit saint dans un corps sain.

깃들이다 타 faire [construire] *son* nid. ¶ 새가 둥지에 깃들인다 Un oiseau construit son nid.

***나는 새도 깃들일 곳이 있다** Même un oiseau (qui vole) a une demeure [un foyer].

깃발 旗- 명 drapeau(*x*) *m*, bannière *f*. ¶ 오색 ~ un drapeau multicolore. ¶ ~이 바람에 펄럭인다 Le drapeau flotte au vent. ¶ 정의의 ~ 아래 모인 사람들 les gens réunis sous la bannière de la justice. ¶ 민주주의의 ~을 높이 치켜들다 hisser haut le drapeau de la démocratie.

*~**(을) 날리다** manifester *qc* avec fierté. ¶ 그 사람도 한때는 ~ 날렸지 Il fut une époque [un temps] où, lui aussi, tout lui réussissait / Autrefois, lui aussi, il avait la cote [il était très connu, il était très estimé, il avait une bonne renommée, on parlait de lui].

*~**(을) 들다** prendre l'initiative. ¶ 일이 되려면 누군가 ~ 드는 사람이 있어야 한다 Pour parvenir à toute chose, il faut que quelqu'un prenne l'initiative [quelqu'un doit prendre l'initiative].

깊다 형 ① être profond(*e*); ((동굴이)) être abyssal(*e*). ¶ 깊은 계곡 une vallée profonde[encaissée, enfoncée]. ¶ 깊은 산골 une région montagneuse très retirée [isolée] du monde. ¶ 깊은 상처 une blessure profonde. ¶ 깊은 숲 une forêt profonde[dense]. ¶ 깊은 우물 un puits profond. ¶ 깊은 주름살 des rides très accusées [profondes, creusées, marquées]. ¶ 바닥이 깊은 그릇 un récipient profond [creux]. ¶ 이 호수는 (수심이) ~ Ce lac est profond. ¶ 이 구덩이는 매우 ~ Cette fosse est abyssale [très profonde]. ¶ 구덩이를 깊게 파다 creuser profondément une rigole, creuser une rigole [une fosse] profonde. ② ((수준, 정도)) être profond(*e*). ¶ 이 사건과 그 분의 죽음 사이에는 깊은 관계가 있다 Cette affaire est en relation étroite avec sa mort. ¶ 깊은 관심을 보이다 montrer un vif intérêt pour *qn*/*qc*. ¶ 깊은 뜻을 헤아리다 comprendre une intention profonde [cachée]. ¶ 누구와 깊은 사랑에 빠지다 tomber profondément [éperdument, follement] amoureux(*s*) de *qn*. ¶ 인간 본성에 대한 깊은 이해 une profonde connaissance de la nature humaine. ¶ 깊은 잠에 빠지다 tomber [sombrer] dans un sommeil profond [de plomb]. ¶ 깊은 절망에 빠지다 tomber dans un profond désespoir [dans un désespoir sans fond]. ¶ 생각이 깊은 사람 un homme réfléchi, un homme profond. ¶ 속이 깊은 행동 une conduite réfléchie. ¶ 무엇에 대한 애정이 ~ avoir une profonde affection pour *qc*. ¶ 무엇에 조예가 ~ avoir de profondes connaissances en [dans] *qc*; être versé(*e*) dans ((les arts)), être compétent(*e*) en ((philosophie)); être savant(*e*); être érudit(*e*) en *qc*. ¶ 깊게 잠이 들다 s'endormir profondément, tomber [sombrer] dans un sommeil profond. ③ ((시간)) être avancé(*e*). ¶ 깊은 밤에 en pleine nuit, au milieu de la nuit, au plus profond de la nuit. ¶ 깊은 겨울에 en plein hiver, au plus profond[fort] de l'hiver. ¶ 밤이 깊었다 La nuit était bien avancée / La nuit était profonde / On était au milieu de la nuit [en pleine nuit] / On était au plus profond de la nuit. ④ ((교분이)) être intime avec *qn*; être proche de *qn*, avoir des relations étroites [proches, profondes, privilégiées] avec *qn*; être étroitement lié(*e*) à *qn*/*qc*, être en contact étroit avec *qn*. ¶ 그는 그 여자와 깊은 사이이다 Il a des relations intimes [proches, profondes, privilégiées] avec cette femme. ¶ 누구와 깊게 사귀다 avoir une relation profonde [sérieuse, poussée] avec un partenaire, avoir une liaison sérieuse avec *qn*.

◆**깊디_** 형 être très [extrêmement, vraiment] profond(*e*).

◆**깊이** 부 profondément; sincèrement. ¶ 무엇을 땅 속 깊이 묻다 enterrer [enfouir] *qc* profondément. ¶ 깊이 생각하다 réfléchir profondément. ¶ 깊이 잠들다 s'endormir profondément, tomber [sombrer] dans un sommeil profond [de plomb]. ¶ 잘못을 깊이 뉘우치다 regretter profondément [sincèrement] *son* erreur.

깊숙하다 형 être calme et profond(*e*)[retiré(*e*)]. ¶ 깊숙한 골짜기 une vallée profonde. ¶ 깊숙한 동굴 une grotte profonde. ¶ 깊숙한 산골 un village de montagne retiré.

◆**깊숙이** 부 (calmement et) profondément; ((pénétrer)) au cœur ((de la montagne)). ¶ 산속으로 깊숙이 들어가다 pénétrer au cœur de la montagne [du massif montagneux]. ¶ 고개를 깊숙이 숙여 인사하다 saluer en s'inclinant profondément [en se prosternant]. ¶ 사건에 깊숙이 연루되다 être profondément impliqué(*e*) dans une affaire.

깊이 명 ① profondeur *f* ((d'une rivière)); fond *m*; hauteur *f* ((de l'eau)); épaisseur *f*. ¶ 무엇의 ~를 재다 [측정하다] mesurer la profondeur [le fond] de *qc*. ¶ 이 우물의 ~는 아무도 모른다 Personne ne connaît la profondeur de ce puits. ¶ ~가 깊다[얕다] être profond(*e*) [peu profond(*e*)]. ¶ 이곳은 개울의 ~가 3미터나 된다 À cet endroit, la rivière a 3 mètres de profondeur de fond. ② 심오함, 진지함 profondeur *f* ((de la pensée, des sentiments)); gravité *f* ((d'un son)); portée *f* ((de l'intelligence)). ¶ 학문[수양]의 ~ les profondeurs des connaissances [profonde maîtrise de *soi*]. ◇_가 있다[없다] être profond(*e*)[ne pas être profond(*e*)]. ¶ ~있는 목소리 une voix grave [profonde, caverneuse]. ¶ ~있는 대화를 나누다 discuter avec profondeur avec *qn*.¶ 그의 책은 ~가 있다 Son livre est profond. ¶ 그 사람이 하는 말에는 ~가 없다 Ce qu'il dit n'a rien de profond.

ㄲ 명 *ssang giyeok m* ((double consonne de l'alphabet coréen; double *giyeok* (ㄱ))).

까까머리 명 tête *f* rasée [tondue]. ¶ ~를 하다 avoir la tête rasée [tondue]; avoir la boule à zéro {*fam*}.

까까중 명 ① ((머리)) tête *f* rasée [tondue], crâne *m* rasé [tondu]. ② ((사람)) personne *f* à la tête rasée [au crâne rasé].

까뀌 명 herminette *f*, erminette *f* doloire *f*. ((hachette à tranchant recourbé comme un museau de l'hermine)).

까끄라기 명 ((이삭의)) arête *f*, barbe *f* ((d'un épi)).

까끌까끌하다 형 gratter; ((수염이)) piquer. ¶ 까끌까끌한 천 une étoffe qui gratte. ¶ 까끌까끌한 수염 une barbe qui pique.

까내리다 타 ① retirer à l'envers, retourner. ¶ 옷을 ~ retirer *ses* vêtements à l'envers. ② ((신체의 일부를)) 노출하다 montrer, dévoiler, découvrir. ¶ 엉덩이를 ~ dévoiler *son* postérieur. ③ 파헤쳐 깎아내리다 creuser. ¶ 산을 ~ creuser la montagne. ④ ((사람을)) 비하하다 rabaisser, dénigrer. ¶ 상대방을 ~ rabaisser *son* adversaire [interlocuteur].

까놓다 ① peler ((un fruit)); éplucher ((des pommes de terre)); décortiquer, dépecer, écosser, écaler ((des noix)); ouvrir ((une coquille, des huîtres)), écailler ((des huîtres)). ¶ 조개[밤]를 ~ ouvrir des coquillages [éplucher des châtaignes]. ② ((속마음, 비밀을)) dévoiler, exposer, se confier à *qn*; confier à *qn* ((*ses* projets, un souci)); divulguer, révéler ((un secret)); démasquer ((un complot)). ¶ 속을 ~ se confier, se livrer, s'ouvrir à *qn*. ¶ 까놓고 말하면 pour parler franchement. ¶ 까놓고 말하시오 Parlez franchement [à cœur ouvert]. ¶ 그 친구는 무슨 일이나 내게 까놓고 말한다 Il me dit tout ce qui se passe franchement [avec franchise, sans arrière-pensée]. ¶ 그 사람의 겸손도 까놓고 보면 일종의 거만에 지나지 않는다 Sa modestie aussi n'est qu'une sorte d'arrogance, si on regarde bien. ③ ((패를)) retourner une carte (de jeu) sur la table. ¶ 탁자 위에 카드[패]를 ~ retourner une carte (de jeu) sur la table.

까다[1] 타 enlever; retirer, déduire, retrancher, défalquer, décompter, ôter, prélever *qc* de *qc*; soustraire *qc*. ¶ 월급에서 책값을 ~ déduire la somme destinée à l'achat des livres d'un salaire. ¶ 봉급에서 가불금을 ~ décompter [prélever] le montant des crédits du salaire.

까다[2] 타 ① peler ((un fruit)); éplucher ((des pommes de terre)); décortiquer, dépecer, écosser, écaler ((des noix)); écailler [ouvrir] ((des huîtres)). ¶ 귤을 ~ éplucher des clémentines. ¶ 콩을 ~ écosser des pois. ¶ 밤을 ~ éplucher des châtaignes. ¶ 달걀을 ~ enlever la coquille d'un œuf, éplucher un œuf. ② 부화하다 faire éclore des œufs; ((새끼를)) mettre bas, enfanter, accoucher. ¶ 암탉이 병아리를 깠다 La poule fait éclore les œufs. ③ 【속어】 치다, 때리다 donner un coup, frapper. ¶ 정강이를 ~ frapper, donner un coup sec. ④ 【속어】 비난하다 critiquer; faire la critique de *qc*; blâmer, attaquer, reprocher ¶ 정부를 ~ critiquer le gouvernement.

까다롭다 형 être difficile; être délicat(*e*); être exigent(*e*); être compliqué(*e*). ¶ 까다로운 법률 용어들 des termes juridiques compliqués. ¶ 까다로운 사람 une personne difficile (à contenter). ¶ 까다로운 절차를 통해 par des démarches compliquées. ¶ 일[문제, 사건]이 ~ C'est une affaire[un problème] bien compliqué(*e*) / C'est un os bien dur à ronger {*fam*}. ¶ 입맛이 ~ être difficile pour la nourriture. ¶ 이 문제는 (풀기가) ~ Ce problème est difficile [compliqué] à résoudre. ¶ 옷맵시에 관하여 ~ être minutieux(*se*) [difficile] pour *sa* tenue vestimentaire. ¶ 사람 사귀는 데에 ~ être difficile pour se faire des amis. ¶ 그 분은 비위를 맞추기가 ~ C'est un homme difficile à contenter. ¶ 그렇게 까다롭게 굴지 마 Ne fais pas le difficile (comme cela)! / Ne fais pas la fine bouche! ¶ 일을 까다롭게 만들다 compliquer une situation; couper les cheveux en quatre {*fam*}.

까닥거리다 자타 faire un signe de la tête, acquiescer, opiner du chef [du bonnet], secouer [opiner de, acquiescer de] la tête. ¶ 고개를 ~ acquiescer, opiner du chef.

까닥이다 자타 ☞ 까닥거리다

까닭 명 raison *f*, cause *f*, motif *m*. ¶ ~을 묻다[대다, 말하다] demander [donner, expliquer] la raison. ¶ 아무리 생각해도 네가 늘 지각하는 ~을 모르겠다 Plus j'y pense, moins je sais pourquoi, tu arrives toujours en retard / Je ne sais vraiment pas pourquoi tu es toujours en retard. ¶ 그 분은 ~모를 미소를 띠고 있다 Il a un sourire mystérieux [incompréhensible]. ¶ 그 ~은 이렇다 La cause est la suivante: ... / La raison est celle-là / Le motif est le suivant. ¶ 왜 그런지 ~이나 압시다 Faites-moi au moins savoir pourquoi. ¶ 무슨 ~인지 모르겠지만 나는 그 사람이 싫다 Je ne sais pas pourquoi, mais je ne l'aime pas [je déteste cette personne]. ◇_(이) 있다[없다] avoir une raison [ne pas avoir de raison]. ¶ 그 분이 그것을 모를 ~이 있겠니? Comment peut-il ne pas le savoir? ¶ 그 분이 그렇게 행동하는 데에는

다 ~이 있을 것이다 Cette personne doit avoir une raison pour agir ainsi[de la sorte]. ¶ ~없이 울기만 하다 ne faire que pleurer [chialer{*fam*}] sans raison. ¶ 거기에는 아무런 ~이 없다 Il n'y a aucune raison à cela.

◆_에[으로] 부 en raison de *qc*, à cause de *qc*; pour la raison que+*ind*.; pour avoir+*p.p.*; parce que+*ind* ¶ 그런[이런 저런] ~에 pour cette [telle ou telle] raison. ¶ 어젯밤 잠을 통 자지 못한 ~에 졸립다 J'ai sommeil parce que je n'ai pas fermé l'œil de la nuit. en raison de *qc*, à cause de *qc*; pour la raison que+*ind*; pour avoir+*p.p.*; parce que+*ind*. ¶ 무슨 ~으로 그런 말을 하는지 모르겠다 Je ne comprends pas pourquoi il parle comme ça.

까닭모르다 자 ignorer la(*les*) raison(*s*). ¶ 까닭모를 슬픔 une tristesse inexplicable. ¶ 나는 까닭모르게 불안이 엄습해 옴을 느낀다 Je ressens une gêne [une inquiétude] soudaine sans savoir pourquoi.

까뒤집다 타 ① retourner complètement, mettre à l'envers. ¶ 옷을 ~ retourner un habit [vêtement]. ② ((눈을)) 크게 뜨다 se révulser; soulever ((les paupières)), ouvrir grand ((les yeux)). ¶ 의사가 환자의 눈을 까뒤집는다 Le médecin ouvre grand les yeux du patient. ¶ 그는 넘어지더니 눈을 까뒤집었다 Il est tombé par terre et ses yeux se sont révulsés.

까딱[1] 부 ne serait-ce qu'un peu. ¶ ~ 잘못하면 큰일이 난다 Si tu fais la moindre petite erreur, ce sera catastrophique.

까딱[2] 부 en hochant la tête, d'un signe de tête. ¶ 고개를 ~ 숙이다 hocher [secouer, opiner de, acquiescer de] la tête, opiner du chef [du bonnet].

◆_하다 타 hocher [secouer, opiner de, acquiescer de] la tête. ¶ 그들은 인사로 고개를 ~해 보였다 Ils hochèrent la tête en signe de salutations.

◆_거리다[대다] 타 hocher [secouer, opiner de, acquiescer de] la tête. ¶ 고개를 ~거리다 opiner du chef [du bonnet], hocher [secouer, opiner de, acquiescer de] la tête.

◆_이다 타 hocher [secouer, opiner de, acquiescer de] la tête.

◆_ _ 부 en hochant la tête plusieurs fois. ¶ 고개를 ~~하며 인사하다 saluer en hochant la tête plusieurs fois.

까딱하다가는 부 un peu plus et ...; il s'en est fallu de peu que+*subj*; facilement; faillir+*inf*. ¶ ~ 늦겠다 Si on ne fait pas attention, on pourrait arriver en retard. ¶ ~ 일을 처음부터 다시 시작해야 한다 Si on est malchanceux, il faudrait tout recommencer depuis le début. ☞ 까딱하면

까딱하면 부 un peu plus et ...; il s'en est fallu de peu que+*subj*; facilement; faillir+*inf*. ¶ 이런 날은 ~ 감기 든다 On attrape[prend] froid facilement par ce temps-là [par un temps pareil]. ¶ ~ 죽을 뻔했다 Il s'en est fallu de peu que je meure / J'ai failli mourir. ¶ 나는 ~ 기차를 놓칠 뻔했다 Il s'en est fallu de peu que je manque le train / J'ai failli manquer le train / Un peu plus et je manquais le train.

까르르 부 ((onomatopée désignant la façon de rire gaiement)). ¶ 모두들 ~ 웃었다 Tout le monde a bien ri.

까르륵 부 ((onomatopée désignant la façon de rire gaiement)), ((rire)) à grand bruit, aux éclats. ¶ ~ 웃다 rire aux éclats.

◆_하다[거리다, 대다] 자 éclater de rire; glousser.

까마귀 명 corbeau(*x*) *m*, corneille *f*. ¶ ~ 우는 소리 un croassement.

*~ **날자 배 떨어진다** C'est une (pure) coïncidence / Pure coïncidence / C'est une coïncidence curieuse [étonnante, fâcheuse] / C'est un heureux [malheureux] concours de circonstances ((traduction littérale: ≪Dès qu'un corbeau s'envole, une poire tombe≫; ce proverbe signifie une pure coïncidence sans lien causal entre deux événements)). ☞ 오비이락

까마득하다 형 ① ((시간)) être très lointain(*e*), reculé(*e*). ¶ 까마득한 옛날에 jadis, dans des temps plus reculés, il y a très longtemps. ¶ 기억이 ~ Tout cela est bien loin / C'est loin dans *ma* mémoire / Je ne m'en souviens plus du tout / Je n'en ai plus le souvenir. ② ((거리)) être très lointain(*e*); être éloigné(*e*), reculé(*e*) ¶ 까마득한 거리 une longue[grande] distance. ¶ 그곳까지는 아직 갈 길이 ~ J'ai encore un long chemin à faire pour y arriver. ¶ 갈 길이 까마득하게 느껴지다 avoir l'impression d'avoir encore un long chemin à parcourir [à faire], avoir le sentiment d'être encore très loin du but [de n'en être qu'au début]. ③ ((정도)) être encore loin d'être terminé(*e*). ¶ 이 일을 마치려면 아직도 ~ Il me reste encore beaucoup à faire pour terminer ce travail.

◆까마득히 부 au loin, dans le lointain. ¶ 까마득히 먼 옛날 ((dans les)) temps les plus reculés; ((dans le)) passé lointain. ¶ 까마득히 먼 곳 un endroit très éloigné[reculé, lointain]. ¶ 까마득히 멀리 보이는 집 une maison qu'on aperçoit au loin [dans le lointain].

까막까치 명 【동물】 corbeau(*x*) *m* et pie *f*.

까막눈 명 illettré(*e*), analphabète *mf*.

까막눈이 명 ① 문맹자 analphabète *m*, illettré *m*. ② 문외한 béotien(*ne*) ((en musique)), personne *f* profane ((dans un domaine)), profane *mf* ((en musique)); ignorant(*e*) ((en matière de *qc*)). ¶ 그 일에 대해서는 제가 완전 ~입니다 Je ne sais absolument rien sur cette histoire.

까망 명 noir *m*. ☞ 검정[1]

까맣다 형 ① ((색깔)) être (très) noir(*e*); être noir(*e*) d'encre [d'ébène]; être très sombre; ((피부)) être brun(*e*), bronzé(*e*), hâlé(*e*), basané(*e*), foncé(*e*) ((de peau)). ¶ 그 사람은 피부가 ~ Il a la peau très brune[hâlée] / Il a la peau basanée [tannée, bistrée] / Il est tout bronzé. ¶ 그 여자는 머리카락이 ~ Elle a les cheveux noirs / Ses cheveux sont noirs. ② ((거리)) être lointain(*e*), éloigné(*e*); être au loin; être dans le lointain; être hors de portée; être très loin; être encore loin du but. ¶ 서울까지는 아직도 ~[까맣게 남아 있다] Nous sommes encore très [bien] loin de Séoul. ③ ((정도)) être encore loin d'être parfait, laisser beaucoup à désirer. ¶ 그 사람이 불어를 완벽하게 하려면 아직도 ~ Son français est encore bien loin de la perfection [d'être parfait] / Son français laisse beaucoup à désirer.

까먹다 타 ① écailler [écosser, éplucher, écaler] et manger. ¶ 굴을 ~ écailler et manger des huîtres. ¶ 호두를 ~ écaler et manger des noix. ¶ 콩을 ~ écosser et manger des haricots. ¶ 밤을 ~ éplucher et manger des châtaignes. ¶ 조개를 ~ ouvrir des coquilles et en manger le contenu. ② ((재산을)) 날리다 dissiper, dilapider ((*sa* fortune)), gaspiller, engloutir, perdre ((*ses* biens)). ¶ 밑천을 다 ~ perdre tout *son* fonds (de commerce). ¶ 재산을 ~ dilapider des biens. ③ (어린이가) 용돈을 쓰다 dépenser tout *son* argent de poche ((en bonbons [en sucreries])). ¶ 이거 까먹지 말고 저축해야 된다 Ne dépense pas cet argent, mets-le en dépôt (dans ton compte). ④ 잊다 oublier. ¶ 심부름하는 것을 ~ oublier de faire les commissions. ¶ 말을 전하는 것을 깜빡 ~ oublier complètement de transmettre un message. ¶ 밤새 외운 것을 다 ~ oublier tout ce qu'on a appris par cœur toute la nuit.

까무러지다 자 s'évanouir, défaillir, perdre connaissance, tomber dans les pommes {*fam*}. ¶ 까무러지듯 놀라다 manquer de s'évanouir de surprise. ¶ 그 여자는 갑자기 까무러졌다 Elle s'est tout d'un coup évanouie.

까무러치다 자 s'évanouir ((d'émotion, de peur)); défaillir ((d'effroi)); perdre connaissance; tomber en défaillance [dans les pommes {*fam*}]; se trouver mal; se pâmer {*vx*}; tomber en pâmoison {*vx*}; tomber en syncope, tourner de l'œil {*fam*}. ¶ 그 남자는 턱을 한 대 맞고 까무러쳤다 Il s'est évanoui après avoir reçu un coup dans le menton. ¶ 까무러칠 정도로 놀라다 s'étonner grandement.

까무스름하다 형 être noirâtre. ¶ 살결이 ~ avoir la peau basanée [bronzée, tannée, halée, bistrée, très brune].

까무잡잡하다 형 être noirâtre. ¶ 피부가 ~ avoir la peau basanée [bronzée, tannée, halée, bistrée, très brune]. ¶ 햇볕에 그을어 까무잡잡한 얼굴 le visage hâlé [bruni par le soleil], le teint hâlé. ¶ 그 사람은 까무잡잡하게 생겼다 Il a la peau très basanée [très brune].

까물거리다 자 ① scintiller, briller, vaciller. ¶ 별들이 까물거린다 les étoiles scintillent [brillent]. ② ((기억, 의식이)) vaciller, ((la mémoire)) s'estomper, s'altérer, faiblir, défaillir, décliner, flancher {*fam*}, se détériorer, faire défaut; être amoindri(*e*). ¶ 나는 기억이 까물거린다 Ma mémoire vacille / J'ai la mémoire qui flanche {*fam*} / Ma mémoire s'estompe [faiblit, s'altère, flanche {*fam*}, décline, devient moins fiable, fait défaut, s'atténue, se détériore, a des défaillances].

까발리다 타 ① ouvrir ((quelque chose pour en faire voir le contenu)). ¶ 소지품을 까발려놓다 sortir et étaler ce qu'on a sur *soi* [dans *ses* poches]. ② ((비밀 따위를)) dévoiler les secrets de *qn.* ¶ 속마음을 ~ divulguer [dévoiler, révéler] *ses* intentions profondes [le fond de *sa* pensée, de *son* cœur]. ¶ 그 사람이 우리의 비밀을 다 까발렸다 Il a divulgué nos secrets.

까부라지다 자 ① diminuer [baisser] de taille [de hauteur]. ¶ 건초 더미가 폭삭 까부라졌다 Le tas de foin a baissé de hauteur / La hauteur du tas de foin s'est effondrée / Le tas de foin a sérieusement diminué de taille / Le volume du tas de foin a réduit [s'est réduit] de façon importante. ② 축 늘어지다 être abattu(*e*) ((par la chaleur)); s'avachir, se laisser aller; s'affaisser, s'écrouler, s'effondrer. ¶ 그는 땀에 젖은 채 까부라졌다 Il s'est effondré, trempé de sueur.

까부르다 타 ① vanner. ¶ 보리를 ~ vanner de l'orge. ② bercer, faire sauter ((un(*e*) enfant)) sur *ses* genoux pour le(la) consoler. ¶ 아이를 ~ faire sauter un enfant sur ses genoux pour le consoler.

까부수다 타 démolir. ¶ 벽을 ~ démolir un mur.

까불다 자 se comporter avec une certaine arrogance; se conduire légèrement [frivolement], ((어린아이가)) batifoler, folâtrer, s'ébattre. ¶ 그 사람 좀 까부는 성격이다 Il est d'un naturel quelque peu arrogant [léger, frivole]. ¶ 그 사람은 사장만 믿고 까분다 Il compte tellement sur son patron qu'il se la pète un peu{*fam*}[qu'il se croit permis de faire n'importe quoi]. ¶ 까불지 말고 가만있어라. Tiens-toi tranquille et ne fais pas l'étourdi. ¶ 네가 돈 좀 있다고 까부는 모양인데 Tu crânes peut-être parce que tu as un peu de fric, ... {*fam*}.

까불이 명 personne *f* lég*er*(*ère*) [frivole, irrévérencieu*x*(*se*), désinvolte]; ((어린애)) (petit) diable *m*, diablotin *m*, petit(*e*) espiègle *mf*, polisson *m*; démon *m*; enfant *mf* turbulent(*e*) [agité(*e*), espiègle], affreux jojo *m*; (petit) garnement *m*, (petite) canaille *f* {*fam*}, (petit) galopin *m* {*fam*}, chenapan *m* {*fam*}; sacripant *m* {*fam*}.

까옥까옥 부 kkaok-kkaok ((onomatopée du croassement.)) ¶ 까마귀가 ~ 운다 Le corbeau croasse.

까운 영{gown} 명 ((‘가운’의 잘못.)) ☞ 가운[2]

-까지 조 ① ((particule exprimant l'aboutissement, le point d'arrivée, l'exagération)) jusqu'à; ((de ...)) à; avant, (au plus tard) pour, d'ici, avant de, avant que. ¶ 내일[목요일]~ 일을 끝내라 Finis (au plus tard) pour demain [jeudi] au plus tard [d'ici demain [jeudi], avant demain [jeudi]]. ¶ 내일[목요일]~ 쉬어라 Repose-toi jusqu'à demain [jeudi]. ¶ 어제부

터 내일~ d'hier à aujourd'hui. ¶ 월요일부터 금요일~ de lundi à vendredi; ((매주)) du lundi au vendredi. ¶ 5월 1일부터 10일~ du premier au dix mai. ¶ 언제~ 여기 있을거냐? Tu resteras [seras] ici jusqu'à quand? ¶ 그가 돌아올 때~ jusqu'à ce qu'il revienne, jusqu'à son retour. ¶ 네가 어른이 될 때~ jusqu'à ta majorité. ¶ 부산~ 가다 aller jusqu'à Busan. ¶ 전망대~ 올라가다 monter jusqu'au belvédère. ¶ 서울에서 목포~ de Séoul à Mokpo. ¶ 어디~ 갈거니? Jusqu'où iras-tu? ② 그밖에 더 non seulement, mais en plus; même. ¶ 이 옷은 예쁜데다가 값~ 싸다 Ce vêtement est non seulement joli mais en plus il n'est pas cher. ③ ((정도)) même. ¶ 너~ 나한테 이럴 수 있냐? Même toi, comment peux-tu me faire ça? / Même toi, maintenant tu t'y mets? ¶ 대학원~ 나왔다는 사람이 저럴 수가! Comment une personne ayant fait un troisième cycle universitaire [Comment une personne titulaire d'un Master] peut-elle agir de la sorte! ¶ 일이 이렇게~ 될 줄 몰랐다 Je ne me doutais pas qu'on en arriverait là [que l'affaire irait si loin]. ¶ 그 여자는 밥을 먹으면서~ 떠들어댄다 Elle bavarde même lorsqu'elle mange.

-까지고 조 ① ((continuer à faire *qc*)) jusque (quand). ¶ 언제~ 그렇게 화만 낼 거야? Jusqu'à quand vas-tu rester en colère comme ça? ② ((continuer à faire *qc*)) jusque n'importe (où). ¶ 어디~ 그 사람을 따라갈 거야 Je le suivrai où qu'il aille.

-까지나 조

◆**언제_** 부 éternellement. ¶ 언제~ 숨어살 수는 없다 Tu ne peux pas vivre éternellement en te cachant.

◆**어디_** 부 purement, entièrement; dans toute *son* étendue. ¶ 이건 어디~ 사업이다 Les affaires sont les affaires.

까지다[1] 자 ① se détacher; s'écorcher. ¶ 살[피부]이 까졌다 J'ai la peau écorchée. ¶ 등산하다가 발뒤꿈치가 까졌다 Je me suis écorché(*e*) le talon en faisant de l'alpinisme. ② ((껍질이)) s'écosser, s'ouvrir. ¶ 밤이 너무 말라서 껍질이 잘 안 까진다 Comme les châtaignes sont trop séchées, il est difficile de les écosser.

까지다[2] 자 être trop précoce ((pour les enfants)); être effronté(*e*). ¶ 어린놈이 너무 까져서 못 쓰겠다 Ce gosse est trop précoce, ça ne va pas [ce n'est pas possible] / Ce môme est trop avancé pour son âge on ne peut rien en faire.

까짓[1] 관 ((‘이까짓, 그까짓, 저까짓’의 준말)) Ce n'est pas grand-chose / C'est tout simple. ¶ ~ 돈이야 벌면 되지 L'argent, c'est bien simple, il suffit d'en gagner.

까짓[2] 감 Bah, eh bien, s'il n'y tient. ¶ ~, 해 볼 테면 해 보라지 Bon, eh bien, comme tu voudras [comme tu l'entends, comme bon il te semble].

-까짓[3] 접미 bon(*ne*) à rien, sans valeur. ¶ 아~ une bagatelle, une vétille, des choses insignifiantes [secondaires], une broutille, un détail sans importance [insignifiant]; peu de chose; ((pour)) si peu, si petit(*e*), sans importance, insignifiant(*e*), peu important(*e*), sans valeur, bien [si] peu de chose. ¶ 네~ 놈 정도는 하나도 안 무섭다 Un bon à rien [Un gars, Un type] comme toi ne me fait pas du tout peur.

까치 명 【동물】 pie *f*.

◆**_걸음** 명 pas *m* sautillant; marche *f* sur la pointe des pieds. ¶ ~걸음을 하다 marcher d'un pas sautillant, sautiller; marcher sur la pointe des pieds.

◆**_발** 명 ((sur)) la pointe des pieds. ¶ ~발을 들다[세우다] se mettre [se dresser] sur la pointe des pieds.

까치무릇 명 【식물】 muguet *m*; *Amana edulis* {*nsc*}.

까칠까칠 부 ((pousser)) rêche. ¶ 수염이 턱에 ~ 나 있다 Les poils de barbe poussent rêches sur le menton.

◆**_하다** 형 être rugueux(*se*), rude; être émacié(*e*), amaigri(*e*); être rêche, râpeux(*se*), rude. ¶ ~한 표면 une surface rugueuse. ¶ ~한 느낌 une sensation de quelque chose de rugueux [de râpe, de rêche]. ¶ 이 과일은 껍질이 ~하다 Ce fruit a la peau rugueuse. ¶ 이 스웨터를 입으니 목이 ~하다 Ce pull me gratte[démange] le cou / Ce pull est rêche et m'irrite le cou.

까칠하다 형 être émacié(*e*); être desséché(*e*); être amaigri(*e*); être défait(*e*), décharné(*e*), étique, squelettique; ((peau)) être rugueux(*se*), rêche. ¶ 까칠한 얼굴 un visage émacié [creux]. ¶ 너 얼굴이 까칠하구나[까칠해 보인다] Tu as (vraiment) mauvaise mine / Tu en as une sale mine! / Tu as une mine de déterré [une mine de papier mâché, une mine défaite]. ¶ 햇볕에 피부가 까칠해진다 La peau se dessèche au soleil.

까탈 명 obstacle *m*, entrave *f*; empêchement *m*, dérangement *m*. ◇_(을) **하다[부리다]** faire le[la] difficile; faire la fine bouche.

◆**_스럽다** 형 être difficile, compliqué(*e*). ¶ ~스러운 성격 un caractère difficile [compliqué].

까투리 명 faisane *f*.

까풀 명 ☞ 꺼풀

깍두기 명 *kkakdugi m* <cubes de navet chinois saumuré et assaisonné de piment rouge, d'ail et d'autres légumes>.

◆**_머리** 명 【속어】 coupe *f* au carré ((coiffure typique d'un mafieux)). ¶ ~처럼 머리를 깎았네 Tu t'es fait faire la coupe de cheveux des mafieux [des voyous].

깍듯하다 형 respecter les convenances; observer les règles de la politesse; connaître les bonnes manières; être courtois(*e*), poli(*e*), respectueux(*se*). ¶ 깍듯한 인사 une salutation très polie. ¶ 그는 어른에게 항상 ~ Il est toujours (très) respectueux envers ses aînés. ¶ 누구에게 깍듯하게 인사하다 saluer très courtoisement [très poliment, de manière extrêmement polie] *qn*.

◆**깍듯이** 부 très courtoisement, très poliment,

respectueusement; en haute estime. ¶ 누구를[에게] 깍듯이 대하다 traiter *qn* avec déférence, traiter *qn* poliment [courtoisement], se montrer extrêmement poli(*e*) [courtois(*e*)] avec *qn*, traiter *qn* avec respect; tenir *qn* en haute estime. ¶ 손님을 깍듯이 대접하다 accueillir *qn* très poliment [très courtoisement], bien accueillir *qn*.

깍쟁이 명 ① (personne *f*) égoïste [égocentrique], personne *f* qui ne pense [qui ne s'intéresse] qu'à *elle*-même [qui ne se préoccupe que d'*elle*-même, qui ne pense qu'à *son* nombril {*fam*}, qui se regarde le nombril {*fam*}], (personne *f*) nombriliste *mf* {*fam*}. ② enfant *mf* ou femme *f* gentiment égocentrique.

깍정이 명 【식물】 cupule *f*; induvie *f*.

깍지[1] 명 ◇_(를) **끼다** joindre les mains (avec les doigts entrecroisés), joindre les mains en croisant les doigts, croiser les doigts des deux mains. ¶ 두 손을 ~ 끼다 joindre les mains en croisant les doigts, joindre les mains (avec les doigts entrecroisés), croiser les doigts des deux mains.

깍지[2] 명 ① gousse *f* ((de vanille)). ② ((완두콩 따위의)) cosse *f* ((de haricots, de fèves, de pois)).

◆콩_ 명 cosse *f* de pois [de haricots].

***눈에 콩~가 끼다** être aveuglé(*e*) par l'amour, perdre *son* sens critique à cause de l'amour ((l'amour rend aveugle)).

깎다 타 ① tailler, raboter, couper, appointer. ¶ 연필을 ~ tailler un crayon. ¶ 대패로 나무를 ~ raboter une pièce de bois; planer. ¶ 나무막대를 뾰족하게 ~ tailler un bâton en pointe; appointer un bâton. ¶ 널판지를 ~ amenuiser une planche. ¶ 과도로 참외를 ~ éplucher le melon jaune avec un canif. ② 조각하다 tailler, sculpter. ¶ 목공예품을 ~ tailler [sculpter] des objets artisanaux en bois. ③ ((잔디, 머리 따위를)) tondre ((le gazon)), faucher, couper. ¶ 잔디를 ~ tondre le gazon. ¶ 머리를 ~ (se faire) couper les cheveux. ¶ 머리를 짧게 ~ se faire couper les cheveux courts. ¶ 수염을 ~ se faire tailler[couper] la barbe, se faire raser; se raser. ¶ 양털을 ~ tondre (la toison d')un mouton. ④ 할인하다 abaisser [réduire] (le prix), obtenir une réduction. ¶ 책값을 ~ faire réduire [marchander] le prix d'un livre. ¶ 중고차 가격을 ~ débattre le prix d'une voiture d'occasion. ¶ 예산을 ~ diminuer [réduire] le budget. ¶ 인건비를 ~ réduire les frais du personnel. ¶ 1000원을 ~ obtenir un rabais de 1 000 wons. ¶ 1할을 ~ obtenir une réduction de 10 %. ¶ 좀 깎아 주세요. Faites-moi une réduction / Faites-moi un meilleur [bon] prix. ¶ 그 상인은 물건 값을 20 %를 깎아 주었다 Le marchand m'a baissé [abaissé, diminué, réduit] le prix de l'article de 20 %. ⑤ ((체면 따위를)) déshonorer; porter atteinte à l'honneur de *qn*. ¶ 집안 체면을 ~ jeter le discrédit sur *sa* famille. ¶ 그것은 자기 체면만 깎는 일이다 C'est quelque chose qui ne fait que *nous* porter atteinte. ⑥ ((공 따위를)) couper ((une balle)). ¶ 탁구공을 깎아 치다 couper la balle au ping-pong. ¶ 너무 깎아서 치지 말고 밀어 쳐라 Au lieu de taper la balle en la coupant trop, tape-la en la poussant.

깎아내다 타 ① abaisser ((une hauteur)), réduire. ¶ 산을 ~ abaisser (l'altitude d')une montagne. ② 얇게 베어내다 raboter. ¶ 판자를 ~ raboter une planche. ③ (체면이나 위신을) 떨어뜨리다 déshonorer, porter atteinte à [entacher, ternir] l'honneur de *qn*, ternir [salir] la réputation de *qn*. ¶ 체면을 ~ porter atteinte à [entacher, ternir] l'honneur de *qn*.

깎아내리다 타 réduire, diminuer; dévaloriser; déshonorer. ¶ 그 같은 행동은 네 체면만 깎아내릴 뿐이다 Ce genre d'acte ne sert qu'à te faire perdre la face [qu'à te déshonorer]. ¶ 그 사람을 너무 깎아내리지 마라 Ne dévalorise pas trop (les qualités de) cette personne.

깎아지르다 재타 être très escarpé(*e*). ¶ 깎아지른 절벽 un précipice extrêmement profond.

깎이다 재 ① se tailler. ¶ 연필이 잘 깎인다 Le crayon se taille bien. ② être taillé(*e*), être tondu(*e*). ¶ 잔디가 잘 깎였다 Le gazon est bien tondu. ③ ((공 따위가)) couper ((la balle)). ¶ 이 라켓은 공이 잘 깎인다 Cette raquette coupe bien la balle. ¶ 공이 너무 깎여서 오기 때문에 받아치기가 어렵다 Il est difficile de renvoyer la balle car elle arrive trop coupée. ④ ((털 따위를)) se faire raser; être coupé(*e*) par *qn*. ¶ 나는 생활 주임에게 머리가[를] 깎였다 Je me suis fait raser la tête par le professeur responsable de la vie scolaire. ⑤ ((돈이)) être réduit(*e*), baissé(*e*), diminué(*e*). ¶ 예산이[을] 깎였다 Le budget a été réduit. ¶ 최종 협상 때 값이 너무 많이 깎였다 Le prix a été beaucoup trop réduit lors des dernières négociations. ⑥ ((체면 따위가)) être déshonoré(*e*), se déshonorer; déconsidérer, déprécier; perdre la face, perdre [compromettre] *sa* réputation. ¶ 그 일로 저는 체면이 많이 깎였습니다 À cause de cette affaire, j'ai grandement perdu la face.

깐 의명 ① calcul *m*; estimation *f*; jugement *m*; avis *m*; ((집히는 생각)) souvenir *m*, mémoire *f*, conscience *f* de *qc*. ¶ 내 ~에는 한다고 했는데 일이 제대로 잘 되었는지 모르겠다 Pour ma part, j'ai fait de mon mieux [j'ai fait ce que je devais faire], mais je ne sais pas si c'est bien fait ou non. ¶ 제 ~에는 대학자나 된 줄 안다 Il se croit[se prend pour] un grand savant [grand chercheur, grand maître]. ② 모양 manière *f*, façon *f*. ¶ 그가 말하는 ~으로 봐서는 결심이 선듯 하다. D'après son ton, il semble bien déterminé.

깐깐하다 형 être obstiné(*e*), entêté(*e*), têtu(*e*), opiniâtre; ((까다롭다)) être exigeant(*e*), délicat(*e*), difficile; ((세심하다)) être méticuleux(*se*), minutieux(*se*) ¶ (성미가) 깐깐한 사람 une personne exigeante [difficile]. ¶ 저 감독관은 참 ~ Cet(Cette) inspecteur(trice) est très méticuleux(se) [exigeant(e)]. ¶ 깐깐하게 굴다[따지다] faire le(la) difficile.

◆**깐깐히** 부 méticuleusement, minutieusement, de manière pointilleuse, d'une façon scrupuleuse; avec exigence. ¶ 조목조목 깐깐히 따지다 examiner minutieusement article par article.

깐죽거리다 자 taquiner, asticoter, agacer, harceler, aguicher. ¶ 깐죽거리는 태도[처신, 말] une attitude [un comportement, une parole] agaçant(e). ¶ 깐죽거리며 약을 올린다 taquiner *qn*, irriter *qn* en le taquinant.

깔개 명 coussin *m*; dessous *m* ((de verre)).

깔기다 타 ☞ 갈기다

깔깔 부 ((onomatopée désignant la façon de rire gaiement)), ((rire)) à grand bruit, aux éclats. ¶ ~ 웃다 rire à gorge déployée, rire aux éclats, rire à ventre déboutonné, hurler de rire, partir d'un grand éclat de rire, partir d'un gros rire.

◆**_거리다[대다]** 자 s'esclaffer, rire bruyamment.

깔깔깔 부 ☞ 깔깔

깔깔하다 형 être rêche (au toucher), rude, râpeux(*se*), rugueux(*se*). ¶ 깔깔한 감촉을 주는 천 un tissu rêche. ¶ 혀가 ~ avoir la langue râpeuse [sèche].

깔끔하다 형 ① être pimpant(*e*), élégant(*e*); être propre; être minutieux(*se*), méticuleux(*se*), soigneux(*se*); être ordonné(*e*), rangé(*e*). ¶ 깔끔한 바느질 솜씨 une grande habileté [une grande dextérité] pour la couture. ¶ 옷차림이 ~ s'habiller avec un soin méticuleux [avec préciosité, avec recherche, avec affectation, avec raffinement]. ② ((성격이)) être droit(*e*), loy*al*(*ale*, *aux*), franc(*che*), sincère. ¶ 그 분은 성격이 ~ [깔끔한 성격이다] Il a un tempérament droit [loyal, franc, sincère]. ¶ 방을 깔끔하게 정리하다 bien ranger une chambre; ranger proprement[correctement] une chambre, ranger une chambre avec soin[soigneusement], mettre de l'ordre dans une chambre. ¶ 일을 깔끔하게 처리하다 régler une affaire avec soin [avec précision].

◆**깔끔히** 부 proprement, correctement, soigneusement, avec soin, minutieusement.

깔다 타 ① recouvrir; mettre. ¶ (바닥에) 자갈을 ~ recouvrir (le sol) de gravier. ¶ 도로에 아스팔트를 ~ recouvrir une route de bitume [d'asphalte], asphalter[bitumer] une route [une rue]. ② ((방석, 자리 따위를)) étendre ((un tapis sur le sol)), étaler. ¶ 마루에 돗자리를 ~ étendre une natte de paille sur le parquet [sur le sol planchéié]. ¶ 요를 ~ étendre un *yo* (coréen) [un futon, une natte] (sur le sol). ③ 위에 앉다 s'asseoir sur *qc*. ¶ 방석을 깔고 앉다 s'asseoir sur un coussin. ¶ 과일 상자를 깔고 앉다 s'asseoir sur un cageot de fruits. ④ ((생각을)) s'appuyer sur *qc*; reposer sur *qc*, s'installer sur *qc*; mettre *qc*. ¶ 그 작품은 강한 휴머니즘을 이면에 깔고 있다 À la base de cette œuvre il y a un grand humanisme / Cette œuvre repose à la base sur un grand humanisme. ¶ 배경 음악을 ~ mettre une musique de fond. ⑤ ((눈을)) baisser les yeux. ¶ 그 여자는 눈을 아래로 깔고 다소곳이 앉아 있었다 Elle était assise poliment avec les yeux baissés. ⑥ 억누르다 dominer *qn*. ¶ 그 분은 아랫사람을 깔고 앉으려 든다 Il veut dominer ses subordonnés. ⑦ ((돈, 물건을)) placer, investir (*son* argent). ¶ 좌판에 물건[상품]들을 깔아 놓다 disposer des objets [des marchandises] sur l'étal [sur un stand, sur un kiosque de vente]. ¶ 빚을 여러 군데 깔아 놓다 prêter de l'argent à plusieurs personnes. ⑧ ((프로그램을)) installer ¶ 컴퓨터에 한글 윈도우스 XP와 한글 워드 2007을 ~ installer Windows XP coréen et Word 2007 coréen sur *son* ordinateur.

깔딱거리다 자 avaler à petites gorgées; s'agiter, se secouer, s'ébrouer. ¶ 선풍기 바람에 종이가 자꾸 깔딱거린다 Le papier bouge avec le vent du ventilateur. ¶ 환자가 깔딱거리며 물을 마신다 Le patient boit de l'eau à petites gorgées.

깔딱이다 자타 haleter, s'essouffler. ¶ 숨을 ~ haleter, s'essouffler. ¶ 깔딱이는 숨소리 (bruit de) respiration haletante

깔딱하다 형 avoir les yeux creusés (de fatigue).

깔때기 명 entonnoir *m*.

깔리다 자 ① s'installer, s'étaler. ¶ 골목길에 새 보도블록이 깔렸다 On a recouvert la ruelle à neuf avec des dalles. ¶ 이 컴퓨터에는 엑셀 프로그램이 안 깔려 있다 Dans cet ordinateur, le logiciel Excel n'est pas installé. ② 산재하다 être étalé(*e*), répandu(*e*), éparpillé(*e*), dispersé(*e*), disséminé(*e*). ¶ 길거리에 낙엽이 깔려 있다 Des feuilles se trouvent éparpillées dans les rues. ¶ 방안에 종이가 지저분하게 깔려 있다 Dans la chambre, des morceaux de papier sont éparpillés en désordre. ¶ 마루에 돗자리가 깔려 있다 Sur le plancher en bois, une natte est étalée. ¶ 수많은 경찰이 길에 깔려 경비하고 있다 D'innombrables policiers sont dispersés pour surveiller les rues. ③ 짓눌리다 être enseveli(*e*); s'ensevelir, s'enterrer, s'enfouir, s'engloutir; s'écraser; être sous *qc*; être écrasé(*e*) sous *qc*. ¶ 아이가 짚더미에 깔려 다쳤다 L'enfant a été blessé quand il a été enseveli sous un tas de paille. ¶ 강아지가 차에 깔렸다 Un chiot a été écrasé par une voiture. ¶ 부인에게 깔려 사는 남편 un mari enjuponné [dominé] par sa femme. ④ ((돈이)) être prêté(*e*), investi(*e*). ¶ 사방에 그 사람 돈이 깔려 있다 Il a investi de l'argent un peu partout. ⑤ 퍼지다 se répandre, s'étaler. ¶ 어둠이 깔리기 시작한다 Les ténèbres commencent à se répandre. ¶ 그의 억양에는 감정의 색깔이 깔려 있었다 On pouvait remarquer la nature de son sentiment dans la tonalité de ses paroles. ¶ 소문이 쫙 깔렸다 Les rumeurs se sont répandues partout.

깔보다 타 déprécier, mésestimer, regarder de haut;

faire peu de cas de *qn*; manquer d'égards envers *qn*; traiter dédaigneusement. ¶ 사람을 깔보는 버릇 habitude de mépriser [sous-estimer] les gens. ¶ 남의 능력을 ~ sous-estimer les capacités d'autrui. ¶ 사람들은 그들을 어린애라고 깔보았다 On les méprisait parce qu'ils étaient des enfants. ¶ 사람을 깔보지 마라 Ne sous-estime pas les gens / Ne me sous-estime pas. ¶ 가진 것 없다고 깔보지 마라 Ne me méprise pas sous prétexte que je suis pauvre.

깔아뭉개다 타 ① écraser, accabler. ¶ 커다란 트럭이 우리 집 개를 깔아뭉갰다 Un gros camion a écrasé notre chien. ② ((의견, 일을)) méjuger, méconnaître, déprécier, dépriser, sous-estimer, mésestimer. ¶ 남의 의견을 ~ sous-estimer [ne faire aucun cas de, ne pas tenir compte de] l'opinion des autres.

깔짝거리다 타 grignoter, chipoter, pignocher, picorer, manger du bout des lèvres [du bout des dents, sans appétit, très peu]. ¶ 밥을 ~ manger du bout des dents [du bout des lèvres, sans appétit, très peu, comme un oiseau], grignoter, pignocher, picorer.

깔쭉이 명 【속어】 pièce *f* de monnaie dentelée.

깔판 명 natte *f*, paillasson *m*, dessous *m* de plat, rond *m* de table. ¶ 무엇에 ~을 깔다 mettre un dessous de plat sous *qc*.

깜깜 명 obscurité *f*, ignorance *f*. ◇_**이다** n'avoir aucune ((nouvelle)). ¶ 소식이 ~이다 n'avoir [ne recevoir] aucune nouvelle de *qn*.

◆_**무소식** -無消息 명 pas [point] de nouvelles. ¶ 그는 한번 가더니 지금껏 ~무소식이다 Depuis son départ, on n'est sans la moindre nouvelle [sans le moindre signe de vie].

◆_**부지** -不知 명 ignorance *f* complète, ((être dans)) le noir *m* le plus complet. ¶ 모두들 알고 있었는데 나만 ~부지였군 Il n'y avait que moi qui l'ignorais / J'étais le seul à l'ignorer complètement [à ne pas du tout être au courant].

◆_**절벽** -絶壁 명 ① obscurité *f* complète, le noir *m* complet. ¶ 사방이 ~절벽이다 On ne voit rien du tout / Tout est plongé dans l'obscurité la plus totale. ② 극도로 무지한 상태 ignorance *f* totale. ¶ 그는 그 일에 대해서 ~이다 Il ne sait absolument rien sur cette histoire.

깜깜하다 형 ① être très sombre, obscur(*e*), noir(*e*); être tout(*e*) noir(*e*). ¶ 깜깜한 밤 une nuit noire [complète, d'encre]. ¶ 깜깜한 어둠 속에서 dans le noir, dans l'obscurité complète, dans les ténèbres. ¶ 굴속이 ~ Le tunnel est obscur / Il fait très sombre dans le tunnel. ¶ 우리는 깜깜해지기를 기다렸다 Nous attendions qu'il fasse noir. ② 모르다 être dans le noir le plus complet; tout ignorer de *qc*, ignorer complètement *qc*; ne rien comprendre à *qc*. ¶ 나는 그 일에 대해서는 ~ Concernant cette affaire, je suis dans le noir le plus complet / J'ignore tout de cette affaire. ¶ 나는 한학에는 ~ J'ignore tout de la littérature chinoise classique. ¶ 나는 그 사실을 깜깜하게 모르고 있었다 J'ignorais complètement ce fait. ☞ 캄캄하다

*(눈)앞이 ~☞ 캄캄하다

깜냥 명 ① capacités *fpl* (dont il fait montre). ¶ 나는 한국에서 하던 ~으로 이 일을 할 수 있을 것 같다 Je pense être en mesure de faire ce travail avec les capacités dont j'ai fait montre en Corée. ② 추측의 근거 fait *m* (servant de preuve). ¶ 그가 그렇게 자신하는 ~을 보면 정말 할 자신이 있나보지? Au vu de la confiance dont il fait montre, on dirait qu'il est vraiment prêt à le faire.

깜둥이 명 ① personne *f* ayant la peau toute noire. ¶ 그는 연탄을 조금 나르더니 금새 ~가 되었다 D'avoir charrié un peu de charbon, il est immédiatement devenu tout noir. ② 【비어】 흑인 nègre(*sse*) {*fam*}, négro *m* {*fam*}. ③ 살빛이 검은 사람 personne *f* dont la peau est particulièrement foncée.

깜박 부 ① en scintillant, en clignotant, en papillotant, en vacillant. ¶ 불이 ~ 꺼졌다 Soudain le feu s'est éteint. ② ((눈이)) en clignant, en cillant, en clignotant. ③ ((정신이)) sans s'en apercevoir, sans s'en rendre compte. ¶ 나는 ~ 잠이 들었다 Je me suis endormi sans m'en apercevoir.

◆_**하다** 재타 ① scintiller, clignoter, papilloter, vaciller. ② ((눈을)) cligner (des yeux), ciller, clignoter. ③ ((정신이)) ne pas avoir toutes *ses* idées; avoir des moments d'absence; ne pas avoir toute *sa* lucidité. ¶ 나는 너무 바빠서 그 사실을 ~했다 J'étais si occupé(*e*) que j'ai oublié cette histoire [ce problème].

◆_**거리다**[**대다**, **이다**] 재타 ① scintiller, clignoter, papilloter, vaciller; faire clignoter. ¶ 신호등이 ~거린다 Le feu clignote. ¶ 비상등을 ~ faire clignoter des feux de détresse. ¶ 비상등이 깜박인다 Les feux de détresse [Les warnings] clignotent [sont allumés]. ② ((눈을)) cligner, ciller, clignoter. ¶ 눈꺼풀을 ~거리다 cligner *ses* paupières. ¶ 눈을 ~여 보이다 faire signe à *qn* (de+*inf*).

깜박거리다 재타 ((lumière, œil, esprit)) ciller, cligner, clignoter, papilloter, vaciller, scintiller; cligner; ne pas avoir toutes *ses* idées; avoir des moments d'absence; ne pas avoir toute *sa* lucidité. ¶ 하늘에는 별이 깜박거린다 Les étoiles scintillent dans le ciel. ¶ 그 사람이 나보고 아무 말 하지 말라고 눈을 깜박거린다 Il m'a fait un clin d'œil pour que je ne dise pas un mot. ¶ 동생이 눈을 깜박거리며 나를 바라본다 Mon petit frère [Ma petite sœur] me regarde en clignant des yeux.

깜박이 명 clignotant *m*. ¶ ~를 켜다 mettre [allumer] *son* clignotant.

깜빡 부 ☞ 깜박

깜빡거리다 재타 ☞ 깜박거리다

깜작거리다 타 ☞ 깜박거리다

깜짝¹ 부 avec un tressaillement [tressautement]. ¶ ~ 놀라다 tressaillir [tressauter, sursauter] de surprise [de peur].

ㄱ

*~이야! Tu m'as fait (très, rudement drôlement {*fam*}) peur!

◆_하다 자 tressaillir [tressauter, sursauter] de surprise [de peur]. ¶ ~하고 놀라다 tressaillir [tressauter, sursauter] de surprise [de peur].

◆_ _ 부 avec un tressaillement [tressautement]. ¶ ~~ 놀라다 tressaillir [tressauter, sursauter] de surprise [de peur].

깜짝[2] 부 avec des clignements [clignotements] d'yeux, avec des battements de paupières. ¶ 눈을 ~ 감았다가 뜨다 cligner des yeux, battre des paupières.

◆_거리다[대다] 타 cligner de l'œil, cligner [clignoter] ((des yeux)). ¶ 긴장해서 두 눈을 ~거리다 cligner des yeux parce qu'on est tendu [anxieux].

◆_ _ 부 avec des clignements [clignotements] d'yeux. ¶ 눈을 연신 ~~하다 cligner sans cesse [constamment] des yeux, cligner [clignoter] des yeux sans arrêt.

깜쪽같이 부 ☞ 감쪽같이

깜찍하다 형 ① être très petit(*e*), mignon(*ne*), trognon {*fam*}, chou. ¶ 깜찍한 모자 un petit chapeau mignon. ¶ 저 아이 깜찍하게도 생겼네! Comme il est mignon [trognon {*fam*}, chou {*fam*}], cet enfant! / Il est à croquer cet enfant! ② être trop adroit(*e*) [habile, fin(*e*), rusé(*e*), ingénieux(*se*), malin(*gne*)] pour *son* âge; être extrêmement précoce. ¶ 깜찍한 놈이다 C'est un astucieux [un malin, un fin renard, un filou {*fam*}, un enfant espiègle] / Ah le filou! / Petit polisson [coquin, chenapan, galopin, garnement]! / Petite canaille [fripouille, crapule]! / Affreux jojo! {*fam*}. ¶ 어린 것이 참 깜찍한 소리를 한다 Ce petit vient de dire une parole très sage. ¶ 그 계집애 참 ~ Cette fillette est bien maligne. ¶ 깜찍하게 속이다 tromper *qn* avec habileté.

깝죽거리다 자 se conduire [se comporter, se secouer, agir] à la légère [inconsidérément, imprudemment, sans réflexion]. ¶ 공부하는데 동생이 자꾸만 옆에서 깝죽거린다 Pendant que j'étudie, mon petit frère[ma petite sœur] s'agite à côté de moi.

깡[1] 명 ☞ 깡다구

깡[2] 명 ☞ 깡통

깡그리 부 entièrement, complètement; sans exception; jusqu'au bout; ((tout manger)) jusqu'à la dernière miette; ((réduire)) en miettes, en bouillie, en poudre. ¶ ~ 먹어치우다[부수다] tout manger jusqu'à la dernière miette, ne rien laisser dans l'assiette [réduire ((un objet)) en miettes, pulvériser].

깡다구 명 【속어】 audace *f*; culot *m* {*fam*}, toupet *m* {*fam*}. ¶ ~가 세다[대단하다, 보통이 아니다] avoir du culot {*fam*} [du toupet {*fam*}, du cran {*fam*}, de l'estomac {*fam*}, de l'audace, un sacré culot {*fam*}]; ne pas manquer d'audace [d'aplomb, d'air {*fam*}, de toupet {*fam*}, de culot {*fam*}]; être gonflé(*e*) {*fam*}, culotté(*e*) {*fam*}. ◇_(를) 부리다 avoir l'audace [le culot {*fam*}, le toupet {*fam*}] de+*inf*. ◇_(가) 있다 avoir du culot {*fam*} [du toupet {*fam*}, du cran {*fam*}, de l'estomac {*fam*}, de l'audace, un sacré culot {*fam*}]; être gonflé(*e*) {*fam*}, culotté(*e*) {*fam*} ◇_(가) 없다 être dégonflé(e) {*fam*}, apeuré(e), peureux(*se*), craintif(*ve*), timoré(*e*) poltron(*ne*), froussard(*e*) {*fam*}, trouillard(*e*) {*fam*}, pétochard(*e*), manquer de cran {*fam*}, ne pas avoir de couilles {*vulg*}, être une poule mouillée.

깡마르다 형 être extrêmement maigre, d'une maigreur squelettique, maigre comme un clou [comme un cent de clous, comme un coucou, comme un hareng saur], être sec comme un coup de trique [comme un cotret], être décharné(*e*), desséché(*e*), squelettique, étique, n'avoir que la peau et les os, on lui voit les côtes. ¶ 깡마른 얼굴[체격] un visage décharné [un corps décharné].

깡술 명 alcool *m* à sec que l'on boit sans amuse-gueule(*s*). ¶ ~을 마시다 boire à sec sans amuse-gueule(*s*).

깡충 부 à grands bonds. ¶ ~ 뛰다 bondir.

◆_거리다[대다] 자 bondir, s'élancer. ¶ ~거리며 뛰다 courir en bondissant.

◆_ _ 부 à grands bonds.

깡통 명 ① boîte *f* métallique [de fer blanc], boîte *f* de conserve; ((음료수 캔)) canette *f*. ¶ ~을 따다[열다] ouvrir une boîte de conserve. ¶ ~에 든 주스를 마시다 boire une canette de jus. ② 【속어】 personne *f* ignorante et sotte [nulle, sans mérite intellectuel]; balourd(*e*), lourdaud(*e*). ¶ 나는 컴퓨터에 완전히 ~이다 Je suis nul(*le*) en informatique / Moi et l'informatique [et les ordinateurs], ça fait deux.

*소식이 ~이다 ☞ 소식[2]

*~(을) 차다 être réduit(*e*) à la mendicité; se ruiner, faire faillite; devenir très pauvre, tomber bien bas, tout perdre.

◆_따개 명 ouvre-boîte(~-~*s*) *m*.

깡패 명 voyou *m*, chenapan *m*, arsouille *mf*, fripouille *f* {*fam*}, gouape *f* {*fam*}, loubard *m* {*fam*}. ¶ 으슥한 골목길에서 ~를 만나다 tomber sur un voyou dans une ruelle déserte.

◆_두목 -頭目 명 chef *m* de gang, caïd *m*.

◆정치_ 政治 명 hooligan *m* politique.

깨 명 sésame *m*. ¶ ~를 빻다 moudre des graines de sésame. ¶ ~에서[로] 참기름을 짜다 tirer [extraire] de l'huile des graines de sésame.

*~가 쏟아지다 vivre avec beaucoup de bonheur les premiers instants du mariage; vivre avec un grand bonheur les premiers instants de *son* union, jouir (du bonheur) des premiers temps du mariage, être enivré(*e*) du bonheur des [être au comble du bonheur les] premiers temps du mariage.

◆_강정 명 *gangjeong* *m* au sésame.

◆_소묵 명 gelée *f* aux graines de sésame.
◆_소금 명 sésame *m* grillé moulu avec un peu de sel.
*~소금 맛이다 être très satisfait(*e*) ((d'avoir pu se venger)), trouver une certaine satisfaction (à la vue des sottises de *qn*); c'est bien fait! / (C'est) bien fait pour lui(elle) [pour sa poire {*fam*}, pour sa gueule {*fam*}]! / Ça *lui*(*t'*, *leur*) apprendra! / Il ne l'a pas volé! ¶ 평소에 보기 싫던 녀석이 아프다니 ~소금 맛이다 Je suis bien content que ce type abominable soit (tombé) malade.
◆_알 명 graine *f* de sésame; quelque chose de très petit. ¶ ~알 같은 글씨 écriture très fine, pattes de mouches.
◆들_ 명 sésame *m* sauvage.
◆참_ 명 sésame *m*.
깨끗하다 형 ① être propre, net(*te*), pur(*e*); ((ciel)) être clair(*e*), sans nuages. ¶ 깨끗한 공기 de l'air pur. ¶ 깨끗한 물 de l'eau pure [claire]. ¶ 깨끗한 하늘 un ciel clair [sans nuages, dégagé]. ¶ 깨끗한 눈동자 des yeux clairs. ¶ 깨끗한 방 une chambre propre [bien arrangée, ordonnée]. ¶ 그 여자는 항상 옷차림이 ~ Elle porte toujours des vêtements propres. ¶ 방을 깨끗하게 치우다 ranger proprement une chambre. ② 순결하다 être chaste. ¶ 깨끗한 사랑 un amour chaste. ¶ 그 사람은 깨끗한 양심을 지닌 사람이다 C'est un homme de conscience. ¶ 그 여자는 사생활이 ~ Elle a une vie privée irréprochable. ③ 청렴하다 être intègre, honnête, probe, incorruptible. ¶ 깨끗한 승부를 하다 jouer franc jeu. ¶ 그 사람은 금전문제가 ~ Il est irréprochable sur les questions d'argent. ④ 완벽하다 ((victoire)) être beau(*bel*, *belle*, *beaux*), éclatant(*e*). ¶ 깨끗한 승리를 거두다 remporter une belle [écrasante, éclatante] victoire. ¶ 깨끗하게 손을 떼다 quitter totalement une affaire. ¶ 무엇을 깨끗하게 잊다 oublier complètement [totalement, définitivement] *qc*, tourner définitivement la page sur *qc*. ⑤ 개운하다 ne pas avoir d'arrière-goût. ¶ 뒷맛이 깨끗한 국 une soupe qui ne laisse pas d'arrière-goût. ¶ 이 술은 뒤끝이 ~ Cet alcool n'a pas d'arrière-goût.
◆깨끗이 부 proprement, bien; à fond. ¶ 몸을 깨끗이 씻다 bien se laver, se laver soigneusement, se laver à fond, se laver méticuleusement. ¶ 집안을 깨끗이 청소하다 bien faire le ménage, faire le ménage à fond. ¶ 과거를 깨끗이 잊다 tourner définitivement la page sur le passé, oublier complètement le passé, faire une croix sur le passé.
깨끼 명 *kkaekki m* <vêtement traditionnel féminin en soie très fine doublée avec soin pour l'été>.
◆_옷 명 *kkaekki m*.
◆_저고리 명 veste *f* de *kkaekki*.
깨나 조 une somme considérable; un certain degré; un(*e*) certain(*e*); un peu de *qc*. ¶ 힘~ 쓰는 사람 homme costaud; celui qui a du pouvoir. ¶ 나이~ 먹은 사람 un homme d'un tel [de cet] âge. ¶ 돈~ 번다고 으스대지 마라 Ne sois pas si fier d'avoir un peu de richesse.
깨나다 자 ☞ 깨어나다
깨다[1] 자타 ① se réveiller ((d'un sommeil)). ¶ 잠이[에서] 깨자 ... à *son* réveil ... ¶ 나는 시끄러워서 잠이 깼다 Des bruits m'ont réveillé / Je me suis réveillé à cause du tumulte. ② ((술, 의식이)) se détromper, se désabuser ¶ 술이 ~ se dessoûler, se dégriser, se désenivrer ¶ 그 남자는 의식이 깬 사람이다 C'est quelqu'un qui a un esprit éveillé / C'est un homme de bon sens / C'est un homme moderne. ③ ((감정, 몽상에서)) revenir de ((*ses* illusions)). ¶ 흥분에서 깨어나고 보니 ... l'enthousiasme passé ... ¶ 미몽에서 ~ revenir de *ses* illusions; se détromper, se désillusionner. ¶ 꿈에서[을] ~ se réveiller; ((비유적)) revenir à la réalité, revenir sur terre. ¶ 허황된 생각 그만하고 꿈에서 깨라! Ne te fais plus d'idées folles, et réveille-toi.
*자나 깨나 nuit et jour; sans cesse.
깨다[2] 타 ① casser ((une assiette)); briser ((une vitre)); détériorer, détraquer, dérégler, ébrécher, éclater, fracturer. ¶ 얼음을 ~ briser la glace. ¶ 그릇을 ~ casser [ébrécher] un bol. ¶ 돌을 깨서 가루를 만들었다 On a cassé des pierres pour les réduire en poussière. ② ((일, 약속을)) faire échouer ((un plan)); rompre ((un marché)). ¶ 약속을 ~ casser [rompre] une promesse, manquer un rendez-vous, ne pas venir à un rendez-vous; manquer à *sa* promesse, manquer à *sa* parole; violer *sa* promesse, ne pas tenir *sa* promesse. ¶ 맹세를 ~ rompre [ne pas tenir] *ses* engagements; violer un serment. ¶ 그 사람이 이번 흥정을 깼다 Il a rompu les dernières négociations. ③ ((한계, 기록을)) battre ((un record)). ¶ 세계 기록을 ~ battre un record du monde. ¶ 불신의 벽을 ~ briser le mur de la méfiance. ¶ 서먹하던 두 사람 사이의 벽을 ~ briser le mur [l'inimitié] entre deux personnes qui ne s'entendent pas bien. ④ ((상태를)) rompre ((le silence)), se réveiller ((d'une illusion)). ¶ 가정의 평화를 ~ troubler la paix d'un ménage, briser la paix familiale. ¶ 침묵을 ~ rompre le silence. ¶ 환상을 ~ se réveiller d'une illusion. ¶ 전통을 ~ rompre avec la tradition. ¶ 비명 소리가 밤의 정적을 깼다 Un cri strident [aigu] a fendu le silence de la nuit. ¶ 엉뚱한 농담 한 마디가 화기애애하던 분위기를 깼다 Une seule plaisanterie déplacée a gâché la bonne ambiance. ⑤ ((누구를)) battre ((un adversaire)). ¶ 우리 축구팀이 이번 경기에서 상대방 팀을 시원하게 깼다 Notre équipe de football a battu à plates coutures l'adversaire [a écrasé {*fam*} l'adversaire] lors de ce tournoi. ⑥ ((무릎, 머리를)) (*se*) briser ((la tête, le genou)).
*산통(을) ~ ☞ 산통[1]
깨다[3] 자 éclore. ¶ 알에서 깬 병아리 un poussin sorti de l'œuf.

ㄱ

깨닫다 타 ① comprendre, percer ((le mystère d'une voie philosophique ou religieuse)). ¶ 도를 ~ atteindre la voie, arriver à la perfection (spirituelle); ((불교)) parvenir à l'illumination. ¶ 진리를 ~ trouver [comprendre] la vérité. ¶ 자연의 이치를 ~ comprendre la vérité de la nature. ② 자각하다 comprendre *qc*; s'apercevoir de *qc*; réaliser *qc*. ¶ 진실을 ~ comprendre la vérité. ¶ 자기 잘못을 ~ s'apercevoir de *sa* faute. ¶ 그 사람은 죽음이 다가온 것을 깨달았다 Il a senti qu'il allait mourir. ¶ 문득 (나는) 뒤에서 누군가가 따라오는 것을 깨달았다 Soudain je me suis aperçu [j'ai réalisé] que quelqu'un me suivait.

깨달음 명 illumination *f*, révélation *f*, éveil *m*. ¶ ~의 경지에 이르다 atteindre l'illumination, parvenir au stade de l'éveil [à l'éveil]. ◇_(을) **얻다[이루다]** avoir une illumination; obtenir l'éveil.

깨뜨리다 타 ① ((물건을)) casser ((une assiette)); briser ((une vitre)); détériorer, détraquer, dérégler, ébrécher, éclater, fracturer. ② ((일, 약속을)) faire échouer ((un plan)); rompre ((un marché)). ¶ 약속을 ~ casser [rompre] une promesse, manquer un rendez-vous, ne pas venir à un rendez-vous; manquer à *sa* promesse, manquer à *sa* parole; violer *sa* promesse, ne pas tenir *sa* promesse. ¶ 맹세를 ~ violer [rompre, trahir] un serment; se parjurer. ¶ 계명을 ~ violer un commandement. ③ ((한계, 기록을)) battre ((un record)). ¶ 금기를 ~ briser un tabou. ④ ((상태를)) rompre ((le silence)). ¶ 가정의 평화를 ~ troubler la paix d'un ménage, briser la paix familiale.

깨물다 타 croquer, mordre; manger. ¶ 사탕을 ~ croquer des bonbons. ¶ 손가락[입술]을 ~ se mordre le doigt [la lèvre]. ¶ 이 알약은 깨물어 먹어라 Prends ce comprimé à croquer / Croque ce comprimé (avant de l'avaler).

깨부수다 타 démolir, détruire, bousiller {*fam*}. ☞ 깨다[2]

깨어나다 자 ① revenir à la vie, ressusciter, se réveiller, se reprendre, se ramasser, se ranimer, se ressaisir, se recouvrer, revenir à *soi*, reprendre *ses* esprits, reprendre conscience. ¶ 아이가 잠에서 깨어났다 Le bébé s'est réveillé. ¶ 꿈에서 ~ se réveiller d'un rêve. ¶ 환자가 아직 의식이 안 깨어났다 Le patient n'a pas encore repris ses esprits. ¶ 미몽에서 ~ sortir du coma. ¶ 마취 상태에서 ~ se réveiller après une anesthésie. ¶ 봄이 되자 개구리들이 긴 잠에서 깨어났다 Quand le printemps est arrivé, les grenouilles se sont réveillées de leur long sommeil (hivernal). ② ((술 따위에서)) se réveiller; se détromper; revenir de *ses* illusions. ¶ 술에서 ~ se dessoûler, se dégriser, se désenivrer. ③ 자각되다 se réveiller; prendre conscience de *qc*, se rendre compte de *qc*, réaliser *qc*. ¶ 시민 의식이 깨어나기 시작한다 La conscience du citoyen commence à renaître. ¶ 사람들의 환경 의식이 깨어나고 있다 La conscience de l'environnement a commencé à s'éveiller chez les gens. ④ 본색을 되찾다 reprendre *sa* couleur, reprendre des couleurs; retrouver *sa* vraie nature. ¶ 이제야 네 혈색이 깨어났구나 Enfin maintenant, tu as retrouvé ta mine [repris des couleurs]. ⑤ ((무지에서)) se réveiller de *qc*. ¶ 무지와 미신에서 ~ sortir de l'ignorance et de la superstition ¶ 네가 이제야 환상에서 깨어나는구나! Tu as enfin perdu tes illusions!

깨어지다 자 ☞ 깨지다

깨우다 타 réveiller *qn*. ¶ 내일 아침 6시에 나를 깨워 주시오 Réveillez-moi demain matin à six heures. ¶ 아빠는 나를 잠을 깨웠다 Papa m'a réveillé / Papa a dérangé mon sommeil. ¶ 자는 아이를 왜 깨우느냐? Pourquoi tu réveilles l'enfant qui dort?

깨우치다 타 ① saisir, réaliser, comprendre, s'apercevoir, se rendre compte de *qc*. ② 자각하다 se rendre compte de *qc*, prendre conscience de *qc*. ¶ 잘못을 ~ se rendre compte de *son* erreur. ¶ 누구의 잘못을 깨우쳐 주다 faire comprendre *son* erreur à *qn*; convaincre *qn* de ses erreurs.

깨작거리다 자타 manger sans appétit [par petits morceaux, du bout des lèvres, du bout des dents], manger très peu [comme un oiseau], picorer, grignoter, pignocher {*vx*}, chipoter. ¶ 음식을 ~ manger du bout des lèvres [du bout des dents], picorer.

깨작깨작 부 du bout des dents, sans appétit. ¶ ~ 먹다 manger du bout des dents [sans appétit, par petits morceaux], manger très peu, picorer, pignocher {*vx*}, chipoter.

깨지다 자 ① (*se*) casser, disloquer, éclater; se fracturer, se briser, se détruire, se fracasser. ¶ 돌이 날아와 유리창이 깨졌다 La fenêtre a été cassée [fracassée] par une pierre. ¶ 발밑의 얼음이 깨졌다 La glace sous mes pieds s'est fracturée. ¶ 머리가 깨지듯 아프다 avoir très mal à la tête, avoir un mal de crâne {*fam*} terrible. ② ((일, 사업, 계획이)) échouer, avorter. ③ ((흥 따위가)) ne plus y avoir ((d'intérêt)); ((l'ambiance)) être cassé(*e*), gâché(*e*). ¶ 그러면 흥이 깨진다 Si on fait comme ça, il n'y a plus d'intérêt [l'intérêt est très amoindri, ce n'est plus intéressant, c'est beaucoup moins intéressant]. ¶ 파티 막판에 그 사람의 돌출 발언으로 흥이 다 깨졌다 À la fin de la soirée, ses propos [ses paroles, ses remarques] ont cassé [gâché] l'ambiance. ④ ((관계가)) se rompre. ¶ 두 나라 간의 밀월 관계가 깨졌다 La lune de miel entre les deux pays a été rompue [s'est interrompue]. ⑤ ((꿈, 희망 따위가)) se briser, s'anéantir, disparaître; revenir de ((*ses* illusions)). ¶ 판단 착오로 인해 모든 꿈이 깨졌다 À cause d'une erreur de jugement, tous *nos* rêves se sont brisés. ⑥ 【속어】 패배하다, 야단맞다 être battu(*e*), se faire battre, massacré(*e*) {*fam*}; ((얻어맞다)) être battu(*e*) comme plâtre, se faire rouer de coups [tabasser {*fam*}], se faire battre violemment [sévèrement], se faire rosser {*fam*}, être rossé(*e*) {*fam*}; recevoir une rossée {*fam*}, être roué(*e*) de coups, être passé(*e*) à tabac {*fam*}, être tabassé(*e*) {*fam*}; ⦅야단맞다⦆ se faire gronder [réprimander, sermonner, engueuler {*fam*}, enguirlander {*fam*}, remonter les bretelles {*fam*}, sonner les cloches {*fam*}, passer un savon] par *qn*, recevoir un savon {*fam*}. ¶ 우리 팀이 3대 1로 깨졌다 Notre équipe a été battue trois à un. ¶ 깡패들에게 된통 ~ se faire rosser {*fam*} [être sévèrement battu(*e*), être passé(*e*) à tabac {*fam*}, se faire tabasser {*fam*}] par des voyous. ¶ 몰래 담배를 피우다 선생님한테 엄청 깨졌지 M'étant fait surprendre en train de fumer en cachette par un professeur, j'ai reçu un sacré savon [le prof m'a passé un sacré savon, je me suis fait passer un sacré savon, je me suis fait remonter les bretelles] {*fam*}.

*산통이 ~ ☞ 산통[1]

깨치다 타 comprendre *qc*, saisir *qc*; acquérir une connaissance profonde de *qc*; acquérir la maîtrise de *qc*. ¶ 한글을 ~ apprendre à lire le *hangeul*. ¶ 불교의 교리를 깨치다 maîtriser parfaitement la doctrine bouddhique. ¶ 그 사람은 깨친 사람이다 C'est un homme qui a des connaissances.

깨트리다 타 ☞ 깨뜨리다

깻묵 명 gelée *f* de sésame.

깽깽 부 ⦅onomatopée désignant le gémissement ou le glapissement d'un chien⦆. ¶ 개가 ~ 운다 Le chien gémit.

◆_거리다[대다] 자 ⦅chien⦆ gémir, glapir.

깽깽이 명 【속어】 ⦅terme familier servant à désigner⦆ un violon *m* ou un *haegeum m*. ¶ ~를 켜다 gémir [pleurer] comme un violon; couiner, piailler, pleurnicher, chouiner {*fam*}, chigner {*fam*}, geindre {*fam*}; dire *qc* [se plaindre] en pleurnichant, pousser des gémissements.

깽판 명 action [fait] de ficher {*fam*} [de flanquer {*fam*}, de foutre {*vulg*}] en l'air. ◇_(을) 놓다[부리다, 치다] ficher {*fam*} [flanquer {*fam*}, foutre {*vulg*}] en l'air ⦅le travail de *qn*, une affaire⦆, faire rater [louper {*fam*}, foirer {*vulg*}, merder {*vulg*}] une affaire.

꺼꾸러지다 자 ☞ 거꾸러지다

꺼꾸로 부 ☞ 거꾸로

꺼내다 타 ① débiter, dégager, déloger, enlever extraire, ôter, sortir, ¶ 호주머니에서 담배를 ~ sortir des cigarettes de *sa* poche. ¶ 서랍에서 사진 한 장을 ~ sortir une photographie du tiroir. ¶ 상처에서 탄환을 ~ extraire une balle de la blessure. ¶ 은행에서 예금을 ~ débiter une somme de *son* compte bancaire. ② aborder, évoquer, parler de *qc*. ¶ 그 친구를 만나면 이 이야기를 꺼내 보겠다 Quand je le rencontrerai, j'aborderai [je lui parlerai de] cette question. ¶ 생각도 없이 내가 말을 꺼냈겠냐? Penses-tu que j'aborde ce sujet sans réfléchir? ¶ 말을 꺼내기가 무섭게 그 사람이 화를 냈다 Aussitôt que l'on évoqua [aborda] ce sujet, il se mit en colère.

꺼리낌 명 ☞ 거리낌

꺼리다 타 craindre de+*inf*/que+*subj*, faire attention à *qc*; éviter *qc*/de+*inf*, être peu disposé(*e*) [empressé(*e*)] à+*inf*; être sur la défensive ⦅au sujet de *qc*⦆. ¶ 사람을[남의 눈을] ~ éviter de rencontrer les gens, éviter [fuir] les gens, se tenir loin des gens. ¶ 사진 찍기를 ~ ne pas aimer être pris(*e*) en photo.

자 avoir *qc* [un poids, une faute] sur la conscience, ne pas avoir la conscience [l'esprit] tranquille [en paix], avoir mauvaise conscience, avoir *qc* à se reprocher, avoir des repentirs; ⦅remords⦆ peser sur la conscience. ¶ 그는 양심에 꺼리는 일이 많다 Beaucoup de choses lui donnent mauvaise conscience [lui pèsent sur la conscience]. ¶ 그 일로 꺼려 할 것은 없다 Il n'y a pas de quoi avoir mauvaise conscience / Inutile de s'inquiéter pour ça.

꺼림칙하다 형 ① se sentir mal à l'aise, se sentir gêné(*e*); avoir *qc* [un poids, une faute] sur la conscience, ne pas avoir la conscience [l'esprit] tranquille [en paix], avoir *qc* à se reprocher, avoir des repentirs, s'inquiéter de *qc*; ⦅사물이⦆ peser à *qn* (sur la conscience). ¶ 꺼림칙한 생각[느낌]이 들다 ⦅누가⦆ avoir un sentiment d'inquiétude, se sentir mal à l'aise, se sentir gêné(*e*); avoir *qc* [un poids, une faute] sur la conscience, ne pas avoir la conscience [l'esprit] tranquille [en paix], avoir *qc* à se reprocher, avoir des repentirs, s'inquiéter de *qc*; ⦅사물이⦆ peser à *qn* (sur la conscience). ¶ 그 일을 생각하니 웬지 ~ Je n'ai pas la conscience [l'esprit] tranquille lorsque je pense à cette affaire / Cette affaire me pèse [me préoccupe, me travaille, me turlupine]. ¶ 아이들만 집에 두고 온 것이 좀 ~ Je m'inquiète pour les enfants que j'ai laissés seuls à la maison. ② ⦅무엇이⦆ être douteux(*se*), suspect(*e*); être gênant(*e*); éveiller la méfiance. ¶ 그 사람의 태도는 무언가 꺼림칙한 구석이 있다 Son attitude a de quoi nous faire douter. ¶ 이 고기는 먹기가 ~ Je me méfie de cette viande.

꺼멓다 형 être noir(*e*) comme du jais [de l'encre, du cirage, du charbon, de l'ébène], être très noir(*e*). ¶ 햇볕에 꺼멓게 타다 avoir le visage bruni par le soleil, avoir une peau [un teint] bistre à cause du soleil, avoir la peau [le teint, le visage] basané(*e*) [le visage tanné, la peau cuivrée] à cause du soleil, avoir le visage [le teint] hâlé. ¶ 하도 걱정이 되어서 속이 꺼멓게 탔다 Je suis mort(*e*) d'inquiétude. ¶ 어머니는 아이가 하도 속을 썩여 속이 꺼멓게 탔다 La mère est rongée de soucis par les problèmes que lui cause son enfant.

꺼벙이 명 【속어】 gros pataud *m*, empoté(*e*); gros(*se*) bêta(*sse*) {*fam*}, demeuré(*e*) {*fam*}, abruti(*e*) {*fam*}, idiot(*e*), crétin(*e*) (des Alpes) {fam}. ¶ 그런 ~가 있나? Quel(*le*) empoté(*e*)! / Ce qu'il(elle) peut être empoté(*e*) / Ce qu'il(elle) a l'air demeuré! / Quel(*le*) idiot(*e*) [abruti(*e*)]!

꺼벙하다 형 avoir l'air idiot, avoir l'air d'un abruti; avoir l'air pataud, avoir une allure pataude [embarrassée], être balourd(*e*), être lent(*e*) et lourd(*e*) dans *ses* mouvements, pataud(*e*), empoté(*e*), gourde. ¶ 꺼벙한 녀석 un idiot, un abruti {*fam*}, un gros bêta; un gros pataud, un gros balourd, un empoté. ¶ 꺼벙한 얼굴[태도] un air pataud [allure pataude].

꺼이꺼이 부 avec suffocation, avec des sanglots. ¶ ~ 울다 sangloter, être suffoqué(*e*) [étouffé(*e*)] par les larmes.

꺼지다[1] 자 ① s'éteindre. ¶ 불이 꺼진다 Le feu [La lumière] s'éteint. ¶ 불 꺼진 창 la fenêtre d'une chambre dont la lumière est éteinte; une fenêtre éteinte. ¶ 연탄불[화롯불, 촛불]이 꺼졌다 Le feu de briquettes de charbon [de brasero, de bougie] est éteint. ② ((거품 따위가)) crever, éclater; dégonfler. ¶ 거품이 꺼졌다 l'écume a disparu / Il n'y a plus de mousse. ③ ((노여움 따위가)) s'apaiser, se calmer. ¶ 분이 쉽게 꺼지지 않는다 La colère ne s'apaise pas facilement. ④ ((목숨이)) s'éteindre, mourir. ¶ 꺼져 가는 생명 une vie qui s'éteint. ⑤ 【속어】 눈앞에서 없어지다 disparaître de la vue de *qn* {*fam*}; foutre le camp {*fam*}, dégager (la piste) {*fam*}, se tirer {*fam*}, se barrer {*fam*}, débarrasser le plancher {*fam*}, riper {*fam*}, circuler {*fam*}. ¶ 내 눈앞에서 썩 꺼져! Allez, disparais de ma vue tout de suite! / Allez, ouste! hors de ma vue tout de suite! / Allez, dégage, tire-toi de là! / Allez, débarrasse-moi le plancher immédiatement [sur-le-champ, illico presto]! / Allez, ouste! prenez la porte [hors d'ici]! / Fous le camp d'ici! {*fam*} / Ripe de là!

꺼지다[2] 자 ① ((눈, 배가)) être vide, creux(*se*), enfoncé(*e*). ¶ 푹 꺼진 눈(자위) les yeux enfoncés (dans les orbites). ¶ 배가 ~ avoir de nouveau faim; avoir de nouveau l'estomac [le ventre] vide [creux], avoir un creux {*fam*}. ② ((얼음이)) se briser, se rompre. ¶ 얼음이 꺼져 물에 빠질 뻔하였다 J'ai failli me noyer, la glace s'est brisée sous mes pieds. ③ ((땅이)) (s')enfoncer (sous les pas); s'affaisser. ¶ 방바닥이 꺼진다 Le sol de la chambre (s')enfonce sous les pieds.

꺼칠하다 형 être rugueux(*se*), dur(*e*). ¶ 꺼칠한 피부 peau rugueuse. ¶ 잠을 제대로 못 자서 그의 얼굴이 ~ Du fait [à cause] du manque de sommeil, il a le visage tiré. ¶ 어머니의 손을 잡아보니 ~ Lorsque j'ai serré la main de ma mère, je me suis rendu compte qu'elle était toute rugueuse. ¶ 수염이 꺼칠하게 나다 avoir la barbe dure.

꺼풀 명 couche *f*, écorce *f*, couverture *f*. ¶ ~을 벗기다 éplucher ((une orange, une poire, une pomme, une pomme de terre)), peler ((un fruit, un oignon)), écosser ((des pois, des haricots)).

***눈에 ~이 씌우다** être aveuglé(*e*) par l'amour, perdre *son* sens critique à cause de l'amour ((l'amour rend aveugle)).

◆눈_ 명 paupière *f*. ¶ 눈~을 까뒤집다 mettre la paupière à l'envers, montrer l'envers de la paupière. ¶ 눈~이 처지다[무거워지다] avoir les paupières lourdes; ((병)) souffrir d'un ptosis [d'un abaissement permanent de la paupière supérieure].

◆속_ 명 écorce *f* interne; peau *f* intérieure; aubier *m*.

◆쌍_ 명 pli *m* sur la paupière. ¶ 눈에 쌍~이 졌다 avoir un pli sur la paupière.

분류 couche *f* de pelure. ¶ 양파 껍질을 한 ~ 벗기다 enlever une première couche de pelure d'un oignon.

꺽꺽 부 avec suffocation, avec des sanglots. ¶ ~ 울다 sangloter, être suffoqué(*e*) [étouffé(*e*)] par les larmes.

꺽다리 명 【속어】 (grande) perche *f* {*fam*}, (grand) échalas *m*.

꺾꽂이 명 bouture *f*. ◇_(를) **하다** bouturer ((une plante)).

꺾다 타 ① couper, casser, rompre, cueillir. ¶ 꽃을 ~ cueillir une fleur. ¶ 나뭇가지를 ~ casser une branche. ¶ 꽃을 꺾어 병에 꽂다 mettre dans un vase des fleurs coupées. ② ((팔, 다리, 허리를)) plier, tordre. ¶ 팔을 ~ plier le bras; ((격투기)) tordre le bras. ¶ 허리를 깊숙이 꺾어 인사를 드리다 saluer *qn* en s'inclinant profondément. ¶ 팔을 등 뒤로 ~ tordre le bras dans le dos. ③ ((방향을)) tourner. ¶ 자동차 핸들을 왼쪽으로 ~ braquer à gauche. ¶ 다음 네거리에서 오른쪽[왼쪽]으로 꺾으면 바로 공원이 보입니다 Tournez à droite [à gauche] au prochain carrefour et vous trouverez [verrez] tout de suite le parc. ④ ((기세를)) briser, abattre. ¶ 용기를 ~ décourager, démoraliser *qn*; abattre *qn*; briser le courage de *qn*, saper le moral de *qn* {*fam*}. ¶ 젊은 사람의 기를 ~ décourager les jeunes. ¶ 이제 그만 자네 고집을 꺾지 Arrête d'insister maintenant / N'insiste plus. ¶ 고집을 ~ briser l'obstination de *qn*. ¶ 우리는 그들을 준결승에서 3대 1로 꺾었다 Nous les avons battus trois à un en demi-finale.

***(술을) 한 잔 ~** boire un coup {*fam*} [un verre], prendre un verre. ¶ 어이, 한 잔 꺾고 가야지 Hé, on va prendre un verre ensemble? / Hé, on va boire un coup? {*fam*}.

꺾어지다 자 ① se rompre, se briser. ¶ 태풍에 나무가 꺾어졌다 Les arbres ont été brisés par le typhon. ¶ 나뭇가지가 꺾어졌다 Les branches ont cassé. ② 팔 따위가 se casser ((le bras)).

꺾이다 자 ① être cassé(*e*), rompu(*e*), brisé(*e*). ¶ 꺾인 나뭇가지 branches brisées. ② ((팔, 다리가)) être plié(*e*), tordu(*e*). ¶ 그는 한 남자에게 팔이 꺾였다 Un homme lui a tordu le bras. ③ ((기가, 사기가)) être découragé(*e*), démoralisé(*e*), abattu(*e*), démonté(*e*), avoir le moral brisé [atteint, entamé, à zéro], ne pas avoir le moral, avoir mauvais moral. ¶ 기가 ~ être démoralisé(*e*), démonté(*e*), découragé(*e*), abattu(*e*), avoir le moral brisé [atteint, entamé, à zéro]. ④ ((더위 따위가)) s'infléchir, régresser, chuter, diminuer. ¶ 더위가 한풀 꺾였다 La canicule est passée [a cédé, est terminée] / Nous sommes sortis de la canicule / Les grandes chaleurs sont passées [ont passé, ont régressé] / La grosse chaleur a [Les grosses chaleurs ont] cédé / La chaleur est bien diminuée [La température a beaucoup chuté / Il fait beaucoup moins chaud à présent / La chaleur s'est beaucoup infléchie] ((par rapport au mois dernier)).

껄껄 부 ((onomatopée désignant la façon de rire gaiement)), ((rire)) à grand bruit, aux éclats. ¶ ~ 웃다 rire à gorge déployée, rire aux éclats, rire à ventre déboutonné, hurler de rire, partir d'un grand éclat de rire, partir d'un gros rire.

◆_거리다[대다] 자 rire aux éclats [à gorge déployée, à ventre déboutonné], partir d'un grand éclat de rire [d'un gros rire], s'esclaffer, rire bruyamment. ¶ ~대며 웃다 rire aux éclats [à gorge déployée].

껄끄럽다 형 ① être rugueux(*se*), rêche; être rude au toucher. ¶ 이 천은 촉감이 ~ Ce tissu n'est pas très lisse au toucher. ② 거북하다 être inconfortable; être gênant(*e*), embarrassant(*e*). ¶ 그 사람은 대하기가 ~ Je me sens mal à l'aise [Je ne suis pas à l'aise, Je ne me sens pas à mon aise] avec cette personne / Cette personne me met mal à l'aise. ¶ 껄끄럽게 굴다 agir désagréablement; gêner. ¶ 누구를[에게] 껄끄럽게 대하다 se montrer désagréable envers *qn*, se montrer peu aimable envers *qn*.

껄렁거리다 자 ☞ 껄렁껄렁

껄렁껄렁 부 avec une démarche chaloupée [décontractée], avec une démarche de casseur. ¶ ~ 돌아다니다 avoir une démarche chaloupée [décontractée, de casseur], rouler des mécaniques {*fam*}.

◆_하다 형 fanfaronner, plastronner, poser (pour la galerie), la ramener {*fam*}, faire l'important, se donner des airs, crâner {*fam*}, se la jouer [péter] {*fam*}, jouer les durs {*fam*}, rouler les mécaniques {*fam*}. ¶ 평소에도 ~한 녀석 un type [un individu] qui se donne toujours une allure de casseur [qui adopte en permanence une allure [un style] de casseur, qui joue en permanence les durs {*fam*}]. ¶ ~하게 행동하다 fanfaronner, plastronner, faire l'important, se donner des airs, se la jouer [péter] {*fam*}, jouer les durs {*fam*}, crâner {*fam*}.

◆_거리다[대다] fanfaronner, plastronner, poser (pour la galerie), la ramener {*fam*}, faire l'important, se donner des airs, crâner {*fam*}, se la jouer [péter] {*fam*}, jouer les durs {*fam*}, rouler les mécaniques {*fam*}.

껌 명 pâte *f* [gomme *f*] à mâcher, chewing-gum *m*. ¶ ~ 한 통[개] un paquet [une tablette] de chewing-gum. ¶ ~을 (딱딱 소리 내며) 씹다 mastiquer [mâcher] (bruyamment) du chewing-gum. ¶ ~을 뱉다[버리다, 질겅거리다] mâcher [mastiquer] un chewing-gum [cracher un chewing-gum, jeter un chewing-gum, mâchonner un chewing-gum]. ¶ 붙은 ~을 떼어내다 enlever un chewing-gum collé. ¶ 의자에 ~이 들러붙었다 Le chewing-gum est collé sur la chaise.

◆_값 명 somme *f* modique. ¶ 그 부자에게 백만 원은 ~값에 지나지 않는다 Pour cet homme riche, un million de wons n'est qu'une somme modique.

◆무설탕_ 명 chewing-gum *m* sans sucre.

◆박하_ 명 chewing-gum *m* à la menthe.

◆풍선_ 명 chewing-gum *m* ou bubble-gum *m* pour faire des bulles.

껌껌하다 형 être très sombre; être obscur(*e*), noir(*e*). ¶ 껌껌한 밤 une nuit noire [d'encre]. ¶ 방이 왜 이리 껌껌하니? Pourquoi fait-il si sombre dans la chambre?

껍데기 명 ① ((겉껍질)) écorce *f* ((de melon, de mangue, de citron, d'orange, de châtaigne)); ((콩 따위의)) cosse *f*, gousse *f* ((de haricot, de pois)); ((과일의)) peau(*x*) *f* ((de banane, d'orange)), ((과일, 야채의)) pelure *f* ((de banane, d'orange, d'oignon)), épluchures *fpl* ((de pommes de terre, d'oranges)); écale *f*, coque *f*, coquille *f* ((de noix)); tégument *m*, enveloppe *f* ((de la châtaigne)). ¶ 조개 ~ une coquille. ¶ 알곡 ~ l'écorce des céréales; le son. ¶ ~를 벗기다[까다] écaler, décortiquer ((le riz, l'orge)); peler ((un fruit)); éplucher ((des pommes de terre)). ¶ 이불 ~를 벗기다 enlever les draps. ¶ ~가 두껍다[얇다, 단단하다] avoir une écorce épaisse [fine, dure]. ② 외양 apparence *f*. ¶ ~만 그럴듯하지 실속은 형편없다 Une belle apparence cache un contenu très pauvre / Sous [Malgré] une apparence [présentation] flatteuse [Sous un masque respectable] le contenu est vide / ((사람)) [Seul son aspect physique est intéressant / En dehors de son aspect physique, il n'a rien de positif / Il est beau, mais ça s'arrête là {*fam*}]. ¶ 그 사람 말은 순 ~뿐이다 Ce qu'il dit, ce n'est que de la pure rhétorique. ③ ((사람)) marionnette *f*. ¶ 그 사람은 실세가 아니라 ~일 뿐이야 Il n'est qu'une marionnette. ④ 【화투】 cartes *fpl* sans valeur ((au *hwatu*)). ¶ 패라고는 ~뿐이군 Je n'ai que des cartes sans valeur dans mon jeu / J'ai un très mauvais jeu / J'ai un jeu exécrable [de merde {*vulg*}].

껍질 명 écorce *f* ((de melon, de mangue, de citron, d'orange, de châtaigne)); ((콩 따위의)) cosse *f*, gousse *f* ((de haricot, de pois)); ((과일의)) peau(*x*) *f* ((de banane, d'orange)), ((과일, 야채의)) pelure *f* ((de banane, d'orange, d'oignon)), épluchures *fpl* ((de pommes de terre, d'oranges)); écale *f*, coque *f*, coquille *f* ((de noix)); tégument *m*, enveloppe *f* ((de la châtaigne)). ¶ 밤 ~ l'écorce [l'enveloppe] d'une châtaigne. ¶ 빵 ~ une croûte de pain, la croûte. ¶ 사과 ~ la peau d'une pomme. ¶ 귤 ~ la peau [la pelure] d'une clémentine. ¶ 양파 ~ une pelure d'oignon. ¶ 포도 ~ la peau du raisin. ¶ 옥수수 ~ une feuille de maïs. ¶ ~을 벗기다[까다, 깎다, 깎아내다] éplucher ((une pomme de terre)); peler ((une pomme)); écosser ((des pois)); écorcer ((un arbre)); écorcher ((un lapin)), dépouiller, dépiauter {*fam*}. ¶ 이 열매는 두터운[얇은] ~로[에] 싸여 있다 Ce fruit est enveloppé d'une écorce épaisse [fine]. ¶ ~이 두껍다[꺼칠꺼칠하다, 단단하다, 미끌미끌하다, 부드럽다, 얄팍하다] avoir une écorce épaisse [rugueuse, dure, lisse, douce, mince]. ¶ ~이 벗어지다 se peler; se desquamer; perdre *sa* peau [*son* enveloppe].

◆**살_** 명 peau(*x*) *f*. ¶ 살~이 벗겨졌다 La peau est écorchée.

-껏 접미 ① autant que possible; de *son* mieux; de tout *son* pouvoir. ¶ 마음~ 울다 pleurer comme une Madeleine [comme un veau, comme une fontaine]. ¶ 양~ 먹다 manger à *sa* faim, manger à satiété, bien manger, se remplir l'estomac [le ventre, la panse], se caler l'estomac [les joues] {*fam*}, s'en mettre plein la panse [la lampe, la tirelire, le cornet, le gésier, le buffet] {*fam*}. ¶ 재주~ 하다 faire de *son* mieux, déployer tous *ses* talents, mettre tout *son* talent. ¶ 힘~ autant que possible; autant que l'on peut; de *son* mieux; dans la mesure de *ses* moyens; de toutes *ses* forces. ¶ 성의~ de tout cœur; cordialement, chaleureusement; de bon cœur. ② 까지 jusqu'à ((présent)). ¶ 너희들 지금~ 이것 밖에 못했니? Est-ce tout ce que vous avez fait jusqu'à présent? ¶ 대체 여태~ 어디에 있었소? Où (diable) étiez-vous jusqu'à présent?

껑충 부 à grands bonds. ¶ ~ 뛰다 bondir. ◇_**거리다[대다]** bondir, sautiller, sauter, faire des bonds. ¶ ~거리며 뛰다 courir en bondissant.

◆_ _ 부 à grands bonds.

-께[1] 조 à ((forme honorifique du particule dative (de complément d'objet indirect) '에게')). ¶ 부모님~ 드릴 꽃이에요 Ces fleurs sont pour mes parents. ¶ 할아버지~ 꾸중을 들었다 Je me suis fait sermonner par mon grand-père.

-께[2] 접미 vers; aux alentours de. ¶ 이 달 중순~ vers le milieu de ce mois. ¶ 그 사람은 동대문~(에) 산다 Il habite aux alentours de Dongdaemun (la grande Porte de l'Est).

께끄름하다 형 ① être soucieu*x*(*se*) de *qc*; être mal à l'aise; être tracassé(*e*) par *qc*. ¶ 그 문제로 마음이 언제나 ~ Ce problème me pèse toujours sur la conscience / Je me tracasse toujours pour [par rapport à] ce problème. ② ne pas avoir la conscience [l'esprit] tranquille [en paix], avoir *qc* [un poids, une faute] sur la conscience, avoir mauvaise conscience, avoir *qc* à se reprocher, avoir des repentirs, être pris(*e*) de remords, ((remords)) peser à *qn* sur l'esprit [sur la conscience]; tracasser [travailler, turlupiner] *qn*; porter sur les nerfs de *qn*. ¶ 뒷맛이 께끄름한 꿈 rêve qui laisse un goût déplaisant; rêve troublant. ¶ 뒷맛이 ~ laisser un goût déplaisant.

-께로 조 ((particule honorifique de direction)) vers; en direction de *qn* (à qui nous devons le respect). ¶ 할아버지~ 가자 Allons chez grand-père.

-께서 조 ((forme honorifique du particule du sujet -가/이)). ¶ 어머니~ 몸이 아프시다 Ma mère est malade. ¶ 선생님~ 훈계를 하신다 Le professeur nous fait la leçon [nous fait la morale, nous adresse des remontrances].

-께서는 조 ((forme honorifique du particule du thème ou du sujet -는/은)). ¶저의 할아버님~ 일찌기 세상을 떠나셨습니다. Mon grand-père est décédé tôt. ¶선생님~ 건강이 좋지 않으십니다. La santé de Monsieur le professeur n'est pas bonne.

-께선 조 ((forme contractée de 께서는))

-께오서 조 【고어】 ((forme archaïque du particule du sujet -가/이, exprimant la révérence)) ☞ 께서

-께옵서 조 【고어】 ((forme archaïque du particule du sujet -가/이, exprimant la révérence)). ☞ 께서

껴들다 자 ☞ 끼어들다

껴묻다 자 se mêler à, se glisser, se coller à. ¶ 그 물건이 다른 물건에 껴묻어 왔다 (Je n'avais pas l'intention d'emporter cet objet,) il s'est glissé dans [collé à] un autre.

껴안다 타 ① porter [serrer, étreindre] *qn* dans *ses* bras [sur *son* cœur]; embrasser *qn*. ¶ 누구를 와락 껴안다 étreindre *qn* de toutes *ses* forces [serrer *qn* très fort dans *ses* bras]. ¶ 서로 껴안고 울다 pleurer [sangloter] dans les bras l'un de l'autre. ② ((일을)) 떠맡다 se charger seul(*e*) de plusieurs choses; prendre seul(*e*) la responsabilité de *qc*. ¶ 그 사람은 우리 부서에서 이 일 저 일 껴안고 있는 매우 중요한 인물이다 Chargé de plusieurs tâches, il est l'homme le plus important de notre section.

껴입다 타 enfiler des vêtements les uns sur les autres, mettre plusieurs épaisseurs de vêtements. ¶ 옷을 잔뜩 ~ mettre plusieurs épaisseurs de vêtements. ¶ 속옷을 둘씩이나 껴입고 나서다 sortir avec deux épaisseurs de sous-vêtements.

꼬기작거리다 타 froisser [chiffonner, friper] à plusieurs reprises; faire des faux plis à *qc*, plisser. ¶ 종이를 ~ froisser du papier.

꼬깃꼬깃 부 tout(*e*) ((chiffonné(*e*), fripé(*e*))). ¶ 메모지를 ~ 구기다 chiffonner un papier recouvert de notes. ¶ 주머니에 ~ 간직한 지폐 한 장 un billet précieux froissé au fond de la poche.

◆_**하다** 형 être tout(*e*) chiffonné(*e*) [fripé(*e*)], transformé(*e*) en chiffon de papier. ¶ ~한 신문지 조각 un morceau de papier journal tout froissé.

꼬까 명 【아어】 nouvelle fringue *f* {*fam*}. ¶ ~를 입다 mettre [porter] des nouvelles fringues.

꼬까옷 명 【아어】 bel habit *m* [beau vêtement *m*] (multicolore) des enfants. ☞ 꼬까

꼬꼬 명 【아어】 poulet *m*; poule *f*; poulette *f*; ((병아리)) poussin *m*.
꼬꼬댁 부 ((onomatopée du cri d'une poule effrayée)) coquerico *m*, cocorico *m*.
꼬꾸라지다 자 ☞ 고꾸라지다
꼬끼오 감 coquerico *m*, cocorico *m*. ¶ 닭이 ~ (하고) 운다 Le coq chante [pousse des cocoricos].
꼬나보다 타 regarder de travers, toiser du regard. ¶ 누구를 ~ toiser *qn* du regard.
꼬냑 프{cognac} 명 ☞ 코냑
꼬느다 타 ① pointer, prendre *qc* (d'une seule main) par l'extrémité et le tenir droit, tenir droit [fermement], soulever avec force; être prêt(*e*) à tout, attendre de pied ferme. ¶ 무엇을 꼬나 쥐다 tenir droit *qc*. ¶ 담배를 꼬나 물다 avoir dans la bouche une cigarette que l'on tient fermement avec la main. ② 쳐다보다 fixement, droit dans les yeux. ¶ 누구를 꼬나 보다 regarder *qn* fixement [droit dans les yeux], fixer *qn* du regard.
꼬다 타 ① tordre, distordre, enrouler, entortiller, enrouler, contorsionner, tortiller, boudiner; croiser ((les jambes)). ¶ 몸을 ~ se distordre. ¶ 그 여자는 다리를 꼬고 앉았다 Elle s'est assise les jambes croisées. ¶ 왜 그렇게 온 몸을 비비 꼬냐? Pourquoi te contorsionnes-tu ainsi [remues-tu ainsi dans tous les sens]? / Pourquoi ne peux-tu pas tenir en place? ¶ 고양이가 몸을 꼬고 있다 Le chat se contorsionne [se recroqueville]. ② ((새끼줄을)) corder. ¶ 새끼(줄)를 ~ corder [cordeler] de la paille, tresser une corde avec de la paille, fabriquer une corde de paille. ③ ((끈을)) corder, tresser, natter, entrelacer. ¶ 줄을 ~ corder, tresser une corde. ¶ 펜치로 꼬아서 두 철사줄을 묶었다 À l'aide d'une pince, j'ai entrelacé deux fils de fer, et les ai noués. ④ ((말을)) faire des détours, tergiverser. ¶ 말을 ~ faire des détours en parlant; parler d'un ton ironique [cynique], lancer [envoyer] des traits ironiques. ¶ 그 녀석은 항상 말을 꼬아서 하는 버릇이 있다 Il a la mauvaise habitude de toujours faire des détours en parlant[de parler avec du sarcasme dans la voix]. ¶ 이야기를 그렇게 꼬지 말고 단도직입적으로 말하시오 Ne fais pas de détours ainsi[Ne tourne pas autour du pot], parle directement [va droit au cœur du sujet]. ⑤ 비꼬다 se moquer de *qn*. ¶ 많은 사람들이 내 경력을 꼬아서 말한다 Beaucoup de gens se moquent de ma carrière. ¶ 한 번 실수를 너무 꼬지 말아라 Ne te moque pas trop de moi pour une simple faute.
꼬드기다 타 ① inciter; exhorter, persuader, pousser *qn* ((à se révolter, à la révolte)); induire *qn* ((à mal faire)); séduire ((une femme)). ¶ 학교에 가지 말자고 친구를 꼬드겼다 J'ai persuadé un(*e*) ami(*e*) de ne pas aller à l'école. ② ((연줄을)) agiter [secouer] le fil d'un cerf-volant [pour le faire monter]. ¶ 연이 하늘 높이 오르도록, 연줄을 조금 꼬드겨 보아라 Agite un peu le fil du cerf-volant pour qu'il monte haut dans le ciel.
꼬들꼬들 부 ((riz)) dur et sec.
◆_**하다** 형 ((riz)) être dur et sec. ¶ 밥이 너무 ~하다 Le riz est trop dur.
꼬라지 명 ☞ 꼬락서니
꼬락서니 명 ((경멸적)) apparence *f*, mine *f*, gueule *f*, allure *f*, tournure *f*, aspect *m*, air *m*. ¶ 비참한[초라한] ~를 하다 avoir un air misérable [pauvre]. ¶ 네 ~가 영 말이 아니다 Tu as une sale {*fam*} mine [gueule {*vulg*}]! ¶ 쟤 하는 ~를 봐라 Regarde un peu comment il se comporte.
꼬르륵 감 ((onomatopée qui évoque un son [un bruit] de gargouillements intestinaux)). ¶ 뱃속에서 ~ (하고) 소리가 난다 j'ai le ventre qui gargouille / j'ai des gargouillements.
꼬리 명 ((짐승의)) queue *f*; ((치마의)) bas *m*, partie *f* inférieure; ((뒤끝)) queue *f*, bout *m*, derrière *m*; ((단서)) indice *m*. ¶ 돼지[원숭이] ~ la queue d'un cochon [d'un singe]. ¶ 혜성의 ~ la queue d'une comète. ¶ 개가 ~를 흔든다[친다] Le chien remue[frétille] de la queue. ¶ ~를 늘어뜨리다 baisser la queue; ((비유적)) avoir la queue basse. ¶ ~를 사리다 avoir la queue entre les pattes. ¶ ~가 긴[짧은] à longue [à courte] queue.
*~**가 빠지게 뛰다**[**도망가다**] prendre *ses* jambes à *son* cou; prendre la poudre d'escampette; courir ventre à terre[à toute vitesse, à toutes jambes]; détaler {*fam*}.
*~**(를) 치다** draguer [séduire] ((un homme)) {*fam*}; aguicher ((un homme)); faire du charme[plat, gringue] à ((un homme)) {*fam*}; essayer d'attirer l'attention des hommes; minauder, faire des coquetteries, chercher à séduire ((un homme)); allumer {*fam*}.
*~**가 길면 밟힌다** Il faut lier le sac avant qu'il soit plein / Celui qui commet trop d'exactions finit un jour ou l'autre par être démasqué(*e*).
*~**를 감추다**[**빼다**] ① s'esquiver, s'échapper, se retirer; filer à l'anglaise {*fam*}; brûler la politesse à *qn*; prendre la tangente, s'en aller furtivement [à la dérobée]; ((도망가다)) s'enfuir, se sauver, mettre les voiles; ((숨다)) se cacher, ne pas montrer le bout de *sa* queue, se planquer. ② reculer; flancher, caner {*fam*}, se dégonfler {*fam*}, se déballonner {*fam*}, tourner court, lâcher pied, se dérober à *son* devoir, revenir sur *sa* promesse, ne pas tenir un engagement.
*~**를 물다** se passer [se produire] successivement [l'un après l'autre]; se suivre à la file. ¶ 이상한 사건이 ~를 물고 일어났다 Des événements étranges se sont produits les uns après les autres / Des choses se sont passées les unes à la suite des autres.
*~**를 잡다** trouver le défaut de la cuirasse[le point faible de *qn*]; découvrir le secret de *qn*.
◆_**뼈** coccyx *m*.

ㄱ

◆말_ 명 fin *f* d'un mot[d'une phrase, d'un discours]. ¶ 말~를 흐리다 parler en termes vagues [ambigus]; parler avec hésitation. ¶ 말~를 잡고[물고] 늘어지다 chicaner [ergoter, chipoter] sur *qc*; chercher querelle pour un lapsus; chercher la petite bête.

꼬리지느러미 명 nageoire *f* caudale.

꼬리표 –票 명 étiquette *f*; fiche *f* d'envoi; ((평판)) étiquette *f* ((politique)), label *m* ((socialiste)). ¶ ~가 붙다 porter une étiquette. ¶ ~를 달다[붙이다] mettre [coller] une étiquette ((sur un paquet)), étiqueter, mettre une fiche ((à un colis)).

*~**가 붙다** être étiqueté(*e*) comme ((anarchiste)), être rangé(*e*) sous l'étiquette ((d'un parti)), être catalogué(*e*), classé(*e*) définitivement. ¶ 그 사람에게는 구두쇠라는 ~가 붙어 있다 Il est étiqueté [catalogué] comme une personne près de ses sous [comme une personne avare, comme une personne pingre].

꼬마 명 petit homme *m*, nain(*e*), pygmée *m*, nabot(*e*), avorton *m*; ((아이)) enfant *mf*, petit(*e*), bout de chou *m*; môme *mf* {*fam*}, gosse *mf* {*fam*}, gamin(*e*) {*fam*}, minot *m* {*fam*}; ((소형)) petit(*e*) ((voiture)). ¶ ~ 스타 un enfant star; une petite vedette [une petite star]. ¶ ~ 자동차 une petite voiture, une voiturette. ¶ ~ 전구 une petite ampoule. ¶ ~야, 말 좀 묻자 Hé, petit, j'ai une question à te poser.

꼬마둥이 명 enfant *mf*, petit(*e*), bout de chou *m*; môme *mf* {*fam*}, gosse *mf* {*fam*}, gamin(*e*) {*fam*}.

꼬막 명 【동물】 coque *f*, mollusque *m*.

꼬맹이 명 petit enfant *m*, gamin *m* {*fam*}, gosse *mf*, bambin *m* {*fam*}, môme *mf*, moutard *m*, mioche *m* {*fam*}, mouflet(*te*), moujingue *mf* {*vx*}; ((키가 작은 사람)) nain *m*, nabot *m*, demi-portion *f* {*fam*}.

꼬물거리다 자 ① se tortiller, se remuer, s'agiter. ¶ 벌레들이 꼬물거린다 Les insectes se tortillent. ② traîner, tarder, traînailler {*fam*}, traînasser {*fam*}, lambiner, lanterner, s'attarder, se remuer sans se presser; faire traîner, remuer lentement, bouger lentement. ¶ 꼬물거리면서 시간을 끌다 (faire) traîner les choses en longueur. ③ titiller, travailler. ¶ 그런 충동이 마음속에서 꼬물거렸다 Cette impulsion me titille (à l'intérieur).

타 remuer, agiter (légèrement). ¶ 입을 ~ remuer légèrement les lèvres.

꼬박 부 toujours; de tout temps; continuellement; sans cesse; ((온전히, 고스란히)) complètement, entièrement, totalement, intégralement. ¶ 밤을 ~ 새다 ne pas fermer l'œil de (toute) la nuit, passer une nuit blanche. ¶ ~ 사흘 걸려 일을 끝내다 terminer une besogne au bout de trois jours de travail non-stop {*fam*} [sans dormir, sans repos].

꼬부라뜨리다 타 courber ((une barre de fer)); plier ((le bras)); fléchir ((les genoux)); ployer ((une branche)); couder ((un tuyau)). ¶ 무엇을 활 모양으로 ~ arquer *qc*.

꼬부라지다 자 ① se courber, fléchir, plier, recourber, cintrer, se cambrer. ¶ 쇠갈고리는 끝이 꼬부라져 있다 Le crochet en fer a ses extrémités courbées. ¶ 길이 왼쪽으로 꼬부라져 있다 La route tourne [vire] à gauche. ② ((허리가)) se courber, se voûter; être courbé(*e*), voûté(*e*). ¶ 허리가 꼬부라진 노인 un vieillard cassé [courbé, voûté]. ¶ 등이 꼬부라지다 avoir le dos voûté. ¶ 혀 꼬부라진 소리로 말하지 마라 Articule quand tu parles! ③ ((마음이)) avoir un cœur [caractère] tordu. ¶ 그 남자는 마음이 꼬부라졌다 C'est un homme tordu. ④ ((일이)) être tordu(*e*), ne pas être droit(*e*), correct(*e*). ⑤ 한쪽으로 돌다 tourner ((à gauche)); virer. ¶ 다음 모퉁이에서 오른쪽으로 꼬부라지십시오 Tournez à droite au bout de la rue suivante.

꼬부랑 어근 forme *f* courbée [sinueuse, tordue]; en zigzag; en lacet.

◆_하다 형 être courbé(*e*) [coudé(*e*), tordu(*e*)]. ¶ 늙어서 허리가 ~한[~해진] 할아버지 un vieil homme [vieillard] courbé par l'âge, un vieux {*fam*} [vieillard] à l'échine courbée [au dos voûté], un vieillard courbé [cassé, voûté, plié en deux].

◆_글씨[자] 명 ① écriture *f* illisible; pattes *fpl* de mouche. ¶ 그 분의 ~ 글씨는 알아보기 힘들다 Son écriture est illisible / Je n'arrive pas à lire ses pattes de mouche / J'ai du mal à lire son écriture. ② 서양글자 écriture *f* occidentale l'alphabet romain [occidental], les lettres romaines [occidentales]. ¶ 요즈음의 간판은 거의 다 ~ 글자로만 되어 있다 La plupart des panneaux d'aujourd'hui sont écrits en caractères occidentaux.

◆_길 명 sentier *m* sinueux [en lacet].

◆_늙은이 명 personne âgée *f* courbée; vieillard *m* courbé [cassé, voûté, plié en deux].

◆_말 명 langue *f* occidentale.

◆_할머니 명 vieille femme *f* [grand-mère *f*] courbée [cassée, voûtée, pliée en deux].

◆_할아버지 명 vieil homme *m* [grand-père *m*] courbé [cassé, voûté, plié en deux].

꼬부랑이 명 ((물건)) objet *m* courbé [plié]; ((사람)) personne *f* au dos courbé [voûté].

꼬불치다 자 【속어】 cacher, camoufler, dissimuler; receler. ¶ 그는 어딘가에 꼬불쳐 놓은 돈이 있을 것이다 Il doit avoir de l'argent dissimulé quelque part.

꼬시다 타 ① entortiller; induire, inciter, exhorter, entraîner. ¶ 그 녀석이 그 일을 하자고 나를 꼬셨다 Ce type m'a incité à faire ce travail avec lui / Ce type m'a entortillé pour qu'on fasse ce travail. ② 【속어】 유혹하다 draguer {*fam*}, faire des avances à une femme, faire la cour à une femme, faire du gringue [du plat, du rentre-dedans] à *qn*; essayer de séduire ((une femme)). ¶ 여자를 ~ draguer une femme [une fille].

꼬옥 부 ☞ 꼭

꼬이다[1] 자 ① être paralysé(*e*). ¶ 피곤해서인지 몸이 자꾸 꼬인다 La fatigue me paralyse / Je suis paralysé(*e*) de fatigue. ¶ 힘이 없어서 다리가 꼬인다

Je n'ai plus de force, j'ai les jambes paralysées. ¶ 혀가 ~ avoir la langue engourdie ((par l'alcool)), avoir la bouche [langue] pâteuse ((après avoir trop bu)). ② ((새끼가)) être tressé(*e*), entrelacé(*e*); s'entrelacer. ¶ 새끼가 잘 안 꼬인다 J'ai du mal à tresser ces brins de paille / Ces brins de paille ont du mal à être tressés. ③ ((끈이)) s'emmêler, s'enchevêtrer, s'embrouiller, s'entremêler; se compliquer. ¶ 줄이 서로 꼬인다 Les cordes s'emmêlent [s'entremêlent]. ¶ 노끈이 꼬여서 풀기가 힘들다 Les ficelles sont emmêlées et sont difficiles à démêler / Les ficelles se sont enchevêtrées, je n'arrive pas à [c'est difficile de, j'ai du mal à] les démêler. ¶ 스텝이 ~ s'emmêler les pieds.

꼬이다[2] 자 ① se compliquer, s'embrouiller, s'emmêler, s'aggraver. ¶ 일이 꼬인다 Les affaires se compliquent [s'embrouillent]. ¶ 나는 하는 일이 모두 꼬인다 Tout ce que j'entreprends se complique. ¶ 계획이 꼬인다 Le projet ne marche pas comme prévu. ¶ 계획마다 이렇게 비비 꼬일 수가! Tous les projets se compliquent [s'embrouillent] ainsi, est-ce possible! ¶ 사건이 꼬였다 L'affaire s'est compliquée. ¶ 대화가 꼬인다 La conversation se complique. ¶ 오늘은 이야기가[말이] 자꾸 꼬인다 Aujourd'hui, la conversation s'embrouille. ② ((마음, 비위가)) se fâcher; s'offenser; se froisser de *qc*. ¶ 속[배알]이 꼬여서 원! Ça me rend malade / Ça m'écœure / Je ne peux pas supporter de voir ça [ce spectacle] / La vue de ce spectacle m'est insupportable.

꼬이다[3] 자 ① ((벌레가)) être attiré(*e*); fréquenter, appâter, attirer; s'assembler, se rassembler, grouiller. ¶ 꽃에 벌레가 꼬인다 Les insectes sont attirés par les fleurs. ¶ 꽃나무에 진딧물이 꼬인다 Des aphidés [des pucerons] grouillent sur la plante à fleurs. ¶ 설탕 덩어리에 개미가 꼬인다 Les fourmis sont appâtées par un morceau de sucre. ¶ 시궁창에 구더기가 꼬인다 Des asticots [des vers] grouillent dans l'égout. ② ((사람이)) être attiré(*e*), venir; s'assembler. ¶ 이곳에는 아이들이 많이 꼬인다 Beaucoup d'enfants viennent ici. ¶ 이곳에는 손님들이 영 안 꼬인다 Les clients ne sont pas attirés par cet endroit-ci.

꼬임 명 ☞ 꾐

꼬장꼬장 부 ① 깐깐하게 scrupuleusement, avec précision, de façon pointilleuse. ¶ ~ 따지다 demander des explications pour tout, ergoter, vétiller, chinoiser, discuter de façon pointilleuse, discutailler {*fam*}, pinailler {*fam*}. ② 빳빳하게 ((se tenir)) bien droit(*e*); avec la santé, avec une santé de fer, en bonne forme, énergiquement, vigoureusement; ((se porter)) comme un charme. ¶ 우리 할아버지는 90이 넘었는데도 ~ 생존해 계신다 Mon grand-père est encore très vaillant [est resté vigoureux, est resté vert] malgré ses 90 ans.

◆**_하다** 형 ① avoir un caractère difficile; être intraitable, impérieux(*se*), acariâtre. ¶ 그 노인은 성미가 여간 ~하지 않다 Ce vieillard a un caractère intraitable [impérieux, acariâtre]. ¶ 성미가 ~한 사람 une personne acariâtre. ¶ ~하게 굴다[나오다] se comporter de façon impitoyable [intraitable]. ② être encore vigoureux(*se*) [vaillant(*e*)], se porter comme un charme, être resté vert, avoir bon pied bon œil {*fam*}. ¶ 여전히 ~하게 돌아다니는 노인 un vieillard encore très valide.

꼬장꼬장하다 형 ① être vigoureux(*se*), vert(*e*); se porter comme un charme; avoir bon pied bon œil. ② ((성미가)) avoir un caractère difficile; être intraitable, impérieux(*se*), acariâtre. ¶ 성미가 꼬장꼬장한 사람 une personne acariâtre. ¶ 그 노인은 성미가 여간 꼬장꼬장하지 않다 Ce vieillard a un caractère intraitable [impérieux, acariâtre]. ¶ 꼬장꼬장하게 굴다[나오다] se comporter de façon impitoyable [intraitable].

꼬질꼬질 부 crasseux. ¶ ~ 때묻은 옷 un vêtement crasseux [souillé].

◆**_하다** 형 être crasseux(*se*), souillé(*e*), tout(*e*) sale. ¶ ~한 얼굴 un visage crasseux [sale, mal lavé].

꼬집다 타 ① pincer. ¶ 뺨을 ~ (*se*) pincer la joue. ¶ 그 여자는 내 손등을 꼬집었다 Elle m'a pincé le dos de la main. ¶ 누나는 나를 꼬집었다 Ma grande sœur m'a pincé. ¶ 꿈인가 하여 꼬집어보았다 Je me suis pincé(*e*) pour savoir si ce n'était pas un rêve. ② 집어서 드러내다 fouiller. ¶ 친구의 잘못[허물, 단점]을 ~ chercher les erreurs [défauts, points faibles] d'un ami. ¶ 야당 의원들이 정부의 실책을 신랄하게 꼬집었다 Les députés de l'opposition ont critiqué sévèrement les erreurs du gouvernement. ¶ 무엇이라고 꼬집어 말할 수는 없지만 .... Je ne peux pas savoir précisément de quoi il s'agit, mais ... ③ 비꼬다 faire des remarques pleines de sarcasme (à propos de *qc*), parler avec cynisme [d'un ton ironique] de *qc*, se montrer cynique [sarcastique] (à propos de *qc*). ¶ 그렇게 꼬집어서 말하지마 Ne sois pas aussi cynique! / Ne parle pas sur un ton aussi ironique!

꼬집히다 타 ① être pincé(*e*). ¶ 얼굴을 ~ être pincé(*e*) au visage; être attrapé(*e*) par la joue. ② 지적을 당하다 se faire prendre en défaut ((sur *ses* points faibles)), se faire pointer ((*ses* faiblesses)), se faire relever [signaler, préciser] ((*ses* fautes, *ses* points faibles)); être critiqué(*e*); se faire critiquer, se faire reprendre par *qn*. ¶ 나는 그 사람에게 약점을 꼬집혔다 Je me suis fait pointer mes faiblesses / Je me suis fait prendre en défaut sur mes points faibles / Il me tient par mes points faibles.

꼬챙이 명 broche *f*, brochette *f*; hâtelet *m*. ¶ ~로 찌르다 embrocher *qn*/*qc*. ¶ ~에[로] 꿰다 mettre (une volaille) à la broche; embrocher *qc*, enfiler (des morceaux de viande) sur une broche.

꼬치 명 brochette *f* (de volaille, de mouton, de fruits de mer, etc.). ¶ ~ 요리 un mets[un plat] cuit à la broche; des brochettes (de volaille, de mouton, de fruits de mer).

◆닭_ 명 brochette *f* de poulet.

꼬치꼬치 부 avec précision, scrupuleusement, de façon pointilleuse. ¶ ~ 캐묻다 poser des questions (très) détaillées [précises, indiscrètes] à *qn*, assommer *qn* de questions très détaillées, cuisiner *qn* avec des questions très détaillées {*fam*}, interroger *qn* avec insistance. ¶ 뭐 그리 ~ 알고 싶은 게 많냐? Pourquoi veux-tu tout savoir en détail?

꼬투리 명 ① cosse *f* (de haricots, de fèves, de pois); gousse *f* (de vanille). ¶ ~를 까다 écosser (des fèves, des pois). ② 사건의 발단 cause *f*, raison *f*, motif *m*; origine *f*, source *f*. ¶ 화를 내려 해도 걔한텐 화를 낼 ~를 찾지 못해 Même si j'ai envie de lui faire des reproches, je ne trouve aucune raison de lui en faire / Même si j'ai envie de l'agresser, je ne trouve aucune raison de le faire. ¶ 싸움의 ~가 되다 être un sujet de dispute [de controverse, de polémique].

*~(를) 잡다 chercher [trouver] un prétexte (pour ennuyer quelqu'un), chercher la petite bête (pour embêter quelqu'un d'autre), s'efforcer de découvrir une erreur [une irrégularité], chercher des poux (dans la tête de *qn*), chercher des crosses, chicaner; chercher querelle. ¶ 사사건건 ~를 잡다 trouver à redire à tout [à la moindre des choses], chercher la petite bête partout.

꼭 부 ① sûrement, fermement, fortement, solidement, sans bouger. ¶ 눈을 ~ 감다 bien fermer les yeux. ¶ 문을 ~ 닫다 bien fermer une porte. ¶ ~ 묶다 lier *qc* solidement, attacher solidement ((les mains)). ¶ ~ 쥐다 tenir fermement ((un objet dans ses mains)). ② 정확히 tout juste, juste, exactement, à merveille, tout à fait. ¶ ~ 맞는 뚜껑 un couvercle qui s'ajuste parfaitement. ¶ 그 상황에 ~ 들어맞는 말 un mot qui convient tout à fait à la situation. ¶ 제시간에 ~ 맞게 왔군 Tu arrives juste à temps. ¶ 여기 오는 데 ~ 1시간 걸렸다 Cela a pris exactement une heure pour venir ici. ¶ 계산이 ~ 맞는다 Les comptes sont bons. ¶ 내 예상이 ~ 맞았다 Ma prévision était tout à fait juste. ¶ 동생의 옷이 내 몸에도 ~ 맞는다 Les vêtements de mon petit frère [de ma petite sœur] me conviennent tout à fait. ③ 빠듯이 étroitement, juste. ¶ ~ 끼는 구두 des souliers étroits. ④ 반드시 sans faute, absolument, certainement, sûrement, pour sûr, sans faute, immanquablement, nécessairement, inévitablement, obligatoirement, à tout prix, à coup sûr. ¶ ~ 해야 할 일 travail à faire sans faute. ¶ ~ 오게 Viens sans faute. ¶ ~ 갈게 J'irai certainement / Je viendrai sans faute. ¶ 약속을 ~ 지키다 tenir une promesse, respecter un rendez-vous. ¶ 그 이유를 ~ 들어야겠다 Je dois absolument en connaître la raison. ¶ 그 사람은 ~ 성공할 것이다 Il réussira sûrement. ¶ 두 사람은 만나기만 하면 ~ 싸운다 Ces deux personnes ne peuvent jamais se voir sans se disputer [se quereller] / À chaque fois que ces deux personnes se rencontrent, ils se disputent à coup sûr. ⑤ 마치 certainement, absolument, vraiment. ¶ ~ 죽은[미친] 사람 같다 On dirait vraiment un mort [un fou].

꼭같이 부 ① pareillement, identiquement, de manière exactement pareille. ¶ 두 사람에게 ~ 기회를 주어라 Donne la même chance aux deux. ② 같게, 닮게 ((se ressembler)) comme deux gouttes d'eau, tout à fait. ¶ 그 사람은 너와 ~ 생겼다 Il te ressemble parfaitement [d'une manière frappante, en tous points, sous toutes les coutures, comme deux gouttes d'eau] / C'est ton sosie / C'est ton portrait (craché {*fam*}) / C'est toi tout craché {*fam*} / C'est tout à fait toi petit.

꼭꼭 부 bien fermement, fermement, bien. ¶ ~ 숨어라 Cache-toi bien. ¶ ~ 씹어 먹어라 Mange en mâchant bien.

꼭대기 명 haut *m*, sommet *m*, cime *f*, faîte *m*. ¶ 산 ~ le sommet [le faîte] d'une montagne. ¶ 나무[지붕] ~ le faîte d'un arbre [d'un toit].

◆머리_ 명 sommet *m* de la tête [du crâne]; vertex *m*.

*화[울화]가 머리 ~까지 나다[치밀다] être au paroxysme de la colère, se mettre dans une colère noire, bouillir[s'enflammer] de colère, écumer de rage[colère], être *fou*(*folle*) de rage, être furieu*x*(*se*).

*머리 ~에 기어오르다 tenir tête à *qn* ((à *son* professeur)), manquer de respect envers *qn*.

꼭두각시 명 marionnette *f*, pantin *m*, poupée *f*. ¶ 너는 왜 그 사람의 ~처럼 행동하니? Pourquoi agis-tu comme si tu étais sa marionnette[son pantin]?

◆_놀음 spectacle *m* [jeu *m*] de marionnettes.

꼭두새벽 명 point *m* du jour; aube *f*. ¶ ~에[부터] 웬일이냐 Qu'est-ce qui t'amène ici dès l'aube?

꼭두서니 명 ① 【식물】 garance *f*, *Warantia* {*nsc*} ② matière *f* colorante rouge extraite autrefois des racines de garance, aujourd'hui obtenue par synthèse; purpurine *f*, alizarine *f*.

꼭지[1] 명 ① ((식물의)) queue *f* (d'un fruit); pétiole *m* (d'une feuille). ¶ 수박 ~ la tige d'une pastèque. ¶ 이 사과는 ~가 떨어졌다 La queue de cette pomme s'est détachée. ¶ ~를 따다[떼다] enlever [tirer, arracher, couper] la queue (d'un fruit). ② ((그릇, 뚜껑의)) poignée *f*, bouton *m*, attache *f*.

◆_점 -點 명 【수학】 sommet *m* ((d'un cône)).

◆가스_ 명 robinet *m* de (la conduite de) gaz. ¶ 가스~를 돌려 잠그다 fermer le gaz.

◆수도_ 水道- 명 robinet *m*.

◆젖_ 명 mamelon *m*; tétine *f*.

꼭지[2] 의명 ① paquet *m*; bouquet *m*. ¶ 미역 한 ~ un bouquet de feuilles de *miyeok*. ② ((교정쇄)) dossier *m*, manuscrit *m*. ¶ 원고 두 ~를 교정하다

corriger deux dossiers [manuscrits].

꼴[1] 명 ① forme *f*, figure *f*, apparence *f*, aspect *m*. ¶ 서서히 ~을 갖추다 prendre forme [figure] petit à petit, se former doucement. ② 모양새, 처신 figure *f*, mine *f*; apparence *f*, air *m*; tournure *f*; aspect *m*.; spectacle *m*, scène *f*. ¶ ~(도) 보고 싶지 않으니 썩 꺼져! Casse-toi [Tire-toi], je ne veux pas voir ta gueule [ta tronche {*vulg*}]! {*vulg*}. ¶ 그런 ~로 어딜 나가려는 게야? Où vas-tu avec cet accoutrement? ¶ 학생 신분에 네 ~이 그게 뭐냐? Tu as l'air de tout sauf d'un étudiant! ¶ 하는 ~을 봐서는 그 사람을 도저히 용서할 수 없다 Etant donné sa façon d'être, on ne peut absolument pas lui pardonner / Vue son attitude, aucun pardon n'est possible / On ne pourra jamais lui pardonner sa conduite. ③ 처지, 신세 condition *f*, situation *f*, état *m*.; spectacle *m*, scène *f*, tableau(*x*) *m*. ¶ 참혹한 ~을 보다 voir une scène atroce[affreuse]. ¶ 그 ~은 차마 눈뜨고 볼 수 없었다 C'était vraiment écœurant[répugnant] de voir ça / Cela faisait vraiment peur à voir. ¶ 내 ~이 어쩌다 이렇게 되었지? Qu'est-ce qui m'a mis dans une situation si misérable[piteuse]? ¶ 제기랄, 이게 무슨 ~이람? Merde, qu'est-ce qui m'arrive! {*fam*} / Mon dieu, qu'est-ce qui se passe! / Diable! Dans quelle situation je me trouve! / Nom d'un chien! De quoi j'ai l'air! / Putain! Dans quel état je suis! {*vulg*}. ¶ 그 사람 요즘 ~이 말이 아니다 Il a une mine[un air, une gueule {*vulg*}] de déterré ces temps-ci / Il est dans un état piteux[misérable, pitoyable] ces jours-ci / Il en a une (sale) mine ces temps-ci / Il a une gueule cadavérique ces temps-ci {*vulg*}. ④ 형국 figure *f*, mine *f*, apparence *f*, air *m*; tournure *f*; aspect *m*, situation *f*, phase *f*. ¶ 그 분의 발언은 결국 군사정권을 지지한 ~이 되었다 Ses dires [Ses paroles] ont été utilisé(*e*)s malgré lui pour soutenir le gouvernement militaire. ◇_(**이**) **사납다** être vilain(*e*) laid(*e*), dégoûtant(*e*), abominable, répugnant(*e*), écœurant(*e*). ¶ ~ 사납게 점잖은 자리에서 무슨 행패냐! Pourquoi te comportes-tu d'une façon indécente [obscène; incongrue, inconvenante, incorrecte] dans un lieu si convenable!

*~**좋다**[~**좋게 되었다**] Ça[Cela] lui apprendra (à vivre)! / C'est bien fait pour lui [pour sa gueule {*vulg*}] / Il l'a bien mérité / Il ne l'a pas volé.

◆_**같잖다** 형 être méprisable, détestable. ¶ ~같잖게 어디서 감히 설치는 게야! Comment oses-tu agir ainsi alors que tu n'es rien? / Toi, vil individu, comment te permets-tu d'agir de cette manière? / Un abject individu comme toi, comment ose-t-il agir pareillement? / Une loque de ton espèce, comment est-ce que tu te permets ça? {*fam*}.

◆_**에** 부 ¶ ~에 예쁜 여자는 되게 찾네 Il est trop misérable pour mériter une si jolie femme / Il ne mérite pas une si belle femme.

◆_**값** 명 【속어, 비어】 ¶ ~값(을) 하다[떨다] se comporter d'une façon dégoûtante [impropre, inconvenante]; faire des conneries {*fam*}; faire le con {*vulg*}, jouer au con {*vulg*}. ¶ ~값(을) 떨지 마 Ne fais pas le con! {*fam*} / Arrête tes conneries! {*fam*}.

◆**닮은**_ 명 homomorphisme *m*; morphisme *m*. ¶ 김군과 이군은 쌍둥이라 할 만큼 닮은~이다 M. Kim et M. Lee se ressemblent comme des jumeaux[comme deux gouttes d'eau].

꼴[2] 명 fourrage *m*, nourriture *f*, foin *m*. ¶ 소에게 ~을 먹이다[주다] donner du fourrage à une vache, affourager [nourrir] une vache. ¶ 낫으로 ~을 베다 faucher [couper] le foin [l'herbe] avec une serpe.

◆_**풀** 명 foin *m*, foins *mpl*.

꼴[3] 의명 à raison de; à la vitesse de; par pièce, par unité, par morceau. ¶ 사과를 한 개에 오백원 ~로 샀다 acheter des pommes à raison de 500 wons l'unité. ¶ 이번 시험에서 다섯 명중 한 명 ~로 떨어졌다 Un candidat sur cinq a échoué à cet examen.

꼴값 명 【속어, 비어】 ◇_(**을**) **하다**[**떨다**] se comporter d'une façon dégoûtante [impropre, inconvenante]; faire des conneries {*fam*}; faire le con {*vulg*}, jouer au con {*vulg*}. ¶ 그 놈 잘난 척 하며 ~하는 모양은 봐줄 수가 없다 Je ne peux pas supporter de le voir se la jouer {*fam*}.

꼴까닥 부 ((courir)) à perdre haleine. ¶ 숨이 ~ 넘어가다 s'essouffler; perdre haleine.

꼴깍 부 glouglou; ((boire)) à petites gorgées ((onomatopée du bruit que fait un liquide qui coule dans un conduit)). ¶ 침을 ~ 삼키다 ravaler *sa* salive, déglutir *sa* salive.

◆_**거리다**[**대다**] 자타 avaler d'un coup [en glougloutant].

◆_ _ 부 ((boire)) à petites gorgées; glouglou.

꼴딱 부 complètement; d'un trait, d'un coup, d'une gorgée; gloub!, gloups! ((onomatopée évoquant le bruit de la déglutition [le bruit produit lorsqu'on avale d'un trait, d'une seule gorgée)). ¶ ~ 속아넘어가다 se faire avoir complètement [jusqu'au bout, jusqu'au trognon {*fam*}]. ¶ 약을 ~ 삼키다 avaler un médicament d'un trait [d'une seule gorgée]. ¶ 해가 서산으로 ~ 넘어갔다 Le soleil a complètement disparu derrière la montagne à l'ouest. ¶ 밤을 ~ 새우다 passer une nuit blanche.

꼴뚜기 명 【생물】 petit poulpe *m*.

***어물전 망신은 ~가 다 시킨다** Il ne faut qu'une brebis galeuse pour infecter le troupeau. / Les petits poulpes font la honte de toute la poissonnerie.

◆_**젓** 명 petits poulpes *mpl* saumurés.

꼴리다 자 【속어】 ① s'offenser de *qc*, s'indigner de *qc*; s'offusquer, se fâcher, se mettre en colère. ¶ 배알이 꼴려서 못 보겠군 Ça me rend malade / Ça m'écœure / Je ne peux pas supporter de voir ça [ce spectacle] / La vue de ce spectacle m'est insupportable. ② ((성기가)) avoir une érection, bander {*vulg*}, avoir le bâton {*vulg*}, avoir la trique {*vulg*}, avoir la gaule {*vulg*}, triquer {*vulg*}.

***꼴리는 대로** à *sa* guise, à *son* gré, à *sa* fantaisie, selon *son* bon plaisir, comme *ça lui* chante {*fam*}, comme ça *lui* plaît, comme bon *lui* semble, comme il *l'*entend, comme *il* le veut, égoïstement. ¶ 꼴리는 대로 살다 vivre à *sa* guise, vivre comme ça lui chante [plaît], vivre selon *son* bon plaisir ¶ 꼴리는 대로 행동하다 agir à *sa* guise [à *son* gré, à *sa* fantaisie], n'en faire qu'à *sa* tête [qu'à *sa* guise, qu'à *son* idée].

꼴불견 명 laideur *f*, aspect *m* repoussant [répugnant]. ◇_**이다** être laid(e), désagréable à voir; ne pas être beau(*belle*) à voir, être gênant(e) [écœurant(e)] à voir, odieu*x*(*se*), ignoble, repoussant(*e*), répugnant(*e*), indécent(*e*), inconvenant(*e*), incorrect(*e*); être dégoûtant(*e*), vil(*e*), vilain(*e*), laid(*e*) (à faire peur), hideu*x*(*se*), monstrueu*x*(*se*), horrible, moche {*fam*}. ¶ 그것 참 ~이다 C'est d'une laideur indicible [repoussante, monstrueuse] / C'est laid à faire peur / C'est ignoble.

꼴사납다 형 ne pas être b*eau*(b*elle*) à voir, être désagréable à voir, inconvenant(*e*), incorrect(*e*); être gênant(*e*) [écœurant(*e*)] à voir, ignoble, odieu*x*(*se*), être dégoûtant(*e*), répugnant(*e*), vil(*e*), vilain(*e*), laid(*e*). ¶ 그 녀석이 하는 짓이 아주 ~ Ce qu'il fait est vraiment dégoûtant / Son comportement m'écœure.

꼴찌 명 derni*er*(*ère*). ¶ ~에서 두번째 l'avant-dernier. ¶ 그는 학급에서 늘 ~이다 Il est toujours le dernier de la classe. ¶ 성적이 반에서 ~로 떨어지다[처지다] être le(*la*) derni*er*(*ère*) de *sa* classe, avoir la moins bonne note de *sa* classe. ◇_**(를) 하다** arriver [être] le dernier. ¶ 나는 달리기에서 또 ~를 했다 J'ai encore été(*e*) le dernier à la course.

꼼꼼하다 형 être minutieu*x*(*se*), méticuleu*x*(*se*), soigneu*x*(*se*), scrupuleu*x*(*se*), consciencieu*x*(*se*), sérieu*x*(*se*). ¶ 꼼꼼한 바느질 une couture minutieuse. ¶ 꼼꼼한 솜씨 une façon minutieuse de faire les choses; un soin particulier; un doigté; une finesse; une délicatesse; une habileté. ¶ 그는 일처리가 ~ Il est (extrêmement) méticuleux dans son travail. ¶ 선생님은 매사에 꼼꼼하시다 Le professeur est consciencieux dans tout ce qu'il fait. ¶ 그 가정부는 청소하는 것이 ~ Cette femme de ménage est minutieuse dans son travail[fait son travail avec minutie, avec soin]. ¶ 일을 꼼꼼하게 처리하다 faire *son* travail avec minutie [avec soin], travailler méticuleusement, être (extrêmement) méticuleu*x*(*se*) dans *son* travail.

꼼꼼히 부 minutieusement, en détail, un par un. ¶ 서류를 ~ 검토하다 examiner minutieusement le dossier. ¶ 여러 가지 가능성을 ~ 따져보다 étudier plusieurs possibilités.

꼼수 명 ruse *f* ((au jeu de *go*)); ((편법)) expédient *m*; échappatoire *m*; subterfuge *m*; faux-fuyant *m*; astuce *f*, combine *f*, truc *m*; ((속임수)) tromperie *f*, duperie *f*, tricherie *f*. ¶ ~는 안 통한다 Les combines [Les trucs, Les astuces] ne marchent pas. ¶ ~를 쓰다 user de ruses [d'artifices, de subterfuges], recourir[avoir recours] à la ruse, employer la ruse; ruser, finasser {fam}.

꼼작 명 ☞ 꼼짝

꼼장어 명 【동물】 congre *m*, anguille *f* de mer.

꼼지락 어근 avec lenteur; lentement; en lambinant; en traînant, en traînassant {*fam*}.

◆_**거리다[대다]** 자 s'attarder, ne pas se presser, traîner, lambiner, lanterner, traînasser {*fam*}, traînailler {*fam*}; agir lentement sans vivacité[sans ardeur, sans entrain]. ¶ 그 녀석 꼼지락거리는 꼴을 보니 짜증나. Sa nonchalance m'agace. / C'est agaçant de voir qu'il traîne comme ça.

◆_ _ 부 en traînant; en traînassant {*fam*}.

꼼지락거리다 자타 ① remuer (très légèrement). ¶ 몸을 ~ se remuer sans se presser, remuer lentement, bouger lentement. ② traîner (en longueur), traîner, traînasser {*fam*}, traînailler {*fam*}, lambiner, lanterner, tarder, s'attarder, se remuer sans se presser, remuer lentement, bouger lentement. ¶ 열심히 안 하고 ~ manquer de sérieux et traîner en longueur.

꼼짝 명 ① ((ne pas bouger)) d'un pouce. ¶ 문이 ~도 안 한다 La porte ne bouge pas d'un pouce. ¶ ~ 마! Ne bouge pas (ne serait-ce que) d'un pouce / Reste strictement [parfaitement] immobile. ② ((ne pas même pouvoir bouger)) le petit doigt; ((sans faire)) le moindre geste. ◇_**(을) 못하다** ① ne pas pouvoir bouger; être incapable de bouger. ¶ 다리가 끼어 ~을 못하겠다 Les jambes coincées, je ne peux faire le moindre mouvement. ¶ 허리가 아파 ~ 못하겠다 Je ne peux point bouger à cause de mon mal aux reins. ¶ 그를 ~ 못하게 만들었다 Je l'ai complètement immobilisé / Je l'ai complètement neutralisé. ② 곤경에 빠지다 se trouver dans une impasse. ¶ 지금은 상황이 안 좋아 ~도 못한다 Je ne peux rien faire car la situation actuelle n'est pas bonne. ③ 기를 못 펴다 être paralysé(*e*), complètement vaincu(*e*), battu(*e*), accablé(*e*), écrasé(*e*), dominé(*e*), intimidé(*e*) par *qn* [devant *qn*]. ¶ 그는 자기 아내 앞에서 ~ 못한다 Il est complètement paralysé devant sa femme / Il est entièrement dominé par sa femme / Il est sous la coupe de sa femme. ¶ 그는 강하게 나오는 사람에게는 ~도 못한다 Il est incapable de lever même le petit doigt devant quelqu'un qui agit [parle] énergiquement. ¶ 이번에는 그 녀석을 ~ 못하게 해야지 Cette fois-ci, je vais coincer ce type. ◇_**(을) 안하다** ① 움직이지 않다 ne pas bouger (d'un pouce), rester immobile. ¶ ~않고 앉아 있다 rester assis(e) sans bouger. ¶ 몸을 ~ 않고 서 있다 se tenir debout sans faire le moindre mouvement [sans bouger]. ¶ 바위는 장사 열 명의 힘에도 ~ 안했다 Le rocher n'a pas bougé d'un pouce malgré les efforts de dix hommes vigoureux. ② 활동하지 않다 ne rien faire, ne pas lever le petit doigt. ¶ 그 사람 요즘 집 안에만 처박혀 ~도 안 한다 Ces temps-ci, il s'enferme chez lui, et ne bouge pas / Ces temps-ci, il reste cloîtré chez lui. ¶ 그 사람은 힘든 일에는 손 하나 ~ 안한다 Il ne lève même pas le petit doigt pour une chose un peu difficile. ③ 반항하지 않다 ne pas réagir, être paralysé(e). ¶ 나는 겁에 질려 ~ 않고 있었다 Paralysé(e) de peur, je n'ai pas bougé.

◆_달싹 명 ((ne pas même pouvoir bouger)) le petit doigt, d'un pouce. ¶ 나는 애 때문에 ~달싹(을) 못 한다 Avec mon bébé, je suis complètement paralysé [coincé] [je ne peux vraiment pas bouger, je ne peux vraiment rien faire].

◆_없이 부 inévitablement, sans moyen d'y échapper. ¶ ~없이 기다리다 ne pouvoir rien faire qu'attendre. ¶ 그는 ~없이 방에 갇혀 있다 Il est enfermé [confiné, cloîtré] dans une pièce. ¶ 이 환자는 ~없이 죽게 생겼다 Ce(*Cette*) malade est dans un état désespéré / Ce(*Cette*) malade est condamné(*e*) [perdu(*e*)].

꼼짝못하다 자 ☞ 꼼짝

꼼짝없이 부 ☞ 꼼짝

꼼짝하다 자 ☞ 꼼짝

꼽꼽장이 명 personne *f* méticuleuse [pointilleuse]; grippe-sou *m*, personne *f* près de *ses* sous; rapiat *m* {*fam*}, radin *m* {*fam*}, rat *m* {*fam*}, grigou *m* {*fam*}.

꼽다 타 ① 세다 compter, calculer, chiffrer, dénombrer, décompter, faire des comptes, recenser, supputer. ¶ 손가락으로 셋을 ~ compter trois sur *ses* doigts. ¶ 손가락으로 초대해야 할 사람 수를 ~ compter le nombre des personnes à inviter sur les doigts. ¶ 숫자를 세려고 손가락을 ~ plier les doigts pour compter les nombres. ¶ 그 여자는 남편이 돌아올 날을 손가락으로 꼽아 보았다 Elle a calculé, en comptant sur ses doigts, la date du retour de son mari. ② 지목하다 citer [compter] *qn* parmi *qc*, considérer [prendre] *qn* comme [pour] *qc*. ¶ 내 친구는 막걸리를 최고의 술로 꼽는다 Mon ami compte le *makgeolli* parmi les meilleurs alcools.

***손꼽아 기다리다** compter les jours [les minutes]; attendre avec impatience. ¶ 방학을 손꼽아 ~ attendre les vacances avec impatience. ¶ 아들이 제대하는 날을 손꼽아 ~ attendre avec impatience le jour de la fin du service militaire de *son* fils.

꼽슬꼽슬하다 형 ☞ 곱슬

꼽추 명 bossu *m*.

꼽히다 자 être considéré(*e*) comme [pour] *qc/qn*, se compter parmi *qc/qn*. ¶ 그는 한국 사람들에게 최고의 작가로 꼽힌다 Il est considéré comme le meilleur écrivain par les Coréens / Les Coréens le comptent parmi les meilleurs écrivains. ¶ 설악산은 한국에서 아름다운 산으로 꼽힌다 Le mont Seorak est considéré comme la plus belle montagne de Corée du Sud.

***손(에)** ~ faire partie des tous meilleurs; compter parmi les meilleurs; être compté(*e*) parmi les (tous) meilleurs, être compté(*e*) sur les cinq doigts de la main; être compté(*e*) au nombre de *qc/qn*.

꼿꼿이 부 ① tout droit, droit. ¶ ~ 서다 [앉아 있다] se tenir debout [rester assis(*e*)] très droit. ¶ 고개를 ~ 쳐들고 걸어가다 marcher la tête droite. ¶ 등을 ~ 펴다 se tenir le dos très droit. ¶ 자세를 ~ (유지)하다 se tenir droit. ② 빳빳하게 avec raideur, fermement. ¶ ~ 얼다 être complètement gelé(*e*). ¶ ~ 굳은 être durci(*e*) comme de la roche. ¶ ~ 죽어 있다 être retrouvé(*e*) raide. ③ ((언행이)) avec droiture, honnêtement, correctement, fermement. ¶ ~ 살다 vivre avec droiture. ¶ ~ 버티다 résister fermement. ¶ ~ 주장을 지키다 maintenir *ses* revendications avec fermeté.

꼿꼿하다 형 ① être droit(*e*), rectiligne; être rigide, dur(*e*), solide. ¶ 꼿꼿한 나뭇가지 une branche rigide[qui ne se plie pas, inflexible]. ¶ 꼿꼿한 철사 un fil de fer solide. ¶ 꼿꼿하게 고개를 쳐들고 걷다 marcher la tête (bien) droite, marcher en gardant la tête haute. ② ((성격 따위가)) être honnête, fidèle, probe, droit(*e*), intègre, loy*al*(*ale*, *aux*), franc(*che*); être intransigeant(*e*). ¶ 꼿꼿한 절개[기상] un caractère incorruptible [droit, intransigeant]. ¶ 꼿꼿한 모습을 보이다 se montrer vaillant, faire preuve d'une bravoure exemplaire [d'une bravoure héroïque]. ¶ 우리 할아버지는 성품이 ~ Mon grand-père a un caractère imperturbable / Mon grand-père est intransigeant / Mon grand-père est un homme intègre.

꽁꽁 부 de façon dure, complètement, fermement ((Onomatopée de solidité d'une chose gelée)). ¶ 강물이 ~ 얼어붙었다 L'eau de la rivière est complètement gelée. ¶ 손발이 ~ 얼었다 Les mains et les pieds sont complètement gelés. ② fermement, solidement. ¶ 짐을 ~ 묶다 attacher solidement la charge. ¶ ~ 묶이다 être attaché(*e*) solidement.

꽁무니 명 queue *f*; coccyx *m*; extrémité *f*, queue *f*. ¶ 대열의 맨 ~에 서다 clore [fermer] la marche. ¶ 남의 ~를 따라가다 suivre les autres. ¶ 차 ~를 들이받다 emboutir l'arrière d'une voiture, rentrer dans l'arrière d'une voiture.

***여자 ~를 따라다니다** courir les filles, courir les jupons, aimer [courir] le cotillon.

***~(를) 빼다** s'esquiver, se retirer furtivement [discrètement, à la dérobée], s'enfuir, s'échapper, disparaître [s'en aller] furtivement, prendre la tangente, filer à l'anglaise, brûler la politesse à *qn*; ((일에서)) se retirer d'une affaire; ((회피하다)) se déballonner, se dégonfler {*fam*}; ((달아나다))

tourner court, caner {*fam*}, flancher.

◆_뼈 명 coccyx *m*.

꽁보리밥 명 orge *m* cuit (en lieu et place de riz).

꽁지 명 queue *f*. ¶ 무 ~ la queue d'un navet. ¶ 새 ~ la queue d'un oiseau. ¶ ~가 달려 있다 avoir une queue.

*~(가) **빠지게 달아나다** prendre *ses* jambes à *son* cou; prendre la poudre d'escampette; courir ventre à terre [à toute vitesse, à toutes jambes]; détaler {fam}, courir à perdre haleine, jouer des jambes [des flûtes {*fam*}].

*~(가) **빠진 새** personne *f* dont la présentation n'est pas bonne.

◆_머리 명 ((cheveux)) queue *f* de cheval; couette *f*.

꽁초 명 mégot *m* (de cigare, de cigarette). ¶ ~를 버리다[줍다] jeter [ramasser] un mégot. ¶ 길바닥에 ~를 버리지 마시오 Ne jetez pas de mégots dans la rue. ¶ 담배가 없으니 ~라도 피우자 Puisqu'on n'a pas de cigarettes, contentons-nous de fumer le mégot / Comme on n'a pas de cigarette, fumons les mégots.

◆담배_ 명 mégot *m* de cigarette.

꽁치 명 【생물】 espèce *f* de sardine, *Cololabis saria* {*nsc*}.

꽁하다 형 être introverti(*e*) et étroit(*e*) d'esprit; être réservé(*e*) et asoci*al*(*ale, aux*); avoir des vues étroites; être étroit(*e*) d'esprit; bouder *qn*. ¶ 누구에게 꽁한 마음을 품다 avoir une réserve [des réserves] vis-à-vis de *qn*, être mal disposé(*e*) vis-à-vis [à l'égard] de *qn*, se sentir mal à l'aise [contrarié(*e*)] par la présence de *qn*. ¶ 꽁한 얼굴로 d'un air boudeur. ¶ 그는 꽁해서 아무말도 하지 않았다 Comme il est étroit d'esprit, il n'a pas dit un mot. ¶ 꽁하게 생각하다 avoir une réserve [des réserves] vis-à-vis de *qc* / *qn, mal sentir qc*.

꽂다 타 ① mettre; fixer; planter, clouer, enfoncer; ficher; insérer. ¶ 꽃병에 꽃을 ~ mettre des fleurs dans un vase. ¶ 머리에 비녀를 ~ planter [ficher] un *binyeo* (une épingle coréenne) dans les cheveux. ¶ 책갈피에 편지를 ~ insérer une lettre entre les feuilles d'un livre. ¶ 칼을 칼집에 ~ enfoncer [remettre] le sabre [l'épée] au fourreau. ¶ 펜을 펜대에 ~ remettre [placer] le stylo dans le garde-stylos. ¶ 서류를 압정으로 판에 ~ fixer un document sur le panneau avec une punaise. ¶ 나비를 핀으로 ~ fixer un papillon à l'aide d'une épingle. ¶ 원수의 가슴에 비수를 ~ planter [enfoncer] un poignard dans le cœur de l'ennemi. ¶ 마당에 말뚝을 ~ planter un piquet dans la cour. ② 메다꽂다 clouer ((au sol)), plaquer. ¶ 그 선수(選手)는 상대를 번쩍 들어서 바닥에 메어 꽂았다 Cet athlète a soulevé son adversaire très haut, et l'a renversé par terre.

꽂히다 자 être planté(*e*), être enfoncé(*e*). ¶ 꽃병에 꽂힌 꽃 des fleurs mises dans le vase. ¶ 화살이 과녁에 꽂혔다 La flèche est plantée dans la cible / La flèche a atteint la cible. ¶ 칼이 적의 심장에 푹 꽂혔다 Le poignard est enfoncé profondément dans le cœur de l'ennemi.

꽃 명 fleur *f*. ¶ ~ 한 송이 une fleur. ¶ 장미 ~ la rose. ¶ ~을 가꾸다 cultiver des fleurs. ¶ ~을 꺾다 cueillir des fleurs. ¶ ~을 선물하다 offrir des fleurs à *qn*. ¶ ~에 물을 주다 arroser des fleurs. ¶ ~이 피다 éclore, s'ouvrir, s'épanouir; ((나무가)) être en fleur(s); fleurir. ¶ ~이 지다[시들다] tomber; se faner, se flétrir. ¶ ~이 만발한 정원 un jardin en fleur, un jardin fleuri. ② ((비유적)) fleur *f* ((d'une civilisation, des arts)). ¶ 사교계의 ~ la fleur [vedette] de la vie mondaine. ¶ 청춘은 인생의 ~이다 La jeunesse est la fleur de la vie. ¶ 이야기 ~을 피우다 animer la conversation; être en plein(*e*) conversation [bavardage]. ☞ 꽃피다, 꽃피우다

◆_답다 형 ☞ 꽃답다

◆_가게 명 boutique *f* de fleurs, ((chez le)) fleuriste *mf*.

◆_가루 명 【식물】 pollen *m*.

◆_가지 명 branche *f* à bouquet.

◆_구경 명 ☞ 꽃구경

◆_구름 명 nuage *m* en forme de fleur.

◆_길 명 chemin *m* fleuri.

◆_나무 명 arbre *m* à fleurs.

◆_내음 명 parfum *m* [senteur *f*] des fleurs.

◆_노래 명 ☞ 꽃노래

◆_놀이 명 fête *f* des fleurs; excursion *f* à la saison des fleurs; balade *f* sous les arbres en fleurs. ¶ ~**를 하다**[**가다**] aller à une fête des fleurs, aller voir les fleurs.

◆_다발 명 bouquet *m* de fleurs. ¶ ~다발을 한 아름 안겨 주다 couvrir *qn* de bouquets de fleurs.

◆_ _이 명 ☞ 꽃꽃이

◆_단장 명 décoration *f* avec des fleurs. ¶ ~단장을 하다 décorer avec des fleurs

◆_대 명 tige *f*.

◆_동산 명 jardin *m* de fleurs (d'agrément); colline *f* couverte de fleurs.

◆_마차 명 char *m* fleuri.

◆_말 명 le langage *m* des fleurs. ¶ 노란 장미의 ~말을 아세요? Savez-vous ce que cela signifie lorsqu'on offre une rose jaune [des roses jaunes] à quelqu'un?

◆_망울 명 bouton *m* de fleur. ¶ ~망울을 터뜨리다 faire éclore [épanouir, fleurir, éclater, ouvrir] des boutons de fleurs.

◆_무늬 명 motif *m* à fleurs. ¶ 베이지색 바탕의 ~무늬 un motif de fleurs sur fond beige. ¶ ~무늬가 있는 천 tissu à fleurs [fleuri].

◆_바구니 명 corbeille *f* de fleurs.

◆_바람 명 vent *m* de printemps (pollinisateur).

◆_받침 명 【식물】 calice *m* ((de fleur)).

◆_방석 -方席 명 coussin *m* [natte *f*, coussinet *m*] à fleurs.

◆_밭 명 ① champ *m* de fleurs; jardin *m*; platebande

f. ¶ ~밭을 가꾸다 cultiver [entretenir] un parterre [une plate-bande]. ¶ ~밭에서 놀다 jouer dans un jardin. ② ((비유적)) un lieu(*x*) *m* où sont réunies de jolies femmes.

*~**밭에서 놀다** passer *son* temps avec de jolies femmes.

◆**_병** -瓶 명 vase *m* ((à fleurs)). ¶ ~병에 꽃을 꽂다 mettre des fleurs dans un vase. ¶ ~병의 물[꽃]을 갈다 changer [renouveler] l'eau des fleurs [du vase] [mettre de nouvelles fleurs [un nouveau bouquet, des fleurs fraîches] dans un vase].

◆**_봉오리** 명 bouton *m* de fleur. ¶ ~봉오리같은 소녀 une fille dans la fleur de sa jeunesse [en plein épanouissement de sa beauté].

◆**_부리** 명 【식물】 corolle *f*.

◆**_삽** 명 pelle *f* ((pour planter des fleurs)), bêche *f*.

◆**_상여** 명 civière *f* [corbillard *m*, bière *f*, brancards *mpl* (de cercueil)] décoré(*e*) avec des fleurs.

◆**_소식** 명 signe *m* avant-coureur (de l'arrivée) du printemps, signe *m* annonçant [prémonitoire de, laissant présager] la venue [l'arrivée] du printemps. ¶ ~소식을 전하다 annoncer la venue du printemps.

◆**_송이** 명 fleur *f* (épanouie).

◆**_수레** 명 char *m* fleuri, char *m* décoré de fleurs. ¶ ~수레를 타다 se déplacer à bord d'un char fleuri.

◆**_술** 명 ((수술)) étamine *f*; ((암술)) pistil *m*.

◆**_시계** -時計 명 horloge *f* des fleurs.

◆**_식물** -植物 명 plante *f* à fleurs; phanérogame *f*.

◆**_신** 명 chaussures *fpl* à fleurs. ¶ ~신을 신다 mettre des chaussures à fleurs.

◆**_씨** 명 grain *m* de pollen. ¶ ~씨를 뿌리다 ((le vent, les insectes)) disséminer les grains de pollen [le polen], permettre [favoriser] la dissémination des grains de pollen.

◆**_잎** 명 pétale *m*.

◆**_집** 명 boutique *f* de fleurs; ((chez le)) fleuriste *mf*.

◆**_차례** 명 【식물】 inflorescence *f*.

◆**_향기** 명 parfum *m* de fleur. ¶ ~를 맡다 humer le parfum des fleurs.

꽃구경 명 fête *f* des fleurs; excursion *f* à la saison des fleurs; balade *f* sous les arbres en fleurs. ◇_(을) **하다** admirer [voir] les fleurs (de cerisiers). ◇_(을) **가다** aller voir les fleurs (de cerisiers); aller à une fête des fleurs.

꽃게 명 【생물】 crabe *m* du pacifique, *blue swimming crab m*, *Neptunus trituberculatus* {*nsc*}.

꽃꽂이 명 arrangement *m* floral; *kkotkkoji m* ((art floral coréen)); ikebana *m* ((art floral japonais)). ◇_(를) **하다** pratiquer l'arrangement floral, faire de l'arrangement floral; pratiquer l'ikebana [l'art floral coréen].

꽃노래 명 chanson *f* sur les fleurs.

*****들기 좋은 ~도 한두 번이다** Tu nous en as rebattu les oreilles, de cette histoire / J'en ai par-dessus la tête de cette histoire. ¶ ~노래를 부르다 chanter une chanson sur les fleurs.

꽃다지 명 ① 【식물】 *Draba nemorosa* {*nsc*}. ② premier fruit *m* ((du concombre, de l'aubergine)).

꽃답다 형 être beau(*belle*, *beaux*), admirable; parfumé(*e*); agréable. ¶ 꽃다운 처녀 une jolie jeune fille, une jeune fille en fleur[en plein épanouissement da sa beauté]. ¶ 꽃다운 얼굴 ((홍안)) un teint fleuri; ((예쁜)) un beau visage. ¶ 그는 열아홉 꽃다운 나이에 목숨을 잃었다 Il est mort à 19 ans, dans[à] la fleur de l'âge [très jeune].

꽃뱀 명 ① 【동물】 serpent *m* très coloré. ② ((여자)) femme *f* qui séduit un homme marié pour lui faire du chantage; intrigante *f*.

* **~에게 물리다** se faire piéger par une intrigante.

꽃비 명 (petite) pluie *f* fine.

꽃사슴 명 【동물】 daim *m*, faon *m*.

꽃샘바람 명 vent *m* froid qui accompagne la pollinisation des fleurs au tout début du printemps.

꽃샘추위 명 temps *m* froid au début du printemps; froid *m* à l'époque de la floraison. ¶ ~가 온다 Voilà le temps froid du début du printemps.

꽃피다 자 fleurir, ((la fleur)) s'ouvrir, s'épanouir. ¶ 신라 시대에는 찬란한 불교문화가 꽃피었다 Une culture bouddhique éclatante s'était épanouie à l'époque de Silla.

꽃피우다 타 faire fleurir. ¶ 전통 문화를 ~ faire épanouir la culture traditionnelle.

꽈당탕 부 boum, pouf, patatras. ¶ ~ 넘어지다 tomber d'un coup avec fracas, {*fam*} faire pouf.

꽈르르 부 en faisant glouglou. ¶ 물이 병에서 ~ 쏟아진다 L'eau coule de la bouteille avec un glouglou.

◆**_하다** 자 glouglouter.

꽈르릉 부 avec un bruit étourdissant, avec un grand fracas ((onomatopée de bruit énorme et sourd)). ¶ 건물이 ~ 무너졌다 Le bâtiment s'est écroulé en faisant un bruit énorme.

◆**_거리다** 자 faire un bruit étourdissant.

꽈리 명 ① 【식물】 coqueret *m*, alkékenge *f*, physalis *m*. ② 물집 ampoule *f* (aux pieds); cloque *f*.

꽈배기 명 beignet *m* torsadé [en torsade].

* **(를) 꼬다[틀다]** ne pas pouvoir tenir en place. ¶ 몸을 ~ 틀다 se tortiller.

꽈악 부 ☞ 꽉

꽉 부 ① avec fermeté, fermement, solidement, avec force. ¶ ~ 묶다 ligoter solidement ((les mains de *qn*)). ¶ ~ 잡다 tenir solidement ((la rampe)). ¶ 어깨[팔]를 ~ 잡다 [붙들다] retenir [saisir] fermement les épaules [le bras] de *qn*. ¶ ~ 죄다 serrer *qc* fortement ((dans *ses* mains)). ¶ 나사를 ~ 죄다 serrer une vis solidement. ¶ 주먹을 ~ 쥐다 serrer le poing fermement. ¶ 누구를 ~ 껴안다 embrasser *qn* fermement. ¶ 그 사람은 입을 ~ 다물고 아무 말도 하지 않았다 La bouche solidement serrée, il n'a dit aucun mot. ¶ 리본을 ~ 매다 attacher solidement le ruban. ¶ 문을 ~ 닫다 fermer solidement la porte. ② 가득히 complètement, totalement, plein à craquer {*fam*}. ¶ 홀에 ~ 찬 군중 foule entassée dans la salle. ¶ 기차에 승객이 ~ 차 있다 Le train est bondé de voyageurs. ¶ 서랍이 잡동사니로 ~ 찼다 Le tiroir est bourré de babioles {*fam*}. ¶ 불이 나서 방안에 연기가 ~ 찼다 La chambre est envahie de fumée à cause d'un incendie. ¶ 가슴이 ~ 메이다 être très ému(*e*).

◆_ _ 부 ① bien fermement, bien fortement, bien solidement (à plusieurs reprises). ¶ 무엇을 상자에 ~~ 눌러 넣다 faire entrer *qc* de force dans une boîte. ¶ 밥을 ~~ 눌러 그릇에 담다 tasser du riz dans un bol. ¶ 짐을 ~~ 동여매다 attacher solidement un fardeau. ② 빽빽이 à plein, plein à craquer {*fam*}, complètement, abondamment. ¶ 방마다 사람들이 ~~ 들어차 있다 Toutes les salles sont pleines à craquer {*fam*}. ¶ 상자마다 사과가 ~~ 차 있다 Toutes les caisses sont pleines de pommes.

꽝 부 ((s'écrouler)) avec fracas; boum, pan, vlan, v'lan; patapouf ((onomatopée qui imite le bruit de ce qui cogne, tombe, explose)). ¶ 문을 ~ 치다 claquer rageusement la porte. ¶ 그것이 내 머리 위에 ~ 떨어졌다 Cela m'est tombé sur la tête avec fracas. ¶ 벽에 ~ 부딪치다 se heurter violemment à un mur. ¶ ~ 하고 화약고[다이너마이트]가 폭발했다 Ça a fait un grand boum. Une poudrière [Un bâton de dynamite] a explosé.

◆_ _ 부 avec un bruit assourdissant, avec un grand fracas ((onomatopée de bruit d'un obus qui explose)). ¶ 이쪽저쪽에서 포탄이 ~~ 터졌다 Des obus ont explosé ici et là avec un bruit assourdissant.

◆_ _**거리다** 자 faire un bruit assourdissant.

꽤 부 assez, suffisamment, passablement, pas mal. ¶ ~ 윤택한 생활을 하다 mener une vie assez aisée, vivre dans une confortable aisance. ¶ 광장에는 ~ 많은 구경꾼들이 모여 있다 Sur la place publique, se sont assemblés un assez grand nombre de badauds. ¶ 여기서 집까지는 ~ 멀다 C'est assez loin d'ici à la maison. ¶ 그 외국인은 한국말을 ~ 유창하게 한다 Cet étranger parle coréen assez couramment. ¶ 그 여자는 테니스를 ~ 잘한다 Elle joue assez bien au tennis. ¶ 나는 최근 몇 년 동안 ~ 여행을 한 셈이다 Somme toute, j'ai pas mal voyagé ces quelques dernières années.

꽥 부 ((crier)) fort ((onomatopée de cri aigu)). ¶ 화가 나서 ~ 소리를 지르다 pousser un cri aigu de colère.

◆_ _ 부 ① ((crier)) fort et à plusieurs reprises ((onomatopée de cri aigu)). ¶ ~~ 소리 지르다 pousser un cri. ② ((오리 소리)) ((faire)) coin-coin.

◆_ _**하다** 자 faire coin-coin; pousser un cri. ¶ ~~하고 구역질을 하다 vomir en poussant des cris.

◆_ _**거리다[대다]** 자 ① ((사람이)) crier, pousser des cris, hurler. ¶ 귀가 먹지 않았으니 ~~거리지 마라 Je ne suis pas sourd, ne crie pas. ② ((새 따위가)) faire coin-coin. ¶ 거위가 ~~거린다 Les oies cacardent.

꽹과리 명 【민속】 *kkwaenggwari m* <petit gong en bronze frappé d'un bâton>. ¶ ~를 울리다[치다] jouer du [frapper le] *kkwaenggwari*, jouer du [frapper le] petit gong.

꽹꽹 부 cling! ((onomatopée d'un son aigu et métallique comme celui d'une cymbale)).

꽹꽹거리다 자타 faire un bruit de cymbale.

꾀 명 habileté *f* (pour se tirer d'affaire); ((계략)) finesse *f*, ruse *f*, stratagème *m*, artifice *m*. ¶ ~가 많은 habile; plein de ressource; rusé(*e*), astucieux(*se*). ¶ ~를 내다[생각해내다] trouver un moyen [un truc, une idée]. ¶ ~(를) 쓰다[부리다] ((술책)) user de finesse; recourir à la ruse. ¶ ~를 써서 적을 물리치다 repousser l'ennemi par la ruse. ¶ ~(를) 피우다[부리다] ((게으름)) paresser, fainéanter; rester sans rien faire; négliger (son travail). ¶ 공부를 하지 않으려고 ~를 피우다 chercher des prétextes pour ne pas étudier. ¶ ~에 넘어가다 tomber dans le piège de *qn*; se laisser attraper par *qn*.

***제 ~에 제가 넘어가다** être pris(*e*) à *son* propre piège; ((속담)) Tel est pris qui croyait prendre.

◆_**병** -病 명 simulation *f* d'une maladie; maladie *f* feinte [simulée]. ¶ ~병을 앓다 faire semblant d'être malade; simuler [feindre] une maladie; faire le [la] malade. ¶ 배 아프다고 하더니 다 ~병이었구나 Tu as dit que tu avais mal au ventre, mais c'était de la comédie [du cinéma].

◆_**보** 명 homme *m* de ressources [habile]; fine mouche *f*.

꾀꼬리 명 【생물】 loriot *m*. ¶ ~ 같은 목소리 une belle voix; une voix douce.

꾀꼴꾀꼴 부 ((onomatopée pour le chant du loriot)).

꾀다[1] 자 (('꼬이다[3]'의 준말)) ☞ 꼬이다[3]

꾀다[2] 자타 séduire, induire *qn*, enjôler, captiver, charmer, envoûter, attirer, ravir; kidnapper, enlever; entraîner avec ruse, tenter, allécher, affriander, suborner, leurrer, appâter, cajoler; inciter, exciter, pousser. ¶ 달콤한 말로 여자를 ~ séduire une femme avec des paroles douces [mielleuses]. ¶ 여자에게[를] 술을 마시자고 ~ séduire une femme en proposant de boire un coup [de l'alcool]. ¶ 유괴범들이 사탕을 사주겠다고 아이를 꾀었다 Les ravisseurs ont cajolé l'enfant en lui promettant de lui acheter des bonbons. ¶ ...하도록 누구를 ~ inciter *qn* à+*inf*.

꾀이다 자 être entraîné(*e*), leurré(*e*), séduit(*e*), alléché(*e*), affriandé(*e*), abusé(*e*), berné(*e*). ¶ 오늘도 친구한테 꾀여서 수업 빼먹고 놀러 갔다 Ayant été entraîné(*e*) par un(*e*) ami(*e*), je suis allé(*e*) m'amuser au lieu d'aller aux cours.

꾀죄죄하다 형 ((habit)) être sale [malpropre, crasseux(*se*), cochonné(*e*)]; être râpé(*e*), miteux(*se*), usé(*e*), déformé(*e*), élimé(*e*), fripé(*e*);

((mobilier)) être pauvre, minable, délabré(*e*), miteux(*se*); ((옷차림이)) être mal [misérablement] habillé(*e*). ¶ 꾀죄죄한 모자 un chapeau [une casquette, un bonnet] sale [malpropre, crasseux(*se*), cochonné(*e*)]; un chapeau usé [abîmé, maculé, boueux]. ¶ 꾀죄죄한 옷 un vêtement sale [malpropre, crasseux]; un vêtement minable [miteux, qui crie misère]. ¶ 꾀죄죄한 얼굴을 하다 avoir le visage sale [malpropre]. ¶ 그 남자는 행색[몰골]이 항상 ~ Il est toujours mal habillé / Il est tout le temps misérablement habillé(*e*) / Il porte invariablement des vêtements peu décents / Il est toujours débraillé / Il est constamment habillé n'importe comment / Il a habituellement l'air d'un bohémien / Il est en permanence ficelé [fichu] {*fam*} comme l'as de pique / Il est toujours fagoté [ficelé] {*fam*} comme un sac / Il est toujours mal fagoté [ficelé] {*fam*} / Il est tout le temps mal sapé {*fam*}. ¶ 꾀죄죄하게 보이는 사람들 des individus d'aspect minable [miteux, pouilleux].

꾀하다 타 comploter, combiner, conspirer, tramer, machiner; essayer, tenter, tâcher ((de faire *qc*)); chercher à ((faire *qc*)). ¶ 못된 일을 ~ préparer [préméditer] un mauvais [sale] coup. ¶ 불가능한 일을 ~ tenter l'impossible; vouloir décrocher la lune. ¶ 암살을 ~ préparer un attentat contre *qn*, préméditer un meurtre [un assassinat] contre *qn*. ¶ 무릇 살기를 꾀하는 자는 죽을 것이오 Généralement, celui qui essaie de vivre finit quand même par mourir.

꾐 명 allèchement *m*, tentation *f*, séduction *f*, entraînement *m*. ◇_**에 빠지다[넘어가다]** se laisser duper [tromper] (par *qn*/*qc*); se laisser tenter [séduire] (par *qn*/*qc*).

꾸깃꾸깃 부 de manière froissée, fripée, chiffonnée, pliée. ¶ 돈을 주머니에 ~ 집어넣다 froisser les billets d'argent en les mettant dans *sa* poche.

◆_**하다** 형 être froissé(*e*), chiffonné(*e*). ¶ ~한 지폐 billet de banque froissé. ¶ 그 여자는 초조해서 손수건을 ~하고 있다 Angoissée, elle ne cesse de friper son mouchoir. ¶ 다리지 않아서 옷이 ~하다 Ce vêtement est tout froissé parce qu'on ne l'a pas repassé.

꾸다[1] 타 rêver de *qc*; faire un rêve [songe]. ¶ 꿈[태몽]을 ~ rêver [faire un rêve prémonitoire de conception]. ¶ 악몽을 ~ faire un cauchemar [un mauvais rêve, un sale rêve]. ¶ 잠을 자면서 꿈을 ~ faire des rêves dans *son* sommeil. ¶ 나는 당신[불이 난] 꿈을 꾸었다 J'ai rêvé de vous [d'un incendie]. ¶ 나는 아주 이상한 꿈을 꾸었다 J'ai fait un rêve très bizarre.

꾸다[2] 타 emprunter *qc* à *qn* ((de l'argent à *qn*)). ¶ 누구에게 돈을 ~ emprunter de l'argent à *qn*. ¶ 양식을 ~ emprunter de la nourriture [des victuailles] à *qn*.

***꾸어다 놓은 보릿자루[빗자루]** une personne qui reste toute seule sans mot dire dans son coin, une personne isolée dans son coin. ¶ 꾸어다 놓은 보릿자루[빗자루]마냥 comme un chien dans un jeu de quilles. ¶ 그 사람은 꾸어다 놓은 보릿자루마냥 한쪽 구석에 박혀 다른 사람과 어울리지 못했다 Il restait tout seul dans un coin n'osant pas se mêler aux autres.

꾸들꾸들 부 d'un aspect dur et sec.

◆_**하다** 형 être dur(*e*) et sec(sèche). ¶ 떡[밥]이 오래되어 ~하다 Le vieux *tteok* [Le vieux riz] est dur et sec.

-꾸러기 접미 ((suffixe ajouté à un nom et désignant une personne qui abuse de quelque chose, ou reçoit beaucoup de choses)). ¶ 말썽~ un(*e*) petit(*e*) poison {*fam*} [diable, canaille {*fam*}, crapule *f* {*fam*}, polisson, garnement, plaisantin, blagueur, chenapan, coquin, fripon, fripouille {*fam*}], un(*e*) espiègle, un filou {*fam*}, un gredin {*fam*}, un(*e*) sale gosse {*fam*}. ¶ 장난~ un(*e*) enfant malicieux(*se*), un petit(*e*) polisson(*ne*). ¶ 심술~ un(*e*) méchant(*e*); une personne hargneuse; un(*e*) grincheux(*se*), une personne de mauvais caractère. ¶ 욕심~ une personne avide (de gains); une personne ambitieuse, une personne pleine de désirs. ¶ 잠~ un(*e*) dormeur(*se*), un(*e*) grand(*e*) dormeur(*se*) paresseux(*se*) qui fait la grasse matinée.

꾸러미 명 ballot *m*, balluchon *m*, baluchon *m*, lot *m*; paquet *m*, lot *m*; ((열쇠)) trousseau(*x*) *m* ((de clés)). ¶ 짐 ~ un ballot, un bal(l)uchon. ¶ 선물 ~ un paquet. ¶ 종이 ~ une liasse de papier. ¶ 편지 ~ une liasse de lettres. ¶ ~를 싸다[풀다] faire [ouvrir] un paquet. ¶ 옷 ~를 손에 들다 porter à la main *son* baluchon de vêtements.

분류 colis *m*, paquet *m*. ¶ 달걀 세 ~ trois dizaines d'œufs. ¶ 소포 두 ~ deux colis [deux paquets].

꾸리다 타 ① faire *ses* malles; empaqueter, emballer. ¶ 이삿짐을 ~ faire les cartons pour un déménagement. ¶ 등산 가려고 배낭을 ~ préparer [faire] *son* sac à dos pour aller à la montagne [pour aller faire de la randonnée]. ② 일을 처리하다 diriger, administrer, gérer; s'arranger. ¶ 집안일을 잘 ~ faire bien le ménage. ¶ 어렵게 살림을 ~ mener une vie difficile. ¶ 그것으로 이럭저럭 꾸려 나가겠습니다 Je vais m'arranger avec cela tant bien que mal [à la guerre comme à la guerre]. ¶ 이미 벌인 일도 꾸리기 힘든데 새로운 일을 어떻게 벌려요? J'ai déjà du mal avec ce qu'on est en train de faire, comment puis-je commencer un nouveau travail? ③ ((집이나 자리 따위를)) orner, arranger. ¶ 잠자리를 ~ faire [arranger] *son* lit. ¶ 집을 멋있게 ~ décorer *sa* maison de façon chouette.

꾸며대다 타 ① mentir, déguiser (la vérité), maquiller ((la vérité)), farder, dénaturer. ¶ 사건의 경위를 거짓말로 ~ mentir sur les circonstances de cette affaire. ② inventer ((une histoire)), fabriquer ((un mensonge)). ¶ 이야기를[거짓말을] 꾸며대다 inventer une histoire [fabriquer un mensonge].

꾸무럭거리다 자 remuer lentement; bouger lentement; s'attarder; traîner, tarder, traînailler {*fam*}, lambiner {*fam*}. ¶ 뭘 꾸무럭거리고 있는 거요? Pourquoi traînez-vous? / Pourquoi ne vous dépêchez-vous pas? ¶ 꾸무럭거리고 있을 때가 아니다 Ce n'est pas le moment de traîner / Nous n'avons pas de temps à perdre. ¶ 꾸무럭거리지 말고 sans tarder, tout de suite; sur-le-champ; de ce pas.

꾸무럭꾸무럭 부 de manière hésitante ((idéophone de mouvement lent et hésitant)).

꾸물거리다 자 remuer lentement; bouger lentement; s'attarder; traîner, tarder, traînailler {*fam*}; se remuer sans se presser. ¶ 꾸물거리지 말고 빨리빨리 일을 끝내도록 해라 Ne traîne pas, et essaie de vite terminer ce travail. ¶ 꾸물거리고 있을 시간이 없다 On n'a pas de temps à perdre / Le temps presse.

꾸물꾸물 부 mollement, très lentement, paresseusement, sans se presser. ¶ 사람들이 ~ 모여든다 Les gens se rassemblent paresseusement. ¶ ~ 움직이다 bouger lentement [mollement, sans se presser], se remuer sans se presser, traîner, traînasser {*fam*}, traînailler {*fam*}, lambiner, lanterner, tarder, s'attarder.

꾸미개 명 ruban *m* [servant à orner un chapeau, des habits].

꾸미다 타 ① ((공간을)) décorer, orner, ornementer, parer. ¶ 방[서재]을 ~ décorer *sa* chambre [*son* bureau]. ¶ 집을 아담하게 ~ décorer avec goût *sa* maison. ② ((몸을)) se maquiller. ¶ 얼굴[몸]을 (예쁘게) ~ se faire beau(*belle*); se pomponner, se faire une beauté [se mettre en grande toilette, en grande tenue; bien se saper {*vulg*}; se mettre sur *son* trente et un; s'endimancher [s'habiller de dimanche]. ③ ((이야기를)) inventer, monter, forger, combiner, machiner; embellir ((une histoire)). ¶ 완전히 꾸며 낸 이야기 histoire inventée de toute pièce. ¶ 이야기를 그럴듯하게 꾸며 말하다[꾸며대다] embellir [broder, enjoliver] une histoire. ¶ 꾸미려고 들지 말고 사실대로 말하라 N'embellis pas ton histoire, dis-moi la vérité seulement / Ne brode pas et raconte sans faire de détour. ④ ((글 따위를)) 작성하다 préparer; remplir ((un formulaire)). ¶ 서류[보고서]를 ~ préparer des documents [un compte rendu]. ⑤ ((음모, 일을)) 짜다 conspirer contre *qn*, comploter contre *qn*, ourdir *qc* contre *qn*. ¶ 일[음모]을 ~ ourdir [organiser, former] un complot [conspirer contre *qn*]. ⑥ ((가정, 살림 따위를)) former *qc*. ¶ 새 살림을 ~ former un nouveau ménage. ¶ 가정을 ~ se mettre en ménage. ⑦ ((조직하다)) organiser, former. ¶ 새 내각을 ~ former un nouveau cabinet.

꾸밈 명 ① ornement *m*, décoration *f*; garniture *f*; fioriture *f*; ((조작)) invention *f*, montage *m*. ¶ 지나치게 ~이 많은 문체 un style trop recherché. ② 가장 fioriture *f*, ornement *m*; ((parler sans)) ambages *mpl*; ((propos sans)) équivoques; ((sans)) détours. ◇_(이) 없다 être franc(*he*) et loyal(*e*), être sincère, être honnête. ¶ 어린아이들의 ~없는 태도 une attitude franche des enfants. ¶ 그의 행동은 ~이 없다 Son comportement est sincère. ¶ ~없이 말하면 pour parler franchement [en toute franchise]; à dire vrai, à la vérité; pour être franc(*che*) avec vous.
◆_말 명 【언어】 modificateur *m*; modificatif *m*.
◆_새 명 aspect *m*, apparence *f*.
◆_씨 명 【언어】 modificateur *m*; modificatif *m*.
◆_음 【음악】 명 ornement *m*.

꾸벅 부 d'un hochement de la tête. ¶ 고개를 ~ 숙이다 pencher, courber la tête. ¶ ~ 인사하다 saluer d'un hochement de tête. ¶ ~ 절하다 se prosterner.
◆_하다 타 hocher la tête. ¶ 고개를 ~하며 인사하다 saluer d'un hochement de tête.
◆_거리다 타 sommeiller en dodelinant de la tête; somnoler. 고개를 ~거리며 졸다 sommeiller en dodelinant de la tête.
◆_이다 타 faire des hochements de tête. ¶ 그 사람은 내 말에 수긍하는 듯 고개를 ~였다 Il a hoché la tête comme s'il approuvait mes paroles [pour approuver mes paroles].

꾸벅꾸벅 부 en dodelinant de la tête. ¶ ~ 졸다 s'assoupir [somnoler] en dodelinant de la tête.

꾸역꾸역 부 de façon saccadée [spasmodique]; en masse, à foison ((onomatopée de mouvement)). ¶ ~ 먹다 manger goulûment. ¶ ~ 모여들다 s'entasser, envahir un endroit en masse.

꾸욱 부 ☞ 꾹

꾸준하다 형 être persistant(*e*), persévérant(*e*), obstiné(*e*), constant(*e*), continu(*e*), durable; assidu(*e*), appliqué(*e*), diligent(*e*), zélé(*e*). ¶ 꾸준한 노력을 기울이다 faire des efforts constants [persistants]. ¶ 꾸준한 성장을 이룩하다 maintenir une bonne croissance. ¶ 그는 성격이 ~ Il est constant / Il est toujours le même / Il est égal à lui-même. ¶ 저 사람은 일하는 것이[데 있어서] ~ Cette personne est très appliquée dans son travail. ¶ 꾸준하게 공부하다 travailler constamment [durablement, avec assiduité, avec persévérance].

꾸준히 부 patiemment, régulièrement, avec persistance, diligemment, de manière ininterrompue, sans épargner sa peine, avec zèle. ¶ ~ 노력하다 persévérer dans *ses* efforts. ¶ ~ 준비하다 préparer régulièrement. ¶ 일정한 수준을 ~ 유지하다 maintenir un niveau stable. ¶ 하루도 빠지지 않고 ~ 운동 연습을 하다 faire des exercices sportifs régulièrement sans manquer un seul jour.

꾸중 명 réprimande *f*, reproche *m*, blâme *m*, semonce *f*. ◇_(을) 하다 gronder ((un enfant)); sermonner *qn*, réprimander *qn*; attraper *qn* {*fam*}, disputer *qn* {*pop*}, engueuler *qn* {*fam*}, enguirlander {*fam*}, sermonner *qn*; houspiller *qn*, passer un savon à *qn* {*fam*}, remonter les bretelles à *qn* {*fam*}, sonner les cloches {*fam*} à *qn*, tirer les oreilles à *qn* {*fam*}, secouer les puces à *qn* {*fam*}. ¶ 선생님께서 공부를 게을리한다고 우리를 ~하셨다 Le professeur nous a réprimandés [grondés] nous disant que nous n'étudions pas assez. ◇_(을) **듣다** se faire gronder [réprimander, sermonner, attraper {*fam*}, disputer *qn* {*pop*}, enguirlander {*fam*}, remonter les bretelles {*fam*}, sonner les cloches {*fam*}, tirer les oreilles {*fam*}, passer un savon {*fam*}], recevoir un savon {*fam*}. ¶ 부모님께 ~ 들을 일을 하다 faire *qc* susceptible de provoquer la colère de *ses* parents. ¶ 지각을 해서 선생님께 ~ 듣다 se faire rouspéter [houspiller, attraper {*fam*}, disputer *qn* {*pop*}, enguirlander {*fam*}] par le professeur à cause de *son* retard.

꾸지람 명 réprimande *f*, remontrances *fpl*, semonce *f*, gronderie *f*, observation *f*. ◇_(을) **하다** faire [adresser] des remontrances à *qn*, gronder *qn*, réprimander *qn*, sermonner *qn*; passer un savon à *qn*; engueuler *qn* {*fam*}, faire la morale à *qn*. ¶ 선생님이 학생들을 ~하셨다 Le professeur a réprimandé [grondé] les élèves. ◇_**을 듣다** recevoir une semonce; se faire gronder, se faire réprimander, se faire sermonner, se faire remonter les bretelles {*fam*}, se faire sonner les cloches {*fam*}], recevoir un savon {*fam*}. ¶ 엄한 ~을 듣다 recevoir une verte semonce. ¶ 나는 거짓말을 했다고 어머니께 호되게 ~을 들었다 Je me suis fait engueuler {*fam*} [incendier {*fam*}, enguirlander {*fam*}] par ma mère parce que j'avais menti / Ma mère m'a passé un savon parce que j'avais menti.

꾸짖다 타 gronder ((un enfant)); reprocher, admonester *qn*; réprimander *qn*, gourmander *qn* {*litt*}; faire la morale {*fam*}; sermonner *qn*, houspiller *qn*, tancer *qn*; adresser une semonce [réprimande] à *qn*; faire des remontrances [observations] à *qn*. ¶ 누구를 호되게 ~ gronder vertement *qn*; réprimander sévèrement *qn*. ¶ 아들의 잘못을 호되게 ~ reprocher vertement les erreurs de *son* fils. ¶ 선생님은 학생들에게 말을 안 듣는다고 꾸짖으셨다 Le professeur a sermonné les élèves parce qu'ils n'obéissaient pas.

꾹 부 ① avec une pression lourde, fortement, puissamment, très fort; solidement. ¶ ~ 누르다 presser [appuyer] fortement. ¶ 모자를 ~ 눌러 쓰다 enfoncer un chapeau sur la tête. ¶ 옆구리를 ~ 찌르다 enfoncer son doigt dans les côtes de *qn*. ② 참는 모양 patiemment, avec patience, fermement, avec beaucoup d'efforts. ¶ ~ 참고 기다리다 attendre patiemment ¶ 모욕을 ~ 참다 endurer [supporter] un affront [une insulte] avec beaucoup de retenue. ¶ 웃음[화]을 ~ 참다 se retenir avec beaucoup d'efforts pour ne pas rire [pour ne pas se mettre en colère].

◆_ _ 부 en pressant fermement, fortement, fort, vigoureusement ((onomatopée de mouvement)). ¶ 밥을 ~~ 눌러 담다 tasser le riz. ¶ 여행 가방에 옷가지를 ~~ 눌러 넣다 bourrer *sa* valise de vêtements. ¶ 욕이 나오는 걸 ~~ 눌러 참다 se retenir avec beaucoup d'efforts pour ne pas dire des injures.

꾼[1] 명 as *m* ((à la belotte, au pocker)); pro *mf*; champion(*ne*). ¶ 걔는 완전히 ~이야 C'est vraiment un pro [un champion], celui-là.

-꾼[2] 접미 homme *m* [femme *f*] occupé(*e*) à *qc* / *inf*. ¶ 나무~ un(*e*) bûcheron(*ne*). ¶ 낚시~ un(*e*) pêcheu*r*(*se*) [à la ligne] ¶ 노름~ un(*e*) joueu*r*(*se*). ¶ 농사~ un(*e*) agricul*teur*(*trice*). ¶ 사기~ un escroc. ¶ 사냥~ un(*e*) chasseu*r*(*se*). ¶ 짐~ un(*e*) porteu*r*(*se*).

꿀 명 miel *m*, nectar *m*. ¶ 벌집에서 ~을 따다 démieller une ruche. ¶ 벌들이 이 꽃 저 꽃으로 ~을 찾아다닌다 Les abeilles butinent de fleur en fleur.

*~ **먹은 벙어리처럼 아무 말 하지 않다** ne pas dire [décocher {*fam*}] un seul mot, rester muet comme une carpe.

◆_**농사** 명 apiculture *f*.

◆_**단지** 명 pot *m* de miel. ¶ 집에 ~라도 숨겨 놓았니, 일 마치자 왜 그리 급히 들어가는 거니? Est-ce que tu caches quelque chose pour vouloir rentrer si vite après le boulot?

◆_**떡** 명 *kkultteok m* <pâte de riz au miel (avec des châtaignes, des jujubes, des pignons)>.

◆_**맛** 명 goût *m* de miel [mielleux]. ¶ ~맛 같은 단잠[신혼 생활] un doux sommeil mielleux [la vie d'un jeune couple qui fait rêver].

◆_**물** 명 eau *f* avec du miel; eau *f* sucrée au miel.

◆_**벌** 명 abeille *f*.

꿀꺽 부 d'un trait, d'un coup; gloups ((onomatopée)). ¶ 약[침]을 ~ 삼키다 avaler le médicament [la salive] d'un trait. ¶ 그 사람은 입 밖으로 나오려는 말을 ~ 삼켰다 Il a ravalé brusquement ses mots.

◆_**하다** 타 avaler *qc* d'un trait. ¶ 회사 공금을 ~하다 détourner [avaler] l'argent de l'entreprise.

◆_ _ 부 d'un trait, d'un coup, d'une gorgée ((onomatopée de mouvement ou de son, bruit d'un objet qui passe par la gorge)). ¶ 물을 ~~ 마시다 [들이키다] boire de l'eau en faisant glouglou.

꿀꿀 부 groin groin ((onomatopée exprimant le cri du cochon)). ¶ 돼지가 ~ 운다 Le cochon [La truie] grogne / Le cochon [La truie] fait groin groin.

◆_**거리다[대다]** 자 faire groin groin, grogner.

꿀꿀이 명 ((terme enfantin, terme à l'usage des enfants pour désigner un)) cochon *m*.

◆_**죽** 명 ① nourriture *f* pour les cochons. ② 맛없고 볼품없는 잡탕음식 rata *m* (infâme).

꿀돼지 명 cochon *m*. ¶ ~처럼 욕심이 많다 être d'une avidité insoupçonnable.

꿀떡 부 d'un trait, d'un coup, d'une gorgée; gloub!, gloups! ((onomatopée évoquant le bruit de la déglutition [le bruit produit lorsqu'on avale d'un trait, d'une seule gorgée)). ¶ 침을 ~ 삼키다 ravaler *sa* salive.

◆__ 부 avec un serrement de gorge. ¶ 그 남자는 뇌물을 ~~ 잘도 먹더니 꼴좋다 Cet homme qui empochait sans arrêt des pots-de-vin, regarde dans quel état il est maintenant!

꿀렁거리다 자 gargouiller. ¶ 물을 많이 마셨더니 뱃속이 꿀렁거린다 J'ai bu beaucoup d'eau, alors mon ventre gargouille.

꿀리다 자 se sentir inférieur(*e*), être faible; s'affaiblir, dépérir, décliner, péricliter, défaillir; faire défaut, manquer, avoir quelque chose d'inavouable. ¶ 재네 편한테 우리 편이 너무 꿀린다 Notre équipe ne fait vraiment pas le poids / Notre équipe est beaucoup moins forte que la leur. ¶ 너는 누구한테도 꿀릴 게 없다 Tu n'as à envier personne. ¶ 자꾸 나를 피하려는 것을 보니 꿀리는 데가 있는 모양이지 Il essaie sans arrêt de m'éviter; j'ai bien l'impression qu'il me cache quelque chose / Je parie que tu me caches quelque chose sinon tu ne m'éviterais pas comme ça.

꿀밤 명 petit coup *f* (avec les phalanges) ((sur la tête de *qn*)). ◇_(을) **먹이다[때리다]** donner un petit coup ((sur la tête de *qn*)).

꿇다 타 se mettre à genoux, s'agenouiller, ployer, fléchir, se prosterner. ¶ 임금님 앞에 꿇어 엎드리다 se prosterner devant le roi. ¶ 무릎을 꿇고 앉다 s'asseoir sur *ses* genoux. ¶ 무릎을 꿇고 기도하다 prier en se mettant à genoux. ¶ 무릎을 꿇고 간청하다 supplier (en se mettant) à genoux.

꿇리다 타 faire s'agenouiller *qn*. ¶ 누구를 무릎을 꿇리다 faire s'agenouiller *qn*.

꿇어앉다 자 s'agenouiller, s'asseoir sur *ses* genoux. ¶ 여기 꿇어앉아 Agenouille-toi ici. ¶ 성모마리아상 앞에 ~ s'agenouiller devant la statue de Sainte-Marie.

꿈 명 ① rêve *m*, songe *m*. ¶ 좋은[나쁜] ~ un beau rêve [un mauvais rêve, un cauchemar]. ¶ 어젯밤 ~ le rêve de cette nuit [de la nuit dernière]. ¶ ~에 나타나다 apparaître en rêve. ¶ ~에(서) 누구를 보다 voir *qn* en rêve [dans *son* rêve]. ¶ 마치 ~ 속을 헤매는 것 같다 Je me sens comme dans un rêve. ② 공상, 망상 rêverie *f*, illusion *f*, délire *m*. ¶ 감미로운 ~에 잠기다 se livrer à une douce rêverie. ¶ ~에서 깨어나다 revenir de *ses* illusions. ③ 희망, 소망, 소원 rêverie *f*, vision *f*, ambition *f*. ¶ 장래의 ~ un projet d'avenir. ¶ 내 ~은 대학자가 되는 것이다 Je rêve de devenir un grand savant [un grand chercheur] plus tard. ¶ ~을 이루다 accomplir [réaliser] un rêve. ¶ ~을 키우다 nourrir un rêve [une ambition, un projet (d'avenir)]. ¶ ~이 크다[작다] avoir beaucoup [peu] de rêve [d'ambition]. ◇_**을 갖다** rêver de+*inf*, avoir pour rêve de+*inf*, avoir pour projet de+*inf*. ¶ 저 아이는 장차 훌륭한 법관이 되는 ~을 갖고 있다 Cet enfant rêve de devenir plus tard un grand magistrat. ◇_**에서[(을)] 깨다** ① sortir d'un rêve; sortir du sommeil, s'éveiller. ② revenir de *ses* illusions; se réveiller ((à la réalité)). ¶ 남의 ~을 깨다 faire revenir *qn* de *ses* illusions; faire revenir *qn* à la réalité; arracher *qn* à *ses* rêves. ¶ 내가 그 부탁을 들어주리라고 생각하는 모양인데, ~ 깨라 Si tu penses que je vais accepter ta demande, tu peux toujours rêver [courir {*fam*}]! ◇_**(을) 꾸다** ① faire un rêve [songe], rêver. ¶ 용[돼지] ~을 꾸다 faire de beaux rêves; faire un rêve (prémonitoire) de bonne augure. ¶ 나쁜 ~을 꾸다 faire un mauvais rêve [un cauchemar]. ¶ 나는 밤새도록 고향 ~을 꾸었다 J'ai rêvé toute la nuit de mon pays (natal). ¶ 첫 애 가졌을 때 무슨 ~을 꾸었어? Qu'est-ce que tu as fait comme rêve prémonitoire pour ton premier enfant? ¶ ~(을) 꾸는 듯한 표정 un air rêveur [songeur]. ② ((희망, 포부)) rêver, espérer. ¶ 출세를 ~꾸다 rêver de percer, rêver de réussir dans le monde [dans la vie, dans la société], rêver de faire *son* [du] chemin [de faire (une belle) carrière, d'arriver à une haute situation]. ¶ 장차 대통령이 되는 것을 ~꾸다 rêver de devenir un jour président(*e*) (de la République). ¶ 내가 네 말을 들어주리라고는 ~도 꾸지 마라 Ce n'est pas la peine d'espérer que je t'écoute. ¶ 이 돈은 ~도 꾸지 마라 Tu peux toujours rêver [courir] pour cet argent / Ne compte pas sur cet argent / Cet argent, tu peux faire une croix dessus [ce n'est pas la peine d'y compter] / Tu peux (toujours) te brosser [te fouiller] pour cet argent. ¶ 그건 나로서는 ~도 못 꿀 일이다 C'est une utopie pour moi / C'est un projet que je ne pourrai jamais réaliser / C'est un rêve qui ne peut pas se réaliser / Ce ne sera jamais qu'un rêve pour moi / Aucune chance que ça ne se réalise. ◇_**이 깨지다** un rêve est brisé [s'évanouit]; être revenu(e) de *ses* illusions, revenir sur terre, perdre *ses* illusions. ¶ 이제 ~이 깨졌어 Maintenant, je suis revenu(*e*) de mes illusions / Maintenant, tous mes rêves se sont évanouis / Maintenant, j'ai perdu toutes mes illusions.

*~**보다 해몽(이 좋다)** L'interprétation d'un rêve est meilleure que le rêve lui-même.

*~**에 밟히다** revoir [revivre] sans cesse une situation ((même en rêve)).

*~**인지 생시인지 모르다[분간을 못하다]** ne pas savoir si c'est un rêve ou la réalité.

◆_**같다** 형 ① être idé*al*(*ale*, *aux*), merveilleu*x*(*se*), comme dans un rêve, idyllique; *qc* de rêve. ¶ ~같은 세월[시간] des moments extraordinaires [fériques, trop beaux pour être vrais, inoubliables]. ¶ 신혼생활이 ~같다 vivre avec beaucoup de bonheur les premiers instants du mariage; vivre avec un grand bonheur les premiers instants de *son* union, jouir (du bonheur) des premiers temps du mariage, être enivré(*e*) du bonheur [être au comble du bonheur] des premiers temps du mariage. ② 황당하다 être incroyable, invraisemblable, extravagant(*e*). ¶ ~같은 이야기 une histoire folle [extravagante]; une histoire trop belle pour être vraie; une histoire inventée de toutes pièces; une histoire invraisemblable; des absurdités, des idioties.

◆_같이 ㊀ comme par magie, comme par enchantement; très rapidement comme dans un rêve. ¶ 세월이 ~같이 흘러갔다 Le temps est passé très rapidement comme dans un rêve. ¶ 모든 희망이 ~같이 사라졌다 Tous mes espoirs [Toutes mes espérances] se sont évanoui(*e*)s comme par enchantement.

◆_에도 ㊀ même en rêve; ((부정)) ((jamais)) même dans *mes* rêves les plus fous ((je n'aurais imaginé que+*ind*)); jamais il ne me viendrait à l'idée de+*inf*; il ne *me* viendrait jamais à l'idée de+*inf*; je n'aurais jamais songé à [eu l'idée de]+*inf* ((faire une chose pareille)); je n'ai jamais songé [imaginé] un instant que+*ind*. ¶ ~에도 그리던 고향 땅 ma terre natale à laquelle je pense même en rêve. ¶ 네가 돌아오리라고는 ~에도 생각하지 못했다 Je n'ai jamais songé [imaginé] un instant que tu reviendrais / Jamais, même dans mes rêves les plus fous, je n'aurais imaginé que tu reviennes un jour. ¶ 그런 생각은 ~에도 없다 (Il n'en est) pas question! / Jamais de la vie! / Je n'y songe même pas.

◆_결 ㊂ état *m* de somnolence; ((dans un)) demi-sommeil, à moitié éveillé(*e*) [endormi(*e*)], ensommeillé(*e*), assoupi(*e*); ((être)) rêveu*r*(*se*) [dans la lune, dans les nuages]; transe *f*; vanité *f*, vide *m*; incertitude *f*, doutes *mpl*. ¶ ~결에 들은 이야기 une histoire que j'ai entendue à moitié éveillé(*e*). ¶ ~결에 그를 본 것 같다 J'ai dû le voir à moitié éveillé(*e*). ¶ 학창 시절이 ~결같이 지나갔다 Ma vie d'étudiant est passée trop vite comme un rêve.

◆_길 ㊂ état *m* de rêve(rie). ¶ ~길을 헤매다 être perdu(*e*) dans *ses* rêves.

◆_나라 ㊂ pays *m* des rêves [des songes]; un pays *m* de rêve, endroit *m* magnifique; ((잠들다)) être gagné(*e*) par le sommeil. ¶ ~나라로 가다 aller aux pays des rêves [songes]; aller dans [rejoindre] les bras de Morphée. ¶ 이곳은 정말 ~나라 같다 Ici, c'est vraiment un pays de rêve [un endroit magnifique].

◆_나무 ㊂ graines *fpl* d'avenir. ¶ 청소년은 우리들의 ~나무들이다 Les adolescents sont notre avenir.

◆_자리 ㊂ rêve *m* de ((bon, mauvais]) augure. ¶ ~자리가 좋다[사납다] faire un rêve (prémonitoire) de bon [mauvais] augure.

◆개_ ㊂ ☞ 개꿈

◆단_ ㊂ ☞ 단꿈

꿈적이다 ㊅ [se] remuer (bouger, ballotter) très lentement. ¶ 눈을 ~ remuer lentement l'œil.

꿈지럭거리다 ㊆㊅ remuer avec un mouvement lent.

꿈지럭대다 ㊆㊅ ☞ 꿈지럭거리다

꿈쩍 ㊂ ((ne pas bouger)) d'un pouce. ¶ ~도 하지 않다 ne pas bouger d'un pouce, rester immobile.

꿈쩍없다 ㊇ être immobile, inébranlable, ferme, impassible. ¶ 그는 어떠한 위험이 닥쳐도 ~ Quel que soit le danger, il reste impassible. ¶ 저 요새는 아무리 포격을 해도 ~ Quels que soient les projectiles qu'on bombarde, la forteresse est imprenable.

꿈틀 ㊀ avec un tortillement, en se tortillant. ¶ 그의 몸이 ~ 움직였다 Son corps bougea avec un tortillement / Son corps se tortilla.

◆_거리다[대다] ㊆㊅ se tortiller, se tordre, se torsader, s'entortiller, distordre, boudiner. ¶ 지렁이처럼 ~거리다 se tortiller comme un ver.

◆_ _ ㊀ en se tortillant. ¶ 뱀들이 ~~ 움직인다 Les serpents avancent en se tortillant.

꿋꿋하다 ㊇ être très résistant(*e*), fort(*e*), robuste, vigoureux(*se*); être ferme, inflexible, inébranlable, déterminé(*e*); être brave, courageu*x*(*se*). ¶ 꿋꿋한 기상[태도] volonté inflexible [attitude ferme], volonté inébranlable. ¶ 그는 어려운 상황에서도 늘 꿋꿋하다 Il est toujours brave [solide, fort, courageux] même dans les situations difficiles. ¶ 꿋꿋하게 살아가다 vivre courageusement [avec ténacité]. ¶ 꿋꿋하게 버티다 résister courageusement [avec bravoure].

◆꿋꿋이 ㊀ courageusement; avec ténacité; avec bravoure.

꽝꽝거리다 ㊆ faire boum[pan] à plusieurs reprises. ¶ 윗층에서 꽝꽝거리는 바람에 밤새 한숨도 못 잤다 Je n'ai pas pu fermer l'œil de la nuit à cause du boucan qu'ils faisaient à l'étage supérieur [au-dessus].

꽝꽝대다 ㊆ ☞ 꽝꽝거리다

꽁꽁이 ㊂ ruse *f* en sous-main [dessous]; raisons *fpl* cachées; dessein *m* [projet *m*] discret [secret]; arrière-pensée *f*, intention *f* cachée, but *m* [objectif *m*] non avoué [non précisé, non dit], autre objectif *m*. ¶ 그 ~를 누가 알겠어? Qui sait ce qu'il a derrière la tête? ◇_가 있다[없다] avoir une [ne pas avoir d']arrière-pensée [intention cachée], avoir *qc* derrière la tête, avoir une idée derrière la tête [ne rien avoir derrière la tête], cacher *son* jeu, avoir un but [un objectif] non avoué [non précisé, non dit], avoir un autre objectif. ¶ 그의 제안에는 무언가 ~가 있는 것 같다 On dirait qu'il a un but [un objectif] non avoué [non précisé, non dit] derrière sa proposition / On dirait qu'il y a quelque chose [une intention cachée] derrière sa proposition / Il me semble qu'il y a une arrière-pensée dans sa proposition / Sa proposition paraît cacher un objectif non précisé [un autre objectif].

꽁심 ㊂ calcul *m* mental; projet *m* secret; ruse *f* en sous-main [dessous]; raisons *fpl* cachées; arrière-pensée *f*; intentions *fpl* secrètes, dessein *m* [projet *m*] discret[secret]; fourberie *f*. ¶ 그가 그 여자를 옹호하는 것은 뭔가 ~이 있기 때문이다

ㄱ

C'est parce qu'il a une idée derrière la tête qu'il protège cette fille. ◇_을 **품다[갖다]** avoir un projet secret; avoir une idée derrière la tête. ◇_(**이**) **있다[없다]** avoir une [ne pas avoir d']arrière-pensée [intention cachée], avoir *qc* [une idée] derrière la tête [ne rien avoir derrière la tête], cacher *son* jeu, avoir un but [un objectif] non avoué [non précisé, non dit], avoir un autre objectif.

꿔주다 타 prêter ((de l'argent)). ¶ 친구에게 돈을 ~ prêter de l'argent à un ami, dépanner un ami {*fam*} (en lui prêtant de l'argent). ¶ 이번 달까지(만) 돈 좀 꿔줄래? Peux-tu me dépanner jusqu'à la fin du mois, s'il te plaît?

꿩 명 faisan(*e*). ¶ ~ 사냥을 하다 chasser le faisan.
*~**대신 닭** Faute de grives, on mange des merles.
*~ **먹고 알 먹고** faire d'une pierre deux coups, faire coup double, avoir le beurre et l'argent du beurre; la cerise sur le gâteau.
*~ **구워 먹은 소식이다** On n'a toujours aucune nouvelle.

꿰다 타 ① passer ((un fil)), enfiler ((une aiguille)). ¶ 바늘구멍에 실을 ~ passer un fil dans le chas d'une aiguille; enfiler une aiguille. ② 찔러 꽂다 embrocher. ¶ 닭을 꼬챙이에 ~ embrocher un poulet. ¶ 꼬챙이에 곶감을 ~ embrocher [enfiler] des kakis séchés sur une brochette. ③ connaître à fond, maîtriser. ¶ 그 사람은 그 일을 훤히 꿰고 있다 Il maîtrise parfaitement ce travail. / Il connaît ce travail comme sa poche. ¶ 그는 바슐라르를 훤히 꿰고 있는 사람이야 C'est quelqu'un qui connaît à fond Bachelard.

꿰뚫다[1] 재 ① transpercer *qc*, percer *qc*, perforer *qc*, pénétrer *qc*, entrer dans *qc*. ② pénétrer ((le cœur, les sentiments)) de *qn*; connaître tous ((les sentiments)) de *qn*; lire ((les sentiments)) de *qn*. ¶ 무엇에 관해서 훤히 ~ savoir tout sur *qc*.

꿰뚫다[2] 타 ① percer, traverser, transpercer, pénétrer, forer, perforer, tarauder. ¶ 적의 전선을 ~ pénétrer les lignes ennemies. ¶ 총알이 그의 내장을 꿰뚫었다 Une balle lui a perforé l'intestin. ② traverser. ¶ 큰 길이 마을을 꿰뚫고 있다 Une grande rue traverse le village. ③ transpercer. ¶ 한 줄기 빛이 어둠 속을 꿰뚫었다 Un rayon de lumière transperça les ténèbres. ④ pénétrer ((le cœur, les sentiments de *qn*)); connaître ((tous les sentiments de *qn*)); lire ((les sentiments, dans les pensées de *qn*)). ¶ 심정을 ~ pénétrer le cœur de *qn*; connaître tous les sentiments de *qn*, lire [connaître] les sentiments de *qn*. ¶ 우리 남편은 내 마음을 꿰뚫고 있다 Mon mari est capable de lire dans mes pensées. ¶ 그 점쟁이는 내 과거를 꿰뚫어 맞혔다 Ce devin a deviné correctement tout mon passé.
***꿰뚫어 보다** essayer de lire ((dans les pensées, les sentiments de *qn*)); essayer de pénétrer ((le cœur, les sentiments de *qn*)); essayer de deviner ((les pensées de *qn*)). ¶ 그 사람 내 마음을 꿰뚫어 보는 것 같아 기분 나빠 Il essaye de lire dans mes pensées et cela me déplaît [ce qui me déplaît].

꿰매다 타 ① coudre, rapiécer, raccommoder, ourler, ravauder, surfiler, surjeter, réparer. ¶ 그물을 ~ ravauder [réparer] les filets. ¶ 뜯어진 데를 ~ rapiécer l'endroit déchiré. ¶ 헤진 양말을 ~ raccommoder les chaussettes trouées. ¶ 옷에 장식 끈을 꿰매어 달다 attacher une ganse à un vêtement. ¶ 여기 좀 꿰매 줘 Raccommode un peu ici, s'il te plaît. ¶ 상처를 ~ suturer une plaie. ¶ 상처를 다섯 바늘 ~ faire cinq points de suture à une plaie. ② ((비유적)) ¶ 저 녀석 입을 꿰매어 버리든지 해야지 Il vaudrait mieux coudre la bouche de cet enfant (pour qu'il se taise).

꿰이다 재타 être transpercé(*e*). ¶ 실에 꿰인 바늘 une aiguille dans laquelle a été enfilé un fil. ¶ 물고기가 낚시바늘에 몸을 꿰였다 Le poisson est transpercé par l'hameçon.
***코가[코를]** ~ être enfoncé(*e*) jusqu'au cou (dans une affaire) et ne pas pouvoir s'en sortir; être coincé(*e*)s {*fam*} [fait(*e*)s] (comme des rats). ¶ 나는 그 일에 완전히 코가 꿰였다 Je me suis enfoncé dans cette affaire jusqu'au cou et je ne peux plus m'en sortir.

꿰지다 재 se déchirer, se fendre. ¶ 자루가[옷이] 꿰졌다 Le sac [Le vêtement] s'est déchiré. ¶ 창자가 꿰지는 듯한 아픔 une douleur atroce comme si mes intestins se déchiraient, une douleur insupportable.

꿰차다 타 ① nouer [attacher] (à la ceinture), ceindre (autour de la taille); porter sur *soi*. ¶ 전대를 옆구리에 ~ attacher *sa* besace sur le côté. ¶ 칼을 ~ porter une épée. ② **【속어】** prendre possession de; ((여자를)) emballer [séduire] ((une fille)) {*fam*}. ¶ 좋은 자리를 ~ se trouver une bonne place {*fam*}. ¶ 여자를 ~ emballer une fille, avoir une femme [une meuf {*pop*}].

뀌다 타 péter {*fam*}; faire un pet {*fam*}; lâcher (un pet, des vents) {*fam*}. ¶ 방귀를 ~ péter {*fam*}, faire un pet {*fam*}, lâcher (un pet, des vents) {*fam*}.
***콧방귀를** ~ faire un sourire moqueur; faire peu de cas de *qc*, tourner en dérision; se moquer de *qc*; ne pas écouter; ne pas prêter attention à *qc*; ne pas prendre au sérieux *qc*. ¶ 그 사람은 내 말에 콧방귀를 뀌었다 Il a tourné en dérision mes propos / Il n'a pas prêté attention à mes propos [à ce que je disais] / Il ne m'a pas vraiment écouté(*e*) / Il n'a pas pris au sérieux mes propos.

끄나풀 명 ① ficelle *f*, cordon *m*; tresse *f*, lacet *m*; courroie *f*. ¶ ~로 동여매다 lier [nouer, attacher] *qc* à *qc* avec une ficelle. ② 앞잡이 ((être l')instrument *m* (de *qn*); indica*teur*(*trice*) (de *qn*); créature *f*, mouchard(*e*). ¶ 경찰의 ~ indicateur [mouchard(*e*)] de la police. ¶ 누구의 ~ 노릇을 하다 être à la solde de *qn*; servir d'indicateur (à la police).

끄다 타 ① éteindre un feu, étouffer, juguler. ¶ 촛불을 ~ éteindre (la lumière de) la bougie, souffler une bougie. ¶ 숯불을 ~ étouffer des braises. ¶ 산불을 ~ éteindre [maîtriser, venir à bout de] l'incendie de forêt. ¶ 물로 불을 ~ éteindre le feu avec de l'eau. ② ((전기를)) éteindre ((la lumière)). ¶ 전등을 ~ éteindre la lumière [l'ampoule électrique]. ¶ 스위치를 ~ tourner le commutateur; éteindre (la lumière). ¶ 형광등[스탠드]을 ~ éteindre un [le] néon [éteindre la lampe de bureau, ((협탁의)) éteindre la lampe de chevet]. ¶ 컴퓨터를 ~ éteindre [fermer] l'ordinateur. ¶ 화장실의 불을 꺼라 Éteins la lumière des toilettes! ③ ((기계를)) arrêter ((une machine)). ¶ 자동차의 시동을 ~ arrêter le moteur de la voiture. ¶ 엔진을 꺼라 Arrête le moteur! ¶ 경보가 울려 작동 중인 기계를 모두 껐다 Au signal, toutes les machines se sont arrêtées de fonctionner.

*__급한 불을__ ~ régler une chose [un problème] de première priorité. ¶ 우선 급한 불부터 끄고 얘기를 다시 합시다 Commençons par régler ce qu'il y a de plus urgent puis reparlons-en. ④ ((빚을)) 줄이다 s'acquitter ((d'une dette)); rembourser ((une dette)). ¶ 나는 친구에게 진 빚을 매달 십 만원씩 꺼 나간다 Je rembourse à mon ami cent mille wons tous les mois sur ma dette.

끄덕 부 ☞ 끄떡

끄덕거리다 타 hocher [secouer] la tête, approuver de la tête; accepter [acquiescer] d'un signe de tête; faire un signe d'acquiescement; répondre par un signe de tête affirmatif; faire un signe de tête; hocher la tête. ¶ 승낙의 표시로 고개를 ~ hocher la tête en signe d'approbation.

끄덕끄덕 부 avec un hochement de tête. ¶ 고개를 ~ 흔들다 hocher la tête.

끄덩이 명 ((머리털)) extrémité *f* des cheveux; ((실)) extrémité *f* [bout *m*] d'un écheveau. ¶ 머리 ~를 잡고[잡아당기며] 싸우다 se crêper le chignon, se battre [se disputer] en s'empoignant par les cheveux.

끄떡 부 par un signe de tête affirmatif, d'un signe de tête, de la tête. ¶ 고개를 ~ 움직이다 hocher la tête.

*__~(도) 하지 않다__ rester [demeurer] inébranlable.

◆**_하다[거리다, 대다]** 타 approuver de la tête, accepter d'un signe de tête; faire un signe d'acquiescement; répondre par un signe de tête affirmatif.

◆**_이다** 자 approuver de la tête, accepter d'un signe de tête; faire un signe d'acquiescement; répondre par un signe de tête affirmatif. ¶ 그가 내 말에 고개를 ~였다 Il a approuvé mes propos.

◆**_없다** 형 ① être [rester] imperturbable, calme, tranquille; être inébranlable, impassible, stoïque, immobile, être dur(*e*) au mal, rester stoïque ((devant le danger, sous des injures)), rester impavide {*litt*} ((devant le danger)); rester froid(*e*), être [rester] indifférent(*e*); conserver [garder] *son* calme; rester impassible, ne pas broncher. ¶ 그는 무슨 일을 당해도 ~없는 사람이다 Quoi qu'il subisse, il reste imperturbable / Quelles que soient les choses qui lui arrivent, il reste toujours impassible. ¶ 그는 누가 욕을 해도 ~없다 Même si l'on l'injurie, il conserve son calme / Bien qu'on lui lance des injures, il reste imperturbable / Malgré les insultes, il reste indifférent. ¶ 나는 남이 뭐라 해도 ~없다 Je me moque [fiche {*fam*}] du qu'en-dira-t-on / Je ne me soucie pas de ce qu'on dit (sur moi) / Je reste indifférent à ce que disent les autres. ② 탈없다 être inébranlable; être indestructible, résister parfaitement à *qc*; tenir bon, tenir ferme, tenir parfaitement le coup {*fam*} [le choc], être très endurant(*e*), être un costaud {*fam*}, être un dur à cuire {*fam*}; être encore [rester] frais(*aîche*) et dispos(*e*), rester en forme, être intact(*e*), être resté(*e*) intact(*e*), ne rien avoir. ¶ 너 괜찮니? - 난 ~없어 Ça va? [Tu vas bien?, Tu n'as rien?] - Moi, ça ne me fait rien [je tiens parfaitement le coup {*fam*}, je suis un costaud {*fam*}, je suis un dur à cuire {*fam*}]. ¶ 밤새워 일하고도 그는 ~없다 Il est encore frais et dispos même après une nuit (blanche) de travail / Malgré une nuit blanche à travailler, il reste en forme. ¶ 이 방공호는 어떤 공격에도 ~없다 Quelles que soient les attaques, cet abri antiaérien est indestructible. ¶ 이 건물은 지진에도 ~없게 만들어졌다 Cet édifice est conçu pour résister parfaitement aux séismes / Même par tremblements de terre, ce bâtiment résiste parfaitement [ne bouge pas d'un pouce].

끄떡없이 부 sans défaut, sans problème, absolument, sans bouger. ¶ 불에도 ~ 견딜 수 있는 방화복 un vêtement ininflammable [qui résiste au feu]. ¶ ~ 버티다 résister sans problème.

끄르다 타 défaire ((un nœud, un paquet)); dénouer; délier ((une corde)); délacer, déficeler, détacher, démêler, déboutonner. ¶ 구두끈을 ~ délacer les chaussures. ¶ 꾸러미의 끈을 ~ déficeler un paquet. ¶ 단추를 ~ défaire les boutons ((de *ses* vêtements)), se déboutonner, déboutonner ((*sa* chemise)).

*__이야기 보따리를__ ~ se mettre à raconter un tas d'histoires.

끄리 명 【동물】 chevesne *m* [meunier *m*] piscivore; *Opsariichthys bidens* {*nsc*}.

끄응 부 ☞ 끙

끄적거리다 타 griffonner, gribouiller, barbouiller, badigeonner, peinturer, maculer, tacher au figuré. ¶ 공책에 몇 자 ~ griffonner [gribouiller] quelques mots sur un cahier.

끄적이다 타 gribouiller, barbouiller, griffonner. ¶ 종이에 몇 자 ~ griffonner quelques mots sur un papier.

끄집다 타 saisir [empoigner] et tirer. ¶ 가만있는 사람을 끄집어다가 괴롭히다 tourmenter des gens qui se tiennent tranquilles. ¶ 아이를 차안으로 끄집어 올리다 empoigner le bébé pour le faire monter dans la voiture.

끄집어내다 타 ① tirer *qc* de ((sa poche)); retirer *qc* ((d'une valise)), extraire, extirper, dégager, induire ((une conclusion)), soustraire, défalquer, prélever. ¶ 주머니에서 동전을 ~ sortir des pièces de monnaie de *sa* poche. ¶ 가방에서 책을 ~ sortir des livres de *son* cartable. ② ((이야기를)) entamer [engager] ((une conversation)); commencer ((un discours)), évoquer ((un fait)); ressortir ((toujours les mêmes histoires)). ¶ 해묵은 이야기를 왜 또 끄집어내는 거냐? Pourquoi nous ressors-tu encore cette vieille histoire? ③ ((약점을)) évoquer ((les défauts d'autrui)). ④ ((결론을)) induire ((la conclusion)).

끄집어내리다 타 tirer et descendre, descendre, faire descendre (en tirant) vers le bas, abaisser, tirer vers le bas, faire tomber. ¶ 여당 의원들이 단상에 올라가려는 어느 야당 의원을 억지로 끄집어내렸다 Les députés du parti gouvernemental ont attrapé de force un député de l'opposition qui essayait de monter sur l'estrade.

끄집어당기다 타 tirer (vers *soi*); traîner, tirer sur ((une corde)), tirailler, remorquer; tirer *qn* par ((la manche)). ¶ 그 녀석이 내 귀[머리]를 끄집어당겼다 Ce type m'a tiré par l'oreille [les cheveux]. ¶ 누구의 소매를 ~ tirer *qn* par la manche.

끄집어올리다 타 montrer, faire montrer (en tirant) vers le haut, soulever, relever; repêcher; retirer ((un noyé de l'eau)) ¶ 강에 빠진 사람을 ~ repêcher [tirer hors de l'eau] un noyé dans le fleuve.

끄트머리 명 bout *m*; extrémité *f*; fin *f*; bord *m*; pointe *f*. ¶ 벤치 한 쪽 ~에 앉다 être assis(*e*) [s'asseoir] à l'extrémité d'un banc. ¶ 그 문제는 연설 ~에 가서야 약간 언급되었다 Il a fallu attendre la fin du discours pour qu'on parle enfin de ce problème / Le discours achevé, ce problème a finalement fait surface / Le discours terminé, cette question a finalement été évoquée.

끈 명 ficelle *f*, cordelette *f*, cordon *m*; ((꼰끈)) tresse *f*; ((가죽끈)) courroie *f*; ((구두끈)) lacet *m*; ((머리끈)) ((s'attacher les cheveux avec un)) élastique *m*, chouchou *m*. ¶ 나일론 ~ un fil de nylon. ¶ 굵은 ~ une grosse ficelle. 가는[질긴, 튼튼한] ~ une ficelle mince [résistante, solide]. ¶ 종이로 ~을 꼬다 faire une ficelle avec du papier. ¶ 짧은 ~ 두 개를 이어 길게 만들다 faire une longue ficelle en mettant bout à bout deux petites ficelles. ¶ 상자를 ~으로 묶다 ficeler une boîte [un paquet], attacher un carton avec une ficelle [une cordelette].

◆**구두_** 명 lacet *m* (de soulier [chaussure]). ¶ 구두~을 매다 nouer [rattacher] *ses* lacets; lacer *ses* chaussures [*ses* souliers]. ¶ 구두~이 풀렸다[풀어졌다] Vos [Tes] lacets sont défaits.

◆**머리_** 명 chouchou *m*, élastique *m* (dans les cheveux). ¶ 머리~을 매다 s'attacher les cheveux avec un élastique [avec un chouchou]. ¶ 머리~을 풀다 se dénouer les cheveux ((qui étaient noués [retenus] avec un élastique ou un chouchou)).

끈기 명 ① viscosité *f*; (force *f* d') adhésion. ② 참을성 patience *f*, ténacité *f*, opiniâtreté *f*, persévérance *f*. ¶ 놀라운 ~를 발휘하다 montrer beaucoup de persévérance. ¶ 너는 ~를 길러야 돼 Tu dois persévérer dans tes efforts. ¶ ~가 부족하다 manquer de patience; ne pas avoir assez de persévérance. ¶ 그의 ~는 알아줘야 한다 Il faut reconnaître son opiniâtreté / Quelle patience il a! / qu'est-ce qu'il est persévérant! ◇_(가) **있다[없다]** ① [ne pas] être visqueu*x*(*se*). ¶ 밀가루 반죽이 ~가 있다[없다] La pâte (de farine de blé) est [n'est pas] visqueuse [gluante]. ② [ne pas] être persévérant(*e*), opiniâtre, patient(*e*). ¶ 그는 ~있는 사람이다 C'est un homme tenace [persévérant]. ¶ 너는 매사에 ~가 없어서 큰일이다 C'est inquiétant si tu manques d'autant de patience pour tout / C'est grave, si tu manques de patience autant que ça. ¶ ~있게 사업을 추진하다 poursuivre une affaire avec ténacité.

끈끈이 명 papier *m* tue-mouche. ¶ ~로 파리를 잡다 engluer des mouches avec du papier tue-mouche.

끈끈이주걱 명 【식물】 rossolis *m*; *Drosera rotundifolia* {*nsc*}.

끈끈하다 형 ① être visqueu*x*(*se*), gluant(*e*), poisseu*x*(*se*); être adhési*f*(*ve*), collant(*e*). ¶ 끈끈한 액체 un liquide visqueux. ¶ 손이 ~ avoir les mains collantes [gluantes, poisseuses]. ② être sincère, solide. ¶ 끈끈한 정을 나누다 s'attacher sincèrement l'un à l'autre. ¶ 그들의 우정은 아주 ~ Leur amitié est très solide.

끈덕지다 형 être persistant(*e*), tenace, persévérant(*e*), patient(*e*). ¶ 그의 끈덕진 노력에 모두가 감동했다 Tout le monde a été touché [ému] par ses efforts persistants [assidus]. ¶ 저 사람은 참 끈덕지기도 하다 Qu'est-ce qu'il peut être tenace [patient]! ¶ 끈덕지게 ...하다 s'obstiner à ((faire *qc*)); faire *qc* avec obstination [avec ténacité, avec persévérance]. ¶ 끈덕지게 달라붙다[물고 늘어지다] être un pot de colle; être collant(*e*), crampon; être une glu {*fam*} [un crampon {*fam*}]. ¶ 끈덕지게 졸라대다 demander avec insistance, ne pas se lasser de demander; insister opiniâtrement; réclamer sans arrêt.

끈적거리다 자 être gluant(*e*), adhési*f*(*ve*), collant(*e*), glutineu*x*(*se*), graisseu*x*(*se*), huileu*x*(*se*), poisseu*x*(*se*), sirupeu*x*(*se*), visqueu*x*(*se*), moite. ¶ 끈적거리는 손 des mains moites. ¶ 끈적거리는 흙 de l'argile gluante; de la terre glaise. ¶ 땀이 나서 몸이 끈적거린다 J'ai la peau moite de sueur. ¶ 옷에 묻은 페인트가 끈적거린다 La tache de peinture sur le vêtement est poisseuse.

끈적끈적 부 de façon gluante [collante, visqueuse, poisseuse, glutineuse, graisseuse] ((idéophone

d'aspect gluant)). ¶ ~ 붙다 coller, être collant(*e*).
◆ _하다 형 être gluant(*e*), collant(*e*), visqueux(*se*), poisseux(*se*), glutineux(*se*), graisseux(*se*). ¶ ~한 액체가 분비되었다 Un liquide gluant dégoulinait. ¶ 송진이 손에 묻어 ~하다 Sa main salie de résine était poisseuse.

끈적하다 자 ☞ 끈적거리다, 끈적끈적

끈질기다 형 être tenace, opiniâtre, persévérant(*e*), persistant(*e*); être acharné(*e*). ¶ 끈질긴 저항을 하다[받다] opposer[faire face à] une résistance farouche. ¶ 끈질긴 추적 끝에 범인이 잡혔다 Le criminel a été arrêté au bout d'une poursuite acharnée. ¶ 그 기자는 ~ Ce(Cette) journaliste est acharné(*e*). ¶ 끈질기게 추적하다[따라붙다] poursuivre *qn* avec persévérance [avec ténacité, avec obstination, d'une façon acharnée]. ¶ 끈질기게 버티다 résister avec entêtement [d'une façon acharnée]. ¶ 끈질기게 물고 늘어지다 être un pot de colle, collant(*e*) {*fam*}.

끊기다 자 ① être rompu(*e*), cassé(*e*), coupé(*e*), interrompu(*e*); se faire casser [couper], rompre. ¶ 실이 끊겼다 Le fil est rompu [coupé]. ¶ 전선이 끊겨 전기가 나갔다 Le fil électrique ayant été coupé, il y a une coupure électrique. ② ((길이)) être coupé(*e*), rompu(*e*). ¶ 통로[수로]가 끊겼다 Le passage [La voie fluviale] est coupé(*e*). ¶ 다리가 끊겼다 Le pont est rompu [coupé, cassé]. ¶ 둑이 끊겼다 Le barrage est rompu [a cédé] / La digue s'est rompue. ③ ((전기, 수도, 전화 따위가)) être coupé(*e*). ¶ 수도[전기, 전화]가 끊겼다 L'eau [L'électricité, Le téléphone] est coupé(*e*). ¶ 수도세를 내지 않아 수도가 끊겼다 Puisque je n'ai pas payé la facture d'eau, on m'a coupé l'eau. ④ ((방송 따위가)) s'interrompre, être interrompu(*e*). ¶ 정전으로 방송이 잠시 끊겼다 À cause d'une coupure de courant, l'émission a été interrompue un instant. ⑤ ((발음이)) articuler clairement[distinctement]. ¶ 그 가수는 발음이 딱딱 끊겨서 듣기가 쉽다 Il est facile d'écouter ce chanteur [cette chanteuse] car il [elle] prononce les mots clairement. ⑥ ((대가)) s'interrompre, être interrompu(*e*). ¶ 우리 집안의 대(代)가[손(孫)이] 끊겼다 La descendance de notre famille est interrompue. ⑦ ((대화, 교신, 소식, 관계 따위가)) être coupé(*e*), interrompu(*e*). ¶ 전화가 끊겼다 La communication téléphonique a été coupée [interrompue] / Le téléphone a été coupé / On a été coupés {*fam*}. ¶ 한 달째 동생에게서 소식이 끊겨 있다 Je n'ai plus de nouvelle de mon frère cadet depuis un mois / On est sans nouvelle de mon petit frère depuis un mois / Ça fait un mois qu'on est sans nouvelle [n'a plus aucune nouvelle] de mon petit frère. ¶ 소식이 끊겼다 On n'a plus de nouvelle / On est sans nouvelle. ⑧ ((호흡, 리듬 따위가)) expirer; être rompu(*e*). ¶ 수술 중이던 환자의 호흡이 30초간이나 끊겼다 La respiration du patient en cours d'opération chirurgicale a été interrompue pendant 30 secondes. ¶ 하루 종일 놀고 나니 공부하던 리듬이 끊겼다 J'ai joué toute la journée; alors, le rythme pour mes études est rompu.
*길이 ~ ne plus avoir la possibilité de+*inf*; ne plus pouvoir+*inf*. ¶ 나는 이로써 다시 대학교수로 돌아갈 수 있는 길이 완전히 끊겼다 Il est pour moi désormais définitivement impossible de retourner à l'université en tant que professeur.
*발(길)이 ~ ne plus remettre les pieds ((dans une boutique)). ¶ 이 상점에는 손님들의 발(길)이 뚝 끊겼다 Les clients ont cessé de venir dans ce magasin [cette boutique].
*필름이 ~ 【속어】 ne plus se souvenir de rien à cause de l'alcool (le lendemain d'une soirée bien arrosée). ¶ 어젯밤 술집에 2차 간 것까지는 기억이 나는데, 그 이후는 필름이 끊어졌어 Hier soir, je me souviens jusqu'au deuxième bar [jusqu'à la deuxième "étape"], mais ensuite [après ça], je ne me souviens plus de rien.

끊다 타 ① ((줄을)) couper une corde. ¶ 밧줄을 ~ couper une corde. ② ((길을)) couper, barrer ((un passage)). ¶ 통로[수로]를 ~ couper [barrer] le passage [la voie fluviale]. ¶ 적의 퇴로를 ~ barrer [couper] la retraite à l'ennemi. ¶ 다리를 ~ couper le pont. ¶ 적군이 보급로를 끊었다 L'armée ennemie a coupé la voie de ravitaillements. ③ ((전기, 수도, 전화 따위를)) couper ((l'électricité, l'eau)). ¶ 전기를 ~ couper le courant [l'électricité]. ¶ 수도를 ~ couper l'eau. ¶ 신문을 ~ cesser [interrompre] l'abonnement à un journal. ¶ 우유를 ~ faire interrompre [cesser] la distribution du lait à *son* domicile. ¶ 전화요금을 내지 않아 전화국에서 전화를 끊었다 Puisque je n'ai pas payé ma facture de téléphone, l'agence de télécom a coupé [fermé] ma ligne [mon téléphone]. ④ ((말, 대화 따위를)) couper la parole à *qn*; interrompre (brutalement) *qn*, couper la chique à *qn* {*fam*}, couper le sifflet à *qn* {*fam*}. ¶ 상대방의 말을 끊다 interrompre la parole de l'interlocuteur. ¶ 자, 이제 그만 거기서 끊고 잠시 휴식 시간을 갖자 Eh bien, on arrête là, et prenons un peu de (temps de) repos. ⑤ ((발음을)) articuler correctement. ¶ 그 선생님은 프랑스어 발음을 딱딱 끊어서 하기 때문에 학생들이 알아듣기 쉽다 Comme ce professeur parle le français en détachant [séparant] bien les mots, il est facile, pour les étudiants, de le comprendre. ⑥ ((술, 담배 따위를)) arrêter ((la cigarette)), cesser de ((boire, fumer)). ¶ 담배를 ~ arrêter de fumer, arrêter la cigarette, renoncer au tabac. ¶ 술을 ~ cesser de boire, renoncer à l'alcool. ¶ 도박을 ~ arrêter de jouer (au casino). ⑦ ((대화, 통신, 소식, 관계 따위를)) couper, interrompre. ¶ 교제를 ~ rompre (les relations) avec *qn*. ¶ 전화(통화)를 ~ couper [interrompre] le téléphone [la communication téléphonique]; raccrocher. ¶ (전화를) 끊지 마세요 Ne quittez pas. / Ne raccrochez

ㄱ

pas. ¶ 우리는 서로 소식을 끊고 살고 있다 Nous vivons sans nouvelles l'un de l'autre. ¶ 기른 정을 끊기가 쉬운 줄 아느냐? Sais-tu qu'il n'est pas facile de se détacher des enfants qu'on a soi-même élevés? ¶ 나는 그 여자와의 관계를 끊기로 했다 j'ai décidé de rompre mes relations avec cette femme. ¶ 외교 관계를 ~ rompre les relations diplomatiques ((avec un autre pays)). ⑧ ((천을)) acheter. ¶ 포목을 ~ acheter une étoffe (en la faisant couper à la demande). ¶ 어머니는 혼수감을 끊으러 시장에 갔다 Ma mère est allée au marché pour acheter des étoffes pour mon mariage. ⑨ ((목숨을)) mettre fin à *ses* jours; se suicider. ¶ 그는 스스로 목숨을 끊었다 Il a mis fin à ses jours. ¶ 그런 조치를 취하는 것은 우리 같은 영세 상인들의 숨통을 끊어 놓는 일이다 Prendre une telle mesure revient à nous couper le souffle, à nous les petits commerçants. ⑩ ((표를)) acheter, prendre ((un billet, un ticket)). ¶ 차표를 ~ prendre [acheter] un billet. ¶ 명절 때 차표를 끊기란 하늘의 별따기다 Acheter un billet de bus [train] au moment des fêtes traditionnelles est extrêmement difficile [relève de l'exploit, est quasiment impossible, relève de l'impossible]. ⑪ ((수표 따위를)) tirer, émettre, signer ((un chèque)). ¶ 수표를 ~ tirer [émettre, signer] un chèque. ¶ 100만 원 짜리 수표를 ~ tirer un chèque d'un million de wons. ¶ 어음을 ~ tirer une traite. ⑫ 기록하다 réaliser ((11 secondes au cent mètres)). ¶ 100미터를 11초에 끊으면 육상 선수나 다름없다 Si on court le 100 mètres en (moins de) 11 secondes [Si on fait 11 secondes au 100 mètres], on est presque un athlète.

***길을** ~ enlever la possibilité de+*inf* à *qn*. ¶ 새로운 법안은 외국인이 일할 수 있는 길을 끊었다 Le nouveau projet de loi a enlevé aux étrangers la possibilité de travailler.

***발(길)을** ~ cesser [arrêter] de fréquenter; ne plus remettre les pieds *qp*. ¶ 술집에 발(길)을 끊다 cesser de fréquenter les bars [les bistrots {*fam*}].

***손을** ~ rompre avec *qc*; cesser une activité. ¶ 도박에서 손을 끊다 rompre avec les jeux de hasard.

***스타트를** ~ faire [prendre] le départ. ¶ 그 선수는 스타트를 잘 끊어서 우승했다 Cet athlète a pris un bon départ pour pouvoir remporter le premier prix.

***첫 테이프를** ~ débuter, inaugurer. ¶ 우리 친구들 사이에 결혼은 내가 첫 테이프를 끊었다 En matière de mariage, c'est moi qui suis le premier [la première] parmi (tou(*te*)s) mes ami(*e*)s.

끊어지다 자 être brisé(*e*), cassé(*e*), coupé(*e*), rompu(*e*), interrompu(*e*), cessé(*e*); s'arrêter, se briser, se casser, se couper, se rompre, s'interrompre, s'arrêter, s'écrouler, s'effondrer, se déchirer, s'épuiser. ¶ 이 전구는 끊어졌다 Cette ampoule a grillé [sauté]. ¶ 허리가 끊어지는 것 같았다 j'avais l'impression que mes reins se brisaient. ¶ 그 정치가의 정치 생명은 끊어지고 말았다 Sa carrière politique a pris fin.

***길이** ~ ne plus y avoir aucun moyen; avoir épuisé tous les moyens. ¶ 그 문제를 해결할 수 있는 길이 완전히 끊겼다 Les moyens de régler ce problème sont complètement épuisés / Pour régler ce problème, on a épuisé tous les moyens.

***발(길)이** ~ cesser de fréquenter un endroit. ¶ 이 술집에는 단골들의 발(길)이 점점 끊어지고 있다 Les clients fidèles cessent peu à peu de fréquenter ce bistrot.

***필름이** ~ 【속어】 ne plus se souvenir de rien le lendemain d'une soirée arrosée, ne plus se souvenir de rien à cause de l'alcool [à cause d'une soirée trop arrosée]; être ivre mort(*e*) au point de ne plus pouvoir se souvenir de rien]. ☞ 끊기다

끊이다 자 être brisé(*e*), cassé(*e*), coupé(*e*), rompu(*e*), interrompu(*e*), cessé(*e*); s'arrêter, se briser, se casser, se couper, se rompre, s'interrompre, s'arrêter, s'écrouler, s'effondrer, se déchirer, s'épuiser. ¶ 주문이 끊이지 않는다 Les commandes ne cessent d'affluer. ¶ 그에 대한 야릇한 소문이 끊이지 않고 돌았다 Des rumeurs étranges sur lui continuent de circuler sans cesse. ¶ 끊이지 않고 sans cesse, sans interruption, de façon continue.

끊임없다 형 être interrompu(*e*), incessant(*e*), continuel(*le*), sans fin, persistant(*e*). ¶ 끊임없는 연구 une recherche incessante [continuelle, persistante]. ¶ 끊임없는 노력 des efforts continuels [continus, incessants, persistants]; des efforts soutenus.

◆끊임없이 부 sans intervalle [sans interruption, sans arrêt]; continuellement. ¶ 그는 끊임없이 먹어댄다 Il mange [bouffe {*fam*}] sans arrêt / Il n'arrête pas de manger / Il s'empiffre. {*fam*} / Il s'en met plein la lampe [panse]. ¶ 일주일간 끊임없이 비가 내렸다 Il a plu sans arrêt pendant une semaine.

끌 명 ciseau(*x*) *m*; ((보석 세공용)) ciselet *m*; ((금속용)) burin *m*.

끌끌 부 tss-tss ((en signe de désapprobation ou de pitié)). ¶ 혀를 ~ 차다 faire claquer *sa* langue [clapper de la langue] en signe de désapprobation, émettre des tss-tss désapprobateurs.

끌고가다 타 ① ((장소로)) emmener de force. ¶ 범죄자를 경찰서로 ~ emmener de force le criminel au poste de police. ② ((결론을)) guider [diriger] (dans *son* sens, dans *son* intérêt) la conclusion. ¶ 회의의 결론을 뜻한 대로 ~ guider [diriger] (dans *son* sens, dans *son* intérêt) la conclusion d'une réunion.

끌다 타 ① tirer, remorquer, attirer, tirailler, tracter, amener, étirer, traînailler, étirer, haler. ¶ ...의 소매를 끌다 tirer *qn* par la manche. ¶ 손수레를 ~ tirer [traîner] un caddie [caddy, chariot]. ¶ 소가 짐수레를 끈다 Un bœuf tire le chariot. ② 이끌다 conduire *qn*, mener *qn*; emmener *qn* avec *soi*. ¶ 식구들을 끌고 피난가다 se réfugier en emmenant *sa* famille avec *soi*. ¶ 아버지의 손에 끌려 학교에 가다 aller à l'école, traîné(*e*) de force par *son* père. ③ 끌어대다 tirer, amener, apporter ((dans, vers l'intérieur)), faire entrer; (faire) installer ((l'eau [l'électricité] dans la maison)). ¶ 수도를 끌어 설치하다 (faire) installer [amener] l'eau (dans la maison). ¶ 마을 앞까지 물을 끌어 오다 amener [tirer] l'eau jusque devant le village. ¶ 주방으로 수도(관)을 직접 끌어 오는 것이 좋겠다 Il vaut mieux tirer le tuyau d'eau directement jusqu'à la cuisine. ¶ 이 캠핑장은 건물과 가까워 전기를 끌어 쓰기가 좋다 Situé à proximité des immeubles, ce camping est pratique pour y amener [installer] une ligne électrique. ④ ((주목, 인기를)) attirer. ¶ ...의 주의[이목]를 ~ attirer l'attention de *qn*. ¶ 사람의 시선을 ~ attirer les regards des gens. ¶ 이 노래가 요즘 제일 인기를 끌고 있다 Ces jours-ci, cette chanson est la plus populaire. ⑤ 늘어뜨리고 가다 traîner. ¶ 치마를 (질질) ~ traîner *sa* robe. ¶ 발을 (질질) ~ traîner les pieds. ¶ 걸을 때 신[슬리퍼] 좀 끌지 마라 Ne traîne pas tes chaussures [tes chaussons, tes pantoufles] quand tu marches. ¶ 뒤꿈치를 ~ traîner les pieds. ⑥ 지연시키다 faire durer; retarder, ajourner, différer. ¶ 출발을 ~ retarder le départ. ¶ 지불을 ~ différer [ajourner, retarder] un paiement. ¶ 공사 기간을 ~ faire durer les travaux. ¶ 강의를 여섯 시까지 ~ traîner [prolonger] le cours jusqu'à 6 heures. ¶ 발표를 질질 ~ traîner [retarder] l'annonce. ¶ 협상을 한 달 ~ faire durer les négociations un mois. ¶ 그 여자와의 관계를 너무 끌지 마라 Ne fais pas durer trop longtemps tes relations avec cette fille [femme]. ⑦ 몰다 rouler. ¶ 그는 르노를 끈다 Il roule en Renault. ¶ 차 끌고 왔니? Es-tu venu(*e*) avec ta voiture? / Es-tu en voiture?

***사람을** ~ attirer les gens, séduire les gens, faire venir les gens à *soi*, attirer les gens vers *soi*. ¶ 그에게는 사람을 끄는 묘한 매력이 있다 Il a ce charme mystérieux d'attirer les gens [de séduire les gens, de susciter l'amitié des gens, de faire venir les gens à lui, d'attirer les gens vers lui].

◆**끌고 다니다** rouler en ((Mercedes)), être au volant d'une ((BMW)). ¶ 그 애 요즘 벤츠 끌고 다니더라 Ces jours-ci, je l'ai vu au volant d'une Mercedes / Ces jours-ci, il roule en Mercedes.

끌려가다 자 être entraîné(*e*), attiré(*e*); être conduit(*e*), emmené(*e*) ((au commissariat)); se laisser entraîner ((par *ses* camarades)). ¶ 범인이 현장에서 잡혀 경찰에 끌려갔다 Le coupable a été surpris sur les lieux [en flagrant délit] et emmené [conduit] au commissariat. ¶ 남이 시키는 대로 억지로 끌려가다 se laisser entraîner par les autres.

끌려다니다 자 ① être emmené(*e*), conduit(*e*) ici et là, entraîné(*e*), trimbal(l)é(*e*), traîné(*e*) ici et là. ¶ 강도들에게 붙잡혀 하루 종일 끌려 다녔다 J'ai été kidnappé(*e*) et trimbal(l)é(*e*) [traîné(*e*), transporté(*e*)] pendant toute une journée par des cambrioleurs. ¶ 선배에게 붙잡혀 술집에 끌려 다녔다 J'ai été entraîné(*e*) [trimbal(l)é(*e*)] dans toutes les maisons d'alcool [tous les bars, tous les bistrots] par un(*e*) aîné(*e*). ② être mené(*e*) par le bout du nez. ¶ 너는 왜 남편한테 끌려다니기만 하니? Pourquoi tu te laisses faire [mener] par ton mari?

끌려오다 명 être emmené(*e*), amené(*e*), entraîné(*e*), conduit(*e*). ¶ 체포되어 끌려온 사람 des gens qui avaient été arrêtés [amenés].

끌리다 자 ① traîner, se traîner, être traîné(*e*). ¶ 그 부인의 치마는 바닥에 끌린다 La jupe de cette dame traîne par terre. ② 이끌리다 être attiré(*e*), charmé(*e*), ensorcelé(*e*). ¶ 여성의 미모에 ~ être charmé [ensorcelé] par la beauté d'une femme. ¶ 나는 음모에 끌려 들어 갔다 J'ai été entraîné(*e*) dans un complot. ¶ (누구)의 웅변에 끌린 청중 un auditoire fasciné par l'éloquence de *qn*. ¶ 부모님한테 끌려 맞선을 보다 aller à une rencontre en vue d'un mariage arrangé, poussé(*e*) par *ses* parents, être entraîné(*e*) par *ses* parents dans une rencontre en vue d'un mariage arrangé, être obligé(*e*) par *ses* parents de participer à une rencontre en vue d'un mariage arrangé.

끌어가다 타 ① traîner, entraîner, tirer. ¶ 친구를 집으로 ~ (en)traîner un ami chez *soi* [à la maison]. ② mener, diriger, poursuivre. ¶ 분위기를 ~ mener l'ambiance.

끌어내다 타 ① tirer, retirer (vers l'extérieur), extraire; faire sortir *qn* ((de force)). ¶ 마구간에서 말을 ~ faire sortir un cheval de l'écurie. ¶ 감방에서 죄수를 ~ faire sortir un prisonnier de *sa* cellule. ② tirer ((une conclusion)); induire. ¶ 결론을 ~ tirer une conclusion de *qc*.

끌어내리다 타 faire descendre, abaisser; tirer vers le bas. ¶ 돛을 ~ amener les voiles. ¶ 커튼을 ~ baisser [abaisser] le rideau. ¶ 물가 상승률을 ~ faire baisser [faire descendre, faire diminuer] le taux d'inflation.

끌어넣다 타 ① entraîner ((*qn* dans une affaire)); impliquer; engager, compromettre *qn* dans *qc*, faire mouiller. ¶ 누구를 음모에 ~ entraîner *qn* dans un complot. ¶ 나를 이 일에 끌어넣으려 하지 말아라 N'essaie pas de m'impliquer dans cette affaire. ② 집어넣다 faire entrer de force, mettre, placer (dans, à l'intérieur de *qc*). ¶ 강제로 정신병원에 ~ placer *qn* de force dans un asile psychiatrique. ¶ 죄수를 감옥에 ~ emprisonner un criminel, mettre un criminel en prison [sous les verrous]; incarcérer un criminel [un prévenu].

끌어당기다 타 ① tirer, traîner, remorquer, haler (vers *soi*). ¶ 끈을 ~ tirer une ficelle (vers *soi*). ¶ 밧줄을 ~ tirer une corde (vers soi). ¶ (누구)의 팔을[소매를] ~ tirer *qn* par le bras [la manche]. ¶ 누구의 귀를 ~ tirer les oreilles à *qn*. ¶ 턱을 ~ tirer (vers[à] *soi*). ¶ 등불을 자기 앞으로 ~ tirer la lampe vers *soi*. ¶ 책상을 창문 쪽으로 ~ tirer le bureau vers la fenêtre. ¶ 줄을 밑으로 끌어당기십시오 Tirez le fil vers le bas. ¶ 나는 의지를 책상 앞으로

ㄱ

바싹 끌어 당겼다 j'ai tiré ma chaise tout près vers le bureau. ¶ 자석은 쇠붙이를 끌어당긴다 L'aimant attire des morceaux de fer. ② ((눈길을)) 당기다 attirer, faire venir. ¶ 눈길을 ~ attirer le regard des gens. ¶ 발길을 끌어당기는 맛있는 냄새 une odeur alléchante qui attire [qui fait venir] les gens [qui détourne les gens [les passants]].

끌어대다 타 ① amener; assembler, rassembler; conduire, faire venir; porter, véhiculer. ¶ 논에 물을 ~ amener [apporter] de l'eau dans la rizière. ¶ 사업에 필요한 자금을 ~ réunir des fonds pour les affaires. ¶ 자금을 ~ réunir des fonds. ¶ 물자를 ~ rassembler des matériaux. ② 억지로 맞추어 대다 mobiliser. ¶ 갖은 수단을 다 끌어대다 mobiliser tous les moyens possibles. ¶ 되지도 않는 얘기를 마구 ~ raconter des histoires qui ne tiennent pas debout. ③ ((증거를)) rassembler ((des preuves)).

끌어들이다 타 ① tirer, entraîner; amener, apporter; faire entrer. ¶ 수도를 ~ installer [amener] l'eau ((dans la maison)). ② 포섭하다 persuader, dissuader, exhorter, inciter; entraîner, impliquer, faire entrer. ¶ 누구를 음모에 ~ entraîner *qn* dans un complot. ¶ 사업에 자본주를 ~ faire entrer [participer] des soutiens financiers dans une affaire. ¶ 누구를 자기 편으로 ~ entraîner *qn* dans *son* parti; gagner *qn* à *sa* cause.

끌어모으다 타 ① réunir, rassembler. ¶ 사람을 ~ réunir [rassembler] des gens. ¶ 돈을 ~ réunir de l'argent. ② attirer (les regards). ¶ 시선을 한곳에 ~ attirer les regards sur un point.

끌어안다 타 serrer [prendre] *qn* dans *ses* bras; embrasser, étreindre [serrer, presser] *qn* sur *son* cœur [sur *sa* poitrine, contre *sa* poitrine], enlacer, accoler, entrelacer. ¶ 어린애를 ~ serrer [prendre] un enfant dans *ses* bras [*son* giron]; étreindre [presser] un enfant sur *son* cœur [sur *sa* poitrine]; serrer un enfant contre *sa* poitrine. ¶ 서로 ~ s'enlacer, s'étreindre. ¶ 나는 동생을 끌어안았다 J'ai serré mon petit frère dans les bras. ¶ 그 소녀는 보따리를 품에 꼭 끌어안았다 La jeune fille a serré très fort son sac contre sa poitrine.

끌어오다 타 ① tirer (à *soi*). ¶ 접시를 자기 앞으로 ~ tirer à *soi* une assiette. ¶ 물을 ~ puiser de l'eau. ② 모아오다 attirer, faire venir à *soi*. ¶ 자금을 ~ attirer des capitaux. ¶ 사람을 ~ attirer les gens. ③ 인용해 오다 tirer de, inspirer de. ¶ 이 영화의 이야기는 동화에서 끌어온 것이다 L'histoire de ce film est tirée d'un conte pour enfants. ④ 지체하다 faire durer, faire traîner (en longueur). ¶ 질질 끌어오던 일 une affaire qui traînait en longueur. ⑤ ((시선, 주목을)) retenir ((l'attention, les regards)). ¶ 오래전부터 주목을 끌어온 주제 un thème qui retient l'attention depuis longtemps.

끌어올리다 타 ① tirer *qc* vers le haut, tirer et monter; lever, renflouer ((un vaisseau)); repêcher; retirer de l'eau ((un noyé)). ¶ 기중기로 물에 빠진 차를 ~ lever [soulever] avec une grue une voiture tombée dans l'eau. ¶ 침몰된 배를 ~ lever [renflouer à flot] un bateau coulé [submergé]. ¶ 늪에 빠진 사람을 ~ sortir un homme tombé [noyé] dans une marre. ② ((성적, 실적 따위를)) faire monter [croître]. ¶ 경제 성장률을 10퍼센트로 ~ faire monter [croître] le taux de croissance économique à 10 %.

끓다 자 ① bouillir, entrer [être] en ébullition; bouillonner. ¶ 물이 펄펄 끓는다 L'eau bout à frémissements [à gros bouillons]. ¶ 국이 다 끓었다 La soupe est prête [cuite]. ② ((몸이)) bouillonner. ¶ 열이 나서 머리가 펄펄 끓는다 Ma tête bouillonne de fièvre. ③ ((피가)) monter, bouillonner; être en ébullition. ¶ 피가 끓는 젊은이들 les jeunes à sang chaud, les jeunes ambitieux. ¶ 혈관의 피가 끓어오른다 Le sang bouillonne dans mes veines. ¶ 그들의 마음은 애국의 정열로 끓고 있다 Leurs cœurs sont brûlants de patriotisme. ④ ((가래가)) avoir des glaires au fond de la gorge. ⑤ ((벌레가)) s'agiter ((en foule)), grouiller, pulluler, fourmiller, abonder, regorger, foisonner. ¶ 여름이라 파리가 끓는다 Comme c'est l'été, les mouchent pullulent.

끓어오르다 자 ① déborder. ¶ 국이 부글부글 끓어올라 넘치려고 한다 La soupe bout à grand feu, et est sur le point de déborder. ② ((분노가)) bouillonner. ¶ 끓어오르는 분노를 참을 수가 없다 Je ne peux plus contenir la colère qui bouillonne en moi.

끓이다 타 ① faire bouillir; chauffer ((de l'eau)). ¶ 목욕물을 ~ faire chauffer (de l'eau pour) un bain; préparer un bain. ¶ 차를 ~ préparer le thé; faire du thé. ② ((음식을)) cuire *qc*; faire [laisser] cuire *qc*; faire bouillir *qc*. ¶ 밥을 ~ faire cuire du riz. ¶ 고기국을 ~ faire [préparer] une soupe de viande. ③ ((속을)) s'attrister, s'affliger, se tourmenter; se faire du souci; s'inquiéter. ¶ 사소한 일로 속을 ~ s'inquiéter pour peu de chose. ¶ 자식 때문에 속을 ~ se faire du souci [se tourmenter] pour *ses* enfants.

끔벅거리다, 끔뻑거리다 자타 ① clignoter, cligner, scintiller, ciller, trembloter, vaciller, papilloter. ¶ 촛불이 끔벅거리더니 꺼져 버렸다 La bougie vacilla et s'éteignit. ② ((눈을)) cligner des yeux[de l'œil]; faire signe de l'œil. ¶ 알았다는 눈치로 눈을 ~ signifier *son* assentiment par un clin d'œil.

끔벅이다 타 cligner. ¶ 눈을 ~ cligner de l'œil.

끔쩍 부 d'un clin d'œil. ¶ 가만 있으라는 표시로 눈을 ~ 하다 faire un clin d'œil pour signifier de rester immobile.

끔찍이 부 vraiment; tellement, follement, si bien, si fort. ¶ 내 친구는 자기 아내를 ~ 위한다 Mon ami est vraiment aux petits soins pour sa femme. ¶ 저 애 남자 친구는 정말 ~도 못생겼다 Le petit ami de cette fille est vraiment très moche {*fam*} [laid, hideux].

끔찍하다 형 ① être terrible; être farouche; être effrayant(*e*); être effroyable, horrible; être épouvantable; être terrifiant(*e*); être affreux(*se*);

ㄱ

être atroce, féroce, cruel(*le*). ¶ 끔찍한 말을 하다 dire des horreurs [des choses épouvantables]. ¶ 끔찍한 생각이 들다 avoir des pensées terrifiantes [effrayantes]. ¶ 끔찍한 일을 겪다 vivre des heures terribles. ¶ 끔찍한 짓을 저지르다 commettre des horreurs [atrocités]. ¶ 보기에 끔찍한 장면 une scène effroyable [horrible, terrible]. ¶ 생각만 해도 ~[끔찍한 일이다] Rien que d'y penser, j'en suis effrayé(*e*) / Si j'y pense, c'est horrible. ¶ 끔찍하게 생긴 괴물[짐승] une bête monstrueuse [effroyable]. ② 놀랄만하다 être incroyable, extraordinaire. ¶ 끔찍하게 큰 개 un chien d'une taille incroyablement grande, un chien d'une grosseur extraordinaire. ¶ 끔찍하게(도) 춥다 Il fait un froid de canard / Il fait terriblement froid / Ça caille [pèle]. {*pop*} ③ 극진하다 être cordial(*e*), chaleureux(*se*), sincère, généreux(*se*). ¶ 끔찍한 사랑[대접] un amour fou [un accueil chaleureux]. ¶ 무엇을 끔찍하게 아끼다 tenir à *qc* comme à la prunelle de *ses* yeux.

끗 의명 point *m* (dans une partie de *hwatu* (화투)). ¶ 너는 몇 ~이냐? Tu as combien de points?

◆ **_수** 명 (nombre *m* de) points *mpl* (dans une partie de *hwatu*). ¶ ~가 높은 사람이 이긴다 La personne qui a le plus de points gagnera la partie.

끗발 명 un bon jeu *m* ((au jeu de cartes)). ◇ **_(이) 오르다** avoir un bon jeu; avoir la main ((aux cartes)). ◇ **_(이) 세다[좋다]** avoir de la chance; ((영향력)) avoir beaucoup d'influence sur *qn*/*qc*. ¶ 그 사람은 이 지역에서 ~이 세다 C'est un homme très influent[Il a beaucoup d'influence] dans cette région / Cette personne a le bras long dans ce coin {*fam*}.

끙 감 ((onomatopée exprimant la peine, la douleur ou l'erreur)). ¶ ~ 하고 앓는 소리를 내다 pousser [laisser échapper] un grognement de douleur.

끙끙 부 avec peine, en peinant, avec effort. ¶ ~ 앓다 être bien [très] souffrant(*e*). ¶ 무거운 짐을 ~ 나르다 transporter avec peine [non sans peine, non sans difficulté] une lourde charge, peiner pour transporter *qc* de lourd.

◆ **_거리다[대다]** 자 ① gémir, geindre; se lamenter sur *qc*. ¶ 아파서 ~거리다 gémir de douleur. ¶ 그 사람은 어려운 문제를 푸느라 끙끙거리고 있다 Il se donne du mal pour résoudre des problèmes difficiles.

끝 명 ① fin *f*, extrémité *f*, pointe *f*, bout *m*. ¶ 이 줄의 ~을 잡으세요 Tenez [Attrapez] le bout de la corde. ¶ 막대기 ~에 끈이 달려 있다 Il y a une ficelle (accrochée, attachée) à l'extrémité du bâton. ¶ 손가락 ~에 느껴지는 감촉 la sensation que l'on a au bout des doigts, ce que l'on ressent à l'extrémité des doigts. ¶ 바늘 ~에 찔리다 se piquer à la pointe d'une aiguille. ¶ 머리 ~에서 발~까지 de la tête aux pieds. ¶ 화가 머리 ~까지 나다 être furieux(*se*), hors de *soi*; être fumasse [furax, en boule, en pétard, en rogne {*fam*}]; avoir les nerfs tendus [à vif, à fleur de peau, en boule, en pelote {*fam*}; être très énervé(*e*), [irrité(*e*), en colère]; être à bout de nerfs, être à cran. ¶ ~이 가늘다[굵다, 뾰족하다, 무디다] avoir le bout fin [épais, aigu, obtus] ② 후미 bout *m*, queue *f*. ¶ ~에서 다섯 번째 줄 le cinquième rang à partir de la fin. ¶ 이 ~에서 저 ~까지 d'un bout à l'autre. ¶ 이 길 ~까지 가서 왼쪽으로 도세요 Allez au bout de cette rue puis tournez à gauche. ¶ 행렬 맨 ~에 en queue de cortège, à la fin de cortège, au bout de cortège. ¶ 왼쪽 ~에 앉은 사람 la personne assise tout à gauche [à l'extrême gauche]. ③ ((사건, 행위의)) fin *f*. ¶ 처음부터 ~까지 du début à la fin [jusqu'au bout]. ¶ 게임[상황, 준비] ~ la fin d'un match [la fin d'une situation, la fin des préparatifs]. ¶ 편지 맨 ~에 à la fin de la lettre. ¶ ~에 가서 일이 잘못되었다 (Arrivé) à la fin, cela a mal tourné [s'est mal terminé]. ¶ ~으로 한 말씀만 더 드리겠습니다 Pour finir [conclure], je dirai [j'ajouterai] encore ceci / Je conclurai par un dernier mot. ¶ 이야기가 ~으로 갈수록 재미없어진다 Plus on avance dans cette histoire, moins elle a d'intérêt. ¶ 폐막식을 ~으로 전국 체전이 막을 내렸다 La compétition nationale d'athlétisme s'est terminée par la cérémonie de clôture. ¶ ~까지 경청해 주셔서 감사합니다 Merci de nous avoir écouté(*e*)s jusqu'au bout. ¶ 이야기를 ~까지 들어보시오 Écoutez jusqu'à la fin de l'histoire / Attendez la fin de l'histoire. ¶ 그는 ~까지 지지 않으려고 한다 Il ne veut pas céder jusqu'à la fin / Il veut se battre jusqu'au bout. ¶ 그 영화는 ~이 어떻게 되었습니까? Comment s'est terminé ce film? / C'était comment, la fin de ce film? ¶ 전쟁도 이제 그 ~이 보인다 Même la guerre, on en voit la fin. ¶ 오랜 방황 ~에 après avoir erré ici et là; longtemps après avoir galéré, au bout d'une longue errance, suite à une longue période de vagabondage. ¶ 수차례의 협상 ~에 노사는 마침내 합의점을 찾았다 Les ouvriers et le patronat ont fini par trouver un terrain d'entente après plusieurs tentatives de négociation / Après plusieurs démêlés avec le patronat, les ouvriers ont fini par négocier des accords. ¶ 말다툼 ~에 싸움이 주먹다짐으로까지 번졌다 La discussion s'est terminée en pugilat / Ils en sont venus aux mains. ④ ((순서의)) ((en)) dernier lieu *m*, ((à la)) dernière place *f*. ¶ 맨 ~에[으로] 도착하다 arriver à la dernière place [le dernier]. ◇ **_(이) 나다** finir. ¶ 기한이 ~나다 venir à expiration. ¶ 방학[수업, 겨울, 시험]이 ~났다 Les vacances sont terminées [Le cours est fini, C'est la fin de l'hiver, Les examens sont terminés]. ¶ 모든 일이 무사히 ~났다 Tout s'est bien terminé. ¶ 시련[불행]이 ~(이) 났다 On est arrivé au bout de nos peines [de notre malheur]. ¶ 그 연극은 10시에 ~난다 Cette pièce de théâtre finit à 10 heures. ¶ 일이 성공적으로[실패로] ~났다 Nous avons obtenu un bon résultat / Nous avons fini en beauté / l'affaire a fini en beauté. ¶ 모임이 ~나고 à l'issue de la réunion, après la réunion. ¶ 토론이 ~날 줄 모른다 Cette discussion est interminable. ¶ 거의 다 ~나 가다 tirer [toucher] à *sa* fin; être presque terminé(*e*); terminer [finir] presque *qc*. ¶ 회의가 막 ~나려고 한다 La réunion approche de la fin / La réunion est presque terminée. ¶ 이 세상이 ~날 때까지 jusqu'à la fin du monde. ¶ 용두사미로 ~나다 se terminer [finir] en queue de poisson. ¶ r로 시작해서 e로 ~나는 단어 un mot qui commence par "r" et qui finit par "e". ◇_(을) **내다[맺다]** mettre fin à *qc*; mettre un terme à *qc*, finir *qc*; terminer *qc*. ¶ 일을[숙제를] ~내다 terminer un travail [*ses* devoirs]. ¶ 후식을 먹고 식사를 ~내다 terminer le repas après le dessert. ¶ 주인공의 죽음으로 소설을 ~내다 terminer un roman par la mort du héros [du personnage principal]. ¶ 오늘은 이만하고 ~내자 Aujourd'hui, arrêtons-nous ici. ¶ 그리하여 그 이야기는 해피엔딩으로 ~을 맺었다 Donc, cette histoire a eu une fin heureuse / Alors, cette histoire s'est finie sur un *happy end*. ◇_**을 보다** voir la fin (d'un travail). ¶ 그는 일을 시작하면 ~을 보고야 마는 성격이다 Quand il commence un travail, c'est son caractère de désirer en voir la fin [il veut en voir la fin, il veut aller jusqu'au bout]. ¶ 그는 ~을 보기 전에는 물러서지 않을 것이다 Il n'abandonnera pas ce travail avant d'en voir la fin / Il ne laissera pas tomber avant la fin {*fam*} / Il ne cédera pas jusqu'à la fin. ◇_**이다** être fini(*e*) ¶ 제 의견 발표는 이것으로 ~입니다 Mon discours [Mon exposé, Mon allocution] se termine par ceci. ¶ 이제 너와 나는 ~이다 Maintenant, c'est fini nous deux. ¶ 그의 정치 생명도 이제 ~이다 Maintenant, c'est fini pour lui la politique / C'est maintenant la fin de sa vie politique. ◇_(이) **없다** être interminable, sans fin, illimité(*e*), sans bornes; ne pas connaître de bornes. ¶ ~없는 대화 conversation interminable. ¶ 가도 가도 ~이 없는 길 un chemin [une route] qui n'a pas de fin, une route interminable. ¶ ~없이 펼쳐진 평야 la plaine s'étendant à perte de vue. ¶ 집안일은 해도 해도 ~이 없다 Le ménage n'en voit jamais la fin / Le travail de maison ne finit pas / On n'en finit pas de faire le travail de maison / Le ménage de la maison, plus on en fait, plus on en a ¶ 그렇게 일을 하면 한도 ~도 없다 Si tu travailles ainsi, tu ne viendras jamais à bout de ton objectif [tu n'en finiras jamais]. ¶ 그의 욕심은 ~이 없다 Sa convoitise est sans fin / Son désir n'a pas de limite.

***~이 좋으면 다 좋다** Tout est bien qui finit bien.

***밑도 ~도 없다** être sans queue ni tête. ¶ 밑도 ~도 없이 그게 무슨 소리냐? Qu'est-ce que c'est, que cette histoire sans queue ni tête [qui ne tient pas debout]? / Tout à coup, qu'est-ce que tu veux dire? / Qu'est-ce que tu me chantes là [racontes là] (tout d'un coup)?

***고생 ~에 낙이 온다** Après la pluie, le beau temps.

◆**_마무리** 명 les finitions *fpl*, finissage *m*, fignolage *m*; peaufinage *m*. ¶ ~마무리를 하다[짓다] faire les finitions; mettre la dernière main à *qc*; parachever *qc*, fignoler *qc* {*fam*}; mener ((une affaire)) à bonne fin, achever *qc*, accomplir *qc*; faire *qc* jusqu'au bout. ¶ ~마무리를 잘 해라 Tu dois mener cette affaire jusqu'au bout / Finis bien cette chose.

◆**_맺음** 명 conclusion *f*, dénouement *m*; fin *f*, issue *f*, clôture *f*. ¶ ~맺음을 하다[짓다] mener *qc* à bonne fin; accomplir *qc*; faire *qc* jusqu'au bout.

◆**_물** 명 ☞ 끝물

◆**_부분** 명 fin *f*, dernière partie *f*. ¶ 책의 ~부분 la fin d'un livre.

◆**_자락** 명 ① pan *m* ((d'un vêtement)). ¶ 치마 ~자락 le pan d'une robe. ② ((산이나 언덕의)) 아랫부분 bas *m* [fin *f*] d'une pente. ¶ 산의 ~자락 le pied d'une montagne. ③ ((시간상의)) 마지막 부분 brin *m* ((de mémoire)). ¶ 기억의 ~자락 un brin de mémoire.

◆**_판** 명 dernière phase *f*, dernier stade *m*, fin *f*, conclusion *f*, dénouement *m*. ¶ ~판에 가다 arriver à *son* terme, entrer dans *sa* dernière phase.

끝끝내 부 jusqu'au bout, jusqu'à la fin, jusqu'au dernier moment. ¶ ~ 싸우다 se battre jusqu'au bout. ¶ ~ 입을 열지 않다 ne pas ouvrir une seule fois la bouche.

끝내 부 ne jamais, jusqu'au bout, jusqu'à la fin, jusqu'au dernier moment. ¶ 그 어부는 ~ 돌아오지 않았다 Ce pêcheur n'est jamais revenu. ¶ 그 노인은 쓰러져서 ~ 일어나지 못하였다 Le vieillard [vieil homme] ne se releva pas de sa chute.

끝내기 명 ((바둑, 운동)) le dernier mouvement *m* [coup *m*] ((au jeu de *go*)). ¶ ~ 홈런 un *home run* qui termine un match. ◇_(를) **하다** jouer *son* dernier coup, exécuter *son* dernier mouvement, poser *son* dernier pion [*sa* dernière pierre].

끝내주다 자 【속어】 être super, d'enfer {*fam*}, sensas {*fam*}, giga {*fam*}, vachement {*fam*} [hyper {*fam*}] bien. ¶ 맛이 끝내준다 C'est super [hyper, vachement] bon / Je me régale / C'est un délice. ¶ 끝내주게 예쁘다 C'est vachement beau / ((여자)) Elle est vachement belle. ¶ 정말 끝내주는군 C'est vraiment génial / C'est trop {*fam*}.

끝동 명 ornement *m* du poignet d'un boléro ((couleur différente au niveau du poignet)).

끝마치다 타 terminer *qc*, finir *qc*; accomplir *qc*; mettre fin à *qc*; mettre un terme à *qc*. ¶ 오늘 수업은 여기서 끝마치도록 하자 Arrêtons-nous ici pour aujourd'hui / Arrêtons ce cours aujourd'hui.

끝막음 명 acte de terminer [de conclure]. ◇_(을) **하다** mettre un terme, terminer, parachever.

끝머리 명 fin *f*, clôture *f*. ¶ 행사의 ~ la clôture d'une cérémonie. ¶ 편지 ~에 몇 자 더 적었다 J'ai ajouté deux trois mots à la fin de la lettre.

끝물 명 derniers produits *mpl* de la saison. ¶ 참외가 ~이라 싱싱하지 않다 Les melons (jaunes) ne sont pas frais car c'est la fin de la saison [car on est en fin de saison].

끝장 명 ① fin *f*, terme *m*; ((회합의)) clôture *f*; ((만기)) expiration *f*; ((결말)) issue *f*; ((사태의)) dernière phase *f*; dernier stade *m*; ((결론)) conclusion *f*; dénouement *m*. ② 무너뜨리다 faire cesser, faire tomber, faire succomber, mettre un terme à. ¶ 군부독재를 ~내다 faire tomber la dictature militaire. ◇_(을) **내다** ① terminer, achever, finir; mettre un point final à. ¶ 이 일을 꼭 오늘 ~내자 Terminons coûte que coûte ce travail aujourd'hui. ◇_(을) **보다** voir la fin de *qc*; atteindre le but de *qc*. ¶ 그는 ~을 보고야 마는 성격이다 Il est de nature à vouloir voir la fin d'un travail / Il est de nature à faire les choses jusqu'au bout / C'est son caractère de vouloir aller jusqu'au bout. ◇_(이) **나다** arriver au terme; toucher[tirer] à *sa* fin; arriver à la conclusion; se terminer, (*se*) finir, arriver au stade de non retour; être fini(*e*), fichu(*e*) {*fam*}, foutu(*e*) {*fam*}, loupé(*e*) {*fam*}, à l'eau. ¶ 우리 둘 사이는 그 일로~나 버렸다 À cause de cet incident, c'était fini entre nous / Nous ne nous sommes plus vus [Nous nous sommes séparés] après [à cause de, suite à] cet incident. ¶ 사업이 ~났다 Mon affaire [commerce] est tombé(*e*) à l'eau. ◇_**이다** être fini(*e*) [fichu(*e*) {*fam*}, foutu(*e*) {*fam*}]; être un homme mort [fini, fichu {*fam*}, foutu {*fam*}]. ¶ 만약 그렇게 된다면 우리는 ~이다 Si c'est comme ça, on est fichus [on est foutus {*fam*}, c'est fini pour nous, on est dans la merde jusqu'au cou {*fam*}].

끼[1] 명 ① don *m*, talent *m*; force *f*. ¶ 자신의 ~를 유감없이 발휘하다 mettre en œuvre tous *ses* talents. ② 바람기 être envoûtant(*e*), séducteur(*trice*), dragueur(*se*), être une vamp, être femme [homme] fatal(*e*). ◇_(가) **있다** être doué(*e*) pour *qc*, être fait(*e*) pour ((la musique, les langues)).

끼[2] 분류 repas *m*. ¶ 하루에 세 ~(를) 먹다 faire[prendre] trois repas par jour, manger trois fois par jour. ¶ 너 몇 ~나 굶었니? Ça fait combien de jours que tu n'as pas mangé? / Tu as sauté combien de repas?

끼고돌다 타 favoriser *qn*, chouchouter *qn*; avantager *qn* ((au détriment des autres)), avoir un faible ((pour un enfant)); avoir une prédilection pour *qn*; dorloter [choyer] ((un enfant)), élever ((un enfant)) trop douillettement, materner [surprotéger] ((un enfant)). ¶ 막내를 ~ avoir un faible pour le petit dernier; avoir une prédilection pour le petit dernier. ¶ 그 사람을 너무 끼고돌지 마시오 Ne le favorisez pas trop.

끼니 명 repas *m*; nourriture *f*. ¶ ~를 거르다 sauter un repas; ne pas prendre un(de) repas. ¶ 빵[샌드위치]으로 ~를 때우다 ne manger que du pain [qu'un sandwich] (à midi). ¶ ~ 걱정을 하다 avoir du mal à vivre; gagner difficilement *son* pain; tirer le diable par la queue; avoir du mal à joindre les deux bouts. ¶ ~를 잇지 못하다 ne pas avoir de quoi subvenir à *ses* besoins; avoir des fins de mois difficiles; gagner difficilement *son* pain [*sa* vie], tirer le diable par la queue, avoir du mal à joindre les deux bouts, avoir des revenus tout juste [à peine] suffisants pour subvenir à *ses* besoins, subsister difficilement [avec peine, péniblement], vivoter [survivre] péniblement, subsister [vivoter] tant bien que mal, avoir peine à vivre avec de maigres ressources, gagner tout juste *sa* vie, gagner à peine de quoi vivre, vivre chichement [petitement, au jour le jour, médiocrement], avoir du mal à vivre, végéter. ◆ **때** ((à l')) heure *f* des repas. ¶ ~때가 다가온다 C'est bientôt [Ça va bientôt être] l'heure de manger / On va bientôt passer à table / On ne va pas tarder à passer à table.

끼다[1] 자 ① se couvrir ((d'un brouillard)); ((brouillard)) tomber; être embrumé(*e*); être noyé(*e*) ((dans le brouillard)). ¶ 안개가 자욱이 낀 계곡 une vallée couverte d'un épais brouillard. ¶ 하늘에 구름이 잔뜩 끼어 있다 Le ciel est couvert d'épais nuages. ¶ 계곡에 짙은 안개가 끼어 있다 Un brouillard épais couvre toute la vallée. ② ((연기가)) se répandre, s'élever, monter dans l'air. ③ ((때, 먼지가)) être taché(*e*) de *qc*, se tacher, être souillé(*e*), maculé(*e*), sali(*e*), encrassé(*e*), poissé(*e*), terni(*e*); s'encrasser. ¶ 그의 옷은 기름때가 끼어 있었다 Ses habits sont tachés de graisse. ¶ 유리창에 먼지가 잔뜩 끼었다 Les vitres sont recouvertes de poussière / Les vitres sont toutes poussiéreuses. ¶ 이 옷은 때가 잘 낀다 Ce vêtement se tache facilement. ④ ((성에가)) se déposer, former ((sur la fenêtre, sur la vitre)). ¶ 유리창에 성에가 끼었다 Du givre s'est déposé [s'est formé] sur les vitres / Du givre recouvre les vitres / Les vitres sont recouvertes de givre. ⑤ ((이끼가)) se couvrir. ¶ 이끼 낀 바위[돌담] des rochers [une haie en pierres] couvert(*s*) de mousses. ⑥ ((얼굴, 목 따위에)) avoir la gorge prise. ¶ 얼굴에 기미가 끼었다 avoir le visage couvert de taches pigmentaires liées à l'âge. ¶ 목에 가래가 ~ avoir des glaires au fond de la gorge.

끼다[2] 타 ① insérer *qc*, intercaler *qc*; serrer *qc* ((dans les bras)); s'intercaler, s'insérer. ¶ 연필을 귀에 ~ se mettre un crayon sur l'oreille. ¶ 책을 겨드랑에 ~ avoir un livre sous le bras. ¶ 담배를 손가락 사이에 끼다 avoir une cigarette entre les deux doigts [au bout des doigts]. ② ((안경 따위를)) mettre; ((반지 따위를)) passer au doigt; ((결과상태)) porter ((des lunettes, une bague)). ¶ 안경을 ~ mettre [porter] des lunettes. ¶ 장갑을 ~ mettre des gants; se ganter. ¶ 손가락에 반지를 ~ passer une bague au doigt. ¶ 창문에 유리를 ~ poser un carreau [une vitre] à une fenêtre. ③ ((팔짱을)) (*se*) croiser ((les bras)); se donner le bras. ¶ 두 애인은 팔짱을 끼고 걷고 있었다 Deux amoureux marchaient bras dessus bras dessous [en se donnant le bras]. ¶ 팔짱을 끼고 방관하다 regarder les bras croisés, rester là [les bras croisés] à ne rien faire. ④ 따라 뻗다 longer, suivre, côtoyer. ¶ 공원을 끼고 뻗어있는 길 le chemin qui longe le parc. ¶ 한길을 낀 집들 des maisons en bordure de route. ¶ 인류의 문화는 강을 끼고 발달했다 Les civilisations se sont développées en bordure de fleuve. ⑤ ((사람을)) prendre [avoir, tenir] *qn* ((dans *ses* bras)). ¶ 어머니가 애를 품안에 끼고 있다 La maman a son bébé dans les bras. 자 participer à *qc*; prendre [avoir] part; intervenir dans *qc*; se mêler de *qc*. ¶ 이야기에 한몫 ~ placer un mot dans une conversation; se joindre à une conversation. ¶ 음모에 ~ tremper dans un complot. ¶ 그 사업에 나도 좀 끼어 주게 Fais-moi aussi participer à cette affaire / Mets-moi aussi dans le coup.

끼루룩 부 en cacardant ((onomatopée du cri de l'oie)). ¶ 기러기가 ~ 울며 날아간다 Des oies (sauvages) volaient dans le ciel en cacardant.

◆_ _ 부 cri *m* de l'oie.

-끼리 접미 entre ((frères et sœurs, amis, collègues)). ¶ 같은 형제~ 싸우지 마라 Ne vous disputez pas entre frères et sœurs! ¶ 우리~ 가자 Partons [Allons-y] de notre côté / Allons-y rien que tous les deux [que toi et moi] / Allons-y entre nous. ¶ 대개 비슷한 사람~ 친구가 된다 En général, ceux qui se ressemblent deviennent amis / Entre personnes qui se ressemblent, on devient amis.

끼리끼리 부 (les gens) entre eux, entre personnes partageant le même intérêt, en groupes. ¶ 그들은 두세 사람씩 어울려서 ~ 이야기를 주고받고 있었다 Ils s'entretenaient par groupes de deux ou trois. ¶ 아이들이 ~ 모여 논다 Les enfants jouaient en groupes. ¶ ~ 모이다 se réunir entre personnes qui partagent les mêmes intérêts.

끼어입다 타 mettre plusieurs vêtements les uns sur les autres; porter plusieurs couches de vêtements; s'emmitoufler, se couvrir chaudement. ¶ 추워서 옷을 끼어 입었다 J'ai mis un deuxième vêtement parce qu'il fait froid / Je porte plusieurs couches de vêtements, parce que j'ai froid.

끼어들다 자 ① se glisser, s'infiltrer. ¶ 차가 그 사이로 끼어들었다 La voiture s'est infiltrée dans cet espace [intervalle]. ¶ 두 사람 사이로 ~ se glisser entre deux personnes. ② 참견하다 se mêler de *qc*, s'immiscer dans ((les affaires d'autrui)), fourrer *son* nez ((dans les affaires d'autrui)), intervenir, s'insinuer, s'impliquer dans *qc*. ¶ 남의 일에 ~ intervenir [s'immiscer, fourrer *son* nez] dans les affaires des autres, se mêler des affaires des autres. ¶ 남이 말하는 데에 ~ intervenir dans les propos des autres. ¶ 독직 사건에 ~ être impliqué(*e*) dans une affaire de corruption. ¶ 남의 사생활에 ~ s'immiscer [s'ingérer] dans la vie privée d'autrui. ¶ 이 싸움에 끼어들지 마라 Ne va pas te mettre dans cette dispute / Ne va pas te mêler à cette dispute.

◆**끼어들기** 명 ((faire une)) queue *f* de poisson ((à une automobile)). ¶ 깜빡이도 켜지 않고 끼어들기(를) 하다 faire une queue de poisson sans mettre *son* clignotant [sans avertir avec *son* clignotant].

끼얹다 타 verser *qc* sur *qc/qn*. ¶ 누구에게 찬물을 ~ refroidir *qn*, doucher *qn* {*fam*}. ¶ 누구의 등에 물을 ~ verser de l'eau sur le dos de *qn*.

*****찬물을** ~ décourager [abattre, démoraliser, démonter] *qn*; saper le moral de *qn* {*fam*}.

끼우다 타 insérer, introduire, intercaler, incruster, implanter, enchâsser, encarter, sertir, encadrer, glisser, fourrer, incorporer, enfourner, passer ¶ 책갈피에 편지를 ~ insérer une lettre dans un livre. ¶ 열쇠를 자물쇠에 ~ insérer [introduire] la clé dans la serrure. ¶ 신문지 사이에 광고를 ~ glisser la publicité dans le journal. ¶ 미닫이를 ~ introduire la porte glissière [coulissante] sur le rail. ¶ 창문에 유리를 ~ poser un carreau [une vitre] à une fenêtre. ¶ 수도꼭지에 호스를 ~ mettre un tuyau à un robinet. ¶ 손가락에 반지를 ~ passer une bague au doigt.

◆**끼워 주다** 재타 ① admettre, accepter, faire entrer ((dans un groupe)). ¶ 그를 우리 편에 끼워줄까? Devons-nous l'admettre [le faire entrer] dans notre groupe? ¶ 그런 애는 끼워주지 마 Ne fais pas entrer un gars pareil. ② ((덤으로)) donner *qc* en prime [en cadeau, gratuitement] ((à l'occasion d'un achat)). ¶ 하이파이를 사니까 CD를 몇 장 끼워주더라 J'ai acheté une chaîne stéréo [hifi], alors on m'a donné quelques CD en prime [en cadeau, gratuitement].

◆**끼워 팔다** 타 vendre *qc* avec autre chose en prime [en cadeau]. ¶ 담배에 라이터를 ~ Vendre tabac avec un briquet (en prime [en cadeau]).

끼이다 자 être coincé(*e*), cerné(*e*), serré(*e*); être pris(*e*) entre (deux choses), se coincer, se bloquer, se cerner, se faire coincer, se déposer. ¶ 문에 손가락이 ~ se prendre le doigt dans la porte. ¶ 기계에 손가락이 ~ se faire prendre [coincer] les doigts dans une machine. ¶ 사람들 틈에 ~ s'insérer parmi les gens. ¶ 이빨 사이에 음식찌꺼기가 끼었다 Des résidus alimentaires se sont coincés entre les dents. ¶ 한국은 강대국들 사이에 끼여 있다 La Corée se trouve prise entre les grandes puissances.

끼익 부 ☞ 끽

끼적이다 타 ☞ 끄적이다

끼치다[1] 자 frissonner. ¶ 팔에 소름이 ~ avoir la chair de poule sur le bras. ¶ 추워서 소름이 ~ frissonner de froid. ¶ 무서워서 소름이 ~ avoir une peur terrible, avoir la chair de poule à cause de la peur, avoir les cheveux hérissés (de peur).

*****소름이** ~ frissonner; être saisi d'un frisson. ¶ 그 장면은 생각만 해도 소름이 끼친다 Je tremble d'horreur rien qu'en me rappelant de cette scène. ¶ 소름 끼치게 하다 faire peur, terroriser.

끼치다[2] 타 ① causer ((un dommage)), faire subir [supporter]. ¶ 건강에 해를 ~ nuire à la santé, détériorer la santé. ¶ 친구에게 폐를 ~ causer des dérangements [des indélicatesses, de la gêne, des ennuis] à un ami. ¶ 심려를 끼치게 되어 송구스럽습니다 Je suis désolé(*e*) de vous avoir inquiété(*e*) [de vous avoir causé de l'inquiétude, de vous avoir donné [causé] du souci, de vous avoir donné tant de soucis, de vous avoir causé [donné] tant d'embarras]. ¶ 폐를 끼쳐서 죄송합니다 Je m'excuse de vous avoir dérangé(*e*). ¶ 절대 남에게 누를 끼치는 일은 하지 말아야 된다 Il ne faut jamais faire des choses qui dérangent les autres. ② ((공적을)) léguer. ¶ 세종대왕이 후손들에게 끼친 공적은 많다 Le grand roi Sejong a légué beaucoup de bonnes œuvres à ses descendants. ③ ((영향을)) influencer. ¶ 영향을 ~ influencer, influer ((sur *qc/qn*)), déteindre ((sur *qc/qn*)), agir ((sur *qc*)).

끽 부 cri *m* aigu [perçant] ((de douleur)) ((onomatopée d'un bruit soudain et court)). ¶ 차가 ~ 하고 멈춰 섰다 La voiture s'est arrêtée net.

◆**_하다** 재 【비어】 mourir, y passer {*pop*} [y rester]; crever {*pop*}, claquer {*pop*}, clamser {*pop*}, claboter {*pop*}. ¶ 고속도로에서 조심하지 않으면 잠깐 사이에 ~한다 Si on ne fait pas attention sur l'autoroute, on peut y passer [crever en un clin d'œil].

끽끽대다 재 rire (avec des bruits aigus étouffés). ¶ 끽끽대고 웃다 rire (avec des bruits aigus étouffés).

끽소리 명 cri *m* ((de mécontentement, de plainte, de douleur)), râle *m*. ◇**_(도) 못하다** être réduit(*e*) au silence; être complètement muet(*te*); être battu(*e*) [vaincu(*e*)]; être réprimé(*e*), bâillonné(*e*), abattu(*e*); ne pas pouvoir exprimer la moindre plainte. ¶ ~ 못하게 하다 réduire *qn* au silence; rendre *qn* silencieux(*se*), embarrasser *qn*; mettre [réduire] *qn* à quia. ¶ ~ 말고 시키는 대로 해 Ne discute pas, obéis [fais ce que je te dis] / Ne dis pas un mot, fais comme je te dis / Sans broncher, fais ce que je te dis.

끽연 喫煙 명 action de fumer. ◇**_(을) 하다** fumer.

◆**_가** -家 명 fumeu*r*(*se*).

끽해야 부 au maximum, au plus, tout au plus, à peine, à tout casser {*fam*}. ¶ 이건 ~ 50유로 정도밖에 안 한다 Cela coûte cinquante euros tout au plus [à tout casser {*fam*}]. ¶ 회장에는 ~ 30명 정도의 부녀자들뿐이었다 Dans la salle de réunion, il n'y avait qu'une trentaine de femmes tout au plus.

낄낄 부 ((onomatopée désignant la façon de rire, bruit du rire étouffé à voix basse)).

◆**_거리다[대다]** 재 rire en cachette [de façon retenue], rire sous cape. ¶ 혼자 ~거리며 웃다 rire sous cape. ¶ 숨어서 ~거리다 rire sous cape.

낌새 명 indice *m*, symptôme *m*, signe *m*, soupçon *m*; présage *m*; ((눈치)) soupçon *m*. ¶ ~를 (알아)채다 flairer *qc*, subodorer *qc*, pressentir *qc*. ¶ 내가 그를 만나는 ~를 채고[알아채고, 눈치 채고] 동생이 따라왔다 Mon (petit) frère m'a suivi(*e*), en pressentant que je sortais avec elle. ¶ 아무런 변화의 ~도 보이지 않는다 Il n'y a aucun signe de changement / On ne pressent pas le moindre changement. ¶ ~가 좋지 않다 Cela laisse un doute. ¶ ~가 수상하다 se douter de *qc*; soupçonner *qn*/*qc*, avoir des soupçons sur *qn*/*qc*, avoir de vagues soupçons sur *qn*/*qc*; entrevoir [pressentir] *qc*, deviner *qc*, prévoir *qc*. ¶ 적이 움직이려는 ~가 보인다 On pressent que l'ennemi a l'intention d'avancer [de faire une sortie, de faire une attaque]. ◇**_가 있다[없다]** se douter [ne pas se douter] de *qc*; soupçonner [ne pas soupçonner] *qn*/*qc*, avoir des [ne pas avoir de] soupçons sur *qn*/*qc*, avoir de vagues soupçons sur *qn*/*qc*; [ne pas] entrevoir [pressentir] *qc*, [ne pas] deviner *qc*, [ne pas] prévoir confusément *qc*. ¶ 그가 도망갈 것 같은 ~가 있다 [~는 없다] On pressent [ne pressent pas] qu'il va s'enfuir.

낑낑 부 ① avec peine, en peinant, avec effort. ¶ ~ 힘을 주다 mettre beaucoup de force, s'efforcer avec peine. ¶ 냉장고를 ~ 짊어지고 가다 transporter avec peine [non sans peine, non sans difficulté] le réfrigérateur. ② ((onomatopée désignant le gémissement ou le glapissement d'un chien)).

◆**_거리다[대다]** 재 ① gémir, geindre; se lamenter sur *qc*, se plaindre; peiner. ¶ 그 여자는 발이 아프다고 ~거린다 Elle se plaint d'avoir mal aux pieds. ¶ 짐이 무거워 ~거리다 peiner à cause d'une charge lourde. ¶ 이런 쉬운 문제도 못 풀고 ~거리니? Est-ce que tu peines pour résoudre un problème si facile? ② ((개가)) gémir, glapir; pousser de petits cris. ¶ 개가 ~거린다 Le chien gémit [glapit]. ¶ 강아지가 밤새 ~거렸다 Le chiot a pleurniché toute la nuit.

ㄱ

ㄴ

ㄴ[1] 명 *nieun m* ((seconde lettre consonantique de l'alphabet coréen)).

-ㄴ[2] 조 ((forme contractée de -는 particule modale de thème, qui s'emploie après un substantif se terminant par une voyelle)). ☞ -는[2]

-ㄴ[3]↔-은 어미 ((suffixe flexionnel déterminatif qui s'ajoute au radical de l'adjectif. Il exprime le présent. -ㄴ s'ajoute après le radical se terminant par une voyelle et après les suffixes flexionnels préfinaux –시/으시 (honorifique) et –더 (passé) -은 s'ajoute après le radical qui se termine par une consonne. Les copules 이다 être et 아니다 ne pas être se conjuguent comme les adjectifs.)) ¶나는 푸르~ 산과 넓은 바다를 좋아한다 J'aime les vertes montagnes et la vaste mer / J'aime les montagnes verdoyantes et la mer immense [infinie]. ¶우리 동네에는 크~ 집과 작은 집들이 있어요 Dans notre village, il y a de petites et de grandes maisons. ¶빠르~[느리~] 자동차une voiture rapide [lente]. ¶학생아~ 너의 처지를 잊지 말아야지 Il ne faut pas oublier ton statut d'étudiant. ¶그것은 바르~ 말이 아닌 거짓말이다Ce n'est pas vrai, c'est un mensonge. ¶연세가 많으~ 어른 une personne ayant un grand âge.

-ㄴ[4]↔-은 어미 ((suffixe flexionnel déterminatif qui s'ajoute au radical du verbe. Il exprime le passé. –ㄴ s'ajoute après le radical verbal qui se termine par une voyelle et après les suffixes flexionnels préfinaux –시/으시 (honorifique) et –더 (passé) -은 s'ajoute après le radical qui se termine par une consonne.)) ¶이분이 여행에서 돌아오~ 사람의 어머님이세요 C'est la mère de la personne qui est rentrée de voyage. ¶제가 보~ 영화는 프랑스 영화입니다 Le film que j'ai vu est un film français. ¶어제 오~ 눈이 벌써 다 녹았다 La neige qui est tombée hier a déjà fondu. ¶여러분들이 쓰~ 글과 읽~ 글을 구분하세요 Séparez clairement votre texte des citations que vous empruntez! ¶사라자~ 꿈 un rêve brisé.

-ㄴ가↔-은가 어미 ((suffixe flexionnel de terminaison phrastique du mode interrogatif qui s'ajoute après le radical d'un adjectif. –ㄴ가 s'ajoute après le radical qui se termine par une voyelle et après les suffixes flexionnels préfinaux –시/으시 (honorifique) et –더 (passé); -은가s'ajoute après le radical qui se termine par une consonne. Ce suffixe est employé entre les amis intimes âgés, et par un locuteur supérieur (professeur, beau-père) à l'égard de son interlocuteur légèrement inférieur (étudiant, gendre). Il exprime un respect léger, et marque le présent.)) ¶아버지 집에 계시~? Ton père est-il à la maison? ¶자네 지금 바쁘~? Es-tu occupé(e) maintenant? ¶이게 꿈아~ 생시(이)~? Est-ce un rêve ou la réalité? ¶바깥 날씨가 추우~ 보다[봐] Il a l'air de faire froid dehors.

-ㄴ가요↔-은가요 어미 ((suffixe flexionnel de terminaison phrastique du mode interrogatif qui s'ajoute après le radical d'un adjectif. –ㄴ가요 s'ajoute après le radical qui se termine par une voyelle et après les suffixes flexionnels préfinaux –시/으시 (honorifique) et –더 (passé); -은가요 s'ajoute après le radical qui se termine par une consonne. Employé entre les adultes réciproquement ou à l'égard d'un interlocuteur supérieur, il exprime une politesse et un respect banals et familiers. Il marque le présent.)) ¶이 음식이 너무 매우~? Est-ce que ce plat est trop piquant? ¶신부님께선 지금 바쁘사~? Mon père (prêtre catholique), êtes-vous occupé maintenant? ¶이게 정말아~? Est-ce vrai? ¶오늘은 어제보다 더 우~? Est-ce qu'aujourd'hui est plus chaud qu'hier? ¶이 옷이 저 옷보다 크~? Est-ce que ce vêtement est plus grand que celui-là?

-ㄴ건↔-은건 ((forme contractée de radical + -ㄴ/-은 것은**)** ¶그는 힘이 세~ 인삼을 "L이 먹었기 때문이에요. Il s'est vanté de sa force (physique). ¶그녀가 돌아~ 아이가 보고 싶었기 때문입니다. Si elle est revenue, c'est parce qu'elle avait envie de voir son enfant.

-ㄴ걸[1]↔-는걸 어미 ((suffixe flexionnel de terminaison phrastique à valeur interjective, qui s'ajoute après le radical du verbe. –ㄴ걸 s'ajoute au radical qui se termine par une voyelle et après le suffixe flexionnel préfinal honorifique –시/-으시

-은걸 après le radical qui se termine par une consonne. Il est utilisé entre les enfants et entre les amis intimes même adultes réciproquement, et exprime le rapport d'égalité et l'intimité. Il est aussi utilisé à l'égard d'un interlocuteur inférieur (enfant, petit-enfant, jeune employé, élève) par un locuteur supérieur (parents, maître, chef). Dans ce dernier cas, il exprime l'infériorité. Ajouté au radical du verbe, il marque le passé.》 ¶그 돈은 다 써 버라~! J'ai dépensé tout cet argent. ¶우리 삼촌은 파리에 가사~! Mon oncle est allé à Paris!

-ㄴ걸[2]↔-은걸 어미 《suffixe flexionnel de terminaison phrastique à valeur interjective, qui s'ajoute après le radical d'un adjectif. -ㄴ걸 s'ajoute après le radical verbal qui se termine par une voyelle et après les suffixes flexionnels préfinaux -시/으시(honorifique) et -더 (passé) -은걸 après le radical qui se termine par une consonne. Il s'ajoute directement à un substantif qui se termine par une voyelle à la suite de l'omission du radical 이 de la copule 이다 *être*. Il est utilisé entre les enfants et entre les amis intimes même adultes réciproquement, et exprime le rapport d'égalité et l'intimité. Il est aussi utilisé à l'égard d'un interlocuteur inférieur (enfant, petit-enfant, jeune employé, élève) par un locuteur supérieur (parents, maître, chef). Dans ce dernier cas, il exprime l'infériorité. Ajouté au radical d'un adjectif, il marque le présent.》 ¶이 사과는 제법 크~ C'est une pomme assez grosse. ¶그 사람은 내 친구이~ Lui, c'est mon ami. ¶그이는 연세가 많으사~ Il est très âgé. ¶그는 우리 대학 교수~ Il est professeur de notre université.

*~ **어떻게 해** qu'y puis-je si ... ¶그래도 그 사람이 좋은 걸 어떻게 해 Qu'est-ce que j'y peux si je l'aime! / Qu'y puis-je si je l'aime!

-ㄴ걸[3]↔-은걸 《forme contractée de radical + -ㄴ/-은 것을》 ¶그는 힘이 세~ 자랑했다 Il s'est vanté de sa force (physique). ¶저는 그녀가 돌아~ 몰랐어요. Je ne savais pas qu'elle était revenue.

-ㄴ걸요↔-은걸요 《forme polie de -ㄴ걸↔-은걸》

-ㄴ게↔-은게 《forme contractée de radical + -ㄴ/-은 것이》 ¶값이 비싸~ 문제에요. Le fait que le prix est cher, c'est le problème. ¶제가 거기에 가~ 잘못이었어요. Le fait que j'y suis allé était une faute.

-ㄴ고↔-은고 어미 《suffixe flexionnel de terminaison phrastique du mode interrogatif qui s'ajoute après le radical d'un adjectif. -ㄴ고 s'ajoute après le radical qui se termine par une voyelle et après les suffixes flexionnels préfinaux -시/으시 (honorifique) et -더 (passé) -은고 s'ajoute après le radical qui se termine par une consonne. Ce suffixe est employé par un locuteur supérieur (professeur, beau-père) à l'égard de son interlocuteur légèrement inférieur (étudiant, gendre), ou entre les amis intimes âgés. Il exprime un respect léger, et marque le présent.》 ¶이것이 저것과 어떻게 다르~? en quoi ceci est-il différent de cela? ¶자네가 누구(이)~? Qui es-tu? ¶이게 무엇이~ 하니 … Qu'est-ce que c'est? c'est…

-ㄴ다[1] 어미 *on* dit de+*inf*/que+*ind* 《-ㄴ다 est la forme contractée de -고 한다. Suffixe verbal de citation qui s'ajoute après un suffixe flexionnel de terminaison phrastique du mode impératif ou déclaratif, au style indirect. Il est employé entre les enfants, entre les amis intimes même adultes pour l'intimité et l'égalité, ou à l'égard d'un interlocuteur inférieur pour l'infériorité. Il marque le présent.》 ¶형님이 너보고 오라~ Grand frère te dit de venir (le voir). ¶어머니께서 너보고 빨리 약 먹으라~ Mère te dit de prendre tes médicaments tout de suite. ¶이웃집 아주머니가 그러는데 설악산 단풍이 매우 아름답다~ La voisine dit que le mont Seorak est très beau dans son feuillage d'automne [dans sa parure d'automne, avec ses feuillages d'automne]. ¶삼촌이 새로 산 집은 참 크다~ On dit que la maison que notre oncle vient d'acheter est très grande.

-ㄴ다[2] 어미 (je te dis que), (tu sais) 《suffixe flexionnel de terminaison phrastique du mode déclaratif qui s'ajoute après -ㄴ다, -는다, -다. Il est employé entre les enfants, entre les amis intimes même adultes pour l'intimité et l'égalité, ou à l'égard d'un interlocuteur inférieur pour l'infériorité. Il marque le présent. Il sert à attirer l'attention de l'interlocuteur en lui laissant entendre que le locuteur lui adresse la parole.》 ¶나는 잘 지내고 있다~ (Je te dis que) je vais bien. ¶우린 내일 소풍을 간다~ Comme tu le sais déjà, nous allons pique-niquer demain. ¶나는 맛난 과일을 먹는다~ Comme tu vois, je suis en train de manger un fruit délicieux. ¶내가 그 생선을 사 왔다~ C'est moi qui ai acheté ce poisson. ¶나는 파리의 부모님께 전화를 걸었다~ Comme tu le vois, j'ai téléphoné à mes parents à Paris.

-ㄴ다[3]↔-는다 어미 《suffixe flexionnel de terminaison phrastique du mode déclaratif qui s'ajoute après le radical d'un verbe. -ㄴ다 s'ajoute au radical qui se termine par une voyelle et après le suffixe flexionnel préfinal honorifique -시/-으시 -는다 s'ajoute au radical qui se termine par une consonne. Il exprime le degré neutre dans les écrits destinés à tout le monde. Mais dans la conversation, il exprime l'intimité et l'égalité s'il est utilité entre les enfants, entre les amis intimes adules, et l'infériorité s'il est utilisé par un locuteur à l'égard de son interlocuteur inférieur. Il marque le présent.》 ¶비가 오~ Il pleut. ¶차가 빨리 달라~ La voiture roule vite. ¶나는 프랑스 말을 배우~ J'apprends le français. ¶해는 동쪽에서 뜨~ Le soleil se lève à l'est. ¶나는 9시에 학교에 가~ Je vais à l'école à 9 heures. ¶부모님은 잘 계사~ Les parents vont bien.

-ㄴ다거나↔-는다거나 어미 ou, ou bien ((suffixe flexionnel conjonctif introduisant plusieurs choix. -ㄴ다거나 s'ajoute au radical du verbe qui se termine par une voyelle et au suffixe flexionnel préfinal honorifique -시/-으시 -는다거나 au radical qui se termine par une consonne.)) ¶거리에서 침을 뱉~ 담배꽁초를 버리는 행위 cracher ou bien jeter un mégot dans la rue.

-ㄴ다고[1] ↔-는다고[1] 어미 ① 까닭 à l'idée de+*inf*, comme on dit que +*inf* ((suffixe flexionnel conjonctif indiquant la raison. -ㄴ다고 s'ajoute au radical du verbe qui se termine par une voyelle et au suffixe flexionnel préfinal honorifique -시/-으시 -는다고 au radical qui se termine par une consonne.)) ¶그는 이번 여름에 프랑스에 가~ 잔뜩들떠 있다 Il est tout excité à l'idée de partir en France cet été. ② 말 그대로 c'est exactement ... ¶바늘 도둑이 소 도둑 돼~ 네가 꼭 그 모양이구나 On dit «qui vole un œuf vole un bœuf», c'est exactement ce qui t'arrive.

-ㄴ다고[2]↔-는다고[2] 어미 ① tu sais combien [à quel point] ((suffixe flexionnel de terminaison phrastique à valeur emphatique. -ㄴ다고 s'ajoute au radical du verbe qui se termine par une voyelle et au suffixe flexionnel préfinal honorifique -시/-으시 -는다고 au radical qui se termine par une consonne. Employé à l'adresse d'un interlocuteur égal (entre les enfants et entre les amis adultes intimes) ou inférieur, il exprime l'intimité ou l'infériorité.)). ¶너 모르지, 내가과일을 얼마나 좋아하~ Tu ne sais pas à quel point j'aime les fruits. ② ((부정적 질문)) Tu prétends(...)? Laisse-moi rire! ((suffixe flexionnel de terminaison phrastique du mode interrogatif pour une confirmation avec une certaine ironie sur un propos que l'on vient d'entendre)). ¶네가취직을 하~? 무슨 재주로? Toi, tu prétends trouver du travail! [Toi, tu penses (pouvoir) trouver du travail!] Je ne vois pas comment [Laisse-moi rire]! ③ tu dis encore que+*ind* ((suffixe flexionnel de terminaison phrastique signifiant que les soucis de son interlocuteur n'en valent pas la peine)). ¶난 또 네가 그 사람을 싫어하~ Je croyais que tu disais que tu ne l'aimais pas

-ㄴ다고[3]↔-는다고[3] 어미 on dit que+*inf*, on annonce que+*inf* ((suffixe flexionnel conjonctif qui sert à transformer un propos (phrase) déclaratif du discours (style) direct en celui du discours (style) indirect. Ajouté au propos rapporté, il est suivi d'un verbe de citation comme 하다/말하다 *dire*. -ㄴ다고 s'ajoute après le radical du verbe et après le suffixe flexionnel honorifique -시/-으시 -는다고 s'ajoute au radical verbal qui se termine par une consonne.)). ¶그는 오늘 서울에 가~ 내게 말했다 Il m'a dit qu'il allait aujourd'hui à Séoul. ¶아버지께서 모레 돌아오사~ 어머니께서 제게 말씀하셨어요. Ma mère m'a dit que mon père rentrerait après-demain. ¶일기예보에서 오늘 비가 오~ 알렸습니다. La météo a annoncé qu'il va pleuvoir aujourd'hui.

-ㄴ다나↔-는다나 어미 dire que+*ind* il semble que+*ind* ((suffixe flexionnel conjonctif ou de terminaison phrastique déclarative, qui sert à transformer un propos déclaratif du discours (style) direct en celui déterminatif du discours (style) indirect. -ㄴ다나 s'ajoute au radical du verbe qui se termine par une voyelle et au suffixe flexionnel préfinal honorifique -시/-으시 -는다나 au radical qui se termine par une consonne. Employé entre les amis intimes et à l'adresse d'un interlocuteur inférieur, il marque l'intimité ou l'infériorité.)) ¶김 과장은 일본으로 골프를 치러 가~ Le chef du bureau Kim m'a dit qu'il va jouer au golf au Japon. ¶그이는 곧 박사 논문을 제출하~ 봅니다. On m'a dit qu'il va bientôt présenter sa thèse de doctorat.

-ㄴ다네[1]↔-는다네[1] 어미 on dit que+*inf*, j'ai entendu dire que+*inf* ((suffixe flexionnel de terminaison phrastique exclamative, qui sert à transformer un propos (phrase) déclaratif du discours (style) direct en celui déterminatif du discours (style) indirect. -ㄴ다네 s'ajoute au radical du verbe qui se termine par une voyelle et au suffixe flexionnel préfinal honorifique -시/-으시 -는다네 au radical qui se termine par une consonne. Employé entre les amis intimes âgés ou à l'égard d'un interlocuteur inférieur intime, il exprime un respect léger.)) ¶우리아들은 공부를 아주 잘 하~ On me dit que mon fils est un élève très brillant.

-ㄴ다네[2]↔-는다네[2] on dit que+*inf*, j'ai entendu dire que+*inf* ((forme contractée de -ㄴ다고 하네↔-는다고 하네. Suffixe flexionnel de terminaison phrastique déclarative, qui sert à transformer un propos (phrase) déclaratif du discours (style) direct en celui déterminatif du discours (style) indirect. -ㄴ다네 s'ajoute au radical du verbe qui se termine par une voyelle et au suffixe flexionnel préfinal honorifique -시/-으시 -는다네 au radical qui se termine par une consonne. Employé entre les amis intimes âgés ou à l'égard d'un interlocuteur inférieur intime, il exprime un respect léger.)) ¶다음 주에 그 여자가 결혼하~ On dit qu'elle se marie la semaine prochaine.

-ㄴ다느냐↔-는다느냐 je te demande, je te pose la question à (pour) savoir ((forme contractée de -ㄴ다고 하느냐↔-는다고 하느냐. Suffixe flexionnel de terminaison phrastique interrogative, qui sert à transformer un propos (phrase) déclaratif du discours (style) direct en celui déterminatif du discours (style) indirect. -ㄴ다느냐 s'ajoute au radical du verbe qui se termine par une voyelle et au suffixe flexionnel préfinal honorifique -시/-으시 -는다느냐 au radical qui se termine par une consonne. Employé entre les amis intimes ou à l'égard d'un interlocuteur inférieur, il exprime l'égalité ou l'infériorité.》 ¶그이는 어떤 음식을 잘 먹~ Je te demande qu'est-ce qu'il préfère comme plat?

-ㄴ다느니↔-는다느니 dire tantôt ... tantôt, en disant que《forme contractée de -ㄴ다고 하느니↔-는다고 하느니》 Suffixe flexionnel conjonctif, qui sert à transformer un propos (phrase) déclaratif du discours (style) direct en celui déterminatif du discours (style) indirect. -ㄴ다느니 s'ajoute au radical du verbe qui se termine par une voyelle et au suffixe flexionnel préfinal honorifique -시/-으시 -는다고 au radical qui se termine par une consonne.》 ¶서로 가~ 못 가~ 말이 많다 Incapables de décider s'ils y vont ou pas, ils discutent bruyamment.

-ㄴ다는↔-는다는 qui dit que《forme contractée de -ㄴ다고 하는↔-는다고 하는》 ((Suffixe flexionnel conjonctif déterminatif de citation, qui sert à transformer un propos (phrase) déclaratif du discours (style) direct en celui déterminatif du discours (style) indirect. -ㄴ다는s'ajoute au radical du verbe qui se termine par une voyelle et au suffixe flexionnel préfinal honorifique -시/-으시 -는다는 au radical qui se termine par une consonne. Il marque le présent.》 ¶그 사람이 대통령에 출마하~ 소문la rumeur [le bruit] selon laquelle [selon lequel] cette personne est candidate à la présidentielle. ¶오~ 사람을 왜 못 오게 해? Pourquoi t'opposes-tu à ce qu'il vienne alors qu'il tient à venir? ¶딸 아이가 학교에 가~ 말만 하고 집을 나갔어요. Notre fille est sortie de la maison en disant seulement (en laissant seulement la parole disant) qu'elle allait à l'école. ¶외국어를 배우~ 것은 쉽지 않아요. Il n'est pas facile d'apprendre une langue étrangère.

-ㄴ다는구나↔-는다는구나《forme contractée de -ㄴ다고 하는구나↔-는다고 하는구나)) on dit que+*ind* il semble que+*ind*, j'ai entendu dire que+*inf* ((suffixe flexionnel de terminaison phrastique exclamative de citation. -ㄴ다는구나 s'ajoute au radical du verbe qui se termine par une voyelle et au suffixe flexionnel préfinal honorifique -시/-으시 -는다는구나 au radical qui se termine par une consonne. Employé à l'adresse d'un interlocuteur égal (entre les enfants et entre les amis adultes intimes) ou inférieur, il exprime l'intimité ou l'infériorité.》 Tiens! on dit [il paraît] que《suffixe flexionnel de terminaison phrastique servant à marquer la surprise, la perplexité sur les affirmations de *qn*》. ¶그가 결혼을 하~ Tiens, il paraît (on dit) qu'il se marie! ¶우리 집 앞 길에 가로등을 설치하~ On dit que l'on va installer des lampadaires dans la rue devant chez nous. ¶그분이 고성 군수가 돼~. On dit qu'il va devenir sous-préfet de Goseong.

-ㄴ다는데↔-는다는데《forme contractée de -ㄴ다고하는데↔-는다고 하는데》 on dit que (...), (alors) ...《suffixe flexionnel conjonctif qui permet d'introduire une explication, ou de marquer une opposition à propos d'un fait connu ou dont on a entendu parler. -ㄴ다는데 s'ajoute au radical du verbe qui se termine par une voyelle et au suffixe flexionnel préfinal honorifique -시/-으시 -는다는데au radical qui se termine par une consonne.》 ¶내 친구 네는 바닷가로 피서를 가~ 우리는 어떻게 하지? Mon ami dit que sa famille va en vacances au bord de la mer, alors nous, que faire? ¶구청 직원은 우리 가족 전입 사실을 모르~ 그래도 서류를 제출하지 않고 가만 있으면 안되지요. L'employé de la mairie d'arrondissement dit qu'il ignore le fait de l'emménagement de notre famille.

-ㄴ다니[1]↔-는다니[1] 어미《suffixe flexionnel de terminaison phrastique exclamative, servant à marquer la surprise, l'étonnement sur un propos entendu. -ㄴ다니 s'ajoute au radical du verbe qui se termine par une voyelle par une voyelle et au suffixe flexionnel préfinal honorifique -시/-으시 -는다니 u radical qui se termine par une consonne. Employé entre les amis intimes ou à l'égard d'un interlocuteur inférieur, il exprime l'égalité ou l'infériorité.)) ¶그가 이혼을 하~! Lui, divorcer!《tu rigoles, c'est une plaisanterie》

-ㄴ다니[2]↔-는다니[2] (comme on dit que+*inf*, puisqu'on annonce que+*inf*《forme contractée de -ㄴ다고 하니↔-는다고 하니.》《suffixe flexionnel conjonctif déterminatif de citation, qui sert à transformer un propos (phrase) déclaratif du discours (style) direct en celui déterminatif du discours (style) indirect. -ㄴ다니 s'ajoute au radical du verbe qui se termine par une voyelle par une voyelle et au suffixe flexionnel préfinal honorifique -시/-으시 -는다니au radical qui se termine par une consonne. Il exprime la raison ou la cause.》 ¶그 친구가 서울에 오~ 무슨 일 때문일까? Lui, venir à Séoul, je me demande bien pourquoi [je ne comprends [vois] pas la raison]. ¶곧 중대 발표를 하~ 기다려 봅시다. Comme on a annoncé qu'il y aura une communication importante, attendons.

-ㄴ다니[3]↔-는다니[3] 어미《suffixe flexionnel de terminaison phrastique exclamative, servant à souligner son mécontentement. -ㄴ다니 s'ajoute au radical du verbe qui se termine par une voyelle et au suffixe flexionnel préfinal honorifique -시/-으시 -는다니 au radical qui se termine par une consonne. Employé entre les amis intimes ou à l'égard d'un interlocuteur inférieur, il exprime l'égalité ou l'infériorité.)) ¶저 아이가 왜 저러~ Pourquoi faut-il que ce gamin agisse ainsi?

-ㄴ다니까¹↔-는다니까¹ 어미 Je t'ai déjà (bien) dit [expliqué] que ..., Puisque je te dis que ..., Tu sais bien que ..., Je t'ai déjà longuement expliqué que ... ((suffixe flexionnel de terminaison phrastique servant à confirmer ou à renchérir une déclaration ou une explication antérieure, à souligner la véracité d'une déclaration antérieure. -ㄴ다니까 s'ajoute au radical du verbe qui se termine par une voyelle et au suffixe flexionnel préfinal honorifique -시/-으시 -는다니까au radical qui se termine par une consonne. Employé entre les enfants, entre les amis intimes même adultes ou à l'égard d'un interlocuteur inférieur, il exprime l'égalité ou l'infériorité.)) ¶그 사람은 프랑스어를 못 하~! Je t'ai déjà (bien) dit [expliqué] qu'il ne parlait pas français / Puisque je te dis qu'il ne parle pas français!

-ㄴ다니까²↔-는다니까² 어미 comme on dit que ((suffixe flexionnel conjonctif de citation, exprimant la cause ou la raison. -ㄴ다니까 s'ajoute au radical du verbe qui se termine par une voyelle et au suffixe flexionnel préfinal honorifique -시/-으시 -는다니까au radical qui se termine par une consonne.)). ¶오늘 비가 오~ 우산을 가져가라 Comme on dit qu'il va pleuvoir, prends un parapluie.

-ㄴ다니까요↔-는다니까요 ((forme polie de -ㄴ다니까¹↔-는다니까¹))

-ㄴ다든가↔-는다든가 어미 ((suffixe flexionnel conjonctif exprimant la répétition des citations des actions contradictoires. -ㄴ다든가 s'ajoute au radical du verbe et au suffixe flexionnel préfinal qui se terminent par une voyelle, -는다든가 par une consonne.)) ¶가~ 남는다든가 분명히 해라 Dis que tu pars ou que tu restes, mais sois clair(*e*)!

-ㄴ다마는↔-는다마는 어미 bien que+*subj*, malgré+nom, même si, mais ((suffixe flexionnel conjonctif de concession, ou d'opposition. . -ㄴ다마는 s'ajoute au radical du verbe qui se termine par une voyelle et au suffixe flexionnel préfinal honorifique -시/-으시 -는다마는au radical qui se termine par une consonne.)) 이 편지를 쓰~ 너에게 도착할지는 모르겠다. J'écris cette lettre, mais je ne sais pas si elle te parviendra ou pas. 이 일을 하기는 하~ 자신은 없다. Bien que je fasse ce travail (Je fais ce travail, mais) je ne m'en suis pas convaincu. ¶모임에 가기는 가~ 썩 내키지는 않는다. Même si je vais à la réunion, ce n'est pas à cœur joie.

-ㄴ다만↔-는다만 ☞ **-ㄴ다마는↔-는다마는**

-ㄴ다며↔-는다며 어미 ① ((forme contractée de -ㄴ다면서↔-는다면서. Suffixe flexionnel conjonctif et de terminaison phrastique interrogative, sur un ton moqueur. -ㄴ다며 s'ajoute au radical d'un verbe qui se termine par une voyelle et au suffixe flexionnel préfinal honorifique -시/-으시 -는다며au radical qui se termine par une consonne.)) J'ai entendu dire [On dit] que (…), est-ce bien vrai? / ((빈정거림)) Eh bien, je croyais que tu(…)? J'ai sans doute mal entendu [compris] / Ne disais-tu pas l'autre jour que (…)? Je me trompe peut-être [J'ai mal entendu peut-être?, à moins que je ne me trompe!] / Tu disais pourtant que(…) ((suffixe flexionnel de terminaison phrastique du mode interrogatif pour une confirmation avec une certaine ironie sur un propos déjà entendu)). ¶너 내일 서울에 가~? Alors, il paraît que tu vas à Séoul demain, c'est bien vrai? ② ((말하면서)) en disant que. ¶그는 친구를 만나~ 외출했다 Il est sorti en disant qu'il allait rencontrer un ami.

-ㄴ다면↔-는다면 어미 si ((suffixe flexionnel conjonctif servant à marquer la condition, l'hypothèse. -ㄴ다면 s'ajoute au radical du verbe qui se termine par une voyelle et au suffixe flexionnel préfinal honorifique -시/-으시 -는다면 au radical qui se termine par une consonne.)) ¶그가 시험에 합격하~ 얼마나 좋을까 Que ce serait bien s'il réussissait son examen! / Ce serait fabuleux s'il réussissait son examen. ¶그 여자가 오늘 오~ 너 믿겠니? Toi, tu penses vraiment qu'elle pourrait venir aujourd'hui?

-ㄴ다면서↔-는다면서 어미 ((suffixe flexionnel conjonctif de citation. -ㄴ다면서 s'ajoute au radical du verbe qui se termine par une voyelle et au suffixe flexionnel préfinal honorifique -시/-으시 -는다면서au radical qui se termine par une consonne.)) ① ((연결어미)) en disant que ((suffixe flexionnel conjonctif servant à marquer le sens du gérondif français pour les verbes de citation.)). ¶그이는 회사에 가~ 일찍 나갔어요. Il est sorti tôt (de la maison) en disant qu'il allait à son entreprise (sa société). ¶그애들은 좋은 영화를 보~ 그 영화관으로 들어갔다. Ils sont entrés dans ce cinéma, en disant qu'ils allaient voir un bon film. ¶뱃사람들은 처녀를 구~ 마을을 돌아다녔어요. Les marins circulaient dans le village en disant qu'ils recherchaient une fille vierge. ② ((종결어미)) j'ai entendu dire [on dit] que, est-ce bien vrai que+*ind*? ((suffixe flexionnel de terminaison phrastique semi-interrogative de citation, introduisant une demande de confirmation. Employé à l'adresse d'un interlocuteur égal (entre les enfants et entre les amis adultes intimes) ou inférieur, il exprime l'intimité ou l'infériorité.)) ¶이번에 또 여행을 가~? Est-il vrai que tu pars encore en voyage cette fois-ci? / C'est bien vrai que tu pars encore en voyage cette fois-ci? ¶그 사람은 프랑스로 유학을

가~? (D'après ce que j'ai entendu dire) Il va en France pour ces études, n'est-ce pas? ¶너는 약속을 자주 어기-? Tu ne tiens pas ton rendez-vous souvent, n'est-ce pas?

-ㄴ다손↔-는다손 [어미] ((연결어미)) supposons que, imaginons que ((suffixe flexionnel conjonctif servant à marquer la supposition. -ㄴ다손 s'ajoute au radical du verbe qui se termine par une voyelle et au suffixe flexionnel préfinal honorifique -시/-으시 -는다손 au radical qui se termine par une consonne. Il s'emploie avec le verbe 치다 *supposer, imaginer*)). ¶우리 팀이 이번축구 시합에 이가~ 치더라도 우승은 하지 못합니다. Supposons que notre équipe gagne ce match de football, cela ne suffirai pas à remporter le grand prix. ¶그 정치인이 이번 선거에 출마하~ 쳐도 당선되지는 못할겁니다.Même si cet homme politique se présente à cette élection, il ne pourra pas être élu.

-ㄴ다잖니↔-는다잖니 ((forme contractée de -ㄴ다 하지 않니↔-는다 하지 않니)) ((suffixe flexionnel de terminaison phrastique interro-négative introduisant un discours rapporté. .-ㄴ다잖니 s'ajoute au radical du verbe qui se termine par une voyelle et au suffixe flexionnel préfinal honorifique -시/-으시 -는다잖니au radical qui se termine par une consonne. Employé à l'adresse d'un interlocuteur égal (entre les enfants et entre les amis adultes intimes) ou inférieur, il exprime l'intimité ou l'infériorité.)) ¶걔가 간~ N'a-t-il pas dit qu'il y allait? ¶그 선생님이 중국어를 가르차~ Ne dit-on pas que ce professeur enseigne le chinois?

-ㄴ다지↔-는다지 ((forme contractée de -ㄴ다고 하지↔-는다고 하지)) ((suffixe flexionnel de terminaison phrastique semi-interrogative. -ㄴ다지 s'ajoute au radical du verbe qui se termine par une voyelle et au suffixe flexionnel préfinal honorifique -시/-으시 -는다지au radical qui se termine par une consonne. Employé à l'adresse d'un interlocuteur égal (entre les enfants et entre les amis adultes intimes) ou inférieur, il exprime l'intimité ou l'infériorité.)) ¶니콜라가 너를 초대하~ Nicolas a dit qu'il t'invite, n'est-ce pas?

-ㄴ다지만↔-는다지만 même si l'on dit que ((forme contractée de -ㄴ다고 하지만↔-는다고 하지만)) ((suffixe flexionnel conjonctif introduisant un discours rapporté exprimant la concession. -ㄴ다지만 s'ajoute au radical du verbe qui se termine par une voyelle et au suffixe flexionnel préfinal honorifique -시/-으시 -는다지만au radical qui se termine par une consonne.)) ¶티끌이라도 모으면 태산이 돼~ 월 10만 원씩 저금하여 언제 1억을 모으지? Bien que l'on dise qu'on accumule (assidûment) ne serait-ce que des poussières, cela peut devenir une grande montagne, comment je peux économiser 100 millions en épargnant 100wons par mois!

-ㄴ단↔-는단 ((forme contractée de -ㄴ다는↔-는다는)) qui ((suffixe flexionnel déterminatif de citation. -ㄴ단 s'ajoute au radical du verbe qui se termine par une voyelle et au suffixe flexionnel préfinal honorifique -시/-으시 -는단au radical qui se termine par une consonne.)) ¶제 시간에 오~ 사람이 왜 아직 안 보여? Lui qui prétend toujours être à l'heure, pourquoi n'est-il pas encore là?

-ㄴ단다[1]↔-는단다 [어미] on dit que, je te dis que, tu sais que ((suffixe flexionnel de terminaison phrastique déclarative servant à rapporter indirectement un propos ou à informer son interlocuteur. -ㄴ단다 s'ajoute au radical du verbe qui se termine par une voyelle et au suffixe flexionnel préfinal honorifique -시/-으시 -는단다 au radical qui se termine par une consonne. Employé à l'adresse d'un interlocuteur égal (entre les enfants et entre les amis adultes intimes) ou inférieur, il exprime l'intimité ou l'infériorité.)). ¶사흘만 지나면 추석이 돼~ Trois jours après, ce sera la fête de Chuseok (15 août lunaire). ¶옆집 아이는 피아노를 배우러 미국에 가~ Trois jours après, ce sera la fête de Chuseok (15 août lunaire).

-ㄴ단다[2]↔-는단다 je te dit que, on m'a fait savoir que ((forme contractée de -ㄴ다고 한다↔-는다고 한다)) ((suffixe flexionnel de terminaison phrastique déclarative servant à rapporter indirectement un propos. -ㄴ단다 s'ajoute au radical du verbe qui se termine par une voyelle et au suffixe flexionnel préfinal honorifique -시/-으시 -는단다au radical qui se termine par une consonne. Employé à l'adresse d'un interlocuteur égal (entre les enfants et entre les amis adultes intimes) ou inférieur, il exprime l'intimité ou l'infériorité.)) ¶영희는 지금 죽을 끓아~ Yeong-hui dit qu'elle prépare de la bouillie de riz. ¶우리는 프랑스 영화를 보러 가~ Nous allons voir un film français.

-ㄴ달↔-는달 ((forme contractée de -ㄴ다고 할↔-는다고 할)) ne pouvant dire que, n'osant dire que ((suffixe flexionnel déterminatif. Il s'emploie avec le nom dépendant 수(*possibilité*), sous forme de radical +)ㄹ/-을 수 있다/없다. -ㄴ달 s'ajoute au radical du verbe qui se termine par une voyelle et au suffixe flexionnel préfinal honorifique -시/-으시 -는달au radical qui se termine par une consonne.)). ¶참으로 떠나~ 수가 없어 주저하고 있지요. N'osant pas dire que je pars, j'hésite.

-ㄴ담↔-는담 [어미] ((suffixe flexionnel de terminaison phrastique interjective ou interrogative servant à exprimer un étonnement ou une interrogation à soi-même. -ㄴ담 s'ajoute au radical du verbe qui se termine par une voyelle et au suffixe flexionnel préfinal honorifique -시/-으시 -는담au radical qui se termine par une consonne.)). ¶이 일을 어찌 하~ Que dois-je faire!¶그 이가 강릉에는 뭘 하러 가~ Qu'est-ce qui le pousse à aller à Gangneung? / Pourquoi il va à Gangneung?

-ㄴ답니까↔-는답니까 ((forme contractée de -ㄴ다고 합니까↔-는다고 합니까. Suffixe flexionnel de terminaison phrastique interrogative sur un propos rapporté. -ㄴ답니까 s'ajoute au radical du verbe qui se termine par une voyelle et au suffixe flexionnel préfinal honorifique -시/-으시 -는답니까 au radical qui se termine par une consonne. Employé entre les adultes mutuellement ou à l'égard d'un interlocuteur supérieur, il exprime une politesse et un respect strictes et protocolaircs.)) ¶일기 예보에서 내일 태풍이 부~? La prévision de la météorologie annonce-t-elle qu'un typhon va souffler demain? 그집 딸이 벌써 시집가~? On dit que la fille de cette famille va se marier déjà!.

-ㄴ답니다[1]↔-는답니다[1] 어미 ((suffixe flexionnel de terminaison phrastique servant à informer son interlocuteur sur un ton de fierté. -ㄴ답니다 s'ajoute au radical du verbe qui se termine par une voyelle et au suffixe flexionnel préfinal honorifique -시/-으시 -는답니다au radical qui se termine par une consonne. Il est employé entre les adultes réciproquement ou à l'égard d'un interlocuteur supérieur, et exprime une politesse et un respect strictes et protocolaires.)). ¶저는 프랑스어를 배우~ J'apprends le français. ¶저는 불어 편지를 쓰~ J'écrit une lettre en français.

-ㄴ답니다[2]↔-는답니다[2] ((forme contractée de -ㄴ다고 합니다↔-는다고 합니다. Suffixe flexionnel de terminaison phrastique déclarative servant à rapporter indirectement un propos. -ㄴ답니다 s'ajoute au radical du verbe qui se termine par une voyelle et au suffixe flexionnel préfinal honorifique -시/-으시 -는답니다au radical qui se termine par une consonne. Il est employé entre les adultes réciproquement ou à l'égard d'un interlocuteur supérieur, et exprime une politesse et un respect strictes et protocolaires.)) on dit que. ¶내일은 눈이 오~ On dit qu'il va neiger [qu'il neigera] demain. ¶그집은 모레 이 동네로 이사를 오~ On dit que cette famille va emménager dans notre quartier. ¶그 학생은 곧 취직하~ On dit que cet étudiant va bientôt trouver un emploi. ¶야구 경기가 곧 끝나~ On dit que le match de baseball va bientôt se terminer.

-ㄴ답디까↔-는답디까 ((forme contractée de -ㄴ다고 합디까↔-는다고 합디까. Suffixe flexionnel de terminaison phrastique interrogative sur un propos du passé rapporté. -ㄴ답디까 s'ajoute au radical du verbe qui se termine par une voyelle et au suffixe flexionnel préfinal honorifique -시/-으시 -는답디까 au radical qui se termine par une consonne. Employé entre les adultes mutuellement ou à l'égard d'un interlocuteur supérieur, il exprime une politesse et un respect strictes et protocolaires.)) ¶일기 예보에서 내일 태풍이 부~? La prévision de la météorologie a-telle annoncé qu'un typhon soufflerait demain? 그집 아들이 미국에 가~? A-t-on que le fils de cette famille irait aux Etats-Unis?

-ㄴ답디다↔-는답니다 ((forme contractée de -ㄴ다고 합디다↔-는다고 합디다. Suffixe flexionnel de terminaison phrastique déclarative servant à rapporter indirectement un propos du passé. -ㄴ답디다 s'ajoute au radical du verbe qui se termine par une voyelle et au suffixe flexionnel préfinal honorifique -시/-으시 -는답디다 au radical qui se termine par une consonne. Il est employé entre les adultes réciproquement ou à l'égard d'un interlocuteur supérieur, et exprime une politesse et un respect strictes et protocolaires.)) on dit que. ¶내일은 눈이 오~ On dit qu'il va neiger [qu'il neigera] demain. ¶그집은 모레 이 동네로 이사를 오~ On a dit que cette famille emménagerait dans notre quartier.)). ¶그 학생은 곧 취직하~ On m'a dit que cet étudiant trouverait un emploi bientôt.

-ㄴ대매↔-는대매 어미 ((suffixe flexionnel de terminaison phrastique semi-interrogative. -ㄴ대매 s'ajoute au radical verbal et au suffixe flexionnel préfinal qui se terminent par une voyelle, -는대매 par une consonne. Employé à l'adresse d'un interlocuteur égal (entre les enfants et entre les amis adultes intimes) ou inférieur, il exprime l'intimité ou l'infériorité.)). ¶그가 부산에 가~? Il paraît qu'il va à Busan? ¶이 과장이 회사 그만 두~? Le chef du bureau Kim va quitter (notre) firme, n'est-ce pas?

-ㄴ답시고↔-는답시고 어미 ((suffixe flexionnel conjonctif servant à souligner le mécontentement. -ㄴ답시고 s'ajoute au radical du verbe se terminant par une voyelle, -는답시고 par une consonne.)) ¶그는 공부하~ 일요일에도 학교에 간다 Même le dimanche, il va à l'université sous prétexte d'aller étudier.

-ㄴ대[1]↔-는대[1] 어미 ((suffixe flexionnel de terminaison phrastique servant à poser une question à but critique. -ㄴ대 s'ajoute au radical du verbe qui se termine par une voyelle et au suffixe flexionnel préfinal honorifique -시/-으시 -는대au radical qui se termine par une consonne. Employé entre les enfants, entre les amis intimes même adultes ou à l'égard d'un interlocuteur inférieur, il exprime l'égalité ou l'infériorité.)) ¶저 사람 왜 저렇게 욕을 하~? Pourquoi est-il si grossier, celui-là?

-ㄴ대[2]↔-는대[2] ((forme contractée de -ㄴ다고 해↔-는다고 해. Suffixe flexionnel de terminaison phrastique déclarative. -ㄴ대 s'ajoute au radical du verbe qui se termine par une voyelle et au suffixe flexionnel préfinal honorifique -시/-으시 -는대 au radical qui se termine par une consonne. Employé entre les enfants, entre les amis intimes même adultes ou à l'égard d'un interlocuteur inférieur, il exprime l'égalité ou l'infériorité.)) il(*elle*) a dit que ((suffixe flexionnel de terminaison phrastique servant à rapporter les paroles d'un autre)). ¶그 여자는 오늘 약속에 못 오~ Elle a dit qu'elle ne pourrait venir au rendez-vous d'aujourd'hui.

-ㄴ대도↔-는대도 ((forme contractée de -ㄴ다고 해도↔-는다고 해도)) même si on dit que ((suffixe flexionnel conjonctif servant à rapporter un propos contrarié. -ㄴ대도 s'ajoute au radical du verbe qui se termine par une voyelle et au suffixe flexionnel préfinal honorifique -시/-으시 -는대도 au radical qui se termine par une consonne.)). ¶네 말은 콩으로 메주를 쑤~ 믿지 못하겠다. Quant à tes paroles, même si tu dis que l'on fabrique des *meju* (boules de soja cuit et fermenté, destinées à fabriquer de la sauce de soja), je n'y croirai pas. ¶그 누가 뭐라고 하~ 오늘날의 한국 민주주의는 탄탄합니다. Même si les gens disent quoi que ce soit, la démocratie en Corée d'aujourd'hui est solide.

-ㄴ대도요↔-는대도요 ((forme polie de -ㄴ대도↔-는대도))

-ㄴ대서↔-는대서 ((forme contractée de -ㄴ다고 해서↔-는다고 해서)) puisque (parce que, comme) on dit que ((suffixe flexionnel conjonctif qui sert à rapporter un propos exprimant la raison ou la cause. -ㄴ대서 s'ajoute au radical du verbe qui se termine par une voyelle et au suffixe flexionnel préfinal honorifique -시/-으시 -는대서 au radical qui se termine par une consonne.)). ¶그가 편지를 쓰~ 내가 종이까지 주었는데요. Comme il m'a dit qu'il allait écrire une lettre, je lui ai donné même du papier.

-ㄴ대서야↔-는대서야 ((forme contractée de -ㄴ다고 해서야↔-는다고 해서야)) si on dit que … (cela ne va pas) ((suffixe flexionnel conjonctif conditionnel et emphatique qui sert à rapporter avec regret un fait qui n'est pas suffisant. -ㄴ대서야 s'ajoute au radical du verbe qui se termine par une voyelle et au suffixe flexionnel préfinal honorifique -시/-으시 -는대서야 au radical qui se termine par une consonne.)). ¶대학생이 그것도 모르~ 말이 돼나! Si un étudiant dit qu'il ne sait même pas cette chose, ça ne va pas!

-ㄴ대야↔-는대야 ☞-ㄴ대서야↔-는대서야

-ㄴ대요¹↔-는대요¹ 어미 ((suffixe flexionnel de terminaison phrastique, suffixe enfantin servant à dénoncer quelqu'un. -ㄴ대요 s'ajoute au radical du verbe qui se termine par une voyelle et au suffixe flexionnel préfinal honorifique -시/-으시 -는대요 au radical qui se termine par une consonne. Employé entre les adultes réciproquement ou à l'égard d'un interlocuteur supérieur, il exprime une politesse et un respect banals et familiers.)) ¶선생님, 병순이가 떠드~ Monsieur [Maître, Madame, Maîtresse], Byeong-sun discute avec son voisin [Byeong-sun bavarde].

-ㄴ대요²↔-는대요² ((forme contractée de -ㄴ다고 해요↔-는다고 해요. Suffixe flexionnel de terminaison phrastique déclarative, servant à rapporter un propos. -ㄴ대요 s'ajoute au radical du verbe qui se termine par une voyelle et au suffixe flexionnel préfinal honorifique -시/-으시 -는대요 au radical qui se termine par une consonne. Utilisé les adultes réciproquement ou à l'égard d'un interlocuteur supérieur, il exprime une politesse et un respect banals et familiers.)) on dit que. ¶내일 비가 오~ On dit qu'il va pleuvoir demain.

-ㄴ댔니↔-는댔니 ((forme contractée de -ㄴ다고 했니↔-는다고 했니. Suffixe flexionnel de terminaison phrastique exclamative ou interrogative, servant à contredire un fait du passé. -ㄴ댔니 s'ajoute au radical du verbe qui se termine par une voyelle et au suffixe flexionnel préfinal honorifique -시/-으시 -는댔니 au radical qui se termine par une consonne. Employé entre les enfants, entre les amis intimes même adultes ou à l'égard d'un interlocuteur inférieur, il exprime l'égalité ou l'infériorité.)) Ai-je dit que ...? ¶내가 언제 너희 집에 가~? Quand ai-je dit que je venais chez toi?

-ㄴ댔어↔-는댔어 ((forme contractée de -ㄴ다고 했어↔-는다고 했어. Suffixe flexionnel de terminaison phrastique déclarative, servant à rapporter. -ㄴ댔어 s'ajoute au radical du verbe qui se termine par une voyelle et au suffixe flexionnel préfinal honorifique -시/-으시 -는댔어 au radical qui se termine par une consonne. Employé entre les enfants, entre les amis intimes même adultes ou à l'égard d'un interlocuteur inférieur, il exprime l'égalité ou l'infériorité.)) il(*elle*) a dit que ((suffixe flexionnel de terminaison phrastique servant à rapporter au passé les paroles d'un autre)). ¶오늘 그 사람이 오~ Il a dit qu'il viendrait [serait là] aujourd'hui.

-ㄴ댔자↔-는댔자 어미 même si+*ind*, bien que+*subj*, quoique+*subj* ((suffixe flexionnel conjonctif (ou suspensif) de concession. -ㄴ댔자 s'ajoute après le radical du verbe qui se termine par une voyelle et au suffixe flexionnel préfinal honorifique -시/-으시 -는댔자 au radical qui se termine par une consonne)). ¶지금 가~ 벌써 늦었다 Même s'il partait maintenant, il serait en retard.

-ㄴ데↔-는데↔-은데 어미 ((-ㄴ데 s'ajoute après le radical de l'adjectif qui se termine par une voyelle et après les suffixes flexionnels préfinaux

-시/-으시 (honorifique) et -더 (passé), -은데après le radical qui se termine par une consonne. Après le radical des copules 이다 (*être*) et 아니다 (*ne pas être*), on ajoute -ㄴ데.》 ① et; mais, cependant 《suffixe flexionnel conjonctif qui permet d'introduire une explication, ou de marquer une opposition.》 ¶날씨가 더우~ 시원한 맥주나 한잔 합시다 Il fait chaud, prenons une bière bien fraîche. ¶파리는 프랑스의 수도아~ 아주 아름다운 도시이다 Paris est la capitale de la France et c'est une très belle ville. ¶물건이 디자인은 나쁜~ 값은 비싸요 Le design est mauvais mais le prix est cher. ¶내일이 시험아~ 저렇게 놀고만 있으니 Demain c'est l'examen, mais toi, tu ne fais que t'amuser [tu t'amuses, tu te détends, tu ne travailles pas, tu te la coules douce {*fam*}]! ¶이것이 크~ 너는 왜 작은 것을 고르니? Celui-ci est grand, alors pourquoi en choisir un petit? ② alors, eh bien, mais ...; quel(*le*)! 《suffixe flexionnel de terminaison phrastique exclamative qui laisse entendre un regret, un étonnement, un souhait. Il sert à murmurer ou exprimer un étonnement au locuteur soi-même.》. ¶부인이 미인이사~ Votre femme est bien belle! ¶이거 훌륭한 사진아~ Je trouve cette photo géniale! ¶날씨가 제법 차~ Il fait plutôt froid / Le temps est plutôt frisquet.

-ㄴ데다 어미 ☞ -ㄴ데다가

-ㄴ데다가↔-은데다가 어미 《suffixe flexionnel conjonctif servant à indiquer plusieurs qualités ou actions à la fois. -ㄴ데다가 s'ajoute après le radical du verbe et de l'adjectif, qui se termine par une voyelle et après le suffixe flexionnel préfinal honorifique -시/-으시, -은데다가 après le radical de l'adjectif qui se termine par une consonne. Toutefois, si ce suffixe est employé pour un adjectif, il marque le présent; s'il est employé pour un verbe, il marque le passé.》. non seulement ..., mais en plus ... ¶비가 오~ 바람까지 분다 Non seulement il a plu, mais en plus le vent souffle. ¶날씨가 흐라~ 춥기까지 하다 Non seulement le temps est gris, mais aussi il est humide.

-ㄴ데도↔-은데도↔-는데도 어미 bien que+*subj*, alors que+*subj* 《suffixe flexionnel conjonctif servant à marquer la concession ou l'opposition. -ㄴ데도 s'ajoute après le radical de l'adjectif qui se termine par une voyelle et après les suffixes flexionnels préfinaux -시/으시 (honorifique) et -더 (passé) -은데도après le radical qui se termine par une consonne. Il marque le présent.》 ¶주말아~ 너 집에 있구나Bien qu'on soit le week-end, tu es chez toi. ¶이 옷이 비싸~ 질은 안 좋아 보여요. Ce vêtement est cher, mais sa qualité me semble ne pas être bon. ¶날씨가 추우~ 외출하니? Bien qu'il fasse froid, est-ce que tu sors?

-ㄴ들↔-은들 어미 même si+*ind*, bien que+*subj*, quoique+*subj*... 《suffixe flexionnel conjonctif (ou suspensif, jonctif) de concession. -ㄴ들 s'ajoute après le radical de l'adjectif qui se termine par une voyelle et après les suffixes flexionnels préfinaux -시/-으시 (honorifique) et -더 (passé) -은들 après le radical qui se termine par une consonne. Il s'ajoute directement après l'attribut (nom) qui se termine par une voyelle, à la suite de l'omission du radical 이 de la copule 이다 être. Il marque le présent.》 ¶나(이)~ 마음이 편하겠느냐? Tu crois que moi, je me sens tranquille?/Même moi, je ne serais pas tranquille. ¶(네가가는 데가) 거가~ 무슨 희망이 있으랴 À quoi ça te servirait d'aller là-bas? ¶꿈에~ [꿈에아~] 잊겠느냐? Même en rêve, comment l'oublierais-je? ¶바쁘~ 요즈음 같이 바쁘랴. On est occupé, mais pas autant que ces jours-ci. ¶이것이 싸~ 뭘해. 돈이 한 품도 없는데. Même si c'est bon marché, à quoi bon. Je n'ai même pas un sou.

-ㄴ들↔-는들 어미 même si+*ind*, bien que+*subj*, quoique+*subj*... 《suffixe flexionnel conjonctif (ou suspensif, jonctif) de concession. -ㄴ들 s'ajoute après le radical du verbe qui se termine par une voyelle et après le suffixe flexionnel préfinal honorifique -시/-으시 -는들après le radical qui se termine par une consonne. Il marque le présent.》 ¶이제와서 후회하~ 무슨 소용 있나? Cela sert à quoi d'avoir des regrets maintenant? ¶제가 그분을 만나~ 그 일이 쉽게해결되겠습니까? Même si je rencontre cette personne, cette affaire pourra-t-il réglée facilement?

-ㄴ바↔-은바 어미 d'après ce que j'ai vécu, vu ou entendu, ... 《suffixe flexionnel conjonctif (ou suspensif) de résultat d'un fait vécu, connu ou entendu. -ㄴ바 s'ajoute après le radical du verbe qui se termine par une voyelle et après les suffixes flexionnels préfinaux -시/-으시 (honorifique) et -더 (passé) -은바 après le radical qui se termine par une consonne. S'ajoutant au radical d'un verbe, elle exprime le passé》. ¶말을 들어보~ 등산객의 실종은 틀림이 없다 D'après ce que j'ai entendu, la disparition en montagne de ce randonneur est confirmée.

-ㄴ즉↔-은즉 어미 s'agissant de *qc*, d'après ce que j'ai vécu, vu ou entendu, comme, puisque ... 《suffixe flexionnel conjonctif (ou suspensif) de résultat d'un fait vécu, connu ou entendu. -ㄴ즉 s'ajoute après le radical du verbe qui se termine par une voyelle et au suffixe flexionnel préfinal honorifique -시/-으시 -은즉 après le radical qui se termine par une consonne. S'ajoutant au radical d'un verbe, il exprime le passé. Il s'ajoute directement au substantif à la suite de l'omission du radical de la copule 이다 *être*. Dans ce dernier cas, il exprime le présent》. ¶듣고보~ 그 사람의 주장이 옳더라 D'après ce que j'ai entendu, sa revendication me paraît justifiée. ¶얘가~ 그게 옳다 (D'après ce que j'ai entendu) je pense qu'il dit vrai [ceci est vrai]. ¶그 친구도 사람이~ 이 일을 모르는 체야 하겠냐? Lui aussi est un être humain, comment peut-il feindre d'ignorer cette affaire?

-ㄴ즉슨 어미 ☞ -은즉슨

-ㄴ지↔-은지 어미 (on ne sait, on ignore) si ((suffixe flexionnel conjonctif (ou suspensif) de supposition. -ㄴ지 s'ajoute après le radical de l'adjectif qui se termine par une voyelle et après l'suffixes flexionnels préfinaux -시/-으시, -던, -았(었)던 -은지 après le radical qui se termine par une consonne. Il s'ajoute directement au substantif à la suite de l'omission du radical de la copule 이다 *être*. Il s'emploie souvent avec les verbes 알다 *savoir*, *connaître* et 모르다 *ignorer*. Il marque le présent.)) ¶날 찾아온 사람이 경순이~ 병순이~ 궁금하다 Je suis curieux de savoir si la personne qui est venue me voir est Gyeong-sun ou Byeong-sun. ¶누가범인이~(가) 궁금하다 Je suis curieux(*se*) de savoir [Je me demande bien, J'aimerais bien savoir] qui est le coupable. ¶그이가 우리 대학 물리학 교수가 아니~ 모르겠어요 Je me demande si ce n'est pas le professeur de physique de notre université. ¶이게 무엇이~(를) 알아보아라 Essaie de savoir de quoi il s'agit. ¶그 사람이 사는 곳이 어디~ 알아보자 Essayons de nous renseigner sur son domicile. ¶그 여자가 돌아온 게 언제이~ 너는아니? Sais-tu quand elle est revenue? ¶기차가 더 빠르~, 자동차가 더 빠르~ 잘 모르겠어요. Je ne sais pas si le train est plus rapide, ou la voiture est plus rapide. ¶어제 낮에는 얼마나 배가 고팠더~ 모르겠다. Je ne sais combien j'avais faim hier dans la journée.

-ㄴ지고↔-은지고 어미 ((suffixe flexionnel [adjectival] de terminaison phrastique déclaratif ou à valeur exclamative. Il ne s'emploie qu'avec certains adjectifs ou verbes de qualité en -하다. Il est utilisé quand le locuteur s'adresse à lui-même.-ㄴ지고 s'ajoute au radical qui se termine par une voyelle et au suffixe flexionnel préfinal honorifique -시/-으시 -은지고au radical qui se termine par une consonne.)) ¶참 딱하~ C'est vraiment pitoyable! ¶불쌍하~ Il est vraiment pitoyable!

-ㄴ지라¹↔-은지라¹ 어미 comme, puisque ((suffixe flexionnel conjonctif de relation causale. -ㄴ지라 s'ajoute après le radical de l'adjectif qui se termine par une voyelle et après le suffixe flexionnel préfinal honorifique -시/-으시 -은지라au radical qui se termine par une consonne. Il marque le présent.)) ¶그 친구도 사람이~ 차마 그럴수는 없었을 것이다 C'est tout de même un être humain, il n'a pas pu agir ainsi. ¶그 사람도 짐승은 아니~ 우리의 마음을 이해할 것이다 Il n'est quand même pas un animal, il comprendra ce que nous ressentons. ¶마음이 서글프~ 일할 생각이 나지 않는다 Je suis si triste que je ne me sens pas le cœur à travailler.

-ㄴ지라²↔-은지라² 어미 comme, puisque, étant donné que, du fait que ((suffixe flexionnel conjonctif exprimant la cause. -ㄴ지라 s'ajoute après le radical du verbe qui se termine par une voyelle et au suffixe flexionnel préfinal honorifique -시/-으시 -은지라 après le radical se terminant par une consonne. Il indique le passé.)) ¶기다리던 아들이 돌아오~ 한없이 기쁘다 Comme le fils que j'attendais depuis longtemps est enfin de retour, je suis infiniment heureux [je suis aux anges, je suis le plus heureux des hommes [du monde]]. ¶세월이 흐르~ 그 남자도 이혼의 상처를 잊어버렸을 것이다 Avec le temps, lui aussi doit avoir oublié les blessures de son divorce.

-ㄴ지요↔-은지요 어미 ((suffixe flexionnel de terminaison phrastique interrogative. -ㄴ지요 s'ajoute après le radical de l'adjectif qui se termine par une voyelle et après les suffixes flexionnels préfinaux -시/-으시 (honorifique) et -더 (passé) -은지요 après le radical qui se termine par une consonne. Employé entre les adultes réciproquement ou à l'égard de l'interlocuteur supérieur, il exprime une politesse et un respect banals et familiers. Il marque le présent.)) ¶이 불건의 값이 저것과 비슷하~? Le prix de cet objet est-il comparable à celui de cette chose là. ¶방바닥이 더운~ Est-ce que le sol de la chambre est chaud? ¶이것은 저것과 아주 다르~ Est-ce que ceci est très différent de cela?

나¹ 대 je, moi ((pronom de la première personne au singulier, neutre)). ¶~는 법학을 공부한다 J'étudie le droit / Je suis étudiant(e) en droit. ¶그는~를 좋아한다 Il m'aime bien. / Il s'intéresse à moi. /Je l'intéresse./ Je ne lui déplais pas. ¶그는 ~에게 선물을 주었다 Il m'a offert [donné] un cadeau. ¶그는~보다 어리다 Il est plus jeune que moi. ¶~와 함께 가자 Viens avec moi / Partons ensemble. ¶그는 ~를 위해 옷을 샀다 Il m'a acheté des vêtements. ¶~로 말하자면 en [pour] ce qui me concerne; pour ma part; quant à moi. ¶그는~만 괴롭힌다 Il n'embête [ennuie]que moi. ¶그는 ~밖에 아무도 부르지 않았다 Il n'a appelé que moi. ¶지각한 사람은 오직 ~뿐이었다 Je suis le(la) seul(*e*) (qui soit) en retard / Je suis le(la) seul(*e*) retardataire. ¶~ 자신조차도 그 사실을 몰랐다 Même moi, je n'étais pas au courant [je ne savais pas]. ¶그는 ~ 한 사람만을 위해 파티를 마련했다 Il a donné une fête uniquement pour moi [uniquement en mon honneur]. ¶그는~밖에 모르는 사람이다 Il ne pense qu'à moi.

나² 명 【음악】 si *m*.

◆_**단조** -短調 명 si *m* mineur.

◆_**장조** -長調 명 si *m* majeur.

◆**내림 장조** -長調 명 si *m* bémol majeur.
◆**올림 장조** -長調 명 do *m* majeur.

-나[3]↔-으나 어미 ((suffixe flexionnel conjonctif. -나 s'ajoute au radical du verbe et de l'adjectif qui se termine par une voyelle et au suffixe flexionnel préfinal honorifique -시/-으시 -으나 au radical qui se termine par une consonne et à tous les suffixes flexionnels préfinaux temporels -았/-었, -겠)) ① ((역접)) bien que, malgré que, quoique, mais, pourtant, en dépit de ((opposition)). ¶그 친구가 오~ 나는 가겠다 Malgré son arrivée, je dois (malheureusement) partir (maintenant). ¶그 사람은 가난하~ 정직하다 Malgré sa pauvreté, il reste honnête. ¶아버지는 게으르~ 아들은 부지런하다 Si le père est paresseux, le fils, lui est travailleur. ¶이 물건은 값은 싸~ 질은 좋지 않아요 Quant à cet objet, son prix est bon marché, mais sa qualité n'est pas bonne. ② 언제나 (bon) ou (mauvais), il reste… ((alternance de faits opposés)) ¶그 사람은 오~ 가~ 말썽이다 Ici ou là, il reste un faiseur de trouble. ¶보~ 마~ 마찬가지다 Qu'on le voie ou pas, c'est du pareil au même / Le résultat est connu d'avance. ¶좋~ 싫~ 내 남편이지 Bon ou mauvais, il reste mon mari. ③ 가릴것 없이 où qu'on+*subj*, qui que+*subj*, quel endroit que ce soit, qui que ce soit ((exagération)). ¶어디를 가~ 사람들로 복잡했다 Où que l'on aille, les gens grouillent. ¶그 사람은 누구를 만나~ 같은 말만 해요 Il raconte la même chose à qui que ce soit. ④ ((강조)) très, si, extrêmement ((emphatique avec la répétition du même verbe)). ¶머~ 먼 고향 pays natal si loin. ¶가~ 긴 세월 si longtemps; de si longues années. ⑤ ((sous forme de radical + -나 보다, 싶다, verbes auxiliaires de supposition pour soi-même.)) il semble que+*subj*, il paraît que+*ind* ¶ 봄이 가~ 보다Il semble que le printemps s'en soit allé. ¶밖에 누가 왔~ 보다 Il paraît que quelqu'un est arrivé dehors.

-나[4]↔-이나 조 ((particule spéciale, capable de marquer différents cas grammaticaux, en laissant entendre un sens. -나 s'ajoute au substantif qui se termine par une voyelle; -이나par une consonne)). ① ((선택)) ou, ou bien ((liaison des mots)). ¶배~ 사과를 먹고싶다 J'ai envie de manger une poire ou bien une pomme. ¶볼펜이~ 연필을 가져와라 Apporte-moi un stylo à bille ou un crayon. ¶너~ 나~ 마찬가지다 Toi ou moi, c'est pareil. ② ((차선)) ne serait-ce que; faute de mieux; au moins, tout au moins, à contrecœur, quel que soit le résultat. ((particule spéciale qui peut indiquer toutes les fonctions grammaticales: sujet, complément d'objet direct ou indirect, compléments circonstanciels de lieu, de temps, etc. En même temps elle laisse entendre ou sous-entendre un sens emphatique, un choix de second ordre, une exclusivité, une négligence)). ¶너~ 학교에 가라 (Laisse-moi tranquille.) Va à l'école, toi (si tu veux). ¶너는공부~ 해라 Contente-toi d'étudier. ¶오늘은 공원에~ 가 볼까 싶다 Je compte aller voir [me promener] dans le parc [faute de mieux]. ¶일요일에~ 그 친구를 만나러 가겠다 Je ne pourrai pas le rencontrer avant dimanche. ¶우유~ 좀 다오 Passe-moi le lait. ¶영화~ 보러 갈까요? Voulez-vous aller voir un film (faute de mieux)? ¶독서~ 하면서 시간을 보냈다 J'ai passé mon temps à lire des livres [faute de mieux]. ¶한번 만나~ 보렴 Essaie au moins de le rencontrer. ③ ((놀람)) C'est étonnant / Tu te rends compte! ((étonnement)) ¶이 책은 값이 50유로~ 한다 Le prix de ce livre s'élève à cinquante euros! / Ce livre ne coûte pas moins de cinquante euros! ¶나는 배를 다섯 개~ 먹었다 Tu te rends compte, j'ai mangé cinq poires!

-나[5] 조 ① ((sujet)) ¶누구~ 이 같은 명예를 누릴 수는 없어요 N'importe qui ne pourra jouir d'un tel honneur. ((complément d'objet direct)) 당신은 누구~(아무~) 만나면 안돼요 Vous ne devez pas rencontrer n'importe qui. ¶당신은 누구~(아무~) 만나면 안돼요 Vous ne devez pas rencontrer n'importe qui. ¶ ② ((cas circonstanciel)) ¶그녀는 언제~ (어느 때~) 즐거운 표정이야 Elle a l'air joyeux toujours (à n'importe quel moment). ¶아무데~ 앉지 말고 여기 앉아요 Ne vous asseyez pas n'importe où, mais asseyez-vous ici. ¶이것은 어디~(아떤 장소~) 있어요 Ceci existe n'importe où (à n'importe quel endroit).

-나[6] 어미 ((suffixe flexionnel de terminaison phrastique interrogative. Il s'ajoute après le radical de l'adjectif et du verbe quelque soit sa forme, et à tous les suffixes flexionnels préfinaux temporo-modaux -시/-으시, -더, -았/-었, -겠. Il est employé entre les amis intimes ou à l'égard d'un interlocuteur inférieur, et exprime l'intimité ou l'infériorité.)) ① ((직접의문)) ¶아직 자~? Est-ce que tu dors encore? ¶너 그 책 다 읽었~? As-tu terminé ce livre? ② ((간접의문)) ¶누가 이겼~ 알아보자 Renseignons-nous pour savoir qui a gagné.

-나요 어미 ((suffixe flexionnel de terminaison phrastique interrogative, utilisé à l'égard de l'interlocuteur supérieur ou entre les adultes réciproquement, il exprime une politesse et un respect banals et familiers. Il s'ajoute le radical de l'adjectif et du verbe quelque soit sa forme, et après tous les suffixes flexionnels préfinaux temporo-modaux -시/-으시, -았/-었)). ¶아버지, 여행은 언제 가~? Père, quand est-ce qu'on part en voyage? ¶어머니, 저녁은 몇 시에 먹~? Maman, à quelle heure on mange le dîner? ¶아주머니에게 전화 거셨~ Avez-vous téléphoné à la tante? ¶영화가 재미있었~? Est-ce que le film était intéressant? ¶서류 접수에 주민등록증이 필요했~ Pour le dépôt de dossier, la carte d'enregistrement de résident (d'identité) était-elle nécessaire?

나가다 자타 ① ((밖으로)) ((L'action est vue de l'intérieur.)) sortir de *qc*/*qp*; quitter *qc*/*qp*; aller à [au, aux, en, dans] *qp*; partir pour *qp*, avancer, s'avancer. ¶ 축구를 하러 운동장에 ~ aller au stade (pour) jouer au foot(ball). ¶ 외국에 ~ aller à l'étranger. ¶ 지금 시간에 시내에 나가면 막힐 텐데 Si tu vas maintenant en ville, tu tomberas [seras pris(*e*)] dans les embouteillages [dans les bouchons {*fam*}]. ¶ 딴살림을 ~ aller vivre séparé(*e*) de *ses* parents; aller vivre séparément ((de *sa* femme, de *son* mari)). ¶ 산보를 ~ aller se promener [se balader {*fam*}], sortir [aller] prendre l'air. ¶ 집을 ~ sortir de chez *soi*; s'enfuir de chez *ses* parents, faire une fugue. ¶ 회사에서[를] ~ quitter le bureau [*son* bureau]; rentrer chez *soi* après le travail. ② 진출하다, 참가하다 se lancer dans *qc*; participer à *qc*. ¶ 정계로 ~ se lancer dans la politique. ¶ 경기에 ~ prendre part au match, jouer dans un match, participer à un match. ¶ 그 사람은 텔레비전에 두 번 나갔다 Il est passé deux fois à la télé(vision). ③ 근무하다 travailler chez ((Chanel, Samsung)); être employé(*e*) dans ((une compagnie)). ¶ 학원을 ~ travailler dans un institut (privé). ④ ((총알, 말이)) sortir, apparaître, laisser échapper ((une parole malheureuse)). ¶ 총구에서 총알이 나갔다 Une balle est sortie du canon du fusil [pistolet]. ¶ 술이 취해서 말이 잘못 ~ laisser échapper une parole malheureuse sous le coup de la boisson. ⑤ ((정신이)) perdre ((la raison)); devenir [être] fou(*folle*). ¶ 정신[넋]이 ~ perdre l'esprit [la raison], devenir [être] fou(*folle*); ne plus être *soi*-même. ⑥ 끊어지다, 절단나다 ne plus fonctionner [marcher]; ((전구)) être grillé(*e*); ((전기)) s'éteindre; ((전지)) être à plat. ¶ 전구가 나갔다 L'ampoule est grillée. ¶ 휴즈가 나갔다 Le plomb a fondu. ¶ 그 여자는 이빨이 다 나갔다 Elle a perdu toutes ses dents. ¶ 전기가 ~ Il y a eu une coupure de courant. ¶ 전지가 나갔다 La batterie est à plat. ⑦ ((값이, 무게가)) valoir *qc*; avoir une valeur de *qc*; peser *qc*; avoir un poids de *qc*. ¶ 3억 원 나가는 집 une maison valant 300 millions de wons. ¶ 값이 나가는 물건 un article [un objet, une marchandise] qui a de la valeur. ¶ 그 화물의 무게가 얼마나 나갑니까? Combien pèse ce chargement? ¶ 그 생선은 무게가 제법 나간다 Le poisson pèse assez lourd. ⑧ ((진도가)) avancer. ¶ 진도가 빨리 ~ avancer vite (dans le programme). ¶ 30 페이지까지 진도를 나갔다 On en est à la page 30 (du manuel) / On a étudié jusqu'à la page 30 (du manuel). ¶ 한 시간에 3 페이지씩 ~ avancer à raison de trois pages par heure. ⑨ 팔리다 se vendre; être mis(*e*) en circulation. ¶ 많이 나가는 신문 un journal qui se vend beaucoup; un journal très lu. ¶ 날개 돋친 듯이 ~ se vendre comme des petits pains. ⑩ ((도구, 기구가)) fonctionner, marcher. ¶ 대패가 잘 안 나간다 Le rabot ne fonctionne [marche] pas très bien / Cela rabote mal / Le rabot n'est pas très aiguisé. ¶ 차가 잘 안 나간다 La voiture ne roule pas bien. ⑪ 나아가다 avancer, s'avancer; progresser, faire des progrès; marcher [fonctionner] ((bien)). ¶ 좀 더 세게 나가라 Avance un peu plus vite / Accélère (le rythme) / Appuie sur le champignon {*fam*} [l'accélérateur]. ¶ 맞불 작전으로 ~ en arriver à (utiliser) la tactique du contre-feu. ¶ 회사가 이렇게 나가면 곧 망하겠다 Si les affaires continuent comme ça, l'entreprise va faire faillite. ¶ 나는 이 노래가 처음에 어떻게 나가는지 잊었다 J'ai oublié comment commençait cette chanson / Je ne sais plus comment commence cette chanson [comment commencent les paroles de cette chanson]. ⑫ ((돈이)) dépenser, payer ¶ 아이들 교육비로 돈이 많이 나간다 L'éducation des enfants coûte [revient] très cher / On dépense beaucoup pour l'éducation des enfants. ¶ 이자로 나가는 돈만 한 달에 오십만 원이다 Rien que pour les intérêts, il y a 500 mille wons qui partent chaque mois. ⑬ ((기사, 광고가)) paraître, être publié(*e*), être passé(*e*) ¶ 이 광고가 TV에 나갔다 Cette publicité est passée à la télévision. ¶ 그 기사는 다음 호에 나간다 Cet article sera inséré [paraîtra] dans le prochain numéro.

*__딴 길로__ ~ partir dans [prendre] la mauvaise direction, ne pas partir dans la bonne direction, faire fausse piste, s'égarer, se tromper de voie.

*__엇길로__ ~ prendre [partir dans] la mauvaise direction; se tromper de voie, s'égarer.

*__잘__ ~ 【구어】 tout *lui* réussit; bien marcher; être un homme très demandé, avoir la cote, être très apprécié(*e*), être populaire, avoir beaucoup de succès ((auprès des femmes)). ¶ 그 사람은 요즘 잘 나간다 Ces jours-ci, c'est un homme très demandé [il a la cote, il est très apprécié] / Ces jours-ci, tout lui réussit. ¶ 잘 나가는 사업 une entreprise qui marche bien; des affaires qui marchent bien.

조동 continuer. ¶ 일이 잘 되어 나간다 Le travail marche [avance] bien [comme prévu] / Cela fonctionne bien. ¶ 그 일을 그대로 해 나가게 Continuez comme ça le travail. ¶ 우리는 여러 어려움과 싸워 나가야 한다 Il faudra surmonter beaucoup d'épreuves pour réussir.

나가동그라지다 자 dégringoler, rouler, tomber, chuter, culbuter, basculer. ¶ 계단에서 미끄러져 마룻바닥에 ~ glisser dans un escalier et dégringoler sur le plancher en bois.

나가떨어지다 자 ① 넘어지다 s'effondrer, culbuter, basculer, dégringoler, tomber, chuter, tomber en arrière; être renversé(*e*); être jeté(*e*) à terre; être culbuté(*e*); être assommé(*e*); s'abattre. ¶ 자동차에 부딪혀 ~ se faire heurter par une voiture et être renversé(*e*). ¶ 살짝 밀었는데 그 사람이 나가떨어지는 바람에 당황했다 J'ai été troublé(*e*) de le voir dégringoler alors que je l'avais poussé légèrement.

② 녹초가 되다 s'effondrer ((par terre, sur un lit, dans un fauteuil)) (épuisé, à bout de forces), tomber comme une masse {*fam*}. ¶ 그 고3(학생)은 이틀 밤을 새우더니 완전히 나가떨어졌다 Après avoir passé deux nuits blanches, cet élève de terminale s'est effondré [il n'en pouvait plus]. ③ ((술에 취해)) être abattu(*e*); s'effondrer. ¶ 그 아저씨는 술에 나가떨어졌다 Il s'est effondré sous l'emprise de l'alcool / Il est ivre-mort.

ㄴ

나가자빠지다 자 ① 넘어지다 s'effondrer, culbuter, basculer, dégringoler, tomber, chuter, tomber en arrière; être renversé(*e*); être jeté(*e*) à terre; être culbuté(*e*); être assommé(*e*); s'abattre; tomber à la renverse. ② 파산하다 faire faillite [banqueroute]; fermer *ses* portes. ¶ 대형 슈퍼마켓이 생기는 바람에 적지 않은 가게들이 나가자빠졌다 Avec la création des hypermarchés, un nombre non négligeable de boutiques ont fait faillite [ont fermé leurs portes]. ③ 어기다, 포기하다 renoncer, reculer; se dérober, s'esquiver; abandonner, laisser tomber {*fam*}, lâcher {*fam*}, se dégonfler {*fam*}, se résigner, délaisser, se désister; se dédire. ¶ 같이 약속해 놓고 이제 와서 나가자빠지면 어떻게 해? Comment peux-tu me laisser tomber comme ça alors qu'on se l'était promis?

나귀 명 âne(*sse*). ¶ ~를 부리다 conduire un âne. ¶ ~를 타고 가다 se déplacer à dos d'âne. ¶ ~ 등에 짐을 싣다 charger (le dos d') un âne.

나그네 명 voyageu*r*(*se*); passant(*e*); étrang*er*(*ère*); ((떠돌이)) vagabond(*e*). ¶ ~ 생활[인생] une vie errante. ¶ 길 가던 ~인데 하룻밤 묵어 갑시다 Je suis un voyageur de passage et je vous prie de m'accueillir sous votre toit pour cette nuit. ¶ 집 없는 ~ 신세가 되어 떠돌아다니다 errer sans domicile fixe [sans toit].

◆_길 명 chemin *m* de voyageur. ¶ 정처 없는 ~길 un parcours sans destination. ¶ ~길에 오르다 partir en voyage sans destination fixe. ¶ 오랜 ~길에서 돌아오다 revenir d'un long voyage [d'un vagabondage].

◆_새 명 oiseaux *mpl* migrateurs [de passage].

나긋나긋하다 형 être tendre, dou*x*(*ce*), affable, docile, gentil(*le*), obéissant(*e*). ¶ 그 처녀는 아주 ~ Cette jeune fille est très affable [gentille, douce]. ¶ 나긋나긋한 말씨 [태도] une manière de parler [un comportement] affable.

나긋하다 형 être tendre; être dou*x*(*ce*), être affable, gentil(*le*), aimable. ¶ 그 여자는 목소리가 ~ Elle a une voix douce.

나꿔채다 타 ((‘낚아채다’의 잘못)) ☞ 낚아채다

나나니벌 명 guêpe *f* fouisseuse, *Ammophila infesta* {*nsc*}.

나날 명 des jours *mpl*; jour *m* après jour. ¶ 꿈같은 ~을 보내다 passer des moments [des jours] sublimes. ¶ 지나온 많은 ~들이 머릿속을 스친다 Une multitude de moments défilent devant mes yeux [dans ma tête].

나날이 부 tous les jours; chaque jour; quotidiennement, journellement; un jour après l'autre; de jour en jour, jour après jour; d'un jour à l'autre. ¶ ~ 물가가 오른다 Les prix augmentent chaque jour [jour après jour, de jour en jour, d'un jour à l'autre]. ¶ 날씨가 ~ 더워지고 있다 Il fait de plus en plus chaud jour après jour. ¶ 사업이 ~ 번창하다 Les affaires prospèrent de jour en jour. ¶ 그 환자의 병세가 ~ 좋아지고 있다 La santé du patient s'améliore de jour en jour. ¶ 우리나라의 경제는 ~ 발전하고 있다 L'économie de notre pays se développe jour après jour.

나누기 명 【수학】 division *f*. ◇_(를) **하다** effectuer une division, diviser ((un nombre par un autre)). ¶ ~를 두 번 하다 effectuer deux divisions.

나누다 타 ① 가르다 diviser, couper, partager, scinder, fractionner, subdiviser, morceler, sectionner, découper, dissocier, compartimenter, désagréger, distribuer, départager. ¶ 선수들을 두 팀으로 ~ diviser les athlètes en deux équipes. ¶ 케이크를 넷으로 ~ partager [diviser, couper] un gâteau en quatre. ¶ 12를 3으로 ~ diviser douze par trois. ¶ 8은 2로 나누어 떨어진다 Huit est divisible par deux. ② 분배하다 partager, répartir, distribuer, dispenser. ¶ 업무를 ~ distribuer le travail. ¶ 유산을 ~ partager un héritage. ¶ 두 사람이 이익금을 반씩 나누어 가졌다 Les deux personnes ont partagé les bénéfices moitié-moitié [à parts égales]. ③ 구분하다 diviser, distinguer, classer, classifier; différencier, spécifier, trier, cataloguer, grouper, ordonner, répertorier, sérier. ¶ 동물을 세 종류로 ~ classer [classifier, diviser] les animaux en trois catégories [espèces]. ¶ 편지를 구역별로 ~ trier [classer] les lettres par zones [secteurs]. ¶ 장서를 부문별로 ~ classer les livres par spécialité [discipline]. ④ 함께하다 partager, participer à *qc*, prendre part à *qc*; s'associer à *qc*, s'agréger, se réunir, se joindre, se rejoindre, s'adjoindre, s'affilier, s'intégrer. ¶ 친구의 일을 나누어 하다 s'associer aux travaux d'un ami, partager le travail d'un ami. ¶ 그 사람은 나의 기쁨과 고통을 같이 나눈다 Il partage mes joies et mes peines. ¶ 이 기쁨을 가족들과 나누고 싶다 Je voudrais partager cette joie avec ma famille. ⑤ 함께 먹다 boire ensemble. ¶ 오랜만에 술이나 한잔 나누자[나눌까?] Ça fait un bail [une paye, une éternité, des siècles, des lustres] qu'on n'a pas bu ensemble. Allons prendre un verre {*fam*} [Ça fait longtemps qu'on n'a pas bu ensemble, on prend un verre? / Ça fait un bail, on prend un pot?{*fam*}]. ⑥ ((인사, 대화를)) avoir une conversation avec *qn*; discuter avec *qn*. ¶ 친구와 이야기[대화]를 ~ J'ai discuté avec un(*e*) ami(*e*). ¶ 서로 인사를 ~ échanger des salutations. ⑦ ((피를)) être issu(*e*)s du même sang, être de la même famille, avoir des liens de parenté [de famille], être parents.

¶ 너와 나는 피를 나눈 형제가 아니냐? Toi et moi ne sommes-nous pas frères et issus du même sang?

나누어주다 타 distribuer. ¶ 이재민들에게 구호품을 ~ distribuer des vivres de première nécessité aux sinistrés.

나누어지다 자 être divisé(*e*); être partagé(*e*), se diviser, se partager, se sectionner, se fractionner, se classer, se distinguer. ¶ 그 도시는 강을 경계로 동안(東岸)과 서안(西岸) 지역으로 나누어진다 Cette ville est divisée en rive droite et en rive gauche par le fleuve (qui sert de frontière).

나눗셈 명 【수학】 division *f*. ¶ 곱셈과 ~을 배우다 apprendre la multiplication et la division. ¶ 어린 아이들에겐 아직 ~이 어렵다 Les enfants en bas âge ont du mal encore à comprendre la division.

나뉘다 자 être divisé(*e*); être partagé(*e*), se diviser, se partager, se sectionner, se fractionner, se classer, se distinguer. ¶ 하나의 민족이 남과 북으로 나뉘어 있다 Un même peuple est divisé entre le Sud et le Nord.

-나니 어미 【고어】 ((suffixe flexionnel conjonctif introduisant un fait en relation avec le fait précédent)). ¶ 다시 묻~ 네 정체가 무엇이냐 Je te repose la question, qui es-tu donc?

나다¹ 자 ① ((자국이)) apparaître; porter ((des traces)), se former, se produire. ¶ 아직 자국이 나 있다 Il reste des traces. ¶ 눈 위에 발자국이 났다 Il y a des traces de pas sur la neige. ¶ 이쪽에 이리들이 지나간 발자국이 났다 Il y a des traces de pas de loups ici. ¶ 차문에 긁힌 자국이 났다 La voiture porte une rayure sur la portière. ¶ 내 치마에 얼룩이 났다 Il y a une tache sur ma jupe / Ma jupe est tachée [salie]. ② ((상처가)) s'ouvrir; s'infecter. ¶ 아이가 손에 상처가 났다 Cet enfant est blessé à la main / Cet enfant a une blessure à la main. ¶ 그 사람은 얼굴에 칼자국이 나 있어요 Il porte une cicatrice sur le visage. ¶ 시체에는 맞은 자국이 나 있었다 Le corps portait des marques de coups. ③ ((종기가)) se former; s'ouvrir; naître. ¶ 아이가 얼굴에 종기가 났다 L'enfant a un furoncle [un abcès, un (gros) bouton inflammatoire] sur le visage / Un furoncle [Un (gros) bouton inflammatoire] est apparu sur le visage de l'enfant. ¶ 우리 집 애가 요즘 여드름이[주근깨가] 잔뜩 났어요 Mon fils [Ma fille] est couvert(*e*) [a le visage (re)couvert, a le visage parsemé, a le visage tavelé] de boutons (d'acné) [de taches de rousseur, de taches de son, d'éphélides]. ¶ 나는 요즘 몸에 부스럼이 잘 난다 Il pousse souvent des boutons sur mon visage / J'ai souvent des boutons sur le visage ces jours-ci / J'ai souvent des éruptions [une éruption] de boutons sur le corps ces jours-ci [en ce moment]. ④ ((분비물이)) être sécrété(*e*); sortir, couler; jaillir, s'écouler; ((땀이)) perler. ¶ 땀이 ~ la sueur perle; suer, transpirer. ¶ 상처에서 피가 나요 La blessure [La plaie] saigne. ¶ 자꾸 콧물이 나요 J'ai le nez qui coule sans arrêt / J'ai sans arrêt la goutte au nez {*fam*} / Mon nez n'arrête pas de couler. ¶ 최루가스 때문에 눈물이 났다 Le gaz lacrymogène m'a fait pleurer. ⑤ ((신체부위가)) avoir, porter; ((이가)) pousser. ¶ 낙타는 등에 혹이 두 개 나 있다 Le chameau a [porte] deux bosses. ¶아기가 이가 난다 Le bébé fait ses (premières) dents / Les dents de ce bébé commencent à pousser. ¶ 아이가 이가 잘못 났다 Cet enfant a une dentition irrégulière / Cet enfant a une mauvaise dentition. ¶ 아들아이가 벌써 콧수염이 났다 Mon fils a déjà de la moustache. ⑥ ((싹·열매가)) croître, pousser germer. ¶ 나무에 싹이 나기 시작한다 Les arbres commencent à bourgeonner. ¶ 나무에 열매가 났다 Les fruits se sont formés sur les arbres / Les arbres portent maintenant leurs fruits / On voit à présent les fruits sur les arbres. ⑦ ((과일이)) apparaître ((sur le marché)). ¶ 요즘 시장에 딸기가 나기 시작한다 Les fraises commencent à apparaître sur le marché ces derniers temps. ⑧ ((천연자원이)) il y a, se trouver. ¶ 동해에는 오징어가 많이 난다 On trouve beaucoup de calamars dans la mer de l'Est / La mer de l'Est renferme [produit] beaucoup de calamars / La mer de l'Est est riche en calamars / Les calamars se reproduisent abondamment dans la mer de l'Est. ¶ 한국에는 지하자원이 별로 나지 않는다 La Corée du Sud renferme peu de [est dépourvue de] ressources souterraines. / La Corée du Sud n'est pas très riche en ressources souterraines. ⑨ ((인물이)) (voir) naître. ¶ 우리 가문에는 문필가가 많이 났다 Dans ma famille sont nés [on trouve] de nombreux écrivains / Ma famille a donné naissance à de nombreux écrivains. ¶ 이 고장에는 큰 인물이 많이 난다 De nombreux personnages illustres sont originaires de cette région / Cette région a donné naissance à [a vu naître] de nombreux personnages illustres. ⑩ ((환자가)) être touché(*e*) [atteint(*e*)] ((par une maladie)). ¶ 마을에 전염병 환자가 났다 Dans le village, la maladie contagieuse a touché [a atteint, s'est développée chez] beaucoup d'individus. ⑪ 태어나다 naître; venir au monde; voir le jour. ¶ 이 마을이 그가 나서 자란 곳이다 C'est dans ce village qu'il est né et qu'il a grandi. ¶ 이 아이는 두 사람 사이에서 난 아이다 Cet enfant est né [est le fruit] de leur union. ⑫ ((길 따위가)) être construit(*e*), créé(e). ¶ 두 도시 사이에 고속도로가 난다고 한다 On dit qu'une autoroute va être construite entre ces deux villes. ¶ 신작로가 그 쪽으로 난대 Il paraît qu'une nouvelle route va être construite là-bas. ¶ 어디에서 어디로 도로가 난다고 하니? D'où à où [Entre quelles extrémités] la route va-t-elle être construite? ⑬ ((구멍이)) être ouvert(*e*); ((*qc*)) se trouer, se percer ¶ 천에 구멍이 났다 Il est apparu un trou dans l'étoffe / L'étoffe s'est trouée [percée]. ⑭ ((방이)) apparaître. ¶ 방이 하나 나 있습니다 Nous avons

[Il y a] une chambre libre. ¶ 우리 동네에 전세가 두 채가 나 있다 Il y a deux maisons à louer dans notre village. ¶ 그 동네에 셋집이 하나 났다는데 한 번 가 보자. On m'a dit qu'il y a une chambre à louer dans ce quartier, allons-y. / On dit qu'une chambre à louer s'est libérée dans ce quartier, allons-y. ¶ 학기 중이라 하숙집이 안 난다 Il n'y a pas de pension de famille disponible [vacante] parce qu'on est en cours de semestre. ⑮ ((자리가)) se libérer, devenir vide. ¶ 빈자리가 났다 Une place a été libérée [s'est libérée] / Une place a été laissée libre par son occupant. ¶ 저기 빈자리가 하나 났네. Voilà une place libre. ¶ 파리행 비행기에 좌석이 나면 알려 줘요. Tenez-moi au courant, si jamais une place se libérait dans le vol pour Paris. ⑯ ((방향)) donner sur, s'ouvrir sur; mener à ¶ 그 호텔 방은 정원으로[거리로] 창이 나 있다 Les chambres de cet hôtel donnent sur le jardin [sur la route]. ⑰ ((직위가)) être créé(*e*); se libérer. ¶ 영업사원 자리가 났는데 응시해 보지 그래? Un poste de représentant des ventes [d'employé commercial] s'est libéré [vient d'être créé], tu devrais postuler, non? ⑱ 게재되다 figurer, paraître; apparaître. ¶ 신문에 ~ figurer [paraître] dans un journal. ¶ 잡지에 내 사진[얼굴]이 났어 Ma photo [Mon visage] a paru [est paru(*e*)] dans un magazine. 그 사람 얼굴이 모든 신문 1면에 났어. ¶ Sa photo a paru [a apparu] à la une [à la première page] de tous les journaux. ¶ 신문에 광고[재미있는 기사]가 났다 La publicité [Un article intéressant] a paru [est paru(*e*)] dans le journal. ¶ 우리 사진이 신문에 날 거야 On aura notre photo dans le journal / Notre photo figurera [paraîtra] dans le journal. ¶ 르몽드지에 그 회사 사과문 난 거 보았니? Tu as vu les excuses de cette entreprise dans le journal Le Monde? ¶ 요즘 신문에 광고가 기사보다 더 많이 난다 Il y a plus de publicités que d'articles dans le journal ces temps-ci. ¶ 신문에 그 문제에 관한 재미있는 기사가 났다 Il y a un article intéressant sur ce problème dans le journal. ⑲ ((시간이)) avoir, trouver ((du temps libre)), être libre, disponible. ¶ 요즘 시간이 안 나 Ces jours-ci, je n'ai pas le temps / Ces temps-ci, je suis très occupé(*e*) [je suis très pris(*e*), je ne suis pas disponible]. ¶ 시간 나면 연락해 Appelle-moi quand tu auras le temps [quand tu trouveras le temps, quand tu seras disponible]. ⑳ ((기능동사용법: 사고, 소문, 결정 따위가)) il y a, se produire, avoir lieu, survenir. ¶ 사고가 났다 Il s'est produit un accident / Il y a eu un accident / Un accident est survenu [a eu lieu]. ¶ 동네에 이상한 소문이 났다 Une étrange rumeur [Un drôle de bruit] court [circule, s'est répandu(*e*), s'est propagé(*e*), s'est diffusé(*e*)] dans le quartier. ¶ 그 문제는 결론이 이미 났다 Ce problème a déjà une réponse / Le problème est déjà résolu [clos].

나다² 타 ((기간을)) passer, endurer. ¶ 겨울을 ~ passer l'hiver. ¶ 난방 시설이 시원치 않아서 이 집에서 겨울을 나기가 힘들겠어 Puisque les installations de chauffage ne sont pas suffisantes, il serait difficile de passer l'hiver dans cette maison.

나다³ 조동 ① ((sous forme de radical +-고~, verbe auxiliaire d'achèvement d'une action) terminer, achever, réaliser ((une action)), terminer de+*inf*. ¶ 숙제를 하고 나니 벌써 밤 12시였다 Lorsque j'ai terminé mes devoirs, il était déjà minuit passé. ¶ 밥을 먹고 나니 그 친구가 왔다 Il est arrivé à la fin de mon repas [alors que je venais de terminer mon repas]. ¶ 그런 일을 겪고 나서부터 나는 새 사람이 되었다 Après cette expérience, je suis devenu un homme nouveau. ② ((지속)) ¶ 사람을 그렇게 부려먹는 회사에서 배겨 나는 네가 참 용하다 Tu es vraiment courageux(*se*) de supporter la façon dont on traite les employés dans cette entreprise. ¶ 일이 그 모양이니 너만 죽어 나는구나! Vu l'état actuel des choses [Vu l'avancée des travaux], c'est toi seul(*e*) qui en fais les frais. (Tu ferais mieux d'abandonner, tu ne crois pas?)

나다니다 자 errer, rôder; courir le monde [la ville, les rues]; vadrouiller; traîner, vagabonder, flâner, voyager, baguenauder, lambiner {*fam*}, se promener. ¶ 이 구역에서는 밤에 나다니는 것이 위험하다 Dans ce secteur, il est dangereux de se promener la nuit. ¶ 쓸데없이 밖으로 나다니지 말고 공부나 해라 Fais tes études au lieu de te promener [de traîner] inutilement.

나달나달하다 형 être usé(*e*), abîmé(*e*). ¶ 사람들이 하도 많이 빌려 보아서 책이 ~ Le livre est usé à force d'avoir été emprunté.

나대다 자 se mêler de tout; toucher à tout; fourrer *son* nez partout. ¶ 철없이 ~ se mêler de tout comme un gamin; toucher à tout comme un gamin. ¶ 너무 나대지 말고 좀 가만 있거라 Ne fourre pas ton nez partout. (Tiens-toi tranquille) / Reste en dehors de ça! tu veux bien? / De quoi je me mêle? {*fam*} / Mêle-toi de tes affaires [de ce qui te regarde]! {*fam*} / Mêle-toi de tes oignons {*fam*}! / Occupe-toi de tes fesses {*vulg*}!

나돌다 자 ① 나다니다 circuler, se répandre, se déplacer, se promener, se colporter; sortir dehors; s'absenter de chez *soi*; errer, flâner. ¶ 그 아이는 집에는 붙어있지 않고 밖으로만 나돈다 Cet enfant passe le plus clair de son temps à flâner dehors au lieu de rester à la maison. ② ((소문, 상품이)) circuler, se répandre; courir, se propager, se diffuser. ¶ 시중에 불량 식품이 나돈다 Des produits défectueux circulent sur le marché. ¶ 지금 이상한 소문이 나돌고 있다 Des rumeurs bizarres circulent en ce moment. ◇**나돌아 다니다** se promener, sortir dehors; s'absenter de chez *soi*; errer, flâner. ¶ 밤거리를 나돌아 다니다 errer la nuit dans les rues. ¶ 그 여자는 항상 나돌아 다닌다 Elle flâne toujours dehors / Elle ne reste jamais chez elle.

나동그라지다 자 ☞ 나가동그라지다

나뒹굴다 자 rouler par terre, tomber par terre; faire une chute; culbuter; faire la culbute; s'étendre, se coucher; se tourner et se retourner; se répandre; se trouver partout. ¶ 가을바람에 낙엽들이 거리에서 나뒹굴고 있었다 Des feuilles mortes virevoltent dans les rues par le vent automnal. ¶ 공원에 나뒹굴고 있는 빈병과 휴지들 des bouteilles vides et du papier qui traînent partout dans le parc.

나들다 타 entrer et sortir; fréquenter; courir. ¶ 그 사람은 이 방 저 방을 분주히 나든다 Il [Elle] va et vient sans cesse d'une pièce à l'autre / Il [Elle] court d'une pièce à l'autre.

나들이 명 sortie *f*, ((rendre)) visite *f* ((à *qn*)). ¶ 아내는 모처럼의 친정 ~로 들떠 있다 Ma femme est excitée à l'idée de voir ses parents. ¶ 이 환자에게 아직 바깥 ~는 무리다 Il est prématuré pour ce malade de sortir hors de sa chambre. ◇_(를) **하다[가다]** faire une sortie, faire une promenade [une balade {*fam*}], prendre l'air [aller prendre l'air, aller faire une promenade, sortir]; rendre visite à *qn*, aller voir *qn*; ((소풍)) aller faire un pique-nique. ¶ 이웃집에 ~ 가다 rendre visite à un(*e*) voisin(*e*). ¶ 봄 ~ 가다 sortir [faire une promenade, faire une sortie] pour profiter du printemps.

◆**_옷** 명 tenue *f* [costume *m*] de ville; habit *m* [vêtement *m*] du dimanche. ¶ ~옷을 입다 s'endimancher.

나라 명 ① 국가 pays *m*, État *m*, nation *f*, patrie *f*. ¶ 우리 ~ notre pays, la Corée. ¶ 이웃[먼, 가까운] ~ un pays voisin [éloigné, proche]. ¶ 그 사람은 어느 ~ 사람이죠? De quel pays est-il? / Quelle est sa nationalité? ¶ 그 ~ 고유의 풍습 une coutume particulière à un pays. ¶ 어느 ~를 가더라도 사람 사는 것은 다 마찬가지다 Partout dans le monde, on trouve des points communs dans les modes de vie. ¶ 세계 여러 ~를 돌아다니다 visiter divers [différents] pays du monde. ¶ ~를 세우다[다스리다] fonder [régner sur] un pays. ¶ ~를 생각하는 마음 amour pour [de] la patrie; patriotisme, sentiment patriotique. ¶ ~를 팔아먹다 trahir *sa* patrie. ¶ ~를 위해 목숨을 바치다 mourir pour *sa* patrie. ¶ ~(를) 잃은 사람들 les apatrides. ¶ 각 ~마다 고유한 문화를 간직하고 있다 Chaque pays possède sa propre culture. ¶ 모든 ~들이 우리를 주시하고 있다 Tous les pays du monde nous observent. ¶ 대통령의 수뢰 사건으로 ~ 전체가 들썩이고 있다 L'affaire de corruption à laquelle est mêlé le président de la République a ébranlé le pays tout entier. ¶ ~가 위급한 때에 au moment où le pays se trouve dans une situation critique. ¶ ~가 망한다[발전한다] Le pays s'effondre [se développe]. ② 세계, 영역 le pays *m* ((des songes)), le royaume *m* ((de Dieu)), le monde *m* ((de l'imaginaire)). ¶ 꿈(의) ~ un pays [un monde] de rêves; le pays des rêves; le pays des songes {*litt*}; le monde de l'imaginaire [du fantastique]. ¶ 달[하늘] ~ la Lune [le ciel; les cieux; le paradis; le royaume céleste]. ¶ 상상의 ~ le monde de l'imaginaire. ¶ 아이는 잠자리에 들자마자 꿈 ~로 갔다 Dès qu'il s'est couché, l'enfant a trouvé le sommeil [était dans les bras de Morphée]. ¶ 우리 아빠는 하늘 ~에 계세요 Mon père est au ciel [au paradis, là-haut].

◆**_꽃** 명 fleur *f* symbole du pays.

◆**_일** 명 affaires *fpl* d'État. ¶ ~일을 돌보다 s'occuper des affaires de l'État.

◆**_ㅅ돈** 명 argent *m* de l'État; fonds *mpl* d'État.

나라님 명 roi *m*, souverain *m*, monarque *m*. ¶ ~ 말씀을 어찌 거역할꼬? Comment oserais-je désobéir aux ordres du monarque?

나락 奈落 명 enfer *m*; abîme *m*. ¶ 절망의 ~에[으로] 떨어지다 se plonger [se jeter, sombrer] dans le désespoir, s'abandonner au désespoir.

나란하다 형 être bien en ordre, bien aligné(*e*); avoir la même taille. ¶ 형제의 키가 ~ Les deux frères ont [sont de] la même taille. ¶ 아이들이 나란하게 줄지어 서 있다 Les enfants sont sagement alignés.

나란히 부 ① 줄지어 en rang, en ligne; en parallèle, parallèlement; de front; côte à côte; à côté de *qc*/*qn*. ¶ ~ 걷다 marcher côte à côte. ¶ 세 사람이 ~ 걷는다 Trois personnes marchent en rang. ¶ 그는 나와 ~ 서 있었다 Il se tenait debout côte à côte avec moi. ¶ 두 줄로 ~ 서다 se mettre en deux rangs parallèles. ¶ ...와 ~ 앉다 s'asseoir à côté de *qn*. ¶ ...곁에 ~ 자리잡다 s'installer à côté de *qn*. ¶ 그 길에는 양쪽에 골동품점이 ~ 줄지어 있다 Les antiquaires se succèdent sur les deux côtés de la rue. ¶ 앞으로 ~! Prenez vos distances. ¶ 두 연인은 ~ 길을 걸었다 Les amoureux marchaient côte à côte. ¶ 형제가 ~ 1, 2위를 차지하다 Les deux frères occupent [ont pris] les deux premières places. ② 가지런히 uniformément, de même hauteur, en ordre. ¶ 책을 ~ 정리하다 ranger des livres, mettre des livres en ordre.. ¶ 신발을 ~ 놓다 disposer les chaussures en rang. ¶ 높이를 ~ 하다 faire en sorte que la hauteur soit égale. ¶ 어깨를 ~ 걷고 걸어가다 marcher épaule contre épaule. ③ 평행하게 parallèlement, en parallèle. ¶ 강을 따라 ~ 뻗어 있는 철로 le chemin de fer longeant la rivière.

*__누구와 어깨를 ~ 하다__ aller de pair avec *qn* [*qc*]. ¶ 세계 각국의 선수들과 어깨를 ~ 하고 경쟁하다 concourir côte à côte avec des athlètes (des pays) du monde entier.

나랏님 명 ☞ 나라님

나래 명 aile *f* (d'oiseau). ¶ 새들이 ~를 접는다 Les oiseaux replient leurs ailes. ¶ 상상의 ~를 펴다 donner [laisser] libre cours à *son* imagination, se laisser aller à *ses* rêveries.

나루 명 embarcadère *m* (pour une petite barque de passage). ¶ 한강 ~ un embarcadère au bord du fleuve Han.

◆_ㅅ배 명 petite barque *f* traversière [de passage]; petit bac *m*, bachot *m*. ¶ ~ㅅ배로 강을 건너다 traverser une rivière à bord d'une petite barque de passage.

◆_터 명 embarcadère *m* (pour une petite barque de passage). ¶ ~터에서 배를 기다리다 attendre la barque de passage à l'embarcadère.

◆강_ 명 embarcadère *f* au bord de la rivière.

나르다 타 transporter; camionner, charrier, charroyer; déplacer, colporter, rentrer ((la moisson)), porter, expédier, apporter, conduire, voiturer, déménager; aménager, débarder, livrer; transborder, translater, déporter. ¶ 트럭으로 이삿짐을 ~ déménager avec un camion; faire transporter *ses* affaires et *ses* meubles (pour un déménagement) par un camion. ¶ 양동이로 물을 퍼 ~ puiser de l'eau avec un seau et la transporter. ¶ 어미새는 새끼들에게 계속 먹이를 물어 날랐다 La mère-oiseau apportait continuellement dans son bec de la nourriture pour ses petits.

나르시스 명 Narcisse.

나르시시즘 영{narcissism} 명 narcissisme *m*. ¶ ~에 빠지다 devenir narcissique.

나른하다 형 se sentir m*ou*(m*olle*) [sans énergie, ramolli(*e*), déliquescent(*e*) {*fam*}], ne pas se sentir en train; être languissant(*e*), langoureux(*se*), léthargique; être [se sentir] las(*se*) [fatigué(*e*)]. ¶ 봄이 되어서 그런지 몸이 ~ Le printemps nous rend léthargique. ¶ 나른한 음성 une voix traînante; une voix languissante. ¶ 나른하게 졸음이 온다 Je suis gagné(*e*) par le sommeil [le sommeil m'envahit, je sombre dans le sommeil, je ne résiste pas au sommeil, je tombe de sommeil].

나름 의명 ① ((être)) dépendant(*e*) de; dépendre de. ¶ 사람[사정] ~이다 Cela dépend des personnes [des circonstances]. ¶ 값은 물건 ~입니다 Le prix varie selon la qualité de la marchandise. ¶ 성공하고 안 하고는 네가 하기 ~이다 Il dépend de toi de réussir, (cela ne tient qu'à toi). ¶ 중요하고 안하고의 문제는 생각하기 ~이다 L'importance de cette question est subjective. ② ((독자적)) propre à *qn*, ses propres+*qc*. ¶ 나는 내 ~의 신념에 따라 행동했다 Je me suis conduit selon mes propres convictions. ¶ 사람들은 각자 제 ~의 생각을 가지고 있다 Les gens ont leur propre idée. ¶ 그 사람에게는 그 ~의 생활방식이 있다 Il a sa façon de vivre.

◆_대로 부 à *sa* ((manière)), dans *son* ((genre)), à *son* ((rythme)). ¶ 나는 (내) ~대로 최선을 다했다 J'ai fait tout ce que permettent ma compétence et ma situation / J'ai fait de mon mieux à ma manière. ¶ 내 아들은 ~대로 잘 크고 있다 Mon fils grandit [progresse] à son rythme. ¶ 과거의 일들은 (그) ~대로 의미가 있다 Rien de ce qui s'est passé n'est sans signification.

나리[1] 명 lys *m* [lis *m*].

◆개_ 명 forsythia *m*; *Forsythia koreana* {*nsc*}.

◆산_ 명 lys *m* [fleur *f* de lys] sauvage.

나리[2] 명 maître, mon Maître, Sire, Monsieur ((nom donné par un valet à son maître, nom donné autrefois par les gens du peuple à tous les mandarins de rang supérieur)). ¶ ~, 부르셨습니까? Maître [Monsieur], vous m'avez appelé(*e*)?

-나마[1]↔**-으나마** 어미 même si+*ind*, bien que+*subj*, quoique+*subj*, mais, toutefois, pourtant ((suffixe flexionnel conjonctif marquant la concession et l'insuffisance. 나마 s'ajoute après un radical se terminant par une voyelle et après le suffixe flexionnel préfinal honorifique -시/-으시, 으나마 après un radical se terminant par une consonne et après les suffixes flexionnels préfinaux temporels -았/-었, -겠)). ¶ 도움은 못 되~ 너와 함께 있겠다 Même si je ne te serai pas d'une grande utilité, je resterai avec toi (pour t'aider). ¶ 부족하~ 이것으로 대신하렴 Même si c'est insuffisant, prends-le quand même. ¶ 맛은 없~ 좀 들어 보세요 Ce n'est pas très réussi, mais prenez-en un bout quand même. ¶ 도와주지는 못하~ 방해는 하지 말아야지 Si tu ne peux pas l'aider, évite au moins de le gêner.

-나마[2]↔**-이나마** 조 ne serait-ce que, tout au moins, faute de mieux ((particule spéciale qui peut indiquer toutes les fonctions grammaticales: sujet, complément d'objet direct ou indirect, compléments circonstanciels de lieu, de temps, etc. Elle peut également s'ajouter après un radical adverbial. En même temps, il laisse sous-entendre l'idée de modestie, de choix de second ordre, d'insuffisance, de négligence. -나마 s'ajoute au substantiel se terminant par une voyelle, -이나마 par une consonne.)). ¶ 변변찮은 식사~ 같이 드시죠 J'ai fait un repas tout simple mais veuillez quand même le partager avec moi / Si vous n'y voyez pas d'inconvénient, on va manger en toute simplicité [à la bonne franquette {*fam*}, à la fortune du pot {*fam*}]. ¶ 그래도 너~ 남아 있어 다행이다 C'est bien que tu restes, toi au moins. ¶ 그만한 비~ 와 주니 다행이다 Bien qu'il ait plu très peu, quelle chance nous avons eue d'avoir eu de la pluie. ¶ 자주 오지는 못해도 편지~ 가끔 하려므나 Même si tu ne peux pas venir souvent, au moins écris-moi de temps en temps. ¶ 그렇게~ 해 주신다면 ... Si vous pouvez au moins faire ça pour moi ...

-나마나↔**-으나마나** 어미 même si ... ou pas, il n'y a pas lieu de+*inf* ((suffixe flexionnel conjonctif servant à marquer l'inutilité d'une action ou d'une qualité. –나마나 s'ajoute au radical du verbe et de l'adjectif se terminant par une voyelle, et après le suffixe flexionnel préfinal honorifique -시/-으시 -으나마나 au radical qui se termine par une consonne.)) ¶그런 걱정은 하~다 Il n'y a pas de quoi s'inquiéter / Il n'y a pas lieu de s'inquiéter.

¶보~ 또 거짓말이겠지 Je suis persuadé(*e*) que c'est encore un mensonge. ¶들어보~ 뻔한 이야기다 De toute façon, c'est évident [ça crève les yeux {*fam*}]. ¶그 차가 비싸~ 나는 그 차는 사지 않겠다. Même si cette voiture est bon marché ou pas, je ne l'achèterai pas.

나막신 명 sabot *m*; chaussure *f* de bois. ¶ 옛날에는 비가 올 때 ~을 신고 다녔다 Autrefois, on mettait des sabots quand il pleuvait.

나머지 명 reste *m*, restant *m*; ((먹고 난)) restes *mpl*; 잔고 reliquat *m*; 여분 superflu *m*, surplus *m*; 잉여 excès *m*, excédent *m*. ¶~는 내일 하자 Finissons ce travail demain. ¶~ 물건들 les autres (objets); ce qui reste. ¶~ 사람들 les autres (personnes); ceux(celles) qui restent. ¶~ 일은 신경 쓰지 마라 Ne t'occupe pas du reste. ¶ 먹고 난 ~는 버리지 말고 잘 보관해라 Ne jette pas ce que tu as laissé dans ton assiette. ¶11을 2로 나누면 ~가 얼마지? Quel est le reste de la division de 11 par 2? 의명 par excès de *qc*; sous le coup de *qc*; par suite de *qc*. ¶그 소식을 듣고 그는 너무나 기쁜 ~ 눈물을 흘렸다 Transporté de joie par la nouvelle, il avait les larmes aux yeux. ¶그는 너무 놀란 ~ 기절을 했다 Sous le choc, il a perdu connaissance. ¶ 화가 난 ~ 그는 욕설을 퍼부었다 Dans un excès de colère, il a proféré des injures.

나목 裸木 명 arbre *m* nu [dénudé].

나무 명 ① ((수목)) arbre *m*; ((관목)) arbrisseau(*x*) *m*; ((소관목)) arbuste *m*. ¶ 어린 ~ un plant. ¶~를 가꾸다 cultiver des arbres. ¶~를 심다[베다] planter [couper] un arbre. ¶ 원숭이는 ~를 잘 탄다 Les singes grimpent bien aux arbres. ¶~에 물을 주다 arroser un arbre. ¶~에 올라가다 grimper à un arbre. ¶ ~에 열매가 주렁주렁 달려 있다 Les (branches d')arbres sont lourdement chargé(*e*)s de fruits / L'arbre croule sous les fruits. ¶~ 위에 새집이 있다 Il y a un nid d'oiseau sur [dans] l'arbre. ¶~가 자란다 Les arbres poussent / L'arbre pousse. ¶ ~가 우거진 지역 une région boisée. ¶ 폭풍우로 ~가 뿌리째 뽑혔다 Des arbres ont été déracinés par la tempête / La tempête a déraciné des arbres. ② 재목 bois *m* ((de construction)). ¶~ 기둥[걸상, 책상, 못] un poteau [une chaise, un bureau, un clou] en bois. ¶~를 다듬다 tailler [dégrossir] une pièce de [en] bois. ¶~로 지은 집 une maison en bois. ③ 땔감 bois *m* de chauffage [à brûler]; bûche *f*. ¶~를 때서 밥을 짓다 cuisiner le repas au feu de bois. ¶~로 불을 지피다 mettre du bois [une bûche] dans le feu. ◇**_(를) 하다** aller ramasser du bois; aller couper des arbres. ¶ 옛날에는 산에 ~(를) 하러 가곤 했었다 Autrefois, on allait ramasser du bois dans la montagne.

◆**_그늘** 명 ((à)) l'ombre *f* (d'un arbre). ¶~그늘에서 잠시 쉬었다 가자 Allons nous reposer à l'ombre (d'un arbre).

◆**_껍질** 명 écorce *f*. ¶~껍질을 벗기다 écorcer.

◆**_꾼** 명 bûcheron(*ne*).

◆**_둥치** 명 tronc *m* d'arbre.

◆**_등걸** 명 souche *f*, fût *m* d'arbre. ¶~등걸에 걸터앉다 s'asseoir sur une souche.

◆**_ㅅ가지** 명 branche *f*. ¶~ㅅ가지를 꺾다 casser une branche. ¶~ㅅ가지에 새 한 마리가 앉아 있다 Un oiseau est perché sur une branche.

◆**_ㅅ결** 명 veine *f* du bois. ¶~ㅅ결이 곱다[고르다, 거칠다] La veine du bois est à grains fins [réguliers, à gros grains]. ¶ 이 가구에는 ~ㅅ결이 그대로 나타나 있다 On voit bien les veines de ce mobilier.

◆**_ㅅ단** 명 fagot *m* de bois.

◆**_ㅅ잎** 명 feuille *f* d'arbre. ¶ 바람에 ~ㅅ잎이 흔들린다 Les feuilles de l'arbre sont agitées par le vent.

◆**_젓가락** 명 baguettes *fpl* de [en] bois.

◆**_ㅅ짐** 명 charge *f* de bois.

◆**_조각** 명 pièces *fpl* de bois.

◆**_줄기** 명 tronc *m* ((d'un arbre)); tige *f*.

◆**_판 -板** 명 planche *f* de bois.

◆**_토막** 명 morceau(*x*) *m* de bois. ¶~토막처럼 뻣뻣하다 être raide comme une planche.

◆**꿈_** 명 espoir *m*; pilier *m*. ¶ 국가의 장래를 지고 나아갈 꿈~들 les piliers de l'avenir du pays.

◆**땔_** 명 bois *m* de chauffage (à brûler); bûche *f*.

***열 번 찍어 안 넘어가는 ~ 없다** À force d'insister, on y arrive toujours / On peut toujours avoir une femme à l'usure [à force de la baratiner, à force d'insister] / En amour, on obtient tout ce qu'on veut [on arrive (toujours) à ses fins] par la persévérance.

***오르지 못할 ~는 쳐다보지도 말아라** Il ne faut pas viser trop haut [placer la barre trop haut] / Il ne faut pas vouloir péter plus haut que son derrière [que son cul] {*vulg*} / Il ne faut pas avoir trop d'ambition.

나무딸기 명 【식물】 ((나무)) framboisier *m*; ((열매)) framboise *f*, *Rubus idaeus* var. *concolor* {*nsc*}.

나무라다 타 réprimander, gronder, engueuler {*fam*}, enguirlander {*fam*}, semoncer, sermonner, blâmer, reprendre; admonester, tancer, morigéner, chapitrer, corriger, grogner, blâmer, critiquer, gourmander, fustiger, houspiller, moraliser, remontrer, raisonner; remonter les bretelles à *qn* {*fam*}, tirer les oreilles à *qn* {*fam*}, passer un savon à *qn* {*fam*}. ¶ 누구의 잘못을 ~ réprimander *qn* pour une faute. ¶ 그 아이는 하느라고 했으니 게으르다고 나무라지 마세요 Ne lui reprochez pas d'être paresseux puisqu'il a fait tout son possible. ¶ 너무 그렇게 나무라지 마세요 Ne le gronde pas trop.

***나무랄 데(가) 없다** être irréprochable, être absolument correct; n'(y) avoir rien à redire. ¶ 그 사람은 맡은 일을 완벽하게 하므로 조금도 나무랄 데가 없다 Puisqu'il fait impeccablement sa part de travail, il n'y a rien à redire. ¶ 그의 논문은

나무랄 데 없이 훌륭하다 Ce mémoire [Cette thèse, Cet article] est remarquable et irréprochable / Il n'y a rien à redire à cet article. ¶ 나무랄 데 없는 학생 un(*e*) étudiant(*e*) irréprochable; un(*e*) étudiant(*e*) modèle.

나무람 명 réprimande *f*, blâme *m*, correction *f*, gronderie *f*, observation *f*, remontrance *f*, reproche *m*, semonce *f*, admonestation *f* [admonition *f*]; attrapade *f* {*fam*}, engueulade *f* {*fam*}, savon *m* {*fam*}. ◇_(을) **듣다** être réprimandé(*e*), se faire gronder [se faire réprimander, se faire attraper {*fam*}, se faire engueuler {*fam*}], recevoir une semonce [une engueulade {*fam*}]. ¶ 그는 불려가서 ~을 들었다 Il a été appelé [convoqué] et a reçu une semonce. ◇_(을) **하다** gronder *qn*, réprimander *qn*, attraper *qn* {*fam*}. ¶ 그런 사소한 일로 너무 그를 ~하지 마십시오 Ne le réprimandez pas trop pour si peu [pour une si petite chose].

나무아미타불 감 명 【불교】 Loué soit le Bouddha Amitâbha!

나물 명 ① 생것 herbe *f* comestible potagère ou sauvage; 들나물 plantes *fpl* potagères; légumes *mpl* (verts). ② 무친 것 *namul m* <plat d'accompagnement à base d'herbes comestibles potagères ou sauvages (ou à base de légumes verts) préparées avec diverses épices. Les *namul* sont habituellement blanchis, frits et assaisonnés avec du sel, de la sauce de soja, des graines de sésame, de l'huile de sésame, de l'ail et de l'oignon vert>. ¶ ~을 캐다 cueillir des herbes comestibles sauvages. ¶ ~을 뜯다 ramasser des herbes comestibles sauvages. ¶ ~을 데치다[삶다] blanchir [ébouillanter] des herbes comestibles potagères ou sauvages. ¶ ~을 무치다 préparer des herbes comestibles potagères ou sauvages.

◆_**무침** 명 *namul m*.

◆**봄**_ 명 herbes *fpl* comestibles sauvages de printemps.

◆**산**_ 山- 명 herbes *fpl* comestibles sauvages.

◆**오이**_ 명 *namul m* de concombres.

◆**콩**_ 명 pousses *fpl* [germes *fpl*] de soja.

◆**호박**_ 명 *namul m* de courgettes.

나박김치 명 *nabakgimchi m* <*gimchi* rafraîchissant préparé dans de l'eau salée et pimentée avec des tranches de navet, des piments, de la ciboule, de l'ail et du persil japonais ((미나리)), servi froid>. ¶ ~를 담그다 préparer [faire] du *nabakgimchi*.

나발 명 trompette *f*, trompe *f*; ((군대의)) clairon *m*.

*~(을) **불다** 【속어】 jouer de la trompette; crier sur les toits, trompeter. ¶ 은밀히 한 이야기를 그렇게 ~ 불고 다니면 어떡하니? Pourquoi racontes-tu à tout le monde ce que je t'ai confié? / Pourquoi tu joues la commère en rapportant le secret que je t'ai confié?

***원님 행차 뒤에 ~ 불다** fermer l'écurie lorsque les chevaux sont (déjà) dehors [alors que le cheval s'est sauvé], entreprendre une action lorsqu'elle ne peut plus être utile, s'affairer [faire les choses] quand il est trop tard [lorsque cela n'est plus nécessaire], prendre des précautions [dispositions] quand le mal est arrivé, prendre des dispositions trop tard / Il est trop tard de [pour] fermer l'écurie lorsque les chevaux sont déjà dehors [quand le cheval s'est sauvé] / Après la mort, le médecin. ☞ 나팔

나방 명 papillon *m* nocturne [de nuit], phalène *mf*. ¶ 등잔 주위로 ~들이 날아다닌다 Les papillons nocturnes voltigent autour de la lampe.

***불에 뛰어드는 ~ 격이다** ((무모한 짓)) C'est se jeter dans le feu / Agir de la sorte, c'est un suicide / C'est du suicide {*fam*}! / Tu as perdu la tête ou quoi? / Mais c'est de la folie!

◆**독**_ 毒 명 papillon *m* venimeux.

나병 癩病 명 lèpre *f*. ¶ ~에 걸리다 attraper [contracter] la lèpre.

◆_**환자** -患者 명 lépreux(*se*). ¶ ~ 환자 수용소 une léproserie. ¶ ~ 환자들을 격리하다 isoler les lépreux, mettre les lépreux à l'écart.

나부 裸婦 명 femme *f* nue. ¶ 그 화가는 특히 ~를 소재로 한 그림을 주로 그렸다 Ce peintre a dessiné surtout [essentiellement] des femmes nues / Ce peintre a fait essentiellement [principalement] des nus.

◆_**상** -像 명 statue *f* de femme nue.

나부끼다 재 flotter (au vent); être agité(*e*), ondoyer. ¶ 깃발이 바람에 나부낀다 Le drapeau flotte au vent [est agité par le vent].

나부대다 재 s'agiter, gesticuler, gigoter {*fam*}. ¶ 아이들이 나부대는 것은 지극히 정상이다 Il est tout à fait normal que les enfants s'agitent.

나부랭이 접미 ① 조각 morceau(*x*) *m*; bout *m*. ¶ 종이 [헝겊] ~ morceau(*x*) [bout] de papier [morceau(*x*) d'étoffe]. ② 하찮은 부류 (personne) médiocre, insignifiant(*e*); un(*e*) simple ((journaliste)); ((objet)) peu important(*e*). ¶ 기자[형사] ~ un simple journaliste [un simple inspecteur de police]. ¶ 짐이라고 해야 옷과 책 ~뿐이다 Tout ce que j'ai comme bagages, ce sont des livres et des vêtements / Mes bagages sont limités à des livres et des vêtements / J'ai des bagages rudimentaires [Je n'ai que le strict nécessaire]: des livres et des vêtements.

나불거리다 재타 bavarder sans arrêt, causer, jaser, confabuler {*fam*}, babiller {*fam*}, jacasser {*fam*}, cancaner {*fam*}, déblatérer{*fam*}. ¶ 입[혀]를 ~ jaser [causer] sans arrêt. ¶ 제발 나불거리지[나불대지] 말고 입 조심해라 Arrête de déblatérer, je t'en prie, et fais attention à ce que tu dis {*fam*}.

나불나불 부 ((bavarder, parler, causer, jaser)) sans arrêt, sans cesse, tout le temps. ¶ 그 아이는 ~ 잘도 떠들어댄다 Cet enfant bavarde [parle, cause] sans arrêt [tout le temps] / Cet enfant ne cesse de bavarder [parler, causer] / Cet enfant est bavard [très loquace] / Cet enfant parle beaucoup / Cet enfant est un véritable moulin à paroles {*fam*}[un grand bavard]. ¶ 그는 내 비밀을 ~ 다 말하고 다닌다 Il dévoile mon secret un peu partout sans aucune considération.

나불대다 자타 ☞ 나불거리다

나붓거리다 자타 ① 가볍게 움직이다 flotter légèrement, voltiger; onduler ((dans l'eau)), ((drapeau, panache, cerf-volant)) ondoyer ((dans le vent)), serpenter. ¶ 나붓거리는 발걸음으로 가다 marcher d'un pas léger. ② 무엇을 가볍게 움직이다 faire bouger doucement; agiter [remuer] *qc* doucement; faire onduler [ondoyer, serpenter]. ¶ 연이 꼬리를 나붓거리며 치솟아 오르고 있었다 Le cerf-volant s'élevait (dans le ciel) en faisant ondoyer [serpenter] sa queue [avec sa queue qui ondoyait, serpentait, ondulait] / Le cerf-volant faisait ondoyer [serpenter] sa queue en s'élevant dans le ciel. ¶ 금붕어가 꼬리지느러미를 나붓거린다 Le poisson rouge agite [fait ondoyer] sa nageoire.

나붓이 부 ((descendre)) doucement, ((baisser la tête)) humblement, gentiment, légèrement. ¶ ~ 절하다 faire une gracieuse révérence. ¶ 새가 나뭇가지에 ~ 내려앉는다 L'oiseau se pose doucement sur une branche.

나붙다 자 s'attacher à *qc*, adhérer à, coller à *qc*; être affiché(*e*), collé(*e*), placardé(*e*), tapissé(*e*). ¶ 선거철이라 거리마다 입후보자의 포스터들이 나붙었다 En cette période électorale, on voit partout des affiches des candidats dans les rues [les murs sont couverts d'affiches des candidats].

나비 명 papillon *m*. ¶~들이 이 꽃 저 꽃으로 날아다닌다 Les papillons volent de fleur en fleur.

◆**_넥타이** 명 nœud *m* papillon, nœud *m* pap {*fam*}.

◆**노랑_** 명 papillon *m* jaune.

◆**호랑_** 명 machaon *m*, grand porte-queue *m*.

나빠지다 자 ((la situation)) empirer, se dégrader, se détériorer, se gâter, se pourrir, ((état d'un malade)) s'aggraver. ¶ 상처가 더 나빠졌다 La blessure s'est aggravée / La plaie s'est envenimée [infectée]. ¶ 그 학생의 학교 성적이 나빠지고 있다 Ses résultats scolaires se dégradent. ¶ 그 사람은 건강이 크게 나빠졌다 Sa santé s'est sérieusement détériorée.

나쁘다 형 ① être mauvais(*e*), médiocre. ¶ 건강이 ~ avoir une mauvaise santé. ¶ 눈이 ~ avoir une mauvaise vue. ¶ 길이 ~ La route est mauvaise. ¶ 그는 평판이 ~ Il a une mauvaise réputation. ¶ 저 사람은 위가 ~ Il a l'estomac fragile. ¶ 모양이 ~ La forme est imparfaite. ¶ 기분이 ~ être de mauvaise humeur, être de mauvais poil {*fam*}, mal luné(*e*) {*fam*}; s'être levé(*e*) du pied gauche; être irrité(*e*); être maussade, d'humeur chagrine. ¶ 결과가 ~ avoir un mauvais résultat [de mauvais résultats]. ¶ 머리가 ~ être stupide [peu intelligent(*e*)]. ¶ 나쁜 소식 une mauvaise nouvelle. ¶ 나쁜 물건 un produit [une marchandise] médiocre [de mauvaise qualité, de peu de valeur], de la pacotille, de la camelote. ¶ 안색이 나쁜데 어디 아프니? Tu as mauvaise mine. Tu ne te sens pas bien? ¶ 어두운 곳에서 책을 보면 눈이 나빠진다 La lecture dans un endroit mal éclairé affaiblit la vue. ¶ 그는 어딘지 모르게 기분 나쁜 사람이다 C'est un individu qui me fait une impression antipathique. ¶ 나쁘게 생각하지 마세요 Ne le prenez pas mal! / Ne l'interprétez pas mal! / Ne m'en voulez pas! ¶ 누구에 대해 나쁘게 말하다 dire du mal de *qn*, parler mal de *qn*, médire de [sur {*vx*}] *qn*. ② ((짓이)) être mauvais(*e*); ((사람이)) être méchant(*e*), pervers(*e*), malfaisant(*e*). ¶ 그 남자는 아주 나쁜 사람이다 C'est un homme très méchant. ¶ 나쁜 일[짓]을 하면 벌을 받는다 Les mauvaises actions sont toujours punies. ¶ 무슨 나쁜 뜻이 있었던 것은 아니다 Je n'avais pas de mauvaises intentions. ¶ 그런 말은 하지 말아야 했는데, 내가 나빴다 J'avais tort de dire une chose pareille. ③ 해롭다 être nuisible ((à la santé)), mauvais(*e*), dangereu*x*(*se*), défavorable, dommageable, funeste, malfaisant(*e*), néfaste, noci*f*(*ve*), toxique, insalubre, malsain(*e*). ¶ 담배는 몸에 ~ Le tabac est nuisible à [pour] la santé / Fumer nuit à la santé. ¶ 매운 음식은 위에 ~ Les plats épicés sont mauvais pour l'estomac.

나사 螺絲 명 ((못)) vis *f*; écrou *m*; ((나선)) spirale *f*, hélice *f*. ¶ ~를 돌리다[죄다, 박다] visser [attacher [fixer] *qc* avec une vis]. ¶ ~를 풀다[빼다] dévisser. ¶ ~가 빠지다[풀리다, 풀어지다] se dévisser.

◆**못** 명 vis *f*.

◆**수_** 명 vis *f*, boulon *m*.

◆**암_** 명 écrou *m*.

*~**가 풀리다[풀어지다, 빠지다]** 【속어】 (trop) se relâcher (dans *son* travail), ralentir *ses* efforts [*son* travail], s'endormir (sur le rôti) {*fam*}, se reposer, prendre un peu de relâche [de repos], souffler, se laisser aller, se laisser avachir, relâcher la tension, se détendre, se décontracter, décompresser, dételer, relâcher *sa* vigilance [*son* attention]; la tension (nerveuse) tombe; devenir moins performant(*e*); être ailleurs, avoir l'esprit ailleurs. ¶ 한동안 휴가를 지내고 왔더니 ~가 풀려서 일에 집중하지 못하겠다 Après m'être reposé(*e*) pendant si longtemps, je n'arrive pas à me concentrer.

나서다 자 ① 나와 서다 sortir; se présenter, apparaître, postuler, se proposer, se placer, se mettre. ¶ 선두로 ~ se placer devant, prendre le devant de *qc*. ¶ 무대에 ~ entrer en scène, se présenter sur la scène. ¶ 한 젊은이가 행렬 앞으로 썩 나서며 외쳤다 Un jeune homme se présenta prestement devant la file, et cria. ¶ 그 사람은 앞에 나서기를 좋아한다 Il aime se mettre en avant. ② 나타나다 apparaître, se présenter, paraître, se montrer. ¶ 한 지원자가

나섰다 Un volontaire s'est proposé. ¶ 드디어 그 집을 살 사람이 나섰다 Enfin un acheteur s'est présenté pour la maison. ¶ 우리 땅을 살 사람이 나섰나요? Quelqu'un s'est-il présenté pour acheter notre terrain? ③ 간섭하다 s'ingérer [s'immiscer, intervenir, mettre [fourrer] *son* nez {*fam*}] dans les affaires d'autrui, se mêler des affaires des autres. ¶ 저 할머니는 항상 남의 일에 나서서 참견한다 Cette vieille femme se mêle toujours des affaires d'autrui. ¶ 이것은 네가 나설 일이 아니다 Ce n'est pas une affaire à laquelle tu dois te mêler. ¶ 이것은 내가 나설 일이 아니다 Cela ne me regarde pas / Je n'ai pas à m'occuper de cette affaire / Ce ne sont pas mes affaires [oignons {*fam*}]. ¶ 왜 남의 일에 쌍지팡이를 짚고 [눈에 쌍심지를 켜고] 나서냐? Pourquoi te mêles-tu toujours des affaires des autres? / Pourquoi sens-tu toujours le besoin de fourrer ton nez dans les affaires des autres {*fam*}? ④ (어떤 일을) 시작하다 débuter dans ((la politique)), se mettre à+*inf*. ¶ 정계에 ~ débuter dans la politique [le monde politique], commencer *sa* carrière politique. ¶ 후보자로 ~ se porter candidat; poser *sa* candidature. ¶ 장사꾼으로 ~ se mettre à travailler comme commerçant. ¶ 돈벌이에 ~ se mettre à gagner de l'argent [des sous {*fam*}]. ¶ 누나도 돈벌이에 나섰다 Ma sœur aînée aussi s'est mise à gagner de l'argent. ¶ 검찰이 뒤늦게 진상조사에 나섰다 Avec du retard, la police judiciaire s'est mise à enquêter sur la vérité.

***발 벗고** ~ s'engager [se lancer, se jeter] corps et âme ((dans une affaire)), s'impliquer complètement, se donner à fond ((dans *qc*)); mettre tout en second plan, accorder la priorité absolue à *qc*. ⑤ 어디를 벗어나다 partir de *qp*, sortir de *qp*, quitter. ¶ 집에서[을] ~ partir de [sortir de, quitter] la maison. ¶ 출장을 가기 위해 길을 ~ se mettre en route pour un voyage d'affaires. ¶ 이 골목을 나서면 큰 길이 나타납니다 Lorsque vous sortirez de cette ruelle, vous trouverez un grand boulevard [une grande avenue].

나선 명 spirale *f*.

◆**_형** -形 명 forme *f* spirale; ((en)) forme *f* d'hélice [de vis], hélicoïd*al*(*ale*, *aux*), ((parabole)) hélicoïde; ((escalier)) en colimaçon *m*, en escargot *m*, en spirale *f*, à vis *f*. ¶ ~형 계단 escalier en spirale [en colimaçon, en escargot, à vis].

나신 裸身 명 corps *m* nu.

나아가다 자 avancer, s'avancer; progresser, se diriger, s'orienter. ¶ 해안 쪽으로 ~ se diriger vers la côte. ¶ 앞으로 한 걸음 ~ avancer d'un pas; faire un pas en avant. ¶ 힘차게 ~ avancer énergiquement. ¶ 좀 더 건설적인 방향으로 나아갑시다 Orientons-nous dans une direction un peu plus constructive. ¶ 일이 이대로 나아가면 si les choses avancent à cette allure. ¶ (한 걸음) 더 나아가(서) qui plus est, encore davantage, de plus. ¶ 우리의 나아갈 길 le chemin que nous devons prendre, la voie à suivre.

나아지다 자 devenir meilleur(*e*); s'améliorer; ((une affaire)) prendre une meilleure tournure, progresser; s'amender, se rénover, se corriger, se réformer, se réviser, se réparer, se régénérer. ¶ 얼굴이 ~ avoir une meilleure mine. ¶ 형편이 ~ La situation s'est améliorée / La vie devient plus aisée. ¶ 네 솜씨가 전에 비해 많이 나아졌구나 Ton talent s'est considérablement amélioré par rapport au passé. ¶ 그 사람은 건강이 많이 나아졌다 Sa santé s'est beaucoup améliorée.

나앉다 자 ① 떨어져 앉다 s'asseoir un peu à l'écart [éloigné]. ¶ 붙어 앉지 말고 저만치 나앉아라 Ne te colle pas à moi, mais assieds-toi un peu plus loin. ② ((길거리에)) se retrouver à la rue. ¶ 사업에 실패해서 길거리에 나앉게 생겼다 Après un échec dans les affaires, il risque de se retrouver à la rue.

나약 명 faiblesse *f* (de caractère); mollesse *f*, aveulissement *m*.

◆**_하다** 형 être faible (de caractère), fragile, chéti*f*(*ve*), délicat(*e*); être efféminé(*e*); être m*ou*(m*olle*). ¶ ~한 정신 un esprit faible.

◆**_성** -性 명 faiblesse *f* (de caractère), fragilité *f*; mollesse *f*, aveulissement *m*. ¶ 현실에 안주하는 ~성을 보이다 montrer une faiblesse profonde et ancienne face à la réalité.

나열 羅列 명 alignement *m*; énumération *f*; suite *f*. ¶ 미사여구의 ~ une simple suite de belles phrases. ◇**_(을) 하다** aligner, énumérer. ¶ 의사에게 증상을 ~하다 énumérer des symptômes au médecin.

나오다 자타 ① ((밖으로)) ((L'action est vue de l'extérieur.)) sortir dehors, sortir de *qp*; quitter ((la maison)). ¶ 방에서 ~ sortir de la chambre. ¶ 산책하러 ~ sortir pour se promener, aller faire une promenade [prendre l'air]. ¶ 나는 아침 8시에 집에서 나왔다 Je suis sorti(*e*) de chez moi à 8 heures du matin. ② ((등장, 출현)) apparaître, paraître, réapparaître, resurgir, se présenter, montrer, se montrer; figurer, se trouver, être publié(*e*). ¶ 회의에 ~ se présenter à la réunion. ¶ 우리 아들이 텔레비전에 나왔다 Mon fils est passé à la télé(vision). ¶ 신문에 그의 사진이 나왔다 Sa photographie est parue dans le journal. ¶ 김 선생이 이번 선거에 나온다 M. Kim se porte candidat à ces élections. ¶ 그의 바지가 찢어져 무릎이 나온다 Son pantalon déchiré laisse voir ses genoux. ¶ 이 길로 가면 역이 나옵니다 Cette route mène à la gare / Si vous prenez cette rue, vous arriverez à la gare. ¶ 이 잡지는 한 달에 두 번 나온다 Cette revue paraît [est publiée] deux fois par mois. ¶ 이 단어는 어떤 사전에도 나와 있지 않습니다 Ce mot ne figure dans aucun dictionnaire. ¶ 없어졌던 지갑이 책상 밑에서 나왔다 Le porte-monnaie disparu a resurgi [est réapparu] sous le bureau. ¶ 결국 그 사람이 죽었다는 결론이 나온다 Il en ressort [résulte] finalement qu'il est mort. ¶ 그 영화에 나왔던 배우 un acteur qui était apparu dans ce film. ¶ 시장에 나온 물건 des marchandises présentées sur le marché. ¶ 그런 일을 하면 쌀이 나오니 밥이 나오니? À quoi bon faire un tel boulot? Qu'est-ce que ça (te) rapporte? {*fam*} / À quoi ça rime de faire un tel boulot? {*fam*} / Je ne vois pas du tout l'intérêt de faire un tel boulot {*fam*}. ③ ((유출)) s'écouler, couler; jaillir, surgir, sourdre; s'extraire, s'arracher, se déterrer, se détacher, se sortir, se tirer; suppurer, venir de *qp*; dériver de *qc*; provenir de *qc*/*qp*, donner, produire, fabriquer. ¶ 굴뚝에서 검은 연기가 나온다 Une fumée noire sort [s'échappe] de la cheminée. ¶ 그의 상처에서 피가 나온다 Le sang coule de sa blessure. ¶ 종기에서 고름이 나온다 L'abcès suppure. ④ ((근원, 출처)) venir de *qc*; dériver de *qc*; provenir de *qc*/*qp*, découler, émaner, résulter. ¶ 이 단어는 라틴어에서 나왔다 Ce mot est dérivé [vient] du latin. ¶ 그 말이 누구한테서 나왔느냐? Qui a dit cela? ¶ 비용이 어디서 나오는가? D'où viennent les frais? ¶ 그 회사에서 나온 상품 les marchandises mises en circulation par cette entreprise. ⑤ ((산출)) donner, produire. ¶ 이 광산에서 금이 많이 나온다 Cette mine produit beaucoup d'or. ¶ 이 지방에서는 유명한 시인이 많이 나왔다 Ce pays a donné plusieurs poètes connus. ⑥ ((가출, 사직)) quitter (la maison), faire une fugue; démissionner. ¶ 집을 나온 지 여러 해가 되었다 Sa fugue remonte à plusieurs années. ¶ 기숙사에서 나와야 하겠다 Je dois quitter la pension [le foyer]. ¶ 우리 처남은 그 회사에서 나와 다른 회사로 옮겼다 Mon beau-frère a quitté cette société pour aller dans une autre. ⑦ ((졸업)) être diplômé(*e*) ((de l'école X)); sortir ((de l'université Y)). ¶ 그 여자는 명문 대학을 나왔다 Elle a fait [est diplômée d'] une université de renom. ⑧ ((말, 하품, 웃음이)) ¶ 그 학생의 발표에는 질문이 많이 나왔었다 L'exposé de cet élève a suscité beaucoup de questions / Il y a eu beaucoup de questions à l'occasion de son exposé. ¶ 내 그런 질문 나올 줄 알았어 Je savais qu'une telle question allait venir [sortir]. ¶ 네가 잘못을 해 놓고도 그런 말이 나오니? Comment peux-tu oser dire cela alors que c'est toi qui es en tort? / Quand on est en tort, on a au moins la décence de se taire, tu ne crois pas? ¶ 하도 어이가 없어 말이 안 나온다 Je suis tellement ahuri que je n'arrive pas à placer un mot. ¶ 말이 나왔으니 [나온 김에] 하는 말인데 À propos, je dirais que ... ¶ 하품이 나오다 avoir envie de bâiller. ¶ 이런 상황에서 웃음이 나오니? Comment peux-tu sourire dans une telle circonstance? ⑨ ((태도)) prendre une attitude (sévère). ¶ 그는 처음부터 강하게 나왔다 Il s'est montré très ferme dès le début. ¶ 그 사람이 어떻게 나오나 보자 Voyons l'attitude qu'il va adopter. ¶ 그 녀석이 그렇게 나올 줄은 몰랐다 Je n'aurais pas cru qu'il prendrait cette attitude / Je ne m'attendais pas (du tout) à ce qu'il réagisse de cette manière [comme ça {*fam*}] / Je ne pensais pas qu'il allait réagir de cette manière [comme ça {*fam*}]. ⑩ ((돌출)) dépasser; être saillant(*e*). ¶ 광대뼈가 나온 여자 une femme aux pommettes saillantes. ¶ 그 남자는 이마가 나왔다 Il a un front saillant. ¶ 배가 (볼록) ~ avoir du ventre [de l'embonpoint, du bide {*fam*}, de la brioche {*fam*}], avoir un gros ventre, être ventru(*e*), ventripotent(*e*), pansu(*e*), commencer à bedonner. ¶ 그 아저씨는 배가 많이 나왔다 Ce monsieur a beaucoup de ventre [beaucoup de bide {*fam*}, un sacré bide {*fam*}, une grosse brioche {*fam*}] / Ce monsieur a un ventre imposant [un ventre énorme, un abdomen impressionnant] / Ce monsieur a une belle grosse bouée autour du ventre {*fam*} / Ce monsieur est bien en chair. ⑪ ((싹이)) 트다 bourgeonner, pousser, poindre, sortir. ¶ 봄에 새싹이 나온다. Les bourgeons sortent [poussent] au printemps / Les arbres bourgeonnent au printemps / Les premiers bourgeons poussent au printemps. ⑫ 출제되다 être donné(*e*), présent(*e*); ((question)) sortir. ¶ 이번 시험에는 모두 세 문제가 나왔다 Au total, trois sujets ont été donnés à l'examen.

***입이** ~ bouder; faire la moue.

나왕 羅王 명 acajou *m* des Philippines. ¶ 이 책상은 ~으로 만들었다 Ce bureau est en acajou des Philippines.

나위 의명 ((여지)) marge *f*; ((이유)) raison *f*; ((필요)) besoin *m*. ¶ 그 증거는 의심할 ~가 없다 Cette preuve est irréfutable. ¶ 그것은 말할 ~도 없다 Cela va sans dire / Cela va de *soi* / Cela va sans dire que+*ind* / Il est inutile de dire que+*ind*. ¶ 내 처는 더할 ~없이 완벽한 아내이다 Ma femme est une épouse parfaite / Ma femme, on ne peut pas rêver d'une meilleure épouse. ¶ 조금만 더 부지런하면 그 친구는 더할 ~ 없는 사람인데 Il n'y a rien à lui reprocher, sauf le fait qu'il n'est pas suffisamment travailleur. ¶ 이 책은 말할 ~ 없이 좋은 선물이다 Ce livre est le meilleur des cadeaux / Je ne pouvais espérer un meilleur cadeau. ¶ 더할 ~ 없이 좋다 Cela ne peut être mieux. ¶ 더할 ~ 없이 기쁘다 être au comble du bonheur.

나으리 명 【고어】 Mon Maître! Sire! Monsieur! ¶ ~, 손님이 오셨습니다 Monsieur, vous avez un visiteur.

나이 명 âge *m*. ¶ ~ 제한 une limite d'âge. ¶ ~ 순서대로 번호를 정하다 attribuer à *qn* un numéro dans l'ordre de l'âge. ¶ ~를 물어보다 demander l'âge de *qn*. ¶ ~를 숨기다 cacher [ne pas dévoiler] *son* âge. ¶ ~를 속이다 mentir sur son âge. ¶ ~는 못 속인다[어쩔 수 없다] On ne peut pas tricher sur son âge. ¶ 어린[젊은, 약관의] ~에 dans *son* enfance, dans *sa* jeunesse, quand il(*elle*) était [*est*] petit(*e*) [jeune]. ¶ 어린[젊은] ~에도 pour un si jeune âge, si jeune, malgré *son* jeune âge. ¶ 15세의 ~에 à l'âge de 15 ans. ¶ 그렇게 늙은 ~에 à un âge aussi avancé. ¶ 내[그 사람] ~에 à mon [à son] âge. ¶ 그 ~에 à cet âge. ¶ 그는 젊은 ~에 사장 자리에 올랐다 Il est devenu P.-d.g.. ((Président Directeur Général)) très jeune. ¶ 내가 네 ~ 때에는 벌써 많은 것을 알았었다 À ton âge, je savais déjà plein de choses. ¶ 학교에 다닐 ~ l'âge scolaire. ¶ ~에 비해 크다 être grand(*e*) pour *son* âge. ¶ 그는 ~보다[~에 비해] 늙어[젊어, 젊게] 보인다 Il fait plus vieux [plus jeune] que son âge. ¶ ~ 탓으로 돌리다 attribuer [imputer] *qc* à l'âge. ¶ ~에 상관없이 누구나 할 수 있는 일 un travail qui s'adresse à toutes les tranches d'âges. ¶ ~가 많다[적다, 어리다] être âgé(*e*) [moins âgé(*e*), jeune]. ¶ ~(가) 많은 사람 une personne âgée. ¶ ~가 지긋한 신사 un vieux monsieur. ¶ 그 친구와 나는 ~가 같다 Lui et moi, nous avons le même âge. ¶ ~가 어떻게 되십니까? Quel âge avez-vous? ¶ 제 ~는 25입니다 J'ai vingt-cinq ans. ¶ 내 ~가 몇으로 보이니? Tu me donnes quel âge? ¶ 그는 나보다 ~가 세 살 아래이다 Il a trois ans de moins que moi. ¶ 결혼할 ~가 되다 arriver à l'âge nubile, être en âge de se marier. ¶ ~가 있다[없다] être âgé(*e*), avoir un certain âge [il n'y a pas d'âge]. ¶ ~가 있지 내가 어떻게 그런 곳을 간단 말이냐? Comment pourrais-je me permettre d'aller dans un endroit pareil à mon âge? ¶ 배움에는 따로 ~가 없다 Pour apprendre il n'y a pas de limite d'âge. ¶ ~(가) 차다 atteindre l'âge nubile. ¶ 황 선생 딸도 이제 ~가 다 찼군 La fille de Monsieur Hwang a atteint l'âge nubile.

*~**(가) 들다** vieillir. ¶ ~가 들어 시력이 약해진다 La vue s'affaiblit avec l'âge. ¶ ~ 들어서 그런 고생을 하다니 그 사람도 참 안됐다 en le voyant souffrir autant à son âge, j'ai pitié de lui. ¶ ~든 사람들은 너희들과 생각이 다르다 Les personnes âgées ne sont pas du même avis que vous. ¶ 저 사람은 실제보다 ~ 들어 보인다 Il fait plus vieux que son âge.

*~**(를) 먹다** prendre de l'âge, avancer en âge, vieillir, être sur le retour (de l'âge {*vx*}). ¶ ~를 먹어 갈수록 세상사는 것이 어려워진다 Plus on vieillit, plus il est difficile de vivre. ¶ ~를 먹을 만큼 먹다 avoir un certain âge; être suffisamment [assez] grand(*e*) pour *qc*/*inf*. ¶ ~를 헛먹다 ne pas se comporter comme un adulte, se conduire comme un enfant [comme un gamin {*fam*}], avoir un comportement de gamin {*fam*}, ne pas être adulte, être immature, infantile, enfantin(*e*), puéril(*e*), manquer (encore) de maturité; ne pas être assez mûr(*e*) pour *son* âge, être resté(*e*) gamin(*e*) {*fam*}; 철이 없다 être irréfléchi(*e*), inconsidéré(*e*), inconséquent(*e*), ne pas avoir de plomb dans la cervelle {*fam*}. ¶ 너는 ~를 어디로 먹었기에 아직까지 그렇게 철없는 짓을 하니? Quel âge as-tu pour faire une chose pareille?

◆**_ㅅ값** 명 conduite *f* digne de *son* âge; conduite *f* [comportement *m*] mûr(*e*) [mature]; comportement *m* attendu conformément à l'âge de *qn*. ¶ ~ㅅ값 좀 해라 Comporte-toi comme tu le devrais (à ton âge) [comme ton âge l'exige, en adulte] / Montre ta maturité / Fais preuve de maturité / Ne te comporte pas comme un enfant [comme un gamin {*fam*}] / Ne fais pas l'enfant / Ne sois pas puéril(*e*) / Montre que tu es un adulte / Conduis-toi en adulte / Montre que tu es grand(*e*) / Qu'est-ce que tu es resté(*e*) gamin(*e*)! / Quand seras-tu raisonnable? / Quand auras-tu du plomb dans la cervelle? {*fam*} / Ce que tu peux être gamin(*e*) [immature]! / Quand grandiras-tu? / Quand seras-tu adulte? ¶ ~ㅅ값을 못하다 ne pas se comporter dignement [comme un adulte], ne pas être adulte, se conduire comme un enfant [comme un gamin {*fam*}], être immature, infantile, enfantin(*e*), puéril(*e*), manquer (encore) de maturité; ne pas être assez mûr(*e*) pour *son* âge, être resté(*e*) gamin(*e*) {*fam*}; 철이 없다 être irréfléchi(*e*), inconsidéré(*e*), inconséquent(*e*), ne pas avoir de plomb dans la cervelle {*fam*}.

◆**_ㅅ살** 명 ① ((경멸적)) âge *m* avancé, âge *m* mûr, maturité *f*. ¶ ~ㅅ살이나 드신 분이 왜 이러십니까? Comment pouvez-vous agir de la sorte [Comment pouvez-vous vous conduire [vous comporter] ainsi] à votre âge? ¶ ~ㅅ살이나 먹어 가지고 아직도 제 정신을 못 차리다니! Qu'est-ce qu'il reste immature à [pour] son âge! / Qu'est-ce qu'il est resté gamin! / Quand sera-t-il raisonnable? / Quand aura-t-il du plomb dans la cervelle? {*fam*} / Ce qu'il peut être gamin! / Quand grandira-t-il? / Quand sera-t-il adulte? ② 나이 들어 찌는 살 embonpoint *m* dû à l'âge.

◆**_차** -差 명 différence *f* d'âge. ¶ 그 사람하고 나하고는 ~차가 난다 Il y a une différence d'âge entre lui et moi. ¶ 우리는 ~차가 없다 Il n'y a pas de différence d'âge entre nous.

◆**_테** 명 cernes *mpl* ¶ 나무의 나이는 ~테를 보고 알 수 있다 Ce sont les cernes qui indiquent l'âge d'un arbre.

-나이까 어미 ((suffixe flexionnel de terminaison phrastique du mode interrogatif utilisé par un locuteur s'adressant à un interlocuteur auquel il voue une vénération : Dieu, un esprit, l'âme d'un ancêtre, un grand maître; suffixe archaïque)). ¶ 어디로 가사~? Où allez-vous?

-나이다 어미 ((suffixe flexionnel de terminaison phrastique du mode déclaratif utilisé par un locuteur s'adressant à un interlocuteur auquel il voue une vénération : Dieu, un esprit, l'âme d'un ancêtre, un grand maître. Il est utilisé seulement avec quelques verbes de prière, de supplication; suffixe archaïque)). ¶ 바~ 바~ 천지신명께 바~ J'implore tous les Esprits du ciel et de la terre pour que ....

나이스 명{nice} 감 Joli (coup)! / Bien joué!

나이스플레이 영{nice} 감 ☞ 나이스

나이트 영{night} 명 ☞ 나이트클럽

나이트가운 영{nightgown} 명 chemise *f* de nuit, ((얇은 나이트가운)) nuisette *f*.

나이트게임 영{night game} 명 rencontre *f* [match *m*] nocturne [qui se déroule en nocturne], réunion *f* sportive en soirée, nocturne *f*. ¶ 그 야구 시합은 ~으로 진행될 예정이다 Ce match de baseball aura lieu en nocturne.

나이트클럽 영{night club} 명 boîte *f* de nuit, boîte *f* {*fam*}, discothèque *f*, *night-club*(~-~*s*) *m* {*vx*}. ¶ ~에 가다 aller [sortir] en discothèque [en boîte (de nuit) {*fam*}]. ¶ ~에 출입하다 fréquenter les boîtes de nuit; sortir en boîte {*fam*}. ¶ ~에서 밤을 새우다 passer la nuit dans une boîte (de nuit) [dans un *night-club*].

나이프 영{knife} 명 couteau(*x*) *m*, canif *m*, couteau(*x*) *m* de poche; couteau(*x*) *m* suisse; opinel *m*; laguiole *m*. ¶ ~를 펴다 ouvrir un couteau de poche [un canif]. ¶ ~를 접다 replier[rentrer] la lame d'un couteau [d'un canif]. ¶ 고기를 ~로 자르다[썰다] couper [trancher] la viande [une tranche de viande, un morceau de viande] avec un couteau. ¶ 포크는 왼손에 ~는 오른손에 쥐어라 Prends la fourchette dans la main gauche et le couteau dans la droite!

나인 명 【역사】 dame *f* [demoiselle *f*] d'honneur à la cour.

나일론 영{nylon} 명 nylon *m*. ¶ ~ 스타킹 (*stocking*) [양말] un collant en nylon [des chaussettes en nylon], un bas en nylon.

나자빠지다 재 dégringoler, tomber par terre, chuter, faire une chute, culbuter, trébucher, s'effondrer. ¶ 그 사람은 길에서 미끄러져 나자빠졌다 Il a glissé et est tombé [et s'est effondré, et a fait une chute] dans la rue. ¶ 일은 안 하고 저렇게 나자빠져 있으니 어떻게 하지? Qu'est-ce qu'on va faire d'un type comme toi qui ne fiche rien [qui n'en fiche pas une] {*fam*} et qui ne fait rien pour s'en sortir?

나전 螺鈿 명 nacre *f*.

나전어 羅甸語 명 【언어】 latin *m*.

◆**_학자** -學者 명 latiniste *mf*.

나전칠기 螺鈿漆器 명 objet *m* laqué et nacré; laque *f* incrustée de nacre.

나절 의명 moitié *f* d'une journée, demi-journée(~-~*s*) *f*. ¶ 아침 ~ la matinée. ¶ 저녁 ~ la soirée. ¶ 한 ~씩이나 어디 갔다 왔니? Où étais-tu passé(*e*) toute la moitié de la journée? ¶ 반 ~이면 끝낼 수 있습니다 On peut terminer (ce travail) en une demi-journée.

나중 명 après; ensuite, par la suite; plus tard, ultérieurement; pour une autre fois, pour un autre jour. ¶ ~을 대비하다 préparer *son* avenir. ¶ ~을 위해 계획을 세우다 faire des projets pour l'avenir. ¶ ~을 생각해서 이것은 남겨둡시다 Laissons cela [ça] (de côté) pour plus tard / Remettons cela [ça] à plus tard. ¶ ~의 일을 미리부터 걱정할 필요 있니? Pourquoi a-t-on besoin de s'inquiéter de ce qui se passera plus tard? / Pourquoi s'inquiéter d'avance de ce qui peut arriver? ¶ ~에 다시 만나자 À bientôt! / À plus tard! / À plus! {*fam*}. ¶ ~에 놀러 갈게 Je reviendrai [(re)passerai] te voir (un de ces quatre) {*fam*} / Je (re)passerai (chez toi) un de ces quatre {*fam*} / À la revoyure {*pop*}. ¶ 박 선생님이 먼저 오고 김 선생님은 ~에 왔다 M. Pak est arrivé en premier et M. Kim plus tard [par la suite, après]. ¶ 그 분은 맨 ~에 도착했다 Il est arrivé en dernier. ¶ ~에야 어찌 되든 우선은 먹고 보자 Commençons par manger et laissons les soucis pour plus tard / Maintenant, on mange, les soucis, ce sera pour plus tard. ¶ ~은 ~이고 우선 사고 보자 Achetons maintenant et nous verrons bien ensuite / Demain, on verra bien, aujourd'hui on achète / Demain, c'est demain, achetons ça maintenant.

*~**에야 삼수갑산을 갈망정** Même si on rencontre des difficultés plus tard ... / Même si plus tard on doit faire face à des difficultés ....

나즈막하다 형 (('나지막하다'의 잘못)) ☞ 나지막하다

나지막하다 형 être bas(*se*); être peu élevé(*e*). ¶ 나지막한 산 une montagne basse; une colline. ¶ 나지막한 목소리로 à voix basse. ¶ 나지막하게 대화를 하다 avoir une conversation à voix basse, parler à voix basse.

◆**나지막이** 부 bas. ¶ 나지막이 중얼거리다 murmurer, susurrer.

나직나직 부 bas; ((parler)) à voix basse; en chuchotant. ¶ ~ 말하다[속삭이다] chuchoter; parler à voix basse; parler bas, murmurer, susurrer, marmonner.

나직이 부 ① 높이, 정도 faiblement, humblement, bas. ¶ ~ 날다 voler bas; voler à ras du sol. ¶ 집을 ~ 짓다 construire une maison basse. ② 소리 à voix basse, à mi-voix; ((parler)) très doucement, bas, tout bas; discrètement.. ¶ 그 사람은 내게 무슨 일이냐고 나직이 물어왔다 Il m'a demandé discrètement [tout bas, à voix basse] ce qui m'arrivait [ce qui m'était arrivé]. ¶ ~ 말하다 parler bas [à voix basse]. ¶ ~ 노래하다 chanter à voix basse.

나직하다 형 être bas(*se*). ¶ 나직한 목소리로 à voix basse.

나체 裸體 명 corps *m* nu; nudité *f*, nu *m*. ¶ ~ 사진 une photo de nu, un nu photographique. ¶ 반(半) ~ à moitié nu(*e*). ¶ ~로 만들다 mettre *qn* à nu, déshabiller (complètement) *qn*, dénuder *qn*. ¶ 완전 ~로 거리를 활보하다 se promener ouvertement [s'exhiber] tout nu(*e*) dans la rue. ¶ ~가 되다 se mettre à nu, se déshabiller, se mettre nu[à poil {*fam*}]. ¶ 그 남자는 마지막 한 조각만 걸쳤을 뿐 ~였다 Il était presque nu ne portant plus qu'un sous-vêtement.

◆**_미** -美 명 beauté *f* physique d'un corps nu.

◆**_상** -像 명 nu *m*.

◆_주의 -主義 명 nudisme *m*, naturisme *m*.
◆_주의자 -主義者 명 nudiste *mf*, naturiste *mf*.
◆_촌 -村 명 camp *m* de nudistes, camp *m* naturiste.
◆_춤 명 danse *f* nue; strip-tease *m*.
◆_화 -畵 명 peinture *f* de nu (féminin, masculin), nu *m*, nudité *f*.

ㄴ

나치 독 명 【역사】 nazi(*e*), hitlérien(*ne*), chemise *f* brune; ((총칭)) les nazis *mpl*. ¶ ~의 만행 la barbarie nazie, les cruautés hitlériennes.

나치즘 독 명 nazisme *m*, hitlérisme *m*. ¶ 네오 ~ le néo-nazisme.

나침반 羅針盤 명 boussole *f*, compas *m*. ¶ ~으로 항해하다 naviguer à la boussole [au compas].
◆회전_ -回轉 명 gyrocompas *m*, compas *m* gyroscopique.

나타나다 자 ① apparaître, paraître, réapparaître, se montrer, se présenter, se révéler, surgir, naître ¶ 청중 앞에 ~ se présenter devant le public. ¶ 그가 다시 학교[마을]에 나타났다 Il est apparu de nouveau à l'école (dans le village). ¶ 네거리를 지나자 갑자기 경찰이 나타났다 Le carrefour à peine dépassé [Juste après le carrefour], nous avons soudainement aperçu la police [la police nous est soudainement apparue]. ¶ 길모퉁이에 어떤 사람이 나타났다가 사라졌다 Au coin de la rue, un homme était apparu, puis il a disparu. ¶ 하느님께서 나에게 나타나 말씀하셨다 Dieu m'est apparu et m'a parlé. ¶ 조금만 있으면 휴게소가 나타날 거야 Nous allons bientôt arriver à une aire de repos. ¶ 새로운 별이 나타났다 Une nouvelle étoile est apparue. ② 드러나다 apparaître, paraître, se manifester, se dévoiler ¶ 당황한 기색이 그의 얼굴에 나타난다 L'embarras se lit sur son visage. ¶ 불안한 빛이 그의 얼굴에 나타났다 Un signe d'inquiétude est apparu sur son visage. ③ ((현상이)) se manifester, se produire, se reproduire; il se produit ((un phénomène)); être visible, apparent(*e*), évident(*e*), manifeste. ¶ 올 들어 황사현상이 자주 나타난다 Cette année, le phénomène du sable (jaune) ((apporté au printemps par le vent depuis le désert de Gobi)) se produit fréquemment [se répète]. ¶ 효과가 즉시 나타났다 L'effet a été immédiat / Ça a tout de suite fait de l'effet. ¶ 환경파괴가 전국적으로 심각하게 나타났다 On constate de graves atteintes de l'environnement sur tout le territoire. ¶ 그 의원은 이 지역에서 인기가 높게 나타났다 Ce député a eu une cote de popularité très élevée dans cette région.

나타내다 타 ① ((모습을)) révéler, dévoiler, (se) montrer, faire apparaître. ¶ 정체를 ~ révéler *sa* vraie nature, se montrer sous *son* vrai jour. ¶ 드디어 그가 우리 앞에 모습[얼굴]을 나타냈다 enfin il est apparu devant nous. ② ((감정을)) montrer, laisser voir, laisser paraître, laisser transparaître, laisser s'extérioriser, faire voir, faire preuve de *qc*, faire montre de ((*son* talent)), déployer *qc*, exhiber *qc*, étaler *qc*. ¶ 언짢은 기분을 ~ laisser voir [laisser paraître] *sa* mauvaise humeur. ¶ 그는 자기 감정을 스스럼없이 나타내는 성격이다 C'est son caractère de montrer ses sentiments sans les voiler. ③ ((증세, 현상을)) montrer, présenter. ¶ 최근 들어 매출이 증가세를 나타내고 있다 Ces derniers temps, le montant des ventes [le chiffre d'affaires] suit une courbe ascendante [monte régulièrement]. ¶ 이 환자는 특이한 증세를 나타낸다 Ce patient présente des symptômes particuliers. ④ 표현하다 exprimer, présenter; dépeindre, décrire. ¶ 이 소설은 주인공의 성격을 잘 나타낸다 Ce roman dépeint [décrit] bien le caractère du héros. ¶ 자기 생각을 말로 잘 나타낼 줄 알아야 한다 Il faut savoir bien exprimer [présenter] ses idées en paroles. ⑤ 뜻하다 signifier, vouloir dire. ¶ 이 기호는 무엇을 나타냅니까? Que veut dire ce signe? / Quelle est la signification de ce signe?
*두각을 ~ se faire un nom; acquérir une réputation. ¶ 그 사람은 공예 분야에서 두각을 나타내고 있다 Il s'est fait un nom [a fait sa réputation] dans l'artisanat.

나태 懶怠 명 paresse *f*, indolence *f*, fainéantise *f*, flemme *f* {*fam*}, cosse *f* {*fam*}. ¶ ~에 빠지다[젖다] sombrer dans la paresse.
◆_하다 형 être paresseux(*se*), indolent(*e*), fainéant(*e*), feignant(*e*) {*fam*}; avoir la flemme {*fam*}, être flemmard(*e*) {*fam*}, cossard(*e*) {*fam*}; avoir un poil dans la main {*fam*}, avoir les côtes en long {*fam*}. ¶ 방학이 되니까 자꾸 ~해져서 늦잠을 잔다 En vacances, on devient plus paresseux et on fait la grasse matinée. ¶ ~해진 마음을 다시 가다듬다 se ressaisir, se reprendre.

나트륨 독{Natrium} 명 sodium *m*.
◆_등 -燈 명 lampe *f* au sodium.

나팔 喇叭 명 trompette *f*, bugle *m*; ((뿔나팔)) corne *f*, cornet *m*; ((사냥꾼의)) trompe *f*; ((군대의)) clairon *m*. ¶ 기상 ~ 소리에 잠을 깨다 se réveiller au son du clairon. ¶ 그 분은 ~을 잘 분다 Il joue bien de la trompette. ¶ 진군[돌격, 퇴각]의 ~을 불다 sonner la marche[l'assaut, la retraite].
*~(을) 불다 ① 병째로 마시다 boire à même la bouteille ¶ 그는 병째 ~을 불었다 Il a bu à même la bouteille / Il a bu au goulot. ② 잘난 체하다 se vanter, prendre de grands airs, faire l'intéressant(*e*), débiter de grands mots[des fanfaronnades]. ¶ 그가 친구들 앞에서 또 ~을 불어댔다 Il s'est encore vanté devant ses amis / Il a encore fait le fanfaron devant ses amis. ☞ 나발
◆_관 -管 명 【의학】 trompe *f* de l'utérus[de Fallope].
◆_수 -手 명 trompette *m*, clairon *m*.

나팔꽃 喇叭- 명 【식물】 volubilis *m* (des jardins), belle de jour (~*s*-~) *f*.

나포 拿捕 명 capture *f* ((d'un navire)), saisie *f* ((d'un navire)), prise *f*, arrestation *f*. ◇_(를) 하다 capturer [saisir] ((un vaisseau)); arrêter *qn*, appréhender *qn*.

¶ 간첩선을 ~하다 capturer [saisir] un navire d'espionnage. ◇_(가) **되다**[(를) **당하다**] être capturé(*e*), saisi(*e*); être pris(*e*), arrêté(*e*). ¶ 우리 어선이 조업 중에 북한 경비정에 의해 ~되었다 Notre bateau de pêche a été capturé pendant la pêche par un garde-côte nord-coréen.

나풀거리다 자타 flotter vivement; être agité(*e*) par le vent. ¶ 바람에 깃발이 ~ Le drapeau flotte au vent. ¶ 긴 머리를 나풀거리며 달려오는 소녀 la jeune fille qui accourt, ses cheveux longs flottant au vent.

나풀나풀 부 de manière ondulée et légère. ¶ ~ 뛰어가다 courir d'un pas léger.

나프타 독 명 naphta *m*.

나프탈렌 독 명 ((화학)) naphtaline *f*, 화학 naphtalène *f*.

나프탈린 독 명 ☞ 나프탈렌

나한 羅漢 명 arhat *m*, saint homme *m* bouddhique; disciple *m* de Bouddha.

나환자 癩患者 명 lépreux(*se*).

◆_**촌** -村 명 village *m* de lépreux.

나흘 명 quatre jours *mpl*. ¶ ~ 뒤에 ((과거)) quatre jours plus tard; ((현재)) dans quatre jours. ¶ ~ 안에 d'ici quatre jours. ¶ 그 분이 떠난 지 ~ 지났다[되었다] Cela fait (maintenant) quatre jours qu'il est parti. ¶ 여기 오는 데 ~ 걸렸다 On a mis quatre jours pour venir ici. ¶ 이곳에 ~쯤 묵을 예정이다 Je vais rester ici pendant environ quatre jours. ¶ ~만 있으면 배가 떠난다 Le bateau partira dans quatre jours.

낙 樂 명 plaisir *m*, joie *f*, agrément *m*; ((오락)) amusement *m*, divertissement *m*; ((행복)) bonheur *m*; ((향락)) jouissance *f*. ¶ 인생[가정생활]의 ~ la joie de vivre [de la vie de famille]. ¶ 낚시질을 ~으로 삼다[낚시질에서 ~을 찾다] aimer la pêche à la ligne; prendre plaisir à la pêche à la ligne. ¶ 그 분은 아이들 가르치는 것을 유일한 ~으로 삼고 산다 Il ne vit que pour le plaisir d'enseigner aux enfants. ¶ 너는 무슨 ~으로 사니? Que fais-tu pour agrémenter la vie? / Pour quels plaisirs vis-tu? / Quelles sont tes joies dans la vie? ¶ 독서가 나의[내게는] 유일한 ~이다 La lecture est mon seul plaisir [ma seule joie]. ¶ 손자/손주들 자라는 모습을 지켜보는 것이 그 분의 ~이다 Son plaisir est de voir grandir ses petits-enfants. ¶ 나는 요즘 사는[살] ~이 없다 Ces temps-ci je n'ai aucune joie de vivre [aucun plaisir à vivre]. ¶ ~이 없는 생활 une vie sans joie [sans intérêt].

낙관[1] 落款 명 sceau(*x*) *m*, signature *f* ((d'un peintre)). ¶ 그림에 ~을 찍다 signer un tableau, apposer[mettre] *son* sceau à un tableau. ¶ 이 그림에는 화가의 ~이 없다 Ce tableau ne porte pas le sceau du peintre / Ce tableau n'est pas signé / Cette toile ne porte pas de signature.

낙관[2] 樂觀 명 optimisme *m*; point *m* de vue optimiste. ¶ 사태는 ~을 불허한다 La situation n'est nullement rassurante / La situation ne donne aucune perspective rassurante. ¶ 지나친 ~은 금물이다 Il ne faut pas être trop optimiste. ◇_(을) **하다** être optimiste; envisager *qc* avec optimisme; voir la vie en rose; voir le bon côté des choses. ¶ 장래를 ~하다 envisager l'avenir avec optimisme. ¶ 그 분은 사태를 ~하고 있다 Il est optimiste sur l'évolution de la situation. ¶ 지금은 ~도 비관도 할 수 없는 상황이다 La situation n'est nullement prévisible / Maintenant c'est une situation où l'on ne peut être ni optimiste ni pessimiste.

◆_**적** -的 명관 optimiste. ¶ 상황은 매우 ~적이다[매우 ~적인 상황이다] La situation est très favorable. ¶ 모든 일을 ~적으로 바라볼 필요가 있다 Il faut toujours regarder positivement les choses / Il est nécessaire de voir tout avec optimisme.

◆_**론** -論 명 optimisme *m*; point *m* de vue optimiste. ¶ 그 분은 신중한[근거 없는] ~론을 폈다 Il a donné un avis optimiste avec prudence [sans fondement].

◆_**론자** -論者 명 optimiste *mf*.

◆_**주의** -主義 명 optimisme *m*. ¶ 근거 없는 ~주의에 빠지다 persévérer dans un optimisme infondé.

낙낙하다 형 ☞ 넉넉하다

낙농 酪農 명 exploitation *f* laitière. ¶ ~에 종사하다 travailler [être employé(*e*)] dans une exploitation laitière. ◇_(을) **하다** tenir une exploitation laitière. ¶ 이 농부는 부업으로 ~을 한다 Cet(*te*) agricul*teur*(*trice*) tient une exploitation laitière pour améliorer son revenu.

◆_**가** -家 명 exploitant(*e*), laiti*er*(*ère*).

◆_**단지** -團地 명 complexe *m* laitier.

◆_**업** -業 명 industrie *f* laitière, exploitation *f* laitière.

◆_**제품** -製品 명 produit *m* laitier, laitage *m*.

낙담 落膽 명 découragement *m*, désappointement *m*, abattement *m*; démoralisation *f*; déception *f*. ◇_(을) **하다** 자 se décourager, se démoraliser, être déçu(*e*), être désespéré(*e*), être désappointé(*e*). ¶ 그 학생은 불합격 소식에 매우 ~한 모양이었다 À la nouvelle de son échec à l'examen, cet élève a eu l'air très déçu. ¶ 다음 기회가 있으니 너무 ~하지 마라 Tu auras encore d'autres occasions, alors ne te décourage pas trop [ne te démoralise pas trop]. ¶ ~한 얼굴 [표정] une mine découragée [abattue, affligée].

낙도 落島 명 île *f* lointaine [éloignée]. ¶ ~ 어린이들을 서울로 초청하다 inviter à Séoul des enfants des îles lointaines.

낙뢰 落雷 명 foudre *f*, chute *f* de la foudre. ¶ 여름철에는 ~를[에] 주의해야 한다 Il faut faire attention à la foudre en été. ¶ 공장에 ~가 떨어졌다 La foudre est tombée sur[a frappé] une usine.

낙마하다 落馬- 자 tomber de cheval, être désarçonné(*e*).

낙망 落望 명 déception *f*, désappointement *m*, découragement *m*, abattement *m*.

◇_하다 자 se désespérer; être déçu(*e*), désappointé(*e*), accablé(*e*); se décourager, se démoraliser, se désenchanter. ¶ 그는 ~해서 완전히 의욕을 잃은 것 같았다 Il est désespéré au point qu'il semble avoir perdu complètement sa volonté. ¶ ~하지 마라 Ne te laisse pas abattre / Ne te décourage pas.

낙방 落榜 명 échec *m* ((à un examen)). ¶ 몇 차례 ~의 고배를 마신 뒤에 시험에 합격하다 réussir à l'examen après plusieurs échecs. ◇_(을) **하다** échouer ((à un examen)) [être refusé(*e*), recalé(*e*), collé(*e*) {*fam*} ((à un examen))]. ¶ 대학 입학시험에 ~하다 échouer au concours d'entrée à l'université. ◇_(을) **시키다** refuser [recaler, coller {*fam*}] *qn* à un examen. ¶ 그런 학생은 ~시켜야 한다 Il faut recaler ce type d'étudiant.

◆**_생** -生 명 recalé(*e*), collé(*e*); 유급자 redoublant(*e*). ¶ 대입 ~생 un(*e*) élève (qui a été) recalé(*e*) à *son* examen d'entrée à l'université.

낙법 落法 명 technique *f* de chute (pour éviter de se blesser). ¶ ~을 쓰다 utiliser une technique de chute. ¶ ~을 익히다[배우다] apprendre les techniques de chute.

낙상 落傷 명 blessure *f* résultant d'une chute. ◇_(을) **하다[당하다]** se blesser en tombant. ¶ 할아버지께서 빙판길에서 ~하셨다 Grand-père s'est blessé en tombant [en glissant] sur une route [dans une rue] verglacée.

낙서 落書 명 griffonnage *m*, gribouillage *m*; graffiti *m* (des graffitis ou graffiti), bombage *m*, inscriptions *fpl* à la bombe, tag *m* {*fam*}. ¶ ~ 금지 Défense d'écrire sur les murs [de faire des graffitis]! ¶ 화장실 벽의 ~를 지우다 effacer les graffiti(s) sur les murs des toilettes. ¶ 온통 ~ 투성이이다[~로 뒤덮여 있다] être couvert(*e*) de graffiti(*s*) [tags {*fam*}], être complètement tagué {*fam*}. ◇_(를) **하다** faire des graffiti(*s*), griffonner sur *qc*; gribouiller sur *qc*; graffiter *qc*; taguer {*fam*} *qc* ((sur un mur)), couvrir ((un mur)) de graffitis [de tags {*fam*}]. ¶ 벽에 ~하다 faire des graffiti(*s*) [des tags {*fam*}] sur un mur, couvrir un mur de graffitis [de tags {*fam*}], écrire sur un mur, taguer sur un mur {*fam*}, bomber {*fam*} ((des slogans)) sur un mur. ¶ 아무데나 ~하면 안 된다 Il ne faut pas gribouiller [griffonner, faire des graffitis] n'importe où.

낙선 落選 명 ((선거의)) défaite *f* électorale; ((출품의)) refus *m* [non-sélection *f*] d'un tableau [d'une toile]. ¶ ~ 운동을 하다 faire une campagne électorale contre *qn*. ◇_(을) **하다** échouer [être battu(*e*), se faire battre] aux[lors des] élections, subir [essuyer] une défaite électorale [un échec], remporter [ramasser, prendre] une veste {*fam*} aux élections; ((작품이)) être refusé(*e*), ne pas être retenu(*e*). ¶ 그는 이번 선거에 ~했다 Il a été battu[s'est fait battre] aux[lors des] dernières élections. ¶ 그의 그림은 이번 공모전에서 ~했다 Son tableau[Sa toile] a été refusé(*e*)[n'a pas été retenu(*e*)] pour cette exposition collective.

◆**_자** -者 명 candidat(*e*) perdant(*e*).

◆**_작** -作 명 toile *f* refusée, tableau(*x*) *m* refusé.

낙성식 落成式 명 cérémonie *f* d'inauguration ((d'un bâtiment)). ¶ ~을 치르다[거행하다] faire une cérémonie d'inauguration, célébrer une inauguration.

낙수[1] 落水 명 eau(*x*) *f* de gouttière. ¶ 처마에서 ~가 잦아들었다 L'eau goutte de moins en moins de l'avant-toit.

◆**_ㅅ물** 명 eau(*x*) *f* de gouttière. ¶ 물통에 ~ㅅ물을 받다 récupérer dans un seau l'eau de pluie du toit. ¶ 처마에서 ~ㅅ물이 떨어진다 L'eau de pluie tombe du toit.

낙수[2] 落穗 명 glanure *f*, glane *f*. ¶ ~를 줍다 glaner.

낙승 樂勝 명 victoire *f* facile. ¶ 이번 경기는 우리 팀의 ~이 예상된다 Pour ce match, on prévoit une victoire facile de notre équipe. ◇_(을) **하다** gagner facilement [haut la main]; battre [vaincre] facilement ((une équipe)); obtenir la victoire sans peine sur *qn*. ¶ 우리는 상대팀에게 5-0으로 ~했다 Nous avons facilement battu l'équipe adverse par 5 buts à zéro.

낙심 落心 명 découragement *m*, abattement *m*; désappointement *m*; démoralisation *f*; déception *f*. ¶ 이번 일로 부모님의 ~이 크다 Mes parents sont complètement abattus [anéantis, démoralisés] par cet événement / Cet événement [Cette affaire] a complètement abattu [anéanti, démoralisé] mes parents. ◇_(을) **하다** se décourager, se démoraliser, se laisser abattre; avoir le moral à zéro {*fam*}; être déçu(*e*), découragé(*e*), démoralisé(*e*), désappointé(*e*). ¶ 너무 ~하지 말게 Ne vous découragez pas trop[Ne vous laissez pas abattre], jeune homme! ¶ 그 일 때문에 그 분은 크게 ~했다 Cet événement[Cette affaire] l'a vraiment abattu(*e*) / À cause de cette affaire, il a été complètement abattu. ¶ 우리 계획이 실패했다는 말을 듣고 나는 ~했다 La nouvelle de l'échec de nos projets m'a démoralisé(*e*)./En entendant l'échec de nos projets, j'ai eu le moral à zéro. ¶ ~한 표정을 짓다 prendre un air démoralisé [abattu, découragé]. ◇_(을) **시키다** décourager *qn*, démoraliser *qn*; décevoir *qn*, désappointer *qn*; tromper l'espérance de *qn*.

◆**_천만** -千萬 명 découragement *m* extrême, démoralisation *f*. ¶ ~천만이다[하다] se décourager complètement, être totalement déçu(*e*) [démoralisé(*e*), découragé(*e*)]; se démoraliser complètement, avoir le moral à zéro.

낙양 洛陽 명 【지리】 ((중국의 지명)) Luoyang (en chinois).

*~**의 지가를 올리다** vendre un livre qui s'arrache comme des petits pains [comme un best-seller], vendre un livre qui s'écoule très rapidement, avoir du mal à satisfaire les demandes d'un livre [avoir du mal à fournir un livre] qui s'arrache dès sa sortie.

낙엽 落葉 명 feuille *f* morte. ¶ ~을 태우다 brûler des feuilles mortes. ¶ ~을 밟으며 걷다 marcher sur des feuilles mortes. ¶ ~이 떨어진다[진다] Les feuilles tombent (des arbres) / Les arbres s'effeuillent [perdent leurs feuilles]. ¶ 길에 ~이 수북이 쌓여 있다 Le chemin est recouvert de feuilles mortes. ◇_(이) **지다** ((les arbres)) perdre *ses* feuilles, s'effeuiller; ((les feuilles)) tomber (des arbres). ¶ ~ 지는 시기 la saison de la défoliation.

◆_**송** -松 명 mélèze *m*.

◆_**수** -樹 명 arbre *m* à feuilles caduques.

낙오 落伍 명 échec *m*. ◇_(를) **하다[(가) 되다]** se laisser distancer, rester en arrière; rester à la traîne, traîner (derrière le peloton), prendre du retard (dans une course); rater *qc*, échouer *qc*, se mettre au bord de la route. ¶ 행군에서 ~하다 traîner à l'arrière d'une colonne militaire en déplacement.

◆_**병** -兵 명 soldat *m* à la traîne.

◆_**자** -者 명 raté(*e*); traînard(*e*); déclassé(*e*). ¶ 그는 인생의 ~자이다 C'est un raté / Il a raté sa vie. ¶ ~자의 대열에 끼다 être dans les déclassés; faire partie des déclassés. ¶ 한 명의 ~자도 있어서는 안 된다 Il ne doit y avoir aucun déclassé.

낙원 樂園 명 paradis *m*, éden *m*; utopie *f*. ¶ ~을 꿈꾸다[건설하다] rêver d'un paradis [construire un paradis].

◆**지상_** 地上- 명 paradis *m* terrestre. ¶ 지상 ~을 이룩하다 réaliser[construire] un paradis terrestre.

낙인 烙印 명 marque *f* (au fer rouge); stigmate *m*, flétrissure *f*, étiquette *f*. ¶ 그 사람에게는 배신자라는 ~이 붙어 다닌다 Il est étiqueté «traître» / Il est catalogué comme [en tant que] «traître» / Il est considéré [classé] comme un traître / Il a la fâcheuse réputation d'être un traître / Il a une fâcheuse [une détestable] réputation de traître. ◇_(을) **찍다** marquer (au fer rouge); ((비유적으로)) mettre une étiquette à *qn*, étiqueter [classer, considérer] *qn* ((comme macho, anarchiste)), cataloguer *qn*. ¶ 소에 ~을 찍다 marquer des bœufs [des vaches] au fer rouge. ¶ 사회는 그를 전과자로 ~찍었다 La société l'a stigmatisé comme ex-criminel [quelqu'un qui a des antécédents judiciaires]. ◇_(이) **찍히다** être marqué(*e*) (au fer rouge); ((비유적으로)) être étiqueté(*e*) (comme) ... ¶ 거짓말쟁이로 ~이 찍히다 être étiqueté(*e*) "menteur" [comme menteur].

낙장 落張 명 ① ((책)) page *f* manquante. ¶ 이 책에는 ~이 12 쪽이나 있다 Il manque douze pages à ce livre. ② ((도박)) carte *f* jouée. ¶ ~ 불입 Une carte jouée ne peut être reprise.

◆_**본** -本 명 livre *m* où il manque des pages.

낙전 落錢 명 argent *m*[monnaie *f*] restant(*e*) ((dans une cabine téléphonique)). ¶ 공중전화의 ~ 수익금 l'argent qui reste après une communication dans une cabine téléphonique.

낙점 落點 명 élection *f*, choix *m*. ¶ ~을 기다리다 s'attendre à [espérer] être sélectionné(*e*). ◇_(을) **하다[보다]** élire *qn*; choisir *qn*. ¶ 대통령은 고심 끝에 김씨를 장관으로 ~하였다 Le président de la République a choisi M. Kim en qualité de ministre après une longue réflexion. ◇_(이) **되다** être élu(*e*). ¶ 총리 자리를 놓고 여러 사람이 물망에 올랐지만 결국 그 사람으로 ~되었다 Il y avait plusieurs candidats au poste de Premier ministre, finalement c'est lui qui a été choisi. ◇_(을) **받다** être choisi(*e*); être élu(*e*).

낙제 落第 명 échec *m* ((à un examen)). ¶ ~ 점수 note éliminatoire. ¶ 가까스로 ~를 면하다 éviter de justesse [tout juste] l'échec [d'être recalé(*e*)] à un examen. ◇_(를) **하다** redoubler ((*sa* troisième)); échouer à un examen [un concours]; être refusé(*e*) [collé(*e*) {*fam*}, recalé(*e*)] à un examen. ¶ 화학 시험에서 ~하다 échouer à l'examen de chimie. ¶ 그는 ~를 해서 고등학교를 4년 다녔다 Il est resté au lycée pendant quatre ans parce qu'il a redoublé. ◇_**이다** être tout juste passable [acceptable, admissible, potable {*fam*}], être limite {*fam*}, être à la limite du supportable [du correct, du tolérable], être déplorable, au-dessous de tout, lamentable, exécrable, nul(*le*); être à la limite ((de la moyenne, du redoublement)), convenir à peine, passer à la rigueur [tout juste]. ¶ 이 공장은 위생 면에서 완전히 ~이다 Cette usine est déplorable [au-dessous de tout] en matière d'hygiène.

◆_**생** -生 명 redoublant(*e*), recalé(*e*), élève *mf* qui redouble, élève *mf* qui s'est fait recaler.

◆_**점** -點 명 note *f* éliminatoire. ¶ 그는 이번 시험에서 한 과목에 ~점을 받았다 Il a obtenu une note éliminatoire dans une matière de cet examen.

낙조 落照 명 coucher *m* de soleil. ¶ ~를 바라보다[감상하다] contempler le coucher de soleil.

낙지 명 poulpe *m*.

◆_**볶음** 명 sauté *m* de poulpe, poulpe *m* sauté et araisonné.

◆**산_** 명 poulpe *m* vivant.

낙진 落塵 명 retombées *fpl* ((radioactives)); déjections *fpl* [projections *fpl*] ((volcaniques)). ¶ 방사성능 ~ un rayon radioactif, des poussières radioactives. ¶ 이 지역에 ~ 피해가 우려된다 On s'inquiète des dégâts causés par les retombées radioactives dans cette région. ¶ ~이 떨어진다 Il y a [On a, On constate] des retombées radioactives.

낙차 落差 명 hauteur *f* de chute. ¶ ~가 크다[작다] Il y a une forte [une faible] hauteur de chute / La hauteur de chute est forte [faible]. ¶ 이 발전소는 ~가 50미터이다 Cette centrale électrique dispose d'une chute de 50 mètres de hauteur.

낙착 落着 명 conclusion *f*, solution *f*, règlement *m*, terminaison *f*. ◇_(을) **하다[보다, 짓다]** s'arranger, se régler; conclure *qc* [décider *qc*, prendre une décision, résoudre *qc*]. ¶ 결국 현상유지로 ~볼 수밖에 없다 Finalement, on ne peut conclure qu'au maintien de la présente situation. ◇_(이) 되다 être réglé(*e*), décidé(*e*), résolu(*e*). ¶ 연구소 문제는 결국 건설 연기 쪽으로[건설을 연기하는 것으로] ~되었다 Quant au problème du centre de recherche, il a été décidé de reporter sa construction.

낙찰 落札 명 【경제】 adjudication *f* ((de travaux publics)). ◇_(을) 하다 adjuger, concéder par adjudication; sélectionner, choisir. ¶ 주식을 최저가로 ~하다 acheter des actions au prix le plus bas. ¶ 정부는 우리 회사를 공사 업체로 ~하였다 Le gouvernement a adjugé [a concédé par adjudication] ces travaux à notre entreprise / Le gouvernement a choisi [sélectionné] notre entreprise pour effectuer ces travaux / Notre société a emporté l'adjudication de ces travaux. ◇_(이) 되다 emporter [obtenir] l'adjudication, être adjugé(*e*). ¶ 이번 다리 공사는 10억 원에 ~되었다 Ces travaux de pont ont été adjugés pour un milliard de wons. ¶ 그 공사는 우리 회사에 ~되었다 Notre société a emporté [obtenu] l'adjudication de ces travaux / Notre compagnie a été désignée [choisie] pour effectuer ces travaux.

◆_가 -價 명 prix *m* d'adjudication.

◆_자 -者 명 adjudicataire *mf*; enchérisseu*r*(*se*).

낙천 樂天 어근

◆_적 -的 명관 optimiste. ¶ 그 사람은 워낙 ~적이다[~적인 성격이다] Il est très optimiste / Il voit tout en rose.

◆_가 -家 명 optimiste *mf*.

◆_주의 -主義 명 optimisme *m*.

낙타 駱駝 명 chameau(*x*) *m*; chamelle *f*; ((단봉)) dromadaire *m*. ¶ ~의 혹 une bosse de chameau. ¶ ~로[를 타고] 사막을 건너다 traverser un désert à dos de chameau.

◆_털 명 poil *m* de chameau. ¶ ~털 코트 un manteau en poils de chameau.

◆단봉_ 單峰 명 chameau *m* à une bosse, dromadaire *m*, chameau *m* d'Arabie.

◆쌍봉_ 雙峰 명 chameau *m* à deux bosses, chameau *m* d'Asie.

낙태 落胎 명 avortement *m*, I.V.G. [IVG] *f* ((interruption *f* volontaire de grossesse)); 유산 fausse couche *f*. ¶ ~ 수술 l'opération de l'avortement. ¶ ~ 합법화 la légalisation de l'avortement. ◇_(를) 하다[시키다] (se faire) avorter; faire une fausse couche. provoquer l'avortement; faire avorter *qn*.

낙토 樂土 명 paradis *m*; pays *m* de bonheur; lieu(*x*) *m* de délices; site *m* agréable. ¶ ~를 건설하다 construire un site agréable; réaliser un paradis terrestre, faire un petit paradis.

낙폭 落幅 명 ((시세 따위)) ampleur *f* de la baisse ((des indices boursiers, des prix)). ¶ 3 %의 ~을 보이다[기록하다] enregistrer une baisse ((des indices, des prix)) d'une ampleur de 3 %. ¶ 주가의 ~이 크다 La baisse du cours des actions est importante [forte].

낙하 落下 명 chute *f*, descente *f*. ¶ ~ 지점을 포착하다 trouver un point de chute [((미사일 등의)) point d'impact]. ◇_(를) 하다 tomber, descendre; sauter [descendre] ((en parachute)). ¶ 수직으로 ~하다 descendre [tomber] à la verticale. ◇_(를) 시키다 faire tomber *qc*.

◆_율 -律 명 【물리】 ((loi)) chute *f* des corps.

◆자연_ 自然 명 chute *f* naturelle des corps.

낙하산 落下傘 명 parachute *m*. ¶ ~ 투하 un parachutage. ¶ ~을 펴다[접다] ouvrir[fermer] un parachute. ¶ ~으로 (뛰어)내리다 descendre[sauter] en parachute. ¶ ~식 인사 un parachutage.

◆_병 -兵 명 parachutiste *mf*.

◆_부대 -部隊 명 troupe *f* [unité *f*] parachutiste.

낙향 落鄕 명 retraite *f* à la campagne ((d'un haut fonctionnaire)). ◇_(을) 하다 se retirer à la campagne.

낙화 落花 명 ① 꽃이 짐 chute *f* des fleurs; défleuraison *f*, défloraison *f*. ¶ ~ 철 la période de la défloraison [défleuraison]. ¶ ~가 시작되었다 Les fleurs [Les pétales] commencent à tomber. ② 떨어진 꽃 fleurs *fpl* fanées (jonchant le sol).

◆_유수 -流水 명 aspect *m* éphémère. une vie éphémère; le côté éphémère de la vie; la mutabilité des choses de la vie; l'inconstance de la vie[des choses humaines].

낙후 落後 명 fait de rester en arrière [de se laisser distancer], ((rester à la)) traîne *f*, vétusté *f*. ¶ 공업의 ~ le retard technique, le retard de l'industrie. ◇_하다[되다] rester en arrière; traîner (à la suite du peloton); se laisser distancer. ¶ ~한 건물 un bâtiment vétuste [délabré]. ¶ ~된 우리 농업을 일으켜야 한다 Il faut redresser notre agriculture à la traîne.

◆_성 -性 명 vétusté *f*.

◆_지 -地 명 zone *f* délabrée.

낚다 타 ① ((물고기를)) pêcher (à la ligne), prendre ¶ 잉어를 많이 ~ pêcher (à la ligne) un grand [bon] nombre de carpes. ¶ 지렁이를 미끼로 고기를 ~ pêcher des poissons au ver de terre. ② ((이익, 기회 등을)) décrocher, obtenir ¶ 그 회사에서 나온 건수 하나 낚았다 J'ai décroché un gros contrat. ③ 【속어】 유혹하다 séduire ((une femme) ¶ 여자를 ~ séduire une femme.

***대어를[월척을]** ~ ((les douaniers)) faire une belle prise [une belle capture]; réussir un beau coup de filet; gagner le gros lot; trouver [dénicher {*fam*}] la perle rare; découvrir [dégoter, dénicher] l'oiseau rare {*fam*}.

낚시 명 ① 낚싯대 canne *f* à pêche; hameçon *m*. ¶ ~에 미끼를 달다 mettre l'appât à [amorcer] un hameçon. ¶ 고기가 ~에 걸렸다 Le poisson mord (à l'hameçon). ② 낚시질 pêche *f* (à la ligne). ¶ ~ 동호회 une amicale [un club] de pêcheurs; une association d'amateurs de pêche. ¶ 주말 ~ 여행을

떠나다 partir à la pêche pendant le week-end. ¶ ~로 물고기를 낚다 pêcher à la canne. ◇_(를) 하다 pêcher à la ligne. ¶ ~하러 가다 aller pêcher; partir pêcher. ¶ 그는 ~를 잘 한다 C'est un bon pêcheur.

◆_꾼 명 pêcheur *m* à la ligne.

◆_가방 명 sac *m* de pêcheur.

◆_찌 명 bouchon *m*, flotteur *m* (d'une canne à pêche).

◆_터 명 zone *f* de pêche à la ligne; endroit *m* où l'on pêche à la ligne.

◆_회 -會 명 club *m* de pêche, association *f* de pêcheurs (à la ligne).

◆_ㅅ대 명 canne *f* à pêche. ¶ 세 간 ~ㅅ대 une canne à pêche, une antenne télescopique.

◆_ㅅ바구니 명 panier *m* de pêche.

◆_ㅅ바늘 명 hameçon *m*.

◆_ㅅ밥 명 appât *m*

◆_ㅅ배 명 bateau *m* de pêche à la ligne.

◆_ㅅ줄 명 ligne *f* [de pêche] ¶ ~ㅅ줄을 던지다 jeter une ligne (de pêche).

◆민물[바다, 밤]_ 명 pêche *f* à la ligne en eau douce [en mer; de nuit, nocturne].

낚아채다 타 ① ((낚시)) tirer la ligne d'un coup sec, donner un coup sec à la ligne [à la gaule], ferrer ((le poisson)). ¶ 찌가 움직이자 나는 고기를 잽싸게 낚아챘다 Lorsque l'hameçon s'est enfoncé [a frémi, a bougé], j'ai donné un coup sec à la gaule [à la ligne] [j'ai tiré la ligne d'un coup sec, j'ai ferré le poisson]. ② 가로채다 arracher *qc* à *qn*, agripper *qc*, ôter, extraire, enlever, saisir brusquement; s'emparer vivement de *qc*; arracher; ramasser vivement. ¶ 남의 물건을 ~ arracher les objets d'autrui.

낚이다 재 être pêché(*e*), se faire prendre ((à la pêche à la ligne)). ¶ 여기서는 고기가 잘 낚입니까? Est-ce que la pêche est bonne ici?

난[1] 蘭 명 orchidée *f*, orchis *m*; iris *m*. ¶ ~ 2 촉[수] deux pieds d'orchidée. ¶ 화선지에 ~을 치다 dessiner une orchidée sur du papier oriental.

◆_꽃 명 orchidée *f*.

◆_향 -香 명 parfum *m* de l'orchidée, odeur *f* de l'orchidée. ¶ ~향이 온 방에 그윽하다 Le parfum des orchidées embaume toute la pièce / L'odeur de l'orchidée se répand dans toute la pièce [embaume toute la pièce].

◆동양[서양]_ 東洋[西洋]- 명 orchidée *f* d'Asie [d'Europe].

◆자생_ 自生- 명 orchidée *f* sauvage.

◆춘_ 春- 명 orchidée *f* de printemps.

◆한_ 寒- 명 orchidée *f* d'hiver.

난[2] 亂 명 trouble *m*; tumulte *m*; guerre *f*; révolte *f*. ¶ ~을 일으키다 fomenter des troubles [une révolte]. ¶ ~을 평정하다 réprimer des troubles. ☞ 난리

난[3] 欄 명 case *f*, colonne *f*, rubrique *f*. ① 공란 case *f* vide; blanc *m*. ¶ 서류의 이름 쓰는 ~une case vide pour écrire le nom dans un dossier. ② 신문, 잡지 colonne *f* [d'un journal]; rubrique *f*, chronique *f* d'un magazine ¶ 독자들의 의견을 싣는 ~ (la rubrique) courrier des lecteurs.

◆광고_ 廣告- 명 colonne *f* de publicité; annonces *fpl*.

◆문예_ 文藝- 명 chronique *f* littéraire.

◆스포츠_ 명 rubrique *f* sportive. ¶ 이 사실은 스포츠~에 나와 있다 Ce fait est rapporté dans la rubrique sportive.

◆연예_ 演藝- 명 section *f* [rubrique *f*] people[variétés, show biz], courrier *m* théâtral, page *f* des spectacles.

-난[4] -難 접미 ((곤란)) difficultés *fpl*, peine *f*, trouble *m*; ((부족)) manque *m*, insuffisance *f*. ¶ 인력~ un manque de main d'œuvre. ¶ 자금~ un manque de fonds. ¶ 재정~ des difficultés financières. ¶ 식량~ carence des denrées alimentaires, une disette. ¶ 주택~ la crise du logement. ¶ 교통~ la congestion du trafic [de la circulation].

난-[5] 難- 접두 difficile. ¶ ~기류 un courant atmosphérique troublé. ¶ ~코스 un parcours difficile.

난[6] ((forme contractée de 나는)) je (thème ou sujet d'une proposition ou d'une phrase)

난간 欄干 명 parapet *m*, balustrade *f*, rambarde *f*, garde-fou(~~*s*) *m* ¶ 다리 ~ le parapet [le garde-fou] d'un pont. ¶ 배의 ~ rambarde d'un navire. ¶ 발코니에 ~을 설치하다 installer une balustrade au balcon. ¶ 정자의 ~에 기대다 s'appuyer contre la balustrade d'un pavillon.

난감하다 難堪- 형 se trouver dans un embarras, être insupportable, ennuyeux(*se*); être au-delà de *ses* capacités; être stupéfait(*e*), perplexe, abasourdi(*e*). ¶ 일이 갑자기 이렇게 되어서 정말 ~ C'est vraiment ennuyeux de voir la soudaine tournure de cette affaire! ¶ 문제를 어떻게 해결해야 할지 ~ Je ne sais pas du tout comment je vais pouvoir régler le problème / Je suis embarrassé(*e*) ne sachant comment (pouvoir) régler le problème. ¶ 난감한 표정을 짓다 prendre une expression complètement abasourdie.

난감해하다 難堪- 재 se trouver embarrassé(*e*) [ennuyé(*e*), gêné(*e*), dans l'embarras, dans une situation délicate, dans une situation difficile]; se sentir impuissant(*e*); être aux abois. ¶ 그 사람은 두 친구 사이에서 매우 난감해하고 있다 Il se trouve très embarrassé entre ses deux amis. ¶ 어찌할 바를 몰라 ~ être embarrassé(*e*) [ennuyé(*e*)] ne sachant que faire; ne pas savoir trop quoi faire [dire].

난공불락 難攻不落 명 place *f* forte invincible; position *f* invincible [inattaquable]; défense *f* imprenable [inexpugnable]. ¶ ~의 요새 une forteresse [citadelle] imprenable [inexpugnable]. ¶ 이 성은 매우 튼튼하여 ~이다 Cette forteresse est véritablement imprenable [inexpugnable].

ㄴ

난공사 難工事 명 travaux *mpl* difficiles, construction *f* difficile; chantier *m* difficile.

난관[1] 難關 명 barrière *f*, obstacle *m*; difficulté *f*; situation *f* difficile; complication *f* [d'une situation]. ¶ ~을 타개하다[극복하다, 넘어서다, 이겨내다, 뚫다] surmonter [vaincre, venir à bout d'] une difficulté; franchir un obstacle [venir à bout d'une passe difficile]; triompher d'une difficulté [d'un obstacle]. ¶ ~에 봉착하다[부딪히다] rencontrer une difficulté; se heurter à un obstacle.

난관[2] 卵管 명 【의학】 oviducte *m*, tube *m* utérin.

◆_**폐색(증)** -閉塞(症) 명 occlusion *f* de l'oviducte.

난국 難局 명 situation *f* grave [critique]; crise *f*. ¶ 경제적[정치적, 총체적] ~ une crise économique [politique, générale]. ¶ ~을 수습하다 sauver la situation. ¶ ~을 타개하다[헤쳐 나가다] vaincre une difficulté; résoudre une crise. ¶ ~에 대처하다 faire face à de graves difficultés; tenter de résoudre une crise.

난군 亂軍 명 ① armée *f* en désordre. ② armée *f* en révolte.

난대 暖帶 명 zone *f* tempérée. ¶ ~ 지방 région tempérée.

◆_**성** -性 명 nature *f* tempérée. ¶ ~성 기후[식물] climat [plante] tempéré(*e*).

난데없다 형 être inattendu(*e*), inopiné(*e*), imprévu(*e*), brusque, soudain(*e*); ((당찮다)) être déraisonnable, absurde, incroyable. ¶ 난데없는 소문 une rumeur infondée de survenue brutale, une fausse rumeur survenue brutalement. ¶ 무슨 난데없는 소리냐? Que vient faire cette histoire subitement? / Qu'est-ce que c'est que ces histoires [ces sornettes, ces énormités, ces absurdités, ces propos insensés]? / Qu'est-ce que c'est que cette annonce brutale [que cette histoire qui n'a ni queue ni tête]? / Quoi, qu'est-ce que tu me chantes là [me racontes là]? / Quoi, qu'est-ce que c'est que ces conneries {*vulg*}?

◆**난데없이** 부 de manière inattendue [inopinée, imprévue], inopinément, brusquement, soudainement; sans se faire annoncer. ¶ 어떤 사람이 난데없이 나타나 우리를 가로막았다 Un individu est apparu inopinément et nous a bloqué le chemin. ¶ 난데없이 웬 독촉장이 날아왔다 On a reçu inopinément une lettre de rappel.

난도질 亂刀- 명 déchiquetage *m*; découpage *m* en petits morceaux. ◇_(을) **하다** hacher; déchiqueter, mutiler. ¶ 강도들이 무자비하게 ~을 해서 치명상을 입었다 Il [Elle] a été mortellement blessé(*e*) suite aux cruelles mutilations infligées par les cambrioleurs. ¶ 각색가가 원작을 ~해 버렸다 L'adapta*teur*(*trice*) a complètement déformé l'œuvre originale. ◇_(을) **당하다** être déchiqueté(*e*) [découpé(*e*)] en petits morceaux. ¶ 그 시체는 ~을 당해서 누군지 분간할 수 없었다 Le corps était tellement mutilé qu'il était méconnaissable. ¶ 이 영화는 검열에서 너무 많이 ~을 당해서 앞뒤 연결이 잘 안 된다 Ce film a tellement été coupé (par la censure) qu'il n'y a plus de cohérence entre le commencement et la fin.

난동 亂動 명 tumulte *m*; trouble *m*, désordre *m*. ¶ 경찰이 주정꾼의 ~을 제압했다 La police a maîtrisé l'ivrogne agité. ◇_**을 일으키다[부리다, 피우다]** troubler, provoquer un trouble, déranger très fort. ¶ 그는 술에 취해 ~을 부렸다 Dans son ivresse, il a fait une esclandre.

◆_**꾼** 명 fau*teur*(*trice*) [fomenta*teur*(*trice*), fomenteu*r*(*se*)] de troubles, fau*teur*(*trice*) de rébellions [de désordre], agita*teur*(*trice*), perturba*teur*(*trice*), provoca*teur*(*trice*), trublion *m*.

난로 煖爐 명 poêle *m*, radiateur *m*, chauffage *m* d'appoint. ¶ ~를 끄다 éteindre un poêle. ¶ ~를 쬐다 *se* chauffer auprès d'un poêle [d'un radiateur, d'un chauffage d'appoint]. ¶ ~를 피우다 allumer un poêle. ¶ ~가 활활 타오른다 Le poêle brûle à grandes flammes.

◆_**ㅅ불** 명 feu *m* du poêle.

◆**가스**_ 명 radiateur *m* à gaz.

◆**벽**_ 壁 명 cheminée *f*, âtre *m*. ¶ 벽~에 불을 지피다 allumer une cheminée.

◆**석유[석탄]**_ 石油[石炭]- 명 poêle *m* à pétrole [à charbon].

◆**전기**_ 電氣- 명 radiateur *m* électrique.

난류 暖流 명 courant *m* marin chaud. ¶ ~와 한류가 교차하는 곳 un endroit où deux courants marins, l'un chaud, l'autre froid se rencontrent. ¶ ~를 따라 이동하다 suivre le courant marin chaud.

난리 亂離 명 guerre *f*, révolte *f*, rébellion *f*, tumulte *m*, trouble *m*; désordre *m*, confusion *f*. ¶ ~ 통에 가족과 헤어지다 se séparer de la famille pendant la guerre [une période de troubles]. ¶ 사람들이 식량을 구하느라 ~다 Les gens sont en train de céder à la confusion pour trouver de la nourriture / À la recherche de nourriture, les gens sèment le trouble. ◇_**(가) 나다** troubler, perturber; bouleverser. ¶ 아이가 없어져서 온 집안에 ~가 났다 La disparition de l'enfant a perturbé [choqué] toute la famille. ◇_**를 일으키다** soulever une révolte; inciter au trouble. ¶ 멕시코 농민들이 ~를 일으켰다 Les fermiers mexicains ont soulevé une révolte [se sont insurgés, se sont révoltés]. ◇_**(를) 피우다** provoquer des troubles. ¶ 그는 자기 몫이 적다고 ~를 피웠다 Il a fait toute une histoire parce que sa portion était insuffisante.

◆_**법석** 명 agitation *f*. tumulte *m*. ¶ ~법석을 피우다 provoquer des troubles; agiter. ¶ ~법석이다 soulever une agitation, provoquer un tumulte.

◆_**판** 명 situation *f* agitée [tumultueuse, houleuse].

◆**물**_ 명 ((장마)) ravages *mpl* causés par les eaux; ((먹는 물이 모자라서)) manque *m* d'eau potable. ¶ 물~를 겪다 être frappé(*e*) par les inondations.

난립 亂立 명 disposition *f* sans ordre; candidature

f multiple. ¶ 군소 정당의 ~을 막다 mettre fin au désordre causé par la multitude de petits partis politiques. ◇_(을) **하다** être disposé(*e*) sans ordre; être en désordre; ((candidat(*e*)s aux élections)) se présenter nombreux(*ses*) dans une même circonscription. ¶ 이 선거구에는 많은 후보가 ~해서 혼전을 벌이고 있다 Beaucoup de candidats se sont présentés dans la même circonscription et s'affrontent. ¶ 그 동네에는 무허가건물들이 ~해 있다 Dans ce quartier, il y a des bâtiments construits n'importe comment et sans permis.

난마 亂麻 명 emmêlement *m* ((de fil)); embrouillement *m*, embrouillage *m*; enchevêtrement *m* ((de la situation)), complication *f* ((d'une situation)); confusion *f*, désordre *m*, méli-mélo *m* {*fam*}; imbroglio *m*, embrouillamini *m* {*fam*}, micmac *m* {*fam*}, sac *m* de nœuds {*fam*}, sac *m* d'embrouilles {*fam*}. ¶ 상황이 ~처럼 얽혀있다 La situation est (très, extrêmement) confuse [embrouillée] / La situation est inextricable.

난만하다 爛漫- 형 être en pleine floraison [en plein épanouissement]. ¶ 백화가 난만하게 피었다 Toutes sortes de fleurs sont en pleine floraison.

난맥 亂脈 명 confusion *f*, chaos *m*, désordre *m*; dérèglement *m*.

◆**_상** -相 명 situation *f* confuse [embrouillée, inextricable, enchevêtrée]. ¶ 정부의 정책이 ~상을 보이고[드러내고] 있다 La politique du gouvernement paraît très embrouillée.

난무 亂舞 명 danse *f* folle [désordonnée]; conduite *f* irréfléchie. ¶ 폭력 영화물의 ~ le déferlement incontrôlable des films violents. ◇_(를) **하다** être turbulent(*e*), s'agiter dans le désordre, se déchaîner {*fam*}; sévir de façon désordonnée. ¶ 회의는 욕설이 ~하여 매우 혼란스러워졌다 La réunion devint très désordonnée lorsque de nombreux participants s'insultèrent. ¶ 유세장에 폭력이 ~했다 La campagne électorale a été émaillée par de nombreuses violences. ¶ 폭력이 ~하는 가운데 au beau milieu des éruptions de violence.

난문제 難問題 명 question *f* [problème *m*] difficile; question *f* embarrassante; affaire *f* embarrassante ¶ ~를 해결하다 résoudre [solutionner] un problème [une question] difficile. ¶ 이것은 오랫동안 수학자들 사이의 ~였다 Cela a été longtemps un problème insoluble pour les mathématiciens. ☞ 난제

난민 難民 명 ① indigents *mpl*, nécessiteux *mpl*. ② réfugiés *mpl*; sinistrés *mpl*. ¶ 인도적 차원에서 ~을 받아들이다 accueillir des réfugiés par humanisme[humanitarisme]. ¶ ~을 일시적으로 수용하다 donner un abri à [abriter, accueillir] des réfugiés temporairement. ¶ 전쟁으로 많은 ~이 발생했다 Il y a eu beaucoup de réfugiés à cause de la guerre.

◆**_촌[수용소]** -村[收容所] 명 asile *m* [refuge *m*, abri *m*] pour les sinistrés [camps *mpl* de réfugiés].

난반사 亂反射 명 【물리】 réflexion *f* irrégulière. ¶ 빛의 ~ 현상 le phénomène de la réflexion irrégulière.

난방 煖房 명 chauffage *m* ((au gaz, au pétrole)). ¶ ~ 장치[시설] une installation de chauffage. ¶ 전기[가스] ~ le chauffage électrique [au gaz]. ¶ 개별[중앙] ~ chauffage individuel [central]. ◇_(을) **하다** (se) chauffer. ¶ 가스보일러로 ~을 하다 (se) chauffer avec une chaudière à gaz, (se) chauffer au gaz. ◇_(이) **되다** être chauffé(*e*). ¶ 이 방은 ~이 잘 된다 Cette pièce est bien chauffée / Cette pièce a un bon système de chauffage.

난봉 명 débauche *f*, libertinage *m*, inconduite *f*. ◇_(을) **부리다** vivre dans la débauche; mener une vie dévergondée [de débauche].

◆**_꾼** 명 débauché *m*, viveur *m*, coureur *m* (de jupons, de filles), libertin *m*, noceur *m*, cavaleur *m*, dragueur *m*, jeune *m* dévergondé.

난사 亂射 명 tir *m* à tort et à travers; tir *m* à l'aveuglette. ¶ 총기 ~ 사건 l'incident d'un tir à l'aveuglette. ◇_(를) **하다** tirer à l'aveuglette; tirer à tort et à travers, mitrailler partout, canarder {*fam*} de toutes parts. ¶ 한 병사가 총기를 ~해서 많은 사상자를 냈다 Il y a eu beaucoup de morts et blessés parce qu'un soldat a tiré à l'aveuglette.

난사람 명 personnage *m* éminent; homme *m* hors pair; homme *m* de premier plan; homme *m* extraordinaire. ¶ ~보다는 된사람이 되어야 한다 Il vaut mieux devenir un homme bon qu'un homme hors pair.

난산 難產 명 ① accouchement *m* difficile. ¶ ~ 끝에 아이를 낳다 mettre au monde un enfant après un accouchement difficile. ¶ 첫째 아이는 ~이었다 J'ai eu un accouchement difficile pour mon premier bébé. ② 일의 어려움 difficulté *f* à faire *qc*; réalisation *f* difficile, élaboration *f* pénible. ¶ ~ 끝에 새로운 법안이 만들어졌다 Le nouveau projet de loi a été élaboré avec difficulté. ◇_(을) **하다** ① mettre au monde un enfant après un accouchement difficile, avoir un accouchement difficile. ② réaliser difficilement *qc*, élaborer péniblement *qc*, accoucher (difficilement) ((de *qc*, d'une thèse de doctorat)).

난삽하다 難澁- 형 être difficile, compliqué(*e*), embarrassant(*e*). ¶ 문장이 난삽해서 읽기가 어렵다 Compliquée [Alambiquée], la phrase est difficile à lire.

난상토론 爛商討論 명 débat *m* [discussion *f*] exhaustif(*ve*) [poussé(*e*)]. ¶ 우리는 시민운동의 방향을 놓고 ~을 벌였다 Nous avons exhaustivement discuté de l'orientation du mouvement civique. ¶ 조직의 진로를 두고 치열한 ~이 벌어졌다 Nous avons eu [Il y a eu] une discussion acharnée sur l'avenir de l'organisation. ◇_(을) **하다** discuter de manière approfondie; avoir une discussion acharnée [poussée] ((sur *qc*)), discuter exhaustivement de *qc*.

난색 難色 명 air *m* désapprobateur [embarrassé]. ¶ 우리의 요구에 그는 ~을 표[표시]했다 Il a manifesté sa désapprobation à notre requête.

난생 卵生 명 oviparité *f*. ¶ 물고기는 ~이다 Le poisson est ovipare.

◆ **_동물** -動物 명 anim*al*(*aux*) *m* ovipare; ovipare *m*.

◆ **_설화** -說話 명 histoire *f* de l'oviparité.

난생처음 -生- 부명 pour la première fois de *sa* vie. ¶ ~(으로) 비행기를 타다 prendre l'avion pour la première fois de *sa* vie. ¶ ~ 하는 경험 une expérience vécue pour la première fois (de *sa* vie). ¶ 이렇게 비싼 옷은 ~이다 C'est la première fois que je vois un vêtement si cher.

난세 亂世 명 époque *f* [période *f*] troublée [de troubles]; temps *m* de guerre. ¶ ~의 영웅 le héros d'une époque troublée. ¶ 그는 ~에 태어났으면 큰 일을 했을 것이다 S'il était né en temps de guerre, il aurait réussi de grands exploits.

난세포 卵細胞 명 【생물】 œuf *m*, cellule-œuf *f*.

난센스 영{nonsense} 명 absurdité *f*, idiotie *f*; non-sens *m*. ¶ 그의 ~는 도가 지나치다 Ses bêtises sont exagérées. ◇_(이)다 être absurde, ridicule, idiot(*e*), ne pas avoir de sens, n'avoir aucun sens. ¶ 그 친구가 이제 와서 그런 소리를 하는 것은 ~다 C'est absurde [ridicule] de sa part de dire cela maintenant.

◆ **_퀴즈 영**{-quiz} 명 série *f* de questions absurdes.

난소 卵巢 명 ovaire *m*.

◆ **_분비** -分泌 명 【의학】 sécrétion *f* ovarienne.

◆ **_염** -炎 【의학】 ovarité *f*; inflammation *f* des ovaires.

◆ **_절제** -切除 【의학】 ablation *f* d'un ovaire; ovariotomie *f*, ovariectomie *f*.

◆ **_호르몬** 【의학】 hormone *f* ovarienne.

난수표 亂數表 명 tableau *m* de chiffres entre zéro et neuf rangés de façon aléatoire, tableau de codes secrets. ¶ ~에 따라 암호를 해독하다 décrypter un code selon un tableau de chiffres aléatoire.

난숙 爛熟 어근 mûrissement *m*, mûrissage *m*; maturité *f*, maturation *f*; pleine maturité *f*; apogée *f*, sommet *m*, zénith *m* ((de *sa* gloire)).

◆ **_하다** 자 arriver [venir] à maturité, être mûr(*e*). ¶ ~한 과일 un fruit mûr [arrivé à maturité].

◆ **_기** -期 명 époque *f* de pleine maturité, apogée *f*, sommet *m* ((de la gloire)), zénith *m* ((de *sa* gloire)). ¶ 문화의 ~기 l'apogée d'une civilisation. ¶ 그 소설은 그 작가의 ~기에 씌어진 것이다 Ce roman a été écrit à l'époque où l'auteur était en pleine maturité.

난시 亂視 명 astigmatisme *m*. ¶ ~를 교정하다 corriger [rectifier] l'astigmatisme. ◇_이다 être astigmate. ¶ 그 사람은 지독한 ~이다 Il est très astigmate.

난외 欄外 명 marge *f*. ¶ ~에 적다 écrire [noter] dans la marge.

◆ **_주** -註 명 note *f* en marge [marginale]; manchette *f*.

난이도 難易度 명 degré *m* de difficulté. ¶ 시험의 ~를 조정하다 moduler le degré de difficulté de l'examen. ¶ 문제의 ~가 높다[낮다] Le degré de difficulté de la question est élevé [bas] / C'est une question difficile [facile]. ¶ 올해 입학시험은 작년과 비교해서 ~가 어떻습니까? Quel est le degré de difficulté du concours d'entrée de cette année par rapport à celui de l'année dernière?

난입 亂入 명 invasion *f*, irruption *f*. ¶ 시위대의 시청 ~ invasion de la mairie par les manifestants. ◇_(을) 하다 faire irruption dans *qc*; entrer de force ((dans une pièce)); envahir ((une salle)). ¶ 경찰이 교내에 ~했다 La police a fait irruption dans l'école.

난자[1] 卵子 명 ovule *m*.

난자[2] 亂刺 명 action de donner de multiples coups de façon désordonnée avec une arme blanche, coups *mpl* de poignard [de couteau] ((ou de toute autre arme blanche)) donnés à tort et à travers. ◇_(를) 하다 donner de multiples coups de façon désordonnée avec une arme blanche; poignarder violemment; lacérer *qn* de coups de couteau. ¶ 흉기로 누구를 ~하다 poignarder violemment *qn*, lacérer *qn* de coups de couteau. ◇_(를) 당하다 être violemment poignardé(*e*); être lacéré(*e*) de coups de couteau. ¶ 칼로 ~당한 시체 un cadavre lacéré de coups de poignard.

난잡스럽다 亂雜- 형 ☞ 난잡하다

난잡하다 亂雜- 형 être désordonné(*e*); être en désordre [sens dessus dessous]; être pêle-mêle. ¶ 그는 여자관계가 ~ Il a une vie désordonnée [agitée, dissolue, déréglée] avec les femmes. ¶ 난잡한 이성 관계 une relation amoureuse incohérente [désordonnée]. ¶ 방이 난잡하게 어질러져 있다 La chambre est en désordre / La chambre est sens dessus dessous / La chambre est en bordel {*vulg*} / C'est le souk {*fam*} [le bordel {*vulg*}] dans cette chambre.

난장 -場 명 marché *m* irrégulier. ¶ 5일마다 펼쳐지는 ~ des marchés irréguliers qui se tiennent tous les cinq jours.

난장이 명 (('난쟁이'의 잘못)) ☞ 난쟁이

난장판 亂場- 명 scène *f* de désordre et de confusion; chaos *m*; trouble *m*. ¶ ~을 벌이다 mettre la confusion dans, créer le désordre, semer la zizanie. ¶ 폭동으로 그 도시는 3일간 완전히 ~이 되었다 Suite à des émeutes [une insurrection], un désordre indicible a régné dans la ville pendant trois jours. ¶ 온 집안이 ~이다 Toute la maison est en désordre [sens dessus dessous].

난쟁이 명 nain(*e*); ((경멸적)) nabot(*e*), pygmée, avorton *m*. ¶ 백설 공주와 일곱 ~ Blanche-neige et les sept nains.

난적 難敵 명 riv*al*(*aux*) *m* difficile, adversaire difficile [coriace, redoutable, qui donne du fil à retordre {*fam*}]. ¶ ~을 만나다 tomber sur [rencontrer] un adversaire difficile [coriace, redoutable]. ¶ 그 두 팀은 서로에게 ~이다 Les deux équipes sont très équilibrées.

난전[1] 亂戰 명 guerre *f* difficile; combat *m* difficile. ¶ 두 팀은 일진일퇴의 ~을 벌였다[치렀다] Les deux équipes [formations] se sont livrées à un véritable chassé-croisé (au tableau d'affichage) [un duel acharné tout au long de cette partie] / L'issue du match est restée longtemps indécise / On a assisté à un match très serré [à une lutte très serrée, à une partie très serrée].

난전[2] 亂廛 명 étal *m* [étalage *m* de marchandises, éventaire *m*] sans licence [non autorisé]. ¶ 장날이 되면 사람들은 ~에 좌판을 벌여놓고 장사를 한다 Les jours de marché, les gens installent [disposent, déploient] sans autorisation leur étal [leur étalage de marchandises] en plein air et y font leur commerce.

난전꾼 亂廛- 명 marchand(*e*) forain(*e*).

난점 難點 명 ① point *m* difficile [délicat]; difficulté *f*. ¶ 이 일의 제일 큰 ~은 ...이다 Le plus difficile dans cette affaire, c'est que ... / La plus grande difficulté est ... ② 결점 défaut *m*; point *m* [côté *m*] faible; faille *f*. ¶ 그의 가설에는 몇 가지 ~이 있다 Il y a quelques failles dans son hypothèse.

난정 亂政 명 gouvernement *m* erratique.

난제 難題 명 question *f* [problème *m*] difficile; question *f* embarrassante; affaire *f* embarrassante ¶ 이것이 우리가 해결해야[풀어야] 할 ~ 중의 하나이다 C'est un des problèmes difficiles que nous devons résoudre [avons à résoudre]. ¶ 현재 한국은 여러 가지 ~에 직면해 있다 La Corée d'aujourd'hui se trouve confrontée [se heurte] à bien des problèmes difficiles.

난조 亂調 명 baisse *f* de forme [de régime], mauvaise forme *f*, méforme *f*, mauvaises conditions *fpl* physiques, ((être dans)) un jour *m* sans {*fam*}. ◇_**를 보이다** présenter une baisse de régime [de forme], ne pas être dans un bon jour, être dans un jour sans {*fam*}, être beaucoup moins bon(*ne*) que d'habitude, être en mauvais forme, ne pas être en forme, ne pas avoir la grande forme. ¶ 그 선수가 오늘은 ~를 보이고 있다 Cet athlète [Ce joueur] ne semble pas être dans un bon jour [ne semble pas être en forme, n'a pas la grande forme, présente une baisse de régime, est dans un jour sans {*fam*}] aujourd'hui. ◇_**에 빠지다** avoir un passage à vide, avoir une baisse de régime [de forme] brutale; être dans un jour sans, ne pas être dans un bon jour. ¶ 선발 투수가 갑자기 ~에 빠졌다 Le premier lanceur a eu soudainement un passage à vide [a eu une baisse soudaine de régime].

난중 亂中 명 ((au)) milieu de troubles; temps *m* de guerre; période *f* d'insurrection.

난처하다 難處- 형 ((상황, 문제가)) être difficile à résoudre; être embarrassant(*e*), gênant(*e*); être délicat(*e*); être fâcheux(*se*); être perplexe; ((입장이)) se trouver [être] dans une situation embarrassante [gênante]; être embarrassé(*e*) pour+*inf*; intriguer *qn*. ¶ 대답하기가 꽤 난처했다 J'étais assez embarrassé(*e*) pour répondre. ¶ 그는 잠시 난처한 표정을 지었다 Une expression de malaise a flotté un instant sur son visage. ¶ 누구를 난처하게 만들다 intriguer *qn*, embarrasser *qn* ¶ 그 사람은 입장이 매우 난처하게 되었다 Il s'est retrouvé dans une situation très embarrassante.

난청 難聽 명 troubles auditifs *mpl*, troubles *mpl* de l'audition; 【의학】 dysacousie *f*. ¶ ~ 증상을 보이다 présenter des symptômes de dysacousie.

◆_**지역** -地域 명 zone *f* de réception radioélectrique difficile.

난초 蘭草 명 eupatoire *f* de Chine, orchidée *f*, chanvre *m* d'eau chinois. ☞ 난

난치 難治 명 difficulté *f* à traiter [soigner]; difficulté *f* à gouverner.

◆_**병** -病 명 maladie *f* difficile à traiter [à soigner]; maladie *f* difficilement curable [soignable, guérissable]. ¶ 그 환자는 ~병을 앓고 있다 Ce patient est atteint d'une maladie difficile à soigner / Il souffre d'une maladie difficile à traiter.

난타 亂打 명 coups *mpl* redoublés; coups *mpl* donnés à tort et à travers. ◇_**(를) 하다** frapper à coups redoublés, frapper violemment, rouer *qn* de coups, bourrer *qn* de coups {*fam*}. ¶ 그는 상대방을 ~하여 K.O.로 이겼다 Il a remporté le match par K.-O. en frappant son adversaire à coups redoublés. ◇_**(를) 당하다** être frappé(*e*) à coups redoublés, être frappé(*e*) violemment, être roué(*e*) de coups, être bourré(*e*) de coups {*fam*}.

◆_**전** -戰 명 un match *m* où les adversaires se battent à coups redoublés. ¶ ~전을 벌이다 disputer un match à coups redoublés.

난투 亂鬪 명 mêlée *f*; rixe *f*, bagarre *f*, bataille *f* désordonnée, échauffourée *f*. ¶ 경찰과 데모대 사이에 ~가 벌어졌다 Il y a eu une bagarre entre la police et les manifestants / Il y a eu une échauffourée entre les forces de police et les manifestants.

◆_**극** -劇 명 bagarre *f* très violente, scène *f* de violence. ¶ ~극을 벌이다 se bagarrer, se battre, ((une échauffourée)) éclater, livrer une bataille désordonnée.

난파 難破 명 naufrage *m*, échouement *m*. ◇_**하다[되다]** faire naufrage, échouer, s'engraver. ¶ 배가 암초에 걸려 ~했다[되었다] Le navire s'est échoué sur un récif.

◆_**선** -船 명 vaisseau(*x*) *m*, [navire *m*,] naufragé.

난폭 亂暴 명 violence *f*, brutalité *f*.

◆_**하다** 형 être violent(*e*), brutal(*e*), grossi*er*(*ère*). ¶ ~한 사람 une personne violente, brutale; brute. ¶ ~한 행동 une conduite violente, une attitude brutale [grossière]. ¶ 그 남자는 술에 취하면 ~해

진다 Il devient brutal [violent] sous l'effet de l'alcool / Il a le vin mauvais / Il se conduit très mal après avoir bu. ¶ ~하게 굴다 user de violence, faire violence à *qn*; brutaliser, malmener *qn*, se conduire violemment. ¶ 그 남자는 차를 ~하게 몬다 Il a une conduite (au volant, automobile) brutale / Il conduit brutalement / Il est brusque au volant.

ㄴ

◆_성 -性 명 caractère *m* violent.

◆_화 -化 명 action *de* devenir violent(*e*) [brut*al*(*ale*, *aux*)]. ¶ 청소년 범죄가 ~화하는 경향이 있다 Les crimes commis par les adolescents ont tendance à devenir de plus en plus violents.

난항 難航 명 ((connaître des)) difficultés *fpl*, ((traverser une)) phase *f* difficile; ((선박, 항공기)) navigation *f* difficile [pénible]; vol *m* difficile. ¶ 협상이 ~을 겪고 있다 Les négociations traversent une phase difficile. ¶ 그 법안은 국회에서 ~ 중이다 Ce projet de loi traverse une phase de négociations difficiles au Parlement.

난해 難解 어근 difficulté *f* dans la compréhension.
◆_하다 형 être difficile à comprendre [à déchiffrer]; être hermétique; être impénétrable. ¶ ~한 문제 un problème difficile à résoudre, une question difficile à résoudre. ¶ ~한 텍스트 un texte difficile à comprendre [à déchiffrer], un texte abscons {*litt*}, abstrus {*litt*}, inintelligible, nébuleux. ¶ ~한 작가 un écrivain difficile [hermétique]. ¶ 해독하기가 ~한 비문 une inscription funéraire difficile à déchiffrer; une épitaphe impénétrable. ¶ 글을 ~하게 쓰다 écrire un texte difficile à comprendre [ardu à lire, ardu à comprendre], écrire un texte compliqué [ardu].
◆_성 -性 명 hermétisme *m*.

난행 亂行 명 mauvaise conduite *f*; inconduite *f*; conduite *f* scandaleuse [déshonorante, infâme]; infamie *f*; viol *m*. ◇_(을) 하다 se conduire de façon abjecte [ignoble, infâme, immonde, odieuse].

난형난제 難兄難弟 명 ① difficulté *f* à distinguer ((une différence de valeur entre deux personnes)). ② frères tous deux également éminents, dignes l'un de l'autre. ¶ 그 둘의 실력은 서로 엇비슷해서 ~이다 Leurs compétences étant similaires, il est difficile de les départager.

낟가리 명 javelle *f* ((de riz, de blé)). ¶ ~를 쌓다 entasser des [les] javelles.

낟알 명 grain *m*; grain *m* décortiqué. ¶ ~을 줍다 ramasser [glaner] le grain.

날[1] 명 ① jour *m*, journée *f*. ¶ ~이 밝는다 Le jour se lève / Il fait jour. ¶ ~이 저물었다 Le jour [La nuit] est tombé(*e*). ¶ ~이 샐 무렵 à l'aurore, à l'aube. ¶ ~이 점점 짧아진다 Les jours sont de plus en plus courts. ¶ 친구와 이야기하느라고 ~ 새는 줄 몰랐다 On a bavardé avec des amis toute la nuit sans s'en apercevoir. ② 날짜 jour *m*, date *f*; temps *m*; époque *f*. ¶ 다음[이튿] ~(에) le jour suivant [le lendemain]. ¶ 바로 그 ~(에) ce même jour, ce jour-là. ¶ 그 사람이 떠난 다음 ~(에) le jour suivant son départ. ¶ 젊은 ~의 추억 des souvenirs de jeunesse. ¶ ~을 정하다[잡다] fixer le jour; fixer une date; décider d'une date. ¶ 영광의 그 ~을 위하여 pour ce jour de gloire. ¶ 나는 당신을 만난 ~을 기억한다 Je me rappelle le jour où je vous ai rencontré(*e*). ¶ 아무 대비도 안 하고 ~을 보내다 laisser passer le temps sans se préoccuper de *son* avenir [sans rien faire]. ¶ 나는 ~마다 공원에 산책하러 간다 Je vais faire un tour dans le parc tous les jours. ¶ ~이 감에 따라 avec le temps. ¶ ~이 가고 달이 가고 passent les jours et les mois. ¶ …하느라 ~(이) 가는 줄 모르다 être si occupé(*e*) à+*inf* ... qu'on ne voit pas le temps passer. ¶ 시험 ~이 얼마 남지 않았다 Il ne reste plus beaucoup de temps avant l'examen. ③ 날씨 temps *m* ((air, ciel, température, vent)). ¶ ~이 어둑어둑하다 Le ciel s'assombrit. ¶ ~이 갠다 Le ciel se dégage / Le temps se lève. ¶ ~이 흐리다 Le temps est gris [nuageux]. ¶ ~이 좋건 나쁘건 qu'il fasse beau ou non, quel que soit le temps, qu'il pleuve ou qu'il vente. ¶ 이런 ~에는 나가지 않는 것이 좋다 Il vaut mieux ne pas sortir par un temps pareil / c'est un temps à ne pas mettre un chien dehors. ④ 경우 cas *m*. ¶ 내가 성공하는 ~에는 au cas où je réussirais, le jour de ma réussite. ¶ 화재가 일어나는 ~에는 en cas d'incendie. ¶ 핵전쟁이 일어나는 ~에는 지구는 멸망하고 말 것이다 Le jour où éclatera un conflit nucléaire, ce sera la fin du monde.

날[2] 명 ((칼 따위의)) tranchant *m*, lame *f*, fil *m*. ¶ ~을 갈다 aiguiser [affûter] une lame, affûter [aiguiser, repasser] ((un couteau)), affiler. ¶ ~이 무디다 La lame est émoussée. ¶ ~이 잘 든다[예리하다] La lame est tranchante. ¶ 이 가위는 ~이 빠졌다 Ces ciseaux sont abîmés / Ces ciseaux coupent mal. ¶ 양쪽에 ~이 있는 면도기 un rasoir à double tranchant [lame].
*~(이) 서다 être aiguisé(*e*), tranchant(*e*); ((말이)) être incisi*f*(*ve*), acerbe, aiguisé(*e*), tranchant(*e*). ¶ 시퍼렇게 ~이 선 칼 un couteau extrêmement tranchant. ¶ 그 남자의 말에는 ~이 서 있다 Il a une façon de parler très incisive [aiguisée, tranchante, acerbe].
*~(을) 세우다 affiler [aiguiser] ((un couteau)), affûter ((une lame)). ¶ 무뎌진 칼의 ~을 세우다 aiguiser un couteau dont la lame est émoussée. ¶ 신경의 ~을 세우다 mettre les nerfs de *qn* à vif, irriter *qn*, énerver *qn*, exacerber *qn*, horripiler *qn*, exciter *qn*.
◆대팻_ 명 fer *m* de rabot.
◆도끼_ 명 tranchant *m* de hache.
◆면도_ 面刀 명 lame *f* de rasoir, fil *m* du rasoir.
◆양_ 명 lame *f* à double tranchant.
◆칼_ 명 lame *f* d'un couteau; tranchant *m* d'une épée.

날-[3] 접두 ① 익히지 않은 non cuit(*e*), cru(*e*) ② 가공하지 않은 fr*ais*(fr*aîche*), brut(*e*), non traité(*e*), non travaillé(*e*).

◆_강도 -强盜 명 ① cambrioleur *m* [voleur(*se*)] sans scrupule. ② véritable cambrioleur *m*, véritable petit voleur *m*.

◆_것 명 aliment *m* cru [non cuit] ((essentiellement viande ou poisson, viande crue, poisson cru)); nourriture *f* non cuite; crudité *f* ((rare)). ¶ 생선을 ~것으로 먹다 manger du poisson cru.

◆_계란 명 œuf *m* cru.

◆_고기 명 viande *f* crue.

◆_김치 명 *gimchi m* fraîchement préparé; *gimchi m* peu fermenté [peu fait].

◆_도둑놈 명 voleur *m* sans scrupule, véritable petit voleur *m*.

◆_생선 명 poisson *m* cru.

◆_로 부 cru. ¶ 고기를 ~로 먹다 manger de la viande crue.

*~로 먹으려 하다 vouloir obtenir *qc* sans faire le moindre effort; vouloir avoir des résultats sans faire le moindre effort [sans se fatiguer].

날-[4] ((forme contractée de 나를)) je (le complément d'objet direct dans une proposition ou une phrase)

날개 명 aile *f*. ¶ ~를 펴다[접다] déployer [replier] *ses* ailes. ¶ 상상의 ~를 펼치다 déployer les ailes de *son* imagination. ¶ 새가 ~를 친다[퍼덕인다] Les oiseaux battent des ailes. ¶ 선풍기의 ~ les hélices du ventilateur. ¶ ~(가) 달린 ailé(*e*).

*~ 돋친 듯이 팔리다 se vendre comme des petits pains.

*옷이 ~다 L'habit fait le moine / La belle plume fait le bel oiseau / C'est la plume qui fait l'oiseau.

◆_ㅅ죽지 명 articulation *f* de l'aile.

◆_짓 명 coup *m* d'aile; battement *m* d'ailes. ¶ ~짓(을) 하다 battre des ailes.

날다 재타 ① ((새, 비행기, 사람이)) voler; planer; s'envoler; ((연이)) voler, planer; ((상공을)) voler au-dessus de *qc*; survoler. ¶ 비행기[새]가 난다 L'oiseau [l'avion] vole. ¶ 하늘에 수많은 연들이 날고 있다 Un grand nombre de [D'innombrables] cerfs-volants volent dans le ciel. ¶ 방패연 하나가 전깃줄에 걸린 채 날고 있다 Un cerf-volant en forme de bouclier vole [s'agite] accroché au fil électrique. ¶ 펭귄은 날 수 없는 새다 Le manchot ne peut pas voler. ¶ 남쪽 하늘에 행글라이더들이 날고 있다 Des planeurs sont en train de voler dans le ciel du sud. ¶ 이 비행기는 1회 연료 주입으로 10시간을 날 수 있다 Cet avion est capable de voler 10 heures avec un plein d'essence. ¶ 나는 새를 쏘다 tirer sur un oiseau en (plein) vol. ¶ 하늘을 날고 싶은 욕구 le désir de voler dans le ciel. ¶ 북극 상공을 ~ voler au-dessus du pôle nord; survoler le pôle nord. ¶ 기구를 타고 대서양을 ~ survoler l'Océan atlantique en ballon. ¶ 독수리가 초원 위를 날고 있다 Un aigle survole la plaine. ② ((비유적)) avoir une puissance terrible, être tout puissant. ¶ 나는 새도 떨어뜨릴 기세다 avoir une puissance terrible. ¶ 당시 무신들의 권세는 (하늘을) 나는 새도 떨어뜨릴 정도였다 À l'époque, le pouvoir des militaires était tout puissant. ③ 【속어】 도망치다 prendre la poudre d'escampette {*fam*}, disparaître (dans la nature). ¶ 그는 사기를 치고 벌써 어디론가 날았다 Il a pris la poudre d'escampette après l'escroquerie.

*난다 긴다 하다 se vanter d'être le(la) meilleur(*e*), déborder de talent[d'énergie, de dynamisme]; être bourré(*e*) de talent {*fam*}. ¶ 옛날엔 그 사람도 그 방면엔 난다 긴다 했었지 Jadis on disait qu'il était le meilleur dans ce domaine. ¶ 등산이라면 난다 긴다 하는 사람들까지도 모두 중도에 포기했다 Même ceux qui se vantent d'être les meilleurs en matière d'alpinisme ont abandonné à mi-chemin. ¶ 제 아무리 난다 긴다 하는 재주를 가졌다 해도 빠져나갈 방법이 없다 Il n'y a pas moyen d'y échapper même pour quelqu'un de très doué.

*뛰는 놈 위에 나는 놈 있다 On trouve toujours plus fort [malin] que soi / À malin, malin et demi. ¶ 뛰는 놈 위에 나는 놈 있네. 한 발 늦었어 Il y a toujours plus fort que soi. Quelqu'un m'a devancé d'une courte tête [Je me suis fait devancer d'une courte tête [de très peu]].

날다람쥐 명 écureuil *m* volant; *Pteromys volans* {*nsc*}.

날뛰다 재 sauter éperdument, bondir, rebondir; s'agiter très fort; se conduire de façon violente; se déchaîner; agir sans retenue. ¶ 기뻐 ~ sauter de joie. ¶ 미쳐 ~ se déchaîner comme un fou. ¶ 미친 듯이 ~ sauter comme un fou. ¶ 요즘 그 지역은 강도들이 날뛰고 있다 Ces jours-ci, des gangsters sévissent dans cette région.

날라리[1] 명 【음악】 *taepyeongso m*, clarinette *f* coréenne. ¶ ~를 연주하다 jouer de la clarinette coréenne.

날라리[2] 명 vaurien(*ne*), petit voyou *m*. ¶ 그 인간은 하는 짓이 영락없는 ~이다 Il se conduit comme un véritable vaurien.

날래다 형 être agile, preste, alerte, leste; être rapide, prompt(*e*). ¶ 그는 발걸음이 ~ Il a le pas alerte / Il marche d'un pas alerte [d'une vive allure]. ¶ 날랜 말 un cheval rapide.

날려보내다 타 ① 없어지게 하다 faire disparaître; jeter, lancer; laisser s'envoler; laisser s'échapper; dissiper, dilapider ((sa fortune)). ¶ 마술사가 커다란 집채를 순식간에 날려보냈다 Le prestidigitateur a fait disparaître en un clin d'œil une grande maison. ¶ 동생의 시신을 한 줌 재로 날려보냈다 J'ai jeté au vent les cendres de mon frère. ② ((주먹으로)) envoyer ((un direct du gauche ou du droit)). ¶ 상대 선수에게 잽을[스트레이트를] ~ envoyer un direct ((du gauche ou du droit)) à *son* adversaire ((à la boxe)). ¶ 그 녀석 얼굴에 한 방 날려보냈지 Je lui ai joué un vilain [un sale {*fam*}] tour / Je lui en ai envoyé [balancé] de belles / Je lui en fait voir (de drôles) / Je l'ai bien ridiculisé/

Je me suis bien foutu de sa gueule {*vulg*} / Je lui ai fait avaler des couleuvres. ③ ((종이비행기를)) lancer ((un avion en papier, un cerf-volant)), faire voler. ¶ 종이비행기를 공중으로 ~ lancer un avion en papier.

날렵하다 형 être alerte, agile, preste, prompt(*e*), véloce {*litt*}, vi*f*(*ve*). ¶ 날렵한 동작 un mouvement preste. ¶ 날아오는 공을 날렵하게 잡다 attraper une balle au vol avec agilité.

날로[1] 부 de jour en jour, jour après jour; d'un jour à l'autre; tous les jours; chaque jour; quotidiennement, journellement; un jour après l'autre. ¶ 사업이 ~ 번창하다 Les affaires prospèrent de jour en jour. ¶ 대기 오염 상태가 ~ 악화되어 가고 있다 La pollution atmosphérique s'aggrave de jour en jour.

날로[2] 부 cru. ¶ 생선을 ~ 먹다 manger le poisson cru.

날름 부 ① 날쌔게 agilement, avec agilité, lestement; brusquement, vivement, avec rapidité, rapidement, promptement, avec promptitude. ¶ ~ 집어먹다 [먹어치우다] manger avec rapidité [très rapidement, avidement, gloutonnement]; engloutir, engouffrer {*fam*}, dévorer, s'empiffrer {*fam*}, bâfrer {*fam*}; manger avec un lance-pierre {*fam*}. ¶ ~ 삼키다 avaler *qc* prestement. ¶ 원숭이가 어린이 손에서 과자를 ~ 채어갔다 Le singe attrapa d'un geste prompt [promptement] le biscuit tenu par l'enfant [dans la main de l'enfant]. ¶ 과자를 준다고 그것을 ~ 받아 먹었어? À peine t'a-t-on donné le morceau de gâteau, que tu l'as englouti. ② ((혀를)) en dardant ((*sa* langue)). ¶ ~ 혀를 내밀다 darder *sa* langue.

◆_ _ 부 agilement, avec agilité, lestement, brusquement. ¶ 주는 대로 ~~ 받아 먹다 prendre et manger lestement tout ce qu'on donne. ¶ 뱀이 혀를 ~~ 하면서 기어 온다 Le serpent s'approche de nous en dardant sa langue.

날름거리다 타 ((혀를)) darder ((*sa* langue)); avancer et retirer ((le bras)). ¶ 뱀이 혀를 날름거린다 Le serpent darde sa langue.

날리다[1] 타 ① ((연 따위를)) faire voler. ¶ 연을 ~ faire voler un cerf-volant. ② ((돈을)) perdre; ((사기로)) se faire voler, se faire dépouiller. ¶ 사기를 당하여 집[전 재산]을 ~ se faire dépouiller de *sa* maison [tous *ses* biens, toute *sa* fortune] par une escroquerie. ¶ 회사를 ~ mettre en faillite une entreprise, manger le capital d'une entreprise, épuiser tout le capital d'une entreprise. ¶ 그 여자는 1억 원을 날렸다는 소문이야 Le bruit court que cette femme a perdu 100 millions de wons. ③ ((하늘로)) faire voler en éclats. ¶ 비누방울을 ~ faire voler des bulles de savon. ¶ 비둘기를 ~ faire voler [lâcher] des pigeons. ¶ 참가자들은 일제히 손에 쥐고 있던 풍선을 하늘로 날렸다 Les participants ont lâché tous ensemble les ballons qu'ils tenaient dans la main.

*이름[명성]을 ~ se faire connaître, acquérir une renommée, acquérir du renom, acquérir une certaine notoriété.

*깃발을 ~ hisser les couleurs [le drapeau].

◆날려(서) 부 à la hâte, à la va-vite {*fam*}. ¶ 글씨를 날려 쓰다 écrire en cursive. ¶ 일을 날려서 하다 bâcler un travail.

날리다[2] 자 ① ((꽃가루, 먼지 따위가)) s'envoler; être emporté(*e*) (par le vent). ¶ 담뱃재가 날린다 Les cendres de cigarette s'envolent. ¶ 꽃가루가 바람에 날린다 Des pollens s'envolent par le vent. ¶ 모래가 강풍에 날린다 Des sables sont emportés par le vent violent. ¶ 옷을 거기서 털지 마라; 먼지가 너무 날린다 Ne secoue pas tes vêtements là, ça fait voler trop de poussière. ② ((빨래, 치마 따위가)) voltiger, flotter. ¶ 빨래가 바람에 날린다 Du linge est secoué par le vent / Du linge voltige dans le vent. ¶ 머릿결이 바람에 날린다 Les cheveux flottent dans le vent. ¶ 깃발이 바람에 날린다 Le drapeau flotte dans le vent.

날림 명 trava*il*(*aux*) *m* peu soigné [grossier, négligé, sans soin], trava*il*(*aux*) *m* bâclé [fait trop vite, fait à la va-vite]. ¶ 집을 ~으로 짓다 bâtir une maison à la va-vite.

◆_공사 -工事 명 travaux *mpl* bâclés.

◆_글씨 명 écriture *f* peu soignée; griffonnage *m*.

날마다 부 tous les jours, chaque jour, quotidiennement, journellement. ¶ ~ 똑같은 일의 반복이다 Tous les jours, on répète la même chose / C'est toujours la même chose.

날반죽 명 pâte *f* travaillée à l'eau froide. ◇_(을) 하다 travailler la pâte à l'eau froide.

날밤[1] 명 nuit *f* blanche.

*~(을) 새우다 passer une nuit blanche, ne pas du tout fermer l'oeil de la nuit. ¶ 쓸데없는 걱정으로 ~을 새울 참이냐? As-tu l'intention de passer la nuit à te faire du souci pour rien?

날밤[2] 명 생밤 châtaigne *f* crue.

날벌레 명 insecte *m* ailé.

날벼락 명 ① foudre *f* qui s'abat sur *qn* qui ne le méritait pas [sur un innocent] ((croyance populaire coréenne selon laquelle une personne ayant commis un péché est punie par le ciel)). ② 심한 꾸지람 reproche *m* [réprimande *f*, semonce *f*] immérité(*e*); réprimande *f* sévère. ¶ 그런 짓 하다가는 ~ 맞지 Un tel acte mérite une réprimande sévère [d'être puni sévèrement]. ③ 뜻하지 않은 불행 événement *m* brutal et imprévu, malheur *m* imprévu, coup *m* dur absolument imprévisible; nouvelle *f* foudroyante; tuile *f* {*fam*}. ¶ ~을 맞다 être foudroyé(*e*) par l'annonce d'un drame [d'une très mauvaise nouvelle], être frappé(*e*) par une mauvaise nouvelle, être accablé(*e*) par l'annonce d'une mauvaise nouvelle. ¶ 이게 웬 ~이냐! Quel malheur! / Quelle catastrophe! / Quelle tuile! {*fam*}

/ Il m'arrive une sacrée tuile! {*fam*}.

***마른하늘에** ~ une grosse surprise qui fait l'effet d'un coup de tonnerre, un événement surprenant [totalement imprévu] ((tel(*le*)) un coup de tonnerre dans un ciel serein)), une nouvelle foudroyante, un coup dur absolument imprévisible, une tuile inattendue {*fam*} ((se dit d'une difficulté ou d'une catastrophe survenant soudainement)).

날수 -數 명 nombre *m* de jours. ¶ 굶는 ~가 먹는 ~보다 많았다 Les jours où nous restions à jeun [nous jeûnions] étaient plus nombreux que ceux où nous mangions. ¶ 남아 있는 ~를 세다 compter les jours qui restent.

날숨 명 expiration *f*, exhalation *f*. ¶ ~을 쉬다 expirer; exhaler.

날실 명 chaîne *f* (d'une étoffe).

날쌔다 형 être rapide, prompt(*e*), vi*f*(*ve*), agile, preste, alerte, leste. ¶ 워낙 날쌘 놈이라 잡기가 힘들다 Ce type est si rapide qu'on a du mal à l'attraper. ¶ 날쌔게 피하다 éviter adroitement [avec agilité], esquiver ((un coup)). ¶ 날쌔게 적을 향해 돌진하다 s'élancer rapidement sur l'ennemi.

날씨 명 temps *m*. ¶ 좋은[나쁜] ~ un beau [un mauvais] temps. ¶ 맑은[흐린] ~ un temps clair [couvert, gris, nuageux]. ¶ 변덕스러운 ~ un temps changeant [variable, capricieux]. ¶ 음산한 ~ un temps maussade [sinistre]. ¶ 화창한 ~ un beau temps; un temps serein. ¶ ~를 알리다 annoncer le temps; annoncer la météo. ¶ 그 날 ~를 보고 출발 여부를 결정하자 Nous déciderons du départ en fonction du temps qu'il fera ce jour-là. ¶ 이런 ~에 par un temps pareil. ¶ 이렇게 궂은 ~에 어디를 나가니? Où vas-tu par un temps pareil? ¶ ~에 따라 환자의 상태가 달라진다 L'état de santé des malades varie en fonction des conditions climatiques. ¶ ~가 좋으면 si le temps le permet. ¶ ~가 좋건 나쁘건 qu'il fasse beau ou non; quel que soit le temps; par tous les temps; qu'il pleuve ou qu'il vente. ¶ ~가 차차 좋아진다 Le temps se (re)met au beau / Le temps se lève progressivement. ¶ 추운 ~가 여러 날 계속되고 있다 Le froid s'est installé depuis quelques jours. ¶ 이런 ~가 오래 계속되지는 않을 것이다 Ces conditions climatiques ne devraient pas durer trop longtemps. ¶ ~가 풀린다 Le temps s'adoucit [s'améliore] ¶ 오늘은 ~가 어떠냐? Quel temps fait-il aujourd'hui? ¶ 금방 비가 올 것 같은 ~이다 On dirait qu'il va bientôt pleuvoir. ¶ 산책하기 좋은 ~이다 C'est un temps à partir en promenade.

날씬하다 형 être fin(*e*), délié(*e*), svelte, mince. ¶ 그 여자는 몸매가 ~ Elle est élancée [svelte] ¶ 날씬한 다리 des jambes fines et galbées ¶ 날씬한 허리 une taille bien prise {*loc, vx*} [déliée, fine, svelte] ¶ 날씬한 여자 une femme mince [svelte]

날아가다[1] 재타 voler, s'envoler. ¶ 이젠 철새가 모두 날아갔다 Maintenant, tous les oiseaux migrateurs sont partis. ¶ 서쪽 하늘에 비행물체가 날아간다 Un objet volant s'envole vers l'ouest. ¶ 팬텀기 2대가 휴전선 쪽으로 날아갔다 Deux (avions de chasse) Phantom se sont envolés en direction de la ligne de démarcation. ¶ 비행기 한 대가 태평양을 날아갔다 Un avion s'est envolé vers le Pacifique. ¶ 잠자리가 무리를 지어 하늘을 날아간다 Des libellules s'envolent dans le ciel en formant des essaims. ¶ 행글라이더를 타고 저쪽 계곡으로 날아가 보자 Prenons le planeur et allons voler là-bas vers la vallée.

날아가다[2] 재 ① ((사물이)) s'envoler. ¶ 모자가 날아갔다 Le chapeau s'est envolé. ¶ 바람에 가발이 날아갔다 La perruque s'est envolée à cause du vent / Le vent a fait s'envoler *sa* perruque. ¶ 태풍에 간판이 날아가 버렸다 Le panneau publicitaire s'envola à cause du typhon. ¶ 강풍에 휩쓸려 물건들이 날아간다 Les objets s'envolent balayés par une rafale [par une bourrasque, par un coup de vent violent]. ¶ 야, 그거 날아가면 안 돼! 꼭 잡아! Eh, il ne faut pas que cela s'envole. Tiens-le fermement. ¶ 비누 방울이 날아간다 Des bulles de savon s'envolent. ¶ 풍선들이 하늘로 날아가고 있다 Les ballons s'envolent dans le ciel. ¶ 사람들이 놓아 준 비둘기들이 하늘로 날아간다 Des pigeons lâchés par des gens s'envolent dans le ciel. ¶ 아이들이 날린 종이비행기가 꽤 멀리 날아간다 Des avions en papier, lancés par des enfants, s'envolent assez loin. ¶ 빨래가 날아갔다 Du linge s'est envolé. ② ((돈이)) se faire dépouiller; s'anéantir; laisser s'envoler. ¶ 그 친구는 사기를 당하여 집이 날아갔다 Il s'est fait dépouiller de sa maison par une escroquerie/Il s'est fait escroquer et a perdu sa maison. ¶ 사업에 실패하여 갖고 있던 회사가 날아갔다 Son entreprise a fait faillite à la suite des échecs dans les affaires. ¶ 불이 나서 전 재산이 날아갔다 Tous *nos* biens ont été anéantis dans l'incendie. ¶ 그 녀석 도박에서 한 판에 천만 원이 날아갔대 On dit que ce type a laissé [perdu] 10 millions de wons dans une partie de jeu. ③ ((희망 따위가)) s'évanouir, s'anéantir. ¶ 마지막 희망이 날아갔다 Le dernier espoir s'est évanoui [anéanti]. ¶ 한국이 조 2위로 결승에 올라갈 가능성마저 날아갔다 Pour la Corée, même le faible espoir de se qualifier pour la finale en terminant 2ème de son groupe [sa poule] s'est évanoui [s'est envolé]. ④ ((신체일부가)) emporter, arracher; perdre. ¶ 옆에서 수류탄이 터지는 바람에 내 다리 한 쪽이 날아갔다 J'ai perdu une jambe dans une explosion de grenade / Une grenade m'a arraché[emporté] une jambe en explosant près de moi. ¶ 그는 전쟁에서 왼 팔이 날아갔다 Il a perdu son bras gauche lors de la guerre.

***목이[모가지가]** ~ perdre *son* emploi, être chassé(*e*) de *son* poste; être viré(*e*) {*fam*}, remercié(*e*), mis(*e*) à la porte {*fam*}, se faire renvoyer [mettre à la porte {*fam*}].

날아다니다 재 ((나비, 파리 따위가)) voltiger, voleter,

se promener en volant.

날아들다 재 ① ((새 따위가)) entrer en volant, s'assembler en volant. ¶ 바닷가로 수많은 새가 날아든다 Des nuées d'oiseaux arrivent au bord de la mer. ② ((총알이)) fuser ((de tous côtés)). ¶ 우군이 전진하려고 하자 총알이 사방에서 날아들었다 Comme la troupe tentait d'avancer, les balles ont volé [fusé] de tous côtés. ③ ((편지가)) affluer, arriver en masse [par milliers]. ¶ 연말이면 많은 편지가 날아든다 en fin d'année, on reçoit beaucoup de lettres / Il y a affluence de courrier en fin d'année. ¶ 부모님으로부터 갑작스레 비보가 날아들었다 J'ai soudain reçu de tristes nouvelles de mes parents.

날아오다 재타 ① ((새, 비행기가)) venir en volant. ¶ 미그기 2대가 비무장 지대 남쪽으로 날아왔다 Deux Mig sont arrivés au sud de la zone démilitarisée. ¶ 강남 갔던 제비가 날아왔다 Des hirondelles qui s'en étaient allées dans les pays au sud sont revenues. ¶ 철새들이 그 먼 길을 날아왔다 Les oiseaux migrateurs ont volé très longtemps pour venir jusqu'ici. / Les oiseaux migrateurs sont venus de très loin. ¶ 날아오는 공을 잡다 attraper une balle [un ballon] au vol. ¶ 적기가 폭탄을 투하하러 동해를 날아온다 Des avions ennemis survolent la mer de l'Est et arrivent pour lancer des bombes. ② ((사물이)) s'envoler, voler; être poussé(*e*) [transporté(*e*), entraîné(*e*)] par le vent. ¶ 옆집 빨래가 바람에 휩쓸려 우리집으로 날아왔다 Poussé par le vent, le linge de nos voisins s'est envolé jusque chez nous. ¶ 아이가 잡고 있던 풍선이 이쪽으로 날아왔다 Le ballon que l'enfant tenait s'est envolé dans notre direction. ¶ 중국 대륙에서 모래가 한반도로 날아온다 Du sable, parti du continent chinois, est transporté par le vent vers la péninsule coréenne. ¶ 갑자기 우리에게 총알이 날아왔다 Soudain, des obus nous tombèrent dessus. ¶ 굉음과 함께 저쪽에서 폭탄 파편이 날아왔다 Avec un bruit strident, des éclats de bombe sont arrivés droit sur nous. ③ ((소식이)) arriver, venir de loin. ¶ 어머니한테서 아버지가 위독하시다고 팩스가 날아왔다 Un fax de ma mère est arrivé annonçant que mon père était gravement malade. ¶ 미국 간 친구한테서 편지가 날아왔다 Une lettre d'un(*e*) ami(*e*) parti(*e*) aux Etats-Unis est arrivée. ¶ 드디어 선생님에게서 내게 답장이 날아왔다 Enfin la réponse de mon professeur m'est parvenue. ¶ 대학에서 합격 통지서가 날아왔다 L'université m'a fait parvenir l'annonce de ma réussite aux examens. ¶ 먼 데서 날아온 소식 des nouvelles venues de loin.

날아오르다 재타 ① s'élever en volant. ¶ 새들이 하늘로 날아오른다 Les oiseaux s'élèvent vers le ciel. ¶ 창공을 날아오르는 기분 때문에 행글라이딩을 한다 Je fais du delta plane pour éprouver la sensation du vol (dans le ciel bleu). ② 공중으로 퍼지다 s'élever ((sous l'effet du vent)), se soulever. ¶ 엄청난 먼지들이 바람을 타고 날아올랐다 Le vent souleva un nuage de poussière.

날염 捺染 명 impression *f* (sur étoffe). ◇_(을) **하다** imprimer ((des motifs)) sur une étoffe. ¶ ~한 천 une étoffe imprimée [indienne]

◆_**기** -機 명 presse *f* ((utilisée pour l'impression des tissus)).

날인 捺印 명 apposition *f* d'un sceau [d'un cachet]. ¶ 해당 기관장의 ~이 없는 문서 un document où ne figure pas le sceau du responsable de l'institution compétente. ◇_(을) **하다** apposer un sceau; mettre un cachet ((sur un document)); sceller un acte. ¶ 서명 ~하다 apposer *sa* signature et *son* sceau [cachet]. ◇_(을) **받다** se faire apposer un sceau. ¶ 서류에 ~을 받다 se faire apposer un sceau sur un document.

날조 捏造 명 falsification *f*. ¶ 유언비어 ~ mise en circulation de faux bruits déformés. ¶ 역사의 ~ falsification de l'Histoire, déformation de l'Histoire. ◇_(를) **하다** fabriquer [inventer, créer] de toutes pièces ((une histoire)); dénaturer; falsifier, fausser. ¶ 그것은 전적으로 그 남자가 ~한 이야기이다 C'est une histoire qu'il a inventée de toutes pièces. ◇_(가) **되다** être dénaturé(*e*), fabriqué(*e*) de toutes pièces, falsifié(*e*), faussé(*e*). ¶ ~된 기사 un article fabriqué de toutes pièces. ¶ 이 문서는 ~된 것이다 Ce document a été falsifié.

◆_**자** -者 명 contrefac*teur*(*trice*), falsifica*teur*(*trice*), faussaire *mf*.

날줄 명 ① 옷감 les fils *mpl* de chaîne. ¶ 직조의 씨줄과 ~ les fils de trame et (les fils) de chaîne. ② 지구 méridien *m*.

날짐승 명 anim*al*(*aux*) *m* ailé; oiseau(*x*) *m*; volatile *m*.

날짜 명 date *f*. ¶ 계약[약속] ~ la date d'un contrat [d'un rendez-vous]. ¶ 원고 마감 ~ la date limite pour rendre un manuscrit [un article], la date limite de [l'échéance pour la] soumission des manuscrits. ¶ ~를 정하다 fixer une date. ¶ ~를 따지다[계산하다] calculer la date. ¶ ~를 앞당기다[늦추다] avancer [retarder, différer] une date. ¶ 약속 ~를 어기다 ne pas respecter une date de rendez-vous. ¶ 개막일은 이 ~로 정합시다 Nous fixons le jour d'ouverture à cette date. ¶ 그 ~로 그 직원은 해고되었다 Il a été renvoyé à cette date. ¶ 계약서 작성일을 오늘 ~로 할까요? Est-ce qu'on va dater le contrat d'aujourd'hui? ¶ ~가 없는 어음 une traite non datée. ¶ 두 사람의 결혼 ~가 정해졌다 La date de leur mariage est fixée / On a fixé la date [le jour] de leur mariage.

*~ **가는 줄 모르다** ((마감)) ne pas s'apercevoir qu'on a dépassé la date limite; ((시간)) ne pas s'apercevoir que le temps passe.

날치 명 poisson *m* volant du Japon, *Cypselurus agoo agoo* {*nsc*}.

◆_**알** 명 oeufs *mpl* de poisson volant du Japon.

날치기 명 ((행위)) vol *m* à la tire; pickpocket *m*; vol *m* à l'arraché; ((사람)) voleu*r(se)* à la tire ((vol commis par *qn* souvent monté sur une moto qui arrache au passage le sac à main ou le portefeuille d'une personne)). ¶ ~를 붙잡다 arrêter un pickpocket; arrêter une personne qui a commis un vol à l'arraché. ¶ 법안을 ~로 통과시키다 faire passer un projet de loi à la sauvette. ◇_(를) **하다** dérober avec adresse, subtiliser; escamoter subrepticement; s'emparer avec habileté de *qc*; commettre un vol à l'arraché. ¶ 내 가방을~한 범인은 아직 잡히지 않았다 Le pickpocket qui a subtilisé [Le délinquant qui a arraché] ma serviette n'a pas encore été attrapé. ◇_(를) **당하다** être victime d'un pickpocket; se faire dérober *qc* avec adresse, se faire subtiliser *qc*; se faire escamoter subrepticement *qc*; se faire voler par un pickpocket; être victime d'un vol à l'arraché. ¶ 지갑을 당하다 se faire voler [se faire arracher] *son* portefeuille.

날치다 자 se donner des grands airs; faire l'intéressant(*e*), s'enorgueillir, se pavaner. ¶ 그 녀석 공부 좀 했다고 날치는 꼴이 눈꼴사납다 C'est écœurant de le voir si prétentieux, prétendant avoir bien travaillé.

날카롭다 형 ① 예리하다 être affûté(*e*), aiguisé(*e*), affilé(*e*), acéré(*e*); 뾰족하다 être pointu(*e*), aigu(*ë*). ¶ 날카로운 칼 un couteau affûté [aiguisé, affilé]. ② ((질문이)) être perspicace; être sagace; être acerbe; être incisi*f*(*ve*); être pénétrant(*e*); être perçant(*e*) ¶ 날카로운 질문을 하다 poser une question pertinente; taper dans le mille {*fam*}. ¶ 아주 날카로운 지적이다 Cette observation est très perspicace.¶ 경호원은 날카로운 눈초리로 사람들을 쳐다보았다 Le garde a dévisagé les gens d'un regard pénétrant. ③ 예민하다 être nerveu*x*(*se*) ¶ 오늘 아내는 신경이 ~ Aujourd'hui, ma femme est nerveuse. ¶ 날카로운 목소리로 d'une voix aiguë [perçante]. ¶ 요즈음 여야가 날카롭게 대립하고 있다 Ces jours-ci, la majorité et l'opposition s'affrontent de façon virulente.

날품 명 trav*ail*(*aux*) *m* à la journée.

*~(을) **팔다** offrir *ses* services à la journée; travailler à la journée. ¶ ~을 팔아서 생계를 이어 나가다 gagner *sa* vie en travaillant à la journée.

◆_**팔이** 명 ouvri*er*(*ère*) à la journée, journali*er*(*ère*), tâcheron *m*. ¶ ~팔이로 겨우 연명하다 subsister difficilement de *son* travail journalier. ¶ ~팔이로 나서다 travailler en tant que journalier.

낡다 자 ① ((물건이)) être usé(*e*), être vieillot(*te*), être en haillon, être usagé(*e*), vie*ux*(vie*ille*), avachi(*e*), défraîchi(*e*), fatigué(*e*), râpé(*e*), élimé(*e*), fripé(*e*), délabré(*e*), miteu*x*(*se*), démodé(*e*), altéré(*e*), émoussé(*e*), décrépit(*e*). ¶ 집이 너무 낡아서 수리할 곳이 많다 La maison étant trop vieille, il y a beaucoup de choses à réparer. ¶ 낡은 가구 des meubles usés [défraîchis, fatigués]. ¶ 낡은 모자 un chapeau fripé. ¶ 낡은 차 une vieille voiture [une caisse {*fam*}, une bagnole {*fam*}], un vieux tacot {*fam*}, un tas de ferraille [de boue] {*fam*}, une vieille carcasse {*fam*}, une guimbarde, une chignole {*fam*}. ¶ 다 낡아 빠진 옷 un vêtement avachi [râpé, usé]. ② ((추상적)) être démodé(*e*), vieillot(*te*), désu*et*(*ète*), archaïque. ¶ 낡은 사상 une pensée démodée [vieillotte]. ¶ 낡은 표현 une expression vieille [démodée, archaïque, désuète].

남¹ 명 ① les autres *mfpl*; autrui; une autre personne *f*. ¶ 저 아이는 ~을 생각하는 마음이 부족하다 Cet enfant ne pense pas aux autres / Cet enfant ne pense qu'à lui. ¶ ~의 일에 참견하다[간섭하다]. se mêler des affaires d'autrui; s'immiscer dans la vie privée d'autrui. ¶ ~의 말을 하다 parler d'autrui. ¶ ~의 손을 빌리다 se faire aider par les autres. ¶ ~의 손에 넘어가다 tomber entre les mains d'autrui. ¶ ~의 입에 오르내리다 être dans toutes les bouches; faire l'objet de commérages; être dans la bouche de tout le monde. ¶ ~의 흉을 보다 médire d'autrui; dire du mal d'autrui. ¶ ~ 앞에서 en présence des autres; en public; devant les autres. ¶ ~에게 피해 주는 일은 하지 말아라! Ne nuis pas à autrui! ¶ ~이 하는 대로 따라하다 faire comme les autres [tout un chacun]. ¶ ~ 좋은 일을 하다 faire profiter les autres; faire la besogne pour autrui; travailler à peine(*s*) perdue(*s*). ¶ ~들이 뭐라고 하든 신경 쓰지 말아라 Ne te soucie pas de ce que les gens peuvent dire / Laisse les gens parler. ¶ ~이 알까[볼까, 들을까] 두렵다 avoir peur que d'autres (ne) le sachent [le voient, l'entendent]. ② 유대감이 없는 사람 étrang*er*(*ère*), intrus(*e*). ¶ 생면부지의 ~ une personne tout à fait inconnue. ¶ 형제간인데도 ~보다 못하다 Un étranger ferait plus pour moi que mes propres frère et sœur. ¶ ~ 대하듯 하다 faire des façons [des cérémonies, des manières, des embarras {*vx*}], manquer de naturel; se faire prier; accueillir *qn* comme un étranger. ¶ 우리가 ~이냐? (Allons), pas de manières [pas de chichi {fam}] entre nous! / Allons, pas de manières [pas de cérémonies] entre nous / Ne faisons pas de manières entre nous, voyons! / Pas de manières entre nous, inutile de me remercier / Ne fais pas tant de façons pour accepter! / Ne fais pas tant d'embarras! / Allons, pas d'histoires! / On ne va pas faire de cérémonies entre nous / Ne te fais pas prier! ¶ 부부도 헤어지면 ~이다 Une fois divorcés, les gens qui étaient mariés redeviennent de parfaits étrangers [redeviennent étrangers l'un à l'autre].

*~**을 사랑하기를 네 몸같이 하라** Aime ton prochain comme toi-même.

*~**의 떡이 커 보인다** Dans le champ d'autrui, la moisson est toujours plus belle / L'herbe est toujours plus verte dans le champ d'à côté.

*~**의 제사에 감 놓아라 배 놓아라 하다** être toujours

à fouiner dans les affaires des autres; mettre son grain de sel dans les affaires des autres.

*~이야 전봇대로 이를 쑤시든 말든 Ne fourre pas ton nez dans les affaires d'autrui / De quoi je me mêle! {*fam*} / Mêle-toi de ce qui te regarde [de tes affaires, de tes oignons {*fam*}] / Je ne te demande pas si ta grand-mère fait du vélo {*fam*}! / Va voir là-bas [ailleurs] si j'y suis {*fam*} / On ne t'a pas sonné {*fam*} / Et ta sœur? {*fam*} / T'occupe {*fam*}.

*(사돈) ~ 말 한다 Tu (ne) t'es pas regardé(*e*)! / Tu parles pour toi / Il ne s'est pas regardé!

*먼 친척보다 가까운 ~이 낫다 Un bon voisin vaut mieux qu'un parent éloigné.

◆_다르다 형 ☞ 남다르다

◆_달리 부 remarquablement, extraordinairement; inhabituellement; spécialement, exceptionnellement, de façon remarquable, [extraordinaire, inhabituelle, spéciale, exceptionnelle]. ¶ ~달리 키가 크다 être plus grand(*e*) que la moyenne. ¶ 그 사람은 어려서부터 ~달리 총명했다 Depuis son enfance, il montre une intelligence qui dépasse la moyenne. ¶ ~달리 노력하다 travailler plus que les autres.

◆_모르다 형 ☞ 남모르다

◆_몰래 부 secrètement, à l'insu de tous, furtivement. ¶ ~몰래 흘리는 눈물 des larmes discrètes.

◆_부끄럽다 형 avoir honte de *qc* ((devant autrui)); être honteux(*se*); rougir de *qc* ((devant autrui)). ¶ 형제끼리 재산 때문에 다투다니 ~부끄러운 일이다 Se battre entre frères pour des questions d'héritage, il y a de quoi en rougir. ¶ ~부끄럽지 않게 갖추고 살다 vivre avec suffisamment d'aisance pour ne pas avoir à envier autrui. ¶ 자식들을 ~부끄럽지 않게 키우다 élever *ses* enfants de façon à ne pas en rougir.

남² 男 명 fils *m*. ¶ 그는 슬하에 2~ 3녀를 두고 있다 Il a deux fils et trois filles.

어근 homme *m*, mâle *m*, masculin *m*.

◆_선생 -先生 명 maître *m*, instituteur *m*; enseignant *m*; professeur *m*.

◆_학교 -學校 명 école *f* de garçons.

◆_학생 -學生 명 ((초)) écolier *m*; ((중)) collégien *m*; ((고)) lycéen *m*; ((대)) étudiant *m*.

남³ 南 명 sud *m*. ¶ ~으로 가다 aller vers le sud.

◆_녘 명 sud *m*; région *f* du sud. ¶ ~녘 땅 la Corée du sud. ¶ ~녘 하늘을 바라보다 ((les Nord-Coréens)) avoir le regard tourné [dirigé] vers la Corée du Sud.

◆_쪽 명 (direction *f* du) sud *m*. ¶ ~쪽 나라 pays du sud. ¶ 그 집의 정면은 ~쪽을 향해 있다 Cette maison est exposée plein sud / La façade de la maison donne sur le sud. ¶ 리용은 디종의 ~쪽에 위치해 있다 Lyon se situe au sud de Dijon.

◆_향 -向 명 exposition *f* au sud, orientation *f* au [vers le] sud, côté *m* sud. ¶ 이 집은 ~향이라서 겨울에도 따뜻하다 Cette maison étant orientée au sud, il n'y fait pas froid en hiver.

남국 南國 명 pays *m* du sud, pays *m* chaud. ¶ ~의 정취를 물씬 풍기다 faire tout le charme des pays chauds.

남극 南極 명 pôle *m* sud; ((나침반)) sud *m*; pôle *m* antarctique; pôle *m* austral. ¶ ~의 기후 le climat austral [antarctique]. ¶ ~을 탐험하다 explorer le pôle sud.

◆_관측기지 -觀測基地 명 base *f* d'observation du pôle sud, observatoire *m* du pôle sud.

◆_관측대 -觀測隊 명 mission *f* chargée de l'observation du pôle sud [antarctique]; équipe *f* d'observateurs du pôle sud.

◆_광 -光 명 aurore *f* australe.

◆_권 -圈 명 cercle *m* antarctique.

◆_대륙 -大陸 명 continent *m* antarctique, l'Antarctique *m*.

◆_해 -海 명 océan *m* antarctique.

남근 男根 명 pénis *m*; membre *m* viril; phallus *m*.

◆_숭배 -崇拜 명 phallisme *m*, culte *m* du phallus.

남기다 타 ① 쓰지 않다 laisser, léguer, mettre [garder] de côté. ¶ 2만 원을 남겨 운동화를 샀다 J'ai acheté une paire de tennis avec les 20 mille wons que j'avais mis de côté. ¶ 돈을 남겨 재투자를 해야 합니다 Il faut laisser de côté de l'argent pour les réinvestissements. ② 이익을 보다 faire du bénéfice: être en bénéfice: gagner de l'argent. ¶ 큰 이익을 ~ faire de gros bénéfices. ¶ 그 남자는 전기 기구를 팔아서 많은 이익을 남겼다 Il a gagné beaucoup d'argent en vendant des appareils électriques. ¶ 개당 이익을 얼마를 남겨야 손해를 안 보죠? Quelle est la marge à prendre sur chaque pièce pour faire un bénéfice? ③ 그대로 두다 laisser. ¶ 통장에 돈을 조금만 남기고 다 찾았다 J'ai pratiquement vidé notre compte / Je n'ai laissé que le minimum sur notre compte. ¶ 밥을 남기면 안 된다 Il ne faut pas laisser du riz (dans son bol). ¶ 저녁에 먹을 과일을 남겨 두어라 Laisse des fruits pour ce soir. ④ ((재산을)) léguer. ¶ 부모가 우리에게 남겨 준 재산 l'héritage que nous ont laissé nos parents. ¶ 자식들에게 거액의 유산을 ~ léguer aux enfants une forte somme en héritage. ¶ 그 남자는 자식들에게 재산을 하나도 남기지 않고 떠났다 Il est décédé [est mort, a quitté ce monde] sans laisser le moindre héritage à ses enfants. ⑤ ((유언을)) laisser ((un testament)), léguer. ¶ 그 분은 아무런 유언도 남기지 않고 떠나셨다 Il est décédé en ne laissant aucun testament. ⑥ ((사람을)) laisser *qn*. ¶ 그 사람은 아내에게 어린 것들만 남기고 가 버렸다 Il est parti en ne laissant que des petits à sa femme. ¶ 그 남자는 아내와 아이들을 남기고 죽었다 Il est mort en laissant, derrière lui, sa femme et ses enfants. ⑦ ((작품 따위를)) laisser. ¶ 그 작가는 여러 권의 작품을 남겼다 Cet écrivain a laissé plusieurs ouvrages. ⑧ ((인상 따위를)) laisser ((une impression)). ¶ 이왕이면 좋은 인상을 남겨야지 Tant qu'à faire, il faut laisser une bonne impression. ¶ 그 사람은 기분 나쁜 기억만을 남겼다 Il n'a laissé que de mauvais souvenirs. ¶ 괴테는 일생 동안 많은 재미있는 일화를 남겼다 Toute sa vie, Goethe a laissé des anecdotes amusantes. ¶ 그 작가는 이 한 편의 작품으로 후세에 이름을 남겼다 Cet écrivain a laissé son nom à la postérité avec cette œuvre unique. ¶ 어차피 떠날 바에야 미련을 남기지 말아라 Si tu dois partir, ne laisse aucun regret. ¶ 그 문제에 대해서는 미련을 남기지 말고 떠나라 Pars sans regret sur cette question. ¶ 그 영화는 마지막 장면이 특히 여운을 남긴다 La dernière scène du film m'a particulièrement impressionnée. ¶ 두 주인공이 헤어지는 장면이 각별한 여운을 남긴다 La scène dans laquelle les deux héros se séparent me laisse une résonance particulière.

◆ **남겨 놓다** laisser. ¶ 그 남자는 사업을 좋지 못한 상태로 남겨 놓았다 Il a laissé ses affaires dans un piteux état.

◆ **남겨 두다** laisser. ¶ 다 먹지 말고 동생 먹을 것을 좀 남겨 두어라 Ne mange pas tout, laisses-en un peu à ton petit frère.

◆**남김없이** 부 tout, entièrement: sans exception, sans rien laisser. ¶ 한 푼도 남김없이 다 써버리다 dépenser tout *son* argent sans laisser un sou. ¶ 그는 사업에 자기 재산을 남김없이 다 투자했다 Il a investi toute sa fortune dans les affaires. ¶ 그릇을 남김없이 다 비우다 vider complètement le bol.

남남 명 deux êtres *mpl* que tout séparait [qui ne se connaissaient pas]. ¶ ~끼리 만나 부부가 되다 développer une intimité réciproque [établir des relations intimes] pour former un couple. ¶ ~이 되다 ((voir les relations réciproques se détériorer au point de)) devenir indifférent(*e*)s l'un(*e*) à l'autre.

남녀 男女 명 les hommes *mpl* et les femmes *fpl*; homme *m* et femme *f*; couple *m*. ¶ 한 쌍의 ~ un couple. ¶ ~를 차별하다 faire la discrimination entre les hommes et les femmes [entre les sexes]. ¶ ~ 구별 없이 입을 수 있는 셔츠 une chemise unisexe.

◆ **_공학** -共學 명 enseignement *m* mixte; école *f* [중학교 collège *m*; 고등학교 lycée *m*] mixte. ¶ 그 학교는 ~이다 Cette école est mixte.

◆ **_관계** -關係 명 relations *fpl* entre filles et garçons [hommes et femmes]; relation *f* sexuelle.

◆ **_문제** -問題 명 problèmes *mpl* entre les deux sexes.

◆ **_양성구유** -兩性具有 명 hermaphrodisme *m*.

◆ **_양성구유자** -兩性具有者 명 hermaphrodite *m*; androgyne *mf*.

◆ **_평등** -平等 명 égalité *f* des sexes. ¶ ~평등을 부르짖다 revendiquer l'égalité des sexes.

남녀노소 男女老少 명 hommes *mpl* et femmes *fpl* de tous âges; tout le monde *m* sans distinction d'âge ou de sexe. ¶ ~를 막론하고[불문하고] sans distinction d'âge ou de sexe. ¶ 배드민턴은 ~ 누구나 쉽게 배울 수 있는 운동이다 Le badminton est un sport pour tout le monde sans distinction d'âge ou de sexe.

남다 자 ① ((물건이)) rester. ¶ 밥솥에 밥이 아직 많이 남아 있다 Il reste encore beaucoup de riz dans l'autocuiseur. ② ((돈, 수가)) rester. ¶ 남은 돈 reste d'argent, l'argent restant; le solde. ¶ 양말을 사고 8만 원이 남았다 Après avoir acheté des chaussettes, il me reste huit mille wons. ¶ 세금 내고 남는 돈은 저축합시다 Mettons sur notre compte l'argent qui restera après avoir payé les impôts. ¶ 통장에 돈이 남아 있다 Il reste de l'argent dans le compte. ¶ 10에서 5를 빼면 얼마가 남지? - 5가 남습니다 Combien il reste si on soustrait [déduit] cinq à [de] dix? Il reste cinq. ¶ 10을 2로 나누면 5가 남는다 Si on divise dix par deux, cela fait cinq. ③ ((이익이)) avoir, produire ((des profits, des bénéfices)); être profitable, être source de bénéfice ¶ 이익이 ~ il reste des profits; avoir [produire] des profits. ¶ 이익이 남지 않는 qui ne produit pas de bénéfices, peu profitable; peu lucratif(*ve*). ¶ 개당 이익이 얼마가 남지? On peut en retirer combien de bénéfice par pièce? ¶ 20 퍼센트의 이익이 남았다 Il reste 20 % de bénéfices. ¶ 그렇게 하면 남는 게 얼마 안 돼 Si on fait comme cela, on aura peu de bénéfices. ¶ 손님, 그 값에는 남는 게 없어요 Cher client, à ce prix-là, je n'aurai pas de bénéfice ¶ 이윤이 남는 장사 un commerce profitable [rentable, qui rapporte]. ④ ((사람이)) rester. ¶ 혼자 집에 ~ rester seul(*e*) à la maison ¶ 수업 끝나고 남아라 Reste [Ne pars pas] après le cours [à la fin du cours] ¶ 우리는 일당을 받으러 그 자리에 남았다 Nous sommes restés là pour recevoir notre paie journalière. ¶ 나치 잔당들이 아직도 세계 각처에 남아 있다고 한다 On dit qu'il reste des factions résiduelles des nazis un peu partout dans le monde. ¶ 나는 그냥 여기 남아 있겠다 Moi, je resterai simplement ici. ¶ 너는 좀 남아 있다가 나중에 오너라 Reste ici un peu, et viens plus tard. ⑤ ((사물의 흔적 등이)) rester ¶ 이제 내게 남은 것이라고는 기타 하나 동전 한 닢뿐이다 À présent, tout ce qu'il me reste, c'est une guitare et une pièce de monnaie. ¶ 너 혼자 다 가지면 나는 뭐가 남냐? Si tu prends tout, qu'est-ce qu'il me reste? ¶ 직장 생활 30년에 남은 것이 고작 집 한 채라니! Au bout de 30 ans de vie de salarié, ce qu'il me reste, ce n'est qu'une maison! ¶ 일이 빨리 끝나 시간이 많이 남는다 Le travail s'étant vite terminé [ayant vite pris fin, ayant été liquidé rapidement {*fam*}], il nous reste beaucoup de temps [nous avons beaucoup de temps disponible]. ¶ 하루 종일 걷고도 아직도 힘이 남아 있다니, 너 대단하구나! Tu as marché toute la journée et il te reste encore de la force, c'est formidable! ¶ 그 친구 아직도 체력이 남아 있을까? Lui restera-t-il encore des forces? ¶ 남은 일을 하다 faire le restant du travail. ¶ 그 녀석은 그런 일을 하고도 남을 거야 Il est parfaitement capable de faire ce genre de chose [travail]! ¶ 겨우 합의는 보았지만 그 문제에 있어서는 불씨가 여전히 남아 있다 On est arrivé avec peine à un compromis, mais il reste encore un problème qui peut faire tout échouer [mais le moindre souci peut faire tout échouer, mais le problème n'est pas définitivement réglé]. ¶ 하다 남은 말을 편지로 써보내다 écrire à *qn* ce que l'on n'a pu dire de vive voix. ¶ 그는 당신이 먹고 남은 것을 차지했을 뿐이다 Il a pris seulement ce que vous aviez laissé. ⑥ ((감정, 개념이)) rester. ¶ 나는 그 여자에게 아직도 미련이 남아 있다 Il me reste encore des regrets pour cette femme. ¶ 그는 미국 유학에 아직도 미련이 남아 있다 Il a encore des regrets de ne pas être allé faire des études aux États-Unis. ¶ 나는 그 여자와 헤어진 것에 대해 미련이 남아 있다 J'ai encore des regrets d'avoir quitté cette fille. ¶ 그 여자에게는 아직도 지난날의 아름다움이 남아 있다 On peut trouver en elle quelques vestiges de sa beauté passée. ¶ 우리에게는 그 사람에 대한 좋은 인상만 남아 있다 De lui, nous ne conservons que de bonnes images. ¶ 그녀는 전 남편에 대한 아쉬움이 남아 있다 Elle éprouve des regrets au sujet de son ex-mari. ⑦ ((이름, 업적 등이)) rester ¶ 훌륭한 일을 하면 후세에 이름이 남는다 Si on réalise une œuvre remarquable, on peut laisser son nom à la postérité. ¶ 그는 그 방면의 최고의 권위자로 아직도 이름이 남아 있다 Son nom reste encore comme le meilleur spécialiste dans ce domaine.

*__남는 장사(를) 하다__ faire *qc* de rentable [de profitable].

남다르다 형 être différent(*e*), dissemblable, distinct(*e*); être inhabituel(*le*), méconnu(*e*); être peu commun(*e*); se distinguer; se faire remarquer. ¶ 감회가 ~ être envahi(*e*) [bouleversé(*e*)] par une intense émotion, être profondément ému(*e*), être saisi(*e*) d'une profonde émotion, être remué(*e*), ému(*e*). ¶ 남다른 노력 un effort remarquable. ¶ 학문에 대한 남다른 애착[열성] une passion [un enthousiasme] remarquable pour la recherche.

◆**남달리** 부 en se distinguant des autres, en sortant [en émergeant, en se détachant, en se démarquant] du lot, exceptionnellement; plus [mieux] que les autres; singulièrement, d'une manière singulière [étonnante, remarquable], exceptionnellement particulièrement.

남단 南端 명 extrémité *f* méridionale [sud]; pointe *f* sud ((de l'Afrique)).

남대문 南大門 명 Namdeamun <la Grande Porte du sud ((à Séoul))>. ¶ ~ 시장 le marché de Namdaemun.

남도 南道 명 provinces *fpl* du sud.

◆**_민요** -民謠 명 【민속】 chant *m* folklorique des provinces du sud.

남독 濫讀 명 lecture *f* sans choix [sans tri, sans élimination]. ◇_(을) **하다** lire n'importe quoi, lire indistinctement [sans distinction] tout ce qui *nous* tombe sous la main. ¶ 이 책 저 책 ~하다 lire n'importe quel livre [n'importe quoi], lire indistinctement [sans distinction] tous les livres qui lui tombent sous la main.

남동 南東 어근 sud-est *m*.

◆**_진하다** -進- 자 se diriger vers le sud-est

◆**_쪽** 명 direction *f* [côté *m*] sud-est.

◆**_풍** -風 명 vent *m* du sud-est.

◆**_향** -向 명 exposition *f* au sud-est. ¶ 이 집은 ~향이라 매우 밝다 Cette maison est très bien éclairée, parce qu'elle donne [est exposée] au sud-est.

남루하다 襤褸- 형 être déplorable, minable, pauvre, lamentable. ¶ 그 사람은 행색이 ~ Son apparence est pauvre [minable]. ¶ 남루한 옷차림 un habit en lambeaux, une tenue déplorable.

남매 男妹 명 frère *m* et sœur *f*. ¶ 그들은 ~ 간이다 Ils sont frère et sœur. ¶ 그 여자는 딸 둘 아들 하나, 삼 ~를 두었다 Cette femme a trois enfants: deux filles et un garçon.

남모르다 자 être secret(*ète*), être dissimulé(*e*) ((aux autres)). ¶ 남모르는 고생 difficulté [souffrance] cachée; une peine ignorée des autres. ¶ 남모르게 눈물을 흘리다 verser des larmes [pleurer] en cachette [secrètement, discrètement]. ¶ 그 사람에게도 남모르는 고충이 많았다 Lui aussi avait des soucis qu'il ne dévoilait pas. ¶ 그 남자는 남모르게 눈물을 흘렸다 Il a pleuré secrètement [en cachette].

◆**남몰래** 부 à l'insu de tous, en cachette, secrètement, dans la discrétion.

남문 南門 명 porte *f* sud.

남미 南美 명 Amérique *f* du Sud.

남반구 南半球 명 【지리】 hémisphère *m* sud [austral].

남발 濫發 명 surémission *f*; abus *m*, excès *m*. ¶ 화폐의 ~ une émission excessive de billets de banque. ¶ 외래어의 ~ l'abus de mots d'emprunt. ◇_(을) **하다** effectuer une surémission. ¶ 실현성 없는 선거 공약을 ~하다 faire un nombre excessif de [faire en excès des] promesses électorales difficilement réalisables. ¶ 필요 이상의 감탄사를 ~하다 pousser des exclamations inutiles. ◇_(이) **되다** être émis(*e*) excessivement [en excès].

남방 南方 명 ① 남쪽지방 sud *m*; direction *f* du sud. ¶ ~ 민족 peuple du sud. ② 셔츠 chemise *f* décontractée [de sport]. ¶ ~을 입다 mettre une chemise décontractée.

남방셔츠 南方- 명 chemise *f* hawaïenne.

남벌 濫伐 명 déboisement *m* à outrance. ◇_(을) **하다** abattre [couper] trop d'arbres.

남복 男服 명 habillement *m* d'homme; vêtements *mpl* pour hommes. ◇_(을) **하다** s'habiller en homme.

남부 南部 명 région *f* du sud; sud *m*; partie *f* sud. ¶ ~ 지방 la région du sud. ¶ 그 나라는 산맥을 경계로 ~와 북부로 나뉘어져 있다 Dans ce pays, le sud est séparé du nord par une chaîne de montagnes.

남부럽다 형 envier les autres. ¶ 비록 가난해도 가족 간의 정은 남부럽지 않습니다 Nous avons beau être pauvres, pour ce qui est de l'entente dans la famille, nous n'avons pas à envier les autres! ¶ 우리도 남부럽지 않게 좀 살아보자 Essayons nous aussi de vivre convenablement / Vivons (nous aussi) comme les autres (sans avoir à les envier).

남북 南北 명 ① nord *m* et sud *m*. ¶ ~을 가로지르는 철도 chemin de fer qui traverse la frontière entre les deux Corées. ¶ ~으로 분단되다 ((un pays)) être divisé(*e*) entre le nord et le sud. ② ((한국)) les deux Corées *fpl* ((Corée du Nord et Corée du Sud)). ¶ ~ 교류 échanges entre la Corée du nord et la Corée du sud [entre les deux Corées]. ¶ ~ 대화 le dialogue entre la Corée du Sud et la Corée du Nord [entre les deux Corées]. ¶ ~ 문제 des problèmes causés par la séparation des deux Corées. ¶ ~ 이산가족 les familles séparées (depuis la guerre de Corée) entre la Corée du Nord et la Corée du Sud. ¶ ~ 회담 pourparlers entre la Corée du Nord et la Corée du Sud [entre les deux Corées]. ¶ ~ 정상회담 une conférence au sommet entre la Corée du Nord et la Corée du Sud. ¶ ~ 공동성명을 발표하다 émettre un communiqué commun Nord-Sud. ¶ ~이 대치하는 상황 une situation où s'affrontent les deux Corées [la Corée du Nord et la Corée du Sud].

◆_**전쟁** -戰爭 명 ((미국역사)) guerre *f* de sécession.

◆_**통일** -統一 명 réunification *f* des deux Corées, réunification *f* de la Corée (du Sud et de la Corée du Nord).

남북한 南北韓 명 Corée *f* du Sud et Corée *f* du Nord; (les) deux Corées *fpl*. ¶ ~ 공동개발 développement commun des deux Corées. ¶ ~ 공동사업 entreprise commune des deux Corées.

남빛 藍- 명 indigo *m*; bleu *m*; azur *m*. ¶ ~으로 물들이다 teindre *qc* en indigo. ¶ ~이 돌다 tirer sur l'indigo.

남사당 男- 명 【민속】 saltimbanque *m*.

◆_**패** 명 【민속】 troupe *f* de saltimbanques.

남산 南山 명 【지리】 Namsan, le mont du Sud (à Séoul).

남색[1] 男色 명 homosexualité *f* masculine, sodomie *f*, pédérastie *f*.

◆_**가** -家 명 sodomite *m*, pédéraste *m*; ((경멸적)) pédé *m* {*fam*}, pédale *f* {*fam*}.

남색[2] 藍色 명 indigo *m*; bleu *m*; azur *m*. ¶ 짙은 ~ 치마 une jupe bleu foncé. ¶ ~으로 물을 들이다 faire teindre ((un vêtement)) en bleu foncé.

남서 南西 어근 sud-ouest *m*.

◆_**쪽** 명 direction *f* [côté *m*] sud-ouest.

◆_**풍** -風 명 vent *m* du sud-ouest.

남서부 南西部 명 partie *f* sud-ouest; (le) sud-ouest *m*. ¶ 미국 ~ 지방 la partie sud-ouest des Etats-Unis.

남성[1] 男性 명 sexe *m* masculin [fort]; hommes *mpl*. ¶ 매력적인 ~ un homme charmant. ¶ 20대의 직장 ~들 les hommes salariés d'une vingtaine d'années. ¶ ~ 중심의 사회 une société centrée sur [qui privilégie] les hommes, une société machiste.

◆_**적** -的 명관 ((métier)) masculin(*e*); ((attitude, trait)) viril(*e*); ((fille)) au caractère masculin. ¶ ~적인 매력 le charme masculin.

◆_**용** -用 명관 pour homme. ¶ ~용 화장품 des produits de beauté [cosmétiques] pour homme.

◆_**화** -化 명 masculinisation *f*. ¶ 요즘은 젊은 여성들의 ~화 경향이 두드러진다 De nos jours, les jeunes filles affichent des manières d'hommes [ont un comportement à tendance masculine, imitent les garçons]. ¶ 이 패션은 여성을 ~화 시킨다 Cette mode masculinise les femmes.

◆_**명사** -名詞 명 【언어】 nom *m* [substantif *m*] masculin.

◆_**미** -美 명 beauté *f* masculine.

◆_**복** -服 명 habits *mpl* [vêtements *mpl*] d'homme [pour homme]. ¶ 백화점의 ~복 코너 le rayon des vêtements pour homme dans un grand magasin.

◆_**형** -形 명 【언어】 forme *f* masculine, le masculin.

남성[2] 男聲 명 voix *f* masculine.

남실거리다[1] 자 ☞ 넘실거리다

남실거리다[2] 자 regarder *qc* avec envie. ¶ 개가 주인 음식을 남실거린다 Le chien regarde avec envie la nourriture de son maître.

남실대다[1] 자 ☞ 넘실거리다

남실대다[2] 자 ☞ 남실거리다[2]

남아 男兒 명 ① garçon *m*. ¶ 다섯 달 된 ~ un garçon de cinq mois. ¶ ~를 분만하다 donner naissance à un fils, mettre au monde un fils. ¶ 한국은 ~ 선호 경향이 강하다 En Corée, on préfère nettement les garçons aux filles. ② 대장부 homme *m*. ¶ 대한 ~의 기개를 떨치다 faire preuve de la force de caractère d'un (homme) coréen.

남아돌다 자 en avoir de trop [en excès, en surnombre], être superflu(*e*). ¶ 돈이 ~ avoir trop d'argent, ne pas savoir quoi faire de *son* argent. ¶ 시간이 ~ avoir du temps à perdre, ne pas savoir quoi faire de *son* temps.

남용 濫用 명 usage *m* [emploi *m*] abusif; abus *m*, détournement *m*. ¶ 약의 ~ l'usage abusif d'un médicament. ◇_(을) **하다** faire mauvais usage de *qc*; abuser de *qc*; employer improprement *qc*; détourner ((des fonds)). ¶ 권력을 ~하다 abuser du pouvoir. ¶ 공금을 ~하다 détourner des fonds publics; abuser des biens sociaux. ¶ 약을 ~하는 것은 위험하다 L'usage abusif d'un médicament est dangereux. ◇_(이) **되다** être utilisé(*e*) abusivement.

◆**직권_** 職權- 명 abus *m* d'autorité [de pouvoir].

남우 男優 명 comédien, acteur *m* de cinéma. ¶ ~ 주연 l'acteur principal. ¶ ~ 주연상 le prix du meilleur comédien, le prix du meilleur acteur principal.

남위 南緯 명 【지리】 latitude *f* sud. ¶ 그 섬은 ~ 30도

에 위치하고 있다 L'île est à 30° de latitude sud.

남인 南人 명 【역사】 Namin <une des quatre forces [factions] politiques durant la seconde moitié de Joseon>.

남자 男子 명 homme *m*; garçon *m*; jeune homme *m*. ¶ 어떤 ~가 너를 찾는다 Un homme te cherche [te demande]. ¶ 그 아저씨는 우리 옆집 ~다 Ce monsieur, c'est notre voisin. ¶ ~ 100미터 자유형 un cent mètres nage libre hommes [messieurs, masculin].

◆_**답다** 형 se conduire en homme, être viril(*e*), avoir un comportement digne de celui d'un homme. ¶ ~다운 태도를 취하다 se conduire en homme. ¶ ~답게 네가 양보해라 en tant qu'homme, c'est à toi de céder [de faire une concession]!

◆_**용** -用 명 pour hommes *mpl.* ¶ ~용 옷 des vêtements pour hommes.

◆_**친구** -親舊 명 ami *m*, copain *m*; petit ami *m*.

남작 男爵 명 baron *m*. ¶ ~ 부인 une baronne. ¶ ~의 작위 une baronnie.

남장 男裝 명 tenue *f* masculine; habit *m* masculin; déguisement *m* masculin. ¶ ~ 여자 une femme déguisée en homme. ¶ ~ 차림으로 en tenue masculine, déguisée en homme. ◇_(을) **하다** se déguiser en homme.

남정 男丁 명 homme *m*. ¶ 마을에 일할 ~이 모자란다 Il y a carence d'hommes vigoureux au village.

◆_**네** 명 hommes *mpl*; nos hommes *mpl* ((terme employé par les femmes du peuple)). ¶ 이건 ~네들이 참견할 일이 아니에요 Ce ne sont pas des affaires qui concernent les hommes. ¶ 힘든 일일랑 ~네들에게 맡깁시다 On peut confier aux hommes les travaux difficiles.

남존여비 男尊女卑 명 prédominance *f* de l'homme sur la femme. ¶ ~ 사상 le sexisme, le machisme. ¶ ~ 문화 une culture où l'homme jouit de la supériorité sur la femme.

남진 南進 명 progression *f* [expansion *f*] vers le sud. ¶ ~ 정책 une politique d'expansion vers le sud. ◇_(을) **하다** (s')avancer vers le sud.

남짓 의명 un peu plus de; *qc* et quelques, *qc* et des poussières {*fam*}. ¶ 한 달 ~ 서울에 머물다 rester un peu plus d'un mois à Séoul. ¶ 서른 살 ~ 된 여자 une femme qui a un peu plus de la trentaine [qui dépasse légèrement la trentaine, qui a trente ans et quelques].

남짓하다 형 avoir un peu plus de; avoir *qc* et quelques, avoir *qc* et des poussières {*fam*}. ¶ 열 살 남짓한 어린아이 un enfant d'un peu plus de dix ans. ¶ 나는 만 원 남짓한 돈을 가지고 있다 J'ai un peu plus de dix mille wons / J'ai dix mille wons et quelques [et des poussières {*fam*}]. ¶ 10킬로 남짓한 거리를 걷다 marcher un peu plus de dix kilomètres.

남창[1] 男娼 명 homme *m* prostitué ((vendant ses charmes le plus souvent à d'autres hommes)).

남창[2] 男唱 명 【음악】 chanson *f* chantée par une femme d'une voix masculine.

남촌 南村 명 ① village *m* au sud. ② 【역사】 villages *mpl* au sud de Séoul au temps du royaume.

남측 南側 명 le Sud *m*, côté *m* sud ¶ ~과 북측 le Nord et le Sud.

◆_**구역** -區域 명 zone *f* du Sud.

◆_**대표** -代表 명 représentation *f* [les représentants *mpl*] du Sud. ¶ 남북회담에 ~대표로 참가하다 représenter le Sud lors des pourparlers entre la Corée du Nord et la Corée du Sud [entre les deux Corées].

남치마 藍- 명 jupe *f* bleue.

남침 南侵 명 attaque *f* [invasion *f*] du [vers le] sud. ¶ 한국 전쟁은 북한의 ~으로 일어났다 La guerre de Corée a éclaté avec l'invasion de la Corée du Sud par la Corée du Nord. ◇_(을) **하다** attaquer [envahir] le sud.

남탕 男湯 명 bains *mpl* publics pour hommes.

남태평양 南太平洋 명 Pacifique *m* (du) Sud.

남파 南派 명 envoi *m* ((d'un espion)) en Corée du Sud. ¶ ~ 간첩 un espion nord-coréen envoyé au Sud. ◇_(를) **하다** envoyer *qn* en Corée du Sud. ¶ 북한이 ~한 무장공비 des guérilleros armés envoyés au Sud par la Corée du Nord. ◇_(가) **되다** être envoyé(*e*) en Corée du Sud.

남편 男便 명 mari *m*, époux *m*. ¶ ~(의) 뒷바라지를 하다 s'occuper de *son* mari, prendre soin de *son* mari. ¶ ~ 노릇이나 제대로 하세요 ((제삼자가 결혼한 남자에게)) Faites correctement votre devoir de mari / ((여자가 자기 남편에게)) Fais correctement ton devoir de mari. ¶ 그 여자는 3년 전에 ~을 잃었다 Elle a perdu son mari il y a trois ans / Elle est veuve depuis trois ans.

◆_**감** 명 individu *m* qui a les qualités potentielles pour être un bon mari; personne *f* susceptible de devenir le mari d'une femme, mari *m* potentiel; prétendant *m*; futur mari *m* [époux *m*]; un bon parti *m* (pour une femme). ¶ 그 남자는 좋은 ~감이다 Cet homme est un bon parti (pour toi).

남포[1] 영{lamp} 명 lampe *f*, lampe *f* à pétrole. ☞ 램프[1]

◆_**등** -燈 명 lampe *f* à pétrole.

◆_**스불** 명 lumière *f*[flamme *f*] d'une lampe à pétrole; lampe *f*; lampe *f* à pétrole.

남포[2] 명 ☞ 다이너마이트

남풍 南風 명 vent *m* du sud. ¶ ~이 분다 Le vent du sud souffle.

남하 南下 명 descente *f* vers le sud. ¶ ~ 정책 politique d'expansion vers le sud (de la péninsule coréenne). ◇_(를) **하다** s'avancer vers le sud. ¶ 북상했던 장마전선[태풍]이 다시 ~하기 시작했다 La zone de pluies [de typhons] qui était montée a commencé à descendre de nouveau.

남학교 男學校 명 école *f* [중학교 collège *m*; 고등학교 lycée *m*] de garçons.

남학생 男學生 명 élève *m*; [초등학교 écolier *m*; 중학교 collégien *m*; 고등학교 lycéen *m*; 대학교 étudiant *m*.]

남한 南韓 명 Corée *f* du Sud.

남해 南海 명 mer *f* du Sud ((de la Corée)); mer *f* de Chine méridionale.

남해안 南海岸 명 littoral *m* sud. ¶ ~을 일주하다 faire un tour sur la côte du sud.

남행 南行 명 descente *f* vers le sud; marche *f* vers le sud; direction *f* du sud. ¶ ~ 열차 un train en direction du sud. ◇_(을) **하다** aller vers le sud.

남향 南向 명 exposition *f* [orientation *f*] au (vers le) sud, exposition *f* [orientation *f*] côté sud. ¶ 집을 ~으로 짓다 construire une maison exposée au sud [exposée côté sud]. ¶ 우리 집은 ~이다 Notre maison est exposée [est orientée] au sud [au midi, côté sud].

◆**_집** 명 maison *f* exposée au sud [exposée au midi, exposée côté sud]. ¶ 보편적으로 사람들은 ~집을 선호한다 En règle générale [Généralement], les gens préfèrent une maison exposée au sud [exposée côté sud].

남회귀선 南回歸線 명 【천문】 tropique *m* du Capricorne.

남획 濫獲 명 surpêche *f*. ¶ ~으로 멸종된 물고기 des poissons disparus à cause de la surpêche. ◇_(을) **하다** pêcher sans discrimination. ¶ 물고기를 마구잡이로 ~하다 pêcher des poissons sans discrimination (entre les espèces). ◇_(이) **되다** être surpêché(*e*).

납 명 【화학】 plomb *m*. ¶ ~ 성분을 함유하다 contenir du plomb.

◆**_덩이** 명 morceau *m* de plomb.

◆**_중독** -中毒 명 intoxication *f* au plomb; saturnisme *m*.

◆**땜_** 명 plomb *m* à souder.

납골 納骨 명 conservation *f* des cendres (après incinération). ◇_(을) **하다** conserver les cendres.

◆**_단지** 명 urne *f* (funéraire).

◆**_당** -堂 명 ossuaire *m*. ¶ 유해를 ~당에 안치하다 déposer les cendres dans l'ossuaire.

납기 納期 명 période *f* (fixée) pour un paiement [pour un versement]. ¶ ~를 어기다 ne pas respecter le délai. ¶ 세금을 ~ 내에 내다 payer les impôts dans le délai fixé. ¶ 주민세 ~가 지났다 Le délai de (paiement de) la taxe d'habitation est expiré.

◆**_일** -日 명 date *f* fixée pour le paiement. ¶ ~일이 얼마 남지 않았다 Le délai fixé expire bientôt.

납득 納得 명 compréhension *f*. ◇_(을) **하다** comprendre, concevoir, saisir; se convaincre de *qc*. ¶ 나는 너의 그런 행동을 ~할 수 없다[~하기 어렵다] Je ne comprends pas ton comportement. ¶ 모두가 ~할 만한 이유를 대라 Donne une raison [une explication] susceptible de convaincre tout le monde. / Donne une explication convaincante. ◇_(이) **되다[가다]** comprendre; saisir; se convaincre. ¶ ~이 안 되는 이야기 une histoire peu convaincante. ¶ 나는 그 여자가 늦게 오는 것이 ~되지 않는다 Je ne m'explique pas son retard. ¶ 어째서 그 친구가 화를 냈는지 ~이 안 간다 Je ne comprends pas pourquoi il s'est mis en colère. ◇_(을) **시키다** convaincre [persuader] *qn* de *qc* [*qn* que+*ind*]. ¶ 계획을 단념하도록 누구를 ~시키다 convaincre *qn* de renoncer à un projet. ¶ 나는 그 사람을 ~시키기 위해서 할 수 있는 것을 다했다 J'ai fait tout ce que j'ai pu pour le convaincre. ¶ 중국은 북한에게 6자회담의 필요성을 ~시키려고 노력했다 La Chine a fait un effort pour convaincre la Corée du Nord de la nécessité de pourparlers entre les six états. ¶ 나는 이번 일이 그 사람의 잘못이라는 것을 ~시킬 수가 없었다 Je n'ai pas pu le convaincre que cette fois-ci c'était sa faute [qu'il était responsable cette fois-ci].

납땜 명 soudage *m*, soudure *f*. ◇_(을) **하다** souder au plomb.

◆**_인두** 명 fer *m* à souder.

◆**_질** 명 soudage *m*, soudure *f*.

납량 納凉 명 rafraîchissement *m* ((films d'horreur)) qui font froid dans le dos [qui donnent des sueurs froides]. ¶ ~ 특집 un programme spécial de films d'horreur pour l'été.

◆**_물** -物 명 film *m* d'horreur [d'épouvante] proposé spécialement pour l'été. ¶ TV에서 ~물을 보다 regarder à la télévision un film d'horreur proposé spécialement pour l'été. ¶ 방송국에서 여름 ~물을 방송한다 Les chaînes de télévision proposent [passent] des films d'horreur ((qui font froid dans le dos, qui donnent des sueurs froides)) pendant l'été.

납본 納本 명 dépôt *m* (légal, d'une thèse) (système de dépôt obligatoire de toutes publications en 4 exemplaires à la bibliothèque nationale); présentation *f* d'un certain nombre d'exemplaires (d'une nouvelle édition aux autorités). ◇_(을) **하다** présenter un exemplaire (d'une nouvelle édition aux autorités), remettre (aux agents de l'État) des exemplaires (de toute production littéraire ou artistique destinée aux collections nationales). ¶ 학위논문을 ~하다 déposer [faire le dépôt, effectuer le dépôt] de *sa* thèse [de *son* mémoire de maîtrise]. ◇_(이) **되다** ((un exemplaire (d'une nouvelle édition aux autorités))) être présenté(*e*), remis(*e*).

납부 納付 명 paiement *m* ((d'une taxe)). ¶ ~ 기한 un délai de paiement. ¶ ~ 의무자 une personne qui doit payer ((une taxe, des droits)); un(*e*) contribuable, un(*e*) assujetti(*e*), une personne imposable, les redevables de l'impôt. ¶ 분할 ~ des paiements par échelons; l'échelonnement des paiements. ¶ 은행 자동 ~ le virement bancaire automatique, le virement automatique du compte. ◇_(를) **하다** payer ((une taxe)). ¶ 세금을 정직하게 ~해야 한다 Les impôts doivent être honnêtement payés. ◇_(가) **되다** être payé(*e*).

◆_금 -金 명 impôts *mpl*; frais *mpl*, droits *mpl* ((d'inscription)); redevance *f*.

◆_자 -者 명 personne *f* qui paie ((une taxe, des droits)); contribuable *mf*, assujetti(*e*), personne *f* imposable, les redevables *mpl* de l'impôt.

납북 拉北 명 kidnapping *m* [enlèvement *m*] vers la Corée du Nord. ◇_(을) **하다** emmener *qn* de force en Corée du Nord, enlever [kidnapper] *qn* en Corée du Nord. ◇_(이) **되다** être emmené(*e*) contre *son* gré en Corée du Nord. ¶ 그 사람은 6·25때 ~되었다 Il a été emmené en Corée du Nord lors de la guerre de Corée.

납세 納稅 명 paiement *m* d'une taxe [d'un impôt]. ¶ ~(의) 의무 obligation de payer les impôts. ¶ ~고지서 une feuille d'impôt(*s*).

◆_액 -額 명 montant *m* (d'une taxe, de l'impôt).

◆_자 -者 명 contribuable *mf*, personne *f* qui paie des impôts.

◆_필증 -畢證 명 certificat *m* de paiement d'impôt. ¶ ~필증을 받다 recevoir un certificat de paiement d'impôt.

납시다 재 sortir. ¶ 상감마마 납시오 Sa majesté le roi! ¶ 귀한 분이 어찌 이런 곳까지 납시었소? Comment un seigneur [une auguste personne] comme vous peut-il daigner se présenter dans un tel lieu!

납입 納入 명 paiement *m* ((d'une taxe)). ¶ ~ 기한 le délai de paiement ((d'une taxe)). ◇_(을) **하다[시키다]** payer ((une taxe)); verser ((des frais d'inscription)). ¶ 구독료를 은행에 ~하다 payer le prix d'un abonnement ((à une revue ou un journal)) par virement bancaire. ◇_(이) **되다** être payé(*e*).

◆_금 -金 명 somme *f* payée, versement *m*.

◆_자본 -資本 명 capital *m* versé, fonds *mpl* versés.

납작 부 bas, à plat (ventre); du tac au tac. ¶ ~ 엎드리다 se mettre à plat ventre.

◆_하다 형 être plat(*e*); ((코가)) être aplati(*e*), épaté(*e*), camus(*e*), écrasé(*e*), camard(*e*) {*fam*}. ¶ ~하게 생겼다 avoir une forme [une apparence] plate. ¶ 바위에 눌려 ~해지다 se faire écraser sous un rocher.

◆_코 명 nez *m* aplati [épaté, écrasé, camus, camard {*fam*}].

납작보리 명 orge *f* pressée.

납짝 부 (('납작'의 잘못)) ☞ 납작

납치 拉致 명 enlèvement *m*, rapt *m*, kidnapping *m*. ◇_(를) **하다** enlever *qn*, kidnapper *qn*; ravir *qn*. ¶ 어린이를 ~하다 kidnapper [enlever] un enfant. ¶ 여객기를 ~하다 détourner un avion. ◇_(가) **되다** [(를) **당하다**] être enlevé(*e*), kidnappé(*e*), être victime d'un enlèvement, se faire kidnapper, se faire enlever. ¶ 그는 유럽 여행 중에 괴한들에게 ~되었다 Il s'est fait kidnapper [enlever] par des individus suspects [louches] pendant son voyage en Europe.

◆_극 -劇 명 scène *f* d'enlèvement. ¶ ~극을 벌이다 monter un kidnapping [un enlèvement]. ¶ ~극이 벌어지고 있다 Une scène d'enlèvement est en train de se dérouler (en public).

◆_범 -犯 명 auteur *m* d'un enlèvement, kidnappeu*r*(*se*); ravisseu*r*(*se*).

납품 納品 명 approvisionnement *m*, livraison *f* (de marchandises). ◇_(을) **하다** approvisionner, livrer (des marchandises). ¶ 자동차 부품을 ~하는 중소기업 une P.M.E. livrant des pièces détachées d'automobile. ¶ 우리 공장은 인근 군부대에 의류를 ~하고 있다 Notre usine fournit des vêtements à la caserne voisine. ◇_(이) **되다** être livré(*e*), être fourni(*e*).

◆_업자 -業者 명 fournisseu*r*(*se*).

낫 명 faucille *f*. ¶ ~으로 풀을 베다 couper de l'herbe à la [avec une] faucille.

*~ **놓고 기역자도 모르다** être complètement illettré(*e*) [analphabète], ne savoir ni a ni b; être ignorant(*e*) comme une carpe, être (complètement) ignare [inculte].

◆_질 명 action *de* couper à la faucille. ¶ ~질(을) 하다 couper à la [avec une] faucille.

낫다[1] 형 ((질, 수준이)) l'emporter sur *qn*/*qc*; valoir mieux, prévaloir, être préférable. ¶ 가까운 이웃이 먼 친척보다 ~ À lointain parent proche voisin prévaut / Mieux vaut bon voisin que longue parenté. ¶ 기다리는 것보다는 지금 떠나는 게 낫겠다 Mieux vaut partir maintenant que d'attendre. ¶ 딴 곳이 늘 이곳보다 나아 보인다 Ailleurs semble toujours mieux / L'herbe est toujours plus verte dans le jardin du voisin / L'herbe est toujours plus verte de l'autre côté de la barrière [de la clôture]. ¶ 선생님은 건강이 요사이 더 나아지셨군요 Je vous trouve en meilleure santé ces temps-ci. ¶ 훈련을 해서 실력이 전보다 나아졌다 À force d'entraînement, *ses* compétences se sont améliorées.

낫다[2] 재 ((병이)) guérir; aller mieux. ¶ 병이 ~ ((la maladie)) guérir, se remettre[se rétablir] d'une maladie. ¶ 씻은 듯이 ~ guérir complètement. ¶ 그 사람은 감기가[간염이, 위궤양이] 나았다 Il a guéri de son rhume[Il a guéri de son hépatite, Il a guéri de son ulcère à l'estomac]. / Son rhume est passé [Il a guéri de son hépatite, Il a guéri de son ulcère à l'estomac]. ¶ 상처가 나았다 La blessure a guéri. ¶ 그 사람은 조금씩 나을 것이다 Il guérira peu à peu. ¶ 그 환자는 다리가 다 나았다 Sa blessure à la jambe est complètement guérie. ¶ 그것은 잘 낫지 않는 병이다 C'est une maladie qui ne guérit pas facilement.

낫살 명 ☞ 나잇살

낭군 郎君 명 mon (cher) mari *m*, mon mari *m* bien-aimé, mon bien-aimé *m* à moi, mon chéri *m*. ¶ 내 ~은 그 남자야! C'est lui l'homme que j'aime [l'homme de ma vie] / C'est mon mec {*fam*} / C'est lui mon bien-aimé!

낭독 朗讀 명 lecture *f* à haute voix; récitation *f*, déclamation *f*. ◇_(을) **하다** lire à haute voix; réciter, déclamer. ¶ ~하기 어려운 시 un poème se prêtant mal à la déclamation. ¶ 연설문을 ~하다 déclamer [prononcer, faire] un discours. ◇_(이) **되다** être déclamé(*e*).

◆_**자** -者 명 lec*teur*(*trice*).

낭떠러지 명 précipice *m*, falaise *f*, rocher *m* à pic. ¶ 천 길 ~ un abîme. ¶ ~로[에서] 떨어지다 tomber dans un précipice. ¶ ~에서 내려다보다 regarder du haut d'un précipice.

낭랑하다 朗朗- 형 être clair(*e*) et retentissant(*e*); être lumineu*x*(*se*). ¶ 낭랑한 목소리로 d'une voix claire. ¶ 달빛이 ~ La lune est (très) claire.

낭만 浪漫 명 romantisme *m*; esprit *m* [caractère *m*] romantique. ¶ 나는 학창시절에는 꿈과 ~이 있었다 Quand j'étais étudiant(*e*), j'avais des rêves et j'étais romantique.

◆_**적** -的 명관 romantique, romanesque. ¶ ~적인 분위기 une ambiance romantique; une atmosphère romanesque.

◆_**파** -派 명 école *f* romantique. ¶ ~파 시인 詩人 un poète romantique.

◆_**주의** -主義 명 romantisme *m*. ¶ ~주의 문학 文學 la littérature romantique. ¶ ~자 -者 (personne) romantique.

낭보 朗報 명 bonne nouvelle *f*. ¶ ~를 듣다 entendre une bonne nouvelle. ¶ 그 선수가 테니스 대회에서 우승했다는 ~가 날아들었다 L'heureuse nouvelle de sa victoire au championnat de tennis nous est parvenue. ¶ ~를 전하다 transmettre une bonne nouvelle.

낭비 浪費 명 prodigalité *f*, gaspillage *m* ((de talent, de temps)), gâchage *m* ((de temps et d'argent)), gâchis *m*, perte *f*, dépense *f* ruineuse; dissipation *f* (de *ses* biens), dilapidation *f*. ¶ 시간 ~ une perte de temps. ¶ 이 것 좀 봐! 이게 무슨 ~인가? Non mais regardez-moi ça! Quel gâchis! ¶ ~가 심한 사람 une personne très dépensière, une personne qui dépense sans compter [qui ne regarde pas à la dépense, qui jette [fiche] l'argent par les fenêtres], un panier percé {*fam*}. ◇_(를) **하다** prodiguer (*ses* biens ou ceux d'autrui); dépenser inconsidérément; dissiper (*sa* fortune); dilapider, gaspiller ((*sa* fortune, *son* argent, *son* temps)), gâcher ((*son* argent, *son* talent, *ses* chances)). ¶ 시간을 ~하다 gaspiller [perdre] *son* temps ((à des broutilles)). ¶ 더 이상 너랑 얘기하면서 시간 ~하고 싶지 않아 Je n'ai pas de temps à perdre à discuter avec un mec comme toi. ¶ 쓸데없이 정력을 ~하다 dépenser *son* énergie inutilement. ¶ 쓸데없는 일에 시간과 정력을 ~하지 마라 Ne gaspille pas ton temps et ton énergie pour des choses inutiles. ◇_(가) **되다** ((des biens)) être prodigué(*e*); être dépensé(*e*) inconsidérément; être gaspillé(*e*), être dilapidé(*e*).

◆_**적** -的 명관 prodigue, gaspilleu*r*(*se*), dépensi*er*(*ère*), dissipa*teur*(*trice*).

◆_**벽** -癖 명 habitudes *fpl* dépensières. ¶ ~벽이 있는 사람 une personne aux habitudes dépensières, une personne (très) dépensière, un panier percé {*fam*}.

낭설 浪說 명 fausse nouvelle *f*, faux bruit *m*, rumeur *f*. ¶ ~의 유포 mise en circulation de fausses nouvelles [d'un faux bruit]. ¶ ~을 퍼뜨리다 faire circuler [faire courir] des rumeurs [un faux bruit]. ¶ ~이다 être une rumeur [un faux bruit, une fausse nouvelle]. ¶ 그것은 터무니없는 ~이다 C'est une rumeur invraisemblable [absurde, délirante] / C'est une énormité! / J'aurai vraiment tout entendu!

낭송 朗誦 명 récitation *f*, lecture *f* (à haute voix). ◇_(을) **하다** lire à haute voix; déclamer, réciter. ¶ 그 사람은 시를 ~했다 Il récita un vers. ◇_(이) **되다** être lu(*e*) à haute voix; être déclamé(*e*), récité(*e*).

낭인 浪人 명 ① 떠돌이 personne *f* sans domicile fixe, nomade *mf*, trimardeur *m*, vagabond(*e*), aventuri*er*(*ère*), galvaudeu*x*(*se*) {*vx*}. ¶ ~이 되다 devenir vagabond(*e*). ② *samouraï m* sans maître, rônin *m*.

낭자 娘子 명 demoiselle *f*, jeune fille *f*, Mademoiselle *f*. ¶ ~, 물 한 잔만 얻읍시다 Mademoiselle, pourrais-je avoir un verre d'eau?

낭자하다 狼藉- 형 être en sang, couvert de sang, ensanglanté(*e*). ¶ 살인 현장에는 유혈이 낭자했다 Le lieu du crime était couvert de sang.

낭패 狼狽 명 désarroi *m*, déconfiture *f* ((après un échec ou un accident grave)); bérézina *f* {*fam*}; embarras *m*, confusion *f*. ◇_(이)**다** être embarrassant(*e*), déconcertant(*e*); être dramatique, grave, sérieu*x*(*se*), catastrophique, tragique; ne pas [ne plus] savoir que faire. ¶ 그것 참 ~로군 C'est une situation vraiment déconcertante! / Je ne sais vraiment pas quoi faire! / Quelle catastrophe! / C'est la bérézina! / Quel pétrin!{*fam*} / Nous voilà bien [propres, dans de beaux draps {*fam*}, dans un joli pétrin {*fam*}, frais {*fam*}]! / Quelle calamité! / On n'est pas dans la merde {*vulg*}. ¶ 막차를 놓쳤으니 참 ~로군 On a raté le dernier métro [train], nous voilà bien [on n'est pas dans la merde {*fam*}]! ¶ 그 사람은 ~해서 돌아갔다 Déconfit, il est rentré chez lui.

*~(를) **보다** être déconfit [tomber en déconfiture]; se trouver dans une situation déconcertante [embarrassante]. ¶ 소매치기를 당해 오늘 큰 ~를 보았다 Aujourd'hui, victime d'un pickpocket, je me suis trouvé(*e*) dans une situation vraiment embarrassante.

◆_**스럽다** 형 être embarrassant(*e*), déconcertant(*e*); être dramatique, grave, sérieu*x*(*se*), tragique. ¶ 중요한 경기에 지다니 ~스럽다 On est tous déçus de perdre un match aussi important.

낭하 廊下 명 couloir *m*, passage *m*, corridor *m*.

낮 명 jour *m*, journée *f*. ¶ 벌써 가을이 되어 ~이 짧아졌다

ㄴ

L'automne est déjà là, les jours raccourcissent. ¶ 오늘 ~(에) aujourd'hui dans la journée. ¶ 어제 ~ 2시 경에 hier, vers deux heures de l'après-midi. ¶ 나는 ~에는 일하고 밤에는 공부한다 Je travaille le jour et étudie la nuit. ¶ ~과 밤을 거꾸로 살다 prendre le jour pour la nuit. ¶ 밤이나 ~이나 de jour ou de nuit; jour et nuit, nuit et jour, 24 heures sur 24; toujours, tout le temps, sans arrêt, sans cesse, sans répit, continuellement, sans relâche, sans trêve, sans repos ni trêve, sans cesse ni repos, sans repos ni cesse, en permanence, constamment; à toute heure de la journée, à longueur de journée.

◆_도깨비 명 ① lutin *m* de jour, esprit *m* qui se montre en plein jour. ② ((사람)) type *m* sans vergogne; personne *f* qui se conduit de façon honteuse [surprenante].

◆_술 명 alcool *m* que l'on boit en plein(*e*) après-midi [à une heure inhabituelle].

◆_일 명 travail *m* de jour.

◆대_ 명 (en) plein jour *m*. ¶ 대~까지 켜져 있는 가로등 des réverbères restés allumés jusqu'en plein après-midi. ¶ 전등불이 대~같이 밝다 L'ampoule du plafonnier donne autant de clarté [de luminosité] que le soleil à midi. ¶ 이런 대~에 무슨 귀신 타령이냐? Qu'est-ce que c'est que ces histoires à dormir debout?

◆밤_ 명부 jour et nuit, nuit et jour; 24 heures sur 24; toujours, tout le temps, sans arrêt, sans cesse, sans répit, continuellement, sans relâche, sans trêve, sans repos ni trêve, sans cesse ni repos, sans repos ni cesse, en permanence, constamment; à toute heure de la journée, à longueur de journée. ¶ 밤~을 가리지 않고[밤~없이] 일하다 travailler de jour comme de nuit. ¶ 그 남자는 밤~ 스포츠 이야기만 한다 Il n'a que le sport à la bouche / Il parle de sport jour et nuit.

◆한_ 명 (en) plein milieu de la journée, au beau milieu de la journée. ¶ 그 사람은 한~이 돼서야 잠자리에서 일어났다 Il s'est levé en plein après-midi [en plein milieu de la journée]. ¶ 한~까지 잠을 자다 dormir jusqu'au beau milieu de l'après-midi. ¶ 벌써 한~이구나! Il fait déjà grand jour!

낮다 형 ① ((높이)) être bas(*se*); être peu élevé(*e*). ¶ 낮은 구름 des nuages bas. ¶ 낮은 언덕 une colline peu élevée. ¶ 물은 높은 데서 낮은 데로 흐른다 L'eau coule du haut vers le bas. ¶ 낮은 지대 une zone basse. ¶ 굽이 낮은 구두 des chaussures plates. ¶ 천장이 ~ Le plafond est bas. ¶ 코가 ~ avoir le nez camus [être camard(*e*)], avoir le nez épaté [aplati, écrasé]. ¶ 새가 물 위를 낮게 난다 L'oiseau vole au ras de l'eau. ② ((추상적 정도, 수준)) être bas(*se*), peu élevé(*e*), médiocre. ¶ 낮은 가격[임금] bas prix [bas salaire, salaire peu élevé, maigre salaire]. ¶ 낮은 수준 un niveau bas; un bas niveau. ¶ 평균보다 낮은 점수 une note inférieure à la moyenne. ¶ 점수가 ~ avoir une mauvaise note. ¶ 경쟁률이 ~ Le taux de concurrence est d'un niveau peu élevé. ¶ 기온이 ~ La température est basse. ③ ((소리)) être bas(*se*). ¶ 낮은 목소리로 말하다 parler à voix basse, parler bas. ¶ 그 여자는 낮은 음을 잘 낸다 Elle a de belles inflexions de contralto.

낮은음자리표 -音-標 명 【음악】 clé *f* de fa.

낮잠 명 sieste *f*, méridienne *f* {*vx*}. ¶ ~(을) 자다 faire la sieste, faire une (petite) sieste. ¶ 피곤해 죽겠어. ~이나 자야 되겠어 Je suis mort(*e*) de fatigue [J(e n)'en peux plus], je crois que je vais faire une (petite) sieste [piquer un roupillon {*fam*}, faire un (petit) somme {*fam*}].

낮추다 타 ① ((물리적 높이)) baisser, abaisser, diminuer, affaiblir; rabaisser, faiblir, amoindrir, rapetisser; dégrader, rétrograder, déprécier, dévaluer, dévaloriser. ¶ 비행기는 고도를 낮추었다 L'avion a baissé d'altitude. ¶ 천장[담]을 낮추는 공사를 합니까? Est-ce que vous faites des travaux d'abaissement du plafond [du mur]? ② ((추상적 수준)) diminuer, baisser. ¶ 수준을 ~ diminuer [baisser] le niveau. ¶ 생활 수준을 ~ abaisser le niveau de vie. ¶ 가격을 1000원으로 ~ baisser le prix à 1 000 wons. ¶ 비율을 2:1로 ~ diminuer le rapport à 2 à 1. ¶ 온도를 3도 ~ baisser la température de 3 degrés. ¶ 세금을 ~ baisser les impôts. ¶ 자신을 낮추는 자는 높아지리라. Qui s'abaisse sera élevé. ③ ((소리를)) baisser la voix [le ton]. ¶ 목소리를 ~ baisser la voix. ¶ 음이 너무 높아서 좀 낮춰 불렀습니다 J'ai chanté moins haut car c'était trop aigu pour moi.

낮춤 명 ① abaissement *m*. ② 【언어】 ((공손, 겸손)) déférence *f*; modestie *f*; humilité *f*; ((중립적)) registre *m* [niveau *m* de langue, langage *m*] non honorifique; registre *m* neutre (sans distinction des classes sociales); registre *m* familier; ((상대를 낮춤)) registre *m* du [style du] "tutoiement", registre *m* du non-respect (de l'interlocuteur)]; style *m* impoli.

◆_말 명 【언어】 ① 겸양표현 registre *m* de déférence [de modestie, d'humilité]. ② 평언 niveau *m* de langue *f* non honorifique [familier]; registre *m* neutre [familier]; langage *m* familier.

낯 명 ① visage *m*, figure *f*, face *f*. ¶ ~을 씻다 se laver [se nettoyer] la figure, se débarbouiller; 세수 faire *sa* toilette. ¶ 정면으로 ~을 보다 regarder *qn* en face; ((뚫어지게 쳐다보다)) dévisager. ② 면목 face *f*, visage *m*. ¶ 무슨 ~으로 아버지를 뵐까? Je n'ose pas me montrer à mon père. / Comment pourrais-je me présenter devant mon père (en préservant la face)? ③ 안색, 표정 mine *f*, physionomie *f*, figure *f*. ¶ ~을 찡그리다 grimacer, faire des grimaces. ¶ 싫은 ~을 하다 faire mauvaise [grise] mine, ne pas faire bonne mine, faire une sale tête {*fam*}, faire une mine de dix [de six] pieds de long. ¶ 누구에게 좋은 ~을 보이다 faire bonne figure à *qn*. ¶ 좋은 ~으로 사람을 대해야 한다

Il faut faire bonne figure lorsqu'on accueille les gens. ¶ ~(을) 가리다 se montrer sauvage [être timide, farouche] en présence d'inconnus; ((en parlant d'enfants en bas âge)) avoir peur de personnes inconnues [d'inconnus]. ¶ ~(을) 붉히다 rougir; changer de couleur; devenir rouge; se fâcher; se mettre en colère. ¶ 사랑한다는 말에 그 여자는 ~을 붉혔다 Lorsqu'il lui a dit qu'il l'aimait, elle a rougi. ¶ 화가 나서 ~을 붉히다 devenir [être] rouge de colère, se fâcher tout rouge. ¶ ~을 붉히며 말싸움을 하다 se disputer [se quereller, s'engueuler {*fam*}] violemment, rouges de colère. ¶ ~(이) 설다 être peu famili*er*(*ère*); ne pas être famili*er*(*ère*). ¶ ~선 사람[장소] un homme [un endroit] inconnu. ¶ 저 사람은 ~이 선데, 누구지? Cette personne ne m'est pas familière, de qui s'agit-il?

*~**이 서다** ((자신의)) sauver la face, avoir l'honneur sauf; ((낯이 서게 하다)) sauver la face à *qn*.

*~(**이**) **익다** être famili*er*(*ère*) à *qn*, ne pas être étrang*er*(*ère*) à *qn*. ¶ ~익은 목소리[거리] une voix [une rue] familière. ¶ 저 사람은 어디선가 보았는지 왠지 ~이 익다 J'ai dû rencontrer cette personne quelque part car son visage ne m'est pas étranger [m'est familier, me dit quelque chose].

***볼[뵐] ~이 없다** ne plus oser se montrer [montrer *son* visage], ne plus oser regarder *qn* en face, se sentir (tout) honteu*x*(*se*) [confus(*e*)], perdre la face [*sa* dignité], être humilié(*e*) dans *sa* dignité. ¶ 선생님을 뵐 ~이 없다 Je n'ose plus regarder mon professeur en face.

*~**이 있다** avoir le sens de la dignité, avoir de la dignité, tenir à *sa* réputation [à *sa* dignité]. ¶ 너도 ~이 있으면 그분께 사과해라 Si tu as le sens de la dignité [Si la dignité a un sens pour toi, Si la dignité, c'est quelque chose d'important pour toi], présente-lui [fais-lui] tes excuses.

*~(**이**) **간지럽다** avoir les joues en feu; être dans *ses* petits souliers; faire rougir. ¶ ~간지러운 소리 des mots qui font rougir. ¶ ...하는 것을 ~간지럽게 여기다 rougir de+*inf*, avoir honte de+*inf*, éprouver de la honte à+*inf*. ¶ ...하는 것은 ~간지러운 일이다 c'est une honte de+*inf*.

*~(**이**) **두껍다** avoir du culot {*fam*}, de l'aplomb, de l'estomac {*fam*}, de l'impudence, du toupet {*fam*}; être culotté(*e*) {*fam*}, impudent(*e*); ne pas manquer d'air {*fam*} [d'audace, d'aplomb, de toupet {*fam*}, de culot {*fam*}]. ¶ ~두꺼운 짓을 하다 agir avec impudence. ¶ 그런 짓을 하다니 참 ~이 두껍기도 하구나! Tu as un sacré culot d'agir avec une telle impudence! ¶ ~두껍게도 ...하다 avoir l'audace de+*inf*.

*~(**이**) **뜨겁다** être embarrassé(*e*), troublé(*e*), gêné(*e*); avoir honte, être rouge de (honte), avoir le feu aux joues. ¶ ~뜨거운 장면 une scène honteuse [gênante]. ¶ 그런 말을 듣고 나는 ~이 뜨거웠다 J'étais rouge d'embarras d'entendre de tels propos.

*~(**이**) **부끄럽다** être honteu*x*(*se*); avoir honte. ¶ 어린 아이를 속이다니 ~부끄러운 일이다 Tu devrais avoir honte de duper un enfant.

*~**을 들다** garder la tête haute. ¶ 너 때문에 부끄러워서 ~을 들 수가 없다 Tu m'as fait tellement honte que je ne peux plus relever la tête.

◆**_가림** 명 peur *f* [crainte *f*] de l'inconnu, désarroi *m* devant l'inconnu; attitude *f* d'un enfant timide devant des inconnus. ¶ ~가림을 하다 avoir peur des inconnus, être timide en présence d'inconnus; être farouche. ¶ 우리 아이는 만 7살이 지났는데도 아직 ~가림이 심하다 Mon enfant a beau avoir sept ans, il est toujours timide [il a toujours peur] en présence d'inconnus.

◆**_가죽** 명 aplomb *m*, audace *f*, culot *m* {*fam*}, toupet *m* {*fam*}. ¶ ~가죽이 두껍다 avoir du culot {*fam*}, être gonflé(*e*) {*fam*}, culotté(*e*) {*fam*}; ne pas manquer d'aplomb [d'audace, d'air {*fam*}, de toupet {*fam*}, de culot {*fam*}]. ¶ 현장에서 잡힌 놈이 범행을 부인하다니 ~가죽도 두껍다 Pris sur le fait, le voyou a encore le culot de nier.

◆**_빛** 명 mine *f*. ¶ ~빛이 좋다 avoir bonne mine [bon visage]. ¶ ~빛이 좋아지셨네요 Je vous trouve meilleure mine [meilleur visage]. ¶ ~빛이 좋지 않은 것을 보니 무슨 일이 있었구나 Je vois bien à ta mine qu'il a dû se passer quelque chose de grave. ¶ 그 남자의 ~빛이 변했다[바뀌었다, 어두워졌다] Sa mine changea / Il prit une toute autre mine [Son visage s'assombrit].

◆**_짝** 명 gueule *f* {*fam*}, tronche *f* {*fam*}, bobine *f* {*fam*}, poire *f* {*fam*}. ¶ ~짝도 두껍다! Quel toupet! / Il (ne) manque pas d'air [Il est gonflé], (celui-là)! ¶ ~짝에다 침을 뱉다 cracher à la gueule de *qn*. ¶ 무슨 ~짝으로 이 자리에 나타나니! Tu ne manques pas de toupet de venir ici! / Comment oses-tu encore mettre les pieds ici?

낯모르다 타 ne pas connaître; être inconnu(*e*), étrang*er*(*ère*). ¶ 모임에 오랜만에 가보니 낯모르는 사람들이 너무 많다 Etant donné que cela fait longtemps que je n'étais pas venu à cette réunion, je vois beaucoup de gens que je ne connais pas.

낯설다 형 ① 잘 모르는 사이이다 être étrang*er*(*ère*), inconnu(*e*); être nouv*eau*(*el*, *elle*, *eaux*). ¶ 낯선 사람들을 쳐다보다 regarder des étrangers. ¶ 모임에는 낯선 얼굴이 여럿 보였다 Il y avait plusieurs personnes inconnues à la réunion. ② 익숙하지 않다 être peu famili*er*(*ère*), inhabituel(*le*), inaccoutumé(*e*), inconnu(*e*). ¶ 오랜만에 고향에 오니 풍경이 낯설었다 Comme c'était la première fois depuis longtemps que je retournais au pays, j'ai trouvé le paysage bien étrange [le paysage ne m'était plus familier, je ne reconnaissais plus trop le paysage]. ¶ 당시 내게 도시 생활은 매우 낯설었다 À l'époque, la vie urbaine m'était tout à fait étrangère [inhabituelle, inaccoutumée, inconnue].

낯익다 형 ① 아는 사이이다 être famili*er*(*ère*),

connu(*e*). ¶ 낯익은 사람들 des gens familiers [qu'on connaît bien]. ② 익숙하다 être famili*er*(*ère*); bien connaître. ¶ 그 동네는 매우 낯익은 모습이었다 Ce quartier m'était très familier.

낱¹ 명 pièce *f*, unité *f*; ((낱으로)) à l'unité, séparément. ¶ 물건을 ~으로 사니 비싸다 C'est cher, parce qu'on achète les articles à l'unité.

낱-² 접두 unité *f*, pièce *f*. ¶ ~개로 à la pièce, au détail. ¶ ~개로는 안 파세요? 꼭 10개들이[세트]로 사야 돼요? Vous ne les vendez pas au détail? On est obligé de les acheter par lot de dix [par lot]?

낱개 -個 명 pièce *f*. ¶ 계란을 ~로 팔다 vendre des œufs à la pièce.

낱권 -卷 명 volume *m*. ¶ 이 책들은 ~으로는 안 팝니다. 전집을 사야 합니다 Ces livres ne sont pas vendus au détail. Il faut acheter la série complète.

낱낱 명 un(*e*) à un(*e*), chacun(*e*); ((낱낱으로)) séparément; ((낱낱이)) en détail, dans les moindres détails. ¶ ~의 기억까지 떠올리려니 어렵다 Il est difficile de se rappeler tous les détails. ¶ 그 사건들은 ~으로는 대수롭지 않다 Pris séparément, ces événements sont insignifiants.

◆**_이** 부 ① 하나하나 individuellement, séparément; un à un, une à une, l'un après l'autre; dans tous les détails. ¶ ~이 조사하다 examiner un à un. ¶ 잘못을 ~이 밝히다 définir les erreurs les unes après les autres. ¶ ~이 예를 [이름을] 들다 citer les exemples [les noms] les uns à la suite des autres. ② 상세히 tout au long; intégralement; en détail, dans les moindres détails. ¶ ~이 설명하다 expliquer en détail. ¶ ~이 다 알고 있다 connaître les moindres détails [tous les détails]. ¶ 그것을 ~이 이야기해 주세요. Racontez-moi cela en détail. ¶ 그 사건을 ~이 파헤쳐야만 한다 Il faut examiner cette affaire dans ses moindres détails.

낱말 명 mot *m*, vocable *m* {*vx*}. ¶ ~들이 모여 문장을 이룬다 Une phrase s'élabore en assemblant des mots.

낱알 명 grain *m* (de riz). ¶ 굵은 ~ un gros grain. ¶ 잔 ~ un grain fin.

낱자 -字 명 caractère *m* individuel.

낱장 -張 명 feuillet *m*; ((쪽번호가 아니라 장번호가 붙은 필사본)) folio *m*. ¶ 그 책은 (제본되지 않고) 아직 ~으로 있다 Ce livre n'est pas encore relié.

낳다¹ 타 ① ((아이를)) accoucher, enfanter, engendrer; donner naissance, mettre au monde. ¶ 형수는 쌍둥이를 낳았어요 Ma belle-sœur a accouché de jumeaux [a mis au monde des jumeaux]. ¶ 그래 이번엔 뭐 낳았어? - 딸 낳았어요 Eh alors, cette fois-ci, t'as un fils ou une fille? - J'ai eu une fille. ¶ 산모가 아이를 아주 어렵게 낳았다 La mère a accouché avec beaucoup de difficultés. ② ((새끼를)) faire des petits; mettre bas. ¶ 알을 ~ pondre; ((poisson)) frayer. ¶ 우리 집 개가 새끼를 다섯 마리나 낳았다 Notre chienne a mis bas cinq petits. ③ 배출하다 produire, engendrer, donner naissance à *qc*. ¶ 그 가문은 대대로 훌륭한 학자를 많이 낳았다고 합니다 On dit que cette famille a produit beaucoup de savants remarquables. ¶ 한국이 낳은 세계적인 피아니스트 un(*e*) pianiste mondialement connu(*e*) d'origine coréenne.

낳다² 타 ((결과를)) produire (d'heureux résultats); engendrer *qc*; faire naître *qc*; donner naissance à *qc*; occasionner *qc*, causer *qc*; susciter *qc*, provoquer *qc*; donner lieu à *qc*; accoucher de *qc*. ¶ 훌륭한 결과를 ~ arriver [aboutir] à un bon résultat. ¶ 부작용을 ~ produire un effet secondaire [un contre-effet]. ¶ 그 풀은 마약과 동일한 효과를 낳는다 Cette herbe a le même effet que la drogue. ¶ 전쟁이 낳은 비극 une tragédie engendrée par la guerre. ¶ 그 뉴스는 여러 가지 소문을 낳았다 Cette nouvelle a suscité la naissance de diverses rumeurs. ¶ 소문이 소문을 낳는다 Une rumeur en entraîne une autre.

내¹ 대 ((pronom personnel sujet de la première personne du singulier. Le pronom de la première personne neutre au singulier 나 *je* se transforme en 내 quand il est marqué par la particule de sujet -가. S'il est marqué par le particule de complément d'objet indirect -에게 *à*, 나-에게 se contracte en 내게 s'il est marqué par le particule de complément circonstanciel indiquant le point de départ -게서 *de, de la part de* 나-에게서 se contracte en 내게서.)). ¶ ~가 je. ¶그 일은~가 맡겠다 Je vais prendre en charge ce travail. / C'est moi (personne d'autre) qui vais prendre en charge ce travail. ¶친구가 ~게 이 책을 빌려 주었다. Un ami m'a prêté ce livre. ¶그녀는 ~게서 벌써 떠났어. Elle s'est éloignée de moi (elle m'a quitté) il y a longtemps (déjà). ¶~ 책 mon livre. ¶~ 가방 mon cartable.

내² 대 mon, ma, mes ((possessif de la première personne, forme contractée de 나 *je* - 의 *de*)). ¶~ 책 mon livre. ¶~ 동생 mon (jeune, petit) frère, ma (jeune, petite) sœur (cadet(te)).

내³ 內 의명 ① 장소, 단체, 조직의 내부 intérieur *m*; interne; dans [à l'intérieur de] *qc*, au sein de *qc*. ¶ 학교 ~의 폭력 문제 le problème de la violence à l'école[de la violence scolaire]. ¶ 정부 ~에 이견들이 있다 Les points de vue divergent au sein du gouvernement. ¶ 조합 ~에 갈등이 있다 Il existe des désaccords au sein du syndicat. ¶ 통금령은 이 지역 ~에[로] 국한한다 Le couvre-feu est limité à cette région. ② ((시간적 한계)) d'ici, avant. ¶ 한 시간 ~에[으로] 돌아오너라 Rentre [Reviens] d'ici une heure [dans moins d'une heure, au plus tard dans une heure]. ¶ 오늘 ~에[로] 가부간 답변을 다오 Donne-moi une réponse qu'elle soit positive ou négative, d'ici [avant] la fin de la journée / Donne-moi dans la journée [avant ce soir] une réponse qu'elle soit positive ou négative. ¶ 금주[금년, 이번 달] ~에[로] d'ici [avant, au plus tard à] la fin de la semaine [de l'année, du mois]. ¶ 지원

서류는 반드시 기일 ~에[로] 접수할 것 déposer le dossier de candidature avant la date butoir. ③ 범위 dans, à l'intérieur de. ¶ 시험문제는 교과서 ~에서 출제될 것이다 Les sujets de l'examen seront choisis dans le manuel.

◆_적 -的 명관 intérieur(*e*), interne. ¶ 언어 ~적 요인들 des facteurs intra-linguistiques. ¶ ~적인 원인 une cause interne.

내[4] 명 ruisseau(*x*) *m*; cours *m* d'eau; torrent *m*. ¶ ~를 건너다 traverser un ruisseau. ¶ ~를 거슬러 올라가다 remonter le courant d'un ruisseau. ¶ 작은 ~가 큰 강을 이룬다 Les petits ruisseaux font les grandes rivières.

◆_ㅅ가 명 bord *m* (d'un ruisseau); rive *f*, berge *f*. ¶ ~ㅅ가에서 빨래하다 laver le linge sur le bord du ruisseau. ¶ ~ㅅ가를 따라 산보하다 se promener le long [sur le bord] d'un ruisseau.

◆_ㅅ물 명 eau(*x*) *f* (d'un ruisseau). ¶ ~ㅅ물을 마시다 boire l'eau du ruisseau. ¶ ~ㅅ물을 건너다 traverser un ruisseau.

-내[5] 접미 (durant) tout(*e*) le(*la*), tout le long de ((suffixe exprimant une durée du début à la fin)). ¶ 일년~ toute l'année durant, tout le long de l'année. ¶ 아침~ toute la matinée (durant). ¶ 겨우~ tout l'hiver (durant).

-내[6] 접미 ((suffixe exprimant un effluve)). ¶ 구린~ une mauvaise odeur, une puanteur, une odeur infecte, des relents, un remugle {*litt*}. ¶ 똥~ une odeur d'excrément, une odeur de fiente. ¶ 암~ l'odeur d'une femelle en rut; une odeur de transpiration. ¶ 탄~ une odeur de brûlé [de roussi, de cramé {*fam*}], ((sentir)) le brûlé, le roussi, le cramé {*fam*}. ¶ 탄~가 나다 sentir le brûlé [le roussi, le cramé {*fam*}]. ¶ 향~ un bouquet, une fragrance, un parfum, une senteur.

내-[7] 접두 ((préfixe exprimant un mouvement de l'intérieur vers l'extérieur)). ¶ ~걸다 accrocher *qc*, poser *qc*, mettre *qc*. ¶ 간판을 ~걸다 mettre une enseigne. ¶ ~던지다 jeter ((une balle, un regard sur)); jeter *qc* dehors (par une fenêtre); lancer *qc*. ¶ ~보내다 laisser sortir *qn*, congédier *qn*; mettre *qn* dehors, mettre *qn* à la porte, renvoyer *qn*, licencier *qn*. ¶ ~보이다 ((사물이)) se dévoiler, poindre {*litt*}; montrer *qc*, manifester *qc*. ¶ ~빼다 s'esquiver, s'enfuir, fuir, se sauver, se dérober. ¶ ~쫓다 chasser *qn*, renvoyer *qn*, se débarrasser de *qn*. ¶ 주먹을 ~지르다 donner [assener, asséner] un coup de poing. ¶ 소리를 ~지르다 lancer un cri. ¶ ~차다 renvoyer ((le ballon)), chasser *qn* ((à coup de pied)).

내가 ((forme contractée de 나-가)) je (sujet d'une proposition ou d'une phrase)

내게 ((forme contractée de 나-에게)) me, à moi (complément d'objet indirecte dans une proposition ou une phrase)

내게는 ((forme contractée de 나-에게는)) me, à moi, pour moi (complément d'objet indirecte emphatique dans une proposition ou une phrase)

내겐 ((forme contractée de 나-에게는))

내가다 타 retirer, enlever, sortir, mettre dehors; emporter; porter dehors. ¶ 화물 창고에서 짐을 ~ retirer [faire sortir] des marchandises d'un entrepôt. ¶ 금고에서 돈을 ~ retirer de l'argent d'un coffre. ¶ 손님에게 차와 과일을 ~ servir une boisson chaude et des fruits à un hôte.

내각[1] 內閣 명 ministère *m*; conseil *m* des ministres; cabinet *m*, gouvernement *m*. ¶ ~ 총사퇴 la démission générale du gouvernement. ¶ 새로운 ~의 수반이 되다 devenir Premier ministre du nouveau gouvernement; devenir chef du nouveau cabinet. ¶ ~ 불신임안을 제출[가결]하다 proposer [adopter] une motion de censure. ¶ ~을 조직하다 former [constituer] un ministère [un cabinet]. ¶ ~을 (전면) 개편하다 remanier (entièrement) le cabinet.

◆_책임제 -責任制 명 régime *m* ministériel.

◆연립_ 聯立- 명 gouvernement *m* de coalition, cabinet *m* de coalition. ¶ 연립~을 구성하다 former [constituer] un ministère [un cabinet] de coalition.

내각[2] 內角 명 【수학】 angle *m* intérieur (d'un polygone). ¶ 삼각형 ~의 합계 la somme des angles d'un triangle.

내간 內簡 명 correspondance *f* (épistolaire) entre femmes.

◆_체 -體 명 style *m* *naegan* ((style épistolaire féminin classique coréen en vogue sous la dynastie Yi)). ¶ ~체 수필[일기]. un essai [un journal intime] de style *naegan*.

내갈기다 타 ① 때리다 frapper, gifler (de toutes *ses* forces). ¶ 주먹으로 상대의 얼굴을 ~ frapper *son* adversaire au visage à coups de poing, donner un coup (de poing) au visage; flanquer une châtaigne {*fam*} (au visage de *qn*). ② ((글씨를)) écrire vite et n'importe comment, rédiger à la hâte, griffonner, gribouiller. ¶ 내갈겨 쓴 글씨 quelques gribouillis, quelques notes gribouillées ((sur un petit bout de papier)), un message gribouillé. ¶ 이렇게 내갈긴 글씨를 어떻게 알아본담! Comment lire [déchiffrer] une écriture aussi illisible! ③ ((오줌을)) faire *ses* besoins naturels n'importe où, pisser n'importe où {*fam*}. ¶ 그들은 나란히 서서 풀밭 위에다 오줌을 내갈겼다 Alignés les uns à côté des autres, ils ont pissé dans l'herbe. ④ ((말 따위를)) parler à tort et à travers, dire n'importe quoi, débiter ((des balivernes, des absurdités, des énormités)), tenir ((des propos incohérents [insensés, délirants, sans queue ni tête])). ¶ 허튼 소리를 ~ débiter des balivernes [des absurdités, des énormités], débiter gravement des inepties, parler à tort et à travers, tenir des propos incohérents [insensés, absurdes, extravagants, sans queue ni tête, délirants, incompréhensibles, incontrôlables], tenir des propos [dire des choses] qui n'ont pas de suite, dire n'importe quoi, dire des fadaises [des bêtises, des âneries, des conneries {*fam*}], déraisonner, divaguer. ¶ 그는 화났을 때 말을 내갈기는 버릇이 있다 Il a l'habitude de dire n'importe quoi [de délirer] quand il est en colère. ⑤ 총을 마구 쏘다 tirer à tort et à travers, tirer à l'aveuglette, mitrailler partout [de toutes parts], canarder {fam} de toutes parts, tirer à l'aveuglette [au hasard, sans viser] sur tout ce qui bouge, tirer n'importe où sur tout ce qui bouge. ¶ 인민군은 양민들에게 총을 마구 내갈겼다 L'armée populaire [communiste] a mitraillé de toutes parts les civils innocents [la population civile innocente].

내걸다 타 ① 올리다 accrocher (dehors), afficher, suspendre; poser, mettre; déployer. ¶ 간판을 ~ mettre une enseigne. ¶ 국기를 ~ hisser les couleurs du pays [le drapeau national]. ② 걸다 risquer ((*sa* vie)). ¶ 이상을 위해 목숨을 ~ risquer *sa* vie pour *son*[un] idéal. ¶ 목숨을 내걸고 au prix de *sa* vie; au péril de *sa* vie. ③ 내세우다 soutenir, avancer, poser, afficher. ¶ 조건을 ~ poser des conditions. ¶ 한국은 세계 평화 유지라는 명분을 내걸고 군대를 파견하였다 La Corée a envoyée une armée au nom du maintien de la paix mondiale.

내게 ((forme contractée de 나에게))

내겐 ((forme contractée de 나에게는)) me, à moi, pour moi.

내공 內功 명 force *f* intérieure d'un individu; 【속어】 compétence *f*. ¶ ~을 기르다 cultiver *sa* force intérieure. ¶ ~이 세다 avoir une grande force intérieure.

내과 內科 명 【의학】 médecine *f* interne; service *m* de médecine interne. ¶ ~ 질환 une affection interne. ¶ ~ 치료를 받다 être soigné(*e*) dans le service de médecine interne.

◆**_의[의사]** -醫[醫師] 명 praticien(*ne*) [spécialiste *mf*, médecin *m* spécialiste] de médecine interne, interniste *mf*.

◆**_학** -學 명 médecine *f* interne.

내관 內官 명 【고제】 chambellan *m*; 내시 eunuque *m*.

내구 耐久 어근 résistance *f*, endurance *f*, persistance *f*, persévérance *f*; stabilité *f*.

◆**_성** -性 명 résistance *f*, endurance *f*. ¶ 이 자동차는 ~성이 좋다[나쁘다] Cette voiture est [n'est pas] résistante.

◆**_력** -力 명 résistance *f*, persistance *f*, durabilité *f*; endurance *f*. ¶ ~력 연한 terme [temps] de durabilité. ¶ 자동차의 ~력을 시험하다 examiner la résistance d'une voiture. ¶ ~력이 있는 durable, résistant(*e*).

내국 內國 어근 patrie *f*, du pays, intérieur(*e*), nation*al*(*ale*, *aux*), domestique.

◆**_민** -民 명 citoyen *m* ((coréen, français)), ressortissant *m* ((d'un État)), sujet *m* ((d'un royaume)).

◆**_세** -稅 명 impôts *mpl* nationaux.

◆**_인** -人 명 citoyen(*ne*), ressortissants *mpl* et nationaux *mpl*.

내규 內規 명 règlement *m* intérieur[interne]; discipline *f* intérieure ((d'une société)). ¶ ~를 위반하다 enfreindre le règlement intérieur ((d'une société)). ¶ 근무조건을 ~로 정하다 établir les conditions de travail d'après [selon] le règlement intérieur. ¶ 회사 ~에 ...라고 규정되어 있다 Selon le règlement intérieur de l'entreprise, il est stipulé que ...

내근 內勤 명 employé(*e*) de bureau. ¶ ~ 사원 un(*e*) employé(*e*) de bureau. ◇_(을) **하다** travailler dans un bureau.

◆**_직** -職 명 profession *f* d'employé de bureau.

내기[1] 명 pari *m*, gageure *f* {*vx*}. ¶ 돈[술] ~ 축구 시합 un match de football sur lequel on a parié de l'argent [une bouteille d'alcool]. ¶ 나는 ~를 좋아하지 않는다 Je n'aime pas parier [les paris]. ¶ ~에 돈을 걸다 parier de l'argent. ¶ ~에 이기다[지다] gagner [perdre] un pari. ◇_(를) **하다[걸다]** parier; faire [engager] un pari. ¶ 그는 ~를 해서 지는 일이 없다 Il n'a jamais perdu un seul de ses paris. ¶ 누가 이길지 우리 ~할까? Et si on pariait sur le vainqueur de ce match? ¶ 나는 그 사람과 경기 결과에 대해 15유로 ~를 걸었다 J'ai parié 15 euros sur le résultat de ce match.

-내기[2] 접미 ((suffixe désignant des articles de série et de basse qualité)). ¶ 신출~ un(*e*) débutant(*e*), un novice, un bleu, un(*e*) nouv*eau*(*elle*). ¶ 서울~ ((terme dépréciatif ou moqueur désignant)) un(*e*) Séoulite ((équivalent des Parigots en France)). ¶ 시골~ un(*e*) campagnard(*e*); ((경멸적)) un(*e*) péquenaud(*e*) {*fam*}, un péquenot {*fam*}, un(*e*) bouseu*x*(*se*) {*fam*}, un(*e*) pedzouille {*fam*}, un plouc {*fam*}. ¶ 풋~ un(*e*) débutant(*e*), un novice, un bleu, un(*e*) nouv*eau*(*elle*). ¶ 보통~가 아니다 Ce n'est pas n'importe qui celui-là! / Ce n'est pas le dernier venu celui-là!

내깔기다 타 ☞ 내갈기다

내내 부 (pendant, durant) tout(*e*) le (la)+((durée)), toujours, constamment, de façon ininterrompue, en continu. ¶ 아침 ~ toute la matinée. ¶ 그 친구는 오후 ~ 우리를 기다렸다 Il nous a attendu tout(*e*) l'après-midi. ¶ 일주일 ~ 비가 내린다 Il a plu toute la semaine. ¶ 일 년 ~ toute une année; pendant toute l'année. ¶ 그 사람은 5월 ~ 여기에 머물렀다 Il est resté ici pendant tout le mois de mai. ¶ 지난 겨울 ~ 파리에 있었다 J'étais à Paris durant tout l'hiver dernier. ¶ 그 녀석은 우리를 ~ 미워하고 있다 Ce type nous haït depuis toujours. ¶ ~ 선두를 달리다 demeurer dans le peloton de tête durant toute la course. ¶ ~ 건강하십시오 Soyez toujours en bonne santé!

내년 來年 명 (l')année *f* prochaine; (l')an *m* prochain. ¶ 그는 ~에 돌아올 것이다 Il rentrera l'année prochaine. ¶ ~ 봄에 au printemps prochain. ¶ ~ 이맘때 l'année prochaine à la même époque. ¶ ~ 8월까지 기다리다 attendre jusqu'en août prochain [de l'année prochaine].

◆_도 -度 명 ((pour)) l'année *f* (scolaire, budgétaire.) prochaine. ¶ ~도 예산 le budget de l'année prochaine.

내노라하다 자 ((‘내로라하다’의 잘못)) ☞ 내로라하다

내놓다 타 ① 밖에 꺼내 놓다 mettre *qc* dehors, sortir *qc*; faire sortir *qn*; 꺼내다 tirer *qc*, sortir *qc* ((de *sa* poche)). ¶ 화분을 베란다에 ~ sortir les plantes vertes sur la véranda. ¶ 짐을 밖으로 ~ sortir les bagages dehors. ② ((신체 일부 따위를)) montrer, dévoiler, découvrir, laisser découvert [nu(*e*)], exposer *sa* peau au regard, se dénuder, laisser voir, laisser paraître ((*son* nombril)); exhiber ((*ses* cuisses, *ses* seins)); ((어깨를)) montrer ((*ses* épaules)) nues; ((une robe)) dénuder ((les épaules, les bras)); avoir ((les bras, le dos)) nu(*s*). ¶ 배꼽을 내놓고 다니다 exhiber *son* nombril, laisser paraître *son* nombril, se promener le nombril à l'air {*fam*}. ¶ 요사이는 여자들이 어깨까지 내놓고 다닌다 De nos jours [À notre époque], les femmes se promènent les bras nus. ¶ 배를 내놓고 자면 탈난다 Tu auras mal au ventre si tu dors le ventre nu. ¶ 배꼽을 내놓은 티셔츠 un t(ee)-shirt qui laisse paraître [laisse voir] le nombril. ③ 제외하다 excepter; renier. ¶ 그의 부모는 그를 내놓은 자식으로 생각한다 Ses parents l'ont renié en tant qu'enfant / Ses parents ne le considèrent plus comme leur enfant.¶ 나는 내 몫만 내놓고 다 나눠 주었다 J'ai tout distribué sauf[exceptée, à l'exception de] ma part. ¶ 내놓은 자식 un enfant renié. ④ ((아파트, 집 따위를)) mettre à vendre [en vente] ((une maison)); mettre [exposer] ((des marchandises à l'étalage, en vitrine)). ¶ 부동산 소개소에 아파트를 ~ mettre *son* appartement à vendre dans une agence immobilière. ¶ 신제품을 (시장에) ~ exposer les nouveautés sur le marché. ¶ 복덕방에 집을 세를[팔려고] ~ donner une maison en location à une agence immobilière [mettre une maison en vente dans une agence immobilière]. ¶ 팔려고 내놓은 집 une maison à vendre[mise en vente]. ⑤ 제시하다 exprimer [énoncer] *son* opinion, lancer, exposer; proposer; présenter ((*sa* carte)) à *qn*, tendre ((un objet à *qn*)). ¶ 유권자들에게 다양한 공약을 ~ faire des promesses électorales variées [proposer des programmes électoraux variés] aux électeurs. ¶ 그림을 전람회에 ~ présenter un tableau à une exposition. ¶ 신상품을 세상[시장]에 ~ présenter [lancer] de nouveaux produits sur le marché. ¶ 대학 교수는 해마다 새로운 연구 실적을 내놓아야 합니다 Le professeur d'université doit présenter tous les ans des résultats de ses nouvelles recherches. ¶ 매번 새로운 아이디어를 내놓기는 어렵다 Il est difficile de présenter de nouvelles idées à chaque fois. ⑥ 넘겨주다 laisser ((*sa* place à un successeur)), passer; laisser tomber, abandonner. ¶ 가진 것 다 내놔 Sors tout ce que tu as. ¶ 국회의원 직을 ~ laisser *sa* place de député [de sénateur]. ¶ 적은 서울을 내놓고 퇴각했다 Les ennemis se sont repliés [ont battu en retraite] en abandonnant Séoul. ¶ 그는 부패에 연루되어 관직을 내놓았군요! Impliqué dans une affaire de corruption, il a abandonné son poste de fonctionnaire! ⑦ 대접하다 servir, offrir ((à boire aux invités)). ¶ 손님에게 과일을 ~ servir [offrir] des fruits aux invités. ¶ 손님에게 시원한 것을 ~ offrir des rafraîchissements aux visiteurs. ⑧ ((목숨, 명예 따위를)) risquer ((*sa* vie)). ¶ 목숨을 내놓고 나라를 위해 싸우다 se battre pour *son* pays au péril de *sa* vie. ⑨ 반환하다 rendre, rembourser. ¶ 채권자들이 빌려간 돈을 내놓으라고 야단이었습니다 Les créanciers ont crié haut et fort en réclamant l'argent prêté. ⑩ 증여하다 sortir, offrir ((une somme d'argent)); investir ((des capitaux)). ¶ 그분은 자선 사업에 써 달라며 큰돈을 내놓았다 Il a offert une grosse somme en demandant qu'on l'utilise pour une œuvre caritative. ¶ 화학 공업에 자본을 ~ investir des capitaux dans l'industrie chimique. ⑪ 제출하다 donner *qc*; présenter ((une thèse, un projet)), remettre ((un exposé)). ¶ 청원서를 ~ adresser une requête à *qn*. ⑫ ((짐승을)) sortir, laisser en liberté ((un chien)), libérer, faire sortir. ¶ 저 사람은 개를 내놓아 기른다. Il laisse son chien en liberté.

◆**내놓고** 부 en public, ouvertement, publiquement. ¶ 내놓고 남의 험담을 하다 dénigrer les autres [dire du mal des autres, médire des autres] en public. ¶ 내놓고 잘난 체하다 se vanter en public. ¶ 그는 그것에 관해 내놓고 말했다 Il a parlé de cela ouvertement. ¶ 그 문제는 내놓고 떠들 것이 아니다. Ce n'est pas une question à discuter ouvertement.

***목숨을 내놓고 싸우다** se battre à mort.

내다¹ 타 ① ((시간을)) produire; trouver; prendre. ¶ 요즈음 직장 일이 바빠서 공부할 시간을 못 내 Ces temps-ci, je ne trouve pas le temps d'étudier à cause de mon travail. ¶ 나도 틈[짬, 시간]을 내서 그 영화를 보았다 J'ai trouvé un peu de temps[J'ai pris un peu de temps, Je me suis accordé un moment de répit] pour voir ce film. ¶ 될 수 있는 대로 틈을 내서 한번 들르게 Trouve un moment si possible, et viens me voir. ② 배출하다 produire, donner; sortir. ¶ 이 학교는 여러 유명한 선수를 냈다 Cette école a produit [fourni] beaucoup de bons athlètes. ¶ 우리 고장은 많은 위인을 냈습니다 Notre village a produit beaucoup de grands hommes. ③ ((해결책 이론을)) donner, trouver ((une réponse)). ¶ 그 누구도 아직 정답을 내지 못했다 Personne n'était capable, jusqu'ici, de donner [trouver] la bonne réponse. ¶ 이 문제에 관한 한 아직 어떤 이론도 해결책을 내지 못했다 S'agissant de ce problème, aucune théorie n'a donné de solution à ce jour. ④ 출간하다 sortir ((un livre)); publier, faire paraître ((un livre)). ¶

ㄴ

책을~ sortir un livre; publier [faire paraître] un livre. ¶ 그 출판사는 그 책을 3000부를 냈다. Cet éditeur a tiré ce livre à 3 000 exemplaires. ¶ 잡지를 ~ fonder [créer] une revue. ¶ 그 출판사는 주로 문학 작품을 낸다 Cette maison d'éditions publie principalement des œuvres littéraires. ¶ 그들은 학술 서적을 내는 데는 관심이 없어요 Ils ne s'intéressent pas à publier des ouvrages scientifiques (académiques). ¶ 시들을 묶어 단행본으로 ~ publier un volume avec des poèmes réunis. ¶ 그는 일기를 한 권의 책으로 냈다 Il a publié son journal intime en un volume. ⑤ ((조각을)) faire éclater (en morceaux). ¶ 칼로 여러 도막을 ~ découper *qc* en plusieurs tranches. ¶ 연필을 두 동강을 ~ briser le crayon en deux. ¶ 배 안에 장치된 폭탄이 배를 산산조각을 냈다 Une bombe installée dans la coque a fait voler en éclat le navire [bateau]. ¶ 그 녀석이 내 꿈을 산산조각을 냈어 Ce type a fait éclater mon rêve en mille morceaux. ¶ 아이가 발로 차서 거울을 조각을 내 버렸어 L'enfant a donné un coup de pied dans le miroir, et l'a brisé en morceaux. ⑥ ((사상자 따위를)) faire ((des morts et des blessés)). ¶ 이번 사고는 많은 사상자를 내고 말았다. Cet accident a fait beaucoup de morts et de blessés. ⑦ ((길을)) ouvrir, construire, percer ((une route)). ¶ 몇몇 주민들이 동네에 새 길을 냈다 Quelques habitants ont construit [ouvert] une nouvelle rue dans le village. ⑧ ((상처를)) faire ((une entaille, une estafilade)). ¶ 강도가 그의 얼굴에 칼자국을 냈다 Un gangster lui a fait une estafilade au visage. ¶ 그는 자기 손에 상처를 냈다 Il s'est blessé à la main. ⑨ 게재하다 publier, faire paraître. ¶ 그 기업은 신문에 사과문을 냈다 Cette entreprise a fait paraître un *mea culpa* [des excuses] dans le journal. ¶ 그 신문은 사회면에 그 문제에 관한 특집 기사를 냈다 Le journal a publié un article spécial à propos de cette affaire dans sa page Société. ¶ 잡지에 논문을 ~ publier un article dans une revue. ¶ 허락도 없이 잡지에 남의 사진을 내는 것은 초상권 침해입니다 Publier la photo de quelqu'un sans son autorisation constitue une violation du droit à l'image. ⑩ 개설하다 ouvrir ((un magasin, une agence)). ¶ 그 항공사가 파리에 지점을 새로 냈습니까? Cette compagnie aérienne a-t-elle ouvert une nouvelle agence à Paris? ¶ 길모퉁이에 가게를 ~. ouvrir un magasin au coin de la rue. ¶ 목이 좋은 곳에 다방을 ~ ouvrir un café [un salon de thé] dans un endroit bien fréquenté. ⑪ ((살림을)) créer, fonder ((un foyer)); s'installer. ¶ 그 신혼부부는 부산에 살림을 냈다 Ces nouveaux mariés se sont installés à Busan. ¶ 그 사람은 서울 근교에 딴살림을 냈단다 On dit qu'il entretient une maîtresse dans la banlieue de Séoul. ⑫ ((후보를)) présenter ((un candidat)). ¶ 그 당에서도 이번 선거에 후보를 냈다 Ce parti politique aussi a présenté des candidats aux élections. ¶ 우리도 회장 선거에 후보자를 냅시다 Nous aussi présentons un candidat à l'élection pour la présidence (de notre association). ¶ 야당은 지자체 (지방 자치 단체) 선거에 참신한 인물들을 후보로 낼 계획이다 Le parti d'opposition compte présenter des personnages nouveaux comme candidats aux élections des conseillers des collectivités régionales (conseillers municipaux). ⑬ ((모를)) transplanter. ¶ 농부가 논에 모를 내고 있다 Le paysan est en train de transplanter de jeunes plants de riz. ⑭ ((교통기관을)) mettre en service; mettre à (la) disposition. ¶ 임시 열차를 ~ mettre en service un train supplémentaire. ¶ 특별기를 ~ mettre à la disposition de *qn* un avion spécial. ¶ 배를 ~ mettre à la disposition de *qn* un bateau; louer un bateau ⑭ ((구멍을)) faire (un trou), percer. ¶ 재봉사가 실수로 천에 구멍을 냈다 Par inadvertance, la couturière a fait un trou dans le tissu. ¶ 동네 아이들이 타이어를 펑크를 냈다 Les enfants du quartier ont fait éclater un pneu. ⑮ ((창 따위를)) mettre, installer, placer. ¶ 별장의 창을 숲 쪽으로 낼거야 Je mettrai [J'installerai] les fenêtres de ma villa du côté de la forêt / J'orienterai les fenêtres de ma villa vers la forêt. ¶ 새 집에는 부엌문을 안방으로 바로 내는 게 좋겠어 Pour notre nouvelle maison, il serait préférable de placer une porte [d'installer une communication] entre la cuisine et la chambre des parents / Pour notre nouvelle maison, il serait préférable de faire communiquer la cuisine avec la chambre des parents. ¶ 남으로 창을 내겠소 Je placerai ma fenêtre vers le sud. ⑯ tirer. ¶ 장롱을 앞으로 조금만 더 내자 Tirons l'armoire un peu plus vers le devant. ⑰ ((자리를)) céder ((*sa* place)). ¶ 나는 할머니에게 자리를 내 주었다 J'ai cédé ma place à une grand-mère [une dame âgée]. ⑱ ((방을)) libérer ((une chambre)). ¶ 이 방을 오는 30일까지 내 주시오. Veuillez libérer cette chambre avant le 30 de ce mois. ⑲ 주다 donner. ¶ 손에 든 것을 나한테 내 Donne-moi ce que tu as dans la main. ¶ 이 아까운 것을 네게 내 줄 수 없다 Je ne peux pas te donner cet objet si précieux. ⑳ ((문제를)) poser ((une question)) à *qn*. ¶ 문제를 ~ poser un problème à *qn*. ¶ 그 선생님은 (학)기말 고사에 너무 어려운 문제만 내셨다 Notre professeur ne nous a donné que des sujets difficiles à l'examen final. ¶ 학생들에게 숙제를 내 주다 donner des devoirs aux élèves. ㉑ 제출하다 montrer, présenter; déposer. ¶ 대학에 지원서를 ~ déposer un formulaire de candidature à l'entrée d'une université. ¶ 검표원에게 표를 ~ montrer [présenter] *son* billet au contrôleur. ¶ 보고서[서류, 신청서]를 ~ présenter un rapport [un dossier, un formulaire de demande]. ¶ 부장은 회사에 사표를 냈다 Le sous-directeur a présenté sa démission à la société. ¶ 과장은 부장에게 시말서를 냈다 Le chef de bureau a présenté une lettre d'excuse à son directeur. ¶ 이거 어디다 내는 거예요? Où est-ce que je le présente [dépose]? ㉒ ((돈을)) payer, verser. ¶ 자선 사업에 돈[기부금]을 ~ contribuer [souscrire] à une œuvre de charité [caritative] avec une somme d'argent. ¶ 만원을 내고 입장했다 J'ai payé 10 000 wons pour entrer. ¶ 나는 이 책 값으로 35 유로를 냈다 J'ai payé 35 euros pour ce livre. ¶ 모든 회원은 오늘 중으로 총무에게 회비를 내시오 Tous les membres de notre association doivent payer leur cotisation au secrétaire général dans la journée [aujourd'hui, ce jour même]. ¶ 저는 세금 다 냈어요 J'ai payé tous mes impôts. ¶ 회계에게 입회비로 5만 원을 냈습니까? Avez-vous payé votre cotisation de 50 000 wons au trésorier. ㉓ 발송하다 envoyer. ¶ 부고장을 ~ envoyer un faire-part de décès. ¶ 청첩장을 ~ envoyer une invitation à un mariage. ㉔ ((음식을)) payer ((un repas)). ¶ 오늘 저녁은 내가 낼게 C'est moi qui paye notre dîner de ce soir. ¶ 그래 선배가 되어 가지고 후배들에게 밥 한 끼 안 내? Te voilà notre aîné à tous, et tu refuserais de payer même un repas à tes cadets? ¶ 진 사람이 맥주 내기(이)다 Le perdant paie la bière. ㉕ emprunter. ¶ 친구에게서 빚을 1000만 원을 내었다 J'ai emprunté 10 millions de wons à mon ami. ¶ 은행에서 융자를 내어 모자라는 집값을 치렀어요 J'ai obtenu un prêt de ma banque pour payer la somme manquante du prix de ma maison.

***거덜을** ~ faire faillite, faire banqueroute, vider, épuiser.

***고장을** ~ avoir une panne, tomber en panne.

***긁어 부스럼을** ~ rendre les choses pires, aggraver les choses; mettre de l'huile sur le feu; mettre [mêler, ajouter] *son* grain de sel ((à une situation déjà mal engagée)).

***길을** ~ ouvrir [frayer] un chemin.

***동을** ~ épuiser.

***말(을)** ~ évoquer, aborder, lancer ((un sujet)), entamer ((une nouvelle discussion)); divulguer, révéler, trahir ((un secret)). ¶ 이야기 중에 장사에 관한 일을 말을 ~ aborder dans la conversation, les affaires. ¶ 말 내지 말게 N'en parle(z) à personne / Garde(z) ça secret!

***바닥을** ~ épuiser.

***박살을[작살을]** ~ réduire en miettes, faire éclater en (mille) morceaux, pulvériser, écrabouiller.

***빚을** ~ s'endetter.

***신을 [신바람을, 신명을]** ~ entrer en extase [en transe]; être particulièrement jovial(*e*), avoir une joie indescriptible.

***엄두를** ~ oser. ¶ 그는 올 엄두도 못 냈다 Il n'osa même pas venir.

***열을** ~ se passionner.

***이름을** ~ se faire connaître, se rendre célèbre.

***일을** ~ provoquer un incident.

***진력을** ~ s'ennuyer à mort.

***티를** ~ se donner ((un air intelligent)). ¶ 시인 티를 ~ se donner des airs de poète.

***펑크를** ~ (faire) éclater un pneu.

***한턱을[한 잔을]** ~ offrir un coup, payer une tournée.

내다[2] 조동 ((verbe auxiliaire indiquant la sortie à partir d'une action achevée; sortir après avoir accompli une action)). ¶ 고난을 이겨[견뎌] ~ supporter [endurer] (jusqu'au bout) les difficultés. ¶ 끝까지 견뎌 내야 해 Il faut tenir (le coup) jusqu'au bout [jusqu'à la fin]. ¶ 어려운 일을 해 ~ accomplir un travail difficile. ¶ 저는 신제품을 개발해 냈습니다 J'ai fini par développer un nouveau produit.

내다[3] 타 ① ((속력을)) exercer, déployer; produire, émettre ((un son)); mettre ((le feu)). ¶ 힘을 ~ exercer [déployer] *sa* force. ¶ 속력을 ~ prendre de la vitesse. ¶ 빛을 ~ donner [verser, répandre] de la lumière. ¶ 구두에 반질반질하게 광을 ~ faire briller *ses* chaussures. ¶ 좋은 성적을 ~ obtenir un bon bulletin. ¶ 경찰서에 불을 ~ mettre le feu au commissariat. ¶ 누구에게 버럭 화[성질, 뿔]를 ~ adresser une vive réprimande à *qn*, engueuler *qn* {*fam*}, décharger *sa* bile sur *qn*. ¶ 공부에 싫증을 ~ en avoir assez [être dégoûté(*e*)] des études. ¶ 큰 소리를 내지 마라 Ne crie pas / Ne hurle pas. ¶ 그 친구가 또 사고를 냈군 Il a encore provoqué un accident. ¶ 욕심을 너무 내면 오히려 손해를 볼 수 있어요 Qui trop embrasse, mal étreint. ¶ 이번 작전은 기대 이상의 효과를 냈다 Cette stratégie [tactique] s'est avérée plus efficace que prévue. ② passer ((une commande)); répandre ((une rumeur)). ¶ 거래처에 주문을 ~ faire [passer] une commande à un marchand ¶ 그 사람이 벌써 세간에 소문을 냈다 Il a déjà répandu la rumeur.

내다버리다 타 jeter dehors. ¶ 쓰레기를 ~ jeter les ordures; mettre les poubelles dehors, sortir les poubelles.

내다보다 타 ① ((밖을)) regarder à l'extérieur [dehors]. ¶ 창 밖을 ~ regarder dehors par la fenêtre ¶ 창 밖으로 거리를 ~ regarder la rue par la fenêtre. ¶ 누가 왔나 ~ regarder dehors pour savoir s'il y a quelqu'un. ② ((앞일을)) prévoir, pronostiquer; s'attendre à *qc*. ¶ 실패하리라고 내다보았던 사업 une affaire qu'on prévoyait échouer. ¶ 선거 결과를 ~ pronostiquer le résultat d'une élection. ¶ 미래를 ~ anticiper sur l'avenir. ¶ 긴 안목으로 앞을 내다보아야 한다 Il faut voir l'avenir sur le long terme. ¶ 장래를 ~ prévoir le futur.

내다보이다 자 ① 안에서 보이다 être vu(*e*), être visible, (bien) se voir. ¶ 바다가 내다보이는 카페 un café d'où l'on voit la mer; un café avec vue sur la mer. ¶ 여기에서는 밖이 잘 내다보인다 D'ici, on voit bien dehors [l'extérieur] / D'ici, on voit bien au dehors [à l'extérieur]. ② 밖으로 드러나 보이다 être transparent(*e*), visible, se laisser voir. ¶ 속살이 훤히 내다보이는 옷 un vêtement très échancré. ③ 짐작이 가다 être prévisible. ¶ 우리는 한 치 앞도 내다보이지 않는 어둠 속을 걸어갔다 Nous avons marché dans l'obscurité totale.

내다팔다 자 vendre. ¶ 물건을 ~ vendre des

marchandises.

내닫다 자 se précipiter vers. ¶ 대문 쪽으로 ~ se précipiter vers le portail. ¶ 그 아이는 집까지 한 걸음에 내달았다 L'enfant est allé jusqu'à la maison d'une seule traite / L'enfant s'est précipité vers [dans] la maison.

내달 來- 명 (le) mois *m* prochain. ¶ ~ 초하루 le premier jour du mois prochain.

내달리다 자타 courir [partir, s'en aller] précipitamment; courir sans arrêt, ((자동차가)) rouler sans arrêt. ¶ 두 시간을 ~ courir [rouler] sans arrêt pendant deux heures; ((자동차가)) rouler non-stop [d'une seule traite] pendant deux heures. ¶ 필사적으로 ~ courir désespérément. ¶ 쭉 뻗은 도로를 그냥 내달렸다 Je n'ai fait que courir tout au long de cette rue qui paraissait sans fin.

내던지다 자 ① 밖으로 던지다 jeter ((par terre)); jeter dehors ((par la fenêtre)), balancer {*fam*} *qc* ((par la fenêtre)), jeter de haut en bas; se débarrasser de *qc*, se défaire de *qc*. ② 아무렇게나 냅다 던지다 jeter par-ci, par-là. ¶ 그 녀석은 화가 나면 아무거나 막[닥치는 대로] 내던진다 Quand il est en colère, il jette tout ce qui lui tombe sous la main. ¶ 그 아이는 집에 오자마자 책가방을 내던지고는 밖으로 나갔다 À peine rentré, il est aussitôt ressorti après avoir jeté [s'être débarrassé de] son cartable. ③ 버리다 abandonner *qc*, renoncer à *qc*, délaisser *qc*, quitter. ¶ 사랑을 위해 목숨을 ~ sacrifier *sa* vie pour l'amour. ¶ 나는 일자리까지 내던지고 고서 수집에 몰두했다 Pour collectionner les [Pour répondre à ma passion des] livres anciens, je suis allé jusqu'à abandonner mon travail. ¶ 그 사람은 돈과 명예를 내던지고 절에 들어갔다 Il est devenu moine bouddhique, abandonnant fortune et honneurs. ④ 말을 아무렇게나 뱉다 dire brièvement, dire sèchement; décocher ((une méchanceté à *qn*)), cracher [vomir, proférer] ((des injures)). ¶ 그 녀석은 내게 퉁명스럽게 한마디 툭 내던졌다 Il m'a sèchement dit un mot / Il m'a craché un mot d'un ton sec [d'un ton cassant, d'une façon rude] {*fam*}.

내돌리다 타 ① 함부로 굴리다 faire circuler. ¶ 가보를 함부로 내돌릴 수는 없다 On ne peut pas laisser se disperser [s'éparpiller] le patrimoine familial. ② 따돌리다 ne pas tenir compte de *qc*/*qn*, ne faire aucun cas de *qc*/*qn*; faire fi de *qc*/*qn*. ¶ 그들은 새로 전학 온 나를 내돌렸다 Ils m'ont tenu(*e*) à l'écart, parce que je venais d'une autre école.

내동댕이치다 타 jeter (par terre); balancer {*fam*} *qc* ((par la fenêtre)). ¶ 홧김에 술잔을 ~ briser *son* verre (à alcool) dans un accès de colère. ② renoncer à *qc*, abandonner *qc*, laisser tomber *qc*, ((tout)) lâcher pour... ¶ 그는 모든 지위와 명예를 내동댕이치고 사랑을 선택했다 Il a sacrifié tous les avantages liés à son rang et les honneurs pour l'amour (d'une femme) [par amour] / Il a renoncé à tous les avantages liés à son rang et aux honneurs pour l'amour.

내두르다 타 ① ((칼 따위를)) brandir ((un sabre)); agiter *qc* en rond, agiter en l'air, faire tournoyer, faire des moulinets avec ((une canne)); imprimer un mouvement circulaire. ¶ 칼을 ~ brandir un sabre. ¶ 그 선수는 주먹을 내둘러 상대를 치려고 한다 Il fait tournoyer ses poings [Il agite ses poings, Il fait des moulinets avec ses poings] dans l'intention de frapper son adversaire. ② 좌지우지하다 vouloir que tout le monde se plie à *ses* volontés, manipuler *qn*, gouverner *qn*, dominer *qn*; commander [mener] ((les gens, ses subordonnés)) à la baguette, faire marcher *qn* au doigt et à l'œil [à la baguette], faire obéir *qn* au doigt et à l'œil, mener *qn* par le bout du nez, avoir *qn* sous *son* contrôle. ¶ 그는 부하들을 심하게 내두른다 Il manipule avec dureté [avec sévérité] ses subordonnés.

*혀를 ~ ☞ 혀

내드리다 타 ① ((물건을)) apporter *qc* ((à un aîné ou à un supérieur)). ¶ 아버지에게 베개를 ~ apporter un oreiller à *son* père. ② ((자리를)) céder [laisser, donner] ((*sa* place à un aîné)). ¶ 노인께 자리를 ~ céder [laisser, donner] *sa* place à une personne âgée. ¶ 손님께 안방을 ~ donner la chambre la plus confortable du logement ((la chambre du propriétaire, la chambre la mieux chauffée)) à l'invité.

내디디다 타 ① ((한발 앞으로)) faire un pas en avant, faire le premier pas; avancer mettre [poser] les pieds sur *qc* ¶ 발을 잘못 ~ faire un faux pas, trébucher. ¶ 그 사람은 힘을 내어 다시 걸음을 내디뎠다 Il est reparti après avoir repris des forces. ② ((어떤 분야에)) 처음 들어서다 commencer, entreprendre, s'engager dans ((une carrière)), se lancer dans ((la politique)). ¶ 학계에 종사하던 사람들이 정가로 발을 내디디는 경향이 있다 Beaucoup d'intellectuels quittent le milieu universitaire pour le monde politique. / Beaucoup d'intellectuels [d'universitaires] passent des milieux universitaires au monde politique / Beaucoup de cadres universitaires [d'universitaires, d'intellectuels] se lancent dans la politique / Les universitaires se lancent souvent dans la politique [s'engagent souvent en politique].

내딛다 타 ☞ 내디디다

내뛰다 자 ① 뛰어가다 se mettre à courir. ¶ 붙들리지 않으려고 앞만 보고 내뛰었다 Il a couru sans se retourner pour ne pas se faire arrêter [prendre]. ② 도망가다 se sauver; courir sans s'arrêter [à perdre haleine, comme un dératé {*fam*}].

내란 內亂 명 guerre *f* civile [intestine, intérieure]; agitation *f*; troubles *mpl* politiques; révolte *f*, émeute *f*, sédition *f*. ¶ ~을 일으키다 provoquer une guerre civile [une émeute]; être à l'origine d'une émeute. ¶ ~이 일어났다 Une émeute [Une guerre civile] a éclaté / Une émeute s'est déclenchée.

◆_죄 -罪 명 révolte *f*, rébellion *f*.

내레이션 영{narration} 명 【연영】 commentaire *m* explicatif [passages *mpl* destinés à relier des morceaux isolés] dans une émission radiophonique, un film, une œuvre dramatique.

내레이터 영{narrator} 명 【연영】 récitant(*e*) ((d'une émission radiophonique)). ¶ 방송 ~ un(*e*) récitant(*e*) d'une émission radiophonique.

내려가다 재타 ① ((아래로)) descendre. ¶ 아래층으로 ~ descendre à l'étage en dessous [au rez-de-chaussée]. ¶ 시골로 ~ aller à la campagne. ¶ 엘리베이터가 지하로 내려간다 L'ascenseur descend au sous-sol. ¶ 나는 명절 때면 고향에 내려간다 Lors des fêtes, je rentre au pays. ¶ 저는 친구를 만나러 부산으로 내려갔지요 Je suis descendu(*e*) à Busan pour rencontrer un(*e*) ami(*e*).② ((경로로)) descendre. ¶ 계단[산, 언덕]을 ~ descendre l'escalier [la montagne, la pente]. ¶ 이 길을 조금만 내려가면 슈퍼마켓이 나와요 Si vous descendez un petit peu ce chemin, vous trouverez [verrez] le supermarché. ③ ((온도 등이)) baisser, descendre. ¶ 기온[온도]이 ~ La température baisse [descend]. ¶ 음이 반음이 내려갔다 La gamme est baissée [descendue] d'un demi-ton. ¶ 체온이 35도까지 내려갔다 La température corporelle [du corps] est descendue jusqu'à 35 degrés. ¶ 수은주가 영하로 내려갔다 Le thermomètre est descendu en dessous de zéro. ④ ((등급, 가격이)) être en baisse, ((prix)) baisser, tomber. ¶ 강의 수위가 ~ Le niveau du fleuve baisse. ¶ 물가가 ~ Les prix baissent. ¶ 그 학생의 성적이 평균 85점에서 80점으로 내려갔다 Sa moyenne est tombée: il est passé de 85 / 100 à 80 / 100. ¶ 주가가 900선까지[으로] 내려갔다 Le cours des actions a baissé à 900 points. ¶ 원화의 달러에 대한 환율이 1100까지 내려갔다 Le taux de change a baissé: il est passé à 1 100 wons pour un dollar. ⑤ ((막 따위가)) tomber. ¶ 연극이 끝나자 막이 내려가기 시작했다 Aussitôt que la pièce de théâtre fut terminée, le rideau commença à tomber. ⑥ 소화되다 être digéré(*e*); passer {*fam*}. ¶ 점심 먹은 것이 잘 내려가지 않는다 J'ai du mal à digérer ce que j'ai mangé à midi / Ce que j'ai mangé à midi a du mal à passer {*fam*}. ⑦ ((물건을)) descendre. ¶ 이삿짐은 벌써 다 아래로 내려갔다 Les cartons de déménagement sont tous descendus en bas. ¶ 이 짐은 네가 좀 내려가면 좋겠는데 Pourrais-tu descendre ces bagages? ⑧ ((출장 따위를)) descendre. ¶ 담당자가 광주로 출장을 내려갔다 Le responsable est descendu [allé] en mission à Gwangju.

내려긋다 타 (('내리긋다'의 잘못)) ☞ 내리긋다

내려꽂다 타 lancer ((une balle)). ¶ 주공격수가 상대편에 강스파이크를 내려꽂았다 L'attaquant a lancé une balle foudroyante dans le camps adverse. ¶ 2미터 장신 투수가 내려꽂는 공의 속도가 얼마나 빠른지 상상해 봐라 Imagine un peu combien serait rapide la balle lancée par un lanceur de 2 mètres.

내려놓다 타 se décharger de *qc*; poser (par terre). ¶ 짐을 ~ déposer un bagage. ¶ 냄비를 ~ retirer une casserole du feu. ¶ 소지품을 모두 책상 위에 내려놓아라 Posez toutes vos affaires sur la table. ¶ 들고 있던 우산을 바닥에 내려놓았다 J'ai posé par terre [au sol] le parapluie que je tenais. ¶ 트럭에서 가구를 ~ descendre des meubles d'un camion.

내려다보다 타 ① regarder; voir; avoir vue sur *qc*; donner sur *qc*; dominer ((une place)). ¶ 아래를 ~ regarder vers le bas. ¶ 여기서 내려다보는 경치가 그림같이 아름답다 Le paysage que je vois d'ici est beau comme un tableau. ¶ 그는 창가에서 거리를 내려다보았다 Du bord de la fenêtre, il a regardé la rue. ② 얕보다 regarder *qn* de haut; dédaigner, mépriser. ¶ 그는 가난한 사람들을 내려다보는 나쁜 경향이 있다 Il a un vilain penchant pour mépriser les gens pauvres.

내려다보이다 재 s'offrir à la vue. ¶ 이 건물에서는 도시 전체가 내려다보인다 De ce bâtiment, on a une vue panoramique sur toute la ville. ¶ 이 언덕에서는 아름다운 바다가 내려다보인다 De cette colline, la mer est belle / De cette colline, on a une vue magnifique [une très belle vue] sur la mer.

내려뜨리다 타 descendre. ¶ 두레박을 우물 속으로 ~ descendre un seau dans un puits.

내려보내다 타 ① ((위에서 아래로)) faire descendre. ¶ 지하실로 물건을 ~ demander de descendre des objets à la cave. ¶ 1층으로 사람을 한 사람 내려보내 줘 Fais descendre quelqu'un au rez-de-chaussée. ② ((지위나 직급을)) faire descendre *qn*, muter *qn*. ¶ 회사는 김 과장을 지방으로 내려보냈다 L'entreprise a muté monsieur Kim, en province. ③ 하달하다 transmettre ((des consignes)) à des subalternes. ¶ 각 부서마다 지침을 ~ transmettre des consignes à chaque section.

내려보다 타 ① 아래를 향하여 보다 regarder vers le bas [en bas]; baisser les yeux [le regard]. ¶ 산꼭대기에서 도시를 ~ regarder la ville du haut de la montagne. ② 낮추어 보다 regarder *qn* de haut [du haut de sa grandeur, de haut en bas, avec dédain, avec arrogance, avec un air de supériorité, avec un air de dédain], dédaigner *qn*, mépriser *qn*, regarder dédaigneusement *qn*; traiter *qn* de haut. ¶ 그들은 우리를 한 수 아래로 내려보았다 Ils nous ont considérés comme inférieurs à eux / Ils nous ont regardés de haut [avec un air de supériorité].

내려서다 재 descendre ((d'un véhicule)). ¶ 인도에서 차도로 ~ descendre du trottoir sur la chaussée. ¶ 할머니는 천천히 버스에서 내려섰다 Ma grand-mère est descendue lentement du bus.

내려쓰다[1] 타 ((글씨를)) écrire verticalement. ¶ 글을[글씨를] (아래로) ~ écrire (des caractères) vers le bas [de haut en bas].

내려쓰다[2] 타 ((모자를)) enfoncer *son* chapeau. ¶ 그는

얼굴을 가리기 위해서 모자를 푹 내려썼다 Pour cacher son visage, il a enfoncé son chapeau.

내려앉다 자 ① ((새 따위가)) descendre se poser au sol [sur le sol]; ((사람이)) ((quitter un fauteuil ou un canapé pour)) s'asseoir par terre [sur le sol]. ¶ 그는 안락의자에서 방바닥으로 내려앉았다 Il a quitté le fauteuil pour s'asseoir par terre [sur le sol]. ¶ 비둘기들이 땅에 내려앉았다 Les pigeons sont descendus se poser au sol. ② 꺼지다 s'écrouler; tomber à terre; s'effondrer. ¶ 천장이 내려앉았다 le plafond s'est effondré. ¶ 지진으로 내려앉은 집들 des maisons effondrées à cause d'un tremblement de terre. ¶ 그는 얻어맞아서 코가 내려앉았다 Il a le nez aplati à cause des coups qu'il a reçus.

내려오다 자타 ① ((아래로)) descendre (de *qp*), venir ((d'un endroit plus élevé)). ¶ 아래층으로 ~ descendre à l'étage en-dessous. ¶ 친구들은 그의 결혼식에 참석하러 서울에서 부산으로 내려왔다 Ses amis sont descendus [venus] de Séoul à Busan pour assister à son mariage. ¶ 서울에서 내려온 손님 un visiteur venu [descendu] de Séoul. ② ((경로로)) descendre. ¶ 산에서[산을] ~ descendre de la montagne. ¶ 계단을 ~ descendre l'escalier, venir en descendant l'escalier. ③전해지다 être transmis(*e*); se transmettre ((de génération en génération)). ¶ 옛날부터 전해 내려오는 전설 Une légende qui se transmet depuis le temps jadis. ¶ 신라시대부터 내려오는 풍속 Une coutume qui date de l'époque de Silla. ④ ((출장 따위를)) descendre. ¶ 담당자가 이리로 출장을 내려왔다 Le responsable est descendu [venu] en mission ici. ⑤ ((술어명사와 함께)) descendre, venir (d'en haut). ¶ 상부에서 명령[지침]이 ~ Un ordre[Une directive] est venu(*e*) de la direction.

내려지다 자 ① être descendu(*e*), déchargé(*e*). ¶ 이삿짐이 모두 차에서 내려졌다 Les cartons (de déménagement) ont tous été déchargés du camion. ② ((기능동사와 함께)) tomber, être donné(*e*); venir (d'en haut). ¶ 명령이[임무가] ~ L'ordre est tombé [La mission a été attribuée].

내려찍다 타 couper ((à la hache)); donner un coup ((de haut en bas)). ¶ 도끼로 장작을 ~ fendre un tronc d'arbre avec une hache.

내려치다 타 donner un coup ((de haut en bas)). ¶ 누구의 얼굴을 ~ frapper *qn* au visage. ¶ 그는 갑자기 손바닥으로 탁자를 내려쳤다 Il a soudainement donné un coup sur la table. ¶ 각목이 갑자기 그의 머리를 내려쳤다 Soudain, une massue l'a assommé [lui a tapé sur le crâne]. ¶ 망치[장도리]를 내려쳐서 못을 박다 enfoncer un clou à coups de marteau.

내력 來歷 명 ① histoire *f* personnelle; vie *f* (passée); passé *m* ((de *qn*)), antécédents *mpl*; origine *f*. ¶ ~을 밝히다[캐다] faire la lumière sur [rechercher] l'origine de *qc*. ¶ 그간의 ~을 상세히 말해 보아라 Essaie de nous donner des détails à ce sujet. ¶ 그가 변절하게 된 ~을 아세요? Connaissez-vous la raison pour laquelle il nous a trahis? ② 유전 hérédité *f*. ¶ 키가 큰 것은 그 집안의 ~이다 Dans cette famille, tout le monde est grand.

내로라하다 자 être remarquable; se prendre pour quelqu'un (d'important), se croire quelque chose [quelqu'un], ne pas se moucher du coude [du pied] {*pop*}, se croire sorti(*e*) de la cuisse de Jupiter {*fam*}, ne pas se prendre pour une merde {*vulg*}; le roi n'est pas son cousin; être fier(*ère*) de *soi*, être prétentieux(*se*), se vanter, frimer {*fam*}, crâner {*fam*} ¶ 전 세계의 내로라하는 선수들이 다 모였다 Les meilleurs athlètes du monde sont tous réunis [présents].

내륙 內陸 명 intérieur *m* d'un pays; arrière-pays *m*. ¶ 나일강을 따라 아프리카 ~ 깊숙이까지 들어가다 entrer dans l'Afrique profonde en suivant le Nil. ◆_성 -性 관 intériorité *f* (des terres [d'un pays]); continentalité *f*. ¶ ~성 기후 un climat continental. ◆_지방 -地方 명 région *f* intérieure, région *f* sans littoral.

내리[1] 부 ① 줄곧 d'affilée, de suite, sans interruption, en continu, sans arrêt, sans discontinuer, continuellement. ¶ 비가 사흘 ~ 왔다 Il a plu trois jours d'affilée. ¶ 어찌나 피곤한지 이틀을 ~ 잤다 J'étais tellement épuisé(*e*) que j'ai dormi trois jours d'affilée. ¶ 그 사람은 두 시간 동안 ~ 떠들고 있다 Voilà deux heures qu'il parle sans s'arrêter [sans reprendre son souffle]. ¶ 목적지까지 ~ 걷다 marcher d'une seule traite [sans faire d'arrêt, sans faire de halte, sans s'arrêter] jusqu'à destination. ¶ 바둑을[테니스를] ~ 세 판[게임] 이기다 gagner trois parties d'affilée au go [trois jeux d'affilée au tennis]. ¶ 그 남자는 입사 시험에서 ~ 세 번을 떨어졌다 Il a échoué trois fois de suite à l'examen d'entrée des entreprises. ¶ 그 부인은 아들만 ~ 넷을 낳았다 Cette dame a donné naissance à quatre garçons successivement. ② 위에서 아래로 de haut en bas. ¶ 공을 ~ 던지다 lancer un ballon vers le bas. ¶ 지붕에서 ~ 구르다 dégringoler du toit. ③ 마구 sans gêne, sans scrupule, sans merci, violemment, à l'excès. ¶ 값을 ~ 깎다 marchander sans gêne. ¶ 비가 ~ 퍼붓다 Il pleut à verse [à torrents].

내리-[2] 접두 vers le bas; en descendant. ¶ ~누르다 appuyer vers le bas. ¶ ~치다 donner un coup ((de haut en bas)); assommer.

내리긋다 타 tirer [tracer] un trait [une ligne] vertical(*e*) (de haut en bas); souligner (dans une écriture verticale). ¶ 선[줄]을 ~ tirer [tracer] une ligne verticale (de haut en bas).

내리깔다 타 baisser ((les yeux, le regard; la voix, le ton de *sa* voix)). ¶ 그는 눈을 내리깔고 아무말 없이 서 있었다 Il se tenait debout sans mot dire, les yeux baissés. ¶ 그는 조용하게 목소리를 내리깔며 한마디 했습니다 Il a discrètement dit un mot en baissant le ton de sa voix [à voix basse, tout bas] / Il a discrètement chuchoté un mot.

내리깔리다 자 se répandre en bas; s'épaissir. ¶ 어둠이 내리깔리고 있었다 L'obscurité se répandait [s'étendait].

내리꽂다 타 enfoncer, ficher; fixer ((dans *qc*)). ¶ 범인은 단도를 힘껏 그 사람의 가슴에 내리꽂았다 Le criminel lui a enfoncé un poignard dans la poitrine.

내리누르다 타 ① ((무게로)) presser; peser sur *qc*; appuyer sur; écraser *qc/qn*. ¶ 그들은 그 사람의 몸에 올라타서 위에서 내리눌렀다 Ils se sont assis sur lui pour l'écraser. ② ((느낌이나 기운이)) étouffer *qn*, opprimer *qn*, réprimer *qn*. ¶ 두려움이 나를 내리눌렀다 La terreur m'étouffait. ¶ 그들은 권력으로 나를 내리눌렀다 Ils m'ont opprimé en abusant de leur pouvoir.

내리다 자타 ① ((비, 눈이)) tomber. ¶ 비[눈, 이슬, 서리, 우박]이[가] ~ Il pleut / La pluie tombe [Il neige / La neige tombe / la rosée se dépose / le givre se forme / la grêle tombe / Il grêle]. ¶ 신이 인간을 불쌍하게 여겨 비를 내렸다 Dieu, ayant pitié des êtres humains, fit tomber de la pluie. ② ((탈것에서)) descendre ((d'un moyen de transport)). ¶ 차[기차, 택시, 버스, 비행기, 엘리베이터, 에스컬레이터, 말]에서[를] ~ descendre de (la) voiture [du train, d'un taxi, d'un bus, d'un avion, d'un ascenseur, d'un escalator, d'un cheval]. ¶ 다음 역에서 내리십시오 Descendez au prochain arrêt [à la gare suivante, à la prochaine station]. ¶ 그는 한적한 시골 정류장에 내렸다 Il est descendu dans une gare calme en pleine campagne. ¶ 모두들 내리십시오 Tout le monde descend. ¶ 나는 바스티유에서 지하철을 내렸어요 Je suis descendu(*e*) à (la station) Bastille. ¶ (이번 역에서) 내리세요? Vous descendez à la prochaine station [gare]? ¶ 나 좀 내립시다 S'il vous plaît, laissez-moi descendre. ¶ 목적지에 내린 우리는 각자 뿔뿔이 헤어졌다 Une fois descendus à notre destination, nous sommes partis chacun de notre côté. ¶ 그 비행기는 공항에 무사히 내렸다 Cet avion a atterri sans incident à l'aéroport. ③ ((사물이[을])) faire descendre; déposer, poser; abaisser, baisser. ¶ 트럭에서 짐을 ~ décharger des marchandises d'un camion. ¶ 시렁에서 물건을 ~ descendre un objet d'une étagère. ¶ 머리를 내리면 덜 추울텐데 Si tu laissais tomber tes cheveux, tu aurais moins froid. ¶ 손을 ~ baisser la main. ¶ 스위치를 ~ baisser le commutateur [l'interrupteur]. ¶ 기를 ~ baisser le drapeau, descendre l'étendard. ¶ 닻을 ~ jeter l'ancre. ¶ 돛을 ~ baisser la voile. ¶ 덧문을 ~ baisser le volet. ¶ 차창을 ~ baisser la vitre de la voiture. ¶ 지퍼를 ~ descendre [ouvrir] *sa* fermeture éclair; ((바지 지퍼를)) ouvrir la braguette de *son* pantalon [*sa* braguette], se débraguetter {*fam*}. ¶ 그물을 ~ jeter le filet. ¶ 커튼[막]이 ~ baisser le rideau ((pour une pièce de théâtre)). ¶ 막이 내린 한참 후까지 관객들의 박수가 계속되었다 Longtemps après la tombée du rideau, les applaudissements des spectateurs continuèrent. ¶ 막을 내리자[내리자마자] 관중들의 박수가 시작되었다 À [Dès] la tombée du rideau, les applaudissements des spectateurs ont commencé. ¶ 수화기를 ~ poser le combiné téléphonique. ¶ 간밤에 온 비 때문에 흙더미가 무너져 내렸다 À cause de la pluie qui est tombée la veille au soir, une avalanche de terre s'est abattue. ④ ((수치가)) baisser; faire baisser, abaisser ((un prix)). ¶ 열[체온]이 ~ La fièvre [la température (du corps)] a baissé. ¶ 값[가격, 요금, 세금]이[을] ~ (a)baisser un prix [une taxe, un impôt]. ¶ 기름 값이[을] 5 % 정도 내렸다 Le prix de l'essence a baissé de 5 % environ. ¶ 내가 산 주식 가격이 내렸습니다 Le prix des actions que j'avais achetées a baissé. ⑤ ((살 따위가)) maigrir; désenfler. ¶ 살[부기]이[가] ~ maigrir, désenfler. ⑥ 소화되다 descendre, passer, digérer. ¶ 내 체증이 내렸어 Mon indigestion est passée. ¶ 소화제를 먹고 나니 이제야 얹혔던 게 좀 내리는 것 같다 Grâce au médicament eupeptique, il me semble que je digère un peu mieux. ⑦ ((뿌리가)) s'enraciner, prendre racine. ¶ 식물이 뿌리가 ~ La plante s'enracine. ¶ 이 묘목은 땅에 뿌리를 잘 내렸다 Ce plant prend facilement racine. ⑧ ((신, 재앙 등이)) subir; s'abattre sur *qc*, tomber sur *qc*; être possédé(*e*). ¶ 누구에게 신이 ~ être possédé(*e*) par un esprit. ¶ 신의 저주가 ~ subir une punition divine; le châtiment de Dieu s'abat. ¶ 그 마을에 큰 재앙이 내렸습니까? Est-ce qu'une grande calamité est tombée sur[a frappé] ce village? ⑨ ((체로)) passer ((de la farine)). ¶ 밀가루를 체에 내리면 한결 고와진다 Si on passe de la farine au tamis[au crible], elle devient plus fine. ⑩ ((술어명사와 함께)) donner, adjuger, attribuer, accorder, octroyer, concéder. ¶ 젊은이들에게 동원령이 내렸다 L'ordre de mobilisation a été donné aux jeunes gens. ¶ 누구에게 명령[임무, 지시][을] ~ donner à *qn* un ordre [une mission, une instruction]. ¶ 누구에게 작위[를] ~ conférer un titre de noblesse à *qn*. ¶ 누구에게 허가[를] ~ donner l'autorisation à *qn* (de+*inf*). ¶ 경보[주의보][를] ~ décréter [lancer] une alerte à ((la canicule)) [lancer [émettre] un avis ((de tempête, de mer agitée)), lancer une mise en garde contre ((des pluies torrentielles))]. ¶ 결정[단안, 결론][을] ~ prendre une décision, décider[conclure, arriver à une conclusion]. ¶ 판결[을] ~ rendre un jugement. ¶ 진단[을] ~ rendre un pronostic. ¶ 평가[를] ~ donner une estimation (une évaluation). ¶ 상[벌][을] ~ attribuer des récompenses[des châtiments, des punitions]. ¶ 은혜[은총][를] ~ rendre grâce.
***땅거미가** ~ Les ténèbres s'abattent / L'obscurité s'installe. ¶ 나는 창가에서 땅거미가 내리기 시작하는 거리를 우두커니 바라보았다 J'ai regardé, de ma fenêtre, sans bouger, l'obscurité envahir les rues.
***막이[을]** ~ s'achever, prendre fin, toucher *son* terme.

¶ 마침내 군사 독재 정치의 막이 내렸다 Enfin la politique dictatoriale des militaires a pris fin. ¶ 군사 정부가 막을 내리고 문민정부가 들어섰다 Le régime militaire a pris fin, et un régime civil a pris place. ¶ 대단원의 막이[을] ~ toucher à *sa* fin, s'achever, arriver à un dénouement final.

*뿌리(를) ~ s'enraciner, s'établir *qp*, s'installer *qp*, se fixer *qp*. ¶ 한 곳에 뿌리(를) 내리고 살다 s'établir à un endroit et y vivre.

*어둠이 ~ La nuit tombe / Les ténèbres s'abattent / L'obscurité s'installe. ¶ 밖에는 벌써 어둠이 내리기 시작했다 Dehors, la nuit a (déjà) commencé à tomber.

내리뜨다 타 baisser ((les yeux, le regard)). ¶ 눈을 ~ baisser les yeux.

내리막 명 descente *f*. ¶ ~에서 가속을 하면 위험하다 Il est dangereux d'accélérer dans la descente.

◆_길 명 ① 비탈길 descente *f*. ② 쇠퇴 phase *f* descendante [récessive], récession *f*. ¶ 석탄 산업은 이제 ~길에 들어섰다 Les industries du charbon sont entrées dans une phase récessive.

내리비추다 타 illuminer, éclairer, projeter de la lumière. ¶ 조명이 무대를 내리비추고 있다 L'éclairage illumine la scène.

내리비치다 자 briller, se refléter; répandre [faire miroiter] *ses* rayons. ¶ 햇살이 백사장에 내리비치고 있다 Le soleil répand ses rayons sur la plage de sable blanc / Le soleil inonde [arrose] de ses rayons la plage de sable blanc / Le soleil rayonne sur la plage de sable blanc.

내리사랑 명 amour *m* des aînés pour leurs cadets; amour *m* parental.

*~은 있어도 치사랑은 없다 Même si un aîné aime son cadet, la réciproque n'est pas toujours vraie.

내리쪼이다 자 ☞ 내리쬐다

내리쬐다 자 ((une grande chaleur)) s'abattre, frapper, taper, éclairer; frapper; ((le soleil)) taper, cogner {*fam*}. ¶ 햇볕이 내리쬐는 한여름 오후의 거리 les rues où s'abat le soleil brûlant d'un après-midi d'été.

내리찍다 타 enfoncer; frapper. ¶ 그들은 막대로 그 사람의 어깨를 내리찍었다 Ils l'ont frappé sur l'épaule avec un bâton.

내리치다 자타 ① ((기상명사와 함께)) frapper (avec force, du haut vers le bas) ¶ 번개[벼락, 비바람, 눈보라]이[가] ~ Un éclair s'abat[la foudre s'abat, une tempête déferle, la neige déferle]. ② (위에서) 아래로 힘껏 치다 donner un coup ((de haut en bas)), frapper. ¶ 취조를 하던 형사는 흥분해서 피의자의 얼굴을 내리쳤다 Le policier en colère lors d'un interrogatoire a frappé fort le visage du prévenu. ¶ 그는 파리채로 날아다니는 파리를 내리쳤다 Il a tapé sur les mouches avec un chasse-mouches. ¶ 그는 대단히 화가 나서 갑자기 탁자를 내리쳤다 En colère, il a asséné un coup de poing sur la table. / Très en colère, il a frappé fort sur la table.

¶ 망치[장도리]로 못을 ~ taper fort sur le clou avec un marteau.

내리퍼붓다 자 pleuvoir [neiger] beaucoup [abondamment, très fort]; ((비가)) ((des pluies torrentielles, des pluies diluviennes)) s'abattre, se déverser comme des trombes d'eau, pleuvoir à verse [à flots, à seaux, à torrents, comme vache qui pisse {*fam*}], il tombe [il pleut] des cordes [des cataractes, des hallebardes] {*fam*}. ¶ 어둠 속에서 비가 무섭게 내리퍼부었다 Dans la nuit se sont abattues des pluies terribles [torrentielles, diluviennes] / Dans la nuit se sont abattues des trombes d'eau.

내림 어근 descendant(*e*).

◆_굿 명 rite *m* d'initiation pour une personne voulant devenir chaman.

◆_나장조 -長調 명 【음악】 si *m* bémol.

내림세 -勢 명 courant *m* descendant, phase *f* descendante, baisse *f* ((du prix de *qc*, du coût de la vie)). ¶ 주가가 ~를 타고 있다 Les actions sont en baisse [baissent (un peu)] / Le cours des actions [La bourse] est en baisse. ¶ 유가가 ~로 돌아섰다 Le cours du pétrole a commencé à baisser.

내막[1] 內膜 명 【의학】 membrane *f* intérieure.

내막[2] 內幕 명 contenu *m*, dessous *m* ((d'une affaire)); secrets *mpl*. ¶ 일의 ~을 감추다[덮어두다] dissimuler les dessous de l'affaire. ¶ 그는 그 사건의 ~을 잘 알고 있다 Il est bien au courant de cette affaire. ¶ 그 부부가 왜 이혼했는지 아무도 그 ~을 모른다 Personne ne sait vraiment au juste pourquoi ils ont divorcé.

내맡기다 타 confier; laisser *qc* à *qn*; charger *qn* de *qc*, laisser *qn* ((faire *qc*)). ¶ 그 귀중한 물건을 그에게 내맡길 수는 없었다 Je ne pouvais pas lui confier un si précieux objet. ¶ 그는 인파의 흐름 속에 자신을 내맡기고 말았다 Il s'est laissé porter par le flux de la foule. ¶ 집안 살림을 며느리에게 ~ confier le ménage à *sa* bru. ¶ 그 일을 그에게 내맡겨 두시오 Laissez-lui ce travail. ¶ 유혹하는 대로 몸을 ~ se laisser aller à la tentation, céder à la tentation. ¶ 그녀는 그 남자에게 인생을 내맡기고 싶었다 Elle avait envie de confier sa vie à cet homme. ¶ 운명을 하늘에 ~ s'en remettre au ciel.

내먹다 타 sortir *qc* pour *le* manger. ¶ 다락방에서 곶감을 ~ sortir des kakis séchés du grenier pour les manger.

내면 內面 명 fond *m*, intérieur *m*; face *f* intérieure; fond *m* du cœur. ¶ ~ 세계 monde intérieur. ¶ 이 소설은 인간의 ~을 잘 묘사하였다 Ce roman a bien dépeint la psychologie humaine [le cœur humain].

◆_성 -性 명 intériorité *f*.

◆_적 -的 명관 intérieur(*e*). ¶ ~적으로는 그 사람도 결정을 수용하였다 Lui aussi, intérieurement, il a accepté la décision.

◆_화 -化 명 intériorisation *f*. ¶ ~화(가) 되다 être intériorisé(*e*). ¶ ~화(를) 하다[시키다] intérioriser.

내몰다 타 pousser devant *soi*; chasser, faire sortir de force, expulser; refouler; mettre dehors. ¶ 말을 마굿간에서 ~ faire sortir un cheval de l'écurie. ¶ 경찰은 성난 시위대를 억지로 건물 밖으로 내몰았다 La police a chassé [délogé] de force les manifestants en colère. ¶ 동료들이 그를 그 자리에서 내몰았다 Ses collègues l'ont chassé de son poste.

내몰리다 자 être chassé(*e*), expulsé(*e*). ¶ 집 밖으로 ~ être expulsé(*e*) de la maison. ¶ 국외로 ~ être expulsé(*e*) (hors) de *son* pays.

내무 內務 어근 affaires *fpl* intérieures; ((ministre de l'))Intérieur *m*.

◆**_규정** -規定 명 règlement *m* intérieur.

◆**_반** -班 명 cantonnement *m*, caserne *f*.

◆**_부** -部 명 ministère *m* de l'Intérieur. ¶ ~부 장관 le ministre de l'Intérieur. ¶ ~부 차관 le vice-ministre de l'Intérieur.

◆**_행정** -行政 명 affaires *fpl* intérieures.

내밀다 타 ① ((물건, 신체 일부를)) avancer, tendre ((un objet)). ¶ 혀를 ~ tirer la langue. ¶ 창밖으로 고개를 ~ pencher [sortir] la tête hors de la fenêtre. ¶ 봄이 되자 새싹들이 앞을 다투어서 고개를 내밀었다 Le printemps arrivé, les jeunes pousses sortent leurs boutons les uns après les autres. ¶ 손을 내밀어 악수를 청하다 tendre la main (à *qn*) (pour une poignée de main). ¶ 그 사람은 나에게 갑자기 봉투를 하나 내밀었다 Soudain, il m'a tendu une enveloppe. ¶ 나는 신분증을 꺼내 검문하는 경찰에게 내밀었다 J'ai sorti une pièce d'identité, et l'ai tendue [présentée] au policier qui contrôlait. ¶ 가끔 가슴을 앞으로 내밀고 심호흡을 하십시오 De temps en temps, bombez la poitrine et respirez profondément. ② 내보내다 faire sortir de force; chasser de *qp*; expulser. ¶ 몰려드는 사람들을 문 밖으로 내밀었다 On a fait ressortir de force au-delà des portes les gens qui affluaient. ¶ 등을 떠밀다시피 해서 그 사람을 대문 밖으로 내밀었다 Il lui a fait passer le portail [l'a fait sortir de chez lui] en le poussant littéralement dans le dos. ③ 맡기다 confier *qc* à *qn*. ¶ 그 남자는 집안일은 모두 아내에게 내민다 Il confie à sa femme toutes les affaires du ménage. ¶ 그 여자는 나에게 아이들만 내밀고 갑자기 떠나 버렸다 Elle m'a quitté tout d'un coup en me laissant les enfants. ④ ((주장 따위를)) 내세우다 avancer [afficher] ((*sa* position)). ¶ 입장[주장, 의견]을 ~ avancer [afficher] *sa* position [avancer une opinion, avancer un point de vue].

***손(을)** ~ réclamer *qc* à *qn*. ¶ 그 친구는 돈이 떨어지면 항상 나에게 손을 내민다 Chaque fois qu'il n'a plus d'argent, il m'en réclame.

***얼굴(을)** ~ se montrer; participer; se présenter. ¶ 시간 내서 얼굴이라도 한번 내밀어야지 그 사람이 무척 섭섭하게 생각할 거야 Il faut que tu te montres un peu, sinon il sera très déçu.

내밀리다 자 ① ((사람이)) être poussé(*e*) dehors; être chassé(*e*) de *qp*. ¶ 그 사람은 경비들에게 내밀려 회사 밖으로 쫓겨났다 Il a été poussé et chassé hors de l'entreprise par les gardiens. ② ((말, 눈물 따위가)) affleurer, émerger. ¶ 그 여자는 가슴속으로부터 내밀리는 말을 꾸역꾸역 쏟아내기 시작했다 Elle commença à cracher des mots qui émergeaient du plus profond de son cœur. ¶ 그 여자는 눈물이 내밀리는 눈을 들고 나를 빤히 쳐다보았다 Cette fille m'a regardé fixement, les yeux noyés de larmes [les yeux en larmes].

내밀하다 內密- 형 être secr*et*(*ète*), confidentiel(*le*). ¶ 누구와 내밀한 이야기를 나누다 avoir une conversation secrète [confidentielle] avec *qn*. ¶ 내밀하게 조사하다 faire une enquête secrète.

내방 來訪 명 visite *f*. ◇_(을) **하다** rendre visite à *qn*, payer une visite à *qn*.

내뱉다 타 cracher. ¶ 침을 ~ cracher. ¶ 불쑥 한 마디 ~ cracher soudainement un mot. ¶ 그는 내뱉듯 말을 한다 Il parle comme s'il crachait les mots.

내버려두다 타 laisser faire; laisser. ¶ 아이가 제 맘대로 하게 ~ laisser l'enfant faire ce qu'il veut. ¶ 나를 좀 내버려둬 Laisse-moi tranquille, s'il te plaît. ¶ 그가 실패하게[실패하도록] 내버려둘 수는 없다 Je ne peux pas le laisser tomber en le voyant voué à un échec. ¶ 그 환자를 이대로 내버려둘 수는 없어요 On ne peut pas laisser ce patient dans cet état. ¶ 이 일을 이대로 내버려둔다는 것은 말도 안 된다 Ce n'est pas possible de laisser ce travail tel quel [en l'état]. ¶ 그 문제는 무슨 해결책이 생기기 전까지는 그냥 내버려두자 Laissons en l'état ce problème jusqu'à ce que l'on trouve une solution. ¶ 그가 가든지 말든지 내버려두어라 Qu'il y aille ou pas, laisse-le! ¶ 그대로 내버려두면 혼자서 해결할 것이다 Si nous le laissons comme il est [Si nous ne nous occupons plus de lui], il résoudra son problème tout seul.

내버리다 타 ① jeter. ¶ 고장 난 라디오를 ~ jeter un poste de radio en panne. ¶ 상한 음식을 ~ jeter la nourriture avariée. ¶ 그건 돈을 내버리는 것과 같은 일이다 C'est comme jeter de l'argent par les fenêtres / Cela revient à jeter l'argent par les fenêtres. ② 보살피지 않다 abandonner, laisser tomber ¶ 병든 부모를 내버리는 못된 일은 해서는 안 된다 Il ne faut pas abandonner ses parents malades.

내보내다 타 ① 출전시키다 envoyer, expédier; présenter; faire participer. ¶ 국제 경기에 선수단을 ~ envoyer une délégation d'athlètes à des épreuves internationales. ¶ 그 모임에 누구를 대표로 내보내야 할지 모르겠다 Je ne sais pas qui envoyer à cette réunion. ② 해고하다 licencier, congédier *qn*, mettre *qn* en congé, remercier; virer {*fam*}, saquer {*fam*}. ¶ 사고를 낸 운전수를 ~ licencier le chauffeur qui a provoqué l'accident. ③ ((밖으로)) faire sortir *qn*; rendre la liberté à *qn*, libérer *qn*. ¶ 저 아이를 밖으로 내보내라 Fais sortir cet enfant dehors. ④ ((방송을)) transmettre, diffuser ((une émission)). ¶ 위원회는

그 방송을 내보내기로 결정했다 Le comité a décidé de diffuser cette émission.

내보이다¹ 자 être visible, se laisser voir. ¶ 그 옷은 속살이 다 내보인다 Ce vêtement est très échancré.

내보이다² 타 ① 꺼내 보이다 sortir *qc* pour *le* faire voir [montrer], exposer *qc* au regard ((d'autrui)). ¶ 그 남자는 지갑에서 아내의 사진을 내보였다 Il a sorti de son portefeuille une photo de sa femme pour la montrer. ② 드러내 보이다 montrer, laisser paraître. ¶ 흰 이를 내보이며 웃다 rire à pleines dents. ③ ((속마음을)) laisser transparaître ((ses intentions)). ¶ 속셈을 사람들에게 ~ laisser transparaître *ses* intentions [arrière-pensées]. ¶ 그 사람은 자기의 속을 내보이지 않는다 Il ne dévoile pas ce qu'il pense / Il ne laisse pas transparaître ce qu'il pense.

내복 內服 명 ① sous-vêtement (~-~*s*) *m*, dessous *mpl*; linge *m* de corps. ¶ 얇은[두터운] ~ 여러 벌 des sous-vêtements [dessous] légers [épais]. ② 겨울 속옷 sous-vêtements *mpl* chauds [épais] (que l'on porte en hiver). ¶ 아침저녁으로 쌀쌀해서 그는 속에 ~을 받쳐 입었다 Il porte des sous-vêtements épais parce qu'il fait frisquet le matin et le soir.

내복약 內服藥 명 médicament *m* à usage interne

내부 內部 명 intérieur *m*, dedans *m*. ¶ ~ 구조 la structure interne. ¶ ~의 적 l'ennemi de l'intérieur. ¶ 권력층 ~의 비리[암투] des affaires de corruption [un conflit voilé] au sein des personnes au pouvoir. ¶ ~ 사정에 의해 en raison de problèmes internes. ¶ 그것은 ~ 사정에 밝은 자가 한 일이다 C'est un coup réalisé par quelqu'un qui connaît bien la situation interne. ¶ 이 집은 ~가 꽤 넓다 Cette maison [Cet appartement] est très spacieux(*se*).

◆ **_적** -的 명관 intérieur(*e*), interne; de l'intérieur. ¶ 건실해 보이는 그 회사도 ~적으로 수많은 문제를 안고 있다 Cette compagnie, d'apparence saine, présente de nombreux problèmes internes.

내분 內紛 명 trouble *m* intérieur; querelle *f* [dissension *f*] intestine. ¶ 여당이 ~의 조짐을 보이고 있다 Il règne une tension interne au sein de la majorité. ¶ 그는 쓸데없이 ~만 일으키는 사람이다 C'est un faiseur de troubles.

내분비 內分泌 명 【의학】 sécrétion *f* interne; endocrinie *f*. ¶ ~ 계통의 질환 une affection du système endocrinien.

◆ **_기관** -器官 명 organe *m* endocrinien.

◆ **_선** -腺 명 glande *f* endocrine.

◆ **_요법** -療法 명 endocrinothérapie *f*.

내비치다 타 afficher; faire apparaître, faire paraître; (*se*) montrer. ¶ 모임에 잠깐 얼굴만 ~ se montrer un instant à une réunion; faire une brève apparition dans une réunion; montrer *sa* tête quelques instants dans une réunion {*fam*}. ¶ 그는 나와 함께 갈 뜻을 내비쳤다 Il a manifesté son intention d'y aller avec moi. ¶ 그 말은 아예 내비치지도 말아라 Ne parle plus de cela.

자 ((les contours du corps)) paraître [apparaître, (*se*) voir] à travers les vêtements. ¶ 옷 밖으로 살이 ~ On peut voir sa peau au travers de ses vêtements.

내빈 來賓 명 invité(*e*), convive *mf*, hôte(*sse*). ¶ ~ 여러분께서는 모두 일어서 주십시오 Mesdames, Messieurs, je vous invite tous à vous lever. ¶ 이어서 ~ 축사가 있겠습니다 Les invités vont à présent prononcer leurs discours de félicitations.

◆ **_석** -席 명 place *f* pour les invités de marque.

◆ **_실** -室 명 salle *f* de réception.

내빼다 자 prendre la fuite, s'enfuir (à toutes jambes, à toute vitesse), prendre la poudre d'escampette, se sauver à toute vitesse, prendre *ses* jambes à *son* cou, jouer des jambes [des flûtes {*fam*}], décamper, déguerpir, filer, se carapater {*fam*}. ¶ 욕을 하고 ~ s'enfuir après avoir lancé une injure. ¶ 뒤도 돌아보지 않고 ~ se sauver sans se retourner.

내뻗다 타 étendre, étirer; s'étendre; avancer. ¶ 다리를 앞으로 쭉 ~ étendre [allonger] *ses* jambes devant *soi*. ¶ 주먹을 앞으로 힘차게 내뻗어 상대를 치다 frapper avec force l'adversaire d'un coup de poing direct. ¶ 그 아이는 팔을 내뻗어 머리 위의 과일을 땄다 Cet enfant a étendu son bras pour cueillir des fruits au-dessus de sa tête. ¶ 그 나무는 하늘을 향해 가지들을 내뻗고 있었다 L'arbre étendait ses branches vers le ciel.

내뻗치다 자타 étendre; s'étendre; se répandre. ¶ 손을 ~ étendre la main.

내뿜다 타 cracher; faire jaillir; rejeter (en grande quantité). ¶ 입 안의 물을 ~ recracher l'eau dans *sa* bouche. ¶ 담배 연기를 ~ recracher la fumée (de cigarette). ¶ 공장 굴뚝이 검은 연기를 내뿜는다 La cheminée de l'usine crache de la fumée noire. ¶ 힘차게 물을 내뿜는 분수 fontaine d'où jaillit l'eau avec vigueur.

내사 內査 명 investigation *f* discrète, enquête *f* confidentielle ((non publique)). ◇_(를) **하다** enquêter discrètement sur *qc*, faire une discrète investigation. ¶ 경찰은 이미 용의자 주변을 ~했다 La police a déjà fait de discrètes investigations dans l'entourage du suspect.

내색 -色 명 expression *f* faciale ◇_(을) **하다** laisser paraître [voir], trahir, laisser transparaître ((*ses* sentiments, *ses* intentions)); montrer; faire voir; manifester; révéler ((un sentiment)). ¶ 그 사람은 결코 싫은 ~을 하지 않는다 Il ne laisse jamais transparaître sa répugnance.

내선 內線 명 ligne *f* intérieure.

◆ **_번호** -番號 명 numéro *m* d'une ligne intérieure.

내성 耐性 명 résistance *f* ((à un médicament)). ¶ 약을 남용하면 바이러스의 ~을 기르게[키우게] 된다 L'absorption abusive d'un médicament peut entraîner une résistance du virus.

내성법 內省法 명 méthode *f* introspective.

내성적 內省的 명관 ((caractère, nature)) renfermé(*e*); introverti(*e*), timide. ¶ 그는 성격이 ~이다 Il est introverti.

내세 來世 명 vie *f* future [éternelle]; autre monde *m*. ¶ ~를 믿다 croire à l'autre monde.

내세우다 타 ① 앞에 세우다 placer *qn* en avant ¶ 키가 작은 사람들을 맨 앞에 ~ placer tout devant [au premier rang] les personnes de petite taille. ② ((후보를)) présenter. ¶ 어떤 후보자를 ~ présenter un candidat. ¶ 그를 대표로 내세우자 Présentons-le comme notre délégué. ③ ((권리를)) faire valoir, avancer; réclamer ¶ 정당한 권리를 ~ faire valoir les justes droits. ¶ 그는 자기 주장만 내세운다 Il fait valoir seulement sa position. ¶ 그럴듯한 명분을 내세워 이익을 챙기다 prendre un profit en avançant des prétextes plus ou moins convaincants. ④ 자랑하다 afficher, montrer; extérioriser ¶ 보란 듯이 간판을~ afficher ostensiblement *son* curriculum. ¶ 내세울 만한 경력이 없다 ne pas avoir [posséder] un curriculum qui mérite d'être montré [affiché]. ⑤ 공적으로 알리다 présenter, afficher, avancer, mettre l'accent sur *qc*, souligner. ¶ 정부가 내세운 정책은 실현 가능성이 없다 Les mesures présentées [avancées] par le gouvernement ont peu de chance de se réaliser.

내수 內需 명 demande *f* interne; marché *m* intérieur [national]. ¶ 가전제품의 ~ 시장 le marché intérieur [national] de l'électroménager. ¶ ~ 경기가 좋지 않다 L'économie du marché intérieur [national] est en difficulté [déficitaire, à la traîne]. ¶ 자동차의 ~가 폭발적으로 늘고 있다 Le parc automobile national augmente de manière spectaculaire.

◆**_산업** -產業 명 entreprises *fpl* fabriquant des produits pour le marché intérieur [national].

◆**_용** -用 명 à usage *m* interne.

내수성 耐水性 명 étanchéité *f*, imperméabilité *f*

내숭 명 sournoiserie *f;* fourberie *f*, rouerie *f*. ¶ 그 여자는 ~이 지나치다 Elle est trop maniérée (pour être sincère). ◇_(을) **떨다** être fourbe, sournois(*e*); être hypocrite.

내쉬다 타 expirer; pousser ((un soupir)). ¶ 숨을 ~ expirer. ¶ 한숨을 ~ pousser un soupir.

내시 內侍 명 eunuque *m*.

내시경 內視鏡 명 endoscope *m*; ((위)) gastroscope *m*. ¶ 나는 위 ~ 검사를 받았다 On m'a fait une gastroscopie. ¶ 산업용 ~으로 하수관의 파손 부위를 알아내다 mettre en évidence [préciser] les parties endommagées [détériorées] des tuyaux d'égout avec un endoscope industriel.

내신 內申 명 rapport *m* confidentiel des résultats scolaires (d'un(*e*) lycéen(*ne*)), livret *m* [dossier *m*] scolaire (d'un(*e*) lycéen(*ne*)). ¶ ~ 1등급 ((élèves ayant)) de très bons bulletins [relevés] scolaires, un excellent livret, un excellent dossier scolaire. ¶ ~만으로 신입생을 뽑다 sélectionner de nouveaux élèves [étudiants] d'après [sur] leur seul livret scolaire [rien que sur les [rien qu'à partir des] relevés [bulletins] de notes [rien que d'après leur dossier scolaire, rien que d'après leur livret scolaire].

◆**_성적** -成績 명 (rapport *m* confidentiel du) livret *m* scolaire (qui recense le parcours scolaire de l'élève depuis son entrée au lycée, ainsi que les remarques des professeurs) [dossier *m* scolaire et des relevés *mpl* [bulletins *mpl*] de notes] d'un lycéen pour les universités.

◆**_제도** -制度 명 système *m* de transmission du livret [dossier] scolaire d'un lycéen aux universités.

내실[1] 內室 명 chambre *f* principale; chambre *f* de la maîtresse de maison. ¶ 이 손님을 ~로 모셔라 Fais-le(la) venir dans la pièce principale.

내실[2] 內實 명 substance *f*, consistance *f*; substantialité *f*; travail *m* de fond, objectif *m* essentiel, essentiel *m*. ¶ ~을 기하다[다지다] ne s'occuper que de l'essentiel [du travail de fond] mais pas de l'apparence, privilégier l'essentiel [les missions essentielles, l'objectif essentiel, les objectifs essentiels]. ¶ ~(이) 있다 avoir de la consistance; être consistant(*e*), substantiel(*le*); être cohérent(*e*), se tenir; ((생활이)) être plein(*e*); être profond(*e*), riche, important(*e*), considérable.

내심 內心 명 fond *m* de *son* cœur; pensée *f* profonde [intime]; intention *f* cachée. ¶ 누구에게 ~을 털어놓다 se confier à *qn*, ouvrir *son* cœur à *qn*. ¶ 그는 ~을 감추고 짐짓 미소를 지어보였다 Il souriait mais il avait l'air de cacher quelque chose. ¶ 나는 눈빛만으로도 그의 ~을 알[읽을] 수 있다 Je peux lire [deviner] ses intentions rien qu'à son regard [rien que dans son regard]. ¶ ~으로 기뻐하다 être intérieurement heureux(*se*). ¶ ~으로 업신여기다 se moquer intérieurement de *qn*.

부 au fond de *soi*, intérieurement. ¶ 나는 큰소리는 쳤지만 ~ 걱정이 되었다 J'ai fait semblant d'être serein(*e*) [J'ai parlé avec grandiloquence] mais au fond de moi j'étais inquiet(*ète*) [je n'étais pas tranquille].

내쏘다 자 ① ((총, 화살을)) tirer, décocher, lancer, jeter, décharger; faire partir ((un coup de fusil)). ¶ 적은 화살을 수없이 내쏘았다 Les ennemis ont tiré [envoyé] une volée de flèches. ② ((말을)) décocher ((une méchanceté à *qn*)); proférer [vomir, cracher] ((des injures)); dire tout ce qu'on a sur le cœur. ¶ 독설을 ~ proférer [décocher] des propos venimeux.

내야 內野 명 ((야구)) petit champ *m*; diamant *m*, terrain *m* de baseball.

◆**_수** -手 명 joueur *m* de petit champ; gardien *m* de base. ¶ 그는 이 팀에서 ~수를 본다 C'est un joueur de petit champ.

◆**_안타** -安打 명 ((frapper)) un coup dans le petit champ.

◆**_플라이** 명 chandelle *f* de petit champ. ¶ 저 선수는 평범한 ~플라이로 잡혔다 Ce joueur a été sorti par une simple chandelle de petit champ.

ㄴ

내어가다 타 ☞ 내가다

내역 內譯 명 détail *m* (des dépenses), contenu *m* détaillé; comptabilité *f*. ¶ 선거 비용의 상세한 지출 ~ le contenu détaillé des dépenses pour les élections. ¶ 공사비 ~을 밝히다[공개하다] détailler les frais des travaux, exposer le détail des frais des travaux, exposer en détail les frais des travaux [les dépenses induites par les travaux].

내연[1] 內緣 명 liaison *f*; mariage *m* non enregistré, mariage *m* illégitime, mariage *m* de la main gauche; union *f* libre, amour *m* libre, concubinage *m*, collage *m* {*fam*}. ¶ 박 양은 김씨의 ~의 처이다 Melle Park vit en concubinage [en union libre] avec M. Kim. ¶ 저 두 사람은 ~ 관계이다 Ils vivent en concubinage / Ils vivent en union libre / Ils vivent maritalement / Ils vivent à la colle {*fam*}. ¶ 그는 저 여자와 ~의 관계에 있다 Il a une liaison (suivie) avec cette femme. / Il vit maritalement avec cette femme-là.

내연[2] 來演 명 action de venir donner une représentation. ◇_(을) **하다** venir donner une représentation [un concert]. ¶ 10월에는 세계적인 바이올리니스트 사라 장이 ~할 예정이다 Il est prévu qu'au mois d'octobre la violoniste mondialement connue Sarah Jang vienne chez nous [vienne ici] donner un concert.

내연기관 內燃機關 명 moteur *m* à combustion interne. ¶ ~의 발명 l'invention du moteur à combustion interne.

내열 耐熱 어근 résistance *f* à la chaleur; résistant(*e*) à la chaleur, réfractaire.

◆**_성** -性 명 résistance *f* à la chaleur; thermostable, réfractaire.

◆**_강** -鋼 명 acier *m* réfractaire.

◆**_벽돌** 명 brique *f* réfractaire.

◆**_시험** -試驗 명 test *m* de hautes températures. ¶ ~시험을 하다 faire passer [faire subir] ((à une céramique, à une soudure, à un alliage)) un test de hautes températures, faire passer un test de résistance à la chaleur..

◆**_유리** -琉璃 명 verre *m* à l'épreuve des hautes températures; pyrex *m*.

◆**_재료** -材料 명 matériaux *mpl* réfractaires [résistant à la chaleur].

◆**_처리** -處理 명 épreuves *fpl* des hautes températures. ¶ ~처리를 한[거친] 금속 박막 fine membrane des métaux ayant subi les épreuves des hautes températures.

내오다 타 ① ((물건을)) sortir (dehors) ¶ 의자를 방에서 ~ sortir des chaises de la chambre. ② ((음식을)) apporter (dehors). ¶ 손님이 오셨으니 차 좀 내오너라 Nous avons des invités, alors apporte du thé.

내왕 來往 명 va-et-vient *m inv*. ¶ 우리는 요즘 서로 ~이 뜸하다 Ces temps-ci, nous nous fréquentons peu / En ce moment [Ces jours-ci], nous nous voyons peu. ◇_(을) **하다** aller et venir, fréquenter.

내외 內外 명 ① 안팎 (le) dedans *m* et (le) dehors *m*; (l')intérieur *m* et (l')extérieur *m*. ¶ 경기장 ~에 모인 군중들 l'ensemble des spectateurs situés [placés] à l'intérieur et à l'extérieur du stade. ¶ 무엇을 ~에 널리 알리다 faire connaître *qc* dedans et dehors [à l'intérieur du pays et à l'étranger], faire bénéficier d'une publicité universelle à l'intérieur et à l'extérieur ((du pays)), faire bénéficier d'une (très) large publicité, dévoiler au monde, faire connaître *qc* partout. ② 부부 mari *m* et femme *f*, couple *m* marié; époux *m* et épouse *f*; ((les)) époux *mpl*. ¶ 식당 주인 ~ un couple propriétaire d'un restaurant. ◇_(를) **하다** ((les femmes)) éviter la compagnie des hommes; se tenir à l'écart [à distance] de l'autre sexe; ((서로)) ne plus se voir [se rencontrer], s'éviter.

◆**_간** -間 명 couple *m* marié, mari *m* et femme *f*, époux *mpl*; à l'intérieur d'un couple, dans un couple, entre époux. ¶ 저 부부는 ~간에 금슬이 좋다 Dans ce couple, ils s'entendent comme deux tourtereaux. ¶ 저 두 사람은 ~간이다 Ces deux personnes forment un couple marié [sont unis par les liens du mariage, sont mari et femme, sont mariés].

◆**국_** 國- 명 ((à)) l'intérieur et ((à)) l'extérieur du pays; ((dans)) *son* pays [chez *soi*] et ((à)) l'étranger. ¶ 이 작가는 국~에 많은 독자를 갖고 있다 Cet écrivain est lu aussi bien chez lui [dans son pays] qu'à l'étranger.

의명 약 environ; à peu près, quelque. ¶ 원고지 10장 ~로 글을 써 와라 Écris une dizaine de pages [un manuscrit d'une dizaine de pages]. ¶ 전시회 입장료는 아마 천원 ~이다 Le prix d'entrée pour cette exposition est d'environ 1 000 wons.

내외신 內外信 명 nouvelles *fpl* nationales et internationales. ¶ ~ 기자들 les journalistes spécialisés dans les nouvelles nationales ou dans les nouvelles internationales.

내용 內容 명 ① contenu *m* ((d'une lettre)); teneur *f* ((d'un article)); fond *m* ((d'un ouvrage)); 재료, 주제 matière *f*; sujet *m* ((d'un livre)). ¶ 기사의 ~ le contenu d'un article. ¶ 겉보다는 ~을 보고 선택하는 것이 좋다 Il est préférable de se fier au contenu plutôt qu'à l'apparence. ¶ 파문이 일자 그는 자신의 발언 ~을 수정했다 Il a modéré ses propos quand il a compris qu'il avait créé un scandale. ¶ 오늘 배운 ~을 잘 기억해 두기 바란다 J'espère que vous vous souviendrez bien de [vous n'oublierez pas] ce qu'on a appris aujourd'hui. ¶ 그의 연설에서 문제가 된 ~은 다음과 같다 Ce qui a posé problème dans son discours est ... ¶ 이 잡지는 겉만 요란하지 ~이 별로 없다 Ce magazine a une jolie mise en page mais son contenu n'est pas riche [satisfaisant]. / Ce magazine a une jolie mise en page mais un piètre contenu. ② 요점 substance *f* ((d'un discours)). ¶ ~만 간단히 말해라 Présente brièvement les grandes lignes.

◆_적 -的 명관 sur le plan du contenu, au niveau du contenu; intérieurement; sur le plan interne. ¶ ~적으로 그 두 가지 제안은 별로 다르지 않다 Ces deux propositions ont l'air d'être grosso modo les mêmes.

◆_물 -物 명 contenu *m* ((d'un paquet)). ¶ 상자의 ~물이 망가지지 않게 조심해서 다루어라 Fais attention au contenu de cette boîte, c'est fragile.

◆_증명 -證明 명 attestation *f* du contenu ((d'un envoi)).

내우외환 內憂外患 명 ((être assailli(*e*) de)) difficultés *fpl* à l'intérieur et à l'extérieur; diverses difficultés *fpl* (internes et externes) traversées par un pays. ¶ ~에도 불구하고 올해 우리나라 경제는 7 %의 성장률을 보였다 Malgré les [En dépit des] nombreuses difficultés traversées [rencontrées] par le pays cette année, l'économie coréenne a montré un taux de croissance de sept pour cent. ¶ 방글라데시는 지난해에도 폭동과 홍수라는 ~에 시달렸다 L'année dernière encore, le Bangladesh s'est heurté à de nombreuses difficultés dont une insurrection et des inondations. ¶ 지난 몇 해 동안 그의 집안에는 ~이 끊이지 않았다 Ces dernières années, cette famille a été la victime d'une série de malheurs.

내음 명 odeur *f*. ¶ 이 꽃에는 향기로운 ~이 난다 Cette fleur sent bon.

내응 內應 명 ① ((남녀의)) adultère *m*. ② ((적과의)) communications *fpl* secrètes ((avec l'ennemi)); relations *fpl* secrètes [cachées, dissimulées], rapports *mpl* secrets ((avec l'ennemi)); traîtrise *f*, trahison *f*, perfidie *f*. ¶ 적과의 ~ des relations [des communications] secrètes avec l'ennemi; des rapports secrets avec l'ennemi. ◇_(을) **하다** entretenir des rapports secrets. ¶ 그 사람은 범인들과 ~을 하고 있었다 Il avait des relations secrètes avec des criminels. ¶ 그 사람은 적과 ~을 하고 있었다 Il entretenait des rapports secrets avec l'ennemi.

내의[1] 內衣 명 sous-vêtement (~-~*s*) *m*; linge *m* de corps; lingerie *f*. ¶ ~를 갈아입다 changer de sous-vêtements. ¶ 갈아입을 ~를 준비하다 préparer du linge de rechange. ¶ 깨끗한 ~를 입다 mettre du linge propre.

내의[2] 內意 명 intention *f* cachée [secrète], arrière-pensée(~-~*s*) *f*; dessein *m*, fond *m* du cœur. ¶ 그 사람의 친절한 ~가 무엇일까 궁금하다 Je me demande ce que cache [ce que peut bien cacher, ce qu'il y a derrière] sa gentillesse.

내인가 內認可 명 autorisation *f* provisoire.

내일 來日 부 demain *m*. ¶ 나는 내일 출발한다. Je pars demain.

명 demain *m*. ① ¶ 우리는 ~ 아침 일찍 떠날 것이다 Nous partirons demain matin très tôt. ¶ ~ 오후 세 시에 다시 오십시오 Revenez demain à quinze heures. ¶ ~이 내 생일이다 Demain, c'est mon anniversaire. ② 미래, 장래 avenir *m*, futur *m*. ¶ 우리에게 ~은 없다 Nous n'avons pas d'avenir. ¶ ~을 준비하지 않는 사람은 희망이 없다 Celui qui ne prépare pas son avenir ne peut rien espérer plus tard / Il faut préparer son avenir si on veut espérer quelque chose plus tard. ¶ 조국의 ~을 짊어질 젊은이들 les jeunes responsables de l'avenir du pays.

*~ **일은 ~ 생각하자** À chaque jour suffit sa peine.

***오늘 할 일을 ~로 미루지 마라** Ne remets pas à demain ce que tu pourrais faire le jour même.

***목숨이 오늘 ~ 하다** être en danger de mort.

내일모레 명 ① 모레 après-demain. ② 아주 가까운 미래 ((dans un)) avenir *m* très proche; très prochainement, incessamment sous peu, bientôt. ¶ 나도 ~면 마흔 살이다 Moi aussi, j'aurai bientôt quarante ans [je vais avoir quarante ans].

부 très prochainement, incessamment sous peu. ¶ ~ 죽을 사람 une personne qui va mourir bientôt [dont la mort est proche], une personne en fin de vie, une personne qui est proche de sa fin, une personne mourante [agonisante].

내자[1] 內子 명【고어】femme *f*, épouse *f*.

내자[2] 內資 명【경제】capitaux *mpl* nationaux. ¶ ~를 조달하다 récolter [recueillir, amasser] des capitaux nationaux. ¶ 경제 개발은 ~로만 충당할 수 없어 외자를 도입했다 Le développement de l'économie ne pouvant (pas) se faire à partir de seuls capitaux nationaux, il faut injecter [faire venir, attirer] des capitaux étrangers.

내장[1] 內粧 어근 décoration *f* intérieure; architecture *f* d'intérieur, design *m* d'intérieur; ((자동차)) garniture *f*.

◆_공사 -工事 명 travaux *mpl* d'intérieur; travaux *mpl* d'architecture d'intérieur; travaux *mpl* de décoration.

◆_재 -材 명 matériaux *mpl* pour la décoration intérieure.

내장[2] 內臟 명 viscères *mpl*; organe *m* interne.

◆_질환 -疾患 명 maladie *f* interne.

◆_하다 intégrer, inclure, incorporer, contenir, comprendre. ¶이 미사일은 한국제 전자 장치를~하고 있다. Ce missile intègre des équipements électroniques de fabrication coréenne.

내재 內在 어근 immanence *f*.

◆_하다[되다] 자 être inclus, contenu, compris; être immanent(*e*), inhérent(*e*). ¶ 그 계획에는 많은 문제가 ~해 있다 Il y a beaucoup de problèmes dans ce projet. / Ce projet comporte beaucoup de problèmes.

◆_성 -性 명 immanence *f*.

◆_적 -的 명관 immanent(*e*), inhérent(*e*). ¶ ~적 모순 une contradiction inhérente.

◆_율 -律 명 loi *f* immanente; principe *m* inhérent. taux *m* d'immanence.

◆_철학 -哲學 명 immanentisme *m*.

내적 內的 명 intérieur(*e*), interne; mor*al*(*ale*, *aux*),

ment*al*(*ale*, *aux*). ¶ ~ 원인 une cause interne. ¶ ~ 갈등 des conflits internes [des difficultés internes]. ¶ 그 두 사건은 ~으로 긴밀히 연관되어 있다 Ces deux incidents sont intrinsèquement liés.

◆_재구 -再構 명 【언어】 reconstruction *f* interne.

내전 內戰 명 guerre *f* civile [intérieure]. ¶ ~의 수렁에서 헤어나지 못하다 ne pas arriver à se sortir des guerres intérieures [des conflits intérieurs, des guerres civiles].

내접 內接 명 【수학】 inscription *f* ((d'une figure dans un cercle, un triangle)). ◇_(을) 하다 être inscrit(*e*) ((dans un cercle)). ¶ 원에 ~하는 도형을 그리다 inscrire une figure dans un cercle.

◆_원 -圓 명 cercle *m* inscrit.

내젓다 타 ① ((손이나 머리를)) faire un geste ((de la main, de la tête)), hocher ((la tête)). ¶ 손을 내저으며 사양하다 décliner [refuser poliment] en faisant un geste de la main. ¶ 내 말을 채 듣지도 않고 그 사람은 고개를 절레절레 내젓는다 Il refusa d'un signe de la tête, sans même écouter mes propos. ② ((물건을)) agiter. ¶ 그 할아버지는 지팡이를 내저으며 저리가라고 소리쳤다 Ce vieillard m'a crié de partir [de m'éloigner] en agitant sa canne.

내정 內政 명 politique *f* intérieure. ¶ ~을 소홀히 하다 délaisser la politique intérieure. ¶ ~에 간섭하다 s'ingérer dans les affaires intérieures ((d'un pays)).

◆_간섭 -干涉 명 ingérence *f* dans les affaires intérieures.

◆_불간섭 -不干涉 명 non ingérence *f* dans les affaires intérieures.

내조 內助 명 aide *f* [assistance *f*] d'une femme ((à son mari)). ¶ 그 남자의 성공은 (아내의) ~ 덕택이다 Il doit son succès à sa femme / Il a réussi grâce à sa femme. ¶ 부인의 ~에 힘입어 grâce à l'aide [à l'assistance] de *sa* femme. ◇_(를) 하다 aider *son* époux [*son* mari]. ¶ 그 여자는 남편을 헌신적으로 ~했다 Elle s'est dévouée pour aider son mari.

◆_자 -者 명 femme *f* qui aide son mari; personne *f* qui entretient une entente complice avec une autre.

내주 來週 명 la semaine *f* prochaine. ¶ ~에 한 번 더 찾아오시기 바랍니다 Veuillez [Pourriez-vous] venir me voir [Veuillez [Pourriez-vous] passer] encore une fois la semaine prochaine. ¶ ~ 월요일에 봅시다 On se voit lundi prochain / À lundi prochain. ¶ ~ 목요일 jeudi de la semaine prochaine; jeudi en huit. ¶ ~ 오늘 dans une semaine à compter d'aujourd'hui. ¶ ~ 내로 dans le courant de la semaine prochaine. ¶ ~말[초]에는 일을 끝낼 수 있어요 Je peux terminer ce travail à la fin [au début] de la semaine prochaine / Je peux terminer ce travail d'ici [pour] la fin [le début] de la semaine prochaine.

◆내_ 來- 명 dans quinze jours *mpl*, dans deux semaines *fpl* (à compter d'aujourd'hui); ((lundi)) en quinze. ¶ 내~ 화요일 mardi en quinze.

내주다 타 ① 건네주다 donner, offrir ¶ 열쇠를 ~ donner une clé. ¶ 돈을 ~ donner [offrir] de l'argent. ② ((자리를)) céder. ¶ 길을 ~ donner un passage. ¶ 동생에게 방을 ~ donner une chambre à *son* petit frère. ¶ 왕위를 ~ céder le trône, abdiquer le trône ((en faveur de *qn*)). ¶ 후진에게 자리를 ~ laisser [céder] un poste aux jeunes. ¶ 장사가 안 되어 가게를 내주게 생겼다 On en est arrivé à céder le magasin parce que les affaires ne marchaient pas. ¶ 아무에게나 마음을 내주지는 말아라 Ne cède pas ton cœur à n'importe qui / Ne tombe pas amoureux de n'importe qui.

내지 乃至 부 ...부터 ...까지 de ... à, ou, soit ... soit. ¶ 30 ~ 40인 de trente à quarante personnes. ¶ 5 ~ 6인 cinq ou six personnes. ¶ 10 ~ 그 이상[이하] supérieur(*e*) [inférieur(*e*)] à 10. ¶ 비가 올 확률은 70 ~ 80 %이다 La probabilité de précipitation est de 70 % à 80 %. ¶ 그 댐 건설에 3년 ~ 4년은 걸릴 것입니다 Il faudra 3 ou 4 ans pour construire ce barrage. ¶ 국무총리 ~는 외무부 장관이 국회 외교위원회에 출석할 것이다 Le Premier ministre ou le ministre des Affaires étrangères se présenteront devant la commission des affaires étrangères du Parlement.

내지르다 타 ① ((소리를)) pousser; ((사물을)) lancer. ¶ 소리를 ~ pousser un cri. ¶ 주먹을 ~ lancer un (coup de) poing. ¶ 그 선수는 자기 앞으로 오는 공을 힘껏 내질렀다 Cet athlète a lancé avec force la balle qui arrivait sur lui. ② ((‘아이를 낳다’의 속된 말)) enfanter, mettre au monde. ¶ 자식들을 내질러 놓고 제대로 키우지도 않다니! Vous mettez au monde des bambins et après vous n'êtes pas foutus de les élever correctement! {*fam*}. ③ ((‘똥’, ‘오줌’을 아무데나 누다’의 속된말)) faire *ses* besoins naturels n'importe où, pisser n'importe où {*fam*}.

내진[1] 耐震 어근 antisismique, parasismique.

◆_가옥 -家屋 명 maison *f* antisismique.

◆_건축 -建築 명 construction *f* conforme aux normes antisismiques [parasismiques].

◆_구조 -構造 명 structure *f* antisismique [parasismique].

◆_설계 -設計 명 plan *m* d'un bâtiment antisismique [parasismique].

내진[2] 內診 명 toucher *m* ((rectal, vaginal)). ¶ 산부인과 ~ toucher vaginal (du gynécologue) ((examen gynécologique)).

내쫓기다 자 ① 추방당하다 être chassé(*e*), être poussé(*e*) dehors. ¶ 집에서 ~ être chassé(*e*) de la maison. ② 해고당하다 se faire licencier [renvoyer, virer], être licencié(*e*), renvoyé(*e*), viré(*e*). ¶ 일터에서 내쫓긴 사람들은 갈 곳이 없다 Les gens licenciés de leur travail n'ont nulle part ailleurs où aller.

내쫓다 타 ① chasser, expulser; pousser dehors. ¶ 밖으로 ~ chasser dehors, expulser. ¶ 강아지를 방에

서 ~ chasser le chiot (hors) de la chambre. ② 해고하다 chasser, renvoyer *qn*; congédier, licencier *qn*; mettre *qn* dehors; virer{*fam*}, saquer {*fam*}. ¶ 문제를 일으킨 직원을 ~ chasser l'employé qui a créé des problèmes. ¶ 문제아를 학교에서 ~ chasser l'élève à problèmes (hors) de l'école.

내차다 타 donner (un coup de pied), frapper (du pied). ¶ 공을 골문 밖으로 ~ tirer en dehors du cadre [des buts], tirer à côté, faire un tir non cadré. ¶ 그 사람은 한때는 자기의 비서를 그렇게 총애하더니 이제 와서 쓸모없다고 사람을 그렇게 내찰 수가 있나 Et dire qu'à un moment il était plein d'admiration pour sa secrétaire! Comment peut-il la rejeter de la sorte maintenant, en disant qu'elle n'est bonne à rien?

내처 부 sur *sa* lancée, d'un seul trait, du même coup, d'un seul jet, d'une seule haleine. ¶ 일을 시작한 김에 ~ 끝내 버리자 Maintenant que l'on a commencé le travail, allons jusqu'au bout. ¶ 그 남자는 10킬로미터나 되는 길을 ~ 달렸다 Il a couru 10 km sans s'arrêter [d'une seule traite, sans faire d'arrêt, sans faire de halte, sans reprendre son souffle].

내출혈 內出血 명 【의학】 hémorragie *f* interne. ¶ 경미한 ~도 치료를 받아야 한다 Il faut soigner une hémorragie interne, même bénigne [aussi bénigne soit-elle].

내측 內側 명 côté *m* intérieur.

내치 內治 명 administration *f* intérieure; politique *f* intérieure.

내치다[1] 타 sortir; jeter, lancer (dehors).
*__내친 김에__ sur le coup; sur *sa* lancée. ¶ 내친 김에 내일 할 일까지 모두 해 버렸습니다 Dans ma lancée, j'ai fini tout ce que j'avais à faire, même pour demain.
◆**내친걸음** 명 dans *sa* lancée; en profitant de l'impulsion acquise. ¶ 내친걸음이니 끝장을 보아야 하겠다 Maintenant qu'on a commencé, il faut aller jusqu'au bout. ¶ 이미 내친걸음이니 하지 않을 수도 없다 Maintenant qu'on a commencé on ne peut pas ne pas le faire. ¶ 내친걸음에 거기나 가 볼까? Puisque je suis sur la route, veux-tu que j'aille voir?

내치다[2] 타 sortir, jeter. ¶ 무엇을 밖으로 ~ sortir [jeter, lancer] dehors. ¶ 저 자를 당장 내쳐라 Sors ce type d'ici tout de suite. ¶ 그 사람은 컵을 바닥에 내쳤다 Il a jeté le verre par terre. ☞ 내쫓다

내침 來侵 명 invasion *f*. ¶ 외적의 ~에 대비해야 한다 Il faut se préparer [Nous devons nous préparer] à une invasion éventuelle.

내키다 재 avoir envie de+*inf*; être enclin(*e*) à *qc*/*inf*, être disposé(*e*) à+*inf*, être porté(*e*) vers *qc*. ¶ 그는 늘 마음 내키는 대로 말한다 Il parle toujours selon son humeur. ¶ 내키지 않는 일 un travail peu attrayant. ¶ 마음이 내키면 나를 찾아오너라 Viens me voir si tu en as envie [si le cœur t'en dit]. ¶ 내키지 않으면 가지 않아도 돼 Tu peux ne pas y aller si tu n'en as pas envie [si le cœur ne t'en dit pas, si ça ne te tente pas]. ¶ 별로 마음이 내키지 않아 Cela ne me tente [dit] guère / Je n'ai pas très envie / Je ne suis [Je ne me sens] pas vraiment d'humeur à cela / Je n'ai pas vraiment le cœur à ça. ¶ 이런 일에는 별로 마음이 내키지 않는다 Ce genre d'affaire ne m'intéresse guère. ¶ 오늘은 그 사람을 만날 마음이 내키지 않는다 Aujourd'hui je ne suis pas d'humeur à le voir.

내통 內通 명 ① ⟪남녀의⟫ adultère *m*. ② ⟪적과의⟫ communications *fpl* secrètes ⟪avec l'ennemi⟫; relations *fpl* secrètes [cachées, dissimulées], rapports *mpl* secrets ⟪avec l'ennemi⟫; traîtrise *f*, trahison *f*, perfidie *f*. ¶ 적과의 ~ des relations [des communications] secrètes avec l'ennemi; des rapports secrets avec l'ennemi. ◇_(을) **하다** entretenir des rapports secrets. ¶ 그 사람은 범인들과 ~을 하고 있었다 Il avait des relations secrètes avec des criminels. ¶ 그 사람은 적과 ~을 하고 있었다 Il entretenait des rapports secrets avec l'ennemi.

내팽개치다 타 ① 던져버리다 jeter [lancer] violemment; rejeter violemment. ¶ 가방을 땅에 ~ jeter *son* cartable [*son* sac] par terre. ② 버려두다 abandonner, rejeter ¶ 그는 아이를 내팽개치고 떠나 버린 무정한 사람이다 C'est un homme impitoyable qui est parti en abandonnant ses enfants derrière lui. ¶ 하던 일을 내팽개치고 놀러 나가다 sortir jouer dehors en laissant en plan le travail qu'*on* était en train de faire.

내포 內包 명 ① 【논리】 inclusion *f*, compréhension *f*. ¶ ~ 의미 une connotation; une signification implicite. ⟪의미론⟫ intension *f*; connotation *f*. ② 【언어】 ⟪통사론⟫ emboîtement *m*, enchâssement *m*. ¶ ~란 한 연쇄를 다른 연쇄 내에 포함시키는 조작이다 L'emboîtement [L'enchâssement] est l'opération qui consiste à inclure une suite dans une autre. ◇_(를) **하다[시키다]** emboîter, enchâsser. ◇_(가) **되다** s'emboîter, s'enchâsser; être emboîté(*e*) [enchâssé(*e*)]. ¶ 모문의 목적어 자리에 ~되다 s'enchâsser à la place du complément d'objet de la phrase matrice [réceptrice].
◆**_적** -的 명관 intentionnel(*le*), inclusi*f*(*ve*), compréhensi*f*(*ve*); connotati*f*(*ve*).. ¶ ~적 정의 la définition intentionnelle; la définition en compréhension.
◆**_논리** -論理 명 logique *f* intentionnelle.
◆**_문** -文 명 【언어】 phrase *f* emboîtée [enchâssée].
◆**_분석** -分析 명 analyse *f* en intention.
◆**_절** -節 명 【언어】 proposition *f* emboîtée [enchâssée].

내피 內皮 명 【동물, 식물】 endoderme *m*. ¶ 모든 씨앗은 외피와 ~에 이중으로 싸여 있다 Toutes les graines sont enveloppées doublement par un endoderme et un ectoderme.

내핍 耐乏 어근 privation *f.* ◇_(을) **하다** serrer [tenir serrés] les cordons de la bourse, surveiller les dépenses, faire attention à ses dépenses, se serrer la ceinture.

◆_**생활** -生活 명 vie *f* de privation(*s*). ¶ ~생활을 하다 mener une vie de privation(*s*).

내한 來韓 명 visite *f* en Corée. ¶ ~ 공연 une représentation en Corée. ◇_(을) **하다** visiter la Corée; venir en Corée. ¶ 그 그룹은 오는 시월에 ~하기로 되어 있다 Ce groupe a prévu de donner une représentation [un spectacle] en Corée en octobre prochain.

내항[1] **內港** 명 port *m* intérieur. ¶ 여기서는 선박들이 ~으로 직접 들어갈 수 있다 Ici, les vaisseaux peuvent accéder directement dans le port intérieur.

내항[2] **內項** 명 【수학】 termes *mpl* moyens. ¶ ~의 적(積) produit des moyens.

내항[3] **來航** 명 visite dans notre pays [de la Corée]. ¶ 프랑스 함대의 ~ la visite d'une flotte française en Corée. ◇_(을) **하다** visiter notre pays [la Corée]. ¶ 프랑스 함대가 한국에 ~했다 Une flotte française a visité notre pays [la Corée].

내해 內海 명 eaux *fpl* intérieures ¶ 어제 출항한 그 외항선은 아직도 ~를 항해중이다[~에 머물고 있다] Le bateau qui a quitté le port hier n'a pas encore passé les limites des eaux intérieures [est encore dans les eaux intérieures].

내향- 內向- 어근

◆_**성** -性 명 introversion *f*.

◆_**적** -的 명관 introverti(*e*), fermé(*e*). ¶ 그는 성격이 좀 ~적이다 Il est plutôt introverti.

내화 耐火 어근 à l'épreuve du feu; ignifuge; réfractaire.

◆_**성** -性 명 résistance *f* au feu.

◆_**건축** -建築 명 construction *f* à l'épreuve du feu, construction *f* ignifuge; construction *f* réfractaire.

◆_**벽돌** 명 brique *f* réfractaire.

◆_**재** _材 명 matière *f* ignifuge.

내후년 來後年 명 ((dans)) deux ans *mpl.*

내흔들다 타 agiter, secouer. ¶ 깃발을 ~ agiter un drapeau. ¶ 고개를 ~ secouer la tête.

낼름 부 ((‘날름’의 잘못)) ☞ 날름

낼름거리다 자 ☞ 날름거리다

낼모레 명부 ☞ 내일모레

냄비 명 casserole *f* ((à deux anses et sans manche)); marmite *f*, chaudron *m*. ¶ 찌그러진 ~ une casserole cabossée. ¶ 그 여자의 노랫소리는 ~ 깨지는 소리가 난다 Elle chante comme une casserole (trouée) / Elle fait un bruit de casserole (trouée) quand elle chante. ¶ 구멍난 ~ une casserole trouée et soudée [rafistolée].

*~ **근성** se dit du tempérament irascible [soupe au lait {*fam*}] d'une personne qui s'emporte facilement mais qui se calme aussitôt.

***쉽게 단 ~는 쉬 식는다** ① Ce que l'on obtient facilement ne dure pas longtemps [n'est pas durable]. ② Un sentiment parvenu rapidement à son maximum n'est pas durable.

냄새 명 ① odeur *f*, effluve *m*, exhalaison *f*, fumet *m*. ¶ ~ 없는 가스 un gaz inodore. ¶ 나는 지금 코감기가 심해 ~를 못 맡는다 Je ne sens plus rien parce que je suis très enrhumé(*e*). ¶ 환기를 해서 방의 ~를 없애야겠다 Je vais aérer la pièce pour chasser les mauvaises odeurs. ¶ 이 치즈는 ~가 상당히 지독하구만 Ce fromage sent terriblement fort / Ce fromage empeste / ((반어적으로)) Ce fromage parfume terriblement. ¶ 그는 오랫동안 목욕하지 않아 ~가 지독하다[진동한다] Il ne s'est pas lavé depuis longtemps. C'est pour ça qu'il sent si fort. ¶ ~가 코를 찌르다 assaillir les narines de *qn*, prendre [envahir] le nez [les narines] de *qn*, sentir à plein nez {*fam*}. ¶ 생선 ~가 야채에 옮았다 Les légumes ont pris l'odeur du poisson. ¶ ~가 배다 être imprégné(*e*) d'une odeur, sentir ((le tabac, la friture)). ¶ 몸에 담배[음식, 기름] ~가 배었다 sentir le tabac [la cigarette] [sentir la cuisine, sentir la friture]. ¶ ~를 풍기다[피우다] répandre [dégager, exhaler] une odeur [un parfum]; ((좋은 냄새)) embaumer; ((악취)) sentir mauvais, dégager [exhaler] une odeur désagréable [infecte], puer {*fam*}; ((심한 악취)) empester, fouetter {*fam*}, cocotter {*fam*}, chlinguer {*fam*}. ¶ 스컹크는 ~를 풍겨 적을 쫓는다 Le putois repousse ses ennemis en exhalant une odeur fétide. ② 향기 parfum *m*; arôme *m*. ¶ 장미에서 좋은 ~가 난다 Les roses exhalent un parfum très agréable. ¶ ~가 좋은 홍차 une thé noir parfumé [qui sent bon]. ¶ 이 향수는 ~가 기막히다[향긋하다] Ce parfum sent très bon [embaume]. ③ ((느낌, 티가)) symptôme *m*, présage *m*, signe *m*, doute *m*. ◇_(가) **나다** exhaler [dégager] une odeur, sentir *qc*; ((좋은 냄새가)) embaumer; ((나쁜 냄새가)) puer {*fam*}, ((심한 악취가)) empester, cocotter {*fam*}, (s)chlinguer {*fam*}, fouetter {*fam*}. ¶ ~ 나는 qui exhale une odeur, odorant(*e*). ¶ 이 방에서는 나쁜 ~가 난다 Cette pièce sent mauvais / Ça sent mauvais [pue {*fam*}, (s)chlingue {*fam*}, cocotte {*fam*}, fouette {*fam*}, n'embaume pas la rose {*fam*}] dans cette pièce. ¶ 이 고기는 썩은[구역질나는, 상한, 이상한] ~가 난다 Cette viande sent la pourriture / Cette viande a une odeur nauséabonde [de pourriture]. ¶ 퀴퀴한[고리타분한] ~가 나다 sentir le renfermé. ¶ 탄 ~(가) 나다 sentir le brûlé [le cramé {*fam*}, le roussi]. ¶ 곰팡이 ~(가) 나다 sentir le moisi. ¶ 땀 ~가 나다[심하다] sentir la transpiration, ((겨드랑이)) sentir sous les bras [sentir fort sous les bras]. ¶ 그 사람에게서는 늘 마늘 ~가 난다 Il sent toujours l'ail / ((심하게)) Son haleine [Il] empeste toujours l'ail. ¶ 발 ~ 나요 Ça sent [pue {*fam*}] les pieds ici [Tu sens drôlement {*fam*} mauvais des pieds / Tu pues des pieds {*fam*}]. ¶ 당신 술 먹었지? 술 ~ 많이 나 T(u)'as bu, n'est-ce pas? Tu empestes l'alcool! ¶ 넌 입~

심하거든 빨리 양치질해라 Tu sens mauvais de la bouche [Tu as mauvaise haleine, Tu pues de la gueule {*vulg*}] Va vite te brosser les dents. ¶ 홀아비 ~(가) 나다 sentir le (vieux) bouc [le fauve, le vieux croûton {*fam*}].

*~**가 나다** sentir ((au sens figuré)), donner une impression de, évoquer (à l'esprit) l'idée de, indiquer, révéler, sentir que+*ind*, être louche [suspect(*e*)]. ¶ 이 사건과 관련해서 저 사람한테서도 뭔가 ~가 난다 Il y a aussi quelque chose de louche chez cet homme concernant cette affaire. ¶ 그 여자는 왠지 남자가 있는 ~가 난다 Je sens qu'elle a déjà un homme dans sa vie.

*~**를 맡다** flairer *qc* ((au sens figuré)), trouver une piste. ¶ 경찰이 뭔가 ~를 맡은 것 같다 La police a l'air d'avoir flairé quelque chose [d'avoir trouvé une piste].

냅다 부 de toutes *ses* forces, à tour de bras, avec force. ¶ ~ 도망치다 s'enfuir à toutes jambes. ¶ ~ 소리치다 crier de toutes *ses* forces. ¶ ~ 후려치다 frapper *qn* de toutes *ses* forces; frapper *qn* à tour de bras. ¶ 누구의 따귀를 ~ 후려치다 gifler *qn* à toute volée. ¶ ~ 잡아뽑다 arracher *qc* de toutes *ses* forces. ¶ ~ 걷어차다 donner un coup de pied avec force.

냅킨 영{napkin} 명 serviette *f* de table, serviette *f* en papier. ¶ ~을 접다[펼치다] plier [déplier] *sa* serviette. ¶ (일회용) ~으로 입가를 닦다 s'essuyer la bouche [les lèvres] avec une serviette en papier [avec *sa* serviette].

냇가 명 bord *m* de la rivière; rive *f*, berge *f*. ¶ ~를 따라 거닐다 se promener le long [au bord] d'une rivière.

냇물 명 eau(*x*) *f* ((d'une rivière)). ¶ ~에 발을 담그다 tremper les pieds dans l'eau de la rivière, faire trempette {*fam*} au bord de l'eau.

냉[1] 冷 명 pertes *fpl* blanches, leucorrhée *f*. ¶ ~이 있으면 임신이 어렵다 Si l'on est atteint de leucorrhée, il est difficile d'être enceinte.

냉-[2] 冷- 접두 froid(*e*), frais(fraîche), rafraîchi(*e*), rafraîchissant(*e*), glacé(*e*), glaci*al*(*ale*, *aux*). ¶ ~음료 une boisson froide [fraîche, rafraîchissante]. ¶ ~찜질 (mettre) une compresse froide [glacée].

◆**_하다** 형 avoir le corps glacé. ¶ 그는 몸이 ~하다 Il a le corps glacé.

냉가슴 冷- 명 cœur *m* qui souffre en secret.

*벙어리 ~ **앓듯 하다** souffrir en silence, taire *sa* douleur, ne pas (pouvoir) exprimer *ses* soucis.

냉각 冷却 명 refroidissement *m*; réfrigération *f*. ¶ ~ 방식 un mode de réfrigération. ◇_(을) **하다[시키다]** réfrigérer, refroidir. ◇_(이) **되다** être réfrigéré(*e*).

◆**_수** -水 명 liquide *m* de refroidissement.

냉각기[1] 冷却器 명 réfrigérateur *m*; refroidisseur *m*; appareil *m* frigorifique; ((자동차의)) radiateur *m* ((de voiture)).

냉각기[2] 冷却期 명 période *f* de gel; refroidissement *m* des rapports. ¶ ~를 갖다 cultiver un refroidissement dans les relations.

냉국 冷- 명 soupe *f* froide. ¶ 오이 ~ une soupe froide au concombre et à l'ail.

냉기 冷氣 명 ① 찬 공기 air *m* froid [frais, frisquet] ② 찬 기운 froid *m*, froidure *f*, fraîcheur *f*. ¶ 봄이지만 여전히 아침저녁으로는 ~가 있다[느껴진다] C'est le printemps, mais le matin et le soir, l'air est encore froid [frais, un peu frisquet]. ◇_**가 돌다** faire froid [frisquet]; ((*qc*)) être froid(*e*); ((사람의 태도)) *qn* se montrer froid(*e*). ¶ 오랫동안 난방을 안 해서 방에 ~가 돈다 Il fait froid dans cette pièce parce qu'on ne l'a pas chauffée depuis longtemps. ¶ 그 남자에 대한 그 여자의 태도에는 ~가 돈다 Elle a à son égard une attitude glaciale.

냉난방 冷煖房 명 climatisation *f*, conditionnement *m* d(e l)'air. ¶ 이 건물은 ~ 시설이 잘 되어[갖추어져] 있다 Cet immeuble est bien climatisé.

냉담하다 冷淡- 형 ① 무관심하다 être froid(*e*), glaci*al*(*ale*, *aux*), indifférent(*e*), détaché(*e*), distant(*e*). ② 무정하다 être impitoyable, insensible, dur(*e*), impassible, inhumain(*e*), dur(*e*), implacable, inexorable, endurci(*e*), sans pitié, avoir un cœur dur [de pierre, de marbre], avoir une pierre à la place du cœur, ne pas avoir de cœur. ¶ 냉담한 성격 un caractère froid [indifférent]. ¶ 냉담한 어조로 말하다 parler d'un ton glacial [froid, détaché, distant]. ¶ 냉담한 표정을 짓다 prendre un air indifférent. ¶ 그는 나의 부탁에 냉담한 반응을[태도를] 보였다 Il a réagi froidement à ma demande / Il s'est montré indifférent à ma demande / Il n'a accordé aucune attention à ma demande. ¶ 그는 남의 일에는 늘 ~ Il est toujours insensible aux (problèmes des) autres. ¶ 저 사람은 왜 나를[에게] 냉담하게 대하지? Pourquoi cet homme me traite-t-il avec froideur? ¶ 냉담하게 대꾸하다 répliquer froidement.

냉대 冷待 명 accueil *m* froid [glacial]. ¶ 사회의 ~에도 불구하고 그 사람은 갱생의 의지를 키워갔다 Malgré un accueil plutôt froid de la société, il essaye de rentrer dans la bonne voie [de se racheter, de racheter sa conduite passée, de devenir un tout autre homme] / Malgré un accueil plutôt froid de la société, il s'efforce de se rétablir par ses propres moyens. ◇_**(를) 하다** accueillir froidement. ¶ 누구를 ~하다 accueillir [recevoir] *qn* froidement. ◇_**(를) 받다** être reçu(*e*) [accueilli(*e*)] froidement. ¶ 누구로부터 ~를 받다 être reçu froidement par *qn*.

냉동 冷凍 명 congélation *f*. ¶ ~ 저장 conservation au congélateur. ¶ ~ 보관 요망 recommandation de conserver au congélateur. ◇_(을) **하다[시키다]** congeler, réfrigérer.

◆**_식품** -食品 명 aliments *mpl* congelés [surgelés].

◆**_인간** -人間 명 homme *m* congelé

《cryogénisation》.

◆_칸 명 compartiment *m* à glace, congélateur *m*, freezer *m*. ¶ 냉장고의 ~칸 congélateur, freezer.

냉랭하다 冷冷- 형 ① 《태도가》 être froid(*e*), glaci*al*(*ale, aux*); prendre une attitude froide, se montrer froid(*e*); être indifférent(*e*). ¶ 냉랭한 분위기 une atmosphère [une ambiance] glaciale [hostile]. ¶ 냉랭한 어투로 대답하다 répondre d'un ton froid [glacial, détaché, distant]. ¶ 누구에게 냉랭한 태도를 보이다 se montrer froid(*e*) avec *qn*. ¶ 냉랭하게 대하다[맞다] faire un accueil très froid à *qn*, accueillir [recevoir] *qn* avec froideur. ② 《방이》 être [faire] fr*ais*(*aîche*), froid(*e*). ¶ 방이 ~ Il fait frais [froid, frisquet] dans la chambre.

ㄴ

냉면 冷麵 명 *naengmyeon fpl* <vermicelles de sarrasin (ou de blé) froides, spécialité nord-coréenne>.

◆_집 명 restaurant *m* de *naengmyeon*.

◆물_ 명 *mul-naengmyeon fpl* <*naengmyeon* (non pimentées) servies dans un bouillon de viande glacé avec des tranches de viande (bœuf)>.

◆비빔_ 명 *bibim-naengmyeon fpl* <*naengmyeon* pimentées (sans bouillon)>.

◆회_ 명 *hoe-naengmyeon fpl* <*naengmyeon* pimentées sans bouillon, à la torpille crue>.

냉방 冷房 명 ① 찬방 chambre *f* non chauffée. ¶ 집을 오래 비워서 방이 ~이다 Ayant été restée longuement vide[inhabitée], la maison [l'appartement] est froid(*e*) [il fait froid dans la maison, la maison n'est pas chauffée]. ② 공기 조절 climatisation *f*, conditionnement *m* de l'air. ¶ ~ 시설[장치] un climatiseur, un appareil de climatisation, un conditionneur (d'air); 《자동차》 un climatiseur automobile. ¶ ~ 시설된 방 une salle [une chambre] climatisée. ◇_(을) **하다** climatiser 《une pièce》. ◇_(이) **되다** être climatisé(*e*).

◆_병 -病 명 rhume *m* (provoqué par les brusques changements de température entre endroits climatisés et endroits non climatisés). ¶ 에어콘 바람을 너무 쐬면 ~병에 걸릴 수도 있다 Si l'on est trop exposé à la climatisation, on peut attraper froid.

냉소 冷笑 명 rire *m* sardonique, ricanement *m*, sourire *m* moqueur[cynique]. ◇_(를) **하다[보내다]** rire d'un air moqueur, tourner *qn* en dérision.

◆_적 -的 명관 sardonique, sarcastique.

◆_주의 -主義 명 cynisme *m*; sarcasme *m*.

냉수 冷水 명 eau(*x*) *f* froide [fraîche].

*~ **먹고 속 좀 차려라** Calme-toi, reprends tes esprits! [Ressaisis-toi!, Reprends-toi!, Reviens sur terre, Atterris]! / Descends de tes nuages! / Descends des hauteurs! / 《꿈 깨라》 (Il ne) faut pas rêver! Sois lucide [réaliste]!

◆_마찰 -摩擦 명 friction *f* (humide) à l'eau froide. ¶ ~마찰(을) 하다 se frotter [se frictionner] le corps avec une serviette imbibée d'eau froide.

◆_욕 -浴 명 bain *m* froid. ¶ ~욕을 하다 prendre un bain froid.

냉엄하다 冷嚴- 형 être impitoyable, implacable, cruel(*le*), sévère. ¶ 사회의 냉엄한 현실 l'impitoyable réalité de la société. ¶ 누구를 냉엄하게 꾸짖다 reprendre *qn* vertement, gronder *qn* sévèrement.

냉이 명 capselle *f*, bourse-à-pasteur *f*; *Capsella bursa-pastoris* {*nsc*}.

◆_무침 명 plat *m* d'accompagnement de capselles blanchies et assaisonnées (avec de l'huile de sésame, de la pâte de piment et du sésame).

◆_ㅅ국 명 soupe *f* à la capselle.

냉장 冷藏 어근 réfrigération *f*. ◇_(을) **하다** réfrigérer, mettre au frais [au réfrigérateur, au frigidaire, au frigo {*fam*}]. ¶ 채소를 ~하다 réfrigérer des légumes, mettre des légumes au frais.

◆_고 -庫 명 réfrigérateur *m*, frigidaire *m*, frigo *m* {*fam*}; appareil *m* de réfrigération.

◆_시설 -施設 명 équipement *m* de réfrigération.

냉전 冷戰 ① 《미 · 소간의》 guerre *f* froide. ¶ ~ 이데올로기 idéologie de la guerre froide. ¶ 두 진영의 대결은 점차 ~ 양상을 띠고[보이고, 나타내고] 있다 L'opposition des deux camps prend [présente] peu à peu l'aspect d'une guerre froide. ② 《부부간의》 guerre *f* froide, désaccord *m*. ¶ 그는 요즘 아내와 ~ 중이다 Ces jours-ci il est en froid avec sa femme. ◇_을 **하다[벌이다]** se livrer une guerre froide, être en froid [en désaccord, en brouille] avec *qn*, être brouillé(*e*)s, être brouillé(*e*) avec *qn*. ¶ 그 두 사람은 사소한 일로 지금껏 서로 ~을 벌이고 있다 Ces deux personnes se livrent encore une guerre froide pour des choses sans importance [pour des raisons futiles] / Ces deux personnes sont en désaccord [sont brouillées] pour des prétextes secondaires [pour des causes accessoires].

냉정 冷靜 명 sang-froid *m*, flegme *m*, impassibilité *f*, calme *m*, tranquillité *f*. ¶ 흥분을 가라앉히고 ~을 되찾다 calmer *son* excitation et reprendre *son* sang-froid.

◆_하다 형 être calme, tranquille, impassible, flegmatique; garder *son* sang-froid, garder la tête froide et lucide. ¶ 침착하고 ~하게 생각해야 한다 Il faut réfléchir calmement et froidement.

◆_히 부 avec [de] sang-froid, froidement, calmement, en gardant la tête froide et lucide.

냉차 冷茶 명 thé *m* glacé [froid].

냉채 冷菜 명 *naengchae m* <《한국요리》 plat *m* de crudités servi froid; 《중국요리》 plat *m* froid à base de légumes de saison, de viande et de fruits de mer; plat *m* de crudités servi froid. Il se compose généralement de légumes de saison finement coupés et mélangés avec des fruits de mer ou de la viande ou bien encore avec des fruits>. ¶ 5품~ 요리 une assiette de crudités accompagnées d'un assortiment de 5 viandes et fruits de mer.

냉철 冷徹 어근

◆_하다 형 être lucide, froid(*e*), imperturbable, flegmatique. ¶ ~한 이성 lucidité. ¶ ~한 두뇌 un esprit lucide. ¶ ~한 사람 un homme flegmatique. ¶ ~하게 판단하다 juger avec lucidité.

◆_히 부 avec lucidité. ¶ 그는 손익을 ~히 따져보았다 Il a pesé [considéré, examiné] le pour et le contre avec lucidité. ¶ ~히 판단하다 juger avec lucidité.

냉커피 冷- 명{-coffee} 명 café *m* glacé [frappé]. ¶ ~ 하나 주세요 Un café frappé, s'il vous plaît.

냉큼 부 vite, rapidement; avec rapidité, promptement, avec promptitude, immédiatement, sur-le-champ, sans délai, sans tarder. ¶ ~ 대답하지 못하겠니? Tu ne me réponds pas tout de suite? ¶ ~ 다녀와라. Vas (et reviens) vite. ¶ ~ 일어서지 못하겠니? Tu ne peux vraiment pas te lever tout de suite?

냉탕 冷湯 명 bain *m* froid; baignoire *f* remplie d'eau froide. ¶ ~에 들어가다 entrer dans un bain froid. ¶ ~과 온탕을 번갈아 드나들다 prendre alternativement un bain froid et un bain chaud.

냉하다 冷- 형 être froid(*e*), glacé(*e*). ¶ 오랫동안 비워 놓아서 방이 굉장히 ~ Comme cette chambre est restée longtemps inoccupée, elle est très froide [glaciale] [il fait très froid dans cette pièce]. ¶ 그는 몸이 ~ Il a le corps glacé.

냉한 冷寒 명 froid *m*; froidure *f*.

냉해 冷害 명 dommage *m* causé par le gel, ravage *m* causé par le froid. ¶ 이상저온 현상으로 농작물의 ~가 심각하다[우려된다] Les dégâts causés par la vague de froid sur les récoltes sont considérables [préoccupants]. ◇_**를 입다** subir des dégâts à cause du froid, être endommagé(*e*) par le froid. ¶ ~를 입은 포도원 un vignoble endommagé par le froid. ¶ 일조량 부족으로 벼가 ~를 입었다 Le riz a souffert du manque d'ensoleillement.

냉혈 冷血 어근 ① ((동물)) (à) sang *m* froid; ② 무정함 cœur *m* dur, insensibilité *f*, froideur *f*.

◆_동물 -動物 명 animal *m* à sang froid.

◆_한 -漢 명 homme *m* au cœur dur, homme *m* insensible, (homme) sans-cœur *m*.

냉혹하다 冷酷- 형 être dur(*e*), cruel(*le*). méchant(*e*), impitoyable. ¶ 사회의 냉혹한 현실 la cruelle réalité de la société. ¶ 누구에게 냉혹한 처벌을 내리다 infliger à *qn* une punition sévère [impitoyable]. ¶ 그 자는 아주 냉혹한 사람이다 C'est un homme très cruel[sans pitié] / C'est un sans-cœur.

-냐[1]↔**-느냐** ((-냐 est la forme contractée de -느냐)). ☞ -느냐

-냐[2]↔**-으냐** 어미 ((suffixe flexionnel de terminaison phrastique interrogative ou exclamative. -냐 s'ajoute après le radical de l'adjectif qui se termine par une voyelle et après les suffixes flexionnels préfinaux temporo-modaux -시/-으시, -더, -았/-었, 겠 -으냐 s'ajoute après le radical qui se termine par une consonne. Employé entre les enfants et entre les amis intimes adultes, ou à l'adresse d'un interlocuteur inférieur, il exprime l'égalité ou l'infériorité. Tel quel, il indique le présent.)) ¶그애가 오죽 배가 고팠겠~? Combien cet enfant aurait pu avoir faim! ¶그 사람이 힘이 세~? Cet homme est il (physiquement) très fort? ¶값이 얼마나 비싸~? À combien s'élève son prix? ¶너 요즈음 바쁘~? Es-tu occupé(e) ces derniers temps? ¶하늘이 높고 푸르~? Le ciel est-il dégagé et bleu?

-냐고[1]↔**-으냐고** 어미 ((suffixe flexionnel conjonctif de citation qui sert à transformer un propos (phrase) interrogatif du discours (style) direct en celui du discours (style) indirect. Ajouté au propos rapporté, il est suivi d'un verbe exprimant une interrogation comme 묻다 *interroger*, *demander*. -냐고 s'ajoute après le radical de l'adjectif qui se termine par une voyelle et après les suffixes flexionnels préfinaux -시/-으시, -더, -았/-었, 겠. Il peut s'ajouter directement au substantif qui se termine par une voyelle à la suite de l'omission du radical 이 de la copule 이다 -으냐고 s'ajoute au radical qui se termine par une consonne. -냐고 s'ajoute après le radical de l'adjectif qui se termine par une voyelle et après les suffixes flexionnels préfinaux temporo-modaux -시/-으시, -더, -으냐고 s'ajoute après le radical qui se termine par une consonne. Tel quel, il indique le présent.)) ¶로익이 한약은 쓰~ 물어요. Loïc demande si le médicament oriental est amer. ¶한 학생이 왜 하늘은 푸르~ 질문했어요. Un étudiant a posé une question pour savoir pourquoi le ciel est bleu. ¶형이 여기가 어디~ 물어요. Mon grand frère me demande ici, c'est où. ¶아저씨께서 이게 뭐~ 묻습니다 Oncle me demande qu'est-ce cet objet. ¶누나가 내게 머리가 아프~ 물었다. Ma sœur aînée m'a demandé si j'avais mal à la tête. ¶그 친구가 내에게 설악산 단풍이 아름다웠~ 묻더라. Cet ami m'a demandé si les feuilles d'arbres rougies du mont Seorak étaient belles.

-냐고[2]→**-느냐고**

-냐는↔**-으냐는** ((forme contractée de -냐고 하는?-으냐고 하는. Suffixe flexionnel conjonctif déterminatif de citation qui sert à transformer un propos (phrase) interrogatif du discours (style) direct en celui déterminatif du discours (style) indirect. Ajouté au propos rapporté, il est suivi d'un verbe exprimant une interrogation comme 묻다 *interroger*, *demander*. -냐고 s'ajoute après le radical de l'adjectif qui se termine par une voyelle et après les suffixes flexionnels préfinaux -시/-으시 (honorifique) et -더 (passé) -으냐고 s'ajoute au radical qui se termine par une consonne.)) ¶한약은 쓰~ 질문 Une question (qui consiste) à savoir si le médicament oriental est amer. ¶나는 정직하~ 그의 말에 나는 분노가 치밀었다. Une colère m'a envahi à son propos qui consistait à savoir si j'étais honnête.

ㄴ

-냐니까 ((forme contractée de -냐고 하니까)) lorsque, quand j'ai demandé ((suffixe flexionnel conjonctif de raison, servant à transformer un propos interrogatif du discours direct en celui du discours indirect. Il s'ajoute après le radical verbale qui se termine par une consonne et après les suffixes flexionnels préfinaux –시/-으시(honorifique) et –더 (passé).)) ¶왜 그러~ 그는 아무 말이 없었다 Lorsque je lui ai demandé pourquoi, je n'ai eu aucune réponse.

-냔↔-느냔 ((forme contractée de -냐는?-으냐는))

-냘↔-느냘 ((forme contractée de –냐고 할?-느냐고 할)) 너만 나쁘~ 사람은 없을 것이다. Il n'y aura personne qui pourrait dire que seul toi est mauvais.

냠냠 부 en se régalant; miam-miam {*fam*}. ¶ 맛있게 ~ 먹다 se régaler.

◆_**거리다** 재타 ((enfant)) se régaler.

냥 兩 분류 ① 화폐 단위 *nyang m* <ancienne unité monétaire de la Corée>. ¶ 돈 백 ~ cent *nyang*. ② 중량의 단위 *nyang m* <unité de poids coréenne valant 10 *don*(돈) (équivalent à 37,5 grammes)>. ¶ 금 두 ~ deux *nyang* d'or.

너[1] 대 tu; toi. ¶ ~는 여기 앉아라 Assieds-toi ici. ¶ ~마저 나한테 이러기냐? Toi aussi, tu me fais ça, à moi? / Toi aussi tu t'y mets maintenant? ¶ ~만큼 불어를 잘 하는 사람도 없다 Je ne connais personne qui parle aussi bien le français que toi. ¶ ~처럼 comme toi. ¶ ~의 출신지 ton pays d'origine; ta région d'origine; ta ville d'origine. ¶ ~ 자신을 알라 Connais-toi toi-même. ¶ ~나 나 둘다 toi et moi, tous les deux. ¶ ~와 나 사이에 entre toi et moi; entre nous. ¶ ~와 함께 avec toi, ensemble. ¶ ~ 없이 sans toi. ¶ ~에게 곧 연락하겠다 Je t'appellerai [te contacterai] sous peu [bientôt]. ¶ 이게 ~를 위한 길이다 C'est pour toi que je le fais / Je fais ça pour toi [pour ton bien]. ¶ ~만 믿는다 Je compte (vraiment) sur toi.

너[2] 관 quatre. ¶ 대두 ~ 말[되] quatre *mal* [*doe*] de soja.

너구리 명 sorte de raton laveur *m*, racoon *m*, chien *m* viverrin, *Nyctereutes procyonoides koreensism* {*nsc*}; ((비유적으로)) une personne sournoise. ¶ ~ 굴 tanière du chien viverrin. ¶ 그는 ~같이 음흉한 사람이다 Il est sournois comme un chat.

*~(를) **잡다** enfumer ((un lieu)) (avec des cigarettes). ¶ 너희들 지금 ~ 잡는 거냐? Vous voulez nous enfumer (avec vos cigarettes) ou quoi? / Vous fumez comme des pompiers [comme des sapeurs, comme une cheminée]? {*fam*}

◆_**굴** 명 tabagie *f*; un lieu [un endroit, une pièce] trop enfumé(*e*) [envahi(*e*) par la fumée (de cigarette), où il y a trop de fumée de cigarette]; une atmosphère enfumée (par les fumeurs). ¶ 이 커피숍에 안 들어갈래. 여기는 완전히 ~굴이잖아 Je n'entrerai pas dans ce café, il y a trop de fumée de cigarette ici [C'est beaucoup trop enfumé ici / Quelle tabagie ici! / On étouffe à cause de la cigarette ici].

너그러이 부 avec indulgence [tolérance]; généreusement. ¶ ~ 대하다 traiter *qn* avec indulgence. ¶ ~ 용서해 주시기 바랍니다 Je vous prie de bien vouloir me pardonner avec indulgence. ¶ 결점을 ~ 보아 넘기다 considérer les défauts ((de *qn*)) avec indulgence.

너그럽다 형 être généreu*x*(*se*), indulgent(*e*), libéral(*e*), tolérant(*e*), compréhensi*f*(*ve*), avoir du cœur, avoir le cœur sur la main, avoir la main ouverte. ¶ 너그러운 사람 une personne indulgente. ¶ 부하들에게 너그러운 장교 un officier généreux envers ses soldats [envers ses hommes]. ¶ 너그러운 처사[처분] mesure(*s*) généreuse(*s*) [indulgente(*s*)]. ¶ 참 너그러운 말씀이십니다 Ce que vous dites est vraiment généreux / Que vos paroles sont indulgentes! ¶ 선생님은 마음이 너그러우시다 Il a un grand cœur / Il a le cœur sur la main. ¶ 남의 잘못에 ~ être indulgent(*e*) avec les fautes d'autrui. ¶ ...에게[를] 너그럽게 대하다 être généreu*x*(*se*) [indulgent(*e*)] envers *qn*. ¶ 그는 친구를 너그럽게 용서했다 Il a pardonné à son ami avec générosité.

너끈하다 형 être suffisant(*e*). ¶ 그 물건은 만 원이면 너끈해요 Dix mille wons suffisent largement pour cet objet.

◆**너끈히** 부 largement, suffisamment, au moins, au minimum, au bas mot, bien, facilement, assez, amplement, aisément, dans l'aisance. ¶ 거기까지 10리는 너끈히 넘죠 D'ici jusque là-bas, il faut largement compter 4 km.

너나없이 부 tous, sans exception, qui que ce soit, tout le monde, les uns comme les autres. ¶ 농번기라 ~ 바쁘다 Comme c'est la saison des activités agricoles, tous sont occupés. ¶ ~ 결점은 있게 마련이다 Il est évident que nous avons tous des défauts. ¶ 그들은 ~ 모두 같은 상황에 놓여있다 Ils se trouvent tous, les uns et les autres, dans la même situation / Ils sont tous dans le même bateau. ¶ 이 사건으로 ~ 모두가 반성해야 한다 Pour cette affaire, tous doivent réfléchir.

너나할것없이 부 tous, n'importe qui, qui que ce soit, tout le monde, les uns comme les autres. ¶ ~ 지쳐 쓰러졌다 Les uns comme les autres tombaient de fatigue.

너네 대 【속어】 toi, vous. ¶ ~가 우리한테 해 준 게 뭐냐? Vous, qu'avez-vous fait pour nous? ¶ ~ 집으로 갈게 J'irai chez toi.

너댓 관 (('네댓'의 잘못)) ☞ 네댓

너덜거리다 재 pendouiller {*fam*}, pendiller en désordre, être déchiré(*e*), être en lambeaux; se balancer, pendiller, s'agiter, être agité(*e*), flotter. ¶ 플래카드가 찢어져 바람에 너덜거린다 La banderole déchirée pendouille {*fam*} au vent.

너덜너덜 부 ((étoffe)) en haillons [guenilles, hardes, loques, morceaux]; tout(*e*) déchiré(*e*). ¶ ~ 떨어진

종이 une feuille de papier déchiquetée. ¶ ~ 떨어진 옷 un vêtement en lambeaux. ¶ 옷이 ~ 해어졌다 Ce vêtement est déchiré en lambeaux.

◆_하다 형 être en haillons [en lambeaux]. ¶ 책이 하도 오래돼서 ~하다 Le vieux livre est tout abîmé. ¶ 찢어진 바짓가랑이가 걸음을 옮길 때마다 ~했다 Les jambes de mon pantalon déchiré flottaient en lambeaux, à chaque fois que je faisais un pas.

너덧 관 quatre ou cinq.

너도나도 부 toi et moi, tous. ¶ ~ 불조심 Tous pour la prévention contre les incendies. ¶ 여기저기서 ~ 구해 달라고 아우성을 쳤다 Tous criaient au secours.

너도밤나무 명 hêtre *m*.

-너라 어미 ((suffixe flexionnel de terminaison phrastique permettant de créer la forme impérative du verbe 오다 *venir*. Ce suffixe est utilisé par un locuteur s'adressant à une personne de rang inférieur)). ¶ 이리 오~ Viens par ici! ¶ 당장 돌아오~ Rentre tout de suite [immédiatement]!

너르다 형 être étendu(*e*), spacieux(*se*), vaste, immense, grand(*e*), large. ¶ 너른 바다[하늘, 들판] une mer [un ciel, une plaine] immense. ¶ 너른 길 un large chemin. ¶ 마음이 너른 사람 une personne au grand cœur. ☞ 넓다

너머 의명 au-delà de, par-delà, (de) l'autre côté de; à travers de. ¶ 저 산 ~에 있는 집 la maison de l'autre côté de cette montagne. ¶ 담[창문] ~로 들려오는 소리 un bruit qu'on entend à travers le mur [à travers la fenêtre]. ¶ 안경 ~로 쳐다보다 regarder *qn* à travers *ses* lunettes.

너무 부 trop, excessivement, à l'excès, avec excès, outre mesure, démesurément, vachement {*fam*}. ¶ 문제가 ~ 어렵다 Le problème [La question] est trop difficile. ¶ 자식들에게 ~ 엄격하다 être excessivement sévère avec *ses* enfants. ¶ ~ 긴장한 상태 état de tension extrême. ¶ ~ 기뻐서 껑충 뛰다 sauter de joie. ¶ 그 사람은 ~ 까다롭다 Il est trop exigeant. ¶ 그 아기는 정말 ~ 귀엽다 Cet enfant est vraiment trop adorable [mignon, chou, craquant, mimi {*fam*}, trognon {*fam*}] / Cet enfant est mignon à croquer / Cet enfant est mimi tout plein {*fam*} / Ce qu'il est trognon cet enfant! {*fam*} / Cet enfant est à croquer! {*fam*} / C'est un gamin craquant [irrésistible]! / Il est trop, ce gamin! {*fam*} / Cet enfant a une trop bonne bouille {*fam*}. ¶ 여기는 사람이 ~ 많다 Ici, les gens sont trop nombreux. ¶ 방 안이 ~ 덥다 Il fait trop chaud dans cette chambre./On étouffe dans cette chambre. ¶ 그 모자는 내게 ~ 크다 Ce chapeau est trop grand pour moi. ¶ 그 일은 내게 ~ 벅차다 Ce travail est trop difficile pour moi. ¶ 내게 그런 혐의를 씌우다니 ~ 억울하다 Il est trop injuste que de tels soupçons pèsent sur moi. ¶ 그 친구는 조심성이 ~ 없다 Il est trop imprudent. ¶ 나는 ~ 가난해서 책을 살 수 없었다 J'étais trop pauvre pour acheter des livres. ¶ 나는 ~나 바빠서 그 모임에 참석하지 못했다 Trop occupé(*e*), je n'ai pu assister à cette réunion. ¶ 그 여자는 거짓말이 ~ 심해 아무도 그를 믿지 않는다 Elle a tellement menti qu'on ne la croit plus. ¶ 그 일로 내게 ~ 기대하지 마라 N'attends pas trop de moi pour cette affaire. ¶ 말이 ~ 지나쳤습니다 Ah, ça par exemple! Vous allez trop loin [Vous dépassez les bornes {*fam*}]! / C'en est trop / Ça, c'est trop fort! / C'est inadmissible! / Vous poussez le bouchon un peu trop loin! {*fam*} / C'est (un peu) fort de café! {*fam*}.

◆_하다 형자 en être trop; exagérer. ¶ ~하군 C'en est trop! / C'est trop fort! / Ah! non, par exemple! / C'est (un peu) fort de café! {*fam*} / C'est plus fort que de jouer au bouchon! {*fam*} ¶ 그 녀석은 해도 해도 ~한다 Vraiment, ce type exagère / Il y va un peu fort, ce type! / Il exagère vraiment trop / Il charrie {*fam*} / Il pousse [jette, lance] le bouchon un peu trop loin {*fam*} / Il tire trop sur la ficelle [corde] {*fam*} / Ce type dépasse les bornes [les limites]! / Ce type va trop loin! / Il pousse [attige {*vx*}] un peu le mec {*fam*}.

너무나 부 vraiment trop. ¶ 생활이 ~ 힘들다 La vie est vraiment trop dure. ¶ 그의 대답은 ~ 간단했다 Sa réponse était vraiment trop simple / Sa raison était simpliste [d'une simplicité exagérée] / Sa réponse était éludée.

너부러지다 자 s'écrouler par terre.

너비 명 largeur *f*. ¶ 이 도로는 ~가 10미터이다 Cette route est large de dix mètres / Cette route fait dix mètres de large. ¶ 줄자로 길의 ~를 재다[측정하다] mesurer la largeur d'un chemin avec un ruban à mesurer [avec un mètre à ruban].

너스레[1] 명 grille *f* de bois ((servant à empêcher les objets de toucher le fond d'un récipient)).

너스레[2] 명 허튼 소리 paroles *fpl* trompeuses [mielleuses].

◆_(를) 떨다[부리다] tromper avec des paroles; faire le doucereux.

너울[1] 명 voile *m* (de mariée). ¶ ~도 벗지 않은 색시 ((aux épousailles)) une jeune fille dont on n'a pas encore ôté le voile; une femme très naïve.

너울[2] 명 큰 파도 grosse vague *f*.

너울거리다 자타 ((파도가)) onduler, être houleux(*se*), ((파도처럼)) ondoyer ((dans le vent)), flotter, s'agiter, être agité(*e*), claquer ((au vent)), voltiger, serpenter. ¶ 바닷물이 너울거리며 춤을 춘다 La mer ondule. ¶ 수양버들이 바람에 너울거린다 Le saule pleureur s'agite au vent. ¶ 학 한 마리가 날개를 너울거리며 날아왔다 Une grue voltigeait vers nous.

너울너울 부 avec un mouvement d'ondulation, avec un mouvement onduleux. ¶ ~ 춤을 추다 danser avec des mouvements amples et onduleux. ¶ 바람에 나뭇가지가 ~ 춤추고 있다 Les branches d'arbres se balançaient au gré du vent.

너울대다 자타 ☞ 너울거리다

너저분하다 형 être désordonné(*e*), sale, malpropre. ¶ 너저분한 옷차림 une tenue [mise] négligée [débraillée]. ¶ 너저분한 잡동사니 des objets disparates [hétéroclites] réunis pêle-mêle, un fouillis, un bric-à-brac, un fatras. ¶ 방이 ~ La pièce [La chambre] est en désordre [en fouillis] / Cette chambre est un vrai fouillis / C'est le fouillis [le bazar {*fam*}, le souk {*fam*}, le bordel {*vulg*}, le foutoir {*fam*}, le boxon {*fam*}] dans cette chambre / Quel fouillis [souk {*fam*}, méli-mélo {*fam*}] dans cette chambre! une chatte n'y retrouverait pas ses petits. ¶ 책상 위에 서류가 너저분하게 널려 있다 Les papiers sont posés en vrac sur la table. ¶ 옷가지를 너저분하게 늘어놓다 poser *ses* vêtements en vrac [n'importe où].

너절하다 형 ① 허름하다 être usé(*e*), élimé(*e*), râpé(*e*). ¶ 그는 너절한 옷을 걸치고 있었다 Il était pauvrement vêtu. ¶ 너절한 뒷골목 une ruelle [venelle] sordide. ② 시시하다 être sans valeur, grossi*er*(*ère*), pauvre, médiocre. ¶ 너절한 변명을 늘어놓다 se confondre en excuses. ¶ 이야기를 너절하게 늘어놓다 débiter un interminable discours.

너클 영{knuckle} 명 jointure *f*, articulation *f*. ◆_볼 명 【야구】 (balle *f*) jointure *f*, tire-bouchon *m*.

너털거리다 자 rire aux éclats [à gorge déployée, à ventre déboutonné], éclater de rire, partir d'un gros rire, partir d'un grand éclat de rire, pouffer de rire {*fam*}, s'esclaffer, se bidonner {*fam*}, se tordre [se rouler] de rire, hurler de rire, pleurer de rire, mourir [crever {*fam*}] de rire, étouffer de rire, s'étrangler de rire. ¶ 자네는 뭐가 그리 유쾌해서 너털거리고 있나? Pourquoi riez-vous comme ça? / Pourquoi vous esclaffez-vous ainsi?

너털너털 부 avec des éclats de voix; ((rire)) aux éclats [à gorge déployée]. ¶ ~ 웃다 rire aux éclats [à gorge déployée, à ventre déboutonné], éclater de rire, partir d'un gros rire, pouffer de rire {*fam*}, s'esclaffer, se bidonner {*fam*}, se tordre [se rouler] de rire, hurler de rire, pleurer de rire, mourir [crever {*fam*}] de rire, étouffer de rire, s'étrangler de rire, se pâmer de rire.

너털웃음 명 rire *m* aux éclats [à gorge déployée, à ventre déboutonné], gros rire *m*, rire *m* bruyant [éclatant]. ◇_(을) **웃다** rire aux éclats [à gorge déployée, à ventre déboutonné], éclater de rire, partir d'un gros rire, pouffer de rire {*fam*}, s'esclaffer, se bidonner {*fam*}, se tordre [se rouler] de rire, hurler de rire, mourir [se pâmer, crever {*fam*}] de rire, pleurer de rire, étouffer de rire, s'étrangler de rire.

너트 영{nut} 명 écrou *m*. ¶ 볼트와 ~를 끼워 맞추다 serrer un boulon dans un écrou. ¶ ~가 풀리다 se dévisser.

너풀거리다 자 flotter, s'agiter, être agité(*e*), claquer (violemment) ((au vent)), voltiger, onduler, ondoyer ((dans le vent)), serpenter. ¶ 깃발이 바람에 너풀거리고 있다 Le drapeau flotte [est agité, claque] au vent. ¶ 머리카락을 너풀거리며 그 여자가 달려왔다 Elle a couru vers moi, les cheveux au vent.

너풀너풀 부 en flottant au vent. ¶ 깃발이 바람에 ~ 휘날린다 Le drapeau flotte au vent.

너풀대다 자 ☞ 너풀거리다

너희 대 ((pronom de la 2e personne au pluriel pour désigner les interlocuteurs inférieurs (enfants, élèves, jeunes employés) ou les amis intimes)) vous; votre, vos. ¶ ~는 여기에 앉아 있어라 Vous, restez assis ici. ¶ ~ 담임선생님이 누구시지? Qui est le professeur principal de votre classe? / Qui est votre professeur principal? ¶ ~ 부모님은 여행 중이시니? Tes parents sont en voyage?

넉 관 quatre. ¶ 종이 ~ 장 quatre feuilles de papier. ¶ ~ 달 동안 pendant quatre mois. ¶ 길이가 ~ 자 되는 장대 un bâton long de quatre pieds, un bâton de quatre pieds de long.

넉넉잡다 타 prévoir [compter] largement. ¶ 넉넉잡고(아) 만원이면 충분하다 En comptant largement, 10 000 wons suffiraient. ¶ 넉넉잡아 일주일이면 일을 끝낼 수 있다 En prévoyant largement, une semaine suffirait pour terminer ce travail.

넉넉하다 형 ① ((금액, 분량이)) être suffisant(*e*); être abondant(*e*), ample. ¶ 넉넉한 살림[예산] une vie aisée [un budget large]. ¶ 넉넉한 양의 식량 suffisamment [assez] de vivres [de provisions]. ¶ 그는 비교적 넉넉한 집안에서 자랐다 Il a grandi dans une famille relativement aisée. ¶ 이 돈이면 한 달 생활하기에 ~ Avec une telle somme, on peut vivre tout un mois. ¶ 주머니가 넉넉하니 흐뭇하다 Je suis content(*e*) d'avoir les poches bien remplies [la bourse ronde]. ¶ 오랜만에 찾아왔다고 어머니는 내가 돌아올 때 주머니에 돈을 넉넉하게 넣어주셨다 Ma mère m'a glissé beaucoup d'argent dans la poche au moment du départ [au moment de se quitter, au moment des adieux] parce que cela faisait longtemps que je n'étais pas venu(*e*) la voir. ¶ 넉넉하게 먹다 manger à *sa* faim. ② ((시간, 공간이)) suffire, être suffisant(*e*); être ample. ¶ 넉넉한 옷 des vêtements amples [larges]. ¶ 차 한 잔 마실 시간은 ~ On a assez de temps pour [(largement) le temps de] prendre un café. ¶ 저 정도 공간이면 옷장을 놓기에 ~ Cet espace est amplement suffisant pour y mettre l'armoire / On pourra facilement y mettre l'armoire. ¶ 일정을 넉넉하게 잡다 se fixer un programme de travail [un emploi du temps] pas trop chargé. ③ ((도량이)) être généreu*x*(*se*); être large d'esprit. ¶ 저 사람은 마음이 ~ Cette personne est généreuse.

넉넉히 부 largement, au moins, au minimum, au bas mot, bien, facilement; suffisamment, assez, amplement, aisément, dans l'aisance. ¶ 식량을 넉넉히 준비하다 préparer [prévoir] suffisamment [assez] de vivres [de provisions], se munir de provisions en quantité suffisante. ¶ 남은 시간이 두 시간은~ 될 겁니다 Il vous reste largement [facilement, au moins, bien] deux heures.

넉살 명 hardiesse *f*, intrépidité *f*, audace *f*, culot *m* {*fam*}, toupet *m* {*fam*}. ¶ 하여간 그 사람의 ~은 알아줘야 돼 De toute façon, il faut reconnaître son toupet [culot]. ◇_(을) **부리다[떨다]** faire montre de culot [d'audace, d'effronterie]. ◇_(이) **좋다** ☞ 넉살좋다

◆**_스럽다** 형 être gonflé(*e*) {*fam*}, effronté(*e*); être audacieu*x*(*se*), hardi(*e*), courageu*x*(*se*); être insolent(*e*), impudent(*e*), sans vergogne, sans-gêne.

넉살맞다 형 être désinvolte; avoir de l'aplomb, être gonflé(*e*) {*fam*}, culotté(*e*) {*fam*}, effronté(*e*), ne pas manquer d'air [d'audace, de culot, de toupet]; être audacieu*x*(*se*), hardi(*e*), courageu*x*(*se*), ne pas avoir froid aux yeux, avoir de l'estomac [du cran, des tripes]; être insolent(*e*), impudent(*e*), sans vergogne, sans-gêne.

넉살스레 부 avec désinvolture; avec sans-gêne.

넉살좋다 형 être désinvolte; avoir de l'aplomb, avoir du culot [du toupet] {*fam*}, être effronté(*e*), culotté(*e*) {*fam*}, gonflé(*e*) {*fam*}; ne pas manquer d'audace [d'air {*fam*}, de culot {*fam*}, de toupet {*fam*}]; ne pas avoir froid aux yeux, être audacieu*x*(*se*), hardi(*e*), courageu*x*(*se*), avoir de l'estomac [du cran, des tripes] {*fam*}; être insolent(*e*), impudent(*e*), sans vergogne, sans-gêne. ¶ 그 녀석 참 ~! Comme il est désinvolte [sans-gêne], celui-là! / Cet individu ne manque pas d'audace! / Quel sans-gêne, celui-là! / Il ne manque pas d'air [de toupet, de culot], celui-là! {*fam*} / Il est gonflé [culotté], celui-là! {*fam*}/ Quel toupet! celui-là! {*fam*} / Il a un sacré culot, celui-là! {*fam*}. ¶ 욕먹을 짓을 하고서도 태연한 걸 보면 그 녀석은 정말 ~ Ce type ne manque vraiment pas de culot {*fam*} [d'air {*fam*}] pour faire comme si de rien n'était après s'être comporté de la sorte.

넋 명 âme *f*, esprit *m*. ¶ 순국선열의 ~을 위로하다[기리다] louer la grandeur d'âme de ceux qui ont donné leur vie pour la patrie.

*~(**을**) **놓다** devenir [être] abruti(*e*) [étourdi(*e*)]. ¶ ~ 놓고 앉아 있지만 말고 대책을 강구하자 Ne restons pas assis comme des vaches, mais essayons de trouver quelles sont les mesures à prendre.

*~**을 잃다** être abasourdi(*e*), étourdi(*e*), stupéfait(*e*), frappé(*e*) de stupeur. ¶ 증시가 폭락하자 그는 ~을 잃고 천장만 바라보았다 Abasourdi par la chute de la Bourse, il ne faisait que fixer le plafond.

*~(**이**) **나가다[빠지다]** être comme un corps sans âme; avoir l'esprit égaré [ailleurs], être dans la lune. ¶ 그는 마치 ~이 나간 사람 같다 Il est comme un corps sans âme.

넋두리 명 ① ((무당의)) paroles *fpl* d'une chamane (données comme celles d'un défunt). ② 불편, 푸념 plaintes *fpl* ((continuelles)), lamentations *fpl*, jérémiade *f* {*fam*}. ◇_(를) **하다** se répandre en lamentations, se lamenter, pleurer sur *son* sort, gémir.

넌더리 명 répugnance *f*, dégoût *m*, aversion *f*. ◇_(가) **나다** éprouver de la répugnance [du dégoût, de l'aversion] pour *qc*/*qn*; avoir *qn*/*qc* en horreur; répugner à *qn* de+*inf*; en avoir assez [marre] de *qc*, être las(*se*) [dégoûté(*e*)] de *qc*/*inf*; ennuyer, embêter, lasser, dégoûter; répugner à *qc*; éprouver une impression de dégoût.. ¶ 그 사람 이름만 들어도 ~가 난다 Rien qu'entendre son nom me répugne.

넌 ((forme contractée de 너-는)) tu (le thème ou le sujet d'une proposition ou d'une phrase)

넌덜머리 명 ☞ 넌더리

넌센스 명{nonsense} 명 ☞ 난센스

넌즈시 부 ((‘넌지시’의 잘못)) ☞ 넌지시

넌지시 부 ① discrètement, secrètement, furtivement, subrepticement, en secret, en catimini, en tapinois. ¶ ~ 바라보다 regarder discrètement, regarder à la dérobée, jeter un coup d'œil furtif sur *qn*/*qc*. ¶ ~ 주머니에 돈을 넣어주다 glisser en cachette de l'argent dans la poche de *qn*. ② indirectement, de façon détournée, tacitement, implicitement, sans en avoir l'air; ((parler)) à mots couverts, en termes voilés, d'une manière voilée. ¶ ~ 귀띔해 주다 dire *qc* à l'oreille de *qn*; faire savoir *qc* discrètement. ¶ ~ 말하다 suggérer, sous-entendre, insinuer, parler à mots couverts [en termes voilés]. ¶ ~ 물어 보다 se renseigner discrètement. ¶ ~ 속[의중]을 떠 보다 essayer de deviner l'intention de *qn*. ¶ 그 사람은 거절의 뜻을 ~ 비추었다 Il lui a fait comprendre discrètement son intention de refuser.

널[1] ((forme contractée de 너-를)) tu (le complément d'objet directe dans une proposition ou une phrase)

널[2] 명 ① 널빤지 planche *f*. ② 관 棺 cercueil *m*, bière *f*. ¶ ~을 짜다 fabriquer un cercueil. ③ ((널뛰기의)) balance *f* à bascule (en station debout). ¶ ~(을) 뛰다 jouer à la bascule en position debout; faire du *neol-ttwigi*.

◆**_뛰기** 명 *neol-ttwigi m* <sorte de jeu de bascule en position debout, jeu traditionnel coréen où deux femmes, debout chacune sur le bout d'une pièce de bois en équilibre sur un pivot, s'amusent à se balancer>. ¶ ~뛰기를 하다 faire du *neol-ttwigi*. ¶ 요즈음 주가가 ~뛰기를 하고 있다 Ces jours-ci, la valeur [le cours] des actions [le cours de la Bourse] est très volatile [très instable] [fluctue énormément] / Ces jours-ci, les valeurs boursières fluctuent énormément [connaissent des fluctuations importantes, ont de très grandes amplitudes [variations] / Ces jours-ci, les valeurs boursières sont très volatiles / Le cours des actions connaît actuellement une forte fluctuation / Ces jours-ci, les écarts de cours des actions sont importants / La fluctuation des cours à la Bourse est actuellement importante.

널다 타 étaler, étendre; accrocher. ¶ 빨랫줄에 빨래를 ~ étendre le linge (sur la corde à linge).

널따랗다 형 ((폭, 면적이)) être large, spacieux(*se*), étendu(*e*), vaste. ¶ 널따란 길 un chemin très large.

널름 부 largement, d'une manière étendue; généralement; de tous côtés, partout; ((être connu)) de tout le monde, universellement; sans hésitation. ¶ 침팬지는 사람들이 주는 대로 먹이를 ~ 받아먹었다 Le chimpanzé prenait sans hésitation la nourriture qu'on lui donnait.

널름거리다 타 ☞ 날름거리다

널리 부 ((광범하게)) largement, d'une manière étendue; ((일반적으로)) généralement; ((도처에)) de tous côtés, partout. ¶ ~ 알려져 있다 être connu(*e*) de tout le monde; être universellement connu(*e*); être très répandu(*e*), être connu(*e*) comme le loup blanc {*fam*}. ¶ 그건 ~ 알려진 사실이다 C'est un fait largement connu. ¶ ~ 읽히고 있는 신문 le journal qui est lu partout. ¶ 소문이 ~ 퍼지다 La rumeur s'est largement répandue. ¶ 세상에 ~ 퍼뜨리다[알리다] répandre [faire connaître] largement dans le monde. ¶ 신상품을 ~ 선전하다 faire beaucoup de publicité [une publicité massive] pour un nouveau produit [une nouveauté]. ¶ 이 방법이 ~ 쓰이고 있다 Cette méthode est largement utilisée. ¶ ~ 인재를 구하다 rechercher partout des personnes compétentes.

널리다 재 ① être étalé(*e*); se disperser, être dispersé(*e*), s'éparpiller, être éparpillé(*e*), s'épandre, se répandre; se déployer, être déployé(*e*). ¶ 종잇조각들이 온 방 안에 널려 있다 Des morceaux de papier sont éparpillés partout dans la chambre. ¶ 세상에 널린 게 노총각인데 Le monde regorge de vieux garçons. ② ((빨래가)) être étendu(*e*) ¶ 빨래가 널려 있다 Le linge est étendu.

널브러지다 재 ① s'éparpiller, se disperser; être dispersé(*e*), éparpillé(*e*). ¶ 방바닥에 잡동사니들이 널브러져 있다 Des objets sont dispersés par terre / Des objets traînent un peu partout par terre. ② 몸이 축 늘어지다 être affaissé(*e*), écroulé(*e*). ¶ 나는 망연자실하여 의자에 널브러져 있었다 Ebahi(*e*), j'étais écroulé(*e*) sur la chaise.

널빤지 명 planche *f* de bois; madrier *m*. ¶ ~로 만든 책상 une table faite avec une planche de bois. ¶ 구멍난 벽에 ~를 대다 placer une planche devant un trou au mur.

널찍널찍하다 형 être spacieux(*se*), large, ample, étendu(*e*), grand(*e*), vaste. ¶ 새 집은 방들이 모두 ~ Les pièces de la nouvelle maison sont toutes très grandes [spacieuses]. ¶ 간격을 널찍널찍하게 잡고 나무를 심다 planter des arbres à de larges intervalles.

널찍이 부 largement; d'une manière étendue; amplement. ¶ 앉을 자리를 ~ 잡다 choisir un endroit spacieux (pour s'asseoir). ¶ ~ 자리를 잡고 앉다 s'asseoir en prenant beaucoup de place. ¶ 구덩이를 ~ 파다 creuser un large trou.

널찍하다 형 être spacieux(*se*), vaste, (plutôt) large, étendu(*e*). ¶ 널찍한 방[마당] une pièce [une cour] spacieuse.

널판 명 ☞ 널빤지

널판자 명 ☞ 널빤지

넓다 형 ① ((폭, 면적이)) être large, spacieux(*se*), étendu(*e*), vaste. ¶ 넓은 들[바다] une plaine [mer] immense. ¶ 넓은 지역에 걸쳐 서식하는 식물 des plantes poussant sur une vaste région. ¶ 이 길은 무척 ~ Cette route est très large. ¶ 두 팔을 넓게 벌리다 accueillir [recevoir} *qn* à bras ouverts, ouvrir les bras à *qn*. ② ((범위가)) être étendu(*e*), large, vaste. ¶ 넓은 영역에 걸쳐 dans de vastes domaines. ¶ 넓은 의미로는 au sens large. ¶ 활동범위가 ~ avoir une sphère d'activité étendue. ¶ 식견이 ~ avoir de vastes connaissances. ③ ((심성이)) être généreux(*se*), indulgent(*e*), tolérant(*e*). ¶ 마음[도량]이 ~ avoir l'esprit large.

***발이** ~ avoir le bras long [de l'influence], avoir beaucoup de relations, connaître des gens influents [haut placés].

넓다랗다 형 être large, spacieux(*se*), vaste, étendu(*e*). ☞ 널따랗다

넓디넓다 형 être infiniment vaste, immense, infini(*e*); être très généreux(*se*), indulgent(*e*). ¶ 넓디넓은 바다 une mer immense [infinie, qui s'étend à perte de vue].

넓이 명 ((폭)) largeur *f*, ((면적)) étendue *f*, superficie *f*, 【수학】 aire *f* (d'un triangle), surface *f*. ¶ 이 방은 ~가 10 평방미터이다. La surface de cette pièce est de 10 mètres carrés / Cette pièce a une surface de 10 m². ¶ 이 땅은 ~가 얼마나 됩니까? Quelle est la superficie de ce terrain? ¶ 이 도시는 ~가 서울 못지않다 Cette ville est aussi étendue que Séoul.

◆_뛰기 명 【운동】 saut *m* en longueur.

넓적다리 명 cuisse *f*, adducteurs *mpl* de la jambe. ¶ 이 고기는 소[닭]의 ~ 부위이다 Ce morceau de viande, c'est du gîte [une cuisse de poulet].

넓적하다 형 être plat(*e*); être aplati(*e*); être large. ¶ 넓적한 얼굴 un visage aplati; un visage (tout) plat [large].

넓죽넓죽하다 형 ☞ 넓죽하다

넓죽하다 형 être large et long(*ue*). ¶ 넓죽한 판자 une planche large et longue.

넓히다 타 ① ((공간을)) élargir, agrandir. ¶ 길을 ~ élargir la route. ¶ 점포를 ~ agrandir le magasin. ② ((지식이나 능력을)) élargir, étendre, accroître ((*ses* connaissances)). ¶ 견문[지식]을 ~ élargir *ses* connaissances [*son* savoir]. ¶ 세계를 바라보는 시야를 ~ élargir *son* regard sur le monde.

넘겨다보다 타 ① regarder [voir, observer]

par-dessus *qc*. ¶ 옆 사람의 어깨 너머로 신문을 ~ lire le journal par-dessus l'épaule du voisin. ② 탐내다 convoiter, désirer; envier, regarder avec envie. ¶ 남의 재산을 ~ convoiter les biens d'autrui. ¶ 어느 누구도 그 사람의 자리를 넘겨다볼 수 없었다 Personne ne pouvait prétendre convoiter sa place. ¶ 처음부터 그 사람은 넘겨다볼 수 없는 사람이었다 Dès le début, ce n'était pas quelqu'un que je pouvais convoiter.

넘겨받다 타 recevoir (par transfert); transférer. ¶ 자료를 ~ recevoir un document (par transfert). ¶ 인터폴로부터 범인의 신병을 ~ recevoir un criminel (transféré) par Interpol.

넘겨주다 타 passer; transférer. ¶ 문서를 누구에게 ~ transférer des documents [dossiers] à *qn*. ¶ 전화를 누구에게 ~ passer le téléphone à *qn*. ¶ 이권을 다른 회사에 ~ passer [transférer] les intérêts à une autre entreprise.

넘겨짚다 타 deviner, supposer, imaginer, conjecturer, faire des conjectures. ¶ 나와 그녀의 관계를 넘겨짚지 말았으면 좋겠어 Je ne voudrais pas que tu t'imagines que je sors avec elle. ¶ 미리 넘겨짚지 말아라 Ne va pas trop vite en conjectures[suppositions]. ¶ 넘겨짚고 말하다 parler en faisant des suppositions. ¶ 넘겨짚고 말한 것이 맞았다 Mes suppositions se sont avérées exactes.

넘기다 타 ① passer (par-dessus *qc*), franchir, dépasser. ¶ 공을 받아 네트 너머로 ~ renvoyer la balle par-dessus le filet. ¶ 그 선수는 공을 쳐서 운동장 끝의 담장을 넘겼다 Ce joueur a frappé la balle et celle-ci a franchi le mur à l'autre bout du terrain. ¶ 가방을 담장 위로 넘겼다. passer le cartable par-dessus le mur. ¶ 어머님께서는 병의 심한 고비를 넘기셨습니다 Ma mère a surmonté le plus pénible de la maladie. ¶ 죽을 고비를 ~ passer le point mortel [de non-retour]. ¶ 위기를 ~ passer un danger [une crise]. ¶ 마감 시간을[날짜를] ~ dépasser l'heure limite [la date limite, la date butoir, l'échéance], être hors limite; ((가게)) dépasser l'heure de fermeture. ¶ 올 한 해를 잘 넘겨야 할텐데 Il faudrait qu'on passe cette nouvelle année sans problème. ② 쓰러뜨리다 faire tomber; renverser. ¶ 적수를[상대방을] ~ abattre [renverser] l'adversaire. ¶ 상대 선수의 다리를 걸어 ~ faire tomber [renverser] son adversaire en lui faisant un croche-pied. ③ 다음으로 옮기다 feuilleter ((un livre)). ¶ 책장을 ~ tourner une page; feuilleter un livre. ¶ 3번 문제는 넘기고 4번으로 갑시다 On passe la question n° 3, et abordons le n° 4 ④ 주다 passer. ¶ 그 사람은 책을 다 보고 나에게 넘겼다 Après avoir fini de lire le livre, il me l'a passé. ¶ (이어달리기 경주에서) 바통을 ~ passer le témoin (dans une course de relais). ¶ 물건을 싼값에[으로] ~ céder une marchandise à (un) bon prix. ¶ 아들에게 재산을 ~ léguer *ses* biens à *son* fils. ¶ 범인을 경찰의 손에 ~ remettre un criminel entre les mains de la police. ¶ 죄인을 재판에 ~ remettre un coupable à la justice. ¶ 왕위를 ~ abdiquer le trône en faveur de *qn*. ⑤ ((목구멍으로)) avaler. ¶ 그 사람은 목이 아파 물 한 방울도 못 넘긴다 Ayant mal à la gorge, il ne peut avaler même une goutte d'eau. ⑥ ((머리카락을)) (*se*) coiffer (les cheveux) en arrière. ¶ 요사이 머리를 뒤로 넘겨 묶고 다니는 남자들도 많아졌다 Ces temps-ci [De nos jours], on voit beaucoup d'hommes qui s'attachent les cheveux en arrière.

넘나들다 자타 aller deçà et delà, faire des va-et-vient; fréquenter souvent. ¶ 국경을 넘나들며 장사를 하다 Il fait du commerce de part et d'autre de la frontière. ¶ 우리는 이웃집과 서로 넘나들며 친척처럼 지낸다 Nous sommes très proches avec nos voisins et nous nous rendons souvent visite les uns aux autres. ¶ 이 두 단어는 [표현은] 서로 넘나들며 쓰인다 Ces deux mots [expressions] peuvent s'employer indifféremment l'un(*e*) de l'autre. ¶ 여러 분야를 넘나들며 연구하다 faire de la recherche dans des domaines variés.

넘다 자 dépasser. ¶ 그 사람은 빚진 액수가 백 만 원이 넘는다 Le montant de sa dette dépasse le million de wons. ¶ 그 아저씨는 나이가 육십이 넘었다 Il a dépassé les 60 ans.

타 ((고개나 산을)) franchir; dépasser ((un montant)). ¶ 고개를[산, 담을] ~ franchir une colline [une montagne, un mur]. ¶ 국경을 ~ franchir la frontière. ¶ 액수가 백만 원[한도]을 넘었다 Le montant a dépassé le million de wons [la limite].

넘버 영{number} 명 numéro *m*.

◆백_ 명 dossard *m*. ¶ 백~ 13번 선수 le(*la*) joueur(*se*) avec le dossard numéro 13.

넘보다 타 ① 넘겨다보다 regarder par-dessus, épier. ¶ 이상한 사람이 너의 대문 안을 넘보고 있었다 Un homme bizarre était en train d'épier par la grande porte de ta maison. ② 탐내다 convoiter. ¶ 우리 딸은 넘보지도 마라 Renonce à notre [ma] fille. ¶ 그 사람은 남의 것을 일체 넘보지 않는다 Il ne convoite jamais ce qui appartient à autrui. ③ 얕보다 mépriser, faire peu cas de *qc*, sous-estimer *qn*. ¶ 상대를 ~ sous-estimer l'adversaire. ¶ 그를 바보라고 넘보아서는 안 된다 Ne le sous-estime pas en le prenant pour un idiot. ¶ 이제는 그들이 우리를 넘보지는 못할 것입니다 Désormais, ils n'oseront plus nous mépriser.

넘실거리다 자 déborder; être plein(*e*) à déborder; ((les vagues)) se soulever, monter, danser sur le rivage, onduler, ondoyer; s'enfler. ¶ 물이[파도가] 뱃전에 넘실거린다 Les vagues atteignent presque le (niveau du) pont du navire. ¶ 가을이면 들판에 황금 물결이 넘실거린다 en automne, la plaine s'enfle de vagues ondoyantes et dorées. ¶ 방파제 너머 바다에는 파란 물결이 넘실대고 있다 Au delà de la digue, les vagues bleues ondulent. ¶ 수면이 바람에 넘실거린다 La surface de l'eau ondule à cause du vent.

넘실넘실 부 ((idéophone de mouvement de houle, vague)) de manière ondulante. ¶ 파도가 ~ 춤을 춘다 Les vagues ondulent.

넘실대다 자 ☞넘실거리다

넘어가다 자 ① franchir, passer, traverser; tomber, se renverser. ¶ 산 뒤로 넘어가면 공터가 있을 거야 Si l'on franchit cette colline, derrière elle, il pourrait y avoir un terrain vague. ¶ 몇몇 군인이 북으로 넘어갔습니다 Quelques soldats sont passés au Nord (en franchissant la ligne de démarcation.). ¶ 목구멍으로 침이 넘어간다 Ça me fait saliver / J'en ai l'eau à la bouche / J'en salive d'envie. ¶ 목이 메어 밥이 안 넘어간다 J'ai la gorge tellement serrée que j'ai du mal à avaler mon repas. / Le repas ne passe pas car j'ai la gorge serrée. ② 한쪽으로 쓰러지다 renverser; s'écrouler. ¶ 태풍에 큰 나무들이 넘어갔다 À cause du typhon, de gros arbres ont été renversés. ¶ 지진에 집들이 넘어갔다 Des maisons se sont écroulées lors du tremblement de terre. ¶ 멀쩡히 서있던 그 사람이 맥없이 뒤로 넘어가지 않겠어요! Il se tenait debout bien fermement sur ses pieds quand soudain voilà qu'il tombe à la renverse! ③ 이어지다 traverser; passer par-dessus *qc*. ¶ 그들은 관악산으로 넘어가는 갈랫길에 접어들었다 Ils sont arrivés à une bifurcation dont l'une traversait le mont Gwanak. ④ ((해, 달이)) ((le soleil)) se coucher, ((la nuit)) tomber. ¶ 해가 ~ Le soleil se couche / La nuit tombe / Il commence à faire nuit. ¶ 해가 넘어가기 전에 avant le coucher du soleil. ¶ 달이 숲 너머로 넘어가자 주위가 더욱 어두워졌다 Quand la lune s'est couchée derrière la forêt, les environs sont devenus encore plus sombres. ⑤ ((소유권이)) passer dans les mains de *qn*. ¶ 그의 집까지 남의 손에 넘어갔다. Il a même dû céder sa maison. ¶ 주도권이 반대파에게 ~ L'initiative est passée à l'opposition. ⑤ ((다음으로)) passer à ((un autre sujet)). ¶ 아이들 이야기로 넘어갑니다 Nous passons aux histoires des enfants. ¶ 그 안건은 다음 회기로 넘어갔다 Ce sujet est reporté à la prochaine session. ¶ 이제 다음 문제[안건]로 넘어갑시다 Maintenant, passons au sujet [à la question] suivant(*e*). ⑥ ((책장이)) tourner ((une page)). ¶ 바람에 책장이 ~ Les feuilles du livre sont tournées par le vent / Le vent tourne les pages du livre. ⑦ ((시기, 때, 사건이)) se terminer, (*se*) passer. ¶ 금년 연말은 조용히 넘어갔다 La fin de cette année s'est passée dans le calme. ¶ 점심때가 훨씬 넘어가고 있었지만 그들은 아직 점심을 먹지 못했다 L'heure du déjeuner était largement passée, mais ils n'avaient pu prendre leur repas. ¶ 그는 일자리를 잃은 지 한 달이 넘어가고 있었다 Cela faisait un mois qu'il avait perdu son travail. ¶ 이번 회기는 쉽게 넘어갔다 Cette session s'est passée sans difficulté. ⑧ 속다 se laisser abuser [tromper, duper, prendre, avoir] par *qn*, tomber dans le panneau {*fam*}. ¶ 제 꾀에 스스로 ~ tomber *soi*-même dans *son* propre piège. ¶ 미인계에 ~ se faire piéger en tombant sous le charme d'une femme; tomber dans un piège impliquant une beauté (fatale); tomber sous le charme d'une belle femme et se faire piéger. ¶ 누가 그런 수작에 넘어갈 줄 아느냐? Penses-tu que je vais me laisser prendre [avoir] par ton stratagème? ¶ 손쉽게 넘어가는 사람 une personne qui se fait abuser facilement ⑨ 쉽게 결정하다 passer. ¶ 그는 자식이라면 끔뻑 넘어간다 Quand il s'agit de ses enfants, il est très crédule. ⑩ 멈추다 mourir. ¶ 숨이 ~ mourir, rendre *son* dernier souffle[râle]. ¶ 숨이 넘어갈 듯이 콜록거리며 기침을 하다 Il tousse bruyamment comme s'il allait rendre son dernier souffle.

타 ① passer, franchir ((un col, un mur, un obstacle)). ¶ 재[고개]를 ~ passer un col de montagne. ¶ 담[철조망]을 ~ franchir un mur [des barbelés]. ¶ 길을[다리를] ~ traverser la rue [franchir un pont]. ¶ 국경선[강]을 ~ passer [franchir] la frontière [traverser un fleuve]. ¶ 장애물[위험]을 ~ franchir un obstacle [passer un danger]. ¶ 고비를 ~ passer [franchir] une passe difficile; passer le plus fort d'une crise. ¶ 그는 그 노래의 클라이맥스를 막힘없이 잘 넘어가고 있었다 Il était en train de passer sans problème le point culminant de sa chanson. ¶ 그는 이 문제를 그냥 넘어가지 않을 것이다 Il ne pourra pas ne pas évoquer ce problème. ¶ 시계가 아홉 시를 넘어가고 있었다 La montre affichait 9 heures. ¶ 그의 연수입은 1억 원을 훨씬 넘어간다 Ses revenus annuels dépassent de beaucoup les 100 millions de wons.

넘어다보다 타 ① 넘겨다보다 regarder par-dessus *qc*, épier. ¶ 담 너머로 마당을 ~ regarder dans la cour par-dessus le mur, plonger son regard dans la cour par-dessus le mur. ② 탐내다 regarder avec convoitise, convoiter *qc*, lorgner. ¶ 남의 부인을 ~ convoiter la femme d'autrui.

넘어뜨리다 타 renverser; abattre; faire tomber; démolir; coucher ((une échelle)). ¶ 나무를 베어 ~ déraciner un arbre. ¶ 돌풍이 나무를 넘어뜨렸다 La rafale a renversé [abattu] un arbre. ¶ 의자를 ~ renverser une chaise. ¶ 집을 ~ démolir une maison. ¶ 누구를 때려 ~ renverser *qn* d'un coup de poing. ¶ 어떠한 시련도 그를 넘어뜨리지는 못할 것이다 Quelles que soient les épreuves, elles n'arriveront pas à le décourager. ¶ 군사 정권을 ~ renverser le régime militaire. ¶ 폭정을 넘어뜨려라 À bas la tyrannie!

넘어서다 타 ① passer, dépasser, franchir. ¶ 문지방을 ~ franchir le seuil de la chambre. ¶ 우리들이 탄 차는 고개를 넘어서고 있었다 Notre voiture était en train de franchir la colline. ¶ 대기 오염이 위험 수위[환경 기준치]를 ~ La pollution atmosphérique a dépassé le seuil d'alerte [les normes environnementales]. ¶ 위기를 ~ passer le cap, passer le danger [le moment critique]. ¶ 그 영화는 당초 예상을 훨씬 넘어서서 흥행에 크게 성공했다

Ce film a largement dépassé la prévision initiale, et a remporté un grand succès commercial. ② 능가하다 dépasser ((les autres)), surpasser. ¶ 그 누가 그를 넘어설 수 있겠는가? Qui pourrait le surpasser? ¶ 수학에서 그를 넘어서는 학생을 교내에서는 아직 보지 못했습니다 Je n'ai encore rencontré personne qui puisse le surpasser en maths dans notre établissement (scolaire).

재타 dépasser. ¶ 직원들은 다섯 시가[를] 넘어서자 퇴근 준비를 시작하였다 Les employés commencèrent à quitter le bureau aussitôt que les aiguilles (de l'horloge) dépassèrent les cinq heures de l'après-midi. ¶ 경비가 십만 원이[을] 넘어서면 다시 계획을 생각해 봅시다 Si les frais dépassent les 100 000 wons, réexaminons [revoyons] notre projet.

넘어오다 재 ① franchir, venir (en passant, en franchissant *qc*). ¶ 우리 가족은 집안 사정으로 인하여 이곳으로 넘어오게 되었다 Pour certaines raisons familiales, notre famille est venue s'installer dans cet endroit. ¶ 식사가 끝나자 친구들은 내 방으로 넘어왔다 Après le repas, mes amis sont passés dans mon bureau. ② 쓰러져 오다 se renverser, s'abattre, tomber. ¶ 그 나무는 바람만 불어도 우리 집으로 넘어올 것 같다 Dès qu'il souffle un peu de vent, on a l'impression que cet arbre va s'abattre sur la maison. ③ ((사물, 소유권이)) reporter; passer; transférer. ¶ 지난 회기에서 넘어온 안건 Un dossier reporté (à aujourd'hui) lors de la dernière session. ¶ 그 업무가 나에게 넘어왔다 On m'a passé ce travail. ¶ 소유권이 우리에게 넘어왔다 Le titre de propriété nous est transféré. ¶ 유산이 아들에게 넘어왔다 L'héritage est légué à son fils. ④ ((시기, 단계)) passer ((à une époque)). ¶ 철기 시대로 넘어오면서 농업 생산력이 급속히 증가했다 En passant à l'âge de fer, la productivité agricole s'est accrue rapidement. ⑤ ((음식물이)) rendre, vomir, dégueuler {*vulg*}, dégobiller {*fam*}, gerber {*fam*}. ¶ 먹은 것들이 넘어올 것 같다 J'ai l'impression que je vais rendre ce que j'ai avalé (tout à l'heure) / J'ai envie de vomir [de dégobiller {*fam*}]. ¶ 추한 그의 모습을 보자 아까 먹은 것이 도로 넘어오려 한다 Son comportement dégoûtant me donne envie de vomir.

타 ① ((높은 곳을)) franchir, traverser; passer par-dessus *qc*. ¶ 산을 ~ franchir une montagne. ¶ 담을 넘어온 도둑 un voleur qui a franchi le mur. ② ((경계선을)) franchir, traverser; passer de l'autre côté ((d'une frontière)). ¶ 우리 아버지는 한국 전쟁 당시 삼팔선을 넘어오셨다 Mon père a franchi le 38ᵉ parallèle à l'époque de la guerre de Corée. ¶ 많은 난민들이 국경을 넘어오고 있다 Nombre de réfugiés franchissent [passent] la frontière. ③ ((어려움, 위기를)) passer le cap [moment critique]; traverser une crise. ¶ 그는 많은 고난을 넘어왔다. Il a traversé de nombreuses épreuves très rudes. ¶ 각국의 치열한 예선전을 넘어온 선수들만이 올림픽에 출전한다 Seuls les athlètes qui ont franchi les dures épreuves de sélection participent aux Jeux Olympiques.

넘어지다 재 ① tomber; se renverser, être renversé(*e*); s'écrouler; choir, chuter; trébucher, s'effondrer. ¶ 돌에 걸려 ~ trébucher sur [contre] une pierre. ¶ 벌렁 뒤로 ~ tomber à la renverse ¶ 건물이 넘어진다 Le bâtiment s'écroule. ¶ 비바람에 많은 나무들이 넘어졌다 Beaucoup d'arbres ont été renversés par la tempête. ② 실패하다 s'effondrer, faire faillite; échouer. ¶ 넘어져도 다시 일어나야 한다 Il faut se redresser[se relever] même après un échec. ¶ 그 회사는 이번 부도로 완전히 넘어지고 마는구나 Ah, cette entreprise va finalement s'effondrer à cause de son insolvabilité. ¶ 내각이 넘어졌다 Le cabinet ministériel a été renversé. ¶ 제정(帝政)이 넘어졌다 L'empire s'est écroulé. ¶ 끊임없는 민주화 운동으로 독재 정권이 넘어졌다 Le régime dictatorial a fini par s'effondrer à cause de manifestations continues en faveur de la démocratisation.

넘쳐나다 ① ((물이)) déborder. ¶ 물이 양동이 밖으로 넘쳐난다 L'eau déborde du seau. ② ((돈이)) surabonder, regorger de, ne pas manquer de *qc*, avoir trop de, crouler sous ((l'argent)). ¶ 자원봉사자가 넘쳐난다 Les bénévoles ne manquent pas. ¶ 그 사람은 돈이 넘쳐난다 Il n'a que faire de son argent / Il croule sous son argent.

넘쳐흐르다 재 déborder, couler à flots, surabonder, regorger de, grouiller, fourmiller. ¶ 대야에 물이 넘쳐흐른다 L'eau déborde de la bassine. ¶ 돈이 넘쳐흐른다 L'argent (y) coule à flots. ¶ 길거리에 사람들이 넘쳐흐른다 La rue grouille [fourmille, est grouillante, est fourmillante] de monde / Il y a une énorme foule [une foule innombrable] dans la rue / Il y a foule dans la rue / Il y a un monde fou {*fam*} dans la rue. ¶ 그는 얼굴에 기쁨이 넘쳐흐른다 Son visage irradiait une joie intense.

넘치다 재 ① ((가득 차서)) déborder, dépasser. ¶ 넘칠 만큼 가득한 ((verre)) plein à ras bord. ¶ 그릇에 물이 넘친다 Le bol est rempli d'eau à ras bord. ¶ 지난 여름 홍수로 한강의 강물이 넘칠 뻔했다 Le fleuve Han a failli déborder lors de l'inondation de l'été dernier. ¶ 방 안엔 사람이 넘칠 지경이었다 La salle était pleine (de monde) à craquer. ¶ 원기가 넘치는 débordant(*e*) de santé [vitalité]. ② 가득하다 être plein(*e*) de *qc*, déborder. ¶ 뒤주에 쌀이 넘친다 Le coffre est plein de riz. ¶ 그 사람의 말(에)는 확신이 넘치고 있었다 Ses propos étaient pleins de confiance. ¶ 그 사람은 자신감이 넘치는 목소리로 빠르게 말했어요 Il a parlé vite d'une voix pleine de confiance. ③ 정도를 지나치다 dépasser, être au-dessus de *qc*. ¶ 내 힘에 넘치는 일 un travail qui dépasse [est au-dessus de] ma capacité [mes compétences]. ¶ 분수에 넘치는 생활 une vie

au-dessus de *ses* moyens. ¶ 내 분에 넘치는 영광입니다 C'est un trop grand honneur pour moi.
타 dépasser. ¶ 그 아저씨는 술에 잔뜩 취해 잔을 넘치게 술을 따랐다 Complètement ivre [Ivre-mort], il a rempli son verre jusqu'à ce que ça déborde. ¶ 지난밤에 발목을 넘칠 정도의 눈이 쌓였다 Cette nuit, il a tellement neigé que la neige nous arrive jusqu'à la cheville.

ㄴ

넙적다리 명 ☞ 넓적다리

넙죽 부 d'un geste large. ¶ ~ 절하다 saluer d'un geste large; se prosterner humblement; saluer immédiatement. ¶ 이 친구는 누구를 보기만 하면 ~ 절부터 한다 Ce type-là salue dès qu'il voit quelqu'un. ¶ 주는 대로 ~ 받아먹다 mettre *qc* dans la bouche [le bec] grand(*e*) ouvert(*e*).
◆_ _ 부 d'un geste large et répété.

넙치 명 【어류】 poisson *m* plat; ((광어)) cardeau *m* hirame ou cardine *f* du Pacifique, poisson *m* noble proche du turbot [de la barbue ou du flet], *Paralichthys olivaceus* {*nsc*}; ((가자미)) plie *f*, limande *f*; pleuronectes *mpl*.

넛손자 −孫子 명 petit-fils(~*s*-~) *m* d'une sœur.

넛할머니 명 grand-tante *f*, épouse *f* de l'oncle maternel du père.

넛할아버지 명 grand-oncle *m*, oncle *m* maternel du père.

넝마 명 chiffon *m*, guenilles *fpl*, haillon *m*, lambeau(*x*) *m*; ((경멸적)) hardes *fpl*, loque *f*, nippes *fpl*. ¶ 그 남자는 거의 ~나 다름없는 옷을 입고 있다 Il porte des vêtements en loques / Il est vêtu de haillons [de guenilles].
◆_장수[주이] 명 marchand(*e*) de chiffons; chiffonni*er*(*ère*).

넝쿨 명 【식물】 cirre *m*, sarment *m*; coulant *m*, stolon *m*, stipe *m*; tige *f* rampante; cep *m* (de vigne) ((régionalisme des provinces de Gyeongsang et Chungcheong)). ¶ 장미[담쟁이, 호박, 딸기] ~ une tige de rosier grimpant [une tige de lierre grimpant, la tige rampante de la citrouille [du potiron], le stolon du fraisier]. ¶ 포도나무는 ~을 뻗어 자라난다 La vigne pousse en grimpant. ¶ 이 정원은 오랫동안 손을 안 봐서 온통 ~로 뒤덮여 있다 Ce jardin longtemps laissé à l'abandon est recouvert de tiges rampantes. ¶ ◇_(이) 지다 grimper, ramper, s'enrouler autour de *qc*. ¶ 이 집 벽은 온통 담쟁이들이 ~져 있다 Le mur de cette maison est recouvert de (tiges de) lierre.
◆_식물 명 plante *f* grimpante [rampante]; liane *f*.
*호박이 ~째 굴러들어왔구만 Ça, c'est une aubaine [une veine]! / Quelle bonne aubaine!

넣다 타 ① ((안으로)) poser, mettre, placer; insérer, introduire. ¶ 손을 주머니에 ~ mettre la main dans la poche. ¶ 책을 가방에 ~ mettre des livres dans un cartable. ¶ 차를 차고에 ~ mettre la voiture dans le garage. ¶ 상품을 창고에 ~ emmagasiner des marchandises dans un entrepôt. ¶ 커피에 각설탕을 두 개 ~ mettre deux morceaux de sucre dans le café. ¶ 크림을 넣은 커피 café crème, café au lait ¶ 난로에 기름을 ~ mettre du mazout dans le réchaud. ¶ 무엇을 어디에 넣어 두다 tenir [garder] *qc* dans *qc*. ② ((사이로)) mettre, insérer. ¶ 서류를 함에 ~ mettre des dossiers dans une boîte. ¶ 자동판매기에 동전을 ~ insérer une pièce de monnaie dans un distributeur automatique. ¶ 괄호 안에 정답을 ~ mettre une réponse correcte entre parenthèses. ③ ((무늬나 글씨를)) inscrire. ¶ 전자 우편 주소를 명함에 ~ inscrire sur *sa* carte de visite *son* adresse électronique. ④ 입금하다 placer [déposer] ((de l'argent)) à la banque. ¶ 돈을 은행에 ~ placer [déposer] de l'argent à la banque. ¶ 적금을 은행에 ~ verser une somme d'argent sur un compte d'épargne. ⑤ ((단체 등에)) placer *qn*. ¶ 아들을 회사 [상급 학교]에 ~ placer *son* fils dans une entreprise [dans un établissement scolaire supérieur]. ¶ 그를 우리 모임에 넣어 주자 Admettons[acceptons]-le dans notre cercle. ⑥ 제출하다 déposer ((un dossier)). ¶ 건설 회사에 입사 원서를 ~ déposer un dossier de candidature pour un emploi dans une entreprise de construction. ¶ 그 학생은 성적이 모자라지만 원하던 대학에 원서를 넣었습니다 Bien que ses notes soient insuffisantes, cet élève a posé son dossier de candidature à l'université dans laquelle il souhaitait entrer. ⑦포함시키다 comprendre, inclure. ¶ 아이들까지 넣어(서) 36 명이다 Nous sommes 36, y compris les enfants [en comprenant les enfants]. ¶ 내 용돈도 예산에 넣어 주세요 Mettez dans les comptes mon argent de poche. ¶ 그 문제를 계산[고려]에 넣어야 한다 Il faut tenir compte de[Il faut prendre en compte, en considération] ce problème aussi. ⑧ 개입시키다 inclure, adjoindre (un intermédiaire). ¶ 중간에 사람을 넣어 교섭을 하다 négocier avec un intermédiaire inclus à mi-parcours (des négociations). ⑨ 안에 있게 하다 accueillir, recevoir, contenir; placer. ¶ 이 회장(會場)에 600명을 넣을 수 있다 On peut accueillir [recevoir] six cents personnes dans cette salle de réunion / Cette salle de réunion peut accueillir [contenir] six cents personnes / Six cents personnes peuvent tenir dans cette salle de réunion. ¶ 죄인을 교도소에 ~ placer [incarcérer] un criminel en prison. ¶ 한 방에 10 명씩 ~ mettre 10 personnes par chambre. ⑩ 힘을 가하다 faire pression sur *qn*. ¶ 시민 단체는 국회에 압력을 넣어 선거법 개정을 저지했다 Les associations [groupes] civiques ont fait pression sur l'Assemblée nationale [sur le Parlement] pour empêcher l'amendement de la loi électorale. ⑪ 스위치를 넣다 allumer, mettre en marche. ¶ 라디오의 스위치를 ~ tourner le bouton du poste de radio; allumer la radio. ¶ 시동을 걸고 히터를 ~ démarrer la voiture et allumer le chauffage. ¶ 에어콘의 전원을 ~ brancher [allumer] le climatiseur. ¶ (누구에게) 전화를 ~ donner [passer] un coup de téléphone [un coup de fil] (à *qn*).

네[1] 대 toi, tu ((pronom personnel sujet de la deuxième personne du singulier. Le pronom de la deuxième personne neutre au singulier 너 *toi* se transforme en 네 quand il est marqué par la particule de sujet -가)). ¶ 이것은 ~가 한 일이다 C'est toi qui l'as fait [qui as fait cela] / C'est toi qui as accompli [réalisé, exécuté] ce travail. ¶ 이것을 ~게 준다 Je te l'offre.

네[2] ton, ta, tes ((possessif de la deuxième personne, forme contractée de 너 *tu* - 의 *de*)). ¶ ~ 물건 tes affaires. ¶ ~ 것 le tien, la tienne, les tiens, les tiennes.

네[3] 관 quatre *inv*. ¶ ~ 명[사람] quatre personnes. ¶ ~ 개 quatre pièces. ¶ 맥주 ~ 병 quatre bouteilles de bière. ¶ ~ 배 quatre fois (plus), multiplié par quatre, quadruple. ¶ ~ 식구 une famille de quatre (personnes). ¶ ~ 번 quatre fois (de suite). ¶ 만 ~ 살 quatre ans.

네[4] 감 oui; certainement; bien sûr; O.K.; d'accord; entendu; ((부정의 물음에 부정으로 대답할 때)) non; ((출석을 부를 때의 대답)) oui, monsieur; présent(*e*); ((놀람)) oh, quoi?, comment?; ((존대의 반문)) hein?; (Je vous demande) pardon? vous dites? ¶ ~, 잘 알겠습니다 Oui, (c'est) entendu.

-네[5] 접미 personnes *fpl* qu'on classe dans la même catégorie; les ((Durand)); chez *qn*. ¶ 너[우리]~ vous tous, vous autres [nous tous]. ¶ 부인~ les femmes (mariées). ¶ 주씨~ les Ju, la famille Ju. ¶ 그 사람~ dans sa famille; chez lui.

-네[6] 어미 ((suffixe flexionnel de terminaison phrastique du mode déclaratif ou interjectif. Il s'ajoute au radical de l'adjectif et du verbe quelle que soit leur forme, et après tous les suffixes flexionnels préfinaux temporo-modaux -시/-으시, -았/-었, -겠. Employé entre les amis intimes et à l'égard d'un interlocuteur inférieur intime, il exprime l'intimité et l'infériorité.)). ¶이곳은 공기가 참 맑~ Ici, l'air est très pur. ¶너희 동네는 참 조용하~ Ton quartier est vraiment calme. ¶저기 삼촌이 오시~ (Tu vois) là bas, l'oncle arrive. ¶눈이 내리~ Oh, il neige. ¶봄이 다시 왔다~ Le printemps est revenu. ¶나도 어쩔 수가 없었(다)~ Moi non plus, je ne pouvais faire autrement.

-네가 ((forme contractée de 너-가)) je (sujet d'une proposition ou une phrase)

네거리 명 carrefour *m*, fourche *f*; croisement *m*; intersection *f* (de deux rues). ¶ 종로 ~ le carrefour de Jongno. ¶ 첫 번째 ~에서 좌회전하십시오! Au premier carrefour, tournez à gauche! ¶ ~에서 au carrefour; à l'intersection de deux rues. ¶ 우리는 ~에서 만나기로 약속했다 On s'est donné rendez-vous au carrefour.

-네게 ((forme contractée de 너-에게)) te, à toi (complément d'objet indirecte dans une proposition ou une phrase)

-네겐 ((forme contractée de 너-에겐, 에게는)) te, à toi (complément d'objet indirecte emphatique dans une proposition ou une phrase)

-네게는→네겐

네글리제 불 명 déshabillé *m*, négligé *m*; 잠옷 chemise *f* de nuit.

네까짓 관 un type comme toi, un type pareil, un tel type, un type dans ton genre. ¶ ~ 것[놈] un type [individu] comme toi. ¶ ~ 게[놈이] 뭘 안다고 그래? Qu'est-ce qu'un type dans ton genre peut en savoir? / Pour qui est-ce que tu te prends? / De quoi te mêles-tu?

네년 대 【비어】 Toi la garce {*vulg*} [la chipie]! ¶ ~이 뭔데 내 일에 참견이야? Toi la garce {*vulg*}, de quoi oses-tu te mêler?

네놈 대 【비어】 Toi le cochon {*fam*} [l'ordure {*vulg*}, l'enflure {*vulg*}, le salaud {*vulg*}, le salopard {*vulg*}]!

네댓 관 quelques ((environ quatre ou cinq)). ¶ 학생 ~ 명 quelques [quatre ou cinq] élèves. ¶ 사과 ~ 개 quatre ou cinq pommes.

네모 명 carré *m*; rectangle *m*. ¶ ~의 귀퉁이 un coin à angle droit.

◆**_나다** 형 être carré(*e*), rectangulaire, quadrilatér*al*(*ale*, *aux*). ¶ ~난 그릇 un plat carré [rectangulaire]. ¶ ~난 얼굴 un visage rectangulaire [carré].

◆**_꼴** 명 carré *m*, rectangle *m*, quadrilatère *m*.

네모지다 형 être carré(*e*), rectangulaire, quadrilatér*al*(*ale*, *aux*). ¶ 네모진 창 une fenêtre rectangulaire. ¶ 메모지를 네모지게 접다 plier une note en quatre.

네발짐승 명 quadrupède *m*. ¶ 닭은 두발짐승이고 개는 ~이다 La poule est un bipède et le chien un quadrupède.

네쌍둥이 명 quadruplé(*e*)s.

네안데르탈인 -人 독 명 homme *m* de Néandertal (*Homo Neanderthalensis*).

네오나치즘 영{Neo-Nazism} 명 néonazisme *m*.

네온 영{neon} 명 néon *m*. ¶ ~등불 un néon.

네온사인 영{neon sign} 명 néon *m*. ¶ 휘황찬란한 ~들 des néons qui scintillent de mille feux.

-네요 어미 ((suffixe flexionnel de terminaison phrastique déclarative, interjective ou semi-interrogative selon le ton. Il s'ajoute au radical de l'adjectif et du verbe quelle que soit leur forme, et après après les suffixes flexionnels préfinaux temporo-modaux -시/-으시, -았/-었, -겠. Employé entre les adultes réciproquement et à l'égard d'un interlocuteur supérieur, il exprime une politesse et un respect banals et familiers.)). ¶마당이 참 넓~ La cour est très vaste.)). ¶장미꽃이 참 예쁘~ La rose est très belle. ¶이 소설은 재미가 없~ Ce roman n'est pas intéressant. ¶여름에 우박이 다 내리~ Des grêles tombent en plein été! ¶그분들이

지금쯤은 목적지에 도착했겠~ Je suppose qu'ils soient arrivés à la destination.

네째 명 (('넷째'의 잘못)) ☞ 넷

네트 영{net} 명 【운동】 filet *m*. ¶ 공이 ~에 맞았다 La balle a frappé le filet.

네트워크 영{network} 명 réseau(*x*) *m*. ¶ 정보의 ~ un réseau d'information. ¶ 인터넷 ~ le réseau Internet, le Web, le web, la Toile.

◆_**화** -化 명 constitution *f* de réseau. ¶ 생산 조직을 ~화하다 tisser un réseau de structures de production.

네티즌 영{netizen} 명 【인터넷】 *netizen m*.

넥타이 영{necktie} 명 cravate *f*. ¶ ~를 매다[풀다] mettre [nouer] une [*sa*] cravate [enlever une [*sa*] cravate, défaire *sa* cravate]. ¶ ~를 조이다[느슨하게 하다] serrer [desserrer] *sa* cravate.

◆**나비**_ 명 nœud *m* papillon, nœud *m* pap {*fam*}.

넷 주 quatre *m*. ☞ 둘

◆_**째** 수관 quatrième *mf*. 4ème.

녀석 의명 ① type *m* {*fam*}, gars *m* {*fam*}, gus *m* {*fam*}, mec *m* {*fam*}; individu *m*, énergumène *m*, zigoto *m* {*fam*}, numéro *m* {*fam*}, moineau *m* {*fam*}, zèbre *m* {*fam*}. ¶ 참 좋은 ~이다 C'est un chic type [un bon gars, un brave type]. ¶ 참 더러운 ~이야 Quel sale type! {*fam*} / C'est vraiment un sale type! {*fam*} ¶ 이상한 ~ un drôle de type [de gars, de gus, d'énergumène, d'oiseau, de numéro, de zigoto, de moineau, de zèbre] {*fam*}. ¶ 나쁜 ~! Sale type! {*fam*} / Salaud! {*vulg*}. ② 사내아이 coquin *m*, polisson *m*, canaille *f* {*fam*}, crapule *f* {*fam*} fripon *m*, fripouille *f* {*fam*}, espiègle *m*, filou *m* {*fam*}, gredin *m* {*fam*}. ¶ 이 ~, 엄마 말 잘 들어야지 Petite canaille [crapule, fripouille], tu dois écouter ta mère [il faut obéir à ta mère]. ¶ 그 ~ 참 똘똘하게 생겼다 Ce polisson a l'air bien dégourdi.

년[1] 의명 【비어】 garce *f* {*vulg*}, salope {*vulg*}, carne *f* {*vulg*}, pute *f* {*vulg*}; coquine *f*, *chipie f*, *peste f*. ¶ 이 ~아! Espèce de garce [de salope]! {*vulg*} / Sale garce! {*vulg*} ¶ 그[저] ~이 일을 망쳐놨다 Cette garce a tout gâché. ¶ 함부로 이 ~ 저 ~ 하지 마 N'emploie pas le mot *garce* à tout va!

년[2] **年** 분류 année *f*, an *m*. ¶ 1~은 365일이다 Une année, c'est 365 jours. ¶ 30~ 된 포도주 un vin de trente ans d'âge. ¶ 1975~에 en 1975. ¶ 단기 4266~에 en l'an 4266 à dater du règne de Dangun. ¶ 1~에 한 번 une fois par an. ¶ 1~에 한 번 있는 qui a lieu une fois par an. ¶ 2[3]~에 한 번 있는 qui a lieu une fois tous les deux [trois] ans. ¶ 2~ 계속해서 deux ans [années] d'affilée [de suite]; deux années consécutives. ¶ 10~ 전부터 depuis 10 ans. ¶ 저 건물은 지은 지 몇 ~이나 되었습니까? Depuis combien d'années ce bâtiment (là-bas) a-t-il été construit? ¶ 그 학자는 몇 ~에 노벨상을 탔습니까? En quelle année s'est-il vu décerner le prix Nobel? ¶ 나는 몇 ~ 전부터 이 문제에 대해 연구하고 있다 Je travaille sur cette question depuis plusieurs années.

년대 年代 의명 les années ((1960)). ¶ 70~의 학생 운동 le mouvement d'étudiants des années (19)70. ¶ 한국의 60~ les années 60 de la Corée. ¶ 그는 80~ 초에 죽었다 Il est mort au début des années 80.

년도 年度 의명 ((학년도)) année *f* scolaire;((대학)) année *f* universitaire; ((회계상의)) exercice *m* [année *f*] budgétaire; année *f* fiscale. ¶ 1990~ 예산 le budget de l'exercice 1990.

년래 年來 의명 pas ((vu)) pareil(*le*) ... depuis X temps, le(*la*) meilleur(*e*) depuis X temps. ¶ 30~의 풍작 la meilleure moisson depuis trente ans. ¶ 금년은 20~의 추위다 On n'a pas vu pareil froid depuis 20 ans.

녘 의명 ((무렵)) vers; ((방향, 지역)) direction *f*, côté *m*, région *f*. ¶ 해질 ~에 à la tombée de la nuit; entre chien et loup. ¶ 동틀 ~에 à l'aube, quand le jour se lève.

접미 ¶ 새벽~에 à l'aube. ¶ 북~ nord, région du nord. ¶ 동~에 à l'est; en direction de l'est; vers le levant.

노[1] **櫓** 명 aviron *m*, rame *f*, ((고물의)) godille *f*, ((카누의)) pagaie *f*. ¶ ~를 젓다 ramer; godiller; canoter. ¶ ~ 젓는 사람 un(*e*) rameur(*se*); un(*e*) canotier(*ère*).

노-[2] **老-** 접두 vieux *m* (vieil *m*, vieille *f*). ¶ ~부부 un couple de vieillards, vieux époux. ¶ ~대국 une grande puissance sur le déclin.

노가다 일 명 ① terrassier *m*, cantonnier *m*; ouvrier *m* du bâtiment; journalier *m*, tâcheron *m* {*fam*}, manœuvre *m* (d'un chantier). ② bosseur *m* {*fam*}, bourreau *m* de travail, tâcheron *m* {*fam*}. ◇_(를) **하다** travailler avec acharnement et sans répit à des tâches [à des ouvrages] pénibles, travailler très durement [comme un nègre, comme un esclave, comme un boeuf, comme un forçat, comme une brute, comme une bête de somme].

◆_**판** 명 【속어】 endroit *m* [situation *f*] où l'on travaille dur {*fam*}.

◆_**패** -牌 명 【속어】 bande *f* de tâcherons {*fam*}.

노가리 명 ① 【어류】 merlan *m* non mature. ¶ 우리는 ~를 안주삼아 술을 마셨다 On a bu de l'alcool avec de petits merlans séchés comme amuse-gueule. ② 【속어】 거짓말 craque *f* {*fam*}, boniment *m* {*fam*}, bobard *m* {*fam*}, salade *f* {*fam*}; 잡담 bavardage *m*, brin *m* de causette {*fam*}, petite causette *f*, ((discuter)) le bout *m* de gras {*fam*}. *~ **까다** raconter des craques {*fam*} [des boniments {*fam*}, des bobards {*fam*}, des salades {*fam*}]; 잡담 faire la causette [une petite causette, un brin de causette], discuter le bout de gras {*fam*}, discuter de tout et de rien. ¶ 제발 ~ 좀 까지 말아라 Arrête tes craques [tes bobards], s'il te plaît / Assez de boniments!

노경 老境 명 vieillesse *f*, déclin *m* de l'âge; dernière saison *f* de la vie; ((sur)) le retour (de l'âge). ¶

~에 접어들다 atteindre [arriver à] la vieillesse; être sur le déclin de *sa* vie.

노고 勞苦 명 peine *f*, effort *m*. ¶ 그는 이번 일에 ~를 아끼지 않았다 Il n'a pas ménagé sa peine cette fois-ci. ¶ 대통령은 장관들에게 그간의 ~를 치하했다 Le président de la République a félicité ses ministres pour les efforts fournis ces derniers temps. ¶ 이번 일에는 그 사람의 ~가 컸다 Il s'est donné beaucoup de peine dans cette affaire [pour ce travail].

노고지리 명 alouette *f*.

노곤하다 勞困- 형 être fatigué(*e*), las(*se*), épuisé(*e*) (de fatigue), harassé(*e*), abattu(*e*), nase [naze] {*fam*}; se sentir sans énergie [sans force], faible, *mou*(*molle*), ramolli(*e*), ramollo {*fam*}, raplapla {*fam*}, être au bout du rouleau {*fam*}, être à ramasser à la petite cuillère {*fam*}. ¶ 노곤한 오후 un après-midi harassant. ¶ 여름엔 유난히 몸이 ~ En été, je me sens particulièrement ramolli(*e*) [sans énergie, déliquescent(*e*) {*fam*}].

노골적 露骨的 명관 ① ((mot)) cru(*e*); ((ton)) brut*al*(*ale*, *aux*); sans détour, tel quel; de façon nette, carrée. ¶ ~ 도발 une provocation pure et simple [non déguisée]. ¶ ~인 유혹 une tentation sans détour. ¶ 그 사람은 ~으로 불만을 표시했다 Il a exprimé son mécontentement, sans ménagement. ¶ 그 관리는 ~으로 뇌물을 요구했다 Ce fonctionnaire a carrément demandé un pot-de-vin. ¶ 뇌물을 달라는 그의 요구는 너무 ~이었다 Sa demande de pots de vin était trop brutale. ② 음란한 grossi*er*(*ère*), vulgaire; franco {*fam*}. ¶ 이 그림은 지나치게 ~이다 Ce tableau est trop suggestif / Cette toile est trop suggestive.

노골화 露骨化 명 franchise *f*, candeur *f*, franc-parler *m*. ¶ ◇_~하다 s'ouvrir à *qn*, se confier à *qn*, s'épancher à *qn*; parler avec franchise [à cœur ouvert] à *qn*; révéler crûment. ¶ 자신의 야망을 ~하다 révéler crûment *son* ambition [*son* rêve, *ses* rêves, *ses* ambitions]. ¶ 속셈을 ~하다 révéler crûment *ses* arrière-pensées.

노구 老軀 명 corps *m* vieilli [usé]; corps *m* d'un vieillard; vieille carcasse *f* {*fam*}; grand âge *m*, âge *m* canonique {*pop*}. ¶ ~를 이끌고 [에도 불구하고] malgré [en dépit de] *son* grand âge.

노기 怒氣 명 colère *f*, emportement *m*, rage *f*, fureur *f*, indignation *f*; irritation *f*; vert (de rage). ¶ ~를 띠고서 empreint(*e*) de colère. ¶ 그 노인은 ~(를) 띤 목소리로 젊은이를 질책했다 Ce vieillard a réprimandé le jeune homme d'une grosse voix. ¶ 제발 ~를 가라앉히시고 제 말씀 좀 들어주십시오! S'il vous plaît, calmez-vous et écoutez-moi un peu! ¶ ~가 서린 얼굴 un visage exprimant la colère. ¶ ~가 충천[등등]하다 être dans une colère [rage] folle [dans une colère noire]; se fâcher tout rouge, être furieux(*se*), étouffer de rage.

노끈 명 cordon *m*, ficelle *f*. ¶ ~으로 묶다 lier avec un cordon; ficeler.

노년 老年 명 vieillesse *f*; grand âge *m*. ¶ 평온한 ~ 생활을 하다 mener une vieillesse paisible [tranquille]. ¶ ~에 고생하다 souffrir lors de *sa* vieillesse.

◆**_기** -期 명 troisième âge *m*, dernière période *f* de la vie. ¶ ~기에 접어들다 atteindre le troisième âge.

◆**_층** -層 명 classes *fpl* âgées, classe *f* du troisième âge.

노농 勞農 어근 ouvriers *mpl* et paysans *mpl*.

◆**_제휴** -提携 명 collaboration *f* entre ouvriers et paysans.

노닐다 자 se promener (sans but, au hasard), flâner, passer le temps (en se distrayant). ¶ 정원에서 한가로이 ~ flâner paisiblement dans le jardin.

노다지 명 ① **【광업】** filon *m* riche; filon *m* d'or. ¶ 그 채광업자는 마침내 ~를 발견했다 Cet entrepreneur minier a fini par découvrir un filon d'or. ② 이익이 큰 일 affaire *f* en or, bon filon *m*, coup *m* de pot [de veine, de fortune], aubaine *f*. ¶ ~를 캐다 gagner beaucoup d'argent de façon inattendue [d'un seul coup], recevoir un profit inattendu; tomber sur une aubaine. ¶ 반도체 산업은 얼마 전까지만 해도 ~를 캐는 업종이었다 L'industrie du semi-conducteur était une véritable mine de d'or il y a peu de temps encore. / L'industrie du semi-conducteur était une branche de commerce très rentable jusqu'à il y a peu de temps encore. ¶ 이런 ~가 있나! Quelle bonne aubaine! / Ça c'est une veine!

노닥거리다 자 (passer *son* temps à) babiller [jaser, jacasser {*fam*}, caqueter {*fam*}, bavarder]. ¶ 재는 일은 하지 않고 손님들과 노닥거린다 Au lieu de travailler, elle(il) passe son temps à jaser avec les clients. ¶ 지금 이렇게 노닥거릴 때가 아니야! Maintenant, ce n'est pas le moment de bavarder [de papoter]!

노대가 老大家 명 vieux maître *m* vénérable; vieux savant *m* qui fait autorité; vieux sage *m*. ¶ ~의 의견을 구하다 demander l'avis d'un vieux savant qui fait autorité. ¶ 그 분은 어떤 경우에도 ~다운 풍모를 잃지 않으셨다 Cette personne n'a perdu son allure de vieux sage dans aucune circonstance.

노도 怒濤 명 vagues *fpl* déchaînées. ¶ 배가 ~를 헤치고 나아간다 Le navire trace sa route au milieu des vagues déchaînées. ¶ 데모 군중이 ~처럼 밀려들었다 Les manifestants ont déferlé par vagues.

노독 路毒 명 fatigue *f* après un voyage. ¶ ~을 풀다 se remettre [récupérer] de la fatigue d'un voyage. ¶ ~을 풀려고 잠을 자다 dormir pour se reposer [pour se remettre, pour récupérer] de la fatigue d'un voyage.◇_**이 쌓이다** accumuler de la fatigue lors d'un voyage. ¶ ~이 쌓여 며칠 쉬어야겠다 Il va falloir se reposer quelques jours pour se remettre de la fatigue accumulée pendant le voyage.

ㄴ

노동 勞動 명 trava*il*(*aux*) *m*, labeur *m*, peine *f*. ¶ 저임금 ~ un travail mal rémunéré [mal payé]. ¶ ~ 착취 l'exploitation des ouvriers [de la classe ouvrière]. ¶ ~ 환경 le cadre de travail. ¶ 8시간의 ~ la journée de huit heures. ¶ 주 48시간의 ~ la semaine de quarante-huit heures. ¶ 오랜 기간의 힘겨운 ~으로 건강을 해치다 nuire à *sa* santé par un travail harassant de longue durée. ◇_(을) **하다** travailler (physiquement, intellectuellement), faire un travail de manœuvre. ¶ 나는 ~을 한 적이 없다 Je n'ai jamais travaillé comme manœuvre.
◆**_계급** -階級 명 classe *f* ouvrière, monde *m* ouvrier, prolétariat *m*.
◆**_계약** -契約 명 contrat *m* de travail.
◆**_권** -權 명 droit *m* au travail.
◆**_당** -黨 명 parti *m* travailliste [ouvrier].
◆**_당원** -黨員 명 membre *m* du parti travailliste [ouvrier].
◆**_력** -力 명 main *f* d'œuvre.
◆**_문제** -問題 명 question *f* ouvrière.
◆**_법** -法 명 code *m* du travail, lois *fpl* régissant les conditions de travail.
◆**_법규** -法規 명 législation *f* du travail.
◆**_복** -服 명 vêtement [bleu] *m* de travail.
◆**_봉사** -奉仕 명 service *m* bénévole.
◆**_부** -部 명 Ministère *m* du Travail.
◆**_부장관** -部長官 명 ministre *m* du Travail.
◆**_삼권** -三權 명 les trois droits *mpl* fondamentaux du travail.
◆**_시간** -時間 명 durée *f* de travail, heures *fpl* de travail.
◆**_시장** -市場 명 marché *m* du travail.
◆**_요** -謠 명 chant *m* ouvrier.
◆**_운동** -運動 명 mouvement *m* ouvrier [travailliste].
◆**_인구** -人口 명 population *f* active [ouvrière].
◆**_임금** -賃金 명 paye *f* [salaire *m*] (d'un ouvrier).
◆**_자** -者 명 ☞ 노동자
◆**_쟁의** -爭議 명 conflit *m* ouvrier [du travail].
◆**_쟁의조정법** -爭議 調整法 명 loi *f* sur la médiation des conflits sociaux, loi *f* de contrôle des conflits ouvriers.
◆**_정책** -政策 명 politique *f* du travail.
◆**_절** -節 명 fête *f* du Travail.
◆**_조건** -條件 명 conditions *fpl* de travail.
◆**_조합** -組合 명 ☞ 노동조합
◆**_집약산업** -集約產業 명 industrie *f* à forte intensité de main d'oeuvre
◆**_총동맹** -總同盟 명 《프랑스》 Confédération *f* Générale du Travail [C.G.T.]; 《전국민주노동조합 총연맹 (민주노총) Korean Confederation of Trade Unions》 Confédération *f* générale des syndicats ouvriers de Corée; 《한국노동조합총연맹 (한국노총) Federation of Korean Trade Unions》 Confédération *f* générale des syndicats ouvriers coréens.
◆**_협약** -協約 명 convention *f* [collective] du travail.
◆**가사_** 家事- 명 travaux *mpl* ménagers, tâches *fpl* ménagères.
◆**강제_** 强制- 명 travaux *mpl* forcés.
◆**국제_기구** 國際機構 명 Organisation *f* internationale du travail (O.I.T.).
◆**막_** 명 trava*il*(*aux*) *m* physique [de force], travail *m* de manœuvre; trava*il*(*aux*) *m* à la journée. ¶ 막~을 하다 faire un travail de manœuvre.
◆**육체_** 肉體- 명 travail *m* physique [manuel, de force].
◆**정신_** 精神- 명 travail *m* intellectuel [cérébral].
◆**중_** 重- 명 trava*il*(*aux*) *m* pénible [harassant], dur [pénible] labeur *m*.

노동자 勞動者 명 ouvri*er*(*ère*); 집합적으로 travailleu*rs*(*ses*). ¶ 공장 ~ un(*e*) ouvri*er*(*ère*) d'usine. ¶ 일용(직) ~ un(*e*) ouvri*er*(*ère*) à la journée, journali*er*(*ère*). ¶ 세계의 ~여, 단결하라 Travailleurs du monde entier, unissons-nous! ¶ 우리 회사 사장은 ~ 출신이다 Le directeur de notre entreprise est d'origine ouvrière. ¶ ~의 권익을 옹호하다 protéger les droits et les intérêts des travailleurs. ¶ ~를 착취하다 exploiter les ouvriers.
◆**_계급** -階級 명 classe *f* ouvrière.
◆**계절_** 季節- 명 ouvri*er*(*ère*) saisonni*er*(*ère*).
◆**육체_** 肉體- 명 manœuvre *m*; travailleur *m* manuel.

노동조합 勞動組合 명 syndicat *m* ouvrier. ¶ ~ 간부 le cadre [encadrement] d'un syndicat ouvrier. ¶ ~ 활동 une activité syndicale; le syndicalisme. ¶ ~ 지도부에서 파업을 결의했다 La direction ouvrière a voté en faveur de la grève. ¶ ~을 조직하다 [결성하다] organiser [former] un syndicat ouvrier. ¶ ~을 탈퇴하다 quitter [se retirer d'] un syndicat ouvrier. ¶ 군사정부는 ~을 철저하게 탄압했다 Le gouvernement militaire a fermement réprimé les syndicats ouvriers. ¶ ~에 가입하다 adhérer à un syndicat; se syndiquer.
◆**_법** -法 명 loi *f* sur les syndicats ouvriers.
◆**_운동** -運動 명 mouvement *m* syndicaliste.
◆**_원** -員 명 membre *m* d'un syndicat ouvrier, syndiqué(*e*).
◆**세계_연맹** 世界-聯盟 명 Fédération *f* Mondiale des Syndicats Ouvriers.

-노라 어미 【고어】 《suffixe flexionnel utilisé autrefois pour donner plus de solennité à son discours, pour renforcer le caractère solennel de son discours》. ¶ 왔~, 보았~, 이겼~ «*Veni, vidi, vici*» 《«Je suis venu, j'ai vu, j'ai vaincu»》 《propos célèbres prononcés par Jules César à la suite d'une victoire rapide et célèbre sur Pharnace, le roi du Bosphore sibérien en 47 av. J.-C.》.

노란색 -色 명 couleur *f* jaune; jaune *m*. ¶ ~ 원피스 une robe jaune. ¶ 나는 ~을 좋아한다 J'aime la couleur jaune.

노랑 명 jaune *m*. ¶ 빨강, ~, 파랑을 모두 섞으면 검정색이 된다 Le mélange du rouge, du jaune et du bleu donne du noir.

◆_나비 명 papillon *m* jaune.

◆_머리 명 ① 머리카락 cheveux *mpl* blonds; 사람 blond(*e*). ② 【속어】 외국인 «un(*e*) blond(*e*)» ⟪cf. «un long nez» terme péjoratif désignant une personne de race blanche⟫. ¶ 그 여자는 ~머리와 결혼했다 Cette femme s'est mariée avec un Blanc.

◆_병아리 명 poussin *m* jaune.

◆샛_ 명 jaune *m* vif.

◆연_ 명 jaune *m* clair, jaune *m* pâle.

노랑이 명 avare *mf*, pingre *mf*, grippe-sous *mf*, radin(*e*) {*fam*}, rapiat(*e*), rapia *mf* {*fam*}, rat *m* {*fam*}. ¶ 그 남자는 지독한 ~이다 Il est horriblement radin {*fam*} / Il est très près de ses sous / Il les lâche difficilement [avec un élastique] {*fam*}.

노랗다 형 être jaune, de couleur jaune. ¶ 노란 개나리꽃 des fleurs jaunes de forsythia. ¶ 노랗게 물든 은행잎 une feuille de ginkgo ayant tourné au jaune. ¶ 머리를 노랗게 물들이다 se colorer [se teindre] les cheveux en blond.

*싹수가 ~ ☞ 싹수

노래 명 ① ⟪가요⟫ chant *m*; chanson *f* ⟪운율적 언어⟫ mélodie *f*, air *m*; ⟪시⟫ poème *m*, poésie *f*. ¶ 그 남자는 ~를 잘 부른다 Il chante bien. ¶ ~를 흥얼거리다 fredonner une chanson. ◇_(를) 하다 chanter; réciter (un poème). ¶ 목이 아파서 ~할 수가 없다 Je ne peux pas chanter car j'ai mal à la gorge. ¶ 새들이 ~합니다 Les oiseaux chantent. ¶ 가을을 ~한 시 un poème qui chante l'automne. ¶ 사랑의 기쁨을 ~한 시 un poème qui chante le bonheur de l'amour.

◆_방 -房 명 *noraebang m* <sorte de *karaoké*, où l'on se retrouve pour chanter dans des cabines de 2 à 10 personnes; institut de cabines privées de *karaoké* pouvant accueillir une dizaine de personnes>.

◆_ㅅ가락 명 chanson *f* populaire (traditionnelle, folklorique); ballade *f*.

◆_ㅅ말 명 paroles *fpl* (de chanson).

◆_ㅅ소리 명 voix *f* qui chante.

◆_자랑 명 concours *m* de chansons. ¶ ~자랑 대회 un concours de chansons.

노래기 명 【동물】 mille-pattes *m inv*; scolopendre *f*.

노래지다 재 pâlir, jaunir. ¶ 가을이 되니 나뭇잎들이 노래지기 시작했다 Avec l'arrivée de l'automne, les feuilles ont commencé à jaunir.

*얼굴이 노래지다 avoir le teint blafard [émacié, hâve, livide]; avoir grise mine, avoir mauvaise mine.

*하늘이 노래지다 être extrêmement choqué(*e*), avoir un grand choc ⟪Il *lui* semblait que le ciel allait s'effondrer / Le sol sembla se dérober sous *ses* pieds⟫; ⟪하늘이 캄캄하다, 암담한 기분⟫ L'avenir est très sombre, tout est noir, voir tout noir, ne pas voir d'issue, ne savoir que faire, ne pas savoir comment on va s'en sortir, être désespéré(*e*), être catastrophé(*e*); ⟪l'avenir⟫ être très inquiétant(*e*), désespérant(*e*); être dans le trou, être extrêmement inquiet(*ète*) pour *son* avenir, être démoralisé(*e*) [déprimé(*e*), catastrophé(*e*)] en pensant ⟪aux obstacles immédiats, à la tâche qui reste à faire, à *son* avenir⟫ ⟪Je ne sais pas comment je vais m'en sortir / Je me demande bien comment je vais faire / Je ne sais vraiment que faire / Je ne vois pas d'issue / Je vois tout noir! / L'avenir est très sombre⟫. ¶ 그 소식을 듣는 순간 하늘이 노래지는 것 같았다 Le sol sembla se dérober sous mes pieds au moment où j'appris la nouvelle.

노랭이 명 ⟪'노랑이'의 잘못⟫ ☞ 노랑이

노략질 擄掠- 명 pillage *m*, saccage *m*, saccagement *m*. ◇_(을) 하다 piller ⟪une ville⟫; saccager ⟪un magasin⟫. ¶ ~한 물건 un butin. ◇_(을) 당하다 se faire piller. ¶ 옛날 이 고개에서는 산적들한테 ~ 당하는 일이 흔했다 Autrefois, il n'était pas rare de se faire détrousser par des brigands sur ce col.

노려보다 타 regarder fixement, fixer; regarder *qn* dans les yeux, regarder *qn* sévèrement; regarder avec colère; poser un regard hostile [sévère] sur *qn*. ¶ 무서운[분노에 불타는] 눈으로~ poser un regard effrayant [brûlant de colère] sur *qn*. ¶ 그렇게 노려보면 어쩔 테냐? Qu'est-ce que tu as à me regarder comme ça?

노력 勞力 명 effort *m*; trav*ail*(*aux*) *m*; peine *f*, labeur *m*. ¶ 꾸준한 ~ des efforts acharnés [constants]. ¶ 내 ~은 모두 수포로 돌아갔다 Tous mes efforts sont tombés à l'eau / Tous mes efforts se sont évanouis en fumée / Tous mes efforts n'auront servi à rien / En dépit de mes efforts, rien n'a abouti. ¶ 입학시험에 합격하기 위해서는 많은 ~이 필요하다 De nombreux efforts sont nécessaires à la réussite du concours d'entrée à l'université. ¶ 아무런 ~ 없이는 성공할 수 없다 On ne peut pas réussir sans (faire le moindre) effort. ¶ 그동안 들인 ~에 비해 성과가 적었다 Les résultats sont bien maigres par rapport aux efforts fournis / Nous avons peiné pour un bien maigre résultat. ◇_(을) 하다[기울이다] faire des efforts, se donner de la peine [du mal], peiner pour faire *qc*; s'ingénier à faire *qc*; s'efforcer de faire *qc*. ¶ 나는 내 나름대로 ~하고 있다 Je fais des efforts à ma manière. ¶ 성공하기 위해 열심히 ~했다 J'ai fait beaucoup d'efforts pour réussir. ¶ 최선의 ~을 다하다 faire tous *ses* efforts [tout *son* possible, tout ce qui est en *son* pouvoir]; faire de *son* mieux [le maximum]; faire l'impossible pour+*inf*; concentrer tous *ses* efforts sur *qc*. ¶ 그 사람은 ~하지 않고 쉽게 돈 벌 생각만 한다 Il ne pense qu'à gagner de l'argent facilement, sans faire le moindre effort. ¶ ...하는 데에 ~을 기울이다 se donner de la peine [du mal] pour faire *qc*; s'efforcer de+*inf*, peiner pour faire *qc*, s'ingénier à faire *qc*.

노련 老鍊 어근

◆_하다 형 être compétent(*e*), habile, entraîné(*e*), être exercé(*e*), expérimenté(*e*); être bon(*ne*) ((marin)), ((soldat)) être éprouvé(*e*), ((technicien)) être expert(*e*), fort(*e*) en *qc*, être rompu(*e*) à *qc*; passer maître dans l'art de *qc*; être habile. ¶ ~한 외교관[정치가] un(*e*) diplomate [un (homme) politique] expérimenté. ¶ ~한 솜씨로 일을 처리하다 traiter une affaire d'une main de maître. ¶ 그 의사는 치료를 하는 손놀림이 퍽 ~해 보였다 Le médecin avait l'air de soigner le patient avec une grande dextérité. ¶ 맹수를 ~하게 다루다 dresser les fauves avec habileté [avec adresse, avec compétence, avec dextérité.

◆_미 -味 명 compétence *f*, expérience *f* (dans un domaine); maîtrise *f*; habileté *f*. ¶ ~미를 발휘하다 [보이다, 드러내다] faire preuve de compétence [montrer, dévoiler *ses* compétences]. ¶ ~미가 있다 avoir des compétences [de l'expérience] (dans un domaine).

노령 老齡 명 grand âge *m*; vieillesse *f*; troisième âge *m*, quatrième âge *m*, âge *m* avancé. ¶ 그 분은 ~이라서 그 직책을 감당 못한다 En raison de son âge avancé, il n'est pas en mesure d'assumer cette tâche. ¶ ~에 이르다 arriver à un âge avancé; prendre de l'âge, avancer en âge.

노루 명 chevreuil *m*. ¶ 북극의 겨울 낮은 ~ 꼬리만큼이나 짧다 Les journées d'hiver au pôle Nord sont extrêmement courtes [sont quasiment inexistantes].

◆숫[암]_ 명 chevreuil *m* mâle.

◆ 암_ 명 chevreuil *m* femelle, chevrette *f*.

노루발장도리 명 marteau(*x*) *m* à queue en pied-de-biche ((marteau dont l'extrémité fendue du manche fait usage de pied-de-biche)), marteau(*x*) *m* à queue fendue.

노루잠 명 sommeil *m* léger [agité, interrompu]. ¶ 잠깐 ~을 자다 dormir en gendarme un instant.

노르스름하다 형 être jaunâtre, jaunet(*te*); être safrané(*e*). ¶ 노르스름한 소스 une sauce jaunâtre.

노른자 명 ☞ 노른자위

노른자위 명 ① jaune *m* d'œuf, le jaune *m*, un jaune *m*, vitellus *m*. ¶ 이 달걀에는 ~가 둘 있다 Cet œuf contient deux jaunes. ¶ 달걀 프라이를 할 때 ~는 익히지 말아라 Ne fais pas cuire le jaune quand tu fais un œuf sur le plat [au plat]. ¶ 달걀 ~가 터졌다 Le jaune d'œuf s'est cassé. ② 중요한 것 essence *f*, quintessence *f*, crème *f* de la crème. ¶ 그 남자는 이 상가지역에서도 ~ 땅만을 소유하고 있다 Il ne possède que des terrains clés dans cette zone commerciale.

노름 명 jeu(*x*) *m* d'argent. ¶ ~에서 돈을 잃다[벌다, 따다] perdre [gagner] de l'argent au jeu. ¶ ~으로 전 재산을 날리다 se ruiner au jeu. ¶ 그는 종당에 ~ 돈을 몽땅 날렸다 Au bout du compte, il a tout perdu au jeu. ◇_(을) **하다** jouer de l'argent. ◇_**에 빠지다** s'adonner au jeu.

◆_꾼 명 joueur(*se*) (de casino); flambeur(*se*) {*arg*}.

◆_벽 -癖 명 vice *m* du jeu; maladie *f* du joueur. ¶ ~벽을 끊은 사람 un joueur repenti.

◆_빚 명 dette *f* de jeu.

◆_판 명 tripot *m*; maison *f* de jeu. ¶ ~판을 벌이다 organiser des parties de jeu.

노릇 의명 métier *m*, profession *f*; obligation *f*; tâche *f*; devoir *m*; rôle *m*; fonction *f*. ◇_(을) **하다** jouer un rôle; remplir une tâche. ¶ 형 ~을 하다 jouer *son* rôle d'aîné. ¶ 지금까지 자식 ~을 제대로 못했다 Je n'ai pas été un bon enfant [아들 un bon fils; 딸 une bonne fille] jusqu'à présent. ¶ 부모 ~ 하기가 어디 쉬운가? Ce n'est pas facile d'agir en bons parents / Il n'y a pas de parents parfaits / Parce qu'il est facile d'assumer le rôle de parent, peut-être? ¶ 이 ~은 힘들어서 오래 못하겠다 J'en ai assez (de ce travail), je ne pourrai plus continuer très longtemps [j'ai envie de jeter l'éponge (tout de suite)]. ◇_**이다** avoir pour résultat (de+*inf*), être à+*inf*, revenir à+*inf*. ¶ 기가 찰 ~이 아닌가? Ce n'est pas incroyable, cela! ¶ 아무도 내 말을 믿어 주지 않으니 정말 미칠 ~이다! Personne ne me croit, c'est à devenir vraiment fou! ¶ 죽을 ~이다 C'est à mourir.

노릇노릇 부 bien doré, en couleur dorée. ¶ 빵이 ~ 잘 구워졌다 Le pain est bien cuit, doré à point. ¶ 들판의 곡식이 ~ 익어가다 Les céréales de la plaine mûrissent en jaunissant.

◆_하다 형 être tacheté(*e*) de jaune. ¶ 빵이 ~하다 Le pain est doré. ¶ 나무에 병이 들어 잎이 모두 ~하다 L'arbre ayant été atteint d'une maladie, les feuilles ont jauni. ¶ 빵이 ~하게 구워졌다 Le pain a pris une couleur dorée à la cuisson.

노릇하다 형 être jaunâtre, doré(*e*).

노리개 명 ① jouet *m*, joujou(*x*) *m*. ¶ 아기가 ~를 갖고 놀고 있다 L'enfant joue avec son joujou. ② *norigae m* <parure de passementerie que les femmes portent à l'attache de leur habit traditionnel, le *hanbok* (autrefois plus un symbole de richesse et de pouvoir qu'un simple objet d'ornement)>. ¶ 한복에는 거기에 어울리는 ~를 달아야 제격이다 Un vêtement coréen traditionnel (pour femme) doit se porter avec un *norigae* [avec une parure accordée aux tons de celui-ci], si l'on veut que le vêtement révèle son véritable caractère esthétique. ¶ ~(로) 삼다 considérer ((les femmes)) comme sujets d'assouvissement de *ses* désirs; se jouer ((des femmes, d'une femme)); abuser d'((une femme)). ¶ 여자를 ~로 삼다 considérer les femmes comme sujets d'assouvissement de *ses* désirs; se jouer des femmes [d'une femme]; abuser d'une femme.

노리다[1] ((냄새가)) sentir le roussi [le brûlé].

노리다[2] 타 ① 기회를 엿보다 guetter, épier; ¶ 탈출할 기회를 ~ guetter l'occasion de s'enfuir. ¶ 목숨을 ~ chercher à tuer *qn*, viser la vie de *qn*, en avoir après la vie de *qn*. ¶ 약점을 ~ guetter les défauts [les points faibles] de *qn*. ② 탐내다 convoiter; chercher, rechercher; viser, ambitionner. ¶ 재산을 ~ convoiter les biens d'autrui. ¶ 그들이 노리는 게 뭘까? Qu'est-ce qu'ils peuvent rechercher [viser]?

노린내 명 odeur *f* de fauve, ranci *m*; odeur *f* nauséabonde [fétide]. ¶ 노린재는 적을 만나면 ~를 풍긴다 La punaise exhale une odeur nauséabonde à l'approche d'un prédateur.

노망 老妄 명 gâtisme *m*; sénilité *f*. ◇_(이) 나다[들다] devenir gâteux(*se*), devenir sénile; retomber en enfance. ¶ 그 노인은 ~이 나서 자식들 얼굴도 알아보지 못한다 Ce vieillard est atteint de sénilité; il ne reconnaît même plus le visage de ses enfants. ¶ ~ 든 노인 un(*e*) vieillard(*e*) sénile.

◆_끼 명 signe *m* avant-coureur de la sénilité. ¶ 이 할머니는 ~끼가 있다 Cette femme âgée présente les signes avant-coureurs de la sénilité.

노면 路面 명 surface *f* d'une route; chaussée *f*. ¶ ~이 얼어서 대단히 미끄럽다 La chaussée est très glissante à cause du verglas. ¶ ~을 보수하다 procéder à la réfection d'une route.

노모 老母 명 vieille mère *f*; mère âgée. ¶ 그는 ~를 모시고 단둘이 산다 Il vit seul avec sa vieille mère.

노무 勞務 어근 travail *m*; labeur *m*; services *mpl*.

◆_관리 -管理 명 direction *f* [gestion *f*] du personnel.

◆_수첩 -手帖 명 carnet *m* de travail.

◆_자 -者 명 travailleur *m*; ouvrier *m*; main-d'œuvre *f*.

◆_정책 -政策 명 politique *f* du travail.

노발대발하다 怒發大發– 자 s'abandonner à la colère, se mettre très en colère [dans une colère noire]; être dans une colère épouvantable, être hors de *soi*, être furieux(*se*). ¶ 아버지는 그 소식을 듣고 노발대발했다 En entendant cette nouvelle, mon père s'est mis dans une colère noire [monstre].

노변[1] 爐邊 명 coin *m* [proximité *f*] du feu. ¶ ~에(서) devant l'âtre, au coin du feu. ¶ ~에 앉아 저녁을 보내다 passer la soirée devant le foyer [au coin du feu].

◆_담화 -談話 명 causerie *f* au coin du feu.

노변[2] 路邊 명 bord *m* de la route *f*; accotement *m*; bas-côté *m*. ¶ ~에 불법 주차한 차량들 des véhicules stationnés illégalement au bord de la route. ¶ ~을 따라 나무를 심다 planter des arbres le long de la route. ¶ ~에 앉다 s'asseoir au bord de la route. ¶ ~에 서있는 집 une maison qui borde la route.

노병 老兵 명 vieux soldat *m*, vétéran *m*. ¶ ~은 죽지 않고 다만 사라질 뿐이다 Le vieux soldat ne meurt pas, il ne fait que disparaître.

노부모 老父母 명 vieux parents

노부부 老夫婦 명 vieux couple *m*, vieux époux *mpl*. ¶ ~ 한 쌍 un vieux couple.

노비 奴婢 명 serf(*ve*); esclave *mf*. ¶ 일생을 ~의 굴레를 벗지 못하고 살다 passer toute une vie sans pouvoir s'affranchir du joug de l'esclavage.

◆_문서 -文書 명 titre *m* de propriété sur un esclave.

노사 勞使 명 syndicat *m* et patronat *m*, ouvriers *mpl* et direction *f*, syndicats *mpl* (ouvriers) et direction *f* [patronat *m*], employés *mpl* et employeurs *mpl*, partenaires *mpl* sociaux. ¶ ~간 화합을 이룩하다 établir une harmonie entre les syndicats (ouvriers) et le patronat [entre les ouvriers et les patrons]. ¶ ~간의 갈등이 첨예화하다 les tensions augmentent entre les partenaires sociaux; provoquer une radicalisation des tensions entre employés et employeurs.

◆_관계 -關係 명 rapports *mpl* entre ouvriers et patrons [entre employés et patronat].

◆_문제 -問題 명 question *f* du rapport patronat-syndicat [patronat-salariés, salariés/patrons]; problème *m* entre employeurs et employés.

◆_분쟁 -紛爭 명 conflits *mpl* sociaux; conflit *m* entre employeurs et employés [entre le patronat et les ouvriers, entre les patrons et les ouvriers].

◆_협력 -協力 명 coopération entre partenaires sociaux.

◆_협상 -協商 명 négociation *f* entre partenaires sociaux.

노상[1] 부 toujours, constamment; sans cesse; invariablement; ordinairement, normalement, habituellement, d'ordinaire, d'habitude. ¶ ~ 불만이다 être toujours mécontent(*e*). ¶ 그 아이는 ~ 거짓말만 한다 Cet enfant ne fait que mentir. ¶ 우리 아들은 ~ 집안에 처박혀 있다 Mon fils reste toujours enfermé [cloîtré, confiné] dans la maison. ¶ 그들은 ~ 다투기만 한다 Il se disputent tout le temps. ¶ 그 친구는 입만 열면 ~ 돈타령이다 L'argent, il n'a que ce mot à la bouche. ¶ 그건 아빠가 ~ 입버릇처럼 하는 이야기다 C'est une histoire que papa raconte en toute occasion.

노상[2] 路上 명 surface *f* de la route *f*, la chaussée *f*. ¶ ~에서 sur la voie publique.

◆_강도 -强盜 명 voleur(*se*) de rue, bandit *m* de grand chemin {*vx*}. ¶ ~강도를 만나다 tomber sur [rencontrer] des voleurs.

◆_주차 -駐車 명 stationnement *m* sur la route. ¶ ~주차 단속 un contrôle routier.

노새 명 mulet *m*, mule *f*.

노선 路線 명 ① ((교통수단의)) route *f*, ligne *f*, itinéraire *m*, trajet *m*. ¶ 버스 ~이 바뀌었다 La ligne du bus a été modifiée. ¶ 이 버스는 허가받은 ~대로 운행하고 있지 않다 Ce bus ne suit pas la ligne habituelle [le trajet prévu, le trajet classique]. ¶ 버스 회사에서 ~을 제멋대로 변경했다 Les compagnies de bus ont modifié les lignes initiales à leur guise. ¶ 시 당국은 버스 ~을 전면적으로 조정했다 Les autorités municipales ont entièrement modifié les lignes des bus. ② 원칙 orientation *f*, directive *f*; ligne *f* de conduite. ¶ 그 좌익 단체 내부에서는 치열한 ~ 투쟁이 벌어지고 있다 Une sérieuse lutte interne concernant les orientations politiques est en train de se produire au sein de cet organisme de gauche. ¶ 그 사람은 좌익에서 우익으로 ~을 바꾸었다 Il a changé de directive en orientant sa ligne politique de la gauche vers la droite. ¶ 그 사람은 이 정당의 ~을 지지한다[따른다] Il soutient [suit] la ligne du parti. ¶ 그 남자와 나는 정치 ~이 다르다 Nous ne sommes pas du même bord politique, lui et moi. ¶ 그의 성향은 ~이 분명치 않다 Sa ligne de conduite n'est pas claire.

◆_도 -圖 명 carte *f* routière; carte *f* du métropolitain.

노소 老少 명 vieux *mpl* et jeunes *mpl*; grands *mpl* et petits *mpl*. ¶ ~를 불문하고[막론하고] sans distinction d'âge.

노송 老松 명 vieux pin *m*.

노쇠 老衰 명 sénescence *f*; vieillissement *m*. ¶ ~를 방지하다 prévenir le vieillissement.

◆_하다 형 être affaibli(*e*) par l'âge. ¶ 그 어르신은 ~해서 혼자서 움직일 수도 없을 정도다 Il est affaibli par l'âge au point qu'il ne peut même plus se déplacer seul. ¶ ~하여 죽다 mourir de vieillesse.

◆_현상 -現象 명 phénomène *m* du vieillissement, symptômes *mpl* du vieillissement, signes *mpl* de vieillissement. ¶ ~현상을 보이다 montrer des signes de vieillissement.

노숙 露宿 명 vivre sur la rue; action de passer la nuit dans la rue [à la belle étoile, sous les ponts].

◇_(을) 하다 passer la nuit dans la rue [à la belle étoile, sous les ponts]. ¶ 겨울이면 지하철역에서 ~하는 사람들이 꽤 있다 en hiver, il y a beaucoup de sans-logis qui passent la nuit dans les stations de métro.

◆_자 -者 명 sans-logis *mf inv*, sans-abri *mf inv*, sans domicile fixe *mf inv*, ((생략)) S.D.F. *mf*. ¶ 갑작스런 추위로 ~자들의 동사 위험이 있다 Une vague de froid brutale peut provoquer la mort de sans-abri [de S.D.F.] / Les sans-abri [S.D.F.] peuvent mourir à cause d'une vague de froid brutale. ¶ 서울역 앞에는 ~자들이 즐비하다 Devant la gare de Séoul, il y a beaucoup de sans-abri.

노숙하다 老熟- 형 être en pleine maturité. ¶ 노숙한 경지에 이르다 atteindre la maturité. ¶ 나이에 비해 노숙한 소년 un garçon mûr pour son âge. ¶ 노숙하게 말하다[굴다] parler [agir] avec maturité.

노스탤지어 영{nostalgia} 명 nostalgie *f*. ¶ ~를 느끼다 ressentir [éprouver] de la nostalgie.

노킹 영{knocking} 명 【기계】 cognement *m* (d'un moteur).

노승 老僧 명 vieux moine *m* bouddhiste, vieux bonze *m*.

노신 老臣 명 vieux sujet *m*; vieux ministre *m*.

노신사 老紳士 명 vieux monsieur *m*; vieux gentilhomme *m* {*vx*}. ¶ 백발의 ~ un vieux monsieur aux cheveux blancs [d'argent].

노심초사하다 勞心焦思- 자 s'inquiéter, se faire du souci, se faire un sang d'encre {*fam*}. ¶ 국가의 장래를 생각하며 밤낮으로 ~ s'inquiéter nuit et jour pour l'avenir du pays.

노안[1] 老眼 명 presbytie *f*. ¶ 돋보기로 ~을 보정하다 corriger la presbytie à l'aide de verres correcteurs convexes. ◇_이 되다[오다] devenir presbyte. ¶ 나이 마흔에 벌써 ~이 왔다 Je suis déjà presbyte à 40 ans.

노안[2] 老顔 명 visage d'un vieillard [d'une vieillarde].

노약자 老弱者 명 personnes *fpl* âgées, handicapées et femmes *fpl* enceintes; invalides *mpl*, personnes *fpl* âgées et femmes *fpl* enceintes; infirmes *mpl*, femmes *fpl* enceintes, personnes *fpl* âgées ou accompagnées de bébés. ¶ ~를 위해 자리를 양보해 주십시오 Cédez votre place aux personnes âgées, handicapées et aux femmes enceintes / Cédez votre place aux infirmes, aux femmes enceintes et aux personnes âgées ou accompagnées de bébés.

◆_석 -席 명 place *f* réservée aux personnes âgées, handicapées et femmes enceintes, place *f* réservée aux infirmes, aux femmes enceintes et aux personnes âgées ou accompagnées de bébés.

노어 露語 명 langue *f* russe, russe *m*. ¶ 그 사람은 ~를 아주 잘 이해한다[한다] Il comprend [parle] très bien la langue russe [le russe].

노여움 명 colère *f*; rancœur *f*; contrariété *f*, mécontentement *m*. ¶ ~을 억누르다[가라앉히다] retenir [calmer, apaiser] *sa* colère. ¶ 누구의 ~을 달래다 apaiser la colère de *qn*. ¶ ~을 풀다 libérer *son* cœur d'un sentiment de colère; se rasséréner; passer l'éponge {*fam*}. ¶ 누구에 대한 ~이 풀리다 ne plus avoir de ressentiment contre *qn*; pardonner à *qn*. ◇_을 사다 s'attirer la colère de *qn*.

노역[1] 勞役 명 labeur *m*, corvée *f*, travail(*aux*) *m*, peine *f*.

◆_장 -場 명 camp *m* de travail.

◆강제_ 强制- 명 travail *m* forcé.

노역[2] 老役 명 ((영화나 연극의)) rôle *m* d'un(*e*) vieillard(*e*). ¶ 그 연기자에게 배당되는 역할은 늘 ~이다 C'est toujours le rôle d'un(*e*) vieillard(*e*) que l'on attribue à cet(*te*) ac*teur*(*trice*) / Cet(*te*) ac*teur*(*trice*) se voit toujours attribuer [confier] un rôle de vieillard(*e*).

노염[1] 명 ☞ 노여움

노염[2] 老炎 명 les dernières chaleurs *fpl*; chaleur *f* tardive.

노엽다 怒- 형 être offensé(*e*) par *qn*/*qc*; être fâché(*e*) contre *qn*, être en colère contre *qn*. ¶ 얼굴에 노여운 기색이 역력하다 On lit clairement le mécontentement sur son visage.

◆노여워하다 자 en vouloir à *qn*; s'offenser de *qc*; se fâcher contre *qn*, se mettre en colère contre *qn*; s'indigner de *qc* [contre *qn*]; se formaliser; se vexer. ¶ 너무 노여워하지 마십시오 N'en soyez pas trop offensé(*e*). ¶ 나이가 드니 대수롭지 않은 일에도 쉽게 노여워한다 Avec l'âge, on prend facilement ombrage à propos de tout et de rien.

노예 奴隸 명 esclave *mf.* ¶ ~를 사다 [팔다] acheter [vendre] un(*e*) esclave. ¶ ~를 해방하다 affranchir un(*e*) esclave. ¶ 수많은 아프리카인들이 ~로 잡혀 [팔려] 갔다 De nombreux Africains ont été déportés [vendus] et réduits à l'esclavage. ¶ 돈[습관]의 ~가 되다 être esclave de l'argent [être l'esclave de *ses* habitudes]. ¶ 이 농장의 일꾼들은 ~와 다를 바 없는 처우를 받고 있다 [~처럼 일한다] Les travailleurs de cette exploitation agricole sont traités [travaillent] comme des esclaves.

◆_적 -的 명관 servile.

◆_근성 -根性 명 servilité *f*, esprit *m* servile. ¶ 그 남자는 ~근성을 버리지 못하고 상사가 시키는 대로만 한다 Il se soumet aveuglément aux ordres de son supérieur, incapable de se débarrasser de son esprit servile.

◆_매매 -賣買 명 traite *f* [commerce *m*, trafic *m*] d'esclaves; traite *f* des noirs [《경멸》 des nègres {*vx*}]; traite *f* des êtres humains.

◆_상인 -商人 명 marchand *m* d'esclave; négrier *m.*

◆_생활 -生活 명 esclavage *m*, vie *f* d'esclave.

◆_시장 -市場 명 marché *m* aux esclaves.

◆_신분 -身分 명 esclavage *m.*

◆_제도 -制度 명 esclavagisme *m.*

◆_폐지론 -廢止論 명 anti-esclavagisme *m*, abolitionnisme *m.*

◆_폐지론자 -廢止論子 명 anti-esclavagiste *f*, abolitionniste *f.*

◆_해방 -解放 명 émancipation *f* des esclaves. ¶ 링컨 대통령은 ~해방을 선언했다 Le président Lincoln a proclamé l'émancipation des esclaves.

노옹 老翁 명 vieux monsieur *m*; vieil homme *m*, vieillard *m.*

노을 명 lueur *f* brillante et rosée qui suit l'aube [l'aurore] ou précède le coucher du soleil [le couchant]; lueurs *fpl* rouges [crépusculaires] du soleil couchant. ¶ 아주 붉은 빛의 ~ un coucher de soleil très coloré. ¶ 불그스름한 저녁 ~ le rougeoiement du soir. ¶ 저녁 ~이 하늘을 붉게 물들였다 Le soleil couchant empourprait l'horizon. ¶ 저녁 ~로 붉게 물든 하늘 le ciel empourpré par le soleil couchant. ¶ 석양의 ~을 바라보다 admirer les lueurs rouges [les lueurs crépusculaires, les feux, l'embrasement] du soleil couchant; admirer le coucher de [du] soleil. ¶ ~이 잔잔히 깔리고 있다 Le soleil couchant empourpre l'horizon.

◆저녁_ 명 lueur *f* crépusculaire; les feux *mpl* [l'embrasement *m*] du soleil couchant. ¶ 저녁~에 물든 하늘 le ciel embrasé du crépuscule.

노이로제 ⓓ 명 névrose *f.* ¶ ~ 환자 un(*e*) névrosé(*e*). ¶ ~에 걸리다 être névrosé(*e*), être atteint(*e*) d'une névrose, présenter une névrose, souffrir d'une névrose.

노익장 老益壯 명 vieillesse *f* vigoureuse. ¶ ~을 과시하다 être un vieillard vigoureux [en pleine santé, bien conservé], avoir bon pied bon œil.

노인 老人 명 personne *f* âgée; 《남자》 vieil homme; vieillard *m*; vieux *m*; 《여자》 vieille femme *f*, vieille *f.* ¶ 나는 이제 어디 가도 ~ 취급을 받는다 Désormais on me traite en vieillard où que j'aille. ¶ ~을 공경하다 respecter les personnes âgées. ¶ 세월 따라 그도 이제 ~이 다 되었다 Lui aussi se fait vieux, maintenant que le temps a passé.

◆_성 -性 관 vieillissement *m*, sénescence *f.* ¶ ~성 치매 la sénilité, la démence sénile; la maladie d'Alzheimer, l'alzheimer. ¶ ~성 난청 la surdité due au vieillissement [à la sénilité].

◆_네 명 vieillard *m*, petit(*e*) vieux(*vieille*) {*fam*}.

◆_문제 -問題 명 problèmes *mpl* des personnes âgées, problèmes *mpl* concernant les [posés par les; rencontrés par les] personnes âgées. ¶ ~ 문제가 갈수록 심각해지고 있다 Les problèmes des personnes âgées sont de plus en plus difficiles à résoudre.

◆_대학 -大學 명 université *f* du troisième âge.

◆_병 -病 명 trouble *m* (d'origine) gériatrique.

◆_복지 -福祉 명 services *mpl* pour le temps libre et le bien-être *m* du troisième âge.

◆_의학 -醫學 명 gériatrie *f.*

◆_학 -學 명 gérontologie *f.*

노임 勞賃 명 coût *m* du travail; salaire *m*, paye *f*; rémunération *f*; gages *mpl* (des domestiques). ¶ ~을 인상하다 augmenter les salaires. ¶ 밀린 ~을 지불하다 régler les retards de paiement. ¶ ~을 착복하다 détourner les salaires des employés. ¶ 지난해에 비해 ~이 너무 올랐다 Le coût du travail a trop augmenté par rapport à l'année précédente.

노자¹ 老子 명 Lao Tseu [Lao Zi], le «Vieux Maître» <père du Taoïsme et auteur présumé du Livre de la Voie et de sa Vertu>. ¶ ~의 도덕경 Le Livre de la Voie et de sa Vertu de Lao Zi.

노자² 路資 명 frais *mpl* de voyage [de route]; viatique *m.* ¶ 그 사람은 나에게 ~나 하라고 돈을 쥐어 주었다 Il m'a donné de l'argent en me disant de m'en servir pour mes frais de voyage.

◆_ㅅ돈 명 argent *m* pour (couvrir) les frais de voyage. ¶ ~ㅅ돈은 모자라지 않게 [충분하게] 마련하는 게 좋다 Il vaut mieux prévoir suffisamment d'argent pour les frais de voyage si l'on ne veut pas être à court.

노작 勞作 명 ① 《일》 travail *m* harassant ② 《작품》 ouvrage *m* [œuvre *f*] qui a coûté beaucoup d'efforts. ¶ 다년간의 ~ un ouvrage, fruit de longs efforts.

노장¹ 老將 명 vieux général(*aux*); vétéran *m.* ¶ 챔피언은 ~의 투혼을 발휘했다 Le champion s'est battu jusqu'au bout tel un général de la vieille garde.

노장² 老壯 어근 adulte *mf* dans la force de l'âge.

◆_파 -派 명 conservateurs *mpl.*

노장³ 老莊 명 Lao-tseu ou Laozi <570~490 av. J.-C., considéré comme le fondateur du Taoïsme> et Chuang-tzu ou Zhuangzi <philosophe taoïste

du IVe siècle av. J.-C.>.

◆_사상 -思想 명 pensée *f* taoïste de l'école (philosophique) de Laozi et Zhuangzi.

◆_학파 -學派 명 école *f* de Laozi et Zhuangzi.

노적가리 露積- 명 céréales *fpl* rassemblées en tas, tas *m* de fourrage, meule *f*. ¶ 농부는 쌓아올린 ~만 보아도 배가 불렀다 L'agriculteur se sentait satisfait au seul fait de voir ses meules de foin entassées.

노점 露店 명 éventaire *m*; échoppe *f*, boutique *f* en plein air [vent], étalage *m*. ¶ 인도에 ~을 벌여놓아 통행이 불편하다 Il est difficile de circuler à cause des éventaires [des étalages] sur les trottoirs. ¶ 시 당국은 ~을 단속[철거]하기로 결정했다 Les autorités municipales ont décidé de contrôler [de supprimer] les boutiques en plein air.

◆_상(인) -商(人) 명 marchand(*e*) qui vend en plein air, marchand(*e*) en plein vent, étalagiste *mf* {*vx*}, marchand(*e*) étalagiste; ((장날의)) marchand(*e*) forain(*e*), marchand(*e*) ambulant(*e*).

노정 路程 명 ① trajet *m*. chemin *m* parcouru. ¶ 이 등산 코스는 하루의 ~치고는 너무 길다 Ce parcours de randonnée en montagne est trop long pour être effectué en une journée. ② itinéraire *m*. ¶ 우리는 그들과 똑같은 ~을 밟아서 목적지에 이르렀다 Nous sommes arrivé(*e*)s à destination en suivant le même itinéraire qu'eux.

◆_계 -計 명 odomètre *m*.

◆_표 -表 명 description *f* d'itinéraire; carte *f*. ¶ ~표에만 의지해서[~만 갖고] 그곳에 도착하기란 쉽지 않다 Il n'est pas facile d'arriver à cet endroit en ne se fiant qu'à [à l'aide simplement d']une description d'itinéraire.

노조 勞組 명 syndicat *m* ouvrier. ¶ ~ 간부 le cadre [encadrement] d'un syndicat ouvrier. ¶ ~ 활동 une activité syndicale; le syndicalisme. ¶ ~ 지도부에서 파업을 결의했다 La direction ouvrière a voté en faveur de la grève. ¶ ~를 조직하다[결성하다] organiser [former] un syndicat ouvrier. ¶ ~를 탈퇴하다 quitter [se retirer d']un syndicat ouvrier. ¶ 군사정부는 ~를 철저하게 탄압했다 Le gouvernement militaire a fermement réprimé les syndicats ouvriers. ¶ ~에 가입하다 adhérer à un syndicat; se syndiquer. ¶ 어용 ~ un syndicat favorable à la hiérarchie.

◆공무원_ 公務員- 명 syndicat *m* des fonctionnaires.

◆교수_ -教授 명 syndicat *m* des professeurs d'université.

노지 露地 명 terrain *m* découvert; ((cultures)) en plein air, à l'air libre. ¶ ~ 감귤 des mandarines cultivées à l'air libre [en plein air].

노처녀 老處女 명 vieille fille *f*, vieille demoiselle *f*, célibataire *f* endurcie. ¶ 그 여자는 가끔 ~의 히스테리를 보인다 Elle montre parfois les symptômes d'hystérie de vieille fille.

노천 露天 명 (en) plein air *m*, (en) plein vent *m*. ¶ 건축 자재가 ~에 그냥 쌓여 있다 Le matériel de construction s'entasse dehors sans plus de précaution. ¶ ~에서 밤을 보내다 coucher [dormir] à la belle étoile [dehors]. ¶ ~에서 공연을 하다 donner une représentation en plein air.

◆_강당 -講堂 명 auditorium *m* en plein air.

◆_극장 -劇場 명 théâtre *m* en plein air.

◆_목욕탕[온천] -沐浴湯[溫泉] 명 bassin *m* (d'eaux thermales) en plein air.

◆_수업 -受業 명 cours *m* en plein air.

◆_시장 -市場 명 marché *m* ouvert.

노총 勞總 명 association *f* générale des syndicats.

노총각 老總角 명 vieux garçon *m*, célibataire *m* endurci. ¶ 그 남자는 아직도 ~ 신세를 면하지 못하고 있다 Il est encore vieux garçon.

노출 露出 명 ① exposition *f* (au soleil, à la vue du public); exhibition *f*. ¶ ~이 심한 옷차림 une tenue trop décolletée [échancrée], une tenue vestimentaire qui en laisse trop voir. ¶ 과도한 ~ une exhibition excessive. ② ((사진)) exposition *f*. ¶ ~ 부족[과다] une sous-exposition [une surexposition]. ¶ 이 사진은 ~ 부족[과도]이다 Cette photo est sous-exposée [surexposée]. ¶ ~ 시간 temps de pose. ¶ ASA400의 필름을 ASA100의 ~로 사진을 찍다 prendre une photo d'une exposition de 100 ASA avec une pellicule de 400. ◇_(을) 하다[시키다] exposer (dehors), exhiber, laisser paraître, laisser voir, dénuder. ¶ 어깨를 ~한 여자 une femme aux épaules dénudées. ¶ 배꼽을 ~시킨[한] 티셔츠 un t(ee)-shirt qui exhibe [qui laisse paraître, qui laisse voir] le nombril. ¶ 피부를 태양에 너무 오래 ~하면[시키면] 화상을 입는다 Une exposition excessive de la peau au soleil peut provoquer des brûlures [coups de soleil]. ◇_(이) 되다 être exposé(*e*); ((약점이)) se dévoiler. ¶ 직사광선에 ~되다 être directement exposé(*e*) aux rayons. ¶ 피부가 자외선에 ~되어 있다 La peau est exposée aux rayons ultraviolets. ¶ 그 사건으로 비밀조직이 외부에 ~되었다 Cette affaire a révélé au monde l'existence d'un organisme secret. ¶ 시행 첫해부터 문제점이 ~되었다 Des problèmes sont apparus dès la première année d'exécution.

◆_계 -計 명 posemètre *m*.

노출증 露出症 명 exhibitionnisme *m*. ¶ ~ 환자 un(*e*) exhibitionniste, un(*e*) exhibi {*fam*}.

노친 老親 명 parents *mpl* âgés; vieux parents *mpl*.

◆_네 명 vieille *f* (femme *f*).

노크 영{knock} 명 (action de) frapper à la porte. ◇_(를) 하다 frapper à la porte.

노타이 영{no tie} 명 port *m* de la chemise sans cravate. ¶ ~ 바람[차림]으로 근무하다 travailler le col à l'air; travailler en tenue décontractée.

노트[1] 영{note} 명 ① 공책 cahier *m*. ② 메모 (prise de) note *f*. ③ 【음악】 note *f* (de musique). ◇_(를) 하다 prendre des notes

노트[2] 영{knot} 분류/ nœud *m*. ¶ 30 ~의 쾌속선 un hors-bord ayant une vitesse de pointe de 30 nœuds.

¶ 이 배는 20 ~는 내도록 설계되었다 Ce bateau a été conçu de façon à filer 20 nœuds.

노트북 영{notebook} 명 ① 공책 cahier *m*. ② 컴퓨터 ordinateur *m* portable *m*. ¶ ~ 컴퓨터 un (ordinateur) portable. ¶ ~으로 작업하다 travailler avec [sur] un ordinateur portable.

노티 老- 명 signe(*s*) *m* extérieur de vieillesse [de vieillissement]. ¶ 그 여자는 ~를 지우려고[감추려고] 화장을 진하게 한다 Elle se maquille [se farde] à outrance [outrageusement] pour cacher les signes extérieurs de vieillesse. ◇_(가) 나다 faire vieux, faire vieillot(*te*); paraître vi*eux*(vi*eille*), afficher des signes extérieurs de vieillesse. ¶ ~나는 옷 un vêtement passé de mode [démodé]; un vêtement donnant un air vieux. ◇_(를) 내다 se vieillir, se donner un air plus mûr; afficher *son* âge, ne pas cacher *ses* signes de vieillissement, exhiber *ses* signes extérieurs de vieillesse; faire le vieux, se comporter en vieillard, avoir des manies de vieillard. ¶ 그 사람은 나와 나이가 같으면서도 괜히 ~를 낸다 Nous avons beau être du même âge; c'est plus fort que lui, il faut qu'il se vieillisse [qu'il se donne un air plus mûr].

노파 老婆 명 vieille *f* (femme *f*).

노파심 老婆心 명 excès *m* de sollicitude, sollicitude *f* excessive; inquiétude *f* excessive [inutile]. ¶ 내가 ~에서 하는 소리인지 모르겠으나 Je me fais peut-être du souci pour rien, mais ... / Je me fais peut-être de la bile pour rien, mais .... {*fam*}. ¶ ~에서[~때문에] 하는 말이다 Je dis cela par sollicitude [dans votre intérêt]. ¶ 그것은 쓸데없는 ~이다 Ce n'est pas la peine de s'inquiéter pour cela / Tu te fais du souci [Tu t'angoisses] pour rien.

노폐물 老廢物 명 objet *m* usagé [hors d'usage]; 【생물】 déchets *mpl* de l'organisme.

노폭 路幅 명 largeur *f* de la route [de la chaussée]. ¶ 도로의 ~을 넓히다 élargir la chaussée [une route]. ¶ 이 길은 ~이 좁다 Cette route n'est pas très large.

노하다 怒- 자 se mettre en colère, s'irriter, se fâcher, s'emporter, s'exaspérer, se hérisser; être en colère. ¶ 선생님께서 노하시겠다 Notre professeur va se mettre en colère.

노하우 영{know-how} 명 savoir-faire *m*, technique *f*. ¶ 그 기업은 축적된 생산 ~를 우리 회사에 기꺼이 제공했다 Cette entreprise a volontairement transmis sa technique de production à notre compagnie[société]. ¶ 이 기법은 우리 회사만의 판매 ~이다 Cette technique de vente est un savoir-faire qui n'appartient qu'à notre société.

노형 老兄 명 mon vieux *m*; ⦅가깝지 않은 상대를 부를 때⦆ vous; votre.

노화 老化 명 vieillissement *m*. ¶ ~ 현상 le (phénomène de) vieillissement, la sénilité. ¶ ~는 피할 수 없다 Le vieillissement est inévitable. ◇_(를) 하다[(가) 되다] vieillir [être vieilli(*e*), vieillot(*te*) {*fam*}].

노환 老患 명 ① 노병 maladies *fpl* des personnes âgées; infirmités *fpl* de la vieillesse; maladie *f* gérontologique [gériatrique]. ② 노쇠 sénilité *f*; décrépitude *f* sénile. ¶ ~으로 고생하다[돌아가시다] souffrir des infirmités de la vieillesse [être mort de vieillesse].

노회하다 老獪- 형 être astucie*ux*(*se*), rusé(*e*), (sournois(*e*), mal*in*(*gne*), roublard(*e*) {*fam*}, futé(*e*)) ¶ 노회한 정치가 un politicien(*ne*) rusé(*e*) [sournois(*e*), mal*in*(*gne*)].

노획 鹵獲 명 capture *f*, prise *f*; rapine *f*. ◇_(을) 하다 capturer [saisir] ⦅un navire⦆. ¶ ~한 전리품 un butin, un trophée, une dépouille, une prise.

◆_물 -物 명 butin *m*; capture *f*, prise *f*; trophée *m*, dépouilles *fpl*.

노후¹ 老朽 명 vieillissement *m*, décrépitude *f*; caducité *f*; délabrement *m*; vétusté *f* {*litt*}. ¶ ~ 선박 un vieux vaisseau, un bateau hors d'usage. ¶ ~ 설비 un vieil équipement; des installations désuètes [délabrées, décrépites]. ¶ 차량의 ~를 방지하다 empêcher la détérioration d'une voiture.

◆_하다 형 être vieilli(*e*), vieillot(*te*) {*fam*}, être désu*et*(*ète*), décrépit(*e*)); être cadu*c*(*que*), délabré(*e*), vétuste {*litt*}. ¶ 시설이 ~하다 Les équipements sont vétustes / Les installations sont désuètes [vieillies, délabrées, décrépites, vieillottes {*fam*}]. ¶ ~한 건물 un vieux bâtiment, un immeuble délabré [désuet, décrépit], un bâtiment vétuste.

◆_화 -化 명 vieillissement *m*, vétusté *f*, délabrement *m*, dégradation *f*. ¶ 지하철의 ~화 le délabrement [la vétusté] du métro. ¶ ~화하다[되다] vieillir, devenir vétuste [délabré(*e*), désu*et*(*ète*)].

노후² 老後 명 vieillesse *f*, vieux jours *mpl*. ¶ 안락한 ~ 생활을 즐기다 vivre confortablement ses vieux jours, avoir une vieillesse heureuse. ¶ 손자를 돌보는 것도 ~의 낙이다 C'est un bonheur [une joie] pour les personnes âgées de s'occuper de leurs petits-enfants. ¶ 나는 ~를[에] 대비하여 조금씩 저축하고 있다 Je fais des économies petit à petit pour assurer mes vieux jours. ¶ 더 늙기 전에 ~를 설계해야 하겠다 Je devrais faire plus de projets pour ma retraite avant de vieillir [dès maintenant]. ¶ 젊어서 부지런하면 ~에 편하게 살 수 있다 Si l'on travaille beaucoup quand on est jeune, on pourra mener une vie confortable pendant la retraite.

◆_보장(제도) -保障(制度) 명 ⦅système de⦆ pension *f* de vieillesse.

녹¹ 祿 명 salaire *m*, rémunération *f*, appointements *mpl*, traitement *m*. ¶ 나도 한때는 나라의 ~을 먹는 관리였다 À une certaine époque, j'étais fonctionnaire du gouvernement ¶ 그 사람은 하는 일 없이 ~만 받고 있다 Il est payé [rémunéré] à ne rien faire / Il touche son salaire sans faire grand-chose.

녹² 綠 명 rouille *f*, patine *f*, vert-de-gris *m*. ¶ ~을

없애다[긁어내다, 제거하다] dérouiller ((les outils)), enlever [ôter] les taches de rouille. ¶ ~을 방지하다 empêcher *qc* de rouiller, protéger un objet contre la rouille, préserver le fer de la rouille. ◇_(이) 슬다 ☞녹슬다

◆_물 명 eau(*x*) *f* qui contient de la rouille.

녹내장 綠內障 명 【의학】 glaucome *m*. ¶ ~ 수술을 하다 opérer un glaucome; se faire opérer d'un glaucome.

녹다 자 ① 용해되다 fondre, dégeler; se diluer, se dissoudre. ¶ 물에 녹지 않는 물질 une matière qui n'est pas soluble dans l'eau. ¶ 소금은 물에 녹는다 Le sel se dissout dans l'eau. ¶ 기름에 녹는 물감 un colorant soluble dans l'huile. ¶ 호수의 얼음이 녹았다 La glace du lac a fondu / Le lac a dégelé. ¶ 사탕이 입 안에서 녹는다 Le bonbon fond dans la bouche. ¶ 버터가 프라이팬 위에서 녹는다 Le beurre fond dans la poêle. ② 액체가 되다 ¶ 녹기 쉬운[어려운] 금속 un métal qui fond facilement [difficilement]. ¶ 납이 열에 녹는다 Le plomb fond à la chaleur. ③ 풀리다 se réchauffer, s'adoucir. ¶ 언 땅이 녹는다 La terre gelée dégèle. ¶ 난롯불을 쬐니 몸이 좀 녹는다 Le corps se réchauffe à la chaleur du réchaud. ¶ 따뜻한 차를 마시니 몸이 좀 녹는 것 같다 Après avoir bu une tasse de thé, j'ai l'impression que mon corps se réchauffe. ④ 반하다 succomber à la beauté de *qn*; tomber sous le charme de *qn*. ¶ 그는 그 아가씨의 미모에 녹아 떨어졌다 Il a succombé à la beauté de cette demoiselle.

◆ **녹아떨어지다** 자 ((지쳐서)) s'effondrer [tomber] de fatigue. ¶ 나는 집에 오자마자 녹아떨어졌다 Aussitôt de retour à la maison, je me suis effondré(*e*) (de fatigue). ¶ 하도 피곤해서 옷도 안 벗고 녹아떨어졌다 J'étais tellement fatigué(*e*) que je me suis effondré(*e*) [écroulé(*e*)] sans même ôter mes vêtements.

녹두 綠豆 명 【식물】 haricots *mpl* mung(o).

◆_가루 명 farine *f* de haricots mung(o).

◆_전[부침] 명 galette *f* de (farine de) haricots mung(o).

◆_죽 명 bouillie *f* de riz et de haricots mung(o)

녹로 轆轤 명 【예술】 poulie *f*; tour *m* de potier.

녹록하다 碌碌- 형 ① 하잘것없다 être insignifiant(*e*), futile, sans valeur [sans importance]. ② 호락호락하다 être facile, facilement influençable, docile, obéissant(*e*). ¶ 그 사람은 결코 녹록한 상대가 아니다 C'est un adversaire de taille / Il n'est pas un adversaire quelconque [insignifiant]. ¶ 녹록하지 않은 적 un ennemi [un adversaire] redoutable, un adversaire de taille.

녹말 綠末 명 amidon *m*; fécule *f*.

◆_가루 명 farine *f* d'amidon.

◆_당 -糖 명 sucre *m* d'amidon; glucose *m*.

◆_풀 명 colle *f* d'amidon.

녹색 綠色 명 vert *m*, couleur *f* verte. ¶ ~이 도는 verdâtre.

◆_당 -黨 명 parti *m* vert[écologiste]; écologie *f*.

◆_운동 -運動 명 mouvement *m* écologiste[vert].

◆_혁명 -革命 명 révolution *f* écologiste[verte].

◆진_ 명 vert *m* foncé.

◆연_ 명 vert *m* pâle, clair.

녹아내리다 자 ① ((눈, 얼음이)) (commencer à) fondre, devenir mo*u*(mo*lle*), se ramollir. ¶ 햇볕에 눈이 녹아 내렸다 La neige commençait à fondre [La neige fondait] au soleil. ¶ 불볕 더위에 아스팔트가 녹아내렸다 L'asphalte [Le goudron, Le bitume] a fondu [est devenu mou, s'est ramolli] sous (l'effet de) la chaleur caniculaire / L'asphalte est ramolli par la chaleur caniculaire. ② ((감정이)) refroidir; ((분노가)) baisser; se calmer, s'adoucir.

녹슬다 綠- 자 ① rouiller. ¶ 망치가 녹슬었다 Le marteau est rouillé. ② ((비유적)) se rouiller (faute d'exercice); rouiller, diminuer; ((머리, 실력이)) être rouillé(*e*). ¶ 머리가 녹슬었다 avoir le cerveau rouillé. ¶ 공부를 그만둔 지가 오래되어서 머리가 녹슬었다 Ayant arrêté les études depuis longtemps, mes facultés sont un peu rouillées. ¶ 내 주먹도 이젠 녹슬었어 À présent, je n'ai plus ma forme d'antan [la forme de ma jeunesse]. ¶ 요즘 훈련을 제대로 안 해서 실력이 녹슬었다 Ces jours-ci, faute d'exercice, je me suis rouillé(*e*).

녹십자 綠十字 명 croix *f* verte ((Korea Green Cross Corporation)).

녹용 鹿茸 명 andouiller *m* tendre, bois *mpl* de cerf ((utilisé couramment dans la médecine chinoise)). ¶ ~이 든 한약을 지어 먹다 prendre un médicament chinois fait avec des bois de cerf.

녹원 鹿苑 명 réserve *f* où l'on élève cerfs et biches [des cervidés].

녹음[1] 綠陰 명 ombrage *m*; ombre *f* d'un arbre. ¶ ~ 방초 un paysage sauvage. ¶ ~이 우거진 숲 une forêt dense.

녹음[2] 錄音 명 enregistrement *m*; prise *f* de son. ¶ ~ 방송 une émission en différé. ◇_(을) **하다** enregistrer *qc*. ¶ 음악을 ~하다 enregistrer de la musique ¶ 그 분들의 대화를 몰래 ~했다 On a enregistré secrètement [en secret] leur conversation. ◇_(이) **되다** être enregistré(*e*). ¶ 음악뿐 아니라 주변의 소음까지 ~되었다 Non seulement la musique mais aussi les bruits de fond ont été enregistrés. ¶ 그 분의 음성이 ~된 테이프 un enregistrement de sa voix (sur cassette); une cassette sur laquelle est enregistrée la voix de cette personne.

◆_기 -器 명 magnétophone *m*; appareil *m* d'enregistrement.

◆_기사 -技士 명 ingénieur *m* du son.

◆_실 -室 명 cabine *f* de prise de son; studio *m* d'enregistrement.

◆_테이프 영{-tape} 명 bande *f* magnétique; cassette *f* (enregistrable).

녹이다 타 ① 용해시키다 (faire) fondre. ¶ 얼음을 ~ (faire) fondre la glace. ¶ 물에 소금[설탕]을 ~ faire fondre [dissoudre] du sel [du sucre] dans de l'eau. ② 액체가 되게 하다 (faire) fondre. ¶ 쇠를 ~ fondre le fer. ¶ 사탕을 녹여 먹다 faire fondre une sucrerie dans la bouche. ③ ((언 것을)) réchauffer. ¶ 난로에 몸[손, 발]을 ~ (*se*) réchauffer le corps [les mains, les pieds] à la chaleur du réchaud. ④ ((마음을)) réchauffer. ¶ 차가운 마음을 녹이는 훈훈한 인정 un sentiment chaleureux qui réchauffe les cœurs, même les plus froids. ⑤ 반하게 하다 faire succomber, séduire, envoûter, ensorceler; captiver. ¶ 그 여자는 미모로 그 남자를 녹였다 La beauté de cette femme l'a fait succomber / Elle l'a complètement envoûté par sa beauté. ***애간장을** ~ ① 반하게 하다 faire succomber *qn*, faire fondre *qn*, attendrir *qn*, faire craquer *qn* {*fam*}, désarmer *qn*, conquérir *qn*. ② 애타게 하다 être anxieux(*se*), très nerveux(*se*); ((몹시)) jouer avec les nerfs de *qn*; torturer *qn*; tourmenter *qn*, tracasser *qn*, turlupiner *qn* {*fam*}, donner [causer] beaucoup de soucis à *qn*; mettre en peine *qn*. ¶ 그 장사꾼은 사탕을 줄듯 말듯 아이의 애간장을 녹이고 있다 Ce marchand joue avec les nerfs de [taquine, tourmente, torture] l'enfant en faisant mine de lui donner des bonbons.

녹작지근하다 형 être légèrement fatigué(*e*), sentir la fatigue, se sentir sans énergie [sans force], faible, mou(molle), ramolli(*e*), ramollo {*fam*}, raplapla {*fam*}, être au bout du rouleau {*fam*}, être à ramasser à la petite cuillère {*fam*}, abattu(*e*), nase [naze] {*fam*}. ¶ 일을 너무 많이 해서 온 몸이 ~ Je sens la fatigue dans tout le corps [Je sens une fatigue générale], car j'ai trop travaillé.

녹지 綠地 명 espace *m* vert. ¶ ~를 보호[보존]하다 protéger les espaces verts. ¶ 도시의 팽창에 따라 ~가 급격하게 잠식되고 있다 L'expansion de la ville réduit radicalement les espaces verts / Les espaces verts diminuent considérablement à cause de l'expansion de la ville.

◆**_과** -課 명 direction *f* (de l'environnement et) des espaces verts.

◆**_대** -帶 명 zone *f* [ceinture *f*] verte.

녹차 綠茶 명 thé *m* vert. ¶ ~ 한 잔을 마시다[들다] boire [prendre] une tasse de thé vert.

녹초 명 épuisement *m*, fatigue *f* extrême. ◇**_가 되다** être (complètement) épuisé(*e*), exténué(*e*); être fourbu(*e*), recru(*e*) de fatigue {*litt*}, vanné(*e*), moulu(*e*) (de fatigue), rompu(*e*) (de fatigue); être à plat {*fam*}, à bout, à bout de forces, au bout du rouleau {*fam*}, brisé(*e*) de fatigue, être hors service [((생략)). H.S.]; être mort(*e*) (de fatigue); tomber de fatigue; être crevé(*e*) {*fam*}, vidé(*e*) {*fam*}. ¶ 그는 지쳐서 거의 ~가 되었다 Il est quasiment au bout du rouleau {*fam*}. ◇**_를[로] 만들다** épuiser [exténuer, harasser, crever {*fam*}, vider] complètement *qn*. ¶ 우리 사장은 끝없이 일을 맡겨서 사람을 완전히 ~로 만든다 Le directeur nous épuise complètement en nous donnant sans cesse du travail[en nous accablant [surchargeant] de travail].

녹취 錄取 명 prise *f* de son. ¶ ~ 테이프 une cassette audio enregistrable, une cassette vierge; ((이미 녹음된)) une cassette enregistrée. ◇**_(를) 하다** prendre le son, enregistrer le son. ¶ 회의 내용을 ~하다 enregistrer sur un magnétophone le déroulement d'une réunion. ◇**_(가) 되다** ((le son)) être enregistré(*e*) ((sur un magnétophone)).

녹화[1] 錄畫 명 enregistrement *m* d'une image. ¶ ~ 방송 une émission télévisée (retransmise) en différé. ¶ 예약 ~ l'enregistrement programmé ¶ 연속극의 ~ 준비가 끝났다 On a fini de préparer l'enregistrement d'un feuilleton. ◇**_(를) 하다** enregistrer *qc*. ¶ 야구경기를 ~하다 enregistrer un match de baseball. ¶ 그 의사는 자신의 수술 장면을 모두 ~해 두었다 Ce médecin a enregistré intégralement la scène de son opération sur bande vidéo. ◇**_(가) 되다** être enregistré(*e*).

녹화[2] 綠化 명 boisement *m*; reboisement *m*, reforestation *f*; plantation *f* d'arbres. ¶ 산림 ~ 운동 une campagne pour le reboisement. ¶ 산림 ~에 힘쓰다 s'efforcer de planter des arbres; reboiser un terrain. ◇**_(를) 하다** reboiser. ◇**_(가) 되다** être reboisé(*e*).

논 명 rizière *f*. ¶ ~ 한 마지기 un *majigi* (lopin d'environ 500 m²) de rizière. ¶ ~ 300 평 300 *pyeong* de rizières. ¶ 기름진 ~ une rizière fertile [féconde, productive]. ¶ ~을 갈다 labourer [cultiver] une rizière. ¶ ~에 나가다 aller (travailler) dans les rizières. ¶ ~에 비료[거름]를 주다 mettre de l'engrais dans une rizière. ¶ ~에 물을 대다 irriguer [inonder] une rizière. ¶ ~에 물을 빼다 drainer une rizière.

◆**_농사** -農事 명 riziculture *f*, culture *f* du riz. ¶ ~농사를 짓다 cultiver du riz.

◆**_두렁** 명 talus *m* entre les rizières; bordure *f* de rizière.

◆**_둑** 명 levée *f* de terre (entre les rizières); bordure *f* de rizière.

◆**_매기** 명 labourage *m* d'une rizière.

◆**_바닥** 명 sol *m* d'une rizière. ¶ 오랜 가뭄으로 ~바닥이 갈라졌다 À la suite d'une terrible sécheresse, le sol des rizières s'est crevassé [fendillé, craquelé].

◆**_밭** champs *mpl* et rizières *fpl*. ¶ 그 농부는 ~밭을 팔아가며 자식을 공부시켰다 Ce paysan a payé la scolarité de son enfant en vendant ses champs et ses rizières.

◆**_일** 명 travail(*aux*) *m* dans les rizières ((plantation, culture et récolte du riz)). ¶ ~일을 하다 travailler dans les rizières.

◆**다락_** 명 rizière *f* en terrasses.

◆**무_** 명 rizière *f* inondée, rizière *f* submergée.

ㄴ

논객 論客 명 polémiste *mf.*

논거 論據 명 base *f* d'un raisonnement; argument *m*, fondement *m*. ¶ 명백한 ~ un argument indiscutable [évident, incontestable]. ¶ ~를 제시하다[대다] proposer des arguments. ¶ ~가 희박한 주장 une opinion mal fondée[mal défendue]. ¶ ~가 될 몇 가지 사실이 있다 Il y a quelques faits en faveur de cette argumentation.

논고 論考 명 étude *f*. ¶ 한국 경제에 관한 여러 ~들 des études diverses sur l'économie de la Corée.

논공행상 論功行賞 명 octroi *m* [attribution *f*] d'une décoration [d'une distinction honorifique, d'un ordre] à *qn* pour services rendus ou pour mérites. ¶ 이번 개각은 지나치게 ~에 의한 것이었다 Le remaniement ministériel a été effectué de façon excessive en reconnaissance des mérites des personnes concernées. ◇_(을) **하다** attribuer une décoration, une distinction honorifique ou un ordre en récompense de services rendus.

논단 論壇 명 ((연단)) estrade *f*, plate-forme *f*, tribune *f* (de réunion publique); ((평론계)) milieu(*x*) *m* de la critique (littéraire); forum *m*. ¶ 그 문제가 ~을 떠들썩하게 하였다 Cette question a provoqué une polémique[une vive controverse, un vif débat, un débat orageux] dans le milieu de la critique. ¶ 경제 개혁의 실천 방안들이 ~에 오르고 있다 Plusieurs mesures pour mettre en œuvre la réforme économique sont en discussion.

논란 論難 명 discussion *f*, débat *m*, polémique *f*, controverse *f*, contestation *f*, critique *f*, réfutation *f*. ¶ 격한 ~ un débat orageux [un vif débat, une vive controverse, une discussion tumultueuse]. ¶ 과거사 청산을 둘러싼 사회적 ~ un conflit social pour faire toute la lumière sur un événement du passé afin de pouvoir tourner la page. ¶ ~의 여지가 있다[없다, 많다] être discutable [évident(*e*), fort discutable]. ¶ 그 작품은 많은 ~을 불러일으켰다 Son œuvre a provoqué [soulevé, suscité] une vive controverse. ¶ 그 분의 논문은 숱한 ~의 대상이 되었다 Sa thèse[Son mémoire, Son article] est devenu(*e*) l'objet d'un débat controversé. ◇_(을) **하다[벌이다]** discuter, controverser, polémiquer, débattre, critiquer. ¶ 남의 가정사를 ~할 필요는 없다 Il est inutile de polémiquer sur les histoires de famille des autres [d'intervenir dans les discussions des familles des autres, de s'occuper des histoires de famille des autres]. ¶ 이미 결정된 일에 대해 왜 또 ~을 벌이느냐? Pourquoi discute-t-on encore d'une chose déjà décidée? ◇_**을 빚다** provoquer [soulever, susciter] la controverse, déclencher la controverse, être à l'origine d'une polémique. ¶ 장관의 인종차별 발언이 ~을 빚고 있다 Les propos racistes du ministre sont devenus l'objet d'un débat controversé [ont suscité des débats polémiques, ont été à l'origine d'une polémique, ont déclenché une polémique]. ◇_**이 일다[벌어지다]** une polémique éclate [se met en route, commence, a lieu]. ¶ 정치 개혁 문제로 많은 ~이 일었다 La réforme politique a suscité de nombreux débats [de nombreuses discussions, des discussions animées]. ¶ 그 일을 계속 추진할 것인가를 두고 보수파와 개혁파 사이에 ~이 벌어졌다 Les conservateurs et les réformateurs ont discuté pour décider si l'on devait poursuivre le projet. ◇_**이 있다** ((discussion)) être controversé(*e*). ¶ 그 문제에 대해 많은 ~이 있었다 Il y a eu beaucoup de discussions sur la question.

논리 論理 명 logique *f*. ¶ 적자생존의 ~ la loi [la raison] du plus fort. ¶ 힘의 ~ la loi des puissants; la loi du plus fort, la raison du plus fort. ¶ ~의 비약 une discontinuité dans le raisonnement. ¶ ~에 어긋나다[맞다] être illogique [logique]. ¶ ~가 정연하다 être logique. ¶ 그 분은 나름대로의 ~를 가지고 있다 Il a sa propre logique. ¶ 그의 말은 돈이 최고라는 ~였다 Par ses propos, il établissait [démontrait] que l'argent est une valeur primordiale [qu'il n'y a rien au-dessus de l'argent] / Sa pensée [Son système de valeur] donnait à l'argent une valeur primordiale [essentielle] / Il plaçait la fortune [l'argent] au-dessus de tout / Il faisait passer l'argent avant toute chose / Il donnait à l'argent une valeur primordiale [essentielle] / L'argent était une valeur primordiale [essentielle] pour lui. ¶ ~가 서다[닿다] être logique [cohérent(*e*)], tenir debout, tenir la route. ¶ 그 분의 말은 ~가 서지[닿지] 않는다 Ses propos n'ont aucune logique [ne tiennent pas debout, manquent de cohérence, ne sont pas cohérents, ne sont pas logiques]. ¶ ~를 펴다[전개하다] développer une logique. ¶ 그 분은 터무니없는[이상한] ~를 폈다 Il a développé une logique peu convaincante [bizarre]. ¶ ~(가) 있다 être logique, cohérent(*e*). ¶ 그 사람의 말에도 나름대로 ~가 있다 Il y a une certaine logique [une part de vérité] dans ses propos / Il n'a pas tout à fait tort.

◆_**성** -性 명 logique *f*, cohérence *f*. ¶ 그의 글은 ~성이 부족하다 Son texte manque de logique [de cohérence].

◆_**적** -的 명관 logique, rationnel(*le*), cohérent(*e*). ¶ ~적 사고 une pensée rationnelle [logique, cohérente]; une réflexion cohérente; une déduction logique, un raisonnement logique. ¶ ~적 근거 une base logique, une base rationnelle, un fond logique. ¶ ~적으로 생각하는 힘을 기르다 développer la faculté de réfléchir logiquement. ¶ ~적으로 설명할 수 없는 일 un fait que l'on ne peut expliquer par un raisonnement logique [de façon logique, de manière cohérente]. ¶ 그는 ~적인 사람이다 C'est une personne rationnelle [logique, cohérente].

◆_**실증주의** -實證主義 명 logicopositivisme *m*.

◆_**학** -學 명 logique *f*. ¶ 순수 ~학 la logique pure.

◆_**학자** -學者 명 logicien(*ne*).

◆기호_ 記號- 명 logique *f* symbolique.
◆형식_ 形式- 명 logique *f* formelle.
논문 論文 명 《박사학위》 thèse *f* (de doctorat); 《석사, 학사, 졸업》 mémoire *m* 《de licence, de master, de fin d'études》; 《작문》 dissertation *f*, 《시론》 essai *m*, 《학회의》 article *m*; 《연구》 étude *f*. ¶ 철학[문학] ~ une thèse [un mémoire] philosophique [littéraire]. ¶ 한국 근대사에 관한 ~ 《박사학위》 une thèse [《학회》 un article] sur l'histoire moderne de la Corée. ¶ 박사 ~ 작성 요령 l'art de la thèse, la méthode de rédaction pour écrire une thèse. ¶ ~ 발표회 《박사학위》 une soutenance de thèse; 《학술대회》 un colloque. ¶ 프랑스에 관한 ~을 쓰다 [작성하다, 게재하다] écrire [rédiger, publier] un article sur la France. ¶ 학술지에 ~을 게재하다 publier un article dans une revue académique. ¶ ~을 제출하다[준비하다, 심사하다] remettre [préparer, examiner] 《학회》 un article [《박사》 une thèse (de doctorat), 《석사》 un mémoire de master.
◆_시험 -試驗 명 examen *m* de synthèse d'un mémoire [d'une thèse].
◆_심사 -審査 명 soutenance *f* de thèse [d'un mémoire, d'un article]. ¶ ~심사 위원 un membre du jury. ¶ ~심사 위원회 un jury 《de thèse》.
◆_집 -集 명 actes *mpl* de colloque, recueil *m* d'articles[d'essais].
◆박사_ 博士- 명 thèse *f* de doctorat.
◆석사_ 碩士- 명 mémoire *m* de master.
◆졸업_ 卒業- 명 mémoire *m* de fin d'études.
◆학위_ 學位- 명 thèse *f* [mémoire *m*] pour l'obtention d'un diplôme.
논박 論駁 명 réfutation *f*, critique *f*, attaque *f*. ◇_(을) **하다** réfuter, critiquer, attaquer 《une thèse, un adversaire》. ¶ 상대의 주장을 정면으로 ~하다 réfuter de front la revendication de l'adversaire. ◇_(을) **받다[당하다]** être réfuté(*e*) [critiqué(*e*), attaqué(*e*), se faire critiquer], essuyer une réfutation. ¶ 그 사람의 의견은 즉각 ~당했다 Son opinion a tout de suite été réfutée. ◇_(이) **되다** être réfuté(*e*), critiqué(*e*), attaqué(*e*).
논법 論法 명 raisonnement *m*, argumentation *f*, mode *m* de raisonnement [d'argumentation]. ¶ 그릇된 ~ un raisonnement faux [erroné]; une argumentation erronée. ¶ ~이 맞다[맞지 않다] être logique [illogique]. ¶ 묘한 ~이군 C'est un raisonnement bien étrange! ¶ 치밀한 ~을 구사하다 tenir un raisonnement précis [incisif].
◆삼단_ 三段- 명 syllogisme *m*.
논변 論辯 명 argumentation *f*, discussion *f*, débat *m*; exposé *m*.
논설 論說 명 ① 사설 article *m* de fond. ② 논문 dissertation *f*, éditorial(*aux*) *m*. ¶ 국제 정의에 관한 ~ un éditorial sur la justice internationale. ¶ 신문에 ~을 쓰다[싣다] écrire [faire insérer] un éditorial dans un journal.
◆_문 -文 명 ① dissertation *f*. ② 사설 texte *m* éditori*al*(*aux*).
◆_란 -欄 명 colonne *f* éditoriale.
◆_위원 -委員 명 éditorialiste *mf*.
◆_집 -集 명 collection *f* [recueil *m*] d'éditoriaux.
◆_체 -體 명 style *m* éditorialiste.
논술 論述 명 exposé *m*, énoncé *m*; dissertation *f*.
◆_고사 -考査 명 épreuve *f* de dissertation.
◆_시험 -試驗 명 épreuve *f* de dissertation.
논스톱 영{nonstop} 명 direct(*e*), sans escale, sans arrêt. ¶ ~ 킥 une reprise de volée. ¶ 볼을 받아 ~으로 슛을 하다 reprendre la balle de volée 《au football》; faire une reprise de volée. ¶ 서울에서 파리까지 ~으로 가는 비행기가 있다 Il y a un vol direct [sans escale] de Séoul à Paris.
논어 論語 명 les *Entretiens de Confucius mpl*.
논외 論外 명 hors de propos; hors sujet; non pertinent(*e*). ¶ ~의 문제 une question hors sujet [non pertinente, hors de propos]. ¶ 무엇을 ~로 하다 ne pas discuter de [sur] *qc*; ne pas en parler.
논의 論議 명 discussion *f*, concertation *f*, débat *m*, délibération *f*. ¶ 그 문제는 현재 ~ 중입니다 Cette question est présentement en discussion. ¶ ~에 부치다 soumettre à discussion *qc*. ◇_(를) **하다** discuter 《un projet de loi》, concerter, délibérer 《sur une question》. ¶ 그 문제는 여기서 ~할 것이 못 됩니다 Il n'est pas opportun de discuter de cette question ici. ◇_(가) **되다** être discuté(*e*); être délibéré(*e*).
논자 論者 명 《논객》 polémiste *mf*, 《주창자》 défenseu*r*(*se*) 《d'une cause》; partisan(*e*) 《d'une théorie》, 《필자》 auteur *mf* 《d'une théorie》. ¶ ~의 잘못을 지적하다 relever les incohérences de l'auteur 《d'une théorie》. ¶ ~에 따라 주장[학설]이 다양하다 Les opinions [les théories] varient selon les auteurs.
논쟁 論爭 명 débat *m*, polémique *f*, querelle *f*, controverse *f*. ¶ 뜨거운[열띤] ~ un débat orageux [passionné]. ¶ 정치적 ~ un débat politique. ¶ ~이 그치질 않는다 Les polémiques ne s'arrêtent pas. ¶ 그 사람의 자극적 발언은 ~에 불을 붙였다 Ses paroles offensives ont enflammé les débats. ◇_(을) **하다[벌이다]** mener des débats, débattre 《un problème avec *qn*》, discuter, controverser, polémiquer, engager [entretenir] 《une polémique avec *qn*》. ¶ 그 주제에 대해 여러 학자들이 열띤 ~을 벌였다 Les milieux académiques ont eu des débats enfiévrés [passionnés] sur cette question. ◇_(이) **되다** faire l'objet de débat. ◇_(이) **붙다[벌어지다]** engager [entretenir] une polémique avec *qn*.
◆_적 -的 명관 polémique, controversé(*e*), argumentati*f*(*ve*). ¶ 그 주제는 대단히 ~적이다 C'est un sujet très conflictuel.
◆_거리 명 objet *m* de [matière *f* à] débat. ¶ 그건 이제 더 이상 ~거리가 못 된다 Cette question ne fait plus l'objet de débat.
논저 論著 명 publication *f*, ouvrage *m* académique.

◆_목록 -目錄 명 liste *f* de publications.

논점 論点 명 sujet *m* ((d'une discussion)); point *m*[objet *m*] en litige. ¶ ~을 명확히 부각시키다[밝히다] préciser le sujet ((d'un débat)). ¶ ~을 흐리다[벗어나다] s'écarter [sortir] du sujet; être hors sujet. ¶ 이 글은 ~이 명확하지 않다 L'opinion développée dans cet article est peu claire.

논제 論題 명 ① 주제 sujet *m*, thème *m* ((d'un exposé)). ② 표제 titre *m* ((d'une conférence)). ¶ ~에서 벗어나다 sortir du sujet, s'éloigner du thème [du sujet].

논조 論調 명 ton *m*, tendance *f*, style *m* ((d'un discours)); portée *f* ((d'un argument)). ¶ 그 분은 중간에 ~를 바꾸었다 Il a changé de ton au milieu de son texte[article]. ¶ 그 신문의 ~는 진보적이다 Ce journal a une tendance [une couleur] progressiste. ¶ 오늘 사설은 정부 시책에 반대하는 ~였다 L'éditorial d'aujourd'hui avait un ton qui s'opposait à la politique du gouvernement. ¶ 심한 ~로 무엇을 비판하다 critiquer *qc* sur un ton exagéré [grave]. ¶ 그런 ~로 글을 쓰면 안 된다 Il ne faut pas écrire un article sur un tel ton.

논증 論證 명 argumentation *f*. ◇_(을) **하다** argumenter. ◇_(이) **되다** être argumenté(*e*).

논지 論旨 명 sujet *m* d'une argumentation; argument *m*; raisonnement *m*; sujet *m*. ¶ ~를 명백히[분명히] 하다 préciser le sujet d'une argumentation. ¶ 나는 그의 ~에 공감한다 J'approuve son raisonnement [son argumentation]. ¶ ~가 분명한[분명치 않은] 글 un article ayant un sujet précis [n'ayant pas de sujet précis]; un écrit où les arguments sont peu clairs. ¶ ~를 파악하다 saisir le raisonnement.

논집 論集 명 recueil *m* d'articles. ¶ ~을 펴내다 publier un recueil d'articles.

논총 論叢 명 recueil *m* d'articles. ¶ 철학~ un recueil d'articles philosophiques.

논타이틀전 -戰 영 {nontitle-} 명 combat *m* sans titre (de champion) en jeu [sans enjeu particulier]. ¶ 이번 시합은 ~으로 벌어질 예정이다 Cette fois-ci, ce sera un combat sans titre en jeu.

논평 論評 명 critique *f*, commentaire *m*, compte *m* rendu. ¶ 날카로운 ~ une critique acerbe [vive]. ¶ 악의적 ~ une critique malveillante. ◇_(을) **하다** critiquer; commenter ((l'actualité)), faire la critique.

논픽션 영{nonfiction} 명 œuvre *f* non romanesque; écrit *m* qui n'est pas de la fiction. ¶ 이 영화는 ~이다 Ce film n'est pas de la fiction / Ce film n'est pas une œuvre d'imagination.

논하다 論- 자 discuter, disserter, débattre. ¶ 한국사에 대해 ~ disserter sur l'histoire de la Corée. ¶ 다음 주제에 대해 간략히 논하시오 Dissertez brièvement sur le sujet suivant.

논항 論項 명 【언어】 argument *m*; actant *m*. ¶ 통사적 ~ un argument syntaxique.

◆_구조 -構造 명 【언어】 structure *f* argumentative. ¶ 술어명사의 ~ la structure argumentative d'un nom prédicatif.

놀 명 ☞ 노을

놀고먹다 자 vivre sans travailler, zoner {*fam*}, glander {*fam*}. ¶ 그는 하는 일 없이 놀고먹고 있다 Il passe son temps à traîner sans rien faire / Il passe son temps à glander {*fam*}. ¶ 남들 다 일하는데 혼자서 놀고먹을 생각은 아예 하지 마라 Tout le monde travaille; alors n'imagine pas que tu vas pouvoir zoner toute ta vie {*fam*}.

놀놀하다 형 être jaunâtre.

놀다 자 ① ((유희)) jouer, s'amuser. ¶ 아이들이 놀이터에서 놀고 있다 Les enfants sont en train de jouer dans une aire de jeux. ¶ 우리집 애는 공부는 않고 노는 것만 좋아한다 Notre enfant n'aime pas étudier et ne fait que s'amuser. ¶ 인형을 갖고 ~ jouer avec une poupée. ¶ 저 아이는 혼자서도 잘 논다 Cet enfant s'amuse bien même tout seul. ② ((실업상태)) ne pas travailler, chômer; passer le temps sans rien faire, se laisser vivre, traîner, traînasser {*fam*}, glander {*fam*}, glandouiller {*fam*}, rester inactif(*ve*); être au chômage, ne pas avoir d'activité professionnelle. ¶ 우리 형은 직장을 그만두고 요즘 집에서 놀고 있다 Mon frère aîné a cessé de travailler, et traîne à la maison sans rien faire. ③ ((유휴상태)) ne pas tourner; chômer; être inutilisé(*e*), inemployé(*e*). ¶ 일이 없어서 공장의 기계들이 놀고 있다 Les machines de l'usine ne tournent pas [chôment], faute de travail. ¶ 놀고 있는 땅에 채소나 심어 가꿉시다 Plantons (et cultivons) des légumes sur cette terre en friche. ④ ((휴식)) ne pas travailler, se reposer. ¶ 노는 날 le jour de congé. ¶ 노는 시간 l'heure de repos. ¶ 너 3일날 노니? Tu ne travailles pas le 3? ¶ 일요일도 놀지 못하고 출근해야 돼 Même le dimanche je ne peux pas me reposer et je dois aller travailler. ⑤ ((움직임)) bouger, s'amuser. ¶ 뱃속에서 아기가 논다 Le bébé bouge dans le ventre. ¶ 연못에서 잉어가 놀고 있다 Les carpes nagent dans l'étang. ⑥ ((작동)) marcher, fonctionner. ¶ 이 부속들이 서로 따로 놀고 있다 Cette machine n'est pas fonctionnelle.

***남의 장단에** ~ suivre aveuglément le jeu des autres. ¶ 그 사람은 남의 장단에 놀고 있어 Il suit aveuglément le jeu des autres / C'est un vrai mouton (de Panurge).

***물고기는 물에서 놀아야지** Le poisson doit vivre dans l'eau.

타 ① jouer à ((un jeu de société, la poupée)). ¶ 윷을 ~ jouer au *yut*. ¶ 아이들이 소꿉장난을 놀고 있다 Les enfants jouent à la dînette. ② ((훼방을)) déranger *qn*, gâcher *qc*. ¶ 남이 노는 데에 훼방을 ~ gâcher le jeu des autres. ¶ 형이 공부할 때 훼방을 놀지 말아라 Ne dérange pas ton grand frère quand il travaille [étudie].

놀라다 자 ① s'étonner, être surpris(*e*), étonné(*e*), être stupéfait(*e*). ¶ 놀랄 만한 일 une chose étonnante[surprenante]. ¶ 그렇게 놀랄 일이 아니다 Ce n'est pas une chose surprenante. ¶ 나는 그 소식

을 듣고 깜짝 놀랐다 Je fus absolument stupéfait(*e*) en entendant cette nouvelle. ¶ 놀란 토끼처럼 ((en être, en rester)) comme deux ronds de flan {*fam*}; ouvrant [faisant] des yeux comme des soucoupes {*fam*}, ouvrant de grands yeux[des yeux ronds]; frappé(*e*) de stupeur, saisi(*e*) d'étonnement; médusé(*e*). ¶ 그 친구가 합격했다는 데에 놀랐다 Je fus surpris(*e*) d'entendre qu'il avait réussi l'examen d'entrée à l'université. ② 경악하다 être saisi(*e*) de frayeur, s'effrayer de *qc*, s'épouvanter de *qc*; être pris(*e*) de terreur. ¶ 대포소리에 ~ être surpris(*e*) [effrayé(*e*)] par un coup de canon. ¶ 놀라서 말문이 막히다 rester muet(te) d'épouvante. ¶ 놀라서 그 여자의 얼굴이 새파래졌다 Elle pâlit d'effroi / Son visage devint blanc de frayeur. ③ 경탄하다 être épaté(*e*); s'émerveiller, être émerveillé(*e*); être saisi(*e*) d'admiration. ¶ 놀라서 감탄하다 s'exclamer d'admiration; pousser des cris d'admiration. ¶ 놀랄 만한 admirable, merveilleux(*se*). ¶ 누구의 재능[가창력, 연주 솜씨]에 ~ s'étonner[s'émerveiller] du talent [du chant, du maniement d'un instrument de musique] de *qn*.

***자라 보고 놀란 가슴 솥뚜껑 보고 놀란다** Chat échaudé craint l'eau froide.

놀라움 명 ① 경악 surprise *f*, étonnement *m*. ② 경탄 émerveillement *m*, admiration *f*. ③ 공포 effroi *m*, frayeur *f*. ¶ ~을 금치[감추지] 못하다 s'étonner [ne pas cacher *sa* surprise]. ¶ 정부의 개혁 방침에 많은 시민들이 ~을 표시했다 De nombreux citoyens ont manifesté leur étonnement suite à la politique de réforme du gouvernement. ¶ 이 소식을 들었을 때 그 부모의 ~이 어떠했을까 Vous n'imaginez pas quelle fut la surprise de ses parents à cette nouvelle.

놀람 명 ☞ 놀라움

놀랍다 형 être surprenant(*e*), étonnant(*e*), stupéfiant(*e*), ahurissant(*e*); merveilleux(*se*), prodigieux(*se*), extraordinaire. ¶ 그런 난치병에서 완쾌되었다니 참 ~ C'est très étonnant de guérir d'une maladie incurable comme celle-ci. ¶ 놀라운 소식을 듣다 entendre une nouvelle surprenante [sensationnelle, extraordinaire, ahurissante]. ¶ 놀라운 사건 un événement étonnant; une affaire surprenante. ¶ 한국은 놀라운 경제 발전을 이룩했다 La Corée a réalisé un développement économique prodigieux [surprenant, étonnant] / La Corée a pris son essor économique / L'économie de la Corée s'est développée de manière surprenante. ¶ 놀라운 기억력이다 avoir une mémoire étonnante. ¶ 놀랍게도 그가 이번 경연에서 1등을 했다 À notre grand étonnement, il a remporté le premier prix de ce concours.

놀래다 재 (('놀라다'의 오용)) s'étonner; être étonné(*e*), surpris(*e*), épaté(*e*). ¶ 그 소식에 정말 놀랬어 Je fus vraiment étonné(*e*) de cette nouvelle / Cette nouvelle me surprit énormément.
타 (('놀라다'의 사동형)) étonner *qn*, surprendre *qn*, épater *qn* {*fam*}. ¶ 그는 아내를 놀래 주려고 그 사실을 오늘까지 숨기고 있었다 Pour surprendre [épater] sa femme, il lui a caché cette nouvelle jusqu'à aujourd'hui.

놀래키다 타 ☞ 놀래다

놀려먹다 타 se moquer de *qn*, taquiner *qn*, ridiculiser *qn*, tourner *qn* en dérision, rire de *qn*. ¶ 너 또 날 놀려먹으려는 거지? Tu me taquines encore?/ Tu te moques de moi encore? ¶ 그 친구를 놀려먹는 재미가 여간 크지 않아 C'est un vrai plaisir de le taquiner.

놀리다[1] 타 tourner *qn* en dérision, se moquer de *qn*; ridiculiser *qn*; taquiner *qn*, charrier *qn* {*fam*}; railler *qn*, persifler *qn*; se fiche(r) de *qn* {*fam*}, se foutre de *qn* [de la gueule de *qn*] {*vulg*}, se payer la tête de *qn* {*fam*}; mettre *qn* en boîte {*fam*}. ¶ 아이들이 그를 오줌싸개라고 놀려 댔다 Les enfants se sont moqués de lui en l'accusant de faire pipi au lit. ¶ 어른을 놀리면 안 돼 Il ne faut pas se moquer des grandes personnes. ¶ 사람을 놀려도 분수가 있지 La moquerie a ses limites / Les plaisanteries les plus courtes sont les meilleures.

놀리다[2] 타 ① ((아이들을)) laisser s'amuser, laisser jouer. ¶ 애들 공부 그만 시키고 이제 좀 놀려라 Arrête de forcer les enfants à travailler et laisse-les jouer un peu! ② ((기계를)) laisser à l'arrêt, laisser inutilisé(*e*), laisser inemployé(*e*); laisser se reposer. ¶ 손이 없어 땅을 놀리고 있다 Faute de bras [main-d'œuvre], on laisse la terre en jachère [en repos]. ¶ 일이 없어 기계를 놀리고 있다 Faute de travail, on laisse les machines à l'arrêt. ¶ 기왕 있는 땅[돈] 놀리지 말고 활용하는 게 좋겠다 La terre est là, il faut la faire travailler au lieu de la laisser se reposer [Il faut faire travailler l'argent au lieu de le laisser dormir].

놀리다[3] 타 ((몸을)) remuer, bouger, agiter, faire bouger. ¶ 부지런히 손을 ~ agiter la main avec ardeur [sans relâche]. ¶ 저 선수는 몸을 자유자재로 놀린다 Cet athlète-là fait bouger son corps dans toutes les positions.

***입[주둥이]을 함부로 놀리다** ☞ 주둥이

놀림 명 moquerie *f*, raillerie *f*, dérision *f*, risée *f*. ◇_(을) **받다[당하다]** faire [être] l'objet de moqueries [de railleries], souffrir des moqueries, être un objet de risée, être la risée de ...; être la fable ((d'un groupe, d'une collectivité)), être l'objet de dérision [de risée] de ((*ses* amis)), être le sujet de moquerie de ((*ses* amis)), être la fable de ((*ses* amis)), être tourné(*e*) en ridicule par ((*ses* amis)), être ridiculisé(*e*) par *qn*, être en butte aux moqueries de *qn*, se ridiculiser, se rendre ridicule, être tourné(*e*) en ridicule, s'exposer à la risée du public, se faire ridiculiser [bafouer], se ridiculiser, se rendre ridicule, se voir bafouer [railler].

놀림감 명 objet *m* de moquerie [de raillerie, de

dérision, de risée], sujet *m* de moquerie. ¶ 그 아이는 큰 코 때문에 항상 친구들의 ~이었다 Son gros nez a toujours fait l'objet de moqueries de la part de ses amis.

놀부 [명] Nolbu <personnage avare et malin dans un conte populaire coréen>. ¶ ~처럼 심술을 부리다 faire une méchanceté (comme Nolbu); agir par malice (comme Nolbu).

◆_**심보[심사]** [명] psychologie *f* de Nolbu ((personnalité méchante)). ¶ 그 사람은 무슨 ~심보인지 남 잘되는 꼴을 못 본다 Je ne sais pas quel genre de Nolbu il est, mais il supporte mal le succès des autres.

놀아나다 [자] se dévergonder, tomber [sombrer] dans la débauche, s'abandonner à la débauche; vivre dans la dissipation; être manipulé(*e*), se laisser entraîner par *qn*. ¶ 저 부인은 바람이 나서 외간 남자와 놀아나고 있다 Cette femme mariée se dévergonde dans les bras d'un autre homme. ¶ 남의 선동에 놀아나지 말고 줏대 있게 행동해라 Ne te laisse pas entraîner par les autres, agis selon tes propres idées.

* ...**의 손에** ~ être manipulé(*e*) par *qn*. ¶ 회사 전체가 기획 실장의 손에 놀아나고 있다 Toute la société est manipulée par le directeur de la planification. ¶ 정권이 간신배들의 손에 놀아났다 Le gouvernement est manipulé par des gens perfides.

놀음 [명] réjouissance *f*, jeu(*x*) *m*; partie *f* (de carte); récréation *f*, amusement *m*, passe-temps *m*, distraction *f*, divertissement *m*.

◆**신선**_ 神仙 [명] jeu *m* des ermites taoïstes munis de pouvoirs surnaturels; ((비유적)) travail *m* de tout repos, planque *f* {*fam*}. ¶ 그 일은 완전히 신선~이다 Ce travail est de tout repos / Ce boulot, c'est la planque {*fam*}.

놀이 [명] jeu(*x*) *m*, récréation *f*, amusement *m*, passe-temps *m*, distraction *f*, divertissement *m*.

◆_**감** [명] jouet *m*. ¶ 요즘 아이들에게 ~감이 마땅치 않다 Les enfants d'aujourd'hui manquent de jeux.

◆_**꾼** [명] joueu*r*(*se*), excursionniste *mf*, noceu*r*(*se*); bon(*ne*) vivant(*e*).

◆_**동산** -童山 [명] parc *m* d'attraction.

◆_**마당** [명] lieu(*x*) *m* où se déroulent les spectacles folkloriques traditionnels coréens.

◆_**문화** -文化 [명] culture *f* des loisirs.

◆_**판** [명] (tapis *m* d'une) table *f* de jeu.

◆**공**_ [명] jeu *m* de ballon.

◆**공기**_ [명] jeu(*x*) *m* des osselets, les osselets *mpl*.

◆**꽃**_ [명] pique-nique *m* sous les arbres en fleurs.

놈 [의명] ① ((사람)) (drôle d')individu *m*, coquin *m*; type *m*, garçon *m*, gars *m*, gamin *m*, mec *m* {*fam*}. ¶ 이[그, 저] ~ ce type(-là), ce mec(-là). ¶ 한[두, 몇, 여러] ~ un[deux, quelques, plusieurs] type(*s*) [individu(*s*)]. ¶ 좋은[나쁜, 못된] ~ un chic[un sale] type {*fam*}. ¶ 별 우스운[이상한] ~ 다 보겠네 C'est un drôle de type[un homme bizarre]. ¶ 내 돈을 훔쳐간 ~이 누구냐? Qui est le type qui a volé mon argent? / Quel salopard {*vulg*} [Quel salaud {*vulg*}] a volé mon argent? ¶ 거 참 똑똑하게 생긴 ~이구나 Comme tu as l'air intelligent. ② ((동물, 사물)) chose *f*, machin *m* {*fam*}, truc *m* {*fam*}. ¶ 큰[작은, 굵은] ~으로 하나 가져라 Prends en un grand [petit, gros]. ¶ 고르지 말고 아무 ~이나 가져와라 Pas besoin de choisir, apporte-moi n'importe quoi. ③ drôle de... ¶ 망할 ~의 세상 Quel monde ingrat! ¶ 무슨 ~의 설교가 이렇게 길지? Qu'est-ce que c'est long, ce discours? ¶ 이 ~의 모자를 어떻게 쓰나? Comment mettre ce drôle de chapeau?
[명] type *m*, mec *m* {*fam*}; salopard *m* {*vulg*}, salaud *m* {*vulg*}, cochon *m* {*fam*}, ordure *f* {*vulg*}, enflure *f* {*vulg*}. ¶ ~이 어디 숨었지? Où est-ce qu'il se cache, ce type [ce salopard {*vulg*}, ce salaud {*vulg*}]?

놈팡이 [명] ((남자)) type *m*, mec *m*, gars *m* individu *m*; ((건달)) fainéant *m*.

놋 [명] laiton *m*; cuivre *m* jaune.

◆_**대야** [명] bassin *m* [cuvette *f*] de laiton.

◆_**대접** [명] bol *m* de laiton.

◆_**수저** [명] cuiller *f* [cuillère *f*] de laiton.

놋그릇 [명] vaisselle *f* de laiton; dinanderie *f*.

놋쇠 [명] laiton *m*; cuivre *m* jaune.

농[1] 弄 [명] ① 농담 plaisanterie *f*, blague *f*. ② 장난 amusement *m*, rigolade *f*. ¶ ~을 걸다 faire une plaisanterie à *qn*; se moquer de *qn*. ¶ ~으로 한 말이니 오해하지 마시오 Ne le prenez [Ne l'interprétez] pas mal, j'ai dit ça pour plaisanter [j'ai dit ça pour rire, je plaisantais]. ¶ ~이 심하다 pousser trop loin la plaisanterie. ¶ ~ 반 진담 반으로 ((dire)) à moitié vrai.

농[2] 籠 [명] ① 장롱 armoire *f*. ② 상자 corbeille *f*; caisse *f* (d'osier). ¶ 무엇을 ~ 속에 깊숙이 간직해 두다 garder[conserver] *qc* précieusement au fond d'une armoire. ☞ 장롱

농[3] 膿 [명] pus *m*. ¶ 환부에서 ~이 나온다 Du pus s'écoule de la plaie / La plaie suppure.

농-[4] 濃 [접두] (de ton) foncé; concentré(*e*), dense, consistant(*e*). ¶ ~회색 gris foncé. ¶ ~질산 l'acide nitrique concentré.

농-[5] 農 [접두] agricole. ¶ ~기구 des outils agricoles. ¶ ~기계 des machines agricoles.

농가 農家 [명] ferme *f*; ménage *m* rural. ¶ ~ 소득 le revenu des ménages ruraux.

농간 弄奸 [명] tour *m*, ruse *f*, malice *f*, duperie *f*, attrape *f*, boniment *m*. ¶ 사기꾼의 ~에 속다[놀아나다] croire aux duperies [se laisser prendre par les boniments] d'un escroc, se laisser prendre au jeu d'un escroc, se laisser arnaquer par un escroc {*fam*}. ¶ ◇_(을) 부리다 ruser, user de ruse [d'artifice], recourir à la ruse; jouer un (vilain) tour à *qn*.

농경 農耕 [어근] agriculture *f*, culture *f*, labourage *m*. ¶ ~ 사회[문화, 민족] une société [une culture, un peuple] agricole.

◆_지 -地 명 terrain *m* agricole.

농고 農高 명 lycée *m* agricole.

농공 農工 어근 agriculture *f* et industrie *f*. ¶ ~ 단지 un complexe agricole et industriel.

◆_업 -業 명 métiers *mpl* de l'agriculture et de l'industrie.

농과 農科 명 département *m* d'agriculture [d'agronomie]. ¶ 그 여자는 ~를 나왔다 Elle a fait des études supérieures d'agronomie.

농과대학 農科大學 명 faculté *f* d'agronomie. ¶ ~에 다니다[진학하다] être [devenir] étudiant(*e*) en agronomie, faire des études supérieures d'agronomie.

농구 籠球 명 basket *m* [basket-ball *m*], la balle *f* au panier. ¶ ~ 경기 match *m* de basket. ¶ ~를 하다 jouer au [faire du] basket.

◆_공 명 ballon *m* de basket.

◆_대 -臺 명 filet *m* [panier *m*] de basket-ball.

◆_선수 -選手 명 joueu*r*(*se*) de basket-ball, basketteu*r*(*se*).

◆_장 -場 명 terrain *m* de basket-ball.

◆_화 -靴 명 chaussure *f* de basket, basket *f*.

농군 農軍 명 paysan(*ne*), cultiva*teur*(*trice*); ouvri*er*(*ère*) agricole.

농기계 農機械 명 machine *f* agricole.

농기구 農器具 명 outil *m* agricole.

농노 農奴 명 ((중세의)) ser*f*(*ve*) ; paysan(*ne*) ser*f*(*ve*); homme *m* de peine. ¶ ~를 해방하다 libérer les serfs.

◆_제 -制 명 servage *m*.

농담[1] 濃淡 명 nuance *f*. ¶ ~을 나타내다 nuancer *qc*; colorer *qc* de nuances variées; ombrer. ¶ 빛깔의 ~을 조절하다 nuancer les couleurs.

농담[2] 弄談 명 plaisanterie *f*, badinage *m*, facétie *f*, bouffonnerie *f*, boutade *f*, blague *f*. ¶ 그냥 ~이야 Ce n'est qu'une plaisanterie / Je plaisante, c'est tout / Je dis ça seulement pour rire / Je dis(ais) ça seulement histoire de rire / Je dis(ais) seulement ça par plaisanterie [pour plaisanter, pour rigoler, en plaisantant] / Je déconne {*vulg*}. ¶ ~이 지나치군 Vous poussez trop loin la plaisanterie / Il y a des limites à la plaisanterie / Cela dépasse la plaisanterie. ¶ 내 말은 ~이 아니라고 Je ne plaisante [Je ne déconne {*vulg*}] pas (du tout) / Je suis très sérieu*x*(*se*) / Je parle très sérieusement. ¶ 그 말 ~이야 진담이야? Tu plaisantes ou c'est sérieux [ou tu es sérieu*x*(*se*), ou tu parles sérieusement]? / Tu déconnes ou tu es sérieu*x*(*se*) là {*vulg*}? ¶ 나는 네 말을 ~으로 받아들였어 J'ai pris tes paroles pour une plaisanterie / J'ai cru que tu plaisantais [que tu déconnais {*vulg*}, que tu n'étais pas sérieu*x*(*se*)] / Je n'ai pas pris tes paroles au sérieux. ¶ ~으로 해 본 거였어 C'était une plaisanterie [pour rire, pour plaisanter, pour déconner {*vulg*}] / C'était histoire de rire / Je blaguais / Je déconnais {*vulg*}. ◇_(을) **하다[건네다]** plaisanter, badiner, blaguer, rigoler, déconner {*vulg*}. ¶ 그 친구는 ~을 잘 해 Il plaisante bien / Il aime bien plaisanter [blaguer, déconner {*vulg*}].

◆_조 -調 명 ton *m* de (la) plaisanterie. ¶ 그 사람은 그 말을 단순히 ~조로 한 거다 Il a dit cela simplement sur le ton de la plaisanterie [sur un ton de plaisanterie].

농대 農大 명 faculté *f* d'agronomie. ¶ ~에 다니다[진학하다] être [devenir] étudiant(*e*) en agronomie, faire des études supérieures d'agronomie. ☞ 농과대학

농도 濃度 명 densité *f* ((d'un gaz)); intensité *f* ((d'une couleur)); consistance *f* (sirupeuse); ((화학)) (degré *m* de) concentration *f*, compacité *f*. ¶ 25퍼센트 ~의 소금물 de l'eau salée à 25 %. ¶ 알코올 ~ la teneur en alcool. ¶ ~를 측정하다[맞추다] mesurer [ajuster] la densité. ¶ ~가 낮다 avoir une faible densité. ¶ ~가 높다[진하다, 짙다] avoir une forte densité. ¶ ~ 진한 농담 une plaisanterie très lourde [qui n'est pas fine, qui manque de finesse]. ¶ ~ 짙은 음담패설 des histoires très obscènes, des histoires des plus obscènes, des ragots [des propos, des histoires] obscènes au plus haut point.

◆_계 -計 명 densimètre *m*.

◆_고 高 명 haute [forte] densité *f*.

농땡이 명 【속어】 flemmard(*e*) {*fam*}, paresseux (*se*), fainéant(*e*). ◇_(를) **부리다[치다]** flemmarder {*fam*}, glander {*fam*}, glandouiller {*fam*}, paresser, fainéanter, musarder, lanterner, lézarder, se laisser vivre, coincer la bulle {*fam*}, buller {*fam*}, peigner la girafe {*fam*}, ne rien faire, se la couler douce {*fam*}, se tourner les pouces {*fam*}; esquiver *ses* responsabilités.

농락 籠絡 명 séduction *f*, enjôlement *m*, duperie *f*, mystification *f*, leurre *m*. ◇_(을) **하다** séduire *qn*, enjôler *qn*, leurrer *qn*, duper *qn*, mystifier *qn*. ¶ 그 녀석은 많은 여자들을 ~했다 Ce type a séduit beaucoup de femmes. ◇_(을) **당하다** devenir la proie d'un homme; se faire duper, se faire avoir {*fam*}.

농로 農路 명 chemin *m* vicinal.

농림 農林 어근 agriculture *f* et forêt *f*.

◆_부 -部 명 Ministère *m* de l'Agriculture et des Forêts.

◆_수산부 -水産部 명 Ministère *m* de l'Agriculture et de la Pêche.

◆_정책 -政策 명 politique *f* agricole et forestière.

◆_학교 -學校 명 école *f* agricole et forestière.

◆_행정 -行政 명 administration *f* agricole et forestière.

농무 濃霧 명 brouillard *m* épais [dense]; ((수면의)) brume *f* (épaisse). ¶ 한 치 앞을 내다볼 수 없는 ~ un brouillard à couper au couteau; une purée de pois {*fam*}. ◇_**가 끼다** être brumeu*x*(*se*).

농민 農民 명 paysan(*ne*); fermi*er*(*ère*); agricul*teur*(*trice*); cultiva*teur*(*trice*); exploitant(*e*) agricole; ((시골사람)) gens *mpl* de la campagne.

¶ 이번 농산물 수입 개방에 ~들이 반발하고 일어났다 Les agriculteurs manifestent contre l'ouverture à l'importation des produits agricoles.
◆_문학 -文學 명 littérature *f* paysanne.
◆_운동 -運動 명 mouvement *m* paysan [agricole].

농번기 農繁期 명 saison *f* des (grands) travaux agricoles. ¶ 요즈음 농촌은 ~를 맞이하여[앞두고] 눈코 뜰 새 없이 바쁘다 À l'occasion [à l'approche] de la saison des grands travaux agricoles, les agriculteurs sont surchargés de travail.

농법 農法 명 technique *f* agricole. ¶ 새로운 ~의 개발 le développement [la mise au point] de nouvelles techniques agricoles. ¶ 첨단 ~을 익히다 s'initier aux [apprendre les] techniques agricoles les plus modernes [de pointe, les plus récentes, les plus sophistiquées].
◆유기_ 有機 명 culture *f* organique.

농부 農夫 명 fermi*er*(*ère*); paysan(*ne*); cultiva*teur* (*trice*), agricul*teur*(*trice*), laboureu*r*(*se*). ¶ 나는 ~의 아들로 태어났다 Je suis né(*e*) dans une famille de paysans / Je suis né fils d'un paysan [d'un (petit) agriculteur]. ¶ 그 사람은 흙밖에 모르는 순박한 ~이다 C'est un paysan naïf, ne connaissant que la terre.

농사 農事 명 agriculture *f*, exploitation *f* agricole; travail *m* des champs; récolte *f*. ¶ ~를 망치다 gâcher la récolte. ¶ 올해는 ~가 잘 되었다 La récolte est bonne cette année. ◇_(를) **하다[짓다]** travailler dans l'agriculture, cultiver la terre.
◆_꾼 명 agricul*teur*(*trice*).
◆_ㅅ일 명 travail *m* agricole. ¶ 집에서 하는 ~ㅅ 일을 돌보고 있어요 Je m'occupe des travaux agricoles domestiques.
◆_철 명 saison *f* des travaux agricoles.
◆논_ 명 culture *f* du riz, riziculture *f*.
◆밭_ 명 culture *f* des champs.
◆벼_ 명 culture *f* du riz, riziculture *f*.

농산물 農産物 명 produit *m* agricole [de l'agriculture]. ¶ ~ 시장의 개방 l'ouverture du marché agricole. ¶ 수입 ~ un produit agricole importé. ¶ ~을 가공하다 transformer les [traiter des] produits agricoles. ¶ 이 지역은 기후가 온화해서 ~이 풍부하다 Le climat tempéré de cette région favorise l'agriculture.
◆_직판장 -直販場 명 vente *f* directe de produits agricoles.
◆무공해_ 無公害 명 produit *m* agricole cultivé sans engrais chimiques; produits *mpl* agricoles organiques.

농서 農書 명 livre *m* agricole.

농성 籠城 명 encerclement *m*, investissement *m* ((d'une forteresse)), résistance *f* ((d'une ville assiégée)); retranchement *m*; grève *f* sur le tas. ◇_(을) **하다[벌이다]** se retrancher (dans une citadelle); être assiégé(*e*), soutenir le siège; mener une grève sur le tas; se barricader, se trancher.
◆_장 -場 명 grève *f* sur le tas.
◆철야_ 徹夜- 명 grève *f* sur le tas (avec occupation des locaux) jusqu'au bout de la nuit [jusqu'au petit matin].

농수산 農水産 어근 relati*f*(*ve*) à la mer et à l'agriculture, ((activité)) d'agriculture et de pêche.
◆_물 -物 명 produit *m* agricole et de la mer.
◆_부 -部 명 Ministère *m* de l'Agriculture et de la Pêche.
◆_업 -業 명 activité *f* d'agriculture et de pêche.

농아 聾啞 명 surdimutité *f*.
◆_자 -者 명 sourd-muet(*~e~te*). ¶ ~자에게 말하는 법을 가르치다[교육하다] démutiser un(*e*) sourd(*e*)-muet(*e*).
◆_학교 -學校 명 école *f* de sourds-muets.

농악 農樂 명 musique *f* instrumentale paysanne. ¶ ~ 놀이를 하다 jouer [interpréter] de la musique paysanne.
◆_대 -隊 명 bande *f* [troupe *f*] de musique paysanne.

농약 農藥 명 pesticide *m*, insecticide *m*, produit *m* chimique pour l'agriculture. ¶ 맹독성 ~ un produit chimique toxique pour l'agriculture. ¶ 이 채소에서는 잔류 ~이 다량 검출되었다 Une quantité importante de pesticide a été relevée dans ce légume. ¶ 그 사람은 ~을 마시고 자살을 기도했다 Il a tenté de se suicider en absorbant du pesticide. ¶ ~을 많이 쓰는 농사는 이제 지양되어야 한다 Les pratiques agricoles doivent désormais cesser de se reposer sur une utilisation massive de produits chimiques. ¶ 이 농부는 사과나무에 ~을 치고[살포하고] 있다 L'agriculteur arrose les pommiers de pesticide.

농어 명 【어류】 perche *f* commune; bar *m*, loup *m*; *Lateolabrax japonicus* {*nsc*}.

농어가 農漁家 명 foyer *m* qui vit de l'agriculture et de la pêche.

농어민 農漁民 명 agriculteurs *mpl* et pêcheurs *mpl*. ¶ ~ 후계자를 양성하다 former des agriculteurs et des pêcheurs.

농어촌 農漁村 명 village *m* [communauté *f*] d'agriculture et de pêche; région *f* d'agriculture et de pêche. ¶ ~ 소득사업을 추진하다 mener des projets dans le but d'augmenter le revenu des villages d'agriculture et de pêche. ¶ ~의 인구가 감소하고 있다 La démographie est en diminution dans les communautés d'agriculture et de pêche.
◆_ 진흥공사 -振興公社 명 ((농업기반공사의 전신)) la Corporation de Développement de l'Agriculture et de la Pêche (de Corée).

농업 農業 명 agriculture *f*, exploitation *f* agricole. ¶ ~ 인구 une population agricole. ¶ ~ 진흥 지역 une région agricole et de pêche au développement désigné comme prioritaire. ¶ ~의 기계화 la mécanisation de l'agriculture. ¶ ~을 진흥시키다 promouvoir l'agriculture. ¶ ~에 종사하다 travailler dans l'agriculture.

◆_경제 -經濟 명 économie *f* agricole.
◆_국(가) -國(家) 명 pays *m* agricole.
◆_고등학교 -高等學校 명 lycée *m* (à vocation) agricole.
◆_기반공사 -基盤公社 명 la Corporation *f* d'Infrastructure Agricole et Rurale de Corée (KARICO: *Korea Agricultural and Rural Infrastructure Corporation*).
◆_용수 -用水 명 eau(*x*) *f* à usage agricole.
◆_은행 -銀行 명 crédit *m* [banque *f*] agricole.
◆_정책 -政策 명 politique *f* agricole.
◆_학교 -學校 명 école *f* d'agriculture.

농업협동조합 農業協同組合 명 coopérative *f* agricole; crédit *m* [banque *f*] agricole; la Fédération *f* Nationale de(s) Coopératives Agricoles (NACF: *National Agricultural Cooperative Federation*).

농염하다 濃艶- 형 être voluptueu*x*(*se*), sensuel(*le*); être provoca*teur*(*trice*); être sexy {*fam*}. ¶ 농염한 자태 une pose sexy.

농요 農謠 명 chant *m* pastoral.

농원 農園 명 ferme *f*; exploitation *f* agricole; plantation *f*. ¶ 포도 ~ un vignoble, une ferme vigneronne.
◆관광 觀光- 명 ferme *f* touristique.

농익다 濃- 자 être trop mûr(*e*). ¶ 농익은 딸기 des fraises trop mûres. ¶ 그 사람의 격정적인 연설로 모임의 분위기가 농익었다 Son discours enfiévré a animé l'ambiance de la réunion.

농작물 農作物 명 produit *m* agricole [du sol]; récolte *f*. ¶ 가뭄으로 ~의 피해가 크다 La sécheresse a provoqué des dégâts considérables à la production agricole. ¶ ~을 수확하다[판매하다] récolter, s'occuper de la récolte [vendre les produits de la récolte].

농장 農場 명 ferme *f*; exploitation *f* agricole; plantation *f* ((de tabac, de café)). ¶ ~ 관리인 régisseu*r*(*se*) [gérant(*e*)] d'une exploitation agricole. ¶ 파인애플 ~ une plantation d'ananas. ¶ ~을 경영하다 exploiter [tenir] une ferme [une exploitation agricole].
◆_주 -主 명 propriétaire *mf* d'une ferme.
◆집단_ 集團- 명 ferme *f* collective; ((구소련)) kolkhoze *m*; ((이스라엘)) kibboutz *m*.

농정 農政 명 politique *f* agricole. ¶ ~의 실패로 농촌이 피폐해졌다는 생각이 일반적이다 Il est admis que l'échec de la politique agricole a été à l'origine de l'appauvrissement des régions rurales.

농조 弄調 명 ton *m* de (la) plaisanterie, ton *m* de badinage [de raillerie]. ¶ ~로 말하다 parler sur un ton de plaisanterie [sur le ton de la plaisanterie, sur un ton de badinage et de raillerie].

농주 農酒 명 *nongju m* <alcool préparé pour les ouvriers pendant la saison agricole>.

농지 農地 명 terre *f* cultivée, terrain *m* cultivé; champ *m*; plantation *f*.
◆_개혁 -改革 명 réforme *f* agraire.
◆_개혁법 -改革法 명 loi *f* sur la réforme agraire.
◆_세 -稅 명 impôt *m* sur les terrains cultivés.
◆절대_ 絕對- 명 terrain *m* exclusivement agricole.

농지거리 弄- 명 plaisanterie *f*, farce *f*, blague *f*, badinage *m*. ¶ ~를 주고받다 échanger des plaisanteries [des badinages, des blagues].

농촌 農村 명 région *f* rurale; campagne *f*. ¶ ~ 문제[경제] un problème rural [une économie rurale]. ¶ ~ 사회 une société rurale. ¶ ~ 생활 une vie rurale [rustique]. ¶ 나는 ~을 지키며[가꾸며] 살기로 했다 J'ai décidé de vivre à la campagne [de mener une vie champêtre]. ¶ ~을 떠나는 사람들이 늘고 있다 De plus en plus de gens désertent les campagnes / L'exode rural augmente.
◆_지도소 -指導所 명 centre *m* d'information pour les régions rurales.
◆_진흥청 -振興廳 명 l'Office *m* de Développement Rural ((*Rural Development Administration*)).
◆_활동 -活動 명 activités *fpl* agricoles.

농축 濃縮 명 concentration *f*, enrichissement *m*. ¶ 우라늄의 ~ l'enrichissement de l'uranium. ◇_(을) 하다[시키다] enrichir, concentrer.

농축산물 農畜産物 명 produits *mpl* agricoles et bétail *m*.

농토 農土 명 terre *f* cultivée, terrain *m* cultivé; champ *m*. ¶ 이농 현상으로 버려진 ~가 점점 늘어나고 있다 L'exode rural fait augmenter le nombre de terres agricoles abandonnées. ¶ 간척사업으로 ~를 넓히다 augmenter la surface des terres cultivées [des terrains cultivés] grâce aux travaux d'assèchement [de drainage] des sols.

농학 農學 명 agronomie *f*.
◆_과 -科 명 département *m* d'agronomie.
◆_박사 -博士 명 docteur *m* en agronomie.

농한기 農閑期 명 morte-saison *f* (pour l'agriculture). ¶ 우리 마을 사람들은 ~를 틈타 단체관광을 가기로 했다 Les gens de notre village ont décidé de profiter de la morte-saison pour aller faire une excursion touristique en groupe. ¶ 가을걷이가 끝나고 농촌도 이제 ~에 접어들었다 La récolte automnale étant terminée, c'est la saison creuse dans les régions rurales.

농협 農協 명 coopérative *f* agricole; crédit *m* [banque *f*] agricole; la Fédération *f* Nationale de(s) Coopératives Agricoles. ☞ 농업협동조합

농화학 農化學 명 agrochimie *f*.

농활 農活 명 activités *fpl* agricoles. ¶ 여름 방학 때 ~을 다녀왔다 Je suis allé(*e*) aider des paysans [des agriculteurs] pendant les vacances d'été. ☞ 농촌활동

농후하다 濃厚- 형 ((색깔이)) être foncé(*e*); ((액체가)) être épais(*se*); ((경향이)) être fort(*e*); ((가능성이)) être très probable. ¶ 사기성이 농후한 인물 un personnage qui a clairement l'air d'(être) un imposteur. ¶ 일이 그렇게 될 가능성이 ~ Il est fort probable [Il y a de fortes chances] qu'une telle chose se réalise. ¶ 이 작품은 사회주의적 경향이 ~ Cette œuvre est fortement imprégnée de propagande communiste.

높낮이 명 haut *m* et bas *m*; irrégularité *f* de hauteur; ondulation *f* ((d'un terrain)); dénivellation *f*, dénivellement *m*. ¶ 이 담장은 ~가 들쑥날쑥하다 La hauteur du mur est variable [inégale, irrégulière]. ¶ 이 가곡은 음의 ~가 비교적 심하다[덜하다] Les notes de ce chant montrent [ne montrent pas] d'importantes variations / Les notes de ce chant sont caractérisées par d'importantes variations.

높다 형 ① ((고도)) être haut(*e*), élevé(*e*), grand(*e*). ¶ 높은 산[건물] une montagne de haute altitude [un immeuble haut, un grand édifice]. ¶ 높은 하늘 un ciel limpide [dégagé, clair]. ② ((정도)) être élevé(*e*), fort(*e*), haut(*e*). ¶ 강도 높은 훈련 un entraînement intense. ¶ 높은 가격[물가] des prix élevés. ¶ 기온이 ~ La température est haute [élevée]. ¶ 이 철강은 강도가 ~ C'est un acier dur. ¶ 내 안경은 도수가 ~ La correction des verres de mes lunettes est très forte. ③ ((소리)) être haut(*e*), sonore, aigu(*ë*). ¶ 높은 소리를 잘 내다 produire des sons aigus. ④ ((명성, 수준)) être haut(*e*), élevé(*e*), éminent(*e*), noble. ¶ 높은 기상 un noble caractère. ¶ 높은 뜻 une idée noble. ¶ 명성[이름, 평판]이 ~ jouir d'une grande réputation [célébrité]. ¶ 관객들의 수준이 ~ Les spectateurs sont très cultivés. ¶ 그 친구가 되돌아올 가능성이 ~ Il est fort probable qu'il revienne. ⑤ ((지위)) être haut(*e*), élevé(*e*), éminent(*e*). ¶ 높은 지위 une position haut placée. ¶ 높은 계급 une haute hiérarchie.
 ***콧대가** ~ être hautain(*e*), orgueilleu*x*(*se*), être fi*er*(*ère*), être arrogant(*e*), avoir un air hautain, avoir une attitude pleine d'orgueil, être gonflé(*e*) d'orgueil; péter plus haut que *son* cul [que *son* derrière] {*vulg*}. ¶ 그 여자는 콧대가 하도 높아서 웬만한 남자는 거들떠도 안 봐 Cette fille est si hautaine qu'elle ne s'intéresse pas à n'importe quel garçon.
 ***눈이** ~ avoir des critères élevés; avoir un goût raffiné; être fin connaisseur; être difficile (en matière de *qc*), faire le(*la*) difficile, faire la fine bouche, être difficile à contenter, exigeant(*e*), être difficile, délicat(*e*). ¶ 걔는 눈이 높아서 아무한테나 시집 안 갈 거야 Celle-là, elle est difficile à contenter [elle a des exigences], elle ne choisira pas n'importe qui comme époux.

높다랗다 형 être très haut(*e*), élevé(*e*). ¶ 높다란 산꼭대기 un sommet très élevé, un pic. ¶ 높다란 망루 une haute tour de guet.

높새 명 vent *m* du nord-est (chaud et sec, provenant des chaînes montagneuses), vent *m* de Föhn.
 ◆**_바람** 명 vent *m* du nord-est (chaud et sec, provenant des chaînes montagneuses), vent *m* de Föhn.

높아지다 자 augmenter; redoubler; se multiplier; s'intensifier; gonfler; grossir; monter. ¶ 공장자동화로 생산성이 높아졌다 L'automatisation des usines a augmenté la productivité / Avec l'automatisation des usines, la productivité a augmenté. ¶ 그 사람은 화가 나서 목소리가 점점 높아졌다 En colère, sa voix s'est faite plus forte [il a haussé le ton].

높은음자리표 -音-標 명 【음악】 clé *f* de sol. ¶ 악보 위에 ~를 붙이다 apposer une clé de sol sur une partition.

높이[1] 명 hauteur *f*; altitude *f*. ¶ ~ 10미터의 건물 un immeuble de 10 mètres de hauteur. ¶ 신발 굽 ~ la hauteur des talons. ¶ 음의 ~ la hauteur d'un son. ¶ 이 건물은 ~가 80 *m* 가량 된다 La hauteur de cet immeuble est d'environ 80 mètres. ¶ 에펠탑의 ~는 얼마입니까? Quelle est la hauteur de la Tour Eiffel? ¶ 우리가 탄 비행기는 10000 피트 ~로 날고 있다 L'avion dans lequel nous voyageons vole à une altitude de 10 000 pieds. ¶ ~를 재다[측정하다] mesurer une hauteur. ¶ 사다리 ~를 좀 낮춰야[올려야]겠다 Il faudrait rabaisser [rehausser] la hauteur de l'échelle. ◇**_가 높다[낮다]** être haut(*e*) [bas(*se*)].

높이[2] 부 ① haut. ¶ ~ 나는 새 un oiseau qui vole haut. ¶ ~ 뛰다 [날다] sauter [voler] haut. ¶ 손을 ~ 들다 lever haut la main. ¶ 고개를 ~ 쳐들고 걷다 marcher en gardant la tête haute. ¶ 비행기가 하늘 ~ 날아오른다 L'avion s'envole haut dans le ciel ¶ 그 건물만이 유독 ~ 솟아 있다 Ce bâtiment se distingue des autres par sa hauteur. ② ((가치를)) hautement. ¶ 내가 ~ 평가하는 작품이다 C'est une œuvre que j'apprécie hautement. ¶ ~ 떠받들다 avoir un grand respect. ¶ 그 사람의 노력[희생정신]을 ~ 산다 Je reconnais ses efforts [son sacrifice]. ③ ((소리)) à voix haute. ¶ 소리 ~ 외치다[노래하다] crier [chanter] à haute voix.
 ◆**_뛰기** 명 【운동】 saut *m* en hauteur.

높이다 타 ① ((담장을)) élever, accroître, augmenter, hausser, monter; rehausser, surélever, remonter, redresser; lever, majorer. ¶ 층수를 ~ élever le nombre d'étages. ¶ 담장을 ~ surélever un mur. ¶ 비행기가 고도를 높인다 L'avion s'élève / L'avion prend de l'altitude. ¶ 그 회사는 제품의 값을 높이려고 디자인을 바꾸었다 Cette entreprise a modifié le design de son produit pour pouvoir en augmenter le prix. ② ((수준을)) élever. ¶ 수준을[온도를] ~ élever le niveau [la température]. ③ ((소리를)) élever ((la voix)), hausser ((le ton)). ¶ 소리를 ~ élever la voix; hausser le ton. ¶ 정부의 조처가 크게 미흡하다고 저마다 목소리를 높였다 Chacun a haussé le ton en disant que les mesures du gouvernement n'étaient pas suffisantes. ④ ((명성을)) redorer ((le blason de *qn*)). ¶ 이 책이 그 작가의 명성을 더욱 높였다 Ce livre a redoré son blason. ⑤ ((신분을)) respecter, traiter avec déférence; vouvoyer *qn*. ¶ 자신을 낮추고 남을 높여야 한다 Il faut se montrer modeste et respecter autrui.

***말을** ~ ¶ 내가 **그 사람에게 말을 높여야 하니**? Est-ce que je dois vouvoyer cette personne?

높임 명 respect *m*. ¶ 그 사람은 많은 사람들에게 ~을 받는 인물이다 C'est une personnalité respectée par beaucoup de gens.

◆**_말** 명 sorte de vouvoiement *m*; terme *m* honorifique; style *m* honorifique. ¶ ~을 쓰다 parler ((aux aînés)) avec déférence [en utilisant la forme honorifique], parler respectueusement ((aux aînés)); employer le registre honorifique [de déférence] ((pour les aînés)), avoir recours aux [recourir aux, employer les] termes honorifiques, vouvoyer *qn*. ¶ 어른께는 ~말을 써야 한다 Il faut utiliser les formes de politesse [les formes honorifiques] quand on parle à un adulte [à un ancien]. ¶ 우리 부장은 부하 직원에게도 ~을 쓴다 Notre directeur vouvoie mêmes ses subalternes.

높직이 부 haut. ¶ ~ 걸려 있는 액자 un tableau accroché haut.

높직하다 형 être plutôt haut(*e*); être plutôt élevé(*e*). ¶ 선반이 ~ L'étalage est plutôt haut. ¶ 담을 높직하게 쌓다 construire un haut mur de clôture.

높푸르다 형 ((le ciel)) être limpide [clair, dégagé] et bleu. ¶ 높푸른 가을 하늘 un ciel d'automne limpide [clair, dégagé] et bleu.

놓다[1] 타 ① ((잡았던 것을)) lâcher, relâcher. ¶ 내 손을 놓지 말고 꼭 잡아라 Ne lâche pas ma main; tiens-la bien. ¶ 쥐고 있던 밧줄을 ~ relâcher la corde que l'on tenait. ② ((속도를)) atteindre ((une certaine vitesse)), accélérer ((jusqu'à une certaine vitesse)); faire ((du 120 km / h)). ¶ 그 차는 줄곧 시속 120 km를 놓고 달렸다 Le train roula tout du long à 120 km à l'heure. ③ ((마음을)) se débarrasser (d'un souci), se défaire (d'un fardeau). ¶ 과년한 딸을 시집 보내고 한시름 놓았다 Je me suis enfin débarrassé(*e*) du souci de devoir marier ma plus vieille fille. ④ 돈을 걸다 payer, miser, poser sur la table. ¶ 한 판에 돈을 얼마씩 놓고 화투를 칩니까? Quand on joue au *hwatu*, quelle est la mise pour chaque partie? ¶ 5000 원을 놓고 점을 보았다 J'ai payé 5 000 wons pour qu'on me lise [prédise] l'avenir. ⑤ 두다 mettre, poser, laisser. ¶ 화분을 베란다에 ~ poser un pot de fleurs sur la véranda. ¶ 짐을 어디다 놓을까요? Où est-ce que je pose cette valise? ¶ 도구를 다 쓴 다음에는 꼭 제 자리에 놓아라 Après avoir utilisé les outils, il faut absolument les remettre à leur place. ¶ 신문을 여기다 놓았는데, 어디로 갔지? J'avais laissé [mis] le journal ici; alors, où est-ce qu'il est passé? ¶ 가방을 집에 놓고 나오다 sortir dehors en laissant *son* sac à la maison. ⑥ 설치하다 poser [construire] ((un pont)); installer *qc*. ¶ 한강에 다리를 놓았다 On a posé [construit] un pont sur le fleuve Han. ¶ 우리 동네에 상수도를 놓는다고 한다 On dit qu'on va poser le réseau d'eau potable dans notre quartier. ¶ 내 방에 전화를 놓았습니다 On a installé un téléphone dans mon bureau. ⑦ 기르다 élever; faire pousser. ¶ 앞뜰에는 참외를 놓고 뒤뜰에는 호박을 놓았다 Nous avons planté des melons jaunes dans le champ de devant, et des citrouilles dans le champ de derrière. ¶ 누에를 ~ élever des vers à soie. ⑧ ((불을)) mettre le feu. ¶ 논둑에 쥐불을 ~ mettre le feu sur les bordures des rizières. ⑨ ((주사, 침을)) faire une piqûre [une injection]; piquer. ¶ 간호사가 환자의 팔에 주사를 놓는다 L'infirmière fait une injection [une piqûre] dans le bras d'un(*e*) patient(*e*). ¶ 한의사가 내 왼쪽 발목에 침을 놓았다 Un médecin oriental a mis [placé] une aiguille (d'acupuncture) à ma cheville gauche. ⑩ ((바둑을)) poser (un pion), jouer (un coup). ¶ 김 4단에게 두 점을 놓고 둡니다 Je joue au go avec M. Kim qui est quatrième *dan* avec deux pions d'avance (en ma faveur). ⑪ ((세를)) mettre en location, louer. ¶ 아파트를 세를 ~ mettre un appartement en location. ¶ 저는 방 하나를 신혼부부에게 놓았다 J'ai loué une chambre à des jeunes mariés. ¶ 박 선생은 퇴직금으로 이자를 놓아 생활한다 Le professeur Park vit des intérêts de sa prime de retraite.

***넋을** ~ perdre *ses* esprits. ¶ 그 분이 돌아가셨다는 소식에 한 동안 넋을 놓고 있었다 J'ai perdu un moment mes esprits en apprenant la nouvelle de son décès.

***다리를** ~ servir d'intermédiaire à *qn*. ¶ 그 사람이 우리 사이에 다리를 놓아 주었다 Il a servi d'intermédiaire entre nous. ¶ 네가 직접 얘기하기 어려우면 내가 다리를 놓아 볼까? S'il t'est difficile de parler directement, veux-tu que je te serve d'intermédiaire?

***덫을** ~ poser un piège. ☞ 덫

***마음을** ~ être rassuré(*e*). ¶ 네가 운전대를 잡으면 마음을 놓을 수가 없어 Si tu prends le volant, je ne suis pas tranquille [je suis inquiet, je ne suis pas rassuré].

***말[말씀]을** ~ tutoyer à *qn*. ¶ 말씀 놓으십시오 Vous pouvez me tutoyer. ¶ 그이는 언제 보았다고 나한테 말을 놓는거야! Celui-là, depuis quand il me connaît pour me tutoyer!

***손을** ~ se croiser les bras. ¶ 회사가 부도가 나자 모든 사원들이 손을 놓고 있다 Depuis que l'entreprise a fait faillite, tous les employés se croisent les bras.

***수를** ~ broder, décorer.¶ 이불에 금실로 수를 ~ broder la couverture de fils dorés.

***엄포[으름장]를** ~ menacer, intimider, user d'intimidation.

***줄행랑을** ~ prendre la fuite, prendre le large {*fam*}, prendre la poudre d'escampette, s'enfuir à toutes jambes [à toute vitesse, à la débandade], se sauver à toute vitesse, prendre *ses* jambes à *son* cou, jouer des jambes [des flûtes {*fam*}], décamper, déguerpir, filer, se carapater {*fam*}.

***퇴짜를** ~ refuser; repousser, rejeter; opposer un

refus ((à une demande)); rembarrer *qn*, rabrouer *qn*, remballer *qn* {*fam*}, rebuter *qn* {*vx, litt*}, éconduire *qn*, envoyer *qn*/*qc* promener [balader {*fam*}, paître {*fam*}, valser {*fam*}, valdinguer {*fam*}, bouler {*fam*}, dinguer {*fam*}, péter {*vulg*}, se faire fiche {*fam*}, se faire voir {*fam*}], envoyer tartir *qn*, envoyer *qn* au diable [au bain {*fam*}, aux pelotes {*fam*}].

ㄴ

***훼방을** ~ empêcher *qc*, mettre obstacle à *qc*.

놓다² 조동 ((-아(어) ~, verbe auxiliaire de l'état dans lequel une action se trouve accomplie)). ¶ 일단 숙제를 끝내 놓고 나가 놀아라 Avant tout il faut terminer tes devoirs, avant d'aller jouer dehors.

놓아주다 타 relâcher, rendre *sa* liberté à *qn*, libérer; délivrer, délier, débloquer, détacher, relaxer, désenchaîner. ¶ 죄수를 ~ libérer [relâcher] un criminel [un prisonnier]. ¶ 새장 속의 새를 ~ relâcher les oiseaux de la cage.

놓이다 자 ① ((물건이)) être posé(*e*), placé(*e*), mis(*e*). ¶ 꽃병이 책상 위에 놓여 있다 Un vase de fleurs se trouve posé sur le bureau. ② ((처지에)) se trouver ((dans une situation délicate)). ¶ 어려운 처지에 놓인 사람 une personne qui se trouve dans une situation difficile. ③ 설치되다 être posé(*e*), construit(*e*). ¶ 다리[철도]가 ~ Un pont [le chemin de fer] est posé [construit].

***마음이** ~ être soulagé(*e*), rassuré(*e*). ¶ 그 말을 들으니 마음이 좀 놓인다 Après avoir entendu ces mots, je suis un peu rassuré(*e*).

놓치다 타 ① ((잡았던 것을)) laisser s'échapper, laisser filer {*fam*}. ¶ 다 잡은 고기[범인]를 ~ laisser filer le poisson [le coupable] ② ((기회를)) perdre, manquer, rater {*fam*}, faillir, louper {*fam*}, laisser passer. ¶ 기회[시기]를 ~ manquer une occasion[le bon moment] ¶ 혼기를 ~ manquer [louper {*fam*}] l'âge (idéal) de se marier; laisser passer la période idéale pour un mariage. ③ ((차를)) manquer, rater, louper {*fam*}, laisser passer.¶ 차를 ~ manquer le train[le bus]

놔두다 타 ① ((물건을)) laisser (tel quel). ¶ 그 책은 여기에 놔두어라 Laisse ce livre ici. ¶ 이거 위험한 거니까 가만히 놔둬라 C'est un objet dangereux. Laisse-le à sa place. ② ((사람을)) laisser *qn* (tranquille). ¶ 제 하고 싶은 대로 하게 놔두어라 Laisse-le faire ce qu'il veut. ¶ 나 좀 놔둬 Laisse-moi tranquille. ¶ 저 녀석 그대로 놔두었다가는 큰 일 나겠어 Si on laisse ce garçon tel quel, il va créer des problèmes.

뇌 腦 명 cerveau *m*, cervelle *f*, matière *f* grise; intelligence *f*, encéphale *f*. ¶ 그 사람은 교통사고로 ~를 다쳤다[~에 손상을 입었다] Il a été blessé au cerveau lors d'un accident.

◆**_간물질** -間物質 명 tronc *m* cérébral.

◆**_병원** -病院 명 hôpit*al*(*aux*) *m* psychiatrique, asile *m* d'aliénés, maison *f* de santé.

◆**_세포** -細胞 명 cellule *f* cérébrale.

◆**_신경** -神經 명 nerf *m* crânien.

◆**_염** -炎 명 encéphalite *f*.

◆**_일혈** -溢血 명 hémorragie *f* cérébrale; effusion *f* de sang dans le cerveau; apoplexie *f*. ¶ ~일혈로 쓰러지다 avoir une attaque d'apoplexie, être frappé(*e*) (atteint(*e*)) d'une hémorragie cérébrale [d'apoplexie], avoir une congestion cérébrale [un coup de sang {*vx*}]. ¶ ~일혈로 죽다 mourir de [d'une, des suites d'une] congestion cérébrale.

◆**_종양** -腫瘍 명 tumeur *f* cérébrale.

◆**_출혈** -出血 명 apoplexie *f*, hémorragie *f* cérébrale

◆**대_** 大- 명 cerebrum *m*.

◆**소_** 小- 명 cerebellum *m*.

◆**간_** 間- 명 diencephalon *m*

뇌관 雷管 명 capsule *f* fulminante [explosive]; amorce *f*, détonateur *m*. ¶ 그 사람은 실수로 ~을 건드려 폭사했다 Il est mort lors d'une explosion provoquée par son étourderie: il avait touché à la capsule explosive. ¶ 폭발물 제거 반은 폭탄의 ~을 제거했다 L'équipe chargée de supprimer les explosifs a enlevé les détonateurs des bombes. ¶ ~이 터졌다 Le détonateur explosa.

뇌까리다 자타 répéter, ressasser; rabâcher; radoter, remâcher, ruminer; déblatérer. ¶ 그 남자는 술이 취해 이상한 소리를 뇌까렸다 Ivre, il a déblatéré des choses bizarres. ¶ 그 사람은 반드시 복수하겠다고 뇌까렸다 Il a répété à plusieurs reprises qu'il se vengerait coûte que coûte.

뇌다 타 ① ((체로)) tamiser avec un tamis plus fin. ② 반복하다 répéter, seriner, ressasser, rabâcher. ¶ 같은 말을 ~ répéter les mêmes paroles, rabâcher la même chose.

뇌리 腦裡 명 esprit *m*, mémoire *f*, pensée *f*, tête *f*. ¶ 그 여자에 대한 추억은 ~에서 사라진 지 오래되었다 Cela fait longtemps que le souvenir de cette femme a disparu de ma mémoire. ¶ ~를 떠나다 sortir [s'effacer, disparaître] de l'esprit [de la mémoire] de *qn*. ¶ 그 사람의 말이 ~를 떠나지 않는다 Ses paroles restent gravées dans ma mémoire. ¶ ~를 스치다 effleurer l'esprit de *qn*, traverser l'esprit [la tête] de *qn*. ¶ 불안한 생각이 ~를 스치고 지나갔다 Une vague d'inquiétude lui a traversé l'esprit / Il a été pris d'une vague sensation d'inquiétude.

뇌막염 腦膜炎 명 méningite *f*. ¶ ~에 걸리다 être atteint(*e*) de méningite.

뇌물 賂物 명 pot-de-vin(~*s*-~-~) *m*; dessous *mpl* de table, enveloppe *f*, bakchich *m* {*fam*}, arrosage *m*. ¶ 거액의 ~ un montant élevé des dessous de table. ¶ 관행화된 ~ une corruption généralisée. ¶ 증인을 ~로 매수하다 suborner un témoin. ¶ ~로 입을 막다 acheter le silence de *qn*. ¶ ~이 안 통하는 사회 une société dans laquelle les pots-de-vin ne sont pas tolérés. ¶ ~을 받다[받아먹다, 먹다] se laisser corrompre. ¶ ~을 주다[바치다, 먹이다] verser [donner] un pot-de-vin à *qn*, corrompre *qn*, acheter *qn*, gagner *qn*, soudoyer *qn*; graisser la patte à *qn* {*fam*}.

뇌사 腦死 명 mort *f* cérébrale. ¶ 법률적으로 ~를 인정해야 장기이식이 원활해질 수 있다 La reconnaissance de la mort cérébrale par la législation est un préalable au développement des transplantations d'organes. ◇_(를) **하다**[(가)**되다**] présenter un état de mort cérébrale, être en état de mort cérébrale, être dans un état [dans un coma] végétatif; être dans un coma dépassé.

◆**_상태** -狀態 명 état *m* de mort cérébrale, état *m* [coma *m*] végétatif (chronique). ¶ 그 사람은 교통사고로 ~상태에 빠졌다 Depuis l'accident, il est en état de mort cérébrale / Depuis l'accident, il est dans un état [dans un coma] végétatif.

◆**_자** -者 명 personne *f* dans un coma [dans un état] végétatif, personne *f* en état de mort cérébrale, légume *m* {*fam*}.

뇌성 雷聲 명 bruit *m* de tonnerre; tonnerre *m*. ¶ ~이 울리다 tonner.

◆**_벽력** -霹靂 명 foudre *f*; tonnerre *m* et éclairs *mpl*. ¶ ~벽력이 치다 tonner.

뇌성마비 腦性痲痺 명 paralysie *f* cérébrale. ¶ ~에 걸린 아이 un(*e*) enfant atteint(*e*) de paralysie cérébrale.

뇌쇄 惱殺 어근 enchantement *m*, ensorcellement *m*. ◇_(를) **하다** captiver, fasciner, enchanter, charmer, prendre le cœur de *qn*, ensorceler. ¶ 그 여자는 모든 남성들을 ~하는 매력이 있다 Elle possède un charme qui ensorcelle [captive] tous les hommes. ◇_(가) **되다**[(를)**당하다**] être captivé(*e*), fasciné(*e*), ensorcelé(*e*). ¶ 나는 그 여자의 아름다움에 완전히 ~당하고 말았다 J'étais complètement fasciné [subjugué, ensorcelé] par la beauté de cette femme.

◆**_적** -的 명관 captivant(*e*), fascinant(*e*), enchantant(*e*), ensorcelant(*e*). ¶ ~적인 눈길 un regard captivant.

뇌수 腦髓 명 【해부】 encéphale *m*; ((대뇌)) cerveau(*x*) *m*.

뇌수막염 腦髓膜炎 명 ☞ 뇌막염

뇌염 腦炎 명 【의학】 encéphalite *f*. ¶ ~ 예방주사 un vaccin contre l'encéphalite, une piqûre anti-encéphalite. ¶ ~에 걸리다 être atteint(*e*) d'encéphalite.

◆**_모기** 명 moustique *m* vecteur d'encéphalite.

◆**_환자** -患者 명 encéphalopathie *f*. ¶ 올 들어 첫 ~환자가 서울에서 발생했다 Les premiers cas d'encéphalopathie ont été recensés à Séoul cette année.

◆**일본_** 日本- 명 l'encéphalite japonaise.

뇌우 雷雨 명 orage *m*. ¶ 심한 ~ un violent [terrible] orage. ¶ ~가 쳤다 Un orage a éclaté. ¶ ~를 만나다 être surpris(*e*) par un orage.

뇌졸중 腦卒中 명 accident *m* vasculaire cérébr*al*(*aux*) ((출혈)) hémorragique [((뇌동맥이 막혀서)) ischémique], attaque *f* d'apoplexie {*pop*}. ¶ ~으로 의식을 잃고 쓰러지다 tomber dans le coma [présenter un coma, faire un coma] à la suite d'un accident vasculaire cérébral [d'une attaque d'apoplexie {*pop*}].

◆**_환자** -患者 명 patient(*e*) ayant présenté un accident vasculaire cérébral; personne *f* comateuse des suites d'un accident vasculaire cérébral.

뇌진탕 腦震蕩 명 【의학】 commotion *f* (cérébrale). ¶ ~을 일으킨 commotionné(*e*).

뇌파 腦波 명 onde *f* cérébrale. ¶ ~ 검사 une électro-encéphalographie.

뇌하수체 腦下垂體 명 【해부】 hypophyse *f*, glande *f* pituitaire. ¶ ~(의) 이식 une greffe de l'hypophyse. ¶ ~ 호르몬 hormone *f* de l'hypophyse.

누[1] **累** 명 ennui *m*, difficulté *f*, souci *m*. ¶ ~를 끼치다 causer [créer, susciter] des ennuis [donner des soucis] ((à *qn*)), déranger *qn*. ¶ 남들에게 ~를 끼치다 causer [créer, susciter] des ennuis [donner des soucis] aux autres, déranger les autres. ¶...에게 ~가 되다 devenir un souci pour *qn*.

누[2] **樓** 명 tour *f*; maison *f* à étage; belvédère *m*, mirador *m*, tour *f* de guet; tourelle *f*. ¶ ~에 오르다 monter à la tour.

누가[1] **累加** 어근 accumulation *f*, augmentation *f* progressive [cumulative]. ◇_(가) **되다** être accumulé(*e*), culminé(*e*).

◆**_배당** -配當 명 dividende *m* cumulé.

누가[2] ((forme contractée de 누구-가)) qui (sujet d'une proposition ou d'une phrase). ¶ ~ 그런 말을 하더냐? Qui a dit ça? / Qui a raconté ça? / Qui a eu de tels propos?

누가복음 -福音 영 {Luke-} 명 【종교】 Évangile *m* de [selon] Saint Luc.

누각 樓閣 명 pavillon *m*; grand édifice *m*; château(*x*) *m*. ¶ 3층 ~ un pavillon à deux étages.

◆ **공중_** 空中- 명 projet *m* en l'air. ¶ 공중~을 짓다[세우다] bâtir[faire] des châteaux en Espagne {*fig*}.

◆**사상_** 砂上- 명 château(*x*) *m* de cartes.

누계 累計 명 tot*al*(*aux*) *m*; ensemble *m*. ¶ ~가 3천만 원에 달한다 Le total fait 30 millions de wons / Cela fait au total 30 millions de wons. ◇_(를) **내다**[**하다**] faire le total de *qc*, totaliser *qc*; additionner *qc*; sommer *qc*.

누구 대 ① ((의문)) qui. ¶ ~를 찾습니까? Qui cherchez-vous? ¶ 친구 중의 ~를 가장 좋아하느냐? Qui aimes-tu le plus parmi tes amis? / Quel ami préfères-tu? ¶ ~의 시계냐? À qui est cette montre? / C'est à qui, cette montre? ¶ ~에게 편지를 썼느냐? À qui as-tu écrit cette lettre? ¶ 저들 중 ~에게 일을 시킬 것인가? Parmi eux, à qui va-t-on demander de faire ce travail? ¶ ~와 영화를 보았니? Avec qui es-tu allé(*e*) au cinéma? ¶ ~냐? Qui est là? / Qui est-ce? ¶ 저 사람은 ~요? Qui est cette personne? / Celui-là, qui est-ce? ② ((누군가)) quelqu'un, une personne *f*. ¶ ~를 좀 만나려고 한다

J'ai un rendez-vous avec quelqu'un / Je vais rencontrer [voir] quelqu'un. ¶ ~는 주고 ~는 안 주는 법이 어디 있어? Donner seulement à certains mais pas aux autres, est-ce que ça se fait? / Donner aux uns et pas aux autres, quelle est cette façon de faire? ¶ ~ 딴 사람에게 물어 보세요 Demandez [Adressez-vous] à quelqu'un d'autre. ¶ ~ 할 사람이 있겠지 Il y a sûrement quelqu'un pour faire ce travail [qui va faire ça]. ③ ((누구라도)) n'importe qui. ¶ ~나 할 수 있는 쉬운 일이다 C'est tellement facile, n'importe qui peut le faire. ¶ ~(에게)나 결점은 있다 Tout le monde a ses défauts [ses points faibles] / Personne n'est parfait. ¶ ~에게라도 물어보시오 Demandez à n'importe qui. ¶ ~에게나 친절히 대하시오 Soyez gentil(*le*) avec tout le monde. ④ ((아무도)) personne. ¶ ~도 나를 도와주지 않았다 Personne ne m'a aidé(*e*). ¶ ~ 한 사람 와 있지 않았다 Personne n'était encore venue.

*~**나 할 것 없이** à l'unanimité, unanimement. ¶ ~나 할 것 없이 모두 그 분을 칭찬한다 Tout le monde est élogieux à son égard.

◆_ _ 대 quelles sont les personnes qui. ¶ 어제 그곳에 간 사람은 ~~냐? Quelles sont les personnes qui sont allées là-bas hier?

누군 ((forme contractée de 누구는)) qui (thème ou sujet d'une proposition ou d'une phrase)

누굴 ((forme contractée de 누구를)) qui (complément d'objet direct dans une proposition ou une phrase)

누그러들다 자 s'apaiser; s'attendrir; ((공포, 고통 따위가)) se calmer, s'apaiser; devenir moindre; ((기후가)) s'adoucir, se radoucir, devenir plus doux(*ce*); ((폭풍, 용기, 열의, 결심 따위가)) diminuer, faiblir, s'affaiblir; ((홍수가)) baisser, diminuer. ¶ 그 사람은 목소리가 갑자기 누그러들었다 Sa voix s'est soudainement apaisée. ¶ 그 사람에 대한 나쁜 소문이 점차 누그러들고 있다 Les mauvaises rumeurs à son encontre se sont peu à peu apaisées [éteintes, amoindries, atténuées]. ¶ 그 사람의 말 한 마디에 나는 마음이 누그러들었다 À ses mots, mon cœur s'est attendri. ¶ 이제 화가 좀 누그러들었니? Ta colère s'est apaisée maintenant?

누그러뜨리다 타 ① calmer; diminuer, fléchir, faiblir, faire flancher, ralentir. ¶ 우리는 그 팀의 상승세를 누그러뜨리고 우승을 차지했다 Notre équipe a ralenti l'ascension de cette équipe avant de remporter la victoire. ② ((화를)) se calmer, s'adoucir, s'apaiser. ¶ 성미[화]를 누그러뜨리고 그 사람의 말을 들어 보았다 Je me suis calmé(*e*) et ai essayé d'écouter ses propos.

누그러지다 자 ① ((기후가)) se calmer, s'atténuer, s'adoucir, se radoucir. ¶ 날씨가 누그러졌다 Le temps s'est calmé. ¶ 추위[더위]가 한층 누그러졌다 Le temps s'est radouci [Il fait un peu moins chaud / La chaleur s'est atténuée]. ¶ 바람이 누그러졌다 Le vent s'est calmé. ② ((기세가)) fléchir, ralentir, faire flancher, s'atténuer, baisser. ¶ 유행병의 기세가 누그러졌다 L'épidémie s'est atténuée. ¶ 치솟던 물가가 조금 누그러졌다 La flambée des prix s'est un peu calmée. ③ ((분노가)) baisser; se calmer, s'adoucir. ¶ 내가 화를 냈더니 그 사람 말투가 좀 누그러지더라 Lorsque je me suis mis en colère, il a baissé un peu le ton. ¶ 처음의 거칠었던 태도가 많이 누그러졌다 Ses attitudes rudes [intransigeantes] du début se sont beaucoup calmées. ¶ 그 말을 듣고 그 사람의 분노는 누그러졌다 Après avoir entendu cela, sa colère s'est apaisée.

누글누글하다 형 être ramolli(*e*); être bien mou(*molle*); être bien tendre; être très flexible [élastique, souple]; être très flasque. ¶ 습기 때문에 널판자가 ~ À cause de l'humidité, les planches ont ramolli/Les planches ont pris l'humidité. ¶ 더위로 누글누글해진 아스팔트 l'asphalte ramolli par la chaleur, le bitume rendu mou à cause de la chaleur.

누기 漏氣 명 humidité *f*, moiteur *f*. ◇_(**가**) **차다** devenir humide; prendre l'humidité. ¶ 장마철이라 방 안에 ~가 찬다 Comme c'est la saison des pluies[la mousson], il fait très humide (dans la pièce) [la chambre est très humide].

누나 명 sœur *f* aînée ((pour un homme)). ¶ 큰[작은] ~ la sœur aînée la plus âgée [la plus jeune].

누누이 屢屢- 부 plusieurs fois, à plusieurs reprises, bien des fois, maintes fois, cent fois {*fam*}, mille fois {*fam*}, sans cesse, à répétition. ¶ ~ 말하다[강조하다] dire *qc* plusieurs fois [à plusieurs reprises]; redire toujours la même histoire; se redire; se répéter; répéter maintes fois [cent fois {*fam*}] la même chose [le même discours]; parler toujours des mêmes choses; rabâcher le même discours; chanter toujours la même antienne {*vx*}; rabâcher; ressasser ((les mêmes plaisanteries)); répéter une formule [une chanson]. ¶ ~ 타이르다 réprimander *qn* pour avoir fait *qc*; faire des remontrances à *qn* au sujet de *qc*; conseiller à *qn* de faire *qc*; raisonner *qn*; persuader *qn* de faire *qc*; réprimander doucement à plusieurs reprises. ¶ 그 일의 중요성에 대해서 ~ 말할 필요는 없을 것이다 Il serait inutile d'insister sur l'importance de l'affaire. ¶ 조심하라고 ~ 당부했건만 (끝내 사고를 냈구나) Je t'ai répété maintes fois [cent fois {*fam*}] de faire attention (mais ce qui devait arriver est arrivé ...).

누님 명 sœur *f* aînée ((terme honorifique, pour un homme)).

누다 타 faire ((*ses* besoins (naturels))). ¶ 똥을 ~ faire caca {*fam*}; aller à la selle, déféquer, chier {*vulg*}. ¶ 오줌을 ~ faire pipi {*fam*}; pisser {*fam*}, uriner.

누대[1] **樓臺** 명 tour *f*; ((망루)) belvédère *m*, tour *f* de guet, tourelle *f*, guérite *f* (sur des remparts); maison *f* élevée; pavillon *m*. ¶ ~에 오르다 monter en haut [au sommet] d'une tour.

누대[2] **累代** 명 plusieurs générations *fpl*; générations *fpl* successives. ¶ ~에 걸쳐 전해 내려오는 보물 un trésor transmis[légué] depuis plusieurs générations. ¶ ~로 살아온 집 une maison habitée depuis plusieurs générations.

누더기 명 haillon *m*, guenille(*s*) *f*(*pl*), hardes *fpl*, loque *f*, chiffon *m*, vêtement *m* en lambeaux. ¶ ~를 걸치다 être couvert(*e*) [vêtu(*e*)] de haillons [de guenilles, de lambeaux, de loques]; être en guenilles [en haillons, en loques], être déguenillé(*e*) [loqueteu*x*(*se*), dépenaillé(*e*), haillonneu*x*(*se*) {*vx*}] ¶ ~ 같은 옷 des haillons, des loques. ¶ 내 옷이 ~가 되었다 Mon vêtement tombe en loques.

◆_옷 명 haillon *m*, guenille *f*, harde *f*, loque *f*, chiffon *m*, vêtement *m* en lambeaux.

누덕누덕 부 tout rapiécé(*e*). ¶ 옷을 ~ 기웠다 Le vêtement est rapiécé de partout. ¶ ~ 기운 옷을 입었다 Il portait un habit tout rapiécé.

누드 영{nude} 명 nu *m*.

◆_모델 영{- model} 명 modèle *m* posant nu.

◆_집 -集 명 recueil *m* de photographies de nu, album *m* de nus photographiques.

◆_화 -畫 명 peinture *f* de nu.

누락 漏落 명 omission *f*, lacune *f* ((dans un ouvrage)). ¶ 식자(植字)의 ~ des bourdons ((d'un mot, d'une ligne)). ◇_(을) 하다 omettre *qc*; oublier *qc*; sauter *qc*; passer (sous silence) ((des détails)). ¶ 나는 승진에서 ~했다 Je n'ai pas obtenu [eu, reçu] de promotion [d'avancement]. ◇_(이) 되다 être oublié(*e*), omis(*e*). ¶ 네 이름이 합격자 명단에서 ~되었다 Ton nom n'est pas dans la liste des reçus. ◇_(을) 시키다 exclure *qn* de *qc*; refuser[éliminer] *qn* ((à un concours)). ¶ 성적이 안 되는 사람을 ~시키다 refuser les candidats qui n'ont pas eu d'assez bonnes notes.

누란지위 累卵之危 명 danger *m* imminent; situation *f* délicate[dangereuse, menaçante]. ¶ 국운이 ~에 처해 있다 La patrie est en danger.

누런색 -色 명 couleur *f* jaunâtre. ¶ ~ 황금 de l'or jaune.

누렁 명 couleur *f* jaunâtre [jaunasse {*fam*}].

누렁이 명 chien(*ne*) jaune. ¶ 우리 집 ~가 새끼를 낳았다 Notre chien jaune a eu des petits.

누렇다 형 être jaunâtre, jaunasse {*fam*}, jauni(*e*). ¶ 책이 오래되어 종이가 ~ Comme c'est un vieux livre [bouquin {*fam*}], le papier a jauni. ¶ 누런 황금 de l'or jaune [jaunâtre]. ¶ 누렇게 물든 가을 들판 les champs dorés d'automne. ¶ 그 여자는 오랜 굶주림으로 얼굴이 누렇게 떴다 Elle s'est si mal nourrie qu'elle a maintenant le teint jaunâtre / Elle a si longtemps jeûné que son visage est devenu jaune.

누룩 명 levain *m*, ferment *m*, levure *f*. ¶ ~으로 술을 빚다 produire [fabriquer] de l'alcool à l'aide de [sous l'action de] certaines levures [par fermentation alcoolique].

◆_곰팡이 명 levain *m*, ferment *m*.

누룽지 명 *nurungji m* <riz roussi et croustillant attaché au fond de la casserole [de la marmite]>. ¶ ~를 긁다 gratter la croûte de riz (roussi) au fond de la casserole. ¶ ~가 생겼다 Il s'est formé une croûte épaisse de riz (roussi) au fond de la casserole.

누르끼리하다 형 être jaunâtre. ¶ 누르끼리한 종이봉투 une enveloppe jaunâtre. ¶ 누르끼리한 안색 un teint jaunâtre.

누르다[1] 형 être jauni(*e*). ¶ 누른 잎새 une feuille jaunie.

누르다[2] 타 ① presser, appuyer sur *qc*; pousser. ¶ 초인종을 ~ appuyer sur la sonnette. ¶ 상처를 손가락으로 ~ appuyer sur une blessure avec le doigt. ¶ 관자놀이를 ~ appuyer sur la tempe. ¶ 뚜껑이 날아가지 않게 돌로 눌러 두어라 Pour que le couvercle ne s'envole pas, mets [pose] une pierre dessus. ¶ 국수를 ~ battre le champion national [du pays] de jeu de *go* [((장기)) des échecs orientaux]. ② ((압제)) maîtriser, dominer; opprimer, étouffer; dompter, brider, bâillonner. ¶ 권력으로 남을 ~ dominer [opprimer] les autres par *son* pouvoir. ¶ 여론[반대 의견]을 ~ opprimer l'opinion publique [bâillonner les avis contraires]. ¶ 상대를 꼭 그렇게 힘으로 눌러야 하겠니? Dois-tu toujours dominer l'adversaire par la force? ¶ 우리는 상대편을 1점 차이로 누르고 승리했다 Nous avons dominé l'équipe adverse d'un point et avons remporté la victoire. ③ ((억제)) contenir, réprimer, refréner, mettre un frein à *qc*. ¶ 감정[열정, 본능, 욕망, 분노, 슬픔]을 ~ contenir [réprimer, refréner, mettre un frein à] *son* émotion [une passion, un instinct, un désir, *sa* colère, *sa* tristesse].

누르스름하다 형 être jaunâtre, jaune*t*(*te*). ¶ 누르스름한 벽지 un papier peint jaunâtre.

누름적 -炙 명 *nureumjeok m* <brochette de viande et de légumes enrobés dans de la pâte>.

누릇누릇 부 avec des taches jaunâtres [dorées], avec une teinte jaunâtre, de façon jaunâtre. ¶ 벼가 ~ 익어간다 Les pousses de riz prennent une teinte dorée en mûrissant.

누릇누릇하다 형 être jaunâtre, jauni(*e*), doré(*e*). ¶ 가을이 되니 단풍이 들어 나뭇잎들이 ~ En automne, les feuilles des arbres jaunissent. ¶ 누릇누릇한 종이 un papier jaunâtre, un papier jauni.

누리 명 monde *m*. ¶ 흰 눈이 온 ~를 덮었다 Tout est blanc / Le paysage est couvert de neige.

누리끼리하다 형 être jaunâtre. ¶ 그 사람은 영양실조로 얼굴이 ~ Son visage est devenu jaunâtre par malnutrition.

누리다 타 jouir de *qc*; goûter, savourer; bénéficier de *qc*; avoir le bonheur de posséder *qc*. ¶ 명성을 ~ jouir de la célébrité. ¶ 부를 ~ jouir d'une grande richesse. ¶ 영화를 ~ connaître la gloire. ¶ 장수를 ~ goûter une longue vie. ¶ 행복을 누리며 살다 vivre [nager {*fam*}] dans le bonheur. ¶ 그 사람은 혼자서 온갖 특혜를 다 누린다 Il est le seul à bénéficier de toutes sortes de privilèges.

누린내 명 odeur *f* de graisse; odeur *f* rance[fétide, forte]. ¶ 양고기에서 ~가 난다 La viande d'agneau sent fort.

누명 陋名 명 mauvaise réputation *f*; réputation *f* ternie; réputation *f* infamante (faussement attribuée à un innocent). ¶ ~(을) 쓰다 acquérir (à tort) une réputation infamante; être faussement accusé(*e*), être injustement accusé(*e*), être l'objet d'une accusation injuste. ¶ 억울한 ~을 쓰다 être injustement accusé(*e*), être l'objet d'une accusation injuste. ¶ 그 분은 억울하게 도둑 ~을 썼다 Il est accusé injustement de vol. ¶ ~(을) 씌우다 déshonorer *qn*, porter atteinte à l'honneur de *qn*, accuser *qn* injustement. ¶ 경쟁자에게 ~을 씌우다 faire courir des bruits infâmes sur un concurrent, calomnier un concurrent, faire porter une réputation infamante à un concurrent, attaquer la réputation d'un concurrent par des calomnies. ¶ ~(을) 씻다[벗다] se réhabiliter [prouver *son* innocence].

누비 명 ((être)) piqué(*e*), capitonné(*e*), rembourré(*e*), matelassé(*e*).

◆**_두루마기** 명 douillette *f*; pardessus *m* piqué.

◆**_옷** 명 vêtement *m* piqué[capitonné, matelassé].

◆**_이불** 명 couverture *f* piquée[matelassée].

누비다[1] 타 ((이불 따위를)) ouater et piquer, matelasser ((une couverture)); ((코트 따위를)) ouatiner, doubler de ouatine ((un manteau)); capitonner ((un fauteuil)). ¶ 누빈 코트 un manteau ouatiné [doublé de ouatine]. ¶ 이불을 ~ ouater et piquer une couverture, matelasser une couverture.

누비다[2] 타 se faufiler; aller dans les moindres des recoins; serpenter, faire des méandres. ¶ 군중 속을 누비며 가다 se frayer un passage dans la foule, se faufiler parmi la foule. ¶ 르노19로 전 유럽을 누비고 돌아다녔죠 Je suis allé(*e*) dans les moindres recoins de l'Europe avec une Renault 19 ¶ 정계를 ~ connaître le monde politique par cœur.

누선 淚腺 명 glandes *fpl* lacrymales. ¶ ~을 자극하는 영화 un film qui fait pleurer, un film larmoyant, un film qui met la larme à l'œil.

누설 漏泄 명 divulgation *f*, révélation *f*, dévoilement *m*. ◇_(을) **하다** révéler ((les défauts)), trahir ((*ses* secrets)), divulguer ((les informations confidentielles)), dévoiler ((tous les détails)), confier ((les secrets)), percer ((un secret)). ¶ 그 일을 남에게 ~해서는 안 된다 Il faut garder le silence sur cette affaire / Il ne faut pas révéler cette affaire aux autres. ◇_(이) **되다** être révélé(*e*), dévoilé(*e*), divulgué(*e*), percé(*e*); filtrer. ¶ 이 계획이 절대로 ~되지 않도록 주의해라 Il faut garder le projet dans le plus grand secret / Fais attention à ce que ce projet ne soit pas révélé.

◆**비밀_죄** 秘密-罪 명 abus *m* de confiance.

누수 漏水 명 fuite *f* d'eau; perte *f* d'eau; infiltration *f*. ¶ ~ 현상 une fuite d'eau. ¶ ~를 방지하다 obturer [étancher aveugler, boucher, maîtriser] une voie [fuite] d'eau. ¶ 수도관이 낡아 ~가 심하다 Les conduits étant vieux, la fuite d'eau est considérable / Les tuyaux étant usés, la fuite d'eau est grave. ◇_(가) **되다** ((l'eau)) fuir; perdre de l'eau.

◆**_탐지기** -探知機 명 détecteur *m* de fuite.

누에 명 ver *m* à soie. ¶ ~를 치다 élever des vers à soie, faire l'élevage du ver à soie, faire de la sériciculture. ¶ ~가 고치를 짓는다 Le ver à soie tisse un cocon.

◆**_고치** 명 cocon *m*. ¶ ~고치에서 실을 뽑다 dévider un cocon [dévider le fil d'un cocon].

◆**_나방** 명 bombyx *m*, papillon *m* séricigène.

◆**_치기** 명 sériciculture *f*.

누옥 陋屋 명 ① 너저분한 집 maison *f* délabrée [en ruine], masure *f*, taudis *m*. ② ((자기 집을 겸손하게 이르는 말)) mon humble demeure *f*.

누이 명 sœur *f* ((pour un homme)).

*~ **좋고 매부 좋다** C'est une affaire qui profite à la fois à toi et à moi[à tous les deux] / C'est bon pour tous les deux / ((~ 좋고 매부 좋고 하자)) un (petit) service en appelle un autre.

◆**_동생** 명 sœur *f* cadette; petite sœur *f* ((pour un homme))

◆**시_** 媤- 명 belle sœur *f*.

누이다[1] 타 ((대변을)) faire aller à la selle ((un enfant)); ((소변을)) faire uriner ((un enfant)). ¶ 아기를 대변[소변]을 ~ faire aller à la selle un enfant [faire uriner un enfant].

누이다[2] 타 ((아이를)) coucher ((un enfant)), faire allonger *qn*. ¶ 아기[환자]를 침대에 ~ coucher un enfant [un malade, un patient] dans son lit.

누적 累積 명 accumulation *f*, cumulation *f*. ¶ 그 사람은 피로(의) ~으로 쓰러졌다 Il est tombé malade à cause de la fatigue accumulée. ◇_(을) **하다** accumuler; entasser, amonceler. ◇_(이) **되다** être accumulé(*e*), s'accumuler, s'entasser, s'amasser, s'amonceler. ¶ 불만이 ~되고 있다 Le mécontentement grandit. ¶ ~된 결과 les résultats accumulés. ¶ 지금까지 ~되었던 분노가 마침내 폭발했다 La colère accumulée jusqu'à maintenant a fini par éclater.

◆**_도수** -度數 명 taux *m* d'accumulation.

누전 漏電 명 【전기】 court-circuit(~*s*-~*s*) *m*, court-jus *m* {*fam*}; panne *f* d'électricité [de courant]. ¶ ~을 일으키다 causer [provoquer] un court-circuit. ¶ ~으로 인한 화재 un incendie dû à un court-circuit. ◇_(이) **되다** court-circuiter; shunter. ¶ 전기가 ~되었다 Il y a un court-circuit [un court-jus].

◆**_차단기** -遮斷器 명 coupe-circuit *m*.

누지다 형 être humide, moite; être mouillé(*e*). ¶ 장마철에 불을 때지 않아 방이 ~ N'ayant pas chauffé pendant la saison des pluies, la maison [l'appartement] est humide. ¶ 성냥이 누져 불이 안

붙는다 Les allumettes étant mouillées ne s'enflamment pas [ne peuvent pas s'enflammer].

누진 累進 어근 avancement *m* progressif; progression *f*.

◆_**적** -的 명관 progressif(*ve*).

◆_**과세** -課稅 명 impôt *m* progressif.

◆_**세** -稅 명 impôt *m* progressif, taxe *f* progressive.

누차 屢次 부 plusieurs fois, maintes fois, bien des fois, à plusieurs [maintes] reprises, maintes et maintes fois, tant et plus, à n'en plus finir, itérativement {*litt*}. ¶ ~ 이야기하다 répéter plusieurs fois; réitérer. ¶ ~ 독촉하다 presser à plusieurs reprises. ¶ ~ 말한 바와 같이 comme je vous l'ai souvent dit, comme je vous l'ai dit à plusieurs reprises [maintes fois].

◆_**에 걸쳐** 부 plusieurs fois, maintes fois, bien des fois, à plusieurs[maintes] reprises, maintes et maintes fois, tant et plus, à n'en plus finir, itérativement {*litt*}. ¶ 그 일의 위험성을 ~에 걸쳐 설명했지만 그 분은 듣지 않았다 Je l'ai déjà informé à plusieurs reprises du danger de ce travail, mais il ne m'a pas écouté.

누추하다 陋醜- 형 être sale, malpropre, crasseux(*se*); ((habit)) être râpé(*e*), fripé(*e*), miteux(*se*); ((mobilier)) être pauvre, minable, misérable, piteux(*se*), lamentable, pitoyable. ¶ 누추한 옷차림 des vêtements miteux [en piteux état, malpropres, crasseux], une tenue malpropre. ¶ (집안이) 누추합니다만 들어오세요 Veuillez entrer dans mon humble demeure.

누출 漏出 명 fuite *f* ((d'eau, de gaz)); perte *f*. ¶ 방사능 ~의 위험성 le risque d'une fuite de radioactivité. ◇_**(이) 되다** fuir, s'échapper. ¶ 그 파이프에서 가스가 ~되고 있었다 De ce tuyau, le gaz s'échappait. ◇_**(을) 시키다** laisser échapper ((du gaz)).

눅눅하다 형 être humide, moite; être mouillé(*e*). ¶ 오랜 장마로 온 집안이 ~ Après la longue saison des pluies, la maison est humide. ¶ 눅눅한 이불 une couverture [une couette] humide. ¶ 과재[종이]가 눅눅해졌다 Les biscuits se sont ramollis (à l'humidité)[Le papier a pris l'humidité].

눅다 자 ① ((반죽이)) être trop mou(*molle*), délayé(*e*), dilué(*e*). ¶ 밀가루 반죽이 너무 눅었다 La pâte ((à tarte)) est trop molle. ② ((감정이)) se calmer, s'apaiser.

눅이다 타 ① ((반죽을)) rendre mou(*molle*), ramollir, rendre moins dur(*e*); délayer ((dans de l'eau)). ¶ 반죽을 ~ ramollir la pâte. ② ((감정을)) calmer, apaiser; fléchir. ¶ 성질[화, 마음]을 ~ adoucir *son* mauvais caractère [apaiser *sa* colère, apaiser *ses* sentiments].

눅진눅진하다 형 être gluant(*e*); être pâteux(*se*), visqueux(*se*); être mou(*molle*); être ramolli(*e*). ¶ 여름 햇볕에 아스팔트가 ~ L'asphalte [Le goudron] est ramolli par la chaleur de l'été / Le goudron est devenu visqueux sous l'effet de la chaleur de l'été. ¶ 엿이 ~ Le *yeot* est mou et collant.

눅진하다 형 être gluant(*e*), visqueux(*se*); être pâteux(*se*), épais(*se*) [dense]; ((성격이)) être doux(*ce*) et patient(*e*), être indulgent(*e*). ¶ 눅진한 수액 un suc épais. ¶ 그 분은 성격이 ~ Il est doux et patient.

눈¹ 명 ① œil(*yeux*) *m*. ¶ 푸른 ~ des yeux bleus. ¶ ~을 깜박거리다 cligner des yeux. ¶ ~을 내리깔다 baisser les yeux. ¶ ~을 비비다 se frotter les yeux. ¶ ~을 흘기다 regarder du coin de l'œil, faire de gros yeux, regarder de travers. ¶ 그 분은 내 ~을 빤히 바라보며 그렇게 말했다 Il me l'a dit en me regardant droit dans les yeux. ¶ 그것은 ~을 즐겁게 한다 Cela réjouit[flatte] les yeux. ¶ ~을 (까)뒤집고 찾아보아도 그 책이 보이지 않는다 J'ai beau écarquiller les yeux pour chercher ce livre, je n'arrive pas à le retrouver. ¶ 너는 ~을 어디다 두고[달고] 다니는 거니? T(u)'es aveugle ou quoi? {*fam*} / T(u)'as les yeux dans ta poche ou quoi? {*fam*} / Tu as des yeux, non? {*fam*} / T(u)'as besoin de lunettes ou quoi? {*fam*} ¶ ~에 눈물이 가득하다 avoir les yeux pleins de larmes. ¶ ~에 총기가 흐르다 avoir un regard intelligent. ¶ ~에 초점이 없다 avoir les yeux perdus dans le vague, avoir le regard vide. ¶ ~에 티가 들어가서 쓰리다 avoir mal aux yeux à cause de la poussière. ¶ 분자는 너무 작아서 ~에 안 보인다 Les particules sont trop petites pour être observées à l'œil nu. ¶ ~에 힘 빼라 Ne jette pas un regard aussi dur! / Ne me fusille pas du regard {*fam*} / Aie un regard moins sévère. ¶ 질투[분노]의 ~으로 d'un œil jaloux [furieux]. ¶ 그런 이상한 ~으로 나를 보지 마라 Arrête de me regarder bizarrement / Ne me regarde pas avec ces yeux-là. ¶ 내 ~으로 확인하기[보기] 전에는 믿지 못하겠다 Je ne le croirai pas avant de l'avoir vu de mes propres yeux. ¶ ~이 맑다[초롱초롱하다] avoir les yeux clairs [brillants, scintillants]. ¶ ~이 작다 avoir de petits yeux. ¶ ~이 옆으로 찢어졌다 avoir les yeux très bridés. ¶ 그 여자는 ~이 검다 Elle a les yeux noirs. ¶ ~이 퉁퉁 붓다 avoir les yeux tout gonflés. ¶ 밤을 꼬박 새웠더니 자꾸만 ~이 감긴다 Comme j'ai passé une nuit blanche, mes yeux se ferment tout seuls. ¶ 그 여자와 나는 (서로) ~이 마주쳤다 Nos regards se sont croisés. ¶ 너무 바빠서 ~이 핑핑 돌 지경이다 Je suis tellement débordé(*e*) que j'ai la tête qui tourne. ¶ ~을 뜨다 ouvrir les yeux. ¶ 아침에 ~을 뜨면 en ouvrant les yeux le matin, quand j'ouvre les yeux le matin. ¶ ~ 뜨지 말고 열을 세어라 Compte jusqu'à dix avant d'ouvrir les yeux [en fermant les yeux]. ¶ ~을 가늘게[치켜] 뜨다 plisser les yeux [avoir un regard désapprobateur]. ¶ ~(이) 부시다 être aveuglé(*e*), ébloui(*e*); être éblouissant(*e*). ¶ 햇살이 ~부시다 Je suis aveuglé(*e*) [ébloui(*e*)] par le soleil. / Le rayon de soleil est éblouissant. ¶ ~부신 조명 un éclairage

ㄴ

éblouissant. ¶ ~을 감다 fermer les yeux. ¶ 잠을 청하려고 ~을 감았다 Je suis resté(*e*) couché(*e*) les yeux fermés en attendant que le sommeil vienne. ② ((시력)) vue *f*, regard *m*. ¶ ~이 나쁘다[좋다] avoir une mauvaise vue [une bonne vue]. ¶ ~이 밝다 avoir une bonne vue, avoir de bons yeux. ¶ 책을 너무 가까이서 보았더니 ~이 나빠졌다 Comme je lis de trop près, ma vue a baissé [j'ai une moins bonne vue]. ③ ((식견)) connaissance *f*; l'œil *m* du connaisseur. ¶ 그 분은 그림 보는 ~이 있다 Il a l'œil en peinture {*fam*} / Il s'y connaît en peinture / Il est bon juge [expert] en peinture / C'est un connaisseur en peinture. ¶ 보는 ~이 정확하다 voir juste; être perspicace. ¶ 사람 보는 ~이 없다 ne pas être perspicace. ④ ((이목)) attention *f*; regard *m* ((des autres)). ¶ 너무 다른 사람들의 ~을 의식하지 말아라 Ne vous préoccupez pas trop du regard des autres. ¶ 남의 ~을 피해서 몰래 만나다 se voir dans la plus grande discrétion [à l'abri des regards indiscrets]. ¶ 남의 ~이 두려워서 하고 싶은 일도 못한다 Par peur du regard des autres, on ne peut pas toujours faire ce qu'on veut. ⑤ ((입장, 견지)) vue *f*; point *m* de vue. ¶ 첫 ~에(는) à première vue, au premier coup d'œil; au premier abord. ¶ 제 3자의 ~으로 볼 때 au [du] point de vue d'un tiers. ¶ 전문가의 ~으로 볼 때 selon le regard d'un expert [connaisseur]. ¶ 프랑스인의 ~으로 본 한국 la Corée vue par un Français. ¶ 올바른 ~으로 보다 voir juste. ¶ 사건을 좀 다른 ~으로 보다 envisager les événements [l'affaire] sous un angle différent; voir la situation sous un autre angle. ¶ 그 분은 사물을 항상 잘못된[삐뚤어진] ~으로 본다 Il voit toujours le mauvais côté des choses.

*~ **가리고 아웅 하는 격이다** Mon œil! {*fam*} / C'est un peu gros ce que tu me dis là! / N'essaie pas de mentir, je ne suis pas dupe [crédule, naïf(*ve*)] / On ne me la fait pas à moi! {*fam*} / C'est vrai ton mensonge? / Il est un peu trop gros ton mensonge! tu ne crois pas? / Je te vois venir (avec tes gros sabots)! {*fam*} / Tu n'espères tout de même pas que je vais te croire? / Quel mensonge! / Je ne suis pas si crédule [naïf(*ve*)] que j'en ai l'air! / Je trouve ça (un peu) gros / C'est (un peu) gros (ton mensonge) / C'est gros comme une maison {*fam*} / Je sais que tu mens.

*~ **깜짝할 사이에** en un clin d'œil.

*~**도 깜짝 안 하다** ne pas broncher [réagir].

*~ **딱 감고** fermer les yeux sur *qc* [là-dessus]. ¶ ~ 딱 감고 모른 체하다 fermer les yeux sur *qc* et faire semblant de ne pas le savoir. ¶ ~ 딱 감고 이번 한번만 도와 줘 Ferme les yeux là-dessus et aide-moi seulement cette fois-ci!

*~ **뜨고 코 베어갈 세상** un monde sans pitié.

*~ **뜨고 보려야 볼 수 없다** Ça m'écœure [me répugne, me dégoûte] de voir ça / C'est insupportable à voir [à la vue] / C'est répugnant [dégoûtant, déplaisant, écœurant].

*~ **뜬 장님** une personne qui ne voit pas ce qui est juste sous son nez, une personne aveugle ((au sens figuré)); ((문맹)) un(*e*) analphabète, un(*e*) illettré(*e*). ¶ 눈앞에 있는 것도 제대로 못 보니 ~ 뜬 장님이 따로 없군! Tu as des yeux et tu ne vois rien / Tu ne vois pas ce qui est juste sous ton nez / Tu ne vois rien alors que c'est juste sous ton nez.

*~ **밖에 나다** sortir par les yeux ((à *qn*)). ¶ 저 사람 매일 농땡이를 치더니 드디어는 사장의 ~밖에 났다 Comme il ne foutait rien {*vulg*}, le patron a fini par ne plus pouvoir le sentir {*fam*} [sa tête ne lui revenait plus] / Comme il ne foutait rien {*vulg*}, il a fini par sortir par les yeux du patron.

*~**에 거슬리다** choquer les regards[la vue] de *qn*, offusquer *qn*, blesser [choquer] la vue de *qn*; être désagréable [déplaisant(*e*)] à voir pour *qn*; contrarier *qn*; agacer *qn*, énerver *qn*. ¶ 그 분의 무례한 태도는 ~에 거슬린다 Son attitude impolie me déplaît [me choque, m'offusque, m'indispose].

*~**에 넣어도 아프지 않다** aimer *qn* comme la prunelle de *ses* yeux.

*~**에는** ~ **이에는 이** œil pour œil, dent pour dent.

*~**에 들다** plaire à *qn*. ¶ 그 아이는 아버지 ~에 들기 위해 노력했다 L'enfant a fait des efforts pour plaire à son père.

*~**에 띄다** ① s'apercevoir; sauter aux yeux de *qn*; se laisser voir; se faire remarquer de / par *qn*, attirer le regard [l'attention] de *qn*. ¶ 사람들 틈에서 그 분의 모습이 ~에 띄었다 Dans la foule, on l'a aperçu(*e*). ② sauter aux yeux, être l'évidence même, crever les yeux {*fam*}, frapper l'œil. ¶ ~에 띄게 달라진 모습 un changement qui saute aux yeux.

*~**에 불[쌍심지]을 켜다** être en colère, fusiller *qn* du regard.

*~**에서 불이 나다** voir trente-six chandelles.

*~**에 선하다** ((사람이 주어)) revoir [avoir] un souvenir très net[frais] de *qc*; s'en souvenir comme si c'était hier; ((사물이)) être présent(*e*) à l'esprit [à la mémoire]. ¶ 지금도 그 때 그 모습이 ~에 선하다 Aujourd'hui encore, je le vois tel qu'il était.

*~**(에) 설다** être étrang*er*(*ère*), peu famili*er*(*ère*). ¶ ~에 선 광경 un spectacle [une scène] étrange.

*~**에 어리다** ((사람이)) revoir [avoir] un souvenir très net[frais] de *qc*; s'en souvenir comme si c'était hier; ((사물이)) être présent(*e*) à l'esprit [à la mémoire]. ¶ 어머니 모습이 ~에 어린다 Je revois encore l'image de ma mère.

*~**에 익다** être famili*er*(*ère*) à *qn* [aux yeux de *qn*]; être bien connu(*e*) de *qn*. ¶ ~에 익은 거리 une rue (devenue) familière.

*~**에 차다** ((사물이)) être satisfaisant(*e*); ((사람이)) être satisfait(*e*) de *qc*; se contenter de *qc*. ¶ 나는 웬만한 물건은 ~에 차지 않는다 Je ne me contente

pas de choses ordinaires / Les choses ordinaires ne me satisfont pas.

*~**에 콩깍지가 씌다** être aveuglé(*e*) par *qc* ((l'amour, l'argent, etc.)).

*~**(을) 감다** mourir, fermer les yeux. ¶ 그는 어린 자식을 두고 차마 ~을 감지 못할 것이다 Il ne pourra pas fermer les yeux en laissant derrière lui un enfant en bas âge.

*~**(을) 끌다** frapper [attirer] les regards [attirer l'attention de *qn*]; se faire remarquer par *qn*.

*~**(을) 돌리다** diriger [tourner] *ses* yeux [*son* regard, *son* attention] vers *qn*/*qc*; détourner les yeux [*son* regard, *son* visage] de *qn*/*qc*; se détourner; porter les yeux [*son* regard, *son* attention] sur *qn*/*qc*., porter *son* attention sur *qc*, s'intéresser à *qc*. ¶ 미개척 분야에 ~을 돌리다 porter *son* attention sur [s'intéresser à] un domaine jusque-là inexploré [non étudié, vierge].

*~**(을) 뜨다** ouvrir les yeux à *qc*; s'éveiller à *qc*. ¶ 현실에 ~을 뜨다 ouvrir les yeux à la réalité. ¶ 이성에 ~(을) 뜨다 s'éveiller à l'amour.

*~**(을) 붙이다** dormir; s'endormir, faire un (petit) somme, sommeiller, somnoler, s'assoupir, piquer [faire] un roupillon {*fam*}; ((점심 후)) faire la [une petite] sieste. ¶ 어제 내내 한숨도 못 잤으니 이제는 ~ 좀 붙여라 Comme tu n'as pas fermé l'œil de la nuit, dors un peu [fais une petite sieste] maintenant.

*~**(을) 속이다** tromper [duper] *qn*; agir en cachette. ¶ 그 직원은 주인의 ~을 속여 물건을 빼돌렸다 Cet(*te*) employé(*e*) s'est approprié(*e*) frauduleusement des marchandises en trompant le patron.

*~**이 가다** *Son* regard se dirige vers *qn*/*qc*. ¶ 나도 모르게 그 쪽으로 자꾸 ~이 간다 Je ne sais pas pourquoi mais sans le vouloir [sans le faire exprès], je n'arrête pas de regarder [je regarde sans cesse] dans cette direction.

*~**(이) 높다** avoir un goût raffiné; être fin connaisseur; être difficile en ce qui concerne *qn*/*qc*. ¶ 그 여자는 ~이 높아서 웬만한 남자는 거들떠보지도 않는다 Comme elle est difficile, elle ne daigne même pas regarder les hommes ordinaires.

*~**(이) 뒤집히다** n'avoir d'yeux que pour *qc*; être obsédé(*e*) par *qn*/*qc*; ne penser qu'à *qc*. ¶ 그 사람은 돈벌이에 ~이 뒤집혔다 Il n'avait d'yeux que pour l'argent / Il est obsédé par l'argent / Il ne pensait qu'à gagner de l'argent.

*~**(이) 맞다** tomber amoureux l'un de l'autre; s'éprendre l'un de l'autre. ¶ 그 두 남녀는 서로 ~이 맞아서 달아났다 L'homme et la femme qui s'étaient épris l'un de l'autre ont pris la fuite ensemble.

*~**(이) 멀다** ① 시력을 잃다 perdre la vue; devenir aveugle. ¶ 사고를 당해 ~이 멀게 되었다 Il a perdu la vue à la suite d'un accident / Il est devenu aveugle à cause d'un accident. ② ((사랑에)) être aveuglé(*e*) par *qc*. ¶ 사랑에 ~이 멀어 그 분의 결점을 보지 못했다 Aveuglée par l'amour, elle n'a pas vu ses défauts. ¶ 그는 출세에 ~이 멀어 의리를 저버렸다 Aveuglé par la réussite sociale, il est devenu ingrat.

*~**(이) 부시다** être éblouissant(*e*), extraordinaire, vertigineux(*se*), prodigieux(*se*). ¶ ~부신 발전 un progrès extraordinaire; un développement vertigineux [prodigieux]. ¶ ~부시게 아름다운 여인 une femme ravissante, une femme d'une beauté éblouissante [étourdissante], une femme belle à ravir.

*~**(이) 삐다** être aveugle; avoir mauvais goût; avoir besoin de lunettes. ¶ 저런 사람을 좋다고 했으니, 내가 ~이 삐었지 Pour dire que j'aimais cette personne, je devais être complètement aveugle.

*~**(이) 어둡다** ① 시력이 안 좋다 avoir une mauvaise vue; avoir la vue qui baisse. ¶ 늙어갈수록 ~이 어두워진다 Avec l'âge, la vue baisse. ② être aveuglé(*e*) par *qc*. ¶ 그 사내는 돈에 ~이 어두워 친구를 배신했다 Aveuglé par l'argent, cet homme a trahi un ami / Cet homme a vendu son ami pour de l'argent.

*~**(이) 빠지게 기다리다** attendre *qn* avec impatience; s'impatienter; faire le pied de grue.

*~**이 (휘)둥그레지다** être très surpris(*e*); avoir les yeux écarquillés [exorbités].

***내 ~에 흙이 들어가기 전에는** Moi vivant [Tant que je suis vivant(*e*)], ((il n'en est pas question)); Il faudra me passer sur le corps, ((si tu veux ...)). ¶ 내 ~에 흙이 들어가기 전에는 너희들 결혼은 어림도 없는 줄 알아라 Il faudra me passer sur le corps si tu veux que je te donne mon consentement pour ce mariage.

***제 ~에 안경** L'amour rend aveugle.

***차마 ~ 뜨고 볼 수 없는 참상** un spectacle [une scène] affreux(*se*) [horrible].

***첫 ~에 반하다** avoir le coup de foudre.

***한 ~에 알아보다** remarquer [reconnaître] *qn*/*qc* au premier coup d'œil.

◆**_감아주다** 재타 passer sur (les fautes de *qn*); fermer les yeux sur (une faute); tolérer (une petite erreur). ¶ 잘못을 ~감아주다 fermer les yeux sur les erreurs de *qn*. ¶ 이번 한번만 ~감아주면 다시는 그런 실수를 저지르지 않을게 Si tu fermes les yeux juste cette fois, je ne commettrai plus jamais ce genre de faute.

◆**_여겨보다** 타 regarder *qn*/*qc* avec attention[attentivement]; observer *qn*/*qc* de près. ¶ 그의 얼굴을 ~여겨보다 observer de près [regarder avec attention] son visage.

◆**_가리개** 명 ((사람)) bandeau(*x*) *m* ((sur les yeux)); ((말)) œillères *fpl*.

◆**_가림** 명 trompe-l'œil *m*; camouflage *m*; feinte *f*, façade *f*, tromperie *f*, faux semblant *m*; apparence *f* trompeuse. ¶ ~가림에 불과한 법안 une proposition de loi qui n'est qu'une façade.

◆**_깔** 명 œil(*yeux*) *m*, mirette *f* {*fam*}, calot *m*

ㄴ

{*vx*}; chasse *f*; carreau(*x*) *m*. ¶ 동태 ~깔 un regard vitreux [embrumé, voilé], un œil vitreux. ¶ ~깔이 삐었냐? Tu es aveugle ou quoi? / Tu as de la merde dans les yeux? {*fam*} / Tu es bigleux(*se*) ou quoi? {*fam*} / Tu n'as pas les yeux en face des trous? {*fam*}/ Tu as des peaux de saucisson devant les yeux ou quoi? {*fam*}

◆ **_꺼풀** 명 paupière *f*. ¶ ~꺼풀이 무겁다 avoir les paupières lourdes.

◆ **_곱** 명 ① mite *f* {*fam, vx*}, chassie *f*. ¶ ~곱을 떼다 enlever la mite [la chassie]. ¶ ~곱이 끼다 avoir les yeux chassieux, avoir la mite à l'œil, avoir des mites dans les yeux {*fam, vx*}. ② ((소량)) aucunement, nullement, (pas) la moindre ((intention)); pas le moins du monde. ¶ 그 분에게 사과할 생각은 ~ 만큼도 없다 Je n'ai aucunement l'intention de lui présenter mes excuses. ¶ 나는 ~만치도 개의치 않는다 Cela ne me gêne pas du tout.

◆ **_길** 명 regard *m*; œil(*yeux*) *m*. ¶ ~길을 끌다[모으다] attirer le regard [l'œil, l'attention] de *qn*. ¶ ~길을 던지다 regarder, jeter des coups d'œil, jeter un regard sur / vers *qn*. ¶ 그윽한[다정한, 부드러운] ~길로 쳐다보다 jeter [adresser] un regard tendre [amical, doux].

◆ **_대중** 명 estimation *f* [évaluation *f*, mesure *f*] approximative [grossière]; ((으로)) à vue *f* d'œil [de nez {*fam*}], grosso modo. ¶ ~대중으로 재다 mesurer [évaluer, estimer] (une distance) à vue d'œil [à vue de nez, grossièrement, au pifomètre {*fam*}].

◆ **_독** 명 regard *m* de convoitise. ¶ ~독을 들이다 lorgner [convoiter, guigner] ((un héritage)); jeter un regard de convoitise sur *qc*; reluquer *qn*/*qc*; avoir l'œil sur *qc* ((여자에게)) avoir des vues sur *qn*.

◆ **_동자** -瞳子 명 prunelle *f*; pupille *f*. ¶ 검은 ~동자 une pupille noire.

◆ **_두덩** paupière *f*. ¶ ~두덩이 붓다 avoir les yeux gonflés [enflés, boursouflés].

◆ **_망울** 명 globe *m* oculaire [de l'œil]; (intérieur *m* de l') œil *m*. ¶ 아이들의 초롱초롱한 ~망울을 바라보다 fixer [regarder] les yeux clairs [limpides] des enfants.

◆ **_매** 명 regard *m*. ¶ ~매가 곱다[매섭다] avoir un beau regard [un regard sévère].

◆ **_병** -病 명 maladie *f* de l'œil, ophtalmie *f*; conjonctivite *f*. ¶ 그 사람은 ~병이 났다 Il a une ophtalmie [une conjonctivite] / Il a les yeux irrités. ¶ 요즘 ~병이 돌고 있으니 수영장에 가지 않는 것이 좋겠다 Comme ces temps-ci, il y a une épidémie de conjonctivites, il vaudrait mieux ne pas aller à la piscine.

◆ **_빛** 명 ① lueur *f*; regard *m*; éclat *m* des yeux. ② ((색깔)) couleur *f* des yeux. ③ aspect *m*, air *m*, apparence *f*, mine *f*. ¶ 예사롭지 않은 ~빛 un regard peu commun [qui sort de l'ordinaire]. ¶ ~빛이 날카롭다 avoir le regard perçant. ¶ ~빛이 맑다 avoir le regard clair [limpide]. ¶ 그의 ~빛을 보니 보통이 아니겠다 J'ai vu son regard, il n'a pas l'air de quelqu'un de banal. ¶ ~빛만 보아도 그가 무슨 생각을 하는지 다 알겠다 Il suffit de regarder ses yeux pour savoir ce qu'il pense.

◆ **_살** 명 rides *fpl* [plis *mpl*] entre les sourcils ¶ ~살을 찌푸리다 froncer les sourcils; se renfrogner; faire la grimace {*fam*}. ¶ 이 소식을 듣고 그는 ~살을 찌푸렸다 À l'annonce de cette nouvelle, il s'est renfrogné [son visage s'est renfrogné]. ¶ 그 여자는 ~살을 찌푸리며 그 약을 먹었다 Elle a pris ce médicament en faisant la grimace {*fam*}.

◆ **_속임** 명 trompe-l'œil *m inv*; camouflage *m*; bouche-trou *m* (~-~*s*); pis-aller *m inv*; expédient *m*; tromperie *f*, fourberie *f*, duperie *f*, supercherie *f*; apparence *f* trompeuse; façade *f*; feinte *f*. ¶ 그런 것은 다 ~속임에 지나지 않는다 Ce n'est qu'une façade [qu'une feinte]. ¶ 이제 그런 ~속임에는 속지 않는다 Maintenant, je ne me laisse plus avoir par ce genre de supercherie.

◆ **_시울** 명 bord *m* de la paupière. ¶ ~시울을 붉히다 être au bord des larmes; avoir les yeux embués de larmes. ¶ 슬픈 이야기를 듣고 ~시울을 적시다 avoir les larmes aux yeux en écoutant une histoire triste. ¶ 그의 말에 여인은 ~시울이 뜨거워졌다 En écoutant ses paroles[En l'écoutant parler], les larmes lui sont venues aux yeux / Elle a été émue [touchée] en l'écoutant parler.

◆ **_싸움** 명 sorte de jeu *m* de la barbichette ((jeu(*x*) consistant à se regarder fixement en essayant soit de ne pas cligner des yeux, soit de ne pas rire)). ¶ ~싸움을 하다 jouer au jeu de la barbichette. ¶ ~싸움에서 지다[이기다] perdre [gagner] au jeu de la barbichette.

◆ **_썰미** 명 habileté *f* à faire *qc* quand on l'a vu une fois. ¶ 그는 ~썰미가 있다 Il a l'œil.

◆ **_썹** 명 sourcil *m*. ¶ ~썹을 그리다 se faire les sourcils. ¶ ~썹을 찌푸리다 froncer les sourcils. ¶ ~썹 하나 까딱않고 sans sourciller

◆ **_알** 명 globe *m* oculaire [de l'œil]. ¶ ~알을 굴리다 rouler de gros yeux.

◆ **_어림** 명 mesure *f*, évaluation *f*, estimation *f* à vue d'œil [à vue de nez {*fam*}]. ¶ 대강 ~어림으로 거리를 재다 apprécier [évaluer, mesurer] une distance à vue d'œil; mesurer des yeux [avec les yeux] une distance.

◆ **_언저리** 명 tour *m* de l'œil. ¶ ~언저리가 멍들었다 avoir un œil au beurre noir [un œil poché].

◆ **_엣가시** 명 personne *f* détestée; bête *f* noire. ¶ 그는 나를 ~엣가시로 여긴다 Je suis *sa* bête noire / Il me considère comme *sa* bête noire / Il ne peut pas me voir en peinture {*fam*} / Il ne peut pas me supporter [me souffrir, me sentir {*fam*}]. ¶ ~엣가시 같은 존재 une personne qu'on ne peut pas supporter [souffrir, sentir {fam}, blairer {fam}, encadrer {fam}], une personne qu'on ne peut pas voir en peinture.

◆_웃음 명 sourire m dans les yeux. ¶~웃음을 치다 faire flotter un sourire sur les yeux, avoir un sourire aux yeux, avoir les yeux souriants.

◆_자위 명 rebord m de l'œil; coin m de l'œil.

◆_짐작 -斟酌 명 mesure f, évaluation f, estimation f à vue d'œil [à vue de nez {fam}].

◆_초리 명 regard m. ¶ 날카로운 ~초리로 살펴보다 observer d'un regard perçant. ¶ 사나운 ~초리 un regard [un air] farouche.

◆가자미_ 명 regard m de travers [en coin, du coin de l'œil]. ¶ 왜 가자미~을 하고 나를 바라보니? Pourquoi tu me regardes de travers [en coin, du coin de l'œil]?

◆길_ 명 don m [faculté f] de reconnaître son chemin[sa route]. ¶ 길~이 밝다[어둡다] avoir une bonne [mauvaise] mémoire de la route.

◆동태_ 凍太- 명 regard m vitreux [embrumé, voilé] ((quand on a bu de l'alcool)).

◆밤_ 명 vision f nocturne. ¶ 그는 밤~이 밝다[어둡다] Il a une bonne [mauvaise] vision nocturne / Il est nyctalope [héméralope] / Il [ne] voit [pas] bien la nuit [dans l'obscurité] / Il a des yeux de chat.

◆새우_ 명 petits yeux mpl.

◆실_ 명 yeux mpl mi-clos. ¶ 실~을 뜨고 바라보다 regarder qn/qc avec les yeux mi-clos.

눈[2] 명 ☞ 눈금

눈[3] 명 neige f. ¶ 10 년 만에 내린 큰 ~ une forte chute de neige qu'on n'avait pas vue depuis dix ans. ¶ ~을 쓸다[치우다] balayer [enlever, déblayer] la neige. ¶ ~에 덮인 길 un chemin enneigé [couvert de neige]; une route enneigée. ¶ ~에 덮힌 산봉우리 des cimes recouvertes de neige; des cimes neigeuses [enneigées]. ¶ ~으로 기차 길이 막혔다 La neige a bloqué le train. ¶ 그녀는 피부가 ~처럼 하얗다 Sa peau est blanche comme la neige. ¶ ~이 내린다[온다] Il neige / Il tombe de la neige / La neige tombe. ¶ 날씨가 풀리자 ~이 녹는다 Dès que le temps se radoucit, la neige fond. ¶ ~이 그치면 떠나기로 하자 Partons quand il s'arrêtera de neiger! ¶ ~이 쌓인다 La neige s'accumule [s'entasse]. ¶ ~이 1미터 쌓였다 La neige atteint un mètre / Il y a un mètre de neige. ¶ ~이 많은 지방 une région où il neige beaucoup [abondamment].

◆_가루 명 neige f poudreuse; (de) la poudreuse f. ¶ 바람 때문에 ~가루가 날린다 Le vent fait s'envoler la (neige) poudreuse.

◆_길 명 chemin m enneigé [recouvert de neige]; route f enneigée. ¶ 구조대는 ~길을 헤치고 사고 지점으로 갔다 L'équipe de secours est allée sur les lieux de l'accident en se frayant un chemin sur la route enneigée.

◆_꽃 명 neige f sur les branches des arbres ((comme si des fleurs de neige avaient éclos)). ¶ 기온이 떨어지자 산 정상에 ~꽃이 하얗게 피었다 Quand la température a baissé, les sommets des montagnes se sont recouverts d'un manteau blanc de neige (comme si des fleurs de neige avaient éclos).

◆_발 명 chute f abondante de neige. ¶ ~발이 심하게 날려 앞이 보이지 않는다 Comme il neige beaucoup, je ne vois rien.

◆_사람 명 bonhomme m de neige. ¶ ~사람을 만들다 faire un bonhomme de neige.

◆_사태 -沙汰 명 avalanche f (de neige). ¶ ~사태가 (일어)나서 마을 하나가 파묻혔다 Suite à une avalanche, un village a été enseveli sous la neige.

◆_송이 명 flocon m de neige.

◆_싸움 명 bataille f de boules de neige. ¶ 아이들이 ~싸움을 하고 있다 Les enfants font une bataille de boules de neige.

◆봄_ 명 neige f printanière.

*봄~ 녹듯 하다 fondre comme neige au soleil, disparaître très rapidement sans laisser de traces; s'évaporer [se dissiper] rapidement.

◆싸락_ 명 neige f poudreuse; (de) la poudreuse f.

◆인공_ 人工- 명 neige f artificielle.

◆함박_ 명 neige f en gros flocons; gros flocons mpl de neige.

눈[4] 명 maille f. ¶ ~이 촘촘한 그물 un filet à mailles fines [serrées].

눈가 명 les bords mpl de l'œil, le pourtour m de l'œil. ¶ 그 여자는 ~에 눈물이 고였다 Les larmes lui vinrent aux yeux / Elle avait les larmes aux yeux [les yeux embués de larmes] / Elle était au bord des larmes.

눈곱 명 chassie f. ¶ ~을 떼다 enlever les chassies des yeux. ¶ 나는 자고 일어나면 항상 ~이 낀다 J'ai toujours les yeux chassieux quand je me réveille / J'ai toujours les yeux chassieux au réveil.

눈금 명 ① ((자의)) graduation f ((d'une règle)); division f ((d'un centimètre)). ¶ 저울 ~을 속이다 fausser une balance; tricher sur le poids ((d'une marchandise)). ¶ 자의 ~을 읽다 lire la graduation d'une règle. ¶ 그래프에 ~을 표시하다 graduer un graphique. ¶ 이 자는 센티미터로 ~이 새겨져 있다 Cette règle est graduée en centimètres. ¶ 저울의 ~이 모자란다 Cette balance n'est pas faite pour ce poids. ② 눈짐작으로 긋는 금 ligne f tracée à vue d'œil.

눈깔사탕 -沙糖 명 bonbon m en forme d'œil.

눈꼬리 명 coin m de l'œil. ¶ 그 사람은 ~가 올라갔다 Il a les yeux en amande.

눈꼴 명

*~(이) 사납다[시다] ① 아니꼽다 être répugnant(e), dégoûtant(e), écœurant(e) à voir [à la vue] ¶ 그가 잘난 척하는 모습은 ~이 시어서 못 보겠다 Ça

m'écœure de le voir prendre des grands airs [faire *son* malin, frimer, crâner {*fam*}] / Ça m'écœure de le voir vouloir se rendre intéressant. ② 모양 사납다 être laid(*e*), désagréable à voir; être honteux(*se*), déshonorant(*e*); être indécent(*e*). ¶ ~ 사나운 옷차림 une tenue indécente.

눈꼽 명 ((‘눈곱’의 잘못)) ☞ 눈곱

눈더미 명 amas *m* de neige, congère *f*. ¶ 차가 ~에 파묻혔다 La voiture est enterrée sous la neige / La voiture est recouverte de neige. ¶ ~를 치우다 déneiger.

눈덩이 명 grosse boule *f* de neige. ¶ ~를 굴리다 faire rouler de grosses boules de neige. ¶ ~처럼 불어나다 grossir comme une boule de neige.

눈독 명 regard *m* de convoitise; regard *m* fixe. ***~(을) 들이다** convoiter *qc*, lorgner *qn*/*qc*, guigner *qc*, loucher sur *qn*/*qc*; avoir des vues sur *qn*/*qc*. ¶ 모두가 할머니의 재산에 ~을 들이고 있다 Tout le monde convoite l'héritage de la grand-mère.

눈동자 -瞳子 명 pupille *f*. ¶ 까만 ~ une pupille noire.

눈물 명 larme *f*, pleurs *mpl*. ¶ ~을 흘리다 pleurer, verser des larmes. ¶ ~을 감추다 cacher *ses* larmes. ¶ ~을 참다 retenir [étouffer] *ses* larmes à grand-peine; se retenir de pleurer. ¶ ~을 쏟다 fondre [éclater, être] en larmes; être pris(*e*) d'une crise de larmes. ¶ 기쁨의 ~을 흘리다 pleurer de joie, verser des larmes de joie. ¶ 뜨거운 ~을 흘리다 pleurer à chaudes larmes. ¶ 쓰디쓴 ~을 흘리다 verser [répandre] des larmes amères. ¶ 이제 그만 ~을 거두어라 Arrête de pleurer! ¶ 그는 ~을 글썽거렸다 Ses yeux se mouillèrent de larmes / Il avait les larmes aux yeux / Il était au bord des larmes. ¶ 그녀는 손수건으로 ~을 닦았다[누구의 ~을 닦아주었다] Elle a essuyé ses larmes [les larmes de *qn*] avec un mouchoir. ¶ 무릇 남자는 ~을 아껴야 한다 Il ne faut pas pleurer. Tu es un homme! / Les hommes doivent retenir leurs larmes. ¶ 이 아이는 일부러 ~을 짜내고 있다 Cet enfant se force à pleurer. Il joue la comédie. ¶ 나는 이제 ~이 마른 지 오래다 Maintenant, je n'ai plus de larmes à verser. ¶ 그녀의 눈에 ~이 어렸다 Des larmes lui sont montées aux yeux. ¶ ~ 어린 목소리로 avec une voix larmoyante; avec des pleurs [des sanglots] dans la voix. ¶ ~이 가득한 눈(으로) les yeux pleins de larmes, les larmes aux yeux ¶ ~ 젖은 얼굴 un visage noyé de larmes; une mine éplorée. ¶ 그녀는 원래 ~이 많다 Elle a la larme facile / Elle a toujours la larme à l'œil. ¶ ~ 없이는 들을 수 없는 얘기이다 C'est une histoire qui met la larme à l'œil / C'est une histoire qu'on ne peut pas entendre sans que ça nous tire les larmes. ¶ 그녀는 ~에 젖어 있었다 Elle était toute en larmes. ¶ 아들이 죽자 그녀는 ~로 세월을 보내고 [밤을 지새고] 있다 Depuis la mort de son fils, elle vit dans les larmes [elle passe ses nuits en larmes]. ¶ 그는 내게 자신의 억울함을 ~로 하소연했다 Il s'est plaint à moi en pleurant. ¶ 값싼 ~로 내게서 동정을 구하려고 하지 마라 N'essaie pas d'obtenir ma pitié avec des larmoiements [des pleurnicheries]. ¶ ~(이) 나다 les larmes *me* viennent aux yeux, en avoir les larmes aux yeux, des larmes coulent ((des yeux)), avoir des larmes, pleurer, verser des larmes, avoir la larme à l'œil. ¶ ~나는 이야기다 C'est une histoire qui fait pleurer / C'est une histoire qui met la larme à l'œil [qui donne envie de pleurer] / C'est une histoire qu'on ne peut pas entendre sans que ça nous tire les larmes. ¶ 지난날을 생각하니 까닭 없이 ~이 난다 Quand je pense au passé [aux jours anciens], des larmes me viennent aux yeux sans raison. ¶ 정말 ~(이) 나게 고맙군 Je te remercie beaucoup, j'en ai les larmes aux yeux / Je te remercie infiniment. ¶ ~이 나도록 웃다 rire (jusqu')aux larmes. ¶ ~(을) 짓다 verser des larmes, pleurer; avoir les yeux pleins de larmes; avoir les larmes aux yeux. ¶ 오늘도 그녀는 죽은 남편을 생각하며 홀로 ~짓고 있다 Encore aujourd'hui, lorsqu'elle pense à son mari décédé, les larmes lui montent aux yeux. ¶ 누구를 ~짓게 하다 faire pleurer *qn*; arracher des larmes à *qn*.

***~을 머금다** avoir les larmes aux yeux, être au bord des larmes. ¶ 우리는 ~을 머금고 후퇴할 수밖에 없었다 Nous n'avons pas pu faire autrement que de battre en retraite la larme à l'œil / Nous avons été obligés de battre en retraite, mais nous l'avons fait à contrecœur.

***~을 삼키다** retenir [étouffer] *ses* larmes à grand-peine; essayer de ne pas pleurer. ¶ 그는 ~을 삼키고 그녀에게서 돌아섰다 Il l'a quittée en retenant ses larmes.

***~(이) 마를 날이 없다** être extrêmement malheureux(*se*).

***~ 젖은 빵을 먹다** passer des moments difficiles; connaître le côté amer de la vie.

***피도 ~도 없다** avoir un cœur de pierre, être impitoyable [inhumain].

◆**_겹다** 형 être attendrissant(*e*), touchant(*e*), émouvant(*e*), larmoyant(*e*). ¶ ~겨운 이야기 une histoire attendrissante [émouvante, larmoyante].

◆**_바다** 명 océan *m* de larmes, torrent(*s*) *m*(*pl*) [ruisseau(*x*) *m*(*pl*)] de larmes, fleuve *m* de larmes; champ *m* de larmes. ¶ 선생님이 죽었다는 소식에 아이들은 ~바다를 이루었다 en apprenant la mort du professeur, les enfants ont versé un torrent de larmes.

◆**_방울** 명 (goutte *f* de) larme *f*.

◆**_샘** 명 glande *f* lacrymale.

◆**_자국** 명 traces *fpl* de larme. ¶ 그 여자의 얼굴엔 ~자국이 선연했다 Elle avait sur le visage des traces de larmes bien nettes / Autour des yeux, elle gardait des traces de larmes bien nettes / On voyait clairement qu'elle avait pleuré (sur son visage).

눈밭 명 champ *m* couvert de neige. ¶ ~에 발이 빠졌다 Les pieds se sont enfoncés dans la neige.

눈보라 tempête *f* [rafale *f*, tourbillon *m*] de neige; ((북극 지방의)) blizzard *m*, tourmente *f* de neige. ¶ ~가 심하게 몰아쳤다 Une tempête de neige a fait des ravages. ¶ ~가 휘날리다/휘날린다 Une tempête [rafale] de neige se soulève.

눈부시다 형 ((빛이)) être éblouissant(*e*), aveuglant(*e*), radieu*x*(*se*); éblouir, aveugler; 혁혁하다 être brillant(*e*), éclatant(*e*); être remarquable, frappant(*e*), saisissant(*e*), saillant(*e*), splendide, superbe, épatant(*e*), merveilleu*x*(*se*), étonnant(*e*), extraordinaire. ¶ 아침 햇살이 ~ Les rayons du soleil matinal sont éblouissants. ¶ 눈부신 발전 un développement remarquable [étonnant, extraordinaire]. ¶ 눈부시게 아름다운 미모 une beauté éblouissante.

눈비 명 pluie *f* et neige *f*.

눈앞 명 sous les yeux [sous le nez] de *qn*, sous la vue de *qn*; tout près, tout proche, attenant(*e*), à peu de distance, à deux pas. ¶ 결승점을 ~에 두고 쓰러지다 tomber à quelques mètres de la ligne d'arrivée. ¶ 엄청난 광경이 ~에 펼쳐졌다 Un grand spectacle se déployait sous *nos* yeux. ¶ 내 ~에서 꺼져 버려 (Allez, ouste) (Disparais) hors de ma vue, tout de suite / File hors de ma vue, tout de suite! / Disparais de là! / Dégage d'ici tout de suite! {*fam*} / Fiche-moi le camp! {*fam*}. ¶ 눈물이 ~을 가리다 avoir les yeux couverts [remplis] de larmes. ¶~의 이익만 생각하다 ne penser qu'au profit immédiat, n'avoir à l'esprit que [ne voir que, ne considérer que] le profit immédiat [à court terme], ne pas voir plus loin que le profit immédiat.

*~**이 캄캄하다[막막하다]** L'avenir est très sombre, tout est noir; ne savoir que faire, ne pas savoir comment on va s'en sortir, être désespéré(*e*), être dans le trou, être extrêmement inqui*et*(*ète*) pour *son* avenir, être démoralisé(*e*) [déprimé(*e*)] en pensant ((aux obstacles immédiats, à la tâche qui reste à faire, à *son* avenir)).

눈요기 -療飢 명 plaisir *m* des yeux, régal *m* des yeux. ¶ 우리는 ~ 삼아 이곳저곳을 둘러보았다 Nous avons regardé ici et là pour le plaisir des yeux. ¶ 음식을 하도 많이 차려서 ~만으로도 배가 부르다 Il y a tant de choses à manger que leur vue seule me rassasie / Il y a tant de choses à manger que je suis rassasié(*e*) rien qu'à la vue de ces plats. ◇_(를) **하다** se rincer l'œil. ¶ 미녀가 지나가는 것을 보며 ~를 하다 se rincer l'œil en regardant passer une belle femme.

◆_**감** 명 chose *f* intéressante à voir. ¶ 이 음식은 ~감에 지나지 않는다 Ce plat, ça a l'air bon mais ça n'en a que l'air. / Ce plat est juste agréable à voir. / Ce plat a l'air bon mais ça s'arrête là. / Ce plat est un délice pour les yeux mais c'est tout [pas pour la bouche].

◆_**ㅅ거리** 명 chose *f* intéressante à voir. ¶ 이 도시에는 ~ㅅ거리가 많다 Dans cette ville, il y a beaucoup de choses intéressantes à voir.

눈인사 -人事 명 salut *m* avec les yeux, salut *m* des yeux. ¶ ~를 주고받다 se saluer avec les yeux, se saluer des yeux. ◇_(를) **하다** saluer avec les yeux, saluer des yeux. ¶ 나는 그 사람에게 ~를 했다 Je l'ai salué des yeux.

눈짓 명 signe *m* des yeux, (information *f* par le) regard *m*, œillade *f*. ¶ ~으로 알려주다 informer par le regard, signaler *qc* à *qn* d'une œillade (discrète), parler par les yeux [par le regard], faire comprendre des yeux *qc* à *qn*; prévenir [avertir] *qn* des yeux [par le regard]. ¶ ~으로 찬동을 표시하다 donner *son* assentiment par le regard [par un mouvement des yeux]. ◇_(을) **하다[보내다]** parler avec les yeux [par le regard]. ¶ 서로 ~하다 se parler avec les yeux.

눈총 명 regard *m* furieux [sévère, hostile, méchant, malveillant]; regard *m* foudroyant. ◇_(을) 받다 s'attirer la haine de *qn*; se faire fusiller du regard par *qn*. ¶ 그 취객은 행인들로부터 따가운 ~을 받았다 Cet ivrogne a attiré les regards sévères des passants / Les passants ont lancé des regards méchants sur cet ivrogne. ◇_(을) 주다 jeter [lancer] un regard furieux [méchant, sévère] sur *qn*; fusiller [foudroyer] *qn* du regard. ¶ 그가 도서관에서 시끄럽게 떠들기에 ~을 주었다 Comme il faisait du bruit dans la bibliothèque, je lui ai lancé un regard sévère [perçant].

*~**(을) 맞다** être détesté(*e*) par *qn*, être réprouvé(*e*) par *qn*; devenir la bête noire de *qn*; s'attirer la haine de *qn*; se faire fusiller du regard par *qn*. ¶ ~ 맞을 짓을 했구나 C'est normal qu'il te déteste après ce que tu as fait!

눈치 명 ① 감지 esprit *m*; sens *m*, intuition *f*, flair *m*, perspicacité *f*. ¶ ~로 판단하다 juger *qc* par intuition[par impression, par prémonition]. ¶ 그 아이는 ~ 백단이다 C'est un surdoué pour comprendre les situations [les problèmes] et agir en conséquence / C'est le [un] champion [un as] de la perspicacité / Il est d'une lucidité extraordinaire et réactif / Il comprend tout très vite et réagit en conséquence / Il comprend très vite ce qu'il faut faire et (ré)agit en conséquence / Il est très lucide et réactif. ¶ ~(가) 빠르다 avoir l'esprit vif; être prompt d'esprit; comprendre vite; être perspicace. ¶ ~(가) 있다 avoir l'esprit vif; être prompt d'esprit; comprendre vite, comprendre tout très vite et réagir en conséquence, comprendre très vite ce qu'il faut faire et (ré)agir en conséquence; être perspicace; comprendre les situations [les problèmes] et agir en conséquence, être très lucide et réactif(ve); avoir de l'à propos [du tact]. ② 기색 signe *m*, indice *m*, indication *f*, marque *f*; manière *f*, façon *f*; air *m*, apparence *f*, aspect *m*. ¶ 누구의 ~를 살피다 observer l'attitude de *qn*; être attentif(*ve*) à l'humeur de *qn*; essayer de lire dans le cœur de *qn*; essayer de savoir ce que quelqu'un pense [ressent]. ¶ 그는 조금도 피곤한 ~를 보이지 않았다 Il n'a pas montré le moindre signe de fatigue / Il n'avait pas du tout l'air d'être fatigué. ¶ 그 여자의 ~로 보아, ...인 것 같다 À la voir [À sa mine], on voit que ... ¶ ~이다 avoir l'air de+*inf* ¶ 그가 너를 좋아하는 ~이다 Il a l'air de t'aimer. ◇_(를) 채다 se douter de *qc*; flairer ((le danger)); pressentir *qc*, remarquer *qc*; s'apercevoir de *qc*; entrevoir *qc*; deviner *qc*; soupçonner *qc*. ¶ 그가 우리 계획을 ~ 챈 것 같다 Je pense qu'il a deviné nos projets. ¶ 아무도 ~채지 못하게 à l'insu de tout le monde; sans qu'on s'en aperçoive. ¶ 경찰의 의도를 범인들이 벌써 ~챘다 Les criminels ont déjà flairé les intentions de la police. ◇_(를) 채이다 éveiller les soupçons [la méfiance] de *qn*; donner l'éveil à *qn*; mettre la puce à l'oreille de *qn* {*fam*}. ¶ 불안한 마음을 ~채이지 않도록 조심하다 se garder de laisser paraître *son* inquiétude. ¶ ~ 채이지 않게 sans être remarqué(*e*).

*~(가) **보이다** se sentir gêné(*e*) [mal à l'aise]. ¶ 나는 초대 받지 않은 손님이라 왠지 ~가 보입니다 Comme je suis venu(*e*) sans invitation, je me sens un peu gêné(*e*) [mal à l'aise].

*~(가) **없다** ① avoir l'esprit lent; mettre du temps pour comprendre; être long(*ue*) à la détente {*fam*}. ② mettre les pieds dans le plat, faire une gaffe {*fam*}. ¶ 그 사람은 참~ 없이 말을 해 Il a mis les pieds dans le plat / Il parle sans faire attention [sans précaution]. ③ manquer d'à-propos; manquer de tact [doigté, savoir-faire]; être sans tact. ¶ 그 사람 언제까지 우리 집에 있을 건가? 왜 그렇게 ~가 없지? Jusqu'à quand il va rester chez nous? Il faut lui faire un dessin ou quoi?

*~(를) **보다** observer l'attitude de *qn*; être attentif(*ve*) à l'humeur de *qn*; essayer de lire dans le cœur de *qn*; essayer de savoir ce que quelqu'un pense [ressent], agir sous le regard de *qn* [en tenant compte du regard de l'autre], se préoccuper [tenir compte] de l'opinion d'autrui; être attentif(*ve*) à l'humeur de *qn*; s'inquiéter (toujours) de la réaction de *qn*, surveiller [épier] (toujours) *qn* du coin de l'œil.. ¶ 윗사람~ 보지 말고 소신 있게 일을 처리해야 한다 Ne te préoccupe pas de *tes* supérieurs [de *tes* chefs], fais *ton* travail avec conviction! ¶ 지금 이 상황에서 꼭 그런 말을 해야 되겠니? ~ 좀 보고 말 좀 골라서 해 Crois-tu que ce soit le moment de tenir de tels propos? Tiens compte de l'état d'esprit des autres avant de parler [avant d'ouvrir la bouche]. ¶ 위쪽의 ~를 보다 craindre de ne pas plaire à *ses* supérieurs. ¶ 선생님 ~ 볼 게 뭐 있어? Pourquoi se soucier [se préoccuper] de ce que va penser le professeur? ¶ ~를 보지 말고 하고 싶은 대로 해! Ne te préoccupe pas trop des autres [de ce que pensent les autres], fais comme bon te semble [fais ce que tu veux, agis ta guise, agis librement]! ¶ 이 ~ 저 ~ 다 보고 언제 그 일을 끝낼 거니? Si tu fais attention à tout, quand est-ce que tu termineras ce travail? ¶ 이쪽저쪽 ~ 보지 말고 네 소신대로 해라 Ne te préoccupe pas des autres, fais comme bon te semble.

*~(를) **주다** ① ((신호)) faire signe à *qn* de+*inf*. ¶ 사람들에게 박수를 치라고 내가 ~를 주었다 J'ai fait signe aux gens d'applaudir. ② 구박하다 malmener *qn*, maltraiter *qn*. ¶ 그가 떠들어서 ~를 주었다 Comme il faisait du bruit [chahutait], je lui ai fait signe d'arrêter.

◆_**코치** 명 sens *m*, tact *m*, intuition *f*, perspicacité *f*, flair *m*. ¶ 나도 ~코치 다 있는 사람인데, 그걸 모르겠니? Moi qui suis d'habitude si perspicace, comment ne pourrais-je pas le deviner? ¶ ~코치가 없다 avoir l'esprit lent; mettre du temps pour comprendre; être long(*ue*) à la détente {*fam*}; mettre les pieds dans le plat {*fam*}, faire une gaffe {*fam*}; manquer d'à-propos, manquer de tact [doigté, savoir-faire]; être sans tact, n'avoir aucune sensibilité. ¶ 그 사람 참 ~코치 없이 말을 해 Il a mis les pieds dans le plat {*fam*} / Il parle sans faire attention [sans précaution]. ¶ 언제까지 우리 집에 있을 건가? 왜 그렇게 ~코치가 없지? Jusqu'à quand va-t-il rester chez nous? Il ne comprend pas qu'il doit partir. Faut-il lui faire un dessin?

◆_**ㅅ밥** 명 repas *m* offert à contrecœur. ¶ ~ㅅ밥을 먹다 vivre aux dépens de *qn*; vivre aux crochets de *qn*; vivre en parasite chez *qn*; être à la charge de *qn*.

눈코 명 les yeux *mpl* et le nez *m*.

*~ **뜰 새 없다** être très occupé(*e*) [pris(*e*)]; être débordé(*e*) [submergé(*e*)] de travail; ne plus savoir où donner de la tête.

눈화장 -化粧 명 ☞ 화장[2]

눋다 자 être roussi(*e*), être légèrement brûlé(*e*), être grillé(*e*). ¶ 밥이 눌었다 Le riz est roussi / Le riz a brûlé légèrement. ¶ 눋지 않게 계속 저어라 Remue continuellement pour que cela ne brûle pas. ¶ 누룽지가 솥바닥에 눌어붙었다 La croûte est collée au fond de la marmite. ¶ 장판이 눌었다 Le linoléum a légèrement roussi.

눌러쓰다 타 se couvrir [se coiffer] ((d'un chapeau)). ¶ 그 녀석은 모자를 푹 눌러썼다 Ce type a le chapeau enfoncé sur les yeux.

눌러앉다 자 rester; s'installer, s'établir, se fixer, s'implanter. ¶ 이곳에 여행을 왔다가 그대로 눌러앉아 살고 있다 Je suis venu(*e*) ici en voyage et j'y suis resté(*e*). ¶ 내가 이런 촌구석에 눌러앉아 있을 수 있나! Tu me vois, moi, m'installer et vivre isolé(*e*) en pleine campagne [dans ce patelin perdu {*fam*}, dans ce trou complètement paumé {*fam*}]?

눌르다 타 ((‘누르다’의 잘못)) ☞ 누르다[2]

눌리다 자 être dominé(*e*), être oppressé(*e*), être

accablé(*e*); être écrasé(*e*). ¶ 힘에서[기백에서] ~ être dominé(*e*) physiquement [moralement]. ¶ 적의 기세에 눌려 꼼짝도 하지 못했다 Ecrasés [dominés] par la force [la puissance] des ennemis, on ne pouvait même pas bouger. ¶ 그는 아내에게 눌려 기를 펴지 못한다 Dominé par sa femme, il ne peut pas s'épanouir.

눌변 訥辯 명 expression *m* maladroite. ¶ 그는 ~이다 Il s'exprime avec maladresse.

눌어붙다 자 ① ((밥이)) coller, adhérer, accrocher ((au fond de la casserole)). ¶ 밥이 눌어붙었다 Le riz a collé [accroché] (au fond de la casserole). ② ((사람이)) rester planté(*e*), ne pas décoller d'un endroit. ¶ 그 사람은 하루 종일 다방에 눌어붙어 있다 Il reste planté toute la journée dans un café.

눌은밥 명 *nureunbap m* <riz croustillant et roussi attaché au fond de la marmite [croûte *f* épaisse de riz roussi resté attaché au fond d'un pot en terre cuite] que l'on allonge avec de l'eau bouillante [que l'on dilue dans de l'eau bouillante] (et que l'on fait souvent recuire)>.

눕다 자 ① ((사람이)) se coucher, s'allonger, s'étendre. ¶ 땅에 ~ se coucher par terre. ¶ 쭉 뻗고 ~ se coucher en allongeant les jambes. ¶ 옆으로 ~ se coucher sur le côté. ¶ 잠깐 누워서 쉬게 Allonge-toi un peu et repose-toi. ¶ 허리가 약해 누워 지낸다 À cause de ses reins fragiles, il passe sa vie couché. ¶ 병석에[몸져] ~ s'aliter (malade) [garder le lit]. ¶ 어머니는 몸살로 자리에 누워 계십니다 Fatiguée et grippée, ma mère reste au lit [est alitée]. ② ((사물이)) se coucher; être couché(*e*). ¶ 길 한 복판에 전봇대가 누워 있습니다 Un poteau électrique se trouve couché au milieu de la rue.

***누울 자리를 봐 가며 발을 뻗으라고 했는데, 내가 어찌 그 자리를 탐하겠나?** Il faut d'abord regarder si on est à la hauteur avant de convoiter une place.

***그거야 누워서 떡 먹기지[식은 죽 먹기지, 식은 밥 먹기지]!** C'est du gâteau [du billard {*fam*}, du nanan {*fam*}]! / Ça peut se faire les doigts dans le nez! {*fam*} / C'est un jeu d'enfant! / C'est l'enfance de l'art / Ce sera pour moi une formalité / C'est très [hyper {*fam*}, vachement {*fam*}] simple [facile] / C'est fastoche {*fam*} / C'est simple [facile] comme bonjour / C'est facile comme tout / C'est bête comme chou {*fam*}.

***네가 그런 말을 하는 건 누워서 침 뱉기다** En parlant ainsi, c'est toi que tu insultes.

눕히다 타 coucher ((un enfant)). ¶ 환자를 자리에 ~ coucher un patient sur son lit. ¶ 아이를 아랫목에 눕혀라 Couche l'enfant dans la partie chaude de la chambre.

뉘[1] 대 qui, quel(*le*) ¶ 거기 ~시오? Qui êtes-vous là-bas? / Qui va là? ¶ ~ 댁 자제분이신가? Vous êtes de quelle famille? / Qui est votre père? / Vous êtes le fils [la fille] de qui? ☞ 누구

뉘[2] 명 grain *m* de riz non décortiqué (qui se trouve dans un sac de riz décortiqué). ¶ 할머니가 쌀을 풀어놓고 ~를 고르신다 Grand-mère retire les grains de riz non décortiqués du riz décortiqué.

뉘다 타 ☞ 누이다[2]

뉘앙스 불 명 nuance *f* d'un mot; impression *f* que donne un mot; connotation *f*. ¶ 이 두 단어는 뜻은 비슷하지만 ~의 차이가 있다 Ces deux mots se ressemblent mais il y a une nuance de sens. ¶ 독특한 ~를 가진 말 un mot qui a une nuance particulière; un mot qui a donné une impression [une nuance] particulière. ¶ 말의 ~를 잘 살린 표현 une expression qui fait revivre la nuance d'un mot.

뉘엿뉘엿 부 petit à petit, peu à peu (par mouvements saccadés). ¶ 해가 서산으로 ~ 지다[넘어가다] Petit à petit, le soleil se couche derrière la montagne. **◆_하다** 형 ((le jour)) décliner, ((le soleil)) se coucher. ¶ 어느덧 날이 ~하다 Déjà le jour décline.

뉘우치다 타 regretter, se repentir, avoir du remords. ¶ 지난날의 잘못을 ~ regretter les erreurs du passé.

뉘우침 명 regret *m*, repentir *m*, remords *m*. ¶ 뒤늦은 ~ un regret tardif. ¶ 깊은 ~ un regret profond. ¶ 마음으로부터의[뼈아픈, 형식적인] ~ un regret sincère [profond, purement formel]. ¶ 그는 자기 잘못에 대한 ~의 기색이 없다 Il n'éprouve pas le moindre remords pour sa faute / Il n'a aucun remord pour son erreur.

뉴스 영{news} 명 ① 소식 nouvelle *f*. ② 보도 nouvelles *fpl*, informations *fpl*, infos *fpl* {*fam*}; ((라디오의)) journal(*aux*) *m* parlé, radio-journal(*aux*) *m*, ((텔레비젼의)) actualités *fpl* télévisées, journal *m* télévisé, bulletin *m* d'informations; ((영화의)) actualités *fpl*. ¶ ~ 진행자[앵커] un(*e*) présentateur(*trice*) du journal télévisé. ¶ 경제[스포츠] ~ des informations économiques [sportives]. ¶ 저녁 8시 ~ le journal de 20h ¶ ~ 속보 un flash [un bulletin] d'informations [d'infos]. ¶ TV[라디오](로) ~를 듣다 écouter les informations à la télévision [à la radio]. ¶ ~를 통해 그 사실을 알게 되었다 J'ai appris cette nouvelle aux informations [en écoutant les informations]. ¶ 주요 ~를 전해드리겠습니다 Voici les principaux titres! ¶ 기자가 ~를 진행하고 있다 Le journaliste présente les informations [le journal télévisé]. ¶ 그가 오늘 ~에 나왔다 Aujourd'hui, il est passé au journal télévisé.

◆_거리[감] 명 événement *m* qui pourrait passer dans le journal télévisé; une grande nouvelle *f*; nouvelle *f* sensationnelle; scoop *m* {*fam*}; l'événement *m* du jour. ¶ 사람이 개를 물다니, ~거리군 (C'est incroyable!) Un homme a mordu un chien. Quel scoop! ¶ 오늘의 최대 ~거리는 그가 무사히 돌아왔다는 것이다 Il est rentré sain et sauf. C'est le scoop de la journée [C'est l'événement du jour].

느글거리다 자 avoir envie de vomir, avoir la nausée, avoir mal au cœur, avoir la gerbe {*vulg*}. ¶ 멀미로

속이 ~ avoir mal au cœur. ¶ 그 사람의 얼굴만 보아도 나는 속이 느글거린다 Rien que de regarder son visage, cela me donne la nausée.

느글느글하다 형 avoir la nausée; avoir mal au cœur [des haut-le-cœur]. ¶ 속이 ~ avoir envie de vomir; avoir mal au cœur. ¶ 느글느글한 음식 une nourriture qui donne la nausée. ¶ 느글느글한 사람 une personne qui donne la nausée; une personne écœurante [répugnante].

ㄴ

느긋이 부 confortablement, avec insouciance, tranquillement, patiemment. ¶ ~ 기다리다 attendre patiemment.

느긋하다 형 être insouciant(*e*), heureux(*se*), content(*e*), satisfait(*e*); être assouvi(*e*); être rassuré(*e*). ¶ 그 사람은 성격이 ~ Il a un tempérament insouciant. ¶ 나는 느긋하게 담배를 피워 물었다 J'ai allumé tranquillement une cigarette.

느끼다 타 ① ((감각)) sentir, ressentir, éprouver. ¶ 추위[더위]를 ~ sentir le froid [le chaud]. ¶ 아픔을 ~ sentir la douleur. ¶ 갑자기 옆구리에 통증을 느꼈다 J'ai senti tout à coup une douleur sur le côté. ¶ 봄이면 누구나 피로를 쉽게 느낀다 Au printemps, tout le monde se sent facilement fatigué. ¶ 슬픔[기쁨]을 ~ éprouver de la tristesse [la joie]. ¶ 그 남자는 절망을 느낀 나머지 자살했다 Éprouvant un profond désespoir, il s'est suicidé. ¶ 나는 이 일에서 보람을 느끼고 있다 J'éprouve une fierté à faire ce travail. ¶ 이번 일에 대해 느낀 점을 써 보아라 Écrivez vos sentiments sur cette affaire / Écrivez ce que vous avez ressenti sur cette affaire. ¶ 겨울이 다가오는 것을 ~ On sent que l'hiver approche. ¶ 이 백자에서 조선인의 숨결을 느낄 수 있다 On peut sentir l'atmosphère [l'ambiance] de l'époque de Joseon dans cette porcelaine blanche. ¶ 그 여자는 자기의 희망이 사라져 감을 느꼈다 Elle a senti que son espoir se dissipait. ¶ 그 때는 양심의 가책을 느꼈어 À cette époque, j'avais des remords. ¶ 그 사람은 자신의 무능함을 뼈저리게 느꼈다 Il a ressenti au fond de lui-même son incapacité. ¶ 죽고 싶은 충동을 느꼈다 Il a ressenti l'envie soudaine de se suicider. ¶ 선생님에게 깊은 정을 느꼈다 J'ai senti une affection profonde pour mon professeur. ¶ 그 미담은 우리에게 훈훈한 인정을 느끼게 해 준다 Cette belle histoire nous laisse une impression chaleureuse / Cette belle histoire nous fait chaud au cœur [nous réchauffe le cœur]. ¶ 친구에게 심한 모욕감을 느꼈다 Il s'est senti humilié par son ami. ② ((생각)) avoir le sentiment de *qc*/*inf*/que+*ind*. ¶ 그 사람을 부담스럽게 느끼지 마라 Ne pense pas à lui comme à un fardeau. ¶ 그 사람 말이 옳다고 느꼈다 J'ai eu l'impression qu'il disait vrai. ¶ 그는 자기가 동료들에게서 소외되었다고 느끼고 있다 Il se sent marginalisé de ses collègues. / Il se sent évincé par ses collègues.

느끼하다 형 ((음식)) être trop gras(*se*), graisseux(*se*), huileux(*se*); ((사람)) être mielleux(*se*), doucereux (*se*), trop complaisant(*e*), trop attentionné(*e*), trop prévenant(*e*), trop dévoué(*e*), trop débonnaire. ¶ 튀김을 많이 먹었더니 속이 ~ J'ai mangé beaucoup de beignets (bien gras) qui me donnent la nausée. ¶ 중국음식은 좀 ~ La cuisine chinoise, c'est un peu trop gras. ¶ 느끼한 냄새 une odeur qui donne la nausée [qui donne envie de vomir].

느낌 명 ((기분)) sentiment *m*; ((감각)) sensation *f*; ((인상)) impression *f*, émotion *f*; ((예감)) pressentiment *m*. ¶ 이 ~을 영원히 간직하고 싶다 J'aimerais que ce sentiment [ce moment] reste à jamais gravé dans ma mémoire / J'aimerais garder cette impression pour toujours. ¶ 나는 무시당하고 있다는 ~을 지울[버릴] 수가 없었다 Je ne pouvais pas oublier le sentiment [l'impression] qu'on me méprisait. ¶ 이 일에 대한 내 ~은 이렇다 Mon sentiment sur cette affaire est le suivant. ¶ 이번 일은 ~이 좋지 않다 Au sujet de cette affaire, j'ai un mauvais pressentiment [un mauvais sentiment]. ¶ 막연한 ~만으로 사람을 의심하지 말아라 Ne soupçonne pas les gens sur de vagues présomptions [sur de vagues pressentiments]! ◇_**을 받다** ressentir que+*ind*, avoir l'impression [le sentiment] que+*ind*. ¶ 나는 그가 나를 싫어한다는 강한 ~을 받았다 J'ai eu la nette impression qu'il me détestait. ◇_**을 주다** donner l'impression [le sentiment] que+*ind*; donner une sensation. ¶ 이 화장품은 상쾌한 ~을 준다 Ce produit de maquillage donne une sensation agréable.◇_**이 들다** avoir l'impression [le sentiment] que+*ind*; éprouver un sentiment. ¶ 그가 먼 길을 떠나자 불길한 ~이 들었다 Quand il est parti pour son long voyage, j'ai eu un mauvais pressentiment. ¶ 정상을 차지하고 나니 왠지 공허한 ~이 든다 Comme je suis arrivé(*e*) au sommet (de la réussite), j'éprouve un sentiment de vide. ¶ 그가 무엇인가 감추고 있다는 ~이 든다 J'ai l'impression qu'il (me) cache quelque chose. ◇_**이다** avoir l'impression [le sentiment, le pressentiment] que+*ind*, pressentir que+*ind*. ¶ 무슨 일이 터질 듯한 ~이었다 J'ai pressenti [J'ai vu d'avance] ce qui allait se passer / J'avais le pressentiment que quelque chose allait se passer. ◇_**이 없다** être engourdi(*e*), avoir perdu la sensibilité, ne plus sentir ((*ses* doigts, ses jambes)); ((비유적)) être [rester] indifférent(*e*), ne faire ni chaud ni froid à *qn*. ¶ 손에 전혀 ~이 없다 J'ai perdu la sensibilité aux doigts [au niveau des doigts] / J'ai les doigts engourdis / Mes doigts sont engourdis / Je ne sens plus mes doigts. ¶ 오랜 만에 그녀를 만났는데도 아무런 ~이 없다 Cela faisait très longtemps que je ne l'avais pas revue. Et pourtant, ça ne me fait ni chaud ni froid [ça me laisse indifférent].

느낌표 **-標** 명 【언어】 point *m* d'exclamation.

-느냐↔-냐 어미 ((suffixe flexionnel de terminaison phrastique du mode interrogatif. . -냐est la forme contractée de -느냐. -느냐 et -냐 s'ajoutent après le radical du verbe quelle que soit sa forme et après les suffixes flexionnels préfinaux temporo-modaux -시/-으시, -았/-었, -더, -겠. Utilisé entre les enfants et entre les amis intimes adultes, ou à l'adresse d'un interlocuteur inférieur, il exprime l'égalité ou l'infériorité. Tel quel, il indique le présent.)). ¶너는 어머니 말 잘 듣~? Ecoutes-tu bien ce que ta mère te dit? ¶밖에 누가 왔~? Y a-t-il quelqu'un dehors? ¶이 답이 맞~? Est-ce que cette réponse est correcte? ¶우리 비행기 표 예약했~? As-tu réservé nos billets d'avion? ¶나미가 너 어디 가~고 묻더라 Nami m'a demandé si tu allais quelque part. ¶무슨 일이 있~? As-tu un problème? ¶왜 우~? Pourquoi pleures-tu? ¶웬 일로 왔~? Pour quelle affaire es-tu venu? ¶너 왜 오늘 학교에 안 갔냐(=느냐)? Pourquoi n'es-tu pas allé(e) à l'école aujourd'hui? 너는 언제 오겠~? Quand est-ce que tu vas venir? ¶너 밥 먹었~? As-tu pris le repas? ¶너 읽는다던 영어 책을 읽~? Est-ce que tu lis le livre anglais que tu m'as promis de le faire? ¶왜 벌써 일을 그만두~? Pourquoi arrêtes-tu déjà ton travail?

-느냐고↔-냐고 [어미] ((suffixe flexionnel conjonctif qui sert à transformer un propos (phrase) interrogatif du discours (style) direct en celui du discours (style) indirect. Ajouté au propos rapporté, il est suivi d'un verbe exprimant une interrogation comme 묻다 *interroger*, *demander*. –냐고 est la forme contractée de –느냐고. –느냐고 et –냐고 s'ajoutent après le radical du verbe quelle que soit sa forme, et après les suffixes flexionnels préfinaux temporo-modaux -시/-으시, -았/-었, -겠. Tel quel, il indique le présent.)) ¶아버지께서 삼촌에게 같이 여행을 가시겠~ 물으셨다. Mon père a demandé à mon oncle si celui-ci avait l'intention d'aller en voyage ensemble. ¶그는 나도 적은 월급 때문에 생활고를 겪~ 물었다. Il m'a demandé si moi aussi éprouvait des difficultés dans la vie à cause d'un salaire faible.

-느냐는↔-냐는 ((forme contractée de –느냐고 하는 ↔-냐고 하는. –냐는 est la forme contractée de –느냐는. Suffixe flexionnel conjonctif déterminatif de citation qui sert à transformer un propos (phrase) interrogatif du discours (style) direct en celui déterminatif du discours (style) indirect. Ajouté au propos rapporté, il est suivi d'un verbe exprimant une interrogation comme 묻다 *interroger*, *demander*. –냐는 est la forme contractée de –느냐는. –느냐는 et –냐는 s'ajoutent après le radical du verbe quelle que soit sa forme, et après les suffixes flexionnels préfinaux temporo-modaux -시/-으시, -았/-었, -겠. Tel quel, il indique le présent.)) ¶그가 뇌물을 받았~ 검사의 질문 Une question du juge d'instruction laquelle qui consistait à savoir s'il a reçu un pot de vin. ¶그분은 나에게 아랍어도 가르치~ 질문도 했다. Cette personne m'a posé une question (qui consiste) à savoir si j'enseigne l'arabe aussi.

-느냔↔-냔 ((forme contractée de –느냐는↔-냐는.))

-느냘↔-냘 ((forme contractée de –느냐고 할↔-냐고 할.))

-느니[1] [어미] ((suffixe flexionnel conjonctif exprimant l'abandon. Il s'ajoute après le radical du verbe quelle que soit sa forme et après le suffixe flexionnel préfinal honorifique -시/-으시.)) plutôt que, au lieu que+*subj*, au lieu de+*inf* ((suffixe flexionnel conjonctif de concession)). ¶항복하~ 차라리 죽는 편이 낫다 Je préfère mourir plutôt que de me rendre. ¶버스를 타~ 그냥 걷자 Marchons, plutôt que de prendre le bus.

-느니[2] [어미] ((suffixe flexionnel de terminaison phrastique déclarative ou interjective, sur un ton édifiant. Il s'ajoute après le radical du verbe quelle que soit sa forme. Employé entre les amis intimes adultes, ou à l'adresse d'un interlocuteur inférieur, il exprime l'égalité ou l'infériorité. Il indique le présent.)). ¶고생이 다하면 즐거움이 오~ Après la peine, vient la joie / Après la pluie, le beau temps. ¶자식은 부모에게 순종해야 하~ Les enfants doivent obéir à leurs parents.

-느니라 [어미] ☞ -느니[2]

느닷없다 [형] être brusque; ((départ)) être brusqué(*e*), précipité(*e*), intempesti*f*(*ve*), inespéré(*e*); être imprévu(*e*); inattendu(*e*). ¶ 느닷없는 방문 une visite inattendue.

느닷없이 [부] brusquement, soudainement, inopinément, subitement, d'une manière brusque [soudaine, abrupte, brutale, directe, inopinée], tout à coup, de manière inattendue, à l'improviste; ((poser une question, demander *qc*)) abruptement, à brûle pourpoint, de but en blanc, sans préambule, avec brusquerie, *ex abrupto*, d'entrée de jeu, tout de go, tout à trac {*vx*}, à froid. ¶ ~ 오다 ((사람이)) venir (voir *qn*) [arriver chez *qn*] sans le prévenir; venir [arriver] à l'improviste; arriver inopinément chez *qn*; arriver chez *qn* sans crier gare; ((사건이)) arriver inopinément. ¶ 죽었다던 사람이 ~ 나타났다 La personne qu'on croyait morte réapparut soudain. ¶ ~ 질문하다 poser une question abrupte; poser abruptement une question ((à *qn*)); poser une question à brûle pourpoint [de but en blanc, avec brusquerie, *ex abrupto*, tout de go]; demander brusquement *qc* à *qn*. ¶ 그 친구가 ~ 나를 찾아왔다 Je ne m'attendais pas à le voir venir / Il a débarqué chez moi, sans prévenir {*fam*}. ¶ 경찰들이 ~ 들이닥쳤다 La police est subitement arrivée / La police a brutalement investi les lieux / La police a fait irruption [a brutalement débarqué {*fam*} ((chez moi))]. ¶ ~ 남의 뺨을 때리다 gifler *qn* sans prévenir; gifler *qn* soudainement; décocher une gifle d'une manière brutale; flanquer {*fam*} [balancer {*fam*}] une gifle; en balancer une {*fam*}. ¶ 아기가 ~ 울기

시작했다 L'enfant s'est soudainement mis à pleurer. ¶ ~ 무슨 소리냐? Qu'est-ce que c'est que cette histoire?

-느라 어미 ☞ -느라고

-느라고 어미 car, puisque, parce que, à cause de *qc*/*qn*, en raison de, pour+ *inf* ((suffixe flexionnel conjonctif exprimant une relation causale. Il s'ajoute après le radical du verbe quelle que soit sa forme.)) ¶어젯밤에 시험공부를 하~ 잠을 못 잤다. Cette nuit, je n'ai pas pu dormir à cause de mes révisions pour l'examen. ¶하던 일을 마저 하고 오~ 늦었습니다 Je suis en retard à cause du travail que je terminais. ¶자~ 무슨 일이 있었는지 몰랐다 Je ne sais pas ce qui s'est passé car je dormais.

느릅나무 명 【식물】 orme *m*.

느리다 형 être lent(*e*) ((dans *son* mouvement, dans *son* travail, à se décider)); être long(*ue*) à ((s'habiller, à comprendre)); être long(*ue*) à la détente {*fam*}; ((시계가)) retarder. ¶ 이 배는 (속도가) ~ Ce bateau est lent. ¶ 이 시계는 ~ Cette montre retarde. ¶ 그는 걸음[말]이 ~ Il marche lentement [à pas lents] [Il parle lentement]. ¶ 그는 계산이 몹시 ~ Il est très lent en calcul. ¶ 느린 박자 un rythme lent. ¶ 시간이 느리게 지나가는 것 같다 J'ai l'impression que le temps passe très lentement.

느림보 명 traînard(*e*), lambin(*e*); paresseux(*se*), fainéant(*e*); lourdaud(*e*). ¶ ~ 거북이 une tortue, un(*e*) traînard(*e*) un(*e*) lambin(*e*); un(*e*) paresseux(*se*), un(*e*) fainéant(*e*); un(*e*) lourdaud(*e*). ¶ 어휴, 저 ~! Ah, quel lambin! / Ah quelle tortue! / Ah quel escargot! / Ah quelle limace!

느릿하다 형 être très lent(*e*). ¶ 그 녀석 행동이 어찌나 느릿하던지! Ce type était tellement lent! / Tu aurais vu comme il était lent, ce type [ce gars]! / Tu aurais vu sa lenteur!

느릿느릿 부 lentement, très lentement; ((avancer)) comme une tortue, ((aller, avancer)) comme un escargot, ((se traîner)) comme une limace. ¶ ~ 운전을 하다 conduire très lentement; avancer comme une tortue [un escargot]. ¶ ~ 움직이다 bouger très lentement; aller [avancer] comme un escargot; se traîner comme une limace. ¶ ~ 걸어가다 marcher d'un pas de tortue; marcher très lentement; avancer comme un escargot [une tortue]; se traîner comme une limace. ¶ ~ 말하다 parler très lentement.

◆_하다 형 ☞ 느릿하다

느물거리다 자 agir [parler] sournoisement [perfidement]. ¶ 그 사람은 핀잔도 못 들은 척하면서 느물거렸다 Cette personne a fait semblant de ne pas avoir entendu les remontrances qui lui étaient faites / Cette personne a fait comme si elle n'avait rien entendu des critiques qui lui étaient adressées ¶ 그 녀석 느물거리는 꼴이란! C'est un type sournois [perfide]!

느물느물 부 sur un ton ironique; lentement. ¶ 나는 화가 머리 끝까지 났는데 그 녀석은 ~ 웃고 있었다 Alors que j'étais très en colère, lui ricanait.

◆_하다 자 bouger [se déplacer] lentement.

느슨하다 형 ① ((조임)) être lâche, détendu(*e*), mou(*molle*); ne pas être assez serré(*e*); être desserré(*e*); être flasque, flottant(*e*). ¶ 줄[매듭]이 너무 느슨하니 더 단단히 매어라 La corde [Le nœud] n'est pas assez serré(*e*) [est trop lâche], serre-la [*le*] davantage! ¶ 나사가 느슨하니 좀 조여야겠다 La vis n'est pas assez serrée. Il va falloir la serrer un peu plus. ¶ 포위망이 ~ Le cordon de sécurité est trop lâche. ② ((태도가)) être relâché(*e*); être mou(*molle*); être flasque, flottant(*e*); être décontracté(*e*), détendu(*e*). ¶ 우리 소대는 정신상태가 너무 ~ Notre section manque de discipline. ¶ 느슨한 태도를 보이다 montrer une attitude relâchée [molle, flottante]. ¶ 마음이 느슨해지다 se relâcher, se détendre, se décontracter. ¶ 허리띠를 느슨하게 매다 mettre une ceinture sans trop la serrer, passer une ceinture en la laissant lâche. ¶ 줄을 느슨하게 묶다 attacher une corde sans trop la serrer, nouer une corde en laissant du jeu.

느슨히 부 de façon détendue, lâchement, sans trop serrer. ¶ 짐을 ~ 묶다 emballer *ses* affaires sans trop les serrer.

느지막 어근 plutôt tard.

◆_하다 형 être plutôt tardi*f*(*ve*). ¶ 저녁 ~한 시간에 손님이 찾아왔다 Un visiteur est arrivé chez nous à une heure plutôt tardive / Un(*e*) client(*e*) nous a rendu visite le soir assez tardivement. ¶ ~하게 아침을 먹다 manger [prendre] *son* petit-déjeuner à une heure plutôt tardive [relativement tard].

◆_이 부 à une heure plutôt tardive, relativement tard. ¶ 저녁을 ~이 먹다 dîner relativement tard [à une heure plutôt tardive].

느타리 명 【식물】 pleurote *f* en huître, *Pleurotus ostreatus* {*nsc*}.

느타리버섯 명 ☞ 느타리

느티나무 명 【식물】 espèce d'orme *m*; *Zelkowa serrata* {*nsc*}.

늑골 肋骨 명 【의학】 côte *f*. ¶ 그 사람은 ~이 부러졌다 Il s'est brisé [fracturé] une côte.

늑대 명 loup(*louve*). ¶ 새끼 ~ un louveteau. ¶ 어미[우두머리] ~ une mère loup; une louve [le chef d'une meute de loups]. ¶ ~ 소년 un enfant élevé par des loups. ¶ ~ 소굴 la tanière du loup. ¶ ~처럼 엉큼한 사람 une personne sournoise [perfide]; un sournois. ¶ 남자는 다 ~다 Les hommes sont tous les mêmes / Les hommes sont tous des bêtes [des animaux].

***양의 탈을 쓴** ~ un loup qui se fait passer pour un agneau; un loup déguisé en brebis; une main de fer dans un gant de velours; *sa* douceur cache une grande fermeté.

늑막 肋膜 명 【의학】 plèvre *f*.

◆_염 -炎 명 pleurésie *f*. ¶ ~염에 걸리다[~염을 앓다] attraper [contracter] une pleurésie [souffrir d'une pleurésie].

늑장 명 lenteur *f*, langueur *f*, paresse *f*, atermoiement *m*, retard *m*, ajournement *m*. ¶ ~ 공사로 인해 터널 개통이 늦어지고 있다 L'ouverture du tunnel est retardée par des travaux prolongés [qui s'éternisent, qui n'en finissent pas]. ◇_(을) **부리다** flâner, musarder, s'attarder, traîner, traînasser {*fam*}, traînailler {*fam*}, lambiner; mettre du temps à+*inf*, être long(*ue*) à+*inf* {*fam*}. ¶ 옷 입는데 ~부리다 être long(*ue*) à s'habiller {*fam*}. ¶ 학교가 끝나면 ~부리지 말고 곧장 집으로 오너라 Après l'école, rentre directement à la maison sans t'attarder[traîner, flâner] en chemin.

-는[1] 어미 ((suffixe flexionnel déterminatif qui s'ajoute au radical du verbe quelle que soit sa forme, et après le suffixe flexionnel préfinal honorifique –시/으시. Il exprime le présent.)). ¶ 흐르~ 물 l'eau qui coule. ¶ 오르~ 물가 le prix qui monte. ¶ 달라~ 자동차 la voiture qui roule. ¶ 책상 위에 있~ 책을 마리에게 주세요 Donnez à Marie le livre qui se trouve sur le bureau. ¶ 아버지께서 읽으사~ 신문이 이것이다 C'est le journal que mon père est en train de lire. ¶글 읽~ 소리 le bruit de la lecture de livre. ¶내가 듣~ 음악 la musique que j'écoute.

-는[2]↔**-은**↔**-ㄴ**[2] 조 ((particule de thème et de sujet. '-은 / -는' s'analyse d'abord comme la marque de thème. -는 s'ajoute après un substantif ou un radical nominal se terminant par une voyelle, -은 après un substantif se terminant par une consonne. -가 / -이 s'emploie comme particule de thème et de sujet : -가 s'ajoute après un substantif ou un radical nominal se terminant par une voyelle, -이 après un substantif se terminant par une consonne. Leur rôle étant grammatical, ces particules n'expriment aucun sens, mais elles sous-entendent ou laissent entendre un sens implicite : -는 / -은 «en général, d'une façon générale, comme les autres» ou une idée d'opposition; -가 / -이 «précisément, personne d'autre, rien d'autre». Dans une proposition, si un seul mot est marqué par un de ces deux particules, ce mot sera considéré comme le sujet de la phrase. Si deux mots sont marqués par ces deux particules, le premier mot sera considéré comme le thème, tandis que le second sera considéré comme le vrai sujet de la phrase)). ① ((sujet)) ¶ 비행기~ 빠릅니다 L'avion est rapide. ¶ 나~ 학생이다 Je suis étudiant(*e*) (comme les autres). ¶ 나~ 책을 읽는다 Je lis un livre. ¶ 바다~ 넓습니다 La mer est vaste [immense, infinie, s'étend à perte de vue]. ¶ 누나~ 어머니에게 전화를 걸었어요 Ma sœur aînée a téléphoné à notre mère. ¶ 나~ 반대요 Moi, je suis contre. ¶ 너~ 뭘(=무엇을) 먹을래? Et toi, que veux-tu manger [que vas-tu prendre, que choisis-tu]? ¶ 우리~ 한국 사람이에요 Nous sommes coréens. ¶ 그거~ 내거야[내 것이야] Ça, c'est à moi [c'est le mien]. ¶ 저거~ 우리 아빠 차에요 La voiture là-bas est à mon papa. ② ((thème)) ¶ 알프스~ 경치(景致)가 좋아요 Il y a de beaux paysages dans les Alpes. ¶ 나~ 그 여자가 좋다 J'aime bien cette fille / Cette fille me plaît [ne me déplaît pas] / Je m'intéresse à cette fille. ¶ 코끼리~ 코가 길다 L'éléphant a une longue trompe. ¶ 나~ 목이 마르다 J'ai la gorge sèche / J'ai soif. ¶ 너~ 유로~ 없지만 달러는 있잖아 Tu n'as pas d'euros, mais tu as bien des dollars, non? ¶ 나~ 배~ 고프지만 목은 마르지 않아 J'ai faim mais je n'ai pas soif. ③ ((particule modale qui introduit l'idée de contraste qui sera énoncée dans la proposition suivante)). ¶ 나는 사과~ 먹는다. 그러나 바나나~ 먹지 않는다 Je mange une pomme et non pas une banane. ¶ 나는 학교~ 가요 Je vais à l'école (tout au moins, mais ....). ¶ 그 여자가 키는 크다. Pour être grande, elle est grande ((mais c'est tout ce qu'elle a)). ¶ 이 방이 조용은 하다. Cette pièce, pour être tranquille, elle l'est. ¶ 조용하기는 이 방이 제일이다. Pour la tranquillité, cette pièce est la meilleure.④ ((particule modale qui introduit l'idée de contraste qui sera énoncée dans la proposition suivante. Elle s'ajoute à un suffixe verbal ou adverbial)). ¶ 가가~ 갔었지만 그 친구를 만나지 못했다 J'y suis allé(*e*), mais je n'ai pas pu le rencontrer. ¶ 이 케익을 먹가~ 먹는데 많이~ 먹지 마라 Mange ce gâteau [Tu peux manger de ce gâteau], mais n'en prends pas beaucoup.

-는가 어미 ((suffixe flexionnel de terminaison phrastique interrogative, qui s'ajoute après le radical du verbe et après les suffixes flexionnels préfinaux temporo-modaux –시, -았/-었, -겠. Ce suffixe est employé par un locuteur supérieur (professeur, beau-père) à l'égard de son interlocuteur légèrement inférieur (étudiant, gendre), ou entre les amis intimes âgés. Tel quel, il exprime un respect léger, et marque le présent.)) ¶로익 군, 자네는 언제 서울에 오~? M. Loïc, quand est-ce que vous venez à Séoul? ¶자네 아버님께선 곧 퇴원하사~? Ton père va-t-il bientôt sortir de l'hôpital? ¶그래, 취직 시험은 잘 보았~? Alors, as-tu bien passé l'examen d'embauche? ¶아프다더니, 요즈음 밥은 잘 먹~? Tu étais malade, alors est-ce que ces jours-ci tu prends ton repas correctement? ¶자네도 우리랑 제주도 여행을 가겠~? As-tu l'intention d'aller en voyage à l'île de Jeju avec nous?

-는가요 어미 ((suffixe flexionnel de terminaison phrastique interrogative, qui s'ajoute après le radical du verbe et après les suffixes flexionnels préfinaux temporo-modaux –시/-으시, -았/-었. Employé entre les adultes mutuellement ou à l'égard d'un interlocuteur supérieur, il exprime une politesse et un respect banals et familiers.

Tel quel, il exprime le présent.)) ¶밖에 눈이 내리~? Est-ce qu'il neige dehors? ¶할머니께서 이 책을 읽으시는~? Est-ce que grand-mère lit ce livre? ¶비행기가 벌써 도착했는~? Est-ce que l'avion est déjà arrivé? ¶우리는 이 자리에 앉~? Nous asseyons-nous à cette place?

-는거냐 ((forme contractée de -는 것이냐. Suffixe flexionnel de terminaison phrastique interrogative, qui s'ajoute après le radical du verbe. Utilisé entre les amis intimes et par un locuteur supérieur à l'égard de son interlocuteur, il exprime l'égalité ou l'infériorité sur un ton un peu mécontent. Il marque le présent.)) ¶밖에 눈이 내리~? Est-ce qu'il neige dehors? ¶너 지금 어디 가~? Où vas-tu maintenant? ¶네게 돈이 있~, 없~? As-tu de l'argent ou pas?

-는거야 ((forme contractée de -는 것이야. Suffixe flexionnel de terminaison phrastique déclarative, qui s'ajoute après le radical du verbe. Utilisé entre les amis intimes et par un locuteur supérieur à l'égard de son interlocuteur, il exprime l'égalité ou l'infériorité sur un ton d'encouragement ou de consolation. Il marque le présent.)) ¶고생 끝에 낙이 있~ Il y a du bonheur après les peines. ¶노력하면 성공하~ (C'est sûr que) Si l'on fait des efforts, on réussit.

-는걸 어미 ((suffixe flexionnel de terminaison phrastique à valeur interjective, qui s'ajoute après le radical du verbe, et après le suffixe flexionnel préfinal honorifique -시/-으시. S'il est utilisé entre les enfants, entre les amis intimes même adultes réciproquement, il exprime le rapport d'égalité et l'intimité. S'il est utilisé à l'égard d'un interlocuteur inférieur (enfant, petit-enfant, jeune employé, élève) par un locuteur supérieur (parents, maître, chef), il exprime l'infériorité. Il marque le présent.)) ¶나는 핸드폰으로 텔레비전을 보~! Je regarde la télévision avec mon (téléphone) portable! ¶나는 지금 멋진 시를 짓~! Je compose maintenant un joli poème! ¶이틀 후면 우리 아빠가 출장에서 돌아오시~! Dans deux jours, mon papa rentre de sa mission!

-는걸요 ((forme polie de -는걸))

는개 명 bruine *f*, crachin *m*, brouillasse *f* {*fam*}; pluie *f* fine.

-는고 어미 ((suffixe flexionnel de terminaison phrastique du mode interrogatif qui s'ajoute après le radical du verbe et après le radical d'un verbe quelle que soit sa forme et après les suffixes flexionnels préfinaux temporo-modaux -시/-으시, -았/-었, -겠. Il est employé par un locuteur supérieur (professeur, beau-père) à l'égard de son interlocuteur légèrement inférieur (étudiant, gendre), ou entre les amis intimes âgés. Il exprime un respect léger, et marque le présent.)) ¶자네가 나를 데리러 오~? Est-ce toi qui vient me prendre? ¶자네 어른은 어느 직장에 계셨~? Dans quel établissement votre père a-til travaillé? ¶이 철에 동해에서 어떤 생선을 잡~? En cette saison, qu'est-ce qu'on pêche comme poisson dans la mer de l'Est?

-는고요 ((forme polie de -는고))

-는구나 어미 ce que+*ind*, que+*ind*, comme ((suffixe flexionnel de terminaison phrastique exclamative, servant à marquer la surprise, la perplexité, lorsque l'on découvre, réalise un fait. Il s'ajoute au radical du verbe quelle que soit sa forme et au suffixe flexionnel préfinal honorifique -시/-으시. Employé entre les enfants, entre les amis intimes même adultes ou à l'égard d'un interlocuteur inférieur, il exprime l'égalité ou l'infériorité. Il indique le présent.)) ¶너 노래를 참 잘 하~ Ce que tu chantes bien! ¶너는 불어 책을 참 잘 읽~ Comme (que) tu lis bien le livre français!

-는구려 어미 que+*ind*, comme ((suffixe flexionnel de terminaison phrastique exclamative, servant à marquer la surprise, la perplexité, lorsque l'on découvre, réalise un fait. Il s'ajoute au radical du verbe quelle que soit sa forme et après le suffixe flexionnel préfinal honorifique -시/-으시. Employé entre les adultes mutuellement ou à l'égard d'un interlocuteur supérieur, il exprime une politesse et un respect. Il indique le présent.)) ¶파도가 심하게 치~ Que les vagues sont violentes! ¶저 일군은 벽돌을 잘도 쌓~ Que cet ouvrier empile bien les briques!

-는구먼 어미 ((suffixe flexionnel de terminaison phrastique exclamative, servant à marquer un ton un peu ironique. Il s'ajoute au radical du verbe quelle que soit sa forme et au suffixe flexionnel préfinal honorifique -시/-으시. Employé entre les amis intimes ou à l'égard d'un interlocuteur inférieur, il exprime l'égalité ou l'infériorité. Il indique le présent.)) ¶너는 9시도 안 되었는데 벌써 자~ Tu dors déjà, alors qu'il n'est même pas 9 heures. ¶세월이 참 빨리 가~ Que le temps passe vite!

-는군 어미 ce que+*ind*, que+*ind*, comme ((suffixe flexionnel de terminaison phrastique exclamative, servant à marquer la surprise, la perplexité, lorsque l'on découvre, réalise un fait. Il s'ajoute au radical du verbe quelle que soit sa forme et au suffixe flexionnel préfinal honorifique -시/-으시. Employé entre les amis intimes ou à l'égard d'un interlocuteur inférieur, il exprime l'égalité ou l'infériorité. Il indique le présent.)) ¶그 사람 이야기를 참 재미있게 하~ Ce qu'il raconte bien les histoires! / Que c'est un bon conteur! ¶세월이 참 빨리 가~ Que le temps passe vite!

-는군요 어미 ce que+*ind*, que+*ind*, comme ((suffixe flexionnel de terminaison phrastique exclamative servant à marquer la surprise, la perplexité, lorsque l'on découvre, réalise un fait. Il s'ajoute au radical du verbequelle que soit sa forme et au suffixe flexionnel préfinal honorifique -시/-으시. Employé entre les adultes réciproquement ou à l'égard d'un interlocuteur supérieur, il exprime une politesse et un respect banals et familiers. Il indique le présent.)). ¶당신은 노래를 참 잘 하~ Ce que vous chantes bien! ¶이 상점에서는 비싼 물건만 파~Dans ce magasin, on ne vend que des produits chers (c'est étonnant).

-는다 어미 ☞ -ㄴ다[3]

-는다거나 어미 ☞ -ㄴ다거나

-는다고[1] 어미 ☞ -ㄴ다고[1]

-는다고[2] 어미 ☞ -ㄴ다고[2]

-는다고[3] 어미 ☞ -ㄴ다고[3]

-는다나 ☞ -ㄴ다나

-는다네[1] 어미 ☞ -ㄴ다네[1]

-는다네[2] 어미 ☞ -ㄴ다네[2]

-는다느냐 ☞ -ㄴ다느냐

-는다느니 ☞ -ㄴ다느니

-는다는 어미 ☞ -ㄴ다는

-는다는구나 ☞ -ㄴ다는구나

-는다는데 어미 ☞ -ㄴ다는데

-는다니[1] 어미 ☞ -ㄴ다니[1]

-는다니[2] 어미 ☞ -ㄴ다니[2]

-는다니[3] 어미 ☞ -ㄴ다니[3]

-는다니까[1] 어미 ☞ -ㄴ다니까[1]

-는다니까[2] 어미 ☞ -ㄴ다니까[2]

-는다니까요 ☞ -ㄴ다니까요

-는다든가 어미 ☞ -ㄴ다든가

-는다마는 어미 ☞ -ㄴ다마는

-는다만 어미 ☞ -ㄴ다만

-는다며 어미 ☞ -ㄴ다며

-는다면 어미 ☞ -ㄴ다면

-는다면서 어미 ☞ -ㄴ다면서

-는다손 어미 ☞ -ㄴ다손

-는다잖니 어미 ☞ -ㄴ다잖니

-는다지 어미 ☞ -ㄴ다지

-는다지만 어미 ☞ -ㄴ다지만

-는단 어미 ☞ -ㄴ단

-는단다 어미 ☞ -ㄴ단다

-는달 어미 ☞ -ㄴ달

-는담 어미 ☞ -ㄴ담

-는답니까 어미 ☞ -ㄴ답니까

-는답니다[1] 어미 ☞ -ㄴ답니다[1]

-는답니다[2] 어미 ☞ -ㄴ답니다[2]

-는답디까 어미 ☞ -ㄴ답디까

-는답디다 어미 ☞ -ㄴ답디다

-는답시고 어미 ☞ -ㄴ답시고

-는대[1] 어미 ☞ -ㄴ대[1]

-는대[2] 어미 ☞ -ㄴ대[2]

-는대도 어미 ☞ -ㄴ대도

-는대도요 ☞ -ㄴ대도요

-는대매 어미 ☞ -ㄴ대매

-는대서 어미 ☞ -ㄴ대서

-는대서야 어미 ☞ -ㄴ대서야

-는대야 어미 ☞ -ㄴ대야

-는대요[1] 어미 -ㄴ대요[1]

-는대요[2] ☞ -ㄴ대요[2]

-는댔니 ☞ -ㄴ댔니

-는댔어 ☞ -ㄴ댔어

-는댔자 어미 ☞ -ㄴ댔자

-는데 어미 ((Il s'ajoute après le radical du verbe quelle que soit sa forme et après les suffixes flexionnels préfinaux temporo-modaux –시/-으시, -았/-었, -겠)) ① et; mais, cependant, alors ((suffixe flexionnel conjonctif qui permet d'introduire une explication, ou de marquer une opposition.)) ¶어제 친구와 같이 그 영화를보았~ 참 재미있었다 Hier j'ai vu avec un ami ce film, qui était d'ailleurs très intéressant / Hier j'ai vu ce film avec un ami, on l'a trouvé très intéressant. ¶그 아저씨에게는 딸이 셋 있~ 모두시집을 갔다 Ce monsieur, il a trois filles, et elles sont toutes mariées. ¶나 지금서점에 가~ 뭐 부탁할 것 없니? Je vais dans une librairie maintenant. Tu n'as pas besoin d'un livre par hasard? [Tu ne veux pas que je t'achète un livre par hasard?]. ¶비가 억수같이 쏟아지~ 그 친구는 굳이 가겠다고 우겼다 ((Ce jour-là)) il pleuvait à torrents, mais il insistait quand même pour partir / Alors qu'il pleuvait à verse [Bien qu'il tombait des cordes], il insistait quand même pour partir. ② alors, eh bien, mais ...; quel(le)! ((suffixe flexionnel de terminaison phrastique déclarative qui laisse entendre un regret, un étonnement, un souhait.)) ¶올해는 비가 너무 오~ Cette année, il pleut vraiment trop (alors, ...). ¶그때 투자했더라면 큰 돈이 되었겠~ Si j'avais fait un investissement en ce temps-là, cela aurait pu devenir une grosse somme d'argent…(mais ...). ¶야, 맛있는 냄새가 나~ Oh, quelle bonne odeur! / Oh, que ça sent bon!

-ㄴ데다 어미 ☞ -ㄴ데다가

-는데다가 어미 ((suffixe flexionnel conjonctif servant à indiquer des actions simultanées. – Il s'ajoute après le radical du verbe quelle que soit sa forme et après les suffixes flexionnels préfinaux temporo-modaux –시/-으시, -았/-었. Tel quel, il marque le présent.)). non seulement ..., mais en plus ... ¶눈이 오~ 얼음까지 얼었다 Non seulement il neige, mais aussi il a gelé. ¶그이는 빚을 졌~ 집까지 날렸대요. On dit qu'il s'est non seulement endetté, mais également sa maison s'est envolé.

-는데도 어미 bien que+*subj*, alors que+*subj*, malgré, mais ((suffixe flexionnel conjonctif servant à marquer la concession ou l'opposition. Il s'ajoute après le radical du verbe quelle que soit sa forme et après les suffixes flexionnels préfinaux temporo-modaux –시/-으시, -았/-었. Il marque le présent.)) ¶이 논문을 여러번 읽었~ 이해가 잘 안갑니다. Bien que j'aie lu cette thèse plusieurs fois, je ne comprends pas très bien. ¶비가 오~ 외출하니? Tu sors alors qu'il pleut? / Tu sors malgré la pluie?

-는들 어미 ☞ -ㄴ들

-는바 어미 ☞ -ㄴ바

-는바에 어미 ☞ -ㄴ바에

-는지 어미 (on ne sait, on ignore) si ((suffixe flexionnel conjonctif interrogatif (ou suspensif) de supposition. Il s'ajoute après le radical du verbe quelle que soit sa forme, et après les suffixes flexionnels préfinaux temporo-modaux –사-으시, -았/-었, -겠)) ¶형이 언제 이사하~ 궁금하다 Je suis curieux de savoir quand mon grand frère déménage. ¶비행기가 벌써 도착했는지 모르겠군 Je ne sais si l'avion est arrivé. ¶그애가 요즈음은 어머니 말을 잘 드~ 모르겠어요 Je ne sais si cet enfant écoute bien la parole de sa mère ces jours-ci. / Je ne sais si cet enfant obéit bien à sa mère ces jours-ci.

-는지고 어미 ☞ -ㄴ지고

-는지라 어미 comme, puisque, étant donné que ((suffixe flexionnel conjonctif de relation causale. Il s'ajoute après le radical du verbe quelle que soit sa forme et après les suffixes flexionnels préfinaux temporo-modaux –사-으시, -았/-었. Tel quel, il marque le présent.)) ¶내가 그를 만나~ 너는 오지 않아도 된다. Puisque je le rencontre, ce n'est pas la peine que tu viennes. ¶이 풀이 잘 붙~ 이 풀로 벽보를 붙여라 Comme cette colle adhère bien, colle l'affiche avec cette colle. ¶어머니께서 세상을 떠나셨~ 집안이 썰렁하다. Etant donné que ma mère est décédée, la maison est sans chaleur.

-는지요 어미 ((suffixe flexionnel de terminaison phrastique interrogative. -는지요 s'ajoute après le radical du verbe quelle que soit sa forme et après les suffixes flexionnels préfinaux temporo-modaux –시, -았/-었, -겠. Employé entre les adultes réciproquement ou à l'égard de l'interlocuteur supérieur, il exprime une politesse et un respect banals et familiers. Tel quel, il marque le présent.)) ¶겨울에는 해가 여름보다 늦게 뜨~? Est-ce qu'en hiver, le soleil se lève tard par rapport à l'été. ¶열람증을 만드셨~ Avez-vous fait fabriquer votre carte de lecteur?

-는커녕↔-은커녕 조 ((particule spéciale, capable de marquer différents cas grammaticaux. -는커녕 s'ajoute au substantif qui se termine par une voyelle; -은커녕 par une consonne.)) loin de+*inf*, sans parler de. ¶그 사람은 외국어~ 자기 나라 말도 제대로 하지 못 한다 Il ne maîtrise même pas sa propre langue, sans parler des langues étrangères. ¶동물원이라는데 사자~ 낙타도 없더라 Dans ce soi-disant zoo, loin des tigres, il n'y avait même pas un chameau.

늘 부 toujours, à chaque fois que, constamment, d'habitude, habituellement. ¶ ~ 그렇듯이 comme d'habitude, comme toujours. ¶ 그 친구가 ~ 하는 말이다 C'est une phrase qu'il a toujours l'habitude de dire / C'est son expression favorite / Il a toujours ce mot à la bouche. ¶ 그 여학생은 ~ 아프다 Cette élève est toujours malade. ¶ 그 남자는 ~ 말이 없다 Il est toujours taciturne [muet] / Il ne dit jamais rien. ¶ 소나무는 사시사철 ~ 푸르다 Le pin reste vert en toutes saisons. ¶ 그 아저씨는 ~ 푸른 양복을 입고 있다 Cet homme porte toujours un complet bleu. ¶ ~ 다니던 길이라 눈 감고도 훤하다 Comme c'est le chemin que j'emprunte tous les jours, je peux le suivre les yeux fermés. ¶ 부모님은 아침에 ~ 산책을 하신다 Mes parents font toujours une promenade le matin. ¶ 내가 전화할 때면 ~ 그 친구는 사무실에 없다 Chaque fois que je lui téléphone, il n'est jamais à son bureau.

늘그막 명 vieux jours *mpl*; vieillesse *f*; un âge *m* avancé. ¶ 나는 ~을 생각해서 지금부터 절약하고 있다 J'épargne dès maintenant pour la vieillesse. ¶ ~에 아들을 얻다 avoir un fils à un âge avancé. ¶ ~에 대비하려면 젊어서 부지런히 일해야 한다 Il faut travailler dur dans *sa* jeunesse pour assurer *ses* vieux jours. ¶ 그는 ~에 이르러서야 젊은 날의 잘못을 뉘우치기 시작했다 Il a attendu la vieillesse pour commencer à se repentir de *ses* erreurs de jeunesse. ¶ 이 아이는 저 노인이 ~에 얻은 귀한 자식이다 Pour cette personne âgée, son enfant est un être très précieux car elle l'a eu très tardivement.

늘다 재 ① ((증가)) augmenter, s'accroître, s'agrandir, s'allonger, se rallonger, s'amplifier. ¶ 내 몸무게가 5 킬로나 늘었다 J'ai pris 5 kilos. ¶ 식구가 ~ Ma famille s'est agrandie. ¶ 수입이 많이 늘었다 Mes revenus ont beaucoup augmenté. ¶ 그 도시는 인구가 1년 새 10만 명이나 늘었다 Cette ville a vu sa population s'accroître de 100 000 habitants en une année. ¶ 쉬는 시간이 10분 늘었어요 La récréation s'est allongée de 10 minutes / La pause a duré 10 minutes de plus. ¶ 기온이 올라가면 물체의 부피가 는다 Quand la température augmente, l'objet se dilate. ② ((향상)) s'élever; s'améliorer, faire des progrès, progresser. ¶ 저 선수는 실력[기술]이 꽤 늘었다 Les performances physiques de cet athlète se sont considérablement améliorées [La technique de cet athlète s'est considérablement améliorée]. ¶ 그 여자는 테니스가 전혀 늘지 않는다 Elle ne fait pas le moindre progrès au tennis. ¶ 너 말솜씨가 많이 늘었다 Tu parles nettement mieux. ¶ 우리 집은 최근에 살림살이가 많이 늘었다 Pour nous, la vie s'est nettement améliorée ces derniers temps.

늘리다 타 ((forme causative de 늘다)) augmenter; faire augmenter; accroître; agrandir; allonger, rallonger; élever; amplifier; hausser; améliorer, faire progresser. ¶ 위원회의 회원 수를 ~ augmenter le nombre des membres d'une commission [d'un comité]. ¶ 수출을 늘리고 수입을 줄여야 한다 Il faut augmenter [accroître] les exportations et diminuer les importations. ¶ 인원[정원]을 ~ augmenter le personnel [le nombre des postes fixes]. ¶ 재산을

~ accroître les biens [*sa* fortune]. ¶ 공급을 늘리면 가격이 떨어집니다 Si l'offre augmente, le prix baisse. ¶ 버스의 운행 횟수를 ~ augmenter le nombre de bus en service. ¶ 수업 시간을 50 분에서 100 분으로 늘렸어요 La durée des cours est passée de 50 à 100 minutes. ¶ 이번에 집 평수를 28 평에서 32 평으로 늘렸습니다 Cette fois-ci, j'ai agrandi la superficie de ma maison en passant de 28 à 32 *pyeong*(un *pyeong* correspond à 3,3 m²). ¶ 사무실을 ~ accroître la superficie du bureau. ¶ 제3장을 좀 더 늘리는 게 좋겠다 Il vaudrait mieux faire un chapitre 3 un peu plus long / Il faudrait rallonger le troisième chapitre.

늘비하다 형 être en ligne, être aligné(*e*), rangé(*e*); être jonché(*e*) de. ¶ 서울역 앞에는 노숙자들이 ~ Devant la gare de Séoul, il y a beaucoup de sans-abri [de SDF]. ¶ 좌판에는 파, 마늘, 고추들이 ~ La ciboule, l'ail et les piments sont alignés [exposés, disposés] sur l'étal.

늘상 -常 부 toujours, à chaque fois que, constamment, d'habitude, habituellement. ¶ ~ 보아오던 일이다 C'est une chose que l'on peut voir tous les jours / C'est une chose très banale [très fréquente] / On voit ça tous les jours / C'est quelque chose de quotidien / C'est un événement quotidien / Ça arrive tous les jours [très fréquemment] / Une chose pareille arrive bien souvent / C'est courant [banal, quotidien, habituel] / C'est du quotidien / C'est monnaie courante.

늘씬하다 형 être élancé(*e*), svelte. ¶ 그 여자는 몸매[키, 다리]가 ~ Elle a un corps élancé [une taille élancée, des jambes élancées].

늘어가다 자 ((수량이)) augmenter, s'accroître, s'agrandir, s'allonger, se rallonger, s'amplifier; s'accumuler. ¶ 빚이 늘어간다 Les dettes s'accumulent / La dette s'aggrave. ¶ 청소년 범죄가 점점 늘어간다 La délinquance juvénile va croissant [ne cesse de croître, croît progressivement, augmente régulièrement].

늘어나다 자 s'allonger, s'élargir, s'étendre, s'agrandir; augmenter, s'accroître. ¶ 고무줄이 늘어났다 L'élastique s'est allongé. ¶ 살이 쪄서 바지 사이즈가 34에서 36으로 늘어났다 J'ai pris du poids et je suis passé du 34 au 36 en taille de pantalon. ¶ 최근에 청소년 범죄가 늘어나고 있다 Récemment, les délits des adolescents sont en augmentation / Ces derniers temps, la fréquence des délits des adolescents augmente. ¶ 김 장관은 재임 시 재산이 크게 늘어났다 Quant au ministre Kim, sa fortune a considérablement augmenté pendant son mandat.

늘어놓다 타 ① ((정돈, 진열)) étaler, étendre, allonger, déployer, disposer, dérouler. ¶ 좌판에 상품을 죽 ~ disposer [déployer] (sur la longueur) des marchandises sur l'étal. ② 벌여 놓다 éparpiller, disperser. ¶ 방안에 장난감을 어지럽게 ~ éparpiller des jouets dans la chambre, laisser traîner un peu partout des jouets dans la chambre. ¶ 그이는 여기저기 늘어놓은 사업[일]이 많다 Il a beaucoup d'affaires dispersées ici et là. ¶ 너는 일을 너무 늘어놓는 것 같애 Tes affaires sont trop dispersées. ③ ((말, 글을)) répandre, épandre, épancher. ¶ 이야기[넋두리, 수다]를 ~ faire un long discours, débiter un interminable discours [se perdre dans une longue lamentation, se perdre dans une lamentation interminable, se lancer dans des jérémiades incessantes {*fam*}; se lancer dans un bavardage interminable]. ¶ 그 드라마는 뻔한 스토리를 너무 오래 늘어놓는다 Ce mélodrame [feuilleton télévisé] traîne trop en longueur. ¶ 남편 자랑을 ~ se vanter de *son* mari.

늘어뜨리다 타 laisser tomber, descendre, faire descendre; suspendre. ¶ 머리를 길게 늘어뜨린 여자 une femme avec de très longs cheveux. ¶ 그 사람은 팔을 축 늘어뜨리고 걷는다 Il marche les bras ballants. ¶ 절벽 아래로 밧줄을 ~ faire descendre [suspendre] une corde le long de la falaise.

늘어붙다 자 ① ((무엇이)) coller; se coller, être collé(*e*). ¶ 껌이 바닥에 ~ Du chewing-gum est collé au sol. ¶ 냄비 바닥에 타서 늘어붙은 것이 떨어지지 않는다 Quelque chose a brûlé et adhéré au fond de la casserole. ② ((사람이)) rester, se fixer, s'installer. ¶ 그 사람은 한 번 늘어붙으면 일어날 줄 모른다 Une fois installé, il reste collé à son siège [ne s'en va jamais].

늘어서다 자 ① ((사람이)) se tenir [debout] dans une file, former une file indienne, faire la queue, former une longue queue, s'allonger. ¶ 창구에 응시자들이 죽 늘어서 있다 Les candidats forment une longue queue [file] devant le guichet. ¶ 사람들이 표를 사기 위해 극장 앞에 한 줄로 늘어섰다 Les gens se tiennent en file indienne[font la queue] devant le cinéma pour acheter un billet. ② ((무엇이)) s'aligner, être aligné(*e*)s. ¶ 길가에 음식점들이 늘어서 있다 Les restaurants sont alignés au bord de la rue / Des restaurants bordent la route. ¶ 이 골목에는 금은방들이 죽 늘어서 있다 Des bijouteries sont alignées dans cette ruelle.

늘어앉다 자 s'asseoir en rang; rester assis(*es*) en ligne. ¶ 그 사람들은 들판에 늘어앉아 술판을 벌이고 있다 Assis côte à côte dans un champ, ils boivent de l'alcool [ils participent à une beuverie]. ¶ 여기에 쭉 늘어앉아라 Asseyez-vous ici en rang.

늘어지다 자 ① s'étirer, s'allonger; pendre; être suspendu(*e*). ¶ 건물 옥상에서부터 밧줄이 길게 늘어져 있다 La corde pend longuement du toit de l'immeuble. ② ((신체부위가)) retomber, pendre, tomber; être sans énergie [sans force], mou(*molle*), avachi(*e*), raplapla {*fam*}, à plat; être las(*se*), exténué(*e*), épuisé(*e*), être à bout de force, au bout du rouleau; être abattu(*e*) ((par la chaleur)); s'avachir, se laisser aller; s'affaisser, s'écrouler, s'effondrer. ¶ 축 늘어진 어깨 les épaules tombantes.

¶ 축 늘어진 젖 les seins tombants. ¶ 축 늘어진 귀 les oreilles pendantes. ¶ 축 늘어진 뱃살 des bourrelets de graisse retombant [pliant] mollement sur le ventre. ¶ 날씨가 더워 모두들 축축 늘어진다 Tout le monde est épuisé [abattu] par la chaleur. ③ 몸을 죽 펴다 devenir plus long(*ue*), s'étendre, s'allonger. ¶ 하품을 늘어지게 하다 bâiller à se décrocher la mâchoire [longuement].

***팔자가** ~ être favorisé(*e*) par le sort, n'avoir rien à envier.

늘이다 타 ① allonger *qc*, étendre *qc*, rallonger *qc*, tendre *qc*. ¶ 고무줄을 ~ tendre un élastique. ¶ 이 옷은 소매를 늘여야겠다 Il va falloir allonger les manches de ce vêtement. ② tirer en longueur. ¶ 이 드라마는 마지막에 가서 이야기를 길게 늘이고 있다 On a trop tiré en longueur la fin de l'histoire de ces feuilletons télévisés. ③ ((수량을)) augmenter. ¶ 일을 제대로 하려면 인원을 늘여야 한다 Il faut augmenter les effectifs pour pouvoir travailler correctement.

늘임표 -標 명 【음악】 point *m* d'orgue ((sur une note de musique)).

늘푸른나무 명 un arbre toujours vert [à feuilles persistantes, à feuillage persistant, sempervirent].

늙다 자 vieillir, avancer en âge, prendre de l'âge, se faire vi*eux*(vi*eille*). ¶ 안 보는 사이에 너도 많이 늙었다 Toi aussi, tu as beaucoup vieilli depuis notre dernière rencontre. ¶ 몸은 늙었지만 마음은 청춘이다 Je suis vieux de corps, mais jeune d'esprit. ¶ 우리 아버지는 나이보다 더 늙어 보인다 Mon père fait [paraît] plus vieux que son âge.

늙다리 명 ((남자)) vieux *m* (gâteux *m*), vieux croûton *m* {*fam*}; ((여자)) vieille *f* (gâteuse *f*); ((짐승)) vie*il*(vie*ux*) anim*al*(*aux*) *m*. ¶ ~ 할멈 une vieille sorcière.

늙수그레하다 형 paraître (assez, plutôt) âgé(*e*), faire vi*eux*(vi*eille*(*s*)); être vieillot(*te*); ne plus être jeune. ¶ 늙수그레한 남자 un homme qui fait vieux [qui paraît âgé].

늙어빠지다 형 être décrépit(*e*), usé(*e*), décati(*e*), vi*eux*(vi*eille*). ¶ 늙어빠진 영감과 함께 살다 vivre avec un vieillard. ¶ 늙어빠진 개 un vieux chien.

늙으막 명 ((‘늘그막’의 잘못)) ☞ 늘그막

늙은이 명 personne *f* âgée; vi*eux*(vi*eille*(*s*)), vieillard *m*, vieil homme *m*, vieux croûton *m* {*fam*}. ¶ 우리 같은 ~들이 어디 갈 데가 있어야지 Les vieux (croûtons {*fam*}) comme nous n'ont plus aucun endroit où aller [n'ont nulle part où aller]. ¶ 나도 ~ 취급을 당하면 싫다 Moi non plus, je n'aime pas être traité(*e*) comme un vieillard(une vieille) [comme un vieux].

늙히다 타 laisser vieillir *qn*. ¶ 딸아이를 처녀로 늙히고 싶지 않아요 Je ne souhaite pas laisser ma fille vieillir sans se marier.

늠름하다 凜凜- 형 être imposant(*e*); avoir l'air imposant. ¶ 늠름한 기상 une nature imposante; une forte personnalité. ¶ 늠름한 태도[표정] une allure imposante [un visage imposant]. ¶ 저 군인은 체격이 ~ Ce soldat a une allure imposante. ¶ 그 사람은 늠름하게 걸어왔었다 Il marchait d'un air imposant.

능 陵 명 tombeau(*x*) *m* roy*al*(*aux*) [impéri*al*(*aux*)]. ¶ 왕[왕후] ~ le tombeau du roi [de la reine]. ¶ ~에 가서 참배하다 aller se prosterner [se recueillir] sur un tombeau royal.

능가하다 凌駕- 타 être supérieur(*e*) à *qn*, être meilleur(*e*) [plus fort(*e*)] que *qn*, dominer *qn*. ¶ 우리나라 축구팀이 기술이나 실력 면에서 상대팀을 능가했다 Notre équipe de football a été meilleure que [Notre équipe de football a dominé] l'équipe adverse tant sur le plan physique que technique [à la fois sur les plans physique et technique].

능격언어 能格言語 명 【언어】 langue *f* ergative.

능구렁이 명 ① ((뱀)) grand serpent *m* (moucheté de jaune). ② ((사람)) vieux renard *m*, vieux routier *m*. ¶ 이런 ~ 같은 녀석! Espèce de vieux renard!

능글능글 부 sournoisement. ¶ 그는 ~ 여자들에게 수작을 잘 건다 Il taquine les femmes sournoisement. ¶ 그는 ~ 웃고만 있다 Il n'arrête pas de rire sournoisement.

◆**_하다** 형 être fourbe, sournois(*e*), insidieu*x*(*se*). ¶ ~하게 웃다 rire de manière sournoise [sournoisement].

능글맞다 형 être sournois(*e*), hypocrite, perfide; être insidieu*x*(*se*). ¶ 이런 능글맞은 녀석 같으니라고 Espèce de vieux renard! ¶ 그 사람은 능글맞은 웃음을 짓는다 Il a un sourire insidieux. ¶ 그 사람은 능글맞게 농담하기를 좋아했다 Il aimait faire des plaisanteries insidieuses.

능금 명 pomme *f* sauvage; ((사과)) pomme *f*.

◆**_나무** 명 pommier *m* sauvage; ((사과나무)) pommier *m*. ☞ 사과[1]

능동 能動 어근 ① acti*f*(*ve*). ② 【언어】 actif *m*. ¶ 이 문장에서 동사는 ~형으로 쓰였다 Le verbe est employé à l'actif [est à la voix active] dans cette phrase / Dans cette phrase, le verbe est (employé) à l'actif [est à la voix active].

◆**_적** -的 명관 acti*f*(*ve*). ¶ 변화하는 국제정세에 ~적으로 대처해야 한다 Il faut activement faire face à la situation internationale instable. ¶ 저 커플은 오히려 여자 쪽에서 더 ~적이다 Dans ce couple, c'est la femme la plus dynamique. ¶ 그 남자는 모든 일에 대해 ~적이다 Il est très actif dans toutes ses entreprises [dans tout ce qu'il entreprend] / Il est diligent, en toute chose [dans tout ce qu'il fait] / Il montre beaucoup de zèle en toutes circonstances / Tout ce qu'il entreprend, il le fait avec beaucoup de sérieux.

◆**_성** -性 명 tempérament *m* actif.

◆**_구문** -構文 명 【언어】 construction *f* active.

◆**_문** -文 명 【언어】 phrase *f* active, phrase *f* à la voix active.

◆**_사** -詞 명 【언어】 verbe *m* actif, verbe *m* à la

voix active.

◆_태 -態 명【언어】 voix *f* active. ¶ 다음 문장을 ~태로 변화시키시오 Mettez les phrases suivantes [la phrase suivante] à la voix active. ¶ ~태로 된 문장 phrase à la voix active. ¶ 이 동사는 ~태로 쓰였다 Ce verbe a été utilisé à la voix active.

능란하다 能爛 형 être habile, adroit(*e*), ingénieux (*se*), fin(*e*), expert(*e*), expérimenté(*e*), exercé(*e*); exceller à *qc*. ¶ 능란한 솜씨로 d'une manière adroite. ¶ 능란한 외교술 une diplomatie habile, une fine diplomatie. ¶ 그는 이 일[자동차 정비]에 아주 ~ Il est habile pour ce travail [la mécanique automobile] / Il est très doué pour ce travail [en mécanique automobile]. ¶ 그 아저씨는 연장 다루는 것이 무척 ~ Cet homme est très adroit dans l'utilisation de ses outils. ¶ 그 여자는 일을 능란하게 잘 처리한다 Elle effectue son travail très habilement.

능력 能力 명 capacités *fpl*, facultés *fpl*, aptitude *f*, compétence *f*. ¶ ~껏 ce que *vous* pouvez, dans la mesure de *vos* possibilités. ¶ 많은 것을 바라지는 않으니 자네들 ~껏 하면 되네 Je ne vous en demande pas autant [Je n'exige pas trop de vous mais], faites ce que vous pouvez. ¶ ~에 따라[만큼] 일하면 된다 Chacun n'a qu'à travailler selon ses capacités. ¶ 성공하려면 타고난 ~을 잘 길러야[배양해야, 계발해야] 한다 Afin de réussir, il faut développer ses compétences naturelles. ¶ 네 ~을 맘껏 발휘해[펼쳐] 보아라! Essaye de montrer tes capacités autant que tu peux [ce dont tu es vraiment capable]! ¶ 그는 상관을 잘못 만나 자신의 ~을 사장시켰다 Ses capacités sont inexploitées à cause d'un supérieur avec lequel il ne s'entend pas. ¶ 그 사람은 이 일을 통해 내 ~을 시험하려 한다 Il cherche à tester mes compétences à travers ce travail. ¶ 그 여자는 기획 ~을 인정받았다 Ses capacités d'organisatrice sont reconnues. ¶ 너는 내 ~을 과소[과대, 제대로, 잘못] 평가했다 Tu as sous-estimé [surestimé, bien estimé, mal estimé] mes capacités. ¶ ~이 미치는 한 열심히 해 보겠습니다 Je vais essayer de faire de mon mieux[de faire tout mon possible, de faire le maximum] / Je vais essayer de faire tout ce qui est en mon pouvoir. ¶ 그것은 내 ~이 미치지 못하는 일이다 [이 일은 내 ~을 넘어선다] C'est une tâche au-dessus de mes capacités [facultés] / Ce travail dépasse mes capacités / Ce travail n'est pas de ma compétence [n'est pas dans mes cordes] / Je ne peux pas faire ce travail. C'est au-dessus de mes capacités. ¶ 그 사람은 ~이 뛰어나다 Il a d'énormes capacités. ¶ 그 사람은 사업 ~이 부족하다 Il manque de compétence pour les affaires. ¶ ~을 갖다 avoir les compétences [les aptitudes, les capacités, les facultés] pour+*inf*. ¶ 그 정도 ~은 누구나 다 갖고 있다! C'est à la portée de tout le monde! ◇_(이) **있다** avoir les compétences [les aptitudes] pour+*inf*, être compétent(*e*) pour ⟪un travail⟫, être capable de+*inf*, être apte à ⟪faire un travail⟫; ⟪un travail⟫ être dans les cordes de [à la portée de] *qn*. ¶ 그 사람은 이 일을 할 ~이 있다 Il est capable de faire ce travail / Il est apte à faire ce travail / Il est compétent pour ce travail / Ce travail est dans ses cordes / Ce travail est à sa portée. ◇_(이) **없다** ne pas avoir les compétences [les aptitudes] pour+*inf*, être incompétent(*e*), ne pas être apte à ⟪faire un travail⟫, ne pas être capable [être incapable] de+*inf*, ⟪un travail⟫ ne pas être dans les cordes de [à la portée de] *qn*. ¶ 그 여자는 별 ~이 없다 Elle est peu compétente [peu douée] / Elle est malhabile / Elle a des capacités [des facultés] limitées. ¶ 그 여자는 이 일을 할 ~이 없다 Elle est incapable de faire ce travail / Elle n'est pas apte à faire ce travail / Ce travail n'est pas dans ses cordes / C'est une tâche au-dessus de ses capacités / Ce travail dépasse ses facultés.

◆_급 -給 명 salaire *m* calculé d'après les capacités; salaire *m* calculé au mérite.

◆_테스트 영{-test} 명 test *m* d'aptitude.

◆언어_ 言語 명 compétences *fpl* linguistiques.

능률 能率 명 rendement *m*, efficacité *f*, efficience *f*. ¶ ~이 높은 생산 방식 un mode de production à haut rendement, une production intensive. ¶ ~을 올리다 augmenter le rendement, être plus efficace [performant(*e*)]. ¶ 일의 ~을 올리도록 힘써라! Efforce-toi d'augmenter le rendement de ton travail! ¶ ~이 떨어지다 avoir une moins bonne efficacité [un moins bon rendement], être moins efficace [moins performant(*e*)], travailler moins bien; le rendement diminue. ¶ 밤에 일하면 ~이 떨어진다 On est moins efficace [On est moins performant, On travaille moins bien] la nuit [le soir]. ¶ ~이 오르다 avoir une meilleure efficacité [un meilleur rendement], être plus efficace [plus performant(*e*)], travailler mieux; le rendement augmente. ¶ 나는 작업 ~이 오르지 않아 걱정이 태산이다 Je suis très inquiet(*ète*) parce que le rendement du travail n'augmente pas.

◆_성 -性 명 efficacité *f*, rentabilité *f*.

◆_적 -的 명관 efficace, performant(*e*). ¶ 그 여자는 ~적 방법으로 일을 한다 Elle a une manière efficace de travailler / Elle travaille efficacement. ¶ 이렇게 하는 편이 훨씬 ~적이다 Cette façon de faire est beaucoup [nettement, autrement] plus efficace.

◆_화 -化 명 promotion *f* de l'efficacité [de la rentabilité]. ¶ 생산 공정을 ~화하다 promouvoir l'efficacité des procédés de production. ¶ ~화를 꾀하다 promouvoir l'efficacité [la rentabilité].

능멸 凌蔑 명 mépris *m*, dédain *m*, dérision *f*, raillerie *f*. ◇_(을) **하다** mépriser, dédaigner, dénigrer, tourner *qn* en dérision, ridiculiser *qn*. ¶ 네깟 녀석이 감히 나를 ~하려 하다니! Comment oses-tu, toi, être insignifiant, me mépriser? ◇_(을) **당하다** faire [être] l'objet de moqueries [de railleries], souffrir

ㄴ

des moqueries, être un objet de risée, être la risée de ...; être la fable ((d'un groupe, d'une collectivité, de *ses* amis)), être l'objet de dérision [de risée] de ((*ses* amis)), être le sujet de moquerie de ((*ses* amis)), être tourné(*e*) en ridicule par ((*ses* amis)), être ridiculisé(*e*) par *qn*, être en butte aux moqueries de *qn*, se ridiculiser, se rendre ridicule, être tourné(*e*) en ridicule, s'exposer à la risée du public, se faire ridiculiser [bafouer], se ridiculiser, se rendre ridicule, se voir bafouer [railler].

ㄴ

능변 能辯 명 facilité *f* d'élocution, volubilité *f*, éloquence *f*, loquacité *f*, force *f* de parole, bagou(t) *m* {*fam*}, tchatche {*fam*}. ◇_**이다** être éloquent(*e*), disert {*litt*}, parler [s'exprimer] avec facilité [avec aisance], avoir la parole facile [une élocution aisée, le don de la parole, de l'éloquence, une grande facilité d'élocution], être un brillant causeur [un bon orateur, un orateur éloquent, un orateur disert {*litt*}]. ¶ 그 사람은 정말 ~이다 Il est vraiment éloquent / Il parle [s'exprime] vraiment avec facilité [avec aisance] / Il a vraiment la parole facile [une élocution aisée, le don de la parole, de l'éloquence, une grande facilité d'élocution] / Il est vraiment disert {*litt*} / C'est vraiment un brillant causeur [un bon orateur, un orateur éloquent, un orateur disert {*litt*}].

◆_**가** -家 명 bon orateur *m*, personne *f* éloquente, brillant causeur *m*, orateur *m* éloquent [disert {*litt*}].

능사 能事 명 ((ne pas être)) une bonne solution *f*, un travail *m* bien fait; chose *f* banale [courante]; travail *m* adapté aux capacités de *qn*. ¶ 그 학생은 지각하는 것을 ~로 여긴다 Cet(*te*) élève se croit autorisé(*e*) à arriver en retard. ¶ 그 사람은 이 일을 ~로 여긴다 Il croit à tort que c'est une bonne solution [une bonne façon de faire] pour résoudre le problème. ◇_이다 être une bonne solution, être une bonne façon de faire. ¶ 넌 그렇게 하는 것이 ~인 줄 아는데, 그건 옳지 않다 Tu pensais [croyais] que c'était une bonne solution mais ce n'en est pas une / Tu pensais que c'était une bonne façon de faire, mais ce n'était pas le cas. ◇_가 아니다 ne pas être une bonne solution, ne pas être une bonne façon de faire. ¶ 문제를 덮어두는 것이 ~가 아니다 Éviter les problèmes n'est pas une bonne solution [n'est pas une bonne façon de faire].

능선 稜線 명 arête *f*, crête *f* ((d'une chaîne de montagnes)). ¶ ~을 따라[타고] 올라가다 monter le long de la crête.

능수능란하다 能手能爛- 형 être habile, adroit(*e*), ingénieux(*se*); être expert(*e*), expérimenté(*e*), exercé(*e*); exceller à *qc*. ¶ 저 축구선수는 공을 다루는 것이 ~ Ce footballeur contrôle le ballon très habilement / C'est un joueur de football (très) habile ballon au pied [pour dribbler]. ¶ 우리 아빠는 능수능란한 솜씨로 생선을 요리했다 Mon père a préparé très habilement le poisson. ¶ 능수능란하게 habilement, adroitement, ingénieusement, astucieusement.

능수버들 명 【식물】 saule *m* pleureur.

능숙하다 能熟- 형 être habile ((à *qc*/*inf*)), être adroit(*e*) à+*inf*, être expert(*e*) dans *qc*/à+*inf*, être expérimenté(*e*). ¶ 그 사람은 이런 일에 ~ Il est habile à faire ce type de travail. ¶ 저 학생은 계산하는 데에 ~ Cet(*te*) élève est très habile [rapide] pour compter [pour calculer, pour le calcul (mental)] / Cet(*te*) élève est fort(*e*) [doué(*e*)] en calcul (mental). ¶ 능숙한 솜씨로 habilement, adroitement, avec une grande dextérité, d'une main experte, d'une manière experte. ¶ 일을 능숙하게 처리하다 arranger une affaire adroitement.

능숙미 能熟美 명 habileté *f*, dextérité *f*. ¶ 그는 이 기계를 다루는 데 ~가 있다 Il manipule bien [avec un grande dextérité] cette machine.

능욕 凌辱 명 ① 모욕 insulte *f*, affront *m*, offense *f*, outrage *m*, indignité *f*. ¶ 그 사람은 어린 시절 학대와 ~의 세월을 보냈다 Il a été insulté et maltraité dans son enfance. ② ((여자를)) outrage *m*, viol *m*, violence *f*. ◇_(을) **하다** violer *qn*, violenter *qn*. ¶ 여자를 ~하다 violer [outrager] une femme. ◇_(을) **당하다** être violé(*e*).

능지처참 陵遲處斬 명 écartèlement *m*. ◇_(을) **하다** écarteler ((un criminel)). ¶ 저런 ~을 할 녀석! Je vais te l'écrabouiller, celui-là / Je ferai de lui de la chair à pâté. ◇_(을) **당하다** être écartelé(*e*).

능청 명 ruse *f*, astuce *f*, hypocrisie *f*, sournoiserie *f*, fourberie *f*. ◇_(을) **떨다[부리다]** faire l'innocent(*e*), faire preuve de ruse. ¶ 제발 ~ 좀 떨지 마라. 징그러워 죽겠다 Arrête de faire l'innocent. Ça m'écœure. ¶ 그 녀석은 진실을 얘기하지 않고 계속 ~만 떨었다 Il n'a cessé d'être fourbe, en esquivant de dire la vérité. ¶ 누구 앞에서 ~을 떠는 게냐? Devant qui est-ce que tu fais l'innocent?

◆_**꾸러기** 명 hypocrite *mf*, tartuffe *m*.

◆_**맞다[스럽다]** 형 être rusé(*e*), astucieux(*se*), hypocrite, sournois(*e*), fourbe, insidieux(*se*). ¶ 야단을 맞고도 그 아이는 ~맞게 농담을 했다 Même après avoir été grondé(*e*), cet(*te*) enfant continuait à plaisanter comme si de rien n'était. ¶ 그 녀석 참 ~맞더라 Ce gars est très rusé / Ce gars est un fin renard.

◆_**스레** 부 comme si de rien n'était. ¶ 속으론 싫어하면서도 나는 그 친구와 ~스레 얘기를 나누었다 J'ai parlé avec lui comme si de rien n'était, alors que cela ne me plaisait pas du tout.

능청이 명 fin renard *m*, personne *f* rusée. ¶ 이런 ~같으니라고! Qu'est-ce que tu es rusé(*e*)! / Espèce de fin renard!

능통하다 能通- 형 connaître *qc* à fond; être versé(*e*) ((dans une spécialité)); être très fort(*e*) ((sur les questions économiques)); être bien au courant [bien informé(*e*)] de la situation, être rompu(*e*) à *qc*. ¶ 그 사람은 영어[4개 국어]에 ~ Il est très fort en anglais [en 4 langues étrangères] / Il maîtrise l'anglais [4 langues étrangères] (d'une façon remarquable, comme si c'était sa langue maternelle) / Il connaît l'anglais [4 langues étrangères] parfaitement. ¶ 처세술에 능통한 사람 une personne qui a de bonnes facultés de communication interpersonnelles.

능하다 能- 형 être habile ((dans un métier, à *qc*)); être doué(*e*) ((pour *qc*)), être (très) bon(*ne*), fort(*e*) en *qc*, avoir des dispositions [des aptitudes] pour ((les mathématiques, les langues)), avoir des facilités en ((mathématiques)); être adroit(*e*), expert(*e*) en *qc* [à+*inf*]; être rompu(*e*) à *qc*, être (très) versé(*e*) ((dans les lettres et les arts, dans l'art de l'escrime, en architecture romane)) {*litt*}; exceller dans *qc*, avoir la bosse de *qc* {*fam*} ((des mathématiques, des maths {*fam*}, de la musique, du commerce, des langues)), avoir un don pour ((les maths, les langues, le commerce)), avoir des dons de ((poète)), avoir le génie ((des affaires)). ¶ 그 남자는 외국어에 ~ Il est doué pour les langues étrangères / Il a un don [des dispositions, des aptitudes] pour les langues / Il a la bosse des langues {*fam*} / Il possède le génie des langues. ¶ 저 사람은 기계 다루는 데에 ~ Cet homme est un expert en mécanique.

능히 能- 부 sans difficulté, sans problème, facilement, aisément. ¶ 혼자서도 ~ 할 수 있는 일 un travail que l'on peut faire aisément tout seul. ¶ 너라면 그 일을 ~ 해 낼 수 있을 거다 Si c'est toi, tu pourras faire ce travail sans difficulté. ¶ 그 여자는 ~ 그럴 사람이다 (Comme je la connais), elle en serait bien capable!

늦- 접두 les derniers ((froids)), les dernières ((chaleurs)), la fin *f* ((de l'été)), tardi*f*(*ve*). ¶ ~여름[가을, 겨울, 봄] la fin de l'été [de l'automne, de l'hiver, du printemps]. ¶ ~추위 les derniers froids, les froids tardifs.

◆ **_바람** 명 la débauche [le libertinage] à l'âge mûr. ¶ ~바람이 나다 mener une vie dévergondée [se dévergonder] à l'âge mûr.

늦가을 명 la fin *f* de l'automne. ¶ 계절이 바야흐로 ~로 접어들고 있다 Nous sommes en ce moment à la fin de l'automne.

늦겨울 명 la fin *f* de l'hiver. ¶ ~ 추위가 여간 매섭지 않다 Le froid en cette fin d'hiver a rarement été aussi mordant.

늦깎이 명 personne *f* qui commence *qc* sur le tard [à un âge (inhabituellement) avancé, tardivement], personne *f* qui a une vocation tardive. ¶ ~ 졸업생 un éternel étudiant. ¶ 그 사람은 ~로 대학에 입학했다 Il est entré à l'université à un âge (inhabituellement) avancé. ¶ 그 사람은 ~로 정계에 입문했다 Il est entré dans le monde de la politique sur le tard / Il est entré très tardivement dans le monde de la politique.

늦다 형 ① ((속도)) être lent(*e*). ¶ 걸음이 ~ marcher lentement. ② ((시간)) être tard, se faire tard. ¶ 늦은 오후[봄, 밤] en fin d'après-midi [à la fin du printemps, tard dans la nuit, à une heure avancée de la nuit]. ¶ 돌아오는 시간이 ~ rentrer tard, ne pas rentrer de bonne heure. ③ ((진행)) être attardé(*e*). ¶ 내 시계가 10분 늦다 Ma montre retarde de dix minutes. ¶ 늦게 일어나다[알다] se lever tard. [apprendre *qc* avec du retard]. ¶ 발육이 늦은 아이 un(*e*) enfant à la croissance tardive; un(*e*) enfant attardé(*e*). ¶ 진보가[발달이] ~ progresser lentement. ¶ 이해가 ~ être lent(*e*) à comprendre; avoir l'esprit lent.

자 être en retard; avoir du retard, retarder. ¶ 나 오늘 늦을 테니 기다리지 말아요 Ne m'attends pas, je serai en retard aujourd'hui. ¶ 늦어서 죄송합니다 Excusez mon retard / Excusez-moi de [pour] mon retard. ¶ 기차가 5분 늦었다 Le train avait [est arrivé avec] cinq minutes de retard. ¶ 내 시계는 하루에 1분씩 늦는다 Ma montre retarde d'une minute par jour. ¶ 지불이 ~ être en retard pour un paiement. ¶ 계약을 취소하기에는 이미 늦었다 Il est trop tard pour annuler le contrat. ¶ 벌써 늦었다 Il est déjà tard / Il se fait déjà tard. ¶ 점심이 늦었구나! Tu déjeunes tard!

***한 발 늦다** arriver en retard d'un poil {*fam*}, se faire devancer d'une courte tête [de peu], se faire coiffer sur le poteau {*fam*} [au poteau {*fam*}], manquer [rater] *qc* de justesse [de (très) peu], manquer [rater] le coche {*fam*}; échouer d'un rien. ¶ 정말 아깝다. 한 발 늦었네 C'est trop [vraiment] dommage [C'est vraiment idiot, C'est vraiment rageant, C'est vraiment désespérant], j'ai manqué [raté] le coche {*fam*} pour pas grand-chose [pour si peu, de très peu] [je me suis fait devancer d'une courte tête [de (très) peu], je me suis fait coiffer sur le poteau {*fam*} à la dernière minute] / J'enrage [Je suis furieu*x*(*se*)] d'avoir raté de si peu / C'est vraiment rageant: il s'en est vraiment fallu d'un rien [il m'a manqué un rien] pour que je réussisse / C'est vraiment dommage, j'ai échoué d'un rien. ¶ 뛰는 놈 위에 나는 놈 있네. 한 발 늦었어 Il y a toujours plus fort que soi. Quelqu'un m'a devancé d'une courte tête [Je me suis fait devancer d'une courte tête [de très peu], je me suis fait coiffer sur le poteau {*fam*} [au poteau {*fam*}]].

***늦게 배운 도둑(질)에 날 새는 줄 모른다** Ce qui était au départ un loisir devient très vite une passion [une drogue].

늦더위 명 les dernières chaleurs *fpl*; chaleur *f* tardive. ¶ ~가 기승을 부리고 있다 Les dernières chaleurs sont ardentes.

늦되다 형 être tardi*f*(*ve*), attardé(*e*), en retard. ¶ 늦된 과일 un fruit tardif. ¶ 늦된 아이 un enfant attardé [retardé, qui a du retard, handicapé (mental), qui a un handicap], un enfant arriéré (mental). ¶ 우리 집 애는 왜 그렇게 늦된지 모르겠어 Je ne comprends [ne sais] pas pourquoi notre enfant a un tel retard [un tel handicap].

늦둥이 명 enfant *mf* tardif(*ve*). ¶ 그 여자는 나이 마흔에 ~를 보았다 Elle a eu un enfant tard, à quarante ans.

늦바람 명 débauche *f* [libertinage *m*] à l'âge mûr. ¶ 본디 ~이 더 무서운 법이다 La débauche à l'âge mûr est par nature plus incontrôlable. ◇_(이) **나다** mener une vie dissolue à l'âge mûr. ¶ 그 아저씨는 나이 60에 ~이 나서 처자를 버렸다 Arrivé à la soixantaine, il a mené une vie dissolue de sorte qu'il a fini par abandonner sa famille. ◇_(을) **피우다** mener une vie dissolue à l'âge mûr, vivre dans la débauche à l'âge mûr.

늦벼 명 riz *m* tardif.

늦봄 명 la fin *f* du printemps; printemps *m* tardif.

늦서리 명 gelée *f* tardive. ¶ ~가 내려 보리가 냉해를 입었다 L'orge a subi des dommages à cause de la gelée tardive.

늦여름 명 la fin *f* de l'été; été *m* tardif.

늦잠 명 grasse matinée *f*. ◇_(을) **자다** se lever tard, faire la [une] grasse matinée. ¶ 나는 ~ 한번 자 보는 것이 소원이다 J'aimerais au moins une fois pouvoir faire la [une] grasse matinée. ◇_**이다** se lever tard, faire la [une] grasse matinée. ¶ 우리 남편은 휴가 내내 ~이다 Mon mari fait la grasse matinée pendant tous ses congés.

◆_**꾸러기** 명 personne *f* qui se lève tard; lève-tard *mf inv* {*fam*}.

늦장 명 ☞ 늑장

늦장마 명 saison *f* des pluies tardive. ◇_**가 지다[오다]** La saison des pluies tardive commence [a commencé]. ¶ ~가 져서 농작물 생산이 감소될 것으로 예상된다 A cause de la saison des pluies tardive, on prévoit une diminution de la production agricole.

늦추다 타 ① desserrer ((une ceinture)), lâcher ((la bride du cheval)), relâcher, détendre. ¶ 말고삐를 ~ lâcher la bride à un cheval. ¶ 낚싯줄을 ~ lâcher les filets de pêche. ② ((긴장을)) relâcher ((la vigilance)), desserrer la vis. ¶ 긴장을 ~ faire tomber la tension; se détendre. ¶ 조금도 경계를 늦추지 말아라 Il ne faut surtout pas relâcher la vigilance. ③ 미루다 retarder, repousser, différer ((le départ)), remettre *qc* à plus tard, reporter, reculer ((un paiement)). ¶ 일정을 ~ reporter le calendrier. ¶ 퇴근 시간을 한 시간 ~ repousser d'une heure l'heure de la fin de travail. ¶ 회의 소집을 더 이상 늦출 수 없습니다 On ne peut différer davantage la convocation à la réunion. ④ 느리게 하다 ralentir ((le pas, la marche)), réduire ((la vitesse)).

늦추위 명 froid *m* tardif. ¶ 올 겨울에는 ~가 유난히 오래간다 Cet hiver, le froid tardif est exceptionnellement long. ¶ ~가 4월 초까지 계속되었다 Le froid tardif a persisté jusqu'au début d'avril.

늪 명 marécage *m*; marais *m*. ¶ 그 사람은 ~에 빠져 죽었다 Il s'est noyé dans un marécage. ¶ 그 사람은 욕망의 ~에 빠져 허우적대고 있다 Il se débat dans le marécage d'ambitions où il s'est enlisé. ¶ ~에서 빠져나오다[헤어나오다] sortir d'un marécage. ¶ ~으로 뒤덮인 지역 une région marécageuse.

◆_**지대** -地帶 명 zone *f* marécageuse.

늪지 -地 명 marais *f*, marécage *m*.

늬 대 (('네'의 잘못)) ☞ 네[1]

니[1] 대 ① (('네'의 입말투)) toi, tu. ¶ ~ 인생이니 ~가 알아서 해 Fais comme tu en as envie [comme tu veux, comme bon te semble, comme il te semble], c'est ta vie après tout. ② (('너의'의 준꼴)) ton, ta, tes. ¶ 네가 ~ 속을 잘 알지 누가 알겠니 C'est toi qui te connaît le mieux, personne ne te connaît mieux que toi.

니[3] 조 et ((particule, capable de marquer différents cas grammaticaux, servant à énumérer. -니 s'ajoute au substantif se terminant pas une voyelle; -이니 par une consonne.)) ¶ 시장에는 사과~ 배~ 온갖 햇과일이 나와 있다 Au marché, on trouve toutes sortes de fruits de début de saison: des pommes, des poires, etc. ¶청소~ 빨래~ 쉬지 않고 해도 집안일은 끝이 없다 J'ai beau m'occuper sans répit [sans jamais m'arrêter] du ménage, du linge, etc., les tâches domestiques, ça n'en finit jamais [je n'en vois jamais la fin, ça n'est jamais fini].

-니[4]**↔-으니**[1] 어미 ① ((시간)) quand, lorsque; ((이유)) puisque, comme, car, alors que, tandis que ((suffixe flexionnel conjonctif de temps, de cause, d'opposition. -니 s'ajoute au radical de l'adjectif et du verbe qui se termine par une voyelle et après les suffixes flexionnels préfinaux -시/으시 (honorifique) et -더 (passé) -으니au radical qui se termine par une consonne et aux suffixes flexionnels préfinaux temporels -았/-었, -겠.)) ¶서울에 도착하~ 비가 오고 있더라Lorsque je suis arrivé(e) à Séoul, il pleuvait. ¶이제 보~ 너 참 이상한 데가 있구나 Je me rends compte maintenant que tu es un peu bizarre. ¶너는 아직 어라~ 그 곳에 갈 수 없다 Tu es encore trop petit(e) [jeune] pour y aller. ¶날이 따뜻하~ 졸린다 Comme il fait doux [bon], j'ai sommeil. ¶그 사람이 말하~ 모두 잠잠해졌다. Lorsqu'il parlait, tout le monde se taisait. / Tout le monde s'est tu lorsqu'il a commencé à parler. ¶날씨가 나쁘~ 소풍은 연기하자 Puisque qu'il ne fait pas beau, annulons le pique-nique. ¶어제는 비가 오더~ 오늘은 날씨가 좋다 Alors qu'hier il pleuvait, aujourd'hui il fait beau. ② ((suffixe flexionnel conjonctif, utilisé pour introduire une citation répétée.)) ¶이 제도를 둘러싸고 좋으니 나쁘~ (하고) 말이 많다. En ce qui concerne ce système, nous avons des opinions [des idées] très partagées. ¶아니 나보고 거기 가라~ 그게 무슨 소린가? Qu'est-ce que tu veux dire en me disant de me rendre là bas?

-니[5] [어미] ((suffixe flexionnel de terminaison phrastique du mode interrogatif)). ¶너 어디 가~? Où vas-tu? ¶점심으로 뭐 먹었~? Qu'as-tu mangé au déjeuner? ¶너 지금 책 읽~? Est-ce que tu lis un livre maintenant? ¶어떻게 하는 게 좋겠~? Comment pourrait-on agir? ¶이거 누구 거~? À qui appartient ceci? ¶너 지금 책 읽~? Est-ce que tu lis un livre maintenant?

-니까[1]↔**-으니까** [어미] puisque, comme, car ((suffixe flexionnel conjonctif à valeur causale. -니까 s'ajoute après le radical du verbe et de l'adjectif qui se termine par une voyelle et après le suffixe flexionnel honorifique -시/-으시 -으니까 s'ajoute au radical verbal qui se termine par une consonne et après les suffixes flexionnels préfinaux temporels -았/-었, -겠)) ¶이렇게 도와주사~ 정말 고맙습니다 Je vous remercie sincèrement de m'aider comme vous le faites. ¶내일 다시 올 테~ 그렇게 아세요 Sachez que je reviendrai demain. ¶이 가방이 더 예쁘~ 이것을 삽시다. Comme ce cartable est plus joli, achetons ceci. ¶너는 좋은 학교에 다니~ 좋겠다. Comme tu fréquentes une bonne école, je suppose que tu te sentes bien (je t'envie).

-니까[2] quand, puisque, comme, car, alors, alors que ((suffixe flexionnel conjonctif à valeur causale. Forme contractée de -고 하니까. Il s'ajoute d'autres suffixes flexionnels conjonctif tels que -자, -라/-으라, -ㄴ다/-는다, -다, -냐, -느냐)) (내가 그에게) 먹자~ (quand je lui dis) de manger (ensemble), 자-라~ de dormir, 가-ㄴ다~ d'aller, 크-다~ (que c')est grand, 넓-다~ (que c')est vaste (quand je lui demande s'il) 오-냐~ vient, 읽-느냐~ lit, 예쁘-냐~ (si c')est joli, 밝-으냐~ (si c')est clair.

니년 [대] 【속어】 ☞ 네년

니놈 [대] 【속어】 ☞ 네놈

-니라↔**-느니라** [어미] ((suffixe flexionnel de terminaison phrastique du mode déclaratif, utilisé par un locuteur qui s'adresse à une personne de rang inférieur pour faire savoir une chose édifiante. Suffixe archaïque. -니라 est utilisé après le radical du verbe et -느니라 celui de l'adjectif. Employé à l'adresse d'un inférieur, il exprime l'infériorité.)). ¶아이들은 담배 피워서는 안 되느~ Les enfants ne doivent pas fumer. ¶우리 민족은 예부터 예절을 중시해 오느~ Notre peuple a toujours accordé beaucoup d'importance aux bonnes manières et à l'étiquette. ¶인간은 만물의 영장이~ L'homme est le maître de toutes les créations.

니스 영{forme contractée de *varnish*} [명] vernis *m*. ¶ 나무 상자에 ~를 칠하거라[~를 바르거라, ~ 칠을 하거라] Passe du vernis sur le coffre en bois. ¶ 이 가구는 ~가 다 벗겨졌다 Le vernis de ce meuble est complètement parti. ¶ ~가 거의 다 말랐다 Le vernis a presque entièrement séché.

니은 [명] 【언어】 *nieun m* <appellation de la deuxième lettre de l'alphabet coréen>.

◆_**자** -字 [명] (nom [lettre] de la) deuxième consonne de l'alphabet coréen.

니켈 영{nickel} [명] nickel *m*. ¶ ~과 구리의 합금 un alliage de cuivre et de nickel.

니코틴 영{nicotine} [명] nicotine *f*. ¶ ~ (함량)이 적은 담배 des cigarettes contenant peu de nicotine. ¶ 이 사람은 ~에 절어[중독되어] 있다 Cet homme est bourré [accroc] de nicotine.

◆_**산** -酸 [명] nicotine *f* acide.

니트 영{knit} [명] tricot *m*, chandail *m*, lainage *m*, (petite) laine *f* {*fam*}. ¶ ~(제품)를 입다 porter un tricot [un chandail, une petite laine {*fam*}]. ¶ 양모로 ~를 짜다 faire un tricot en laine. ¶ 그 여자는 ~가 어울린다 Les tricots vont bien à cette femme.

니힐리즘 영{nihilism} [명] nihilisme *m*. ¶ ~이 만연한 사회 분위기이다 L'ambiance dans la société est partout au nihilisme. ¶ 그 사람은 ~에 젖어 있다 Il est imprégné de nihilisme.

닉네임 영{nickname} [명] surnom *m*, sobriquet *m*; diminutif *m*. ¶ 그 사람은 일벌레라는 ~을 갖고 있다 [그 사람에게는 일벌레라는 ~이 붙어 있다] On le surnomme «la fourmi travailleuse [le stakhanoviste]».

닐리리 [부] ((onomatopée du son d'une flûte)) *nilniri*. ¶ 퉁소를 ~ 불다 jouer de la flûte (en bambou).

◆_**야** [감] Oh! Eh! Yeh! ((interjection utilisée dans le refrain d'une chanson folklorique coréenne)).

◆_**타령** [명] chant *m* de *nilniri* ((chanson folklorique coréenne)).

님[1] [의명] Monsieur, Madame ((suffixe honorifique que l'on met après un titre ou une fonction professionnelle ou sociale. Un mot marqué par 님 est souvent utilisé à la place du pronom personnel de la 2e personne.)). ¶ 홍길동 ~ Monsieur Hong Gil-dong. ¶스~Maître bonze. ¶신부~Mon Père. ¶목사~ monsieur le pasteur. ¶할아버~ grand-père. ¶할머~ grand-mère. ¶아버~ père. ¶어머~ mère. ¶형~ frère aîné. ¶회장~께서 이 자리에 앉으시지요.Monsieur le président (vous), veuillez vous asseoir à cette place.

[대] vous, il, elle; Monsieur, Madame. ¶ ~은 왜 그렇게 생각하세요? Monsieur, pourquoi pensez-vous ainsi?. ¶ ~은 갔습니다 Il(Elle) est parti(*e*).

-님[2] [접미] monsieur, madame, mademoiselle ((suffixe honorifique)). ¶ 선생~ ((대학교)) monsieur [madame] le(*la*) professeur; ((초등학교)) maître, maîtresse; ((일반 존칭)) monsieur, madame, mademoiselle. ¶ 제 부모~ mes parents. ¶ 임금~ Votre Majesté; Sa Majesté; le roi. ¶ 신부~ ((호칭)) Mon (révérend) père; le révérend père Un tel. ¶ 불문과 학과장~ monsieur le directeur [madame la directrice] du département [de l'U.F.R.] de langue et littérature françaises. ¶ 장군~ Mon

Général. ¶ 해[달, 별]~ ((시에서)) Ô soleil [lune, étoile]; ((동화책에서)) Monsieur le Soleil [Madame la Lune, Madame l'Étoile].

닢 분류 ((une)) pièce *f* de monnaie. ¶ 동전 한 ~ une pièce de monnaie.

ㄷ 명 *digeut m* ((troisième lettre consonantique de l'alphabet coréen)).

다¹ 부 ① 수량 tout, toute, tous, toutes; complètement, parfaitement; vraiment, même. ¶ 아이들이 ~ 왔습니다 Les enfants sont tous arrivés. ¶ 그들은 ~ 독신이다 Ils sont tous célibataires. ¶ 돈이 ~ 떨어졌다 On a dépensé tout notre argent / Nous n'avons plus d'argent. ¶ 사람들은 누구나 ~ 죽게 마련이다 C'est une vérité que les êtres humains meurent tous. ¶ 반짝인다고 ~ 금이 아니다 Tout ce qui brille n'est pas or. ¶ 이거 ~ 먹어라 Mange tout cela! ¶ 이거 하나만 빼고 네가 ~ 가져라 Prends tout sauf ceci! ¶ 이 사과 세 개를 네가 ~ 먹었니? As-tu vraiment mangé ces trois pommes? ¶ 그 사람은 아무 일이나 ~ 한다 Il fait toutes sortes de travaux. ¶ 네가 거짓말을 하지 않았다는 사실을 내가 ~ 안다 Je sais parfaitement que tu n'as pas dit de mensonges. ¶ 모든 사업이 ~ 그렇지만 이 사업도 미래를 내다보고 벌인 것입니다 Comme toutes les autres affaires, c'est en pensant au futur qu'elle a été lancée. ② 정도 presque, complètement. ¶ 일이 ~ 끝났다[됐다] Le travail est complètement terminé. ¶ 밥이 ~ 됐다 Le riz est complètement cuit [fait]. ¶ 준비가 ~ 되었다 La préparation est complètement terminée / Tout est prêt. ¶ 그 사람은 ~ 죽어간다 Il est presque mort / Il est en train de mourir. ¶ 몸이 이제 거의 ~ 나았어요 Je suis presque (complètement) guéri(*e*) [rétabli(*e*)]. ③ 의외 tout, vraiment; ce qu'il(elle) peut+*inf*. ¶ (살다보니) 별 일[꼴] ~ 보겠다 On aura tout vu! / C'est incroyable! / J'aurai (vraiment) tout vu! ¶ 별 싱거운 사람 ~ 보겠다 Ce qu'il peut être ennuyeux [inintéressant] alors! / Il parle pour ne rien dire. ¶ 세상에 별스러운 꼴을 ~ 보겠다 J'aurai vu toutes sortes de choses étranges en ce monde [dans ma vie]! ¶ 별 희한한 놀이도 ~ 있구나! C'est vraiment un drôle de jeu [un jeu bizarre, un jeu étrange]! ¶ 뭐 저런 게 ~ 있어! Qu'est-ce que c'est que ce type? / Je n'ai jamais vu un type pareil! / Quel salaud {*vulg*} [sale type{*fam*}], celui-là! ¶ 저 친구가 희랍어를 ~ 하네! Celui-là parle même le grec ancien! ④ 공연히 inutilement; ce n'est pas la peine [Inutile] de+*inf*. ¶ 별 말씀을 ~ 하십니다 Inutile de me remercier [de me dire merci] / Il n'y a pas de quoi / Je vous en prie. ¶ 너는 별 걱정을 ~ 한다 Tu te fais du souci inutilement [pour rien, pour peu de chose]. ⑤ 완전히 complètement. ¶ 상황을 보아하니 공부는[일은] ~ 했군 Il est impossible d'étudier [de travailler] dans de telles conditions [dans un tel contexte, dans un tel environnement]. ¶ 잠은 ~ 잤군 Je ne pourrai plus m'endormir / Maintenant, il me sera impossible de dormir! / Maintenant, c'est plus la peine d'essayer de dormir! / Maintenant, ma nuit est foutue! {*fam*}. ¶ 좋은 시절 ~ 지나갔군 La belle époque est complètement révolue. ¶ 이제 ~ 글렀다 Maintenant, tout est fini [fichu {*fam*}, foutu {*fam*}].

*~ **된 밥에 재 뿌리다[코 빠뜨리다]** gâcher une affaire alors que tout va bien; alors que tout va bien, mettre *son* grain de sel; intervenir au mauvais moment [quand il ne faut pas].

명 (le) tout *m*. ¶ 공부 잘 하면 ~냐? Ce n'est pas le tout de bien réussir ses études! ¶ 죽으면 그것으로 ~지, 뭐 Après la mort [Une fois qu'on est mort], il ne reste plus rien, quoi. ¶ 돈이면 ~냐? L'argent, est-ce tout? ¶ 이게 ~야? Est-ce tout? ¶ 지금까지 말한 것이 ~는 아니다 Je n'ai pas encore tout dit. ¶ 너에게 ~는 못 주겠다 Je ne peux pas tout te donner. ¶ ~ 제 잘못입니다 Tout cela, c'est de ma faute. ¶ ~ 해서 얼마입니까? En tout, cela fait combien? / Je vous dois combien au total? ¶ ~ 합쳐서 100 유로입니다 En tout, cela fait 100 euros. ¶ ~ 때가 있는 법이다 Il y a un temps pour tout. ¶ ~ 같이 가자 Allons-y tous ensemble!

명 ((vous, ils)) tous. ¶ ~ 오셨습니까? Sont-ils tous arrivés? / Tout le monde est-il là? ¶ 그 계획에 ~ 반대다 Tous sont contre ce projet / Tous s'opposent à ce projet.

다² 명 【음악】 ut *m*, do *m*.

◆_장조[단조] 명 ut *m* [do *m*] majeur [mineur]. ¶ ~ 장조의 교향곡[소나타] une symphonie [une sonate] en ut majeur. ¶ ~단조의 소나타 une sonate en do mineur.

-다³ 어미 ((suffixe flexionnel infinitif. Les verbes

ㄷ

coréens, que ce soit verbes ou adjectifs, dans leur forme infinitive, se terminent par -다. C'est ainsi que le radical, suivi de ce suffixe, constitue la forme verbale du dictionnaire. La conjugaison du verbe consiste donc à ajouter différents suffixes flexionnels au radical obtenu en éliminant le suffixe infinitif -다)). ((*copules*)) ¶ 아~ être. ¶ 아니~ ne pas être; ((verbes d'existence et d'absence)) ¶ 있~ se trouver, exister, il y a. ¶ 없~ ne pas se trouver, ne pas exister, il n'y a pas; ((verbes auxiliaires de négation)) ¶ 않~ ne pas. ¶ 못하~ ne pouvoir; ((négation de l'impératif)) ¶ 말~ il est interdit [défendu] de *inf*; ((verbes)) ¶ 하~ faire. ¶ 되~ devenir. ¶ 가~ aller. ¶ 오~ venir. ¶ 사~ acheter. ¶ 팔~ vendre. ¶ 쓰~ écrire. ¶ 읽~ lire. ¶ 살~ vivre. ¶ 죽~ mourir. ¶ 돌아가~ retourner. ¶ 들어가~ entrer. ¶ 뛰어넘~ franchir en sautant. ¶ 걸어들어가~ entrer à pied. ¶ 말하~ parler, dire. ¶ (만날) 약속하~ prendre un rendez-vous. ¶ 질문하~ interroger, questionner. ¶ 대답하~ répondre; ((adjectifs)) ¶ 크~ être grand(*e*). ¶ 작~ être petit(*e*). ¶ 춥~ être froid(*e*), avoir froid, faire froid. ¶ 덥~ être chaud(*e*). avoir chaud, faire chaud. ¶ 예쁘~ être joli(*e*). ¶ 명백하~ être clair(*e*). ¶ 즐겁~ être joyeux(*se*). ¶아름답~ être b*eau*(*belle*). ¶ 미적지근하~ être tiède. ¶ 거무잡잡하~ être noirâtre. ¶ 끈적끈적하~ être gluant(*e*), collant(*e*).

-다⁴ 어미 ((종결어미)) ((평서형)) ((suffixe flexionnel de terminaison phrastique déclarative de degré neutre ou d'infériorité)) ① ((Il s'ajoute après le radical de l'adjectif quelle que soit sa forme, et après les suffixes flexionnels préfinaux -시/-으시, -았/-었 ou -겠. Il exprime le degré neutre dans l'écrit destiné à tout le monde. Dans la langue parlée, il est utilisé entre les amis intimes ou par un locuteur supérieur à l'adresse d'un interlocuteur inférieur, et il l'égalité ou l'infériorité. Tel quel, il marque le présent)). ¶ 나는 대학생이~ Je suis étudiant(*e*). ¶ 하늘이 푸르~ Le ciel est bleu. ¶ 바다가 넓~ La mer est vaste. ② ((Quant au verbe, ce suffixe flexionnel s'ajoute seulement après les suffixes flexionnels temporels -았/-었, -겠 qui sont déjà marqués au radical verbal)). ¶ 그 예술가는 죽었~ Cet(*te*) artiste est mort(*e*). ¶ 나는 기차를 기다리고 있었~ J'attendais le train. ¶ 형이 지금쯤 서울에 도착했겠~ Je suppose que mon grand frère [mon frère aîné] est maintenant (arrivé) à Séoul. ③ ((Ajouté directement au radical d'un verbe, il exprime le degré neutre dans le titre d'un ouvrage, du film ou d'un article de journal)). ¶ 바람과 함께 사라지~ Autant en emporte le vent [Disparaître avec le vent]. ¶ 한국 축구 대표팀 드디어 결승에 오르~! L'équipe de football coréenne arrive enfin en finale [se qualifie enfin pour la finale] ((emploi réservé aux titres)).

-다⁵ 어미 ((suffixe flexionnel conjonctif servant à énumérer les actions qui alternent)) tantôt ... , tantôt .... ¶ 크~ 작~ 말들이 많다 «C'est grand ..., c'est petit ...»; les gens disent des tas de choses / Les gens disent des tas de choses: les uns que c'est grand, les autres que c'est petit. ¶ 울~ 웃~ 하다 tantôt pleurer, tantôt rire. ¶ 그 사람은 말을 이랬~ 저랬~ 한다 Il dit tantôt ceci tantôt cela ¶ 방에서 왔~ 갔~ 하다 faire des va-et-vient dans *sa* chambre. ¶ 쫓가~ 쫓가~ 힘이 빠진 그 사람은 결국 잡히고 말았다 Pourchassé sans répit, et complètement épuisé, il a fini par être arrêté.

-다⁶ 조 ((열거)) ((particule spéciale qui sert à lier les mots tout en indiquant les cas grammaticaux)) tantôt ... , tantôt .... ¶ 그 여자는 반지~ 뭐~ 해서 온갖 패물들을 다 팔았다 Des bagues, et je ne sais quoi d'autres, elle a vendu tous ses bijoux de toutes sortes.

-다⁷ 어미 ((forme contractée du suffixe flexionnel conjonctif -다가²)) ☞ -다가².

다-⁸ 多- 접두 multi-, pluri-, poly-; multiples. ¶ ~기능의 multifonctionnel(*le*). ¶ ~방면 plusieurs domaines. ¶ ~용도 ((à)) usages multiples.

다가¹ 多價 명 【화학】 polyvalence *f*. ¶ ~의 이온 un ion polyvalent. ¶ ~ 염색체 un chromosome polyvalent.

-다가² 어미 ① ((중단)) en+*p.pr.* ((suffixe flexionnel conjonctif d'interruption d'une action avant de passer à une autre. Il s'ajoute après le radical du verbe et de l'adjectif, quelle que soit leur forme, et après les suffixes flexionnels préfinaux -시/-으시, -았/-었)). ¶ 날씨가 흐리~ 맑아졌다. Le temps était nuageux, mais il est devenu clair. ¶ 이야기를 하~ 멈추다 interrompre *son* récit. ¶ 앉아 있~ 일어섰다 Il était assis, puis s'est levé. ¶ 그 사람은 나를 쳐다보고 있~ 갑자기 눈을 돌렸다 Alors qu'il me regardait, il détourna soudainement son regard. ¶ 어제 하~만 일을 마저 끝내자 Terminons le travail que nous avons interrompu hier. ¶ 그 사람은 잘 나가~ 꼭 끝에 가서 망친다 Il commence toujours bien, mais gâche tout à la fin. ② ((배경 상황)) en + V-ant; si *tu* continues à [de]+*inf*, en continuant à[de]+*inf*. ¶ 오~ 백화점에서 이걸 샀어 En venant (ici) [Sur le chemin], j'ai acheté cela dans un grand magasin. ¶ 계속 놀기만 하~ 인생 망칠 것이다 Si tu continues à ne faire que t'amuser [Si tu t'amuses toujours], tu gâcheras ta vie. ¶ 그러~는 일 다 망친다 En continuant à faire ainsi, tout le travail sera gâché. ¶ 그 사람이 행여 이 일을 알았~는 큰일 난다 Si, par hasard, il l'apprend, ce sera une catastrophe. ¶ 만약 이대로 나가~ 사태가 악화되면 큰일이다 Si la situation s'aggrave encore, ce sera terrible. ③ ((대조)) ((suffixe flexionnel conjonctif exprimant un contraste)). ¶ 그저께까지는 비가 오~ 어제부터는 날씨가 좋다 Il a plu jusqu'à avant-hier, et depuis hier, il fait beau. ④ ((완결)) puis ((suffixe flexionnel conjonctif exprimant la succession de deux actions souvent contraires)). ¶ 쓰레기를 주워~ 어디에 쓰려고? Dans quel but ramasses-tu des déchets? ¶ 나는 그 여자의 집 근처에까지 갔~ 돌아왔다 Arrivé près de chez elle, j'ai rebroussé chemin. ⑤ ((계속)) faire *qc* encore un peu (avant de partir) ((suffixe flexionnel conjonctif exprimant la continuité d'une action avant de partir, de s'en aller)). ¶ 그냥 이야기나 하~ 갈게 Je discute un peu, et je m'en vais. ¶ 너희들이나 놀~ 오너라 (Vous) allez jouer(, puis revenez). ¶ 좀 더 놀~ 가세요 Restez encore un peu avec nous [chez nous]. ⑥ ((열거)) ((suffixe flexionnel conjonctif de répétition exprimant l'alternance de deux actions souvent contraires)). ¶ 그 사람은 눈을 감았~ 떴~ 했다 Il ne cessait de cligner des paupières [d'ouvrir et de fermer les yeux]. ¶ 그 사람은 담배를 피우~ 술을 마시~ 안절부절이었다 Ne sachant que faire, il buvait de l'alcool et fumait des cigarettes. ¶ 비는 아직도 오~ 말~ 한다 La pluie continue de tomber et de s'arrêter à intervalles réguliers.

-다가[3] 조 ((particule emphatique)). ¶ 이런 기세로~ 나가다가는 정말 1등 하겠다 Dans sa lancée, il risque vraiment d'être le premier (de sa classe). ¶ 그 사람은 술로~ 화를 풀었다 Il a calmé sa colère avec de l'alcool. ¶ 우산은 문 밖에~ 두세요 Posez le parapluie devant la porte. ¶ 그걸 강에~ 버리면 안 된다 Il ne faut pas jeter cela dans la rivière. ¶ 그 사람은 내 등 뒤에~ 대고 말했다 Il a parlé dans mon dos. ¶ 어린애에게~ 화를 풀지 말아라 Ne décharge pas [Ne passe pas] ta colère sur cet enfant! ¶ 그 사람은 늘 상대방에게~ 잘못을 뒤집어 씌우는 버릇이 있습니다 Il a l'habitude de rejeter la faute sur son interlocuteur. ¶ 비가 오는 데~ 어둡기까지 하다 Il pleut, de plus [et pour couronner le tout] il fait sombre / Il ne pleut pas seulement, mais il fait sombre aussi / En plus de pleuvoir, il fait sombre.

다가가다 자 ① ((물리적으로)) s'approcher de *qc/qn*, se rapprocher de *qc/qn*, aller au-devant [à la rencontre] de *qn*. ¶ 그 남자는 그 여자에게 서서히 다가갔다 Il s'est lentement approché d'elle / Il s'est approché d'elle à pas de loup. ¶ 난로 가까이에 다가가지 말아라 Ne t'approche pas du poêle. ¶ 누구에게 말을 걸러 ~ s'approcher de *qn* pour l'aborder [l'accoster]; aborder *qn*, accoster *qn*. ② ((추상적으로)) s'approcher de *qn* (par la pensée). ¶ 그 사람에게 다가가면 갈수록 더 멀게만 느껴진다 Plus je m'approche de lui, plus je me sens éloigné(*e*) [différent(*e*)] de lui. ③ 친해지다 s'approcher de *qn*, devenir plus proche [intime] de *qn*, se familiariser avec *qn*. ¶ 그 사람에게 좀 더 가까이 다가갈 수 있는 방법이 없을까? N'y aurait-il pas moyen de m'approcher de lui un peu plus?

다가구주택 多家口住宅 명 habitation *f* collective.

다가들다 자 ① 접근하다 s'approcher de *qn/qc*; se mettre plus près de *qn*. ¶ 그 사람이 나에게 다가들었다 Il s'est approché de moi. ② 대들다 tenir tête à *qn*, affronter, braver, s'exposer; faire face [front] à *qn*; 덤벼들다 s'élancer sur *qn*, attaquer *qn*, foncer sur *qc* ((l'ennemi)), bondir sur *qn*, se précipiter sur *qn*, se ruer sur *qn*, se jeter sur *qn* pour l'attaquer, tomber sur *qn* {*fam*}, assaillir *qn*, se lancer, s'en prendre à *qn*, sauter sur *qn*, fondre sur ((*sa* proie, l'ennemi)), s'abattre, se jeter (impétueusement) sur *qn*, s'attaquer à *qn*, charger, donner l'assaut. ¶ 그 사람이 화를 내며 나에게 다가들었다 En colère, il s'est élancé [s'est rué, s'est jeté] sur moi / Furieux, il m'a attaqué(*e*) de front / Furieux, il a bondi sur moi. ③ 가깝게 보이다 être mis(*e*) plus près; être amené(*e*) [apporté(*e*)] plus près; être approché(*e*). ¶ 모퉁이를 돌아서자 눈앞에 그리운 고향집이 다가들었다 Après avoir tourné l'angle de la rue, la maison de mon enfance est apparue devant mes yeux [j'ai vu apparaître la maison de mon enfance].

다가붙다 자 ① se rapprocher, s'approcher; se mettre plus près de *qn*, se serrer contre *qn*, se coller contre ((un mur)). ¶ 그 사람이 나에게 바짝 다가붙었다 Il s'est approché tout près de moi / Il s'est mis tout près de moi / Il s'est serré contre moi / Il s'est collé contre moi. ¶ 두 분은 좀 정답게 다가붙으세요 Rapprochez-vous plus amicalement l'un de l'autre. ② ((장소)) approcher de; se situer [se trouver] tout près de. ¶ 텃밭은 집 뒤에 바짝 다가붙어 있었다 Le jardin potager se situait tout près, derrière la maison.

다가서다 자 ① ((물리적으로)) se rapprocher, s'approcher; se mettre plus près de *qn*, se serrer contre *qn*, se coller contre ((un mur)). ¶ 벽에 좀 더 다가서라 Approche-toi un peu plus du mur. ¶ 나는 그 사람의 얘기를 들으러 앞쪽으로 다가섰다 Je me suis avancé(*e*) (plus près) pour écouter son récit [ce qu'il disait]. ② ((추상적으로)) s'approcher de *qn*. ¶ 지금보다 한 걸음 더 고객에게 다가서려는 자세를 갖도록 합시다 Préparons-nous à nous rapprocher davantage des clients. ¶ 한국은 선진국 대열에 바짝[한 걸음 더] 다가섰다 La Corée s'est approchée tout près [d'un pas de plus] du groupe des pays développés. ③ 느껴지다 se rapprocher, devenir plus intime [proche] de *qn*. ¶ 언제부터인가 그 남자는 나에게 친구 이상의 존재로 다가섰다 Je ne sais depuis quand, mais cet homme m'est devenu plus qu'un ami.

다가앉다 자 s'asseoir plus près de *qn*; se serrer contre *qn*. ¶ 내 이야기가 잘 안 들릴 것 같으니 좀 더 다가앉아라 Viens t'asseoir un peu plus près de moi car il me semble que tu ne pourras pas bien entendre mon récit [ce que je dis] / Viens t'asseoir plus près, je crains que tu ne puisses m'entendre. ¶ 비좁으니 서로 다가앉아 주십시오 Serrez-vous, s'il vous plaît, car la salle est étroite.

다가오다 자 ① ((공간적으로)) se rapprocher de *qn*,

approcher; s'approcher; venir près de *qn*, venir à *qn*. ¶ 차 한 대가 이쪽으로 다가오고 있다 Une voiture se rapproche [avance vers moi, se dirige vers moi]. ② ((시간적으로)) approcher, être imminent(*e*), (tout) proche. ¶ 인류의 종말[정보화 시대, 시험]이 다가오고 있다 La fin de l'humanité [L'ère informatique, L'examen] approche. ¶ 시시각각으로 다가오는 죽음을 느끼다 sentir la mort approcher; sentir *sa* mort proche [imminente]. ③ ((정서적으로)) faire un effet. ¶ 그 사람의 모습이 나에게는 신선한 충격으로 다가왔다 Sa présence me fit un effet très agréable.

다각 多角 어근 multiplicité *f*, diversité *f*, variété *f*; divers [((sous tous)) *ses*] angles *mpl* [aspects *mpl*, points *mpl* de vue].

◆_**적** -的 명관 varié(*e*), divers(*e*), multiple, complexe. ¶ 이 문제는 ~적인 검토가 필요하다 On a besoin d'examiner cette question sous des aspects multiples [sous divers aspects, sous divers angles].

◆_**화** -化 명 diversification *f*, diversité *f*. ¶ ~화하다 diversifier. ¶ ~화되다 être diversifié(*e*).

◆_**도** -度 명 plusieurs angles *mpl*. ¶ ~도로[에서] 검토[연구]하다 examiner [envisager] ((une question)) sous des aspects multiples [sous divers aspects, sous divers angles].

◆_**무역** -貿易 명 échanges *mpl* commerciaux multilatéraux.

◆_**형** -型 명 polygone *m*.

다갈색 茶褐色 명 couleur *f* brun foncé, brun foncé *m*. ¶ ~ 조끼 un gilet brun foncé.

다감 多感 명 sensibilité *f*, affectivité *f*, émotivité *f*, sentimentalité *f*. ¶ ~도 병이다 L'hyperémotivité [L'hypersensibilité] est aussi une maladie / La sensibilité [L'émotivité] quand elle est excessive [exagérée] est aussi une maladie / Excessive, l'affectivité égale une maladie.

◆_**하다** 형 être affectueux(*se*), tendre; être sensible, émotif(*ve*), impressionnable, sensitif(*ve*); être sentimental(*ale*, *aux*). ¶ 그는 매우 ~한 성격이다 C'est un homme très affectueux. ¶ ~한 말 des paroles affectueuses. ¶ 그는 아랫사람들에게 언제나 ~하게 말을 한다 Il parle toujours avec beaucoup de sympathie [d'affection, de chaleur] à ses employés.

-다고 어미 ① on dit que, selon le dire des gens ((suffixe flexionnel servant à transformer un propos [une phrase] déclaratif du discours direct en celui du discours indirect. Il est suivi d'un verbe de citation comme 하다 *dire*, 말하다 *parler*, 알리다 *annoncer*, *faire savoir*. Il s'ajoute après le radical de l'adjectif quelle que soit sa forme, et après le suffixe flexionnel préfinal honorifique -시/-으시. Si le radical verbal est déjà marqué par les suffixes flexionnels préfinaux temporels -았/-었 ou-겠, il s'ajoute après ces suffixes que ce soit le verbe ou l'adjectif)). ¶ 이곳은 수심이 깊~ 합니다 On dit que les eaux sont profondes à cet endroit-ci. ¶ 그 사람은 성격이 매우 심술궂~ 해요 On dit que cette personne est très méchante [acariâtre]. ¶ 그가 돌아왔~ 해 Dis qu'il est rentré. ¶ 내 친구는 내일 떠나겠~ 했다 Mon ami m'a dit qu'il partirait demain. ¶ 그는 잘 해보겠~ 결심했다 Il a décidé de bien faire / Il s'est résolu à bien faire. ② ((suffixe flexionnel introduisant une raison ou une cause)). ¶ 그는 돈푼이나 벌었~ 몹시 뻐긴다 Il crâne {*fam*} beaucoup sous prétexte qu'il a gagné un petit peu d'argent.

다공 多孔 어근 qui présente une multitude de petits trous; porosité *f*.

◆_**성** -性 명형 porosité *f*, caractère *m* poreux; poreux(*se*). ¶ ~성 암석 une pierre poreuse.

◆_**증** -症 명 syndrome *m* d'involution des organes [des tissus]; 골다공 ((ostéo))porose *f*. ¶ 골~증 l'ostéoporose.

다과¹ 多寡 명 beaucoup ou peu. ¶ 기부금의 ~에 따라 suivant le montant de la donation. ¶ 현대전의 승패는 병력의 ~만으로 결정되지 않는다 Dans une guerre moderne, la victoire ou la défaite ne dépend pas seulement du nombre de [des] soldats.

다과² 茶菓 명 thé *m* et gâteau(*x*) *m*(*pl*); rafraîchissements *mpl*. ¶ 안주인은 손님들에게 ~를 내왔다[대접했다] La maîtresse de maison a servi des rafraîchissements aux invités. ¶ 그 사람은 손님들과 ~를 함께 먹었다 Il a pris du thé et des gâteaux avec ses invités.

◆_**점** -店 명 salon *m* de thé.

◆_**회** -會 명 thé *m*, réunion où l'on sert du thé. ¶ ~회를 열다 donner [organiser] un thé. ¶ ~회에 가다 aller à un thé. ¶ ~회에 초대되다 être invité(*e*) à un thé.

다구 茶具 명 ☞ 다기

다국적 多國籍 어근 multinationalité *f*.

◆_**군** -軍 명 armée *f* [force *f* troupe *f*] multinationale.

◆_**기업** -企業 명 (société *f*, firme *f*) multinationale *f*.

다그다 자 se diriger vers *qc*/*qn*, s'approcher de *qc*/*qn*, s'avancer, se rapprocher de *qc*/*qn*, aller au-devant [à la rencontre] de *qn*. ¶ 나는 그 사람에게로 다갔다 Je me suis approché(*e*) de lui / Je suis allé(*e*) vers lui [à sa rencontre]. ¶ 그 남자는 문 쪽으로 다갔다 Il s'est dirigé vers la porte.

타 ① 가까이하다 ramener *qn* vers *soi*. ¶ 그 여자는 아이를 자기 앞 쪽으로 다가 세웠다 Elle a ramené l'enfant vers elle et l'a mis(*e*) [installé(*e*)] face à elle. ② 앞당기다 avancer (une date), anticiper ((*son* retour)). ¶ 공사를 예정보다 한 달 다가 끝냈다 On a fini les travaux un mois plus tôt que prévu / On a avancé les travaux d'un mois. ¶ 자금을 미리 다가 썼다 On a dépensé l'argent [les fonds] en avance.

다그치다 타 pousser *qn* à+*inf*, (*se*) hâter, presser *qn*, bousculer *qn*, acculer. ¶ 이 어린애를 공부하라고 너무 다그치지 마시오 Ne pousse pas trop cet enfant à faire des études. ¶ 스스로를 ~ se hâter. ¶ 자꾸 다그쳐 묻다 harceler *qn* de questions, importuner *qn* avec des questions; tanner *qn* {*fam*}.

다극화 多極化 명 multipolarisation *f*. ¶ ~ 시대 l'époque de la multipolarisation. ¶ 최근의 국제정세는 양극화에서 ~의 길로 가고 있다 La situation internationale récente est en train de passer de la bipolarisation à la multipolarisation / La situation internationale passe depuis peu de la bipolarisation à la multipolarisation. ◇_(를) **하다** se multipolariser. ◇_(가) **되다** être multipolarisé(*e*).

다급 多急 어근

◆**_하다** 형 être très pressant(*e*), urgent(*e*); ((besogne, lettre)) être très pressé(*e*). ¶ ~한 용무 une affaire urgente. ¶ ~한 문제 une question pressante. ¶ ~한 사정으로 회의에 참석하지 못했다 À cause d'un empêchement urgent, je n'ai pas pu assister à la réunion. ¶ 누군가가 ~한 목소리로 도움을 요청한다 Quelqu'un demande du secours d'une voix pressante. ¶ 시간이 ~ Le temps presse. ¶ 시험이 ~하다 L'examen est tout proche. ¶ ~하게 말하다 parler rapidement, parler d'une voix pressée.

◆**_히** 부 d'une manière pressante, précipitamment. ¶ 그 사람은 전화 연락을 받고 식장을 ~히 빠져 나갔다 Il a quitté précipitamment le lieu de la cérémonie après avoir reçu un coup de téléphone. ¶ 너무 ~히 굴지 마라! Ne te montre pas [Ne sois pas] trop pressé(*e*)! / Ne sois pas si impatient(*e*)!

다기 茶器 명 service *m* à thé. ¶ ~를 다루다 utiliser un service à thé. ¶ 다반에 ~를 올려놓다 mettre le service à thé sur le plateau à thé.

다기능 多技能 명 multifonctionnel(*le*), polyvalent(*e*); divers usages *mpl*, usages *mpl* multiples. ¶ ~ 압력솥 une cocotte-minute multifonction [multifonctionnelle]. ¶ ~ 프린터 une imprimante multifonction [multifonctionnelle]. ¶ ~ 전화기 un appareil téléphonique à options. ¶ 이 기구는 ~으로 사용할 수 있다 Cet outil peut avoir divers usages.

-다나 어미 dire que+*ind*; il semble que+*ind* ((suffixe flexionnel conjonctif ou de terminaison phrastique de citation, indiquant un ton moqueur. Il s'ajoute après le radical de l'adjectif quelle que soit sa forme, et après le suffixe flexionnel préfinal honorifique -시/-으시. Si le radical verbal est déjà marqué par les suffixes flexionnels préfinaux temporels -았/-었 ou -겠, il s'ajoute après ces suffixes que ce soit le verbe ou l'adjectif. Utilisé entre les amis intimes ou à l'adresse d'un interlocuteur inférieur, il exprime l'égalité ou l'infériorité)). ¶ 그 친구 말이 내가 미혼 같~ Il m'a dit que j'avais l'air d'un(*e*) célibataire. ¶ 자기 집이 우리 집보다 더 좋~ Il m'a dit que sa maison est meilleure que la nôtre. ¶ 미카엘은 재미있는 한국 영화를 보고 왔~ Michael m'a dit qu'il était allé voir un film coréen intéressant. ((il s'emploie avec le verbe auxiliaire 보다 sous forme de radical ou de suffixe flexionnel préfinal +다나 보다)) il semble que+*ind*, il paraît que+*ind*. ¶ 그 사람을 만난 적이 있~ 봐 Il semble qu'il ait eu l'occasion de rencontrer cette personne (selon ses dires). ¶ 그 여자는 어제 모임에 갔었~ 봐요 Il semble qu'elle soit allée à la réunion d'hier.

다난하다 多難- 형 être plein(*e*) de difficultés. ¶ 국가적으로 다난한 때에 en période de crise nationale. ¶ 다난했던 한 해가 저물어 간다 On approche de la fin d'une année qui a vu beaucoup de difficultés.

다녀가다 자타 passer ((*qp*, chez un ami)), entrer en passant, passer voir *qn*; rendre visite à *qn* en passant; passer chez *qn*, passer par *qp*, faire un saut *qp* {*fam*}. ¶ 우리 집에 한번 다녀가세요 Passez un jour chez nous / Venez nous voir à l'occasion. ¶ 그 사람이 어제 이곳을 다녀갔다 Il est passé ici hier.

다녀오다 자타 ① revenir, rentrer, aller, passer, visiter. ¶ 다녀오세요[다녀오십시오] (Passe(z) une) bonne journée / À ce soir / À tout à l'heure. ¶ 다녀오겠습니다 J'y vais, à tout à l'heure [à ce soir]. ¶ 학교에 다녀오겠습니다 Je vais à l'école, à tout à l'heure [à ce soir]. ¶ 나는 어제 이모 집을 다녀왔다 Hier je suis allé(*e*) chez ma tante. ¶ 화장실에 다녀올게요 Je fais un petit tour aux toilettes / Je vais aux toilettes / (Je vais aux toilettes et) je reviens. ② ((일을 하기 위해)) aller, assurer, accomplir, faire *qc*. ¶ 나는 어제 친구 면회를 다녀왔다 Hier, je suis allé(*e*) voir un(*e*) ami(*e*) aux heures de visite. ¶ 그 친구는 지난 여름 해외 연수를 다녀왔다 Il a fait un stage à l'étranger l'été dernier. ¶ 나는 어머니 심부름을 다녀왔다 J'ai fait une commission pour ma mère. ¶ 그 남자는 3년 전에 군대를 다녀왔다 Il a terminé son service militaire il y a trois ans.

다년 多年 어근 plusieurs années *fpl*, de nombreuses années *fpl*.

◆**_간** -間 명관 pendant plusieurs années. ¶ ~간의 희망 un espoir de plusieurs années. ¶ ~간의 친구 un(*e*) ami(*e*) de longue date. ¶ ~간의 전쟁 une guerre de plusieurs années, une guerre de longue durée. ¶ ~간의 노력이 햇빛을 보았다 Les efforts de plusieurs années finissent par aboutir [par porter leurs fruits, par donner des résultats, par se concrétiser]. ¶ 그 사람은 ~간의 연구 끝에 새로운 기술을 개발했다 Il a développé de nouvelles techniques à l'issue de plusieurs années de recherches. ¶ 이 선생님은 고대사를 ~간 연구하신 분이다 C'est un professeur qui fait des recherches sur l'histoire ancienne depuis de nombreuses années.

◆**_생** -生 명관 vivace, pluriannuel(*le*). ¶ ~생 식물 une plante vivace [pluriannuelle]. ¶ ~생 초본식물 des plantes herbacées vivaces [pluriannuelles].

◆**_초** -草 명 herbe *f* vivace [pluriannuelle].

-다느니 ((contraction de -다고 하느니)) dire tantôt ... tantôt ((suffixe flexionnel conjonctif de répétition des citations des actions contradictoires. Il s'ajoute après le radical de l'adjectif quelle que soit sa forme, et après le suffixe flexionnel préfinal honorifique -시/-으시. Si le radical verbal est déjà marqué par les suffixes flexionnels préfinaux temporels -았/-었 ou -겠, il s'ajoute après ces suffixes que ce soit le verbe ou l'adjectif)). ¶ 그 애는 학교가 멀~ 춥~ 불평이 많아요 Cet enfant se plaint constamment en répétant que son école est loin ou qu'il fait froid. ¶ 그 애는 신발이 너무 크~ 보기가 싫~ 불평이 많아요 Cet enfant se plaint constamment en disant que sa chaussure est trop grande ou qu'elle est moche à voir. ¶ 직원은 그 일을 다 맡겠~ 반만 맡았으면 좋겠~ 결정을 못하고 있어요 Cet employé n'arrive pas à se décider, en disant qu'il va assumer ce travail entièrement ou qu'il souhaite l'assumer la moitié seulement.

-다는 ((contraction de -다고 하는)) ((suffixe flexionnel déterminatif de citation. Il s'ajoute après le radical de l'adjectif quelle que soit sa forme, et après le suffixe flexionnel préfinal honorifique -시/-으시. Si le radical verbal est déjà marqué par les suffixes flexionnels préfinaux temporels -았/-었 ou -겠, il s'ajoute après ces suffixes que ce soit le verbe ou l'adjectif)). ¶ 네가 참 좋~ 스쿠터가 이것이냐? Est-ce ce scooter dont tu m'a parlé d'un air admiratif? ¶ 이래서는 안 되겠~ 생각이 들었다 L'idée m'est venue que ça ne pouvait pas aller ainsi. ¶ 사람들이 멋자~ 장식이 바로 이것입니다 C'est cette décoration que les gens qualifient de charmante. ¶ 회의가 벌써 끝났~ 말을 들었습니다 J'ai entendu dire que la réunion a déjà pris fin.

-다는구나 ((contraction de -다고 하는구나)) on dit que+*ind* ((suffixe flexionnel de terminaison phrastique exclamative de citation. Il s'ajoute après le radical de l'adjectif quelle que soit sa forme, et après le suffixe flexionnel préfinal honorifique -시/-으시. Si le radical verbal est déjà marqué par les suffixes flexionnels préfinaux temporels -았/-었 ou -겠, il s'ajoute après ces suffixes que ce soit le verbe ou l'adjectif. Utilisé à l'adresse d'un ami intime ou d'un interlocuteur inférieur, il exprime l'intimité ou l'infériorité)). ¶ 그 학교 운동장이 더 넓~ On dit que le terrain de sport de cette école est plus vaste. ¶ 그 음식점이 깨끗하~ On dit que ce restaurant est propre.

-다는구먼 [어미] ☞ -다는구나

-다는데 ((contraction de -다고 하는데)) ① on dit que (…), (alors) ... ((suffixe flexionnel conjonctif de citation, qui permet d'introduire une explication, ou de marquer une opposition à propos d'un fait connu ou dont on a entendu parler. Il s'ajoute après le radical de l'adjectif quelle que soit sa forme, et après le suffixe flexionnel préfinal honorifique -시/-으시. Si le radical verbal est déjà marqué par les suffixes flexionnels préfinaux temporels -았/-었 ou -겠, il s'ajoute après ces suffixes que ce soit le verbe ou l'adjectif)). ¶ 구두 시험이 어렵~ 어떻게 하지? On dit que l'examen oral est difficile, alors comment faire? ¶ 고속철 표는 비싸~ 그래도 고속철로 갈까? On dit que le billet de train à grande vitesse (KTX, Korea Train Express) est cher, alors dois-je y aller en KTX malgré cela? ¶ 교육정책이 바뀌었~ 어떻게 학생들을 지도하지? On dit que la politique éducative a changé, alors comment vais-je m'y prendre pour instruire mes élèves [quelle pédagogie vais-je utiliser pour instruire mes élèves]? ② (('-다는데도')) Bien que je vous dise que (…), ... ((suffixe flexionnel conjonctif qui permet de marquer une opposition)). ¶ 안 마시겠~ 글쎄 왜 이러느냐 Je vous dis que je ne boirai pas, alors pourquoi insistez-vous?.

-다니[1] [어미] C'est étonnant que+*subj* / Je ne m'attendais pas à+*inf* [à ce que+*subj*] / Quelle surprise de+*inf* / Comment! / Quoi! ((suffixe flexionnel conjonctif ou de terminaison phrastique d'étonnement. Il s'ajoute après le radical de l'adjectif quelle que soit sa forme, et après le suffixe flexionnel préfinal honorifique -시/-으시. Si le radical verbal est déjà marqué par les suffixes flexionnels préfinaux temporels -았/-었 ou -겠, il s'ajoute après ces suffixes que ce soit le verbe ou l'adjectif)). ¶ 여기서 자네를 만나~ Je ne m'attendais pas à vous rencontrer ici / Quelle surprise de vous rencontrer [de vous trouver] ici! / Vous ici! Mais quelle surprise! ¶ 그 사람이 그러한 짓을 하~ C'est étonnant qu'il ait fait une chose pareille. ¶ 감히 아버지께 대들~ Comment! [Quoi!] Tu oses tenir tête à [Tu oses répondre à] ton père! ¶ 그 사람이 실패하~ 정말 안됐다 Quoi! Vous dites qu'il a échoué! C'est vraiment regrettable. ¶ 상어가 저렇게 크~ Comme c'est grand, ce requin!

-다니[2] ((contraction de -다고 하니)) puisque ((suffixe flexionnel conjonctif causal. Il s'ajoute après le radical de l'adjectif quelle que soit sa forme, et après le suffixe flexionnel préfinal honorifique -시/-으시. Si le radical verbal est déjà marqué par les suffixes flexionnels préfinaux temporels -았/-었 ou-겠, il s'ajoute après ces suffixes que ce soit le verbe ou l'adjectif)). ¶ 사실이 그렇~ 난들 어떻게 해? Puisque tu dis qu'il en est ainsi, que puis-je faire [comment faut-il réagir, que puis-je proposer]? ¶ 네가 굳이 떠나겠~ 말리지는 않겠다 Puisque tu veux absolument partir, je ne t'en empêcherai pas [je n'essaierai pas de te retenir].

-다니까[1] [어미] puisque je te dis [répète] que+*ind* ((suffixe flexionnel de terminaison phrastique à valeur emphatique. Il s'ajoute après le radical de l'adjectif quelle que soit sa forme, et après le suffixe flexionnel préfinal honorifique -시/-으시. Si le radical verbal est déjà marqué par les suffixes flexionnels préfinaux temporels -았/-었 ou -겠, il s'ajoute après ces suffixes que ce soit le verbe ou l'adjectif. Employé à l'adresse d'un ami intime ou d'un interlocuteur inférieur, il exprime l'intimité ou l'infériorité)). ¶ 그분의 업적은 정말 대단하~. 왜 다들 믿지 않지? Puisque je vous dis que ses travaux sont vraiment remarquables, pourquoi ne me croyez-vous pas? [pourquoi personne ne me croit?] ¶ 얼굴이 벌건 게 꼭 술 마신 것 같~ Avec ce visage rougi, (je te dis que) tu as vraiment l'air d'avoir bu. ¶ 한 달 사이에 쇠고기 값이 10%나 내렸~ Je te dis que le prix de la viande de bœuf a baissé de 10% en un mois!

-다니까[2] ((contraction de -다고 하니까)) puisque *qn* dit que+P1, P2 ((suffixe flexionnel conjonctif de citation à valeur causale. Il s'ajoute après le radical de l'adjectif quelle que soit sa forme, et après le suffixe flexionnel préfinal honorifique -시/-으시. Si le radical verbal est déjà marqué par les suffixes flexionnels préfinaux temporels -았/-었 ou -겠, il s'ajoute après ces suffixes que ce soit le verbe ou l'adjectif)). ¶ 남들이 다 그렇~ 나도 믿을 수 밖에 Puisque les autres disent qu'il en est ainsi, je ne peux pas faire autrement que de le croire. ¶ 의사 말이 환자가 위급하지는 않~ 너무 걱정 마세요 Puisque le médecin dit que le patient n'est pas dans un état grave, ne vous inquiétez pas trop! ¶ 대부분의 사람들이 그 후보에게 투표했~ 그 사람이 당선되겠지요. Puisqu'on dit que la plupart des gens ont voté pour ce candidat, ce dernier sera élu.

다니다 자타 ① 자주 드나들다 fréquenter ((une bibliothèque)), aller [se rendre] régulièrement ((à l'hôpital)). ¶ 그 사람은 아침마다 약수터에 다닌다 Tous les matins, il va à la source. ¶ 그 여자는 항상 고급 미용실을 다닌다 Elle va toujours chez un coiffeur de luxe / Elle fréquente toujours un salon de haute coiffure. ② 들르다 passer (un moment), visiter. ¶ 그 사람은 고향에 다니러 왔다 Il est revenu au pays / Il est venu faire un tour dans sur sa terre natale. ③ 통행하다 aller et revenir, circuler, passer. ¶ 이 길에는 사람들이 많이 다닌다 Cette rue est très fréquentée [passante, passagère, animée]. ¶ 서울에서는 밤에도 안전하게 거리를 다닐 수 있다 À Séoul, on peut marcher dans les rues en sécurité, même la nuit. ④ 지나다니다 circuler, passer régulièrement, parcourir. ¶ 그 사람은 사업 때문에 전국을 다닌다 Pour ses affaires, il parcourt tout le pays. ¶ 나는 시내를 다니면서 사진을 많이 찍었다 J'ai fait beaucoup de photos en parcourant toute la ville / J'ai pris beaucoup de photos en me promenant dans la ville. ⑤ ((교통기관이)) circuler; faire [assurer] le service; faire la navette ((entre un point et un autre)). ¶ 이 구간에는 버스가 안 다닌다 Le bus ne circule pas dans cette zone / Il n'y a pas de service d'autobus pour cette zone. ¶ 이 구간을 다니는 전철 le métro qui circule dans cette zone, le métro qui dessert cette zone, le métro qui assure le service dans cette zone. ⑥ ((-고, -며)) marcher; se déplacer. ¶ 그 아이는 얼굴을 바짝 쳐들고 다닌다 Cet enfant marche la tête haute. ¶ 그 남자는 절룩거리며 다닌다 Il marche en boitant / Il boite. ⑦ 통근, 통학하다 fréquenter ((un institut)); aller ((à l'école)). ¶ 그 아이는 학교에 다닌다 Cet enfant va à l'école / Cet enfant est scolarisé. ¶ 그 사람은 이틀 동안 병원을 다녔다 Il est allé chez le médecin deux jours de suite. ¶ 그 사람은 회사를 다닌다 Il est employé d'une entreprise / Il travaille dans une société. ⑧ ((취미로)) aller, visiter. ¶ 그 사람들은 3일 동안 서울 구경을 다녔다 Ils ont visité Séoul pendant trois jours. ¶ 그 사람은 주말마다 낚시를 다닌다 Il va à la pêche le week-end [tous les week-ends].

다다 프{Dada} 명 Dada *m*.

다다르다 자 ① ((장소에)) arriver à ((un lieu)), gagner ((un lieu)). ¶ 우리는 마침내 목적지에 다다랐다 Nous sommes enfin arrivés à destination. ¶ 열차가 종착역에 다다랐다 Le train est arrivé au terminus. ② ((상태에)) atteindre ((un objectif)); parvenir ((à faire *qc*)). ¶ 수출이 목표에 다다랐다 Les exportations ont atteint l'objectif fixé. ¶ 토론이 결론에 다다랐다 Le débat touche à sa fin. ¶ 축제가 절정에 다다랐다 La fête est arrivée à son apogée / La fête bat son plein.

다다미 일 명 *tatami m*. ¶ ~ 석 장짜리 방 une salle pouvant contenir trois tatamis. ¶ ~를 깔다 installer [étendre] un tatami.

◆_방 -房 명 salle *f* [pièce *f*] avec tatamis.

다다이즘 영{dadaism} 명 dadaïsme *m*.

다다익선 多多益善 명 Plus il y en a, mieux cela vaut [mieux c'est]. ◇_이다 plus on a de+명사, mieux cela vaut [mieux c'est]; plus on en a, mieux c'est. ¶ 좋은 친구는 ~이다 Plus on a de bons amis, mieux cela vaut / Les bons amis, plus on en a, mieux c'est. ¶ 전쟁 중에 무기는 ~이니, 많으면 많을수록 좋겠다 En temps de guerre, plus on a d'armes, mieux cela vaut / Des armes au cours d'une guerre, plus on en a, mieux c'est.

다닥다닥 부 les un(*e*)s à côté des autres ((idéophone qui évoque l'aspect d'objets très serrés les uns contre les autres)). ¶ 선거철이면 벽보가 ~ 나붙는다 Pendant la période électorale, des affiches sont collées les unes à côté des autres. ¶ 언덕 위에 판자집들이 ~ 붙어 있다 Sur la colline, des cabanes en planches se trouvent serrées les unes contre les autres / Sur la colline, des cabanes en planches sont construites en rangs serrés.

◆_하다 형 être collé(*e*)s les un(*e*)s à côté des autres. ¶ 벽에 광고지가 온통 ~하다 Sur le mur, les affiches publicitaires sont collé(*e*)s les unes à côté des autres.

다단 多端 어근 complexité *f*, ramification *f*; 여러 가지 일로 바쁨 nombreuses occupations *fpl*; complication *f*.

◆**_하다** 형 être très ramifié(*e*), complexe, compliqué(*e*), embrouillé(*e*), difficile à démêler; ((바쁨)) avoir de nombreuses [de multiples] occupations, être très affairé(*e*), pressé(*e*), très occupé(*e*), avoir beaucoup à faire, être surchargé(*e*) (de travail), avoir un emploi du temps surchargé. ¶ 여러 가지 일로 ~하실 텐데 와주셔서 감사합니다 Je vous remercie d'être venu(*e*) malgré vos multiples occupations [malgré vos diverses occupations, malgré votre emploi du temps surchargé] / Je vous remercie [Merci] d'avoir pris le temps de venir jusqu'à nous malgré votre emploi du temps surchargé [malgré vos multiples occupations].

◆**복잡_하다** 複雜- 형 être compliqué(*e*) et très ramifié(*e*), être extrêmement compliqué(*e*) [embrouillé(*e*)]. ¶ 요즈음 내 머리 속이 복잡~하다 Ces jours-ci, tout se brouille dans ma tête.

다단계 多段階 명 pyramide *f* ((d'oranges, de melons, de bois)); disposition *f* pyramidale. ¶ 판매조직을 ~로 구성하다 organiser un réseau de vente en pyramide, organiser un système [un réseau] de vente pyramidale.

◆**_판매** -販賣 명 vente *f* en réseau par cooptation, vente *f* par réseau coopté; vente *f* pyramidale, vente *f* à effet «boule de neige».

◆**_판매망** -販賣網 명 système *m* [réseau(*x*) *m*] de vente pyramidale [de vente à effet «boule de neige»].

다달이 부 tous les mois, par mois, chaque mois. ¶ ~ 구독료를 내다 payer l'abonnement tous les mois. ¶ 그 사람은 노부모님께 ~ 생활비를 보내고 있습니다 Il verse chaque mois [de façon mensuelle] une rente à ses vieux parents.

다당류 多糖類 명 【화학】 polysaccharide *m*, polyoside *m*.

다대하다 多大- 형 être grand(*e*), grandiose; être nombreux(*se*); être sérieux(*se*), grave, considérable. ¶ 다대한 영향을 입다 subir une grande influence; être affecté(*e*) très sérieusement ((par une grève)). ¶ 경제 발전에 다대한 공헌을 하다 contribuer considérablement au développement économique.

다대기 일 명 *dadaegi m*, ((일어)) *tataki m* <pâte d'assaisonnement pimentée>. ¶ 설렁탕에 ~를 넣다 assaisonner [épicer] sa soupe de queue de bœuf avec du *dadaegi*.

다도 茶道 명 cérémonie *f* du thé.

다독 多讀 명 lectures *fpl* vastes. ¶ 그 사람은 닥치는 대로 읽는 ~으로 유명하다 Il est connu pour lire tout ce qui lui tombe sous la main et avoir de vastes lectures. ¶ 그 사람은 ~을 통해 폭넓은 지식을 쌓았다 Il a acquis de nombreuses connaissances grâce à ses vastes lectures. ◇_(을) **하다** lire beaucoup (de livres). ¶ 그 사람은 정독보다 ~을 하는 편이다 Il a plus tendance à lire beaucoup qu'à bien lire.

◆**_가** -家 명 grand(*e*) liseur(*se*), dévoreur(*se*) de livres.

다독거리다 타 tapoter, donner une tape, amadouer, calmer, cajoler, enjôler, tasser ((la terre)). ¶ 나무를 심은 뒤에는 뿌리 주위의 흙을 다독거려주는 게 좋습니다 Après avoir planté un arbre, il vaut mieux tasser la terre autour de la racine.

다독다독 부 ((tapoter)) affectueusement; par des propos affectueux. ¶ 그 여자는 아기 등을 ~ 두드려 재웠다 Elle a doucement tapoté son bébé dans le dos pour le faire dormir [pour l'endormir]. ¶ 방황하는 청소년을 ~ 잘 달래서 집으로 돌려보냈어요 Par des propos empathiques [affectueux], j'ai convaincu un adolescent errant de retourner chez lui. ◇_**하다** tapoter affectueusement [doucement] ((un bébé dans le dos)), dorloter, caresser. ¶ 아기를 좀 ~해 줘 Tapote un peu le bébé, s'il te plaît.

-다든가 어미 dire tantôt … tantôt… si ((suffixe flexionnel conjonctif de répétition des citations des actions contradictoires. Il s'ajoute après le radical de l'adjectif quelle que soit sa forme, et après le suffixe flexionnel préfinal honorifique -시/-으시. Si le radical verbal est déjà marqué par les suffixes flexionnels préfinaux temporels -았/-었 ou -겠, il s'ajoute après ces suffixes que ce soit le verbe ou l'adjectif)). ¶ 이 금액이 많~ 적~ 분명히 말을 하세요 Dites clairement si cette somme est beaucoup ou peu

다듬다 타 ① ((거친 면을)) travailler, retoucher, remanier, polir ((la surface avec un chiffon)); émonder {*litt*}, tailler, ébourgeonner, ébrancher ((un arbre)); aplanir, dégauchir, dégrossir ((une planche)), dresser ((une planche, une pièce de bois)), varloper; dresser ((une pierre de taille)), niveler, surfacer. ¶ 그 사람은 대패로 나무를 다듬었다 Il a raboté une pièce de bois. ¶ 가죽을 잘 다듬어 북을 만든다 En travaillant bien le cuir, on fabrique un tambour. ¶ 집을 지으려면 터를 먼저 다듬어야 한다 Il faut d'abord préparer [aplanir, niveler] le terrain pour construire une maison. ② 떼어 내다 enlever ((les parties abîmées d'un légume, les feuilles abîmées d'une salade)). ¶ 어머님은 배추[시금치]를 다듬고 계셨다 Ma mère était en train d'enlever les feuilles abîmées des choux chinois [des épinards]. ③ 매만지다 rajuster ((*ses* vêtements)), remettre ((*ses* vêtements)) correctement, remettre de l'ordre ((dans *sa* tenue)), corriger; travailler, soigner; se faire soigner. ¶ 그 여자는 미용실에 가서 머리[손톱]를 다듬었다 Elle est allée se faire couper les cheveux [se faire faire les ongles, faire une manucure] dans un salon de coiffure. ¶ 그 여자는 사람을 만나기 전에 항상 옷매무새를 다듬는다 Elle rajuste toujours [remet toujours de l'ordre dans] sa tenue avant de rencontrer les gens. ④ ((털을)) égaliser; rafraîchir. ¶ 새가 부리로 깃을 다듬고 있다 L'oiseau lisse ses plumes avec son bec. ¶ 고양이가 혀로 털을 다듬는다 Le chat fait sa toilette. ⑤ ((글 따위를)) remanier, revoir, retravailler, retoucher, soigner ((une traduction maladroite)). ¶ 이 어색한 문장들을 좀 더 다듬어라 Remanie un peu ces phrases inappropriées. ¶ 그 사람은 원고를 다듬고 있다 Il revoit son texte. ⑥ ((추상적 대상을)) reconsidérer, retravailler, revoir. ¶ 그 사람은 사업 계획을 여러 번 다듬었다 Il a reconsidéré plusieurs fois son projet d'affaires. ¶ 이 사람이 그 이론을 더욱 심오하게 다듬었다 C'est lui qui a retravaillé cette théorie de façon plus approfondie. ⑦ ((목청을)) préparer *sa* voix, faire vibrer *sa* voix, émettre des sons. ¶ 나는 노래 부르기 전에 목소리[목청]를 다듬었다 Je me suis préparé la voix avant de chanter. ⑧ ((옷감 따위를)) ranger, plier ((des vêtements, des tissus)). ¶ 할머니는 풀 먹인 저고리를 다듬고 계셨다 La grand-mère était en train de plier un *jeogori* [un boléro] déjà amidonné.

다듬이 어근 foulage *m*; tissus *mpl* à fouler.
◆**_돌** 명 pierre *f* à foulon.
◆**_방망이** 명 maillet *m* [battoir *m*] servant au foulage du tissu.
◆**_질** 명 ☞ 다듬질
◆**_소리** 명 bruit *m* du foulage. ¶ 정겨운 ~소리 le bruit [les battements] mélodieux [familier(*s*), rassurant(*s*)] du foulage.

다듬질 명 finition *f*. foulage *m* d'une étoffe ((pour lui donner de l'apprêt)). ◇_(을) **하다** faire les finitions, mettre la dernière main à ((une œuvre)), peaufiner {*fam*} ((un travail)). ¶ 어머니가 홑이불[이불잇]을 ~ 하고 있다 Ma mère est en train de fouler le drap de la couette.

다락 명 grenier *m*, mansarde *f*. ¶ 안 쓰는 물건들이 ~에 쌓인다 Les objets qu'on n'utilise plus [inutilisés] s'empilent dans le grenier.
◆**_방** -房 명 grenier *m*, mansarde *f*. ¶ 방이 모자라는 한동안 ~방에서 지내야 했다 J'ai dû loger dans le grenier quelque temps faute de chambre. ¶ 그 사람은 창고 천장에다 ~방을 들이기로 했다 Il a décidé de faire construire un grenier sous le toit de l'entrepôt.

다람쥐 명 écureuil *m* (de Corée).
*~ **쳇바퀴 돌 듯 하다** faire toujours la même chose.

다랍다 형 ① 속이 좁다 être mesquin(*e*). ¶ 그 남자는 참 다랍게 군다 Il se comporte comme un petit [comme un minable]. ② 아니꼽다 être insupportable, vil(*e*), mesquin(*e*). ¶ 그 사람은 행동이 아주 다랍다 Son comportement est insupportable [écœurant, désagréable].

다랑어 -魚 명 【어류】 thon *m*.

다랑이 명 bande *f* étroite de rizière en terrasses. ¶ ~ 논[밭] une bande étroite de rizière [de champ] en terrasses.

다래 명 kiwi *m* (de Sibérie), *Actinidia arguta* {*nsc*}.
◆**_나무** 명 arbre *m* à kiwis
◆**_술[주]** -[酒] 명 liqueur *f* de kiwi.
◆**_즙** -汁 명 jus *m* de kiwi.

다래끼[1] 명 orgelet *m*, compère-loriot *m*. ¶ 그 사람은 눈에 ~가 났다 Il a attrapé un orgelet.

다래끼[2] 명 petite corbeille *f*; petit panier *m*.

다량 多量 명 grande quantité *f*. ¶ ~ 생산 une production en grande quantité. ¶ ~ 출혈 une hémorragie importante. ¶ ~의 물 une grande quantité d'eau. ¶ ~의 독약 une grande quantité de produit [de substance] toxique. ¶ 그 분이 데리고 온 환자는 ~의 출혈로 혼수상태였다. Le(La) malade qu'il a transporté(*e*) était dans le coma suite à une hémorragie importante. ¶ 한국은 석유를 ~으로 수입한다 La Corée importe du pétrole en grande quantité. ¶ 비타민이 ~ 함유된 과일을 섭취하시오. Mangez des fruits riches en vitamines! / Prenez des fruits pleins de vitamines!

다루다 타 ① ((기계, 도구 따위를)) manier ((un outil, un instrument)); manœuvrer ((un navire, une pompe)); manipuler ((un objet)), utiliser, se servir de ((un objet, un outil)); ((나무를)) travailler ((le bois)); ((가죽 따위를)) tanner ((une peau)), mégir, mégisser, chamoiser ((des peaux)). ¶ 악기[기계]를 ~ manier un instrument de musique [une machine]. ¶ 능숙한 솜씨로 기구를 ~ manier un outil avec habileté. ¶ 다루기 힘든 기계 une machine difficile à manier. ② ((사람, 문제를)) s'occuper de *qc*/*qn*, traiter, régler ((un problème)); conduire, diriger ((des hommes)), traiter *qn* ((rudement)). ¶ 어떤 문제를 ~ traiter [s'occuper] d'un problème. ¶ 거칠게 ~ manier *qc* avec rudesse. ¶ 함부로 ~ traiter *qn* rudement [durement, avec brutalité]; malmener *qn*; rudoyer *qn*. ¶ 아랫사람을 잘 ~ bien diriger [conduire] *ses* subalternes [employés]. ¶ 다루기 힘든 아이 un enfant difficile à gérer, un enfant farouche [difficile, pas facile]. ¶ 그 사람은 일을 다루는 솜씨가 보통이 아니다 Il a un talent hors du commun pour traiter les affaires. ③ 주제, 소재로 삼다 traiter ((un sujet, d'un sujet)). ¶ 사회 문제를 깊이 있게 다룬 소설 un roman qui traite des problèmes sociaux en profondeur. ④ 처리하다 s'occuper de, traiter, conduire, diriger, mener ((une affaire)); administrer ((les finances d'un État)). ¶ 여기에서는 그런 일을 다루지 않는다 Ici, on ne s'occupe pas de ce genre de problème.

다르다 형 ① 상이하다 différer, varier; être différent(*e*), divergent(*e*), dissemblable. ¶ 그 분은 옛날과 전혀 다른 사람이 되었다. Par rapport à avant cet homme est devenu une toute autre personne / Il n'est plus l'homme qu'il était / C'est une personne complètement changée. ¶ 그 분은 나와 의견이 ~.

Ses idées sont différentes des miennes / Il a un avis différent du mien / Il a des idées bien différentes des miennes. ¶ 나와 내 동생은 취향이 ~ Mon frère a des goûts complètement différents des miens / Mon frère et moi, nous avons des goûts différents. ¶ 민족에 따라 언어가 ~ Chaque peuple a une langue différente / Les langues varient selon les peuples. ¶ 운임은 거리에 따라 ~ Les frais de transport sont proportionnels à la distance / Les frais de transport changent selon la distance [varient suivant la distance]. ¶ 그 분은 너와 다르게 얘기했다 Il a dit autre chose que toi. ② 예사롭지 않다 c'est différent, c'est autre chose. ¶ 천재는 역시 생각하는 것이 ~ Vraiment, les génies ont une autre façon de penser [de voir les choses]! ¶ 프로가 역시 다르기는 다르구나 Un professionnel, c'est quand même différent / Un professionnel, c'est vraiment différent [autre chose].

***다를 바(가) 없다** C'est la même chose / C'est pareil / C'est du pareil au même / Cela revient au même. ¶ 그것은 이것과 별로 다를 바 없다 Ces deux choses sont semblables / Celui-là(Celle-là), c'est presque pareil(*le*) avec celui-ci(celle-ci). ¶ 그 말은 거절이나 다를 바 없다 Cette parole [Ton propos, Ce que tu dis] sonne comme un refus [n'est rien d'autre qu'un refus].

***하루가** ~ Chaque jour est différent; de jour en jour, tous les jours. ¶ 물가가 하루가 다르게 오른다 Le coût de la vie augmente tous les jours / Le coût de la vie augmente de jour en jour. ¶ 요즈음 정보통신 기술은 하루가 다르게 발전한다[변한다] La technologie de la télécommunication [téléinformatique] fait des progrès [change] de jour en jour.

다른 관 ① 같지 않은 autre, différent(*e*). ¶ ~ 책을 다오 Donne-moi un autre livre. ¶ ~ 사람이 왔다 Une autre personne est venue. ¶ ~ 것을 주시오 Donnez-moi autre chose. ¶ 그 분은 공부 외의 다른 일에는 관심이 없다 Il ne s'intéresse à rien d'autre qu'au travail / Il n'a pas d'autres intérêts que le travail. ¶ 다른 사람들이 어떻게 생각하든 나는 상관없다 Je ne m'intéresse pas à ce que pensent les autres / Je me fiche de ce que pensent les autres {*fam*}. ¶ 다른 것은 없습니까? Vous n'avez pas quelque chose d'autre? / N'auriez-vous rien d'autre à me proposer? ② 보통의 ((les)) autres. ¶ 그는 ~ 사람들과 좀 달랐다 Il était différent des autres. ¶ 다른 날 같으면 화를 냈을 텐데 오늘은 그렇지 않았다 Si on avait été un autre jour, je me serais fâché(*e*), mais aujourd'hui j'ai gardé mon calme.

다름 명 différence *f*, divergence *f*. ◇_(**이**) **없다** être pareil(*le*) à *qc*, être le(la) même que *qc*; ne pas être autre chose que *qc*. ¶ 이 물건은 진짜와 ~없다 Cet objet [Cette marchandise] est presque pareil(*le*) à l'original / Il n'y a aucune différence entre cet objet et l'original. ¶ 그 분은 예전과 조금도 ~없는 모습이었다 Il n'avait pas du tout changé / Il était toujours le même / Il était resté pareil qu'avant. ¶ 너는 내 형제나 ~없으니, 어떤 부탁이라도 들어주마 Puisque tu es comme un frère pour moi je donnerai tout ce que tu me demanderas.

◆_**없이** 부 toujours, comme auparavant, comme avant. ¶ 전과 ~없이 아름답다 Tu es toujours aussi beau(*belle*) (qu'avant) / Elle est toujours aussi belle (qu'avant). ¶ 그 분은 예전과 ~없이 쾌활한 모습이었다 Il était toujours aussi gai[jovial, vivant] qu'autrefois.

*~(**이**) **아닌** 형 pas quelqu'un d'autre; personne d'autre que. ¶ ~ 아닌 당신의 부탁이니까 C'est bien parce que c'est vous qui le demandez (et personne d'autre). ¶ 알고 보니, 그 화가는 ~ 아닌 그 여자의 친동생이었다 En fait, ce peintre était bien le frère de cette dame.

*~(**이**) **아니라[다른 게 아니라]** 부 C'est pour cette raison et pas une autre / Je voudrais te parler de cela et pas d'autre chose. ¶ 내가 말하는 것은 ~ 아니라 Je voudrais dire simplement que… / Ce que je voulais te dire, c'est… / Ce que je veux dire n'est rien d'autre que ... ¶ 내가 너를 부른 것은 ~이 아니라 이 문제를 의논하기 위함이었다 En fait, je t'ai appelé(*e*) pour discuter de ce problème (et pas pour autre chose).

다름아니다 형 n'être rien (d'autre) que, ne pas être autre chose que, n'être rien de moins que, être tout simplement. ¶ 그의 약속은 또다른 거짓말에 ~ Sa promesse n'est rien d'autre qu'un nouveau mensonge.

◆**다름아니라** 부 rien d'autre; rien (d'autre) que. ¶ 다름아니라 제가 부탁드릴 것은 Le service que je voudrais vous demander n'est rien d'autre que ...

다리[1] 명 ① ((인간)) jambe *f*. ¶ ~를 구부리다 plier les jambes. ¶ ~를 뻗다 étendre les jambes. ¶ ~를 다치다 se blesser à la jambe, se faire mal à une jambe. ¶ 개한테 ~를 물리다 être mordu(*e*) à la jambe par un chien / se faire mordre la jambe par un chien. ¶ 그 분은 심한 관절염으로 두 ~를 못 쓴다. Suite à une sévère inflammation [à des rhumatismes, à une arthrite sévère], il a perdu l'usage de ses deux jambes / Il est impotent des jambes [ne marche plus, n'a plus l'usage de ses deux jambes] en raison d'une arthrite sévère. ¶ 그 분은 사고로 ~를 전다 Il boite à la suite d'un accident. ¶ ~가 길다[짧다] avoir de longues [courtes] jambes, avoir les jambes [pattes {*fam*}] longues [courtes], être court(*e*) sur patte {*fam*}. ¶ ~가 날씬하다[굵다] avoir les jambes sveltes [de grosses jambes], avoir les jambes minces. ¶ ~가 튼튼하다[약하다] avoir de bonnes [mauvaises] jambes, avoir les jambes solides. ¶ ~가 아프다 avoir mal aux jambes. ② ((동물)) patte *f*; ((낙지 등의)) tentacule *m*. ¶ 두 ~ 동물 un animal à deux pattes, un bipède. ③ ((사물)) pied *m*; bras *m*; ((안경의)) branche *f*. ¶ 책상 ~ les pieds d'un bureau. ¶ 안경~가 부러졌다 Les branches de mes lunettes sont cassées.

◆_통 명 tour *m* de jambes, jambes *fpl*. ¶ ~통이 굵다 avoir les pattes robustes {*fam*}; avoir de grosses jambes.

◆_품 명 marche *f*; activité *f* réalisée à pied. ¶ ~품(을) 팔다 marcher une grande distance; faire un aller-retour de longue distance à pied avec une rémunération; aller vendre à pied.

*~를 (쭉) 뻗고 자다 dormir sur *ses* deux oreilles; dormir tranquille [en paix]. ¶ 그 문제가 해결되었으니 오늘밤은 ~ 뻗고 잘 수 있겠다 Le problème étant résolu, aujourd'hui je pourrai dormir tranquille [tranquillement, sur *mes* deux oreilles].

다리[2] 명 ① 교량 pont *m*. ¶ 궁형 ~ un pont en arcade. ¶ ~의 교각 les piliers d'un pont. ¶ ~를 건너다[지나가다] traverser un [le] pont [passer sur un pont]. ¶ ~를 놓다 construire [ériger] un pont. ¶ ~가 무너진다. Le pont s'écroule [s'effondre]. ¶ 홍수로 ~가 떠내려갔다. Le pont a été emporté [détruit] par [suite à] une inondation. ¶ 한강에 ~가 몇 개나 되는지 아니? Est-ce que tu sais combien de ponts il y a sur le fleuve Han? ¶ 이 ~의 길이는 얼마나? Quelle est la longueur de ce pont? ② 이어주는 역할 pont *m*, média*teur*(*trice*), intermédiaire *mf*, entremise *f*, liaison *f*. ¶ 그 분은 두 사람 사이에 ~를 놓아 만나게 해 주었다 Il a jeté un pont entre deux personnes pour les faire se rencontrer [pour qu'elles se rencontrent] / Il a servi d'intermédiaire [fait le médiateur] pour organiser une rencontre entre deux personnes. ¶ 그 분이 중간에서 ~를 놓아 물건을 쉽게 팔 수 있었다. J'ai pu vendre facilement ma marchandise, parce qu'il a joué le rôle d'intermédiaire. ¶ 남북 간의 끊어진 ~를 잇는 일이 시급하다. Il est urgent de refaire le pont qui reliait la Corée du Nord à la Corée du Sud / Il est urgent de rétablir le lien entre la Corée du Sud et la Corée du Nord. ¶ 그 분들 두 사람은 초면이니 자네가 ~가 되어주게나 Comme c'est leur première rencontre, je te prie de leur servir d'intermédiaire / Ces deux personnes ne se connaissent pas, est-ce que tu pourrais les présenter l'une à l'autre? ③ 단계, 과정 intermédiaire *mf*. ¶ 이 물건은 우리에게 오는 데 여러 ~를 거친 물건이다. Cet objet est passé entre les mains de plusieurs personnes avant de nous parvenir. ¶ 소문이라는 것이 몇 ~ 건너 오면 부풀려지기 마련이다. Il est normal que les rumeurs grossissent par le bouche-à-oreille.

◆_ㅅ목 명 voie *f* d'accès[chemin *m* qui mène] à un pont.

◆돌_ 명 pont *m* en pierre.

*돌~도 두드려 보고 건너라 Sois prudent(*e*); Avance prudemment; Tâte le terrain (avant de t'engager); Prudence est mère de sûreté.

◆외나무_ 명 pont-passerelle *m*, tronc *m* d'arbre qui sert de passage.

◆징검_ 명 pierres *fpl* servant de passage pour traverser une rivière[un torrent, un cours d'eau].

다리다[1] 타 ((다리미로)) repasser ((des vêtements, une chemise, un pantalon)); donner un coup de fer à ((une chemise)). ¶ 다리미로 옷을 ~ repasser un vêtement (avec un fer). ¶ 양복을 다려 입다 repasser un costume avant de le mettre. ¶ 이 다리미는 잘 다려지지 않는다 Ce fer ne repasse pas bien.

다리다[2] 타 당기다 tirer. ¶ 줄을 다리다 tirer sur une corde.

다리미 명 fer *m* à repasser. ¶ ~를 다리다 repasser avec un fer; faire du repassage. ¶ 이 ~는 잘 다려지지가 않는다. Ce fer ne repasse pas bien. ¶ ~로 옷을 다리다 repasser un vêtement (avec un fer).

◆_발 명 pli *m* ((de repassage)). ¶ ~발이 잘 선다. Le pli (de repassage) est bien marqué.

◆_판 -板 명 planche *f* à repasser. ¶ ~판을 깔고 다림질을 하다 repasser sur une planche à repasser.

◆_질 명 ☞ 다림질

◆전기_ 電氣- 명 fer *m* électrique.

◆증기_ 蒸氣- 명 fer *m* à vapeur.

다리밟기 명 【민속】 marche *f* sur le pont ((coutume traditionnelle coréenne selon laquelle autrefois les gens du village traversaient un pont le soir de la pleine lune de janvier)). ◇_(를) 하다 traverser un pont ((le soir de la pleine lune de janvier)). ¶ 우리는 대보름날 밤 ~를 했다 Nous avons, comme le veut la coutume, traversé un pont le soir de la pleine lune de janvier.

다리밟이 명 ☞ 다리밟기

다림질 명 repassage *m*. ◇_(을) 하다 faire du repassage; repasser. ¶ 내 바지를 ~해 두어라 Repasse mon pantalon! ¶ 그는 옷을 빨고, ~을 하고 구두를 닦았다 Il a fait la lessive, repassé ses vêtements et ciré ses chaussures.

-다마는 어미 bien que+*subj*, malgré+N, mais ((suffixe flexionnel conjonctif de concession ou d'opposition. Il s'ajoute après le radical de l'adjectif quelle que soit sa forme, et après le suffixe flexionnel préfinal honorifique -시/-으시. Si le radical verbal est déjà marqué par les suffixes flexionnels préfinaux temporels -았/-었 ou -겠, il s'ajoute après ces suffixes que ce soit le verbe ou l'adjectif)). ¶ 사람은 착하~ 그다지 똑똑해 보이지는 않는다 Il est gentil, mais [Bien qu'il soit gentil] il n'a pas tellement l'air d'être intelligent. ¶ 일을 끝내긴 끝냈~ 잘 됐는지 모르겠다 J'ai effectivement terminé ce travail, mais je ne garantis pas le résultat. ¶ 연락은 했~ 그 사람이 올 수 있을지 모르겠다 Je l'ai contacté(*e*), mais je ne suis pas certain(*e*) qu'il[elle] vienne.

-다마다 어미 bien sûr, bien entendu, évidemment ((suffixe flexionnel conjonctif et de terminaison phrastique exclamative. Il s'ajoute après le radical

ㄷ

de l'adjectif quelle que soit sa forme, et après le suffixe flexionnel préfinal honorifique -시/-으시. Si le radical verbal est déjà marqué par les suffixes flexionnels préfinaux temporels -았/-었 ou -겠, il s'ajoute après ces suffixes que ce soit le verbe ou l'adjectif)). ¶ 그 사람 만났습니까? 만났~(요) L'avez-vous rencontré(*e*)? Bien sûr que oui. ¶ 그럼, 가~. 내가 아니면 누가 가겠니? Eh oui, j'irai, bien entendu. Qui à part moi pourrait y aller? ¶ 저 사람 누구인지 아니? 그럼, 아~, 내 사촌인 걸 Sais-tu qui est cette personne-là? Oui, je la connais bien sûr. C'est mon[ma] cousin(*e*) [un(*e*) cousin(*e*)].

다만¹ 뮈 ① 오직 seulement, ne faire que+*inf*; mais. ¶ 나는 ~ 내가 할 일을 했을 뿐이다 Je n'ai fait que mon devoir. ¶ ~ 기다릴 뿐, 별 도리가 없다 Je ne fais qu'attendre; il n'y a pas d'autre moyen. ② 그러나 mais, seulement, à condition que+*subj*. ¶ 나는 괜찮다. ~ 그 친구의 의견이 어떨지 모르겠군 Pour moi, ça va. Seulement je ne sais pas quel est son avis. ¶ 텔레비전을 봐도 좋다. ~ 그전에 숙제를 끝내야 한다 Tu peux regarder la télévision, mais il faut terminer tes devoirs auparavant / Tu peux regarder la télé à condition que tu finisses tes devoirs auparavant. ③ 최소한도로 ne serait-ce que. ¶ ~ 얼마라도 좋으니 돈 좀 꾸어 주세요 Prêtez-moi de l'argent, s'il vous plaît! Ne serait-ce qu'une petite somme. ¶ ~ 몇 분만이라도 그 분을 꼭 좀 만나게 해 주십시오 Faites-le(la)-moi rencontrer, s'il vous plaît, ne serait-ce que quelques minutes / Je vous supplie de me présenter à lui(elle) même si ce n'est que pour quelques minutes.

-다만² 어미 ☞ -다마는

다망하다 多忙- 형 être affairé(*e*), occupé(*e*), empressé(*e*), pris(*e*), débordé(*e*) ((par le travail)). ¶ 공사 다망하신 가운데도 이렇게 찾아주셔서 감사합니다. Je tiens à vous remercier d'être venu(*e*) malgré toutes vos occupations.

-다며¹ 어미 ☞ -다면서¹

-다며² 어미 ☞ -다면서²

다면¹ 多面 어근 aspects *mpl* multiples; diversité *f*, variété *f*, complexité *f*.

◆_적 -的 명관 divers(*e*), varié(*e*), multiple. ¶ 이해를 깊이 하려면 사물의 ~적인 측면을 고려해야 한다 Pour bien comprendre quelque chose, il faut en considérer tous les aspects. ¶ ~적으로 이해하다 comprendre quelque chose sous tous *ses* aspects [*ses* aspects divers].

◆(정)_체 (正)-體 명 polyèdre *m* (régulier).

-다면² 어미 si ((suffixe flexionnel conjonctif de condition qui s'emploie souvent avec l'adverbe 만약 *si*. Il s'ajoute après le radical de l'adjectif quelle que soit sa forme, et après le suffixe flexionnel préfinal honorifique -시/-으시. Si le radical verbal est déjà marqué par les suffixes flexionnels préfinaux temporels -았/-었 ou -겠, il s'ajoute après ces suffixes que ce soit le verbe ou l'adjectif)). ¶ 사정이 그렇~ 널 도와주겠다 Si telle est ta situation, je t'aiderai. ¶ 삼촌께서 무사히 돌아오셨~ 얼마나 좋을까! Si l'oncle était revenu sain et sauf, que ce serait bien! ¶ 그 사람은 내게 가깝~ 가깝고 멀~ 먼 친척이다 Si on dit qu'il est un proche parent, il l'est; si on dit qu'il est un parent lointain, il l'est également.

-다면³ si vous dites [tu dis] ... ((forme contractée de 다고 하면. Suffixe flexionnel conjonctif de citation, il s'ajoute après le radical de l'adjectif quelle que soit sa forme, et après le suffixe flexionnel préfinal honorifique -시/-으시. Si le radical verbal est déjà marqué par les suffixes flexionnels préfinaux temporels -았/-었 ou -겠, il s'ajoute après ces suffixes que ce soit le verbe ou l'adjectif)). ¶ 그냥 미안하~ 다냐? Tu crois que ça suffit de s'excuser [de dire pardon, de demander pardon]?

-다면서¹ 어미 ① J'ai entendu dire [On dit] que, est-ce bien vrai? / Est-ce bien vrai? / N'est-ce pas? ((suffixe flexionnel de terminaison phrastique, introduisant une demande de confirmation. Il s'ajoute après le radical de l'adjectif quelle que soit sa forme, et après le suffixe flexionnel préfinal honorifique -시/-으시. Si le radical verbal est déjà marqué par les suffixes flexionnels préfinaux temporels -았/-었 ou -겠, il s'ajoute après ces suffixes que ce soit le verbe ou l'adjectif)). ¶ 그 게으름뱅이가 시험에 붙었~? J'ai entendu dire [On dit] que ce fainéant a réussi à l'examen; est-ce bien vrai? ¶ 떠나기로 했~? J'ai entendu dire que tu avais décidé de partir, c'est vrai? ② 빈정거림 Ben, je croyais que tu ...? J'ai sans doute mal entendu [mal compris] / Ne disais-tu pas l'autre jour que ...? Je me trompe peut-être [J'ai mal entendu peut-être?, à moins que je ne me trompe!] / Tu disais pourtant que ... ((suffixe flexionnel de terminaison phrastique du mode interrogatif pour une confirmation avec une certaine ironie sur un propos déjà entendu)). ¶ 너무 쉽~[쉽대매] Ne disais-tu pas que c'était trop facile tout à l'heure! ¶ 숙제를 다 했~[했대매] N'avais-tu pas dit avoir fait tous tes devoirs, à moins que je ne me trompe! / Ben je croyais que tu avais fait tous tes devoirs! J'avais sans doute mal entendu [mal compris]! ¶ 제기랄, 마무리를 잘 해놨~? Eh ben, n'avais-tu pas dit [tu avais pourtant bien dit] que t'avais soigné la finition [que la finition était impeccable] {*fam*}?

-다면서² en disant que ((forme contractée de -다고 하면서)) ((suffixe flexionnel conjonctif de citation, indiquant que l'action est en cours. Il s'ajoute après le radical de l'adjectif quelle que soit sa forme, et après le suffixe flexionnel préfinal honorifique -시/-으시. Si le radical verbal est déjà marqué par les suffixes flexionnels préfinaux temporels -있/-었 ou -겠, il s'ajoute après ces suffixes que ce soit le verbe ou l'adjectif)). ¶ 그 사람은 피곤하~ 방으로 들어갔습니다 Il est entré dans la chambre en disant qu'il était fatigué. ¶ 그 사람은 집에 가겠~ 조금 전에 나갔다 Il est parti tout à l'heure en disant qu'il allait rentrer chez lui. ¶ 그는 더 이상 못 하겠~ 떠났다 Il est parti en disant qu'il ne pouvait plus continuer ainsi. ¶ 비서는 오빠로부터 급한 전화를 받았~ 사무실을 나갔어 La secrétaire est sortie du bureau en disant qu'elle avait reçu un coup de téléphone urgent de son frère aîné

다목적 多目的 명 multi-objectif; utilitaire; polyvalence *f.* ¶ ~ 개발 사업 un projet de développement multi-objectif[multi-utilitaire]; un projet de développement aux multiples utilités. ¶ 등산용 칼은 산에서 ~으로 사용된다 Un couteau de montagne a des utilités multiples quand on est à la[en] montagne.

◆**_댐** 영{-dam} 명 barrage *m* multi-utilitaire; barrage *m* polyvalent.

다물다 타 fermer ((la bouche)), se taire. ¶ 굳게 다문 입 la bouche bien fermée, la bouche cousue. ¶ 입을 꼭 다물고 있다 avoir la bouche fermée [cousue]. ¶ 더 이상 할 말이 없어 입을 다물었다 Je me suis tu(*e*), faute de trouver d'autres mots à dire / Je n'avais rien d'autre à dire, alors je me suis tu(*e*). ¶ 입 다물어! Tais-toi! / Ferme-la! {*fam*} / (Ferme) ta gueule {*vulg*}! / Boucle-la! {*fam*} / Ferme ton bec {*fam*}! / La ferme! {*fam*}. ¶ 자꾸 쓸데없는 소리 하지 말고 입 좀 다물고 있어 Arrête de dire des sottises [bêtises, âneries] [Arrête de parler pour ne rien dire], mets-la en veilleuse plutôt, tu veux bien?

다물리다 자 fermer ((la bouche)). ¶ 나는 기가 막혀 입이 다물리지가 않았다 Je suis resté(*e*) bouche bée sous le coup de la surprise / Je suis resté(*e*) muet(*te*) de surprise [de stupeur] / Abasourdi(*e*) [Sidéré(*e*), Stupéfait(*e*)], j'en suis resté(*e*) la bouche ouverte / J'en suis resté(*e*) tout(*e*) ébahi(*e*)!

다반사 茶飯事 명 banalité *f*, chose *f* habituelle[ordinaire, banale], monnaie *f* courante; chose *f* facile à faire. ¶ 요즘 교통사고로 사람이 죽는 일이 ~로 일어나고 있다. Aujourd'hui, les accidents (de la route) mortels sont devenus chose habituelle[monnaie courante] / Aujourd'hui, mourir par accident de voiture est devenu une chose banale.

다발¹ 명 bouquet *m* (de fleurs), touffe *f* ((de fleurs, de cheveux)); gerbe *f* (de blé); botte *f* ((de paille, de carottes)); liasse *f* ((de papiers)); faisceau(*x*) *m* ((de flèches, de cannes)); fagot *m* ((de bois)). ¶ 꽃 한 ~ un bouquet de fleurs. ¶ 지폐 ~ une liasse de billets. ¶ 편지 ~ un paquet de lettres. ¶ 이쪽 ~이 더 크다 Ce bouquet est plus gros. ¶ ~로 만들다 faire un bouquet avec *qc*. ¶ 꽃을 ~로 안겨 주다 offrir un bouquet de fleurs. ¶ 그 분은 가방에서 돈을 ~로 꺼냈다. De son sac, il a sorti plusieurs liasses de billets.

분류 bouquet *m* ((de fleurs)); liasse *f* ((de billets)); paquet *m* ((de lettres)). ¶ 장미꽃[지폐, 편지] 한 ~ un bouquet de roses [une liasse de billets, un paquet de lettres].

다발² 多發 어근 fréquent(*e*), qui arrive souvent. ¶ 교통사고 ~ 지역 une zone d'accidents fréquents de la circulation.

◆**(동시)_적** (同時)-的 명관 simultané(*e*). ¶ 시위대는 도시 곳곳에서 동시~적으로 데모를 벌였다 Les manifestants ont manifesté simultanément dans différents quartiers de la ville.

◆**_성** -性 명 caractère *m* simultané; simultanéité *f*.

다방 茶房 명 ((찻집)) salon *m* de thé; ((카페)) café *m*. ¶ ~ 종업원 un(*e*) serveur(*se*) de café. ¶ ~에서 누구를 만나다 avoir rendez-vous dans un café, rencontrer *qn* dans un café. ¶ 친구와 역 앞 ~에서 만났다 J'ai rencontré un(*e*) ami(*e*) au café de la gare [dans un café devant la gare]. ¶ 그 분들이 ~에 들어섰을 때는 아직 손님이 별로 눈에 띄지 않았다 Quand ils sont entrés dans le café, il n'y avait pas encore beaucoup de clients.

다방면 多方面 명 plusieurs domaines *mpl*; plusieurs directions *fpl*; plusieurs côtés *mpl*; diversité *f*. ¶ ~의 학식 des connaissances (très) variées, des connaissances encyclopédiques. ¶ 그 분은 ~의 작가이다 C'est un écrivain qui écrit sur des sujets variés. ¶ 그 분은 문학, 예술, 체육 등 ~에 소질[재능, 취미]이 있다 Il a des dons multiples, des dons littéraires, artistiques, sportifs... / Il est doué un peu pour tout, pour la littérature, l'art, le sport... / Il s'intéresse un peu à tout, à la littérature, à l'art, au sport... ¶ 그 분은 ~에 친구를 가지고 있다. Il a des amis de tous genres [de milieux les plus divers]. ¶ 그 분은 ~에서 활약하고[두각을 나타내고] 있다 Il se montre compétent[se distingue] dans plusieurs domaines[dans des domaines variés]. ¶ 그 분은 ~으로 활동한다. Il fait des activités dans des domaines variés. ¶ 그 분은 항상 ~으로 대책을 고안해 낸다 Il propose toujours plusieurs solutions.

다변¹ 多辯 명 volubilité *f*, loquacité *f*, verve *f*. ¶ 그 분의 ~은 따라갈 사람이 없다 Personne ne peut égaler sa verve. ¶ 모두들 그 분의 ~에 혀를 내두른다 Tout le monde reste bouche bée[béant d'admiration] quand il se met à parler[quand il parle] / Sa loquacité les laisse tous bouche bée. ¶ ~이 능사가 아니다 La loquacité, ce n'est pas tout / La loquacité, ce n'est pas l'éloquence.

◆**_가** -家 명 bon(*ne*) orateur(*trice*). ¶ 저 사람은 ~가 이다 Cet homme a de la verve / C'est un bon(*ne*) orateur(*trice*).

다변² 多邊 어근 varié(*e*), diversifié(*e*).

◆**_적** -的 명관 diversifié(*e*), varié(*e*).

◆_성 -性 명 diversité *f*.

다변화 多邊化 명 diversification *f*. ◇_(를) **하다** diversifier ¶ 수출 시장을 ~ 할 필요가 있다. Nous avons besoin de diversifier nos marchés d'exportation / Il est nécessaire de diversifier les marchés d'exportation. ◇_(가) **되다** se diversifier, être diversifié(*e*). ¶ 이제는 소비자의 욕구도 ~ 되고 있다 Désormais[Aujourd'hui] les besoins des consommateurs eux aussi se diversifient.

다변형 多邊形 명 【수학】 polygone *m*. ¶ ~의 polygon*al*(*ale*, *aux*).

다보탑 多寶塔 명 la pagode *f* de Dabo ((la pagode «aux nombreux trésors», la pagode de Prabhutaratna, le Bouddha du passé, située à l'intérieur du temple Bulguk(sa) à Gyeongju)).

다복 多福 명 grand bonheur *m*, beaucoup de bonheur *m*; félicité *f*. ¶ 우리는 그 사람의 건강과 ~을 빌었다 Nous lui avons souhaité une bonne santé et beaucoup de bonheur.

◆_**하다** 多福- 형 être heureu*x*(*se*), béni(*e*), fortuné(*e*); avoir de la chance[de la veine {*fam*}, du pot {*fam*}]. ¶ ~한 가정 une famille bien heureuse. ¶ 늘 ~하시기를 기원합니다 Je souhaite que vous soyez toujours heureux. ¶ ~하게 지내다 mener une vie heureuse, vivre heureux.

다부다처제 多夫多妻制 명 polygamie *f*.

다부지다 형 ① être ferme; être décidé(*e*), déterminé(*e*); être énergétique; être courageu*x*(*se*), vaillant(*e*); ((몸매가)) être robuste, costaud(*e*), solide. ¶ 다부진 성격 un caractère déterminé [décidé]. ¶ 다부진 몸매 un corps solide [ferme, costaud, fort]. ¶ 다부지게 생긴 얼굴 un visage ferme [résolu, énergique]. ¶ 다부지게 말하다 parler avec un ton décidé [avec un ton déterminé]. ¶ 일을 다부지게 잘 하다 travailler dur et inlassablement, travailler vaillamment [énergiquement]. ② 힘들다 être dur(*e*), difficile, pénible. ¶ 다부진 일 un travail pénible [dur, difficile].

다북쑥 명 armoise *f* [absinthe *f*], artémise *f*.

다분하다 多分- 형 avoir beaucoup de *qc*; être considérable; il y a beaucoup de *qc*. ¶ 그 분은 예술가의 소질이 ~ Il a des dons d'artiste extraordinaires [fabuleux] / Il a un talent d'artiste fabuleux. ¶ 지금 상태로는 그런 일이 재발할 가능성이 ~ Pour le moment il y a toutes les chances que cela se reproduise.

다분히 多分- 부 bien sûr, bien entendu; largement, suffisamment, pour une grande part. ¶ ~ 그럴 가능성[염려, 소지]이 있다 Bien entendu, il y a ce genre de possibilité [d'inquiétude, de crainte]. ¶ 그 사람에게는 시인의 기질이 ~ 있다 Il a suffisamment de qualités pour devenir poète. ¶ 그 여자에게는 낭비벽이 ~ 있다 Elle a tendance à être très dépensière. ¶ 그 일은 ~ 그 사람의 책임이다 Cette affaire lui incombe pour une grande part. ¶ 그의 실수는 ~ 고의적이다 Ses erreurs sont largement volontaires [préméditées].

다비 茶毘 명 불교 incinération *f*, crémation *f*. ◇_(를) **하다** incinérer (le corps d'un mort). ¶ 그 스님이 돌아가시자 우리는 ~를 했다 Après la mort de ce moine, nous l'avons incinéré.

◆_**식** -式 명 cérémonie *f* d'incinération.

다빈치 이 명 (Léonard) de Vinci. ¶ ~ 코드 Le "Da Vinci Code".

다사다난하다 多事多難- 형 être mouvementé(*e*), agité(*e*), tourmenté(*e*); être fertile [fécond(*e*)] ((en événements, en émotions)). ¶ 다사다난했던 한 해가 이제 저물어 간다 Voilà que finit une année bien mouvementée [agitée].

다사롭다 형 ☞ 따사롭다

다사로이 부 ☞ 따사롭다 (따사로이)

다사하다 형 ☞ 따스하다

다산 多産 명 ① ((사람, 동물, 식물)) fécondité *f*, ((동물)) multiparité *f*, ((생물)) prolifération *f*. ¶ 아버지 형제가 열이 넘었으니 당시 기준으로도 이는 ~이랄 수 있겠다 Mon père avait plus de dix frères, ce qui était déjà beaucoup pour l'époque. ◇_(을) **하다** mettre au monde beaucoup d'enfants; être fécond(*e*), prolifique. ¶ 아이가 일곱이나 되니 어머니는 아이를 ~한 편이시다 Avec sept enfants, on peut dire que *ma* mère a été prolifique [était très féconde]. ② 생산 ((생산의)) productivité *f*.

◆_**모** -母 명 mère *f* [femme *f*] qui a eu beaucoup d'enfants.

◆_**성** -性 명 fécondité *f*, fertilité *f*. ¶ ~성 동물 un animal prolifique [fertile, fécond]. ¶ 이 닭은 ~성이어서 알을 많이 낳습니다. Cette poule pond beaucoup d'œufs parce qu'elle est féconde [prolifique].

◆_**형** -型 명 type *m* prolifique.

다색 多色 어근 multicolore.

◆_**인쇄** -印刷 명 impression *f* multicolore.

다섯 주관 cinq *m*. ¶ 둘에 셋을 더하면 ~이다 Deux plus trois font cinq. ☞ 둘

◆_**째** 주 cinquième *mf*. 5ème. ¶ 그 분은 열심히 뛰어 ~째로 들어왔다 Il a bien couru et il est arrivé cinquième. ¶ 사과를 ~째 깎다 peler la cinquième pomme. ¶ ~째 사위 le cinquième gendre.

*~[**열**] **손가락 깨물어서 아프지 않은 손가락 없다**. “Oh l'amour d'une mère, ... chacun en a sa part, et tous l'ont tout en entier.” (Victor Hugo)

다세대 多世帶 명 plusieurs familles vivant sous le même toit. ¶ ~ 주택 une habitation collective, un logement collectif. ¶ 이 집에는 ~가 살고 있다 Cette maison est habitée par [abrite] plusieurs familles [ménages].

다세포 多細胞 어근 polycellule *f*.

◆_**생물** -生物 명 organisme *m* polycellulaire.

◆_**식물** -植物 명 plante *f* polycellulaire.

다소 多少 명 ((얼마만큼)) un peu ((de *qc*)), quelque peu, plus ou moins, à un certain degré, en quelque façon; ((많고 적음)) beaucoup ou peu de *qc*; ((수)) nombre *m* de *qc*, ((양)) quantité *f* de *qc*; ((액수))

montant *m*. ¶ 발을 다쳐서 걷는 데 ~의 불편이 있다 Puisque je me suis blessé(*e*) le pied, j'ai du [un peu de] mal à marcher. ¶ ~의 차이는 있지만 모두 어려운 상황이다 À peu de chose près, on peut dire que tout le monde est dans une situation difficile. ¶ ~의 손해는 각오하고 있다 Nous sommes prêts[nous sommes résolus] à faire quelques sacrifices. ¶ ~라도 학식이 있는 사람이라면 S'il avait un minimum d'éducation, ... ¶ 그 분에게 ~라도 자유를 주라 Donne-lui un peu de liberté. ¶ 나의 성의가 자네 사업에 ~라도 도움이 되길 바라네. J'espère que mon aide te sera quelque peu utile dans tes affaires. 부 plus ou moins, un peu, quelque peu. ¶ 영어를 ~ 하다 parler un peu [plus ou moins] l'anglais; se débrouiller en anglais. ¶ 기분이 ~ 좋아졌다 Je me sens un peu mieux. ¶ 그 일이라면 나도 ~ 알고 있다 Je suis plus ou moins au courant de cette affaire. ¶ 그는 ~ 피곤한 기색이었다 Il avait l'air plus ou moins [un peu] fatigué. ¶ 그 사람은 ~ 야위었다 Il a plus ou moins maigri / Il a un peu maigri.

◆_간 -間 명 quelque, un peu de. ¶ ~간의 손실은 각오해야 한다 Il faut s'attendre à un minimum de [quelques] pertes. 부 quelque peu, un peu, plus ou moins. ¶ 인원이 ~간 줄어들었다 Le personnel a quelque peu diminué. ¶ 그 분이 수석을 못했다니 ~간 실망스럽다 Il n'a pas été le premier et j'en suis un peu déçu(*e*).

다소곳이 부 sagement, calmement; la tête baissée; avec obéissance. ¶ ~ 앉아 있다 être assis(*e*) sagement. ¶ 그 여자는 어른이 말하면 ~ 귀를 기울인다 Elle écoute sagement [docilement] quand un adulte lui parle.

다소곳하다 형 être docile, humble, soumis(*e*), obéissant(*e*). ¶ 다소곳한 태도 une attitude docile et polie.

-다손 어미 ① même si; quand même; alors même que; quand bien même+*cond*, quoique+*subj*, bien que+*subj*, encore que+*subj* supposé que+*subj*; quelque ...que+*subj*; si ...que+*subj*, supposons que, imaginons que ((suffixe flexionnel conjonctif servant à marquer la supposition. Il s'ajoute après le radical de l'adjectif quelle que soit sa forme, et après le suffixe flexionnel préfinal honorifique -시/-으시. Si le radical verbal est déjà marqué par les suffixes flexionnels préfinaux temporels -았/-었 ou -겠, il s'ajoute après ces suffixes que ce soit le verbe ou l'adjectif. Il s'emploie avec le verbe 치다 *supposer*, *imaginer*)). ¶ 그 사람이 제 아무리 돈이 있~ 해도 si riche soit-il [aussi riche qu'il soit, tout riche qu'il soit, quelque riche qu'il soit]. ¶ 그 사람이 그렇게 말했~ 쳐도 alors même qu'il a parlé ainsi; même s'il a parlé ainsi. ¶ 설사 그런 일이 있었~ 치더라도 그렇게 말하는 것은 곤란하다 Même s'il y avait eu une telle affaire, il serait gênant d'en parler ainsi.

다수 多數 명 la plupart *f*, la majorité *f*, grand nombre *m*, multitude *f*, foule *f*. ¶ 절대 ~가 반대한다 La majorité absolue [grande majorité] est contre. ¶ 압도적 ~ la majorité absolue. ¶ ~의 의견에 따르다 suivre l'avis de la majorité. ¶ 우리는 ~의 노동자가 필요하다 Nous avons besoin d'un grand nombre d'ouvriers. ¶ 그 분은 ~의 지지를 받아 당선되었다 Cette personne a été élue grâce au soutien de la majorité. ¶ 그 소설가는 인간의 부조리를 다룬 ~의 소설을 발표하였다 Cet écrivain a publié plusieurs romans sur l'absurde [l'absurdité humaine]. ¶ 우리 모임은 기혼자가 ~를 차지한다[점한다] Dans notre assemblée [cercle], la plupart des gens sont mariés. ¶ ~를 위해 소수를 희생하다 sacrifier la minorité pour sauvegarder [au bénéfice de] la majorité. ¶ 이 안건에는 ~가 찬성하고 있다 La majorité est pour cette proposition.

◆_당 -黨 명 parti *m* majoritaire.

◆_대표제 -代表制 명 majorité *f* représentative.

◆_원리 -原理 명 principe *m* démocratique, principe *m* de la majorité.

◆_정당제 -政黨制 명 système *m* multiparti.

◆_파 -派 명 parti *m* majoritaire. ¶ ~파의 횡포 un abus du parti majoritaire.

◆_표 -票 명 vote *m* majoritaire. ¶ 부결 쪽이 ~표이다 La majorité a voté contre.

◆대_ 大- 명 majorité *f*. la plupart *f* de *qn*/*qc* ¶ 이 일은 국민 대-가 요구하는 일인 만큼 면밀히 검토되어야 한다 Il faut analyser minutieusement cette affaire puisque la majorité du peuple le réclame. ¶ 대~의 국민은 이번 조처를 환영했다 La majorité des citoyens a bien accueilli cette (nouvelle) mesure.

다수결 多數決 명 décision *f* par vote majoritaire. ¶ ~의 원리 le principe de la majorité, le principe démocratique. ¶ ~의 원칙 le principe de la majorité. ¶ ~의 논리 la logique majoritaire; la logique démocratique. ¶ ~을 좇다 se conformer à la majorité. ¶ ~에 따르다 suivre la majorité. ¶ ~로 정하다[처리하다] décider *qc* par un vote majoritaire.

다스 명{dozen} 분류 ((forme contractée de *dozen*)) douzaine *f*. ¶ 연필 한 ~ une douzaine de crayons. ¶ 볼펜을 ~로 사면 더 싸다 Si on achète les stylos à la douzaine, c'est (encore) moins cher[meilleur marché].

다스리다 타 ① 통치하다 gouverner, régner sur, régir ((un État)); commander ((un peuple)), dominer; 관리하다 conduire ((une entreprise)); administrer, diriger; gérer ((une affaire, une société)). ¶ 무력으로 나라[백성]를 ~ gouverner le pays [le peuple] par la force militaire. ② ((감정을)) calmer, apaiser, maîtriser, dominer, contrôler, retenir, contenir, contraindre, modérer, refouler, refréner, réprimer ((sa colère)), étouffer ((une révolte)). ¶ 감정을 잘 다스릴 줄 알아야 한다 Il faut savoir bien maîtriser [contrôler] *ses* sentiments. ③ ((죄를)) punir ((une faute, un malfaiteur)), réprimer ((la fraude fiscale)), sévir, châtier *qn*; corriger ((un enfant)), sanctionner. ¶ 마약범은 엄벌로 다스린다 On réprime avec sévérité les toxicomanes / La toxicomanie est sévèrement punie. ¶ 애들을 매로 다스리려 하면 안 된다 Il ne faut pas corriger les enfants avec un fouet [martinet]. ④ 고치다 guérir ((un malade, *qn* d'une maladie, une blessure)); cicatriser ((une plaie)); faire disparaître ((des maux de tête)). ¶ 약으로 병을 ~ guérir une maladie avec des médicaments.

다슬기 명 mollusque *m* noir à coquille, petit escargot *m* noir de mer; *Semisulcospira libertina* {*nsc*}
◆_ㅅ과 -科 명 famille *f* des mollusques.

다승 多勝 명 plusieurs victoires *fpl*. ¶ 그 투수가 ~ 부문에서 선두를 달리고 있다 C'est le lanceur qui a remporté le plus de matchs.
◆_왕 -王 명 le(la) roi(reine) des victoires.

다시 부 ① 되풀이 하여, (고쳐서) 또, 새로 encore, de[à] nouveau, encore une fois, une fois de plus, re-. ¶ ~ 갔다 오너라 Vas-y encore une fois (et reviens). ¶ 세 번 ~ 썼다 Je l'ai réécrit trois fois. ¶ 꺼진 불도 ~ 보자 Vérifions une nouvelle fois [encore une fois] que [si] le feu est bien éteint. ¶ ~ 한 번 해 보다 essayer encore une fois, tenter de nouveau, réessayer. ¶ ~ 계산하다 recompter, recalculer. ¶ 계획을 포기하지 말고 생각을 ~ 하세요 Ne renoncez pas à votre projet, réfléchissez-y encore une fois. ¶ 치료를 ~ 받으면 병이 나을까? Si je reçois un nouveau traitement médical [Si je me fais soigner encore une fois], ma maladie guérira-t-elle? ¶ 불꽃이 ~ 일어났다 La flamme se raviva [se ranima]. ¶ 그 아이는 밤만 되면 열이 ~ 오르곤 했다 Chaque nuit [Dès que la nuit arrivait], cet(*te*) enfant avait à nouveau de la fièvre [cet(*te*) enfant présentait un nouvel accès de fièvre]. ¶ 내일 ~ 만납시다 (Au revoir,) à demain. ¶ 그들은 정확히 사흘 뒤에 ~ 나타났다 Ils sont revenus exactement trois jours après. ¶ 원고가 사라졌으니 ~ 쓰는 수밖에 없다 Puisque le manuscrit a disparu, il n'y a (pas) d'autre solution que de l'écrire de nouveau. ¶ 보험이 실효되면 ~ 가입해야 한다 Lorsque l'assurance arrive à son terme, il faut la renouveler. ② 이어서 recommencer à+*inf*. ¶ 그 사람은 눈물을 훔치더니 ~ 입을 열었다 Après avoir essuyé ses larmes, il recommença à parler.
◆_금 부 encore, de nouveau, encore une fois. ¶ 그 사진을 보니 ~금 가슴이 아파 온다 En regardant cette photo, j'ai de nouveau mal au cœur.
◆_는 부 jamais ((dans une phrase négative)). ¶ ~는 그런 짓 하지 말아라 Ne refais jamais ça! / Ne refais jamais une chose pareille! ¶ 사라진 아이는 ~는 돌아오지 않았다 L'enfant disparu n'est jamais revenu. ¶ ~는 용서하지 않겠다 C'est la dernière fois que je te pardonne.

다시다 타 se pourlécher ((les babines)). ¶ 입(맛)을 ~ se lécher les babines {*fam*}, se pourlécher (les babines); saliver.

다시마 명 *dasima m*, *Laminaria japonica* {*nsc*} <sorte de laminaire comestible servant à aromatiser les soupes>. ¶ ~ 양식[농사] une culture de *dasima*. ¶ ~ 어장 lieu de récolte [endroit pour cueillir] du *dasima*. ¶ ~ 튀각 *dasima twigak*, des *dasima* frits.
◆_ㅅ국 명 soupe *f* de *dasima*.

다시쓰기규칙 -規則 명 【언어】 règles *fpl* de réécriture.

다시없다 형 être unique; être sans égal(*ale*, *aux*); être sans pareil(*le*); être irremplaçable. ¶ 다시없는 기회 une affaire en or; une occasion unique [qu'il ne faut rater]. ¶ ...하기에 다시없는 기회이다 c'est le moment ou jamais de+*inf*. ¶ 이렇게 경치가 좋은 곳은 다시없을 것이다 Vous ne verrez [trouverez] jamais un site aussi pittoresque que celui-ci.
◆다시없이 부 sans pareil. ¶ 다시없이 좋은 기회[사람] une occasion[une personne] sans pareil.

-다시피 어미 ① ...는 바와 같이 comme; ainsi que ...; de même que .... ((suffixe flexionnel indiquant une chose sue du locuteur et de ses auditeurs. Il s'ajoute après le radical de l'adjectif quelle que soit sa forme, et après le suffixe flexionnel préfinal honorifique -시/-으시. Si le radical verbal est déjà marqué par les suffixes flexionnels préfinaux temporels -았/-었 ou -겠, il s'ajoute après ces suffixes que ce soit le verbe ou l'adjectif)). ¶ 다 알~ Comme vous le savez tous. ¶ 보시~ 저는 돈이 많이 없습니다 Comme vous voyez, je n'ai pas beaucoup d'argent. ¶ 누구나 알~ 그 사람은 잘못이 없어요 Comme tout le monde sait, ce n'est pas de sa faute [il n'y est pour rien]. ¶ 여러분도 잘 아시~ 우리 협회가 지금 사정이 안 좋습니다 Comme vous le savez bien, la situation de notre association n'est pas bonne. ② 거의 같이 presque, pratiquement; à peu près; quasi ((suffixe flexionnel indiquant une similitude, une ressemblance plus ou moins parfaite)). ¶ 모든 준비는 그가 다 하~ 했다 C'était (tout) comme si c'était lui qui avait tout préparé. ¶ 그 사람은 거의 죽~ 되었다 Il est presque mort. ¶ 우리는 거의 쫓겨나~ 하면서 집에서 나왔다 Nous sommes sortis de la maison presque comme si nous en avions été chassés. ¶ 그 사람은 여기서 살~ 한다 Il vit presque [pratiquement] ici.

다식 茶食 명 *dasik m* <gâteau traditionnel coréen fait avec du miel, du sésame noir, des châtaignes>.
◆_판[틀] -板 명 moule *m* en bois destiné à faire les *dasik*.

다신교 多神敎 명 polythéisme *m*. ¶ 힌두교는 ~이고 기독교는 일신교이다 L'hindouisme est une religion polythéiste et le Christianisme, une religion monothéiste.
◆_적 -的 명관 polythéiste. ¶ ~적 종교관 le polythéisme; l'idéologie [vision] polythéiste. ¶ 그

리스 시대의 종교관은 ~적이었다 Dans la Grèce antique, la religion était polythéiste / Les Grecs de l'antiquité avaient une vision polythéiste de la religion.

◆_도 -徒 명 adepte *mf* polythéiste.

다실 茶室 명 salon *m* de thé; café *m*. ¶~에서 사람을 만나다 avoir rendez-vous dans un café; rencontrer *qn* dans un salon de thé. ¶친구와 ~에서 음악을 들으며 소일했다 Avec un ami j'ai passé mon temps dans un café à écouter de la musique.

다액 多額 명 많은 액수 forte [grosse] somme *f* (d'argent), somme *f* élevée [considérable]. ¶~의 자금 le fond d'un montant important.

다양 多樣 어근 variété *f*, diversité *f*.

◆_하다 형 être divers(*e*), varié(*e*), multiple. ¶백화점에는 ~한 물건들이 있다. Dans les grands magasins, il y a des produits très divers [variés].

◆_성 -性 명 variété *f*, diversité *f*.

◆_화 -化 명 diversification *f* ¶~화하다 diversifier *qc*. ¶이 은행은 예금 방식을 ~화하였다 Cette banque a diversifié ses formules de dépôts. ¶소비자들의 욕구가 ~화되었다 Les besoins des consommateurs se sont diversifiés / Les demandes des consommateurs se sont diversifiées.

다연발 多連發 명 ((fusil, armes)) à répétition. ¶~ 소총[최루탄] un fusil à répétition, un revolver [un lance-grenade lacrymogène].

다오 타 ☞ 달다[5]

다용도 多用途 명 usages *mpl* multiples; divers usages *mpl*; polyvalent(*e*). ¶~ 가구 un meuble à usages multiples. ¶이 풀은 식용, 약재, 그리고 화장품의 원료로 쓰는 ~ 작물이다 Cette herbe est un produit de base qui a des usages multiples: elle sert à fabriquer des aliments, des médicaments et des produits esthétiques. ¶이 제품은 ~로 쓰일 수 있다 Ce produit peut servir à divers usages.

◆_실 -室 명 espace *m* à multiples usages; pièce *f* polyvalente.

다우존스지수 -指數 영{Dow Jones-} 명 indice *m* Dow Jones.

다운 영{down} 명 ① ((가격, 수량이)) baisse *f*. ¶가격 ~ la baisse des prix. ¶배가 고장 나 출력 ~으로 갑자기 속력이 떨어지기 시작했다 À la suite d'une avarie du bateau, le régime du moteur a baissé [le moteur a baissé de régime, le moteur s'est mis à tourner plus lentement], entraînant un ralentissement brutal du navire. ② ((감정이나 기력의)) ((être)) knock-out, K.-O. {*fam*}, crevé(*e*) {*fam*}, au tapis, à plat {*fam*}, épuisé(*e*), mort(*e*) de fatigue, foutu(*e*) {*pop*}, au bout du rouleau, H.S. {*fam*} ((hors service)), à ramasser à la petit cuillère {*fam*}. ¶난 이제 완전히 ~이니 자네가 알아서 하게 Débrouille-toi maintenant parce que je suis vraiment K.-O. {*fam*} [à plat {*fam*}, crevé(*e*) {*fam*}, naze {*fam*}] / Fais ce que tu veux! Moi, je n'en peux plus. Je suis épuisé(*e*) [complètement vidé(*e*), rétamé(*e*), crevé(*e*) {*fam*}]. ③ 【권투】 knock-out, ((약어)) K.-O., hors de combat, ((mettre un adversaire)) au tapis. ¶기진맥진한 상대 선수를 몰아쳐서 ~을 빼앗다. J'ai pris le dessus en attaquant mon adversaire épuisé et l'ai mis knock-out[K.-O., au tapis, hors de combat]. ④ ((기계가)) être hors service. ◇_(을) 하다 baisser. ¶다음 달부터 제품의 출하 가격을 ~할 것이다 À partir du mois prochain, nous baisserons le prix d'usine. ◇_(이) 되다 baisser, diminuer. ¶비용이 ~된다. Le montant des frais baisse. ¶요즘 국제 시장에서 반도체 시세가 많이 ~되었다. Ces temps-ci, le prix des semi-conducteurs a beaucoup baissé sur le marché international [mondial]. ¶유가가 ~된다 Le prix du pétrole baisse. ¶국제 유가가 배럴당 30달러에서 21달러로 ~되었다 Le prix international du pétrole est passé de 30 à 21 dollars le baril. ¶내 남자친구는 맥주를 한 잔만 마셔도 ~되는 사람이다 Après un verre de bière, mon copain est déjà hors service (H.S.) / Un verre de bière suffit pour mettre mon copain K.-O. [au tapis]. ¶턱에 스트레이트를 맞은 상대편 선수는 단번에 ~이 되고 말았다 Son adversaire est tombé K.-O. [au tapis] à la suite d'un direct (du droit) à la mâchoire. ¶내 컴퓨터가 바이러스를 먹었는지 갑자기 ~되어 버렸다 Mon ordinateur ne fonctionne plus[est hors service, s'est arrêté tout d'un coup] peut-être à cause d'un virus informatique / Mon ordinateur est peut-être virussé {*fam*}, il est soudain tombé en panne. ¶무슨 이유에서인지 시스템이 ~되었다 On ne sait pas pourquoi, mais le système ne fonctionne plus. ◇_(을) 당하다 être mis(e) [se faire mettre] au tapis [K.-O., knock-out, hors de combat] ((par *son* adversaire)). ◇_(을) 시키다 faire baisser *qc*; ((상대를)) faire tomber *qn*, mettre ((*son* adversaire)) knock-out [K.-O., au tapis, hors de combat], envoyer ((*son* adversaire)) au tapis, étendre à terre ((*son* adversaire)). ¶그 선수는 상대를 ~시켰다 Ce boxeur a mis [envoyé] son adversaire au tapis / Ce boxeur a mis son adversaire K.-O.

◆_사이징 영{-sizing} 명 réduction *f* des effectifs.

◆_재킷 영{-jacket} 명 anorak *m* en plumes (de canard). ¶우리도 겨울에 등산을 다니려면 ~재킷을 준비해야 되겠군 Pour faire de l'alpinisme en hiver, nous devrons nous aussi nous équiper d'un anorak en plumes (de canard).

다운로드 영{download} 명 *download m*, téléchargement *m* {*fam*}. ◇_(를) 하다 télécharger, downloader {*fam*}. ¶파일을 ~하다 télécharger un fichier.

다운증후군 -症候群 영{Down-} 명 【의학】 mongolisme *m*, trisomie *f* 21, syndrome *m* de Down.

다운타운 영{downtown} 명 centre-ville *m*. ¶밤이 이슥해졌으나 ~에는 아직도 휘황한 불빛이 빛나고 있었다 Il se faisait tard dans la nuit, mais le centre-ville était encore très éclairé / La nuit était tombée, mais le centre-ville brillait encore de feux magnifiques. ¶ 그 분은 방송보다는 ~에서 더 많이 알려진 가수이다 C'est un(*e*) chanteu*r*(*se*) plus connu(*e*) en ville que dans les médias.

다원 多元 어근 pluralité *f*, multiplicité *f*.

◆**_적** -的 명관 pluraliste. ¶ ~적 국가론 une conception pluraliste de la nation.

◆**_성** -性 명 pluralité *f*.

◆**_화** -化 명 diversification *f* ¶ ~화하다 diversifier. ¶ 우리 조직의 기능을 ~화할 필요가 있다 Il nous faut diversifier les activités de notre organisme. ¶ 사회가 점점 ~화하고[되고] 있다 La société devient peu à peu pluraliste.

◆**_론** -論 명 pluralisme *m*.

◆**_방송** -放送 명 diffusion *f* à relais multiples.

◆**_주의** -主義 명 pluralisme *m*.

◆**_주의자** -主義者 명 pluraliste *mf*.

◆**_주의적** -主義的 명 pluraliste.

◆**문화_주의** 文化-主義 명 pluralisme *m* culturel, multiculturalisme *m*.

다윗 히 명 David. ¶ ~ 왕 le roi David. ¶ ~의 자손 예수 Jésus, descendant de David.

다음 명 ① 어떤 차례의 뒤 suite *f*; ((부사)) après; ((형용사)) second(*e*), deuxième, prochain(*e*); place *f* suivante. ¶ 여름은 봄 ~에 온다 L'été vient après le printemps / L'été succède au printemps. ¶ 우리는 저 사람들 ~에 들어갈 수 있겠지? On pourra bien entrer après eux[ces gens], n'est-ce pas? ② 이번 차례의 뒤 suivant(*e*), d'après, prochain(*e*). ¶ ~ 사람 [차례를 부를 때] le(la) suivant(*e*). ¶ 그 ~ 날[주, 달, 해] le lendemain [la semaine suivante, le mois suivant, l'année suivante]. ¶ ~ 일요일 dimanche prochain [qui vient]. ¶ ~ 정거장 la station suivante [prochaine]. ¶ ~은 누굽니까? C'est qui le(*la*) suivant(*e*)? ¶ ~ 순서는 노래자랑이다 Et ensuite, c'est un concours de chansons. ¶ 크리스마스 ~ 날도 공휴일이어서 집에서 쉬었다 Je me suis aussi reposé(*e*) le lendemain (du jour) de Noël, parce que c'était un jour férié. ¶ 이번에는 언니가 했으니 ~은 내 차례다 Comme cette fois-ci, c'était le tour de ma grande sœur, la prochaine fois, ce sera le mien [mon tour]. ¶ ~ 역에서 내리시면 됩니다. Vous pouvez [devez] descendre à la prochaine station. ¶ ~ 달에도 성적이 오르지 않으면 선생님께 혼날 것이다 Si mes notes ne s'améliorent pas le mois prochain, je me ferai disputer [me ferai engueuler {*fam*}] par mon professeur. ③ 인접한 곳 voisin(*e*), d'à côté. ¶ 우리집 ~ 집은 커다란 2층집이다. La maison voisine[d'à côté] est une grande maison à deux étages. ¶ 간수는 창문을 열고 ~ 감방으로 걸어갔다 Le gardien de prison a ouvert la fenêtre et s'est dirigé vers la cellule d'à côté. ④ 끝난 뒤 après *qc*, après+*inf*+*p.p.*, à la suite de *qc*. ¶ 동생은 한동안 운 ~에 곤히 잠들었다 Mon petit frère s'est profondément endormi après avoir longtemps pleuré. ⑤ 시간이 지난 뒤 et après [ensuite]. ¶ 이 ~에 et après [ensuite]; prochainement. ¶ 우리 ~에 언제 또 만날까? Quand nous rencontrerons-nous encore? / Quand est-ce que nous nous reverrons la prochaine fois? ¶ ~에 술이나 한 잔 합시다. La prochaine fois, buvons un coup ensemble. ¶ 그 ~에는 어떻게 할거야? Et après, qu'est ce que tu vas faire? ⑥ ((이유)) même. ¶ 일이 그렇게 돼 버린 ~에야 우린들 어쩔 수 있겠어? Dans cette situation, même nous, nous n'y pouvons rien / Puisqu'il en est ainsi, on n'y peut rien non plus. ⑦ ((서열)) après, celui qui vient après. ¶ 우리 집에서는 할머니 ~은 아버지가 아니고 어머니이다 Chez nous, après ma grand-mère, c'est ma mère et non mon père (qui prend les décisions). ⑧ ((바둑에서)) le prochain coup *m* ((au jeu de *go*)). ¶ ~ 수가 없다 Je n'ai plus de coup à jouer / J'ai perdu / Je m'avoue vaincu(*e*). ⑨ 뒤따르는 것 suivant(*e*), qui suit. ¶ ~과 같은 조건으로 sous la condition suivante. ¶ 그 분은 ~과 같이 대답했다. Il a répondu de la façon suivante. ¶ ~을 소리 나는 대로 써보자. Ecrivons ce qui suit comme cela [ça] se prononce! ¶ ~을 읽고 묻는 말에 답하시오! Lisez ci-dessous et répondez aux questions! ⑩ 뒤따르는 결과 ce qui va suivre. ¶ 그렇게 고집대로 하신다면 그 ~은 제가 책임질 수 없습니다 Si vous persistez dans cette direction [dans vos idées], je dégage ma responsabilité. ¶ 저는 ~까지도 생각해서 말씀드리고 있는 것입니다 Je vous dis ceci en pensant aux choses à venir[à ce qui va suivre].

다음가다 자 prendre la deuxième place, se trouver en seconde position, venir après ((le premier)); venir à la suite de *qc*, se placer après. ¶ 부산은 서울 다음가는 도시이다 Busan est la ville la plus importante après Séoul. ¶ 한국은 동아시아에서 일본 다음가는 경제 발전을 이룩했다 En Extrême-Orient, la Corée du Sud a réalisé un développement économique qui la place juste derrière le Japon. ¶ 이 옷감은 품질이 비단에 다음가는 좋은 것이다 La qualité de ce textile vient juste après (celle de) la soie

다음다음 관 dans deux ((stations, semaines)). ¶ ~ 날 le surlendemain. ¶ ~ 집 la deuxième maison à partir d'ici. ¶ ~ 해 dans deux ans. ¶ ~ 주[달] dans deux semaines [mois]. ¶ ~ 정거장[역] dans deux stations [deux stations après celle-ci]. ¶ ~ 차례 dans deux tours]. ¶ 이번에는 큰형 차례니까 다음은 누나 차례이고, ~이 네 차례다 Maintenant c'est le tour du grand frère, puis celui de la grande sœur et après ce sera ton tour. ¶ 우리 집 ~이 이모님 댁이다 La deuxième maison à partir de la nôtre est celle de ma tante. ¶ ~에 내리세요 Descendez dans deux stations[deux stations après]! ¶ ~ 일요일에 보자 On se voit le dimanche de la semaine prochaine / Voyons-nous dimanche en huit.

다음절어 多音節語 명 【언어】 mot *m* de plus de

deux syllabes.

다의 多義 [어근] polysémie *f.*

◆**_적** -的 [명][관] polysémique.

◆**_성** -性 [명] caractère *m* polysémique, polysémie *f.*

◆**_어** -語 [명] polysème *m*; mot *m* polysémique; mot *m* à plusieurs sens.

◆**_현상** -現象 [명] phénomène *m* polysémique.

다이내믹하다 [영]{dynamic-} [형] être dynamique, énergique. ¶ 리듬이 ~ Le rythme est dynamique. ¶ 그 분은 일을 추진하는 것이 ~ Il est très énergique dans son travail.

다이너마이트 [영]{dynamite} [명] dynamite *f.* ¶ ~를 터뜨리다 faire exploser de la dynamite. ¶ ~를 설치하다 poser de la dynamite.

다이렉트 [영]{direct} [명] directement. ¶ 그 문제는 사장님께 ~로 보고하겠네 J'exposerai ce problème directement [moi-même] au directeur.

다이빙 [영]{diving} [명] plongeon *m.* ¶ ~ 선수 un(*e*) plongeu*r*(*se*). ◇_(을) **하다** plonger, faire un plongeon, piquer une tête. ¶ 그 분은 정말 멋지게 ~을 한다 Il plonge vraiment bien [magnifiquement]. ¶ 차가 강물로 ~했다. La voiture a plongé dans la rivière.

◆**_대** -臺 [명] plongeoir *m.*

◆**스카이_** [영]{sky-} [명] plongeon *m* de haut vol, chute *f* libre.

다이아 [영] [명] ☞ 다이어몬드

다이어몬드 [영]{diamond} [명] diamant *m.* ¶ ~ 반지 une bague (en or) sertie [ornée] d'un diamant; un diamant *m.* ¶ ~ 공구 un instrument au bout duquel est sertie une pointe de diamant. ¶ ~ 게임 le(*s*) jeu(*x*) du diamant ((jeu de société où l'on déplace des pions sur un dessin en forme d'étoile)).

다이어트 [영]{diet} [명] diète *f*, régime *m* ((alimentaire, diététique)). ¶ ~ 식품[음료] un aliment [une boisson] diététique. ¶ 언니는 ~ 중이라 잘 안 먹는다. Ma grande sœur ne mange pas beaucoup parce qu'elle est au régime. ◇_(를) **하다** faire [suivre] un régime, faire une diète; être à la diète, être au régime. ¶ 한 권투선수는 3개월동안 ~를 해서 체중 조절에 성공했다. Un boxeur, ayant suivi un régime pendant trois mois, a réussi à contrôler son poids.

◆**_식** -食 [명] régime *m* ((alimentaire)); aliment *m* diététique. ¶ ~식만 한다고 해서 다 살이 빠지는 것은 아니다. Un régime ne garantit pas toujours une perte de poids visible / Même si on suit un régime alimentaire, on ne perd pas forcément de poids.

다이얼 [영]{dial} [명] ① ((라디오의)) bouton *m* (d'une radio). ¶ ~을 돌리다 tourner le bouton; chercher la fréquence. ¶ 어머니는 ~을 음악 방송에 맞추었다 Ma mère a réglé la fréquence sur une émission musicale. ② ((전화기의)) cadran *m* ((d'un téléphone)). ¶ 어디선가 전화기 ~ 소리가 들린다 On entend tourner le cadran d'appel d'un téléphone sans savoir d'où vient le son. ③ 기계류의 눈금판 cadran *m* ((d'un coffre-fort)). ¶ ~을 돌려 금고를 열다 ouvrir un coffre-fort en tournant le cadran des combinaisons.

다이오드 [영]{diode} [명] diode *f.* ¶ 발광 ~ une diode électroluminescente.

다이옥신 [영]{dioxin} [명] dioxine *f.*

다이제스트 [영]{digest} [명] version *f* raccourcie ((d'un roman)); sommaire *m*, résumé *m*, abrégé *m*, aperçu *m.* ¶ 그 소설을 ~로 읽었다. J'ai lu la version raccourcie de ce roman.

다작 多作 [명] ① ((작품)) productivité *f* ((d'un écrivain)). ¶ 그 분은 수십 편에 이르는 ~을 남겼다 Il a laissé plusieurs dizaines d'œuvres derrière lui. ¶ 그 분은 꽤 ~인 편이다 Il est assez productif. ② ((농산물, 물품)) abondante récolte *f*, productivité *f*, fécondité *f.* ¶ 농작물의 ~으로 수요와 공급에 차질을 빚었다 Une abondante récolte agricole a déséquilibré la balance de l'offre et de la demande. ◇_(을) **하다** être prolifique, fécond(*e*); produire abondamment. ¶ 그 작가는 불과 몇 년간 시를 ~하고는 곧 절필을 선언했다 Cet écrivain a déclaré ne plus écrire, après quelques années productives en poésie.

◆**_가** -家 [명] écrivain *m* prolifique. ¶ 그 분은 ~가이다 Il produit abondamment / Il est prolifique / Il écrit beaucoup.

-다잖니 ((contraction de -다 하지 않니)) ((suffixe flexionnel de terminaison phrastique interro-négative, introduisant un discours rapporté. Il s'ajoute après le radical de l'adjectif quelle que soit sa forme, et après le suffixe flexionnel préfinal honorifique -시/-으시. Si le radical verbal est déjà marqué par les suffixes flexionnels préfinaux temporels -았/-었 ou -겠, il s'ajoute après ces suffixes que ce soit le verbe ou l'adjectif. Utilisé entre les enfants, entre les amis intimes adultes, ou à l'adresse d'un interlocuteur inférieur, il exprime l'égalité ou l'infériorité. Tel quel il indique le présent)). ¶ 할아버지께서 너를 귀엽~ Grand-père ne t'a pas dit que tu es mignon(*ne*)? ¶ 네가 일을 제때에 끝냈~ N'as-tu pas dit que tu avais terminé à temps?

다잡다 [타] ① ((마음을)) se concentrer; prendre une résolution ferme; se ressaisir; ((일을 처리하다)) mener une affaire avec soin. ¶ 이럴 때일수록 마음을 다잡아야 한다 Plus la situation est grave [inquiétante], plus on doit être ferme [résolu, décidé, déterminé]. ② 단속하다 surveiller [contrôler] un travail; superviser des travaux. ¶ 부하 직원들을 다잡아서 일을 기한 내에 끝내야 한다 Il faut terminer le travail dans les délais en surveillant [contrôlant] les employés subalternes. ③ 따지다 dire catégoriquement, demander [interroger] avec insistance. ¶ 여기에는 뭐라고 딱 다잡아 말할 수 없는 무언가가 있다 Ici il y a quelque chose que l'on ne peut affirmer [dire] catégoriquement. ¶ 다잡아 물으니 비로소 그 사람이

있는 곳을 알려 주었다 Il a fallu que je l'interroge avec insistance pour qu'il me dise enfin où il se trouvait.

다장조 -長調 명 【음악】 do [ut] majeur *m*.

다재다능하다 多才多能- 형 être talentueux(*se*); être polyvalent(*e*). ¶ 다재다능한 사람 une personne talentueuse [polyvalente], quelqu'un de polyvalent. ¶ 그 분은 참 다재다능해서 우리 사무실의 보배이다 Cet homme aux[doué de] talents variés, c'est la perle de notre entreprise / Le talent de cette personne est un trésor pour notre bureau.

다정 多情 어근 ① 정 affection *f*, tendresse *f*; 감정 émotion *f*. ② 우정 amitié *f* intime; 교분 intimité *f*.

◆ **_하다[스럽다]** 형 être affectueux(*se*); être tendre; être intime, cordi*al*(*ale, aux*), amic*al*(*ale, aux*), proche; être chaleureux(*se*); avoir un cœur tendre. ¶ ~한 미소 un sourire plein d'affection, un sourire affectueux. ¶ 그 분은 매우 ~한 사람이다 C'est un homme très affectueux. ¶ 그 여자는 내게 ~한 미소를 지어 보였다 Elle m'a souri tendrement / Elle m'a fait un sourire affectueux. ¶ 두 사람이 매우 ~해 보인다. Ces deux personnes semblent très intimes. ¶ 그 분은 지금 ~한 위로[말 한 마디]가 필요하다 Il a besoin maintenant d'une parole de consolation[d'un mot tendre]. ¶ 그 분은 내게 ~하게 말했다 Il m'a parlé tendrement [affectueusement].

◆ **_다감하다** -多感- 형 être très affectueux(*se*) et sensible; être d'une grande sensibilité; être sentiment*al*(*ale, aux*). ¶ 그 분은 참 ~다감한 성격이다. C'est une personne d'une grande sensibilité [très affectueuse, très tendre]. ¶ 그 분은 누구에게나 ~다감하다 Cette personne est très gentille avec tout le monde.

◆ **_스레** 부 doucement, affectueusement. ¶ 연인들은 ~스레 팔짱을 끼고 다닌다 Les amoureux marchent affectueusement bras dessus bras dessous. ¶ 그 사람은 나의 손을 ~스레 잡아 주었다 Il m'a pris la main affectueusement.

◆ **_히** 부 affectueusement, tendrement; cordialement, amicalement, intimement. ¶ 두 사람이 ~히 손을 잡고 걸어간다. Tous les deux marchent en se tenant affectueusement par la main.

다조음악 多調音樂 명 【음악】 musique *f* polytonale.

다주택 多住宅 어근 plusieurs maisons *fpl*, plusieurs appartements *mpl*. ¶ ~ 보유자 un(*e*) propriétaire possédant plusieurs maisons [appartements].

다중[1] 多衆 명 foule *f*, beaucoup de personnes *fpl*, gens *mpl*, monde *m*. ¶ ~ 앞에 서서 연설하다 faire un discours devant beaucoup de monde [une foule].

다중[2] 多重 어근 multiple. ¶ 음성 ~ 방송 une émission réalisée en multiplex. ¶ ~ 번역 une traduction multilingue[en plusieurs langues].

◆ **_적** -的 명관 multiple; multiplex.

◆ **_성** -性 명 multiplicité *f*.

◆ **_목적어구문** 多重目的語構文 명 【언어】 construction *f* à objets multiples.

◆ **_주어구문** 多重主語構文 명 【언어】 construction *f* à sujets multiples.

-다지 ((contraction de -다고 하지)) ((suffixe flexionnel de terminaison phrastique semi-interrogative. Il s'ajoute après le radical de l'adjectif quelle que soit sa forme, et après les suffixes flexionnels préfinaux temporo-modaux -았/-었 ou -겠. Employé à l'adresse d'un ami intime ou d'un interlocuteur inférieur, il exprime l'intimité ou l'infériorité)). ¶ 너의 학교는 멀~? Ton école est loin, n'est-ce pas? ¶ 그들은 금강산 관광을 즐겼~ Ils se sont réjouis de leur tourisme dans les monts Geumgang.

다지다 타 ① 누르다 consolider, rendre *qc* ferme [solide]; fouler ((le sol)); affermir, raffermir ((le sol)). ¶ 땅[집터]을 ~ consolider les terrains à bâtir; fouler [raffermir] le sol pour y bâtir une maison. ② 확실히 하다 renforcer, consolider, fortifier, raffermir ((le courage de *qn*)), affermir ((ses positions, son autorité)); 독촉하다 insister à plusieurs reprises auprès de *qn* pour que +*subj*, presser *qn* de+*inf*. ¶ 기초를 튼튼히 ~ consolider la base. ¶ 결의[기반]를 ~ renforcer la résolution [la base]. ¶ 친분을 ~ raffermir les relations amicales. ③ 조리 hacher ((des oignons)). ¶ 고기를 ~ hacher de la viande. ¶ 마늘을 ~ hacher de l'ail.

-다지만 (('-다고 하지만'의 준말)) ((suffixe flexionnel introduisant un discours rapporté exprimant la concession. Il s'ajoute après le radical de l'adjectif quelle que soit sa forme, et après les suffixes flexionnels préfinaux temporo-modaux -았/-었 ou -겠)). ¶ 우리 점원이 정직하~ 절대적으로 믿을 수는 없습니다 Bien que l'on dise que notre employé de magasin est honnête, nous ne pouvons y croire de façon absolue. ¶ 그가 일등을 했~ 믿을 수가 없다 Il a beau dire qu'il a été premier (de sa classe), je n'arrive pas à le croire.

다짐 명 promesse *f* (solennelle); engagement *m* formel; ((donner *sa*)) parole *f*, insistance *f* auprès de *qn*. ¶ 그 때의 굳은 ~을 벌써 잊었느냐? As-tu déjà oublié la promesse que tu m'as faite? ◇_(을) 하다[두다] promettre (solennellement) *qc* à *qn* [à *qn* de+*inf*], jurer de faire *qc*, s'engager à faire *qc*, donner *sa* parole à *qn*; insister auprès de *qn*, demander *qc* avec insistance, demander avec insistance de+*inf*. ¶ 그 분과 나는 서로 비밀을 지키기로 ~했다 Lui et moi, nous nous sommes promis de garder le secret. ¶ 나는 그 분에게 비밀을 말하지 말 것을 단단히 ~해 두었다 Je lui ai demandé avec insistance de ne pas révéler le secret. ◇_(을) 받다 faire promettre *qc* à *qn*. ¶ 단단히 ~을 받다 faire promettre fermement *qc* à *qn*.

다짜고짜 부 brutalement, sans explication, tout de go, directement, d'entrée de jeu, sans préambule, à brûle-pourpoint, tout à trac, sans raison, sans rime ni raison, sans se poser de question, sans réfléchir. ¶ 경찰은 그를 보자마자 ~ 수갑을 채웠다 Aussitôt que les policiers le virent, ils lui passèrent les menottes brutalement [sans explication]. ¶ ~ 돈부터 내놓으라니 기가 막히다 Je suis sidéré(*e*) que tu me demandes de l'argent comme ça sans aucune explication / Tu ne manques pas de culot pour me demander de l'argent sans la moindre explication!

다짜고짜로 부 ☞ 다짜고짜

다채널 多- 영{-channel} 명 multicanal *m*.

다채롭다 多彩- 형 être divers(*e*), varié(*e*); être multicolore, coloré(*e*). ¶ 다채로운 행사를 마련하다 organiser des activités variées [diverses]. ¶ 이번 축제에는 다채로운 프로그램들이 준비되어 있다 Pour cette fête, on a un programme varié. ¶ 이 드레스는 무늬가 ~ Cette robe a des motifs très divers. ¶ 봄이 되면 여러 가지 꽃들이 다채롭게 피어난다 Au printemps toutes sortes de fleurs s'épanouissent. ¶ 소품들로 방을 다채롭게 장식하다[꾸미다] décorer [arranger] une pièce avec divers bibelots [accessoires, objets].

◆**다채로이** 부 avec variété [diversité]; diversement. ¶ 식단을 다채로이 꾸미다 composer un menu varié.

다처제 多妻制 명 polygamie *f*. ¶ 일부 ~ la polygamie [polygynie].

다층 多層 어근 plusieurs étages *mpl*.

◆**_적** -的 명관 ((à)) plusieurs étages.

◆**_탑** -塔 명 tour *f* de plusieurs étages.

다치다 재타 ① ((신체의 일부를)) se blesser ((grièvement, à la jambe, la jambe)), se faire mal; blesser *qn*, faire mal à *qn*; ((다른 사람이나 사물을)) faire du mal à *qn*; (s')abîmer, (*se*) casser, fêler. ¶ 이 아이는 넘어져서 무릎을[무릎이] 다쳤다 Cet enfant est tombé et s'est blessé au(*x*) genou(*x*) / Cet enfant s'est blessé au [le] genou en tombant. ¶ 그 사람은 교통사고로 크게 다쳤다 Il s'est grièvement blessé dans un accident de voiture [de la route]. ¶ 그 일을 하다가 다친 사람이 벌써 넷이다 Il y a déjà quatre personnes qui se sont blessées en faisant ce travail. ¶ 이 도자기는 절대 다치지 마라 Ne casse [N'abîme] surtout pas cette porcelaine. ¶ 납치범이 인질들을 다치지나 않을까 걱정이다 Je crains que les ravisseurs ne fassent du mal aux otages. ② ((자존심을)) blesser; être blessé(*e*) dans *son* amour-propre. ¶ 그 남자는 어려운 일이 있어도 자존심을 다칠까 봐 혼자만 고민한다 Même s'il a des difficultés, il se tourmente tout seul de peur d'être blessé dans son amour propre. ③ 피해를 입다 se faire mal, avoir des problèmes, le payer cher. ¶ 그 사건에 너무 깊이 관여하다가는 다칠 수도 있다 Si l'on se mêle trop de cette affaire, on pourrait avoir des problèmes.

다큐멘터리 영{documentary} 명 documentaire *m*. ¶ ~ 영화 un (film) documentaire. ¶ 역사에 관한 ~ un (film) documentaire historique.

다크호스 영{dark horse} 명 outsider *m*; inconnu *m*, participant *m* inattendu. ¶ 그가 이번 시합에서 두각을 드러낼 ~이다 Dans cette partie [ce match, cette rencontre], il fait figure d'outsider remarquable.

다투다 재타 ① 싸우다 se quereller (avec *qn*), se battre avec *qn*, se bagarrer (avec *qn*), combattre, se combattre, batailler, se disputer (avec *qn*), se chamailler {*fam*} (avec *qn*). ¶ 그 남자는 누나와 자주 다투어요 Il se dispute souvent avec sa sœur aînée. ¶ 아버지와 어머니는 동생의 대학 진학 문제로 크게 다투었다 Mon père et ma mère se sont disputés sérieusement à propos de l'entrée à l'université de mon petit frère. ¶ 그들은 부모의 유산을 놓고 서로 다투었다 Ils se sont querellés à propos de l'héritage de leurs parents. ② 경쟁하다 (*se*) disputer ((un prix, la victoire, la première place)), rivaliser pour ((la première place)), rivaliser ((de talent, d'adresse)) avec *qn*; être en concurrence avec *qn*. ¶ 왕권을 ~ se disputer (pour) le trône. ¶ 두 선수가 선두를 다투고 있다 Deux athlètes se disputent la première place. ¶ 그둘은 서로 일이등을 다투는 우등생들이다 Ce sont d'excellents [de brillants] élèves qui rivalisent pour la première place.

***앞을 다투다** se bousculer [se battre] pour passer devant [pour être au premier rang (d'un spectacle)]. ¶ 모두 앞을 다투어 그 광경을 보러 갔다 Ils se sont tous bousculés pour être au premier rang du spectacle.

***1분 1초[촌각]를 다투다** être (extrêmement) urgent(*e*), être d'une urgence extrême [d'une grande urgence], être pressant(*e*), être à la minute [à la seconde] près. ¶ 1분 1초[촌각]를 다투는 상황 une situation urgente pour laquelle une minute ou une seconde compte; une situation dans laquelle il n'y a pas une minute à perdre.

다툼 명 ① 싸움 dispute *f*, querelle *f*, accrochage *m*, algarade *f*, engueulade *f* {*pop*}, altercation *f* attrapade *f*, attrapage *m*; chamaillerie *f* {*fam*}. ② 분쟁, 경쟁 conflit *m*; rivalité *f*, concurrence *f*. ¶ 정당간의 세력 ~ la rivalité entre des partis politiques. ¶ 그 공연은 지정석이 없으므로 자리 ~이 심하다 Pour ce spectacle, il faut vraiment se battre pour avoir de bonnes places car elles ne sont pas numérotées / Pour ce spectacle, la concurrence pour les places est dure parce qu'elles ne sont pas numérotées. ¶ 동물들의 영역 ~은 생존 본능이다 La défense du territoire est un instinct de survie chez les animaux.

◆**앞_** 명 dispute *f* pour être en avant [le premier].

다트 영{dart} 명 fléchette *f*. ¶ ~ 놀이 jeu de fléchettes.

다품종 多品種 명 espèces *fpl* variées. ¶ ~ 소량 생산 la production en quantité limitée d'espèces différentes [variées]. ¶ 우리는 ~의 벼를 재배하고 있다 Nous cultivons différentes variétés de riz.

다하다[1] 재 ① 소모되다 s'épuiser, être épuisé(*e*), consommé(*e*); se vider, se tarir, venir à manquer, tirer à *sa* fin, mourir, s'évanouir. ② 끝나다 se terminer, s'achever, être fini(*e*). ¶ 힘[기력]이 ~ épuiser *ses* forces [*son* énergie]. ¶ 운이 ~ la chance s'épuise [s'évanouit, meurt]. ¶ 목숨이 다할 때까지 jusqu'à ce qu'il(elle) rende son dernier souffle.

다하다[2] 타 ① 다 들이다 épuiser, faire de *son* mieux, faire tout *son* possible [le maximum, tout ce qui est en *son* pouvoir], déployer [mobiliser] toute *son* énergie [tous *ses* efforts], utiliser [employer] tous les moyens possibles [en *son* pouvoir]; faire feu [flèche] de tout bois. ¶ 온갖 수단을 ~ employer tous les moyens (possibles); utiliser tous les moyens possibles [en *son* pouvoir]. ¶ 모든 노력을 ~ déployer tous *ses* efforts, faire de *son* mieux [le maximum, tout ce qui est en *son* pouvoir]. ¶ 자기의 본분을 ~ faire [remplir, accomplir] tout *son* devoir. ¶ 최선을 ~ faire de *son* mieux. ¶ 정성[열과 성]을 ~ faire avec le plus grand sérieux. ¶ 있는 힘을 다하여 de toutes *ses* forces [*sa* force]. ② 마치다 terminer, finir, achever, clore, conclure; accomplir, remplir ((*son* devoir)). ¶ 하루의 일을 ~ terminer le travail de la journée. ¶ 할 일을 다하고 놀아라 Va t'amuser lorsque tu auras terminé ton travail [ce que tu as à faire]. ¶ 너 숙제 다했니? As-tu fini *tes* devoirs? ¶ 이것으로 네 책임을 다했다고 생각하지 말아라 Ne crois pas que tu as assumé toutes tes responsabilités avec cela.

다항 多項 어근

◆**_분포** -分布 명 distribution *f* en polynôme.

◆**_식** -式 명 【수학】 polynôme *m*.

다행 多幸 명 bonne chance *f*, bonne fortune *f*. ¶ 그 여자는 아들이 살아난 것만도 ~으로 여겼다[생각했다]. Elle se considérait chanceuse que son fils soit vivant (malgré ses blessures).

◆**_스럽다** 형 être heureux(*se*), être chanceux(*se*); avoir de la chance. ¶ ~스러운 일 un événement heureux. ¶ 무엇을 ~스럽게 생각하다 penser que quelque chose est plutôt un événement heureux; voir le bon côté d'une chose; être heureux de *qc*;. ¶ ~스럽게도 그 분이 마침 거기 있었다. Heureusement il était là.

◆**_하다[이다]** 형 être heureux(*se*), c'est une chance que+*subj*. ¶ 그 분이 합격한 것은 ~한 일이다 C'est heureux qu'il ait été reçu à l'examen / Heureusement qu'il a été reçu à l'examen / C'est une chance qu'il ait été reçu à l'examen. ¶ 네가 무사해서 ~이다 C'est heureux que tu sois sain et sauf / Heureusement, tu es indemne[sain et sauf] / C'est une chance que tu sois indemne.

◆**_히** 부 heureusement. ¶ ~히도 내가 거기 있었다 Heureusement que j'étais là. ¶ ~히 나는 그 분을 만났다 J'ai eu la chance de le(*la*) rencontrer / Heureusement que je l'ai rencontré(*e*).

다혈질 多血質 명 tempérament *m* sanguin [explosif, impétueux, volcanique, fougueux]. ¶ 그는 ~이라 화를 잘 낸다 Etant de tempérament sanguin, il se met facilement en colère.

◆**_적** -的 명관 de tempérament sanguin [explosif, impétueux, volcanique, fougueux]. ¶ ~적인 사람 une personne de tempérament sanguin [explosif, impétueux, volcanique, fougueux].

다홍 -紅 명 rouge *m* vif.

◆**_빛** 명 couleur *f* [ton *m*] rouge vif.

◆**_색** -色 명 couleur *f* rouge vif.

다홍치마 -紅- 명 jupe *f* rouge vif. ¶ ~를 입다 porter une jupe rouge vif.

*__기왕[같은 값]이면__ ~ (pour ce prix-là,) autant choisir le meilleur [le plus beau].

닥나무 명 【식물】 mûrier *m* à papier, mûrier *m* de Chine; *Broussonetia papyrifera* {*nsc*} ¶ ~ 껍질로 종이를 만들다 faire du papier avec de l'écorce de mûrier ((à papier)).

닥닥 부 jusqu'à la dernière goutte, tout. ¶ 수프가 너무 맛있어서 냄비 밑바닥까지 ~ 긁어 마셨다 La soupe était tellement bonne que je l'ai avalée jusqu'à la dernière goutte / La soupe était si délicieuse que je n'ai rien laissé.

닥뜨리다 재타 ① 부딪치다 se heurter à [contre]; être placé(*e*) [se trouver] en face de; se trouver devant; rencontrer [être confronté(*e*) à] ((une difficulté)), faire face à *qc*/*qn*. ¶ 그 남자는 감당하기 어려운 일[현실, 운명]에 닥뜨렸다 Il a été confronté à une tâche difficile à résoudre [Il s'est trouvé face à une réalité difficile à assumer]. ¶ 모퉁이를 돌자 갑자기 산 하나가 내 앞에 닥뜨렸다 Au coin, une montagne est apparue soudainement. ② 다그치다 presser *qn* (de faire *qc*); bousculer *qn*, gronder, donner une leçon. ¶ 그 사람은 나쁜 친구들을 도맡아 닥뜨렸다 Il s'est occupé tout seul de donner des leçons à des voyous.

닥아가다 재 ☞ 다가가다

닥아오다 재 ☞ 다가오다

닥종이 명 papier *m* fait avec l'écorce de mûrier ((à papier)).

닥쳐오다 재 venir, arriver, survenir, se présenter (brutalement, brusquement, rapidement); approcher (à grands pas), être imminent(*e*), tout proche. ¶ 닥쳐오는 불안[추위] une inquiétude [un froid] qui survient brutalement. ¶ 곧 추위가 닥쳐올 텐데 보일러가 고장이 나서 큰일이다 Nous avons un gros problème car la chaudière vient de tomber en panne alors que le froid arrive à grands pas. ¶ 앞으로 닥쳐올 일들이 걱정이다 J'ai peur pour l'avenir / Je suis inquiet(*ète*) de ce qui risque de nous arriver.

닥치다[1] 재 approcher, s'approcher, venir, arriver, survenir, se présenter (brutalement, rapidement, brusquement); approcher (à grands pas), être imminent(*e*), tout proche, à deux doigts ((de la mort)). ¶ 시험이 코앞에 닥쳤다 L'examen est proche. ¶ 눈앞에 닥친 위험 un danger imminent. ¶ 그 사람에게 큰 불행이 닥칠 것만 같다 J'ai l'impression [le pressentiment, la prémonition] qu'un grand malheur va lui arriver.

*닥치는 대로 ce qui tombe sous la main; ((manger, lire)) tout ce qui se présente (sans triage, sans classement préalable); le tout-venant. ¶ 먹고 살기 위해서는 무슨 일이든 닥치는 대로 할 거야 Pour gagner ma vie, je suis prêt(*e*) à accepter tous les travaux qui se présenteront à moi [à accepter n'importe quel travail [quelle proposition de travail], à faire n'importe quoi].

닥치다[2] 타 ((입을)) fermer [taire] *sa* gueule {*fam*}; (la) fermer {*fam*}, la boucler {*fam*}; la mettre en veilleuse. ¶ (입) 닥쳐! (Ferme) ta gueule {*vulg*}! / La ferme! / Ferme-la! {*fam*} / Boucle(z)-la! {*fam*}. ¶ 입 좀 닥치지 못하겠니? Ne peux-tu pas la mettre en veilleuse {*fam*}!

닥터 영{doctor} 명 ① 의사 docteur *m*. ¶ 병원장이 ~ 박을 불렀다 Le directeur de l'hôpital a convoqué le Docteur Park. ② 박사 docteur [Dr] *m* ((ès Lettres, en Médecine)). ¶ ~ 학위 un diplôme de docteur, un doctorat.

닦다 타 ① 문지르다 essuyer, nettoyer (pour donner du lustre), astiquer ((le parquet, des meubles)), frotter ((des cuivres)), décaper, décrasser, dégraisser, (*se*) brosser ((les dents)), fourbir, polir ((une glace)), faire briller, récurer ((des casseroles, un évier)), cirer ((des souliers)), toiletter, s'éponger ((le front)); poncer ((du bois)); brunir ((de l'or)). ¶ 창문을 ~ nettoyer les fenêtres. ¶ 가구를 ~ astiquer des meubles; ((가구의 먼지를)) dépoussiérer des meubles. ¶ 안경을 깨끗이 ~ essuyer proprement *ses* lunettes ((avec un mouchoir)). ¶ 구두를 ~ cirer [nettoyer, brosser] des [*ses*] chaussures [souliers]. ¶ 이를 ~ se brosser [se laver] les dents. ¶ 수건으로 얼굴을 ~ essuyer *son* visage avec une serviette. ¶ 마루를 윤이 나게 ~ astiquer le plancher. ② 닦아내다 dépoussiérer ((des meubles)), épousseter, essuyer, éponger ((du vin renversé sur la table)). ¶ 유리창의 먼지를 ~ dépoussiérer les fenêtres. ¶ 눈물을 ~ essuyer *ses* larmes. ¶ 물기를 ~ enlever l'humidité; égoutter; essuyer ((la vaisselle avec un torchon)). ¶ 손등으로 이마의 땀을 ~ essuyer la sueur de *son* front du revers de la main; s'éponger le front du revers de la main. ¶ 이마를 ~ s'essuyer le front, s'éponger le front. ¶ 피를 ~ s'essuyer le sang, s'éponger le sang. ¶ 손을 ~ s'essuyer les mains. ③ ((길을)) construire, créer, ouvrir, percer, tracer, consolider, préparer; aplanir, niveler ((le sol, un terrain)); préparer la voie ((à une négociation)); jeter [établir] les bases ((d'une négociation)). ¶ 길을 ~ construire une route. ¶ 집터를 ~ préparer [niveler] un terrain pour y construire une maison; jeter les fondations d'une maison. ¶ 사업 기반을 ~ consolider [préparer] la base d'une affaire [d'une opération industrielle]. ¶ 민주 정치의 기초를 ~ jeter [établir] les bases d'une politique démocratique. ④ ((실력을)) perfectionner, améliorer, cultiver, accroître. ¶ 그 동안 갈고 닦은 실력을 유감없이 발휘해라 Déploie [Mets en valeur] sans hésiter toutes tes capacités [compétences] que tu as acquises jusqu'ici.

*도를 ~ perfectionner *sa* voie.

닦달 명 ① 나무람 gronderie *f*, réprimande *f*, reproche *m*, remontrances *fpl*. ② 닦음 polissage *m*, polissement *m*; lissage *m*, glaçage *m*; nettoyage *m*. ◇_(을) 하다 ① 누구를 나무라다 gronder *qn*, réprimander *qn*, faire [adresser] un reproche [une réprimande, des remontrances] à *qn*. ② 무엇을 닦다 polir *qc*, lisser *qc*, faire briller *qc*, faire reluire *qc*; nettoyer *qc*.

닦아대다 타 essuyer, nettoyer, astiquer, frotter, polir, cirer (à répétition, avec force).

닦아세우다 타 gronder *qn*, adresser des reproches [de sévères reproches] à *qn*, réprimander *qn*, admonester *qn*, sermonner *qn*, passer un savon à *qn* {*fam*}, engueuler {*fam*}, sonner les cloches à *qn*, tirer les oreilles à *qn* {*fam*}; ((호되게)) gronder *qn* vertement, reprendre vertement ((un subalterne)), adresser une verte semonce [réprimande] à *qn*, faire grief à *qn* ((d'avoir menti)). ¶ 상사[상급자]는 실수를 했다고 부하를 닦아세웠다 Le supérieur a sévèrement grondé [sévèrement réprimandé, repris vertement, réprimandé vertement, passé un (sacré) savon {*fam*} à] son subalterne pour la faute qu'il avait commise.

닦이다[1] 자 ① ((윤이 나도록)) être nettoyé(*e*), essuyé(*e*), frotté(*e*), astiqué(*e*), poli(*e*), poncé(*e*), bruni(*e*), ciré(*e*); ((길이)) être construit(*e*), fait(*e*). ¶ 네 구두가[신발이] 잘 닦였네! Tes chaussures sont bien cirées! ¶ 마루가 너무 잘 닦여서 얼굴이 비칠 지경이다 Le parquet a été tellement bien astiqué que l'on peut se voir dedans. ¶ 이 세제가[에] 때가 잘 닦인다 Cette lessive décrasse bien / Avec cette lessive, les taches partent bien. ¶ 잘 닦인 길 une route bien construite [faite]. ¶ 물기가 닦인 그릇 la vaisselle bien essuyée. ② 혼나다 être grondé(*e*), se faire passer un savon {*fam*}, se faire remonter les bretelles [tirer les oreilles, sonner les cloches] {*fam*}, se faire engueuler par *qn* {*fam*}.

닦이다[2] 타 닦게하다 faire nettoyer [frotter, astiquer, cirer] *qc* à *qn*. ¶ 부하에게 구두를 ~ faire cirer *ses* chaussures par un subalterne. ¶ 하인에게 마루를 ~ faire frotter [nettoyer] le plancher en bois par la bonne [la femme de ménage, le(la) domestique].

단[1] 명[분류] ((classificateur)) botte *f*, gerbe *f*, fagot *m*. ¶ 꽃 한 ~ une gerbe de fleurs. ¶ 짚 한 ~ une botte de paille. ¶ 채소 한 ~ une botte de légumes. ¶ ~을 짓다 mettre *qc* en botte[en gerbe]. ¶ ~으로 묶다 lier *qc* en botte[en gerbe]. ¶ 채소를 ~으로 팔다 vendre des légumes par botte. ¶ 시금치 한

~이 크다 La botte d'épinard est grande. ¶ 파 한 ~에 얼마지요? Combien coûte une botte de ciboule? ¶ 시금치 두 ~만 사 오너라 Achète-moi deux bottes d'épinards.

단² 段 명분류 ① ((신문, 잡지)) colonnes *f*. ¶ 삼 ~ 표제 un titre sur trois colonnes. ¶ ~을 나누다 diviser ((la page)) en colonnes. ¶ 그 사건은 여러 ~에 걸쳐 보도되었다 Cet événement a été relaté sur plusieurs colonnes. ② ((운동, 오락)) dan *m*; grade *m*, niveau *m*, rang *m*. ¶ 검도를 배운 지 겨우 석 달이라 ~을 따려면 멀었습니다. Cela fait à peine trois mois que j'apprends le *kendo*, je suis encore loin d'avoir un dan. ¶ 그 분은 태권도 3 ~이다. Il est troisième dan en *taekwondo*. ¶ 그 분의 바둑 실력은 몇 ~ 정도나 됩니까? Quel est son niveau au jeu de *go*? / Quel dan a-t-il au jeu de *go*? ③ ((계단)) marche *f*, degré *m*. ¶ 층층대의 ~ 수 le nombre de marches d'un escalier. ¶ 이 계단은 ~과 ~ 사이가 높아서 위험하다 Avec ses hautes marches, cet escalier est dangereux. ¶ 깜깜했기 때문에 층계를 한 ~ 한 ~ 조심스럽게 내려왔다 Comme il faisait noir, j'ai descendu prudemment l'escalier, une marche à la fois [une marche après l'autre, marche après marche].

단³ 壇 명 ① 연단 estrade *f*, tribune *f*; chaire *f*. ¶ ~ (위)에 서다 monter sur une estrade. ¶ ~에 오르다 monter à la tribune [en chaire]. ¶ 중앙에 ~을 마련하다 préparer une estrade au centre ((d'une salle)). ② 제단 autel *m*. ¶ ~을 쌓고 신께 제물을 바치다 dresser un autel et offrir une offrande[un sacrifice] à la divinité.

◆ **_상** -上 명 autel *m*. ¶ ~상에 오르다 monter à l'autel.

단⁴ 單 관 un(*e*); seul(*e*); unique. ¶ 나는 ~ 한 번도 그 분을 만난 적이 없다. Je ne l'ai jamais vu(*e*) / Je ne l'ai pas vu(*e*) une seule fois. ¶ ~ 한 번만이라도 그런 멋진 사랑을 해보았으면 좋겠다 J'aimerais tant vivre un amour merveilleux, ne serait-ce qu'une seule fois. ¶ 나는 지금 수중에 ~ 한 푼도 없다 Je n'ai pas un sou[un rond, une thune {*fam*}] sur moi [en poche] / Je suis complètement à sec. ¶ 이 아이는 그 부부의 ~ 하나뿐인 딸이다 Cette enfant est l'unique fille de ce couple. ¶ 내가 이해할 수 없는 ~ 한 가지[사람] la seule chose [personne] que je ne puisse comprendre. ¶ 우리는 ~ 두 명이서 영화를 보러 갔었다 Nous étions allés (voir un film) au cinéma, rien que tous les deux. ¶ ~ 하루라도 그 분과 함께 지낼 수 있다면 Si je pouvais passer un seul jour avec lui!

단⁵ 但 부 sauf, excepté, à l'exception de+N, excepté que+*ind*, en revanche, par contre, si seulement, cependant. ¶ 무엇을 해도 좋다. ~ 나를 방해하면 안 된다 Tu peux faire tout ce que tu veux sauf me déranger [mais pas me déranger, dans la mesure où tu ne me déranges pas]. ¶ 누구나 환영하지만, ~ 미성년자는 사절이다 Tous sont les bienvenus à l'exception des mineurs.

-단⁶ 團 접미 troupe *f* ((de théâtre)), groupe *m* ((de touristes)), bande *f* ((de gangsters)), mission *f* ((économique)). ¶ 관광~ un groupe de touristes. ¶ 갱~ une bande de brigands [de gangsters]. ¶ 소년~ un groupe de scouts. ¶ 조사~ une mission d'enquête. ¶ 한국선수~ une équipe de sportifs coréenne. ¶ 회장~ l'équipe d'un président avec ses collaborateurs.

단-⁷ 單 접두 un(*e*), seul(*e*), unique, simple. ¶ ~모음 une voyelle simple.

단-⁸ 短 접두 court. ¶ ~거리 ☞ 단거리.

단가¹ 單價 명 prix *m* unitaire [à l'unité], coût *m* unitaire. ¶ 생산 ~ le prix unitaire de production. ¶ 상품의 ~를 2 유로로 하다[정하다] décider [fixer] à 2 euros le prix unitaire de la marchandise. ¶ ~를 절감하다 réduire le prix [coût] unitaire. ¶ ~를 낮추다[높이다] baisser [hausser] le prix [coût] unitaire. ¶ 이 상품은 ~가 너무 높다[낮다] Cet article a un prix unitaire trop élevé [bas]. ¶ ~를 (1000원으로) 매기다 estimer à 1 000 wons le prix unitaire. ¶ 우리는 ~ 1000원에 제품을 공급하기로 했다 Nous avons décidé de fournir des produits à 1 000 wons la pièce.

단가² 團歌 명 hymne *m* d'une association [d'une société, d'un groupe]. ¶ ~를 부르다 chanter le chant de *son* association. ¶ ~를 제정하다 choisir le chant de *son* association.

단가³ 短歌 명 ① poème *m* chanté ((*sijo*)) ② *dan-ga m* <pièce courte chantée en introduction au Pansori(판소리)>. ¶ ~를 짓다 composer un poème chanté. ¶ ~를 부르다 chanter un *dan-ga*.

단간방 單間房 명 ☞ 단칸방

단감 명 kaki *m* doux; plaquemine *f* douce.

단거리 短距離 명 ① 짧은 거리 petite [courte] distance *f*. ¶ ~ 여행 un petit [court, bref] voyage. ② 달리기 course *f* de vitesse. ¶ ~ 경주 une compétition de course de vitesse, un sprint. ¶ ~ 선수 un(*e*) coureu*r*(*se*) de vitesse, sprinteu*r*(*se*). ¶ 그 여자는 ~에 강하다 Elle est forte en course de vitesse.

단걸음 單- 명 un pas *m*.

◆ **_에** 부 en un pas. ¶ 그 사람이 돌아왔다는 소식을 듣고 ~에 달려왔다 J'ai accouru en apprenant qu'il était rentré / J'ai accouru dès que j'ai eu vent de son retour.

단검 短劍 명 poignard *m*, dague *f*, couteau *m*, surin *m* {*arg*}. ¶ 등산용 ~ un stylet d'alpiniste. ¶ ~으로 찌르다 poignarder *qn*, donner un coup de poignard à *qn*, frapper *qn* d'un coup de poignard. ¶ ~을 던지다[꽂다] lancer[enfoncer] un poignard.

단견 短見 명 vue *f* superficielle; ((내 견해)) mon avis *m* ((façon de parler humblement de *sa* propre opinion)). ¶ 저의 ~으로는 à mon (humble) avis. ¶ 내 ~ 때문에 이런 손해를 보았다 J'ai subi ces pertes à cause de mon étroitesse d'esprit. ¶ 외람되지만 저의 ~을 말씀드리겠습니다 Je me permets de vous donner mon humble opinion.

단결 團結 명 union *f*, solidarité *f*. ¶ ~만이 우리의 살길이다 Seule la solidarité peut nous sauver. ¶ 굳은~로 적의 침략을 물리쳐야 한다 Il faut repousser l'invasion des ennemis en s'unissant[faisant bloc] (contre eux). ◇_(을) **하다** s'unir; former une union, faire bloc; se solidariser. ¶ 적을 이기기 위해서는 먼저 우리 모두가 ~해야 한다 Pour combattre les ennemis, nous devons d'abord nous unir. ¶ 공동 과제를 수행하면서 우리는 점차 ~하게 되었다 En réalisant un projet commun, nous nous sommes unis peu à peu. ◇_(이) **되다** être uni(*e*); arriver à s'unir. ¶ 우리의 ~된 힘을 세계에 보이자 Montrons au monde entier la force de notre solidarité. ¶ 저 정당은 도무지 ~이 되질 않는군! Ce parti-là est loin d'être uni! ◇_(을) **시키다** faire s'unir *qn* à *qn*, unir *qn*, solidariser *qn*. ¶ 그 사건은 국민들을 하나로 ~시켰다 Cet événement a fait s'unir [se réunir] le peuple.

◆**_권** -權 명 droit *m* syndical; droit *m* d'organisation. ¶ ~권은 헌법에 보장된 노동자의 권리이다 Le droit syndical est un droit reconnu par la Constitution pour les travailleurs.

◆**_력** -力 명 force *f* d'union; force *f* qui unit. ¶ 민족의 ~력을 온 세상에 과시하다 montrer au monde entier la force d'union d'un peuple. ¶ 그 분들은 자신들의 이익이 걸린 문제에 대해서는 놀라운 ~력을 보였다 Ils ont fait preuve d'une solidarité étonnante face aux problèmes touchant leurs intérêts personnels.

◆**_심** -心 명 esprit *m* de solidarité, esprit *m* de corps, esprit *m* coopératif. ¶ 우리의 공고한 ~심을 보여줍시다! Montrons la solidité de notre union [notre esprit de corps].

단계 段階 명 서열 degré *m*; 순서 étape *f*, stade *m*; 국면 phase *f*. ¶ 작업의 처음[중간, 마지막] ~ la première étape [l'étape intermédiaire, l'étape finale] d'un travail. ¶ 문명의 여러 ~ plusieurs étapes [stades] d'une civilisation. ¶ 준비[예비] ~ une étape préparatoire [préliminaire]. ¶ 바로 앞[다음] ~ l'étape précédente [suivante]. ¶ ~별로 par étape. ¶ 각 ~마다 pour chaque étape. ¶ 어떤 ~를 넘어서다 dépasser un certain stade. ¶ ~를 밟아서 일을 처리합시다! Réglons les affaires une étape à la fois [par étapes, sans brûler les étapes]. ¶ 여러 ~를 거쳐서 마침내 장관을 만날 수 있었다 Il m'a fallu de nombreuses démarches avant de voir enfin le ministre. ¶ 그 사람은 영어회화연습의 고급 ~를 밟고 있다 Il suit le niveau de conversation avancé en anglais. ¶ 그의 병세는 이미 치료 가능한 ~를 넘어섰다 Sa maladie a déjà dépassé la phase curable. ¶ 지금은 더 이상 머뭇거릴 ~가 아니다 On ne peut plus hésiter maintenant / On n'en est plus au stade d'hésiter maintenant. ¶ 정부의 이번 조치로 시민들의 분노는 폭발[진정] ~에 이르렀다. À cause des nouvelles mesures gouvernementales, les citoyens arrivent à un stade où ils manifestent [taisent] leur colère / La nouvelle mesure gouvernementale a fait exploser [apaisé] la colère des citoyens. ¶ 성사 ~에 이르러 협상의 장애물이 나타났다. Un obstacle est survenu au moment de la conclusion des négociations. ¶ 혁명은 새로운 ~에 들어갔다 La révolution est entrée dans une nouvelle phase. ¶ 그 일은 이제 시작[진행, 마무리] ~에 있다 Cette affaire est à l'étape initiale [intermédiaire, finale]. ¶ 어느 정도의 ~가 되면 대부분의 학습자는 스스로 깨우친다 La plupart des apprenants comprennent par eux-mêmes (quand ils arrivent) à un certain stade. ¶ 아직 뭐라고 단정할 ~는 아니다 On n'est pas encore arrivé(*e*)(*s*) au stade où l'on peut affirmer quelque chose.

◆**_적** -的 명관 par étapes, par paliers, par degrés. ¶ ~적 학습 un apprentissage progressif. ¶ 무슨 일이든 ~적으로 개선해야 한다 Quelle que soit l'affaire, il faut toujours progresser [évoluer] par étapes. ¶ ~적으로 일을 하다 travailler par étapes.

단골 명 ① 고객 client(*e*) régulier(*ère*) [habituel(*le*), fidèle], bon(*ne*) client(*e*); un(*e*) habitué(*e*) (de la maison); 집합적 clientèle *f* (régulière). ¶ ~ 술집 un bar [un bistro {*fam*}, un troquet {*fam*}] où l'on va régulièrement, un bar [un bistro {*fam*}, un troquet {*fam*}] habituel [familier]. ¶ ~ 요릿집 un restaurant où l'on va régulièrement [que l'on fréquente], un restaurant habituel. ¶ 내가 먹는 ~ 메뉴 le menu que je prends habituellement [à chaque fois]. ¶ 내 ~ 술집[내가 ~로 다니는 술집] le bar où je vais régulièrement [que je fréquente]. ¶ ~을 끌려고 노력하다 faire des efforts pour gagner une clientèle. ¶ ~이 많다 avoir une grosse clientèle. ¶ ~을 잃다 perdre un client [*sa* clientèle]. ¶ ...를 ~로 삼다 avoir *qn* comme client(*e*) habituel(*le*). ¶ 그 분은 이 가게의 ~ (손님)이다. C'est un client régulier de ce magasin / Cette personne est un client habituel de ce magasin. ¶ ~을 많이 만들어야 돈을 번다. Il faut se faire une clientèle pour gagner de l'argent. ¶ 자칫하다가는 새로 생긴 가게에 ~을 다 뺏길 수도 있다. Le nouveau magasin qui vient d'ouvrir risque de nous voler toute notre clientèle / Il est fort probable qu'on se fasse voler toute notre clientèle par le nouveau magasin qui vient d'ouvrir. ② 무당 chaman(*e*). ¶ ~과 손님 un(*e*) chaman(*e*) et son(*sa*) client(*e*).

*~(로) **삼다** faire [utiliser, prendre] *qc* habituellement. ¶ 그것은 그 분이 급할 때마다 ~삼아[~로] 써먹는 이야기이다. C'est un prétexte qu'il utilise chaque fois qu'il en a besoin.

◆**_손님** 명 client(*e*) fidèle [régulier(*ère*), habituel(*le*)]; un(*e*) habitué(*e*) (de la maison).

◆**_집** 명 magasin *m* où l'on va habituellement [qu'on fréquente].

단과 單科 어근 une matière *f*. ¶ ~ 학원 un institut (privé) où les élèves s'inscrivent pour une seule matière.

◆_대학 -大學 명 faculté *f*. ¶ 공과~대학 un Institut universitaire de technologie, ((생략)) un I.U.T.

단교 斷交 명 rupture *f* des relations diplomatiques; rupture *f* ((entre amis)). ¶ 사소한 이해관계가 두 나라를 외교적 ~까지 가도록 했다 Un conflit d'intérêts sans importance a conduit les deux pays à la rupture de [à rompre] leurs relations diplomatiques. ¶ 상대국과의 ~로 무역상들은 큰 곤란을 겪게 되었다 Les exportateurs et les importateurs ont connu de grosses difficultés à cause de la rupture des relations diplomatiques avec le pays partenaire. ¶ 대통령은 상대국과의 ~를 선언했다 Le président de la République a déclaré la rupture des relations diplomatiques avec l'autre pays. ¶ 그 여자는 그동안 친구로 사귀던 사람에게 ~ 편지를 보냈다 Elle a écrit une lettre de rupture à l'ami qu'elle fréquentait. ◇_(를) **하다** rompre les relations diplomatiques; rompre avec *qn*/*qc*. ¶ 어느 나라와 ~하다 rompre les relations diplomatiques avec un pays. ◇_(가) **되다** ((les relations diplomatiques)) être rompu(*e*). ¶ 두 나라 사이는 ~가 되었다 Les deux pays ont rompu leurs relations diplomatiques.

단구[1] 短軀 명 petite stature *f*, taille *f*. ¶ 오 척 ~의 남자[작은 키] Un homme de petite taille, un homme haut de 5 *cheok*.

단구[2] 段丘 명 【지리】 terrasse *f*.

단군 檀君 명 【신화】 Dangun <fondateur mythique de Gojoseon (고조선)>. ¶ ~의 자손 les descendants de Dangun.

◆_신화 -神話 명 le mythe *m* de Dangun ((Selon cette belle histoire mythique, la Corée aurait été fondée en 2333 avant J.C. (voilà près de 5000 ans) par Dangun, fils du dieu Hwanung et d'un ours transformé en femme)).

◆_왕검 -王儉 명 Dangun Wanggeom ((fondateur mythique de la Corée, 2333 avant J.C.)).

◆_조선 -朝鮮 명 Gojoseon(고조선) fondé par Dangun <Corée de l'Antiquité>.

단궤 單軌 어근 monorail *m*. ¶ ~ 열차[철도] un train monorail [un monorail].

단근질 명 torture *f* au fer rouge. ◇_(을) **하다** torturer *qn* au fer rouge.

단기[1] 單騎 명 chevalier *m* solitaire; cavalier *m* seul. ¶ ~(필마)로 적진에 쳐들어가다 se lancer tout seul dans le camp ennemi; se lancer à cheval seul dans le camp ennemi.

단기[2] 短期 명 courte durée *f*, court terme *m*. ¶ ~의 de courte durée [période], à court terme. ¶ ~ 대책[처방, 효과] une mesure [un remède, un effet] à court terme. ¶ ~ 실습 un stage [un stage pratique] de courte durée. ¶ ~ 강습[학습] les cours [l'apprentissage] de courte durée. ¶ ~ 거래 une opération commerciale à court terme. ¶ ~ 공채 un emprunt public à court terme. ¶ ~ 금리 un taux d'intérêt à court terme [pour une courte période]. ¶ ~ 금융 une activité financière à court terme; un crédit à court terme. ¶ ~ 기억 la mémoire à court terme. ¶ ~ 신탁 le dépôt à court terme. ¶ ~ 어음 l'effet [la traite] à courte échéance [à court terme]. ¶ ~ 자금[사채, 채권] des fonds [des emprunts privés, une obligation] à courte échéance [à court terme]. ¶ ~ 융자 un prêt à court terme. ¶ ~ 지급 une allocation à court terme. ¶ ~ 체류 un séjour de courte durée, un bref séjour.

◆_성 -性 명 courte durée *f* [période *f*]; court terme *m*. ¶ ~성 부채 une dette à court terme.

◆_적 -的 명관 ((de)) courte durée, ((de)) courte période, ((à)) court terme, ((à)) courte échéance. ¶ ~적 처방을 내놓다 proposer un remède à court terme. ¶ ~적으로는 경제가 좋지 않을 것이다 L'économie n'ira pas bien pendant une courte période.

◆_전 -戰 명 match *m* [compétition *f*] de courte durée. ¶ 이 팀은 ~전에 강하다 Cette équipe est forte en match de courte durée.

단기[3] 團旗 명 bannière *f* ((d'une association)). ¶ 한국 선수단은 ~를 앞세우고 귀국했다 L'équipe coréenne [de Corée] est rentrée au pays en tenant en tête sa bannière. ¶ ~를 휘날리다[높이 들다] laisser flotter au vent [porter haut] la bannière.

단기[4] 檀紀 명 *dangi m* <ère de Dangun qui commence en 2333 av. J-C>.

단기간 短期間 명 courte durée *f* [courte période *f*], ((en)) peu de temps *m*. ¶ ~ 내에 en peu de temps. ¶ ~의 체류 un séjour de courte durée. ¶ 많은 일을 ~에 해내다 faire beaucoup de choses en peu de temps [en une courte période]. ¶ 그 분은 ~에 많은 돈을 벌었다. Il a gagné beaucoup d'argent en peu de temps. ¶ 남은 문제들을 ~에 해결해야 한다. Il faut régler rapidement les problèmes non résolus.

단김에 부 d'un coup; sur-le-champ, immédiatement; sans hésiter. ¶ 저녁에 할 일까지 ~ 해 버렸다[치웠다] J'ai terminé d'un coup tout le travail, même celui prévu pour ce soir.

***쇠뿔도 ~ 빼랬다** ☞ 쇠뿔

단꿈 명 ① sommeil *m* paisible. ¶ ~을 꾸며 자다 dormir d'un doux sommeil [paisiblement, du sommeil du juste, à poings fermés, comme un loir, comme une marmotte]. ¶ 우리 아기 ~ 꾸며 잘도 잔다 Mon bébé dort bien d'un sommeil paisible. ② 달콤한 희망 douce rêverie *f*; douce illusion *f*. ¶ 그 부부는 신혼의 ~에 젖어 있다 Ce sont de jeunes mariés, ils sont encore plein d'illusions / Ils n'en sont qu'au début de leur mariage, alors ils voient tout en rose. ¶ 그 분은 요즘 신혼의 ~에 젖어 있다. Il est en ce moment dans la douce rêverie de la lune de miel. ¶ 그 분은 신혼의 ~에서 채 깨기도 전에 아내를 잃었다 Il venait à peine de se marier quand il a perdu sa femme / Ils étaient encore dans les premiers feux de l'amour conjugal quand elle est disparue / Sa femme est morte quelques temps à peine après leur lune de miel.

단내 명 ① 눋는 냄새 odeur *f* de brûlé. ¶ 부엌에서 ~가 난다 Ça sent le brûlé dans la cuisine. ② 입에서 나는 냄새 mauvaise haleine *f*. ¶ 너무 피곤해서 입에서 ~가 날 정도다 Je suis tellement fatigué(*e*) que je peux sentir ma mauvaise haleine.

단념 斷念 명 renonciation *f*, abandon *m*, renoncement *m* {*litt*}. ¶ 그는 아직도 ~을 못하고 그 여자에게 미련을 두고 있다 Il n'arrive pas encore à renoncer à elle, il la regrette toujours. ◇_(을) **하다** renoncer à *qn/qc*, abandonner *qn/qc*; laisser tomber *qn/qc*. ¶ 돈이 부족해서 도중에 여행을 ~했다 Faute d'argent, j'ai renoncé au voyage en cours de route. ¶ 그 계획은 예기치 못한 돌발 사태로 인해 중도에 ~해야만 했다 On a dû renoncer à ce projet à mi-chemin à cause d'un incident imprévu. ¶ 그 분을 다시 만나리란 생각은 ~한 지 오래다 Cela fait longtemps que j'ai renoncé à le(*la*) revoir. ◇_(을) **시키다** convaincre *qn* de renoncer à *qc*; faire abandonner *qc* à *qn*. ¶ 나는 그 분의 건강을 위해서 그 분에게 여행을 ~시켰다 Je l'ai convaincu(*e*) de renoncer au voyage (pour sa santé).

-단다[1] 어미 ((suffixe flexionnel de terminaison phrastique exclamative. Il s'ajoute après le radical de l'adjectif quelle que soit sa forme, et après les suffixes flexionnels préfinaux temporo-modaux -았/-었 ou -겠. Employé à l'adresse d'un ami intime ou d'un interlocuteur inférieur, il exprime l'intimité ou l'infériorité)). ¶ 나는 네가 제일 부럽~ C'est toi que j'envie le plus, dis (donc). ¶ 우리집은 한때 엄청난 부자였~ Tu sais, il fut un temps où notre famille était extrêmement riche. ¶ 그 청년이 갑자기 죽었~ Ce jeune homme est mort soudainement.

-단다[2] ((contraction de -다고 한다)) ((suffixe flexionnel de terminaison phrastique déclarative. Il s'ajoute après le radical de l'adjectif quelle que soit sa forme, et après les suffixes flexionnels préfinaux temporo-modaux -았/-었 ou -겠. Employé à l'adresse d'un ami intime ou d'un interlocuteur inférieur, il exprime l'intimité ou l'infériorité)). ¶ 민수는 네가 제일 부럽~ Minsu a dit qu'il t'envie le plus. ¶ 할머니께서 그러시는데, 우리집은 한때 엄청난 부자였~ D'après le dire de grand-mère, notre famille était extrêmement riche. ¶ 그 청년이 갑자기 죽었~ Ce jeune homme est mort soudainement.

단단하다 형 ① être solide, dur(*e*), ferme. ¶ 단단한 지면[바위] un sol [un rocher] ferme [dur]. ¶ 단단한 목재 un bois dur. ¶ 이 고기는 너무 ~ Cette viande est trop dure / Cette viande, c'est de la semelle {*fam*}. ② 튼튼하다 être robuste, fort(*e*), costaud(*e*); être solide; être ferme, être résolu(*e*). ¶ 단단한 체구 un corps robuste. ¶ 그 분은 단단한 사람이라 병원에 가는 일이 거의 없다 Comme il est robuste [costaud], il voit rarement le médecin [il va rarement à l'hôpital]. ¶ 그 분은 운동을 많이 해서 몸이 ~ Comme il fait beaucoup de sport, il a un corps solide. ¶ 그 분은 단단한 기반을 갖춘 사업가이다 C'est un homme d'affaires qui a les reins solides. ¶ 그 분의 불어는 기초가 ~ Il a des bases solides en français. ¶ 그 분은 의지도 강하고 보기보다 단단한 사람이다. C'est un homme d'une grande volonté et qui est plus résolu qu'il ne paraît. ¶ 배추가 속이 차서 ~ Ce chou est bien ferme. ③ ((매듭, 마개 따위가)) être bien serré(*e*). ¶ 매듭이 단단해서 풀기가 쉽지 않다 Le nœud étant bien serré, il n'est pas facile de le dénouer.

단단히 부 ① solidement, fortement, fermement, complètement. ¶ 그 여자는 빼앗기지 않으려고 가방[핸드백]을 ~ 움켜쥐었다 Elle tenait fermement son sac (à main) pour qu'on ne puisse pas le lui arracher [prendre, voler]. ¶ 나사를 ~ 조이다 serrer une vis solidement [à fond]. ¶ 땅[지반]을 ~ 다지다 consolider un sol [un terrain] fermement. ¶ 빵이 ~ 굳어버렸다 Le pain [La viennoiserie] s'est durci(*e*) complètement / Le pain [La viennoiserie] est dur(*e*) comme du bois. ¶ 소포를 ~ 묶다 ficeler solidement un paquet. ¶ 신발끈을 ~ 고쳐 매다 nouer solidement des lacets. ¶ 어찌나 ~ 묶었는지 포장을 풀 수가 없군요 À quel point ce nœud a-t-il été serré pour qu'on ne puisse défaire le paquet! / Le paquet est si solidement ficelé que je n'arrive pas à le défaire [à l'ouvrir]. ¶ 얼음이 ~ 얼었다 Il a fortement gelé / Il a gelé à pierre fendre. ② ((생각, 의지)) résolument, fermement. ¶ 각오를 ~ 하다 prendre une ferme résolution, se décider fermement. ¶ 그 남자는 아내와 헤어지기로 ~ 결심했다[마음먹었다] Il s'est résolu fermement à quitter sa femme. ¶ 무슨 일이 있을지 모르니까 마음 ~ 먹어요 Comme l'issue [l'évolution] est incertaine [Comme on ignore ce qui arrivera], prépare-toi au pire. ¶ ~ 결심을 하다 se décider fermement. ¶ 나는 떠나기로 ~ 마음을 먹었다 Je me suis décidé(*e*) à partir. ¶ 그는 다시 돌아오겠다고 ~ 약속했다 Il a fermement promis de revenir. ③ 야무지게 fermement, bien. ¶ 길목을 ~ 지켜라! Garde bien le passage! ¶ 약속 시간을 지키라고 ~ 일러 두어라! Dis-lui clairement de respecter l'heure du rendez-vous! ¶ 사업[학문]의 기초를 ~ 다지다 consolider fermement les bases de *son* entreprise [du savoir, des connaissances]. ¶ 외출 전에 문단속을 ~ 하다 bien fermer la porte avant de sortir, s'assurer que la porte est bien fermée avant de sortir. ④ 매우 très; vraiment. ¶ 그 사람은 지난번 일로 화가 ~ 난 모양이다 Il a l'air d'être très en colère à cause des derniers événements. ¶ 그 사람은 증권으로 ~ 재미를 보았다 Il a tiré un profit très intéressant de la vente de ses actions. ¶ 그 사람은 젊어서 방탕한 생활을 한 대가를 ~ 치르고 있어요 Il est en train de payer très cher la vie de débauche de sa jeunesse. ¶ 미쳐도 ~ 미쳤군 Il est vraiment fou. ¶ 감기가 걸려도 ~ 걸렸다 Je suis grippé(*e*), mais vraiment. ⑤ 굳세게

solidement. ¶ 몸을 ~ 해두지 않으면 다음 경기에 출전할 수 없다 Si tu ne renforces pas tes capacités physiques, tu ne pourras pas participer à la prochaine compétition.

단답형 短答型 명 ((question)) à réponse *f* brève. ¶ ~ 문제 une question à réponse brève. ¶ ~ 출제 rédaction de questions à réponse brève. ¶ 나는 질문에 대해 ~으로만 대답했다 À toutes les questions, j'ai répondu brièvement.

단도 短刀 명 poignard *m*, dague *f*, couteau(*x*) *m*, surin *m* {*arg*}. ¶ ~로 찌르다 frapper *qn* d'un coup de poignard, poignarder *qn*, donner un coup de poignard à *qn*. ¶ ~를 몸에 지니다[품다] porter [avoir] un poignard sur *soi*.

단도직입적 單刀直入的 명 direct(*e*); sans détour. ¶ 그 분의 질문은 ~이었다. Sa question était directe [sans détour].

◆ **_으로** 부 sans détour, franchement, sans ambages. ¶ ~으로 말하다 parler directement [sans ambages, franchement].

단독 單獨 명 ① 혼자; 단 한사람 une seule personne *f*. ② 단 하나 une seule chose *f*; un seul objet *m*. ¶ ~ 기자회견[면담] une conférence de presse exclusive [un entretien exclusif]. ¶ ~ 상속 une succession à un héritier unique. ¶ ~ 행위 un acte accompli seul, une action individuelle; ((법률)) un acte juridique unilatéral. ¶ ~ 범행 un crime sans complice, un crime solitaire. ¶ ~ 내각 Cabinet formé par un seul parti. ¶ ~ 회담 dialogue dans l'intimité.

◆ **_으로** 부 ((혼자서)) tout(*e*) seul(*e*); ((독립적으로)) indépendamment; ((개별적으로)) individuellement, séparément. ¶ 여당 ~으로 내각을 구성하다 former un cabinet seulement avec des membres du parti au pouvoir. ¶ 그 분이 ~으로 한 일이라고는 생각되지 않는다 Je ne pense pas qu'il ait fait ça tout seul. ¶ ~으로 일을 처리하다 régler une affaire tout seul.

◆ **_적** -的 명관 seul(*e*), unique. ¶ 그 사람은 항상 ~적으로 결정한다 Il décide toujours tout seul. ¶ ~적인 행위 un acte commis par une seule personne. ¶ ~적 출마 une candidature unique.

◆ **_범** -犯 명 délinquant(*e*) solitaire, criminel(*le*) solitaire.

◆ **_정부** -政府 명 gouvernement *m* régionaliste [ne représentant qu'une région particulière du pays]. ¶ ~정부를 세우다 former un gouvernement régionaliste.

◆ **_주택** -住宅 maison *f* individuelle. .

단돈 관 petite somme *f* (d'argent). ¶ ~ 몇 푼에 양심을 팔다니 Comment peut-on agir contre sa conscience pour une petite somme d'argent? ¶ ~ 얼마라도 빌려 주면 좋겠네 Je vous serais reconnaissant(*e*) si vous pouviez me prêter de l'argent, même une petite somme! ¶ 지금 나는 ~ 천 원이 아쉽다 Maintenant, même 1 000 wons comptent beaucoup pour moi. ¶ 지금 내게는 ~ 천 원도 없다 Il ne me reste même pas 1 000 wons.

단두대 斷頭臺 명 guillotine *f*, échafaud *m*. ¶ ~에 오르다 aller à la guillotine, monter à l'échafaud. ¶ 당통은 결국 ~의 이슬로 사라졌다. Danton a finalement péri sous la guillotine.

단둘 單- 명 nous deux; tous(toutes) les deux; rien que toi et moi, rien que tous les deux, ((en)) tête-à-tête *m*; 단둘이서 seul à seul, en particulier. ¶ 그들은 ~이 단출하게 여행을 떠났다 Ils sont partis en voyage [partis faire un voyage] rien que tous les deux [rien qu'à deux]. ¶ 우리는 혈육이라고는 ~뿐이다 Il ne reste que nous deux dans la famille. ¶ ~만의 오붓한 시간 un moment agréable rien que tous les deux, un moment agréable en tête-à-tête.

단락 段落 명 paragraphe *m*; conclusion *f*, solution *f*, règlement *m* ((d'une affaire)). ¶ ~을 짓다[나누다] diviser ((un chapitre)) en paragraphes; 비유적 conclure une affaire, trancher une affaire. ¶ 이 글은 세 ~으로 나뉜다 Ce texte se divise en trois paragraphes. ¶ 여기서 새 ~이 시작한다 Le nouveau paragraphe commence ici.

◆**일_** —명 fin *f* d'une partie d'un travail. ¶ 이쯤에서 일~ 짓도록 합시다 Restons-en là pour le moment.

단란 團欒 어근 parfaite harmonie *f*, entente *f* parfaite, climat *m* de concorde, cercle *m* heureux.

◆ **_하다** 형 être en parfaite harmonie, jouir ensemble de *qc*. ¶ 그 사람은 결혼하여 ~한 가정을 이루었다 Il s'est marié et a fondé une famille heureuse. ¶ 그 사람은 가족들과 ~한 시간을 보내고 있다 Il passe des moments euphoriques en famille. ¶ 그 집은 집안 분위기가 ~하다 Cette famille vit en parfaite harmonie.

◆ **_히** 부 harmonieusement; dans un climat de concorde et d'entente. ¶ 그 집과 우리 집은 가족처럼 ~히 지내는 사이이다 Notre famille et la leur vivons en parfaite harmonie.

◆ **_주점** -酒店 명 *danlan-jujeom m* <salon de divertissement souvent avec salons privés offrant du karaoké et de l'alcool>.

단련 鍛鍊 명 ((금속의)) forgeage *m*; ((심신의)) entraînement *m*, exercice *m*, discipline *f*. ¶ 청소년 시절의 신체 ~은 평생의 건강을 위해 중요하다 entretenir sa condition physique pendant l'adolescence est très important pour rester en bonne santé toute sa vie. ◇_(을) **하다** ((금속을)) forger, battre; ((심신을)) exercer, fortifier, discipliner. ¶ 심신을 ~하다 exercer [fortifier] *son* corps et *son* esprit. ◇_(이) **되다** ((익숙해지다)) être habitué(*e*); ((심신이)) être fortifié(*e*), être exercé(*e*); ((금속이)) être forgé(*e*). ¶ 가난에 ~되어서 그는 이 정도 어려움에는 끄떡없다 Habitué à la pauvreté, il est impassible face à cette difficulté. ¶ 그 사람은 부모님의 꾸중에는 ~이 되어서 들은 척도 안 한다 Habitué à être réprimandé par ses parents, il ne prend même plus la peine de faire semblant de les écouter. ◇_(을) **시키다** entraîner *qn*. ¶ 추위에 견디도록 생도들을 ~시키다 entraîner les élèves à supporter le froid. ¶ 자식들이 어려운 일이 닥쳐도 스스로 헤쳐 나갈 수 있도록 ~시키는 것이 부모의 임무다 C'est le devoir des parents d'éduquer leurs enfants de façon à ce qu'ils puissent surmonter toutes les difficultés qu'ils rencontreront au cours de leur vie.

단리 單利 명 【경제】 intérêt *m* simple. ¶ ~로 계산하다 calculer à intérêt simple.

단막극 單幕劇 명 pièce *f* de théâtre en un seul acte.

단말기 端末機 명 terminal *m*. ¶ 컴퓨터 ~가 고장이 나서 업무를 볼 수 없다 On ne peut pas continuer les travaux parce que le terminal de l'ordinateur est tombé en panne. ¶ ~ 상에는 아무런 이상이 발견되지 않았다 Aucune panne n'a été décelée au niveau des terminaux.

단말마 斷末摩 명 agonie *f*, affres *fpl* de la mort; moment *m* de la mort, dernière heure *f*, heure *f* suprême. ¶ ~의 고통 les affres de la mort. ¶ ~의 외침 le dernier cri.

단말장치 端末裝置 명 termin*al*(*aux*) *m*. ¶ 컴퓨터의 ~ un terminal d'ordinateur.

단맛 명 goût *m* sucré; saveur *f* douce; douceur *f*. ¶ ~이 있다 avoir une saveur douce. ¶ ~이 나다 avoir un goût sucré. ¶ ~이 들다 devenir sucré(*e*). ¶ ~이 모자라다 ne pas être assez sucré(*e*). ¶ 음식에 ~을 내다 donner [apporter] une saveur douce [sucrée] à un plat. ¶ 사랑의 ~을 경험하다 expérimenter les plaisirs de l'amour. ¶ 인생의 쓴맛 ~을 다 맛본 사람 une personne qui a connu tous les plaisirs et les peines de la vie, une personne qui a tout connu dans la vie : le meilleur comme le pire [les bons comme les mauvais moments, les expériences pénibles comme les moments heureux].

단면 斷面 명 ① 잘린 면 section *f*, coupe *f* ((d'un moteur)); profil *m* ((d'un bâtiment)). ¶ 구의 ~la coupe d'une sphère. ¶ 원통의 수직 ~ la coupe verticale d'un cylindre. ¶ 지층의 ~ la section d'une couche terrestre. ¶ 이 ~에는 나이테가 분명하다 Cette coupe manifeste les différentes strates annuelles ((du tronc d'un arbre)). ② 일면 aspect *m*; facette *f*, face, côté *m*, angle *m*. ¶ 인생의 한 ~ une tranche de vie. ¶ 사회의 ~을 그린 영화 un film évoquant une facette de la société. ¶ 일의 한 ~만을 보고 판단하지 마라 Ne juge pas les choses sur un seul aspect [sous un seul angle] / Il ne faut pas juger en ne considérant qu'un aspect [qu'un point de vue] d'une question / Il ne faut pas juger les choses sous un seul angle.

◆_**적** -的 명관 fragmentaire. ¶ 사람의 행동을 ~적으로만 보아서는 안 된다 On ne peut pas considérer un seul aspect d'une personne / Il ne faut pas juger quelqu'un sur un seul critère / Pour juger quelqu'un, il faut considérer tous les aspects [il ne faut pas considérer qu'un seul aspect].

◆_**도** -圖 명 【건축】 section *f*.

◆**종**_ 縱 명 coupe *f* verticale.

◆**횡**_ 橫 명 coupe *f* horizontale [transversale].

단명 短命 명 vie *f* courte. ¶ ~ 내각 un gouvernement prématurément interrompu. ◇_(을) **하다** mourir jeune; disparaître tôt. ¶ 그 사람은 ~하였다 Il est mort jeune. ¶ 천재는 ~한다고들 한다 On dit que les génies ne vivent pas longtemps.

◆_**국** -局 명 ((바둑)) partie *f* de go très rapide. ¶ 오늘 바둑은 ~국으로 (끝나리라) 예상된다 Aujourd'hui, la partie sera vite finie.

단모음[1] 單母音 명 【언어】 monophtongue *f*, voyelle *f* simple.

◆_**화** -化 명 monophtongaison *f*.

단모음[2] 短母音 명 【언어】 voyelle *f* brève.

◆_**화** -化 명 transformation *f* d'une voyelle longue en une voyelle brève.

단무지 명 *danmuji m* <*takuan*, navet japonais en saumure dans le son de riz>.

단문[1] 短文 명 phrase *f* courte; brève composition *f*; texte *m* court. ¶ ~ 짓기 composition d'un texte court. ¶ 다음 단어들로 ~을 지으시오 Faites des phrases courtes en utilisant les mots suivants.

단문[2] 單文 명 【언어】 phrase *f* simple. ¶ ~과 복문 phrases simples et phrases complexes. ¶ ~은 하나의 절로 구성된다 La phrase simple est composée [est constituée] d'une seule proposition.

단물 명 ① 담수 eau(*x*) *f* douce. ¶ ~과 센물 l'eau douce et l'eau dure. ¶ 짠물을 ~로 만들다 dessaler l'eau de mer. ② 실속 utilité *f*, profit *m*, gain *m*, part *f* du lion, meilleure portion *f*. ¶ 그는 ~만 다 빨아먹고 그 여자를 버렸다 Il l'a virée après l'avoir exploitée {*fam*}.

단박 명 ((en un)) temps *m* très court, ((en un)) clin *m* d'œil.

◆_**에** 부 d'un seul jet [trait, coup]; d'un(*e*) trait(*e*); d'une seule haleine; immédiatement; promptement; sans délai. ¶ 그 사람은 ~에 술잔을 비웠다 Il a vidé son verre d'un (seul) trait [d'une seule lampée {*fam*}] / Il a fait [bu] cul sec {*fam*}. ¶ ~에 일을 해치우다 terminer le travail d'une seule haleine. ¶ 밖에서 이상한 소리가 들리자 그 사람은 ~에 방을 뛰쳐나갔다 Lorsqu'il entendit un bruit bizarre provenant de l'extérieur, il sortit immédiatement de la salle en courant. ¶ 내가 들어오자 그 사람은 ~에 화부터 냈다 Il commença par se mettre en colère en me voyant entrer.

단발[1] 斷髮 명 ① 짧은 머리 coupe *f* de cheveux courte. ¶ 요즈음은 ~이 유행이다 Cette coupe courte est à la mode en ce moment. ¶ ~이 어울리는 복장 Une tenue qui va très bien avec une coupe de cheveux courte. ② 여자의 짧은 머리 모양 coiffure *f* à la Jeanne d'Arc; coiffure courte, au carré. ◇_(을) **하다** couper court; couper au carré. ¶ 그 사람은 첫 출근에 맞춰 머리를 ~했다 Il s'est fait couper

ㄷ

les cheveux court pour son premier jour de travail.

◆_령 -令 명 décret *m* obligeant les gens à avoir les cheveux courts.

◆_머리 명 coupe *f* au carré. ¶ ~머리 소녀 jeune fille coiffée au carré [à la Jeanne d'Arc]. ¶ ~머리 미인 belle femme coiffée au carré. ¶ 그 여자는 ~머리를 찰랑대며 내게로 달려왔다 Elle a couru vers moi, en laissant flotter ses cheveux coupés au carré.

단발² 單發 명 ((총기)) un (seul) coup *m* ((de fusil, de feu etc.)), une (seule) décharge *f*; une (seule) balle *f*; ((엔진)) un seul moteur *m*, monomoteur *m*. ¶ ~총 un fusil [un pistolet] à un seul coup. ¶ ~ 프로펠러기 un avion [un chasseur] monomoteur à hélice. ¶ 총성이 ~에 그치다 Nous n'avons entendu qu'un seul coup de fusil. ¶ 그 사람은 ~에 즉사하였다 Il a été tué net d'une seule balle.

◆_기 -機 명 (avion *m*) monomoteur *m*. ¶ 그 사람은 ~를 타고[몰고] 야생동물들을 관찰했다 Il a observé les animaux sauvages depuis un avion monomoteur.

단방 單放 명 ① 단 한 발[대] une seule décharge *f*; ((tirer)) un seul coup *m*. ¶ 그 사람은 적을 ~으로 사살하였다 Il a tué son ennemi d'un seul coup de fusil. ¶ 패색이 짙던 도전자는 ~에 챔피언을 쓰러뜨렸다 Le challenger, qui avait l'air d'être à bout de souffle, a mis [envoyé] d'un coup le champion au tapis. ② 단번 ((en)) une seule fois *f*, ((en)) un instant, instantanément, spontanément; (d')une (seule) traite *f*.

◆_에 부 en une seule fois; d'une (seule) traite. ¶ 그 약을 먹자 두통이 ~에 나았다 Le médicament a fait disparaître immédiatement les maux de tête.

단백뇨 蛋白尿 명 【의학】 albuminurie *f*.

단백질 蛋白質 명 ① 【화학】 protéine *f*. ¶ 동물성[식물성] ~ une protéine [l'albumine] d'origine animale [végétale], une protéine animalière [végétale]. ¶ ~ 제제 un dérivé de protéine. ¶ 가축은 인간에게 주요한 ~ 공급원이 된다 Le bétail est la source principale [une source importante] de protéines chez l'homme / Les bêtes d'élevage sont pour l'homme une source riche en protéines. ¶ 두부는 ~이 풍부하다 Le tofu est riche en protéines. ¶ 어린이들은 ~을 많이 섭취해야 한다 Les enfants doivent absorber beaucoup de protéines. ¶ ~을 합성하다 synthétiser une protéine. ¶ ~이 풍부한[많은] 식품 une nourriture [un aliment] riche en protéines. ② albumine *f*. ¶ 그 신장병 환자는 소변에 ~이 많이 검출되었다 Une quantité importante d'albumine a été prélevée dans l'urine du patient souffrant d'une maladie rénale.

◆복합_ 複合- 명 protide *m*, protéide *m*.

◆핵_ 核- 명 nucléoprotéine *f*.

단번 單番 명 ((en)) une seule fois *f*, ((d')) une (seule) traite *f*.

◆_에 부 en une seule fois *f*, d'une (seule) traite; sur le champ, d'emblée, tout de suite. ¶ 그 사람은 ~에 시험에 합격했다 Il a réussi à l'examen du premier coup. ¶ 그 사람은 우리가 풀지 못하던 문제를 ~에 해결했다 Il a résolu d'emblée le problème pour lequel nous avions eu du mal à trouver une solution. ¶ 그 사람에게 부탁을 하자마자 ~에 승낙했다 Il a répondu tout de suite à notre sollicitation.

단벌 單- 명 unique habit *m* [vêtement *m*]. ¶ ~ 나들이옷 un unique habit de soirée, une robe de soirée unique. ¶ ~ 신사 un homme ne possédant qu'un seul complet.

단보 段步 분류 *danbo m* <mesure de surface de 1,8 *m* × 1,8 *m*; unité de la surface de rizière ou de champ>. ¶ 그 사람은 벼를 10~ 심었다 Il a repiqué du riz sur un champ de 10 *danbo*.

단복 團服 명 uniforme *m* ((d'un groupe)). ¶ ~을 입다[맞추다] porter [commander] des uniformes.

단비¹ 명 pluie *f* opportune [de saison, attendue, rafraîchissante]; bonne pluie *f*. ¶ 오랜 가뭄 끝에 ~가 내렸다 Une bonne pluie est tombée après une longue sécheresse.

단비² 團費 명 dépense *f* collective. ¶ ~를 걷다 collecter de l'argent pour les dépenses communes. ¶ ~를 내다 payer les dépenses collectives.

단사¹ 丹砂 명 【광물】 cinabre *m*, vermillon *m* (naturel).

단사² 單絲 명 fil *m* simple.

단산 斷産 명 cessation *f* naturelle [arrêt *m* naturel] de la fécondité. ◇_(을) 하다 cesser de donner naissance à des enfants. ¶ 그 여자는 자식을 셋 낳고 ~을 했다 Cette femme a cessé de donner naissance après avoir accouché de trois enfants.

단상¹ 壇上 명 tribune *f*, estrade *f*. ¶ ~에 오르다 monter sur l'estrade [à la tribune]. ¶ 의정 ~에 서다 devenir membre de l'Assemblée nationale [du Parlement], être élu(*e*) pour faire partie de la chambre législative de la nation. ¶ 의정 ~에서 연설하다 prononcer un discours devant l'Assemblée nationale.

단상² 斷想 명 pensées *fpl* fragmentaires [partielles]. ¶ 삶에 대한 ~을 적다 écrire un essai sur les pensées fragmentaires de la vie. ¶ ~을 글로 옮기다 retranscrire des pensées fragmentaires.

단색 單色 명 monochromie *f*; couleur *f* unique. ¶ ~ 원피스 une robe monochrome. ¶ ~으로 그리다 dessiner à l'aide d'une seule couleur.

◆_광 -光 명 【물리】 lumière *f* monochromatique.

◆_화 -畫 명 peinture *f* monochrome.

단서¹ 但書 명 clause *f* restrictive. ¶ 보험 계약서상의 ~ 조항 la clause restrictive d'un contrat d'assurance. ¶ 그 사람은 말끝마다 ~를 단다 Il ajoute toujours des "mais" à ce qu'il dit. ¶ ...라는 ~를 달다[붙이다] ajouter une clause restrictive précisant que ... ¶ 이 계약서에는 몇 가지 ~가 붙어 있다 Ce contrat contient certaines clauses restrictives.

단서² 端緖 명 기원 point *m* de départ, origine *f*,

commencement *m*, début *m*; 첫걸음 premier pas *m*; 실마리 fil *m* conducteur; clé *f* ((d'un problème, d'une affaire)); indice *m*, trace *f*, piste *f*. ¶ 문제 해결의 ~ la clé d'un problème; le premier pas vers la solution ((d'une question)). ¶ ~를 잡다 entrevoir la possibilité d'une solution, trouver la clé d'un problème. ¶ 경찰은 이 사건에 대한 아무런 ~도 찾지 못하고 있다 La police n'a découvert jusqu'à présent aucun indice relatif à cette affaire. ¶ 이 운동은 17세기에서 그 ~를 찾을 수 있다 Ce mouvement date du 17e siècle. ¶ ~가 되다 constituer un indice important; ((발견, 해결의)) mettre *qn* sur la voie [sur la piste] ((d'une découverte, d'une solution)); ((성공의)) frayer le chemin ((du succès)); permettre de faire le premier pas vers la solution ((d'un problème, d'une question)); marquer le début de *qc*; donner lieu [naissance] à *qc*. ¶ 이 발견이 진상 규명의 ~가 되었다 Cette découverte nous a permis de faire le premier pas vers la vérité.

단선 單線 명 ligne *f* unique; ((chemin de fer)) voie *f* unique; monorail *m*. ¶ 이 전선은 ~이다 Ce câble électrique est constitué d'une seule ligne. ¶ 산사태로 철도가 ~으로 운행되고 있다 En raison d'un éboulement dans la montagne, le chemin de fer est en service sur une seule voie.

◆**_적** -的 명관 franc(*che*), droit(e), loyal(ale, aux), direct(e), sans détour(s). ¶ ~적인 사고방식 une mentalité franche [droite, loyale, directe, sans détour(s)].

◆**_운행** -運行 명 circulation *f* sur une ligne de chemin de fer à voie unique.

◆**_철도** -鐵道 명 ligne *f* de chemin de fer à voie unique.

단세포 單細胞 어근 unicellulaire; simple.

◆**_적** -的 명관 unicellulaire; (trop) simple, simpliste. ¶ 그 사람은 생각하는 게 ~적이다 Ses pensées sont simplistes. ¶ ~적 발상 une idée simpliste.

◆**_생물** -生物 명 protistes *mpl*; unicellulaire *m*.

단소 短簫 명 *danso m* <flûte droite à encoche>. ¶ ~를 불다 jouer du *danso*.

단속[1] 團束 명 contrôle *m*; surveillance *f*; réglementation *f*. ¶ 과속 차량은 주요 ~ 대상이다 Les excès de vitesse sont l'un des objets essentiels des contrôles. ¶ 법규 위반에 대한 ~을 강화하다 renforcer les contrôles sur les infractions à la réglementation. ¶ ~이 심하다 Les contrôles sont sévères [rigoureux, nombreux]. ◇_**(을) 하다** contrôler, surveiller, réglementer, exercer un contrôle sur *qc*. ¶ 밀수[마약 거래, 화기, 교통법규 위반 차량]를 ~하다 contrôler la contrebande [le trafic de drogue, les armes à feu, les véhicules ayant violé le code de la route]. ¶ 자기 전에 문~을 잘 해라 Vérifie que [si] les portes sont bien fermées avant d'aller te coucher. ¶ 공직자는 항상 집안 ~을 잘 해야 한다 Un fonctionnaire doit toujours savoir bien gérer les affaires familiales. ◇_**(을) 당하다[받다]** faire l'objet de contrôles, subir des contrôles.

단속[2] 斷續 어근 intermittence *f*; discontinuité *f*.

◆**_적** -的 명관 intermittent(*e*), discontinu(*e*), saccadé(*e*), par intervalles. ¶ 엔진에서 이상한 소리가 ~적으로 난다 Le moteur produit par intervalles des bruits bizarres.

◆**_기** -機 명 interrupteur *m*.

◆**_음** -音 명 bruits *mpl* intermittents.

단수[1] 斷水 명 coupure *f* d'eau. ¶ 라디오에서 내일 ~ 예정 지역을 발표했다 La radio a annoncé les quartiers où l'eau sera coupée demain. ◇_**(를) 하다 [시키다]** couper l'eau (courante). ¶ 수도관리국에서 공사 때문에 ~를 했다 Le service des eaux a coupé l'eau en raison de travaux [pour travaux]. ◇_**(가) 되다[(를) 당하다]** subir une coupure d'eau. ¶ 상수도관 교체 공사로 오늘 하루 동안 이 지역은 ~가 될 예정이다 L'eau sera coupée dans le quartier pendant la journée en raison des travaux de remplacement des canalisations d'eau potable.

단수[2] 單數 명 【언어】 singulier *m*; nombre *m* singulier. ¶ 1인칭 ~ première personne du singulier. ¶ ~와 복수 le singulier et le pluriel. ¶ ~ 명사 le nom au singulier ¶ 이 동사는 ~형이다 Ce verbe est au singulier. ¶ 다음 명사를 ~로 바꾸시오 Mettez les noms suivants au singulier. ¶ 불어는 대체로 ~ 명사에 -s를 붙이면 복수가 된다 En général, on obtient le pluriel d'un nom en français en ajoutant un s à la forme prise au singulier.

◆**_형** -形 명 forme *f* au singulier. ¶ ~형으로 만들다 mettre ((un nom)) au singulier.

단수[3] 段數 명 ① ((바둑의)) grade *m*; ((유도의)) dan *m*. ¶ 그 사람은 심사를 거쳐 ~를 높였다 Il a pu monter en grade après avoir passé un test. ¶ 그 유도 선수는 단수가 얼마나 되지? - 3단이야 Il est quel dan, ce judoka? - Il est troisième dan. ② 술수 tactique *f*, manœuvre *f*, ruse *f*, artifice *m*. ¶ ~가 높다[세다] être rusé(*e*), être plein(*e*) de ressources. ¶ ~가 센 사람 une personne très rusée. ¶ 그 사람이 술책 부리는 것을 보니 ~가 여간 높지 않다 Vues les manipulations qu'il met en oeuvre, ce doit être quelqu'un de rudement malin.

◆**고_** 高 명 manigances *fpl*; ruse *f* très élaborée; ((사람)) personne *f* très rusée [maligne, machiavélique, futée, habile]. ¶ 그 사람의 고~ 사기극에 우리 모두가 넘어가 버렸다 Nous avons tous été victimes de ses escroqueries de haut vol. ¶ 저 여자는 고~다! Cette fille est très maligne!

단수[4] 單手 명 ((바둑)) échec *m* et mat *m*. ¶ 상대방은 나의 ~를 받지 않고 큰 곳을 두었다 Quand ce fut son tour de jouer, au lieu de protéger le pion que j'étais sur le point de lui prendre, il a préféré jouer complètement ailleurs.

단순 單純 어근 simple. ¶ ~ 가담 une simple implication. ¶ ~ 개념 une conception simple. ¶

~ 노동 un travail manuel [facile], un travail qui ne demande aucune formation. ¶ ~ 노동자 un simple manœuvre, un(*e*) travailleur(*se*) manuel(*le*). ¶ ~ 논리 une logique [un raisonnement, une philosophie] simpliste [du premier degré].

◆_**하다** 형 être simple. ¶ ~한 모양[무늬] une forme [un motif] simple. ¶ 그건 너무 ~한 생각이다 C'est une idée trop simpliste. ¶ 이 작품은 이야기 구조가 너무 ~하다 L'histoire de cette œuvre est trop simple. ¶ 그는 사람이 ~하다 C'est une personne simple d'esprit. ¶ 그 사람에게는 이 일이 ~한 흥밋거리에 불과하다 Cette affaire n'est pour lui qu'un simple divertissement. ¶ 그 일의 해결은 그리 ~하지가 않다 La solution à cette affaire ne semble pas si simple.

◆_**히** 부 simplement. ¶ ~히 처리할 문제가 아니다 Ce n'est pas une question que l'on peut traiter de façon simple. ¶ 이것은 ~히 나만의 문제가 아니다 Je ne suis pas la seule personne concernée par cette question. ¶ 그 사람은 ~히 일을 도와주려고 온 게 아니다 Il n'est pas venu dans la simple intention de m'aider (il a une arrière-pensée).

◆_**성** -性 명 simplicité *f*.

◆_**화** -化 명 simplification *f*. ¶ ~화하다[시키다] simplifier. ¶ ~화되다 être simplifié(*e*), se simplifier.

단술[1] 명 ☞ 감주

단술[2] 명 cuillerée *f*.

*~**에 배부르랴** On ne doit pas trop espérer du premier coup / On ne peut pas être satisfait dès le commencement / Paris [Rome] ne s'est pas faite en un jour.

단숨에 單- 부 d'un trait, en une seule fois, d'une seule traite; d'un seul coup [jet]. ¶ 화재 소식에 그 사람은 집까지 ~ 달려갔다 Dès qu'il a entendu la nouvelle de l'incendie, il a couru d'une traite chez lui. ¶ 그 사람은 목이 말라서 물 한 컵을 ~ 마셨다[들이켰다] Comme il avait soif, il a bu un verre d'eau d'une seule gorgée. ¶ 나는 그 소설을 ~ 읽어 버렸다 J'ai lu le roman d'un seul trait. ¶ 그 사람은 내가 시킨 일을 ~ 해치워버렸다 Il a terminé d'un trait le travail que je lui avais demandé de faire.

단시[1] **短詩** 명 poème *m* court. ¶ ~와 장시 un poème court et un poème long.

단시[2] **短時** 명 temps *m* court; peu *m* de temps, court terme *m*.

◆_**에** 부 en peu de temps, à court terme; dans l'immédiat. ¶ 이 일은 ~에 이루어지지 않았다 Ce travail n'a pas été achevé immédiatement / Ce travail ne s'est pas fait du jour au lendemain / Rome ne s'est pas faite en un jour.

단시간 **短時間** 명 temps *m* court; peu *m* de temps. ¶ ~ 작업 un travail que l'on peut terminer en peu de temps. ¶ ~에[내(에)] en peu de temps.

단시일 **短時日** 명 quelques [peu de] jours *mpl*; courte durée *f*. ¶ ~에[내(에)] en quelques jours.

단식[1] **單式** 명 simple *m* ((dames, messieurs)). ¶ 테니스[탁구, 배드민턴] 경기에는 ~과 복식이 있다 Au tennis [Au tennis de table, Au badminton], il y a des simples et des doubles [on peut jouer en simple ou en double, on peut jouer à deux ou à quatre]. ¶ 우리 ~ 한 판 할까? Si on faisait un simple tous les deux? ¶ 여자[남자] ~ un simple dames [messieurs]. ¶ ~ 부기 comptabilité en partie simple.

단식[2] **斷食** 명 jeûne *m*. ◇_(**을**) **하다** jeûner, ne pas manger, sauter un repas. ¶ 그 사람은 열흘 간 ~을 해서 탈진상태에 이르렀다 Il a jeûné pendant dix jours, si bien qu'il est complètement épuisé.

◆_**기도** -祈禱 명 prière *f* à jeun, prière *f* qui s'accompagne d'un jeûne; jeûne *m* et prière *f*. ¶ 그 사람은 나라를 위해 열흘간 ~기도를 했다 Il a prié pour son pays dix jours durant en état de jeûne complet / Il a respecté un jeûne de dix jours pendant qu'il priait pour (le salut de) son pays.

◆_**농성** -籠城 grève *f* de la faim sur le tas [avec occupation des lieux]. ¶ ~농성을 하다[벌이다] occuper les locaux et y mener une grève de la faim. ¶ ~농성에 들어가다 commencer à occuper les locaux pour y mener une grève de la faim. ¶ ~농성을 풀다 arrêter une grève de la faim.

◆_**투쟁** -鬪爭 명 grève *f* de la faim. ¶ ~투쟁을 하다[벌이다] mener une grève de la faim, faire la grève de la faim. ¶ ~투쟁에 들어가다[돌입하다] commencer [entamer] une grève de la faim.

단신[1] **單身** 명 seul(*e*), sans compagnon(*compagne*). ¶ 그 사람은 ~으로 적진을 돌파했다 Il a pénétré seul à travers les lignes ennemies. ¶ 그 사람은 ~으로 월남했다 Il s'est réfugié seul en Corée du Sud.

◆**혈혈**_ 孑孑- 명 personne *f* sans famille.

단신[2] **短信** 명 lettre *f* brève; billet *m*; faits divers *mpl* ((journal)), court message *m*. ¶ 해외 ~ un fait divers étranger.

단신[3] **短身** 명 petite taille *f*. ◇_**이다** être de petite taille, être petit(*e*). ¶ 그 사람은 150cm의 ~이다 Il mesure seulement 1m 50.

단심[1] **丹心** 명 sincérité *f*, loyauté *f*; dévouement *m*, cœur *m* fidèle. ¶ 이 시조는 ~을 노래하고 있다 Ce *sijo* chante l'amour d'un cœur fidèle.

단심[2] **單審** 명 jugement *m* rapide [simple]. ¶ 그 재판은 ~으로 끝났다 Ce procès a été conclu en première instance.

단아 **端雅** 어근 décence *f* et grâce *f* [élégance *f*, raffinement *m*]. ¶ 그 여자는 ~의 미를 가지고 있다 Elle dégage une beauté élégante.

◆_**하다** 형 être décent(*e*) et distingué(*e*) [élégant(*e*), gracieux(*se*), raffiné(*e*), charmant(*e*)]; être de bon goût; être bien tenu(*e*) [soigné(*e*), rangé(*e*)]. ¶ ~한 몸가짐 un comportement décent et gracieux. ¶ 그 여자는 ~한 용모와 자태를 지녔다 Elle a des traits gracieux. ¶ 그 여자는 ~하게 앉아 있었다 Elle était assise avec décence et grâce. ¶ 그 여자는 언행이

~하다 Elle se comporte et parle de façon élégante et irréprochable. ¶ 그 사람은 필체가 ~하다 Il a une écriture élégante. ¶ 그 여자는 사진에서처럼 ~하게 앉아 있었다 Elle était assise aussi gracieusement que sur cette photo.

◆_미 -美 명 élégance *f*, grâce *f*.

단안 斷案 명 décision *f*, conclusion *f*.

◆_을 내리다 prendre une décision ((au sujet de *qc*)).

단애 斷崖 명 précipice *m*, escarpement *m*; ((산악의)) paroi *f* escarpée; ((해안의)) falaise *f*.

단어 單語 명 【언어】 mot *m*, terme *m*, vocabulaire *m*. ¶ ~ 놀이[시험] un jeu de mot [un test de vocabulaire]. ¶ ~ 실력을 늘리다 élargir *son* vocabulaire. ¶ 기초[중요] ~ le vocabulaire de base [fréquemment utilisé]. ¶ 영어 ~ le vocabulaire d'anglais. ¶ 외국어를 배울 때 ~를 많이 아는 것이 필요하다 Il est nécessaire d'enrichir son vocabulaire quand on apprend une langue étrangère. ¶ ~들이 모여서 문장을 이룬다 La somme des mots forme une phrase.

◆_장 -帳 명 cahier *m* de vocabulaire.

◆_집 -集 명 vocabulaire *m*; lexique *m*, glossaire *m*.

단어문자 單語文字 명 명 【언어】 idéogramme *m* ((opposé à phonogramme)), écriture *f* idéographique.

단언 斷言 명 assertion *f*, affirmation *f*, déclaration *f*, attestation *f*. ◇_(을) **하다** affirmer; attester de *qc*, déclarer. ¶ 확실히 ~할 수는 없지만 Bien qu'il soit difficile d'affirmer ... ¶ 둘 중 어느 쪽이 옳다고 ~하기는 어렵다 Il est difficile d'affirmer lequel des deux a raison. ¶ 이 상황에서 어느 쪽이 옳다고 ~하는 것은 경솔한 일이다 Dans une telle circonstance, il est imprudent d'affirmer qui a raison. ¶ 나는 그 사람이 유죄라고[무죄임을] ~할 수 있다 Je peux affirmer qu'il est coupable [innocent] / Je peux attester de sa culpabilité [de son innocence].

◆_적 -的 명관 affirmati*f*(*ve*). ¶ ~적으로 affirmativement. ¶ ~적으로 말하다 parler d'un ton affirmatif.

단역 端役 명 rôle *m* [personnage *m*] secondaire; figurant(*e*); petit rôle *m*. ¶ ~ 배우 un(*e*) figurant(*e*), un(*e*) acteur (actrice) jouant un rôle secondaire. ¶ 그 사람은 ~으로 몇 편의 연극[영화]에 출연했다 Il a interprété des petits rôles dans certaines pièces de théâtre [certains films]. ¶ ~을 맡다[하다] jouer un rôle secondaire; figurer ((dans une pièce)).

단연 斷然 부 ① 두드러지게 absolument, incontestablement, de prime abord, sans conteste. ¶ 그 사람이 ~ 1등이다 Sans conteste, il est le premier. ¶ 그렇게 하면 우리 편이 ~ 유리하다 Si l'on fait ainsi, c'est incontestablement avantageux pour nous. ¶ ~ 두각을 나타내다 se distinguer incontestablement. ② 단호하게 catégoriquement, fermement. ¶ 그 사람은 상대가 제시한 타협책을 ~ 거부하였다 Il a refusé catégoriquement le compromis proposé par son adversaire.

◆_코 부 absolument, sûrement, avant tout, de loin. ¶ 이번 선거[경기]에서는 ~코 승리해야 한다 Il faut coûte que coûte remporter la victoire aux élections [lors de cette compétition]. ¶ 행복의 으뜸 조건은 ~코 건강이다 La condition première du bonheur est la santé / Pour être heureux il faut avant tout être en bonne santé. ¶ ~코 이 사건의 배후를 밝혀내겠다 Je compte absolument éclaircir les points sombres de cette affaire. ¶ 그의 작품 중 이 소설이 ~코 가장 훌륭하다 Parmi ses œuvres, ce roman est de loin le meilleur.

◆_히 부 résolument, fermement, carrément, nettement, tout net; catégoriquement, incontestablement, indiscutablement. ¶ 그 사람은 ~히 자리에서 물러났다 Il s'est résolument retiré de son poste / Ayant pris une décision sans appel, il s'est retiré de son poste. ¶ 영어 실력은 그 애가 학급에서 ~히 앞선다 C'est de loin le meilleur de la classe en anglais.

단열 斷熱 명 isolation *f* thermique. ¶ ~ 시공[벽돌] une construction isolante [des briques isolantes] (sur le plan thermique). ¶ 이 집은 ~이 잘 안 된다 Cette maison n'est pas bien isolée sur le plan thermique / Les pièces de cette maison ne sont pas bien isolées sur le plan thermique [ne sont pas bien isolées du froid].

◆_수축 -收縮 명 compression *f* adiabatique.

◆_재 -材 명 isolant *m*.

◆_팽창 -膨脹 명 détente *f* adiabatique.

단오 端午 명 le 5 du cinquième mois lunaire.

◆_절 -節 명 fête *f* du 5 du cinquième mois lunaire.

◆_제 -祭 명 cérémonie *f* religieuse du 5 du cinquième mois lunaire.

단원[1] 團員 명 membre *m* ((d'un groupe)). ¶ 극단에서 ~을 모집하다 recruter des acteurs dans une troupe de théâtre. ¶ 그 사람은 합창단[소년단] ~이다 Il est membre d'une chorale [Il fait partie des scouts / Il est scout].

단원[2] 單元 명 ① 【교육】 partie *f* d'un programme [d'études]; leçon *f*, chapitre *m*. ¶ 제1~은 끝냈으니 오늘은 다음 ~으로 넘어가자 Nous avons terminé la leçon un, passons aujourd'hui à la leçon deux. ② 【철학】 monade *f*. ☞ 단자

◆_론 -論 명 monadisme *m*; monadologie *f*.

단원제 單院制 명 système *m* parlementaire à une seule chambre; monocaméralisme *m*, monocamérisme *m*. ¶ 한국 국회에서는 ~를 채택하고 있다 Le Parlement coréen est monocaméral.

단위 單位 명 ① unité *f*, module *m*. ¶ 기본 ~ unité fondamentale [de base]. ¶ ~를 정하다 choisir une unité (convenable). ¶ 미터를 ~로 해서 길이[거리]를 측정하다 mesurer une longueur [une distance] en mètres. ¶ 주식은 보통 천 주 이상을 ~로 해서 거래된다

Les actions sont vendues en général par lot [par paquet] de mille et plus. ¶ 지도에 인구가 천 ~로 표시되어 있다 Sur la carte géographique, la population est exprimée en milliers. ¶ 두 나라는 도량형[화폐]의 ~가 다르다 Les deux pays utilisent des unités de poids et de mesures [des unités monétaires] différentes. ② 일정한 조직 groupe *m*, catégorie *f*, local(*aux*) *m*, région *f*. ¶ 가족 ~로 나들이를 나온 사람들이 많이 눈에 띈다 On peut apercevoir beaucoup de gens qui sortent en famille. ¶ ~ 사업장별로 임금 협상이 진행되고 있다 Les négociations sur le niveau des salaires se déroulent par atelier. [분류] unité *f* de valeur (UV); unité *f*. ¶ 수학 과목은 4 ~이다 Les mathématiques représentent 4 unités de valeur (UV). ¶ 500 000 ~의 항생제 un antibiotique à 500 000 unités.

◆_면적 -面積 명 superficie *f* par unité. ¶ 한국은 ~ 면적당 수확량이 높은 편이다 Les récoltes rapportées à la superficie sont très élevées [comptent parmi les meilleures du monde] en Corée / Le rendement des récoltes est très élevé en Corée.

◆_조합 -組合 명 syndicat *m* régional [local].

◆국제_ 國際 명 étalon *m* [unité *f*] international(*e*).

◆대_ 大- 명 grande envergure *f*. ¶ 이 지역에 대~공업 단지들이 집중되어 있다 Des parcs industriels de grande envergure sont concentrés dans la région.

◆소_ 小- 명 ¶ 5,6 명을 소~로 해서 토론을 하도록 하자 Formons des sous-groupes de 5 à 6 personnes pour mener les débats.

◆절대_ 絕對 명 unité *f* absolue.

◆화폐_ 貨幣 명 unité *f* [étalon *m*] monétaire.

단음[1] 短音 명 【음성】 son *m* bref. ¶ 그 사람은 이 단어에서 ~을 장음으로 발음한다 Dans ce mot, il prononce les sons longs alors qu'ils sont courts / Il prononce long le son bref de ce mot.

단음[2] 單音 명 ① 【언어】 phonème. ② 【음악】 voix *f* monocorde.

단음계 短音階 명 【음악】 gamme *f* mineure.

단음절어 單音節語 명 【언어】 monosyllabe *f*, mot *m* monosyllabique.

단일 單一 어근 unique. ¶ 야당 ~ 후보 un seul candidat de l'opposition.

◆_하다 형 être unique, être simple, être seul(*e*). ¶ ~한 의제 l'unique ordre du jour. ¶ 벨기에 같은 나라는 공식 언어가 ~하지 않다 Dans un pays comme la Belgique, il n'y a pas seulement une langue officielle.

◆_적 -的 명관 unique, simple, seul(*e*).

◆_성 -性 명 unicité *f*; simplicité *f*. ② 【언어】 mot *m* simple.

◆_화 -化 명 unification *f*; simplification *f*. ¶ 후보 ~화를 위한 노력 des efforts pour ne présenter qu'un seul candidat. ¶ ~화하다 unifier; simplifier. ¶ 기구를 ~화하다 unifier les organisations.

◆_민족 -民族 명 nation *f* formée d'une seule ethnie.

◆_어 -語 명 mot *m* simple.

◆_체 -體 명 une unité *f* propre [à part entière]. ¶ 우선 각 부서는 하나의 ~체를 이루고 있다 Chaque section forme d'abord une unité à part entière.

◆_팀 영{-team} 명 une seule équipe *f*. ¶ 남북한 ~팀을 구성하다 former une seule équipe regroupant les joueurs sud-coréens et nord-coréens.

단임제 單任制 명 (système *m* de) mandat *m* unique [non renouvelable]. ¶ 대통령 ~ un mandat présidentiel non renouvelable.

단자 單子 명 ① 【철학】 monade *f*. ② ((글자, 단어)) bordereau(*x*) *m*, rapport *m* détaillé, détails *mpl*. ¶ 사주 ~ le papier envoyé chez la fiancée ((par la famille du fiancé)), précisant l'année, le mois, le jour et l'heure de la naissance du fiancé.

◆_론 -論 명 monadisme *m*, monadologie *f*.

단자사 短資社 명 ☞ 단자회사

단자회사 短資會社 명 société *f* de financement à court terme; compagnie *f* financière à court terme. ¶ ~를 세우다 fonder [établir] une société de financement à court terme.

단작맞다 형 ☞ 단작스럽다

단작스럽다 형 ① 추잡하다 être dégoûtant(*e*), répugnant(*e*), écœurant(*e*). ② 비열하다 être infâme, ignoble, misérable.

단잠 명 sommeil *m* paisible, doux sommeil *m*. ¶ ~을 깨우다 troubler le sommeil de *qn*, tirer *qn* d'un doux sommeil [d'un sommeil paisible]. ◇_(을) **자다** dormir d'un sommeil paisible, dormir paisiblement, dormir tranquillement [sur *ses* deux oreilles], dormir comme un bienheureux {*litt*}, faire un bon somme. ◇_(이) **들다[에 빠지다]** s'endormir paisiblement, être gagné(*e*) par un sommeil paisible.

단장[1] 丹粧 명 toilette *f*, maquillage *m*. ◇_(을) **하다** faire *sa* toilette, se maquiller; orner, décorer. ¶ 머리를 예쁘게 ~한 여자 une femme bien coiffée. ¶ 그 아가씨는 곱게 ~을 하고 집을 나섰다 Elle s'est maquillée avec soin avant de sortir. ¶ 집[사무실, 방]을 새로 ~하다 rénover la décoration de la maison [du bureau, de la chambre]. ◇_(이) **되다** être orné(*e*), décoré(*e*).

단장[2] 短杖 명 canne *f*. ¶ 저 노인은 항상 ~을 짚고 다닌다 Ce vieux monsieur [Ce vieillard, Cette personne âgée] se promène toujours une [la] canne à la main [avec une canne].

단장[3] 團長 명 chef *mf*, directeur(*trice*). ¶ 합창단[소년단]의 ~ le chef de chœur [un chef scout].

단적 端的 명 clair(*e*), net(*te*), explicite. ¶ ~인 예[표현] un exemple [une expression] très explicite. ¶ ~으로 말해서 à dire vrai, pour parler clair et net, pour être franc(*che*). ¶ 이 일은 그 사람의 성격을 ~으로 보여준다 Cela nous montre clairement son caractère.

단전[1] 丹田 명 bas-ventre *m*, abdomen *m*; le *danjeon*

m <point situé à 3 cm au-dessous de l'ombilic en termes taoïstes>. ¶ ~에 힘을 주다 tendre les muscles du ventre.

◆_호흡 -呼吸 명 respiration *f* abdominale à la façon taoïste, respiration *f* hypogastrique.

단전[2] 斷電 명 coupure *f* d'électricité [de courant], suspension *f* d'électricité; 정전 panne *f* d'électricité [de courant]. ¶ 한전에서 전기 요금 미납 가구에 대해 ~조치를 했다 La KEPCO (Korea Electric Power Corporation) a coupé l'électricité aux foyers qui n'ont pas payé leur facture. ◇_(을) **하다** couper l'électricité [le courant], suspendre l'électricité. ¶ 전기세를 내지 않았다고 전력회사에서 ~을 했다 La compagnie d'électricité nous a coupé le courant [On nous a coupé l'électricité] parce qu'on n'avait pas payé notre facture. ◇_(이) **되다** avoir l'électricité coupée. ¶ 대도시에 하루만 ~이 돼도 도시 기능이 완전히 마비된다 Quand il y a une coupure d'électricité dans une grande ville, même pour un seul jour, celle-ci se trouve complètement paralysée.

단절 斷絕 명 rupture *f*, interruption *f*. ¶ 외교 관계의 ~ la rupture des relations diplomatiques. ¶ 인식론적 ~ la coupure épistémologique. ◇_(을) **하다** interrompre, couper. ¶ 누구와 관계를 ~하다 couper [rompre] une relation avec *qn*, cesser [suspendre] les relations avec *qn*, couper les liens [les ponts] avec *qn*, rompre avec *qn*, se brouiller définitivement avec *qn*. ◇_(이) **되다** être interrompu(*e*), coupé(*e*). ¶ 두 사람의 관계가 ~ 되었다 Ils ne sont plus en relation [en contact] / Ils ont coupé les liens [les ponts] / Ils se sont définitivement brouillés.

단점 短點 명 défaut *m*, imperfection *f*, inconvénient *m*, mauvais côté *m*. ¶ 그것이 그 사람의 ~이다 C'est là son défaut. ¶ 자신의 ~을 깨닫다[고치다, 감추다] s'apercevoir de [corriger, cacher] *ses* défauts. ¶ 남의 ~을 찾다[보다, 감싸주다] chercher [trouver, couvrir] les défauts de *qn*. ¶ 누구나 ~이 있다 Chacun a ses défauts. ¶ 장점도 있고 ~도 있다 Il y a des avantages et des inconvénients [des bons et des mauvais côtés]. ¶ ~ 없는 사람은 없다 Personne n'est parfait / Personne n'est sans défaut.

단정[1] 端正 어근

◆_하다 형 être correct(*e*); être décent(*e*), distingué(*e*). ¶ ~한 옷차림 une tenue correcte, une tenue convenable. ¶ 그 여자는 용모가 ~하다 Elle a des traits réguliers. ¶ 그 남자는 사람이 ~해 보이지 않는다 Il n'a pas une tenue décente. ¶ 머리를 ~하게 묶어 올리다 arranger *ses* cheveux en *se* faisant une queue de cheval / s'attacher les cheveux (pour *se* rendre plus présentable). ¶ ~하게 넥타이를 매다 nouer *sa* cravate correctement.

◆_히 부 correctement, convenablement. ¶ ~히 앉아서 선생님의 말씀에 귀 기울이다 prêter une oreille attentive au professeur, convenablement assis. ¶ 몸가짐을 항상 ~히 해라 Conduis-toi toujours correctement.

단정[2] 斷定 명 décision *f*; jugement *m* catégorique [tranchant]. ◇_(을) **하다[내리다, 짓다]** donner [porter] un jugement catégorique; conclure que+*ind*; porter un jugement, présumer. ¶ 너는 무슨 증거로 그런 ~을 하니? Quelle preuve possèdes-tu pour donner un jugement aussi tranché? ¶ 그렇게 ~하기에는 증거가 너무 부족하다 Il manque trop de preuves pour porter un jugement aussi catégorique. ¶ 경찰은 그 사람이 범인이라고 ~을 내렸다[지었다] La police a jugé qu'il était le coupable / La police l'a présumé coupable / Il a été présumé coupable par la police. ¶ 심증만 가지고 범인이라고 ~을 내릴 수는 없다 On ne peut pas le juger coupable uniquement sur une présomption. ¶ 그 사람은 무조건 내가 잘못했다고 ~했다 Il a présumé que tout était de ma faute.

◆_적 -的 명관 d'un ton tranchant; catégorique. ¶ 그 사람은 ~인 어조로 말했다 Il a parlé d'un ton tranchant.

단조 短調 명 【음악】 ton *m* mineur, mode *m* mineur. ¶ ~의 노래를 부르다 chanter une chanson en mineur.

단조롭다 單調- 형 être peu varié(*e*); être monotone. ¶ 매일 되풀이되는 단조로운 일상 le quotidien monotone, qui se répète tous les jours [la routine]. ¶ 단조로운 문체 un style monotone. ¶ 겨울 들판은 단조롭고 삭막하다 Les champs en hiver sont d'une tristesse monotone. ¶ 단조롭게 반복되는 벽시계 소리 le tic-tac incessant et répétitif d'une horloge.

◆**단조로이** 부 invariablement, de façon monotone. ¶ 단조로이 계속되는 선율 une mélodie qui continue invariablement.

◆**단조로움** 명 grisaille *f* ((du quotidien)). ¶ 일상의 단조로움을 깨뜨리는 사건 un événement qui secoue la grisaille du quotidien.

단죄 斷罪 명 condamnation *f* ((d'un coupable)). ◇_(를) **하다** condamner *qn*. ¶ 누구도 그 사람을 ~할 수 없다 Personne ne peut le(*la*) condamner. ¶ 역사가 그 사람을 ~할 것이다 C'est l'Histoire qui le(*la*) condamnera. ◇_(를) **받다** être condamné(*e*). ¶ 그 사람은 역사의 ~를 받아야 한다 Il doit être condamné au nom de l'Histoire.

단주 斷酒 명 abstinence *f* (d'alcool). ◇_(를) **하다** s'abstenir de boire de l'alcool, arrêter de boire, faire un sevrage d'alcool. ¶ 그 사람은 정초만 되면 ~를 하겠다고 결심을 하지만 삼일을 못 간다 Chaque année, au nouvel an, il prend comme résolution de s'abstenir de boire, mais ça ne tient pas trois jours.

단지[1] 명 pot *m*, jarre *f*, vase *m*. ¶ 물 ~ jarre d'eau. ¶ 술 ~ une jarre [un pot] d'alcool. ¶ ~에 꿀을 담다 conserver du miel dans un pot. ¶ ~에 쌀을 넣다 garder du riz dans un pot.

◆**꿀_** 명 pot *m* de miel.

◆**애물_** -物 명 casse-tête *m*, souci *m*, tracas *m*.

단지[2] **但只** 부 seulement, uniquement, ne ... que. ¶ 그것은 ~ 시간문제이다 Ce n'est qu'une question de temps. ¶ ~ 하나 남은 접시마저 깨뜨리다니 Comment! la seule [l'unique] assiette qui me restait a également été cassée! ¶ 그 말을 듣고도 그 사람은 ~ 웃을 뿐이었다 Même à ces mots [Même après avoir entendu ces mots], il ne faisait que sourire. ¶ 나는 ~ 그 사람을 도와주고 싶었을 뿐이다 Je voulais seulement l'aider.

단지[3] **團地** 명 complexe *m*, grand ensemble *m*, cité *f*, zone *f*. ¶ 공업[주택, 아파트, 과수] ~ un complexe industriel [un grand ensemble résidentiel, une cité (résidentielle), une zone de fruiticulture]. ¶ 어떤 장소에 ~를 조성하다 construire un complexe de *qc* à un endroit. ¶ 우리 ~ 내에 상점이 많이 들어섰다 Beaucoup de commerçants se sont installés dans notre cité (résidentielle) [dans notre grand ensemble résidentiel].

◆**대_** 大- 명 grand ensemble *m*, grand complexe *m*.

단지[4] **斷指** 명 action de se couper un doigt. ◇_(를) **하다** se couper un doigt. ¶ 그는 결의의 표시로 새끼손가락을 ~했다 Pour garantir son serment [Pour prouver sa détermination], il s'est coupé volontairement le petit doigt. ◇_(가) **되다** ((un doigt)) être coupé(*e*); avoir un doigt coupé(*e*).

단짝 명 ami(*e*) intime, co*pain*(*pine*) fidèle, pote *mf* {*fam*}; ami(*e*)s inséparables; meilleur(*e*) ami(*e*). ◇_**이다** être très lié(*e*)s, très intimes, inséparables, être toujours ensemble, être toujours avec *qn*, être l'ami(*e*) de tous les instants; être le(la) meilleur(*e*) ami(*e*) de *qn*. ¶ 나와 그 친구는 ~이다 Lui et moi, nous sommes (des amis) inséparables [des amis très liés]. ¶ 그 친구는 고등학교 때 나의 ~이었다 Il était mon meilleur ami [pote {*fam*}] au lycée.

단청 **丹靑** 명 *dancheong m* <peinture traditionnelle d'une couleur très vive pour décorer les palais et les temples coréens>. ¶ ~을 곱게 칠한 옛 건물 une ancienne architecture couverte d'une magnifique peinture traditionnelle. ¶ ~의 기술이 뛰어나다 exceller dans l'art de peindre les bâtiments dans la tradition coréenne. ◇_(을) **하다** décorer ((un temple coréen)) d'une peinture traditionnelle d'une couleur très vive. ¶ 새로이 ~을 한 법당 le bâtiment principal d'un temple bouddhique nouvellement couvert d'une peinture traditionnelle.

단체 **團體** 명 groupe *m*, communauté *f*, association *f*, organisation *f*, collectivité *f*. ¶ ~를 만들다[조직하다, 해산하다] fonder [organiser, dissoudre] une association [un groupe]. ¶ ~에 들어가다[가입하다] entrer dans [s'affilier à] un groupe [une communauté]. ¶ ~로 신청하다 demander *qc* en groupe. ¶ ~로 관람하다 visiter *qc* en groupe.

◆**_경기** -競技 명 sports *mpl* d'équipe, sports *mpl* collectifs; compétition *f* d'équipe(s); jeux *mpl* d'équipe.

◆**_관광** -觀光 명 voyage *m* [tourisme *m*] organisé [en groupe].

◆**_관람** -觀覽 명 visite *f* collective [en groupe].

◆**_교섭** -交涉 명 négociation *f* (d'un syndicat).

◆**_교섭권** -交涉權 명 droit *m* de négociation collective (d'un syndicat).

◆**_상** -賞 명 prix *m* collectif.

◆**_생활** -生活 명 vie *f* en communauté.

◆**_운동** -運動 명 sports *mpl* d'équipe, sports *mpl* collectifs; exercices *mpl* en équipe; mouvement *m* collectif.

◆**_여행** -旅行 명 voyage *m* en groupe; voyage *m* organisé.

◆**_장** -長 명 président(*e*) [chef *m*] d'une association. ¶ ~장 선거 élection du président de l'association. ¶ ~장의 동의 accord du président de l'association.

◆**_전**[1] -戰 명 ((단체 경기)) compétition *f* par équipe.

◆**_전**[2] -展 명 ((전시회)) exposition *f* collective.

◆**_정신** -精神 명 esprit *m* d'équipe [collectif].

◆**_행동** -行動 명 action *f* collective.

◆**_행동권** -行動權 명 droit *m* d'action collective.

◆**_협약** -協約 명 convention *f* collective.

◆**_훈련** -訓練 명 entraînement *m* collectif.

◆**경제_** 經濟- 명 organisation *f* [association *f*] économique.

◆**노동_** 勞動- 명 organisation *f* [association *f*] du travail.

◆**시민_** 市民- 명 association *f* [organisation *f*, groupe *m*] civique; organisation *f* non gouvernementale, (생략) O.N.G. *f*; groupe *m* bénévole humanitaire. ¶ 외국의 시민~들과 유대를 맺다 nouer des relations avec les groupes de citoyens d'un pays étranger. ¶ 시민~를 주체로 환경운동이 일어났다 Des mouvements pour la protection de l'environnement, composés principalement [essentiellement] d'associations [de groupes] civiques, sont apparus. ¶ 시민~들이 기업의 횡포를 성토하였다 Les groupes civiques ont blâmé le despotisme [la tyrannie] des entreprises.

◆**정치_** 政治- 명 organisation *f* [association *f*] politique.

◆**환경운동_** 環境運動- 명 organisation *f* [association *f*] écologique.

단초 **端初** 명 point *m* de départ, commencement *m*, début *m*; indice, fil *m* conducteur, origine *f*, catalyseur *m*. ¶ 그 사건을 이해할 ~가 전혀 없는 것은 아니다 Il y a tout de même des indices éclairant cet événement. ¶ 무엇을 ~로 삼아 à l'aide de *qc* comme fil conducteur, en prenant *qc* pour fil conducteur. ◇_**가 되다**[**를 이루다**] être le point de départ, être à l'origine de *qc*; se déclencher. ¶ 그 사건이 혁명의 ~가 되었다 Cet événement a déclenché la révolution. ◇_**를 만들다** déclencher, être à l'origine de *qc*. ¶ 그의 잘못이 사장으로 하여금 그 일을 중지케 한 ~를 만들었다 C'est suite à sa faute que le patron a fait interrompre le travail [le projet] / C'est suite à sa faute que le patron a décidé d'abandonner le projet / Sa faute a amené le patron à abandonner le projet.

단촐하다 형 ((‘단출하다’의 잘못)) ☞ 단출하다

단추 명 ① ((옷의)) bouton *m*. ¶ ~를 달다 coudre un bouton ((sur une veste)). ¶ ~를 끼우다 (*se*) boutonner. ¶ ~를 풀다[끄르다] défaire les boutons ((de *ses* vêtements)), se déboutonner, déboutonner ((*sa* chemise)). ¶ ~를 채우다 (*se*) boutonner, engager un bouton dans *sa* boutonnière. ¶ ~를 잠그다 (*se*) boutonner, fermer les boutons d'un vêtement. ¶ 양복에서 ~ 하나가 떨어졌다 Un bouton s'est détaché du costume. ¶ ~가 하나 빠졌다 Un bouton manque ((au col de la chemise)). ② ((기계 따위의)) bouton *m*. ¶ 빨간색 ~를 누르다 appuyer sur le bouton rouge. ***첫 ~를 잘못 끼우다** démarrer mal; commencer mal; ((L'affaire)) s'enclencher mal; mal engager [mal enclencher]. ¶ 나는 대학생활의 첫 ~를 잘못 끼웠다 J'ai mal démarré dans la vie universitaire. ¶ 결혼식 날부터 늦다니! 첫 ~를 잘못 끼우는구나 En retard dès le jour du mariage, ça promet [ça commence bien, c'est mal engagé [enclenché], c'est mal parti].
◆**_구멍** 명 boutonnière *f*. ¶ 눈이 ~구멍만 하다 avoir des petits yeux (comme deux boutonnières).

단축 短縮 명 diminution *f*; réduction *f*; raccourcissement *m*. ◇**_(을) 하다[시키다]** (faire) diminuer, (faire) réduire, (faire) raccourcir. ¶ 노동 시간[작업 시간, 조업]을 ~하다 réduire la durée [les heures] de travail. ¶ 그 사람은 새로운 기술 개발로 제품의 생산 기간을 획기적으로 ~시켰다 Il a remarquablement fait réduire le temps de fabrication des produits grâce à l'élaboration d'une nouvelle technologie. ¶ 거리를 10미터 ~하다 raccourcir la distance de 10 mètres. ¶ 여름방학을 한 달로 ~하다 réduire les vacances d'été à un mois. ◇**_(이) 되다** être raccourci(*e*), être réduit(*e*), être diminué(*e*). ¶ 담배를 피우면 수명이 ~된다 Le tabagisme réduit la durée de vie. ¶ 지름길로 가면 시간이 ~된다 Le raccourci fait gagner du temps.
◆**_마라톤 명**{-marathon} 명 marathon *m* raccourci.
◆**_수업** -授業 명 journée *f* réduite. ¶ 혹서기 동안 ~수업을 하다 ne faire cours que le matin pendant les grosses chaleurs. ¶ 오늘 어버이날이니 ~수업하기로 결정했습니다 Aujourd'hui, on ne fera cours que le matin car c'est la fête des parents.
◆**조업_** -短縮 명 réduction *f* des heures de travail.

단출하다 형 ① ((식구가)) être peu nombreux(*se*). ¶ 그 사람은 식구가 ~ Il a une famille peu nombreuse. ¶ 우리 식구는 ~ Notre famille est peu nombreuse / Nous sommes une petite famille {*fam*}. ¶ 그 사람은 어머니와 단 둘이 단출하게 살고 있다 Il vit seul avec sa mère. ¶ 단출한 살림 un ménage réduit. ② ((일, 차림새가)) être simple, petit(*e*), commode, sobre. ¶ 단출한 차림으로 외출하다 sortir en tenue simple. ¶ 식단을 단출하게 꾸미다 préparer un repas simple. ¶ 친구와 단 둘이 단출하게 여행을 떠났다 Ils sont partis en voyage [faire un voyage] rien que tous les deux.

단층¹ 斷層 명 ① ((지질)) faille *f*. ¶ 지진으로 ~이 드러났다 Un tremblement de terre a fait découvrir la faille. ② 일면 aspect *m*, côté *m*. ¶ 이런 일을 통해 젊은이들의 의식의 ~을 엿볼 수 있다 Ce genre de chose nous révèle un aspect de la mentalité des jeunes.
◆**_면** -面 명 plan *m* de faille.
◆**_사진** -寫眞 명 ((지질)) stratigraphie *f*; 【의학】 tomographie *f* (informatisée), tomogramme *m*.
◆**_지진** -地震 명 tremblement *m* de terre provoqué par une cassure de l'écorce terrestre.
◆**_해안** -海岸 명 côte *f* de faille.

단층² 單層 명 sans étage *m*. ¶ ~ 목조 가옥 une maison en bois sans étage. ¶ 한국의 전통가옥은 ~이다[으로 되어 있다] La maison traditionnelle coréenne est sans étage.
◆**_집** 명 maison *f* sans étage. ¶ ~집에 살다 vivre dans une maison sans étage. ¶ ~집을 짓다 bâtir une maison sans étage.

단칸 單- 명 pièce *f* unique.
◆**_방** -房 명 ☞ 단칸방
◆**_살이[살림]** 명 un ménage (vivant) dans une seule pièce.
◆**_집** 명 une maison à une seule pièce.

단칸방 單-房 명 petite pièce *f* [chambre *f*]; pièce *f* unique. ¶ 그 사람은 ~에 세 들어 산다 Il vit dans une chambre louée. ***~에 새 두고 말할까** Entre personnes très proches, il n'y a pas de secret.

단칼 單- 명 un (seul) coup *m* d'épée [de sabre]; un (seul) coup *m* de poignard; un (seul) coup *m* de couteau. ¶ ~에 베어 버리다 couper *qc* d'un coup de couteau; abattre *qn* d'un coup de sabre. ¶ 누구를 ~에 죽이다 tuer *qn* d'un coup de poignard.

단타 單打 명 【야구】 coup *m* sûr simple ((au baseball)), coup *m* sûr qui permet d'atteindre le premier but [la première base]. ¶ ~에 그치다 se contenter d'atteindre le premier but [la première base]. ◇**_를 치다[때리다]** frapper la balle et atteindre la première base.

단파 短波 명 onde *f* courte.
◆**_방송** -放送 명 émission *f* sur ondes courtes.
◆**_수신기[라디오]** -受信機 명 poste *m* récepteur [radio *f*] à ondes courtes.

단판 單- 명 ((en)) une seule rencontre *f* [partie *f*]. ¶ ~승부 la victoire en une seule partie. ¶ ~으로 승부를 끝내다[가리다] disputer la victoire en un seul match; décider du vainqueur en une seule partie.

단팥죽 -粥 명 *danpatjuk m* <bouillie sucrée de haricots rouges et de riz>. ¶ ~을 끓이다[쑤다] faire [préparer] un *danpatjuk*.

단편¹ 短篇 명 pièce *f* [ouvrage *m*] très court(*e*);

단편소설 nouvelle *f* littéraire, conte *m*; 단편영화 court métrage *m*. ¶ 그 작가는 아직 ~만 썼지 장편은 써 본 적이 없다 Cet écrivain n'a écrit jusqu'à maintenant que des nouvelles, et pas un seul roman.

◆ **_소설** -小說 명 nouvelle *f*, conte *m*.

◆ **_소설가** -小說家 명 auteur *m* de contes, conteur(*se*), nouvelliste *mf*.

◆ **_영화** -映畵 명 court métrage *m*.

◆ **_집** _集 명 recueil *m* de nouvelles [de contes].

단편[2] **斷片** 명 fragment *m*, morceau(*x*) *m*; pièce *f*; bribe *f* ((de conversations, de phrases, de souvenirs)). ¶ 그 일은 내 대학 생활의 작은 ~일 뿐이다 Ce n'est qu'un petit fragment de ma vie étudiante.

◆ **_적** -的 명관 fragmentaire, partiel(*le*), morcelé(*e*). ¶ ~적인 지식 des connaissances fragmentaires, un savoir fragmentaire. ¶ ~적으로 de façon sommaire [fragmentaire]; ((apprendre *qc*)) par bribes. ¶ ~적으로만 알고 있다 connaître *qc* d'une façon fragmentaire, ne connaître que des bribes ((de français)).

단평 短評 명 petit [bref] commentaire *m*, brève critique *f*. ◇_(을) **하다** faire un petit commentaire; critiquer *qc* en quelques lignes. ¶ 시사적인 문제에 대해 ~하다 faire un petit commentaire sur l'actualité.

◆**시사_** 時事 명 bref commentaire *m* sur l'actualité, bref aperçu *m* sur les événements du jour.

단풍 丹楓 명 ① 단풍나무 érable *m*. ¶ 캐나다 ~ un érable du Canada, un érable à sucre. ¶ 가을의 붉은 ~잎 le feuillage rouge des érables en automne. ② feuilles *fpl* (jaunies et rougies) d'automne; feuillage *m* d'automne, couleurs *fpl* d'automne. ¶ 불타는 듯한 ~ des feuilles rouges flamboyantes [d'une teinte rouge feu], ((être teinté(*e*))) de couleurs flamboyantes. ¶ 설악산은 가을 ~으로 유명하다 Le mont Seorak est très connu pour son feuillage d'automne. ◇_(이)**들다** ((feuilles)) jaunir, ((빨갛게, 붉게)) rougir, prendre une teinte rouge feu; prendre les couleurs de l'automne. ¶ 노랗게[빨갛게] ~이 든 나무 des arbres aux feuilles jaunies [rougies], les arbres dans leur feuillage [dans leur parure, dans leur habit] d'automne. ¶ 올해는 평년보다 ~이 일찍 들었다 Cette année, les feuilles jaunissent [rougissent] plus tôt que d'habitude.

◆ **_나무** 명 érable *m*.

◆ **_놀이** 명 admiration *f* des feuillages colorés d'automne; excursion *f* dans un bois aux feuilles rougies. ¶ ~놀이를 가다 aller faire une excursion dans un bois aux [paré des] couleurs de l'automne [aux couleurs d'automne], aller voir [admirer] les feuillages colorés d'automne.

◆ **_잎** 명 feuilles *fpl* d'un érable; feuilles *fpl* jaunies et rougies, feuillage *m* [habit *m*] d'automne.

단학 丹學 명 le *danhak m* <art traditionnel de respiration et de méditation basé sur l'énergie de la «force vitale» (ki (chi < chinois) 기 terme taoïste)>.

단합 團合 명 union *f*. ◇_(을) **하다** s'unir, se réunir, se solidariser; (ré)unir ((*leurs* forces)). ¶ 우리 모두 다같이 ~하여 어려움을 헤쳐나가자 Unissons nos forces et surmontons les épreuves. ¶ 학생들이 ~하여 수업을 거부했다 Les étudiants se sont réunis pour refuser d'assister aux cours. ◇_(이) **되다** s'unir, se réunir, se solidariser. ¶ 우리 반 아이들은 ~이 잘 안 된다 Les élèves de ma classe ne sont guère solidaires.

◆ **_대회** -大會 명 réunion *f* pour la solidarité.

단항식 單項式 명 【수학】 monôme *m*. ¶ 3a2bxc는 단항식이다 3a2bxc est un monôme.

단행 斷行 명 exécution *f* ((d'une résolution)). ◇_(을) **하다** exécuter, effectuer. ¶ 대폭적인 개각을 ~하다 effectuer un important changement de cabinet [un important remaniement ministériel]. ¶ 정부는 시민들의 반대에도 불구하고 헌법 개정을 ~했다 Le gouvernement a effectué une révision de la Constitution malgré l'opposition du peuple. ◇_(이) **되다** être effectué(*e*). ¶ 국민들의 반대에도 불구하고 헌법 개정은 ~되었다 La révision de la Constitution a été effectuée malgré l'opposition du peuple.

단행본 單行本 명 livre *m* (édité à part), livre *m* en un volume. ¶ 논문을 모아서 ~으로 발간하다 rassembler divers articles en un seul volume; publier un recueil d'articles; publier des mélanges.

단형부정 短形否定 명 【언어】 négation *f* courte ((formée par le placement de l'adverbe de négation '안' ou '못' devant V)).

단형사동 短形使動 명 【언어】 causatif *m* simple ((formé par l'adjonction du suffixe V / Adj- 이 / 히 / 리 / 기 / 우 / 구 / 추 au radical du mot fléchi, i.e. du verbe ou de l'adjectif)).

단호하다 斷乎- 형 être résolu(*e*), ferme; être délibéré(*e*), être tranchant(*e*), catégorique, rigoureux(*se*). ¶ 단호한 어조[표정]로 거절하다 refuser *qc* d'un ton [air] tranchant. ¶ 단호한 조처를 취하다 prendre des mesures rigoureuses. ¶ 단호한 결심을 하다 prendre une résolution ferme. ¶ 그 사람의 태도는 단호했다 Il a pris une attitude résolue / Il s'est montré ferme. ¶ 단호하게 잘라 말하다 dire *qc* d'un ton tranchant. ¶ 테러에 단호하게 대처하다 agir fermement contre le terrorisme.

◆**단호히** 부 résolument, catégoriquement, d'une manière catégorique, fermement, franchement, nettement, hardiment, carrément, franco {*fam*}. ¶ 단호히 거절하다[반대하다] refuser [s'opposer] résolument. ¶ 단호히 적과 맞서 싸우다 affronter fermement [courageusement] *ses* adversaires.

단화 短靴 명 chaussures *fpl* plates. ¶ 그 여자는 항상 ~를 신고 다닌다 Elle porte toujours des chaussures plates.

닫기다 자 ☞ 닫히다

닫다 타 fermer ((une porte, une fenêtre, une boîte, un livre)), refermer, barrer, clore, enclore. ¶ 문을

쾅 ~ (faire) claquer ((rageusement)) la porte. ¶ 창문[뚜껑, 서랍]을 ~ fermer la fenêtre [(re)mettre le couvercle ((sur une casserole)), fermer le tiroir]. *문(을) ~ ① 업무를 보지 않다 fermer ((le lundi)), être fermé(*e*), fermer boutique, ne pas travailler, chômer, ne pas ouvrir, ne pas être ouvert(*e*). ¶ 그 박물관은 화요일에 문을 닫는다 Ce musée ferme [est fermé] le mardi. ¶ 우리 가게는 밤 10시에 문을 닫는다 Notre magasin [boutique] ferme à 10 heures du soir [à 22 heures]. ② 폐업하다 fermer (définitivement) ((une école)), fermer *ses* portes. ¶ 그 가게는 망해서 문을 닫았다 Ce magasin a fait faillite / Ce magasin a fermé (définitivement). ¶ 일거리가 없어서 공장이 문을 닫게 생겼다 Faute de travail, l'usine risque de fermer ses portes. ③ ((마음을)) fermer ((*son* cœur)) à. ¶ 마음의 문을 ~ fermer *son* cœur.

닫아걸다 타 ① ((문이나 창 등을)) fermer ((la porte, la fenêtre)). ② ((마음을)) fermer (la porte de) *son* cœur. ¶ 그 사람은 가게문을 닫아걸었다 Il a fermé (la porte de) sa boutique. ¶ 그 여자는 세상에 대해 마음의 빗장을 닫아걸었다 Elle s'est fermée au monde / Elle ne fréquente pas les gens.

닫치다 타 fermer violemment, claquer. ¶ 문을 닫치고 들어오시오 entrez et fermez la porte derrière vous. ¶ 그 사람은 창문을 세게 닫쳤다 Il a fermé la fenêtre avec vigueur.

닫히다 자 ① ((문, 뚜껑이)) se fermer, fermer ((mal)), être fermé(*e*), ((les volets)) être clos(*e*), se refermer, ((un couvercle, un stylo, le capuchon d'un stylo)) se visser. ¶ 문이 저절로 닫혔다 La porte s'est (re)fermée toute seule. ¶ 문이 쾅하고 닫혔다 La porte s'est refermée brutalement [avec fracas] / La porte a claqué. ¶ 문[상자 뚜껑]이 잘 안 닫힌다 La porte ne (*se*) ferme pas bien / La porte ferme mal [Le couvercle de la boîte ne se ferme [se visse] pas bien / La boîte ne (*se*) ferme pas bien]. ¶ 방이 창문이 닫혀 있다 Les fenêtres de la chambre sont fermées. ② ((어떤 장소가)) fermer, être fermé(*e*). ¶ 은행 문은 16시 반에 닫힌다 La banque ferme à 16 heures trente. ¶ 11시에 가게에 가 보았더니 이미 문이 닫혀 있었다 Je suis allé(*e*) à la boutique à 11 heures, et elle était déjà fermée / Quand je suis passé au magasin à 11 heures, on avait déjà fermé. ③ ((마음이)) être fermé(*e*). ¶ 그 사람의 마음은 굳게 닫혀 있어서 대화가 안 된다 On ne peut pas avoir une conversation avec lui car son cœur [esprit] est fermé. ¶ 그의 닫힌 마음을 열 수 있는 방법이 없을까? N'y aurait-il pas (un) moyen d'ouvrir son cœur?

달 명 ① 지구의 위성 lune *f.* ¶ 쟁반 같이 둥근 ~ la lune ronde comme une boule. ¶ ~ 없는 밤 une nuit sans lune. ¶ ~이 뜰 때 au lever de la lune. ¶ ~이 뜬다[진다] La lune se lève [se couche]. ¶ ~이 밝다[둥글다] La lune est claire [pleine]. ¶ ~이 차고 있다[기울고 있다] La lune est en train de croître [de décroître]. ¶ ~이 커간다[이지러진다] La lune croît [décroît]. ¶ ~은 지구 주위를 공전한다 La lune tourne autour de la terre. ¶ 구름이 ~을 가린다 Les nuages voilent la lune. ¶ ~(을) 따러가자 Allons décrocher la lune. ¶ 목성 주위에도 여러 개의 ~이 돌고 있다 Plusieurs satellites tournent aussi autour de Jupiter. ② ((달력의)) mois *m.* ¶ 매 ~ chaque mois, tous les mois. ¶ 이(번) ~에 ce mois-ci. ¶ 지난 ~에 le mois dernier. ¶ 지지난 ~에 l'avant-dernier mois, il y a deux mois. ¶ 이 ~ 초[말]에 au début [à la fin] de ce [du] mois. ¶ 이 ~ 중에[중으로] dans le courant de ce [dans le courant du] mois, ce mois-ci; ((이 달 내에)) avant la fin du mois. ¶ 지난 ~ 중순에 au milieu du mois dernier. ¶ 다음 ~ 말일에 à la fin du mois prochain. ¶ 지금은 9월 ~이다 On est [Nous sommes] en septembre. ¶ 이 ~이 큰 ~이니 작은 ~이니? Ce mois est-il de trente ou de trente et un jours [pair ou impair]? ¶ 아직 ~이 안 찼는데 아기가 나왔다 Le bébé est né avant terme. ¶ ~ 수를 채우다 être né(*e*) à terme. ¶ ~을 넘기다 dépasser le terme (de la grossesse). *~도 차면 기운다 Une fois pleine, la lune décroît.

◆**_구경** 명 promenade *f* pour voir la première pleine lune.

◆**_나라** 명 la lune *f.* ¶ 아빠, 우리 오늘 ~나라 가자 Papa, si on allait sur la lune aujourd'hui?

◆**_님** 명 동화책에서 Madame la Lune; 시에서 Ô Lune. ¶ ~이 떴어요 Madame la Lune s'est levée.

◆**_동네** -洞 명 quartier *m* pauvre [démuni]. ¶ 그 사람은 ~동네에 살고 있다 Il habite un quartier pauvre.

◆**_맞이** 명 attente *f* (du lever) de la lune, accueil *m* de la lune ((le jour de la pleine lune du premier ou du huitième mois)). ¶ ~맞이(를) 하다[가다] aller voir [attendre, accueillir] la pleine lune ((du premier ou du huitième mois lunaire)).

◆**_무리** 명 halo *m* de la lune.

◆**_밤** 명 nuit *f* au clair de lune.

◆**_빛** 명 clair *m* de lune.

◆**_집** 명 *daljip m* <tas de brindilles de pin auquel on met feu pour fêter la première pleine lune>. ¶ ~집을 태우다 faire un feu de brindilles lors de la fête de la première pleine lune.

◆**_탐사** -探査 명 exploration *f* de la lune.

◆**그믐_** 명 dernier quartier *m* de lune, la Lune *f* à son dernier quartier.

◆**반_** 半- 명 demi-lune *f.* ¶ 낮에 나온 반~ une demi-lune apparue en plein jour.

◆**보름_** 명 pleine lune *f.* ¶ 보름~이 떠서 밖이 훤하다 Comme c'est la pleine lune, il fait très clair (dehors).

◆**초승_** 初生▽- 명 nouvelle lune *f.*

분류 mois *m.* ¶ 한 ~ 뒤에 dans un mois, un mois après (*qc*); le mois suivant. ¶ 두 ~ 전에 il y a deux mois. ¶ 몇 ~ 동안 quelques mois (durant), pendant quelques mois. ¶ 세 ~마다 한 번씩 tous les trois mois, une fois par trimestre. ¶ 그 후 한

~이 지났다 Un mois est déjà passé depuis. ¶ 그는 집세가 석 ~치나 밀렸다 Il n'a pas pu payer son loyer depuis trois mois.

달가닥 감 crac, clic clac, avec un bruit métallique [de ferraille], avec fracas, bruyamment ((onomatopée imitant un claquement sec, un claquement léger et répétitif)).

◆ **_거리다[대다, 하다]** 재타 ((bruit répétitif)) claquer, ((des objets qui s'entrechoquent)) faire du bruit, faire du bruit en s'entrechoquant, tinter, cliqueter, faire un bruit de ferraille, émettre un son métallique, cahoter, bringuebaler; produire un claquement sec. ¶ 옆집에서 밤새 ~거려서 잠을 한숨도 못 잤다 Je n'ai pas pu fermer l'œil de la nuit à cause d'un bruit métallique provenant de chez les voisins.

◆ **_ _** 부 crac, clic clac, avec un bruit métallique [de ferraille], avec fracas, bruyamment.

◆ **_ _하다** 재 ((bruit répétitif)) claquer, ((des objets qui s'entrechoquent)) faire du bruit, se heurter en faisant du bruit, tinter, cliqueter, émettre un son métallique, produire un claquement sec. ¶ 내가 부엌에 들어서자 쥐 한 마리가 ~~하는 소리를 내며 달아났다 Lorsque je suis entré(*e*) dans la cuisine, j'ai entendu (le bruit d')un rat [bouger un rat].

달가워하다 타 ((s'emploie toujours à la forme négative)) ((ne pas)) accueillir avec gaieté [de cœur], ((ne pas)) aimer, avoir de la sympathie. ¶ 그 남자는 아내의 잦은 외출을 별로 달가워하지 않는 표정이었다 Il n'avait pas l'air d'apprécier tellement les sorties fréquentes de sa femme. ¶ 그 여자는 나와 마주치는 것을 별로 달가워하지 않는다 Cette femme n'aime pas tellement me croiser [rencontrer]. ¶ 그 사람은 그런 논의 자체를 분명 달가워하는 눈치가 아니었다 Il n'a pas eu l'air d'apprécier ce genre de discussion.

달각거리다 재타 ((des objets qui s'entrechoquent)) faire du bruit, se heurter en faisant du bruit, s'entrechoquer, tinter, cliqueter, faire un bruit de ferraille, ferrailler, émettre un son métallique. ¶ 필통 속에서 연필들이 달각거린다 Dans la trousse, les crayons font du bruit [s'entrechoquent]. ¶ 달각거리는 소리 un bruit d'objets qui s'entrechoquent [d'un entrechoquement], un bruit métallique [de ferraille], son [fracas] métallique.

달각달각 부 crac, clic clac, avec un bruit métallique [de ferraille], avec fracas, bruyamment ((onomatopée imitant un claquement sec, un claquement léger et répétitif)). ¶ 바람에 대문이 ~ 소리를 낸다 Le portail claque sous l'effet du vent / Le vent fait claquer le portail.

◆ **_하다** 재타 claquer; cahoter; trembler; branler; bringuebaler; produire un claquement sec; se heurter en faisant du bruit, faire du bruit en s'entrechoquant, se heurter en faisant du bruit, s'entrechoquer, tinter, cliqueter, faire un bruit de ferraille, ferrailler, émettre un son métallique; ((문따위가)) grincer, gémir.

달갑다 형 ① 흡족하다 être plaisant(*e*), être satisfaisant(*e*), plaire. ② 싫지 않다 accueillir avec gaieté [de cœur], aimer, avoir de la sympathie pour *qc*. ¶ 별로 달갑지 않은 손님[소식] un visiteur [une nouvelle] peu plaisant(*e*), inopportun(*ne*), malvenu(*e*). ¶ 나는 그 사람의 행동이 그다지 달갑지 않았다 Son comportement ne me plaîsait guère / Je n'appréciais guère son comportement. ¶ 그 사람은 내 충고를 듣고[내 충고에] 별로 달가운 표정이 아니었다 Il n'avait pas l'air d'apprécier mon conseil. ¶ 그 사람은 내 방문을 별로 달갑게 여기지[생각하지] 않았다 Il a peu apprécié ma visite chez lui. ¶ 어떤 벌이든 달갑게 받겠습니다 Je suis prêt(*e*) à accepter toute punition, sans contestation [de bon cœur].

◆ **달갑잖다** 형 être peu aimable, peu amène, désagréable; 달가워하지 않다 ne pas accueillir [ne pas apprécier] avec gaieté [de cœur], ne pas aimer, ne pas avoir de sympathie pour *qc*. ¶ 달갑잖은 눈길로 손님을 맞다 recevoir des clients d'un regard peu amène. ¶ 달갑잖은 목소리로 대답하다 répondre d'une voix peu aimable. ¶ 달갑잖게 여기다[생각하다] considérer *qc* sans enthousiasme, peu [guère] apprécier *qc*/*qn*, ne pas aimer.

달개비 명 (fleur) commélyne *f* commune.

달걀 명 œuf *m*. ¶ 삶은[찐] ~ 두 알[개] deux œufs durs. ¶ 곯은[썩은] ~ un œuf pourri. ¶ ~ 껍질 une coquille d'œuf, la coque d'un œuf. ¶ ~ 반숙 un œuf à la coque. ¶ ~의 노른자와 흰자 le blanc et le jaune d'œuf. ¶ 프라이를 하려고 ~을 깨다 casser un œuf pour faire un œuf sur le [au] plat. ¶ ~을 떨어뜨려서 깨다 casser un œuf en le faisant tomber. ¶ ~을 삶다[부치다, 풀다] cuire un œuf dans l'eau bouillante [frire [cuire] un œuf (dans une poêle), battre le blanc et le jaune]. ¶ ~을 날로 먹다 manger cru un œuf frais, gober un œuf. ¶ 닭이 ~을 품는다[낳는다] La poule couve [pond] ses œufs. ¶ ~이 부화되었다 Les œufs sont éclos. ¶ 그 사람의 얼굴은 ~ 모양이다 Il a un visage ovale.

◆ **_프라이** 영{-fry} 명 œuf(*s*) *m* au [sur le] plat. ¶ ~ 프라이 하나 해줘 Fais-moi un œuf sur le plat, s'il te plaît.

◆ **날[생]_** -[生]_ 명 œuf *m* frais.

***닭이 먼저냐 ~이 먼저냐** Qui de l'œuf ou de la poule est arrivé [est apparu] en premier? / Qui fut le premier, l'œuf ou la poule?

달거리 명 règles *fpl*, menstrues *fpl* {*vx*}, menstruation *f*. ◇ **_(를) 하다** avoir *ses* règles.

달관 達觀 명 vue *f* (des choses) qui dépasse le commun, prévoyance *f*, clairvoyance *f*, pénétration *f*, détachement *m*, indifférence *f* ((envers *qc*, à l'égard de *qc*)). ¶ ~의 경지 l'état de détachement. ◇ **_(을) 하다[(이) 되다]** se détacher de *qc*, se désintéresser de *qc*, renoncer à *qc*. ¶ 모든 일에

~을 할 수 있어야 한다 On doit pouvoir se détacher de tout. ¶ 사물을 ~하다 pénétrer les secrets des choses, avoir une vue profonde des choses. ¶ 인생을~하다 être blasé(*e*) de la vie; être désabusé(*e*) de la vie. ¶ 그 사람은 인생을~한 것 같다 Il a l'air de se détacher de la vie / Il a l'air de quelqu'un qui a dépassé le stade du commun des mortels. ¶ 나는 어느 정도 ~이 된 상태이다 Je me suis plus ou moins détaché(*e*) de tout.

달구다 타 chauffer, réchauffer, chauffer ((un métal, du fer)) à blanc [au rouge], porter ((une barre de fer)) au rouge; chauffer ((un métal)) jusqu'à l'incandescence. ¶ 쇠를 시뻘겋게 ~ chauffer du fer à blanc [au rouge, jusqu'à l'incandescence]. ¶ 응원단의 함성이 경기장을 뜨겁게 달구었다 Les encouragements des supporters ont chauffé le stade.

달구지 명 charrette *f*, char *m*, chariot *m*. ¶ 무엇을 ~로 실어 나르다 transporter *qc* par charrette.

◆**소_** 명 char *m* à bœuf(*s*).

달그락 부 avec un bruit de tintement, avec un bruit métallique [de ferraille], avec fracas, bruyamment, crac, clic clac ((onomatopée imitant un claquement sec, un claquement léger et répétitif)). ¶ 찻잔들이 ~ 소리를 냈다 On entendait le bruit des tasses (à thé) qui s'entrechoquaient.

◆**_하다[거리다]** 자 ☞ 달그락거리다

◆**_ _** 부 crac, clic clac, avec un bruit métallique [de ferraille], avec fracas, bruyamment ((onomatopée du bruit provoqué par un entrechoquement, un cliquetis)). ¶ 쥐들이 부엌에서 ~~ 소리를 냈다 Les rats font du bruit en heurtant les assiettes dans la cuisine.

◆**_ _하다** 자 claquer; cahoter; trembler; branler; bringuebaler; produire un claquement sec; se heurter en faisant du bruit, faire du bruit en s'entrechoquant, se heurter en faisant du bruit, s'entrechoquer, tinter, cliqueter, faire un bruit de ferraille, ferrailler, émettre un son métallique; ((문 따위가)) grincer, gémir.

달그락거리다 자 ((des objets qui s'entrechoquent)) faire du bruit, se heurter en faisant du bruit, s'entrechoquer, tinter, cliqueter, faire un bruit de ferraille, ferrailler, émettre un son métallique; produire un claquement sec; faire entendre des bruits secs. ¶ 부엌에서 달그락거리는 소리가 들렸다 Du bruit se faisait entendre de la cuisine / On entendait du bruit dans la cuisine. ¶ 상자 속에 무엇인가 달그락거리는 것이 있었다 Dans la boîte, il y avait quelque chose qui faisait du bruit / On entendait un bruit de ferraille [métallique] dans la boîte.

타 entrechoquer ((des cailloux)), faire du bruit avec *qc*, faire tinter ((son grelot)); bringuebaler. ¶ 그 사람은 손바닥에서 주사위를 달그락거리며 나를 바라보았다 En agitant bruyamment les dés dans sa main, il me regardait.

달그락대다 자 ☞ 달그락거리다

달그랑거리다 자 faire du bruit, se heurter en faisant du bruit, s'entrechoquer, tinter, cliqueter, faire un bruit de ferraille, ferrailler, émettre un son métallique ((des objets qui s'entrechoquent)). ¶ 바지 주머니에서 동전이 달그랑거렸다 Des pièces de monnaie tintaient dans la poche de son pantalon. ¶ 달그랑거리는 소리 un bruit d'objets qui s'entrechoquent [d'un entrechoquement], un bruit métallique [de ferraille], un son [fracas] métallique.

타 entrechoquer ((des cailloux)), faire du bruit avec *qc*, faire tinter ((son grelot)). ¶ 그 아이는 주머니 속에 동전을 달그랑거리며 뛰어왔다 L'enfant est accouru en faisant tinter des pièces de monnaie qu'il avait dans la poche.

달그랑대다 자 ☞ 달그랑거리다

달다¹ 형 être doux(*ce*), sucré(*e*). ¶ 단 음식은 되도록 삼가세요 Evitez autant que possible les sucreries [de manger trop de sucreries]. ¶ 사과가 무척 ~ Les pommes sont très sucrées.

***달면 삼키고 쓰면 뱉는다** Il ne pense qu'à son propre intérêt sans aucun scrupule.

***~ 쓰다 말이 없다** rester sans la moindre réaction.

***쓴맛 단맛 다 보다** ☞ 쓴맛

◆**달디_** 형 être extrêmement sucré(*e*).

◆**달게** 부 ① 달콤하게 ((manger, boire)) sucré. ¶ 커피를 너무 달게 (해서) 마시면 몸에 안 좋다 Le café trop sucré nuit à la santé. ② 맛있게 ((manger)) avec appétit; ((accepter)) de bon cœur; ((dormir)) d'un sommeil paisible. ¶ 음식을 달게 먹다 manger avec appétit (comme si c'était une sucrerie). ¶ 낮잠을 달게 자다 faire une bonne sieste. ¶ 어떤 벌이든 달게 받겠다 Je suis prêt(*e*) à accepter de bon cœur toute punition.

◆**단잠** 명 sommeil *m* paisible, doux sommeil *m*. ¶ 단잠을 이루다[자다] dormir d'un sommeil paisible, dormir tranquillement [sur *ses* deux oreilles], dormir comme un bienheureux {*litt*}, faire un bon somme.

달다² 자 ① ((물건이)) devenir chaud(*e*), chauffer, devenir brûlant(*e*); ((쇠가)) être chauffé(*e*) au rouge [à blanc, jusqu'à l'incandescence], ((une barre de fer)) être porté(*e*) au rouge. ¶ 쇠가 시뻘겋게 달았다 Le fer est chauffé au rouge [à blanc]. ② ((몸이)) rougir ((jusqu'aux oreilles; de honte, de colère)), devenir rouge ((comme une pivoine, une tomate, un coquelicot))], avoir le visage rougi [cramoisi, empourpré ((de colère))], piquer un fard [un soleil] {*fam*}, être rouge ((de colère)); avoir le visage en feu, avoir le sang qui monte au visage; ((열로)) être brûlant(*e*) de fièvre, ((열로 이마가)) avoir ((le front)) brûlant de fièvre. ¶ 그 여자는 그 말을 듣고 얼굴이 확 달았다 Elle a rougi en entendant ces mots / À ces mots, elle a rougi. ③ ((마음이))

s'impatienter de+*inf*, mourir d'envie de+*inf*; être sur des charbons ardents [sur le gril {*fam*}]; être anxieux(*se*), agacé(*e*), exaspéré(*e*). ¶ 그 남자는 그 여자와 빨리 결혼하고 싶어서 몸이 달았다 Il était impatient de se marier avec elle. ④ 졸아들다 ((du thé, des herbes médicinales)) infuser; ((한약을)) ((une décoction, des produits pharmaceutiques orientaux)) bouillir à petit feu, bouillonner, bouillotter; réduire (par ébullition). ¶ 약[국]이 너무 달았다 La décoction médicinale [La soupe] a bouilli trop longtemps.

달다3 타 ① 걸다 attacher, accrocher, mettre, atteler, lier, relier, ligoter, joindre, fixer, amarrer, enchaîner, lacer, mettre, nouer, ligaturer, sangler; river ((deux plaques de tôles)); suspendre ((*qc* à une corde)), pendre ((*qc* au mur, un lustre au plafond)); tendre ((une tapisserie)); arborer, hisser ((un drapeau)). ¶ 단추[명찰]를 ~ coudre un bouton [épingler un badge (à *son* nom)] ((sur une veste)). ¶ 웃저고리에 단추를 ~ coudre un bouton sur une veste. ¶ 훈장을 주렁주렁 단 장군 un général couvert de médailles. ¶ 깃발을 ~ hisser [arborer] le drapeau [les couleurs]. ¶ 태극기를 ~ hisser [accrocher] le drapeau national coréen. ¶ 마스트에 돛을 ~ accrocher une voile sur le mât. ¶ 기관차에 객차를 ~ accrocher [fixer] une voiture [un wagon] à la locomotive. ② 동반하다 être accompagné(*e*) de *qn*, être suivi(*e*) de *qn*. ¶ 그 사람은 항상 아들[수행원들]을 달고 다닌다 Il se promène toujours en compagnie de [avec] son fils [accompagné de sa suite] [Il est toujours accompagné de sa suite]. ③ 가설하다 installer ((l'électricité, le téléphone)), placer, mettre, fixer ((une sonnette)). ¶ 초인종을 ~ installer une sonnette; fixer une sonnette à la porte. ¶ 스위치[어댑터]를 ~ installer [fixer, mettre] un commutateur [un adaptateur]. ¶ 문패[간판]를 ~ mettre [clouer à la porte] une plaque nominale; mettre *son* nom sur *sa* porte [mettre une enseigne]. ¶ 문에 손잡이를 ~ river [fixer] une poignée sur la porte. ④ ((주를)) inscrire, marquer, noter; ((주를)) annoter, commenter, mettre ((des notes à un texte)). ¶ 주[각주]를 ~ mettre des notes ((à un texte)); annoter. ¶ 토를 ~ placer [mettre] une particule (dans un texte écrit en chinois); ajouter les particules et les formes verbales à un texte (écrit) en chinois. ¶ 이름[제목]을 ~ attacher [donner, mettre] un nom [un titre]. ⑤ 외상하다 (faire) inscrire un dû [une note, une facture] sur *son* compte, mettre une note sur *son* compte. ¶ 장부에[내 앞으로] 달아 두시오 Inscrivez mon dû [ma note, ma facture] sur mon compte! / Mettez la note sur mon compte!

***신랑을 달아 매다** suspendre le nouveau marié (aux poutres) ((coutume coréenne destinée à obtenir de l'argent ou de l'alcool de la famille des mariés)).

달다4 타 ((무게를)) mesurer, peser ((*qc* à la balance, le pour et le contre)), jauger, évaluer, déterminer ((le poids de *qc* sur une balance)). ¶ 무엇을 저울에[로] ~ peser (le poids de) *qc* avec [sur] une balance; peser *qc* à la balance.

달다5 타 donner (à *soi*); faire passer (à *soi*); réclamer, solliciter, demander, requérir, prier, supplier ((verbe défectif)). ¶ 소금 좀 다오 Passe [Donne, File {*fam*}]-moi du[le] sel, s'il te plaît. ¶ 자유가 아니면 죽음을 달라 Tuez-moi plutôt que de me priver de liberté / Je préfère mourir plutôt que d'être privé(*e*) de liberté. ¶ 여성들이 참정권을 달라고 외쳤다 Les femmes crièrent en réclamant le droit politique.

조동 rends-moi un service en+*p.pr.*, s'il te plaît ((verbe auxiliaire de service que le locuteur demande)). ¶ 나 대신 숙제 좀 해 다오 Peux-tu faire les devoirs à ma place, s'il te plaît? ¶ 그 사람은 나에게 문을 열어 달라고 했다 Il me demanda d'ouvrir [de lui ouvrir] la porte.

달달 부 ① ((춥거나 두려워서)) gla gla; brrr! ((onomatopée accompagnée de tremblements convulsifs à peine perceptibles ainsi que de légers claquements de dents; balbutiements de peur ou de froid)). ¶ 추워서 ~ 떨다 trembler [grelotter, frissonner] de froid, claquer des dents (de froid). ¶ 무서워서 ~ 떨다 trembler [grelotter, frissonner] de peur, claquer des dents (de peur). ② 볶는 모양 avec insistance. ¶ 멸치를 ~ 볶다 griller des anchois (sur un feu fort). ¶ 사람을 ~ 볶아대다 s'acharner sur [contre] *qn*, harceler *qn*, accabler *qn*, assaillir *qn*, tarabuster *qn*, asticoter *qn*, demander *qc* inlassablement à *qn*; réclamer *qc* à *qn* avec insistance, importuner *qn* (pour obtenir *qc*), malmener *qn*, rendre la vie impossible à *qn*. ¶ 아이들이 놀러 가자고 ~ 볶으니 견딜 재간이 있어야지 Mes enfants m'ont harcelé en me demandant d'aller jouer, alors, je n'ai pas pu leur résister / Les enfants me l'ont demandé avec tellement d'insistance que je n'ai pas pu faire autrement que d'aller jouer avec eux. ③ 외우는 태도나 모양 par cœur, complètement, d'un bout à l'autre. ¶ ~ 외우다 apprendre par cœur [complètement, d'un bout à l'autre].

달뜨다 자 ((마음이)) s'exciter, s'agiter; ne pas tenir en place, ne pas pouvoir rester tranquille, ne pas pouvoir tenir en place, avoir la bougeotte {*fam*}; être impatient(*e*), excité(*e*), ravi(*e*), enchanté(*e*), agité(*e*), nerveux(*se*), troublé(*e*), turbulent(*e*), dans tous *ses* états. ¶ 그 남자는 마음이 내내 달떠 있었다 Il était tout le temps excité. ¶ 눈이 오자 연인들은 모두 달떴다 La neige a rendu les amoureux euphoriques / La tombée de la neige a ravi [a enchanté] tous les amoureux.

달라 영{dollar} 명 ☞ 달러

달라붙다 자 ① (*se*) coller, s'accrocher, adhérer à *qc*, se fixer, s'attacher, se clouer, s'épingler, s'agrafer, se river, se cramponner, s'agripper. ¶

껌이 내 잠바에 달라붙어 떨어지지 않는다 Le chewing-gum collé à ma veste [sur ma veste] ne s'en va pas [ne part pas] / Je n'arrive pas à détacher le chewing-gum de ma veste. ¶ 아이가 엄마에게 달라붙어 떨어지려 하지 않는다 Le bébé s'est agrippé à sa maman, et ne veut pas se détacher d'elle / Le bébé, agrippé à sa maman, ne veut pas la lâcher. ¶ 재는 늘 사장에게 달라붙어 아첨을 한다 Celui(Celle)-là [Ce type] ne cesse de flatter bassement [servilement] le P.-d.g. ② 일에 매달리다 se concentrer, se consacrer à *qn*, se donner, se vouer entièrement à *qc*. ¶ 그 남자는 밤낮 없이 신기술 개발하는 데에만 달라붙어 있다 Il se consacre jour et nuit [uniquement] au développement des nouvelles technologies. ③ 입맛에 딱 맞다 être délicieu*x*(*se*), exquis(*e*), excellent(*e*), savoureu*x*(*se*), succulent(*e*), délectable; fondre dans la bouche; être un (vrai) régal [délice]. ¶ 입에 착 달라붙네! C'est un vrai régal [délice]! / Ça fond dans la bouche! / Je me régale! / C'est succulent [exquis]! ④ 옷이 꼭 끼이다 mouler le corps, être moulant(*e*), collant(*e*), très ajusté(*e*); ((un vêtement mouillé)) coller étroitement ((à la peau, aux cuisses)). ¶ 그 여자는 몸에 착 달라붙는 청바지를 입었다 Elle porte un jean très moulant [très ajusté].

달라지다 자 changer; être changé(*e*), modifié(*e*); subir une modification; se transformer, se modifier; varier. ¶ 수리 후 집이 많이 달라졌다 La maison a beaucoup changé après les travaux. ¶ 서울의 모습이 많이 달라졌다 Séoul a beaucoup changé. ¶ 그 사람은 성격이 많이 달라졌다 Son caractère a beaucoup changé. ¶ 그 사람은 얼굴빛이 갑자기 달라졌다 Tout d'un coup, son visage a changé de couleur. ¶ 우리 집의 분위기가 확 달라졌다 L'ambiance de notre maison est complètement changée. ¶ 달라진 것은 하나도 없다 Rien n'a changé / Il n'y a aucun changement / Ça n'a pas bougé d'un iota. ¶ 철마다 과일이 달라진다 Les fruits changent selon la saison.

달랑 부 uniquement, seulement; d'un pas léger, lestement, légèrement, avec légèreté, d'un bond léger, d'un bond aérien. ¶ 그 애는 배낭 하나 ~ 매고 여행을 떠났어요 Cet enfant est parti en voyage en emportant uniquement un sac à dos. ¶ 모두 떠나고 ~ 혼자 남았다 Tous sont partis. Moi seul(*e*) je reste. ¶ 천장에는 전구 한 개가 ~ 매달려 있을 뿐이었다 Au plafond, seule pendait une ampoule. ¶ 고양이가 소파에 ~ 올라앉았다 Le chat a bondi lestement [avec légèreté] sur le canapé / Le chat est monté [s'est installé] sur le canapé d'un bond léger [d'un bond aérien].

달랑거리다 자타 ① ((움직임)) tinter, remuer; s'agiter; ((비유적)) ne pas rester tranquille, avoir la bougeotte {*fam*}. ¶ 단추 하나가 달랑거리고 있다 Un bouton flotte au bout du fil. ② ((소리)) (faire) tinter, cliqueter, faire du bruit en s'entrechoquant, se heurter en faisant du bruit, tinter, cliqueter, faire un bruit de ferraille, ferrailler, émettre un son métallique. ¶ 주머니 안에서 동전 몇 닢이 달랑거렸다 Quelques pièces ont tinté dans sa poche / On a entendu quelques pièces tinter dans sa poche. ¶ 허리에 찬 물통이 달랑거렸다 Une gourde d'eau se balançait à sa hanche. ¶ 아이들이 동전을 달랑거리고 있다 Les enfants font tinter les pièces de monnaie / Les enfants jouent avec des pièces de monnaie. ③ ((동작)) bringuebaler *qc*. ¶ 아이는 어깨에 맨 가방을 달랑거리며 집으로 뛰어왔다 L'enfant a couru vers la maison en bringuebalant le sac qu'il portait sur l'épaule. ¶ 그 사람은 음식이 든 비닐봉지를 달랑거리고 있다 Il bringuebale le sac plastique qui contient de la nourriture.

달랑달랑[1] 부 ((idéophone évoquant le balancement léger de petits objets suspendus)). ¶ 나뭇가지에 풋열매가 ~ 매달려 있다 Des fruits pas encore mûrs se balancent dans les branches.

달랑달랑[2] 부 sur le point de tomber [de lâcher]; 거의 바닥나다 sur le point d'être complètement épuisé(*e*); à sec.

◆**_하다** 형 ① 매달려 가볍게 흔들리다 être lâche, desserré(*e*), relâché(*e*), détendu(*e*); être sur le point de tomber [de lâcher]. ¶ 손잡이[소매 단추]가 ~해서 곧 떨어질 것 같다 La poignée de la porte est tellement mal fixée qu'elle est sur le point de tomber [Le fil qui maintient le bouton de ma manche est devenu si [est tellement] lâche que celui-ci est sur le point de se détacher [de tomber]]. ***목이 ~하다** risquer d'être viré(*e*) à tout moment, avoir une épée de Damoclès suspendue [qui pend] au-dessus de *sa* tête, avoir (comme) une épée de Damoclès au-dessus de *sa* tête; être sur le point d'être viré(*e*) [renvoyé(*e*)], être très vulnérable, *ses* jours sont comptés. ¶ 지금 내 목이 ~해서 잘못하면 잘리게 생겼어 Au moindre faux pas (de ma part) [À la moindre faute] je serai viré(*e*) / Encore une petite faute et je suis viré(*e*) / J'ai comme une épée de Damoclès (suspendue, qui pend) au-dessus de ma tête / Je risque de perdre ma place [d'être viré(*e*)] à tout moment / Mes jours sont comptés. ② 거의 바닥나다 s'épuiser, se tarir, venir à manquer, se vider, tirer à *sa* fin, ne (presque) plus avoir de *qc*, être à sec {*fam*}, être à court de ((*qc*, argent)), manquer de *qc*. ¶ 용돈이 ~한다 Je n'ai presque plus d'argent de poche. ¶ 먹을 양식이 ~한다 Il n'y a presque plus rien à manger / Il n'y a plus grand-chose à manger / Nos réserves sont quasiment épuisées / Le frigo est quasiment vide.

달랑대다 자타 ☞ 달랑거리다

달래 명 【식물】 ail *m* sauvage.

달래다 타 ① 구슬리다 consoler, amadouer, cajoler, enjôler. ¶ 우는 아이를 ~ consoler un enfant qui pleure. ¶ 가지 않겠다는 동생을 살살 달래서 함께 갔지요 J'ai fini par y aller avec mon frère après l'avoir amadoué. ② 가라앉히다 calmer, réconforter, ramener *qn* au calme, rassurer, tranquilliser, rasséréner, apaiser ((la colère)), adoucir, attendrir, modérer, pacifier, consoler ((*qn* dans *ses* malheurs, de *sa* peine)), soulager, remonter {*fam*}. ¶ 외로움을 ~ meubler *sa* solitude ((avec quelques bons livres)); peupler *sa* solitude; charmer *sa* solitude par la lecture, la musique)). ¶ 끓어오르는 울분을 술로 ~ calmer [apaiser] la colère qui bouillonne en *soi* par l'alcool. ¶ 슬픔을 달랠 길이 없다 Il n'y a pas moyen d'apaiser sa tristesse / Il est inconsolable / Rien ne peut le consoler.

달러 명{dollar} 명 dollar *m*.

◆_**화**-貨 명 devise *f* américaine, dollar *m*. ¶ ~화를 사들이다 acquérir des dollars, acheter des dollars.

◆**암**_ 暗 명 dollar *m* du marché noir.

달려가다 자 courir vers *qc*, aller en hâte, se hâter, accourir ((vers *qn*)), courir, aller en courant, foncer, se précipiter ((vers la sortie, au-devant de *qn*, dans les bras de *qn*)), bondir ((dans le bureau de *qn*)), s'élancer précipitamment, filer; ((말이)) galoper, trotter, cavaler. ¶ 쏜살같이 ~ passer [filer] en trombe [comme un bolide] {*fam*}; filer comme une flèche [à toutes jambes] {*fam*}; foncer à toute allure [comme un fou] {*fam*}. ¶ 부상자를 구하러 사고현장으로 급히 ~ accourir sur les lieux de l'accident pour sauver les blessés. ¶ 동생은 그 사실을 알리러 형에게 달려갔다 Il a accouru vers son frère aîné pour lui annoncer la nouvelle. ¶ 말들이 결승점을 향해 달려갔다 Les chevaux galopaient en direction de la ligne d'arrivée.

달려나가다 자 courir, se précipiter, se ruer (vers), détaler. ¶ 그 사람은 잽싸게 집 밖으로 달려나갔다 Il sortit prestement de la maison en courant. ¶ 그 남자가 앞으로 달려나갔다 Il a couru droit devant lui.

달려들다 자 ① 덤비다 bondir sur *qn*, se lancer, s'élancer, s'en prendre à *qn*, sauter sur *qn*, s'élancer vers *qn*, se précipiter sur *qn*, se ruer sur *qn*, fondre sur ((*sa* proie, l'ennemi)), foncer sur ((l'ennemi)), s'abattre, se jeter (impétueusement) sur *qn*, assaillir, tomber, s'attaquer à *qn*, attaquer, charger, donner l'assaut. ¶ 강도가 칼을 들고 달려들었다 Un gangster [cambrioleur] s'est jeté sur moi avec un couteau. ¶ 개가 도둑[강도]에게 달려들었다 Le chien bondit sur le cambrioleur. ¶ 먹잇감에 달려드는 독수리 떼 une bande d'aigles fondant sur leurs proies. ¶ 투기꾼들이 달려드는 걸 막아야 한다 Il faut arrêter[contrer] la ruée des spéculateurs. ② 가담하다 se jeter, se lancer ((dans une affaire)), entrer dans ((un mouvement)); se mettre à un travail [une besogne], se mettre à+*inf*, s'y mettre ((tous ensemble)). ¶ 모두 한꺼번에 달려들어 일을 끝냈습니다 Nous nous sommes mis(es) au travail tou(te)s ensemble et l'avons fini une fois pour toutes. ¶ 신소재 개발에 너도 나도 달려들었지만 성공한 사람은 극소수입니다 Beaucoup de gens, comme vous [toi] et moi, se sont lancés dans le développement des matériaux nouveaux, mais très peu (de personnes) ont réussi.

달려오다 자 accourir, courir, venir [arriver] en courant [en (toute) hâte], ((쏜살같이)) arriver comme un cyclone [en cyclone, en trombe, comme un bolide], se précipiter ((dans les bras de *qn*)), se jeter sur, se ruer sur, s'élancer vers *qn*, filer; ((말이)) galoper, trotter, cavaler. ¶ 그 친구는 내 전화를 받고 한걸음에 달려왔다 Il est venu d'une traite après avoir reçu mon coup de téléphone [mon appel]. ¶ 그 여자는 나를 잡으러 쏜살같이 달려왔다 Elle s'est jetée [a bondi, s'est précipitée, s'est ruée, s'est élancée] sur moi pour m'attraper.

달력 -曆 명 calendrier *m*. ¶ 탁상용 ~ un calendrier de bureau. ¶ 메모용~ un agenda de bureau. ¶ 만년~ un calendrier perpétuel. ¶ 한 장씩 떼는 ~ un calendrier bloc [américain, à effeuiller]. ¶ ~을 넘기다 tourner les pages du calendrier; feuilleter [parcourir] le calendrier. ¶ ~을 보다[확인하다] consulter [regarder] le calendrier. ¶ ~을 보고 날짜를 확인하다 vérifier une date sur le calendrier. ¶ ~에 X표를 [동그라미를] 쳐서 날짜를 기억하다 marquer une date d'une croix [d'un rond] sur le calendrier pour ne pas l'oublier.

달리 부 ① 다르게 différemment, contrairement à. ¶ 그 사람은 말과는 ~ 늘 소극적으로 행동한다 Contrairement à ce qu'il dit, il se comporte toujours passivement. ¶ 마음을 ~ 먹다 changer d'avis. ¶ 당초에 우리가 예상했던 바와는 ~ 일이 잘 안 풀린다 Contrairement à ce que nous avions prévu au début, les affaires ne marchent [n'avancent] pas bien. ② 특별히 spécialement, particulièrement. ¶ ~ 좋은 수가 없다 Il n'y a pas de moyen particulièrement meilleur. ¶ 내 성의니까 ~ 생각 말고 받아라 C'est un petit signe d'affection de ma part. Prends-le sans y porter d'attention particulière. ¶ ~ 이상한 점은 없었나요? N'y avait-il pas de choses particulièrement anormales [étranges]?

달리기 명 course *f* à pied, jogging *m*, footing *m*; course *f* de vitesse. ¶ 100m ~ le cent mètres, ((courir)) un cent mètres. ¶ ~는 건강에 좋다 La course à pied est bonne [Faire du footing est bon] pour la santé. ◇_(**를**) **하다** courir, faire la course [un jogging, un footing]. ¶ 그 사람은 아침마다 ~를 한다 Il fait son jogging [un footing] tous les matins. ¶ 그 사람은 형과 ~를 하곤 했다 Il faisait la course avec son frère aîné.

달리다[1] 자 ① 붙어있다 pendre ((aux branches)), être accroché(*e*) à *qc*, attaché(*e*), lié(*e*), noué(*e*), fixé(*e*) à *qc*, pendu(*e*) à *qc*, suspendu(*e*) ((au plafond)); ((단추가)) être cousu(*e*); 가설되다 être installé(*e*), établi(*e*), être muni(*e*), pourvu(*e*), doté(*e*) de *qc*.

¶ 사과가 주렁주렁 달려 있다 Les (branches des) pommiers sont lourdement chargé(*e*)s de fruits. ¶ 처마에 고드름이 달렸다 Des stalactites de glace pendent sous l'avant-toit. ¶ 고양이 목에 달린 방울 un grelot [une clochette] accroché(*e*) autour du cou du chat. ¶ 멋진 손잡이가 달린 옷장 une armoire munie d'une jolie poignée. ¶ 단추가 네 개 달린 양복 저고리 une veste de costume à quatre boutons. ② 의존하다 dépendre de *qc*/*qn*, relever de *qc*/*qn*, relever du ressort de *qn*, être du ressort de *qn*, être sous tutelle de *qn*, appartenir à *qn*, faire partie de *qc*. ¶ 성공하고 못하고는 너의 노력에 달려 있다 Réussir ou non dépend de tes efforts. ¶ 그 사람의 승진은 내 손에 달려 있다 Sa promotion relève de mon pouvoir. ¶ 그 일의 성패는 네가 최선을 다하느냐 아니냐에 달렸다 La réussite ou l'échec de cette affaire dépend de toi [des efforts que tu fourniras, de ta persévérance]. ¶ 교육부에 달린 기관 un organisme qui relève du ministère de l'Education nationale.

달리다[2] 재타 ① 뛰다 courir ((vers *qn*, chez un ami, le marathon)), filer {*fam*}; 달려가다 accourir vers *qn*, se hâter, se précipiter; ((차량이)) rouler, filer {*fam*}, ((쏜살같이)) foncer ((sur l'autoroute)); ((눈 위를)) glisser ((sur la neige)); ((말이)) galoper, trotter, cavaler. ¶ 썰매를 타고 눈 위를 ~ glisser sur la neige avec un traîneau [une luge]; faire de la luge. ¶ 100미터를 11초에 ~ courir le 100 mètres en 11 secondes; faire [réaliser] 11 secondes au cent mètres. ¶ 차가 시속 100km로 달린다 La voiture roule à 100 km (à l') heure / La voiture fait du 100 km / h. ¶ 그 녀석이 쫓아오지 못하게 힘껏 달렸다 J'ai couru de toutes mes forces [à toutes jambes, à perdre haleine] pour que ce type ne puisse me rattraper [suivre]. ¶ 철길 위를 달리는 열차 un train qui roule sur les rails. ② ((최첨단을)) se placer, se mettre, se classer, se trouver. ¶ 극과 극을 ~ se trouver à deux extrémités (opposées). ¶ 최첨단을 ~ être [se trouver] à la pointe de *qc*. ¶ 말을 ~ mettre [faire aller] un cheval au galop [au trot]; faire galoper [faire courir, faire trotter] un cheval, ((드물게)) galoper un cheval; lancer un cheval au galop, aller au galop. ¶ 그 회사는 연간 매출액에 있어 수년간 계속 1위를 달렸다 En termes de chiffre d'affaires, cette société a continué de se classer au premier rang [à la première place] depuis des années.

***달리는 말에 채찍질하다** encourager *qn* qui travaille déjà de son plein gré, pour qu'il fasse encore mieux.

달리다[3] 재 ① 부족하다 manquer, être insuffisant(*e*), faire défaut; être en pénurie de ((médicaments)), être à court de *qc* ((d'argent, d'arguments, d'idées)), être à bout de ((forces, ressources, arguments, nerfs, souffle)), être dépourvu(*e*) de *qc*; ne pas avoir assez de *qc*. ¶ 힘[체력]이 ~ manquer de force, ne pas être assez fort, être frêle, avoir une constitution fragile. ¶ 일손이 ~ La main-d'œuvre manque [est insuffisante]. ¶ 자본이 ~ On a un manque de capitaux / Les capitaux sont insuffisants. ② ((능력이)) ne pas être à la hauteur, ne pas être capable de *qc*. ¶ 이 일을 하기에는 그 사람의 능력이 달린다 Il n'est pas à la hauteur de ce travail.

달리하다 타 ① ((태도나 상태 따위를)) être différent(*e*) de, varier, avoir ((des opinions)) différent(*e*)s; diverger; ne pas être ((du même avis)), ne pas partager ((l'avis de *qn*)). ¶ 나는 그 사람과 의견을 달리한다 Lui et moi, nous sommes d'avis différents / Je ne partage pas son avis / Je ne suis pas du même avis que lui / Nos avis divergent / Mon point de vue est différent du sien / Mon opinion est différente de la sienne. ¶ 그 사람은 나와 운명을 달리했다 Il a pris un chemin différent du mien. ② ((행동을)) changer; différer; être différent(*e*) de. ¶ 그 사람은 얼른 표정을 달리했다 Il a très vite changé de visage [d'expression]. ¶ 나는 이 문제에 대해서 그 사람과 해법을 달리한다 J'ai une solution au problème différente de la sienne.

달맞이꽃 명 primevère *m* jaune.

달변 達辯 명 volubilité *f*, éloquence *f*, faconde *f*, loquacité *f*, facilité *f* d'élocution. ◇_**이다** être volubile, loquace, éloquent(*e*), avoir la parole facile, avoir une élocution aisée, avoir le don de la parole, parler [s'exprimer] avec facilité [avec aisance], avoir de l'éloquence, être un brillant causeur [un bon orateur, un orateur éloquent, un orateur disert {*litt*}]. ¶ 그 사람은 아주 ~이다 Il est volubile [loquace] / Il parle [s'exprime] avec facilité [avec aisance] / Il a la parole facile / Il a une élocution aisée / Il a le don de la parole / Il est éloquent / Il a de l'éloquence / Il a une grande facilité d'élocution / Il est disert {*litt*} / C'est un brillant causeur [un bon orateur, un orateur éloquent, un orateur disert {*litt*}].

◆_**가** -家 명 bon orateur *m*, personne *f* éloquente, brillant causeur *m*, orateur *m* éloquent [disert {*litt*}].

달성 達成 명 accomplissement *m*; achèvement *m*; réalisation *f*. ◇_(**을**) **하다** atteindre, accomplir, achever, réaliser. ¶ 목표를 ~하다 atteindre *son* but. ◇_(**이**) **되다** ((l'objectif, le but)) être atteint(*e*), accompli(*e*). ¶ 수출이 원래의 기대치보다 초과 ~되었다 L'objectif pour les exportations a été dépassé.

달싹거리다 재 être soulevé(*e*) et retomber à plusieurs reprises, se soulever et retomber à répétition, faire de petits mouvements, être agité(*e*) d'un petit mouvement de bas en haut; trembler, trembloter, frémir. ¶ 물이 끓어 주전자 뚜껑이 달싹거린다 Comme l'eau bout, le couvercle de la bouilloire tremblote.

타 soulever un objet et le laisser retomber à plusieurs reprises, secouer *qc*; remuer ((les lèvres)), ballotter *qc*; osciller, se balancer, s'agiter, être

ㄷ

secoué(*e*) (de secousses horizontales); ((어깨, 궁둥이를)) secouer ((les épaules, les fesses)) légèrement, s'agiter, se tortiller ((sur *sa* chaise)), tortiller; ((입술을)) remuer ((les lèvres)). ¶ 그 야자는 무슨 말을 하려는 듯 입술을 달싹거렸다 Elle remua les lèvres comme si elle allait dire quelque chose.

달싹이다 재타 ☞ 달싹거리다

달싹하다 재 remuer légèrement. ¶ 꼼짝 달싹하지 말고 있어라 Ne bouge pas (ne serait-ce que) d'un pouce / Reste strictement [parfaitement] immobile. 타 bouger légèrement, bouger un petit peu, faire de petits mouvements. ¶ 나는 손끝 하나 달싹할 수 없었다 Je ne pouvais plus rien bouger, pas même le petit doigt / Je ne pouvais pas bouger d'un pouce [du tout] / J'étais complètement coincé(*e*).

ㄷ

달아나다 재 ① s'enfuir ((à toutes jambes)), se sauver, s'échapper, s'évader ((de prison)), prendre la fuite, filer {*fam*} ((à l'anglaise)), se barrer {*fam*}, se casser {*fam*}, se débiner {*fam*}, se tailler {*fam*}, se tirer {*vulg*}, se trisser {*fam*}, ficher [foutre] le camp {*fam*}. ¶ 죄수가 달아났다 Le prisonnier s'est évadé [échappé]. ¶ 달아나는 적을 뒤쫓다 poursuivre les ennemis en fuite [déroute]. ② 떨어져 나가다 disparaître, s'envoler. ¶ 단추 하나가 어디론지 달아나 버렸다 Un bouton a disparu je ne sais où. ③ ((의욕, 생각 따위가)) disparaître, s'évanouir. ¶ 그 말을 듣고 나니 잠이 다 달아났다 Après avoir entendu ces mots [À ces mots], j'étais complètement réveillé(*e*) [je n'avais plus du tout envie de dormir] / Ces propos m'ont fait passer l'envie de dormir. ¶ 개를 다시 보니[보자마자] 그곳에 가고 싶은 생각이 싹 달아났다 Lorsque j'ai vu ce type [Voyant sa tronche {*fam*}], je n'avais plus aucune envie d'y aller [l'envie d'y aller m'était complètement passée].

달아매다 타 accrocher *qc* et le nouer; attacher, fixer, suspendre, ligoter, ligaturer, amarrer, ancrer, lier, relier, nouer, cramponner, atteler, enchaîner, lacer, ficeler à *qc*, sangler, accoler ((un cep)). ¶ 소의 목에 방울을 ~ suspendre une cloche(tte) [clarine] au cou d'une vache. ¶ 모자에 리본을 ~ attacher un ruban sur le chapeau.

달아오르다 재 ① devenir (très) chaud(*e*), chauffer, devenir brûlant(*e*); ((쇠가)) être chauffé(*e*) au rouge [à blanc, jusqu'à l'incandescence], ((une barre de fer)) être porté(*e*) au rouge; ((사람이)) commencer à avoir (très) chaud; ((기온이)) commencer à faire très chaud; ((토론, 경쟁이)) s'échauffer. ¶ 난로가 벌겋게 ~ Le poêle est très chaud [est chauffé au rouge] / Le radiateur est brûlant [très chaud]. ② ((몸이나 얼굴이)) rougir ((jusqu'aux oreilles; de honte, de colère)), s'empourprer ((de honte, de colère)), devenir rouge ((comme une pivoine, une tomate, un coquelicot))], avoir le visage rougi ((de colère)), piquer un fard [un soleil], être rouge ((de colère)); avoir le visage en feu, avoir le sang qui monte au visage; ((열로)) être brûlant(*e*) de fièvre, ((열로 이마가)) avoir ((le front)) brûlant de fièvre. ¶ 술을 마셔 얼굴이 ~ avoir le visage allumé [rougi, enluminé] par la boisson. ¶ 그 말을 듣고 부끄러워 얼굴이 화끈 달아올랐다 À ces mots, je devins rouge de honte [je piquai un fard, mon visage s'empourpra de honte]. ③ ((분위기나 상태가)) chauffer, se rehausser (le moral, le courage). ¶ 우리 팀이 한 골을 기록하자 경기장에 열기가 달아올랐다 Lorsque notre équipe a marqué un but, l'ambiance était survoltée.

달음박질 명 ☞ 달음질

달음질 명 course *f* à pied. ¶ 그 사람은 ~을 잘한다 Il court bien. ◇ _(을) **치다[하다]** courir.

달이다 타 (faire) infuser ((du thé, des herbes médicinales)), faire infuser [faire, préparer] ((du thé)); faire réduire *qc* (par ébullition); ((한약을)) faire [préparer] une décoction de *qc*, faire bouillir à petit feu, bouillonner, faire bouillotter ((des produits pharmaceutiques orientaux)). ¶ 간장을 ~ faire bouillir (à petit feu) du soja dans de l'eau salée pour fabriquer de la sauce de soja. ¶ 한약을 ~ faire [préparer] une décoction de [faire bouillir à petit feu des, bouillonner des, faire bouillotter des] produits pharmaceutiques orientaux. ¶ 고로쇠나무 수액을 달여 시럽을 만들다 fabriquer du sirop en faisant bouillir de l'essence d'*Acer mono* [érable d'Asie]. ¶ 인삼을 달여 먹다 préparer une décoction de ginseng puis la boire.

달인 達人 명 expert *m*; personne *f* spécialisée dans ((un domaine)); maître *m*, virtuose *mf*, grand(*e*) spécialiste *mf*; sage *m*; personne *f* qui a compris la nature des choses. ¶ 검술의 ~ une fine lame. ¶ 무도의 ~ un (grand) maître des arts martiaux, un expert en arts martiaux. ¶ 크로스워드 퍼즐의 ~ un(*e*) spécialiste des mots-croisés. ¶ ~의 경지에 이르다 arriver au niveau d'un grand maître.

달짝지근하다 형 ① ((맛이)) être assez doux(*ce*); être douceâtre [douçâtre], doucereux(*se*); avoir un goût un peu sucré. ¶ 달짝지근한 맛 un goût douceâtre. ¶ 설탕을 많이 넣어서 음식이 ~ Le plat est un peu trop sucré. ¶ 그 사람은 커피를 항상 너무 달짝지근하게 탄다 Il met toujours beaucoup trop de sucre dans son café / Il sucre toujours (beaucoup) trop son café. ② ((말이나 태도가)) être mielleux(*se*). ¶ 달짝지근한 말로 여자를 유혹하다 séduire les femmes avec de douces paroles [par des paroles mielleuses]. ¶ 그 남자는 누구한테나 달짝지근하게 군다 Il se montre mielleux avec tout le monde.

달차근하다 형 ☞ 달짝지근하다

달착지근하다 형 ☞ 달짝지근하다

달치다 재 ① ((쇠나 돌 따위가)) devenir chaud(*e*), chauffer, devenir brûlant(*e*); ((쇠가)) être chauffé(*e*) au rouge (vif) [à blanc, jusqu'à l'incandescence], être incandescent(*e*), ((une barre de fer)) être porté(*e*) au rouge. ¶ 쇠가 시뻘겋게 달쳤다 Le fer est chauffé au rouge [à blanc] / Le fer est incandescent. ② ((얼굴이나 몸이)) avoir ((les joues)) en feu; se mettre à rougir, rougir ((jusqu'aux oreilles; de honte, de colère)), devenir rouge ((comme une pivoine, une tomate, un coquelicot))], avoir le visage rougi, être rouge ((de colère)); avoir le visage en feu, avoir le sang qui monte au visage; ((열로)) être brûlant(*e*) de fièvre, ((열로 이마가)) avoir ((le front)) brûlant de fièvre. ¶ 나는 얼굴이 화끈화끈 달쳐 왔다 J'avais le rouge [le sang] qui montait au visage. ③ 몹시 안타깝고 흥분되다 brûler [mourir] d'impatience, s'impatienter de+*inf*, mourir d'envie de+*inf*; être sur des charbons ardents [sur le gril {*fam*}]; être anxieux(*se*), agacé(*e*), exaspéré(*e*). ¶ 나는 애가 타고 속이 달쳤다 Je brûlais d'impatience. ④ 졸아들다 ((du thé, des herbes médicinales)) infuser; ((한약을)) ((une décoction, des produits pharmaceutiques orientaux)) bouillir à petit feu, bouillonner, bouillotter; réduire (par ébullition). ¶ 약[국]이 너무 달쳤다 La décoction médicinale [La soupe] a bouilli trop longtemps.

달카닥 부 clac, clic-clac ((onomatopée imitant un claquement sec)). ¶ 수화기를 ~ 놓다 reposer le combiné [raccrocher] bruyamment [avec un clac, en faisant clac]. ¶ 자물쇠 열리는 소리가 ~ 났다 On entendit le bruit de l'ouverture d'un cadenas.

◆_ **거리다[대다]** 자타 produire un claquement sec; faire clic-clac.

달칵 부 avec fracas, bang, bruyamment ((onomatopée imitant un fracas, un choc brusque)). ¶ 등 뒤에서 문이 ~ 닫혀버렸다 La porte s'est refermée bruyamment derrière mon dos / La porte s'est refermée avec fracas derrière mon dos.

달콤 어근

◆_ **하다** 형 ① ((맛이)) être sucré(*e*); être assez doux(*ce*); être douceâtre [douçâtre]. ¶ 이 술은 ~한 맛이 난다 Cet alcool a un goût sucré / C'est un alcool sucré. ¶ 이 사과는 시면서도 ~하다 Cette pomme a un goût aigre doux. ② ((말씨나 태도가)) être doucereux(*se*), mielleux(*se*). ¶ 순진한 사람을 ~한 말로 꾀다[속이다] séduire [tromper] les innocents avec des mots mielleux [par des paroles mielleuses]. ¶ ~한 꿈에 젖다 plonger dans un doux rêve, rêvasser. ¶ 그는 모처럼 ~하게 낮잠을 즐길 수 있었다 Il a enfin pu s'offrir une bonne sieste.

◆_ **히** 부 doucement, doucereusement, mielleusement. ¶ 잠결에 그 사람의 목소리가 ~히 들려왔다 Sa voix m'était parvenue doucement dans mon sommeil / Endormi(*e*), j'ai entendu sa voix douce comme dans un rêve.

달통하다 達通- 형 maîtriser ((une spécialité)); être versé(*e*) dans [en] *qc* {*litt*}, être habile [très compétent(*e*)] en *qc*, s'y connaître en *qc*, s'y entendre ((pour cuisiner)); connaître *qc* à fond [sur le bout du doigt, sur le bout des doigts, par cœur]. ¶ 그 사람은 경제 문제에 달통한 사람이다 Il est le spécialiste incontesté des questions économiques / Il s'y connaît en économie. ¶ 세상의 이치에 ~ connaître profondément le principe du monde et de la vie. ¶ 사서삼경을 ~ maîtriser les Quatre Livres et les Trois Classiques.

달팽이 명 escargot *m*.

◆_ **요리** -料理 명 escargots *mpl* à la bourguignonne, plat *m* d'escargots.

◆**식용**_ 食用- 명 escargots *mpl* comestibles.

달포 명 bon mois *m*. ¶ 그 친구가 프랑스로 간 지 ~가 된다 Cela fait un bon mois qu'il est parti pour la France. ¶ 공사가 끝나는 데 ~가량 걸렸다 Il a fallu un bon mois pour finir les travaux.

달필 達筆 명 belle écriture *f*, belle main *f*. ¶ ~로 써내려가다 avoir une belle [jolie] écriture, bien écrire. ◇_ **이다** avoir une belle [jolie] écriture, bien écrire. ¶ 그 사람은 ~이다 Il a une belle [jolie] écriture.

◆_ **가** -家 명 belle main *f*, bon calligraphe *m*.

달하다 達- 자 arriver à ((destination, l'âge adulte)), aboutir à *qc*, gagner ((le sommet d'une montagne)), parvenir à ((au sommet de la gloire)), rejoindre; ((수량이)) s'élever à *qc*, atteindre, monter, se chiffrer à *qc*. ¶ 목적지[산정]에 ~ arriver à destination [atteindre le sommet, parvenir au sommet, gagner le sommet d'une montagne]. ¶ 성인에 ~ arriver à l'âge adulte; atteindre [arriver à] la majorité. ¶ 빚[손해]이 수천만 원에 달한다 La dette [Les pertes] s'élève(nt) à plusieurs dizaines de millions de wons. ¶ 전 세계의 언어의 수는 약 3000 개에 달한다 Le nombre de langues dans le monde est de 3 000 environ. ¶ 매년 약 2만 명에 달하는 사람들이 이곳을 방문한다 Chaque année, près de vingt mille personnes visitent cet endroit. ¶ 축제가 절정에 달했다 La fête a atteint son apogée / La fête bat son plein.

타 accomplir, achever, réaliser, atteindre ((*son* objectif)); ¶ 목적에[을] ~ atteindre [réaliser] *son* objectif [but].

닭 명 ((암탉)) poule *f*; ((수탉)) coq *m*; ((식용닭)) poulet *m*. ¶ ~이 운다 Le coq chante [pousse des cocoricos]. ¶ ~이 알을 낳는다 La poule pond. ¶ ~을 치다[키우다, 기르다] élever des poules[faire de l'élevage de poules]. ¶ ~을 잡다 tuer un poulet [une poule].

*__소 ~ 보듯 하다__ se regarder l'un l'autre de manière indifférente, sans se prêter attention, s'ignorer complètement.

*__~ 잡아 먹고 오리발 내밀다__ feindre l'innocence, faire l'innocent, faire celui qui ne sait rien, faire comme si de rien n'était.

*__~ 쫓던 개 지붕 쳐다보다__ être frustré(*e*) dans *sa* tentative [dans *son* espoir].

*__~이 먼저냐 달걀이 먼저냐__ Qui de l'œuf ou de la poule est arrivé [est apparu] en premier? / Qui fut le premier, l'œuf ou la poule?

*암탉이 울면 집안이 망한다 Si l'épouse domine [Si la femme dirige], la maison fait faillite [c'est la catastrophe] / La femme doit se taire et être discrète.
◆_고기 명 (viande *f* de) poulet *m*.
◆_곰탕 -湯 명 *gomtang m* de poulet <potage gras de poulet, bouillon gras de poulet>.
◆_백숙 -白熟 명 *baeksuk m* de poulet <une poule farcie de riz glutineux et aromatisée de grains d'ail; gruau de poulet>.
◆_싸움 명 combat *m* de coqs.
◆_장 -場 명 poulailler *m*.
◆_죽 -粥 명 *dakjuk m* <bouillie de poulet avec du riz>.
◆_집 명 ① cage *m* à poule; poulailler *m*. ② restaurant *m* de poulet.
◆_찜 명 poulet *m* cuit à l'étouffée.
◆_튀김 명 poulet *m* frit, friture *f* de poulet.
◆싸움_ 명 coq *m* de combat.

닭도리탕 -湯 명 ragoût *m* piquant de poulet.

닭살 명 chair *f* de poule; ((피부)) la peau *f* grenue. ¶ 그 사람은 피부가 ~이다 Il a la peau grenue. ◇_(이) 돋다 avoir la chair de poule; être exaspéré(*e*) par *qc*, donner de l'urticaire [des boutons]. ¶ 날씨가 갑자기 추워져서 팔에 ~이 돋았다 L'arrivée soudaine du froid nous a donné la chair de poule. ¶ 그 여자가 하도 잘난 체해서 ~이 돋을 지경이었다 Son attitude hautaine [méprisante] nous donnait de l'urticaire {*fam*} [des boutons]. ¶ 저 커플은 애정표현이 지나쳐서 ~이 돋을 지경이다 Ce couple qui s'embrasse en public sans arrêt me donne des boutons [de l'urticaire] / Je ne supporte pas [Je tolère mal] de voir s'embrasser en public ce couple sans arrêt [de manière exagérée].

닭싸움 명 ① combat *m* de coqs. ¶ ~을 구경하다 assister à un combat de coqs. ② ((놀이)) jeu *m* du coq <jeu d'enfants qui consiste à se bousculer en sautillant sur un pied [à cloche-pied] en maintenant l'autre pied dans la main>. ◇_(을) 하다 jouer au jeu du coq. ¶ 아이들이 ~ 하기 위해 편을 가른다 Les enfants se divisent en deux camps pour jouer au jeu du coq.

닮다 재 être semblable, pareil(*le*) ressemblant(*e*); ressembler à *qn*/*qc*; tenir de *qn*; ((서로)) se ressembler. ¶ 구별할 수 없을 만큼 ~ se ressembler comme deux gouttes d'eau [trait pour trait]. ¶ 그 여자는 내 여동생과 (서로) 닮았다 Cette femme ressemble à ma sœur cadette [petite sœur]. ¶ 그 형제는 서로 꼭 닮았다 Ces frères se ressemblent beaucoup. ¶ 그 둘은 생김새가[성격이] 꼭 닮았다 Ils se ressemblent beaucoup physiquement [Il y a entre eux une affinité de caractère]. ¶ 그들은 조금도 닮지 않았다 Ils ne se ressemblent pas du tout [en rien] / Ils sont complètement différents l'un de l'autre. ¶ 부부가 오래 같이 살면 서로 닮는다 Un homme et une femme qui vivent longtemps en couple finissent par se ressembler.
타 ressembler à *qn*. ¶ 아기가 아버지를 쏙 빼 닮았다 C'est le portrait vivant [tout le portrait, l'image vivante, le portrait (craché {*fam*}), la copie conforme, le sosie] de son père / C'est son père tout craché {*fam*} / Ce bébé ressemble sous toutes les coutures [en tous points, comme deux gouttes d'eau, parfaitement] à son père / On dirait son père bébé. ¶ 그 남자는 제 형을 닮아서 공부를 잘한다 Il est aussi brillant que son frère aîné pour les études / Comme son frère aîné, il est brillant pour les études.

닮은꼴 명 ① 【수학】 homomorphisme *m*; morphisme *m*; figure *f* semblable. ¶ ~ 삼각형 un triangle équilatéral. ② 생김새 ressemblance *f*. ¶ 아버지와 아들이 딱 ~이다. Le père et le fils se ressemblent beaucoup[comme deux gouttes d'eau] / Le fils est le portrait craché de son père.

닮음비 -比 명 【수학】 rapport *m* de similitude.

닳다 재 ① 마모되다 s'user, s'abîmer; être usé(*e*), abîmé(*e*), râpé(*e*), élimé(*e*). ¶ 연필심이 닳았다 La mine du crayon est usée. ¶ 옷소매가 닳았다 La manche du vêtement est râpée. ¶ 내 구두가 다 닳았다 Mes chaussures sont complètement usées [éculées]. ¶ 뒤축이 닳은 구두 les chaussures dont les talons sont usés. ¶ 닳아빠진 운동화 les chaussures de sport complètement usées. ¶ 브레이크 패드가 다 닳아서 교체해야 한다 Il faut changer le patin (des freins) car il est complètement usé. ¶ 손바닥이 다 닳도록 빌다 supplier [demander] à genoux [à deux genoux]; tomber [se jeter] à genoux; implorer *qn*. ② ((비유적)) être usé(*e*) par ((les vicissitudes de la vie)); être avili(*e*), dégradé(*e*). ¶ 세파에 시달려 닳고 닳은 사람 un homme usé par les vicissitudes de la vie. ¶ 그 사람은 나이도 젊은데 너무 닳아 빠졌어 Cet homme semble déjà avili malgré son jeune âge.
*마르고 닳도록 éternellement.

담[1] 명 ((돌)) mur *m*; muraille *f*; ((판자)) clôture *f*; ((나무)) haie *f*. ¶ ~을 두르다[둘러치다] entourer[enclore] *qc* d'un mur [d'une haie]. ¶ ~을 넘다 passer par-dessus un mur; escalader une muraille [un mur]. ¶ ~을 타다 grimper sur un mur, escalader un mur. ¶ ~을 뛰어넘다 sauter (par-dessus) une haie. ¶ ~을 쌓다 construire [bâtir] un mur (de clôture). ¶ ~ 쌓는 데도 공법이 있다 Même quand on construit un mur, il y a une technique (à respecter).
*~을 쌓다 rompre avec *qn*; débrayer de *qc*; en finir avec *qc*; se défaire de *qc*, se détacher de *qc*. ¶ 공부와는 ~을 쌓고 놀기만 한다 Il s'est détaché de ses études et ne fait que s'amuser. ¶ 나는 그 사람하고는 이제 담을 쌓았다 J'ai rompu toutes relations avec lui / C'est fini entre lui et moi. ¶ 나쁜 습관과 ~을 쌓다 se défaire d'une mauvaise habitude.
◆_벼락[벽] -[壁] 명 face *f* latérale d'un mur; ((미련한 사람)) personne *f* peu sensible [de marbre], tête

f de pioche {*fam*}, tête *f* dure. ¶ 자동차가 ~벼락을 들이받았다. La voiture a heurté [a accroché] le mur.

◆_**장** 牆 명 mur *m*. ¶ ~장 너머로 집 안을 들여다보다 regarder dans une maison par-dessus le mur.

◆**흙[벽돌, 돌]**_ 명 mur *m* de terre [de briques, de pierre].

담[2] 痰 명 ① 가래 crachat *m*; expectoration *f* ((purulente, sanguinolente)); 【의학】 pituite *f*, flegme *m*. ¶ ~을 뱉다 cracher, expectorer. ¶ 목에 ~이 끓어오른다 avoir des glaires (qui remontent) dans la gorge. ¶ ~이 생기다 avoir la gorge encombrée[prise], avoir les bronches obstruées. ② 【한의】 congestion *f*; ((결리고 아픈 증상)) point *m* de côté; crampe *f*, douleur *f*. ¶ ~이 결리다 avoir un point de côté, ressentir un picotement dans le côté. ¶ ~이 들다 avoir une congestion pulmonaire.

담[3] 膽 명 ① 담낭 vésicule *f* biliaire; ((동물의)) fiel *m*. ¶ 웅담은 ~에 좋다고 한다. (On dit que) le fiel d'ours est bon pour la vésicule biliaire. ② 용기 aplomb *m*, audace *f*, courage *m*, intrépidité *f*, fermeté *f*, cran *m* {*fam*}. ¶ ~을 키우다 se redonner du courage; se remettre du cœur au ventre {*fam*}. ¶ 그는 ~이 크다 Il a du cran[de l'aplomb, du cœur au ventre]. ¶ 그는 ~이 작다[약하다] Il manque de courage[de cran].

◆_**력** -力 명 audace *f*, courage *m*, aplomb *m*, cran *m* {*fam*}, culot *m* {*fam*}.

◆_**즙** -汁 명 bile *f*; ((동물의)) fiel *m*.

담-[4] 淡- 접두 clair(*e*), pâle. ¶ ~청색 le bleu pâle [clair]. ¶ ~홍색 le rouge clair. ¶ ~황색 le jaune clair [pâle].

담그다 타 ① ((물에)) plonger [immerger, tremper, mettre, baigner] *qc* dans ((l'eau)); mettre *qc* à tremper [macérer] ((dans un liquide)). ¶ 발을 시냇물에 ~ se baigner [se tremper] les pieds dans un ruisseau. ¶ 빨래를 물에 ~ tremper du linge dans l'eau. ② ((김치를)) fabriquer ((du *gimchi*)), préparer ((au vinaigre, à la saumure)), faire macérer ((des cornichons dans du vinaigre)); faire mariner *qc*; ((포도주를)) faire cuver ((le vin)), ((맥주를)) brasser ((la bière)). ¶ 김치를 ~ fabriquer du *gimchi*; conserver [faire macérer] des légumes (choux chinois, navets.) dans la saumure. ¶ 간장을 ~ fabriquer de la sauce de soja. ¶ 포도주를 ~ faire cuver le vin. ¶ 젓갈을 ~ fabriquer de la saumure de poisson.

담금질 명 trempe *f* ((de l'acier)). ◇_(을) **하다** tremper l'acier. ¶ 쇠는 ~을 해야 단단해 진다 Il faut tremper l'acier pour qu'il durcisse.

담기다 자 ① ((그릇에)) être plongé(*e*), se plonger; être trempé(*e*), se tremper; être mis(*e*), placé(*e*), contenu(*e*) dans *qc*. ¶ 컵에 담긴 물 l'eau mise dans un verre. ② ((비유적)) être plein(*e*) de *qc*, chargé(*e*) de *qc* ((d'espoir)); être gravé(*e*) dans la mémoire. ¶ 그 편지에는 무슨 내용이 담겨 있니? Quel est le contenu de cette lettre? ¶ 사연이 담긴 목걸이 un collier chargé d'histoire [ayant une histoire]. ¶ 정이 가득 담긴 눈빛 un regard chargé [plein] d'affection. ¶ 정성이 가득 담긴 선물 un cadeau plein de sincérité.

담낭 膽囊 명 vésicule *f* biliaire; bile *f*.

◆_**염** -炎 명 cholécystite *f*.

담다 타 ① ((그릇에)) mettre, placer *qc* ((à l'intérieur d'un objet, dans un vase, dans une caisse)), introduire *qc* dans *qc*; remplir [garnir] ((un récipient)) de *qc*; empoter; bourrer ((une pipe)). ¶ 그릇에 음식을 ~ mettre de la nourriture dans un récipient [un bol]; remplir [garnir] un récipient de *qc*. ¶ 물을 가득 담은 병 une bouteille remplie d'eau. ② 포함시키다 contenir, charger, remplir *qc* de *qc*. ¶ 농촌 풍경을 화폭에 ~ dessiner un paysage de campagne sur une toile. ¶ 하고 싶은 말을 가슴에 담아 두다 contenir [laisser] dans *son* cœur les mots que l'on a envie de dire. ¶ 그 남자의 사랑을 담은 편지 une lettre contenant [chargée de] *son* amour. ③ ((입에)) dire, répéter ((des grossièretés)). ¶ 그의 말을 차마 입에 담을 수가 없다 Je ne peux pas dire ce qu'il a dit / Je n'oserais pas [jamais] dire ce qu'il a dit / Il m'est impossible de répéter ce qu'il a dit [de répéter ses propos].

***입에 담지 못할 욕설** une injure à peine croyable, une injure ineffable, des obscénités que *je* ne saurais répéter.

담담하다 淡淡- 형 ① ((맛)) avoir peu de goût; avoir un goût insipide [fade]. ¶ 음식 맛이 ~ Ça a un goût insipide / Ça n'a pas de goût / C'est fade. ¶ 국이 ~ Le bouillon [La soupe] est fade. ② 차분하고 평온하다 être calme, tranquille, serein(*e*) ¶ 담담한 목소리로 이야기하다 parler d'une voix blanche [d'une voix indifférente, d'une voix neutre]. ¶ 담담한 얼굴[표정] un visage indifférent [un air détaché]. ¶ 그 분은 여자에 대해서 담담한 사람이다 C'est un homme indifférent aux femmes / C'est un homme qui ne s'intéresse pas aux femmes. ¶ 최선을 다한 지금 내 심정은 담담할 뿐이다 Maintenant que j'ai fait de mon mieux, je suis tranquille. ¶ 담담하게 시험 결과를 기다리다 attendre bien sagement [tranquillement] le résultat d'un examen. ¶ 패배를 담담하게 인정하다[받아들이다] accepter *sa* défaite bien sagement [tranquillement, calmement]. ③ 객관적이다 être désintéressé(*e*), détaché(*e*). ¶ 담담한 필치로 지나온 자기 인생을 적어나가다 continuer à écrire *sa* vie passée avec détachement [avec flegme, avec impassibilité]. ④ ((빛, 색이)) être clair(*e*); être sans éclat. ¶ 담담한 색채 une couleur claire[sans éclat, pâle]. ¶ 담담한 달빛 un clair de lune sans éclat.

◆**담담히** 부 avec indifférence; tranquillement, calmement, sagement; d'un ton égal. ¶ 충고를 담담히 받아들이다 accepter calmement [sagement] un conseil. ¶ 세상을 등지고 담담히 지내다 se détacher du monde et mener une vie tranquille. ¶ 담담히 죽음을 맞이하다 affronter la mort avec sérénité.

담당 擔當 명 charge *f*, responsabilité *f*; prise *f* en charge. ¶ ~ 검사 le procureur chargé de la conduite du procès. ¶ ~ 구역 la zone [le territoire] dont on est responsable; ((경관 등의)) le territoire ((d'un policier)). ¶ ~ 변호사 un(*e*) avocat(*e*) chargé(*e*) d'une affaire, un(*e*) avocat(*e*) responsable. ¶ ~ 의사 le médecin chargé d'un patient; le médecin responsable. ¶ 이 일은 내 ~이 아니다. Ce travail n'est pas le mien / Je ne suis pas chargé(*e*) de cette affaire / Ce n'est pas moi qui m'occupe de ce travail. ¶ 모임이 있을 때면 그 분이 늘 요리 ~이다 Chaque fois qu'il y a une réunion, c'est toujours lui qui est de cuisine [qui fait la cuisine, qui s'occupe de la cuisine]. ◇_(을) **하다** se charger de *qc*; prendre *qc* en charge[en main(s)]; s'occuper de *qc*; assumer ((une fonction, un rôle, une tâche, une responsabilité)). ¶ 그 분은 자신이 ~한 일은 틀림없이 해낸다. Il achève sans faute tout ce qu'il prend en charge. ¶ 회사에서 회계를 ~하고 있다 Il est responsable de la comptabilité dans son entreprise. ◇_(을) **시키다** charger *qn* de *qc*; ((직무를)) désigner[nommer] *qn* pour faire [entreprendre] *qc*. ¶ 사장은 그 일을 그 분에게 ~시켰다 Le patron l'a nommé(*e*) [l'a désigné(*e*)] responsable de ce travail.

◆_**관** -官 명 responsable *mf*; administra*teur*(*trice*); personne *f* responsable.

◆_**자** -者 명 responsable *mf* ((de *qc*)); préposé(*e*); personne *f* chargée[responsable] de *qc*/*inf*. ¶ ~자에게 문의하시기 바랍니다 Adressez-vous au responsable. ¶ 그 남자가 ~자를 찾았다 Il voulait voir le(*la*) responsable / Il est allé voir celui qui s'occupait [la personne chargée] de cette affaire.

담대하다 膽大- 형 être courageu*x*(*se*), audacieu*x*(*se*), hardi(*e*), intrépide, avoir du cran {*fam*}. ¶ 그 사람은 무척 ~ Il est très courageux [audacieux]. ¶ 담대한 마음 un cœur courageux. ¶ 그 사람은 무척 담대하게 행동했다 Il a agi très courageusement.

◆**담대히** 부 courageusement, avec courage. ¶ 그 사람은 항상 담대히 행동한다 Il se comporte toujours très courageusement.

담력 膽力 명 audace *f*; courage *m*; cran *m* {*fam*}; aplomb *m*; culot *m* {*fam*}. ¶ ~을 과시하다 déployer *son* audace [*son* courage], faire ostentation de *son* audace [de *son* courage]. ¶ ~을 기르다[키우다] essayer de dominer *sa* peur [cultiver *son* courage]. ¶ ~을 불어넣다 aider *qn* à dominer *sa* peur. ¶ ~을 시험하다 mettre le courage de *qn* à l'épreuve. ◇_**이 있다** être courageu*x*(*se*), audacieu*x*(*se*), hardi(*e*), brave, ne pas avoir froid aux yeux, avoir de l'aplomb, avoir du culot {*fam*}, avoir du cran {*fam*}. ◇_**이 없다** ne pas être courageu*x*(*se*), manquer de courage [d'audace]); être couard(*e*), lâche, peureu*x*(*se*); être dégonflé(*e*) {*fam*}, manquer de cran {*fam*}.

담록색 淡綠色 명 vert(*e*) clair(*e*).

담론 談論 명 discussion *f*, débat *m*, entretien *m*, conversation *f*. ¶ 거대 ~ une grande discussion; un grand débat. ¶ 시국 ~ un débat sur la situation actuelle du pays. ¶ 시국에 대해 ~을 나누다 s'entretenir de la situation actuelle (du pays). ◇_(을) **하다** débattre avec *qn* d'un sujet, s'entretenir avec *qn*; discuter avec *qn*.

담박 부 ☞ 단박

담박하다 淡泊- 형 ☞ 담백하다

담배 명 ① ((식물)) tabac *m*. ¶ ~ 농장 une plantation[un champ] de tabac. ¶ ~를 재배하다 cultiver le tabac. ② ((궐련)) cigarette *f*, clope *f* {*fam*}; ((엽궐련)) cigare *m*; ((파이프 담배 tabac *m* à pipe; ((코담배)) tabac *m* à priser; ((씹는담배)) tabac *m* à chiquer; 말아 피는 담배 tabac *m* à rouler. ¶ ~ 한 갑[보루] un paquet[une cartouche] de cigarettes. ¶ ~ 한 개피 une cigarette; un cigare; une clope {*fam*}. ¶ 필터가 달린 ~ une cigarette avec filtre. ¶ ~ 가게 le(*s*) bureau(*x*) de tabac; un tabac, ((chez le/la)) buraliste. ¶ ~ 연기 la fumée de tabac, la fumée de cigarette [de cigare]. ¶ ~연기를 내뿜다 souffler la fumée de cigarette [de cigare]. ¶ ~를 권하다 tendre [proposer, offrir] une cigarette à *qn*. ¶ ~를 말다 rouler une cigarette. ¶ ~를 줄이다 fumer moins, diminuer les cigarettes. ¶ ~를 끊다 arrêter de fumer; arrêter la cigarette. ¶ ~를 입에 물다 amener une cigarette à *sa* bouche; avoir une cigarette [une clope {*fam*}] à la bouche [au bec {*fam*}]. ¶ ~에 불을 붙이다 allumer une cigarette. ¶ ~가 떨어지다 n'avoir plus de cigarettes, être en panne de cigarettes. ¶ ~가 순하다[맵다] La cigarette est légère [forte]. ¶ 그 사람은 ~를 많이 피운다. Il fume beaucoup [comme un pompier] / C'est un gros fumeur / C'est une vraie cheminée. ¶ ~ 피우세요? Vous fumez? ¶ ~ 좀 피워도 됩니까? Puis-je fumer? / Cela ne vous dérange pas si je fume? ¶ 그 분은 대학에 들어와서 ~를 배웠다 Il a commencé à fumer une fois entré à la fac. ¶ 그 분은 피우던 ~를 땅에 버렸다 Il a jeté par terre la cigarette qu'il fumait. ¶ ~ 하나 얻을 수 있습니까? Pourriez-vous me donner [passer] une cigarette?

◆_**꽁초** 명 mégot *m*, clope *f* {*fam*}. ¶ ~꽁초를 아무데나 버리지 말아라 Ne jette pas tes mégots n'importe où.

◆_**ㅅ갑** 명 boîte *f* de cigarettes; étui *m* à cigarettes.

◆_**ㅅ값** 명 prix *m* d'un paquet de cigarettes [des cigarettes].

◆_**ㅅ대** 명 pipe *f* traditionnelle coréenne. ¶ ~ㅅ대에 담배를 채우다 bourrer *sa* pipe.

◆_**ㅅ불** 명 ☞ 담뱃불

◆_**ㅅ잎** 명 feuille *f* de tabac. ¶ ~ㅅ잎을 말아 피우다 rouler une feuille de tabac pour la fumer.

◆_ㅅ재 명 cendre *f* d'une cigarette. ¶ ~ㅅ재를 아무데나 떨다 secouer[faire tomber] la cendre de *sa* cigarette n'importe où

◆_쌈지 명 tabatière *f*.

◆코_ 명 tabac *m* à priser.

담백하다 淡白- 형 ① ((맛이)) être lég*er*(*ère*). ¶ 담백한 음식 une cuisine légère. ¶ 이 식당은 음식 맛이 ~ On mange des plats légers dans ce restaurant. ② ((색깔이)) être net(*te*), clair(*e*); être gai(*e*), lég*er*(*ère*), naturel(*le*). ¶ 담백한 색깔 une couleur claire. ③ ((성격이)) être simple; être sobre, naturel(*le*); être sans apprêt [sans manières] sans affectation. ¶ 그 여자는 담백하고 솔직한 성격이다 Elle a un caractère franc et sans apprêt. ¶ 담백하게 한복을 차려입다 s'habiller d'un costume traditionnel coréen en toute simplicité [de façon naturelle, sans manières].

담뱃불 명 feu *m*, cigarette *f* allumée, mégot *m* allumé. ¶ ~을 붙이다[끄다] allumer [éteindre] une cigarette [un mégot]. ¶ ~을 빌리다 demander à *qn* du feu (pour allumer une cigarette), emprunter un mégot (à *qn*) pour allumer *sa* cigarette.

담벼락 명 (surface *f* d'un) mur *m*. ¶ ~에 기대다 s'appuyer contre le mur.

담보 擔保 명 gage *m*; garantie *f*; 【법률】 hypothèque *f*, nantissement *m*. ¶ 집을 담보로 잡다 prendre une hypothèque sur une maison, hypothéquer une maison. ¶ 그는 집을 ~로 (잡고[하고]) 돈을 빌려주었다 Il lui a prêté de l'argent en prenant l'hypothèque [en gage] de sa maison. ¶ 집을 ~로 잡히다 hypothéquer une maison. ¶ ~를 잡히고 돈을 빌리다 emprunter (de l'argent) sur hypothèque. ¶ ~를 해제하고 저당물을 도로 찾다 payer une hypothèque, faire la purge d'une hypothèque.

◆_대출 -貸出 명 emprunt *m* sur hypothèque.

◆_물 -物 명 objet *m* hypothéqué.

담비 명 martre *f*, marte *f*; ((흰담비)) hermine *f*. ¶ ~ 가죽 la peau d'une martre; ((제품)) cuir d'une martre.

담뿍 부 ☞ 듬뿍

담석 膽石 명 calcul *m* biliaire.

◆_증 -症 명 coliques *fpl* hépatiques.

담소 談笑 명 entretien *m* familier; conversation *f* agréable. ¶ 방문객과 ~를 나누다 discuter [avoir une conversation agréable] avec un visiteur. ¶ 그 분은 친구들과 ~를 나누며 오후를 보냈다 Il a passé l'après-midi à discuter avec ses amis.

담수 淡水 명 eau(*x*) *f* douce. ¶ 염수를 ~로 만들다 faire de l'eau douce avec de l'eau salée.

◆_어 -魚 명 poisson *m* d'eau douce.

◆_호 -湖 명 lac *m* d'eau douce.

담시 譚詩 【문학】 명 poème *m* narratif.

담요 毯- 명 couverture *f* (de laine). ¶ 붉은 ~ une couverture rouge. ¶ ~를 널다 étendre une couverture. ¶ ~를 덮다 se couvrir [se revêtir] d'une couverture, s'abriter sous une couverture. ¶ ~를 빨다 laver une couverture. ¶ ~를 펴다 mettre une couverture; faire *son* lit. ¶ ~를 뒤집어쓰고 누워 있다 rester couché(*e*), enveloppé(*e*) dans une couverture. ¶ ~를 두르고 앉아 있다 rester assis(*e*), enroulé(*e*) dans une couverture.

담임 擔任 명 ① charge *f*, responsabilité *f*. ¶ 학급의 ~을 맡다 prendre une classe en charge, avoir la charge d'une classe. ② ((사람)) responsable *mf*, personne *f* responsable de *qc*; personne *f* en charge. ¶ 우리 ~ 선생님 le professeur responsable de notre classe.

◆_교사 -敎師 명 professeur *m* en charge [responsable] d'une classe.

담장이 명 ☞ 담쟁이

담쟁이 명 lierre *m*. ¶ ~ 덩굴 des crampons du lierre. ¶ ~ 잎 une feuille de lierre. ¶ ~로 덮인 집 une maison couverte de lierres.

담청색 淡靑色 명 bleu *m* clair; azur *m*.

담판 談判 명 négociation *f*; entretien *m*; dialogue *m*; pourparlers *mpl*. ◇_(을) 짓다[하다] négocier avec *qn*; engager des négociations avec *qn*; traiter *qc* avec *qn*; entrer en pourparlers avec *qn*; parlementer avec *qn*. ¶ 노조가 임금문제를 놓고 회사측과 ~을 지었다. Le syndicat ouvrier a traité du problème des salaires avec le patronat. ¶ 오늘은 기어이 ~을 짓고야 말겠다. Il faut absolument que j'engage des négociations aujourd'hui.

담합 談合 명 ((의논)) consultation *f*; conférence *f*; collusion *f*; complicité *f*; connivence *f*. ¶ 업자들 간의 ~을 금지하는 법률을 제정했다. Ils ont établi une loi qui interdit la collusion entre compagnies. ◇_(을) 하다 agir de connivence avec *qn*; être complice. ¶ 업체들끼리 ~하여 가격을 올렸다. Les compagnies ont agi de connivence pour augmenter les prix. ¶ 자기들끼리만 ~하여 나를 따돌린다. Ils agissent de connivence pour m'exclure.

담홍색 淡紅色 명 rouge *m* clair.

담화 談話 명 ① 의견 표명 discours *m* (public), allocution *f*, déclaration *f*. ¶ 대통령이 특별 ~를 발표했다. Le président de la République a prononcé un discours [une allocution] spécial(*e*). ② 이야기 conversation *f*, entretien *m*; dialogue *m*. ¶ ~ 내용을 밝히다 révéler le contenu d'une conversation. ¶ 양측의 대표가 만나 ~를 나누었다. Les représentants des deux côtés se sont rencontrés pour discuter [pour avoir une conversation]. ③ 【언어】 discours *m*. ¶ ~ 언어학 linguistique discursive. ◇_(를) 하다 avoir une conversation avec *qn*; discuter avec *qn*; s'entretenir avec *qn*; dialoguer avec *qn*; parler avec *qn*.

◆_문 -文 명 discours *m* officiel; allocution *f*. ¶ ~문을 내다[발표하다] prononcer [faire] un discours.

◆_분석 -分析 명 【언어】 analyse *f* du discours.

◆노변_ 爐邊 명 causerie *f* au coin du feu.

담황색 淡黃色 명 jaune *m* clair; jaune *m* paille.

답 答 명 ① 대답 réponse *f*; réplique *f*, riposte *f*, repartie [répartie] *f*. ¶ 곤란한 질문에 대한 ~을 미루다 [회피하다] tarder à [éviter de] répondre à une question embarrassante. ② 시험문제의 풀이 réponse *f*; solution *f*; explication *f*. ¶ 문제의 ~을 말하다 donner la solution [la réponse] à une question, répondre à une question. ¶ ~이 맞다[틀리다] La réponse est bonne [mauvaise] / La réponse est correcte [fausse]. ¶ 이 문제는 ~이 없다. Il n'y a aucune solution [aucune réponse] à cette question [à ce problème]. ¶ 문제마다 ~을 달다 inscrire une réponse pour chaque question. ◇_(을) **하다** répondre à *qn*/*qc*; faire [donner] une réponse à *qn*. ¶ 애매하게 ~하다 répondre d'une façon ambiguë, faire une réponse de Normand, répondre en Normand, tergiverser. ¶ 쉽게 ~할 수 없는 문제 une question à laquelle il n'est pas facile de répondre, une question difficile à répondre. ¶ 빨리 ~을 하시죠 Répondez-y vite! ¶ 그는 사절단을 죽임으로써 적국의 휴전 제의에 ~을 했다. Il a tué la délégation [les envoyés] de l'ennemi pour répondre à la proposition de trêve.

-답니다 ((contraction de –다고 합니다)) ((suffixe flexionnel de terminaison phrastique déclarative de citation. Il s'ajoute après le radical de l'adjectif quelle que soit sa forme, et après le suffixe flexionnel préfinal honorifique -시/-으시. Si le radical verbal est déjà marqué par les suffixes flexionnels préfinaux temporels -았/-었 ou-겠, il s'ajoute après ces suffixes que ce soit le verbe ou l'adjectif. Utilisé entre les adultes réciproquement ou à l'adresse d'un interlocuteur supérieur, il exprime une politesse et un respect corrects et protocolaires)). ¶ 그가 아프~ Il dit qu'il est malade. ¶ 대사님께서는 거기에 안가시겠~ M. l'ambassadeur ne souhaiterait pas y aller.

-답다 접미 ① ((자격)) être digne de *qc*; être comme *qn*/*qc*; (-답게) agir comme attendu. ((suffixe flexionnel indiquant la similitude de dignité ou de valeur avec *qc* ou *qn*)) ¶ 과연 너~ C'est bien digne de toi / Ça te ressemble bien. ¶ 그런 짓은 너답지 않다 C'est indigne de toi. / Cela ne te ressemble pas. ¶ 너답지 않게 왜 이러니? Pourquoi tu fais ça? Ce n'est pas digne de toi. ¶ 어른~ faire montre de maturité. ¶ 사람~ être humain(*e*), décent(*e*). ¶ 평소~ être comme d'ordinaire. ¶ 그는 가장답게 행동했다 Il s'est conduit comme un chef de famille. ¶ 신사다운 행동 une conduite qui convient à un homme distingué. ¶ 그러한 행동이야 말로 학생다운 태도로구나 C'est ce qu'on appelle un comportement digne d'un(*e*) étudiant(*e*). ¶ 그 분은 참 인간다운 데가 있어 Il a une grande humanité / Il est très humain. ¶ 사람답지 않은 것 같으니 Il n'est pas digne d'un homme. ¶ 파리는 역시 세계의 문화도시다운 데가 있다 Paris est digne d'être considérée comme une grande ville culturelle du monde. ¶ 길다운 길이 없다 Il n'y a aucune route digne de ce nom. ¶ 형이라면 형답게 행동해라 Si tu es l'aîné [*son* aîné], agis comme tel! ¶ 어른답게 행동해라 Comporte-toi en [comme un] adulte. ¶ 그 분은 위기 상황에도 일국의 원수답게 의연하게 행동했다 Il s'est comporté fermement en tant que Chef d'État (comme il se doit) même dans les situations critiques. ¶ 그는 한 집안을 이끄는 가장답게 그 정도 일에는 흔들리지 않았다 Il n'a pas été ébranlé pour si peu et est resté digne comme il se doit d'un chef de famille. ② ((성질)) ((suffixe adjectival qui exprime souvent quelque chose de manière métaphorique)). ¶ 꽃~ être comme une fleur; être jolie. ¶ 정~ être amical(*e*); être attaché(*e*), être affectueux(*se*), tendre. ¶ 참다운 인간상 un modèle d'humanité digne de ce nom. ¶ 그 분은 평소답지 않게 매우 초조해 했다 Il était très impatient contrairement à son habitude.

답답하다 형 ① ((사물이)) être étouffant(*e*), être suffocant(*e*), asphyxiant(*e*); ((사람이)) être [se sentir] étouffé(*e*), oppressé(*e*), pressuré(*e*), étouffer, s'ennuyer. ¶ 가슴이 답답해 Je me sens oppressé(*e*) [étouffé(*e*)] / Je sens un poids sur la poitrine / Je me sens pressuré(*e*). ¶ 시골에 있으면 답답해 J'étouffe à la campagne / Je m'ennuie à la campagne. ¶ 그 답답한 커튼 좀 걷으렴 Ouvre ces rideaux! On étouffe / Tire un peu ces rideaux, on étouffe ici! ¶ 창문이 모두 닫혀 있어서 방안이 ~ Je me sens étouffé(*e*) [on se sent étouffé] dans cette pièce parce que toutes les fenêtres sont fermées / Comme toutes ses fenêtres sont fermées, cette pièce est étouffante. ② ((옷이)) ((vêtement)) serrer *qn*; ((사람이)) être gêné(*e*), guindé(*e*); être (trop) serré(*e*), être à l'étroit, être mal à l'aise ((dans un vêtement)); étouffer. ¶ 이 옷은 답답하지 않으실 겁니다 Vous ne serez pas gêné(*e*) [trop serré(*e*), trop à l'étroit, mal à l'aise] dans ce vêtement. ¶ 춥다고 옷을 너무 많이 껴입었더니 ~ J'étouffe sous tous ces [ces tonnes de] vêtements que j'ai mis parce qu'il faisait froid. ③ 속이 달다 étouffer; être [se sentir] anxieux(*se*), nerveux(*se*), inquiet(*ète*); être frustré(*e*); s'inquiéter, s'en faire, se préoccuper. ¶ 속이 ~ J'étouffe / Je me sens étouffé(*e*) [oppressé(*e*)] / Je me sens lourd(*e*) / J'ai l'estomac lourd. ¶ 소식을 몰라 답답한 마음에 그 분의 집을 수소문했다 Je mourrais d'envie d'avoir de ses nouvelles et j'ai essayé de trouver son adresse. ¶ 무슨 생각을 하는지 도무지 말을 안 하니 ~ Ça m'ennuie qu'il ne parle pas et de ne pas savoir ce qu'il pense. ¶ 내 뜻을 그렇게도 몰라주니 답답해 죽겠다 Je me sens frustré(*e*) [Ça m'énerve] parce qu'il ne comprend pas mon intention [pourquoi j'ai fait cela]. ④ 고지식하다 être intransigeant(*e*); être demeuré(*e*); 둔하다 être empoté(*e*), obtus(*e*); lourd(*e*); 편협하다 être borné(*e*), bouché(*e*) (à l'émeri {*fam*}); 융통성 없다 manquer de souplesse.

¶ 그 사람은 꽤나 답답한 성격이다 Il a l'esprit assez borné / Il est pas mal bouché, ce type {*fam*}. ¶ 일을 참 답답하게 하고 있군 Tu travailles de façon empotée! ¶ 그렇게 답답하게 굴지 말고 생각을 좀 해 봐 Ne sois plus borné, mais essaie de penser [réfléchir]!

◆**답답히** 㫐 fastidieusement; de façon bornée [empotée]. ¶ ~ 굴다 agir de façon bornée [empotée].

답례 答禮 㫐 réponse *f* à un salut; civilités *fpl* rendues; action *de* rendre des civilités. ¶ 국회의장의 방문에 대하여 ~ 사절을 프랑스에 파견하였다 On a envoyé une délégation en France en réponse à la visite du président de la Chambre des députés. ¶ 그 분은 선물에 대한 ~로 나에게 옷을 사 주었다 Il m'a acheté un vêtement parce que je lui avais offert un cadeau / Il m'a acheté un vêtement pour me remercier d'un cadeau que je lui avais offert. ◇_(를) **하다** rendre des civilités à *qn*; rendre le salut à *qn*; répondre au salut de *qn*; ((선물을)) faire un cadeau en retour à *qn*. ¶ 그 분은 나에게 ~했다 Il m'a rendu mon salut. ¶ 선생님의 친절에 대해 어떻게든 ~를 해야겠다 Je veux absolument montrer ma reconnaissance à ce professeur [ce monsieur, cette dame] qui a été si gentil(*le*) avec moi.

◆_**품** -品 㫐 cadeau(*x*) *m* de remerciement.

답변 答辯 㫐 réponse *f*; ((변명)) explication *f*. ¶ 애매한 ~ une réponse équivoque [de Normand]. ¶ ~을 구하다 demander une réponse [une explication] à *qn*; demander des comptes à *qn*; demander des explications à *qn* sur *qc*. ¶ ~에 궁하다 demeurer [rester] interloqué(*e*); hésiter dans *ses* réponses; ne savoir que répondre, ne pas savoir quoi répondre. ¶ 무엇에 대해 ~을 회피하다 éviter de répondre à *qc*. ¶ 누구의 무엇에 대한 ~을 듣다 écouter la réponse de *qn* sur *qc*. ¶ ~ 자료를 준비하다[제출하다, 작성하다] préparer [présenter, rédiger] des documents pour la réponse. ¶ 질문에 대한 ~이 (제대로) 됐는지 모르겠다. Je me demande [doute] si j'ai bien répondu [répondu correctement] à la question. ¶ 우리 요구 사항에 대한 회사 측 ~은 언제 주시겠습니까? Quand est-ce que vous me donnerez la réponse du patronat au sujet de nos revendications? ¶ 이 문제에 대한 그 분의 ~이 어떤지 궁금하다. Je suis curieux(*se*) de savoir quelle réponse il va me donner à cette question [à ce problème]. ◇_(을) **하다** donner [faire] une réponse à *qn* sur *qc*, répondre à *qn* sur *qc*; s'expliquer ((sur *qc*)) avec *qn*; se défendre ((contre une accusation)) devant *qn*. ¶ 총리가 국회 본회의에 나와 의원들의 대정부 질문에 대해 ~을 했다 Le Premier ministre a assisté à l'assemblée plénière pour répondre aux questions que des députés avaient posées au gouvernement. ¶ 그 분의 질문에 모르겠다고 ~했다 J'ai répondu à sa question en disant que je ne savais pas.

◆_**서** -書 㫐 lettre *f* de réponse. ¶ ~서를 제출하다 présenter une lettre de réponse.

◆_**인[자]** -人[者] 㫐 rapporteur(*se*). ¶ 국회 노동위원회에 노동부 장관이 ~자로 나왔다. Le ministre du travail s'est présenté devant le comité du travail en tant que rapporteur.

답보 踏步 㫐 제자리걸음 piétinement *m* (sur place); trépignement *m*; 정체 stagnation *f*, marasme *m*. ¶ ~ 상태 un état de stagnation. ¶ ~ 상태이다[에 있다] être stagnant(*e*), être dans un état de stagnation. ¶ ~를 거듭하다 stagner [piétiner] encore une fois [à plusieurs reprises] ◇_(를) **하다** piétiner, rester stationnaire, être stagnant(*e*). ¶ 요즘 그 일은 ~만 (계속) 하고 있다 Ces temps-ci, le travail n'avance guère.

답사[1] **答辭** 㫐 réponse *f* ((à une allocution)). ¶ ~를 대독하다 lire la réponse au nom de [à la place de] *qn*. ¶ 이제 수상자의 ~가 있겠습니다. Maintenant le lauréat va nous prononcer son discours. ◇_(를) **하다** répondre ((à une allocution)). ¶ 졸업식에서 졸업생 대표가 ~를 했다 Lors de la cérémonie de fin d'études, le délégué des étudiants diplômés a fait une allocution en réponse au discours ((du directeur)).

답사[2] **踏査** 㫐 enquête *f* ((sur les lieux)), exploration *f* ((d'un terrain)); ((광맥 따위의)) prospection *f*. ¶ 현지[현장] (사전) ~ une enquête (préalable) sur les lieux; une étude (préalable) sur le terrain. ¶ 고적 ~ une visite [une exploration] des monuments historiques. ¶ 예비 ~ une enquête [une exploration] préalable. ¶ 학술 ~ une exploration académique. ¶ ~를 떠나다 partir pour une exploration (d'un lieu historique). ¶ 방언 조사 ~에 따라가다 suivre l'équipe de l'investigation des dialectes. ◇_(를) **하다** faire une étude de [sur] *qc*; prospecter [rechercher] *qc*; explorer *qc*; enquêter sur *qc*. ¶ 광맥을 ~하다 prospecter [rechercher] les gisements minéraux. ¶ 현지를 ~하다 faire une étude sur le terrain, explorer le terrain. ¶ 문화 유적을 ~하다 visiter [explorer] des vestiges, visiter les monuments du patrimoine culturel.

답서 答書 㫐 lettre *f* de réponse; billet *m* en réponse à une lettre. ¶ ~를 보내다 envoyer une lettre de réponse. ¶ ~를 받다 recevoir une lettre de réponse.

답습 踏襲 㫐 reprise *f*; continuation *f*. ¶ 구제도의 ~만으로는 정치 발전을 이룰 수 없다 Ce n'est pas une voie de progrès politique que de suivre l'ancien système / On ne peut pas faire de progrès politique en suivant seulement l'ancien système. ◇_(을) **하다** emboîter le pas; suivre l'exemple [la politique] de *qn*. ¶ 전임자의 정책을 ~하다 reprendre [suivre, continuer] la politique de *son* prédécesseur. ¶ 전임자[선배들]의 잘못을 ~해서는 안 된다 Il ne faut pas commettre les mêmes erreurs que *ses* prédécesseurs [*ses* aînés].

답신 答信 㫐 réponse *f*. ¶ 그 분으로부터 ~이 왔다

ㄷ

J'ai reçu une réponse de sa part. ◇_(을) **하다[보내다]** donner [envoyer] une réponse.

답신서 答申書 명 rapport *m* ((de commission)).

답안 答案 명 réponse *f* écrite; copie *f* ((d'examen)). ¶ 시험 ~ une copie, une composition. ¶ 모범 ~ une bonne copie; une réponse modèle. ¶ 이 ~은 아주 훌륭하다 Cette copie est excellente. ¶ 영어 시험에 백지 ~을 내다 rendre copie [feuille] blanche à l'examen d'anglais. ¶ ~을 작성하다 rédiger [faire] *sa* copie. ¶ ~을 정정하다 revoir [corriger] *sa* copie.

◆**_지** -紙 명 copie *f*.

ㄷ

답장 答狀 명 réponse *f* (à une lettre). ¶ ~을 받다 recevoir une réponse. ¶ ~을 쓰다 écrire une réponse, répondre à une lettre. ¶ ~을 기다리다 attendre une réponse. ◇_(을) **하다[보내다, 부치다]** écrire [envoyer, poster] une réponse à une lettre; répondre à une lettre. ¶ 친구한테서 ~이 왔다 J'ai reçu une réponse de mon ami(*e*). ¶ 친구의 편지에 ~을 하다 écrire [envoyer] une réponse à la lettre d'un ami, répondre à la lettre d'un ami.

답지 答紙 명 copie *f*.

닷 관 cinq. ¶ 쌀 ~ 말[되] cinq *mal* [*doe*] de riz. ¶ 동전 ~ 냥 cinq *nyang* de pièces de monnaie. ¶ 금 ~ 돈 cinq *don* d'or. ¶ 쇠고기 ~ 근 cinq *geun* de viande.

닷새 명 ① ((기간)) cinq jours *mpl*. ¶ ~ 만에 그 분이 돌아왔다 Il est revenu cinq jours après [plus tard]. ¶ 이 일을 끝내는 데 ~(가) 걸렸다. On a achevé ce travail en cinq jours. ② ((날짜)) le cinq du mois. ¶ 팔월 초 ~에 le 5 août.

당[1] 黨 명 parti *m*; clan *m*; coterie *f*, clique *f*, faction *f*, secte *f*. ¶ ~ 강령 le programme d'un parti politique. ¶ ~ 총재 le chef d'un parti politique. ¶ ~ 간부 des personnalités [des responsables, des têtes] à l'intérieur d'un parti. ¶ 다수 ~ le parti au pouvoir; le parti majoritaire. ¶ 소수 ~ le parti de l'opposition; le parti minoritaire, la minorité. ¶ ~에 들어가다 entrer dans [adhérer à, s'inscrire à] un parti politique.

◆**_권** -權 명 pouvoir *m* au sein du parti. ¶ 그 사람의 파가 ~권을 장악했다 Sa branche a pris le pouvoir au sein du parti.

◆**_규** -規 명 règlement *m* d'un parti.

◆**_내** -內 명 (à l') intérieur *m* d'un parti; ((dans)) un parti *m*. ¶ ~ 민주화 la démocratisation d'un parti. ¶ ~ 인사 la mutation [le déplacement, le changement] du personnel d'un parti; ¶ ~ 간부 des personnalités [des responsables, des têtes] à l'intérieur d'un parti.

◆**_력** -力 명 forces *fpl* du parti. ¶ 우리는 다가오는 선거에 ~력을 집중해야 한다 Nous devons réunir nos forces pour les prochaines élections.

◆**_비** -費 명 ☞ 당비

◆**_사** -舍 명 siège *m* d'un parti.

◆**_성** -性 명 fidélité *f* au parti.

◆**_원** -員 명 membre *mf* [adhérent(*e*)] d'un parti, partisan(*e*). ¶ 열성 ~원 un(*e*) partisan(*e*) dévoué(*e*).

◆**_쟁** -爭 명 lutte *f* [combat *m*] entre les parties (politiques); rivalité *f* des partis politiques; querelle *f* au sein du parti. ¶ ~쟁이 점점 심해졌다 La querelle au sein du parti est devenue de plus en plus dure [âpre].

◆**_적** -籍 명 liste *f* (des membres) d'un parti. ¶ ~적을 보유하다 tenir [garder] la liste des membres d'un parti.

◆**_정** -政 명 parti *m* au pouvoir et gouvernement *m*. ¶ ~정 간의 협의를 거쳐 법안을 마련하다 préparer un projet de loi après une discussion entre le parti au pouvoir et le gouvernement.

◆**_풍** -風 명 esprit *m* d'un parti. ¶ ~풍을 쇄신하다 renouveler l'esprit du parti.

◆**_헌** -憲 명 règlement *m* d'un parti politique. ¶ ~헌에 따라 징계하다 sanctionner *qn* d'après le règlement du parti.

◆**공산[공화, 노동, 민주, 사회]_** 共産[共和, 勞動, 民主, 社會]- 명 parti *m* communiste [républicain, travailliste, démocrate, socialiste].

◆**야_** 野- 명 parti *m* de l'opposition, opposition *f*.

◆**여[집권]_** 與[執權]- 명 parti *m* au pouvoir, parti *m* du gouvernement.

당[2] 糖 명 sucre *m*. ¶ ~을 너무 많이 섭취하면 비만이 되기 쉽다 Si on consomme trop de sucre, on devient vite obèse.

◆**_류** -類 명 variété *f* de sucre.

당[3] 唐 명 dynastie *f* Tang. ¶ ~ 모시 un textile en ramie provenant de Chine; une étoffe en chanvre de l'époque Tang.

당[4] 堂 명 명 temple *m*; lieu(*x*) *m* de culte; pavillon *m* spirituel. ¶ 그 여자는 산 속의 ~을 찾아갔다 Elle est allée au pavillon spirituel dans la montagne.

-당[5] 當 접미 par ((tête, personne)); le ((kilo, mètre carré)). ¶ 1 인~ 국민소득 P.N.B.(produit national brut) par personne. ¶ 1 헥타~ 수확량 une récolte par hectare. ¶ 권~ 만원 dix mille wons l'exemplaire. ¶ 이곳은 땅값이 제곱미터~ 오백 유로이다 Le mètre carré dans ce quartier coûte cinq cents euros / Dans ce quartier, c'est cinq cents euros le mètre carré. ¶ (한) 편~ 천만 원의 각색료 les frais d'adaptation (d'un roman au cinéma) qui s'élèvent à dix millions de wons le film.

-당[6] 堂 접미 salle *f*. ¶ 공회~ une salle *f* de réunion publique; une salle *f* municipale. ¶ 예배~ un temple; une chapelle; une église.

당[7]**-** 當 접두 ce(*ces*, *cet*, *cette*); notre(*nos*); ledit (*ladite*, *lesdits*, *lesdites*). ¶ ~년도 매출 목표 l'objectif de vente de cette année. ¶ ~년치 le chiffre de cette année. ¶ ~사 직원의 안내를 받으시기 바랍니다. J'aimerais que vous soyez guidés par l'employé de notre compagnie.

관 ¶ 그 여자는 ~ 20 세이다. Elle a vingt ans cette année.

◆_년[해] -年 명 cette année *f*.
◆_시대 -時代 명 époque *f* contemporaine.

당[8]- 堂 접두 ¶ ~고모 une tante ((cousine (germaine) du père)). ¶ ~고모부 le mari de la cousine du père. ¶ ~숙 un cousin (germain) du père. ¶ ~숙모 la femme d'un cousin (germain) du père.

당과류 糖菓類 명 sucrerie *f*; friandise *f*. ¶ 난 ~를 좋아해. J'aime les sucreries [les friandises].

당구 撞球 명 billard *m*. ¶ ~ 시합 une partie de billard. ¶ 내기 ~ une partie de billard avec pari [sur laquelle on a parié]. ¶ 포켓 ~ le billard américain. ◇_(를) 하다[치다] jouer au billard. ¶ 그 분은 ~를 400점 친다 Il joue pour 400 points au billard.
◆_공 명 boule *f*.
◆_대 -臺 명 table *f* de billard.
◆_장 -場 명 salle *f* de billard.
◆_채 명 queue *f* de billard.

당국 當局 명 autorités *fpl*; autorité *f* compétente. ¶ ~의 책임 la responsabilité des autorités. ¶ 시~ les autorités de la ville. ¶ 학교 ~의 결정 une décision de la direction de l'école. ¶ ~의 지시에 따라 sur l'ordre des autorités. ¶ 행정[정부] ~의 책임자 le(la) responsable de l'administration [du gouvernement]. ¶ 관계 ~의 허가 없이는 건축할 수 없다. Nul ne peut construire sans autorisation des autorités publiques. ¶ ~의 허가를 받대[얻다] avoir [obtenir] l'autorisation des autorités. ¶ ~에서 대책을 마련해야 한다 Les autorités doivent préparer des mesures.
◆_자 -者 명 personne *f* détenant l'autorité; autorité *f* compétente.

당귀 當歸 명 angélique *f*; *Angelica gigas* {*nsc*} ((racine d'une plante utilisée dans la médecine chinoise comme fortifiant, calmant)).
◆_차 -茶 명 thé *m* à l'angélique.

당규 黨規 명 règlement *m* d'un parti. ¶ ~를 위반하다 violer [enfreindre] le règlement de *son* parti.

당근 명 carotte *f*. ¶ ~ 주스 un jus de carotte.
*채찍과 ~ la carotte ou [et] le bâton ((manier la carotte et le bâton)).

당기[1] 黨紀 명 discipline *f* d'un parti. ¶ 그는 ~ 문란으로 징계를 받았다 Il a été sanctionné pour infraction à la discipline de son parti.
◆_위원회 -委員會 명 comité *m* disciplinaire (des sanctions).

당기[2] 當期 명 période *f* d'un moment précis; période *f* actuelle. ¶ ~ 순이익 le bénéfice [le profit] net de la période actuelle [en question, de cette période-là].

당기다 재타 ① tirer *qc*; attirer; entraîner de force; happer *qn*. ¶ 그 사람은 의자를 책상 앞으로 바짝 당겼다 Il a approché la chaise du bureau. ¶ 아이가 엄마의 치마를 당겼다 L'enfant a tiré la jupe de sa maman. ② ((몸을)) s'approcher de, se diriger vers, se pencher sur. ¶ 그 사람은 창 쪽으로 몸을 당겼다 Il s'est penché par la fenêtre. ¶ 그 남자는 상반신을 내게로 바싹 당겼다 Il s'est penché sur moi. ③ ((불을)) allumer ((une cigarette)). ¶ 그 사람은 담배[등잔]에 불을 당겼다 Il a allumé une cigarette [une lampe]. ④ ((줄을)) tirer sur ((une corde)); tendre [bander] ((un arc)); tirer ((une flèche)). ¶ 나는 힘껏 활시위를 당겼다 J'ai bandé l'arc de toutes mes forces. ¶ 우리들은 밧줄을 힘껏 당겼다 Nous avons tiré sur la corde de toutes nos forces. ⑤ ((방아쇠를)) appuyer sur ((la gâchette)). ¶ 나는 그 사람을 향해 방아쇠를 당겼다 J'ai tiré sur lui. ⑥ ((마음이나 입맛이)) attirer *qn*/*qc*; être attiré par *qn*/*qc*; être appétissant(*e*); faire venir l'eau à la bouche; exciter, éveiller ((l'appétit, la curiosité, l'intérêt)); stimuler, augmenter, aiguiser ((l'appétit)). ¶ 나는 그 이야기에 호기심이 당겼다 Cette histoire a éveillé ma curiosité. ¶ 음식 냄새에 입맛이 당긴다 L'odeur de la nourriture ouvre l'appétit. ¶ 햇나물이 입맛을 당긴다 Les primeurs mettent l'eau à la bouche. ⑦ ((날짜나 기간을)) avancer, hâter. ¶ 나는 약속 날짜를 하루 당겼다 J'ai avancé le rendez-vous d'un jour. ⑧ ((근육이)) ressentir une courbature [des courbatures] ((dans le dos, dans les membres)), être plein(*e*) de courbatures, être courbatu(*e*), courbaturé(*e*), avoir les muscles douloureux; 【의학】 avoir des myalgies. ¶ 나는 어제 운동 때문에 다리가 당겼다 J'ai eu des courbatures aux jambes à cause du sport que j'ai fait hier. ¶ 나는 갑자기 등줄기가 당겼다 Tout d'un coup, j'ai eu mal au dos / Je ressentis soudain des courbatures dorsales [dans le dos]. ⑨ 가까이 끌려오다 s'élever. ¶ 목젖이 턱 아래로 당겨 올라갔다가 내려갔다 On a vu la pomme d'Adam monter et redescendre.
*불을 ~ éveiller, exciter, stimuler, aiguiser. ¶ 그 말은 내 호기심에 불을 당겼다 Ce mot a éveillé ma curiosité.

당나귀 唐- 명 【동물】 âne(*sse*); 암컷 bourrique *f*; baudet *m* {*pop*}.

당년 當年 명 cette année-là; en cette année-là; cette année-ci; cette année. ¶ ~에 cette année-là; en cette année-là; cette année-ci; cette année. ¶ 그는 ~ 20세이다 Il a vingt ans cette année.

당뇨 糖尿 명 glycosurie *f*. ¶ ~가 심하다 avoir beaucoup de sucre [beaucoup de glucose] dans les urines. ¶ ~ 증세가 있다 avoir un symptôme glycosurique; avoir une présence anormale de glucose dans les urines; avoir un symptôme de diabète. ¶ ~를 치료하다 traiter le diabète.
◆_병 -病 명 diabète *m* (sucré), glycosurie *f*. ¶ ~병 환자 un(*e*) diabétique, un(*e*) glycosurique. ¶ 그는 ~병에 걸렸다 Il a le diabète (sucré). ¶ ~병은 완치가 어렵다 Il est difficile de guérir complètement du diabète.

당당하다 堂堂- 형 être majestueux(*se*), imposant(*e*), plein(*e*) de dignité, plein(*e*) de majesté; être loyal(*ale*, *aux*); avoir de la magnificence, de l'éclat, du faste. ¶ 당당한 자세[태도, 풍채] une prestance [un air imposant, une dignité]. ¶ 기세가 ~ avoir de la prestance [de la dignité]. ¶ 그는 위풍(도) 당당하게 걸어나왔다 Il est apparu avec prestance [dignement, majestueusement].

◆당당히 堂堂 부 d'un air imposant, dignement, majestueusement, solennellement; loyalement; avec magnificence, avec éclat; d'une façon majestueuse [d'une façon imposante, d'une façon pleine de dignité, d'une façon pleine de majesté]; avec courage, sans avoir peur. ¶ 당당히 맞서다 combattre en homme [dignement, fièrement]; lutter avec grâce [avec majesté]. ¶ 그는 세계대회에서 당당히 1등을 했다 Il est arrivé dignement premier aux championnats du monde. ¶ 자기 소신을 당당히 피력하다 exprimer son opinion avec courage [sans avoir peur].

당대 當代 명 그 시대 époque *f* dont on parle, ((de)) cette époque-là; ((en)) une seule génération *f*, ((de)) *son* temps *m*; 지금 이 시대 présente génération *f*, (à) l'époque *f* actuelle; aujourd'hui. ¶ 그는 이 분야에서 ~ 최고이다 C'est aujourd'hui l'homme le plus fort dans ce domaine. ¶ ~ 최고[제일]의 시인 le plus grand poète de *son* [*notre*] temps. ¶ 그는 ~에는 별로 빛을 보지 못했다 Il n'était pas bien connu à l'époque. ¶ ~의 풍습 les mœurs [les us et coutumes, les usages, les coutumes, les habitudes] actuel(*le*)s [du temps présent].

◆ _인 -人 명 personne *f* de *son* temps [de *son* époque].

당도[1] 當到 명 arrivée *f*, venue *f*. ¶ 그 사람은 사령관에게 구원병의 ~를 알렸다 Il a annoncé au commandant l'arrivée des renforts. ◇_(를) **하다** arriver ((à destination)), atteindre ((le sommet)), parvenir ((au refuge)). ¶ 우리는 마침내 목적지에 ~했다 Nous sommes enfin arrivés à destination.

당도[2] 糖度 명 teneur *f* en sucre ((d'un fruit)). ¶ 그 과일은 ~가 높다[낮다] Ce fruit est bien [peu] sucré / Ce fruit est riche [pauvre] en sucre / Ce fruit contient beaucoup de [peu de] sucre.

당돌하다 唐突- 형 être insolent(*e*), impertinent(*e*), effronté(*e*), arrogant(*e*), orgueilleux(*se*), prétentieux(*se*); être présomptueux(*se*), suffisant(*e*). ¶ 당돌한 태도 une attitude effrontée, un air insolent [prétentieux] ¶ 당돌한 말투 un ton arrogant [insolent, orgueilleux]. ¶ 당돌하게 말하다 parler de façon insolente [avec un ton arrogant].

당락 當落 명 résultat *m* d'une élection; succès *m* et échec *m* ((aux élections)). ¶ ~의 가능성은 반반이다 On a autant de chance de réussite que d'échec aux élections. ¶ ~은 내일 판명될 것이다 Le résultat de l'élection sera connu demain. ¶ 투표의 ~이 결정되었다 On connaît le résultat de l'élection [du scrutin]. ¶ 선거의 ~에 관계없이[~을 개의치 않고] quel que soit le résultat de l'élection [du scrutin].

당론 黨論 명 opinion *f* d'un parti; politique *f* d'un parti; direction *f* d'un parti; discussion *f* entre les membres d'un parti. ¶ ~에 위배되는 발언을 하다 avoir un discours qui s'oppose [diffère de] à l'opinion d'un parti; parler contre un parti. ¶ ~을 정하다[고수하다] décider de [rester fidèle à, défendre avec acharnement] la politique d'un parti. ¶ ~이 분열되었다 Des scissions sont apparues dans le parti / Le parti s'est divisé.

당리당략 黨利黨略 명 n'avoir en vue que [travailler uniquement dans] l'intérêt de *son* parti. ¶ 정치인들이 너무 ~에만 얽매여 있다 Les politiciens n'ont en vue que les intérêts de leur parti.

당면[1] 當面 어근 imminence *f* ((d'une affaire)). ¶ ~ 과제 un problème à résoudre dans l'immédiat [sur le moment]. ◇_(을) **하다** se trouver en face de *qc*; être face à face; être pressant(*e*), urgent(*e*). ¶ ~한 급선무 une nécessité pressante; une affaire urgente. ¶ ~한 문제 un problème à résoudre dans l'immédiat. ¶ 우리는 그 문제에 ~해 있다 Nous sommes face à ce problème.

당면[2] 唐麵 명 vermicelle *m* de Chine [chinois] <vermicelles transparents faits à base de fécules de pommes de terre ou de patates douces>. ¶ ~으로 잡채를 만들다 faire un *japchae* avec des vermicelles chinois.

당명 黨名 명 nom *m* d'un parti.

당목 唐木 명 grand tissu *m* en coton.

당무 黨務 명 affaires *fpl* [travail *m*, travaux *mpl*] d'un parti. ¶ ~ 위원 un membre exécutif d'un parti. ¶ 정례 ~ 보고 un compte rendu des affaires régulières [des agissements] du parti. ¶ ~에 복귀하다 retourner à *son* ancien poste au parti; reprendre *ses* fonctions au parti; réintégrer *son* poste au parti. ¶ ~를 보다 s'occuper des affaires du parti. ¶ ~를 처리하다[거부하다] [ne pas] s'occuper des affaires du parti.

당밀 糖蜜 명 mélasse *f*, sirop *m*.

당번 當番 명 (tour *m* de) service *m*. ¶ ~ 일지 le(*s*) journ*al*(*aux*) tenu par les préposés à un service. ¶ 물 ~ ((être de)) service pour aller chercher l'eau. ¶ 식사 ~ ((être de)) service *m* pour (le service à) la cantine. ¶ 내가 청소 ~이다 C'est à mon tour de faire le nettoyage. ¶ 그는 오늘 ~이다 Aujourd'hui, il est de garde [de service] / Aujourd'hui, c'est à son tour de faire le service. ¶ 내일 ~ 누구니? Qui est de service demain?

◆ _병 -兵 명 soldat *m* de service [de quart] (pour le nettoyage); sentinelle *m* de garde; factionnaire *m*; soldat *m* en faction; guetteur *m*. ¶ 사단장 ~병 un ordonnance du général de division, un soldat au service du général de division.

당부[1] 當付 명 demande *f*, prière *f*, requête *f*. ¶ 부모님의 특별한 ~가 있었다 Mes parents ont fait [soumis] une requête particulière. ¶ 선생님의 ~를 잊지 말아라 N'oublie pas ce que t'a demandé de faire le professeur. ◇_(를) **하다** demander *qc* à *qn*; demander à *qn* de+*inf*; prier *qn* de+*inf*. ¶ 누구에게 시간을 지킬 것을 ~하다 demander à *qn* de respecter les délais [d'être à l'heure]. ◇_(를) **받다** être chargé(*e*) de *qc*/*inf*. ¶ 나는 (누구의) 취직 알선을 ~받았다 On m'a demandé de chercher un emploi pour *qn*.

당부[2] **當否** 명 vrai *m* ou faux *m*; juste ou faux. ¶ ~를 가려야 한다 Il faut distinguer le vrai du faux.

당분 糖分 명 sucre *m*; saccharose *m*. ¶ ~ 함유량 la teneur en sucre ((d'un fruit)). ¶ ~ 섭취 과다 l'absorption [l'assimilation] excessive de glucose. ¶ ~이 많은 음식 un aliment riche en glucose. ¶ 소변에서 ~이 검출되었다 Du sucre [Du glucose] a été décelé dans les urines.

당분간 當分間 명 pour le moment; pour l'instant; pour [pendant] quelque temps. ¶ 저는 ~ 서울을 떠나 있겠습니다 Je serai absent(*e*) de Séoul [Je ne serai pas à Séoul] pour quelque temps. ¶ ~은 아무도 안 만날 생각이다 Je ne verrai personne pendant quelque temps / Je préfère ne voir personne pour le moment.

당비 黨費 명 당의 유지비용 budget *m* d'un parti; dépenses *fpl* d'un parti; 당원비 cotisation *f* ((d'un membre d'un parti)). ¶ ~로 쓰다 dépenser [utiliser] de l'argent de la caisse du parti. ¶ ~를 마련하다 trouver le budget pour un parti.

당사[1] **黨舍** 명 siège *m* d'un parti. ¶ ~를 새로 짓다[마련하다] construire le nouveau siège d'un parti. ¶ 새 ~에 들다 entrer dans le nouveau siège d'un parti. ¶ ~를 여의도로 옮기다 déménager le siège d'un parti à Yeouido.

당사[2] **當社** 명 société *f* concernée [intéressée]; cette [*notre*] société *f*, cette [*notre*] compagnie *f*. ¶ ~는 무기한 휴업을 결정했습니다 Cette compagnie [Notre compagnie] a décidé de fermer ses portes pour quelque temps.

당사국 當事國 명 pays *m* intéressé [concerné]. ¶ 분쟁 ~ les pays concernés par un conflit. ¶ ~끼리 현안을 논의하다 discuter de problèmes en suspens entre les pays concernés.

당사자 當事者 명 personne *f* intéressée; personne *f* concernée; ((소송의)) partie *f* intéressée; ((책임자)) responsable *mf*. ¶ 소송 ~ la partie intéressée. ¶ ~들의 의견을 타진하다 consulter les intéressés. ¶ ~끼리 직접 만나 이야기해야 문제가 해결될 것이다 C'est une question [un problème] que les intéressés doivent régler entre eux / Les personnes concernées doivent se rencontrer face à face afin de régler ce problème / Une rencontre en personne devrait faciliter la résolution du problème. ¶ 그 일에 관해서는 ~ 간에 어떤 묵계가 있었던 것 같다 Il semblait qu'il y avait une sorte de convention [d'accord] tacite entre les intéressés à propos de cette affaire. ¶ ~도 아니면서 왜 끼어드세요? Pourquoi vous mêlez-vous de cette affaire alors que vous n'êtes pas concerné [alors que cela ne vous regarde pas]?

당산 堂山 명 colline *f* spirituelle (du village). ¶ 마을 사람들은 ~에 빌러 가곤 했다 Les villageois allaient prier sur la colline spirituelle.

당상 堂上 명 ① 대청 위 face *f* supérieure du parquet; sur le parquet. ② 【고제】 정 삼품 이상의 높은 벼슬 tribune *f*; parquet *m* surélevé, échelon *m* suprême du fonctionnaire; titre *m* très élevé de fonctionnaire. ¶ 그 사람은 마침내 ~에 올랐다 Il est enfin arrivé à l'échelon suprême. ③ 【고제】 서리(胥吏)가 상관을 이르는 말 titre *m* donné à un haut fonctionnaire.

◆**_관** -官 명 fonctionnaire *m* de très haut niveau. ¶ 그 사람은 ~관이 되었다 Il est devenu [a été nommé] fonctionnaire d'échelon suprême.

*__따 놓은 ~이다__ ne pas douter de *son* succès. ¶ 합격이야 따 놓은 ~이지 Il est sûr de réussir aux examens. ¶ 걱정할 리도 없지 따 놓은 ~이지 뭘 Ne t'inquiète pas! Ce sera une formalité [un jeu d'enfant] pour toi / Tu t'en fais vraiment pour rien! Je suis sûr(*e*) que tu réussiras!

당선 當選 명 ① ((선거의)) élection *f* (d'un candidat). ¶ 그 국회의원은 ~ 소식에 몹시 기뻐했다 Le député a été très heureux d'avoir été élu. ¶ ~ 가능성이 있는 후보를 공천하다[내보내다] soutenir [présenter] un(*e*) candidat(*e*) qui a des chances d'être élu(*e*). ¶ 옥중 ~ être élu(*e*) en étant en milieu carcéral. ¶ ~ 무효 소송 un procès [une poursuite] afin qu'une élection soit annulée [invalidée]; une poursuite pour obtenir l'annulation d'une élection. ② ((심사나 선발의)) obtention *f* d'un prix. ¶ ~ 소설 un roman couronné (lors d'un prix). ¶ ~ 작품 un ouvrage qui a obtenu [remporté] un prix [(qui a été) couronné]. ◇_(이) **되다** ((선거에)) être élu(*e*), gagner les élections; ((심사나 선발에)) obtenir un prix, remporter le prix. ¶ 국회의원[대통령] (선거)에 ~되다 être élu(*e*) député [président de la République]. ¶ 그의 소설이 신춘문예에 ~되었다 Son roman a reçu le prix des jeunes écrivains. ◇_(을) **시키다** faire élire *qn*. ¶ 자기 당 후보를 ~시키기 위해 노력하다 faire des efforts pour que le candidat de son parti soit élu [pour l'élection de son candidat].

◆**_권** -圈 명 bonne place *f* aux élections; chance *f* de remporter la victoire ((aux élections)). ¶ ~권 내에 있다 être en bonne place (au cours du dépouillement du scrutin); avoir des chances de remporter la victoire; être un(*e*) candidat(*e*) de premier plan.

◆**_무효** -無效 명 annulation *f* d'une élection.

◆**_사례** -謝禮 명 ((discours *m* de)) remerciements *mpl* d'un(*e*) candidat(*e*) élu(*e*).

◆**_자** -者 명 élu(*e*); lauréat(*e*); gagnant(*e*).

◆**_작** -作 명 ouvrage *m* qui a obtenu [remporté] un prix [(qui a été) couronné].

◆**무투표_** 無投票- 명 élection *f* sans scrutin.

당세 黨勢 명 influence *f* d'un parti; puissance *f* d'un parti. ¶ ~가 강하다[약하다] Le parti est puissant [influent [faible]] / L'influence du parti est en hausse [en baisse]. ¶ ~를 확장하다 étendre la puissance [l'autorité, la prépondérance, la suprématie, l'hégémonie, la domination, l'empire]d'un parti. ¶ ~를 과시하기 위한 전당대회 le rassemblement d'un parti pour faire parade de sa puissance [de sa force, de son autorité].

당수¹ 黨首 명 chef *m* d'un parti. ¶ 집권당의 ~ le chef du parti au pouvoir.

당수² 唐手 명 (coup *m* de) karaté *m*. ¶ ~로 한 대 때리다 faire une prise de karaté.

당숙 堂叔 명 cousin *m* (germain) du père. ¶ 오촌 ~ un cousin éloigné du père.

당숙모 堂叔母 명 femme *f* d'un cousin [germain] du père.

당시¹ 唐詩 명 【문학】 poème *m* [poésie *f*] de l'époque des Tang.

당시² 當時 명 cette époque-là *f*; ce temps-là *m*; cette époque *f*, ce temps *m*. ¶ 우리가 가난하게 살았던 ~를 생각해보라 Rappelle-toi le temps où nous vivions pauvrement / Pense un peu à l'époque où nous tirions le diable par la queue / Souviens-toi du temps où nous étions pauvres. ¶ ~의 상황 les circonstances [la situation] de l'époque. ¶ (그) ~에(는) à cette époque(-là); en [dans] ce temps(-là); alors; à ce moment-là. ¶ 전차가 다니던 ~에는 à l'époque où il y avait encore des tramways. ¶ 나는 전쟁 ~ 열 살이었다 J'avais dix ans quand la guerre a éclaté. ¶ (그) ~부터 depuis cette époque(-là); depuis ce temps-là; depuis ces jours-là; depuis lors; dès lors. ¶ (그) ~까지 jusqu'alors; jusque-là. ¶ ~까지 건물 안에는 나밖에 없었다 À ce moment-là [en [dans]] ce temps(-là)], il n'y avait que moi dans le bâtiment.

당신 當身 대 ① ((pronom de la 2ᵉ personne au singulier, légèrement honorifique)) toi, vous. ¶ 저녁은 내가 살 테니까 술은 ~이 사 Je paie le dîner, tu paies ta [une] tournée. ¶ ~이 뭔데 남의 일에 간섭하는 거요? Qui es-tu pour te mêler des affaires d'autrui? ¶ 이 사람이 누구한테[얻다대고] ~이야? Qui êtes-vous pour me tutoyer? / Pour qui me prenez-vous pour me tutoyer? ② ((pronom de la 2ᵉ personne au singulier, utilisé entre le couple)) toi, mon chéri [ma chérie], mon amour. ¶ ~만을 사랑해 Je n'aime que toi, mon amour / Il n'y a que toi [vous] dans ma vie, chéri(*e*) / Il n'y a que vous dans ma vie, ma chère. ③ ((pronom de la 3ᵉ personne réfléchie au singulier, honorifique)) il, monsieur; elle, madame; son, sa. ¶ 아버지는 ~의 노후를 걱정하시는 것 같았다 Mon père avait l'air de s'inquiéter pour ses vieux jours [pour sa vieillesse].

당연 當然 어근

◆**_하다** 형 être naturel(*le*), normal(*e*); être juste, correct(*e*), impartial(*e*); être inévitable, raisonnable, équitable. ¶ ~한 결과 un résultat normal [naturel]. ¶ 그것은 ~한 일이다 C'est tout naturel / C'est normal / Cela va de soi [sans dire] / Cela coule de source {*pop*}. ¶ 그가 화를 내는 것도 ~하다 Il est naturel qu'il se mette en colère / Il est normal qu'il se mette en rogne {*fam*}. ¶ 죄를 지으면 벌을 받는 것이 ~ Si on commet un crime, il est naturel d'être puni. ¶ 그는 내가 자기를 돕는 것을 ~하게 생각한다 Il trouve normal que je l'aide.

◆**_히** 부 naturellement, indiscutablement, forcément, nécessairement; (bien) évidemment, bien sûr. ¶ 그 일은 ~히 내가 해야 한다 C'est bien évidemment à moi de faire cela. ¶ ~히 그는 처벌받아야 한다 Il mérite une punition [d'être puni].

◆**_시** -視 명 ((considérer *qc*)) comme normal [naturel] ¶ 그는 나의 도움을 ~시 여기고 있다 Il trouve normal que je l'aide / Il a pris l'habitude de demander mon aide. ¶ 그녀는 남편이 늦게 귀가하는 것을 ~시 여긴다 Elle trouve normal que son mari rentre tard à la maison / Elle est habituée à ce que son mari rentre tard à la maison. ¶ 요즈음 젊은 부부들은 가사분담을 ~시한다 Aujourd'hui, les jeunes couples ont pris l'habitude de partager [partagent naturellement] les tâches ménagères / Aujourd'hui les jeunes couples trouvent normal de partager les tâches ménagères. ¶ 요즘은 부실시공이 오히려 ~시되고 있다 De nos jours, on trouve normal qu'il y ait de mauvaises constructions.

◆**_지사** -之事 명 il est naturel [normal] que+*subj*. ¶ 성실한 사람이 성공하는 것은 ~지사다 Il est naturel [normal] que quelqu'un qui travaille beaucoup réussisse. ¶ 많은 사람들이 그의 몰락을 ~지사로 알고 있다 Beaucoup de gens s'attendaient à ce qu'il fasse faillite / Beaucoup de monde savait qu'il allait finalement se ruiner.

당위 當爲 명 ce qui doit être; ce qu'on doit faire, ce qu'il faut faire. ¶ 사실과 ~를 구분해야 한다 Il faut distinguer les faits de ce qu'on doit faire [de ce qui doit être, du devoir].

◆**_성** -性 명 ce qui doit être; devoir *m*; le pourquoi *m* de ce qu'on doit faire. ¶ 그 일의 ~성을 역설하다 souligner l'importance de [insister sur] ce qui doit être [de ce qu'on doit faire].

당의 唐衣 명 *dang-ui m* <robe de cérémonie de l'époque Joseon qu'une femme portait au-dessus d'un *jeogori* (저고리)>.

당의정 糖衣錠 명 comprimé *m* en dragée.

당일 當日 명 ① 바로 그날 ce jour *m*; ce jour-là *m*; le jour *m* (même); le jour *m* fixé[indiqué, convenu] ¶ ~(의) 프로그램 le programme du jour. ¶ 야유회 ~ le jour de l'excursion. ¶ 사고가 나던 ~ le jour où est arrivé cet accident. ¶ 이 표는 발행 ~에만 유효하다 Ce billet[Ce ticket] est valable seulement le jour de l'émission [le jour même]. ② 그날 하루 ((dans)) la journée; le jour même. ¶ ~ 코스 (으로) ((aller quelque part, faire l'aller-retour)) dans la journée. ¶ ~ 결제 le règlement [la liquidation] d'un compte le jour-même. ¶ ~로 여행을 다녀오다 faire un voyage et revenir le jour même; faire un voyage dans la journée.

◆_치기 명 études *fpl* de la veille [le jour même] d'un examen. ¶ ~치기를 하다 étudier pour le jour même ou la veille d'un examen. ¶ ~치기로 공부했더니 시험을 망쳤다 J'ai étudié la veille d'un examen, alors je l'ai raté.

당자 當者 명 ☞ 당사자

당장 當場 명 à l'endroit même; sur-le-champ, sur l'heure, aussitôt, immédiatement; tout de suite; sans délai; séance tenante; illico (presto) {*fam*}; d'un instant à l'autre, de manière imminente. ¶ ~은 그 돈을 구하기 힘들다 Il est difficile de se procurer cet argent (là) tout de suite. ¶ ~에[이라도] 무슨 일이 일어날 것 같더니 comme s'il pouvait arriver quelque chose d'un instant à l'autre. ¶ ~ 대답하다 répondre sans hésiter [sur-le-champ, tout de suite, immédiatement]. ¶ 지금 ~ 떠나자 Partons tout de suite. ¶ ~ 시작해라 Mets-toi tout de suite au travail [au boulot {*fam*}] / Commence tout de suite. ¶ ~ 필요한 것은 아니니다 Je n'en ai pas besoin immédiatement [tout de suite]. ¶ 보기 싫으니 ~ 나가거라 Je ne veux plus te voir. Sors [Fiche le camp d'ici, Dehors! Décampe d'ici, À la porte! Déguerpis, Débarrasse le plancher] immédiatement [tout de suite]. ¶ 시간이 없으니 ~ 다녀와라 On n'a pas le temps, alors dépêche-toi [fais vite, reviens vite].

당좌 當座 명 compte *m* (en banque). ¶ 은행에 ~를 개설하다 ouvrir un compte en banque.

◆_대부 -貸付 명 emprunt *m* remboursable sur demande.

◆_대월 -貸越 명 découvert *m*.

◆_수표 -手票 명 chèque *m* (bancaire).

◆_예금 -預金 명 compte *m* courant.

당지기 堂_ 명 gardien(*ne*) [concierge *mf*] (d'un temple).

당직[1] 當直 명 service *m*; garde *f*; quart *m*. ¶ ~사관 un officier [préposé] de service; un officier de permanence; un officier de quart [de garde]. ¶ ~ 수당 une prime de garde [de service]. ¶ ~ 일지 le journal tenu par les préposés à un service. ¶ ~ 의사 le médecin de garde. ¶ ~ 판사 le juge préposé. ¶ 그는 오늘 ~이다 Il est de service [de garde] aujourd'hui. ¶ ~을 교대하다 prendre la relève; relayer ((un camarade fatigué)), relever *qn*; remplacer *qn*; alterner avec *qn*. ◇_(을) 하다[서다] être de service [de garde]; ((armée)) être de quart [prendre *son* service]. ¶ 나는 어제도 ~했다 Hier aussi, j'étais de service / ((armée)) Hier aussi, j'étais de quart.

◆_자 -者 명 personne *f* de service [de garde]; homme *m* [matelot *m*] de quart.

당직[2] 黨職 명 poste *m* dans un parti; service *m* d'un parti; bureau *m* du parti. ¶ ~ 개편 la réorganisation du bureau [de l'ensemble des services] d'un parti. ¶ 고위 ~ un haut poste d'un parti. ¶ ~을 맡다 avoir un poste dans un parti.

◆_자 -者 명 personne *f* qui occupe un poste dans un parti

당질[1] 堂姪 명 fils *m* d'un cousin germain (du côté paternel).

◆_녀 -女 명 fille *f* d'un cousin germain.

◆_부 -婦 명 femme *f* d'un fils du cousin germain.

당질[2] 糖質 명 glucide *m*.

당집 堂- 명 temple *m*; lieu(*x*) *m* de culte; pavillon *m* spirituel. ¶ 그 여자는 산 속의 ~을 찾아갔다 Elle est allée au pavillon spirituel dans la montagne.

당차다 형 ① ((태도가)) être fort(*e*), vigoureux(*se*); être ferme, résolu(*e*), audacieux(*se*), confiant(*e*), énergique, culotté(*e*) {*fam*}, gonflé(*e*) {*fam*}. ¶ 어린 나이에 참 ~ Il est fort [vigoureux, résolu, audacieux] pour son âge. ¶ 일을 당차게 추진해 나가다 avancer avec assurance dans un travail. ② ((체격이)) être robuste, solide, costaud(*e*), râblé(*e*) (malgré *sa* petite taille). ¶ 당찬 모습 une apparence vigoureuse [solide] (malgré une petite taille).

당찮다 형 être déraisonnable, insensé(*e*), injuste, absurde. ¶ 당찮은 말[주장, 요구, 소리] des propos insensés [des revendications insensées, une demande déraisonnable, des absurdités].

당첨 當籤 명 gain *m* au tirage au sort. ¶ ~ 번호 le numéro gagnant. ◇_(이) 되다 être (le/la) gagnant(*e*); gagner le gros lot. ¶ 어제 산 복권이 ~되었다 Le billet de loterie acheté hier a été gagnant. ¶ 그는 1등에 ~되었다 Il a gagné le gros lot [le premier prix]. ¶ 지난 일요일에 우리가 산 복권이 ~되었다 Nous avons gagné au loto [gagné le gros lot (à la loterie)] avec le billet acheté dimanche dernier. ¶ 나는 아파트 분양에 ~되었다 Je suis sélectionné(*e*) comme acheteur potentiel d'un appartement / J'ai réussi au tirage au sort pour pouvoir accéder à la propriété d'un appartement.

◆_금 -金 명 somme *f* gagnée ((à la loterie, au loto)).

◆_자 -者 명 gagnant(*e*).

당초 當初 명 début *m*, commencement *m*, départ *m*, origine *f*. ¶ ~의 계획은 그런 것이 아니었다 Ce n'était pas notre projet initial [notre projet du début]. ¶ ~부터 depuis [dès] le commencent; dès le début [dès l'origine]. ¶ ~부터 계획이 잘못되어 있었다 Le projet était mal orienté dès l'origine [dès le début]. ¶ ~에는 그럴 생각이 아니었다 Ce n'était pas mon idée au départ. ¶ ~그런 일에 관해서는 정한 바가 없다 Au départ [Au début, Au commencement, À l'origine], on n'avait rien décidé à propos de cette affaire.

◆애_ 부 les tous premiers temps, au tout début.

당초문 唐草紋 명 arabesque *f*; motif *m* de plantes de style Tang.

당최 부 vraiment; nullement. ¶ 네가 하는 말은 ~

ㄷ

이해할 수가 없다 Je ne comprends vraiment pas ce que tu dis / Je ne comprends vraiment rien à ce que tu racontes / Ce que tu dis est vraiment inintelligible [incompréhensible].

당치않다 형 être déraisonnable, insensé(*e*), injuste, absurde; ne pas convenir; être inopportun(*e*); (il n'en est) pas question; n'avoir aucun sens. ¶ 그 사람의 행동은 ~ Son comportement n'est pas convenable / Son comportement n'a aucun sens / Ce qu'il fait n'a aucun sens. ¶ 당치않은 말을 하다 dire des énormités [des choses insensées], tenir des propos insensés. ¶ 당치않은 요구를 해오다 demander l'impossible. ¶ ...하다니 당치않은 짓이다 C'est absurde [insensé] de+*inf* / C'est (pure) folie [Ce serait une (pure) folie] de+*inf*. ¶ 당치않게도 그놈이 그런 말을 하다니 Comment ce type a pu oser dire cela! ¶ 당치않은 소리! Ce n'est pas possible!

당파 黨派 명 정파 parti *m* (politique); ((당내의)) clan *m*, faction *f* (d'un parti politique); 파벌 clique *f*; coterie *f*; secte *f*; ((정치상의)) groupe *m* politique. ¶ ~ 싸움 une querelle partisane. ¶ ~를 형성하다[이루다] former un parti [un clan, une faction, une coterie]. ¶ 여러 ~로 나뉘다 se diviser en plusieurs partis [en plusieurs clans]. ¶ ~끼리 싸우다 se battre entre partis.

◆ **_성** -性 명 caractère *m* clanique.

당하다 當- 재타 ① 겪다, 만나다 souffrir, supporter, éprouver ((des difficultés)), essuyer ((un affront)), subir *qc*; faire l'expérience de *qc*; connaître ((la misère, l'humiliation)); se faire+*inf*. ¶ 감금~ être enfermé(*e*) [emprisonné(*e*)] par *qn*. ¶ 거절~ essuyer un refus de *qn*; recevoir une réponse négative de *qn*. ¶ 구속~ se faire arrêter par *qn*; être arrêté(*e*) par *qn*. ¶ 모욕~ essuyer [subir] un affront de *qn*; être humilié(*e*) par *qn*; se faire injurier par *qn*. ¶ 박탈~ se faire spolier par *qn*; se faire priver de *qc*; se faire enlever *qc* par *qn*. ¶ 배신~ se faire trahir par *qn*; être trahi(*e*) par *qn*. ¶ 살해~ être assassiné(*e*) par *qn*, être tué(*e*) par *qn*; se faire assassiner [se faire tuer] par *qn*. ¶ 압수~ être confisqué(*e*) par *qn*, être saisi(*e*) par *qn*; se faire confisquer *qc*. ¶ 이용~ se faire exploiter par *qn*. ¶ 매혹~ être envoûté(*e*) par *qn*/*qc*; se laisser envoûter par *qn*/*qc*. ¶ 매료~ être charmé(*e*) [séduit(*e*)] par *qn*/*qc*; se laisser charmer [se laisser séduire] par *qn*/*qc*. ② 맞서다 résister à *qn*. ¶ 그의 독설에는 당해낼 사람이 없다 Personne ne peut résister à ses sarcasmes [à ses critiques] / Tout le monde cède sous ses critiques. ¶ 너에게는 당할 수가 없다 C'est toujours toi qui as le dernier mot / Tu obtiendras toujours ce que tu veux / Tu finis toujours par gagner / Tu veux toujours avoir le dernier mot. ③ 속다 se laisser tromper, se laisser attraper, se faire avoir {*fam*}, se faire tromper, être trompé(*e*) par *qn*, être dupe de *qn*/*qc*. ¶ 그에게 깜쪽같이 당했다 Je me suis laissé(*e*) complètement tromper [attraper] par lui / J'ai été parfaitement dupe de lui / Je me suis fait avoir sur toute la ligne {*fam*}.

당해 當該 어근 ① ce, (*cet, cette, ces*). ② ledit (*ladite, lesdits, lesdites*). ③ dont il s'agit, dont on parle; en question. ¶ ~ 인물 ladite [cette] personne; la personne en question [concernée, intéressée]. ¶ ~ 관청[사항] les autorités compétentes [les points concernés].

◆ **_년도** -年度 명 année *f* en cours.

당헌 黨憲 명 charte *f* d'un parti; principes *mpl* d'un parti. ¶ ~에 규정된 대로 selon les principes d'un parti. ¶ ~에 따라 selon les principes d'un parti. ¶ ~을 따르다[지키다] suivre les principes d'un parti.

당호 堂號 명 ① ((집이나 건물 따위에)) titre *m* d'une maison [d'un bâtiment], nom *m* d'une maison (d'un temple). ② 별호 pseudonyme *m*; appellation *f* secondaire.

당혹 當惑 어근 confusion *f*; désarroi *m*, embarras *m*, surprise *f*. ¶ 그 여자는 ~의 빛을 감추지 못했다 Elle n'a pas pu dissimuler son embarras.

◆ **_스럽다** 형 ☞ 당혹스럽다

◆ **_시키다** 타 embarrasser, surprendre, mettre *qn* dans l'embarras, gêner *qn*.

◆ **_하다** 재 être embarrassé(*e*), gêné(*e*), surpris(*e*), déconcerté(*e*), dérouté(*e*); être perplexe, être dans l'embarras. ¶ 나는 그 사람의 태도에 몹시 ~했다 J'étais terriblement embarrassé(*e*) [gêné(*e*)] par son attitude. ¶ 그 사람의 행동은 나를 ~하게 했다 Son comportement m'a mis(*e*) dans l'embarras / Son comportement m'a terriblement gêné(*e*).

◆ **_감** -感 명 sentiment *m* embarrassant. ¶ 그 여자는 나 때문에 ~감에 빠졌다[사로잡혔다] Je l'ai mise dans l'embarras ¶ 그 사람은 나의 반응에 ~감을 감추지 못했다 Il était trop embarrassé par ma réaction pour dissimuler sa gêne.

당혹스럽다 當惑- 형 être embarrassé(*e*), gêné(*e*), perplexe; être dans l'embarras; être déconcerté(*e*), dérouté(*e*); ne pas en revenir de *qc* [que+*subj*]; ne pas arriver à comprendre pourquoi; ne pas savoir trop quoi dire [faire]. ¶ 당혹스러운 눈빛 un regard perplexe [déconcerté]. ¶ 어찌할 바를 몰라 ~ ne pas savoir trop quoi faire [dire]. ¶ 그런 행동으로 나를 당혹스럽게 만들지 말아 다오 Ne me mets pas dans l'embarras par ce genre de comportement / Ne me gêne pas par ce genre d'attitude. ¶ 나로서는 퍽이나 당혹스럽게도 모든 사람의 관심이 나에게로 쏟아졌다 Tout le monde s'est intéressé à moi, ce qui m'a beaucoup gêné(*e*) [mis(*e*) dans l'embarras].

당황 唐惶 명 confusion *f*; désarroi *m*, embarras *m*, ennui *m*, gêne *f*. ¶ 그 사람은 ~의 빛을 감추지 못했다 Il n'arrivait pas à dissimuler son embarras. ◇ **_(을) 하다** être embarrassé(*e*), confus(*e*); être déconcerté(*e*), décontenancé(*e*); se troubler, se démonter; perdre contenance. ¶ 나는 그 여자의 태도

에 무척 ~을 했다 J'étais très embarrassé(*e*) [gêné(*e*)] par l'attitude de cette femme. ¶ 그 사람은 무척 ~한 눈치이다 Il a l'air bien embarrassé. ◇_(이) **되다** se sentir embarrassé(*e*) [gêné(*e*), confus(*e*), perplexe]. ◇_(을) **시키다** embarrasser *qn*, gêner *qn*, déconcerter *qn*, mettre *qn* dans l'embarras; déconcerter *qn*, dérouter *qn*, décontenancer *qn*, surprendre *qn*.

당황스럽다 唐惶- 형 être confus(*e*); être déconcerté(*e*), dérouté(*e*), décontenancé(*e*); se troubler [se démonter] ((devant un examinateur)); perdre contenance [la tête, *son* sang-froid]; être en plein désarroi; ne pas savoir trop quoi dire. ¶ 갑작스러운 재회에 너무나 당황스러웠다 Ces retrouvailles soudaines m'ont beaucoup déconcerté(*e*) [décontenancé(*e*), déstabilisé(*e*)].

닻 명 ancre *f*. ¶ ~을 내리다 jeter [mouiller] l'ancre.

*~**을 감다** abandonner [laisser tomber, renoncer à] un travail. ¶ 그 일은 이제 ~을 감았다 À présent, j'ai abandonné [j'ai laissé tomber, j'ai renoncé à] ce travail.

*~**을 올리다** lever l'ancre ; démarrer, se mettre en route. ¶ 새 정부가 닻을~ Le nouveau gouvernement démarre. ¶ 밝은 미래를 향해 ~을 올리다 se mettre au travail pour un avenir prometteur.

◆**_가지** 명 bras *m* d'une ancre.

◆**_고리** 명 organeau(*x*) *m*; anneau *m* d'une ancre.

◆**_줄** 명 câble *m* [chaîne *f*] d'une ancre.

◆**_채** 명 verge *f* d'une ancre.

닿다 자 ① atteindre, toucher, arriver; ((손이)) être à portée ((de main)). ¶ 손이 닿는 곳에 à portée de (la) main, sous la main. ¶ ...의 손이 닿는[안 닿는] 곳에 à [hors de] portée de *qn*. ¶ 무심결에 내 손이 그 여자의 손에 살짝 닿았다 Ma main a touché la sienne sans que j'en sois conscient(*e*). ¶ 그 사람의 손이 내 몸에 닿았다 Sa main m'a touché(*e*). ¶ 손이 천장에 닿는다 On peut atteindre le plafond avec la main / On arrive à toucher le plafond avec la main. ¶ 선반에 손이 닿지 않는다 Ma main n'atteint pas le placard / Je n'arrive pas à atteindre le placard. ¶ ((물 안에서)) 여기는 발이 닿는데[안 닿는데] Ici on a pied [Ici, on perd pied / Ici, on n'a plus pied]. ② ((목적지에)) arriver, atteindre, gagner. ¶ 배가 항구에 닿았다 Le bateau est arrivé au port. ¶ 일행은 마침내 목적지에 닿았다 Le groupe est enfin arrivé à destination. ¶ 기차가 역에 닿았다 Le train est entré en gare. ③ ((기회나 운 따위가)) arriver, venir, se créer, se présenter. ¶ 기회가 닿으면 한 번 가겠습니다 Je viendrai si l'occasion se présente / Si j'en ai l'occasion, je viendrai. ¶ 기회가 닿는 대로 오겠습니다 Je viendrai dès que l'occasion se présentera. ¶ 운이 닿으려니까 모든 일이 잘 풀린다 Une fois que la chance vient, tout se passe très bien. ④ ((어떤 느낌, 소리, 냄새, 기운 등이)) arriver, venir, sentir. ¶ 차가운 기운이 살갗에 닿았다 J'ai une sensation de froid sur ma peau / Je sens l'air froid sur ma peau. ⑤ ((영향이나 범위가)) arriver, atteindre, influencer. ¶ 그 여자에게 그 남자의 눈길이 닿았다 Le regard de cet homme s'est dirigé vers elle. ¶ 그 곳까지는 빛이 닿지 않는다 La lumière n'arrive pas jusque-là [à cet endroit]. ⑥ ((어떤 정도나 수준에)) arriver, atteindre, parvenir. ¶ 나는 미처 거기까지 생각이 닿지 못했다 Je n'ai même pas pensé à cela / Cette idée ne m'est même pas venue (à l'esprit) / Cette idée ne m'a même pas traversé [effleuré] l'esprit. ¶ 제 힘이 닿는 데까지 도와 드리겠습니다 Je vais faire de mon mieux [Je vais faire tout mon possible, Je ferai tout ce qui est en mon pouvoir, Je ferai le maximum] pour vous aider. ¶ 그 사람은 숨이 턱에 닿는 목소리로 대답하였다 Il a répondu d'une voix essoufflée. ¶ 그 사람은 권력에 줄이 잘 닿는다 Il a des relations dans le monde du pouvoir. ⑦ ((연락이)) avoir des contacts avec; mettre en contact. ¶ 더 이상 그 여자에게 연락[소식]이 닿지 않는다 Il n'est plus possible de la contacter / Je n'ai plus aucune nouvelle de sa part. ¶ 은밀하게 그 사람들에게 연락이 닿아 있다 J'ai des contacts discrets avec eux. ¶ 그 사람과 나는 핏줄이 닿지 않는다 Je n'ai aucun lien de parenté avec lui. ⑧ ((논리에)) être cohérent(*e*), pertinent(*e*). ¶ 이치에 닿지 않는 소리 une histoire [une parole, un discours] incohérent(*e*).

***마음에** ~ toucher *qn*, émouvoir *qn*.

***발길(이)** ~ les pas de *qn le* conduisent *qp*; arriver *qp*, atteindre un endroit. ¶ 그의 인생은 그저 발길 닿는 곳으로 굴러다니는 인생이었다 Sa vie était une existence où il se laissait traînailler là où ses pas le conduisaient / Il traînait les pieds partout où sa vie l'emmenait.

***선[손, 줄]이** ~ être en ligne; avoir des relations [un réseau].

닿소리 명 【언어】 consonne *f*.

대[1] 명 대나무 bambou *m*.

◆**_껍질** 명 enveloppe *f* de pousse de bambou.

◆**_꼬챙이** 명 canne *f* de bambou, jonc *m*. ¶ 그 사람은 ~꼬챙이처럼 말랐다 Il est maigre comme un clou / Il est squelettique / Il n'a plus que la peau sur les os.

◆**_나무** 명 bambou *m*.

◆**_마디** 명 nœud *m* de bambou.

◆**_막대** 명 perche *f* de bambou.

◆**_숲** 명 bosquet *m* [forêt *f*] de bambous.

◆**_ㅅ잎** 명 feuille *f* de bambou.

◆**_쪽** ☞ 대쪽

◆**_창** -槍 명 lance *f* de bambou.

대[2] 명 ((줄기)) tige *f*; ((꽃대)) pédoncule *m*; ((대나무, 등나무 따위)) canne *f*; ((창, 깃대 따위)) hampe *f*; ((붓대 따위)) manche *f*; ((담배대)) (tuyau(*x*) *mpl* de) pipe *f*. ¶ ~가 실한 옥수수 des maïs dont la tige est très ferme [rigide]. ¶ ~가 굵은 붓 un pinceau avec un gros manche. ¶ ~가 세다[약하다] être opiniâtre, acharné(*e*), têtu(*e*), entêté(*e*) [être sans

volonté, manquer de résolution, avoir peu de volonté]. ¶ ~가 약한 사람 un homme sans volonté.
의명 une ((cigarette)). ¶ 담배 한 ~ une cigarette. ¶ 따귀 한 ~ une claque, une baffe {*fam*}. ¶ 주사를 한 ~ 놓다 faire une piqûre. ¶ 주먹으로 한 ~ 때리다 donner un coup de poing.
◆_저울 명 balance *f* romaine (simple).
◆붓_ 명 manche *m* de pinceau; ente *f*.

대3 代 명 세대 génération *f*; 시대 temps *m*, âge *m*, époque *f*; 치세 règne *m*. ¶ 아버지의 ~를 잇다 succéder à *son* père, prendre la succession de *son* père. ¶ ~를 이어 내려오는 가문의 전통 une tradition familiale qui se transmet de génération en génération. ¶ 김 씨 집안은 ~가 끊어졌다 La famille de M. Kim s'est éteinte[est sans descendance, est sans héritier]. ¶ 그의 아버지 ~에 du vivant de son père. ¶ 그 많던 재산이 할아버지 ~에 이르러 다 없어졌다 Tous ces biens ont disparu [Tout ce patrimoine a disparu] à l'époque de mon grand-père. ¶ 세종대왕 ~에 du temps [sous le règne, à l'époque] du roi Sejong.
◆당_ 當- 명 génération *f* de cette époque-là, génération de *son* temps; ((en)) une seule génération; génération *f* présente, ((à)) l'époque actuelle, aujourd'hui.
의명 ① génération *f*. ¶ 3 ~ 독자 un seul garçon en trois générations. ¶ 우리 집은 3 ~째 서울에서 살고 있다 Nous vivons à Séoul depuis trois générations. ¶ 이런 일은 수 ~ 전에나 있었다 On n'a pas vu une telle chose depuis des siècles. ¶ 3~가 한 집에서 살다 être dans une famille où vivent ensemble trois générations. ② 째 ¶ 제 6~ 손 un descendant de la sixième génération. ¶ 제 6~ 대통령 le sixième président de la République. ③ 10년 ¶ 사오십~ les personnes d'une quarantaine ou d'une cinquantaine d'années. ¶ 70~의 노인 un septuagénaire. ¶ 그 사람은 아직 10~이다 Il n'a pas encore vingt ans / Il est encore adolescent. ¶ 10~ 청소년 des adolescents, des ados {*fam*}.
◆_대 -代 명 des générations successives. ¶ ~대로 de génération en génération; à chaque génération; de tout temps; d'âge en âge; pendant plusieurs [des] générations; depuis plusieurs générations. ¶ ~대손손 de génération en génération. ¶ 이곳에서 ~대로 살아왔다 Nous vivons ici depuis plusieurs générations.

대4 臺 명 ((탁자)) table *f*; ((받침대)) socle *m* ((d'une statue, d'une lampe, d'une pendule)); piédestal(*aux*) *m*; support *m*; affût *m* (de télescope); pied *m*.
◆_ㅅ돌 명 ① ((처마 밑의)) bordure *f* de pierre [autour d'une maison coréenne]. ② 디딤돌 pierre *f* posée devant le seuil.
◆돈_ 墩- 명 plateau(*x*) *m*; terrain *m* peu élevé et plat.
◆받침_ 명 appui *m*, support *m*, soutien *m*, étai *m*, cale *f*.
◆봉수_ 烽燧- 명 emplacement *m* délimité par une structure en pierre pour faire des feux servant de signaux ((à une époque ancienne)).
◆운전_ 運轉- 명 volant *m*; place *f* du chauffeur [conducteur].
◆전망_ 展望- 명 belvédère *m*; point *m* de vue.
◆촛_ 명 chandelier *m*; bougeoir *m*, candélabre *m*.

대5 對 명 contrepartie *f*; analogue *m*; pendant *m* ((d'un tableau)); parallèle *m*, comparaison *f*. ¶ ~를 이루다 se faire pendant(*s*); aller de pair; faire pendant à *qc*.
의명 contre; entre; à; pour; avec; vis-à-vis de. ¶ 5 ~ 1의 비율 une proportion de cinq à un. ¶ 6표 ~ 4표 six voix contre quatre. ¶ 자본주의 ~ 공산주의 le capitalisme contre le communisme; 싸움 la guerre entre le capitalisme et le communisme. ¶ 한국 ~ 일본의 축구 경기 le match de football entre la Corée et le Japon [opposant la Corée au Japon].

대6 臺 분류 ((classificateur *m* servant à compter les machines, les instruments de musique ou les moyens de transport)). ¶ 자동차 두 ~ deux voitures. ¶ 오늘 아침에는 자동차를 한 ~도 못 봤다 Je n'ai pas vu une seule voiture ce matin. ¶ 피아노 다섯 ~가 필요해 On a besoin de cinq pianos.

-대7 帶 접미 zone *f*. ¶ 녹자~ une zone verte. ¶ 화산~ une zone volcanique.

-대8 臺 접미 cap *m*, niveau(*x*) *m*, barre *f*. ¶ 억~의 집 une maison valant plusieurs centaines de millions de wons. ¶ 어제까지 이만 원 좀 넘던 가격이 만 원~로 떨어졌다 Nous avons fait passer le prix de 20 000 wons et quelques [et des poussières] sous la barre des 20 000 wons ((par exemple faire passer le prix de 21 000 wons à 19 000 wons pour appâter le consommateur)).

대-9 對 접두 envers, vis-à-vis, à l'égard de; contre; pour; à. ¶ ~일 무역 le commerce avec le Japon. ¶ 한국의 ~미 정책 la politique de la Corée vis-à-vis des États-Unis. ¶ ~북한 정책 la politique envers la Corée du Nord. ¶ ~국민 연설 un discours au peuple. ¶ ~테러 작전 une opération contre le terrorisme [contre les terroristes].

대-10 大 접두 grand(*e*), nombreux(*se*). ¶ ~가족 une famille nombreuse, une grande famille, une famille étendue. ¶ ~기업 une grande entreprise. ¶ ~문호 un grand écrivain, ((드물게)) une grande écrivaine. ¶ ~학자 un grand savant. ¶ ~선배 un(*e*) aîné(*e*) de plusieurs années. ¶ ~승리 une grande victoire. ¶ ~접전 une partie très serrée, une rencontre [une partie, un match] très disputé(*e*). ¶ ~참사 un accident terrible [sinistre, affreux], une catastrophe.

대가1 大家 명 ① 명문 illustre maison *f*; famille *f* noble; famille *f* puissante [riche]. ② 큰집 famille *f* du frère aîné du père. ③ 권위자 autorité *f*; expert(*e*);

대학자 savant(*e*); grand(*e*) savant(*e*); érudit(*e*); homme *m* de grand savoir; 거장 grand maître *m* ((de la peinture)); spécialiste *mf*; virtuose *mf* ((de la musique)). ¶ 문단의 ~ un écrivain [une femme écrivain] de premier ordre. ¶ 라틴어의 ~ un(*e*) grand(*e*) latiniste. ¶ 그 방면의 ~ un(*e*) grand(*e*) spécialiste en la matière. ¶ 무엇의 ~이다 faire autorité en matière de *qc*, être expert(*e*) en *qc*. ¶ ~의 말을 인용하다 citer [rapporter] les paroles d'un spécialiste. ¶ ~연 하다 prendre [se donner] des airs de grand maître, jouer au grand maître.

◆_**댁** -宅 명 illustre maison *f*, famille *f* noble; famille *f* puissante [riche]; grande famille *f*.

대가[2] **代價** 명 ① 대금 prix *m*. ② 비용 frais *mpl*, coût *m*. ③ 보상 contrepartie *f*, récompense *f*, compensation *f*. ¶ 이는 ~를 바라고 한 일이 아니다 Je ne l'ai pas fait pour obtenir une récompense. ¶ 그 일을 해주는 ~로 돈을 요구하다 demander de l'argent à titre de compensation pour ce travail. ¶ 많은 ~를 치르고 à grands frais, au prix de dépenses énormes. ¶ 어떠한 ~를 치르더라도 이 일은 성사시켜야 한다 Il faut accomplir cette tâche coûte que coûte [à tout prix].

대가리 명 ① ((동물)) tête *f*. ¶ 말 ~ une tête de cheval. ¶ 생선 ~ une tête de poisson. ¶ 쇠[소] ~ une tête de bœuf. ② ((물건)) tête *f*, bout *m*, pointe *f*, sommet *m*, extrémité *f*. ¶ 콩나물 ~ l'extrémité [le cotylédon] d'une germe de soja. ¶ 못 ~ la tête d'un clou. ③ 【속어】 caboche *f* {*fam*}, citrouille *f* {*fam*}, carafe *f* {*fam*}, tirelire *f* {*fam*}.

*~**에 피도 안 마른 (어린) 놈** un type encore jeune et inconsidéré, un (jeune) blanc-bec {*fam*}, un gamin, un (petit) morveux {*fam*} [péteux {*fam*}], un (petit) merdeux {*vulg*}.

◆**돌**_ 명 une personne *f* peu intelligente [inintelligente, stupide, sotte, bête, débile {*fam*}], un(*e*) sot(*te*), une vraie bûche *f*, un(*e*) abruti(*e*), un(*e*) imbécile, un(*e*) crétin(*e*) {*fam*} (des Alpes), un(*e*) demeuré(*e*) {*fam*}, un con(*ne*) {*fam*}, une tête *f* sans cervelle, un(*e*) écervelé(*e*). ¶ 저 녀석은 돌~다 Ce type est bête comme ses pieds [comme un âne, comme une oie, comme un pied, à manger du foin]! / Ce type est complètement abruti {*fam*} / Ce qu'il peut être con {*fam*}, ce mec {*fam*}! ¶ 그런 돌~로 무슨 공부를 한다고 해? Avec une tête vide comme la tienne [Avec une tête vide pareille], comment veux-tu faire des études?

대가족 大家族 명 famille *f* nombreuse; belle famille *f*; famille *f* étendue. ¶ 아버지 집안은 ~이다 Mon père est issu d'une famille nombreuse.

◆_**제** -制 명 (système *m* de) famille *f* étendue [indivise, jointe] ((grande famille *f* regroupant plusieurs générations vivant sous le même toit)). ¶ ~제가 점차로 붕괴되고 있다 La tradition de la vie en famille élargie [étendue, indivise, jointe] ((avec tout le groupe familial)) est en voie de disparition.

◆_ **제도** 制度 명 système *m* de famille étendue [indivise, jointe].

대가집 大家- 명 ☞ 대갓집

대각 對角 명 【기하】 angle *m* opposé. ¶ 선분 A와 B는 서로 ~을 이룬다 Le segment A et le segment B forment un angle opposé.

대각선 對角線 명 【기하】 diagonale *f*. ¶ ~ 상에 위치하는 한 점 un point situé sur la diagonale. ¶ ~을 긋다 tracer une diagonale.

대갈못 명 clou *m* à grosse tête.

대갈일성 大喝一聲 명 cri *m* retentissant; voix *f* de tonnerre, grand cri *m*; vocifération *f*. ¶ 그 사람이 ~으로 소리를 질렀다 Il a crié très fort / Il a crié d'une voix tonnante [tonitruante]. ◇_(을) **하다** crier fort, fulminer contre *qn*; crier d'une voix de tonnerre; vociférer, hurler, rugir.

대갈통 명 【속어】 caboche *f* {*fam*}, citrouille *f* {*fam*}, tirelire *f* {*fam*}, cervelle *f* {*fam*}, crâne *m*, ciboulot *m* {*fam*}.

대감 大監 명 【고제】 (Son, Votre) Excellence *f*. ¶ ~ 마님 Monsieur, Sire, Mon Maître, Votre Excellence.

대갓집 大家_ 명 grande famille *f*, famille *f* influente. ¶ 그 여자는 ~ 며느리답다 Elle est digne d'être la belle-fille d'une grande famille.

대강 大綱 명 principe *m* fondamental; élément *m*; grandes lignes *fpl*, grands traits *mpl*; substance *f*, fond *m*, essentiel *m* ((d'un article)). ¶ 사건의 ~을 요약하여 알려주다 résumer sommairement un événement. ¶ 계획의 ~을 정하다 fixer les grandes lignes du projet. ¶ 나는 너에게 ~만 말하는 거다 Je ne t'en donne que les grandes lignes.

뷔 en gros, à peu près, approximativement, *grosso modo*, grossièrement, d'une manière grossière, tant bien que mal, bon an, mal an; à grands traits; en principe; presque. ¶ 상황이 ~ 짐작은 간다 Je vois [Je réalise] à peu près [en gros] (ce qu'est) la situation / Je comprends [Je vois, Je réalise] grossièrement [en gros] ce qui se passe. ¶ ~ 마무리하고 그만 퇴근합시다 Terminons le gros [l'essentiel] du travail et rentrons [avant de quitter le bureau]. ¶ 마무리가 ~ 된 것 같다 Je pense que c'est presque terminé [fini]. ¶ 일을 ~ 끝내놓고 쉬겠다 J'irai prendre une pause [me reposer] après avoir fait le gros [l'essentiel] du travail.

◆_ _ 뷔 en gros, à peu près, approximativement, *grosso modo*, grossièrement, d'une manière grossière, tant bien que mal, bon an, mal an. ¶ 책을 ~~ 읽어보다 parcourir [feuilleter] un livre, lire un livre en diagonale. ¶ ~~해 두다 faire *qc* en gros [grossièrement], expédier un travail, bâcler un travail, faire *qc* à la va-vite {*fam*}, faire *qc* à moitié. ¶ 숙제를 ~~ 하다 faire *ses* devoirs à moitié, expédier *son* travail, bâcler *ses* devoirs {*fam*}. ¶ 내게 ~~이라는 말은 없다 Je ne fais rien à moitié.

¶ ~~ 해서는 그에게 통하지 않는다 Il n'aime pas faire les choses à moitié / Il ne laisse pas faire les choses à moitié.

대강당 大講堂 명 grande salle *f*; grand amphithéâtre *m*.

대개 大概 명 la plupart des cas *mpl*; généralité *f*; principe *m*; fond *m*, substance *f*, essence *f*. ¶ ~의 경우 dans la plupart des cas. ¶ 요즘 컴퓨터는 ~가 다 모뎀을 내장하고 있다 De nos jours, le modem est incorporé dans la plupart des ordinateurs / De nos jours presque tous les ordinateurs sont munis d'un modem [ont un modem incorporé]. ¶ ~는 교활한 사람들이 출세한다 En règle générale [Généralement, Le plus souvent, La plupart du temps], les personnes rusées [malignes, futées] réussissent dans la vie.
부 pour la plupart; le plus souvent, la plupart du temps; en général, généralement, en principe; à peu près, presque, environ, *grosso modo*, grossièrement, approximativement; en quelque sorte; 주로 principalement; en grande partie; en gros, en somme; généralement parlant. ¶ 여행할 때면 나는 ~ 기차를 이용한다 En général [En principe], quand je fais un voyage, je prends le train.

대개념 大概念 명 【논리】 concept *m* majeur; terme *m* majeur (d'un syllogisme).

대거 大擧 부 en grand nombre; tout ensemble; en masse; en bloc; en foule; en force; beaucoup, d'affilée, d'un coup. ¶ 올해에는 기업들이 해외에 ~ 진출했다 Cette année, beaucoup d'entreprises se sont internationalisées [ont développé une activité internationale, ont internationalisé leur production]. ¶ 8회 말에 ~ 다섯 점을 득점했다 Ils ont gagné cinq points d'affilée à la fin de la huitième manche.

대거리 對_ 명 réplique *f*, riposte *f*; ((répondre)) mot pour mot, coup pour coup, œil pour œil, dent pour dent. ¶ ~ 한 번 못 하고 쫓겨나다 être chassé(*e*) [renvoyé(*e*)] sans oser répliquer. ◇_(를) **하다** répliquer *qc* à *qn*; riposter; répartir {*vx, litt*}; rétorquer ((un argument, contre *qn*)); contredire *qn*; (s')opposer à *qn*; répondre mot pour mot; rendre coup pour coup. ¶ 그런 막무가내인 사람과는 ~하지 말아라 Ce n'est pas la peine de répondre à un tel entêté [à quelqu'un d'aussi têtu].

대검¹ 帶劍 명 【군사】 épée-baïonnette *f*; sabre-baïonnette *m*, baïonnette *f*; arme *f* blanche. ¶ 총대에 ~을 꽂다 fixer la baïonnette au canon du fusil. ¶ ~을 허리에 차다 porter l'épée-baïonnette au côté. ¶ ~으로 찌르다 passer à la baïonnette.

대검² 大檢 명 ☞ 대검찰청

대검찰청 大檢察廳 명 【법률】 le Parquet *m* général. ¶ 고위층 수뢰 사건은 ~으로 넘어갔다 Les affaires de corruption des fonctionnaires de haut rang ont été transférées au Parquet général.

대격 對格 명 【언어】 accusatif *m*. ¶ ~은 대격조사가 뒤따르는 명사구의 존재로 정의된다 Le complément d'objet se définit par la présence d'un syntagme nominal suivi de la particule accusative [particule objet].
◆**_언어** -言語 명 【언어】 langue *f* accusative.
◆**_조사** -助詞 명 【언어】 particule *f* accusative; particule *f* objet.

대견스럽다 형 être fier(*ère*), satisfait(*e*), content(*e*). ¶ 어머니는 아들을 매우 대견스러워 하신다 La mère est très fière de son fils.
◆**대견스레** 부 avec fierté. ¶ 아버지는 자식들을 대견스레 여기신다 Le père est très fier de ses enfants.

대견하다 형 ① 흡족하다 être fier(*ère*) de *qn*/*qc* /*inf*; être satisfait(*e*), content(*e*), éprouver de la satisfaction. ② 훌륭하다 être admirable, digne d'éloges, excellent(*e*), merveilleux(*se*). ¶ 저렇게 제 할 일을 알아서 하니 얼마나 대견한 일이냐 Qu'il est admirable de régler ses affaires tout seul! ¶ 그가 혼자서도 꿋꿋하게 살아가는 것을 보니 참 ~ Je suis très content(*e*) qu'il fasse preuve de courage dans sa vie, bien qu'il soit resté seul. ¶ 이렇게 착한 아들을 두었으니 부모님이 무척 대견해 하시겠다 Ses parents doivent être fiers d'avoir un si bon fils [garçon]. ¶ 네가 대견하구나 Je suis fier(*ère*) de toi.
◆**대견히** 부 en éprouvant de la satisfaction, avec satisfaction. ¶ 대견히 여기다 être fier(*ère*) de *qn*, trouver *qn* admirable, se féliciter de *qc*.

대결 對決 명 affrontement *m*, combat *m*, heurt *m*; conflit *m*, contestation *f*, litige *m*; lutte *f*, épreuve *f* de force. ¶ 양국의 자존심을 건 ~ un match [une rencontre sportive] qui met en jeu la fierté des deux pays. ◇_(을) **하다[벌이다]** affronter *qn*, faire face à *qn*, lutter contre *qn*, concurrencer *qn*, rivaliser avec *qn*; s'affronter; se battre pour *qc*, se disputer *qc*. ¶ 정정당당히 실력으로 ~하다 rivaliser loyalement de compétences. ¶ 우승을 놓고 ~을 벌이다 concourir [se battre, se disputer] pour remporter le championnat. ◇_(을) **시키다** faire entrer *qn* en compétition.

대경실색 大驚失色 명 ahurissement *m*, stupéfaction *f*. ◇_(을) **하다** être étonné(*e*), être stupéfait(*e*), pâlir de frayeur. ¶ 그는 나의 행동에 ~을 했다 Il a été stupéfait de ma conduite.

대계¹ 大計 명 grand projet *m*, projet *m* de grande envergure [d'une grande portée]. ¶ 국가의 백년 ~를 세우다 établir un projet de grande envergure [un vaste projet] pour l'avenir de l'État. ¶ 교육은 국가의 백년지~이다 L'éducation est un projet de grande envergure pour l'avenir de l'État / Il faut un grand principe inébranlable dans l'éducation nationale pour l'avenir de l'État.

대계² 大系 명 grandes lignes *fpl* de *qc*, panorama *m*. ¶ 세계사 ~ un panorama de l'histoire universelle. ¶ 민족 문화사 ~ un panorama de l'histoire culturelle du peuple [de l'histoire de la culture nationale].

대공 對空 어근 anti-aérien(*ne*); contre le(*s*) avion(*s*).

◆**_미사일** 영{-missile} 명 missile *m* anti-aérien.

◆**_방어** -防禦 명 défense *f* contre les avions, D.C., défense *f* anti-aérienne.

◆**_포** -砲 명 canon *m* anti-aérien.

◆**_포화** -砲火 명 tir *m* anti-aérien.

대과 大過 명 erreur *f* grave [sérieuse]; faute *f* grave; grosse maladresse *f*. ¶~ 없이 임기를 마칠 수 있게 되어 다행이다 Je suis content(*e*) d'avoir pu [de pouvoir] terminer mon mandat sans avoir commis de grosses erreurs.

대과거 大過去 명 【언어】 plus-que-parfait *m*. ¶동사를 ~로 변화시키다 conjuguer les verbes au plus-que-parfait.

대관 大官 명 【고제】 haut fonctionnaire *m*, personne *f* de haut rang; (grand) dignitaire *m*.

대관료 貸館料 명 prix *m* de location (d'une grande salle, d'une salle de spectacle). ¶그가 극장에 ~를 지불했다 Il a payé la location du théâtre.

대관식 戴冠式 명 cérémonie *f* du couronnement [du sacre], couronnement *m*. ¶~일[날] le jour du couronnement. ¶~을 거행하다 célébrer la cérémonie du sacre.

대관절 大關節 부 donc; diable. ¶그 시간에 ~ 어디 있었니? Où étais-tu donc à ce moment-là? ¶~ 거기서 무엇을 하고 있니? Que diable fais-tu là?

대교 大橋 명 grand pont *m*.

대구¹ 大口 명 【어류】 morue *f*; lieu(*s*) *m*.

◆**_알** 명 œufs *mpl* de morue.

◆**_지리** 일 명 *daegu-jiri m* <ragoût *m* de morue non pimenté (à la japonaise, avec du poisson, du tofu et des légumes)>.

◆**_탕** -湯 명 *daegu-tang m* <ragoût *m* de morue pimenté>.

◆**_포** -脯 명 morue *f* séchée coupée en tranches.

◆**건_** 乾- 명 morue *f* séchée, merluche *f*.

◆**생_** 生- 명 morue *f* fraîche.

대구² 對句 명 antithèse *f*; distique *m*; phrase *f* correspondante, vers *m* correspondant. ¶~를 이루다 former une antithèse.

◆**_법** -法 명 antithèse *f*.

대구³ 大邱 명 (la ville *f* de) Daegu.

대국¹ 大局 명 situation *f* générale [globale]; vue *f* générale [d'ensemble].

◆**_적** -的 명관 glob*al*(*ale, aux*). ¶~적(인) 견지에서 판단하다 porter un jugement (sur *qc*) en tenant compte de la situation globale; voir les choses en grand. ¶~적으로 globalement, dans l'ensemble; à tout prendre. ¶~적으로 보는 사람 un homme qui a une vision [une approche] globale des choses [des phénomènes, des situations, des problèmes].

대국² 大國 명 grande nation *f*; grande puissance *f*. ¶경제[군사] ~ une grande puissance économique [militaire]. ¶~의 면모를 보이다 se montrer [adopter une attitude] digne de *sa* grande puissance.

대국³ 對局 명 ((바둑, 장기)) partie *f* de *go* ou de *janggi* (장기). ¶초청 ~ une partie de *go* ou de *janggi* (장기) où sont invités à participer deux joueurs (souvent illustres). ◇_(을) **하다[펼치다]** jouer une partie de *go*; jouer une partie de *janggi* (장기). ¶이 대회에서 한 일 양국의 최고 기사들이 정상~을 펼치게 된다 Il y aura un tournoi de *go* où se rencontreront les meilleurs joueurs coréens et japonais.

◆**_자** -者 명 adversaire *m* (au jeu de *go*).

대군¹ 大軍 명 grande armée *f*, forces *fpl* imposantes; armée *f* nombreuse; puissante armée *f*.

대군² 大君 명 prince *m*.

대권¹ 大權 명 pouvoir *m* suprême; autorité *f* souveraine [suprême]; souveraineté *f*, prérogative *f* royale. ¶~의 발동 la mise en exercice de l'autorité suprême; la mise en exercice des pleins pouvoirs. ¶~을 잡다[장악하다] prendre le pouvoir suprême; être élu(*e*) président(*e*) (de la République). ¶~을 노리다 viser la prise du pouvoir suprême; viser la présidence. ¶~에 도전하다 se porter candidat(*e*) [se présenter] aux élections présidentielles.

◆**_주자** -走者 명 un(*e*) candidat(*e*) à la présidence d'un pays.

대권² 大圈 어근 grand cercle *m*, orthodromie *f*.

◆**_항로** -航路 명 【해양, 항공】 orthodromie *f*, route *f* orthodromique.

◆**_항법** -航法 명 【해양, 항공】 navigation *f* orthodromique.

대궐 大闕 명 palais *m* (royal). ¶~에 드나들다 avoir *ses* entrées au palais. ¶~ 같은 집에 살다 vivre dans une maison grande comme un château.

대규모 大規模 명 grande envergure *f*, grande échelle *f*; vaste étendue *f*. ¶~ 작전[공격] une opération [une attaque] de grande envergure. ¶~ 건설 공사를 벌이다 commencer des travaux de construction de grande envergure. ¶~ 행사를 준비하다 préparer un événement de grande envergure. ¶사업을 ~로 확장하다 développer *son* affaire en grand. ¶~ 병력을 참전시키다 faire intervenir *son* armée à grande échelle dans un conflit. ◇_(**이)다** être de grande envergure. ¶이번 신도시 건설계획은 전례 없이 ~였다 Le projet de construction de cette nouvelle ville était d'une envergure sans précédent.

대금¹ 代金 명 prix *m*. ¶~을 치르다 [지불하다] payer (le prix de) *qc*. ¶물품 ~을 청구하다 envoyer la facture de *qc* à *qn*, facturer. ¶~을 받다 être payé(*e*), recevoir le paiement.

대금² 貸金 명 somme *f* prêtée; prêt *m*. ¶~을 회수하다 recouvrer une créance. ¶~ 상환을 독촉하다 réclamer le remboursement de l'argent qu'on a prêté.

◆**단기[장기]_** 短期[長期]- 명 prêt *m* à court [à long] terme.

◆**보증_** 保證- 명 prêt *m* garanti.

대금³ 大笒 명 【음악】 *daegeum m* <flûte traversière

en bambou dont l'origine remonte à l'époque des Trois Royaumes. L'un des orifices latéraux est recouvert d'une pelure d'oignon qui fait office de mirliton, et donne à l'instrument un timbre cuivré très caractéristique>. ¶ ~을 불다 jouer du *daegeum*.

대기[1] 大氣 명 atmosphère *f*, air *m*. ¶ ~ 중에 떠다니는 먼지 de la poussière qui flotte dans l'air.

◆_**권** -圈 명 atmosphère *f*. ¶ 우주선이 ~권에 진입한다 La navette spatiale [Le vaisseau spatial] entre dans l'atmosphère. ¶ ~권 밖으로 나가다 sortir de l'atmosphère.

◆_**압력** -壓力 명 【물리】 pression *f* atmosphérique.

◆_**오염** -汚染 명 pollution *f* atmosphérique. ¶ ~오염이 갈수록 심각해지고 있다 La pollution atmosphérique [de l'air] devient de plus en plus grave.

대기[2] 大器 명 ① 큰 그릇 grande écuelle *f*;grand récipient *m* [vase *m*]; ② 인재 homme *m* de grand talent; génie *m*.

◆_**만성** -晩成 명 Les grands talents mûrissent tard; Petit à petit l'oiseau fait son nid.

◆_**만성형** -晩成型 명 (personne) qui a mis beaucoup de temps avant de se faire un nom. ¶ 그는 전형적인 ~만성형 학자이다 Il est l'un de ces savants qui ont mis beaucoup de temps avant de se faire un nom.

대기[3] 待機 명 attente *f*. ¶ ~ 중이다 être dans l'attente. ¶ 그는 도망치다가 신호 ~에 걸려 차를 멈추었다 Au cours de sa fuite, il a été contraint de s'arrêter à un feu. ◇_(를) **하다** ((군대)) être en état d'alerte, être sur le qui-vive, se tenir sur *ses* gardes; ((사람, 배, 자동차가)) se tenir prêt(*e*); attendre, être sur place. ¶ 해안경비대가 ~하고 있다 Les gardes-côtes sont sur le qui-vive. ¶ 언제든 출발할 수 있게 ~하고 있어라 Tiens-toi prêt(*e*) pour qu'on puisse partir à n'importe quel moment. ◇_(를) **시키다** alerter, mettre [placer] *qn* en état d'alerte. ¶ 경찰을 ~시키다 mettre la police en état d'alerte.

◆_**발령** -發令 명 ordre *m* d'attendre avant d'être muté(*e*) à un autre poste.

◆_**성** -性 명 attente *f*. ¶ ~성 차관 un crédit de soutien.

◆_**실** -室 명 salle *f* d'attente.

대기업 大企業 명 grande entreprise *f*, conglomérat *m*. ¶ ~ 위주의 경제 정책 une politique économique centrée sur les grandes entreprises.

◆_**주** -主 명 propriétaire *m* d'une grande entreprise, grand patron *m*.

◆_**체** -體 명 grande entreprise *f*, groupe *m*. ¶ 그는 ~체에 취직했다 Il a obtenu un emploi [une place, un poste] dans une grande entreprise / Il a été embauché dans une grande entreprise.

대꾸 명 réplique *f*, réponse *f*. ¶ 그 질문에 대해 아무런 ~가 없다 Il n'y a aucune réponse à cette question. ¶ 어디다가 말 ~냐? Tu sais à qui tu réponds? / Te rends-tu compte [Réalises-tu] à qui tu réponds [répliques]? / Devant qui oses-tu répliquer? / Comment oses-tu me répondre? / Qui es-tu [Pour qui te prends-tu] pour oser me répondre [répliquer]? ◇_(를) **하다** répondre avec impertinence à *qn*, répliquer; répondre; contredire *qn*. ¶ 어른 말씀에 일일이 ~해서는 안 된다 Il est incorrect [impoli, grossier] de contredire systématiquement les propos d'une personne âgée. ¶ 그의 말에 ~하기가 싫어서 잠자코 있었다 Je suis resté(*e*) silencieux(*se*), car je n'avais pas envie de lui répondre.

대남 對南 어근 vers la Corée du Sud; contre la Corée du Sud. ¶ ~ 방송 la radiodiffusion vers la Corée du Sud. ¶ ~ 간첩 활동 l'espionnage contre la Corée du Sud.

대납 代納 명 paiement *m* pour [par] quelqu'un d'autre; paiement *m* en nature. ◇_(을) **하다** payer en nature; payer pour *qn*; ((누구를 시켜)) faire payer par quelqu'un d'autre. ¶ 입원비를 ~하다 payer les frais d'hospitalisation pour *qn*; ((누구를 시켜)) faire payer les frais d'hospitalisation par quelqu'un d'autre. ¶ 차입금을 현물로 ~하다 payer le prêt en nature. ¶ 네가 ~ 좀 해 다오 Peux-tu payer pour moi? ◇_(을) **시키다** faire payer *qc* par quelqu'un d'autre. ¶ 등록금을 ~시키다 faire payer les frais d'inscription par quelqu'un d'autre.

대낮 명 grand [plein] jour *m*, plein midi *m*. ¶ ~에 au grand jour, en plein jour [midi]. ¶ 불을 켜니 ~같이[처럼] 밝다 Avec la lumière allumée, on a l'impression d'être en plein jour. ¶ 아직도 ~인데 Il fait encore grand jour! ¶ ~에 도둑이 들다니! Comment un voleur a-t-il pu entrer dans la maison en plein jour!

대내 對內 어근 intérieur *m* (d'un pays, d'une société); intérieur(*e*), nation*al*(*ale*, *aux*). ¶ 정당마다 선거를 앞두고 ~ 결속을 다지고 있다 À l'approche des élections, chaque parti politique renforce les liens avec ses partisans. ¶ 우리나라는 ~, 대외 양면에 걸쳐 시련을 겪고 있다 Notre pays traverse une période difficile tant en politique intérieure qu'extérieure.

◆_**적** -的 명관 intérieur(*e*), nation*al*(*ale*, *aux*). ¶ ~으로는 sur le plan national.

◆_**문제** -問題 명 problème *m* intérieur.

◆_**사정** -事情 명 situation *f* intérieure, circonstances *fpl* intérieures.

◆_**정책** -政策 명 politique *f* intérieure.

대농 大農 명 riche cultivateur *m*; riche fermier *m*.

대뇌 大腦 명 【해부】 encéphale *m*; cerveau(*x*) *m*. ¶ 그는 교통사고로 인해 ~에 손상을 입었다 L'accident de voiture lui a causé une lésion cérébrale.

◆_**동맥** -動脈 명 artère *f* cérébrale.

대님 명 lanière *f* ((servant à attacher le bas du pantalon traditionnel coréen)). ¶ 그 사람은 한복 바지의 ~을 풀었다[맸다] Il a détaché [attaché] la lanière du pantalon de son *hanbok*.

대다[1] 자타 ① mettre, poser, appliquer, tenir *qc* sur

(à) *qc*; s'appuyer contre *qc*; appuyer *qc* sur (à, contre) *qc*; toucher *qc* ((de la main)). ¶ 작품에 손을 대지 마시오 Prière de ne pas toucher les tableaux. ¶ 우리 아빠는 술잔을 입에 댔다 Mon père a porté le verre d'alcool à sa bouche. ¶ 그는 문에 귀를 대고 엿듣고 있다 Il a mis l'oreille sur la porte pour écouter. ¶ 그는 선에 자를 댔다 Il a mis une règle au niveau de la ligne. ② 덧대거나 받치다 appliquer, placer, poser *qc* sur [à, contre] *qc*. ¶ 그는 헤진 곳에 헝겊을 댔다 Il a appliqué une pièce de tissu sur le vêtement usé / Il a fait un raccord. ¶ 그 사람은 벽에 베니어판을 댔다 Il a tapissé un mur de planches. ¶ 공책에 책받침을 댔다 J'ai mis un sous-main sous la feuille du cahier. ③ 도구를 사용하다 employer, utiliser *qc*; se servir de *qc*. ¶ 가위를 대지 않고 손으로 종이를 잘랐다 Il a coupé du papier avec les mains sans utiliser de ciseaux. ④ 공급하다 fournir, pourvoir, munir, approvisionner *qn* de *qc*; apporter *qc* à *qn*. ¶ 그 사람은 가게에 물건을 댔다 Il a approvisionné le magasin. ⑤ 지불하다 subvenir à *qn*/*qc*; se charger de *qn*. ¶ 나는 그 아이들의 학비를 댔다 J'ai subvenu aux frais de scolarité de ces enfants. ⑥ ((물을)) conduire, amener ((l'eau)) ((*qp*, à une rizière)); irriguer, arroser *qc*. ¶ 그는 논에 물을 댔다 Il a irrigué sa rizière / Il a amené l'eau à une rizière. ⑦ ((돈을)) parier ((de l'argent)). ¶ 그는 판돈으로 천 원을 댔다 Il a parié mille wons. ⑧ ((사람을)) employer [embaucher] *qn* pour *qn*; prendre [attacher] *qn* au service de *qn*. ¶ 그는 친구에게 변호사를 댔다 Il a embauché un avocat pour son ami. ⑨ ((차나 배를)) arrêter ((une voiture)), accoster. ¶ 그는 집 앞에 차를 댔다 Il a arrêté sa voiture devant la maison. ¶ 배를 부두에 ~ accoster le quai. ⑩ 비교하다 comparer, confronter ((deux choses, X avec Y)). ¶ 너는 그의 솜씨에 댈 바가 아니다 Ta technique n'est rien à côté de la sienne. ¶ 저는 그에다 대면 아무것도 아닙니다 Je ne lui arrive pas à la cheville [ceinture] / Je lui suis très inférieur(*e*) / Je suis loin de l'égaler en mérite [d'être à son niveau]. ¶ 누가 큰지 한번 대 보자 Mettons-nous dos à dos pour savoir qui est plus grand(*e*). ⑪ 연결하다 avoir [nouer] une relation [des relations] avec *qn*. ¶ 그는 정치인들에 줄을 대려고 한다 Il essaie de nouer des relations avec des hommes politiques. ⑫ ((전화 연결)) passer *qn* à *qn*. ¶ 여보세요, 장 선생 좀 대 주세요 Allô, passez-moi Monsieur Jang, s'il vous plaît. ⑬ 말로 알려주다 dire ((la vérité)); divulguer ((un secret)); dénoncer, dévoiler, éventer, révéler ((un secret, un complot, *ses* complices)); faire des aveux de ((un crime)); donner ((des informations)) à *qn*. ¶ 늦게 온 이유를 대시오 Dites-nous pourquoi vous êtes en retard. ¶ 내게 그들의 이름을 대시오 Donnez-moi leurs noms. ⑭ ((이유나 구실을)) fournir ((des renseignements)) à *qn*. ¶ 증거를 ~ fournir des preuves. ⑮ ((‘대고’의 꼴로 쓰여)) s'orienter [se diriger] vers *qc*/*qn*; viser, désigner *qc*/*qn*. ¶ 나는 집밖에 대고 소리를 질렀다 J'ai poussé des cris en dehors de la maison. ¶ 술에 취한 아저씨는 벽에 대고 오줌을 누었다 Un homme soûl a uriné [a pissé {*fam*}] sur le mur. ¶ 누구한테 대고 함부로 반말이냐? Pour qui te prends-tu pour me tutoyer ainsi? / Comment oses-tu me tutoyer [parler ainsi]? Nous n'avons pas gardé les cochons [vaches] ensemble, à ce que je sache! ⑰ 약속된 시간에 이르다 arriver ((à l'heure)). ¶ 내 친구는 겨우 약속 시간에 대어 왔다 Mon ami est arrivé juste [pile {*fam*}] à l'heure du rendez-vous. ¶ 우리는 겨우 비행기 시간에 댔다 Nous sommes arrivés juste à l'heure du départ de l'avion.

***손을** ~ ① ((음식에)) manger *qc*. ¶ 우리 엄마는 음식에는 손도 대지 않았다. Ma mère n'a rien mangé. ② ((아이에게)) battre *qn*. ¶ 나는 딱 한 번 아이에게 손을 댄 적이 있다. J'ai battu mon enfant une seule fois. ③ ((글에)) modifier, réviser, corriger *qc*. ¶ 너의 글은 손을 댈 곳이 없다. Dans ton texte, il n'y a rien à corriger. ④ 참여하다 s'occuper de *qc*; se mêler de *qc*; se lancer, s'engager dans *qc*, traiter *qc*. ¶ 정치에 손을 ~ se mêler de politique; se lancer dans la politique. ¶ 그는 한꺼번에 너무 많은 일에 손을 대고 있다 Il s'occupe de trop de choses à la fois. ¶ 그 문제에는 아직 손도 대지 않았다 Je ne me suis pas encore penché(*e*) sur la question [le problème].

***입에** ~ manger *qc*.

대다² 조동 à plusieurs (maintes) reprises, infiniment, énormément, joliment, rudement; beaucoup, tellement. ¶ 아이는 나에게 비디오를 사 달라고 졸라 댔다 Mon enfant m'a demandé avec insistance de lui acheter une vidéocassette / Mon enfant m'a harcelé [m'a importuné, a fait une colère, a fait un caprice] pour que je lui achète une cassette vidéo. ¶ 아기가 세차게 울어댔다 Le bébé a pleuré à chaudes larmes.

-대다³ 접미 ((suffixe verbal lié à un mimétique pour former un verbe, sorte de verbe support)). ¶ 덜렁~ agir avec précipitation, agir à la légère; être hâtif(*ve*), affairé(*e*); être distrait(*e*), étourdi(*e*). ¶ 칭얼~ pleurnicher, geindre; être grognon(*ne*), grogner, grommeler, rouspéter, râler {*fam*}; importuner *qn*, faire une colère [des caprices]. ¶ 깔깔~ rire bruyamment, s'esclaffer, pouffer {*fam*}. ☞ -거리다

대다수 大多數 명 majorité *f*; la plupart; le plus grand nombre *m*; la plus grande [la majeure] partie *f*. ¶ ~의 사람들은 그 의견에 반대한다 La plupart des gens s'opposent à cette opinion [sont d'avis contraire]. ¶ ~의 학생들은 열심히 공부한다 La majorité des étudiants travaillent dur. ¶ 그들 중 ~가 행사에 불참했다 La majorité de ces gens-là n'ont pas participé à l'événement. ¶ 이번에 수입된 품목들의 ~는 반품 대상이다 La plupart des articles qu'on a importés cette fois-ci doivent être retournés.

대단원 大團圓 명 dénouement *m*, fin *f*, aboutissement *m*, bout *m*. ¶ ~의 막을 내리다 finir, se terminer; venir à bout de *qc*. ¶ 드라마 "불멸의 이순신"은 장군의 죽음과 함께 그 ~의 막을 내린다 Le feuilleton «Yi Sunsin l'Immortel» s'achève sur la mort de l'amiral.

대단찮다 형 ne pas être grand-chose; ne pas être grave, sérieux(*se*); avoir peu d'importance; être ordinaire, banal(*e*); être commun(*e*); être de tous les jours; être lég*er*(*ère*), minime, mineur(*e*), bén*in*(*gne*). ¶ 대단찮은 지식 des connaissances mineures [de peu d'importance]. ¶ 대단찮은 사고 un accident mineur [bénin, sans gravité]. ¶ 별로 대단찮은 사람이군 C'est un homme ordinaire! ¶ 거 뭐 대단찮은 일로 화를 내고 그래? Pourquoi te fâches-tu pour si peu de chose [pour des détails, pour des raisons futiles, pour des choses sans importance, pour des choses qui n'en valent pas la peine]? ¶ 그는 그 정도 돈은 대단찮게 여긴다 Il trouve qu'une telle somme d'argent n'est pas grand-chose [est peu de chose].

대단하다 형 ① 수가 많다 être nombreu*x*(*se*); être grand(*e*), important(*e*), considérable, énorme, immense. ¶ 대단한 금액 une somme importante [considérable]. ¶ 대단한 인파 une foule immense. ② 심하다 être violent(*e*), terrible; être sérieu*x*(*se*), grave. ¶ 대단한 병은 아닙니다 Ce n'est pas une maladie grave. ¶ 대단한 추위 un grand froid; un froid de canard. ③ 놀랍다 être remarquable, extraordinaire, fantastique, formidable, sensationnel(*le*), éminent(*e*). ¶ 대단한 기억력 une mémoire extraordinaire [d'éléphant]. ¶ 대단한 인물 un grand homme, un homme remarquable. ¶ 대단한 인기를 모으다 acquérir une grande popularité. ¶ 그렇게 어려운 시험에 합격하다니 그 사람 참 대단도 하구나 Ce type est tout de même très fort [extraordinaire] d'avoir réussi (à) un concours si difficile / Il a réussi (à) un concours si difficile, c'est un vrai génie! ④ 중대하다 être grand(*e*), important(*e*), considérable. ¶ 무슨 대단한 일이라고 그렇게 소란을 피우느냐? Pourquoi ce remue-ménage pour si peu de chose?

◆**대단히** 부 très, beaucoup, infiniment, extrêmement, terriblement, horriblement, atrocement, sévèrement. ¶ 대단히 감사합니다 Je vous remercie beaucoup [infiniment, de tout mon cœur] / Merci beaucoup [infiniment] / Mille mercis / Merci mille fois. ¶ 대단히 어려운 일 un travail très dur [extrêmement difficile]. ¶ 대단히 뛰어난 인물 une personne exceptionnelle, une personne exceptionnellement [extrêmement] douée [extrêmement brillante], un génie.

대담[1] 大膽 어근 hardiesse *f*, courage *m*, bravoure *f*, héroïsme *m*, intrépidité *f*, témérité *f*.

◆**_하다** 형 courageu*x*(*se*), être hardi(*e*), audacieu*x*(*se*), osé(*e*), intrépide. ¶ ~한 놈인데! Quel homme courageux! ¶ ~한 기도 une entreprise hardie [audacieuse]. ¶ ~한 필치 un style hardi, un style avec des traits hardis, une écriture hardie. ¶ 성문제를 ~하게 다룬 소설 un roman qui traite audacieusement du problème de la sexualité. ¶ ~하게도 범인은 대낮에 범행을 저질렀다고 한다 On dit que le criminel a osé commettre son crime en plein jour.

◆**_성** -性 명 hardiesse *f*, audace *f*, courage *m*, bravoure *f*, héroïsme *m*, intrépidité *f*, témérité *f*. ¶ ~성을 발휘하다 faire preuve de courage [de hardiesse], montrer de la hardiesse, se montrer courageu*x*(*se*) [hardi(*e*), brave, héroïque]. ¶ 나는 그녀의 ~성에 놀랐다 Je suis étonné(*e*) de sa hardiesse. ¶ 그는 사장의 잘못을 비판하는 ~성을 보였다 Il a eu l'audace de blâmer son(*sa*) patron(*ne*) de ses erreurs.

대담[2] 對談 명 entretien *m*, conversation *f*, entrevue *f*; interview *f*, tête-à-tête *m inv*. ¶ 작가와의 ~을 주선하다 organiser une entrevue [un entretien] avec l'écrivain. ◇_(을) **하다[나누다]** s'entretenir avec, interviewer *qn*, avoir un entretien ((avec *qn*)). ¶ 사회 저명인사와 ~을 나누다 s'entretenir avec une célébrité. ¶ 오늘 오후에는 그 작가와 ~할 생각이다 J'ai l'intention de m'entretenir avec cet écrivain cet après-midi.

대답 對答 명 réponse *f*. ¶ 그 여자는 ~ 대신 울음을 터뜨렸다 Pour toute réponse, elle a éclaté en sanglots. ¶ 확실한 ~을 듣기 전에는 한 발짝도 움직일 수 없다 Je ne bougerai pas d'ici tant que je n'ai pas de réponse précise [sans avoir de réponse définitive]. ¶ 이 문제에 대한 그의 ~이 듣고 싶다 Je voudrais avoir sa réponse à cette question / Je voudrais savoir comment il répondra à cette question. ¶ 이 반박에 대한 ~은 이렇다 ... À cette objection, on répond que ... ¶ 그렇게 ~이 나와야지 Bien répondu / Bonne réponse / C'est comme cela qu'il faut répondre / C'est la réponse que j'attendais. ¶ 어째 ~이 시원치 않다 La réponse est peu satisfaisante. ◇_(을) **하다** répondre, donner une réponse. ¶ 그는 그렇다고 ~했다 Il a répondu (que) oui [par l'affirmative]. ¶ 무어라고 ~해야 할지 모르겠다 Je ne sais (pas) comment (je dois) répondre / Je ne sais quoi répondre. ¶ 더 큰 소리로 ~해라 Réponds plus fort! ¶ 제가 아는 범위 내에서 ~하겠습니다 Je vais vous répondre pour autant que je (le) sache [dans la mesure où je le sais]. ¶ 그래, 너는 뭐라고 ~ 했니? Alors, qu'as-tu répondu? ¶ 그것도 ~이라고 하니? Tu appelles ça une réponse? ¶ 한 마디(의) ~도 하지 않고 sans répondre un mot. ¶ 솔직하게 ~해라! Réponds franchement [sans détour]! ◇_(이) **있다** avoir une réponse. ¶ 좀 기다려 봐. 무슨 ~이 있겠지 Attends un peu. Tu finiras bien par avoir une réponse / Il(Elle) finira bien par te répondre]. ◇_(이) 없다 ne pas avoir de réponse, n'avoir aucune réponse; être sans réponse. ¶ 아무리 불러도 ~이 없었다 J'ai appelé plusieurs fois, mais il n'y avait pas de réponse [personne ne m'a répondu]. ¶ 그는 아무 ~도 없이 그냥 나가버렸다 Il est sorti sans donner aucune réponse [sans répondre].

대대¹ 大隊 명 【군사】 bataillon *m*. ¶ 1개 ~병력을 출동시키다 donner un ordre de mouvement à un bataillon.

◆_원 -員 명 soldat *m* appartenant au bataillon X; membre du bataillon X.

◆_장 -長 명 chef *m* [commandant *m*] de bataillon.

◆보병_ 步兵- 명 bataillon *m* d'infanterie.

대대² 代代 명 plusieurs générations *fpl*.

◆_로 부 à chaque génération; de tout temps; de génération en génération; d'âge en âge; pendant plusieurs générations, depuis plusieurs générations. ¶ ~로 이어지는 재산 des fortunes familiales qui se transmettent de génération en génération. ¶ 이 집안에는 ~로 학자가 났다 Plusieurs générations de savants sont issues de cette famille / De génération en génération, des savants viennent de cette famille. ¶ 조상 ~로 살아 온 집 une maison qu'on habite depuis des générations.

◆_손손(으로) 부 de génération en génération, depuis des générations. ¶ ~손손(으로) 살아온 마을 le village où l'on vit depuis des générations.

대대적 大大的 명관 immense; vaste; énorme; grand(*e*). ¶ ~인 캠페인 une grande campagne. ¶ 사업을 ~으로 벌이다 commencer des affaires à grande échelle, lancer [monter] une affaire de grande envergure. ¶ 언론은 이 사건을 ~으로 보도했다 Cette affaire a fait l'objet de nombreux articles dans la presse [d'une large couverture médiatique].

대도 大盜 명 maître *m* filou; voleur *m* fieffé.

대도시 大都市 명 grande ville *f*, métropole *f*, mégalopole *f*. ¶ 서울은 인구가 천만이 넘는 ~이다 Séoul est une métropole de plus de dix millions d'habitants. ¶ ~에 인구가 집중되다 La population se concentre dans les métropoles.

대독 代讀 명 lecture *f* de la part de *qn* [au nom de *qn*, pour *qn*]. ¶ 누구에게 축사의 ~을 부탁하다 demander à *qn* de lire le discours de félicitations (au nom de *qn*, pour *qn*). ◇_(을) 하다 lire *qc* de la part de *qn* [au nom de *qn*, pour *qn*]. ¶ 기념식에서 대통령 치사를 국무총리가 ~했다 Le discours de félicitations du président de la République a été lu par le Premier ministre lors de la cérémonie de commémoration.

대동 帶同 명 action d'emmener avec *soi*; accompagnement *m*, escorte *f*. ¶ 해외 파견 근무의 경우 가족 ~이 허용된다 Il est permis d'emmener la famille dans le cas d'une mutation professionnelle à l'étranger. ◇_(을) 하다 emmener *qn*, être accompagné(*e*) de [par] *qn*. ¶ 누구를 ~하고 가다 aller en compagnie de *qn*, aller accompagné(*e*) de *qn*. ¶ 그는 보좌관들을 ~하고 면담 장소에 나왔다 Il s'est présenté à l'entretien en compagnie de ses assistants.

대동강 大洞江 명 fleuve *m* Daedond <qui traverse Pyongyang, capitale de la Corée du Nord>.

대동단결 大同團結 명 union *f*, solidarité *f*. ◇_(을) 하다 s'unir; unir ((*ses* forces)). ¶ 어려운 때일수록 온 국민이 ~해야 한다 Plus la situation est difficile, plus le pays a besoin de l'union du peuple.

대동맥 大動脈 명 ① 【해부】 artère *f*; aorte *f*. ② 가장 중요한 부분 grande artère *f*. ¶ 이 도로는 서울의 ~ 구실을 하고 있다 Cette voie joue le rôle d'une grande artère dans Séoul / Cette voie est l'une des artères de Séoul.

대동소이하다 大同小異- 형 être très ressemblant(*e*), être presque le(*la*) même, être peu différent(*e*). ¶ 저도 앞사람과 대동소이한 의견을 갖고 있습니다 J'ai presque la même opinion que la personne précédente / Je suis presque du même avis que la personne précédente. ¶ 두 사람의 의견이 대동소이한 것 같다 Il me semble que les deux personnes ont presque les mêmes opinions [sont presque du même avis]. ¶ 영어권 캐나다의 생활양식은 미국과 대동소이하다고 말할 수 있다 On peut dire qu'il n'y a presque pas de différence entre le mode de vie du Canada anglophone et celui des États-Unis. ¶ 품질 면에 있어서, 한국 제품이나 일본 제품이나 서로 대동소이하게 보인다 En ce qui concerne la qualité [Pour ce qui est de la qualité, Sur le plan de la qualité], les produits coréens sont presque les mêmes que ceux du Japon.

대동제 大同祭 명 *daedongje m* <fête qui dure, en général, plusieurs jours et comprend divers événements festifs auxquels participent les membres d'une collectivité comme une université ou une grande entreprise>. ¶ 우리 대학에서는 매년 봄과 가을에 ~가 열린다 Dans notre université, les étudiants organisent des fêtes deux fois par an, au printemps et en automne.

대두¹ 大斗 명 grande mesure *f*, grand boisseau(*x*) *m* {*vx*}. ¶ ~ 한 말 un *mal*.

대두² 大豆 명 soja *m*.

대두³ 擡頭 명 ascension *f*, essor *m* ((d'une entreprise)), montée *f* ((des forces nouvelles)). ¶ 신진 세력의 ~ une montée de forces nouvelles. ◇_(를) 하다[(가) 되다] se mettre en évidence, se faire remarquer; prendre de l'importance [de la hauteur], devenir puissant(*e*); passer au premier plan; sortir de l'anonymat; acquérir de la notoriété; monter; être mis(*e*) en avant. ¶ 이 학설이 또 다시 ~하고 있다 Cette théorie prend de nouveau [reprend] de l'importance. ¶ 불만이 ~하고 있다 Le mécontentement augmente [prend de l'importance, grandit]. ¶ 선거에서 신진들이 ~하고 있다 Aux élections, les nouveaux candidats acquièrent de la notoriété [sortent de l'anonymat]. ¶ 이 문제에 관해 최근 새로운 학설이 ~되고 있다 Sur cette question, une nouvelle théorie s'est fait récemment remarquer.

대들다 자 ① braver *qn*, résister à *qn*, tenir tête ((à *ses* parents)), affronter *qn*, se révolter contre *qn*, se dresser contre *qn*, s'opposer à *qn*, défier *qn*, offenser *qn*, s'élancer vers *qn*, se rebiffer {*fam*} contre *qn*, se rebeller ((contre l'autorité paternelle)). ¶ 자기 아버지에게 ~ tenir tête à *son* père, s'opposer (ouvertement) à *son* père; se rebeller contre l'autorité paternelle. ¶ 선생님에게 ~ braver *son* maître [*son* professeur]. ¶ 하룻강아지 범 무서운 줄 모르고 대드는군 Tu oses me défier [t'en prendre à moi]! Ben dis donc! t(u n)'as pas froid aux yeux, toi! ¶ 그는 왜 자기만 심부름을 시키냐고 형에게 대들었다 Il s'est révolté contre son frère aîné en lui demandant pourquoi il était le seul à qui il demandait des services / Il s'est révolté contre son frère aîné car il lui demandait sans arrêt de faire des commissions pour lui. ¶ 윗사람에게 대들다가 해고당하다 se faire licencier pour avoir tenu tête à *son*(*sa*) supérieur(*e*), être congédié(*e*) pour insoumission, être relevé(*e*) de *ses* fonctions pour insoumission [pour avoir désobéi à *son* supérieur]. ② 시도하다 se lancer dans ((une affaire difficile)), affronter *qc*, tenter *qc*. ¶ 그 녀석은 별 준비도 없이 어려운 일에 대들었다가 몹시 고생을 했다 Il a beaucoup souffert de s'être lancé dans cette affaire difficile sans préparation particulière / Il s'est lancé dans cette affaire difficile sans aucune préparation, et il en a payé les frais.

대들보 명 ① 【건축】 poutre *f* maîtresse; longrine *f*. ② 중요한 사람 soutien *m* ((de famille)). ¶ 큰 형님은 우리 집안의 ~이다 Le grand frère est notre soutien de famille / Notre grand frère est d'un grand appui à notre famille / Notre grand frère est d'une grande aide pour notre famille.

대등 對等 어근 égalité *f*. ¶ ~ 관계 【언어】 la relation de non dépendance syntaxique; ((등위관계)) la coordination.

◆**_하다** 형 être égal(*ale*, *aux*). ¶ ~한 조건 des conditions égales. ¶ 남자와 여자는 서로 ~하다 La femme est l'égal de l'homme / L'homme et la femme sont égaux. ¶ ~하게 싸우다 se battre d'égal à égal. ¶ 한국팀은 독일과 ~한 경기를 펼쳤다 L'équipe coréenne a fait jeu égal avec celle de l'Allemagne. ¶ 부부는 서로 ~한 위치에 있어야 한다 Le mari et la femme doivent être sur un pied d'égalité / Le mari doit traiter sa femme d'égal à égal. ¶ 두 팀의 실력이 ~하다 Les deux équipes sont d'égales compétences [de même niveau]. ¶ 노사가 처음으로 ~하게 만나서 진지하게 대화를 나누었다 Pour la première fois, les partenaires sociaux se sont rencontrés et ont parlé sérieusement d'égal à égal.

◆**_적 연결어미** -的 連結語尾 명 【언어】 suffixe *m* flexionnel conjonctif de coordination; suffixe *m* flexionnel de jonction interpropositionnelle (dans une relation) symétrique de non-dépendance syntaxique; forme *f* (flexionnelle) de jonction interpropositionnelle (dans une relation) symétrique de non-dépendance syntaxique.

대뜸 부 soudain, soudainement, tout d'un coup, sur le coup, du coup, tout de suite, immédiatement, sans se gêner, sans scrupule, sur-le-champ, sans explication, sans prendre de gants, sans façon, tout de go, de but en blanc, sans préambule, brutalement. ¶ 그 사람은 나를 보자마자 ~ 돈부터 달라고 했다 Aussitôt qu'il me vit, il me demanda de lui prêter de l'argent. ¶ 그 친구는 나의 부탁을 받고 ~ 승낙을 했다 Il a acquiescé à ma demande sur-le-champ. ¶ 내가 무사한 것을 보자 그의 표정이 ~ 밝아졌다 Lorsque qu'il me vit sain et sauf, son expression[son visage] se détendit immédiatement. ¶ 그 사람은 ~ 화부터 냈다 Il se mit brutalement en colère. ¶ 그 사람이 나에게 ~ 하는 말이 돈은 얼마나 받았느냐는 거야 Il m'a demandé de but en blanc [tout de go] quelle somme d'argent j'avais reçue / Il m'a aussitôt demandé combien j'avais reçu.

대란 大亂 명 bouleversement *m*; grande agitation *f*, grand tumulte *m*; grand désordre *m*; grand trouble *m*. ¶ 정계에 ~이 일어날 것이라는 소문이 떠돌고 있다 Une rumeur court sur des bouleversements politiques.

◆**_설** -說 명 rumeur *f* qui annonce une grande agitation [de grands troubles]. ¶ 2월 ~설은 결국 근거 없는 낭설이었다 Le grand tumulte de février était finalement une rumeur sans fondement.

대략 大略 명 grandes lignes *fpl*; aperçu *m*; fond *m*; substance *f*, essence *f*, point *m* essentiel; grands traits *mpl*; résumé *m*; abrégé *m*; raccourci *m*. ¶ 그 사건의 ~을 말하다 exposer les grandes lignes de cette affaire.

부 approximativement; à peu près; presque; en gros, *grosso modo*, grossièrement; en général; en somme; généralement parlant; pour la plupart; en résumé. ¶ ~ 한 달 전에 il y a environ [à peu près] un mois. ¶ 사건의 전말은 ~ 이렇다 Voilà, en gros, ce qui s'est passé. ¶ ~ 계산해도 사건에 연루된 사람들이 1,000여 명이나 된다 Même en ne faisant qu'une estimation, le nombre de personnes inculpées dans cette affaire s'élève à environ mille personnes. ¶ 그 문제는 ~ 해결되었다 Ce problème est à peu près [presque] résolu.

대량 大量 명 grande quantité *f*; grand volume *m*. ¶ ~ 생산 ~ 소비의 시대에 접어들다 être à [entrer dans] l'époque de la production et de la consommation massive. ¶ 쌀을 ~으로 수입하다 importer du riz en grande quantité.

◆**_생산** -生產 명 fabrication *f* en série *f*; production

f massive; production *f* en gros *m*.

◆ **학살** -虐殺 명 massacre *m*.

대련 對鍊 명 (exercice *m* de) combat *m*. ¶ ~ 자세를 취하다 se mettre en position de combat. ◇_(을) **하다[벌이다]** faire un combat ((de *taekwondo*)).

대령[1] 大領 명 ((육군)) colonel *m*; ((해군)) capitaine *m* de vaisseau; ((공군)) colonel *m*; commandant *m* de division; ((해병대)) capitaine *m* de vaisseau. ¶ ~으로 진급하다[제대하다] être promu(*e*) [finir sa carrière en tant que] colonel [commandant].

대령[2] 待令 명 【고어】 fait d'attendre un ordre; fait de se présenter auprès de *qn*; fait d'amener *qn qp* [à *qn*], fait d'apporter *qc* à *qn*. ¶ 죄인 ~이오 Voici le coupable [criminel]. ◇_(을) **하다** ((누가)) se tenir auprès de *qn*; assister *qn*, servir *qn*; se tenir prêt(*e*); se présenter auprès de *qn*; ((무엇이)) attendre; être prêt(*e*); ((누구를/무엇을)) amener *qn qp* [à *qn*], apporter *qc* à *qn*.

대로[1] 조 ((particule spéciale, capable de marquer les cas grammaticaux, en ajoutant un sens)) ① 좇아 selon, suivant, conformément à, comme, en l'état, tel quel. ¶ 명령[규칙, 법]~ 합시다 Obéissons à l'ordre [Respectons le règlement, Obéissons à la loi]. ② 그대로 tel(*le*) quel(*le*). ¶ 그 사람한테 사실~ 말하겠다 Je lui dirai la vérité telle quelle. ¶ 현재 상태~ 내버려둬라[놔둬라] Laisse les choses telles quelles. ¶ 지금 아~가 좋다 L'état actuel me satisfait, n'y changeons rien [inutile de changer quoi que ce soit]. ¶ 아~ 똑같이 해 보세요 Essayez de faire exactement comme ceci. ③ 같은 식으로 selon, suivant. ¶ 그 사람은 매사를 자기 고집~ 하였다 Il a tout fait selon sa volonté / Il n'en a fait qu'à sa tête partout. ¶ 사람은 저마다의 방식~ 살아간다 Les gens vivent selon leur propre règle. ④ 따로따로 séparément. ¶ 책은 책~, 서류는 서류~ 분류하여라 Classe les livres avec les livres, et les dossiers avec les dossiers. ¶ 일은 일~ 하고 고생은 고생~ 했는데 나에게 돌아오는 것은 아무것도 없다 Le travail et la peine ont été pour moi sans aucune reconnaissance. ¶ 우리는 우리~ 생각이 있다 Nous avons nos propres idées. ¶ 너는 너~ 나는 나~ 각자 갈 길이 있다 Chacun son chemin. ⑤ 처럼 comme. ¶ 좋은 약이 입에 쓰다는 말~ 내 충고대로 하도록 해라 Comme le dicton qui dit que les bons remèdes sont amers, tu dois suivre mon conseil (même s'il est désagréable à entendre). ¶ '산 입에 거미줄 치랴'라는 속담~ 어디 굶어 죽기야 하겠니? Chaque jour apporte sa pitance, on ne mourra pas de faim.

대로[2] 의명 ((nom dépendant qui s'emploie après un suffixe flexionnel déterminant de l'adjectif et du verbe -ㄴ, -는, -은, -ㄹ, ou -을)). ① selon, tel que, comme. ¶ 그 물건이 크면 큰 ~, 작으면 작은 ~ 좋아요 Si cet objet est grand, c'est bon tel qu'il est grand s'il est petit, c'est bon tel qu'il est petit. ¶ 느낀 ~ 본 ~ 쓰시오 Écrivez selon ce que vous avez senti et vu. ¶ 일이 바라던 ~ 이루어졌다 Les choses se sont réalisées comme on le souhaitait. ¶ 사건의 전말은 제가 말한 ~입니다 Le déroulement de l'affaire est tel que je vous l'ai raconté / Je vous ai raconté l'affaire comme [telle qu'] elle s'est déroulée. ¶ 시킨 ~ 했습니다 J'ai fait selon ce que vous m'avez demandé. ¶ 예상한 ~ 그 사람이 돌아왔다 Il est revenu comme je l'avais prévu. ¶ 네가 하고 싶은 ~ 해 보아라 Fais comme bon te semble / Fais comme tu l'entends [comme tu voudras] / Fais ce que tu veux / Agis à ta guise. ② ((하자마자, 곧)) aussitôt que; dès que; tout de suite; immédiatement, dès l'instant où. ¶ 일이 끝나는 ~ 가겠다 Dès que je termine mon travail, j'y vais / J'irai dès que j'aurai fini le travail. ¶ 도착하는 ~ 연락해라 Téléphone-moi [Appelle-moi, Prends contact avec moi] dès que tu arrives! ③ ((... 때 마다)) chaque fois [toutes les fois] que, à chaque fois que, tout ce que. ¶ 그 사람은 버는 ~ 다 써 버린다 Il dépense tout ce qu'il gagne / Autant il gagne, autant il dépense. ④ ((극한에 이름)) tellement. ¶ 그 사람은 지칠 ~ 지쳐 있었다 Il était tellement fatigué. ¶ 이 신발은 헤질 ~ 헤져서 더 이상 신을 수 없다 Les chaussures sont tellement usées qu'on ne peut plus les porter. ⑤ ((그 상태에서)) ¶ 그 사람은 급한 ~ 자료를 대충 만들었다 Dans l'urgence, il a à peu près constitué les dossiers. ¶ 아쉬운 ~ 이걸로 만족할 수밖에 없다 Ça laisse encore à désirer, mais il n'y a pas d'autre solution que de s'en contenter. ¶ 그런 ~ 이 재봉틀은 아직 쓸 만하다 Bien que cette machine à coudre laisse à désirer, elle est encore utilisable.

***될 수 있는** ~ autant que possible. ¶ 될 수 있는 ~ 소리를 내지 마라 Autant que possible, évite de faire du bruit.

***할 수 있는** ~ autant que faire se peut; autant que puisse se faire ...

대로[3] 大路 명 grand-route *f*; grand-rue *f*; grand chemin *m*.

◆ **_변** -邊 명 aux abords *mpl* de la grand-route.

◆**탄탄_** 坦坦 명 chemin *m* royal. ¶ 탄탄~(이)다 être plat(*e*), uni(*e*), peu accidenté(*e*); ((비유적)) être sans aucune difficulté. ¶ 지금까지 그의 삶은 언제나 탄탄~였다 Jusqu'à maintenant, tout lui a réussi / Il a connu peu d'accident dans sa vie jusqu'à présent.

대로하다 大怒- 형 être très en colère, se fâcher grandement, se mettre en grande colère [en grande fureur]; rager, être dans une colère noire, s'emporter [se déchaîner] contre *qn*, laisser exploser *sa* colère, sortir de *ses* gonds, fulminer contre *qn*, être furieux(*se*), hors de soi. ¶ 누구에게 ~ être furieux(*se*) contre *qn*, s'emporter [se déchaîner, fulminer, tempêter] contre *qn*. ¶ 할아버지는 그 말을 듣고 대로하셨다 Grand-père laissa exploser sa colère en entendant ces propos / À ces mots, grand-père partit dans une fureur noire.

대롱 명 ① paille *f*. ¶ 가는 ~을 통해 물을 빨아들이다

aspire de l'eau avec une paille. ② ((물레의)) espolin *m*.

대롱거리다 자 se balancer, pendiller, brinquebaler, brimbaler {*vx*}; osciller, ballotter. ¶ 천장에는 전등이 대롱거리고 있다 Une lampe oscille au plafond. ¶ 그 여자의 귀에 대롱거리고 있는 귀걸이 des boucles qui se balancent aux oreilles de cette femme,. ¶ 바람에 대롱거리며 흔들리는 초롱 une lanterne qui se balance au vent.

대롱대롱 부 ((idéophone évoquant le balancement léger de petits objets suspendus)). ¶ 감나무에 감이 ~ 달려 있다 Des kakis se balancent dans le plaqueminier. ¶ 풀잎에 ~ 달려 있는 이슬방울 des gouttes de rosées suspendues sur les herbes [perlant dans l'herbe]. ¶ 까마득한 벼랑의 밧줄에 ~ 매달려 있는 훈련병 des soldats en entraînement suspendus en l'air sur une corde au-dessus d'une falaise vertigineuse. ¶ 크리스마스 트리에 조그만 전구들이 ~ 드리워져 있다 De petites ampoules électriques sont accrochées à l'arbre [au sapin] de Noël.

대류 對流 명 convection *f*, convexion *f*.

◆_**권** -圈 명 troposphère *f*.

◆_**현상** -現象 명 phénomène *m* de convection.

대륙 大陸 명 continent *m*. ¶ 아시아 ~ le continent asiatique, l'Asie. ¶ ~ 횡단철도 Chemin de fer transcontinental. ¶ 세계는 다섯 개의 ~으로 구성되어 있다 Le monde est composé de 5 continents.

◆_**적** -的 명관 continent*al*(*ale*, *aux*). ¶ ~적 기질 un tempérament continental.

◆_**간탄도탄** -間彈道彈 명 missile *m* balistique intercontinental.

◆_**붕** -棚 명 plateau(*x*) *m* continental.

◆_**성** -性 명 (caractère *m*) continent*al*(*ale*, *aux*). ¶ ~성 기질 un tempérament continental. ¶ ~성 기후 un climat continental.

◆_**식** -式 명 façon *f* continentale. ¶ ~식 아침식사 un petit-déjeuner continental.

◆_**인** -人 명 une personne *f* du continent, un(e, des) continent*al*(*ale*, *aux*).

◆**신[구]**_ 新[舊]- 명 le Nouveau [l'Ancien] Continent.

대리 代理 명 ① ((행위)) fait de faire *qc* à la place de *qn*, représentation *f*, suppléance *f*; ((법률)) procuration *f*, délégation *f* de pouvoir; mandat *m*; ((직무)) ((par)) intérim *m*; subrogation *f*, substitution *f* ((d'une personne à une autre)); ((사람)) mandataire *mf*; fondé *m* de pouvoir(*s*); délégué(*e*) ((d'un fonctionnaire)); suppléant(*e*) ((d'un juge)); substitut *m*, représentant(*e*), agent *m*, remplaçant(*e*). ¶ ~ 시험 le fait de passer un examen à la place de *qn*. ¶ ~ 전쟁 une guerre à laquelle on participe pour d'autres pays. ¶ ~ 출석 le fait d'assister à un cours à la place d'un autre étudiant. ¶ ~ 투표 le vote par procuration ((le fait de voter à la place de *qn*)). ¶ 부장 ~ le directeur par intérim. ¶ 조합장이 사정이 있어서 부조합장이 ~로 회의에 참석했다 Comme le directeur de l'association a eu un empêchement, le sous-directeur l'a remplacé [a fait l'intérim]. ¶ 누구의 ~로 누구를 보내다 envoyer *qn* à la place de *qn*. ¶ 아버지의 ~로 오다 venir à la place de *son* père. ② ((직위)) chef *m* en second. ¶ 박 ~ le chef en second Park. ¶ 그는 이번 인사에서 ~로 승진했다 Lors de ce mouvement de personnel, il a été promu chef en second du service. ◇_(를) **하다** remplacer *qn*, suppléer *qn*; se substituer à *qn*, représenter *qn*, agir au nom de *qn*, agir à la place de *qn*; assurer l'intérim. ¶ 국무총리가 대통령의 직무를 ~하고 있다 Le Premier ministre agit à la place du président de la République. ◇_(를) **시키다** faire remplacer *qn*.

◆_**모** -母 명 mère *f* porteuse [d'emprunt, de substitution].

◆_**인** -人 명 mandataire *mf*, délégué(*e*), substitut *m*, représentant(*e*), agent *m*, remplaçant(*e*). ¶ 누구를 ~인으로 (내)세우다 déléguer *son* pouvoir à *qn*; donner une procuration à *qn*.

◆_**자** -者 명 représentant(*e*), agent *m*, remplaçant(*e*); mandataire.

◆_**전** -戰 명 conflit *m* par personnes interposées.

◆_**전쟁** -戰爭 명 conflit *m* par personnes interposées.

◆_**점** -店 명 agence *f*.

◆**직무**_ 職務 명 intérim *m*.

대리석 大理石 명 marbre *m*. ¶ ~상 statue de marbre. ¶ ~을 바닥에 깔다[~으로 바닥을 깔다] recouvrir le sol de marbre.

◆_**무늬** 명 marbrure *f*.

◆**인조**_ 人造 명 marbre *m* artificiel.

대립 對立 명 ① opposition *f*; antagonisme *m*, divergence *f* ((d'idées, d'opinions, de vues)). ¶ ~ 관계 une relation [un rapport] d'opposition. ¶ 이해(의) ~ un conflit d'intérêts. ¶ 의견(의) ~ l'opposition des opinions; une divergence d'opinions; divergence de(s) points de vue. ¶ 노동자와 사용자 간의 ~이 격화되고 있다 Le conflit s'aggrave entre employeurs et employés [entre la direction et les employés]. ② 【언어】 opposition *f*. ¶ 음운(론적) ~ une opposition phonologique. ◇_(을) **하다** opposer, confronter; être en opposition, être en confrontation. ¶ 양측 의견이 팽팽하게 ~하고 있다 Les opinions des deux parties sont diamétralement opposées [s'opposent avec agressivité, s'opposent avec hargne]. ¶ 부자간 의견이 ~하고 있다 Il y a une divergence de points de vue entre le père et le fils. ◇_(이) **되다[을 이루다]** être à l'opposé de *qc* [être en opposition avec *qn*/*qc*]. ¶ 그의 견해는 우리 견해와 극명하게 ~된다 Son opinion est complètement à l'opposé de la nôtre. ◇_(을) **시키다** faire opposer, opposer *qc* à *qc*. ¶ 그 교수는 이 학설을 자신의 학설과 ~시켜서 설명하였다 Ce professeur a expliqué cette théorie en l'opposant à sa théorie.

◆_**적** -的 명관 opposé(*e*), contradictoire; riv*al*(*ale*, *aux*); antagoniste; divergent(*e*); en opposition, en conflit. ¶ 그 두 이론은 상호 ~적이다 Ces deux théories sont opposées [contradictoires].

◆_상 -像 명 opposition *f*, antagonisme *m*. ¶ 그들은 심각한 ~을 빚고 있다 Il y a un antagonisme grave entre eux.

대마[1] **大麻** 명 【식물】 chanvre *m*. ¶ ~ 씨앗 une graine de chanvre.

◆_관리법 -管理法 명 la loi *f* sur le cannabis.

◆_유 -油 명 huile *f* de chanvre.

◆_인 -仁 명 chènevis *m*.

◆_초 -草 명 cannabis *m*, haschisch *m*. ¶ 몇몇 연예인들이 ~초를 피우다 적발되었다 Quelques [Certains] acteurs [artistes] ont été surpris alors qu'ils fumaient du cannabis.

대마[2] **大馬** 명 ((바둑)) ensemble *m* de pierres [de pions] d'une même couleur qui occupe un grand territoire sur le damier de *go*; grand amas *m* de pions [de pierres] d'une même couleur ((au jeu de *go*)). ¶ 좌변의 ~ un grand amas de pierres du côté gauche. ¶ ~가 백마에 포위됐다[위태롭다] Un grand amas de pierres noires est encerclé par les pierres blanches [est menacé]. ¶ ~를 잡고 이기다 gagner (au jeu de *go*) en capturant un grand amas de pierres [de pions].

◆_불사 -不死 명 ① 【오락】 Il est difficile de capturer un grand amas de pierres ((au jeu de *go*)) ② 【경제】 Un conglomérat ne meurt pas facilement.

대마도 對馬島 명 île *f* Daema(do), île *f* Tsushima.

대만 臺灣 명 Taiwan.

◆_해협 -海峽 명 le détroit *m* de Taiwan.

대만원 大滿員 명 ((salle)) compl*et*(*ète*) [plein(*e*)]; ((train)) bondé(*e*); ((autobus)) comble, archicomble; ((théâtre)) plein(*e*), archiplein(*e*). ◇_이다[을 이루다] être archicomble, être encombré(*e*). ¶ 이 극장은 요즘 매일 ~이다 Ces derniers temps, ce cinéma [cette salle de cinéma] affiche complet tous les jours. ¶ 이 영화는 3주 내내 ~을 이루었다 Ce film a fait salle pleine pendant trois semaines. ¶ ~이라 자리가 없습니다 C'est complet, il n'y a plus de place.

대망[1] **大望** 명 grands espoirs *mpl*; grande espérance *f*; grande ambition *f*. ¶ ~을 품다[가지다] fonder [mettre] de grands espoirs en *qn*/*qc*. ¶ ~을 품고 상경하다 monter à la capitale avec de grands espoirs. ¶ ~을 이루다 réaliser *sa* grande ambition.

대망[2] **待望** 명 attente *f*, expectative *f*. ¶ ~의 날 le jour tant attendu. ¶ ~의 해 l'année tant attendue. ¶ ~의 새 아침이 밝았다 Le jour nouveau tant attendu est arrivé.

-대매 어미 ((suffixe flexionnel de terminaison phrastique semi-interrogative pour une confirmation. Il s'ajoute après le radical de l'adjectif quelle que soit sa forme, et après le suffixe flexionnel préfinal honorifique -시/-으시. Si le radical verbal est déjà marqué par les suffixes flexionnels préfinaux temporels -았/-었 ou -겠, il s'ajoute après ces suffixes que ce soit le verbe ou l'adjectif. Employé entre les enfants, entre les amis intimes et à l'adresse d'un interlocuteur inférieur, il exprime l'égalité ou l'infériorité)). ¶ 그가 고생이 심하~? Il paraît qu'il souffre beaucoup? ¶ 그 회사에서 일한 적이 있~? Il paraît que tu as déjà travaillé pour cette société? ¶ 그 친구가 먼저 나가 버렸~? Il [Cet ami] est sorti avant les autres, n'est-ce pas?

대매출 大賣出 명 les soldes *mpl*, vente *f* spéciale, promotion *f*, vente *f* promotionnelle. ¶ 연말연시 ~ les soldes de fin d'année. ◇_(을) 하다 solder, vendre en solde. ¶ 재고를 ~하다 solder le stock.

대머리 명 tête *f* chauve [d'œuf {*fam*}], crâne *m* chauve, boule *f* de billard {*fam*}; 사람 chauve *m*. ¶ 그[이] 아저씨는 서른 살 때부터 머리가 빠지기 시작하여 ~가 되었다 En perdant ses cheveux à partir de 30 ans, cet homme est devenu chauve. ¶ 저 집은 부자가 모두 ~이다 Dans cette famille, ils sont tous chauves, de père en fils. ¶ ~가 벗어지다[까지다] devenir chauve; perdre *ses* cheveux [se dégarnir, se déplumer {*fam*}]. ¶ ~가 홀랑 까진 chauve comme un œuf [comme une bille, comme une boule de billard, comme un genou].

대면 對面 명 rencontre *f*, entrevue *f*, entretien *m*, rendez-vous *m*. ¶ 나는 그 여자와의 ~은 되도록 피하고 싶다 Je veux éviter de la rencontrer autant que possible. ◇_(을) 하다 ((누구와)) avoir une entrevue avec *qn*; rencontrer *qn*; ((무엇과)) confronter; faire face à; ((서로)) se rencontrer, se voir. ¶ 나는 그 친구와[를] 오늘 처음으로 ~하였다 Aujourd'hui, je l'ai rencontré(*e*) pour la première fois. ¶ 우리는 오늘날 심각한 환경문제와 ~하고 있다 Nous sommes confrontés à un grave problème d'environnement.

대명[1] **大命** 명 mandat *m* [ordre *m*] impérial [royal]. ¶ ~을 받들어 행하다 agir sur l'ordre du roi [de l'empereur]. ¶ 적을 무찌르라는 ~을 받다[부여하다] recevoir [donner] l'ordre de vaincre les ennemis.

대명[2] **待命** 명 ((‘대기명령’의 준말)) disponibilité *f*; fait d'attendre des ordres; ((대기 발령)) fait d'être sur la liste d'attente.

대명사 代名詞 명 ① 【언어】 pronom *m*. ¶ ~의 용법 l'emploi du pronom ((relatif)). ¶ 밑줄 친 ~가 가리키는 말은 무엇인가? Que désigne [remplace] le pronom souligné? ¶ 앞서 지칭한 명사를 ~로 받다 substituer [remplacer] le nom précédent par un pronom. ② ((대표적 속성)) synonyme *m*. ¶ 페스탈로치는 교육자의 ~처럼 되었다 Pestalozzi est devenu comme le synonyme [l'équivalent] de pédagogue. ¶ 여우는 간사한 자의 ~이다 Le renard est synonyme de personne rusée.

◆_화 -化 명 pronominalisation *f*.

◆관계_ 關係- 명 pronom *m* relatif.

◆부정_ 不定- 명 pronom *m* indéfini.

◆소유_ 所有- 명 pronom *m* possessif.

◆의문_ 疑問 명 pronom *m* interrogatif.
◆인칭_ 人稱 명 pronom *m* personnel. ¶ 강세형 인칭~ pronom personnel à la forme tonique [accentuée]. ¶ 약세형 인칭~ pronom personnel à la forme atone [inaccentuée].
◆재귀_ 再歸 명 pronom *m* réfléchi.
◆지시_ 指示 명 pronom *m* démonstratif.

대명천지 大明天地 명 en plein jour devant tout le monde [en public], ((dans un)) endroit *m* [lieu(*x*) *m*] très fréquenté en plein jour. ¶ ~에 어찌 이런 일이 있을 수 있나? Comment peut-on faire de telles choses [peut-on commettre un tel acte] en plein jour devant tout le monde [en public]?

대모 代母 명 【천주】 marraine *f*. ¶ 누구의 ~가 되어 주다 être la marraine de *qn*.

대목 명 ① endroit *m*, passage *m* ((d'un roman)), point *m*; scène *f*. ¶ 여기가 가장 어려운 ~이다[여기가 문제가 되는 ~이다] C'est ici le point le plus difficile [délicat] [C'est là le problème / C'est là que réside la difficulté]. ¶ 주인공이 서로 헤어지는 ~ la scène où les héros se séparent. ¶ 이 영화를 본 많은 사람들이 이 ~에서 눈물을 흘렸다 Beaucoup de gens qui ont vu ce film ont pleuré pendant cette scène. ¶ 그 ~에서 그는 말문이 막혔다 Il ne pouvait plus en parler à ce moment-là. ② le moment *m* le plus important; occasion *f* importante; la saison *f* la plus importante, la meilleure saison *f* [le meilleur moment *m*, le moment idéal] (pour la vente de *qc*). ¶ 연말 ~ la grande époque de la fin de l'année (pour la vente). ¶ 빙과류 제조업자들은 여름철이 ~이다 L'été est la saison la plus importante [la meilleure saison] pour les glaciers. ¶ ~을 만나다[누리다] jouir de la meilleure période de l'année pour les ventes; arriver au meilleur moment de l'année pour les ventes. ¶ ~을 노리다 attendre le meilleur moment [le moment idéal, le moment qui semble le meilleur] pour les ventes [pour la vente de *qc*]. ¶ 백화점들이 연말연시 ~을 노리고 판촉에 열을 올리고 있다 Les grands magasins font de la publicité à la fin de l'année car c'est le meilleur moment pour les ventes.
◆_장 -場 명 marché *m* qui se tient lors d'une fête.

대못 명 grand clou *m*. ¶ ~을 박다 enfoncer un grand clou (dans le mur).

대문 大門 명 portail *m* (d'entrée). ¶ ~을 열다[닫다] ouvrir [fermer] le portail. ¶ ~을 두드리다 frapper au portail. ¶ ~을 잠그다 fermer le portail à clef. ¶ ~이 활짝 열려 있었다 Le portail était grand ouvert. ¶ ~ 밖에 누군가가 있다 Il y a quelqu'un derrière le portail. ¶ 아무도 ~ 안으로 들이지 말아라 Ne fais entrer personne à l'intérieur / N'ouvre la porte à personne.
◆_간 -間 명 espace *m* vide qui se situe derrière le portail. ¶ ~간에서 마중하다 sortir accueillir *qn* avec beaucoup d'empressement et de prévenance ((ce qui justifie d'aller jusqu'au portail pour l'accueillir; se dit pour accueillir *qn* de très important ou un ami très intime)).
◆_밖 명 à l'extérieur (devant *son* portail). ¶ ~밖 출입을 삼가다 s'abstenir de sortir de chez *soi*.
◆_짝 명 battant *m* ((du portail)). ¶ ~짝만한 글자[명함] des caractères très grands [une carte de visite très grande]. ¶ ~짝만하게 써붙이다 écrire *qc* en très grand et l'afficher [le coller]. ¶ 신문에 그의 사진이 ~짝만하게 났다 On a mis sa photo grand format dans les journaux.
◆남_ 南- 명 (la porte *f*) Namdaemun ((la grande Porte du Sud)) ((une des quatre portes principales de Séoul)).
◆남_시장 南-市場 명 le marché de Namdaemun ((un des deux marchés les plus célèbres de Corée)).
◆동_ 東- 명 (la porte *f*) Dongdaemun ((la grande Porte de l'Est)) ((une des quatre portes principales de Séoul)).
◆동_시장 東-市場 명 le marché de Dongdaemun ((un des deux marchés les plus célèbres de Corée)).

대문자 大文字 명 majuscule *f*. ¶ 알파벳에는 ~와 소문자가 있다 Il y a des majuscules et des minuscules dans l'alphabet. ¶ 불어 문장의 첫 글자는 ~로 쓴다 On met une majuscule au début d'une phrase en français.

대물 對物 어근 dégâts *mpl* matériels. ¶ ~ 보상 dédommagement pour les dégâts matériels. ¶ 손해에 대해 대인, ~을 합쳐 5천만 원까지 보상해 줍니다 Nous vous dédommageons pour les dégâts matériels et humains dans la limite maximum de 50 millions de wons.

대물리다 代- 타 léguer, transmettre *qc* à la postérité; céder *qc* à la postérité. ¶ 그 사람은 사업을 자식에게 대물렸다 Il a légué son affaire à ses enfants. ¶ 어머니는 패물을 딸에게 대물렸다 La mère a transmis [légué, donné, remis] ses bijoux à sa fille. ¶ 부모님은 가난을 자식들에게 대물리지 않기 위해 노력했다 Les parents ont fait tout ce qu'ils pouvaient pour ne pas transmettre à leurs enfants leur pauvreté [leur condition précaire] / Les parents ont tout essayé pour que leurs enfants ne retombent pas dans la même pauvreté (qu'eux).

대물림 代- 명 transmission *f* de génération en génération; objet *m* transmis de génération en génération. ¶ 이 칼은 우리 집안의 ~이다 C'est le couteau qu'on se lègue [transmet] de génération en génération dans ma famille. ◇_(을) **하다** léguer, transmettre *qc* à la postérité; céder *qc* à la postérité. ¶ 그녀는 딸에게 자신의 반지를 ~을 했다 Elle a donné [remis, légué] sa bague à sa fille.

대미[1] 對美 어근 avec les [vis-à-vis des] États-Unis. ¶ ~ 관계[무역] relations [le commerce] avec les États-Unis.

대미[2] 大尾 명 touche *f* finale. ¶ ~를 장식하다 finir en beauté; mettre la touche finale.

대민 對民 어근 vis-à-vis du peuple, concernant la

population [le peuple]. ¶ ~ 접촉을 강화하다 renforcer le contact avec le peuple. ¶ ~ 정책[봉사] une politique vis-à-vis du peuple [un service rendu à la population].

대바구니 명 corbeille *f* en bambou.

대바늘 명 aiguille *f* en bambou. ¶ ~로 털옷을 뜨다 tricoter un lainage avec des aiguilles en bambou.

대박 명 succès *m*; le gros lot *m*, hit *m* {*fam*}, jackpot *m* {*fam*}. ¶ ~ 상품 un produit à succès, un produit qui s'arrache {*fam*}. ◇_(이) **나다** faire un hit {*fam*}, faire un tabac {*fam*}. ◇_(을) **내다[치다]** gagner [toucher] le gros lot [le jackpot] {*fam*}. ¶ 이 회사는 신제품 하나로 ~을 냈다 Cette entreprise a touché le gros lot avec un seul produit nouveau.

◆**초_** 超 명 super hit *m* {*fam*}.

대발 명 store *m* en bambou, jalousie *f* en bambou. ¶ ~을 치다[늘어뜨리다] poser un store en bambou.

대밭 명 bosquet *m* de bambous.

대배심 大陪審 명 jury *m* extraordinaire, jury *m* d'exception. ¶ ~의 판결을 기다려 봐야 한다 Il faut attendre la décision du jury extraordinaire.

대번 부 immédiatement, à l'instant même, tout de suite, instantanément. ¶ 그 친구는 나를 ~ 알아보았다. Il m'a immédiatement reconnu. ☞ 대번에

대번에 부 d'une seule traite, d'un seul coup, d'un seul coup d'œil; tout de go; illico (presto) {*fam*}, sur-le-champ, immédiatement, tout de suite, séance tenante. ¶ 그 사람은 잔을 ~ 비웠다 Il a vidé son verre d'une seule traite / Il a fait cul sec {*fam*}. ¶ 나는 그 친구를 ~ 알아 볼 수 있었다 Je pouvais le reconnaître d'un seul coup d'œil. ¶ 그 사람은 대학 입학 시험을 ~ 합격했습니다 Il a réussi du premier coup au concours d'entrée à l'université. ¶ ~ 대답하다 répondre tout de suite [immédiatement, du tac au tac]. ¶ ~ 승낙하다 acquiescer sans réfléchir [immédiatement]. ¶ 그 사람이 망했다는 소문이 ~ 동네에 퍼졌다 Les rumeurs sur sa mort se sont répandues d'un seul coup dans le village.

대범 大汎 어근 largeur *f* d'esprit, largeur *f* de vues, grandeur *f* d'âme, générosité *f* [ouverture *f*] d'esprit, magnanimité *f*, tolérance *f*, indulgence *f*, clémence *f*, munificence *f* {*litt*}.

◆**_하다** 형 avoir les idées larges, avoir l'esprit large, être ouvert(*e*) d'esprit, avoir l'esprit ouvert; être très tolérant(*e*); 사소한 것에 얽매이지 않다 ne pas s'arrêter à des détails [à des bagatelles, à des futilités], ne pas se perdre dans les détails, voir les choses avec du recul [de la hauteur], voir l'essentiel, ne s'attacher qu'à l'essentiel, ne pas se laisser paralyser par les détails. ¶ ~한 태도 une attitude tolérante [généreuse, magnanime]. ¶ 그는 ~한 성격이다 Il est ouvert d'esprit / Il a l'esprit ouvert [large]. ¶ 사람이 ~해야지 그만한 일에 울면 안 된다 Il faut avoir l'esprit large, il ne faut pas pleurer pour si peu. ¶ ~하게 행동하다 se comporter avec largeur d'esprit.

◆**_성** -性 명 largeur *f* d'esprit, largeur *f* de vues, grandeur *f* d'âme, ouverture *f* [générosité *f*] d'esprit, magnanimité *f*, tolérance *f*, indulgence *f*. ¶ 그 사람은 ~성을 보여주었다 Il a fait montre de sa largeur d'esprit.

대법관 大法官 명 juge *m* de la Cour suprême.

대법원 大法院 명 la Cour *f* suprême. ¶ ~ 판사 un juge de la Cour suprême. ¶ ~에 상고하다 se pourvoir en cassation à la Cour suprême, faire appel d'un jugement à la Cour suprême. ¶ 그 사건은 ~까지 가야 결말이 날 것이다 Cette affaire va finir à la Cour suprême.

◆**_장** -長 명 président *m* de la Cour suprême.

대법정 大法廷 명 la Cour *f* suprême.

대법회 大法會 명 【불교】 grande cérémonie *f* (bouddhique). ¶ 이 절에서 오는 초파일에 큰 스님이 ~를 연다 Le grand moine bouddhiste va faire [préparer] une grande cérémonie en commémoration de l'anniversaire de Bouddha dans ce temple.

대변[1] 大便 명 fèces *fpl*; matières *fpl* fécales; excréments *mpl*; déjections *fpl*; étron *m*; selles *fpl*; 《유아어》 caca *m*, grosse commission *f*, merde *f* {*vulg*}. ¶ ~(이) 마렵다 vouloir aller aux toilettes (pour faire caca), avoir envie d'aller à la selle [de faire caca], avoir besoin de s'isoler *qp*, avoir envie de chier {*vulg*}. ¶ ~(을) 보다[누다, 싸다] aller à la selle; 유아어 faire caca {*fam*}, aller sur le trône, faire la grosse commission, déféquer, chier {*vulg*}; couler un bronze {*arg*}.

◆**_검사** -檢査 명 examen *m* des matières fécales.

대변[2] 代辯 명 ◇_(을) **하다** parler pour [à la place de] *qn*, être le porte-parole de *qn*. ¶ 그의 말이 내 생각을 ~해 주었다 Il a dit ce que je voulais dire. ¶ 국방부를 ~하다 parler au nom du ministère de la Défense. ◇_(이) **되다** être exprimé(*e*) [représenté(*e*)] par. ¶ 그의 개성은 자연스러움으로 ~이 되고 있다 Son originalité, c'est la spontanéité.

◆**_인** -人 명 porte-parole *mf*. ¶ 야당은 ~인을 통해 이 사건에 대해 다음과 같이 논평했다 Voici le commentaire du porte-parole de l'opposition sur cette affaire.

◆**_자** -者 명 porte-parole *mf*. ¶ 신문은 여론의 ~자이다 Le journal est le porte-parole de l'opinion publique.

◆**부_인** 副人 명 adjoint(*e*) du porte-parole.

대변[3] 貸邊 명 【회계】 avoir *m*; crédit *m*; actif *m*. ¶ ~에 기입하다 porter une somme au crédit [à l'actif] de *qn*.

대변[4] 對邊 명 【기하】 côté *m* opposé, partie *f* adverse.

대변혁 大變革 명 grand changement *m*. ¶ ~이 벌어졌다[일어났다] Un grand changement s'est produit [a eu lieu]. ¶ 동구권은 체제의 붕괴로 인해 사회 전반에 걸쳐 ~이 예상된다 On prévoit un grand changement dans l'ensemble de la société en Europe de l'Est suite à l'effondrement du régime.

대별 大別 명 classification *f* générale, classement *m* approximatif. ◇_(을) **하다** classer approximativement, diviser approximativement. ¶ (무엇을) 세 종류로 ~하다 diviser approximativement *qc* en trois parts. ◇_(이) **되다** être classé(*e*) d'une manière générale. ¶ 당시의 독립 운동가들은 좌익과 우익으로 ~된다 Les indépendantistes de cette époque se divisent en deux principaux groupes: droite et gauche.

대보다 타 ① comparer ((deux choses)); rapprocher ((deux passages)); confronter ((A et B, deux idées, un écrit avec l'original)), faire la comparaison ((entre A et B, de deux textes)), collationner ((un texte avec l'original)); mesurer. ¶ 나는 동생과 키를 대보았다 Mon frère (Ma sœur) et moi avons comparé nos tailles (respectives) / Je me suis mis(*e*) dos à dos avec mon frère (ma sœur) pour voir qui était le(la) plus grand(*e*). ¶ 막대기의 길이를 ~ mesurer la longueur du bâton. ¶ 번역을 원문과 ~ comparer [confronter] la traduction avec le texte original [l'original]. ② 어울리는지 보다 comparer, estimer. ¶ 옷이 몸에 맞는지 ~ appliquer un vêtement sur *son* corps au lieu de l'essayer [devant la glace pour voir s'il convient ou pas]; juger d'un vêtement en le tenant entre *soi* et le miroir; mettre [coller] un vêtement contre *soi* (devant la glace) pour savoir s'il convient ou pas. ¶ 문으로 냉장고가 들어갈 수 있을지 줄자를 ~ mesurer la porte avec le mètre pour savoir si le réfrigérateur peut passer. ¶ 어느 것이 더 좋은지 대보자 Comparons pour savoir lequel est le meilleur.
***길고 짧은 것은 대보아야 한다** Avant de porter un jugement [de faire un classement], il faut d'abord évaluer les deux parties / Avant de porter un jugement, il faut d'abord être sûr des faits [mettre les opposants en présence] / Tu ferais mieux de vérifier avant de parler.

대보름 大- 명 Daeboreum <((정월 대보름)) la première pleine lune (du calendrier lunaire), le 15 janvier du calendrier lunaire. À l'aube de la pleine lune du premier mois de l'année lunaire, on mange des noix, des châtaignes ou des arachides avec de l'alcool de riz, priant pour une bonne santé pour toute l'année ((rites de protection contre les catastrophes et les malheurs))>. ¶ 정월 ~에는 오곡밥을 먹는 풍습이 있다 Le 15 janvier du calendrier lunaire, la coutume veut qu'on [il y a une coutume selon laquelle on] mange du riz aux quatre céréales ((5 céréales dont le riz; du riz bouilli avec «cinq» céréales différentes: le riz, le haricot et le haricot rouge et deux genres de millet)).
◆**_날** 명 le jour de la première pleine lune du calendrier lunaire.

대본 臺本 명 ① ((연극)) texte *m* d'une pièce de théâtre; ((오페라)) livret *m*; ((영화)) scénario *m* ((d'un film)). ¶ 영화[연극] ~ le scénario d'un film [le texte d'une pièce de théâtre]. ¶ ~을 외우다 apprendre par cœur un texte [un scénario]. ¶ ~에 쓰인 대로 말하다 dire le texte, dire [débiter] *son* texte; dire une réplique, donner la réplique. ¶ ~에도 없는 대사를 하다 ne pas suivre les lignes du texte, improviser. ② 원문 texte *m* original, original *m*. ¶ 이 책은 영어판을 ~으로 하여 번역된 것이다 Ce livre est traduit de la version anglaise.
◆**_작가** -作家 명 scénariste *mf*.
◆**방송_** 放送 명 script *m*.

대본산 大本山 명 【불교】 temple *m* important situé en contrebas du temple principal (d'une secte bouddhique).

대부[1] 代父 명 【천주】 parrain *m*. ¶ 누구의 ~가 되어 주다 être le parrain de *qn*.

대부[2] 貸付 명 emprunt *m*; prêt *m*. ¶ 그 기관은 농민들에게 싼 이자의 ~를 제공하고 있다 Cette organisation propose un prêt à bas intérêt aux paysans. ¶ 은행에 ~를 신청하다 demander un emprunt à la banque. ◇_(를) **하다** prêter, faire un prêt. ¶ 한 은행에서 담보를 받고 내게 자금을 좀 ~해 주었다 Une banque m'a fait un prêt en échange d'une caution [d'une hypothèque]. ◇_(를) **받다** emprunter, faire un emprunt. ¶ 집을 장만하기 위해 은행에서 ~를 받다 emprunter de l'argent à la banque pour acheter un logement.
◆**_금** -金 명 argent *m* emprunté.
◆**_기한** -期限 명 terme *m* d'un prêt; terme *m* d'un emprunt.
◆**담보_** 擔保 명 prêt *m* [emprunt *m*] sur gage [sur titres].
◆**신용_** 信用- 명 prêt *m* [emprunt *m*] à crédit.
◆**은행_** 銀行- 명 prêt *m* [emprunt *m*] bancaire.
◆**장기[단기]_** 長期[短期]- 명 prêt *m* [emprunt *m*] à long [à court] terme.

대부분 大部分 명 la plupart *f* ((des gens)); la plus grande [grosse] partie *f*, la majeure partie *f* ((des dépenses)), la majorité *f* ((des membres présents)), la généralité *f* ((des cas)); le gros *m* ((du peuple)). ¶ 그는 재산의 ~을 자선단체에 기탁했다 Il a donné la plupart de ses biens à une organisation humanitaire [caritative]. ¶ 그는 한 해의 ~을 외국에서 보낸다 Il passe la plupart de l'année à l'étranger. ¶ 파리에 있는 한국인의 ~은 유학생들이다 La plupart des Coréens à Paris sont des étudiants. ¶ 그 사람이 주식의 ~을 갖고 있다 Cet homme détient la majorité des actions. ¶ 우리 국토의 ~이 산이다 La Corée est essentiellement constituée de montagnes. ¶ 참석자는 ~ 학생들이었다 Ceux qui étaient présents [Les participants] étaient pour la plupart des étudiants / La majorité des participants étaient des étudiants. ¶ 제출된 사안들은 ~ 통과될 것이다 La plupart des projets déposés seront acceptés.

대북 對北 어근 concernant [vis-à-vis de, à l'encontre de, contre, pour] la Corée du Nord. ¶~ 정책 la politique vis-à-vis [à l'encontre] de la Corée du Nord.

대분열 大分裂 명 grande division *f*, grande séparation *f*. ¶~이 일어났다 Une grande division s'est produite. ¶~이 시작됐다 Une grande division [séparation] a commencé. ◇_(을) **하다** se diviser [se séparer] en beaucoup de morceaux.

대비[1] 對比 명 contraste *m*; opposition *f*. ¶색의 ~가 인상적이다 Le contraste des couleurs est impressionnant. ◇_(를) **하다[시키다]** contraster, comparer, mettre en opposition, opposer. ¶이 두 이론을 ~해서 설명하다 faire une explication en opposant [en comparant] ces deux théories. ¶토착 문화와 외래문화를 ~시키다 opposer la culture traditionnelle à la culture étrangère. ◇_(가) **되다** contraster; être contrasté(*e*); être en opposition avec *qc*. ¶도시는 흔히 농촌과 ~되는 말로 사용된다 On utilise souvent «ville» comme terme opposé à «campagne». ¶그의 입장은 여러 면에서 우리와 ~된다 Sa position est en opposition avec la nôtre sur plusieurs points.

대비[2] 大妃 명 【고제】 reine *f* mère. ¶~ 마마 Sa Majesté la reine mère!

◆_**전** -殿 명 palais *m* de la reine mère.

대비[3] 對備 명 préparation *f*, mesures *fpl* de précaution. ¶전쟁에 대한 ~가 필요하다 Il faut être prêt pour la guerre. ◇_(를) **하다** se préparer à; se prémunir contre ((un danger)). ¶비상시[만일의 사태]에 ~하다 parer à l'imprévu [toute éventualité], pourvoir à toute éventualité. ¶시험에 ~하여 공부하다 préparer un examen. ¶기온의 급변에 ~하다 se prémunir contre les brusques changements de température. ¶노후를 ~하다 prendre des précautions pour ses vieux jours. ◇_(가) **되다** s'être préparé(*e*) à; s'être prémuni(*e*) contre (un danger). ¶그는 노후에 대한 ~가 되어 있다 Il s'est préparé pour les vieux jours.

◆_**책** -策 명 disposition *f* préparatoire, mesure *f* préparatoire, moyen *m* préparatoire. ¶나는 그 사태에 대한 만반의 ~책을 세웠다 J'ai paré à toute éventualité concernant cet événement / J'ai pris toutes les dispositions nécessaires pour faire face à tout événement.

대빗 명 peigne *m* en bambou.

대사[1] 大事 명 affaire *f* importante, événement *m* important; ((큰 사업)) grande entreprise *f*; ((대례)) cérémonie *f* de mariage. ¶~를 치르다 conclure une affaire importante. ¶~를 그르치다 mal conduire une affaire importante. ¶대통령 선거는 국가의 ~이다 L'élection présidentielle est un événement très important [capital, primordial] pour la nation. ¶~를 앞두고 그런 불미스러운 일이 벌어지다니 유감이다 C'est dommage qu'il arrive une telle affaire à l'approche [à la veille] d'un événement si important.

대사[2] 大師 명 【불교】 le grand moine *m* (bouddhiste).

◆**서산**_ 西山 명 le grand moine Seosan. ¶서산~의 설법을 듣다 écouter le sermon du grand moine Seosan.

대사[3] 代謝 명 【생물】 métabolisme *m*. ¶이 환자는 몸의 ~가 잘 이루어지고 있다 Ce patient n'a aucun problème de métabolisme. ¶~ 작용 le métabolisme.

◆**기초**_**량** 基礎-量 명 métabolisme *m* de base.

◆**물질**_ 物質- 명 métabolisme *m*.

◆**신진**_ 新陳 명 métabolisme *m*.

대사[4] 臺詞 명 ((배우의)) texte *m*; dialogue *m* ((d'une pièce de théâtre)); ((각 역의)) rôle *m*; réplique *f*. ¶~를 말하다 dire [débiter] *son* texte; dire une réplique, donner la réplique. ¶~ 도중에 엔지[NG]를 내다 faire rater une scène en se trompant dans *sa* réplique, se tromper dans *sa* réplique, manquer [rater] *sa* réplique. ¶~를 외우다[잊어버리다, 까먹다] apprendre par cœur [oublier] un texte [scénario, dialogue]. ¶무대 뒤에서 ~를 불러주다 souffler le texte. ¶그는 ~도 몇 마디 안 되는 작은 역을 맡았다 On lui a attribué [Il s'est vu attribuer] un petit rôle avec peu de texte. ¶그의 ~에는 욕이 몇 마디 들어간다 Il y a quelques injures dans son texte.

대사[5] 大使 명 ambassa*deur*(*drice*). ¶주불 한국 ~ l'ambassadeur de Corée en France. ¶~급 인사 une personnalité d'un rang d'ambassadeur, une personnalité diplomatique. ¶~를 임명하다[파견하다] nommer [envoyer] un ambassadeur. ¶대통령은 주한 프랑스 ~로부터 신임장을 받았다 Le président de la République a reçu les lettres de créance de l'Ambassadeur de France en Corée.

◆_**관** -館 명 ambassade *f*. ¶주미 한국 ~관 l'ambassade de Corée aux États-Unis. ¶~관 부무관 adjoint(*e*) de l'attaché(*e*) militaire (d'une ambassade). ¶~관 서기관 secrétaire d'ambassade. ¶~관원 un(*e*) employé(*e*) d'une ambassade. ¶~관 참사관 conseiller(*ère*) d'ambassade. ¶비자 발급은 ~관에서 담당한다 L'ambassade s'occupe de la délivrance des visas.

◆_**급** -級 명 niveau(*x*) *m* ambassadorial; d'un rang d'ambassadeur, d'un rang diplomatique. ¶~급 외교 관계를 맺다 nouer des relations diplomatiques au niveau ambassadorial.

◆**대리**_ 代理 명 chargé *m* d'affaires.

◆**특명전권**_ 特命全權 명 ambassa*deur*(*drice*) plénipotentiaire extraordinaire.

대사면 大赦免 명 grande amnistie *f*, grâce *f* (exceptionnelle). ¶재소자들 사이에는 곧 ~이 있을 거라는 소문이 떠돌았다 Une rumeur de grâce a circulé parmi les prisonniers. ◇_(을) **하다[단행하다]** amnistier; gracier; faire bénéficier d'une amnistie. ¶삼일절을 맞이하여 ~을 단행했다 On a amnistié de nombreuses personnes en l'honneur du [pour

ㄷ

célébrer le, pour commémorer le] 1er mars ((mouvements du 1er mars pour l'indépendance de la Corée en 1919)).

◆_령 -令 명 ordre *m* de grande amnistie.

대상¹ 隊商 명 caravane *f.* ¶ 낙타를 타고 사막을 돌아다니는 ~들 les caravanes du désert qui se déplacent à dos de chameau.

대상² 對象 명 objet *m.* ¶ 어린이를 ~으로 하는 잡지 une revue destinée aux enfants. ¶ 모든 이의 선망의 ~ l'objet de la convoitise de tout le monde. ¶ 비판의 ~이 되다 être l'objet de la critique. ¶ 연구의 ~으로 삼다 prendre *qc* comme objet de recherche. ¶ 선발 ~에서 제외되다 être exclu(*e*) de la sélection. ¶ 이 책은 환경오염을 ~으로 한 연구이다 Le sujet de recherche traité par ce livre est la pollution de l'environnement.

◆_적 -的 명관 assujetti(*e*) à *qn*/*qc*.

◆_화 -化 명 objectivation *f.* ¶ ~화(가) 되다 se faire objectiver, faire l'objet de *qc*. ¶ ~화(를) 하다 objectiver *qc*.

◆_국 -國 명 pays *m* partenaire, pays *m* objet. ¶ 교역 ~ un(*e*) partenaire commercial.

◆_물 -物 명 objet *m*, matière *f*, objectif *m*. ¶ 공격 ~ une cible, un objet cible.

◆_언어 -言語 명 【언어】 번역 langue *f* d'arrivée [cible]; 철학 langue-objet *f.*

◆_자 -者 명 candidat(*e*); bénéficiaire *mf*; lauréat(*e*). ¶ 노벨 문학상 수상 ~자를 결정하다 élire le lauréat du prix Nobel de littérature. ¶ ~자를 물색하다 chercher un(*e*) candidat(*e*). ¶ 과세 ~자 une personne soumise à l'impôt [imposable], un(*e*) contribuable, un(*e*) assujetti(*e*), les redevables de l'impôt.

대상³ 大賞 명 grand prix *m*; premier prix *m*; première place *f.* ¶ ~을 차지하다[받다, 타다, 주다] gagner [recevoir, obtenir, décerner] un [le] grand prix.

대서¹ 大暑 명 ((달력의)) Daeseo <la période la plus chaude de l'année, une des 24 divisions du calendrier luni-solaire, vers le 23 juillet>. ¶ ~가 지나면서 더위가 한풀 꺾였다 Après Daeseo [Une fois Daeseo passé], les températures ont chuté [il fait beaucoup moins chaud].

대서² 代書 명 rédaction *f* pour [à la place de] *qn*; écriture *f* publique. ◇_(를) **하다** écrire à la place de *qn*; rédiger ((des lettres, des actes)) pour ceux qui ne savent pas écrire ou qui maîtrisent mal l'écrit. ¶ 망자의 유언을 ~하다 écrire un testament à la place d'une personne déjà décédée.

◆_방 -房 명 bureau(*x*) *m* d'un écrivain public; ((chez le)) notaire *m*.

◆_소 -所 명 bureau(*x*) *m* d'un écrivain public [d'un notaire]. ¶ 나는 서류를 ~소에 맡겼다 J'ai confié mes dossiers à un écrivain public.

◆_인 -人 명 écrivain *m* public; scribe *m*; notaire *m*.

대서양 大西洋 명 【지명】 l'océan *m* Atlantique; l'Atlantique *m*. ¶ ~ 횡단 비행 un vol transatlantique. ¶ ~ 연안국 un pays côtier de l'Atlantique. ¶ 그 섬은 ~ 한 가운데에 위치하고 있다 Cette île se trouve en plein milieu [au beau milieu] de l'Atlantique. ¶ ~을 건너다[횡단하다] traverser l'Atlantique. ¶ 그 선박은 ~을 항해 중이다 Ce navire est en train de traverser l'Atlantique.

◆_함대 -艦隊 명 la flotte *f* atlantique.

◆_항로 -航路 명 la ligne *f* atlantique.

◆_헌장 -憲章 명 【정치】 la Charte *f* de l'Atlantique.

◆북_조약 北-條約 명 【정치】 le Pacte *m* de l'Atlantique Nord. ¶ 북~조약 기구 l'Organisation du Traité de l'Atlantique Nord [l'OTAN].

대서특필 大書特筆 명 mention *f* spéciale. ¶ 대통령의 발언을 ~로 보도하다 publier en gros titre le discours du président de la République. ◇_(을) **하다** faire une mention spéciale de *qc*; noter [signaler] tout particulièrement *qc* [que+*ind*]. ¶ ~할 만하다 mériter un gros titre, mériter de faire les gros titres. ¶ 신문마다 이 사건을 ~했다 Tous les journaux ont rapporté cet événement avec des [en] gros titres / Cette affaire a fait les gros titres [les manchettes, la une] des journaux. ◇_(이) **되다** faire les gros titres (des journaux). ¶ 반세기 만의 정권교체는 전 세계의 언론에 ~되었다 Le changement du pouvoir politique, qui ne s'était pas produit depuis un demi-siècle, a été couvert par toute la presse mondiale.

대선 大選 명 élection *f* présidentielle, présidentielle *f.* ¶ ~을 시행하다 organiser [procéder à, tenir,] l'élection présidentielle. ¶ ~에서 승리하다[당선되다] remporter la victoire à [être élu à] l'élection présidentielle. ¶ 이번 ~에서 야당이 이겼다 Le parti de l'opposition a gagné cette grande élection. ¶ ~이 다가온다 L'élection présidentielle approche.

대선거구 大選擧區 명 【정치】 grande circonscription *f* électorale.

◆_제 -制 명 système *m* de la grande circonscription électorale.

대설 大雪 명 ① grande [forte] chute *f* de neige, chute *f* de neige abondante, tempête *f* de neige. ¶ 적설량 30cm의 ~ une grande chute de neige d'une épaisseur [qui a atteint une hauteur de] de 30 centimètres. ¶ 서울 지방에 ~이 내렸다 Il a neigé abondamment dans la région de Séoul. ② ((달력의)) Daeseol <la période des grandes neiges de l'année, une des 24 divisions du calendrier luni-solaire, vers le 7 décembre>. ¶ ~이 지나자 날씨가 한결 더 추워졌다 Il fait beaucoup plus froid après Daeseol [la période des grandes neiges].

◆_경보 -警報 명 alerte *f* à la tempête de neige, avis *m* de fortes chutes de neige. ¶ 영동 산간 지방에 ~경보가 내렸다 Dans la région montagneuse de Yeongdong a été décrété un avis de fortes chutes de neige [une alerte à la tempête de neige].

◆_주의보 -注意報 명 avis *m* de chute de neige

abondante, avis *m* de fortes chutes de neige.

대성 大成 명 achèvement *m*; grande réussite *f.* ¶ 제자의 ~을 바라지 않는 스승이 어디 있겠는가? Quel maître [enseignant] ne voudrait pas la réussite de ses élèves? ◇_(을) **하다** achever ((un travail)) avec succès; ((인격이)) réussir, se faire une réputation, se faire un nom. ¶ 그는 장차 ~할 인물이다 Il est plein d'avenir / Il est promis au plus brillant [à un brillant] avenir. ¶ 그는 과학자로서 ~하였다 Il a réussi dans le domaine scientifique.

대성공 大成功 명 grand succès *m*; grande réussite *f.* ◇_(을) **하다[거두다]** connaître un grand succès. ¶ 그의 작품은 ~을 거두어 곧 영화화될 것이라는 소문이 나오고 있다 Son œuvre ayant connu un grand succès, le bruit court qu'elle sera adaptée au cinéma. ¶ 그 상품[소설, 연극, 영화]은 ~을 거두었다 Ce produit [Ce roman, Cette pièce (de théâtre), Ce film] a connu un grand succès.

대성통곡 大聲痛哭 명 lamentation *f*, pleurs *mpl.* ◇_(을) **하다** pleurer à haute voix; gémir. ¶ 우리는 ~을 했다 Nous avons pleuré bruyamment.

대성황 大盛況 명 grand succès *m.* ◇_**이다[을 이루다]** avoir [remporter] un grand [un vif] succès [un succès fou]; être réussi(*e*); être un grand [un vif] succès, faire salle comble [pleine]. ¶ 예전에 그 식당[영화관]은 ~을 이루었다 Ce restaurant [Ce cinéma] avait un grand succès [marchait très bien] autrefois. ¶ 공연이 ~이었다[을 이루었다] La représentation a fait salle pleine [salle comble].

대세 大勢 명 situation *f* [tendance *f*] générale [actuelle]; ((권세)) (grand) pouvoir *m*; grande influence *f.* ¶ ~를 따르다 suivre le courant du jour, suivre la tendance actuelle. ¶ ~에 역행하다 aller à l'encontre de la tendance actuelle. ¶ 이 사건이 ~에 영향을 미치지는 않을 것이다 Cet événement ne changera pas la situation. ¶ 전쟁의 ~는 판가름이 났다 L'issue de la guerre est décidée. ¶ ~가[는] 기울었다 On sait de quel côté la balance va pencher. ¶ 누구에게[어느 쪽으로] ~가 기울다 pencher vers [pour] *qc/qn*, être porté(*e*) [avoir une tendance] à choisir [à préférer] *qc/qn.* ¶ 이미 ~는 내게로 기울었다 La situation générale a déjà penché en ma faveur. ¶ 사태를 조용히 수습하자는 쪽으로 ~가 기울었다 L'opinion générale est disposée à résoudre la situation dans le calme.

대소 大小 명 grandeur *f*, dimension *f*, taille *f.* ¶ ~ 구분하지 말고 한 상자에 우선 넣어라 Mets-les d'abord dans une boîte sans tenir compte de leur grandeur.

대소동 大騷動 명 grand tumulte *m* [vacarme *m*]; grande agitation *f*; troubles *mpl* graves; grande émeute *f.* ¶ ~을 벌이다[일으키다] soulever une grande agitation. ¶ ~이 일어날 것 같다 Il va sans doute y avoir [On dirait qu'il va y avoir] une grande agitation. ¶ 어제 집에 도둑이 들어 한바탕 ~이 났다 Il y a eu une grande agitation hier lorsqu'un cambrioleur a pénétré dans la maison. ¶ 경기가 중단되자 관중석에서는 ~이 일어났다[벌어졌다] Quand le match [la partie] a été interrompu(*e*), une grande agitation s'est installée dans le public.

대소변 大小便 명 urine *f* et fèces *fpl*; matières *fpl* fécales; excréments *mpl*; ((배설)) ((faire *ses*)) besoins *mpl.* ¶ ~을 보다 faire *ses* besoins; se soulager. ¶ 어린아이에게 ~을 가리는 훈련을 시키다 apprendre aux enfants à faire leurs besoins.

대소사 大小事 명 affaires *fpl* d'importance diverse. ¶ 누구에게 ~를 맡기다 confier à *qn* des affaires d'importance diverse. ¶ 집안의 ~에 빠짐없이 참석하다 assister à toutes les activités de la famille.

대소쿠리 명 corbeille *f* en bambou.

대수[1] 對數 명 【수학】 logarithme *m.* ¶ 50의 ~ le logarithme de 50.

◆_**표** -表 명 【수학】 table *f* logarithmique.

◆_**함수** -函數 명 【수학】 fonction *f* logarithmique.

대수[2] 代數 명 【수학】 algèbre *f.* ¶ (문제를) ~로 풀다 résoudre (un problème) par l'algèbre.

◆_**적** -的 명관 algébrique. ¶ ~적 해법 une solution algébrique.

◆_**기호** -記號 명 【수학】 symbole *m* algébrique.

◆_**식** -式 명 【수학】 expression *f* algébrique.

◆_**학** -學 명 【수학】 algèbre *f.*

◆_**학자** -學者 명 algébriste *mf.*

대수[3] 명 ((부정문이나 반어적 의문문에서)) chose *f* importante [grave]; importance *f*, gravité *f.* ¶ 그까짓 실수를 했기로서니 무슨 ~냐? Pourquoi t'inquiéter pour une si petite erreur [pour si peu]? / Il n'y a pas de quoi s'inquiéter. ¶ 아들이 출세한다는데 그까짓 돈이 ~랴? Pour que mon fils puisse faire une belle carrière, peu importe le prix à payer. ¶ 한국군에서 하루에 100 킬로미터를 걷는 것은 ~도 아니다[별거 아냐] Dans l'armée coréenne, marcher 100 kilomètres en une seule journée n'est pas un exploit. ¶ 그 학생에게 이틀 밤 정도 새는 것은 ~도 아냐 [별거 아냐] Pour lui, c(e n)'est pas grand-chose [un exploit] de faire deux nuits blanches d'affilée. ¶ 그 남자에게 여자를 꼬시는 건 ~도 아냐[별거 아냐] Pour lui, ce n'est pas difficile de draguer une fille.

◆_**롭다** 형 부정문이나 반어적 의문문에서 être important(*e*), grave, sérieu*x*(*se*); être précieu*x*(*se*), ch*er*(*ère*). ¶ ~롭지 않다 être insignifiant(*e*), avoir peu d'importance. ¶ 양자의 차이는 ~롭지 않다 La différence entre ces deux personnes [choses] est minime. ¶ ~롭게 여기다 ((부정문이나 반어적 의문문에서)) faire grand cas de *qc*; traiter *qn* avec beaucoup de soin; considérer *qc* comme précieux; accorder une grande importance à *qn/qc.* ¶ 그 학생은 지각하는 것을 ~롭지 않게 여긴다 Cet élève ne fait aucun cas de son (habituel) retard. ¶ 그들은 남의 감정 따위는 ~롭지 않게 여긴다 Ils ne font aucun cas des sentiments d'autrui. ¶ 별로 ~로운 일이 아니니 신경 쓰지 말아라 Ne t'en fais pas! Ce n'est pas important [C'est un détail].

ㄷ

대수술 大手術 명 opération *f* grave, grande opération *f*.

대승[1] 大勝 명 grande victoire *f*, victoire *f* brillante, belle victoire *f*; grand triomphe *m*; victoire *f* écrasante, victoire *f* totale [complète, pleine]. ◇_(을) **하다**[**거두다**] remporter [gagner] une grande victoire [une victoire éclatante]; triompher de, l'emporter sur ((un adversaire)); écraser ((un adversaire)). ¶ 이번 총선에서는 집권 여당이 야당을 누르고 ~했다 À cette élection des députés, le parti au pouvoir a remporté une grande victoire sur le parti de l'opposition. ¶ 독일팀은 이번 경기에서 일본에 6대 1의 ~을 거두었다 Lors de ce match, l'équipe d'Allemagne a remporté une victoire écrasante contre le Japon sur le score sans appel de 6 à 1.

대승[2] 大乘 명 【불교】 Grand Véhicule *m*, Mahayana.

◆_**적** -的 명관 ((d'un point de vue)) plus large. ¶ ~적 견지에서 보다 envisager *qc* d'un point de vue plus large, porter un jugement (sur *qc*) en tenant compte de la situation globale; voir les choses en grand, considérer *qc* dans son ensemble.

대시[1] 영{dash} 명 ① 상대편으로 빠르게 질주 mouvement *m* brusque en avant, élan *m*, ruée *f*. ¶ 단독 ~ la ruée d'un seul joueur. ② 거침없이 나아가는 것 mouvement *m* brusque en avant, élan *m*. ¶ 그 럭비선수의 ~를 아무도 막지 못했다 Personne n'a pu arrêter ce rugbyman dans son élan. ◇_(를) **하다** se ruer, s'élancer, se précipiter sur [dans] *qc*. ¶ 그 선수는 상대 진영으로 빠르게 ~를 했다 Ce joueur s'est élancé dans le camp adverse.

대시[2] 영{dash} 명 ① 글 가운데 가로 그은 금 tiret *m*. ¶ 나는 글을 쓰다 줄 끝에 ~를 삽입했다 J'ai mis un tiret à la fin de la ligne. ② 오른쪽 위에 그은 아주 짧은 빗금 prime *m*.

대식가 大食家 명 gros(*se*) mangeu*r*(*se*); gourmand(*e*), goinfre *mf* {*fam*}, morfal(*e*) {*fam*}.

대신[1] 代身 명 ((내용)) remplacement *m*; substitution *f*; ((사람)) remplaçant(*e*); substitut *m*, suppléant(*e*). ¶ ~에 en remplacement de *qn*; à la place de *qn*/*qc*; au nom de *qn*; au lieu de *qc*/*inf*; ((교환)) en échange [retour] de *qc*; ((한편)) mais, cependant; par contre. ¶ 그 ~에 à *sa* place, au lieu de cela. ¶ 커피 ~에 차를 마시다 boire du thé au lieu de (boire du) café. ¶ 내 ~ 갔다와라 Vas-y, remplace-moi! / Vas-y à ma place. ¶ 그가 일해 주는 ~ 나는 불어를 가르쳐 주었다 Je lui ai enseigné le français en échange de ses services. ¶ 값이 비싼 ~ 질이 좋다 C'est cher, mais c'est de bonne qualité [mais cela le vaut]. ◇_(을) **하다** remplacer *qn*/*qc*; se substituer à *qn*; tenir lieu de *qc*. ¶ 회장을 ~하여 부회장이 회의를 주재하다 Le vice-président a dirigé la réunion à la place du président.

부 en retour, en échange, en compensation. ¶ ~ 무엇을 받을까? Qu'est-ce que nous allons avoir en retour [échange]? ¶ 그 옷은 낡았으니 이 옷을 ~ 입어라 Ce vêtement est usé. Prends celui-là! ¶ 제가 ~ 가 드릴까요? Voulez-vous que j'y aille pour vous [à votre place]?

대신[2] 大臣 명 ① 군주국가의 장관 ministre *m*. ② 【역사】 chacun des trois Premiers ministres *mpl* d'État du royaume de Joseon ((Au temps du royaume de Joseon, il y avait à la tête du gouvernement trois Premiers ministres en même temps dont l'un était prépondérant sur les deux autres)).

대안 代案 명 solution *f* de rechange; une seconde proposition *f*, un plan *m* de secours. ¶ ~을 제시하다[내놓다] présenter une seconde solution. ¶ 일이 이렇게 되었으니 무슨 ~을 마련해야겠다 Puisqu'on en est arrivés là [Vu l'évolution de la situation], il faut trouver une autre solution [une solution de rechange]. ¶ 이 외에는 다른 ~이 없다 Il n'y a pas d'autres solutions que celle-là.

◆_**적** -的 명관 solution *f* de rechange. ¶ 우리는 그 안을 ~적으로 제시했다 Nous avons proposé ce plan comme solution de rechange.

대야 명 cuvette *f*, bassine *f*, bassin *m* ((à laver les mains, les pieds)). ¶ ~에 발을 담그다 se tremper les pieds dans une cuvette.

◆**세수**_ 洗手- 명 cuvette *f* (pour faire *sa* toilette).

대양 大洋 명 océan *m*. ¶ ~ 한가운데 au (beau) milieu [en plein milieu] de l'océan, en pleine mer. ¶ ~을 항해하다 naviguer sur les océans.

◆_**주** -洲 명 【지명】 l'Océanie *f*.

◆**오**_ 五- 명 les cinq océans *mpl*. ¶ 오~ 육대주 les cinq océans et les six continents. ¶ 오~을 누비다 parcourir les cinq océans, naviguer sur les cinq océans.

대어 大漁 명 gros poisson *m*, belle prise *f*; 비유적 gros poisson *m*, ((faire)) une belle prise *f*, une belle capture *f*; ((réussir)) un beau coup *m* de filet; ((gagner)) le gros lot *m*; ((trouver, dénicher {*fam*})) la perle *f* rare, un phénix *m*; ((découvrir, dégoter, dénicher {*fam*})) l'oiseau *m* rare. ¶ ~를 낚다[건지다] pêcher [repêcher] un gros poisson; ((비유적)) pêcher un gros poisson, ((les douaniers)) faire une belle prise [une belle capture]; réussir un beau coup de filet; gagner le gros lot; trouver [dénicher {*fam*}] la perle rare [un phénix]; découvrir [dégoter, dénicher {*fam*}] l'oiseau rare. ¶ ~를 놓치다 laisser échapper un gros poisson; ((비유적)) laisser échapper un gros poisson, ((les douaniers)) laisser échapper une belle prise [une belle capture]. ¶ 선수 스카우트에서 ~를 건지다 découvrir [dénicher {*fam*}] la perle rare en recrutant un(*e*) joueu*r*(*se*), recruter la perle rare. ¶ 축구 예선에서 브라질을 누름으로써 ~를 낚은 셈이 되었다 En écrasant le Brésil lors des éliminatoires [lors des épreuves de sélection], on a gagné le gros lot [remporté une victoire inespérée].

대업 大業 명 vaste [grande] entreprise *f*, entreprise

f herculéenne. ¶ 건국의 ~ la vaste entreprise de la fondation de l'État. ¶ ~을 이루다 accomplir une grande œuvre; effectuer [réaliser] de remarquables [grands] travaux.

대여 貸與 명 prêt *m*. ¶ ~ 장학금 une bourse que l'on doit rembourser après les études. ¶ 무상[유상] ~ un prêt à taux zéro [avec intérêt]. ◇_(를) **하다** prêter. ¶ 책을 무료로 ~해 주다 prêter des livres gratuitement.

대여섯 수관 cinq ou six. ¶ 학생 ~이 길가에 서 있다 Cinq ou six étudiants sont debout au bord de la rue. ¶ ~ 사람[개, 쌍, 명, 번] cinq ou six personnes [paires [couples], personnes, fois].

대역[1] 代役 명 remplaçant(*e*); substitut *m*; cascadeu*r*(*se*); doublure *f*. ¶ 어려운 장면은 ~을 쓰다 utiliser une doublure dans une scène difficile [dangereuse]. ¶ 누구를 ~으로 내세우다 proposer *qn* comme remplaçant(*e*). ◇_(을) **하다** remplacer *qn*. ¶ 주인공의 급작스런 병으로 신인이 그를 ~할 수밖에 없었다 L'acteur principal étant tombé subitement malade, on lui a trouvé un jeune remplaçant [on n'a pu faire autrement que de demander à un jeune novice de le remplacer].

대역[2] 對譯 명 traduction *f* en parallèle avec l'original. ¶ 한불 ~ une édition [une présentation] du texte coréen avec une traduction française en parallèle, une édition bilingue coréen-français. ◇_(을) **하다** faire une traduction en parallèle avec l'original.

◆**_본** -本 명 édition *f* d'une traduction en parallèle avec l'original; une édition *f* bilingue.

◆ **사전** -辭典 명 dictionnaire *m* bilingue.

대역[3] 大役 명 rôle *m* important; ((책임이 큰일)) grande responsabilité *f*; ((임무)) charge *f* [mission *f*] importante. ¶ 그는 어린 나이에 ~을 맡았다 Il s'est vu confier [On lui a confié] une grande responsabilité pour son âge.

대역무도 大逆無道 명 haute trahison *f*; crime *m* de lèse-majesté; grande iniquité *f*. ¶ ~의 역적[죄인] une personne qui a commis une haute trahison [un crime de lèse-majesté]; un criminel de lèse-majesté.

◆**_하다** 형 ((인물, 행위, 사상이)) mériter d'être accusé(*e*) de haute trahison [de crime de lèse-majesté]. ¶ ~한 죄 un crime de lèse-majesté; une haute trahison.

대역죄 大逆罪 명 haute trahison *f*. ¶ ~를 범하다[짓다, 저지르다] commettre une haute trahison.

대열 隊列 명 ligne *f*, rang *m*. ¶ ~을 따라가다 suivre le rang [la file, le cortège]. ¶ ~을[에서] 벗어나다[이탈하다] sortir de la ligne [du rang]. ¶ ~을 짓다[맞추다] s'aligner, (*se*) mettre en rangs. ¶ ~을 지어 행진하다 défiler en colonnes [en rangs]. ¶ ~의 선봉에 서다 se mettre [être, se placer] en tête de la ligne, prendre la tête ((d'un cortège, d'un mouvement)). ¶ ~이 흐트러졌다 Les rangs se sont rompus.

대엿 수관 ((' 대여섯'의 준말)) cinq ou six. ¶ 거기에는 ~ 정도의 사람들이 있었다 Il y avait cinq ou six personnes là-bas. ¶ 그 아이는 ~ 살쯤 되어 보였다 Cet enfant avait l'air d'avoir cinq ou six ans.

대엿새 명 cinq ou six jours. ¶ 우리는 ~ 동안 여행을 가기로 했다 Nous avons décidé de partir en voyage pour cinq ou six jours.

대오 隊伍 명 ligne *f*, rang *m*. ¶ ~를 따라가다 suivre le rang [la file, le cortège]. ¶ ~를[에서] 벗어나다[이탈하다] sortir de la ligne [du rang]. ¶ ~를 짓다[맞추다] s'aligner, (*se*) mettre en rangs. ¶ ~를 지어 행진하다 défiler en colonnes [en rangs]. ¶ ~의 선봉에 서다 se mettre [être, se placer] en tête de la ligne, prendre la tête ((d'un cortège, d'un mouvement)). ¶ ~가 흐트러졌다 Les rangs se sont rompus.

대왕 大王 명 grand roi *m*. ¶ 세종 ~ le roi Sejong. ¶ 알렉산더 ~ Alexandre le Grand.

대외 對外 어근 extérieur(*e*), étrange*r*(*ère*), internation*al*(*ale*, *aux*); envers [vis-à-vis de] l'étranger [l'extérieur]. ¶ 이 회사는 ~ 이미지가 나빠져서 수출이 잘 안 된다 Cette société a [connaît] des difficultés à [pour] exporter ses produits à cause de sa mauvaise réputation à l'étranger.

◆**_적** -的 명관 internation*al*(*ale*, *aux*), étrange*r*(*ère*), extérieur(*e*), vis-à-vis de l'extérieur [de l'étranger], sur le plan international, vers l'étranger. ¶ ~적으로는 vis-à-vis de l'étranger [de l'extérieur], sur le plan international.

◆**_관계** -關係 명 relations *fpl* internationales [étrangères, extérieures].

◆**_무역** -貿易 명 commerce *m* international [extérieur].

◆**_비** -秘 명 secret *m* vis-à-vis de l'extérieur.

◆**_수출** -輸出 명 exportation *f* vers l'étranger.

◆**_원조** -援助 명 aide *f* à l'étranger.

◆**_정책** -政策 명 politique *f* étrangère [extérieure].

대용 代用 명 substitution *f*; remplacement *m*. ¶ 이 컵을 꽃병 ~으로 사용하자 Utilisons ce verre pour servir de vase à fleurs! ¶ 이것은 책상의 ~이 된다 Ceci sert de bureau. ◇_(을) **하다** employer [utiliser] *qc* à la place de *qc*. ¶ 버터 대신 마가린을~하다[마가린으로 버터를 ~하다] utiliser de la margarine à la place du beurre[remplacer le beurre par (de) la margarine]. ¶ 현금을 ~하여 신용카드의 사용이 증가하고 있다 L'utilisation de la carte de crédit est en train d'augmenter au détriment du paiement en espèces. ◇_(이) **되다** être utilisé(*e*) à la place de *qc*.

◆**_물** -物 명 substitut *m*.

◆**_식** -食 명 substitut *m* de repas.

◆**_작물** -作物 명 produit *m* agricole de remplacement.

◆**_품** -品 명 substitut *m*, produit *m* de remplacement [de substitution], succédané *m* {*vx*}.

대용언 代用言 명 【언어】 pro-verbes et pro-adjectifs.

대우[1] 待遇 명 ① traitement *m*; réception *f*, accueil

m, hospitalité *f*; service *m*. ¶ 정중한 ~ un accueil hospitalier [cordial, bienveillant, chaleureux], un accueil avec beaucoup d'égards. ¶ ~를 잘하다 être hospitali*er*(*ère*) envers [pour] *qn*, être accueillant(*e*) envers *qn*, faire bon accueil à *qn*, traiter *qn* avec beaucoup d'égards [cordialement, chaleureusement, avec hospitalité, avec amabilité], donner [offrir] à *qn* une chaleureuse [cordiale] hospitalité, entourer *qn* de soins assidus. ② 보수의 수준이나 직위 salaire *m*, paie *f*, paye *f*, rémunération *f*, traitement *m*. ¶ 파격적인 ~ un traitement exceptionnel; un accueil exceptionnel, un accueil sans précédent; un traitement de faveur. ¶ 이사 ~ un traitement avec les honneurs dus à un administrateur [à un directeur]. ¶ ~를 개선하다 améliorer les conditions de travail; augmenter les salaires ((des employés)), augmenter ((*ses* employés)). ¶ ~가 좋다 ((보수)) bien payer, bien traiter [recevoir] *qn*; être bien traité(*e*) [payé(*e*)]; ((사람을 대하는 방식)) être hospitali*er*(*ère*) envers [pour] *qn*, être accueillant(*e*) envers *qn*; être bien reçu(*e*); faire bon accueil à *qn*. ¶ ~가 나쁘다 ((보수)) payer trop peu, mal rétribuer; ((사람을 대하는 방식)) être mal traité(*e*) [reçu(*e*)], être mal servi(*e*). ¶ 이 회사는 ~가 좋다[나쁘다] Cette compagnie paie bien [mal] ses employés. ◇_(를) **하다** ((사람을 대하는 방식)) traiter, recevoir, accueillir; ((보수)) payer, rémunérer. ¶ 동등하게 ~하다 traiter ((A et B)) sur le même plan [sur un pied d'égalité]. ¶ 지위에 상응하는 ~를 하다 traiter *qn* avec les honneurs dus à son rang. ◇_(를) **받다** être ((bien)) traité(*e*), reçu(*e*), accueilli(*e*); bénéficier [jouir] d'un traitement ((de faveur)); recevoir des soins ((dévoués)); trouver un accueil ((chaleureux chez *qn*)); recevoir un accueil ((chaleureux)). ¶ 극진한 ~를 받다 être traité(*e*) [reçu(*e*)] avec beaucoup d'égards. ¶ 전관 ~를 받다 jouir des honneurs convenant à *ses* fonctions précédentes.

◆_**문제** -問題 명 question *f* de traitement.

대우² 對偶 명 ① appariement *m* {*litt*}. ② 【논리】 contraposition *f*; antithèse *f*.

◆_**명제** -命題 명 【논리】 contraposition *f*; antithèse *f*.

◆_**법** -法 명 【논리】 antithèse *f*.

◆_**정리** -定理 명 【논리】 contraposition *f*; antithèse *f*.

대운 大運 명 grande chance *f*. ¶ 그는 ~을 타고 났는지 하는 일마다 성공을 거둔다 Il réussit dans tout ce qu'il fait comme s'il était né sous une bonne étoile. ¶ 새해에는 ~이 트일[따를] 것이라는 점괘가 나왔다 Cette année devrait être sous le signe de la chance d'après les signes divinatoires.

대운동장 大運動場 명 stade *m*, grand stade *m*.

대웅전 大雄殿 명 pavillon *m* [bâtiment *m*] principal d'un temple bouddhique (où se trouve la statue du Bouddha).

대원 隊員 명 membre *m*. ¶ 탐험 ~ un membre de l'expédition. ¶ 소방 ~ un pompier. ¶ 특공~ un membre d'un commando. ¶ 산악 ~ un(*e*) alpiniste, un(*e*) ascensionniste. ¶ 오랜 등반으로 ~ 모두가 지쳐 있다 Tous les alpinistes sont épuisés à cause de la longue ascension.

대원군 大院君 명 【고제】 Daewongun <titre de noblesse conféré au père d'un roi qui a accédé à la couronne par une transmission familiale collatérale>. grand prince *m*. ¶ 흥선 ~ Le grand prince Heungseon.

대원수 大元帥 명 【군사】 commandant *m* en chef ((des armées)).

대위 大尉 명 ① 【군사】 capitaine *m*. ② 【군사】 lieutenant *m* de vaisseau; ((함장직을 맡지 않은 해군 대위)) capitaine *m*.

대위법 對位法 명 【음악】 contrepoint *m*. ¶ ~ 음악 une musique contrapuntique [contrapon(c)tique].

◆**이중_** 二重- 명 【음악】 contrepoint *m* double.

대유행 大流行 명 grande popularité *f* [vogue *f*]; ((connaître un)) grand succès *m*, succès *m* fou ((auprès du public)). ¶ 요즘은 여대생들 사이에 짧은 치마[미니스커트]가 ~이다 Ces temps-ci, la minijupe est très à la mode [fait fureur] parmi les étudiantes.

대응 對應 명 ① 대처 réaction *f*, réponse *f*. ¶ 여당은 야당의 공세에 즉각적인 ~으로 맞섰다 Le parti au pouvoir a répondu immédiatement à l'attaque du parti de l'opposition. ② 짝 correspondance *f*, application *f*. ¶ 일대일 ~ une correspondance [une application] biunivoque entre deux ensembles; une application bijective; 【언어】 une correspondance. ◇_(을) **하다** faire face à *qc*/*qn*, réagir, répondre; se faire face, être face à face, correspondre, répondre, être conforme, être homologue, équivaloir à *qc*. ¶ 적의 도발에 강력하게 ~하다 faire face (fermement) à la provocation de l'ennemi. ¶ 시국에 ~하다 répondre à la situation. ◇_(이) **되다** correspondre à *qc*, être conforme à *qc*, être homologue à *qc*. ¶ 한 언어를 다른 언어로 번역할 때 ~되는 단어를 찾기 어려운 경우가 종종 있다 Quand on fait des traductions, on a de temps en temps des difficultés pour trouver des mots équivalents. ◇_(을) **시키다** faire correspondre. ¶ 무엇을 무엇과[에] ~시키다 faire correspondre *qc* à *qc*.

◆_**변** -邊 명 【기하】 côté *m* homologue [correspondant].

◆_**원리** -原理 명 principe *m* de la correspondance.

◆_**책** -策 명 mesure *f* répondant (à la situation). ¶ 외국기업의 국내 진출에 대한 ~책을 마련하다 prendre une mesure pour faire face à la pénétration des entreprises étrangères sur le marché intérieur.

대의¹ 大意 명 ① 요지 essence *f*, point *m* principal. ② 개략 idée *f* générale; résumé *m*; sommaire *m*. ¶ ~를 파악하다 saisir l'idée générale. ¶ 연설의 ~를

간추려 말하다 donner le résumé d'un discours.

대의[2] **大義** 명 devoir *m* très important; grande obligation *f*; grande [noble, bonne] cause *f*; justice *f*. ¶ 이 부당한 결정은 ~를 망각한 처사이다 Cette décision injuste est une mesure prise en perdant de vue la grande cause [la noble cause, la bonne cause, la justice]. ¶ 그는 자신의 이익을 위하여 ~를 저버렸다 Il s'est dérobé à son devoir pour des fins personnelles [pour son propre intérêt, pour son intérêt personnel]. ¶ ~에[를 위하여] 죽다 se sacrifier pour la justice, sacrifier *sa* vie pour une grande cause.

◆ **_명분** -名分 명 justice *f*, devoir *m*. ¶ 유학자는 ~명분을 소중하게 여긴다 Un confucianiste considère la grande obligation morale [la justice] comme essentielle [respecte la justice, respecte la bonne cause, respecte la grande cause, respecte la noble cause]. ¶ ~명분이 서지 않는 [없는] 행위 un acte contraire à tous droits et principes [injustifiable, impardonnable].

대의[3] **代議** 어근 représentation *f*; députation *f*.

◆ **_원** -員 명 représentant(*e*); député *m*; délégué(*e*).

◆ **_정치** -政治 명 【정치】 politique *f* représentative.

대인[1] **大人** 명 ① 어른 adulte *m*; grande personne *f*. ¶ ~ 요금 tarif adulte. ② 군자 homme *m* de vertu [de grand cœur]. ¶ 그는 역시 ~다운 아량을 지녔다 C'est bel et bien un homme de vertu[de bon coeur] / J'avais raison de voir en lui un homme de vertu. ③ ((남의 아버지를 높이는 말)) monsieur votre [son] père *m*; ((남을 높이는 말)) monsieur *m*.

◆ **_용** -用 명 pour adulte.

대인[2] **對人** 어근 ((relations)) personnel(*le*); envers [avec] les autres personnes; contre les personnes; anti-personnel(*le*). ¶ ~관계 des relations avec les autres.

◆ **_공포증** -恐怖症 명 anthropophobie *f*; peur *f* morbide de rencontrer des gens [des relations avec les autres].

◆ **_방어** -防禦 명 【운동】 défense *f* personnelle; autodéfense *f*; sécurité *f* personnelle; ((농구)) défense *f* individuelle; ((올코트 프레싱)) par harcèlement tout terrain; ((하프코트 프레싱)) par harcèlement à partir du centre.

◆ **_지뢰** -地雷 명 【군사】 mine *f* anti-personnelle.

◆ **_행동** -行動 명 comportement *m* avec les [vis-à-vis des] autres.

대인기 **大人氣** 명 grande popularité *f* [vogue *f*]; grand succès *m*, succès *m* fou, succès *m* fracassant, tabac *m* {*fam*}. ¶ ~를 끈 소설 un roman qui a eu un grand succès. ¶ 그 여배우는 ~를 누리고 있다 Cette actrice jouit d'une grande popularité. ◇_**이다** faire fureur, faire un malheur [un tabac] {*fam*}, casser la baraque {*fam*}; connaître un grand succès ((auprès du public)), remporter un succès fracassant. ¶ 이 신상품은 주부들에게 ~이다 Ce nouveau produit [Cette nouveauté] connaît un grand succès [connaît un succès fou, remporte un succès fracassant] auprès des femmes au foyer [auprès des maîtresses de maison] / Ce nouveau produit est très prisé des [par les] maîtresses de maison.

대일 **對日** 어근 avec le [vis-à-vis du, à l'égard du] Japon. ¶ ~ 관계[무역] les relations [les échanges commerciaux, les relations commerciales] avec le Japon.

◆ **_감정** -感情 명 sentiments *mpl* vis-à-vis du [à l'égard du, inspirés par le] Japon.

대입 **代入** 명 substitution *f*. ◇_**(을) 하다[시키다]** substituer. ¶ 이론에 현실을 ~하여 이해하다 comprendre une théorie en y substituant une réalité. ◇_**(이) 되다** être substitué(*e*). ¶ A가 B에 ~되다 A est substitué à B.

대자 **代子** 명 【천주】 filleul *m*.

대자보 **大字報** 명 affiche *f* en gros caractères; grande affiche *f* (collée au mur). ¶ 교문에 학생들의 입장을 알리는 ~가 붙었다 A l'entrée de l'université, il y a une grande affiche qui expose la position des étudiants.

대자본 **大資本** 명 gros capital *m*.

◆ **_가** -家 명 gros capitaliste *m*.

대자연 **大自然** 명 la Nature *f*. ¶ ~의 장엄한 서사시 l'épopée solennelle de la Nature. ¶ 세상사를 잊고 ~의 품으로 돌아가고 싶다 Je veux retourner à la Nature en oubliant les affaires du monde. ¶ 이 영화는 ~을 배경으로 한 모험극이다 C'est un film d'aventure avec la Nature en arrière-plan. ¶ 이 산은 ~이 빚어놓은 걸작이다 Cette montagne est un chef-d'œuvre de la Nature.

대작[1] **大作** 명 ① 규모가 큰 작품 œuvre *f* [tableau(*x*) *m*] de grandes dimensions. ¶ 이 화가는 ~ 위주로 그림을 그린다 Ce peintre donne la primauté aux œuvres de grandes dimensions. ② 걸작 œuvre *f* importante; chef-d'œuvre *m*. ¶ 미완의 ~ un chef-d'œuvre inachevé. ¶ 이 작품은 그의 필생의 ~이다 Cette pièce est le chef-d'œuvre de sa vie.

대작[2] **對酌** 명 action de boire en compagnie de *qn*. ◇_**(을) 하다** boire en compagnie de *qn*. ¶ 회사를 퇴근하고 돌아오면 그는 아내와 ~을 하기도 한다 Il arrive qu'il boive avec sa femme de retour chez lui après le travail.

대작[3] **代作** 명 ((행위)) action d'écrire ((un ouvrage)) à la place de [sous le nom, sous la signature, pour le compte] ((d'un auteur connu)); ((작품)) ouvrage *m* écrit par un auteur anonyme pour un [signé par un] auteur connu, ouvrage *m* écrit pour un auteur connu par un nègre {*fam*}. ◇_**(을) 하다** écrire ((un ouvrage)) à la place [sous la signature, sous le nom, pour le compte] ((d'un auteur connu)). ¶ 그는 유명 작가의 소설을 ~했다 Il a écrit un roman pour le compte [sous le nom, sous la signature] d'un écrivain célèbre.

대장[1] **大將** 명 ① 【군사】 ((육군, 공군)) génér*al*(*aux*)

m d'armée; ((해군)) amir*al*(*aux*) *m.* ② 우두머리 chef *m*; spécialiste *mf*. ¶ 그는 거짓말[싸움, 욕] ~이다 C'est le roi du mensonge [de la bagarre, des injures].

◆_감 명 homme *m* courageux qui a l'étoffe d'un général.

◆_노릇 명 rôle *m* d'un chef. ¶ 그는 어디서나 ~노릇만 하려 든다 Il veut toujours être le chef / Il veut toujours commander.

◆골목_ 명 chef *m* d'une bande de garnements.

대장² **大腸** 명 【의학】 gros intestin *m*, colon *m*. ¶ 나는 ~이 나쁘다[약하다] J'ai le gros intestin [le colon] fragile [sensible].

◆_균 -菌 명 【의학】 colibacille *m*.

◆_암 -癌 명 【의학】 cancer *m* du gros intestin [du colon].

◆_염 -炎 명 【의학】 colite *f*. ¶ 신경성[과민성] ~염 une colite d'origine psychosomatique [liée au stress, liée à l'angoisse].

대장³ **隊長** 명 capitaine *m*, chef *m*; commandant *m*. ¶ 등반~ le chef d'un groupe d'escalade. ¶ 탐험~ le chef d'un groupe d'explorateurs.

대장⁴ **臺帳** 명 registre *m*; grand livre *m*. ¶ 가옥 ~ le registre d'un bâtiment. ¶ 출납 ~ un livre de comptes, un registre des recettes et des dépenses [de comptabilité]. ¶ 토지 ~ un cadastre. ¶ ~을 한 통 떼다[신청하다] demander un registre. ¶ ~을 열람하다 consulter un registre. ¶ ~에 올리다[기입하다] enregistrer [mettre, écrire, inscrire] dans un registre, immatriculer. ¶ 이 사실은 ~에서 빠져 있다 Ce fait n'est pas inscrit dans le registre.

대장간 **-間** 명 forge *f*, maréchalerie *f*.

대장경 **大藏經** 명 *Tripitaka koreana m*, ensemble *m* des Écrits bouddhiques.

대장부 **大丈夫** 명 vrai homme *m*, homme *m* digne de ce nom, homme *m* de valeur. ¶ ~답게 굴어라 Agis en homme / Conduis-toi en homme. ¶ ~의 기개를 맘껏 펼쳐보아라 Montre que tu as un vrai caractère d'homme. ¶ 사내 ~가 그까짓 일로 기운을 잃으면 안 된다 Un vrai homme [Un homme digne de ce nom] ne doit pas se décourager pour si peu.

대장장이 명 forgeron *m*; maréchal-ferrant(~*aux*-~*s*) *m*.

*~ **집 부엌에 식칼 없다** Les cordonniers sont toujours les plus mal chaussés.

대장쟁이 명 ☞ 대장장이

대저¹ **大抵** 부 généralement, en général, en règle générale, en gros, dans l'ensemble, le plus souvent, la plupart du temps. ¶ ~ 선사 시대를 통해 인간의 사고 기준이 되었던 것은 신화였다 Ce qui servait de critères de pensées [de références] aux êtres humains à l'ère préhistorique était généralement les légendes. ¶ ~ 효는 인륜의 근본이다 En règle générale, la piété filiale est la base des relations humaines.

대저² **大著** 명 grand ouvrage *m*. ¶ 드골에 관한 ~ un grand ouvrage sur De Gaulle.

대적 **對敵** 명 opposant(*e*), adversaire *mf*, riv*al*(*ale*, *aux*). ¶ 누구는 누구와 ~이 될 만하다 *qn* est un adversaire à la hauteur de *qn*. ◇_(을) **하다** lutter contre *qn*, s'opposer à *qn*, rivaliser avec *qn*. ¶ 그와[에게] ~할 만한 사람은 아무도 없다 Il n'existe aucun adversaire à sa hauteur / Il n'a pas d'égal [de rival].

대전¹ **大全** 명 collection *f* [œuvres *fpl*] complète(s); somme *f* ((théologique de St Thomas)). ¶ 철학 ~ une somme philosophique.

대전² **大展** 명 grande exposition *f*. ¶ 대한민국 미술 ~ une grande exposition de l'art [des beaux-arts] coréen(s).

대전³ **大戰** 명 grande guerre *f*; grand combat *m*. ¶ 제2차 세계 ~ la Seconde [Deuxième] Guerre mondiale.

대전⁴ **對戰** 명 ((전쟁)) combat *m*, engagement *m*, bataille *f*; ((경기)) compétition *f*, match *m*. ◇_(을) **하다[벌이다]** combattre, lutter contre *qn*; ((경기)) jouer ((contre une équipe)); entrer en compétition; faire un match avec *qn*; se battre. ¶ 전년도 승자와 ~하다 jouer contre [affronter] le vainqueur du championnat de l'année précédente. ¶ 양군이 서로 ~했다 Les deux armées se sont battues [affrontées]. ◇_(을) **시키다** organiser une compétition [un match].

◆_표 -表 명 tableau *m* [organigramme *m*] des rencontres. ¶ ~표를 짜다 faire un tableau [dresser l'organigramme] des rencontres.

대전제 **大前提** 명 prémisse *f* [condition *f*] initiale. ¶ 다음과 같은 ~가 선행되기 전에는 당신을 도울 수 없다 Je ne peux vous aider, à moins que cette condition initiale ne soit remplie.

대전차 **對戰車** 어근 antichar.

◆_무기 -武器 명 arme *f* antichar.

◆_미사일 명{-missile} 명 missile *m* antichar.

◆_지뢰 -地雷 명 mine *f* antichar.

◆_포 -砲 명 canon *m* antichar.

대절 **貸切** 명 location *f*. ¶ ~ 버스 un autocar affrété. ¶ ~ 택시 location avec chauffeur ((louer un taxi pour un certain parcours)). ¶ ~ 차 location avec chauffeur. ◇_(을) **하다** affréter un véhicule. ¶ 관광버스를 ~하다 affréter un autocar de tourisme.

대접¹ **大楪** 명 grand bol *m*; grande écuelle *f*. ¶ 국 ~ un grand bol à soupe. ¶ 국을 ~에 담다 mettre [verser, recueillir] la soupe dans un grand bol. ¶ 물 한 ~ un grand bol d'eau.

대접² **待接** 명 hospitalité *f*, accueil *m*. ¶ ~이 소홀하다 manquer d'égards; recevoir chichement. ¶ ~이 후하다 accueillir chaleureusement *qn*. ¶ ~이 융숭하다 recevoir avec beaucoup d'égards [d'attention]. ¶ ~이 극진하다 accueillir avec hospitalité [cordialement]; offrir un bon accueil. ¶ ~이 변변치 못해서 죄송합니다 Je suis désolé de vous recevoir si modestement [de ne pouvoir vous recevoir plus dignement]. ¶ ~이 이게 뭐냐? Ce n'est pas une façon de recevoir les gens! ◇_(을) **하다** accueillir *qn*, recevoir *qn*: servir [offrir] *qc* à *qn*. ¶ 손님을 극진히 ~하다 recevoir les invités avec hospitalité. ¶ 누구를 후하게 ~하다 réserver un accueil chaleureux à *qn*. ¶ (누구에게) 식사[저녁] ~을 하다 inviter *qn* à manger [à dîner]. ¶ 나이 ~을 해 주지 않다 traiter quelqu'un sans le respect dû à *son* âge. ◇_(을) **받다** être reçu(*e*) ((avec hospitalité)); recevoir un ((bon)) accueil. ¶ 후한[극진한] ~을 받다 être reçu [accueilli] avec hospitalité; recevoir un bon accueil. ¶ ~을 잘 받다 recevoir un bon accueil; être invité et faire un bon repas [se faire servir un délicieux repas, se faire offrir un délicieux repas]. ¶ 우리는 박 선생님 댁에서 ~을 잘 받았다 Nous avons été bien accueillis chez les Park / Les Park nous ont fait [réservé] un accueil charmant. ¶ 나는 다과를 ~받았다 On m'a servi du thé et des gâteaux. ¶ 오찬을 ~받다[오찬 ~을 받다] être reçu à un déjeuner officiel. ¶ 나이 ~을 받다 être traité(*e*) avec le respect dû à *son* âge [l'âge].

대정맥 大靜脈 명 【의학】 veine *f* cave.

대제 大帝 명 grand empereur *m*. ¶ 알렉산더 ~ Alexandre le Grand.

대조 對照 명 ① contraste *m*; opposition *f*; antithèse; comparaison *f*; collation *f*. ¶ ~ 연구 une étude [recherche] contrastive. ¶ 명암의 ~ le contraste entre la lumière et l'ombre. ¶ 필적 ~를 통해 범인을 찾아내다 trouver le coupable par comparaison d'écriture. ¶ 그 둘은 성격 면에서 좋은 ~를 보인다 Ces deux personnes sont de caractères très contrastés [opposés]. ② 【언어】 contraste *m*. ◇_(를) **하다** faire contraster, mettre en contraste, comparer *qc* avec *qc*, confronter [collationner] ((un texte avec l'original, deux écritures)). ¶ 무엇을 원문과 ~하다 comparer *qc* avec l'original; confronter [collationner] un texte avec l'original. ¶ 무엇과 ~하여 보면 par contraste avec *qc*, en contraste avec *qc*, en comparaison avec *qc*. ◇_(가) **되다** être en contraste; offrir un contraste. ¶ 이 재단사의 새 작품들은 다른 재단사들의 작품들과는 좋은 ~가 되고 있다 La nouvelle collection de ce couturier offre un contraste spectaculaire par rapport à celle de ses confrères. ◇_(를) **시키다** opposer, mettre en contraste. ¶ 그의 작품은 적색과 초록색을 교묘하게 ~시키고 있다 Son œuvre oppose, dans de subtils contrastes, le rouge et le vert [met subtilement en contraste le rouge et le vert]. ◇_(를) **이루다** s'opposer. ¶ 무엇과 무엇이 뚜렷한 ~를 이루다 s'opposer clairement [distinctement] à *qc*/*qn*; être en contraste frappant avec *qc*/*qn*.

◆**_적** -的 명관 ① contrasté(*e*), contrastant(*e*), comparati*f*(*ve*); très différent(*e*). ¶ ~적인 모습 une apparence contrastée. ¶ ~적인 분위기 une atmosphère contrastée. ¶ 그 두 사람은 여러 면에서 ~적이다 Sur bien des plans, ces deux personnes sont très différentes. ¶ 그 남자는 생김새와는 ~적으로 무척이나 세심한 사람이더구나 Contrairement aux apparences c'était quelqu'un de très scrupuleux. ② 【언어】 contrasti*f*(*ve*). ¶ ~적 용법 emploi contrastif.

◆**_법** -法 명 antithèse *f* ((rhétorique)).

◆**_언어학** -言語學 명 linguistique *f* contrastive.

◆**_표** -表 명 tableau *m* comparatif.

◆**대차 _표** 貸借表 명 relevé *m* comparatif des crédits et des débits.

대졸 大卒 명 fin *f* de *ses* études universitaires ((jusqu'en licence, BAC+4)); ((personne)) titulaire d'une licence [licencié(*e*) ((en droit, en sociologie, en sciences politiques))], ((personne)) ayant validé *sa* licence [ayant terminé *ses* études universitaires, ayant terminé *son* second cycle universitaire, (diplômé(*e*)) BAC+4]. ¶ ~ 실업자 des chômeurs titulaires d'un [avec un] diplôme universitaire ((niveau licence)), des chômeurs (diplômés, d'un niveau) Bac+4.

대종 大宗 명 grande partie *f*, majorité *f*, la plupart *f* de. ¶ 60년대 한국 영화는 멜로물이 ~을 이루고 있었다 Les films coréens des années 60 étaient pour la plupart des mélodrames.

대종교 大倧教 명 religion *f* dans laquelle on honore Dangun.

대좌 對坐 명 vis-à-vis *m*. ◇_(를) **하다** être vis-à-vis; être assis(es) face à face. ¶ 적장과 ~하다 être face au commandant de l'armée ennemie.

대죄 大罪 명 grand crime *m*; forfait *m*. ¶ 그 사람은 신성모독이라는 ~를 저질렀다 Il a commis ce crime abominable qu'on appelle une profanation.

◆**_인** -人 명 grand(*e*) criminel(*le*); grand(*e*) coupable.

대주교 大主教 명 【천주】 primat *m*; archevêque *m*.

◆**_좌** -座 명 Siège *m* de l'archevêque; archevêché *m*.

대주다 타 ① 공급하다 fournir *qn* en *qc* [*qc* à *qn*]; approvisionner *qn* en *qc*; subvenir à *qn* (*qc*). ¶ 우리는 그에게 필요한 것을 대주었다 Nous lui avons fourni le nécessaire. ¶ 그는 우리에게 일거리를 대주었다 Il nous a fourni du travail. ¶ 부모님은 나에게 생활비를 대주었다 Mes parents m'ont entretenu(*e*). ¶ 나는 그의 치료비를 대주었다 J'ai subvenu à ses frais d'hôpital. ② (답을) 알려주다 apprendre, informer, dire *qc* à *qn*; avertir *qn* de *qc*. ¶ 그 친구가 나에게 답을 살짝 대줬지 Il m'a appris la bonne réponse en cachette.

대주주 大株主 명 grand actionnaire *m*.

대중[1] 명 ① 대강 어림함 jugement *m* [estimation *f*, évaluation *f*] approximati*f*(*ve*), (calcul *m* par) approximation *f* ② 표준 standard *m*; norme *f*, critère *m*. ¶ 대충 눈으로 ~을 잡다 estimer à l'œil; estimer [évaluer] approximativement [à vue d'œil, à vue de nez, au pif(omètre) {*fam*}]. ◇_(이) **없다** ne pas savoir exactement; ne pas pouvoir estimer exactement. ¶ 이 일이 언제 끝날지는 ~없다 On ne sait pas exactement quand ce travail finira. ¶ 그 아저씨는 ~없이 마신다 Il boit sans mesure / Il boit comme un trou {*pop*} / Il boit trop / C'est un (grand) buveur / Il boit sans soif. ¶ 가게마다 가격이 하도 달라서 ~이 없다 Les prix sont si différents d'un magasin à l'autre (qu'il serait impossible de fixer une norme à partir d'eux). ¶ 하루에 얼마나 파십니까? - ~이 없습니다 Combien gagnez-vous par jour? Ça (Cela) dépend des jours [Il n'y a pas de règle].

ㄷ

◆_삼다 타 considérer [estimer] approximativement.

◆_치다 타 estimer approximativement.

◆눈_ 명 jugement *m* [estimation *f*] à vue d'œil. ¶ 눈~으로 à vue d'œil; approximativement.

대중² 大衆 명 (grand) public *m*, masses *fpl*, peuple *m*; foule *f*. ¶ 요즘에는 테크노 음악이 ~에게 인기가 있다 Ces jours-ci, la musique techno [la techno] est très appréciée par le public [est très populaire]. ¶ ~ 연설 un discours public. ¶ ~ 집회 une réunion [assemblée] populaire.

◆_적 -的 명관 populaire, grand public; ((ouvrage)) de vulgarisation, ((programme)) accessible [ouvert(*e*)] à tous; ((culture)) de masse. ¶ 그 사람은 ~적인 지지를 기반으로 정치에 입문했다 Il est entré en politique grâce au soutien populaire.

◆_성 -性 명 popularité *f*. ¶ ~성을 획득하다 gagner en popularité; devenir populaire.

◆_화 -化 명 popularisation *f*, ((ouvrage de)) vulgarisation *f*. ¶ ~화하다 rendre accessible à tous; populariser *qc*, rendre *qc* populaire; vulgariser *qc*.

◆_가수 -歌手 명 chanteu*r*(*se*) (de chansons) populaire(s), chanteu*r*(*se*) de variétés.

◆_가요 -歌謠 명 chansons *fpl* populaires, (les) variétés *fpl*.

◆_교통 -交通 명 transport *m* en commun. ¶ ~교통 수단 un moyen de transport en commun.

◆_매체 -媒體 명 médium *m* populaire.

◆_문화 -文化 명 culture *f* populaire.

◆_목욕탕 -沐浴湯 명 bains *mpl* publics.

◆_소설 -小說 명 roman *m* populaire.

◆_심리 -心理 명 ① mentalité *f* générale; esprit *m* collectif. ② psychologie *f* des foules [des masses].

◆_음식점 -飲食店 명 restaurant *m* populaire.

◆_작가 -作家 명 écrivain *m* populaire, écrivain *m* grand public.

◆_잡지 -雜誌 명 magazine *m* [revue *m*] populaire.

◆인민_ 人民 명 foule *f* [peuple *m*, masses *fpl*] populaire(s).

대지¹ 大地 명 terre *f*, sol *m*. ¶ 드넓은 ~ 위에 펼쳐진 아름다운 풍경 le panorama superbe étalé sur une vaste étendue. ¶ 메마른 ~를 적셔 줄 단비가 내렸다 La pluie a imbibé le sol desséché.

대지² 垈地 명 site *m*; terrain *m* ((à bâtir)); emplacement *m* ((d'un bâtiment)). ¶ 이 집은 ~가 100 평이다 Cette maison a un terrain qui mesure 330 mètres carrés [d'une superficie de 330m²]. ¶ 이 집은 ~에 비해 건평이 너른 편이다 Cette maison a une superficie importante par rapport au terrain.

◆나_ 裸 명 terre *f* nue.

대지³ 臺地 명 【지리】 plateau(*x*) *m*, terrasse *f*; élévation *f* de terrain.

◆용암_ 鎔巖 명 plateau(*x*) *m* de lave.

대지주 大地主 명 grand propriétaire *m* (terrien, foncier). ¶ 그 사람은 ~ 집안 출신이다 Il est d'une famille de grands propriétaires fonciers.

대지진 大地震 명 grand tremblement *m* de terre. ¶ ~의 조짐이 관측되었다 Des signes précurseurs du grand tremblement de terre ont été relevés. ¶ ~으로 도시가 거의 파괴되었다 La ville a été presque entièrement ravagée par le grand tremblement de terre. ¶ ~이 일어났다 Il y a eu un grand tremblement de terre.

대진¹ 代診 명 ① ((faire un)) remplacement *m*, intérim *m*. ② 대신 진찰하는 사람 remplaçant(*e*) ((d'un médecin)). ¶ ~ 의사 un médecin remplaçant [suppléant]. ◇_(을) **하다** ((un médecin)) faire un remplacement.

대진² 對陣 명 【군사】 camp *m*, campement *m* (face à face). ◇_(을) **하다** camper face à face. ¶ 양군은 강을 끼고 ~했다 Les deux armées campèrent de chaque côté de la rivière.

◆_표 -表 명 programme *m* de déroulement des matches; tableau *m* général [organigramme *m*] des rencontres. ¶ 본선 ~표를 짜다 dresser le tableau du déroulement de la phase finale ((de la Coupe du monde)).

대질 對質 명 【법률】 confrontation *f* ((de témoins, de parties)). ◇_(을) **하다** confronter ((les témoins avec le prévenu)). ¶ 피고인과 참고인들을 ~하다 confronter les témoins avec le prévenu. ◇_(을) **시키다** confronter ((les témoins entre eux)). ¶ 증인들을 ~시키다 confronter les témoins.

◆_심문 -審問 명 contre-interrogatoire *m*.

대짜 大- 명 grande taille *f*, grand morceau *m*; grande partie *f*. ¶ ~배기(로) ((boire)) à grands verres, à grandes rasades. ¶ 그 남자는 덩치가 커서 옷을 ~로 입는다 Comme il a une forte taille [il est corpulent], il prend de grandes tailles.

대쪽 명 morceau(*x*) *m* de bambou *m*.

*~쪽 **같다** être de caractère droit. ¶ ~ 같은 성품 un caractère [un tempérament] inflexible. ¶ ~쪽 같은 사람 un homme de caractère droit.

대차 貸借 명 ① prêt *m* et emprunt *m*. ② 【경제】 crédit *m* et débit *m*; 부기 actif *m* et passif *m* ((actif *m*, débit *m*; passif *m*, crédit *m*)). ¶ ~가 균형 잡힌 계정 compte en équilibre [équilibré]. ¶ ~를 결산하다 arrêter [liquider, fermer, clôturer] un compte.

◆_거래 -去來 명 opération *f* [transaction *f*, échange *m*] sur un compte, transaction *f* financière.

◆_관계 -關係 명 【경제】 relations *fpl* financières.

◆_대조표 -對照表 명 état *m* de compte; bilan *m*; tableau(*x*) *m* des droits et des avoirs [des débits et des crédits].

◆사용_ 使用- 명 emprunt *m* (obligataire) à l'utilisation.

◆소비_ 消費- 명 emprunt *m* à la consommation.

◆임_ 賃- 명 emprunt *m* à la location; emprunt *m* immobilier.

대차다 형 ① ((성격이나 태도가)) être viril(*e*), vigoureux(*se*); être vaillant(*e*), courageux(*se*), brave. ¶ 그의 성격은 ~ Il a un caractère vigoureux. ② ((목소리나 말씨가)) être résolu(*e*), ferme. ¶ 그녀가 나에게 대차게 대답했다 Elle m'a répondu d'un ton ferme.

대찰 大刹 명 grand temple *m* bouddhique.

대책 對策 명 mesure *f* ((à prendre)), dispositions *fpl*; remède *m* ((contre l'inflation monétaire)); moyen *m*. ¶ 비상[긴급, 통상, 종합] ~ une mesure d'urgence [pressante, commerciale, globale]. ¶ ~회의 la réunion d'une cellule de crise. ¶ 관계기관 ~ 회의 la réunion des autorités concernées pour prendre des mesures d'urgence. ¶ ~을 세우다[마련하다] prendre des mesures contre *qc* [pour faire face à *qc*], prendre les dispositions nécessaires ((pour faire face à telle ou telle situation)); mettre en place des mesures. ¶ ~ 회의를 열다 tenir une réunion pour prendre des mesures d'urgence. ¶ 수해에 대비하여 ~을 강구하다 chercher quelles mesures (il faut) prendre pour parer [faire face] aux inondations possibles. ¶ 그 문제에 대해서는 ~이 없다 Il n'y a pas de remède à ce problème / Ce problème est sans remède / C'est un problème insoluble. ¶ 그 사람의 안은 ~이랄 것도 없는 것이었다 Dans ses propositions, il n'y avait rien qui puisse être considéré comme un remède.

◆_반 -班 명 équipe *f* d'intervention. ¶ 당국에서는 사고를 수습하기 위해 긴급 ~반을 구성했다 Pour traiter [régler] l'accident [l'incident], les autorités ont constitué une cellule de crise pour prendre les mesures d'urgence.

◆_위 -委 명 commission *f* en charge des mesures (à prendre).

◆_위원회 -委員會 명 commission *f* en charge des mesures (à prendre).

대처 對處 명 mesure *f* ((prise contre *qc*/*qn*)). ¶ 긴급 사태에 대한 그들의 신속한 ~는 칭찬할 만하다 Il est digne d'éloge qu'ils aient pris des mesures immédiates dans [face à] cette situation d'urgence. ◇_(를) 하다 prendre des mesures contre *qc*/*qn*; faire face à ((la situation, un problème)), affronter ((un problème, une situation)); parer à. ¶ 급변하는 국제 정세에 능동적으로 ~하다 réagir promptement au brusque changement [à l'évolution subite] de la situation internationale. ¶ 새로운 정세에 ~하다 faire face à [affronter] une situation nouvelle; prendre des mesures par rapport à une nouvelle situation. ¶ 이 사태에 어떻게 ~할 것인가? Quel type de mesures doit-on [faut-il] prendre face à cette situation [dans cet état de choses]?

대처승 帶妻僧 명 【불교】 bonze *m* [moine *m* bouddhiste] marié.

대척 對蹠 어근 antipode *m*.

◆_적 -的 명관 ((opinions)) diamétralement opposé(*e*), aux antipodes. ¶ 두 사람의 의견은 완전히 ~적이다 Ces deux personnes ont des opinions aux antipodes [diamétralement opposées].

◆_점 -點 명 antipode *m*.

대천 大川 명 fleuve *m*, grand fleuve *m*. ¶ 명산 ~ splendides montagnes et fleuve magnifique.

대첩 大捷 명 grande victoire *f*. ¶ 행주 ~ (기념비) (monument commémoratif de la) grande victoire de Haengju contre l'armée japonaise; (stèle commémorative de la) "victoire des tabliers" <résistance féminine face à l'envahisseur japonais en 1593. Les femmes utilisèrent leurs tabliers comme frondes pour jeter des pierres contre les soldats japonais>. ¶ ~을 거두다 remporter une grande victoire.

대청 大廳 명 ☞대청마루

대청마루 大廳- 명 *daecheongmaru m* <grand parquet ouvert sur l'extérieur entre deux grandes pièces d'une maison traditionnelle coréenne>.

대청소 大淸掃 명 grand nettoyage *m* ((de printemps)). ¶ 춘계[추계] ~ un grand nettoyage de printemps [automnal, d'automne]. ◇_(를) 하다 faire le grand ménage. ¶ 오늘은 ~하는 날이다 Aujourd'hui, c'est le jour du grand nettoyage. ¶ 봄도 되었으니 오는 일요일에는 집안 ~ 좀 해야겠다 Comme c'est le printemps, dimanche prochain, il va falloir faire un [le] grand nettoyage.

대체¹ 大體 명 ① 개요 grandes lignes *fpl*. ② 요점 points *mpl* essentiels; sommaire *m*, résumé *m*. ¶ ~의 뜻 sens général [global].

◆_로 부 en général, dans l'ensemble, en règle générale; en gros, *grosso modo*; principalement. ¶ 우리 집 식구들은 ~로 부지런한 편이다 En général, dans ma famille, nous sommes plutôt travailleurs.

◆_적 -的 명관 génér*al*(*ale*, *aux*), ((d'un point de vue)) glob*al*(*ale*, *aux*). ¶ ~적인 이야기는 이미 들어서 알고 있다 être déjà au courant des principales informations. ¶ 그 일의 ~적 상황은 이러하다 En gros [*Grosso modo*], cette affaire se présente comme ceci. ¶ 그 학생의 박사논문은 ~적으로 잘 된 편이다 Sa thèse, d'un point de vue global, est plutôt bonne / Sa thèse est plutôt bonne dans l'ensemble / Il a fait un bon travail de thèse dans l'ensemble.

부 diable, donc, mais enfin. ¶ ~ 어찌 된 일이냐? Mais enfin, comment est-ce donc possible?

대체² 代替 명 remplacement *m*, substitution *f*. ¶ ~ 에너지 énergie de remplacement [de substitution]. ◇_(를) **하다[시키다]** remplacer *qc* par *qc*; substituer *qc* à *qc*. ¶ 헌 것을 새 것으로 ~하다 substituer du neuf à l'ancien. ¶ 그렇게 유능한 사람을 ~할 만한 인재를 구하기는 어렵다 Il est difficile de trouver quelqu'un qui puisse remplacer une personne aussi compétente. ◇_(가) **되다** être remplacé(*e*), substitué(*e*). ¶ 화석연료가 핵연료로 ~되었다 Le combustible fossile a été remplacé par le combustible nucléaire / On a substitué le combustible nucléaire au combustible fossile.

◆_**물** -物 명 matériau *m* [produit *m*] de remplacement; succédané *m*.

대체³ 對替 명 【경제】 transfert *m*, virement *m*. ¶ ~ 계정[구좌; 예금] transfert [virement] d'un compte sur un autre. ¶ 우편 ~ transfert postal. ◇_(를) **하다[시키다]** opérer un transfert [un virement], effectuer un virement; transférer, virer ((une somme à un compte)).

대초원 大草原 명 prairie *f* immense, vaste plaine *f*. ¶ 끝없이 펼쳐진 ~ une prairie immense qui s'étend à perte de vue.

대추 명 【식물】 jujube *m*. ¶ ~를 따다 cueillir des jujubes. ¶ ~를 털다 faire tomber des jujubes. ¶ ~를 달여 먹다 faire mijoter des jujubes pour en boire le jus. ¶ ~씨처럼 야무진 사람 une personne au caractère très ferme, une personne extrêmement déterminée, une personne ferme sur *ses* étriers, une personne inébranlable dans *ses* résolutions. ¶ ~씨만한 사람 un homme très [tout] petit; une personne haute comme trois pommes. ¶ ~씨 같다 être petit(*e*), mais avoir un caractère très solide ((se dit d'une personne très méticuleuse, très soigneuse dans son travail)).

◆_**나무** 명 jujubier *m*, épine *f* du Christ.

◆_**차** -茶 명 thé *m* aux jujubes.

대출 貸出 명 ① ((돈)) prêt *m* (accordé par une banque). ¶ 백만 원의 ~ prêt d'un million de wons. ¶ 담보 ~ prêt sur hypothèque [gage]. ¶ 은행 ~ prêt bancaire. ¶ 이자[무이자] ~ prêt à [sans] intérêt. ② ((도서)) prêt *m* ((de livres)). ¶ 그 책은 ~ 중이다 Ce livre est sorti. ¶ 도서 ~을 받다 emprunter un livre. ¶ ~ 기한을 연장하다 prolonger le délai de prêt. ◇_(을) **하다** ① ((une banque)) prêter ((de l'argent à *qn*)), faire [accorder] un prêt à *qn*; emprunter ((de l'argent à la banque)), faire un emprunt ((à la banque)). ¶ 은행에서 그 사람에게 천만 원을 ~해 주었다 La banque lui a prêté dix millions de wons / La banque lui a accordé un prêt de dix millions de wons. ¶ 그 사람은 은행에서 천만 원을 ~했다 Il a emprunté dix millions de wons à la banque. ② prêter; emprunter ((un livre)). ¶ 도서관에서 책을 ~하다 emprunter un livre à la bibliothèque ¶ 이 도서관은 인근 주민들에게도 도서를 ~하고 있다 Cette bibliothèque prête des livres aux habitants du quartier également. ◇_(이) **되다** ① être prêté(*e*). ¶ 실직자는 보증 없이는 ~이 안 된다고 한다 On ne prête pas au chômeur sans garantie [gage]. ② ((le prêt d'un livre)) être autorisé. ¶ 이 책은 귀중본이라 ~이 안 된다 Comme il est précieux, il n'est pas possible d'emprunter ce livre [on ne peut pas sortir ce livre]. ◇_(을) **받다** emprunter; faire un emprunt *m* ((à la banque)). ¶ 은행에 집을 담보로 잡히고 오천만 원을 ~받았다 Il a emprunté cinquante millions de wons à la banque en gageant sa maison / Il a emprunté cinquante millions de wons à la banque en hypothéquant sa maison.

◆_**금** -金 명 montant *m* du prêt. ¶ ~금을 은행에 상환하다 rembourser un prêt à la banque.

◆_**분** -分 명 partie *f* (d'une somme contractuelle constituée) d'un emprunt.

◆_**액** -額 명 montant *m* d'un prêt (bancaire). ¶ 총 ~액 le montant total du prêt (de la banque).

대충 부 en gros, *grosso modo*, grossièrement, à peu près, sommairement, succinctement; rapidement. ¶ 그 사람은 어려운 시기를 ~ 넘겼다 En gros, il a passé le cap / Il a fait en gros le plus dur. ¶ 이 일은 ~ 처리해도 된다 Ce travail, on peut le traiter sommairement. ¶ 서류 정리를 ~ 끝내다 terminer grossièrement [*grosso modo*] le rangement des dossiers. ¶ 일이 ~ 정리되었다 Les affaires sont à peu près réglées. ¶ 범인의 윤곽이 ~ 파악되었다 On a (dressé) un portrait approximatif du criminel / On connaît la description approximative du criminel. ¶ 그 회의에서 나온 의견들은 ~ 어떤 것들입니까? Quels ont été les principaux avis émis lors de cette réunion? ¶ ~ 짐작컨대 네가 잘못한 것 같다 D'après mes suppositions sommaires, il semble que tu aies eu tort. ¶ 저도 그 이야기를 ~은 들어 알고 있습니다 Moi aussi, je suis au courant de cette affaire dans ses grandes lignes car j'en ai entendu parler.

◆_ _ 부 à la hâte, sans soin, de manière expéditive, à la va-vite {*fam*}, vite fait {*fam*}, à peu près, grossièrement, à la légère, par-dessus la jambe {*fam*}, avec désinvolture, hâtivement, avec précipitation, à la six-quatre-deux {*fam*}. ¶ 공무원들이 일을 ~~ 하는 경향이 있다 Les fonctionnaires ont tendance à expédier leur travail. ¶ ~~ 해치우다 achever [terminer] en gros [grossièrement]; expédier ((un travail)); bâcler {*fam*} un travail. ¶ 우리는 ~~ 짐을 싸서 집을 나섰다 Après avoir fait nos bagages sommairement [rapidement], nous sommes partis de la maison. ¶ 이번 일은 ~~ 넘어갈 일이 아니다 Ce n'est pas une affaire à traiter à la légère / On ne traitera pas cette affaire à la légère [sans une discussion sérieuse].

대치¹ 對峙 명 affrontement *m*. ¶ ~ 정국 une situation politique tendue [conflictuelle]. ¶ 남북의 ~ 상황이 해소되었다 La situation d'affrontement entre le Nord et le Sud s'est dénouée [détendue]. ¶ 이 문제를 놓고 여야가 첨예한 ~ 상태에 있다 Face à ce problème, le parti au pouvoir et l'opposition ont des opinions entièrement [radicalement] opposées. ◇_(를) 하다 s'affronter; être face à face. ¶ 시위대와 경찰이 서로 ~하고 있다 Les manifestants et la police s'affrontent [sont face à face]. ◇_(가) 되다 s'affronter. ¶ 두 마을은 강을 사이에 두고 ~되는 위치에 있다 Les deux villages se font face de part et d'autre du fleuve. ◇_(를) 시키다 affronter, faire face à ((l'ennemi)). ¶ 군은 주력부대를 최전방에 배치하여 적군과 ~시켰다 L'armée a placé le gros de ses troupes en première ligne et a affronté l'ennemi.

대치[2] 代置 명 substitution *f*, remplacement *m*. ◇_(를) 하다 substituer *qc*/*qn* à *qc*/*qn*; remplacer *qc* par *qc*. ¶ 여기에 이 말 대신 다른 단어를 ~해 보자 Substituons à ce mot un autre / Remplaçons ce mot-ci par un autre. ¶ 아무 것도 건강을 ~할 수 없다 Rien ne remplace la santé / Rien ne vaut la santé. ◇_(가) 되다 être substitué(*e*), remplacé(*e*). ¶ 자연 과학의 발달로 종교적 개념이 합리적 개념으로 ~되었다 Du fait du développement des sciences naturelles, les concepts religieux sont remplacés par des concepts rationnels. ◇_(를) 시키다 faire remplacer [faire substituer]. ¶ 과학의 발달은 인간의 노동력을 기계력으로 ~시켰다 Le développement de la science a entraîné la substitution de la main d'œuvre par la machine.

대칭 對稱 명 ① symétrie *f*. ¶ ~ 관계 relation de symétrie, relation symétrique. ¶ 이 그림은 좌우가 ~이다[을 이루고 있다] Droite et gauche sont symétriques dans ce tableau. ¶ 이 방은 좌석이 ~되게 [~으로] 배치되어 있다 Les sièges dans cette pièce sont distribués de façon symétrique. ② 상대방 deuxième personne *f* ((des verbes)). ¶ 2인칭은 1인칭의 ~이다 La deuxième personne ((du singulier)) constitue la symétrie de la première personne.

◆_적 -的 명관 symétrique.

◆_성 -性 명 symétrie *f*. ¶ 좌우 ~성 une symétrie bilatérale ¶ 상하 ~성 une symétrie axiale ¶ 좌우상하 ~성 une symétrie radiaire

◆_동사 -動詞 명 【언어】 verbe *m* symétrique.

◆_면 -面 명 surface *f* symétrique.

◆_식 -式 명 formule *f* symétrique.

◆_이동 -移動 명 déplacement *m* symétrique.

◆_점 -點 명 point *m* de symétrie.

◆_중심 -中心 명 centre *m* de symétrie.

◆_축 -軸 명 axe *m* de symétrie.

◆_형 -形 명 forme *f* symétrique.

◆비_ 非- 명관 asymétrie *f*; asymétrique.

대타 代打 명 coup *m* du batteur suppléant. ¶ 이 선수는 ~ 전문이다 Ce joueur est toujours batteur suppléant [remplaçant]. ¶ ~를 내보내다[기용하다] faire entrer un batteur suppléant [remplaçant]. ¶ 그 선수는 ~로 나와서 안타를 쳤다 Comme batteur suppléant [remplaçant], il a donné un coup de batte bien réussi ((coup de batte réussi permettant au batteur d'atteindre une base)).

◆_자 -者 명 batteur *m* suppléant [remplaçant].

대통[1] -筒 명 ((대나무)) tube *m* de bambou.

대통[2] 大統 명 lignée *f* royale. ¶ ~을 계승하다[이어받다] succéder à la couronne; hériter du trône.

대통령 大統領 명 président *m* ((de la République, des États-Unis)). ¶ ~ 선거 l'élection présidentielle, les présidentielles. ¶ ~ 영부인 Madame la présidente, l'épouse du président (de la République), ((프랑스의)) la première dame de France. ¶ ~ 관저 la résidence du président [présidentielle], ((프랑스의)) le palais de l'Élysée. ¶ ~ 비서실[장] secrétariat de la présidence [secrétaire du président], ¶ ~ 경호실[장] garde présidentielle [chef de la garde]. ¶ 단임[종신] ~ président sous mandat unique [à vie]. ¶ ~ 선거에 나가다[입후보하다, 출마하다] se porter candidat(*e*) à l'élection présidentielle; se présenter aux élections présidentielles. ¶ ~에 선출되다[취임하다] être élu(*e*) président(*e*) [accéder à la présidence].

◆_간선제 -間選制 명 système *m* d'élection présidentielle indirecte [au suffrage indirect].

◆_령 -令 명 décret *m* du président [présidentiel]. ¶ 이 법안의 시행에 관한 세부 사항은 ~령으로 정한다 Les dispositions détaillées concernant l'application de la présente loi seront définies par décret du président de la République / Un ordre présidentiel fixe les détails de l'exécution [l'application, la mise en œuvre] de la loi.

◆_배 -盃 명 coupe *f* du président.

◆_상 -賞 명 prix *m* présidentiel.

◆_제 -制 명 régime *m* présidentiel, présidentialisme *m*.

◆_중심제 -中心制 명 système *m* de gouvernement présidentiel.

◆_직 -職 명 présidence *f*; mandat *m* présidentiel.

대퇴부 大腿部 명 cuisse *f*; région *f* fémorale.

대파[1] 大破 명 ① grands dommages *mpl*, dommages *mpl* sérieux [importants, considérables], de grands [graves] dégâts *mpl*, dégâts *mpl* importants [considérables]; grande destruction *f*. ② 격파 grande victoire *f*; victoire *f* écrasante [complète, indiscutable]. ◇_(를) 하다[시키다] ① anéantir, vaincre [réduire] totalement ((un ennemi, une résistance)); endommager [abîmer, esquinter {*fam*}] sérieusement; infliger de grosses pertes ((à l'ennemi)). ¶ 지난 태풍은 많은 가옥과 건물들을 ~했다 Le dernier typhon a endommagé beaucoup de maisons et de bâtiments. ② 격파하다 infliger une défaite sévère [une lourde défaite, une déculottée {*fam*}] à ((*son* adversaire)), écraser {*fam*} ((une équipe)), faire prendre la piquette {*fam*}, mettre une raclée {*fam*} ((à *son* adversaire)). ¶ 한국팀은 일본팀을 5대0으로 ~하고 결승에 진출했다 L'équipe coréenne arrive en finale après avoir remporté une victoire écrasante de 5 à 0 face à l'équipe japonaise. ◇_(가) 되다 ① être sérieusement endommagé(*e*) [abîmé(*e*), esquinté(*e*) {*fam*}]. ¶ 적의 폭격으로 이 일대 건물은 ~되었다 Les bâtiments de ce quartier ont été complètement détruits par les bombardements ennemis. ② être complètement détruit(*e*), anéanti(*e*), écrasé(*e*).

대파² 大- 명 ciboule *f*, cive *f*, oignon *m* d'hiver, oignon *m* d'Espagne, ail *m* fistuleux, *Allium fistulosum* {*nsc*} ((plante (liliacées), à bulbe allongé, proche du poireau)). ¶ ~ 한 단 사오너라 Va acheter une botte de ciboules.

ㄷ

대판 大- 부 d'une grande envergure, de manière [façon] formidable, formidablement, d'une grande échelle. ¶ 우리는 그 문제로 ~ 싸웠다 Nous avons eu une grosse dispute à propos de ce problème. ¶ 이웃집에서는 ~ 잔치를 벌였다 Notre voisin a organisé un somptueux festin [une réception somptueuse]. ¶ 어제 그 부부는 ~ 싸운 모양이더라 Ce couple semble s'être terriblement disputé hier.

대패¹ 명 rabot *m*. ¶ ~로 나무를 깎다 travailler le bois au rabot. ¶ ~로 밀다 aplanir [lisser] au rabot. ¶ 이 ~는 잘 들지가 않네 Ce rabot n'a pas une coupe fine.

◆**_ㅅ날** 명 fer *m* [lame *f*] de rabot.

◆**_ㅅ밥** 명 copeaux *mpl* [déchets *mpl*] laissés par le rabot.

◆**_질** 명 rabotage *m*. ¶ ~질을 하다 raboter *qc*.

◆**_집** 명 fût *m* d'un rabot.

대패² 大敗 명 grande [grosse, grave, lourde] défaite *f*, défaite *f* complète [sévère, écrasante, humiliante, cuisante], ((prendre une)) déculottée *f* {*fam*}, ((prendre une)) (belle) raclée *f* {*fam*}, ((prendre une)) branlée *f* {*fam*}, ((recevoir une)) pile *f* {*fam*}, ((faire prendre la)) piquette *f* {*fam*}, ((prendre, recevoir une)) dérouillée *f* {*fam*}. ¶ 한국팀은 오늘 경기의 ~로 결승 진출이 좌절됐다 Suite à la grande défaite d'aujourd'hui, l'équipe coréenne n'accèdera pas à la finale [n'ira pas en finale]. ◇_(를) **하다[당하다]** essuyer [subir] une défaite complète [une lourde défaite, une grave défaite]; prendre une belle raclée {*fam*}; prendre [recevoir] une [la] dérouillée {*fam*}; prendre une branlée {*fam*}; prendre une déculottée {*fam*} ((au tennis)); ((équipe de football)) être écrasé(*e*) {*fam*}. ¶ 이번 선거에서 여당이 ~하다 Le parti au pouvoir a essuyé une défaite complète aux dernières élections / Le parti au pouvoir a subi une grave défaite [a pris une belle raclée {*fam*}] aux dernières élections.

대평원 大平原 명 grande plaine *f* [prairie *f*].

대포¹ 명 ((술)) boisson *f*, ((prendre, boire, payer, offrir un)) verre *m*, pot *m*, canon *m* {*fam*}, drink *m* {*fam*}, godet *m* {*fam*}. ¶ 오늘 ~나 한 잔 할까? On prend un verre aujourd'hui? / On va prendre un verre au bistrot du coin aujourd'hui?

◆**_ㅅ집** 명 bistrot *m* {*pop*}, troquet *m* {*fam*}, estaminet *m*, assommoir *m* {*fam*}. ¶ 그들은 ~ㅅ집에서 술을 마셨다 Ils ont bu (un pot) dans un bistrot [troquet].

대포² 大砲 명 ① canon *m*. ¶ ~가 한 대 있다 Il y a un canon. ¶ ~ 소리에 놀라다 sursauter au bruit du canon. ¶ ~를 한 발 쏘다[발사하다] tirer un coup de canon ((sur l'ennemi)). ② 거짓말 vantardises *fpl*, fanfaronnades *fpl*; bluff *m*; ((raconter des)) craques *fpl* {*fam*}.

*~**를 놓다** raconter des craques {*fam*}.

◆**_알** 명 boulet *m* de canon. ¶ ~알 같은 강슛 ((au football)) un boulet de canon; un tir très puissant. ¶ ~알 같은 강슛을 쏘다 shooter un véritable boulet de canon.

대폭 大幅 어근 grande largeur *f*. ¶ 법안의 ~ 수정이 불가피하다 La modification radicale de ce projet de loi s'avère inévitable.

부 nettement, considérablement, d'une façon tranchée, de façon considérable [spectaculaire], énormément, beaucoup, sensiblement. ¶ 임금이 ~으로 인상되었다 Les salaires ont nettement augmenté. ¶ 물가가 ~ 올랐다 La vie a beaucoup augmenté / Le coût de la vie a beaucoup augmenté / Les prix ont fait un bond[un saut] / Les prix ont énormément grimpé / Les prix ont flambé / Les prix ont augmenté de façon spectaculaire [considérable]. ¶ 국방비를 ~ 삭감하다 diminuer [réduire] considérablement les dépenses militaires [d'armement, pour la défense nationale]. ¶ 입학 정원을 ~ 늘리다 augmenter sensiblement le quota d'entrées (dans les établissements scolaires).

◆**_적 -的** 명관 radic*al*(*ale*, *aux*), profond(*e*); en profondeur. ¶ 내각의 ~적인 개편이 있을 것이다 Il va y avoir un profond remaniement ministériel. ¶ ~적인 물갈이 changement en profondeur [radical]. ¶ ~적으로 물갈이를 하다 changer [modifier] radicalement [en profondeur].

대표 代表 명 ① ((사람)) représentant(*e*), délégué(*e*). ¶ ~ 선수 joueur sélectionné. ¶ ~를 뽑다[선출하다, 파견하다] élire [envoyer] le(*la*) représentant(*e*). ¶ 그 남자는 졸업생 ~로 답사를 읽었다 En tant que représentant des anciens élèves, il a fait un discours de réponse. ② ((직위)) direction *f*. ¶ (어떤 회사의) 대표 direc*teur*(*trice*), président(*e*) (d'une entreprise). ③ 본보기 exemple *m*, échantillon *m*. ¶ 아리랑은 우리 민요의 ~로 손꼽힌다 Arirang est l'exemple, par excellence, de la chanson populaire traditionnelle coréenne. ◇_(를) **하다** représenter. ¶ 대통령은 우리 나라를 ~하는 사람이다 Le président de la République est la personne qui représente notre pays. ¶ 이 소설은 1920년대[그 사람의 말년]를 ~하는 작품이다 Ce roman est une œuvre représentative des années vingt [des dernières années de sa vie]. ◇_(가) **되다** être représentati*f*(*ve*). ¶ 신라 시대의 건축은 불교 건축물로 ~된다 L'architecture de l'époque de Silla est essentiellement représentée par des monuments bouddhiques.

◆_적 -的 명관 représentati*f*(*ve*); typique; caractéristique. ¶ 그 작곡가[그 사람은] 한국의 ~적 작곡가이다 C'est le plus représentatif des compositeurs coréens. ¶ 나는 그 작가의~적인 작품은 거의 다 읽었다 J'ai lu presque toutes ses œuvres les plus représentatives [ses plus grandes œuvres, ses œuvres majeures].

◆_성 -性 명 représentativité *f*. ¶ 국민 ~성 représentativité de la nation

◆_격 -格 명 représentant *m*, statut *m* [titre *m*] de représentant. ¶ 그 사람은 주민들의 ~격으로 일하고 있다 Il travaille comme [en tant que, en qualité de] représentant de sa ville.

◆_권 -權 명 droit *m* de représentation.

◆_급 -級 명 ((des joueurs du)) calibre *m* [niveau *m*] de ((la ligue nationale)). ¶ 국가 ~급 선수 des joueurs [athlètes] du calibre [niveau] de l'équipe nationale [de niveau international].

◆_단 -團 명 délégation *f*.

◆_부 -部 명 délégation *f*. ¶ 통상 ~부 délégation pour le commerce extérieur.

◆_이사 -理事 명 administrateur *m* général.

◆_자 -者 명 représentant(*e*).

◆_작 -作 명 travail *m* [œuvre *f*, production *f*, ouvrage *m*] représentati*f*(*ve*).

◆_팀 영{-team} 명 équipe *m* de représentation; équipe *f* nationale.

◆국가_ 國家- 명 représentant(*e*) du pays.

◆비례_제 比例制 명 (système *m* de) représentation *f* proportionnelle.

대풍 大豊 명 moisson *f* [récolte *f*] abondante. ¶ 올해는 ~이다 Cette année, la moisson est abondante. ¶ 올해 농사는 (근래에 보기드문) ~이[~을 이룰 것으로] 예상된다 On prévoit que la récolte de cette année sera (exceptionnellement) abondante. ¶ ~에 따른 농산물 가격의 폭락 la chute des prix des produits agricoles consécutive à une récolte abondante.

대풍년 大豊年 명 ☞ 대풍

대피 待避 명 action de se mettre à l'abri, mise *f* aux abris. ¶ 긴급 ~ 훈련 entraînement de course aux abris. ◇_(를) 하다 se mettre à l'abri. ¶ 방공호로 ~하다 se réfugier dans un abri antiaérien. ¶ 다리 밑으로 ~하다 s'abriter [se réfugier] sous un pont. ¶ 간밤의 화재로 주민들이 ~했다 À cause de l'incendie de la nuit dernière, les habitants ont cherché refuge ailleurs.

◆_소 -所 명 refuge *m*, abri *m*.

대필 代筆 명 action *f* d'écrire à la place de *qn*. ◇_(을) 하다 écrire ((une lettre)) pour *qn*. ¶ 유서를 ~한 혐의로 구속되다 être arrêté(*e*) sous l'inculpation de rédaction d'un faux testament.

대하 大蝦 명 ((갑각류)) langouste *f*, homard *m*.

◆_찜 명 langouste *f* [homard *m*] à la nage [cuit(*e*) au court bouillon].

대하다 對- 자타 ① 마주하다 faire face à *qn*, être en vis-à-vis, être en face de *qn*, regarder en face; affronter. ¶ 우리가 대하고 있는 작금의 현실 la réalité présente que nous affrontons. ¶ 서로 얼굴을~ se mettre en vis-à-vis; se faire face, se trouver face à face [en vis-à-vis]. ② 응대하다 recevoir [accueillir, traiter] *qn* ((de telle ou telle manière)), se comporter [agir] ((de telle ou telle façon)) vis-à-vis de *qn*, s'adresser ((de telle ou telle façon)) à *qn*, se montrer ((aimable)) envers *qn*. ¶ 그 여자에게 좀 더 부드럽게 대해 주어라 Sois un peu plus doux avec elle. ¶ 그 여자는 나에게[나를] 친절하게 대한다 Cette femme se montre aimable avec moi [est gentille avec moi]. ¶ 나는 그 녀석의 얼굴을 대할 수가 없다 Je ne peux pas le voir [l'encadrer {*fam*}, le sentir {*fam*}]. ¶ 그 사람이 나를 대하는 태도가 못마땅하다 Sa façon de me traiter [s'adresser à moi] ne me plaît pas. ◇ **...에 대하여[대해]** concernant, à propos de *qc*, sur, quant à *qc*, en ce qui concerne, pour ce qui est de *qc*. ¶ 이 문제에 대하여 논란이 많다 Il y a beaucoup de controverses autour de ce problème. ¶ 이 문제에 대하여 생각해[논의해] 보자 Penchons-nous [Discutons] sur cette question. ¶ 그는 그 상황에 대해 해명하였다 Il a donné des éclaircissements sur cette situation. ¶ 나는 그 일에 대해서는 걱정하지 않는다 Je ne m'inquiète pas à ce sujet / Je n'ai aucun souci à ce sujet. ¶ 그 사람은 무엇에 대해서고 척척 대답한다 Il a [trouve] réponse à tout. ¶ 나는 너의 도움에 대해 고맙게 생각하고 있다 Je me sens redevable pour ton aide. ◇ **...에 대한** sur, à propos de *qc*, concernant, à l'égard de *qc*, envers, pour. ¶ 그것에 대한 보충설명이 필요하다 Il y a besoin d'explications supplémentaires à ce sujet. ¶ 이 문제에 대한 너의 생각을 말해 보아라 Donne ton avis sur cette question. ¶ 자식에 대한 부모의 사랑 l'amour des parents envers les enfants. ¶ 문학[영화, 조국]에 대한 애정[관심, 열정, 흥미] une affection [une attention, une passion, un intérêt] pour la littérature [le cinéma, la patrie]. ¶ 질문에 대한 대답 la réponse à une question. ¶ 어머니에 대한 아들의 사랑 l'amour d'une mère pour son fils.

대하드라마 大河- 영{-drama} 명 feuilleton *m* (télévisé) fleuve.

대하소설 大河小說 명 roman-fleuve *m*.

대학 大學 명 ((종합대학)) université *f*, ((단과대학)) faculté *f*, fac *f* {*fam*}. ¶ ~ 도시[기숙사, 식당, 도서관] une ville [une résidence, un restaurant, une bibliothèque] universitaire. ¶ ~ 입학시험 le concours d'entrée à l'université. ¶ ~ 교육의 정상화 la normalisation [la régularisation] des études universitaires. ¶ ~ 졸업생 un(*e*) diplômé(*e*) d'université, un(*e*) licencié(*e*). ¶ ~ 등록금 les droits [les frais] d'inscription, les frais [les droits] de scolarité; ((스위스, 지방어)) le minerval, l'écolage. ¶ ~ 출신의 qui a fait des études supérieures, un(*e*) diplômé(*e*) d'université. ¶ ~을 졸업하다 finir [terminer, achever] *ses* études universitaires [à l'université] après avoir validé *son* diplôme [avec le diplôme en poche {*fam*}], sortir [être] diplômé(*e*) de l'université. ¶ ~을 중퇴하다 interrompre [arrêter] *ses* études (universitaires), abandonner [quitter] l'université en cours d'études, quitter l'université avant la fin de *ses* études. ¶ ~을 마치다 terminer l'université, terminer *ses* études universitaires. ¶ ~에 (들어)가다[입학하다] entrer à l'université; être admis(*e*) dans une université. ¶ ~에서 수학하다 suivre un cours à l'université.

◆_가 -街 명 quartier *m* universitaire.

◆_교 -校 명 université *f*, campus *m* universitaire.

◆_교수 -敎授 명 professeur *m* d'université; ((en France)) ((정교수 正敎授)) professeur *m* des universités, ((부교수 副敎授)) maître *mf* de conférences; universitaire *mf*.

◆_교육 -敎育 명 enseignement *m* supérieur (universitaire).

◆_병원 -病院 명 Centre *m* hospitalier universitaire, ((생략)) C.H.U. *m inv*, hôpit*al*(*aux*) *m* universitaire.

◆_부 -部 명 groupe *m* universitaire. ¶ ~부 경기 match entre groupes universitaires.

◆_생 -生 명 étudiant(*e*).

◆_원 -院 명 études *fpl* universitaires du cycle supérieur ((maîtrise et doctorat)), troisième cycle *m* universitaire, école *f* doctorale. ¶ ~원 석사[박사] 과정 cours *m* de master [doctorat]

◆_원생 -院生 ((석사과정)) étudiant(*e*) en master; ((박사과정)) doctorant(*e*), thésard(*e*).

◆_인 -人 명 universitaire *mf*.

◆_총장 -總長 명 recteur *m*, président *m* d'université.

◆경영_ 經營- 명 faculté *f* de gestion.

◆공과_ 工科- 명 faculté *f* de technologie.

◆국립_ 國立- 명 université *f* nationale [municipale].

◆노인_ 老人- 명 club *m* [université *f*] du troisième âge.

◆농과_ 農科- 명 faculté *f* d'agronomie.

◆문과_ 文科- 명 faculté *f* des lettres.

◆문리과_ 文理科- 명 faculté *f* des sciences et des lettres.

◆미술_ 美術- 명 faculté *f* des beaux-arts.

◆법과_ 法科- 명 faculté *f* de droit.

◆사립_ 私立- 명 université *f* privée.

◆사범_ 師範- 명 faculté *f* de pédagogie.

◆사회(과학)_ 社會(科學)- 명 faculté *f* de sciences sociales.

◆생활과학_ 生活科學- 명 faculté *f* des sciences de la maison [des arts ménagers].

◆음악_ 音樂- 명 faculté *f* de musique.

◆의과_ 醫科- 명 faculté *f* de médecine.

◆이과_ 理科- 명 faculté *f* de sciences.

◆인문_ 人文- 명 faculté *f* des sciences humaines.

◆자연(과학)_ 自然(科學)- 명 faculté *f* de sciences naturelles.

◆전문_ 專門- 명 I.U.T. [IUT] *m*, école *f* supérieure d'une durée d'études de deux ans.

◆정경_ 政經- 명 faculté *f* de sciences politiques.

◆하계_ 夏季- 명 université *f* d'été.

대학로 大學路 명 ① quartier *m* universitaire. ¶ 여기는 대학이 많이 모인 ~이다 C'est un quartier qui regroupe beaucoup d'universités. ② ((서울의 혜화동)) Daehakno ((quartier au cœur de Séoul où était autrefois située l'Université nationale de Séoul)).

대학자 大學者 명 grand savant *m*.

대한[1] 大寒 명 Daehan <Grand froid, une des 24 divisions du calendrier luni-solaire, vers le 21 janvier>. ¶ ~ 추위 le «Grand froid». ¶ ~ 소한 다 지났으니 이제는 좀 따뜻해지겠지 Il fera un peu plus doux car les jours du «Grand froid» et du «Petit froid» sont passés.

대한[2] 對韓 어근 envers la Corée, vis-à-vis de la Corée. ¶ ~ 관계 les relations avec la Corée. ¶ 일본인들은 ~ 감정이 안 좋다 Les Japonais sont mal disposés à l'égard de la Corée / Les Japonais ont du ressentiment à l'encontre de la Corée [gardent rancune à la Corée].

대한[3] 大韓 명 la Corée, notre patrie *f* [nation *f*]. ¶ ~의 건아들 les représentants de la [de notre] nation, les braves représentants de la Corée, les ambassadeurs de la Corée.

◆_독립군 -獨立軍 명 armée *f* de libération nationale de la Corée, armée *f* indépendantiste coréenne ((luttant contre le régime colonial du Japon)).

◆_무역진흥공사 -貿易振興公社 명 la KOTRA *f* (*Korea Trade-Investment Promotion Agency*); le Centre *m* Coréen du Commerce Extérieur et de l'Investissement ((l'équivalent de la DREE (Direction des Relations Economiques Extérieures), du CFCE (Centre Français du Commerce Extérieur) et d'UbiFrance (Promotions des salons internationaux) réunis)).

◆_민국 -民國 명 la République *f* de Corée.

◆_민국임시정부 -民國臨時政府 명 gouvernement *m* provisoire de la Corée ((proclamé à Shanghai en 1919 sous l'occupation de la Corée par le Japon)).

◆_사람 명 Coréen(*ne*).

◆_적십자사 -赤十字社 명 Croix-Rouge *f* coréenne.

◆_제국 -帝國 명 l'Empire *m* de Corée.

◆_체육회 -體育會 명 le Conseil *m* des Sports de Corée et le Comité Olympique de Corée (*Korea Sports Council and Korean Olympic Commitee* (KSC / KOC)).

대합 大蛤 명 【수산】 palourde *f*, clam *m*, clovisse *f*.

대합실 待合室 명 salle *f* d'attente. ¶ 버스 ~ salle d'attente au terminal d'autocars. ¶ 일등 ~ salle d'attente de première classe.

대항 對抗 명 opposition *f*, rivalité *f*. ¶ 영불 ~ 축구 경기 un match France-Angleterre de football. ◇_(을) 하다 rivaliser; faire face à, résister. ¶ 경쟁사에 ~할 수 있는 신제품을 개발했다 On a perfectionné un nouveau produit pour rivaliser avec le concurrent. ¶ 바둑으로는 그에게 ~할 자가 없다 Comme joueur de go, il n'a pas d'égal.

◆_전 -戰 명 match *m*.

대해 大海 명 océan *m*; mer *f* immense. ¶ 망망 ~ une mer immense, un océan. ¶ 좁은 바닥에서 놀지 말고 ~로 나가라 Ne reste pas à l'étroit, mais lance-toi dans l'immensité / Ne reste pas confiné(*e*) dans ton petit univers, ouvre-toi à l'immensité du monde.

대행 代行 명 remplacement *m*, intérim *m*. ¶ ~ 기관 une agence ((de remplacement)) qui rend des services à distance; services à distance. ◇_(을) 하다 remplacer, prendre la place de *qn*. ¶ 대통령 유고 시에는 국무총리가 모든 권한과 직무를 ~한다 En cas d'absence du président de la République, le Premier ministre le remplace dans ses pouvoirs et ses fonctions. ¶ 비서업무를 ~해 주는 회사들이 생기고 있다 Maintenant commencent à s'installer [à naître] des services de secrétariat à distance [des entreprises qui assurent le secrétariat à distance, qui font de l'assistance-secrétariat]. ¶ 이 회사는 외국기업의 국내광고를 ~하고 있다 Cette agence s'occupe de la publicité sur le marché intérieur pour une compagnie étrangère.

◆_사 -社 명 agence *f* ((de remplacement)) qui rend des services à distance; services *mpl* à distance.

◆권한_ 權限- 명 remplacement *m* des pouvoirs; fonction *f* exercée par intérim; ((président)) par intérim.

◆직무_ 職務- 명 remplacement *m* de la fonction; fonction *f* exercée par intérim; ((président)) par intérim.

대헌장 大憲章 명 la Grande Charte *f*.

대혁명 大革命 명 grande révolution *f*. ¶ 프랑스 ~ la Révolution française. ¶ 신기술 개발로 요즘 반도체 업계에서는 ~이 일어나고 있다 Le développement d'une nouvelle technique suscite actuellement une grande révolution dans l'industrie des semi-conducteurs.

대혁신 大革新 명 grande révolution *f*, innovation *f*. ¶ 우리 회사는 신기술을 도입함으로써 생산 방식의 ~을 이루었다 Notre compagnie a créé une grande révolution dans la méthode de production en introduisant de nouvelles techniques.

대형[1] 大形 어근 grand(*e*), ((de)) grande dimension *f*. ¶ ~ 가수 un(*e*) grand(*e*) chanteu*r*(*se*). ¶ ~ 냉장고 [자동차, 화면] un grand réfrigérateur [une grande voiture, un grand écran]. ¶ ~ 사고 un grand accident. ¶ ~ (평수) 아파트 un grand appartement.

◆_화하다[되다] -化- 자 devenir plus grand(*e*), plus large, plus volumineu*x*(*se*). ¶ 요즘 승용차들이 점점 ~화 되는 추세이다 Depuis quelque temps, les voitures deviennent de plus en plus grandes.

◆_차 -車 명 grosse voiture *f*, voiture *f* de grande dimension.

◆초_ 超 어근 gigantesque, énorme. ¶ 초~ 선박 un navire gigantesque.

대형[2] 隊形 명 ((전투의)) formation *f*, ordre *m* ((de combat)). ¶ 전투[행군] ~을 갖추다 se mettre en ordre de bataille [se mettre en position pour défiler; se mettre en position pour commencer à défiler, se préparer à défiler]. ¶ ~을 2열종대로 짜다 se mettre en colonne deux par deux. ¶ ~이 흐트러지지 않게 줄을 잘 서라 Formez les rangs en gardant la formation.

대홍수 大洪水 명 grande inondation *f*. ¶ 이번 ~로 많은 이재민이 발생했다 On compte de nombreux sinistrés à la suite de ces inondations. ¶ ~가 나서 많은 집들이 침수되었다 Suite à d'importantes inondations, beaucoup de maisons ont été englouties [ensevelies, submergées] par les eaux [par la montée des eaux].

대화 對話 명 conversation *f*, entretien *m*, dialogue *m*. ¶ 진지한 ~ une conversation sérieuse. ¶ 우호적인 ~ une conversation amicale. ¶ 지루한 ~ une conversation ennuyeuse. ¶ ~ 상대가 누구냐? Avec qui parles-tu? ¶ ~를 시작하다[끝내다, 마치다] entamer [finir] une conversation. ¶ 기성세대와 젊은 세대 간에 ~가 부족한 것이 문제이다 Le problème réside dans l'absence de dialogue entre l'ancienne et la nouvelle générations. ◇_(를) 하다 faire la conversation avec *qn*, converser, parler à *qn*, discuter [dialoguer] avec *qn*. ¶ 나는 미국인과 영어로 ~를 한다 Je parle à un Américain en anglais. ¶ 나는 그와의 오해를 풀기 위해 ~하기로 결심했다 J'ai décidé de discuter [de dialoguer] avec lui pour dissiper le malentendu. ◇_(가) 되다[통하다] s'entendre, se comprendre. ¶ 그런 사람하고는 ~가 잘 안 된다 Il est difficile de s'entendre [de discuter, d'avoir une discussion] avec ce genre d'individu [avec quelqu'un comme lui(elle), avec un type pareil]. ◇_를 나누다[가지다] discuter [dialoguer] avec *qn*, converser; faire la conversation avec *qn*. ¶ 나는 그와 이 문제에 대해 한 시간 동안 ~를 나누었다 J'ai discuté pendant une heure avec lui de ce problème.

◆_격률 -格率 명 【언어】 maximes *fpl* de conversation.

◆_분석 -分析 명 analyse *f* d'une conversation.

◆_체 -體 명 style *m* oral.

대화재 大火災 명 grand feu *m*, incendie *m*. ¶ 도심의 고층건물에서 ~가 발생했다 Un incendie s'est déclaré dans un haut bâtiment [gratte-ciel] du centre-ville.

대환난 大患難 명 grandes [énormes] difficultés *fpl*. ¶ 다가올 ~에 대비하여 기도합시다 Faisons une prière pour faire face aux [contrecarrer les] grandes difficultés qui nous attendent.

대환영 大歡迎 명 un bon accueil *m*. ¶ ~을 받다 être accueilli(*e*) à bras ouverts. ¶ 네가 온다면 ~이다 Si tu viens, tu seras accueilli(*e*) à bras ouverts / Si tu viens, tu seras vraiment le(la) bienvenu(*e*).

ㄷ

ㄷ

대회 大會 명 grande réunion *f*, conférence *f*, congrès *m* ((d'un parti, d'étudiants)), convention *f*, assemblée *f* générale; ((경기의)) concours *m*, tournoi *m*, compétition *f*, épreuve *f*. ¶ ~를 유치하다 accueillir l'organisation d'une compétition. ¶ ~를 연기하다 ajourner une réunion [une conférence, un concours, un tournoi, une compétition]. ¶ ~를 열다[개최하다] organiser [donner, tenir] une réunion [une conférence], organiser un concours [un tournoi, une compétition]. ¶ ~를 진행하다 présider une réunion [une conférence, un concours, un tournoi, une compétition]. ¶ ~에 참가하다[불참하다] participer à une réunion [ne pas assister à une réunion, être absent(*e*) à une réunion].

◆_**사** -辭 명 discours *m* d'inauguration. ¶ ~사를 낭독하다 prononcer un discours d'inauguration.

◆_**장** -場 명 salle *f* de réunion [de conférence]. ¶ ~장에 들어오다 entrer dans une salle de réunion [de conférence]. ¶ ~장은 열기로 가득 찼다 La salle de réunion [de conférence] est pleine d'enthousiasme.

◆**궐기**_ 蹶起- 명 rassemblement *m* pour exprimer un appui ou une opposition.

◆**기념**_ 記念- 명 grande réunion *f* commémorative ((d'une victoire)).

◆**마라톤**_ 영{marathon-} 명 épreuve *f* de marathon.

◆**전당**_ 全黨- 명 le congrès *m* (national) ((d'un parti)), la grande assemblée *f* ((d'un parti)); convention *f* ((socialiste, démocrate)). ¶ 전당~를 개최하다 tenir le congrès d'un parti, tenir la grande assemblée d'un parti.

◆**지구당개편**_ 地區黨改編- 명 réunion *f* de réorganisation d'un parti au niveau local.

◆**창당**_ 創黨- 명 congrès *m* pour la formation d'un parti.

◆**체육**_ 體育- 명 festival *m* sportif, fête *f* sportive.

대회전 大回轉 명 【운동】 slalom *m* géant. ¶ 이 스키 선수는 ~에 강하다 Ce skieur est particulièrement bon [doué] en slalom géant / Ce skieur excelle en slalom géant.

대흉년 大凶年 명 année *f* de disette, mauvaise année *f*, année *f* de vaches maigres. ¶ 올해는 ~이다 Cette année, la récolte a été très mauvaise. ◇_**이 들다** avoir une mauvaise année [une année de vaches maigres].

댁 宅 명 남의 집 ((chez)) vous, la maison *f* des autres; la famille *f* des autres; votre [*sa*] famille. ¶ 전 선생님 ~ chez monsieur le professeur Jeon. ¶ 내일 제가 ~에 가겠습니다 Je viendrai chez vous demain. ¶ ~까지 모셔다[배달해] 드리겠습니다 Je vais vous raccompagner à votre domicile [vous le livrer à domicile]. ¶ ~은 무탈하시죠? Tout le monde va [se porte] bien chez vous? ¶ ~이 어디입니까? Où habitez-vous [demeurez-vous]?

대 상대방 vous; votre ((*vous* de politesse qui s'adresse à une personne ou à *sa* famille)). ¶ ~의 아이들은 공부를 잘합니까? Vos enfants travaillent-ils bien? ¶ ~은 뉘시오? Qui êtes-vous? ¶ ~이 먼저 시비를 걸지 않았습니까? C'est bien vous qui êtes à l'origine de ce conflit [de ce heurt], n'est-ce pas?

의명 Madame ((Kim)). ¶ 김 선생 ~은 집에서 살림만 한다 Madame Kim est femme au foyer.

접미 *daek* <appellation pour une femme originaire de telle ou telle province, ou de tel ou tel quartier>. ¶ 평양~ Pyongyang *daek* <appellation pour une femme originaire de Pyongyang>.

댁내 宅內 명 votre famille *f*. ¶ ~ 두루 평안하신지요? Toute votre famille va bien?

댄서 영{dancer} 명 danseu*r*(*se*). ¶ 발레 ~ un(*e*) danseu*r*(*se*) de ballet; une ballerine. ¶ 그 여자는 직업[밤무대] ~이다 Elle est danseuse professionnelle [Elle danse dans une boîte de nuit / Elle est danseuse dans une boîte de nuit].

댄스 영{dance} 명 danse *f*. ¶ ~ 스텝 un pas de danse.

◆_**광** -狂 명 fanatique *mf*, fana *mf* {*fam*} [maniaque *mf*, fou(*folle*), frénétique *mf*, accro *mf* {*fam*}] de la danse.

◆_**뮤직** 영{-music} 명 musique *f* de danse, «dance music» *f*.

◆_**스포츠** 영{-sports} 명 danse *f* sportive.

◆_**파티** 영{-party} 명 soirée *f* pour danser, soirée *f* dansante. ¶ ~파티를 벌이다 donner une soirée dansante.

◆_**홀** 영{-hall} 명 salle *f* de danse.

◆**사교**_ 社交- 명 danse *f* de société, danse *f* sociale, danse *f* de salon, danse *f* de couples.

댐 영{dam} 명 【건설】 barrage *m*. ¶ 관개용[발전용, 다목적] ~ un barrage d'irrigation [électrique, à usages multiples]. ¶ ~의 방수문을 열어 물을 흘려보냈다 On a laissé couler l'eau en ouvrant la vanne d'évacuation d'un barrage. ¶ ~을 건설하다[관리하다] construire [gérer] un barrage. ¶ ~에 물을 가두다 retenir les eaux dans un barrage. ¶ 폭우로 ~이 무너졌다 Le barrage a cédé à cause de la tempête / La tempête a fait céder le barrage.

◆_**문** -門 명 évacuateur *m*, vanne *f* d'un barrage.

◆**사력**_ 沙礫- 명 【건설】 barrage *m* en enrochement [en terre (homogène, hétérogène)].

댓 관 environ cinq. ¶ ~ 번[권, 명, 사람] environ cinq fois [volumes, personnes, hommes].

댓가지 명 branche *f* de bambou.

댓구 명 ☞ 대구[2]

댓귀 명 ☞ 대구[2]

댓글 명 commentaire *m* (en ligne). ¶ 글에 ~을 달다 ajouter [rédiger] un commentaire à un texte (en ligne). ¶ 그 글에 ~이 많이 달렸다 Ce texte (en ligne) a reçu beaucoup de commentaires. ☞ 악플

댓바람 명 ① 단번에 précipitation *f*. ¶ 그는 ~에 뛰어나갔다. Il est sorti avec précipitation. ② 일찍 tôt le matin, de bonne heure. ¶ 새벽 ~부터 웬 일인가? Pourquoi es-tu venu si tôt le matin?

댓새 명 cinq jours environ. ¶ 일을 시작한 지 한 ~ 됐어요 Cela fait cinq jours environ que nous avons commencé le travail.

댕강 부 d'un seul geste, net ((onomatopée qui évoque un mouvement court)). ¶ 막대기가 ~ 부러지다 Le bâton s'est brisé net. ¶ 칼로 적의 목을 ~ 치다 trancher la tête d'un ennemi à l'aide d'un sabre. ¶ 생각 같아서는 그 직원을 ~ 잘라버리고 싶지만 참는다 Si je pouvais agir comme je l'entends, je renverrais [je licencierais] cet(*te*) employé(*e*) d'un seul geste [tout de go], mais je me retiens.

댕기 명 ruban *m* (attaché à des tresses de cheveux), chouchou *m*. ¶ ~를 드리다 porter des nattes.

◆**_머리** 명 natte *f*.

◆**_풀이** 명 repas *m* offert après la cérémonie de la majorité d'un garçon ((geste symbolique ancien qui correspond à l'acquisition du statut d'homme adulte et responsable)).

댕기다 자타 ((불을)) allumer *qc*, mettre le feu à *qc*; s'allumer. ¶ 나무가 말라서 불이 잘 댕긴다 Comme le bois est sec, le feu prend bien. ¶ 그가 심지에 불을 댕겼다 Il a allumé une mèche. ¶ 그 여자가 땔나무에 불을 댕겼다 Elle a allumé un feu de bois / Elle a fait un feu de bois.

더[1] 부 ① 기준보다 크게 plus, davantage, encore plus, mieux, de plus ((adverbe comparatif)). ¶ 어제보다 오늘이 ~ 덥다 Aujourd'hui, il fait (encore) plus chaud qu'hier. ¶ 여기보다 저기가 ~ 경치가 좋다 Là-bas le paysage est plus beau qu'ici. ¶ 지금보다 ~ 행복했던 적은 없었어요 Je n'ai jamais été plus heureux(*se*) que maintenant. ¶ 돈보다 건강이 ~ 중요합니다 La santé est plus importante que l'argent. ¶ 나보다 아내가 요리를 ~ 잘 해요 Ma femme fait mieux la cuisine que moi / Ma femme est meilleure cuisinière que moi. ¶ 나보다도 그 여자가 너를 ~ 생각해 준다 Cette femme pense à toi encore plus que moi. ¶ 그 사람은 나보다 돈이 ~ 많다 Il a plus d'argent que moi. ¶ 그 사람은 내가 생각했던 것보다 훨씬 ~ 똑똑하다 Il est beaucoup plus intelligent que je ne l'imaginais. ¶ 그보다 ~ 아름다운 일이 어디 있겠는가? Il ne peut pas y avoir de plus bel événement (que celui-là)! / Peut-on rêver d'un événement plus beau que cela ? ¶ 이 세상에서 빛보다 ~ 빠른 것은 없다 Dans l'univers, rien n'est plus rapide que la lumière. ¶ 건강이 점점 ~ 나빠지고 있다 Ma santé se détériore [s'altère] progressivement. ¶ 점점 ~ 빨리 달려가는 기차 le train qui roule de plus en plus vite. ② 이전보다 많게 encore un peu, encore plus, (encore) davantage. ¶ 조금만 ~ 먹어라 Mange encore un peu / Prends-en encore plus. ¶ 조금 ~ 기다려 보자 Attendons encore un peu. ¶ 다음 얘기는 ~ 듣지 않아도 알겠다 Inutile de continuer, j'ai déjà compris la suite / Ce n'est pas la peine de raconter la suite, je peux déjà la deviner. ¶ 돈을 ~ 많이 벌고 싶다 J'ai envie de gagner (encore) davantage [plus] d'argent. ¶ 한 번만 ~ 해 보자! Essayons une dernière fois / Faisons un dernier essai. ¶ 빵 하나 ~ 주세요 Donnez-moi encore une viennoiserie. ¶ 무엇이 ~ 필요합니까? De quoi avez-vous encore besoin? / Que prenez-vous avec ceci [avec ça]? / Et avec ceci [avec ça]? / Ce sera tout, monsieur(madame)? ¶ 무슨 말이 ~ 필요하겠니? Que pourrais-je dire de plus? ¶ 값을 ~ 깎다 faire baisser davantage le prix. ¶ ~는[이상] 못 참겠다 Je n'en peux plus / Je ne peux pas en supporter davantage / Je ne peux pas tenir plus longtemps. ¶ ~도 말고 덜도 말고 ni plus ni moins. ¶ ~는 고사하고 pas le moins du monde.

-더-[2] 어미 ① d'après ce que j'ai vu [senti, remarqué], j'ai trouvé que+*ind* ((suffixe flexionnel de rappel d'une action passée, vécue, vue ou connue. Il s'ajoute après le radical du verbe et de l'adjectif quelle que soit sa forme, et après les suffixes flexionnels préfinaux temporo-modaux -시/-으시, -았/-었, -겠. Il s'insère entre le radical verbal d'une part et d'autre part le suffixe flexionnel conjonctif -니 et les suffixes flexionnels de terminaison phrastique -군/-군요, 라)). ¶ 어제는 참 춥~라 Hier, qu'est-ce qu'il faisait froid! / Hier j'ai trouvé qu'il faisait bien froid! ¶ 그 여자는 춤을 참 잘 추~라 Qu'est-ce qu'elle dansait bien! / J'ai trouvé qu'elle dansait vraiment bien. ¶ 그 사람은 책을 참 많이 읽었~라 Il a vraiment beaucoup lu! ¶ 아침에는 비가 오~니 지금은 눈이 온다 Alors qu'il pleuvait ce matin, il neige à présent. ② ((화자의 객관화)) ¶ 떨어져 사니까 아내가 더 보고 싶어지~군 Ma femme et moi, nous vivions éloignés l'un de l'autre, alors j'avais davantage envie de la voir. ¶ 꿈속에서는 내가 말을 참 잘 하~군 Dans mon rêve, je parlais bien. ¶ 저도 그런 집에 살아 보았으면 좋겠~군요 J'aurais bien aimé vivre dans une telle maison. ¶ 제가 잔디에 앉았~니 관리인이 일어나라고 하~군요 Lorsque je m'étais assis(*e*) sur la pelouse, le gardien m'a dit de me lever.

더구나[1] 부 de plus, qui plus est, plus encore, davantage, surtout, notamment, non seulement ... mais encore [aussi] ..., d'ailleurs; en sus; du reste, au reste, en outre, en plus, et pour couronner le tout, en outre, en [de] plus, bien plus, en outre, outre cela, en prime, de surcroît, par-dessus le marché; ((tomber)) de Charybde en Scylla; de mal en pis; un malheur ne vient jamais seul; coup sur coup; l'un après l'autre; 반어적으로 pour tout arranger, pour couronner le tout, brochant sur le tout, la cerise sur le gâteau; pour comble de malheur [d'infortune], par [de] surcroît, pis encore; c'est le [un] comble!, il ne manquait plus que cela [ça]!; il(elle, ils, elles) n'avai(*en*)t (vraiment) pas besoin de ça; et comme si ça ne suffisait pas, ...; c'est complet, c'est trop fort, c'est le bouquet {*fam*}, c'est le pompon {*fam*}, c'est la meilleure {*fam*}.

¶ 그 사람은 몸이 약해서 오래 여행을 하기 어렵다. ~ 그 사람은 지금 병까지 걸렸다 Comme il est frêle, il est difficile pour lui de voyager longtemps. Qui plus est, il est atteint d'une maladie maintenant. ¶ 오늘날 세계적으로 자살이 증가하는 추세에 있으며, ~ 십대의 자살은 폭발적으로 증가했다 Aujourd'hui, le suicide augmente sur le plan mondial. De plus, celui des jeunes de 11 à 20 ans a connu un accroissement exponentiel. ¶ 한밤중에 난데없는 비명 소리가, ~ 여인의 비명 소리가 들려왔다 En pleine nuit, j'ai soudain entendu des cris aigus [des hurlements], notamment ceux d'une femme. ¶ 비가 오는데 ~ 정전까지 되어 추운 밤을 보내야 했다 Il pleuvait. De plus, comme il y avait une panne d'électricité, j'ai dû passer une nuit glaciale.

-더구나²↔-더군 어미 ((suffixe flexionnel de terminaison phrastique exclamative ou déclarative, exprimant un rappel d'une action passée, vécue, vue ou connue. Il s'ajoute après le radical du verbe et de l'adjectif quelle que soit sa forme, et après les suffixes flexionnels préfinaux temporo-modaux -시/-으시, -았/-었, -겠. Employé entre les enfants et entre les amis intimes adultes, ou à l'adresse d'un interlocuteur inférieur, il exprime l'égalité ou l'infériorité. Tel quel, ce suffixe indique le présent)). ¶ 어제는 참 춥~ Hier, qu'est-ce qu'il faisait froid! / Hier j'ai trouvé qu'il faisait bien froid! ¶ 그 여자는 춤을 참 잘 추~ (D'après ce que j'ai vu) Elle dansait vraiment bien. ¶ 나는 네가 무척 보고 싶~ J'avais très envie de te voir. ¶ 나도 그런 차를 몰고 다녔으면 좋겠~ J'aurais bien aimé conduire une telle voiture. ¶ 그 사람 화가(이)~ (D'après ce que j'ai constaté) Il est peintre. ¶ 사장님이 널 찾~ Eh, le patron te cherche.

더군다나 부 ☞ 더구나¹

-더군요 어미 ((forme polie de 더군)).

-더냐 어미 ① d'après ce que tu as [vous avez] vu [connu]+질문, quelle a été ton impression sur *qc*? ((suffixe flexionnel de terminaison phrastique interrogative, exprimant un rappel d'une action passée, vécue, vue ou connue. Il s'ajoute après le radical du verbe et de l'adjectif quelle que soit sa forme, et après les suffixes flexionnels préfinaux temporo-modaux -시/-으시, -았/-었, -겠. Employé entre les enfants et entre les amis intimes adultes, ou à l'adresse d'un interlocuteur inférieur, il exprime l'égalité ou l'infériorité. Tel quel, ce suffixe indique le présent)). ¶ 그 모임에 사람이 많이 왔~? (D'après ce tu as vu) y avait-il beaucoup de monde à la réunion? ¶ 서울은 날씨가 어떻~? Quel temps faisait-il à Séoul? ② 비난 ((suffixe flexionnel indiquant un reproche)) ¶ 누가 나가라고 하~ Quelqu'un t'a dit de sortir? ¶ 그래 혼자 다 먹으니까 마음이 편하~? Tu as tout mangé seul(*e*), et tu es fier(*ère*) de toi!

-더니 어미 ① ((이유, 근거)) alors, à la suite de, par la suite, depuis, depuis lors ((suffixe flexionnel conjonctif de résultat d'une action qui a duré dans le passé. Il s'ajoute après le radical du verbe et de l'adjectif quelle que soit sa forme, et après les suffixes flexionnels préfinaux temporo-modaux -시/-으시, -았/-었)). ¶ 그 사람은 열심히 공부하~ 시험에 합격했다 Grâce à ses efforts constants et réguliers, il a réussi à l'examen. ¶ 몸이 좀 피곤해서 쉬고 났~ 가뿐하다 J'étais fatigué(*e*), mais je me sens mieux de m'être reposé(*e*) un peu. ¶ 날씨가 흐라~ 끝내 비가 내린다 Le ciel était couvert et au bout du compte il pleut. ② ((계기, 연속)) et ((suffixe flexionnel indiquant un motif)). ¶ 어제는 춥~ 오늘은 덥다 Hier il faisait froid, et aujourd'hui, il fait chaud. ¶ 그 사람은 자세를 고쳐 앉~ 내게 말하기 시작했다 Il se rassit comme il faut [convenablement], et commença à me parler. ¶ 시위대는 구호를 잠깐 외치~ 그냥 해산했다 Les manifestants ont scandé des slogans un instant, puis ils se sont dispersés. ¶ 그 사람은 며칠 전에 말없이 나가~ 그 뒤로 소식이 없다 Il est parti il y a quelques jours sans un mot, et depuis on est sans nouvelles [il n'a pas donné la moindre nouvelle]. ¶ 그가 나를 힐끗 쳐다보~ 그냥 가버렸다 Après m'avoir jeté(*e*) un regard rapide, il est parti comme ça. ③ ((대립)) mais. ¶ 그 사람은 예전에는 병약해 보이~ 요즈음에는 매우 건강해 보이더라 Dans le passé il paraissait fragile, mais ces jours-ci il a l'air d'être en très bonne santé. ¶ 그 사람은 어렸을 때 그렇게 똑똑하~ 지금은 어쩌다가 저렇게 됐지? Quand il était petit, il était très intelligent, mais comment peut-il en être arrivé là? ④ ((부가)) mais, et. ¶ 어제 밤 꿈이 좋~ 복권이 붙을 줄이야 Le rêve d'hier soir était bon. Mais je ne m'attendais vraiment pas à ce qu'il me porte chance pour le tirage au sort de la loterie! ¶ 그 친구에게 전화를 해 보았~ 집에 없더라 Je lui ai téléphoné, mais il n'était pas là. ¶ 꿈자리가 뒤숭숭하~ 돈을 잃어버렸다 J'ai eu des rêves mouvementés et voilà, j'ai perdu de l'argent. ⑤ ((회상, 여운)) mais ...((suffixe flexionnel introduisant un commentaire rétrospectif)). ¶ 일이 잘 된다 했~, ... J'ai pensé que l'affaire s'était bien passée, mais ... ¶ 왠지 꺼림칙하~, 결국은 ... J'avais un malheureux pressentiment et ... ¶ 왠지 예감이 안 좋다 싶~ je ne sais pourquoi, j'avais comme un mauvais pressentiment.

-더니만 어미 ☞ -더니

더더구나 부 ☞ 더구나

더더군다나 부 ☞ 더구나

더더욱 부 encore davantage, bien davantage, encore (bien) plus, plus encore, de plus, qui plus est. ¶ 앞으로 ~ 분발해야 한다 Dorénavant, il faudra redoubler d'efforts. ¶ 그 환자의 병세는 ~ 악화되었습니다 L'état de santé du patient s'est encore aggravé.

¶ 많이 아는 사람일수록 ~ 많은 것을 배우려 한다 Qui connaît beaucoup de choses, essaie d'apprendre encore plus.

◆_이 뷔 davantage, plus, encore davantage, bien davantage, encore (bien) plus, plus encore.

더덕 명【식물】*deodeok m* <racine comestible prisée> *Codonopsis lanceolata* {*nsc*}. ¶ ~을 캐다 récolter [arracher] des racines de *deodeok*. ¶ ~을 재배하다 cultiver du *deodeok*.

◆_구이 명 *deokeok gui m* <*deodeok* grillé>.

◆_나물 명 *deodeok namul m* <*deodeok* préparé avec diverses épices et des condiments>.

◆_주[술] -酒 명 liqueur *f* de *deodeok*.

◆산_ 山- 명【식물】*deodeok m* sauvage.

더덕더덕 뷔 en grappes; en amas, en groupe; en un rassemblement, en une agglomération; les uns au-dessus des autres en désordre ((idéophone évoquant l'aspect des choses accrochées en grappe)). ¶ 게시판에 각종 포스터들이 ~ 붙어 있다 Toutes sortes de posters sont affichés en désordre sur le panneau d'affichage. ¶ 그의 외투는 옷이라기 보다는 ~ 헝겊 조각들을 기워놓은 것 같았다 Son manteau avait l'air d'un assemblage de morceaux de tissus plutôt que d'un vêtement.

더듬거리다 재타 ① ((손으로)) tâtonner, chercher à tâtons; aller [marcher, avancer] à tâtons. ¶ 어두운 밤길을 더듬거리며 나아가다 avancer à tâtons dans l'obscurité. ¶ 벽을 더듬거리며 일어서다 se lever en se guidant avec le mur (à tâtons). ② ((말을)) bégayer, bafouiller, balbutier, bredouiller, chercher *ses* mots; 읽다 ânonner ((un passage)). ¶ 책을 더듬거리며 읽다 lire un livre en ânonnant; ânonner ((un passage)). ¶ (말을) 더듬거리지 말고 차근차근 얘기해 봐 Ne bégaye [bafouille] pas, parle posément.

더듬다 타 ① ((손으로)) tâtonner, chercher à tâtons; aller [marcher, avancer] à tâtons. ¶ 스위치를 찾아 벽을 더듬다 tâtonner le long du mur à la recherche de l'interrupteur; chercher à tâtons sur le mur l'interrupteur. ¶ 그 여자는 두 손으로 내 얼굴을 더듬었다 Cette femme a touché mon visage de ses deux mains. ¶ 시각 장애인이 지팡이로 더듬으며 길을 간다 Un non-voyant marche dans la rue en tapotant le sol avec sa canne. ② 되새기다 fouiller [chercher] dans *sa* mémoire [ses souvenirs]; se retracer, se remémorer ((un événement, le passé)); essayer [tâcher] de se rappeler [se remémorer, se souvenir de, chercher à retrouver] ((un événement)). ¶ 기억을 ~ fouiller [chercher] dans *ses* souvenirs [*sa* mémoire]; tâcher [essayer] de se rappeler [se souvenir de, se remémorer] ((un événement)). ¶ 아득한 옛 일[옛 사랑의 추억]을 ~ essayer de se souvenir d'une histoire [un événement] lointain(*e*) [chercher le souvenir d'un amour passé]. ③ ((말을)) bégayer, balbutier, bafouiller, bredouiller, chercher *ses* mots; 읽다 ânonner ((un passage)).

¶ 그 사람은 긴장하면 말을 더듬는다 Quand il est tendu, il bafouille [bredouille, cherche ses mots] / La tension [L'anxiété] le fait bafouiller.

더듬더듬 뷔 ① ((손으로)) à tâtons, au toucher, avec tâtonnements. ¶ 그 사람은 어둠 속에서 ~ 뭔가를 찾고 있다 Dans le noir, il est en train de chercher quelque chose à tâtons. ② ((말을)) en bégayant, en bredouillant, en bafouillant, en balbutiant, en hésitant, avec des difficultés. ¶ 말을 ~ 이어 가다 continuer de parler en hésitant, chercher *ses* mots, bredouiller, bégayer, bafouiller, balbutier. ¶ 책을 ~ 읽다 lire en hésitant [avec des difficultés], lire un livre en ânonnant, ânonner ((un passage)).

◆_거리다 재타 ① ((손으로)) faire des tâtonnements; tâtonner, chercher à tâtons; aller [marcher, avancer] à tâtons. ② ((말을)) bégayer, bafouiller, balbutier, bredouiller, chercher *ses* mots, s'embrouiller ((dans *ses* explications)); ((읽다)) ânonner ((un passage)). ¶ ~거리며 무엇인가를 찾는 사람 une personne qui cherche quelque chose à tâtons.

더듬이[1] 명 bègue *mf*. ☞ 말더듬이

더듬이[2] 명【생물】antenne *f* ((d'insecte)); ((달팽이)) corne *f*.

더디 뷔 lentement, en retard; lentement, avec lenteur. ¶ 밤이 ~ 샌다 La nuit ne passe pas vite ((à cause d'un souci qui empêche de dormir)). ¶ 이 시계는 10분이나 ~ 간다 Cette montre est en retard de 10 minutes / Cette montre retarde de 10 minutes. ¶ 그 날이 왜 이리 ~ 오는지 Pourquoi le temps passe-t-il si lentement avant ce jour tant attendu? ¶ 그 사람이 일처리를 ~ 하는 바람에 계약을 놓치고 말았다 J'ai manqué un contrat parce qu'il a traité le dossier trop lentement.

더디다 형 être lent(*e*). ¶ 동작이 그렇게 더디니 무슨 일인들 제 시간에 하겠니? Si tu es toujours aussi lent [Si tu travailles à ce rythme [Si tu continues à ce rythme [à ce train], Au rythme [Au train] où tu avances, À ce rythme, À ce train], comment pourras-tu faire quelque chose dans les temps? [tu n'arriveras jamais à finir quoi que ce soit dans les temps] / Au train où tu avances, je me demande comment tu pourras finir dans les temps voulus [j'imagine mal comment tu pourras terminer quoi que ce soit dans les délais]. ¶ 젊은 사람이 걸음이 그렇게 더뎌서야 되겠니? Comment un jeune (homme) comme toi peut-il marcher aussi lentement? ¶ 일의 진척이 너무 ~ Les travaux avancent trop lentement / Le rythme des travaux est trop lent. ¶ 네 시계는 항상 5분이 ~ Ta montre retarde toujours de 5 minutes. ¶ 그 아이는 말을 너무 더디게 한다 Il parle trop lentement. ¶ 발육이 더딘 아이 un enfant qui est en retard pour *son* âge.

-더라 어미 ① ((회상)) d'après ce que j'ai vu [senti, remarqué, constaté], j'ai trouvé que+*ind* ((suffixe

ㄷ

flexionnel de terminaison phrastique déclarative, exprimant un rappel d'une action passée, vécue, vue ou connue. Il s'ajoute après le radical du verbe et de l'adjectif quelle que soit sa forme, et après les suffixes flexionnels préfinaux temporo-modaux -시/-으시, -았/-었, -겠. Employé entre les enfants et entre les amis intimes adultes, ou à l'adresse d'un interlocuteur inférieur, il exprime l'égalité ou l'infériorité. Tel quel, ce suffixe indique le présent)). ¶ 그 사람은 마음씨가 참 곱~ Quel cœur en or il a! / J'ai trouvé qu'il avait vraiment un cœur en or. ¶ 아까 보니까 그 사람은 저쪽으로 가~ J'ai bien cru voir tout à l'heure qu'il allait vers là-bas. ¶ 가보니까 정말 큰 도시(이)~ J'ai trouvé cette ville vraiment très grande / Cette ville m'a donné l'impression d'une très grande ville. ¶ 그 사람 노래 참 잘하~ Il chantait vraiment bien (dis donc). ¶ 한국에서도 그렇다~ C'était la même chose en Corée aussi. ② ((감탄, 감상)) j'ai trouvé que+*ind*, j'ai eu l'impression que ((suffixe flexionnel introduisant un commentaire subjectif affectif)). ¶ 나는 테크노 음악은 싫~ Je n'ai pas trouvé la musique techno à mon goût. ¶ 난 괜히 걔가 싫~ Je (ne) sais pas pourquoi, mais je (ne) l'aime pas du tout. ③ ((자문)) c'était ((où, quand)) déjà? (je ne me souviens plus très bien, cela m'échappe) ((suffixe flexionnel introduisant une question à soi-même)) ¶ 그 사람 이름이 뭐~? C'était quoi, déjà, son nom? / Comment est-ce qu'il s'appelle, (déjà)? ¶ 저 사람을 어디서 봤~? Je l'ai vu quelque part, mais où (je ne me souviens pas bien) [mais où déjà]? ¶ 그러니까 그게 언제~? Eh bien alors, c'était quand déjà (je ne me souviens plus très bien)?

-더라고 어미 ((suffixe flexionnel de terminaison phrastique déclarative, exprimant un rappel d'une action passée, vécue, vue ou connue. Il s'ajoute après le radical du verbe et de l'adjectif quelle que soit sa forme, et après les suffixes flexionnels préfinaux temporo-modaux -시/-으시, -았/-었, -겠. Employé entre les enfants et entre les amis intimes adultes, ou à l'adresse d'un interlocuteur inférieur, il exprime l'égalité ou l'infériorité. Tel quel, ce suffixe indique le présent)). ¶ 그는 꼭 필요한 순간이면 사라지~ Lui, il disparaît toujours quand on a besoin de lui.

-더라구 어미 ☞ -더라고

-더라니 어미 d'après ce que j'ai vu [senti, remarqué, constaté], j'ai trouvé que+*ind* ((suffixe flexionnel de terminaison phrastique exclamative, sur un ton de reproche, exprimant un rappel d'une action passée, vécue, vue ou connue. Il s'ajoute après le radical du verbe et de l'adjectif quelle que soit sa forme, et après les suffixes flexionnels préfinaux temporo-modaux -시/-으시, -았/-었, -겠. Employé entre les enfants et entre les amis intimes adultes, ou à l'adresse d'un interlocuteur inférieur, il exprime l'égalité ou l'infériorité. Tel quel, ce suffixe indique le présent)). ¶ 글쎄 밥을 너무 많이 먹~. 배탈 날 줄 알았어 J'ai trouvé qu'il avait beaucoup trop mangé. Je m'attendais à ce qu'il ait des crampes [des douleurs] abdominales [C'était prévisible qu'il allait avoir mal au ventre]. ¶ 어쩐지 전화를 하고 싶~ J'avais le pressentiment que je devais l'appeler.

-더라니까 어미 d'après ce que j'ai vu [senti, remarqué], je trouvais que, j'avais l'impression que ((suffixe flexionnel de terminaison phrastique déclarative, sur un ton insistant, exprimant un rappel d'une action passée, vécue, vue ou connue. Il s'ajoute après le radical du verbe et de l'adjectif quelle que soit sa forme, et après les suffixes flexionnels préfinaux temporo-modaux -시/-으시, -았/-었, -겠. Employé entre les enfants et entre les amis intimes adultes, ou à l'adresse d'un interlocuteur inférieur, il exprime l'égalité ou l'infériorité. Tel quel, ce suffixe indique le présent)). ¶ 글쎄 그 차가 마구 속도를 내~ Je savais bien qu'il roulait bien (trop) vite! ¶ 어머니를 잃은 그 친구의 얼굴이 안됐~ C'est vrai qu'il avait une bien triste mine, cet ami qui venait de perdre sa mère!

-더라도 어미 ① quoi que+*subj*, quel que+*subj*, bien que+*subj*, qui que soit ..., malgré+N, même si, même pour ((suffixe flexionnel conjonctif de concession. Il s'ajoute après le radical du verbe et de l'adjectif quelle que soit sa forme, et après les suffixes flexionnels préfinaux temporo-modaux -시/-으시, -았/-었)). ¶ 어디를 가~ 몸조심해라 Où que tu ailles, il faut faire attention à ta santé [il faut prendre soin de toi]. ¶ 무슨 일이 있~ 꼭 살아 남아야 한다 Quoi qu'il t'arrive, tu dois rester en vie. ¶ 비록 그것이 사실이라 하~ Même si c'est la vérité, ... ¶ 화가 나~ 참아야 한다 Même si ça te met en colère, il faut le supporter. ¶ 아무리 어려운 일이 있~ 낙심[좌절]해서는 안 된다 Quelles que soient les difficultés [Quoi qu'il t'arrive], il ne faut pas te décourager [il ne faut pas se laisser décourager]. ¶ 누가 하~ 이 일은 쉽지가 않다 Qui que soit la personne qui doit s'occuper de cette affaire, elle n'aura pas la tâche facile. ¶ 어떤 일이 있~ 내일까지 끝내겠습니다 Quoi qu'il arrive, je terminerai ce travail (d'ici) demain [j'aurai terminé ce travail d'ici demain]. ② 단순가정 même lorsque, même si ((suffixe flexionnel introduisant une condition hypothétique)). ¶ 외국에 가~ 조국을 잊지 말아라 Même si tu pars à l'étranger, n'oublie pas ta patrie. ¶ 어른이 돼~ 이 말은 잊지 마라 Même lorsque tu deviendras un adulte, il ne faudra pas oublier cette parole. ③ 예를 들어 même ((suffixe flexionnel introduisant une condition, un exemple)). ¶ 나만 하~ 그럴 생각이 없다 Déja moi, je n'ai pas envie de le faire. ¶ 나만 하~ 그렇게는

생각 안 한다 Même moi, je ne pense pas comme cela. ¶ 우리 선생님만 하~, 이미 그 문제를 알고 계십니다 Même mon professeur est déjà au courant de ce problème.

-더라면 어미 ((suffixe flexionnel introduisant une hypothèse. Il s'ajoute après le radical du verbe et de l'adjectif quelle que soit sa forme, et après les suffixes flexionnels préfinaux temporo-modaux -시/-으시, -았/-었)). ¶ 그때 그걸 했~ Si (seulement) je l'avais fait à l'époque ...

-더래 어미 ((suffixe flexionnel de terminaison phrastique déclarative de citation, exprimant un rappel d'une action passée, vécue, vue ou connue. Il s'ajoute après le radical du verbe et de l'adjectif quelle que soit sa forme, et après les suffixes flexionnels préfinaux temporo-modaux -시/-으시, -았/-었, -겠. Employé entre les enfants et entre les amis intimes adultes, ou à l'adresse d'un interlocuteur inférieur, il exprime l'égalité ou l'infériorité. Tel quel, ce suffixe indique le présent)). ¶ 그가 집에 숨어 있~ On dit qu'il se cachait chez lui.

더러[1] 부 얼마쯤 un peu, quelque peu; 이따금 quelquefois, quelques fois, parfois, à certains moments, les uns ...les autres, de temps en temps, de temps à autre, dans [en] certains cas, en certaines circonstances. ¶ ~는 그 친구를 못마땅하게 여겼다 Je n'étais pas très content(*e*) de lui quelques fois / Il m'arrivait parfois de ne pas être content(*e*) de lui / Je n'était pas toujours content(*e*) de lui / Il y avait des jours où je n'étais pas content(*e*) de lui. ¶ 태풍이 지나고 난 후 정원의 나무들이 ~는 뿌리가 뽑혀 쓰러졌고, ~는 꿋꿋이 서 있었다 Après la tempête, quelques arbres du jardin sont tombés déracinés, les autres sont restés solidement debout. ¶ 아이들이 ~ 좋아서 뛰어가는 모습이 보였다 On voyait quelques enfants courir de joie. ¶ 그런 사람도 ~ 있기는 하다 Il y a quelques personnes comme cela (mais il y en a peu). ¶ 빈자리가 ~ 있었지만 앉는 사람들은 없었다 Il y avait quelques places libres, mais personne ne s'est assise. ¶ ~는 네 장래 일도 생각해야 되지 않느냐 Tu devrais tout de même penser un peu à ton avenir. ¶ ~ 틀렸어도 넌 합격할 거야 Tu as fait quelques fautes, mais tu seras reçu(*e*). ¶ 그의 아버지는 ~ 보았지만 어머니는 한 번도 뵌 적이 없다 J'ai vu quelques fois son père, mais jamais sa mère. ¶ 그는 ~ 나에게 편지를 보내오곤 했다 Il m'envoyait une lettre de temps en temps. ¶ ~ 소식을 전해 주세요 Donnez-moi de temps en temps de vos nouvelles. ¶ 그는 ~는 걸어서 ~는 차를 타고 온다 Il vient tantôt à pied, tantôt en voiture. ¶ 전에는 ~ 그 곳에 가본 적이 있다 Autrefois, j'y allais de temps à autre.

더러[2] 조 【구어】 ((particule dative)) à, envers, à l'égard de, à l'adresse de ((*qn*)). ¶ 그는 나~ 친구가 되어 달라고 한다 Il me demande de devenir son ami(*e*). ¶ 나~ 그 일을 맡으라고? Tu dis que c'est à moi qu'on confie ce travail? ¶ 너~ 그러는 게 아냐 Ça ne te concerne pas / Ce n'est pas pour toi que je l'ai dit / Ce n'est pas à toi que je m'adresse [que je parle, que je cause {*fam*}].

더러움 명 crasse *f*, souillure *f*, impureté *f*, saleté *f*, tache *f*. ¶ 이 옷은 빨리 ~을 탄다 Ce vêtement est très salissant / Ce vêtement se salit très vite[facilement].

더럭 부 soudain, tout d'un coup, soudainement. ¶ ~ 겁이 나다 avoir peur soudain. ¶ ~ 화를 내다 se mettre en colère [s'emporter, se vexer] soudainement.

더럽다 형 ① 불결 être sale, malpropre, souillé(*e*), sordide. ¶ 청소를 안 해서 집안이 ~ La maison est sale parce qu'on ne la nettoie pas. ¶ 이 개천의 물은 ~ L'eau de ce ruisseau est sale. ¶ 흙장난을 해서 더러워진 손을 씻는다 Je me lave les mains que j'ai salies en jouant avec de la terre. ¶ 더러운 손 mains sales. ¶ 더러운 컵 un verre sale. ¶ 빨지 않아 더러운 옷 un vêtement sale [souillé], non lavé. ② 추악 être grossi*er*(*ère*), bas(*se*), vulgaire, vil(*e*), dégoûtant(*e*); être désagréable à voir; ((figure, fille)) être laid(*e*); ((visage)) être hideu*x*(*se*); ((action)) être ignoble; ((rôle)) être odieu*x*(*se*); 비겁하다 être lâche. ¶ 더럽고 치사해서 못해먹겠다 Je ne vivrai pas de ce travail honteux et dégoûtant. ¶ 그는 노름을 해도 더럽게 한다 Non seulement il joue, mais il triche au jeu. ¶ 더러운 행위 une conduite grossière, une action vile. ¶ 더러운 언사 une parole grossière [malpolie], des propos [mots] grossiers, des gros mots. ¶ 더러운 심보 une nature basse, un caractère bas. ¶ 더러운 사내 un homme vil. ¶ 그런 더러운 돈은 받을 수 없다 Je ne peux pas recevoir cet argent sale. ¶ 그는 더러운 수를 써서 나를 골탕 먹였다 Il m'a joué un sale tour. ¶ 더러운 정치판에서 빠져나오고 싶다 Je veux sortir [m'échapper] de ce milieu [de ce monde] politique dégoûtant [odieux]. ¶ 더러운 배신자 같으니! Espèce de sale traître! ¶ 더러운 수작 집어치워라 Pas de mesquineries! ¶ 그런 더러운 사람들과는 함께 일하고 싶지 않다 Je ne veux pas travailler avec des types dégoûtants [des gens grossiers] pareils. ¶ 그 녀석은 더러운 수를 써서 나를 궁지에 빠뜨렸다 Ce type m'a mis(*e*) dans une situation difficile par des moyens malhonnêtes. ¶ 그는 입에 차마 담지 못할 더러운 소리를 해댔다 Il a dit des choses tellement vulgaires qu'on n'aurait même pas dû le laisser les prononcer.

◆**더럽게** 부 【속어】 bigrement {*fam*}, vachement {*fam*}, drôlement {*fam*}, bougrement {*fam*}, foutrement {*fam*}, sacrément {*fam*}, diablement. ¶ 일이 참 더럽게 꼬여간다 La situation [l'affaire] se complique terriblement [horriblement, affreusement]. ¶ 그 자와 한 팀이 되다니 이번에는 아주 더럽게 걸렸군 Quel malheur de faire équipe

avec ce type! / C(e n)'est vraiment pas de veine de faire équipe avec un type pareil {fam}! ¶ 그 녀석 더럽게 치사하군 C'est un infâme saligaud. ¶ 날씨 참 더럽게 덥네 Il fait bigrement chaud! {fam} / Quelle fournaise! / Quelle horrible chaleur! / On crève de chaud ici {fam}!

더럽히다 타 ① salir, tacher ((un vêtement, *ses* habits)); souiller ((de boue, de sang)); dégueulasser {fam} ((*ses* vêtements)). ¶ 옷을 더럽히지 말아라 Ne salis [tache] pas tes vêtements / Tâche de ne pas salir [dégueulasser {fam}] tes vêtements. ¶ 바닥을 온통 진흙으로 ~ souiller le sol de boue. ② ((명예 따위를)) porter atteinte à ((l'honneur de *qn*)); déshonorer *qn*; tacher ((le nom de *qn*)); souiller, ternir ((le nom, l'honneur, la réputation, la mémoire de *qn*)); salir ((la réputation de *qn*)); entacher ((l'honneur de *qn*)), faire perdre sa dignité [son honneur] à *qn*; avilir *qn*, dégrader *qn*; salir [souiller, ternir, entacher, compromettre, nuire à] ((la réputation de *qn*)); blesser ((l'amour-propre de *qn*)); faire honte à *qn*, couvrir *qn* de honte; 모독하다 profaner ((un lieu saint)); ((여자를)) déshonorer, outrager, faire outrage à, violer, violenter ((une femme, une jeune fille)); 보기 흉하게 하다 enlaidir, défigurer, déparer; rendre [faire paraître] laid(*e*). ¶ 가문의 명예[조상의 이름]를 ~ souiller l'honneur de la famille [le nom des ancêtres]; entacher l'honneur de *sa* famille; déshonorer *sa* famille [le nom de *sa* famille]; faire la honte [être l'opprobre] de *sa* famille.

***몸을** ~ se déshonorer; se faire violer, être violé(*e*) [déshonoré(*e*), violenté(*e*), outragé(*e*)]; déshonorer [outrager, faire outrage à, violer, violenter] ((une jeune fille, une femme)); ((une femme)) faire l'amour avec un homme qui ne lui convient pas.

더미 명 pile *f* ((de fagots, de livres)); tas *m* de ((d'herbe sèche)); amas *m*, monceau(*x*) *m* ((de décombres)); amoncellement *m*. ¶ 쓰레기 ~ un tas [amas] d'ordures. ¶ 볏짚 ~ une meule de pailles de riz. ¶ 짐~ un amas de bagages. ¶ 흙~ un tas de terre. ¶ 빚~ 위에 올라앉다 avoir des dettes par-dessus la tête, être criblé(*e*) de dettes. ¶ 산~ 같은 파도가 배를 덮쳤다 Une vague haute comme une montagne engloutit [submergea] le bateau. ¶ 당신에게 하고 싶은 말이 산~ 같습니다 J'ai des tas de choses à vous dire. ¶ 할 일이 산~처럼 쌓여 있다 J'ai une montagne de travail / J'ai des tas [des tonnes, une tonne] de choses à faire / Je croule sous le travail {fam} / Je suis débordé(*e*) de travail / J'ai un travail fou {fam} [un travail monstre {fam}]. ¶ ~를 이루다 s'entasser, s'amonceler, s'accumuler. ¶ 창고에 헌옷이 ~를 이룬 채 쌓여 있다 Un tas de vêtements usés s'est accumulé [entassé] dans l'entrepôt. ¶ 부두에 ~로 쌓인 화물 des marchandises entassées sur le quai.

더벅머리 명 cheveux *mpl* mal peignés, cheveux *mpl* en bataille, cheveux *m* ébouriffés [hirsutes], chevelure *f* fournie [épaisse] et en désordre, épaisse toison *f*, tignasse *f* {fam} hirsute, chevelure *f* ébouriffée.

◆_**총각** 總角 명 jeune homme *m* aux cheveux mal peignés [avec des cheveux en bataille]; jeune homme *m* peu élégant.

더부룩하다 형 ① ((수염이)) être touffu(*e*), dru(*e*), fourni(*e*), luxuriant(*e*). ¶ 머리가 자라 ~ J'ai les cheveux longs et touffus / J'ai les cheveux hirsutes (tellement ils ont poussé) / J'ai une sacré tignasse {fam} [une épaisse toison {fam}]. ¶ 수염을 더부룩하게 기르다 laisser pousser une barbe touffue [broussailleuse]. ¶ 더부룩하게 자란 수염과 머리를 깎다 se faire couper [tailler] la barbe et les cheveux hirsutes coupés depuis longtemps. ¶ 산소에는 잡초들이 더부룩하게 자라 있었다 Les mauvaises herbes avaient poussé dru sur la tombe. ¶ 더부룩한 구레나룻[머리] des favoris touffus et en désordre [des cheveux longs et touffus, des cheveux touffus et en désordre [en bataille], une tête hirsute, des cheveux en bataille [hirsutes], une chevelure fournie [épaisse] et en désordre, une épaisse toison, une tignasse {fam} hirsute, une chevelure ébouriffée]. ② 소화가 안 되다 être pris(*e*) d'un malaise à l'estomac, avoir une barre sur l'estomac; avoir le ventre ballonné, se sentir ballonné(*e*). ¶ 어젯밤에 술을 많이 마셔서 속이 ~ Je me sens mal [Je me sens patraque, Je me sens ballonné] parce que j'ai bu trop d'alcool hier soir / J'ai tellement bu hier soir que je suis tout patraque. ¶ 위장이 안 좋아 이따금 배가 더부룩하고 불편했다 Il m'est arrivé de mal digérer à cause de mon estomac fragile.

더부살이 명 (état *m* d'une) personne *f* qui vit aux dépens [aux crochets] de *qn* [qui se fait entretenir]. ◇_**(를) 하다** être à la charge de *qn*, vivre aux dépens [aux crochets, à la charge] de *qn*, se faire entretenir. ¶ ~하는 주제에 무슨 말이 그렇게 많아? Tu vis à notre charge [à nos dépens], (je crois que) tu es mal placé(*e*) pour parler de ça [pour aborder ce sujet] / Tu es mal placé(*e*) pour aborder ce sujet [pour parler de ça] dans la mesure où tu te fais entretenir [où tu vis à nos crochets]. ¶ 그는 양친이 돌아가셔서 큰댁에서 ~를 하게 되었다 Après la mort de ses parents, il a été à la charge de son oncle.

더불어 부 ① 함께 avec ((*son* enfant)), en compagnie de *qn*, accompagné(*e*) de *qn*. ¶ 자연과 ~ 살다 vivre avec la nature. ¶ ~ 사는 사회 société où l'on vit avec les autres (en harmonie). ¶ 친구들과 ~ 여행을 떠나다 partir en voyage en compagnie de *ses* ami(*e*)s. ② 동시에 en même temps que, dans le même temps que, accompagné(*e*) de *qc*/*qn*. ¶ 올 여름엔 홍수와 ~ 전염병이 그 지역을 휩쓸었다 Cet été, une inondation accompagnée d'une épidémie a ravagé cette région. ¶ 물가 상승과 ~ 실업률의 증가가 우려된다 On craint une hausse des prix accompagnée d'une augmentation du taux de chômage.

더블 영{double} 명 ① double, deux fois. ¶ ~ 스코어 double score. ¶ ~ 베드 un grand lit, un lit à deux places, un lit deux places, un lit pour deux personnes, un lit double. ② ((양주나 칵테일)) un double *m* ((whisky)). ¶ 그는 위스키를 ~로 마셨다 Il a bu un double whisky.

더빙 영{dubbing} 명 doublage *m*. ¶ ~ 녹음 enregistrement pour le doublage ◇_(을) **하다[시키다]** doubler, faire le doublage de *qc*. ¶ 영화를 ~을 하다 faire le doublage du film. ◇_(이) **되다** être doublé(*e*).

더없다 형 ((adjectif défectif)). ◇**더없는** sans égal(*ale*, *aux*), sans pareil(*le*), exceptionnel(*le*), inespéré(*e*), inestimable, incomparable, sans commune mesure, immense, ((occasion)) unique ((en *son* genre)); qui ne reviendra jamais, irremplaçable. ¶ 이렇게 만나뵙게 되다니 저로서는 더없는 영광[기쁨]입니다 C'est pour moi un immense honneur [une immense joie] de vous rencontrer.

◆**더없이** 부 très, on ne peut plus; sans commune mesure. ¶ 이 일은 내 실력을 보이기에 더없이 좋은 기회이다 C'est l'occasion rêvée pour [C'est le moment ou jamais de] montrer ce que je sais faire. ¶ 네가 시험에 합격했다니 더없이 기쁘구나 Je suis fou(*folle*) de joie que tu aies réussi (à) ton examen.

더우기 부 ((‘더욱이’의 잘못)) ☞ 더욱이

더욱 부 davantage, de plus, plus, (bien) davantage, encore (bien) plus, plus encore, plus+Adv. ¶ ~ 붉어져가는 노을 빛 les lueurs crépusculaires qui rougeoient davantage. ¶ ~ 세차게 내리는 비 la pluie qui redouble de force. ¶ 사태는 어제보다 ~ 악화되었다 La situation s'est aggravée par rapport à hier. ¶ 밤이 어두울수록 별은 ~ 빛난다 Plus la nuit est sombre, plus les étoiles sont brillantes. ¶ 가을이 되니 고향이 ~ 그립다 À l'arrivée de l'automne, mon pays natal me manque davantage.

더욱이 부 qui plus est, en outre, en plus, et pour couronner le tout, en outre, en [de] plus, bien plus, en outre, outre cela, en prime, de surcroît, par-dessus le marché; ((tomber)) de Charybde en Scylla; de mal en pis; un malheur ne vient jamais seul; coup sur coup; l'un après l'autre; ((반어적으로)) pour tout arranger, pour couronner le tout, brochant sur le tout, la cerise sur le gâteau; pour comble de malheur [d'infortune], par [de] surcroît, pis encore; c'est le [un] comble!, il ne manquait plus que cela [ça]!; il(elle, ils, elles) n'avai(*en*)t (vraiment) pas besoin de ça; et comme si ça ne suffisait pas; c'est complet, c'est trop fort, c'est le bouquet {*fam*}, c'est le pompon {*fam*}, c'est la meilleure {*fam*}. ¶ 그 사람은 몸도 안 좋은데다가 ~ 직장까지 잃어 몹시 어려운 형편이다 Il n'est pas en bonne santé; qui plus est [et pour couronner le tout, et pour comble de malheur], il a perdu son emploi, il se trouve donc dans une situation très difficile. ¶ 이 집은 문이 하나밖에 없는 데다 ~ 좁기까지 하다 Cette maison n'a qu'une seule porte qui, en plus, est étroite. ¶ 그렇지 않아도 몸이 안 좋은 네가 여행을 간다는 것은 ~ 말도 안 되는 얘기다 Tu n'es pas en bonne santé, et en plus de cela, tu comptes partir en voyage; c'est insensé. ¶ 내친 김에 ~ 싫은 소리를 한 마디 더 하겠다 Puisque j'ai commencé, je voudrais ajouter quelque chose qui va te déplaire encore davantage.

더웁다 형 ☞ 덥다

더위 명 ① chaleur *f*; chaud *m*. ¶ 찌는 듯한 ~ une étuve, une vraie fournaise, une chaleur tropicale, une chaleur lourde et humide. ¶ 늦~ les dernières chaleurs, chaleur tardive. ¶ ~를 피하다 fuir la chaleur. ¶ 나무 그늘에서 ~를 식히다 se rafraîchir à l'ombre d'un arbre. ¶ ~를 참다[견디다] bien supporter la chaleur, ne pas craindre la chaleur. ¶ ~를 이겨내다 surmonter la chaleur. ¶ ~에 약하다 mal supporter la chaleur, être sensible à la chaleur, craindre la chaleur. ¶ ~가 기승을 부리고 있다 La chaleur est à son comble / Il fait un soleil de plomb [une chaleur torride, une chaleur caniculaire]. ¶ ~가 한 풀 꺾였다 Les grandes [fortes] chaleurs sont passées / La canicule est passée / Il fait un peu moins chaud maintenant. ¶ 이제야 ~가 물러가나 보다 On dirait enfin que la chaleur s'en va. ② 날씨가 더워서 생기는 병 insolation *f*. ¶ ~(를) 먹다 attraper une insolation; avoir un coup de chaleur. ¶ ~(를) 타다 souffrir de la chaleur, être sensible à la chaleur, craindre la chaleur.

더이상 -以上 명 plus. ¶ ~의 대화는 무의미했다 Il était inutile de continuer l'entretien.
부 ① 더 많이 plus. ¶ 나는 눈물이 ~ 나오지 않았다 Je n'avais plus de larmes. ② 앞으로 plus. ¶ 우리는 이제 ~ 만날 수 없다 Nous ne pouvons plus nous rencontrer.

더치다 자 ((병이)) s'aggraver, empirer, être encore plus malade; faire [avoir] une rechute, rechuter. ¶ 감기가 들었는데 외출을 했다가 내 병이 더쳤다 Je suis sorti(*e*) alors que j'étais enrhumé(*e*), et me voilà encore plus malade [grippé(*e*)] qu'avant.
타 ((병을)) aggraver ((une maladie)). ¶ 병을 더치지 않도록 조심해라 Tâche de ne pas aggraver ta maladie.

더하기 명 addition *f*. ¶ ~와 빼기 addition et soustraction ¶ 5 ~ 3은 8이다 Cinq et trois font huit. ◇_(를) **하다** additionner, faire la somme de *qc*, totaliser *qc*. ¶ 2와 4를 ~를 했다 J'ai additionné deux et quatre.

더하다[1] 타 ① 보태어 늘리다 ajouter ((A et B, A à B)), additionner ((A et B, A à B)). ¶ 3에 4를 더하면 7이다 Si l'on additionne quatre à [et] trois, cela fait sept / Trois plus quatre font sept. ② 심해지다 accroître ((*ses* forces)), ((속력을)) prendre ((de la vitesse)), gagner en force [en violence]; progresser, augmenter, s'accroître, devenir plus intense, redoubler ((d'ardeur)), se multiplier, faire *qc* de plus en plus; mettre en valeur, relever; 심해지다 s'aggraver, empirer, se détériorer; prendre une mauvaise tournure. ¶ 갈수록 푸르름을 더하는 산이야 Cette montagne devient de plus en plus verte chaque jour. ¶ 응원이 경기에 열기를 더했다 Les encouragements ont ajouté de l'ardeur au match [ont animé le match]. ③ ajouter ((l'intérêt au capital)); joindre *qc* à *qc*. ¶ 그 사람은 타고난 재주에 노력을 더하여 훌륭한 시인이 되었다 Il a joint ses efforts à un talent inné pour devenir un poète remarquable.

더하다² 재 s'aggraver, empirer, se détériorer, prendre une mauvaise tournure; progresser, augmenter, s'accroître, devenir plus intense, redoubler ((d'ardeur)); gagner en force [en violence]. ¶ 그 환자의 병세는 날로 더해 간다 La maladie du patient s'aggrave de jour en jour.

더하다³ 형 être supérieur(*e*) ((en quantité, en qualité)); être plus nombreu*x*(*se*); être plus abondant(*e*); être plus riche; être plus+Adj. ¶ 독하기는 그것보다 이 술이 ~ Cet alcool-ci est plus fort que celui-là. ¶ 추위는 작년보다 올해가 ~ Il fait plus froid cette année que l'année dernière / Le froid est plus rude cette année que l'année dernière. ¶ 나는 더할 수 없는 괴로움을 겪었다 J'ai éprouvé une très grande douleur. ¶ 이보다 더한 어려움은 없을 것이다 Il n'y aura rien de plus difficile que ça. ¶ 나는 그보다 더한 일도 겪었다. 내가 당한 것에 비하면 이건 약과다 Par rapport à ce que j'ai subi [à ce qui m'est arrivé], ce n'est rien (du tout) / Ce n'est rien à côté de ce qui m'est arrivé / (Tu peux t'estimer heureux(*se*).) Tes ennuis ne sont pas graves à côté [en comparaison] des miens. ***더할 나위 없다** être sans défauts, parfait(*e*), irréprochable, impeccable, idé*al*(*ale*, *aux*), être on ne peut mieux, être on ne peut plus+*adj*; c'est l'idéal, on ne peut pas rêver mieux, c'est le nec plus ultra {*fam*}. ¶ 보수까지 좋다니 더할 나위 없습니다 Puisque même le salaire est élevé, c'est parfait [il n'y a rien de mieux à attendre, on ne peut pas rêver mieux, la situation est idéale]! ¶ 날씨가 더할 나위 없이 좋다 Il fait on ne peut plus beau / Il fait un temps superbe. ¶ 이 작품은 더할 나위 없이 훌륭하다 Il n'y a rien à reprocher à cet ouvrage. ¶ 작업 환경은 더할 나위 없이 좋다 Les conditions de travail sont parfaites! / Les conditions de travail sont on ne peut mieux.

더한층 -層 부 plus, davantage. ¶ 그는~ 열심히 공부를 한다 Il travaille plus dur. ¶ 그녀는~ 아름다워졌다 Elle s'est embellie [est encore plus belle].

덕 德 명 ① vertu *f*; moralité *f*; honnêteté *f*. ¶ 많은 ~을 두루 갖추다 avoir toutes les vertus. ¶ ~을 쌓다 [닦다, 함양하다] faire l'apprentissage de la vertu [cultiver la vertu]. ¶ ~이 높으신 분 une personne de grande vertu. ② 은혜, 덕택 faveur *f*; grâce *f*; bienfait *m*. ¶ ~을 베풀다 accorder des faveurs. ¶ 선생님 ~에 제가 이렇게 성공했습니다 C'est grâce à vous [à votre aide] que j'ai réussi comme ça. ¶ 그 친구 ~에 일이 다 잘 되었다 Tout va bien grâce à lui. ¶ 그(런) ~에 이번 일을 잘 해결할 수 있었다 C'est grâce à son aide qu'on a pu venir à bout de ce travail [qu'on a pu y arriver] / Sans lui, on n'y serait jamais arrivés. ¶ 그 사람은 아들을 잘 둔 ~으로 유명해졌다 Il est devenu célèbre grâce à son fils. ③ 공덕 mérite *m*; vertu *f*, [acte *m* de] charité *f*; bienfait *m*; bonnes œuvres *fpl*. ¶ 건국에 이바지한 ~ le mérite attribué lors de la fondation de l'État. ④ 이익, 도움 profit *m*; bénéfice *m*; gain *m*; avantage *m*. ¶ 불어를 알고 있어서 많은 ~을 보았다 Mes connaissances du français m'ont été bien profitables. ¶ 다 너에게 ~이 될 일이야 Tout sera à ton profit.
***원님 ~에 나팔 불기** ☞ 원님
◆_스럽다 형 être vertueu*x*(*se*), indulgent(*e*). ¶ 그녀의 얼굴은 참 ~스럽다 Son visage respire la vertu. ¶ 그는 참 ~스럽게 행동한다 Il se comporte de façon vertueuse.
◆_스레 부 vertueusement, avec vertu.

덕담 德談 명 vœux *mpl* de bonheur, souhait *m* de bonheur. ¶ 서로 ~을 나누다 échanger des vœux de bonheur. ◇**_(을) 하다** exprimer un vœu [souhait] de bonheur pour *qn*. ¶ 할아버지께서 올해에는 소원 성취하라고 ~을 해 주셨다 Le grand-père a exprimé le vœu [souhait] que je réalise mes rêves.

덕망 德望 명 réputation *f* de vertu; prestige *m* moral. ¶ ~을 잃다 perdre *sa* réputation. ¶ ~이 높다 être réputé(*e*) pour *sa* vertu, avoir une réputation de haute moralité.
◆_가 -家 명 personne *f* qui jouit d'un grand prestige moral.

덕목 德目 명 vertu *f*.

덕분 德分 명 faveur *f*, grâce *f*, bienfaisance *f*, bienfait *m*; 조력 aide *f*, assistance *f*. ¶ ~에 일이 잘 마무리 되었습니다 C'est grâce à vous [à votre aide] que j'ai pu terminer ce travail / Sans votre aide [Sans vous], je n'aurais pu venir à bout de ce travail.

덕성 德性 명 vertu *f*. ☞ 덕.
◆_스럽다 형 être vertueu*x*(*se*), indulgent(*e*). ¶ 그녀는 참~스럽다 Elle est vertueuse. ¶ 그녀는 참 ~스럽게 이야기를 한다 Elle parle avec tant d'indulgence.
◆_스레 부 vertueusement, indulgemment, avec vertu, avec indulgence.

덕수궁 德壽宮 명 palais *m* (royal) Deoksu(gung).

덕지덕지 부 en croûte, en grappes ((idéophone évoquant l'aspect d'objets collés les uns aux autres)). ¶ 진흙이 ~ 달라붙은 신발 des chaussures maculées de boue. ¶ 때가 ~ 끼어 있다 être encrassé(*e*). ¶ 얼굴에 ~ 분을 처바르다 appliquer du fond de teint (en grande quantité et n'importe comment); se farder outrageusement, se tartiner le visage avec du fond de teint {*fam*}.

덕택 德澤 명 faveur *f*, grâce *f*, bienfaisance *f*, bienfait *m*; aide *f*, assistance *f*. ¶ 네 ~에 해외여행도 하게 되는 구나 Je voyage à l'étranger grâce à toi. ¶ 돈 많은 부모를 둔 ~에 어려움을 모르고 자랐다 Il a grandi sans difficulté grâce à ses riches parents. ¶ ~에 문제가 빨리 해결되었네요 C'est grâce à toi [grâce à ton aide] que j'ai pu régler rapidement ce problème / Sans toi [Sans ton aide], je n'aurais pu venir à bout de ce travail [terminer ce travail]. ¶ 그분 ~에 그 골치 아픈 일이 잘 해결됐지 C'est grâce à lui que nous avons pu résoudre ce problème délicat / Sans son aide, nous n'aurions pu résoudre ce problème délicat. ¶ 그 일을 잘 마무리할 수 있었던 것은 다 네 ~이다 Le problème a été vite résolu grâce à toi [grâce à ton aide].

덕행 德行 명 conduite *f* vertueuse; action *f* généreuse; bonne action *f*. ¶ ~을 쌓다 pratiquer le bien. ¶ 누구의 ~을 표창하다 féliciter *qn* publiquement pour *ses* bonnes actions.

-던[1] 어미 ((suffixe flexionnel déterminatif du passé, indiquant un fait du passé ou une action qui a duré dans le passé. Il s'ajoute après le radical du verbe et de l'adjectif quelle que soit sa forme, et après les suffixes flexionnels préfinaux temporo-modaux -시/-으시, -았/-었)). ¶ 그가 떠나~ 날 le jour où il est parti. ¶ 일주일 동안 줄곧 내리~ 비가 그쳤다 La pluie qui tombait depuis une semaine sans interruption s'est arrêtée. ¶ 내가 살~ 집이 이 집이에요 La maison où je vivais est celle-ci. ¶ 내가 다니~ 학교 L'école que je fréquentais. ¶ 어제까지 잘 되~ 컴퓨터가 고장이 났다 L'ordinateur qui fonctionnait bien jusqu'à hier est tombé en panne. ¶ 좁~ 길이 넓어졌습니다 La rue qui était étroite s'est élargie. ¶ 이 집이 옛날에 우리가 살았~ 집입니다 Cette maison est celle où nous avons vécu autrefois. ¶ 맑았~ 하늘이 다시 흐려졌다 Le ciel qui était clair s'est assombri de nouveau.

-던[2] 어미 ((suffixe flexionnel de terminaison phrastique interrogative sur un fait vécu, connu ou constaté. Il s'ajoute après le radical du verbe et de l'adjectif quelle que soit sa forme, et après les suffixes flexionnels préfinaux temporo-modaux -시/-으시, -았/-었. Employé entre les enfants, entre les amis intimes et à l'adresse d'un interlocuteur inférieur, il exprime l'égalité ou l'infériorité)). ¶ 누가 미리 알려주~? Quelqu'un t'a prévenu(*e*) à l'avance? ¶ 시험이 어렵~? Est-ce que l'examen était difficile? ¶ 거기 누가 왔~? Là, est-ce que quelqu'un était venu?

-던가 어미 ① ((suffixe flexionnel conjonctif ou de terminaison phrastique interrogative sur un fait vécu du passé, sur un ton de doute, hésitant ou non précis. Il s'ajoute après le radical du verbe et de l'adjectif quelle que soit sa forme, et après les suffixes flexionnels préfinaux temporo-modaux -시/-으시, -았/-었. Il est utilisé lorsque le locuteur se dit ou s'adresse à un interlocuteur qui est un ami intime ou inférieur. Il exprime l'égalité ou l'infériorité avec un léger respect)). ¶ 그 사람 좀 어떻~? Comment va-t-il? ¶ 내가 꿈을 꿨~? Ai-je fait un rêve? / Ai-je rêvé? ¶ 나는 그동안 무얼 했~? Qu'ai-je fait pendant ce temps? ② ((추측)) ((suffixe flexionnel introduisant une supposition)) ¶ 지난 해~, 갑자기 그가 날 찾아왔다 Il est soudainement venu me voir l'année dernière, je crois [si je me souviens bien].

-던지 어미 ① ((추측)) ((suffixe flexionnel conjonctif introduisant sur un fait vécu du passé impressionnant ou émouvant. Il s'ajoute après le radical du verbe et de l'adjectif quelle que soit sa forme, et après les suffixes flexionnels préfinaux temporo-modaux -시/-으시, -았/-었)). ¶ 어느 날이었~, 안개가 자욱한 날 그가 떠났었지 Un beau jour, alors qu'il y avait un brouillard épais, il est parti. ¶ 내 모습이 처량했~, 그가 도움을 주었다 Peut-être avais-je l'air abattu, mais il m'a donné son aide [son appui]. ② ((회상)) ((suffixe flexionnel introduisant un discours rétrospectif)) ¶ 어찌나 무섭~, 난 도망치고 말았다 J'ai eu tellement peur que je me suis enfui. ¶ 비가 어찌나 심하게 오~, 밖에 나갈 수가 없었어요 Comme il a plu si fort, je ne pouvais sortir dehors.

던지다 타 ① lancer ((une balle, des cailloux, une pierre)), jeter ((*qc* par terre)), envoyer ((la balle, le ballon, une boule de neige à la figure de *qn*)); jeter *qc* ((dans une corbeille)); jeter ((un fardeau)) à terre; lancer ((un livre sur la table)); ((멀리)) projeter ((une pierre)); ((사람을)) jeter *qn* à terre, renverser *qn*, terrasser *qn*. ¶ 잔잔한 호수에 돌을 ~ lancer une pierre dans le lac tranquille [paisible, sans rides]. ¶ 강물에 그물을 ~ jeter un filet dans la rivière. ¶ 투수가 공을 빠르게 던진다 Le lanceur lance la balle avec force. ¶ 무엇을 멀리 ~ lancer *qc* au loin, projeter *qc*. ¶ 학생들에게 질문을 ~ lancer des questions aux étudiants. ② 버리다 jeter ((un vieux pantalon, des antiquités)), se débarrasser de ((vieilleries)), mettre *qc* au rebut; 포기하다 abandonner *qc*, renoncer à ((un projet)); ((재산을)) abandonner ((*ses* biens)), se dépouiller de ((sa fortune pour les bonnes œuvres)), donner ((*sa* fortune, *sa* vie pour la patrie)); ¶ 그 남자는 위험에 빠진 어린이를 구하기 위해 목숨을 던졌다 Il s'est sacrifié pour sauver l'enfant (en danger). ③ ((그림자를)) jeter ((*son* ombre)) sur *qc*, ((빛을)) diffuser ((de la lumière)); lancer ((un mot, un cri, un appel, un regard furieux, des questions à *qn*)), ((dans le sens de dire)) lancer ((«...», lança-t-il avec colère)). ¶ 가로등이 거리 위에 희미한 불빛을 던지고 있었다

Quelques lampadaires déversaient [diffusaient] sur la route une pâle [faible, velléitaire] clarté / Quelques lampadaires éclairaient faiblement la route. ¶ 가로수가 길 위로 그림자를 ~ Les arbres jettent leur ombre sur la route. ④ 투표하다 donner ((*sa* voix, *son* suffrage, *son* vote à un candidat)). ¶ 누구에게[무엇에] 찬성표[반대표]를 ~ voter pour [contre] *qn*/*qc*. ⑤ ((몸을)) se jeter ((à l'eau, dans la mer, aux pieds de *qn*, sur le lit)), donner *sa* vie pour *qn*, se sacrifier.. ¶ 바다에 몸을 ~ se jeter dans la mer. ¶ 몸을 던져 공을 막아내다 ((gardien d'une équipe de football)) plonger pour arrêter le ballon.

***추파를** ~ lancer des œillades, faire les yeux doux à *qn*, faire de l'œil à *qn* {*fam*}.

***도전장을** ~ lancer un défi à *qn*.

덜 부 moins, ne pas bien, ne pas assez, peu, moins bien, pas encore bien+Adj, ne pas complètement. ¶ ~ 익은 생선[고기] du poisson [de la viande] pas assez [encore] cuit(*e*). ¶ 고기가 좀 ~ 구워진 것 같다 Il semble que la viande [le poisson] ne soit pas assez cuit(*e*). ¶ 이 수박은 아직 ~ 익었다 Cette pastèque n'est pas encore mûre. ¶ 아침을 ~ 먹었더니 벌써 배가 고파요 Étant donné que j'ai moins mangé au petit-déjeuner, j'ai déjà faim. ¶ 일을 좀 ~ 하고 휴식을 더 취해라 Travaille un peu moins et repose-toi un peu plus [et prends un peu plus de repos]! ¶ 잠을 ~ 잤더니 피곤하다 N'ayant pas assez dormi, je me sens fatigué(*e*). ¶ 옷이 ~ 말랐어요 Les vêtements ne sont pas encore tout à fait secs. ¶ 아직 잠이 ~ 깼다 Je suis encore à moitié endormi(*e*) [entre deux sommeils] / Je suis encore dans les vapes {*fam*} [dans le gaz] {*fam*} / Je ne suis pas encore tout à fait réveillé(*e*) / Je suis à peine réveillé(*e*) / Je suis mal réveillé(*e*) / Je suis encore tout ensommeillé(*e*) / Je dors à moitié. ¶ 오늘은 어제보다 ~ 춥다 Aujourd'hui, il fait moins froid qu'hier. ¶ 내 동생은 나보다 살이 ~ 쪘다 Mon petit frère est moins gros que moi [Ma petite sœur est moins grosse que moi].

덜거덕 부 en claquant, clac, clic clac, avec un bruit métallique [de ferraille], avec fracas, bruyamment ((onomatopée imitant un claquement sec, un claquement léger et répétitif)). ¶ 문이 ~ 닫혔다 La porte s'est refermée en claquant. ¶ 한밤중에 ~ 하는 대문 소리 le bruit de la porte qui claque en pleine nuit. ¶ 수레가 ~ 굴러 간다 Le chariot cahote bruyamment.

◆_거리다[대다] 재 claquer, ((des objets qui s'entrechoquent)) faire du bruit, se heurter en faisant du bruit, faire du bruit en s'entrechoquant, tinter, cliqueter, faire un bruit de ferraille, ferrailler, émettre un son métallique, faire un bruit de ferraille, tinter; cahoter, bringuebaler; produire un claquement sec, faire entendre des bruits secs. ¶ 바람에 창문이 ~거린다 La fenêtre claque sous l'effet du vent / Le vent fait claquer la fenêtre. ¶ 부엌에서 ~거리는 소리가 들리는 것을 보니 어머니가 설거지를 하시는 모양이다 D'après le bruit des assiettes et des couverts qui s'entrechoquent, il semble que ma mère est en train de faire la vaisselle. ¶ 누군가 ~거리며 문을 열려고 애를 쓴다 Quelqu'un essaie d'ouvrir la porte en la bringuebalant.

덜걱 부 ☞ 덜거덕

덜그럭거리다 재타 faire du bruit, se heurter en faisant du bruit, s'entrechoquer, tinter, cliqueter, faire un bruit de ferraille, ferrailler, émettre un son métallique ((des objets qui s'entrechoquent)). ¶ 상자 속에서 무엇인가가 덜그럭거렸다 On entendait un bruit de ferraille [métallique] dans la boîte. ¶ 그릇을 덜그럭거리며 설거지하다 faire la vaisselle en l'entrechoquant, faire bruyamment la vaisselle.

덜그럭대다 재타 ☞ 덜그럭거리다

덜그럭덜그럭 부 clac, clic clac, avec un bruit métallique [de ferraille], avec fracas, bruyamment ((onomatopée imitant un claquement sec, un claquement léger et répétitif)). ¶ 차가 흔들릴 때마다 짐칸에 실은 그릇들이 ~ 서로 부딪혔다 À chaque secousse de la voiture, on entend de la vaisselle s'entrechoquer dans le coffre. ¶ 바람에 창문이 ~ 소리를 낸다 La fenêtre claque sous l'effet du vent / Le vent fait claquer la fenêtre.

◆_거리다[대다] 재타 claquer, ((des objets qui s'entrechoquent)) faire du bruit, se heurter en faisant du bruit, faire du bruit en s'entrechoquant, tinter, cliqueter, faire un bruit de ferraille, ferrailler, émettre un son métallique, faire un bruit de ferraille, tinter; cahoter, bringuebaler; produire un claquement sec, faire entendre des bruits secs.

덜다 타 ① 빼다 enlever ((une partie d'un tout, *qc* de *qc*)), prendre *qc* dans *qc*, (faire) sortir *qc* de *qc*, soustraire, déduire, exclure *qc* ((de *qc*)), ôter, retirer, défalquer, prélever, retrancher, supprimer. ¶ 봉지에서 설탕을 ~ enlever du sucre du sachet, prendre du sucre dans le sachet, sortir du sucre du sachet. ¶ 설탕을 작은 그릇에 ~ prélever du sucre pour le mettre dans une petite assiette. ¶ 밥이 많아 작은 그릇에 덜어 먹었다 J'avais trop de riz, alors j'en ai retiré un peu dans un (petit) bol puis je l'ai mangé. ② 감하다 diminuer ((le nombre du personnel)), alléger ((un fardeau, une charge)); ((고통을)) atténuer ((une douleur)); amoindrir; faire perdre ((du poids)); 절약하다 réduire, diminuer ((*ses* dépenses, les frais)); économiser ((une démarche)), épargner ((du temps, de la peine, un effort, un travail à *qn*)), épargner à *qn* la peine de faire *qc*; dispenser ((d'une formalité)), faire gagner ((du temps)) à *qn*, éviter ((des dépenses, de la peine)) à *qn*, soulager *qn* ((d'un fardeau)). ¶ 그 여자와 함께 일한 덕분에 수고를 많이 덜었다 Le fait d'avoir travaillé avec elle lui a épargné [évité] beaucoup de peine.

***한시름** ~ enlever un poids de la conscience; se débarrasser de *ses* soucis majeurs; éprouver un soulagement; se remettre d'une inquiétude.

덜덜 부 ① 떠는 모양 gla gla; brrr!; ((trembler)) comme une feuille ((onomatopée accompagnée de tremblements convulsifs à peine perceptibles ainsi que de légers claquements de dents; balbutiements de peur ou de froid)). ¶ 추워서 [겁에 질려] ~ 떨다 trembler [grelotter, frissonner, claquer des dents, trembler comme une feuille, être tout tremblant(*e*)] de froid [de peur]. ¶ 이를 ~ 떨다 claquer des dents. ¶ 그 사람은 다리를 ~ 떠는 나쁜 버릇이 있다 Il a la fâcheuse habitude d'entrechoquer ses genoux. ② 구르는 소리 teuf teuf; ((cahoter, bringuebaler)) bruyamment ((bruit évoquant un cahotement)). ¶ 마차가 ~ 굴러간다 Le chariot cahote bruyamment.

◆**_거리다[대다]** 자 faire du bruit; faire un bruit de ferraille, claquer; cahoter (bruyamment); trembler; branler, bringuebaler; produire un claquement sec; entrechoquer ((des cailloux)), faire du bruit avec *qc*, faire tinter ((*son* grelot)), ferrailler, faire entendre des bruits secs; rouler avec fracas. ¶ ~거리는 자동차 une voiture qui cahote.

덜되다 자 ((‘덜된’, ‘덜되었다’ 등 과거시제로만 쓰여 현재 상태를 나타냄)) ((사람됨이)) être frivole, lég*er*(*ère*); être simple d'esprit, être stupide, imbécile, bête, lourdaud(*e*). ¶ 저 녀석은 아직 사람이 덜되었다 Il est loin d'être adulte, celui-là. ¶ 그는 부모의 재산만 믿고 잘난 체하는, 덜된 사람이다 C'est un scélérat qui ne compte que sur [qui ne vaut que par] la fortune de ses parents et qui est très prétentieux [vaniteux] [et qui se conduit comme un fat]. ¶ 덜된 짓을 하다 commettre [faire] une bêtise; raconter des âneries [bêtises]. ¶ 덜된 놈이로군! Petit con! {*fam*} / Imbécile! / Qu'il est bête! / Quel vaurien! / Quel goujat!

덜떨어지다 자 ((‘덜떨어진’, ‘덜떨어졌다’ 등 과거시제로만 쓰여 현재 상태를 나타냄)) être imbécile, lourdaud(*e*), nigaud(*e*), sot(*te*). ¶ 덜떨어진 녀석 Quel imbécile! / Quel lourdaud! / Gros bêta {*fam*}!Il lui manque une case {*fam*} / Il a une case en moins {*fam*} / Il a une case vide {*fam*}. ¶ 사람이 미련해서 덜떨어진 짓만 골라 한다 C'est un sot qui ne fait que des bêtises.

덜렁 부 ① 홀로 있는 모양 seulement, uniquement, seul. ¶ 보따리 하나만 ~ 들고 서울로 올라왔다 Je suis monté(*e*) à Séoul en emportant seulement un sac. ¶ ~ 책상 정리만 해놓고선 대청소를 다 했다고 하느냐? Tu as seulement rangé le bureau, et tu dis avoir terminé le grand nettoyage! ② 경솔하게 행동하는 모양 sans réfléchir, avec étourderie, sans réflexion. ¶ 그런 허황된 말만 믿고 ~ 따라갔단 말이냐? Croyant ce tissu de mensonges, tu es parti sans plus réfléchir? ¶ 먹다 남은 음식을 왜 ~ 버리니? Pourquoi tu jettes les restes sans réfléchir? ③ 놀라서 가슴이 울리는 모양 avec des palpitations. ¶ 시험에 떨어졌다는 소식을 듣고 나는 가슴이 ~ 했다 En entendant la nouvelle de mon échec à l'examen, j'ai été très secoué(*e*).

◆**_거리다[대다]** 자 ① ((소리가)) se balancer, pendiller, brimbaler {*fam*}; osciller, ballotter; se heurter en faisant du bruit, faire du bruit en s'entrechoquant, tinter, cliqueter, faire un bruit de ferraille, ferrailler, émettre un son métallique; faire tinter ((*son* grelot)). ¶ 천정에 달린 전구가 ~거린다 L'ampoule accrochée au plafond se balance / Une ampoule oscille au plafond. ¶ 방울을 ~거리며 수레를 끄는 소 un bœuf qui tire le chariot en faisant tinter sa cloche. ② ((행동이)) se comporter à la légère, se conduire avec étourderie [sans réflexion]; être distrait(*e*), étourdi(*e*). ¶ ~거리지[대지] 말고 차분하게 행동해라 Au lieu de te comporter à la légère, agis calmement! ③ ((마음이)) être pris(*e*) de panique; ressentir des palpitations, ressentir des battements de cœur, ressentir *son* cœur qui bat (plus fort) [*son* cœur [pouls] qui s'accélère]; avoir le cœur qui bat très fort [qui bat la chamade]. ¶ 사고 소식을 들을 때마다 가슴이 ~거려 못 견디겠다 Chaque fois que j'entends des nouvelles d'un accident, je ressens des battements de cœur [des palpitations], et c'est insupportable.

◆**_하다** 자 se balancer, pendiller, brimbaler {*fam*}; osciller, ballotter; se heurter en faisant du bruit, faire du bruit en s'entrechoquant, tinter, cliqueter, faire un bruit de ferraille, ferrailler, émettre un son métallique; faire tinter ((*son* grelot)).

덜리다 자 diminuer, décroître, s'amoindrir ¶ 이제 내 짐이 좀 덜렸다 Mon fardeau est un peu diminué.

덜미 명 nuque *f*, cou *m*, collet *m*. ¶ 누구의 ~를 잡다 prendre [saisir, attraper] *qn* par la nuque [au collet], empoigner *qn* au collet, colleter *qn*; arrêter *qn*, pincer *qn* {*fam*}, choper *qn* {*fam*}, agrafer *qn* {*fam*}, épingler *qn* {*fam*}. ¶ 사기도박단이 ~를 잡혔다고 한다 Il paraît qu'une bande de tricheurs au jeu s'est fait arrêter [agrafer {*fam*}, épingler {*fam*}] par la police.

덜어내다 타 enlever ((une partie d'un tout, *qc* de *qc*)), prendre *qc* dans *qc*, (faire) sortir *qc* de *qc*, réduire, diminuer, soustraire, déduire, exclure *qc* ((de *qc*)), ôter, retirer, défalquer, prélever, retrancher, supprimer; alléger ((un fardeau, une charge)). ¶ 가방에서 짐을 좀 ~ retirer deux trois choses d'une valise; alléger une valise. ¶ 그릇에서 밥을 몇 숟가락 ~ enlever du bol quelques cuillerées de riz.

덜커덩 부 avec fracas; avec bruit, bruyamment; en claquant, en cahotant, en tremblant, en bringuebalant ((onomatopée du bruit provoqué par un entrechoquement, un cliquetis)). ¶ 기차가 ~ 움직이기 시작했다 Le train s'ébranla bruyamment. ¶ 바람에 대문이 ~ 소리를 냈다 Le portail claqua [grinça] sous l'effet du vent / Le vent fit claquer [grincer] le portail.

◆_거리다[대다, 하다] 자 claquer; cahoter; trembler; branler; bringuebaler; produire un claquement sec; ((des objets qui s'entrechoquent)) faire du bruit, se heurter en faisant du bruit, s'entrechoquer, tinter, cliqueter, faire un bruit de ferraille, faire tinter ((son grelot)); rouler avec fracas; ((문 따위가)) grincer, gémir. ¶ 철문이 ~하고 저절로 열렸다 La porte métallique s'ouvrit spontanément en grinçant [en gémissant]. ¶ 낡은 트럭이 ~거리며 지나갔다 Un vieux camion est passé en cahotant bruyamment. ¶ 그 남자는 어깨에 멘 상자를 ~거리며 뛰어갔다 Il courait en bringuebalant bruyamment la caisse qu'il portait sur l'épaule.

◆_ _ 부 avec fracas; avec bruit, bruyamment; en claquant, en cahotant, en tremblant, en branlant, en bringuebalant; en grinçant, en gémissant ((onomatopée du bruit provoqué par un entrechoquement, un cliquetis)). ¶ 바람에 낡은 가게 간판이 ~~ 소리를 냈다 La vieille enseigne du magasin gémissait sous l'effet du vent / Le vent faisait grincer la vieille enseigne du magasin.

덜컥 부 ① ((문 따위가)) tout à coup, soudain, soudainement, subitement, brusquement ((onomatopée)). ¶ ~ 문이 열리면서 어머니가 내 방에 들어오셨다 Lorsque la porte s'ouvrit brusquement, ma mère entra dans ma chambre. ② ((두려움)) ((avoir peur; être saisi(*e*) de peur)) soudainement, brusquement. ¶ ~ 겁이 나다 être soudainement saisi(*e*) de peur; être soudain pris(*e*) de panique [peur]; paniquer soudainement. ¶ 가슴이 ~ 내려앉다 être saisi(*e*) de peur; être stupéfié(*e*); ressentir les battements de *son* cœur [*son* cœur qui bat plus fort, *son* cœur [pouls] qui s'accélère]. ③ ((갑작스러움)) soudainement; sur un coup de tête. ¶ 그 남자는 전후사정 고려하지 않고 ~ 집을 사버렸다 Il a acheté la maison [l'appartement] sur un coup de tête sans tenir compte des circonstances passées et futures. ¶ 내가 아직 열 살 밖에 되지 않았을 때 어머님이 ~ 돌아가셨다 Ma mère est décédée soudainement alors que j'avais seulement dix ans. ¶ 의논도 없이 ~ 사표를 내버리면 날더러 어쩌란 말이오? Si vous donnez votre démission brusquement, sans même me concerter, que voulez-vous que j'y fasse?

◆_거리다[대다, 하다] 자 s'étonner, être pris(*e*) de panique [peur], être paniqué(*e*), stupéfié(*e*), consterné(*e*); ((문이)) grincer. ¶ 문 손잡이가 ~거린다 La poignée de la porte grince. ¶ 그 남자를 보자 그 여자는 가슴이 ~거려 아무 말도 할 수가 없었다 Elle fut incapable de lui dire le moindre mot en le voyant, car son cœur battait la chamade. ¶ 그들이 다시 온다는 말에 나는 가슴이 ~했다 La nouvelle annonçant qu'ils allaient revenir m'a paniqué(*e*) / J'ai paniqué en apprenant qu'ils reviendraient.

◆_ _ 부 ((idéophone d'un étonnement à répétition)). ¶ 그 일을 생각하면 지금도 가슴이 ~~ 내려앉는다 Quand je repense à cet événement, j'ai encore le cœur qui bat très fort[la chamade].

덜컹 부 ① tout à coup, soudain, soudainement, subitement, brusquement; en claquant, avec fracas ((onomatopée d'un bruit soudain)); ((철문 따위가)) en grinçant. ¶ 문이 ~ 열린다 La porte s'ouvre en grinçant. ② 갑자기 soudainement. ¶ 겁이 ~ 나다 être soudainement saisi(*e*) [pris(*e*)] de peur. ¶ ~ 가슴이 내려앉다 être pris(*e*) de panique; ressentir les battements de *son* cœur, sentir *son* cœur battre (plus fort) [*son* cœur [pouls] s'accélérer]; avoir le cœur qui bat très fort [qui bat la chamade].

◆_거리다[대다] 자 claquer; cahoter; trembler; branler, bringuebaler; produire un claquement sec; entrechoquer ((des cailloux)), faire du bruit avec *qc*, faire tinter ((son grelot)), ferrailler, faire entendre des bruits secs; rouler avec fracas; s'ébranler; ((철문 따위가)) grincer. ¶ ~거리는 전철을 타고 출근하다 aller au travail par le métro bringuebalant [bringuebalé(*e*) par le métro]. ¶ 문을 ~대며 들락날락하다 entrer et sortir en faisant du bruit avec la porte (qui claque). ¶ 누군가가 따라오는 것 같아 가슴이 ~거린다 Mon cœur bat très fort car j'ai l'impression que quelqu'un me suit.

◆_ _ 부 avec fracas; avec bruit, bruyamment; en claquant, en cahotant, en tremblant, en bringuebalant; en grinçant ((onomatopée du bruit provoqué par un entrechoquement, un cliquetis)). ¶ ~~ 기계 돌아가는 소리가 들린다 J'entends le bruit fracassant de la machine qui tourne. ¶ 그 사람 발자국 소리만 들어도 나는 가슴이 ~~ 내려앉는다 Rien qu'en entendant le bruit de ses pas, mon cœur [pouls] s'accélère / Mon cœur bat plus fort [Mon pouls s'accélère] quand j'entends le bruit de ses pas.

덜하다 형 être en diminution, être moindre, être moins+Adj. ¶ 올해는 더위가 작년보다 덜한 것 같다 Il fait moins chaud cette année que l'année dernière. ¶ 오후 들어 두통[편두통]이 ~ Mon mal de tête [Ma céphalée; Ma migraine] s'est estompé(*e*) [s'est atténué(*e*), a diminué d'intensité] l'après-midi. ¶ 이 사과는 지난 번 것 보다 단맛이 덜하구나 Cette pomme est moins sucrée que celle de la dernière fois.

덤 명 supplément *m* gratuit; prime *f*, petit cadeau(*x*) *m* en prime, cadeaux *mpl* publicitaires; surplus *m*; ((음식)) rabiot *m* {*fam*}, rab *m* {*fam*}. ¶ ~으로 연필을 하나 받았다 On m'a donné un crayon gratuitement [en prime]. ¶ ~으로 주는 것 없어요? Est-ce qu'il n'y a rien qu'on donne en prime [gratuitement]? ¶ 사과 30개를 샀더니 과일장수가 ~으로 두 개를 얹어줬다 J'ai acheté trente pommes et le marchand de fruits m'en a fait cadeau de deux [m'en a remis deux en plus, m'en a remis deux gratuitement, m'en a donné deux en plus, m'en a donné deux en prime] / J'ai acheté trente pommes et j'en ai reçu deux en prime [en supplément, en cadeau, gratuitement]. ¶ ~은 없습니까? Il n'y a pas de prime? ¶ 자, 이건 ~이다 Tiens, c'est une prime / ((음식)) Tiens, voilà du rab {*fam*}!

덤덤하다 형 rester sans rien dire, rester silencieux(*se*), être indifférent(*e*), impassible; garder *son* calme; être résigné(*e*). ¶ 기분이 어떠냐? - 그냥 덤덤해 Comment te sens-tu? - Ça peut aller [Ça va / Comme ci, comme ça {*fam*} / Ni bien ni mal / Sans plus {*fam*} / Bof! {*fam*}. ¶ 그 학생은 시험 결과를 덤덤하게 받아들였다 Cet(*te*) élève a accepté ses résultats d'examen sans protestation [sans protester, sans faire de remarque, sans manifester d'émotion, sans manifester de réaction, sans manifestation extérieure]. ¶ 아무 말 없이 덤덤한 표정으로 앉아 있다 rester assis(*e*) avec indifférence.

◆**덤덤히** 부 indifféremment, calmement.

덤벙 부 ① ((물에서)) plouf!, flac!, floc!; splatch!, splitch!, splash!; en tombant (dans l'eau) lourdement avec un bruit sourd ((onomatopée du bruit d'un objet qui tombe dans l'eau profonde)). ¶ 물속에 ~ 뛰어들다[빠지다] se jeter à l'eau [plonger dans l'eau] en splatchant bruyamment [dans un splatch retentissant], faire un splash, faire un plat, plonger en faisant un plat. ② 경솔히 sans réfléchir, sur un coup de tête, étourdiment, imprudemment. ¶ 아무 일에나 ~ 뛰어들다 se lancer dans n'importe quel travail sans réfléchir [sur un coup de tête]; foncer sans réfléchir (tête baissée) dans n'importe quel travail.

◆**_거리다[대다]** 자 ☞ 덤벙거리다

◆**_ _** 부 splish! splash!, splouch! splouch!, en éclaboussant autour de *soi*. ¶ ~~ 물 속으로 뛰어들다 courir dans l'eau en éclaboussant autour de *soi* [en éclaboussant abondamment].

덤벙거리다 자 ① ((물에서)) éclabousser abondamment (autour de *soi*). ¶ 그들은 물속에서 덤벙거리며 장난을 친다 Ils barbotent joyeusement dans l'eau. ② 경솔하다 se comporter à la légère[d'une façon irréfléchie], faire une chose étourdiment [sans soin], se conduire étourdiment; parler sans réfléchir, intervenir étourdiment dans ((une conversation)), intervenir [s'immiscer, fourrer *son* nez {*fam*}] indiscrètement dans ((les affaires des autres)); s'agiter en faisant du bruit. ¶ 덤벙거리지 말고 침착하게 행동해라 Au lieu d'agir à la légère, agis calmement [posément]/ Ne sois pas trop irréfléchi(*e*) et conduis-toi posément. ¶ 덤벙거리는 성격 un caractère [une nature] à se conduire de manière étourdie.

덤벙대다 자 ☞ 덤벙거리다

덤벼들다 자 ① se jeter (impétueusement) sur *qn*, bondir sur *qn*, se lancer à, s'élancer sur *qn*, sauter sur, se précipiter sur *qn*, se ruer sur *qn*, fondre sur ((*sa* proie, l'ennemi)), foncer sur ((l'ennemi)), assaillir, s'attaquer à *qn*, attaquer, charger, donner l'assaut; ((폭풍우가)) surprendre *qn*. ¶ 개들이 멧돼지에게 덤벼들었다 Les chiens se sont jetés sur le sanglier. ¶ 호랑이가 사람에게 덤벼들었다 Le tigre s'est jeté sur un homme. ¶ 그 녀석이 성을 내며 나에게 덤벼들었다 Furieux, ce type s'en est pris à moi. ¶ 그 남자는 날쌔게 적에게 덤벼들었다 Il s'est rué sur l'ennemi. ② ((일 따위에)) s'empresser de faire *qc*; se jeter, se lancer ((dans une affaire)), entrer dans ((un mouvement)); se mettre à un travail [une besogne], se mettre à+*inf*, s'y mettre ((tous ensemble)). ¶ 네 사람이 덤벼들었으나 그 차를 움직일 수 없었다 Ils étaient à quatre pour pousser la voiture, mais ils n'ont pas réussi (à la bouger) [n'y sont pas parvenus]. ¶ 그는 잘 알지도 못하는 사업에 덤벼들었다가 크게 실패했다 Il s'est lancé dans une affaire qu'il ne connaissait pas bien, et il a subi un gros échec. ¶ 그들은 여럿이 덤벼들어 일을 순식간에 해치웠다 Ils se sont mis au travail à plusieurs, et ils l'ont terminé en un clin d'œil [en un rien de temps].

덤불 명 buisson *m*; broussailles *fpl*; fourré *m* ((d'arbustes épineux)); touffe *f* d'arbrisseaux; hallier *m*. ¶ ~ 속에 dans le buisson, dans le fourré. ¶ 가시~을 헤쳐 나가다 se frayer un chemin [se faufiler] à travers les ronces du buisson. ¶ 온 산이 ~로 덮여있다[~ 투성이다] Toute la montagne est couverte de buissons.

덤비다 자타 ① affronter, braver, s'exposer; faire face [front]; attaquer *qn*; défier *qn*; s'élancer sur *qn*; attaquer *qn*; foncer sur *qc*; se jeter (impétueusement) sur *qn*, bondir sur *qn*, se lancer à, s'en prendre à *qn*, sauter sur, s'élancer sur *qn*, se précipiter sur *qn*, se ruer sur, fondre sur ((*sa* proie, l'ennemi)), foncer sur ((l'ennemi)), s'abattre, assaillir, tomber, s'attaquer à *qn*, attaquer, charger, donner l'assaut. ¶ 세 명[놈]이 한꺼번에 나에게 덤볐다 Les trois individus [voyous] se sont jetés sur moi. ¶ 그 녀석은 나에게 함부로 덤비지 못한다 Ce type ne peut me défier à la légère. ¶ 덤빌테면 덤벼라 Si tu veux t'attaquer à moi, fais-le / (Allez,) vas-y, frappe-moi [cogne]! / Essaie un peu, pour voir! ② 서두르다 s'empresser de faire *qc*; se précipiter, hâter un travail, se hâter, se presser, se dépêcher, faire diligence. ¶ 너무 덤비지 말고 천천히 해라 Ne te précipite pas trop, fais les choses doucement [prends ton temps] / Agis sans précipitation. ¶ 그 사람은 매사에 너무 덤비는 경향이 있다 Il a tendance à se précipiter pour tout. ¶ 그 남자는 일을 너무 덤비는 것 같다 Il semble qu'il précipite trop son travail / Il semble qu'il brûle les étapes. ¶ 선을 보자마자 결혼하겠다고 덤비는 사람들이 있다 Il y a des gens qui s'empressent de se marier dès la première rencontre pour un mariage arrangé.

덤뻑 부 soudain, d'un bond; d'une façon inattendue [imprévue]; étourdiment, imprudemment ((idéophone exprimant un geste soudain et brutal)). ¶ 그가 아내를 ~ 끌어안았다 Il embrassa brusquement sa femme. ¶ ~ 일어나다 se lever d'un bond. ¶ ~ 일을 저지르다 créer un problème étourdiment [par étourderie].

덤터기 명 souci *m*; sujet *m* d'inquiétude (qu'on rejette sur autrui, ou que l'on a pris en charge à la place d'autrui). ◇_(를) **쓰다** ① prendre en charge les soucis [les problèmes] d'autrui. {rare} ② se voir imputer la responsabilité d'une faute, porter le chapeau {*fam*}. ◇_(를) **씌우다** ① rejeter un souci sur *qn*. {rare} ② incomber à *qn* une accusation non fondée; imputer, attribuer ((une faute, une action, un crime)) à *qn*; rejeter un tort [une faute, une responsabilité] sur *qn*; accuser *qn* à tort, rejeter *sa* faute sur *qn*; faire porter le chapeau à *qn* {*fam*}, mettre *qc* sur le dos de *qn* {*fam*}, faire endosser la responsabilité à *qn*. ¶ 야 너 왜 남한테 ~ 씌우는 거냐? Pourquoi tu me fais porter le chapeau? / Pourquoi tu me mets ça sur le dos?

덤테기 명 (('덤터기'의 잘못)) ☞ 덤터기

덤프 영{dump} 명 tas *m*, amas *m*.

◆_**차** -車 명 wagon *m* à bascule.

◆_**트럭** 영{-truck} 명 camion benne *m*.

덤핑 영{dumping} 명 dumping *m*. ¶ 반~ 관세를 부과하다 imposer une législation anti-dumping. ¶ 일본 반도체가 ~ 판정을 받았다 Les semi-conducteurs japonais ont été jugés comme faisant l'objet d'un dumping. ¶ ~으로 마구 팔다 écouler des marchandises à perte; se débarrasser des articles en surproduction.

덥다 형 ① ((온도가)) être chaud(*e*), faire chaud; ((climat)) être torride; ((사람의 느낌)) avoir chaud. ¶ 나는 지금 무척 ~ J'ai très chaud / Quelle chaleur! / Il fait une chaleur [une de ces chaleurs]! ¶ 덥지 않으세요? Vous n'avez pas chaud? ¶ 여름에는 날씨가 매우 ~ Il fait très chaud en été. ¶ 방안이 좀 더운 것 같다 Il semble qu'il fasse un peu chaud dans cette pièce. ¶ 더운 여름 un été chaud [torride]. ¶ 한창 더울 때 au plus fort de la chaleur, en pleine chaleur, pendant les grandes [fortes] chaleurs, pendant la canicule. ② ((사물의 온도가)) 따뜻하다 ¶ 더운 물 de l'eau chaude.

덥석 부 fortement, solidement; ((급히)) soudain, d'une façon inattendue [imprévue] ((idéophone exprimant un geste ample, soudain et brutal)); ((깊이 생각하지 않고)) sans trop réfléchir, sur un coup de tête. ¶ 오랜만에 만난 친구의 손을 ~ 잡다 prendre fort [énergiquement] la main d'un(*e*) ami(*e*) que l'on n'a pas revu(*e*) depuis longtemps; donner une solide [énergique, vigoureuse] poignée de main à un(*e*) ami(*e*) qu'on n'a pas revu(*e*) depuis longtemps. ¶ 그는 선물 꾸러미를 ~ 받아들었다 Il a pris le paquet de cadeaux sans trop réfléchir. ¶ 제의를 ~ 받아들이다 accepter une proposition dans un moment de confusion [un peu trop vite, dans la confusion du moment, sans (trop) réfléchir].

◆_ _ 부 d'un geste soudain mais spontané ((à répétitions)), fortement, solidement, frénétiquement ((idéophone exprimant un geste ample, mouvement à répétition)). ¶ 주는 대로 ~~ 받아먹다 prendre (dans le bec, dans la bouche) et manger tout ce qu'on *lui* apporte. ¶ 친구들의 손을 ~~ 부여잡다 prendre fort [énergiquement] la main de *ses* amis; donner une solide [énergique, vigoureuse] poignée de main à *ses* amis.

덥수룩하다 형 être touffu(*e*) [dru(*e*), fourni(*e*), épais(*se*)] et en désordre [d'aspect désordonné]; être hirsute, broussailleu*x*(*se*), inculte, ébouriffé(*e*), échevelé(*e*). ¶ 수염이 ~ avoir une barbe abondamment fournie et hirsute [broussailleuse]. ¶ 수염을 덥수룩하게 기르다 laisser pousser une barbe broussailleuse. ¶ 덥수룩한 머리 des cheveux touffus et en désordre [en bataille], des cheveux en bataille [hirsutes], une chevelure fournie [épaisse] et en désordre, une épaisse toison, une tignasse {*fam*} hirsute, une chevelure ébouriffée.

덥히다 타 (faire) chauffer ((de l'eau, la chambre)); ((식은 것을)) réchauffer ((de la soupe)); ((몸을)) se chauffer, se réchauffer. ¶ 몸을 ~ se chauffer, se réchauffer. ¶ 물을[국을 (다시)] ~ faire chauffer de l'eau [réchauffer de la soupe]. ¶ 방을 ~ chauffer la chambre.

덧- 접두 ((préfixe exprimant la répétition ou l'addition)). ¶ ~붙다 être rajouté(*e*). ¶ ~문 volet *m*.

덧나다 자 ① ((병이)) s'aggraver, empirer; ((상처가)) s'envenimer, s'irriter, ((un abcès, un furoncle)) s'enflammer; récidiver. ¶ 소독을 제대로 안 해서 상처가 덧났다 N'ayant pas désinfecté comme il faut, la blessure s'est envenimée. ¶ 종기가 덧났다 L'abcès s'est enflammé / Le furoncle s'est enflammé [a mûri]. ② ((일이)) prendre une mauvaise tournure, s'aggraver, empirer, se détériorer, se gâter, se pourrir, s'envenimer. ¶ 일이 덧났다 Les choses se gâtent [prennent une mauvaise tournure] / La situation se détériore [s'est beaucoup dégradée]. ③ ((이가)) pousser sur une autre; se chevaucher. ¶ 덧난 이 des dents qui se chevauchent.

덧니 명 dent *f* mal implantée [irrégulièrement implantée]. ¶ 그 여자는 보기 싫게 ~가 났다 Elle n'a pas une belle dentition / Elle a des dents qui se chevauchent / Elle a les dents mal implantées [mal alignées].

덧대다 타 mettre, poser, apposer, appliquer, surajouter ¶ 나는 양복 팔꿈치에다 가죽을 덧댔다 J'ai mis du cuir au coude de mon veston.

덧문 -門 명 volet *m*; double porte *f*, porte *f* extérieure; double fenêtre *f*. ¶ ~을 달다 poser un volet.
덧버선 명 chaussette *f* coréenne que l'on met sur une première paire de chaussette; chausson *m*.
덧보태다 타 ajouter. ¶ 뭐라고 덧보탤 말이 없다 Je n'ai plus rien à ajouter.
덧붙다 자 être rajouté(*e*); s'accumuler. ¶ 1년 사이에 이자가 꽤 많이 덧붙었다 Beaucoup d'intérêts se sont accumulés pendant un an.
덧붙이다 자타 ① additionner, adjoindre, ajouter un surplus [un supplément] à *qc*, joindre *qc* à *qc*, ajouter *qc*, annexer, insérer *qc*; ((벽에 벽지를)) retapisser ((un mur)). ¶ 나는 경력 증명서[이력서]를 덧붙여서 지원서를 제출했다 J'ai joint mon C.V. à mon dossier de candidature avant de le présenter / J'ai présenté mon dossier de candidature après y avoir joint mon C.V. ¶ 신문지를 바른 벽에 벽지를 덧붙였다 On a collé du papier peint sur le mur déjà couvert de papier journal. ② ((말을)) ajouter un mot; renchérir. ¶ 선생님은 나에게 용기를 잃지 말라고[말라는 말을] 덧붙였다 Mon professeur a ajouté qu'il ne fallait pas que je perde courage [que je ne devais pas me décourager]. ¶ 여기에 덧붙여서 그 사람은 건강에 조심하라고 말했다[조심하라는 말을 했다] En plus de cela, il m'a dit de faire attention à ma santé [prendre soin de moi].
덧셈 명 addition *f*. ◇_(을) **하다** faire une addition, additionner, ajouter ((cinq à neuf)).
◆**_부호** -符號 명 signe *m* de l'addition.
◆**_식** -式 명 formule *f* additive. ¶ ~식과 곱셈식 formules additive et multiplicative.
덧신 명 *deotsin mpl* <sac en tissu pour empêcher les chaussures de salir>. ¶ 실내에서는 ~을 신어라 Marche avec tes *deotsin* à l'intérieur (pour ne pas salir).
덧씌우다 타 couvrir *qc* de *qc*, recouvrir *qc* de *qc*, envelopper *qc* de *qc*, vêtir, revêtir. ¶ 케이크 위에 크림을 ~ recouvrir le gâteau de crème. ¶ 이에 금을 ~ se faire faire [se faire mettre] une couronne en or à une dent. ¶ 같은 이름의 파일을 만들어 기존의 파일 위에 덧씌웠다 Après avoir fabriqué un nouveau fichier (informatique) du même nom, j'ai remplacé l'ancien fichier par ce nouveau.
덧없다 형 être éphémère, fugiti*f*(*ve*), fugace, passag*er*(*ère*), momentané(*e*); être vain(*e*), vide. ¶ 부귀영화도 사랑도 다 ~ L'amour, la richesse et la gloire sont tous éphémères [passagers, de courte durée] / L'amour, la richesse et la gloire ne durent pas longtemps. ¶ 그렇게 돈을 벌어보았자 다 덧없는 일이다 Il est tout à fait vain de gagner de l'argent comme ça. ¶ 덧없는 인생[세월] la vie fugitive, la vie éphémère [le temps passager].
◆**덧없이** 부 fugitivement, passagèrement. ¶ 덧없이 흐르는 세월 le temps qui passe fugitivement [rapidement].
덧입다 타 mettre ((un vêtement)) sur un autre [par-dessus un autre]. ¶ 셔츠 위에 스웨터를 ~ J'ai mis un pull(-over) par-dessus ma chemise.
덧입히다 타 vêtir [habiller] *qn* d'un autre vêtement; mettre à *qn* ((un vêtement)) sur un autre [par-dessus un autre]. ¶ 스웨터위에 코트를 ~ mettre un manteau à *qn* par-dessus son pull-over. ¶ 이 제품은 표면에 금박을 덧입혔다 La surface de ce produit est enveloppée d'une feuille d'or.
덧저고리 명 veste *f* (coréenne) que l'on porte sur une autre.
덧칠 -漆 명 couche *f* de peinture superposée. ◇_(을) **하다** repeindre. ¶ 페인트공이 칠이 벗겨진 담 벽에 ~을 했다 Le peintre a repeint un mur écaillé.

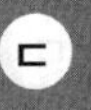

덩 부 ding, dong, avec un son métallique. ¶ ~, ~, ~, 종소리가 울렸다 Ding, dong, la cloche a sonné.
덩굴 명 ① plante *f* grimpante; tige *f* grimpante; sarment *m*. ② 땅바닥에 퍼지는 덩굴 coulant *m*; plante *f* rampante. ¶ ~이 어지럽게 뻗어있다 La plante grimpante se développe anarchiquement. ¶ ~이 담을 타고 뻗어 올라가다 La plante grimpante monte en s'étendant par-dessus le mur.
***호박이 ~째 굴러 들어오다** avoir un coup de chance inespéré, avoir une aubaine.
◆**_지다** 자 grimper; ramper.
◆**_손** 명 vrille *f*, cirre *m*.
◆**_풀** 명 herbe *f* grimpante.
덩그러니 부 vide et désert. ¶ 방 한가운데 탁자 하나가 ~ 놓여 있었다 Au centre de la pièce vide, il y avait une seule table / Au beau milieu de la pièce, se trouvait une table isolée. ¶ 잔해들 사이로 건물 하나가 ~ 서 있었다 Au milieu des décombres, restait [se dressait] un seul édifice.
덩그렇다 형 ① 우뚝 솟아 있다 être haut(*e*), élevé(*e*); être imposant(*e*). ¶ 그는 키만 ~ Il a la taille imposante. ¶ 해가 덩그렇게 솟았다 Le soleil s'élève haut dans le ciel. ¶ 건물 한 채가 덩그렇게 서 있었다 Un immeuble se dressait de façon imposante. ② (공간이 비어서) 쓸쓸하다 être vide, désert(*e*). ¶ 그는 덩그렇게 큰 집을 혼자 지키고 있다 Il est tout seul dans une grande maison vide. ¶ 방안에는 침대 하나가 홀로 덩그렇게 놓여 있었다 Un seul lit occupait la chambre déserte.
덩달아 부 en faisant comme les autres sans réfléchir, en imitant les autres (sans réfléchir); en faisant de même, en en faisant autant; en suivant le mouvement; en imitant *qn*; en suivant l'exemple de *qn*. ¶ 엄마가 우는 것을 보고 아이도 ~ 울었다 En voyant pleurer sa mère, l'enfant a pleuré lui aussi [a fait de même, l'a imitée, en a fait autant]. ¶ 남들이 한다고 별 생각 없이 ~ 하면 안 된다 Ce n'est pas parce que tout le monde le fait qu'il faut faire comme les autres [qu'il faut suivre le mouvement] sans réfléchir.
덩더꿍 부 ran-pataplan; boum ((onomatopée qui exprime le son du tambour)).
덩덩 부 ran-pataplan; boum ((onomatopée qui

exprime le son du tambour)).
덩실 뷔 ① ((춤)) en bondissant de joie. ¶ 그녀는 ~ 춤을 추었다 Elle a dansé en bondissant de joie. ② ((구름 따위가)) en flottant. ¶ 구름이 저쪽으로 ~ 흘러간다 Les nuages flottent vers ce côté-là.
덩실거리다 재 faire des gestes lents, amples et ondulés (comme une danse coréenne); danser avec des gestes amples et lents. ¶ 그 여자가 덩실거리며 춤을 추기 시작했다 Elle a commencé à danser avec des gestes amples et lents.
덩실덩실 뷔 ((idéophone exprimant un geste lent, ample et ondulé comme dans une danse)) ① ((기뻐서)) en sautant [bondissant] de joie, en étant transporté(*e*) de joie. ¶ ~ 춤을 추다 danser (en bondissant) de joie [en étant transporté(*e*) de joie]. ② ((전통무용)) avec des gestes lents, amples et ondulés. ¶ ~ 춤을 추다 danser avec des gestes lents, amples et ondulés.
덩어리 명 ① ((고체)) masse *f*; bloc *m*; morceau(*x*) *m*; portion *f*. ¶ 얼음 ~ un morceau [un bloc] de glace; un glaçon. ② ((액체나 가루)) grumeau *m* ((de farine)); caillot *m* ((de sang)). ¶ 미숫가루가 ~가 져서 물에 잘 풀리지 않는다 Le *misutgaru* est difficile à diluer à cause de la formation de grumeaux. ③ ((사람)) groupe *m*, bande *f*, cohorte *f*, ((부랑자, 폭도)) horde *f*. ¶ 어려울 때일수록 온 국민이 한 ~가 되어 극복해 나아가야 한다 Plus il y a de difficultés [Plus le pays est en difficulté], plus les citoyens doivent s'unir pour les surmonter[s'entendre pour les surmonter ensemble].
◆**_지다** 재 ① s'agglomérer, se conglomérer. ② 엉기다 se figer, se coaguler, se cailler, prendre; former des grumeaux. ¶ 녹말을 너무 급히 끓이면 ~진다 Si l'on fait bouillir de l'amidon trop vite, il se forme des grumeaux.
[분류] boule *f*; boulette *f*; motte *f* ((de beurre)), bouchée *f*((de pain)); morceau(*x*) *m* ((de fromage)); lopin *m* ((de terre)), parcelle *f* ((de champ)). ¶ 주먹밥 몇 ~만 만들어 다오 Fais-moi quelques boules de riz.
[접미] personne *f* pleine de ((charme)), la ((vanité)) même. ¶ 골칫~ une personne source d'ennuis. ¶ 욕심~ une personne d'une grande convoitise, quelqu'un d'envieux, une personne envieuse. ¶ 애교~ une personne adorable [pleine de charme]. ¶ 그 사람은 순 허영~다 Il est la vanité même.
덩이 명 petite masse *f*, petit morceau *m*; petit bloc *m*; motte *f* ((de terre)). ¶ 쇳 ~ un morceau de fer, un bout de fer. ¶ 진흙 ~ une motte de terre.
[분류] boule *f*, boulette *f*; motte *f* ((de beurre)); pâté *m*; pavé *m*. ¶ 메주 다섯 ~ cinq pavés de pâté de soja fermenté.
덩치 명 volume *m*; grosseur *f*; masse *f*; bloc *m*. ¶ ~가 크다[작다] être d'une forte [petite, faible] corpulence; être gros(*se*) [corpulent(*e*), massif(*ve*), trapu(*e*)].
◆**_값** 명 action de se comporter selon *sa* corpulence.
*~**값을 하다** se comporter selon *sa* corpulence. ¶ 이런 가벼운 것도 못 들다니! ~값도 못하는군 Tu n'es même pas capable [fichu(*e*) {*fam*}] de porter quelque chose de si léger! Tu devrais pouvoir soulever cette pierre, vu ta corpulence!
덩쿨 명 (('덩굴'의 잘못)) ☞ 덩굴
덫 명 trappe *f*, piège *m* ((à rats)); chausse-trape (~~s) *f*, lacet *m*; trébuchet *m*; collet *m*. ¶ ~을 놓다 dresser [tendre] un piège, poser un collet. ¶ ~에 걸리다 se laisser prendre au piège, se laisser piéger. ¶ ~으로 잡다 prendre [attraper] ((un renard)) au piège; piéger ((des loups)); prendre *qn* au piège, piéger *qn*. ¶ 제가 놓은 ~에 제가 걸리다 tomber dans *son* propre piège.
◆**쥐_** 명 piège *m* à rats.
덮개 명 ① couverture *f* ouatée; contrepointe *f*; couvre-pieds *m inv*; édredon *m*; bâche *f* ((d'une voiture)). ¶ 차에 ~를 잘 덮어라 Mets la bâche sur la voiture. ② 뚜껑 couvercle *m* ((d'une boîte, d'un pot)). ¶ 항아리 ~ le couvercle d'une jarre.
덮다 타 ① couvrir ((*qc* de *qc*, un meuble d'une housse)), recouvrir *qc* de *qc*, envelopper *qc* de *qc*, emballer, englober. ¶ 밥상을 보자기로 ~ couvrir d'un carré de tissu les plats situés sur la table basse (pour les garder au chaud). ¶ 상자 위에 보자기를 ~ couvrir la boîte d'un carré de tissu. ¶ 김치 독을 가마니로 ~ envelopper la jarre de *gimchi* avec des sacs (tressés) de paille. ¶ 지붕을 방수제로 ~ revêtir le toit d'un produit d'étanchéité [d'une matière hydrofuge]. ¶ 눈이 온 땅을 덮었다 La neige a complètement recouvert la terre / La terre est couverte de neige. ¶ 구름이 하늘을 덮었다 Le ciel est couvert de nuages. ¶ 그 남자의 머리는 길게 자라 귀를 덮었다 Ses cheveux longs couvrent ses oreilles / Ses cheveux ont tellement poussé qu'ils lui couvrent les oreilles. ¶ 키 큰 소나무들이 그 산을 덮고 있다 De grands pins recouvrent cette montagne. ¶ 어둠이 땅을 덮었다 Les ténèbres ont englouti la terre. ¶ 침묵이 무겁게 그 방을 덮고 있다 Un silence pèse lourdement dans cette chambre. ② 닫다 (re)fermer ((un livre)), couvrir, recouvrir, ((뚜껑을)) couvrir ((un plat, une marmite)) avec un couvercle, mettre ((un couvercle)) sur *qc*. ¶ 장독 뚜껑을 ~ mettre les couvercles sur les jarres (destinées à conserver des condiments (pâte de piment, pâte de soja fermentée, sauce de soja, *gimchi*, etc.). ¶ 책[공책]을 ~ fermer [refermer] un livre [le cahier]. ¶ 동생이 들어오자 그는 보던 일기를 덮어버렸다 Lorsque son frère cadet est entré, il a refermé le journal intime qu'il lisait. ③ ((이불 따위를)) se couvrir de *qc*, s'envelopper dans ((une couverture)), s'emmitoufler; envelopper [emmitoufler {*fam*}] ((un bébé dans une couverture)). ¶ 이불[담요]을 (몸에) ~ se couvrir

d'une couette [d'un édredon, d'une courtepointe] [se couvrir d'une couverture, s'envelopper dans une couverture]. ¶ 그 사람은 체온을 유지하기 위해 담요로 몸을 덮었다 Il s'est enveloppé dans une couverture pour rester au chaud. ④ 중단하다 fermer, arrêter, interrompre; jeter l'éponge. ¶ 그 사람은 작성 중이던 연구 계획서를 그만 덮어버렸다 Il a abandonné son projet de recherches qu'il était en train de rédiger [en cours de route]. ¶ 수술을 하기 위해 배를 절개했으나 손을 쓸 수 없는 상태여서 그대로 덮어 버렸다 On a ouvert le ventre en vue d'une intervention chirurgicale [pour opérer], mais l'état était tel que l'on ne pouvait rien faire. Alors, on l'a refermé aussitôt. ⑤ 숨기다 cacher, tenir *qc* secr*et*(*ète*), garder le secret au sujet de *qc*; dissimuler, voiler, recouvrir ((la plaine)); passer sous silence, passer sur *qc*, fermer les yeux sur *qc*, tolérer que+*subj*; étouffer ((un scandale, une affaire)); faire le black-out ((sur une enquête judiciaire)). ¶ 잘못을[죄를] 덮어주다 passer sous silence une faute; passer sur les fautes de *qn*; tenir une faute secrète; fermer les yeux sur une faute [un délit, un crime]. ¶ 그 여자는 그 사고를 어물어물 덮으려 했다 Elle essayait d'étouffer l'affaire.

덮밥 명 riz *m* couvert de ((un œuf)). ¶ 계란 ~ riz couvert d'un œuf. ¶ 고기 ~ riz couvert de sauce à la viande et aux légumes. ¶ 오징어 ~ riz couvert de sauce aux calamars et aux légumes. ¶ 자장 ~ riz nappé d'une sauce noire chinoise ((à base de soja fermenté et de viande avec des légumes)).

덮씌우다 타 ① 두 겹으로 씌우다 envelopper, enrober *qc*. ¶ 나는 내 여자친구의 손을 천으로 덮씌웠다 J'ai enveloppé la main de mon amie dans une étoffe. ② 완전히 덮다 couvrir, recouvrir *qc*. ¶ 담쟁이덩굴이 창문을 완전히 덮씌웠다 La fenêtre est couverte de lierre. ¶ 안개가 대지를 덮씌우고 있다 Le brouillard recouvre la terre. ③ ((모자 등으로)) couvrir, coiffer *qc* de *qc*. ¶ 그는 날리는 머리를 모자로 덮씌웠다 Il a coiffé d'un chapeau ses cheveux épars. ④ ((누명을)) incomber à *qn* une accusation non fondée; imputer, attribuer ((une faute, une action, un crime)) à *qn*; rejeter ((un tort, une faute, une responsabilité)) sur *qn*; mettre *qc* sur le dos de *qn*, accuser *qn* à tort, déshonorer *qn*, porter atteinte à l'honneur de *qn*; rejeter ((*sa* faute)) sur *qn*; faire porter le chapeau à *qn* {*fam*}, faire endosser la responsabilité à *qn*. ¶ 그 사람은 우리에게 그 사건의 죄를 덮씌웠다 Il nous a imputé le crime.

덮어놓고 부 sans se demander quoi que ce soit; sans se poser de questions; sans conditions; sans donner aucune raison [explication]; sans raison, sans cause évidente; sans dire pourquoi; sans s'expliquer; tout de go. ¶ 아이들에게 ~ 야단만 치다 gronder les enfants sans se poser de questions. ¶ 그는 나를 만나자마자 ~ 화부터 냈다 Il se mit tout de suite en colère sans raison [s'emporta subitement, s'emporta sans cause évidente] dès qu'il me rencontra. ¶ ~ 사람을 믿다 croire tout le monde sans se poser de questions; être très crédule.

덮어놓다 타 ① 제쳐놓다 interrompre, suspendre *qc*. ¶ 그 일은 잠시 덮어놓자 Arrêtons ce travail pour le moment! / Mettons ce travail de côté pour le moment! ② 문제 삼지 않다 passer *qc* sous silence; ne pas dénoncer *qc*, ne pas poser de question sur *qc*, ne pas remettre *qc* en question. ¶ 우리는 이번 사건을 덮어놓았다 Nous avons passé cette affaire sous silence.

덮어두다 타 ① laisser *qc* recouvert(*e*) [étouffé(*e*)]. ¶ 냄비 뚜껑을 덮어두어라 Couvre la marmite avec le couvercle. ② 중단하다 arrêter [interrompre] *qc*; laisser tomber *qc*, abandonner *qc*; jeter l'éponge. ¶ 그 사람은 모든 것을 다 덮어두고 쉬기로 했다 Il a décidé de tout arrêter [laisser tomber] et de se reposer. ¶ 나는 그쯤에서 얘기를 덮어두었다 J'ai arrêté mon histoire là. ③ 묻지 않고 넘어가다 passer sous silence; passer sur *qc* [fermer les yeux sur *qc*, tolérer que+*subj*]; tenir *qc* secr*et*(*ète*); garder le secret au sujet de *qc*; étouffer ((un scandale, une affaire)); faire le black-out ((sur une enquête judiciaire)). ¶ 누구의 잘못을[실수를] ~ passer sous silence la faute de *qn* [passer sur les fautes de *qn*, fermer les yeux sur les fautes de *qn*]. ¶ 이번 일은 도저히 그냥 덮어둘 수가 없다 Nous ne pouvons pas passer [fermer les yeux] sur cela / Là [Cette fois-ci], c'est impardonnable [inexcusable]. ¶ 이번 일은 그냥 우리 사이에 덮어둡시다 Ceci doit rester confidentiel [entre nous].

덮어쓰다 타 ① ((이불 따위를)) se couvrir (entièrement) de *qc*; être couvert(*e*) de *qc*; s'envelopper ((dans une couverture)); se recouvrir, se vêtir, s'emmitoufler. ¶ 이불을 ~ se couvrir d'une couette [d'un édredon, d'une courtepointe]; s'envelopper dans une couverture. ② ((모자를)) se couvrir, se coiffer ((d'un chapeau)); enfoncer, mettre ((*son* chapeau)). ¶ 모자[벙거지]를 ~ mettre [se coiffer d']un chapeau [un chapeau de paille]. ¶ 수건을 ~ se couvrir (la tête) d'une serviette. ③ 덮이다 se couvrir, se recouvrir, se voiler; être couvert(*e*) ((de nuages)), recouvert(*e*), enveloppé(*e*) ((de brume, de brouillard)), voilé(*e*). ¶ 온 몸에 먼지를[오물을] 덮어썼다 être entièrement (re)couvert de poussières [recouvert d'immondices]. ¶ 그 산은 눈을 완전히 덮어썼다 Cette montagne est complètement recouverte de neige. ④ 누명을 쓰다 être accusé(*e*) injustement; faire l'objet d'une calomnie; prendre sur *soi* ((un crime, une faute)), prendre à *son* compte [sous *son* bonnet], endosser ((une faute)), porter le chapeau {*fam*}; se voir imputer la responsabilité ((d'une faute)). ¶ 남의 죄를[잘못을] ~ être (injustement) accusé des fautes d'un autre; prendre sur *soi* un crime [la faute d'autrui]; endosser les erreurs d'autrui; porter le chapeau {*fam*}; se voir imputer la faute de *qn*. ¶ 그 사람이 그 일(의 책임)을 덮어썼다 Il a pris [assumé] la responsabilité de cette [l']affaire / Il s'est vu imputer la responsabilité de cette affaire. ¶ 누명을 ~ être accusé(*e*) injustement; être faussement accusé(*e*); acquérir (à tort) une réputation infamante; faire l'objet d'une calomnie; endosser ((les erreurs)) de *qn*; porter le chapeau {*fam*}. ⑤ 한 번에 많은 돈을 잃다 perdre beaucoup d'argent dans une partie de jeu par malchance. ¶ 그 아저씨는 노름판에서 한 판 호되게 덮어써서 한꺼번에 10만원을 잃었다 Dans une partie de jeu, il a par malchance perdu 100 000 wons d'un seul coup.

덮어씌우다 타 ① couvrir (entièrement, complètement) *qc* de *qc*; envelopper *qc*/*qn*; recouvrir *qc* de *qc*, vêtir *qn*, emmitoufler; mettre ((un chapeau)) sur la tête ((d'un enfant)), coiffer un enfant ((d'un bonnet)). ¶ 쓰지 않는 에어컨에 덮개를 ~ recouvrir, d'une housse, le climatiseur qu'on n'utilise pas. ¶ 졸업식에서 서로에게 밀가루를 덮어씌우는 학생들이 있다 Il y a des lycéens qui se jettent de la farine les uns sur les autres lors de la cérémonie de fin d'études. ② ((누명을)) incomber à *qn* une accusation non fondée; imputer, attribuer ((une faute, une action, un crime)) à *qn*; rejeter ((un tort, une faute, une responsabilité)) sur *qn*; mettre *qc* sur le dos de *qn*, accuser *qn* à tort, déshonorer *qn*, porter atteinte à l'honneur de *qn*; rejeter ((*sa* faute)) sur *qn*; faire porter le chapeau à *qn* {*fam*}, faire endosser la responsabilité à *qn*. ¶ 자기 잘못을 남에게 ~ rejeter *sa* propre faute sur *qn*; faire porter le chapeau à *qn* {*fam*}. ¶ 검사는 그 사람에게 살인죄까지 덮어씌우려 하였다 Le magistrat [Le parquet] voulait également l'inculper pour homicide.

덮어주다 타 passer sous silence; passer sur *qc*; fermer les yeux sur *qc*; tolérer que+*subj*. ¶ 그 분이 나의 허물을[실수를] 모두 덮어주셨다 Il a passé sous silence tous mes défauts [toutes mes fautes] / Il a passé sur tous mes défauts [toutes mes fautes] / Il a fermé les yeux sur tous mes défauts [toutes mes fautes].

덮이다 자 ① 가려지다 se couvrir, se recouvrir, se voiler ((de nuages)), disparaître sous le brouillard; être couvert(*e*), recouvert(*e*), voilé(*e*); être couvert(*e*), recouvert(*e*), enveloppé(*e*) ((de brume)), fermé(*e*). ¶ 테이블보가[에, 로] 덮인 탁자 une table recouverte d'une nappe. ¶ 그 사람의 시체는 흰 천으로 덮여 있었다 Son cadavre était recouvert d'une toile blanche. ¶ 산이 눈에[으로] 덮여 있다 La montagne est recouverte [couverte] de neige / La montagne est enneigée. ¶ 그 산은 소나무로 덮여 있다 Cette montagne est recouverte de pins. ¶ 짙은 안개에 덮인 공항 l'aéroport dans un brouillard épais; l'aéroport enveloppé d'un brouillard épais. ② ((덮개로)) être fermé(*e*) par un couvercle. ¶ 솥이[에] 뚜껑이 덮여 있다 La marmite est fermée par un couvercle. ③ 숨어 있다 être caché(*e*), dissimulé(*e*), voilé(*e*). ¶ 달이 구름에 덮여 있다 La lune est cachée derrière les nuages. ¶ 하늘이 먹구름으로 덮여 있다 Le ciel est couvert de nuages noirs. ¶ 하늘에 구름이 덮여 있다 Des nuages couvrent le ciel. ⑤ ((사건이나 사실이)) être caché(*e*). ¶ 덮여 있던 사건의 진상이 하나씩 드러났다 Les vraies natures (cachées) de cette affaire se sont révélées l'une après l'autre.

덮치다 타 ① 닥치다 arriver en même temps, arriver [survenir] de façon surprenante, attaquer ((l'ennemi à l'improviste)), investir ((un lieu)); 덤비다 donner l'assaut à *qc*, se ruer sur *qc*/*qn*, sauter sur *qc*/*qn*, s'élancer vers *qn*, se précipiter sur *qn*, fondre sur ((*sa* proie, l'ennemi)), foncer sur ((l'ennemi)); bondir sur *qn*, s'en prendre à *qn*, s'abattre sur *qn*, se jeter (impétueusement) sur *qn*, assaillir, tomber sur *qn*, s'attaquer à *qn*, charger; ((폭풍우가)) surprendre *qn*. ¶ 그들이 갑자기 나[내 집]를 덮쳤다 Soudain, ils se sont jetés sur moi [ils ont pris d'assaut ma maison] / Soudain, ils ont bondi sur moi. ¶ 자동차가 가게를 덮쳤다 Une voiture a défoncé le magasin / Une voiture s'est encastrée dans la devanture du magasin. ¶ 경찰이 마약 밀매 현장을 덮쳤다 La police a investi un lieu de trafic de drogue. ¶ 강도가 행인을 덮쳐서 금품을 갈취해 갔다 Un gangster [malfaiteur, truand] s'est jeté sur [a attaqué] un passant, et lui a volé des objets de valeur. ¶ 솔개가 병아리를 덮쳤다 Une buse a fondu [s'est abattue] sur un poussin. ¶ 그 여자를 덮치려던 치한이 우리들에게 붙잡혔다 Nous avons appréhendé un érotomane [obsédé sexuel] qui s'apprêtait à violer cette fille. ¶ 큰 파도가 배를 덮쳐서 배가 침몰했다 Le navire a coulé, submergé par la hauteur des vagues. ② ((불행 따위가)) survenir, s'abattre, arriver. ¶ 불행이 우리를 덮쳤다 Un malheur nous est arrivé / Un malheur s'est abattu sur nous. ③ ((기상이변 따위가)) s'abattre. ¶ A급 태풍이 한반도를 덮쳤다 Un typhon de classe A s'est abattu sur la péninsule coréenne. ④ ((병마나 불행 따위가)) s'abattre, se propager, se répandre, sévir. ¶ 병마[역병]가 그 마을을 덮쳤다 Une épidémie s'est abattue sur le village.

***엎친 데 덮친 격으로** ((tomber)) de Charybde en Scylla; de mal en pis; un malheur ne vient jamais seul; coup sur coup; l'un après l'autre; par-dessus le marché, en plus; 반어적으로 pour tout arranger, pour couronner le tout, brochant sur le tout; pour comble de malheur [d'infortune], par [de] surcroît, pis encore; et comme si ça ne suffisait pas. ¶ 엎친 데 덮친 격으로 그 사람의 아버님에 이어 어머님마

저 돌아가셨다 Après avoir perdu son père, il a pour comble de malheur perdu également sa mère / Pour comble de malheur, il a perdu tour à tour son père puis sa mère. ¶ 엎친 데 덮친 격으로 그 남자는 이혼을 한 뒤에 직장까지 잃었다 Comme on dit qu'un malheur n'arrive jamais seul, après son divorce, il a en plus [pour comble de malheur] perdu son travail.

덮히다 자 ((‘덮이다’의 잘못)) ☞ 덮이다

데[1] 명 ① ((nom dépendant ou non autonome, exprimant un endroit ou un lieu. Il s'emploie après les suffixes flexionnels déterminatifs -ㄴ/-는/-은, -ㄹ/-을, -던)). endroit *m*, lieu(*x*) *m*, quelque part, espace *m*. ¶ 책을 원래 있던 ~에 갖다놓아라 Remets ce livre à sa place [où il était, où tu l'as trouvé]. ¶ 어디 잠깐 들를 ~가 있어 Je dois aller quelque part. ② 부분 quelque part; partie *f*, part *f*, côté *m*, passage *m* ((d'un roman)). ¶ 어디 아픈 ~는 없니? Tu n'as pas mal quelque part? / Tu n'as mal nulle part? ③ 점, 측면 côté *m*. ¶ 그는 무슨 행동을 해도 밉지 않은 ~가 있다 Quoi qu'il fasse, on ne peut pas lui en vouloir / Quelque soit son comportement, il est difficile de le détester. ¶ 그의 그림은 나무랄 ~가 없다 On n'a rien à redire à son dessin / On ne peut faire aucun reproche à sa peinture. ¶ 네가 아는 ~까지 다 얘기해봐라 Dis tout ce que tu sais. ④ 일, 사실, 상황, 경우 ((nominalisateur)) circonstances *fpl*; cas *m*. ¶ 그는 그림 그리는 ~ 소질이 있다 Il est doué pour le dessin. ¶ 그는 한국이 우승하는 ~ 크게 공헌했다 Il a beaucoup contribué à la victoire de la Corée. ¶ 일이 이렇게 된 ~(에)는 내 책임이 크다 Je suis pour beaucoup dans cette affaire. ¶ 이 약은 목이 아픈 ~(에) 먹으면 좋다 Ce médicament est efficace contre les maux de gorge [le mal de gorge].

-데[2] 어미 d'après ce que j'ai vu [remarqué, constaté, senti] ((suffixe flexionnel de terminaison phrastique déclarative, exprimant une expérience vécue par le locuteur. Il s'ajoute après le radical du verbe et de l'adjectif quelle que soit sa forme, et après les suffixes flexionnels préfinaux temporo-modaux -시/-으시, -았/-었. Utilisé entre les enfants, entre les amis intimes et à l'adresse d'un interlocuteur inférieur, il exprime l'égalité ou l'infériorité)). ¶ 어제 본 영화 참 재미있~ (D'après ce que j'ai constaté) le film que j'ai vu hier était très intéressant. ¶ 어제 날씨 되게 춥~ Hier, il faisait très froid. ¶ 그들이 곧 결혼한다고 그러~ D'après ce que j'ai entendu, ils vont se marier bientôt / J'ai entendu dire qu'ils allaient se marier bientôt.

데구루루 부 ☞ 떼구루루

데굴데굴 부 en roulant ((idéophone exprimant le mouvement d'un objet rond qui roule)). ¶ 공이 ~ 굴러간다 Une balle roule.

데다 자타 ① se brûler, ((끓는 물에)) s'ébouillanter, s'échauder. ¶ 불에 (손을[이]) ~ se brûler (la main). ¶ 뜨거운 커피에 입술을 ~ se brûler les lèvres avec du café bouillant. ② 혼나다 en avoir assez de *qn*/*qc*, en avoir marre {*fam*} [*sa* claque {*fam*}] de *qc*/*qn*, en avoir jusque là [par-dessus la tête, ras le bol {*fam*}], être fatigué(*e*) [las(*se*)] de *qc*/*inf*, se faire échauder, être échaudé(*e*), en voir de dures [des vertes et des pas mûres], subir de pénibles épreuves. ¶ 그 지긋지긋한 녀석한테 완전히 데었어 J'en ai vraiment marre [ma claque] {*fam*} de ce type / Je ne peux plus encadrer [blairer] ce type {*fam*}.

데데하다 형 n'être bon à rien; être sans valeur. ¶ 그는 사람이 왜 그리 데데하지? Pourquoi ne sait-il rien faire? / Quel bon à rien! ¶ 데데한 물건들 des choses inutiles, des clopinettes, des objets sans valeur.

데드라인 영{deadline} 명 date *f* limite. ¶ 5월 10일을 ~으로 해서 (au plus tard) pour le 10 mai; avant le 10 mai. ¶ ~에 걸려 그 기사는 싣지 못했다 Cet article n'a pas pu être publié à temps. ¶ 그 일은 이번 주말까지가 ~이다 Il faut terminer ce travail avant la fin de la semaine. ¶ ~이 언제야? Quelle est la date limite?

데드볼 영{dead ball} 명 【운동】 ((축구)) coup *m* de pied arrêté; ((야구)) frappe *f* par la balle. ¶ ~을 맞다 être touché(*e*) par une balle lancée. ¶ 저 선수는 ~로 1루에 걸어 나갔다 Ce joueur de baseball est allé au premier coussin en marchant à cause d'une frappe par la balle.

데려가다 타 emmener *qn* ((avec *soi*, chez le médecin, des amis au théâtre)); mener ((les enfants *qp*)); conduire *qn* ((à la gare)); aller [partir] avec *qn*, accompagner *qn* ((jusqu'à la gare)); se faire accompagner [escorter] par *qn*. ¶ 아이를 학교[동물원]에 ~ conduire un enfant à l'école [emmener un enfant au zoo]. ¶ 치료를 받으러 아이[애]를 병원에 ~ emmener un enfant à l'hôpital pour un soin [traitement]. ¶ 나는 그 친구를 시골로 데려갔다 Je l'ai emmené(*e*) à la campagne. ¶ 그 친구가 나를 중국집으로 데려갔다 Il m'a conduit [emmené] dans un restaurant chinois. ¶ 우리는 부상자를 구급차로 응급실에 데려갔다 On emmena [transporta] le blessé en ambulance aux urgences [au service des urgences].

데려오다 타 amener *qn*, ramener *qn*, emmener *qn*, venir avec *qn* [en compagnie de *qn*], ramener (vers *soi*), appeler *qn*, faire venir *qn*. ¶ 친구[아이]들을 집에[으로] ~ amener [venir avec] des amis [ramener les enfants] chez *soi* [à la maison]. ¶ 의사[간호사, 경관]을 ~ appeler [faire venir] un médecin [une infirmière, un policier]. ¶ 동생도 빨리 데려와 Ramène vite aussi ton petit frère. ¶ 왜 그 사람을 데려오지 않았습니까? Pourquoi ne l'avez-vous pas amené avec vous? / Pourquoi n'êtes-vous pas venu(*e*) avec lui? ¶ 피의자를 심문하러 데려오다 amener un(*e*) suspect(*e*) pour un interrogatoire.

데리다 타 ((verbe défectif)) se faire accompagner [escorter] par *qn*; emmener *qn*; être accompagné(*e*) de [par] *qn*; ◇**데리고** avec, en compagnie de *qn*. ¶ (나는) 아이들을 데리고 산책을 갔다 Avec mes enfants, je suis allé(*e*) faire une promenade. ¶ 오빠는 여동생을 학교에[로] 데리고 갔다 Il a accompagné sa petite sœur à l'école / Il a amené [conduit] sa petite sœur à l'école. ◇**데리러** (pour) chercher [ramener]. ¶ (나는) 아이들을 데리러 학교에 갔다 Je suis allé(*e*) à l'école pour chercher [ramener] mes enfants.

ㄷ

데릴사위 명 gendre *m* qui vit chez ses beaux-parents. ¶ ~를 얻다[맞다] avoir *son* gendre et *sa* fille à la maison. ¶ 김군은 그 집에 ~로 들어갔다 M. Kim est allé vivre chez ses beaux-parents. ¶ ~나 다름없다 Il est comme un gendre qui vit chez ses beaux-parents / Il ne diffère pas d'un gendre vivant chez sa belle famille.

◆**_감** 명 jeune homme *m* exemplaire; ((조롱으로)) jeune homme *m* exécrable.

◆**_제도** -制度 명 institution *f* de mariage où c'est le gendre qui vit chez ses beaux-parents.

데면데면하다 형 ① 신중하지 않다 être peu soigneux(*se*), négligent(*e*). ¶ 그는 매사에 ~ Il est peu soigneux dans tout ce qu'il fait. ¶ 너는 일처리하는 것이 데면데면해서 걱정이다 Comme tu apportes peu de soin à ton travail, cela m'inquiète / Comme tu négliges ton travail, cela me donne du souci. ② 친밀감이 없다 être négligent(*e*), insouciant(*e*), inattenti*f*(*ve*), indifférent(*e*). ¶ 너 날 대하는 태도가 왜 그리 데면데면하니? Pourquoi es-tu si indifférent avec moi? ¶ 누구에게 데면데면하게 굴다 se comporter avec indifférence avec *qn*, négliger *qn*.

데모 영{demo} 명 ① manifestation *f*. ¶ 가두 ~ une manifestation dans la rue; une marche de protestation. ¶ ~ 만능 풍조 une tendance à la protestation. ¶ ~를 진압하다[막다] réprimer une manifestation. ¶ ~에 가담하다 participer [aller] à une manifestation. ② ((프리젠테이션시의 시연)) démonstration. ◇**_(를) 하다[벌이다]** ① manifester; faire [organiser] une manifestation. ¶ 농민들이 농산물 수입 개방에 반대하는 ~를 하고 있다 Les agriculteurs manifestent contre la libéralisation des importations de produits agricoles / Les agriculteurs manifestent contre l'ouverture du marché à l'importation des produits agricoles. ¶ 학생들이 구호를 외치며 격렬하게 ~를 했다 Les étudiants ont manifesté avec fougue en criant [en poussant] des slogans. ② ((프리젠테이션시의 시연)) faire une démonstration.

◆**_대** -隊 명 manifestant(*e*)s. ¶ 경찰이 ~대에 최루탄을 쏘아 해산시켰다 La police a dispersé [Les forces de l'ordre ont dispersé] les manifestants en tirant des (grenades de) gaz lacrymogènes. ¶ ~대의 선봉에 서다 être à la tête d'une manifestation.

◆**_모델** 명 modèle *m* de démonstration.

데뷔 프{début} 명 les débuts *mpl* de *qn*. ¶ ~ 무대 *ses* débuts (sur scène); les débuts de *qn*. ¶ 저 배우의 ~ 연대가 언제지? À quelle époque [En quelle année] cet(*te*) ac*teur*(*trice*) a-t-il(*elle*) fait ses débuts? / Quand est-ce que cet(*te*) ac*teur*(*trice*) a débuté? / En quelle année cet(*te*) ac*teur*(*trice*) a commencé sa carrière (d'acteur / d'*actrice*)? ◇**_(를) 하다** faire *ses* débuts (sur scène, dans le monde); faire *ses* premiers pas (dans le monde, dans une carrière); commencer *sa* carrière (d'artiste); débuter. ¶ 그는 신인가요제에서 대상을 받고 화려하게 ~했다 Il a magnifiquement commencé sa carrière après avoir été classé premier au concours des jeunes chanteurs[des chanteurs débutants] ¶ ~한 지 얼마 안 되는 신인들의 활약이 대단하다 Les jeunes qui viennent de débuter sont très dynamiques / Les jeunes débutants font preuve d'une performance remarquable. ¶ 그는 이번 단편 소설로 문단에 ~했다 Il vient de faire son entrée dans le milieu littéraire [de faire ses débuts dans le monde littéraire, de débuter sa carrière littéraire] avec cette nouvelle [avec ce texte court, avec cette forme brève].

◆**_曲** -**곡** 명 chanson *f* [hit *m*] qui a fait démarrer [connaître] un(*e*) chan*teur*(*teuse*).

◆**_작** -作 명 première œuvre *f*.

데뷰 프{début} 명 ☞ 데뷔

데상 프{dessin} 명 ☞ 데생

데생 프{dessin} 명 dessin *m*. ¶ 석고상을 놓고 ~ 연습을 하다 s'entraîner à dessiner avec une statue [un modèle] en plâtre.

데스크 영{desk} 명 ① 책상 bureau *m*; 계산대 caisse *f*; 호텔의 접수처 réception *f*. ¶ 자세한 사항은 호텔 ~에 문의하시오 Demandez de plus amples informations à la réception de l'hôtel. ② 신문사의 편집부 secrétaire *m* de rédaction; secrétaire *m* d'édition. ¶ ~ 다이어리 un agenda de bureau. ¶ 말단 기자들이 쓴 기사들은 모두 ~의 검토를 거쳐서 기사화된다 Les articles écrits par les plus jeunes journalistes sont tous revus par le secrétaire de (la) rédaction.

데시벨 영{decibel} 분류 décibel *m*. ¶ 이곳은 차량들 때문에 소음이 100 ~을 넘는다 Ici, le bruit dépasse les 100 décibels à cause du trafic (des véhicules).

데우다 타 (faire) chauffer ((de l'eau, un bain, la chambre)), ((식은 것을)) réchauffer ((de la soupe)); ((몸을)) se chauffer, se réchauffer. ¶ 물을 100도까지 데워라 Fais chauffer l'eau jusqu'à 100 degrés. ¶ 목욕물을 ~ faire chauffer un bain. ¶ 국이 식어서 다시 데워야겠다 Comme la soupe a refroidi, il faut la réchauffer. ¶ 따뜻하게 데운 우유 한 잔 une tasse de lait bien chaude.

데이터 영{data} 명 données *fpl*, matière *f* ((pour un exposé)), matériaux *mpl* ((pour une thèse)), documents *mpl*. ¶ ~ 처리[통신, 전송] le traitement des données [la transmission de données]. ¶ 구체적인 ~가 나와 봐야 알 수 있다 Il faut des données [des informations] concrètes pour le savoir. ¶ ~를 분석하다[정리하다] analyser [classer] des données. ¶ 그는 논문과 관련된 ~를 수집하고 있다 Il réunit [rassemble] tous les matériaux pour (faire) sa thèse. ¶ 그 선생님은 환경 오염에 관한 ~를 수집하고 계시다 Ce professeur réunit toutes les données sur la pollution de l'environnement. ¶ 현대 정보화 사회에서는 유용한 ~를 신속하고 정확하게 확보하는 것이 대단히 중요하다 Dans la société de l'information d'aujourd'hui, il est très important d'acquérir des données utiles rapidement et avec précision.

◆_베이스 영{-base} 명 base *f* de données.

데이트 영{date} 명 rendez-vous *m* amoureux. ¶ 나의 ~ 상대 la personne avec laquelle je sors. ¶ ~를 즐기는 연인들 les jeunes couples qui aiment les rendez-vous amoureux. ¶ 그 남자[여자는 내게 ~를 신청했다 Il[Elle] m'a demandé de sortir avec lui[elle]. ¶ ~ 장소로 어디가 좋을까? Dis-moi quels sont les meilleurs endroits pour sortir? ◇_(를) 하다 sortir avec *qn*; avoir un rancard avec *qn* {*pop*}, avoir un rendez-vous amoureux avec *qn*. ¶ 그 남자는 어제 밤 애인과 ~를 했다 Il est sorti hier soir avec sa petite amie.

데치다 타 ébouillanter ((des légumes)), échauder ((un cochon, une volaille pour la plumer)), blanchir ((des légumes, des fruits pour les peler)). ¶ 야채[시금치]를 ~ blanchir des légumes [des épinards]. ¶ 오징어를 ~ ébouillanter des calamars.

데칼코마니 프{décalcomanie} 명 décalcomanie *f*.

데커레이션 영{decoration} 명 ornementation *f*, décoration *f*; décor *m*. ¶ 그 식당은 ~이 화려하다 Le restaurant est somptueusement décoré.

데탕트 프{détente} 명 détente *f*. ¶ 미·러간의 ~ 시대 (la période de) la détente dans les relations (entre les) États-Unis (et la) Russie.

델리케이트하다 영{delicate-} 형 être délicat(*e*). ¶ 이번 일은 좀 델리케이트해서 함부로 말하기가 어렵다 Puisque cette affaire est un peu délicate, il est difficile d'en parler ouvertement / Il n'est pas évident de parler de cette délicate affaire.

뎅그렁 부 ((des objets qui s'entrechoquent)) en faisant du bruit, en tintant, en cliquetant, en faisant un bruit de ferraille, en émettant un son métallique ((onomatopée des objets qui s'entrechoquent légèrement)). ¶ 방울 소리가 ~ 났다 La clochette tinta / On entendit le tintement de la clochette.

◆_거리다 재 retentir, résonner; sonner; faisant du bruit; se heurter en faisant du bruit, s'entrechoquer, tinter, cliqueter, faire un bruit de ferraille, émettre un son métallique. ¶ 바람에 종이 ~거린다 Le vent fait tinter la clochette.

◆_ _ 부 ((des objets qui s'entrechoquent)) en faisant du bruit, en tintant, en cliquetant, en faisant un bruit de ferraille, en émettant un son métallique ((onomatopée des objets qui s'entrechoquent légèrement à répétition)). ¶ ~~ 울리는 풍경 소리 le tintement de la clochette (accrochée sur l'auvent du toit).

도[1] 조 ① ((particule spéciale, capable d'indiquer tous les cas grammaticaux, en ajoutant un sens «aussi, également» dans une proposition positive, «ni … ni» dans une proposition négative. Elle s'ajoute au substantif ou aux autres particules quelle que soit leur forme. Elle peut aussi s'ajouter après un adverbe ou les suffixes flexionnels à titre emphatique)). aussi, également, à la fois; ((부정문)) non plus; ((A도 B도)) A et B aussi; A et B, A comme [aussi bien que, ainsi que] B; ((부정문)) ni ... ni ... ((particule spéciale, qui peut se substituer à ceux de tous les cas grammaticaux, ou qui s'ajoutent aux autres particules, pour ajouter un sens. En tant que particule emphatique, il peut également s'ajouter après d'autres particules, les adverbes et les terminaisons des verbes pour exprimer le même sens)). ¶ 나~ 학생이고 그~ 학생이다 Moi, je suis étudiant(*e*), et il l'est aussi. ¶ 나는 이 책~ 읽었다 J'ai également lu ce livre / Ce livre aussi, je l'ai lu. ¶ 나는 그들~ 만나보았다 Eux aussi, je les ai rencontrés. ¶ 나~ 커피를 좋아한다 Moi aussi, j'aime le café. ¶ 나~ 커피를 좋아하지 않는다 Moi non plus, je n'aime pas le café. ¶ 겨울에~ 따뜻하다 Il fait doux même en hiver. ¶ 그 남자는 아버지~ 어머니~ 없다 Il n'a ni père, ni mère. ¶ 그 사람은 돈~ 친구~ 없다 Il n'a pas d'argent ni d'ami / Il n'a ni argent ni ami. ¶ 그 사람에 대해서는 보지~ 듣지~ 못했다 Je n'ai ni entendu ni vu quoi que ce soit à propos de lui. ¶ 돈~ 명예~ 건강보다 중요하지 않다 Ni l'argent ni la gloire ne sont plus importants que la santé. ② ((강조)) même. ¶ 놀랍게~ 그가 살아있었다 De façon (très) étonnante, il était vivant. ¶ 안타깝게~ 그 남자는 탈락했다 Malheureusement (et à mon grand regret), il a été éliminé. ¶ 꽃이 예쁘게~ 피었다. La fleur est si joliment fleurie. ¶ 가족마저[까지, 조차]~ 그 사람을 외면한다 Même les membres de sa (propre) famille l'évitent. ¶ 보지~ 않고서 너는 그것을 어떻게 아니? Comment le sais-tu sans même l'avoir vu? ¶ 너는 좋지~ 않은 물건을 자랑하니 Tu vantes pour un objet qui n'est même pas bon. ¶ 나는 그를 본 적~ 없다 Je n'ai même pas eu l'occasion de le voir. ¶ 그 곳까지 10분~ 채 안 걸린다 Cela ne prend même pas dix minutes jusque là-bas. ¶ 아직~ 자고 있니? Tu dors encore? ¶ 달~ 참 밝구나 Que la lune est claire! ③ ((부정극어)) aucun(*e*); personne; rien; nulle part. ¶ 결과는 누구~ 장담할 수 없다 Personne ne peut prédire avec assurance le résultat. ¶ 어떠한 실수~ 용납되지 않는다 Aucune erreur n'est permise. ¶ 한 번~ 너를 잊어 본 적이 없다 Je ne t'ai jamais oublié(*e*), pas même une seule fois. ¶ 그날 모임에는 아무~ 오지 않았다 Personne n'est venu à la réunion de ce jour. ¶ 누구~ 그런 생각은 해본 적이 없었다 Personne n'avait eu de telles idées [cette idée] auparavant. ¶ 어디에~ 그런 것은 없을걸 (Je suppose que) cela n'existe nulle part.

*오(지)~ 가(지)~ 못하다 ne rien pouvoir faire; se trouver coincé(*e*).

*듣(지)~ 보(지)~ 못하다 ne pas être au courant du tout, n'avoir jamais entendu parler ((de *qc*)), ne rien savoir du tout ((au sujet de *qc*)).

도[2] **道** 명 행정구역 province *f*; région *f*, département *m*. ¶ 경기[충청]~ la province du Gyeonggi [du Chungcheong]. ¶~ 행정이 잘 되어가고 있다 L'administration provinciale fonctionne efficacement. ¶ 올해는 전국 체전이 우리 ~에서 개최된다 Cette année, le championnat d'athlétisme de Corée du Sud a lieu dans notre province.

◆_**계** -界 명 les frontières *fpl* d'une province [d'une région]; ligne *f* frontière [de démarcation] entre deux provinces [deux régions].

◆_**별** -別 명 classement *m* par province. ¶~별 실업률 taux de chômage par province. ¶ 인구 조사가 ~별로 실시된다 On fait le recensement de la population par province / Le recensement démographique se fait par province.

◆_**의원** -議員 명 député *m* d'une province [d'une région].

◆_**의회** -議會 명 conseil *m* régional.

◆_**지사** -知事 명 préfet *m*.

◆_**청** -廳 명 préfecture *f*. ¶~청 소재지 un chef-lieu (~*s*-~*x*) de province.

도[3] **道** 명 voie *f*, vérité *f*, art *m*; enseignement *m*, doctrine *f* (morale) [principes *mpl* moraux]. ¶ 사제의 ~를 지키다 respecter une éthique entre le maître et *son* disciple. ¶ 아침에 ~를 들으면 저녁에 죽어도 좋다 Si l'on trouve la vérité le matin, on peut mourir le soir sans (aucun) regret. ¶~를 깨치다[통하다] percevoir la vérité; comprendre la vérité du Bouddha; trouver la vérité. ¶~를 닦다 cultiver [développer] *sa* morale intérieure; mettre à l'épreuve *sa* foi religieuse. ¶ 칼을 쓰는 데도 ~가 있다 Il y a un principe [une limite] pour tout / Pour toute chose il existe un principe (moral).

도[4] **度** 명 degré *m*; mesure *f*, borne *m*, limite *f*. ¶~를 넘다 dépasser les bornes [les limites]. ¶~가 지나친 농담 une plaisanterie qui va trop loin. ¶ 무엇이든 ~가 지나치면 안 된다 Soyez modéré(*e*) en toute chose / En toute chose, il ne faut jamais dépasser les bornes. ¶~가 지나쳤군 Cela dépasse les bornes! / C'est exagéré!

분류 ① ((온도)) degré *m*. ¶ 섭씨[화씨] 100 ~ 100 degrés Celsius [100 degrés centigrades, 100 °C)] [100 degrés Fahrenheit, 100 °F]. ¶ 이 환자는 열이 40 ~나 된다 Ce(*tte*) patient(*e*) a 40 (degrés) de température / Ce(*Cette*) malade fait du 40 (degrés) / Ce(*tte*) malade est monté(*e*) à 40 (degrés). ¶ 오늘 기온이 영하 10 ~다 Aujourd'hui, il fait moins dix degrés. ② ((각도)) degré *m*. ¶ 45[90,180,360] ~ 45[90,180,360] degrés. ③ ((위도, 경도)) degré *m* ((de latitude)); degré *m* ((de longitude)). ¶ 북위 38 ~ 동경 132 ~ 38 degrés de latitude nord et 132 degrés de longitude est. ④ ((알콜 함량)) degré *m* (alcoolique). ¶ 40 ~의 독한 술 un alcool très fort à quarante degrés. ⑤ ((화성)) accord *m*. ¶ 3 ~ 화음 un accord de tierce. ⑥ ((렌즈)) dioptrie *f*.

◆_**수** -數 ((안경)) puissance *f* des verres. ¶~수가 높은 안경 des lunettes à verres puissants.

도[5] 명 *do m* <une première figure formée au jeu de *yut* où l'un des quatre bâtons retombe face retournée>. ¶ 윷을 던져서 ~가 나오다 faire un *do* au jeu de *yut*, réussir la figure *do* au *yut*. ¶ 야, ~다 ~! Ouah, super! c'est un *do* / Chouette, j'ai fait le *do*.

*~ **아니면 모** C'est quitte ou double / C'est pile ou face.

도[6] 외 명 【음악】 do *m*.

-도[7] **徒** 접미 étudiant(*e*); élève *mf*; apprenant(*e*), adepte *mf*. ¶ 그는 문학~이다 C'est un(*e*) étudiant(*e*) en littérature.

-도[8] **圖** 접미 ((그림)) peinture *f*; ((설계도)) plan *m*; tracé *m*; projet *m*; carte *f*, graphe *m*, diagramme *m*; figure *f*. ¶ 설계~ un plan; un tracé; un projet. ¶ 조감~ une vue [une perspective] à vol d'oiseau. ¶ 평면~ une projection plane ((d'un solide)). ¶ 풍속~ une peinture de mœurs.

-도[9] **度** 접미 degré *m*. ¶ 경사~ le degré d'inclinaison. ¶ 안전~ un degré de sécurité. ¶ 지명~ le degré de célébrité.

-도[10] **島** 접미 île *f*, îlot *m*. ¶ 제주~ l'île de Jeju. ¶ 무인~ une île déserte.

도가 道家 명 taoïste *mf*.

도가니[1] 명 ① ((공업)) creuset *m*. ¶ 쇠를 ~에서 녹이다 (faire) fondre du fer dans un creuset. ② ((비유)) état *m* extrême. ¶ 공포의 ~ une grande (sensation de) frayeur; ((éprouver)) un sentiment d'horreur. ¶ 흥분[광란]의 ~에 빠지다 tomber dans un grand état d'excitation [de folie, de frénésie]; être surexcité(*e*) [devenir frénétique]; se laisser envahir par un débordement frénétique; être emporté(*e*) par une ardente frénésie.

도가니[2] 명 os *mpl* de jarret de bœuf; culotte *f* de bœuf.

◆_**탕** -湯 명 soupe *f* de culotte de bœuf; os *mpl* de jarret de bœuf servis avec l'os à moelle dans un bouillon; sorte d'*osso buco m* coréen.

도감 圖鑑 명 livre *m* illustré. ¶ 식물[곤충] ~un livre illustré de plantes [d'insectes].

도강[1] **渡江** 명 passage *m* [traversée *f*] d'un fleuve [d'une rivière]. ¶~ 작전[훈련] une manœuvre, une opération militaire [un entraînement, un exercice] de traversée d'une rivière. ¶ 홍수로 인해 ~이 금지되었다 La traversée du fleuve est interdite à cause de la crue [à cause de l'inondation]. ◇_(을) **하다** traverser [passer] un fleuve [une rivière].

도강[2] **盜講** 명 ◇_(을) **하다** assister à un cours [à un enseignement] sans être autorisé(*e*), en audi*teur*(*trice*) libre, assister à un cours sans être inscrit(*e*) à ce cours. ¶ 그는 이번에 최선생의 수학 강좌를 ~했다 Cette fois-ci, il a assisté en auditeur libre au cours de mathématiques de M. Choi.

도개교 跳開橋 명 pont *m* basculant; pont *m* bascule; pont-levis *m*.

도경 道警 명 police *f* provinciale, police *f* rurale.

도공 陶工 명 poti*er*(*ère*).

도관 導管 명 ① conduit *m*, tuyau(*x*) *m*, conduite *f*. ② ((식물)) vaisseaux(*x*) *m*.

도교 道教 명 【종교】 taoïsme *m*.

◆**_적** -的 명관 taoïste. ¶ 그 책은 무척 ~적이다 Ce livre est très taoïste. ¶ ~적 문화 la culture taoïste.

도구 道具 명 ① 연장 instrument *m*, outil *m* (d'un artisan); appareil *m*, ustensile *m*; matériel *m*; ((집합적으로)) outillage *m*. ¶ ~ 상자 une boîte à outils. ¶ 가재 ~ des ustensiles de ménage. ¶ 청소 ~ du matériel de nettoyage. ¶ 원숭이도 ~를 사용하여 먹이를 구하는 경우가 있다 Même les singes se servent parfois d'un ustensile pour se nourrir. ② 수단, 방법 instrument *m*, véhicule *m* ((de la pensée)). ¶ 언어는 사상 전달의 ~이다 Le langage est le véhicule de la pensée. ¶ ~ 과목 une matière scolaire considérée comme élément de base ((pour une étude particulière)).

◆**_적** -的 명관 instrument *m*, outil *m*, moyen *m*; instrument*al*(*ale*, *aux*). ¶ 우리는 의사전달을 위해 언어를 ~적으로 사용한다 Nous utilisons la langue comme moyen [outil] de communication. ¶ 노동도 하나의 ~적 행위다 Le travail est une action instrumentale.

◆**_화** -化 instrumentalisation *f*. ¶ 인간의 상품화와 ~화 la commercialisation et l'instrumentalisation de l'homme. ¶ ~화(가) 되다 être considéré(*e*) comme un instrument, être instrumentalisé(*e*). ¶ ~(를) 시키다[하다] instrumentaliser *qc*.

◆**소_** 小 명 accessoires *mpl*; décor *m*. ¶ 이번 연극에 쓰일 소~들 les accessoires utilisées pour cette pièce de théâtre.

◆**_격** -格 명 【언어】 cas *m* instrumental.

도굴 盜掘 명 fouilles *fpl* illicites d'un tombeau; pillage *m* d'un tombeau; profanation *f* d'une tombe [d'une sépulture]. ◇_(을) **하다** piller un tombeau, profaner une tombe [une sépulture]. ¶ 왕의 무덤을 ~하다 piller la tombe [la sépulture] d'un roi, voler dans la tombe d'un roi. ◇_(이) **되다[당하다]** être pillé(*e*), être vidé(*e*), volé(*e*), dérobé(*e*). ¶ 피라미드는 상당수가 이미 ~되었다 Les pyramides ont pour la plupart été pillées. ¶ 고분의 부장품이 몽땅 ~당했다 Les objets enterrés avec les morts dans les tombeaux anciens ont été tous pillés [dérobés, volés].

◆**_꾼** 명 pilleur *m* de tombeaux.

도그마 이 명 dogme *m*.

도금 鍍金 명 dorure *f*, dorage *m*, placage *m*; ((은)) argenture *f*; ((동)) cuivrage *m*; ((니켈)) nickelage *m*; ((크롬)) chromage *m*. ¶ ~이 벗겨진다 La dorure [Le placage] ne tient pas. ◇_(을) **하다** plaquer *qc* ((d'or, d'argent)); dorer *qc*; argenter *qc*; chromer *qc*; cuivrer *qc*. ¶ 은으로 ~한 수저 une cuillère argentée.

◆**_액** -液 명 solution *f* de revêtement métallique.

◆**금_** 金 명 dorure *f*, dorage *m*.

◆**은_** 銀 명 argenture *f*.

도급 都給 명 forfait *m*. ¶ ~을 맡다 prendre à forfait; se charger ((de la construction d'un immeuble)). ¶ 정부가 특정 건설업체에 ~을 준 것이 문제로 부각되고 있다 Le fait que le gouvernement ait confié la construction de ce bâtiment à une certaine firme de construction [à une boîte de construction particulière] est devenu un problème.

◆**_금** -金 명 somme *f* contractuelle.

◆**_계약** -契約 명 contrat *m* d'entreprise; forfait *m*.

◆**_제** -制 명 système *m* forfaitaire.

도기 陶器 명 faïence *f*, porcelaine *f*, poterie *f*; céramique *f*. ¶ ~ 제조소 la poterie. ¶ ~ 제조인 un(*e*) poti*er*(*ère*).

◆**_상** -商 명 marchand(*e*) de porcelaine; poti*er*(*ère*).

도깨비 명 lutin *m*, farfadet *m*; korrigan *m*; djinn *m*; troll *m*; esprit *m* follet; esprit *m*; démon *m*, monstre *m*. ¶ ~ 살림 une vie instable [désordonnée, changeante, chaotique]. ¶ ~ 장난 farce de lutin; plaisanterie de farfadet. ¶ 이번 일이 이렇게 되고 만 것은 꼭 ~ 장난 같다 Cela s'est terminé en une sale farce / Cette fois-ci, ça s'est fini comme une mauvaise plaisanterie. ¶ ~한테 홀렸나? On a été ensorcelé ou quoi? / On est possédé(*e*) ou quoi? ¶ ~가 나올 것 같은 집 une maison hantée. ¶ 그는 참 ~ 같은 녀석이다 C'est vraiment un sacré lutin, celui-là. ¶ 웬 ~ 같은 소리냐? Qu'est-ce que tu dis comme sottises [comme idioties, comme folies]? / Ce que tu dis n'a pas de sens / Tu dis des absurdités [des inepties]! / Ce que tu dis est fou!

◆**_방망이** 명 mixeur *m*, robot *m*.

◆**낮_** 명 ① lutin *m* de jour, esprit *m* qui se montre en plein jour. ② ((사람)) type *m* sans vergogne; personne *f* qui se conduit de façon honteuse [surprenante].

도깨비바늘 명 *Bidens dipinnata* {*nsc*}.

도깨비불 명 feu(*x*) *m* follet.

도끼 명 hache *f*, hachereau(*x*) *m*, couperet *m*, hachette *f*, cognée *f*. ¶ ~로 장작을 패다 fendre du bois avec une hache [à la hache]. ¶ ~로 나무를 찍어 넘어뜨리다 abattre un arbre à coups de hache.

***믿는 ~에 발등 찍힌다** être trahi(*e*) par les siens.

◆**_날** 명 lame *f* d'une hache, fer *m* d'une hache.

◆**_ㅅ자루** 명 manche *m* d'une hache.

***신선놀음에 ~ㅅ자루 썩는 줄 모른다** oublier une affaire urgente parce qu'on est trop absorbé par une distraction.

*~ㅅ자루를 쥐다 prendre la direction des opérations, saisir [tenir] le gouvernail, prendre [tenir] la barre, être à la barre.

◆_질 명 maniement *m* d'une hache. ¶ ~질(을) 하다 manier une hache.

도끼눈 명 regard *m* furieux [noir, de colère]. ¶ ~을 뜨다 lancer un regard furieux [de colère]. ¶ 그가 ~을 뜨고 호령을 하자 장난치던 아이들이 모두 달아났다 Lorsqu'il cria en lançant un regard furieux, tous les petits polissons [enfants] détalèrent.

ㄷ

도난 盜難 명 vol *m*, cambriolage *m*; chapardage *m*; 농작물 도둑질 maraudage *m*, maraude *f*. ¶ ~ 사고 un cambriolage, un vol. ¶ ~ 신고 déclaration d'un vol à la police. ¶ ~ 방지 시스템 un dispositif de sécurité contre le vol; un antivol. ¶ 전시 중인 작품의 ~에 대비하여 경보기를 설치했다 Ils ont installé un dispositif de sécurité pour protéger les œuvres exposées. ◇_(을) 당하다 être victime d'un vol, se faire voler [se faire cambrioler, se faire dévaliser, se faire dépouiller de *ses* biens], se faire barboter {*pop*}. ¶ 어젯밤 다빈치의 그림이 ~ 당했다 La nuit dernière, un tableau de Léonard de Vinci a été volé.

◆_보험 -保險 명 assurance *f* contre le vol.

◆_품 -品 명 article *m* [objet *m*] volé.

도내 道內 명 intérieur *m* d'une province. ¶ ~ 체육대회 une fête sportive de la province; un concours sportif ((de gymnastique)) de la province. ¶ 이 건물이 ~에서 제일 높다 Cet édifice [Ce bâtiment] est le plus haut de la région.

도너츠 영{donut} 명 ((‘도넛’의 잘못)) ☞ 도넛

도넛 영{donut} 명 doughnut *m*, beignet *m*.

도농 都農 어근 urbain(*e*) et rural(*e*, *aux*). ¶ ~간 소득 격차 l'écart de revenus entre les populations urbaine et rurale. ¶ ~간의 직거래 échange direct entre la ville et la province.

도닥거리다 타 caresser, tapoter affectueusement *qn*/*qc*. ¶ 그 친구가 나의 등을 도닥거렸다 Il m'a tapoté dans le dos. ¶ 어머니는 아이를 도닥거려 재우셨다 La mère a tapoté doucement son bébé pour le faire dormir [pour l'endormir].

도닥대다 타 ☞ 도닥거리다

도닥이다 타 ☞ 도닥거리다

도달 到達 명 arrivée *f*. ◇_(을) 하다 arriver ((au but, à *ses* fins)); parvenir ((à la vérité)); atteindre ((le but)). ¶ 정상에 ~하다 parvenir [arriver] au sommet ((d'une montagne)). ¶ 목적지에 ~하다 arriver à destination.

◆_거리 -距離 명 distance *f*, éloignement *m*, intervalle *m*.

◆_점 -點 명 point *m* d'arrivée.

도당 徒黨 명 bande *f*; gang *m*; faction *f*; cabale *f*, coterie *f*, clique *f*. ¶ 괴뢰 ~ une bande de fantoches. ¶ ~을 지어 결탁하다 faire [monter] une cabale; cabaler; former une bande [une clique].

도대체 都大體 부 ① ((요점)) mais enfin, bon sang, nom de Dieu, parbleu, dame, pardi, diable, eh alors, eh bien, et donc. ¶ ~ 네가 원하는 게 뭐냐? Bon sang, mais qu'est-ce que tu veux au juste? ¶ 그 녀석은 ~ 지금 어디에 있습니까? Mais où a-t-il donc encore pu bien passer, ce type [celui-là]? ¶ ~ 나이가 몇인데 아직도 그런 짓을 하고 다니냐? Mais enfin quel âge as-tu pour faire encore des choses pareilles? ② ((부정문)) pas du tout, rien du tout, rien de rien, rien au monde. ¶ 뭐가 뭔지 ~ 모르겠다 Je ne sais rien du tout. ¶ 그는 ~ 반성하는 빛이 없다 Il n'a pas l'air de regretter le moins du monde.

도덕 道德 명 morale *f*, éthique *f*. ¶ ~ 재무장 réarmement moral. ¶ ~을 지키다 se conformer à la morale; suivre [observer] les préceptes de la morale. ¶ 그 분은 ~이 땅에 떨어졌다고 개탄한다 Il se lamente qu'il n'y ait plus de morale [parce que la morale a disparu]. ¶ ~에 어긋나다 dévier du droit chemin. ¶ ~ 상으로 좋지 않다 être moralement mauvais(*e*); être mauvais(*e*) du point de vue moral.

◆_적 -的 명관 moral(*ale*, *aux*); éthique. ¶ 그의 행위는 법적으로는 문제가 없지만 ~적으로 문제가 있다 Son comportement n'est pas illégal, mais pose un problème du point de vue moral. ¶ ~적인 책임 une responsabilité morale. ¶ ~적 가치 une valeur morale. ¶ 비~적인 행동 une conduite immorale, un comportement immoral.

◆_성 -性 명 moralité *f*, nature *f* [caractère *m*] moral(*e*). ¶ 유권자들은 그의 ~성에 심각한 의문을 제기했다 Les électeurs ont mis en cause sérieusement sa conscience morale.

◆_가 -家 명 homme *m* de vertu; personne *f* d'une haute moralité.

◆_감각 -感覺 명 sens *m* moral. ¶ ~감각이 마비됐다 On a perdu le sens moral / Le sens moral s'est perdu.

◆_관 -觀 명 sens *m* moral.

◆_관념 -觀念 명 sens *m* moral.

◆_교육 -教育 명 éducation *f* morale; enseignement *m* moral.

◆_군자 -君子 명 homme *m* vertueux; sage *m*; homme *m* bien élevé; homme *m* comme il faut; gentleman *m*. ¶ ~군자인 체하지만 사실 그는 파렴치한 사람이다 Il fait semblant d'être un homme vertueux, mais en fait c'est un individu ignoble [dépravé].

◆_률 -律 명 loi *f* [règle *f*] morale; obligation *f* morale; code *m* déontologique; déontologie *f*.

◆_심 -心 명 sens *m* moral. ¶ ~심이 부족하다 manquer de sens moral.

◆_원리 -原理 명 principes *mpl* moraux.

◆_의식 -意識 명 conscience *f* morale.

◆공중_ 公衆- 명 sens *m* civique.

◆상_ 商- 명 morale *f* commerciale

도덕주의 道德主義 명 moralisme *m*.

◆_자 -者 명 moraliste.

도도하다[1] 형 ① ((domestique, air)) être insolent(*e*); ((employé, manières)) être impertinent(*e*); ((fille, attitude)) être effronté(*e*). ② ((personne, ton)) être arrogant(*e*); ((femme, maintien)) être orgueilleux(*se*). ③ ((jeune homme, paroles)) être présomptueux(*se*); ((homme, ton)) être suffisant(*e*), prétentieux(*se*). ¶ 도도한 여자 une femme orgueilleuse [arrogante]. ¶ 도도한 태도[눈빛] une attitude arrogante [un regard insolent, un regard prétentieux], des manières hautaines [un air insolent]. ¶ 도도한 목소리 une voix hautaine [orgueilleuse, prétentieuse]. ¶ 재는 왜 저리 도도하나? Pourquoi est-elle si hautaine[est-il si hautain]? / Il se croit sorti de la cuisse de Jupiter ou quoi? / Il(Elle) ne se prend pas pour une merde {*pop*}. ¶ 주위 사람들에게 도도하게 굴다 traiter *son* entourage avec arrogance [avec condescendance]; se montrer arrogant(*e*) [prétentieux(*se*), hautain(*e*)] avec *son* entourage.

도도하다[2] 滔滔- 형 ① ((물이)) être grandiose; être large et imposant(*e*); être majestueux(*se*). ¶ 도도한 강물 un fleuve majestueux. ¶ 도도하게 굽이치는 물결 des vagues qui ondulent [ondoient] majestueusement. ② ((말이)) être éloquent(*e*), disert(*e*), débordant(*e*).

◆**도도히** 부 majestueusement. ¶ 도도히 흐르는 한강 le fleuve Han qui coule majestueusement.

도둑 명 ((도둑놈)) voleur(*se*); cambrioleur(*se*); ((소매치기)) pickpocket *m*, voleur(*se*) à la tire; ((노상강도)) voleur *m* de grand chemin, voleur(*se*) à l'étalage; chapardeur(*se*); bandit *m*, brigand *m*, gangster *m*; barboteur(*se*) {*pop*}. ¶ ~ 심보 nature *f* à voler, cleptomanie *f*. ¶ 이 물건을 거저 달라니 순 ~심보군 Il me demande cela gratuitement, c'est un fieffé voleur, ma parole! ¶ ~이야! Au voleur! / Il y a un voleur / C'est un voleur! ¶ ~이야 하고 소리치다 crier au voleur. ¶ ~을 맞다 se faire voler, se faire cambrioler, se faire dévaliser, se faire barboter {*pop*}. ¶ ~ 맞았던 지갑을 경찰이 찾아주었다 La police a retrouvé le portefeuille qu'on m'avait volé. ¶ 어젯밤 옆집에 ~이 들었다 La nuit dernière, les voisins se sont fait cambrioler [se sont fait voler]. ¶ 이 동네는 ~이 많이 든다 Il y a beaucoup de vols [cambriolages] dans ce quartier.

*~**이 제 발 저리다** se sentir gêné(*e*) [embarrassé(*e*)] par *ses* propres actes.

◆**_고양이** 명 chat *m* errant; chat *m* de gouttière.

◆**_놈** 명 voleur *m*, cambrioleur *m*; chapardeur *m*, barboteur *m* {*pop*}. ¶ 남자가 다 ~놈은 아니다 Tous les hommes ne sont pas des voleurs.

◆**_떼** 명 bande *f* [troupe *f*] de voleurs.

◆**_장가** 명 mariage *m* secret (d'un homme). ¶ ~장가를 가다[들다] ((un homme)) se marier secrètement; faire un mariage secret.

◆**_질** 명 vol *m*; cambriolage *m*; ((농작물 도둑질)) maraudage *m*, maraude *f*. ¶ ~**질(을) 하다** voler *qc*; commettre un vol, cambrioler ((un appartement)), dévaliser *qn/qc*. ¶ ~질한 물건을 팔아넘기다 vendre des objets volés. ¶ 자전거를 ~질 하다 voler une bicyclette. ¶ ~질을 하다가 들키다 se faire prendre sur le fait de voler [en flagrant délit de vol].

*~**질도 손발이 맞아야 한다** Il faut bien s'entendre [une bonne entente] (au préalable) avec qn pour faire qc ensemble.

◆**소_** 명 ① un voleur de bovins. ② 능글맞고 욕심이 많은 사람 personne *f* âpre au gain; personne *f* cupide. ¶ 소~을 잡다 attraper un voleur de bovins. ¶ 소~으로 몰리다 être accusé(*e*) d'avoir volé des bovins.

***바늘~이 소~ 된다** Qui vole un œuf vole un bœuf.

◆**좀_** 명 chipeur(*se*), chapardeur(*se*), voleur(*se*); larcin *m*.

도드라지다 형 동 ressortir, être saillant(*e*), proéminent(*e*); faire saillie, trancher, se découper, se détacher; être hors ligne; être très en vue; être marquant(*e*), remarquable. ¶ 그렇게 화장을 하니 입술이 도드라져 보인다. Tes lèvres ressortent bien avec ce maquillage. ¶ 흰 색이 도드라진 스카프 un foulard où la couleur blanche ressort.

도들도들하다 형 être raboteux(*se*), inégal(*ale*, *aux*), rugueux(*se*). ¶ 도들도들한 화장지 un rouleau de papier hygiénique rugueux. ¶ 콘크리트 마감이 잘못되어 ~ Le béton est un peu inégal car les finitions ont mal été faites. ¶ 조각상을 너무 미끈하게 깎지 말고 표면을 약간 도들도들하게 해 주세요 Ne lissez pas trop cette statue, rendez la surface un peu inégale [rugueuse].

도떼기시장 -市場 명 marché *m* illicite et tumultueux; marché *m* ambulant. ¶ 기차 안은 ~과 같았다 Les voyageurs du train faisaient un boucan de tous les diables.

도라지 명 【식물】 campanule *f* [platycodon *m*] à grandes fleurs ((proche de la (campanule) raiponce)), *Platycodon grandiflorum* {*nsc*}, *Platycodon sinensis* {*nsc*}, *Campanula grandiflora* {*nsc*}. ¶ ~를 캐다 arracher des campanules.

◆**_타령** 명 titre *m* d'une vieille chanson populaire de la région du Gyeonggi.

도락 道樂 명 ① passion *f*, violon *m* d'Ingres, hobby *m*, passe-temps *m inv* (favori), dada *m* {*fam*}; divertissement *m*, distraction *f*. ¶ 그 사람의 유일한 ~은 독서이다 La lecture, c'est son dada. ② 주색 débauche *f*, libertinage *m*, dévergondage *m*; 노름 jeu *m*. ¶ 그들은 ~에 빠졌다 Ils ont sombré [sont tombés] dans la débauche.

◆**식_** 食- 명 plaisirs *mpl* de la table. ¶ 그 사람은 식~에 빠졌다 Il s'adonnait aux plaisirs de la table.

도란거리다 자 parler à voix basse, s'entretenir avec *qn* à voix basse [à mi-voix, tendrement, paisiblement]. ¶ 그 남자는 옆에 있는 여자와 도란거리며 잘도 떠들어댄다 Il bavarde à voix basse avec la fille d'à-côté sans aucun scrupule. ¶ 어머니와 딸이 도란거리는 모습이 참 보기 좋았다 C'était agréable de voir mère et fille se parler tendrement. ¶ 그 집에서는 두 사람이 도란거리는 소리가 끊이지 않았다 Dans cette maison on entendait sans cesse un couple discuter à voix basse.

도란도란 부 à mi-voix, à voix basse; tendrement, paisiblement; dans un murmure [un bruissement] ((onomatopée d'une conversation à mi-voix, aimable, dans une ambiance conviviale semblable au murmure des eaux)). ¶ 밤새도록 친구와 ~ 이야기를 나누었다 J'ai passé la nuit à discuter à voix basse avec un(*e*) ami(*e*) / Nous avons discuté à voix basse toute la nuit. ¶ ~ 시냇물 흐르는 소리 le murmure (de l'eau) du ruisseau.

ㄷ

도랑 명 fossé *m*; ((길 가의)) rigole *f* latérale; caniveau(*x*) *m*; ((전답 사이의)) douve *f*, ((배수용)) saignée *f*; rigole *f* d'écoulement [d'assèchement]. ¶ ~을 건너다 traverser un fossé. ¶ ~을 넘어가다 franchir un fossé. ¶ ~을 파다 creuser un fossé. ¶ ~을 치다 nettoyer[curer] un fossé. ¶ ~을 메우다 boucher un fossé. ¶ 자전거가 ~에 빠지는 바람에 다리를 다쳤다 Je me suis blessé(*e*) à la jambe en tombant dans un fossé avec ma bicyclette.

*~ **치고 가재 잡고** avoir le beurre et l'argent du beurre, avoir le beurre, l'argent du beurre et la crémière [et la fille du laitier]; faire d'une pierre deux coups, faire coup double.

◆ **_물** 명 eau(*x*) *f* d'un ruisseau; eau(*x*) *f* d'une rigole.

도래 渡來 명 ((사람의)) arrivée *f*, venue *f*, visite *f*; ((사물의)) importation *f*, introduction *f*; afflux *m*. ◇_(를) **하다** arriver, venir; affluer; se présenter; avoir lieu; débarquer {*fam*}; survenir, se produire, se déclarer; ((사물이)) être introduit(*e*) à; être importé(*e*) à. ¶ 철새들이 강하류에 ~한다 Les oiseaux migrateurs arrivent en aval du fleuve.

◆ **_종** -種 명 animaux *mpl* ou plantes *fpl* venus de l'étranger.

◆ **_지** -地 명 destination *f* [des animaux migrateurs]; lieu *m* de migration pour les oiseaux migrateurs. ¶ 겨울철새들의 ~지 le lieu de migration en hiver des oiseaux migrateurs.

도량 度量 명 largeur *f* d'esprit; tolérance *f*, magnanimité *f*, libéralité *f*, générosité *f*; ((수완)) capacité *f*, compétence *f*, talent *m*, aptitude *f*; ressource *f*; longueur *f* et volume *m*. ¶ ~이 크다[넓다] avoir l'esprit large; être tolérant(*e*), magnanime, libéral(*e*). ¶ 넓은 ~을 갖춘 사람 une personne tolérante [large d'esprit].

도량형 度量衡 명 poids *mpl* et mesures *fpl*. ¶ ~을 통일하다 unifier les unités de poids et de mesures.

◆ **_기** -器 명 appareil *m* de mesure.

◆ **_원기** -原器 명 étalon *m*.

도려내다 타 creuser, évider; enlever, découper ((des images)), exciser ((une tumeur)); extirper ((une tumeur)); entailler, tarauder. ¶ 과일의 꼭지를 ~ enlever la queue d'un fruit. ¶ 상처[환부]를 ~ enlever la partie malade [la partie infectieuse]. ¶ 사회의 썩은 곳을 말끔히 ~ éradiquer les injustices sociales [la corruption].

도력 道力 명 force *f* d'âme obtenue après la découverte de la Voie.

도련님 명 ① *doryeonnim m* ((titre honorifique pour un jeune noble (pas encore marié))). ② (((형수가) '결혼 안 한 시동생'을 부르는 말)) *doryeonnim m* ((expression utilisée par l'épouse d'un frère aîné pour désigner un beau-frère cadet non marié)). ¶ ~, 전화 받으세요 Eh, *doryeonnim*, prenez la communication [répondez au téléphone].

도령 명 ① 옛 양반가의 미혼 남자 jeune noble *m* mâle célibataire. ② 미혼 총각 célibataire *m*; vieux garçon *m*.

도로[1] 부 en arrêtant l'action, en rebroussant le chemin en sens contraire; ((revenir)) sur *ses* pas; comme avant [auparavant]; encore, de nouveau, à nouveau, re-, de nouveau. ¶ 그는 학교에 가다가 ~ 돌아왔다 En route pour l'école [Sur le chemin de l'école], il a fait demi-tour. ¶ 선물을 ~ 돌려보내다 renvoyer un cadeau. ¶ 그는 의자에서 일어나다가 ~ 주저앉았다 Il s'est levé de sa chaise, puis il s'est assis de nouveau. ¶ 쓰고 난 그릇들을 ~ 제자리에 갖다 놓다 mettre de nouveau à sa place la vaisselle utilisée.

도로[2] **道路** 명 route *f*, chemin *m*, voie *f*; ((가로)) rue *f*, voie *f* publique; ((차도)) chaussée *f*. ¶ ~ 공사를 하다 faire des travaux sur une route. ¶ ~를 넓히다 élargir une route. ¶ ~를 내다 construire une route. ¶ ~를 포장하다 paver un chemin [une route]. ¶ ~를 보수하다 remettre en état une route. ¶ 사고 차량들이 ~에 그대로 방치되어 있다 Des voitures accidentées sont laissées sur la route / On a laissé des voitures accidentées sur la route / Les carcasses des voitures accidentées sont laissées telles quelles sur la route. ¶ ~ 상에서 물건을 팔다 vendre de la marchandise [des produits] au bord de la route. ¶ 가스관 공사로 ~ 곳곳이 파헤쳐져 있다 Les routes sont creusées par endroits à cause des travaux de remplacement des conduites de gaz.

◆ **_건설** -建設 명 construction *f* d'une route. ¶ ~건설을 하다 construire une route.

◆ **_교통법** -交通法 명 le code *m* de la route.

◆ **_망** 網 명 réseau(*x*) *m* routier. ¶ ~망을 넓히다[확장하다] élargir les réseaux routiers.

◆ **_변** -邊 명 bord *m* de la route, bas-côté *m*. ¶ 차를 ~변에 세워놓았다 garer une voiture au bord de la route [sur le bas-côté].

◆ **_정비** -整備 명 entretien *m* des routes; aménagement *m* du réseau routier.

◆ **_표지** -標識 명 panneau(*x*) *m*, panneau(*x*) *m* de signalisation, panneau(*x*) *m* d'indication, poteau(*x*) *m*, indicateur *m* de signalisation, plaque *f* indicatrice.

◆**고가_** 高架 명 route *f* surélevée.

◆**고속_** 高速 명 autoroute *f*. ¶ 유료 고속~ une

autoroute à péage. ¶ 고속~를 달리다 rouler sur l'autoroute. ¶ 고속~ 상에서 4중 추돌 사고가 났다 Il y a eu une quadruple collision sur l'autoroute.
◆우회_ 迂廻[回]- 명 déviation *f* (de la circulation).
◆지방_ 地方- 명 route *f* départementale, une départementale.

도로[3] 徒勞 명 efforts *mpl* vains [inutiles], peine *f* perdue. ¶ 지금까지 기울인 노력이 ~에 그쳤다[~가 되었다] Les efforts faits jusqu'à présent se sont avérés inutiles [vains] / On a fait tous ces efforts [tout ça] pour rien.

도로아미타불 -阿彌陀佛 명 rechute *f* dans l'état précédent; échec *m*, avortement *m* ((d'un projet)). ¶ 십 년 공부 ~ le fait de se donner beaucoup de mal inutilement; un travail acharné qui ne donne pas le résultat escompté / Tous ces efforts pour rien! ¶ ~이로구나 Ça n'a abouti à rien / C'est tombé à l'eau / C'est raté [fichu, foutu {*fam*}]! ¶ ~이 되다 tomber à l'eau, n'aboutir à rien, ne pas aboutir, ne pas réussir, échouer, manquer *son* coup {*fam*}. ¶ 한 순간의 실수로 그 동안의 노력이 ~이 되었다 Tous les efforts qu'on a faits se sont évanouis à cause d'une erreur survenue au dernier moment.

-도록 어미 ① ((목적)) afin de+*inf*; à dessein de; en vue de+*inf*; afin que+*subj*; pour+*inf*, pour que+*subj*; de[en] sorte que+*subj*, de manière [de façon] à ce que+*subj* ((suffixe flexionnel conjonctif exprimant le but. Il s'ajoute après le radical du verbe et de l'adjectif quelle que soit sa forme, et après les suffixes flexionnels préfinaux temporo-modaux -시/-으시)). ¶ 알아들을 수 있~ 설명해 주십시오 Expliquez de (telle) sorte qu'on puisse comprendre / Expliquez de manière intelligible (pour être bien compris). ¶ 우리는 시간에 늦지 않~ 서둘렀다 Nous nous sommes dépêchés pour ne pas être en retard. ¶ 체할 지도 모르니까 조금씩 먹~ 해 Mange petit bout par petit bout [par petites cuillérées, bouchées], je crains que tu aies mal au ventre. ¶ 바람이 통하~ 창문을 열어둬라 Laisse la fenêtre ouverte pour faire un courant d'air. ¶ 개가 못 들어오~ 문을 닫아라 Ferme la porte pour que le chien ne puisse pas entrer. ② ((기한)) jusqu'à, jusqu'à ce que+*subj* ((suffixe flexionnel indiquant une limite)). ¶ 밤늦~ 일하다[공부하다] travailler [étudier] jusqu'à une heure avancée de la nuit. ¶ 밤새~ 이야기를 나누다 bavarder [parler, causer, discuter, papoter {*fam*}] toute la nuit [jusqu'à l'aube, jusqu'à la pointe du jour]. ¶ 그 남자는 한 달이 넘~ 병원에 누워 있다 Cela fait déjà plus d'un mois qu'il est alité à l'hôpital. ¶ 늦~ 결혼을 못 하다 ne pas pouvoir se marier jusqu'à un âge tardif. ③ ((정도)) au point de+*inf* ((suffixe flexionnel indiquant une mesure, une quantité, un niveau)) ¶ 눈물이 나~ 웃다 rire aux larmes. ¶ 죽~ 사랑하다 aimer à (en) mourir, aimer très fort. ¶ 침이 마르~ 칭찬하다 ne pas tarir d'éloges (sur *qn*). ¶ 그는 발이 아프~ 걷고 또 걸었다 Il a marché encore et encore jusqu'à en avoir les pieds tout endoloris. ④ ((명령(종결어미))) que+*subj* ((suffixe flexionnel de terminaison phrastique exprimant l'injonction)). ¶ 급할 경우에는 그 쪽으로 연락해 보~ Appelle là-bas si tu es pressé(*e*) [si l'affaire est urgente]. ¶ 다들 자습하~! Faites vos devoirs!

도롱이 명 *dorongi m* <manteau(*x*) de paille porté par les paysans en temps de pluie>. ¶ 비가 오자 농부는 ~를 뒤집어썼다 À la tombée de la pluie, le laboureur enfila son manteau de paille.

도료 塗料 명 peinture *f*. ¶ ~를 입히다 peindre.

도롱뇽 명 【동물】 petit lézard *m* d'eau; salamandre *f*.

도루[1] 盜壘 명 vol *m* de but [de base] ((au baseball)). ¶ 그 사람은 ~에 성공했다[실패했다] Il a réussi à voler un but [une base] [Il a échoué sur un vol de but]. ¶ 그 사람은 6회에 ~를 시도했다 Il a réussi à voler un but [une base] à [lors de] la 6ème manche. ◇_(를) **하다** voler un but [une base]. ¶ 그 선수는 2루로 ~를 했다 Ce joueur a atteint la deuxième base en volant un but. ◇_(를) **시키다** forcer un vol de but.

도루[2] 부 '도로'의 잘못 ☞ 도로[1]

도루묵 명 【어류】 muge *m* gris; *Arctoscopus japonicus* {*nsc*}.
* **말짱** ~ s'avérer inutile, ne servir à rien; tomber à l'eau [dans le lac], n'aboutir à rien;.

도륙 屠戮 명 massacre *m*, carnage *m*, tuerie *f*, hécatombe *f*, boucherie *f*. ◇_(을) **하다** massacrer; faire une hécatombe. ◇_(을) **당하다** être massacré(*e*). ¶ 전쟁으로 인해 무고한 사람들이 ~을 당했다 Des innocents ont été massacrés pendant la guerre.

도르래 명 poulie *f*. ¶ 무거운 물건을 ~로 끌어 올리다 monter [faire monter, soulever] des objets lourds grâce à [à l'aide d'] une poulie.

도르레 명 (('도르래'의 잘못)) ☞ 도르래

도르르, 또르르 부 ① en roulant sur *soi*-même; en rond, en cercle ((onomatopée de mouvement d'un petit objet qui roule sur lui-même)). ¶ 신문지를 ~ 말다 rouler du papier journal. ¶ 동전이 ~ 굴러간다 La pièce de monnaie roule [tourne] (sur elle-même).

도리 道理 명 ① 이치 raison *f*, ordre *m* des choses, bon sens *m*, principe *m*; doctrine *f*, enseignement *m*. ¶ ~에 맞다 être conforme à la raison [au bon sens], être sensé(*e*), judicieux(*se*). ¶ ~에 어긋나다 être déraisonnable, être contraire à la raison [au bon sens], être insensé(*e*), absurde. ② 방도 moyen *m*, mesure *f*, solution. ¶ 해결할 ~를 강구하다 chercher une solution. ¶ 다른 ~가 없다 Il n'y a plus d'autre moyen / Il n'y a pas d'alternative possible / Il n'y a pas trente-six solutions {*fam*}. ¶ 어쩔 ~가 없다 Il n'y a plus rien à faire / On n'y peut rien. ③ 의리 obligation *f*, devoir *m*, justice *f*; convenances *fpl* (sociales) ¶ ~를 지키는 fidèle à *son* devoir, probe. ¶ ~를 모르는 ingrat(*e*). ¶ 할 ~를 다하다 remplir *son* devoir, remplir *ses* obligations envers *qn*. ¶ 그렇게 하는 것은 그에 대한 ~가 아니다 Ce n'est pas raisonnable de le traiter comme cela.

도리깨 명 fléau(*x*) *m* (pour battre les céréales).
◆**_질** 명 battage *m* au fléau.

도리다 타 ① 배내다 enlever [ôter] ((avec un couteau une partie du corps ou d'un objet)); extirper ((la partie atteinte, la partie malade, la partie infectieuse)); creuser, vider; enlever, découper ((des images)), exciser ((une tumeur)); extirper ((une tumeur)); entailler, tarauder; rayer ((un passage dans un texte)), éradiquer ((la corruption)). ¶ 사과 속을 ~[도려내다] ôter [retirer] le trognon [le cœur et les pépins] de la pomme. ¶ 그 여자는 사과의 썩은 부분을 칼로 도렸다 Elle a enlevé [ôté] avec un couteau la partie gâtée [la partie abîmée, la partie pourrie, le pourri] de la pomme. ② 지우다 enlever, ((un passage d'un texte)). ¶ 명단에서 이름을 ~ enlever [rayer] un nom d'une liste. ¶ 텍스트에서 한 대목을 ~ enlever un passage d'un texte.

도리도리 부 (en remuant la tête) de droite à gauche; en secouant [en hochant] la tête ((par plaisanterie, pour faire non)) ((idéophone exprimant le mouvement d'un hochement de la tête de droite à gauche)). ¶ ~ 짝자꿍 ((jeu avec un enfant)) hochement de la tête et battement des mains. ¶ 아기가 고개를 ~ 흔든다 L'enfant secoue la tête (de droite à gauche).

도리어 부 ① 반대로 (bien, tout) au contraire+*inf*; au lieu de+*inf*. ② 오히려 (bien) plutôt, d'autant (plus). ¶ 잘못한 사람이 ~ 큰소리를 친다 C'est celui qui a commis la faute qui crie le plus fort(, vous vous rendez compte)! ¶ 그것은 이익이 되기보다는 ~ 해가 되어요 Cela fait plus de mal que de bien. ¶ 그 녀석은 고마워하기는커녕 나에게 ~ 화를 냈다 Au lieu de me remercier, il s'est mis en colère / Loin de me remercier, il s'est mis en colère.

도리질 명 action de remuer la tête de droite à gauche ((se dit le plus souvent d'un petit enfant)). ◇**_(을) 하다[치다]** remuer la tête de droite à gauche; secouer [hocher] la tête (pour refuser, désapprouver). ¶ 가기 싫다고 ~치다 secouer la tête d'un signe négatif pour ne pas aller *qp*.

도립 道立 어근 fondé(*e*) par l'administration provinciale. ¶ ~ 병원[대학] un hôpital départemental [une université départementale].

도마 명 planche *f* à découper; tranchoir *m*; planche *f* servant à hacher; hachoir *m*. ¶ ~에 올리다 mettre *qc* sur une planche à découper; ((비유적)) mettre ((une affaire, une question)) sur le tapis, mettre un sujet à l'ordre du jour. ¶ 생선을 ~에 놓고 도막을 내다 mettre le poisson sur la planche pour le découper en morceaux.

*~ **위에 오르다** être sur le tapis, être mis(*e*) à l'ordre du jour, être sur la sellette, être l'objet de la conversation; ((사람이)) devenir le centre d'intérêt, être le sujet des conversations, être sur les lèvres de tout le monde, être dans toutes les bouches [dans la bouche de tout le monde], faire l'objet des commérages [des conversations], prêter aux commérages, être l'objet des ragots [de la rumeur], alimenter la rumeur publique [les conversations]; provoquer les médisances [du bruit autour de *soi*, le scandale]. ¶ 그 사람의 처신이 도마에 올랐다 Sa conduite fait l'objet des commérages [prête aux commérages] / Sa conduite alimente la rumeur publique. ¶ 이번 회의에서는 일부 회원들의 자격 문제가 ~ 위에 올랐다 Lors de cette réunion, la compétence de certains membres a été âprement discutée [a fait l'objet de discussions, a été mise à l'ordre du jour].

◆**_질** 명 action de couper des aliments sur une planche à découper. ¶ 음식을 장만하느라 ~질 소리가 요란했다 Tout le monde s'affairait [travaillait activement] à la préparation des plats.

도마뱀 명 【동물】 lézard *m*.

도막 명 morceau(*x*) *m*; portion *f* (d'une chose); bout *m* ((de fil, de ficelle)); pièce *f* ((d'étoffe)). ¶ 철사 ~ un bout de fil de fer. ¶ 생선을 ~ 내어 팔다 vendre du poisson en portion.
분류 morceau(*x*) *m*. ¶ 생선 두 ~ deux morceaux de poisson.
◆**_ _** 부 en petits morceaux. ¶ ~~ 자르다 couper en petits morceaux.

도망 逃亡 명 évasion *f*, fuite *f*. ¶ 그는 경찰의 추적을 피해 ~ 다니는 중이다 Il est en fuite, poursuivi par la police. ◇**_(을) 하다[치다, 가다]** fuir, s'enfuir, s'échapper, s'évader, se sauver, déserter; décamper {*fam*}, déguerpir, filer {*fam*}, disparaître; prendre la fuite; prendre la clef des champs; mettre la clef sous le paillasson; s'éclipser, se détacher; ((개)) briser *sa* chaîne, s'échapper après avoir brisé *sa* chaîne. ¶ 그들은 몰려오는 적을 보고 겁에 질려 ~쳤다 Ils se sont enfuis par peur des ennemis qui arrivaient ¶ 동료들이 붙잡히는 와중에 혼자 몰래 ~가다 s'enfuir secrètement tandis que ses complices sont arrêtés.
◆**_병** -兵 명 déserteur *m*.
◆**_자** -者 명 fugiti*f*(*ve*), évadé(*e*).
◆**_질** 명 fuite *f*; évasion *f*. ¶ ~질(을) 하다[치다] prendre la fuite, fuir, s'enfuir, se sauver, s'échapper, prendre la poudre d'escampette, jouer des jambes [des flûtes], prendre *ses* jambes à *son* cou; déguerpir, filer; disparaître; prendre la clé des champs. ¶ 그 여자는 시골로 ~질을 쳤다 Elle se sauva à la campagne / Elle prit la clé des champs.

도맡다 타 ① se charger de tout; prendre *qc* en main; assumer [prendre] toute la responsabilité de *qc*, tout assumer; prendre *qc* sous *son* bonnet [à *son* compte], se tenir [porter] responsable de *qc*, prendre ((toutes les responsabilités)) sur *soi*; ((도거리로)) prendre en entier [en totalité] ((un travail)). ¶ 일[청소, 숙직]을 ~ se charger de tout le travail [le ménage, le gardiennage]. ¶ 도로 공사를 ~ prendre un travail de construction routière en totalité (sans laisser une part à un autre entrepreneur). ¶ 아이들을 ~ s'occuper de tous les enfants. ¶ 책임을 ~ avoir toute la responsabilité; prendre sur *soi* toutes les responsabilités; endosser toutes les responsabilités. ② 으레 버릇처럼 하다 avoir la fâcheuse habitude de+*inf*. ¶ 술을 많이 마시면 그 녀석은 도맡아(서) 떠듭니다[토합니다] Dès qu'il boit beaucoup, il parle à voix haute [vomit].

도매 都賣 명 vente *f* en gros *m*, gros *m* ((et détail)). ¶ ~로 팔다[사다] vendre [acheter] en gros. ◇_(를) **하다** vendre en gros.

◆**_가격** -價格 명 prix *m* de [en] gros.

◆**_상** -商 명 commerçant *mf* en gros, grossiste *mf*.

◆**_시장** -市場 명 marché *m* du gros.

◆**_업** -業 명 (vente *f* en) gros *m* ((par opposition à la vente au détail)). ¶ ~업(을) 하다 vendre en gros, faire de la vente en gros, faire du commerce de [en] gros, être grossiste.

도매금 都賣金 명 ① prix *m* de gros. ¶ 그 사람은 남은 물건을 ~으로 처분했다 Il a liquidé le reste au prix de gros. ② ((한꺼번에 싸게)) prix *m* dévalué [sous-estimé]; bas prix *m*. ¶ 우리는 이런 정신적 가치를 ~으로 외국에 팔아 넘겼다 Nous avons bradé à l'étranger notre valeur morale.

도메인 영{domain} 명 domaine *m*. ¶ ~ 주소[i. p.] adresse IP.

도면 圖面 명 dessin *m*; plan *m*, tracé *m*, schéma *m*; carte *f* (de géographie); figure *f*. ¶ ~을 그리다 dessiner un plan [une épure]. ¶ ~을 보고 그대로 건축하다 construire des bâtiments selon un plan.

◆**건축_** 建築- 명 plan *m*; dessin *m*; tracé *m*; projet *m*.

도모 圖謀 명 action de faire des plans, action de mûrir un projet [un dessin]. ¶ 친목 ~를 위한 모임을 갖다 faire [organiser] une réunion dans le but de favoriser les relations amicales. ◇_(를) **하다** tenter *qc* [de+*inf*], chercher à+*inf*, aspirer à+*inf*; chercher un moyen de faire *qc*, chercher à+*inf*; avoir pour but de+*inf*; s'efforcer d'obtenir [de réaliser] *qc*; préparer ((un complot, une révolte)). ¶ 반란을 ~하다 fomenter une révolte. ¶ 경쟁국과의 협력을 ~하다 chercher le moyen de coopérer avec les pays concurrents.

도무지 부 le moins du monde, (pour) rien au monde, du tout; absolument pas, nullement; aucunement; pas du tout, rien du tout, pas le moins du monde, pas le(*la*) moindre ((excuse)). ¶ ~ 영문을 모르겠다 Je ne comprends absolument pas pourquoi. ¶ 그에게서는 ~ 소식이 없다 On n'a aucune [pas la moindre] nouvelle de lui. ¶ 아무리 타일러도 아이가 내 말을 ~ 듣지 않는다 Cet enfant ne m'obéit pas le moins du monde malgré mes sermons. ¶ 나는 그 사람을 ~ 이해할 수 없다 Je ne le comprends pas du tout. ¶ 그는 ~ 예의라고는 없다 Il n'a pas la moindre politesse, celui-là.

도미[1] 명 【어류】 dorade *f*, pagel *m*, pagelle *f*.

도미[2] **渡美** 명 départ *m* pour les États-Unis; voyage *m* aux États-Unis. ¶ ~ 유학 ((faire des)) études aux États-Unis. ¶ ~ 유학생 un(*e*) étudiant(*e*) aux États-Unis. ◇_(를) **하다** aller aux États-Unis, partir pour les États-Unis. ¶ 시장 조사를 위해 ~하다 aller aux États-Unis pour y effectuer une étude de marché.

ㄷ

도미노 영{domino} 명 domino *m*. ¶ ~ 게임 les dominos, jeu de dominos. ¶ ~ 현상[효과] un phénomène [effet] de dominos.

도민 道民 명 habitant(*e*) *f* d'une province.

◆**_증** -證 명 carte *f* d'identité d'un habitant de province.

도박 賭博 명 jeu(*x*) *m*, jeu(*x*) *m* de hasard, jeu(*x*) *m* d'argent. ¶ ~으로 재산을 날리다 se ruiner [perdre *sa* fortune] au jeu, gaspiller *sa* fortune au jeu. ¶ ~에 빠지다 s'adonner au jeu (d'argent). ¶ ~에 미치다 devenir un acharné [un dingue {*fam*}] du jeu. ◇_(을) **하다** jouer de l'argent, jouer pour de l'argent.

◆**_꾼** 명 joueur(*se*).

◆**_빚** 명 dette *f* de jeu.

◆**_장** -場 명 maison *f* de jeux, casino *m*, tripot *m*. ¶ ~장 경영자 tenancier(*ère*) d'une maison de jeux [d'un casino, d'un tripot].

◆**_판** 명 partie *f* (de casino). ¶ 그 사람은 ~판에 많은 돈을 걸었다 Il a misé beaucoup d'argent dans une partie.

도발 挑發 명 provocation *f*, incitation *f*. ¶ ~ 행위 une action provocatrice, un acte provocateur. ¶ 적국의 ~로 국경지대에서 긴장이 고조되고 있다 La tension à la zone frontalière est attisée par l'attaque de l'ennemi. ◇_(을) **하다** provoquer *qn*, inciter [pousser] *qn* à faire *qc*. ¶ 전쟁을 ~하다 provoquer une guerre.

◆**_적** -的 명관 provoca*teur*(*trice*), provocant(*e*). ¶ ~적인 발언 une déclaration provocante. ¶ ~적인 시선 un regard provocateur. ¶ ~적인 태도[자세] une attitude provocante.

도배 塗褙 명 action de tapisser un mur. ¶ ~가 끝나거든 커튼을 달아라 Accroche les rideaux après avoir tapissé les murs. ◇_(를) **하다** tapisser ((une chambre)). ¶ 내 방은 푸른색 벽지로 ~했다 J'ai fait tapisser ma chambre en [de] bleu. ¶ 흰 색으로 ~한 방 une pièce tapissée de (papier) blanc.

◆**_장이** 명 tapissi*er*(*ère*), décora*teur*(*trice*), colleur *m* de papier peint.

◆**_지** -紙 명 papier peint *m*.

도법 圖法 명 (art *m* du) dessin *m* industriel.

◆**평면_** 平面- 명 projection *f* plane; ((지도의)) cartographie *f*.

도벽 盜癖 명 kleptomanie *f*, cleptomanie *f*. ¶ ~을

가진 사람 un(*e*) kleptomane, un(*e*) cleptomane. ¶ ~을 고치다 corriger [soigner] *sa* kleptomanie. ¶ 그 사람에게는 ~이 있다 Il est porté [enclin] au vol / C'est un(*e*) voleur(*se*) invétéré(*e*) / C'est un(*e*) kleptomane. ¶ ~이 발동하다 avoir l'obsession de la kleptomanie. ¶ ~이 심하다 être obsédé(*e*) par la kleptomanie.

도보 徒步 명 marche *f*. ¶ ~로 à pied. ¶ 여기에서 ~로 5분쯤 가면 박물관이 있다 Il y a un musée à 5 minutes à pied d'ici.

◆_**여행** -旅行 명 voyage *m* à pied.

◆_**운동** -運動 명 marche *f* à pied; exercice *m* pédestre.

◆_**행군** -行軍 명 longue marche *f*, marche *f* militaire.

도복 道服 명 tunique *f* [tenue *f*] d'art martial; ((유도, 가라데)) *kimono m*; 태권도 *dobok m*. ¶ ~ 차림으로 en tenue [en tunique] d'art martial; en *kimono*. ¶ 태권도[유도, 가라데] ~ un *dobok* [un *kimono* de *judo*, un *kimono* de *karaté*]. ¶ ~을 입다[벗다] mettre [enlever] une tenue d'art martial [*son kimono*].

도부[1] 到付 명 행상 colportage *m*, porte-à-porte *m*, démarchage *m*, vente *f* à domicile. ◇_(를) **하다** faire du colportage [du porte-à-porte, du démarchage, de la vente à domicile], vendre à domicile.

◆_**꾼** 명 행상인 colporteur(*se*); marchand(*e*) forain(*e*); marchand(*e*) ambulant(*e*); camelot *m*.

도부[2] 都府 명 ((ancienne appellation de)) Séoul. ¶ 경성 ~ ((au temps de l'occupation japonaise, nom donné à)) Séoul.

도불 渡佛 명 départ *m* pour la France. ¶ ~ 유학 ((faire des)) études en France. ¶ ~ 화가 un(*e*) peintre coréen(*ne*) résidant en France. ¶ ~ 전시회 une exposition en France. ◇_(을) **하다** aller en France. ¶ 미술공부를 위해 ~하다 aller en France pour étudier les beaux-arts.

도사 道士 명 ① 도교 taoïste *mf*; ascète *mf*; ermite *m*. ② 달통한 사람 doué(*e*), surdoué(*e*), expert(*e*). ¶ 그는 축구 ~다 C'est un grand joueur de football. ¶ 그는 컴퓨터 바이러스 퇴치하는 데 ~다 Il est très doué pour exterminer les virus des programmes informatiques. ¶ 그 친구는 정말 ~야, ~! C'est un vrai expert!

도사견 일 -犬 명 chien *m* méchant ((chien de Tosa, croisé de races japonaise et occidentale, réputé pour sa méchanceté)).

도사리다 자 ① 웅크리다 s'accroupir, s'asseoir en tailleur [à la turque, les jambes croisées], se recroqueviller, se replier sur *soi*-même; ((뱀이)) s'enrouler, se lover. ¶ ((몸을)) ~ se recroqueviller, s'accroupir, se replier sur *soi*-même. ¶ 개가 꼬리를 도사린다 Le chien enroule sa queue. ② 꼼짝하지 않고 있다 s'accroupir; se blottir ((dans un coin)), se pelotonner ((dans un fauteuil)), se tapir, se mettre en boule. ¶ 개는 그 자리에 가만히 도사리고 앉아 있었다 Le chien s'accroupissait à cet endroit sans bouger. ¶ 협곡에 많은 적군들이 도사리고 있었다 Beaucoup d'ennemis se cachaient dans la vallée. ③ 긴장시키다 se ressaisir. ¶ 마음[정신]을 ~ se ressaisir, se reprendre, réagir. ④ ((위험이)) se couver, se tramer; couver ((des projets de vengeance)), tramer. ¶ 위험이[살기가]도사리고 있다 Un danger [Un assassinat] se couve [se trame]. ¶ 그 여자의 마음속에는 그 남자에 대한 증오심[적개심]이 도사리고 있다 Elle nourrissait une haine contre lui.

도산 倒産 명 faillite *f*, banqueroute *f*, ruine *f*. ¶ ~ 위기에 봉착하다[를 맞다] être près de la faillite, être au bord de la ruine. ¶ 경기 침체로 중소기업들의 ~이 속출하고 있다 Les faillites de PME se multiplient à cause du marasme économique. ◇_(을) **하다** faire faillite, tomber en faillite, faire banqueroute, se ruiner. ¶ 유가파동으로 많은 기업들이 연쇄 ~했다 Les faillites des entreprises se sont succédées à cause de la crise du pétrole.

도산매 都散賣 명 vente en gros et au détail.

도살 屠殺 명 abattage *m*. ◇_(을) **하다** abattre, assommer ((un bœuf)).

◆_**자** -者 명 tueur(*se*).

◆_**장** -場 명 abattoir *m*. ¶ (소가) ~장으로 끌려가다 être amené(*e*) à l'abattoir.

도상[1] 途上 명 ① 길 위 sur la rue, sur la route, sur la voie publique, sur la chaussée. ¶ 그들은 여행 ~에 있다 Ils sont en voyage. ② 일이 진행되는 도중 en voie de *qc*. ¶ 개발 ~ 국가 un pays en voie de développement. ¶ 그 나라는 발전 ~에 있다 Ce pays est en voie de développement.

도상[2] 道上 명 sur la rue, sur la route, sur la voie publique, sur la chaussée.

도상[3] 圖上 명 sur une carte, sur un plan.

도상적 圖像的 명관 mise *f* en figure (graphique); iconique. ¶ 우리는 그 개념 체계를 ~으로 나타냈다 Nous avons schématisé ces concepts.

도색 桃色 어근 érotisme *m*; obscénité *f*, indécence *f*. ¶ ~ 출판물 presse érotique.

◆_**적** -的 명관 érotique, pornographique; obscène, indécent(*e*). ¶ 이 이야기는 좀 ~적이다 C'est une histoire plutôt indécente.

◆_**영화** -映畵 명 film *m* pornographique.

◆_**잡지** -雜誌 명 revue *f* pornographique.

도서[1] 島嶼 명 îles *fpl*. ¶ ~ 주민 un(*e*) habitant(*e*) d'une île, un(*e*) insulaire.

◆_**지방** -地方 명 région *f* insulaire.

도서[2] 圖書 명 livre *m*, ouvrage *m*. ¶ 청소년 권장~ des livres recommandés aux adolescents. ¶ ~를 분류하다 classer des livres.

◆_**관[실]** -館[室] 명 bibliothèque *f*.

◆_**목록** -目錄 명 catalogue *m* des livres.

◆_**열람실** -閱覽室 명 salle *f* de lecture.

◆_**전시회** -展示會 명 exposition *f* de livres.

◆**교양**_ 敎養 명 livre *m* de culture générale.

◆**신간**_ 新刊 명 livre *m* nouvellement édité [publié],

nouvelle édition *f*, nouvelle publication *f*.
◆전자_ 電子- 명 livre *m* électronique.

도서관 圖書館 명 bibliothèque *f*. ¶~ 장서 une bibliothèque, une collection de livres. ¶~을 드나들다 fréquenter la bibliothèque. ¶~에 가다 aller à la bibliothèque.
◆_사서 -司書 명 bibliothécaire *mf*.
◆_장 -長 명 direct*eur*(*trice*) de la bibliothèque.
◆_학 -學 명 bibliothéconomie *f*.
◆공공_ 公共- 명 bibliothèque *f* publique.
◆구립[시립]_ 區立[市立]- 명 bibliothèque *f* municipale[de la ville].
◆국립_ 國立- 명 bibliothèque *f* nationale. ¶프랑스 국립~ la Bibliothèque nationale de France (la BNF).
◆국회_ 國會- 명 bibliothèque *f* de l'Assemblée nationale.
◆대학_ 大學- 명 bibliothèque *f* universitaire.
◆사립_ 私立- 명 bibliothèque *f* privée.
◆순회_ 巡廻- 명 bibliothèque *f* ambulante [circulaire].

도선[1] 導線 명 fil *m* conducteur. ¶이 ~을 따라 전류가 흐른다 Le courant passe par le fil conducteur.

도선[2] 導船 명 pilote *mf* de bateau. ◇_(을) **하다** piloter un bateau.
◆_사 -士 명 pilote *mf* de bateau. ¶~사가 되다 devenir pilote de bateau.

도선[3] 渡船 명 나룻배 (petite) barque *f* traversière [de passage], petit bac *m*, bachot *m*.
◆_장 -場 명 embarcadère *m* (pour une petite barque de passage). ¶배가 서서히 ~장으로 들어온다 La (petite) barque accoste lentement l'embarcadère.

도성 都城 명 (ville *f*) capitale *f*. ¶~을 지키다 défendre la capitale. ¶~을 세우다 bâtir [construire] la capitale.

도세 盜稅 명 fraude *f* fiscale, vol *m* des impôts, non paiement *m* des impôts. ¶국세청에서 ~ 근절을 올해 목표로 삼았다 La Direction générale des impôts a établi la lutte contre les fraudes fiscales comme objectif de l'année en cours. ◇_**를 하다** voler des impôts, frauder. ¶~를 한 구청 공무원이 적발되었다 Le fonctionnaire de la mairie qui a volé des impôts a été pris.

도수 度數 명 ① 횟수 fréquence *f*; nombre *m* de fois; nombre *m* de tours. ¶전화요금은 ~제이다 On paie la redevance téléphonique en fonction de la durée d'appel. ② 안경 렌즈의 굴절도 degré *m*. ¶~ 없는 안경 des lunettes avec des verres ordinaires. ¶이 안경은 ~가 너무 높다 Ces lunettes sont trop fortes. ③ ((알코올)) degré *m*. ¶~가 높은[낮은] 술 un alcool à haut [à bas] degré, un alcool fort.

도수장 屠獸場 명 abattoir *m*. ¶소가 ~ 안으로 들어갔다 La vache fut conduite à l'abattoir.

도술 道術 명 pouvoir *m* magique; prestidigitation *f*. ¶~을 익히다[배우다] apprendre à faire de la magie. ¶~을 전수하다 enseigner la magie. ◇_(을) **부리다** faire de la magie.
◆_가 -家 명 prestidigitateur *m*, illusionniste *mf*.

도스 영{DOS} 명 【컴퓨】 DOS *m*. ¶~ 기반의 컴퓨터 운영체제 système d'exploitation informatique en mode DOS.

도승 道僧 명 moine *m* bouddhiste parvenu au stade de l'éveil.

도시[1] 都市 명 ville *f*; cité *f*. ¶~ 출신의 젊은이 un jeune qui vient de la ville. ¶~ 사람 un(*e*) citadin(*e*); un homme [une femme] urbain(*e*). ¶~에(서) 살다 vivre [habiter] en ville. ¶시골을 떠나 ~로 가는 사람들 때문에 인구가 ~로 집중되고 있다 Il y a une concentration croissante de la population dans les agglomérations urbaines à cause de l'exode rural.
◆_적 -的 명관 citadin(*e*); urbain(*e*). ¶그들은 항상 ~적으로 생각한다 Ils raisonnent toujours comme des citadins. ¶~적 생활 방식 mode de vie citadine [urbaine].
◆_화 -化 명 urbanisation *f*.
◆_계획 -計劃 명 urbanisme *m*, plan *m* d'urbanisme [d'aménagement des villes]. ¶이 도시는 ~계획을 하기에는 너무 늦었다 Il est trop tard pour faire de l'urbanisme dans cette ville.
◆_공학 -工學 명 urbanisme *m*.
◆_공학과 -工學科 명 département *m* de l'urbanisme.
◆_국가 -國家 명 cité *f*.
◆_민 -民 명 citoyen(*ne*).
◆_생활 -生活 명 vie *f* urbaine [citadine].
◆_설계 -設計 명 plan *m* urbain.
◆_형 -型 명 forme *f* exprimant le caractère urbain; urbain(*e*), de ville. ¶~형 버스 un autobus, un bus.
◆공업_ 工業- 명 ville *f* industrielle.
◆대[소, 중소]_ 大[小, 中小]- 명 grande [petite, moyenne] ville *f*.
◆대학_ 大學- 명 ville *f* universitaire.
◆상업_ 商業- 명 ville *f* commerciale.
◆신_ 新- 명 nouvelle ville *f*.
◆위성_ 衛星- 명 ville *f* périphérique [satellite].

도시[2] 圖示 명 planche *f* ((en couleur d'un livre)); illustration *f*; graphisme *m*; dessin *m*; gravure *f*; image *f*. ◇_(를) **하다** illustrer; mettre en image. ¶그 사람은 체계적으로 작업 공정을 ~를 했다 Il a illustré systématiquement le déroulement de ses travaux. ◇_(가) **되다** être illustré(*e*).

도시[3] 都是 부 ☞ 도무지

도시락 명 en-cas *m inv*; casse-croûte *m inv*; panier-repas *m*, boîte *f* à lunch. ¶~을 싸다[준비하다] préparer un [*son*] casse-croûte [panier-repas]. ¶~을 주문하다[맞추다] commander [passer une commande pour] des casse-croûtes. ¶~을 (까)먹다 manger *son* casse-croûte. ¶내일은 오후수업이 있는 날이라 학교에 ~을 갖고 가야 한다 Demain, il faut emporter *son* casse-croûte à l'école parce qu'il y aura des cours l'après-midi.
◆_반찬 -飯饌 명 plats *mpl* d'accompagnement.

ㄷ

◆_통 -桶 명 boîte *f* pour emporter *son* déjeuner [casse-croûte, panier-repas]; boîte *f* à lunch.

도식 圖式 명 schéma *m*; diagramme *m*.

◆_적 -的 명관 schématique. ¶ ~적으로 schématiquement, de manière schématique. ¶ 그는 문제를 너무 ~적으로 이해하고 있다 Il comprend ce problème de manière trop schématique. ¶ ~적인 분류법에 너무 얽매이지 마라 Ne te préoccupe pas trop du classement [de la classification] schématique. ¶ 그것은 너무 ~적인 사고방식이다 C'est une manière de penser trop schématique. ¶ ~적인 틀을 벗어나서 자유롭게 생각할 필요가 있다 Il est nécessaire de penser librement en dehors d'un cadre strict.

◆_화 -化 명 schématisation *f*. ¶ ~화(를) 하다 schématiser, représenter par un schéma. ¶ ~화(가) 되다 être (rendu(*e*)) schématique.

도심 都心 명 centre-ville *m*, centre *m* [cœur *m*] d'une ville. ¶ ~ 지역에서 외곽으로 이사를 했다 On a déménagé du centre-ville à la périphérie [en banlieue]. ¶ ~의 교통체증이 심하다 Il y a trop d'embouteillages au centre-ville.

◆_지 -地 명 centre-ville *m*.

도안 圖案 명 dessin *m*, design *m*. ¶ ~을 만들다 faire un dessin; dessiner. ¶ ~이 좋아야 좋은 제품이 나온다 Les bons produits proviennent d'un bon design. ◇_(을) 하다 dessiner. ¶ 이 포장지는 유명 디자이너가 ~한 것이다 Cette enveloppe [Ce papier d'emballage] a été dessiné(*e*) par un dessinateur renommé.

◆_가 -家 명 dessina*teur*(*trice*), designer *mf*.

◆_용지 -用紙 명 papier *m* à dessin.

도야 陶冶 명 formation *f*, culture *f*, éducation *f*, connaissance *f*. ¶ 인간은 죽을 때까지 인격 ~에 힘써야 한다 L'homme doit continuer à enrichir ses connaissances jusqu'à sa mort. ◇_(를) 하다 former, cultiver, faire l'éducation de *qn*; se cultiver; se former. ¶ 인격을 ~하다 former le caractère, cultiver *son* caractère. ◇_(가) 되다 être formé(*e*), être cultivé(*e*). ¶ 그는 인격이 ~되어 있는 사람이다 C'est un homme vertueux.

도약 跳躍 명 saut *m*, bond *m*, soubresaut *m*; essor *m*, envolée *f*, progrès *m*. ◇_(을) 하다[이룩하다] sauter, bondir. ¶ 한국은 짧은 시간에 선진국으로 ~했다 La Corée a fait un bond en avant en devenant un pays développé dans un laps de temps très court. ¶ 그 팀은 이번 승리로 우승권으로 ~했다 Cette équipe a rejoint le peloton de tête grâce à cette victoire. ¶ 한국은 짧은 시간에 비약적인 ~을 이룩했다 La Corée a fait des progrès prodigieux [fulgurants] dans un court laps de temps.

◆_경기 -競技 명 【운동】 saut *m*.

◆_단계 -段階 명 phase *f* de saut, stade *m* de saut.

◆_대 -臺 명 tremplin *m*.

도어 영{door} 명 porte *f*.

도열 堵列 명 ligne *f*, rangée *f*, rang *m*; formation *f* en rang, alignement *m*. ◇_(을) 하다 s'aligner, être aligné(*e*), rangé(*e*), se mettre en ligne, se ranger. ◇_(을) 시키다 ranger, aligner, classer, ordonner. ¶ 병사들이 연병장에 ~했다 Des soldats sont alignés sur un terrain d'exercice.

도열병 稻熱病 명 【농업】 pyriculariose *f* du riz (sur feuille), *Magnaporthe grisea* {*nsc*}, nielle *f* du riz ((maladie du riz causée par le champignon *Magnaporthe grisea*)).

도예 陶藝 명 art *m* de la poterie.

◆_가 -家 명 potier(*ère*).

◆_전 -展 명 exposition *f* de poteries.

도외시 度外視 어근 négligence *f*, mépris *m*.

◆_하다 타 ne pas tenir compte de *qc*, faire peu de cas de *qn*/*qc*, faire fi de *qc*, faire bon marché de *qc*, passer outre, dédaigner *qn*/*qc*, négliger *qn*/*qc*, méconnaître ((un devoir)); mépriser *qn*. ¶ 소수 의견이라도 ~할 수 없다 On ne peut pas ne pas tenir compte de l'opinion de la minorité. ¶ 반대를 ~하다 passer outre une objection. ¶ 승패를 ~하고 싸우다 combattre sans se soucier du résultat.

◆_되다 자 être négligé(*e*). ¶ 이 개발계획에서는 지역 사회의 특수성이 ~되었다 La particularité de cette zone a été négligée dans ce plan de développement.

도요새 명 【동물】 bécassine *f*, bécasse *f*.

도용 盜用 명 ((금전의)) appropriation *f*, détournement *m*; usage *m* frauduleux [clandestin], usurpation *f*. ◇_(을) 하다 détourner; s'approprier; usurper; faire un usage frauduleux de *qc*, s'emparer de *qc*. ¶ 남의 이름[인감, 상표, 아이디어]을 ~하다 usurper le nom [le sceau, le titre, l'idée] d'un autre. ◇_(을) 당하다 être détourné(*e*), être usurpé(*e*). ¶ 그는 자신의 아이디어를 ~당했다 On s'est approprié son idée. ¶ 상표권을 등록해놓지 않으면 ~당해도 구제 받을 수 없다 Si la marque n'a pas été déposée, il est [devient] alors impossible d'obtenir de l'aide et de porter plainte en cas d'usurpation de la marque.

도우미 명 guide; aide *mf*, assistant(*e*), auxiliaire *mf*, second *m*, petite main *f*; ((완곡어법)) 도우미 아줌마 employée de maison, aide(-)ménagère *f*, aide *f* familiale; ((미화원)) technicien(*ne*) de surface. ¶ 집안 일이 너무 많아서 ~ 아줌마를 불러야겠다 Ayant trop de ménage à faire à la maison [Ayant trop de travaux ménagers], on va devoir fait appel aux services d'une employée de maison. ¶ 청소 ~ 아주머니들께서는 3층 가전매장으로 와주세요 Mesdames les techniciennes de surface, veuillez s'il vous plaît monter au rayon électroménager au deuxième étage. ¶ ~들이 열심히 일해 줘서 행사를 무난히 마칠 수 있었다 Grâce aux efforts assidus de nombreuses aides [de nombreux auxiliaires, de nombreux assistants], l'événement [la manifestation] s'est bien déroulé(*e*) [s'est déroulé(*e*) de façon très satisfaisante, s'est déroulé(*e*) sans incident] jusqu'au bout [de bout en bout].

도움 명 aide *f*, assistance *f*, secours *m*, appui *m*, soutien *m*, coup *m* de main {*fam*}. ¶ 누구의 ~을 거절하다 refuser l'aide de *qn*. ¶ 그는 상황이 급박해지자 나의 ~을 청했다 Il m'a demandé mon aide quand il s'est trouvé dans une situation critique. ¶ 남의 ~만 바라고 있으면 안 된다 Il ne faut pas attendre l'aide des autres sans rien faire / On n'est jamais mieux servi que par soi-même. ¶ 누구의 ~으로 avec l'aide [l'appui] de *qn*, grâce à *qn*. ¶ 우리는 그의 ~으로 편하게 여행할 수 있었다 Nous avons bien voyagé grâce à son aide. ◇**_이 되다** être utile, être d'une grande utilité. ¶ 그의 말이 이 일을 결심하는 데에 큰 ~이 되었다 Son propos m'a été très utile pour me décider à choisir ce travail. ¶ 이 사전은 내가 숙제하는 데에 많은 ~이 되었다 Ce dictionnaire m'a été très utile [m'a beaucoup servi] pour faire mes devoirs. ¶ 긴장을 푸는 데 ~이 되는 음악 une musique qui aide à se détendre. ◇**_을 주다** aider *qn*, assister *qn*, porter secours [assistance] ((à *qn*)), donner [filer {*fam*}] un coup de main {*fam*} ((à *qn*)), épauler *qn*, donner un coup d'épaule ((à *qn*)); donner un coup de pouce {*fam*} ((à *qn*)). ¶ 그 친구가 내 일에 큰 ~을 주었다 Il m'a beaucoup aidé / Son aide m'a été très précieuse. ¶ 그 친구의 조언이 나에게 큰 ~을 주었다 Son conseil m'a beaucoup aidé / Ses conseils m'ont été fort utiles. ¶ 그는 이번 일의 성사에 결정적인 ~을 주었다 Il m'a aidé d'une manière décisive pour la réussite de ce projet. ◇**_을 받다** recevoir (de) l'aide de *qn*, être aidé(*e*) par *qn*. ¶ 이 일로 나는 여러 사람에게 많은 ~을 받았다 J'ai reçu beaucoup d'aide de la part de plusieurs personnes grâce à ce projet.

◆**_말** 명 (rubrique *f*, écran *m* d') aide *f*. ¶ 컴퓨터 프로그램의 ~말은 대개 F1 키로 불러낸다 Si l'on appuie sur la touche F1, on peut généralement avoir accès à la rubrique d'aide qui explique l'utilisation du logiciel / La touche F1 de l'ordinateur permet généralement l'accès à la rubrique d'aide qui explique l'utilisation du logiciel.

도읍 都邑 명 capitale *f*; métropole *f*; ville *f* résidence du roi. ¶ ~을 옮기다 transférer la capitale. ¶ 백제는 부여에 ~을 정했다 Le dynastie Baekje a établi Buyeo comme capitale. ¶ 공주를 ~으로 정하다 faire de Gongju la capitale.

◆**_지** -地 명 capitale *f*.

도의 道義 명 morale *f*, obligation *f* morale. ¶ ~상 무엇을 하지 않을 수 없다 être dans l'obligation morale de+*inf*. ¶ ~를 지키다 [숭상하다] avoir un sens moral élevé, se conformer à la morale, respecter les préceptes moraux. ¶ 그것은 ~에 어긋나는 행동이다 C'est une conduite contraire à la morale. ¶ ~가 땅에 떨어졌다 Les vertus sont complètement dépravées.

◆**_적** -的 명관 moral(*ale, aux*). ¶ 그는 이번 일에 ~적인 책임을 지고 사퇴했다 Il a démissionné en prenant la responsabilité morale de cette affaire.

◆**_심** -心 sens *m* moral; moralité *f*, éthique *f*. ¶ 그 사람은 ~심이 부족하다 Il manque de sens moral [de moralité, d'éthique].

도의회 道議會 명 conseil *m* général, assemblée *f* départementale.

◆**_의원** -議員 명 représentant *m* du conseil général, conseiller *m* général.

도이칠란트 독 명 ☞ 독일

도인 道人 명 【종교】 taoïste *mf*; ascète *mf*; ermite *m*; adepte *mf* d'une secte.

도일 渡日 명 départ *m* pour le Japon. ◇**_(을) 하다** aller au Japon, partir pour le Japon. ¶ 그는 해방 후에 ~하여 큰 재산을 모았다 Il est allé au Japon après la Libération, puis il a fait fortune. ¶ 페리선으로[배로] ~을 하다 aller au Japon en ferry [en bateau].

도입 導入 명 introduction *f*. ¶ 외자 ~ l'introduction des capitaux étrangers. ◇**_(을) 하다** introduire. ¶ 외국 자본[새로운 이론]을 ~하다 introduire des capitaux étrangers [une nouvelle théorie]. ◇**_(이) 되다** être introduit(*e*). ¶ 새로운 경영 기법이 ~되었다 On a introduit une nouvelle technique de gestion. ¶ 그 나라에도 개방화 물결에 따라 서양 문화가 대거 ~되었다 La culture occidentale s'est largement introduite dans ce pays également avec la vague d'ouverture.

◆**_부** -部 명 (partie *f* d')introduction *f*. ¶ 이 논문은 ~부가 시원치 않다 L'introduction de cet article[de cette thèse, de ce mémoire] n'est pas bonne. ¶ 그 교향악은 ~부만 주로 연주된다 Cette symphonie n'est souvent interprétée qu'en introduction.

◆**_량** -量 명 quantité *f* importée. ¶ 원유 ~량 la quantité de pétrole importé. ¶ 양곡 ~량 la quantité de céréales importées.

도자기 陶磁器 명 céramique *f*; porcelaine *f*; faïence *f* (fine); poterie *f*. ¶ ~를 굽다[빚다] cuire [façonner] une poterie [porcelaine].

◆**_공** -工 명 céramiste *f*, potier *m*.

도장¹ 道場 명 salle *f* (d'entraînement), *dojang m* ((de judo, de *taekwondo*, de *kendo*, de *karaté*)); ((유도의)) *dojo m*. ¶ 태권도[유도] ~ une salle (d'entraînement) de taekwondo [une salle de *judo*, un *dojo*].

도장² 圖章 명 sceau(*x*) *m*, cachet *m*; 스탬프 timbre *m*, cachet *m*, tampon *m*. ¶ ~을 파다 [새기다] graver un sceau [cachet, tampon]. ¶ 여기에다가 ~을 찍으시면 됩니다 Apposez votre sceau ici.

*~**을 찍다 결재를 하다** donner *son* approbation, approuver; 이혼하다 divorcer. ¶ 우리 부장님은 서류를 올려도 트집만 잡으시고 ~을 안 찍어 주신다 Notre directeur ne fait que critiquer le document sans raison et ne donne pas son approbation. ¶ 다시 한 번 그렇게 한다면 당장 ~ 찍을 거라구 Si tu recommences, je divorce sur-le-champ.

*눈~**을 찍다** se faire remarquer, attirer l'attention

de *qn*. ¶ 그 신인선수는 훈련기간에 감독에게 눈~을 찍었다 Ce nouveau joueur [Cette nouvelle recrue] s'est fait remarquer par l'entraîneur pendant la période d'entraînement.

◆_밥 명 encre *f* pour le tampon, encreur *m*.

◆목[뿔, 고무, 상아]_ 木[象牙]- 명 tampon *m* en bois [en plastique, en caoutchouc, en ivoire].

◆인감_ 印鑑- 명 sceau(*x*) *m* [cachet *m*] enregistré [légalisé, déposé] ((qui authentifie la légalité d'un document)). ☞ 인감

도장³ 塗裝 명 enduit *m;* peinture *f;* badigeonnage *m*. ¶ 이 차의 ~은 부식에 강하다. La peinture de cette voiture résiste à la corrosion. ¶ ~ 공사 des travaux de peinture. ¶ 이 신축건물은 ~공사만 남겨놓고 있다. Les travaux de construction du nouveau bâtiment sont finis à part [sauf] la peinture. ¶ ~ 뿌리개[분사기] un pulvérisateur de peinture, un pistolet. ¶ ~ 재료 matériel de peinture. ◇_(을) **하다** enduire ((un mur)); recouvrir (d'une couche) de peinture; étaler un enduit; badigeonner ((un mur)). ¶ 헌 차를 새로 ~을 하다 repeindre une vieille voiture. ◇_(이) **되다** être peint(*e*); être enduit(*e*). ¶ 이 차는 ~이 잘 되어있다. La peinture de cette voiture est bien faite.

◆_공 -工 명 peintre *m* en bâtiment; badigeonneur *m*.

도저히 到底- 부 ((dans une proposition négative)) [pas] du tout, absolument pas, ne ... point, ne ... jamais, le moins du monde; (pour) rien au monde, du tout, absolument; nullement; aucunement; pas du tout, rien du tout. ¶ 나는 그 사람의 말을 ~ 이해할 수 없다 Je ne comprends nullement [rien à] ce qu'il dit. ¶ 나는 그 사람의 말을 ~ 믿을 수 없다 Je n'accorde aucune confiance à ses propos / Ses propos ne sont pas du tout fiables. ¶ 나는 그 일을 ~ 못 하겠다 Je ne peux vraiment pas faire ce travail. ¶ ~ 제 시간에 도착하지 못하겠다 Je ne pourrai jamais arriver à temps. ¶ 그에게는 ~ 성공할 가망이 없다 Il n'a absolument aucune chance [possibilité] de réussir / Il n'a pas la moindre chance de réussir. ¶ 아무리 급해도 ~ 그럴 수는 없다 Cela a beau être urgent, c'est absolument impossible.

도적 盜賊 명 voleu*r*(*se*); brigand *m;* truand *m;* bandit *m*. ¶ ~ 무리 une bande de voleurs [de brigands, de truands, de malfrats, de braqueurs, de vauriens], un groupe de bandits.

◆_놈 명 braqueur *m;* malfrat *m*; filou *m*; vaurien *m*; pillard *m*; rapineur *m*; 농작물 따위 maraudeur *m*.

◆_떼 명 bande *f* de voleurs [de brigands, de truands, de malfrats, de braqueurs, de vauriens], groupe *f* de bandits.

◆_질 명 vol *m,* larcin *m,* chapardage *m*; 농작물 ~질 maraude *f*, maraudage *m*.

도전 挑戰 명 défi *m;* provocation *f;* cartel *m;* challenge *m* {*angl*}; épreuve *f*. ¶ 그런 행동은 공권력에 대한 ~이다. C'est une manière de défier les forces publiques / Cette façon d'agir est une provocation envers les forces de l'ordre. ¶ 역사는 ~과 응전의 기록이다. L'Histoire s'écrit à coups de défis que l'on relève. ◇_(을) **하다** lancer [jeter, poser] un défi à *qn*; défier *qn*, provoquer *qn* ((en duel)); jeter le gant à *qn* {*fig*}; demander à *qn* satisfaction ((d'une offense)); sommer *qn* ((de faire *qc*)). ¶ 그 분은 챔피언[금메달, 새로운 발명]에 ~했으나 실패했다. Il a relevé le défi de devenir champion [de gagner la médaille d'or, de faire une nouvelle invention], mais il n'a pas réussi [il a échoué]. ¶ 신기록에 ~하다 lancer le défi de battre le record. ¶ 권위에 ~하다 défier l'autorité [le pouvoir]. ◇_을 **받다[_에 응하다]** accepter [relever] un défi; relever [ramasser] le gant. ¶ 미국이 세계 시장에서 일본의 거센 ~을 받고 있다. Les États-Unis sont menacés par la très forte concurrence japonaise sur le marché mondial. ¶ 챔피언이 랭킹 10위인 하위권 선수의 ~을 받아들였다. Le(*La*) champion(*ne*) a accepté le défi d'un(*e*) joueu*r*(*se*) classé(*e*) 10ème au rang mondial.

◆_적 -的 명관 ((regard, parole)) de défi; provoca*teur*(*trice*), provocant(*e*); agressi*f*(*ve*). ¶ 권위에 대한 ~적 행위 une action menaçante [attentatoire] pour l'autorité. ¶ 그 분의 말투에는 여느 때와는 달리 ~적인 데가 있었다. Sa façon de parler était singulièrement agressive / Dans sa façon de parler, il y avait quelque chose d'agressif, contrairement à son habitude. ¶ 그 분의 말투는 매우 ~적이다. Il a une façon de parler très provocatrice / Sa façon de parler est très agressive. ¶ ~적인 말투는 어디서고 환영받지 못한다. Personne n'apprécie une manière agressive de parler / Personne n'aime un langage agressif. ¶ 그 분의 발언은 매우 ~적으로 받아들여졌다 Ses paroles ont été considérées comme étant très provocatrices [offensantes, agressives].

◆_자 -者 challenger *m*, challengeur *m*, compéti*teur*(*trice*); concurrent(*e*); adversaire *mf*. ¶ ~자는 언제나 공격적인 법이다. Il est normal que celui qui lance un défi soit toujours combatif [agressif]. ¶ ~자를 누르다 dominer *son* adversaire; écraser *son*(*sa*) rival(*e*). ¶ 힘든 ~자를 선택하다 se donner un adversaire difficile à battre, choisir un adversaire difficile.

◆_장 -狀 명 cartel *m*, lettre *f* de provocation en duel. ¶ 그 분은 나에게 ~장을 냈다. Il m'a envoyé un cartel.

도정¹ 搗精 명 décorticage *m* du riz. ¶ ~ 공장[기계] un atelier[une machine] de décorticage. ◇_(을) **하다** décortiquer du riz.

◆_미 -米 명 riz *m* décortiqué[mondé].

◆_업 -業 명 décorticage *m*.

도정² 道程 명 노정 distance *f*, kilométrage *m*; 여정 itinéraire *m*, trajet *m*; parcours *m*; 과정 processus *m*; route *f*, chemin *m*. ¶ 40km 의 ~을 하루에 걸었다. On a fait 40km à pied en une seule journée. ¶ 우리나라는 선진국으로 가기 위한 ~에 있다. La Corée est en train de se hisser au rang des pays développés / La Corée est sur le point d'atteindre le rang des pays développés.

도정[3] **道政** 명 politique *f* départementale [municipale]. ¶ 도지사는 ~에 도민들의 의견을 수렴해야 할 것이다. Le gouverneur doit tenir compte des opinions des habitants pour l'élaboration de la politique départementale [municipale].

도제 徒弟 명 apprenti(*e*); disciple *mf*. ¶ 누구의 ~가 되다 être apprenti(*e*) chez *qn*; faire *son* apprentissage chez [sous] *qn*. ¶ ~를 양성하다 former un(*e*) apprenti(*e*) [des disciples].

도주 逃走 명 fuite *f*; évasion *f*; fugue *f*. ¶ ~ 차량 une voiture en fuite. ¶ ~ 행각 l'action de fuir. ¶ 야밤 ~ une fugue en pleine nuit. ◇_(를) **하다** fuir, prendre la fuite, se sauver, s'enfuir, s'échapper, faire une fugue, filer {*fam*}, déguerpir {*fam*}, se barrer {*pop*}, mettre les voiles {*fam*}, prendre le large {*fam*}. ¶ 경찰이 도착했을 때 범인은 이미 ~한 뒤였다. Lorsque les agents de police sont arrivés, le délinquant s'était déjà sauvé [avait déjà déguerpi {*fam*}]. ¶ 그 사람은 사기를 치고 외국으로 ~했다. Après avoir commis une escroquerie, il s'est réfugié [s'est sauvé, s'est enfui] à l'étranger [hors de *sa* patrie]. ¶ 백주에 ~를 하다 s'évader [s'enfuir, se barrer {*pop*}] en plein jour.

◆**_범** -犯 명 criminel(*le*) fugitif(*ve*).

◆**_자** -者 명 fugitif(*ve*).

도중 途中 명 milieu(*x*) *m*, mi-chemin *f*, moitié chemin *m*.

◆**_에** 부 au milieu de; en chemin, en route, en cours de route, chemin faisant; à mi-chemin; à moitié chemin. ¶ 집으로 돌아오는 ~에 갑자기 그 생각이 났다. En rentrant chez moi [à la maison], j'ai pensé à lui soudainement. ¶ 그 분은 그 일을 하다가 ~에 그만두었다. Il a jeté l'éponge [a abandonné, a laissé tomber ((ce travail))] à mi-chemin.

◆**_하차** -下車 명 descente *f* du train en cours de route; ((포기)) abandon *m* à mi-chemin. ¶ ~하차하다 abandonner [s'arrêter] à mi-chemin; renoncer à *qc* en cours de route [à mi-chemin]; s'arrêter en chemin. ¶ 사관학교에서는 고된 훈련을 견디지 못하고 ~하차하는 생도들이 많다. Il y a beaucoup d'élèves qui abandonnent l'académie militaire en cours de route, ne supportant pas l'entraînement trop dur.

도지 賭地 명 ① métairie *f*; terre *f* ou maison *f* louée. ¶ 그 사람은 ~를 얻어 부쳐 먹고 있다 Il exploite un terrain loué. ② 논밭이나 집터를 빌려 쓰는 값으로 주는 곡식이나 돈 redevance *f* (en argent ou en nature) pour le prix de la location d'une maison ou d'un champ. ¶ ~를 내다[물다, 받다] payer [acquitter, recevoir] une redevance.

도지다 자 ① faire une rechute; rechuter; avoir une rechute; récidiver. ¶ 완쾌해서 병이 도질 우려가 없다 être tout à fait guéri(*e*) sans le moindre danger de rechute. ¶ 암이 도져서 죽다 mourir de la récidive d'un cancer [d'une récidive de cancer, d'un cancer en rechute, d'un cancer en ré-évolution]. ¶ 그 환자는 거의 다 나아가다가 부주의로 다시 도졌다 Ce(*tte*) patient(*e*) était presque guéri(*e*), quand il(*elle*) a fait [eu] une rechute par manque de vigilance. ¶ 무리하여 병이 도졌다 À cause de la fatigue, la maladie est réapparue. ② ((노여움 등이)) repartir en colère. ¶ 아무 말 없이 가만히 있을 것을 공연히 말을 걸어 그 사람의 화를 도지게 했다 Il aurait fallu rester tranquille et ne pas lui adresser la parole car cela l'a remis(*e*) en colère.

도착[1] **到着** 명 arrivée *f*, arrivage *m*. ¶ ~ 시에 à l'arrivée de *qn*/*qc*. ¶ ~ 순으로 par ordre d'arrivée. ¶ 배의 ~ 시간이 이미 지났다 Le bateau est en retard sur son horaire / L'heure d'arrivée du bateau est déjà passée. ¶ ~이 늦다[빠르다] être [arriver] en retard [en avance]. ◇_(을) **하다** arriver ((à l'école)); atteindre ((la gare)); gagner ((*son* domicile)). ¶ ~하면 편지해라 Quand tu arrives, écris-nous. ¶ 그 분은 어제 서울에 ~했다. Il est arrivé à Séoul hier. ¶ 그 분이 보낸 소포[편지]가 ~했다 Le paquet [La lettre] qu'il a envoyé(*e*) est arrivé(*e*) [m'est parvenu(*e*)]. ¶ 기차가 10분 늦게 ~했다 Le train est arrivé avec un [en] retard de 10 minutes. ¶ ~(하는) 즉시로 dès l'arrivée. ¶ 그 분은 막 ~하는 길이다 Il arrive à l'instant / Il vient d'arriver / Il vient de débarquer {*fam*}. ¶ 바로 제 때에 ~하다 arriver juste à temps [au bon moment]. ¶ 그 분은 다음 주에 ~할 예정이다 Il va arriver la semaine prochaine / On attend *son* arrivée pour la semaine prochaine. ¶ 우리가 그 분을 만나러 Lyon에 ~한 것은 오전 11시 쯤이었다 C'est vers 11 heures du matin que nous sommes arrivés à Lyon pour lui rendre visite [pour le(*la*) rencontrer].

◆**_가격** -價格 C.A.F.(CAF / coût, assurance, fret). ¶ 부산 ~가격 CAF Busan.

◆**_지** -地 destination *f*.

도착[2] **倒錯** 명 perversion *f*.

◆**_적** -的 명관 pervers(*e*). ¶ ~적 성격 un caractère pervers. ¶ 그 사람의 행동은 다분히 ~적이다 Son acte est fortement pervers.

◆**성_** 性 명 perversion *f* sexuelle.

◆**(성)_증 (환자)** 性症 (患者) perversion *f* [동성애 inversion *f*] sexuelle; pervers *m* [동성애 inverti *m*] sexuel.

도처 到處 명 partout; tous les lieux *mpl*. ¶ 쓰레기가 ~에 널려 있다 Il y a des ordures partout. ¶ 그 회사는 거의 전국 ~에 지점을 갖고 있다 Cette société a des succursales presque partout dans le pays. ¶ 그것은 국내 ~에서 볼 수 있는 것이다 C'est quelque chose qu'on peut voir partout dans ce pays. ¶

ㄷ

세계 ~에서 관광객이 몰려들고 있다 Les touristes arrivent du monde entier.

도청[1] 道廳 명 préfecture *f.* ¶ ~ 소재지 chef(*s*)-lieu(*x*). ¶ ~ 직원 un(*e*) employé(*e*) de la préfecture.

도청[2] 盜聽 명 ((전화의)) écoute *f* téléphonique (clandestine); usage *m* illicite d'un poste de radio. ¶ ~ 기관 le service d'écoute illicite. ◇_(을) **하다** capter [intercepter] secrètement ((un message)); écouter clandestinement; écouter aux portes. ¶ 전화[통화 내용]를 ~하다 écouter (clandestinement) une conversation téléphonique (privée). ◇_(이) **되다**[(을) **당하다**] être sur (table d') écoute. ¶ 이 전화는 ~되고 있다. Ce téléphone est sur (table d') écoute. ¶ 이 방의 모든 대화는 ~되고 있다 Toutes les conversations qui se font dans cette pièce sont sur (table d') écoute / Tout ce qui se dit ici est sur (table d') écoute. ¶ 우리 사무실이 ~당하고 있는 것 같다 J'ai l'impression que notre bureau est sur (table d') écoute.

◆**_기[장치]** -機[裝置] 명 appareil *m* d'écoute (clandestine); micro *m.* ¶ 책상 밑에서 ~기를 찾아냈다 On a trouvé un appareil d'écoute [un micro] installé sous le bureau.

도체 導體 명 conducteur ((de chaleur, d'électricité)).

◆**반_** 半- 명 semi-conducteur *m.*

◆**부_** 不- 명 isolant *m.*

◆**열_** 熱- 명 conducteur *m* thermique.

◆**초_** 超- 명 supraconducteur *m.*

도축 屠畜 명 abattage *m.* ¶ 그 분은 가축의 ~을 직업으로 하고 있다 Il travaille dans un abattoir. ◇_(을) **하다** abattre ((un animal); tuer ((une vache)).

◆**_업** -業 abattage *m.*

◆**_장** -場 abattoir *m.* ¶ 그 분의 모습이 마치 ~장으로 끌려가는 소 같다 En le voyant, on dirait un bœuf qu'on amène à l'abattoir.

도출 導出 명 ① extraction *f;* déduction *f.* ② 【언어】 dérivation *f.* ◇_(을) **하다** dériver *qc* de *qc*. tirer *qc* de *qc*, extraire *qc* de *qc*, dégager *qc* de *qc*, déduire *qc* de *qc*. ¶ 이 사실로부터 흥미로운 결론을 ~해 낼 수 있다 De ces faits, on peut tirer [dégager, déduire] une conclusion intéressante. ◇_(이) **되다** être extrait(*e*); être dégagé(*e*); être déduit(*e*). ¶ 과학적인 유추방법에 의하여 객관적인 해답이 ~된다 Un raisonnement scientifique permet d'obtenir des résultats objectifs.

도취 陶醉 어근 ivresse *f,* griserie *f,* enivrement *m.* ◇_(를) **하다**[(가) **되다**] être ravi(*e*), enchanté(*e*), exalté(*e*); être excité(*e*), transporté(*e*); être en extase, ivre, enivré(*e*); se pâmer ((de joie)), s'extasier, s'enivrer. ¶ 승리감에 ~하다 être enivré(*e*) [être grisé(*e*), être transporté(*e*)] par la joie de la victoire. ¶ 그 분은 차창 밖 풍경에 ~하여 우리 얘기는 신경도 쓰지 않았다 Absorbé par le paysage vue de la voiture, il ne prêtait guère attention à ce que nous lui disions. ¶ 그 분은 칭찬[성공]에 ~되어[하여] 눈에 보이는 것이 없었다 Enivré [Grisé] par les éloges [par le succès], il n'y voyait plus clair. ¶ 그 분은 자기 말에 ~되어 계속 지껄여댔다 Transporté [Enivré] par ses propres paroles, il continuait de parlementer [de discourir].

◆**자아_** 自我- 명 narcissisme *m.*

도치 倒置 명 ① inversion *f;* interversion *f;* bouleversement *m;* renversement *m.* inversion *f.* ② 【언어】 ¶ ~ 구문 une construction inversée. ¶ 주어 ~ l'inversion du sujet. ◇_(를) **하다**[**시키다**] inverser [intervertir]((le sujet et le verbe)). ¶ 의문문에서는 주어와 동사를 ~시킨다 Il faut inverser [intervertir] le sujet et le verbe dans une phrase interrogative. ◇_(가) **되다** être inversé(*e*); être interverti(*e*); mettre *qc* sens dessus dessous [la tête en bas, à l'envers, en désordre]; être bouleversé(*e*).

◆**_법** -法 inversion *f;* hyperbate *f.*

도큐멘터리 영{documentary} 명 ☞ 다큐멘터리

도탄 塗炭 명 misère *f;* détresse *f;* embarras *m;* difficulté *f.* ¶ ~에 빠지다 être dans la détresse; être dans l'embarras: être en difficulté. ¶ ~에서[으로부터] 구해내다 sauver [libérer] *qn* de la détresse.

도탑다 형 ((우애, 정이)) être profond(*e*), fort(*e*); être amical(*e*), chaleureux(*se*), cordial(*e*). ¶ 사제[부녀, 친구] 간의 정이 ~ Il y a un attachement très fort entre l'élève et son professeur [entre le père et sa fille, entre les amis].

도태 淘汰 명 extinction *f;* sélection *f;* élimination *f.* ¶ 인위적 ~ la sélection artificielle. ◇_(가) **되다** être éliminé(*e*) (par sélection naturelle); être en voie d'extinction. ¶ 자연환경에 적응하지 못한 생물은 ~되게 마련이다 Il est naturel que certaines espèces vivantes qui sont mal adaptées à leur milieu naturel soient en voie d'extinction. ¶ 새로운 사회 변화에 대처하지 못하는 기업은 ~된다 Les entreprises qui ne s'adaptent pas au changement social sont vouées à disparaître. ◇_(를) **시키다** éliminer *qn*/*qc*; expulser *qn*, évincer *qn*, repousser *qn*, exclure *qn*.

◆**자연_** 自然- 명 sélection *f* naturelle (qui détermine l'extinction des espèces).

도토리 명 gland *m* de chêne.

*~ **키 재기** n'être ni plus ni moins / ne pas être mieux que l'autre / être similaire [semblable] / c'est du pareil au même / c'est bonnet blanc et blanc bonnet] / Ils se valent! / Ça s'équivaut {*fam*} / C'est kif kif (bourricot) {*fam*}.

***개밥에** ~ un canard dans une couvée de poussins / (venir comme) un chien dans un jeu de quilles.

◆**_묵** 명 gelée *f* de gland de chêne.

도톨도톨 부 inégalement, irrégulièrement ((idéophone exprimant l'apparence d'une surface semée de petits boutons, idéophone exprimant l'apparence d'une surface rugueuse)). ¶ 얼굴에 ~ 돋은 여드름이 그가 십대임을 말해 주고 있었다 Les boutons d'acné (juvénile) sur son visage montraient qu'il était encore adolescent.

◆_하다 형 être inégal(ale, aux), être couvert(e) de petites aspérités, avoir des rugosités [saillies, callosités]; être rude au toucher, rugueux(se), raboteux(se), rêche. ¶ 악어가죽은 표면이 ~하다 La peau du crocodile est rugueuse / Le cuir du crocodile est rugueux.

도톰하다 형 être un peu dodu(e) [gros(se), épais(se)]; ((입술이)) être charnu(e); ((손이)) être un peu potelé(e), boudiné(e), grassouillet(te). ¶ 도톰한 입술[손] des lèvres charnues [des mains potelées].

도통 都統 부 ① 도합 au total, en tout, tout compris; entièrement; en général, généralement. ② 전혀 (pas) du tout, vraiment pas. ¶ 나는 누가 누구인지 ~ 모르겠다 Je ne sais pas du tout qui est qui. ¶ 아무리 생각해 봐도 ~ 기억이 나질 않는다 J'ai beau tourner et retourner ça dans ma tête dans tous les sens, je ne m'en souviens plus du tout.

도통하다 道通- 자 s'y connaître en qc, s'y entendre ((pour cuisiner)), connaître parfaitement une doctrine; comprendre de façon parfaite la nature des choses; être connaisseur [spécialiste] ((en vins)), être un grand [fin] connaisseur, être expert(e) ((dans cet art, dans cette science)), être expert(e) [orfèvre, grand clerc, passé maître] en la matière; être versé(e) ((dans les lettres et les arts, dans la musique, dans l'art de l'escrime, en architecture romane)), être rompu(e) ((aux affaires)); être (très) compétent(e) ((en archéologie)) [qualifié(e), fort(e), doué(e)] ((en physiques)), être ferré(e) ((sur un sujet, une question)). ¶ 예술에 도통한 사람 une personne versée dans l'art. ¶ 사업에 ~ être rompu(e) aux affaires. ¶ 그 남자는 수학에 도통했다 Il a de profondes connaissances en mathématiques / C'est un grand mathématicien / Il est très [rudement] calé en mathématiques {fam}. ¶ 그 남자는 그런 일에는 도통한 사람이다 Il est expert [orfèvre, grand clerc, passé maître] en la matière / C'est l'homme *ad hoc*.

도판 圖板 명 tableau(x) m; panneau(x) m; plan m; planche f. ¶ ~을 짜다 faire une planche; faire un tableau.

도포 道袍 명 *dopo* m <pardessus traditionnel masculin>. ¶ ~를 짓다 confectionner un *dopo*. ¶ ~를 입다[벗다] porter [enlever] un *dopo*.

도표[1] 圖表 명 ((그래프)) graphique m; ((도식)) diagramme m; ((표)) tableau(x) m; figure f. ¶ 통계 ~ le graphique d'une statistique. ¶ 한 눈에 알아 볼 수 있도록 ~로 정리했다 mettre une statistique en graphique pour la rendre accessible en un coup d'œil. ¶ ~를 그리다 représenter qc par un graphique; inscrire qc sur un graphique.

◆_화 -化 명 graphisme m; figuration f. ¶ ~화(를) 하다 mettre qc sous forme graphique; figurer. ¶ 우리는 그 통계 자료를 ~화했다 Nous avons mis sous forme graphique ces statistiques. ¶ ~화(가) 되다 être mis(e) sous forme graphique; être figuré(e).

도표[2] 道標 명 panneau(x) m routier; poteau(x) m indicateur. ¶ 도로에는 ~가 잘 세워져 있었다 La route était bien signalisée.

도피 逃避 명 fuite f; évasion f. ¶ 현실 ~ fuite de la réalité. ¶ ~ 생활을 하다 mener une vie de fugitif. ◇_(를) 하다 fuir ((le monde, les hommes)); s'évader ((du réel, dans le monde du rêve, hors de la réalité)); s'échapper. ¶ 현실이 아무리 힘들더라도 ~하려 하지 말고 맞서 싸워야 한다 Même si la réalité est très dure, il faut l'affronter de face [il faut y faire face] au lieu de s'enfuir.

◆_문학 -文學 명 littérature f d'évasion.

◆_성 -性 명 (à) caractère m échappatoire. ¶ ~성 외유[해외 유학] une fuite [une évasion] à l'étranger [des études à l'étranger envisagées comme échappatoire].

◆_자 -者 명 fugitif(ve); évadé(e); fuyant(e).

◆_주의 -主義 명 tendance f [propension f] à s'évader du réel [de la réalité]. ¶ 그 사람은 점점 ~주의에 빠져들었다 Il cherchait de plus en plus à échapper à la réalité [à se réfugier dans le rêve].

◆_처 -處 명 lieu(x) m de fuite; asile m; cachette f, refuge m, abri m.

도핑 영{doping} 명 dopage m. ¶ ~ 테스트 un contrôle antidopage.

도하 渡河 명 traversée f [passage m] d'un fleuve. ¶ ~ 작전 une opération de traversée. ¶ 적전 ~ ((stratégie militaire)) la traversée d'un fleuve contre l'ennemi, le passage d'un fleuve pour échapper à des ennemis. ◇_(를) 하다 passer [traverser] un fleuve.

도학 道學 명 ① ((유교)) philosophie f confucéenne; éthique f confucéenne. ② ((도교)) taoïsme m.

◆_자 -者 명 taoïste mf.

도합 都合 부 tout compris, au total, en tout. ¶ 우리가 이 여행 중에 쓴 돈은 ~ 백만 원이다 Nous avons dépensé au total (la somme d')un million de wons pour ce voyage. ¶ 어제 모인 사람은 ~ 열 명이었다 Les gens qui se sont rassemblés hier étaient dix, en tout et pour tout.

도해 圖解 명 illustration f; figure f; dessin m; schéma m; explication f imagée. ¶ ~ 사전 un dictionnaire illustré; un dictionnaire visuel. ¶ 곤충 ~ l'entomologie illustrée; les insectes en images. ◇_(를) 하다 expliquer qc à l'aide de schémas [d'images, d'illustrations]; illustrer qc, agrémenter des explications par des schémas [des graphiques]; expliquer qc au moyen de figures. ¶ 그 분은 문장의 구조를 이해하기 쉽게 ~했다. Il a expliqué la structure des phrases [la syntaxe] à l'aide de schémas pour en faciliter la compréhension. ¶ 그 분은 ~를 하면서 설명을 하였다. Il a donné des explications avec des illustrations.

◆_법 -法 명 méthode *f* d'illustration.

도형 圖形 명 figure *f;* forme *f;* image *f,* dessin *m.* ¶ ~ 기하학 la géométrie descriptive. ¶ 종이 위에 갖가지 모양의 ~을 그리다 dessiner différents motifs sur du papier.

◆평면[입체]_ 平面[立體]- 명 une figure *f* plane [en trois dimensions].

도화[1] 圖畵 명 ① 그림과 도안 esquisse *f* et dessin *m.* ¶ 그 사람이 ~를 작성했다 Il fit un tableau. ② 그림 그리기 exécution *f* d'un dessin. ¶ ~ 작업 과정 les étapes successives d'exécution d'un dessin. ¶ ~ 시간 une heure [un cours] de dessin.

도화[2] 桃花 명 fleur *f* de pêcher.

◆_색 -色 명 couleur *f* fleur de pêcher. ¶ 그 사람은 얼굴이 벌겋게 ~색이 되었다 Sa figure devint rouge comme une pêche.

도화[3] 道化 명 initiation *f* à une doctrine. ◇_(를) 시키다[하다] endoctriner, enseigner une doctrine. ◇_(를) 당하다 être endoctriné(*e*). ◇_(가) 되다 être initié(*e*) à une doctrine.

도화[4] 導火 어근 feu(*x*) *m* qui provoque une explosion. ¶ ~ 장치 un mécanisme explosif.

◆_선 -線 명 ☞ 도화선

도화선 導火線 명 ① mèche *f,* cordeau(*x*) *m,* traînée *f* de poudre. ¶ ~에 불을 붙이다 mettre le feu à la mèche d'une mine, mettre le feu aux explosifs dans une mine. ② 원인, 동기 cause *f* directe ((d'un conflit)); occasion *f.* ¶ 그것이 혁명의 ~이 되었다. Cela provoqua [déclencha] la révolution.

도화지 圖畵紙 명 papier *m* à dessiner. ¶ 학생들이 ~에다 크레파스로 그림을 그리고 있다. Les élèves dessinent avec des (crayons) pastels sur du (papier) Canson.

도회 都會 명 ville *f.* ¶ 그들 형제는 모두 ~로 유학을 갔다 Ces frères-là sont tous partis faire leurs études en ville. ¶ ~보다는 시골이 인심이 후하다 On est plus accueillant à la campagne qu'en ville.

◆_적 -的 명관 citadin(*e*); urbain(*e*). ¶ 그 사람은 ~적인 것이 몸에 배어 있다 Il est imprégné des mœurs de la ville. ¶ 그 사람은 ~적 환경에 잘 적응을 못한다 Elle s'adapte mal au milieu urbain.

◆_인 -人 명 citadin(*e*), un(*e*) habitant(*e*) d'une ville, un(*e*) citoyen(*ne*) urbain(*e*).

도회지 都會地 명 ville *f;* environnement *m* urbain. ¶ ~에서 살다 habiter en ville. ¶ ~ 사람 un(*e*) citadin(*e*), un(*e*) habitant(*e*) d'une ville, un(*e*) citoyen(*ne*) urbain(*e*). ¶ 그 분의 가족은 시골을 떠나 ~로 이사를 갔다 Sa famille a quitté le milieu rural pour s'installer en ville / Les membres de sa famille sont partis de la campagne pour rejoindre la ville.

독[1] 명 grand pot *m* de [en] terre cuite; jarre *f.* ¶ 김장을 하고 ~을 땅에 묻다 conserver le *gimchi* pour l'hiver dans une jarre enterrée [enfouie sous la terre].

*~ 안에 든 쥐 une personne dans une impasse [une personne prise au piège].

*밑 빠진 ~에 물 붓기 vouloir assécher la mer; se fatiguer pour rien; ne servir à rien; être peine perdue; perdre *sa* peine à faire *qc.*

◆간장[된장, 김칫]_ jarre *f* de sauce de soja [de pâte de soja, de *gimchi*].

◆술_ 명 tonneau(*x*) *m* d'alcool.

◆장_ 醬 명 jarre *f* destinée à conserver des aliments (pâte de piment, pâte de soja, sauce de soja).

◆장_대 醬臺 명 espace *m* extérieur réservé aux jarres, endroit *m* situé à l'extérieur servant à entreposer des jarres alimentaires.

독[2] 毒 명 ① 독물 poison *m;* venin *m,* toxine *f.* ¶ ~이 온 몸에 퍼진다. Le poison [Le venin] se répand dans tout le corps. ¶ 이 버섯[뱀]은 ~이 있다 Ce champignon est vénéneux[Ce serpent est venimeux]. ¶ 뱀에 물린 다리에서 ~을 빼다 extraire [enlever] le venin de la jambe de *qn* qui a été mordu par un serpent. ¶ ~이 오르다[나다] Le poison se répand [circule] dans *ses* veines [dans *son* corps.] ② 독약 toxine *f;* produit *m* toxique. ¶ ~이 있는 toxique; empoisonné(*e*); ((animal)) venimeu*x*(*se*); ((plante)) vénéneu*x*(*se*). ¶ 우물에 ~을 타다 jeter un produit toxique dans un puits; empoisonner un puits. ③ 독기 venin *m.* ¶ 사나운 ~을 품고 있다 Il est venimeux / Il a du venin. ④ ((비유)) mauvais(*e*). ¶ 어떤 이에게는 약이 되는 것이 다른 이에게는 ~이 될 수도 있다. Ce qui est bon pour les uns, n'est pas forcément bon pour les autres[peut être mauvais pour les autres].

◆_개미 명 fourmi *f* venimeuse.

◆_거미 araignée *f* venimeuse. 명

◆_버섯 명 champignon *m* vénéneux.

◆_사 -蛇 명 serpent *m* venimeux.

◆_약 -藥 명 poison *m.* ¶ 그 사람은 마침내 ~약을 마셨다 Il finit par absorber du poison.

◆_종 -種 명 mauvaise espèce *f* [souche *f,* graine *f*]; méchant homme *m;* personne *f* pernicieuse [malicieuse, venimeuse]; race *f* dépravée.

독-[3] 獨 접두 seul(*e*); tout(*e*) seul(*e*); uni-; mono-; isolé(*e*). ¶ ~사진 une photo [une photographie] individuelle.

◆_방 -房 명 chambre *f* individuelle; cellule *f;* cachot *m.*

◆_상 -床 명 table *f* à un couvert. ¶ ~상을 받다 se trouver à une table préparée pour un couvert. ¶ ~상을 차리다 dresser [mettre] un seul couvert [une table à un couvert].

◆_차지 명 possession *f* exclusive.

◆_탕 -湯 명 baignoire *f* pour *soi* seulement (dans un sauna).

독문학 獨文學 명 ☞ 독일문학

독가스 毒- 영{-gas} 명 gaz *m* asphyxiant [toxique, de combat].

◆_탄 -彈 명 obus *m* asphyxiant, bombe *f* à gaz.

독감 毒感 명 (mauvaise [grosse]) grippe *f;* influenza *f.* ¶ ~에 걸리다[~이 들다] attraper la grippe [une grosse grippe]. ¶ 요즘 ~이 유행이다 La grippe sévit ces jours-ci / En ce moment, il y a une épidémie de grippe. ¶ ~ 예방 une prévention contre la grippe.

독경 讀經 명 【불교】 récitation *f* des Sûtra; prière *f* vocale bouddhique. ¶ 스님의 ~ 소리가 들렸다 On entendit un moine bouddhiste réciter les Sûtra. ◇_(을) **하다** prier à haute voix; réciter les Sûtra.

독과점 獨寡占 어근 monopole *m.* ¶ ~ 품목으로 지정하다 désigner *qc* comme le produit d'un monopole. ¶ ~ 제품의 가격을 규제하다 réglementer le prix de produits monopolisés.

독극물 毒極物 명 poison *m.* ¶ 음식에 ~을 넣다 mettre du poison dans [empoisonner] un plat. ¶ 식료품에서 ~이 발견되었다 On a trouvé du poison dans les aliments.

독기 毒氣 명 ① (force du) poison *m;* venin *m;* virulence *f;* nature *f* malfaisante [pernicieuse, venimeuse, vénéneuse] ¶ ~가 전신에 퍼지기 전에 손을 써야 목숨을 건질 수 있다 On peut sauver la vie de quelqu'un en intervenant avant que le poison ne se répande dans tout le corps. ② 악의 méchanceté *f;* malveillance *f,* malice *f;* perfidie *f;* malignité *f;* sarcasme *m.* ¶ ~있는 말 des paroles virulentes [venimeuses, méchantes, acerbes, sarcastiques, fielleuses, malveillantes, blessantes]; des propos envenimés [méchants, acerbes, mordants, blessants]. ¶ ~를 품다 avoir une repartie [une répartie] venimeuse. ¶ 그 분의 얼굴[말]에는 ~가 서려 있다. Son visage [Sa parole] exprime [trahit] sa virulence.

독나방 毒- 명 bombyx *m* venimeux.

독니 毒- 명 dent *f* [crochet *m*] à venin.

독단 獨斷 명 ① décision *f* arbitraire. ¶ ~에 빠지다 se laisser aller à prendre une décision arbitraire. ② 【철학】 dogmatisme *m.*

◆_**적** -的 명관 dogmatique, despotique, tyrannique; arbitraire. ¶ 지나치게 ~적인 처사 un acte trop dogmatique; un acte trop arbitraire. ¶ 위원회를 ~적으로 운영하다 gérer un conseil [une commission] de *sa* seule autorité [sans consulter personne, arbitrairement, de façon tyrannique].

◆_**론** -論 명 ① décision *f* arbitraire. ¶ 그 사람은 ~론에 빠지고 말았다 Il a fini par tomber dans l'arbitraire. ② 【철학】 dogmatisme *m.*

독도 獨島 명 les îlots Dokdo ((îlots coréens situés à 87 km à l'est de l'île d'Ulleung dans la mer de l'Est)).

독려 督勵 명 encouragement *m,* stimulation *f;* incitation *f.* ¶ 작업 ~를 위한 긴급회의가 소집되었다 Une réunion a été programmée d'urgence pour stimuler le travail. ¶ 사장이 ~ 차 공장에 들렀다 Le président [Le patron, Le P.-d.g.] de la société s'est rendu à l'usine pour encourager le personnel. ◇_(를) **하다** encourager *qn,* stimuler *qn;* exhorter ((*qn* à faire *qc*)), inciter ((*qn* à faire *qc*)), pousser ((*qn* à faire *qc*)). ¶ 선수들이 최선을 다하도록 ~하다 encourager les joueurs [les athlètes] pour qu'ils donnent le meilleur d'eux-mêmes.

독력 獨力 명 ((par)) *ses* propres moyens *mpl,* ((de)) *ses* propres forces *fpl;* effort(s) *mpl* personnel(s). ¶ ~으로 tout(*e*) seul(*e*), sans (aucune) aide (extérieure), sans l'aide d'autrui, ((par)) *soi*-même, de *ses* propres forces. ¶ 그 사람은 ~으로 모든 일을 처리한다 Il traite seul toutes ses affaires / En toutes choses, il se débrouille (tout) seul / Il fait [règle] tout par lui-même.

독립 獨立 명 indépendance *f* ((à l'égard de)), autonomie *f,* souveraineté *f* ((d'un État)). ¶ 미국의 ~ 전쟁 la Guerre d'Indépendance (des États-Unis). ¶ ~ 기념관 mémorial de l'Indépendance. ¶ ~ 기념일 anniversaire de l'Indépendance. ¶ ~을 선언하다 déclarer l'indépendance, faire une déclaration d'indépendance. ¶ ~을 위협하다 menacer l'indépendance de *qn*/*qc*. ¶ ~을 인정[유지, 회복, 쟁취]하다 reconnaître [préserver, retrouver, obtenir] l'indépendance [l'autonomie] ((de *qc*)). ¶ 사법권의 ~은 민주주의의 중요한 요소이다 L'indépendance du pouvoir judiciaire est un facteur important pour la démocratie. ¶ 그 분은 조국의 ~을 위해 평생을 바쳤다 Il a consacré sa vie entière à se battre pour l'indépendance [la libération] de son pays / Il a passé toute sa vie à lutter pour l'indépendance de son pays. ¶ 본부는 마을에서 멀리 떨어진 ~ 건물에 설치되었다 Le siège principal est logé dans un immeuble à part, loin du village. ◇_(을) **하다** devenir indépendant(*e*), devenir autonome. ¶ ...으로부터 ~하여 indépendamment de; avec indépendance. ¶ 그 분의 자녀들은 이제 그 분에게서 ~해 산다 Ses enfants sont maintenant indépendants [autonomes]. ¶ 스무 살이 되자마자 그는 부모로부터 ~했다 Dès qu'il a eu 20 ans, il a pris son indépendance [il s'est émancipé de sa famille, il a commencé à voler de ses propres ailes]. ¶ 경제적으로 ~하다 devenir indépendant(*e*) financièrement. ◇_(이) **되다** devenir indépendant(*e*) [autonome]. ¶ 조국이 ~되는 날만을 기다리다 espérer vivement l'indépendance [la libération] de *sa* patrie [*son* pays]. ◇_(을) **시키다** libérer *qn* de *qc*; accorder l'indépendance à *qn*/*qc*.

◆_**적** -的 명관 indépendant(*e*), autonome. ¶ ~적 성격 un caractère indépendant.

◆_**성** -性 명 caractère *m* de ce qui est indépendant; indépendance *f.* ¶ 그 사람은 ~성이 무척 강하다 Elle est très indépendante. ¶ 그 여자는 ~성을 잃고 말았다 Elle a perdu son indépendance.

◆_**국(가)** -國(家) 명 État *m* [pays *m*] indépendant.

◆_**군** -軍 명 armée *f* indépendantiste.

◆_**기관** -機關 명 organisation *f* autonome.

◆_**만세** -萬歲 명 Vive l'Indépendance!

◆_**문** -門 명 porte *f* de l'Indépendance.

◆_**변수** -變數 명 【수학】 variable *f* indépendante.

◆_사상 -思想 명 doctrine *f* [idéologie *f*; idée *f*] indépendantiste.
◆_선언 -宣言 명 déclaration *f* de l'indépendance.
◆_신문 -新聞 명 *Doknip-sinmun «l'Indépendant»* ((nom du premier journal moderne écrit en coréen, 1896)).
◆_심[정신] -心[精神] 명 esprit *m* indépendant. ¶ 그 분은 ~심이 부족하다. Il n'est pas assez autonome [indépendant].
◆_운동 -運動 명 mouvement *m* de l'Indépendance. ¶ 3.1 ~운동 le mouvement d'Indépendance du 1er mars 1919.
◆_인 -人 명 【법률】 personne *f* indépendante et libre.
◆_절 -節 명 【언어】 proposition *f* indépendante, indépendante *f*.
◆_투사 -鬪士 명 patriote *mf* [résistant(*e*)] qui œuvre pour l'indépendance nationale.
◆_체 -體 명 organisme *m* indépendant.
◆_협회 -協會 명 Association *f* pour l'Indépendance ((mouvement socio-politique coréen fondé en 1896)).

독립선언문 獨立宣言文 명 proclamation *f* de l'Indépendance (de la Corée, le 1er mars 1919, alors sous occupation japonaise).

독립선언서 獨立宣言書 명 proclamation *f* de l'Indépendance.

독무대 獨舞臺 명 scène *f* qui fait valoir un(*e*) seul(*e*) acteur(*trice*). ¶ 그 오페라는 그 여자의 ~였다 Elle était l'étoile de cet opéra. ¶ 문학 이야기라면 단연 그 분의 ~이다 C'est lui qui règne en maître sur le monde littéraire.

독물 毒物 명 chose *f* [substance *f*] toxique [vénéneuse, empoisonnée]; poison *m;* toxique *m;* toxine *f*. ¶ ~ 검사 la détection [l'examen] d'une substance toxique. ¶ 위에서는 아무런 ~도 검출되지 않았다 Aucune substance toxique n'a été trouvée dans *son* estomac. ¶ ~을 제거하다 éliminer [supprimer] les substances toxiques.
◆_학 -學 명 toxicologie *f*.

독방 獨房 ① chambre *f* personnelle. ¶ ~을 쓰다[차지하다] obtenir [se loger dans] une chambre individuelle. ¶ 그 분들은 부부지만 각자 ~을 쓴다 Ils font chambre à part, bien qu'ils soient mari et femme. ② 【법률】 cachot *m,* trou *m,* mitard *m* {*arg*}. ¶ ~ 감금 l'incarcération dans une cellule. ¶ ~ 신세 une personne condamnée à séjourner dans une cellule. ¶ ~ 살이 séjour dans une cellule. ¶ 누구를 ~에 넣다 envoyer *qn* au trou [au mitard {*arg*}]; enfermer *qn* au cachot. ¶ ~에 감금되다 être enfermé(*e*) [reclus(*e*), cloîtré(*e*)] dans une cellule. ¶ ~ 신세가 되다 être enfermé(*e*) au cachot.

독배 毒杯 명 coupe *f* empoisonnée. ¶ 소크라테스는 의연히 ~를 들었다. Socrate a bu la coupe empoisonnée sans hésitation [sans ciller].

독백 獨白 명 monologue *m*. ¶ 내적 ~ un monologue intérieur. ¶ 그 연극은 한 여배우의 ~으로 시작된다 Cette pièce de théâtre débute [commence] par le monologue d'une comédienne. ◇_(을) **하다** monologuer.
◆_극 -劇 명 monologue *m*.

독법 讀法 명 lecture *f*; manière *f* [façon *f*] de lire; prononciation *f*.

독보적 獨步的 명관 unique, original(*e*), sans égal, sans pareil. ¶ 당대 문학에 있어서 그 분의 위치는 가히 ~이다 C'est le meilleur écrivain contemporain / Il règne en maître sur le monde de la littérature contemporaine. ¶ 그 분은 고미술 분야에서 ~(인) 존재이다 Il fait autorité [C'est une autorité] dans le domaine de l'art antique.

독본 讀本 명 manuel *m* scolaire, livre *m* de lecture. ¶ 불어 ~ manuel de français.
◆부_ 副- 명 livre *m* de lecture complémentaire.

독불장군 獨不將軍 명 ((격언)) Tout seul on ne peut rien faire; ((오용)) personne *f* qui veut toujours décider toute seule [qui ne tient jamais compte des opinions d'autrui]. ¶ 자고로 ~이라 했다 Les anciens disaient:«Tout seul on ne peut rien faire». ¶ 그는 매사에 ~이다 Il n'écoute jamais les autres / Il veut toujours décider tout seul / Il n'en fait toujours qu'à sa tête.

독사 毒蛇 명 【동물】 serpent *m* venimeux; vipère *f*. ¶ ~에 물리다 se faire piquer par un serpent venimeux.

독사진 獨寫眞 명 photo *f* [photographie *f*] individuelle. ¶ ~을 찍다 se faire prendre seul(*e*) en photo, se faire photographier seul(*e*). ¶ 단둘이 여행을 갔더니 아쉽게도 찍은 게 ~밖에 없더라 On est partis à deux en voyage et malheureusement on a pris que des photos individuelles ((on n'a pas une seule photo de nous deux)). ¶ ~밖에 못 찍었으니 우리 지나가는 사람한테 사진 좀 찍어달라고 부탁해보자 On n'a que des photos individuelles, demandons à un(*e*) passant(*e*) de nous prendre tous les deux en photo.

독살 毒殺 명 meurtre *m* par empoisonnement, empoisonnement *m;* mort *f* [meurtre *m*] par empoisonnement. ¶ 왕의 죽음에 대해 ~의 의혹이 제기되었다 On soupçonne que le roi a été victime d'un empoisonnement. ◇_(을) **하다** empoisonner *qn*; tuer *qn* [assassiner *qn*] avec du poison. ¶ 왕위를 탐내 자기 형을 ~하다 empoisonner *son* frère pour monter sur le trône. ◇_(을) **당하다**[_(이) **되다**] mourir empoisonné(*e*); être empoisonné(*e*). ¶ 그는 정적에게 ~당했다 Il a été empoisonné par son adversaire politique. ¶ 그는 병으로 사망한 것이 아니라 ~되었을 가능성이 크다 Il est très probable qu'il ne soit pas mort de maladie, mais d'empoisonnement.
◆_설 -說 명 hypothèse *f* d'empoisonnement. ¶ 왕의 죽음에 대해 ~설이 유포되었다 Il a couru une rumeur selon laquelle le roi était mort empoisonné.
◆_자 -者 명 empoisonneu*r*(*se*).

독살스럽다 毒殺– 형 être venimeux(*se*), malicieux(*se*), méchant(*e*), malveillant(*e*). ¶ 독살스러운 눈초리[표정] un œil [un regard] dur [venimeux, méchant]. ¶ 독살스러운 여자 une femme méchante [vicieuse]. ¶ 독살스러운 말을 하다 se servir d'un langage virulent.

독생자 獨生子 명 【기독】 Jésus-Christ; Fils *m* de Dieu.

독서 讀書 명 lecture *f*. ¶ ~를 좋아하다 aimer la lecture, aimer lire. ¶ ~를 방해하다 empêcher de lire. ¶ 그는 지나친 ~로 눈이 많이 나빠졌다 Il s'est beaucoup usé les yeux en lisant trop. ¶ 나의 취미는 ~이다 Mon passe-temps favori est la lecture. ◇_(를) **하다** lire ((un roman)). ¶ 폭넓게 ~하다 faire preuve d'éclectisme dans *ses* lectures, être très éclectique [avoir des goûts très éclectiques] dans *ses* lectures, avoir des lectures dans des domaines très variés. ¶ 어릴 때부터 ~하는 습관을 들이다 être habitué(*e*) à lire depuis l'enfance. ¶ 이 방은 밝고 조용해서 ~하기에 좋다 Cette pièce est claire [lumineuse] et calme, c'est un bon endroit pour lire.

◆**_가** -家 명 grand(*e*) lec*teur*(*trice*); grand(*e*) liseu*r*(*se*).

◆**_광** -狂 명 dévoreu*r*(*se*) de livre {*fam*}, rat *m* de bibliothèque.

◆**_량** -量 명 quantité *f* de lecture. ¶ 그 사람은 ~량이 많다[적다] Il lit beaucoup [peu].

◆**_력** -力 명 capacité *f* de lecture, capacité *f* [aptitude *f*] à lire.

◆**_물** -物 명 matière *f* à lire.

◆**_삼매경** -三昧境 명 fait d'être absorbé(*e*) par la lecture. ¶ ~삼매경에 빠지다 être absorbé(*e*) par la lecture, être plongé(*e*) dans la lecture; s'adonner à la lecture.

◆**_실** -室 명 salle *f* de lecture.

◆**_열** -熱 명 passion *f* [engouement *m*] pour la lecture.

◆**_주간** -週間 명 la semaine *f* de la lecture [du livre].

◆**_층** -層 명 proportion *f* de personnes sachant lire, proportion *f* de personnes alphabétisées. ¶ 그 나라는 ~층이 아주 넓다 Dans ce pays la proportion de personnes sachant lire est très élevée.

◆**_회** -會 명 séance *f* de lecture; club *m* de lecture.

독선 獨善 명 fait de penser qu'on a toujours raison sans se soucier de l'avis des autres; suffisance *f*, complaisance *f* envers *soi*-même; présomption *f*, orgueil *m*. ¶ 그 여자는 ~이 대단하다 Elle pense toujours avoir raison.

◆**_적** -的 명관 suffisant(*e*), domina*teur*(*trice*), orgueilleu*x*(*se*), satisfait de *soi*. ¶ 그는 ~적인 행동으로 자주 물의를 일으킨다 Il provoque souvent le scandale par son comportement de dominant [dominateur].

◆**_주의** -主義 명 égocentrisme *m*; satisfaction *f* de *soi*; contentement *m* de *soi*.

독선생 獨先生 명 professeur *m* (particulier); précep*teur*(*trice*). ¶ ~을 모시고 공부하다 étudier avec un professeur particulier [avec un précepteur]. ¶ ~을 앉히다 désigner *qn* comme professeur [précepteur].

독설 毒舌 명 langue *f* venimeuse, mauvaise [méchante] langue *f*, langue *f* de vipère; propos *mpl* envenimés [mordants, caustiques, sarcastiques, virulents]; remarque *f* [observation *f*] venimeuse; commentaire *m* méchant; langage *m* acerbe; injures *fpl*; insultes *fpl*. ¶ ~을 퍼붓다 tenir des propos envenimés [mordants, caustiques, sarcastiques, virulents]; insulter; injurier; parler méchamment [avec aigreur]. ¶ 그 평론가는 ~로 유명하다 Ce critique est célèbre pour ses propos virulents.

◆**_가** -家 명 (personne *f* à la) langue *f* venimeuse, langue *f* de vipère, mauvaise [méchante] langue *f*.

독성 毒性 명 toxicité *f*; caractère *m* toxique; caractère *m* virulent. ¶ ~이 강한 약품은 따로 보관해 두어야 한다 Il faut mettre à part les médicaments très toxiques.

독소 毒素 명 toxine *f*.

◆**_조항** -條項 명 clause *f* pernicieuse [article *m* pernicieux].

◆**_항** 抗- 명 antitoxine *f*.

독송 讀誦 명 récitation *f*; lecture *f*.

독수공방 獨守空房 명 vie *f* solitaire ((surtout en parlant d'une femme)). ◇_(을) **하다** vivre seul(*e*); mener une vie solitaire; vivre en solitaire. ¶ 그 여자는 남편이 출장 중이라 ~하고 있다 Elle est seule, son mari étant en déplacement.

독수리 禿– 명 【동물】 aigle *mf*; *Aegypius monachus* {*nsc*}. ¶ ~ 같은 눈매 [눈초리, 눈길] des yeux d'aigle [un coup d'œil [un regard] d'aigle], des yeux de lynx, un regard perçant, des yeux perçants. ¶ ~가 먹잇감에 달려들었다 L'aigle a fondu sur sa proie.

독순법 讀脣法 명 ☞ 독순술

독순술 讀脣術 명 lecture *f* sur les lèvres; art *m* de lire sur les lèvres. ¶ ~을 하다[~로 뜻을 알다] lire sur les lèvres. ¶ ~을 쓰는 사람 personne qui sait lire sur les lèvres.

독식 獨食 명 monopole *m*; accaparement *m*; possession exclusive. ◇_(을) **하다** accaparer *qc* en totalité; monopoliser *qc*; s'emparer de *qc*, s'approprier tout le profit de *qc*. ¶ 반도체 분야는 대기업이 ~하고 있다 Les grandes entreprises monopolisent le domaine des semi-conducteurs. ¶ 이익을 ~하다 s'emparer du profit [du bénéfice], s'approprier tout le profit de *qc*. ¶ 경쟁사가 도산하자 그 회사는 시장을 ~하였다 Cette entreprise s'est emparée du marché, son concurrent étant en déroute.

독신 獨身 명 célibat *m*; célibataire *mf*. ¶ ~으로 살다(지내다) être célibataire, vivre en célibataire, rester

ㄷ

célibataire.
◆_녀 -女 명 femme *f* célibataire.
◆_생활 -生活 명 célibat *m;* vie *f* de célibataire.
◆_자 -者 명 célibataire *mf.* ¶~자 아파트 appartement *m* de célibataire, garçonnière *f* {*vx*}.
◆_주의 -主義 명 célibat *m.*
◆_주의자 -主義者 명 célibataire *mf* par principe; célibataire *mf* endurci(*e*).
독실하다 篤實- 형 être sincère, fidèle; honnête, probe. ¶독실하게 믿다 croire sincèrement ((en Dieu)). ¶독실한 신앙 une croyance [religion, foi] sincère. ¶그는 독실한 신자이다 C'est un croyant sincère / Il a une foi sincère.
◆독실히 부 sincèrement; fidèlement; honnêtement.
독심술 讀心術 명 art *m* de lire dans les pensées [dans le cœur, dans l'esprit] des autres; divination *f* par télépathie. ¶그는 마침내 ~까지 터득했다 Il a enfin fini par apprendre la divination par télépathie.
◆_가[사] -家[師] 명 devin *m;* voyant(*e*).
독야청청 獨也青青 명 ◇_이다 être le(la) seul(*e*) encore en activité, être le(la) seul(*e*) qui soit resté(*e*) au poste. ¶다들 집으로 돌아갔는데, 너만 ~이구나 Tout le monde est rentré chez soi, sauf toi qui travailles encore / Tu es le(la) seul(*e*) qui soit resté(*e*) au poste [C'est toi seul(*e*) qui es encore en activité], tous les autres sont rentrés chez eux [sont rentrés se coucher] / Tout le monde se repose, sauf toi / Tu es le(la) seul(*e*) à rester debout.
◆_하다 형 ((un pin isolé)) exposer *sa* verdure au milieu des arbres dénudés [d'une forêt d'arbres dénudés]. ¶한 그루 소나무가 ~하다 Un pin isolé expose sa verdure au milieu d'une forêt d'arbres dénudés.
독어 獨語 명 langue *f* allemande; allemand *m.*
독음 讀音 명 【언어】 voix *f* d'une personne qui lit; lecture *f* [prononciation *f,* transcription *f* phonétique] des caractères [idéogrammes] chinois. ¶~을 달다 mettre la prononciation [transcription phonétique] des caractères [idéogrammes] chinois ((en *hangeul*)).
독일 獨逸 명 Allemagne *f.* ¶~ 철학 la philosophie allemande. ¶~ 역사 l'histoire allemande; l'histoire d'Allemagne. ¶~계 미국인 un(*e*) Américain(*e*) d'origine allemande. ¶~차는 세계적으로 유명하다 Les voitures allemandes sont connues [célèbres] dans le monde entier.
◆_말 명 allemand *m,* langue *f* allemande.
◆_문학 -文學 명 ☞ 독일문학
◆_사람 명 Allemand(*e*).
◆_어 -語 명 ☞ 독어
◆_ 연방 -聯邦 명 fédération *f* allemande.
◆_ 연방공화국 -聯邦共和國 명 République *f* fédérale d'Allemagne.
◆_인 -人 명 Allemand(*e*).
◆_풍 -風 명 style *m* allemand; façon *f* allemande; à l'allemande.
독일문학 獨逸文學 명 littérature *f* allemande.
독자[1] 讀者 명 lec*teur*(*trice*); ((구독자)) souscrip*teur*(*trice*); abonné(*e*); public *m.* ¶~들의 반응을 살피다 observer la réaction des lecteurs. ¶많은 ~들이 그 소설의 작가를 만나고 싶어 한다 Beaucoup de lecteurs veulent rencontrer l'auteur de ce roman. ¶그 신문은 백만 ~가 있다 Ce journal touche un million de lecteurs. ¶그 책은 많은 ~가 애독하고 있다 Ce livre est largement lu / Ce livre est très populaire.
◆_(투고)란 -(投稿)欄 명 courrier *m* [rubrique *f*] des lecteurs; lettres *fpl* à l'éditeur.
◆_층 -層 명 catégorie *f* de lecteurs. ¶~층이 두텁다 [얇다] avoir beaucoup de lecteurs, avoir un vaste public [avoir peu de lecteurs]. ¶~층을 의식해서 en prenant en compte les catégories de lecteurs; prenant en considération les catégories de lecteurs. ¶그 신문의 ~층은 주로 진보적인 성향의 젊은이들이다 La plupart des lecteurs de ce journal sont des jeunes qui ont une tendance progressiste.
독자[2] 獨子 명 fils *m* unique. ¶그는 삼대 ~이다 Il est fils unique comme son père et son grand-père.
독자[3] 獨自 어근 individuel(*le*), particuli*er*(*ère*), personnel(*le*); origin*al*(*ale, aux*); propre (à *soi*); unique. ¶~출마하다 poser *sa* propre candidature sans admettre le candidat officiel (de *son* parti).
◆_적 -的 명관 individuel(*le*), particuli*er*(*ère*), personnel(*le*); origin*al*(*ale, aux*); propre (à *soi*); unique. ¶~적인 생각 une idée personnelle; une idée propre; une opinion personnelle. ¶~적인 행동을 취하다 suivre une ligne de conduite personnelle; suivre sa propre ligne de conduite. ¶새로운 기술을 ~적으로 개발하다 développer une nouvelle technologie [technique] sans l'aide des autres.
◆_성 -性 명 individualité *f;* originalité *f;* particularité *f.* ¶~성을 살리다 mettre une originalité en valeur; exploiter une individualité. ¶~성을 추구하다 poursuivre une idée originale.
◆_노선 -路線 명 ligne *f* personnelle. ¶~노선을 걷다 poursuivre une ligne personnelle.
독재 獨裁 명 dictature *f;* autocratie *f;* despotisme *m;* absolutisme *m.* ¶이 나라에서는 오랜 군부 ~로부터 벗어나려는 움직임이 일고 있다 Il y a un mouvement dans ce pays pour échapper à une longue dictature militaire. ◇_(를) 하다 dominer avec une autorité absolue; régner en dictateur. ¶그 나라는 군사 정권이 ~하고 있다 Ce pays est sous une dictature militaire / Le régime militaire gouverne autoritairement le pays.
◆_적 -的 명관 absolu(*e*), despotique; dictatori*al*(*ale, aux*), autocratique.
◆_화 -化 명 mise *f* en état de dictature.
◆_국가 -國家 명 pays *m* [gouvernement *m,* régime *m*] dictatorial; dictature *f.*

◆_자 -者 명 dictateur, autocrate *m*, tyran *m*, despote *m*.

◆_정권 -政權 명 régime *m* autoritaire [dictatorial]. ¶ ~정권을 몰아내다 chasser un régime autoritaire. ¶ ~정권에 항의하다 manifester contre un régime dictatorial.

◆_정치 -政治 명 dictature *f*; autocratie *f*; absolutisme *m*.

◆_주의 -主義 명 ① 독단적인 결정 arbitraire *m*. ② 독재를 주장하는 주의 dictature *f*; absolutisme *m*; autocratie *f*; despotisme *m*.

독점 獨占 명 monopole *m*; accaparement *m*; monopolisation *f*. ¶ 대기업의 시장 ~으로 가격이 크게 올랐다 Les prix ont beaucoup augmenté à cause du monopole des grandes entreprises. ◇_(을) **하다** monopoliser; accaparer; s'emparer. ¶ 시장을 ~하다 accaparer un marché; monopoliser le marché. ¶ 인기를 ~하다 monopoliser [accaparer] la popularité. ¶ 이익을 ~하다 accaparer le profit [bénéfice]; accaparer la totalité du profit. ¶ 인재를 ~하다 accaparer [attirer] des hommes compétents. ◇_(이) **되다** être monopolisé(*e*).

◆_적 -的 명관 monopolistique; exclusi*f*(*ve*). ¶ ~적 지위를 누리다 avoir le monopole de *qc*. ¶ 그 제품에 대해서는 모 회사가 ~적인 판매권을 가지고 있다 Une entreprise a le monopole de la vente de ce produit. ¶ 한 회사에서 ~적으로 생산한다 Une entreprise monopolise la production.

◆_화 -化 명 monopolisation *f*.

◆_가격 -價格 명 【경제】 prix *m* de monopole; prix *m* monopolistique.

◆_권 -權 명 monopole *m*; exclusivité *f*.

◆_금지법 -禁止法 명 【법률】 loi *f* antitrust.

◆_기업 -企業 명 【경제】 monopole *m*; entreprise *f* qui a un monopole.

◆_물 -物 명 objet *m* de monopole [d'exclusivité].

◆_사업 -事業 명 monopole *m* sur une affaire; entreprise *f* qui détient un monopole.

◆_욕 -慾 명 désir *m* de possession exclusive; désir *m* de monopole; désir *m* d'accaparement.

◆_자본주의 -資本主義 명 【경제】 capitalisme *m* de monopole; capitalisme *m* monopoliste.

독종 毒種 명 《종자》 mauvaise espèce *f*; mauvaise graine *f*; 《사람》 personne *f* méchante [de caractère dur], mauvaise graine *f*; caractère *m* acharné. ¶ 저놈 같은 ~은 난생 처음 본다 C'est la première fois que je vois quelqu'un d'aussi tenace (que lui).

독주[1] 獨奏 명 【음악】 solo *m*. ¶ 기타 ~ un solo de guitare. ¶ 피아노 ~ un solo de piano. ¶ 하모니카 ~ un solo d'harmonica. ◇_(를) **하다** jouer en solo, exécuter un solo, jouer un morceau en solo.

◆_곡 -曲 명 solo *m* 《de violon》. ¶ ~곡을 연주하다 jouer un morceau pour soliste, jouer en solo, exécuter un solo.

◆_자 -者 명 soliste *mf*.

◆_회 -會 명 récital *m*. ¶ ~회를 하다[열다] donner un récital.

독주[2] 獨走 명 《혼자 뜀》 course *f* (en solitaire); 《선두를 달림》 victoire *f* facile; 《제멋대로 행동함》 despotisme *m*; arbitraire *m*. ¶ 국회 운영에서 여당의 ~를 막기 위해 고심하다 s'efforcer d'empêcher la position dominante du parti au pouvoir lors des activités de l'assemblée nationale. ¶ 다수당의 ~를 견제하는 장치를 마련하다 mettre en place un dispositif pour s'opposer à la course en solitaire du parti majoritaire. ◇_(를) **하다** distancer les autres; faire cavalier seul. ¶ 그 마라톤 선수는 40 km 지점부터 ~하기 시작해 우승했다 Ce marathonien a remporté la victoire en démarrant une échappée en solitaire à partir du quarantième kilomètre sans ne jamais être rattrapé par ses adversaires.

독주[3] 毒酒 명 ① 독한 술 alcool *m* fort. ② 독약을 탄 술 alcool *m* empoisonné.

독지가 篤志家 명 bienfai*teur*(*trice*); dona*teur*(*trice*). ¶ 뜻있는 ~들의 후원이 필요하다 avoir besoin du patronage des donateurs volontaires.

독직 瀆職 명 corruption *f* (de fonctionnaire); concussion *f*; pillage *m*; malversation *f*; trafic *m* d'influence. ¶ ~ 공무원 un fonctionnaire corrompu, un fonctionnaire véreux. ¶ ~ 사건 un scandale de corruption; un cas de concussion. ◇_(을) **하다** pratiquer la corruption; se corrompre; commettre une malversation.

◆_죄 -罪 명 corruption *f*, concussion *f*.

독차지 명 possession *f* exclusive; monopole *m*; accaparement *m*. ¶ 놀이터는 삽시간에 우리 편의 ~가 되어 버렸다 Nous avons accaparé l'aire de jeux en un instant. ◇_(를) **하다** monopoliser, accaparer, s'emparer de; avoir [garder] tout pour *soi*-(même), posséder *qc* exclusivement. ¶ 누구의 사랑을 ~하다 prendre tout l'amour de *qn*. ¶ 우리 집에서는 막내가 부모님의 사랑을 ~하고 있다 Mes parents n'aiment que le petit dernier / Le petit dernier accapare l'amour (exclusif) de mes parents. ¶ 사장이 이익을 ~하자 종업원들이 들고 일어났다 Des employés ont manifesté leur mécontentement contre le président qui s'est emparé des profits. ¶ 그의 노래가 인기를 ~하였다 Sa chanson a joui d'une immense popularité. ¶ 그가 방 하나를 ~하는 바람에 나머지 사람이 들어갈 곳이 없다 Comme il prend toute une chambre pour lui [Comme il accapare la chambre [Comme il occupe toute la chambre] à lui (tout) seul], les autres ne savent plus où s'installer.

독창[1] 獨唱 명 【음악】 solo(*s*, *soli*) *m*. ¶ 세계적인 소프라노의 ~을 감상하다 écouter le solo d'une soprano célèbre dans le monde entier. ◇_(을) **하다** chanter 《un morceau》 en solo; chanter seul(*e*); chanter un solo.

◆_곡 -曲 명 【음악】 solo(*s*, *soli*) *m*. ¶ ~곡을 부르다 chanter un morceau [une pièce] pour soliste.

◆_자 -者 명 soliste *mf*.

◆_회 -會 명 【음악】 récital *m.* ¶ ~화를 열다 donner un récital.

독창² 獨創 어근 originalité *f.*

◆_적 -的 명관 origin*al*(*ale, aux*), créati*f*(*ve*); inventi*f*(*ve*). ¶ ~적인 사고 une idée originale; des pensées originales. ¶ 이 시험은 학생의 ~적 능력을 평가하기 위한 것이다 Cet examen a pour but d'évaluer les capacités créatives des étudiants. ¶ 그의 견해는 매우 ~적이다 Son opinion est très originale. ¶ 한글은 우리 민족의 ~적인 문자이다 Le *hangeul* est l'alphabet ingénieux et spécifique de la langue coréenne.

◆_성 -性 명 originalité *f;* individualité *f;* nouveauté *f.* ¶ ~성을 드러내다[보이다] manifester *son* originalité [avoir de l'originalité]. ¶ 그의 작품은 이미 전 세계적으로 그 ~성을 인정받았다 L'originalité de son œuvre a été déjà reconnue dans le monde entier. ¶ ~성이 없다[결여되다] ne pas avoir d'originalité [manquer d'originalité].

◆_력 -力 명 puissance *f* [capacité *f*] créatrice; talent *m* créatif. ¶ ~력을 발휘하다 exercer *son* talent créatif; montrer *sa* créativité.

독채 獨- 명 maison *f.* ¶ 집을 ~로 빌리다 louer une maison. ¶ 전세 ~ 나온 것 있습니까? Avez-vous une maison à louer?

독초 毒草 명 ① 독풀 plante *f* [herbe *f*] vénéneuse. ② 독한 담배 tabac *m* fort.

독촉 督促 명 réclamation *f,* avertissement *m;* exigence *f;* demande *f;* mise *f* en demeure; sommation *f.* ¶ 빚 ~에 시달리다 être tourmenté(*e*) par les demandes de remboursement de *ses* dettes [par la nécessité de rembourser *ses* dettes]. ¶ 그녀는 부모의 ~에 못 이겨 결혼을 하였다 Elle avait été forcée au mariage par ses parents. ◇_(을) **하다** presser *qn* ((de+*inf*)); inciter *qn* ((à+*inf*)); sommer *qn* ((de+*inf*)); mettre *qn* en demeure ((de+*inf*)). ¶ 채무자에게 빚을 갚을 것을 ~하다 mettre un débiteur en demeure de payer; sommer un débiteur de payer.

◆_장 -狀 명 avertissement *m;* rappel *m.* ¶ 세금납부 ~장을 보내다[받다] envoyer [recevoir] un rappel pour le paiement de l'impôt.

독충 毒蟲 명 insecte *m* venimeux [nuisible].

독침 毒針 명 ((곤충 등의)) aiguillon *m* venimeux; dard *m;* ((식물의)) épine *f* [aiguille *f*] venimeuse; 독 묻힌 바늘 aiguille *f* empoisonnée. ¶ ~을 맞고 죽다 mourir piqué(*e*) par une aiguille empoisonnée. ¶ ~에 쏘이다 se piquer avec [être piqué(*e*) par] un aiguillon venimeux. ¶ ~으로 찌르다 piquer avec un aiguillon venimeux; piquer *qn* avec une aiguille empoisonnée.

독탕 獨湯 명 salle *f* de bains ((individuelle)). ¶ 이 목욕탕에는 ~이 없다 Dans ces bains publics, il n'y a pas de salles individuelles. ¶ ~에 들어가다 se réserver une baignoire pour *soi* tout seul.

독트린 영{doctrine} 명 doctrine *f.* ¶ 닉슨 ~ la doctrine de Nixon.

독특성 獨特性 명 particularité *f,* singularité *f;* caractéristique *f;* originalité *f,* spécificité *f.*

독특하다 獨特- 형 être particuli*er*(*ère*), spéci*al*(*ale*), singuli*er*(*ère*), caractéristique; être origin*al*(*ale, aux*), unique, inimitable. ¶ 그 찻집은 분위기가 아주 ~ L'ambiance de ce café est très particulière. ¶ 이 음식은 색깔[향기], 맛]이 ~ La couleur [L'odeur, La saveur] de ce plat est particulière. ¶ 그 집 고기는 양념을 독특하게 해서 전혀 느끼하지가 않다 La viande de ce restaurant n'est pas du tout grasse, parce qu'on l'accompagne d'un assaisonnement spécial. ¶ 독특한 맛[모습] un goût [un aspect] particulier. ¶ 독특한 문화[분위기] une culture [une ambiance] particulière. ¶ 독특한 풍습 des coutumes particulières.

독파 讀破 명 lecture *f* complète ((d'un livre)). ¶ 그의 방학 과제는 세계문학전집 ~다 Son devoir de vacances scolaires est de lire une série d'œuvres littéraires étrangères. ◇_(를) **하다** lire ((un livre)) d'un bout à l'autre [de bout en bout]; finir de lire; achever la lecture ((d'un roman)). ¶ 그는 소설 다섯 권을 하루만에 ~했다 Il a lu 5 romans en un jour.

독판 獨- 명 monopole *m.* ¶ 그 사람은 ~을 치고 다닌다 Il fait la pluie et le beau temps.

독풀 毒- 명 ① plante *f* [herbe *f*] vénéneuse.

독하다 毒- 형 être toxique, empoisonné(*e*); être malfaisant(*e*); être nuisible, pernicieu*x*(*se*); ((진하다)) être fort(*e*), piquant(*e*); ((잔인하다)) être méchant(*e*), dur(*e*), sévère; ((굳세다)) être ferme, tenace, opiniâtre, dur(*e*), résistant(*e*), inébranlable. ¶ 그는 성질이 아주 ~ Il a un caractère très tenace / Il est très tenace de caractère / Il est très tenace [opiniâtre, obstiné, persévérant]. ¶ 독하게 굴다 se montrer méchant(*e*) ((envers *qn*)); être impitoyable ((envers *qn*)). ¶ 독한 마음을 먹고 공부하다 étudier [travailler] avec acharnement [d'arrache-pied], cravacher dur {*fam*}. ¶ 독한 가스 un gaz toxique [asphyxiant]. ¶ 독한 술 de l'alcool fort. ¶ 독한 말 des propos piquants, des paroles agressives; des propos empoisonnants [toxiques]. ¶ 독한 사람 un homme impitoyable [dur].

독학 獨學 명 autodidaxie *f.* ¶ 그는 ~으로 고등학교 과정을 마쳤다 Il a fini ses études secondaires en autodidacte. ¶ 불어를 ~으로 배우다 apprendre seul(*e*) le français. ¶ 학문을 ~으로 깨우치다 acquérir [apprendre] tout(*e*) seul(*e*) des connaissances. ◇_(을) **하다** apprendre *qc* tout(*e*) seul(*e*); s'instruire *soi*-même. ¶ 라틴어를 ~하다 apprendre le latin tout(*e*) seul(*e*).

◆_생 -生 명 autodidacte *mf.*

독해 讀解 명 compréhension *f* écrite [d'un texte]. ¶ 이번 시험에서는 ~ 문제가 가장 어려웠다 Dans cet examen, les questions de compréhension écrite étaient les plus difficiles. ◇_(를) **하다** lire et comprendre ((un texte)).

◆_력 -力 명 aptitude *f* à la compréhension écrite

[d'un texte]. ¶ 그는 불어 ~력이 전보다 많이 향상되었다 Son aptitude à lire et à comprendre un texte français s'est beaucoup améliorée (par rapport au passé).

◆_문제 -問題 명 question *f* de compréhension écrite; problème *m* de compréhension écrite.

독행 篤行 명 bonne conduite *f;* conduite *f* exemplaire; charité *f;* bonté *f.*

독혈증 毒血症 명 【의학】 toxémie *f;* empoisonnement *m* du sang.

독회 讀會 명 lecture *f;* séance *f* de lecture; réunion *f* de lecture. ◇_**를 하다[갖다]** avoir une réunion de lecture.

독후감 讀後感 명 impression *f* après lecture; annotation *f* d'un livre; compte-rendu *m* (d'un livre). ¶ ~을 쓰다 écrire *ses* impressions sur un livre; rédiger un compte-rendu de lecture. ¶ ~을 모집하다 réunir les impressions de plusieurs personnes après la lecture ((d'un roman)).

돈 명 argent *m;* argent *m* comptant; monnaie *f,* espèces *fpl*; pièce *f* de monnaie; fonds *mpl*; ((재산)) richesses *fpl*; caisse *f,* fortune *f;* flouze *m* {*fam*}, fric *m* {*fam*}, thune *f* {*fam*}. ¶ 큰[적은] ~ une grosse [petite] somme, une somme importante. ¶ 엄청난 ~ une somme folle [très importante]. ¶ 얼마 안 되는 ~ peu d'argent. ¶ 1억 원이라는 큰 ~ une grosse somme d'argent, cent millions de wons. ¶ 검은[더러운, 지저분한] ~ argent sale, caisse noire [argent malhonnêtement gagné]. ¶ 깨끗한[정직한] ~ l'argent propre [honnêtement gagné]. ¶ 아이들의 코 묻은 ~ argent de poche des enfants. ¶ 놀고 있는 ~ l'argent qui dort. ¶ 눈먼 ~ l'argent qui n'appartient à personne / l'argent tombée en mains par hasard. ¶ 집을 판 ~ l'argent provenant de la vente d'une maison ¶ 집을 살 ~ l'argent pour acheter une maison. ¶ 따로 떼어 둔 ~ l'argent qu'on met de côté. ¶ 회사[개인] ~ les fonds de la société, les réserves financières [les capitaux, les fonds propres] de l'entreprise [une fortune personnelle]. ¶ ~이 궁한 사람 une personne qui est à court d'argent. ¶ ~ 있는 사람 une personne qui a de l'argent. ¶ ~ 많은 사람들 des personnes qui ont beaucoup d'argent; des personnes riches. ¶ 늘 ~, ~ 하다 ne penser qu'à l'argent; ne parler que d'argent. ¶ 그의 아내는 매일 ~ ~ 한다 Sa femme est une femme d'argent. ¶ 지금 네 ~, 내 ~을 따질 상황이 아니다 Peu importe l'origine de l'argent, on n'a pas le temps de se poser ce genre de question / Maintenant, ce n'est pas le moment de se disputer pour savoir avec quel argent on va payer! ¶ ~의 힘을 빌다 recourir au pouvoir de l'argent. ¶ 친구에게서 ~을 꾸다[얻다, 빌리다] emprunter de l'argent à un(*e*) ami(*e*) [obtenir de l'argent d'un(*e*) ami(*e*)]. ¶ 은행에서 ~을 대출받다 emprunter de l'argent à la banque. ¶ 빌린 ~을 갚다[돌려주다] rembourser un emprunt; rendre l'argent qu'on a emprunté. ¶ ~을 물 쓰듯 하다[~을 헤프게 쓰다] dépenser à tort et à travers (*son* argent), dépenser sans compter, faire des dépenses excessives, dépenser excessivement, jeter [ficher {*fam*}] l'argent [*son* argent] par les fenêtres, être (un(*e*) grand dépensi*er*(*ère*)) [un panier percé {*fam*}], gaspilleu*r*(*se*); dissiper [dilapider, gaspiller] *sa* fortune [*son* argent], brûler la chandelle par les deux bouts; l'argent *lui* fond entre les mains. ¶ 그가 내 ~을 떼어먹고 도망갔다 Il s'est enfuit pour ne pas me rembourser ses dettes. ¶ 그는 친구에게 ~을 떼이고 말았다 Son ami(*e*) ne lui a pas rendu son argent. ¶ ~을 마련하다 se procurer de l'argent; 빚을 얻다 emprunter de l'argent. ¶ ~을 은행에 맡기다 déposer son argent à la banque; déposer des fonds dans une banque. ¶ ~을 모으다 amasser de l'argent. ¶ ~을 저축하다 épargner, mettre de coté de l'argent. ¶ ~을 벌다 gagner de l'argent; gagner des fortunes. ¶ ~을 모금하다 collecter des fonds. ¶ 그는 열심히 일해서 ~을 번다 Il gagne de l'argent en travaillant dur. ¶ 나도 어서 취직해서 ~을 벌어야지 Je veux gagner de l'argent en trouvant un emploi le plus vite possible. ¶ 가지고 있던 ~을 외국[미국] ~으로 바꾸다 changer de l'argent en devises étrangères [en dollars]. ¶ 헌 ~을 새 ~으로 바꾸다 changer des billets usés contre des (billets) neufs. ¶ ~을 세다 compter l'argent [de l'argent]. ¶ 그런 일에 ~을 쓸 수는 없다 On ne peut dépenser de l'argent pour cette affaire. ¶ 길에서 ~을 줍다 ramasser [trouver] de l'argent dans la rue. ¶ ~을 유용하다[횡령하다, 삥땅하다, 착복하다] détourner [distraire] des fonds. ¶ 해외로 ~을 빼돌리다 détourner des fonds (à l'étranger). ¶ 나라에서 ~을 찍어내다[발행하다] Le gouvernement émet des billets [des pièces de monnaie]. ¶ ~을 내다[지불하다] payer, régler. ¶ 강도에게 ~을 털렸다 On a été cambriolé. ¶ 가진 ~을 다 내놓아라 Donne-moi tout l'argent que tu as sur toi / File-moi tout ton fric {*vulg*}. ¶ ~을 걸다 parier, miser. ¶ 경마에 ~을 걸다 parier aux courses. ¶ ~을 내다 payer. ¶ ~을 기부하다 contribuer; payer [verser] une contribution; faire une donation. ¶ 이곳에 입장할 때에는 ~을 내야 한다 Ici, il faut payer un droit d'entrée. ¶ 가난한 사람들을 돕는 일에 ~을 내 놓다 faire un don en argent pour aider les pauvres [les nécessiteux, les indigents, les personnes dans le besoin]. ¶ 그는 가난한 벤처 기업에 ~을 대주고 있다 Il finance une start-up qui a besoin d'argent / Il apporte des capitaux dans une start-up qui a besoin d'argent. ¶ 우리 아이는 너무 어려서 아직 ~을 몰라요 Mon enfant est trop jeune pour connaître la valeur de l'argent. ¶ ~밖에 모르는 사람 un homme fou d'argent. ¶ 그는 ~만 아는 구두쇠이다 Il est avare et ne vit que pour l'argent. ¶ 지하철에서 ~을 잃었다 avoir perdu de l'argent dans le métro. ¶ 그는 도박판에서 ~을 많이 잃었다 Il a perdu beaucoup d'argent au jeu. ¶ ~을

찔러넣다 glisser de l'argent ((dans la poche de *qn*)). ¶ 가는 길에 차비나 하라고 ~을 찔러 주었다 Je lui ai glissé de l'argent (dans la poche) en lui disant de s'en servir pour payer le voyage [pour payer les frais de transport]. ¶ 부정한 일을 성사시키기 위해 ~을 찔러 넣다 offrir un pot-de-vin pour faire réussir une affaire malhonnête. ¶ 있는 ~, 없는 ~을 다 끌어 모아 빚을 갚다 rembourser *ses* dettes à l'aide de [avec] n'importe quel argent. ¶ 그 많은 ~을 들여 한 일이 고작 요것이냐? Tout cet argent pour ce résultat-là? / Tu as dépensé tout cet argent pour obtenir ce résultat-là? ¶ ~에만 움직이는 un mercenaire; un(*e*) vénal(*e*). ¶ 그는 ~에 인색하다 Il est regardant à la dépense / Il regarde à la dépense / Il est avare (comme un rat) [pingre, radin {*fam*}, rapiat {*fam*} près de ses sous] / Il les lâche avec un élastique / Il n'attache pas son chien [ne les attache pas] avec des saucisses {*fam*} / C'est un rat {*fam*} / C'est un (vieux) rapiat {*fam*}. ¶ ~에 쪼들리다 être à bout de ressources; être à court d'argent; manquer d'argent; être dans la gêne. ¶ ~에 미친 사람 un homme vénal. ¶ ~에 눈이 멀다 être aveuglé(*e*) par l'argent. ¶ ~에 한이 맺히다 éprouver de la répulsion à l'égard [vis-à-vis] de l'argent. ¶ 쌀을 ~으로 바꾸다 changer du riz contre de l'argent. ¶ 그는 무슨 일이든 ~으로 해결하려고 든다 Il veut régler tous les problèmes avec l'argent. ¶ ~으로 치면 10만원의 가치가 있다 Cet objet a une valeur de 100 000 wons / Cela vaut 100 000 wons. ¶ 사람의 가치는 ~으로 환산할 수 없다 La valeur de l'homme ne peut être réduite à l'argent. ¶ 여행을 하다 보니 어느새 ~이 다 떨어졌다 On a dépensé tout l'argent au cours du voyage. ¶ ~이 불어나다 faire de l'argent; s'enrichir. ¶ ~이 마르다 être à sec, être (complètement) fauché(*e*) {*fam*}, fauché(*e*) comme les blés {*fam*}, sans le sou {*fam*}, sans un (sou) {*fam*}], ne pas avoir un rond {*fam*} (en poche), être sans un radis {*fam*}. ¶ 내 ~은 ~이 아니냐? ((상대방에게 돈을 주며)) Mon argent, c'est aussi de l'argent. Prends-le [accepte-le]! / ((돈을 돌려받기 위해)) Pense à me rembourser l'argent que je t'ai prêté / Mon argent, ça s'appelle revient / ((왜 다른 사람 돈은 다 갚으면서 내 돈은 안 갚나?)) Faudrait peut-être penser à me rembourser moi aussi? ¶ ~이 떨어지다 n'avoir plus d'argent; être à sec, (complètement) fauché(*e*) {*fam*} [fauché(*e*) comme les blés {*fam*}]. ¶ 집에 ~이 다 떨어졌다 On n'a plus d'argent à la maison. ¶ ~이 되다 faire de l'argent {*fam*}, rapporter (de l'argent), payer, être payant(*e*), juteux(*se*) {*fam*}. ¶ 그는 ~이 되는 일이라면 무엇이든 가리지 않는다[그는 ~이 생기는 일이라면 무엇이든 한다] Il fait n'importe quoi pourvu que cela lui rapporte de l'argent [pourvu que ça rapporte {*fam*}] / Il fait de l'argent avec tout. ¶ 그 일이 ~이 될까? Cette affaire sera-t-elle rentable? / Cette affaire rapportera-t-elle de l'argent? ¶ 이것저것 팔았더니 꽤 ~이 된다 A force de vendre de tout et de rien, ça fait une belle petite somme (d'argent). ¶ ~이 들다 coûter. ¶ 집을 수리하는 데 ~이 많이 들었다 La rénovation de la maison a coûté cher. ¶ 그는 절대로 ~ 드는 일은 하지 않는다 Il évite tout ce qui coûte de l'argent. ¶ ~이 얼마가 들든지 sans regarder à la dépense. ¶ ~이 생기다[나다] obtenir de l'argent; gagner de l'argent; se procurer de l'argent. ¶ 갑자기 큰 ~이 생기다 avoir soudainement une somme importante. ¶ 그 많은 ~이 다 어디에서 났느냐? Où est-ce que tu t'es procuré une telle somme? ¶ ~이 있다[없다] avoir de l'argent [ne pas avoir d'argent]. ¶ 너 ~ 좀 있니? As-tu un peu d'argent? ¶ 지금 수중에는 그만한 ~이 없다 Je n'ai pas pour le moment une telle somme sur moi. ¶ ~ 한 푼 없는 빈털터리 un(*e*) fauché(*e*) {*fam*}, un(*e*) désargenté(*e*), un(*e*) sans-le-sou {*fam*}. ¶ ~ 없는 설움을 겪다 éprouver un grand chagrin à cause de l'argent.

◆_**값** 명 valeur *f* monétaire, valeur en argent [en espèces]. ¶ ~값이 오르다[떨어지다] prendre [perdre] de la valeur monétaire. ¶ 비싸게 주고 산 차가 툭하면 고장이라 ~값도 못한다 Cette voiture ne vaut pas son prix parce qu'elle tombe souvent en panne.

◆_**걱정** 명 soucis *mpl* d'argent. ¶ ~걱정을 하다 être accablé(*e*) de soucis d'argent.

◆_**고생** -苦生 명 soucis *mpl* d'argent. ¶ 그 부부는 집을 장만할 때까지 ~고생을 참아내기로 했다 Ce couple a décidé de se serrer la ceinture [de faire des économies] jusqu'à ce qu'il achète une maison.

◆_**길[줄]** 명 circulation *f* de l'argent. ¶ ~길[줄]이 환히 보인다 obtenir un bon tuyau {*fam*} pour gagner de l'argent. ¶ 신용을 잃으면 ~길[줄]이 막힌다 Si l'on perd sa crédibilité, on ne peut plus emprunter d'argent.

◆_**내기** 명 pari *m*. ¶ ~내기 골프[화투] un pari au golf [au *hwatu*]. ¶ 축구 경기 결과를 두고 ~내기를 하다 parier sur le résultat d'un match de football.

◆_**놀이** 명 prêt *m* d'argent (à intérêt); ((고리의)) usure *f*. ¶ ~놀이(를) 하다 prêter de l'argent (à intérêt); pratiquer l'usure. ¶ ~놀이하는 사람 un(*e*) prêteur(*se*) d'argent; un(*e*) usurier(*ère*). ¶ ~놀이해서 돈을 모으다 amasser de l'argent en pratiquant l'usure.

◆_**다발** 명 liasse *f* de billets, gros paquet *m* d'argent. ¶ 압수된 상자 속에는 ~다발이 가득 들어 있었다 Il y avait des liasses de billets dans la boîte confisquée.

◆_**더미** 명 masse *f* de billets; grosse somme *f* (d'argent). ¶ 그는 자기 집 금고 속에 ~더미를 쌓아두고 있는 모양이다 On pense qu'il a en réserve une masse de billets dans son coffre-fort. ¶ ~더미에 깔리다 être écrasé(*e*) par le fric {*fam*}, crouler sous l'argent. ¶ 그는 부동산 투기로 ~더미에 올라앉

았다 Il est devenu riche en investissant dans l'immobilier.

◆_독 -毒 명 aveuglement *m* par l'argent; avidité *f*. ¶ ~독이 오르다 devenir mercenaire. ¶ ~독이 오른 사람 une personne aveuglée par l'argent, un grippe-sou, une personne qui ne pense qu'à l'argent; une personne à l'esprit mercenaire; une personne qui ne vit que pour l'argent.

◆_맛 명 goût *m* pour l'argent; plaisir *m* d'amasser de l'argent. ¶ ~맛을 알다 aimer l'argent. ¶ 그 녀석은 어린 나이에 벌써 ~맛이 들었다 Il a déjà le goût de [Il aime déjà] l'argent à son âge.

◆_문제 -問題 명 question *f* d'argent; problème d'argent; questions *fpl* financières. ¶ ~문제로 걱정하다[싸우다] se soucier des problèmes financiers [se battre à cause de problèmes financiers]. ¶ 그 두 사람 사이에는 ~문제가 걸려있다 Il y a un problème d'argent entre ces deux personnes.

◆_뭉치 명 paquet *m* d'argent; paquet *m* [liasse *f*] de billets. ¶ 두터운 ~뭉치를 꺼내 들고 세다 compter une liasse de billets. ¶ 백만 원이라는 큰 ~뭉치를 만지다 gagner [toucher] une somme d'un million de wons.

◆_방석 -方席 명 montagne *f* d'argent. ¶ 복권에 당첨되어 하루아침에 ~방석 위에 올라앉았다 Il est devenu riche du jour au lendemain en gagnant au loto.

◆_벌이 명 gagne-pain *m inv*, gain *m*. ¶ 너도 ~벌이를 할 나이이다 Tu es en âge de gagner ta vie [ton pain]. ¶ ~벌이에 나서다 aller gagner *sa* vie. ¶ 그는 ~벌이에 천재야 C'est un génie pour gagner de l'argent. ¶ 이 장사는 ~벌이가 안 된다 Cette affaire rapporte peu. ¶ 여기서는 ~벌이가 잘 된다 On gagne bien ici.

◆_벼락 명 richesse *f* rapide; enrichissement *m* rapide. ¶ ~벼락을 맞다 devenir riche tout d'un coup.

◆_복 -福 명 chance *f* (pour gagner de l'argent). ¶ ~복을 타고 나다 être né(*e*) chanceux(*se*) avec l'argent. ¶ 그는 ~복이 있다 Il a de la chance avec l'argent. ¶ 그 사람은 ~복이 터졌다 La fortune lui a souri.

◆_세탁 -洗濯 명 blanchiment *m*. ¶ 비자금을 ~세탁하다 blanchir de l'argent sale.

◆_주머니 명 bourse *f*; porte-monnaie *m inv*. ¶ ~주머니를 털어서 주다 donner toute *sa* bourse; donner tout ce que l'on a (d'argent). ¶ 한 집안의 ~주머니를 쥐다 tenir le cordon de la bourse. ¶ ~주머니를 졸라매다 serrer les ficelles ((de la bourse)). ¶ ~주머니를 차다 porter une bourse.

◆_줄 명 soutien *m* [support *m*] financier; source *f* d'argent. ¶ ~줄이 끊어지다 ne plus avoir de soutien financier. ¶ ~줄을 대다 soutenir financièrement *qn*; porter du soutien à *qn*; être le soutien de *qn*; venir en aide à *qn*. ¶ ~줄을 잡다 trouver du soutien financier.

◆_지갑 -紙匣 명 bourse *f*; porte-monnaie *m*.

◆_지랄 명 gaspillage *m*. ¶ ~지랄을 하다 montrer *sa* fortune. ¶ 저렇게 사치를 하니, 그게 다 ~지랄이지 Mener un train de vie luxueux [somptueux], tout ça, c'est du gaspillage.

◆_짝 명 ((être de la)) taille *f* d'un trou de serrure. ¶ 술에 취하니 하늘이 ~짝만하게 보였다 J'étais tellement ivre que le ciel me paraissait à peine plus grand qu'un trou de serrure.

◆_치기 명 jeu(*x*) *m* consistant à lancer des pièces de monnaie. ¶ ~치기를 하다 jouer à lancer des pièces de monnaie.

◆_타령 명 ne parler que d'argent. ¶ 벌 생각은 하지 않고 허구한 날 ~타령만 하면 뭐해? À quoi bon avoir toujours l'argent à la bouche[À quoi bon ne parler que d'argent], si on ne pense pas à le gagner?

◆_푼[냥] 명 un peu d'argent *m*; une petite fortune *f*. ¶ 그 사람은 ~푼깨나 있다고 거들먹거린다 Sa petite fortune le rend arrogant / Il se montre insolent car il a une petite fortune. ¶ 그 아저씨는 투기를 하다가 ~푼깨나 날렸다 Il a dilapidé une bonne partie de sa fortune au jeu. ¶ 그 남자는 예전에는 ~ 푼깨나 만졌던 티를 낸다 Il ne cache pas qu'il a été riche dans le temps / Il prend un air pour dire qu'il a eu une petite fortune autrefois. ¶ 그 여자는 ~푼이라도 벌면 쓰지 못해 안달이다 Elle s'empresse de dépenser son argent sitôt qu'elle l'a gagné.

◆쌈지_ 명 petite somme *f* d'argent très précieuse (à laquelle on tient comme à la prunelle de ses yeux).

◆용_ 用- 명 argent *m* de poche.

◆여윳_ 餘裕- 명 argent *m* disponible; (somme *f* d')argent *m* dont on dispose; réserve *f* d'argent.

◆종자_ 種子- 명 source *f* d'argent; somme *f* d'argent qui va fructifier.

*~을 굴리다 faire travailler l'argent. ¶ 그는 이리 저리 ~을 굴려서 재산을 두 배로 늘렸다 Il a doublé sa fortune en faisant travailler son argent.

*~을 만지다 gagner de l'argent; toucher de l'argent. ¶ 나는 그렇게 많은 ~은 만져본 적이 없다 Je n'ai jamais eu autant d'argent [une telle somme d'argent].

*~을 먹다 accepter [recevoir] un pot-de-vin. ¶ 그렇게 편파적인 판정을 내리다니, 심판이 ~을 먹은 것 같다 L'arbitre est très partial, il semble qu'il ait touché un pot-de-vin.

*~을 먹이다 offrir un pot-de-vin ¶ 검사에게 ~을 먹이다 offrir un pot-de-vin au juge d'instruction.

*~놓고 ~ 먹기! Allez-y, jouez [misez votre argent], vous êtes sûr(*e*)(*s*) de gagner.

*~을 뿌리다 dépenser de l'argent sans compter [follement, excessivement], faire des dépenses excessives, ne pas regarder à la dépense. ¶ 그가 이번 선거에서 꽤 많은 ~을 뿌렸다는 소문이 들린다 On dit qu'il a dépensé beaucoup d'argent pour cette élection. ¶ 선심을 얻기 위해 여기저기에 ~을

뿌리고 다닌다 dépenser de l'argent sans compter pour s'attirer la sympathie ((de *qn*)).

*~이 썩다 avoir de l'argent à ne savoir qu'en faire. ¶ 야 ~이 썩어 나냐? 그렇게 물건을 사 대게 C'est fou tout ce que tu achètes! T'as trop d'argent ou quoi? [Tu sais pas quoi faire de ton argent ou quoi?]

*~이 ~을 번다 L'argent appelle l'argent.

*~이 양반이라 L'argent est plus puissant que tout.

*~이 원수라 L'argent est la source de tous les maux.

*~은 돌고 돈다 L'argent circule / L'argent ne fait que changer de mains.

*있다가도 없고 없다가도 생기는 것이 ~이다 L'argent va et vient.

*~만 있으면 귀신도 부릴 수 있다 L'argent commande le monde.

돈가스 豚- 일 명 *tonkatsu m* ((escalope de porc frite)).

돈놀이 명 prêt *m* d'argent ((à intérêt)); usure *f.* ¶ 그 남자는 ~를 생업으로 하고 있다 Il gagne sa vie en prêtant à l'usure. ◇_(를) 하다 prêter à l'usure [de l'argent à intérêt].

◆_꾼 명 usurier(*ère*); prêteur(*se*) d'argent à intérêt, prêteur(*se*) sur gages.

돈독하다 敦篤- 형 ((amitié)) être sincère; ((relation)) être bon(*ne*). ¶ 돈독한 우정 une amitié sincère. ¶ 이웃끼리 돈독한 관계를 유지하다 être en bons termes avec *ses* voisins; entretenir de bonnes relations avec *ses* voisins. ¶ 형제간의 우애가 ~ entretenir de bonnes relations entre frères et sœurs; bien s'entendre entre frères et sœurs. ¶ 서로 돈독하게 지내다 bien s'entendre.

◆돈독히 敦篤- 부 avec bonté, avec gentillesse et sincérité; cordialement; sincèrement, étroitement ((lié(*e*)s)). ¶ 우리는 정을 돈독히 나누었다 Nous nous sommes sincèrement [étroitement] lié(*e*)s d'amitié. ¶ 인간관계를 돈독히 하다 se montrer amical(*e*) dans *ses* relations avec les autres.

돈벌이 명 gagne-pain *m.* ¶ 요즘은 불경기라 ~가 시원치 않다 Dans cette période de récession, il est difficile de gagner *sa* vie. ◇_(를) 하다 gagner de quoi vivre, gagner *sa* vie [*son* pain, *sa* croûte {*fam*}, *son* bifteck {*fam*}, *sa* subsistance], faire vivre *sa* famille, faire bouillir la marmite {*fam*}, gagner l'argent du ménage, assurer la subsistance du ménage [de la famille], subvenir aux besoins du ménage. ¶ 그 사람은 ~로 파지를 모은다 Son gagne-pain est de ramasser de vieux papiers.

돈사 豚舍 명 soue *f;* porcherie *f.* ¶ ~ 관리 un élevage de porcs.

돈오 頓悟 명 éveil *m* soudain ((terme zen)). ◇_(를) 하다 s'éveiller soudainement, parvenir soudainement au stade de l'éveil [à l'éveil].

돈오점수 頓悟漸修 명 Éveil *m* soudain suivi de l'ascèse ((vocabulaire du Bouddhisme zen)). ◇_(를) 하다 parvenir soudainement au stade de l'éveil [à l'éveil] puis, s'adonner à l'ascèse.

돈육 豚肉 명 (viande *f* de) porc *m.*

돈키호테 에 명 Don Quixote, Don Quichotte. ¶ ~식 사고[행동] le don-quichottisme.

돋구다 타 ① 올리다 faire monter, surélever, élever, hausser, remonter, redresser. ¶ 석유난로의 심지를 ~ redresser [tirer sur] la mèche du réchaud à fioul. ② 자극하다 inciter, éveiller, exciter ((la curiosité)), provoquer, susciter, stimuler ((l'appétit)); ((용기, 힘을)) relever, rehausser ((le moral de *qn*)), encourager, attiser, enflammer. ¶ 관심을 ~ éveiller [exciter, susciter] l'intérêt. ¶ 화[부아]를 ~ provoquer [déclencher] la colère de *qn*, mettre *qn* en colère, exaspérer *qn*, faire monter la colère de *qn*.

돋다 자 ① ((해, 달, 별이)) se lever; monter; ((l'aube)) poindre. ¶ 해가 돋는다 Le soleil se lève / Le soleil monte à l'horizon / L'aube commence à poindre. ¶ 그 친구는 아침 해가 돋기 무섭게[돋자 마자] 우리 집으로 달려왔다 Dès le lever du soleil [le petit matin, dès qu'il a fait jour], il est accouru chez moi [il est venu chez moi en courant]. ② ((싹, 날개, 생기가)) sortir; grandir; commencer à éclore [sortir]; pousser; bourgeonner ((au printemps)). ¶ 새싹이 파릇파릇 돋아났다 De nouveaux bourgeons ont commencé à sortir. ¶ 엄마를 다시 보자 이 아이 눈에 생기가 돋았다 La vivacité est revenue dans les yeux de cet enfant aussitôt qu'il a revu sa mère. ③ ((두드러기, 소름이)) faire irruption; sortir, se former, se couvrir ((de poils, de boutons)), ((visage, nez)) bourgeonner, ((nez)) fleurir; ((소름이)) se hérisser ((la peau)), avoir la peau qui se hérisse, avoir la chair de poule. ¶ 온 몸에 두드러기가 돋았다 Il a une irruption de boutons sur tout le corps / Il est couvert de boutons / Il a de l'urticaire sur tout le corps. ¶ 너무 무서워서 소름이 돋았다 J'avais si peur que j'en avais la chair de poule [j'(en) avais des frissons]. ¶ 그 모습이 너무 징그러워 온 몸에 닭살이 돋을 지경이었다 Il était repoussant au point de vous donner la chair de poule [le frisson] / Il était repoussant à vous faire vomir.

돋보기 명 loupe *f;* lunettes *fpl* contre la presbytie, lunettes *fpl* de vue (pour presbytes), lunettes *fpl* de lecture. ¶ 우리 할머니는 ~를 대야만 책을 읽으실 수 있다 Ma grand-mère ne peut lire qu'à travers une loupe / Ma grand-mère ne peut pas lire sans avoir recours à une loupe.

돋보이다 자 sauter aux yeux, se faire remarquer. ¶ 그 부인은 모임에 온 여자들 중에서 가장 돋보였다 Cette dame se distinguait parmi toutes les femmes présentes à la réunion. ¶ 오늘 경기에서는 신인 투수의 활약이 가장 돋보였다 Le nouveau lanceur est celui qui s'est fait remarquer le plus pendant le match d'aujourd'hui. ¶ 남들보다 돋보이려고 애쓰다 s'efforcer pour se faire remarquer (plus que les autres).

돋아나다 자 ① ((싹 따위가)) éclore, bourgeonner, pousser, sortir, se former. ¶ 새싹이 땅에서 돋아났다 Les pousses sont sorties de terre. ¶ 나무에는 푸른 잎이 돋아났다 Sur les arbres, les feuilles vertes ont poussé. ② ((종기 같은 것이)) faire éruption, sortir, se former. ¶ 그 여자는 피부에 붉은 반점이 돋아났다 Elle a une éruption de boutons rouges sur *sa* peau.

돋우다 타 ① 높이다 élever, surélever, rehausser, monter, remonter, redresser. ¶ 땅을 ~ surélever un terrain. ¶ 램프의 심지를 ~ redresser la mèche de *sa* [la] chandelle. ¶ 이랑을 ~ surélever les sillons. ¶ 흙을 ~ surélever la terre. ② ((기분, 느낌, 욕구 따위를)) inciter, éveiller, exciter ((la curiosité)), provoquer, susciter, stimuler ((l'appétit)); ((용기, 힘을)) relever, rehausser ((le moral de *qn*)), encourager, attiser, enflammer. ¶ 누구의 부아를 ~ provoquer la colère de *qn*; provoquer *qn*; exaspérer *qn*. ¶ 누구의 식욕을 ~ stimuler l'appétit de *qn*; faire saliver *qn*; rendre l'appétit à *qn*. ¶ 누구에게 용기를 ~ encourager *qn*; donner du courage à *qn*. ¶ 누구의 사기[기운]를 ~ rehausser [relever, remonter] le moral de *qn*; remonter *qn*; réconforter *qn*. ¶ 누구의 호기심을 ~ exciter [éveiller] la curiosité de *qn*. ¶ 감정을 ~ exciter les sentiments; éveiller ((une passion, l'amour chez *qn*)); exacerber ((la colère)). ¶ 흥취를 ~ égayer *qn*. ③ ((목청을)) hausser le ton. ¶ 정부를 비판하며 목청을 ~ hausser le ton en critiquant le gouvernement.

돋치다 자 sortir, dépasser. ¶ 이 물고기는 지느러미에 가시가 많이 돋쳐 있다 Ce poisson a beaucoup d'épines sur les nageoires. ¶ 가시 돋친 piquant(*e*), acerbe. ¶ 가시 돋친 말을 하다 dire des choses piquantes [acerbes]. ¶ 날개 돋친 듯이 팔리다 se vendre comme des petits pains.

돋히다 자 (('돋치다'의 잘못)) ☞ 돋치다

돌[1] 명 ① pierre *f*, caillou(*x*) *m*; galet *m*; roc *m*; 석재 moellon *m* ¶ ~로 만든 집 un bâtiment [une maison] en pierre. ¶ ~같이 단단한 dur(*e*) comme la pierre. ¶ 그 사람의 마음은 ~처럼 굳었다 Son cœur s'est endurci comme la pierre. ¶ ~에 비문을 새기다 graver une épitaphe sur une pierre. ¶ ~에 걸려 넘어지다 trébucher contre une pierre. ¶ 날아온 ~에 머리가 깨졌다 Il a été blessé à la tête par une pierre. ¶ ~을 갈다 polir une pierre. ¶ 길에 ~을 깔다 paver une rue; empierrer [caillouter] une route. ¶ ~을 깨다[부수다] casser une pierre. ¶ ~을 잘라내다 extraire la pierre (d'une carrière); tailler des pierres. ¶ ~이 많다 être pierreux(*se*); être plein(*e*) de pierres. ¶ 쌀을 일지 않아서 밥에 ~이 많다 Il y a encore beaucoup de grains de sable dans le riz parce qu'on ne l'a pas assez bien trié. ¶ ~을 던지다 lancer [jeter] une pierre. ¶ 대국 한 시간 만에 그 남자는 ~을 던지고 말았다 Au bout d'une heure de jeu de *go*, il a fini par abandonner [par jeter l'éponge]. ¶ 누가 이 사람에게 ~을 던질 것인가? Qui peut jeter la pierre à cette personne? ② 바보 personne *f* peu intelligente [inintelligente, stupide, sotte, bête, cabocharde {*fam*}, débile {*fam*}], sot(*te*); une vraie bûche *f*, cabochard(*e*) {*fam*}, abruti(*e*), imbécile, crétin(*e*) {*fam*}, demeuré(*e*) {*fam*}, con(*ne*) {*fam*}. ¶ 저 녀석은 머리가 ~이야 Ce type est bête comme ses pieds [comme un âne, à manger du foin]! {*fam*} / Ce type, une vraie bûche! {*fam*} / Ce type est complètement abruti {*fam*}.

*~을 차면 발부리만 아프다 Ça ne sert à rien de t'énerver, c'est à toi que tu fais du mal [tu ne feras du mal qu'à toi-même].

◆_가루 명 poudre *f* de pierre. ¶ 채석장에 ~가루가 날린다 À la carrière, la poudre de pierre s'envole [est partout].

◆_계단[층계] -階段[層階] 명 escalier *m* [marches *fpl*] de pierre.

◆_기둥 명 pilier *m*, [colonne *f*, poteau *m*] de pierre.

◆_길 명 chemin *m* pierreux; route *f* empierrée. ¶ 그들은 ~길을 걸었다 Ils marchaient sur une route empierrée [sur un chemin de pierres].

◆_다리 명 pont *m* de pierre.

*~다리도 두드려 보고 건너라 La prudence avant tout / On n'est jamais trop prudent.

◆_담 명 mur *m* de pierre ¶ ~담을 쌓다 bâtir, [construire, élever, édifier, ériger] un mur de pierre.

◆_대가리[머리] 명 ① personne *f* peu intelligente [stupide, sotte, bête, débile {*fam*}], sot(*te*); abruti(*e*) {*fam*}. ¶ 저 녀석은 ~대가리다 Ce type est bête comme ses pieds [comme un âne]! / Ce type, une vraie bûche! {*fam*} / Quelle bûche, ce type! {*fam*} / Ce type est complètement abruti {*fam*}. ¶ 그런 ~대가리로 무슨 공부를 한다고 해? Avec une telle tête vide, comment faire des études?

◆_덩이 명 bloc *m* [quartier *m*] de pierre; morceau *m* [éclat *m*] de pierre. ¶ 떡이 굳어 ~덩이처럼 딱딱하다 La pâte de riz [Le gâteau de riz, Le *tteok*] est devenu(*e*) dur(*e*) comme de la pierre.

◆_더미 명 amas *m* de pierres. ¶ 그 사람은 ~더미에 깔렸다 Il fut écrasé par un amas de pierres.

◆_덩어리 명 pierre *f*; caillou(*x*) *m*.

◆_도끼 명 hache *f* de pierre.

◆_무더기 명 tas *m* [amas *m*] de pierres. ¶ 마을 입구에는 ~무더기가 있다 À l'entrée du village, se trouve un tas de pierres.

◆_문 -門 명 porte *f* de pierre; 바위 rocher *m* à l'aspect de porte.

◆_바닥 명 sol *m* pavé de pierres; rue *f* pavée de galets.

◆_밭 명 champ *m* empierré. ¶ 그들은 ~밭을 갈아 일궜다 Ils ont défriché un champ empierré.

◆_배 명 poire *f* sauvage. ¶ 우리는 산에서 ~배를 따먹었다 Dans la montagne, nous avons cueilli et mangé des poires sauvages.

◆_부리 명 ☞ 돌부리

◆_비 -碑 명 stèle *f* (funéraire). ¶ 산에는 ~비가 여기저기 있었다 Dans la montagne, il y avait, ça et là, des stèles funéraires.
◆_뿌리 명 ☞ 돌부리
◆_산 -山 명 montagne *f* rocheuse, massif *m* rocheux. ¶ 저 산은 돌~이다 Cette montagne-là est un massif rocheux.
◆_섬 명 île *f* rocheuse.
◆_소금 명 sel *m* gemme.
◆_솥 명 récipient *m* en pierre (pour cuire le riz); marmite *f* de pierre. ¶ ~솥에 밥을 하다 faire du riz dans une marmite de pierre.
◆_조각 명 bas-relief *m* de pierre.
◆_칼 명 couteau *m* de pierre.
◆_탑 -塔 명 tour *f* de [en] pierre.
◆_투성이 명 couvert(*e*) [plein(*e*)] de pierres. ¶ 이 산은 온통 ~투성이다 Cette montagne est couverte de pierres.
◆_판 -板 명 plaque *f* de pierre ¶ ~판에 고기를 굽다 faire griller de la viande sur une (plaque de) pierre.
◆_팔매(질) 명 lancement *m* [jet *m*] de pierre. ¶ ~팔매질을 하다 lancer [jeter] une pierre.
◆라이터_ 영{lighter-} 명 pierre *f* à briquet. ¶ 라이터 ~을 갈아넣다 changer de pierre à briquet.
◆바둑_ 명 pion *m* de *go*.
◆차_ 명 pierre *f* dure. ¶ 애가 아무진 것이 꼭 차~같다 C'est un enfant solide comme un roc.

돌² 명 ① 주년 anniversaire *m*. ¶ 우리 학교는 올해로 개교 오십 ~을 맞았다 Cette année, notre école fête son cinquantième anniversaire. ② 첫돌 premier anniversaire *m* (d'un enfant).
◆첫_ 명 premier anniversaire *m*. ¶ 이제 막 첫~이 지난 어린아이 un bébé qui vient d'avoir un an [de passer son premier anniversaire].

돌-³ 접두 ((plante)) sauvage; de mauvaise qualité; grossi*er*(*ère*); inférieur(*e*). ¶ ~감 un kaki [une plaquemine] sauvage. ¶ ~배 une poire sauvage.

돌각담 명 mur *m* de pierre; muraille *f*.

돌개바람 명 tourbillon *m*, cyclone *m*, tornade *f*.

돌격 突擊 명 assaut *m*; charge *f*, attaque *f*. ¶ 기병들의 ~이 시작되었다 La charge de cavalerie a commencé / L'assaut des cavaliers a commencé. ¶ ~에 나서다 aller [monter] à l'assaut; donner [livrer] l'assaut; lancer l'attaque; passer à l'attaque; charger ((l'ennemi)); engager le combat; ouvrir le feu. ¶ ~! 앞으로 À la charge! / À l'assaut! En avant! / Chargez! ◇_(을) **하다** faire l'assaut ((d'un navire)), donner [livrer] l'assaut; prendre l'offensive; attaquer brusquement ((l'ennemi)), charger ((l'ennemi)); fondre sur ((l'ennemi, *sa* proie)), se jeter sur *qn*, assaillir. ¶ 적진을 향해 ~하다 charger l'ennemi, attaquer brusquement l'ennemi, assaillir l'ennemi, fondre sur l'ennemi; lancer des troupes à l'assaut de l'ennemi.
◆_대 -隊 명 troupe *f* d'assaut; corps *m* d'attaque.
◆_전 -戰 명 bataille *f* d'assaut.

돌계집 명 femme *f* stérile.

돌고래 명 dauphin *m*; marsouin *m*. ¶ ~ 쇼 un spectacle de dauphins.

돌궐 突厥 명 Turkut *m* ((peuplade d'origine altaïque)).
◆_국 -國 명 pays *m* des Turkuts.
◆_족 -族 명 race *f* turkute.

돌기 突起 명 ① ((지층)) soulèvement *m* ((de l'écorce terrestre)); saillie *f*; proéminence *f*; éminence *f*. ② ((동/식물)) excroissance *f*; protubérance *f*, épines *fpl* ((du rosier)); piquant *m* ((des oursins)); aiguillons *mpl* ((de la tige de l'églantier)). ¶ 가시 ~ petite épine acérée; les épines ((du cactus, du rosier)); les piquants ((des chardons, des oursins)); les aiguillons ((de la tige de l'églantier)). ③ 【해부】 appendice *m*.

돌김 명 (une sorte d') algue *f* comestible.

돌나물 명 herbe *f* sauvage comestible; *Sedum sarmentosum* {*nsc*}.

돌다 재타 ① circuler, tourner; décrire un cercle; tournoyer, pivoter, virevolter, virer, pirouetter, tourbillonner, faire un mouvement circulaire. ¶ 팽이가 돈다 La toupie tourne. ¶ 천장에서 선풍기가 돌고 있다 Un ventilateur tourne au plafond. ¶ 물레방아가 돈다 Le moulin à eau tourne. ¶ 공중제비를 ~ faire un saut périlleux. ② 방향을 바꾸다 tourner ((à gauche, à droite)). ¶ 뒤로 돌아! Tournez en sens inverse. ¶ 여기서 우측으로 돌아라! Tourne à droite ici. ¶ 거기서 약국을 끼고 도는 길로 들어가세요 Là, prenez la rue qui tourne à l'angle de la pharmacie. ¶ 그가 지금 막 모퉁이를 돌았다 Il vient tout juste de tourner à l'angle. ③ 생각, 입장을 바꾸다 changer de comportement [d'attitude]. ¶ 그 사람은 완전히 좌익[우리 편]으로 돌았다 Cette personne a complètement viré à gauche (politiquement) [s'est complètement rallié à nos idées]. ④ 우회하다 faire [prendre] un détour, contourner; passer par. ¶ 길을 일부로 돌아서 가다 prendre [faire] exprès un détour. ¶ 먼 길로 돌아서 오다 venir en faisant un long détour. ¶ 뒷문으로 돌아 들어가자 Entrons en passant par la porte de derrière. ¶ 변두리로 돌아서 가는 버스 un bus qui contourne [passe par] les banlieues. ⑤ 자리를 옮겨다니다 occuper différentes fonctions. ¶ 그는 평생 한직으로만 돌았다 Toute sa vie, il n'aura occupé qu'un poste peu glorieux. ¶ 그는 지방으로만 돌다 보니 서울 사정은 잘 몰라요 Comme il n'a occupé que des fonctions en province, il ne connaît pas la situation à Séoul. ⑥ ((술잔이)) faire le tour (de la table). ¶ 술잔이 한 순배 돌았다 Le verre d'alcool a fait le tour de la table (*chacun a bu dedans*). ⑦ 유통하다 circuler, se propager, se répandre. ¶ 머지 않아 전쟁이 일어날 것이라는 소문이 시중에 돌고 있다 Une rumeur disant qu'une guerre va éclater bientôt circule en ville. ¶ 유행성 감기가 돌고 있다 Une épidémie de grippe [une grippe contagieuse] est en train de se propager [se répandre]. ¶ 시중에 돌고 있는 검은 돈 l'argent sale

[noir] qui circule en ville. ¶ 요즈음은 그래도 돈[자금]이 잘 도는 편이다 Ces temps-ci, la liquidité (des capitaux) circule plutôt bien. ⑧ ((기계나 기관이)) fonctionner, marcher, bouger. ¶ 공장의 기계들이 잘 돌고 있나? Est-ce que les machines de l'usine fonctionnent [marchent] bien? ¶ 혀가 잘 돌지 않는다 J'ai du mal à parler ((anglais)). ¶ 그 여자는 머리가 잘[핵핵] 돈다 Elle est très intelligente. ⑨ ((술, 약 따위의 효과가)) faire *son* effet; se répandre. ¶ 독 기운이 이미 온몸에 돌아 나는 움직일 수가 없었다 Etant donné que l'effet du poison s'était déjà répandu dans tout le corps, je ne pouvais pas bouger. ¶ 술기운이 돌아 그 남자는 얼굴이 벌개졌다 Sous l'effet de l'alcool, il avait le visage tout rouge / L'alcool lui montait au visage. ⑩ 현기증이 나다 avoir [éprouver] un [des] vertige(*s*), avoir la tête qui tourne, avoir le tournis {*fam*}, avoir un étourdissement. ¶ 눈앞이 캄캄해지고 머리가 핑 돌았다 Je ne pouvais plus rien voir [faire], j'avais le vertige / Je voyais tout noir! / Je ne savais vraiment que faire. ¶ 눈이 핑핑 돌 정도로 배가 고프다 J'ai si faim que j'en ai des vertiges / J'ai une faim de loup {*fam*} / Je meurs de faim. ⑪ 미치다 être fou(*folle*), barjo {*fam*}, cinglé(*e*), toqué(*e*) {*fam*}; avoir une araignée au plafond {*fam*}. ¶ 돌았군! Il est un peu fou (sur les bords) / Il a une araignée au plafond {*fam*} / Il a l'esprit un peu dérangé / Il est un peu barjo {*fam*} / Il a un grain {*fam*}. ¶ 그는 사고의 충격으로 머리가 돌아 버렸다 Suite à l'accident [Choqué par l'accident], il est devenu fou. ¶ 나는 그 일 때문에 거의 돌아 버릴 지경이다 À cause de cette affaire, (je sens que) je vais devenir fou(*folle*) / Cette affaire me rend fou. ⑫ ((생기가)) renaître; reprendre ((des couleurs)). ¶ 얼굴에 생기가 ~ reprendre des couleurs; avoir une bonne mine. ¶ 입 안에 군침이 ~ saliver; se lécher les babines; se pourlécher (les babines). ¶ 눈물이 핑 돌았다 J'ai eu la larme à l'œil / J'étais très ému. ¶ 입맛이 ~ avoir de l'appétit. ¶ 검은 빛이 도는 청색 un bleu aux reflets noirs. ⑬ 원운동을 하다 tourner, faire le tour de *qc*. ¶ 지구는 태양 주위를 돌고 있다 La terre tourne autour du soleil. ¶ 지각한 벌로 운동장을 몇 바퀴 돌았다 Pour avoir été en retard, j'ai dû faire quelques tours de stade. ¶ 뺑뺑이를 ~ tourner sur *soi*. ¶ 시장을 한 바퀴 돌아보았지만 살 만한 물건이 없었다 J'ai fait le tour du marché, mais n'ai rien trouvé d'intéressant à acheter. ⑭ 순환하다 circuler. ¶ 피는 혈관을 통해서 온몸을 돈다 Le sang circule dans le corps à travers les vaisseaux sanguins. ⑮ 순회하다 parcourir, faire le tour ((du monde)); faire une tournée ((en province)); faire la tournée ((des bars)); ((순찰을)) faire une [*sa*] ronde. ¶ 경찰이 순찰을 ~ L'agent de police fait une ronde dans le quartier.

돌돌 🅟 ① 동글게 말리는 모양 en (en)roulant; en rond, en cercle ((idéophone désignant l'aspect d'un objet enroulé ou onomatopée désignant le bruit d'un objet qui roule)). ¶ 종이를 ~ 말다 rouler du papier. ¶ 실을 ~ 감다 enrouler le fil (de façon serrée). ¶ 머리를 ~ 말다 rouler les cheveux ((sur un rouleau, sur un bigoudi)). ② 구르는 모양 en roulant; en rond, en cercle. ¶ 구슬이 마루 위에 ~ 굴러다니고 있다 Les perles roulent sur le plancher en bois. ③ 약하게 faiblement. ¶ 맑은 시냇물이 ~ 흘러내리고 있다 L'eau claire du ruisseau coule faiblement [avec un faible débit, avec un faible courant]. ◆_거리다[대다] 🅙 faire du bruit en roulant, faire un cliquetis [cliquettement]. ¶ 책상 위에 동전들이 ~대는 소리를 내며 구른다 Des pièces de monnaie roulent sur le bureau en faisant un petit cliquettement [cliquetis].

돌려놓다 🅔 ① ((방향을)) changer la direction de *qc*; mettre dans une autre direction; tourner. ¶ 책상을 ~ mettre une table dans une autre direction. ¶ 컴퓨터 화면을 옆 사람이 못 보게 내 쪽으로 ~ Tourner l'écran de l'ordinateur vers moi de sorte que mon voisin ne puisse le voir. ¶ 시계바늘을 ~ tourner les aiguilles d'une pendule. ② ((마음을)) faire changer d'avis. ¶ 마음을 ~ faire changer d'avis. ③ 소외시키다 laisser à l'écart. ¶ 나만 돌려놓고 저희들끼리만 밥을 먹으러 갔다 Ils sont partis manger [prendre le repas] sans moi.

돌려받다 🅔 reprendre, recevoir, récupérer, ravoir, retrouver ((un objet prêté)). ¶ 나는 그녀에게서 빌려 준 책을 돌려받았다 J'ai repris [récupéré] le livre que je lui avais prêté.

돌려보내다 🅔 renvoyer, rendre, restituer, retourner. ¶ 돈을 도로 ~ renvoyer l'argent (reçu). ¶ 선물을 ~ retourner le cadeau. ¶ 찾아온 사람들을 ~ renvoyer les gens qui sont venus *me* voir. ¶ 아이들을 일찍 돌려보내 주세요 Faites rentrer les enfants tôt, s'il vous plaît.

돌려보다 🅔 lire chacun *son* tour, lire à tour de rôle [tour à tour]. ¶ 책 한 권을 여러 사람이 ~ Plusieurs personnes lisent un livre à tour de rôle.

돌려세우다 🅔 ① ((방향을)) faire se (re)tourner *qn*, faire pivoter *qn*. ¶ 선생님이 나를 돌려세웠다 Le professeur m'a fait me retourner [m'a fait pivoter]. ② ((생각, 입장을)) faire changer *qn* d'opinion [de camp], convertir *qn* à *ses* idées, retourner *qn* {*fam*}. ¶ 그 사람의 설득이 나의 마음을 돌려세웠다 Son argument m'a fait changer d'avis. ¶ 그 사람을 우리 편으로 돌려세웠다 Nous l'avons converti(*e*) à nos idées / Nous l'avons attiré [fait passer] dans notre camp.

돌려쓰다 🅔 ① 빌리다 emprunter ((de l'argent)). ¶ 나는 그 사람에게서 돈을 돌려썼다 J'ai emprunté de l'argent à cette personne. ② 여럿이 차례로 쓰다 utiliser *qc* chacun *son* tour [à tour de rôle]. ¶ 여러 사람이 면도기 한 개를 돌려쓰고 있었다 Plusieurs personnes utilisaient un seul rasoir chacun leur tour.

돌려주다 타 ① rendre, renvoyer. ¶ 빌려 온 책을 ~ rendre le livre emprunté. ② 돈을 꾸어주다 prêter. ¶ 나에게 돈 좀 돌려줄 수 있어? Pourrais-tu me prêter un peu d'argent?

돌리다 타 ① 회전시키다 (faire) tourner [tournoyer]; retourner. ¶ 핸들을 ~ tourner le volant ((d'une voiture)). ¶ 팽이를 ~ faire tourner une toupie. ¶ 시계 바늘을 앞으로 ~ avancer l'aiguille d'une montre. ¶ 문의 손잡이를 ~ tourner la poignée de porte. ¶ 다이얼을 ~ composer un numéro de téléphone. ¶ 영사기의 필름을 ~ faire tourner la pellicule (du projecteur). ② ((방향을)) tourner; changer ((de direction)); détourner ((de sa direction)). ¶ 방향을 ~ changer de direction. ¶ 발길을 ~ rebrousser chemin. ¶ 누구[무엇]에게서 눈을 ~ détourner les yeux de *qn/qc*. ¶ 얼굴을 이쪽으로 돌려라 Tourne ton visage par ici. ¶ 뱃머리를 ~ changer la direction de la proue. ¶ 남쪽으로 기수를 ~ diriger l'avion vers le sud. ¶ 전화를 그쪽으로 돌려 드리겠습니다 Je vais vous transférer la ligne [l'appel]. ③ ((생각을)) changer ((d'idée, d'avis, d'intérêt)). ¶ 생각을 ~ (faire) changer d'idée. ¶ 화제를 ~ changer de (sujet de) conversation. ¶ 주의를 딴 데로 ~ détourner l'attention de *qn*; tourner son attention vers autre chose. ¶ 그 여자의 마음을 돌리려고 애썼지만 소용이 없었다 J'ai essayé de lui faire changer d'avis, mais en vain. ¶ 나는 생각을 돌려 도중에서 되돌아오고 말았다 J'ai changé d'avis à mi-chemin, et ai fini par rebrousser chemin. ¶ 한때 사업가였던 그 사람이 이제 관심을 정치에 돌렸다 Il était homme d'affaires et s'est reconverti dans la politique. ④ 전가시키다 attribuer *qc* à *qn*; imputer *qc* à *qn*, incomber ((la cause, la responsabilité, la faute, etc.)) à *qn*. ¶ 실패를 운으로 ~ attribuer l'échec à la malchance. ¶ 의사는 그의 병을 과음 탓으로 돌렸습니다 Le médecin a imputé sa maladie à l'excès de boisson. ¶ 그 사람은 늘 자신의 잘못을 남의 탓으로 돌린다 Il rejette toujours ses fautes sur les autres / Il fait toujours porter le chapeau aux autres. ¶ 저는 오늘의 영광을 부모님께 돌렸어요 J'ai attribué ma gloire d'aujourd'hui à mes parents. ⑤ 다른 데로 보내다 muter, déplacer, limoger, transférer. ¶ 사장은 나를 한직으로만 돌렸다 Le président m'a muté(*e*) à un poste peu glorieux. ¶ 그 직원을 판매부로 돌렸다 On a déplacé [transféré, muté] cet employé au service commercial. ¶ 사건을 다른 부서로 ~ transférer l'affaire à un autre service. ¶ 그것을 처분하여 더 유리한 사업에 돌리는 것이 낫다 Il vaut mieux liquider cela, et transférer la somme (obtenue) à une affaire plus profitable. ¶ 선생은 그 아이를 미술반으로 돌렸다 L'instituteur a mis cet enfant dans une classe d'arts plastiques. ⑥ 차례로 전하다 faire circuler; distribuer. ¶ 다 읽고 나면 그 책을 너의 반 학생들에게 돌려라 Après avoir lu ce livre, fais-le circuler parmi les élèves de ta classe. ¶ 술잔을 ~ faire circuler le verre d'alcool. ¶ 패를 ~ distribuer les cartes. ⑦ 배달하다 livrer, distribuer. ¶ 집집마다 신문을 ~ distribuer le journal à toutes les maisons. ¶ 사람들에게 광고 전단을 ~ distribuer des tracts publicitaires à des passants. ⑧ (뒤로) 미루다 remettre à plus tard, ajourner, retarder. ¶ 그건(그것은) 뒤로 돌리고 이 문제부터 논의하자 Remettons cela à plus tard, et discutons d'abord de ce problème. ¶ 의회는 그 의안의 심의를 뒤로 돌렸다 Le parlement a remis la discussion sur ce projet à plus tard [à une date ultérieure]. ⑨ 말을 둘러대다 parler de manière détournée, dire des prétextes. ¶ 그렇게 돌려서 말하지 말고 솔직하게 털어 놓아라 Ne parle pas de manière détournée, et sois franc(*che*). ⑩ 작동시키다 faire tourner, faire fonctionner, faire marcher. ¶ 영화를[필름을] ~ faire tourner la pellicule du film. ¶ 모터[기계]를 ~ faire fonctionner le moteur [la machine, l'appareil]. ¶ 세탁기를 ~ faire marcher la machine à laver. ¶ 그 혼자의 힘으로 공장을 ~ faire tourner l'usine seul(*e*). ⑪ 호전시키다 améliorer ((*son* état de santé)). ¶ 우선 병세를 돌려야 할 텐데! D'abord, il faudrait améliorer son état de santé! ¶ 이 약을 먹으면 기운을 좀 돌릴 수 있을 것이다 Si tu prends ce médicament, tu pourras reprendre un peu de force. ⑫ 융통하다 emprunter (de l'argent). ¶ 겨우 친구들에게서 돈을 돌려 부도를 막았다 J'ai pu éviter de justesse la faillite en empruntant de l'argent à des amis. ⑬ ((숨을)) souffler, reprendre haleine, prendre quelques instants de repos, faire une pause, s'arrêter un moment. ¶ 한숨(을) ~ faire une pause, reprendre haleine, prendre un peu [quelques instants] de repos, s'arrêter un moment, souffler [se reposer] un instant [quelques minutes, un peu], décompresser un instant. ¶ 숨 좀 돌리고 나서 다시 시작하자 Soufflons [Reposons-nous un peu [un instant, quelques minutes] avant de reprendre / Faisons une pause avant de recommencer [avant de reprendre] / On fait une pause et on reprend [et on recommence].

***어디로 눈을** ~ détourner [tourner] le regard vers un endroit.

***누구에게서[어디에서] 얼굴[눈, 고개]을** ~ tourner [détourner] le visage [le regard, la tête] de *qn* [d'un endroit].

***누구로부터[누구에게서, 무엇으로부터] 등을 돌리다** tourner le dos à *qn/qc*; trahir *qn*.

***모든 일을 백지로** ~ tout annuler; tourner la page; recommencer [repartir] à zéro. ¶ 그것은 백지로 돌리고 다시 시작하자 Tournons la page et recommençons à zéro.

돌림 명 rotation *f*, tour *m*, roulement *m*. ¶ ~으로 회장이 되다 être élu(*e*) président(*e*) à tour de rôle [par rotation]. ¶ 그들 형제는 '상' 자 ~이다 Ces frères ont tous les deux la même syllabe *sang* dans leur prénom. ¶ 그 사람이 '재' 자 ~이면 나에게는 할아버지 뻘이다 Il est de la génération de mon grand-père, s'il porte la syllabe *jae* dans son prénom.

◆**_노래** 명 ((chanter une chanson en)) canon *m.* ¶그 노래는 원래 ~노래다 Cette chanson, on la chante d'habitude en canon / Cette chanson, c'est un canon à l'origine.

◆**_방** 명 tournante *f,* viol *m* d'une femme par plusieurs hommes à tour de rôle. ¶~방을 맞다 ((femme)) être violée à tour de rôle, être la victime d'une tournante. ¶~방을 놓다 violer une femme à tour de rôle.

◆**_병** -病 명 épidémie *f;* maladie *f* contagieuse. ¶~병이 온 나라에 돌고 있다 Une épidémie prolifère dans tout le pays / Une épidémie se répand dans tout le pays. ¶그 아이는 어렸을 적에 ~병으로 부모를 다 잃었다 Il a perdu jeune ses parents à cause d'une épidémie.

◆**_자** -字 명 *dollimja m* <syllabe [caractère chinois] en partage dans les prénoms de tous les enfants d'une même génération dans une même famille>. ¶네 이름에서 ~자가 무엇이니? Quel est la syllabe de ton prénom commune avec tes frères et sœurs?

◆**_턱** 명 tournée *f.* ¶~턱을 내다 payer *sa* tournée.

◆**_판** -板 명 moule *m;* tour *m* de potier. ¶흙반죽을 ~판 위에 놓고 도자기를 빚다 faire de la poterie sur un moule [tour (électrique)].

돌림길 명 détour *m* ¶공사 때문에 길이 막혀 ~로 갔다 On a fait un détour à cause des travaux.

돌맹이 명 ☞ 돌멩이

돌멩이 명 pierre *f;* caillou(*x*) *m.*

돌발 突發 어근 éruption *f,* éclatement *m,* explosion *f.* ¶~ 사건 un incident [événement] inattendu; un accident imprévu. ¶~ 사태 un événement subit. ◇_(을) **하다** avoir lieu subitement; survenir, éclater; arriver de façon inattendue. ¶예기치 못한 일이 ~했다 Un accident [Un événement inattendu] est survenu.

◆**_적** -的 명관 inattendu(*e*), imprévu(*e*), soudain(*e*); de manière inattendue; brutal(*e, aux*), brusque ¶~적인 사고 un accident soudain ¶~적인 행동 un comportement brutal; un acte brusque. ¶~적으로 감정이 폭발하다 faire exploser *ses* sentiments de façon très vive.

◆**_성** -性 명 caractère *m* imprévu [subit]. ¶~성 폭우 une averse [une pluie] violente et imprévue.

돌변 突變 명 changement *m* subit; incident *m* inattendu. ¶나는 그의 갑작스런 태도 ~에 당황했다 J'ai été surpris(*e*) du changement subit de son comportement. ◇_(을) **하다** changer soudain [subitement], se transformer brutalement; subir un changement imprévu. ¶화창하던 날씨가 ~하여 지금은 눈보라가 치고 있다 Le beau temps a subitement changé et maintenant il y a une rafale de neige. ¶사랑이 증오로 ~하다 L'amour s'est transformé brutalement en haine. ¶그는 정치 이야기만 나오면 애국자로 ~한다 Dès que la discussion vire à la politique, il devient subitement très patriote. ¶그 사람의 태도가 갑자기 냉정하게 ~했다 Son attitude est subitement devenue froide / Il est devenu tout à coup très froid. ¶정세가 ~했다 La situation politique a subi un changement des plus inattendus.

돌보다 타 ① ((사람, 가축을)) s'occuper de *qn*; prendre soin de *qn*; soigner *qn*; veiller sur *qn*. ¶환자를 ~ soigner un malade; veiller sur un malade, prendre soin d'un malade. ¶내가 없는 동안 이 아이를 좀 돌보아 주시오 Veuillez vous occuper de cet enfant pendant mon absence. ¶그 사람은 나를 친자식처럼 돌보아 준다 Il s'occupe de moi comme si j'étais son propre fils. ¶가축을 ~ s'occuper du bétail. ② ((일, 사업 따위를)) s'occuper de *qc*; veiller sur *qc*; se préoccuper de *qc*. ¶가사를 ~ s'occuper du ménage. ¶그 사람이 그 일을 돌본다 Il s'occupe de ce travail. ¶어머니 대신 살림을 돌보아 주는 아주머니 une dame qui s'occupe des affaires ménagères à la place de ma mère. ¶그 남자는 너무나 바빠서 가정을 돌볼 여유가 없었다 Il était tellement occupé qu'il n'avait pas le temps de s'occuper de sa famille. ¶그 사람은 자신의 안전을 돌보지 않고 불 속으로 뛰어들어 많은 사람들을 구했다 Sans se préoccuper de sa propre sécurité, il s'est jeté dans les flammes, et a sauvé beaucoup de vies humaines.

돌부리 명 arête *f* d'une pierre. ¶그 여자는 ~에 걸려 넘어졌다 Elle est tombée en heurtant une pierre [en trébuchant sur [contre] une pierre, en butant du pied contre une pierre].

*~**를 차면 발부리만 아프다** Si on se met en colère inutilement, on ne se fait du mal qu'à soi-même.

돌아가다 자타 ① retourner, revenir; regagner ((*sa* place)); reprendre *son* chemin; s'en retourner; retourner sur *ses* pas; rebrousser chemin; repartir; s'en aller, partir, quitter *qn*. ¶집으로 ~ retourner chez *soi*; rentrer chez *soi* [à la maison]. ¶제자리로 돌아가라 Retourne à ta place / Regagne ta place / Retourne à ton poste. ¶9시에는 근무처로 돌아가야 합니다 Je dois retourner au travail [bureau] à 9 heures. ¶본론으로 ~ revenir au sujet principal; mettre fin à des digressions; revenir à *ses* moutons. ¶뒤로 ~ contourner par derrière. ¶벌써 돌아갈 시간이 되었군요 Il est déjà temps de rentrer. ¶미안하지만 오늘은 그만 돌아가 주어야 하겠다 Je m'excuse, mais je te prie de rentrer chez toi maintenant. ¶온 길을[로] ~ rebrousser chemin; retourner sur *ses* pas; s'en retourner. ② 우회하다 faire un détour [un circuit], faire le tour, tourner; prendre le chemin des écoliers; passer par *qp*. ¶누구를 만나지 않기 위해서 ~ faire un détour pour éviter *qn*. ¶먼 길로 ~ faire un long détour. ¶왼쪽[오른쪽]으로 ~ aller *qp* en tournant à gauche [à droite]. ¶길을 ~ faire un détour, contourner. ¶산을 돌아가면 조그마한 호수가 있습니다 Si vous contournez la montagne, vous trouverez [verrez] un petit lac.

¶ 모퉁이를 돌아가면 가게가 하나 나타날 것이다 Si tu tournes au coin de la rue, tu verras un magasin. ¶ 그 집에 들르려면 많이 돌아가야 한다 Si l'on veut passer chez eux, il faut faire un long détour / Il faut faire un long détour pour passer chez eux. ③ ((일, 형편 등이)) tourner; se développer; se dérouler. ¶ 일이 돌아가는 꼴을 주시하다 observer la tournure des événements [le cours des choses, la tournure des choses]. ¶ 일이 나쁘게 [좋게, 순조롭게] 돌아가고 있다 Les affaires prennent une mauvaise [bonne] tournure / L'affaire est mal [bien] engagée / C'est mal [bien] parti. ¶ 사태가 엉뚱하게 돌아가고 있다 La situation prend une tournure imprévue. ¶ 사태가 어떻게 돌아가는지 보고 나서 결정합시다 Observons la tournure des choses [des événements], puis prenons une décision. ¶ 어떻게 돌아가는 판국인지 알 수가 없다 Je ne sais pas comment les choses tournent. ¶ 세상이 우습게 돌아가고 있군 Le monde [La société] marche d'une drôle de manière. ④ 작용하다 tourner; fonctionner; marcher. ¶ 그 여자는 머리가 잘 돌아간다 Elle a la tête [un cerveau] qui fonctionne bien / Cette fille est vraiment intelligente [très brillante] / Elle a l'esprit vif / Elle est perspicace / Elle est prompte [vive] d'esprit / Elle est très éveillée [vive] / Elle comprend vite. ¶ 사업이 잘 돌아가지 않는다 Les affaires ne marchent pas bien. ⑤ 회전하다 circuler, tourner. ¶ 선풍기가 ~ Le ventilateur tourne. ¶ 자동차의 바퀴가 천천히 돌아간다 Les roues de la voiture tournent lentement. ⑥ ((눈이)) avoir [éprouver] un [des] vertige(s), avoir la tête qui tourne, avoir le tournis {*fam*}, avoir un étourdissement. ¶ 눈(알)이 핑핑 ~ avoir un vertige, être pris(*e*) de vertige; avoir la tête qui tourne, avoir le tournis {*fam*}. ⑦ 뒤틀리다 tourner; se tordre, se torsader, s'entortiller; se distordre, se déformer. ¶ 그 사람의 입이 왼쪽으로 약간 돌아갔다 Il a la bouche légèrement tordue vers la gauche. ⑧ 죽다 mourir, trépasser, passer de vie à trépas, décéder, disparaître, rendre l'âme, périr, s'éteindre, être rappelé(*e*) à Dieu, ne plus être de ce monde, quitter ce monde, partir dans un monde meilleur. ¶ 돌아가신 김 선생 feu [le défunt] M. Kim; M. Kim qui est décédé [qui nous a quittés, qui est parti dans un monde meilleur, qui n'est plus de ce monde, qui a quitté ce monde, qui a été rappelé à Dieu, qui s'est éteint ((la nuit dernière))]. ¶ 선생님께서는 어제 심장마비로 갑자기 돌아가셨습니다 Le professeur est mort subitement [brutalement] hier d'une crise cardiaque. ¶ 그 분이 돌아가신 지 벌써 20년이 되었다 Cela fait déjà vingt ans que cette personne est décédée. ⑨ 차례로 전달되다 circuler; tourner; se transmettre. ¶ 술잔이 ~ Le verre (d'alcool) fait le tour de la table. ¶ 돌아가며 à tour de rôle, l'un après l'autre. ¶ 그들은 돌아가며 심문을 받았다 L'un après l'autre, ils ont fait l'objet d'un interrogatoire. ¶ 우리들은 돌아가며 이야기를 했다 Nous avons raconté une histoire à tour de rôle. ¶ 돌아가며 보초를 서다 être en sentinelle [monter la garde, faire le guet, être de garde] à tour de rôle. ¶ 서로 돌아가며 어깨를 주물러 주다 se masser les épaules à tour de rôle. ¶ 돌아가며 노래를 부르다 chanter une chanson l'un(*e*) après l'autre.

㉕ ① 원상태가 되다 revenir à *qc*, retourner à *qc*, retrouver; être restitué(*e*). ¶ 동심으로 ~ redevenir (un) enfant; retourner[retomber] en enfance. ¶ 원상태로 ~ retourner à l'état originel [d'origine]; retrouver *son* état d'origine. ¶ 정상 상태로 ~ retourner [revenir] à l'état normal. ¶ 경제 정책에 대한 논의는 결국 원점으로 돌아갔다 Le débat sur la politique économique est finalement retourné au point initial [n'a pas avancé [n'a pas progressé]]. ¶ 어린 시절로 돌아가고 싶다 Je voudrais retrouver mon enfance. ¶ 마치 2차 세계 대전 당시로 돌아간 것 같다 On a l'impression de se retrouver à l'époque de la Seconde Guerre mondiale. ② 무엇의 결과가 되다 aboutir à *qc*, finir par *qc*, conduire à *qc*. ¶ 실패로 ~ aboutir à un échec [un fiasco, un four]; partir en fumée; tomber à l'eau. ¶ 모든 일이 백지[허사]로 돌아갔다 Rien n'a abouti / Tout est tombé à l'eau / Cela n'a servi à rien. ¶ 그 동안의 모든 노력이 수포로 돌아갔다 Tous les efforts faits jusque-là n'ont abouti à rien [ont été réduits à néant]. ③ 귀속하다 être attribué(*e*); tomber entre les mains de *qn*; rendre *qc* à *qn*, devenir la propriété de *qn*; être imputé(*e*) à *qn*, revenir à *qn*. ¶ 승리의 영광은 한국 팀에게 돌아갔다 La gloire de la victoire est revenue à l'équipe coréenne. ¶ 실패의 책임이 그 사람에게로 돌아갔다 La responsabilité de l'échec lui fut imputée / C'est à lui qu'on a attribué cet échec. ¶ 재무장관의 자리는 그 분에게 돌아갔다 Il s'est vu attribuer le portefeuille des finances. ④ 분배되다 être imparti(*e*), être distribué(*e*), être rétribué(*e*), se répartir. ¶ 빵이 사람들에게 꼭 한 개씩 돌아간다 Il y a juste un pain par personne. ¶ 음식은 모두에게 돌아갈 만큼 있습니까? Y a-t-il suffisamment à manger pour que chacun puisse avoir sa part?

***죽어서 흙으로** ~ Après la mort, on redevient poussière[on retourne à la poussière].

돌아가시다 ㉕ ① décéder, s'éteindre, trépasser, disparaître, succomber, périr, quitter ce monde, rendre l'âme [l'esprit, le dernier soupir], être rappelé(*e*) à Dieu ((forme polie du verbe *jukda* (mourir))). ¶ 어제 밤에[간밤에] 아버님께서 돌아가셨다 Mon père est décédé [s'est éteint, a rendu son dernier souffle] la nuit dernière [cette nuit] / Mon père a quitté ce monde [nous a quittés] cette nuit. ② s'en retourner ((formule polie du verbe *doragada* (s'en retourner))). ¶ 선생님께서는 댁으로 돌아가셨다 Le professeur est retourné chez lui. ¶ 죄송하지만 오늘은 그냥 돌아가세요 Désolé(*e*), mais aujourd'hui, vous ne pouvez pas entrer.

돌아눕다 자 se retourner ((dans *son* lit)). ¶ 들어오는 남편을 보고 그 여자는 벽(쪽)으로 돌아누웠다 En voyant son mari rentrer, elle s'est retournée vers le mur. ¶ 잠결에 ~ se retourner pendant le sommeil.

돌아다니다 자타 ① 쏘다니다 errer ((par les rues)), flâner, musarder, marcher sans but, se promener au hasard ((des rues)), rôder, traîner, aller à l'aventure, vagabonder, vadrouiller, vaguer, (*se*) baguenauder; courir, parcourir, arpenter; battre le pavé; faire des voyages. ¶ 거리를 이리저리 ~ flâner dans la rue; se promener au hasard des rues; errer par les rues; battre le pavé. ¶ 지방을 ~ faire un tour dans la région ((du Jeolla)); arpenter une région; 순회하다 faire une tournée en province. ¶ 원고를 가지고 여러 출판사를 돌아다녔다 Il est allé voir plusieurs éditeurs avec son manuscrit. ¶ 산으로 들로 ~ se promener dans les montagnes et les plaines. ¶ 학교를 시찰하러 ~ faire le tour des écoles pour inspection. ¶ 쥐들이 천장에 돌아다닌다 Des rats [souris] trottinent au-dessus du plafond / On entend des rats circuler [trottiner] au-dessus du plafond. ② ((소문이)) ((rumeur, bruit)) courir, circuler, se répandre, se propager, se diffuser; voler de bouche en bouche. ¶ 뜬소문이 돌아다닌다 Une fausse nouvelle se répand / De faux bruits se répandent ((sur *qc*)). ¶ 내각이 사퇴한다는 소문이 돌아다니고 있다 Le bruit court que le gouvernement va démissionner.

돌아다보다 타 ((‘돌아보다’ ①, ② 를 강조한 말)) ☞ 돌아보다

돌아들다 자타 ① retourner ou revenir après un temps d'errance. ¶ 그 사람은 3년 만에 고향으로 돌아들었다 Après trois ans d'absence, il est revenu au pays. ② 들어가거나 들어오다 entrer. ¶ 그들은 조용히 안채로 돌아들었다 Ils sont entrés en silence dans l'aile principale de la maison (traditionnelle). ¶ 물이 산 밑으로 돌아든다 L'eau se rue vers le pied de la montagne. ③ (어떤 장소를) 거치다 passer par. ¶ 모퉁이를 돌아드니 고향집이 보였다 Une fois passé le coin de la rue, j'aperçus ma maison natale. ¶ 우리는 숲 속을 돌아들어 집결지에 도착했다. Une fois passé le bois, nous sommes arrivés au lieu de rassemblement.

돌아보다 타 ① regarder derrière *soi* [en arrière]; jeter un coup d'œil en arrière; tourner la tête; se retourner (pour regarder *qc*/*qn*). ¶ 그 여자가 갑자기 나를 힐끗 돌아봤다 Soudain elle s'est retournée pour jeter un coup d'œil rapide sur moi. ¶ 뒤를 ~ regarder derrière *soi* [en arrière]; jeter un coup d'œil en arrière; tourner la tête, se retourner (pour regarder *qc*/*qn*). ¶ 내가 그렇게 불렀는데 한 번 돌아보지도 않고 가 버렸다 Bien que je l'aie appelé(*e*) plusieurs fois, il(elle) ne s'est pas retourné(*e*) même une seule fois, et il(elle) s'en est allé(*e*). ¶ 그 여자는 지나가는 사람들이 모두 돌아볼 정도의 미인이다 Elle est si belle que tout le monde se retourne pour la regarder. ¶ 그 사람은 떠나기가 아쉬운지 자꾸 우리를 돌아보았다 Il s'est retourné vers nous sans cesse comme s'il regrettait de partir. ② 회상하다 se souvenir de *qc*, se rappeler *qc*; regarder en arrière, faire revivre; faire un retour sur ((le passé)); passer ((des faits)) en revue; réfléchir sur ((un fait du passé, *sa* vie passée)); faire un examen rétrospectif de *qc*; revoir en esprit ((*sa* vie passée)); rappeler à la mémoire ((un fait passé)); évoquer ((un souvenir)). ¶ 과거[인생]을 ~ regarder en arrière; faire un retour sur le passé [réfléchir sur *sa* vie passée]. ¶ 어린[학창] 시절을 ~ se rappeler *son* enfance [l'époque où *on* était étudiant]. ¶ 1950년을 ~ se souvenir des années 1950. ¶ 고생스러웠던 지난날을 ~ se rappeler des jours difficiles. ③ 고려하다 tenir compte de *qc*, penser à *qc*, prendre en considération *qc*; faire attention à *qc*; avoir égard à *qc*; porter attention à *qc*; se préoccuper de *qc*. ¶ 그 남자는 전후좌우를 돌아보지도 않고 사업에 뛰어들었다 Il s'est lancé dans une affaire sans tenir compte de rien. ④ 순시하다 observer, inspecter, jeter un coup d'œil. ¶ 그 사람은 학교 시설들을 샅샅이 돌아보고 평가를 했다 Il a fait son évaluation après avoir jeté un coup d'œil dans tous les recoins des installations de l'école. ¶ 공장 안을 이리 저리 ~ inspecter l'intérieur de l'usine dans tous ses recoins. ¶ 물이 들었는지 논을 한 번 돌아보고 오겠다 Je vais faire un tour des rizières pour savoir si l'eau y est entrée. ⑤ 반성하다 faire un examen rétrospectif de *qc*, repenser; reconsidérer *qc*; regarder en arrière; faire un retour sur ((le passé)); se repentir, avoir des remords, s'autocritiquer. ¶ 자신의 행위를 ~ reconsidérer *ses* propres actes. ¶ 돌아보니 모든 일이 잘못투성이다 Quand j'y repense, je vois que toutes ces choses n'étaient que des erreurs. ¶ 스스로를 한 번씩 돌아보는 것은 자신의 성장을 위하여 필요하다 Pour mûrir, il est essentiel de faire de temps en temps un retour sur soi-même [de repenser à ses actions passées, de repenser à ses expériences, de refaire le point sur soi-même]. ⑥ 돌보다 prendre soin de *qn*, s'occuper de *qn*, soigner. ¶ 아이들을 제대로 돌아보지도 못하고 나왔다 Je suis sorti(*e*) sans même savoir si les enfants allaient bien. ¶ 바빠서 딴 일을 돌아볼 겨를이 없다 Trop pris, je n'ai pas le temps de m'occuper d'autre chose / Trop occupé(*e*), je n'ai pas le temps de faire autre chose.

돌아서다 자타 ① se tourner, se retourner. ¶ 그 사람은 잠시 후 다시 돌아섰다 Il s'est retourné un instant après. ¶ 뒤로 ~ se retourner. ¶ 그 녀석은 작별 인사도 없이 돌아서서 떠났다 Ce type est parti sans même me dire au revoir. ¶ 그 사람은 여기서 돌아설 수밖에 없었다 Il ne pouvait faire rien d'autre que de s'en aller d'ici / Il était obligé de s'en aller d'ici. ¶ 그 여자는 홀가분하게 돌아섰다 Elle s'en est allée le cœur léger. ② ⦅관계가⦆ tourner le dos à *qn*, se brouiller avec *qn*, être en désaccord avec *qn*, se détacher de *qn*; se séparer de *qn*, quitter, abandonner. ¶ 그의 최근 행동으로 말미암아 많은 친구들이 그로부터 돌아서고 말았다. Beaucoup de ses amis lui ont tourné le dos à cause de sa (mauvaise) conduite récente. ¶ 부부는 돌아서면 남이라는 말이 있다 On dit que les conjoints deviennent l'un pour l'autre des étrangers s'ils se séparent [se quittent]. ¶ 그 여자는 매정하게 나에게서 돌아섰다 Elle m'a cruellement abandonné. ③ ⦅견해, 태도 따위가⦆ changer (de spécialité, de comportement), virer (de bord); retourner *sa* veste. ¶ 학계에서 정치계로 ~ passer des milieux académiques au monde politique. ¶ 그 사람은 순수 문학에서 대중 문학으로 돌아섰다 Il a abandonné la grande littérature pour la littérature populaire. ④ ⦅마음이⦆ changer d'avis [d'opinion, de politique]. ¶ 마음[민심]이 ~ changer de sentiment(s), changer d'avis, retirer[reprendre] *son* cœur ⦅à *qc*/*qn*⦆ [l'opinion populaire se retourne ⦅contre le gouvernement⦆ / le cœur du peuple quitte [abandonne] ⦅le pouvoir⦆]. ⑤ (남과) 직접 대면하지 않다 se retourner. ¶ 그 녀석은 돌아서면 항상 다른 소리를 한다 Dès qu'il a le dos tourné, il raconte toujours autre chose (que ce qu'il vous a dit en face). ⑥ ⦅병세, 기세 따위가⦆ se tourner à [vers] *qc*; s'améliorer, prendre une meilleure tournure, aller mieux; entrer dans une autre phase, s'inverser. ¶ 무역 수지가 적자에서 흑자로 돌아섰다 La balance du commerce extérieur est devenue excédentaire. ¶ 병세가 많이 돌아섰다 L'état de santé du malade s'est nettement amélioré / Le malade va beaucoup mieux. ¶ 최근 들어와서 아파트 값이 오름세로 돌아섰다 Tout récemment, le prix des appartements a basculé vers la hausse. ⑦ (어디를) 돌아서 지나다 contourner, faire un détour, tourner, passer par *qp*. ¶ 모퉁이를 ~ tourner à l'angle [au coin] de la rue. ¶ 이 골목길을 돌아서면 큰길이 나온다 Si l'on emprunte cette ruelle, on tombe sur une avenue. ¶ 그 건물을 돌아서자 넓은 공터가 나왔다 Lorsque j'ai contourné cet immeuble, j'ai trouvé un immense terrain vague.

돌아앉다 재 ① s'asseoir dans la direction opposée, tourner le dos (en s'asseyant), s'asseoir le dos tourné; être orienté(*e*) dans le sens opposé. ¶ 이쪽으로 돌아앉으세요 Veuillez vous retourner et vous asseoir par ici. ¶ 내 말을 듣자마자 그 여자는 돌아앉아 버렸다 Aussitôt qu'elle m'entendit, elle me tourna le dos. ② 남이 보지 않는 위치에 있다 tourner le dos; être caché(*e*). ¶ 돌아앉아 욕만 한다고 해서 모든 문제가 해결되는 것은 아니다 Cela ne règle rien de s'asseoir le dos tourné et de jurer à tout va. ¶ 건물이 동북향으로 돌아앉아 있다 L'immeuble est orienté au nord-est.

돌아오다 재 ① rentrer, revenir (chez *soi*). ¶ 부자가 되어 고향으로 ~ revenir au pays natal après avoir fait fortune. ¶ 곧 돌아오겠오 Je reviens [rentrerai] tout de suite. ¶ 집을 나갔던 아들이 돌아왔다 Mon fils qui nous avait quittés est revenu. ¶ 그 사람은 떠나간 후 다시 돌아오지 않았다 Il est parti et n'est jamais revenu. ¶ 돌아오는 길에 sur le chemin de retour. ¶ 돌아올 때에 quand [au moment où] on rentre. ¶ 잃어버린 물건이 다시 돌아왔다 L'objet perdu a été retrouvé. ② ⦅차례가⦆ arriver. ¶ 드디어 그의 순번이 돌아왔다 Enfin son tour arriva / Enfin ce fut son tour. ③ 우회하다 faire un détour (pour entrer [revenir]), rentrer [revenir] en faisant un détour, contourner et revenir. ¶ 정문은 수리 중이니 옆문으로 돌아와 주십시오 L'entrée principale étant en réparation, veuillez prendre [emprunter, passer par] l'entrée latérale. ④ 결과가 오다 retomber sur *qn*, incomber; aboutir à *qc*. ¶ 책임[피해]이 누구에게 ~ La responsabilité retombe sur *qn*. ¶ 욕이 ~ recevoir des injures, être injurié(*e*). ¶ 집안의 생계를 꾸려나갈 책임이 그 여자에게 돌아왔다 La responsabilité de prendre en charge la famille lui a été incombée. ¶ 그 사람을 위해 열심히 일해 주었건만 돌아온 것은 아무 것도 없다 J'ai travaillé dur pour lui, mais je n'ai rien eu en retour. ⑤ ⦅원상태로⦆ recouvrir, retrouver, récupérer, regagner; se reprendre, se ressaisir. ¶ 생기가 ~ retrouver l'envie de vivre. ¶ 이제야 정신이 돌아온 모양이다 Il semble qu'il retrouve enfin ses esprits. ¶ 혼란스러웠던 학교 상황이 정상으로 돌아왔다 La situation (chaotique) de l'école est revenue à la normale. ⑥ ⦅시간, 날짜 따위가⦆ ⦅l'heure [la date, le mois, l'année]⦆ qui arrive [vient]. ¶ 돌아오는 일요일엔 산에 가자 Allons à la montagne dimanche prochain [qui vient]. ¶ 돌아오는 생신 때는 꼭 찾아뵙겠습니다 Je vous verrai à coup sûr lors de votre prochain anniversaire.

돌연 突然 부 soudain, soudainement, brusquement; instantanément, incessamment, sitôt. ¶ 그 과학자는 학술회의에 참석하던 도중 ~ 사망했다 Ce scientifique est décédé soudainement pendant qu'il assistait à une conférence académique. ¶ ~ 슬픈 소식이 날아왔군요 Une nouvelle triste m'est brusquement parvenue. ¶ 그 남자가 ~ 나를 찾아왔다 Il est venu me voir brusquement.

◆**_한** 관 imprévu(*e*), imprévisible, soudain(*e*), brusque ¶ ~한 방문 une visite soudaine. ¶ ~한 상황 un (événement) imprévu. ¶ 상식을 뒤엎는 ~한 사태가 발생했다 Il s'est produit un événement imprévu [imprévisible] insensé. ¶ 그 사람의 ~한 죽음에 나는 깜짝 놀랐다 J'ai été grandement surpris(*e*) par sa brusque disparition. ¶ 너무나 ~한 일이었기에 나는 어리둥절했다 Cet événement imprévisible m'a complètement déconcerté(*e*) / Je ne savais que faire car c'était arrivé d'une manière trop soudaine.

◆**_히** 부 soudainement, brusquement, de manière imprévisible. ¶ 그는 유학을 떠났다가 ~히 귀국했다

Il était parti faire des études à l'étranger, mais il est rentré soudainement.

◆_변이 -變異 명 【생물】 mutation *f.* ¶ ~변이설 la théorie de la mutation. ¶ ~변이종 l'espèce dérivée d'une mutation, une espèce mutante. ¶ ~변이체 le corps dérivé d'une mutation, le corps mutant. ¶ ~변이 유전자 le gène dérivé d'une mutation, un gène mutant. ¶ ~변이에 의한 새로운 개체의 발생 la formation d'un corps nouveau par mutation. ¶ ~변이를 일으키다 provoquer [entraîner] une mutation. ¶ 환경의 급속한 변화로 인해 이 지역의 식물 중에서 ~변이가 나타나고 있다 À cause des changements rapides de l'environnement, on constate des mutations parmi les plantes de cette région. ¶ 내 남동생은 우리 집안의 ~변이인지 하는 짓이 영 이상하다 Je me demande si mon petit frère n'est pas un mutant vu son comportement (étrange).

◆_사-死 명 mort *f* subite. ¶ 그 남자는 ~사 했다 Il est mort subitement / Il a eu une mort subite.

돌이켜보다 타 se souvenir de *qc*, se rappeler *qc*. ¶ 과거를 ~ se souvenir du passé, se rappeler ce qui s'est passé. ¶ 돌이켜보면 우리의 선택이 꼭 최선이 아니었을 수도 있다 Si nous regardons en arrière, il est possible que notre choix n'ait pas été le meilleur.

돌이키다 타 ① revenir sur ((une décision)); remettre en état, réparer, rétablir. ¶ 저지른 일은 돌이킬 수 없다 On ne peut revenir sur ce qu'on a fait / Ce qui est fait est fait. ¶ 돌이킬 수 없는 잘못을 저지르다 commettre une faute irréparable. ¶ 그 그림은 돌이킬 수 없이 손상되었다 Ce tableau est si endommagé qu'on ne peut pas le remettre en état. ② 바꾸다 changer d'avis, se raviser, modifier. ¶ 돌이켜 생각하다 réfléchir ((au passé)). ¶ 돌이켜 생각건대 toute réflexion faite. ¶ 돌이켜 생각한 후 나는 그 일을 안 하기로 했다 Après réflexion, j'ai décidé de ne pas faire ce travail. ¶ 지난 일을 돌이켜 생각하니 그 때는 내가 실수를 했다 Si je réfléchis bien sur ce qui s'est passé, j'ai commis une erreur. ¶ 돌이켜 생각하면 안타까운 일들이 많았던 것을 알 수 있어요 Si on revient en arrière, on s'aperçoit qu'il y a eu bien des événements tristes.

돌입 突入 명 irruption *f;* entrée *f* soudaine. ¶ 새로운 시대로의 ~을 알리는 신호탄 le signal qui annonce l'entrée dans une nouvelle ère. ◇_(을) **하다** faire irruption [entrer] ((dans *qc*)). ¶ 우주선이 대기권에 ~했다 La navette spatiale a fait irruption dans l'atmosphère. ¶ 적진에 ~하다 se lancer précipitamment sur une position ennemie; charger l'ennemi, attaquer brusquement l'ennemi, assaillir l'ennemi, fondre sur l'ennemi; lancer des troupes à l'assaut de l'ennemi. ¶ 문을 부수고 건물 안으로 ~하다 entrer précipitamment dans le bâtiment en cassant la porte. ¶ 전 근로자가 파업에 ~했다 Tous les ouvriers sont [se sont mis] en grève.

돌절구 명 pilon *m* de pierre.

돌진 突進 명 course *f* précipitée; ruée *f;* attaque *f* soudaine, charge *f.* ¶ 앞으로 ~! À la charge! / À l'assaut! En avant! / Chargez! ◇_(을) **하다** se précipiter sur *qn*; attaquer *qn*; s'élancer sur *qn*; fondre sur ((l'ennemi, *sa* proie)), se jeter sur *qn*; tomber sur *qn*; assaillir ((une troupe)); faire l'assaut ((d'un navire)); donner [livrer] l'assaut; prendre l'offensive; attaquer brusquement l'ennemi; charger ((l'ennemi)); lancer ((des soldats)) à l'assaut. ¶ 적을 향하여 ~하다 lancer une attaque contre l'ennemi; charger l'ennemi, attaquer brusquement l'ennemi, assaillir l'ennemi, fondre sur l'ennemi; lancer des troupes à l'assaut de l'ennemi. ¶ 버스가 인도로 ~하여 많은 사람들이 다쳤다 L'autobus a percuté le trottoir et beaucoup de gens ont été blessés.

돌집 명 maison *f* de pierre

돌쩌귀 명 gond *m.*

돌체 이 명 【음악】 *dolce*; 부드럽게 doucement.

돌출 突出 어근 saillie *f;* proéminence *f*, relief *m.* ¶ 그 사람의 ~ 발언으로 회의 분위기가 어수선해졌다 Son intervention imprévue a perturbé l'audience [a causé des remous dans l'audience]. ◇_(을) **하다** faire saillie; sortir; ressortir; s'avancer; être en relief. ¶ 그 곤충의 눈은 구형으로 ~해 있다 Cet insecte a les yeux globuleux. ¶ 특별한 변수가 ~하지 않는 한 협상은 순조로울 것이다 La négociation se déroulera normalement sauf événement imprévu. ◇_(이) **되다** être bombé(*e*), en saillie; être saillant(*e*), proéminent(*e*); être en relief. ¶ ~된 이마 un front bombé. ¶ 갑자기 ~된 내부 갈등으로 우리의 계획은 무산되었다 Notre projet a été annulé suite à un soudain conflit interne.

◆_적 -的 명관 soudain(*e*), imprévu(*e*), inattendu(*e*). ¶ 그 사람의 ~적인 발언[행동] 때문에 협상에 문제가 생겼다 Son intervention imprévue a provoqué des problèmes [a causé des remous, a perturbé l'audience] lors de la négociation.

◆_부 -部 명 partie *f* saillante; surplomb *m;* porte-à-faux *m inv.*

돌층계 -層階 명 marches *fpl* de pierre, escalier *m* en pierre.

돌칼 명 couteau *m* de pierre.

돌탑 -塔 명 tour *f* de pierre.

돌파 突破 명 enfoncement *m,* percée *f;* franchissement *m.* ¶ 정면 ~를 시도하다 affronter *qc*; faire front; (essayer de) faire face. ¶ 마라톤 신기록 ~ établissement d'un nouveau record dans le marathon. ◇_(를) **하다** ① enfoncer ((une barrière)); se frayer un passage; percer; franchir ((un barrage)). ¶ 경찰의 저지선을 ~하다 franchir un barrage [dispositif] de police. ¶ 적의 방어선을 ~하다 enfoncer les lignes ennemies [le front ennemi]. ② ((난관을)) surmonter ((un obstacle, une difficulté)); triompher ((d'une difficulté)); vaincre ((un obstacle)); venir à bout de *qc*. ¶ 난관을 ~하다 surmonter une difficulté. ③ ((수량을)) battre ((un record)); dépasser ((un objectif)). ¶ 관객이 20만 명 선을 ~했다 Le nombre de spectateurs a dépassé les 200 000. ◇_(가) **되다** être atteint(*e*). ¶ 올해의 목표 생산량이 ~되었다 La production prévue pour cette année est atteinte. ◇_(를) **당하다** être enfoncé(*e*). ¶ 방어선이 적에게 ~당했다 La ligne de défense a été enfoncée par les ennemis [est tombée sous le coup des ennemis].

◆**_구** -口 명 ouverture *f*, issue *f*; solution *f*. ¶ ~구를 마련하다 trouver une solution [une issue]. ¶ 적진 속에서 ~구를 뚫는 데 성공하다 réussir à trouver une ouverture dans les lignes ennemies. ¶ 답답한 현실의 ~구를 찾다 trouver une solution à la situation pénible. ¶ 난관 극복의 ~구를 열다[마련하다] trouver une solution pour surmonter un obstacle. ¶ 그 사람의 제보로 사건 해결의 ~구가 열렸다 Ses indices ont joué un rôle décisif pour résoudre cette affaire.

돌팔이 명 ① ((떠돌며 물건을 파는)) colporteu*r*(*se*); marchand(*e*) ambulant(*e*), camelot *m*, charlatan *m*. ② ((자격, 실력이 없는)) marchand *m* [vendeur *m*] d'orviétan {*litt*}; personne *f* incapable [incompétente, non qualifiée], mauvais ((médecin)); ((chauffeurs, peintre)) du dimanche; charlatan *m*, imposteur *m*, escroc *m*, menteu*r*(*se*), aigrefin *m*, faisan *m* {*arg*}, filou *m*, arnaqueu*r*(*se*) {*fam*}; chevalier *m* d'industrie. ¶ ~ 무당 un(*e*) prétendu(*e*) chaman(*e*) [exorciste, exorciseu*r*(*se*)]; un(*e*) chaman(*e*) douteu*x*(*se*). ¶ ~ 의사[의원] un mauvais médecin; un charlatan; un(*e*) guérisseu*r*(*se*); rebouteu*x*(*se*), empirique {*vx*}; médicastre {*vx*}. ¶ ~ 장님 une personne qui fait semblant d'être aveugle; un prétendu aveugle; soi-disant aveugle; un aveugle douteux.

돌풍 突風 명 bourrasque *f*; rafale *f*. ¶ ~이 분다[인다] Le vent souffle en rafale.

돌하르방 명 *dolhareubang m* <statue de basalte d'un personnage mythique tutélaire des villages de l'île de Jeju>. ¶ 제주도에는 ~이 많이 남아 있다 Dans l'île de Jeju, il reste beaucoup de *dolhareubang*.

돐 명 ☞ 돌[2]

돔[1] 명 【어류】 ((‘도미’의 준말)) ☞ 도미[1]

돔[2] 영{dome} 명 반구형(半球形)으로 된 지붕 dôme *m*.

돕다 타 ① aider *qn*, secourir *qn*; prêter *son* aide[secours] à *qn*; assister *qn*; prêter main forte à *qn*; seconder *qn*; appuyer *qn*; donner un coup de main {*fam*} à *qn*, soutenir *qn*. ¶ 제가 도와 드릴 만한 일이 없을까요? Puis-je vous être utile? / Que puis-je faire pour vous aider [me rendre utile]? ¶ 부모님의 일을 ~ aider [assister] *ses* parents dans leur travail. ¶ 누가 차를 타는 것을 [내리는 것을] ~ aider *qn* à monter dans une voiture [descendre d'une voiture]. ¶ 형은 동생이 숙제하는 것을 항상 돕는다 Il aide toujours son petit frère à faire ses devoirs. ② 구제하다 sauver, secourir, soulager; secourir; aider; venir en aide à *qn*; aider *qn* à se tirer d'affaire; aller [se porter] au secours de *qn*. ¶ 가난한[딱한] 사람[이웃]을 ~ aider [secourir] les pauvres; venir en aide aux pauvres. ¶ 궁지에 빠진 사람을 ~ aider *qn* à se tirer d'un mauvais pas. ¶ 병들고 힘없는 사람들을 외면하지 말고 도와주어라 Il faut aider les malades et les faibles plutôt que de leur tourner le dos. ③ 조장하다 encourager, faciliter; contribuer à *qc*; être bon(*ne*) pour *qc*; favoriser, servir à *qc*. ¶ 적당한 운동은 소화를 돕는다 La pratique d'un sport de façon convenable aide à digérer[favorise la digestion]. ¶ 목욕은 혈액 순환을 돕는다 Le bain aide la circulation sanguine. ¶ 이 운동은 아동의 발육을 크게 돕는다 Ce sport est très favorable au [bon pour le] développement physique des enfants.

***하늘은 스스로 돕는 자를 돕는다** Aide-toi, le ciel t'aidera.

돗자리 명 natte *f*. ¶ ~를 깔다[펴다] étendre une natte. ¶ ~를 걷다 ranger [enlever] une natte.

동[1] 東 명 est *m*. ¶ 독일은 한 때 ~과 서로 분단되어 있었다 L'Allemagne était divisée entre l'est et l'ouest pendant une époque.

◆**_(이) 트다** Le jour se lève. ¶ ~이 트기도 전에 서둘러 출발했다 Je me suis hâté(*e*) de partir avant le lever du soleil. ¶ 먼 ~이 튼다 Le jour se met à poindre. / Les premières lueurs du matin naissent. ¶ ~ 틀 무렵 au lever du soleil.

***~에 번쩍, 서에 번쩍 하다** être partout à la fois.

동[2] 同 관 même, identique. ¶ 그 두 과학자는 ~시대 인물이다 Ces deux scientifiques sont de la même époque. ¶ 1990년 서울대학교 입학, 1994년 ~ 대학 졸업 entrer à l'Université de Séoul en 1990 et en sortir en 1994.

동[3] 洞 명 *dong*; quartier *m*; village *m*. ¶ ~마다 단수가 되어 야단들이다 La coupure d'eau a mis tous les quartiers dans le désarroi.

◆**_내** -內 명 (intérieur *m* du) village *m*, dans le village; localité *f* ((en opposition avec ce qui est à l'extérieur)).

◆**_명** -名 명 nom *m* du village; nom *m* du quartier.

◆**_민** -民 명 population *f* d'un quartier.

◆**_사무소** -事務所 명 bureau *m* administratif de quartier.

◆**_장** -長 명 chef *m* (de bureau) de quartier.

동[4] 銅 명 cuivre *m*.

◆**_기** -器 명 cuivres *mpl*; ustensile *m* [objet *m*] de cuivre.

◆**_관** -管 명 tuyau(*x*) *m* de cuivre.

◆**_메달** 영{-medal} 명 médaille *f* de bronze.

◆**_선** -線 명 fil *m* de cuivre.

◆**_세공[세공인]** -細工[細工人] 명 bronzerie *f*; travai*l*(*aux*) *m* du cuivre [bronzier *m*, chaudronnier *m*].

◆**_화** -貨 명 monnaie *f* [pièce *f*] de cuivre.

동가식서가숙하다 東家食西家宿- 재 manger ici, dormir là; errer partout; mener une vie vagabonde. ¶ 그 사람은 일정한 거처 없이 동가식서가숙하며 지내고 있다 Sans domicile fixe, il mène une vie vagabonde. ¶ 하숙집에서 쫓겨 나오자 그 사람은 그야말로 동가식서가숙하는 신세가 되었다 Chassé de sa pension, il se trouve dans une situation instable, sans domicile fixe.

동감 同感 명 ((의견)) accord *m*; ((느낌)) assentiment *m;* approbation *f,* partage *m* d'un sentiment, sentiment *m* partagé; sympathie *f.* ¶ ~의 표시로 박수를 치다 applaudir en signe d'approbation. ¶ 그 사람은 ~의 표시로 고개를 끄덕였다 Il a approuvé d'un signe de tête. ¶ 그의 견해에 대한 ~을 표시하다 être de son avis; être d'accord avec lui. ◇_(을) **하다** sympathiser avec *qn*; partager les sentiments de *qn*; être d'accord avec; être du même avis. ¶ 당신[너의] 의견에 전적으로 ~합니다 Je suis tout à fait d'accord avec vous [toi]. / Je suis entièrement de votre [ton] avis. ¶ ~한다는 듯 고개를 끄덕이다 faire un signe de tête pour approuver, hocher la tête en signe d'approbation, faire un mouvement de tête pour approuver.

동갑 同甲 명 ((나이)) même âge *m*; ((사람)) personne *f* de même âge. ¶ ~이다 avoir le même âge; être du même âge. ¶ 그 친구는 나와 ~이다[우리는 ~입니다] Nous sommes du même âge.

◆**_내기** 명 personne *f* de même âge. ¶ ~내기 남편 mari du même âge. ¶ 그들은 ~내기이다 Ils sont du même âge. ¶ 그 친구와 나는 ~내기이다 Il a le même âge que moi. ¶ 그 친구는 나와 ~내기인데도 나이가 더 들어 보인다 Il semble plus vieux que moi, et pourtant nous avons le même âge.

동강 명 pièce *f,* morceau(*x*) *m.* ¶ 백묵 ~ des morceaux de craie. ¶ ~이 나다 se casser en morceaux. ¶ 두 ~ 난 조국 la patrie divisée en deux. ¶ ~을 내다 casser [couper] *qc* en morceaux. ¶ 장작을 여러 토막으로 ~ 내다 couper [fendre] une bûche en plusieurs morceaux. ¶ ~을 치다 casser [couper] *qc* en morceaux. ¶ 생선을 여러 토막으로 ~ 치다 couper un poisson en plusieurs morceaux.

분류 pièce *f,* morceau(*x*) *m.* ¶ 연필이 두 ~(이) 났다 Le crayon s'est cassé en deux. ¶ 바게트를 네 ~(을) 내다 couper une baguette en quatre morceaux.

◆**_ _** 부 ((en)) (plusieurs, mille) morceaux *mpl,* ((en)) pièces *fpl,* ((en)) miettes *fpl.* ¶ ~~ 자르다 couper *qc* en morceaux. ¶ ~~ 잘리다 se casser en morceaux, se morceler. ¶ ~~ 끊어지다 se casser en morceaux, se briser en miettes.

동강이 명 ☞ 동강

동거 同居 명 cohabitation *f;* ((남녀의)) concubinage *m*; collage *m* {*fam*}. ¶ 혼전 ~ le concubinage, l'union libre, le collage {*fam*}. ¶ ~ 정부 un gouvernement de cohabitation. ¶ 그들과의 ~ 생활은 순조로웠다 La cohabitation avec eux s'est bien passée. ◇_(를) **하다** habiter, vivre avec *qn*; loger avec *qn*; cohabiter avec *qn*; vivre en concubinage; vivre [être] à la colle {*fam*}. ¶ 부모와 ~하다 habiter avec *ses* parents; loger chez *ses* parents. ¶ 결혼 전에 여자 친구와 ~하다 vivre ensemble [cohabiter] avec *sa* petite amie avant le mariage. ¶ 요즈음은 결혼하기 전에 ~부터 하는 젊은이들도 있다고 한다 Ces jours-ci, il y a, paraît-il, des jeunes qui vivent ensemble avant le mariage. ¶ 이 집에는 두 가족이 ~하고 있다 Deux familles cohabitent dans cette maison [habitent sous le même toit].

◆**_녀** -女 명 compagne *f;* concubine *f.*

◆**_인** -人 명 personnes *fpl* qui habitent [vivent] ensemble [sous le même toit].

동격 同格 명 ① même rang *m.* ¶ 누구와 ~이다 avoir le même rang que *qn*. ¶ 이사와 ~인 기획실장 un chef de la planification du même rang qu'un administrateur. ¶ 누구와 ~으로 대하다 traiter ((les hommes et les femmes)) sur le même pied. ② 【언어】 apposition *f.*

◆**_관형사** -冠形詞 명 【언어】 déterminant *m* apposé [en apposition].

◆**_명사** -名詞 명 【언어】 nom *m* [substantif *m*] apposé [en apposition]. ¶ ~ 형용사 un adjectif en apposition.

◆**_어** -語 명 mot *m* en apposition.

◆**_절** -節 명 proposition *f* apposée.

동결 凍結 명 ① gel *m*, congélation *f.* ② ((돈)) gel *m,* blocage *m* ((de crédit)). ¶ 임금 ~ 문제가 큰 쟁점으로 떠올랐다 Le gel des salaires est devenu le sujet central de la discussion. ¶ 임금[예산] ~ le gel [le blocage] des salaires [du budget]. ¶ 핵 개발 ~ le gel du développement nucléaire. ◇_(을) **하다[시키다]** geler; congeler; bloquer. ¶ [물가안정을 위해] 공공요금을 ~하다 bloquer les tarifs des services publics (pour stabiliser les prix). ¶ 자금 지원을 ~하다 geler le soutien financier. ¶ 국내의 외국 자산을 ~하다 bloquer [geler] les avoirs étrangers. ¶ 식품을 ~시키다 congeler les aliments. ¶ 대학 정원을 ~시키다 geler les entrées à l'université. ¶ 지출을 ~시키다 geler les dépenses. ◇_(이) **되다** être bloqué(*e*), gelé(*e*). ¶ [강추위로 인해] 수도관이 ~되었다 Les conduites d'eau sont gelées (en raison du froid glacial). ¶ 예산이 ~되었다 Le budget est gelé.

◆**_건조** -乾燥 명 【공학】 déshydratation *f* de congélation.

◆**_작용** -作用 명 【지리】 congélation *f.*

동경[1] 銅鏡 명 miroir *m* de bronze.

동경[2] 憧憬 명 aspiration *f* ((aux honneurs, à la richesse)); rêve *m* ((de gloire, de fortune)); admiration *f,* adoration *f.* ¶ 외국에 대한 막연한 ~ une adoration déraisonnable pour l'étranger. ¶ 시골 아이들에게 도시는 ~의 대상이다 La grande ville fait rêver les enfants de la campagne / Pour les enfants de la campagne, la ville est un rêve. ◇_(을) **하다** aspirer ((aux honneurs)); rêver ((de grandeur));

avoir soif ((d'honneurs)); admirer, adorer *qn.* ¶ 화려한 생활을 ~하다 rêver d'une vie magnifique. ¶ 영화배우의 생활을 ~하다 rêver à une vie d'acteur. ¶ ~해 오던 외국여행을 떠나다 faire un voyage à l'étranger après en avoir tant rêvé.

◆_심 -心 명 admiration *f,* adoration *f;* aspiration *f.* ¶ 미지의 세계에 대한 ~심을 불러일으키다 donner envie de connaître un monde inconnu. ¶ 도시 생활에 대한 ~심이 생기다[일다] aspirer à vivre en ville; avoir une forte envie de vivre en ville.

동계[1] 同系 어근 même catégorie *f.* ¶ ~ 회사 une entreprise [une société] de même catégorie. ¶ 상의와 하의를 ~ 색조로 맞추어 입으면 무난하다 Tu ne risques rien si tu mets une veste et un pantalon dans le même ton.

◆_번식 -繁殖 명 prolifération *f* de la même espèce.

◆_어 -語 명 langue *f* de la même famille.

동계[2] 冬季 어근 ((vacances)) d'hiver *m,* hivernal(*e*). ¶ ~ 방학 les vacances d'hiver. ¶ ~ 올림픽 (대회) Jeux olympiques d'hiver. ¶ ~ 특강 un cours spécial d'hiver, un stage d'hiver.

동고동락 同苦同樂 명 partage *m* des joies et des peines. ¶ 그들과 함께 나눈 ~의 순간을 잊을 수 없다 On ne peut oublier les moments de joie et de peine partagés avec eux. ◇_(을) 하다 partager joies et peines, partager ((avec *qn*)) les plaisirs et les peines de la vie. ¶ 우리는 1년 동안 ~을 했다 Nous avons partagé, pendant un an, joies et peines. ¶ 나는 그 사람과 함께 오랫동안 ~했다 J'ai longtemps partagé avec lui joies et peines [les plaisirs et les peines de la vie]. ¶ 그 친구는 나와 같은 부대에서 2년 동안 ~하던 사이이다 Lui et moi avons vécu ensemble (le meilleur comme le pire) pendant deux ans dans la même caserne. ¶ 처와 ~하며 살아온 지 40년이 넘었다 J'ai passé plus de 40 ans de vie commune avec ma femme.

동공 瞳孔 명 pupille *f.* ¶ ~은 어두운 곳에서는 확대되고, 밝은 곳에서는 수축된다 La pupille se dilate dans le noir et se contracte à la lumière du jour.

동광 銅鑛 명 ① 구리 광산 mine *f* de cuivre. ¶ 그 ~은 매장량이 풍부하다 Cette mine de cuivre regorge de réserves. ② 구리광 minerai *m* de cuivre.

동교 同校 명 ladite école *f,* la même école *f.* ¶ 아버지는 그 학교 출신이며 아들도 ~ 출신이다 Le père est sorti de cette école [université] et son fils aussi [ainsi que son fils] / Le fils est sorti de la même école [université] que son père.

동구 명 entrée *f* d'un village. ¶ ~ 밖까지 배웅을 하다 accompagner *qn* jusqu'à l'entrée du village.

동구 東歐 명 Europe *f* de l'Est.

◆_권 東歐圈 명 pays *mpl* de l'Europe de l'Est.

동국 東國 명 ① ((autrefois, l'appellation de)) la Corée par les Chinois. ② 동쪽의 나라 pays *m* de l'Est.

동굴 洞窟 명 grotte *f;* caverne *f.* ¶ 석회암 ~ cavités naturelles dans les roches calcaires. ¶ ~ 벽화 une fresque dans une grotte, une peinture murale dans une grotte. ¶ ~ 탐사 une exploration spéléologique. ¶ ~ 탐험가 un(*e*) spéléologiste, un(*e*) spéléologue. ¶ ~을 탐사하다 explorer une grotte.

동궁 東宮 명 ① 왕세자 prince *m* héritier. ¶ 그 왕자는 오랫동안 ~의 자리에 있었다 Ce prince a longtemps occupé le trône du prince héritier. ¶ ~ 마마 납십니다 (Voici) Sa Majesté le prince héritier! ② 세자궁 palais *m* du Dauphin. ¶ 세자는 ~에서 거처한다 Le Dauphin habite au palais du prince héritier.

동궤 同軌 명 같은 유형 le même type; 같은 종류 la même sorte. ¶ 그 사람과 나는 ~의 생각을 가지고 있다 Il a les mêmes idées que moi / Il partage mes idées. ◇_(이)다 être du même type [du même genre]; être de la même sorte. ¶ 그들의 생각은 완전히 ~다 Ils ont exactement la même idée.

동그라미 명 cercle *m;* rond *m.* ¶ ~를 그리다 dessiner un cercle; faire un cercle.

동그랑땡 명 *donggeurang-ttaeng m,* fricadelle *f* coréenne <sorte de petit *jeon* composé d'un mélange de viande hachée ou de poisson, de légumes, de tofu, enrobé de farine et d'oeuf, aplati en forme de palet, pané et frit à la poêle; fricadelle ((petite galette plate)) de viande ou de poisson composée d'un mélange de viande hachée ou de poisson, de tofu et d'œuf, qui est panée, puis poêlée ou bien frite>. ¶ ~을 만들어 먹다 se faire des *donggeurang-ttaeng* [des fricadelles coréennes].

동그랗다 형 être rond(*e*), circulaire. ¶ 동그란 쟁반 un plateau rond. ¶ 동그란 빵 un pain rond. ¶ 그 남자는 동그란 안경을 끼고 있다 Il porte des lunettes rondes. ¶ 그 여자는 얼굴[눈]이 동그랗다 Elle a un visage rond [les yeux ronds]. ¶ 놀라서 눈이 동그래지다 ouvrir de grands yeux ronds (sous l'effet de la surprise). ¶ 눈을 동그랗게 뜨고 바라보다[대들다] regarder *qn/qc* en le fixant [tenir tête à *qn* en le regardant fixement [droit dans les yeux]. ¶ 동그랗게 모여 앉다 s'asseoir en (forme de) rond. ¶ 종이를 동그랗게 오려내다 découper un papier en forme de rond.

동그래지다 재 faire les yeux ronds de surprise [d'étonnement], écarquiller les yeux de surprise. ¶ 그 여자는 깜짝 놀라 눈이 동그래졌다 Sursautant, elle écarquilla les yeux.

동그마니 부 seul(*e*), tout(*e*) seul(*e*), solitairement ((idéophone d'aspect)). ¶ 저 애는 왜 구석에 혼자 ~ 앉아 있어? Pourquoi cet enfant-là est-il assis tout seul dans un coin?

동그스름하다 형 être rondelet(*te*); être presque rond(*e*). ¶ 동그스름한 얼굴 un visage (en) ovale. ¶ 동그스름하게 케이크를 만들다 faire un gâteau de forme à peu près ronde.

동글납작하다 형 être rond(*e*) et plat(*e*) [aplati(*e*)]. ¶ 얼굴이 ~ avoir un visage rond au nez épaté [aplati, écrasé, camus, camard]; avoir une face camuse [camarde] et ronde.

동글다 형 être rond(*e*) et petit(*e*). ¶ 그 아이는 얼굴이

~ Cet(*te*) enfant a un petit visage rond. ¶ 그 여자는 입술을 동글게 오므렸다 Elle arrondit et tendit ses lèvres / Elle tendit ses lèvres en les arrondissant / Elle avait la bouche en cul de poule.

동글동글하다 형 être rond(*e*). ¶ 동글동글한 구슬 une bille ronde. ¶ 동글동글한 얼굴 un visage rond. ¶ 동글동글하게 반죽을 뭉치다 faire des boules de pâte.

동급 同級 명 même rang *m;* même grade *m;* même classe *f.* ¶ 그는 나하고 ~이다 Il est dans la même classe que moi / Il est dans la même année que moi. ¶ ~의 다른 차종들과 비교하면 이 차가 가장 비싸다 Comparée à d'autres types de voitures de la même catégorie, cette voiture est la plus chère.

◆**_생** -生 명 camarade *mf* de classe; condisciple *mf.*

동기[1] 同期 명 même période *f;* même époque *f.* ¶ 나는 그 친구와 입대 ~이다 Je suis entré la même année que lui dans l'armée / Nous étions copains de régiment {*fam*}. ¶ 나는 그와 입사 ~이다 Je suis entré(*e*) la même année que lui dans cette compagnie / Lui et moi, nous sommes entrés la même année dans cette compagnie. ¶ 입학 ~이다 entrer la même année à l'université [à l'école, dans un établissement scolaire].

◆**_동창** -同窓 명 étudiant(*e*) de la même promotion; camarade *mf* de promotion.

◆**_생** -生 명 élève *mf* de la même promotion; camarade *mf* de promotion.

◆**_회** -會 명 réunion *f* des étudiants d'une même promotion; réunion *f* des anciens élèves d'une même promotion.

동기[2] 同氣 명 frères *mpl* et sœurs *fpl.* ¶ 그 집안은 ~ 간에 우애가 깊기로 유명하다 Dans cette famille, on s'entend très bien entre frères et sœurs / Cette famille est connue pour un sens de la famille très développé.

동기[3] 動機 명 ① motif *m;* mobile *m,* motivation *f;* cause *f.* ¶ 불순한 ~ un motif [un mobile] intéressé. ¶ 그 살인의 ~는 질투였다 Ce meurtre avait pour mobile [a été motivé par] la jalousie. ¶ 영화배우를 지망하게 된 ~는 무엇입니까? Qu'est-ce qui vous a motivé pour [poussé à] être ac*teur*(*trice*)? / Quelle était votre motivation pour devenir ac*teur*(*trice*)? ¶ ~를 주다[제공하다, 부여하다] motiver [stimuler, inciter] *qn.* ¶ ~가 되다 avoir pour motif [mobile] *qc*; être motivé(*e*) par *qc.* ¶ 어린왕자를 읽은 것이 ~가 되어 프랑스어를 공부하게 되었다 C'est la lecture de 'Petit Prince' qui m'a amené à étudier le [me mettre au] français. ¶ ~가 있다[없다] avoir un [ne pas avoir de] mobile; avoir une [ne pas avoir de] motivation. ¶ 그는 아무런[특별한] ~도 없이 사람을 죽였다 Il a tué quelqu'un sans aucun mobile [sans raison particulière] / Il a commis un crime sans aucun mobile. ② 【음악】 motif *m* [leitmotiv *m*]. ¶ 하나의 ~는 두개의 마디로 구성되어 있다 Un motif est composé de deux mesures.

◆**_화** -化 명 motivation *f.*

◆**_부여[유발]** -附與[誘發] 명 motivation *f.*

동기[4] 冬期 어근 hiver *m,* période *f* d'hiver [hivernale]. ¶ ~ 휴가 vacances d'hiver.

동기[5] 童妓 명 jeune *gisaeng f;* jeune courtisane *f.*

동나다 자 s'épuiser, se tarir, venir à manquer, se vider, tirer à sa fin, faire défaut, manquer (de), être à court de *qc*, être à sec de *qc*, ne presque plus avoir de *qc*; être épuisé(*e*); tout est vendu. ¶ 식량이 동났다 Les réserves alimentaires [Les provisions] sont épuisées [se tarissent, se sont taries] / On n'a plus de provisions. ¶ 그와는 서먹서먹한 사이라서 만난 지 10분 만에 이야깃거리가 동났다 Me sentant mal à l'aise avec lui, j'avais épuisé tous les sujets de conversation [je n'avais plus rien à lui dire] au bout de dix minutes seulement. ¶ 시중보다 싸게 팔아서 그 가게의 물건은 금방 동났다 Vendant à des prix inférieurs à ceux du marché, ils ont tout vendu très rapidement [leur stock de marchandises a fondu aussitôt] dans ce magasin.

동남 東南 명 sud-est *m.*

◆**_방** -方 명 direction *f* sud-est. ¶ 그 집은 ~방을 향하고 있다 Cette maison est orientée (face) au sud-est [regarde le sud-est].

◆**_부** -部 명 le Sud-Est *m.* ¶ 지금 ~부 지방에는 비가 내리고 있다 À présent, il pleut dans la région du Sud-Est.

◆**_아시아 영**{-Asia} 명 l'Asie *f* du Sud-Est..

◆**_쪽** 명 le sud-est *m.*

◆**_풍** -風 명 vent *m* du sud-est.

◆**_향** -向 명 orientation *f* [exposition *f*] sud-est. ¶ ~향 집 une maison orientée sud-est.

동남아 東南亞 명 l'Asie *f* du Sud-Est. ¶ 대통령은 ~ 국가들을 순방 중이다 Le président de la République est en visite officielle dans les pays d'Asie du Sud-Est.

◆**_조약기구** -條約機構 명 Organisation *f* du Traité de l'Asie du Sud-Est (생략 O.T.A.S.E.).

동냥 명 구걸 mendicité *f;* 시주 aumône *f,* charité *f.* ◇_(을) **하다[나오다]** mendier *qc* à *qn*, mendigoter *qc* à *qn* {*fam*}; faire la manche; demander l'aumône [la charité] à *qn.* ¶ 그 사람은 ~을 해서 겨우 먹고 살고 있다 Cette personne doit sa survie à la mendicité. ¶ 그는 ~ 나온 거지에게 동전 몇 닢을 주었다 Il a donné quelques sous aux clochards qui étaient venus demander l'aumône. ¶ 스님이 ~을 나왔다 Le bonze est venu demander l'aumône.
*~**은 안 주고 쪽박만 깬다** ne pas aider *qn*, mais au contraire [plutôt] lui nuire.

◆**_꾼** 명 mendiant *m.*

◆**_아치** 명 mendiant *m;* gueux(*se*), mendigot(*e*) {*pop*}; parasite *m.*

◆**_자루** 명 sac *m* (en toile) de jute pour recevoir l'aumône.

ㄷ

◆_절 명 salutation *f* que fait un mendiant pour remercier *qn* après avoir reçu l'aumône.

◆_중 명 bonze(*sse*) [moine *m* bouddhiste] mendiant(*e*).

◆귀_ 명 ouï-dire *m;* rumeur *f,* bruits *mpl* de couloir, racontar *m*, on-dit *m inv.* ¶ 나는 그 소식은 귀~으로 대충 알고 있었다 Je connaissais déjà l'essentiel de cette nouvelle par la rumeur.

◆젖_ 명 chercher une nourrice. ¶ 그는 태어나면서 어머니를 잃어 젖~으로 컸다 Il a été nourri par d'autres seins que ceux de sa mère, décédée à la naissance.

동냥질 명 mendicité *f.* ◇_(을) 하다 mendier *qc* à *qn*; faire la manche; demander l'aumône [la charité] à *qn*. ¶ 이 동네 저 동네로 ~하러 다니다 vagabonder pour mendier [faire la manche].

동네 洞- 명 village *m*, commune *f;* hameau(*x*) *m*, quartier *m*. ¶ ~ 사람 un(*e*) habitant(*e*) du quartier [du hameau]. ¶ ~ 어귀에서 à l'entrée [à la périphérie] du village. ¶ ~ 잔치가 벌어졌다 Une fête de quartier a eu lieu. ¶ 그와 나는 한[같은] ~에 살고 있다 Lui et moi, nous habitons dans le même quartier. ¶ 그는 술에 취해 온 ~가 떠나가라 소리를 질렀다 Il a réveillé tout le quartier en criant parce qu'il était saoul. ¶ 그 사고로 온 ~가 발칵 뒤집혔다 À cause de cet incident, tout le quartier a été mis sens dessus dessous. ¶ 오늘 시합은 ~ 축구 수준이었다 Le match de football d'aujourd'hui avait le niveau d'un match de quartier.

◆_북 명 personne *f* sur laquelle on déverse *sa* colère [rejette *sa* mauvaise humeur]; personne *f* servant de tête de Turc, bouc *m* émissaire. ¶ 내가 ~북이냐, 왜 일만 생기면 나만 야단을 치냐? Pourquoi, chaque fois qu'il y a quelque chose, c'est sur moi que ça retombe? / Pourquoi dès qu'il y a quelque chose qui se passe, c'est toujours moi qui prends tout {*fam*}? / À chaque fois qu'il se passe quelque chose, c'est moi qui porte le chapeau! {*fam*}

◆_방네 -坊 부 dans tout le quartier. ¶~방네 소문이 다 났다 Le bruit court dans tout le quartier.

동년 同年 명 ① 같은 해 ladite [la sus-dite] année *f*, la même année *f.* ¶ 나는 그 해 졸업을 하고 ~ 9월부터 직장에 다녔다 J'ai fini mes études cette année-là et à partir du mois de septembre de ladite année [de la même année] j'ai pris un travail. ② 같은 나이 le même âge *m*. ¶ 그 여자와 나는 같은 학년이었지만 ~은 아니었다 Elle était bien de la même année scolaire que moi, mais nous n'avions pas le même âge.

동년배 同年輩 명 personne *f* du même âge. ¶ 나와 ~의 남자 un homme de mon âge. ¶ 그들은 거의 ~이다 Ils sont à peu près du même âge. ¶~끼리 어울리다 s'entendre bien entre personnes du même âge.

동녘 명 Est *m*. ¶ 눈을 뜨고 보니 ~ (하늘)이 훤히 밝아오고 있었다 Quand j'ai ouvert les yeux, le ciel commençait à s'éclaircir.

동당거리다 타 jouer d'un instrument de musique. ¶ 가야금을 ~ jouer du *gayageum*.

동당대다 타 ☞ 동당거리다

동당동당 부 dans un léger battement (de tambour) ((onomatopée de petit son rythmique)).

동대구 東大邱 명 partie *f* est de Daegu; Daegu-Est *m*.

동댕이치다 타 ① jeter [balancer {*fam*}] à [par] terre. ¶ 그 사람은 갑자기 땅바닥에 책을 동댕이쳤다 Soudain, il jeta [balança {*fam*}] son livre par terre. ② ((하던 일이나 노력을)) cesser; interrompre, suspendre ((*ses* efforts)). ¶ 그 사람은 마침내 공부를 동댕이쳤다 Il cessa [abandonna] finalement ses études. ¶ 그 사람은 이제까지 하던 노력을 동댕이쳤다 Il suspendit les efforts qu'il avait faits jusqu'à présent.

동독 東獨 명 l'Allemagne *f* de l'Est.

동동[1] 부 ((북이)) dans un battement régulier (de tambour) ((onomatopée de petit son régulier)). ¶ 북을 ~ 울리다[치다] battre un tambour en rythme.

◆_거리다 자타 gambader [piétiner, sautiller, trépigner, piaffer] (d'impatience).

동동[2] 부 ((sautiller)) d'impatience. ¶ 나는 기차 시간에 늦을까봐 발을 ~ 굴렀다 De crainte d'être en retard pour le train, j'ai piaffé d'impatience.

◆_거리다 타 sautiller sur *ses* pieds; gambader [piétiner, sautiller, trépigner, piaffer {*fam*}] (d'impatience). ¶ 시린 발을 ~거리다 sautiller sur *ses* pieds gelés.

동동[3] 부 ((물 위에)) en flottant au gré des vagues, à vau-l'eau, au fil de l'eau, au fil du courant, à la dérive ((idéophone de mouvement ondulé dû à de petites vagues)). ¶ 시냇물 위로 종이배가 ~ 떠간다 Un bateau en papier flotte au fil du courant à la surface du ruisseau. ¶ 그 집은 밥알이 ~ 뜨는 식혜로 유명하다 Cette maison est célèbre pour son *sikhye* plein de grains de riz.

동동주 -酒 명 *dongdongju m* <alcool de riz traditionnel coréen>.

동등 同等 어근 égalité *f.*

◆_하다 형 être égal(*e*, *aux*); 같은 가치 être équivalent(*e*); 같은 수준 être de même niveau. ¶ ~한 권리[가치, 대우, 수준] les mêmes droits [les mêmes privilèges], des droits égaux [la même valeur, le même traitement [le même salaire], le même niveau]. ¶ ~한 지위 la même position; le même statut. ¶ 이 시험에 통과하면 대학 졸업과 ~한 자격을 얻게 된다 Si on réussit à cet examen, on obtient un diplôme équivalent à celui de fin d'études universitaires [de licence]. ¶ 무엇과 무엇은 ~하다 A équivaut à B / A et B sont de même niveau. ¶ 무엇과 무엇을 ~하게 취급하다 traiter A et B sur le même plan [sur un pied d'égalité]; mettre A et B au même niveau.

◆_성 -性 명 égalité *f;* parité *f.* ¶ ~성을 주장하다

revendiquer l'égalité.

◆_권 -權 명 droits *mpl* égaux. ¶ ~권을 보장하다 garantir des droits égaux, préserver l'égalité des droits.

동떨어지다 형 ① ((거리)) être lointain(*e*), être éloigné(*e*), être loin de *qc*, être espacé(*e*). ¶ 시내와 동떨어진 외딴 집 une maison isolée loin du centre ville. ¶ 다른 아이들과 동떨어져 혼자 노는 아이 un enfant solitaire [qui joue seul loin des autres enfants]. ② ((관련)) être hors de propos; être hors contexte; être loin de *qc*. ¶ 그것은 현실과는 동떨어진 이상론일 뿐이다 C'est un idéal loin de la réalité.

동뜨다 형 ① 뛰어나다 être excellent(*e*); brillant(*e*); supérieur(*e*). ② 사이가 뜨다 être éloigné(*e*).

동란 動亂 명 ① troubles *fpl*; agitation *f*; révolte *f*. ② 전쟁 guerre *f*. ¶ 한국[6.25] ~ la guerre de Corée. ¶ ~은 일어나지 않을 것이다 La guerre n'aura pas lieu. ¶ ~이 끝났다 La guerre est terminée.

◆_기 -期 명 époque *f* [période *f*] troublée [agitée]. ¶ 역사의 ~기 périodes troublées de l'Histoire. ¶ ~기를 겪다 passer par [connaître] une époque agitée.

동량[1] 同量 명 la même quantité *f*, quantité *f* identique. ¶ ~의 소금과 설탕 la même quantité de sel et de sucre; du sel et du sucre en quantités égales.

동량[2] 棟梁 명 ① 기둥과 들보 poutre *f* et solive *f*. ② homme *m* de talent [de valeur]; pilier *m* ((de la nation)). ¶ 장차 나라의 ~이 될 청소년들 les jeunes qui deviendront les piliers de la nation dans l'avenir.

동력 動力 명 ((엔진의)) force *f* motrice; énergie *f* ((électrique, hydraulique, solaire, thermique)). ¶ ~ 공급 시설 un équipement qui fournit de l'énergie; un équipement qui alimente ((une usine)) en énergie ((électrique)) ((cf : un barrage)). ¶ ~으로 움직이는 기계 une machine qui fonctionne avec de l'énergie [grâce à une source d'énergie]. ¶ 무한 ~ des réserves inépuisables d'énergie; une source d'énergie inépuisable ((cf : le soleil, le vent)). ¶ 보조 ~ une source d'énergie complémentaire [auxiliaire]. ¶ 이 기계는 ~이 끊어져서 더 이상 작동하지 않는다 Cette machine ne fonctionne plus parce qu'elle n'est plus alimentée.

◆_계 -計 명 dynamomètre *m*.

◆_선[1] -船 명 bateau *m* à moteur.

◆_선[2] -線 명 ligne *f* électrique de force.

◆_원 -源 명 source *f* d'énergie.

◆_에너지 명{-energy} 명 énergie *f* ((électrique, hydraulique, solaire, thermique)).

◆_자원 -資源 명 ressources *fpl* d'énergie.

◆원_ 原- 명 force *f* motrice; ressort *m*; principe *m*; facteurs *mpl* fondamentaux [essentiels]. ¶ 국가 발전의 원~이 된 사건 un événement servant de force motrice au développement du pays.

동렬 同列 명 같은 줄 même rang *m*; 같은 수준 même niveau(*x*) *m*; même catégorie *f*; même plan *m*. ¶ 그 분을 김씨와 ~에 놓을[둘] 수는 없다 On ne peut pas mettre cette personne sur le même plan [au même niveau] que M. Kim. ¶ 그는 역사상 위인과 ~에 설 만한 인물이다 C'est un personnage que l'on peut classer au même niveau que les grandes figures de l'histoire / C'est un homme à ranger dans la même catégorie que les grands personnages de l'histoire / C'est une personne qu'on peut mettre sur le même plan que les grands hommes.

동료 同僚 명 ((직장의)) collègue *mf*; ((자유업의)) confrère *m*, *consœur f*; ((동업의)) associé(*e*); 친구 camarade *mf*. ¶ 그는 나의 직장 ~이다 C'est un de mes collègues. ¶ ~로서 충고하다 conseiller *qn* [donner un conseil] en tant que collègue.

◆_애 -愛 명 amitié *f* pour *ses* collègues; fraternité *f* avec *ses* collègues. ¶ ~애를 발휘하다 montrer de l'amitié pour *ses* collègues.

동류 同類 명 même genre *m* [espèce *f*]; 동배 même groupe *m* [même acabit *m*], coterie *f*. ¶ 너는 그와 ~에 속하는 속물이다 Tu es un snob de la même espèce que lui / Toi et lui, on peut vous mettre dans le même panier de snobs / Vous êtes tous les deux des snobs du même acabit.

◆_의식 -意識 명 sentiment *m* d'appartenance à la même espèce[au même groupe] ¶ 나는 그에게 ~의식을 갖고 있다[느낀다] Lui et moi, on a[partage] le sentiment d'appartenance à la même espèce.

◆_항 -項 명 【수학】 termes *mpl* semblables.

동률 同率 명 même pourcentage *m*. ¶ 저 선수[타자]는 나와 타율이 ~이다[~을 기록하고 있다] Ce frappeur a la même moyenne offensive[puissance de frappe] que moi.

동리 洞里 명 village *m*, hameau *m*.

동맥 動脈 명 【해부】 artère *f*. ¶ 그 여자는 팔뚝 ~을 끊고 자살했다 Cette femme s'est suicidée en se coupant les artères des bras.

◆_경화(증) -硬化(症) 명 【의학】 artériosclérose *f*; sclérose *f* artérielle.

◆_주사 -注射 명 piqûre *f* [injection *f*] intra-artérielle.

◆경_ 頸 명 (artère *f*) carotide *f*.

◆대_ 大 명 aorte *f*. ¶ 이 고속도로는 우리나라 경제의 대~ 구실을 해왔다 Cette autoroute a été l'artère principale de l'économie coréenne.

동맹 同盟 명 【사회】 alliance *f*, coalition *f*, ligue *f*. ¶ 금주 ~ la ligue contre l'alcoolisme [antialcoolisme]. ¶ 여성 ~ ligue féminine. ¶ ~ 조약 un traité [un pacte] d'alliance. ◇_(을) **하다** s'allier, se coaliser, se liguer ((contre un ennemi commun)). ¶ 이웃나라와 ~하여 적국을 치다 s'allier avec les pays voisins pour battre l'ennemi. ◇_(을) **맺다** conclure [faire] une alliance.

◆_국 -國 명 (pays *m*) allié *m*; puissance *f* alliée.

◆_군 -軍 명 armée *f* alliée.

◆_파업 -罷業 명 grève *f* alliée avec d'autres syndicats. ¶ ~파업을 하다 faire [se mettre en] grève avec d'autres syndicats.

◆_휴업 -休業 명 grève *f* [fermeture *f*] avec d'autres syndicats.
◆군사_ 軍事- 명 alliance *f* militaire.
◆방위_ 防衛- 명 alliance *f* défensive.
◆비_ 非- 명 non-alignement *m*. ¶ 반둥 비~ 조약 traité des non-alignés de Bandoung.
◆(프랑스)노동총_ 勞動總 명 la C.G.T *f*.
◆한국노동총_ 韓國勞動總 명 la Confédération *f* Coréenne du Travail.

동메달 銅 명{-medal} 명 médaille *f* de bronze.

동면 冬眠 명 sommeil *m* hibernal; hibernation *f*. ¶ ~ 동물 un anim*al*(*aux*) hibernant. ¶ 오랜 ~에서 깨어나다 se réveiller d'un long sommeil. ¶ 파충류들은 이맘때쯤 ~에 들어간다 Les reptiles entrent en hibernation à cette période de l'année. ◇_(을) **하다** hiberner, hiverner. ¶ 곰들은 굴 속에서 ~한다 Les ours hibernent dans une grotte.

동명사 動名詞 명 【언어】 gérondif *m*. ¶ ~ 구문 une construction gérondive.
◆_적 -的 명관 du gérondif.

동명이인 同名異人 명 personne *f* différente mais qui porte le même nom. ¶ 우리 학교에는 나와 ~인 학생이 둘이나 있다 Dans mon école, il y a deux enfants [élèves] qui portent le même nom que moi.

동무 명 ① 친구 ami(*e*); camarade *mf*; compagnon(*compagne*). ¶ 어릴 적 ~들 mes amis [camarades] d'enfance. ② ((공산권에서)) compagnon(*compagne*) (de route).
◆길_ 명 compagnon(*compagne*) de voyage [de route]. ¶ 그는 거기까지 가는 동안 나를 길~ 삼고 싶어했다 Il voulait qu'on se considère comme compagnons de voyage pendant la route.
◆말_ 명 compagnon(*compagne*) [personne *f*] avec qui l'on peut parler, interlocu*teur*(*trice*). ¶ 누구와 말~ 하다 tenir compagnie à *qn*; parler [discuter] avec *qn*. ¶ 나와 말~나 하자 Tiens-moi compagnie! / Parlons ensemble!
◆어깨_ 명 action de se tenir par l'épaule. ¶ 어깨~를 하다 passer *ses* mains sur les épaules de *qn*; se tenir par l'épaule. ¶ 아이들이 어깨~(를) 한 채 걸어가고 있다 Les enfants marchent en se tenant par l'épaule.

동문[1] 同文 명 même texte *m*; texte *m* déjà cité. ¶ 이하 ~ et ainsi de suite; *et caetera* [etc.]. ¶ 그는 ~의 편지를 내게 두 통 보냈다 Il m'a envoyé deux fois la même lettre [deux lettres identiques].

동문[2] 同門 명 ((동창)) compagnon(*gne*) d'études, camarade *mf* d'école; condisciple *mf*; camarade *mf* de classe; ((졸업생)) ancien(*ne*) élève *mf* [étudiant(*e*)]. ¶ 그는 나의 ~ 선배이다 Il était dans la même université [école] que moi, mais dans une année supérieure. ¶ 오늘 저녁에 ~ 모임이 있다 Ce soir, il y a une réunion d'anciens élèves.
◆_회 -會 명 association *f* [réunion *f*] d'anciens élèves.
◆_수학 -修學 명 ☞ 동문수학하다

동문서답 東問西答 명 réponse *f* qui n'a rien à voir avec la question; réponse *f* hors-sujet [à côté de la question]; réponse *f* incohérente; dialogue *m* de sourds. ◇_(을) **하다** donner une réponse qui n'a rien à voir avec la question; répondre en dehors du sujet; répondre à côté. ¶ 그는 내 질문에 ~만 했다 Il n'a fait que répondre à côté à mes questions.

동문수학하다 同門修學- 자 faire des études dans la même section (sous la direction d'un même professeur); faire la même école. ¶ 그 사람과 나는 한 선생님 밑에서 동문수학한 사이이다 Lui et moi avons fait des études sous la direction du même professeur.

동물 動物 명 anim*al*(*aux*) *m*, bête *f*. ¶ 야생 ~ un anim*al*(*aux*) sauvage(*s*), des bêtes sauvages. ¶ ~ 농장 un ferme d'élevage. ¶ ~ 보호운동 le mouvement de protection des animaux ¶ ~ 애호가 un(*e*) amoureu*x*(*se*) des animaux. ¶ ~을 기르다 élever un animal [une bête]. ¶ ~에게 함부로 먹이를 주지 마시오 Ne donnez pas n'importe quoi à manger aux animaux!
◆_적 -的 명관 anim*al*(*ale, aux*), besti*al*(*ale, aux*). ¶ ~적 행위 un comportement animal [bestial]. ¶ ~적 본능[욕망] un instinct animal [un désir bestial].
◆_성 -性 명 animalité *f*; bestialité *f* [anim*al*(*ale, aux*)]. ¶ ~ 기름[단백질, 섬유] la graisse [la protéine, la fibre] animale.
◆_계 -界 명 règne *m* animal.
◆_실험 -實驗 명 【의학】 expérience *f* sur des animaux vivants.
◆_원 -園 명 jardin *m* [parc *m*] zoologique; zoo *m*.
◆_학 -學 명 zoologie *f*.
◆_학자 -學者 명 zoologiste *mf*, zoologue *mf*.
◆_화 -畵 명 dessin *m* [peinture *f*] animali*er*(*ère*). ¶ ~화를 그리다 faire du dessin [de la peinture] animali*er*(*ère*). ¶ ~화를 감상하다 estimer [apprécier] un dessin [une peinture] animali*er*(*ère*). ¶ 인물화, 정물화 그리고 ~화 portrait, nature morte et peinture animalière.
◆고등[하등]_ 高等[下等]- 명 anim*al*(*aux*) *m* évolué ((en général vertébré; mammifère)) [anim*al*(*aux*) *m* peu évolué ((en général non vertébré à l'exception des reptiles, poissons, amphibiens, etc.))].
◆육식[초식]_ 肉食[草食]- 명 anim*al*(*aux*) *m* carnivore [herbivore].

동바리 명 pied *m*; support *m*, étai *m*. ¶ ~를 세우다 monter des supports.

동반 同伴 명 accompagnement *m*. ¶ 가족 ~ 모임 une réunion où l'on vient en famille. ¶ 요즈음은 부부가 ~ 외출을 하는 것이 흔한 일이다 Ces temps-ci, il n'est pas rare que les hommes sortent avec [accompagnés de] leur femme. ¶ 부부 ~으로 모임에 참석하다 assister à une réunion avec [accompagné de] *sa* femme. ◇_(을) **하다** accompagner *qn*; aller avec *qn*. ¶ 만찬회에 아내를 ~하고 가다 aller à une soirée avec *sa* femme. ¶ 어젯밤에는 많은 비를 ~한 돌풍이 불었다 Hier soir, il y a eu des rafales de vent accompagnées de fortes pluies. ◇_(이) **되다** être accompagné(*e*). ¶ 사랑에는 아픔이 ~되기 마련이다 Il est normal que l'amour soit accompagné de souffrances.

◆**_자** -者 명 compa*gnon*(*gne*). ¶ 여행을 함께 떠날 ~자를 구하다 chercher un compagnon [*qn*] pour partir ensemble en voyage. ¶ 아내는 내 인생의 충실한 ~자였다 Ma femme a été la compagne fidèle de ma vie.

◆**_자적** -子的 명관 de compagnie. ¶ ~자적인 관계 relation de compagnie. ¶ 누구와 ~자적 관계를 유지하다 maintenir des relations de forte complicité [le partenariat] avec *qn*. ¶ 정치인들은 일반 시민들과 아픔을 나누는 ~자적 자세를 지녀야 한다 Les hommes politiques doivent adopter une attitude solidaire avec le peuple face aux souffrances [pour partager ses souffrances].

동반구 東半球 명 【지리】 hémisphère *m* est [oriental]. ¶ 지구는 ~와 서반구로 나뉜다 La Terre est partagé entre l'hémisphère est et l'hémisphère ouest.

동반자살 同伴自殺 명 suicide *m* à deux [de couple], double suicide *m*; suicide *m* familial. ◇_(을) **하다** se suicider à deux [en couple, avec *qn*].

동방[1] 東方 명 est *m*, Orient *m*.

◆**_견문록** -見聞錄 명 Livre *m* des merveilles du monde, Livre *m* de Marco Polo, Devisement *m* du monde. ¶ ~견문록을 읽다 lire le Livre des merveilles du monde.

◆**_교회** -教會 명 Église *f* d'Orient.

◆_무역 -貿易 명 commerce *m* (international) en Orient.

◆**_문제** -問題 【역사】 question *f* d'Orient.

◆**_박사** -博士 명 【기독】 les (trois) rois *mpl* [rois *mpl* mages].

◆**_예의지국** -禮義之國 명 le pays *m* du peuple courtois [poli] en Orient; la Corée *f*.

◆**_정교회** -正教會 명 Églises *fpl* orthodoxes.

◆**_제국** -諸國 명 Orient *m*; pays *mpl* d'Orient.

동방[2] 東邦 명 ① 동방의 나라 Orient *m*. ② 한국 Corée *f*.

동배 同輩 명 personne *f* de même âge [de même rang]; collègue *mf*.

동백 冬柏 명 camélia *m*.

◆**_기름** 명 huile *f* de camélia.

◆**_꽃** 명 (fleur *f* de) camélia *m*.

◆**_나무** 명 camélia *m*.

동병상련 同病相憐 명 ceux qui connaissent les mêmes malheurs sympathisent entre eux. ¶ 의문의 실종자 어머니들끼리 ~의 아픔을 나눕니다 Les mères des mystérieux disparus partagent leurs souffrances et sympathisent entre elles.

동복 冬服 명 vêtement *m* d'hiver; uniforme *m* [tenue *f*] d'hiver.

동봉 同封 명 même enveloppe *f*. ¶ ~의 ci-joint(*e*), ci-inclus(*e*). ¶ ~ 서류 les documents ci-joints [ci-inclus]. ◇_(을) **하다** inclure *qc* dans une lettre; joindre *qc* à une lettre. ¶ 사진[수표]을 ~한 편지 une lettre contenant [accompagnée d'] une photo [un chèque]. ¶ 편지[증서]의 사본을 ~합니다 Vous trouverez ci-joint [ci-inclus] la copie de la lettre [de l'acte] / Vous avez, ci-incluse [ci-jointe], la copie de la lettre [de l'acte].

동부 東部 명 partie *f* orientale [est]; est *m*. ¶ 프랑스 ~ l'est de la France. ¶ ~ 전선 le front oriental. ¶ ~ 지방[해안] la région [la côte] orientale [de l'est]. ¶ (미국) ~ 출신의 사람 une personne originaire de l'est [la partie orientale] (des États-Unis).

동부인 同夫人 자 fait *m* d'être accompagnée de *sa* femme [de venir avec *sa* femme]. ◇_(을) **하다** être accompagné de *sa* femme; sortir avec [en compagnie de] *sa* femme; venir avec *sa* femme. ¶ 그는 어떤 모임이든 꼭 ~하여 참석한다 Cet homme vient avec [en compagnie de, accompagné de] sa femme à toutes les réunions. ¶ 그는 일요일이면 반드시 ~하여 외출한다 Cet homme, le dimanche, sort toujours avec [en compagnie de] sa femme.

동북 東北 명 le nord-est *m*. ¶ ~ 지방 la région nord-est.

◆**_방** -方 명 direction *f* nord-est *m*.

◆**_부** -部 명 le Nord-est *m*.

◆**_아시아** 영{-Asia} 명 l'Asie *f* du Nord-est. ¶ ~아시아의 평화 la pacification de l'Asie du Nord-est.

◆**_쪽** 명 côté *m* nord-est.

동분서주하다 東奔西走- 자 courir de tous côtés, remuer ciel et terre, se démener ((pour une affaire, pour se procurer de l'argent)). ¶ 그 사람은 계약을 성사시키기 위해 밤낮없이 동분서주하고 있다 Il court de tous côtés pour concrétiser [faire réussir] le contrat.

동사[1] 動詞 명 【언어】 verbe *m*, verbe *m* d'action ou de mouvement. ¶ ~ 활용형 une forme de conjugaison. ¶ 이 ~들은 인물 주어를 취한다 Ces verbes sont à sujet 'humain'.

◆**_적** _的 명관 verb*al*(*ale, aux*). ¶ ~적 명사 un nom verbal.

◆**_구** -句 명 【언어】 syntagme *m* verbal; groupe *m* verbal. ¶ ~구 구성성분 constituant d'un syntagme verbal.

◆**_문** -文 명 【언어】 phrase *f* verbale.

◆**규칙[불규칙]_** 規則[不規則]- 명 verbe *m* régulier [irrégulier].

◆**대명_** 代名- 명 verbe *m* pronominal.

◆**본_** 本- 명 verbe *m* principal ((par opposition aux verbes auxiliaires)).

◆**불구_** 不具- 명 verbe *m* défectif; défectif *m*.

◆**사역_** 使役- 명 verbe *m* causatif [factitif].

◆**자_** 自- 명 verbe *m* intransitif.

◆**조_** 助- 명 verbe *m* auxiliaire.

◆**지각_** 知覺- 명 verbe *m* de perception.

ㄷ

◆타_ 他- 명 verbe *m* transitif.

◆합성[복합]_ 合成[複合]- 명 verbe *m* composé.

동사² 凍死 명 mort *f* causée par le froid. ¶ 갑작스런 추위로 노숙자들의 ~ 위험이 있다 Une vague de froid brutale peut provoquer la mort des sans-abri [S.D.F.] / Les sans-abri [S.D.F.] peuvent mourir à cause d'une vague de froid brutale. ◇_(를) **하다** mourir de froid. ¶ 너무 추워서 ~하기 직전이다 On meurt de froid / Il fait un froid de canard / On caille {*fam*} / Ça caille {*fam*} / On se les gèle {*vulg*}. ¶ 노숙자들이 ~하는 것을 막기 위한 구호단체의 활동 les actions des associations qui luttent contre la mort des sans-abri à cause du froid.

◆_자 -者 명 personne *f* morte de froid [à cause du froid].

동산¹ 명 ((언덕)) bosquet *m;* ((정원)) jardin *m.* ¶ 달이 ~ 위로 떠올랐다 La lune est apparue au-dessus du bosquet. ¶ ~에서 놀다 s'amuser dans le bosquet [dans le jardin]. ¶ ~에[으로] 오르다 monter sur le bosquet.

◆꽃_ 명 bosquet *m* de fleurs.

동산² 動産 명 【법률】 biens *mpl* meubles; mobilier *m;* effets *mpl* [biens *mpl*] mobiliers; propriété *f* mobilière. ¶ 그의 (재산 중) ~은 얼마나 됩니까? (Parmi ses biens) à combien s'élève son mobilier [s'élèvent ses biens mobiliers]?

◆_보험 -保險 명 assurance *f* mobilière.

◆_신탁 -信託 명 gestion *f* de portefeuilles de valeurs mobilières.

◆_저당 -抵當 명 hypothèque *f* du mobilier [des biens mobiliers].

◆부_ 不- 명 ① bien *m* [patrimoine *m*] immobilier; bien-fonds(~*s*-~) *m;* ((토지)) propriété *f* immobilière [foncière]; 건물 immeuble *m.* ② 사무실 agence *f* immobilière.

동삼 童蔘 명 ginseng *m* sauvage ((en forme de jeune enfant)). ¶ ~을 채집하다 récolter du ginseng sauvage.

동상¹ 銅賞 명 troisième prix *m.* ¶ ~을 타다[받다, 수상하다] gagner [recevoir, remporter] le troisième prix.

동상² 銅像 명 statue *f* de [en] bronze. ¶ ~을 세우다 ériger une statue de bronze ((en l'honneur de *qn*, de *qn*)).

동상³ 凍傷 명 engelure *f;* froidure *f,* gelure *f.* ¶ 그는 발에 ~을 입었다 Il a des engelures aux pieds. ¶ 나는 손이 ~에 걸렸다 J'ai des engelures aux mains.

동상이몽 同床異夢 명 être avec *qn* mais penser chacun à des choses différentes, dormir dans un même lit mais faire des rêves différents.

동색 同色 명 ① même couleur *f.* ② ((같은 당파)) (membre *m* d'une) même faction *f.*

*초록은 ~이다 Qui se ressemble s'assemble.

동생 同生 명 jeune frère *m* [jeune sœur *f*]; cadet(*te*); petit frère *m* [petite sœur *f*]. ¶ 큰 ~ petit frère [petite sœur] qui vient juste après *soi.* ¶ 가운데 ~ petit frère [l'avant-dernier]; petite sœur [l'avant-dernière]. ¶ 막내 ~ cadet(*te*), benjamin(*e*), dernier-né. ¶ 사촌 ~ jeune cousin(*e*). ¶ 수양 ~ petit frère *m* adopté; petite sœur *f* adoptée. ¶ 이복 ~ demi-frère *m* [demi-sœur *f*] (de même père); frère *m* consanguin; sœur *f* consanguine. ¶ 나는 ~이 둘 있다 J'ai deux frères [deux sœurs] plus jeunes que moi / J'ai deux frères cadets [sœurs cadettes]. ¶ 그는 열 살 넘어 늦게 ~을 보아선지 어리광이 심하다 Je ne sais pas si c'est parce qu'il a vu son petit frère [sa petite sœur] tardivement à l'âge de dix ans, mais qu'est-ce qu'il est enfant gâté! ¶ 그는 나이로 보아 내 ~뻘 된다 Vu son âge, je peux le considérer comme mon petit frère [ma petite sœur]. ¶ 나는 그를 ~으로 삼기로 했다 J'ai décidé de le considérer comme un (petit) frère [une petite sœur]. ¶ 그 사촌은 내게 외가쪽으로 ~뻘이 된다 Ce cousin du côté maternel, c'est comme un petit frère pour moi / Ce cousin du côté maternel est plus jeune que moi.

◆형_하다 兄- 자 se considérer comme des frères. ¶ 그와 나는 형~하는 사이이다 Lui et moi, on est comme des frères.

◆남_ 男- 명 petit frère *m.*

◆누이[여]_ [女]- 명 petite sœur *f.*

◆친_ 親- 명 *son* vrai [*son* propre] petit frère *m;* *sa* vraie [*sa* propre] petite sœur *f.*

동생동락 同生同樂 명 même vie *f,* mêmes plaisirs *mpl.* ◇_(을) **하다** vivre côte à côte et partager le quotidien [les aléas de la vie, les bons et les mauvais moments de la vie].

동서¹ 同壻 명 ① ((처가 쪽의)) beau-frère(~*x*-~*s*) *m* (d'un homme) ((le mari d'une sœur de *sa* femme)). ② ((시집 쪽의)) belle-sœur(~*s*-~*s*) *f* (d'une femme) ((la femme d'un frère de *son* mari)). ¶ ~끼리 사이좋게 지내다 être en bons termes [bien s'entendre] avec *ses* beaux-frères et belles-sœurs.

◆손위[손아래]_ 명 beau-frère *m* aîné [cadet]; belle-sœur *f* aînée [cadette].

동서² 東西 명 ① est *m* et ouest *m.* ¶ ~를 잇는 도로 routes qui relient l'est et l'ouest. ② 동양과 서양 Orient *m* et Occident *m.* ¶ ~를 막론하고 en Orient comme en Occident, dans le monde entier. ③ 공산권과 자유진영 ((entre)) l'Est *m* et l'Ouest *m.* ¶ ~ 양 진영의 냉전 la guerre froide entre l'Est et l'Ouest. ¶ ~ 무역 le commerce entre l'Est et l'Ouest. ¶ ~ 문제 le problème entre l'Est et l'Ouest.

◆_남북 -南北 명 les quatre points *mpl* cardinaux. ¶ 그는 ~남북도 제대로 분간 못한다 ((아무 것도 모른다)) Il ne sait rien de rien / ((방향감각이 없다)) Il n'a pas le sens de l'orientation.

◆_고금 -古今 명 en tout lieu *m* et en tout temps *m.* ¶ ~고금을 막론하고 en Orient comme en Occident et aujourd'hui comme autrefois, dans le monde entier et de tout temps. ¶ ~고금을 통하여 universellement.

동서양 東西洋 명 Orient *m* et Occident *m*. ¶ ~을 막론하고 en Orient comme en Occident. ¶ ~을 통털어 dans le monde entier.

동석 同席 명 action d'assister ensemble. ¶ 그 여자는 나하고의 ~을 꺼리는 것 같다 J'ai le sentiment qu'elle ne veut pas s'asseoir à côté de moi. ¶ 저 사람과의 ~은 사양하겠습니다 Je préférerais ne pas me trouver à ses côtés. ◇_(을) **하다** s'asseoir à côté de *qn*; assister ensemble ((à une réunion)). ¶ 나는 저 남자와 ~하면 불쾌하다 Sa compagnie [présence] m'est désagréable. ¶ 나는 저 사람과 ~하면 불안하다 Je me sens mal à l'aise quand je me trouve avec lui. ◇_(을) **시키다** faire s'asseoir ensemble.

***남녀칠세 부~** Au-delà de sept ans, les garçons et les filles ne doivent pas rester ensemble ((principe confucianiste: marquer la différence entre les hommes et les femmes dès l'enfance)).

동선 動線 명 aménagement *m* de l'espace; agencement *m* ((d'un magasin)); ordonnance *f* ((d'un appartement)). ¶ 부엌은 ~이 짧게 설계되어야 한다 La cuisine doit être bien agencée. ¶ 이 작업대는 ~이 불합리하다 L'emplacement de cette table de travail n'est pas pratique [commode].

동성[1] 同姓 명 même nom *m* (de famille).

◆**_동본** -同本 명 même nom *m* et même souche *f* [branche *f*].

◆**_동본금혼법** -同本禁婚法 명 【법률】 loi *f* qui interdit le mariage entre les personnes qui portent le même nom et appartiennent à la même souche, loi *f* qui interdit le mariage consanguin.

동성[2] 同性 명 même sexe *m* [genre *m*]. ¶ ~ 친구들 amis du même sexe.

◆**_애** -愛 명 homosexualité *f*.

◆**_연애** -戀愛 명 homosexualité *f*. ¶ ~연애를 하다 aimer *qn* du même sexe; être homosexuel(*le*), être homo {*fam*}; ((여자)) être lesbienne.

◆**_연애자** -戀愛者 명 ((남자)) homosexuel *m*, homo *m* {*fam*}, pédéraste *m*, pédé *m* {*fam*}, sodomite *m*; 여자 homosexuelle *f*, lesbienne *f*.

동소체 同素體 명 【화학】 allotropie *f*.

동수 同數 명 nombre *m* égal. ¶ 가부 ~일 때에는 의장이 결정권을 갖는다 Quand les voix pour et contre sont à égalité, le président a le pouvoir de décider.

동숙 同宿 명 logement *m* dans le même lieu. ◇_(을) **하다** faire chambre commune; descendre [loger] dans le même hôtel. ¶ 방이 하나밖에 없어서 우리는 할 수 없이 ~을 했다 Comme il n'y avait qu'une seule pièce, nous avons fait chambre commune.

동승[1] 同乘 명 fait de partager le même véhicule. ◇_(을) **하다** prendre le même véhicule, monter dans la même voiture, partager le même véhicule. ¶ 가는 방향이 같았기 때문에 그 사람은 우리 차에 ~했다 Comme il allait dans la même direction que nous, il est monté dans notre voiture.

◆**_자** -者 명 personne *f* qui prend [partage] le même véhicule.

동승[2] 童僧 명 ☞ 동자승

동시[1] 同時 명 simultanéité *f*; ((en)) même temps *m*, ((au)) même moment *m*.

◆**_에** 부 en même temps, simultanément, au même moment; 한꺼번에 à la fois. ¶ 그 여자는 두 가지 일을 ~에 한다 Elle fait deux choses en même temps [à la fois]. ¶ 두 선수는 거의 ~에 결승점에 도달했다 Deux athlètes sont arrivés presque en même temps. ¶ 도착과 ~에 종이 울렸다 *Son* arrivée coïncida avec la sonnerie des cloches. ¶ 아버지가 들어오시는 것과 ~에 나는 외출했다 Au moment où mon père est rentré, je suis sorti(*e*). ¶ 그의 죽음과 ~에 그의 작품들도 잊혀졌다 Avec sa mort, ses œuvres aussi ont été oubliées. ¶ 그 분은 화가인 ~에 시인이다 Il est peintre et poète à la fois.

◆**_적** -的 명관 simultané(*e*); contemporain(*e*).

◆**_성** -性 명 simultanéité *f*.

◆**_녹음** -錄音 명 synchronisation *f* (d'un film).

◆**_상영** -上映 명 projection *f* simultanée.

◆**_통역** -通譯 명 interprétation *f* simultanée.

동시[2] 童詩 명 poésie *f* pour enfants.

◆**_집** -集 명 recueil *m* de poèmes pour enfants.

동시대 同時代 명 même époque *f*, même temps *m*. ¶ 그 두 사상가는 ~ 인물이다 Ces deux penseurs sont contemporains. ¶ 파스칼은 라신과 ~ 사람이다 Pascal est contemporain de Racine. ¶ 우리와 ~를 살아가는 작가 중의 한 사람 un de nos écrivains contemporains.

◆**_적** -的 명관 contemporain(*e*).

◆**_인** -人 명 contemporain(*e*). ¶ 그 사람의 작품은 지나치게 난해해서 ~인들에게 배척을 받았다 Ses œuvres étant trop difficiles à comprendre, elles ont été rejetées par ses contemporains.

동식물 動植物 명 animaux *mpl* et végétaux *mpl*.

동신제 洞神祭 명 sacrifice *m* offert à la divinité d'un village. ¶ ~를 지내다 offrir un sacrifice à la divinité d'un village.

동실동실 부 (en flottant) au gré des vagues, à vau-l'eau, au fil de l'eau, au fil du courant, à la dérive ((idéophone de mouvement ondulé dû à de petites vagues)). ¶ 강물 위를 ~ 떠가는 작은 배 un petit bateau qui erre sur les flots [qui flotte au gré des vagues].

동심 童心 명 cœur *m* d'enfant; candeur *f*. ¶ 그 영화는 어른들을 ~의 세계로 이끈다 Ce film entraîne [conduit] les adultes dans l'univers des enfants. ¶ 그는 나이가 들어서도 ~을 잃지 않고[간직하고] 있다 Malgré son âge, il garde un cœur d'enfant. ¶ ~으로 돌아가다 retrouver *son* cœur d'enfant, retrouver la candeur [l'innocence, la naïveté] de l'enfance. ¶ ~에 상처를 입히다 causer un désenchantement à un enfant; blesser le cœur d'un enfant, flétrir l'innocence d'un enfant. ¶ 모교를 방문하자 ~에 젖어 운동장을 뛰어 보았다 En visitant mon ancienne école, j'ai retrouvé mon cœur d'enfant et j'ai couru un peu dans la cour.

◆_적 -的 명관 candide, naïf(ve). ¶ ~적인 세계에 빠져들다 se plonger dans le monde naïf de l'enfance.

동심원 同心圓 명 【수학】 cercles *mpl* concentriques.

동아리 명 club *m* d'université, association *f* universitaire; groupe *m;* troupe *f;* bande *f.* ¶ 이 대학생은 ~ 활동을 열성적으로 한다 Cet(*te*) étudiant(*e*) participe avec enthousiasme aux activités du club. ¶ 문학 ~에 들어가다[가입하다] adhérer à un club littéraire.

동아시아 東- 영{-Asia} 명 【지명】 Asie *f* de l'Est.

동아일보 東亞日報 명 le (quotidien *m*) *Dong-a Ilbo* ((journal quotidien coréen)).

동아줄 명 grosse corde *f,* cordage *m* de chanvre. ¶ ~을 꼬다 fabriquer une grosse corde. ¶ ~로 묶다 attacher ((*qc*)) avec une grosse corde.

동안[1] 의명 intervalle *m*, laps *m* de temps, pendant ((deux heures, la nuit, longtemps)), durant ((trois jours, la journée, longtemps; toute *sa* vie; des heures)) {*litt*}, au cours de ((l'hiver, *son* absence)). ¶ 겨울 ~ au cours de l'hiver. ¶ 방학 ~에 소설을 한 권 썼다 J'ai écrit un roman pendant les vacances. ¶ 잠깐 ~ pendant quelques temps [quelques instants, un moment]. ¶ 오랫~ 숙원하던 일 ce qu'on a souhaité pendant longtemps. ¶ 오랫~ 끌어오던 qui dure depuis longtemps, qui date de loin. ¶ 가능한 한 오랫~ 여기 머무르십시오 Restez aussi longtemps que possible. ¶ 그 ~ pendant tout ce temps, dans cet [l'] intervalle. ¶ 그 ~ 별고 없으셨습니까? Depuis la dernière fois, y a-t-il du neuf? / Comment allez-vous depuis la dernière fois? / Tout va bien chez vous depuis la dernière fois [depuis notre dernière rencontre]? / Y a-t-il du neuf chez vous? / Quoi de neuf? {*fam*}. ¶ 다음 주에 다시 오세요. 그 ~에 필요한 일을 해놓겠습니다 Revenez me voir la semaine prochaine, entre-temps (dans l'intervalle), j'aurai fait le nécessaire. ¶ 그 나라를 직접 느껴보려고 두 달 ~을 꼬박 걸어다녔다 Pour bien connaître ce pays, j'ai voyagé à pied pendant deux mois. ¶ 두 달 ~에 영화관에 한 번밖에 못 가봤다 En deux mois, je ne suis allé(*e*) [je n'ai pu aller] qu'une seule fois au cinéma. ¶ 앞으로 5년 ~ d'ici cinq ans. ¶ 지난 5년 ~ cinq années passées. ¶ 여행하는 ~ pendant *son* voyage. ¶ 살아 있는 ~ tant qu'on vivra; 과거 de *son* vivant, du vivant de ((ma mère)). ¶ 내가 살아있는 ~은 tant que je suis encore en vie. ¶ 공부하는 ~ 줄곧 pendant tout le temps des études. ¶ 십 리를 가는 ~ 집 한 채를 못 보는구나 On a fait 10 *li* sans voir une seule maison! ¶ 내가 살아 있는 ~은 절대로 그 일을 허락할 수 없다 Tant que je serai vivant, je ne le permettrai jamais. ¶ 내가 여행 가 있는 ~ 집안에 별일 없었어요? Est-ce que tout s'est bien passé à la maison pendant que j'étais en voyage? ¶ 그러는 ~에 신문이라도 읽어 두자 En attendant, lisons au moins le journal.

동안[2] 童顔 명 visage *m* juvénile [jeune, d'enfant]. ¶ 그 아저씨는 아직도 ~이다 Il garde un visage d'enfant / Cet homme [Ce monsieur] a [garde] encore un visage juvénile [jeune, d'enfant].

동액 同額 명 même somme *f,* même montant *m* [tot*al*(*aux*) *m*]. ¶ ~을 할당하다 assigner [attribuer, répartir] la même somme.

동양 東洋 명 Orient *m.* ¶ ~ 미인 une beauté [une jolie femme] orientale.

◆_적 -的 명관 orient*al*(*ale, aux*), asiatique. ¶ ~적 사고 방식 une mentalité orientale, un mode de pensée oriental. ¶ ~적인 아름다움 une beauté orientale.

◆_계 -系 명 ((d'))origine *f* orientale[asiatique].

◆_권 -圈 명 zone *f* [sphère *f*] orientale. ¶ ~권에 속하다 appartenir à la zone orientale.

◆_문화 -文化 명 civilisation *f* orientale; culture *f* orientale.

◆_사 -史 명 l'histoire *f* de l'Asie.

◆_사상 -思想 명 pensée *f* orientale.

◆_의학 -醫學 명 médecine *f* orientale.

◆_음악[미술] -音樂[美術] 명 musique *f* orientale [art *m* oriental].

◆_인 -人 명 Asiatique *mf;* Orient*al*(*ale, aux*).

◆_철학 -哲學 명 philosophie *f* orientale.

◆_통 -通 명 spécialiste *mf* de l'Orient; personne *f* qui connaît bien l'Orient.

◆_풍 -風 명 style *m* oriental.

◆_학 -學 명 orientalisme *m*, études *fpl* orientales.

◆_학자 -學者 명 orientaliste *mf.*

◆_화 -畵 명 peinture *f* orientale.

◆_화가 -畵家 명 peintre *mf* d'école orientale.

동어반복 同語反覆 명 tautologie *f.* ¶ 효과적인 글을 쓰려면 ~을 피하는 게 좋다 Pour écrire un texte valable, il vaut mieux éviter les tautologies. ¶ 그의 연설에는 ~이 너무 잦다[많이 나타난다] On trouve trop de tautologies dans son discours.

동업 同業 명 ((같은 직종)) même profession *f* [métier *m*], même commerce *m;* ((같이 사업을 함)) entreprise *f* en collaboration. ¶ 그 친구는 나에게 ~을 제의했다 Il m'a proposé de travailler en collaboration avec lui. ¶ 가족 모두가 그와의 ~에 반대했다 Toute ma famille s'est opposée à travailler en collaboration avec lui. ◇_(을) **하다** travailler en collaboration ((avec *qn*)); gérer une entreprise en commun. ¶ 친구와 ~하여 주유소를 운영하다 diriger une station-service avec un ami.

◆_자 -者 명 personne *f* de la même profession [du même métier]; ((자유업의)) confrère *m*, consœur *f;* personne *f* qui gère une entreprise en collaboration avec *qn*; 집합적 corporation *f.* ¶ 그와 나는 ~자다 Il est dans le même commerce que moi / Lui et moi, nous sommes collaborateurs.

◆_조합 -組合 명 【경제】 corporation *f;* syndicat *m*

professionnel.

동여매다 타 attacher, nouer ((*qc* autour de *qc*)), lier, ficeler; ligoter. ¶ 머리에 수건을 ~ attacher [nouer] une serviette sur *sa* tête. ¶ 끈으로 ~ lier [nouer, attacher] *qc* à *qc* avec une ficelle.

동영상 動影像 명 clip *m* vidéo, film *m*, vidéo *f*. ¶ ~ 파일 un fichier vidéo. ¶ ~을 찍다[보다] tourner [regarder] une vidéo [un petit film]. ¶ 인터넷에서 ~을 내려받다 télécharger des clips animés sur l'Internet.

동요[1] 動搖 명 ébranlement *m* ((des vitres)); balancement *m* ((des branches d'un arbre)); ballottement *m*; oscillations *fpl* ((d'un navire)); secousse *f*; cahotement *m*, cahotage *m*; tangage *m*; roulis *m*; ((심리적)) trouble *m*, agitation *f*; désarroi *m*; perturbation *f*. ¶ 사회의[정치적] ~ des perturbations sociales [politiques]. ¶ 그의 얼굴에 ~의 빛이 보였다 Le trouble apparut sur son visage. ¶ 정계에 ~의 조짐이 있다 Il y a des symptômes d'agitation dans le monde politique. ¶ 장관은 물가의 ~를 막기 위해 금융긴축을 지시했다 Le ministre a ordonné des mesures financières d'austérité contre la hausse des prix. ¶ 그의 말을 듣고 마음의 ~를 일으켰다 J'ai été troublé(*e*) en l'entendant parler. ¶ 민심을 ~시키다 lancer l'agitation dans le peuple. ◇_(를) **하다** se balancer, osciller; être ébranlé(*e*); remuer; être ballotté(*e*); trembler; se troubler; perdre *son* calme; être troublé(*e*), perturbé(*e*). ¶ 사람들이 ~하는 기색이 역력하다 Indéniablement, les gens ont l'air troublé. ¶ 불안한 시기여서 작은 소문에도 사람들이 쉽게 ~한다 Etant donnée l'instabilité de l'époque, on s'agite au moindre bruit. ¶ 이 문제로 인심이 ~하고 있다 Les esprits s'agitent sur cette affaire. ¶ 이런 나쁜 소식을 접하자 그는 크게 ~하였다 Ces mauvaises nouvelles qu'il a reçues l'ont bien secoué. ¶ 이런 반대에 부딪히자 그의 확신이 ~하였다 Cette objection a ébranlé sa conviction. ¶ ~하지 말고 침착해라 Ne t'agite pas et sois tranquille. ◇_(가) **되다** être agité(*e*), perturbé(*e*), troublé(*e*). ¶ 전쟁이 곧 발발할 것이란 소문에 민심이 ~되었다 La population est troublée par la rumeur d'une guerre imminente.

동요[2] 童謠 명 chanson *f* d'enfants [pour enfants], comptine *f*. ¶ ~ 제창 chant à l'unisson d'une chanson pour enfants. ¶ ~를 짓다[작곡하다] composer des chansons pour enfants, composer des comptines. ¶ ~를 부르다 chanter une chanson d'enfants [une comptine].

◆**_적** -的 명관 relati*f*(*ve*) à des chansons pour enfants [à des comptines]. ¶ ~적인 가락 un air de chanson pour enfants, un air de comptine. ¶ ~적 발상 tournure de chanson pour enfants.

◆**_집** -集 명 recueil *m* de chansons d'enfants [de comptines].

◆**구전[창작]_** 口傳[創作]- 명 chanson *f* d'enfants transmise par tradition orale [nouvellement composée].

동우회 同友會 명 ☞ 동호회

동원 動員 명 mobilisation *f*. ¶ 노동력[인력] ~ la mobilisation de la main-d'œuvre. ¶ 그 공연은 관중 ~에 실패하였다 Ce spectacle n'a pas réussi à mobiliser le public. ¶ ~을 해제하다 démobiliser. ◇_(을) **하다** mobiliser ((*qn*, des troupes)); utiliser. ¶ 친구들을 ~하여 선거운동을 펼치다 mobiliser *ses* amis pour la campagne électorale. ¶ 이번 공연의 성공은 관중을 얼마나 ~하느냐에 달려 있다 Le succès de ce spectacle dépend de la mobilisation du public. ¶ 그 문제를 풀기 위해 내가 가진 지식을 총~ 하였다 J'ai utilisé toutes mes connaissances pour résoudre ce problème. ◇_(이) **되다** être mobilisé(*e*). ¶ 결승전에 오른 축구부를 응원하기 위해 전교생이 ~되었다 Tous les élèves sont mobilisés pour encourager leur équipe de football en finale. ¶ ~된 청중 public mobilisé [réquisitionné].

◆**_계획** -計劃 명 plan *m* de mobilisation.

◆**_령** -令 명 ordre *m* de mobilisation. ¶ ~령 해제 démobilisation. ¶ 전시에 전 국민 ~령을 내리다[발하다] décréter en temps de guerre la mobilisation de toute la population. ¶ ~령을 받다 recevoir un ordre de mobilisation.

동월 同月 명 ledit mois *m*, le même mois *m*.

동위 同位 어근 même position *f*.

◆**_각** -角 명 【수학】 angles *mpl* correspondants.

◆**_어** -語 명 【언어】 cohyponyme *m*.

◆**_원소** -元素 명 【화학】 isotope *m*. ¶ 방사성 ~원소 isotope radioactif, radio-isotope(~-~*s*).

동위어 同位語 명 【언어】 cohyponyme *m*.

◆**_적** -的 명관 cohyponymique.

동유럽 東- 명{-Europe} 명 Europe *f* de l'Est.

동음 同音 명 même son *m*, homophone *m*; homophonie *f*.

◆**_어** -語 명 【언어】 (mot *m*) homonyme *m*; (mot *m*) homophone *m*.

◆**_이의** -異義 명 【언어】 homophonie *f*, homonymie *f*.

◆**_이의어** -異義語 명 【언어】 ☞ 동음이의어

동음이의어 同音異義語 명 homonyme *m*.

동의[1] 同意 명 consentement *m*, assentiment *m*, approbation *f*; accord *m*. ¶ 누구의 ~를 구하다 demander le consentement de *qn* ((au sujet de *qc*, pour+*inf*)), solliciter l'agrément de *qn*. ¶ 누구의 ~를 얻다 obtenir le consentement de *qn*. ¶ ~를 받다 obtenir le consentement ((de *qn*)). ¶ 누구의 ~없이 sans le consentement [l'approbation, l'accord] de *qn*. ◇_(를) **하다** consentir à *qc*, approuver ((*qc*, l'opinion de *qn*)), souscrire à ((l'opinion de *qn*)); acquiescer; donner *son* accord [consentement, assentiment, approbation, acquiescement] ((à *qn*)). ¶ 그는 내 생각에 ~했다 Il était d'accord avec mon idée. ¶ 나는 그의 의견에 결코 ~할 수 없다 Je ne peux absolument pas être d'accord avec lui / Je ne suis pas du tout du même

ㄷ

avis que lui / Je ne partage pas du tout son avis [son point de vue]. ¶ 그는 내가 그 일을 맡는 것에 ~했다 Il a consenti à ce que je me charge de cette affaire. ¶ 그는 그녀가 떠나는 것에 결코 ~하지 않았다 Il n'a jamais consenti à ce qu'elle parte.

동의² 動議 명 motion *f*; proposition *f*. ¶ ~를 가결[부결, 철회]하다 adopter [rejeter, retirer] une motion. ¶ 토의종결 ~를 내다 présenter une motion de clôture du débat. ¶ ~와 재청이 한꺼번에 들어왔다 Une motion et sa demande réitérée ont été présentées presque en même temps. ¶ 김 모 선생의 ~에 의하여 selon la motion présentée par un certain monsieur Kim. ¶ 의장의 ~에 따라 새로운 법안에 대해 토의하다 discuter sur un nouveau projet de loi suivant la motion du président. ◇_(를) **하다[제출하다]** présenter une motion.

◆**긴급_** 緊急- 명 motion *f* d'urgence.

동의어 同義語 명 【언어】 synonyme *m*.

◆**_적** -的 명관 synonymique.

동이¹ 명 jarre *f*; pot *m*; ((양동이)) récipient *m*, seau(*x*) *m*, baquet *m*. ¶ 여인이 물 ~를 이고 가고 있다 Une femme marche avec une jarre d'eau sur la tête. ¶ 여인은 ~ 가득 물을 길었다 La femme a puisé de l'eau pour remplir la jarre [le seau, le pot]. 분류 seau(*x*) *m* ((d'eau)). ¶ 물 한 ~ une jarre[un pot] d'eau; ((양동이)) un seau d'eau.

-동이² 접미 enfant *mf*. ¶ 칠삭~ un(*e*) enfant prématuré(*e*) [né(*e*) avant terme]; un(*e*) idiot(*e*), un(*e*) imbécile, un(*e*) sot(*te*), un(*e*) crétin(*e*) (des Alpes) {*fam*}.

동이다 타 묶다 nouer; serrer; attacher, lier, ficeler. ¶ 수건으로 머리를 질끈 ~ nouer *ses* cheveux avec une serviette. ¶ 구호가 적힌 띠를 머리에 동여 매고 앞으로 나서다 se mettre devant (les autres)[en avant] avec un bandeau sur la tête marqué d'un slogan. ¶ 돈주머니를 단단히 동여 매다 ficeler fermement (les cordons de) *sa* bourse; ((비유적)) se serrer la ceinture.

동인¹ 同人 명 ①같은 사람 même personne *f*. ② 뜻이 같은 사람 membre *m* d'un club ((littéraire)).

◆**_전** -展 명 exposition *f* d'un club.

◆**_지** -誌 명 revue *f* d'un club ((littéraire)).

동인² 動因 명 cause *f* efficiente, motivation *f*, motif *m*, facteur *m* déclenchant. ¶ 그 사건은 혁명의 결정적 ~이 되었다 Cet événement a été le facteur déclenchant de la révolution.

동일 同一 어근 identité *f*.

◆**_하다** 형 être identique. ¶ A와 B가 ~하다 A et B sont identiques. ¶ 지난 번 경우와 ~하게 처리해라 Règle cette affaire de la même manière que la dernière fois. ¶ 그와 ~한 일이 전에도 있었다 La même chose s'est déjà passée auparavant.

◆**_성** -性 명 uniformité *f*, identité *f*.

◆**_화** -化 명 uniformisation *f*, assimilation *f*; identification *f*. ¶ ~화(를) 하다[시키다] assimiler; identifier.

◆**_개념** -概念 명 concept *m* d'identité; concept *m* identique.

◆**_계** -系 명 même système *m*; même famille *f*; même lignée *f*.

◆**_범** -犯 명 même coupable *m*. ¶ 그 두 사건은 ~범의 소행으로 짐작된다 On suppose qu'il s'agit du même coupable dans ces deux affaires.

◆**_범주** -範疇 명 catégorie *f* identique.

◆**_인(물)** -人(物) 명 personne *f* identique.

동일시 同一視 명 assimilation *f*. ◇_(를) **하다** considérer au même titre que; identifier à. ¶ 무엇과[누구와] 무엇을[누구를] ~하다 assimiler *qc*/*qn* à *qc*/*qn*, mettre sur le même plan, mettre dans le même sac [panier]. ◇_(가) **되다** être considéré(*e*) au même titre, être assimilé(*e*) à. ¶ 무엇과[누구와] 무엇이[누가] ~ 되다 *qc*/*qn* et *qc*/*qn* s'assimilent [s'identifient, sont considéré(*e*)s sur le même plan]. ¶ 고대 이집트에서 왕은 신과 ~되었다 Dans l'Antiquité égyptienne, les rois étaient assimilés à des dieux.

동자 童子 명 enfant *m*, bébé *m*; garçon *m*.

◆**_승** -僧 명 ☞ 동자승

◆**삼척_** 三尺- 명 petit garçon *m* [enfant *m*]. ¶ 그것은 삼척~라도 다 아는 사실이다 Tout le monde le sait / Même un petit enfant le sait [saurait].

◆**옥_** 玉- 명 un beau petit garçon *m*. ¶ 부인께서 옥~를 순산했습니다 Votre épouse a donné naissance à un beau garçon.

동자승 童子僧 명 apprenti moine *m*; moinillon *m*; acolyte *m*.

동작 動作 명 mouvement *m*, geste *m*. ¶ 날쌘 ~으로 공을 가로채다 intercepter le ballon d'un geste rapide. ¶ 득점 장면을 느린 ~으로 다시 한 번 보다 revoir au ralenti l'action du [l'action ayant abouti au] but, revoir le but au ralenti. ¶ ~이 둔하다[빠르다] être lent(*e*) [vif(*ve*)] dans *ses* mouvements. ◇_(을) **하다** bouger, entrer en mouvement; ((작동하다)) se mettre en marche.

◆**_동사** -動詞 【언어】 명 verbe *m* d'action.

◆**_주** -主 명 【언어】 agent *m*.

◆**_주보어** -主補語 명 【언어】 complément *m* d'agent.

동장 洞長 명 maire *m* de quartier; chef *mf* d'un village.

동저고리 명 *jeogori* *m* pour homme <veste traditionnelle coréenne d'homme, boléro pour homme>. ¶ 그 사람은 ~에 맨상투 차림을 하고 있었다 Il était tête nue et vêtu d'un boléro traditionnel [d'un *jeogori*].

동적 動的 명관 dynamique, acti*f*(*ve*). ¶ ~ 구조 structure dynamique. ¶ 이 조각은 표현이 매우 ~이다 Cette sculpture donne une impression de dynamisme.

동전 銅錢 명 (pièce *f* de) monnaie *f*; petite monnaie *f*. ¶ ~ 꾸러미 une bourse de monnaie. ¶ ~ 지갑 un porte-monnaie. ¶ ~ 따먹기 un jeu avec des pièces de monnaie. ¶ ~ 주머니 un porte-monnaie, une bourse de monnaie; ((의복 주머니 속의)) une (petite) poche pour la monnaie (à l'intérieur d'une poche); ((지갑의)) un compartiment pour la monnaie. ¶ 100원짜리 ~ une pièce de 100 wons. ¶ 구멍 뚫린 ~ une pièce de monnaie percée; ((가운데에 구멍 뚫린)) une pièce de monnaie à centre percé, une pièce de monnaie avec un trou (carré) au milieu. ¶ ~의 앞면과 뒷면 côtés pile et face d'une pièce. ¶ (전화기의) ~ 넣는 구멍 fente dans laquelle on insère la monnaie (dans un téléphone public). ¶ 나는 지금 ~ 몇 푼[닢]밖에 없다 Je n'ai que quelques pièces [quelques sous] maintenant [sur moi]. ¶ 계산이 ~ 한 푼 틀리지 않는다 Le calcul est parfaitement juste [exact]. ¶ ~을 던지다[굴리다] lancer [faire rouler] une pièce. ¶ ~을 던져 결정하다 décider à pile ou face avec une pièce de monnaie. ¶ ~을 꿰다 enfiler les pièces sur une ficelle ((en parlant des anciennes pièces de monnaie à centre percé)). ¶ 전화할 데가 있어서 ~을 바꾸어야겠다 Je vais faire de la monnaie [changer de l'argent] pour téléphoner. ¶ 1000원을 ~으로 바꿔주실 수 있습니까? Est-ce que je peux faire de la monnaie sur 1 000 wons s'il vous plaît?

동절기 冬節期 명 (saison *f* d')hiver *m*. ¶ 날씨가 본격적인 ~로 접어들고 있다 Nous sommes désormais en plein hiver. ¶ ~를 맞아 화재 예방에 힘써야 한다 À l'approche de l'hiver, il faut prendre des mesures préventives contre les incendies [pour éviter les incendies].

동점 同點 명 même note *f*, même nombre *m* ((de voix)); ((운동경기)) ((être à)) égalité *f*, même score *m* [marque *f*, nombre *m* de points]. ¶ 시합은 6대6 ~으로 끝났다[비겼다] On a fait match nul avec 6 partout. ¶ 그의 슛은 시합을 3대3 ~으로 만들었다 Grâce au but qu'il a marqué, son équipe a pu ramener le score à trois partout. ¶ 두 팀의 시합은 2대2 ~이다 Les deux équipes sont à égalité, deux partout.

◆**_자** -者 명 les ex aequo *mpl inv*. ¶ ~자 처리 방안[기준] moyen de [critère pour] départager des ex aequo.

◆**_골** 명{-goal} 【운동】 but *m* égalisateur. ¶ 경기 종료 5분 전에 ~골이 터졌다[나왔다] Cinq minutes avant la fin du match, un joueur a marqué un but, ramenant le score à égalité [permettant à son équipe de revenir à la marque].

◆**_주자** -走者 명 【운동】 coureur *m* en position d'égaliser. ¶ ~주자가 2루에 나갔다 Le coureur susceptible d'égaliser a atteint le deuxième but [la deuxième base].

◆**_타** -打 명 【운동】 point *m* égalisateur. ¶ 4번 타자가 ~타를 터뜨렸다[쳤다] Le frappeur numéro 4 a marqué le point égalisateur.

동정[1] 명 ((한복의)) col *m* ((attaché à une veste coréenne)). ¶ ~을 갈다 changer de col. ¶ 저고리 ~을 새로 달아야겠다 Il faudra recoudre le col à la veste.

동정[2] **同情** 명 compassion *f*, commisération *f*, pitié *f*, sympathie *f*. ¶ 주위 사람들의 ~을 얻다[사다, 받다] être l'objet de pitié d'un entourage, inspirer de la pitié à l'entourage. ¶ 값싼 ~은 필요 없다 Je n'ai pas besoin de pitié (ou de charité) / Je n'ai pas besoin de compassion. ¶ ~어린 눈으로 바라보다 regarder d'un œil plein de compassion. ◇_(을) **하다** éprouver [avoir] de la sympathie pour *qn*; plaindre *qn*; se montrer sensible ((aux misères d'autrui)); avoir pitié de *qn*; compatir à ((la douleur de *qn*)). ¶ 그는 거리에서 구걸하는 어린아이를 ~하여 집으로 데리고 왔다 Il a amené chez lui par pitié un enfant faisant la manche dans la rue. ¶ 나를 ~할 필요는 없다 Je n'ai pas besoin de ta pitié / Je me passe de ta pitié.

◆**_어리다** 자 être compatissant(*e*). ¶ 그 사람은 걸인을 ~어린 눈으로 한참을 쳐다보았다 Il fixa longtemps le mendiant de son regard compatissant.

◆**_적** -的 명관 compatissant(*e*). ¶ 어머니만은 그 여자의 딱한 처지에 ~적인 태도를 보였다 Ma mère a été la seule personne à s'être montrée compatissante face à la situation difficile dans laquelle s'est trouvée la dame.

◆**_심** -心 명 sentiment *m* de compassion [de sympathie, de pitié]. ¶ ~심을 보이다[나타내다] témoigner de la compassion [de la commisération] pour *qn*. ¶ ~심을 일으키다 inspirer [soulever] de la compassion à *qn*, inspirer de la commisération à *qn*. ¶ ~심에 호소하다 faire appel à la pitié de *qn*. ¶ ~심이 없는 사람 une personne froide [insensible].

◆**_파업** -罷業 명 grève *f* de solidarité. ¶ 그들은 철도 종업원에 대하여 ~파업을 하였다 Ils ont fait une grève de solidarité avec les employés des chemins de fer.

◆**_표** -票 명 vote *m* de sympathie. ¶ ~표를 얻다 recevoir un vote de sympathie.

동정[3] **童貞** 명 virginité *f*; chasteté *f*. ¶ ~을 지키다[잃다] garder [perdre] sa virginité.

◆**_녀** -女 명 【기독】 La Vierge *f*. ¶ ~녀 마리아 La Vierge, la Sainte Vierge, la Vierge Marie, la Vierge Mère.

◆**_생식** -生殖 명 【생물】 parthénogenèse *f*.

동정[4] **動靜** 명 mouvements *mpl* ((de l'ennemi)); situation *f* ((politique)). ¶ 정가 ~ développement des affaires politiques. ¶ 각계의 ~을 살피다 examiner la situation actuelle de tous les secteurs. ¶ 적의 ~을 염탐하다 examiner les mouvements de l'ennemi à son insu.

동제 洞祭 명 sacrifice *m* offert à la divinité d'un village. ¶ ~를 드리다 offrir un sacrifice à la divinité d'un village.

동조 同調 명 accord *m*, adhésion *f*. ◇_(를) **하다** être d'accord avec *qn*; adhérer, se rallier; se ranger à (l'opinion de *qn*); se ranger du côté de *qn*; être du même avis que *qn*. ¶ 많은 사람들이 그의 의견에 ~했다 Beaucoup de gens ont partagé son opinion [étaient du même avis que lui].

◆_자 -者 명 sympathisant(*e*); partisan(*e*). ¶ 공산주의 ~자 un(*e*) sympathisant(*e*) (communiste).

동족 同族 명 même race *f* [tribu *f*]; même nation *f*; même famille *f*; consanguinité *f*. ¶ ~끼리의 살육이 다시 있어서는 안 된다 Il ne faut plus jamais que se reproduise un massacre fratricide. ¶ 저 자가 ~을 적의 손에 팔아넘긴 사람이다 C'est le traître qui a vendu son frère à l'ennemi.

◆_목적어 -目的語 명 【언어】 objet *m* interne. ¶ ~구문 construction à objet interne.

◆_상잔 -相殘 명 guerre *f* fratricide. ¶ 한국은 6.25전쟁이라는 ~상잔의 비극을 겪었다 La Guerre de Corée était une guerre fratricide.

◆_애 -愛 명 amour *m* fraternel.

◆_어 -語 명 【언어】 langues *fpl* de la même famille.

◆_원소 -元素 명 【화학】 élément *m* apparenté [homologue].

◆_체 -體 명 【화학】 homologue *m*.

동종 同種 명 même espèce *f*; même genre *m*; même race *f*. ¶ 이것은 저것과 ~의 식물이다 Cette plante est de la même espèce que celle-là. ¶ 이 둘은 ~에 속한다 Ces deux éléments appartiennent à la même famille.

동지[1] 冬至 명 solstice *m* d'hiver. <une des 24 divisions du calendrier luni-solaire, vers le 22 décembre>. ¶ ~가 가까워 오니 밤이 길다 À l'approche du solstice d'hiver, les nuits se sont rallongées.

◆_ㅅ날 명 jour *m* du solstice d'hiver, le onzième mois *m* du calendrier lunaire. ¶ 한국에서는 ~ㅅ날에 팥죽을 쑤어 먹는 풍습이 있다 Selon la tradition, les Coréens mangent de la bouillie de riz et de haricots rouges le jour du solstice d'hiver.

◆_섣달 명 Les onzième et douzième mois *mpl* du calendrier lunaire; les deux derniers mois *mpl* du calendrier lunaire.

동지[2] 同志 명 ① camarade *mf*; compagnon *m*; compagne *f*. ② 뜻이 같은 사람 personne *f* animée des mêmes intentions que *qn*. ¶ ~를 모으다[규합하다] grouper des personnes qui partagent les mêmes idées, assembler des personnes sous la bannière de *qn*. ¶ 우리에게는 많은 ~가 있다 Nous sommes épaulés par de nombreux partisans. ¶ ~가 되다 devenir un compagnon de *qn*.

◆_적 -的 명관 ((esprit)) de camaraderie, entre camarades. ¶ ~적 결속을 다지다 affermir l'union entre camarades, consolider l'esprit de camaraderie.

◆_애 -愛 명 fraternité *f*, confraternité *f*, camaraderie *f*.

◆_회 -會 명 assemblée *f* [groupe *m*] de camarades [de compagnons, de compagnes]. ¶ ~회를 결성하다 former [constituer] une assemblée [un groupe] de camarades.

동지나해 東支那海 명 【지명】 la mer *f* de Chine Orientale.

동진 東進 명 marche *f* vers l'est. ◇_(을) 하다 avancer vers l'est ((une troupe militaire, puissance économique ou politique)). ¶ 우리 부대는 강을 건너 계속 ~했다 Notre troupe a continué sa marche vers l'est, après avoir traversé le fleuve.

◆_정책 -政策 명 politique *f* de pénétration vers l'est.

동질적 同質的 명관 homogène, de même qualité [nature]. ¶ 이 집단은 구성원들이 비교적 ~이다 Ce groupe est relativement homogène.

동쪽 東- 명 est *m*; orient *m*. ¶ 바람이 ~에서 불어온다 Le vent souffle de l'est. ¶ 해는 ~에서 떠서 서쪽으로 진다 Le soleil se lève à l'est et se couche à l'ouest. ¶ 그 도시는 서울에서 ~으로 200km 지점에 있다 La ville se situe à 200 km à l'est de Séoul.

동참 同參 명 participation *f*; coparticipation *f*. ¶ 환경운동에 ~을 호소하다 faire appel à la participation aux mouvements pour la protection de l'environnement. ◇_(을) 하다 participer à *qc*; prendre part à *qc*. ¶ 정치개혁을 위한 시민운동에 ~하다 participer aux mouvements des citoyens pour la réforme politique. ¶ 개혁모임에 ~하다 participer à la réunion pour la réforme. ¶ 환경보호 운동에 ~하다 participer aux mouvements pour la protection de l'environnement.

동창 同窓 명 camarade *mf* d'école; compagnon *m* d'études; condisciple *mf*. ¶ 우리 넷은 다 고교 ~이다 Nous quatre avons été [sommes allés] au même lycée / Nous quatre avons fait le même lycée. ¶ 오랜만에 소식을 모르던 ~들이 모두 모였다 Tous les camarades de classe se sont retrouvés après être restés longtemps sans nouvelles.

◆_생 -生 명 ancien(*ne*) compagnon [compagne] de classe, ancien(*ne*) camarade de classe [d'école, d'université, de lycée, de collège].

◆_회 -會 명 association *f* des anciens élèves. ¶ ~회를 열다 organiser une réunion des anciens élèves.

◆동기_ 同期 명 camarade *mf* de promotion [de promo {*fam*}].

동철어 同綴語 명 【언어】 homographe *m*.

동체 胴體 명 ((생물)) corps *m*; tronc *m*; ((비행기)) fuselage *m*, corps *m*; ((조각상)) torse *m*. ¶ 비행기가 추락하여 ~가 두 동강이 났다 L'avion s'est écrasé et s'est cassé [brisé] en deux parties.

◆_착륙 -着陸 명 【항공】 atterrissage *m* sur le ventre.

동초 動哨 명 sentinelle *f* mobile.

동치 同値 명 【수학】 équivalent *m*.

동치미 명 *dongchimi m* <*gimchi* rafraîchissant préparé dans de l'eau salée avec des navets fermentés conservés dans de la saumure, servi froid>. ¶ (겨울에는) ~ 국물이 시원하다 Le jus du *dongchimi* est frais (en hiver). ¶ ~를 담그다 préparer du *dongchimi*.

동침 同寢 명 fait de coucher avec *qn*. ¶ 아내가 남편과의 ~을 거부한다 L'épouse refuse de coucher avec son mari. ◇_(을) **하다** coucher avec *qn*; avoir des relations sexuelles avec *qn*. ¶ 그는 아내와 ~한 지 오래 되었다 Ça fait longtemps qu'il n'a pas couché avec sa femme.

동태¹ 凍太 명 merlan *m* congelé.
*(**썩은**) ~ **눈깔** 【속어】 un regard vitreux [embrumé, voilé, sans âme]; un œil vitreux. ¶ 저 사람 눈 봤니? 썩은 ~ 눈깔같이 흐리멍텅해 T'as vu ses yeux? Il a un regard vitreux.

동태² 動態 명 mouvement *m*; évolution *f*. ¶ 인구 ~를 연구하다 étudier les mouvements de la population [l'évolution démographique]. ¶ 적의 ~를 살피다[정찰하다, 파악하다] examiner [reconnaître, suivre] les mouvements des ennemis.
◆_**적** -的 명관 dynamique. ¶ ~적 국면을 살피다 observer l'aspect dynamique. ¶ ~적인 경제 une économie dynamique.

동토 凍土 명 terre *f* gelée. ¶ 시베리아 ~ les terres gelées de Sibérie.

동통 疼痛 명 douleur *f* lancinante; élancement *m*. ¶ 허리에 ~을 느끼다 ressentir des douleurs lombaires lancinantes.

동트다 자 ((날이)) poindre; faire jour. ¶ 동트기 전에 출발해야 그곳에 닿을 수 있을 것입니다 Il faut partir avant l'aube pour pouvoir arriver là-bas. ¶ 동틀 무렵이 되어서 à l'aube; au petit jour.

동티 명 ① 【민속】 calamité *f* infligée de la déesse Terre à ceux qui ont maltraité la terre ou la pierre. ② malheur *m* survenu après avoir touché *qc* de défendu [d'interdit]. ¶ ~가 나다 subir un grand malheur de la part de la déesse Terre; subir un malheur après avoir profané *qc*[après avoir touché *qc* d'interdit].

동파 凍破 명 explosion *f* [éclatement *m*] provoqué(*e*) par le gel. ◇_(**가**) **되다** exploser [éclater, se briser] par le gel. ¶ 겨울철에는 수도관이 ~되지 않도록 싸매야 한다 En hiver, il faut bien protéger les conduits d'eau pour éviter leur éclatement dû au gel. ¶ 얼마나 추운지 수도관이 ~되었다 Il fait tellement froid que les conduits d'eau ont éclaté.

동판 銅版 명 planche *f* (de cuivre) gravée; gravure *f* sur cuivre (en taille-douce); gravure *f* à l'eau-forte.
◆_**인쇄** -印刷 명 【출판】 impression *f* sur plaques (de cuivre) gravées.
◆_**화** -畫 명 taille-douce *f*.

동편 東便 명 (côté *m*) est *m*. ¶ ~하늘에 달이 떠올랐다 La lune montait dans le ciel à l'est.

동포 同胞 명 ((같은 겨레)) compatriote *mf*; ((형제)) frère *m* et sœur *f*. ¶ ~끼리 싸워서는 안 된다 Il ne faut pas se battre entre compatriotes.
◆_**애** -愛 명 amour *m* fraternel; fraternité *f*. ¶ ~애를 발휘하다 faire preuve d'amour fraternel.
◆**사해_**(**주의**) 四海(主義) 명 fraternité *f* universelle.

동풍 東風 명 vent *m* d'est. ¶ ~에 나부끼다 flotter [être agité(*e*)] au vent d'est. ¶ ~이 분다 Il souffle un vent d'est.
***마이**~ faire la sourde oreille.

동하다 動- 자 ① ((욕구가)) se sentir attiré(*e*) par *qc*; éprouver un fort désir de+*inf*; bouger, (*se*) mouvoir, remuer. ¶ 식욕이 ~ avoir de l'appétit. ¶ 술을 보니 내 구미가 동한다 Le vin me met[me fait venir] l'eau à la bouche. ② ((마음이)) être ébranlé(*e*) par *qc* ¶ 그의 권유를 받고 나는 마음이 동했다 Sa recommandation [Son conseil] a attiré mon attention.

동학¹ 同學 명 compagnon *m* (compagne *f*) d'études; camarade *mf* d'école; collègue *mf* de recherches.

동학² 東學 명 【종교】 Donghak ((mouvement populaire conservateur, né dans les années 1860, opposé à toute influence venue d'Occident, en particulier l'influence chrétienne)).
◆_**농민운동** -農民運動 명 jacquerie *f* Donghak ((1894)).
◆_**혁명** -革命 명 révolution *f* Donghak ((1894)).

동해 東海 명 la mer *f* de l'Est ¶ ~ 바다에 폭풍이 불고 있다 La tempête souffle en mer de l'Est. ¶ ~로 피서를 가다 aller en vacances au bord de la mer de l'Est.
◆_**안** -岸 명 côte *m* [rivage *m*] Est.

동행 同行 명 ① 같이 길을 감 fait *de* voyager ensemble [d'accompagner *qn*]. ¶ ~을 거절하다 J'ai refusé de l'accompagner. ¶ 그는 내게 ~을 청했다 Il m'a demandé de l'accompagner [d'aller avec lui]. ¶ 제발 ~을 허락해 주세요 S'il vous plaît, acceptez de venir avec moi. ② 같이 길을 가는 사람 compagnon *m* de route (voyage). ¶ ~을 잃다 Je n'ai plus de compagnon de route. ¶ ~이 있다 Quelqu'un m'accompagne / J'ai [Il y a] quelqu'un qui m'accompagne. ◇_(**을**) **하다** accompagner *qn*; aller avec *qn*; voyager ensemble; faire route [voyage] ensemble. ¶ 나는 그 사람과 서울까지 ~했다 J'ai voyagé jusqu'à Séoul avec lui. ¶ ~해 드리겠습니다 Je vais vous accompagner. ¶ 그들은 내게 경찰서까지 ~할 것을 요구했다 Ils m'ont demandé de les suivre jusqu'au poste [jusqu'au commissariat] (de police) / Ces agents m'ont invité(*e*) à les suivre au poste [au commissariat] (de police).
◆_**인**[**자**] -人[者] 명 compagnon *m* [compagne *f*] de route [voyage].
◆**임의_** 任意- 명 demande *f* de la part d'un agent de police de le suivre au commissariat ((sans mandat d'arrêt)).

동향¹ 同鄕 명 même patrie *f* [pays *m*, ville *f*, province *f*, village *m*]. ¶ 선생은 저와 ~이시군요 Vous venez, Monsieur, de la même région que moi / Vous êtes du même pays que moi.
◆_**사람** 명 compatriote *mf*, concitoyen *m*. ¶ 이역만리에서 ~ 사람을 만나니 반갑다 Je suis ravi(*e*) de

rencontrer un(*e*) compatriote, dans un pays étranger si éloigné.

동향² 東向 명 orientation *f* [exposition *f*] ((d'une maison)) à l'est. ¶ 우리 집은 ~이다 Notre maison est orientée à [vers] l'est.

◆_집 명 maison *f* orientée à [vers] l'est [orientée côté est]. ¶ 여름에 ~집은 아침부터 덥다 Il fait très chaud dès le début de la journée, dans une maison orientée à [vers] l'est [orientée côté est].

동향³ 動向 명 ((학계의)) tendance *f*; orientation *f* (de la politique); mouvement *m* (de la société); courant *m* (d'idée). ¶ 경제[예술계, 학계, 연구] ~을 살피다 examiner les tendances économiques [du monde artistique, académiques, de la recherche].

동헌 東軒 명 【역사】 ((autrefois)) bâtiment *m* administratif en province.

동혈 洞穴 명 caverne *f*, grotte *f*.

동형¹ 同型 명 même type *m* [modèle *m*, facture *f*]; ledit type *m*.

동형² 同形 명 isomorphie *f*.

◆_어 -語 명 【언어】 homonyme *m*.

◆_어적 -語的 명관 homonymique. ->

동호인 同好人 명 personnes *fpl* ayant des goûts communs. ¶ ~들끼리 모임을 갖다 organiser des réunions entre des personnes qui ont des goûts communs.

동호회 同好會 명 société *f* [association *f*] d'amateurs. club *m*; association *f* [cercle *m*] d'amis.¶ 사진~ club de photo. ¶ 기타 ~ club de guitare. ¶ PC 통신 ~ cercle d'amis rencontrés sur Internet. ¶ 음악 ~ société de mélomanes, association d'amateurs de musique. ¶ ~에 가입하다[들다] s'inscrire dans [adhérer à, entrer dans] une association d'amateurs ((de musique)).

동화¹ 同化 명 ① 서로 같게 됨 assimilation *f*. ¶ ~ 과정 anabolisme *m*. ¶ ~ 현상 des phénomènes d'assimilation; un anabolisme. ¶ ~ 정책 politique d'assimilation; pouvoir d'assimilation. ② 【언어】 assimilation *f*. ◇_(을) **하다[시키다]** assimiler ((un aliment, des connaissances, des immigrants)). ¶ 일제는 조선을 그들에게 ~시키려 하였다 Le Japon a voulu assimiler la Corée. ◇_(가) **되다** ① s'assimiler. ¶ 유태인은 미국사회에 ~되지 않는다 Les Juifs ne s'assimilent pas à la société américaine. ¶ 만주족은 한족에게 문화적으로 ~되었다 La Mandchourie a été assimilée culturellement par la Chine. ¶ 음식물은 ~되어 유기조직으로 변한다 Les aliments sont assimilés pour se transformer en composés organiques. ② 【언어】 s'assimiler. ¶ ~가 비교적 쉽게 되는 요소들 éléments qui s'assimilent plus ou moins facilement.

◆_력 -力 명 pouvoir *m* d'assimilation.

◆_작용 -作用 명 assimilation *f*. ¶ 탄소 ~작용 l'assimilation du carbone.

◆순행[상호, 역행]_ 順行[相互, 逆行]- 【언어】 명 assimilation *f* progressive[réciproque, régressive].

◆자음_ 子音- 명 assimilation *f* consonantique.

동화² 童話 명 conte *m* pour enfants; conte *m* de fées. ¶ ~ 같은 이야기 une histoire magnifique, un vrai conte de fées. ¶ ~ 작가 un auteur de contes pour enfants.

◆_적 -的 명관 du merveilleux *m*. ¶ ~적인 세계 le monde du merveilleux. ¶ ~적 환상에서 벗어나지 못하다 ne pas pouvoir sortir de l'illusion du merveilleux.

◆_극 -劇 명 pièce *f* de théâtre pour enfants.

◆_집 -集 명 recueil *m* de contes pour enfants.

◆_책 -冊 명 livre *m* de contes pour enfants.

동회 洞會 명 ① 동네일을 위한 협의모임 conseil *m* municipal. ② 동사무소 mairie *f* (de quartier). ¶ ~에서 주민등록 등본을 떼다 retirer un extrait d'acte de naissance dans *sa* mairie de quartier.

◆_장 -長 명 ☞ 동장

돛 명 voile *f*; voilure *f*. ¶ ~을 달다 hisser les voiles. ¶ ~을 올리다[내리다] hisser les voiles; mettre [déployer] (toutes) les voiles dehors.

*순풍에 ~ 단 격[듯] ☞ 순풍.

◆_단배 명 bateau *m* à voiles; voilier *m*.

◆_대 명 mât *m*.

돼먹다 자 être dans de bonnes dispositions. ¶ 그 사람은 정신상태가 돼먹지 못했다 Il fait du mauvais esprit / Il n'est pas dans de bonnes dispositions.

돼지 명 ① porc *m*; pourceau(*x*) *m* {*litt*}; cochon *m*; ((수퇘지)) verrat *m*; ((암퇘지)) truie *f*, coche *f*; goret *m* {*fam*}. ② 대식가 goinfre *m*, glouton(*ne*), bâfreu*r*(*se*) {*pop*}, goulu(*e*). ③ 멍청이 personne *f* stupide, imbécile *mf*, lourdaud(*e*), crétin(*e*) (des Alpes) {*fam*}, demeuré(*e*), âne *m*, abruti(*e*), sot(*te*). ¶ ~ 새끼 un porcelet, un cochonnet. ¶ 그 남자는 ~같이 살이 쪘다 Il est gros [gras, grassouillet] comme un porc. ¶ 이 아이는 ~처럼 많이 먹는다 Cet enfant mange comme un cochon [porc, goinfre {*fam*}].

*~ **멱 따는 소리** un hurlement de cochon égorgé, un bruit fort comme si on égorgeait un cochon.

*~ **목에 진주 (목걸이)** C'est donner de la confiture aux cochons / C'est jeter [donner] des perles aux pourceaux.

◆_가죽 명 ((valise en)) (peau *f* de) porc *m*.

◆_고기 명 (viande *f* de) porc *m*; ((가공품)) charcuterie *f*.

◆_기름[비계] 명 saindoux *m* [graisse *f* de porc, lard *m*].

◆_꿈 명 rêve *m* (prémonitoire) de bon augure.

*~**꿈을 꾸다** faire un rêve prémonitoire de bon augure.

◆_띠 명 (signe *m* du) cochon *m*.

◆_머리 명 tête *f* de porc. ¶ ~머리를 놓고 고사를 지내다 offrir une tête de porc aux esprits pour éloigner tous les malheurs possibles (à l'occasion de l'achat d'une voiture neuve).

◆_우리 명 porcherie *f*.

되[1] 명 *doe m* <unité de mesure coréenne valant 1,8 litre>. ¶ ~를 되다 mesurer un *doe*. ¶ 콩을 ~로 되다 mesurer [servir] des haricots en[par] *doe*. ¶ ~를 후하게 주다 donner une bonne mesure. ¶ ~를 속이다 voler un client; voler sur la quantité. ***~로 주고 말로 받다** le payer très cher.

-되[2] 어미 ① ((역접)) alors que, cependant que, bien que; pourtant, cependant, toutefois, néanmoins, mais ((suffixe flexionnel conjonctif de contradiction. Il s'ajoute après le radical du verbe et de l'adjectif quelle que soit sa forme, et après les suffixes flexionnels préfinaux temporo-modaux -시/-으시, -았/-었)). ¶ 그가 서울에 있기는 있~ 만날 수는 없다 Bien qu'il soit à Séoul, je ne peux pas le rencontrer. ¶ 가기는 가~ 하루만 있겠다 J'irai, mais je ne resterai qu'une seule journée. ② ((전제)) à condition que+*subj*/ de+*inf*, mais, seulement ((suffixe flexionnel conjonctif de condition)). ¶ 여기 있~ 조용히 해야 한다 Tu peux rester ici, mais tu dois être calme / Tu peux rester ici à condition d'être calme. ¶ 모르긴 모르~ 이런 사람은 성공할 수가 없다 Je peux me tromper, mais ce genre de personne ne peut réussir. ③ ((인용)) ((suffixe flexionnel conjonctif de citation)). ¶ 사무엘이 바울에게 이르되 ... Samuel dit à Paul ...

되-[3] 접두 ① ((다시)) de nouveau; encore; encore une fois; re-[r+((모음))] +V. ② ((도리어)) au contraire; au lieu de *qc*/*inf*; réciproquement; en retour; vice versa. ¶ ~넘기다 revendre *qc*; vendre en gros. ¶ ~뇌다 répéter ((un mot)); redire ((la même histoire)); rabâcher, radoter. ¶ ~돌아가다 repartir, rentrer, retourner; s'en retourner. ¶ ~묻다 ① répéter une question; demander de nouveau; redemander. ② 질문에 답하지 않고 도리어 묻다 répondre par une question; poser une question à *son* tour (au lieu de répondre). ¶ ~사다 racheter. ¶ ~살아나다 ressusciter; se ranimer, revivre. ¶ ~씹다 bien mâcher *qc*; mâcher de nouveau; remâcher; ((비유적)) ruminer ((*ses* peines)); méditer sur ((un conseil)). ¶ ~짚다 revenir sur *ses* pas; faire demi-tour. ¶ ~팔다 revendre. ¶ ~풀이 répétition *f*; réitération *f*; reprise *f*. ¶ ~풀이(를) 하다 répéter ((une phrase)); redire ((la même histoire)); réitérer ((un ordre)); refaire ((les mêmes erreurs)); recommencer ((une expérience)); renouveler ((une demande)); multiplier ((les tentatives)). ¶ ~풀이(가) 되다 se répéter, se reproduire; se multiplier.

되게 부 【속어】 très, atrocement, horriblement, abominablement, affreusement, rudement, extrêmement, terriblement, extraordinairement, excessivement, drôlement {*fam*}, bigrement {*fam*}, vachement {*fam*}, hyper {*fam*}; comme tout {*fam*}. ¶ 날씨가 ~ 춥다 Il fait extrêmement [drôlement {*fam*}, bigrement {*fam*}, vachement {*fam*}, hyper {*fam*}] froid / Ça caille {*fam*}. ¶ (물건 값이) ~ 비싸다 C'est horriblement cher / Le prix est exorbitant [incroyablement élevé] / C'est hors de prix / Ça coûte les yeux de la tête [la peau des fesses {*fam*}, la peau du cul {*fam*}]! ¶ 사람이 ~ 좋다 Il[Elle] est très [hyper {*fam*}] sympa {*fam*} / 남자 C'est un chic type [여자 une chic fille] {*fam*} / 남자 C'est un mec [여자 une fille] super [génial(*e*)] {*fam*} / Il[Elle] est extra ce type [cette fille] {*fam*}. ¶ 그들은 ~ 부자다 Ils sont extrêmement riches [vachement {*fam*} riches, pleins aux as {*fam*}], ces gens-là! / Ils roulent sur l'or, eux. ¶ 저 녀석은 ~ 친절한 척 한다 Il fait mine d'être très gentil. ¶ 감기 몸살로 며칠 ~ 앓았다 À cause d'une grippe [bonne crève {*fam*}], j'ai été très malade pendant quelques jours. ¶ 누구를 ~ 나무라다 houspiller durement *qn*; gronder *qn* très fort [vivement], faire de vifs reproches à *qn*; passer un bon savon à *qn* {*fam*}; enguirlander *qn* {*fam*}; incendier *qn*. ¶ ~ 좋아하다 aimer très fort. ¶ 하여튼 그 일로 그가 ~ 책망을 들었나 봐 De toute façon, il s'est visiblement fait sacrément engueuler {*fam*} à cause de cette histoire.

되넘기다 타 ① retourner, renvoyer. ¶ 네트를 넘어 온 공을 상대 팀 진영으로 ~ renvoyer la balle dans le camp adverse [de l'autre côté du filet]. ¶ 누구에게 받은 서류를 다른 사람에게 ~ repasser le dossier reçu de *qn* à une autre [tierce] personne. ② 되팔다 revendre, repasser. ¶ 물건을 사자마자 곧바로 ~ revendre (à *qn*) sur-le-champ un objet aussitôt acheté.

되놈 명 barbare *m*; Chinois(*e*); Mandchou(*e*).

되뇌다 타 répéter ((un mot)); redire ((la même histoire)); renouveler ((une demande)); radoter; rabâcher; ressasser ((les mêmes plaisanteries)). ¶ 같은 말을 수없이 ~ répéter les mêmes mots à maintes reprises. ¶ 그는 사경을 헤매면서도 아내의 이름만 되뇌었다 Même dans une situation de vie et de mort, il n'a cessé de répéter le nom de sa femme. ¶ 그는 다시는 이런 잘못을 저지르지 말아야 겠다고 마음 속으로 되뇌었다 Il s'est rabâché plusieurs fois dans son for intérieur de ne plus jamais commettre ce genre de faute.

되다[1] 형 ① 물기가 적다 être épais(*se*); être dur(*e*). ¶ 밥[반죽]이 ~ Le riz est dur [La pâte est épaisse]. ② 고되다 être dur(*e*), difficile, pénible; être violent(*e*). ¶ 이 일이 너무 ~ Ce travail est trop dur [pénible]. ¶ 시집살이가 ~ C'est pénible de s'occuper de [de vivre avec, d'habiter avec] ses beaux-parents.

되다[2] 타 mesurer ((du riz, de la farine)) (avec un récipient de 1,8 litre, *doe*, unité de volume). ¶ 보리 [콩]을 되로 ~ mesurer l'orge [le pois] avec le récipient de 1,8 litre (*doe*). ¶ 속이지 말고 되를 잘 되어 주세요 N'essayez pas de me tromper, et mesurez bien avec le *doe* (récipient de 1,8 litre).

되다[3] 자 ① ((Il est généralement précédé d'un attribut-nom marqué par le suffixe attributif -가/-

이, ou marqué par la particule de transformation -로/-으로》 devenir. ¶ 그는 커서 의사가 되었다 Il est devenu plus tard médecin. ¶ 그 남자는 훌륭한 변호사가 될 것이다 Il deviendra [fera, sera] un excellent avocat. ¶ 나는 신문기자가 되고 싶다 Je veux être journaliste. ¶ 대통령에 누가 ~ 《*qn*》 devenir président. ¶ 그 선생님이 우리 반의 담임선생이 되었다 Il(Elle) a été nommé(*e*) professeur principal de notre classe. ¶ 그 여자는 제 아내가 될 사람입니다 Elle sera ma femme / C'est ma future épouse. ② 관계에 있다 être 《des parents éloignés, des cousins》. ¶ 누구는 누구와 서로 동서가 됩니다 Un tel et un tel sont beaux-frères. ¶ 그 아이는 나의 조카가 됩니다 C'est mon neveu. ¶ 그 사람은 나와 친구가 됩니다 C'est mon ami(*e*). ¶ 그 여자는 나의 먼 친척뻘 된다 C'est une lointaine parente. ¶ 그 남자는 나와 먼 친척이 된다 Lui et moi sommes des parents lointains [éloignés]. ¶ 저 사람은 너와 어떻게 되는 사이냐? Quelles relations cette personne entretient-elle avec toi? ③ 《상태, 상황》 devenir, se transformer en *qc*. ¶ 물이 얼음이[으로] 된다 L'eau devient [se transforme en] glace. ¶ 모든 것이 다 재가 된다 Tout se transforme en cendres. ¶ 왕자는 마녀의 마법에 걸려 야수가 되어[돼] 버렸다 Le prince fut changé[métamorphosé] en fauve par la magie de la sorcière. ¶ 애벌레가 나비가 되었다 Le ver [La chrysalide, La chenille] s'est transformé(*e*) en papillon. ¶ 바람이 심해지더니 폭풍우가 되었다 Le vent s'est transformé en tempête. ¶ 머리가 반백이 ~ avoir les cheveux grisonnants. ¶ 전쟁터에서 포로가 ~ être fait prisonnier dans les champs de bataille. ¶ 남편이 사고로 죽어 그 여자는 혼자가 되었다 Elle est seule [Elle est devenue veuve] car son mari est décédé dans un accident. ¶ 사랑이 증오가[로] ~ L'amour s'est transformé [changé] en haine. ¶ 결국 친구를 배반한 것이[으로] 되어[돼] 버렸다 Finalement, cela s'est terminé par la trahison d'un ami. ¶ 내가 거짓말한 것으로 되어 있다 On a pensé finalement que j'avais menti. ¶ 남의 입장이 되어보다 se mettre à la place de *qn*. ¶ 우리 모두 하나가 되어서 어려움을 극복해야 한다 Nous devons nous unir pour vaincre les difficultés. ④ 《재료, 구성, 형태》 être en 《bois, plastique》. ¶ 나무로 된 책상 une table en bois. ¶ 이 컵은 종이로 되어 있다 Ce verre est en papier. ¶ 이 사전은 뜻풀이가 참 잘 되어[돼] 있다 Ce dictionnaire donne des explications très pertinentes / Les explications de ce dictionnaire sont très bien faites. ¶ 이 책은 총 350쪽으로 되어 있다 Ce livre est composé de 350 pages au total. ¶ 이 논문은 10개 장(章)으로 되어 있다 Cette thèse est constituée de 10 chapitres. ¶ 이 연극은 총 5막으로 되어 있다 Cette pièce de théâtre compte en tout 5 actes. ¶ 우리 국토는 대부분 산으로 되어 있다 Notre territoire est formé de montagnes pour la plus grande partie. ¶ 이 회사는 직원이 10명쯤 되는 조그만 회사이다 C'est une petite entreprise qui compte environ 10 employés. ¶ 위원회는 10명의 위원으로 되어 있다 Le comité est composé de 10 membres. ¶ 정부의 명의로 된 항의서 une protestation [un document de protestation] au nom du gouvernement. ¶ 타원형으로 된 탁자 une table ovale. ⑤ 《시기, 때》 atteindre; il est temps [l'heure] de+*inf*. ¶ 돌아갈 시간이 (다) 되었다 Il est temps de rentrer. ¶ 때가 되면 알려드리지요 Je vous avertirai quand ce sera l'heure. ¶ 시간이 거의 다 되어 갑니다 Il est presque l'heure. ¶ 지금 몇 시쯤 되었나요? Maintenant, quelle heure est-il? ¶ 제 자식은 올해 5살이 되었습니다 Mon fils a cinq ans cette année. ¶ 그 남자는 (나이가) 올해 20살이 되었다 Cette année, il a 19 ans. ¶ 그 사람도 이제 어른이 되었다 Maintenant, lui aussi est devenu adulte. ¶ 결혼할 나이가 ~ avoir l'âge nubile, entrer[être] en âge de se marier. ¶ 봄이 되니 날씨가 따뜻하다 Comme c'est le printemps, il fait doux. ¶ 여름 방학이 되면 바다로 놀러 갈 것이다 J'irai me promener au bord de la mer pendant les vacances d'été. ¶ 10시가 되어서야 회의가 끝났다 La réunion s'est enfin terminée à 10 heures / La réunion ne s'est terminée que vers 10 heures / Ce n'est que vers 10 heures que la réunion s'est enfin terminée. ¶ 수온이 0도가 되면 물은 얼기 시작한다 Quand la température de l'eau descend à 0 degré, l'eau commence à geler. ⑥ 수명, 연한, 운이 다 되다 toucher à *sa* fin; rendre l'âme; être au bout du rouleau {*fam*}, être en fin [bout] de course {*fam*}. ¶ 이 기계는 이제 다 되었습니다 Cette machine est presque au bout du rouleau {*fam*} / C'est un appareil en fin de course {*fam*} / Cette machine va bientôt rendre l'âme. ¶ 그 양반 얼굴을 보니 이제 다 된 모양이야 Vu la mine de ce monsieur, il semble qu'il n'en a plus pour longtemps [qu'il va bientôt rendre l'âme]. ¶ 연속으로 잃는 것을 보니 그 사람의 운도 이제 다 된 것 같은데요 Vu ce qu'il n'arrête pas de perdre, il semble que sa chance a tourné[l'a laissé tomber]. ⑦ 《기계의 작동》 marcher, fonctionner. ¶ 이 기계는 그럭저럭 잘 되고 있습니다 Cette machine [Cet appareil] fonctionne bon gré mal gré. ¶ 이 공중전화 되는 건가요? Est-ce que ce téléphone public marche? ⑧ 《양, 규모, 기간》 s'élever à *qc*, atteindre. ¶ 모인 사람의 수는 100명쯤 됩니다 Le nombre de personnes réunies est d'environ cent. ¶ 너는 키가 얼마나 되니? Quelle est ta taille? / Tu mesures combien? ¶ 그는 (몸무게가) 60킬로그램쯤 됩니다 Il pèse environ 60 kg / Son poids est d'environ 60 kg. ¶ 그 방은 면적이 5평쯤 됩니다 Cette pièce mesure [fait] environ 5 *pyeong*. ¶ 여기서 학교까지 거리가 2 킬로미터쯤 돼요 La distance d'ici à [jusqu'à] l'école est d'environ 2 km. ¶ 모두 합쳐서 값이 얼마나 되지? Si on additionne tout, le prix est de combien? / C'est combien au total? ¶ 그 물건은 가격이 5천원쯤

됩니다 Le prix de cet objet est d'environ 5 000 wons. ¶ 이 제안에 찬성하는 사람은 절반 정도 됩니다 Environ la moitié des gens approuvent cette proposition. ¶ 요금은 만원 되겠습니다 Le prix est de dix mille wons. ¶ 100년이나 된 고목 un arbre vieux de 100 ans. ¶ 저는 한국에 온 지 2년 되었습니다 Je suis en Corée depuis deux ans / Cela fait deux ans que je suis en Corée. ¶ 그 친구를 못 본 지 꽤 오래 되었다 Cela fait très longtemps [une éternité, un bail {*fam*}, une paye {*fam*}, des lustres, des siècles, un bon bout de temps {*fam*}] que je ne l'ai pas vu / Je ne l'ai pas vu depuis des lustres. ¶ 그 집은 10년쯤 되었어요 Cela fait environ 10 ans que cette maison a été construite. ¶ 얼마 안 돼, 누가 다시 돌아왔다 Peu après, quelqu'un est revenu. ⑨ ((장소)) ¶ 내리실 곳은 다음 역이 되겠습니다 C'est à l'arrêt suivant [au prochain arrêt] que vous devez descendre. ¶ 다음에 테제베가 정차할 역은 서울역이 되겠습니다 La prochaine gare où le TGV s'arrêtera sera la gare de Séoul. ⑩ ((인품, 성격)) devenir un homme. ¶ 그 남자는 참 된 사람이다 C'est un vrai [honnête] homme. ¶ 그는 전혀 다른 사람이 되었다 Il est devenu tout à fait un autre homme. ¶ 이제야 그는 인간이 된 것 같다 Enfin, il est devenu un être humain. ⑪ ((진행상황)) tourner ((bien, mal)), ((la situation)) évoluer. ¶ 이번 선거는 어떻게 될까요? Comment vont tourner les élections? ¶ 일이 되어 가는 것을 지켜보고 있어요 Je suis en train d'observer la bonne marche de l'affaire. ¶ 모든 일이 잘 돼 간다 Tout va bien. ¶ 일이 그럭저럭 되고 있다 Les affaires tournent à peu près. ¶ 너 논문은 어떻게 됐니? Où en es-tu pour ta thèse [ton mémoire]? ¶ (사업이) 잘 안 되다 (Les affaires) ne marchent pas bien. ¶ (상황이) 나쁘게 ~ (La situation) tourne mal. ⑫ 완성되다 être fini(*e*), achevé(*e*); ((riz)) être cuit(*e*), prêt(*e*). ¶ 밥이 잘 되었다 Le riz est bien cuit. ¶ 요리가 맛있게 되었다 Le plat est réussi. ¶ 설렁탕 금방 됩니까? Ça prend du temps [beaucoup de temps] si je commande un *seolleongtang*? / Pouvez-vous me servir un *seolleongtang* immédiatement [assez rapidement]? / Est-il possible d'avoir tout de suite [(assez) rapidement] un *seolleongtang*? ¶ 집이 다 되었다 La maison est presque achevée. ¶ 부탁하신 일은 내일이면 될 겁니다 Ce que vous m'avez demandé sera fait demain. ⑬ ((돈)) rapporter ((de l'argent)). ¶ 학문은 당장 돈이 되지는 않는다 Les études ne se transforment pas tout de suite en argent. ¶ 당장 돈이 될 수 있는 일을 해야 한다 Il faut faire un travail qui rapporte (de l'argent) tout de suite. ¶ 말이 안 되다 être insensé(*e*), être impossible. ⑭ ((가능, 허락)) être possible de+*inf*, pouvoir+*inf*. ¶ 이 물 마셔도 되는 건가요? Cette eau-là, puis-je en boire? / Peut-on boire cette eau? / Cette eau est-elle potable? ¶ 아침 식사 됩니까? Peut-on prendre un petit déjeuner? ¶ 비빔밥 됩니까? Est-ce que vous avez du *bibimbap* (au menu)? / Le *bibimbap* est-il au menu? ¶ 이 일에 왜 그 사람은 되고 나는 안 되는 건가요? Pourquoi l'avez vous préféré(*e*) à moi dans ce travail? / Pourquoi lui(elle) et pas moi dans ce travail? ¶ 돈으로 안 되는 일이 없다 Avec l'argent, on peut tout résoudre [régler, faire] / La clef d'or ouvre toutes les portes. ¶ 이제 집에 가도 된다 (Maintenant) tu peux rentrer chez toi. ¶ 이것은 먹어도 되지만 다른 것은 안 된다 Tu peux manger cela, pas autre chose. ⑮ 자라다 pousser, grandir, ((culture)) être bonne. ¶ 올해는 벼농사가 참 잘 되었다 Cette année, la culture du riz a été excellente [très productive]. ¶ 작년에는 가뭄으로 농사가 잘 안 되었다 L'année dernière, la récolte n'était pas bonne à cause de la sécheresse. ⑯ 괜찮다, 충분하다 être suffisant(*e*); aller, suffire. ¶ 당신은 내일부터 일하러 나오지 않아도 됩니다 Dès demain, vous pouvez ne pas venir travailler. ¶ 시험에 사전은 없어도 됩니까? Est-ce qu'on peut venir sans dictionnaire à l'examen? ¶ 이 정도의 금액이면 되겠습니까? Cela ira avec cette somme d'argent? ¶ 이거 하나면 됐다 Avec cela, ça ira [ça suffira]. ¶ 돈이 안 돼서 집을 못 사고 있다 Je ne peux acheter de maison parce que je n'ai pas l'argent (nécessaire). ¶ 거기까지는 걸어서 30분이면 됩니다 Il faut 30 minutes pour aller à pied jusque-là. ¶ 됐니? Ça va? / Ça marche? / Ça suffit? / C'est bon? ¶ 됐어요 Ça va / C'est bon / Ça marche. ⑰ ((예정)) être décidé(*e*), convenu(*e*). ¶ 우리는 다음 주에 결혼하기로 되어 있습니다 Il est prévu que nous nous marions la semaine prochaine / Nous sommes censés nous marier la semaine prochaine. ¶ 그 작업은 언제까지 끝내기로 되어 있니? Jusqu'à quand doit-on terminer ce travail? ⑱ ((의무, 당위)) falloir, devoir; il faut, on doit; il est indispensable de+*inf*, il est obligatoire de+*inf*. ¶ 그래서는 안 된다 Il ne faut pas faire comme ça. ¶ 통조림에는 제조 연월일을 표기하도록 되어 있다 Sur la conserve, il faut indiquer l'année, le mois et la date de fabrication. ¶ 이 일은 이 달 안으로 끝내야 됩니다 Il faut terminer ce travail avant la fin de ce mois [d'ici la fin du mois]. ¶ 이 일을 반드시 오늘까지 끝내야만 되는 겁니까? Faut-il absolument terminer ce travail aujourd'hui au plus tard? ¶ 친구에게는 그래서는 안 되는 거야 On ne doit pas se comporter ainsi avec un(*e*) ami(*e*). ⑲ ((피동)) ((auxiliaire du passif)). ¶ 경찰에 수배가 ~ être recherché(*e*) par la police. ¶ 그 아이는 고아원에서 양육이 되었다 Cet enfant a été élevé dans un orphelinat. ¶ 그 문제는 많이 연구가 되었다 Cette question a été étudiée de nombreuses fois. ¶ 그에게로 연락이 되었다 Le contact a été établi avec lui. ¶ 걱정이 ~ s'inquiéter, être inquiétant(*e*). ¶ 그 말을 들으니 이제 안심이 되는구나 En entendant cela, je suis rassuré(*e*). ¶ 누구에게 누[해]가 ~ constituer une

gêne [une nuisance] envers *qn*; déranger *qn*. ¶ 누구에게 도움이 ~ constituer une aide pour *qn*. ¶ 체포~ être arrêté(*e*). ¶ 가열~ être chauffé(*e*). ¶ 침투~ être infiltré(*e*). ¶ 발생~ être produit(*e*); avoir lieu; se produire. ¶ 처리~ être traité(*e*) [réglé(*e*), résolu(*e*)].

*__될 대로 되라__ Advienne que pourra.

*__될 수 있는 대로[한]__ autant que possible.

*__되도록(이면) [될수록]__ dans la mesure du possible; autant que possible.

*__되는대로__ dès que ce sera fait.

*__될 성 싶은[부른]__ 나무는 떡잎부터 알아본다 On reconnaît un génie dès le plus jeune âge [dès l'enfance].

*__입에 쓴 것이 몸에는 약이 된다__ Un bon remède est amer / Ce qui est amer est bon pour la santé / Il faut savoir avaler la pilule si cela est bénéfique.

*__피가 되고 살이 되다__ constituer un élément crucial; être précieux(*se*). ¶ 어른들의 말씀은 다 피가 되고 살이 되는 거니 잘 새겨 들어둬 Les paroles des aînés n'ont pas de prix, il faut bien les écouter.
조동 ((-게 ~)) finir par+*inf*, être amené(*e*) à+*inf*; arriver à+*inf*; être obligé(*e*) de+*inf*; devenir ((grand, petit, rouge)), ((jaunir, rougir, s'embellir)). ¶ 입장이 난처하게 되었다 se trouver dans l'embarras. ¶ 그는 아버지 회사의 부도로 사정이 참 딱하게[어렵게] 됐어 À cause de la faillite de l'entreprise de son père, sa situation est vraiment difficile [il se trouve dans une situation vraiment critique]. ¶ 나는 그 남자를 좋아하게 되었다 J'ai fini par l'aimer. ¶ 그 물건은 고장 나서 못 쓰게 되었다 Cet objet est inutilisable car il est tombé en panne. ¶ 오늘부터 여러분들을 가르치게 되었습니다 Je suis ici pour vous donner des cours à partir d'aujourd'hui. ¶ 너도 차차 알게 될 것이다 Tu finiras par le comprendre toi aussi. ¶ 크게 ~ devenir grand(*e*); s'agrandir. ¶ 적게 ~ devenir peu, s'amenuiser. ¶ 아름답게 ~ devenir b*eau*(b*elle*), s'embellir. ¶ 정직하게 ~ devenir honnête. ¶ 밝게 ~ devenir clair(*e*), s'éclaircir. ¶ 어둡게 ~ devenir sombre, s'assombrir. ¶ 화나게 ~ devenir colére*ux*(*se*); être mis(*e*) en colère ((par *qn*)). ¶ 높게 ~ devenir haut(*e*), s'élever. ¶ 멋지게 ~ devenir charmant(*e*), classe {*fam*}.

-되다⁴ 접미 ¶ 걱정~ être inquiétant(*e*); être inqui*et*(*ète*) au sujet de *qc*/*qn*; ((cela)) inquiéter *qn*. ¶ 복~ être fortuné(*e*); être heure*ux*(*se*), être chance*ux*(*se*). ¶ 참~ être honnête, sincère, intègre. ¶ 헛~ être vain(*e*), futile, inutile, infructue*ux*(*se*). ¶ 시간을 헛되이 보내다 perdre *son* temps ((à des futilités)). ¶ 헛된 노력 de vains efforts; des efforts inutiles. ¶ 누구를 호되게 야단치다 réprimander [gronder] *qn* sévèrement [durement, vivement]; réprimander vertement *qn*; sermonner *qn*; remonter les bretelles de *qn* {*fam*}; passer un savon à *qn* {*fam*}; sonner les cloches à *qn* {*fam*}; secouer les puces à *qn* {*fam*}; incendier *qn* {*fam*}; engueuler {*fam*} violemment *qn*.

되도록 부 ① 될 수 있는 한 le plus possible, si possible; autant que possible, dans la mesure du possible; si les circonstances le permettent.¶ 먼 길을 가니 ~ 많이 먹어 두어라 Puisque tu vas faire un long voyage [Puisque tu auras une longue route], restaure-toi le plus que tu peux. ¶ 오늘 저녁에 ~ 빨리[일찍] 와 Reviens le plus vite [le plus tôt] possible à la maison ce soir / Rentre [Reviens à la maison] le plus vite [le plus tôt] possible ce soir. ¶ ~(이면) 빨리 돌아오너라 Dans la mesure du possible, reviens vite. ② 될 수 있도록 pour+*inf*, afin de+*inf*, pour que+*subj*. ¶ 훌륭한 프로 선수가 ~ 노력해라 Fais des efforts [Entraîne-toi] pour devenir un(*e*) sporti*f*(*ve*) professionnel(*le*) de haut niveau. ¶ 너가 선생님이 ~ 돕겠다 Je t'aiderai à devenir professeur.

되돌다 자 faire demi-tour et revenir, s'en retourner. ¶ 되돌아 뛰어가다 faire demi-tour et revenir en courant.

되돌리다 타 ① 반환하다 rendre *qc* à *qn* ((l'argent qu'on a emprunté)), redonner à *qn* ((ce qu'on lui avait pris)); restituer *qc* à *qn*; retourner *qc* ((à l'expéditeur)). ¶ 빌린 돈을 되돌려 주세요 Rendez-moi l'argent que je vous ai prêté. ② 원상태로 놓다 restaurer, remettre en état, rétablir. ¶ 한번 파괴된 자연은 원상태로 되돌려 놓기가 어렵다 Il est difficile de remettre en état [de restaurer] la nature, après une catastrophe naturelle. ③ 뒤로 물리다 retarder ((*sa* montre)). ¶ 파리에 도착해서 시계를 일곱 시간 되돌려 놓았다 Arrivé(*e*) à Paris, j'ai retardé ma montre de deux heures. ④ 되돌아가다 faire demi-tour, faire marche arrière. ¶ 그 여자는 발길을 되돌려 급히 집으로 갔다 Faisant demi-tour, elle se précipita chez elle. ⑤ 과거로 돌아가다 revenir sur le passé [en arrière]. ¶ 지난 일은 더 이상 되돌릴 수 없다 On ne peut revenir sur le passé [en arrière] / Ce qui est fait est fait.

되돌아가다 자 ① retourner, revenir; rebrousser chemin. ¶ 오던 길을 ~ rebrousser chemin. ¶ 돈을 가지러 집으로 ~ retourner à la maison pour prendre de l'argent. ② ((본래의 상태로)) retourner (à l'état originel). ¶ 망나니 같던 그가 예전의 착한 모습으로 되돌아갔다 Lui qui ressemblait à un voyou a retrouvé son naturel gentil d'autrefois / Lui qui ressemblait à un voyou a fini par redevenir gentil. ¶ 예전 직업으로 ~ retourner à [regagner] *son* ancienne profession [*son* ancien métier]. ¶ 본론으로 되돌아가서 en revenant à notre sujet. ③ 떠올리다 revenir ((en enfance)). ¶ 그 영화를 보면 누구나가 어린 시절로 되돌아가게 된다 Si on voit ce film, cela nous ramène en enfance.

되돌아보다 타 ① se retourner et voir, regarder derrière *soi*, regarder en arrière. ¶ 걸음을 멈추고 뒤를 ~ s'arrêter (de marcher), se retourner et regarder derrière *soi*. ② 회상하다 se souvenir de *qc*, se rappeler *qc*. ¶ 지난 일들을 ~ se souvenir des choses passées. ¶ 자신의 과거[인생]를 ~ se souvenir du passé [de *sa* vie].

되돌아서다 재 ① ((먼저 서있던 방향으로)) se retourner. ¶ 그는 맥없이 되돌아섰다 Il s'est retourné sans énergie [sans force]. ② 그만두다 revenir en arrière; rebrousser chemin; s'arrêter en chemin; jeter l'éponge. ¶ 일이 여기까지 진행된 이상 되돌아설 수도 없다 On ne peut plus jeter l'éponge au point où nous en sommes / On ne peut pas revenir en arrière au point où on en est / Après le chemin qu'on vient de parcourir on ne peut plus revenir en arrière. ③ (원래의 것으로) 다시 돌아가다 en revenir à *qc*, retourner à *qc*, remettre *qc* sur le tapis {*fam*}. ¶ 기독교로 ~ (en) revenir à la religion protestante.

타 retourner en arrière [sur *ses* pas]; revenir sur *ses* pas; s'en retourner; rebrousser chemin; faire demi-tour; tourner bride {*litt*}. ¶ 가던 길을 ~ s'en retourner, revenir sur *ses* pas; rebrousser chemin.

되돌아오다 재 ① rebrousser chemin; revenir. ¶ 분실물이 되돌아왔다 J'ai retrouvé l'objet que j'avais perdu. ¶ 내가 보낸 편지가 주소 불명으로 되돌아왔다 Une lettre que j'ai postée m'est revenue pour adresse inconnue. ¶ 나는 학교로 가다가 집으로 되돌아왔다 Sur le chemin de l'école, j'ai rebroussé chemin et suis rentré(*e*) à la maison.

② ((본래의 상태로)) revenir. ¶ 사건 수사가 원점으로 ~ L'enquête (policière) sur cette affaire est revenue à la case de départ. ¶ 화가 자신에게 ~ Les ennuis sont retombés sur moi / Les ennuis me sont retombés dessus. ¶ 무역 수지가 정상으로 되돌아왔다 La balance commerciale est revenue à la normale.

되돌이키다 타 ① 회상하다 revenir sur le passé[sur ce qu'on a fait], réfléchir sur *sa* vie passée; se souvenir du passé, se rappeler le passé; regretter le passé; faire un retour[revenir] sur le passé; regarder en arrière; jeter un coup d'œil rétrospectif sur *qc*; faire un retour sur soi-même. ¶ 되돌이켜 생각해보니 나의 잘못이 크다 Si je repense aux événements passés [Si je réfléchis sur ma conduite passée], je crois que j'ai commis beaucoup d'erreurs / En y repensant j'ai commis une grosse erreur. ② ((전의 상태로)) retrouver l'état initial. ¶ 그는 분위기를 되돌이키려고 무척 애를 썼다 Il a fait beaucoup d'efforts pour retrouver l'ambiance (antérieure) / Il a vraiment essayé de retrouver la même atmosphère.

되레 부 ① 반대로 (bien, tout) au contraire de+*inf*; au lieu de+*inf*. ② 오히려 (bien) plutôt, d'autant (plus). ☞ 도리어

되려 부 ☞ 도리어

되묻다 재타 ① redemander; questionner de nouveau; répéter la question, répéter une question; demander de nouveau. ¶ 잘 들었다가 다시 되묻는 일이 없도록 해라 Ecoute bien, et fais en sorte que tu ne me le redemandes pas. ② 반문하다 poser une question à *son* tour (au lieu de répondre); répondre par une question, retourner la question à *qn*. ¶ 그 사람은 일이 어떻게 돼 가느냐고 오히려 내게 되물었다 Il m'a retourné la question de savoir comment marche cette affaire.

되물리다[1] 타 거절하다 renvoyer ((*son* repas)) (à la cuisine parce qu'on n'en est pas satisfait). ¶ 그는 수차례 밥상을 되물려 우리를 힘들게 하였다 Il nous a ennuyés [embêtés] en renvoyant à plusieurs reprises son repas [en refusant à plusieurs reprises de manger ce qu'on lui avait servi].

되물리다[2] 타 미루다 ajourner, différer, retarder, reculer, reporter, remettre [reporter] à plus tard; demander un délai ((pour payer)). ¶ 대금 결제 일을 ~ différer le paiement du prix des achats.

되물리다[3] 재 renvoyer, retourner ((une marchandise, un article, un produit)) au magasin. ¶ 사람은 물건이 아니기 때문에 되물릴 수 없다 Comme un être humain n'est pas un objet on ne peut pas le retourner.

타 retirer, revenir ((sur *ses* paroles, *ses* actes)), retirer ((*ses* propos)). ¶ 그는 몇 번이나 손을 내밀었다가 되물리곤 했다 Plusieurs fois il a tendu sa main puis il l'a retirée / ((비유적)) Il est revenu plusieurs fois sur ce qu'il avait dit. ¶ 우유병을 ~ rendre une bouteille (consignée) de lait au magasin, retourner une consigne de lait.

되물리다[4] 재 ((개에게)) être mordu(*e*) (en retour); être victime de *ses* actes. ¶ 그는 오히려 개에게 되물리고 말았다 Il a fini par être mordu par le chien (à force de l'embêter).

되바라지다 재 ① être inconfortable, incommode. ② 편협하다 être étroit(*e*), mesquin(*e*), parti*al*(*e*, *aux*), étriqué(*e*); avoir l'esprit borné. ③ 지나치게 똑똑하다 être trop intelligent(*e*); ((enfant)) être précoce. ¶ 어린애가 너무 되바라져서 큰일이다 C'est un véritable problème d'avoir un enfant trop précoce [trop intelligent(*e*), qui a réponse à tout].

되받다 타 ① 돌려받다 recevoir un objet retourné; récupérer; reprendre (ce que l'on a prêté); recouvrer, retrouver. ¶ 친구에게 주었던 것을 되받았다 J'ai repris [récupéré] ce que j'avais prêté à un(*e*) ami(*e*). ② ((지적, 꾸중, 질문 등을)) rétorquer, répliquer, répondre (à une réprimande). ¶ 그 사람은 내 말을 되받아 물었다 Il m'a rétorqué quelque chose. ③ ((공을)) reprendre ((une balle)). ¶ 되받아 쓰러뜨리다 reprendre et faire tomber. ¶ 날아오는 공을 되받아치다 reprendre la balle qui volait vers moi, et la frapper.

되살다 재 revenir en arrière; remonter dans le temps. ¶ 되살 수만 있다면 다시는 이런 실수를 하지 않겠건만 Si je pouvais revenir en arrière[remonter dans le temps], je ne referais pas ce genre d'erreur.

되살아나다 재 revenir à la vie, ressusciter, retrouver

la vie. ¶ 거의 죽어가던 환자가 되살아났다 Le malade qui était sur le point de mourir est revenu à la vie. ¶ 해마다 이맘때가 되면 아픈 기억이 되살아난다 Tous les ans vers cette époque, des souvenirs douloureux me reviennent à l'esprit.

되살리다 타 ((생명을)) ressusciter, faire revivre; ((회상하다)) se rappeler, se souvenir. ¶ 다 죽어 가는 환자를 ~ ressusciter le malade qui était presque mort. ¶ 기억을 ~ se souvenir, se rappeler. ¶ 환경오염으로 죽은 강을 ~ ramener à la vie un fleuve tué par la pollution de l'environnement. ¶ 조상의 숭고한 정신을 ~ se souvenir de l'esprit sublime de *ses* ancêtres.

되새기다 타 ① 떠올려 생각하다 penser de nouveau, ressasser, ruminer, se remémorer, se rappeler sans cesse de *qc*. ¶ 지난 일을 ~ ressasser des événements passés. ¶ 선생님 말씀을 ~ se rappeler sans cesse les paroles de *son* professeur. ¶ 행복했던 지난날을 ~ se souvenir [remémorer, ressasser] les jours heureux passés. ¶ 지난날의 치욕을 되새기면서 앞날의 영광을 그려야 해요 Il faut espérer la gloire de l'avenir en se rappelant de la honte [l'humiliation] du passé. ② ((사람이)) mastiquer longuement (avant d'avaler). ¶ 밥을 ~ mastiquer longuement le riz dans *sa* bouche. ③ ((소가)) ruminer. ¶ 여물을 되새기고 있는 소 une vache ruminant du foin.

되새김 명 rumination *f.* ◇_(을) **하다** ruminer. ¶ 소가 여물을 먹고 ~하고 있다 Les vaches ruminent le foin (après l'avoir mangé).

◆_**질** 명 rumination *f.* ¶ ~질을 하다 ruminer.

되쏘다 타 ① 받아 비추다 renvoyer ((la lumière)), réverbérer ((la chaleur)). ¶ 그 유리는 빛을 되쏘고 있었다 Cette vitre [Cette glace, Ce verre] renvoyait la lumière. ② 날아오는 방향으로 쏘다 renvoyer. ¶ 화살을 ~ renvoyer une flèche.

되씹다 타 ① ruminer; remâcher, mâcher de nouveau. ¶ 단물이 다 빠진 껌을 왜 자꾸 되씹고 있니? Pourquoi tu mâches et remâches ton *chewing gum* qui n'a pourtant plus de sucre? ② 반복해서 말하다 répéter [rabâcher, redire] ((les mêmes mots)), réitérer ((*sa* question)), radoter. ¶ 그는 여전히 똑같은 말만 되씹고 있다 Il répète encore et toujours les mêmes paroles. ¶ 그 아저씨는 투덜투덜 불평만 되씹고 있다 Il se lamente sans fin / Il rouspète {*fam*} sans arrêt [tout le temps]. ③ 떠올려 생각하다 remémorer, ressasser. ¶ 행복했던 지난날을 ~ remémorer [ressasser] les jours heureux du passé. ¶ 그의 말을 몇 번이고 되씹어 보았다 Je me suis rappelé(*e*) moult fois ses mots. ¶ 되씹어 보면 이 구절의 뜻을 깨달을 수 있을 것이다 Si tu réfléchis sans relâche, tu pourras comprendre le sens de ce passage.

되어가다 재 ① ((일이)) marcher bien, être bonnes, prospères, prospérer. ¶ 사업이 잘 되어간다 Les affaires marchent bien / Les affaires sont bonnes [prospères] / Les affaires prospèrent. ¶ 되어가는 대로 내버려 두다. ② ((물건이)) être bientôt [presque] prêt(*e*) ¶ 음식이 다 되어간다 Le repas est bientôt prêt [est presque prêt] / On va se mettre à table. ③ ((때가)) C'est bientôt [presque] ((l'heure de+*inf*)). ¶ 정오가 다 되어간다 C'est bientôt midi / Il est presque midi. ¶ 점심때가 다 되어간다 C'est bientôt [presque] l'heure du déjeuner.

되작거리다 타 fouiller ((dans une armoire, dans un tiroir, dans de vieux documents)) (pour trouver *qc*), trifouiller {*fam*}((partout)); fouiner {*fam*} ((dans les affaires de *qn*)); ((더듬어서)) chercher (à tâtons); farfouiller {*fam*} ((dans une armoire, dans *ses* poches)); fureter ((dans un tiroir, dans tous les coins)) palper, fureter dans *qc*; tâtonner ((dans l'obscurité)); tripoter; retourner *qc* ((pour trouver *qc*)); faire les poches à *qn* {*fam*}; battre ((les forêts)), explorer, inspecter, fouiller ((les buissons)); retourner toute la maison ((pour retrouver un papier)); ((책 따위를)) feuilleter ((un livre)); chambarder {*fam*}, fourrager ((des papiers)). ¶ 짐작이 가는 곳을 ~ fouiller là où l'on pense trouver *qc* [ce que l'on cherche].

되잡다 타 ① ((팔을)) retenir ((le bras de *qn*)). ¶ 그는 뿌리치고 돌아서는 그 여자의 팔을 되잡았다 Il a repris le bras de cette femme au moment où elle tentait de partir en se retournant. ② ((정신을)) reprendre ((*ses* esprits)). ¶ 그 사람은 정신을 간신히 되잡고 일을 시작했다 Il a juste repris ses esprits et s'est remis au travail.

되지르다[1] 타 ① crier de nouveau. ¶ 아이들은 야호를 되지르며 좋아했다 Les enfants prenaient plaisir à crier sans cesse ≪*yaho*≫ / Les enfants aimaient hurler à tue-tête. ② ((답하여)) crier en retour, répondre par des cris. ¶ 구조대원들이 우리를 찾는 소리를 듣고 우리는 크게 되질렀다 Entendant les appels des sauveteurs, nous avons crié très fort (en retour) / Entendant les appels de recherche des secouristes on s'est mis à crier en écho.

되지르다[2] 타 응수하다 riposter. ¶ 그는 공격을 막으면서 상대방의 옆구리를 되질렀다 Il a donné un coup dans les hanches de son adversaire en bloquant son attaque.

되지르다[3] 타 ① ((분한 마음을)) raviver ((la colère de *qn*; le feu)), ranimer ((la colère)), réveiller ((une douleur)). ¶ 불을 ~ raviver le feu. ② 대항하여 불을 지르다 allumer un contre-feu [un pare-feu(*x*)]. ¶ 불을 되질러 맞불을 놓다 allumer un contre-feu [des contre-feux].

되지못하다 재 ① être très mauvais(*e*); ne rien valoir; être sans éducation; être mal élevé(*e*); être malotru(*e*), rustre. ¶ 되지못한 사람 같으니 Quel malotru! / Ce qu'il peut être mufle! / Quel rustre! / Quel goujat! / Espèce de malappris! / Quel(*le*) pignouf(*e*)! {*fam*}. ② 미완성 être inachevé(*e*); ((manuscrit)) être incomplet(*ète*).

되질 명 *doejil* *m* <action de mesurer ((le riz, les cacahouètes, les noix)) avec un *doe* ((de riz))>.

◇_(을) **하다** mesurer ((le riz)) avec un *doe*.

되짚다 타 repenser, réfléchir; se remémorer. ¶ 되짚어 en revenant en arrière, en revenant sur *ses* pas. ¶ 과거의 잘못된 역사를 ~ 보다 réfléchir sur ce qui a mal tourné dans l'histoire. ¶ 지나온 길을 되짚어 가다 se souvenir du chemin parcouru; remonter le chemin parcouru. ¶ 우리 역사를 되짚어 보다 revoir notre histoire; revenir sur notre histoire.

되찾다 타 récupérer, recouvrer, retrouver. ¶ 잃었던 우리 땅을 ~ retrouver notre terre perdue. ¶ 질서를 ~ rétablir l'ordre. ¶ 잃어버린 기억을 ~ retrouver la mémoire. ¶ 평균대 위에서 휘청이던 체조 선수가 균형을 되찾았다 L'athlète qui avait trébuché sur les barres parallèles a retrouvé son équilibre.

되치기 명 【운동】 *doechigi m* <prise ou technique dans un sport de combat ((pratiquer le *doechigi* ou le renversement utilisant la force de l'adversaire dans la lutte coréenne ou le judo))>. ¶ 씨름에서 ~를 구사하다 faire la prise *doechigi* dans la lutte coréenne.

되통맞다 형 ☞ 뒤퉁맞다

되풀이 명 répétition *f;* réitération *f;* redite *f.* ◇_(를) **하다** répéter ((une phrase)); redire ((la même histoire)); réitérer ((un ordre)); refaire ((les mêmes erreurs)); recommencer ((une expérience)); renouveler ((une demande)); multiplier ((les tentatives)). ¶ ~해서 à plusieurs[maintes] reprises; dix[vingt, cent, mille] fois. ¶ 두 번 다시 ~하지 마라 Que cela ne se reproduise pas! / Ne recommence pas! ¶ 그 사람은 같은 말을 자꾸 ~했다 Il a répété sans cesse la même histoire. ¶ 이 문제는 자주 ~하여 나온다 Ce problème apparaît souvent ((dans votre copie)) / On retrouve souvent ce problème ((dans votre copie)). ¶ ~해서 말하자면 pour redire les choses autrement; autrement dit. ◇_(가) **되다** se répéter, se reproduire; se multiplier. ¶ 결코 ~되어서는 안 될 역사 un événement de l'histoire qui ne doit jamais se répéter [se reproduire]. ¶ 역사는 ~된다 L'histoire se répète.

된- 접두 ① 물기가 아주 적음 trop dur(*e*); trop sec(*sèche*), qui manque d'eau. ¶ ~똥 des matières fécales dures [des excréments durs]. ② 아주 심함 trop violent(*e*). ¶ ~서리 une forte gelée blanche. ¶ ~바람 un vent violent. ③ 경음 ((consonne)) fort(*e*). ¶ ~소리 une consonne forte ¶ ~시옷 un *siot* fort.

된통 부 très, fort; bien; beaucoup, extrêmement; trop, excessivement, atrocement, horriblement, affreusement, rudement; sévèrement, gravement, sérieusement; comme tout. ¶ ~ 당하다 subir *qc* sévèrement [avec gravité].

된밥 명 riz *m* cuit trop dur ((car il a manqué d'eau pendant la cuisson)).

된서리 명 forte gelée *f* blanche.

*~(를) **맞다** recevoir un coup sévère; se faire passer un savon {*fam*}, passer un sale quart d'heure {*fam*}; recevoir un bon savon [une bonne engueulade {*fam*}].

된소리 명 【언어】 consonne *f* forte [dure]. ¶ ㄲ, ㄸ, ㅃ, ㅆ, ㅉ은 ~를 나타낸다 Les lettres ㄲ, ㄸ, ㅃ, ㅆ, ㅉ représentent des consonnes fortes.

◆**_화** -化 명 【언어】 renforcement *m* d'une consonne.

된장 -醬 명 *doenjang m* <pâte de soja fermentée>.

◆**_국** 명 soupe *f* de *doenjang*.

◆**_찌개** 명 *doenjang jjigae m*.

됨됨이 명 ① ((사람의)) personnalité *f;* distinction *f;* dignité *f.* ¶ 그는 ~가 귀골 같다 Il a l'air d'une personne de haut rang. ¶ 이것으로 그의 ~를 알 수 있다 On peut connaître sa personnalité grâce à ça. ② ((물건의)) façon *f* (dont un objet est fait), facture *f;* style *m.* ¶ 그 회사 제품들은 한결같이 ~가 조잡하다 Les produits de cette société sont tous mal fabriqués.

됨직하다 자 paraître avoir environ ((dix ans)). ¶ 여섯 살 됨직한 사내아이 un garçon qui paraît avoir environ cinq ans.

됫박 명 calebasse *f* ((servant de mesure)). ¶ 물[밀가루]을 한 ~ 붓다 verser une mesure d'eau [de farine] avec une calebasse.

됫병 -瓶 명 bouteille *f* d'une contenance d'un *doe* [d'un 1,8 litre].

두[1] 관 deux. ¶ ~ 사람 deux personnes. ¶ 이 아이는 ~살이다 Cet enfant a deux ans. ¶ ~ 번 먹다 manger deux fois. ¶ ~ 배로 일하다 travailler pour deux; travailler double. ¶ 값을 ~ 배(를) 주고 사다 payer le double. ¶ ~번째 책 le deuxième livre. ¶ 그 일은 ~번 다시 생각하기도 싫다 Je n'ai aucune envie d'y repenser.

***한 입으로 ~ 말 하다** revenir sur *ses* dires; se rétracter, se dédire ((d'une affirmation, d'un engagement)); manquer à *sa* parole, se contredire.

두[2] 頭 분류 ((classificateur servant à compter les animaux domestiques à quatre pattes)) tête *f.* ¶ 가축 20 ~ vingt têtes de bétail; un troupeau de 20 têtes.

두각 頭角 명 prééminence *f.* ¶ ~을 나타내다 se distinguer ((par *ses* talents, parmi *ses* collègues)); se signaler ((par *ses* travaux)); percer; acquérir un nom; se faire connaître; se faire un nom. ¶ 수학에서 ~을 나타낸 학생 un(*e*) élève excellent(*e*) en mathématiques. ¶ 그 사람은 작년부터 이 종목[분야]에서 ~을 나타내기 시작했다 Il a commencé à se distinguer dans cette matière [dans ce domaine] depuis l'année dernière.

두개골 頭蓋骨 명 crâne *m,* boîte *f* crânienne. ¶ 인류 조상의 ~이 발굴된 유적 un vestige où l'on a découvert le crâne d'un des ancêtres de l'humanité. ¶ 교통사고로 ~이 파열되다 se fracturer le crâne lors d'un accident de la route.

두건 頭巾 명 capuchon *m* [bonnet *m*] de chanvre ((porté par les hommes en deuil)). ¶ ~을 두르다[쓰다] mettre[porter] le bonnet de deuil. ¶ ~을 벗다

enlever le bonnet de deuil.

두견 杜鵑 명 ① 조류 coucou *m*. ② 진달래 azalée *f*.

◆**_새** 명 coucou *m*.

◆**_주** -酒 명 vin *m* de riz parfumé (avec des fleurs d'azalée).

두고두고 부 ((여러 번)) un grand nombre de fois, à plusieurs reprises, mille fois; ((오랫동안)) (pendant) longtemps, très longtemps; ((영원히)) pour toujours, à (tout) jamais. ¶ 이 물건은 아직 ~ 쓸 수 있다 On peut utiliser cet objet encore longtemps / Cet objet peut [pourra] servir encore longtemps. ¶ 그 일은 ~ 잊혀지지 않을 것이다 On n'oubliera pas cet événement avant longtemps. ¶ ~ 먹다 manger (*qc*) pendant longtemps. ¶ ~ 후회하다 regretter pendant longtemps. ¶ ~ 생각이 나다 se souvenir longtemps. ¶ 이 반지는 집안의 가보이니 ~ 간직하거라 Cette bague est un bijou de famille, alors garde-la toujours.

두괄식 頭括式 명 méthode *f* déductive inverse ((qui prend la conclusion pour prémisse)). ¶ 문단의 전개 방식에는 ~과 미괄식, 양[쌍]괄식이 있다 Parmi les méthodes de développement d'un texte, on peut soit commencer, soit finir par la conclusion ou encore la faire figurer au début et à la fin.

두근거리다 자 avoir des palpitations, palpiter; battre vite [fort], avoir le cœur qui bat (fort, la chamade). ¶ 그 사람은 걸핏하면 가슴이 두근거린다 Son cœur bat [Il est sujet à des palpitations] à la moindre émotion. ¶ 그는 놀라서 [너무 기뻐서] 가슴이 두근거렸다 Dans sa surprise[Il était tellement content que] son cœur a battu très fort. ¶ 두근거리는 가슴을 가라앉히다 Se calmer / Calmer les battements de son cœur. ¶ 어머니를 만난다는 기대에 가슴이 두근거렸다 J'avais le cœur qui battait (la chamade) à l'idée de rencontrer ma mère.

두근두근 부 ((le cœur bat)) fort, vite ((idéophone évoquant la sensation provoquée par les battements rapides ou irréguliers du cœur déclenchés par une émotion)). ¶ 가슴이 ~ 뛴다 Mon cœur bat la chamade [très fort]. ¶ 어두운 골목에서 강도를 만나 가슴이 ~ 떨렸다 Lorsque j'ai rencontré le cambrioleur dans une ruelle sombre, mon cœur s'est mis à battre très fort [à battre la chamade].

◆**_하다** 자 ((le cœur)) battre très fort [vite, à grands coups], battre la chamade, ((le cœur)) palpiter, tressaillir ((de joie)), avoir des palpitations [des battements de cœur]. ¶ 그 광경을 보니 가슴이 두근두근했다 À la vue de ce spectacle, mon cœur s'est mis à battre très fort [à battre la chamade]. ¶ 그는 ~하는 가슴을 안고 그 여자를 만나러 갔다 Il est allé la rencontrer avec le cœur en proie à une vive excitation [le cœur battant].

두꺼비 명 crapaud *m*. ¶ 두껍아, 두껍아, 헌집 줄게, 새집 다오 ((chanson enfantine que les enfants chantent lorsqu'ils jouent dans le sable)).

*~ **파리 잡아먹듯 하다** manger gloutonnement; dévorer; bâfrer {*fam*}; s'empiffrer {*fam*}, se goinfrer {*fam*}.

***떡~ 같은 아들** un beau bébé bien joufflu et costaud, un fils bien en chair; un solide gaillard.

두꺼비집 명 partie *f* d'une charrue où le soc s'introduit; boîte *f* à fusible.

두껍다 형 être épais(*se*), être gros(*se*); être volumineux(*se*). ¶ 두꺼운 책[판자, 종이, 벽] un livre épais [une planche épaisse, un papier épais, un mur épais]. ¶ 고기를 두껍게 썰다 couper la viande en grosses tranches.

***낯짝[얼굴]이** ~ avoir du toupet [culot {*fam*}]; être culotté(*e*); ne pas manquer d'air [d'audace, de culot]; ne pas avoir froid aux yeux. ¶ 그러고도 또 돈을 빌려달라니 낯짝이 두껍기도 하지 Et en plus il a encore le culot de me demander de lui prêter de l'argent. Il manque vraiment pas d'air celui-là!

두께 명 épaisseur *f*. ¶ 이 판자[벽]는 ~가 10cm이다 Cette planche [Ce mur] a une épaisseur de 10 cm [fait 10 cm d'épaisseur]. ¶ ~가 두껍다[얇다] être épais(*se*), gros(*se*) [être fin(*e*), mince]; avoir une grosse [mince] épaisseur.

두뇌 頭腦 명 tête *f*; cerveau(*x*) *m*; intelligence *f*; esprit *m*. ¶ ~ 집단 groupe de cerveaux; intelligence collective. ¶ 그 여자는 명석한 ~를 갖고 있다 Elle est d'une intelligence remarquable / Elle a l'esprit lucide. ¶ ~[머리]가 잘 돌아간다 être intelligent(*e*).

◆**인공_** 人工- 명 intelligence *f* artificielle.

◆**전자_** 電子- 명 cerveau(*x*) *m* électronique.

두다 타 ① 놓다, 남겨놓다 mettre, poser; laisser, abandonner; déposer. ¶ 책을 책상 위에 ~ poser un livre sur le bureau. ¶ 우산을 택시 안에 두고 내렸다 Je suis descendu(*e*) du taxi en laissant mon parapluie. ② 상황, 상태에 놓다 laisser, réserver. ¶ 승리를 눈앞에 ~ avoir la victoire devant *soi*. ¶ 강을 앞에 두고 마을이 들어서다 Un village s'est formé au bord de la rivière. ③ 보관하다 conserver, stocker, emmagasiner. ¶ 쌀을 창고에 ~ conserver [emmagasiner] du riz dans un grenier [un dépôt]. ¶ 귀금속을 금고에 ~ placer [ranger] des objets précieux dans un coffre fort. ¶ 음식물은 냉장고에 두어야 상하지 않는다 Les aliments, il faut les laisser [mettre] dans le réfrigérateur pour qu'ils ne pourrissent pas. ④ 넣다 mettre ((dans *qc*)); bourrer. ¶ 이불에 솜을 ~ ouater une couverture, bourrer une couverture de coton. ⑤ ((중요성, 차이)) mettre, placer. ¶ 무엇에 중점을 ~ mettre [placer] l'accent sur *qc*; insister sur *qc*. ¶ 자연 보호에 목적을 ~ faire de la protection de la nature *son* objectif. ⑥ 생각을 가지다 garder ((en mémoire, en pensée)), avoir (en tête). ¶ 누구를 염두에 두다 garder *qn* dans *son* esprit, avoir *qn* à l'esprit[en tête], tenir compte de *qn*. ¶ 그 사람에게도 연락해야 한다는 것을 염두에 두어야 한다 Garde à l'esprit [n'oublie pas] qu'il faut le tenir au courant. ⑦ ((친인척을)) avoir. ¶

그 부부는 아들을 둘 두었다 Ce couple a deux enfants. ¶ 누구를 친구로 ~ avoir *qn* pour ami. ¶ 첩을 ~ avoir [entretenir] une concubine. ⑧ 고용하다 employer. ¶ 이 가게는 종업원을 둘 두고 있다 Ce magasin a deux employés / Ce magasin emploie deux personnes. ¶ 사람[비서]을 좀 두어야지 혼자서는 힘들어서 안 되겠다 Il me faut quelqu'un [un collaborateur, de l'aide] [Il me faut un(*e*) secrétaire], je ne peux pas m'en sortir tout(*e*) seul(*e*). ⑨ 설치하다 installer. ¶ 우리 회사는 전국에 지점을 두고 있다 Notre société a installé des succursales dans tout le pays. ¶ 야간부를 ~ avoir [installer] un département du soir. ¶ 본진을 산 아래에 ~ installer le camp principal au pied de la montagne. ¶ 보초를 ~ poster [installer] une sentinelle. ⑩ ((마음을)) avoir; garder. ¶ 누구에게 마음을 ~ penser [songer] à *qn*, garder à *qn* une place particulière dans *son* cœur. ¶ 누구에게 정을 ~ avoir de l'affection [de la tendresse] pour *qn*. ¶ 무엇에 희망을 ~ entretenir [caresser] un espoir pour *qc*, placer *son* espoir dans *qc*. ⑪ ((적을)) s'inscrire ((sur un registre)). ¶ 대학에 적을 ~ être inscrit(*e*) à l'université; avoir un emploi dans une université. ¶ 본적을 타지방에 둔 학생들 Les étudiants dont le domicile légal se trouve en province. ⑫ ((장기, 바둑을)) jouer ((au jeu de go, aux échecs)). ¶ 바둑을 [장기를] ~ jouer au go [aux échecs coréens]. ¶ 고수를 ~ poser un pion de grande importance, jouer un coup crucial. ¶ 악수[호수]를 두다 poser un mauvais [bon] pion, jouer un bon[mauvais] coup. ¶ 훈수를 ~ souffler un coup, suggérer un coup. ⑬ ((거리를)) laisser, mettre, placer ((un intervalle, une distance)). ¶ (무엇[누구]과 무엇[누구] 사이에) 거리를[간격을] ~ mettre de la distance (entre deux choses, entre deux personnes). ¶ 간격을 두고 말하다 parler en marquant une pause entre les mots. ¶ 세상과 거리를 두고 지내다 vivre à l'écart du monde. ¶ 1미터씩 사이를 두고 말뚝을 박다 planter des piquets tous les mètres. ⑭ ((시간, 기간을)) depuis, pendant. ¶ 며칠을 두고 끙끙 앓다 être malade[souffrant(*e*)] pendant quelques jours. ¶ 우리는 20년을 두고 사귄 친구다 Nous sommes ami(*e*)s depuis vingt ans. ⑮ ((논쟁, 감정, 언급의 대상으로)) à propos de *qc*, au sujet de *qn*. ¶ 누구를 두고 말하다 parler à propos de *qn*; parler de *qn*. ¶ 상금 백만 원을 두고 경쟁하다 se livrer à une compétition en mettant un million de wons en jeu. ¶ 저는 무슨 과를 지원할 것인지를 두고 고민에 빠져 있어요 Je suis dans la tourmente pour choisir le département auquel je vais postuler. ⑯ 내버려두다 abandonner; laisser. ¶ 큰 길을 두고 작은 길을 가다 emprunter un petit chemin en abandonnant la grande route. ¶ 그 일은 그대로 두면 된다 Quant à cette affaire-là, il suffit de la laisser telle quelle.

[조동] laisser. ¶ 문을 열어 ~ laisser une porte ouverte. ¶ 밥을 먹어 두어야 나중에 배가 고프지 않다 Il faut manger pour ne pas avoir faim plus tard. ¶ 일을 해 두고 놀아야겠다 Il faut achever le travail avant de s'amuser.

***두고 보다** observer en prenant du temps, prendre le temps de l'observation [de la réflexion], attendre; on va [tu vas] voir.

***두고두고** ☞ 두고두고

두더지 명 taupe *f*. ¶ ~가 땅[굴]을 판다 La taupe creuse des galeries.

두덩 명 ① hauteur *f*; éminence *f*; tertre *m*; petite élévation *f* de terrain; butte *f*; monticule *m*; terrain *m* élevé; chaussée *f*. ② ((신체의)) partie *f* saillante du corps.

◆**눈_** 명 paupière *f* supérieure.

◆**불_** 명 ((여자)) pubis *m*; ((남자)) entrecuisse *m*.

두두룩하다 형 être renflé(*e*), bombé(*e*). ¶ 지갑이 ~ avoir un portefeuille bien rempli.

두둑 명 ① ((밭과 밭 사이의)) levée *f*, talus *m*. ② 논밭을 갈아 흙을 바닥보다 높이 길게 쌓은 것 bordure *f* de rizière; chemin *m* entre deux rizières.

두둑하다 형 ① 두껍다 être épais(*se*), être lourd(*e*). ¶ 옷을 두둑하게 껴입어서 추운 줄을 모르겠다 Je n'ai pas froid tellement j'ai mis de vêtements. ② 넉넉하다 être abondant(*e*); être en abondance; être en grande quantité; foisonner. ¶ 아이들은 두둑한 세뱃돈을 기대하며 미소를 지었다 Les enfants ont souri car ils savaient qu'ils allaient recevoir beaucoup d'argent pour leurs étrennes. ¶ 그 녀석은 배짱이 ~ Ce type ne manque pas d'air {*fam*} [d'audace] / Ce type est culotté.

◆**두둑이** 부 chaudement; en abondance. ¶ 옷을 두둑이 입다 s'habiller chaudement; se couvrir correctement; bien se couvrir. ¶ 누구에게 수고비를 두둑이 주다 payer généreusement les services de *qn*. ¶ 일이 잘 되면 사례는 두둑이 하겠소 Si vous faites bien le travail, je vous rémunérerai comme il se doit.

두둔하다 타 plaider pour *qn*[en faveur de *qn*], protéger; se ranger du côté de *qn*. ¶ 그녀는 자기 남편을 두둔했다 Elle a plaidé pour son mari. ¶ 아이를 항상 두둔하니까 버릇이 나빠져요 Comme tu protèges toujours les enfants, ils ont de mauvaises habitudes.

두둥실 부 en flottant au gré des vagues, à vau-l'eau, au fil de l'eau, au fil du courant, à la dérive ((idéophone d'aspect d'un gros objet flottant en l'air ou à la surface de l'eau, d'un mouvement lent, léger, ondulé et ample (l'aspect de la lune qui se lève ou d'un bateau sur l'eau))). ¶ 구름이 ~ 떠간다 Les nuages (poussés par le vent) flottent dans les airs [dans le ciel]. ¶ 배가 ~ 떠간다 Le bateau flotte au gré des vagues / Le bateau erre sur les flots. ¶ 풍선이 바람에 ~ 실려 날아간다 Un ballon flotte dans les airs entraîné par le vent. ¶ 환한 달이 하늘에 ~ 떠 있다 La lune claire flotte dans le ciel. ¶ 내 마음이 ~ 허공에 뜨는 기분이었다 J'avais l'impression d'être aux anges.

◆_거리다[대다] 재 balancer en mouvements ondulés. ¶ 흥겨운 음악을 들으니 절로 사람들 어깨가 두둥실거린다 En entendant la musique entraînante, les gens se mettent d'eux-mêmes à remuer les épaules.

두드러기 명 urticaire *f.* ¶ 음식을 잘못 먹어서 ~가 나다[돋다] avoir de l'urticaire à cause de la nourriture. ¶ 나는 저 녀석을 보기만 해도 ~가 난다 Rien qu'à le voir, il me donne de l'urticaire.

ㄷ

두드러지다 재 ① 쑥 나오다 être saillant(*e*), être proéminent(*e*), turgescent(*e*). ¶ 그는 얼굴에 살이 빠질수록 광대뼈가 두드러진다 Plus son visage maigrit, plus sa pommette paraît saillante. ¶ 두드러진 이마 le front saillant. ② 뚜렷하다 être saillant(*e*), être marqué(*e*), être marquant(*e*). ¶ 길고 장황한 문체가 그의 소설의 두드러진 특징이다 Un style long et prolixe est une des caractéristiques les plus marquantes de ses romans. ¶ 올해 가요계에는 랩의 선풍이 특히 두드러졌다 Dans le monde de la chanson cette année, la vogue du rap était marquante. ¶ 한국 문화의 특징은 집단적인 유희에서 두드러지게 나타난다 Les caractéristiques de la culture coréenne apparaissent clairement dans les jeux de loisirs collectifs.

두드리다 타 ① ((사물을)) frapper; taper; battre; marteler, tambouriner. ¶ 가볍게 ~ tapoter (légèrement). ¶ 강하게 ~ cogner (dur), frapper (fortement). ¶ 망치로 ~ marteler, taper avec un marteau. ¶ 누군가 문을 두드렸다 Quelqu'un a frappé à la porte. ¶ 그는 열이 나서 주먹으로 책상을 두드리며 소리를 질렀다 Très en colère, il a crié en frappant du poing sur le bureau. ¶ 빨래를 방망이로 두드려 빨다 battre le linge avec un bâton. ¶ 두드려라 그러면 열릴 것이다 Frappe et la porte s'ouvrira. ② ((마음을)) frapper ((le cœur de *qn*)). ¶ 그의 절규는 우리의 마음[가슴]을 두드렸다 Ses cris nous ont frappé le cœur.

두들겨맞다 재 se faire frapper, se faire battre; être battu(*e*), être frappé(*e*). ¶ 그는 깡패한테 두들겨맞아서 많이 다쳤다 Il s'est fait battre par des voyous, et a été blessé.

두들겨패다 타 rosser *qn*, battre *qn* sans merci [violemment], rouer *qn* de coups, tabasser *qn* {*fam*}, passer *qn* à tabac {*fam*}. ¶ 불량배들이 한 아이를 마구 두들겨팼다 Des voyous ont tabassé un enfant {*fam*} / Des voyous ont roué un enfant de coups.

두들기다 타 frapper; battre; donner [asséner] un coup de poing à *qn*. ¶ 문을 세게 ~ frapper fort à la porte. ¶ 망치로 두들겨서 못을 박다 enfoncer un clou à coups de marteau.

두런거리다 재 chuchoter, parler à voix basse avec d'autres, murmurer, marmonner; susurrer; grommeler. ¶ 누구와 ~ chuchoter avec *qn*. ¶ 두런거리는 소리 chuchotement, susurrement. ¶ 두런거리는 소리가 들려온다 On entend un chuchotement.

두런대다 타 ☞ 두런거리다

두런두런 부 à voix basse, à mi-voix, en chuchotant, en murmurant ((onomatopée de son léger, convivial et agréable)). ¶ 그들은 밤새도록 ~ 이야기꽃을 피웠다 Ils ont discuté toute la nuit en chuchotant.

◆_하다 재 parler [causer, discuter, papoter {*fam*}] à voix basse [à mi-voix] ((avec d'autres)), chuchoter, murmurer, susurrer, se faire des messes basses. ¶ 건넌방에서 노부부가 ~하는 소리가 들려왔다 J'ai entendu le vieux couple chuchoter [murmurer, susurrer] dans la pièce en face. ¶ 밤늦게까지 사람들이 불가에 모여 ~하고 있었다 Jusque tard dans la nuit, les gens rassemblés autour du feu se racontaient des histoires à mi-voix [parlaient à voix basse].

두렁 명 petit sentier *m* surélevé ((entre les rizières)); talus *m* entre les champs.

◆_길 명 petit sentier *m* surélevé ((entre les rizières)).

◆논[밭]_ 명 petit sentier *m* surélevé (entre les rizières); talus *m* entre les champs.

두레[1] 명 농군의 모임 groupe *m* d'habitants d'un village (pour s'entraider à la saison des gros travaux).

◆_패 -牌 명 groupe *m* d'habitants d'un village (pour s'entraider à la saison des gros travaux).

두레[2] 명 appareil *m* d'irrigation d'une rizière ((en faisant passer l'eau d'une rivière)).

◆_질 명 irrigation *f* d'une rizière avec l'eau d'une rivière. ¶ ~질(을) 하다 irriguer une rizière en détournant l'eau d'une rivière.

두레박 명 seau(*x*) *m* (d'un puits). ¶ ~으로 우물물을 긷다 puiser de l'eau à la fontaine [au puits] avec un seau.

◆_질 명 action *de* puiser de l'eau à la fontaine [au puits]. ¶ ~질(을) 하다 puiser de l'eau au puits.

두려움 명 peur *f*, épouvante *f*, effroi *m*, frayeur *f*, terreur *f*, crainte *f*, appréhension *f*, inquiétude *f*, anxiété *f.* ¶ 적에게 ~을 느끼다[갖다] avoir peur de l'ennemi. ¶ 대학 입학고사에 떨어지지 않을까 하는 ~을 느끼기 시작했다 Je commençais à me faire un sang d'encre parce que j'avais peur [je craignais] de ne pas réussir l'examen d'entrée à l'université. ¶ 상대방에 대한 ~을 감추다 ne pas montrer qu'on a peur à *son* adversaire. ¶ ~을 떨치고 나서다 vaincre *sa* peur, se débarrasser de *sa* peur ¶ ~을 모르는 젊은이들 l'intrépide jeunesse, ces jeunes qui ne connaissent pas la peur. ¶ ~에 떨다 trembler de peur. ¶ 그 사람은 언제 죽음이 닥칠지 모른다는 ~에 시달리고 있다 Il est rongé par le souci de la mort. ¶ 합병증의 ~은 없다 Aucune complication n'est à redouter.

두려워하다 타 ① 무서워하다 avoir peur de *qc*; craindre, s'épouvanter; s'effrayer de *qc*; être saisi(*e*) de frayeur; être intimidé(*e*) devant *qn*; avoir le trac {*fam*} [la colique {*fam*}, les chocottes {*fam*}, la frousse {*fam*}, la trouille {*fam*}, les jetons {*fam*}]; serrer les fesses {*fam*}, avoir [de l'appréhension, de l'inquiétude, de l'anxiété, de l'effroi, de la frayeur, de l'épouvante]. ¶ 그 사람은 죽음을 두려워하지 않는다 Il ne craint pas la mort. ¶ 적을 두려워 말라 N'aie pas peur de l'ennemi. ¶ 두려워하지 마십시오 N'ayez pas peur. ¶ 그는 결백하니까 아무것도 두려워하지 않는다 Comme je suis parfaitement innocent(*e*), je ne crains rien. ¶ 낯선 사람들과 만나는 것을 두려워해서는 안 된다 N'aie pas peur de rencontrer quelqu'un que tu ne connais pas. ¶ 그 사람은 여러 사람들 앞에서 말하는 것을 두려워한다 Il redoute de parler en public. ¶ 그는 고소 공포증으로 높은 곳에 오르기를 두려워한다 À cause de son acrophobie, il a peur de monter sur les endroits élevés. ¶ 두려워서 도망치다 s'enfuir épouvanté(*e*) [effrayé(*e*), terrifié(*e*)]. ② 근심하다 avoir peur; craindre que+(ne)+*subj*; s'inquiéter. ¶ 그 학생은 낙제나 하지 않을까 두려워한다 Cet élève craint d'avoir échoué à l'examen. ¶ 그 직원은 해고될까봐 두려워하고 있다 Cet employé a peur d'être licencié. ¶ 그 사람이 올까봐 두려워할 필요는 없다 Il n'est pas à craindre qu'il vienne / On ne risque pas de le voir arriver. ③ 외경하다 être saisi(*e*) d'une crainte respectueuse; éprouver une crainte révérencielle. ¶ 어른을 두려워할 줄 알아야 한다 Il faut savoir redouter et respecter ses aînés.

두렵다 형 avoir peur de *qc*/*qn*/*inf*, craindre de+*inf*/que+*subj*; appréhender de+*inf*/que+*subj*, redouter de+*inf*/que+*subj*, s'épouvanter; s'effrayer de *qc*; être saisi(*e*) de frayeur; être intimidé(*e*) devant *qn*; avoir le trac {*fam*} [la colique {*fam*}, les chocottes {*fam*}, la frousse {*fam*}, la trouille {*fam*}, les jetons {*fam*}]; 《대상이》 être redoutable, être effrayant(*e*), faire peur à *qn*. ¶ 또 사고가 날까 ~ Je crains d'avoir à nouveau un accident. ¶ 나는 그 사람이 ~ J'ai peur de lui / Il me fait peur. ¶ 나는 그 여자와 마주치는 것이 두려워서 먼 길로 돌아다녔다 J'ai fait un détour de peur de la croiser. ¶ 그 학생은 시험을 망칠까봐 두려워서 잠을 이루지 못했다 Cet(*te*) élève n'a pu s'endormir de [par] peur de rater son examen. ¶ 늙으신 아버지는 이제 더 이상 그에게 두려운 존재가 아니었다 Son vieux père n'était plus une personne redoutable pour lui.

두령 頭領 명 chef *m*.

두루 부 sans rien omettre [laisser]; complètement; de fond en comble; dans tous les coins; de tous côtés, partout, tout(*e*), tous(toutes), par-ci (et) par-là, un peu partout; un peu de tout, largement. ¶ 전 세계를 ~ 여행하다 voyager partout dans le monde. ¶ 여기저기 직장을 ~ 알아보다 se renseigner partout [par-ci par-là, à droite à gauche {*pop*}] pour un emploi. ¶ 많은 책들을 ~ 찾아보다 chercher de nombreux livres dans divers domaines. ¶ 그는 ~ 많은 것을 안다 Il connaît beaucoup de choses dans tous les domaines. ¶ 그 남자는 여러 조건을 ~ 갖춘 신랑감이다 C'est un bon parti sur bien des plans / Il a tout pour faire un bon mari / Cet homme a toutes les conditions idéales pour prétendre au mariage. ¶ 그 남자는 여러 직책을 ~ 거쳤다 Il a occupé un peu tous les postes. ¶ 여러 편의 시설을 ~ 갖춘 휴양지 une station balnéaire munie de toutes les installations de bien-être.

◆_ _ 부 partout; de toutes choses; un peu partout; tous, tout le monde; en gros, *grosso modo*. ¶ 여행자는 사찰을 ~~ 둘러보았다 Le voyageur a visité l'essentiel du temple. ¶ ~~ 많은 곳을 보다[방문하다] voir [visiter] beaucoup d'endroits rapidement [superficiellement]. ¶ ~~ 생각하여 결정하다 réfléchir mûrement [examiner tous les aspects d'une question] avant de prendre une décision. ¶ ~~ 알아보면 아마 그의 주소를 알고 있는 사람을 찾을 수 있을거야 Si on se renseigne un peu partout, on pourra trouver quelqu'un qui connaît son adresse. ¶ 신년 초에 ~~ 인사를 다니다 aller présenter *ses* vœux un peu partout pour la nouvelle année. ¶ ~~ 안부를 묻다[전하다] demander [transmettre] les nouvelles de tout le monde. ¶ 그 남자는 ~~ 사이좋게 지낸다 Il est en bons termes avec tout le monde / Il est bien avec tout le monde.

두루마기 명 manteau(*x*) *m* traditionnel coréen; sorte de redingote *f* coréenne.

두루마리 명 rouleau(*x*) *m* de papier.

◆**_화장지** -化粧紙 명 rouleau(*x*) *m* de papier hygiénique.

두루뭉수리 명 《말이나 행동》 ambiguïté *f*, caractère *m* évasif 《d'une réponse》; confusion *f*, incertitude *f*, imprécision *f*, flou *m*, vague *m*; 《사람》 personne *f* (ayant un caractère) facile à vivre [accommodante, qui n'est pas contrariante]. ¶ 그 여자는 ~와 결혼했다 Elle s'est mariée avec un homme facile à vivre.

◆**_하다** 형 ne pas être clair(*e*) [distinct(*e*)], être ambigu(ë), incertain(*e*), confus(*e*), équivoque; 《일이나 행동이》 être superficiel(*le*), approximati*f*(*ve*), ne pas être pointu(*e*); 《대답이》 être évasi*f*(*ve*); 《외모가》 être rondelet(*te*). ¶ 일을 ~하게 마무리짓다 terminer un travail sans aller au fond des choses, faire un travail superficiellement. ¶ 그 여자는 ~하게 생겼다 C'est une femme rondelette.

두루뭉술 부 ☞ 두루뭉실

두루뭉실 부 en gros, à peu près, approximativement, *grosso modo*; superficiellement, de manière superficielle. ¶ 이 일을 그렇게 ~ 처리하면 안 된다 Il ne faut pas traiter [régler] cette affaire à la légère[de manière superficielle].

◆**_하다** 형 ne pas être clair(*e*) [distinct(*e*)], être ambigu(ë), incertain(*e*), confus(*e*), équivoque; 《일이나 행동이》 être superficiel(*le*), approximati*f*(*ve*), ne pas être pointu(*e*); 《대답이》 être évasi*f*(*ve*);

((외모가)) être rondelet(*te*). ¶ 그 여자는 얼굴이 ~하다 Elle a un visage rondelet. ¶ 그 남자는 사람이 ~하다 C'est un homme rondelet. ¶ 그의 말은 ~해서 무슨 뜻인지 알아듣기 힘들다 Comme il ne parle pas distinctement [il avale ses mots], il est difficile de le comprendre.

두루미 명 【동물】 grue *f.*

두르다 타 ① 둘러싸다 entourer; mettre autour de *qc*; ceindre; encadrer; encercler, enfermer, clore, envelopper, ceinturer, ficeler, enserrer, enclore, murer, enclaver, cerner. ¶ 울타리를 ~ entourer *qc* d'une haie; clôturer, palissader. ¶ 누구의 어깨를 팔로 ~ entourer les épaules de *qn* avec *ses* bras, passer *ses* bras autour des épaules de *qn*. ¶ 낮은 구름이 산꼭대기를 두르고 있다 Les nuages bas entourent le sommet de la montagne. ② 넣다 mettre. ¶ 케이크에 크림을 ~ mettre de la crème autour d'un gâteau. ¶ 프라이팬에 기름을 ~ mettre de l'huile sur la poêle. ③ 입다, 차다 mettre; s'habiller, se vêtir; revêtir. ¶ 치마를 ~ mettre une jupe, revêtir une jupe. ¶ 머리를 ~ se bander la tête. ¶ 이마에 띠를 ~ ceindre *son* front d'un bandeau, ceindre un bandeau autour de *son* front.

두름 명 vingt ((navets, poissons)). ¶ 생선을 ~별로 엮다 attacher les poissons par chapelet [natte] de vingt.
분류 chapelet *m* [natte *f*] de vingt ((poissons)) <unité servant à compter les légumes ou les poissons attachés par vingt>. ¶ 생선 한 ~ un chapelet [une natte] de vingt poissons.

두릅나무 명 【식물】 aralie *f;* aralia *f; Aralia elata* {*nsc*}.

두리둥실 부 de forme rondelette ((idéophone)).
◆_**하다** 형 ¶ 그 남자는 ~하게 생겼다 C'est un homme rondelet.

두리번거리다 자타 jeter un regard ici et là [de tous côtés], rouler des yeux d'un air ébahi; jeter des regards de tous côtés; regarder autour de *soi* d'un air perdu; promener *ses* regards sur *qc* d'un air stupéfait. ¶ 사방을 ~ jeter des regards de tous côtés. ¶ 그 사람은 누가 보지나 않나 하고 두리번거린다 Il regarde tout autour de lui pour voir si on le surveille. ¶ 웬 낯선 사람이 와서 (주위를) 두리번거리다가 갔다 Un étranger est arrivé; il a jeté des regards de tous côtés puis il est reparti. ¶ 아저씨는 영문도 모르는 채 눈만 두리번거렸다 Sans savoir ce qui se passait, il ne faisait que rouler des yeux d'un air stupéfait.

두리번두리번 부 en jetant *son* regard par-ci par-là, en promenant *son* regard autour de *soi*, en regardant ici et là; en promenant ici et là un regard inquiet [étonné] ((idéophone de geste)). ¶ 주위를 ~ 둘러보다 regarder les alentours. ¶ 아이는 ~ 엄마를 찾는다 L'enfant cherche sa mère, en regardant ici et là. ¶ 눈알을 ~ 굴리다 (rouler des yeux pour) regarder ici et là.
◆_**하다** 자 jeter un regard ici et là, promener *son* regard autour de *soi*; promener ici et là un regard inquiet [étonné]; jeter des regards de tous côtés. ¶ 사방을 ~ regarder partout ((d'un air de chercher *qc*)). ¶ 그 남자는 누구를 찾는지 도서관 안을 ~한다 Il doit sans doute chercher quelqu'un car il promène son regard à l'intérieur de la bibliothèque. ¶ 이쪽 저쪽을 ~하다 jeter un regard [coup d'œil] ici et là.

두만강 豆滿江 명 le fleuve Duman (Tumen).

두말 명 parole *f* inutile; propos *m* contradictoire; répétition *f.* ¶ ~ 말아라 Ne dis plus rien / N'en parle plus / Ne discute pas / Ne discutaille pas {*fam*}. ¶ ~ 말고 시키는 대로 해 Fais ce que je te dis sans discuter. ◇_(을) **하다** tenir un double langage; se dédire ((d'une affirmation)); revenir sur *ses* paroles. ¶ ~ 할 것 없이 naturellement, bien entendu, évidemment, il va sans dire que+*ind*; à coup sûr; absolument; incontestablement. ¶ 그는 내 제안에 ~ 않고 따랐다 Il a suivi ma proposition sans mot dire [sans discuter].
***한 입으로 ~ 하다** tenir un double langage; revenir sur *ses* dires, revenir sur *sa* parole [ce qu'on a dit, *son* opinion, *sa* promesse]; se rétracter, se dédire ((d'une promesse, d'une affirmation, d'un engagement)); manquer à *sa* parole, se contredire; manquer à *sa* promesse; se contredire, dire le contraire de ce qu'on avait avancé peu avant; dire autre chose; se désavouer; se raviser; retirer *sa* parole; désavouer les propos qu'on avait tenus [une opinion qu'on avait soutenue]; rétracter ce qu'on a dit; faire volte-face; faire marche [machine] arrière.

두메산골 -山- 명 un lieu *m* [un petit village] isolé; un bled *m* paumé {*fam*}, un coin paumé {*fam*}, fond *m* de la campagne; un coin *m* de la campagne; un patelin {*fam*} [bled {*fam*}] perdu, un trou *m* complètement paumé {*fam*}; la campagne *f* profonde, en pleine campagne *f,* un village *m* isolé [enclavé]. ¶ ~에 살다 habiter un lieu [un petit village] isolé; habiter dans un bled paumé {*fam*}, rester au fond de la campagne; se confiner dans un coin de la campagne; rester confiné(*e*) dans un patelin {*fam*} [bled {*fam*}] perdu [un trou complètement paumé {*fam*}]; habiter dans la campagne profonde [en pleine campagne], vivre isolé(*e*) dans la campagne profonde, vivre dans un village isolé [enclavé]. ¶ ~에 집을 짓다 bâtir une maison dans un coin perdu [dans un bled {*fam*}, dans un patelin {*fam*}].

두목 頭目 명 chef *m* de bande [de gang], caïd *m* {*fam*}. ¶ 저 사람은 꼭 산적 ~같이 생겼다 Ce type a vraiment l'air d'un chef de bande [d'un caïd {*fam*}].

두문불출 杜門不出 명 vie *f* solitaire chez *soi.* ¶ 그 아이는 그 날 이후로 열흘째 ~이다 Ça fait dix jours qu'il refuse de sortir de sa maison [qu'il reste enfermé chez lui]. ◇_**하다** rester chez *soi* et ne pas vouloir sortir, rester enfermé(*e*) [emmuré(*e*), claustré(*e*), cloîtré(*e*), confiné(*e*)] chez *soi*, s'enfermer chez *soi*, se confiner ((dans *sa* chambre)), se calfeutrer ((chez *soi* pour ne voir personne)), s'enfermer, s'emmurer, se cloîtrer, se confiner, se claustrer ((chez *soi*)); se renfermer ((dans *sa* tour d'ivoire)); se cantonner ((dans *ses* recherches)); mener une vie solitaire.

두발 頭髮 명 cheveux *mpl*; chevelure *f*. ¶ 서울의 고등학생들이 ~자유화를 요구하며 시위를 벌였다 Les lycéens de Séoul ont fait une manifestation pour demander plus de liberté en matière de coupe de cheveux.

두부[1] 豆腐 명 *dubu m* <pâté de (suc de) soja appelé aussi «fromage de soja» ou «caillé de soja» obtenu en faisant coaguler le «lait de soja», liquide obtenu en filtrant du soja préalablement trempé, broyé, additionné d'eau et bouilli. Le *tofu* ou *dubu* est vendu en pavé rectangulaire et se mange avec différents assaisonnements ou en petits cubes dans une soupe (de *doenjang*)>. ¶ ~ 한 모 un pavé rectangulaire de tofu. ¶ ~를 집에서 만들어 먹다 faire [préparer] du tofu chez *soi* et en manger. *~**먹다 이 빠졌다** Il est arrivé quelque chose de totalement inattendu.
◆_**김치** 명 pâté *m* de soja garni de *gimchi*.
◆_**공장** -工場 명 usine *f* fabriquant du *dubu*.
◆_**살** 명 chair *f* flasque.
◆_**장수** 명 marchand(*e*) de *dubu*.
◆_**콩** 명 soja *m*.
◆**순**_ 명 tofu *m* fluide [encore mou]; *sundubu m* <plat à base de tofu fluide; ((순두부찌개)) *jjigae* (souvent pimenté) de tofu fluide avec des coquillages et un œuf>.

두부[2] 頭部 명 tête *f*; crâne *m*. ¶ ~ 총상 blessure sur le crâne causée par une balle de revolver ou de fusil. ¶ ~를 다치다 se blesser à la tête.

두상[1] 頭上 명 ((머리의 높임말)) tête *f*; ((머리 위)) sommet *m* de la tête. ¶ ~에 sur la tête.

두상[2] 頭相 명 forme *f* de la tête; forme *f* du visage. ¶ 그놈 ~이 장군 감이군 Ce garçon a déjà le visage [l'allure] d'un chef [d'un guerrier] / Ce garçon a la physionomie d'un chef.

두서 頭緖 명 cohérence *f*; ordre *m*. ◇_**(가) 없다** être incohérent(*e*), insensé(*e*), être sans queue ni tête. ¶ 이상으로 ~ 없는 말을 마치겠습니다 Je termine mes humbles propos en vous remerciant d'y avoir accordé une attention soutenue [de m'avoir accordé une attention soutenue] / Je vous remercie d'avoir pris la peine de m'écouter / Je vous remercie de votre attention [de votre bienveillance, de la chaleur que vous m'avez témoignée] / Je vous remercie d'avoir accordé une attention soutenue à mes propos.
◆_**없이** 부 ¶ ~없이 말하다 tenir des propos incohérents [insensés, sans queue ni tête], bafouiller. ¶ 너무 ~없이 지껄인 것 같군요 Mes propos vous ont peut-être semblé incohérents. ¶ ~없이 말씀드리게 되어 죄송합니다 Je suis désolé(*e*) d'avoir tenu des propos si incohérents [des propos insensés, des propos sans queue ni tête].

두서너 관 deux ou trois ou quatre; quelques. ¶ 사과 ~ 개 quelques pommes. ¶ ~ 명이 모였다 Quelques-uns se sont rassemblés.

두서넛 수 deux, trois ou quatre; quelques-un(*e*)s.

두세 관 deux ou trois; quelques. ¶ ~ 명만 더 있으면 인원이 꽉 찬다 Il suffirait de deux ou trois personnes de plus pour qu'on atteigne le nombre fixé [pour qu'on soit au complet] / Avec deux ou trois personnes de plus, on atteindra le nombre fixé / Encore deux ou trois personnes et nous aurons le nombre souhaité [prévu, attendu].

두셋 수 deux ou trois; quelques-un(*e*)s. ¶ 친구 ~이 놀러 왔다 Deux ou trois amis sont venus [sont passés] chez nous / Deux ou trois amis nous ont rendu visite.

두수 頭數 명 nombre *m* de têtes ((de bétail)). ¶ 소 적정 ~ un nombre convenable [raisonnable] de vaches.

두어 관 deux ou trois; deux ou plus. ¶ ~ 개 deux ou plus. ¶ ~ 사람 deux ou trois personnes.

두엄 명 fumier *m*; engrais *m*. ¶ ~을 쌓다 accumuler du fumier [de l'engrais].
◆_**더미** 명 tas *m* de fumier.

두엇 수 deux ou trois; quelques. ¶ 승객 ~ deux ou trois passagers.

두운 頭韻 명 【문학】 allitération *f*.

두유[1] 豆乳 명 lait *m* de soja.

두유[2] 豆油 명 huile *f* de soja.

두음 頭音 명 【음성학】 consonne *f* initiale d'un mot.
◆_**법칙** -法則 명 【언어】 règle *f* des consonnes en initiale ((règle phonologique qui fait commuter la consonne initiale ㄹ avec ㄴ ou ㅇ ...; règle des consonnes ㄹ et ㄴ en (position) initiale)). ¶ ~법칙에 따라 'ㄹ'이 'ㄴ'으로 바뀌었다 La règle des consonnes en initiale a remplacé ㄹ par ㄴ.

두자약어 頭字略語 명 【언어】 acronyme *m* ((ex. O.N.U. [ony])); sigle *m* ((ex. O.N.U. [oɛny])).

두절 杜絶 명 interruption *f*; suspension *f*, cessation *f*. ¶ 지금 그 친구와는 연락이 거의 ~ 상태이다 Je suis presque sans nouvelles de lui maintenant / Je n'ai presque plus aucune nouvelle de lui maintenant. ◇_**(을) 하다** arrêter, cesser, interrompre, suspendre. ¶ 가족과 소식을 ~하고 지내다 vivre isolé(*e*) de *sa* famille sans donner de *ses* nouvelles. ◇_**(이) 되다** cesser, s'arrêter, s'interrompre; être interrompu(*e*). ¶ 소식이 ~되다 être sans nouvelles ((de *qn*)). ¶ 심한 비바람으로 통신이 ~되었다 Les communications téléphoniques ont été interrompues à cause d'un orage. ¶ 폭설로 지난 월요일부터 교통이 거의 ~되었다 Le trafic a presque été interrompu par une forte chute de neige depuis lundi dernier. ¶ 폭설로 아랫마을과 연락[통신, 교통]이 ~되었다 Une forte chute de neige a interrompu toute communication [la communication téléphonique, le trafic] avec le village d'en bas.

두족류 頭足類 명 céphalopodes *mpl*.

두주 斗酒 명 alcool *m* de riz en petit tonneau de 20 litres. ¶ ~를 사양하지 않다 boire comme un trou [comme une éponge].

◆ **_불사** -不辭 명 personne *f* qui boit comme un trou [une éponge].

두째 수관 ☞ 둘째

두터이 부 de manière [façon] épaisse; solidement. ¶ 우애를 ~ 하다[쌓다] rendre *son* amitié solide; renforcer des relations cordiales [amicales]. ¶ 다른 나라와의 우호 관계를 ~하다 renforcer les relations amicales avec un pays étranger.

두통 頭痛 명 mal(*maux*) *m* de tête; migraine *f*; céphalalgie *f*; céphalée *f*. ¶ 극심한 ~으로 머리가 깨어질 듯했다 avoir l'impression que *sa* tête va exploser à cause d'une forte migraine.

◆ **_거리** 명 casse-tête *m*. ¶ ~거리가 생겼다 avoir un casse-tête [un souci]. ¶ 그 친구는 ~거리이다 C'est un fauteur de troubles {*fam*} / C'est un fouteur de merde {*vulg*} / C'est un emmerdeur {*vulg*}.

◆ **편_ 偏** 명 【의학】 migraine *f*.

두툴두툴하다 형 être rugueux(*se*), bosselé(*e*), bossué(*e*); ((étoffe)) rude; ((papier)) granité(*e*); ((roche)) moutonné(*e*). ¶ 악어가죽은 매우 ~ La peau d'un crocodile est très bosselée. ¶ 그는 두툴두툴한 자갈투성이 길을 걸어야 했다 Il a dû marcher sur un chemin accidenté plein de graviers [gravillons].

두툼하다 형 ① 두껍다 être un peu épais(*se*). ¶ 그는 손[입술]이 ~ Il a les mains [les lèvres] épaisses. ¶ 책[봉투]이 ~ Le livre est épais [L'enveloppe est épaisse]. ¶ 뭘 넣었더니 주머니가 ~ J'ai mis quelque chose dans ma poche, qui est devenue épaisse [qui a gonflé]. ¶ 추우니 옷을 두툼하게 입어라 Mets un vêtement épais puisqu'il [parce qu'il] fait froid. ② 넉넉하다 être bien garni(*e*). ¶ 지갑이 두툼하니 오늘은 내가 살게 Je vais payer parce que mon portefeuille est bien garni aujourd'hui.

두호 斗護 명 protection *f*; patronage *m*, appui *m*; tutelle *f*; faveur *f*. ◇_(를) **하다** protéger ((un orphelin)); patronner ((une personne)); prendre *qn* sous *sa* protection [tutelle]; accorder *sa* protection [*son* appui] à *qn*. ¶ 누구를 ~하다 protéger une personne, patronner une personne; prendre *qn* sous *sa* protection [tutelle]; accorder *sa* protection [*son* appui] à *qn*. ◇_(를) **받다** être protégé(*e*) par *qn*; être sous la protection [tutelle] de *qn*.

둑 명 digue *f*; berge *f* (d'un canal); chaussée *f* (d'étang); remblai *m* (en bordure d'une ligne de chemin de fer); quai *m* ((qui est fait le long d'un cours d'eau, d'un canal)). ¶ ~을 쌓다 bâtir [construire] une digue. ¶ ~이 무너지다 La digue s'est affaissée.

◆ **_길** 명 berge *f*; (chemin *m* de la) digue *f*. ¶ ~길을 따라 걷다 marcher le long de la berge.

◆ **논_** 명 berge *f* d'une rizière.

◆ **밭_** 명 talus *m* qui borde un champ.

둔각 鈍角 명 【수학】 angle *m* obtus.

◆ **_삼각형** -三角形 명 【수학】 triangle *m* à angle obtus.

둔감하다 鈍感- 형 être peu sensible à *qc*. ¶ 유행에 ~ être peu sensible à la mode. ¶ 주변 환경의 변화에 ~ être peu sensible au changement de l'environnement.

둔갑 遁甲 명 métamorphose *f*, transformation *f*. ◇_(을) **하다** se métamorphoser en *qc*, se transformer en *qc*, se mettre [entrer] dans la peau de *qn*, se déguiser en *qn*. ◇_(을) **시키다** transformer *qn*/*qc* en *qc*, changer *qn*/*qc* en *qc*, métamorphoser *qn* en *qc*. ¶ 마술사는 달걀을 비둘기로 ~시켰다 Le magicien a changé des œufs en pigeons.

◆ **_술** -術 명 art *m* de se métamorphoser par magie.

둔기 鈍器 명 arme *f* contondante. ¶ ~를 휘두르다 agiter [brandir] une arme contondante. ¶ ~로 얻어맞은 흔적 une marque [trace, blessure, meurtrissure, contusion] laissée par une arme contondante.

둔덕 명 pente *f*; butte *f*; hauteur *f*.

◆ **_지다** 형 former une butte.

둔부 臀部 명 fesses *fpl*; arrière-train {*fam*}, train *m* {*fam*}, postérieur *m* {*fam*}, derrière *m* {*fam*}.

둔재 鈍才 명 esprit *m* obtus [lourd]; personne *f* d'intelligence médiocre; incapacité *f*.

둔중하다 鈍重- 형 ① ((덩치가)) être gros(*se*) et lourd(*e*), pesant(*e*), imposant(*e*). ¶ 둔중한 물체 un objet lourd [pesant], un objet imposant, un gros objet, un objet volumineux. ② ((소리가)) être lourd(*e*). ¶ 종소리가 둔중하게 울린다 La cloche sonne lourdement. ③ ((행동이나 동작이)) être lourd(*e*); être lent(*e*); être traînard(*e*) {*fam*}, lambin(*e*) {*fam*}. ¶ 둔중한 동작 un mouvement lourd et lent. ④ ((분위기나 상태가)) être pesant(*e*), lourd(*e*), triste, morne. ¶ 둔중한 분위기 une ambiance pesante [lourde, morne].

둔치 명 bord *m* de l'eau; berge *f*; quai *m*; pente *f* au bord de l'eau.

둔탁하다 鈍濁- 형 ① être lourd(*e*). ¶ 둔탁한 것에 머리를 맞다 se faire taper sur la tête avec quelque chose de lourd. ② ((소리가)) être lourd(*e*), pesant(*e*). ¶ 문 닫히는 소리가 둔탁하게 복도에 울렸다 Le bruit de la porte qui se fermait a retenti pesamment dans le couloir. ¶ 둔탁한 망치질 소리 le son sourd des coups de marteau. ③ ((머리가)) être stupide, imbécile, sot(*te*), bête, lourdaud. ¶ 행동이[머리가] ~ être lent(*e*) et lourd(*e*) dans *ses* mouvements [être lent(*e*) à comprendre, être lent(*e*) d'esprit, avoir l'esprit lent, être dur(*e*) à la détente {*fam*}, avoir du retard à l'allumage, avoir (toujours) un train [un métro] de retard, être (toujours) en retard d'une guerre, mettre du temps à comprendre;«Il[Elle] comprend vite, mais il faut lui expliquer longtemps», être stupide, bête].

둔하다 鈍- 형 ① 느리다 être lent(*e*); être lourd(*e*); être un(*e*) lourdaud(*e*). ¶ 옷을 많이 껴입었더니 ~ Je me sens mal à l'aise parce que j'ai enfilé [mis] beaucoup de vêtements. ¶ 그는 몸놀림이 둔해 보인다 Il a l'air (d'un) lourdaud quand il se meut [se déplace, marche]. ② 재주가 없다 être maladroit(*e*), être gauche; ((머리가)) être idiot(*e*), stupide; manquer [être dénué(*e*)] d'intelligence; être lent(*e*) à comprendre, être lent(*e*) d'esprit, avoir l'esprit lent, être dur(*e*) à la détente {*fam*}, avoir du retard à l'allumage, avoir (toujours) un train [un métro] de retard, être (toujours) en retard d'une guerre, mettre du temps comprendre; «Il[Elle] comprend vite, mais il faut lui expliquer longtemps»]. ¶ 그는 머리가 ~ Il est idiot / Il manque d'intelligence. ¶ 말 배우는 게 늦지만 둔한 아이는 아니다 Même s'il est lent à apprendre à parler, il n'est pas stupide [idiot]. ③ 감성이 무디다 être peu sensible, insensible, être dénué(*e*) de sensibilité; être lent(*e*) à comprendre; 눈치가 없다 manquer de tact [d'à-propos]. ¶ 그는 워낙 둔해서 분위기 파악을 못한다 Il est si lourd qu'il ne comprend pas ce qui se passe [qu'il ne s'adapte pas à la situation] / Il est tellement dénué de sensibilité qu'il ne comprend pas la situation.

둔화 鈍化 명 action d'émousser [fait de devenir émoussé(*e*)]; ralentissement *m* ((de l'économie)). ¶ ~현상 un phénomène de ralentissement (de l'économie). ◇_(가) **되다** s'affaiblir, se laisser fléchir, faiblir, flancher; se ralentir, marquer le pas; être affaibli(*e*). ◇_(를) **시키다** affaiblir, faire flancher; ralentir *qc*.

둘 수관 deux *m*. ¶ 범인은 ~ 중 하나다 L'auteur du crime doit être l'un des deux. ¶ ~ 중 아무도 약속 장소에 나가지 않았다 Aucun des deux n'est allé au rendez-vous. ¶ ~로 나누다 diviser *qc* en deux; partager ((une pomme)) en deux. ¶ 그는 아이가 ~이다 Il a deux enfants. ¶ 그 ~은 서로 사이가 안 좋다 Les deux ne s'entendent pas bien / Ils ne sont pas en bons termes / Ils n'ont pas de bons rapports. ¶ 그들은 ~이서 나를 찾아왔다 Les deux sont venus me voir / Ils sont venus me voir tous les deux. ¶ 너희 ~ 다 모두 일을 잘 했다 Vous avez bien fait tous les deux. ¶ 이번 일은 너희 ~ 양 쪽 다에게 책임이 있다 Vous êtes tous les deux responsables de cette affaire. ¶ 우리 일행은 모두 ~이다 Nous sommes deux en tout. ¶ ~ 사람[명, 배, 군데] deux personnes [fois, endroits]. ¶ ~ 배로 어려운 일 un travail deux fois plus difficile. ¶ 종이 ~ 장 deux feuilles de papier. ¶ ~ 시에 à deux heures. ¶ 오전 ~ 시 deux heures du matin. ¶ ~ 시간 정도 걸렸다 Ça (*nous*) a pris environ deux heures / On a mis environ deux heures ¶ 학생 ~이 날 찾아왔다 Deux élèves sont venus me voir. *~**도 없다** : être unique, incomparable; être très cher(*chère*). ¶ 그런 괴짜는 ~도 없다 C'est vraiment un original [une personne à part, un drôle de zigoto {*fam*}], ce type / Il est vraiment bizarre ce type. ¶ 그는 나의 ~도 없는 친구다 C'est (vraiment) un(*e*) très bon(*ne*) ami(*e*) / Des amis comme ça, je n'en ai pas deux / C'est mon(ma) meilleur(*e*) ami(*e*) / Lui(Elle) et moi, on est inséparables.

◆**_째** -수관 second(*e*); deuxième; ((부차적인)) secondaire. ¶ ~째 손가락 l'index. ¶ ~째 번 la seconde [deuxième] fois. ¶ ~째 번 사람 la deuxième personne. ¶ 그의 성적은 반에서 항상 ~째다 Il est toujours le deuxième de sa classe / Il occupe toujours la deuxième place en classe. ¶ ~째 동생 deuxième enfant (après moi). ¶ ~째로 deuxièmement, en deuxième. ¶ ~째 줄에 앉은 사람 une personne assise au deuxième rang. ¶ 끝에서 ~째 avant-dernier. ¶ ~째 안이 가결되었다 La seconde [deuxième] motion a été adoptée [est passée]. ¶ 그는 형제들 중에서 ~째 형과 제일 친하다 Il est (le) plus proche de son deuxième frère aîné. ¶ 그의 성적은 반에서 항상 ~째다 Il est toujours le deuxième de sa classe / Il occupe toujours la deuxième place en classe. ¶ 그 사람은 오 형제 가운데 ~째다 Il est le deuxième d'une famille de cinq enfants. ¶ 그 선수는 ~째로 들어왔다 Il est arrivé deuxième de la course.

*~째 **가라면 서러워하다** exceller (dans [en] *qc*), être excellent(*e*); mériter la première place. ¶ 우리 언니는 음식 솜씨만큼은 온 동네에서 ~ 가라면 서러워할 정도로 뛰어나다 Ma sœur aînée excelle en cuisine à tel point que si tu lui dis qu'elle n'est pas la première [la meilleure] elle se fâche.

둘둘[1] 부 en rond, en boule ((idéophone évoquant l'action de rouler *qc*)). ¶ 옷을 ~ 말아 가방에 넣다 rouler des vêtements et les mettre dans la valise. ¶ 휴지를 ~ 말다 rouler (négligemment) du papier-toilette [papier hygiénique]. ¶ 담요로 몸을 ~ 감다 enrouler le corps dans une couverture. ¶ 와이셔츠의 소매를 ~ 말아올리다 retrousser la manche de *sa* chemise.

둘둘[2] 부 ((소리)) avec des vibrations (bruyantes), en vibrant ((onomatopée évoquant une vibration)). ¶ 재봉틀이 ~ 소리를 내며 돌아간다 La machine à coudre tourne [marche] en faisant du bruit [bruyamment].

둘러놓다 타 mettre des objets en rond [en cercle]; disposer [poser] des objets autour de *qc*. ¶ 의자를 난로가에 빙 둘러놓았다 On a disposé des chaises (en rond[en cercle]) autour du poêle.

둘러대다 자타 se justifier (avec des arguments incohérents), s'excuser, se disculper en prétextant *qc*[en présentant des raisons], étaler des propos incohérents pour se justifier, prétexter. ¶ 수업 시간에 늦은 이유를 이러 저리 둘러대었다 Il a étalé des raisons incohérentes pour justifier son retard en classe. ¶ 그는 아파서 숙제를 하지 못했다고 둘러대었다 Il a prétexté qu'il n'avait pu faire ses devoirs parce qu'il était souffrant. ¶ 둘러대지 말고 똑바로 말해 봐 Au lieu d'essayer de te justifier (en disant n'importe quoi), dis la vérité.

둘러막다 타 entourer, enclore, clôturer, ceinturer, enclaver, cerner. ¶ 과수원을 철망으로 ~ entourer le verger de barbelés.

ㄷ

둘러맞추다 타 combler en empruntant ici et là; compléter avec beaucoup de difficultés; combiner. ¶ 모자라는 돈을 이리 저리 ~ combler la somme manquante en empruntant ici et là.

둘러매다 타 attacher autour de *qc*. @¶ 다친 손을 붕대로 ~ panser une main blessée, bander une main blessée avec un pansement.

둘러메다 타 porter en bandoulière, porter autour des épaules, mettre ((une écharpe)) sur *ses* épaules. ¶ 배낭을 어깨에 ~ porter un sac à dos sur le dos. ¶ 가방 하나만 둘러메고 전 세계를 돌아다녔다 Il s'est promené dans le monde entier avec seulement un sac sur le dos. ¶ 어깨에 숄을 아무렇게나 ~ mettre *son* châle n'importe comment autour de *ses* [sur *ses*] épaules.

둘러보다 타 regarder autour de *soi*; promener *ses* yeux [*son* regard] sur *qc*; jeter des regards de tous côtés. ¶ 차 안의 사람들을 ~ promener *son* regard sur les gens dans la voiture. ¶ 좌중을 ~ jeter un coup d'œil sur l'audience. ¶ 사방[주위]을 ~ regarder de tous côtés. ¶ 학부모들은 학교 시설을 모두 둘러보고 만족해했다 Les parents d'élèves étaient satisfaits après avoir jeté un coup d'œil sur tous les équipements de l'école.

둘러서다 자 se tenir debout autour de *qc* [*qn*]. ¶ 싸움이 벌어졌는데도 모두들 둘러서서 구경만 했다 Bien qu'une bagarre ait éclaté, tous se tenaient debout pour regarder. ¶ 우리들은 모닥불 가에 둘러서서 손을 녹였다 Nous nous sommes réchauffés les mains autour du feu. ¶ 모두들 둥그렇게 둘러서라 Formez un cercle.

둘러싸다 타 ① 에워싸다 entourer *qn*/*qc*; encercler, environner; enclore *qc* ((d'un mur)); clôturer, clore, envelopper, ceinturer, ficeler, enserrer, murer, cerner. ¶ 구경꾼들이 그를 둘러싸고 있다 Les badauds l'ont encerclé. ¶ 공항에서 기자들이 그를 둘러싸고 질문을 던졌습니다 À l'aéroport, les journalistes l'ont encerclé, et lui ont posé des questions. ¶ 몇 겹의 담이 그 감옥을 둘러싸고 있다 Plusieurs couches de murs entourent cette prison. ¶ 진지를 철조망으로 ~ ceinturer le camp de barbelés. ¶ 목장을 울타리로 ~ entourer la prairie (d'élevage) d'une haie. ② 관심을 두다 ¶ 부모의 유산을 둘러싸고 형제들끼리 싸운다 Les frères se disputent autour de l'héritage de leurs parents. ¶ 새 법안을 둘러싼 논쟁이 그치지 않고 있다 Les débats autour du nouveau projet de loi n'ont pas l'air de cesser.

둘러싸이다 자 être entouré(*e*), encerclé(*e*); se faire encercler. ¶ 한국은 삼면이 바다로 둘러싸여 있다 La Corée est entourée de trois côtés par la mer. ¶ 극장을 나서자마자 그 배우는 팬들에게 둘러싸였다 Cet acteur a été entouré de fans aussitôt qu'il est sorti du cinéma.

***베일에 둘러싸여 있다** être mystérieux(*se*), être entouré(*e*) de mystère. ¶ 그 사람의 성장 과정은 베일에 둘러싸여 있다 L'histoire de sa jeunesse est nimbée d'un voile (de mystère).

둘러쓰다 타 ① ((머리에)) mettre ((un châle, une écharpe)) autour de ((*sa* tête)) , se couvrir ((la tête)) ; enrouler ((une couverture)) autour de ((*ses* jambes)), envelopper ((*ses* jambes)) dans ((une couverture)); ((몸에)) se couvrir (entièrement); être couvert(*e*) de *qc*; s'envelopper dans ((une couverture)). ¶ 모포를 둘러쓴 노파 une vieille femme enveloppée dans une couverture de laine. ② ((먼지를)) être couvert(*e*) de ((poussière)); ((물을)) se verser de l'eau sur la tête. ¶ 머리에 먼지를 ~ avoir la tête couverte de poussière. ③ 변통하다 emprunter ((de l'argent)).

둘러앉다 자 s'asseoir autour de *qc*; s'asseoir en cercle. ¶ 겨울이면 난롯가에 둘러앉아 옛날이야기를 듣곤 했다 À chaque hiver, on écoutait des contes d'autrefois, assis autour d'un réchaud.

둘러엎다 타 ((엎어버리다)) renverser (brutalement), fracasser *qc* en le renversant; ((집어 치우다)) cesser net. ¶ 그 녀석은 화가 나서 테이블을 둘러엎었다 Très en colère, il a renversé la table (brutalement). ¶ 동업하던 것을 ~ cesser net une affaire en co-gestion.

둘러치다 타 ① 내던지다 brandir [agiter] *qc* et le jeter par terre. ¶ 땅바닥에 ~ renverser *qc* et taper par terre. ② 둘러놓다 dresser ((un paravent)); tendre ((un filet)); entourer, enclore ((un jardin d'une haie)). ¶ 포도밭 주위에 울타리를 ~ dresser une haie autour d'une vigne. ¶ 간이 샤워장을 천막으로 ~ tendre une toile autour d'une douche sommaire. ¶ 수용소 둘레에는 높은 철조망이 둘러쳐져 있었다 Les alentours du camp de concentration étaient entourés de barbelés.

***둘러치나 메어치나** peu importe la méthode; c'est du pareil au même. ¶ 둘러치나 메어치나 마찬가지이다 Peu importe la méthode, le résultat est le même.

둘레 명 tour *m;* pourtour *m;* circonférence *f;* périphérie *f;* périmètre *m.* (d'un polygone); environs *mpl*; alentours *mpl.* ¶ ~ 400미터의 운동장 stade *m* de quatre cents mètres de pourtour [périmètre]. ¶ 지구는 태양의 ~를 돌고 있다 La terre tourne autour du soleil. ¶ 가슴 ~를 재다 mesurer le tour de poitrine. ¶ 운동장 ~에 나무를 심었다 On a planté des arbres autour de la cour.

둘레둘레 부 en tournant la tête de droite à gauche ou autour de *soi*, en regardant ici et là ((idéophone de geste)). ¶ 사방을 ~ 살펴보며 찾다[둘러보다] chercher en regardant [scruter] partout. ¶ 여기 저기 ~ 돌아다니다 se promener ici et là.

둘리다 자 être entouré(*e*) de *qc*. ¶ 검정 테가 둘린 모자 un chapeau entouré d'un bandeau rouge.

둘째 수관 ☞ 둘

둥 의명 ① 하는 듯 아니 하는 듯 Je ne sais pas si ... ou pas; avec une telle négligence que je me demande si .... ou non. ((Cette expression exprime la répétition ou l'alternance de deux actions contradictoires avec un doute, une hésitation ou une négligence, et s'emploie sous forme de locution, radical du verbe-는, -ㄴ/-은, -ㄹ/-을 + 둥 마는, -ㄴ/-은, -ㄹ/-을 둥하다)) ¶ 그 남자는 나를 보는 ~ 마는 ~ 하고 지나갔다 Cet homme est passé à côté de moi avec une négligence telle que je me demande s'il m'a vu ou non. ¶ 나는 밥을 먹는 ~ 마는 ~ 하고 집을 나섰다 Je suis sorti(*e*) après avoir pris un semblant de petit-déjeuner. ② que ou; ou bien ... ou, ou bien. ((Cette expression sert à rapporter des propos contradictoires au style indirect à l'aide de terminaison relative -는 devant elle)) ¶ 그들은 잘 왔다는 ~, 반갑다는 ~ 하며 떠들어댔다 Ils disaient bruyamment qu'ils nous souhaitaient la bienvenue ou bien qu'ils étaient heureux de nous voir.

둥굴레 명 【식물】 sceau(*x*)-de-salomon.¶ ~ 나무 sceau(*x*)-de-salomon.

◆_**차** -茶 명 thé de sceau(*x*)-de-salomon. ¶ ~차를 마시다 boire du thé de sceau-de-salomon.

둥그래지다 자 être rond(*e*); s'arrondir. ¶ 얼굴이 ~ avoir le visage qui s'arrondit (avec le temps).

둥그러지다 자 tomber par terre, tomber à terre, tomber à la renverse; se renverser; tomber en roulant, culbuter; faire la culbute, rouler à terre.

◆**나**_ 자 tomber par terre, tomber à terre, tomber à la renverse; se renverser; tomber en roulant, culbuter; faire la culbute, rouler à terre. ¶ 그 사람은 얼음판에서 나둥그러졌다 Il est tombé à la renverse sur la glace / Il a roulé à terre sur la glace.

둥그렇다 형 être rond(*e*), circulaire, sphérique. ¶ 놀라서 눈을 둥그렇게 뜨다 faire les yeux ronds. ¶ 둥그렇게 둘러앉다 s'asseoir en rond. ¶ 둥그런 보름달 la pleine lune.

둥그레하다 형 être rond(*e*). ¶ 그는 얼굴이 ~ Il a le visage rond.

둥그스름하다 형 être arrondi(*e*); être presque rond(*e*). ¶ 수박이 ~ La pastèque est ronde. ¶ 얼굴이 둥그스름하게 생겼다 Il a le visage arrondi.

둥글넓적하다 형 être rond(*e*) et large. ¶ 얼굴이 ~ avoir le visage rond et large. ¶ 둥글넓적한 접시 une assiette ronde et large.

둥글다 형 ① ((원형)) être rond(*e*), circulaire, sphérique. ¶ 지구는 ~ La terre est ronde. ¶ 둥근 탁자 une table ronde. ② ((성격)) avoir bon caractère; être sociable. ¶ 그는 성격이 모나지 않고 ~ Il a bon caractère / Il a un caractère sociable / Il est très sociable. ¶ 세상을 둥글게 살다 vivre [agir, se comporter] en parfaite entente avec les autres.

둥글둥글하다 형 ① ((원형)) être rond(*e*), circulaire, sphérique. ¶ 글씨를 둥글둥글하게 쓰다 avoir une écriture ronde. ¶ 둥글둥글한 호박 une citrouille ronde. ② ((성격)) être paisible; être en harmonie; être en bon accord. ¶ 그는 누구하고도 잘 어울리는 둥글둥글한 성격이다 Il vit en parfaite entente avec tout le monde.

둥글리다 타 arrondir *qc*, rendre *qc* rond(*e*); émousser. ¶ 뾰족한 모서리를 ~ arrondir les angles.

둥덩거리다 자 jouer ((du tambour)), tambouriner.

둥덩대다 자 ☞ 둥덩거리다

둥둥[1] 부 rataplan, rantanplan ((onomatopée exprimant le roulement du tambour)). ¶ 북을 ~ 울리다[치다] battre le tambour (à coups redoublés).

◆_**거리다** 자타 ((le tambour)) faire rantanplan. ¶ 북이 ~거린다 Le tambour fait rantanplan. ¶ 사람들이 북을 ~거리며 마을을 돌아다닌다 Les gens font le tour du village en battant du tambour.

둥둥[2] 부 떠서 움직이는 모양 (en flottant) au gré des vagues, à vau-l'eau, au fil de l'eau, au fil du courant, à la dérive ((idéophone de mouvement ondulé sur l'eau ou en l'air)). ¶ 강물 위로 배가 ~ 떠내려간다 Un bateau descend le fleuve au fil de l'eau. ¶ 하늘에 풍선들[뭉게구름]이 ~ 떠 간다 Dans le ciel flottent des ballons [des nuages, des cumulus]. ¶ 그는 한 곳에 정착하지 못하고 ~ 떠다닌다 Il erre (comme les nuages), incapable de se fixer nulle part. ¶ 우리 아기 ~ Mon bébé chéri ((en le berçant)).

둥실 부 ① 가볍게 떠 있는 모양 (en flottant) au gré des vagues, à vau-l'eau, au fil de l'eau, au fil du courant, à la dérive ((idéophone de flottement sur l'eau ou en l'air de manière légère)). ¶ 동산 위로 달이 ~ 떠올랐다 La lune ronde s'est levée sur la colline avoisinante. ¶ 하늘에 ~ 뜬 풍선 des ballons flottant dans le ciel. ② 둥그스름한 모양 être replet(*ète*) ((idéophone d'aspect évoquant un objet rond)). ¶ 그 여자는 임신하여 배가 ~ 불렀다 Cette femme a le ventre rond parce qu'elle est enceinte.

◆_**거리다[대다]** 자 flotter, errer sur les flots. ¶ 물 위에서 부표가 ~거린다 La bouée flotte (en faisant des mouvements ondulés) à la surface de l'eau.

◆_**하다** 형 être rond(*e*), rondelet(*te*), être replet(*ète*). ¶ 보름달 같이 ~한 얼굴 un visage rond (et beau) comme la pleine lune. ¶ 호박이 ~하게 열렸다 Des citrouilles rondes se sont formées [se sont accrochées] sur les tiges.

◆_ _ 부 ((idéophone de flottement sur l'eau ou en l'air de manière légère, ou d'aspect évoquant un objet rond)) en flottant au gré des vagues, à vau-l'eau, au fil de l'eau, au fil du courant, à la dérive. ¶ ~~ 배가 떠다닌다 Le bateau flotte au gré des vagues / Un bateau erre sur les flots.

둥싯거리다 自 faire des mouvements circulaires et amples.

둥싯대다 自 ☞ 둥싯거리다

둥우리 名 ① nid *m* (d'oiseau) ② panier *m* de paille.

-둥이 접미 ☞ -동이[2]

둥지 名 nid *m* (d'oiseau). ¶ 뻐꾸기는 남의 ~에 알을 낳는 습성이 있다 Les coucous ont l'habitude de pondre dans les nids des autres oiseaux. ¶ ~를 치다[틀다] faire son nid. ¶ 제비가 처마 밑에 ~를 쳤다[틀었다] Des hirondelles ont fait leur nid sous le toit.

둥치 名 pied *m* d'un gros arbre; souche *f.* ¶ 그 커다랗던 나무가 베어져서 이제는 ~만 남아 있다 De cet arbre autrefois magnifique, maintenant coupé, il ne reste plus que la souche [la base].

뒈지다 自 【속어】 crever {*fam*}, claquer {*fam*}.

뒤 名 ① derrière *m* ((de la tête, d'une maison)); arrière *m* ((d'une maison, d'une voiture)); dos *m* de *qn*; verso *m* ((d'une chèque, d'une feuille de papier)); envers *m* ((d'une étoffe)). ¶ 내 ~를 따르라! Suivez-moi! ¶ 길을 모른다면 저 사람 ~를 따라 가라 Si tu ne connais pas le bon chemin [la bonne route], suis-le [la]! ¶ ~를 쫓다 suivre; filer, pister, prendre en filature. ¶ 그 여자는 남편이 죽자 그 ~를 따라 죽으려 했다 Quand elle a vu son mari mourir, elle a voulu le suivre. ¶ 그 옷은 ~로 여민다 Ce vêtement s'agrafe dans le dos. ¶ 그가 밀쳐서 ~로 넘어졌다 Je suis tombé(*e*) à la renverse [en arrière] parce qu'il m'a poussé(*e*). ¶ ~로 떠밀다 pousser *qn* vers l'arrière; repousser *qn*. ¶ ~로 한 발자국만 물러나 주세요 Veuillez reculer seulement d'un pas! ¶ 나는 한 발자국도 ~로 물러서지 않겠다 Je ne reculerai pas même d'un pas. ¶ 읽던 편지를 등 ~로 감췄다 Il cacha [dissimula] derrière son dos la lettre qu'il lisait. ¶ 그는 고향을 ~로 하고 상경했다 Il a quitté son pays natal pour monter à Séoul. ¶ ~로 돌아! Tournez-vous! ¶ 그는 처음에는 일등으로 달리다가 막판에 ~로 처졌다 Au début il était le premier, mais il a fini dans les derniers. ¶ 바위 ~에 숨다 se cacher derrière un rocher. ¶ 나는 그의 ~에 서 있었다 J'étais derrière lui. ¶ ~(를) 돌아보다 se retourner. ¶ 누군가 부르는 것 같아 ~를 돌아보니 아무도 없었다 Je sentais que quelqu'un m'appelait. Mais, quand je me suis retourné, il n'y avait personne. ② 나중 avenir *m,* futur *m,* suite *f.* ¶ ~에 à l'avenir; dans le futur; après; plus tard; après coup; par la suite; postérieurement; ultérieurement. ¶ 식사 ~에 après le repas. ¶ 사흘 ~에 dans trois jours, trois jours après; au bout de trois jours. ¶ 십 년 ~에는 dans dix ans. ¶ 잠시 ~에 dans un instant; l'instant d'après. ¶ 그 며칠 ~에 à quelques jours de là. ¶ 일 주일 ~에는 방학이다 Encore une semaine et nous serons en vacances. ¶ 이 일은 그 ~에 일어났다 Cela est arrivé après [plus tard, ultérieurement]. ¶ 이 일은 맨 ~에 하십시오 Faites ce travail en dernier. ¶ 그는 ~에 크게 될 것이다 Il a de l'avenir / Il a un bel avenir devant lui. ¶ 그 소녀는 ~에 위대한 과학자가 되었다 La fille est devenue une grande scientifique plus tard. ¶ 부모님이 돌아가신 ~에 그 두 형제는 많은 고생을 했다 Ces deux frères ont beaucoup souffert depuis la mort de leurs parents. ¶ 그는 내가 도착한 ~에 왔다 Il est venu après que je suis arrivé(*e*) / Il est arrivé après moi. ¶ 그 얘기는 ~로 미룹시다 Nous y reviendrons plus tard / Remettons cette discussion à plus tard. ¶ 지금 해야 할 일을 ~로 미루지 말아라 Ne remets pas à plus tard ce que tu dois faire le jour même / Ne remets jamais au lendemain ce que tu peux faire le jour même. ③ 결과 conséquence *f,* suite *f,* résultat *m;* reste *m.* ¶ ~가 무섭다 Les conséquences sont à redouter / Il faut craindre les conséquences. ¶ 이 사건은 아직도 ~가 남아있다 Cette affaire n'est pas encore totalement réglée. ¶ 나는 그 ~가 어떻게 될 지 궁금하다 Je me demande bien ce qui va se passer (par la suite) / Je suis curieux(*se*) de savoir [de connaître] la suite [de savoir ce qui va se passer]. ¶ ~는 걱정 말아라 Ne t'inquiète pas pour la suite [le reste]. ¶ ~는 상상에 맡기겠다 Je vous laisse imaginer la suite. ¶ 이쯤 이야기했으면 그 ~는 말하지 않아도 알겠지 Si j'ai dit ça, tu peux imaginer la suite. ④ 배경, 배후 derrière *m,* arrière-plan *m.* ¶ 누군가 너의 ~를 캐고 다닌다 Il y a quelqu'un qui enquête sur toi. ¶ 이 문제는 ~로 밀려나고 말았다 Cette question est restée au second plan. ¶ ~에서 일하다 travailler à l'arrière-plan. ¶ 누군가가 그를 ~에서 조종하고 있다 Sa conduite est dictée par *qn* / Il est manipulé par *qn*. ¶ ~에서 흉보다 dire du mal de *qn* dans *son* dos, casser du sucre sur le dos de *qn*. ¶ ~에 머물다 se tenir dans l'ombre, rester effacé(*e*); rester en [à l']arrière. ¶ 그 ~에는 숨은 사실이 더 있다 Il reste encore des faits (non élucidés). ¶ 걱정 마. ~에는 내가 있다 Ne t'inquiète pas. Je suis là derrière toi. ¶ 그 사건 ~에는 범죄조직이 연루되어 있다 Cette affaire est compromise [en relation] avec une organisation criminelle. ¶ ~가 든든하다 avoir un appui solide. ⑤ 후계 succession *f.* ¶ 아버지의 ~를 이어 정치에 뛰어들었다 Il est entré en politique comme son père. ¶ 그의 ~를 이을 만한 훌륭한 선수가 없다 Il n'y a pas de joueur qui puisse lui succéder. ¶ 집안의 ~가 끊어졌다 La famille n'a pas d'héritiers [de descendants]. ⑥ 대변 selles *fpl,* excréments *mpl;* ((유아어)) caca *m.* ¶ ~를 보다 aller à la selle; ((유아어)) faire caca {*fam*}, aller sur le trône; 큰일을 보다 faire la grosse commission, déféquer, chier {*vulg*}. ¶ ~가 마렵다 avoir envie d'aller à la selle, avoir envie de faire caca, avoir envie de s'isoler quelque part. ¶ ~가 급하다 avoir un besoin pressant [urgent] d'aller à la selle, avoir très envie d'aller à la selle [de faire caca].

***~가 구리다** avoir l'air de cacher quelque chose,

avoir quelque chose à cacher. ¶ 내 눈치를 슬금슬금 보는 것이 ~가 구린 것이 있나보구나 Tu regardes sans arrêt dans ma direction, as-tu quelque chose à me cacher? [Tu ne me caches pas quelque chose par hasard?] / Tu me regardes sans arrêt [sans cesse] comme si tu avais quelque chose à me cacher. ¶ 내 눈을 똑바로 못 쳐다보는 걸 보니 ~가 구린 것이 있는 게 확실하구나 T(u n)'arrives pas à me regarder droit dans les yeux, je suis sûr(*e*) que tu me caches quelque chose.

*~**가 켕기다** ne pas avoir la conscience [l'esprit] tranquille [en paix], avoir *qc* [un poids, une faute] sur la conscience, avoir mauvaise conscience, avoir des problèmes de conscience, avoir *qc* à se reprocher, avoir des scrupules, avoir le sentiment pénible d'avoir mal agi, se repentir de *qc*, avoir des repentirs, être pris(*e*) de remords.

*~**(를) 돌아보다** retourner ((sur *son* passé)), regarder derrière *soi*, rappeler à la mémoire ((un fait passé)), réfléchir ((sur *sa* vie)). ¶ ~를 돌아봐야 남은 건 아픈 상처뿐이다 Si l'on se souvient du passé, il n'en reste que de mauvais souvenirs.

*~**를 밟다** être sur les traces [sur la piste] de *qn*, suivre *qn* à la trace, pister *qn*.

*~**를 잇다** succéder ((à *qn*)), hériter ((de *qn*)), prendre la relève ((de *son* père)), prendre la suite ((de *qn*)).

*~**를 보아주다** soutenir *qn*, subvenir à *qn*.

*~**를 쫓다** suivre *qn*, marcher derrière *qn*; 미행하다 filer *qn*, pister *qn*, prendre *qn* en filature.

◆**_곁** 명 arrière *m* de la maison; arrière-cour *f*. ¶ ~곁에 쌓인 눈을 쓸다 déneiger l'arrière-cour.

◆**_꼭지** 명 nuque *f*; occiput *m*. ¶ 그 사람은 사라지는 그 여자의 ~꼭지를 바라본다 Il observe la femme s'éloigner au loin.

◆**_꽁무니** 명 ① 몸의 뒷부분 derrière *m*. ¶ 너는 ~꽁무니에 뭘 그리 달고 다니니? Qu'est-ce tu portes derrière toi? ② 뒤 derrière *m;* ((courir le)) jupon *m*. ¶ 여자 ~꽁무니를 쫓아 다니다 courir après les filles; courir le jupon; être un coureur de jupons. ③ 뒤나 맨 끝 l'arrière *m;* extrémité *f*, queue *f*. ¶ 앞사람 ~꽁무니를 놓치지 않으려고 열심히 따라가다 suivre attentivement la personne de devant afin de ne pas se faire distancer. ④ 물건의 뒤쪽 l'arrière *m*, la partie *f* arrière. ¶ 트럭의 ~꽁무니 l'arrière d'un camion.

뒤꽂이 명 *dwikkoji m* <ornement pour les cheveux, porté sur le chignon>. ¶ ~는 조선시대 여인들의 머리 장식품이다 Le *dwikkoji* était un ornement pour les cheveux des femmes de l'époque de Joseon.

뒤꿈치 명 ☞ 발뒤꿈치

뒤끓다 자 ① 많은 수효가 움직이다 bouillonner; s'agiter, grouiller, foisonner,s'exciter. ¶ 시장이 인파로 들끓는다 Le marché grouille de monde / Le marché couvert fourmille de monde. ② 마구 끓다 s'agiter; foisonner,. ¶ 온 나라가 비리 사건으로 뒤끓고 있다 Tout le pays s'agite à cause des affaires de corruption.

뒤끝 명 fin *f*, conclusion *f*, résultat *m*. ¶ 장마 ~이라 과일 값이 비싸다 Comme c'est la fin de la saison des pluies, les fruits sont chers. ¶ 그 사람과 술을 마시면 언제나 ~이 좋지 않다 Quand je bois de l'alcool avec lui, ça se termine toujours mal. ¶ 그는 싸우고 나서도 ~이 없다 Après une dispute, il oublie très vite, il n'est pas rancunier. ¶ 이 술은 ~이 깨끗하다 Cet alcool ne donne pas mal à la tête.

뒤늦게 부 tardivement; en retard, avec du retard; ultérieurement. ¶ 소식을 ~ 알다 apprendre une nouvelle tardivement. ¶ 약속 장소에 ~ 나타나다 paraître au lieu de rendez-vous avec du retard, arriver à un rendez-vous en retard. ¶ 그는 ~ 나타났다 Il est arrivé trop tard. ¶ ~나마 감사드립니다 Bien que ce soit un peu tard, je vous exprime tous mes remerciements. ¶ 남보다 ~ 공부를 시작하다 commencer *ses* études à un âge plus avancé que les autres.

뒤늦다 형 être tardi*f*(*ve*), être en retard. ¶ 뒤늦은 수습책[깨달음] une mesure tardive [une prise de conscience tardive].

뒤덮다 타 ① 빈 데가 없이 온통 들어차다 couvrir *qc* de *qc*; recouvrir; envelopper. ¶ 봄이 되면 노란 민들레가 온 들판을 뒤덮는다 Au printemps, les champs sont recouverts de pissenlits (jaunes). ② (비유적으로) 꽉 들어차게 하다 s'abattre sur ((tout le village, toute la ville)). ¶ 전쟁에 대한 공포가 온 마을을 뒤덮었다 La peur de la guerre a saisi [s'est abattue sur] tout le village.

뒤덮이다 자 être (re)couvert(*e*), être enveloppé(*e*), se couvrir. ¶ 가을이면 온 산이 단풍으로 뒤덮인다 En automne, toute la montagne revêt son habit [feuillage] d'automne. ¶ 거리가 온통 낙엽으로 뒤덮였다 Les rues sont jonchées [recouvertes] de feuilles mortes.

뒤돌다 자 se retourner. ¶ 학생들이 뒤돌아서 교실을 빠져나갔다 Les étudiants se sont retournés puis ont quitté la salle de classe / Se retournant, les élèves sont sortis de la salle de classe.

뒤돌아보다 타 ① se retourner; tourner la tête pour voir. ¶ 뒤돌아보면 꼭 그녀가 있을 것만 같다 J'ai l'impression que si je me retournais elle serait sûrement là. ② ((지난 일을)) se rappeler, se souvenir, se remémorer. ¶ 지난날을 뒤돌아보면 후회스러운 일이 많다 Si l'on se rappelle le passé, il y a beaucoup de choses regrettables. ¶ 20년 전을 ~ se souvenir des choses d'il y a 20 ans. ¶ 자신의 행위를 ~ se rappeler [réfléchir sur] *ses* propres actes. ¶ 지난 10년간의 삶을 ~ revenir sur *sa* vie (de) ces dix dernières années.

뒤돌아서다 자 ① se retourner; faire demi-tour. ¶ 책만 전해주고 뒤돌아서려는 그를 잡았다 Je l'ai attrapé au moment où il se retournait juste après m'avoir rendu un livre / Je l'ai saisi quand il s'est retourné juste après qu'il a rendu un livre. ② 관계를 끊다 couper [rompre] les relations avec *qn*. ¶ 그는 깨끗하게 뒤돌아설 줄 아는 사람이다 C'est quelqu'un qui sait couper [rompre] proprement une relation / C'est une personne qui sait couper net.

뒤따라가다 타 suivre *qn*, emboîter le pas à *qn*. ¶ 곧 뒤따라갈게! Je vais te suivre! / Je te suis tout de suite!

뒤따라오다 자타 suivre *qn*, emboîter le pas à *qn*. ¶ 아이가 어머니를 뒤따라왔다 L'enfant suivait [a suivi] sa mère. ¶ 그는 마지못해 뒤따라왔다 Il nous a suivi(*e*)s malgré lui.

ㄷ

뒤따르다 자 suivre *qn*, emboîter le pas à *qn*; poursuivre; se mettre [se lancer] à la poursuite de *qn*/*qc*, courir après *qn*; talonner; suivre *qn* de près; aller à la suite de *qn*; marcher sur les traces de *qn*; prendre la suite de *qn*; succéder à *qn*; continuer; s'ensuivre, résulter; être la conséquence de *qc*; traîner, être accompagné(*e*). ¶ 그 사람에게는 늘 안 좋은 소문이 뒤따라 다닌다 Il y a toujours de mauvaises rumeurs sur lui / De mauvaises rumeurs le poursuivent toujours. ¶ 위험이 뒤따르는 일 un travail comportant un danger. ¶ 좋은 일이 있으면 나쁜 일이 뒤따르기 마련이다 Toute joie est suivie d'une peine / Il n'y a pas de rose(s) sans épine(s) / Toute médaille a son revers.

뒤떨어지다 자 s'attarder, traîner (en arrière); être distancé(*e*) en arrière, se laisser distancer; ne pas pouvoir suivre; être en arrière; être attardé(*e*); être devancé(*e*) par *qn*; être surpassé(*e*) par *qn* en *qc*; être inférieur(*e*) à *qn*. ¶ 공부가 남보다 ~ être en retard par rapport aux autres sur le plan des études. ¶ 유머 감각만큼은 그 누구에게도 뒤떨어지지 않는다 Tout au moins pour le sens de l'humour, il est imbattable. ¶ 유행에 뒤떨어진 옷차림 une tenue [un accoutrement] démodé(*e*). ¶ 시대에 뒤떨어진 사람 une personne en retard sur son époque.

뒤뚱거리다 자 branler, faire des mouvements branlants [bancals, chancelants, hésitants, incertains, instables, oscillants, trébuchants, vacillants], chanceler; marcher comme un canard, se dandiner. ¶ 그 사람은 오리 흉내를 내며 뒤뚱거리고 걸었다 Il marchait comme un canard / Il se dandinait en imitant le canard.

뒤뚱뒤뚱 부 en chancelant; en vacillant; comme un pantin [un canard]; en titubant. ¶ 그 아이는 ~ 걸어왔다 Cet enfant marchait comme un pantin [comme un canard] / Cet enfant marchait en vacillant [en chancelant].

뒤뜰 명 arrière-cour *f*. ¶ ~을 창고로 사용하다 utiliser l'arrière-cour comme débarras [réserve].

뒤란 명 l'arrière *m* d'une maison; petite cour *f* derrière une maison; arrière-cour *f*. ¶ ~에 나가다 sortir dans l'arrière-cour; sortir par l'arrière-cour.

뒤룩거리다 타 ① ((눈을)) rouler des yeux. ¶ 흥분한 투우가 눈알을 뒤룩거린다 Le toréador excité roule de gros yeux. ② ((몸을)) se dandiner; être chancelant(*e*); chanceler. ¶ 뒤룩거리며 걷다 marcher en se dandinant; se dandiner, marcher comme un canard.

뒤룩뒤룩 부 ① ((눈알을)) en roulant, en écarquillant ((les yeux)) ((idéophone de mouvement des yeux, idéophone de mouvement ou d'aspect lent et pesant)). ¶ 눈알을 ~ 굴리며 화를 내다 se mettre en colère en roulant les yeux (d'un air méchant et lent). ② 몸이 살쪄서 de manière pesante et laide ((idéophone de mouvement ou d'aspect lent et pesant)). ¶ 살이 ~ 쪘다 être gros(*se*), charnu(*e*), fort(*e*), obèse.

◆_**하다** 형 avoir [faire] des mouvements pesants. ¶ 그는 살이 쪄서 ~하다 Comme il a pris du poids, il a des mouvements pesants.

뒤미처 부 après, suivant ((*qn*)), faisant suite à; et puis, et ensuite. ¶ 내가 먼저 약속 장소에 도착했고 ~ 그 남자가 왔다 Je suis arrivé(*e*) à l'endroit du rendez-vous la première, et après [ensuite] il est arrivé. ¶ 그 남자가 ~ 따라나와 문 앞까지 배웅해 주었다 Il m'a reconduit(*e*) jusqu'à la porte.

뒤바꾸다 타 ((차례나 위치를)) invertir, intervertir, renverser ((l'ordre, les positions)); inverser, permuter, changer complètement. ¶ 신을 뒤바꿔 신다 inverser le port de *ses* chaussures. ¶ 티셔츠를 잘못 뒤바꿔 입다 porter *sa* chemise à l'envers. ¶ 출연 순서를 ~ intervertir l'ordre d'entrée en scène.

뒤바뀌다 자 être changé(*e*), être renversé(*e*), être interverti(*e*). ¶ 집에 와서야 신발이 뒤바뀐 것을 발견했다 Arrivé à la maison, j'ai découvert que mes chaussures étaient inversées. ¶ 순서가 ~ l'ordre est changé[inverti]; permuter l'ordre. ¶ 그 일로 인하여 그와 나의 운명이 뒤바뀌었다 À cause de cette affaire, notre destin à tous deux a complètement changé. ¶ 상황이 뒤바뀌었다 La situation est renversée.

뒤밟다 타 poursuivre, suivre *qn* (clandestinement); filer *qn*, pister; prendre *qn* en filature. ¶ 누가 나를 뒤밟고 있다 Je suis suivi(*e*) (par quelqu'un) / Quelqu'un est à mes trousses.

뒤범벅 명 mélange *m*, pêle-mêle *m*, désordre *m*, confusion *f*. ¶ 일을 ~을 만들다 mettre en désordre, mettre la confusion, brouiller, embrouiller; gâcher un travail [une affaire]. ◇_(**이**) **되다** devenir pêle-mêle; être brouillé(*e*), embrouillé(*e*). ¶ 아이 얼굴이 눈물과 콧물로 ~이 되었다 Le visage de l'enfant est baigné de larmes et barbouillé de morve.

뒤서다 자 se tenir derrière *qn*, suivre; se laisser distancer; rester en arrière.

***앞서거니 뒤서거니** (**하다**) être meneur(*se*) ou mené(*e*), être tantôt devant tantôt derrière. ¶ 둘이 앞서거니 뒤서거니 하며 달려갔다 Les deux (personnes) se dépassaient sans cesse l'un(*e*) l'autre / Les deux (personnes) se disputaient la première place.

뒤섞다 타 mélanger, mêler, brouiller, emmêler, entremêler, enchevêtrer, amalgamer, retourner. ¶ 나는 빵 반죽을 만들기 위해 밀가루와 우유, 설탕[밀가루에 우유와 설탕]을 뒤섞었다 Pour fabriquer la pâte, j'ai mélangé de la farine, du lait et du sucre [du lait et du sucre dans la farine]. ¶ 여러 가지 색을 ~ mélanger plusieurs couleurs. ¶ 카드를 ~ mélanger les cartes.

뒤섞이다 자 être mélangé(*e*); se mélanger, se mêler, se brouiller; être mêlé(*e*); être en désordre. ¶ 여러 분야의 책들이 마구 뒤섞여 있다 Des livres de divers domaines se trouvent mélangés [pêle-mêle]. ¶ 분노와 공포가 뒤섞인 표정 une expression mêlée de colère et de peur.

뒤숭숭하다 형 ① être en désordre, être pêle-mêle. ¶ 꿈자리가 ~ J'ai fait un rêve inquiétant. ¶ 민심이 ~ Il y a de l'agitation [de l'inquiétude] au sein du peuple. ¶ 뒤숭숭한 세월 époque de troubles. ② ((정신이)) être troublé(*e*), décontenancé(*e*), perturbé(*e*), désarçonné(*e*); être préoccupé(*e*); être obsédé(*e*), agité(*e*), nerveux(*se*). ¶ 그 소식을 듣고 나니 마음이 ~ Ces nouvelles que l'on vient de m'apprendre me troublent.

뒤안 명 derrière *m* d'une maison; petite cour *f* derrière une maison; arrière-cour *f*. ¶ ~에 나가다 sortir dans l'arrière-cour; sortir par l'arrière-cour.

◆**_길** 명 fin *f* de la vie, vieillesse *f*. ¶ 인생의 ~에 서서 화려했던 지난날을 회상하다 se rappeler *son* passé glorieux à la fin de *sa* vie.

***역사의 ~길** (les) coulisses de l'histoire, les oubliettes de l'histoire. ¶ 역사의 ~길에 묻히다 être relégué dans les coulisses de l'histoire. ¶ 역사의 ~길로 사라지다 disparaître dans les coulisses de l'histoire / tomber dans les oubliettes de l'histoire.

뒤얽히다 자 ① s'enchevêtrer, s'embrouiller, s'emmêler. ¶ 나무 뿌리가 뒤얽혀 있다 Les racines des arbres sont enchevêtrées. ② ((감정, 사정 등이)) s'embrouiller; se mêler. ¶ 질투와 혐오가 뒤얽힌 표정 une expression physionomique mêlant jalousie et haine; un jeu de physionomie exprimant la jalousie et la haine.

뒤엉키다 자 ① ((밧줄, 실 등이)) s'enchevêtrer; être enchevêtré(*e*), s'emmêler, être mêlé(*e*), être entremêlé(*e*), être mélangé(*e*) pêle-mêle. ¶ 실이 뒤엉켰다 Les fils sont enchevêtrés. ¶ 그가 아이들과 한데 뒤엉켜 놀고 있다 Il s'amuse avec les enfants. ② ((문제 등이)) ((pensées, idées)) s'enchevêtrer, s'embrouiller, s'emmêler, se mélanger, se brouiller, se compliquer, devenir confus(*e*); être enchevêtré(*e*), emmêlé(*e*), mélangé(*e*), être dans un désordre complet; être embrouillé(*e*), compliqué(*e*), confus(*e*). ¶ 생각이 정리되지 않고 뒤엉켜 있다 Tout s'embrouille dans ma tête / Tout est confus dans ma tête / Je suis dans la plus grande confusion. ¶ 그 사건 뒤에는 두 집안과 관련된 여러 문제들이 뒤엉켜 있다 Après cet événement, plusieurs problèmes liés aux deux familles ont surgi.

뒤엎다 타 ① renverser *qc*; mettre *qc* sens dessus dessous; démolir; réduire à néant. ¶ 술상을 ~ renverser la table d'apéritifs. ② 타도하다 revenir en arrière, annuler, contredire. ¶ 기존의 학설을 뒤엎는 새로운 이론을 주창하다 concevoir [bâtir, édifier, échafauder, mettre au point, construire] une nouvelle théorie qui bouscule les théories actuelles [les théories existantes]. ¶ 기존의 정치판을 뒤엎고 새 정치를 시작하자 Renversons la politique actuelle et recommençons-en une nouvelle. ¶ 이미 결정된 사안을 뒤엎을 수는 없다 Il est impossible d'annuler une chose déjà décidée. ¶ 예상을 뒤엎고 우리 팀이 승리했다 Notre équipe a remporté la victoire en contredisant les prévisions.

뒤적거리다 타 chercher (à tâtons), farfouiller; ((서류를)) feuilleter ((un livre)); fureter dans *qc*; fouiller ((dans un tas d'objets)); tourner et retourner. ¶ 서류를 ~ feuilleter des dossiers. ¶ 서랍 속을 아무리 뒤적거려 보아도 그 편지가 나오지 않았다 J'ai fouillé mille fois dans le tiroir, mais je n'ai pas trouvé cette lettre.

뒤적뒤적하다 타 ☞ 뒤적거리다

뒤적이다 타 ☞ 뒤적거리다

뒤좇다 타 ① 따라가다 poursuivre *qn*, suivre *qn*. ¶ 그는 학교에서부터 나를 뒤좇아 오고 있었다 Il me poursuivait [suivait] depuis l'école. ② 뜻을 따르다 suivre les idées [la pensée] de *qn*. ¶ 그 사람은 사르트르의 사상을 철저히 뒤좇는다 Il suit complètement la pensée philosophique de Sartre.

뒤주 명 huche *f* (à riz), grand coffre *m* ((pour mettre le riz)).

뒤죽박죽 명 sens dessus dessous, pêle-mêle, en désordre, en vrac, cul par-dessus tête {*pop*}. ¶ 가방에 물건들을 ~으로 쑤셔넣다 mettre des objets en désordre dans un sac. ¶ 일을 ~으로 만들어 놓다 mettre en (grand) désordre [sens dessus dessous], désorganiser, déranger, chambouler, mettre [foutre] le bordel *qp* {*fam*}, mettre le foutoir *qp* {*fam*}. ◇**_(이) 되다** devenir pêle-mêle, désordonné(*e*). ¶ 그가 끼어드는 바람에 일이 ~되고 말았다 À cause de son intervention, tout est devenu désordonné. ¶ 기쁨과 슬픔이 ~된 묘한 기분 un sentiment mêlé de plaisir et de tristesse. ◇**_이다** être en désordre, sens dessous dessus, pêle-mêle, en vrac. ¶ 서랍 안이 온갖 잡동사니로 ~이다 Des objets de toutes sortes [Des babioles] sont pêle-mêle dans le tiroir / Le tiroir est bourré de babioles. ¶ 머릿속이 ~이어서 아무런 생각도 떠오르지 않는다 C'est un tel désordre dans ma tête [dans mon esprit] que je ne me souviens plus de rien [que rien ne me vient à l'esprit, que je suis incapable de réfléchir, que je suis incapable de me concentrer] / Tout est si brouillé dans ma tête que je ne me

ㄷ

souviens plus de rien [que je n'arrive pas à réfléchir, que je n'arrive pas à me concentrer].

뒤지다[1] 자 ① 무엇을 들추거나 헤치다 chercher (à tâtons), fureter ((dans un tiroir, dans tous les coins)), fouiller, trifouiller {*fam*} ((partout)), fouiner {*fam*} ((dans les affaires de *qn*)), fourrager ((des papiers)); tâtonner ((dans l'obscurité)); retourner *qc* ((pour trouver *qc*)); farfouiller {*fam*} ((dans une armoire, dans *ses* poches)); faire les poches à *qn* {*fam*}; battre ((les forêts)), explorer, inspecter, fouiller ((les buissons)); retourner toute la maison ((pour retrouver un papier)); chambarder {*fam*}; fourgonner {*fam*} ((dans de vieux documents)). ¶ 서랍을 뒤져 서류를 찾아내다 fouiller dans les tiroirs pour trouver des documents. ¶ 온 집안을 샅샅이 ~ fouiller complètement une maison; fouiller toute la maison [la maison de la cave au grenier]; fouiller la maison [une maison] de fond en comble; tout chambarder dans la maison {*fam*}; mettre la maison sens dessus dessous; explorer une maison pièce par pièce; retourner toute la maison (pour trouver *qc*). ② (책이나 서류 등을) 철저히 살피다 examiner *qc* à fond, examiner tous les recoins, se livrer à des recherches méticuleuses, perquisitionner; passer au peigne fin; fouiner {*fam*} ((dans une bibliothèque)); inspecter ((les lieux, un véhicule)); explorer; ausculter ((le marché financier)); étudier [examiner] attentivement ((un dossier)). ¶ 서류를 철저히 뒤지면 무슨 단서가 나올꺼야! Si tu examines [étudies] à fond [attentivement] ces dossiers, tu trouveras sans doute un indice.

뒤지다[2] 자 ① 뒤떨어지다 être en retard; retarder; être distancé(*e*) par *qn*, se laisser dépasser [distancer]. ¶ 그 여자는 두서너 걸음 뒤져 그를 따라갔다 Elle le suivait deux ou trois pas en arrière / Elle était à deux ou trois pas derrière lui. ② (남보다) 못하다 se laisser dépasser [distancer, devancer]; traîner ((à la suite du peloton)); traîner en arrière. ¶ 남에게 뒤지지 않으려고 그는 무단히 노력했다 Il a tout essayé pour ne pas rester derrière / Il a fait tout ce qu'il pouvait pour ne pas se laisser distancer. ③ (어떤 기준에) 못 미치다 être dépassé(*e*), passé(*e*) de mode, démodé(*e*), ringard(*e*) {*fam*}; être vétuste, obsolète, caduc(*que*), périmé(*e*), suranné(*e*), vieilli(*e*), vieillot(*te*) {*fam*}; être arriéré(*e*), périmé(*e*), rétrograde; ne pas être dans le coup {*fam*}. ¶ 유행에 뒤진 그 여자의 옷차림 ses habits démodés [surannés], sa tenue démodée [passée de mode]; ses habits ringards, ses vêtements ringards. ④ 시간에 있어 못 미치다 retarder ((sur *son* temps, sur *son* siècle)); être en retard. ¶ 그는 같은 해 5월 15일에 태어난 그 여자보다 10일 뒤진다 Il est né 10 jours plus tard qu'elle qui est née le 15 mai de la même année / Par rapport à elle qui est née le 15 mai de la même année que lui, il est né 10 jours plus tard.

뒤집기 명 retournement *m* de situation, renversement *m* de la situation, retournement *m* de tendance; volte-face *f*, pirouette *f*, revirement *m*. ¶ 우리 팀이 계속 지고 있다가 막판 ~로 승리했다 Notre équipe était dominée tout au long du match, mais en fin de partie, nous avons renversé la situation [nous avons gagné au dernier moment].

뒤집다 타 ① mettre ((un pull, un t-shirt, *ses* chaussettes, *sa* chemise)) à l'envers; retourner ((un habit)). ¶ 그 아이는 내복을 뒤집어 입었다 Cet enfant a mis son maillot de corps à l'envers. ② ((고기를)) retourner ((un morceau de viande sur le grill, une crêpe)). ¶ 고기를 ~ retourner la viande. ③ ((계획, 말, 약속, 이론을)) revenir sur ((*son* opinion, *sa* parole, *sa* promesse)); rétracter ((ce que l'on a dit, une promesse, un engagement)); se dédire ((d'une promesse, d'un engagement, d'une affirmation)); se rétracter; se contredire, se désavouer, désavouer une opinion qu'on avait soutenue, désavouer les propos qu'on avait tenus; faire volte-face; faire marche [machine] arrière. ¶ 자기가 한 말이니 그렇게 쉽게 뒤집지는 못할거야! Il pourra difficilement revenir sur sa parole puisque c'est lui(*elle*) qui l'a dit [puisque ce sont ses propos]! / Comme c'est lui(*elle*) qui l'a dit, il ne pourra pas revenir en arrière!. ④ ((승부를)) renverser ((la situation, la tendance)). ¶ 그들은 극적으로 승부를 뒤집었다 Ils sont revenus dans le match pour finalement gagner / Ils ont renversé la situation. ⑤ ((정부, 국가를)) renverser ((le gouvernement, une monarchie, un régime, un ministre, un cabinet)); révoquer ((une sentence, un jugement)); réformer ((un jugement)); faire chuter. ¶ 쿠데타로 정부를 ~ renverser le gouvernement par un coup d'État. ⑥ 큰 소동을 일으키다 mettre en confusion, bouleverser, mettre sens dessus dessous; chambouler {*fam*}, (tout) chambarder {*fam*} ((dans la maison)). ¶ 그 아이는 학교를 발칵 뒤집어 놓았다 Cet enfant a mis l'école sens dessus dessous. ⑦ 언짢게 하다 troubler *qn*, bouleverser *qn*. ¶ 그는 내 속을 뒤집어 놓았다 Il m'a troublé(*e*) [bouleversé(*e*)]. ⑧ 뒤바꾸다 ((penser)) autrement, différemment. ¶ 뒤집어 생각해보면 이해가 가지 않을까? Si vous essayez de penser différemment [autrement], peut-être que vous comprendrez les choses, vous ne croyez pas? / Si on réfléchissait autrement, vous ne croyez pas qu'on pourrait mieux comprendre (les choses)?

뒤집어쓰다 타 ① ((이불을)) se couvrir (entièrement) de *qc*; être couvert(*e*) de *qc*; s'envelopper ((dans une couverture)). ¶ 이불을 ~ s'envelopper dans une couette (jusqu'à la tête). ② ((모자를)) se couvrir ((la tête)), se coiffer ((d'un chapeau)); mettre *qc* sur ((la tête, le visage)). ¶ 가면을 ~ mettre un masque, se masquer. ③ ((가루나 액체를)) se (laisser) verser ((de l'eau sur la tête)); se couvrir ((de poussière)); prendre un bain forcé. ¶ 밀가루[물]를 온몸에 ~ se faire couvrir de farine ((lors d'un bizutage)) [prendre un bain forcé]. ④ ((누명, 죄 따위를)) être (à tort) l'objet ((d'une réputation infamante)); endosser ((les erreurs)) de *qn*; porter le chapeau; prendre sur *soi* ((la faute d'autrui)); se voir imputer la responsabilité ((d'une faute)). ¶ 누명을 ~ être (à tort) l'objet d'une réputation infamante; être faussement accusé(*e*); endosser ((les erreurs)) de *qn*; porter le chapeau. ⑤ 억지로 떠맡다 être forcé(*e*) d'accepter *qc* sans en avoir le choix. ¶ 억지로 회장 자리를 뒤집어썼다 On m'a forcé(*e*) d'accepter le poste de président / Je suis devenu(*e*) président(*e*) malgré moi.

뒤집어씌우다 타 ① ((이불을)) mettre ((une couette)) sur *qn*. ¶ 그 사람은 그 아이가 그 장면을 보지 못하도록 이불을 뒤집어씌웠다 Il a mis la couette sur cet enfant pour qu'il ne puisse pas voir cette scène. ② ((모자를)) mettre ((un chapeau)) sur la tête ((d'un enfant)). ¶ 어머니가 오줌을 싼 소년에게 키를 뒤집어씌웠다 La mère a mis un van [une vannette] sur la tête de son enfant qui avait fait pipi au lit (pour lui faire honte) ((En Corée, autrefois, on demandait aux enfants qui avaient fait pipi au lit d'aller demander du sel avec un van sur la tête pour leur faire honte)). ③ ((가루나 액체를)) recouvrir entièrement *qn* de *qc*. ¶ 그들은 그에게 재를 뒤집어씌웠다 Ils l'ont recouvert de cendres. ④ ((죄, 책임 따위를)) imputer, attribuer ((une faute, une action, un crime)) à *qn*; rejeter ((un tort, une faute, une responsabilité)) sur *qn*; mettre *qc* sur le dos de *qn*; déshonorer *qn*; porter atteinte à l'honneur de *qn*; donner une réputation infamante; faire porter le chapeau à *qn* {*arg*}. ¶ 그 여자는 그가 자신의 죄를 뒤집어씌우지나 않을까 걱정했다 Elle craignait qu'il lui fasse porter le chapeau {*arg*}. ⑤ (어떤 일의 책임을) 억지로 떠맡기다 forcer *qn* à accepter [prendre] ((un poste)) sans en avoir le choix. ¶ 사람들은 그 사람에게 억지로 회장 자리를 뒤집어씌웠다 On l'a forcé à accepter le poste de président. ***재를** ~ ¶ 그들은 그에게 재를 뒤집어씌웠다 Ils l'ont couvert d'opprobre / Ils lui ont fait une réputation infamante / Ils lui ont fait porter le chapeau {*arg*}.

뒤집어엎다 타 ① renverser ((une table, un vase)); faire chavirer ((un bateau)). ¶ 그들은 고래고래 소리를 지르며 책상을 뒤집어엎었다 Ils ont renversé la table en hurlant comme des sourds. ② ((제도나 체제 등을)) renverser ((le gouvernement, une monarchie, un régime, un ministre, un cabinet)); révoquer ((une sentence, un jugement)); réformer ((un jugement)); empêcher d'aboutir ((les projets de *qn*)); retourner, faire renverser ((la situation)). ¶ 사회구조를 완전히 ~ réformer complètement la société.

뒤집히다 자 ① se retourner, se soulever. ¶ 치마가 뒤집혀 속옷이 보인다 On voit ses sous-vêtements parce que sa jupe s'est soulevée [retournée]. ② se renverser, se retourner (sens dessus dessous); ((배가)) chavirer, culbuter. ¶ 배가 뒤집혔다 Le bateau s'est retourné [s'est renversé]. ③ ((순서나 관계가)) être inversé(*e*), interverti(*e*), renversé(*e*); être en désordre. ¶ 그와 나의 관계가 뒤집힌 느낌이었다 J'avais (comme) l'impression que nos relations étaient complètement interverties. ④ ((상황 등이)) changer complètement; ((situation, tendance)) se retourner, se renverser complètement. ¶ 그런 일로 상황이 뒤집히지 않는다 À cause de cette affaire, la situation ne peut pas changer / Cette affaire ne peut pas créer [occasionner] le changement de la situation. ⑤ ((체제, 제도, 학설 등이)) être réformé(*e*), renversé(*e*), révoqué(*e*); chuter. ¶ 정권이 뒤집혔다 Le gouvernement est renversé. ⑥ 큰 소동이 일어나다 être sens dessus dessous, être en confusion, être en désordre; être bouleversé(*e*), secoué(*e*); être déchaîné(*e*), agité(*e*). ¶ 부패 스캔들로 온 나라가 다 뒤집혔다 Tout le pays est secoué par ces affaires de corruption. ¶ 잃어버린 지갑을 찾느라 교실이 발칵 뒤집혔다 Ce portefeuille égaré avait provoqué un chahut dans la classe / Tout le monde était déchaîné dans la classe à cause de ce portefeuille égaré. ⑦ ((눈이)) se retourner; être retourné(*e*). ¶ 간질이 발작하여 그는 눈이 뒤집히고 입에는 거품이 일었다 À cause d'une crise d'épilepsie, ses yeux s'étaient retournés et sa bouche écumait de salive / Faisant une crise d'épilepsie, il avait les yeux retournés et la bave à la bouche. ⑧ ((마음이나 속이)) être troublé(*e*), être bouleversé(*e*), se contrarier, s'énerver. ¶ 갑자기 그를 보니 속이 뒤집혔다 Dès que je l'ai vu, cela m'a contrarié(*e*) [énervé(*e*)].

뒤쪽 ① derrière *m*. ¶ ~의 스위치를 켜시면 기계가 작동될 것입니다. Appuyez sur le bouton de derrière et la machine se mettra en route [en marche]. ② 뒤 방향 derrière. ¶ ~에 한 노인이 서 있었다 Il y avait un vieillard [une personne âgée] derrière.

뒤쫓기다 자 être poursuivi(*e*), pourchassé(*e*). ¶ 뒤쫓기는 사람처럼 어디를 그렇게 급하게 가니? Pourquoi tu cours à cette allure comme quelqu'un qui est poursuivi? / Pourquoi tu cours si vite comme ça comme quelqu'un qui a la police aux trousses.

뒤쫓다 타 poursuivre *qn*, courir après *qn*; talonner *qn*. ¶ 그는 범인을 뒤쫓고 있었다 Il poursuivait le criminel.

뒤쫓아가다 타 poursuivre *qn*, courir après *qn*; se mettre à la poursuite de *qn*; talonner *qn*. ¶ 나는 그를 뒤쫓아가서 지갑을 건네주었다 Je lui ai couru après [je l'ai rattrapé en courant] pour lui rendre son portefeuille.

뒤쫓아오다 타 poursuivre *qn*; ((police)) filer *qn*; talonner *qn*. ¶ 그는 뒤쫓아온 경찰을 보고 기겁하였다

Il a pris peur en voyant la police qui le poursuivait / Il avait peur en voyant la police qui le filait.

뒤처리 -處理 명 achèvement *m,* couronnement *m,* mise *f* au point, finition *f,* règlement *m,* fin *f* de travaux; ((뒷정리)) remise *f* en ordre, rangement *m;* 뒷감당 réparation *f* des dégâts, redressement *m* de la situation. ¶ 일은 그 양반이 벌이고 ~는 언제나 내가 맡게 된다 C'est lui qui crée les problèmes [qui fait les bêtises], mais c'est toujours moi qui répare les dégâts [ses bévues].

뒤처지다 재 ((성적이)) être moins bon(*ne*); être inférieur(*e*) à *qn*; être devancé(*e*), dépassé(*e*) par *qn*. ¶ 그는 나보다 성적이 뒤처진다 Son bulletin de notes est moins bon que le mien. ¶ 성적이 남들보다 뒤처졌다 J'ai eu un moins bon bulletin de notes que mes camarades de classe. ② ((걸음이)) être en arrière [retard]; ne pas aller aussi vite (qu'un autre); être distancé(*e*) ((par un concurrent)). ¶ 그는 달리기에서 나보다 10걸음이나 뒤처졌다 Il avait dix pas de retard sur moi / J'avais dix pas d'avance sur lui.

뒤척 부 ((se retourner)) dans tous les sens. ¶ 이리 ~ 저리 ~ se retourner dans tous les sens. ¶ 그 사람은 밤새도록 이리 ~ 저리 ~ 했다 Toute la nuit, il s'est tourné et s'est retourné à droite à gauche (dans son lit).

◆_거리다[대다, 이다] 재 tourner et retourner, se retourner ((dans son lit)). ¶ ~거리는 걸 보니 무슨 걱정이 있는 게 틀림없다 Je suis sûr(*e*) qu'il a des soucis vu qu'il se retourne dans tous les sens.

뒤척이다 타 ① ((몸을)) s'agiter, bouger, remuer; gesticuler, gigoter; se tourner et se retourner. ¶ 그는 잠시 몸을 뒤척였다 Il gesticula quelques instants. ¶ 불면으로 이리저리 ~ se retourner dans *son* lit sans pouvoir trouver le sommeil. ② ((음식 따위를)) remuer, brasser, brouiller. ¶ 샐러드를 ~ manger *sa* salade en trifouillant dedans {*fam*}.

뒤쳐지다 재 être retourné(*e*). ¶ 바람에 현수막이 뒤쳐졌다 La banderole a été retournée par le vent.

뒤축 명 talon *m.* ¶ 발 ~ talon (du pied). ¶ 구두 ~이 까졌다 Les talons de mes souliers sont usés.

뒤치다 타 se tourner. ¶ 몸을 뒤치며 돌아눕다 se tourner ((dans *son* lit)).

뒤치다꺼리 명 ((보살핌)) soin *m,* bons offices *mpl*; ((잡무)) tâches *fpl* pénibles [ingrates], sale boulot *m* {*fam*}; ((뒷정리)) remise *f* en ordre; soins *mpl* matériels et travaux *mpl* d'entretien. ¶ 행사의 ~를 모두 도맡았다 On m'a chargé(*e*) de toutes les tâches pénibles [de toutes les tâches ingrates, de toutes les sales besognes {*fam*}] de cet événement. ¶ 집안 식구들 ~로 쉴 틈이 없다 Je n'ai pas de temps pour moi parce que je dois prendre soin des miens [parce que je dois m'occuper des miens]. ◇_(를) 하다 ¶ 결혼식 피로연이 끝나고 아낙네들이 ~를 했다 Les femmes ont remis la salle en ordre après le banquet de mariage.

뒤치닥거리 명 ☞ 뒤치다꺼리

뒤치락거리다 재타 ((몸을)) se tourner dans tous les sens ((dans *son* lit)). ¶ 오래 뒤치락거리다가 겨우 잠이 들었다 Après m'être tourné(*e*) longtemps dans tous les sens, j'ai enfin trouvé le sommeil.

뒤탈 -頉 명 conséquence *f* [répercussion *f*] néfaste [fâcheuse]. ¶ ~(이)나다 avoir des conséquences [répercussions] néfastes [fâcheuses]. ¶ ~나지 않게 일을 처리해라! Fais en sorte qu'il n'y ait pas de conséquences fâcheuses plus tard!

뒤통수 명 occiput *m,* derrière *m* de la tête, nuque *f.* ¶ ~를 치다 ((때리다)) donner [assener, asséner] des coups dans le dos de *qn,* attaquer *qn* par derrière [dans le dos]; ((신뢰를 저버리다)) surprendre la confiance [la bonne foi] de *qn*, abuser de la confiance de *qn*; prendre *qn* en traître, attaquer *qn* en traître [traîtreusement, sournoisement], trahir *qn.* ¶ 상대방이 방심하고 있는 사이에 ~를 쳤다 On a tapé [frappé] son adversaire à la nuque (pendant qu'il était) distrait [inattentif]. ¶ 그놈이 내 ~를 치다니! Comment il a osé abuser de ma confiance! ¶ ~를 (얻어)맞다 être attaqué(*e*) par derrière [dans le dos]; se faire [laisser] abuser. ¶ 그 소식을 듣고 ~를 얻어맞은 것같이 멍한 기분이 되었다 En entendant cette nouvelle, j'ai été sonné comme si j'avais reçu un coup sur la tête. ¶ 믿었던 친구에게 ~를 맞았다 Je me suis laissé abuser par un(*e*) ami(*e*) en qui j'avais toute confiance [en qui je mettais toute ma confiance, en qui j'avais placé toute ma confiance].

뒤퉁맞다 형 être maladroit(*e*) ((par manque d'intelligence)). ¶ 그 친구는 ~ Il est maladroit et peu intelligent.

뒤퉁스럽다 형 ☞ 뒤퉁맞다

뒤틀다 타 ① 비틀다 tordre *qc*; se tordre; se contorsionner; se tordre ((le pied)), se fouler ((la cheville)). ¶ 그는 한 시간쯤 지나자 몸을 뒤틀기 시작했다 Environ une heure plus tard, il a commencé à se tordre. ② 방해하다 faire échouer ((une tentative)); faire avorter ((un projet)). ¶ 누구도 우리의 계획을 쉽게 뒤틀지는 못할 것이다 Personne ne pourra facilement se mettre en travers de nos projets [faire avorter nos projets]. ③ (마음을) 불편하게 하다 énerver *qn*, gêner *qn*, excéder *qn*, exaspérer *qn*; se mettre en travers ((des projets de *qn*)); faire sortir *qn* de *ses* gonds. ¶ 그 사람의 불손한 태도가 내 심사를 뒤틀어 놓았다 Il m'a fait sortir de mes gonds par son attitude insolente.

뒤틀리다 재 ① se tordre, se déformer, se voiler; être tordu(*e*); ((나무, 가구 등이)) travailler, gauchir, (*se*) gondoler; se fausser. ¶ 얼마나 지루한지 몸이 저절로 뒤틀린다 C'est tellement ennuyeux que je me suis tordu(*e*) dans tous les sens. ② ((일이)) être déjoué(*e*); échouer, avorter; ne pas aboutir; être faussé(*e*). ¶ 뒤틀린 역사 l'Histoire déformée. ③ 기분이 상하다 être contrarié(*e*); être déçu(*e*), frustré(*e*); être gêné(*e*). ¶ 뒤틀린 어조 un ton faux [faussé].

뒤틀어지다 자 ① 비틀어지다 se tordre, se déformer, se voiler; être tordu(*e*); ((나무, 가구 등이)) travailler, gauchir, (*se*) gondoler. ¶ 세찬 비바람에 고목이 뒤틀어졌다 Les vieux arbres sont tordus à cause de la tempête [des vents violents et des fortes pluies]. ② ((일이나 계획이)) être déjoué(*e*); échouer, avorter; ne pas aboutir. ¶ 만사가 다 뒤틀어졌다 Tout est tombé à l'eau / Rien n'a abouti / Tout est raté / Tout a tourné en eau de boudin. ③ ((마음이)) être contrarié(*e*); être déçu(*e*), frustré(*e*); être gêné(*e*). ¶ 뒤틀어진 기분 une humeur contrariée.

뒤편 -便 명 derrière *m* ((d'une maison)), face *f* postérieure. ¶ 그는 우리 집 ~에 삽니다 Il habite derrière ma maison.

뒤풀이 명 ① 뒤에 붙은 해석 annotation *f* [note *f*, glose *f*] déclamée. ¶ 천자문 ~를 함께 읽읍시다 Lisons ensemble les annotations du *Cheonjamun* (Livre des mille caractères sino-coréens). ② ((굿이나 모임 등의)) ((prendre un)) pot *m*, verre *m* après ((une réunion, le travail, une compétition sportive)). ◇_(를) **하다** prendre [boire] un verre après ((une réunion, le travail)). ¶ 일을 끝내고 모두 함께 ~를 하러 가다 aller ensemble boire un verre après le travail.

뒤흔들다 타 ① secouer *qc*/*qn*, ébranler *qc*/*qn*; faire chanceler *qc*/*qn*; agiter *qc*/*qn*; faire osciller *qc*/*qn*; faire bouger *qc*; balancer (avec force) *qc*/*qn*; faire trembler *qc*/*qn*. ¶ 어깨를 세차게 ~ secouer fortement [vivement] les épaules. ② 어지럽히다 troubler, agiter, remuer, déranger, inquiéter; jeter le trouble ((dans l'esprit de *qn*)). ¶ 한 시대를 뒤흔든 엄청난 사건 un grand événement qui a agité toute une époque. ③ 마음대로 지배하다 ébranler. ¶ 그 사람은 높은 자리에 앉아 나라를 뒤흔들었다 Cette personne haut placée fait bouger [fait chanceler] tout un pays.

뒤흔들리다 자 ① être ébranlé(*e*), secoué(*e*); chanceler, s'agiter, se balancer (avec force); trembler. ¶ 세찬 비바람에 나무가 뒤흔들렸다 Les arbres ont été secoués par la tempête. ② 심한 영향을 받다 être troublé(*e*), agité(*e*), dérangé(*e*), inquiété(*e*), ébranlé(*e*). ¶ 이번 사건으로 나라의 질서가 크게 뒤흔들릴 위기에 처했다 Suite à cette affaire, le pays a été fortement ébranlé.

뒷간 -間 명 toilettes *fpl*, latrines *fpl*, fosse *f* (d'aisances). ¶ ~에 가다 aller aux toilettes, aller quelque part; ((소변)) aller au petit coin; ((대변)) aller à la selle.

뒷갈망 명 ((마무리)) achèvement *m*, liquidation *f*, règlement *m*; ((뒤처리)) remise *f* en ordre, rangement *m*. ◇_(을) **하다** : ((마무리하다)) achever *qc*, terminer, liquider, régler [mettre] la dernière main [touche] [la touche finale] à ((un travail)), faire *qc* pour la dernière fois; ((뒤처리하다)) remettre en ordre, ranger, faire des rangements. ¶ 그는 잔치의 ~을 했다 Il a remis la salle en ordre après la fête.

뒷감당 -勘當 명 마무리 arrangement *m*, fin *f* de travaux; 일의 책임을 짐 prise *f* de responsabilité; 뒷수습 remise *f* en ordre, rangement *m*; réparation *f* des dégâts, redressement *m* de la situation. ◇_(을) **하다** ((마무리)) se charger de terminer; ((책임)) (*se*) prendre la responsabilité de *qc*; ((뒷수습)) remettre en ordre, ranger; remettre de l'ordre dans *qc*, reprendre en main la situation, redresser la situation, rattraper la situation, redresser [rectifier] la barre, remédier à un problème, réparer les dégâts, réparer les bévues de *qn*, faire redémarrer la machine, remettre les choses sur pied, remettre le moteur en marche [la machine en route], remettre ((le bâtiment, une entreprise)) à flot. ¶ 그 사람은 ~도 못 하면서 일만 자꾸 벌인다 Il commence des tas de choses (en même temps) sans jamais les terminer [sans jamais en être à la hauteur]. ¶ ~도 못할 일을 왜 건드려? Pourquoi as-tu entrepris [t'es-tu attelé(*e*) à] un travail que tu es incapable de mener à bien [qui te dépasse, que tu ne maîtrises pas]? / À quoi bon [À quoi ça rime de] t'atteler à un travail qui te dépasse?

뒷거래 -去來 명 trafic *m* [commerce *m*] clandestin. ¶ ~가 성행하고 있다 Le commerce clandestin [le marché noir] est en vogue (en ce moment). ◇_(를) **하다** faire du trafic, trafiquer. ¶ 밀수품을 ~하는 현장이 경찰에 발각되었다 Le trafic de marchandises de contrebande a été découvert sur place par la police. ◇_(가) **되다** être trafiqué(*e*).

뒷걸음 명 marche *f* à reculons; marche *f* (en) arrière, recul *m*, rétrogression *f*, rétrogradation *f*. ◇_(을) **치다[하다]** reculer, marcher à reculons.

***소 ~질 치다 쥐 잡은 격** ☞ 소

◆**_질** 명 marche *f* régressive [(en) arrière], recul *m*, rétrogression *f*, rétrogradation *f*, régression *f*.

뒷골 명 occiput *m*, derrière *m* du crâne. ¶ 잠을 못 잤더니 ~이 당긴다[뻐근하다] J'ai mal derrière la tête car j'ai mal dormi.

뒷골목 명 (petite) ruelle *f* renfoncée [obscure], venelle *f*, bas-fonds *mpl*; ¶ ~의 삶 milieu(*x*) de la racaille. ¶ 이 영화는 대도시 ~의 삶을 다루고 있다 Ce film peint les bas-fonds des grandes villes.

뒷구멍 명 【속어】 porte *f* de derrière, petite porte *f*; moyen *m* illicite [illégitime]. ¶ 저 아이는 ~으로 입학했지 Celui-là est entré à l'université par la petite porte.

◆**_거래** -去來 명 ☞ 뒷거래

뒷굽 명 talon *m*. ¶ ~이 다 닳아 없어진 구두 des chaussures aux talons complètement usés.

뒷날 명 un autre jour *m*, avenir *m*, temps *m* à venir. ¶ 그 친구와 나는 ~을 기약하고 헤어졌다 Mon ami et moi, nous nous sommes séparés en espérant nous revoir un jour prochain. ¶ ~로 미루다 remettre qc à plus tard [à un autre jour], renvoyer à plus tard. ¶ ~에 대비해서 보험을 하나 들었다 J'ai souscris une assurance pour assurer mon avenir.

뒷다리 명 pattes *fpl* de derrière; membre *m* postérieur. ¶ 개구리 ~ les pattes de derrière d'une grenouille.

뒷덜미 명 nuque *f*, cou *m*, collet *m*. ¶ 누구의 ~를 잡다 prendre [saisir, attraper] *qn* par la nuque [au collet], empoigner *qn* au collet, colleter *qn*; arrêter *qn*, pincer *qn* {*fam*}, choper *qn* {*fam*}, agrafer *qn* {*fam*}, épingler *qn* {*fam*}. ¶ 사기도박단의 ~가 잡혔다고 한다 Il paraît qu'une bande de tricheurs au jeu s'est fait arrêter [agrafer {*fam*}, épingler {*fam*}] par la police.

뒷돈 명 ① 자금 capit*al*(*aux*) *m*, fonds *mpl*. ¶ 누구에게 ~을 대다 donner [fournir] des capitaux à *qn*. ② 비상금 fonds *mpl* de réserve [de prévoyance].

뒷동산 명 colline *f* située derrière une maison [derrière un village]. ¶ ~에 오르다 monter [aller] sur la colline située derrière la maison [derrière le village].

뒷마무리 명 achèvement *m*, finition *f*, dernière touche *f*, touche *f* finale, derniers travaux *mpl*. ¶ 매사에 있어서 시작만큼이나 ~도 중요하다 En toutes choses, l'achèvement est aussi important que le commencement. ¶ 논문을 거의 다 썼으니 이제 ~만 남은 셈이다 J'ai quasiment fini mon article [mon mémoire, ma thèse], il ne me reste plus qu'à parfaire les détails [qu'à soigner la présentation, qu'à y ajouter la touche finale, qu'à le fignoler {*fam*}, qu'à le peaufiner {*fam*}]. ◇_(를) **하다[짓다]** achever, finir, mettre la dernière touche, faire les finitions, parfaire (un travail), parfaire les détails, fignoler {*fam*}, peaufiner {*fam*}. ¶ 벌써 한 해를 ~하는 12월이다 Nous sommes déjà en décembre qui clôt l'année.

뒷말 명 ragot *m* {*fam*}, racontar *m* {*fam*}. ◇_(을) **하다** raconter des ragots. ¶ 그는 언제나 ~을 자주 한다 Il raconte toujours des ragots. ◇_(을) **듣다** entendre des ragots [racontars]. ◇_**이 있다** y avoir des ragots [racontars]. ¶ 행사가 끝나고 나면 항상 ~이 있게 마련이다 Après la fête, il y a toujours des racontars.

뒷맛 명 arrière-goût *m*. ¶ 이 요리는 ~이 깔끔하지 못하다 Ce plat laisse un arrière-goût désagréable. ¶ 그 사연을 들으니 왠지 ~이 씁쓸해졌다 Curieusement, cette nouvelle que je viens d'entendre me laisse un arrière-goût âpre.

뒷머리 명 ((뒤통수)) occiput *m*, *derrière m de la tête, nuque f*; ((머리털)) cheveux *mpl* en arrière de la tête [à l'arrière de la tête], ((의학)) cheveux *mpl* de la région occipitale; ((행렬의)) queue *f* d'un cortège; ((물건의)) queue *f*, arrière *m* (d'un objet long et large).

뒷면 -面 명 revers *m*, verso *m*, dos *m*, derrière *m*, arrière *m*; ((동전의)) pile *f*. ¶ ~ 참조 voir le verso. ¶ 동전의 ~이 나오면 내가 이기는 거다 Pile je gagne.

뒷모양 -模樣 명 ① 뒷모습 apparence *f* (que l'on voit de dos), allure *f* (que l'on voit de dos), vue *f* de dos. ¶ 떠나가는 사람의 ~을 바라보다 suivre des yeux [du regard] *qn* qui s'éloigne, regarder *qn* s'éloigner. ¶ ~이 그의 형과 비슷하다 Vu de dos, on dirait son frère [il ressemble à son frère]. ② 일이 끝난 뒤의 모양 fin *f*, résultat *m*. ¶ 일의 ~이 우습게 되어 버렸다 Cela s'est mal terminé.

뒷목 명 grain *m* perdu ((lors du battage)).

뒷문 -門 명 ① porte *f* de derrière. ② 떳떳하지 못한 수단 porte *f* de derrière, petite porte *f*, moyen *m* illicite [illégitime].

뒷물 명 ((씻는 행위)) ablutions *fpl* intimes {*vx*}; bain *m* de siège; ((물)) eau *f* d'ablutions intimes {*vx*}. ◇_(을) **하다** se laver les parties intimes, faire des ablutions intimes.

뒷바라지 명 soin *m*, bons offices *mpl*. ¶ 부모의 헌신적인 ~ 덕분에 그 여자는 유명한 음악가가 되었다 Elle est devenue une musicienne célèbre grâce aux bons offices de ses parents. ◇_(를) **하다** prendre soin de *qn*, s'occuper de *qn*, veiller sur *qn*, soutenir *qn*, subvenir aux besoins de *qn*. ¶ 어머니는 우리의 ~를 하시느라 고생을 많이 하셨다 Notre mère s'est donnée beaucoup de mal pour s'occuper de nous.

뒷받침 명 appui *m*, soutien *m*, concours *m*, support *m*, piston *m*, protection *f*. ¶ 그가 그렇게 모험적인 사업을 시작할 수 있는 것은 다 아버지의 ~이 있기 때문이다 S'il peut entreprendre quelque chose d'aussi périlleux, c'est parce que son père lui a donné son appui. ◇_(을) **하다** soutenir, patronner, appuyer, épauler, seconder, supporter, donner [offrir, prêter] *son* appui à *qn*. ¶ 말을 행동으로 ~하다 confirmer *ses* paroles par des actes, mettre *ses* paroles en action, concrétiser *ses* paroles par des actes, mettre *ses* paroles en conformité [en accord, en harmonie] avec *ses* actes. ¶ 자기의 생각을 주장하려면 ~할 만한 논거를 제시해야만 한다 Il faut donner des arguments pour soutenir ses idées.

뒷발 명 ① 동물의 뒷발 pattes *fpl* de derrière. ② 발길 ruade *f*. ¶ 말이 ~로 사람을 찼다 Le cheval a frappé quelqu'un avec ses pattes de derrière.
◆**_길질** 명 ruade *f*. ¶ 말이 ~길질을 한다 Le cheval rue [fait des ruades] / Le cheval lance [décoche] une ruade.

뒷방 -房 명 pièce *f* arrière ((dans une maison traditionnelle coréenne)).
◆**_마누라** 명 épouse *f* [femme *f*] légitime qui vit dans la pièce arrière de la maison après avoir été [ayant été] évincée [écartée] par la concubine.
◆**_살이** 명 vie *f* d'une femme légitime qui vit dans la pièce arrière de la maison, ayant été évincée [écartée] par la concubine.

뒷밭 명 ① 집 뒷밭 champ *m* situé derrière une maison [derrière une ferme, un village]. ② (비유적) 배후 arrière *m*. ¶ 적들이 우리 진영의 ~을 쳤다 L'ennemi

ㄷ

a pris d'assaut notre arrière-camp.

뒷벽 -壁 명 mur *m* de derrière.

뒷부분 -部分 명 partie *f* arrière, arrière *m.*

뒷북 명 action de battre du tambour en retard. *~(을) 치다 entreprendre une action lorsqu'elle ne peut plus être utile, s'affairer [faire les choses] quand il est trop tard [lorsque cela n'est plus nécessaire], prendre des précautions [dispositions] quand le mal est arrivé [quand il n'est plus temps de l'éviter], prendre des dispositions trop tard, fermer l'écurie lorsque les chevaux sont (déjà) dehors [alors que le cheval s'est sauvé] / Il est trop tard de [pour] fermer l'écurie lorsque les chevaux sont déjà dehors [quand le cheval s'est sauvé] / Après la mort, le médecin. ¶ 그 녀석은 항상 ~만 치고 다닌다 Il s'affaire toujours quand ce n'est plus nécessaire. ¶ 그 친구는 늘 일이 다 끝난 다음에 와서 ~을 친다 Il s'affaire toujours quand le travail est terminé.

뒷사람 명 personne *f* qui suit, personne *f* suivante, le suivant *m,* la suivante *f.* ¶ ~한테 맡기고 돌아가세요 Partez en laissant ces affaires pour la personne suivante.

뒷산 -山 명 colline *f* située derrière une maison [un village].

뒷소문 -所聞 명 bruits *mpl* qui courent [qui se répandent] après un événement, bruits *mpl* sur les circonstances d'un événement, bruits *mpl* concernant un événement passé [antérieur]. ¶ 선거가 끝나면 여러 가지 ~이 무성하다 Il y a beaucoup de bruits qui se répandent après une élection. ¶ 그 사람이 이혼했다는 ~이 돌고[퍼져] 있다 Des bruits courent qu'il a peut-être divorcé.

뒷소식 -消息 명 nouvelle *f* qui fait suite à un événement, nouvelle *f* concernant un fait secondaire à un événement [un fait survenu après un événement]. ¶ ~을 듣다 entendre une nouvelle suite à un événement.

뒷손 명 ① 일의 마무리 finition *f* ((d'un travail)), dernière touche *f,* touche *f* finale, travaux *mpl* de finition. ¶ ~을 보다 retravailler, faire les finitions. ¶ ~이 부족하다[딸리다] ((제대로 마무리되지 않다)) manquer de finition, ne pas être bien fini(*e*); ((시간·인력 등이 부족하다)) ne pas pouvoir bien terminer un travail faute de temps. ¶ ~이 많이 가는 일[작업] un ouvrage qui a besoin d'être beaucoup retravaillé, un travail qui a besoin d'être beaucoup retouché [corrigé], un travail laborieux. ¶ 바빠서 ~이 가는 일은 할 수 없다 Je ne peux pas faire les choses parfaitement parce que je manque de temps. ② 필요한 조치 action d'aller voir secrètement la bonne personne [quelqu'un de haut placé] pour résoudre un problème. ¶ ~을 보다[쓰다] aller voir secrètement la bonne personne [quelqu'un de haut placé] pour résoudre un problème; faire secrètement ce qu'il faut [le nécessaire] pour résoudre un problème. ¶ 내가 ~을 보아 놨으니 아무 문제 없을 거다 Comme j'ai fait secrètement le nécessaire [Comme j'ai vu la bonne personne] ((pour que tu puisses intégrer cette université)), tu n'as plus à t'inquiéter [à t'en faire]. ③ 뒤로 내미는 손 la main *f* derrière [dans] le dos. ¶ 그 여자는 수줍은 듯 돌아서서 ~으로 사랑을 고백하는 편지를 전했다 Par timidité, elle s'est retournée pour me remettre la main derrière le dos une lettre d'amour ((sans me regarder)). ¶ 그는 슬그머니 다가와 ~으로 쪽지를 전해주고 갔다 Il s'est approché lentement de moi et m'a remis discrètement un bout de papier qu'il tenait dans sa main, caché derrière son dos. ④ 슬그머니 내밀어 받는 손 demande *f* en cachette. ¶ ~을 벌리다 demander une récompense illégale en cachette.

뒷손질 명 finition *f.* ¶ ~이 많이 가는 일 travail qui a besoin d'être beaucoup retravaillé. ◇_(을) **하다** retravailler, faire des finitions.

뒷수습 -收拾 명 ((마무리)) règlement *m,* arrangement *m,* achèvement *m,* mise *f* au point; ((뒷정리)) remise *f* en ordre, rangement *m;* ((뒷감당)) réparation *f* des dégâts, redressement *f* de la situation. ¶ ~이 불가능하다 tomber dans une situation désespérée. ◇_(을) **하다** terminer, achever; conclure; ((뒷정리하다)) remettre en ordre, arranger; ((뒷감당하다)) remettre de l'ordre dans *qc*, reprendre en main la situation, redresser [rattraper] la situation, redresser [rectifier] la barre, remédier à un problème, réparer les dégâts, réparer les bévues de *qn*, faire redémarrer la machine, remettre les choses sur pied, remettre le moteur en marche [la machine en route], remettre ((le bâtiment, une entreprise)) à flot. ¶ 어디 ~할 사람이 있어야 말이지 Il n'y a personne qui puisse reprendre en main la situation [redresser la situation, redresser la barre, rattraper la situation, réparer les dégâts, reprendre la machine [l'entreprise] en mains, remettre en route l'entreprise, remédier au problème]. ¶ ~을 빨리 해야 탈이 없다 Il faut redresser la situation [reprendre en main la situation, remédier à ce problème] au plus vite si on veut éviter les incidents [les problèmes]. ¶ 누구의 큰 실수를 ~하다 réparer les bévues de *qn*. ¶ 일은 그 양반이 다 벌이고 ~은 언제나 내가 한다 C'est lui qui crée les problèmes [qui fait les bêtises], mais c'est toujours moi qui répare les dégâts [ses bévues]. ¶ 사태를 ~하다 sauver [rétablir] la situation.

뒷심 명 ① 도움 patronage *m,* protection *f,* appui *m,* soutien *m.* ¶ ~이 든든하다 avoir un appui [un protecteur] puissant, s'assurer une puissante protection. ¶ 사실, 삼촌의 지위가 장사에 적잖게 ~이 되어주고 있다 En effet, le statut de mon oncle m'assure une puissante protection. ② 힘 réserve *f* d'énergie, endurance *f,* fond *m.* ¶ ~이 좋다 avoir

ㄷ

de la résistance [du fond]; être endurant(*e*), infatigable. ¶ 그는 다 잘 하는데 ~이 좀 부족하다[없다] Il est doué pour tout, mais il manque d'endurance.

뒷얘기 명 suite *f,* prolongement *m,* développement *m,* conséquence *f;* contrecoup *m;* imbrication *f;* répercussion *f,* retombée *f.* ¶ 행사의 ~를 듣다 écouter les retombées de l'événement. ¶ 이번 계획에는 ~가 많았다 Ce projet a eu beaucoup de répercussions.

*~를 만들다 faire du bruit {*fam*}, causer des histoires {*fam*}.

ㄷ

뒷이야기 명 ragot *m* {*fam*}, racontar *m* {*fam*}.

뒷자리 명 ① 뒷좌석 siège *m* arrière (d'une automobile). ② 뒤쪽에 있는 자리 place *f* arrière. ③ 흔적 trace *f* restante d'un travail accompli.

뒷장 -張 명 verso *m;* page *f* suivante.

뒷전 명 ① 뒤, 배후 ((de)) derrière; ((à)) l'arrière. ¶ ~에 잠자코 앉아서 상황이나 지켜보세요! Mettez-vous derrière et observez la situation sans intervenir! ② 직접 관련하지 않는 위치 ((en)) arrière. ¶ ~으로 물러나다 se détacher, prendre du jeu; reculer, battre en retraite, se retirer, se replier; faire un pas en arrière. ③ 나중의 차례 ((mettre, laisser)) de côté; ((remettre)) à plus tard. ¶ ~으로 미루어 두다 mettre *qc* de côté, écarter; négliger, délaisser, ne faire aucun cas de *qc*, ne tenir aucun compte de *qc*; remettre ((une affaire)) à plus tard. ④ 남이 안보거나 못 보는 숨겨진 곳 ((dire du mal de *qn*)) par-derrière [dans *son* dos]; ((agir)) dans le dos de *qn* [par derrière, sans qu'il le sache]; ((dire du mal de *qn*)) en *son* absence [à l'insu de *qn*]. ¶ ~에서 남을 비판하다 critiquer *qn* dans *son* dos, dire du mal de *qn* par-derrière [dans *son* dos, en *son* absence]; médire de [sur] *qn*; ((관용어)) casser du sucre sur le dos de *qn*, taper sur *qn*; déchirer *qn* à belles dents; débiner {*fam*}.

뒷정리 -整理 명 achèvement *m,* finition *f,* dernière touche *f,* touche *f* finale, derniers travaux *mpl.* ¶ 매사에 있어서 시작만큼이나 ~도 중요하다 En toutes choses, l'achèvement est aussi important que le commencement. ◇_(를) 하다 remettre en ordre ((après une fête, une réunion)); ((뒷감당하다)) remettre de l'ordre dans *qc*, reprendre en main la situation, redresser [rattraper] la situation, redresser [rectifier] la barre, remédier à un problème, réparer les dégâts, réparer les bévues de *qn.* ¶ 너는 남아서 ~를 해라 Reste et remets tout en ordre [et fais le ménage].

뒷조사 -調査 명 enquête *f* [investigation *f,* étude *f,* recherche *f,* examen *m,* sondage *m*] confidentiel(*le*). ◇_(를) 하다 enquêter sournoisement, mener [conduire] une enquête discrète. ¶ 그는 나의 ~를 하고 다닌다 Il enquête discrètement sur moi.

뒷좌석 -座席 명 siège *m* arrière (d'une automobile), banquette *f* de derrière (d'une voiture).

뒷주머니 명 poche *f* de derrière; poche-revolver *f.*

뒷줄 명 rangée *f* de derrière. ¶ ~에 서다 se mettre [rester debout] dans la rangée de derrière [dans la dernière rangée].

◆맨_ 명 la dernière rangée *f;* ((se mettre)) tout derrière [dans la dernière rangée].

뒷짐 명 croisement *m* des mains dans [derrière] le dos. ¶ ~(을) 지다 croiser [avoir, mettre] les mains derrière le dos. ¶ ~을 지고 천천히 걸어가다 marcher lentement avec les mains croisées derrière [dans] le dos.

*~(을) 지다 rester les bras croisés (sans rien faire). ¶ ~ 지고[진 채] 지켜보다[구경만 하다, 방관하다] voir [regarder] passivement; rester (simple) specta*teur*(*trice*), regarder *qc* sans y prendre part [sans intervenir], demeurer indifférent(*e*) à *qc*.

*~(을) 지우다 ligoter [attacher] les mains derrière le dos, menotter *qn* derrière le dos. ¶ 달아나는 용의자를 잡아 ~을 지우다 attraper le suspect en fuite et le prendre les mains derrière le dos ((pour le menotter)).

뒷집 명 maison *f* de derrière. ¶ 그는 우리 바로 ~에 산다 Il habite dans la maison juste derrière la nôtre.

뒷처리 -處理 명 ☞ 뒤처리

뒷통수 명 ☞ 뒤통수

뒷편 명 ☞ 뒤편

뒹굴다 자 ① (*se*) rouler ((par terre)), se rouler ((dans l'herbe)); s'étendre, se coucher; se retourner ((dans *son* lit)). ¶ 이리 저리 ~ se rouler ici et là. ② 어울려 놀다 s'amuser en bande; faire les quatre cents coups {*fam*} ((avec *ses* copains)). ¶ 어릴 적에 같이 뒹굴었던 친구 l'ami avec lequel j'ai fait les quatre cents coups dans ma jeunesse. ③ 널려 구르다 traîner partout, être éparpillé(*e*), dispersé(*e*). ¶ 골목에 쓰레기가 뒹굴고 있다 Les ordures traînent partout dans les rues.

듀엣 영{duet} 명 duo *m.* ¶ ~으로 노래를 부르다 chanter en duo.

듀오 이 명 ☞ 듀엣

드나들다 재타 entrer et sortir, aller et venir, fréquenter *qc*; côtoyer. ¶ 그 집에는 수상한 사람들이 드나든다 Des gens suspects fréquentent cette maison. ¶ 그는 이웃집을 자기 집처럼 드나든다 Il va et vient chez ses voisins comme si c'était chez lui. ¶ 술집을 ~ fréquenter les bars. ¶ 부산항에는 많은 배들이 드나든다 Beaucoup de navires fréquentent le port de Busan.

드날리다 재타 devenir célèbre, être connu(*e*) de tout le monde, acquérir un grand renom [une grande réputation]. ¶ 명성을 ~ se faire connaître largement, se rendre célèbre de *qc*, accéder à la célébrité. ¶ 온 세상에 이름을 ~ gagner une grande réputation à travers le monde. ¶ 용맹을 ~ faire connaître un exploit courageux, se rendre célèbre par un acte de bravoure. ¶ 그의 명성이 전국에 드날렸다 Il est devenu célèbre dans tout le pays / Sa renommée est devenue nationale / Il est connu [reconnu] sur le plan national. ¶ 그는 그 작품으로 이름을 드날렸다 Il a acquis un grand renom grâce à cette œuvre / Cette œuvre lui a valu un grand renom.

드넓다 형 être (très) étendu(*e*) [spacieux(*se*), vaste, large], être immense. ¶ 드넓게 펼쳐지는 평야 une plaine qui s'étend à perte de vue. ¶ 드넓은 들판 un champ qui s'étend à perte de vue.

드높다 형 être (très) haut(*e*), élevé(*e*), d'une hauteur remarquable. ¶ 가을 하늘은 푸르고 ~ Le ciel d'automne est bleu et s'élève à perte de vue. ¶ 드높은 기상 une ambition très élevée.

◆**드높이** 부 ((lever)) (très) haut, d'une hauteur remarquable. ¶ 깃발을 드높이 들다 lever le drapeau très haut. ¶ 이 기쁜 소식을 만천하에 드높이 전하세 Transmettez cette bonne nouvelle dans le monde entier.

드높이다 타 élever très haut [fort]. ¶ 목소리를 드높여 외치다 crier en élevant la voix très haut. ¶ 가문의 명성을 ~ élever la renommée de *sa* famille.

드디어 부 enfin; finalement, à la fin; au bout du compte, en fin de compte; en définitive. ¶ ~ 이 일이 끝났다 Ce travail est enfin terminé. ¶ 그 남자는 ~ 승낙했다 Enfin, il a approuvé / Il a fini par dire oui [par donner son accord]. ¶ ~ 기다리던 소식이 날아왔다 Finalement, la nouvelle que j'attendais m'est parvenue. ¶ 많은 실패를 거듭한 끝에 ~ 실험에 성공했다 Après avoir essuyé de nombreux échecs, j'ai enfin réussi mon expérience. ¶ ~ 나도 대학생이 되었다 Je suis enfin devenu étudiant(*e*) (à l'université). ¶ 해명하지 못하고 있던 수수께끼 하나가 ~ 풀렸다 Une des énigmes qu'on n'arrivait pas à expliquer est enfin résolue.

드라마 영{drama} 명 feuilleton *m* (télévisé), série *f* (télévisée); ((멜로물)) *soap opera m, soap m,* feuilleton *m* mélo [à l'eau de rose], mélodrame *m*. ¶ 여성들은 ~를, 남성들은 스포츠 중계를 선호한다 Les femmes préfèrent les feuilletons, les hommes le sport à la télé. ¶ 오늘이 네가 좋아하는 ~ 마지막 회야 Aujourd'hui, c'est le dernier épisode de ton feuilleton préféré.

◆**멜로_** 영{melo-} 명 ☞ 멜로드라마.

드라마틱하다 영{dramatic-} 형 être dramatique.

드라이 영{dry} 명 ① 머리 말리기 séchage *m*, brushing *m*. ② 드라이어 sèche-cheveux *m inv*, séchoir *m*. ¶ 새로 ~를 사다 (s')acheter un nouveau sèche-cheveux [séchoir]. ③ 드라이클리닝 ☞ 드라이클리닝. ◇_(를) **하다** se faire sécher les cheveux ¶ 미용실에 가서 ~를 하다 se faire sécher les cheveux chez le coiffeur; se faire faire un brushing chez le coiffeur.

드라이버 영{driver} 명 ① 공구 tournevis *m*. ② 골프채 bois n° 1. ③ lecteur *m* ((de CD-ROM, de DVD-ROM)). ¶ CD-ROM[DVD-ROM] 드라이버 un lecteur de CD-ROM [de DVD-ROM].

◆**십자_** 十字 명 tournevis *m* cruciforme.

◆**일자_** 一字 명 tournevis *m* (en fente).

드라이브 영{drive} 명 ① ((개혁)) campagne *f* ((de promotion des ventes)), mouvement *m* en faveur de ((la démocratie)). ② ((자동차)) promenade *f* en voiture. ¶ 수출 ~ 정책 une campagne de promotion des ventes à l'étranger [des exportations]. ③ 【컴퓨】 pilote *m*, pilote *m* de périphérique, gestionnaire *m* de périphérique, logiciel *m* de pilotage. ◇_(를) **하다[가다]** faire une promenade en voiture. ¶ 강변도로로 ~를 가다 faire une promenade en voiture le long du fleuve, faire une promenade en voiture sur la route en bordure du fleuve.

드라이어 영{dryer} 명 sèche-cheveux *m inv*, séchoir *m* (à cheveux).

드라이클리닝 영{dry cleaning} 명 nettoyage *m* à sec. ¶ 양복을 세탁소에 ~을 맡기다 donner [apporter] un costume au pressing [à la teinturerie, au nettoyage à sec]. ◇_(을) **하다** effectuer un nettoyage à sec. ¶ 어제 입었던 와이셔츠를 ~했다 J'ai fait nettoyer à sec la chemise que je portais hier. ¶ 새로 산 실크 블라우스를 ~했다 J'ai fait nettoyé à sec le chemisier [la blouse] en soie que j'ai acheté(e) récemment.

드라큘라 영{Dracula} 명 Dracula.

드러나다 자 ① apparaître, se montrer, se révéler; être rendu(*e*) clair(*e*); laisser paraître. ¶ 그의 얼굴에는 지겨워하는 기색이 드러났다 Un sentiment de lassitude s'est révélé [s'est montré, a paru] sur son visage. ¶ 그의 글에는 당대 지식인들의 고뇌가 잘 드러나 있다 Dans son texte, apparaissent bien les tourments des intellectuels de l'époque. ¶ 그 사건의 배후[실상, 실체, 진실]가 만천하에 드러났다 L'arrière-plan [La vérité, La réalité, La vraie nature] de cette affaire est apparu(*e*) [a été révélé(*e*)] au grand jour. ¶ 그가 범인임이 드러났다 Il s'est avéré que c'est lui le criminel. ② 신체부위가 paraître, être découvert(*e*), exposé(*e*) (au regard), nu(*e*), avoir ((les épaules)) nu(*e*)s; ((옷이)) dénuder, être décolleté(*e*), échancré(*e*). ¶ 이 드레스는 가슴[어깨]이 너무 드러난다 Cette robe laisse trop paraître la poitrine [les épaules] / Cette robe dénude trop les épaules / Cette robe est trop décolletée [échancrée].

드러내다 타 ① laisser paraître; montrer; présenter; révéler, exposer, dévoiler. ¶ 그 사람은 매사에 자기 감정을 솔직하게 드러낸다 En toutes circonstances, il montre honnêtement ses sentiments. ¶ 본색[정체, 무식]을 ~ montrer la vraie nature [l'identité, l'ignorance]. ¶ 그 사람은 드디어 본색을 드러냈다 Il a fini par montrer sa vraie nature. ② ((신체부위를)) découvrir, laisser à découvert [nu(*e*)], exposer *sa* peau au regard, se dénuder, laisser voir, laisser

ㄷ

paraître ((*son* nombril)); exhiber ((*ses* cuisses, *ses* seins)); ((어깨의)) montrer ((*ses* épaules)) nues; ((une robe)) dénuder ((les épaules, les bras)); avoir ((les bras, le dos)) nu(*s*). ¶ 가슴[어깨]을 ~ laisser voir [montrer] *sa* poitrine [*ses* épaules]; exhiber *sa* poitrine. ¶ 하얀 이를 드러내며 웃다 rire en montrant *ses* dents blanches.

드러눕다 자 se coucher ¶ 풀밭[방바닥, 침대]에 ~ se coucher sur l'herbe [sur le plancher de la chambre, sur le lit].

드러머 영{drummer} 명 batteur *m*, percussionniste *mf*, drummer *m*.

드럼 영{drum} 명 ① 【음악】 tambour *m;* batterie *f.* ¶ ~을 치다[연주하다] battre le [du] tambour; jouer de la batterie. ② 기계 tambour *m* (d'un lave-linge, d'une imprimante (à) laser).

◆_**세탁기** -洗濯機 명 lave-linge *m* hublot.

드럼통 -桶 영{drum-} 명 bidon *m*, tonneau(*x*) *m*.

드럽다 자 ☞ 더럽다

드레스 영{dress} 명 robe *f.*

◆_**룸** 영{-room} 명 dressing *m;* dressing-room *m.*

드레싱 영{dressing} 명 ((요리)) assaisonnement *m*, sauce *f;* ((옷)) habillement *m.* ¶ ~을 치다[입히다] assaisonner.

◆**프렌치_** 영{french-} 명 sauce *f* (pour la salade), vinaigrette *f.*

드로잉 영{drawing} 명 【미술】 dessin *m.* ◇_(을) **하다** faire un dessin, dessiner.

드롭 영{drop} 명 【운동】 ((drop curve)) balle *f* tombante.

드르렁거리다 타 ① 코고는 소리 ronfler. ¶ 우리 남편은 코를 심하게 드르렁거리면서 잔다 Mon mari ronfle fort (en dormant, quand il dort). ② 요란하게 울리는 소리 faire du bruit. ¶ 자꾸 드르렁거리며 문을 열지 마라 N'ouvre pas sans cesse la porte bruyamment.

드르렁드르렁 부 rronh ... psssss ..., rôôôô ... pfshuiii ...; en ronflant ((onomatopée du bruit du ronflement)). ¶ 코를 ~ 골다 ronfler bruyamment.

◆_**거리다[대다]** 자타 respirer bruyamment en dormant, ronfler, ronronner, bourdonner. ¶ 그의 ~거리는[대는] 소리에 나는 간밤에 한 숨도 자지 못했다 À cause de son ronflement, je n'ai pas pu dormir un seul instant cette nuit [je n'ai pas pu fermer l'œil de la nuit].

드르르 부 ① 미끄럽게 en rond, en roulant, avec des roulades ((onomatopée ou idéophone de mouvement d'une roue, ou des roulettes d'une porte à glissière)). ¶ ~ ~ 바퀴를 돌리며 어머니는 재봉질을 하고 계셨다 Ma mère était en train de coudre à la machine en faisant tourner bruyamment la roue ((sur une ancienne machine à coudre)). ¶ 문이 ~ 열리더니 주인이 들어섰다 La porte (à glissière) coulissa et le propriétaire entra. ② 거침없이 facilement, sans difficulté, sans peine, aisément, couramment. ¶ 그 학생은 어려운 문제를 ~ 풀었다 Cet(*te*) élève a sans difficulté [facilement] résolu le problème / Cet(*te*) élève est facilement venu à bout de ce problème].

드르륵 부 ① ((물체가 거칠게 미끄러질 때)) en grinçant, avec des grincements, péniblement ((onomatopée ou idéophone de mouvement d'un objet qui roule sur une surface rugueuse, irrégulière)). ¶ 문이 ~ 열렸다 La porte s'ouvrit en grinçant. ¶ 그 남자는 창문을 ~ 열었다 Il a ouvert la fenêtre dans un grincement très fort. ¶ 의자를 ~ 당겨 앉으며 그 여자가 말했다 Elle s'assit sur la chaise qu'elle avait tirée à elle et parla. ② ((총을 연달아 쏠 때)) ratatatata ((onomatopée du bruit de la mitrailleuse ou de la mitraillette)). ¶ 기관총을 ~ ~ 갈겨대다 tirer une rafale de mitraillette; tirer à l'aveuglette [dans tous les coins] avec une mitraillette.

◆_**거리다[대다]** 자타 faire grincer ((une porte)). ¶ 문을 그렇게 ~거리며[대며] 닫지 마라 Ne ferme pas la porte comme ça, tu vois bien qu'elle grince.

드리다 타 ① 제공하다 ((forme de déférence du verbe '주다')) offrir, donner, présenter ((à un supérieur avec révérence)). ¶ 선생님께 선물을 ~ offrir un cadeau au professeur. ¶ 무엇을 드릴까요? 이만하면 싸게 드리는 겁니다 Que puis-je vous servir [donner]? À ce prix, c'est très bon marché. ② ((forme de déférence du verbe '주다')) donner, présenter ((à un supérieur avec révérence)). ¶ 교수님께 감사[인사, 축하]를 ~ présenter *ses* remerciements [*ses* salutations, *ses* félicitations] à Monsieur le professeur. ¶ 하느님께 기도를 ~ adresser [faire monter] une prière à Dieu.

조동 ((forme de déférence du verbe auxiliaire '주다')). ¶ 제 동생을 소개해 드리겠습니다 Je voudrais présenter mon petit frère. ¶ 누나는 어머니의 일을 자주 도와 드린다 Ma sœur aînée aide souvent ma mère dans ses tâches.

드리블 영{dribble} 명 【운동】 dribble *m* ((avec un ballon)). ◇_(을) **하다** dribbler.

드리우다 타 suspendre *qc*, laisser pendre *qc*, pendre, accrocher, crocher. ¶ 문에는 발이 드리워져 있었다 Il y avait un store suspendu sur la porte. ¶ 창문마다 커튼이 드리워져 있다 Un rideau pendait à chaque fenêtre.

드릴 영{drill} 명 mèche *f*, perceuse *f.*

드링크 영{drink} 명 boisson *f.*

◆_**제** -劑 명 boisson *f* qui fortifie, fortifiant *m.*

드문드문 부 ① 시간적 de temps en temps, de temps à autre, parfois, quelquefois, tantôt, occasionnellement; par moment. ¶ 손님이 ~ 찾아온다 Des clients viennent de temps à autre. ¶ 사람들이 ~ 다니는 거리 une rue peu fréquentée [solitaire]. ② 공간적 d'une manière éparse [parsemée], clairsemée; par-ci par-là, ici et là; de loin en loin. ¶ ~ 난 머리 des cheveux clairsemés. ¶ 인가가 ~ 있는 마을 un village parsemé de maisons. ¶ 길가에 나무가 ~ 서 있다 Le bord de la rue est parsemé d'arbres. ¶ 창밖으로 ~ 자리하고 있는 작은 집들이

유난히 평화로워 보였다 Les petites maisons parsemées que l'on voyait depuis la fenêtre, avaient l'air particulièrement paisibles.

◆_하다 형 être espacé(*e*), épars(*e*), éparpillé(*e*), parsemé(*e*), clairsemé(*e*); être par-ci par-là; être ici et là; être peu dense, peu nombreu*x*(*ses*), rare.

드물다 형 ((수효가)) être rare; ((진귀하다)) être très peu commun(*e*); être très rare, extraordinaire, exceptionnel(*le*). ¶ 이런 일은 참 ~ Ça arrive. Mais c'est vraiment rare / Ça arrive, mais rarement / Ça n'arrive vraiment pas souvent. ¶ 그가 예고 없이 오는 일은 ~ Il est rare qu'il vienne sans prévenir. ¶ 겨울에는 관광객이 ~ En hiver, il n'y a pas beaucoup de touristes / En hiver, c'est la basse saison [une saison creuse]. ¶ 그 사람은 보기 드물게 잘 생겼다 C'est quelqu'un d'une beauté rare. ¶ 인적이 드문 강둑길 le chemin de digue d'un fleuve peu fréquenté. ¶ 그 사람은 보기 드문 천재이다 C'est un homme de grand talent [d'un talent exceptionnel] / C'est un génie exceptionnel [peu commun].

◆드물게 부 rarement, exceptionnellement. ¶ 이것은 드물게 볼 수 있는 광경이다 C'est un spectacle auquel on ne peut que rarement assister / C'est un spectacle très rare.

드세다 형 ((성격이)) être très puissant(*e*); être dominant(*e*), influent(*e*); ((일이)) être dur(*e*), être difficile, pénible, rude. ¶ 그 사람은 성격이 ~ Il a une forte personnalité [un tempérament fort]. ¶ 비바람이 드세게 몰아친다 La pluie et le vent redoublent de force.

드잡이 명 ① ((격투)) mêlée *f*, bagarre *f*. ② ((빚장이의)) saisie *f*, saisie-arrêt *f*. ◇_(를) **하다** ① en venir aux mains; se bagarrer, se castagner {*fam*}; lutter [combattre] corps à corps. ¶ 그들은 서로 ~를 하면서 대판 싸웠다 Ils se sont empoignés par le col et se sont bagarrés très violemment. ② saisir ((les meubles de *qn*)).

득 得 명 profit *m*, bénéfice *m*, gain *m*, intérêt *m*; 유리 avantage *m*; atout *m*; un plus. ¶ 그렇게 하면 ~보다 손실이 많다 Si on fait comme ça, il y a plus de pertes que de profits / Il y a plus de pertes que de profits en faisant comme ça. ◇_(이) **되다** être avantageu*x*(*se*); être bénéfique; être un plus [un atout]. ¶ 가스를 써보니 전기보다 ~이 된다 Le gaz est plus économique [avantageux] que l'électricité. ¶ 그 사람은 ~이 되는 일은 무엇이든 한다 Il est prêt à faire n'importe quoi pour obtenir du profit. ¶ 그렇게 한 것이 오히려 우리에게 ~이 되었다 Le fait d'avoir fait ainsi, c'était au contraire un plus pour nous. ◇_(을) **보다** faire des profits; tirer profit de *qc*; tirer avantage de *qc*. ¶ 사업에서 ~을 보다 tirer profit [un bénéfice] d'une affaire. ¶ 외국어를 잘 해서 ~을 보다 tirer avantage [parti] de parler couramment une langue étrangère.

득남 得男 명 fait *m* d'avoir un fils; naissance *f* d'un garçon. ¶ ~ 턱을 내다 arroser la naissance d'un fils; payer la tournée lorsqu'on devient père [mère] d'un fils. ¶ ~을 축하합니다 (Toutes mes) félicitations d'être devenu père [d'être devenue mère] d'un fils! ◇_(을) **하다** avoir [engendrer, mettre au monde] un fils; devenir père [mère] d'un fils.

득녀 得女 명 fait *m* d'avoir une fille; naissance *f* d'une fille. ◇_(를) **하다** avoir [engendrer, mettre au monde] une fille; devenir père [mère] d'une fille.

득달같다 得達- 형 ne pas s'arrêter même un instant; être très prompt(*e*).

◆득달같이 부 à la hâte; sur-le-champ, aussitôt, sans délai, sur l'heure, immédiatement, instantanément, illico (presto) {*fam*}. ¶ 그 사람은 내 전화를 받자마자 득달같이 달려왔다 Dès qu'il a eu mon appel, il est venu en courant [à la hâte, sur-le-champ, aussitôt].

득도 得道 명 illumination *f*, état *m* d'éveil [d'extase]; connaissance *f* de la vérité. ◇_(를) **하다** arriver à l'illumination; atteindre la vérité absolue, atteindre l'état d'éveil [l'état d'extase], atteindre le nirvana.

득득 부 ① ((줄을 긋는 꼴)) d'un seul trait, tout d'un trait, rapidement. ¶ 줄을 ~ 긋다 tirer des lignes d'un seul trait; tracer des lignes rapidement. ② 얼어붙은 모양 ((geler)) en un clin d'œil. ¶ 밤새 내린 눈으로 새벽길은 이미 ~ 얼어붙어 있었다 Les rues au petit matin étaient déjà toutes verglacées à cause de la neige qui était tombée pendant la nuit. ③ ((긁는 모양)) assez fort ((onomatopée du bruit que l'on fait en grattant)). ¶ 머리를 ~ 긁다 se gratter la tête. ¶ 이를 ~ 갈다 grincer des dents.

득세 得勢 명 acquisition *f* de puissance. ¶ 이번 선거에서는 좌파의 ~가 두드러진다 Lors de ces élections, la victoire de la gauche est nette. ◇_(를) **하다** prendre [saisir] le pouvoir; arriver [parvenir, accéder] au pouvoir; obtenir une dignité [un poste important]; devenir avantageux(*se*); acquérir de l'influence; devenir influent(*e*). ¶ 그 지역 출신들이 ~하고 있다 Les gens originaires de cette région sont en train de prendre le pouvoir. ¶ 세계적으로 영어가 ~하는 추세이다 Partout dans le monde, l'anglais a acquis un statut dominant / Il faut reconnaître maintenant le statut dominant [l'hégémonie] de l'anglais partout dans le monde.

득시글거리다 자 fourmiller, grouiller, pulluler; foisonner, foisonner de [en] ((richesses minières)), abonder, abonder en ((vigne)), regorger de ((richesses)); s'agiter en masse confuse; ((place)) être grouillant(*e*) (de monde), être fourmillant(*e*) (de monde). ☞ 득실거리다

득시글득시글 부 ☞ 득실득실

득실 得失 명 gains *mpl* et pertes *fpl*; avantages *fpl* et inconvénients *mpl*; succès *m* et échec *m*; mérite *m* et démérite *m*. ¶ ~을 따지다 peser le pour et le contre; discuter des avantages et des inconvénients de *qc*. ¶ ~이 거의 반반이다 Il y a autant de pertes que de bénéfices [de côtés positifs que de côtés négatifs].

◆**이해**_ 利害- 명 avantages *mpl* et inconvénients *mpl*; profits *mpl* et dommages *mpl*; le pour *m* et le contre *m*, côtés *mpl* positifs et côtés *mpl* négatifs. ¶ 이해~을 따지다 peser [considérer, examiner] le pour et le contre, discuter des avantages et des inconvénients de *qc*, calculer [estimer, évaluer] les pertes et profits, balancer le pour et le contre [mettre en balance], évaluer les conséquences possibles de *qc*; considérer une chose sous tous ses aspects.

득실거리다 자 grouiller, fourmiller, pulluler, abonder, foisonner. ¶ 찬장 뒤에는 바퀴벌레가 득실거린다 Des cafards pullulent derrière le placard à vaisselle.

득실대다 자 ☞ 득실거리다

득실득실 부 ⦅grouillement⦆ en masse confuse; en foule ⦅idéophone d'aspect⦆.

◆_**하다** 자형 grouiller, pulluler, foisonner, regorger. ¶ 이 치즈에는 벌레가 ~하다 Des vers fourmillent [grouillent] dans ce fromage. ¶ 이 치즈는 벌레들로 ~하다 Ce fromage fourmille de [grouille de, est envahi par les] vers. ¶ 세상이 온통 사기꾼들로 ~한다 Le monde fourmille [est rempli] d'escrocs.

◆_**거리다[대다]** 재타 grouiller, se déplacer en foule, s'agiter en masse confuse. ¶ 강당 안에는 빈자리 하나 없이 사람들이 ~거리고 있었다 Beaucoup de gens grouillaient dans l'amphi(théâtre), qui n'avait plus une seule place de libre. ¶ 죽은 쥐 주위에 구더기가 ~거리고 있었다 Des vers grouillaient autour d'un rat mort.

득음 得音 명 ⦅국악의⦆ fait d'atteindre le niveau d'un virtuose (en musique ou chant traditionnel(*le*) coréen(*ne*). ¶ ~의 경지에 이른 판소리꾼 un(*e*) chanteur(*se*) de *pansori* qui a atteint la perfection [qui a atteint le niveau d'un virtuose, qui chante avec virtuosité]. ◇_(**을**) **하다** atteindre la perfection [un niveau excellent, le niveau d'un virtuose] (en musique ou chant traditionnel(*le*) coréen(*ne*)).

득의 得意 명 fierté *f*, orgueil *m*, vanité *f*, exaltation *m* (après un succès). ¶ 그 사람은 ~에 찬 시선으로 군중을 둘러보았다 Il promène son regard sur [regarde] le public d'un air très satisfait.

◆_**만면[만만]하다** -滿面[滿滿]- 형 ☞ 득의양양하다

◆_**양양하다** -揚揚 형 ☞ 득의양양하다

득의양양하다 得意揚揚- 형 être très [tout(*e*)] fier(*ère*) de *qc*/*inf*, être gonflé(*e*) d'orgueil; s'enorgueillir de *qc*/*inf*, être fier(*ère*), satisfait(*e*), infatué(*e*) de *soi*-même; se flatter de *qc*/*inf*, se targuer de *qc*, se prévaloir de ⦅*ses* titres⦆, se féliciter de *qc*, se vanter de *qc*, se piquer de *qc* {*fam*}. ¶ 그는 득의양양한 얼굴로 나타났다 Il est apparu très fièrement / Il a débarqué la tête haute. ¶ 그 사람은 득의양양하여 제 자랑을 늘어놓았다 Il parle de ses propres mérites avec beaucoup de satisfaction [d'orgueil]. ¶ 그 사람은 첫 성공에 득의양양해 하다가 큰 실수를 저질렀다 Il a commis une faute grave après s'être fait gloire de son premier succès.

득점 得點 명 obtention *f* de points; points *mpl* (obtenus); points *mpl* [축구 buts *mpl*; 농구 paniers *mpl*] marqués; score *m*; marque *f*; note *f* ⦅d'un examen⦆. ¶ ~(의) 기회를 놓치다 manquer [rater] une occasion de marquer un point [축구 un but; 농구 un panier]. ¶ 최고 ~을 기록하다 marquer le plus de buts [de points], être le meilleur buteur [la meilleure buteuse]. ¶ 전반전은 ~ 없이 끝났다 ⦅축구⦆ La première mi-temps s'est terminée [se termina, se clôtura] sur le score [sur la marque, sur le score vierge, sur le score nul] de zéro à zéro [avec un score vierge de tout but] / C'est sur le score (vierge et nul) de zéro à zéro que les deux équipes rentrèrent aux vestiaires à la fin de la première mi-temps / Les deux équipes se sont quittées [se quittèrent] sur un score nul et vierge [sur le score nul et vierge de zéro à zéro] à la fin de la première mi-temps / La mi-temps a été sifflée sur le score nul et vierge de zéro à zéro. ¶ 양 팀이 ~ 없이 비겼다 Les deux équipes ont fait match nul sur le score vierge [nul] [sur la marque] de zéro à zéro. ◇_(**을**) **하다[올리다]** marquer [obtenir] des points [un but, un panier]; ⦅럭비⦆ marquer un essai. ¶ 많은 ~을 하다[올리다] marquer beaucoup de points [de buts, ⦅농구⦆ de paniers]. ¶ 종반에 많은 ~을 올리다 marquer beaucoup de points [de buts, de paniers] lors des dernières minutes du jeu. ¶ 대량 ~을 하다 marquer beaucoup de points [de buts, de paniers]; faire un bon score.

◆_**력** -力 명 capacité *f* de marquer des buts [des points, ⦅농구⦆ des paniers]. ¶ ~력이 가장 높은 축구 선수 le meilleur buteur [la meilleure buteuse].

◆_**차** -差 명 différence *f* de buts [de points marqués]; goal-average *m*. ¶ (이번 축구 경기에서) 한국은 일본에 4대 0 큰 ~차로 이겼다 (Lors de ce match de football), la Corée a écrasé le Japon quatre à zéro / La Corée a battu le Japon sur le score sévère [sans appel] de quatre à zéro.

◆_**왕** -王 명 le meilleur buteur *m*; joueur *m* qui a marqué le plus de points [de buts]. ¶ 그 축구 선수가 올해의 ~왕이다 Ce footballeur est le meilleur buteur de cette année.

◆_**판** -板 명 tableau *m* d'affichage; ⦅당구⦆ boulier *m*.

◆_**표** -表 명 carte *f* de score; ⦅트럼프⦆ feuille *f* de marque.

득표 得票 명 nombre *m* de voix obtenues ⦅par un

candidat)); nombre *m* de suffrages obtenus; obtention *f* de voix [suffrages] ((lors d'un vote)). ¶ 70 %의[과반수가 넘는] ~로 당선되다 Il a été élu avec plus de 70 pour cent des voix [des suffrages exprimés] [Il a été élu avec plus de 50 pour cent des voix / Il a été élu avec plus de la moitié des suffrages exprimés]. ◇_(를) **하다** obtenir des voix [des suffrages]. ¶ 그 후보는 10만 표 넘게 ~했다 Ce candidat a obtenu plus de cent mille voix [suffrages].

◆**_율** -率 명 score *m* (électoral); pourcentage *m* de voix [suffrages] obtenu(*e*)s; nombre *m* de voix [suffrages] obtenu(*e*)s (en pourcentage). ¶ 최고 ~율을 기록하다 obtenir le plus de voix [la majorité] lors d'une élection; arriver en tête du scrutin. ¶ ~율이 높다[낮다] recueillir beaucoup de [peu de] voix [suffrages] lors d'une élection; le score de *qn* est très élevé [très bas] lors d'une élection.

◆**_자** -者 명 personne *f* ayant obtenu des voix [des suffrages]. ¶ 최고[상위, 과반수] ~자 la personne arrivée en tête du scrutin [ayant obtenu le plus de voix]; la personne ayant obtenu la majorité des voix.

-든 어미 ① ((어떤 일에 대하여 가리지 않음)) ou ...ou; soit ....soit; ou bien ....ou bien; quoi que, quel que, quelque ... que, que+*subj* ...ou que+*subj*; soit que+*subj* ....soit que+*subj*, que ce soit ... que ce soit ... ((suffixe flexionnel conjonctif de concession, d'opposition. S'il est ajouté directement à un substantif se terminant par une voyelle, on peut supposer que le radical 이 de la copule 이다 *être* soit omis)). ¶ 무슨 일을 하~ 열심히만 하면 성공할 수 있다 Quel que soit le travail (entrepris), si tu le fais avec sérieux, tu réussiras. ② ((상반되는 두 사실 중 어느 하나를 가리지 않음)) que+*subj*; peu importe que+*subj*. ¶ 싫~ 좋~ 문학사는 사회사적 성격을 띠지 않을 수 없다 Qu'on le veuille ou non, l'histoire de la littérature ne peut être qu'un reflet de l'histoire de la société [ne peut pas ne pas être marquée par l'histoire de la société]. ¶ 신화~ 전설이~ 민담이~ 동심을 바탕으로 한 것이면 그것은 전래 동화이다 Que ce soit un mythe, une légende, ou un conte populaire, s'il s'appuie sur la sensibilité des enfants [le cœur des enfants], c'est un conte de fée. ¶ 그 남자가 가~ 말~ 내 알 바 아니다 Qu'il y aille ou pas, ce n'est pas mon problème / Peu importe qu'il vienne ou pas. ¶ 비가 오~ 안 오~ 우리는 떠난다 Qu'il pleuve ou pas, nous partons. ☞ -든지[1]

든든하다 형 ① 단단하거나 굳세다 être très solide, fort(*e*), robuste, résistant(*e*). ¶ 든든하게 지은 집 une maison solidement bâtie. ② 배가 부르다 être rassasié(*e*), repu(*e*), calé(*e*) {*fam*}; avoir le ventre [l'estomac] plein; avoir la panse (bien) remplie [ronde] {*fam*}, avoir la peau du ventre bien tendue {*fam*}. ¶ 밥을 많이 먹어서 배가 ~ Comme j'ai beaucoup mangé, j'ai le ventre [l'estomac] plein [la panse (bien) remplie {*fam*}] [je suis repu] / J'ai beaucoup mangé, je suis calé(*e*) [j'ai le ventre plein, j'ai l'estomac plein]. ③ 미덥다 être digne de confiance [de foi]. ¶ 아들보다 딸이 ~ Une fille est davantage digne de confiance qu'un fils / Une fille est plus fidèle qu'un fils ((il est mieux d'avoir une fille qu'un fils car contrairement à un fils, une fille pourra aider plus tard ses parents)). ¶ 그 사람은 든든한 사람이다 Il est digne de confiance [foi] / On peut compter sur lui / On peut lui faire confiance / On peut avoir confiance en lui. ④ 안심을 하다 être rassuré(*e*); être rassurant(*e*); se sentir rassuré(*e*). ¶ 친구들이 도와주니 마음이 ~ Je me sens [Je suis] rassuré(*e*) car mes amis m'aident.

◆**든든히** 부 ① 배불리 copieusement; à satiété, jusqu'à satiété, autant qu'on le désire; autant qu'on le veut; plantureusement. ¶ 음식을 든든히 먹어라 Mange à ta faim [copieusement, comme il te plaira, autant que tu le veux] / Sers-toi bien [comme il faut, autant que tu le désires, comme il te plaira, autant que tu veux, autant que tu voudras]. ¶ 밥을 든든히 먹다 bien manger; manger à *sa* faim [copieusement, à satiété, jusqu'à satiété]; se remplir [se caler {*fam*}] l'estomac [le ventre, le ballon {*fam*}], se caler les joues {*fam*}; se remplir [s'emplir] la panse {*fam*}; s'en mettre plein la panse [le cornet, la tirelire, le gésier, la lampe] {*fam*}; être gonflé(*e*) [plein(*e*)] comme une outre {*fam*}. ② 충분히 suffisamment. ¶ 옷을 든든히 입고 나가거라 Couvre-toi bien pour sortir! / Habille-toi (bien) chaudement pour sortir!

-든가 어미 ☞ -든지[1]

-든지[1] 어미 ① ((두 가지 일 중에서 하나를 선택하는 의미)) ou ... ou, ou bien ... ou bien, soit que+*subj* ...soit que+*subj*; que+*subj* ...ou que+*subj*; ou+*ind* ...ou+*ind* ((suffixe flexionnel conjonctif de choix. Il s'ajoute après le radical du verbe et de l'adjectif quelle que soit sa forme, et après les suffixes flexionnels préfinaux temporo-modaux -시/-으시, -았/-었. Il peut s'ajouter à certaines particules spéciale à titre emphatique)). ¶ 우리와 산보를 하~ 남아 있~ 해라 Viens prendre l'air avec nous, ou reste là (comme tu veux). ¶ 이리로 오시~, 아니면 제게 전화를 걸어 주세요 Vous pourriez venir ici, ou bien me donner un coup de téléphone. ¶ 내일은 비가 오~ 바람이 많이 불 것이라고 한다 On dit qu'il pleuvra demain, ou qu'il y aura du vent. ② ((어떤 일에 대하여 가리지 않음)) peu importe ((suffixe flexionnel conjonctif de non-sélection)). ¶ 누가 오~ 상관없다 Peu importe la personne qui va venir. ¶ 여기 있~ 우리와 함께 가~ 네 마음대로 해라 Fais comme tu veux [à ta guise], tu peux rester ici, ou tu peux venir avec nous. ¶ 내가 어떤 행동을 취하~ 당신은 그저 보조만 맞춰주세요 Quel que soit mon comportement, je vous prie de vous y adapter.

¶ 이 사건은 누가 보~ 정치적 사건이지 단순한 사건이 아니다 Pour quiconque, il s'agit d'une affaire politique, pas d'une simple affaire (de routine). ¶ 모습이 어떻~ 간에 그것은 모두 어김없이 나다 Peu importe de quoi j'ai l'air, c'est bien moi. ③ ((가능한 여러 일 중 어느 것을 택하여도 괜찮음을 나타냄)) pouvoir toujours ((suffixe flexionnel de terminaison phrastique de permission pour un choix. Il s'ajoute après le radical du verbe quelle que soit sa forme. Employé entre les enfants, entre amis intimes ou à l'adresse de l'interlocuteur inférieur, il exprime l'égalité ou l'infériorité)). ¶ 피곤하면 다른 사람들과 교대하~ Si tu es fatigué(*e*), tu peux (toujours) te faire relever par une autre personne. ¶ 커피 마실래? 아니면 맥주 한 잔 하~ Veux-tu prendre du café? Sinon, tu peux (toujours) prendre un verre de bière [une bière]. ④ 여러 가지 가능한 사실들 중에서 어느 것이 택하여지지 않았음을 나무라듯이 말함)) *tu* pourr*ais* au moins, *tu* aur*ais* pu au moins ((suffixe flexionnel de terminaison phrastique exprimant le reproche, employé entre amis intimes ou à l'adresse de l'interlocuteur inférieur)). ¶ 그러면 전화로 미리 못 오겠다고 하~ À ce compte-là [Oui mais], tu aurais au moins pu me dire [prévenir] par téléphone que tu ne pourrais pas venir. ¶ 재주가 없고 공부가 모자라면 성실하기나 하~ Si tu n'es pas doué(*e*) et si tu n'as pas d'éducation, tu pourrais au moins être studieu*x*(*se*).

-든지²↔-이든지 조 ① ((particule spéciale, capable d'indiquer tous les cas grammaticaux, en transformant les pronoms ou les mots interrogatifs en mots indéfinis. -든지 s'ajoute au substantif se terminant par une voyelle, -이든지 par une consonne)). ¶ 누구~ 이 책을 읽을 수 있어요. N'importe qui peut lire ce livre. ¶ 나라를 위해서라면 저는 어디~ 가겠습니다 Si c'est pour le pays, j'irai n'importe où. ¶ 언제~ 오세요 Venez n'importe quand. ¶ 나는 그 작가의 글은 무엇이~ (간에) 다 읽고 싶다 J'ai envie de lire tout ce qu'il a écrit / De cet auteur, j'ai envie de tout lire. ¶ 건강한 사람이라면 누구~ (간에) 괜찮다 N'importe qui, mais quelqu'un en bonne santé. ¶ 어디에서~ 우선 만나기만 합시다 Peu importe où, l'important [l'essentiel] est de se voir [se rencontrer] / Peu importe où, mais il faut absolument qu'on se voie. ¶ 누구에게~ 결점은 있게 마련이다 Tout le monde a des défauts / Personne n'est parfait. ¶ 어떤 학교~ 들어가기만 해라 Quelle que soit l'école, fais de sorte que tu y entres. ¶ 무슨 이야기~ 하세요. Dites votre récit quel qu'il soit.

듣기 명 écoute *f*. ¶ ~ 평가 un test d'écoute. ¶ ~ 훈련 un exercice d'écoute. ¶ 외국어 교육에 있어서 읽기, 쓰기보다 말하기, ~에 좀 더 비중을 두어야 한다 Il faut accorder plus d'importance au parler et à l'écoute qu'à la lecture et à l'écrit dans l'enseignement d'une langue étrangère.

듣다¹ 타 ① ((소리를)) entendre, écouter, ouïr. ¶ 내가 이상한 소리를 들었어 J'ai entendu une drôle de chose. ¶ 노래[음악]를 ~ écouter des chansons [de la musique]. ¶ 선생님이 제자가 노래하는 것을 듣는다 Le professeur écoute l'élève chanter / Le professeur écoute chanter l'élève. ¶ 그 사람이 무슨 말을 하는지 잘 들어 보세요. Écoute bien ce qu'il raconte. ¶ 나는 그 사람한테서 그 소식[소문]을 들었다 J'ai appris cette nouvelle [rumeur] par lui. ¶ 나는 친구에게 그 여자가 매우 유능하다고 들었다 J'ai appris de mon ami(*e*) qu'elle était très compétente. ¶ 김 선생은 그 사람으로부터 이 기업이 그 항공사를 인수할 것이라는 것을 들었다 M. Kim a entendu de cette personne que cette entreprise allait reprendre la compagnie aérienne. ② 청취하다 écouter. ¶ 라디오를 ~ écouter la radio. ③ ((강의 따위를)) suivre; écouter. ¶ 강의[수업]를 ~ suivre un cours [une classe]. ¶ 연설을 ~ écouter un discours. ④ 복종하다 écouter *qn*, obéir à *qn*. ¶ 이 아이들은 부모님의 말씀을 잘 듣는다 Ces enfants écoutent bien [obéissent bien à] leurs parents / Ces enfants sont obéissants. ¶ 이 녀석이 말을 잘 들어먹지를 않는다 Ces gars-là ne m'écoutent jamais. ⑤ ((기계나 장치 따위가)) marcher, fonctionner. ¶ 기계가 갑자기 말을 듣지 않는다 Cette machine ne fonctionne plus soudainement. ¶ 브레이크가 잘 듣지 않는다 Le frein ne marche pas bien. ⑤ 충고[조언]에 따르다 écouter [suivre] ((les conseils de *qn*)). ¶ 그 아이는 항상 엄마의 충고를 듣는다 Il écoute toujours les conseils de sa mère. ⑥ ((칭찬을)) recevoir ((des éloges)); se faire ((gronder, réprimander)). ¶ 칭찬을 ~ recevoir des éloges de *qn*, être complimenté(*e*) [félicité(*e*), loué(*e*)] par *qn*. ¶ 꾸지람[꾸중]을 ~ se faire gronder, se faire réprimander, se faire engueuler {*fam*}, se faire enguirlander {*fam*}, se faire remonter les bretelles {*fam*}, se faire passer un savon {*fam*}, se faire attraper {*fam*} ((par *qn*)), recevoir un savon {*fam*}. ¶ 걱정을 ~ écouter les plaintes [les lamentations] de *qn*. ¶ 그 아이는 선생님께 꾸지람을 들었다 Ce garçon s'est fait réprimander [gronder] par le professeur. ⑦ ((말을)) entendre. ¶ 듣기 싫어! Je ne veux plus en entendre parler! / Arrête avec cette histoire! / Tais-toi! / Ta gueule! {*vulg*} / Ferme[Boucle]-la {*fam*}! ¶ 듣기 좋네! Oh, c'est agréable à entendre!

***귀담아** ~ écouter avec attention [attentivement], écouter *qn* de toutes *ses* oreilles, être tout yeux, tout oreilles, être tout ouïe. ¶ 그는 그 여자의 이야기를 귀담아 듣는다 Il l'écoute de toutes ses oreilles.

***곧이** ~ croire à cent pour cent. ¶ 그 사람은 친구의 말을 곧이듣지 않았다 Il ne croit pas à cent pour cent les propos de ses amis.

듣다² 자 marcher, être efficace. ¶ 이 약은 감기에 잘 듣는다 Ce médicament marche bien [est efficace] contre le rhume.

듣다[3] 자 방울져 떨어지다 dégoutter, ruisseler, tomber goutte à goutte. ¶ 빗방울이 듣는다 La pluie tombe goutte à goutte.

들[1] 명 ① 농경지 terrain *m;* champ *m;* rizière *f;* terres *fpl* cultivées [de labour]. ② 평야 plaine *f;* campagne *f;* prairie *f;* pré *m.* ¶ 넓게 펼쳐진 푸른 ~ prairie étendue. ¶ ~에서 일하다 travailler aux [dans les] champs.

◆_**개** 명 chien *m* sauvage; chien *m* errant.

◆_**국화** -菊花 명 chrysanthème *m* sauvage.

◆_**기름** 명 huile *f* de sésame sauvage.

◆_**깨** 명 sésame *m* sauvage.

◆_**꽃** 명 fleur *f* des champs.

◆_**녘** 명 plaine *f.*

◆_**놀이** 명 excursion *f,* sortie *f* à la campagne, pique-nique(~-~*s*) *m,* déjeuner *m* sur l'herbe. ¶ 내일은 친구들과 ~놀이를 가기로 했다 On a décidé de faire une sortie à la campagne [un pique-nique] avec des amis.

◆_**소** 명 【동물】 bison *m,* buffle *m,* aurochs *m;* gaur *m;* gayal *m;* ovibos *m* musqué; bœuf *m* musqué; yack *m;* zébu *m.*

◆_**장미** -薔薇 명 【식물】 꽃 rose *f* sauvage, églantine; 나무 rosier *m* sauvage, églantier *m.*

◆_**쥐** 명 【동물】 mulot *f* [rat *m*] des champs, campagnol *m.*

◆_**짐승** 명 anim*al*(*aux*) *m* [bête *f*] sauvage.

◆_**풀** 명 herbes *fpl* sauvages.

들[2] 의명 《모두》 tous(*toutes*); 《그 외에 기타》 etc.; et (d')autres; et compagnie. ¶ 김씨 박씨 안씨 ~이 우리 학교의 교수입니다 M. Kim, M. Bak et M. An sont tous nos professeurs à l'université / 《그 외에 기타》 M. Kim, M. Bak et M. An et d'autres sont nos professeurs à l'université. ¶ 경희, 숙경, 숙희 ~이 놀러 왔다 Gyeong-hui, Suk-gyeong et Suk-hui sont toutes venues [passées] chez nous [nous ont toutes rendu visite] / 《그 외에 기타》 Gyeong-hui, Suk-gyeong et Suk-hui et compagnie sont venues [passées] chez nous [nous ont rendu visite].

-들[3] 접미 ① 《복수》 les, -*s*, -*x* 《marque de pluriel》. ¶ 우리~ nous. ¶ 너희~ vous. ¶ 사람~ les gens. ¶ 할 일~ les choses [ce] qu'il y a à faire. ¶ 여느 여자~ les femmes ordinaires. ¶ 젊은 아이~ les jeunes. ¶ 자식~에게 말하다 parler aux enfants. ¶ 김씨와 다른 사람~ monsieur Kim et d'autres. ¶ 다른 사람~ les autres; autrui. ¶ 학생~이 교실에서 공부한다 Les élèves travaillent dans la classe. ¶ 새~이 나무에서 노래한다 Les oiseaux chantent dans les arbres. ② 《(부사나 용언 활용형 뒤에서) 행위 주체가 여럿임을 나타냄》 (nous, vous, eux, elles) tous [toutes]. ¶ 어서~ 오게나 Soyez les bienvenus! ¶ 이리~ 앉게 Asseyez-vous ici! ¶ 잘~ 한다 《sur un ton méprisant》 (반어적) Ils sont très forts / Bien joué! ¶ 안녕히~ 계십시오[가세요] Au revoir à tous! ¶ 아직 자고~ 있네 Ils dorment encore tous. ¶ 앉으세요~ Asseyez-vous, je vous prie! ¶ 술을 너무~ 마셔대더니 모두 다 곯아떨어졌구나 Ils buvaient trop. Ils se sont tous endormis sous le coup de l'ivresse.

들것 명 brancard *m;* civière *f.* ¶ 부상자를 ~으로 나르다 transporter des blessés sur un brancard.

들고나다 자 ① 참견하다 se mêler des affaires d'autrui; s'ingérer [s'immiscer, intervenir] dans les affaires d'autrui; fourrer *son* nez 《partout》 {*fam*}. ② 《세간을》 emporter *ses* meubles pour les vendre.

들고뛰다 자 prendre la fuite; s'enfuir 《de prison》; s'échapper, s'évader 《de prison》; fuir, se sauver.

들고일어나다 자 s'élever, se révolter, se rebeller, se dresser. ¶ 가혹한 착취에 시달려 온 노동자들이 경영진에 대항하여 들고일어났다 Les ouvriers souffrant d'une exploitation atroce se sont rebellés contre la direction.

들기름 명 huile *f* de sésame sauvage.

들길 명 chemin *m* d'un champ [d'une rizière]; sentier *m.* ¶ ~을 따라서 걷다 marcher le long d'un champ.

들까불다 자 ① 몹시 까불다 être très tapageu*r*(*se*), turbulent(*e*), agité(*e*), bruyant(*e*); être très imprudent(*e*), irréfléchi(*e*); se montrer très imprudent(*e*); être très coquin(*e*), espiègle. ¶ 그는 들까불며 교문을 빠져나갔다 Il est sorti de l'école très bruyamment. ② 위 아래로 흔들다 secouer verticalement. ¶ 아기를 ~ secouer un bébé verticalement.

들끓다 자 ① 《(사람, 벌레 따위가)》 bouillonner, fourmiller, grouiller (de monde), être fourmillant(*e*) [grouillant(*e*)] (de monde), être inondé(*e*) (de monde); être en émoi [en effervescence], pulluler, foisonner, abonder; se presser, se bousculer, se marcher sur les pieds. ¶ 거리에 사람들이 들끓고 있다 Les rues grouillent de gens. ¶ 광장이 사람들로 들끓고 있다 La place est en effervescence / La place grouille [est grouillante, est inondée] de monde. ¶ 가게에 손님들이 들끓고 있다 Le magasin est plein de monde / On se bouscule [On se marche sur les pieds, On se presse] dans le magasin. ¶ 이 치즈에 벌레들이 들끓고 있다 Les vers [Les asticots] grouillent dans ce fromage / Ce fromage grouille de vers [d'asticots]. ¶ 쓰레기통이 파리들로 들끓고 있다 Des mouches fourmillent dans la poubelle / La poubelle fourmille de mouches. ② 《(여론, 비난, 의견 따위가)》 être en effervescence; abonder, foisonner. ¶ 여론이 ~ L'opinion publique est en effervescence. ¶ 비난[비판]이 ~ Les critiques [Les reproches] abondent. ¶ 시중에는 지금 그 정책에 대한 반대 의견이 들끓고 있다 Les opinions opposées à cette mesure politique foisonnent en ville en ce moment.

들나물 명 plantes *fpl* potagères; légumes *mpl* (verts).

들다[1] 자 《칼이》 bien couper, être tranchant(*e*). ¶ 잘 드는 칼 un couteau tranchant. ¶ 이 낫이 잘 든다

Cette faucille coupe bien. ¶ 이 칼은 날이 잘 든다 La lame de ce couteau tranche bien.

들다[2] 재 ((나이가)) prendre [avoir] ((de l'âge)). ¶ 나이가 ~ prendre de l'âge, avancer en âge; devenir vieux(*vieille*). ¶ 나이가 들면 시력이 약해진다 En prenant de l'âge [En vieillissant, Avec l'âge], la vue s'affaiblit [baisse]. ¶ 나이가 들었음에도 불구하고 그 친구는 아이들만큼 빨리 뛴다 Bien qu'il ait pris de l'âge, il court aussi bien que les jeunes. ¶ 그 사람은 나이도 들지 않았는데 늙어 보인다 Bien qu'il ne soit pas âgé, il a l'air vieux.

ㄷ

들다[3] 타 ① ((물건을)) porter, tenir ((dans la main)). ¶ 그 사람이 가방을 (손에) 들고 서 있다 Il se tient debout portant une valise (à la main). ¶ 책상을 들어 옮기다 prendre un bureau et le déplacer. ¶ 책을 들고 다니다 se promener avec un livre à la main. ② ((신체부위를)) dresser, relever, redresser, soulever, lever. ¶ 손을 ~ lever la main. ¶ 고개를 ~ redresser la tête. ③ ((예를)) donner ((un exemple)). ¶ 예[보기]를 ~ donner [prendre, citer, présenter] un exemple. ¶ 그 일[사실]을 예[보기]로 ~ prendre [citer, mentionner] cette affaire pour exemple. ¶ 그 사실을 예로 들자 그 사람은 아무 말도 못했다 Lorsqu'on a cité ce fait comme exemple, il ne pouvait rien dire. ④ 먹다 manger; prendre; boire; se servir. ¶ 아침[점심, 저녁]을 ~ prendre le petit déjeuner [le déjeuner, le dîner]. ¶ 무엇을 드시겠어요? Qu'est-ce que vous prenez? / Que prendrez-vous? ¶ 소화제를 드시는 것이 좋겠어요 Il vaudrait mieux que vous preniez une capsule [un médicament] favorisant la digestion. ¶ 위에 부담이 되지 않는 가벼운 음식을 드십시오 Veuillez prendre de la nourriture légère qui ne pèse pas sur l'estomac. ¶ 먼저[마음껏] 드십시오 Servez-vous avant moi [autant que vous voulez]. ¶ 많이 드십시오 Bon appétit / Servez-vous, je vous prie. ⑤ 시중 prendre ((soin de *qn*)). ¶ 누구의 시중을 ~ s'occuper de *qn*, prendre soin de *qn*; ((환자의)) veiller sur [soigner] ((un malade)). ⑥ ((편을)) prendre ((le parti de *qn*, la défense de *qn*)). ¶ 누구의 편을 ~ prendre le parti de *qn*, prendre parti pour [en faveur de] *qn*, se ranger [se mettre] du côté de *qn*, prendre fait et cause pour *qn*, faire cause commune avec *qn*, se joindre à *qn*, embrasser le parti de *qn*, prendre la défense de *qn*, défendre *qn*, soutenir *qn* contre *qn*.

***손** ~ mettre les mains en l'air, lever les mains. ¶ 손 들어! Haut les mains! / Les mains en l'air!

***두 손(을) (다)** ~ capituler, céder, renoncer à *qc*. ¶ 우리 모두는 그 녀석의 장난에 두 손 다 들었다 Nous avons tous cédé face aux magouilles {*fam*} de ce type-là.

***손을 들어 주다** donner gain de cause à *qn*/*qc*. ¶ 법원은 결국 시민 단체의 손을 들어주었다 Finalement, le tribunal a donné gain de cause à une association [à un groupe civique].

들다[4] 재 ① 들어가다 entrer, s'introduire, pénétrer. ¶ 이 집에 도둑이 들었다 Un voleur a pénétré [s'est introduit] dans cette maison. ② 임대되다 occuper; se trouver. ¶ 이 방은 벌써 사람이 들어 있다 Quelqu'un occupe déjà cette chambre / Quant à cette chambre, quelqu'un s'y trouve déjà. ③ 잠자기 시작하다 se mettre, aller ((au lit)), aller ((se coucher)). ¶ 잠자리에 ~ se mettre au lit, aller au lit, aller se coucher. ④ 숙박하다 descendre dans ((un hôtel)). ¶ 일행은 근처 호텔에 들었다 Le groupe a pris [est descendu dans] un hôtel tout près. ⑤ 가입하다 adhérer, s'inscrire à ((un club)); participer à ((un jeu)); s'affilier à; se joindre à ((une organisation)). ¶ 학회[모임]에 (회원으로) ~ adhérer à une société savante [à une réunion] (en tant que membre). ⑥ ((빛 따위가)) être ensoleillé(*e*); ((les rayons du soleil)) atteindre, s'infiltrer. ¶ 이곳은 햇빛이 잘 든다 Cet endroit est bien ensoleillé. ⑦ 염색되다 prendre une teinte; se colorer. ¶ 물이 잘 드는 천 un tissu qui prend bien la teinture. ⑧ 안에 있다; 포함되다 être contenu(*e*), compris(*e*), inclus(*e*), englobé(*e*); figurer ((sur une liste)). ¶ 컵에 물이 들어 있다 Le verre contient de l'eau / Il y a de l'eau dans le verre. ¶ 이 금액에는 여비가 들어 있다 Les frais de voyage sont inclus [compris] dans cette somme. ¶ 이 명단에 외국인은 들어있지 않다 Les étrangers ne figurent pas sur cette liste. ¶ 게가 알이 가득 들었다 Le crabe est plein d'œufs. ¶ 이 과일은 씨가 들었다 Ce fruit a un noyau. ⑨ 어느 한계 안에 위치하다 se trouver parmi *qc*. ¶ 입상권[등위] 안에 ~ se trouver parmi les gens susceptibles d'être lauréats. ⑩ ((계절 따위가)) entrer; arriver. ¶ 금년에 윤달이 들어 있다 Cette année comprend un mois intercalaire. ¶ 이 달에 추분이 들어 있다 Ce mois comprend l'équinoxe d'automne. ⑪ ((버릇 따위가)) prendre une habitude; prendre l'habitude de+*inf*; s'habituer à *qc*/*inf*; s'accoutumer à *qc*. ¶ 나쁜 버릇[습관]이 ~ prendre une mauvaise habitude [un mauvais pli]. ¶ 담배 피는 버릇이 ~ prendre l'habitude de fumer. ⑫ 소요되다 falloir; exiger, demander, réclamer, coûter, nécessiter, être nécessaire, se dépenser. ¶ 돈[노력, 인내, 시간]이 ~ coûter [demander, nécessiter] de l'argent [du temps]. ¶ 이 일은 많은 힘이 든다 Ce travail nécessite beaucoup d'efforts. ¶ 비행기로 거기까지 가는 데 50만원이 든다 Il faut cinq cent mille wons pour aller jusque-là par avion. ⑬ 좋아하다 *qc* plaire à *qn*, aimer *qc*. ¶ (누구의) 마음에 ~ plaire à *qn*, convenir ((aux goûts de *qn*)); faire plaisir à *qn*; satisfaire *qn*. ¶ 이 옷이 마음에 드니? Ce vêtement te plaît-il? ¶ 마음에 드는 상대 un(*e*) partenaire à *sa* convenance [à *son* goût]. ¶ 나는 이 집이 마음에 들어서 샀다 Cette maison m'a plu et je l'ai achetée. ¶ 그렇게 하는 것은 내 마음에 들지 않는다 Je ne suis pas content(*e*) de cette façon de faire / Je n'aime pas cette façon de faire. ⑭

상태, 때가 되다 avoir; prendre; attraper, contracter ((un maladie)), être atteint(*e*) d'une maladie, tomber ((malade)). ¶ 팔에 멍이 ~ avoir des bleus [des hématomes, des ecchymoses] sur le bras. ¶ 가슴에 멍이 ~ avoir des bleus à l'âme, avoir le cœur meurtri. ¶ 올해는 풍년[흉년, 가뭄]이 들었다 Cette année, on a eu une bonne récolte [une année de disette, la sécheresse]. ¶ 잠이 ~ s'endormir. ¶ 정이 ~ ((sentimentalement)) s'attacher à *qn*, prendre *qn* en affection; se prendre d'affection pour *qn*; ressentir de l'amour pour *qn*. ¶ 철이 ~ prendre de la maturité, devenir adulte [raisonnable, sage, mûr(*e*), mature], avoir du plomb dans la tête. ¶ 세를 들어 살다 vivre en location. ⑮ ((병이)) avoir [contracter] une maladie, être atteint(*e*) d'une maladie, tomber malade. ¶ 병이 ~ avoir [contracter] une maladie, être atteint(*e*) d'une maladie, tomber malade. ¶ 중풍이 ~ être frappé(*e*) de paralysie. ¶ 감기가 ~ attraper un rhume [un refroidissement, un chaud et froid], s'enrhumer. ¶ 오한이 ~ avoir des frissons, trembler de fièvre, être pris(*e*) [saisi(*e*), agité(*e*)] d'un frisson, frissonner ((de fièvre)). ⑯ ((맛이)) prendre du goût [de la saveur]; devenir bon(*ne*); devenir savoureu*x*(*se*); ((지방어)) devenir goûteu*x*(*se*). ¶ 맛이 ~ prendre du goût [de la saveur]; devenir bon(*ne*); devenir savoureu*x*(*se*); ((지방어)) devenir goûteu*x*(*se*). ¶ 과일이 맛이 들었다 Le fruit a pris du goût [de la saveur] / Le fruit est mûr à souhait [est bien mûr] / Le fruit est devenu savoureux. ⑰ ((생각 등이)) l'idée de+*inf me vient* [*m*'est venue]; penser à *qc*; ((마음이)) l'envie de+*inf me* prend. ¶ 갑자기 그 친구를 보고 싶은 생각[마음]이 들었다 J'ai soudain envie de le voir / L'envie de le voir m'a pris soudainement.

***독 안에 든 쥐** être complètement pris(*e*); être fait(*e*) comme un rat [comme un voleur]. ¶ 그 사람은 독 안에 든 쥐 꼴이 되었다 Il est fait comme un rat.

***장가를** ~ ((un homme)) se marier, prendre épouse, prendre femme.

들들 뿐 ① ((기름에)) en remuant [tournant] sens dessus dessous. ¶ 깨를 ~ 볶다 faire griller des graines de sésame. ¶ 나는 야채를 기름에 ~ 볶았다 J'ai fait revenir des légumes avec de l'huile. ② ((사람을)) importunément, fastidieusement, insupportablement; ((demander)) avec insistance; de manière accablante. ¶ 질문 공세로 누구를 ~ 볶다 harceler [assaillir] *qn* avec une foule de questions, accabler *qn* de questions. ¶ 일을 빨리 끝내라고 그는 부하들을 ~ 볶는다 Il harcèle ses subalternes en leur disant de terminer rapidement le travail. ③ 뒤지는 모양 sens dessus dessous, de bout en bout, de fond en comble, jusque dans les coins les plus reculés. ¶ ~ 뒤지다 chercher ((*qc*)) dans tous les coins et recoins; remuer tout ((pour trouver *qc*)).

들뜨다 재 ① 사이가 벌어지다 se détacher, se décoller, se séparer, s'écarter, s'espacer, se disloquer. ¶ 장판이 들떴다 Le linoléum s'est décollé du plancher de la chambre. ¶ 벽지가 들떴다 Le papier peint s'est décollé du mur. ¶ 충치로 이가 들떴다 Les dents se sont écartées à cause d'une carie. ② ((마음이)) s'exciter, s'agiter; ne pas tenir en place, ne pas pouvoir rester tranquille, ne pas pouvoir tenir en place, avoir la bougeotte {*fam*}; être agité(*e*), nerveu*x*(*se*), troublé(*e*), turbulent(*e*), dans tous *ses* états. ¶ 학생들은 여행 계획으로 (마음이) 들떠 있다 Les étudiants sont excités par leur plan de voyage. ¶ 그 여자들은 들뜬 표정[얼굴]들로 그 계획을 이야기했다 Elles ont parlé de ce projet d'un air excité. ¶ 마음이 들떠서 잠을 이루지 못하다 Tout excité(*e*), je ne pouvais m'endormir. ③ ((살빛이)) être pâle, jaunâtre et légèrement enflé(*e*). ¶ 누렇게 들뜬 얼굴 un visage [un teint] pâle, jaunâtre et légèrement enflé.

들뜨이다 재 s'agiter; s'exciter, s'agiter; ne pas tenir en place, ne pas pouvoir rester tranquille, ne pas pouvoir tenir en place.

들락거리다 재타 entrer et sortir continuellement, fréquenter, faire des va-et-vient. ¶ 어디에 ~ fréquenter un endroit. ¶ 방해가 되니 이곳에 들락거리지 마라 C'est gênant. Ne fais pas de va-et-vient ici!

들락대다 재타 ☞ 들락거리다

들락날락거리다 재타 ☞ 들락날락하다

들락날락하다 재타 entrer et sortir continuellement, fréquenter, faire des va-et-vient. ¶ 그의 집에는 항상 친구들이 들락날락한다 Des amis font des va-et-vient incessants dans sa maison. ¶ 어미 새가 둥지를 들락날락하면서 열심히 먹이를 물어 나르고 있다 La mère-oiseau, faisant des va-et-vient, apporte avec ardeur de la nourriture au nid.

들랑거리다 재 s'agiter; bouger; courir; s'ébrouer, piaffer. ¶ 아이가 한 자리에 앉아있지 못하고 방을 들랑거린다 Ne pouvant rester assis(*e*) à un endroit, l'enfant fait des va-et-vient dans la chambre.

들랑대다 재 ☞ 들랑거리다

들러리 명 ① ((결혼식)) garçon *m* d'honneur; demoiselle *f* d'honneur. ¶ ~(를) 서다 être garçon [demoiselle] d'honneur; servir de garçon [de fille] d'honneur ((à *qn*)). ② 곁따르는 노릇이나 사람 personne *f* qui ne fait que seconder [assister] les autres. ¶ 더 이상 모임에서 네 ~ 역할을 하기는 싫다 J'en ai marre de te seconder à la réunion. ¶ 모든 일은 회장 혼자서 결정했기 때문에 이사들은 단지 ~일 뿐이었다 Puisque le président décide de tout, le conseil d'administration ne fait que l'assister [le seconder].

들러붙다 재 ① ((물체가)) coller, adhérer (fort), s'accrocher. ¶ 고기가 냄비바닥에 들러붙었다 La viande a adhéré [collé] au fond de la casserole. ¶ 껌이 신발 바닥에 들러붙어 떨어지지 않는다 Le chewing-gum collé à la semelle de la chaussure ne se détache pas. ② ((사람이 누구에게)) être collé(*e*) à *qn*. ¶ 그 사람은 항상 사장에게 들러붙어 아첨을 한다 Il est toujours derrière le P.-d.g. pour lui faire des compliments [pour le flatter, pour lui faire de la lèche {*fam*}]. ③ ((일, 작업에)) s'accrocher à ((travail)). ¶ 끝날 때까지는 모두 그 작업에 들러붙어라 Que tous s'accrochent à ce travail jusqu'à ce que ce soit terminé.

들려오다 se faire entendre, entendre, parvenir, arriver à [jusqu'à] *ses* oreilles. ¶ 멀리서 소리가[음악이] 들려온다 Du bruit [De la musique] se fait entendre [nous parvient] de loin. ¶ 그 남자가 이혼했다는 소문[소식]이 들려온다 J'entends dire qu'il a divorcé.

들려주다 타 faire ((écouter des chansons)); raconter *qc*, annoncer *qc* à *qn*, informer *qn* de *qc*. ¶ 어제 있었던 일을 친구들에게 들려주었다 J'ai informé mes amis de [J'ai raconté à mes amis] ce qui s'était passé hier. ¶ 어린 아들에게 옛날이야기를 들려주었다 J'ai raconté des histoires [des contes] d'autrefois aux enfants. ¶ 그 사람은 내게 자신이 작곡한 곡을 들려주었다 Il m'a fait écouter les chansons qu'il avait composées.

들르다 재 passer [faire un saut] ((*qp*, à la banque, chez *qn*)); faire escale. ¶ 그 사람은 우리를 만나려고 일부러 들러 주었다 Il a bien voulu exprès faire un détour pour nous voir. ¶ 인사차 잠깐 들렀습니다 Je suis venu(*e*) seulement pour vous dire bonjour. ¶ 지나는 길에 그 친구의 집에 잠시 들렀다 왔다 En passant, j'ai rapidement fait un saut chez lui. ¶ 시댁에 한 일주일 들렀었습니다 Je suis descendue chez mes beaux-parents pendant environ une semaine / Je suis allée passer environ une semaine chez mes beaux-parents. ¶ 이 배는 보급을 위해[손님을 내리기 위해] 인천항에 들릅니다 Ce navire fait escale au port d'Incheon pour se ravitailler [pour débarquer des passagers].

들리다[1] 재 ① ((소리가)) se faire entendre, être entendu(*e*); entendre, ouïr, parvenir, arriver à [jusqu'à] *ses* oreilles. ¶ 사람들이 떠드는 소리가 들린다 On entend le bruit des gens qui parlent fort / On entend des gens bavarder. ¶ 초음파는 인간의 귀에는 들리지 않는다 L'oreille humaine ne peut pas entendre [percevoir] les ultrasons. ¶ 주위가 시끄러워서 너의 말이 잘 들리지 않는다 Comme l'atmosphère [l'ambiance] est bruyante [Comme ici [autour de moi] c'est bruyant], je n'entends pas bien ce que tu dis [j'ai du mal à comprendre ce que tu dis]. ¶ 내 말 잘 들립니까? - 잘 안 들려요 Vous m'entendez bien?-Je vous entends mal. ② ((귀가)) entendre. ¶ 그 사람은 왼쪽 귀가 잘 들리지 않는다 Il entend mal de l'oreille gauche. ③ 느껴지다 ressentir, comprendre. ¶ 그의 말은 처음에는 그럴듯하게 들리지만, 알고 보면 다 거짓말이다 Ses paroles semblaient crédibles au début, mais finalement [en fin de compte] on a compris qu'il s'agissait d'un mensonge. ¶ 내 말이 좀 이상하게 들릴지도 모르지만, 이건 사실이야 Mes propos te semblent un peu étranges, mais c'est la vérité. ¶ 나 때문에 일이 실패했다는 말로 들리는군요 Je le comprends [Je l'entends {*litt*}] comme si vous aviez échoué à cause de moi [par ma faute]. ④ ((소문이)) entendre par ouï-dire, entendre dire que+*ind*. ¶ 들리는 바에 의하면 그 사람은 유럽을 여행 중이라 한다 D'après ce que j'ai entendu, il est en train de voyager en Europe. ¶ 두 사람이 곧 결혼할 것이라는 소문이 들리던데 사실인가요? J'ai entendu dire qu'ils allaient [vont] bientôt se remarier. Alors, est-ce vrai? ¶ 당신 소식이 종종 들립니다 J'entends souvent parler de vous.

들리다[2] 재 ① ((병 따위에)) être atteint(*e*) de ((une maladie)); attraper, contracter ((une maladie)). ¶ 그 사람은 독감에 들렸다 Il a attrapé une grippe / Il est grippé / Il a la crève {*fam*}. ② ((귀신이)) être possédé(*e*). ¶ 귀신 들린 사람 une personne possédée du démon.

◆**신(이)_** 神- 재 être possédé(*e*) ((du démon)). ¶ 그 여자는 신들린 사람처럼 춤을 추었다 Elle dansait comme si elle était possédée du démon.

들리다[3] 재 높이 올려지다 être levé(*e*), soulevé(*e*), posé(*e*), installé(*e*). ¶ 모두가 심판을 주시하고 있는 가운데 우리 편 선수의 손이 번쩍 들렸다 Alors que tous regardaient l'arbitre avec attention, la main du compétiteur de notre équipe s'est levée. ¶ 너무 무거워서 돌이 잘 들리지 않는다 Trop lourde, la pierre ne se soulève pas facilement.

들리다[4] 타 들게 하다 faire porter *qc* à *qn*. ¶ 짐은 제 아들에게 들리세요 Faites porter vos bagages par mon fils. ¶ 누구에게 선물을 들려 보내다 faire porter un cadeau par *qn*. ¶ 그 사람은 동생의 손에 들린 만화책을 확 낚아챘다 Il a enlevé [Il a arraché] brutalement les bandes dessinées [les B.D., le livre de bandes dessinées, la B.D.] des mains de son petit frère.

들릴락말락하다 형 ((voix)) être bas(*se*); être à voix basse [à mi-voix]; ((son)) être indistinct(*e*), peu distinct(*e*). ¶ 들릴락말락한 소리로 얘기하다 parler à voix basse [à mi-voix], parler bas; susurrer, murmurer doucement; chuchoter; parler indistinctement [de manière indistincte].

들머리 명 entrée *f*, début *m*; préface *f* ((d'un livre)). ¶ 마을의 ~ l'entrée d'un village. ¶ 책의 ~ la préface d'un livre.

들먹거리다 재타 ① ((물체를)) soulever et laisser retomber à plusieurs reprises. ¶ 자갈을 ~ secouer des galets. ② ((신체부위가)) ne pas tenir en place, ne pas pouvoir rester tranquille, avoir la bougeotte {*fam*}; s'agiter, s'exciter; avoir l'esprit [le cœur] agité, se sentir nerveux(*se*), être agité(*e*), excité(*e*), troublé(*e*), nerveux(*se*), turbulent(*e*), être dans tous *ses* états. ¶ 아들 녀석이 좀이 쑤셔서 엉덩이가 들먹거리고 있어요 Mon fils ne peut pas tenir en place

/ Mon fils a la bougeotte {*fam*}. ¶ 그 여자는 바닷가에 가고 싶어서 들먹거리고 있다 Elle meurt d'envie d'aller au bord de la mer / Elle est impatiente [Elle a hâte] d'aller au bord de la mer. ③ ((신체부위를)) secouer ((les épaules)). ¶ 어깨를 들먹거리며 흐느껴 울다 sangloter en secouant les épaules. ④ 언급하다 citer, évoquer, mentionner, faire mention de *qc*, signaler *qc*; parler de *qn*; faire courir [faire circuler, répandre, semer] un bruit sur *qn*. ¶ 이러쿵저러쿵 누구를 들먹거리다 citer [évoquer] *qn* avec des propos incohérents.

들먹대다 자타 ☞ 들먹거리다

들먹이다 타 ① ((무엇을)) citer [évoquer] sans conviction; secouer, agiter. ¶ 서류를 ~ lever et laisser retomber un dossier continuellement. ② ((신체부위를)) secouer, hausser, soulever. ¶ 어깨를 들먹이며 흐느껴 울다 sangloter en secouant les épaules. ③ ((누구 또는 사건을)) citer, évoquer, mentionner, faire mention de *qc*, signaler *qc*. ¶ 지난 일을 들먹이며 놀려대다 se moquer de *qn* en évoquant des choses du passé. ¶ 고문을 들먹여가며 말하다 parler de façon prétentieuse en citant des textes anciens. ¶ 그 사람의 이름을 들먹이지 말아라 Ne cite pas le nom de cette personne.

들메끈 명 lacet *m* ((servant à attacher des chaussures)).

들보 명 【건설】 solive *f;* soliveau(*x*) *m;* sommier *m;* traverse *f;* poutre *f.*

***남의 눈 속의 티는 보면서 자기 눈 속의 ~는 보지 못한다** Voir une [la] paille dans l'œil du prochain [de *son* prochain, de *son* voisin, de *son* frère] et ne pas voir la poutre (qui est) dans le sien (dans la traduction des Evangiles par Sylvestre de Sacy (1672); Matthieu 7, 5 et Luc 6, 41-42) / C'est la paille et la poutre / C'est l'hôpital qui se moque de la charité / La pelle se moque du fourgon / Il ne s'est pas regardé {*fam*} / Il devrait se regarder dans la glace [dans un miroir] avant de parler {*fam*}.

들볶다 타 s'acharner sur [contre] *qn*, harceler *qn*, accabler *qn*, ennuyer *qn*, importuner *qn*, assaillir *qn*, agacer *qn*, tarabuster *qn*, embêter *qn*, asticoter *qn*, demander *qc* inlassablement à *qn*; réclamer *qc* à *qn* avec insistance, importuner *qn* (pour obtenir *qc*), énerver *qn*, maltraiter ((un inférieur)), malmener *qn*, se montrer dur(*e*) avec *qn*, rendre la vie impossible à *qn*. ¶ 실적을 올리라고 부하들을 들볶아서 못살게 굴다 s'acharner de manière pénible sur ses subalternes pour qu'ils réalisent une tâche. ¶ 그 사람은 기분이 좋지 않으면 항상 애꿎은 아내와 자식들을 들볶는다 S'il est de mauvaise humeur, il s'acharne sur sa femme et ses enfants qui sont innocents. ¶ 사람 좀 들볶지 마라 Arrête de me faire des reproches tout le temps / Ne me fais pas des reproches en permanence / Ne me harcèle pas / Je te prie de ne plus me harceler / Ne me rends pas la vie impossible.

들볶이다 자 être importuné(*e*) ((par les créanciers)), être agacé(*e*) par *qn*; être ennuyé(*e*), tourmenté(*e*), accablé(*e*), tracassé(*e*); être malmené(*e*), maltraité(*e*) ((par un supérieur)). ¶ 그 여자는 남자친구의 성화에 며칠을 들볶였다 Son copain lui a rendu la vie impossible pendant plusieurs jours / Cette fille a été tourmentée pendant plusieurs jours par son petit ami.

들부수다 타 briser *qc* avec violence; mettre *qc* en pièces; détruire sans distinction ((tout ce qui tombe sous la main)).

들사냥 명 chasse *f* dans les champs.

들소 명 【동물】 bison *m;* aurochs *m.*

들숨 명 inspiration *f* [aspiration *f*]; souffle *m* inspiratoire. ¶ ~과 날숨 inspiration [aspiration] et expiration; souffle inspiratoire et expiratoire; 호흡 respiration.

들썩거리다 자타 ① ((물체가)) être soulevé(*e*) et retomber à plusieurs reprises, se soulever et retomber à répétition, faire de petits mouvements, être agité(*e*) d'un petit mouvement de bas en haut; trembler, trembloter; ((물이)) frémir; ((물체를)) soulever et lever un objet et le laisser retomber à plusieurs reprises, secouer *qc*, ballotter *qc*; osciller, se balancer, s'agiter, être secoué(*e*) ((de secousses horizontales)). ¶ 물이 끓어 냄비 뚜껑이 들썩거린다 Comme l'eau bout, le couvercle de la casserole tremblote. ¶ 그는 돌을 들썩거리며 열심히 무엇인가를 찾고 있다 Il est en train de chercher quelque chose en remuant des pierres. ② ((입술을)) remuer ((les lèvres)); ((엉덩이를)) se tortiller ((sur *sa* chaise)), tortiller ((des hanches, des fesses)); ((어깨를)) secouer les épaules légèrement, s'agiter. ¶ 흥이 나서 어깨가 저절로 들썩거린다 Pris(*e*) de joie, il(*elle*) a les épaules qui bougent toutes seules. ¶ 어깨를 들썩거리며 춤을 추다 danser en roulant les épaules. ¶ 엉덩이를 들썩거리지 말고 제자리에 얌전히 앉아 있어라 Arrête de te tortiller dans tous les sens, reste sagement assis(*e*). ③ ((마음이)) s'agiter, s'exciter; être agité(*e*), nerveux(*se*), excité(*e*), troublé(*e*), turbulent(*e*), être dans tous *ses* états, avoir l'esprit [le cœur] agité, se sentir nerveux(*se*); ne pas tenir en place, ne pas pouvoir rester tranquille, avoir la bougeotte {*fam*}. ¶ 한해가 저물어 가니 그 사람은 왠지 마음이 들썩거린다 L'année touchant à sa fin, il est dans tous ses états.

들썩대다 자타 ☞ 들썩거리다

들썩들썩 부 en frémissant.

◆**_하다** 자타 être agité(*e*); se soulever et retomber à répétition; être agité(*e*) d'un petit mouvement de bas en haut; trembler, trembloter, frémir; soulever et lever ((un objet)) et ((le)) laisser retomber à plusieurs reprises, secouer *qc*, remuer ((les lèvres)), ballotter *qc*; osciller, se balancer; ((어깨,

궁둥이를)) secouer ((les épaules)) légèrement; s'agiter. ¶ 그 사람이 살아 돌아왔다고 온 마을이 ~한다 Tout le village s'agite parce qu'il est revenu vivant.

들썩이다 재타 ☞ 들썩거리다

들썩하다 재타 ① ((고정되었던 것이)) (*se*) remuer; bouger. ¶ 팔을 돌리니 어깨가 들썩한다 Lorsque l'on tourne le bras, l'épaule bouge. ¶ 요란한 폭음에 집이 들썩했다 Un bruit d'explosion a secoué la maison. ② 시끄럽고 부산하다 mettre en émoi; bouleverser; agiter; faire beaucoup de bruit. ¶ 그 기쁜 소식에 온 집안이 들썩했다 Cette bonne nouvelle a remué toute la famille / Cette bonne nouvelle a mis toute la famille en émoi. ③ 한 번 들었다 놓다 soulever un objet et le laisser retomber; ((어깨, 궁둥이를)) hausser ((les épaules)), soulever ((une fesse)). ¶ 그 사람은 어깨[엉덩이]를 들썩했다 Il a haussé les épaules [soulevé une fesse].

들썽거리다 재 démanger; être agité(*e*), nerveu*x*(*se*); ne pas tenir en place; s'agiter. ¶ 사람들이 모두 나가자 그 여자도 마음이 들썽거렸다 Lorsque les gens sont sortis de la salle, elle aussi se sentait nerveuse [énervée].

들쑤시다 타 ① 샅샅이 헤치다 fouiller, farfouiller {*fam*}, fouiner, fureter, fourgonner {*fam*}, fourrager {*fam*}, trifouiller {*fam*}; ((사방을, 온 집안을)) fouiller pêle-mêle [de fond en comble, de haut en bas, de la cave au grenier, jusque dans les coins les plus reculés, de bout en bout, complètement], passer ((un endroit)) au peigne fin, fouiller [fouiner] partout, ratisser le terrain, ratisser ((tout le quartier)), passer ((un quartier)) au peigne fin, perquisitionner ((chez *qn*)), chercher ((*qc*)) dans tous les coins et recoins, tout remuer ((pour trouver *qc*)), retourner {*fam*} [mettre sens dessus dessous] ((toute la maison)) pour retrouver *qc*. ¶ 구멍을 ~ fouiller un trou de fond en comble. ¶ 동생은 잃어버린 돈을 찾는다고 온 집안을 들쑤셔 놓았다 Mon petit frère a fouillé pêle-mêle [de fond en comble, de haut en bas, de la cave au grenier] toute la maison pour chercher de l'argent égaré / Mon petit frère a retourné toute la maison pour retrouver de l'argent égaré. ② 아프다 avoir une douleur aiguë. ¶ 머리가 들쑤셔 아무 일도 못 하겠다 Ayant une douleur aiguë à la tête, je ne peux rien faire. ③ 부추기다 instiguer, inciter, pousser. ¶ 그 사람이 하도 들쑤시는 바람에 그랬어요 J'ai fait cela sur ses incitations [parce qu'il m'a poussé à plusieurs reprises à le faire].

들쑥날쑥 부 en dents de scie; irrégulièrement, inégalement; de manière accidentée; avec des hauts et des bas.

◆**_하다** 형 ((évolution)) être irréguli*er*(*ère*), en dents de scie, être dentelé(*e*), ((côte, feuille du platane)) être découpé(*e*), accidenté(*e*); être inégal(*e*); être cahoteu*x*(*se*), raboteu*x*(*se*). ¶ 아들은 성적이 매달 ~하다 Le bulletin de notes de son fils est irrégulier d'un mois à l'autre [est en dents de scie].

들쓰다 타 ① ((이불, 외투 등을)) se couvrir, être couvert(*e*). ¶ 그는 이불을 들쓰고 누워서 꼼짝도 하지 않는다 Couché, couvert d'une couverture, il ne fait pas le moindre geste [il ne fait aucun geste]. ¶ 먼지를 ~ se couvrir de poussière. ¶ 물을 ~ se verser de l'eau sur la tête, s'asperger d'eau. ② ((허물, 책임을)) se voir attribuer ((une responsabilité)) à tort, se faire accuser à tort. ¶ 그 사람은 누명을 들썼다 Il s'est fait accuser à tort / Il a fait l'objet d'une calomnie / Il a été calomnié / On lui a fait à tort une mauvaise réputation.

들씌우다 타 ① ((이불, 외투 등을)) couvrir; envelopper; verser; asperger *qn* ((d'eau)). ¶ 누구의 머리에 이불을 ~ couvrir la tête de *qn* d'une courtepointe. ¶ 그 사람들은 양동이에 있던 물을 그에게 들씌웠다 Ils l'ont aspergé avec l'eau du seau. ② ((허물, 책임을)) imputer, attribuer ((une faute, une action, un crime)) à *qn*, rejeter ((un tort, une faute, une responsabilité)) sur *qn*; accuser *qn* à tort, rejeter *sa* faute sur *qn*; faire porter le chapeau à *qn* {*fam*}, mettre *qc* sur le dos de *qn* {*fam*}, faire endosser la responsabilité à *qn*, attribuer, imputer ((une responsabilité)) à *qn*; incomber à *qn* ((une accusation non fondée)). ¶ 죄를 남에게 ~ imputer un crime à *qn*.

들앉다 재 s'asseoir plus près de *qn*/*qc*; s'approcher ((du feu)); prendre place, s'installer, se placer. ☞ 들어앉다

들어가다[1] 재 ① ((안으로)) entrer ((action vue de l'extérieur)). ¶ 들어가지 마시오 N'entrez pas / Défense d'entrer. ¶ 집안으로 ~ entrer dans la maison. ¶ 방안을 들어가 보니, 엉망이었다 Lorsque je suis entré(*e*) dans la chambre, il y avait un désordre incroyable [c'était le foutoir {*fam*}, on aurait dit un dépotoir {*fam*}]. ¶ 이 차는 서울 시내로 들어갑니다 Cette voiture entre dans la ville de Séoul. ② 움푹 패다 être enfoncé(*e*), creusé(*e*). ¶ 접촉 사고로 차 앞부분이 쑥 들어갔다 À cause d'un accrochage, l'avant de la voiture est profondément enfoncé. ¶ 그 사람은 피곤해서 눈이 쑥 들어갔다 Il a les yeux creusés [cernés, caves {*fam*}] de fatigue. ③ ((기관에)) entrer, aller; s'inscrire; s'engager. ¶ 우리 아들은 아직 학교에 안 들어갔습니다 Mon fils ne va pas encore à l'école. ¶ 대학에 ~ entrer à l'université, s'inscrire dans une université. ¶ 회사에 ~ entrer dans une compagnie; être employé(*e*) par une entreprise. ¶ 외교계에 ~ entrer [s'engager] dans la diplomatie. ④ ((인원이)) contenir; recevoir. ¶ 이 병엔 1리터가 들어간다 Cette bouteille contient [a une capacité d']un litre. ¶ 이 회의실에는 100명 정도가 들어간다 Cette salle de réunion peut recevoir [contenir] environ cent personnes. ⑤ 사이에 끼다 s'insérer, s'introduire, se glisser, se mettre, se placer, s'incorporer, entrer. ¶ 이 글에는 그림이 많이 들어가 있다 Beaucoup de dessins sont insérés dans ce texte. ¶ 이 인용문은 이 두 문장 사이에 들어가야 한다 Cette citation doit être insérée entre ces deux phrases. ⑥ 비용이나 재료가 들다 nécessiter, être nécessaire; avoir besoin de. ¶ 이 음식에는 소금이 너무 많이 들어갔다 On a mis beaucoup trop de sel dans ce plat / Ce plat est beaucoup trop salé. ¶ 음악 공부를 하는 데는 돈이 꽤 많이 들어간다 Beaucoup d'argent est nécessaire pour étudier la musique. ¶ 이걸 공부하는 데에는 특별히 노력이 많이 들어간다 Étudier cela nécessite vraiment beaucoup d'efforts / Cette étude nécessite vraiment beaucoup d'efforts. ⑦ ((옷, 신 따위가)) convenir, rentrer. ¶ 살이 쪄서 바지가 안 들어간다 Ayant grossi, je ne rentre plus dans mon pantalon. ¶ 발에 잘 들어가는 신발을 사라 Prends [Achète] les chaussures dans lesquelles tu te sentiras le plus à l'aise [qui te semblent les plus confortables]. ⑧ ((학문, 사상)) pénétrer [avancer] dans ((une étude)), creuser ((une théorie)). ¶ 그의 이론은 깊이 들어가면 들어갈수록 더 어려워진다 Quant à cette théorie, plus on l'étudie [plus on la creuse], plus elle est difficile. ⑨ 설치되다 arriver; être installé(*e*). ¶ 요즘에는 아주 깊은 산골도 전기가 들어간다 Aujourd'hui, l'électricité arrive même dans le fin fond des montagnes. ⑩ 속하다, 포함되다 se classer, appartenir, entrer ((dans la catégorie de)); être classé(*e*). ¶ 고전에 들어가는 작품 une œuvre qui se classe parmi les classiques. ¶ 고래는 포유류에 들어간다 Les cétacés se classent [entrent] dans la catégorie des mammifères / Les cétacés appartiennent à [font partie de, entrent dans] la famille des mammifères. ⑪ 시작하다 entrer dans, s'approcher de, arriver à. ¶ 곧 여름 방학에 들어간다 Les vacances d'été (s')approchent [sont proches] / On s'approche des vacances d'été / C'est bientôt les vacances d'été / Nous aurons bientôt les vacances d'été. ¶ 동면기에 ~ entrer dans [s'approcher de, arriver à] la période d'hibernation. ¶ 우리는 내일부터 훈련에 들어간다 Nous entrerons dans la phase d'entraînement à partir de demain / Nous commençons l'entraînement demain. ¶ 이 공장은 내달부터 생산에 들어간다 Cette usine entre en production à partir du mois prochain. ⑨ 이해되다 comprendre; mémoriser; se mettre *qc* en tête, se rentrer *qc* dans la tête, faire rentrer *qc* dans *sa* petite tête, faire rentrer *qc* [fourrer *qc*] dans le crâne {*fam*}. ¶ 이 글은 복잡해서 머리에 잘 들어가지 않는다 Ce texte étant compliqué, je ne le mémorise pas facilement / Ce texte étant compliqué, je n'arrive pas facilement à me le mettre en tête [à me le fourrer dans le crâne {*fam*}]. ⑩ 끝나다 prendre fin, disparaître. ¶ 그 사건을 계기로 정부에 대한 비판이 쑥 들어가 버렸다 Suite à cette affaire, les critiques à l'égard du gouvernement ont disparu net.

들어가다² 타 emporter *qc*, prendre *qc* avec *soi*. ¶ 도둑이 들어 패물이 든 상자를 들어갔다 Un voleur est entré, et il a emporté la boîte contenant des bijoux.

들어내다 타 ① 밖으로 내놓다 porter dehors, sortir, transporter ((vers l'extérieur)); amputer. ¶ 불이 하도 빨리 번져서 아무 세간도 들어내지 못했다 Le feu s'est propagé si rapidement que l'on n'a pu sortir aucun meuble. ¶ 장롱을 ~ sortir l'armoire. ¶ 의자를 정원에 ~ porter une chaise au jardin. ¶ 그 부인은 자궁을 들어내는 수술을 받았다 Cette dame a subi une opération chirurgicale pour exciser son utérus. ② 쫓아내다 chasser, renvoyer, expulser, jeter *qn* à la rue. ¶ 누구를 자리[직위]에서 ~ chasser *qn* d'un poste, renvoyer *qn*, mettre *qn* dehors [à la porte] {*fam*}. ¶ 세 든 사람을 ~ jeter un(*e*) locataire à la rue.

들어맞다 자 ① 알맞다 s'ajuster, convenir, être juste à ((la taille de *qn*)), aller à, atteindre. ¶ 이 신발은 내 발에 꼭 들어맞는다 Ces chaussures conviennent parfaitement à mes pieds / On dirait que ces chaussures ont été faites pour mes pieds. ¶ 이 옷은 나에게 꼭 들어맞는다 Ce costume est juste à ma taille / Ce costume me va très bien [à merveille, comme un gant]. ¶ 이 문은 잘 들어맞지 않는다 Cette porte ferme mal. ② 일치하다 s'appliquer à, convenir à; s'entendre; correspondre à, s'accorder [cadrer, coïncider] avec, être conforme à. ¶ 이 규칙은 모든 경우에 들어맞는다 Cette règle convient [s'applique] à tous les cas. ¶ 의견이 (서로) ~ s'entendre; être du même avis; être d'accord, correspondre, coïncider. ¶ 그 두 사람의 말이 서로 들어맞는 것을 보니 거짓말은 아니다 Vu la coïncidence des propos de ces deux personnes, ce n'est pas un mensonge. ③ 실현되다 s'avérer juste. ¶ 그의 예언[예상]이 들어맞았다 Sa prédiction [prévision] s'est avérée (juste). ¶ 꿈이 다 들어맞는 것은 아니다 Tous les rêves ne se réalisent pas. ¶ 화살이 과녁에 들어맞았다 La flèche a atteint la cible / La flèche s'est plantée dans la cible.

들어먹다 타 ① 탕진하다 se ruiner, perdre, dépenser, engloutir, gaspiller, dissiper ((*sa* fortune)); dilapider ((un héritage)). ¶ 그 사람은 도박으로 재산을 다 들어먹었다 Il a dilapidé sa fortune en jouant [au jeu]. ¶ 사업 수완이 없어서 밑천까지 다 들어먹었다 Faute de compétences pour les affaires, il a englouti même le fonds de commerce. ② ((남의 재산을)) dilapider ((l'argent de *qn* d'autre)), engloutir; empocher, s'approprier ((le bien d'autrui)), soustraire ((de l'argent)), faire main basse sur *qc*, détourner ((des fonds publics)), chiper *qc* {*fam*}. ¶ 닥치는 대로 ~ mettre main basse sur tout ce qu'on peut. ¶ 회계사는 돈을 들어먹고 도망쳤다 Le comptable, après avoir dilapidé l'argent de l'entreprise, a pris la fuite.

들어박히다 자 ① 들어가 박히다 s'enliser, s'enfoncer, s'empêtrer, s'insérer. ¶ 발바닥에 들어박힌 가시를

빼내다 extraire une épine enfoncée dans la plante du pied. ¶ 그 여자의 말은 비수가 되어 내 가슴에 들어박혔다 Les mots de cette femme m'ont fait l'effet d'un coup de poignard dans le cœur. ¶ 책이 책장에 빽빽이 들어박혀 있다 Les livres sont rangés de façon compacte [serrée] dans la bibliothèque. ② 나오지 않다 s'enfermer, s'emmurer, se claustrer, se cloîtrer, se confiner, se claquemurer ((chez *soi*, dans *sa* chambre)), se calfeutrer ((chez *soi* pour ne voir personne)), rester enfermé(*e*) [claustré(*e*), confiné(*e*), cloîtré(*e*)] ((dans *sa* chambre, chez *soi*)); s'isoler, se retirer ((dans *son* pays natal)). ¶ 방안에 들어박혀서 공부하다 s'enfermer [se cloîtrer, se confiner, se claustrer, s'emmurer, se claquemurer] dans *sa* chambre pour travailler. ¶ 하는 일 없이 집구석에 ~ rester à [s'enfermer dans] la maison sans rien faire [à ne rien faire], rester enfermé(*e*) chez *soi* à ne rien faire.

들어붓다 재타 ① ((비가)) pleuvoir à verse [à seaux, à flots, à torrents, très fort, des hallebardes, des cordes], ((la pluie)) tomber à seaux [à torrents, à verse]. ¶ 비가 억수로 들어붓는다 Il pleut à torrents [à verse, à flots, à seaux, des cordes, des hallebardes, très fort] / Il tombe des cordes [des hallebardes] / Il tombe une pluie torrentielle [diluvienne] / Il pleut comme vache qui pisse {*fam*}. ② ((액체를)) verser. ¶ 누나는 샘물을 길어다가 독에 들어부었다 Ma sœur aînée a puisé de l'eau à la source et l'a versée dans une jarre. ¶ 사람들이 그 사람의 머리 위에 물을 들어부었다 On lui a versé de l'eau à flots sur la tête. ③ ((술을)) boire [être imbibé(*e*)] comme une éponge, avoir une éponge dans le gosier, boire comme un trou {*fam*}, trop boire, se bourrer la gueule {*fam*}. ¶ 술을 입에 ~ trop boire, boire excessivement, boire comme un trou, se bourrer la gueule {*fam*}, boire [être imbibé(*e*)] comme une éponge, avoir une éponge dans le gosier.

들어붙다 재 ① s'attacher, adhérer ((au fond de la casserole)), coller à *qc*; être adhési*f*(*ve*), collant(*e*). ② devenir très intime avec *qn*; se coller {*fam*}. ☞ 들러붙다

들어서다 재 ① ((안으로)) entrer et se tenir debout; entrer, s'introduire, pénétrer. ¶ 그 사람이 장내에 들어서자 우뢰와 같은 박수가 터져 나왔다 Dès qu'il entra dans la salle, il fut accueilli par un tonnerre d'applaudissements. ¶ 큰길로 ~ s'engager dans une grande rue. ② ((건물, 가게, 청중 등이)) prendre place, se construire, s'installer. ¶ 우리 집 앞에 아파트가 새로 들어섰다 De nouveaux appartements se sont construits devant chez nous. ¶ 시내 중심가에는 호화로운 상점들이 들어서 있다 Des magasins luxueux se sont installés au centre-ville. ¶ 홀에 꽉 들어선 청중 une audience qui emplit complètement la salle. ③ 접어들다 arriver, s'approcher de, s'engager, prendre place, être installé(*e*). ¶ 장마철에 들어섰다 On est entré dans [On est arrivé à] la saison des pluies. ¶ 노년기에 ~ entrer dans [arriver à] la période de vieillesse. ¶ 그 사람은 아버지의 뒤를 이어 정치가의 길로 들어섰다 Succédant à son père, il s'est engagé dans une carrière politique. ¶ 새로운 내각이 들어섰다 Un nouveau cabinet a pris place. ④ 임신하다 avoir la confirmation d'être enceinte [de *sa* grossesse], apprendre qu'on est enceinte, apprendre *son* état de grossesse, être renseigné(*e*) sur *son* état de grossesse. ¶ 그 여자는 아이가 들어섰다 Elle vient d'apprendre qu'elle est enceinte / Elle est bien enceinte.

들어앉다 재 ① ((안쪽으로)) s'asseoir près de, s'approcher ((du feu)), se rapprocher de. ¶ 좀 안쪽으로 들어앉으세요 Asseyez-vous en vous rapprochant un peu plus vers l'intérieur. ② 자리 잡다 s'installer, s'établir, se mettre, s'aménager, se construire, se fonder, s'implanter, se fixer, s'élever, s'enfermer, prendre place. ¶ 골짜기에 들어앉은 마을 un village installé [établi] dans la vallée. ¶ 신시가지에 벌써 상점들이 많이 들어앉았다 Beaucoup de magasins se sont déjà implantés dans le nouveau quartier. ¶ 그 여자의 모습이 저도 모르게 그의 마음속에 조금씩 들어앉았다 À son insu, petit à petit, l'image de cette femme est entrée dans son cœur. ③ 지위를 차지하다 s'installer; être nommé(*e*) à, trouver un poste à. ¶ 사장의 형이 고문으로 들어앉았다 Le frère aîné du patron s'est installé en qualité de conseiller. ④ 나오지 않다 s'enfermer, se confiner, se cloîtrer, se claustrer, s'emmurer, se claquemurer ((dans *sa* chambre)); s'occuper du ménage. ¶ 그 여자는 회사를 그만두고 집안에 들어앉아 살림을 해요 Elle a quitté l'entreprise et ne fait que s'occuper du ménage. ¶ 아들놈이 하루 종일 방안에 들어앉아 책만 읽고 있어요 Mon fils s'enferme dans sa chambre toute la journée, et ne fait que lire des livres / Mon fils reste enfermé toute la journée dans sa chambre où il ne fait que lire des livres [où il y passe ses journées à lire].

들어앉히다 타 ① ((안쪽에)) asseoir *qn*, installer *qn*. ¶ 아이를 아랫목에 ~ asseoir un enfant dans la partie la plus chaude de la pièce ((chauffage par le sol, chambre à *ondol* (온돌))). ② ((지위와 자리에)) nommer *qn*. ¶ 사장은 자기 동생을 부사장으로 들어앉혔다 Le patron a nommé son petit frère vice-président. ¶ 누구를 시장으로 ~ nommer *qn* maire. ③ 외출을 막다 enfermer *qn*, interdire de sortir à *qn*; faire faire le ménage par *sa* femme. ¶ 그 사람은 결혼 후 회사에 나가던 아내를 집에 들어앉혀 살림만 하게 한다 Après le mariage, il a demandé à sa femme qui travaillait dans une société de ne plus s'occuper que du ménage. ④ ((첩을)) entretenir ((une concubine dans la même maison que la femme légitime)).

들어오다 재 ① ((안으로)) entrer ((action vue de

l'intérieur)), pénétrer. ¶ 들어오세요 Entrez. ¶ 그 사람은 기척도 없이 방문을 열고 들어왔다 Sans aucun bruit, il a ouvert la porte et est entré dans la chambre. ¶ 학생들이 나를 만나러 들어왔다 Les élèves sont entrés pour me rendre visite [pour me voir]. ¶ 열어 놓은 창문으로 모기가 들어왔다 Des moustiques sont entrés par la porte ouverte. ¶ 홍수로 물이 방안에까지 들어왔다 L'eau a pénétré jusque dans les chambres à cause de l'inondation. ¶ 제 우산 밑으로 들어오세요 Abritez-vous sous mon parapluie! ¶ 기차는 정각에 들어왔다 Le train est entré (en gare) à l'heure. ② ((수입 등이)) entrer; rentrer. ¶ 들어오는 돈보다 나가는 돈이 더 많다 Il sort plus d'argent qu'il n'en rentre. ¶ 그것이 내 손에 들어왔다 Cela est tombé sous ma main. ③ ((전기, 수도, 차가)) arriver, parvenir. ¶ 산골 마을에도 전기가 들어왔다 L'électricité est arrivée même dans les villages de montagne. ④ 입회하다, 참가하다 entrer dans; adhérer à. ¶ 내 동생은 올해 우리 학교에 들어왔다 Mon petit frère [Ma petite sœur] est entré(*e*) cette année dans mon école. ¶ 우리 모임에 들어오면 많은 혜택을 누릴 수 있다 Si tu entres dans [Si tu adhères à] notre groupe, tu peux bénéficier de nombreux avantages. ¶ 뒷구멍[뒷문]으로 대학에 ~ entrer à l'université par la petite porte. ⑤ ((눈, 머리, 귀에)) sauter aux yeux de *qn*. ¶ 신문의 큰 제목이 한눈에 들어왔다 Le gros titre du journal m'a sauté aux yeux. ¶ 그 친구의 일이 걱정되어서 글이 머리에 들어오지 않았다 Préoccupé(*e*) par ses problèmes, je n'arrivais pas à me concentrer sur le texte. ¶ 네가 무슨 말을 하든 지금 내 귀에는 들어오지 않는다 Quoi que tu dises, je n'entends rien. ⑥ 시작되다 entrer dans. ¶ 21세기에 ~ entrer dans le 21e siècle.

들어올리다 타 ① ((물건를)) monter *qc*; soulever ((un poids)). ¶ 그는 무거워 보이는 짐을 번쩍 들어올렸다 Il a soulevé d'un seul coup les valises qui avaient l'air très lourdes. ② ((몸의 일부를)) lever ((les bras, les yeux)), redresser, relever ((la tête)). ¶ 고개를 ~ redresser [relever] la tête.

들어주다 타 ((요구, 부탁을)) exaucer, satisfaire ((un vœu)), accepter, répondre positivement, agréer [admettre] une demande, consentir à *qc*. ¶ 소원을 ~ exaucer un vœu. ¶ 그런 부탁은 들어줄 수 없다 Je ne peux pas satisfaire une telle demande / Je ne peux pas accepter [consentir] à une telle demande.

들어차다 자 se remplir de, se combler de, se bourrer de, se truffer de; être rempli(*e*) de, être bondé(*e*), comble; être gorgé(*e*) de, truffé(*e*) de, bourré(*e*) de, plein(*e*) de. ¶ 관객들이 객석에 꽉 들어찼다 La salle est pleine de spectateurs / La salle (de spectacle) est comble. ¶ (무엇을) 배가 꽉 들어차도록 먹다 manger *qc* à satiété, se bourrer de *qc*, se gorger de *qc*, s'en mettre [s'en foutre] plein la panse [la lampe, la tirelire, le gésier, le sac] {*fam*}, s'empiffrer {*fam*}, bâfrer {*fam*}, se goinfrer {*fam*}, manger à s'en faire éclater la panse {*fam*}, se caler les joues [l'estomac] {*fam*}.

들여가다 타 ① ((안으로)) rentrer *qc*, apporter *qc* [mettre *qc*] dedans [à l'intérieur], déplacer *qc* vers l'intérieur, installer *qc* à l'intérieur. ¶ 그 사람은 거실에 있던 의자들을 방으로 들여갔다 Il a placé [déplacé, transporté] dans la chambre les chaises qui se trouvaient dans le salon. ② 사다 acheter *qc*, faire provision de, s'approvisionner de. ¶ 요즘 컴퓨터 값이 싸니 하나 들여가시지요 Ces jours-ci, les ordinateurs ne sont pas chers. Achetez-en un et installez-le chez vous.

들여놓다 타 ① ((물건을)) faire entrer et poser, rentrer *qc*, déplacer *qc* vers l'intérieur, installer *qc* à l'intérieur. ¶ 방이 좁아서 장롱을 들여놓을 자리가 없다 La chambre étant trop petite, il n'y a pas de place pour y placer une armoire [une armoire n'y rentrerait pas]. ② ((사람을)) faire entrer *qn*. ¶ 그런 사람 다시는 들여놓지 마십시오 Ne faites jamais entrer un type pareil. ③ 사다 faire entrer *qc*, acheter *qc*, faire provision de, s'approvisionner de. ¶ 그 집은 돈이 좀 생기자 집안에 값비싼 물건들을 들여놓기 시작했다 Dès qu'elle a eu un peu d'argent, cette famille a commencé à se procurer des objets chers [coûteux]. ¶ 들여놓은 물건이 다 떨어졌다 Les réserves sont épuisées. ④ ((발을)) mettre le pied dans *qc*, s'engager dans, être entraîné(*e*) dans ((une mauvaise voie)). ¶ 그런 일에 일단 발을 들여놓으면 빠져나오기가 어렵다 Une fois que l'on met les pieds dans ce genre d'affaire, il est difficile d'en sortir. ¶ 정계에 발을 ~ mettre les pieds dans la politique.

들여다보다 타 ① ((안을)) regarder ((l'intérieur)), regarder ((par un trou)); examiner, observer *qn*/*qc*. ¶ 아기를 가만히 ~ observer un bébé sans faire de bruit. ¶ 문틈으로 슬며시 옆방을 ~ jeter un coup d'œil furtif dans la chambre voisine par la porte entrouverte. ¶ 나는 아찔아찔한 깊은 우물 속을 들여다보았다 J'ai jeté un regard craintif dans ce puits extrêmement profond. ¶ 문틈으로[열쇠 구멍으로] 방안을 ~ regarder l'intérieur de la chambre par la fente de la porte [par le trou de la serrure]. ② ((빤히)) regarder *qn*/*qc* fixement; fixer les yeux sur *qn*/*qc*; fixer *qn* du regard. ¶ 환자의 얼굴을 ~ examiner le visage d'un malade. ③ ((책을)) être absorbé(*e*) dans ((un livre)). ¶ 그 사람은 열심히 책을 들여다보고 있다 Il est absorbé dans la lecture des livres. ¶ 오랜만에 책을 들여다보니 아무것도 모르겠다 Comme je reprends ce livre après une longue pause, je ne comprends plus rien. ¶ 문서를 자세히 ~ examiner en détail un document. ¶ 남의 마음을 환히 ~ lire les intentions d'une personne, discerner l'intention de *qn*. ④ 들르다 passer voir *qn*; rendre visite à *qn* en passant; passer chez *qn*, passer par *qp*, faire un saut *qp*. ¶ 돌아오는 길에 병원에 입원한 친구를 잠깐 들여다봤다 Sur mon chemin de retour, je suis passé(*e*) voir un(*e*) ami(*e*) hospitalisé [j'ai fait un saut à l'hôpital où est hospitalisé un(*e*) ami(*e*)]. ¶ 가게를 ~ passer par un magasin.

들여다보이다 자 apparaître, se faire voir, être transparent(*e*). ¶ 밖에서 안이 다 들여다보인다 L'intérieur apparaît transparent de l'extérieur. ¶ 얇은 옷 때문에 그 여자는 속(살)이 다 들여다보인다 Le vêtement léger de cette femme est transparent / On devine le corps de cette femme sous ce vêtement léger. ¶ 날 부려먹으려는 네놈 속(셈)이 다 들여다보인다 Je vois clairement ton intention de m'exploiter [de me faire travailler durement, de me faire travailler comme un forçat].

들여다뵈다 자 ☞ 들여다보이다

들여보내다 타 ① 입학시키다 faire entrer, mettre ((*son* enfant)) dans une école; faire inscrire *qn* dans une école. ¶ 그이는 어려운 형편에도 아들을 대학에 들여보냈다 Malgré la situation économique difficile, il a fait entrer [inscrire] son fils à l'université. ② ((안에)) faire entrer *qn* ((au salon)); introduire *qn* ((dans un bureau)). ¶ 그 사람을 들여보내시오 Faites-le entrer! ¶ 신분이 확실한 사람만 들여보내시오 Ne faites entrer que des gens dont l'identité est sûre! ¶ 누구를 뒷문으로 ~ faire entrer *qn* par la petite porte. ③ ((물건을)) envoyer, apporter *qc*. ¶ 수감자에게 차입물을 ~ envoyer [apporter] un paquet à un détenu.

들여세우다 installer [construire] *qc* en retrait. ¶ 헛간을 좀 안으로 ~ construire une grange un peu en retrait.

들여쌓다 empiler, entasser à l'intérieur. ¶ 짚단을 안쪽으로 ~ entasser des bottes de paille à l'intérieur.

들여앉히다 타 ① ① ((안쪽에)) asseoir *qn*, installer *qn*. ¶ 아이를 아랫목에 ~ asseoir un enfant dans la partie la plus chaude de la pièce ((chauffage par le sol, chambre à *ondol* (온돌)).② 외출을 막다 enfermer *qn*, interdire de sortir à *qn*; faire faire le ménage par *sa* femme. ¶ 그 사람은 결혼 후 회사에 나가던 아내를 집에 들여앉혀 살림만 하게 한다 Après le mariage, il a demandé à sa femme qui travaillait dans une société de ne plus s'occuper que du ménage. ③ ((첩을)) entretenir ((une concubine dans la même maison que la femme légitime)).

들여오다 타 ① ((안으로)) faire entrer, acheter, introduire, importer; apporter *qc* [de l'extérieur à l'intérieur]. ¶ 밥상을 ~ apporter le repas. ② 사다 acheter *qc*; faire des emplettes; faire un achat; faire l'emplette de *qc*; faire l'achat de *qc*. ¶ 쌀을 한 가마니 ~ acheter un *gamani* de riz. ③ 수입하다 importer ((des produits étrangers)), introduire *qc* de l'étranger. ¶ 외국에서 신기술을 ~ introduire des nouvelles technologies de l'étranger. ¶ 이 드레스는 빠리의 최신 유행을 들여온 것입니다 Cette robe est de la dernière mode parisienne. ¶ 저희 상점은 적포도주를 프랑스에서 주로 들여옵니다 Notre magasin importe des vins rouges principalement de France.

들오다 자 ((‘들어오다’의 준말)) ☞ 들어오다

들은풍월 -風月 명 ((savoir *qc* par)) ouï-dire *m*, racontar, on-dit *m;* bruit *m;* rumeur *f.* ¶ 알고 하는 소리가 아니라 ~로 떠드는 거겠지 Il ne dit pas cela parce qu'il le sait, mais parce qu'il en a entendu parler quelque part sans doute. ¶ 나도 ~이 있어서 대충은 알고 있다 Moi aussi, je suis vaguement au courant parce que j'en ai entendu parler.

들이[1] 부 abondamment, fortement, avec force. ¶ 통에 물을 ~ 붓다 verser de l'eau abondamment dans le seau.

◆**_갈기다** 타 frapper avec force.

◆**_끼다** 자 (re)couvrir de façon épaisse. ¶ 안개가 ~끼었다 Un brouillard épais recouvre l'horizon [a envahi l'atmosphère] / Il est tombé un brouillard épais.

◆**_뛰다** 자 courir à toute jambes[à grandes enjambées].

◆**_덤비다** 자 sauter sur, s'élancer sur, se jeter sur, foncer sur ((*sa* proie)); s'accrocher; prendre une attitude hostile.

-들이[2] 접미 contenant; d'une capacité de; capable de contenir; qui peut contenir; qui contient; de. ¶ 1 리터~ 병 une bouteille capable de contenir [(d'une capacité) d'] un litre.

들이다 타 ① ((안으로)) faire [laisser] entrer *qn*; entrer *qc*, introduire, admettre. ¶ 그 분을 모셔 들이세요 Faites-le(*la*) entrer, s'il vous plaît! ¶ 손님을 모셔 ~ introduire [faire entrer] un visiteur. ¶ 그 사람을 들이지 마시오 Ne le(*la*) faites pas entrer! ¶ 그런 손님은 가게에 들일 필요가 없어요 Il n'est pas nécessaire de laisser entrer ce genre de clients dans le magasin. ¶ 개를 집안에 들이지 마라 Ne laisse pas entrer le chien dans la maison! ¶ 세를 ~ faire entrer un(*e*) locataire. ② 고용하다 embaucher; engager; employer ((des ouvriers)); ((양자를)) adopter. ¶ 양자를 ~ adopter un fils. ¶ 조카를 양자로 ~ adopter *son* neveu comme fils adoptif. ¶ 그 사람은 무남독녀 외딸에 데릴사위를 들였다 Il a marié sa fille unique à un jeune homme (qui sera son héritier). ¶ 아들을 장가(를) ~ marier *son* fils. ③ 입회시키다 admettre *qn*, faire entrer *qn* 학회에 새 회원을 ~ admettre [faire entrer] un nouveau membre dans une société savante. ④ ((비용, 힘, 노력, 시간을)) faire des frais; dépenser ((pour réparer une vieille maison)); s'efforcer de+*inf*, faire des efforts; déployer tous ses efforts pour+*inf*, prendre [se donner] de la peine pour+*inf*. ¶ 큰돈을 들여서 à grands frais. ¶ 온갖 힘을 다 ~ faire (tout) *son* possible [tout ce qui est en *son* pouvoir, le maximum]; faire de *son* mieux [du mieux que l'on peut], faire tous *ses* efforts, donner le meilleur de *soi*-même. ¶ 아낌없이 비용을 ~ ne pas regarder à la dépense, dépenser sans compter. ¶ 비용을 들이지 않고서 sans frais. ¶ 비용을 적게 들여서 à peu de frais. ¶ 우리는 공은 많이 들였는데

결과가 시원치 않군요 Nous nous sommes donné bien de la peine [du mal] pour un maigre résultat / Tout ce mal pour un tel résultat! / Et dire qu'on s'est donné un mal de chien [un mal fou] pour en arriver là {*fam*}. ¶ 공 들이지 않고서 sans peine, sans difficulté; très difficilement. ¶ 힘(을) 들여 해 놓은 일이 허사가 되었다 Le travail réalisé avec beaucoup de peine est nul. ¶ 이 책을 완성하는 데에 그 사람은 무려 10년이나 들였다 Il a passé quelque chose comme dix ans à achever ce livre. ¶ 아무리 시간을 들여도 좋으니 물건을 튼튼하게만 만들어 주시오 Peu importe le temps que vous y passerez, je veux quelque chose de solide.

***맛(을)** ~ prendre goût à *qc*; avoir goût de *qc*; connaître *qc*; avoir l'expérience de *qc*. ¶ 투기는 한번 맛들이면 다시는 그만두지 못한다 Une fois qu'on a pris goût à la spéculation, on ne peut plus s'arrêter. ¶ 도박에 맛을 ~ prendre goût au jeu.

***물[물감](을)** ~ teindre *qc*, colorer *qc* ¶ 검은 물감을 ~ teindre *qc* en noir. ¶ 빨간 물을 들인 천 une étoffe teinte en écarlate. ¶ 머리에 물을 ~ teindre [colorer] *ses* cheveux, se teindre [se colorer] les cheveux. ¶ 머리를 노란색으로 물들이는 것이 유행이다 Teindre *ses* cheveux en blond est à la mode. ¶ 저녁노을이 하늘을 붉게 물들였다 Le soleil couchant empourprait l'horizon.

***길(을)** ~ apprivoiser ((un ours)); domestiquer ((un cheval)); dresser un chien; 광내다 polir ((les meubles)). ¶ 야생 짐승을 길~ apprivoiser un animal sauvage [un fauve]. ¶ 그 사람은 개에게[를] 길을 들여 재주를 부리게 했다 Il a dressé son chien, et lui faisait faire des acrobaties. ¶ 새 기계는 길을 들여야 한다 Il faut roder une nouvelle machine. ¶ 가구에 길을 들이기가 쉽지 않다 Il est difficile de polir les meubles.

들이닥치다 자 ① 쇄도하다 arriver à flots, arriver en masse et brusquement, se presser autour de *qn*; assiéger ((la porte d'une maison)); s'avancer vers; marcher sur; se précipiter, foncer, se jeter, se ruer; fondre sur; arriver en foule; déferler ((sur une place)). ¶ 갑자기 적이 들이닥쳤다 L'ennemi nous a surpris(*es*) / L'ennemi nous a attaqué(*e*)s par surprise. ¶ 형사들이 범인이 있는 여관으로 들이닥쳤다 Les policiers sont arrivés brusquement à l'auberge [ont investi brusquement l'auberge] où se trouvait le criminel. ¶ 뜻하지 않게 손님들이 들이닥쳤다 Des visiteurs sont arrivés brusquement, à ma surprise. ② ((비, 바람이)) être surpris(*e*) ((par la pluie)), surprendre *qn*. ¶ 폭풍우가 들이닥쳤다 Nous avons été surpris(*es*) par la tempête. ③ ((위험, 불행 따위가)) arriver brutalement; être imminent(*e*). ¶ 눈앞에 들이닥친 위험 un danger imminent. ¶ 마감일이 코앞에 들이닥쳤다 La date limite est très proche [est imminente].

들이대다 타 ① ((흉기를)) mettre ((un poignard)) sous la gorge de *qn*; tendre *qc* à *qn*. ¶ 흉기를 들이대고 협박하다 menacer *qn* avec une arme ¶ 강도가 목에 칼을 들이대고 돈을 내놓으라고 위협했다 Un cambrioleur m'a mis un couteau sous la gorge, et sous la menace, m'a ordonné de sortir de l'argent. ② ((증거를)) jeter [lancer] une preuve à la figure de *qn*. ¶ 경찰이 명백한 증거를 들이대자, 용의자는 자기 죄를 자백했다 Lorsque le policier a présenté au suspect des preuves irréfutables, celui-ci a avoué son crime.

들이마시다 타 ① ((기체를)) aspirer *qc*, inhaler *qc*; respirer ((le grand air)); avaler ((la fumée d'une cigarette)), inhaler, gober, ingurgiter. ¶ 신선한 공기를 ~ humer [respirer] l'air frais. ¶ 꽃향기를 ~ respirer le parfum d'une fleur. ¶ 아이가 담배 연기를 들이마시고 기침을 한다 Après avoir avalé la fumée de la cigarette, le bébé tousse. ② ((액체를)) boire ((de l'eau)). ¶ 끝까지 ~ boire jusqu'à la dernière goutte. ¶ 단숨에 ~ boire d'un trait, vider *son* verre d'un coup [d'une (seule) traite, d'une seule lampée {*fam*}], faire cul sec {*fam*}. ¶ 그 사람은 목이 말라 물을 벌컥벌컥 들이마셨다 Ayant soif, il a bu goulûment de l'eau. ¶ 술 한 병을 단숨에 ~ ingurgiter d'une seule traite une bouteille d'alcool. ③ ((코를)) avaler ((*sa* morve)). ¶ 그 사람은 코를 푸는 대신에 자주 들이마신다 Au lieu de se moucher, il avale souvent sa morve.

들이맞추다 타 ajuster, faire coïncider, faire correspondre. ¶ 문짝을 문틀에 ~ ajuster la porte au cadre.

들이몰다 타 conduire violemment. ¶ 말을 ~ conduire violemment un cheval.

들이몰리다 자 être chassé(*e*), poursuivi(*e*), pourchassé(*e*); être poussé(*e*), pressé(*e*); être harcelé(*e*), talonné(*e*); être surchargé(*e*) de ((travail)).

들이밀다 타 ① ((안으로)) pousser brutalement, faire entrer [faire pénétrer, introduire] de force ((dans un endroit)); forcer une porte. ¶ 그 사람은 내게 서류를 들이밀면서 따졌다 En me tendant brutalement le dossier, il m'a demandé des explications. ¶ 문틈으로 쪽지를 ~ glisser un bout de papier par la fente de la porte. ¶ 입 속으로 약을 ~ introduire de force un médicament dans la bouche. ¶ 전철 차량 안으로 승객들을 ~ pousser avec force les passagers dans la voiture du métro. ② 함부로 ((엉덩이를)) se faire de la place avec *ses* fesses; ((얼굴을)) apparaître. ¶ 그 남자는 좁은 소파에 엉덩이를 들이밀고 앉으려 했다 Il a essayé de s'asseoir sur un canapé étroit en se faisant de la place avec ses fesses. ¶ 내가 무슨 염치로 사람들 앞에 얼굴을 들이밀겠는가? Je ne suis pas assez hardi(*e*) pour apparaître devant le public!

들이박다 타 ① 함부로 heurter, cogner violemment. ¶ 트럭이 앞차를 들이박았다 Le camion a heurté violemment la voiture de devant. ② ((못을)) enfoncer. ¶ 널빤지에 못을 ~ enfoncer des clous dans la planche.

들이박히다 재 ① 깊이 들어가 박히다 s'enfoncer, se planter, se fixer; être enfoncé(*e*), planté(*e*), fixé(*e*). ¶ 화살이 과녁에 단번에 들이박혔다 La flèche s'est plantée du premier coup dans la cible. ② 촘촘히 놓여지다 être collé(*e*), planté(*e*). ¶ 이 거리에는 상점들이 빽빽하게 들이박혀 있다 Dans cette rue, les magasins sont collés les uns aux autres [sont les uns contre les autres]. ③ 한곳에 오래 들어가 있다 être [rester] enfermé(*e*), cloîtré(*e*), claustré(*e*), confiné(*e*) ((dans *sa* chambre)), rester emmuré(*e*). ¶ 그 여자는 하루 종일 침실에 들이박혀 있었다 Elle reste enfermée [cloîtrée, confinée, claustrée] dans sa chambre toute la journée. ④ 부딪히다 être heurté(*e*), frappé(*e*); se faire heurter [cogner]. ¶ 벽에 ~ être frappé(*e*) contre un mur.

들이받다 타 ① heurter, cogner violemment; heurter ((un arbre)) de plein fouet; se heurter ((contre un mur)); se cogner contre [à] ((un meuble)); cogner ((à la porte)). ¶ 그 사람은 상대 선수를 온 몸으로 들이받았다 Il s'est heurté de toute sa force à son adversaire. ¶ 머리로 ~ se cogner la tête ((contre un mur)). ¶ 자동차가 나무를 들이받았다 La voiture a heurté un arbre de plein fouet. ② ((뿔로)) encorner; percer [frapper] d'un coup de corne. ¶ 황소가 뿔로 투우사를 들이받아 버렸다 Le taureau a fini par encorner le toréador.

들이붓다 타 verser ((de l'eau dans un verre)); remplir ((une bouteille de vin)), tomber à verse. ¶ 머리에 물을 ~ se verser de l'eau sur la tête. ¶ 쌀통에 쌀을 ~ verser du riz à flots dans le coffre [dans la huche] (à riz).

들이비치다 ① ((햇살이)) entrer. ¶ 햇살이 ~ Le soleil illumine [entre dans] la chambre. ② (안의 것이) 밖으로 드러나 보이다 se voir à travers *qc* [au travers de *qc*]. ¶ 흰 속옷 사이로 속살이 ~ *Sa* chair [*Sa* peau] se voit à travers *ses* sous-vêtements blancs / *Ses* sous-vêtements blancs laissent voir *sa* chair [*sa* peau].

들이세우다 ① apporter *qc qp* pour l'installer. ② faire venir *qn* travailler *qp*, engager *qn*. ¶ 누구를 과장으로 ~ faire venir *qn* en tant que chef de section, engager *qn* comme chef de section.

들이쉬다 타 inspirer, aspirer; inhaler. ¶ 숨을 크게[깊이] ~ aspirer [inspirer, inhaler] de l'air à pleins poumons; aspirer [inspirer] profondément.

들이치다 재 ((비, 바람이)) taper violemment, déferler, cingler, fouetter; faire rage; se déchaîner. ¶ 비가[눈이] 얼굴에[창문에] 들이친다 La pluie [La neige] cingle le visage [fouette les vitres]. ¶ 비가 방안에 들이치지 않도록 창문을 닫아라 Pour que la pluie ne déferle pas dans la chambre, ferme la porte! ¶ 밤새도록 호남지방에 심한 비바람이 들이쳤다 La tempête a fait rage toute la nuit dans la région du Honam.

들이켜다 타 boire ((de l'eau)) à grandes gorgées [à grands traits, avidement, goulûment]. ¶ 물을 벌컥벌컥 ~ boire de l'eau à grande gorgées [à grands traits, avidement, goulûment]. ¶ 단숨에 ~ boire d'un trait, vider *son* verre d'un coup [d'une (seule) traite], faire cul sec {*fam*}.

들이키다 타 ① tirer [attirer] ((une lampe)) près de *soi*; approcher, rapprocher *qc*. ② ((‘들이켜다’의 잘못)) ☞ 들이켜다

들일 명 trava*il*(*aux*) *m* dans les champs. ¶ 그 사람은 아침 일찍 ~을 나갔다. Il est sorti travailler dans les champs tôt le matin.

들입다 부 ① 세차게 fort; fortement, vivement; intensément; violemment, furieusement. ¶ ~ 비가 내린다 Il pleut à verse [à flots, à seaux, à torrents, des cordes, des hallebardes] / La pluie tombe drue [à torrents, en cataracte] / Il pleut comme vache qui pisse {*vulg*}. ② 힘을 들여서 avec impétuosité, avec force, de toute *sa* force; avec violence; avec véhémence, avec fougue, avec frénésie, avec furie. ¶ 그들은 ~ 집안으로 뛰어 들어왔다 Ils sont entrés dans la maison avec furie. ¶ 그 남자는 내 가방을 낚아채고는 ~ 뛰기 시작했다 Il s'est emparé de mon sac et s'est mis à courir à toutes jambes.

들장미 -薔薇 명 【식물】 꽃 rose *f* sauvage, églantine; 나무 rosier *m* sauvage, églantier *m*.

들쥐 명 【동물】 rat *m* des champs.

들짐승 명 animaux *mpl* sauvages.

들쭉날쭉 부 en dents de scie ((idéophone d'aspect d'irrégularités)). ¶ 종이[손님의 머리]를 ~ 자르다 couper du papier en dents de scie [faire des escaliers dans les cheveux de *son* client].

◆**_하다** 형 être inéga*l*(*ale, aux*); ((terrain)) être raboteu*x*(*se*); être bossu(*e*), irréguli*er*(*ère*), en dents de scie, être n'importe comment. ¶ 버스가 오는 시간이 일정하지 않고 ~하다 L'heure d'arrivée des bus n'est pas régulière, mais en dents de scie. ¶ 그 남자는 퇴근 시간이 ~하다 Son heure de sortie du bureau est irrégulière.

들창 -窓 명 petite lucarne *f*; petite fenêtre *f*; fenêtre *f* à guillotine.

들창코 -窓- 명 nez *m* retroussé [en trompette]; personne *f* qui a le nez retroussé [en trompette].

들척거리다 타 s'agiter, secouer. ¶ 뭘 찾는다고 이불을 그리 들척거리니? Que cherches-tu en secouant ainsi la couverture?

들척지근하다 형 être légèrement sucré(*e*) [douceâtre]. ¶ 맛이 ~ être légèrement sucré(*e*) [douceâtre].

들쳐업다 타 mettre *qn* sur *son* dos; endosser. ¶ 아픈 아이를 들쳐업고 뛰다 courir avec [portant] l'enfant malade sur le dos.

들추다 타 ① 들어 올리다 soulever, lever. ¶ 장막을 ~ soulever un rideau. ¶ 가마니를 ~ soulever un sac de paille. ② 뒤지다 fouiller, fouiner, fourrager {*fam*}, fourgonner {*fam*}, fureter {*fam*}, farfouiller {*fam*}. ¶ 그 사람은 이 일에 대한 정보를 얻으려고

관련 서적들을 들추어 보았다 Il a fouillé dans les livres concernés pour obtenir des informations sur cette affaire. ③ 드러내다 découvrir, publier; mettre au grand jour; déceler ((un crime)); divulguer, violer ((un secret)); dévoiler, éventer, révéler ((un secret, un complot)). ¶ 회사의 속사정을 ~ dévoiler la véritable situation d'une firme. ¶ 지난 일은 들추지 맙시다 Ne parlons pas du passé. ¶ 남의 사생활을 ~ dévoiler la vie privée d'autrui. ¶ 과거지사를 ~ dévoiler les choses du passé.

들추어내다 타 fouiller, fouiner *{fam}*, farfouiller *{fam}*, soulever, mettre au grand jour; trahir, dévoiler, révéler, divulguer, déceler, exposer, chercher ((un secret)). ¶ 누구의 불미스러운 과거를 ~ fouiller [fouiner *{fam}*] dans le passé peu honorable de *qn*. ¶ 남의 결점을 ~ chercher les défauts d'autrui, relever les défauts de *qn*; chercher des poux (dans la tête) à *qn*, chercher la petite bête à *qn*.

들치기 명 ((행위)) vol *m* à la tire; ((사람)) voleu*r*(*se*) à la tire, *pickpochet m*. ◇_(를) **하다** commettre un vol à la tire [à l'arraché]. ¶ 그는 ~하다가 잡혔다 Il s'est fait attraper [prendre] alors qu'il commettait un vol à la tire.

들치다 타 ① lever, relever ((*ses* jupes)), remonter, soulever. ¶ 여자아이들의 치마를 들치며 남자아이들이 장난친다 Les garçons s'amusent à soulever les jupes des filles. ② (('들추다'의 잘못)) ☞ 들추다

들큰하다 형 être légèrement sucré(*e*) [douceâtre]. ¶ 이 술은 맛이 ~ Ce vin est légèrement sucré.

들큼하다 형 ☞ 들큰하다

들키다 재 ① 발견되다 être trouvé(*e*), découvert(*e*); être vu(*e*); être pris(*e*) en flagrant délit [en faute, sur le vif, sur le fait, la main dans le sac]; être surpris(*e*) ((en train de faire *qc*)), être surpris(*e*) en flagrant délit, se faire choper la main dans le sac *{fam}*. ¶ 그 아이는 부모님 몰래 밤에 나가다 들키고 말았다 Il a fini par être pris sur le vif [être surpris] par ses parents en sortant la nuit en cachette. ¶ 아무리 잘못을 감추려고 해도 언젠가는 들키게 되어 있다 On a beau vouloir cacher une faute, on finit un jour ou l'autre par être démasqué. ② ((도둑이)) être surpris(*e*) ((en train de faire *qc*)); être pris(*e*) sur le vif [en faute, en flagrant délit, sur le fait, la main dans le sac], être surpris(*e*) en flagrant délit, se faire choper la main dans le sac *{fam}*. ¶ 들키지 않도록 en cachette; en évitant d'être vu(*e*). ¶ 그 사람은 도둑질하다가 (현장에서) 주인에게 들켰다 Il a été pris sur le vif [en flagrant délit] par le propriétaire en train de voler.

들통[1] -桶 명 seau(*x*) *m*.

들통[2] 명 fait d'être mis(*e*) à nu [d'être décelé(*e*)]. ◇_(이) **나다** être découvert(*e*) [dévoilé(*e*), mis(*e*) à nu; être décelé(*e*)]; être pris(*e*) sur le vif [en flagrant délit, en faute, sur le fait, la main dans le sac]; être surpris(*e*) ((en train de faire *qc*)), être surpris(*e*) en flagrant délit, se faire choper la main dans le sac *{fam}*. ¶ 그들의 계획[음모]은 사전에 ~이 나고 말았다 Leur complot a été découvert [mis à nu] avant même qu'ils ne puissent passer à l'acte [le mettre à exécution].

들판 명 campagne *f*, champ *m*, plaine *f*; prairie *f*, pré *m*. ¶ ~을 가로질러 à travers champs.

듬뿍 부 pleinement, abondamment, suffisamment, plein(*e*) le(*la*), pleinement, totalement, complètement; ((remplir)) jusqu'au(*x*) bord(s), à ras bord(s); ((manger)) copieusement, généreusement, abondamment, largement. ¶ 붓에 물감을 ~ 묻히다 charger généreusement de peinture un pinceau, mettre beaucoup de peinture sur un pinceau. ¶ 접시에 ~ 담다 remplir copieusement [généreusement] une assiette. ¶ 어머니의 사랑이 ~ 담긴 선물 un cadeau rempli d'amour maternel. ¶ 밥을 ~ 담다 remplir généreusement [copieusement] ((le bol)) de riz. ¶ 돈을 ~ 주다 donner généreusement de l'argent [une somme d'argent]. ¶ ~ 먹다 manger copieusement.
◆_ _ 부 ((manger)) copieusement, abondamment; pleinement, beaucoup, généreusement, largement.

듬성듬성 부 d'une manière éparse [parsemée], de façon clairsemée; par-ci par-là, ici et là; de loin en loin. ¶ 풀이[머리가] ~ 나 있다 Les herbes [cheveux] ont poussé de façon clairsemée.
◆_**하다** 형 être espacé(*e*), épars(*e*), éparpillé(*e*), parsemé(*e*), clairsemé(*e*); être par-ci par-là; être ici et là; être peu dense, peu nombreu*x*(*se*), rare.

듬성하다 재 être clairsemé(*e*), éparpillé(*e*); être peu épais(*se*); être peu dense; être peu nombreu*x*(*se*), être rare.

듬직하다 형 être confiant(*e*), être plein(*e*) de dignité; 당당하다 être imposant(*e*); être majestueux [magnifique]; avoir de la prestance; être digne de confiance [digne de foi]; être solide [robuste, ferme]; rester calme et imposant(*e*); avoir un air majestueux; avoir une attitude digne [majestueuse]. ¶ 제 엄마를 돕는 아들이 듬직하게 느껴졌다 J'ai trouvé mon fils, aidant sa mère, digne de confiance. ¶ 그는 이제 듬직한 청년이 되었다. Il est devenu un jeune homme digne de confiance.

듯[1] 의명 ① ((nom dépendant de supposition ou de ressemblance. Il s'emploie après un suffixe flexionnel déterminatif -ㄴ/-는/-은, -ㄹ/-을)) ((추측)) comme si; on dirait que+*ind*, il semble que+*ind*/*subj*. ¶ 그 사람은 오지 않을 ~ 싶다 Il est peu probable qu'il vienne / Il semble qu'il ne viendra pas / Ça m'étonnerait beaucoup qu'il vienne. ② ((태도)) comme si; d'un air ((triste)); en signe de ((mécontentement)). ¶ 그 사람은 자기도 그 정도는 안다는 ~이 고개를 끄덕였다 Il a hoché la tête pour dire qu'il connaissait lui aussi tout de même ce genre de chose. ¶ 그 사람은 뭔가 못마땅한 ~ 말없이 앉아 있었다 Il restait assis sans mot dire [silencieux] comme si quelque chose lui déplaisait [le contrariait]. ③ 《꾸밈》 comme si. ¶ 그 사람은 마치 아무 잘못도 안 했다는 ~ 태연한 체 했다 Il faisait semblant de rien [d'être indifférent] comme s'il n'avait rien fait [comme s'il n'y était pour rien]. ④ 《동작의 미세함》 comme. ¶ 보일 ~ 말 ~ à peine perceptible; à peine visible.

*쥐 죽은 ~ 고요했다 Un grand [profond] silence régnait / On aurait entendu une mouche voler.

◆_하다 조형 avoir l'air de+*inf*; sembler, paraître. ¶ 그 사람이 도착한 ~하다 Il semble qu'il est arrivé. ¶ 내일은 비가 올 ~도 하다 On dirait qu'il va pleuvoir demain. ¶ 그 사람이 범인인 ~한데, 물증이 없다 On a des soupçons sur lui, mais on n'a aucune preuve matérielle.

듯² 어미 《suffixe flexionnel conjonctif exprimant une apparence ou une ressemblance. Il s'ajoute après le radical du verbe quelle que soit sa forme》. comme si, comme. ¶ 그는 나를 마치 아버지 대하~ 했다 Il me traitait comme si j'étais son père.

*돈을 물 쓰~ 하다 jeter *son* argent par les fenêtres, dépenser follement, ne pas regarder à la dépense, gaspiller *son* argent; être très dépensi*er*(*ère*); dissiper [dilapider] *sa* fortune.

*불을 보~ 뻔하다 C'est clair comme de l'eau de roche / Ça saute aux [crève les] yeux / Cela [Ça] va de soi / Ça tombe sous le sens / C'est évident / Ça coule de source.

*눈물이 비오~ 흐르다 Les larmes jaillissent à flots de *ses* yeux.

듯싶다 조형 avoir l'air, présenter telle apparence; paraître, sembler; avoir l'impression que+*ind*; il (me) semble [paraît] que+*ind*; je crois [pense] que+*ind*; il est à présumer [on présume] que+*ind*; il est probable que+*ind*. ¶ 비가 올 ~ J'ai (bien) l'impression qu'il va pleuvoir.

듯이¹ 의명 ☞ 듯¹

듯이² 어미 ☞ 듯²

등¹ 명 dos *m*, 《avoir mal aux》 reins *mpl*. ¶ 그 사람은 ~을 구부리고 무엇인가 찾고 있다 Il cherche *qc* accroupi. ¶ 그 여자는 내 쪽으로 ~을 돌리고 있었다 Elle me tournait le dos. ¶ 그 사람은 벽에 ~을 기대고 앉았다 Il s'est assis le dos au mur / Il s'est assis en s'adossant au mur. ¶ 그들은 서로 ~을 맞대고 앉아 있다 Ils s'étaient assis dos à dos. ¶ 내 ~ 좀 두드려[긁어] 다오 Frappe-moi dans le dos [Gratte-moi le dos]! ¶ 우리는 목욕을 하며 서로의 ~을 밀어주었다 Nous nous sommes décrassé le dos l'un à l'autre en prenant un bain 《se fait très couramment en Corée dans les bains publics》. ¶ 그 사람은 ~에 짐을 지고 있었다 Il portait un fardeau sur le dos. ¶ 그 사람은 ~에 부상을 입었다 Il s'est blessé au dos. ¶ 그 아이는 겁이 난 듯 내 ~ 뒤에 숨었다 Cet enfant s'est caché derrière moi comme s'il avait peur. ¶ 그 여자는 ~이 다 파진 옷을 입고 있다 Elle porte une robe décolletée dans le dos [un dos-nu].

*누구에게 ~(을) 돌리다 tourner le dos à *qn*; laisser tomber *qn*; abandonner *qn*; dédaigner *qn*. ¶ 친구들이 모두 그 사람에게 ~을 돌렸다 Ses amis lui ont tous tourné le dos [l'ont tous abandonné].

*누구와 ~(을) 지다 tourner le dos à *qn*; cesser de fréquenter *qn*. ¶ 남과 ~지는 일은 하지 않는 게 좋다 Mieux vaut ne pas agir de façon à ce que l'on devienne ennemi les uns des autres.

*누구(의) ~을 치다[쳐 먹다] extorquer [soutirer] de l'argent à *qn*; exploiter *qn*. ¶ 그 사람은 순진한 사람들 ~이나 쳐 먹고 사는 사기꾼이다 C'est un escroc qui extorque de l'argent aux innocents.

*~(을) 떼밀다 pousser *qn* à faire *qc*, imposer *qc* à *qn*; forcer la main à *qn*. ¶ 나는 별로 생각이 없었는데 친구가 ~ 떼밀어서 억지로 나오게 됐다 Je suis venu(*e*) malgré moi parce que mon ami m'a poussé(*e*) (à venir) [m'a forcé la main].

*~을 보이다 《외면하다, 거절하다》 refuser; 《도망치다》 tourner le dos à *qn* [tourner les talons à *qn*]; fuir devant *qn*; 《적에게》 battre en retraite. ¶ 그들은 적에게 ~을 보이고 말았다 Ils ont fini par fuir devant l'ennemi [tourner le dos à l'ennemi, battre en retraite].

*누구를[무엇을] ~에 업다 en profiter [en abuser] de *qc*; compter sur *qn*/*qc*; dépendre de *qn*/*qc*; se reposer sur *qn*/*qc*. ¶ 공권력을 등에 업고 행패를 부리다 commettre des actes de violence en profitant de *ses* fonctions au sein des forces publiques; commettre des actes de violence [se conduire mal] en abusant des pouvoirs publics. ¶ 그 사람은 대통령의 신임을 ~에 업고 출세가도를 달리고 있다 Il fait une belle carrière grâce à la confiance [à l'appui, au soutien] du président.

*누구 ~에 칼을 꽂다 faire un enfant dans le dos à *qn* [trahir la confiance de *qn*]; trahir *qn*; tirer [frapper] dans le dos, attaquer *qn* par derrière [par traîtrise].

◆_덜미 명 nuque *f*. ¶ ~덜미를 잡다 saisir *qn* par le cou [la nuque]; saisir *qn* au collet; colleter *qn*. ¶ ~덜미를 후려치다 frapper la nuque de *qn*.

◆_때기 명 【속어】 《appellation familière du》 dos *m*.

◆_마루 명 colonne *f* vertébrale, échine *f*, crête *f* 《de montagne》, faîte *m* [arête *f*] 《de toit》.

◆_받이 명 dos *m* 《d'une chaise》; dossier *m* 《d'une chaise》. ¶ 의자 ~받이 le dos [le dossier] d'une chaise.

◆_줄기 명 dos *m*; échine *f*. ¶ 그 이야기를 들으니 ~줄기가 서늘했다 Cette histoire m'a donné des sueurs froides [donné froid] dans le dos.

◆_짐 명 fardeau(*x*) *m*. ¶ ~짐을 지다 porter un fardeau sur le dos.

◆_창 -瘡 명 escarre *f* [eschare *f*] dans le dos, escarre *f* dorsale [sacrée]. ¶ 이 노인은 오랜 병상 생활로 ~창이 났다 Cette personne âgée a des escarres

dans le dos [sacrées] suite à un alitement prolongé.
◆책_ 冊- 명 dos *m* d'un livre. ¶ 책~이 다 해어졌다 Le dos de ce livre est usé.
◆콧_ 명 arête *f* du nez.
등[2] **等** 의명 etc. (*et caetera, et cetera*); et [d'] autres; et ainsi de suite; et le reste; entre autres, tel(*le*)(*s*) que. ¶ 이 가게에서는 채소, 과일 ~을 판다 On vend des fruits, des légumes, etc. dans ce magasin. ¶ 그 사람은 이 사람 저 사람 만나고, 강연도 하고 책도 쓰는 ~ 몹시 바쁜 나날을 보냈다 Il a passé des journées surchargées à rencontrer des gens par-ci, par-là, à donner des conférences, à écrire un livre et ainsi de suite. ¶ 그 사람은 강의도 하고 저술도 하는 ~의 일로 눈코 뜰 새 없이 바쁘다 Il est fort occupé à donner des cours, à écrire, etc.
등[3] **燈** 명 lampe *f*, lanterne *f*. ¶ ~을 켜다[밝히다] éclairer; allumer une lampe [l'électricité, la lumière]. ¶ ~을 끄다 éteindre une lampe [l'électricité, la lumière]. ¶ ~을 들고 가다 marcher avec une lanterne (à la main), tenir une lanterne à la main. ¶ ~으로 비추다 illuminer (avec une lampe); éclairer avec une lampe. ¶ ~을 닦다 nettoyer une lampe.
◆_불 명 lumière *f* d'une lampe. ¶ ~불을 밝히다 allumer une lampe. ¶ 그 사람은 어두운 시대의 ~불 역할을 했다 Il a été comme une lumière pendant [dans] une période sombre.
◆_잔 -盞 명 lampion *m*.
◆_촉 -燭 명 lanterne *f*; chandelle *f*.
◆전_ 電- 명 lampe *f* électrique.
◆형광_ 螢光- 명 lampe *f* fluorescente; tube *m* fluorescent.
등[4] **藤** 명 【식물】 rotin *m*, rotang *m*. ¶ 그 사람은 ~으로 바구니를 엮었다 Il a tressé des paniers en rotin.
◆_가구 -家具 명 meuble *m* en rotin.
◆_공예 -工藝 명 artisanat *m* [art *m*] de rotin.
◆_나무 명 rotin *m*, glycine *f*.
-등[5] **等** 접미 ((classificateur)) classe *f*; grade *m*; rang *m*. ¶ 그는 3~으로 들어왔다 Il est arrivé troisième (de la course). ¶ 그 사람은 반에서 1~을 했다 Il a été le premier de la classe. ¶ 1~ 칸 un compartiment de première classe.
등가 等價 명 équivalence; *f* égalité *f* de valeur [de prix]. ¶ ~ 교환 échange équivalent. ¶ ~ 원리 le principe d'équivalence. ¶ 이 항과 저 항은 ~이다 Ce terme-ci est équivalent à celui-là.
◆_성 -性 명 équivalence *f*.
◆_물 -物 명 équivalent *m*.
◆_치 -値 명 équivalence *f*.
등거리 等距離 명 équidistance *f*; distance *f* égale; écartement *m* égal. ¶ ~ 외교 diplomatie équidistante.
등걸 명 souche *f*, chicot *m* (d'arbre). ¶ 나무 ~에 앉다 s'asseoir sur une souche.
◆_불 명 feu(*x*) *m* de souche; tison *m*; braise *f*. ¶ ~불이 이글이글 타고 있다 Le feu de souche brûle avec ardeur.
등겨 명 balle *f* [bale *f*] de riz, glume *f*.
등고선 等高線 명 【지리】 courbe *f* de niveau; ligne *f* isohypse. ¶ ~ 지도 une carte avec courbes de niveau. ¶ ~ 상의 8부 능선 une arête [une crête] à 80 pour cent sur la courbe de niveau. ¶ ~을 그려 넣다 dresser une courbe de niveau.
등골 명 dos *m*, échine *f*. ¶ ~이 오싹하다[서늘하다] ☞ 오싹 ¶ 나는 그 그림만 봐도 ~이 오싹하다 La vue même de cette peinture me glace le sang [me fait froid dans le dos] / Je frissonne de peur à la simple vue de cette peinture. ¶ 생각만 해도 ~이 오싹해진다 Rien que d'y penser, ça me fait froid dans le dos. ¶ ~이 휘(어지)다[빠지다] s'échiner ((au travail, à travailler, à+*inf*)), travailler dur [comme un(*e*) fou(*folle*) {*fam*}], se donner du mal [un mal fou {*fam*}, un mal de chien {*fam*}] pour+*inf*, se décarcasser pour+*inf*, se crever {*fam*} (le cul {*vulg*}) pour *qn*/+*inf*, se casser {*fam*} pour+*inf* [pour que+*subj*], se tuer (au travail) {*fam*}, se mettre en quatre pour *qn*/*inf*, se démancher, se démener pour *qn*/*inf*, se fatiguer, s'éreinter, s'esquinter; subir une peine; souffrir cruellement; avoir une période difficile [pénible] pour *qc*. ¶ 자식들 대학 등록금 대느라고 ~이 휘어질 판이다 Je me tue au travail [Je travaille sans trêve ni repos du matin au soir, Je me mets en quatre, Je me donne un mal fou {*fam*}, Je me donne un mal de chien {*fam*}] pour payer les frais d'inscription à l'université de mes enfants.
등과 登科 명 【역사】 réussite *f* aux examens des hauts fonctionnaires. ◇_(를) **하다** être reçu(*e*) [réussir] aux examens des hauts fonctionnaires.
등교 登校 명 action *f* d'aller à l'école. ¶ ~ 시간 l'heure d'aller à l'école. ◇_(를) **하다** aller à l'école.
◆_길 명 chemin *m* de l'école. ¶ ~길에 친구를 만났다 J'ai rencontré des amis sur le chemin de l'école.
등귀 騰貴 명 hausse *f* ((du prix de *qc*)), augmentation *f* ((du prix de *qc*)), renchérissement *m*; enchérissement *m* ((du prix des denrées)); élévation *f* ((du coût de la vie)). ◇_(를) **하다** renchérir, monter, grimper, augmenter. ¶ 물가가 ~했다 Les prix ont augmenté / Les prix sont en hausse.
등극 登極 명 avènement *m*; accession *f* ((au trône)). ◇_(을) **하다** monter sur le trône; être proclamé ((roi)). ¶ 새로운 왕이 ~했다 Le nouveau roi est monté sur le trône. ¶ 팀이 가수왕으로 ~했다 Tim a été proclamé meilleur chanteur (de l'année).
등급 等級 명 classe *f*; rang *m*; grade *m*; magnitude *f*; grandeur *f*. ¶ 상품에 ~을 매기다 classer les marchandises. ¶ ~을 올리다 [내리다] élever [abaisser] à un rang supérieur [inférieur]. ¶ ~을 나누다 classer *qc*. ¶ 무엇을 세 ~으로 구분하다[나누다] diviser *qc* en trois catégories [niveaux]. ¶ 그 영화는 X ~으로 판정받았다 Ce film a été mis dans

la catégorie X. ¶ 높은 ~의 판정을 받다 être estimé(*e*) à un stade [être estimé(*e*) à un niveau] supérieur. ¶ 일[이, 삼] ~ premier [deuxième, troisième] grade [degré].

등기 登記 명 ① 【법률】 enregistrement *m*, inscription *f*. ¶ 이전 ~ enregistrement transféré. ¶ ~ 이전 transfert d'enregistrement. ¶ 그 사람은 자기 집의 ~를 아내 앞으로 옮겼다 Il a cédé sa maison à sa femme. ② 등기우편 recommandation *f*; ((envoyer)) en recommandé. ¶ ~로 보내다[부치다] envoyer *qc* en recommandé. ◇_(를) **하다** enregistrer. ¶ 부동산을 ~하다 enregistrer un bien-fonds [un immeuble]. ◇_(가) **되다** être enregistré(*e*). ¶ 우리 집은 아내의 이름으로 ~되어 있다 La maison est au nom de ma femme.

◆_**료** -料 명 droits *mpl* d'enregistrement.

◆_**부** -簿 명 cadastre *m*.

◆_**소** -所 명 (bureau(*x*) *m* de) l'enregistrement *m*.

등단 登壇 명 montée *f* à la tribune. ◇_(을) **하다** ① 연단이나 교단에 오름 monter à la tribune, monter sur l'estrade. ¶ 새로운 연사가 ~하자 야유가 터져 나왔다 Des huées retentirent [fusèrent] lorsque le nouveau conférencier monta à la tribune. ② ((문단에)) débuter (une carrière d'écrivain). ¶ 문단에 ~하는 것은 모든 작가 지망생들의 꿈이다 Publier une première œuvre est le rêve de tout apprenti écrivain. ¶ 신춘문예를 통해 소설가로 ~하다 débuter comme romancier(*ère*) par le concours des jeunes écrivains pour *ses* premières œuvres.

등대 燈臺 명 phare *m*.

◆_**ㅅ불** 명 lumière *f* d'un phare.

◆_**지기** 명 gardien *m* de phare.

등등 等等 의명 *et caetera* [*et cetera*, etc.]; et autres; et ainsi de suite; entre autres. ¶ 곡류로는 쌀, 보리, 밀 ~이 있다 Comme céréales, il y a le riz, l'orge, le blé, etc.

등등하다 騰騰- 형 avoir un air triomphant, être fier(*ère*); orgueilleux(*se*). ¶ 기세가 ~ avoir un air triomphant, prendre des airs importants, avoir une attitude arrogante; être plein(*e*) d'entrain. ¶ 노기가 ~ être pris(*e*) d'une fureur noire, se montrer furieux(*se*); être furieux(*se*) contre *qn*. ¶ 상대방의 등등한 기세에 나도 모르게 기가 죽었다 J'ai été déstabilisé(*e*) [découragé(*e*)] malgré moi par la grande assurance de mon adversaire. ¶ 그 사람의 눈에는 살기가 ~ Il a un regard hostile et menaçant / Il me regarde d'un œil hostile et menaçant / Son regard est animé de fureur meurtrière / On sent dans son regard une haine meurtrière. ¶ 그렇게 기세등등하게 소리를 질러대더니 저 꼴 좀 봐 Il braillait avec assurance, et maintenant il a l'air piteux [et regardez-le maintenant].

등때기 명 【구어】 ((terme familier pour désigner le)) dos *m*.

등락 騰落 명 hausse *f* et baisse *f* (des prix), fluctuation *f*. ¶ 주가의 ~이 심하다 La valeur des actions est très volatile [fluctuante]. ¶ 주가가 ~을 거듭한다 Les cours de la Bourse sont très volatiles / La Bourse est très volatile [très instable, très fluctuante]. ◇_(을) **하다** fluctuer, varier. ¶ 곡물가격이 기후에 따라 ~했다 Le prix des céréales a varié en fonction des saisons.

◆_**폭** -幅 명 fluctuation *f* ((des cours de la Bourse)). ¶ 이번 주는 주가의 ~폭이 크다 Cette semaine, les écarts de cours des actions sont importants [la fluctuation des cours à la Bourse est importante].

등록 登錄 명 enregistrement *m*, inscription *f* ((sur une liste); immatriculation *f* ((d'une automobile)). ¶ ~ 번호 le numéro d'immatriculation ((d'une voiture)); un numéro d'inscription. ¶ 이번 학기 ~은 언제부터냐? L'inscription pour ce semestre se fait à partir de quand? / À partir de quand se fait l'inscription pour ce semestre? / À partir de quand s'inscrit-on pour ce semestre? ¶ 내일이 ~ 마감일이다 Les inscriptions seront closes demain. ◇_(을) **하다** enregistrer *qc*; inscrire ((*qn* sur une liste, un nom sur un registre)); immatriculer ((un soldat)); déposer ((une marque)); s'inscrire (à *qc*). ¶ 너 ~했니? (Est-ce que) tu t'es inscrit(*e*)? / T'es inscrit(*e*) {*fam*}? ¶ 불어 학원에 ~하다 s'inscrire à un institut de français, s'inscrire à une école de français. ¶ 상표를 특허청에 ~하다 déposer une marque à l'office national de la propriété industrielle. ◇_(이) **되다** être déposé(*e*), enregistré(*e*); être inscrit(*e*). ¶ 이 상표는 특허청에 ~이 되어 있다 Cette marque a été déposée à l'office national de la propriété industrielle. ¶ 이 자동차는 내 이름으로 ~되어 있다 Cette voiture a été enregistrée sous mon nom.

◆_**금** -金 명 droits *mpl* [frais *mpl*] d'inscription [d'enregistrement]. ¶ ~금을 은행에 납부하다 payer des droits d'inscription à la banque. ¶ 이번 학기 ~금이 인상되었다 Les droits d'inscription ont été augmentés ce semestre. ¶ 많은 학생들이 ~금 인상에 항의해서 등록을 거부했다 Beaucoup d'étudiants ont refusé de faire leur inscription en protestation contre l'augmentation des droits d'inscription.

◆_**기관** -機關 명 organe *m* d'inscription.

◆_**부** -簿 명 registre *m*, matricule *f*.

◆_**상표** -商標 명 marque *f* déposée.

◆_**세** -稅 명 taxe *f* d'enregistrement.

◆_**증** -證 명 certificat *m* d'inscription; fiche *f* d'enregistrement. ¶ ~증을 발급하다 délivrer un certificat d'inscription [une fiche d'enregistrement].

◆_**필** -畢 명 enregistré(*e*); inscrit(*e*).

◆_**필증** -畢證 명 matricule *f*.

등반 登攀 명 ascension *f*, escalade *f*. ¶ 암벽 ~ ascension [escalade] d'une paroi rocheuse. ◇_(을) **하다** faire l'ascension [l'escalade] ((d'une montagne)); gravir, escalader ((une montagne)); grimper ((sur un roc, une muraille de rochers)). ¶ 에베레스트 산을[에] ~하다 faire l'ascension du

Mont Everest.

◆_객 -客 명 promeneur(se) (en montagne); grimpeur(se).

◆_대 -隊 명 équipe f [cordée f] d'alpinistes [d'ascensionnistes]. ¶ ~대가 정상을 향해 출발했다 L'équipe d'alpinistes est partie vers le sommet d'une montagne.

등본 謄本 명 copie f conforme; duplicata m.

◆주민등록_ 住民登錄- 명 duplication f d'un enregistrement de domicile.

◆호적_ 戶籍- 명 extrait m du registre d'état civil. ¶ 호적~을 두 통 떼다 obtenir 2 copies [extraits] de l'état civil.

등분 等分 명 division f, partage m (en parties égales); quantité f égale. ¶ 세 ~으로 나누다 diviser en trois. ◇_(을) 하다 diviser [partager, couper] qc en parties égales; partager, répartir; distribuer ((une succession)) en portions [en parts] égales. ¶ 비용을 ~해서 부담하다 contribuer à une dépense pour une part égale [à part égale]. ¶ 수박을 넷으로 ~하다 diviser une pastèque en quatre. ¶ 이익을 삼[사] ~(을) 하다 partager les profits [les bénéfices] en trois [quatre]. ¶ 케이크를 8 ~ 하다 partager un gâteau en huit. ◇_(이) 되다 être partagé(e), divisé(e).

◆삼_ 三- 명 trisection f; division f en trois parties égales.

◆이_ 二- 명 bissection f; division f en deux parties égales.

등불 燈- 명 lumière f [feu m] d'une lampe.

등비 等比 어근 【수학】 proportion f égale; rapport m égal.

◆(무한)_급수 (無限)-級數 명 série f infinie par quotient.

◆_수열 -數列 명 suite f géométrique.

등빛 燈- 명 lumière f [lueur f] orangée.

등뼈 명 os m du dos, épine f dorsale; colonne f vertébrale.

◆_동물 -動物 명 vertébré m.

등사 謄寫 명 reproduction f, polycopie f. ◇_(를) 하다 reproduire, polycopier, tirer au stencil. ¶ 시험 문제지를 ~하다 faire plusieurs exemplaires d'un sujet d'examen.

◆_기 -機 명 appareil m à polycopier, ronéo f. ¶ 예전에는 ~기로 밀어서 책을 인쇄했었다 Autrefois, on imprimait [tirait] les livres avec une ronéo [avec une polycopieuse].

◆_잉크 영{-ink} 명 encre f à polycopier.

◆_지 -紙 명 stencil m.

◆_판 -版 명 appareil m à polycopier, ronéo f.

등산 登山 명 randonnée f pédestre en montagne, marche f [balade f {fam}] en montagne, promenade f en montagne, excursion f en montagne, course f en montagne; ascension f en montagne; alpinisme m. ¶ ~을 가다[떠나다] aller [partir] à la montagne, aller faire une marche [une balade {fam}] en montagne [((긴 산책)) une randonnée pédestre en montagne]. ¶ 나는 ~을 마치고 돌아오는 길에 비를 만났다 Je me suis laissé(e) surprendre par l'orage [Je me suis fait saucer {fam}] au retour de la randonnée. ◇_(을) 하다 aller [partir] en montagne; faire une randonnée (pédestre) [une balade {fam}] en montagne, faire de la marche; faire une ascension en montagne, faire l'ascension d'une montagne, gravir une montagne; faire une longue course [une longue promenade, une longue balade {fam}] en montagne. ¶ 나는 건강을 위해 매주 일요일마다 ~을 한다 Je fais une marche à la montagne [Je marche à la montagne] tous les dimanches [le dimanche, chaque dimanche] pour ma santé.

◆_가 -家 명 randonneur(se) (en montagne); alpiniste mf.

◆_객 -客 명 marcheur(se) [promeneur(se), randonneur(se)] en montagne. ¶ ~객들의 부주의로 산불이 발생하는 경우가 종종 있다 Les incendies de forêt sont souvent produits par la négligence des promeneurs.

◆_로 -路 명 sentier m de montagne, sentier m de randonnée.

◆_모 -帽 명 chapeau(x) de randonneur; bonnet m d'alpiniste.

◆_복 -服 명 tenue f de randonneur.

◆_용 -用 명 ((couteau)) de montagne f. ¶ ~용 칼 un couteau de montagne [un couteau suisse].

◆_화 -靴 명 chaussures fpl de montagne [de marche], pataugas m; brodequin m d'alpiniste. ¶ 산에 갈 때는 제대로 된 ~화를 신어야 한다 Quand on va à la montagne, il faut mettre [avoir] de bonnes chaussures de marche [des chaussures adaptées à la marche].

등살 명 muscles mpl dorsaux.

등성이 명 arête f; crête f ((d'une chaîne de montagnes)).

등세 騰勢 명 hausse f ((des prix)); élévation f ((du coût de la vie)); augmentation f du prix ((des denrées)).

등속[1] 等速 명 【물리】 vitesse f constante. ¶ (물체가) ~으로 운동하다 ((un objet)) se mouvoir à une vitesse constante.

◆_운동 -運動 명 mouvement m uniforme.

등속[2] 等屬 의명 등등 et ainsi de suite; et caetera [et cetera, etc.], et d'autres; entre autres.

등수 等數 명 classe f; grade m; rang m; degré m ((d'une hiérarchie)). ¶ ~를 매기다 classer, trier. ¶ ~를 올리다 obtenir une meilleure place [un meilleur classement], se classer mieux; monter en grade. ¶ ~에 들다 avoir [tenir] les premières places, être bien classé(e), être classé(e) parmi les premiers. ¶ ~가 낮다[높다] avoir une mauvaise [bonne] place. ¶ 동생은 지난달 보다 전교 ~가 20등이나 올랐다[떨어졌다] Mon jeune frère [Ma jeune sœur] a progressé [reculé] de 20 places à l'école

ㄷ

par rapport [par comparaison] au mois dernier [à son classement du mois dernier].

등식 等式 명 【수학】 égalité *f*.

등신 等神 명 【속어】 simple *mf* d'esprit, idiot(*e*), sot(*te*), niais(*e*), benêt *m*, imbécile *mf*, crétin(*e*) (des Alpes), débile *mf* mental(*e*) {*fam*}, débile *m* profond {*fam*}, demeuré(*e*) {*fam*}, attardé(*e*) {*fam*}, con(*ne*) {*vulg*}, gros(*se*) bêta(*sse*) {*fam*}, gros(*se*) nigaud(*e*) {*fam*}, grand benêt *m*, nul(*le*), couillon(*ne*) {*fam*}, cruche *f* {*fam*}, nouille *f* {*fam*}, gourde *f* {*fam*}. ¶ 이런 ~(같으니라고), 그것도 모르냐? Espèce d'idiot [de nul] / Crétin / Gros bêta! Tu ne sais pas ça [cela]? ¶ 너 누굴 ~으로 아니? Tu me prends pour un idiot [pour un imbécile, pour un demeuré {*fam*}, pour un con {*vulg*}]?

등신 等身 어근 grandeur *f* nature.

◆_대 -大 명 grandeur *f* nature.

◆_불 -佛 명 statue *f* grandeur nature du Bouddha.

◆_상 -像 명 statue *f* grandeur nature.

◆팔_ 八- 명 corps *m* bien fait [bien proportionné, avec des proportions idéales]; qui a de jolies formes; ((femme)) bien faite, bien roulée {*fam*}, bien fichue {*fam*}, bien foutue {*vulg*}. ¶ 팔~ 미인 une belle femme bien proportionnée [avec des proportions idéales, au physique idéal].

등심 -心 명 chair *f* du dos; aloyau(*x*) *m*; faux-filet *m*; filet *m* mignon ((de veau)). ¶~ 구이 un faux-filet rôti [grillé]; des tranches de filet rôti [grillé]. ¶ ~을 구워먹다 rôtir du faux-filet.

등쌀 명 ennui *m*, tracasserie *f*, contrariété *f*, désagrément *m*, enquiquinement *m* {*fam*}. ¶ 아이들 ~에 잠시도 쉴 틈이 없다 Je n'ai pas le temps de me reposer à cause des enfants / Je n'ai ni trêve, ni repos à cause des enfants. ¶ 빚쟁이 ~에 못 견디겠다 Je ne peux pas supporter les tracasseries des créanciers. ¶ 네 ~에 못 살겠다 Tu me casses les pieds / Tu m'agaces / Tu as le don de m'énerver / Tu me les casses {*vulg*} / Tu me fous [mets] en rogne {*fam*} / Qu'est-ce que tu peux être agaçant alors! / Tu es invivable [insupportable] / Tu me casses les bonbons {*vulg*} [les burettes {*vulg*}, les couilles {*vulg*}].

등압선 等壓線 명 【지리】 isobare *f*, lignes *fpl* [courbes *fpl*] isobares.

등어리 명 (('등'의 방언)) ☞ 등[1]

등어선 等語線 명 【언어】 isoglosse *f*, ligne *f* d'isoglosses.

등에 명 taon *m*.

◆쇠_ 명 gros taon *m*.

등온선 等溫線 명 【지리】 isotherme *f*, ligne *f* isotherme. ¶ ~을 긋다[그리다] tracer une isotherme [ligne isotherme].

등외 等外 명 non classé(*e*), hors classement. ¶ ~로 밀려나다 ne pas classer; tomber hors classement. ¶~ 작 중에서도 좋은 작품들이 많았다 Il y a eu beaucoup d'excellentes œuvres parmi les œuvres non classées. ¶ ~ 판정을 받다 ne pas classer, être jugé(*e*) hors classement.

등용 登用 명 emploi *m* (de *qn* pour un poste). ¶ 참신한 인재 ~이 새 정권의 급선무이다 La nomination de nouvelles personnes de valeur est primordiale pour le nouveau gouvernement. ◇_(을) **하다** nommer. ¶ 인재를 적재적소에 ~하다 nommer des personnes de valeur aux postes convenables. ◇_(이) **되다** être nommé(*e*). ¶ 그는 새 내각의 교육부 장관으로 ~되었다 Il a été nommé au ministère de l'Éducation nationale dans le nouveau gouvernement.

등용문 登龍門 명 porte *f* du succès, chemin *m* vers la gloire, voie *f* rêvée vers le succès. ¶ 그 경연대회는 유명한 연주가가 되기를 꿈꾸는 사람들의 ~이다 Ce concours est une porte vers le succès pour les personnes qui rêvent de devenir des musiciens renommés.

등원 登院 명 présence *f* à la Chambre [à l'Assemblée parlementaire]. ◇_(을) **하다** assister [être présent(*e*), se présenter] à la Chambre [à l'Assemblée parlementaire]. ¶ 의원들이 국회에 ~했다 Les députés ont assisté [siégé, tenu séance] à l'Assemblée parlementaire.

등위 等位 어근 rang *m*, niveau *m*, rôle *m*, échelle *f*, grade *m*.

◆_각 -角 명 angles *mpl* égaux.

◆_관계 -關係 명 【언어】 relation *f* de coordination.

◆_적 연결어미 -的 連結語尾 명 【언어】 suffixe *m* flexionnel conjonctif de coordination; forme *f* (flexionnelle) de jonction (interpropositionnelle) de coordination.

◆_절 -節 명 【언어】 proposition *f* coordonnée.

◆_접속(사) -接續(詞) 명 【언어】 conjonction *f* de coordination.

등유 燈油 명 huile *f* (de lampe), paraffine *f*, pétrole *m*, kérosène *m*.

등의자 藤椅子 명 chaise *f* de rotin, siège *m* canné.

등자 명 orange *f* amère; bigarade *f*.

등잔 燈盞 명 lampe *f* ancienne à huile (coréenne). *~ **밑이 어둡다** ne pas voir ce qui se trouve[ce qui se passe] juste sous *son* nez.

◆_불 명 lumière *f* [flamme *f*] d'une lampe à huile.

◆_대 -臺 명 bougeoir *m* pour lampe à huile.

등장 登場 명 entrée *f* en scène, arrivée *f*, venue *f*, apparition *f* ((d'un personnage)). ◇_(을) **하다** entrer en scène, apparaître, faire *son* apparition, arriver. ¶ 주인공이 무대 위에 ~하다 La vedette [L'acteur principal] fait son entrée en scène. ¶ 그 배우는 영화의 중간쯤에 ~한다 Cet(*te*) acteur(*trice*) apparaît au milieu du film / On voit cet(*te*) acteur(*trice*) au milieu du film. ¶ 새로운 경쟁자가 ~했다 Un nouveau concurrent est apparu. ¶ 그 사람이 사건의 전면에 ~했다 Il est apparu au premier plan de cette affaire.

◆_인물 -人物 명 personnage *m*. ¶ 이 영화는 ~인물이

단 2명밖에 되지 않는다 Dans ce film, il ne figure que deux personnages.

등재 登載 명 enregistrement *m;* inscription *f;* immatriculation *f.* ◇_(를) **하다** enregistrer, inscrire, immatriculer. ¶ 인적 사항을 서류에 ~하다 inscrire des informations personnelles sur un document. ◇_(가) **되다** être inscrit(*e*), être enregistré(*e*), être immatriculé(*e*); figurer ((dans un dictionnaire)). ¶ 이 단어는 사전에 ~되지 않았다 On ne trouve pas ce mot dans le dictionnaire / Ce mot ne figure pas dans le dictionnaire.

등정[1] 登程 명 départ *m* ((pour un voyage)). ¶ 대통령은 유럽 4개국 순방을 위한 ~에 올랐다 Le président de la République a entamé son tour de quatre pays d'Europe. ◇_(을) **하다** partir (en voyage), se mettre en route [chemin], s'embarquer pour, mettre les voiles.

◆ **길** 명 départ *m,* chemin *m.*

등정[2] 登頂 명 arrivée *f* au sommet. ¶ 그들은 온갖 악조건 속에서도 에베레스트산 ~에 성공했다 Ils ont réussi l'ascension de l'Everest malgré des moments et des situations difficiles. ◇_**을 하다** monter au sommet ¶ 백두산을 ~하다 monter au sommet du mont Baekdu.

등지 等地 의명 et autres régions. ¶ 서울, 인천 ~에 흩어져 사는 사람들 les gens vivant éparpillés à Séoul, Incheon, *et cetera* (etc.) [et ailleurs].

등지다 자 tourner le dos à *qn*, couper les ponts avec *qn*, s'opposer à *qn*. ¶ 그 일 이후, 그 사람은 가족들과도 등지고 살았다 Depuis cette affaire, il a vécu en coupant les ponts avec [en tournant le dos à, en ignorant] sa famille. ¶ 우리가 서로 등지고 지내온 지도 오래되었다 Cela fait longtemps que nous vivons en nous ignorant.

타 ① s'adosser à *qc*. ¶ 그 사람은 벽을 등지고 서 있었다 Il restait debout adossé au mur. ¶ 해를 등지고 서다 se tenir debout adossé(*e*) au soleil. ② ((관계)) rompre avec *qn*, abandonner *qn*; se brouiller avec *qn*. ¶ 세상을 등지고 살다 vivre loin [coupé(*e*), retiré(*e*)] du monde. ¶ 고향[조국]을 등지고 떠나다 partir en laissant *son* pays natal [*sa* patrie].

등질 等質 어근 homogénéité *f,* identité *f* de qualité.

◆_**성** -性 명 homogénéité *f.*

◆_**집단** -集團 명 communauté *f* homogène, groupe *m* homogène.

등짐 명 sac *m* porté sur le dos, sac *m* à dos. ¶ ~을 지다 avoir un sac sur le dos, porter un sac à dos.

등짝 명 【속어】 dos *m*. ☞ 등[1]

등차 等差 어근 ① 같은 차 différence *f* égale. ② 차등 différence *f,* grade *m,* degré *m,* classe *f.*

◆_**급수** -級數 명 série *f* arithmétique.

◆_**세율** -稅率 명 taxe *f* différentielle.

◆_**수열** -數列 명 progression *f* arithmétique par différence.

등쳐먹다 타 extorquer ((de l'argent)) à *qn* ((sous la menace)); soutirer ((de l'argent)) à *qn*; faire chanter *qn*; faire du chantage ((auprès de *qn*)); racketter *qn*; obtenir ((de l'argent)) par extorsion [par des menaces]. ¶ 백성들을 ~ exploiter le peuple; extorquer de l'argent au peuple; voler le peuple.

등치 等値 명 valeur *f* égale.

등치다 타 frapper par derrière. ¶ 누구를 ~ ① 때리다 frapper *qn* par derrière, donner une tape dans le dos de *qn*. ② 빼앗다 extorquer de l'argent à *qn*, faire chanter *qn*.

등피 燈皮 명 globe *m,* verre *m* d'une lampe. ¶ ~에 그을음이 많이 앉았다[먼지가 수북히 쌓여 있다] Le verre de la lampe est noir de suie [est couvert de suie] [Le verre de la lampe est couvert de poussière [est très poussiéreux]].

등하불명 燈下不明 명 Il est parfois difficile de voir ce qui se trouve[ce qui se passe] juste sous *son* nez.

등한시 等閑視 명 négligence *f* ◇_(를) **하다** négliger *qc*/*qn*, faire peu de cas de, ne pas tenir compte de, traiter *qc* avec indifférence, mépriser. ¶ 그 사람은 너무 연구에만 몰두하느라 건강을 ~하였다 Il est trop absorbé par sa recherche pour être attentif à sa santé. ◇_(가) **되다** être négligé(*e*), être méprisé(*e*). ¶ 이 문제는 다른 문제에 밀려 상대적으로 ~되어 왔다 Ce problème a été négligé par rapport aux autres problèmes.

등한하다 等閑- 형 être insouciant(*e*), être peu soucieux(*se*), être nonchalant(*e*), être négligent(*e*). ¶ 그 동안 회사 일로 바빠서 집안일에는 좀 등한했던 것이 사실이다 C'est vrai que j'ai été négligent avec ma famille à cause du travail.

◆**등한히** 부 négligemment. ☞ 등한시 ¶ 공부도 좋지만 건강을 등한해서는 안 된다 Etudier c'est important, mais il ne faut pas pour autant négliger sa santé.

등허리 명 bas *m* du dos.

등화 燈火 명 lumière *f;* clarté *f* d'une lampe; éclairage *m*.

등화관제 燈火管制 명 extinction *f* des feux, black-out *m inv*. ¶ 그 지역 전역에 ~가 실시되었다 Toute cette zone a été soumise au black-out. ◇_(를) **하다** ordonner l'extinction des feux ((à partir de huit heures)). ¶ 공습을 피하려면 ~를 해야 한다 Il faut éteindre les lumières pour ne pas être attaqué.

-디 어미 ((suffixe flexionnel conjonctif d'exagération. Il s'ajoute au radical de l'adjectif quelle que soit sa forme, pour permettre à l'adjectif de se répéter)). très, extrêmement. ¶ 달~ 달다 être très [extrêmement] sucré(*e*). ¶ 사~ 시다 être très acide [aigre]. ¶ 쓰~ 쓰다 être extrêmement amer(ère). ¶ 크~ 큰 vraiment très grand(*e*), énorme, gigantesque. ¶ 차~ 찬 물 une eau extrêmement froide; eau glaciale.

디귿 명 *digeut m* <appellation de la troisième lettre de l'alphabet coréen>. ¶ ~자 집 une maison en forme de *digeut*.

디너 명{diner} 명 dîner *m*.

◆_쇼 명{-show} 명 spectacle *m* avec dîner, dîner-spectacle *m*.

디디다 타 ① mettre les pieds sur *qc*, s'appuyer sur *qc*. ¶ 상자를 디디고 올라서다 monter en mettant les pieds sur une boîte. ② ((발을)) fouler, mettre [poser] les pieds sur; marcher sur. ¶ 그처럼 그리던 고국 땅에 첫 발을 디디는 순간 le moment où j'ai fait mes premiers pas sur le sol de la patrie qui m'a tant manqué. ¶ 가게는 손님들로 가득 차 발 디딜 틈도 없다 Le magasin étant bondé, il est impossible d'y mettre les pieds [d'y faire un pas]. ¶ 발을 잘못 디뎌서 발목이 삐었다 En faisant un faux pas [À cause d'un faux pas], je me suis fait une entorse à la cheville.

디디티 명{DDT} 명 D.D.T. *m* ((dichloro-diphényle-trichloréthane; insecticide)). ¶ ~를 치다[뿌리다] vaporiser du D.D.T.

디딜방아 명 grand pilon *m* de bois ((servant à moudre les céréales)).

디딤돌 명 marchepied *m*, tremplin *m*; escabeau *m*. ¶ 실패를 성공의 ~로 삼다 se servir d'un échec comme d'un tremplin pour réussir.

디럭스 명{deluxe} 명 (de) luxe *m*.

디룽거리다 자 se balancer ((au vent)). ¶ 바구니가 바람에 디룽거린다 Un panier se balance au vent.

디밀다 타 enfoncer, fourrer, pousser, pénétrer, introduire de force, ficher, défoncer, enliser, enterrer, enfouir, enterrer. ¶ 구멍 속으로 손을 ~ enfoncer la main dans un trou. ¶ 나는 군중 속을 어깨를 앞으로 디밀면서 앞으로 나아갔습니다 Dans la foule, je me suis avancé(*e*) en poussant des épaules [en jouant des épaules].

디스켓 명{diskette} 명 disquette *f*, biscotte *f* {*fam*}. ¶ ~ 에러 erreur de disquette. ¶ ~에 복사하다 copier sur une disquette. ¶ ~에 저장하다 enregistrer sur une disquette. ¶ ~을 넣다 mettre une disquette.

디스코 명{disco} 명 disco *m*. ¶ ~를 추다 danser le disco.

◆_장 -場 명 disco(thèque) *f*; boîte *f* (de nuit).

디스코텍 프{discothèque} 명 discothèque *f*, boîte *f* (de nuit), night-club(~-~*s*) *m* {*vx*}. ¶ ~에 가다 aller à la discothèque, aller en boîte (de nuit).

디스크 명{disk} 명 ① 【의학】 disque *m* ((lombaire)). ② 【컴퓨터】 disque *m* ((compact, souple, dur)).

◆_드라이브 명{-drive} 명 lecteur *m* de disque.

◆콤팩트_ 명{compact-} 명 compact disque *m*.

◆플로피_ 명{floppy-} 명 disquette *f*, biscotte *f* {*fam*}.

◆하드_ 명{hard-} 명 disque *m* dur.

디스크자키 명{disk jockey} 명 D.J. *m*, disc jockey *m*, dee jay *m*; animateur *m* ((radio)).

디스토마 명{distoma} 명 distome *m*; ver *m* parasite. ¶ 간 ~ une douve du foie.

디스플레이 명{display} 명 présentation *f* ((d'un produit)); exposition *f*, étalage *m* ((de marchandises)). ◇_(를) **하다** exposer ((des marchandises)) (pour les vendre); présenter ((un produit, des produits)); disposer les étalages ((aux devantures des magasins)). ¶ 상품을 ~하다 présenter un produit [des produits]; exposer des marchandises (pour les vendre).

디아민 명{diamine} 명 diamine *f*.

디아스타제 명{diastase} 명 diastase *f*.

디엔에이 명{DNA} 명 【생물】 A.D.N. *m*, ADN *m* (acide désoxyribonucléique), DNA.

디자이너 명{designer} 명 ((데생)) dessina*teur*(*trice*), créa*teur*(*trice*); concepteur-projeteur *m*; créatif *m*, designer *m*; ((옷)) styliste *mf*, modéliste *mf*; ((아주 유명한 옷 디자이너)) grand couturier *m*; ((장식)) décora*teur*(*trice*).

디자인 명{design} 명 design *m*; stylisme *m*. ¶ 이태리에서 ~ 공부를 하다 étudier le stylisme en Italie.

디저트 명{dessert} 명 dessert *m*. ¶ ~로는 무엇을 드시겠습니까? Que prendrez-vous comme dessert?

디젤 명{diesel} 어근 diesel *m*.

◆_기관차 -機關車 명 locomotive *f* diesel.

◆_엔진 명{-engine} 명 moteur *m* diesel.

◆_연료 -燃料 명 gazole *m*.

디지털 명{digital} 어근 ((affichage)) digit*al*(*ale, aux*), numérique; audionumérique. ¶ ~ 비디오 디스크 (digital video disc) DVD (informatique); un disque (optique) numérique polyvalent [de grande capacité]. ¶ ~ 시계 une montre [un pendule] à affichage numérique. ¶ ~ 오디오 디스크 un disque audionumérique (DAD.). ¶ ~ 카메라 un appareil photo numérique. ¶ ~ T.V. une télévision numérique. ¶ ~ 펜 un stylo numérique. ¶ ~ 신호 un signal numérique. ¶ ~ 영상 une image numérique. ¶ ~ 통신 la communication numérique. ¶ ~ 회로 un circuit numérique. ¶ ~과 아날로그의 차이가 뭐냐? Quelle est la différence entre le numérique et l'analogique?

◆_화 -化 명 conversion en numérique, numérisation *f*. ¶ 아날로그 신호를 ~화 하는 작업 conversion du signal analogique en numérique.

디프테리아 명{diphtheria} 명 【의학】 diphtérie *f*. ¶ ~ 예방접종 vaccination contre la diphtérie. ¶ ~에 걸리다 attraper la diphtérie.

디플레이션 명{deflation} 명 déflation *f*. ¶ 경기가 ~에 빠졌다 L'économie est en déflation.

딛다 타 ((‘디디다’의 준말)) ☞ 디디다

딜러 명{dealer} 명 revende*ur*(*se*); concessionnaire *mf*. ¶ 외환 ~ un(*e*) opéra*teur*(*trice*). ¶ 카지노에서 ~로 일하다 travailler dans un casino comme croupier.

딜럭스 명{deluxe} 명 ☞ 디럭스

딜레마 명{dilemma} 명 dilemme *m*, impasse *f*. ¶ ~에 빠지다 [빠뜨리다] être dans l'impasse[se mettre dans l'impasse].

딥다 부 ((‘들입다’의 준말)) ☞ 들입다

딩굴다 재 (('뒹굴다'의 잘못)) ☞ 뒹굴다

딩동 부 ding, dong; dring. ¶ 초인종이 ~ 울렸다 La sonnette a fait ding, dong [dring] / Ça a sonné.

ㄸ 명 *ssang digeut m* ((double consonne de l'alphabet coréen; double *digeut* (ㄷ))).

따가닥따가닥 부 en galopant, en trottant ((onomatopée du bruit du cheval au galop, au trot)). ¶ 말이 ~ 달려간다 Le cheval galope.

따갑다 형 ① 뜨겁다 être cuisant(*e*), chaud(*e*); picoter. ¶ 오늘은 햇볕이 제법 따갑네 Le soleil tape dur aujourd'hui. ② 매섭고 날카롭다 être sévère, dur(*e*), impitoyable. ¶ 따가운 눈총을 받다 se faire fusiller [foudroyer] du regard. ¶ 그 여자는 동네 사람들로부터 따가운 눈총을 받고 있다 Le quartier entier la critique sévèrement [la stigmatise] / Le quartier entier la blâme ouvertement [ostensiblement] / Elle est devenue la bête noire du quartier.

따개 명 ouvre-((bouteille, boîte)); ((와인)) tire-((bouchon)). ¶ 병[캔] ~ un ouvre-bouteille; un décapsuleur; ((와인)) un tire-bouchon [un ouvre-boîte].

따귀 명 gifle *f*, soufflet *m*. ¶ ~를 때리다 donner une gifle à *qn*; gifler *qn*. ¶ 그는 아버지로부터 ~를 한 대 맞았다 Il a reçu une gifle de son père.

따끈따끈하다 형 ☞ 따끈하다

따끈하다 형 être (bien) chaud(*e*). ¶ 아랫목이 벌써 ~ Le sol de la chambre est déjà bien chaud. ¶ 따끈한 국물이 먹고 싶어 J'aimerais boire un bon bouillon (bien) chaud.

따끔따끔하다 형 picoter, piquer. ¶ 벌레에 물린 데가 ~ Ça lance [Ça fait mal, Ça brûle, C'est irrité] à l'endroit où j'ai été piqué(*e*) par un insecte. ¶ 먼지가 들어갔는지 눈이 ~ Les yeux picotent peut-être à cause de la poussière.

따내다 타 obtenir, l'emporter, remporter. ¶ 그 사람은 기어이 1등상을 따냈다 Il a enfin remporté le premier prix.

따님 명 *votre* (*sa, leur*) fille ((appellation respectueuse)). ¶ 선생님의 둘째 ~ votre deuxième fille. ¶ ~이 그처럼 똑똑하니 참 좋으시겠습니다 Vous devriez être fiers d'avoir une fille si intelligente.

따다 타 ① cueillir ((un fruit, une fleur, un champignon)), arracher ((un navet, une pomme de terre)), récolter, moissonner ((des céréales)), ramasser ((un épi, un champignon)), vendanger ((un raisin)), glaner ((un épi, un champs)), recueillir ((un fruit)), ((une abeille)) butiner ((une fleur)). ② 목표를 이루다 gagner, obtenir, recueillir. ¶ 금메달을 ~ obtenir [remporter] une [la] médaille d'or. ¶ 노름에서 돈을 ~ gagner de l'argent au jeu. ¶ 그 후보는 이번 선거에서 큰 표를 땄다 Le candidat a recueilli [a obtenu] de nombreuses voix dans cette élection.

따다닥거리다 자 bringuebaler, cahoter ((onomatopée qui évoque le bruit provenant des roues d'un chariot)). ¶ 수레가 따다닥거린다 Le chariot bringuebale [cahote].

따다닥대다 자 ☞ 따다닥거리다

따닥 부 comme il faut, bien correctement, convenablement. ¶ 그것 하나 ~ 못 맞추니? Tu n'es même pas capable de répondre convenablement à une question si simple [si élémentaire]?

따독거리다 타 tapoter, amadouer, bercer, caresser; cajoler, enjôler. ¶ 우는 아이를 ~ tapoter l'enfant qui pleure.

따돌리다 타 éviter, esquiver, laisser tomber, laisser *qn* en plan [en rade {*fam*}], s'échapper, l'échapper belle {*fam*}. ¶ 용의자가 경찰의 추적을 따돌리고 달아났다 Le suspect a échappé à la poursuite de la police, et s'est enfui. ¶ 친구들이 나를 따돌리고 저희들끼리 어디론가 갔다 Mes amis m'ont laissé(*e*) en plan [en rade], et sont allés quelque part.

따돌림 명 mise *f* à l'écart; exclusion *f*; rejet *m*. ◇_(을) **받다[당하다]** être détesté(*e*) de *qn*; être rejeté(*e*), exclu(*e*); être mis(*e*) à l'écart. ¶ 그 사람은 모든 사람한테 ~을 받았다 Il est détesté de tout le monde / On l'a mis à l'écart / Il est rejeté de tout le monde. ¶ 이 아이는 지저분하다고 친구들로부터 ~을 당했다 Cet enfant est exclu par ses amis parce qu'il est sale.

따듯하다 재 ① 온도 ((날씨가)) être dou*x*(*ce*); ((기후가)) être tempéré(*e*); ((물이)) être tiède; ((날씨가)) faire agréablement chaud(*e*), faire bon; ((옷이)) être chaud(*e*), tenir chaud. ② 온정 être tendre, affectueu*x*(*se*), cordi*al*(*ale, aux*), bienveillant(*e*); 환대 être chaleureu*x*(*se*); ((마음이)) être généreu*x*(*se*). ☞ 따뜻하다

따따부따 부 à tort ou à raison; bon ou mauvais. ¶ ~ 따지지 말고 sans se demander si c'est bon ou mauvais; sans discussion.

따뜻하다 형 ① 온도 être chaud(*e*). ¶ 따뜻한 옷 un vêtement chaud. ¶ 따뜻한 햇볕 un soleil chaud. ¶ [날씨가] ~ ((climat)) être tempéré(*e*), dou*x*(*ce*). ¶ [물이] ~ ((eau)) être agréablement chaud(*e*), tiède. ¶ 방 안이 따뜻하게 느껴지다 sentir qu'il fait bon dans la pièce. ② 온정 être généreu*x*(*se*), bienveillant(*e*), tendre, chaleureu*x*(*se*). ¶ 어머니의 따뜻한 사랑 l'amour bienveillant d'une mère. ¶ 따뜻한 온정의 손길 une aide généreuse. ¶ 그에게는 따뜻한 말 한마디가 아쉽다 Il lui manque des mots tendres. ¶ 우리 아버지는 마음이 ~ Mon père a bon cœur [un cœur généreux]. ¶ 따뜻하게 맞다[맞이하다] recevoir *qn* cordialement.

따라 조 précisément, justement, (tout) particulièrement. ¶ 그 날~ 집안에는 아무도 없었다 Justement ce jour-là il n'y avait personne à la maison / Il fallait que ce jour-là (entre tous) il n'y ait personne à la maison! ¶ 화창하던 날씨가 오늘~ 몹시 흐리다 Le temps qui était beau est très nuageux particulièrement [justement] aujourd'hui. ¶ 그날~ 왠지 기분이 좋지 않았다 Justement ce jour-là, je n'étais pas de bonne humeur.

따라가다 타 ① ((사람을)) suivre, poursuivre, accompagner *qn*. ¶ 서울까지 친구를 ~ suivre un(*e*) ami(*e*) jusqu'à Séoul. ¶ 저분을 따라가세요 Suivez cette personne. ② ((정치 노선을)) suivre. ¶ 정치 노선을 ~ suivre une ligne politique. ¶ 이 길을 따라가세요 Suivez cette route. ¶ 육체도 마음을 따라가게 마련이다 Il est évident [naturel] que le physique suit le mental. ③ 본뜨다 suivre, imiter, prendre *qn*/*qc* pour exemple [pour modèle]. ¶ 나는 친구가 하자는 대로 무조건 따라갈 수는 없다 Je ne peux pas suivre aveuglément ce que mon ami(*e*) me demande de faire. ④ 경쟁하다 faire une compétition. ¶ 군사력에서 미국을 따라가는 나라는 없다 En matière de forces armées, aucun pays ne peut rivaliser avec les États-Unis.

따라나서다 타 suivre. ¶ 계획도 없이 친구를 따라나섰다 J'ai suivi mon ami(*e*) sans projet.

따라다니다 타 ① ((남의 뒤를)) poursuivre, suivre partout. ¶ 가는 곳마다 아이들이 나를 따라다녔다 Partout où j'allais, les enfants me suivaient. ¶ 그 여자는 예뻐서 늘 남자들이 따라다닌다 Elle était tellement belle que des hommes la poursuivaient toujours. ② ((어떤 현상이)) poursuivre, hanter. ¶ 누군가 감시하는 것 같은 불안이 항상 따라다녔다 La crainte que quelqu'un me surveille me poursuivait toujours [me hantait en permanence].

따라붙다 재타 ① 바짝 뒤따르다 rattraper, s'accrocher par derrière, suivre [poursuivre] de près. ¶ 그의 뒤를 바짝 ~ Je le suivais de tout près. ¶ 그가 따라붙지 못하게 빨리 달렸다 J'ai couru vite pour qu'il ne me rattrape pas. ② ((현상이나 물건이)) s'ajouter, être accompagné(*e*) de. ¶ 그의 승낙에는 여러 가지 조건이 따라붙었다 À son approbation s'ajoutaient plusieurs conditions / Son approbation a été accompagnée de plusieurs conditions.

따라서 접 donc; par conséquent, en conséquence, pour cette raison, c'est pourquoi. ¶ 갑은 을과 같고 을은 병과 같다. ~ 갑은 병과 같다 A égale B; or B égale C, donc A égale C. ¶ 그는 매일 놀기만 한다. ~ 학교 성적도 당연히 나쁘다 Il est si paresseux qu'il n'a pas de bonnes notes à l'école / Il est tout le temps en train de s'amuser, c'est pourquoi ses notes sont si pitoyables.

따라서다 타 suivre *qn*. ¶ 어머니를 ~ suivre *sa* mère. ¶ 우리 회사의 기술은 곧 그 회사를 따라설 만큼 향상되었다 La technique de notre entreprise a progressé au point de pouvoir bientôt concurrencer cette entreprise.

따라오다 재타 ① 동반 suivre, poursuivre; accompagner *qn*, venir avec *qn*. ¶ 저를 따라오십시오 Suivez-moi! ② 순종하다 suivre, obéir à *qn*. ¶ 윗사람이 잘 하면 아랫사람은 저절로 따라온다 Si les dirigeants agissent bien, les subordonnés les suivent [leur obéissent] naturellement. ③ 결과로서 생기다 résulter de *qc*, découler de *qc*. ¶ 정치적 안정이 생기면 사회의 안정은 당연히 따라오는 법이다 Il est certain que la stabilité sociale découle évidemment de la stabilité politique.

따라잡다 타 rattraper, rejoindre, regagner, rallier, retrouver, joindre. ¶ 있는 힘을 다해 달려 마침내 그 친구를 따라잡았다 Il a couru de toutes ses forces, et l'a enfin rattrapé. ¶ 선진국의 기술을 ~ rattraper la technologie des pays développés. ¶ 네가 그 친구를 따라잡으려면 멀었다 Tu es encore loin d'être à son niveau / Tu ne lui arrives pas à la cheville {*fam*} / Vous ne jouez pas dans la même catégorie {*fam*}.

따라지 명 niveau *m* bas. ¶ ~ 신세 une vie misérable. ¶ 이 고등학교는 ~이다 Ce lycée a un niveau bas.

따로 부 ① 별도로 à part, séparément, isolément. ¶ ~ 떨어진 별채 un bâtiment situé à l'écart. ② 특별히 à part, spécialement, particulièrement. ¶ 사람을 ~ 부르다 appeler *qn* à part.

◆__ 부 séparément; individuellement, un à un. ¶ ~~ 놀다 jouer séparément [chacun de *son* côté]. ¶ ~~ 흩어지다 aller chacun de *son* côté.

◆__**다** 형 être différent(*e*); être propre à chacun(*e*). ¶ 그들은 성향들이 저마다 ~~다 Ils ont chacun leurs inclinations à eux.

◆_**국밥** 명 plat *m* dans lequel soupe et riz sont servis séparément.

◆_**나다** 재 prendre l'indépendance, s'établir ailleurs, établir une nouvelle branche familiale, se mettre en ménage (hors de la maison paternelle); faire ménage à part ¶ 그는 결혼 후에 ~나 살림을 차렸다 Après le mariage, il s'est mis en ménage (hors de la maison paternelle).

따르다[1] 타 ① 뒤따르다 suivre, accompagner, suivre; escorter. ¶ 친구를 따라서 음악회에 갔다 J'ai accompagné un(*e*) ami(*e*) à un concert de musique / Je suis allé(*e*) à un concert de musique avec un(*e*) ami(*e*). ¶ 내 뒤를 따르라! Suivez-moi! / Suis-moi! ② 복종하다 obéir à, se soumettre à, céder à, suivre. ¶ 명령을 ~ obéir aux ordres. ¶ 당규를 ~ suivre les règlements du parti. ¶ 관습을 ~ suivre les coutumes. ¶ 누구의 의견을 ~ adopter l'opinion de *qn*, suivre l'avis de *qn* ¶ 규정에 따라 처리하다 suivre conformément les règlements. ¶ 법에 따른 조치 une mesure selon la loi. ③ 좇아가다 suivre. ¶ 유행을 ~ suivre la mode. ¶ 친구를 따라 일어나다 se lever en faisant comme *son* ami(*e*). ¶ 언니를 따라 피아노를 배우다 ((언니에게)) apprendre à jouer du piano en suivant les leçons données par *sa* sœur aînée; ((뒤를 이어)) apprendre à jouer du piano comme *sa* sœur aînée. ④ 필적하다 s'égaler, se comparer, s'équivaloir. ¶ 그의 솜씨를 따를 사람은 아무도 없다 Personne ne peut égaler son habileté / Il n'a pas d'égal. ⑤ 병행하다 être suivi(*e*) de, être accompagné(*e*) de. ¶ 성공에는 고생이 따르기 마련이다 Le succès [La réussite] est nécessairement accompagné(*e*) de difficultés / Il y a toujours des difficultés sur le chemin du succès. ¶ 세상이 진보하는 데 따라서 suivant le progrès du monde. ¶ 나이를 먹음에 따라 신중해진다 En prenant de l'âge [En vieillissant, Avec l'âge], on devient prudent. ⑥ 좋아하다 aimer, s'attacher à *qn*; se prendre d'affection pour *qn*. ¶ 아이들은 그 선생님을 무척이나 따랐다 Les enfants aimaient tellement leur professeur. ¶ 학생들이 담임선생님을 통 따르지를 않는다 Les élèves n'aiment pas leur professeur principal. ¶ 고양이는 사람을 잘 따르지 않는다 Le chat ne se prend pas d'affection pour l'homme. ⑦ ((길을)) suivre ((la route)). ¶ 길을 따라 올라가다 monter en suivant [en longeant] la route. ⑧ 의하다 suivant, selon, d'après. ¶ 사람에 따라 다른 의견이 나올 수도 있다 Suivant les personnes, il peut y avoir différentes opinions. ¶ 철새는 계절에 따라 사는 곳을 옮겨간다 Les oiseaux migrateurs se déplacent suivant les saisons. ¶ 이에 따라 suivant ceci. ¶ 그에 따르면 selon lui. ¶ 뉴스에 따르면 selon les informations. ¶ 선생님 말씀에 따르면 selon les propos de notre professeur.

***따라(서)** selon, suivant, d'après. ¶ 지역에 따라(서) 관습이 다르다 Selon les régions, les coutumes sont différentes. ¶ 가격은 품질에 따라(서) 천차만별이다 Les prix sont pour tous les goûts, suivant la qualité.

따르다[2] 타 ((물을)) verser ((de l'eau dans un verre)); remplir ((un verre de vin)), mettre. ¶ 컵에 물을 ~ verser de l'eau dans un verre. ¶ 냉수를 따라 마시다 verser de l'eau froide et en boire. ¶ 내가 한 잔 따라 줄게 Je te sers un verre.

따르릉 감 dring dring. ¶ 전화벨[자명종]이 ~ 울렸다[했다] Le téléphone a sonné "dring dring". ¶ 자전거가 ~ 경적을 울리며 지나갔다 Un vélo est passé en sonnant.

◆_거리다[대다] 재타 faire dring dring.

따름 의명 ((nom dépendant qui s'emploie après le suffixe flexionnel déterminatif -ㄹ/-을)) seulement. ¶ 그 일을 해낼 사람으로는 오직 그가 있을~이다 Il est la seule personne qui puisse faire ce travail / Il est le seul à pouvoir le faire. ¶ 저는 저의 의무를 다했을~입니다 J'ai seulement rempli [accompli] mon devoir / Je n'ai fait (rien) que mon devoir.

따먹다 타 ① ((과일을)) cueillir ((un fruit)) et ((le)) manger. ¶ 사과를 ~ cueillir une pomme et la manger. ② ((장기 따위에서)) manger [prendre] une pièce ((aux échecs)); 도박 gagner ((une mise)). ¶ 그 친구는 연속해서 내 차를 두 개 따먹었다 Il a pris [mangé] successivement mes deux tours ((aux échecs)). ¶ 내 돈을 그렇게 많이 따먹으니 기분이 좋냐? Tu te sens bien après avoir gagné tellement d'argent (au jeu)? ③ 【비어】 ((여자를)) posséder sexuellement ((une fille)), sauter ((une fille)) {*vulg*}, s'en faire [s'en taper, s'en farcir, s'en envoyer] une {*vulg*}; ((처녀를)) dépuceler {*fam*}.

따발총 -銃 명 fusil *m* à répétition (soviétique), pistolet-mitrailleur *m* soviétique, fusil *m* mitrailleur soviétique, mitraillette *f* soviétique, kalachnikov *f*. ¶ ~을 갈기다[쏘다] tirer à l'aveuglette avec une kalachnikov. ¶ 아군은 ~으로 적들을 갈겨[쏘아] 대고 있었다 Nos troupes tirent sur l'ennemi avec des fusils à répétition.

따분하다 형 ① 따분하게 만들다 ennuyer, être ennuyeux(*se*), être assommant(*e*), soporifique, être barbant(*e*) {*fam*}, rasoir {*fam*}, rasant {*fam*}. ¶ 따분한 사람 une personne barbante. ¶ 따분한 소설[영화] un roman [un film] ennuyeux. ¶ 그 선생님의 강의는 아주 ~ Le cours de ce professeur est très ennuyeux. ¶ 따분하게 말을 하다 parler ennuyeusement[d'une façon fort ennuyeuse]. ② 따분함을 느끼다 être ennuyé(*e*); s'ennuyer, s'embêter, se morfondre, s'emmerder {*fam*}, se faire chier {*vulg*}. ¶ 따분한 표정 un visage las. ¶ 하루 종일 혼자서 집에 있으려니까 내가 몹시 ~ Je m'ennuie terriblement à passer toute la journée seul(*e*) à la maison / Je m'ennuie à mourir en restant seul(*e*) toute la journée à la maison. ¶ 휴일을 따분하게 보내다 passer un jour de congé à se morfondre.

따블 영{double} 명 double *m*. ¶ 택시 요금을 ~로 내다 payer double le prix du taxi; payer un prix double pour un taxi.

따비 명 【농업】 petite charrue *f*.

따사롭다 형 être doux(*ce*), tiède, chaud(*e*). ¶ 따사로운 봄볕 un doux soleil de printemps[printanier], une douce chaleur printanière. ¶ 따사로운 이웃 사랑의 손길이 필요하다 On a besoin d'aider avec chaleur *ses* voisins. ¶ 햇살이 ~ Il fait (un temps) doux / C'est un temps printanier / La température est printanière [clémente].

◆따사로이 부 chaleureusement, chaudement; cordialement, tendrement, affectueusement. ¶ 봄 햇살이 따사로이 비친다 Il fait un soleil de printemps[une douce chaleur printanière] / Il fait (un temps) doux / Il fait un temps printanier[clément] / C'est une belle journée de printemps.

따사하다 형 ☞ 따스하다

따스하다 형 être doux(*ce*), chaleureux(*se*); être chaud(*e*). ¶ 따스한 봄 날씨 un temps printanier doux. ¶ 방바닥이 따스해 온다 Le sol de la pièce commence à se réchauffer.

따습다 형 être doux(*ce*), chaleureux(*se*), chaud(*e*). ¶ 이웃 간의 정이 ~ Il y a [Il règne] une chaleureuse [douce] solidarité entre voisins.

따오기 명 【조류】 ibis *m*.

따오다 타 être pris(*e*) de, être extrait(*e*) de; citer. ¶ 이 예문은 현대 문학 작품에서 따온 것이다 Cet exemple est pris [est extrait] d'une œuvre littéraire contemporaine.

따옴말 명 citation *f*.

따옴표 -標 명 guillemet *m*.

◆작은_ 명 guillemet *m* simple ((gauche, droit)).
◆큰_ 명 guillemet *m* double ((gauche, droit)).

따위 의명 ((nom dépendant qui s'emploie après un substantif)) ① 같은 것, 비슷한 것 tel(*le*) que, comme (par exemple), notamment; et ainsi de suite, et le reste, etc., *et caetera*. ¶ 대중매체에는 TV, 라디오, 신문 ~가 있다. Dans les médias, il y a la télévision, la radio, les journaux, etc. ② 얕잡아 comme ((toi)); de *ta*[*ton*, *votre*] sorte [espèce]. ¶ 너 ~가 그것을 할 수 있을 것 같아? Tu crois que quelqu'un comme toi est capable de le faire? ¶ 그 ~로 일을 해 놓고 무슨 할 말이 있니? Tu as encore des choses à dire après avoir bâclé le travail comme ça? ¶ 이 ~ 책으로 젊은 독자들 관심을 끌 수 있겠냐? Tu crois que ce genre de livre peut attirer l'attention des jeunes lecteurs? ¶ 나는 정치 ~에는 관심이 없다 Je ne m'intéresse pas du tout à ces choses comme la politique.

따지다 타 ① ((시비를)) raisonner; peser, examiner, balancer, mettre en balance, discuter, considérer. ¶ 이해득실을 ~ peser [considérer, examiner] le pour et le contre, discuter des avantages et des inconvénients de *qc*, calculer [estimer, évaluer] les pertes et profits, balancer [mettre en balance] le pour et le contre, évaluer les conséquences possibles de *qc*; considérer une chose sous tous *ses* aspects. ¶ 시비[사실의 진위]를 ~ examiner un fait pour en déterminer la part de vrai et de faux; s'assurer de la vérité d'un fait. ¶ 따지고 보면 그 사람이 잘못한 것만도 아니다 Tout compte fait, il n'a pas tort sur tout [il n'a pas que des torts]. ¶ 엄밀히 따지면 그것은 올바른 계산법이 아니다 À dire vrai, cela n'est pas une bonne méthode de calcul. ② 셈하다 calculer, faire un calcul, faire des comptes, compter. ¶ 비용을 ~ calculer les frais. ¶ 이자를 ~ calculer les intérêts. ③ ((상대에게)) demander, réclamer ((des comptes à *qn*)). ¶ 그 사람에게 일이 이렇게 된 이유를 따졌다 Je lui ai demandé des comptes sur les causes de la tournure de cette affaire. ¶ 직원들이 사장에게 밀린 임금을 달라고 따졌다 Les employés ont fait le compte et réclamé les salaires accumulés [en retard].

딱[1] 부 ((소리)) d'un coup; dans un claquement; clac; avec un bruit sec. ¶ 넘어지면서 팔뼈가 ~ 부러졌다 Je me suis cassé (d'un coup) le bras en tombant. ¶ 딱따기를 ~~ 치다 frapper [cogner] deux morceaux de bois l'un contre l'autre ((pour encourager *son* équipe)).

딱[2] 부 ① 갑자기 brusquement, (tout) net. ¶ 갑자기 개구리 우는 소리가 ~ 멎었다 Soudain les coassements des grenouilles se sont arrêtés net. ¶ 그때 집에 돌아가야 한다는 생각이 ~ 들었다 À ce moment j'ai pensé brusquement qu'il fallait que je rentre à la maison. ② 닿은 채 tout (contre *qc*). ¶ 벽에 ~ 붙어 서다 se tenir tout contre le mur. ③ 정확히, 오직 à merveille, parfaitement, très bien; précisément, tout juste, seulement, pas plus de. ¶ 옷이 나한테 ~ 맞는다 Ce vêtement me va très bien [à merveille]. ¶ 빈 자리가 ~ 두 개다 Il reste tout juste deux places. ④ 몹시 carrément. ¶ 나는 담배라면 ~ 질색이다 J'ai carrément horreur de la cigarette / La cigarette, c'est carrément tout ce que je peux pas supporter {*fam*} / Je déteste rien plus que la cigarette.
*~ **부러지게 (말하다)** (dire) nettement [d'un ton tranchant, carrément].

딱따구리 명 【조류】 pic *m*, pic-vert *m*, pivert *m*. ¶ ~가 나무줄기를 쪼아 둥지를 만들었다 Le pivert a construit son nid en piquant les branches d'arbre.

딱따글거리다 자 ((petit objet dur)) rouler bruyamment ((onomatopée exprimant un bruit de roulement répété)).

딱따글하다 자 ☞ 딱따글거리다

딱따기 명 ((영화)) claquette *f*, claquoir *m*; ((응원)) deux morceaux *mpl* de bois ((que l'on cogne [frappe] l'un contre l'autre pour encourager *son* équipe)). ¶ ~를 치며 응원을 하다 soutenir [encourager] une équipe en cognant [en frappant deux morceaux de bois l'un contre l'autre.

딱딱거리다 자 ((말씨로)) s'acharner sur [contre] *qn*, accabler *qn*, ennuyer *qn*, assaillir *qn*, agacer *qn*, tarabuster *qn*, embêter *qn*, demander *qc* inlassablement à *qn*; réclamer *qc* à *qn* avec insistance, importuner *qn* (pour obtenir *qc*), énerver *qn*, maltraiter ((un inférieur)), malmener *qn*, se montrer dur(*e*) avec *qn*, rendre la vie impossible à *qn*; 들볶다 faire des reproches sans cesse à *qn*; criticailler *qn*; rouspéter sans cesse contre *qn*; harceler [asticoter] *qn*; 불친절하게 대하다 répliquer de façon hautaine, le(*la*) prendre de haut, répondre d'un ton brusque [cassant], d'un ton hargneux [d'une voix rageuse], se montrer sec(*sèche*) et expéditi*f*(*ve*). ¶ 공무원이 사람들에게 딱딱거려서는 안 되지 Un fonctionnaire ne doit pas se montrer sec et expéditif envers le client. ¶ 갓 퇴근한 남편에게 부인이 딱딱거려서는 안 되지 N'importune pas ton mari qui vient de rentrer du travail. ¶ 필요 없이 딱딱거리는 상사가 돼서는 안 된다 Un supérieur ne doit pas corriger inutilement ses subalternes / Un cadre ne doit pas corriger inutilement ses employés.

딱딱대다 자 ☞ 딱딱거리다

딱딱하다 형 ① être dur(*e*), solide, rigide, coriace, ferme. ¶ 딱딱한 의자에 오래 앉아 있었더니 피곤하다 Comme j'étais assis(*e*) longtemps sur une chaise dure, je suis fatigué(*e*). ¶ 이 비스켓은 너무 딱딱해서 먹기가 안좋다 Ce biscuit est trop dur pour être mangé. ¶ 빵이 딱딱하게 굳었다 Le pain a durci / Le pain est devenu dur. ② ((태도, 말투가)) être brut*al*(*ale*, *aux*), dur(*e*), sec(*sèche*); être sévère, insensible. ¶ 딱딱한 말투 un ton dur[sec]. ¶ 처음 보는 사람에게 너무 딱딱하게 굴지 말아라! Ne sois pas trop dur(*e*) avec quelqu'un que tu vois pour la première fois! ¶ 그 분의 표정이 딱딱하게 굳었다 Son visage s'est durci / Son expression est devenue dure. ③ ((분위기가)) ((ambiance)) être tendu(*e*). ¶ 사무실 분위기가 ~ L'ambiance du bureau est tendue. ④ ((문체가)) être dur(*e*), sec(*sèche*), cassant(*e*); ((강의가)) être aride, rébarbati*f*(*ve*). ¶ 딱딱한 문체 un style sec [cassant]. ¶ 그 분의 강의는 너무 ~ Son cours est trop aride[rébarbatif]. ⑤ ((동작이)) être raide, rigide. ¶ 동작이 ~ *Sa* façon de bouger est raide.

딱부리 명 personne *f* aux yeux exorbités [globuleux].

◆_눈 명 yeux *mpl* exorbités [globuleux].

딱새 명 【조류】 rouge-queue *m*, rossignol *m* des murailles.

◆_ㅅ과 -科 passereau(*x*) *m*; passériformes *mpl*.

딱성냥 명 allumette *f*. ¶ ~ 한 개비 une allumette. ¶ ~을 긋다 gratter une allumette.

딱정벌레 명 scarabée *m* doré, jardinière *f*, couturière *f*, sergent *m*, vinaigrier *m*.

딱지¹ 명 ① 부스럼 croûte *f* ((d'une plaie)). ¶ 상처에 ~가 앉았다[생겼다] Une croûte s'est formée sur la plaie / La plaie s'est cicatrisée. ¶ ~가 떨어졌다 La croûte est tombée[partie]. ¶ ~를 뜯으면 흉터가 생긴다 Si tu enlèves[arraches] la croûte, tu vas avoir une cicatrice après. ② ((거북, 게 등의)) carapace *f* ((de tortue, de crabe)); écailles *fpl* ((de tortue, de tatou, de crocodile)). ¶ 거북의 등 ~ une carapace de tortue. ¶ 게~ 같은 집 une maison exiguë.

*~가 덜[~도 안] 떨어진 녀석 une personne immature[enfantine, puérile].

딱지² 명 (('퇴짜'의 속된 말)) refus *m*, rejet *m*. ¶ ~를 놓다 éconduire *qn*, repousser ((un solliciteur)), rejeter ((une offre)); envoyer promener[paître, valser] *qn* {*fam*}. ¶ 그 여자는 그 분이 마음에 들지 않는다며 ~를 놓았다 Elle l'a éconduit[envoyé sur les roses {*fam*}] disant qu'il ne lui plaisait pas. ¶ ~를 맞다 essuyer un refus, être éconduit(*e*), être repoussé(*e*), se faire envoyer paître[promener, valser] {*fam*}. ¶ 그 분은 선을 볼 때마다 번번이 ~를 맞았다 Chaque fois qu'il a été présenté à une femme (en vue d'un éventuel mariage), il a toujours été éconduit [cela n'a jamais marché].

딱지³ -紙 명 ① 증지 étiquette *f*. ¶ 상품에 가격표 ~를 붙이다 étiqueter des articles, mettre [coller, attacher] une étiquette sur des articles. ¶ 집달리가 가구마다 빨간 ~를 붙였다 Le huissier est venu coller des étiquettes rouges sur le mobilier. ② 처벌장 procès-verbal *m*, P.-V. *m*, contravention *f*. ¶ 교통경찰에게 (속도위반) ~를 떼였다 J'ai eu un P.-V.[une contravention] pour excès de vitesse. ¶ (경찰이) ~를 떼다 mettre un P.-V. à *qn*, donner une contravention à *qn*. ③ 평가 étiquette *f*. ¶ 전과자라는 ~가 붙어 있다 Il est étiqueté comme repris de justice. ¶ 그 분에게는 위험인물이라는 ~가 붙어 있다 Il est étiqueté comme personnage dangereux. ④ 놀이도구 *ttakji m* <pliage traditionnel de papiers en carré servant de jeu pour les enfants>. ¶ ~를 치다 jouer au *ttakji*. ¶ 두 아이가 ~를 치며 놀고 있다 Deux enfants jouent au *ttakji*.

◆_놀이[따먹기, 치기] jeu(*x*) *m* de *ttakji*. ¶ 나랑 ~치기 할래? Tu veux jouer au *ttakji* avec moi?

-딱지⁴ 접미 chose *f*, machin *m* {*fam*}, truc *m* {*fam*}. ¶ 고물~ un vieux machin[truc]. ¶ 화~가 나서 참을 수 없었다 Je n'ai pas pu supporter la colère qui montait en moi.

딱총 -銃 명 pistolet *m* à bouchon[à eau, à air comprimé]. ¶ ~ 소리 détonation d'un pistolet, coup de pistolet. ¶ ~을 쏘다 tirer au pistolet.

딱하다 형 ① 애처롭고 가엾다 être pitoyable, lamentable, pauvre, misérable, piteu*x*(*se*), navrant(*e*). ¶ 딱한 사정을 호소하다 demander la charité; exprimer *sa* condition misérable. ¶ 딱한 처지에 있다 se trouver dans une situation pitoyable; être dans de beaux draps {*fam*}. ¶ 이야기를 듣고 보니 참 딱한 일이다 D'après ce que j'ai entendu dire, c'est vraiment navrant [pitoyable]. ¶ 딱한 녀석이다 C'est quelqu'un de minable / C'est quelqu'un de pitoyable. ¶ 사정이 딱해 보여서 도와주다 aider *qn* qui se trouve dans une situation difficile. ¶ 친구의 처지를 딱하게 여기다 avoir pitié d'un(*e*) ami(*e*). ¶ 딱하게도 그 분은 어린 나이에 고아가 되었다 Par un sort misérable, il est devenu orphelin en bas âge. ② 난처하다 être difficile, embarrassant(*e*), gênant(*e*). ¶ 이러지도 저러지도 못하고 딱한 입장이다 se trouver dans une impasse; se trouver dans une situation sans issue [sans pouvoir rien faire]. ¶ 두 사람 사이에서 내 입장만 딱하게 되었다 Je suis dans une situation embarrassante, pris(*e*) entre ces deux personnes.

딱히 부 clairement, précisément. ¶ ~ 뭐라 드릴 말이 없습니다 Je n'ai rien de particulier à vous dire.

딴¹ 관 autre, différent(*e*). ¶ 이 집이 아니라 ~ 집인가 봐 Ce n'est pas cette maison, mais sans doute une autre. ¶ 그 일은 ~ 사람한테 맡기겠다 On va confier le travail à quelqu'un d'autre. ¶ 표지가 깨끗한 ~ 책은 없습니까? N'y aurait-il pas un autre exemplaire avec une couverture propre? ¶ 그 분은 용건은 말하지 않고 ~ 이야기만 늘어놓았다 Au lieu de parler du sujet en question, il en a abordé un autre. ¶ 이거 말고 ~ 거는 없어요? Vous n'auriez pas autre chose que ça[cela]? ¶ ~ 데 autre endroit, ailleurs. ¶ 그 분은 여기가 아니라 ~ 데로 갔다 Il n'est pas venu ici, il est allé ailleurs. ¶ ~ 데 가서 알아봐 Renseignez-vous ailleurs. ¶ ~ 짓 autre chose; occupation secondaire. ¶ ~ 짓 하지 말고 책이나 읽어라 Ne fais pas autre chose et concentre-toi sur ton livre! ¶ ~ 사람 une personne différente [autre]. ¶ 그 분은 결혼하고 나서 ~ 사람이 되었다 Après le mariage, il a changé[ce n'était plus le même].

딴² 의명 ((nom dépendant qui s'emploie après un substantif)) ① 자기 나름대로의 생각 personnellement; quant à *soi*; pour *sa* part; il pense que; en ce qui le[la] concerne. ¶ 내 ~에는 한다고 했는데 결과는 그리 신통치 않았다 Pour ma part[Personnellement], j'ai fait de mon mieux, mais le résultat n'était pas satisfaisant. ¶ 제 ~에는 돕는다고 한 것이 오히려 방해만 되었다 Il pensait être utile, mais il n'a fait que déranger. ¶ ~에는 자기가 잘했다고 생각하겠지? Il pensera sans doute qu'il a bien fait, n'est-ce pas? ② 따위 chose *f* comme ça[pareille], telle chose *f*. ¶ 그 ~ 생각은 하지도 마라 Ne pense pas à ce genre de chose. ¶ 저 ~ 애들과는 놀지 마라 Ne joue pas avec de tels enfants.
◆_**에는** 부 en ce qui le(la) concerne, pour *sa* part. ¶ ~에는 그 분도 애를 쓰긴 썼다 En ce qui le concerne, il a fait quand même des efforts.

딴따라 명 ((경멸적으로)) bouffon(*ne*); cabot *m;* cabotin *m;* histrion *m.* ¶ ~ 생활을 시작하다 commencer *sa* vie de cabotin.

딴딴하다 형 être solide, dur(*e*); ((튼튼한)) être robuste, fort(*e*); ((야무진)) être ferme, résolu(*e*). ¶ 그 분은 근육이 ~ Il est musclé / Il a des muscles. ¶ 그 남자는 몸이 딴딴해 보인다 Il a l'air costaud[fort, musclé]. ¶ 어리지만 심지가 딴딴한 아이다 Il est tout jeune, mais c'est un enfant bien résolu. ¶ 땅바닥이 딴딴하게 얼어붙었다 Le sol est complètement gelé.

딴마음 명 distraction *f;* changement *m* d'avis. ¶ 학생이 ~을 가지면 공부가 제대로 될 리 없다 Quand un(*e*) élève pense à autre chose, il ne peut pas bien étudier. ¶ ~(을) 먹다 être[chercher] ailleurs; penser à autre chose. ¶ ~ 먹지 말고 나와 함께 농사나 짓자 Sois [Deviens] agriculteur avec moi et ne cherche pas ailleurs / Faisons de l'agriculture ensemble et ne pense pas à autre chose. ¶ ~(을) 품다 avoir une arrière-pensée; avoir une pensée derrière la tête, avoir quelque chose derrière la tête. ¶ 그 분은 자기를 돌보아 준 주인에게 ~을 품고 있었다 Il a une arrière-pensée contre son maître qui a pris soin de lui / Il a une pensée derrière la tête contre son propriétaire qui s'est occupé de lui.

딴말 명 ◇_(**을**) **하다** dire autre chose. ¶ 나중에 ~하지 마라 Tu ne vas pas revenir sur ce que tu m'as dit! / Tu ne changeras pas d'avis plus tard? / Ne change pas d'avis en cours de route!

딴맛 명 goût *m* spécial [particulier, unique]. ¶ 고기를 이런 식으로 먹는 것도 ~이군 C'est pas mal non plus de préparer la viande comme ça[de cette façon-là], ça change.

딴살림 명 second ménage *m.* ¶ ~을 살다 mener une double vie. ¶ 아내 몰래 ~을 차린다 À l'insu de sa femme, il entretient un second ménage. ◇_(**을**) **하다** entretenir une maîtresse.

딴생각 명 distraction *f;* changement *m* d'avis. ◇_(**을**) **하다**[**먹다, 품다**] penser à autre chose, être distrait(*e*), avoir la tête ailleurs[dans les nuages]; être sur une autre planète; changer d'avis. ¶ 수업 시간에 ~하는 학생들이 많다 Beaucoup d'élèves sont distraits[ont la tête ailleurs, pensent à autre chose] en cours. ¶ 그 분은 부모님께 꾸중을 들으면서도 ~을 하고 있었다 Même si ses parents le grondaient, il pensait encore à autre chose[il avait encore la tête ailleurs]. ¶ 너 ~하면 혼날 줄 알아 Si tu es inattenti*f*(*ve*), tu seras puni(*e*). Si tu as la tête ailleurs, tu seras puni(*e*).

딴소리 명 propos *mpl* incohérents, divagation *f;* désaveu(*x*) *m;* rétractation *f.* ◇_(**이**)**다** revenir sur ce qu'on a dit, se dédire ((d'une promesse, d'un engagement)), se rétracter, désavouer. ¶ 오늘까지 일을 다 끝내 주겠다고 하더니 이제 와서 ~냐 Tu nous as promis de terminer le travail pour aujourd'hui, maintenant, tu reviens sur ta promesse! ¶ 갑자기 웬 ~냐? Pourquoi tu reviens sur ce que tu as dit[tu te rétractes] tout d'un coup? ◇_(**를**) **하다** divaguer, tenir des propos incohérents; se rétracter. ¶ 그 분은 항상 일이 잘못되면 ~를 한다 Quand le travail ne marche pas, il trouve toujours des excuses impossibles.

딴전 명 paroles *fpl* [comportement *m*] hors de propos [à côté de la plaque {*fam*}]. ¶ ~을 피우다[부리다] faire des remarques hors de propos, répondre à côté, être hors sujet; 시치미를 떼다 faire l'ignorant(*e*) [l'innocent(*e*)], feindre l'ignorance.

딴청 명 paroles *fpl* [comportement *m*] hors de propos [à côté de la plaque {*fam*}]. ¶ ~을 피우다[부리다] faire des remarques hors de propos, répondre à côté, être hors sujet; ((시치미)) faire l'ignorant(*e*) [l'innocent(*e*)], feindre l'ignorance, faire semblant d'ignorer ou d'avoir oublié une promesse.

딴판 명 être complètement différent(*e*); être totalement contraire [différent(*e*), radicalement opposé(*e*)]; être tout autre. ¶ 예상했던 것과는 ~으로 contrairement à ce que j'attendais. ¶ 걔는 네가 말했던 것과는 ~으로 친절하기만 하더라 Contrairement à ce que tu disais, il était très gentil. ◇_(**이**)**다** ¶ 그 분의 성격은 형과는 ~이다 Lui et son grand frère ont des caractères radicalement opposés. ¶ 실상은 그 분이 말한 것과는 ~이었다 La réalité était totalement différente de ce qu'il avait dit / La réalité n'avait rien à voir avec ce qu'il avait dit. ¶ 실제로 만나보니 영 ~이더라 Dans la réalité, il était totalement différent[n'était pas du tout comme cela].

딸 명 fille *f.* ¶ ~을 낳다[보다, 키우다] donner naissance à une fille, accoucher d'une fille [élever une fille]. ¶ ~을 시집보내다 marier une fille, donner en mariage une fille. ¶ 저 집은 ~만 셋이다 Ils n'ont que trois filles.
***잘 키운 ~ 하나 열 아들 안 부럽다** Une fille bien élevée vaut mieux que dix fils / Il est préférable

d'avoir une fille bien élevée plutôt que dix fils.

◆_자식 -子息 명 fille *f.*

◆_부자 -富者 명 famille *f* où les filles sont nombreuses.

◆_내미 명 fillette *f,* ma fille *f.*

◆_년 명 une gamine *f,* une môme *f* {*fam*}.

◆_아이[아기, 애] 명 petite *f* [fillette *f,* poulette *f* {*fam*}].

◆고명_ 명 une seule fille *f* dans une famille où il y a beaucoup de garçons.

◆수양_ 收養- 명 fille *f* adoptive.

◆외동_ 명 fille *f* unique.

◆의붓_ 명 fille *f* dans une famille recomposée.

딸각거리다 자 tinter, cliqueter, s'entrechoquer, faire un bruit de ferraille, ferrailler, émettre un son métallique. ☞ 달각거리다

딸그락거리다 자 tinter, cliqueter, s'entrechoquer, faire un bruit de ferraille, ferrailler, émettre un son métallique. ☞ 달그락거리다

딸그랑거리다 자 tinter, cliqueter, s'entrechoquer, faire un bruit de ferraille, ferrailler, émettre un son métallique. ☞ 달그랑거리다

딸기 명 fraise *f.* ¶ ~ 넝쿨 un fraisier. ¶ ~ 아이스크림 de la glace à la fraise. ¶ ~ 우유 du lait à la fraise. ¶ ~를 따다 cueillir des fraises. ¶ ~ 맛이 나다 avoir un goût de fraise. ¶ ~로 술을 담그다 préparer[faire] de l'alcool de fraise[de l'eau-de-vie de fraise].

◆_술[주] -酒 명 alcool *m* (à base) de fraises, eau-de-vie *f* de fraise.

◆_코 명 nez *m* rouge (d'ivrogne).

◆_잼 영{-jam} 명 confiture *f* de fraises.

◆밭_ 명 fraise *f des bois.*

◆산_ 山- 명 framboise *f.*

딸까닥 감 cliquetis *m.*

딸꾹딸꾹 부 hic! ((onomatopée du hoquet)).

딸꾹질 명 hoquet *m.* ¶ ~을 참다 se retenir pour ne pas avoir le hoquet. ¶ ~이 멈추지 않는다 Mon hoquet ne s'arrête pas. ◇_(을) 하다 hoqueter; avoir le hoquet. ◇_(이) 나다 avoir le hoquet. ¶ 그 분은 자꾸만 ~이 나서 참을 수가 없었다 Il n'arrivait pas à retenir son hoquet.

딸년 명 ① ((자기 딸을 낮추어)) ma fille *f.* ② ((남의 딸을 낮추어)) gamine *f* {*fam*}; garce *f* {*vulg*}.

딸딸 감 ((onomatopée du bruit de la bicyclette)). ¶ 바이크가 ~ 소리를 내며 달려간다 La bicyclette[le vélo] roule en trépidant.

딸딸이 명 clochette *f.*

딸랑거리다 자 tintinnabuler {*litt*}, sonnailler ((onomatopée évoquant le bruit d'une sonnette ou d'une clochette)). ¶ 방울이 딸랑거린다 La clochette fait ding dong. ¶ 딸랑거리는 소리 un bruit de clochette [de sonnailles].
타 faire tinter. ¶ 노새가 방울을 딸랑거리며 멀어져갔다 L'âne s'éloignait en faisant tinter son grelot.

딸랑대다 자 ☞ 딸랑거리다

딸랑딸랑 감 tintement *m* de clochette. ¶ 문에 매달린 종이 ~ 울린다 La clochette de la porte tinte.

◆_하다 자 tinter. ¶ 종이 ~하는 소리에 잠이 깼다 La sonnerie de la cloche m'a réveillé(*e*).

딸리다 자 dépendre de, se reposer sur, appartenir à, découler de, se rapporter à; être attaché(*e*), annexé(*e*). ¶ 내게는 딸린 식구가 많다 J'ai de nombreuses bouches à nourrir / J'ai de nombreuses personnes à ma charge / J'entretiens beaucoup de personnes. ¶ 부엌이 딸린 방을 구하다 chercher une chambre avec une cuisine [équipée d'une cuisine]. ¶ 내가 네게 심부름할 아이를 딸려 보내줄게 Je te ferai accompagner par un enfant qui peut te rendre de petits services. ¶ 기사가 딸린 렌터카 une voiture en location avec un chauffeur. ¶ (부록으로) 시디롬이 딸린 잡지 un magazine avec un CD-Rom en annexe [avec un CD-Rom adjoint, avec un CD-Rom inclus]. ¶ 사자는 고양이과에 딸린 동물이다 Le lion appartient à la famille des félins.

딸림음 -音 명 【음악】 dominante *f.*

딸애 명 ma fille *f.*

딸카닥 감 clic-clac! ((onomatopée exprimant le fracas)). ¶ 수화기를 ~ 내리는 소리가 들렸다 J'ai entendu raccrocher le combiné (avec un clac).

딸카당 감 ☞ 딸카닥

땀[1] 명 ① sueur *f;* transpiration *f.* ¶ ~을 (뻘뻘) 흘리다 transpirer à grosses gouttes, suer à grosses gouttes, perler de sueur. ¶ 이마에 흐르는 ~을 씻다[닦다] essuyer les gouttes de sueurs qui perlent sur *son* front. ¶ ~에 흠뻑 젖다 être ruisselant(*e*) [mouillé(*e*), baigné(*e*), trempé(*e*)] de sueur, être en sueur [transpiration]; être en nage. ¶ 전신에 ~이 줄줄 흐른다 Il est en nage [tout en eau, tout en sueur] / Il transpire de partout / La sueur ruisselle le long de son corps. ¶ 손에[에서] ~이 나다 suer des mains. ¶ 그 분은 ~이 많다. Il transpire beaucoup. ¶ ~이 비오듯하다 transpirer à grosses gouttes / «mouillé par ma transpiration comme s'il eût plu à verse» (Gautier) ② 수고 effort *m,* peine *f,* sueur *f* {*fig*}. ¶ ~ 흘려 일한 보람이 있다 Nous avons sué sang et eau [avons travaillé à la sueur de notre front], mais nos efforts ont été récompensés {*fig*}. ¶ 그 일로 ~깨나 빼겔세 Ce travail demandera beaucoup de sueur [beaucoup d'efforts].

***손에 ~을 쥐다** être tenu(*e*) en haleine, être tendu(*e*).

◆_기 -氣 명 moiteur *f;* un peu de sueur *f.* ¶ 그 사람의 온몸에서 ~기가 느껴졌다 Tout son corps était moite de sueur.

◆_내 명 (mauvaise) odeur *f* de sueur [transpiration]. ¶ ~내가 나다 sentir la sueur [la transpiration], puer la transpiration.

◆_구멍 명 pore *m.*

◆구슬 명 goutte *f* de sueur. ¶ 이마에 구슬~이 흐른다 Des gouttes de sueur perlent sur son front.

◆_방울 명 goutte *f* de sueur.

◆_범벅 명 ((être)) trempé(*e*) [mouillé(*e*), couvert(*e*), ruisselant(*e*)] de sueur. ¶ ~범벅이 되다

(être) trempé(*e*) [mouillé(*e*), couvert(*e*), ruisselant(*e*)] de sueur.

◆_샘 명 glande *f* sudoripare.

◆_수건 -手巾 명 mouchoir *m* de poche.

◆_자국 명 trace *f* de sueur.

◆_투성이 명 ((être)) ruisselant(*e*) [trempé(*e*), couvert(*e*)] de sueur, ((être)) tout en eau [en nage, en sueur]. ¶ ~투성이다 être ruisselant(*e*) [trempé(*e*), couvert(*e*)] de sueur, être (tout) en eau [en nage, en sueur].

◆식은_ 명 sueur *f* froide. ¶ 악몽에 시달려 식은~을 흘리다 avoir des sueurs froides à cause d'un cauchemar.

◆진_ 津 명 peiner; avoir de la peine à+*inf*. ¶ 나는 그 일이 너무 어려워 진~을 흘렸다[잔~이 났다] Ce travail m'a donné du fil à retordre.

땀² 분류 (point de) couture *f*; point *m*. ¶ 이불을 한 ~ 한 ~ 정성스럽게 꿰매다 coudre une couverture avec soin.

땀띠 명 «boutons *mpl*» de chaleur ou de transpiration, bourbouille *f*, miliaire *f* rouge, miliaire *f* cutanée; *Sudamina* {*nsc*}; ((의학)) lichen *m* tropique, lichen *m* vésiculaire. ¶ 아기의 등에 ~가 났다 Le dos du bébé est recouvert de «boutons» de chaleur [de nombreuses petites papules rouges]. ¶ 우리 아들은 여름에 ~ 때문에 잠들기 힘들다 Mon fils s'endort difficilement [a du mal à s'endormir] l'été à cause de ses «boutons» de chaleur.

◆_약 -藥 명 talc *m* (en poudre).

땅 명 ① 대지, 육지, 지면 terre *f*, terrain *m*, sol *m*. ¶ 하늘과 ~ 사이 entre le ciel et la terre. ¶ ~ 끝 le bout de la terre. ¶ 마른[젖은, 질척거리는, 얼어붙은] ~ une terre sèche [humide, boueuse, gelée]. ¶ ~을 파다 creuser la terre. ¶ ~을 고르다 aplanir [niveler] un terrain. ¶ 석 달 간의 항해 끝에 그들은 드디어 ~을 밟게[딛게] 되었다 Au bout de 3 mois de navigation, ils ont enfin touché terre. ¶ 나는 ~에 떨어진 돈을 주웠다 J'ai ramassé l'argent tombé par terre. ¶ ~ 위에는 낙엽이 쌓여 있었다 La terre était recouverte de feuilles mortes. ¶ ~에서 멀리 떨어질수록 기압이 낮아진다 Plus on s'éloigne du sol, plus la pression atmosphérique diminue. ¶ ~에서 2미터 위에 à 2 mètres du sol. ¶ ~에서 사는 식물 les plantes terrestres. ¶ 지진으로 ~이 갈라졌다 La terre a été crevassée [lézardée] par un tremblement de terre. ② 토지, 소유지 terrain *m*, sol *m*, terre *f*, propriété *f*. ¶ ~ 부자 un(*e*) grand propriétaire terrien(*ne*). ¶ ~ 투기[장사] spéculation sur le commerce de la terre. ¶ 비싼[금싸라기] ~ un terrain coûteux [très cher]. ¶ 좁은 ~ un terrain étroit [exigu], un lopin (de terre), un petit terrain. ¶ 이 ~ 임자가 누구지? À qui appartient ce terrain? ¶ ~을 사다[팔다] acheter [vendre] une terre [un terrain]. ¶ 그는 ~을 많이 갖고[소유하고] 있다 Il a [possède] beaucoup de terrains. ¶ 그는 그 ~을 놀려 두고 있다 Il laisse son terrain en jachère. ¶ 대기업들이 ~을 늘리고 있다 Les grandes entreprises achètent des terrains. ¶ 그는 ~을 빌려서 벼농사를 짓고 있다 Il prend à bail la terre pour la riziculture / Il cultive du riz sur une terre à bail. ¶ ~에 투자하다 placer de l'argent en achetant des terres [terrains], investir dans les terrains, placer de l'argent en fonds dans des terrains. ③ 토양 sol *m*, terre *f*, terrain *m*. ¶ 메마른[거친] ~ un terrain pauvre, un sol maigre. ¶ 비옥한 ~ un sol[une terre] riche [fécond(*e*), fertile]. ¶ 농사짓기 좋은 ~ une terre fertile (pour l'agriculture). ¶ ~을 개량하다 amender [améliorer] une terre. ¶ ~에 (파)묻다 enfouir *qc* dans la terre, mettre *qc* en terre, enterrer *qc*/*qn*. ④ 고장, 지역, 영토 terre *f*, sol *m*, pays *m*, territoire *m*, domaine *m*. ¶ 낯선[정든] ~ une terre étrangère [d'attache], un pays étranger [d'attache]. ¶ 성스러운 ~ une terre sacrée [sainte]. ¶ 그 가수는 공연을 끝내고 우리 ~을 떠났다 Le(*La*) chant*eur*(*euse*) a quitté notre pays après le spectacle. ¶ 고향[고국] ~을 밟다 fouler le sol natal [de la patrie]. ¶ 나라 ~을 확장하다 étendre le territoire national. ¶ 외국 ~에서 죽다 mourir à l'étranger. ¶ 나는 이 ~에서 태어나 자랐다 Je suis né(*e*) et j'ai grandi dans ce pays. ¶ 독도는 한국 ~이다 Dokdo appartient à la Corée / Dokdo fait partie du territoire coréen.

***~에 떨어지다** perdre de *son* prestige (en tolérant une atteinte à *son* honneur); perdre la face. ¶ 사기가 ~에 떨어지다 perdre le moral, avoir le moral à zéro, avoir le moral (très) bas, ne pas avoir le moral, être abattu(*e*), déprimé(*e*), démoralisé(*e*). ¶ 인기가 ~에 떨어지다 perdre de *sa* popularité [de *son* prestige], avoir la cote en baisse, connaître une chute [baisse, perte] de (*sa* cote de) popularité, voir *sa* (cote de) popularité [*sa* renommée] baisser à grande vitesse, voir *sa* (cote de) popularité chuter [tomber en chute libre]. ¶ 체면이 ~에 떨어지다 perdre la face.

***하늘과 ~ 차이다** C'est le jour et la nuit / C'est une énorme différence / Il n'y a pas photo {*fam*} / Ils ne jouent pas dans la même catégorie.

***하늘에서 내려왔나 ~에서 솟아났나**? D'où sort-il? / C'est une surprise / C'est inattendu.

***~ 짚고 헤엄치기** C'est très facile / C'est du gâteau [du billard {*fam*}, du nanan {*fam*}]! / Ça peut se faire les doigts dans le nez! {*fam*} / C'est un jeu d'enfant! / C'est enfantin! / C'est d'une simplicité enfantine / C'est l'enfance de l'art / Ce sera pour moi une formalité / Ce sera pour moi un plaisanterie de ((battre ce record)) / C'est très [hyper {*fam*}, vachement {*fam*}] simple [facile] / C'est fastoche {*fam*} / C'est simple [facile] comme bonjour / C'est facile comme tout / C'est élémentaire / C'est bête comme chou / C(e n)'est pas (bien) compliqué / Ce n'est (pourtant) pas sorcier ((ce que je vous demande)) / Ce n'est pas le diable / Ce n'est pas la mer à boire / Ce n'est pas (bien) malin / Ce n'est pas plus malin que ça! / Ce n'est pas la mort / Ce n'est pas le bout du monde / Ça ne fait [fera] pas un pli / ((gagner, l'emporter)) haut la main, sans aucune difficulté.

*~**을 치다** ((너무 억울해서)) se frapper la poitrine; se lamenter, s'affliger; 발을 구르다 frapper le sol du pied (de rage, de colère), trépigner. ¶ ~을 칠 노릇이다 Que c'est lamentable [affligeant, déplorable, regrettable, désolant, navrant]!

*~ **파먹고 살다** vivre du travail de la terre; travailler dans les mines. ¶ 누군 ~ 파먹고 사나? Et moi je vais vivre de quoi?

*~**이 꺼지게 한숨을 쉬다** pousser un soupir de résignation.

*~ **넓은 줄 모르고 하늘 높은 줄만 안다** Il a une vision étroite / Il ne voit pas plus loin que le bout de son nez.

◆**맨_** 명 terrain *m* vierge.

◆**_값** 명 prix *m* de la terre [d'un terrain]. ¶ 이 지역은 ~값이 매우 높다[많이 떨어졌다] Dans ce quartier, le prix d'un terrain est très élevé [a beaucoup baissé].

◆**_끝** 명 cap *m* [pointe *f,* bec *m,* promontoire *m*] à l'extrémité des terres, pointe *f* de terre qui s'avance dans la mer ((désigne en particulier l'extrémité sud de la péninsule coréenne, la région sud de la province du Jeolla, Haenam)).

◆**_덩이** 명 parcelle *f* de terre.

◆**_뙈기** 명 lopin *m* (de terre), parcelle *f* de terrain.

◆**_마지기** 명 parcelle *f* de terrain.

◆**_문서** -文書 명 acte *m* de propriété (d'un terrain), acte *m* foncier.

◆**_바닥** 명 sol *m,* ((par)) terre *f.* ¶ ~바닥에 엎드리다[눕다] se mettre [se coucher, s'étendre] à plat ventre sur le sol [se coucher par terre [sur le sol, à même le sol]. ¶ ~바닥에 앉다 [떨어지다] s'asseoir par terre [à même le sol] [tomber par terre]. ¶ ~에 떨어졌다. 주워라 Ramasse-le(*la*), il(elle) est tombé(*e*) par terre.

◆**_볼 영**{-ball} 명 【운동】 roulant *m.* ¶ ~볼을 치다 [때리다, 굴리다] frapper un roulant. ¶ 삼루수 앞 ~볼로 물러나다 se faire retirer pour un roulant vers le troisième but.

◆**_속** 명 souterrain *m,* sous (la) terre *f.*

◆**_줄기** 명 rhizome *m.*

땅강아지 명 【동물】 taupe-grillon *m,* courtilière *f.*

땅개 명 ① ((개)) basset *m.* ② 【비어】 ((사람)) homme *m* court [bas] sur pattes {*fam*} et agité ((terme dépréciatif désignant un homme de petite taille et remuant)); ((육군, 육군 사병)) bidasse *m* {*fam*} [troufion *m* {*fam*}] de l'armée de terre ((terme péjoratif pour désigner l'armée de terre ou bien un simple soldat de l'armée de terre)).

땅거미 명 tombée *f* [approche *f*] de la nuit, nuit *f* tombante, crépuscule *m,* entre chien et loup. ¶ ~(가) 진다 La nuit tombe. ¶ ~가 질 무렵 à la tombée de la nuit, entre chien et loup, à la nuit tombante, au crépuscule.

땅굴 -窟 명 tunnel *m* sous-terrain. ¶ 대피용[침투용] ~ un tunnel de refuge [d'attaque]. ¶ ~을 파다 percer [creuser] un tunnel.

땅기다 자 se tendre, se faire tirer. ¶ 로션을 안 발랐더니 얼굴이 땅긴다 La peau du visage se tend parce que je n'ai pas appliqué de lotion.

땅꾼 명 chasseur *m* de serpents.

땅따먹기 명 jeu *m ttangttameokki* ((jeu pratiqué jadis par les garçons consistant à élargir son territoire d'origine à l'aide de pions)). ◇_(를) **하다** jouer à *ttangttameokki.*

땅딸막하다 형 être courtaud(*e*), boulot(*te*), trapu(*e*), ramassé(*e*). ¶ 땅딸막한 키[몸집] un corps trapu.

땅딸보 명 courtaud(*e*), boulot(*te*), personne *f* trapu(*e*) [grosse et courte].

땅딸이 명 courtaud(*e*), boulot(*te*) {*fam*}; personne *f* trapu(*e*) [grosse et courte]; personne *f* trapue.

땅땅거리다 자 faire du bruit; manifester *son* autorité, imposer *ses* vues. ¶ 그 사람은 이 부근에서 땅땅거리는 부자이다 C'est un homme riche qui manifeste son autorité dans les environs. ¶ 돈푼깨나 있다고 너무 땅땅거리는군 Sous prétexte d'avoir de l'argent, il manifeste trop son autorité.

땅땅대다 자 ☞ 땅땅거리다

땅땅하다 형 être riche; avoir de l'influence, avoir le bras long. ¶ 그는 물려받은 재산이 많아 살림이 ~ Il mène un train de vie luxueux parce qu'il a hérité d'une grande fortune.

땅마지기 명 parcelle *f* de terrain. ¶ 그 사람은 ~깨나 갖고 있는 부농 축에 든다 Il est considéré comme un riche paysan qui possède plusieurs terrains.

땅벌 명 【동물】 guêpe *f,* sphex *m.*

땅콩 명 【식물】 cacah(o)uète *f;* arachide *f.* ¶ ~ 기름 de l'huile d'arachide. ¶ ~ 버터 du beurre de cacahouète(*s*). ¶ ~ 강정 un *gangjeong* aux cacahouètes <gâteau gluant (coréen) de farine de riz aux cacahouètes et au sésame>. ¶ ~을 까다[빻다] écaler [piler] des cacahouètes. ¶ 애피타이저로 ~과 아몬드를 먹다 manger des cacahouètes (grillées) et des amandes (grillées) à l'apéritif. ¶ 술안주로 ~과 오징어를 시키다 commander des cacahouètes et du calamar séché comme amuse-gueule.

땋다 타 ① ((머리를)) tresser, natter ((des cheveux)). ¶ 머리를 양쪽으로 ~ se faire des nattes des deux côtés; se faire deux nattes (une de chaque côté). ② ((댕기를)) attacher ((un ruban)) à *ses* cheveux tressés [à une natte]. ¶ 댕기를 ~ attacher [nouer] un ruban à *ses* cheveux tressés [à une natte].

때¹ 명 ① 시간 temps *m,* heure *f;* 당시, 시기 moment *m,* époque *f;* 기회, 경우 moment *m* favorable, occasion *f* (propice); cas *m.* ¶ 앙리 4세 ~ l'époque d'Henri IV. ¶ 그~에 à ce moment-là; à cette époque(-là), à l'époque; alors. ¶ 9살 ~에 à l'âge de 9 ans, quand j'avais 9 ans. ¶ 방학 ~에 en période

ㄷ

de vacances, pendant les vacances. ¶ 신라 ~에는 à l'époque du royaume de Silla. ¶ 알맞은 ~에 en temps voulu. ¶ 어느 ~나 n'importe quand; quand vous voulez [tu veux, tu voudras], quand ça t'arrange. ¶ ...할 ~ quand+*ind*, lorsque+*ind*, au moment de+*inf* [où+*ind*], dans le temps où [que]+*ind*, au temps où+*ind*; 지속 pendant que+*ind*; 경우 au [dans le] cas où+*cond*. ¶ 내가 집을 나섰을 ~ quand [lorsque] je suis sorti(*e*) de chez moi, en sortant de chez moi. ¶ 내가 밥을 먹을 ~ pendant mon repas. ¶ 사고가 났을 ~ au moment de l'accident. ¶ 내가 젊었을 ~ dans ma jeunesse, au [du] temps de ma jeunesse, quand j'étais jeune. ¶ 내가 파리에 있었을 ~ quand j'étais [j'habitais] à Paris. ¶ 장마 ~를 피해서 pour éviter la saison des pluies. ¶ ~를 알리는 자명종 소리 sonnerie d'une horloge (qui se déclenche à l'heure). ¶ ~를 잘 타고 나다 être né(*e*) au bon moment. ¶ ~를 만나다 rencontrer une bonne opportunité, avoir de la chance; avoir *son* temps de prospérité; voir se présenter le moment favorable à la réussite [les beaux jours de *sa* gloire]. ¶ ~를 기다리다 attendre [guetter] une occasion [le moment propice]. ¶ ~를 놓치다 manquer [laisser passer] une occasion, perdre [rater] une occasion. ¶ ~를 같이 하여 en même temps, au même moment. ¶ 언제 ~를 보아서 si l'occasion se présente, lorsque l'occasion se présentera, dans un moment favorable. ¶ 차가 고장이 났을 ~에는 en cas de panne de voiture. ¶ 다른 사람이 공부할 ~에는 조용히 해라 Ne fais pas de bruit quand les autres travaillent. ¶ 점심 ~에 만나자 On se verra [Rendez-vous] à l'heure du déjeuner. ¶ 무엇을 다른 ~로 미루다 remettre *qc* à un autre moment. ¶ ~가 오면 si l'occasion se présente, lorsque l'occasion se présentera. ¶ 이미 ~는 늦었다 Ce n'est plus le temps [le moment] de+*inf* / Il est trop tard / Maintenant, c'est trop tard. ¶ 모든 일에는 다 ~가 있는 법이다 Chaque chose en son temps. ¶ ~와 장소에 따라 selon [suivant] le temps et le lieu; selon les circonstances. ¶ 지금이 어느 ~라고 그런 말을 하십니까? Vous croyez vraiment que c'est le moment de tenir de tels propos? / Le temps est révolu maintenant pour tenir de tels propos. ¶ ...할 ~마다 chaque fois que+*ind*. ¶ ...할 ~이다 il est l'heure de+*inf*, il est temps de+*inf* [que+*subj*]. ¶ 아직 ...할 ~가 아니다 il n'est pas encore temps [il est prématuré] de+*inf*. ¶ 많이 먹어야지. 한창 자랄 ~다 C'est normal qu'il mange autant, il est en pleine (période de) croissance. ¶ 그 애기는 잠잘 ~가 가장 예쁘다 C'est quand il dort que ce bébé est le plus beau. ¶ 그 사람은 집에 붙어 있는 ~가 없다 Il ne reste presque jamais chez lui / Il est toujours sorti. ② 끼니 repas *m;* heure *f* du repas. ¶ ~를 거르다 se passer d'un repas, sauter un repas.

***시도 ~도 없이** n'importe quand, à n'importe quelle heure de la journée, à toute heure de la journée, à longueur de journée. ¶ 그 여자는 시도 ~도 없이 먹는다 Elle mange à toute heure de la journée [à longueur de journée, tout le temps].

◆_아닌 ㊀ hors de saison; prématuré(*e*), intempestif(*ve*); ((remarque)) déplacé(*e*), inopportun(*e*), qui arrive au mauvais moment; inattendu(*e*), inopiné(*e*), imprévu(*e*). ¶ ~아닌 추위가 왔다 C'est exceptionnel qu'il fasse froid (en cette saison) / Ce n'est pas un froid de saison / Un froid qui n'est pas de saison est arrivé. ¶ ~아닌 강추위가 왔다 Il fait exceptionnellement froid pour la saison.

◆한_ ㊔ un moment *m* (donné), un certain temps *m* [moment *m*], une fois *f*. ¶ 청춘도 한~다 La jeunesse est éphémère [courte] / La jeunesse n'a qu'un temps.

㊝ à un moment (donné). ¶ 한~는 나도 인생이 허무하다고 생각했었다 À une époque [Autrefois], je pensais moi aussi que la vie était vaine [futile]. ¶ 그 여자도 한~ 가난으로 고생을 많이 했다 Elle aussi a beaucoup souffert de la pauvreté à une certaine époque.

때² ㊔ crasse *f*, souillure *f*, impureté *f*, saleté *f*, tache *f*. ¶ 물[기름] ~ une incrustation, du tartre, (dépôt de) calcaire [taches de cambouis]. ¶ 기계에 낀 ~ la crasse d'une machine. ¶ ~ 투성이의 encrassé(*e*), sali(*e*), souillé(*e*), taché(*e*), maculé(*e*), malpropre, sale, crasseux(*se*). ¶ ~를 씻다[닦다] enlever la crasse, décrasser. ¶ 옷에 ~를 빼다 enlever [ôter] une tache d'un vêtement. ¶ 누구의 등의 ~를 밀다 frotter vigoureusement le dos de *qn* pour réaliser un gommage [une exfoliation] de sa peau [de ses téguments] ((dans les bains publics)). ¶ ~를 벗기다 enlever la crasse, décrasser, ôter les taches. ¶ 이 옷은 ~가[를] 잘 탄다 Ce vêtement se tache vite [facilement]. ¶ ~를 벗은 raffiné(*e*), chic *inv*, élégant(*e*), distingué(*e*). ¶ ~를 못 벗은 grossier(*ère*), rustique, paysan(*ne*), campagnard(*e*). ¶ ~가 묻은 옷 un vêtement taché[crasseux]. ¶ 그의 손[얼굴]에는 ~가 끼어있다 Ses mains sont couvertes [Son visage est couvert] de crasse. ¶ ~가 끼지 않는 insalissable, à l'abri de la saleté. ¶ 남을 발톱의 ~ 만큼도 여기지 않다 mépriser *qn* comme la boue de *ses* souliers, traiter *qn* comme le dernier des derniers, avoir un profond mépris pour *qn*. ¶ 그는 아직 ~묻지 않은 순수함을 간직하고 있다 Il est encore blanc comme neige / Il est encore innocent.

***~ 빼고 광(을) 내다** se faire très beau(*belle*), se faire le plus beau possible; mettre *ses* plus beaux habits, se mettre sur *son* trente et un, s'attifer {*fam*}. ¶ 그는 첫 데이트를 하러 나간다고 ~ 빼고 광을 냈다 Il s'est fait le plus beau possible pour son premier rendez-vous amoureux [pour son premier rencard {*fam*}].

***발톱의 ~다【속어】** être insignifiant(*e*), sans

valeur; ce n'est qu'un tout petit peu; ce n'est qu'une chose minime [infime, dérisoire]; ce n'est rien par rapport ((à moi)); ((par rapport à ce que j'ai subi)) ce n'est rien du tout [tu peux t'estimer heureux(*se*)]. ¶ 이 정도는 발톱의 ~에 불과하지 Ce n'est rien du tout [tu peux t'estimer heureux(*se*)].

때가다 자 être amené(*e*) ((au poste de police)); être arrêté(*e*) ((par la police)); se faire pincer [choper, attraper, coincer] ((par la police)) {*fam*}.

때까치 명 【동물】 pie de buisson *f*, pie-grièche(*~s-~s*) *f*.

때깔 명 ((사물의)) design *m*, forme(s) *f* et couleur(s) *f*; ((사람의)) apparence *f*, aspect *m*, allure *f*, mine *f*. ¶ ~이 곱다[잘 빠졌다] avoir de belles couleurs, avoir (une) bonne mine.

때꾼하다 형 avoir les traits tirés, avoir l'air crevé {*fam*}, avoir les yeux cernés, avoir des cernes [des valises {*fam*}] sous les yeux, avoir les yeux caves (de fatigue). ¶ 며칠 잠을 못 자서 눈이 때꾼하구나 Tu as mal dormi ces dernières nuits, tu as les yeux bien cernés.

때다 타 ((불을)) faire du feu, brûler, chauffer. ¶ 방에 불을 ~ faire du feu pour (chauffer) une chambre. ¶ 나무를 ~ faire du feu avec du bois. ¶ 보일러를 ~ chauffer avec une chaudière; faire fonctionner la chaudière.

때때옷 명 costume *m* de fête (pour les enfants), vêtement *m* bariolé. ¶ 명절이라 아이들이 ~을 입었다 Comme c'est un jour de fête, les enfants ont mis leurs plus beaux costumes.

때려누이다 타 ☞ 때려눕히다

때려눕히다 타 envoyer [mettre] ((*son* adversaire)) au tapis, étendre à terre ((*son* adversaire)). ¶ 그 사람은 주먹 한 방으로 상대 선수를 때려눕혔다 D'un coup de poing, il a envoyé [mis] son adversaire au tapis.

때려먹다 자타 se faire ruiner, perdre complètement, faire voler en éclats. ¶ 그 사람은 증권 실패로 한 달 월급을 하루아침에 다 때려먹었다 À cause d'un échec à la bourse, il a perdu son salaire d'un mois en un clin d'œil.

때려부수다 타 détruire, casser, démolir, démanteler, abattre, raser, pulvériser, ravager, saccager. ¶ 닥치는 대로 ~ détruire tout ce qui tombe sous la main. ¶ 인종 차별의 벽을 ~ détruire le mur de la discrimination raciale.

때려잡다 타 abattre [tuer] en frappant. ¶ 맨손으로 소를 ~ abattre un bœuf à main nue en le frappant.

때려죽이다 타 tuer *qn* en le rouant de coups, battre *qn* à mort. ¶ 인종차별주의자들이 어떤 이민자를 때려 죽였다 Des racistes ont battu à mort un(*e*) immigré(*e*).

때려치우다 타 【속어】 abandonner, renoncer, déguerpir, déserter, délaisser. ¶ 학교를 ~ abandonner l'école. ¶ 그 사람은 회사를 때려치우고 미술 공부를 시작했다 Il a renoncé à sa compagnie, et a commencé les études des beaux-arts [à étudier les beaux-arts].

때리다 타 ① ((사람을)) battre *qn* ((à coups de poing)), donner, asséner ((un coup de poing à *qn*)); frapper *qn*; taper; cogner, rouer (de coups), calotter {*fam*}, infliger, assommer, gifler, fustiger, claquer, flageller, fouetter. ¶ 사람을 ~ frapper un homme. ¶ 그 사람은 주먹으로 내 얼굴을 때렸다 Il m'a frappé au visage à coups de poing. ¶ 누구를 몽둥이로 ~ battre *qn* avec un bâton; donner des coups de bâton. ¶ 누구(의) 빰을 ~ frapper *qn* à la joue, gifler *qn*. ¶ 때릴 테면 때려봐! Si tu veux me frapper, alors, frappe! ¶ 때리는 시늉만 하다 lever la main sur *qn*; faire semblant de frapper. ② ((사물을)) frapper; se briser. ¶ 그 사람이 갑자기 탁자를 탁하고 때렸다 Il a donné soudain un coup de poing sur la table. ¶ 뱃전을 때리는 파도 des vagues qui se brisent sur le bateau. ¶ 방금 어떤 소리가 귓전을 때렸다 Je viens d'entendre un bruit. ③ 세차게 부딪치다 frapper violemment, fouetter, cingler, tambouriner. ¶ 빗줄기가 창문을 세차게 때리고 있다 La pluie fouette [cingle] les fenêtres [les vitres de la maison]. ¶ 바람이 창문을 심하게 때리고 있다 Le vent frappe avec violence les fenêtres [les vitres de la maison]. ④ 생각 따위가 떠오르다 se rappeler soudainement, traverser [passer par] la tête [l'esprit] comme un éclair. ¶ 아차 잘못했구나 하는 생각이 내 머리를 때렸다 L'idée que j'avais tort me traversa [me passa par] la tête comme un éclair. ⑤ 비판하다 attaquer; critiquer sans ménagement. ¶ 요즘 신문들은 정부의 경제 정책을 마구 때리는 기사를 내보내고 있다. Ces temps-ci, les journaux publient des articles qui critiquent sans ménagement la politique économique du gouvernement. ⑥ ((공을)) taper, frapper ((la balle)). ¶ 타자들이 투수의 공을 잘 때려내고 있다 Les batteurs frappent bien les balles du lanceur. ¶ 그 사람이 회심의 강타를 때렸으나 공은 살짝 사이드라인을 벗어났다 Il a frappé un coup fort, bien calculé, mais la balle a franchi légèrement la ligne latérale. ⑦ 감동을 주다 donner une forte émotion, émouvoir. ¶ 가슴[마음]을 ~ donner une grande émotion. ¶ 송년의 밤에 듣는 베토벤의 합창 교향곡이 그의 마음을 때렸다 Il a été très ému par le chœur de la symphonie de Beethoven qu'il a entendu la veille du nouvel an [à la veillée de la Saint-Sylvestre]. ¶ 그 여자의 흐느낌이 그 남자의 가슴을 때린다 Ses sanglots l'ont ému [l'ont touché]. ⑧ 짐작하다 【속어】 faire une estimation, estimer [compter] à peu près [en gros]. ¶ 값을 대충 때려잡아서 이야기해 봐라 Donne-nous une estimation approximative du prix / Donne-nous un ordre de grandeur [une fourchette] de prix / Donne-nous un prix approximatif / Donne-nous le prix à la louche {*fam*}.

***때리는 시어미보다 말리는 시누이가 더 밉다** Celui

ㄷ

qui fait semblant d'être aimable est pire que celui qui montre son mécontentement.

***때린 놈은 다릴 못 뻗고 자도 맞은 놈은 다릴 뻗고 잔다** Celui qui a frappé ne peut dormir les jambes allongées [ne peut dormir tranquillement], tandis que celui qui a été battu dort en paix.

때마침 甼 en temps opportun, à propos, à point (nommé), au bon moment. ¶ ~ 문이 벌컥 열리더니 그 남자가 들어왔다 Juste à ce moment-là, la porte s'est ouverte d'un coup et il est entré.

때맞추다 쟈 arriver à l'heure, être à temps. ¶ 때맞추어 à l'heure indiquée, opportunément, au bon moment; à temps. ¶ 때맞춰서 일을 마무리하기 바란다 Je souhaite que tu finisses ton travail à temps.

때문 의명 ((nom dépendant qui s'emploie après un substantif ou après un suffixe flexionnel nominalisateur -기)) à cause de; ((덕분)) grâce à. ◇_**이다[이 아니다]** C'est à cause de *qn*/*qc* que+*ind*. ¶ 내가 실패한 것은 바로 너 ~이다 C'est à cause de toi si j'ai échoué. ¶ 내가 늦은 것은 그 사람 ~이다 C'est à cause de cette personne que je suis arrivé(*e*) en retard. ¶ 그 여자가 여행을 포기한 것은 그 이유 ~만은 아니다 Ce n'est pas seulement à cause de cela qu'elle a renoncé à son voyage. ◆_**에** 甼 à cause de *qn*/*qc*; 덕분에 grâce à *qc*/*qn*, en raison de *qc*, pour (cause de) *qc*, parce que+*ind*/*cond*. ¶ 병 ~에 pour cause de maladie. ¶ 사고 ~에 à cause de l'accident. ¶ 너 ~에 à cause de toi. ¶ 그것 ~에 à cause de ça. ¶ 그는 술 ~에 건강을 버렸다 À force de boire, il s'est abîmé la santé. ¶ 무엇 ~에 너는 내 말대로 하지 않았니? Pourquoi est-ce que tu n'as pas fait comme je t'avais dit? ¶ 그러기 ~에 C'est la raison pour laquelle ... / C'est pourquoi ... / Pour cette raison ... ¶ 뭐 ~에 그렇게 심술을 부리니? Pour quelle raison es-tu si méchant(*e*) avec moi? ¶ 그 아이는 부모 말을 듣지 않았기 ~에 벌을 받았다 Il a été puni parce qu'il n'avait pas obéi à ses parents. ¶ 네가 오지 않았기 ~에 일이 어려워졌다 Parce que tu n'es pas venu(*e*), la situation s'est aggravée. ¶ 그렇기 ~에 내가 미리 조심하라고 한 거야 C'est pour cela que [C'est pourquoi, C'est la raison pour laquelle] je t'avais dit de faire attention.

때묻다 쟈 ① 더러워지다 être souillé(*e*) d'une tache [d'une saleté]; se tacher; se salir, se souiller. ¶ 때묻은 옷을 벗어서 내놓아라 Enlève ces vêtements crasseux et donne-les-moi! ② ((마음이)) se souiller; devenir vil(*e*); se salir. ¶ 그 여자의 때묻지 않은 순수한 모습이 마음에 들었다 Son visage pur, immaculé, m'a plu. ¶ 때묻지 않은 동심 un cœur d'enfant immaculé [sans tache]. ¶ 때묻은 정치가 un homme politique douteux [véreux {*fam*}].

때물 명 grossièreté *f*, rusticité *f*, rustauderie *f*. ¶ ~을 벗다 se défaire de *son* côté campagnard [de *ses* allures campagnardes, de *ses* allures de rustaud], devenir raffiné(*e*) [élégant(*e*)], adopter des manières plus raffinées; se dégrossir, être dégrossi(*e*). ¶ 그 사람은 서울에 올라와서 ~을 많이 벗었다 Depuis qu'il habite (à) Séoul, il a adopté des manières plus raffinées [il s'est défait de ses allures campagnardes [il a effacé son allure de rustaud, il a beaucoup perdu de ses allures campagnardes [de son aspect campagnard, de son côté campagnard], il s'est défait [s'est débarrassé] de ses allures de rustaud].

때밀이 명 *ttaemiri m* <employés de bains publics spécialistes du gommage, des massages exfoliants>. ¶ 이 목욕탕에는 ~가 있다 Dans ces bains publics, il y a des employés spécialistes des massages exfoliants [du gommage].

때우다 타 ① ((깨어진 곳을)) souder, braser, accoler, raccorder, coller, boucher. ¶ 솥을 ~ souder une marmite. ¶ 타이어 튜브의 구멍을 ~ boucher le trou de la chambre à air du pneu. ② ((끼니를)) remplacer *qc* par *qc*, substituer *qc* à *qc*; régler; calmer *sa* faim, manger un morceau, faire un petit repas, ne manger que sommairement, se contenter d'un en-cas ((pour le déjeuner)), manger un morceau sur le pouce [de façon simple, de façon expéditive]. ¶ 끼니를[점심을] 라면으로 ~ remplacer le repas (de midi) par un plat de nouilles instantanées, ne manger que des nouilles instantanées pour le déjeuner, ne manger que des nouilles instantanées à midi ((et non un véritable repas avec du riz)), se contenter de nouilles instantanées pour le déjeuner, avaler [engloutir] rapidement un plat de nouilles instantanées en guise de déjeuner, manger un morceau sur le pouce à midi. ¶ 식빵 하나로 점심을 때웠다 J'ai remplacé le déjeuner avec un morceau de pain de mie / Je me suis contenté(*e*) d'un morceau de pain de mie pour le déjeuner / J'ai rapidement avalé un morceau de pain de mie en guise de déjeuner. ③ 시간을 보내다 faire passer le temps, tuer le temps. ¶ 영화를 보며 시간을 ~ faire passer le temps en regardant un film. ④ 일을 대강 처리하다 faire [réaliser, effectuer, exécuter] *qc* sans soin [de manière expéditive], expédier [bâcler {*fam*}] un travail. ¶ 일[과제]을 대강 ~ effectuer un travail [faire *ses* devoirs] sans soin [de manière expéditive], expédier [bâcler {*fam*}, torcher {*vulg*}] un travail [*ses* devoirs]. ¶ 형(刑)을 ~ finir de purger *sa* peine (pénitentiaire). ¶ 그 사람은 내게 크게 신세를 지고도 말 한마디로 때우려 한다 Il me doit beaucoup, mais il essaie de s'acquitter de sa dette par un simple merci [remerciement] [par de simples remerciements]. ¶ 결혼 축하 턱을 이렇게 대강 때울 줄이야! Je ne m'attendais pas à ce qu'on nous traite de façon aussi cavalière au repas de noces. ⑤ ((액운을)) renoncer à *qc* (à contre-cœur) en considérant qu'on s'en est servi pour éloigner un malheur. ¶ 액운을 때운 것으로 알고 체념하다

renoncer à *qc* (à contre-cœur) en considérant qu'on s'en est servi pour éloigner un malheur. ☞ 액땜

땔감 명 combustible *m*, bois *m* de chauffage. ¶ 뒷산에서 ~을 구해 오다 se procurer du bois dans la montagne proche de *sa* maison. ¶ ~을 때다 brûler du bois.

땔나무 명 bois *m* ((de chauffage)), bûche *f*.

땜[1] 명 soudure *f*, soudage *m*, brasure *f*; rapiéçage *m*, raccommodage *m*; réparation *f* ((de dommage)), récompense *f*. ◇_(을) **하다** souder, braser; raccommoder, rapiécer; réparer ((une erreur)), repayer, récompenser. ¶ 그는 우리가 도와준 것에 대해 말로 ~을 하려고 한다 Nous l'avons aidé et pour tout remerciement nous n'avons eu que des paroles. ◇_**이 되다** se souder; être soudé(*e*); être récompensé(*e*). ¶ 말로 ~이 되겠니? Tu crois qu'il suffit [que tu peux te contenter] de dire merci? / Il ne faut pas te contenter de dire merci.

◆**_납** 명 brasure *f*, métal(*aux*) *m* utilisé pour la soudure.

◆**_빵** 명 【속어】 bouche-trou(~-~*s*) *m* {*fam*}; action de faire *qc* à la place de *qn* [de remplacer *qn*]. ¶ 그 친구가 하도 바빠서 내가 ~빵해 주기로 했어 Il est si occupé que j'ai décidé de le remplacer [de le faire à sa place]. ¶ 김일병이 아프니 오늘 보초[경계]는 네가 ~빵해라 Comme le première classe Kim est malade, remplace-le pour la garde.

◆**_장이** 명 soudeur *m*, rétameur *m*.

◆**_통** 명 【속어】 cicatrice *f* sur le cuir chevelu.

◆**납_** 명 soudure *f* (au plomb).

◆**액_** 厄- 명 moindre mal *m*. ¶ 그 사고로 액~ 한 셈 치자 Considérons cet accident comme un moindre mal(heur) (en pensant à ce qui aurait pu arriver).

땜[2] 명 ((‘댐’의 잘못)) ☞ 댐

땜질 명 soudage *m*, soudure *f*; rapiéçage *m*, raccommodage *m*; palliatif *m*, expédient *m*. ¶ ~만으로는 이 사태를 수습할 수 없다 On ne peut se sauver d'une situation grave qu'avec des expédients. ◇_(을) **하다** souder, braser, rétamer; rapiécer, raccommoder; recourir à des expédients. ¶ 구멍 난 솥에 ~을 하다 boucher un trou dans un chaudron. ¶ 납으로 ~을 하다 souder au plomb.

땟국 명 crasse *f*; saleté *f*; boue *f*. ¶ ~이 흐르는 옷 des vêtements dégoulinant de saleté; des vêtements couverts de crasse.

◆**_물** 명 eau *f* sale.

땟물 명 ① 더러운 물 eau *f* sale (dans laquelle on a pris un bain). ② 자태나 맵시 grossièreté *f*, rusticité *f*, rustauderie *f*.

*~**을 벗다** se défaire de *son* côté campagnard [de *ses* allures campagnardes, de *ses* allures de rustaud], devenir raffiné(*e*) [élégant(*e*)], adopter des manières plus raffinées; se dégrossir, être dégrossi(*e*). ¶ 그 사람은 서울에 올라와서 ~을 많이 벗었다 Depuis qu'il habite (à) Séoul, il a adopté des manières plus raffinées [il s'est défait de ses allures campagnardes [il a effacé son allure de rustaud, il a beaucoup perdu de ses allures campagnardes [de son aspect campagnard, de son côté campagnard], il s'est défait [s'est débarrassé] de ses allures de rustaud].

땟자국 명 souillure *f*, tache *f*, trace *f* (laissée par une tache). ¶ 세탁을 했는데도 옷에 ~이 남아 있다 Bien que j'aie fait la lessive, il reste des taches sur les vêtements. ¶ 아이가 울어서 눈 밑에 ~이 생겼다 L'enfant a des traces noires de larmes sous les yeux parce qu'il a pleuré.

땡 감 ding, dring, drelin {*vx*} ((onomatopée évoquant une sonnerie, un tintement)). ¶ 종이 ~ 하고 울렸다 Ding, dong, a fait la sonnette.

◆**_~** 감 ding, ding, dong ((onomatopée évoquant la sonnerie d'un carillon)). ¶ 교회 종이 ~~ 울린다 La cloche de l'église fait ding dong [sonne]. ¶ 시계가 ~~ 하고 2시를 쳤다 Le carillon de l'horloge a sonné deux heures.

땡감 명 kaki *m* vert.

땡기다 자 ((‘당기다’의 경상도 방언)) ① 잡아끌다 tirer *qc/qn*, attirer *qc/qn*; entraîner *qn* de force; happer *qn*; tirer sur ((une corde)); tendre *qc/qn*. ¶ 뒤에서 누군가가 나의 머리카락을 땡기는 듯한 기분이 들었다 J'avais l'impression qu'on me tirait les cheveux par derrière. ② 빼근하다 avoir une crampe; avoir ((les jambes)) raides [lourdes]; avoir des courbatures. ¶ 다리가 땡기고 빼근하다 J'ai les jambes qui me tirent / Ça me tire dans les jambes / J'ai les jambes lourdes [raides] / J'ai (comme) des crampes dans les jambes / J'ai des jambes de plomb. ③ ((구미가)) être appétissant(*e*); faire venir l'eau à la bouche; exciter, éveiller ((l'appétit, la curiosité, l'intérêt)), être attiré(*e*) par *qc*; stimuler, augmenter, aiguiser ((l'appétit)). ¶ 구미가 땡기는 일이다 Ce travail (*me*) met en appétit / Cela (*me*) met en appétit / Cela est appétissant / Cela fait venir l'eau à la bouche / Cette activité m'attire [m'intéresse, me séduit]. ¶ 맛있는 음식을 보면 식욕이 땡기게 마련이다 Quand on voit un plat délicieux, l'appétit s'éveille instinctivement [on a l'appétit qui s'éveille naturellement].

땡땡이 명 fainéantise *f*, paresse *f*, laisser-aller *m*; flemme *f* {*fam*}, flemmardise *f* {*fam*}; cosse *f* {*fam*}. ◇_(를) **치다[부리다]** fainéanter, paresser, traînasser {*fam*}, flemmarder {*fam*}, lambiner {*fam*}, glander {*fam*}, tirer au flanc {*fam*} [au cul {*pop*}]; ((학교를)) faire l'école buissonnière, sécher [sauter] les cours {*fam*}, manquer l'école [la classe], ne pas venir en cours; ((직장을)) ne pas aller travailler [au travail], manquer ((le travail)). ¶ 학교를 ~치고 여기서 뭘 해? Qu'est-ce que tu fais ici alors que tu devrais être en classe maintenant? / Qu'est-ce que tu fais ici? Tu sèches les cours? {*fam*}.

땡땡이중 명 bonze(*sse*) [religieux(*se*) bouddhiste] qui mendie en frappant du bâton sur une cloche en bois((un *moktak*)).

땡땡하다 자 être gonflé(*e*) de façon tendue, être tendu(*e*). ¶ 이 아이는 많이 먹어서 배가 ~ Comme cet enfant a beaucoup mangé, il a le ventre ballonné [bien tendu]. ¶ 살이 땡땡하게 부어올랐다 La chair est boursouflée. ¶ 공에 바람을 땡땡하게 넣다 gonfler un ballon [une balle] à bloc.

땡볕 plein soleil *m;* soleil *m* de plomb. ¶ ~ 아래서 일하다 travailler sous le plein soleil [sous un soleil de plomb]. ¶ ~을 피해 그늘로 가다 aller à l'ombre pour éviter le plein soleil [le soleil de midi].

땡삐 명 guêpe *f* fouisseuse ((variante patoise (province du Gyeongsang) du mot 땅벌)).

땡잡다 자 【속어】 avoir un sacré pot [un sacré coup de chance {*fam*}, une sacrée veine {*fam*}], avoir un cul [un bol] monstre {*fam*}, c'est une aubaine, avoir de la veine [du cul *m* {*fam*}, du pot *m* {*fam*}], gagner le jackpot {*fam*}, décrocher la timbale [le cocotier] {*fam*}, toucher [décrocher] le gros lot {*fam*}. ¶ 너는 지금의 아내를 만나 땡잡은 거야 Tu as décroché le gros lot [le jackpot] avec ta femme (actuelle) / T(u)'es un sacré veinard d'avoir une femme comme tu as (maintenant) {*fam*}. ¶ 그 사람은 복권이 당첨되어 땡잡았다 Il a eu un sacré pot à la loterie {*fam*}. ¶ 오늘 땡잡았다니까 Aujourd'hui, j'ai attrapé la poule aux œufs d'or [c'est mon jour de chance, j'ai un cul [un bol] monstre {*fam*}]! / C'est un coup de chance inespéré [une aubaine] pour moi aujourd'hui.

땡전 명 pas un sou, pas un rond {*fam*} ((en poche)), pas de pognon {*fam*}, pas de thune {*fam*}, pas de pèze {*fam*}, pas de flouze {*fam*}. ¶ 그의 수중에는 ~ 한 푼도 없다 Il n'a pas un sou en poche / Il n'a pas un rond sur lui.

땡초 명 ☞ 땡추

땡추 명 【불교】 bonze(*esse*) débauché(*e*)[dépravé]; mauvais(*e*) religieux(*se*) (bouddhiste). ¶ ~라고 멸시받다 se faire traiter avec mépris de bonze débauché [dépravé].

◆_중 명 bonze *m* [moine *m* (bouddhiste)] débauché.

떠가다 자 ① ((공중이나 물에)) flotter ((sur l'eau, dans l'air)); nager; voler. ¶ 개울가에 물고기가 떠가고 있다 Un poisson nage dans un ruisseau. ② ((일정 공간 위를)) parcourir, traverser ((le ciel)); survoler. ¶ 하늘을 천천히 떠가는 조각구름 les petits nuages qui traversent lentement [doucement] le ciel.

떠꺼머리 명 célibataire *mf*; cheveux *mpl* noués en une seule natte ((des célibataires ayant dépassé l'âge du mariage)). ¶ ~ 총각 un vieux garçon, un célibataire endurci. ¶ ~ 처녀 une vieille fille, une célibataire endurcie.

떠나가다 자타 aller, partir, abandonner. ¶ 군인들이 전쟁터로 떠나갑니다 Des soldats partent au champ de bataille. ¶ 배가 이미 떠나간 뒤였다 Le bateau était déjà parti. ¶ 그 사람은 이미 내 곁을 떠나간 사람이다 C'est une personne qui m'a déjà quitté(*e*). ¶ 떠나가라고 소리[고함]를 지르다 crier au loup.

떠나다 자타 ① partir, quitter, s'en aller. ¶ 그 사람은 돈을 벌러 혼자서 베트남으로 떠났다 Pour gagner de l'argent, il est parti seul au Vietnam. ¶ 이곳을[에서] ~ quitter [partir de] cet endroit. ¶ 서울을 향해 ~ partir vers [en direction de] Séoul. ¶ 기차는 이미 떠난 뒤였다 Le train était déjà parti. ② 헤어지다 quitter. ¶ 그 여자가 나를[내게서] 떠난 지 3년이 지났다 Trois ans ont passé depuis que cette femme m'a quitté. ¶ 떠난 사람 생각하면 뭘 해? À quoi bon penser à la personne qui t'a quitté(*e*)! ③ 그만두다 quitter ((un emploi)). ¶ 다니던 회사를 미련 없이 ~ quitter sans regret l'entreprise où l'on travaillait. ¶ 집을 떠나면 고생하기 마련이다 Il est évident qu'on éprouve des difficultés si l'on quitte sa maison. ④ ((여행을)) partir ((en voyage, à la pêche)). ¶ 여행[휴가]을 ~ partir en voyage [en congé, en vacances]. ¶ 출장을~ partir en voyage d'affaires. ¶ 고기잡이[사냥]를 ~ aller [partir] à la pêche [à la chasse]. ⑤ ((길을)) prendre ((la route)). ¶ 먼 길을 ~ partir pour un long voyage [pour une longue expédition]. ¶ 돌아올 수 없는 길을 떠나다 partir dans l'au-delà, partir pour toujours, quitter ce monde, passer de vie à trépas; décéder; mourir. ¶ 길을 떠나기엔 너무 이른 시각이다 Il est trop tôt pour prendre la route. ⑥ 제외하다 exclure *qc*, excepter *qc*, mettre *qc* de côté. ¶ 현실을 떠나서 생각할 수 없는 문제 un problème que l'on ne peut concevoir en dehors de la réalité. ¶ 돈 문제를 떠나서 생각해 보자 Réfléchissons en excluant le problème d'argent. ¶ 한국 경제는 수출을 떠나서 이야기할 수가 없다 On ne peut pas parler de l'économie coréenne en excluant les exportations. ¶ 그 사람이 옳고 그르고를 떠나서 en mettant de côté le fait qu'il a raison ou tort. ⑦ ((생각이)) ((ne pas)) quitter ((l'esprit)). ¶ 그 생각이 머리를 떠나지 않는다 Cette idée ne me quitte pas l'esprit / J'y pense sans cesse / Je n'arrête pas d'y penser / Cette idée m'obsède [me hante]. ¶ 그 측은한 광경이 마음속에서 떠나지 않는다 Cette scène pitoyable ne me quitte pas.

***고기가 물을 떠나 살 수 없듯이** comme le poisson ne peut vivre hors de l'eau.

***세상을** ~ quitter ce bas monde; mourir, décéder.

떠나보내다 타 laisser partir *qn*. ¶ 그 여자는 자식을 멀리 떠나보내고 시름에 젖어 있었다 Après avoir laissé partir son fils, elle a sombré dans l'angoisse.

떠나오다 자타 quitter *qn/qc* pour venir *qp*. ¶ 고향을 떠나온 지가 벌써 십 년이다 Il y a [Ça fait] déjà dix ans que j'ai quitté mon pays natal pour venir ici.

떠내다 타 ① (액체를) 퍼내다 puiser, enlever. ¶ 약수를 바가지로 떠내어 마시다 puiser de l'eau de source (censée avoir des propriétés médicinales) avec une demi-calebasse et en boire. ¶ 국에서 기름을 ~ écumer la graisse d'une soupe [d'un consommé]. ② 도려내다 évider, creuser, amputer, trancher, découper, débiter. ¶ 안심 부위를 ~ débiter (le morceau de) l'entrecôte. ③ ⦅뗏장 따위를⦆ enlever, découper et arracher ⦅des plaques de gazon⦆. ¶ 뗏장을 뿌리째 ~ découper et détacher des plaques de gazon avec les racines.

떠내려가다 자 se laisser emporter; être emporté(*e*) par. ¶ 홍수에 다리가 떠내려갔다 Le pont a été emporté par l'inondation. ¶ 신발이 시냇물에 떠내려 갔다 Les chaussures ont été emportées par le courant du ruisseau.

떠넘기다 타 imputer ⦅une responsabilité, une faute⦆ à *qn*; transférer *qc* à *qn*. ¶ 책임[과실]을 남에게 ~ imputer une responsabilité [une faute] à *qn*, rejeter la responsabilité ⦅d'une faute⦆ sur autrui, faire retomber la responsabilité ⦅d'une faute⦆ sur *qn*, attribuer la responsabilité d'une faute à *qn*, faire porter le chapeau à *qn* {*fam*}. ¶ 어려운 일을 남에게 ~ attribuer [infliger, refiler {*fam*}, fourguer {*fam*}] un travail difficile à *qn*. ¶ 그 사람은 빚을 나에게 떠넘기려고 했다 Il a tenté de m'imputer [de me faire payer, de me refiler {*fam*}] sa dette.

떠놓다 타 prendre[puiser] ⦅de l'eau⦆. ¶ 냉수 한 그릇을 ~ puiser une louche d'eau glacée; prendre un bol d'eau froide.

떠다니다 자 ⦅공중이나 물 위를⦆ flotter en l'air [à la surface de l'eau]; aller à la dérive; se promener [circuler]; ⦅정처 없이⦆ vagabonder, errer. ¶ 공기 중에 떠다니는 먼지 des poussières qui se promènent dans l'air. ¶ 그 사람은 이곳저곳 정처 없이 떠다니고 있다 Sans domicile fixe [Sans but], il erre ici et là. ¶ 연못 위에 백조가 떠다닌다 Des cygnes se promènent à la surface de l'étang.

떠다밀다 타 pousser (avec violence). ¶ 누구를 뒤에서 ~ pousser *qn* par derrière. ¶ 떠다밀다시피 해서 이 일을 내가 맡게 되었다 J'ai été poussé(*e*) à prendre ce travail.

떠돌다 자타 ① ⦅정처 없이⦆ errer, se promener (sans but), vagabonder, divaguer, rôder, traîner, vadrouiller {*fam*}, flâner, circuler, se répandre, se propager. ¶ 그 사람은 여기저기 떠도는 장돌뱅이 신세이다 Il est dans une situation de vagabond. ¶ 떠도는 혼 une âme qui erre. ② ⦅소문이⦆ circuler, courir, se répandre. ¶ 이상한 소문[헛소문]이 떠돌고 있다 Des rumeurs étranges [De fausses rumeurs, De faux bruits] circulent. ¶ 항간에 떠도는 소문에 따르면 selon les rumeurs qui circulent en ville.

떠돌아다니다 자타 ⦅정처 없이⦆ errer, se promener (sans but), vagabonder, divaguer, rôder, traîner, vadrouiller {*fam*}, flâner, circuler, se répandre, se propager. ¶ 그 사람은 평생 동안 전국을 떠돌아다녔다 Toute sa vie, il a erré dans le pays. ¶ 떠돌아다니는 소문 des rumeurs qui circulent.

떠돌이 명 vagabond(*e*), errant(*e*), voyageur(*se*), chemineau(*x*), trimardeu*r*(*se*), nomade, galvaudeu*x*(*se*). ¶ ~ 생활 une vie d'errance [de vagabondage, de voyage, nomade]. ¶ ~ 신세 un état de vagabondage. ¶ ~ 장사 un(*e*) marchand(*e*) ambulant(*e*). ¶ 그의 아저씨는 한 평생을 ~로 살았다 Son oncle est resté un vagabond [un errant, un nomade] toute sa vie durant.

떠들다 자 bavarder (à haute voix), discuter, causer, papoter, chahuter; parler fort, faire du bruit [du vacarme, du tapage, du chahut]; être bruyant(*e*), turbulent(*e*), agité(*e*), tapageu*r*(*se*); ⦅술렁이다⦆ élever des clameurs; soulever le trouble [le désordre]. ¶ 누가 이렇게 떠드니? Qui bavarde ainsi si fort? ¶ 그 학생이 도서관에서 시끄럽게 떠들기에 눈총을 주었다 Comme cet(*te*) élève faisait du bruit dans la bibliothèque, je lui ai lancé un regard sévère. ¶ 한 번만 더 떠들면 내쫓을까 보다 Je vous mettrai dehors si vous bavardez encore une fois. ¶ 나는 시끄럽게 떠드는 소리에 잠을 깼다 J'ai été réveillé(*e*) par des gens qui bavardaient bruyamment. ¶ 수업 시간에 떠드는 사람은 혼을 내주겠다 Je punirai les bavards [les chahuteurs, ceux qui perturberont la classe]. ¶ 여럿이 모인 곳에서 혼자 떠들면 안 된다 Il ne faut pas parler à voix haute dans un lieu collectif [dans une assemblée]. 타 bavarder, cancaner, jaser, commettre des indiscrétions, divulguer, éventer, révéler ⦅un secret⦆; raconter *qc*. ¶ 이 비밀을 떠들고 다니면 혼날 줄 알아라 Gare à toi si tu divulgues ce secret! ¶ 이번 일에 대해 미리 언론에 떠들고 다니는 사람은 해고다 On licenciera [mettra à la porte] la personne qui, de façon prématurée, racontera toute cette affaire à la presse. ¶ 그 녀석이 떠드는 바람에 일을 다 망쳤다 J'ai complètement raté l'affaire à cause de ce type qui a éventé le problème partout. ¶ 모두가 그 문제에 대해 소리 높여 떠들고 있다 Tous s'expriment à haute voix sur la question [sur ce problème].

떠들썩하다 형 être bruyant(*e*), être tapageu*r*(*se*), turbulent(*e*), agité(*e*). ¶ 세상을 떠들썩하게 했던 사건 un événement qui fait parler le monde. ¶ 장날이라 거리가 ~ C'est très bruyant dans la rue car c'est un jour de marché. ¶ 홀 안은 사람들의 고함소리로 떠들썩했다 Le hall était bruyant à cause des cris des gens. ¶ 사람들의 응원 소리가 ~ Les cris d'encouragement des gens sont assourdissants. ¶ 떠들썩하던 아이들은 선생들이 들어오자마자 조용해졌다 Dès que les enseignants sont entrés, les enfants se sont tus / Les enfants qui faisaient du bruit se sont calmés dès que les professeurs sont entrés. ¶ 선거 때가 되니 온 나라 안이 ~ Comme la période des élections a commencé, tout le pays entre dans une grande agitation. ¶ 곧 인사이동이 있을 것이라는 소문이 회사 안에 떠들썩하게 퍼졌다 Une rumeur selon laquelle il y aurait bientôt un remaniement de la direction s'est répandue en

ㄷ

faisant grand bruit au sein de la société.

떠듬거리다 재타 tâtonner, chercher à tâtons; aller [marcher, avancer] à tâtons; ((말을)) balbutier, bafouiller, bredouiller, bégayer, baragouiner, cafouiller {*fam*} ((dans *ses* explications)), s'embrouiller ((dans *ses* explications)), chercher *ses* mots; 읽다 ânonner ((un passage)).

떠뜨리다 ① 터지게 하다 faire éclater. ¶ 풍선을 ~ faire éclater [crever] un ballon. ② ((웃음을)) éclater. ¶ 울음을 ~ fondre en larmes; avoir une crise de larmes; se mettre à sangloter; éclater en sanglots. ¶ 웃음을 ~ éclater de rire; partir d'un éclat de rire. ③ 드러나게 하다 faire éclater. ¶ 스캔들을 ~ faire éclater un scandale. ☞ 터뜨리다

떠름하다 형 ① 맛이 조금 떫다 être un peu âpre. ¶ 약간 떠름한 맛 un goût un peu âpre. ② 심드렁하다 être renfrogné(*e*), boudeu*r*(*se*); 마음이 내키지 않다 être réticent(*e*), peu disposé(*e*) à+*inf*, être peu enclin(*e*) à+*inf*. ¶ 그 분은 약간 떠름한 표정이다 Il a l'air renfrogné / Il n'a pas l'air enthousiaste. ③ 꺼림칙하다 se sentir mal, peser sur le cœur, être anxieu*x*(*se*) [nerveux(*se*)]. ¶ 그 돈을 받는다는 것이 여간 떠름하지 않았다 Cela lui pesait de devoir accepter cet argent / Il était vraiment ennuyé d'accepter cet argent.

떠맡기다 타 confier de force, faire assumer, assigner ((une tâche à *qn*)), charger *qn* de *qc*, préposer *qn* ((à *qc*)). ¶ 친구에게 짐을 ~ confier de force un bagage à un(*e*) ami(*e*). ¶ 아이를 할머니에게 떠맡기고 외출하다 sortir après avoir confié de force l'enfant à *sa* grand-mère. ¶ 어려운 일을 누구에게 ~ faire assumer à *qn* un travail difficile, charger *qn* d'une mission [d'une tâche, d'un travail] difficile. ¶ 어려운 책임을 남에게 ~ faire assumer à autrui une responsabilité difficile.

떠맡다 타 accepter à contrecœur (de force), se faire confier de force; assumer ((un rôle)), prendre sur *soi qc*, se charger de *qc*. ¶ 책임을 ~ accepter à contrecœur une responsabilité, prendre sur *soi* une responsabilité. ¶ 네 일을 내가 떠맡게 되었다 J'ai été amené(*e*) à prendre (de force) ton travail / On m'a forcé(*e*) à prendre ton travail. ¶ 아이들을 돌보는 것을 내가 떠맡게 되었다 J'ai été forcé(*e*) de m'occuper des enfants.

떠먹다 타 prendre [manger] *qc* avec une cuillère [cuiller], manger *qc* à la [avec une] cuillère. ¶ 숟가락으로 국을 ~ manger de la soupe avec une cuillère, se servir d'une cuillère pour manger *sa* soupe. ¶ 떠먹는 요구르트 un yaourt que l'on mange à la petite cuillère ((par opposition au yaourt liquide)).

떠먹이다 타 donner à manger ((à un bébé, à un malade, à une personne âgée)) à la petite cuillère, donner la becquée ((à un nourrisson, à un malade)), faire manger ((un bébé, une personne âgée)) avec une cuillère. ¶ 환자에게 미음을 ~ prendre de la bouillie et en faire manger à [la mettre dans la bouche d'] un malade. ¶ 아기에게 이유식을 ~ faire manger au bébé ses premiers aliments consistants (avec une cuillère). ¶ 아기[환자]에게 한입 한입 ~ donner la becquée à un nourrisson [à un malade].

떠메다 타 ① ((짐을)) porter (lourdement). ¶ 무거운 짐을 어깨에 ~ porter un lourd fardeau sur les épaules (sur le dos). ¶ 그 사람은 아픈 아이를 떠메고 병원으로 달려갔다 Il a couru vers l'hôpital en portant l'enfant malade. ② ((책임을)) porter, assumer ((une responsabilité)). ¶ 그런 막중한 책임을 너 혼자 떠메야 한다는 것이 (내게는) 좀 부담스럽다 Cela (me) gêne [Cela me pèse] un peu que tu doives porter seul une responsabilité si lourde.

떠밀다 타 ① 밀다 pousser (de force par derrière). ¶ 누군가 떠밀어서 아이가 넘어졌다 Quelqu'un a poussé l'enfant qui est tombé(*e*). ¶ 등을 떠밀어 밖으로 내보내다 pousser *qn* dans le dos pour le faire sortir. ② 억지로 넘기다 confier *qc* à *qn*, faire faire *qc* à *qn* (à *sa* place), transférer *qc*, repousser, rejeter (de force), refiler {*fam*} ((un travail)), fourguer {*fam*} ((un travail)). ¶ 자기 할 일을 남에게 ~ faire faire à autrui un travail que l'on doit faire *soi*-même. ¶ 책임을 서로에게 떠밀지 말아라 Inutile de vous rejeter l'un sur l'autre la responsabilité!

떠밀리다 재 ① se faire pousser, être poussé(*e*), se laisser emporter. ¶ 그 사람은 군중들에 떠밀려 앞으로 나아갔다 Poussé(*e*) par la foule, j'avançais. ② 억지로 être poussé(*e*) [forcé(*e*)] par *qn*. ¶ 나는 친구들에게 떠밀리다시피 해서 그 직책을 맡게 되었다 Presque poussé(*e*) [forcé(*e*)] par mes amis, j'ai été obligé(*e*) d'assumer [de prendre] cette fonction.

떠받다 타 donner un coup de corne [de tête] à *qn*; encorner *qc*/*qn*; blesser *qn* d'un coup de corne. ¶ 산양이 뿔로 나무를 떠받았다 Une antilope a encorné un arbre.

떠받들다 타 ① ((물건을)) lever, soulever ((un poids, un fardeau)); soutenir, appuyer, supporter, maintenir, étayer. ¶ 우리 셋이서 그 큰 탁자를 떠받들고 층계를 올라갔다 Nous avons tous les trois monté cette grande table par l'escalier. ¶ 이 사다리를 좀 떠받들고 있어라 Maintiens cette échelle! ② ((사람을)) respecter *qn*, traiter *qn* avec respect; s'occuper de *qn* avec un soin extrême, servir fidèlement *qn*, servir *qn* avec dévouement, tenir *qn* en haute estime, être tout [entièrement] dévoué(*e*) [acquis(*e*)] à *qn*. ¶ 신처럼 ~ respecter *qn* comme un dieu. ¶ 부모를 하늘같이 ~ s'occuper de *ses* parents avec un soin extrême [avec dévouement].

떠받치다 타 ((지붕을)) soutenir, appuyer, supporter, maintenir, étayer, épauler (vers le haut); 비유적 ((사람을)) respecter *qn*, traiter *qn* avec respect; s'occuper de *qn* avec un soin extrême, servir fidèlement *qn*, servir *qn* avec dévouement, tenir *qn* en haute estime, être tout [entièrement] dévoué(*e*) [acquis(*e*)] à *qn*. ¶ 기둥이 지붕을 떠받치

고 있다 Des colonnes supportent le toit. ¶ 막대기로 부서진 울타리를 ~ étayer la haie cassée avec une barre. ¶ 회사를 떠받친 인재 un homme talentueux qui a sauvé [soutenu] la société.

떠받히다 자 être bousculé(*e*), culbuté(*e*), basculé(*e*), fauché(*e*), renversé(*e*); être encorné(*e*). ¶ 나는 소한테 떠받혔다 J'ai été encorné(*e*) par un taureau [par une vache] / Un taureau [Une vache] m'a encorné(*e*).

떠버리 명 ((수다쟁이)) bavard(*e*), volubile, babillard(*e*), causeu*r*(*se*), jacasseu*r*(*se*), jacassi*er*(*ère*), moulin *m* à paroles {*fig*}; ((허풍쟁이)) hâbleu*r*(*se*), bluffeu*r*(*se*), vantard(*e*), fanfaron(*ne*). ¶ ~ 엿장수[약장수] bonimenteu*r*(*se*) ambulant(*e*) vendeu*r*(*se*) de *yeot* [de produits médicinaux]. ¶ 그 애만 한 ~는 없을 거야 Il n'existe pas plus bavard que cet enfant / Cet enfant est un vrai moulin à paroles.

떠벌리다 타 hâbler, exagérer, grossir; ((소문을)) raconter bruyamment (à tout le monde), faire savoir *qc* à tout le monde, faire courir un bruit, répandre ((la nouvelle)); carillonner [claironner] ((le succès de *son* fils)), vanter ((la grande intelligence de *son* frère)), clamer *qc* (sur les toits). ¶ 별것도 아닌 것을 거창하게 ~ grossir démesurément l'importance d'un fait insignifiant, grossir une affaire sans importance; faire d'un incident sans portée un événement considérable, faire tout un drame d'une histoire sans importance, dramatiser un incident banal, faire de *qc* [en faire] un fromage [un drame] {*fam*}, faire tout un plat de *qc* {*fam*}, en faire tout un plat {*fam*}, faire de *qc* [en faire] toute une histoire [une montagne]. ¶ 그 사람은 두 사람 간의 관계를 모든 사람에게 떠벌리고 다닌다 Il raconte partout sans retenue les relations (amoureuses) entre ces deux personnes. ¶ 그 사람은 자기가 그 여자와 사귄다고 친구들에게 떠벌렸다 Il a raconté bruyamment à ses amis qu'il a une relation amoureuse avec elle. ¶ 이번 시험에 자기 아들이 1등을 했다고 사방으로 떠벌리고 다닌다 Il clame partout que son fils a été premier à l'examen. ¶ 딸이 머리가 좋다고 ~ vanter la grande intelligence de *sa* fille.

떠벌이다 élargir, étendre pêle-mêle [dans tous les sens]. ¶ 일[사업]을 ~ disposer le travail [les affaires] pêle-mêle [dans le désordre].

떠보다 타 tester (indirectement pour connaître la réaction de *qn*), tester l'autre, essayer de savoir ce que pense *qn*, sonder (les intentions de) *qn*, essayer de comprendre l'intention de *qn*, essayer de pénétrer les intentions [les arrière-pensées] de *qn*, essayer de lire dans les pensées de *qn*. ¶ 누구의 속[의향]을 ~ essayer de comprendre l'intention de *qn*, sonder les intentions de *qn*, essayer de pénétrer les intentions [les arrière-pensées] de *qn*, essayer de lire dans les pensées de *qn*, essayer de savoir ce que pense l'autre, tester l'autre. ¶ 그의 생각은 어떤지 지나는 말로 넌지시 떠보았다 Pour connaître son avis, je l'ai testé indirectement avec un mot anodin. ¶ 그이의 말을 듣고 그이가 어떻게 나오는지 한 번 떠봐라 Écoute ses propos, puis essaie de prévoir sa réaction.

떠안다 타 avoir ((des dettes)) involontairement. ¶ 친구에게 보증을 잘못섰다가 괜히 빚만 떠안게 되었다 Je me suis bêtement porté(*e*) garant(*e*) pour un(*e*) ami(*e*), et maintenant voilà que je me retrouve avec uniquement des dettes.

떠엎다 타 renverser *qc* (brutalement); ((비유적)) 끝을 내다 cesser *qc* brutalement, laisser tomber *qc*. ¶ 장기판[놀음판, 밥상]을 ~ renverser [retourner] l'échiquier [le tapis d'une table de jeu, la table basse (du repas)]. ¶ 사업을 ~ cesser [laisser tomber] brutalement les affaires [*son* entreprise].

떠오다 타 aller chercher ((de l'eau, de la soupe)) pour *qn*. ¶ 물을 ~ aller chercher de l'eau. ¶ 물 한 컵만 떠올래? Pourrais-tu aller me chercher un verre d'eau, s'il te plaît? ¶ 제가 국물을 좀 더 떠올게요 Je vais vous chercher un peu de bouillon.

떠오르다 자 ① 위로 솟다 flotter, faire surface, monter [remonter] à la surface, surgir, émerger. ¶ 죽은 물고기들이 강물 위로 떠올랐다 Des poissons morts sont remontés à la surface du fleuve. ② 해나 달이 뜨다 s'élever, monter, faire *son* ascension, ascensionner; surgir; se lever. ¶ 보름달이 언덕 위로 떠올랐다 La pleine lune (du 15 du mois lunaire) s'est élevée au-dessus de la colline. ¶ 떠오르는 태양 le soleil qui monte [qui s'élève] dans le ciel. ③ 생각이 나다 se rappeler, se souvenir, se remémorer, venir à l'esprit [à l'idée], traverser l'esprit. ¶ 그 문제로 고민하던 차에 갑자기 좋은 생각이 떠올랐다 Alors que je me tourmentais pour ce problème, soudain une bonne idée m'est venue à l'esprit [m'a traversé l'esprit]. ¶ 그 의자만 보면 남편이 책을 읽던 모습이 떠오른다 Chaque fois que je vois cette chaise me revient le souvenir de mon mari qui y lisait [je repense à mon mari qui y lisait].

떠올리다 타 ① ((흙을)) creuser et remonter ((de la terre)). ¶ 삽으로 흙을 ~ creuser et remonter de la terre avec une pelle. ② 회상하다 se rappeler, se souvenir, se remémorer, venir à l'esprit. ¶ 돌아가신 어머니를 떠올리며 눈물짓다 avoir des larmes aux yeux en se souvenant de *sa* mère décédée. ¶ 그 사람은 그 여자가 했던 말을 떠올리며 미소지었다 Il a souri en se remémorant les paroles que cette femme avait prononcées. ¶ 나는 어릴 적 동생과 함께 놀던 때를 떠올리며 추억에 잠겼다 Je me suis plongé(*e*) dans les souvenirs des moments où, adolescent(*e*), je jouais avec mon petit frère [avec ma petite sœur].

떠지다 자 ((눈이)) s'ouvrir. ¶ 너무 졸려서 눈도 제대로 떠지지 않는다 J'ai tellement sommeil que je n'arrive même pas à ouvrir les yeux [paupières]; je tombe carrément de sommeil aussi je ne peux pas rester les yeux ouverts.

떡¹ 부 ① 휠쩍 벌어진 모양 ((être grand(*e*)) ouvert(*e*), ((être)) largement déployé(*e*). ¶ 어깨가 ~ 벌어진 사람 un homme bien bâti, un homme à larges épaules. ¶ 환갑잔치를 ~ 벌어지게 차렸다 On a donné un grand banquet pour fêter *son* soixantième anniversaire. ¶ ~ 벌어지게 술상을 차려 내왔다 On a servi une grande table d'alcool. ¶ 전시장의 어마어마한 규모에 모두들 입이 ~ 벌어졌다 Tous les visiteurs sont restés bouche bée devant l'envergure gigantesque de l'exposition. ¶ 그런 거금은 처음 보는 까닭에 그 분은 입이 ~ 벌어졌다 Il est resté bouche bée car c'était la première fois de sa vie qu'il voyait une telle somme d'argent. ¶ 깜짝 놀라 입이 ~ 벌어지다 rester bouche bée de surprise. ② 빈틈없이 들어 맞는 모양 ((coïncider)) parfaitement. ¶ 그의 생각은 내 생각과 ~ 맞아 떨어진다 Son idée coïncide parfaitement avec la mienne / Son idée rejoint parfaitement la mienne. ③ 갑자기 마주치는 모양 ((croiser)) soudainement, soudain. ¶ 내 눈길이 그의 눈길과 ~ 마주쳤다 Mon regard a soudainement croisé le sien / Nos regards se sont soudainement croisés. ④ 굳세게 버티는 모양 ((attendre *qn*)) de pied ferme. ¶ ~ 버티고 서서 누굴 기다리니? Qui est-ce que tu attends comme ça debout de pied ferme?. ⑤ 단단히 들러붙은 모양 ((coller; s'attacher)) solidement. ¶ 껌이 신발에 ~ 들러붙었다 Le chewing-gum était solidement collé à ma chaussure.

떡² 명 *tteok m* <pâte de riz préparée à partir de poudre de riz, cuite à la vapeur puis passée au pilon ((qui peut être salée ou sucrée))>. ¶ ~을 해 먹다 se préparer des *tteok* et les manger.

***~을 치다** ① pilonner [passer au pilon] de la poudre de riz cuite à la vapeur pour en faire du *tteok*. ② 일을 망치다 rater, foirer {*fam*}, louper {*fam*}, queuter {*fam*} ((un[*son*] examen)), se planter {*fam*}. ③ 양이나 정도가 충분하다 il y a assez de *qc*, être suffisant(e), suffire. ¶ 이 정도면 우리 식구가 다 먹고도 ~을 치겠다 Il y a largement de quoi manger pour ma famille. ¶ ~쌀을 담그다 préparer [laisser légèrement gonfler dans l'eau] le riz cru pour en faire de la pâte à *tteok*.

***누워서~ 먹기** C'est du gâteau [du billard {*fam*}, du nanan {*fam*}]! / Ça peut se faire les doigts dans le nez! {*fam*} / C'est un jeu d'enfant! / C'est enfantin! / C'est d'une simplicité enfantine / C'est l'enfance de l'art / Ce sera pour moi une formalité / Ce sera pour moi une plaisanterie de ((battre ce record)) / C'est très [hyper {*fam*}, vachement {*fam*}] simple [facile] / C'est fastoche {*fam*} / C'est simple [facile] comme bonjour / C'est facile comme tout / C'est élémentaire / C'est bête comme chou / C(e n)'est pas (bien) compliqué / Ce n'est (pourtant) pas sorcier ((ce que je vous demande)) / Ce n'est pas le diable / Ce n'est pas la mer à boire / Ce n'est pas (bien) malin / Ce n'est pas plus malin que ça! / Ce n'est pas la mort / Ce n'est pas le bout du monde / Ça ne fait [fera] pas un pli / ((gagner, l'emporter)) haut la main, sans aucune difficulté, très facilement, les doigts dans le nez {*fam*}.

***~도 먹어본 사람이 먹는다** Qui a bu boira.

***~ 본 김에 제사 지낸다** Il faut battre le fer quand il est chaud.

***~ 줄 사람은 아무 말도 없는데 김칫국부터 마신다** mettre la charrue avant les bœufs.

***~이 되도록 술을 마시다** boire comme une éponge [comme un trou {*fam*}], boire jusqu'à plus soif [sans mesure], boire *son* soûl, être imbibé(*e*) comme une éponge, avoir une éponge dans le gosier, s'enivrer, se soûler, se soûler [se bourrer] la gueule {*fam*}, prendre une cuite {*fam*}, se cuiter {*fam*}.

***~이 생기다** obtenir[faire] un bénéfice [un profit, un gain].

***~ 주무르듯 하다** en faire à *sa* guise.

***~ 먹듯 하다** faire *qc* très facilement[simplement, souvent].

***이게 웬 ~이냐!** Quelle chance!

◆**_가래** 명 long bâtonnet *m* de *tteok*.

◆**_가루** 명 farine *f* de riz (pour faire du *tteok* (떡)).

◆**_값** 명 ① prix *m* du *tteok*. ② 비유적 ((profit tiré d'une affaire avantageuse)) commission *f;* part *f* du gâteau {*fig*}; 특별 수당 bonus *m;* prime *f;* 뇌물 pot-de-vin *m;* pourboire *m*. ¶ 일부 공무원들이 ~값 명목으로 뇌물을 받아왔다. Une partie des fonctionnaires a perçu des pots-de-vin sous prétexte qu'il s'agissait d'une somme dérisoire.

◆**_고물** 명 ① poudre *f* de céréales ou de haricots pour recouvrir les *tteok*. ② 뇌물 commission *f;* part *f* (du gâteau); pot-de-vin *m*.

◆**_국** 명 soupe *f* de *tteok*.

◆**_메** 명 pilon *m* ((de mortier)). ¶ ~메로 ~을 치다 pilonner la pâte de riz.

◆**_방아** 명 moulin *m*. ¶ ~방아를 찧다 battre du riz cuit [pilonner du riz cuit] dans un mortier pour en faire des *tteok*.

◆**_방앗간** -間 명 fabrique *f* de *tteok*, manufacture *f* de *tteok*.

◆**_보** 명 amat*eur*(*trice*) de *tteok*, gourmand(*e*) *m* de *tteok*.

◆**_볶이** 명 ☞ 떡볶이 명 moule *m* ((pour les *tteok*)).

◆**_시루** 명 bain-marie *m* en terre cuite (pour les *tteok*).

◆**_집** 명 commerce *m* où l'on prépare les *tteok*.

◆**가래_** 명 *tteok m* présenté en longs bâtonnets.

◆**개_** 명 *tteok m* (de sarrasin, d'orge).

◆**시루_** 명 *sirutteok m* <*tteok* (cuit à la vapeur) fait avec du riz glutineux et recouvert d'un glaçage de haricots rouges>.

◆쑥_ 명 *tteok m* à l'armoise [à l'artémise].

◆찹쌀_ 명 *tteok m* de riz glutineux.

떡갈나무 명 chêne *m*.

떡두꺼비 명 crapaud *m*.

*~ **같은 아들** Un fils dodu comme un crapaud {*fam*}; une petite bouille de crapaud bien joufflue {*fam*}; un fils rond comme un crapaud; un beau bébé joufflu; un fils bien en chair; un solide gaillard.

떡밥 명 appât *m* [amorce *f*] ((à base de son, de riz, de farine, de soja et de chrysalide de ver à soie)). ¶ 낚시 미끼로 ~을 쓰다 utiliser une amorce à base de *son* comme appât.

떡볶기 명 (('떡볶이'의 잘못)) ☞ 떡볶이

떡볶이 명 *tteokbokki mpl*. <bâtonnets de *tteok* accompagnés d'une sauce de piment rouge et parfois de pâte de poisson, de légumes et d'œufs durs>.

떡잎 명 cotylédon *m*, lobe *m* séminal[germinal], feuille *f* séminale[germinale].

*될성부른 나무는 ~부터 알아본다 On reconnaît un arbre à ses feuilles.

떡칠 명 maquillage *m* excessif [abusif, outrageux]; barbouillage *m*; plusieurs couches *fpl* de maquillage. ◇_(을) **하다** se barbouiller; se maquiller trop, se farder outrageusement; mettre plusieurs couches de maquillage. ¶ 아이가 엄마 화장품을 얼굴에 ~을 하였다 L'enfant s'est barbouillé le visage avec le maquillage de sa mère. ¶ 그 여자, 정말 ~했구만! C'est un vrai pot de peinture, cette fille!

떨거지 명 toute une famille *f*; toute une bande *f*.

떨구다 타 ① 아래로 떨어뜨리다 laisser[faire] tomber; abattre ((un avion en vol)); larguer [lâcher, lancer] ((des bombes sur *qc*)); verser ((des larmes)); verser goutte à goutte. ¶ 눈물을 ~ verser des larmes[des pleurs]; pleurer. ② ((고개를)) baisser ((la tête)). ¶ 고개를 ~ baisser la tête. ③ 뒤에 남겨 두다 laisser *qn* (loin derrière *soi*); distancer ((les autres)). ¶ 섬에 손님 둘을 떨구고 가는 배 un bateau qui débarque deux passagers sur une île. ④ ((시선을)) baisser ((les yeux)). ¶ 시선을 아래로 ~ baisser les yeux.

떨그럭거리다 자 craquer, crisser; faire du fracas, tomber avec grand fracas.

떨그럭대다 자 ☞ 떨그럭거리다

떨기 명 분류 ((classificateur)) gerbe *f*, grappe *f*, bouquet *m*. ¶ 한 ~ 장미꽃[장미 한 ~] un pied de rosier.

◆_나무 명 arbrisseau(*x*) *m*.

떨다¹ 자타 ① trembler, vibrer, grelotter, frémir, frissonner. ¶ 유리창이 바람에 부르르 떤다 Les fenêtres vibrent au vent [sous l'effet du vent]. 공포에[겁에 질려] ~ trembler [frissonner] pris(*e*) de terreur [de peur], frémir de peur. ¶ 그 사람은 추워서 몸을 덜덜 떨고 있다 Son corps grelotte de froid. ¶ 화가 나서 눈썹을 파르르 ~ froncer les sourcils de colère. ¶ 그 노인은 손을 떤다 Cette personne âgée a la tremblote {*fam*} [est atteinte de tremblote {*fam*}] / Cette personne âgée tremble des mains [sucre les fraises {*fam*}]. ② 좀스럽게 행동하다 trembler; s'angoisser, s'inquiéter; être intimidé(*e*), angoissé(*e*), inquiet(*ète*). ¶ 단돈 몇 푼에도 벌벌 ~ s'angoisser même pour une petite somme. ¶ 선생님 앞이라고 너무 떨지 말고 침착하게 대답해라 Ne tremble pas [Ne sois pas intimidé(*e*)] devant le professeur, et réponds calmement. ¶ 떨기는! ((내가 상대방에게)) Comment ça je tremble? / Moi, trembler! / ((상대방이 내게)) Pourquoi tu trembles? / Mais tu trembles!

***치를** ~ claquer des dents (de peur); frissonner [frémir, tressaillir, grelotter, trembler] d'horreur [de peur].

◆**떠는 소리** 명 minauderie *f*, mièvrerie *f*, mignardise *f*, affectation *f*. ¶ 떠는 소리를 하다 faire des manières, minauder, affecter. ¶ 그 분은 살길이 막막하다고 일부러 떠는 소리를 해댔다 Il avait adopté un ton d'affectation en disant qu'il n'avait plus de débouché.

떨다² 타 ① ((먼지를)) ôter, enlever, retirer, débarrasser, séparer, décoller, faire partir, faire tomber, dépoussiérer, brosser ((un vêtement)), épousseter. ¶ 양복을 ~ brosser *son* costume. ¶ 모자에서 먼지를 ~ dépoussiérer un chapeau. ¶ 담뱃재를 아무데나 떨지 마라 Ne laisse pas tomber les cendres de ta cigarette n'importe où. ¶ 곡식의 낟알을 ~ séparer les grains de leurs épis, battre ((le blé, l'avoine, le millet)). ② ((근심, 걱정을)) se débarrasser de, se défaire de, évacuer. ¶ 근심 걱정을 떨어 버리다 évacuer soucis et inquiétudes, se défaire [se débarrasser] de *ses* soucis. ¶ 어두운 생각을 떨고 새출발을 하다 se débarrasser d'idées noires, et repartir [prendre un nouveau départ]. ③ 모두 처분하다 vendre tout *son* stock, épuiser ((tout *son* stock, un stock, une réserve)), vendre jusqu'au dernier article; solder. ¶ 재고를 다 ~ solder complètement le stock, vendre tout *son* stock, épuiser tout *son* stock. ¶ 사업의 실패로 그 많던 재산을 다 떨어 먹었다 Des échecs dans les affaires ont englouti toute son importante fortune. ¶ 우수리를 떨어 버리다 laisser la monnaie ((comme pourboire)). ④ ((자리를)) se détacher de *son* siège, se lever ((de *son* siège)), quitter *son* siège [*sa* place]. ¶ 자리를 떨고 일어서다 se lever de *son* siège, quitter *sa* place.

떨다³ 타 ((애교를)) manifester ((des coquetteries, flatteries)), exprimer avec agitation. ¶ 누구에게 아양[애교]을 ~ faire du charme à *qn*, prodiguer des amabilités [des sourires] à *qn*. ¶ 윗사람에게 아첨(을) 떠는 사람은 믿지 말아라 Ne te fie pas à une personne qui flatte ses supérieurs.

***수다를** ~ bavarder *avec qn*, chahuter, papoter,

parler bruyamment.
*수선을 ~ s'affairer (de façon exagérée) [se démener] ((pour peu de chose, pour des riens)), faire beaucoup de bruit ((pour rien)), s'agiter bruyamment.
*극성을 ~ s'acharner.
*방정을 ~ agir imprudemment, se conduire de manière inconsidérée.

떨떠름하다 형 ① 떫은 맛 être d'une âpreté extrême. ¶ 맛이 ~ Le goût est âpre. ¶ 덜 익은 감을 씹는 듯 입안이 ~ avoir un goût âpre dans la bouche comme si on avait mangé un kaki encore vert. ② 마음이 내키지 않다 ne pas avoir envie de+*inf*; ne pas être tenté(*e*) de+*inf*, ne pas avoir le cœur à+*inf*; se sentir mal à l'aise à l'idée de+*inf*; ne pas être satisfait(*e*) [content(*e*)], être insatisfait(*e*) [mécontent(*e*)]. ¶ 영안실에 들어간다는 것이 어쩐지 좀 ~ Je me sens mal à l'aise à l'idée d'entrer dans la morgue. ¶ 그 분은 억지로 의장직을 떠맡고는 떨떠름한 표정을 지었다 Il est contraint d'assumer la présidence et il paraît en être insatisfait. ¶ 그 여자는 그 분과 함께 일하게 된 것을 떨떠름하게 여기는 눈치였다 Elle avait l'air mécontente d'avoir à travailler avec lui.

떨리다[1] 자 trembler, grelotter, frissonner, frémir; ((이가)) claquer ((des dents)). ¶ 무릎이 부들부들 떨린다 Je tremble des genoux à cause du froid. ¶ 화가 치밀어서 그의 음성이 떨렸다 La colère montant, sa voix tremblait. ¶ 그의 음성은 두려움에 떨렸다 Pris de peur, sa voix tremblait. ¶ 운전대[바퀴]가 떨린다 Le volant [Les roues] tremblent. ¶ 그 여자는 떨리는 손으로 편지를 뜯어보았다 Elle ouvrit et lut la lettre d'une main tremblante. ¶ 그 여자는 떨리는 목소리로 대답했다 Elle a répondu d'une voix tremblante.
*치가 ~ trembler de rage, serrer les dents de rage, écumer de rage, être fou(*folle*) de rage, être ivre de rage. ¶ 그 생각만 하면 치가 떨린다 Chaque fois que j'y pense, ça me fait serrer les dents de rage [ça me fait trembler de rage].

떨리다[2] 자 ① ((먼지 따위가)) s'enlever, se détacher, se dépoussiérer; être enlevé(*e*), brossé(*e*), balayé(*e*), ôté(*e*). ¶ 내 옷의 먼지가 잘 떨리지 않는다 La poussière ne se détache [ne s'enlève] pas facilement [se détache difficilement] de mon vêtement. ② 탈락되다 être éliminé(*e*), exclu(*e*), rejeté(*e*), refusé(*e*). ¶ 그 사람은 치열한 경쟁에서 살아남지 못하고 떨려 나왔다 Il n'a pas pu rivaliser dans cette compétition farouche, et a fini par être éliminé.

떨어내다 타 ((먼지 따위를)) secouer, battre ((un tapis)); enlever, ôter ((la poussière)); retirer *qc*; épousseter; faire tomber. ¶ 과자 부스러기를 ~ enlever les miettes de biscuits.

떨어뜨리다 타 ① ((아래로)) faire tomber, laisser tomber; jeter, lancer; larguer, lâcher; 잃다 perdre ((*son* portefeuille)), égarer. ¶ 꽃병[손수건]을 ~ laisser tomber un vase [un mouchoir en tissu]. ¶ 그릇을 ~ faire tomber un plat[une assiette]. ¶ 동전을 ~ jeter [lancer] une pièce. ¶ 길을 가다가 돈[지갑]을 ~ laisser tomber [perdre] de l'argent [*son* portefeuille] en marchant dans la rue. ¶ 공장에 폭탄을 ~ laisser tomber [larguer] une bombe sur l'usine. ② 뒤처지게 하다 laisser derrière; dépasser. ¶ 처진 사람을 떨어뜨리고 가다 partir en laissant derrière *soi* ceux qui sont à la traîne. ③ ((고개, 시선을)) baisser ((la tête)), abaisser. ¶ 그 사람은 실망감을 이기지 못해 고개를 떨어뜨렸다 Ne pouvant plus supporter son désespoir, il baissait la tête [il courbait la nuque]. ¶ 시선을 ~ baisser les yeux, abaisser *son* regard. ④ ((사기, 명예, 입맛 따위를)) faire tomber, faire baisser, faire chuter, perdre ((de *sa* popularité)), rabaisser ((la qualité de *qc*)), abaisser ((le niveau)); ((지위를)) dégrader ((un militaire)); abîmer; déshonorer; ôter. ¶ 사기를 ~ couper le moral, briser le moral, enlever le moral. ¶ 명예를 ~ déshonorer. ¶ 입맛을 떨어뜨리는 고약한 냄새 une forte odeur à vous ôter[à vous couper] l'appétit. ¶ 무엇의 가치를 ~ faire tomber [faire baisser, rabaisser] la valeur de *qc*, déprécier *qc*. ¶ 그의 인기[명성]를 떨어뜨린 결정적인 사건 un événement décisif qui a fait chuter sa popularité [sa réputation]. ¶ 가문의 명예를 떨어뜨리는 행동 un comportement qui a terni [entaché] l'honneur de la famille. ¶ 인기를[명성을, 신용을, 품위를] ~ perdre de *sa* popularité [de *sa* réputation, de *sa* gloire; de *sa* confiance; perdre de *sa* dignité, se déshonorer]. ⑤ 낮추다 faire baisser, faire diminuer, faire descendre ((la température)), baisser, réduire, diminuer. ¶ 값을 ~ baisser le prix. ¶ 속력을 ~ réduire *sa* vitesse, ralentir, décélérer. ¶ 정부는 획기적인 경제 정책으로 물가 인상률을 떨어뜨렸다 Le gouvernement a fait baisser le taux de la hausse des prix grâce à une politique économique remarquable. ¶ 어머니는 열을 떨어뜨리기 위해 아이에게 약을 먹였다 La mère a fait avaler un médicament [un fébrifuge] à l'enfant pour faire baisser [faire tomber] la fièvre [pour faire descendre sa température, pour faire baisser sa température]. ⑥ 탈락시키다 faire échouer *qn*, coller *qn*, refuser [éliminer, évincer, écarter] *qn* ((à un concours d'admission)). ¶ 그런 천재를 시험에서 떨어뜨리다니 이해할 수 없는 일이다 Faire échouer [Coller] à l'examen un génie comme lui, c'est une chose incompréhensible. ¶ 그는 김씨를 떨어뜨리고 새 회장이 되었다 Il a évincé M. Kim et il est devenu le nouveau président. ⑦ ((간격을)) laisser[mettre] à l'écart, placer à distance de *qc*. ¶ 안채에서 떨어뜨려 지은 별채 un bâtiment construit à l'écart du bâtiment principal. ⑧ ((관계를)) dégrader; séparer. ¶ 두 사람의 사이를 떨어뜨리려고 애쓰다 s'efforcer de séparer deux personnes /

essayer de dégrader une relation entre deux personnes.

떨어버리다 타 se débarrasser de, se défaire de ((*ses* soucis)), évacuer. ¶ 근심일랑 떨어버리고 신나게 놀아봅시다 Evacuons [Oublions] tous nos soucis, et amusons-nous dans la joie.

떨어없다 타 épuiser, dilapider. ¶ 그 사람은 한 달 만에 밑천을 떨어없어 버렸다 Il a dilapidé son fonds en un mois.

떨어지다 자 ① ((아래로)) tomber, chuter, choir, déchoir, retomber; ((지붕에서)) dégringoler ((du toit)). ¶ 그 사람은 나무에서 떨어져 크게 다쳤다 Il est tombé d'un arbre et s'est gravement blessé / En tombant d'un arbre, il s'est gravement blessé. ¶ 하늘에서 우박이 떨어졌다 De la grêle tombe du ciel. ¶ 땀방울이 그의 이마에서 뚝뚝 떨어진다 La sueur tombe goutte après goutte de son front. ¶ 빗방울이 떨어지고 있다 Des gouttes de pluie tombent. ¶ 가을에 낙엽이 떨어진다 Les feuilles mortes tombent en automne. ② ((해가)) se coucher. ¶ 해가 서산너머로 떨어지기 전에 avant que le soleil ne se couche derrière la montagne. ③ 임무가 맡겨지다 descendre, tomber; être confié(*e*). ¶ 상부에서 명령이 떨어져야 일을 시작할 수 있다 Il faut que les ordres des supérieurs arrivent pour pouvoir commencer le travail. ¶ 그 사람에게 큰 책임이 떨어졌다 Une grande responsabilité lui a été confiée. ④ ((진지나 성 따위가)) tomber entre les mains de *qn*, tomber dans les mains de *qn*, passer en la possession de *qn*, passer aux mains ((de l'ennemi)). ¶ 아군의 요새가 적의 수중에 떨어졌다 Notre forteresse est tombée entre les mains des ennemis. ⑤ 이익이 남다 rester; passer en la possession de *qn*. ¶ 이 값으로 팔면 내게 떨어지는 것이 거의 없다 À ce prix, je ne fais presque aucun bénéfice [je ne gagne quasiment rien]. ¶ 내게는 괜찮은 돈이 떨어졌다 Une somme assez intéressante est passée en ma possession. ¶ 1등상은 내 손에 떨어졌다 Le premier prix m'a été accordé [décerné]. ⑥ 거리를 두고 있다 se détacher, se séparer, s'isoler; être détaché(*e*), séparé(*e*), être isolé(*e*); s'espacer. ¶ 그 사람은 식구들과 (따로) 떨어져서 살고 있다 Il vit séparé [à part] de sa famille. ¶ 그 애는 항상 어머니에게 꼭 붙어서 떨어지지 않는다 Cet(*te*) enfant est fortement attaché(*e*) à sa mère, et ne s'en détache pas. ¶ 도시에서 멀리 떨어진 시골 une campagne très éloignée de la ville. ¶ 여기에서 2킬로 떨어진 곳에 병원이 있다 Il y a un hôpital à 2 km d'ici. ¶ 따로 떨어진 방 Des chambres qui se trouvent éloignées l'une de l'autre. ⑦ 낙방하다 échouer, coller, rater; être éliminé(*e*), recalé(*e*), collé(*e*); 낙선하다 échouer [être battu(*e*), se faire battre] ((aux élections, lors des élections)); remporter [ramasser, prendre] une veste ((aux élections)) {*fam*}, subir [essuyer] une défaite électorale [un échec]; ((작품이)) être refusé(*e*). ¶ 국회의원 선거에서 떨어진 후보자 un(*e*) candidat(*e*) qui s'est fait battre [qui n'a pas été élu(*e*)] aux (élections) législatives, un(*e*) candidat(*e*) malheureux(*se*) aux législatives. ¶ 그 사람은 대학 입학시험에 두 번 떨어졌다 Il a été collé [Il a échoué] deux fois au concours d'entrée à l'université. ⑧ 붙었던 것이 떼어지다 se détacher, se dissocier, se désunir, se décoller, s'en aller, partir, se disjoindre, se diviser, se sectionner, se trancher, se fractionner. ¶ 양복에서 단추 하나가 떨어졌다 Un bouton s'est détaché du costume. ¶ 문에서 손잡이가 떨어져 나갔다 La poignée s'est détachée de la porte. ⑨ ((명성 따위가)) baisser, diminuer, tomber, chuter, s'abaisser; ((명성이)) se ternir, perdre de ((*sa* popularité, *son* crédit)); ((품위가)) se dégrader, se ravaler, s'abaisser; 쇠퇴 décliner; être inférieur(*e*). ¶ 그 소문으로 인해 그의 인기는[명성은] 급속도로 떨어졌다 À cause des rumeurs, sa popularité [sa renommée] a baissé à grande vitesse [est tombée en chute libre]. ⑩ ((값, 수준, 기온 따위가)) tomber, chuter, choir, baisser, dégringoler, s'effondrer. ¶ 열이 떨어졌다 La fièvre est tombée. ¶ 내일은 온도가 영하 2도로 떨어진다 Demain, la température chute à moins 2 degrés [à 2 degrés au-dessous de zéro]. ¶ 속력이 떨어지기 시작한다 On commence à perdre de la vitesse / On commence à rouler moins vite / La circulation commence à ralentir. ¶ 성적이 전보다 많이 떨어졌다 Les notes ont beaucoup baissé par rapport au contrôle [à l'examen] précédent. ¶ 값이 많이 떨어졌다 Les prix ont beaucoup baissé [ont chuté, ont dégringolé, se sont effondrés]. ¶ 그것은 이것에 비해 품질이 훨씬 떨어진다 Ceci est d'une qualité très inférieure comparé à cela. ¶ 금년의 쌀 수확은 평년작보다 떨어진다 La récolte du riz de cette année est inférieure à la moyenne. ¶ 그 사람은 실력이 너보다 떨어진다 Ses compétences sont inférieures aux tiennes / Il est moins bon [moins fort] que toi. ⑪ 없어지다 s'épuiser, venir à manquer, faire défaut, tirer à *sa* fin, se tarir, se vider; ((사람이)) être à court de *qc*, manquer de *qc*, ne plus avoir de *qc*, être démuni(*e*) ((d'argent)); être épuisé(*e*); être à sec. ¶ 쌀이 떨어졌다 Le riz commence à nous manquer / On n'a plus de riz. ¶ 식량이 떨어졌다 On n'a plus de réserves de nourriture / Les réserves de nourriture [Les provisions] commencent à s'épuiser / On est à court de nourriture. ¶ 연료가 떨어졌다 On n'a plus de combustible. ¶ 용돈이 떨어졌다 Je n'ai plus d'argent de poche. ¶ 녹말가루 있어요? - 다 떨어졌는데요 Avez-vous de la farine d'amidon? -Non, le stock est épuisé. ⑫ 해지다 s'abîmer, se détériorer ((à l'usage)), s'user, se dégrader, se délabrer, se casser, se détraquer; être usé(*e*), avachi(*e*), défraîchi(*e*), râpé(*e*), élimé(*e*), déchiré(*e*), fripé(*e*), altéré(*e*), dépenaillé(*e*), en haillons, en lambeaux. ¶ 고무창을 댄 구두는 빨리

떨어진다 Des chaussures avec une semelle en caoutchouc s'usent vite. ¶ 다 떨어진 외투 un manteau complètement râpé. ⑬ ((병이나 습관 따위가)) être débarrassé(*e*) de *qc*; se détacher de *qn*. ¶ 감기가 겨우 떨어졌다 Je suis enfin débarrassé(*e*) [libéré(*e*), guéri(*e*)] de mon rhume [de ma crève {*fam*}] / Enfin, je ne suis plus enrhumé(*e*) [grippé(*e*)]. ¶ 정이 ~ se détacher de *qn* ((sur le plan affectif)). ¶ 이제 나는 그 남자[그 여자]에게 정이 떨어졌다 Maintenant, je ne l'aime plus [je n'ai plus aucun sentiment pour cette personne, je suis devenu(*e*) complètement indifférent(*e*) à son égard] / Maintenant, il(elle) me dégoûte. ¶ 정 떨어지게 굴다 se comporter de manière détestable. ⑭ 나눗셈 ((un chiffre)) être arrondi(*e*). ¶ 10은 2로 나누어 떨어진다 10 divisé par 2 font un compte rond. ⑮ 유산되다 faire une fausse couche. ¶ 깜짝이야, 애 떨어지겠네 Quelle peur m'as-tu faite! / Qu'est-ce que tu m'as fait peur! / Quelle trouille tu m'as fichue {*fam*}!

떨어트리다 타 ☞ 떨어뜨리다

떨이 명 vente *f* au rabais; solde *m*, liquidation *f* ((d'un stock)); marchandises *fpl* vendues à bas prix. ¶ 사과를 ~로 싸게 사다 acheter des pommes au rabais.

떨치다 재타 ① 떨어지게 하다 se débarrasser, se dégager, se délivrer, se libérer (d'un geste violent), repousser *qn*. ¶ 매달리는 여인을 떨쳐 버리고 그 사람은 냉정하게 떠났다 Il est parti froidement en repoussant la femme qui s'accrochait à lui. ② 생각 따위를 없애다 supprimer, éliminer, se débarrasser de *qc*, évacuer. ¶ 그 사람은 불길한 생각을 떨쳐 버릴 수가 없었다 Il ne pouvait pas se débarrasser de ses idées lugubres. ③ 이름 따위를 알리다 se faire connaître, acquérir [se faire] une renommée, jouir d'une grande réputation. ¶ 세상에 이름[명성]을 ~ acquérir [se faire] une renommée universelle. ¶ 늦더위가 맹렬한 기세를 떨치고 있다 La chaleur tardive est à son comble. ④ 힘있게 행동하다 se lever [agir] avec force [avec énergie]. ¶ 청년 학생들이 떨쳐[떨치고] 일어설 때다 C'est le moment pour les jeunes étudiants d'agir énergiquement.

떫다 형 être âpre au goût. ¶ 감이 덜 익어서 맛이 ~ Les kakis, n'étant pas assez mûrs, ont un goût âpre. ¶ 떫은 맛 un goût âpre.

***떫은 표정을 짓다** faire mauvaise figure.

떳떳하다 형 être loy*al*(*ale, aux*); être juste, équitable; être digne; être sans détours, être fran*c*(*che*). ¶ 그건 떳떳한 일[행동]이 아니다 Ce n'est pas honnête [une attitude franche, un comportement loyal]. ¶ 나는 잘못한 것이 없으니 ~ Comme je n'ai rien fait de mal, je reste digne. ¶ 상대방을 반칙으로 이기는 것은 떳떳지 못하다 Remporter la victoire sur l'adversaire en enfreignant les règles n'est pas honnête. ¶ 떳떳지 못한 승리 une victoire déloyale. ¶ 떳떳하게 싸우기 바란다 Je souhaite que le combat soit loyal.

◆**떳떳이** 부 fièrement; à découvert; à visage découvert; de pied ferme; honorablement; à juste titre; justement.

떵떵거리다 재 ① 호화롭게 살다 manifester *qc* avec fierté; mener un grand train de vie, mener un train de vie luxueux [princier], vivre [nager] dans l'opulence; ne se priver de rien. ¶ 우리도 이제 떵떵거리며 살고 싶다 Nous aussi avons envie de vivre dans le luxe [dans l'opulence]. ② 큰소리 치다 crier à haute voix, dire avec grandiloquence [avec emphase, avec prétention]. ¶ 그 사람은 걱정할 것 없다고 나에게 떵떵거렸다 Il m'a dit avec grandiloquence qu'il n'y avait plus lieu [plus de raison] de s'inquiéter. ¶ 그 사람은 모든 일에 떵떵거리는 버릇이 있다 Il a l'habitude de parler de toutes choses avec grandiloquence.

떵떵대다 재 ☞ 떵떵거리다

떼[1] 명 ((무리)) troupe *f*, groupe *m*, bande *f*; ((폭도들의)) horde *f* (d'émeutiers); ((군집)) foule *f*; ((가축의)) troupeau(*x*) *m* (de moutons); ((새의)) volée *f* (d'oiseaux); ((물고기)) banc *m* (de poissons); ((벌레)) essaim *m* (d'abeilles). ¶ 개[양, 개미, 소, 도적] ~ une meute de chiens [un troupeau de moutons, une colonie de fourmis, un troupeau de vaches, une bande de voleurs]. ¶ ~로 몰려오다 venir en foule [en masse, en groupe, en troupe, en bande], affluer. ¶ ~(를) 짓다[이루다] se grouper, se rassembler, s'attrouper, se concentrer en tas [*fam*], se masser, se réunir en masse, s'agglutiner en masse. ¶ ~를 지어 몰려오다 venir en masse, arriver par milliers, débarquer en bandes. ¶ 그 사람들은 두 세 사람씩 ~를 지어 춤을 추었다 Ils ont dansé par groupes de deux ou trois. ¶ 너희들이 ~를 지어 덤벼도 그 분을 당하지 못한다. Même si vous vous jetiez sur lui tous ensemble, vous ne seriez pas de taille.

◆_**강도** -强盜 명 groupe *m* de cambrioleu*rs*(*ses*), de voleu*rs*(*ses*), de brigands.

떼[2] 명 잔디 gazon *m*; motte *f* de gazon. ¶ ~를 뜨다 enlever des mottes de gazon. ¶ 무덤에 ~를 입히다 poser du gazon sur une tombe.

◆_**ㅅ장** 명 carré *m* de gazon.

떼[3] 명 고집 entêtement *m*, opiniâtreté *f*, obstination *f*. ¶ 그 동안 너 ~가 많이 늘었구나. Tu es devenu(*e*) très têtu(*e*) depuis la dernière fois qu'on s'est vu(*e*)s.

◇_**를 쓰다** ((enfant)) casser les pieds à *qn*; importuner *qn*; faire une crise. ¶ 그 아이는 자기 어머니에게 집에 가자고 ~를 쓴다 L'enfant pique une crise de colère devant [fait une crise à] sa maman pour rentrer à la maison. ¶ ...다고 ~를 쓰다 insister pour faire *qc*, s'entêter à vouloir faire *qc*, faire une crise à *qn* [importuner *qn*, casser les pieds à *qn*] pour obtenir *qc*. ¶ 아들 녀석이 장난감을 사 달라고[유치원에 안 가겠다고] ~를 썼다 Mon fils a piqué une crise pour que je lui achète un jouet [Il a fait une crise pour ne pas aller à l'école maternelle [à la maternelle].

◆_거지 obstination *f,* entêtement *m.* ¶ 그 녀석 ~거지가 대단해 Son obstination, c'est vraiment quelque chose! / Il est têtu comme une mule.

떼거리 명 troupe *f* ((d'hommes)); groupe *m,* bande *f* ((de voleurs, de loups affamés)). ¶ 불량배들이 ~로 몰려다니고 있다 Les brebis galeuses se promènent en troupeau. ¶ 그 사람들은 경찰에게 ~로 일시에 달려들었다 Ils se sont jetés en masse d'un seul homme [d'un seul coup] sur le policier.

떼거지 명 bande *f* de mendiants. ¶ 내가 사업에 실패했더라면 모든 식구들이 ~가 될 뻔했다 Si j'avais fait faillite, toute ma famille aurait été réduite à la mendicité / Il s'en est fallu de peu que je ne fasse faillite et que toute ma famille ne se retrouve à la rue.

떼구루루 부 en roulant ((idéophone exprimant le mouvement d'un objet rond qui roule)). ¶ 공이 ~ 굴러간다 Une balle roule.

떼굴떼굴 감 en roulant ((idéophone évoquant un objet qui roule)). ¶ 구슬이 마루바닥 위를 ~ 굴러갔다 Les perles[billes] roulaient sur le plancher.

떼꾼하다 형 ☞ 때꾼하다

떼내다 타 ① décoller *qc* de *qc,* retirer *qc* de *qc,* enlever *qc* de *qc,* ôter *qc* de *qc,* arracher *qc à qn.* ¶ 고깃덩이에서 기름을 ~ enlever [retirer] du gras d'un morceau de viande. ② 떨어지게 하다 séparer *qc/qn* de *qc/qn,* désunir *qc;* détacher *qc,* enlever *qc* de *qc,* faire tomber *qc.* ¶ 나는 그의 옷에 붙은 머리카락을 떼내어 주었다 Je lui ai enlevé les cheveux qui étaient collés à son vêtement / J'ai enlevé les cheveux de son vêtement. ③ 따로 불러내다 appeler *qn* à part. ¶ 그는 나를 슬그머니 떼내어 뒷골목으로 불렀다 Il m'a discrètement appelé à part dans une petite ruelle. ④ 분리하다 retirer ((une partie d'un tout)). ¶ 오늘 번 돈에서 얼마를 떼내어 불우이웃을 도왔다 J'ai retiré [pris] un peu d'argent de ma paye d'aujourd'hui pour aider les personnes défavorisées.

떼놓다 타 ① 갈라놓다 retirer *qc/qn* de *qc,* ôter *qn* à *qn* ((un enfant à sa mère)), enlever *qc/qn* de *qc,* séparer *qc/qn* de *qc/qn* ((le blanc du jaune, l'enfant de sa mère)), couper [isoler] *qn* de *qn* ((la fille de *ses* amis)); laisser ((un enfant chez *qn*)). ② 경주에서 dépasser ((*qn* à la course, une voiture)); devancer; distancer ((ses rivaux)); semer *qn* {*fam*}; laisser *qn* derrière *soi.* ☞ 떼어놓다

떼다 타 ① 떨어지게 하다 ôter, enlever, débarrasser, détacher, désunir, disloquer, disjoindre, séparer, arracher, couper, écarter, séparer, espacer, déclouer, défaire, soustraire, défalquer, retirer. ¶ 벽에서 벽보를 ~ décoller du mur des affiches. ¶ 궤짝의 널빤지를 ~ détacher les lattes d'un cageot [d'une cagette] ((probablement pour allumer un feu)). ¶ 그 사람은 빵을 한 점 떼어 입으로 가져갔다 Il a arraché une miette de pain et l'a mise dans sa bouche. ¶ 상의에 달고 있던 명찰을 ~ détacher le nom qu'on porte sur la veste. ② 분리하다 détacher, éloigner, trancher, couper, dissocier, prélever. ¶ 그 사람은 술잔을 입에서 떼지 않고 죽 마셨다 Il a bu en continu sans éloigner le verre de sa bouche. ¶ 신장을 떼어 내어 이식 수술을 하다 prélever un foie pour effectuer une transplantation chirurgicale. ¶ 그 여자는 슬며시 얼굴에서 두 손을 뗐다 Discrètement, il a éloigné ses mains de son visage. ¶ 문학 작품은 시대와 떼어서 생각할 수 없다 On ne peut pas concevoir [imaginer] une œuvre littéraire dissociée de son temps [de son époque]. ③ ((시선을)) détacher ((*son* regard de *qn*)). ¶ 눈[눈길, 시선]을 ~ détacher le regard. ¶ 망원경에서 눈을 ~ détacher son regard des jumelles ¶ 나는 그녀에게서 눈을 뗄 수 없었다 Je ne pouvais détacher mon regard d'elle. ④ 말을 시작하다 ouvrir ((la bouche pour commencer à parler)). ¶ 입[말문]을 ~ commencer à parler. ⑤ ((정을)) se détacher de *qn* ((sur le plan affectif)). ¶ 그 아이와 정을 떼기가 힘들구나 Il m'est difficile de me détacher de cet enfant. ⑥ 관계 따위를 끊다 se retirer d'une affaire, se séparer, abandonner, délaisser, renoncer à *qc.* ¶ 그 둘은 이제 뗄래야 뗄 수 없는 관계가 되었다 Ces deux-là sont devenus inséparables. ¶ 딸을 떼어놓고 그 여자는 떠나버렸다 Elle est partie en abandonnant sa fille. ⑦ ((걸음을)) se déplacer, poser, faire (quelques pas). ¶ 걸음을 ~ se déplacer (de quelques pas). ¶ 몇 발자국 채 떼기도 전에 그 사람은 다시 쓰러졌다 Avant même d'avoir fait quelques pas, il est tombé de nouveau. ⑧ 봉한 것을 분리시키다 détacher, ouvrir, défaire, déballer, dégager, dégrafer, délacer, délier, dénouer, dépaqueter, déplier. ¶ 봉투를 떼어 보다 ouvrir une enveloppe et en regarder le contenu. ⑨ 일부분을 덜어 내다 soustraire, déduire, prélever, décalquer, réduire, trancher, couper, retirer, détourner, ravir, subtiliser, défalquer, rogner, s'approprier. ¶ 그 사람은 월급에서 돈을 조금씩 떼어 저축했다 Il prélevait une petite somme sur son salaire, et l'épargnait. ¶ 주인은 가불한 만큼은 떼고 내게 봉급을 주었다 Le patron m'a donné mon salaire après avoir déduit la somme égale à mon avance [à mon crédit]. ¶ 월급 받은 것에서 이것저것 떼고 나면 남는 게 별로 없다 Si je retranche ceci et cela de mon salaire, il ne me reste pas grand-chose. ¶ 땅을 떼어 팔다 soustraire un morceau de terre et le vendre. ¶ 도매상에서 물건을 떼어다가 팔다 vendre des marchandises après les avoir achetées auprès d'un grossiste. ⑩ ((문서, 증서 따위를)) délivrer, faire délivrer, faire tirer, tirer, obtenir ((un papier administratif, un certificat)). ¶ 진단서를 ~ faire délivrer un certificat médical. ¶ 호적 등본을 ~ faire délivrer une copie de l'état civil. ¶ 재학[졸업, 성적,

학위, 수료] 증명서를 ~ obtenir [faire délivrer] un certificat de scolarité [un certificat de fin d'études, un relevé des notes, un diplôme, un certificat d'assiduité]. ¶ 전표를 ~ tirer un bon. ¶ 누구 앞으로 수표[어음]를 ~ tirer [émettre, établir] un chèque [une lettre de change] à l'ordre de *qn*. ⑪ 끝내다, 마치다 achever, terminer, finir. ¶ 책을 한 권 다 ~ achever (d'apprendre, de lire) un livre [un manuel]. ¶ 그 사람은 세 살 때 한글을 다 떼고 책을 읽었다 Il a terminé l'apprentissage du *hangeul* à l'âge de trois ans, et lisait des livres. ⑫ (반복하던 일을) 그만두다 cesser, interrompre, arrêter, stopper. ¶ 젖[아편, 마약]을 ~ arrêter l'allaitement, être sevré(*e*) [se sevrer de l'opium; se sevrer de la drogue, arrêter la drogue]. ⑬ 병에서 벗어나다 guérir ((d'une maladie)). ¶ 요즘 감기는 독해서 떼기가 쉽지 않다 Ces jours-ci, la grippe est très tenace, et il n'est pas facile d'en guérir. ⑭ 유산시키다 avorter. ¶ 애를 ~ avorter (d'un enfant).

***손을** ~ se retirer de. ¶ 사업에서 손을 ~ se retirer des affaires.

***시치미를** ~ agir avec dissimulation; user de dissimulation; feindre [faire semblant] de ne rien comprendre [de ne pas savoir]; faire l'ignorant(*e*) [l'innocent(*e*)], feindre l'ignorance, faire semblant d'ignorer ou d'avoir oublié une promesse; faire comme si de rien n'était. ¶ 시치미 떼지 말고 사실대로 말해 Ne fais pas comme si de rien n'était [Ne fais pas semblant de ne rien savoir], dis la vérité!

***운을** ~ ☞ 운²

***학을** ~ être dégoûté(*e*) de *qn*/*qc*. ¶ 나는 그 여자에게 학을 뗐다 J'ai été dégoûté(*e*) d'elle / Elle m'a dégoûté(*e*).

떼돈 명 gros lot *m;* jackpot *m;* fortune *f.* ¶ ~을 벌다 gagner le gros lot [le jackpot]; réussir un beau coup; rapporter gros; faire beaucoup d'argent [un argent fou]; faire *son* beurre {*fam*}; faire fortune; ramasser un joli paquet ((avec cette affaire)) {*fam*}.

떼먹다 타 ((‘떼어먹다’의 준말)) ☞ 떼어먹다

떼밀다 타 pousser. ¶ 나는 싫다는 아이의 등을 억지로 떼밀어 치과에 데리고 갔다 J'ai traîné mes enfants de force chez le dentiste / J'ai poussé chez le dentiste les enfants réfractaires.

떼쓰다 자 insister pour faire *qc*; s'entêter à vouloir faire *qc*; faire une colère [importuner *qn*, casser les pieds à *qn*] pour obtenir *qc*. ¶ 장난감 가게 앞에서 떼쓰는 어린아이 un enfant qui fait une colère devant un magasin de jouets (pour qu'on lui achète un jouet); un enfant qui pique une crise devant un magasin de jouets {*fam*}.

떼어놓다 타 ① 분리하다 détacher, décoller, séparer, départager, couper. ¶ 책상과 의자를 ~ séparer le bureau de la chaise. ¶ 그 남자와 그 여자를 떼어놓을 수는 없다 Il est impossible de le séparer d'elle. ¶ 형제를 ~ séparer des frères. ¶ 아이를 부모에게서 ~ détacher un enfant de *ses* parents. ¶ 두 사람을 어떻게 해서든지 떼어놓으려고 했지만 허사였다 De quelque manière que ce soit, j'ai essayé de séparer ces deux personnes, mais en vain. ¶ 싸우는 사람은 일단 떼어놓아야 한다 Il faut d'abord séparer deux personnes qui se battent. ¶ 오직 죽음만이 그들을 떼어놓을 수 있을 것이다 Seule la mort pourra les séparer. ② 남겨 두다 laisser ((un enfant chez *qn*)), délaisser, abandonner. ¶ 아이를 외가 시골에 ~ laisser un enfant chez ses grands parents maternels à la campagne. ¶ 그들은 나를 거기다 떼어놓으려고 했다 Ils ont tenté de m'abandonner là. ¶ 기차는 2량의 객차를 그 역에 떼어놓았다 Le train s'est séparé de deux voitures, et les a laissées dans cette gare. ③ 같이 있어야 하는 것을 떨어뜨려 놓다 séparer. ¶ 한 구조를 이루는 성분들을 떼어놓고 보면 각각은 전혀 다르게 보인다 Si on observe les éléments qui composent une structure après les avoir séparés, chaque élément apparaît complètement différent. ¶ 이 둘은 서로 떼어놓고 생각할 수 없는 문제이다 C'est un problème sur lequel on ne peut pas réfléchir en séparant [en dissociant] ces deux choses. ¶ 경제 발전과 민주화는 떼어놓을 수 없는 함수 관계를 가지고 있다 Le développement économique et la démocratisation forment un rapport d'équation indissociable. ④ ((발걸음을)) mettre, se déplacer. ¶ 그 사람은 발걸음을 떼어놓기 시작했다 Il commença à se déplacer lentement. ⑤ ((돈 따위를)) trancher [prélever] *qc* et le mettre de côté. ¶ 그 사람은 매달 월급에서 적금 부을 돈은 미리 떼어놓는다 À chaque début de mois, il prélève de son salaire une somme pour l'épargne. ⑥ 육상 경기 따위에서 상대방과 거리를 두다 distancer ((*ses* concurrents, *ses* rivaux)), devancer, dépasser, semer {*fam*}, décrocher ((le peloton dans une échappée)), décoller ((du peloton)), faire cavalier seul. ¶ 그 사람은 경쟁자들을 떼어놓고 독주를 했다 Il courait seul loin devant ses rivaux / Il faisait la course seul en tête.

떼어먹다 타 ① 조금씩 먹다 manger un morceau (qu'on a enlevé d'un tout), grignoter ((un biscuit)). ¶ 바게트를 조금씩 ~ grignoter une baguette. ② 횡령하다 détourner ((des fonds)), voler, dévier, débaucher, ravir, dérober, piller, escroquer; filouter *qc* à *qn*[*qn* de *qc*] {*vx*}; s'approprier l'argent de la compagnie, ((공금을)) faire une malversation. ¶ 자금[월급]을 ~ détourner des fonds [les salaires]. ③ 빚 외상 따위를 갚지 않다 laisser *ses* dettes impayées, ne pas rembourser, filer {*fam*} (à l'anglaise) [se sauver, s'en aller, partir en douce, partir à l'anglaise] sans payer ((*son* dû, le repas, une consommation)), commettre une grivèlerie. ¶ 빚[외상값]을 ~ laisser *ses* dettes impayées, ne pas rembourser une dette [ne pas rembourser des crédits].

떼이다 타 ① ((돈을)) perdre ((une somme d'argent qu'on avait prêtée)), se faire escroquer, se faire dérober, se faire voler, se laisser prendre *qc* ((par un voleur à la tire)). ¶ 빚[외상값, 계약금]을 ~ se faire escroquer l'argent prêté [les crédits, un acompte]. ¶ 그 사람은 돈을 믿고 빌려주었다가 전부 다 떼였다 Il a prêté de l'argent à quelqu'un en lui faisant confiance, mais il s'est totalement fait escroquer [arnaquer {*fam*}]. ② ((남에게 빌린 땅을)) se faire priver; être privé(*e*) de. ¶ 소작하던 땅을 ~ se faire priver de *ses* terres en fermage.

떼죽음 명 hécatombe *f*, carnage *m*, tuerie *f*. ◇_을 **하다[당하다]** être décimé(*e*). ¶ 수질 오염으로 물고기들이 ~을 당했다 La contamination de l'eau a décimé tous les poissons.

떼치다 타 ① 억지로 떨어지게 하다 faire retirer [lâcher] *qc* de force. ¶ 그녀는 그의 억센 손아귀를 떼치려고 노력했다 Elle a tout fait pour lui faire retirer [lâcher] sa main (pour l'obliger à retirer sa main) / Elle a tout essayé pour lui faire lâcher prise. ② 남겨두다 laisser ((un enfant chez *qn*)). ¶ 어떻게 어린아이를 떼치고 떠날 수가 있단 말인가? Comment peut-on partir en laissant (en ayant laissé) un enfant en bas âge [sans son enfant en bas âge]? ③ 거절하다 refuser ((une demande)), repousser ((l'aide de *qn*)); rejeter ((une proposition)); faire rebrousser chemin à *qn*. ¶ 나는 차마 어머니의 요청을 떼칠 수가 없었다 Je ne pouvais pas refuser la demande [requête] de ma mère. ④ ((어떤 생각, 관계를)) chasser ((des pensées)); couper ((des liens)). ¶ 나는 아쉬움을 도저히 떼쳐 버릴 수가 없었다 Je n'arrivais pas du tout à chasser mes regrets. ¶ 모자간의 정을 ~ couper les liens (d'intimité) entre mère et enfant(*s*). ¶ 동행자를 ~ rompre avec *son* partenaire, se séparer de *son* compagnon, casser avec *son* partenaire {*fam*}.

뗏목 명 radeau(*x*) *m*. ¶ ~을 엮다[만들다] construire un radeau. ¶ ~을 타고 강을 건너다 franchir une rivière sur un radeau. ¶ 벌목한 나무들을 ~에 싣다 charger des coupes d'arbre sur un radeau.

뗏장 명 carré *m* de gazon. ¶ ~을 뜨다 enlever des carrés de gazon.

또 부 ① 거듭 à nouveau, encore; une fois de plus. ¶ ~ 실수를 했다 faire une nouvelle faute. ¶ 그런 비극이 ~ 생기다니 Qu'une telle tragédie se reproduise (c'est incroyable)! ② 그 밖에 다시 en plus, de plus; en outre. ¶ ~ 어떤 일이 벌어질까 두렵다 J'ai peur qu'il ne se produise encore quelque chose.

또는 부 ou bien (alors). ¶ 필요한 게 이것인지 ~ 저것인지 분명치 않다 Ce n'est pas clair, ce qui est vraiment nécessaire.

또다시 부 encore, à nouveau, de nouveau. ¶ 비가 ~ 온다 Il pleut encore [à nouveau].

또랑또랑하다 형 être très clair(*e*); être distinct(*e*), brillant(*e*); ((esprit)) être pétillant(*e*). ¶ 또랑또랑한 목소리로 말하다 parler à haute et intelligible voix. ¶ 또랑또랑한 눈망울 un œil vif [pétillant].

또래 의명 du même âge; de même âge; de même taille. ¶ 이 동네에서 우리 아들은 제 ~의 친구들이 없다 Dans ce quartier, notre fils n'a pas d'ami du même âge / Il n'y a pas d'enfant de l'âge de mon fils dans ce quartier. ¶ 제 ~의 아이들과 어울려 놀다 s'amuser avec des enfants de *son* âge. ¶ 나와 같은 ~의 사람들은 전쟁을 경험하지 못했다 Les gens de mon âge n'ont pas connu la guerre / Les gens de mon âge n'ont pas pu faire l'expérience de la guerre.

또렷또렷 부 avec exactitude; correctement; clairement; distinctement, nettement, de manière distincte. ¶ ~ 발음하다 prononcer correctement; bien prononcer; prononcer avec exactitude, prononcer distinctement.

◆_**하다** 형 être clair(*e*), net(*te*), distinct(*e*), précis(*e*); être fluide, dégagé(*e*); être intelligent(*e*). ¶ ~한 목소리로 말하다 parler d'une voix distincte. ¶ 아이들의 ~한 눈망울 l'œil pétillant [clair, limpide] des enfants.

또렷이 부 clairement, avec clarté, parfaitement. ¶ ~ 기억하다 se souvenir parfaitement. ¶ 문 넘어로 그의 목소리가 ~ 들렸다 On entend clairement sa voix de l'autre côté de la porte.

또렷하다 형 être clair(*e*), distinct(*e*), net(*te*), vif(*ve*). ¶ 나이는 많지만 그 분은 아직도 정신이 ~ Il n'est plus très jeune, mais il est encore vif d'esprit. ¶ 소음이 심해서 네 목소리가 또렷하게 들리지 않는다 La ligne est très mauvaise [brouillée], je ne t'entends pas clairement [très bien, distinctement]. ¶ 나는 아직도 그 분과 여행하던 기억이 ~ Le souvenir de mon voyage avec lui est encore frais dans ma mémoire.

또박또박 부 précisément, avec clarté; parfaitement. ¶ ~ 받아쓰다 écrire à la lettre (ce qu'*on* entend), (re)transcrire chaque mot (que l'*on* entend). ¶ ~ 말대꾸하다 répliquer[répondre] à chaque parole.

또순이 명 (petite) élève *f* [travailleuse *f*] modèle au comportement remarquable ((terme affectueux désignant une (jeune) fille qui, tout en travaillant pour payer sa vie et ses études, est une élève modèle au comportement remarquable)).

또아리 명 ☞ 똬리

또한 부 aussi, par ailleurs, en outre, du reste; qui plus est. ¶ 그 ~ 그 사실을 몰랐다 Par ailleurs il ignorait ce fait.

똑 부 ① 부러지는 소리나 모양 d'un coup; avec[dans] un bruit sec, crac. ¶ 연필이 ~ 부러졌다 Le crayon s'est brisé d'un coup. ② 물방울 따위가 가볍게 떨어지는 소리 un(*e*) à un(*e*), toc. ¶ 천정에서 물방울이 ~~ 떨어졌다 Des gouttes d'eau tombent une à une du plafond. ③ 가볍게 두드리는 소리 toc (toc). ¶ ~~~ 노크 소리가 났다 On entendit frapper fort à la porte. ④ 계속되던 것이 갑자기 그치는 모양 d'un coup, brusquement; net. ¶ 그녀한테 정이 ~ 떨어졌다 Toute mon affection pour elle a disparu

ㄷ

d'un coup.

*~ **부러지게 똑똑하다** être très intelligent(*e*).

똑같다 형 être identique, pareil(*le*), la même chose, kif-kif (bourricot) {*fam*}, bonnet blanc et blanc bonnet, du pareil au même; se ressembler comme deux gouttes d'eau. ¶ 똑같은 일을 반복하다 faire toujours la même chose, répéter la même chose. ¶ 똑같은 시간을 일하고 똑같은 돈을 받는다 À travail égal, salaire égal. ¶ 그 분의 강의 내용은 작년과 ~ Le contenu de son cours est exactement identique à celui de l'an passé. ¶ 그 분은 나와 생각이 ~ Nous avons la même opinion / Nous pensons exactement la même chose. ¶ 이 견본과 똑같게 만들어주세요 Faites exactement comme sur le modèle.

◆**똑같이** 부 tout à fait de la même manière [de la même façon]. ¶ 동생이 형하고 똑같이 생겼다 Les deux frères se ressemblent comme deux gouttes d'eau. ¶ 자식들에게 재산을 똑같이 나눠 주다 distribuer un héritage à *ses* enfants en [à] parts parfaitement égales.

똑똑하다 형 ① 총명하다 être intelligent(*e*), brillant(*e*). ¶ 똑똑한 아이 un(*e*) enfant intelligent(*e*) [brillant(*e*)]. ¶ 너 참 똑똑하구나 Tu es vraiment très intelligent(*e*)! / Toi, vraiment, qu'est-ce que tu es intelligent(*e*)! ¶ 그 집은 아이를 아주 똑똑하게 키웠더라구 Je vois que chez eux leurs enfants sont intelligents, c'est dû à l'éducation / Dans cette maison l'éducation a rendu les enfants intelligents. ② 또렷하고 분명하다 être clair(*e*), net(*te*), distinct(*e*). ¶ 똑똑한 발음으로 읽다 lire à haute et intelligible voix. ¶ 주위가 너무 시끄러워서 네 목소리가 똑똑하게 들리지 않아 L'endroit est si bruyant[Il y a tellement de bruit autour de moi] que je ne t'entends pas clairement[distinctement, très bien].

똑똑히 부 ① 또렷하게 nettement, précisément, clairement, distinctement. ¶ 그때 그의 목소리가 ~ 들렸다 À ce moment, on entendit nettement sa voix. ② 사리에 맞게 bien, convenablement. ¶ 일을 ~ 처리해야 한다 Il faut faire son travail comme il faut [bien convenablement].

똑바로 부 ① 곧게 (tout) droit. ¶ ~ 서! Tiens-toi droit! ② 분명하게 bien, précisément, clairement. ¶ 사실대로 ~ 말해! Dis toute la vérité! ¶ ~ 살아라 Ne fais pas de bêtise! / Sois honnête (dans ta vie)!

똑바르다 형 être droit(*e*), direct(*e*), d'aplomb; être loy*al*(*ale*,*aux*), équitable; être franc(*che*), sans détours; être carré(*e*), sincère. ¶ 똑바른 말 한 마디 못하는 주제에 quand on est incapable de parler franc [de parler d'une façon directe]. ¶ 그 분은 생각이 똑바른 사람이다 C'est une personne qui a l'esprit droit / C'est quelqu'un de sincère.

똘똘 부 ① ((onomatopée évoquant le bruit d'une chose que l'on roule ou son aspect)). ¶ 종이를 ~ 말다 enrouler une feuille de papier. ☞ 돌돌 ② ((onomatopée évoquant un amas d'objets ou un groupe de personnes mêlés les uns aux autres)) ¶ 모두 ~ 뭉쳐야 산다 Il faut que nous soyons bien unis.

똘똘이 명 enfant *mf* intelligent(*e*) [éveillé(*e*), mal*in*(*gne*), futé(*e*)].

똘똘하다 형 ((enfant)) être intelligent(*e*), brillant(*e*); être malin(*gne*). ¶ 똘똘한 아이 un(*e*) enfant éveillé(*e*) [intelligent(*e*), brillant(*e*)]. ¶ 똘똘한 학생 몇 명만 있으면 이 일을 할 수 있겠다 Si j'avais quelques étudiants brillants, je pourrais réaliser ce travail. ¶ 그 아이의 똘똘한 태도에 나는 감탄했다 J'ai été stupéfait(*e*) par l'attitude éveillée de cet(*te*) enfant. ¶ 그 녀석 참 똘똘하게 생겼다 Ce polisson a l'air bien dégourdi. ¶ 그 아이가 똘똘하게 대답한다 Cet(*te*) enfant répond intelligemment.

똘마니 명 subordonné(*e*), subalterne *mf*; inférieur *m;* sous-fifre *m,* sous-ordre *m.*

똥 명 ① excrément *m,* selles *fpl*, crotte *f* {*fam*}, merde *f* {*vulg*}; bouse *f* (de vache), crottin *m* (de cheval), fiente *f* (d'animal). ¶ ~을 누다[싸다] faire caca, faire *ses* besoins, aller à la selle, chier {*vulg*}. ¶ ~이 마렵다 avoir envie de faire *ses* besoins [de se soulager, d'aller à la selle, de faire caca]. ¶ ~이나 먹어라 Va te faire voir (chez les Grecs)! {*fam*} / Va te faire fiche! {*fam*} / Va te faire cuire un œuf! {*fam*} / Va voir là-bas si j'y suis! {*fam*} / Va te faire foutre [mettre, enculer] {*vulg*}! / Va te faire {*vulg*}. ② *ttong m* <carte au *hwatu* (화투) qui n'a aucune valeur>. ¶ 에라이 ~이다 Zut, j'ai tiré un *ttong*!

*~ **누러 갈 적 마음 다르고, 올 적 마음 다르다** Tout s'oublie une fois le danger passé.

*~**이 무서워서 피하나, 더러워서 피하지** La merde, ça éclabousse.

*~ **묻은 개가 겨 묻은 개 나무란다** C'est l'hôpital qui se moque de la charité / La pelle se moque du fourgon / voir la paille dans l'œil de *son* prochain[*son* voisin, *son* frère] et ne pas voir la poutre qui est dans le sien (Bible, Luc 6, 41).

*~ **묻은 속옷을 팔아서라도** ... La fin justifie les moyens / Qui veut la fin, veut les moyens.

*~**오줌을 [못] 가리다** Il est trop jeune pour se mêler de quoi que ce soit / C'est un blanc-bec {*fam*}.

◆**_값** 명 une bagatelle *f,* une bouchée *f* de pain, trois francs *mpl* six sous, (à) vil prix, des crottes *fpl* de bique.

◆**_개** 명 bâtard *m* [corniaud *m*]; chienne *f* bâtarde.

◆**_구멍** 명 anus *m,* trou *m* de balle {*fam*}, trou *m* du cul {*vulg*}.

◆**_끝** 명 【비어】 fin *f* de la première déjection de matière fécale.

*안달이 나서 ~끝이 타다 être inqui*et*(*ète*), soucieux(*se*), tourmenté(*e*), angoissé(*e*); être dévoré(*e*) d'inquiétude; être impatient(*e*); s'impatienter; brûler d'impatience; être agité(*e*), nerveux(*se*); ne pas tenir en place (ne pas arrêter de gigoter); être sur des charbons ardents.

◆_물 명 eau(*x*) *f* excrémenteuse(*s*).

◆_바가지 명 seau(*x*) *m* ((pour vider les excréments)).

◆_배 명 ventre *m* rebondi, bedaine *f* {*fam*}; brioche *f* {*fam*}.

◆_싸개 명 petit(*e*) enfant *mf*; nourrisson *m*.

◆_줄 명

*~줄(이) 빠지다 être très pressé(*e*); être terrifié(*e*) de peur; se sauver effrayé(*e*); avoir le feu aux fesses {*fam*}. ¶ 그는 나를 보자 ~줄 빠지게 달아났다 Quand il m'a vu(*e*), il a pris ses jambes à son cou.

*~줄이 타다 être inquiet(*iète*), soucieux(*se*), tourmenté(*e*), angoissé(*e*); être dévoré(*e*) d'inquiétude; être impatient(*e*); s'impatienter; brûler d'impatience; ne plus pouvoir se tenir.

◆_질 명 évacuation *f* anormalement fréquente des excréments, défécation *f* fréquente.

◆_차 -車 명 ① 분뇨수거차 camion(-citerne) *m* de vidange des fosses septiques. ¶ 오늘 아침에 ~차가 와서 ~을 퍼 갔다 Le camion(-citerne) *m* de vidange des fosses septiques est passé ce matin. ② 낡은 차 vieux tacot *m*, chignole *f*, guimbarde *f*, vieille bagnole *f* {*fam*} [caisse *f* {*fam*}] (bonne pour la casse {*fam*}), tas *m* de ferraille [de boue] {*fam*}, vieille carcasse *f*, vieille casserole *f* {*fam*}. ¶ 그는 10년이나 된 ~차를 폐차시키고 새 차를 샀다 Il a mis son vieux tacot à la casse et a acheté une nouvelle voiture. ③ homme *m*(femme *f*) qui ne peut se marier parce que son(sa) frère(sœur) aîné(*e*) ne s'est pas encore marié(*e*) ((coutume coréenne selon laquelle les aînés doivent se marier avant leurs cadets)); ((승진에 관련된)) personne *f* qui attend en vain *sa* promotion ((car son aîné n'a pas encore été promu)). ¶ 나이 서른이 되자 그 여자는 사람들로부터 ~차 대접을 받았다 Arrivée à la trentaine, on la considéra comme une vieille fille.

*~차가 밀리다 ne pas pouvoir se marier [ne pas pouvoir être promu(*e*)] à cause de *son* aîné(*e*). ¶~차가 밀려서 결혼을 못 하고 있다 Mon frère aîné [Ma sœur aînée] ne s'étant toujours pas marié(*e*), je ne peux pas me marier / Je ne peux pas me marier à cause de mon grand-frère [à cause de ma grande sœur].

◆_칠 -漆 명 barbouillage *m*, croûte *f*, étalage *m* de merde {*vulg*}; ignominie *f*, déshonneur *m*; tache *f* de merde. ¶ ~칠(을) 하다 porter atteinte à l'honneur de *qn*; déshonorer *qn*; tacher le nom de *qn*; souiller [ternir] le nom [l'honneur, la réputation de *qn*]; salir la réputation de *qn*; entacher l'honneur de *qn*; traîner *qn* dans la merde, faire tomber *qn* dans la merde. ¶ 내 얼굴[이름]에 ~칠을 해도 분수가 있지 어떻게 그럴 수가 있니? Comment tu peux me déshonorer [tacher mon nom, souiller ma réputation]? J'ai aussi une dignité, moi! /

◆_통 -桶 명 ① 분뇨 수거통 fosse *f* septique; fosse *f* à fumier [à purin]; fosse *f* d'aisances; bac [baquet] *m* à fumier; seau *m* contenant du fumier [des excréments]. ② 수준이 낮은 학교 école *f* [université *f*] dont le niveau est nul; école *f* [université *f*] de merde {*fam*}. ¶ 저 학교는 완전히 ~통이다 Cette école est vraiment nulle / Le niveau de cette école est vraiment nul.

◆_파리 명 grosse mouche *f* bleue, mouche *f* à merde {*fam*}. ¶ 그 사람은 ~파리처럼 아무 일에나 끼어든다 C'est un fouille-merde {*vulg*}.

◆된_ 명 matières *fpl* fécales dures; excréments *mpl* durs. ¶ 된~을 누다 avoir des selles solides.

◆물_ 명 fèces *fpl* liquides, excréments *mpl* liquides, diarrhée *f*. ¶ 물~을 싸다 avoir la diarrhée[la colique, la chiasse {*pop*}].

*생물~을 싸다 en baver (des ronds de chapeaux) {*fam*}, en chier {*vulg*}.

똥그랑땡 명 ((‘동그랑땡’의 잘못)) ☞ 동그랑땡

똥그랗다 자 être rond(*e*), circulaire; ((공 모양의)) être sphérique, globulaire. ☞ 동그랗다

똥똥하다 형 être gros(*se*); être boulot(*te*), être obèse, repl*et*(*ète*). ¶ 키가 작고 똥똥한 사람 une personne petite et grosse, une petite boulotte {*fam*}.

똥싸다 자 faire caca, faire la grosse commission, se soulager, déféquer, chier {*fam*}.

똥오줌 명 pipi *m* et caca *m*; urine *f* et selles *fpl*; petite et grande commission *f*; pisse *f* et merde *f* {*fam*}. ¶ ~(을) 가리다 ((아이가)) être propre. ¶ 이 아이는 한 살 무렵에 ~을 가렸다. Cet enfant a été propre vers un an.

*~을 못 가리다 ne pas savoir juger une situation par manque d'expérience et agir sans à propos. ¶ 그 젊은이는 ~을 못 가린다 Cet homme agit sans réfléchir [sans distinguer].

똬리 명 ① 머리에 받치는 고리모양의 물건 coussinet *m* de paille utilisé par les femmes qui portent des objets sur la tête. ② ((뱀의)) repli *m* [anneau(*x*) *m*] ((d'un serpent)). ¶ ~를 틀다 : 도사리다 se lover ((un serpent)); s'enrouler sur *soi-même*; se pelotonner.

뙈기 명 lopin *m* de terre; parcelle *f* de terrain.

◆밭_ 명 분류 lopin *m* ((de terre)). ¶ 밭 한 ~ un lopin de terre.

뙤약볕 명 soleil *m* brûlant (ardent); soleil *m* de plomb. ¶ 따가운 ~ 아래 길을 걸어가다 marcher sous un soleil de plomb [brûlant]. ¶ 그는 ~을 맞으며 길가에 서 있었다 Il était au bord de la route sous un soleil de plomb. ¶~을 가리려고 양산을 쓰다 utiliser une ombrelle pour se protéger du soleil brûlant. ¶ ~을 피할 그늘을 찾다 chercher de l'ombre pour éviter le soleil brûlant.

뚜 감 tut, tut-tut ((onomatopée désignant le mugissement d'une sirène de bateau; taratata ((onomatopée désignant le son d'une trompette, d'une trompe, d'un clairon, etc.)). ¶ ~ 하는 기적

소리 un sifflement [un sifflet] d'un train à vapeur. ¶ 나팔을 ~ 불다 jouer [sonner] de la trompette. ¶ 기적을 ~ 울리다 ((train à vapeur)) donner un coup de sifflet.

뚜껑 명 ① couvercle *m* ((d'une boîte, d'une valise, d'un pot, d'un bocal, d'un coffre, d'une casserole)); couvre-plat *m;* dessus-de-plat *m;* capuchon *m* ((d'un stylo, d'un tube de dentifrice); bouchon *m* ((d'une bouteille)); patte *f* ((d'une poche)); ((맨홀의)) plaque *f* [grille *f*] d'égout; ((조개, 꽃 따위의)) opercule *m.* ¶ ~을 열다 lever [soulever, dévisser] le couvercle, ôter [enlever] le bouchon, déboucher; dévisser le capuchon ((d'un stylo)). ¶ ~을 닫다 [덮다] remettre le bouchon, le capuchon ((d'un stylo)), le couvercle; revisser le capuchon ((d'un stylo, d'un tube de dentifrice)); mettre [visser] le couvercle; couvrir ((une casserole)); ((열었던 것의)) recouvrir ((une marmite)); reboucher; ((조개 따위의)) fermer la coquille ((d'un coquillage)). ② 【속어】 모자 chapeau(*x*) *m.* ¶ 병[만년필] ~ le bouchon d'une bouteille[le capuchon d'un stylo à encre]. ¶ 냄비 ~ le couvercle d'une casserole.

*~**을 열어 봐야 안다** Il faut attendre les résultats [le résultat final, les résultats définitifs] pour savoir. ¶ 나 시험에 떨어질 것 같아. - ~을 열어 봐야 알지. 미리 걱정하지마! Je parie que j'ai raté cet examen. -Il faut attendre les résultats. Ne t'inquiète pas à l'avance!

*~**이 열리다** 【속어】 être à bout (de nerfs) [à cran], être sur le point d'exploser [de péter les plombs] {*fam*}.

뚜드리다 타 frapper ((à la porte)); battre ((un tam tam)); ((가볍게)) taper (la table); ((세게)) cogner sur (un mur). ☞ 두드리다

뚜들기다 타 battre ((un tam tam)); frapper ((à la porte)); ((공격하다)) attaquer. ☞ 두들기다

뚜뚜 감 ☞ 뚜

뚜렷이 부 distinctement, clairement, nettement, parfaitement, précisément, d'une façon cristalline. ¶ 그의 목소리가 ~ 들려왔다 On a parfaitement entendu sa voix. ¶ 그는 ~ 내세울 것이 없다 Il n'a rien de particulier à mettre en avant.

뚜렷하다 형 ① être clair(*e*), évident(*e*), net(*te*), distinct(*e*), manifeste; être indubitable, indiscutable, incontestable, irréfutable, formel(*le*); être hors de doute. ② 정확하다 être précis(*e*), exact(*e*), certain(*e*). ③ 현저하다 être remarquable, visible, manifeste, frappant, notable, ((progrès)) être sensible; ((mérite)) être éclatant(*e*); ((trait)) être saillant(*e*). ¶ 뚜렷한 차이 une différence marquée [nette, manifeste, notable]. ¶ 뚜렷한 구별 une distinction nette. ¶ 뚜렷한 대답 une réponse claire et nette. ¶ 뚜렷한 증거 une preuve incontestable [indéniable, certaine, irréfutable]. ¶ 이것은 뚜렷한 사실이다 C'est un fait notoire [patent, évident]. ¶ 그는 뚜렷한 이유 없이 사임했다 Il a démissionné sans raison évidente. ¶ 그 사람은 발음이 ~ Il a une bonne prononciation [une prononciation correcte]. ¶ 그 사람은 글씨가 ~ Il a une écriture très lisible.

뚜벅뚜벅 부 d'une démarche affectée; d'une démarche conquérante, d'un pas solennel et prétentieux. ¶ ~ 걷다 marcher d'un pas conquérant.

뚜장이 명 ☞ 뚜쟁이

뚜쟁이 명 entremetteur(*se*).

뚝 부 ① net, de manière nette, d'un coup; avec un bruit sourd. ¶ 나뭇가지가 강풍에 ~ 부러졌다 Les branches furent cassées net par le vent violent. ② d'un coup. ¶ 고기 한 덩어리를 ~ 자르다 couper d'un coup (net) un morceau de viande.

◆_ _ 부 ① 물체나 물방울이 아래로 떨어지는 소리나 모양 ((tomber)) une à une, goutte à goutte ((onomatopée renvoyant au bruit de grosses gouttes d'eau tombant sur le sol)). ¶ 사과가 ~~ 떨어진다 Les pommes tombent une à une [les unes après les autres]. ¶ 땀방울이 그의 이마에서 ~~ 떨어진다 La sueur tombe goutte à goutte de son front. ¶ 굵은 빗방울이 ~~ 떨어진다 De grosses gouttes de pluie tombent une à une. ¶ 굵은 눈물을 ~~흘리다 verser d'épaisses larmes [des larmes de crocodile]. ② 크고 단단한 물체가 부러지는 소리나 모양 net, d'un coup; avec un bruit sourd. ¶ 나뭇가지가 ~~ 부러졌다 Les branches se cassèrent net. ③ 단단한 물체를 잇따라 두드리는 소리 ((frapper)) à plusieurs reprises. ¶ 그 죄수는 돌로 창살을 ~~ 두드렸다 Le prisonnier frappa à plusieurs reprises les barreaux avec une pierre. ④ 거침없이 떼는 모양 ((cueillir, arracher)) sans la moindre gêne, sans manifester le moindre embarras. ¶ 나뭇잎을 ~~ 따다 arracher les feuilles d'un arbre sans la moindre gêne. ⑤ 성적이나 순위 따위가 몹시 떨어지는 모양 ((baisser)) nettement; ((chuter)) brutalement. ¶ 성적이 ~~ 떨어졌다 Ses notes ont sérieusement baissé / Ses notes ont brutalement chuté. ¶ 아파트 값이 ~~ 떨어졌다 Les prix des appartements ont brutalement chuté. ⑥ 여럿이 다 거리가 많이 떨어져 있는 모양 de manière très espacée. ¶ 집들이 ~~ 떨어져 있다 Les maisons sont très espacées [très distantes] les unes des autres.

뚝딱[1] 부 avec fracas, bruyamment.

◆**_거리다[대다, 이다]** 자타 ① 놀라서 가슴이 계속 뛰다 ((le cœur)) battre très fort [vite, à grands coups], palpiter, battre la chamade; avoir des palpitations [des battements de cœur]; sentir *son* cœur qui bat. ¶ 그때를 생각하면 아직도 가슴이 ~거린다 Quand je repense à ce qui s'est passé ce jour-là, j'ai encore le cœur qui bat (très fort) [qui palpite] [je sens encore mon cœur qui bat]. ② 단단한 물건을 두드리는 소리가 잇따라 나다, 그런 소리를 잇따라 내다 faire du bruit. ¶ 남편이 밥상을 만들겠다며 판자를 ~거리고 있다 Mon mari travaille le bois bruyamment en disant qu'il va fabriquer une table à manger.

뚝딱[2] 부 ((faire qc)) en deux [trois, cinq] coups de cuillère à pot, en un tour de main, en deux temps, trois mouvements, en un instant, en un éclair, en un rien de temps, en très peu de temps, en un temps record, à une vitesse record, très rapidement, très vite, promptement {*litt*}, en un tournemain {*litt*}. ¶ 밥 2인분을 ~ 해치우다 engloutir en un temps record [en un rien de temps] la portion de deux personnes. ¶ 한 시간 만에 일을 ~ 해치우더니 그는 집에 가버렸다 Il a expédié promptement son travail en à peine une heure avant de rentrer chez lui.

뚝뚝하다 형 ① ((성격, 성질이)) être rude, fruste, grossi*er*(*ère*); être peu accueillant(*e*). ② 인정미가 없다 être impitoyable; ((personne, parole)) être dur(*e*); ((homme, réponse)) être sec(*sèche*); être insensible; ((homme)) être sans cœur.

뚝배기 명 écuelle *f* [bol *m,* jatte *f*] en terre cuite. ¶ ~에 된장찌개를 끓이다 faire cuire un *doenjang jjigae* dans un bol en terre cuite.

*~**보다는 장맛(이 좋다)** Le contenu est plus important que le contenant / Le contenant [l'aspect extérieur] a beau être laid, le contenu peut être bon [est plus important] / La réalité [le contenu, la substance] est plus important(*e*) que l'aspect extérieur / (Aimer est l'essentiel, qu'importe la maîtresse?) Qu'importe le flacon, pourvu qu'on ait l'ivresse.

뚤뚤[1] 부 ☞ 둘둘[1]

뚤뚤[2] 부 ☞ 둘둘[2]

뚝심 명 force *f* musculaire [physique]; ténacité *f;* opiniâtreté *f;* endurance *f;* persévérance *f.* ¶ ~이 센 사람 une personne qui a une grande force musculaire; un hercule; quelqu'un de persévérant [d'opiniâtre]. ¶ 그는 ~이 있어서 한 번 결심한 일은 반드시 해 내고 만다 Comme il est persévérant, quand il décide qu'il va faire quelque chose, il le fait toujours jusqu'au bout.

뚫다 타 ① creuser, percer, forer ((un trou)); perforer ((une roche)); excaver, tarauder, évider, défoncer, trouer, poinçonner ((un billet de train)); transpercer; déboucher. ¶ 송곳으로 나무판을 [나무판에 구멍을] ~ forer un trou dans une planche de bois avec un poinçon. ¶ 벽에 구멍을 ~ percer un trou sur le mur. ¶ 벽을 ~ trouer [percer] un mur. ¶ 귀[코]를 ~ déboucher l'oreille [le nez]. ② 막힌 것을 통하게 하다 ouvrir, percer, construire ((une route)); se frayer ((un chemin)); pénétrer ((dans la foule)). ¶ 산에 터널을 ~ [산을 뚫어 터널을 만들다] creuser un tunnel dans la montagne [percer la montagne pour construire un tunnel]. ¶ 이 탄두는 10센티 철판도 뚫을 수 있다 Cet obus est capable de percer une plaque de fer de 10 cm. ¶ 막힌 하수구를 ~ déboucher l'égout. ¶ 군중 사이를 뚫고 나가다 avancer en se frayant un passage dans la foule. ¶ 제품의 새로운 판로를 뚫었다 percer un nouveau marché pour un produit. ③ 무릅쓰다 surmonter ((un danger)), passer à travers *qc.* ¶ 어려움을 뚫고 나아가다 avancer en surmontant des difficultés; se tirer d'affaire. ¶ 아군은 적의 포위망을 뚫고 탈출했다 Après avoir percé [frayé] un passage dans les rangs ennemis qui nous encerclaient, notre armée s'est tirée d'affaire [s'en est bien tirée]. ¶ 어둠을 뚫고 솟아오르는 태양 le soleil qui se lève en perçant les ténèbres. ¶ 법망을 ~ tromper [détourner, contourner, se soustraire à] la loi. ④ 통찰하다 percer, pénétrer, déceler, saisir. ¶ 사람의 마음속을 뚫어 보다 lire dans le cœur de *qn*, pénétrer les pensées de *qn*. ¶ 사물의 진상을 뚫어 보다 saisir la vérité des objets. ¶ 그 여자는 내 얼굴을 뚫어지게 [뚫어져라] 쳐다보았다 Elle m'a dévisagé(*e*).

뚫리다 자 ① ((구멍이)) être percé(*e*), troué(*e*), foré(*e*), perforé(*e*), ouvert(*e*). ¶ 상자 바닥에 구멍이 뚫렸다 Un trou est percé dans le fond de la boîte. ¶ 막혔던 코가 뚫렸다 Le nez (qui était bouché) est dégagé / Je n'ai plus le nez bouché. ¶ 수채구멍이 아무리해도 뚫리지 않는데 L'égout reste bouché malgré maints efforts. ② ((길이)) être ouvert(*e*). ¶ 두 도시를 잇는 새로운 길[고속도로]이 뚫렸다 Une nouvelle route [autoroute] qui relie les deux villes est ouverte. ¶ 포위망이 뚫렸다 L'encerclement est rompu.

***구멍이** ~ être défaillant(*e*). ¶ 그 사건으로 우리 시의 치안 상태에 구멍이 뚫렸음이 드러났다 Cette affaire a révélé que la sécurité de notre ville était défaillante [était vulnérable, n'était pas infaillible, posait problème].

뚫어지다 자 ① se creuser; se percer; se trouer. ¶ 뚫어진 양말 des chaussettes trouées. ② 주의깊게 바라보다 regarder fixement; dévisager *qn*; fixer [braquer les yeux] sur *qn*/*qc*; fixer *qn*; dévorer *qn* des yeux; scruter ((le visage)) de *qn*; sonder *qc*; examiner *qc* minutieusement. ¶ 그는 지나가는 아이의 얼굴을 뚫어져라 쳐다본다 Il scrute le visage des enfants qui passent / Il dévisage les enfants qui passent.

뚱그렇다 형 ☞ 둥그렇다

뚱딴지[1] 명 ((사람)) lourdaud(*e*), gros bêta *m;* personne *f* stupide; cruche *f* {*fam*}; imbécile *mf*; sot(*te*); niais(*e*); nigaud(*e*); âne *m* {*fam*}. ¶ 너는 웬 ~ 같은 소리냐? [~ 같은 소리 말아라!] Qu'est-ce que c'est que cette histoire saugrenue [qui ne tient pas debout, qui n'a ni queue ni tête]? [Ne sois pas si sot(*te*) [bête]! / Ne dis pas d'absurdités [de bêtises]!].

뚱딴지[2] 명 【식물】 topinambour *m Helianthus tuberosus* {*nsc*}.

뚱땅거리다 재타 faire du tintamarre [du raffut {*fam*}, du bruit, du boucan {*fam*}], s'amuser bruyamment ((onomatopée évoquant un son gênant)). ¶ 아이는 마루 위를 뚱땅거리며 뛰어 간다 L'enfant fait du bruit en courant sur le plancher à l'étage supérieur.

¶ 피아노를 아무렇게나 ~ faire du boucan en jouant du piano n'importe comment.

뚱뚱보 명 ☞ 뚱보

뚱뚱이 명 ☞ 뚱보

뚱뚱하다 형 être gros(*se*), fort(*e*), bouffi(*e*), replet(*ète*); être obèse; être corpulent(*e*), gras(*se*), grassouillet(*te*), dodu(*e*), potelé(*e*), charnu(*e*); être boulot(*te*) {*fam*}, enveloppé(*e*), épanoui(*e*); avoir de l'embonpoint [du ventre, de la brioche]; être bedonnant(*e*); ((배가)) être ventru(*e*), pansu(*e*), ventripotent(*e*). ¶ 그는 ~ Il est gros [obèse]. ¶ 그는 예전보다 뚱뚱해 보인다 Il a l'air plus gros qu'auparavant.

뚱보 명 ① personne *f* grosse; personne *f* obèse; ((배뚱뚱이)) pot à tabac *m* {*fam*}; ((남자)) gros lard *m* {*pop*}, gros patapouf *m* {*fam*}, poussah *m*; ((여자)) grosse dondon *f* {*fam*}, grosse mère *f* {*fam*}, grasse-du-bide *f* {*fam*}, gros tas *m* {*fam*}, baleine *f* {*fam*}, thon *m* {*fam*}. ② 붙임성이 적은 사람 personne *f* taciturne [qui parle peu, renfermée, maussade, morose, peu communicative, renfrognée].

뚱하다 형 ① 말수가 적고 무뚝뚝하다 être taciturne, silencieux(*se*); parler peu (par nature); être renfermé(*e*), maussade, morose, peu communicatif(*ve*), renfrogné(*e*); être bourru(*e*); être d'abord difficile. ¶ 그는 말이 없이 항상 ~ Il est toujours très silencieux / Il est taciturne. ② 못마땅하여 시무룩하다 être de mauvaise humeur; être mécontent(*e*); être boudeur(*se*); avoir l'air maussade; ne pas avoir l'air satisfait(*e*); être contrarié(*e*), atrabilaire. ¶ 그 여자는 무엇이 못마땅한지 뚱한 표정이다 Elle a l'air mécontente [contrariée]. ¶ 그는 뚱하니 아무 대꾸가 없었다 Comme il était contrarié, il n'a pas répondu.

뛰 감 tut-tut, pouet-pouet ((onomatopée désignant le bruit d'un coup de klaxon)). ¶ 자동차가 ~ 소리를 내며 달려왔다 La voiture est venue vers moi en klaxonnant [en faisant tut-tut, pouet-pouet].

뛰놀다 자 s'ébattre, folâtrer; jouer; batifoler. ¶ 아이들은 마당에서 뛰놀고 있다 Les enfants s'ébattent dans la cour. ¶ 어린이들이 마음껏 뛰놀 수 있는 공간이 필요하다 Il est nécessaire d'avoir un espace où les enfants puissent s'amuser à volonté [à loisir].

뛰다[1] 자 ((가슴[심장]이)) ((le cœur)) battre (la chamade), palpiter, trembler, trembloter, frémir, frissonner, vibrer. ¶ 놀라움[기쁨, 반가움]으로 가슴이 몹시 뛰었다 Mon cœur battait fort [la chamade] de surprise [de joie, de ravissement]. ¶ 뛰는 가슴을 진정시키다 calmer [tranquilliser] *son* cœur qui palpite.

뛰다[2] 자타 ① courir, s'élancer, se précipiter, se jeter vers; se lancer, galoper, trotter, filer, bondir, décamper {*fam*}, cavaler, pourchasser. ¶ 뛰지 않고 천천히 걸어가도 제 시간에 도착할 수 있다 On peut arriver à l'heure même si on marche lentement sans courir. ¶ 그 사람은 100미터를 11초에 뛴다 Il court les 100 mètres en onze secondes / Il fait 11 secondes au cent mètres. ¶ 운동장을 두 바퀴 ~ faire deux tours de stade en courant. ¶ 그 사람은 뛰지도 걷지도 못한다 Il ne court ni ne marche / Il ne peut ni courir ni marcher. ② 오르다 augmenter rapidement, bondir, faire un bond, s'envoler, connaître une envolée; sauter. ¶ 물가가 작년에 비해 엄청나게 뛰었다 Les prix ont augmenté considérablement [se sont envolés] par rapport à l'année dernière. ¶ 주가가 뛰었다 Le cours des actions (en Bourse) [Le cours de la Bourse, La valeur des actions] s'est envolé(*e*). ③ 도망가다 s'enfuir, se sauver, se jeter vers; se lancer.

***뛰는 사람[놈] 위에 나는 사람[놈] 있다** On trouve toujours plus fort [plus malin] que *soi* / À malin, malin et demi.

***뛰어봤자 부처님 손바닥[뛰어보아야 벼룩(이다)]** *Tu peux* faire tout ce que *tu veux*, je *te* rattraperai / N'essaie pas de jouer au plus malin avec moi / De toute façon, il(elle) n'ira [tu n'iras, vous n'irez] pas bien loin.

뛰다[3] 타 ((그네를)) se balancer; ((널을)) jouer [sauter] à la bascule. ¶ 그네를 ~ se balancer sur une balançoire, faire de la balançoire.

***널을 ~** fluctuer énormément, être très volatile [instable]. ¶ 요즘 주가가 널을 뛴다 Ces jours-ci, la valeur [le cours] des actions [le cours de la Bourse] est très volatile [très instable].

***미친 년 널뛰듯하다** s'agiter comme une folle [comme une fofolle {*fam*}].

뛰다[4] 타 sauter ((une leçon, une année)). ¶ 한 학년을 뛰고 올라가다 passer à l'année scolaire supérieure en sautant une année, sauter une année. ¶ 한 과를 뛰고 진도를 나가다 avancer dans le programme après avoir sauté une leçon.

뛰뛰 감 ☞ 뛰

뛰룩거리다 타 ☞ 뒤룩거리다

뛰어가다 자 courir, voler ((vers le but)), aller en courant, accourir. ¶ 기차를 놓치기 전에 빨리 뛰어가라 Cours vite si tu ne veux pas rater ton train. ¶ 집에서부터 학교까지 3km를 ~ courir 3 km de la maison à l'école. ¶ 나는 약을 사러 약국에 뛰어갔다 J'ai couru à la pharmacie pour acheter le médicament. ¶ 대로를 맨발로 ~ courir pieds nus dans la rue principale ((de l'agglomération)). ¶ 어디를 그렇게 뛰어가니? Où vas-tu en courant comme ça?

뛰어나가다 자타 sortir en courant; se précipiter dehors; s'élancer au dehors comme un bolide. ¶ 집에서 ~ sortir de la maison précipitamment. ¶ 밖으로 ~ sortir (précipitamment) en courant. ¶ 교실을 ~ sortir de la salle de classe précipitamment.

뛰어나다 형 être très au-dessus [hors] du commun; exceller ((dans *qc*, en *qc*, à+*inf*)), se distinguer; être excellent(*e*), distingué(*e*); être hors ligne; être hors catégorie ((restaurant, hôtel)); être hors classe; être hors-concours; être hors (de) pair; être de grande classe, être de loin le meilleur [la meilleure]; être exceptionnel(*le*), extraordinaire, remarquable; l'emporter sur *qn*, surpasser *qn*. ¶ 그는 뛰어난 예술가이다. C'est un(*e*) artiste hors du commun. ¶ 뛰어난 업적을 쌓다 effectuer de remarquables travaux; accomplir [réaliser] de grandes choses [de grands travaux ((scientifiques))]. ¶ 뛰어난 능력을 갖고 있다 avoir des compétences hors du commun. ¶ 그는 기술면에서 남보다 ~ Sur le plan technique, il dépasse largement les autres / Dans le domaine technique, il est hors de pair. ¶ 그 여자는 뛰어나게 아름다운 목소리를 가지고 있다 Cette fille a une voix exceptionnelle / Elle a une voix magnifique, hors du commun.

뛰어나오다 자 sortir en courant; se précipiter dehors; s'élancer au dehors comme un bolide. ¶ 초인종을 누르기도 전에 아이가 뛰어나왔다 L'enfant est sorti en courant [s'est précipité (dehors) (vers nous)] avant même que nous n'appuyions sur la sonnerie [que nous ne sonnions, qu'on ne sonne]. ¶ 비명소리에 아버지께서 방에서 뛰어나오셨다 En entendant ces cris de détresse [ces hurlements], mon père est sorti de la pièce en courant.

뛰어내려가다 재타 dégringoler, dévaler, débouler {*fam*}, descendre à toute allure; sauter en bas. ¶ 계단을 ~ dévaler les escaliers.

뛰어내려오다 재타 dégringoler, dévaler, débouler {*fam*}, descendre à toute allure; sauter en bas. ¶ 계단을 ~ dévaler les escaliers.

뛰어내리다 재타 descendre en courant, dévaler ((les escaliers)); sauter ((du haut d'un arbre)); se jeter du ((15ᵉ étage)). ¶ 절벽에서 ~ sauter dans un précipice. ¶ 창문을 통해 ~ sauter par la fenêtre. ¶ 다리 아래 강물로 ~ sauter du pont dans la rivière.

뛰어넘다 타 ① ((담을)) franchir *qc* d'un saut [d'un bond]; sauter par-dessus *qc*. ¶ 담[울타리]을 ~ franchir le mur [la haie] en sautant. ¶ 도랑을 ~ sauter [franchir (d'un bond)] un ruisseau [une rigole]. ② 빼먹다 omettre, sauter, oublier. ¶ 책의 한 대목을 ~ omettre [oublier, sauter] un passage d'un livre. ③ 극복하다 surmonter, vaincre, dépasser. ¶ 그들은 인종과 국경을 뛰어넘어 돈독한 우정을 나누었다 Une solide amitié dépassant les races et les frontières les a liés. ¶ 사회의 온갖 편견을 ~ surmonter toutes sortes de préjugés sociaux.

뛰어놀다 자 ☞ 뛰놀다

뛰어다니다 재타 courir ici et là, courir un peu partout, s'ébattre. ¶ 돈을 마련하러 종일 ~ J'ai couru toute la journée pour emprunter de l'argent. ¶ 아이들이 마루 위를 뛰어다닌다 Les enfants courent sur le parquet. ¶ 사태를 수습하려고 이리저리 ~ courir ici et là pour régler l'affaire [pour résoudre le problème].

뛰어들다 자 ① entrer d'un bond (précipitamment) dans, se jeter, se précipiter, se lancer, s'élancer vers, se projeter, plonger, s'engouffrer dans, s'engloutir. ¶ 사람을 건지려고 물에 ~ se jeter à l'eau pour sauver *qn*. ¶ 배에서 바다로 ~ se jeter à la mer par-dessus le bord d'un bateau. ¶ 그 소방대원은 어린이를 구하기 위해 불 속으로 용감히 뛰어들었다 Un pompier s'est élancé courageusement dans l'incendie [dans les flammes] pour sauver un enfant. ¶ 어린아이가 갑자기 차도로 뛰어들었다 Un enfant s'est soudain jeté sur la chaussée (des voitures). ② ((정치에)) se lancer dans ((la politique)). ¶ 정치[사업]에 ~ se lancer dans la politique.

뛰어들어가다 자 se précipiter, entrer précipitamment, se ruer dans; s'engouffrer dans, se jeter, se lancer sur [dans]. ¶ 방으로 ~ se précipiter dans *sa* chambre.

뛰어오다 재타 venir en courant, accourir. ¶ 한참 기다리고 있는데 그제야 그 사람이 헐레벌떡 뛰어왔다 Je l'attendais depuis longtemps, et enfin il est arrivé [venu] en courant et en haletant [il a accouru en haletant]. ¶ 버스 정류장까지 ~ venir en courant jusqu'à l'arrêt d'autobus. ¶ 십 리 길을 ~ venir en courant sur un chemin de dix li.

뛰어오르다 자 ① ((높은 곳으로)) sauter, bondir, rebondir, sursauter, tressauter; monter rapidement. ¶ 강아지가 내 무릎 위로 뛰어올랐다 Le chiot a sauté sur mes genoux. ② ((비유적)) bondir, faire un bond, augmenter rapidement, s'envoler. ¶ 물가가 뛰어올랐다 Les prix se sont envolés [ont fait un bond, sont montés [ont monté] rapidement, sont montés [ont monté] en flèche, ont explosé]. ¶ 이번 시험에서 석차가 10등에서 1등으로 뛰어올랐다 Au dernier examen, mon classement a bondi de la dixième à la première place [du dixième au premier rang].

뛰어올라가다 재타 grimper [gravir, monter] à toute vitesse, escalader quatre à quatre. ¶ 계단을 ~ escalader les escaliers quatre à quatre.

뛰어올라오다 재타 grimper [gravir, monter] à toute vitesse, escalader quatre à quatre. ¶ 계단을 ~ escalader les escaliers quatre à quatre.

뛰쳐나가다 자 sortir précipitamment ((action vue de derrière ou de l'intérieur)); bondir, rebondir, surgir, re(s)surgir. ¶ 2등으로 달리던 선수가 선두로 뛰쳐나갔다 L'athlète qui courait en deuxième position a surgi [est passé(*e*)] en tête. ¶ 밖으로 ~ sortir à l'extérieur précipitamment.

뛰쳐나오다 자 sortir précipitamment ((action vue du devant ou de l'extérieur)). ¶ 방에서 ~ sortir hors de la chambre.

뛰치다 자 faire *qc* précipitamment [brusquement]. ¶ 그는 갑자기 뛰쳐 일어나서 옷을 입기 시작했다 Il s'est levé brusquement puis a commencé à s'habiller.

뜀 명 ① 달리기 course *f*. ② 뛰기 saut *m*, bond *m*. ◇_(을) **뛰다** ① 달리다 courir, faire une course, galoper; foncer. ② 뛰다 sauter. ¶ ~을 뛰어 담을 넘다 franchir un mur en sautant [en passant par-dessus].

◆_뛰기 명 exercices *mpl* de saut. ¶ ~뛰기 운동 des exercices de saut.

◆_(박)질 명 ☞ 뜀박질

◆_틀 명 cheval *m* de saut d'obstacles; 《뜀틀운동》 exercice *m* (équestre) de saut d'obstacles. ¶ ~틀 경기 une épreuve [une compétition] (équestre) de saut d'obstacles.

뜀박질 명 course *f* (à pied). ¶ ~이라면 너한테 지지 않는다 Je suis meilleur(*e*) que toi en [à la] course à pied. ¶ 학교까지 ~로 가다 aller jusqu'à l'école en courant; faire la course jusqu'à l'école. ◇_(을) **하다** courir; faire une[de la] course à pied. ¶ 걸음이 너무 빨라서 나는 ~을 하다시피 그의 뒤를 따라갔다 Comme il marche très vite [Comme son pas est très rapide], je l'ai suivi comme si je courais [nous faisions la course]. ¶ ~을 잘 하다 être bon(*ne*) en course à pied.

뜨개 명 ① 《'뜨개질'의 준말》 tricotage *m;* tricot *m.* ¶ 코바늘 ~를 하고 있는 그녀 la fille qui fait du crochet. ② 실로 떠서 만든 물건 vêtement *m* tricoté; tricot *m.* ¶ 레이스 ~ un vêtement tricoté avec des dentelles.

뜨개질 명 tricotage *m,* tricot *m.* ¶ ~ 바늘 une aiguille à tricoter. ¶ ~로 목도리를 짜다 tricoter une écharpe. ◇_(을) **하다** tricoter; faire du tricot [du crochet]. ¶ 털실로 ~하여 스웨터를 만들다 tricoter un pull-over en laine.

뜨겁다 형 ① être chaud(*e*), brûlant(*e*), ardent(*e*). ¶ 한여름의 뜨거운 태양 le soleil ardent [brûlant, de plomb] de l'été [en plein été]. ¶ (겨울에는) 뜨거운 차 한 잔을 마시면 온 몸이 좀 녹을 것이다 En hiver, quand on boit une boisson chaude, ça réchauffe (tout le corps) [ça fait du bien]. ¶ 물이 뜨거우니 데지 않게 조심해라 Comme l'eau est chaude, fais attention [fais gaffe {*fam*}] de ne pas te brûler! ¶ 온 몸이 ~ avoir de la fièvre, avoir une fièvre de cheval {*fam*}; Tout *mon* corps est brûlant. ¶ 물을 뜨겁게 끓이다 faire bouillir de l'eau jusqu'à ébullition. ② ((감정이)) être ardent(*e*), enthousiaste, empressé(*e*) chaleureux(*se*), véhément(*e*), passionné(*e*), zélé(*e*). ¶ 여러분의 뜨거운 성원에 힘입어 오늘의 영광을 차지하게 되었습니다 C'est grâce à vos encouragements chaleureux [vous] que j'ai le grand honneur [l'immense honneur] d'être ici aujourd'hui [que j'ai remporté cette victoire glorieuse aujourd'hui] / C'est grâce à vos encouragements chaleureux que j'ai l'immense honneur d'avoir remporté cette victoire aujourd'hui. 《formule utilisée lors de la remise d'un prix, d'une victoire》. ¶ 뜨거운 박수를 보내다 applaudir *qn* chaleureusement; ovationner *qn*; faire une ovation à *qn*, acclamer *qn*. ¶ 관중들의 열기로 경기장은 뜨겁게 달아올랐다 Le stade s'est enflammé sous l'enthousiasme exubérant [chaleureux] des spectateurs.

***뜨거운 맛을 보여주겠다** Je vais te [lui] montrer de quel bois je me chauffe / Je vais t' [lui]apprendre à te [se] moquer de moi / Tu [Il, elle] (me) le paiera(s) [va(s) le payer] (très) cher / Je te [lui] garde [réserve] un chien de ma chienne {*fam*} / Tu ne l'emporteras pas au paradis {*fam*} / Je t'[l']attends [t'[l']aurai, te [le] rattraperai] au tournant {*fam*} / Tu vas [Il va, Elle va] recevoir la monnaie de ta pièce / Tu [Il, Elle] (ne) perd(s) rien pour attendre / Il[Elle] s'en repentira / Il[Elle] s'en souviendra / Tu [Il, Elle] (ne) l'emportera(s) [Il[Elle] (ne) l'emportera] pas au paradis / Tu (ne) perds [Il (ne) perd, Elle (ne) perd] rien pour attendre! / Je te [lui] rendrai la monnaie de ta pièce / Je me vengerai (tôt ou tard)! / Vous aurez [Tu auras] affaire à moi! / Vous aurez [tu auras] de mes nouvelles!

***낯(이)** ~ ① 부끄러움 devenir rouge, rougir de honte. ¶ 아무 것도 모르고 잘난 체했던 지난날을 생각하니 낯이 뜨거웠다 J'ai honte [Je rougis de honte] quand je pense aux jours passés où j'ai pris de grands airs alors que je ne savais rien. ② 외설적임 être obscène, égrillard(*e*), licencieux(*se*), gaillard(*e*), graveleux(*se*). ¶ 그 영화에는 낯 뜨거운 장면들이 많이 나온다 Dans ce film, il y a beaucoup de scènes graveleuses.

-뜨기 접미 personne *f* 《suffixe péjoratif》. ¶ 사팔~ un(*e*) loucheur(*se*); un(*e*) louchon(*ne*) {*fam*}, bigleux(*se*) {*pop*}, bigle *mf.* ¶ 시골[촌]~ un(*e*) paysan(*ne*), un(*e*) pécore {*pop*}, un(*e*) pedzouille {*pop*}, un(*e*) péquenaud(*e*) {*pop*} [un péquenot, un pecnot {*pop*}], un plouc {*pop*} [un plouk {*pop*}], un(*e*) campagnard(*e*), un(*e*) rustique.

-뜨리- 접미 faire [laisser]+*inf.* ¶ 깨~다 casser *qc*, briser *qc*. ¶ 떨어~다 laisser tomber *qc*. ¶ 넘어~다 faire tomber *qn*. ¶ 부숴~다 casser *qc*, briser *qc* (en mille morceaux). ¶ 웃음을 터~다 éclater de rire.

뜨끈뜨끈하다 형 être tout(*e*) chaud(*e*), bouillant(*e*); 《petits pains》 venir de sortir du four. ¶ 국이 ~ La soupe est bouillante [toute chaude].

뜨끈하다 형 ① être très chaud(*e*), bouillant(*e*), brûlant(*e*). ¶ 아스팔트에서 뜨끈한 열기가 느껴진다 Je ressens une forte chaleur provenant de l'asphalte [du goudron, du bitume]. ② 부끄럽다 éprouver un sentiment de culpabilité [de honte]; rougir (de honte). ¶ 자책감이 등줄기를 뜨끈하게 했다 Un sentiment de culpabilité m'a fait rougir.

뜨끔거리다 자 picoter, becqueter. ¶ 목에 가시가 박혔는지 자꾸 뜨끔거린다 J'ai une irritation dans la gorge sans doute à cause d'une arrête qui s'y est enfoncée [qui s'y est piquée, qui s'y est plantée] / J'ai mal à la gorge car j'ai probablement une arrête coincée [plantée] dans la gorge.

뜨끔뜨끔하다 형자 être piquant(*e*), cuisant(*e*), mordant(*e*); ressentir une douleur vive. ¶ 독감에 걸려 목구멍이 ~ Comme j'ai la grippe, la gorge me brûle [j'ai la gorge qui brûle]. ¶ 가슴이 자꾸 뜨끔뜨끔하게 아프다 J'ai souvent une douleur vive dans la poitrine.

뜨끔하다 형 ① 쏘임 être piquant(*e*), cuisant(*e*), mordant(*e*); ressentir une douleur vive. ¶ 바늘에 찔리자 손가락 끝이 뜨끔했다 Quand je me suis piqué(*e*) (avec une aiguille), j'ai ressenti une douleur très vive au bout du doigt. ② 속이 켕기다 être piqué(*e*) [touché(*e*)] au vif; ne pas avoir la conscience tranquille; se sentir visé(*e*). ¶ 누가 잘못 한 것인지 알고 있다는 그의 말을 들으니 가슴이 뜨끔했다 Ses paroles m'ont fait sursauter car je me suis senti visé(*e*) [J'ai été piqué(*e*) au vif] quand il a dit [prétendu] qu'il savait qui était le coupable / Ses paroles m'ont piqué(*e*) au vif [fait sursauter] quand il a prétendu connaître le coupable. ¶ 나는 속으로는 뜨끔했지만 겉으로는 태연한 척했다 J'ai été piqué(*e*) [touché(*e*)] au vif [Ses paroles m'ont fait sursauter car je me suis senti visé(*e*)], mais j'ai fait comme si de rien n'était.

뜨내기 명 vagabond(*e*); voyageu*r*(*se*) sans but; trimardeur *m,* nomade *mf,* errant(*e*). ¶ ~ 생활 une vie vagabonde [errante, nomade]. ¶ ~ 일꾼 un chemineau; un(*e*) saisonni*er*(*ère*); un(*e*) journali*er*(*ère*). ¶ ~ 손님 un(*e*) visiteu*r*(*se*); un(*e*) passag*er*(*ère*); 고객 un(*e*) client(*e*) occasionnel(*le*); un(*e*) visiteu*r*(*se*) [un(*e*) client(*e*), un(*e*) acheteu*r*(*se*)] qui vient rarement. ¶ ~ 장사 un(*e*) commerçant(*e*) ambulant(*e*).

뜨다[1] 자 ① ((물에)) flotter (à la surface de l'eau), flotter [se maintenir] en l'air, voler; se trouver [être] dans le ciel; se lever. ¶ 몸이 물에 떠 있다 Le corps flotte à la surface de l'eau. ¶ 비행기가 하늘에 떠다닌다 Un avion vole dans le ciel. ¶ 연[풍선]이 하늘 높이 떠 있다 Un cerf-volant [Un ballon] vole haut dans le ciel. ¶ 해[달, 별]가 (하늘에) 떴다 Le soleil [La lune, Les étoiles] se trouve(nt) [gravite(nt)] dans le ciel. ② 틈이 생기다 avoir une fente, s'écarter, se décoller; être décollé(*e*). ¶ 이빨 사이가 떠서 음식찌꺼기가 잘 낀다 Comme les dents sont écartées, les résidus d'aliments s'y coincent [s'y déposent] facilement. ¶ 벽지가 잘 달라붙지 않고 조금 떴다 Le papier peint n'est pas bien collé. Il est un peu décollé. ③ 차분하지 못하다 s'agiter, s'exciter; être agité(*e*), excité(*e*). ¶ 여행 생각에 마음이 붕 떠있어 공부가 되지 않는다 Excité(*e*) par l'idée de partir en voyage, je n'arrive pas à travailler. ④ (속되게) 두려운 인물이 나타나다 v'là *qn!* ¶ 경찰이 떴다. 도망가자 V'là les flics. Tirons-nous. ⑤ (속되게) 인기를 얻고 유명해지다 ((cote ou indice de popularité)) la cote ((d'un acteur)) est en hausse; avoir la cote auprès de *qn*, avoir une cote d'enfer {*fam*}, être très apprécié(e) ((du public, des jeunes)). ¶ 재가 요즘 뜨는 배우야 En ce moment, cet acteur-là a une cote d'enfer.

*__공중에__ ~ s'envoler, s'évaporer, s'évanouir, s'anéantir. ¶ 우리들의 여행 계획은 공중에 뜨고 말았다 Notre projet de voyage s'est évanoui.

뜨다[2] 자 ① ((얼굴빛이)) devenir jaunâtre [pâle, cireu*x*(*se*)], pourrir, se putréfier. ¶ 그 사람은 병으로 얼굴이 누렇게 떴다 À cause de la maladie, il a un visage blême [blafard, livide] / À cause de sa maladie, il a le teint pâle [un teint cireux]. ② ((누룩이나 메주 따위가)) ((pâte de soja)) fermenter.

뜨다[3] 타 ((뜸을)) cautériser, brûler. ¶ 쑥으로 등에 뜸을 ~ cautériser le dos de *qn* avec des moxas, appliquer des moxas sur le dos de *qn*.

뜨다[4] 타 ① ((장소를)) quitter, partir, s'en aller, évacuer, vider les lieux. ¶ 그 가족은 오래 전에 이 마을을 떴다 Cette famille a quitté le village il y a longtemps. ¶ 내가 잠시 자리를 뜬 사이에 그 사람이 사라졌다 À l'instant où je me suis absenté(*e*) de ma place [de mon bureau, de mon siège], il a disparu. ¶ 사람들이 몰려오기 전에 어서 여기를 뜹시다 Avant que la foule n'envahisse les lieux [Avant qu'il n'y ait foule], partons vite (d'ici)! ② '죽다'의 완곡한 표현 ((이 세상을)) quitter ce monde, ne plus être de ce monde, partir dans un monde meilleur, mourir, décéder, passer de vie à trépas; trépasser, être rappelé(*e*) à Dieu, disparaître, rendre l'âme, périr, s'éteindre. ¶ 그는 병으로 이 세상을 떴다 Il a quitté ce monde des suites d'une maladie [en raison d'une maladie, suite à une maladie].

뜨다[5] 타 ① ((국을)) prendre, puiser; se servir. ¶ 국자로 국을 ~ se servir de la soupe avec une louche. ¶ 바가지로 물을 떠 마시다 prendre [puiser] de l'eau avec une calebasse et (la) boire, boire de l'eau à l'aide d'une demi-calebasse. ② ((밥을)) prendre, manger. ¶ 밥(을) 한 숟가락이라도 떠 Mange au moins un morceau [un petit quelque chose, un minimum]. ¶ 아저씨는 흙을 한 삽 떠서 구덩이에 쏟아 부었다 Mon oncle a pris une pelletée de terre, et l'a jetée dans le fossé. ③ ((회를)) découper, débiter, tailler. ¶ 회를 ~ découper la chair de poisson cru en tranches, faire du sashimi. ¶ 돼지[소]를 잡아서 각을 ~ tuer un porc [un bovin] et le débiter. ④ ((옷감을)) faire découper, (s')acheter ((du tissu)). ¶ 아주머니는 옷감을 뜨러 시장에 갔다 La dame est allée au marché s'acheter [faire découper] du tissu pour un vêtement.

뜨다[6] 타 ((눈을)) s'éveiller, se réveiller, ouvrir (les yeux); germer. ¶ 그 사람은 아침에 눈을 뜨자마자 날씨부터 확인하였다 Dès qu'il s'est réveillé, il a vérifié le temps qu'il faisait.

*__눈을__ ~ s'éveiller à, commencer à comprendre [à s'intéresser à *qc*]. ¶ 사랑에 눈을 ~ s'éveiller à l'amour. ¶ 새로운 사상에 눈을 ~ commencer à s'intéresser aux idées nouvelles.

뜨다[7] 타 ((뜨개질을)) tricoter, faire du tricot [du crochet]. ¶ 언니는 털실로 내 장갑[조끼]을 떠 주었다 Ma sœur aînée m'a tricoté des gants [un gilet].

뜨다[8] 타 ① ((본을)) imiter, copier, calquer, faire une copie, modeler *qc* sur *qc*, prendre *qn*/*qc* ((pour exemple, pour modèle)), faire *qc* sur ((un modèle)), singer, simuler, mimer. ¶ 본을 ~ imiter *qn*/*qc*, prendre *qn*/*qc* pour modèle [pour exemple]. ¶ 청소년들은 흔히 그들이 좋아하는 연예인들의 본을 뜬다 Les adolescents prennent pour modèle les artistes qu'ils aiment. ② 【인쇄】 imprimer. ¶ 지형을 ~ faire un flan ((terme technique d'imprimerie)).

뜨다[9] 타 떠보다 tester (indirectement pour connaître la réaction de *qn*), tester l'autre, essayer de savoir ce que pense *qn*, sonder (les intentions de) *qn*, essayer de comprendre l'intention de *qn*, essayer de pénétrer les intentions [les arrière-pensées] de *qn*, essayer de lire dans les pensées de *qn*. ¶ 그 남자는 그 여자의 생각을 슬며시 떠 보았다 Il a testé discrètement les intentions de cette fille. ¶ 그 사람의 마음을 떠보자 Essayons de savoir ce qu'il pense.

뜨듯하다 자 ☞ 뜨뜻하다

뜨뜻미지근하다 형 ① ((온도)) être tiède. ¶ 물이 ~ L'eau est tiède. ② ((기질)) être indécis(*e*), irrésolu(*e*), vacillant(*e*) et manquer d'initiative; être passi*f*(*ve*), mou(*molle*) {*fam*}; être nonchalant(*e*). ¶ 그는 무슨 일에 있어서든 항상 ~ Il est toujours indécis / Il manque toujours d'initiative. ¶ 뜨뜻미지근하게 행동하다 se comporter de manière indécise.

뜨뜻하다 형 ((vêtement)) être chaud(*e*), ((eau)) être tiède,((temps, hiver)) être dou*x*(*ce*); ((pays)) être tempéré(*e*). ¶ 뜨뜻한 물 une eau tiède; une eau chaude ((à la bonne température)). ¶ 방바닥이 ~ Le sol est (agréablement) chaud / Le sol est à la bonne température.

뜨락 명 (('뜰'의 북한어)) ☞ 뜰

뜨문뜨문 부 ☞ 드문드문

뜨물 명 eau *f* blanchâtre dans laquelle des céréales ont été lavés [du riz a été lavé].

◆**쌀_** 명 eau *f* blanchâtre dans laquelle le riz a été lavé.

뜨악하다 형 être réticent(*e*), peu enthousiaste; ne pas être disposé(*e*) à faire *qc*.

뜨이다 자 se faire voir, apparaître, se montrer, sauter aux yeux. ¶ 눈에 ~ se faire voir, être visible, ((bien)) se voir, se remarquer; apparaître. ¶ 눈에 잘 뜨이는 장소에 그것을 두어라 Mets cela dans un endroit bien visible! ¶ 노란색은 눈에 잘 뜨이는 색이다 Le jaune est une couleur qui se voit bien [qui se remarque]. ¶ 선생님의 건강이 눈에 뜨이게 좋아지셨다 La santé de mon professeur s'est visiblement améliorée.

***눈이[귀가] 번쩍** ~ prendre soudainement conscience de *qc*; être brusquement surpris(*e*) de [par] *qc*; être saisi(*e*) d'étonnement. ¶ 나는 그 사람의 말에 귀가 번쩍 뜨였다 Je fus surpris(*e*) soudainement par ses propos.

뜬구름 명 ① 구름 nuage *m* qui court dans le ciel. ② 덧없는 일 nature *f* éphémère; mutabilité *f*; inconstance *f*. ¶ ~ 같은 인생[부귀영화] une vie [une richesse] inconstante [éphémère]. ¶ 인생은 ~이다 Tout est vain et fragile sur terre / La vie n'est qu'un songe / La vie est incertaine [éphémère] / La vie est aussi éphémère que la rosée du matin.

뜬금없다 형 être malvenu(*e*), inopportun(*e*), qui arrive au mauvais moment; être impromptu(*e*); être inapproprié(*e*); être saugrenu(*e*), insolite, farfelu(*e*), bizarre; être insensé(*e*); n'avoir ni rime, ni raison. ¶ 뜬금없는 질문 une question inopportune [malvenue, qui arrive au mauvais moment, impromptue]; une question saugrenue et insensée. ¶ 뜬금없는 생각 des idées farfelues; une pensée saugrenue [insolite]. ¶ 뜬금없는 소리 des paroles [des propos] insolites.

뜬눈 명 yeux *mpl* ouverts. ¶ ~으로 밤을 새우다[지새다] ne pas dormir de la nuit; passer une nuit blanche.

뜬소문 -所聞 명 bruit *m* sans (dénué de) fondement; rumeur *f* sans fondement [consistance]; fausse nouvelle *f*; canard *m*; faux bruit *m*; on-dit *m*. ¶ 그런 이야기는 ~일지도 모르니 믿을 수 없다 Ce genre d'histoire, ce ne sont que des on-dit. Je n'y crois pas [me méfie]. ¶ 그건 ~에 지나지 않는다 Ce n'est qu'une rumeur sans fondement. ¶ ~을 퍼뜨리다 répandre de fausses rumeurs; faire courir de faux bruits.

뜬숯 명 charbon *m* de bois.

뜯기다[1] 재타 ① 물리다 être piqué(*e*) ((par un moustique)); être mordu(*e*), déchiqueté(*e*) ((par un chien)), avoir ((un bras)) arraché(*e*) ((par un lion)). ¶ 그 낚시꾼은 지난밤에 낚시질하다 모기에게 잔뜩 뜯겼다 Le pêcheur a été piqué partout par des moustiques, en pêchant à la ligne la nuit dernière. ② 빼앗기다 se faire voler, se faire arnaquer {*fam*}, se faire escroquer, se faire extorquer, se faire dépouiller, se faire soutirer, se faire spolier, se faire détourner, se faire ravir, se faire marauder, se faire racketter, se faire soustraire. ¶ 돈을 ~ se laisser extorquer de l'argent. ¶ 그 사람은 고리대금업자에게 돈을 많이 뜯겼다 Il s'est fait escroquer beaucoup d'argent par un usurier. ¶ 형은 귀가하다 깡패에게 돈을 뜯겼다 Mon frère s'est fait extorquer [racketter] de l'argent par des voyous sur le chemin du retour. ③ 찢기다 être déchiré(*e*). ¶ 우편물 봉투가 뜯겨 있다 L'enveloppe du courrier est déchirée.

뜯기다[2] 타 ((소에게)) faire paître. ¶ 소[말]에게 풀을 ~ faire paître de l'herbe à une vache [à un cheval].

뜯다 타 ① arracher, dépouiller, enlever, arracher, ôter, détacher, décoller, décacheter, défaire, ouvrir. ¶ 편지[봉투]를 ~ ouvrir [décacheter] une lettre [une enveloppe]. ¶ 나는 공책 한 장을 뜯어서 그림을 그렸

다 J'ai arraché une feuille du cahier, et fait des dessins (dessus). ¶ 자물쇠를 뜯고 들어가다 casser le cadenas et pénétrer [et entrer] par effraction. ¶ 닭의 털을 ~ arracher les plumes d'un poulet, plumer un poulet. ¶ 잡초를 ~ enlever [arracher, extirper, déraciner] les mauvaises herbes. ② 헐다; 분해하다 démolir, démonter, détruire, démanteler, casser, abattre, défaire, raser. ¶ 집[벽]을 ~ démolir la maison [le mur]. ¶ 시계[라디오]를 ~ démonter une montre [un poste de radio]. ③ 먹다 ronger ((des os)), arracher avec les dents des morceaux de viande, mordre à pleines dents dans de la viande ((que l'on mange avec les mains)); ((소 따위가)) brouter, pâturer, paître. ¶ 갈비를 ~ manger des travers de bœuf (ou de porc) grillés. ¶ 소가[양이] 풀을 뜯어 먹고 있다 Des vaches [Des moutons] broutent [paissent] l'herbe. ④ 빼앗다 prendre *qc* à *qn*, extorquer, voler, soustraire, chaparder {*fam*}, dépouiller, détrousser, dévaliser, piller, racketter, déposséder *qn* de *qc*; frustrer *qn* de *qc*, arracher de l'argent à *qn*. ¶ 구두쇠에게(서) 돈을 ~ prendre de l'argent à un avare. ¶ 그 불량배들은 귀가하는 학생들에게 많은 돈을 뜯었다 Les voyous ont extorqué [racketté] beaucoup d'argent aux élèves qui rentraient à la maison. ⑤ 현악기를 연주하다 jouer. ¶ 가야금을 ~ jouer du *gayageum*.

뜯어고치다 타 ① 수리하다 démonter et réparer, démolir [démonter, démolir, défaire] et réparer, réparer, refaire. ¶ 집[부엌]을~ refaire (entièrement) la maison [la cuisine]. ② 개정하다 amender, réformer. ¶ 규칙[제도, 법률]을 ~ amender les règlements [le système, la loi]. ③ 바꾸다 changer (de fond en comble, radicalement), corriger. ¶ 버릇[습관, 정신상태]을 ~ changer (radicalement, complètement) *ses* habitudes [les coutumes, *son* état d'esprit].

뜯어내다 타 ① arracher, démonter, détacher, séparer, diviser, dissocier, disjoindre, décoller, démembrer, sectionner, trancher, disloquer; ((조각내어)) arracher par lambeaux. ¶ 자동차의[에서] 엔진을 ~ démonter le moteur de la voiture. ¶ 벽을 ~ démolir un mur. ② 빼앗다 extorquer, soutirer, escroquer, dépouiller. ¶ 누구에게(서) 돈을 ~ extorquer [soutirer, escroquer, dépouiller, soustraire] de l'argent à *qn*.

뜯어말리다 타 s'interposer ((dans une bagarre)), empêcher de se battre, séparer ((deux personnes)). ¶ 두 사람이 싸우는 것을 ~ séparer deux personnes qui se battent.

뜯어먹다 타 ① 떼어서 먹다 ((먹다)) ronger ((des os)), arracher avec les dents des morceaux de viande, mordre à pleines dents dans de la viande ((que l'on mange avec les mains)); ((소 따위가)) brouter, pâturer, paître. ¶ 고기[닭다리]를 ~ ronger des travers de bœuf grillés [mordre à pleines dents dans une cuisse de poulet]. ¶ 소는 풀을 뜯어먹는다 La vache broute (de) l'herbe. ② ((남의 돈, 재물을)) vivre aux crochets [aux dépens] de *qn*, se faire entretenir par *qn*, être [vivre] à la charge de *qn*. ¶ 그 사람은 남의 돈이나 뜯어먹으며 살고 있다 Il vit aux crochets d'autrui / Il vit au dépens d'autrui. ¶ 친척을 뜯어먹고 살다 vivre aux crochets de proches parents, être à la charge de [se faire entretenir par de] proches parents.

뜯어보다 타 ① 열어보다 ouvrir [déballer, défaire, déficeler, délier, dénouer] ((un paquet)) pour en regarder le contenu, déballer ((un cadeau)); dépaqueter. ¶ 소포를 ~ ouvrir [défaire, déballer, déficeler] un colis [un paquet]. ② 살펴보다 scruter; dévisager *qn*; examiner [observer] *qn*/*qc* en détail; regarder *qn*/*qc* minutieusement [avec attention]. ¶ 그 사람은 내 얼굴을 요모조모 뜯어보았다 Il m'a détaillé le visage / Il m'a examiné en détail le visage / Il m'a dévisagé(*e*). ¶ 그 사람은 집을 꼼꼼하게 뜯어보았다 Il a regardé la maison minutieusement [en détail].

뜰 명 cour *f*; aire *f*; jardin *m*, parc *m*. ¶ ~을 가꾸다 soigner [entretenir] *son* jardin; jardiner.

◆뒤_ 명 arrière-cour *f*.

◆안_ 명 cour *f* intérieure.

뜸[1] 명 moxa *m*; moxibustion *f*. ◇_**을 뜨다** appliquer [poser] un moxa [des moxas]; pratiquer la moxibustion. ¶ (등에) ~을 뜨다 appliquer [poser, brûler] un moxa (sur le dos).

◆_질 명 application *f* d'un moxa [des moxas]. ¶ ~질(을) 하다 appliquer [poser, brûler] un moxa [des moxas]; pratiquer la moxibustion.

뜸[2] 명

*~(을) **들이다** hésiter, tergiverser, tortiller, atermoyer. ¶ ~ 들이지 말고, 어서 말을 해라 Arrête de tergiverser, mais dépêche-toi de dire ce que tu as à dire.

뜸부기 명 【조류】 râle *m*, marouette *f* ((oiseau échassier très estimé comme gibier)).

◆_과 -科 명 rallidés *mpl*.

뜸북새 명 ☞ 뜸부기

뜸하다 형 devenir (être) moins (peu) fréquent(*e*) [peu fréquenté(*e*), peu visité(*e*)]. ¶ 이곳은 사람의 내왕이 ~ Cet endroit est peu fréquenté. ¶ 그는 한동안 자주 오더니 요새 좀 뜸한 것 같다 Il est venu souvent pendant un certain temps. Mais, ces temps-ci, ses visites se sont espacées [se font plutôt rares, sont moins fréquentes].

뜻 명 ① 의미 sens *m*, signification *f*. ¶ 단어[문장]의 ~ le sens [la signification] d'un mot [d'une phrase]. ¶ 말의 ~ l'acception ((d'un mot)), le sens [la signification] d'une parole [d'un mot, d'une phrase]. ② 의사 pensée *f*, intention *f*, idées *fpl*. ¶ 인간은 자기의 생각과 ~을 표현하기 위해 말을 사용한다 L'être humain utilise le langage pour exprimer sa pensée et ses idées. ③ 속생각 raison *f*. ¶ 내가 여기 머무는 ~은 별 게 아니다 Je suis ici sans raison particulière. ¶ 그가 갑자기 돌아온 ~을 모르겠다 Je ne connais pas la raison pour laquelle il est rentré si soudainement. ④ 가치, 중요성 valeur *f;* importance *f.* ¶ 그는 이 일의 ~도 모르고 함부로 말한다 Il parle sans réfléchir, sans même connaître l'importance de cette affaire. ¶ ~을 두다[접다] avoir l'intention [le dessein] de+*inf;* se proposer de faire *qc*; viser à *qc*; aspirer à *qc* [renoncer à+*inf;* tirer un trait sur *qc*; tourner la page sur *qc*]. ¶ 그는 일찍이 학문에 ~을 두고 열심히 공부했다 Il s'est destiné très tôt à une carrière littéraire. Alors il a travaillé très dur pour cela. ¶ 그는 교수가 되려는 ~을 접었다 Il a renoncé à devenir professeur d'université / Il a tiré un trait sur la carrière de professeur d'université. ¶ ~(이) 있다[깊다] avoir un sens très profond; être significati*f*(*ve*); être plein(*e*) [chargé(*e*)] de sens; être expressi*f*(*ve*), éloquent(*e*); en dire long; être expressi*f*(*ve*), marquant(*e*), parlant(*e*), révéla*teur*(*trice*), être à prendre en considération; être de conséquence [de poids, d'importance]; être majeur(*e*), notable; être mémorable; être sérieu*x*(*se*); être éminent(*e*); être important(*e*). ¶ 이 일은 매우 ~(이) 있는[깊은] 일이다 C'est un événement très significatif [très important, mémorable]. ¶ 이 계획은 매우 ~깊은 일이다 Ce projet est très important / Ce projet est d'une grande importance. ¶ ~(이) 없다 être dépourvu de (tout) sens; être vide (de sens). ¶ 그는 별다른 ~ 없이 그런 말을 한 것이다 Il ne parlait pas sérieusement quand il a dit cela / Il a dit cela sans aucune considération.

◆**_모르다** 형 ne pas connaître la raison d'un fait; être mystérieu*x*(*se*). ¶ ~모를 일이다 C'est un mystère. ¶ 그는 ~모를 두려움에 사로잡혔다 Il est envahi par une peur mystérieuse.

◆**_밖** 명 imprévu *m;* surprise *f;* ce qui est contre toute attente [contre toute prévision]. ¶ ~밖이다 être imprévu(*e*), inattendu(*e*), inopiné(*e*); 바라지 않던 ((succès)) inespéré(*e*); 놀랄 만하다 être surprenant(*e*). ¶ 그가 우리를 지지한다니, 참 ~밖이다 C'est vraiment inattendu de voir qu'il nous soutient ¶ ~밖에(도) contre toute attente, à *sa* surprise, à *son* (grand) étonnement. ¶ ~밖에 그가 먼저 화해하자고 했다 Je ne m'attendais pas à ce qu'il fasse le premier pas: c'est lui qui a proposé en premier de se réconcilier.

◆**_풀이** 명 interprétation *f;* explication *f.* ¶ ~풀이를 하다 interpréter ((un mot, un énoncé)). ¶ 단어를 ~풀이하다 interpréter [expliquer] un mot. ¶ ~풀이 사전 un dictionnaire.

◆**참_** 명 vrai sens *m;* signification *f* véritable; intention *f* profonde. ¶ 그 말의 참~을 이해하다 comprendre la signification véritable [profonde] de *ses* paroles.

뜻깊다 형 avoir un sens très profond; être significati*f*(*ve*); être plein(*e*) [chargé(*e*)] de sens; être expressi*f*(*ve*), éloquent(*e*); en dire long; être expressi*f*(*ve*), marquant(*e*), parlant(*e*), révéla*teur*(*trice*), être à prendre en considération; être de conséquence [de poids, d'importance]; être majeur(*e*), notable; être mémorable; être sérieu*x*(*se*); être éminent(*e*); être important(*e*). ¶ 뜻깊은 날 un jour mémorable [très important, marquant].

뜻하다 타 signifier; vouloir dire, laisser entendre, revenir à dire ((cela revient à dire)). ¶ 이 말은 무엇을 뜻합니까? Que signifie [veut dire] ce mot? / 상대방의 의도를 물을 때 Quel est le sens de vos propos? / Qu'insinuez-vous par là? / Qu'avez-vous voulu dire? ¶ 그것은 곧 내 제안을 받아들인다는 것을 뜻합니다 Cela veut dire [Cela revient à dire] qu'il accepte ma proposition. ¶ 자유는 무질서를 뜻하는 것은 아닙니다 «Liberté» ne signifie pas [n'est pas synonyme de] «désordre». ¶ 이 상형문자는 왕을 뜻한다 Ce hiéroglyphe signifie [désigne, a pour signification] «le roi». ¶ 뜻하지 않게 avec surprise, inattendu, de façon inattendue. ¶ 뜻하지 않은 일이 일어났다 Un événement inattendu s'est produit. ¶ 아버지께서는 뜻하지 않게 그 사건에 휘말렸다 Mon père a été embarqué [entraîné] dans cette affaire de façon inattendue. ¶ 뜻한 바[것] une visée, un objectif, un but, une cause, un dessein. ¶ 크게 뜻하는 바가 있어 면학에 열중하다 s'appliquer avec ardeur [avec zèle] à *ses* études [à *son* travail] dans un objectif ambitieux [en ayant des objectifs ambitieux]. ¶ 도대체 뜻하는 바가 무엇입니까? Qu'avez-vous donc en vue? / Qu'avez-vous donc derrière la tête? / Quel est donc votre objectif [votre but]? ¶ 그 사람은 반드시 뭔가 뜻하는 바가 있다고 생각합니다 Je crois qu'il a une idée derrière la tête [qu'il a quelque chose en vue]. ¶ 뜻하던 것을 달성하다 atteindre *son* but; réaliser un dessein; accomplir un vœu; réaliser *ses* aspirations [*son* ambition]. ¶ 그 사람은 뜻한 바 있어 농촌으로 내려갔다 Il est descendu à la campagne parce qu'il avait quelque chose à y faire. ¶ 그 사람은 뜻하던 것을 이루었다 Il a réalisé [atteint] son objectif.

띄다[1] 자

***눈에** ~ apparaître, sauter aux yeux, se voir, se remarquer, se faire voir, se faire remarquer, être visible, perceptible; être en vue. ¶ 눈에 띄는 행동은 삼가라 Évite de te faire remarquer! ¶ 그 사람은 키가 커서 사람들 틈에서도 금방 눈에 띄었다 Étant grand, il se fait remarquer tout de suite même dans une foule. ¶ 이곳에 올 때는 남의 눈에 띄지 않도록 조심해라 Quand tu viens ici, tâche de passer inaperçu(*e*) [tâche d'être discr*et*(*ète*) pour passer inaperçu(*e*), conduis-toi discrètement pour passer inaperçu(*e*)]. ¶ 병세가 눈에 띄게 나빠졌다 L'état de *sa* santé s'est détérioré de façon perceptible.

띄다[2] 타 espacer, écarter, écarteler. ¶ 줄 사이를 좀 더 띄어야겠다 Il faudrait espacer un peu plus les lignes. ¶ 널찍널찍하게 띄어 앉아라 Asseyez-vous et prenez vos aises! ☞ 띄우다[2] ¶ 띄어 쓰다 écrire en séparant les mots; écrire en laissant un espace entre les mots. ¶ 한[두] 줄씩 띄어 쓰다 écrire en interligne [en double interligne]. ¶ 알아볼 수 있게 글씨를 또박또박 띄어 써라 Pour faciliter la lecture, écris les caractères en les séparant bien [écris caractère après caractère, écris mot par mot]!

띄어쓰기 명 écriture *f* en respectant espace entre les mots. ¶ 그의 글은 ~가 엉망이다 Quand il écrit, il n'arrive pas à séparer les mots correctement. ◇_(를) **하다** espacer les mots en écrivant. ¶ 한글은 ~를 잘못하면 뜻이 달라지는 경우가 많다 Si on ne sépare pas correctement les mots en coréen, cela peut souvent modifier le sens d'un énoncé [d'une phrase].

띄우다[1] 타 ((물이나 하늘에)) faire flotter; lancer ((un vaisseau, un faucon)). ¶ 연을 ~ lancer [faire voler] un cerf-volant. ¶ 배를 ~ lancer un navire.

띄우다[2] 타 espacer, écarter, disposer ((des objets)) avec un espacement. ¶ 책상과 책상 사이를 ~ espacer les tables, mettre de l'espace entre les tables. ¶ 나무를 좀 더 띄워서 심어라 Plante les arbres en les espaçant un peu plus!

띄우다[3] 타 발효시키다 faire fermenter; faire lever ((le pain, la pâte)). ¶ 잘 띄운 누룩 du levain bien fermenté. ¶ 메주를 ~ faire fermenter de la pâte de soja [une boule de pâte de soja].

띄우다[4] 타 발송하다 envoyer ((un message, un messager, un courrier)); expédier ((une lettre)), dépêcher, transmettre, mander, poster, adresser, faire parvenir *qc*. ¶ 친구에게 편지[팩스]를 ~ envoyer une lettre [un fax, une télécopie] à un(*e*) ami(*e*).

띠[1] 명 (허리띠) ceinture *f;* ceinturon *m*; cordon *m;* bande *f;* cercle *m;* bandage *m;* galon *m*; ((아이를 업을 때 사용)) sac *m* porte-bébé [sac *m* "kangourou"]. ¶ 그녀의 푸른색 ~를 두른 모자가 참 멋있어 보였다 Son chapeau galonné de vert [bleu] était vraiment chic [élégant, classe] / Son chapeau orné d'un galon vert [bleu] avait vraiment beaucoup de classe. ¶ 그 여인은 갓난 애기를 ~로 업고 있었다 Elle portait un nourrisson [un nouveau-né, un bébé] sur le dos dans un sac "kangourou".
◆**머리_** 명 serre-tête(~-~*s*) *m*.
◆**허리_** 명 ceinture *f*.

띠[2] 명 【식물】 espèce de roseau(*x*) *m*. ¶ ~로 지붕을 만들다 fabriquer un toit en roseau.
◆**_ㅅ집** 명 chaumière *f*.

띠[3] 명 【민속】 signe *m* (astrologique) chinois sous lequel on est né. ¶ 너는 무슨 ~니? Tu es de quel signe chinois? ¶ 흔히들 말~는 성격이 억세다고들 말한다 On dit souvent que les personnes du signe du cheval ont le tempérament solide [fort].

띠다 타 ① 두르다 ceindre, se ceindre, porter ((une ceinture)), entourer, enserrer, sangler, attacher, serrer, encercler, enclore, enfermer, couronner. ¶ 허리에 띠[혁대]를 ~ porter une ceinture à la hanche. ¶ 머리에 붉은 띠를 ~ se mettre un bandana rouge. ② 임무를 맡다 se charger, être chargé(*e*) ((d'une mission)). ¶ 공무를 띠고 en mission officielle; chargé(*e*) d'une mission officielle. ¶ 특수 임무를 띠고 적국에 잠입하다 s'infiltrer dans un pays ennemi, chargé(*e*) d'une mission spéciale. ③ ((색, 기운 등을)) arborer, afficher, tirer sur ((le bleu)), être imprégné(*e*) de. ¶ 노기를 띤 목소리 une voix imprégnée de colère. ¶ 가을이 되자 사과는 붉은 빛을 띠기 시작했다 Avec l'arrivée de l'automne, les pommes commencèrent à arborer une teinte rouge. ¶ 미소(를) 띤 얼굴로 인사하다 saluer avec un visage souriant. ¶ 새해 들어 수출이 활기를 띠기 시작했다 Avec le nouvel an, les exportations ont commencé à s'animer.

띵하다 형 정신이 흐릿하다 avoir l'esprit confus; ((두통으로)) avoir des maux de tête, avoir la tête lourde; 어지럽다 avoir des vertiges, avoir la tête qui tourne, avoir le tournis {*fam*}. ¶ 머리가 ~ avoir la tête lourde; avoir des maux de tête, souffrir d'un mal de tête. ¶ 그 술을 마시니 머리가 띵한 게 여간 독하지 않네 Cet alcool est vraiment très fort. Il donne mal à la tête [des maux de tête, des vertiges].

ㄹ

ㄹ 명 *rieul m* ((quatrième lettre consonantique de l'alphabet coréen)).

-ㄹ¹↔-를¹↔-을² 조 ((-ㄹ est la forme contractée de -를, particule de complément d'objet direct (ou marque du cas accusatif). -ㄹ et -를 s'ajoute au substantif qui se termine par une voyelle, -을 au substantif qui se termine par une consonne)). ① ((직접대상)) ¶ 이거~[이것을] 두고 그거~[그것을] 주세요 Laissez ceci et donnez-moi cela. ¶ 그 남자는 나~ 버리고 갔습니다 Il est parti en m'abandonnant. ¶ 뭐~[무엇을] 먹을까? Que mangera-t-on? ¶ 너~[너를] 믿으라고? Tu voudrais que je te croie? ¶ 여기~[여기를] 떠나서 어디~[어디를] 가려고 하세요? Partant d'ici, où comptez-vous aller? ¶ 누구~[누구를] 찾으세요? Qui cherchez-vous? ¶ 너는 무슨 강의~[강의를] 듣니? À quel cours assistes-tu? ¶ 옆 아파트의 부부는 그 아이~[아이를] 자식으로 삼았다 Le couple de l'appartement à côté a adopté cette petite fille. ¶ 농부는 그 황무지~[황무지를] 옥토로 바꾸었다 Le paysan a défriché ce terrain pour le rendre fertile. ¶ 어서 공부~[공부를] 해라 Va vite travailler. ¶ 쌀 한 가마~[가마를] 사 오너라 Va acheter un sac (de 80 kg) de riz. ¶ 앞으로도 3주~[3주를] 더 기다려야 한다 Il faut encore attendre 3 semaines. ② ((간접대상)) ¶ 자전거~[자전거를] 타다 faire de la bicyclette ((du vélo)). ¶ 비행기~[비행기를] 타다 prendre l'avion. ¶ 넌 여기~[여기를] 왜 왔니? Pourquoi es-tu venu(*e*) ici? ¶ 너희 집은 어디로 이사~ [이사를] 갔니? Où est-ce que tu as déménagé? ¶ 어떤 사람에게 다리~ [다리를] 채였어 J'ai reçu un coup de pied à la jambe. ¶ 큰 길 한 가운데~ [가운데를] 건너면 어떡하니? Pourquoi tu traverses en plein milieu de la rue ? / Il ne faut pas traverser en plein milieu de la rue. ¶ 난 동네~ [동네를] 돌아다녔지 Je me suis promené(*e*) dans le quartier. ¶ 여길 떠나면 뭐~[무얼, 무엇을] 할거니? Si tu pars d'ici, que vas-tu faire? ¶ 낚시~[낚시를] 가나? Vas-tu à la pêche? ¶ 그 먼 거리~[거리를] 뛰었다고? Tu dis que tu as couru sur une si grande distance? ¶ 이 애가 어디~[어디를] 갔나? Mais où est passé cet enfant? ¶ 왜 또 거기~[거기를] 갔니? Pourquoi es-tu allé(*e*) là encore? ¶ 그 애는 학교~[학교를] 다녀요 Cet enfant va à l'école.

-ㄹ² ↔-를² 조 ((suffixe emphatique, -ㄹ est la forme contractée de -를. -ㄹ ou -를 s'ajoute au suffixe flexionnel -지 qui sert à lier le verbe principal au verbe auxiliaire de négation)). ① ((강조)) ¶ 전혀 쉬자~[쉬지를] 못했어 Je ne me suis pas du tout reposé(*e*). ¶ 상황이 좋자~[좋지를] 않아 La situation n'est pas bonne. ② (('-에'와 함께 혹은 대신)) ¶ 학교에~[학교에를] 안 가고 뭐하니? Pourquoi tu ne vas pas à l'école? ③ (('-에게' 대신)) ¶ 이 책을 네 친구~[친구를] 줘라 Donne ce livre à ton ami(*e*).

-ㄹ³↔-을³ 어미 ((suffixe flexionnel déterminatif du futur. -ㄹ s'ajoute au radical verbal qui se termine par une voyelle et au suffixe flexionnel préfinal honorifique -시/-으시; -을 au radical verbal qui se termine par une consonne, et au suffixe flexionnel préfinal du passé -았/-었 pour la supposition. Aucune des deux formes ne s'ajoute au radical verbal si ce dernier se termine par la consonne liquide ㄹ. Les adjectifs ne prennent pas ce suffixe flexionnel déterminatif.)) ¶내가 만나~ 사람은 그이가 아니다 Ce n'est pas lui que je vais rencontrer. ¶오~ 사람 une personne qui va venir. ¶쓰~ 편지 une lettre à écrire. ¶우리가 내일 하~ 일에 대해 생각해 보세요. Réfléchissez sur le [pensez au] travail que nous allons faire demain. ¶그는 몇 시간 후면 떠나~ 사람이다 C'est une personne qui partira dans quelques heures. ¶역의 대합실에는 서~ 자리조차 없었어요 Dans la salle d'attente de la gare, il n'y avait même pas de place pour se tenir debout. ¶그런 영화를 보~ 사람은 너 밖에 없다 Il n'y a que toi qui vois un film pareil. ¶너와 같이 여행 가~ 사람은 누구냐? Qui va partir en voyage avec toi? ¶지금 식사하~ 사람이 모두 몇이나 되니? Combien de personnes veulent manger maintenant? ¶나는 하~ 일이 많다 J'ai beaucoup de choses à faire. ¶먹으~ 것이 없다 Il n'y a rien à manger. ¶출발하~ 시간이 가까워졌다 L'heure du départ approche. ¶이제는 돌아가야 하~ 시간이다 C'est l'heure de rentrer. ¶나는 여기를 떠나~ 생각이 없다 Je n'ai pas l'intention de partir d'ici. ¶떠나~

사람은 떠나라. Ceux qui doivent partir, qu'ils partent. ¶이름 모르~ 꽃들 des fleurs dont on ne connaît pas [dont on ignore] le nom. ¶우리 사이에 못하~ 말이 어디 있니? Y a-t-il des mots à ne pas dire entre nous? ¶이제 어디로 가~ 거내[것이냐?] Où pourrais-je aller maintenant? ¶몸이 피곤하~ 때는 푹 쉬는 것이 좋아요 Quand on es fatigué, il est bon de se reposer pleinement.

-ㄹ[4]↔-을[3] 어미 《suffixe flexionnel déterminatif du futur. -ㄹ /-을 s'ajoutant au radical verbal, il forme une locution avec -것이다/-거다 (forme contractée de 것이다) pour exprimer le futur, la supposition, la possibilité, l'intention du verbe coréen : -ㄹ/-을 것이다. -ㄹ s'ajoute au radical verbal qui se termine par une voyelle et au suffixe flexionnel préfinal honorifique -시/-으시; -을 au radical verbal qui se termine par une consonne, et au suffixe flexionnel préfinal du passé -았/-었 pour la supposition. Aucune des deux formes ne s'ajoute au radical verbal si ce dernier se termine par la consonne liquideㄹ.》 ① 《앞으로 일어날 일》¶그는 일주일 후에 돌아오~ 것이다 Il reviendra dans une semaine. ¶이제 날씨가 쌀쌀해지~ 것이다 Il va faire froid maintenant. ② 《추측, 예정, 가능성, 의도》 ¶내 평생 그 일은 두고두고 기억하~ 거에요. Je me souviendrai cette affaire durant toute ma vie. ¶반드시 그가 이가~ 것이다 Il l'emportera sûrement. ¶나는 기필코 이 일을 해내고 마~ 것이다 J'achèverai ce travail à tout prix. ¶공부를 계속하는 편이 이로우~ 거야 Ce serait mieux de continuer les études. ¶난 이제는 그런 일을 안 하~ 거야 Je ne ferai plus ce genre de travail. ¶지금 아마 자정쯤 되~ 거예요 Il doit être minuit maintenant. ¶선생님께서는 언제 떠나시~ 거예요? Quand est-ce que vous partirez?

-ㄹ[5]↔-을[3] 어미 《suffixe flexionnel déterminatif du futur. -ㄹ / -을 s'ajoutant au radical verbal, il forme une locution avec le nom dépendant -수 (la possibilité) : -ㄹ/-을 수(가 / 는) 있다 pouvoir, il est possible de (que), il y a la possibilité de (que+subj.);-ㄹ/-을 수(가/는) 없다 ne pas pouvoir, il est impossible de (que), il n'y a pas de possibilité de (que+subj.). -ㄹ s'ajoute au radical verbal qui se termine par une voyelle et au suffixe flexionnel préfinal honorifique -시/-으시, -을 au radical verbal qui se termine par une consonne et au suffixe flexionnel préfinal du passé -았/-었. Aucune des deux formes ne s'ajoute au radical verbal si ce dernier se termine par la consonne liquide ㄹ.》 ¶한라산은 너라도 오르~ 수 있는 산이다 Le mont Halla est une montagne où tu peux monter. ¶여기서 독자는 이 소설의 결말을 짐작하~ 수 있을 것이다 Ici, le lecteur pourra 《pourrait》 imaginer le dénouement de ce roman. ¶저는 그런 일을 하~ 수는 없어요 Je ne pourrai pas faire un tel travail. ¶나는 내가 그를 이가~ 수 있다는 사실을 알았다 J'ai compris que je pouvais le battre.

-ㄹ[6]↔-을[3] 어미 《suffixe flexionnel déterminatif du futur. -ㄹ s'ajoute au radical verbal qui se termine par une voyelle et au suffixe flexionnel préfinal honorifique -시/-으시; -을 au radical verbal qui se termine par une consonne et au suffixe flexionnel préfinal du passé -았/-었. Aucune des deux formes ne s'ajoute au radical verbal si ce dernier se termine par la consonne liquideㄹ. Il s'emploie avec un grand nombre de noms complets ou dépendants (non autonomes) exprimant le temps (-때, -무렵, -적, -제), le lieu (-데), la manière (-나름, -만), le fait (-줄, -터), la possibilité (-줄), la ressemblance (-듯), l'exclusivité (-뿐).》 ¶ 그의 아이들은 어라~ 때부터 영어를 배웠다. Ses enfants ont appris l'anglais depuis qu'ils sont petits. ¶ 해 자~ 무렵 au coucher du soleil. ¶ 책을 보~ 때에는 정신을 집중해라 Concentre-toi quand tu lis. ¶ 나는 친구가 오~ 줄 알았다 Je croyais [pensais] que mon ami(*e*) viendrait. ¶ 그 여자는 한국어를 하~ 줄 알아요 Elle sait parler (le) coréen. ¶ 그는 중국어를 하~ 줄 모릅니다 Il ne sait pas parler (le) chinois. ¶ 그 사람도 바빴으~ 테고, 저도 바빴어요 Je suppose qu'il était occupé et je l'étais aussi. ¶ 너도 한 잔 마시~ 테냐? Toi aussi, tu veux boire un verre? ¶ 이제 별 일 없으~ 테니 잠시 쉬어야지 Comme il n'y aura rien de spécial, je me reposerai. ¶ 내가 네게 돈을 주~ 테니 가서 그 책을 사서 읽어라 Je te donnerai de l'argent, tu achèteras ce livre et le liras. ¶ 다들 피곤하~ 텐데도 그런 내색을 하지 않는다 Tout le monde doit être fatigué, mais personne ne le montre. ¶ 어떤 일이건 네가 하~ 나름이다 Quelque soit le travail, la réussite dépend de toi. ¶ 이 정도면 혼자 드~ 만하다 Si ce n'est que ça, je peux le porter moi-même. ¶ 그 가격이라면 사~ 만하다 À ce prix, on peut l'acheter. ¶ 비가 오~ 듯(도)하다 Il risque de pleuvoir. ¶ 바람만 불 뿐 비는 오지 않는다 Il n'y a que du vent, il ne pleut pas. ¶네가 가~ 데를 말해 봐라. Dis-moi là (l'endroit) où tu veux aller.

-ㄹ[7]↔-을[3] 어미 《suffixe flexionnel déterminatif du futur. Avec le nom dépendant 대로 et le verbe qui se répète, il forme une locution qui exprime l'exagération. -ㄹ s'ajoute au radical verbal qui se termine par une voyelle et au suffixe flexionnel préfinal honorifique -시/-으시; -을 au radical verbal qui se termine par une consonne. Aucune des deux formes ne s'ajoute au radical verbal si ce dernier se termine par la consonne liquide ㄹ》. ¶ 자라~ 대로 자란 잡초들 des mauvaises herbes qui ont bien poussé. ¶ 물가가 오르~ 대로 올랐다 Les prix ont grimpé au plus haut point. ¶ 익으~ 대로 익은 과일 des fruits très mûrs.

-ㄹ[8]↔-을[3] 어미 《suffixe flexionnel déterminatif du futur. -ㄹ/-을 듯 말듯하다, locution exprimant l'hésitation ou l'indécision. -ㄹ s'ajoute au radical verbal qui se termine par une voyelle et au suffixe flexionnel préfinal honorifique -시/-으시; -을 au radical verbal qui se termine par une consonne et au suffixe flexionnel préfinal-았/-었. Aucune des deux formes ne s'ajoute au radical verbal si ce dernier se termine par la consonne liquide ㄹ.》 ¶ 비가 오~ 듯 말듯하네 Il se pourrait bien qu'il pleuve / Il pourrait bien pleuvoir. ¶ 그는 떠나~ 듯 말듯한다 Il hésite à partir.

-ㄹ⁹↔-을³ 어미 《suffixe flexionnel déterminatif du futur. Il est utilisé lorsqu'on indique le sens des caractères sino-coréens qui ont un sens verbal, devant la prononciation du caractère. Il est utilisé pour adoucir la prononciation. -ㄹ s'ajoute au radical verbal qui se termine par une voyelle, -을 au radical verbal qui se termine par une consonne. Aucune des deux formes ne s'ajoute au radical verbal si ce dernier se termine par la consonne liquide ㄹ》. ¶ 가~ 지(之) le caractère sino-coréen "ji" qui signifie "aller". ¶ 누르~ 황(黃) le caractère sino-coréen "hwang" dont le sens est "être jaune".

-ㄹ거나↔-을거나 어미 《suffixe flexionnel déclaratif ou interjectif de terminaison phrastique, d'égalité et d'infériorité, archaïque. Utilisé à l'égard de soi-même, d'un interlocuteur égal (entre les amis adultes intimes) ou inférieur (enfant, fils, fille, élève, jeune employé), il exprime l'intimité, l'égalité ou l'infériorité. Il exprime un doute, une intention hésitante. -ㄹ거나 s'ajoute au radical verbal qui se termine par une voyelle, -을거나 au radical verbal qui se termine par une consonne. Seul –거나 s'ajoute au radical verbal si ce dernier se termine par la consonne liquide ㄹ.》 자문(自問), 문의, 감탄 ¶그럼 이제 가 보~? Alors, maintenant, on y va? ¶우리 함께 희망의 나라를 만들어 보~! Allons-nous construire ensemble un pays plein d'espoir?

-ㄹ걸↔-을걸 어미 《suffixe flexionnel déclaratif de terminaison phrastique, d'égalité et d'infériorité. Utilisé à l'égard d'un interlocuteur égal (entre les enfants et entre les amis adultes intimes) ou inférieur (enfant, fils, fille, élève, jeune employé), il exprime l'intimité et l'égalité ou l'infériorité. Il indique une supposition ou un regret pour une action manquée. -ㄹ걸 s'ajoute au radical verbal qui se termine par une voyelle et au suffixe flexionnel préfinal honorifique -시/-으시; -을걸 au radical verbal qui se termine par une consonne et au suffixe flexionnel préfinal du passé -았/-었. Seul –걸 s'ajoute au radical verbal si ce dernier se termine par la consonne liquideㄹ.》 ① 《한탄》 ¶좀 더 일찍 오~ J'aurais dû venir un peu plus tôt. ¶자리가 있는 줄 알았으면 나도 같이 가~ Si j'avais su qu'il y avait des places libres, on aurait pu y aller ensemble. ¶오는 김에 선물이라도 사오~ En venant, j'aurais pu acheter un cadeau. ¶집에서 낮잠이나 자~ 괜히 나갔었다 Je regrette d'être sorti(e), parce que j'aurais pu faire la sieste à la maison. ¶돈을 그냥 집에 두~ J'aurais dû laisser l'argent à la maison. ② 《추측》 ¶아마 그러~ C'est probable. ¶그는 내일 파리에 가~ Il va à Paris sans doute demain. ¶그는 아마 우리가 온다는 사실을 알~ Sans doute, il sait que nous arrivons. ¶이게 더 크~ Ceci peut être plus grand.

-ㄹ게↔-을게 어미 《suffixe flexionnel de terminaison phrastique, traduisant une approbation, un acquiescement. Utilisé à l'adresse d'un interlocuteur égal (entre les enfants et entre les amis adultes intimes) ou inférieur (enfant, fils, fille, élève, jeune employé), il exprime l'intimité et l'égalité ou l'infériorité. -ㄹ게 s'ajoute au radical du verbe qui se termine par une voyelle et au suffixe flexionnel préfinal honorifique -시/-으시; -을게 au radical qui se termine par une consonne. Seul –게 s'ajoute au radical verbal si ce dernier se termine par la consonne liquideㄹ. Il marque le futur.》 ¶내가 네 대신 가~ J'irai à ta place. ¶내일 그 책을 가져다주~ Je t'apporterai ce livre demain. ¶나 화장실에 잠시 다녀오~ Je vais vite aller aux toilettes. ¶나는 고속 버스를 타~ Je prendrai le bus express.

-ㄹ까↔-을까 어미 《suffixe flexionnel interrogatif de terminaison phrastique. Utilisé à l'adresse de soi-même ou d'un interlocuteur égal (entre les enfants et entre les amis adultes intimes) ou inférieur (enfant, fils, fille, élève, jeune employé), il exprime l'intimité et l'égalité ou l'infériorité. Il indique une interrogation ou un doute, une supposition, un sentiment emphatique, un renforcement du sens, un adoucissement du ton, une hésitation, une action vague. -ㄹ까 s'ajoute au radical verbal qui se termine par une voyelle et au suffixe flexionnel préfinal honorifique -시/-으시; -을까 au radical verbal qui se termine par une consonne et au suffixe flexionnel préfinal du passé -았/-었. Seul –까 s'ajoute au radical verbal si ce dernier se termine par la consonne liquide ㄹ.》 ① 《의문, 의심》 ¶ 그가 오~? Viendra-t-il? ¶ 그의 말이 사실이~? A-t-il dit la vérité? ¶ 세상에서 가장 소중한 것이 무엇이~? Qu'est-ce qui est le plus important dans le monde? ¶ 그가 만나는 사람이 어떤 사람이~요? De quel genre est la personne qu'il fréquente? / Quel est le genre de la personne qu'il fréquente? ¶ 그 사람이 정말 사장이~요? Est-ce vraiment le patron? ② 《추측, 짐작》 ¶ 그 사람 나이가 지금 마흔이나 되~ Cet homme semble avoir quarante ans 《la quarantaine》 [paraît avoir la quarantaine]. ¶ 그래서이~, 그날 저녁은 너무 피곤했다 C'était peut-être à cause de cela que je me sentais si fatigué(*e*) ce soir-là. ③ 《제의》 ¶ 우리 학교에 가 보~, 지금 당장? Et si on allait à l'école tout de suite? ¶ 그가 있는지 없는지 지금 가보고

오~? On va voir s'il est là ou pas? ¶ 내가 해 보~? (Veux-tu que) j'essaie? ¶ 이제 그 일을 시작하~? On commence ce travail maintenant? ④ ((강조)) ¶ 내가 없으니 그 사람은 얼마나 쓸쓸하~? Comme il doit se sentir seul sans moi! ¶ 유일한 증인인 그 사람의 말을 믿어야 하지 않으~? Ne devrait-on pas le croire, lui qui est l'unique témoin? ⑤ ((어조 완화)) ¶ 그 사람의 피부는 아기의 피부라고나 하~? On dirait que sa peau est celle d'un bébé. ¶ 그 사람은 음악가라고나 하~요? On dirait qu'il est musicien. ¶ 그는 뭐라~, 환상에 사로잡혀 사는 사람 같았다 Comment dirais-je, il me semblait possédé par une illusion. ⑥ ((망설임)) ¶ 동생을 깨우~ 하다가 그냥 두었다 J'ai hésité à réveiller mon petit frère, mais je l'ai laissé dormir. ¶ 이 사람을 쓰~ 저 사람을 쓰~ 망설였다 J'ai hésité entre ces deux personnes pour cet emploi. ¶ 오늘 떠나~ 마~? Je pars aujourd'hui ou pas? ¶ 한 번만 더 떠들면 쫓아내~ 보다 Je vous mettrai dehors si vous bavardez encore une fois. ⑦ ((어림)) ¶ 그 소리는 귀를 기울여도 들리~ 마~ 하였다 Ce bruit était à peine audible même en y prêtant la plus grande attention. ¶ 그 상자의 높이는 1 미터가 되~ 마~ 하다 La hauteur de cette boîte mesure à peine un mètre.

* ~ 보아 [봐] de peur ((crainte)) que+*subj*. ¶ 자기를 혼자 떼놓고 가~ 봐 아이는 엄마 손을 꼭 잡고 있었다 L'enfant tenait fort la main de sa maman de peur qu'elle ne parte sans lui. ¶ 모자가 바람에 날리~ 봐 그는 두 손으로 모자를 꾹 누르고 있었다 Il tenait son chapeau des deux mains de crainte qu'il ne s'envole.

-ㄹ까마는↔-을까마는 [어미] il n'y pas de raison que+ind, bien que+subj ((suffixe flexionnel conjonctif, exprimant une supposition avec une idée contraire (opposée).-ㄹ까마는 s'ajoute au radical verbal qui se termine par une voyelle et au suffixe flexionnel préfinal honorifique -시/-으시; -을까마는 au radical verbal qui se termine par une consonne et au suffixe flexionnel préfinal du passé -았/-었. Seul –까마는 s'ajoute s'ajoute au radical verbal si ce dernier se termine par la consonne liquideㄹ.)) ¶그가 그런다고 내가 자~ 속임수가 아주 그럴 듯했다 Bien qu'il n'ait pas réussi à me battre, sa tromperie était vraisemblable. ¶여름이 가고 바로 겨울이 오~, 그 해 가을은 한결 짧았다 Il n'y a pas de raison que l'hiver arrive directement après la fin de l'été, mais cette année-là, l'automne était vraiment court.

-ㄹ깝쇼↔-을깝쇼 [어미] ((suffixe flexionnel interrogatif de terminaison phrastique, de supériorité, exprimant une politesse, un peu archaïque. Employé entre les adultes réciproquement ou à l'égard d'un interlocuteur supérieur, il exprime une politesse et un respect banals et familiers. -ㄹ깝쇼 s'ajoute au radical du verbe qui se termine par une voyelle; -을깝쇼 au radical qui se termine par une consonne. Seul –깝쇼 s'ajoute au radical verbal si ce dernier se termine par la consonne liquide ㄹ.)) ¶ 제가 해 드리~? Voulez-vous que je le fasse? ¶ 이것도 같이 싸드리~? (Voulez-vous que) j'emballe ceci aussi?

-ㄹ꼬↔-을꼬↔-ㄹ까 [어미] ((suffixe flexionnel interrogatif de terminaison phrastique. Utilisé à l'égard de soi-même ou d'un interlocuteur égal (entre les amis adultes intimes) ou inférieur, il exprime l'intimité et l'égalité ou l'infériorité. -ㄹ꼬 s'ajoute au radical verbal qui se termine par une voyelle et au suffixe flexionnel préfinal honorifique -시/-으시; -을꼬 au radical verbal qui se termine par une consonne et au suffixe flexionnel préfinal du passé -았/-었. Seul –꼬 s'ajoute au radical verbal si ce dernier se termine par la consonne liquideㄹ. Il exprime une interrogation ou un doute, une supposition, un sentiment emphatique, un renforcement du sens, un adoucissement du ton, une hésitation, une action vague. Dialectique.)) ¶ 언제 비가 오~ Quand viendra la pluie? ¶ 이제 어떻게 해야 하~? Que devrions-nous faire maintenant? ¶ 이제 우리는 무슨 낙으로 사~? Désormais, avec quel espoir vivrons-nous? ¶ 서울로 간 사람은 왜 이리 안 오~? Pourquoi la personne qui est allée à Séoul tarde-t-elle à revenir? ¶ 무슨 날씨가 이리도 더우~? Qu'est-ce qu'il fait chaud!

-ㄹ는지↔-을는지 [어미] ((suffixe flexionnel conjonctif, exprimant un doute ou une supposition; suffixe flexionnel interrogatif de terminaison phrastique. Utilisé à l'égard de soi-même ou d'un interlocuteur égal (entre les enfants et entre les amis adultes intimes) ou inférieur, il exprime l'intimité, l'égalité ou l'infériorité. -ㄹ는지 s'ajoute au radical verbal qui se termine par une voyelle et au suffixe flexionnel préfinal honorifique -시/-으시; -을는지 au radical verbal qui se termine par une consonne et au suffixe flexionnel préfinal du passé -았/-었. Seul –는지 s'ajoute au radical verbal si ce dernier se termine par la consonne liquide ㄹ.)) ① ((의심, 의혹)) ¶ 그가 모임에 참석하~ 궁금하다 Je suis curieux(*se*) de savoir s'il va assister à la réunion. ¶ 그의 병이 쉽게 나으~ 의사도 알 수 없었다 Même le médecin ne savait pas si sa maladie allait guérir facilement. ¶ 그가 회의에 오~ 안 오~ 아무도 모른다 Personne ne sait s'il va venir à la conférence. ¶ 내일은 비가 오~ 모르겠습니다 Il risque de pleuvoir demain. ② ((의문)) ¶ 그런 일을 해낼 사람이 과연 누구이~? En effet, qui pourrait accomplir un tel travail? ¶ 그 길로 가면 빠르다던데 과연 얼마나 빠르~? On m'a dit que c'était un raccourci, mais je ne saurais dire à quel point.

-ㄹ데라니↔-을데라니 [어미] ((suffixe flexionnel interjectif de terminaison phrastique, utilisé pour soi-même, exprimant un étonnement. Utilisé à l'égard de soi-même ou d'un interlocuteur égal (entre les amis adultes intimes) ou inférieur, il exprime l'intimité, l'égalité ou l'infériorité. -ㄹ데라니 s'ajoute au radical verbal qui se termine par une voyelle et au suffixe flexionnel préfinal honorifique -시/-으시; -을데라니 au radical verbal qui se termine par une consonne. Seul –데라니 s'ajoute Aucune des deux formes ne s'ajoute au radical verbal si ce dernier se termine par la consonne liquide ㄹ.)) ¶ 이렇게 기쁘~! Que je suis content(*e*)!

-ㄹ듯 의명 ☞ 듯¹

-ㄹ라↔-을라 어미 ((suffixe flexionnel déclaratif de terminaison phrastique, d'infériorité. Utilisé à l'égard d'un interlocuteur égal (entre les amis adultes intimes) ou inférieur (enfant, fils, fille, élève, jeune employé), il exprime l'intimité, l'égalité ou l'infériorité. -ㄹ라 s'ajoute au radical verbal qui se termine par une voyelle et au suffixe flexionnel préfinal honorifique -시/-으시; -을라 au radical verbal qui se termine par une consonne et au suffixe flexionnel préfinal du passé -았/-었. Seul –라 s'ajoute au radical verbal si ce dernier se termine par la consonne liquide ㄹ.)) ¶ 그렇게 뛰다가 넘어지~ Si tu cours comme ça, tu risques de tomber! ¶ 애야, 다치~, 칼 가지고 놀지 말아라 Petit, tu pourrais te blesser. Ne joue pas avec ce couteau. ¶ 이러다 병나~ Si cela continue, tu vas tomber malade. ¶ 죽이 너무 뜨거우~. 오래 데우지 마라. La bouillie de riz pourrait être trop brûlante. Ne la chauffe pas longtemps.

-ㄹ라고↔-을라고 어미 ((suffixe flexionnel interjectif ou interrogatif de terminaison phrastique, d'égalité et d'infériorité. Utilisé à d'un interlocuteur égal (entre les enfants et entre les amis adultes intimes) ou inférieur, il exprime l'intimité, l'égalité ou l'infériorité. –ㄹ라고 s'ajoute au radical verbal qui se termine par une voyelle et au suffixe flexionnel préfinal honorifique -시/-으시; -을라고 au radical verbal qui se termine par une consonne et au suffixe flexionnel préfinal du passé -았/-었. Seul –라고 s'ajoute au radical verbal si ce dernier se termine par la consonne liquide ㄹ.)) ¶ 설마 그가 날 좋아하~? Ça m'étonnerait qu'il m'aime! / Ne me dis pas qu'il m'aime, quand même! ¶ 사람이 그렇게 빠르~? Comment un être humain peut-il être si rapide? ¶ 그 사람이 하는 일이 어련하~ Si c'est lui qui fait le travail, on peut s'attendre au pire. ¶ 오죽했으면 나보고 도와달라고 하~ Dans quel pétrin il doit se trouver pour me demander de l'aider!

-ㄹ라치면↔-을라치면 어미 à chaque fois que, à chaque moment où, lorsque, quand ((suffixe flexionnel conjonctif de temps. –ㄹ라치면 s'ajoute au radical du verbe qui se termine par une voyelle et au suffixe flexionnel préfinal honorifique -시/-으시; -을라치면 au radical qui se termine par une consonne. Seul –라치면 s'ajoute au radical verbal si ce dernier se termine par la consonne liquide ㄹ.)) ¶ 병이 좀 나으~ 다시 일을 시켜서 자꾸 병이 도진다 À chaque fois que je guéris un peu, on me fait travailler et je rechute. ¶ 내가 무슨 말이라도 하~ 그는 못들은 척 한다 À chaque fois que j'essaie de dire quelque chose, il fait la sourde oreille.

-ㄹ락↔-을락 어미 à peine, presque ((suffixe flexionnel conjonctif d'alternation des mouvements positif et négatif, tout près d'un but. Il s'emploie avec le verbe 말다 cesser de+*inf.* –ㄹ락 s'ajoute au radical du verbe qui se termine par une voyelle; -을락고 au radical qui se termine par une consonne. Seul –락 s'ajoute au radical verbal si ce dernier se termine par la consonne liquideㄹ.)) ¶수면 위로 바위가 보이~ 마~ 하다 Le rocher se montre à peine à la surface de l'eau. ¶멀리서 노래 소리가 들리~ 말락 한다 De loin, les chants se font entendre faiblement. ¶잠이 들~ 말락 할 때 전화벨이 울렸다 À peine me suis-je endormi(*e*),quelasonneriedutéléphonearetenti.

-ㄹ랑↔-을랑 조 justement, surtout ((suffixe emphatique qui s'ajoute à une autre particule ou à un suffixe verbal pour renforcer ou mettre en relief le sens. –ㄹ랑 s'ajoute au particule ou verbal qui se termine par une voyelle; -을랑 par une consonne.)). ¶ 저녁에~ 집에 좀 있어라 Le soir, surtout, reste à la maison. ¶ 거기에서~ 비를 만나 흠뻑 젖었지 Justement, là-bas, il a plu et j'ai été complètement trempé(*e*). ¶ 밥을 먹고서~ 집으로 가야지 Je vais rentrer à la maison, mais après avoir mangé. ¶ 빨리 집으로 가서~은 남은 일을 마저 해야겠다 Je veux surtout rentrer vite à la maison pour terminer le travail.

-ㄹ래↔-을래 어미 ((suffixe flexionnel déclaratif et interrogatif de terminaison phrastique. Utilisé à l'égard d'un interlocuteur égal (entre les enfants et entre les amis adultes intimes) ou inférieur (enfant, fils, fille, élève, jeune employé), il exprime l'intimité et l'égalité ou l'infériorité. –ㄹ래 s'ajoute au radical du verbe qui se termine par une voyelle; -을래 au radical verbal qui se termine par une consonne. Seul –래 s'ajoute au radical verbal si ce dernier se termine par la consonne liquide ㄹ.)) ① ((의도)) ¶ 나는 그만 집에 가~ Enfin, je vais rentrer chez moi. ¶ 나는 이쯤에서 그만두~ J'arrêterai là. ② ((의사를 물음)) ¶ 너도 내일 영화 보러 가~? Toi aussi, tu veux aller voir un film? ¶ 너 이 영화 좀 더 보~? Veux-tu voir ce fils un peu plus? ¶ 가~ 마~? Tu y vas ou pas? ③ ((위협)) ¶ 너 정말 자꾸 나를 약 올라~? Tu veux vraiment m'agacer? ¶ 너 한번 맞아 보~? T'as envie d'être battu [de recevoir des coups]?/Tu veux te faire casser la figure [te faire écrabouiller {*fam*}, arranger le portrait {*fam*}] ? / Tu cherches des coups? / Tu veux une correction? / Je vais te corriger.

-ㄹ런가↔-을런가 [어미] ((suffixe flexionnel interrogatif de terminaison phrastique. Utilisé à l'égard d'un interlocuteur égal (entre les amis adultes intimes) ou inférieur, il exprime l'intimité et l'égalité ou l'infériorité. -ㄹ런가 s'ajoute au radical verbal qui se termine par une voyelle et au suffixe flexionnel préfinal honorifique -시/-으시; -을런가 au radical verbal qui se termine par une consonne et au suffixe flexionnel préfinal du passé -았/-었. Seul -런가 s'ajoute au radical verbal si ce dernier se termine par la consonne liquide ㄹ.)) ¶ 어디 자네가 한 번 해 보~? Tu veux essayer? ¶ 어디로 가~? Où veux-tu aller? ¶ 그 분은 언제나 오사~? Quand est-ce qu'il viendra? ¶바다가 잠잠하~? La mer sera-t-il calme?

-ㄹ런고↔-을런고 [어미] ((suffixe flexionnel interrogatif de terminaison phrastique. Utilisé à l'égard d'un interlocuteur égal (entre les amis adultes intimes) ou inférieur, il exprime l'intimité et l'égalité ou l'infériorité. -ㄹ런고 s'ajoute au radical verbal qui se termine par une voyelle et au suffixe flexionnel préfinal honorifique -시/-으시; -을런고 au radical verbal qui se termine par une consonne et au suffixe flexionnel préfinal du passé -았/-었. Seul -런고 s'ajoute au radical verbal si ce dernier se termine par la consonne liquide ㄹ.)) ¶ 장차 일이 어떻게 되~? Désormais, que va-t-il se passer? / Comment va se terminer cette affaire? ¶ 그 녀석, 언제나 철이 들~? Ce petit, quand sera-t-il enfin raisonnable?

-ㄹ망정↔-을망정 [어미] bien que+*subj*, même si, plutôt ((suffixe flexionnel conjonctif de concession. -ㄹ망정 s'ajoute au radical verbal qui se termine par une voyelle et au suffixe flexionnel préfinal honorifique -시/-으시; -을망정 au radical verbal qui se termine par une consonne et au suffixe flexionnel préfinal du passé -았/-었. Seul -망정 s'ajoute au radical verbal si ce dernier se termine par la consonne liquideㄹ.)) ¶감옥에 가~ 그의 도움은 받지 않겠다 Même si j'irais en prison, je ne voudrais pas de son aide. ¶그 아이는 나이는 어리~ 속은 깊다 Malgré son jeune âge, c'est un enfant réfléchi. ¶가난뱅이아~ 남에게 동정을 구하지는 않겠다 Bien que je sois pauvre, je ne veux pas la compassion des autres. ¶생활이 어려우~ 자존심은 잃지 마라 Même si la vie est dure, ne perds pas ta fierté.

-ㄹ밖에↔-을밖에 [어미] ne ... que, rien d'autre que ((suffixe flexionnel de terminaison phrastique et suffixe flexionnel conjonctif à valeur interjective. Utilisé à l'égard de soi-même ou d'un interlocuteur égal (entre les enfants et entre les amis adultes intimes) ou inférieur, il exprime l'intimité et l'égalité ou l'infériorité. -ㄹ밖에 s'ajoute au radical verbal qui se termine par une voyelle et au suffixe flexionnel préfinal honorifique -시/-으시; -을밖에 au radical verbal qui se termine par une consonne et au suffixe flexionnel préfinal du passé -았/-었. Seul -밖에 s'ajoute au radical verbal si ce dernier se termine par la consonne liquideㄹ.)) ¶그렇게 얘기하는데 내가 두 손 들~ Comme il parlait ainsi, je n'avais plus qu'à me soumettre. ¶자꾸 권하니 한 잔 하~ Comme il me sollicitait avec insistance, je ne pouvais que prendre un verre. ¶그애는 밥을 잘 먹으니 힘이 세~ Comme cet enfant mange bien, il ne peux être que fort physiquement.

-ㄹ뿐더러 [어미] non seulement ... mais (aussi). ((suffixe flexionnel conjonctif indiquant les actions simultanées. -ㄹ뿐더러 s'ajoute au radical verbal qui se termine par une voyelle et au suffixe flexionnel préfinal honorifique -시/-으시, -을뿐더러 au radical verbal qui se termine par une consonne et au suffixe flexionnel préfinal du passé -았/-었. Seul -밖에 s'ajoute au radical verbal si ce dernier se termine par la consonne liquide ㄹ.)) ¶눈이 오~ 날씨까지 춥다 Non seulement il neige, mais aussi il fait froid. ¶삼촌이 서울로 떠나사~ 숙모도 딸네 집에 가셔야 한대요. On dit que non seulement l'oncle doit aller à Séoul, mais aussi la tante doit aller chez sa fille. ¶이 옷이 더 싸~ 질도 좋아요. Ce vêtement est non seulement bon marché, mais aussi sa qualité est bonne.

-ㄹ사↔-을사 [어미] comme, étant donné que, puisque ((suffixe flexionnel conjonctif de cause. -ㄹ사 s'ajoute au radical verbal qui se termine par une voyelle et au suffixe flexionnel préfinal honorifique -시/-으시; -을사 au radical verbal qui se termine par une consonne. Seul -사 s'ajoute au radical verbal si ce dernier se termine par la consonne liquideㄹ.)) ¶ 떠나가~ 이별이란 야속하기 그지없네 Puisque nous nous séparons, la tristesse est immense.

-ㄹ세↔-을세 [어미] ((suffixe flexionnel déclaratif de terminaison phrastique. Utilisé à l'égard d'un interlocuteur égal (entre les amis adultes intimes) ou inférieur, il exprime l'intimité et l'égalité ou l'infériorité. -ㄹ세 s'ajoute au radical de l'adjectif qui se termine par une voyelle; -을세 au radical qui se termine par une consonne. Seul -세 s'ajoute au radical verbal si ce dernier se termine par la consonne liquide ㄹ.)) ¶ 그것은 내가 한 말아~ C'est ce que j'ai dit. ¶ 인생이란 그런 것아~ La vie, c'est comme ça. ¶ 아나~, 아니야 C'est non et non. ((감탄)) ¶ 그 친구가 사기꾼아~! Celui-ci, c'est un escroc! ¶ 어느 새 봄아~! C'est déjà le printemps!

-ㄹ세라↔-을세라 [어미] de peur de+*inf*, de peur que+*subj*, de crainte que+*subj* ((suffixe flexionnel conjonctif de crainte. -ㄹ세라 s'ajoute au radical du verbe qui se termine par une voyelle et au suffixe flexionnel préfinal honorifique -시/-으시; -을세라 au radical qui se termine par une consonne et au suffixe flexionnel préfinal du passé -았/-었. Seul –세라 s'ajoute au radical verbal si ce dernier se termine par la consonne liquide ㄹ.)) ¶ 남에게 뒤지~ 재빨리 달려갔다 De peur d'arriver après les autres, il a couru vite. ¶ 아이들이 다치~ 조심스럽게 운전했다 De crainte que les enfants ne soient blessés, j'ai conduit avec précaution. ¶ 행여나 놓치~ 그의 손을 꼭 잡고 갔다 De peur de le perdre, j'ai marché en serrant fermement sa main.

-ㄹ수록↔-을수록 어미 plus ... plus ... ((suffixe flexionnel conjonctif d'exagération. –ㄹ수록 s'ajoute au radical du verbe qui se termine par une voyelle et au suffixe flexionnel préfinal honorifique -시/-으시; -을수록 au radical qui se termine par une consonne et au suffixe flexionnel préfinal du passé -았/-었. Seul –수록 s'ajoute au radical verbal si ce dernier se termine par la consonne liquide ㄹ.)) ¶ 많이 가자~ 더 가지고 싶어 하는 법이다 Plus on en a, plus on en veut. ¶ 빠르면 빠르~ 좋다 Plus c'est rapide, mieux c'est. ¶ 나이가 드~ 많은 것을 배우게 된다 Plus on prend de l'âge, plus on apprend de choses. ¶ 참외는 색깔이 진하~ 맛이 있다 Plus le melon est foncé, plus il est savoureux.

***가~ 태산이다** tomber de mal en pis, tomber de Charybde en Scylla, la situation va de pire en pire.

-ㄹ시고↔-을시고 어미 ((suffixe flexionnel interjectif de terminaison phrastique, archaïque. Utilisé à l'égard d'un interlocuteur égal (entre les enfants et entre les amis adultes intimes) ou inférieur, il exprime l'intimité et l'égalité ou l'infériorité. –ㄹ시고 s'ajoute au radical de l'adjectif qui se termine par une voyelle; -을시고 au radical qui se termine par une consonne et au suffixe flexionnel préfinal du passé -았/-었. Seul –시고 s'ajoute au radical si ce dernier se termine par la consonne liquide ㄹ.)) ¶ 날도 좋은데 바람도 시원하~! Le temps est beau et en plus le vent est frais!

-ㄹ쏘냐↔-을쏘냐 어미 ((suffixe flexionnel interjectif de terminaison phrastique. Utilisé à l'égard d'un interlocuteur égal (entre les enfants et entre les amis adultes intimes) ou inférieur, il exprime l'intimité et l'égalité ou l'infériorité. –ㄹ쏘냐 s'ajoute au radical verbal qui se termine par une voyelle et au suffixe flexionnel préfinal honorifique -시/-으시; -을쏘냐 au radical verbal qui se termine par une consonne et au suffixe flexionnel préfinal du passé -았/-었. Seul –쏘냐 s'ajoute au radical verbal si ce dernier se termine par la consonne liquide ㄹ.)) ¶ 너에게 지~ Moi, me faire battre par toi! ¶ 나라고 그런 일쯤 못 하~ Moi, ne pas pouvoir faire un tel travail!

-ㄹ쏜가↔-을쏜가 어미 ((suffixe flexionnel interrogatif et interjectif de terminaison phrastique, archaïque. Utilisé à l'égard d'un interlocuteur inférieur, il exprime l'intimité et l'égalité ou l'infériorité. –ㄹ쏜가 s'ajoute au radical verbal qui se termine par une voyelle et au suffixe flexionnel préfinal honorifique -시/-으시; -을쏜가 au radical verbal qui se termine par une consonne et au suffixe flexionnel préfinal du passé -았/-었. Seul –쏜가 s'ajoute au radical verbal si ce dernier se termine par la consonne liquide ㄹ.)) ¶ 어느 안전이라고 거짓말을 하~? Comment pourrais-je te raconter des mensonges?

-ㄹ작시면↔-을작시면 어미 vu *qc*, d'après *qc* quand, lorsque ((suffixe flexionnel conjonctif de résultat. –ㄹ작시면 s'ajoute au radical verbal qui se termine par une voyelle; -을작시면 au radical verbal qui se termine par une consonne. Seul –작시면 s'ajoute au radical verbal si ce dernier se termine par la consonne liquide ㄹ.)) ¶네가 노래를 부르~ 영락없는 가수다 Lorsque tu chantes, tu es un(*e*)vraichant*eur*(*euse*).¶네 몰골을 보~ 가소롭기 짝이 없다 Vu ton aspect extérieur, tu es vraiment ridicule.

-ㄹ지↔-을지 어미 on ne sait si ... ((suffixe flexionnel conjonctif de doute ou de supposition, qui s'emploie souvent avec le verbe 모르다, 알다 ou la forme négative du verbe. Il sert à former une locution nominale. –ㄹ지 s'ajoute au radical verbal qui se termine par une voyelle et au suffixe flexionnel préfinal honorifique -시/-으시; -을지 au radical verbal qui se termine par une consonne et au suffixe flexionnel préfinal du passé -았/-었. Seul –지 s'ajoute au radical verbal si ce dernier se termine par la consonne liquide ㄹ.)) ① ((의문)) ¶ 그가 어떻게 변하~ 정말 궁금해 Je suis vraiment curieux(*se*) de savoir comment il va changer. ¶ 형이 언제 오~ 아무도 모른다 Personne ne sait quand mon frère viendra. ¶ 교수들이 몇 분이나 오~ 알려 줘 Fais-moi savoir combien de professeurs vont venir. ¶ 새 법안이 통과되~ 안 되~ 전혀 예측할 수가 없다 On ne peut nullement savoir si le nouveau projet de loi va passer ou non. ¶ 누구보고 먼저 가라 해야 하~ 모르겠다 Je ne sais pas à qui demander de partir le(*la*) premi*er*(*ère*). ¶ 나는 내가 어떻게 처신하~ 알고 있다 Je sais comment je dois me comporter. ¶이 정도면 넉넉할~ 모르겠습니다 Je ne sais pas si cela suffira. ② ((추측)) ¶ 네가 좋아하~ 모르지만 여기 조그만 선물을 가지고 왔다 Je ne sais pas si tu vas aimer, mais je t'ai apporté un petit cadeau. ¶ 이건 어려워 보이~ 모르지만 사실은 쉽다 Je ne sais pas si ça a l'air difficile, mais c'est facile en réalité. ③ ((의문, 연결)) ¶ 누가 너와 일하게 되~ 고생깨나 하겠다 On ne sait (pas) qui va travailler avec toi, mais il risque d'avoir des difficultés. ¶ 과연 어느 팀이 승리하~ 귀추가 주목된다 On est vraiment curieux de savoir quelle équipe va gagner. ④ ((의문, 종결)) ((suffixe flexionnel interrogatif de terminaison phrastique, d'égalité et d'infériorité, utilisé à l'égard de soi-même et d'un interlocuteur égal ou inférieur. Il exprime un doute)). ¶ 과연 그렇게 되~ Vraiment, ça se passerait comme ça? ¶ 어떻게 해야 하~ Comment devrais-je faire?

-ㄹ지나↔-을지나 어미 bien que+*subj*, même si+*ind*, mais ((suffixe flexionnel conjonctif de concession, archaïque. –ㄹ지나 s'ajoute au radical verbal qui se termine par une voyelle et au suffixe flexionnel préfinal honorifique -시/-으시; -을지나 au radical verbal qui se termine par une consonne et au suffixe flexionnel préfinal du passé -았/-었. Seul –지나 s'ajoute au radical verbal si ce dernier se termine par la consonne liquide ㄹ)). ¶ 사람들이 너의 삼촌을 하찮게 여가~ 나중엔 대단한 인물이 될거야 Bien que les gens prennent ton oncle pour quelqu'un de peu important, il deviendra un personnage remarquable plus tard. ¶ 그것이 원칙이~ 지금은 어쩔 수 없다 Bien qu'en principe on doive agir ainsi, on n'y peut rien pour le moment.

-ㄹ지니↔-을지니 어미 puisque, parce que, comme, étant donné que ((suffixe flexionnel conjonctif de raison. –ㄹ지니 s'ajoute au radical verbal qui se termine par une voyelle et au suffixe flexionnel préfinal honorifique -시/-으시; -을지니 au radical verbal qui se termine par une consonne et au suffixe flexionnel préfinal du passé -았/-었. Seul –지니 s'ajoute au radical verbal si ce dernier se termine par la consonne liquide ㄹ.)) ¶ 산이 높으면 골도 깊으~ 좋을 때 어려운 시기를 대비하도록 하라 Comme dit le proverbe, plus la montagne est haute, plus la vallée est profonde, alors préparez-vous aux difficultés lorsqu'il en est encore temps [sans attendre le dernier moment]. ¶ 열심히 하면 꼭 성공하~ 너무 조급히 생각하지 말아라 Puisque tu réussiras si tu travailles dur, ne t'en fais pas trop.

-ㄹ지니라↔-을지니라 어미 ((suffixe flexionnel impératif de terminaison phrastique, archaïque. Utilisé à l'égard d'un interlocuteur inférieur, il exprime l'intimité et l'égalité ou l'infériorité. –ㄹ지니라 s'ajoute au radical verbal qui se termine par une voyelle et au suffixe flexionnel préfinal honorifique -시/-으시; -을지니라 au radical verbal qui se termine par une consonne. Seul –지니라 s'ajoute au radical verbal si ce dernier se termine par la consonne liquide ㄹ.)) ¶ 어떠한 일이 있어도 약속을 어기면 안 되~ Quoi qu'il arrive, il ne faut pas manquer à ta promesse. ¶ 다시는 이 같은 잘못을 되풀이하지 마~ Tu ne referas plus la même erreur.

-ㄹ지도 어미 ☞ -ㄹ지

-ㄹ지라↔-을지라 어미 ((suffixe flexionnel déclaratif de terminaison phrastique, archaïque. Utilisé à l'égard d'un interlocuteur inférieur, il exprime l'intimité et l'égalité ou l'infériorité. –ㄹ지라 s'ajoute au radical verbal qui se termine par une voyelle et au suffixe flexionnel préfinal honorifique -시/-으시; -을지라 au radical verbal qui se termine par une consonne. Seul –지라 s'ajoute au radical verbal si ce dernier se termine par la consonne liquideㄹ. Il exprime une supposition.)) ¶ 한밤의 찌는 더위는 나의 시련이~ La chaleur caniculaire de la nuit serait une épreuve pour moi. ¶ 그것이 마땅하~ Cela devrait être juste.

-ㄹ지라도↔-을지라도 어미 même si+*ind*, bien que+*subj* ((suffixe flexionnel conjonctif de concession. –ㄹ지라도 s'ajoute au radical verbal qui se termine par une voyelle et au suffixe flexionnel préfinal honorifique -시/-으시; -을지라도 au radical verbal qui se termine par une consonne et au suffixe flexionnel préfinal du passé -았/-었. Seul –지라도 s'ajoute au radical verbal si ce dernier se termine par la consonne liquide ㄹ.)) ¶현실이 우리를 속아~ 우리는 바르게 살자 Même si la réalité nous trompe, essayons de vivre correctement. ¶일이 비록 어려워~ 끝까지 열심히 노력 합시다 Mê si le travail est difficile, faisons les efforts ardemment jusqu'au bout. ¶대통령이~ 법은 지켜야 한다 Même le président de la République doit respecter la loi. ¶인생이 아무리 험란하~ 굳세게 살아야 해요 Même si la vie est si dure, il faut vivre avec fermeté.

-ㄹ지로다↔-을지로다 어미 ((suffixe flexionnel interjectif de terminaison phrastique. Utilisé à l'égard d'un interlocuteur inférieur, il exprime l'intimité et l'égalité ou l'infériorité. –ㄹ지로다 s'ajoute au radical verbal qui se termine par une voyelle et au suffixe flexionnel préfinal honorifique -시/-으시; -을지로다 au radical verbal qui se termine par une consonne. Seul –지로다 s'ajoute au radical verbal si ce dernier se termine par la consonne liquideㄹ.)) ¶ 그의 행동은 참으로 가상하~ Son acte est vraiment louable.

-ㄹ지며↔-을지며 어미 et ((suffixe flexionnel conjonctif de coordination, archaïque, exprimant le futur, archaïque. –ㄹ지며 s'ajoute au radical verbal qui se termine par une voyelle et au suffixe flexionnel préfinal honorifique -시/-으시; -을지며 au radical verbal qui se termine par une consonne. Seul –지며 s'ajoute au radical verbal si ce dernier se termine par la consonne liquide ㄹ.)) ¶만약 네 말이 거짓이면 큰 벌을 받으~ 사실이면 상을 받을지어다 Si tu mens, tu recevras un grand châtiment; et si tu dis vrai, tu recevras une récompense.

-ㄹ지어다↔-을지어다 어미 ((suffixe flexionnel déclaratif de terminaison phrastique du futur, archaïque. Utilisé à l'égard d'un interlocuteur égal (entre les amis adultes intimes) ou inférieur, il exprime l'intimité et l'égalité ou l'infériorité. –ㄹ

지어다 s'ajoute au radical verbal qui se termine par une voyelle et au suffixe flexionnel préfinal honorifique -시/-으시; -을지어다 au radical verbal qui se termine par une consonne. Seul -지어다 s'ajoute au radical verbal si ce dernier se termine par la consonne liquide ㄹ.)) ¶ 이제부터 서로 믿고 의지하~ Désormais, vous devrez vous faire confiance et vous entraider l'un l'autre.

-ㄹ지언정↔-을지언정 어미 même si+*ind*, bien que+*subj*, mais ((suffixe flexionnel conjonctif de détermination. -ㄹ지언정 s'ajoute au radical verbal qui se termine par une voyelle et au suffixe flexionnel préfinal honorifique -시/-으시; -을지언정 au radical verbal qui se termine par une consonne et au suffixe flexionnel préfinal du passé -았/-었. Seul -지언정 s'ajoute au radical verbal si ce dernier se termine par la consonne liquideㄹ.)) ¶차라리 자결하~ 항복은 하지 않겠다 Je préfère m'éventre plutôt que de me rendre / plutôt m'éventre que de me rendre. ¶비록 가난하~ 비굴하게 살지는 않겠다 Même si je vis pauvrement, je vivrai dignement. ¶나에게 비록 시련은 크~ 실패는 없다 Même si les épreuves sont grandes pour moi, je n'échouerai jamais.

-ㄹ진대↔-을진대 어미 même, d'après, si ((suffixe flexionnel conjonctif d'exagération, d'analogie ou de condition. -ㄹ진대 s'ajoute au radical verbal qui se termine par une voyelle et au suffixe flexionnel préfinal honorifique -시/-으시; -을진대 au radical verbal qui se termine par une consonne et au suffixe flexionnel préfinal du passé -았/-었. Seul -진대 s'ajoute au radical verbal si ce dernier se termine par la consonne liquide ㄹ.)) ¶교사인 나도 흥분되~ 민감한 청소년들이야 어떠하겠는가 Même moi qui suis professeur, je suis excité(*e*), alors inutile de parler des adolescents qui sont sensibles!¶그 사람의 인상으로 볼~ 분명 똑똑한 사람임이 분명하다 D'après l'impression que donne cette personne, je suis sûr(*e*)qu'elleestintelligente.¶예를 들~ 다음과 같다 Si on prenait un exemple, ce serait ainsi.

-ㄹ텐데↔-을텐데 어미 alors que+*ind* ((forme contractée de -ㄹ/-을 터인데; suffixe flexionnel conjonctif, ou déclaratif de terminaison phrastique, indiquant le futur, une supposition, un doute, un regret. -ㄹ텐데 s'ajoute au radical verbal qui se termine par une voyelle et au suffixe flexionnel préfinal honorifique -시/-으시; -을텐데 au radical verbal qui se termine par une consonne et au suffixe flexionnel préfinal du passé -았/-었. Seul -텐데 s'ajoute au radical verbal si ce dernier se termine par la consonne liquide ㄹ.)) ¶ 돈이 있어야 떠나~ Il faudrait de l'argent pour pouvoir partir. ¶우리 아이가 시험에 합격해야 하~ Notre enfant doit réussir au concours ... (ma foi, cela m'inquiète). ¶기차를 타야 하~ 같이 갈 사람이 아직도 나타나지 않는다. Alors que je dois prendre le train, la personne qui doit (y) aller ensemble n'apparaît pas encore. ¶그 노트북은 비싸~. Cet ordinateur portable (*notebook*) coûterai tcher... (alors, quoi faire).

라[1] 명 【음악】

◆_**단조** -短調 명 la *m* mineur. ¶ 이 곡은 ~이다 C'est un morceau (de musique) en la mineur.

◆_**장조** -長調 명 la *m* majeur. ¶ ~로 조 옮김을 하니 곡의 분위기가 완전히 달라졌다 Après la transformation en la majeur, la couleur du morceau a complètement changé.

-라[2]**↔-이라↔-라고↔-이라고** 조 ((particule d'appellation ou de citation directe ou indirecte. -라 ou -라고 s'ajoute à un substantif qui se termine par une voyelle, -이라 ou -이라고 à un substantif qui se termine par une consonne. Elle est suivie d'un verbe de citation.)) ¶ 이름이 '민서'~ 했던가? M'as-tu dit que tu t'appelais Minseo? ¶ 어제 도착한 프랑스 학생은 로라~ 해요 L'étudiante qui est arrivée hier s'appelle Laura. ¶ 프랑스의 수도는 파리~ 부른다 La capitale de la France s'appelle Paris. ¶ 저 동물을 코끼리~ 부른다 On appelle cet animal un éléphant. ¶ 주인은 "그만하면 됐다"~ 소리쳤다 Le patron a crié : «Comme ça, ça suffit!». ☞ -라고[1] ¶시장에서 재화를 사고 파는 것을 서비스~ 부른다 On appelle service les activités d'acheter et de vendre les marchandises au marché. ¶여기서는 그를 이사~ 부르죠 Ici, on l'appelle administrateur. ¶아이들은 그를 겁쟁이~ 놀려댔다 Les enfants se moquaient de lui en disant qu'il était peureux.

-라[3]**↔-라서** 어미 puisque, parce que, comme, car ((suffixe flexionnel conjonctif de cause, qui s'emploie avec les copules 이다 *être* et 아니다 *ne pas être*. Quant à la copule 이다, son radical peut être omis si l'attribut se termine par une voyelle, et -라 s'ajoute directement à l'attribut et au suffixe flexionnel préfinal honorifique -시/-으시.)) ¶ 그것이 뜻밖의 일이~ 당황했다 Comme c'était une chose inattendue, je ne savais pas comment réagir. ¶ 멀지 않은 곳이 항구~ 배들이 이리로 다닌다 Puisque le port n'est pas loin, des bateaux passent par ici. ¶ 도착한 사람이 그가 아니~ 실망했다 Je suis déçu(*e*) parce que ce n'est pas lui qui vient d'arriver. ¶ 선생님의 말씀이 칭찬이 아니~ 좀 서운했다 J'étais un peu déçu(*e*), car ce qu'a dit le professeur n'était pas élogieux.

-라[4] 어미 et, mais ((suffixe flexionnel conjonctif de coordination, qui s'emploie avec la copule 아니다 *ne pas être*)). ¶ 네가 본 사람은 숙희의 아버지가 아니~ 삼촌이다 La personne que tu as vue n'est pas le père de Sukhi mais son oncle. ¶ 그는 죽은 게 아니~ 실종된 것이었다 Il n'était pas mort mais disparu. ¶ 일이 나쁘게 된게 아니~, 사실은 잘 된거야 L'affaire n'a pas mal tourné, elle a plutôt bien marché en réalité.

*그 뿐(만이) 아니~ Non seulement cela, mais ...

-라⁵ 어미 ① ((해라체)) ((suffixe flexionnel impératif de terminaison phrastique, d'égalité et d'infériorité. Il ne peux s'employer pour les adjectifs car ces derniers ne peuvent marquer l'impératif. Utilisé à l'égard d'un interlocuteur égal (entre les enfants et entre les amis adultes intimes) ou inférieur (enfant, fils, fille, élève, jeune employé), il exprime l'intimité et l'égalité ou l'infériorité. Forme contractée de –아라/-어라, -라 s'ajoute au radical du verbe qui se termine par une voyelle. –아라 s'ajoute au radical verbal qui se termine par une des voyelles fortes -아, -오, tandis qu'on ajoute -어라 pour toutes les autres voyelles -어, -에, -애, -우, -이 ...)) ¶ 어서 떠나~ Pars vite. ¶ 거기에는 가지 마~ Ne va pas là. ¶ 이불을 개~ Plie les couvertures. ② ((중립)) ¶ 괄호 안에 알맞은 말을 골라 쓰~ Trouvez [Choisissez] le mot juste dans la liste ¶ 구하~, 그러면 너희에게 주실 것이다 Cherche bien, Dieu te le donneras. / Qui cherche trouve. ¶ 일하지 않는 자는 먹지도 말~ Qui ne travaille pas ne mangera pas / Seuls ceux qui ont travaillé pourront manger / Seuls ceux qui auront travaillé auront à manger. ¶ 기대하시~ Réjouissez-vous à l'avance, vous ne serez pas déçus / Je ne décevrai pas vos espérances / Attendez-vous à quelque chose de formidable [d'exceptionnel]. ¶ 독자들이여, 생각해보~ Chers lecteurs, réfléchissez. ¶ 병사들은 나를 따르~ Que les soldats me suivent.

-라⁶↔-으라↔-라고↔-으라고 어미 ((suffixe flexionnel conjonctif de citation directe ou indirecte d'un énoncé impératif ou déclaratif, dans le discours (style) indirect. La fonction grammaticale de ce suffixe correspond aux guillemets pour la citation directe et à *qn a dit de/que* pour les propos rapportés indirectement. -라 ou -라고 s'ajoute au radical verbal qui se termine par une voyelle et par la consonne liquide ㄹ, et au suffixe flexionnel préfinal honorifique -시/-으시; -으라 ou -으라고 au radical verbal qui se termine par une consonne. -라 s'ajoute directement à l'attribut si ce dernier se termine par une voyelle, à la suite de l'omission du radical 이 de la copule 이다 *être*. Il ne s'emploie pas pour les adjectifs.)) ① ((명령)) ¶ 아버지께서는 내게 어서 떠나~ 말씀하셨다 Mon père m'a dit: «Pars tout de suite [immédiatement, sans attendre, vite] / Vas-y vite!». ¶ 선생님은 내게 항상 희망을 가자~ 하셨다 Mon professeur m'a dit de toujours garder espoir. ¶ 그녀는 내게 내일 다시 오~ 이르고는 나가버렸다 Après m'avoir dit de revenir, elle est sortie. ② ((평서)) ¶ 나는 그의 말이 틀린 말은 아나~ 생각한다 Je pense que ses propos ne sont pas faux. ¶ 이것도 하나의 삶의 지혜~ 할 것이다 On peut dire que ceci fait partie de la sagesse de la vie. ¶ 이것도 책아~ 할 수 있냐? Peut-on dire que ceci est un livre? ¶ 그는 "이것은 책이라 할 수 없다"~ 단언했다 Il a déclaré fermement: «On ne peut pas appeler ceci un livre».

-라거나¹↔-이라거나 조 ou, ou bien ((particule de liaison des mots; suffixe flexionnel conjonctif de coordination qui s'ajoute aux copules 이다 *être* et 아니다 *ne pas être*. Dans le cas de la copule이다 *être*, elle peut s'ajouter directement à l'attribut à la suite de l'omission du radical du verbe après une voyelle. -라거나 s'ajoute au substantif qui se termine par une voyelle et au suffixe flexionnel préfinal honorifique -시; -이라거나 au substantif qui se termine par une consonne.)) ¶가령 성명이라거나 주소~ 생년월일을 기입해야 하는 서류들도 있다 Il existe des documents sur lesquels il faut inscrire, par exemple, le nom, l'adresse ou la date de naissance. ¶파업자들의 표정에는 부끄러워 하는 기미~ 미안해 하는 기색이 전혀 없었다 Sur le visage des grévistes, il n'y avait aucun signe de honte ou d'excuse. ¶그들은 그곳이 신비의 나라~, 지상의 천국이라거나, 전혀 그런 나라가 아니라거나 하면서 말다툼 하고 있었다 Ils se disputaient en disant que c'était un pays de mystères, un paradis sur terre ou encore un endroit d'un tout autre genre.

-라거나²↔-으라거나 조 ou, ou bien ((particule conjonctive de liaison des actions. -라거나 au radical du verbe qui se termine par une voyelle et par la consonne liquide ㄹ, et au suffixe flexionnel préfinal honorifique -시/-으시; -이라거나 au radical qui se termine par une consonne.)) ¶그는 나에게 오~ 오지 말~ 아무 말이 없다. Il ne me dit rien, de venir ou de ne pas venir. ¶업주는 상점의 확장 공사를 추진~ 중단하~ 결단을 못하고 있어요. Le patron n'arrive pas à prendre une décision, d'effectuer les travaux d'élargissement du magasin ou de l'arrêter.

-라고¹ 조 ((particule de citation directe d'un énoncé. La fonction grammaticale de ce suffixe correspond aux guillemets pour la citation directe. Elle s'emploie avec les verbes de citation. ① ((인용)) ¶청년은 "사람 살려"라고 외쳤다 Le jeune homme a crié : «Au secours!». ¶그는 "무슨 일이야?"~ 당황한 어조로 물었다 Il m'a demandé d'un ton perplexe : «Qu'est-ce qui se passe?». ¶그는 내게 "이리 오시지요."~ 말했다 Il m'a dit : «Venez par ici.». ② ((명명)) ¶시장에서 사고 파는 재화나 서비스를 상품아~ 부른다 On appelle marchandises les biens que l'on vend ou achète au marché. ¶여기서는 그를 회장님아~ 부르죠 Ici, on l'appelle Monsieur le président. ¶인간은 사회적 동물아~ 아리스토텔레스는 말했다 Aristote a dit que l'être humain est un animal social. ¶아이들은 그를 겁쟁아~ 놀려댔다 Les enfants se moquaient de lui en disant qu'il était peureux.

-라고²↔-이라고 조 comme, en tant que ((particule de qualité de *qn* ou *qc* qui ne plaît pas. -라고

s'ajoute au substantif qui se termine par une voyelle, -이라 au substantif qui se termine par une consonne)). ¶사위~ 하나 있는 것이 속을 어찌나 썩이는지 Je n'ai que lui comme gendre, mais il me cause beaucoup de soucis. ¶그런 사람을 은사(恩師)~ 모실 수야 없지요 On ne peut pas vénérer une telle personne comme un maître. ¶청소~ 한 게 이렇게 지저분해? C'est trop sale pour dire que c'est nettoyé.

-라고³↔-으라고 어미 ((suffixe flexionnel conjonctif de citation indirecte d'un énoncé impératif ou déclaratif. La fonction grammaticale de ce suffixe correspond aux guillemets pour la citation directe et à *qn a dit de/que* pour les propos rapportés indirectement. Il s'emploie avec les verbes de citation. Pour un énoncé rapporté tel quel, mis entre les guillemets, -라고 s'ajoute après l'énonce qui se termine par une voyelle, -이라고 après l'énoncé qui se termine par une consonne. Quant à l'énoncé impératif indirectement rapporté, -라고 s'ajoute au radical du verbe d'aqction qui se termine par une voyelle et et par la consonne liquideㄹ, et au suffixe flexionnel préfinal honorifique -시/-으시; -으라고 au radical verbal qui se termine par une consonne.)). ¶어머니께서 저에게 일찍 돌아오~ 말씀하셨어요 Ma mère m'a dit de rentrer tôt. ¶오래간만에 만난 친구는 나를 보고 청을 하나 들어 달~ 했다 Un(e) ami(e) que je n'avais pas vu(e) depuis longtemps m'a demandé de lui rendre un service. ¶선생님이 오~ 하신다 Le professeur te dit de venir le voir. ¶그분에게 기다리시~ 말해라 Dis-lui d'attendre. ¶그는 그 여자에게 술을 마시~ 억지로 권했다 Il l'a forcée à boire. ¶내 부탁을 꼭 들어달라곤(달-라곤) 안 했어 Je ne t'ai pas dit de satisfaire absolument ma demande.

-라고⁴ 어미 ((suffixe flexionnel conjonctif de concession, qui s'emploie avec les copules 이다 *être* et 아니다 *ne pas être*. Dans le cas de la copule 이다 *être*, elle peut s'ajouter directement à l'attribut à la suite de l'omission du radical du verbe si l'attribut se termine par une voyelle, et au suffixe flexionnel préfinal honorifique-시.)) sous prétexte que, parce que. ¶그 할아버지를 촌로(村老)~ 무시하면 안 되죠 Il ne faut pas mépriser ce vieux monsieur sous prétexte que c'est un campagnard. ¶회원이 아니~ 나는 들어갈 자격도 없는 거요? Dites-vous que je n'ai pas le droit d'entrer parce que je ne suis pas adhérent(*e*)?

-라고⁵ 어미 puisque, parce que, comme, car ((suffixe flexionnel interrogatif et déclaratif de terminaison phrastique, d'égalité et d'infériorité. Utilisé à l'égard d'un interlocuteur égal (entre les enfants et entre les amis adultes intimes) ou inférieur (enfant, fils, fille, élève, jeune employé), il exprime l'intimité, l'égalité ou l'infériorité. Il exprime une réplique, un étonnement ou une insistance sur un propos cité. Il s'emploie avec les copules 이다 *être* et 아니다 *ne pas être*. Quant à la copule 이다, son radical peut être omis si l'attribut se termine par une voyelle, et -라고 s'ajoute directement à l'attribut, et au suffixe flexionnel préfinal honorifique -시. Suivi de -요, ce suffixe exprime la politesse familière, utilisée entre les adultes en général mutuellement et par un locuteur inférieur à l'égard de son interlocuteur supérieur.)) ① ((반박)) ¶ 저 사람이 여자~? Quoi, c'est une femme? ¶ 이것이 역작이~? Quoi, (tu dis que) ceci est une œuvre majeure? ¶ 뭐, 우리 형이 바보~? 너 말 다했니? Quoi, mon frère est un idiot? C'est tout ce que tu as à dire? ¶ 그 사람이 배신자~요? Quoi, (vous dites que) c'est un traître? ¶ 아니, 몇 사람이~요? Pardon, combien de personnes avez-vous dit [avez-vous annoncé] / Pardon, combien êtes-vous? ¶ 그럼 내가 잘못한 결과~? Alors, (tu dis que) c'est de ma faute? ② ((강조)) ¶ 들어 드려야지요, 누구의 부탁이시~요 Entendu, comment oserais-je refuser un service à une telle personne? ¶ 내 말은 사실이~ Je vous assure que je dis la vérité. ¶ 그 사람이 얼마나 훌륭한 분이~ (Tu ne sais pas) combien cette personne est remarquable. ③ ((의문의 해소)) ¶ 난 또 무엇이~, 디스켓이었구나 Je me demandais ce que c'était. Tiens, c'est une disquette. ④ ((후회, 책망)). ¶저런게 친구~ Un type pareil, quel ami!

-라고⁶ 어미 ((suffixe flexionnel conjonctif emphatique. Il s'emploie avec la copule 이다 *être* dont le radical peut être omis si l'attribut se termine par une voyelle, et -라고 s'ajoute directement à l'attribut.)) ¶ 여기가 어다~ 큰 소리 치느냐? Qui es-tu pour me parler sur ce ton [pour t'adresser à moi avec un tel ton?/Qui es-tu pour oser m'interpeller ainsi? / Comment oses-tu me parler sur ce ton? ¶ 누구 앞이~ 거짓말을 하겠습니까? Comment oserais-je vous mentir? ¶ 주제에 경찰이~ 목에 힘을 주는군 Il se prend pour qui? C'est juste un policier. ¶ 언제~ 나를 반겨줄까마는 Même si je sais qu'il ne m'accueillera jamais avec chaleur, il dépasse les bornes.

-라고⁷↔-으라고 어미 ((suffixe flexionnel impératif et interrogatif de terminaison phrastique. Utilisé à l'égard d'un interlocuteur égal (entre les enfants et entre les amis adultes intimes) ou inférieur (enfant, fils, fille, élève, jeune employé), il exprime l'intimité, l'égalité ou l'infériorité. Avec le suffixe 요, il exprime la politesse familière. Il indique une réplique ou une pression sur quelqu'un. -라고 s'ajoute au radical du verbe qui se termine par une voyelle et par la consonne liquideㄹ, et au suffixe flexionnel préfinal honorifique -시/-으시; -으라고 au radical qui se termine par une consonne.)) ① ((재촉)) ¶ 지금 오지 말고 밤에 오~ Je te dis de venir ce soir, pas maintenant. ¶ 바쁘면 어서 가보~ Si tu es pressé(*e*), vas-y vite. ¶ 가방을 한 번 뒤져 보~요 Fouillez donc mon sac! ② ((의문)) ¶ 나더러 나가~? Vous me demandez à moi de sortir d'ici? ¶ 이런 일까지 나보고 하~? Vous dites que c'est à moi de faire ça? ¶ 나보고 다시 돌아가~요? Vous me dites de repartir? ¶ 일회용품을 쓰지 말~요? Vous dites de ne pas utiliser les objets à usage unique?

-라곤↔-이라곤 ((forme contractée de -라고는↔-이라고는.))

-라고는↔-이라고는 조 comme, en tant que ((particule de qualité de *qn* ou *qc* qui ne plaît pas. -라고는[-라곤] s'ajoute au substantif qui se termine par une voyelle, -이라고는[이라곤] au substantif qui se termine par une consonne)). ¶ 친구~ 너 뿐인데 Comme ami(*e*), je n'ai que toi. ¶ 친척이~ 삼촌 뿐인데 Pour parent, je n'ai qu'un oncle. ¶ 그에게 있어 나아진 데~ 하나도 없다 Aucune amélioration n'est à noter chez lui. ¶ 먹을 거~ 이것 뿐이다 Comme nourriture, il n'y a que ceci. ¶ 생물이~ 씨가 말랐다 Il ne reste aucune vie ici. ¶ 비~ 한 방울도 내리지 않았다 Pas une goutte d'eau n'est tombée.

-라곤↔-으라곤 조 ((forme contractée de -라고는↔-으라고는.))

-라고는↔-으라고는 조 ((forme emphatique de -라고↔-으라고.))

-라구 어미 '-라고'의 잘못.

-라나[1]↔-이라나 어미 ① ((suffixe flexionnel déclaratif de terminaison phrastique, utilisé à l'égard d'un interlocuteur égal (entre les enfants et entre les amis adultes intimes) ou inférieur (entre les enfants et entre les amis adultes intimes). Il exprime un ton ironique. Il s'emploie avec les copules 이다 *être* et 아니다 *ne pas être*. -라나 s'ajoute au radical verbal qui se termine par une voyelle et au suffixe flexionnel préfinal honorifique -시, -이라나 au radical verbal qui se termine par une consonne. Quant à la copule 이다, son radical peut être omis si l'attribut se termine par une voyelle, et -라나 s'ajoute directement à l'attribut.)) ¶자기는 이런 시시한 일을 할 사람이 아나~ Il dit qu'il n'est pas la personne qui doit faire un tel travail aussi peu qualifié [aussi peu valorisant]. ¶그는 자기가 영웅이~ Il prétend être un héros. ¶연애와 결혼은 별개~ Il prétend que l'amour et le mariage ne sont pas forcément liés. ② ((suffixe flexionnel conjonctif de citation indirecte d'un énoncé, exprimant un ton négligeant ou incertain.)) ¶아마 교통사고~ 그럽디다 On a dit que c'était peut-être un accident. ¶그 사람은 초호화 별장이~ 뭐~ 거기에 산다더군 On dit qu'il vivrait dans une villa très luxueuse. ¶그는 파리~ 런던이~ 간다고 그러던데 Il paraît qu'il partira à Paris ou à Londres. ☞ -다나

-라나[2]↔-으라나 어미 ((suffixe flexionnel interjectif de terminaison phrastique. Utilisé à l'égard d'un interlocuteur égal (entre les enfants et entre les amis adultes intimes) ou inférieur (enfant, fils, fille, élève, jeune employé), il exprime l'intimité, l'égalité ou l'infériorité. Il exprime un mécontentement. -라나 s'ajoute au radical du verbe qui se termine par une voyelle et par la consonne liquide ㄹ, et au suffixe flexionnel préfinal honorifique -시/-으시; -으라나 au radical verbal qui se termine par une consonne.)) ¶누가 돈을 달~? Moi, je t'ai demandé de l'argent? ¶그래 너보고 언제 다시 오~ Est-ce que je t'ai demandé de revenir? ¶나보고 컴퓨터를 고치~ Voilà qu'on me demande de réparer l'ordinateur! ¶누가 나를 위해서 거기 가~ Qui te dit d'y aller pour moi?

-라네[1]↔-이라네 어미 ((suffixe flexionnel déclaratif de terminaison phrastique, utilisé entre les amis adultes intimes d'un certain âge ou à l'égard d'un interlocuteur inférieur, exprimant un respect léger. Il s'emploie avec les copules 이다 *être* et 아니다 *ne pas être*. Quant à la copule 이다, son radical peut être omis si l'attribut se termine par une voyelle, et -라네 s'ajoute directement à l'attribut et au suffixe flexionnel préfinal honorifique -시; -이라네 s'ajoute au substantif qui se termine par une consonne.)) ¶그 일은 내가 한 것이 아나~ Ce n'est pas moi qui ai fait ce travail. ¶나는 집도 가족도 없는 신세~ Je suis dans une situation où je n'ai ni maison ni famille. ¶저 사람이 우리 회사 감사~ Cet homme-là est le contrôleur de notre société. ¶돈 벌기가 그렇게 힘든 것~ Gagner de l'argent, c'est une chose si difficile.

-라네[2]↔-으라네 어미 on dit de+*inf* ((forme contractée de -라고 하네 / -으라고 하네; suffixe flexionnel conjonctif de citation, avec omission du radical du verbe de citation 하다 et suffixe flexionnel déclaratif ou exclamatif de terminaison phrastique, Utilisé à l'égard d'un interlocuteur égal (entre les enfants et entre les amis adultes intimes) ou inférieur (enfant, fils, fille, élève, jeune employé), il exprime l'intimité, l'égalité ou l'infériorité. -라네 s'ajoute au radical du verbe qui se termine par une voyelle et par la consonne liquideㄹ, et au suffixe flexionnel préfinal honorifique -시/-으시, -으라네 au radical qui se termine par une consonne.)) ¶기가 막혀서, 나보고 이 일을 다 하~ C'est incroyable, on me dit de faire tout ce travail. ¶어머니가 나더러 거기 가~ Mère me dit d'y aller.

-라네[3]↔-이라네 어미 on dit que ((forme contractée de -라고 하네)). ¶ 남들이 그 사람이 천재라네 On dit que c'est un génie.

-라느냐↔-으라느냐 어미 on dit que/de+*inf* ((forme contractée de -라고 하느냐 / -으라고 하느냐; suffixe flexionnel interrogatif de terminaison phrastique de citation. Utilisé à l'égard d'un interlocuteur égal (entre les enfants et entre les amis adultes intimes) ou inférieur (enfant, fils, fille, élève, jeune employé), il exprime l'intimité, l'égalité ou l'infériorité. -라느냐 s'ajoute au radical verbal qui se termine par une voyelle et au suffixe flexionnel préfinal honorifique -시/-으시, -으라느냐 au radical verbal qui se termine par une consonne.》 ¶누가 뭐~? Qui dit quelque chose? ¶누가 나를 오~? Qui me dit de venir?

-라느니[1] [어미] 《suffixe flexionnel conjonctif d'énumération des faits. Il s'emploie avec les copules 이다 *être* et 아니다 *ne pas être*. Quant à la copule 이다, son radical peut être omis si l'attribut se termine par une voyelle, et -라느니 s'ajoute directement à l'attribut, et au suffixe flexionnel préfinal honorifique –시.》. ¶ 그가 범인이~ 아니~ 말이 많다 On parle beaucoup du fait qu'il est coupable ou non. ¶ 이게 진짜~ 가짜~ 말들이 많다 On discute beaucoup sur le fait que c'est un faux ou un original.

-라느니[2]↔-으라느니 [어미] 《forme contractée de -라고 하느니 / -으라고 하느니; suffixe flexionnel conjonctif de l'impératif au style indirect, avec énumération des faits contradictoires. -라느니 s'ajoute au radical du verbe qui se termine par une voyelle et par la consonne liquide ㄹ, et au suffixe flexionnel préfinal honorifique -시/-으시; -으라느니 au radical qui se termine par une consonne.》 ¶그가 나에게 집에 가~ 산보나 하러 가~ 하질 않겠냐? Il m'a dit de rentrer chez moi ou d'aller faire un tour. ¶형은 나를 오~ 가~ 귀찮게 한다 Mon frère m'embête en me demandant sans cesse d'aller et venir.

-라는[1]↔-으라는 [어미] 《forme contractée de -라고 하는 / -으라고 하는; suffixe flexionnel conjonctif de l'impératif au style indirect, avec omission du radical du verbe de citation 하다, combiné du suffixe flexionnel déterminatif –는. -라는 s'ajoute au radical du verbe qui se termine par une voyelle et par la consonne liquide ㄹ, et au suffixe flexionnel préfinal honorifique -시/-으시; -으라는 au radical qui se termine par une consonne.》 ¶ 최근에는 글을 써 달~ 사람도 별로 없다 Ces jours-ci, il y a peu de gens qui me demandent d'écrire un texte. ¶ 협조해 달~ 그 회사 사장의 부탁이 있었다 Le président de cette compagnie a fait une demande pour solliciter de l'aide. ¶ 그는 법정에 출두하~ 명령을 받았다 Il a reçu une convocation lui demandant de se présenter au tribunal. ¶ 나는 빨리 집으로 돌아오~ 연락을 받았다 J'ai reçu un message qui me demande de rentrer vite à la maison. ¶ 돌다리도 두드려보~ 속담이 있다 Il existe un proverbe selon lequel on doit être sûr de la solidité même d'un pont en pierre avant de le traverser. ¶ 손으로 가~ 신호를 보내다 signifier à *qn* de partir en *lui* faisant un signe de la main.

-라는[2]↔-이라는 [어미] ce qu'on appelle, qui s'appelle, en tant que ① 《contraction de -라고 하는 / -이라고 하는; particule d'appellation. -라는 s'ajoute au substantif ou au radical (이, 아니) qui se termine par une voyelle, -이라는 au substantif qui se termine par une consonne》. ¶나~ 인간 moi, en tant qu'être humain. ¶코끼리~ 동물 l'animal qu'on appelle l'éléphant. ¶나무~ 나무, 화초~ 화초는 모조리 쓰러졌다 Tous les arbres et toutes les plantes dignes de leur nom sont renversées. ¶이 사람이 레아~ 사람입니다 C'est lui qui s'appelle Léa. ② 《suffixe flexionnel conjonctif de citation qui s'ajoute au radical des copules 이다 être et 아니다 ne pas être, avec omission du radical du verbe de citation (말)하다 dire, combiné du suffixe flexionnel déterminatif –는》 ¶국제연합이~ 기구 un organisme qui s'appelle les Nations-Unies. ¶그가 배신자가 아니~ 사실 la vérité qu'il n'est pas un traître. ¶그는 나보다 더 나이가 많이 들었을 것이~ 생각이 들었다 Il m'est venu l'idée qu'il serait plus âgé que moi.

-라니[1] [어미] ① alors. 《suffixe flexionnel conjonctif d'étonnement qui s'ajoute au radical des copules 이다 *être* et 아니다 *ne pas être*. Quant à la copule 이다, son radical peut être omis si l'attribut se termine par une voyelle, et -라니 s'ajoute directement à l'attribut, et au suffixe flexionnel préfinal honorifique –시.》 ¶ 그가 이웃집 사위~ 믿을 수가 없다 C'est incroyable qu'il soit le gendre de notre voisin. ¶ 그 애가 벌써 대학생이~ 세월 한번 빠르구나! Il est déjà étudiant à l'université, le temps passe vraiment vite. ② (Ben) ça alors! 《suffixe flexionnel déclaratif phrastique, utilisé à l'égard d'un interlocuteur égal ou inférieur. Il s'ajoute après le radical des copules 이다 *être* et 아니다 *ne pas être*. Quant à la copule 이다, son radical peut être omis si l'attribut se termine par une voyelle, et -라니 s'ajoute directement à l'attribut, et au suffixe flexionnel préfinal honorifique -시.》 ¶ 그이가 장관이 아니~! (Ça alors,) il n'est pas ministre! ¶ 그가 범인이~! (Ça alors,) c'est lui le coupable! ¶ 날 더러 애송이~! On me dit que je suis un novice, ça alors! ¶ 저런 사람을 모범 사원이~! On dit de lui que c'est un employé modèle, ça alors! ☞ -다니[1]

-라니[2] [어미] puisqu'on dit que 《contraction de -라고 하니; suffixe flexionnel conjonctif de citation indirecte d'une raison. Il s'ajoute au radical des copules 이다 *être* et 아니다 *ne pas être*. Quant à la copule 이다, son radical peut être omis si l'attribut se termine par une voyelle, et -라니 s'ajoute directement à l'attribut, et au suffixe flexionnel préfinal honorifique -시.》 ¶ 이번엔 사실이~ 믿어 보자 Puisqu'il dit que c'est vrai cette fois-ci, croyons-le. ¶ 그것이 진라~ 믿기지 않는군요 On dit que c'est la vérité, mais je n'arrive pas à y croire.

-라니[3]**↔-으라니** ((forme contractée -라고 하니 / -으라고 하니; suffixe flexionnel conjonctif de l'impératif au style indirect, exprimant la raison. -라니 s'ajoute au radical du verbe qui se termine par une voyelle et par la consonne liquide ㄹ, et au suffixe flexionnel préfinal honorifique -시/-으시; -으라니 au radical qui se termine par une consonne.)). ① ¶ 네가 가~ 가기는 하겠다만 별로 내키지는 않는다 J'y vais puisque tu le dis, mais je n'en ai pas tellement envie. ¶ 술을 억지로라도 마시~ 이해할 수 없다 Je ne comprends pas pourquoi on me force à boire de l'alcool contre mon gré. ¶ 알아서 하~, 그럴 수 있습니까? On me dit d'agir comme bon me semble, mais est-ce raisonnable? ¶ 서~ 서고, 앉으~ 앉을 수 밖에 Je n'ai qu'à suivre l'ordre: si on me dit de me lever, je me lève, et si on me dit de m'asseoir, je m'asseois. ② ((의문)) on dit que ((suffixe flexionnel interrogatif de terminaison phrastique de citation indirecte. Utilisé à l'égard d'un interlocuteur égal (entre les enfants et entre les amis adultes intimes) ou inférieur (enfant, fils, fille, élève, jeune employé), il exprime l'intimité, l'égalité ou l'infériorité. Il s'ajoute au radical des copules 이다 *être* et 아니다 *ne pas être*. Quant à la copule 이다, son radical peut être omis si l'attribut se termine par une voyelle, et -라니 s'ajoute directement à l'attribut, et au suffixe flexionnel préfinal honorifique.)) ¶ 할아버지 생신이 언제~? C'est quand déjà l'anniversaire de grand-père? ③ ((의문)) ((forme contractée -라고 하니 / -으라고 하니; suffixe flexionnel interrogatif de terminaison phrastique de citation indirecte de l'énoncé impératif. Utilisé à l'égard d'un interlocuteur égal (entre les enfants et entre les amis adultes intimes) ou inférieur (enfant, fils, fille, élève, jeune employé), il exprime l'intimité, l'égalité ou l'infériorité. -라니 s'ajoute au radical verbal qui se termine par une voyelle et par la consonne liquide ㄹ, et au suffixe flexionnel préfinal honorifique -시/-으시; -으라니 au radical verbal qui se termine par une consonne.)) ¶ 너도 거기 가~? On te dit d'y aller, toi aussi?

-라니까[1]**↔-으라니까** 어미 ((suffixe flexionnel conjonctif ou de terminaison phrastique de renforcement du sens, qui s'ajoute au radical des copules 이다 *être* et 아니다 *ne pas être*. Quant à la copule 이다, son radical peut être omis si l'attribut se termine par une voyelle, et -라니까 s'ajoute directement à l'attribut, et au suffixe flexionnel préfinal honorifique -시/-으시. Utilisé à l'égard d'un interlocuteur égal (entre les enfants et entre les amis adultes intimes) ou inférieur (enfant, fils, fille, élève, jeune employé), il exprime l'intimité, l'égalité ou l'infériorité.)) ① ((강조)) ¶ 그가 죄인이~, 왜 내 말을 믿지 않는 거야? Je te dis que c'est lui le coupable, pourquoi tu ne me crois pas? ¶ 그건 중요한 문제가 아니~ Je te dis que ce n'est pas un problème important. ¶ 태평양 전쟁의 종말이 바로 한국의 독립이~ Je te dis que la fin de la guerre du Pacifique c'est justement l'indépendance de la Corée. ② ((suffixe flexionnel impératif de terminaison phrastique de renforcement du sens. Utilisé à l'égard d'un interlocuteur égal (entre les enfants et entre les amis adultes intimes) ou inférieur (enfant, fils, fille, élève, jeune employé), il exprime l'intimité, l'égalité ou l'infériorité. -라니 s'ajoute au radical du verbe qui se termine par une voyelle, au radical verbal qui se termine par la consonne liquide ㄹ, et au suffixe flexionnel préfinal honorifique -시/-으시; -으라니 au radical qui se termine par une consonne.)) ¶ 빨리 가~ Je te dis de partir vite. / Pars vite, je te dis. ¶ 글쎄 따라오지 말~ Eh, je t'ai dit de ne pas me suivre.

-라니까[2] 어미 quand, lorsque, comme, puisque, parce que; on dit que ((contraction de -라고 하니까; suffixe flexionnel conjonctif de citation indirecte, de temps et de raison, avec renforcement du sens. Ce suffixe s'ajoute au radical des copules 이다 *être* et 아니다 *ne pas être*. Quant à la copule 이다, son radical peut être omis si l'attribut se termine par une voyelle, et -라니까 s'ajoute directement à l'attribut, et au suffixe flexionnel préfinal honorifique -시/-으시.)) ¶ 안내인이 저 모든 게 사과나무~ 모두들 놀라는 눈치였다 Lorsque le guide a dit que tous ces arbres étaient des pommiers, tout le monde avait l'air étonné. ¶ 연사가 서울 시장이~ 청중들이 귀를 귀울였어 Lorsqu'on a annoncé que le conférencier était le maire de Séoul, le public est devenu plus attentif [a prêté une oreille plus attentive].

-라니까[3]**↔-으라니까** quand, lorsque, comme, puisque, parce que; dire que ((forme contractée de -라고 하니까 / -으라고 하니까; suffixe flexionnel conjonctif de citation d'un énoncé impératif, de temps et de raison, avec renforcement du sens. -라니까 s'ajoute au radical du verbe qui se termine par une voyelle et par la consonne liquide ㄹ, et au suffixe flexionnel préfinal honorifique -시/-으시; -으라니까 au radical verbal qui se termine par une consonne.)) ¶ 하~ 하긴 한다 만은 이건 부당한 명령이야 Puisque tu me dis de le faire, je le fais, mais c'est un ordre injuste. ¶ 들어 오~ 싫다고 하더라 Quand je lui ai dit de rentrer, il a refusé.

라니냐 예 {la Niña}명 (phénomène *m* de) la Niña. ¶ 올해도 ~의 영향으로 추운 겨울이 되겠다고 한다 On dit qu'on aura, cette année aussi, un hiver froid à cause de l'influence de la Niña.

-라던가[1] ((Il s'emploie avec les copules 이다 *être* et 아니다 *ne pas être*. Quant à la copule 이다, son radical peut être omis si l'attribut se termine par une consonne, et -라던가 s'ajoute directement à l'attribut et au suffixe flexionnel préfinal honorifique -시.》 ① 《suffixe flexionnel interrogatif de terminaison phrastique, indiquant un doute. Utilisé à l'égard de soi-même, d'un interlocuteur égal (entre les enfants et entre les amis adultes intimes) ou inférieur (enfant, fils, fille, élève, jeune employé), il exprime l'intimité, l'égalité ou l'infériorité.》 ¶그가 나보고 철 없는 사람아~? M'a-t-il dit que je suis homme déraisonnable (je n'en suis pas très sûr)? ② 《suffixe flexionnel marquant l'incertitude du locuteur à propos de ce qu'il dit》 ¶김싸~, 아무튼 누군지 기억이 안나네 Etait-ce Kim? Quoiqu'il en soit je ne me rappelle plus qui c'était... ¶그게 보석아~ 시계~ 아무튼 기억이 안 나 Je ne me souviens plus si c'était un bijou ou une montre. ¶새 신랑이 그 사람이 아나~ 잘 모르겠는데. Je ne sais pas bien si le nouveau marié n'était pas cette personne.

-라던가[2]↔-으라던가 《forme contractée de -라고 하던가 / -으라고 하던가》 ① 《suffixe flexionnel conjonctif et interrogatif de terminaison phrastique, servant à rapporter un énoncé impératif avec un doute.-라던가 s'ajoute au radical du verbe et par la consonne liquide ㄹ, et au suffixe flexionnel préfinal honorifique -시/-으시; 으라던가 au radical qui se termine par une consonne. Utilisé à l'égard d'un interlocuteur égal (entre les enfants et entre les amis adultes intimes) ou inférieur (enfant, fils, fille, élève, jeune employé), il exprime l'intimité, l'égalité ou l'infériorité.》 ¶그가 나보고 썩 꺼지~? Il m'a dit de ficher le camp?

-라도[1]↔-이라도 조 《particule spéciale qui peut marquer différents cas grammaticaux, en les remplaçant ou en s'ajoutant à eux. Elle peut s'ajouter également à un suffixe flexionnel conjonctif. En même temps, elle laisse entendre un sens, en particulier pour indiquer qu'il s'agit du «second choix». -라도 s'ajoute au substantif qui se termine par une voyelle, -이라도 au substantif qui se termine par une consonne. On peut supposer que cette particule est dérivée du verbe 이다 *être*, avec ou sans le radical -이》. ① 《차선》 au moins. ¶밥이 싫으면 빵~ 좀 먹어라 Si tu n'aimes pas le riz, prends au moins un peu de pain. ¶집에~ 가자 Rentrons plutôt à la maison. ¶그렇게~ 말해 주면 얼마나 좋아 Il aurait dit comme ça, j'aurais été content. ¶보낸 사람 성의를 생각해서~ 좀 써 봐라 Pense au moins à la bonne attention de la personne qui a envoyé cet objet et utilise-le un peu. ¶사진아~ 보면 좋겠는데 Ce serait bien de voir au moins une photo. ② 《조차》 même, seulement, même si+*ind*; n'importe (lequel); au (du) moins. ¶아이들아~ 그것은 안다. Même les enfants le savent. ¶나~ 그렇게 하겠다 Même moi, je ferais ainsi. ¶누구~ 나와라. 내가 상대해 주지 Qui que ce soit, qu'il se présente. Je m'en chargerai.

-라도[2]↔-이라도[2] 조 《particule spéciale qui peut marquer différents cas grammaticaux. En même temps, elle transforme les pronoms et les locutions interrogatifs en mots indéfinis. -라도 s'ajoute au substantif qui se termine par une voyelle, -이라도 par une consonne. On peut supposer que cette particule est dérivée du verbe 이다 *être*, avec ou sans le radical -이.》 ¶이곳은 누구~ 출입이 가능하지요. N'importe qui [tout le monde] peut visiter cet endroit. ¶이 꽃은 어디~ 있습니다 Cette fleur existe n'importe où [partout, quel que soit l'endroit]. ¶언제~ 방문하세요 Veuillez me rendre visite n'importe quand. ¶어떤 치마~ 너에게는 잘 안 어울려 S'agissant de la jupe, elle ne te convient pas. ¶어느 때~ 들르세요 Passez me voir n'importe quel moment. ¶무슨 구두~ 신으렴 Porte n'importe quelles chaussures (quelle que soient leurs forme ou couleur).

라돈 영{radon} 명 【화학】 radon *m*. ¶~ 온천 eaux thermales à radon.

라듐 영{radium} 명 【화학】 radium *m*.

-라든 《forme contractée de '-라고 하든'》 ¶누가 뭐~ 난 이 일을 하겠다 Quoi qu'en disent les autres, je ferai ce travail!

-라든가↔-이라든가 조 soit... soit..., et, tel(*le*)(*s*) que, comme 《particule spéciale, capable de marquer différents cas grammaticaux, servant à marquer les énumérations qui sont l'apposition d'un autre mot générique. -라든가 s'ajoute au substantif qui se termine par une voyelle, -이라든가 par une consonne. On peut supposer que cette particule est dérivée du verbe 이다 *être*, avec ou sans le radical -이》 ¶가위~ 지우개~ 하는 것들은 다 사놓았다 J'ai déjà tout acheté: les ciseaux, la gomme, etc. ¶바다~ 산~ 하는 자연을 나는 사랑한다 J'aime la nature telle que la mer et les montagnes.

-라든지[1]↔-이라든지[1] 조 soit... soit..., et. ☞ -라든가[1]

-라든지[2] 조 《contraction de -라고 하든지; suffixe flexionnel conjonctif de citation, de liaison des mots ou des faits. Il s'ajoute au radical des copules 이다 et 아니다. Quant à la copule 이다, son radical peut être omis si l'attribut se termine par une voyelle, et -라든지 peut s'ajouter directement à l'attribut et au suffixe flexionnel préfinal honorifique -시.》 ① 《선택》 ou, ou bien. ¶그것이 사실아~ 아나~ 아직 주장하는 사람이 없다 Personne ne discute sur le fait que ce soit vrai ou non. ② 《열거》 ou. ¶그를 사기꾼아~ 거짓말쟁아~ 하는 식으로 악평하는 사람들이 있다 Il y a des gens qui le critiquent en disant que c'est un escroc ou un menteur. ¶그가 결석한 거~, 전화를 하지 않는 거~를 보면 많이 아픈 게 틀림없다 Vu qu'il est absent et qu'il ne téléphone pas, c'est certain qu'il est malade.

-라든지[3]↔-으라든지 어미 ou, ou bien 《forme

contractée de -라고 하든지 / -으라고 하든지; suffixe flexionnel conjonctif de citation indirecte (style indirect) d'un énoncé impératif. -라든지 s'ajoute au radical du verbe qui se termine par une voyelle et par la consonne liquide ㄹ, et au suffixe flexionnel préfinal honorifique -시/-으시; -으라든지 au radical qui se termine par une consonne.)) ¶ 오~ 가~ 무슨 말이 있어야 할 것 아니야? Dis-moi clairement ce que je dois faire / Il faut me donner des instructions précises pour que je puisse agir / Dis-moi clairement ce que tu veux que je fasse / Dis-moi clairement ce que tu attends de moi pour que je puisse le faire. ¶ 그 일을 하~ 말~ 통보를 해 주어야 한다 Il faut les prévenir pour qu'ils fassent ou non ce travail.

-라든지⁴↔-이라든지² 조 soit ...soit ..., ou, ou bien, tel(*le*)(*s*)que, comme ((particule spéciale, capable de marquer différents cas grammaticaux, servant à marquer les énumérations qui sont l'apposition d'un autre mot générique. -라든지 s'ajoute au substantif qui se termine par une voyelle, -이라든지 par une consonne. On peut supposer que cette particule est dérivée du verbe 이다 *être*, avec ou sans le radical -이.)) ¶사자~ 코끼리~ 모두 야생 동물이다. (Les animaux comme) le lion ou l'éléphant sont tous faunes sauvages. ¶사과~ 복숭아~ 그런 과일을 사 오너라. Achète des fruits tels que les pommes ou les pêches.

라디에이터 영 {radiator} 명 radiateur *m*. ¶ ~가 오래 돼서 물이 샌다 Le radiateur fuit parce qu'il est vieux. ¶ ~의 물을 빼내다 Vidanger l'eau du radiateur.

라디오 영{radio} 명 radio *f*. ¶ ~를 틀다 allumer la radio; allumer le poste de radio. ¶ ~를 듣다 écouter la radio. ¶ ~의 볼륨을 올리다 monter [augmenter] le volume de la radio. ¶ ~에 나오다 être à l'antenne.

◆**_뉴스** 영{radio news} 명 informations *fpl* de la radio.

◆**_방송** -放送 명 émission *f* de radio.

라라라 감 tralala.

라르고 이 명 【음악】 largo *m*. ¶ 헨델의 ~ largo de Haendel.

라마 포 명 【동물】 lama *m*.

라마교 -敎영{Lama-} 명 【불교】 lamaïsme *m*.

라마승 -僧영{Lama-} 명 【불교】 lama *m*.

라마즈법 -法프{Lamaze-} 명 【의학】 méthode de Lamaze.

-라며¹ 어미 ((suffixe flexionnel interrogatif de terminaison phrastique. Utilisé à l'égard d'un interlocuteur égal (entre les enfants et entre les amis adultes intimes) ou inférieur (enfant, fils, fille, élève, jeune employé), il exprime l'intimité, l'égalité ou l'infériorité. Il s'ajoute au radical des copules 이다 *être* et 아니다 *ne pas être*. Quant à la copule 이다, son radical peut être omis si l'attribut se termine par une voyelle, et -라며 peut s'ajouter directement à l'attribut, et au suffixe flexionnel préfinal honorifique -시.)) ¶이 편지를 쓴 작자가 너~? C'est toi qui es l'auteur de cette lettre, paraît-il? ¶저것이 너의 집이 아니~? Ça là-bas, dis-moi que ce n'est pas ta maison!

-라며² 어미 ((forme contractée de -라고 하며; suffixe flexionnel conjonctif d'action de parler en cours. Il s'ajoute au radical des copules 이다 *être* et 아니다 *ne pas être*. Quant à la copule 이다, son radical peut être omis si l'attribut se termine par une voyelle, et -라며 s'ajoute directement à l'attribut, et au suffixe flexionnel préfinal honorifique -시.)) ¶그것은 자기가 한 일이 아니~ 우겨댔다 Il prétendait que ce n'était pas lui qui avait fait ça. ¶형은 그것이 문제~ 중얼거렸다 Mon frère grommelait en disant que c'était ça le problème. ¶누나는 그 점이 의문이~ 생각에 잠기었다 Ma sœur s'est plongée dans ses pensées en disant qu'elle avait des doutes sur ce point.

-라며³↔-으라며 en disant de+*inf*/que ((en disant de+*inf/que* ((forme contractée de -라고 하며 / -으라고 하며; suffixe flexionnel conjonctif d'action de parler en cours. -라며 s'ajoute s'ajoute au radical du verbe qui se termine par une voyelle, au radical verbal qui se termine par la consonne liquide ㄹ, et au suffixe flexionnel préfinal honorifique -시/-으시; -으라며 au radical qui se termine par une consonne.)) ¶빨리 끝내~ 눈치를 주다 faire signe à *qn* qu'il faut vite terminer, demander à *qn* par des signes de vite terminer. ¶선생님께서는 내게 논문을 다시 쓰~ 밖으로 나가셨다. Le professeur est sorti dehors en me disant de réécrire mon article.

라면¹ 일 명 *ramyeon fpl*; nouilles *fpl* instantanées. ¶ 점심으로 ~을 끓여 먹다 Pour déjeuner, j'ai préparé des *ramyeon*.

◆**컵_** 영{cup-} 명 barquette *f* de nouilles instantanées [ramen].

-라면² 어미 si l'on parle de *qc*; s'agissant de *qc*, s'il s'agit de *qc*, pour ce qui est de *qc*; si c'est *qc*; même si ((suffixe flexionnel conjonctif de condition. Il s'ajoute au radical des copules 이다 *être* et 아니다 *ne pas être*. Quant à la copule 이다, son radical peut être omis si l'attribut se termine par une voyelle, et -라면 peut s'ajouter directement à l'attribut, et au suffixe flexionnel préfinal honorifique -시.)) ¶ 나는 홍당무~ 질색이다 Quant aux carottes, je les déteste. ¶ 그런 일이~ 내가 할 수 있다 Ça, je suis capable de le faire / Je suis capable de faire un tel travail. ¶ 그 녀석은 공짜~ 양잿물이라도 마실 놈이다 ≪Il(Elle) serait prêt(*e*) à avaler de la soude caustique si elle était gratuite≫ / Il(Elle) irait jusqu'à avaler un poison [jusqu'à s'empoisonner] dans la mesure où c'est gratuit / Il(Elle) aime tellement ce qui est gratuit qu'il(elle) irait jusqu'à s'empoisonner / Il(Elle) aime trop ce qui est gratuit ((se dit d'une personne qui prend *qc* d'inutile [dont elle n'a pas besoin] dans la mesure où c'est gratuit)). ¶ 그것이 정말이~ 얼마나 좋겠니? Si c'était vrai, qu'est-ce que je serais content(*e*)! ¶ 너~ 어떻게 하겠니? Si c'était toi, que ferais-tu? ¶ 현대 의학이~ 그런 병도 고칠 수 있었겠지 La médecine moderne aurait même pu guérir une telle maladie. ¶ 그가 범인이 아나~ 도대체 누가 범인이냐? Si ce n'est pas lui, alors qui est le coupable? ¶ 지금이~ 나는 그 일을 맡았을 텐데. Si ça avait été aujourd'hui, je me serais chargé(*e*) de ce travail.

-라면³↔-으라면 어미 si l'on parle de *qc*, si on dit que ((forme contractée de -라고 한다면 / -으라고 한다면; suffixe flexionnel conjonctif de citation indirecte (style indirect) d'un énoncé impératif, exprimant une condition. -라면 s'ajoute au radical du verbe qui se termine par une voyelle et par la consonne liquide ㄹ, et au suffixe flexionnel préfinal honorifique -시/-으시; -으라면 au radical qui se termine par une consonne.)) ¶ 여기까지 왔는데 돌아가~ 어떻게 하란 말이요? Une fois arrivé(*e*), si l'on me dit de repartir, que dois-je faire? ¶ 만약 내가 그만두~ 그만두겠니? Si je te disais d'arrêter, arrêterais-tu? ¶ 가~ 가지 웬 말이 그리 많냐? Si je te dis de t'en aller, tu n'as qu'à t'en aller sans rouspéter.

-라면서¹ 어미 ((suffixe flexionnel interrogatif de terminaison phrastique. Utilisé à l'égard d'un interlocuteur égal (entre les enfants et entre les amis adultes intimes) ou inférieur (enfant, fils, fille, élève, jeune employé), il exprime l'intimité, l'égalité ou l'infériorité. Il s'ajoute au radical des copules 이다 *être* et 아니다 *ne pas être*. Quant à la copule 이다, son radical peut être omis si l'attribut se termine par une consonne, et -라면서 s'ajoute directement à l'attribut, et au suffixe flexionnel préfinal honorifique -시.)) ¶ 그 사람이 네 친구~? (Est-ce vrai que) ce type est ton ami? ¶ 이 포도주가 프랑스산이~? (C'est vrai que) ce vin est d'origine française? ¶ 언제는 나보고 네 친구가 아니~? Un jour, tu m'as dit que je n'étais plus ton ami(*e*), n'est-ce pas?

-라면서² 어미 en disant que ((forme contractée de -라고 하면서; suffixe flexionnel conjonctif de citation indirecte, indiquant l'action de parler en cours. Il s'ajoute au radical des copules 이다 *être* et 아니다 *ne pas être*. Quant à la copule 이다, son radical peut être omis si l'attribut se termine par une consonne, et -라면서 s'ajoute directement à l'attribut, et au suffixe flexionnel préfinal honorifique -시.)) ¶ 그는 자기가 한 것이 일부러 한 일이 아나~ 변명했다 Il s'est excusé en disant qu'il ne l'avait pas fait exprès. ¶ 사람도, 내가 정직한 변호사~ 칭찬할 때는 언제고 Eh toi qui me me flattais [m'encensais] autrefois en me décrivant comme un avocat honnête? ¶ 그는 자기가 고위 공무원이~ 위세를 떨치려 하였다 Il voulait exercer son autorité en disant qu'il était haut fonctionnaire.

-라면서³↔-으라면서 어미 en disant que ((contraction de -라고 하면서 / -으라고 하면서; suffixe flexionnel conjonctif de citation indirecte d'un énoncé impératif, indiquant l'action de parler en cours. -라면서 s'ajoute au radical verbal qui se termine par une voyelle et par la consonne liquide ㄹ, et au suffixe flexionnel préfinal honorifique -시/-으시; -으라면서 au radical verbal qui se termine par une consonne.)) ¶ 동생이 나보고 오~ 손짓했다 Mon petit frère [Ma petite soeur] m'a fait un signe de la main pour me dire de venir. ¶ 빨리 가~ 재촉하다 presser *qn* de partir vite.

라벨 명{label} 명 étiquette *f.* ¶ ~을 붙이다 coller une étiquette. ¶ 병에 붙은 ~을 떼어내다 enlever l'étiquette d'une bouteille.

-라서¹ 어미 puisque, parce que, comme, vu que, compte tenu que, du fait que; donc, par conséquent ((suffixe flexionnel conjonctif de raison. Il s'ajoute au radical des copules 이다 et 아니다. Quant à la copule 이다, son radical peut être omis si l'attribut se termine par une consonne, et -라서 peut s'ajouter directement à l'attribut, et au suffixe flexionnel préfinal honorifique -시.)) ¶ 그 책은 내 것이 아나~ 빌려줄 수가 없다 Puisque ce livre n'est pas le mien, je ne peux pas te le prêter. ¶ 여기는 큰 도시~ 인구가 많습니다 Comme ici c'est une grande ville, la population est importante. ¶ 미국은 대국이~ 군사력도 큽니다 Puisque les Etats-Unis sont une grande puissance, leur force militaire est importante. ¶ 감히 뉘~ 날 찾는게냐? Qui est-il pour oser venir me voir?

-라서²↔-이라서 조 ((particule attributive, exprimant la raison. -라서 s'ajoute au substantif qui se termine par une voyelle, -이라서 par une consonne. On peut supposer que cette particule est dérivée du verbe 이다 *être*, avec ou sans le radical -이.)) ¶그 분은 교수~ 그런 심부름 같은 일은 할 수 없대요. Puisque cette personne est professeur, elle dit qu'elle ne peut pas faire un travail qui ressemble à une commission

-라손¹↔-이라손 조 bien que, même si ((particule circonstancielle de qualité et de concession. -라손 s'ajoute au substantif qui se termine par une voyelle, -이라손 par une consonne. Elle s'emploie souvent avec les verbes 치다 *considérer*, 하다 *considérer, prendre qn pour qch.*)) ¶그가 비록 실업자~ 무시해서는 안 된다 Bien qu'il soit chômeur, il ne faut pas le mépriser. ¶그가 아무리 부자~ 치더라도 정의를 살 수는 없어요. Même s'il est tellement riche, il ne peut acheter la justice avec l'argent.

-라손²↔-으라손 어미 ((suffixe flexionnel conjonctif de concession. -라손 s'ajoute au radical du verbe qui se termine par une voyelle et par la consonne liquide ㄹ, et au suffixe flexionnel préfinal honorifique -시/-으시; -으라손 au radical qui se termine par une consonne. Il s'emploie avec les verbes 치다 *considérer*, 하다 *considérer, prendre qn pour qch.*)) ¶그이가 너더러 떠나~ 떠나서는 안 된다 Bien qu'il te dise de partir, tu ne dois pas partir. ¶내가 돈을 많이 벌~ 치더라도 항상 겸손해야겠다. Même si je gagne beaucoup d'argent, il faudrait que je sois toujours modeste.

라스트 명{last} 명 dernier *m.* ¶그가 ~로 골인을 했다 C'est le dernier arrivé ((au marathon)) / Il était le dernier à franchir la ligne d'arrivée. ¶그는 ~로 경기장에 입장을 했다 Il était le dernier à entrer dans le stade.

◆_신 명{-scene} 명 (la) dernière scène *f.* ¶매우 인상적인 ~ une dernière scène très impressionnante.

라스트스퍼트 명{last spurt} 명 【운동】 effort *m* final, accélération *f* d'un coureur en fin de course, sprint *m* (final), finish *m*, emballage *m*, rush *m.* ¶~가 좋은[뛰어난] 선수 un(*e*) bon(*ne*) [remarquable] finisseu*r*(*se*), un(*e*) coureu*r*(*se*) remarquable au sprint final, un(*e*) coureu*r*(*se*) bon(*ne*) [excellent(*e*)] dans le sprint final, un(*e*) bon(*ne*) [excellent(*e*), remarquable] sprinteu*r*(*se*); 자전거 un(*e*) cycliste remarquable au finish [doué(*e*) au sprint, doué(*e*) pour le sprint]. ◇_(를) **하다[내다]** accélérer en fin de course, sprinter, faire un sprint en fin de course [un sprint final], piquer un sprint {*fam*} en fin de course.

-라야¹ 어미 en, à condition que, il faut que, il est nécessaire que; seulement ((suffixe flexionnel conjonctif de condition obligatoire pour que l'autre action qui suit puisse avoir lieu. Il s'ajoute au radical des copules 이다 et 아니다. Quant à la copule 이다, son radical peut être omis si l'attribut se termine par une consonne, et -라야 peut s'ajouter directement à l'attribut, et au suffixe flexionnel préfinal honorifique -시.)) ¶경험이 많은 학자~ 이 문제를 풀 수 있다 Seulement un savant bien expérimenté peut résoudre ce problème. ¶여간 지독한 여자~ 말이지 Il faut qu'elle soit une femme très dure pour agir ainsi. ¶적어도 5층 이상의 고층 빌딩이~ 엘리베이터가 필요하겠죠 Il faut que l'immeuble ait plus de 5 étages pour qu'un ascenseur soit nécessaire. ¶일이 잘 된 후~ 나머지 금액을 지급한다 On règle la somme restante à condition que le travail soit bien terminé. ¶명절 때가 아니~ 점포가 좀 한가하죠 C'est seulement en dehors de la période des fêtes que le magasin est moins bondé. ¶네가 유경험자~ 그 일을 할 수 있다 Il faut que tu sois expérimenté(*e*) pour pouvoir faire ce travail. ¶이야기가 여행담이~ 재미있지 Seul le récit de voyage est intéressant (pour moi).

-라야²**↔-이라야** 조 en qualité de *qc*, en tant que *qc*, comme ((particule de qualité exprimant la minimisation. -라야 s'ajoute au substantif qui se termine par une voyelle, -이라야 au substantif qui se termine par une consonne)). ¶이 문제에 대해 이야기할 수 있는 전문가~ 몇 사람 안 될 걸 Si on cherche des spécialistes qui puissent parler de ce problème, on n'en compte que quelques-uns. ¶이 동물원에 열대 야수~ 사자 밖에 없습니다. Dans ce zoo, il n'y a que des lions comme fauves tropicaux.

-라오¹ 어미 ((suffixe flexionnel déclaratif de terminaison phrastique. Utilisé à l'égard d'un interlocuteur égal (entre les amis adultes intimes, entre couple âgé) ou inférieur (ancien élève ou employé âgés), il exprime l'égalité ou l'infériorité avec un respect léger, il exprime l'égalité ou l'infériorité avec un respect léger. Il s'emploie avec les copules 이다 *être* et 아니다 *ne pas être*. Quant à la copule 이다, son radical peut être omis si l'attribut se termine par une consonne, et -라오 s'ajoute directement à l'attribut et au suffixe flexionnel préfinal honorifique -시.)) ¶그것이 우리의 의무~ C'est notre devoir. ¶조국 독립의 달성이 우리의 목적이~ La réalisation de l'indépendance de notre pays est notre objectif. ¶일본도 면적이 넓은 나라는 아니~ Le Japon non plus n'est pas un pays de grande superficie.

-라오² 어미 On dit que, on parle de *qc* ((contraction de -라고 하오; suffixe flexionnel déclaratif de terminaison phrastique de citation indirecte d'un énoncé impératif. Utilisé à l'égard d'un interlocuteur égal (entre les amis adultes intimes, entre couple âgé) ou inférieur (ancien élève ou employé âgés), il exprime l'égalité ou l'infériorité avec un respect léger, il exprime l'égalité ou l'infériorité avec un respect léger. Il s'emploie avec les copules 이다 *être* et 아니다 *ne pas être*.Quant à la copule 이다, son radical peut être omis si l'attribut se termine par une consonne, et -라오 s'ajoute directement à l'attribut et au suffixe flexionnel préfinal honorifique -시.)) ¶사람들이 그것이 이유~ Les gens disent que c'est à cause de ça. ¶세상을 떠난 이가 제 친구의 삼촌이~ La personne qui est décédée est l'oncle de mon ami(*e*). ¶사람들이 하는 말로는 그것이 이유가 아니~ Les gens disent que ce n'est pas à cause de ça.

-라오³**↔-으라오** ((forme contractée de -라고 하오 / -으라고 하오; suffixe flexionnel de terminaison phrastique de citation indirecte d'un énoncé déclaratif ou impératif, avec omission du radical du verbe de citation 하다 *dire, parler*, et suffixe flexionnel déclaratif de terminaison phrastique. Utilisé à l'égard d'un interlocuteur égal (entre les amis adultes intimes, entre couple âgé) ou inférieur (ancien élève ou employé âgés), il exprime l'égalité ou l'infériorité avec un respect léger, il exprime l'égalité ou l'infériorité avec un respect

ㄹ

léger. -라오 s'ajoute au radical du verbe qui se termine par une voyelle et par la consonne liquide ㄹ, et au suffixe flexionnel préfinal honorifique -시/-으시; -으라오 au radical qui se termine par une consonne.》 ¶과장님이 (당신에게) 다음에 다시 오(시)~ Le chef de la section vous dit de revenir. ¶사장님께서 김 과장 빨리 들어오~ Monsieur le président (d'entreprise) dit à vous, chef de section Kim, d'entrer vite.

라운드 영{round} 분류 【권투】 round *m*, tour *m*. ¶ 그는 1 ~도 못 버티고 쓰러졌다 Il est tombé sans pouvoir se relever même au premier round. ¶ 미들급 타이틀 매치가 12 ~로 치러졌다 Le match qui a révélé le tenant du titre des poids moyens s'est déroulé en 12 rounds.

ㄹ

라운지 영{lounge} 명 hall *m*, salon *m*.

라이벌 영{rival} 명 riv*al*(*ale*, *aux*), concurrent(*e*). ¶~ 간의 맞대결[경쟁] concurrence entre des rivaux. ¶~ 선수[팀, 회사] un(*e*) concurrent(*e*), un(*e*) rival(*e*), un(*e*) adversaire [une équipe rivale; une entreprise concurrente, une entreprise rivale, un concurrent, un rival]. ¶~ 관계 la rivalité. ¶ 최대의 ~ le(*la*) rival(*e*) le(*la*) plus redoutable. ¶~을 꺾다 vaincre un(*e*) rival(*e*). ¶ 좋은 ~을 만나다 rencontrer un(*e*) rival(*e*) de taille [de valeur]. ¶ 누구의 ~로 등장하다[부상하다, 꼽히다] apparaître [être considéré(*e*)] comme le(*la*) rival(*e*) de *qn*. ¶~이 생겼다 avoir un(*e*) rival(*e*).

◆**_사** -社 명 entreprise *f* concurrente.

◆**_의식** -意識 명 rivalité *f*. ¶ 누구에게[에 대해] ~의식을 갖다 considérer *qn* comme *son*(*sa*) rival(*e*).

라이브 영{live} 명 《transmis(*e*), diffusé(*e*)》 en direct *m*, en live *m*; 《joué(*e*)》 en public; un live *m*; 《disque enregistré》 en public; enregistrement *m* public. ¶~ 가수 un(*e*) chanteu*r*(*se*) qui chante en direct [en live]. ¶~ 공연 un concert live. ¶~ 무대 une scène jouée en public. ¶~ 쇼 un spectacle en direct [en live], 《faire》 un numéro sur scène. ¶~ 앨범 un album enregistré en public. ¶~ 음악 de la musique live, du live. ¶~ 녹음[녹화] un enregistrement public, un live. ¶~ 콘서트 un concert en direct, un concert (en) live. ¶ 그 공연은 ~로 진행된다 C'est un concert (en) live / C'est un concert donné en direct. ¶~에 강한 가수 un chanteu*r*(*se*) qui chante bien en direct [en live], un chanteu*r*(*se*) qui est doué(*e*) pour le direct [le live].

라이선스 영{licence} 명 licence *f*, permis *m*, autorisation *f*. ¶~를 얻다[받다, 획득하다] obtenir une licence [un permis, une autorisation]. ¶~가 있는[없는] ayant (obtenu) une licence, permis(*e*), autorisé(*e*) [n'ayant pas (obtenu) de licence, interdit(*e*)]. ¶~ 음반 un disque sous licence. ¶~ (도입) 계약 un contrat de licence. ¶~ 생산 une production sous licence. ¶~ 제품 un produit sous licence.

라이센스 영{licence} 명 ☞ 라이선스

라이온스클럽 영{Lions Club} 명 Lions Club *m*.

라이터 영{lighter} 명 briquet *m*. ¶ 요즘은 성냥보다는 ~를 사용하는 사람이 많다 De nos jours, on utilise plutôt un briquet que des allumettes. ¶~를 켜다 allumer un briquet. ¶~불을 붙이다 allumer *qc* avec un briquet. ¶~로 담배불을 붙이다 allumer une cigarette avec un briquet.

라이트[1] 영{light} 명 ① 《자동차의》 feux *mpl*; phares *mpl*; feux *mpl* de croisement [de route]; feux *mpl* de code; codes *mpl*; lanternes *fpl*; veilleuses *fpl*; 《안개등》 feux *mpl* de position; 《깜빡이》 (feu *m* de direction) clignotant *m* 《gauche, droite》. ¶ 차의 ~를 켜다[끄다] 《헤드라이트》 allumer [éteindre] *ses* feux; allumer [éteindre] *ses* phares; mettre [éteindre] *ses* feux de croisement [de route]; allumer [éteindre] *ses* feux de code [*ses* codes]; allumer [éteindre] *ses* lanternes; 《안개등》 mettre [éteindre] *ses* feux de position; 《깜빡이》 mettre *son* clignotant (à gauche [à droite]). ¶ 앞 차가 좌측 ~를 깜박거렸다 La voiture de devant [qui précède] a mis son clignotant à gauche. ¶~가 나갔다 L'ampoule du phare avant droit [gauche] est grillée [est morte, ne fonctionne plus, ne marche plus]. ② 조명 éclairage *m*. ¶~를 비추다 éclairer, illuminer.

◆**비상_** 非常- 명 feux *mpl* de détresse; 《mettre *son*》 warning *m*; 《mettre *ses*》 warnings *mpl*.

◆**서치_** 영{search-} 명 projecteur *m*; lanterne *f* de projection.

◆**스포트_** 영{spot-} 명 spot *m*, projecteur *m*; cercle *m* de lumière 《qui éclaire un acteur sur scène》. ¶ 스포트~를 받다 être en vedette, être sous le feu des projecteurs. ¶ 그는 언론의 스포트~를 받았다 Les feux de l'actualité étaient braqués sur lui.

라이트[2] 영{light} 어근 léger(*ère*).

◆**_급** -級 명 【운동】 poids *mpl* légers. ¶ WBC ~ 챔피언 un champion des poids légers de la WBC.

◆**_미들급** -級 영{-middle-} 명 【운동】 poids *mpl* moyens légers.

◆**_오페라** 영{-opera} 명 【음악】 petit opéra *m*; opérette *f*.

◆**_웰터급** -級 영{-welter-} 명 【운동】 poids *m* super-léger, poids *m* mi-welter.

◆**_플라이급** -級 영{-fly-} 명 【운동】 poids *m* mi-mouche.

◆**_헤비급** -級 영{-heavy-} 명 【운동】 poids *m* mi-lourd.

라이트[3] 영{right} 명 droite *f*, côté *m* droit.

◆**_윙** 영{-wing} 명 【축구】 l'aile *f* droite; 《선수》 ailier droit *m*.

◆**_풀백** 영{-fullback} 명 【축구】 arrière droit *m*. ¶~풀백을 맡다[~풀백으로 뛰다] occuper le poste d'arrière droit.

◆**_필더** 영{-fielder} 명 【야구】 joueur *m* de champ droit.

◆**_필드** 영{-field} 명 【야구】 champ *m* droit.

라이트모티프 독 명 【음악】 leitmotiv *m*.

라이트식 건축 -式建築 영{Wright-} 명 【건축】 architecture *f* de style de Frank Lloyd Wright ((architecte américain)).

라인 영{line} 명 ① 그어 놓은 선 【운동】 ligne *f*. ¶ 골~ ligne de but. ¶ 공이 ~ 밖으로 나갔다 ((축구, 농구, 핸드볼)) La balle est sortie / ((배구, 테니스)) La balle est faute / ((테니스)) La balle est out. ② 문서, 파일의 줄 ligne *f*. ¶ 파일로부터 한 ~씩 읽어들이다 lire un fichier ligne par ligne. ¶ 특정 문자열이 들어 있는 ~을 뽑아 주다 identifier [repérer, trouver] les lignes qui contiennent des caractères spécifiques. ③ 설비 ligne *f* ((pour le bain, de maquillage)); gamme *f*, mécanisme *m*. ¶ 새로운 생산 ~이 가동되었다 Un nouveau mécanisme de production a été mis en œuvre. ④ 계통 camp *m*; clan *m*; côté *m*. ¶ 그 사람은 황 교수 ~이다 Il prend le parti du professeur Hwang / Il est du côté du professeur Hwang.

라일락 영{lilac} 명 【식물】 lilas *m*. ¶ ~ 향기가 풍긴다 Un parfum agréable s'exhale des lilas.

-라지[1] 어미 ((suffixe flexionnel interrogatif de terminaison phrastique de citation indirecte, exprimant un doute ou une supposition. Utilisé à l'adresse d'un interlocuteur égal (entre les enfants et entre les amis adultes intimes) ou inférieur, il exprime l'intimité et l'égalité ou l'infériorité. Il s'emploie avec les copules 이다 *être* et 아니다 *ne pas être*. Quant à la copule 이다, son radical peut être omis si l'attribut se termine par une consonne, et -라지 s'ajoute directement à l'attribut, et au suffixe flexionnel préfinal honorifique -시.)) ① ((의문)) ¶ 저 친구가 대학생이~? On dit de lui qu'il est étudiant à l'université, est-ce vrai? ¶ 파리가 유행의 도시~? Paris est bien la capitale de la mode, n'est-ce pas? ¶ 저이가 의사가 아니~? Il paraît qu'il n'est pas médecin, est-ce vrai? ② ((추측)) ¶ 그 분이 아마 교수이시~? On dit que cette personne doit être professeur, est-ce vrai? ¶ 저이가 천체 물리학자가 아니~? On dit que cet homme-là n'est pas astrophysicien, est-ce vrai?

-라지[2] 어미 ((forme contractée de -라고 하지; suffixe flexionnel conjonctif de citation indirecte d'un énoncé impératif. Il exprime un reproche de n'avoir pas dit une chose correctement. Il s'emploie avec les copules 이다 *être* et 아니다 *ne pas être*. Quant à la copule 이다, son radical peut être omis si l'attribut se termine par une consonne, et -라지 s'ajoute directement à l'attribut et au suffixe flexionnel préfinal honorifique -시.)) ¶ 그냥 학생이~ 그랬니? Pourquoi tu n'as pas dit simplement que tu étais étudiant(*e*)? ¶ 그냥 학생이 아니~ 왜 딴소릴 했니? Tu aurais dû dire simplement que tu n'étais pas étudiant(*e*), pourquoi tu as raconté autre chose?

-라지[3]↔**-으라지** ((forme contractée de -라고 하지 / -으라고 하지; suffixe flexionnel conjonctif de citation indirecte d'un énoncé impératif. Il exprime un reproche de n'avoir pas dit une chose correctement. -라지 s'ajoute au radical verbal qui se termine par une voyelle et par la consonne liquide ㄹ, et au suffixe flexionnel préfinal honorifique -시/-으시; -으라지 au radical verbal qui se termine par une consonne.)) ¶ 그 친구한테 집으로 오~ 그랬니? Tu aurais dû lui dire de venir chez nous. ¶ 네 차에 좀 타~ 왜 안 그랬니? Pourquoi ne lui as-tu pas dit de monter dans ta voiture?

-라지만[1] 어미 bien que [quoique] *qn* dise *qc*, mais, contrairement à ce qu'on dit ((forme contractée de -라고 하지만; suffixe flexionnel conjonctif de citation indirecte, de concession. Il s'emploie avec les copules 이다 *être* et 아니다 *ne pas être*. Quant à la copule 이다, son radical peut être omis si l'attribut se termine par une consonne, et -라지만 s'ajoute directement à l'attribut et au suffixe flexionnel préfinal honorifique -시.)) ¶ 제가 당수~ 그런 힘은 없습니다 Bien que je sois président d'un parti politique, je n'ai pas un tel pouvoir. ¶ 저것이 산이~ 나무는 별로 없군요 Bien que ce soit une montagne, il y a peu d'arbres. ¶ 호수 같이 보여서 바다가 아니~, 사실은 바다야 Bien que ça ait l'air d'un lac, en réalité, c'est la mer.

-라지만[2]↔**-으라지만** 어미 bien que [quoique] *qn* dise *qc*, mais ((forme contractée -라고 하지만 / -으라고 하지만; suffixe flexionnel conjonctif de citation indirecte d'un énoncé impératif. Il exprime une concession. -라지만 s'ajoute au radical du verbe qui se termine par une voyelle et par la consonne liquide ㄹ, et au suffixe flexionnel préfinal honorifique -시/-으시; -으라지만 au radical qui se termine par une consonne.)) ¶ 모두들 날 보고 선거에 출마하~ 나는 싫네 Tout le monde me dit de me présenter à l'élection, mais je ne veux pas. ¶ 댓 줄이라도 쓰~ 지금은 아무 생각도 떠오르지 않네 Bien qu'on me demande d'écrire ne serait-ce que cinq lignes, pour l'instant aucune idée ne me vient.

라커 영{locker} 명 casier *m*, consigne *f*. ¶ ~룸 un vestiaire; une salle des consignes. ¶ 개인 ~ un casier personnel.

라켓 영{racket} 명 raquette *f*. ¶ 탁구 경기는 ~의 성능이 중요한 변수 중의 하나가 된다 Pour un match de ping-pong, la qualité de la raquette constitue un des paramètres importants. ¶ 테니스 ~은 줄의 장력이 중요하다 Quant à la raquette de tennis, la tension des cordes est importante.

라켓볼 영{racket ball} 명 racquetball *m* ((sous-catégorie du squash)).

라틴 영{Latin} 명 latin *m*.

◆**_민족** -民族 명 peuple *m* latin.

◆**_아메리카** 영{-America} 명 Amérique *f* latine.

◆**_어** -語 명 langue *f* latine.

-락↔-으락 [어미] ((suffixe flexionnel conjonctif d'alternance des mouvements opposés. -락 s'ajoute au radical verbal qui se termine par une voyelle et par la consonne liquide ㄹ, et au suffixe flexionnel préfinal honorifique -시/-으시; -으락 au radical qui se termine par une consonne.)) ¶ 교장 선생님께서 계단을 오르~ 내리~ 하신다 M. le proviseur monte et descend (sans cesse) l'escalier. ¶ 정신이 오~ 가~ 한다 J'ai tantôt l'esprit clair, tantôt l'esprit distrait. ¶ 비가 오~ 가~ 한다 Il y a des averses à répétition. ¶ 그의 얼굴이 붉으~ 푸르~ 한다 Il devient rouge de colère.

-란[1] **欄** [접미] colonne *f*, rubrique *f*. ¶ 독자~ rubrique des lecteurs. ¶ 의견~ rubrique des opinions.

-란[2]**↔-이란** [조] ((particule de sujet. Elle laisse entendre un sens : «ce qu'on appelle ... ». –란 s'ajoute au substantif qui se termine par une voyelle, -이란 par une consonne.)) ¶형제~ 신뢰가 없으면 남과 다를 바 없다 Si les frères et sœurs n'ont pas de confiance (entre eux), ils ne sont pas différents des inconnus. ¶의리~ 돈으로 사고파는 것이 아니야 La loyauté n'est pas quelque chose qui s'achète ou se vend.

-란[3] [어미] ① ((forme contractée de -라고 하는; suffixe conjonctif de citation, combiné du suffixe flexionnel déterminatif. Il s'emploie avec les copules 이다 être et 아니다 ne pas être. Quant à la copule 이다, son radical peut être omis si l'attribut se termine par une voyelle, et -란 s'ajoute directement à l'attribut, et au suffixe flexionnel préfinal honorifique –시.)) ¶자기가 박사~ 그의 말은 거짓이었다 Il a dit qu'il était docteur, mais ce n'était pas vrai. ¶중국이 우호적인 이웃 나라~ 그의 주장에는 일리가 있다 Dans son affirmation que la Chine est un pays voisin amical, il y a une part de vérité.

-란[4]**↔으란** ((forme contractée de –라고 하는↔으라고 하는; suffixe flexionnel déterminatif combiné avec l'impératif, exprimant un mécontentement. –란 s'ajoute au radical du verbe qui se termine par une voyelle et par la consonne liquide ㄹ, et au suffixe flexionnel préfinal honorifique -시/-으시, -으란 au radical verbal qui se termine par une consonne.)) ¶숨도 쉬지 말~ 거야? Me dis-tu de ne même pas respirer? ¶나는 가~ 말이냐? Tu veux dire que je dois m'en aller? ¶이 물건은 두고 저 물건을 가져가~ 뜻이지? Cela signifie que je laisse cet objet, et que je peux emporter cela? ¶그만두~ 사람이 누군데 이제 와서 부탁이야? N'est-ce pas toi qui m'as dit de laisser tomber, et maintenant tu me demandes un service?

-란다[1] [어미] ((suffixe flexionnel déclaratif de terminaison phrastique. Utilisé à l'égard d'un interlocuteur égal (entre les enfants et entre les amis adultes intimes) ou inférieur (enfant, fils, fille, élève, jeune employé), il exprime l'intimité, l'égalité ou l'infériorité. Il s'emploie avec les copules 이다 *être* et 아니다 *ne pas être*. Quant à la copule 이다, son radical peut être omis si l'attribut se termine par une consonne, et -란다 s'ajoute directement à l'attribut, et au suffixe flexionnel préfinal honorifique –시.)) ¶오늘이 할아버지 제사~ Aujourd'hui, c'est l'anniversaire de la mort de grand-père. ¶사흘만 지나면 설야~ Dans trois jours, ce sera le nouvel an. ¶거기는 멋진 데가 아냐~ Ce n'est pas un endroit charmant. ¶그 분은 그 분야의 최고 전문가~ On dit qu'il est le plus grand spécialiste dans ce domaine. ¶다녀온 사람들 말로는 거기도 천국이 아냐~ D'après ce que disent les gens qui y ont été, ça n'est pas non plus un paradis. ¶제일 좋은 사전이 이것이~ On dit que le meilleur dictionnaire est celui-ci.

-란다[2]**↔-으란다** [어미] ((forme contractée –라고 한다↔-으라고 한다; suffixe flexionnel déclaratif de terminaison phrastique de citation indirecte de l'impératif. Utilisé à l'égard d'un interlocuteur égal (entre les enfants et entre les amis adultes intimes) ou inférieur (enfant, fils, fille, élève, jeune employé), il exprime l'intimité, l'égalité ou l'infériorité. –란다 s'ajoute après le radical du verbe qui se termine par une voyelle, au radical verbal qui se termine par la consonne liquide ㄹ, et au suffixe flexionnel préfinal honorifique -시/-으시; -으란다 s'ajoute après le radical qui se termine par une consonne.)) ¶어머니께서 너보고 학교가 끝나면 바로 집에 돌아오~ Mère te dit de rentrer tout de suite après l'école. 아버지께서 너 보고 할머니께 편지를 쓰~ Ton père te dit d'écrire une lettre à ta grand-mère. ¶사람들이 우리에게 어서 오~ Les gens nous disent de venir vite. ¶엄마가 너보고 늦지 않게 서두르~ Maman te dit de te dépêcher pour ne pas être en retard.

란제리 **프**{lingerie} [명] lingerie *f*.

-랄↔-으랄 ((forme contractée de –라고 할 / -으라고 할; suffixe flexionnel conjonctif de citation indirecte d'un énoncé impératif, combiné du suffixe flexionnel déterminatif du futur. -랄 s'ajoute au radical du verbe qui se termine par une voyelle et par la consonne liquide ㄹ, et au suffixe flexionnel préfinal honorifique -시/-으시; -으랄 au radical qui se termine par une consonne.)) ¶그냥 도와달~ 수는 없잖아 Je ne peux simplement lui demander de m'aider.

-랄까[1] [어미] ((suffixe flexionnel conjonctif de citation indirecte, exprimant une hésitation, une impression ou une interrogation. Il s'emploie avec les copules 이다 *être* et 아니다 *ne pas être*. Quant à la copule 이다, son radical peut être omis si l'attribut se termine par une consonne, et -랄까 s'ajoute directement à l'attribut, et au suffixe flexionnel préfinal honorifique –시.)) ¶ 그것은 일종의 예술가의 정수~ 그런 것이었다 C'était quelque

ㄹ

chose qui pourrait s'appeler l'essence d'un artiste. ¶ 그것은 뭐~ 아주 야릇한 기분이었다 Comment pourrait-on dire? En tout cas j'avais une drôle de sensation. ¶ 열정아~ 용기~ 그런 것으로 어려운 일을 해 냈지 Je ne sais pas si c'est de la passion ou du courage, mais c'est dans cet état d'esprit que j'ai achevé ce travail difficile.

-랄까[2]↔**-으랄까** 어미 ((forme contractée de -라고 할까 / -으라고 할까; suffixe flexionnel conjonctif de citation indirecte d'un énoncé impératif, exprimant une hésitation, une impression ou une interrogation. -랄까 s'ajoute au radical verbal qui se termine par une voyelle et par la consonne liquide ㄹ, et au suffixe flexionnel préfinal honorifique -시/-으시; -으랄까 au radical verbal qui se termine par une consonne.)) ¶ 어머님을 오시~ 생각하다가 그냥 두었다 J'ai pensé à faire venir ma mère, mais j'y ai renoncé. ¶ 아이들에게 영화를 보~ 연극을 보~ 망설이다가 콘서트에 가라고 했어요 J'ai hésité à dire aux enfants d'aller voir un film ou une pièce de théâtre puis finalement je leur ai dit d'aller à un concert. ¶ 누가 선생 아니~ 봐 무조건 가르치려 들어 Ce n'est pas parce que tu es professeur que tu dois me donner des leçons.

랄랄라 감 ☞ 라라라

-랄지[1] 어미 ((suffixe flexionnel conjonctif de citation indirecte, exprimant un doute, une impression ou une interrogation. Il s'emploie avec les copules 이다 *être* et 아니다 *ne pas être*. Quant à la copule 이다, son radical peut être omis si l'attribut se termine par une consonne, et -랄지 s'ajoute directement à l'attribut, et au suffixe flexionnel préfinal honorifique -시.)) ¶그것은 신기루~ 아니~, 하여간 믿기 어려운 것이었다 Je ne sais si c'était un mirage ou non, en tout cas ça avait l'air irréel. ¶환각아~, 환상아~, 여하튼 묘한 기분이었다 Je ne sais pas si c'était un fantasme ou une illusion, en tout cas j'avais un drôle de sentiment. ¶그분의 직업이 화가~, 음악가~, 판단하기가 매우 어려워요 Il m'est difficile de juger qu'il est un peintre ou un musicien.

-랄지[2]↔**-으랄지** 어미 ((forme contractée de -라고 할지 / -으라고 할지; suffixe flexionnel conjonctif de citation indirecte d'un énoncé impératif, exprimant une hésitation, une impression ou une interrogation. -랄지 s'ajoute au radical verbal qui se termine par une voyelle et par la consonne liquide ㄹ, et au suffixe flexionnel préfinal honorifique -시/-으시; -으랄지 au radical verbal qui se termine par une consonne. Il s'emploie souvent avec le verbe 모르다 *ne pas savoir, ignorer*.)) ¶ 형이 나를 거기에 오~ 모르겠다 Je ne sais pas si mon grand frère va me dire de venir [de le rejoindre] là-bas. ¶ 부장이 저를 즉시 돌아오~ 모르겠네요 Je ne sais pas si le directeur me demandera de rentrer sans attendre [sur-le-champ, immédiatement].

-람 어미 ((suffixe flexionnel interjectif de terminaison phrastique, exprimant une surprise à la suite d'un fait négatif. Utilisé à l'égard de soi-même, d'un interlocuteur égal (entre les enfants et entre les amis adultes intimes) ou inférieur (enfant, fils, fille, élève, jeune employé), il exprime l'intimité, l'égalité ou l'infériorité. Il s'emploie avec les copules 이다 *être* et 아니다 *ne pas être*. Quant à la copule 이다, son radical peut être omis si l'attribut se termine par une consonne, et -람 s'ajoute directement à l'attribut, et au suffixe flexionnel préfinal honorifique -시.)) ¶ 이것이 무슨 대수~! Quelle importance ça peut avoir? ¶ 이런 게 무슨 양복아~! Quel drôle de costume que celui-là!

람다 🄴 명 【언어】 ((그리스 문자의 제 11자모)) lambda *m*.

◆**_연산자** -演算子 명 opérateur *m* lambda.

람바다 🄿 lambada *f*. ¶ ~를 추다 danser la lambada.

람베르트 도법 -圖法 독{Lambert-} 명 【지리】 projection *f* de Lambert.

-랍니까[1] 어미 dit-on que+*inf* ((suffixe flexionnel interrogatif de terminaison phrastique, de citation indirecte, exprimant une réplique ou un étonnement. Utilisé à d'un interlocuteur égal (entre les adultes mutuellement) ou supérieur (parents, personne supérieure hiérarchique), il exprime une grande politesse et un respect strict et protocolaire. Il s'emploie avec les copules 이다 *être* et 아니다 *ne pas être*. Quant à la copule 이다, son radical peut être omis si l'attribut se termine par une consonne, et -랍니까 s'ajoute directement à l'attribut, et au suffixe flexionnel préfinal honorifique -시.)) ¶ 그런 회사가 무슨 일류~? Comment peut-on dire qu'une telle entreprise est de première classe? ¶ 그 사람 정체가 뭐~? Qui est-il en réalité? ¶ 장례일이 몇 일아~? Quelle est la date de son enterrement?

-랍니까[2]↔**-으랍니까** ((forme contractée -라고 합니까 / -으라고 합니까; suffixe flexionnel interrogatif de terminaison phrastique, de citation indirecte d'un énoncé impératif, exprimant une réplique ou un étonnement. Utilisé à d'un interlocuteur égal (entre les adultes mutuellement) ou supérieur (parents, personne supérieure hiérarchique), il exprime une grande politesse et un respect strict et protocolaire. -랍니까 s'ajoute au radical du verbe qui se termine par une voyelle et par la consonne liquide ㄹ, et au suffixe flexionnel préfinal honorifique -시/-으시; -으랍니까 au radical qui se termine par une consonne.)) ¶가게에서 얼마를 달~? On vous a demandé combien dans ce magasin? ¶이제 와서 저에게 고향으로 돌아가~? Maintenant, on me dit de retourner dans mon pays natal?

-랍니다[1] 어미 on dit que+*ind* ((suffixe flexionnel

déclaratif de terminaison phrastique, de citation indirecte. Utilisé à d'un interlocuteur égal (entre les adultes mutuellement) ou supérieur (parents, personne supérieure hiérarchique), il exprime une grande politesse et un respect strict et protocolaire. Il s'emploie avec les copules 이다 *être* et 아니다 *ne pas être*. Quant à la copule 이다, son radical peut être omis si l'attribut se termine par une consonne, et –랍니다 s'ajoute directement à l'attribut, et au suffixe flexionnel préfinal honorifique –시.)) ¶오늘이 그 사람 생일아~ Il dit qu'aujourd'hui, c'est son anniversaire. ¶제 친구가 살던 데가 이 도시~ On dit que le lieu où mon ami habitait, c'est cette ville. ¶저것이 그의 집아~ Il paraît que c'est sa maison. ¶사람들 얘기가 이 마크가 최고~ D'après ce que disent les gens, cette marque est la meilleure / Il paraît que cette marque est la meilleure.

-랍니다[2]↔-으랍니다 어미 on vous dit de+*inf*, on vous prie (demande) de+*inf* ((forme contractée de –라고 합니다 / -으라고 합니다; suffixe flexionnel déclaratif de terminaison phrastique, de citation indirecte d'un énoncé impératif. Utilisé à d'un interlocuteur égal (entre les adultes mutuellement) ou supérieur (parents, personne supérieure hiérarchique), il exprime une grande politesse et un respect strict et protocolaire. -랍니다 s'ajoute au radical verbal qui se termine par une voyelle et par la consonne liquide ㄹ, et au suffixe flexionnel préfinal honorifique -시/-으시; -으랍니다 au radical verbal qui se termine par une consonne.)) ¶어서 주무사~ On vous dit d'aller vous coucher. ¶저보고 혼자 갔다 오~ On me dit d'y aller seul.

-랍디까[1] 어미 est-ce qu'on a dit que+ind ((suffixe flexionnel interrogatif de terminaison phrastique, de citation indirecte d'un énoncé impératif du passé. Utilisé à d'un interlocuteur égal (entre les adultes mutuellement) ou supérieur (parents, personne supérieure hiérarchique), il exprime une grande politesse et un respect strict et protocolaire. Il s'emploie avec les copules 이다 *être* et 아니다 *ne pas être*. Quant à la copule 이다, son radical peut être omis si l'attribut se termine par une consonne, et -랍니까 s'ajoute directement à l'attribut, et au suffixe flexionnel préfinal honorifique –시.)) ¶그 목수가 자기가 적임자~? Ce charpentier a-t-il dit qu'il était fait pour ce travail? ¶그이가 국회의원아~? A-t-il dit qu'il était député?

-랍디까[2]↔-으랍디까 est-ce qu'on a dit de+*ind*, vous a-t-on dit (demandé, prié) de+*inf* ((contraction de -라고 합디까 / -으라고 합디까; suffixe flexionnel interrogatif de terminaison phrastique, de citation indirecte d'un énoncé impératif du passé. Utilisé à d'un interlocuteur égal (entre les adultes mutuellement) ou supérieur (parents, personne supérieure hiérarchique), il exprime une grande politesse et un respect strict et protocolaire. -랍니다 s'ajoute au radical du verbe qui se termine par une voyelle et et par la consonne liquide ㄹ, et au suffixe flexionnel préfinal honorifique -시/-으시; -으랍니다 au radical qui se termine par une consonne.)) ¶우리더러 먼저 회의실에 들어가~? Nous a-t-on dit d'entrer sans attendre les autres dans la salle de réunion? ¶사장님께서 손님들에게 먼저 식사 대접하사~? Est-ce que monsieur le président a dit de servir le repas d'abord aux visiteurs?

-랍디다 어미 On a dit que+*ind*, On a demandé [prié] de+*inf* ((suffixe flexionnel déclaratif de terminaison phrastique, de citation indirecte d'un énoncé déclaratif du passé. Utilisé à d'un interlocuteur égal (entre les adultes mutuellement) ou supérieur (parents, personne supérieure hiérarchique), il exprime une grande politesse et un respect strict et protocolaire. Il s'emploie avec les copules 이다 *être* et 아니다 *ne pas être*. Quant à la copule 이다, son radical peut être omis si l'attribut se termine par une consonne, et -랍디다 s'ajoute directement à l'attribut, et au suffixe flexionnel préfinal honorifique –시.)) ¶이건 가짜~ On m'a dit que c'est du faux. ¶이것이 좋은 볼펜아~ On m'a dit que c'est un stylo à bille de bonne qualité.

-랍디다[2]↔-으랍디다 On a dit que+*ind*, on a dit (demandé, prié) de+*inf* ((forme contractée de -라고 합디다 / -으라고 합디다; suffixe flexionnel déclaratif de terminaison phrastique, de citation indirecte d'un énoncé déclaratif du passé. Utilisé à d'un interlocuteur égal (entre les adultes mutuellement) ou supérieur (parents, personne supérieure hiérarchique), il exprime une grande politesse et un respect strict et protocolaire. -랍니다 s'ajoute au radical du verbe qui se termine par une voyelle et par la consonne liquide ㄹ, et au suffixe flexionnel préfinal honorifique -시/-으시; -으랍니다 au radical qui se termine par une consonne.)) ¶편하게 앉아 차례를 기다라~ On vous a prié de rester assis(e) à votre aise et d'attendre votre tour. ¶어서 통관 절차를 밟으사~ On vous prie (dit) d'effectuer vite la procédure de dédouanement.

랍비 히 명 【종교】 rabbi *m.*

-랍시고↔-이랍시고 어미 comme, en tant que, en qualité de, en se disant ..., en prenant des allures de.., en se posant en (comme) ((particule de qualité insuffisante. –랍시고 s'ajoute au substantif qui se termine par une voyelle, -이랍시고 par une consonne)). ¶자기도 사내~ 여자아이들을 깔본다 Lui aussi, en se qualifiant d'homme, il méprise les filles. ¶이것도 보고서~ 제출한 거요? Avez-vous présenté ceci comme un rapport? ¶이것도 편자~

쓴 거냐? As-tu écrit ceci comme une lettre?

-랑↔-이랑 조 et, avec, en compagnie de *qn* ((particule de liaison des mots. -랑 s'ajoute au substantif qui se termine par une voyelle, -이랑 au substantif qui se termine par une consonne)). ① ((동반)) avec, et, en compagnie de *qn*. ¶ 너~ 나~ 같이 영화를 보자 Toi et moi, regardons ensemble un film. ¶ 친구~ 이야기하다 discuter avec un ami. ② ((접속)) et. ¶ 나는 사과~ 포도를 제일 좋아한다 Je préfère les pommes et le raisin. ③ ((대칭)) avec. ¶ 나는 아버지~ 자리를 바꿔 앉았다 J'ai échangé ma place avec celle de mon père. ④ ((상호)) à. ¶ 내가 엄마~ 많이 닮았대요 On dit que je tiens beaucoup de ma mère. ⑤ ((경쟁)) avec. ¶ 나는 친구~ 서로 식사비를 내겠다고 다투었다 Je me suis disputé(*e*) avec mon ami(*e*) pour payer le repas.

랑데부 프{rendez-vous} 명 ① 만남 rendez-vous *m inv*, rencontre *f* ; ((연인 간의)) rendez-vous amoureux [galant], rancard *m* {*fam*}, rencard *m* {*fam*}. ¶ 음악과 연극의 멋진 ~ rencontre fantastique entre la musique et le théâtre. ② 우주선 결합 rendez-vous *m* spatial. ③ 집결지 lieu(*x*) *m* de rassemblement [de jonction].

◆**_홈런** 영{-home run} 명 【야구】 deux *home runs mpl* d'affilée [consécutifs]. ¶ ~홈런을 맞다[허용하다] voir l'équipe adverse réaliser deux *home runs* consécutifs, encaisser consécutivement deux *home runs* [deux *home runs* d'affilée].

-래[1] 어미 ((suffixe flexionnel exclamatif de terminaison phrastique, indiquant un étonnement ou un mécontentement. Utilisé à l'égard d'un interlocuteur égal (entre les enfants et entre les amis adultes intimes) ou inférieur (enfant, fils, fille, élève, jeune employé), il exprime l'intimité, l'égalité ou l'infériorité. Il s'emploie avec les copules 이다 *être* et 아니다 *ne pas être*. Quant à la copule 이다, son radical peut être omis si l'attribut se termine par une consonne, et -래 s'ajoute directement à l'attribut, et au suffixe flexionnel préfinal honorifique –시.)) ¶이런 게 무슨 10만원짜리~? Quoi, une chose pareille coûte cent mille wons! ¶그 사람 왜 그 모양이~? Pourquoi se comporte-t-il ainsi? ¶그 사람 왜 아직도 그 상태~? Pourquoi se trouve-t-il dans cet état?

-래[2] 어미 On dit [Il paraît] que+*ind* ((suffixe flexionnel déclaratif et interrogatif (suivant le ton) de terminaison phrastique d'un énoncé rapporté indirectement. Utilisé à l'égard d'un interlocuteur égal (entre les enfants et entre les amis adultes intimes) ou inférieur (enfant, fils, fille, élève, jeune employé), il exprime l'intimité, l'égalité ou l'infériorité. Il s'emploie avec les copules 이다 *être* et 아니다 *ne pas être*. Quant à la copule 이다, son radical peut être omis si l'attribut se termine par une voyelle, et -래 s'ajoute directement à l'attribut, et au suffixe flexionnel préfinal honorifique –시.)) ¶그 사람이 이 집 주인이~ On dit qu'il est le propriétaire de cette maison. ¶이것은 그 사람이 한 일이 아나~ Il paraît que ce n'est pas lui qui a fait ça. ¶그 사람의 출신은 어느 학교~? On dit qu'il vient [est originaire] de quelle école? / On dit qu'il est sorti [originaire] de quelle université? ¶그 가수는 우리 고향 사람이 아나~ Ce chanteur n'est pas quelqu'un de notre pays natal.

-래[3]↔-으래 어미 *qn* dit [demande] à *qn* de+*inf* ((forme contractée de -라고 해 / -으라고 해; suffixe flexionnel déclaratif de terminaison phrastique de citation indirecte de l'impératif. Utilisé à l'égard d'un interlocuteur égal (entre les enfants et entre les amis adultes intimes) ou inférieur (enfant, fils, fille, élève, jeune employé), il exprime l'intimité, l'égalité ou l'infériorité. –래 s'ajoute au radical du verbe qui se termine par une voyelle et par la consonne liquide ㄹ, et au suffixe flexionnel préfinal honorifique -시/-으시; -으래 au radical qui se termine par une consonne.)) ¶그 직원이 너보고 내일 다시 오~ Cet employé te dit de revenir demain. ¶엄마가 너 이것 고치~ Maman te dit de corriger ceci.

-래도 어미 ☞ -라도

-래서[1] 어미 puisqu'on dit que ((suffixe flexionnel conjonctif de cause à effet d'un énoncé rapporté indirectement. Il s'emploie avec les copules 이다 *être* et 아니다 *ne pas être*. Quant à la copule 이다, son radical peut être omis si l'attribut se termine par une voyelle et -래서 s'ajoute directement à l'attribut)). ¶ 이 약이 감기에 즉효~ 사긴 샀습니다 Puisqu'on m'a dit que ce médicament donnait un effet immédiat, je l'ai finalement acheté. ¶ 그이의 병이 암이~ 치료가 어렵대요 On dit qu'il sera difficile de le guérir puisqu'il a un cancer.

-래서[2]↔-으래서 puisqu'on dit que, parce qu'on demande de *inf* ((forme contractée de -라고 해서 / -으라고 해서; suffixe flexionnel conjonctif de cause à effet d'un énoncé rapporté indirectement. -래서 s'ajoute au radical du verbe qui se termine par une voyelle et par la consonne liquide ㄹ, et au suffixe flexionnel préfinal honorifique -시/-으시; -으래서 s'ajoute au radical qui se termine par une consonne.)) ¶그 사람이 오~ 왔을 뿐이에요 Je suis venu(*e*) tout simplement parce qu'il me l'a demandé. ¶차에서 내라~ 내렸어요 Puisqu'on m'a demandé de descendre de la voiture, j'en suis descendu.

-래서야[1] 어미 si on dit que+ ((idée contradictoire ou sceptique)) ((suffixe flexionnel conjonctif de condition et de concession d'un énoncé rapporté indirectement. Il s'emploie avec les copules 이다 *être* et 아니다 *ne pas être*. Quant à la copule 이다, son radical peut être omis si l'attribut se termine par une voyelle, et -래서야 s'ajoute directement à l'attribut, et au suffixe flexionnel préfinal honorifique -시.)) ¶모든 실패가 남의 탓이~ 말이 되냐! Tu ne peux quand-même pas dire que tous tes échecs sont à cause des autres! ¶이것을 실패~ 더 큰 실패는 무엇이라 하겠니? Si tu dis que c'est un échec, alors tu ne sais pas ce que c'est qu'un vrai échec!

-래서야[2]↔**-으래서야** si on dit de+*inf*, si on demande de+*inf* ((forme contractée de –라고 해서야 / -으라고 해서야; suffixe flexionnel conjonctif de condition et de concession d'un énoncé impératif au style indirect. -래서야 s'ajoute au radical verbal qui se termine par une voyelle et par la consonne liquide ㄹ, et au suffixe flexionnel préfinal honorifique -시/-으시; -으래서야 au radical verbal qui se termine par une consonne.)) ¶하기 싫은 일을 억지로 하~ 능률이 오르겠니? Si on me force à travailler contre mon gré, penses-tu que ce sera efficace? ¶중학생에게 이처럼 어려운 수학 문제를 풀~ 안되지요 Si on demande aux collégiens de résoudre un problème mathématique si difficile, cela ne marche pas.

-래야[1] 어미 comme tout, en tant que tout, pour tout ((particule circonstancielle de qualité emphatique. Elle s'emploie avec les copules 이다 *être* et 아니다 *ne pas être*. Quant à la copule 이다, son radical peut être omis si l'attribut se termine par une consonne, et -래야 s'ajoute directement à l'attribut, et au suffixe flexionnel préfinal honorifique –시.)) ¶짐아~ 옷가지와 책 몇 권이 전부다 Il n'a pour tout bagage que quelques vêtements et des livres, c'est tout. ¶이 도시에 학교~ 이것이 전부다 Dans cette ville, il n'y a pour toute école que celle-ci. ¶모임에 참석한 의사~ 김 박사와 나뿐이었다 Il n'y a que le docteur Kim et moi qui étions à la réunion.

-래야[2]↔**-으래야**[2] il faut que tu dise … pour que+*sub* ((forme contractée de –라고 해야 / -으라고 해야; suffixe flexionnel conjonctif de condition et de concession d'un énoncé impératif au style indirect. -래야 s'ajoute au radical du verbe qui se termine par une voyelle et par la consonne liquide ㄹ, et au suffixe flexionnel préfinal honorifique -시/-으시; -으래야 au radical qui se termine par une consonne)). ¶하기 싫은 일을 억지로 하~ 능률이 오르겠니? Si on me force à travailler contre mon gré, penses-tu que ce sera efficace? ¶손님께 앉으사~ 앉으시지. Il faut que tu dises au visiteur de s'asseoir pour qu'il s'asseye.

-래요[1] 어미 on dit que+*ind*, il paraît que+*ind* ((suffixe flexionnel déclaratif et interrogatif (suivant le ton) de terminaison phrastique d'un énoncé rapporté indirectement. Utilisé à d'un interlocuteur égal (entre les adultes mutuellement) ou supérieur (parents, personne supérieure hiérarchique), il exprime une politesse et un respect familiers. Il s'emploie avec les copules 이다 *être* et 아니다 *ne pas être*. Quant à la copule 이다, son radical peut être omis si l'attribut se termine par une voyelle, et -래 s'ajoute directement à l'attribut et au suffixe flexionnel préfinal honorifique –시.)) ((명령의 전언)) *qn* dit [demande] à *qn* de+*inf*.¶이 지폐가 유로~ On dit que ce billet est l'euro. ¶언니 병세가 늘 그 상태~? Est-ce que la maladie de sœur aînée est toujours dans cet état? ¶여기가 세종로가 아니~ On dit que ici n'est pas l'avenue Sejong.

-래요[2]↔**-으래요**
on dit que+*ind*, il paraît que+*ind* ((contraction de -라고 해요 / -으라고 해요; suffixe flexionnel déclaratif et interrogatif (suivant le ton) de terminaison phrastique d'un énoncé impératif rapporté indirectement. Utilisé à d'un interlocuteur égal (entre les adultes mutuellement) ou supérieur (parents, personne supérieure hiérarchique). Il exprime un respect ou une politesse familiers. –래요 s'ajoute au radical du verbe qui se termine par une voyelle et par la consonne liquide ㄹ, et au suffixe flexionnel préfinal honorifique -시/-으시; -으래요 s'ajoute après le radical se terminant pas une consonne)). ¶선생님, 빨리 여기 앉으사~ Maître, on vous prie de prendre place ici (vite). ¶어머니께서 저에게 아버지 모시고 예식장에 가~ Maman m'a dit d'aller au lieu de cérémonie du mariage avec toi, papa.

래커 영{lacquer} 명 laque *f*. ¶ ~를 칠하다 appliquer de la laque, laquer.

랜 영{LAN} 명 【통신】 réseau *m* local ((LAN : Local Area Network)).

◆_선 -線 영{-} 명 câble *m* de réseau local.

랠리 영{rally} 명 ① ((테니스, 배구 따위에서)) échange *m*; 자동차 경주의 rallye *m*. ¶ 다카르 ~ le (rallye) Paris-Dakar. ② 【경제】 reprise *f* boursière. ¶ 글로벌 증시 ~ une reprise mondiale du marché des valeurs.

램 영{RAM} 명 【컴퓨】 RAM *f inv* ((*Random Access Memory*)), mémoire *f* vive. ¶ 이 컴퓨터는 ~ 용량이 얼마나 됩니까? Quelle est la capacité de la mémoire vive de cet ordinateur?

램프[1] 영{lamp} 명 lampe *f*. ¶ 석유 ~ une lampe à pétrole. ¶ 알코올 ~ une lampe à alcool.

램프[2] 영{ramp} 명 rampe *f*. ¶ 거기서 고속도로를 타고 오시다가 세 번째 ~로 나오시면 됩니다 De là, vous prenez l'autoroute, puis sortez à la troisième rampe.

랩[1] 영{rap} 명 musique *f* rap, rap *m*.

◆_가수 -歌手 명 rappeur(*se*), chanteur(*se*) de rap.

◆_그룹 영{-group} 명 groupe *m* de rap.

랩[2] 영{lap} 명 【운동】 (lap) tour *m* de piste.

랩[3] 영{wrap} 명 papier *m* Cellophane ((marque déposée)) (utilisé en cuisine pour protéger les plats dans le réfrigérateur); film *m* transparent (fraîcheur) en cellophane servant à recouvrir les plats pour les protéger dans le réfrigérateur. ¶

무엇을 ~으로 덮다 recouvrir ((un plat)) avec du papier Cellophane [de papier Cellophane]. ¶ 남은 음식은 ~에 싸서 냉장고에 넣어라 Quant à la nourriture restante, enveloppe-la dans du papier cellophane et place-la dans le réfrigérateur.

랩[4] **명**{lab} 명 laboratoire *m*, labo *m* {*fam*}. ◆**랭귀지_** **명**{language-} 명 laboratoire *m* de langue, labo *m* de langue {*fam*}.

랩뮤직 **명**{rap music} 명 rap *m*.

랩소디 **명**{rhapsody} 명 【음악】 rapsodie *f*. ¶ 러시안 ~ rapsodie russe.

랩타임 **명**{lap time} 명 【육상】 temps *m* nécessaire pour effectuer un tour de piste.

랩톱컴퓨터 **명**{laptop computer} 명 ordinateur *m* portable [portatif], portable *m*.

-랬지 ((forme contractée de '-라고 했지')) ¶ 도와달~? Est-ce que je t'ai demandé de l'aide? ¶ 네가 와달~ 내가 간다고 했냐 C'est toi qui m'as demandé(e) de venir, ce n'est pas moi qui le souhaitais [qui ai eu cette idée].

랭킹 **명**{ranking} 명 rang *m*, classement *m* (officiel). ¶ 세계 ~ 1위에 오르다 devenir le(*la*) premi*er*(*ère*) au classement mondial, devenir numéro un mondial, devenir le leader mondial. ¶ 국내 ~ 10위에 랭크되다 être dixième au classement national, occuper la dixième place au classement national.

-랴[1]**↔-으랴** 어미 ① ((suffixe flexionnel interrogatif ou interjectif (selon le ton) de terminaison phrastique; suffixe flexionnel conjonctif exclamatif. Utilisé à l'égard de soi-même, d'un interlocuteur égal (entre les enfants et entre les amis adultes intimes) ou inférieur (enfant, fils, fille, élève, jeune employé), il exprime l'intimité, l'égalité ou l'infériorité. Il exprime un souhait ou une supposition. -랴 s'ajoute au radical verbal qui se termine par une voyelle et par la consonne liquide ㄹ, et au suffixe flexionnel préfinal honorifique -시/-으시; -으랴 au radical verbal qui se termine par une consonne et au suffixe flexionnel préfinal du passé -았/-었)) ¶내가 아니면 누가 그 일을 하~ Si ce n'est pas moi, qui fera ce travail? ¶그 남자가 외아들이니 오죽 사랑스러우~ 싶었다 Il me semblait qu'il était très choyé car il était le fils unique. ② ((문의)) veux-tu que ... ¶네게도 과자 하나 주~? Veux-tu que je te donne un biscuit à toi aussi? ¶네 숙제를 내가 하~? Veux-tu que je fasse tes devoirs? ¶초가집에 사시는 할머니는 지난 겨울에 얼마나 추우셨~? Ma grand-mère qui habite dans une chaumière, combien aurait-elle eu froid en hiver dernier?

-랴[2]**↔-으랴** 어미 ou, ou bien ((suffixe flexionnel conjonctif de liaison. -랴 s'ajoute au radical du verbe qui se termine par une voyelle et par la consonne liquide ㄹ, et au suffixe flexionnel préfinal honorifique -시/-으시; -으랴 au radical qui se termine par une consonne.)) ¶이 일 하~ 저 일 하~ 혼이 나갈 지경이다 Faire ceci ou cela, ça me rend fou(*folle*).¶공부하~ 돈 벌~ 힘들어 죽겠다. Faire les études, gagner de l'argent, cela me crève.

-랴마는[1] 어미 (on suppose que ...) mais, bien que, quoique ((suffixe flexionnel conjonctif de concession avec supposition. Il s'emploie avec les copules 이다 être et 아니다 ne pas être. Quant à la copule 이다, son radical peut être omis si l'attribut se termine par une voyelle, et -랴마는 s'ajoute directement à l'attribut et au suffixe flexionnel préfinal honorifique –시.)) ¶그게 전부 네 잘못이~ 너도 책임은 져야 한다 Quoique ce ne soit pas totalement de ta faute, tu dois assumer ta part de responsabilité. ¶그것이 너의 포부~ 그 실현은 미지수다 Bien que cela soit ton ambition, sa réalisation est incertaine.

-랴마는[2]**↔-으랴마는** 어미 (on suppose que ...) mais, bien que, quoique ((suffixe flexionnel conjonctif de concession avec supposition. -랴마는 s'ajoute au radical verbal qui se termine par une voyelle et par la consonne liquide ㄹ, et au suffixe flexionnel préfinal honorifique -시/-으시; -으랴마는 au radical verbal qui se termine par une consonne et au suffixe flexionnel préfinal du passé -았/-었)) ¶오죽 슬프~ 그 사람은 내색을 하지 않는다 Bien qu'il soit très triste, il ne le montre pas. ¶나에게 거기 가라면 못 가~ 아무 말이 없어서 이러고 있어요. Si on me dit d'y aller, il n'y a pas de raison de ne pas le faire, mais comme on ne me dit rien, je me trouve dans une telle situation.

량[1] **輛** 분류 voiture *f*, wagon *m*. ¶ 객차 5~을 연결한 열차 un train comportant 5 voitures ((wagons)). ¶ 8~짜리 전철 train de métro à 8 voitures.

량[2] **量** 접미 quantité *f*. ¶ 생산~ quantité de production. ¶ 소비~ quantité de consommation. ¶ 어획~ la quantité de poissons pêchés. ¶ 통화~ quantité de communications téléphoniques.

-러↔-으러 어미 pour+*inf*; afin de+*inf* ((suffixe flexionnel conjonctif de but. -러 s'ajoute au radical du verbe qui se termine par une voyelle et par la consonne liquide ㄹ, et au suffixe flexionnel préfinal honorifique -시/-으시; -으러 au radical qui se termine par une consonne. Il s'emploie avec les verbes 가다 *aller*, 오다 *venir*.)) ¶산책하~ 나가다 sortir pour se promener. ¶식사하~ 오다 venir prendre un repas. ¶일하~[공부하~] 오다 venir travailler[étudier]. ¶스키를 타~ 산에 가다 aller à la montagne pour faire du ski. ¶아이를 데라~ 학교에 가다 aller à l'école pour chercher un enfant. ¶친구를 만나~ 찻집에 나가다 aller dans un salon de thé pour rencontrer un(e)ami(e).¶어디 가니? – 공책 사~ 가 Où vas-tu? - Je vais acheter un cahier. ¶영희네는 서울에 살~ 갔어요. La famille de Yeong-hui est aller habiter à Séoul. ¶우리 모두 배 타~ 가자 Allons tous faire une ballade en bateau. ¶동생을 담배 사~ (내)보내다 envoyer *son* petit frère

ㄹ

acheter des cigarettes. ¶코끼리 구경 시키~ 애들을 동물원에 데리고 가다 emmener les enfants au zoo pour leur faire voir des éléphants. ¶이런 것은 뭐하~ 샀니? Pourquoi [Pour quoi faire] as-tu acheté ça? ¶학교 버스가 학생들을 데라~ 그리로 갈거야 Le car scolaire passera par là prendre les élèves.

러닝 영{running} 명 course *f*. ① ((‘러닝셔츠’의 준말)) ☞ 러닝셔츠 ② 달리기 course *f*. ¶ 가벼운 ~으로 몸을 풀다 s'échauffer par une course légère. ◇_(을) 하다 courir. ¶ 그 사람은 10km를 ~ 했다 Il a couru 10 kilomètres.

◆_머신 영{-machine} 명 tapis *m* de marche (et de course) [de course, de jogging].

◆_메이트 영{-mate} 명 co-candidat(*e*); candidat(*e*) à la vice-présidence. ¶ 누구를 ~메이트로 해서 출마하다 se présenter à une élection avec *qn* comme co-candidat. ¶ 누구를 ~메이트로 지명하다 désigner un(*e*) candidat(*e*) à la vice-présidence, désigner [nommer] *qn* co-candidat(*e*).

◆_슈즈 영{-shoes} 명 chaussures *fpl* de course.

◆_슛 영{-shoot} 명 【운동】 tir *m* en pleine course.

◆_타임 영{-time} 명 durée *f* du film [de la projection]. ¶~타임 110분인 영화 un film qui dure 110 minutes.

◆_패스 영{-pass} 명 【운동】 passe *f* en pleine action. ¶~패스를 하다 faire une passe en pleine action.

러닝셔츠 영{running shirt} 명 maillot *m* de corps, gilet *m* [tricot *m*] de corps [de peau]; débardeur *m*; marcel *m* {*fam*}.

러변칙활용 -變則活用 명 【언어】 conjugaison *f* irrégulière en -러. ¶~ 동사 un verbe irrégulier en -러.

러브 영{love} 명 ① 사랑 amour *m*. ② ((테니스)) 0 rien *m*, zéro *m*. ¶ 포티 ~ quarante zéro ((au tennis)).

◆_게임 영{-game} 명 ((테니스)) jeu *m* blanc.

◆_레터 영{-letter} 명 lettre *f* d'amour.

◆_스토리 영{-story} 명 histoire *f* d'amour. ¶ 감동적인 ~스토리 une histoire d'amour touchante.

◆_신 영{-scene} 명 scène *f* d'amour.

◆_호텔 영{-hotel} 명 hôtel *m* de passe.

러시아 영{Russia} 명 la Russie *f*.

◆_어 -語 명 la langue *f* russe, le russe *m*.

◆_인 -人 명 Le Russe

러시아워 영{rush hour} 명 heures *fpl* de pointe ((d'affluence)). ¶~에는 되도록 나가지 않는 것이 좋다 Si possible, il vaut mieux ne pas sortir aux heures de pointe.

러시안룰렛 영{Russian roulette} 명 roulette *f* russe.

러일전쟁 -日戰爭 명 【역사】 la guerre *f* russo-japonaise.

러키 영{lucky} 어근

◆_하다 형 avoir de la chance, être chanceux(*se*). ¶ 매우 ~한 경우 un cas très chanceux.

◆_세븐 영{-seven} 명 le chiffre *m* sept, porte-bonheur.

러프 영{rough} 명 【골프】 rough *m*.

럭비 영{rugby} 명 rugby *m*. ¶~공 un ballon de rugby. ¶~ 경기장 un stade de rugby. ¶~ 선수 un joueur de rugby.

럭스 영{lux} 분류 lux *m* ((unité *f* d'éclairement)). ¶ 사무실 조도는 몇 ~인가요? Quel est le taux de luminosité du bureau?

런닝셔츠 명 (('러닝셔츠'의 잘못)) ☞ 러닝셔츠

런던 영{London} 명 Londres. ¶~탑 la Tour de Londres.

-런들 어미 même si c'est ((suffixe *m* flexionnel conjonctif de concession)). ¶ 꿈아~ 너를 잊을까? Même en rêve, comment pourrais-je t'oublier?

런치 영{lunch} 명 repas *m* de midi, déjeuner *m*. ¶~ 타임 l'heure du déjeuner, la pause de midi.

런타임 영{run-time} 명 【컴퓨】 durée *f* d'exécution; temps *m* de traitement; ((영화)) durée *f* du film [de la projection].

◆_에러 영{-error} 명 【컴퓨】 erreur *f* due au temps excessif de traitement, erreur *f* liée à la durée d'exécution, erreur *f* liée au dépassement de la longueur d'exécution. ¶~에러가 났다[발생했다] Il y a eu une erreur liée au dépassement de la longueur d'exécution.

럼 영{rum} 명 rhum *m*.

럼주 -酒 영{rum-} 명 rhum *m*. ¶~가 든 쵸콜렛 chocolat au rhum.

레 이 명 음계명 ré *m*.

레게 에 명 reggae *m*.

레닌 러{Lenin} 명 Lénine.

◆_주의 -主義 명 léninisme *m*.

◆_주의자 -主義者 명 léniniste *mf*.

레디고 영{ready go} 명 ① 【운동】 ((À vos marques!)) Prêts? partez. ② 【연영】 Action! / Silence, on tourne!

레모네이드 영{lemonade} 명 limonade *f*.

레몬 영{lemon} 명 citron *m*. ¶~은 귤과 비슷하게 생겼지만 훨씬 더 시다 Le citron ressemble à la clémentine, mais il est beaucoup plus acide.

◆_산 -酸 명 acide *m* citrique.

◆_즙 -汁 명 jus *m* de citron.

◆_차 -茶 명 thé *m* au citron. ¶~차는 감기에 좋다 Le thé au citron est bon contre la grippe.

레미콘 영{remicon} 명 béton *m* prêt à l'emploi.

레벨 영{level} 명 niveau(*x*) *m*. ¶~이 높다[낮다] Le niveau est élevé [bas]. ¶~을 맞추다 mettre *qc* au même niveau, égaliser, rendre égal; se mettre au niveau de *qn*, se mettre au diapason de *qn*, se mettre à la portée de *qn*. ¶~이 다르다 ne pas être au [du] même niveau, être inférieur(*e*) ou supérieur(*e*) à *qn*/*qc*, avoir des niveaux différents, ne pas jouer dans la même catégorie {*fam*}. ¶ 나는 너하고 ~이 달라 Nous n'avons pas le même niveau / Nous ne jouons pas dans la même catégorie {*fam*}.

레스비언 영{lesbian} 명 ☞ 레즈비언

레스토랑 프{restaurant} 명 restaurant *m*. ¶~에 가다

aller au restaurant.

레슨 명{lesson} 명 leçon *f*, cours *m* privé. ¶ 피아노 ~을 받다 recevoir [avoir] une leçon de piano. ¶ 그 남자는 귀국 후 한동안은 피아노 ~으로 먹고 살았다 Après son retour dans le pays, il a donné des leçons de piano pour gagner sa vie. ¶ 그 아이는 성적이 떨어지는 과목을 ~을 받는다 Cet(*te*) enfant suit des cours particuliers pour les matières difficiles.

레슬링 명{wrestling} 명 【운동】 ((프로)) catch *m*; ((아마)) lutte *f*. ¶ ~ 선수 un joueur de catch, un lutteur. ¶ 그 선수는 ~ 그레코로만형 금메달리스트이다 Il est médaillé d'or de lutte gréco-romaine.

레이더 명{radar} 명 radar *m*. ¶ 비행기가 ~ 상에서 사라졌다 L'avion a disparu sur le radar. ¶ ~로 적기를 추적하다 suivre par radar les avions ennemis.

◆**_기지** -基地 명 base *f* de radars.

◆**_망** -網 명 réseau *m* de radars. ¶ 적기가 ~망에 걸렸다 L'avion ennemi est apparu sur le réseau de radars.

레이디 명{lady} 명 dame *f*.

◆**_퍼스트** 명{-first} 명 les dames *fpl* d'abord.

◆**퍼스트_** 명{first-} 명 la première dame *f*. ¶ 일국의 퍼스트~로서 en tant que première dame d'un pays.

레이스[1] 명{lace} 명 편물 장식 dentelle *f*. ¶ ~를 뜨다 faire de la dentelle, tricoter des dentelles. ¶ ~가 달린 옷 une robe à dentelles.

레이스[2] 명{race} 명 경주 course *f*. ¶ 치열한 ~를 벌이다 se lancer dans une course effrénée. ¶ F1 ~ 도중에 끔찍한 사고가 났다 Un accident horrible s'est produit lors d'une course de Formule 1.

◆**카_** 명{car-} 명 course *f* automobile.

레이아웃 명{layout} 명 mise *f* en page. ¶ ~에 신경을 많이 쓴 책 un livre qui a une bonne mise en page. ◇**_(을) 하다** faire la mise en page. ¶ 책을 ~하다 faire la mise en page d'un livre.

레이온 명{rayon} 명 rayonne *f*.

레이저 명{laser} 명 laser *m*. ¶ 군사용 ~ laser militaire. ¶ 산업용 ~ laser industriel. ¶ 이 옷은 ~ 절단기로 재단을 했다 Ce vêtement a été taillé par un massicot à laser.

◆**_광선** -光線 명 (lumière *f*) laser *m*. ¶ ~ 광선은 다른 광선들과는 달리 퍼져나가지를 않는다 La lumière laser ne rayonne pas contrairement aux autres lumières.

◆**_디스크** 명{-disk} 명 disque *m* laser.

◆**_무기** -武器 명 armes *fpl* à laser.

레인 명{lane} 명 couloir *m*. ¶ 1번 ~에는 한국 선수, 2번 ~에는 중국 선수가 준비하고 있습니다 L'athlète sud-coréen du couloir n° 1 et l'athlète chinois du couloir n° 2 sont en train de se préparer. ¶ 1위로 들어온 선수는 ~ 침범으로 탈락 판정을 받았다 L'athlète qui est arrivé le premier a été disqualifié parce qu'il est sorti de son couloir.

레인지 명{range} 명 cuisinière *f*.

◆**가스_** 명{gas-} 명 cuisinière *f* à gaz; réchaud *m* à gaz, camping gaz *m*.

◆**전자_** 電子- 명 (four *m* à) micro-ondes *m*.

레인코트 명{raincoat} 명 vêtement *m* [manteau(*x*) *m*] de pluie, imperméable *m*, imper *m* {*fam*}, k-way *m inv*, caoutchouc *m*, ciré *m*, gabardine *f*, mackintosh *m* {*vx*}, trench-coat(~-~*s*) *m* {*vx*}.

레일 명{rail} 명 rail *m*. ¶ 기차 ~ rail de train, une voie ferrée. ¶ 기차가 ~로부터 탈선을 했다 Le train a déraillé.

레임덕 명{lame duck} 명 canard *m* boiteux

레저 명{leisure} 명 loisirs *mpl*, temps *m* libre. ¶ ~용 차 véhicule de loisirs. ¶ ~활동으로는 무엇을 하십니까? Quelles activités pratiquez-vous pour vos loisirs?

◆**_산업** -産業 명 industrie *f* des loisirs.

레즈비언 명{lesbian} 명 lesbienne *f*.

레지 일{register} 명 serveuse *f*. ¶ 다방 ~ une serveuse de café [de salon de thé].

레지던트 명{resident} 명 interne. ¶ 외과 ~ un(*e*) chirurgien(*ne*) interne.

레지스탕스 프{résistance} 명 résistance *f*.

레지옹도뇌르 프{la Légion d'honneur} 명 la Légion *f* d'honneur. ¶ ~ 3급 훈장 grade de commandant de la Légion d'honneur.

레코드 명{record} 명 disque *m*. ¶ ~ 가게 un magasin de disques.

◆**_판** -板 명 disque *m* (noir), (disque) microsillon *m*, vinyle *m*. ¶ ~판이 튄다 Le disque saute. ¶ ~판이 긁혀 있다 Le disque est rayé.

레퀴엠 명 【음악】 requiem *m*.

레크리에이션 명{recreation} 명 récréation *f*, divertissement *m*. ¶ ~ 활동[시간] les activités pendant la récréation [(le moment de) la récréation]. ¶ ~ 강사[지도자] un(*e*) animat*eur*(*trice*) de récréation. ¶ 이번 야유회에서 ~ 시간은 얼마나 됩니까? Combien de temps consacre-t-on aux jeux durant ce pique-nique? ¶ ~ 지도자 자격증을 따다 obtenir un certificat de moniteur de jeux.

레퍼리 명{referee} 명 ((게임의)) arbitre *mf*. ¶ ~가 휘슬을 불었다 L'arbitre a sifflé.

레퍼토리 명{repertory} 명 répertoire *m* (musical). ¶ 그 사람은 연주 ~가 다양하다[단조롭다] Son répertoire est varié [peu varié] / Il a [n'a pas] un répertoire très varié. ¶ 똑같은 ~를 우려먹다 utiliser toujours le même répertoire [la même stratégie, les mêmes arguments], avoir toujours le même refrain.

레포츠 명{leisure sports} 명 sport *m* de loisir. ¶ ~ 시설 des équipements et installations de sports de loisir.

레포트 명 (('리포트'의 잘못)) ☞ 리포트

레프트 명{left} 명 gauche *f*, côté *m* gauche.

◆**_윙** 명{-wing} 명 【축구】 aile *f* gauche; 선수 ailier gauche *m*.

◆**_풀백** 명{-fullback} 명 【축구】 arrière gauche *m*.

◆**_필더** 명{-fielder} 명 【야구】 joueur *m* de champ

gauche.
◆_필드 영{-field} 명 【야구】 champ *m* gauche.
렌즈 영{lens} 명 lentille *f*. ¶ 다촛점 ~ lentille multi-focus. ¶ 망원 ~ un téléobjectif. ¶ 볼록 ~ lentille convexe ((convergente)). ¶ 오목 ~ lentille concave. ¶ 콘택트 ~ verre de contact, lentilles cornéennes.
렌지 명 ☞ 레인지
렌터카 영{rent-a-car} 명 voiture *f* de location. ¶ 여행지에서 ~를 빌리다 louer une voiture sur place lors d'un voyage [sur le lieu du voyage].
렌트 영{rent} 명 location *f*. ◇_(를) **하다** louer. ¶ 차를 ~하다 louer une voiture.
렌트카 영{rent-a-car} 명 (('렌터카'의 잘못)) ☞ 렌터카
-려↔-으려 어미 ((suffixe flexionnel conjonctif d'intention ou de tentative. -려 s'ajoute au au radical du verbe qui se termine par une voyelle et par la consonne liquide ㄹ, et au suffixe flexionnel préfinal honorifique -시/-으시; -으려 au radical qui se termine par une consonne. Locution sous forme de radical+려/-으려 하다 verbe auxiliaire d'intention.)) ① ((의도)) tenter de+*inf*, essayer de+*inf*, avoir l'intention de+*inf*, vouloir, souhaiter, dans le but de+*inf*, pour. ¶저는 프랑스에서 미술을 공부하~ 해요 J'ai l'intention d'étudier les beaux-arts en France. ¶저 사람이 나를 해치~ 들었어요 Cette personne a tenté de m'agresser. ② ((예정)) être sur le point de+*inf*.¶기차가 막 떠나~ 해요 Le train est sur le point de partir. ③ ((경쟁)) vouloir, souhaiter. ¶그들은 서로 외국 지사에 가~(고) 했습니다 Ils voulaient tous travailler dans une succursale à l'étranger.
-려거든↔-으려거든 어미 si *qn*/*qc* doit+*inf*, si qn a l'intention de+*inf*, si qn tente de+*inf*, si on souhaite [veut,désire]+*inf* ((suffixe flexionnel conjonctif d'intention ou de tentative conditionnelle. -려거든 s'ajoute au radical du verbe qui se termine par une voyelle et par la consonne liquide ㄹ, et au suffixe flexionnel préfinal honorifique -시/-으시; -으려거든 au radical qui se termine par une consonne.)) ¶비가 오~ 확 좀 쏟아지지 S'il pleut, autant qu'il pleuve abondamment. ¶근무를 하~ 정신 똑바로 차리고 해 Si tu veux travailler, fais-le comme il faut. ¶오~ 빨리 와라 Si tu veux venir, viens vite.
-려고[1]↔-으려고 어미 ① ((의도)) pour+*inf*, afin de+*inf*, dans le but de+*inf*, dans l'intention de+*inf*; pour que+*subj*; afin que+*ind* ((suffixe flexionnel conjonctif d'intention ou de but. -려고 s'ajoute au au radical du verbe qui se termine par une voyelle et par la consonne liquide ㄹ, et au suffixe flexionnel préfinal honorifique -시/-으시; -으려고 au radical qui se termine par une consonne)). ¶그 사람을 꼭 만나고 가~ 기다렸다 J'ai attendu dans l'intention de rencontrer absolument cette personne. ¶그들은 서로 먼저 나가~ 했다 Chacun s'est dépêché pour sortir le premier. ② ((locution sous forme de radical + -려고/-으려고 하다)) être sur le point de+*inf*, avoir l'air de+*inf*, tenter de+*inf*, essayer de+*inf*, avoir l'intention de+*inf*, vouloir, souhaiter, dans le but de+*inf*, pour. ¶막차가 곧 떠나~ 한다 Le dernier train [bus] est sur le point de partir. ¶비가 오~ 한다 Il va pleuvoir. ¶한바탕 폭우가 쏟아지~ 그렇게 먹구름이 피어올랐나 보다 C'était sans doute à cause de cet orage qu'on avait de tels nuages noirs. ¶잠자리가 빨랫줄에 앉으~ 한다 Une libellule tente de se poser sur la corde à linge.
-려고[2]↔-으려고 어미 ① ((suffixe flexionnel interrogatif de terminaison phrastique d'intention, de doute ou d'inquiétude. Utilisé à l'égard d'un interlocuteur égal (entre les enfants et entre les amis adultes intimes) ou inférieur (enfant, fils, fille, élève, jeune employé), il exprime l'intimité, l'égalité ou l'infériorité. -려고 s'ajoute au radical du verbe qui se termine par une voyelle et par la consonne liquide ㄹ, et au suffixe flexionnel préfinal honorifique -시/-으시; -으려고 au radical qui se termine par une consonne)). ¶ 이 늦은 시간에 어디 가~? À cette heure tardive, où as-tu l'intention d'aller? ¶ 그것은 뒀다 뭐하~? Tu le conserves dans l'intention d'en faire quoi? ② ((의도)) ¶ 나중에 쓰~ Pour l'utiliser plus tard. ③ ((의심과 반문)) ¶ 아무려면 그 친구가 우리를 두고 혼자 떠나~? Quand même, il ne partirait pas en nous laissant seuls! ¶ 설마 헤어지기야 하~ Quand même, ils ne vont pas se quitter! ¶ 너 혼자 그 많은 일을 다 하~? As-tu vraiment l'intention de faire tout(*e*) seul(*e*) ce gros travail? ④ ((염려)) que se passerait-il si ..., comme ferais-tu si ... ¶ 그러다 그 사람을 만나면 어쩌~? Que se passerait-il si tu le rencontrais [si tu lui étais confronté(e), si vous tombiez face à face]? ¶ 병이라도 나면 어쩌~? Si tu tombais malade, comment ferais-tu?
-려기에↔-으려기에 어미 ((empêcher *qn*)) de faire *qc* alors qu'il s'apprêtait à le faire, ((empêcher *qn*, retenir *qn*)) qui voulait [qui s'apprêtait à] faire *qc* de le faire ((forme contractée de -려고 하기에 / -으려고 하기에. suffixe flexionnel conjonctif de tentative empêchée. –려기에 s'ajoute au substantif qui se termine par une voyelle et par la consonne liquide ㄹ, et au suffixe flexionnel préfinal honorifique -시/-으시; -으려기에 au substantif qui se termine par une consonne.)) ¶ 사람들은 아이가 강아지에게 장난을 치~ 말렸다 Les gens ont retenu l'enfant qui s'apprêtait à taquiner le chiot / Les gens ont empêché l'enfant de taquiner le chiot. ¶ 그 직원이 사직하~ 내가 말렸다 J'ai empêché cet(*te*) employé(*e*) qui voulait démissionner [qui s'apprêtait à donner sa démission] de le faire [d'aller au bout de ses actes] / J'ai empêché cet(*te*) employé(*e*) de donner sa démission.

-려나[1]**↔-으려나** 어미 ⟪suffixe flexionnel de terminaison phrastique ou suffixe flexionnel conjonctif interrogatif de supposition ou de doute. Utilisé à l'égard de soi-même, d'un interlocuteur égal (entre les enfants et entre les amis adultes intimes) ou inférieur (enfant, fils, fille, élève, jeune employé), il exprime l'intimité, l'égalité ou l'infériorité. -려나 s'ajoute au radical du verbe qui se termine par une voyelle et par la consonne liquide ㄹ, et au suffixe flexionnel préfinal honorifique -시/-으시; -으려나 au radical verbal qui se termine par une consonne et au suffixe flexionnel préfinal du passé -았/-었.⟫ ¶ 먹구름이 잔뜩 낀 것을 보니 비가 오~ Vu les gros nuages noirs, il risque de pleuvoir. ¶ 그 사람은 언제나 오~ Quand viendra-t-il? ¶ 그 친구가 무사하~ 몰라 Je ne sais s'il sera sain et sauf.

-려나[2]**↔-으려나** 어미 ⟪forme contractée de -려고 하나 / -으려고 하나; suffixe flexionnel interrogatif de terminaison phrastique d'intention. Utilisé à l'égard d'un interlocuteur égal (entre les amis adultes intimes, entre couple âgé) ou inférieur (ancien élève ou employé âgés), il exprime l'égalité ou l'infériorité avec un respect léger. -려나 s'ajoute au radical verbal qui se termine par une voyelle et par la consonne liquide ㄹ, et au suffixe flexionnel préfinal honorifique -시/-으시; -으려나 au radical verbal qui se termine par une consonne.⟫ ¶자네 가~? Tu veux t'en aller? ¶자네도 한 잔 하~? Toi aussi, tu veux prendre un verre? ⟪sous forme de locution, radical+려나/으려나 보다⟫ il semble que+*inf*, il paraît que+*ind*

-려네↔-으려네 어미 avoir l'intention de+*inf*, vouloir, souhaiter ⟪contraction de -려고 하네 / -으려고 하네; suffixe flexionnel déclaratif de terminaison phrastique d'intention. Utilisé à l'égard d'un interlocuteur égal (entre les amis adultes intimes, entre couple âgé) ou inférieur (ancien élève ou employé âgés), il exprime l'égalité ou l'infériorité avec un respect léger, il exprime l'égalité ou l'infériorité avec un respect léger. -려네 s'ajoute au radical verbal qui se termine par une voyelle et par la consonne liquide ㄹ, et au suffixe flexionnel préfinal honorifique -시/-으시; -으려네 au radical verbal qui se termine par une consonne.⟫ ¶나는 내일 가~ J'ai l'intention de partir demain. ¶술 마시는 대신 나는 잠이나 자~ Au lieu de boire de l'alcool, j'ai l'intention de dormir.

-려느냐↔-으려느냐 어미 ⟪forme contractée de -려고 하느냐 / -으려고 하느냐; suffixe flexionnel interrogatif de terminaison phrastique d'intention. Utilisé à l'égard d'un interlocuteur égal (entre les amis adultes intimes) ou inférieur (enfant, fils, fille, élève, jeune employé), il exprime l'intimité, l'égalité ou l'infériorité. -려느냐 s'ajoute au radical du verbe qui se termine par une voyelle et par la consonne liquide ㄹ, et au suffixe flexionnel préfinal honorifique -시/-으시, -으려느냐 au radical verbal qui se termine par une consonne⟫. ¶ 어디를 가~? Où as-tu l'intention de partir? ¶ 내일 떠나~? As-tu l'intention de partir demain?

-려는↔-으려는 어미 ⟪forme contractée de -려고 하는 / -으려고 하는; suffixe flexionnel déterminatif exprimant l'intention. -려는 s'ajoute au radical du verbe qui se termine par une voyelle et par la consonne liquide ㄹ, et au suffixe flexionnel préfinal honorifique -시/-으시; -으려는 au radical verbal qui se termine par une consonne⟫. ① ⟪의도⟫ qui a l'intention de [essaie de, tente de, veut, souhaite]+*inf*. ¶ 외국에 나가~ 사람이 왜 이리 많아? Pourquoi tant de monde veut-il partir à l'étranger? ② ⟪예정⟫ (qui est) sur le point de+*inf*. ¶ 그 여자는 막 피어나~ 꽃송이처럼 아름다웠다 Elle était belle comme une fleur sur le point de s'épanouir.

-려는가 어미 As-tu l'intention de+*inf* ...? / T'apprêtes-tu à+*inf* ...? ⟪forme contractée de -려고 하는가 / -으려고 하는가; suffixe flexionnel interrogatif de terminaison phrastique d'intention. Utilisé à l'égard d'un interlocuteur égal (entre les amis adultes intimes, entre couple âgé) ou inférieur (ancien élève ou employé âgés), il exprime l'égalité ou l'infériorité avec un respect léger, il exprime l'égalité ou l'infériorité avec un respect léger. -려는가 s'ajoute au radical du verbe qui se termine par une voyelle et par la consonne liquide ㄹ, et au suffixe flexionnel préfinal honorifique -시/-으시; -으려는가 au radical qui se termine par une consonne.⟫ ¶ 지금 떠나~ As-tu l'intention de partir maintenant? ¶ 너는 무엇을 하~ Qu'as-tu l'intention de faire? / Que t'apprêtes-tu à faire?

-려는데↔-으려는데 어미 ⟪forme contractée de -려고 하는데 / -으려고 하는데; suffixe flexionnel conjonctif de temps. -려는데 s'ajoute au radical du verbe qui se termine par une voyelle et par la consonne liquide ㄹ, et au suffixe flexionnel préfinal honorifique -시/-으시; -으려는데 au radical qui se termine par une consonne⟫. ① quand *qn* a l'intention de [veut, compte]+*inf*. ¶ 막 나가~ 그 사람이 왔다 Quand j'allais [j'étais sur le point de] sortir, il arriva. ② alors que *qn* est sur le point de+*inf*. ¶ 새로운 사업을 시작하~ 자네 생각은 어떤가? J'ai l'intention de commencer de nouvelles affaires, qu'en penses-tu?

-려는지↔-으려는지 어미 ⟪forme contractée de -려고 하는지 / -으려고 하는지; suffixe flexionnel conjonctif de doute ou de supposition. -려는지 s'ajoute au radical du verbe qui se termine par une voyelle et par la consonne liquide ㄹ, et au suffixe flexionnel préfinal honorifique -시/-으시; -으려는지 au radical qui se termine par une consonne)). ① ((추측)) comme si. ¶ 폭설이라도 쏟아지~ 하늘이 잔뜩 찌푸려 있다 Le ciel est très couvert faisant craindre [laissant présager] de fortes chutes de neige. ② ((의도)) on ne sait si *qn* a l'intention de [veut, souhaite, compte]+*inf.* ¶ 그 녀석이 무슨 일을 꾸미~ 아무도 알 수 없다 Personne ne sait quel coup il va préparer.

-려니[1]↔-으려니 [어미] ((suffixe flexionnel conjonctif de supposition et d'attente déçue. -려니 s'ajoute au radical verbal qui se termine par une voyelle et par la consonne liquide ㄹ, et au suffixe flexionnel préfinal honorifique -시/-으시; -으려니 au radical verbal qui se termine par une consonne)). ¶ 우리는 그들이 환영해 주~ 했다 Nous avions espéré qu'ils nous accueilleraient chaleureusement. ¶ 나는 그 사람이 결백하~ 믿고 있었다 Je croyais qu'il était innocent. ¶ 나는 그 친구가 오~ 싶었지 Je pensais qu'il viendrait. ¶ 나는 진작부터 그러~ 짐작했어 Ça fait longtemps que je me doutais que ça tournerait ainsi.

-려니[2]↔-으려니 [어미] puisque [comme, étant donné que] *j'ai* l'intention de [*je veux, je souhaite, je compte, je suis* sur le point de] +*inf* ((forme contractée de -려고 하니 / -으려고 하니; suffixe flexionnel conjonctif d'intention et de cause. -려니 s'ajoute au radical verbal qui se termine par une voyelle et par la consonne liquide ㄹ, et au suffixe flexionnel préfinal honorifique -시/-으시; -으려니 au radical verbal qui se termine par une consonne.)) ¶ 어서 이곳을 떠나고 싶었는데 막상 떠나~ 눈물이 난다 J'avais envie de quitter cet endroit le plus tôt possible, mais maintenant que je suis sur le point de partir, j'ai les larmes aux yeux.

-려니와[1] [어미] puisque [comme, étant donné que] *j'ai* l'intention de [*je veux, je souhaite, je compte, je suis* sur le point de]+*inf*, non seulement... mais aussi ((encore))... ;de même que; non moins que; comme; en même temps que; encore; en outre; de plus; d'ailleurs ((suffixe flexionnel conjonctif de concession. Il s'emploie avec les copules 이다 *être* et 아니다 *ne pas être*. Quant à la copule 이다, son radical peut être omis si l'attribut se termine par une consonne, et -려니와 s'ajoute directement à l'attribut, et au suffixe flexionnel préfinal honorifique -시.)) ¶정의도 정의~ 인정도 무시할 수 없다 La justice est importante, mais on ne peut pas négliger le côté humain. ¶그 사람은 나의 친구도 아니~ 동창도 아니다 Il n'est ni mon ami, ni mon condisciple.

-려니와[2]↔-으려니와 [어미] puisque [comme, étant donné que] *j'ai* l'intention de [*je veux, je souhaite, je compte, je suis* sur le point de] +*inf*, non seulement ... mais aussi ((encore)) ...; de même que; non moins que; comme; en même temps que; encore; en outre; de plus; d'ailleurs ((suffixe flexionnel conjonctif de concession. -려니와 s'ajoute au radical du verbe qui se termine par une voyelle et par la consonne liquide ㄹ, et au suffixe flexionnel préfinal honorifique -시/-으시; -으려니와 s'ajoute au radical qui se termine par une consonne.)) ¶그 친구는 학벌도 세~ 집안도 좋다 Il a non seulement un bon cursus scolaire, mais aussi une bonne famille. ¶이 돔은 크기도 크~ 맛도 좋을 것 같아요 Cette daurade est non seulement de belle taille, mais elle a l'air en plus appétissante.

-려다↔-으려다 [어미] avoir l'intention de [essayer de, tenter de]+*inf* ... mais; *qn* essaie de [tente de] +*inf* mais ((forme contractée -으려고 하다(가) / -으려고 하다(가); suffixe flexionnel conjonctif de tentative manquée. -려다 s'ajoute au radical du verbe qui se termine par une voyelle et par la consonne liquide ㄹ, et au suffixe flexionnel préfinal honorifique -시/-으시; -으려다 s'ajoute au radical qui se termine par une consonne.)) ¶ 도둑은 도망치~ 붙잡혔다 Le voleur tentait de s'enfuir, mais il a été attrapé. ¶ 그 사람에게도 사실을 알리~ 그만두었다 J'avais l'intention de le mettre au courant de la vérité, mais j'y ai renoncé.

-려던↔-으려던 [어미] ((forme contractée de -려고 하던 / -으려고 하던; suffixe flexionnel déterminatif d'intention ou tentative manquée du passé. -려던 s'ajoute au radical du verbe qui se termine par une voyelle et par la consonne liquide ㄹ, et au suffixe flexionnel préfinal honorifique -시/-으시; -으려던 s'ajoute au radical qui se termine par une consonne.)) ¶나는 집으로 가~ 발길을 돌렸다 En chemin vers la maison, je suis revenu(e)surmespas.¶그 소설가는 쓰~ 작품을 중단했습니다. Ce romancier a interrompu l'œuvre qu'il avait l'intention d'écrire.

-려면[1]↔-으려면 [어미] jusqu'à ce que, pour que, afin que ((suffixe flexionnel conjonctif de temps ou de condition. -려면 s'ajoute au radical du verbe qui se termine par une voyelle et par la consonne liquide ㄹ, et au suffixe flexionnel préfinal honorifique -시/-으시; -으려면 au radical verbal qui se termine par une consonne.)) ¶어머니가 도착하시~ 아직 더 기다려야 해 Pour que mère arrive, il faut attendre encore. ¶눈이 오~ 펑펑 쏟아지거라 S'il neige, autant qu'il neige abondamment.

-려면[2]↔-으려면 [어미] si *qn* a l'intention de [si on veut, si on souhaite, si *qn* tente de] +*inf* ((forme contractée de -려고 하면 / -으려고 하면; suffixe flexionnel conjonctif de tentative ou d'intention conditionnelle. -려면 s'ajoute au radical verbal qui se termine par une voyelle et par la consonne liquide ㄹ, et au suffixe flexionnel préfinal honorifique -시/-으시; -으려면 au radical verbal qui se termine par une consonne)). ¶시내에 가~ 이 버스를 타야 합니다 Pour aller en ville, il faut prendre ce bus. ¶성공하~ 남보다 더 많이 노력해라 Pour réussir, tu dois faire plus d'efforts que les autres.

-려무나↔-으려무나 [어미] ((suffixe flexionnel impératif de terminaison phrastique d'un ton doux. Utilisé à l'égard d'un interlocuteur égal (entre les enfants et entre les amis adultes intimes) ou inférieur (enfant, fils, fille, élève, jeune employé), il exprime l'intimité, l'égalité ou l'infériorité. -려무나 s'ajoute au radical verbal qui se termine par une voyelle et par la consonne liquide ㄹ, et au suffixe flexionnel préfinal honorifique -시/-으시; -으려무나 au radical verbal qui se termine par une consonne.)) ¶ 좋을 대로 하~ Fais comme tu veux [comme bon te semble]. ¶ 너도 같이 가~ Toi aussi, tu peux bien y aller avec eux. ¶ 나에게도 좀 나누어 주~ Tu peux m'en donner un peu à moi aussi.

-려야↔-으려야 [어미] même si *qn* a l'intention de [même si on veut, même si on souhaite, même si on tente de] *+inf* ((suffixe flexionnel conjonctif de tentative ou de souhait irréalisable. -려야 s'ajoute au radical du verbe qui se termine par une voyelle et par la consonne liquide ㄹ, et au suffixe flexionnel préfinal honorifique -시/-으시, -으려야 au radical verbal qui se termine par une consonne)). ¶ 천성은 고치~ 못 고친다 Même si on voulait changer la nature humaine, on ne pourrait pas. ¶ 그 사람은 안 가~ 안 갈 수가 없다 Même s'il ne le veut pas, il ne peut pas ne pas y aller.

-력 -力 [접미] force *f*, puissance *f*, capacité *f*. ¶ 결단~ pouvoir de décision. ¶ 공신~ crédibilité publique. ¶ 노동~ main-d'œuvre; capacité à travailler. ¶ 생명~ vitalité (d'une plante, de *qn*); vigueur (d'une plante). ¶ 인내~ patience, persévérance, endurance. ¶ 정신~ force morale [d'esprit]. ¶ 지도~ capacité de diriger. ¶ 창의~ créativité; esprit d'initiative.

-련↔-으련 [어미] veux-tu que ((suffixe flexionnel interrogatif de terminaison phrastique d'intention. Utilisé à l'égard d'un interlocuteur égal (entre les enfants et entre les amis adultes intimes) ou inférieur (enfant, fils, fille, élève, jeune employé), il exprime l'intimité, l'égalité ou l'infériorité. -련 s'ajoute au radical du verbe qui se termine par une voyelle et par la consonne liquide ㄹ; -으련 au radical verbal qui se termine par une consonne.)) ¶ 내가 도와주~? Veux-tu que je t'aide? ¶ 너도 함께 가~? Veux-tu y aller avec nous?

-련다↔-으련다 [어미] j'ai l'intention de*+inf* ((contraction de -려 한다 / -으려 한다; suffixe flexionnel déclaratif de terminaison phrastique d'intention. Utilisé à l'égard d'un interlocuteur égal (entre les enfants et entre les amis adultes intimes) ou inférieur (enfant, fils, fille, élève, jeune employé), il exprime l'intimité, l'égalité ou l'infériorité. -련다 s'ajoute au radical verbal qui se termine par une voyelle et par la consonne liquide ㄹ; -으련다 au radical verbal qui se termine par une consonne.)) ¶네가 얼마나 잘 하는지 두고 보~ On va voir comment tu t'en sors. ¶나는 시골에 살~ J'ai l'intention de vivre à la campagne.

-련마는[1] [어미] ((suffixe flexionnel déclaratif de terminaison phrastique de regret. Utilisé à l'égard de soi-même, d'un interlocuteur égal (entre les enfants et entre les amis adultes intimes) ou inférieur (enfant, fils, fille, élève, jeune employé), il exprime l'intimité, l'égalité ou l'infériorité. Il s'emploie avec les copules 이다 *être* et 아니다 *ne pas être*. Quant à la copule 이다, son radical peut être omis si l'attribut se termine par une consonne, et -련마는 s'ajoute directement à l'attribut, et au suffixe flexionnel préfinal honorifique -시.)) ¶그애는 이제 철이 들 나이~ Cet enfant a un âge qui devrait le rendre raisonnable, mais…

-련마는[2]↔-으련마는 [어미] ((suffixe flexionnel déclaratif de terminaison phrastique ou suffixe flexionnel conjonctif de regret. Utilisé à l'égard de soi-même, d'un interlocuteur égal (entre les enfants et entre les amis adultes intimes) ou inférieur (enfant, fils, fille, élève, jeune employé), il exprime l'intimité, l'égalité ou l'infériorité. -련만 s'ajoute au radical du verbe qui se termine par une voyelle et par la consonne liquide ㄹ, et au suffixe flexionnel préfinal honorifique -시/-으시; -으련마는 au radical verbal qui se termine par une consonne et au suffixe flexionnel préfinal du passé -았/-었.)) ¶그 친구가 여기 있다면 나를 도와 주~ S'il était ici, il pourrait m'aider. ¶시간이 있으면 나도 여행을 떠나~ 너무 바빠 그럴 수가 없다 Si j'avais le temps, moi aussi je partirais en voyage (mais comme je suis trop occupé(*e*), je ne le peux pas).

-련만↔-으련만 [어미] ((forme contractée de -련마는 /-으련마는)).

-렴↔-으렴 [어미] ((suffixe flexionnel impératif de terminaison phrastique d'un ton doux. Utilisé à l'égard d'un interlocuteur égal (entre les enfants et entre les amis adultes intimes) ou inférieur (enfant, fils, fille, élève, jeune employé), il exprime l'intimité, l'égalité ou l'infériorité. -렴 s'ajoute au radical du verbe qui se termine par une voyelle et par la consonne liquide ㄹ ; -으렴 au radical qui se termine par une consonne.)) ¶ 먹기 싫으면 관두~ Si tu n'as pas envie de manger, ne te force pas. ¶ 어서 들어가~ Entre donc tout de suite [sans attendre] / Entre vite.

-렵니까↔-으렵니까 [어미] ((forme contractée de -려 합니까 / -으려 합니까; suffixe flexionnel interrogatif de terminaison phrastique d'intention. Utilisé à d'un interlocuteur égal (entre les adultes mutuellement) ou supérieur (parents, personne supérieure hiérarchique), il exprime une grande politesse et un respect strict et protocolaire. -렵니까

s'ajoute au radical du verbe qui se termine par une voyelle et par la consonne liquide ㄹ, et au suffixe flexionnel préfinal honorifique -시/-으시; -으렵니까 au radical qui se termine par une consonne.)) ¶당신도 함께 가~? Voulez-vous y aller ensemble? ¶어른께서도 저희와 동행하사~? Grand maître, vous aussi, voulez-vous venir avec nous?

-렵니다↔-으렵니다 어미 ((forme contractée -려 합니다 / -으려 합니다; suffixe flexionnel déclaratif de terminaison phrastique d'intention. Utilisé à d'un interlocuteur égal (entre les adultes mutuellement) ou supérieur (parents, personne supérieure hiérarchique), il exprime une grande politesse et un respect strict et protocolaire. -렵니다 s'ajoute au radical du verbe qui se termine par une voyelle et par la consonne liquide ㄹ, et au suffixe flexionnel préfinal honorifique -시/-으시; -으렵니다 au radical qui se termine par une consonne.)) ¶저는 그만 떠나~ Je dois partir maintenant. ¶어머니께서는 저희 집에 계사~ Mère a l'intention de rester chez moi. ¶할아버지께서 시골로 돌아가사~ Grand-père souhaite retourner à la campagne. ¶저는 이제 그만 돌아가~ Je voudrais maintenant chez moi.

-렷다↔-으렷다 어미 ((suffixe flexionnel déclaratif ou impératif de terminaison phrastique, de supposition ou de présomption, archaïque. Utilisé à l'égard de soi-même et d'un interlocuteur inférieur, il exprime l'infériorité ou l'autorité. -렷다 s'ajoute au radical verbal qui se termine par une voyelle et par la consonne liquide ㄹ; -으렷다 au radical verbal qui se termine par une consonne)). ① ((강한 추정)) ¶ 내일은 날씨가 추우~ Il va faire froid demain. ② ((다짐)) ¶ 네 죄를 네가 알~ Tu dois connaître ton crime! ¶ 네가 그 물건을 훔친 놈이~ C'est toi qui as volé cet objet! ¶ 그 놈을 냉큼 잡아오~ Arrêtez-le et amenez-le moi tout de suite!

-령[1] -令 접미 법령 décret *m*, arrêté *m*, ordre *m*. ¶ 금지~ arrêté d'interdiction. ¶ 대통령~ décret présidentiel. ¶ 총동원~ ordre de mobilisation générale. ¶ 포고~ annonce publique.

-령[2] -領 접미 영토 protectorat *m*, territoire *m*. ¶ 보호~ protectorat. ¶ 영국~ territoire britannique. ¶ 프랑스~ territoire français.

-령[3] -嶺 접미 재 col *m*. ¶ 대관~ le col Daegwan. ¶ 추풍~ le col Chupung. ¶ 진부~ le col Jinbu.

-로[1] -路 접미 ① 길 chemin *m*, voie *f*, avenue *f*, boulevard *m*, rue *f*. ¶ 교차~ un carrefour, la croisée (des chemins, des routes), une intersection, un croisement. ¶ 등산~ un sentier de montagne. ¶ 버스 전용 차~ la chaussée réservée [le couloir réservé] aux bus. ¶ 보급~ des voies de ravitaillement. ¶ 산책~ un chemin [un sentier] de promenade. ¶ 우회~ une voie détournée, un détour, une déviation. ② 큰 도로avenue *f*. ¶ 세종~ l'avenue Sejong. ¶ 을지~ l'avenue Eulji.

-로[2]↔-으로 조 ((particule circonstancielle de lieu, direction, moyen, matière. -로 s'ajoute au substantif qui se termine par une voyelle et par la consonne liquide ㄹ; -으로 au substantif qui se termine par une consonne)). ① ((장소)) à, vers, pour, en, à destination de *qp*, en direction de *qp*. ¶ 프랑스~ 떠나다 partir pour la France. ¶ 바다~ 가다 aller à la mer. ¶ 파리~ 가는 비행기 un avion à destination de Paris. ② ((경로)) par. ¶ 횡단 보도~ 건너가야 해요 Il faut (toujours) passer par [emprunter] le passage pour piétons [le passage clouté] lorsqu'on traverse la chaussée / Il faut toujours traverser dans les clous / Il ne faut jamais traverser en dehors des clous [du passage pour piétons]. ¶ 그 친구는 이 길~ 갔습니다 Il est passé par ce chemin. ¶ 강을 다리~ 건너가다 traverser la rivière par le pont. ¶ 뒷문으~ 집에 들어가다 entrer dans la maison par la porte de derrière [de service]. ③ ((방향)) vers, en direction de *qp*, vers. ¶ 선생님은 의자를 뒤~ 빼면서 일어났다 Le professeur se leva en tirant sa chaise par derrière. ¶ 총구를 그 사람에게~ 돌렸다 Il a braqué un fusil sur lui. ④ ((단계, 국면)) vers, dans, à. ¶ 경기가 호황가~ 접어들었다 On est entré dans une bonne conjoncture. ¶ 그 학생은 응용 미술~ 돌아섰다 Cet(*te*) étudiant(*e*) a changé de spécialité pour étudier les arts appliqués. ¶ 회의 분위기는 법안 거부 쪽으~ 잡혀갔다 La réunion s'est orientée vers le refus du projet de loi. ¶ 이 상태~ 가다가는 모든 게 허사다 Si l'on continue comme ça, tous nos efforts auront été vains. ¶ 그 사람은 결국 전쟁을 승라~ 이끌었다 Il a finalement conduit la guerre vers la victoire. ⑤ ((수단, 기구)) avec, de, en, à, par; au moyen de *qc*, à l'aide de *qc*. ¶ 편지[전화]~ 연락을 주고받다 communiquer par lettre [téléphone]. ¶ 망치~ 못을 박다 enfoncer un clou avec un marteau. ¶ 사슬~ 묶다 attacher *qc* avec une chaîne. ¶ 칼~ 자르다 trancher *qc* avec un couteau. ¶ 기차 [자동차, 비행기]~ 여행하다 voyager en train ((voiture, avion)). ¶ 따뜻한 물~ 손을 씻다 se laver les mains avec de l'eau chaude. ¶ 이 문제는 대화~ 풀어야 합니다 Ce problème doit être résolu par un dialogue. ¶ 음식 냄새~ 가득찬 부엌 une cuisine pleine d'odeurs de nourriture. ¶ 불어~ 말하다 parler (en) français. ¶ 완벽한 불어~ 말하다 parler un français parfait. ¶ 고향 사투라~ 말하다 parler le dialecte de *son* pays natal. ¶ 그 사람은 내가 알 수 없는 외국어~ 말을 건넸다 Il s'est adressé à moi dans une langue étrangère que je ne connaissais pas. ¶ 그런 감정은 불어~ 표현할 수가 없지 On ne peut pas exprimer ce sentiment-là en français. ⑥ ((방식)) de, avec. ¶ 그 사람은 거만한 태도~ 나를 대했다 Il m'a traité(*e*) avec une attitude hautaine. ¶ 그 여자는 퉁명스런 어조~ 한 마디 내뱉었다 Elle a craché un mot d'un ton sec. ¶ 나는 불어학을 공부하기~

작정을 했다 J'ai décidé d'étudier la linguistique française. ¶ 그 남자는 나를 강제~ 차에서 끌어내렸다 Il m'a sorti(*e*) de force de la voiture. ¶ 그렇게 막무가내~ 고집을 피우면 어떡하니? Comment faire si tu t'entêtes de la sorte? ⑦ ((원료, 재료)) de, en, avec. ¶ 나무~ 만든 의자 une chaise en bois. ¶ 돌~ 쌓은 담 un mur en pierre. ¶ 이 잼은 포도~ 만들었다 Cette confiture est faite de raisin. ¶ 젊음의 열기~ 분위기를 뜨겁게 만들었다 Ils ont réchauffé l'ambiance avec l'enthousiasme de la jeunesse. ⑧ ((시간)) à. ¶ 오늘 할 일을 내일~ 미루지 마라 Ne remets pas à demain le travail que tu dois faire aujourd'hui. ¶ 모임을 그 다음 주 수요일~ 연기하다 reporter la réunion au mercredi de la semaine suivante. ¶ 자명종을 다섯 시~ 맞추어 놓다 ajuster *son* réveil à 5 heures. ¶ 수시~ 만나다 se rencontrer souvent. ¶ 때때~ 찾아가 보다 aller voir *qn* de temps en temps. ¶ 날~ 바뀌는 규정 les règlements qui changent du jour au lendemain. ¶ 그 부자의 재산은 날~ 늘어갔다 La fortune de cet homme riche s'accroît de jour en jour. ⑨ ((기점)) de, depuis, à partir de, dès. ¶ 오늘 이후~ 나와 연락이 안 될 거야 Dès aujourd'hui, tu ne pourras plus entrer en contact avec moi. ⑩ ((지위, 신분, 자격)) comme, en tant que, en qualité de, à titre de, en. ¶ 국가 대표~ 뽑히다 être sélectionné(*e*) comme représentant(*e*) de l'Etat. ¶ 그 사람이 대표~ 축사를 낭독했다 En tant que représentant, il a donné un discours de félicitations. ¶ 감사의 표시~ 나는 그 친구에게 책을 주었다 À titre de remerciements, je lui ai offert un livre. ⑪ ((원인, 이유)) pour, à cause de *qc*, en raison de *qc*; à la suite de *qc*. ¶ 사고~ à cause d'un accident. ¶ 비~ 강물이 불었다 Le niveau du fleuve a augmenté à cause de la pluie. ¶ 그 아저씨는 술~ 건강을 해쳤다 L'alcoolisme a détruit [altéré] sa santé [l'a rendu malade] / L'alcool a détruit sa santé / Il s'est esquinté la santé à cause de l'alcool {*fam*}. ¶ 하찮은[고깐] 일~ 화를 내다 se mettre en colère [se fâcher, s'énerver, s'offenser, s'offusquer, se froisser] pour un rien [pour une broutille {*fam*}, pour une bagatelle {*fam*}, pour peu de chose, pour pas grand-chose {*fam*}, facilement]; se vexer d'un rien [pour un rien, facilement], se formaliser pour un rien [de tout]; être susceptible. ¶ 법률~ 금지되어 있다 être défendu(*e*) [interdit(*e*)] par la loi. ¶ 감기~ 고생하다 souffrir d'une grippe. ⑫ ((척도, 표준, 단위, 정도)) à, sur, le(la); d'après, suivant, selon, de, par. ¶ 낱개~ 팔다 vendre *qc* à la pièce. ¶ 월부~ 사다 acheter *qc* par mensualités. ¶ 시간제~ 고용하다 embaucher *qn* avec un salaire horaire. ¶ 시속 100킬로~ 달리다 rouler à 100 km à l'heure. ¶ 내 시계~ 3시이다 Il est trois heures d'après ma montre. ¶ 나는 걸음걸이~ 그 친구를 알아보았다 Je l'ai reconnu à sa démarche. ¶ 말씨~ 그 사람이 외국인이라는 것을 알았다 J'ai su qu'il était étranger à sa façon de parler. ¶ 이 단어는 불어~ 뭐예요? Comment dit-on ce mot en français? ⑬ ((변화의 결과)) en. ¶ 나무를 두 동강으~ 잘랐다 J'ai fendu le bois en deux. ¶ 얼음이 물~ 되었다 La glace s'est transformée en eau. ¶ 한국어를 불어~ 번역하다 traduire un texte coréen en français. ¶ 모든 것은 실패~ 돌아갔다 Tout a échoué. ¶ 전쟁 동안 마을은 폐허~ 변했다 Pendant la guerre, le village s'est transformé en ruines. ¶ 천 원짜리 지폐를 백 원짜리 동전으~ 바꾸었다 changer un billet de 1 000 wons en pièces (de monnaie) de 100 wons. ¶ 누구를 궁지~ 몰다 acculer *qn* dans une impasse. ⑭ ((부사적 관용표현)) ¶ 정말~ 감사합니다 Je vous remercie vraiment. ¶ 진실~ 믿는 사람 une personne en qui on peut avoir confiance. ¶ 실~ 감개가 무량하다 être vraiment ému(*e*). ¶ 생선을 날~ 먹다 manger du poisson cru. ¶ 도착하는 길~ 바로 떠났죠 Je suis parti(*e*) aussitôt que je suis arrivé(*e*). ¶ 그 차는 문을 연 채~ 출발했다 Cette voiture est partie avec les portières ouvertes. ¶ 간발의 차~ 2위를 했다 J'ai perdu la première place de très peu ((Ça s'est joué à trois rien)) / Je suis arrivé(*e*) deuxième pour une différence minime / Je me suis fait coiffer au poteau [sur le poteau].

로고[1] 명{logo} 명 logo *m*. ¶ 행사 ~가 찍힌 기념 티셔츠 tee-shirt sur lequel est imprimé le logo de l'événement. ¶ ~송 un jingle, un sonal.

-로고[2] 어미 ((suffixe flexionnel exclamatif de terminaison phrastique de grondement ou de colère, utilisé à l'égard d'un interlocuteur inférieur. Il s'emploie avec la copule 이다. -로고 s'ajoute directement à l'attribut à la suite de l'omission du radical de la copule 이다)). ¶ 거 고얀 놈이~! Ah, que ce type est mauvais!

로고스 그 명 logos *m*. ¶ ~ 중심주의 le logicisme, le stoïcisme.

-로구나↔-구나 어미 ((suffixe flexionnel exclamatif de terminaison phrastique. Utilisé à l'égard de soi-même, d'un interlocuteur égal (entre les amis adultes intimes) ou inférieur (enfant, fils, fille, élève, jeune employé), il exprime l'intimité, l'égalité ou l'infériorité. Il s'emploie avec les copules 이다 *être* et 아니다 *ne pas être*. Quant à la copule 이다, son radical peut être omis si l'attribut se termine par une consonne, et -로구나/-구나 s'ajoute directement à l'attribut, et au suffixe flexionnel préfinal honorifique -시.)) ¶넌 정말 어쩔 수 없는 아이~! Tu es un(e) enfant incorrigible!¶누군가 했더니 너~ Tiens, c'est toi, je me demandais qui c'était. ¶이제 보니 네 잘못이 아니~ Je vois maintenant que ce n'est pas de ta faute. ¶벌써 겨울이~ C'est déjà l'hiver.

-로구려↔-구려 어미 ((suffixe flexionnel exclamatif de terminaison phrastique. Utilisé à l'égard d'un interlocuteur égal (entre les amis adultes intimes, entre couple âgé) ou inférieur (ancien élève ou employé âgés), il exprime l'égalité ou l'infériorité avec un respect léger. Il s'emploie avec les copules 이다 *être* et 아니다 *ne pas être*. Quant à la copule 이다, son radical peut être omis si l'attribut se termine par une consonne, et -로구려 /-구려 s'ajoute directement à l'attribut, et au suffixe flexionnel préfinal honorifique -시.》 ¶ 세월이 유수~ Le temps passe comme l'eau qui s'écoule / Le temps passe aussi vite que l'eau qui s'écoule.

-로구먼↔-구먼 어미 《suffixe flexionnel exclamatif de terminaison phrastique. Utilisé à l'égard d'un interlocuteur égal (entre les amis adultes intimes) ou inférieur (enfant, fils, fille, élève, jeune employé), il exprime l'intimité, l'égalité ou l'infériorité. Il s'emploie avec les copules 이다 *être* et 아니다 *ne pas être*. Quant à la copule 이다, son radical peut être omis si l'attribut se termine par une consonne, et -로구먼 /-구먼 s'ajoute directement à l'attribut, et au suffixe flexionnel préfinal honorifique -시.》 ¶ 기특한 아이~ Ah, quel(*le*) enfant remarquable [admirable]! ¶ 그게 아니~ Ah, ce n'est pas cela.

-로군↔-로구나 어미 《suffixe flexionnel exclamatif de terminaison phrastique. Utilisé à l'égard d'un interlocuteur égal (entre les amis adultes intimes) ou inférieur (enfant, fils, fille, élève, jeune employé), il exprime l'intimité, l'égalité ou l'infériorité. Il s'emploie avec les copules 이다 *être* et 아니다 *ne pas être*. Quant à la copule 이다, son radical peut être omis si l'attribut se termine par une consonne, et -로군 /-로구나 s'ajoute directement à l'attribut, et au suffixe flexionnel préfinal honorifique -시.》 ¶ 상어는 포유 동물이 아니~ Je vois que le requin n'est pas un mammifère.

로그 영{log} 명 【수학】 logarithme *m*, 《생략》 log *m*. ¶ 이 수의 ~값은 얼마야 Quelle est la valeur logarithmique de ce chiffre?

◆_**방정식** -方程式 명 équation *f* logarithmique.

◆_**함수** -函數 명 fonction *f* logarithmique.

로그아웃 영{log out} 명 fin *f* de session; déconnexion *f*. ◇_(을) **하다** se déconnecter

로그오프 영{log off} 명 fin *f* de session; déconnexion *f*. ◇_(를) **하다** se déconnecter

로그온 영{log on} 명 connexion *f*; début *m* de session. ◇_(을) **하다** connecter

로그인 영{log in} 명 connexion *f*, début *m* de session. ◇_(을) **하다** connecter

로그파일 영{log-file} 명 journal *m* de bord; fichier de trace; mouchard *m*; fichier *m* compte-rendu.

-로다 어미 《suffixe flexionnel déclaratif ou impératif de terminaison phrastique, de supposition ou de présomption, archaïque. Utilisé à l'égard d'un interlocuteur inférieur, il exprime l'infériorité ou l'autorité. Il s'emploie avec les copules 이다 *être* et 아니다 *ne pas être*. Quant à la copule 이다, son radical peut être omis si l'attribut se termine par une consonne, et -로다 s'ajoute directement à l'attribut, et au suffixe flexionnel préfinal honorifique -시》. ¶ 참으로 기특한 자~! Quel homme remarquable!

-로되 어미 《suffixe flexionnel conjonctif d'opposition ou de concession. Quant à la copule 이다, son radical peut être omis si l'attribut se termine par une consonne, et -로되 s'ajoute directement à l'attribut, et au suffixe flexionnel préfinal honorifique -시.》 ① 《대립》 bien que, mais, toutefois. ¶ 그이는 학자는 아니~, 학자보다 현명했다 Il n'est pas savant, mais il a été plus sage qu'un savant. ¶ 내 너를 엄벌에 처할 것이~, 네 어미를 생각하여 용서하노라 J'aurais dû te punir sévèrement, mais je te pardonne en pensant à ta mère. ② 《부연》 toutefois, mais. ¶ 건물은 남향이~ 서쪽으로 조금 치우쳐져 있다 Le bâtiment est orienté vers le sud, toutefois il est placé un peu vers l'ouest. ¶ 장군은 장군이~ 학자적 풍모도 풍기는 사람이었다 C'est un général, mais il a aussi l'air d'un savant.

로드쇼 영{road show} 명 tournée *f* de concerts; concert *m* en tournée. ¶ 전국을 순회하며 ~를 벌이다 [하다] effectuer une tournée de concerts à travers tout le pays.

로렐라이 독 명 Lorelei *f*.

로마 이{Roma} 명 Rome *f*. ¶ 모든 길은 ~로 통한다 Tous les chemins mènent à Rome.

◆_**가톨릭교회** 영{-Catholic-} -敎會 명 【기독】 église *f* catholique romaine.

로마네스크 프{romanesque} 명 romanesque *m*. ¶ ~ 양식 un style romanesque.

로마숫자 -數字 영{Roma-} 명 【언어】 chiffres *mpl* romains.

로마자 -字 영{Roma-} 명 【언어】 caractères *mpl* latins.

◆**우리말[한글]_ 표기법** 명 -表記法 명 romanisation *f* ; système *m* de transcription en alphabet latin de l'alphabet coréen [du *hangeul*].

로마제국 -帝國 영{Roma-} 명 empire *m* romain.

로만셰이드 영{Roman Shade} 명 Roman Shade *m* ou store *m* Bateau.

로망 프{roman} 명 ① 【문학】 roman *m*.

로맨스 영{romance} 명 ① romance *f*. ② histoire *f* d'amour, affaire *f* de cœur. ¶ 그 남자의 고등학교 학창 시절의 ~ son histoire d'amour [son affaire de cœur] à l'époque où il était lycéen.

로맨스어 -語 영{Romance-} 명 langue *f* romane.

로맨티스트 영{romantist} 명 낭만주의자 romantique *mf*.

로맨틱하다 영{romantic-} 형 être romantique. ¶ 우리는 로맨틱한 분위기 속에서 대화를 나누었다 Nous avons eu une conversation dans une ambiance romantique. ¶ 그 공원은 왠지 분위기가 ~ Le parc dégageait une ambiance romantique sans raison apparente.

로봇 영{robot} 명 robot *m*. ¶ 산업용 ~ un robot industriel. ¶ 군사용 ~ un robot militaire. ¶ 전국 대학생 ~ 경시 대회 compétition nationale de robots destinée aux étudiants. ¶ 사람처럼 생각하고 느낄 수 있는 ~의 출현이 가능할까? L'apparition d'un robot capable de sentir et de raisonner comme un être humain sera-t-elle possible un jour?

-로부터↔-으로부터 조 depuis, de ((particule circonstancielle de provenance, d'origine. -로부터 s'ajoute au substantif qui se termine par une voyelle et par la consonne liquide ㄹ; -으로부터 au substantif qui se termine par une consonne)). ¶ 예~ 전해지는 이야기 une histoire qui se transmet depuis le temps jadis. ¶ 어린 아이~ 노인에 이르기까지 des petits enfants jusqu'aux personnes âgées. ¶ 어디~ 수입되다 être importé(*e*) de *qp*. ¶ 주위 사람들~ 신뢰를 받다 avoir la confiance de l'entourage. ¶ 친구들~ 따돌림을 당하다 être mis(*e*) à l'écart de *ses* ami(*e*)s. ¶ 형님께서는 그 사건으~ 일주일을 꼬박 집안에만 틀어박혀 지내셨다 Mon frère aîné s'est enfermé chez lui pendant toute une semaine après cet événement. ¶ 지금으~ 3주전에 그런 일이 있었다 Un tel événement s'est produit il y a 3 semaines.

로비 영{lobby} 명 ① 복도 hall *m*, vestibule *m*, entrée *f*. ¶ 호명할 때까지 ~에 앉아서 기다려 주십시오 Asseyez-vous dans le hall et attendez jusqu'à ce qu'on vous appelle. ② 로비 활동 action *f* d'un lobby, lobbying *m*; trafic *m* d'influence. ¶ ~ 사건 une affaire de lobby; une affaire de trafic d'influence. ¶ 불법 ~ 자금 l'argent non déclaré du lobbying.

◆**_스트** 영{-ist} 명 membre *m* d'un lobby, lobbyiste. ¶ 그 회사의 공식 ~스트가 누구랍니까? Qui est le lobbyiste officiel de cette entreprise?

-로서↔-으로서 조 ((particule circonstancielle de qualité. -로서 s'ajoute au substantif qui se termine par une voyelle et par la consonne liquide ㄹ, -으로서 au substantif qui se termine par une consonne)). ① ((지위, 신분, 자격)) en qualité, en tant que, comme. ¶ 나는 학생 대표~ 회의에 참석했다 J'ai assisté à la réunion en qualité de représentant des étudiants. ¶ 나는 너에게 친구~ 충고하는 거야 Je te conseille en tant qu'ami(*e*). ¶ 나는 의사~ 해야 할 일을 했을 뿐이다 Je n'ai fait que mon devoir en tant que médecin. ¶ 대학 정교수~의 책무 fonctions et obligations en qualité de professeur titulaire d'université. ¶ 그 서류가 증거~ 채택되었다 Ce document a été accepté comme preuve. ¶ 이 점은 자식된 도리~ 당연히 받아들여야 한다 Il est de ton devoir d'accepter ceci en tant que fils. ② ((연결)). ¶ 동맥 경화는 노화 현상의 하나~ 누구에게나 일어날 수 있는 증상이다 L'artériosclérose, en tant que phénomène de vieillissement, est un symptôme qui peut toucher n'importe qui.

-로서는↔-으로서는 조 pour, en tant que *qc/qn* ((particule circonstancielle de qualité, emphatique. -로서는 s'ajoute au substantif qui se termine par une voyelle et par la consonne liquide ㄹ; -으로서는 au substantif qui se termine par une consonne)). ¶ 검찰~ 엄정하게 수사를 했다고 볼 수 있다 On peut considérer que la police, en tant que telle, a mené une enquête rigoureuse. ¶ 나~ 할 말이 없다 Quant à moi, je n'ai rien à dire [ajouter]. ¶ 현재~ 별 뾰족한 수가 없다 Pour l'instant, il n'y a pas moyen de faire quoi que ce soit. ¶ 당시~ 그것이 최선책이었다 À l'époque, c'était la meilleure solution.

-로세 어미 ((suffixe flexionnel exclamatif de terminaison phrastiaue. Utilisé à l'égard d'un interlocuteur égal (entre les amis adultes intimes âgés) ou inférieur (ancien élève ou employé âgés), il exprime l'égalité ou l'infériorité avec un respect léger. Il s'emploie avec les copules 이다 *être* et 아니다 *ne pas être*. Quant à la copule 이다, son radical peut être omis si l'attribut se termine par une consonne, et -로세 s'ajoute directement à l'attribut.)) ¶장하다, 그 이름 대한의 건아~! Bravo, vous avez bien défendu les couleurs de la Corée [vous avez bien défendu l'honneur de la Corée, vous vous êtes comportés en dignes Coréens]! ¶그대가 진정 위대한 학자~ Toi, tu es le vrai grand savant.

로션 영{lotion} 명 lotion *f*. ¶ ~을 바르다 appliquer de la lotion.

◆**바디_** 영{body-} 명 lotion *f* pour le corps.

◆**스킨_** 영{skin-} 명 lotion *f* pour la peau.

로스구이 영{roast-} 명 grillade *f*. ¶ 쇠고기 ~감 좀 주세요 Donnez-moi de la viande de bœuf pour faire des grillades.

로스[1] 영{loss} 명 perte *f*. ¶ 이 방법은 재료의 ~가 너무 많다 Cette méthode cause une perte de matériaux trop importante. ¶ 자금의 ~를 만회하다 rétablir [compenser] la perte de fonds actuelle.

로스[2] 영{roast} 명 rôti *m*. ¶ 오리고기~ un canard rôti.

로스케 러 명 Russe *mf*; les Russes *mpl*. ¶ ~ 놈들이 쳐들어왔다 Les Russes nous ont envahis.

로스쿨 영{law school} 명 Ecole *f* de la magistrature (niveau Master, Bac+5 et 6)

-로써↔-으로써 조 ((particule circonstancielle de moyen et de temps. -로써 s'ajoute au substantif qui se termine par une voyelle et par la consonne liquide ㄹ; -으로써 au substantif qui se termine par une consonne)). ① ((수단)) avec, au moyen de *qc*. ¶ 그 아름다움은 말~ 표현할 수 없다 On ne peut pas exprimer cette beauté avec des mots / Il est impossible d'exprimer cette beauté avec des mots. ¶ 이~ 모든 일은 해결되었다 De cette façon, tous les problèmes sont résolus. ¶ 이렇게 함으~만 해결의 실마리를 찾을 수 있을 것이다 On ne peut pas faire autrement pour trouver la solution. ②

((시간)) ¶ 오늘~ 파업이 10일째이다 Aujourd'hui c'est le dixième jour de la grève. ¶ 대학교를 졸업한 지 올해~ 꼭 30년이 된다 Cette année, cela fait exactement 30 ans que j'ai quitté l'université [que j'ai terminé mes études universitaires].

로얄티 영{royalty} 명 ((‘로열티’의 잘못)) ☞ 로열티

로열박스 영{royal box} 명 loge *f* royale. ¶ ~에 앉은 귀부인 une dame de la noblesse assise aux premières loges.

로열젤리 영{royal jelly} 명 gelée *f* royale. ¶ ~ 성분을 함유한 약 un médicament qui contient de la gelée royale.

로열티 영{royalty} 명 droit *m* de licence. ¶ ~를 지불하다 payer un droit de licence. ¶ 이것도 다 ~ 붙은 외국 상품이야 Ce sont aussi des marchandises étrangères pour lesquelles on paie un droit de licence.

로케 영{location} 명 ☞ 로케이션

로케이션 영{location} 명 현지촬영 ((prises de vues en)) extérieur *m, décor m naturel.* ¶ ~가다 aller tourner en extérieur [en décor naturel]. ¶ ~ 중이다 tourner en extérieur [en décor naturel].

로켓 영{rocket} 명 fusée *f.* ¶ ~을 발사하다 lancer une fusée

◆ **_엔진** 영{-engine} 명 moteur *m* de fusée.

◆ **_연료** -燃料 명 combustible *m* pour fusée, propergol *m.*

◆ **_탄** -彈 명 boulet *m* de roquette.

◆ **_포** -砲 명 roquette *f.*

로코코 프{rococo} 명 (style *m*) rococo *m.* ¶ ~식[풍] 드레스 une robe rococo.

로큰롤 영{rock-and-roll} 명 【음악】 rock *m*, rock'n'roll *m*, rock-and-roll. ¶ 엘비스 프레슬리는 ~의 제왕이었다 Elvis Presley était le roi du rock'n'roll.

로터리 영{rotary} 명 ① 순환 교차로 rond-point(~*s*-~*s*) *m*, carrefour *m rotatoire;* ((오용)) 네거리, 사거리, 교차 carrefour *m*, croisement *m.* ¶ 이 ~에서는 항상 교통 체증이 일어난다 À ce rond-point, il y a toujours un embouteillage. ② 로터리 클럽 club *m* Rotary. ¶ ~ 클럽 le club Rotary. ¶ ~ 멤버이십니까? Êtes-vous membre du club Rotary?

로펌 영{law firm} 명 société *f* des avocats, cabinet *m* des avocats associés

로프 영{rope} 명 corde *f*, cordon *m.* ¶ ~를 던지다 lancer une corde. ¶ ~를 꼭 잡아라 Tiens bien la corde.

록 영{rock} 명 【음악】 rock *m.* ¶ ~의 진수를 보여준 공연 un spectacle qui a montré l'essence du rock.

◆ **_가수** -歌手 명 chanteu*r*(*se*) de rock.

◆ **_음악** -音樂 명 musique *f* rock. ¶ ~이 다시 인기를 얻고 있다 Le rock est de nouveau populaire.

◆**하드_** 영{hard rock} 명 hard rock *m.*

록카페 영{rock café} 명 café *m* concerts.

-론 -論 접미 théorie *f.* ¶ 교육~ théorie de l'éducation ¶ 문법~ grammatologie. ¶ 형태~ morphologie. ¶ 시~ poétique. ¶ 작가~ traité des auteurs. ¶ 보들레르~ traité sur Baudelaire.

롤빵 영 포{roll-} 명 roulé *m* ((à la confiture)).

롤러 영{roller} 명 rouleau *m.*

롤러스케이트 영{roller skate} 명 patins *mpl* à roulettes, rollers *mpl.* ¶ 요즘은 ~ 묘기 경기가 젊은이들 사이에서 유행이다 De nos jours, les compétitions acrobatiques de patins à roulettes sont à la mode.

롬 영{ROM} 명 【컴퓨】 ROM *f inv* ((*Read Only Memory*; mémoire à lecture seule, n'autorisant que la lecture des informations qu'elle contient)), mémoire *f* morte. ¶ CD[DVD] ~ 드라이브 un lecteur de CD-ROM [de DVD-ROM].

-롭다 접미 ((suffixe verbalisateur de qualité, servant à transformer certains noms en adjectifs)). ¶ 번거~ être ennuyeu*x*(*se*), embarrassant(*e*), compliqué(*e*), embrouillé(*e*), embêtant(*e*). ¶ 번거로운 수속 des formalités compliquées et ennuyeuses. ¶ 이~ être utile, salutaire, instructi*f*(*ve*); servir à *qc*; être avantageu*x*(*se*), profitable, rentable. ¶ 풍요~ être abondant(*e*). ¶ 해~ être nuisible, noci*f*(*ve*), malfaisant(*e*), pernicieu*x*(*se*). ¶ 향기~ sentir bon; exhaler un parfum; être parfumé(*e*), embaumé(*e*). ¶ 이 현상은 매우 흥미~ Ce phénomène est très intéressant.

롱런 영{long run} 명 ① ((연극, 영화, 텔레비전 프로그램의 장기 흥행)) ((programmé(*e*) sur)) une longue durée *f.* ¶ 이 영화는 ~의 조짐이 보인다 Il est probable que ce film restera longtemps à l'écran [à l'affiche]. ¶ ~의 비결 la clé de la pérennité ((du film, du théâtre)). ② 【권투】 챔피언 자리의 장기 유지 conserver longtemps *son* titre de champion; rester invaincu(*e*). ◇_(을) **하다** rester longtemps à l'affiche. ¶ 그 연극은 6개월 이상 ~했다 Cette pièce est restée six mois à l'affiche.

롱부츠 영{long boots} 명 chaussures *fpl* montantes, souliers *mpl* montants; bottes *fpl.* ¶ ~를 신다 mettre [enfiler] des chaussures montantes [des bottes], enfiler une paire de bottes.

롱샷 영{long shot} 명 ((‘롱숏’의 잘못)) ☞ 롱숏

롱숏 영{long shot} 명 【사진】 photo *f* prise de loin. ¶ ~으로 찍다 prendre une photo de loin. ¶ 마을 전경을 ~으로 잡다 prendre une photo panoramique d'un village.

롱슛 영{long shoot} 명 【운동】 tir *m* de loin; 농구 lancer *m* de loin. ◇_(을) **하다** effectuer un tir de loin, tirer de loin. ¶ 그 선수가 ~한 공이 골인되었다 Son tir de loin a été victorieux [a fait mouche] / 축구 Son tir de loin a trouvé le fond du filet [a fait trembler les filets, a trouvé le chemin des buts] / 축구, 핸드볼 Le ballon qu'il a tiré de loin a fini dans les buts / 농구 Le ballon qu'il a tiré de loin a fini dans le panier.

롱스커트 영{long skirt} 명 jupe *f* longue. ¶ 올 겨울에는 꽃무늬 ~가 유행이다 Cet hiver, les jupes longues

à fleurs sont à la mode.
롱패스 영{long pass} 명 【운동】 passe *f* de loin, longue passe *f*. ◇_(를) **하다** effectuer une passe de loin, faire une longue passe. ¶ 공격수에게 ~를 하다 faire une longue passe [une passe de loin] à un attaquant.
뢴트겐 독 명 【물리】 Wilhelm Konrad Rœntgen [Röntgen] (1845-1923); 뢴트겐선 rayons *mpl* Rœntgen; rayon *m* X. ¶ ~ 기사 un(*e*) radiographe. ¶ ~ 검사 un examen radiographique.
분류 【물리】 물체가 받는 엑스선이나 감마선의 양 또는 세기를 나타내는 단위 rayon *m* X.
◆_**선** -線 명 【물리】 rayons *mpl* Rœntgen; rayon *m* X.
◆_**사진** -寫眞 명 【물리】 radiographie *f*.
-료 -料 접미 ① 요금 prix *m*, tarif *m*, frais *mpl*. ¶ 입장~ tarif d'entrée. ¶ 통행~ tarif de passage. ② 재료 ingrédients *mpl*, matière *f*. ¶조미~ un assaisonnement, un condiment.
루머 영{rumor} 명 rumeur *f*. ¶ 그 사람의 행적에 관한 악성~가 퍼졌다 Des rumeurs sur son passé se sont répandues.
루블 러 분류 rouble *m*.
◆_**화** -貨 명 rouble *m*. ¶ ~화의 가치가 하락했다 La valeur du rouble a baissé. ¶ ~화가 평가절상[평가절하]되었다 Le rouble est surévalué [sous-évalué].
루비 영{ruby} 명 【광물】 rubis *m*. ¶ ~ 반지 une bague sertie d'un rubis.
루즈 프{rouge} 명 rouge *m* (à lèvres). ¶ 입술에 ~를 바르다 mettre du rouge à lèvres. ¶ 새빨갛게 ~를 칠한 입술 des lèvres peintes d'un rouge vif.
루트¹ 프{route} 명 voie *f*, route *f*. ¶ 그 사람은 어떤 ~로 그 일을 성사시켰지? Quel processus a-t-il suivi pour atteindre son but?
루트² 영{root} 명 【수학】 racine *f* (d'un nombre). ¶ ~ 3 racine carrée de 3.
룩스 영{lux} 의명 ((‘럭스’의 잘못)) ☞ 럭스
룰 영{rule} 명 règle *f*. ¶ 기본 ~ règle fondamentale. ¶ ~을 어기다 transgresser la règle. ¶ ~대로 하다 faire *qc* selon la règle.
룰렛 프{roulette} 명 ① ((도박)) roulette *f*. ¶ 러시안 ~ la roulette russe. ② ((양재)) roulette *f*.
룸 영{room} 명 chambre *f*; pièce *f*; salle *f*. ¶ ~을 하나 얻다[빌리다] louer une chambre. ¶ ~이 없어서 홀에 자리를 잡았다 On s'est installés à une table dans le hall parce qu'il n'y avait plus de salons privés disponibles pour manger.
룸메이트 영{roommate} 명 camarade *mf* de chambre, cothurne *m* {*fam*}.
룸살롱 영 프{room salon} 명 bar *m* avec salons privés, *room salon m* <bar avec salons privés, salon de divertissement pour groupes d'hommes offrant *karaoké* et hôtesses; institut de cabines privées de *karaoké* pouvant accueillir une dizaine de personnes (en général des hommes) dans lesquelles de jeunes hôtesses [entraîneuses] servent de l'alcool>. ¶ 호화 ~ un bar de luxe avec salons privés. ¶ ~에 출입하다 fréquenter un bar avec salons privés.
룸펜 독{lumpen} 명 sans-le-sou *m*, miséreux *m*, clochard *m*, clodo *m* {*fam*}; ((실업자)) chômeur(*se*). ¶ ~으로 전락하다 tomber dans la misère [dans la déchéance], tomber (bien) bas, descendre de haut, devenir pauvre [misérable]. ¶ ~ 생활을 하다 vivre comme un sans-le-sou [comme un clochard]; vivre dans la misère, vivre misérablement.
◆_**프롤레타리아** 독 명 Lumpenproletariat *m*.
-류¹ -流 접미 ① 형 mode *f*, style *m*. ¶ 남도~의 가야금 산조 un solo instrumental joué au *gayageum* avec un discret accompagnement de tambour du style du Sud. ② 등급 classe *f*, grade *f*, rang *m*. ¶ 상~ 사회 la haute société.
-류² -類 접미 종류 espèce *f*, catégorie *f*. ¶ 포유~ espèce des mammifères, les mammifères. ¶ 구근~ 식물 plantes à bulbes. ¶ 식기~ la vaisselle. ¶ 채소~ les légumes.
류머티즘 영{rheumatism} 명 【의학】 rhumatisme *m*. ¶ 신경성 ~ rhumatisme neurologique. ¶ 할아버지는 ~으로 오래 동안 고생하셨다 Grand-père a longtemps souffert de rhumatismes.
륙색 영{rucksack} 명 sac *m* à dos. ¶ ~을 둘러메고 산에 오르다 gravir une montagne avec un sac à dos, faire l'ascension d'une montagne sac au dos.
-률¹ -律 접미 법칙 règle *f*, loi *f*, code *m*. ¶ 도덕~ le code moral. ¶ 황금~ la règle d'or.
-률² -率 접미 비율 taux *m*. ¶ 경쟁~ taux de compétitivité. ¶ 취학~ taux de scolarisation. ¶ 출생[사망]~ taux de natalité [mortalité]. ¶ 실업~ taux de chômage.
르변칙활용 -變則活用 명 【언어】 conjugaison *f* irrégulière en -르-. ¶ ~ 동사 un verbe irrégulier en -르-.
르네상스 프{renaissance} 명 ① 【역사】 르네상스 (la) Renaissance *f*. ② ((비유적)) renaissance *f*. ¶ 침체된 영상 문화의 ~를 맞이하다 La culture des images connaît une renaissance après une stagnation.
르포 프{reportage} 명 reportage *m*. ¶ ~ 기사 un article de reportage. ¶ 그 기자는 캄보디아 사태에 대해 충격적인 ~를 썼다 Ce journaliste a écrit un article de reportage choquant sur l'affaire du Cambodge.
-를¹↔-을² 조 ((particule de cas complément d'objet direct, ou cas régime, ou cas accusatif. -를 s'ajoute au substantif qui se termine par une voyelle, -을 au substantif qui se termine par une consonne)). ① ((직접대상)) ¶ 그는 여자친구에게 편지~ 쓴다 Il écrit une lettre à sa petite amie. ¶ 나는 친구~ 만났다 J'ai rencontré un(*e*) ami(*e*). ¶ 그 여자는 불고기~ 먹는다 Elle mange du *bulgogi*. ¶ 저는 어제 아주 재미있는 프랑스 영화~ 보았습니다 J'ai vu hier un film français très intéressant. ¶ 나는 책~ 읽는다 Je lis un livre. ② ((수단)) au moyen de *qc*, avec.

¶ 그 아저씨는 그 여자~ 며느리로 삼았다 Il a fait de cette femme sa belle-fille. ③ ((재료)) avec. ¶ 어머니는 남은 밥~ 식혜로 만들었다 Ma mère a fait du *sikhye* avec le riz restant. ④ ((장소)) ¶ 길~ 건너다 traverser une rue. ¶ 학교~ 다니다 aller à l'école. ¶거리~ 헤매다 errer dans les rues. ¶ 산꼭대기~ 오르다 monter au sommet [faire l'ascension] d'une montagne. ¶ 보도~ 걷다 marcher sur le trottoir. ¶ 이사~ 가다 déménager. ¶ 이사~ 오다 emménager. ¶ 도로 위~ 달리는 자동차 voiture qui roule sur la route. ¶ 화재가 온 동네~ 휩쓸었다 Un incendie a balayé tout le quartier. ⑤ ((출발점)) ¶ 날이 밝으면 여기~ 떠나자 Quittons cet endroit dès que le jour poindra. ⑥ ((행위)) ¶ 연구~ 하다 faire des recherches. ¶ 공부~ 하다 faire des études. ¶ 일~ 하다 travailler. ¶ 세수~ 하다 se laver le visage. ¶ 강의~ 듣다 suivre un cours.

-를² 조 ((suffixe emphatique)). ☞ -ㄹ²

리¹ 里 분류 *li m* ((mesure itinéraire coréenne, environ 393 mètres, différemment du li chinois faisant environ 576 mètres)). ¶ 10~를 걷다 marcher [parcourir] à pied 10 lis.

리² 里 명 ((행정 구역)) *ri m* <unité la plus petite des districts administratifs en Corée>.

리³ 理 의명 ((il n'y a pas de)) raison *f.* ¶ 그럴 ~가 없다 Ce n'est pas possible! / (C'est) impossible! / Cela m'étonnerait fort! / Cela ne se peut pas! / Cela ne peut être vrai! / Ce n'est pas vrai! ¶ 그 사람이 그렇게 했을 ~ 만무다 C'est impossible qu'il ait fait cela [qu'il ait agi ainsi [de la sorte], qu'il ait commis un tel acte, qu'il ait fait une chose pareille]! / Je ne vois pas comment il aurait pu faire cela [il aurait pu faire une chose pareille]! ¶ 그 사람이 늦을 ~가 없는데 Il n'a aucune raison d'arriver en retard.

-리⁴↔-으리 어미 ((suffixe flexionnel déclaratif ou interrogatif de terminaison phrastique exprimant une supposition ou une volonté, archaïque. Utilisé à l'égard de soi-même, d'un interlocuteur égal (entre les amis adultes intimes) ou inférieur (enfant, fils, fille, élève, jeune employé), il exprime l'intimité, l'égalité ou l'infériorité. -리 s'ajoute au radical verbal qui se termine par une voyelle et par la consonne liquide ㄹ, et au suffixe flexionnel préfinal honorifique -시/-으시; -으리 au radical verbal qui se termine par une consonne)). ① ((추측)) ¶ 곧 희망의 시대가 오~ Le temps de l'espoir viendra bientôt. ¶ 봄이 오면 꽃이 피~ Quand le printemps arrivera, les fleurs s'épanouiront. ② ((의지)) ¶ 이 곳에 살~ Je vivrai ici. ¶ 나는 어찌 하~? Que devrai-je faire?

-리⁵- 접미 ① ((사동의 뜻)) faire+*inf* ((suffixe flexionnel du causatif ou semi-causatif, changement d'orientation actantielle. S'ajoutant aux verbes dont le radical se termine par ㄹ, ㅀ, 르, il les transforme en verbes causatifs ou passifs.)) 날다 voler / 날리다 faire voler, 누르다 presser / 눌리다 se faire presser, 돌다 tourner / 돌리다 faire tourner, 밀다 pousser / 밀리다 se faire pousser, 울다 pleurer / 울리다 faire pleurer. ¶ 아이를 울~지마라 Ne fais pas pleurer l'enfant. ¶ 아이들은 연을 하늘에 날렸다 ② ((피동의 뜻)) ((suffixe flexionnel du passif ou semi-passif, changement d'orientation actantielle)). 걸다 accrocher / 걸리다 être accroché, se faire accrocher, 달다 attacher / 달리다 être attaché, 뚫다 percer / 뚫리다 être percé, 자르다 couper / 잘리다 être coupé, 팔다 vendre / 팔리다 se vendre, 풀다 résoudre, dénouer /풀리다 être résolu, être dénoué. ¶ 준비한 상품이 모두 다 팔렸다 Les marchandises que nous avions préparées sont toutes vendues.

리그 영{league} 명 ① championnat *m*; division *f.* ¶ 양대 ~ 우승 팀끼리 맞붙었다 Deux clubs champions se sont affrontés / Les vainqueurs de deux championnats se sont affrontés ((dans la ligue des clubs champions de l'UEFA)) / Le vainqueur de la coupe ((de France)) a rencontré l'équipe championne de la première division. ② 리그전 matchs *mpl* de championnat. ¶ 예선 ~에서 좋은 성적을 거둬 본선에 진출하다 franchir le cap des éliminatoires de matchs de championnat.

◆_전 -戰 명 matchs *mpl* de championnat. ¶ ~전을 벌이다 jouer [disputer] un match de championnat.

-리까↔-으리까 어미 ((suffixe flexionnel interrogatif de terminaison phrastique utilisé à l'égard d'une personne vénérable telle un dieu ou un esprit, exprimant une révérence. -리까 s'ajoute au radical verbal qui se termine par une voyelle, -으리까 au radical verbal qui se termine par une consonne)). ¶ 그 누가 이 일을 잘못이라 하~? Qui oserait dire que c'est une erreur? ¶ 이 일을 어찌하오~? Mon Dieu, que dois-je faire?

리넨 영{linen} 명 lingerie *f*; 아마 lin *m*.

-리니↔-으리니 어미 puisque, parce que, comme ((suffixe flexionnel conjonctif exprimant une cause, une supposition et une résignation. -리니 s'ajoute au radical verbal qui se termine par une voyelle et par la consonne liquide ㄹ, et au suffixe flexionnel préfinal honorifique -시/-으시; -으리니 au radical verbal qui se termine par une consonne.)) ① ((추측)) ¶ 이는 운명이~ 겸허히 받아들이라 Puisque c'est ta destinée, accepte-la avec humilité. ② ((의도)) ¶ 내가 반드시 이기~ 아무런 걱정을 하지 말게 Je gagnerai sûrement, n'aie aucune crainte.

-리다↔-으리다 어미 ((suffixe flexionnel déclaratif de terminaison phrastique, archaïque, exprimant une supposition ou une volonté. Utilisé à l'égard d'un interlocuteur égal (entre les amis adultes intimes, entre couple âgé) ou inférieur (ancien élève ou employé âgés), il exprime l'égalité ou l'infériorité avec un respect léger, il exprime l'égalité ou l'infériorité avec un respect léger. -리다

s'ajoute au radical du verbe qui se termine par une voyelle et par la consonne liquide ㄹ, et au suffixe flexionnel préfinal honorifique -시/-으시; -으리다 au radical qui se termine par une consonne)). ① ((추측)) ¶ 곧 지원군이 도착하~ Bientôt l'armée de renfort arrivera. ② ((의도)) ¶ 곧 다녀오~ Je fais juste un aller et retour.

리더 명{leader} 명 chef *m*, leader *m*. ¶~ 역할을 잘 수행하다 bien jouer [bien accomplir] *son* rôle de leader.

◆_십 명{-ship} 명 leadership *m*. ¶~십이 있다 avoir le leadership; jouer un rôle de meneur. ¶~십을 발휘하다 déployer *son* leadership. ¶ 국민들은 정치 지도자의 강한 ~십을 원한다 Le peuple souhaite un chef politique au leadership affirmé.

리드 명{lead} 명 ① 인도 conduite *f*. ② 【운동】 fait de mener (à la marque). ¶ 1점 차의 ~를 지키지 못하다 ne pas garder un point d'avance. ◇_(를) **하다** mener, conduire, guider; ((스포츠)) mener (à la marque). ¶ 윗사람이 아랫사람을 잘 ~해야 된다 Les anciens [Les aînés] doivent bien guider leurs cadets / Les supérieurs [Les dirigeants] doivent bien guider leurs subalternes [leurs employés]. ¶ 한국 팀이 일본 팀에 2점 차로 ~하고 있다 L'équipe de Corée a deux points d'avance sur l'équipe du Japon / La Corée mène de deux points [축구 de deux buts] face au Japon / La Corée mène au score avec deux points [축구 deux buts] d'avance sur le Japon.

리듬 명{rhythm} 명 ① 【음악】 rythme *m*. ¶ 음악의 ~에 맞춰 춤을 추다 danser au rythme de la musique. ¶ 이 곡은 ~이 흥겹다 Cette chanson a un rythme envoûtant. ② 흐름 cours *m*. ¶ 생활의 ~이 깨졌다 Mon rythme de vie est rompu. ¶ 그 사람은 항상 내 ~을 깬다 Il gâche toujours ma bonne humeur. ③ 철학 rythme *m*. ¶ ~분석 analyse du rythme.

리듬체조 -體操 명{rhythm-} 명 gymnastique *f* rythmique. ¶ ~ 선수 un(*e*) gymnaste spécialiste dc gymnastique rythmique.

-리라↔-으리라 어미 ((suffixe flexionnel déclaratif de terminaison phrastique, exprimant une supposition ou une volonté. Utilisé à l'égard de soi-même, d'un interlocuteur égal (entre les amis adultes intimes) ou inférieur (enfant, fils, fille, élève, jeune employé), il exprime l'intimité, l'égalité ou l'infériorité. -리라 s'ajoute au radical verbal qui se termine par une voyelle et par la consonne liquide ㄹ, et au suffixe flexionnel préfinal honorifique -시/-으시; -으리라 au radical verbal qui se termine par une consonne.)). ① ((추측)) ¶ 아마도 그 녀석은 나를 이겼다고 생각하~ Ce type croit peut-être qu'il m'a battu(*e*). ¶ 곧 광풍이 몰아 차~ Une rafale va bientôt déferler. ② ((의지)) ¶ 우리는 반드시 승리하~ Nous remporterons sûrement une victoire. ¶ 내일이면 떠나~ Demain, on partira. ¶ 언젠가는 고향으로 돌아가~ Je retournerai un jour dans mon pays natal.

-리라는↔-으리라는 어미 ((forme contractée de -리라고 하는/-으리라고 하는)) ① ((suffixe flexionnel déterminatif, introduisant une supposition ou un doute. -리라는 s'ajoute au radical verbal qui se termine par une voyelle et par la consonne liquide ㄹ, et au suffixe flexionnel préfinal honorifique -시/-으시; -으리라는 au radical verbal qui se termine par une consonne et au suffixe flexionnel préfinal du passé -았/-었)) ¶그 말을 듣고 그가 어떻게 대처하~ 것은 짐작이 된다 Je peux imaginer comment il va faire face, après avoir entendu ce propos. ② ((suffixe flexionnel indiquant une volonté ferme)) ¶ 무슨 일이 있더라도 떠나~ 결심을 했다 Il a décidé de partir quoiqu'il arrive. ¶삼촌이 무슨 조치를 취~ 생각이 들어요 Il me vient à l'esprit que l'oncle va prendre une mesure.

-리만치↔-으리만치 어미 à tel point que, si bien que ((suffixe flexionnel conjonctif d'étonnement. -리만치 s'ajoute au radical verbal qui se termine par une voyelle et par la consonne liquide ㄹ, et au suffixe flexionnel préfinal honorifique -시/-으시; -으리만치 au radical verbal qui se termine par une consonne)). ¶ 우리는 놀라우~ 빨리 일을 끝냈다 Nous avons terminé le travail très rapidement à tel point que nous en étions nous-mêmes étonnés.

-리만큼↔-으리만큼 어미 à tel point que, si bien que ((suffixe flexionnel conjonctif d'étonnement. -리만큼 s'ajoute au radical verbal qui se termine par une voyelle et par la consonne liquide ㄹ, et au suffixe flexionnel préfinal honorifique -시/-으시; -으리만큼 au radical verbal qui se termine par une consonne)). ¶ 그 사람은 일을 하는 데 있어서 무모하~ 저돌적이다 Il est tellement téméraire qu'il en devient irréfléchi lorsqu'il travaille. ¶ 어려움에 직면해서도 그 사람은 놀라우~ 침착했다 Même face à des difficultés, il était étonnamment calme.

리메이크 명{remake} 명 remake *m*, nouvelle version *f* ((d'une œuvre cinématographique ou littéraire)). ¶~음반 un album remake.

리모컨 명{remote control} 명 ☞ 리모콘

리모콘 명{remote control} 명 télécommande *f*, commande *f* à distance. ¶~으로 TV 채널을 돌리다 changer de chaîne avec la télécommande; zapper.

리무진 프{limousine} 명 ① limousine *f*. ¶~ 같은 고급차를 몰고 다니는 사람 une personne qui conduit une voiture de luxe du type d'une limousine. ② 공항리무진 navette *f* de l'aéroport, autobus-navette *f* de l'aéroport.

◆**공항**_ 空港 명 navette *f* de l'aéroport, autobus-navette *f* de l'aéroport.

리바운드 명{rebound} 명 rebond *m*. ¶~ 공을 잡다 récupérer la balle au rebond. ¶ 저 선수는 ~를 모두 독차지 한다 Ce joueur attrape toutes les balles au rebond.

리바이벌 명{revival} 명 reprise *f*, renouveau *m*.

ㄹ

¶ 이 노래는 60년대에 유행했던 곡의 ~이다 Cette chanson est une reprise de celle qui était à la mode dans les années 60. ◇_(을) **하다** 타 reprendre ((une chanson)). ¶ 60년대 유행했던 노래를 ~하다 reprendre une chanson qui était à la mode dans les années 60. ◇_(이) **되다** 자 être repris(*e*). ¶ 그 영화는 벌써 세 번이나 ~되었다 Ce film a déjà été repris trois fois.

리버럴 영{liberal} 어근 libér*al*(*ale*, *aux*); progressiste; large d'esprit.
◆_**하다** 형 être libér*al*(*ale*, *aux*); être progressiste; être large d'esprit. ¶ ~한 사고방식의 소유자 une personne libérale [progressiste].
◆_**리스트** 영{-ist} 명 libéraliste *mf*.

리베로 이 명【운동】libéro *m*. ¶ 영원한 ~ 홍명보 Hong Myeongbo, le libéro éternel [de toujours].

리베이트 영{rebate} 명 ristourne *f*; rabais *m*; remise *f*; réduction *f*. ¶ 판매 대가로 거액의 ~를 받다 obtenir une ristourne énorme sur le prix de vente.

리본 영{ribbon} 명 ① ruban *m*. ¶ 가슴에 ~을 달고 있다 porter un ruban à la poitrine. ② 타자기, 프린터의 띠 모양의 먹지 ruban *m* encreur ((d'une machine à écrire, d'une imprimante matricielle)). ¶ 프린터의 ~을 갈아 끼우다 mettre un nouveau ruban dans une imprimante (matricielle).

리비도 영{libido} 명【심리】libido *f*. ¶ 원초적인 ~를 예술적 감각으로 승화시키다 élever la libido instinctive jusqu'à la sensibilité artistique.

리사이틀 영{recital} 명 récital *m*. ¶ 피아노 ~ un récital de piano.

리서치 영{research} 명 recherche *f*. ¶ 이 자료는 ~ 목적으로만 이용할 수 있다 Ces documents [Ces données] ne peuvent être utilisé(*e*)s qu'à des fins de recherche. ◇_(를) **하다** faire de la recherche; être dans la recherche.

리셉션 영{reception} 명 réception *f*, vernissage *m*. ¶ ~을 열다[갖다] organiser une réception [un vernissage]. ¶ 환영 ~에 참석하다 assister à une réception d'accueil.

리스 영{lease} 명【경제】location *f*.
◆_**산업** -産業 명【경제】industrie *f* de location.

리스트 영{list} 명 liste *f*. ¶ 필요한 물품의 ~를 작성하다 dresser la liste des produits nécessaires.
◆**블랙_** 영{black-} 명 liste *f* noire. ¶ 경찰의 블랙~에 오르다 être [figurer] sur la liste noire de la police.

리시버 영{receiver} 명 écouteurs *mpl*; casque *m*. ¶ ~를 귀에 꽂고 음악을 듣다 écouter de la musique avec des écouteurs [avec un casque] sur les oreilles.

리시브 영{receive} 명【운동】réception *f*. ¶ ~ 범실 une faute de réception. ¶ 안정된 ~ une bonne réception. ◇_(를) **하다** recevoir.

리어카 영{rear car} 명 charrette *f* à bras. ¶ ~ 행상 vente dans la rue dans une charrette à bras; 사람 marchand(*e*) ambulant(*e*) avec sa charrette à bras. ¶ ~를 끌다 tirer une charrette à bras.

리얼리즘 영{realism} 명 réalisme *m*. ¶ ~ 영화[소설, 문학, 작가, 미학] un film [un roman, la littérature, un écrivain, l'esthétique] réaliste. ¶ 사회주의 ~ le réalisme socialiste.

리얼하다 영{real-} 형 être proche de la réalité, très réaliste, très concr*et*(*ète*). ¶ 리얼한 묘사[영상] une description [une image] très concrète [très réaliste]. ¶ 리얼하게 묘사하다[그리다] décrire [peindre, dessiner] avec réalisme. ¶ 아까 되게 리얼했어요 Tout à l'heure, on s'y serait cru(*e*)s.

-리오↔-으리오 어미 ((suffixe flexionnel exclamatif de terminaison phrastique, poétique. Utilisé à l'égard d'un interlocuteur égal (entre les amis adultes intimes, entre couple âgé) ou inférieur (ancien élève ou employé âgés), il exprime l'égalité ou l'infériorité avec un respect léger. -리오 s'ajoute au radical verbal qui se termine par une voyelle et par la consonne liquide ㄹ, et au suffixe flexionnel préfinal honorifique -시/-으시; -으리오 au radical verbal qui se termine par une consonne)). ¶ 떠난다 한들 내 어찌 그대를 잊으~ Même si je pars, comment pourrais-je t'oublier?

리을 명 *rieul m* <appellation de la quatrième lettre de l'alphabet coréen>.

리조트 영{resort} 명 station *f* de vacances. ¶ ~ 호텔[시설] un hôtel [des installations] de station (de vacances). ¶ 스키[해변] ~ une station de ski, une station de sports d'hiver [une station balnéaire].

리코더 영{recorder} 명 enregistreur *m*, lecteur *m*.

리콜 영{recall} 명 rappel *m*. ¶ 결함제품의 ~ 작전 opération de rappel (en usine) des produits défectueux. ◇_(을) **하다** rappeler. ¶ 닛산은 일본에서 백만 대 이상의 자동차를 ~했다 Nissan a rappelé plus d'un million de véhicules au Japon.

리큐어 영{liqueur} 명 liqueur *f*. ¶ 오렌지로 만든 ~ une liqueur à base d'oranges [une liqueur d'oranges].

리터 영{liter} 분류 litre *m*. ¶ 휘발유 값이 ~당 1500원으로 올랐다 Le prix du carburant [de l'essence] est passé à 1500 wons le litre. ¶ 1.5 ~ 들이 페트병 une bouteille plastique (d'une contenance) de 1,5 litres.

리트머스 영{litmus} 명
◆_**시험** -試驗 명 test *m* décisif.
◆_**용지** -用紙 명 papier *m* pH.
◆_**용액** -溶液 명 révélateur *m* de pH.

리포터 영{reporter} 명 journaliste, reporter *m*. ¶ 저는 요즘 TV 방송국에서 ~로 일하고 있습니다 Ces jours-ci, je travaille comme journaliste [reporter] à la télévision.

리포트 영{report} 명 rapport *m*, exposé *m*, compte-rendu *m*; devoir *m* à la maison. ¶ 학기말 ~를 제출하다 présenter un rapport de fin de semestre.

리프트 영{lift} 명 ① 스키장이나 유원지에서 의자식의 탈것 télésiège *m*. ¶ 스키장에서 ~를 타고 산에 올라갔다 Dans une station de sports d'hiver, nous avons atteint le sommet de la montagne en télésiège. ② 승강기 ascenseur *m*. ③ 갱내에서 쓰는 양수 펌프 jeu *m* des pompes étagées.

리플 영{reply} 명 ☞ 댓글

리필제품 -製品 영{refill-} 명 produit *m* rechargeable; recharge *f*. ¶ 경기 침체로 ~이 시장에서 큰 호응을 얻고 있다 À cause de la récession, les produits rechargeables sont en vogue [ont le vent en poupe, se vendent bien].

리허설 영{rehearsal} 명 répétition *f* (générale), répète *f* {*fam*}. ◇_(을) **하다** faire une répétition (générale) [une répète {*fam*}]. ¶ ~을 여러 차례 하는 등 준비를 빈틈없이 했다 Après plusieurs répétitions, nous sommes parfaitement prêts.

린네르 프{linière} 명 ((‘리넨’의 잘못)) ☞ 리넨

린스 영{rinse} 명 après-shamp(o)oing(~~*s*) *m*, revitalisant *m*. ¶ 샴푸로 머리를 감은 뒤 ~로 헹구세요 Après le shampooing, rincez avec l'après-shampooing [avec le revitalisant].

린치 영{lynch} 명 lynchage *m*. ◇_(를) **가하다** lyncher, martyriser. ◇_(를) **당하다** être lynché(*e*), martyrisé(*e*). ¶ 급우들로부터 상습적으로 ~를 당하다 être régulièrement martyrisé(*e*) par *ses* camarades de classe.

릴 영{reel} 명 bobine *f*.
분류 dévidoir *m*; bobine *f*.
◆**_테이프** 영{-tape} 명 bande *f* magnétique.

릴레이 영{relay} 명 ① 이어달리기 relais *m*, course *f* de relais. ¶ 400미터 ~에 출전하다 participer à une course de relais quatre fois cent mètres. ¶ ~ 선수 un(*e*) coureu*r*(*se*) de relais. ② ((중계)) relais *m*. ¶ 전국을 순회하는 ~ 유세 relais de tournée électorale dans le pays. ¶ 유명 강사들의 ~ 특강 tournée de cours d'enseignants renommés. ◇_(를) **하다** prendre le relais de *qn*/*qc*.

-림 -林 접미 bois *m*; forêt *f*. ¶ 방풍~ forêt (servant de) brise-vent. ¶ 보호~ une forêt protégée.

림보 에 명 limbes *fpl*.

림프 영{lymph} 명【의학】lymphe *f*.
◆**_관** -管 명【의학】vaisseau(*x*) *m* lymphatique.
◆**_구** -球 명【의학】lymphocyte *m*. ¶ 환자의 ~구가 감소[증가]했다 Les lymphocytes du patient ont diminué [augmenté].
◆**_샘** 명【의학】ganglion *m* lymphatique.
◆**_선** -腺 명【의학】ganglion *m* lymphatique. ¶ ~선 종양[암] une tumeur [un cancer] lymphatique; un lymphome.
◆**_액** -液 명【의학】lymphe *f*.

립서비스 영{lip service} 명 belles paroles *fpl* (en l'air), flatterie *f*. ¶ 한 차례의 ~로 끝나다 se terminer par des belles paroles (en l'air). ◇_(를) **하다** flatter *qn*, passer de la pommade à *qn* {*fam*}, encenser *qn*, couvrir *qn* d'éloges, cirer [lécher] les bottes à *qn* {*fam*}, faire de la lèche {*fam*} à *qn*; embobiner *qn*, entortiller *qn*, tenir de doux propos à *qn*, ne dire que de belles paroles. ¶ 나는 별로 마음이 내키지는 않았지만 그의 아내를 위해 그 사람에게 ~를 해주었다 Je n'y tenais pas vraiment mais devant sa femme je lui ai adressé des louanges [je l'ai couvert de qualités [d'éloges], je l'ai inondé de qualités, je l'ai flatté abondamment, je l'ai encensé, je lui ai passé de la pommade {*fam*}].

립스틱 영{lipstick} 명 rouge *m* à lèvres. ¶ ~통 un tube de rouge à lèvres. ¶ ~을 짙게 바르다 mettre une épaisse couche de rouge à lèvres.

립싱크 영{lip sync} 명 play-back *m*. ◇_(를) **하다** chanter en play-back. ¶ ~만 하는 가수 un(*e*) chanteu*r*(*se*) qui ne chante qu'en play-back.

립크림 영{lip cream} 명 baume *m* pour les lèvres. ¶ 입술이 트지 않게 ~을 바르다 mettre du baume sur ses lèvres pour qu'elles ne gercent pas.

링 영{ring} 명 ① ((투기 종목)) ring *m*. ¶ 사각의 ~ 안에서 sur le ring. ¶ 코치가 ~ 위로 뛰어올라갔다 L'entraîneur [Le coach] s'est précipité sur le ring. ② ((링 운동)) 쇠고리 anneaux *mpl*. ③ ((농구)) anneau *m* (du panier). ¶ 수비 선수가 ~을 건드렸다 Le défenseur a touché l'anneau du panier. ¶ 공이 ~을 맞고 튀어나왔다 Le ballon a touché l'anneau et a rebondi dehors. ④ 고리 모양의 물건 anneau(*x*) *m*, chaînon *m*, maillon *m*.

링거 영{Ringer} 명【의학】perfusion *f* (de solution de Ringer, de sérum physiologique), perf *f* {*fam*}, goutte-à-goutte *m inv*; 링거액, 생리 식염수 sérum *m* (physiologique). ¶ ~를 맞다 recevoir une perfusion (de sérum physiologique), être perfusé(*e*), être sous perfusion [sous perf {*fam*}], être hydraté(*e*) par voie intraveineuse. ¶ 팔에 ~ 바늘을 꽂다 avoir le bras perfusé.
◆**_액** -液 명【의학】solution *f* [sérum *m*] de Ringer; sérum *m* physiologique.
◆**_주사** -注射 명【의학】perfusion *f* (de solution de Ringer, de sérum physiologique), perf *f* {*fam*}. ¶ ~주사를 맞다 recevoir une perfusion (de sérum physiologique), être perfusé(*e*), être sous perfusion [sous perf {*fam*}].

링겔 영{Ringer} 명 ☞ 링거

링크[1] 영{rink} 명【운동】patinoire *f* (couverte). ¶ 실내 ~에서 아이스하키 시합이 벌어졌다 Un match de hockey s'est déroulé dans la patinoire couverte.

링크[2] 영{link} 명【컴퓨】lien *m*. ◇_(를) **하다[시키다]** lier, relier (en hypertexte). ¶ 두 개의 오브젝트 파일을 ~하다 relier entre eux deux fichiers objet(s). ◇_(가) **되다** être lié(*e*) (en hypertexte).

ㅁ

ㅁ[1] 명 *mieum m* ((cinquième lettre consonantique de l'alphabet coréen)).

-ㅁ[2]↔-음4 어미 ((suffixe flexionnel nominalisateur, servant à substantiver la proposition. -ㅁ s'ajoute après le radical verbal qui se termine par une voyelle, par la consonne liquide -ㄹ et après le suffixe flexionnel préfinal honorifique -시; -음 s'ajoute après le radical verbal et les suffixes flexionnels préfinaux temporo-modaux (-았↔-었, -겠) qui se terminent par une consonne)). ¶ 학장님께서도 회의에 참석하사~을 알려드립니다. Je vous annonce (le fait) que monsieur le doyen aussi assiste à la réunion. ¶ 그이와의 만나~에 기대를 걸고 있습니다. Je mets de l'espoir à la rencontre de cette personne.

-ㅁ[3]↔**-음**[5] 접미 ((suffixe flexionnel servant à substantiver (nominaliser) certains adjectifs et verbes. -ㅁ s'ajoute au radical verbal (adjectif et verbe) qui se termine par une voyelle et par la consonne liquide ㄹ -음 par une consonne)). ¶ 가르차~ enseignement. ¶ 고차~ correction. ¶ 살~ vie. ¶ 그라~ dessin. ¶ 만나~ rencontre. ¶ 기쁘~ joie. ¶ 도우~ aide. ¶ 미우~ haine. ¶ 부끄러우~ honte. ¶ 슬프~ tristesse. ¶ 외로우~ solitude.

-ㅁ에도 어미 malgré, bien que ((suffixe flexionnel conjonctif utilisé principalement avec '불구하고' exprimant la concession. -ㅁ에도 s'ajoute après le radical verbal qui se termine par une voyelle, par la consonne liquide ㄹ et après le suffixe flexionnel préfinal honorifique -시; -음에도 s'ajoute après le radical verbal et les suffixes flexionnels préfinaux temporo-modaux -았/-었, -겠) qui se terminent par une consonne)). ¶ 비가 오~ 불구하고 en dépit de la pluie. ¶ 그러~ 불구하고 malgré tout. ¶ 날씨가 흐라~ 불구하고 bien que le temps soit nuageux.

-ㅁ직스럽다 어미 -able, -ible ((suffixe verbal servant à transformer certains verbes comme 바라다, 먹다, 믿다 en adjectifs, en rendant probable l'idée exprimée par ces verbes. -ㅁ s'ajoute au radical verbal qui se termine par une voyelle, -음 par une consonne)). ¶ 바라~ être désirable, souhaitable. ¶ 믿으~ être crédible. ¶ 먹으~ être appétissant(*e*). ¶ 있으~ (*qn, qc*) pourrait exister.

-ㅁ직하다[1] 어미 mérite de *qc*/que+*subj*, être digne de *qc* ((suffixe verbal servant à donner à certains adjectifs une idée de mérite et de ressemblance. -ㅁ 직하다 s'ajoute au radical de l'adjectif qui se termine par une voyelle, -음직하다 par une consonne)). ¶ 크~ être pesant(*e*).

-ㅁ직하다[2] 어미 -able, -ible ((suffixe exprimant une idée de vraisemblance, de possibilité)). ¶ 그런 것도 있음직하기는 하지 C'est très vraisemblable. ¶ 그 친구도 그런 생각을 했음직하네 Il est fort possible qu'il ait pensé ainsi.

마[1] 명 【식물】 igname *f* sauvage.

마[2] 麻 명 【식물】 chanvre *m*.

마[3] 碼 분류 yard *m*. ¶ 옷감 한 ~ un yard de tissu.

마[4] 魔 명 démon *m*, diable *m*, Satan *m*, Lucifer *m*; esprit *m* maléfique *m*; esprit *m* malin. ¶ ~의 금요일 vendredi maléfique. ¶ ~의 산 ((토마스만의 소설)) *La Montagne magique* ((œuvre de Thomas Mann)). ¶ 그 선수는 100미터 달리기에서 ~의 10초 벽을 깼다 L'athlète a battu le record (difficile) des 10 secondes, dans la course sur 100 mètres. ¶ 좋은 일에는 ~가 끼는 법이다 Tout bienfait s'accompagne toujours de mauvaises influences. 어근 diabolique.

◆**살인_** 殺人- 명 assassin *m* diabolique.

◆**색_** 色- 명 érotomane *m*; satyre *m*.

마[5] 명 【음악】 mi *m inv* ((troisième note de musique de la gamme en do)).

◆**_장조[단조]** _長調[短調] 명 mi *m* majeur [mineur].

마[6] 馬 명 ((장기)) cavalier *m* ((dans le jeu d'échecs coréen)).

-마[7] 어미 ((suffixe flexionnel de terminaison phrastique approbatif, indiquant une promesse faite. Utilisé à l'égard d'un interlocuteur égal (entre les enfants et entre les amis adultes intimes) ou inférieur (enfant, fils, fille, élève, jeune employé), il exprime l'intimité, l'égalité ou l'infériorité. -마 s'ajoute au radical du verbe qui se termine par une voyelle, -으마 par une consonne. Il indique le futur)). ¶ 오후에 가~ J'irai cet après-midi.¶ 내가

알아 보~ Je me charge de me renseigner. ¶ 그럼 내일 다시 오~ Alors, je viendrai de nouveau demain.

마가린 영{margarin} 명 margarine *f*. ¶ 식물성 ~ margarine végétale.

마가복음 -福音 명 Évangile *m* de (saint) Marc [selon (saint) Marc].

마각 馬脚 명 dessous *mpl* ((d'une affaire)). ¶ ~을 드러내다 révéler *son* vrai caractère, montrer le bout de l'oreille, se trahir.

마감 명 ① ((기한)) clôture *f*, fermeture *f*, date *f* limite. ¶ ~ 시간 date limite. ¶ ~에 맞추려고 서두르다 se hâter pour finir avant la date limite. ¶ 오늘이 접수 ~이다 Aujourd'hui, c'est la fin des inscriptions. ¶ 월요일이 등록 ~이다 Les inscriptions doivent être effectuées avant lundi. ¶ 등록 ~은 8월 31일이다 Il faut s'inscrire avant le 31 août. ¶ 접수 ~ 당일에야 서류를 제출했다 J'ai déposé mes dossiers à la date limite. ¶ ~ 후에[~이 지나서] 도착한 원서는 접수하지 않습니다 Les dossiers qui nous parviendront après la date limite ne seront pas acceptés. ② ((일)) ((phase)) final(*e*). ¶ 텔레비전 ~ 뉴스 dernière édition du journal télévisé. ¶ ~ 처리 finition. ¶ 조각품의 ~ 처리 finition de la sculpture. ¶ 공사가 ~ 단계에 있다 Les travaux sont en phase de finition. ◇_(을) **하다** terminer; achever. ¶ 원고를 ~하다 achever un manuscrit. ¶ 생[삶]을 ~하다 achever *sa* vie. ¶ 기도로써 하루 일과를 ~하다 terminer la journée avec une prière. ¶ 그분의 죽음은 한 시대를 ~하는 사건이었다 Avec sa mort, c'est une nouvelle page de l'histoire qui est tournée. ◇_(이) **되다** être fini(*e*); être terminé(*e*). ¶ 비단 벽지로 ~이 된 벽 un mur en dernier lieu recouvert de papier peint en soie. ¶ 원서 접수는 어제(로) ~되었다 Le dépôt de candidature a été clôturé hier. ¶ 다음 달 기사가 모두 ~되어 인쇄소로 넘어갔다 Les articles ont tous été rédigés, et donc passés à l'imprimerie.

◆**_일** -日 명 date *f* limite. ¶ 등록 ~일 date limite des inscriptions. ¶ ~일을 꼭 지켜 주세요 Respectez les délais s'il vous plaît.

마개 명 bouchon *m*, capsule *f*, tampon *m*, bonde *f*. ¶ 코르크 ~ bouchon de liège. ¶ 병[구멍]에 ~를 막다 boucher une bouteille [un trou].

◆**귀_** 명 protège tympans *m inv* ((d'aviateur)); protège oreilles *m inv*; boule *f* Quiès.

◆**병_** 瓶 명 bouchon *m*, capsule *f*. ¶ 병~를 뽑다[따다, 열다] déboucher[décapsuler] une bouteille; ((champagne)) faire sauter le bouchon d'une bouteille.

◆**입_** 명 masque *m*; ((입단속)) action *f* de bien contrôler *sa* langue [*ses* paroles], action *f* de bien retenir *sa* langue ☞ 입단속.

마고자 명 pardessus *m*, veste *f* de dessus ((de l'habit coréen)).

마구[1] 馬具 명 harnais *m*; harnachement *m*. ¶ ~ 한 벌 un ensemble de harnais. ¶ 말에 ~를 달다 harnacher [seller, atteler] un cheval. ¶ ~를 풀다 déharnacher [dételer].

마구[2] 부 ① brutalement, avec brusquerie; à l'aveuglette. ¶ ~ 때리다 frapper avec brusquerie.¶ ~ 욕설을 퍼붓다 déverser mille injures (contre *qn*), couvrir *qn* d'injures. ② n'importe comment, pêle-mêle, à tort et à travers.¶ 쓰레기를 ~ 버리다 jeter les ordures n'importe où. ¶ 글씨를 ~ 갈겨쓰다 griffonner n'importe comment.

마구간 명 écurie *f*. ¶ 말을 ~에 넣다 mettre [rentrer] un cheval à l'écurie.

마구리 명 extrémité *f* ((d'un objet)); garniture *f* ((en fer)) à l'extrémité d'un objet. ¶ 통의 양쪽 ~ les deux extrémités d'un tonneau.

마구잡이 명 action *f* imprudente [téméraire, irréfléchie]; imprudence *f*. ¶ ~로 de façon irréfléchie, négligemment, sans soin, avec insouciance, à la va-vite. ¶ 군인들이 젊은이들을 ~로 잡아 갔다 Les militaires ont arrêté et emmené des jeunes avec eux au hasard. ¶ 깡패들이 서로 ~로 주먹을 휘둘렀다 Les voyous se sont donnés des coups de poing de façon irréfléchie. ¶ 경찰의 ~ 검거에 시민들이 분노하고 있다 Les citoyens sont enragés par la manière irréfléchie dont la police a procédé à ces arrestations.

마권 馬券 명 ticket *m* de P.M.U. [pari mutuel]. ¶ ~ 발매소 guichet de tickets de P.M.U. [pari mutuel]. ¶ ~을 발매하다[사다] vendre [acheter] les tickets de P.M.U. [pari mutuel].

마귀 魔鬼 명 diable *m*, démon *m*; Satan *m*. ¶ ~의 소굴 le repaire du diable. ¶ ~가 들린 여인 une femme ensorcelée[possédée] (par le démon). ¶ 소녀는 ~의 손아귀에서 겨우 빠져나올 수 있었다 La jeune fille a pu avec peine s'échapper de l'emprise du diable. ¶ 이 주문을 외면 ~를 쫓아낼 수 있다 En prononçant ces formules magiques, on pourra se débarrasser de ce démon.

◆**_할멈** 명 vieille sorcière *f*, mégère *f*, harpie *f*.

마그네슘 영{magnesium} 명 【화학】 magnésium *m*.

◆**산화**[**염화**, **황산**, **수산화**] _ 명 oxyde *m* de magnésium [chlorure *m* de magnésium, sulfate *m* de magnésium; hydroxyde *m* [hydrate *m*] de magnésium].

마그마 영{magma} 명 【지리】 magma *m*.

마나님 명 madame *f*. ¶ 우리 할머니는 부잣집 ~처럼 치장을 하고 있었다 Ma grand-mère s'est apprêtée comme une grande dame de famille riche.

마냥 부 ① 줄곧 continuellement, sans discontinuer, sempiternellement {*litt*}; toujours, tout le temps; sans arrêt, sans cesse. ¶ ~ 이렇게 기뻐하고만 있을 순 없다 On ne peut pas rester sempiternellement joyeux comme ça. ② 실컷 à souhait; à volonté; complètement, entièrement. ¶ 저울을 ~ 후하게 달다 peser généreusement; servir une ample portion. ③ 몹시 vivement, énormément. ¶ 네 처지가 ~ 부러울 때가 많다 Il y a beaucoup de fois où je t'envie

ㅁ

énormément.

마네킹 🅔{mannequin} 명 mannequin *m*. ¶ 진열장 안의 ~ les mannequins dans une vitrine. ¶ 그 여자는 표정이 ~처럼 굳어 있다 Elle a un regard éteint comme celui d'un mannequin.

마녀 魔女 명 sorcière *f*, diablesse *f*. ¶ 동양의 ~ Les diablesses de l'Orient.

◆**_사냥** 명 【역사】 chasse *f* aux sorcières. ¶ 몇몇 정치인들은 이 수뢰 사건에 대한 언론의 보도가 ~사냥 식으로 흘러가고 있다고 불평하고 있다 Certains hommes politiques se plaignent que la presse fasse de cette affaire de corruption une chasse aux sorcières.

◆**_재판** -裁判 명 【역사】 jugement *m* des sorcières.

마노 瑪瑙 명 【광물】 agate *f*.

마누라 명 【속어】 femme *f*, épouse *f*.

-마는 조 mais, bien que, malgré ((suffixe flexionnel conjonctif indiquant une concession ou une excuse. S'ajoutant après un certain nombre de suffixes flexionnels de terminaison phrastique déclarative, il sert à transformer la phrase en proposition exprimant une concession ou une excuse)). ¶ 비가 옵니다~ 출발합시다 Il pleut, certes, mais mettons-nous en route (tout de même). ¶ 기다린다고 올까~ 그래도 눈길이 자꾸 동구 밖으로 향한다 Même si je l'attends, il ne viendra pas, mais malgré cela, mon regard se dirige sans cesse vers l'entrée du village. ¶ 의원님께서 부산에 오십니다~ 거기 들를 시간은 없으실 겁니다 M. le député arrive à Busan, mais il n'aurait pas le temps de passer par là-bas.

마늘 명 ail(*ails, aulx*) *m*. ¶ ~ 한 접[통, 쪽] cent pieds d'ail [une tête d'ail, une gousse d'ail]. ¶ ~빵 du pain (au beurre) à l'ail; des croûtons à l'ail, des croûtons aillés. ¶ ~ 장아찌 *maneuljangajji* <plat d'accompagnement à base d'ail séché et salé, mélangé à de la sauce de soja; ail saumuré>. ¶ ~을 다지다 écraser l'ail. ¶ 거기 있는 ~ 좀 까라 Épluche l'ail qui est là-bas, s'il te plaît. ¶ 네 입에서 ~ 냄새가 많이 나 Tu as mauvaise haleine, tu empestes l'ail / Ton haleine empeste l'ail.

◆**_종** 명 tige *f* d'ail.

마님 명 【고어】 ① madame *f*. ② monsieur *m*; mon seigneur *m*.

◆**대감_** 大監 명 Mon Seigneur.

◆**안방_** -房 명 madame *f*, votre femme *f* [épouse *f*]. ¶ 안방~은 안녕하신가? Comment va votre épouse?

◆**영감_** 令監 명 Monsieur.

마다하다 타 refuser, rejeter, dénier, décliner, récuser, repousser. ¶ 그 남자는 힘든 작업도 마다하지 않고 열심히 했다 Il a travaillé ardemment [dur, courageusement] sans même refuser les tâches pénibles. ¶ 자네가 술을 마다할 때가 다 있나? Y a-t-il des moments où tu refuses de boire? ¶ 그렇게 좋은 직장[학교]를 마다하고 이곳까지 온 이유가 무엇입니까? Quelle est la raison pour laquelle vous avez décliné [refusé] un si bon poste [un si bon établissement] et êtes venu(*e*) ici? ¶ 어머니는 한사코 가구를 새 것으로 바꾸는 것을 마다하셨다 Ma mère a refusé jusqu'au bout de changer ses meubles pour des meubles neufs. ¶ 그 사람은 나와 같이 식사하기를 극구 마다한다 Il refuse absolument de prendre un repas avec moi.

마담 🅕{madame} 명 patronne *f* d'un bar ((appellation péjorative)).

마담뚜 명 【속어】 entremetteuse *f* de la haute (société).

마당 명 cour *f* ((d'une maison, de ferme)); aire *f*. ¶ ~을 쓸다 balayer la cour. ¶ ~이 넓은 집 une maison avec une grande cour.

◆**_굿** 명 cérémonie *f* de chamanisme exécutée dans une cour.

◆**_극** -劇 명 pièce *f* de théâtre traditionnelle interprétée dans une cour.

◆**_놀이** 명 spectacle *m* folklorique que l'on exécute dans une cour.

◆**_비** 명 un grand balai *m*((pour balayer la cour)).

◆**안_** 명 une cour *f* intérieure.

◆**앞[뒷]_** la cour *f* de devant[cour *f* arrière].

의명 cas *m*, circonstance *f*, situation *f*. ¶ 이 ~에 그런 한가한 소리가 나오니? Comment peux-tu dire une telle chose dans une telle circonstance? ¶ 사람이 다 죽게 된 ~에 돈이 무슨 소용이냐? Qu'est-ce que l'argent peut faire alors qu'une personne se meurt?

분류 【음악】 pièce de *pansori*. ¶ 판소리 다섯 ~ les cinq pièces du répertoire du *pansori*.

마당발 명 personne *f* qui a le bras long [qui a beaucoup d'influence]; (un) personnage *m* influent; (un) gros bonnet *m* {*fam*}, (une) grosse légume *f* {*fam*}, (une) huile *f* {*fam*}. ¶ 그 인물은 정가의 소문난 ~이다 Il connaît beaucoup de gens dans le milieu politique / On dit qu'il est très influent dans le milieu politique.

마대 麻袋 명 sac *m* en toile de jute.

마도로스 🅝 명 marin *m*, matelot *m*.

마돈나 🅘 명 ① 사랑하는 여인 madone *f*. ¶ 오오, 내 사랑, 나의 ~! Oh, mon amour, ma madone! ② 성모 마리아 Madone *f*. ¶ 시스티나 성당의 ~ 상 Madone de la chapelle Sixtine.

마디 명 ① articulation *f*, jointure *f*, nœud *m*, nodosité *f*. ¶ 이 대나무는 ~가 굵다 Les jointures de ce bambou sont larges. ¶ 이 가지는 ~와 ~ 사이가 매우 좁다 Les intervalles des jointures de cette branche d'arbre sont très étroits. ② phalange *f* ((du doigt)), articulation *f*. ¶ 관절염으로 나는 늘 뼈~가 쑤신다 J'ai toujours une douleur au niveau des articulations à cause du rhumatisme. ¶ 힘든 농삿일로 아버지의 손~가 굵어지셨다 Les articulations des doigts de mon père se sont endurcies avec les durs travaux agricoles. ¶ 혈액 순환이 안돼서 손~가

저린다 J'ai les articulations des doigts engourdies par une mauvaise circulation du sang. ③ (un) mot *m*, (une) phrase *f*; (une) chanson *f*, (un) air *m*. ¶ 그 사람은 한 ~ 말도 없이 가버렸다 Il est parti sans dire un mot. ¶ 우리는 한두 ~ 인사말만 나누곤 헤어졌다 Nous nous sommes dit au revoir après nous être échangé quelques mots de salutation. ¶ 선생님은 몇 ~ 말을 하고 나더니 밖으로 나가버렸다 Le professeur est sorti après avoir dit quelques mots. ¶ 한 ~로 말해서 en un mot; en bref. ¶ 이 노래의 첫째 ~를 다시 불러 보아라 Chante encore le premier couplet de cette chanson! ¶ 노래 한 ~ 해 보아라 Essaie de chanter un air!
◆ _ _ 명 toutes les articulations *fpl*; chaque jointure *f*. ¶ 뼈 ~~가 쑤시다 avoir mal à toutes les articulations. ¶ 이 말은 ~~ 깊은 뜻이 담겨있다 Cette phrase en dit long.

마땅찮다 형 ① 적당하지 않다 être inconvenant(*e*), déplacé(*e*), incongru(*e*); être inopportun(*e*); ne pas convenir, ne pas aller, être peu satisfaisant(*e*). ¶ 모임에 입고 갈 옷이 ~ ne pas avoir de tenue convenable pour la réunion [pour la soirée]. ¶ 일자리가 ~ ne pas trouver de travail qui convienne à *qn*. ② 못마땅하다 être mécontent(*e*), être contrariant(*e*) [déplaisant(*e*)]; déplaire à *qn*. ¶ 아버지께서는 우리를 마땅찮은 듯 쳐다보셨다 Notre père nous a regardés d'un air mécontent [contrarié] / Notre père nous a jeté un regard noir [désapprobateur]. ¶ 나는 네가 그런 일을 하는 것이 ~ Je n'aime pas [Ça ne me plaît pas, Ça me déplaît] que tu fasses ce genre de travail.

마땅하다 형 ① 적합하다 être convenable, approprié(*e*), opportun(*e*), apte, seyant(*e*). ¶ 마땅한 가격 un prix convenable [acceptable]. ¶ 누구에게 마땅한 배우자를 고르다 chercher le conjoint qui convienne à *qn*. ¶ 고민을 했지만 마땅한 생각이 떠오르지 않는다 J'y ai réfléchi, mais aucune idée ne me vient à l'esprit. ¶ 이 일에 마땅한 인물이 없다 On a du mal à trouver la personne qu'il faut pour ce travail. ¶ 내게 마땅한 일자리가 좀처럼 나타나지 않는다 J'ai du mal à trouver le travail qui me conviendrait. ¶ 쉬려고 했지만 마땅한 장소를 찾지 못했다 Nous voulions nous reposer, mais nous n'avons pas pu trouver un endroit convenable. ¶ 지금까지의 노력을 생각하면 그가 상을 받는 것은 마땅한 일이다 Compte tenu de tous les efforts qu'il a déployés jusqu'à présent, il mérite ce prix. ② 당연하다 être naturel(*le*), inévitable, évident(*e*), raisonnable; devoir, falloir; mériter. ¶ 그는 처벌받아 ~ Il mérite une punition [d'être puni]. ¶ 복지사회의 구현을 위해서는 하루 빨리 세제를 개혁하는 것이 ~ Pour construire une société fondée sur le bien-être de la population, il faut d'abord réformer le système fiscal.

마땅히 부 ① tout naturellement; forcément, nécessairement, obligatoirement. 죄지은 자는 ~ 벌을 받아야 한다 Il est juste que ceux qui ont commis des crimes soient punis. ② 적당하게 de façon adéquate, justement; comme il faut, convenablement, comme il convient. ¶ 일요일이라도 ~ 갈 곳이 없다 C'est dimanche. Tout est fermé. Il n'y a nulle part où aller.

마뜩잖다 형 être désagréable; ne pas être satisfaisant(*e*). ¶ 마뜩잖은 표정을 짓다 avoir un air insatisfait [inapaisé]. ¶ 그 사람은 나를 마뜩잖게 여긴다 Je ne lui plais pas / Il ne m'aime pas beaucoup. ¶ 그는 늘 내가 하는 일을 마뜩잖게 생각한다 Tout ce que je fais n'est jamais satisfaisant pour lui.

마뜩하다 형 être satisfaisant(*e*), acceptable, convenable agréable; être au goût de *qn*.

마라톤 명 marathon *m*. ¶ ~ 회의 réunion marathon *f*, réunion *f* qui n'en finit pas, réunion *f* interminable.

마력[1] 魔力 명 pouvoir *m* [force *f*] magique [diabolique]; magie *f*; ensorcellement *m*, charme *m*. ¶ 활자의 ~ puissance de la presse. ¶ 그는 사람을 끄는 특별한 ~을 지녔다 [~의 소유자이다] Cette personne a un charme tout particulier.

마력[2] 馬力 분류 【물리】 cheval-vapeur (~aux-~) *m*. ¶ 40 ~의 자동차 automobile de quarante chevaux; une quarante chevaux. ¶ 이 발동기는 최고 100 ~(의 힘)을 낸다 Ce moteur peut avoir une puissance maximale de 100 chevaux.
명 【물리】 cheval-vapeur (~aux-~) *m*. ¶ 이 차는 엔진의 ~이 높다 Ce véhicule a un niveau de cheval-vapeur élevé.

마련 명 établissement *m* d'un plan [projet]; arrangements *mpl*, dispositions *fpl*; préparatifs *mpl*, apprêts *mpl*. ¶ 그 학생은 학비 ~이 좀 어려운 형편이다 Il lui est difficile de réunir la somme nécessaire pour les frais de scolarité. ¶ 나로서는 신혼여행 경비 ~도 쉬운 일이 아니다 J'ai des difficultés même pour réunir l'argent pour le voyage de noces. ◇_(을) **하다** arrêter [dresser] un plan pour *qc*/*inf*; prendre des dispositions [mesures] pour [en vue de] *qc*; faire des préparatifs pour [en vue de] *qc*. ¶ 자기 힘으로 대학 등록금을 ~하다 réunir de quoi payer les frais de scolarité par ses propres moyens. ¶ 손님들을 위해 음식과 술을 ~하다 préparer à boire et à manger pour les invités. ¶ 아내에게 줄 선물을 ~하다 acheter un cadeau pour sa femme. ¶ 열심히 저축하여 집을 ~하다 faire beaucoup d'économies, pour acheter une maison. ¶ 실업자들에게 일자리를 ~해 주다 donner du travail aux chômeurs. ¶ 학생들에게 열심히 공부할 수 있는 여건을 ~해 주다 fournir des conditions favorables aux étudiants pour leurs études. ◇_(이) **되다** prévoir *qc*, être mis(*e*) à disposition. ¶ 돈이 ~되면 연락할게요 Je vous contacterai dès que j'aurai l'argent. ¶ 구청에 ~된 기표소에 가서 투표하다 aller voter aux urnes installées à la mairie de l'arrondissement. ¶ 저쪽에 자리가 ~되어 있습니다 Nous avons prévu de la place là-bas. ◇_**이다** il est normal que; il va de soi que; avoir tendance à. ¶ 소문이란 눈덩이처럼 불어나기 ~이다 Les rumeurs ont tendance à faire boule de neige. ¶ 부모라면 누구나 자기 자식에게 기대를 갖기 ~이다 Il est normal que les parents attendent beaucoup de leurs enfants. ¶ 자연과 가까워질수록 마음의 여유를 갖게 ~이다 On a tendance à être généreux à mesure que l'on se rapproche de la nature.

마렵다 형 ((똥이)) avoir envie d'aller à la selle {*vx*}; ((오줌이)) avoir envie d'uriner [de se soulager, de pisser {*fam*}]. ¶ 오줌[똥]이 ~ avoir envie d'uriner [de faire caca {*fam*}, de chier {*vulg*}]; avoir envie de faire *ses* besoins, avoir envie de se soulager [avoir envie de déféquer].

마로니에 명 marronnier *m*.

마루[1] 명 ① plancher *m*, parquet *m*. ¶ ~를 깔다 planchéier; parqueter. ¶ ~ 이쪽이 조금 내려앉았다 Le parquet s'est effondré de ce côté-ci. ② ((한옥)) *maru m* <plancher surélevé situé devant les maisons traditionnelles, sous l'avance du toit; parquet ouvert sur l'extérieur entre les pièces>.
◆_방 -房 명 chambre *f* avec parquet en bois.
◆_운동 -運動 명 gymnastique *f* au sol.
◆대청_ 명 ☞ 대청마루
◆쪽_ 명 ☞ 쪽마루
◆툇_ 명 petit parquet *m* avancé.

마루[2] 명 arête *f*, crête *f*, croupe *f* ((d'une chaîne de montagnes)); faîte *m* ((d'un toit)). ¶ 고개 ~에 올라서자 마을이 한눈에 들어왔다 Dès que nous sommes arrivés sur la crête de la montagne, nous avons eu une vue d'ensemble du village. ¶ 서산 ~에 걸린 해 le soleil couchant sur la montagne.
◆산_ 山- 명 crête *f* de la montagne.
◆용_ 龍- 명 faîte *m* d'un toit.

마르다[1] 자 ① 건조되다 sécher; se dessécher, assécher, se rendre sec. ¶ 마른 잎을 태우다 brûler des feuilles séchées. ¶ 빨래가 다 말랐다 Le linge a complètement séché. ¶ 빨리 마르는 니스 [페인트] un vernis [une peinture] qui sèche vite. ¶ 땀이 말랐다 La sueur a séché. ② (물이) 줄어서 없어지다 (*se*) tarir, se dessécher. ¶ 샘[개울]이 말랐다 La source [Le ruisseau] a tari [s'est tari(*e*)]. ¶ 오랜 가뭄으로 우물물이 말랐다 Les puits ont tari à cause des grandes sécheresses. ¶ 강물이 마른다. La rivière se tarit. ¶ 마르고 닳도록 빌다 prier avec une grande ferveur. ③ 갈증이 나다 avoir ((la gorge)) sèche, avoir soif; ((입술이)) se dessécher. ¶ 목이 ~ avoir la gorge sèche, avoir soif, être assoiffé(*e*), déshydraté(*e*), avoir la pépie. ¶ 영혼의 목이 마른 사람은 나에게 오라 Que celui qui a une soif spirituelle vienne à moi. ¶ 우리는 목이 마르게 구원을 갈구했다 Nous avons désespérément attendu du secours. ¶ 입술이 말랐다 J'ai les lèvres desséchées. ¶ 속이 타서 입술이 바싹바싹 마른다 Je suis tellement inqui*et*(*ète*), que mes lèvres se dessèchent. ④ ((여위다)) maigrir, s'amaigrir; perdre du poids [des kilos]. ¶ 대 꼬챙이처럼 마르다 être maigre comme un clou [comme un cent de clous, comme un coucou, comme un hareng saur], être mince comme un fil, être filiforme, être *sec*(*sèche*) comme un coup de trique, être décharné(*e*) [desséché(*e*), squelettique, étique], n'avoir que la peau et les os, on lui voit les côtes, on lui compterait les côtes, être d'une maigreur squelettique [impressionnante, inquiétante]. ¶ 마르고 창백한 얼굴 un visage maigre [amaigri, décharné] et pâle [livide]. ¶ 그 여자는 약간 말랐다 Elle a un peu maigri. ¶ 그 사람은 피골이 상접할 정도로 말랐다 Il est si maigre qu'il n'a plus que la peau sur les os / On lui voit les côtes / On lui compterait les côtes / C'est un squelette ambulant / Il est squelettique / C'est un paquet [un sac] d'os {*fam*}. ⑤ 소비되어 없어지다 être à sec {*fam*}; s'épuiser, venir à manquer, se tarir, se vider, tirer à *sa* fin, manquer de, être insuffisant(*e*), faire défaut; être en pénurie de ((médicaments)), être à court de ((argent, arguments, idées)), être à bout de ((forces, ressources, d'arguments, nerfs, souffle)), être dépourvu(*e*) de *qc*; ne pas avoir assez de *qc*, ne plus avoir de ((réserves)), ne (presque) plus avoir de *qc*. ¶ 돈[자금]이 말랐다 On est à court d'argent / On est à sec {*fam*} / Il manque des capitaux / Les capitaux sont insuffisants. ¶ 이야깃거리[소재]가 말랐다 On a épuisé tous les sujets de conversation / On n'a plus rien à dire.

***머리[대가리, 이마]에 피도 안** ~ 【구어】 être encore trop jeune [inexpérimenté, inconsidéré], avoir encore du lait derrière les oreilles, si on lui pressait [tordait] le nez, il en sortirait du lait. ¶ 머리에 피도 안 마른 놈이 까불고 있어! Comment un type inexpérimenté [un jeune blanc-bec] comme toi ose-t-il intervenir?

***씨가** ~ décimer, épuiser. ☞ 씨[1]

***잉크가 채 마르기도 전에** avec précipitation; en hâte. ¶ 그 남자는 이혼서류의 잉크가 채 마르기도 전에 다시 재혼했다 Il avait à peine divorcé que déjà il se remariait.

***입[침]이 마르게[도록] 칭찬하다** ne pas tarir d'éloges sur [à l'égard de] *qn*/*qc*, couvrir *qn* d'éloges [de fleurs], prodiguer des éloges à *qn*, louer *qn* sans mesure [avec emphase]. ¶ 선생님은 그 학생을 입[침]이 마르게[도록] 칭찬했다 Le professeur n'a pas tari d'éloges pour cet élève.

***(입에) 침이 마르게[도록]** répéter plusieurs fois [indéfiniment, cent fois] la même chose, ressasser [rabâcher] sans cesse la même chose, seriner. ¶ 내가 입에 침이 마르게 이야기했건만 그 친구는 내 말을 듣지 않았다 Je lui ai répété de nombreuses fois, mais il ne m'a jamais écouté(*e*) [mais il n'en a jamais tenu compte] / J'ai eu beau lui répéter cent fois [indéfiniment] la même chose, il ne m'a jamais écouté(*e*) / C'est la (é)nième fois que je lui répète ça, mais il fait toujours la sourde oreille. ***피가 마르게[마를 정도로]** terriblement, à l'extrême. ¶ 피가 마를 정도로 걱정하다 s'inquiéter terriblement [à l'extrême], se faire un sang d'encre, se ronger les sangs. ¶ 그때 상황은 피가 마를 정도로 긴박했다 La situation d'alors était extrêmement tendue.

마르다² 타 couper, tailler. ¶ 옷(감)을 ~ couper ((une robe à partir d'un patron)); tailler ((une veste)). ¶ 가위로 양복을 마르다 tailler des costumes avec des ciseaux.

마르크 독 명 mark *m*. ¶ ~는 유로화가 되기 전의 독일의 화폐였다 Le mark était la monnaie de l'Allemagne avant le passage à l'Euro.
분류 mark *m*.

마르크스 러 명 (Karl) Marx. ¶ ~ 전집 les œuvres complètes de Marx. ¶ ~ 경제학 économie marxiste.
◆ **_(레닌)주의** -主義 명 marxisme(-léninisme) *m*.
◆ **_주의자** -主義者 명 marxiste *mf*. marxien(*ne*).

마르크시즘 영{Marxism} 명 marxisme(-léninisme) *m*.

마른걸레 명 torchon *m* sec. ¶ ~로 진열장을 닦다 nettoyer le présentoir avec un torchon sec.

마른기침 명 toux *f* sèche. ◇ **_(을) 하다** tousser sec.

마른논 명 rizière *f* sèche.
***~에 물대기** ((une tâche, un travail)) être extrêmement pénible, difficile; se tuer à la tâche pour rien[pour des prunes {*fam*}].

마른반찬 명 petits plats *mpl* de viande ou de poisson séché accompagnant le riz.

마른버짐 명 【의학】 psoriasis *m*. ¶ ~이 피다 avoir du psoriasis.

마른번개 명 éclair *m* ((éclatant en temps de grande chaleur et de sécheresse)). ¶ 기다리는 비는 안 오고 ~만 치는구나 La pluie tant attendue tarde à tomber, alors qu'éclatent des orages secs.

마른안주 명 amuse-gueule *m* fait de poisson ou de viande séchée. ¶ 우리는 ~를 놓고 술을 마셨다 Nous avons bu de l'alcool accompagné d'amuse-gueule de poisson séché [de viande séchée].

마른장마 명 saison *f* des pluies avec très peu de pluie, mousson *f* sans pluie.

마른침 명 gorge *f* sèche. ¶ 우리는 경비원이 나타나자 바싹 엎드린 채 ~을 삼켰다 À l'approche du concierge, nous nous sommes allongés sur le ventre la gorge complètement sèche.

마른풀 명 foin *m*, fourrage *m*.

마른하늘 명 ciel(*cieux*) *m* clair (sans nuage).
***~에 날벼락** une grosse surprise qui fait l'effet d'un coup de tonnerre, un événement surprenant [totalement imprévu] ((tel(*le*)) un coup de tonnerre dans un ciel serein)), une nouvelle foudroyante, un coup dur absolument imprévisible, une tuile inattendue {*fam*} ((se dit d'une difficulté ou d'une catastrophe survenant soudainement)). ¶ ~에 날벼락도 유분수지, 어떻게 이런 일이 있을 수가 있을까! Il y a des limites à la surprise! Comment peut-il arriver une chose pareille?

마름¹ 명 intendant *m* d'une métairie.

마름² 명 【식물】 macre *f*, macle *f*; châtaigne *f* d'eau.

마름모 명 losange *m*, carreau(*x*) *m*, rhombe *m*.
◆ **_꼴** 명 losange *m*, rhombe *m*.

마름질 명 taille *f*, coupe *f* ((des habits)); découpage *m* ((du bois de construction)). ¶ 그 목수는 ~ 솜씨가 뛰어나다 Ce menuisier dé coupe très bien le bois. ◇ **_(을) 하다** couper, tailler ((un vêtement)). ¶ 옷감을 ~하다 tailler un tissu.

마리 분류 tête *f*. ((classificateur servant à compter les animaux)). ¶ 산토끼 한 ~ un lièvre. ¶ 고양이 두 ~ deux (têtes de) chats. ¶ 말 세 ~ trois chevaux. ¶ 소 스무 마리 vingt boeufs. ¶ ~당 값을 치르다 payer par animal.

마리아 라 명 【천주】 Sainte Marie, la Sainte Vierge. ¶ 주님의 어머니이신 성모 ~ Sainte Marie, mère du Seigneur.

마리오네트 프{marionnette} 명 【연영】 marionnette *f*.

마리화나 에 명 marijuana *f*, cannabis *m*, *Marie-Jeanne f* {*fam*}. ¶ ~를 피우다[하다] fumer du cannabis [de la Marie-Jeanne {*fam*}].

마립간 麻立干 【역사】 *Maribgan* <titre des quatre premiers rois de Silla>.

마마¹ 명 variole *f*. ¶ ~ 자국 marques [traces] de variole. ¶ 그는 ~를 앓아서 곰보가 되었다 Il lui est resté des traces de variole sur le visage.
◆ **_꽃** 명 pustule *f* de la variole.

마마² 명 Majesté *f*, Altesse *f*. ¶ 공주 ~ Sa Majesté la Princesse. ¶ 상감 ~ Sa Majesté le Roi. ¶ 중전 ~ Sa Majesté la Reine.

마마보이 영{mama's boy} 명 fils *m* à (*sa*) maman, fils *m* à sa mère. ¶ 그는 ~이다 Il tête encore sa mère / Il a encore besoin de sa maman / Il n'est pas encore sevré.

마멸 磨滅 어근 usure *f*. ◇ **_(이) 되다** s'user (par frottement), s'éroder. ¶ 도장에 새긴 글자가 ~되어 알아볼 수가 없다 Les lettres gravées sur le sceau se sont effacées si bien qu'il est difficilement lisible. ◇ **_(을) 시키다** user *qc* (par frottement), éroder.

마모 磨耗 명 abrasion *f*, usure *f*. ¶ 기계의 ~를 방지하다 prévenir l'usure de la machine. ¶ 자동차 바퀴의 ~가 심하다 Les pneus de la voiture se sont beaucoup usés. ◇ **_(가) 되다** s'user. ¶ 톱니바퀴가 심하게 ~되었다 La roue d'engrenage s'est beaucoup usée.
◆ **_율** -率 명 taux *m* d'usure.

마무리 명 finition *f*, finissage *m*, fini *m*; conclusion *f*, accomplissement *m*. ¶ ~ 공사 des travaux de finition. ¶ ~ 투수 un finisseur (au base-ball). ¶ 공사가 ~ 단계에 들어섰다 Les travaux sont en phase de finition. ¶ 무슨 일이든 ~가 중요하다 Quel que soit le travail, la conclusion est toujours la plus importante. ¶ 그는 매사에 ~가 깨끗하다 Quoi qu'il fasse, il conclue toujours très bien. ◇_(를) **하다[짓다]** donner une dernière touche, conclure, terminer, accomplir; finaliser. ¶ 원고를 ~하다 donner une dernière touche au manuscrit. ¶ 일을 잘 ~하다[짓다] Bien terminer un travail; bien conclure une affaire. ¶ 이 일을 ~하기까지는 사흘이 더 필요하다 J'ai encore besoin de trois jours pour donner une dernière touche à ce travail. ¶ 그 문제는 이 정도에서 ~자읍시다 Concluons ici cette question. ◇_(가) **되다** être conclu(*e*), fini(*e*), accompli(*e*), se terminer. ¶ 작업이 순조롭게 ~되었다 Le travail s'est bien terminé. ¶ 회의는 자정이 넘어서야 ~되었다 La réunion ne s'est conclue qu'après minuit. ¶ 일이 잘 ~되기를 바랍니다 J'espère que tout finira très bien.

마법 魔法 명 magie *f*, sorcellerie *f*, sortilège *m*. ¶ ~의 성[지팡이] un château enchanté[une baguette magique]. ¶ ~을 쓰다[걸다] pratiquer la sorcellerie [magie]; ensorceler *qn*. ¶ ~에 걸리다 être ensorcelé(*e*). 【속어】((생리중)) ((expression familière pour dire)) avoir *ses* règles, être indisposé(*e*), réglé(*e*), avoir ses ragnagnas {*fam*}, avoir *ses* poupounes {*fam*}, avoir ses ours {*fam*}.
◆_**사** -師 명 magicien(*ne*), sorci*er*(*ère*).

마부 馬夫 명 palefrenier *m*, cocher *m*, écuyer *m*.

마분지 馬糞紙 명 carton-pâte(~*s*-~*s*) *m*; gros carton *m*; carton *m* épais; carton-paille(~*s*-~*s*) *m*.

마비 痲痺 명 ① 【의학】 paralysie *f*; engourdissement *m*; insensibilité *f*; ralentissement *m*; arrêt *m*. ¶ 안면근육 ~ paralysie faciale. ¶ 하반신 ~ paralysie des membres inférieurs. ② ((비유적)) paralysie *f* ((du trafic)). ¶ 교통 ~ paralysie du trafic. ¶ 도덕심의 ~ insensibilité morale. ◇_(가) **되다** être frappé(*e*) de paralysie; être insensible. ¶ 양심이 ~되다 être immoral(*e*). ¶ 그 환자는 중풍으로 한쪽 팔이 ~되었다 Ce patient est paralysé d'un bras suite à une hémorragie cérébrale. ¶ 큰 비로 교통이 ~되었다 Des pluies diluviennes ont paralysé les transports. ¶ 일련의 파업으로 조선 업계가 ~되었다 Une série de grèves ont paralysé le secteur de la construction navale. ◇_(를) **시키다** paralyser, engourdir, arrêter ((la circulation)). ¶ 인습은 사람의 정신을 ~시킨다 Les vieilles coutumes engourdissent l'esprit.
◆**뇌성**_ 腦性- 명 【의학】 paralysie *f* cérébrale.
◆**소아**_ 小兒- 명 【의학】 poliomyélite *f*, paralysie *f* spinale.
◆**심장**_ 心臟- 명 【의학】 crise *f* cardiaque. ¶ 우리 아버지는 심장~로 죽었다 Mon père est mort d'une crise cardiaque.

마빡 명 【속어】 ((terme familier désignant le)) front *m*.

마사지 영{massage} 명 massage *m*. ¶ ~ 요법 massage thérapeutique. ¶ 근육 ~ massage musculaire. ¶ 얼굴 ~ massage facial. ¶ 전기 ~ massage électrique. ¶ 나는 가끔씩 온몸 ~를 받는다 Je vais de temps en temps à des séances de massage. ¶ 나는 심한 운동으로 굳어진 어깨를 ~로 풀어주었다 Je me suis fait masser les épaules qui étaient endolories par un excès d'exercices physiques. ◇_(를) **하다** faire un massage ((à *qn*)); donner un massage; masser *qn*. ¶ 그 여자는 콜드크림으로 매일 얼굴을 ~한다 Elle masse tous les jours son visage avec de la crème de beauté.

마사회 馬事會 명 association *f* des courses hippiques.

마상 馬上 명 à cheval. ¶ ~에서 떨어지다 tomber de cheval. ¶ ~에 오르다 monter à cheval.

마소 명 gros bétail *m*; chevaux *mpl* et bœufs *mpl*; bestiaux *mpl*. ¶ ~를 기르다 élever le gros bétail. ¶ ~를 먹이다 nourrir le gros bétail. ¶ ~를 부리다 conduire le gros bétail.

마수[1] 魔手 명 machination *f* diabolique; ruse *f* diabolique. ¶ 누구에게 검은 ~를 뻗치다 exercer une influence malveillante contre *qn*; employer une ruse diabolique contre *qn* ((pour lui nuire)) ¶ 누구의 ~에 걸려들다 tomber entre les mains diaboliques de *qn*. ¶ 누구의 ~에서 벗어나다 se tirer des mains diaboliques de *qn*.

마수[2] 명 chance *f* d'un commerçant (qui fait sa première vente). ¶ 오늘은 ~가 좋다[나쁘다] Ça commence bien [mal], aujourd'hui.
◆_**걸이** 명 la première vente. ¶ 정오가 되도록 아직 ~걸이도 못 했다 Il est déjà midi, mais je n'ai même pas encore fait la première vente du jour. ¶ ~걸이니 싸게 드리지요 Je vous fais un bon prix puisque vous êtes mon premier client.

마술[1] 魔術 명 magie *f*, sorcellerie *f*, sortilège *m*; art *m* diabolique; prestidigitation *f*. ¶ 카드 ~ prestidigitation de cartes; tour de cartes. ¶ ~을 부리다 pratiquer la magie; faire des tours de prestidigitation [de magie]. ¶ ~에 걸리다 être sous le coup d'une force magique; être ensorcelé(*e*).
◆_**적** -的 명 magique; occulte; ensorcelant(*e*); merveilleu*x*(*se*).
◆_**사** -師 명 prestidigita*teur*(*trice*); magicien(*ne*); sorci*er*(*ère*).
◆_**쟁이** 명 prestidigita*teur*(*trice*); magicien(*ne*); sorci*er*(*ère*).

마술[2] 馬術 명 【운동】 équitation *f*, talent *m* d'écuyer; hippisme *m*.
◆_**경기** -競技 명 compétition *f* d'équitation.
◆**마장**_ 馬場 명 écurie *f*, hippodrome *m*; champ *m* de courses.

마스게임 영{mass game} 명 danse *f* gymnastique en très grand nombre; gymnastique *f* rythmée [suédoise]; exercices *mpl* de callisthénie. ☞ 매스게임

마스카라 영{mascara} 명 mascara *m*, rimmel *m*, fard à cils. ¶ 눈에 ~를 칠하다 se mettre du mascara sur les cils, appliquer du mascara sur *ses* cils, se noircir les cils [allonger *ses* cils, se faire les cils] au mascara, se mettre du noir aux yeux.

마스코트 영{mascot} 명 mascotte *f*. ¶ 행운의 ~ une mascotte porte-bonheur. ¶ 그 소년은 우리 부대의 ~였다 Le garçon était la mascotte de notre troupe.

마스크 영{mask} 명 ① 가면 masque *m*; déguisement *m*. ② masque *m* ((à gaz)). ¶ 방독 ~ masque à gaz. ¶ 산소 ~ masque à oxygène ¶ 거즈 ~ masque en gaze hydrophile. ¶ 그 친구는 감기에 걸려서 ~를 쓰고 다닌다 Il porte un masque hygiénique parce qu'il est enrhumé. ¶ 포수가 파울볼을 잡으려고 ~를 벗어던졌다 Le receveur a ôté son masque de protection pour prendre la fausse balle. ③ 얼굴 생김새 apparence *f*; air *m*; faciès *m*; physionomie *f*. ¶ 저 친구 ~가 좋군 Il a un beau masque.

마스터 영{master} 명 maître(*sse*); dirigeant(*e*). ◇_(를) 하다 être maître de *qc*; être devenu(*e*) maître [expert] en la matière [en *qc*]; maîtriser *qc* [*son* sujet], dominer un [*son*] sujet, bien maîtriser [dominer] le sujet, dominer la question. ((끝내다)) maîtriser, être maître de, connaître à fond ((*son* sujet)), posséder (à fond) ((*son* sujet, un art, un métier)). ¶ 수학은 ~했고, 국어 공부를 해야겠다 Maintenant que je maîtrise les maths, je vais devoir me mettre à étudier le coréen [je vais devoir me mettre au coréen].

마스터키 영{master key} 명 ☞ 매스터키

마스터플랜 영{master plan} 명 ☞ 매스터플랜

마시다 타 ① ((액체를)) boire; prendre ((une boisson)); avaler, absorber, lamper {*fam*}, trinquer {*fam*}. ¶ 물[술]을 ~ boire de l'eau [boire (de l'alcool)]. ¶ 차를 ~ prendre [boire] du thé [une boisson chaude]. ¶ 단숨에 ~ boire [avaler] d'un trait [d'une (seule) traite], boire d'un seul coup, boire d'une seule lampée {*fam*}, faire [boire] cul sec {*fam*}. ¶ 꿀꺽꿀꺽 ~ boire à grandes gorgées, lamper {*fam*}. ¶ 마실 것을 찾다 chercher à boire; être à la recherche de *qc* à boire. ¶ 이것 마시는 물이에요? Est-ce qu'on peut boire cette eau? / Est-ce que cette eau est potable? / Cette eau est-elle potable? ¶ 목이 너무 마른데 마실 거 없나? J'ai la gorge en feu [hyper sèche {*fam*}] [Je meurs de soif], (il n')y aurait pas quelque chose à boire? ¶ 그 사람은 삼일 동안 먹지도 마시지도 못하고 표류했다 Il a été à la dérive pendant trois jours sans pouvoir manger ni boire. ② ((기체를)) respirer, aspirer, inhaler, humer; avaler ((la fumée d'une cigarette)), aspirer, inspirer, flairer. ¶ 맑은 공기를 ~ humer [respirer] de l'air pur, respirer l'air frais (du dehors), prendre un bol d'air (frais), prendre le frais, s'oxygéner les poumons. ¶ 연탄 가스를 마시고 의식을 잃다 perdre conscience après avoir inhalé de l'oxyde de carbone.

마실 명 ((faire un)) tour *m* (chez le voisin). ◇_(을) 가다 aller faire un tour (chez le voisin).

마악 부 ☞ 막[3]

마애불 磨崖佛 명 【불교】 figure *f* du Bouddha gravée sur une falaise.

마약 痲藥 명 drogue *f*, stupéfiant *m*. ¶ ~과의 전쟁 guerre contre la drogue. ¶ ~을 밀매하다 faire du trafic de drogue. ¶ ~을 먹다[복용하다] prendre des drogues [des stupéfiants]. ¶ ~을 (상용)하다 prendre régulièrement des drogues; s'adonner aux [faire usage habituel de] stupéfiants. ¶ 그 사람은 ~을 끊으려고 무진 애를 썼다 Il a tout fait pour sortir de la toxicomanie[de la drogue]. ¶ 그 사람은 ~에 손을 댔다 Il a touché à la drogue. ¶ 그 사람은 ~에 중독되었다 Il est toxicomane.
◆**_단속** -團束 명 contrôle *m* du trafic de drogue.
◆**_밀매** -密賣 명 trafic *m* de stupéfiants.
◆**_밀매업자** -密賣業者 명 trafiquant(*e*) de stupéfiants.
◆**_상습자** -常習者 명 toxicomane, drogué(*e*).
◆**_중독** -中毒 명 toxicomanie *f*.
◆**_중독자** -中毒者 명 toxicomane, drogué(*e*).

마왕 魔王 명 Satan *m*; Diable *m*; Prince *m* des Ténèbres; Belzébuth *m*.

마요네즈 프{mayonnaise} 명 mayonnaise *f*. ¶ ~를 치다 battre la mayonnaise. ¶ 샐러드에 ~를 넣다 mettre de la mayonnaise dans la salade.

마우스 영{mouse} 명 【컴퓨】 souris *f* (d'ordinateur). ¶ ~를 작동시키다 manipuler une souris. ¶ ~를 눌러 Appuie sur la souris. ¶ ~가 말을 잘 안 듣는다 La souris ne marche pas bien. ¶ ~ 버튼을 두 번 누르면 프로그램이 실행된다 Le programme se déclenche par un double clic de la souris.
◆**_패드** 영{-pad} tapis *m* (pour souris).

마우스피스 영{mouthpiece} 명 ① 【운동】 protège-dents *m*. ¶ 시합 중에는 반드시 ~를 껴야[물어야] 한다 Il est obligatoire de mettre un protège-dents lors d'un combat. ¶ 그 선수의 펀치에 상대방의 ~가 튀어나왔다 Le protège-dents de l'adversaire a été éjecté par un coup de poing. ② ((악기의)) embouchure *f*.

마운드 영{mound} 명 【운동】 monticule *m*; mont *m* du lanceur. ¶ ~에 오르다 monter sur le monticule. ¶ 저 투수는 6회까지 무실점으로 ~를 지키고 있다 Ce lanceur reste sur le monticule sans concéder le moindre point à l'adversaire jusqu'à la sixième manche. ¶ 그 투수는 오랜만에 ~에 서게[를 밟게] 되었다 Ce lanceur est remonté sur le monticule après une longue absence. ¶ 이 홈런 한 방이 그 투수를 ~에서 끌어내렸다 Un seul *home run* a fait descendre ce lanceur du monticule. ¶ 그 투수는 한 회만에 ~에서 내려왔다[~를 물려주었다] Le lanceur est descendu du [a cédé le] monticule après une seule manche. ¶ 이 팀은 전반적으로 ~가 약하다 Cette équipe n'a pas de bons lanceurs.

마을 명 village *m*, hameau(*x*) *m*, bourg *m*; quartier *m*. ¶ ~ 금고 caisse communale; trésor du village. ¶ ~ 문고 bibliothèque municipale. ¶ ~ 버스 autobus municipal; navette du quartier. ¶ ~ 축제 fête du village; bal du village. ¶ 그 사람은 이 ~ 저 ~ 떠돌며

살고 있다 Il vagabonde de village en village. ¶ 우리 부모님은 바로 이웃 ~에서 사신다 Mes parents habitent dans le village voisin. ¶ 부자 ~이라 역시 집들이 번듯하다 On sait tout de suite que c'est un quartier aisé vu ses belles résidences. ◇ ~(을) **가다** aller faire un tour (chez le voisin).

마음 명 ① 심정 âme *f*; cœur *m*; esprit *m*. ¶ ~의 평화를 되찾다 retrouver la tranquillité d'esprit. ¶ ~의 동요를 감추다 cacher le trouble de *son* âme. ¶ 흥분한 ~을 가라앉히다 calmer *ses* esprits (excités). ¶ 원통한 ~을 삭이다 apaiser *son* dépit. ¶ 슬픈 ~을 삭이다 calmer *sa* tristesse. ¶ 주위 사람들의 ~을 아프게 하다 faire souffrir *son* entourage. ¶ 그 사람의 간절한 호소가 듣는 사람들의 ~을 움직였다 Son appel pressant a touché ceux qui l'écoutaient. ¶ 가벼운 ~으로 여행을 떠나다 partir en voyage le cœur léger. ¶ 즐거운 ~으로 남을 돕다 donner un coup de main de bon cœur. ¶ 참석하고 싶었지만 그렇지 못해서 ~으로나마 졸업을 축하한다 Je voulais assister à ta cérémonie de fin d'études, mais comme je ne peux pas y aller, je voulais au moins te féliciter. ¶ 분한 ~에 어쩔 줄 모르다 ne pas pouvoir contenir *son* dépit. ¶ ~에서 우러난 위로의 말 des mots de consolation venant du cœur. ¶ 일을 끝내고 나니 ~이 너무나 가볍다 Le travail terminé, je me sens léger [soulagé]. ¶ 늙으신 부모님을 생각하면 ~이 무거워 진다 Quand je pense à ma mère très âgée, je me sens préoccupé. ¶ 고향에 돌아갈 생각에 ~이 들뜬다 L'idée de retourner dans ma ville natale est excitante. ¶ ~이 차분히 가라앉다 avoir l'esprit calme. ¶ 몸은 늙었지만 ~은 아직 청춘이다 Le corps a beau avoir vieilli, le cœur reste toujours jeune. ② 품성 esprit *m*, cœur *m*, personnalité *f*, caractère *m*, nature *f*. ¶ 차가운[뜨거운] ~으로 avec indifférence [passion]. ¶ ~이 착하다[어질다] avoir bon cœur. ¶ ~이 너그럽다[넓다] être généreux(*se*). ¶ ~이 좁다 un esprit étroit. ¶ 그 친구는 ~ 좋고 정이 많은 사람이다 C'est quelqu'un de tendre et d'affectueux. ¶ 그 친구는 ~이 차가운 사람이다 Il a une pierre à la place du cœur. ③ 의도, 의욕 intention *f*, volonté *f*, envie *f*. ¶ 나쁜 ~을 품다 avoir de mauvaises intentions. ¶ 상대방의 ~을 떠보다 sonder (les intentions de) *qn*. ¶ 그는 학교에 가려다가 ~을 바꾸어 동네 도서관에 갔다 Il est allé à la bibliothèque du quartier et non pas à l'école comme il en avait l'intention. ¶ 그 여자는 아들을 빨리 보고 싶은 ~에 역으로 달려갔다 Elle a couru à la gare, mourant d'envie de voir son fils. ¶ 그는 이미 무엇을 하기로[무엇을 할] ~의 준비가 되어 있다 Il est déjà préparé à faire *qc*. ¶ ~(이) 바뀌기 전에 얼른 받아요 Acceptez vite avant que je ne change d'avis. ④ 생각, 의식 pensée *f*, idée *f*; conscience *f*; cœur *f*. ¶ 우리는 ~을 터놓고 지내는 사이다 Nous ne nous cachons rien. ¶ 소중한 추억을 ~ 속에 간직하다 garder un souvenir précieux dans *son* cœur. ¶ ~ 속으로 기도하다 faire une prière intérieure. ¶ ~ 속 깊이 반성하다 se repentir du fond du cœur. ¶ 서로 ~이 통하다 bien s'entendre. ⑤ 애정, 호의 cœur *m*; affection *f*, amabilité *f*. ¶ 여자 친구는 어렵사리 내게 ~의 문을 열었다 Ma petite amie m'a difficilement ouvert son cœur. ¶ 사랑하던 여인으로부터[에게서] ~이 멀어지다 se détacher de la femme que l'on aimait. ¶ 국민들의 ~은 그에게서 돌아섰다 Le peuple lui a tourné le dos. ¶ 처음 보는 여자에게 ~이 끌리다 être attiré(*e*) par une inconnue. ◇_(을) **놓다** se rassurer; ne plus se faire de souci. ¶ 그 문제에 대해서는 ~ 놓으셔도 됩니다 Vous pouvez être rassuré sur ce problème. ¶ 아직은 ~을 놓을 수가 없다 On ne peut pas encore se dire soulagés. ¶ 그 사람이라면 ~ 놓고 일을 맡길 수가 있다 On peut compter sur lui sans souci. ◇_(을) **두다** penser à *qn*/*qc*. ¶ 그 남자는 너에게 ~을 두고 있다 Il pense à toi. ◇_(을) **먹다** avoir l'intention de+*inf*; décider de+*inf*, se déterminer à *qc*/*inf*, être résolu à+*inf*. ¶ 이혼하기로 ~먹었다 J'ai décidé de divorcer. ¶ 독한 ~을 먹고 대학입학시험 공부를 시작하다 se mettre à préparer le concours d'entrée à l'université avec acharnement. ¶ 일이 ~ 먹은 대로 되지 않는다 Ça ne marche pas comme je voulais. ◇_(을) **붙이다** s'intéresser à *qn*/*qc*. ¶ 공부에 ~을 붙이다 s'intéresser aux études. ¶ 도무지 ~ 붙일 데가 없다 Il n'y a rien d'intéressant. ◇_(을) **비우다** ne plus tenir à *qc*/*inf*. ◇_**을 사다** gagner (le cœur de) *qn*. ¶ 값비싼 선물로 여자의 ~을 사다 gagner le cœur d'une femme en lui offrant des cadeaux très chers. ◇_(을) **쓰다** prêter [faire] attention à *qn*/*qc*; s'occuper de *qn*/*qc*/*inf*. ¶ 사소한 일에 너무 ~ 쓰지 마라 N'attache [N'accorde] pas trop d'importance à ces problèmes secondaires [à des détails, à des futilités, à des vétilles]. ¶ 이렇게 ~ 써 주셔서 감사합니다 Je vous remercie de vous en occuper avec un si grand soin. ◇_(을) **잡다** s'assagir; devenir sérieux(*se*). ¶ 그가 한 동안 방황하더니 ~을 잡고 열심히 일한다 Il se met à travailler sérieusement après un certain temps d'errance. ◇_(을) **졸이다** se faire du souci, s'inquiéter. ¶ ~ 졸이며 시험 결과를 기다리다 attendre le résultat d'un examen en se faisant beaucoup de souci. ◇_(을) **주다** donner *son* cœur à *qn*. ¶ 처음 본 사람에게 쉽게 ~을 주다 donner *son* cœur trop facilement aux inconnus. ◇_(을) **풀다** se calmer: s'apaiser. ¶ 긴장했던 ~을 풀다 se détendre. ¶ 제가 고의로 그런 게 아니니까 이제 그만 ~ 풀어요 Ne soyez plus fâché(*e*), puisque je n'ai pas fait exprès. ◇_(이) **가다** s'intéresser; avoir envie de *qc*. ¶ ~ 가는 대로 여기 저기 여행하다 voyager où *son* cœur *le* guide. ◇_**이 나다** avoir envie de+*inf*. ¶ 오늘은 영화를 보러 갈 ~이 나지 않는다 Je n'ai pas tellement envie d'aller au cinéma aujourd'hui / Ça ne me dit trop rien d'aller au cinéma aujourd'hui / Ça ne me tente pas trop d'aller au cinéma aujourd'hui. ◇_(이) **내키다** être enclin(*e*) à *qc*. ¶ ~ 내키는 대로 행동하다 agir à *sa* guise.

¶ 그 일은 ~이 내키지 않는다 Ce travail ne me dit (trop) rien / Ce travail ne me tente pas trop. ◇_**이 들다[생기다]** avoir envie de+*inf.* ¶ 갑자기 그 친구를 보고 싶은 ~이 들었다 Soudain j'ai eu envie de le voir. ◇_**(이) 맞다** bien s'entendre. ¶ 그들은 서로 ~이 맞았다 Ils s'entendaient bien. ◇_**(이) 아프다** avoir de la peine. ¶ 그 불쌍한 사람들을 생각하면 ~이 아프다 J'ai de la peine quand je pense à ces malheureux / Ces malheureux me font de la peine. ¶ 너무 ~ 아파하지 마세요 Ne vous faites pas trop de peine. ◇_**이 있다** s'intéresser à *qn*/*qc*, avoir envie [l'intention] de+*inf.* ¶ 나는 그 여자에게 ~이 있다 Je m'intéresse à elle. ¶ 그 여자는 그 남자를 만나 볼 ~이 있다 Elle a envie de le voir. ◇_**이 없다** ne pas avoir envie de+*inf.* ¶ 이 학생은 공부에는 ~이 없고 놀 생각만 한다 Cet élève ne pense qu'à s'amuser et n'a aucune envie de travailler. ¶ 그 노총각은 결혼하고 싶은 ~이 없다 Ce vieux garçon [célibataire endurci] n'a pas envie de se marier. ¶ 그 남자는 취직할 ~이 없다 Il n'a pas l'intention de chercher un emploi. ◇_**이 풀리다[풀어지다]** être apaisé(*e*), calmé(*e*), adouci(*e*); relâché(*e*). ¶ 그 친구의 사과에 나는 이내 ~이 풀렸다 Je ne suis plus fâché(*e*) parce qu'il m'a fait des excuses. ¶ 연말연시가 되면 사람들은 ~이 풀려서 일을 게을리 한다 Chaque fin d'année, les gens se relâchent et négligent leur travail. ◇_**이다** ① souhaiter [vouloir]+*inf*/que+*subj*; espérer+*inf*/que+*ind.* ¶ 나는 그 여자가 차라리 오지 않았으면 싶은 ~이다 Je préférerais qu'elle ne vienne pas / J'espère qu'elle ne viendra pas. ② ((누구에게 달려있다)) une décision dépend de *qn*, c'est à *lui* de décider [de prendre cette décision]. ¶ 그건 내 ~이야 C'est un problème qui ne regarde [ne concerne] que moi / Cela ne regarde que moi / La décision ne dépend que de moi / C'est uniquement à moi de prendre cette décision / C'est mon problème. ¶ 그 일을 하고 안 하고는 순전히 그 사람 마음이다 La décision ne dépend que de lui / C'est uniquement à lui de prendre cette décision / Tout va dépendre de son bon vouloir. ◇_**에 걸리다** se préoccuper, s'inquiéter de *qc*, être inquiet(*ète*); peser (à *qn*), ne pas avoir la conscience tranquille. ¶ 그 친구의 부탁을 거절한 일이 ~에 걸린다 Le fait d'avoir refusé sa demande me pèse. ¶ 집 나간 아들이 항상 ~에 걸린다 Je m'inquiète toujours de notre fils qui a quitté notre toit. ◇_**에 담다** entretenir *qc*, garder *qc*, faire attention à *qc*, ne pas oublier *qc*. ¶ 안 좋았던 일들은 ~에 담아 두지 말아요 Oubliez les mauvais souvenirs. ◇_**에 두다** penser à *qn*/*qc*, faire attention à *qc*, s'intéresser à *qn*. ¶ 어제 일은 ~에 두지 마세요 Ne faites pas attention à ce qui s'est passé hier. ¶ 저는 ~에 두고 있는 여자가 있어요 Il y a une femme à qui je m'intéresse. ◇_**에 들다** plaire, aimer. ¶ 나는 그 사람의 쾌활한 성격이 ~에 든다 Je l'aime pour son caractère joyeux. ¶ 나는 이 옷이 ~에 든다 Ce vêtement me plaît. ¶ 그 중에 ~에 드는 남자가 있어요? Y a-t-il, parmi eux, un homme qui vous plaise? ◇_**에 새기다** graver dans *son* cœur, imprimer dans *sa* mémoire. ¶ 아버지의 가르침을 ~에 새겼다 J'ai gravé dans mon cœur les leçons de mon père. ◇_**에 없다** ne pas vouloir, ne pas s'intéresser à *qn.* ¶ ~에 없는 말을 하다 parler contre *sa* pensée. ¶ 나는 그 여자가 전혀 ~에 없어요 Je ne m'intéresse pas du tout à cette femme. ◇_**에 집히다** deviner; conjecturer, supposer; comprendre; croire savoir; imaginer. ¶ 그 남자가 왜 우는지 ~에 집히는 것이 있다 Je crois savoir pourquoi il pleure. ¶ 그 여자가 어디로 갔는지 ~에 집히는 데가 있다 Je devine où elle est partie. ◇_**에 차다** être satisfait(*e*) de *qn*/*qc*; être content(*e*) de *qc*/*inf.* ¶ 나는 ~에 차는 결혼 상대를 만나고 싶다 Je voudrais épouser quelqu'un dont je sois satisfait(*e*) / J'aimerais rencontrer une personne qui me plaise pour me marier / J'aimerais épouser quelqu'un qui me plaise. ¶ 그 정도의 성공은 내 ~에 차지 않는다 Un tel succès ne me satisfait pas. ¶ 그렇게 하고 나니 ~에 차냐? Es-tu content(*e*) de l'avoir fait?

*~ **같아서는** ((au conditionnel)) avoir voulu. ¶ ~ 같아서는 너와 함께 가고 싶지만 사정이 여의치 못하다 J'aurais voulu t'accompagner, mais c'est impossible.

*~**에 그늘이 지다** être déprimé(*e*) [attristé(*e*)]. ¶ 지독한 가난 때문에 ~에 그늘이 지다 être déprimé(*e*) par une extrême pauvreté.

*~**에 못을 박다** donner une blessure indélébile, blesser *qn* profondément. ¶ 네가 애비 ~에 못을 박는구나 Ce que tu as fait à ton père est impardonnable ((c'est une blessure qui laissera des traces, cela ne pourra pas s'effacer)).

*~**은 굴뚝같다** vouloir désespérément+*inf*/que+*ind.* ¶ 함께 가고 싶은 ~은 굴뚝같지만 사정이 여의치 않다 Je veux désespérément aller avec vous, mais la situation ne le permet pas.

*~**(을) 썩이다** se tourmenter, se soucier de *qn*/*qc*. ¶ 문제아 아들 때문에 ~을 썩이다 se soucier de *son* fils qui a des problèmes.

*~**이 가난한 사람은 행복하다** Heureux celui qui a une âme pauvre.

*~**이 돌아서다** changer d'avis, tourner le dos à, revenir. ¶ ~이 돌아섰는지 그 친구는 더 이상 여행 가자고 조르지 않는다 Il n'insiste plus pour partir en voyage, il a changé d'avis.

*~**처럼 간사한 것도 없다** Rien n'est plus changeant que le cœur.

*옛장수 ~(**대로**) comme *il* veut, à *sa* guise, selon *son* bon vouloir.

◆_**가짐** 명 intention *f*, volonté *f.* ¶ ~가짐을 바르게 하다 avoir de bonnes intentions. ¶ 서로 양보하려는 ~가짐이 필요하다 Il faut avoir la volonté de ne pas céder.

◆_결 명 cœur *m*. ¶ 그 사람은 ~결이 비단처럼 곱다 Il a un cœur tendre comme de la soie.

◆_고생 -苦生 명 souci *m*, inquiétude *f*, peine *f*, tracas *m*. ¶ 그분은 어머니의 병환 때문에 ~고생을 많이 했다 La maladie de sa mère a été un grand souci pour lui. ¶ ~고생이 심하다[많다] beaucoup souffrir; se faire beaucoup de souci, se faire un sang d'encre.

◆_껏 부 pleinement; à satiété, à loisir, à volonté. ¶ ~껏 뛰놀다 s'amuser à loisir. ¶ ~껏 마시다[먹다] boire[manger] à volonté.

◆_대로 부 comme on veut, à *sa* guise, selon *ses* désirs; arbitrairement; d'autorité; sans permission; en toute liberté. ¶ ~대로 행동하다 agir à *sa* guise. ¶ 자기 ~대로 결정하다 décider d'autorité. ¶ ~대로 하세요 Faites comme vous voulez. ¶ 일이 ~대로 되지 않는다 Cela ne marche pas comme on voulait.

◆_보 명 caractère *m*, nature *f*, personnalité *f*. ¶ ~보를 고약하게 쓰다 avoir un sale caractère. ¶ 남이 잘못 되기를 바라는 ~보부터 고쳐라 Corrige tout d'abord ton mauvais caractère en voulant toujours du mal aux autres. ¶ ~보가 고약하다[틀렸다] avoir un caractère méchant[affreux].

◆_씨 명 cœur *m*, naturel *m*, nature *f*, tempérament *m*, caractère *m*. ¶ ~씨 좋은 할아버지 un grand-père qui a bon cœur. ¶ 그 여자는 따뜻한 ~씨를 지녔다 Elle a le cœur tendre [généreux, compatissant] ¶ ~씨가 곱다 avoir un cœur d'or.

마이너 영{minor} 명 mineur(*e*).

마이너 리그 영{minor league} 명 ligue *f* mineure. ¶ ~ 선수 un(*e*) joueur(*se*) de la ligue mineure.

마이너스 영{minus} 명 ① 빼기 moins *m*. ¶ ~ 기호 le signe moins. ¶ 7 ~ 2는 5다 Sept moins deux font [égalent] cinq. ② 손실 déficit *m*. ¶ ~ 성장 croissance négative. ¶ 이번 달 가계부는 ~다 Nous avons dépassé le budget familial ce mois-ci / Nous avons un solde négatif ce mois-ci / Nos dépenses ont excédé [dépassé, été supérieures à] nos revenus ce mois-ci. ¶ 우리 사회에 ~가 되는 일들 ce qui endommage notre société. ¶ 그 일은 네 경력에 ~가 될 뿐이다 Cette affaire ne fera que nuire à ta carrière. ③ 【전기】 ((pôle)) négatif *m*. ¶ ~극 le pôle négatif, l'électrode négative, la cathode.

마이동풍 馬耳東風 명 entrer par une oreille et sortir par l'autre; faire la sourde oreille. ¶ 아무리 설득해도 그 사람은 ~이었다 Il a fait la sourde oreille à toutes nos explications.

마이신 영{mycin} 명 antibiotique *m*.

마이카 영{my car} 명 *sa* propre voiture. ¶ ~ 시대 époque où la possession d'une voiture est généralisée.

마이크 영{mike} 명 micro *m*, microphone *m*. ¶ 하나 둘, 하나 둘, ~ 시험 중입니다 Test micro, un deux un deux. ¶ ~를 잡다 prendre le micro, se saisir du micro. ¶ ~를 사용하다 utiliser le microphone, utiliser un micro.

마이크로- 영{micro-} 접두 ① 초소형의 micro-, mini-. ¶ ~ 버스 un minibus. ¶ ~ 필름 un microfilm; une microfiche. ② ((미터 단위)) micro-. ¶ ~그램 un microgramme. ¶ ~미터 un micromètre.

마이크로폰 영{microphone} 명 microphone *m*, micro *m*.

마이크로프로세서 영{microprocessor} 명 microprocesseur *m*.

마인드 영{mind} 명 esprit *m*. ¶ ~ 콘트롤 contrôle de *soi*. ¶ 경영 ~ l'esprit de gestion. ¶ 투자 ~가 사라졌다 La propension à l'investissement a disparu.

마일 영{mile} 분류 mile *m*.

마임 영{mime} 명 【연영】 mime *m*, pantomime *f*.

마장 馬場 명 haras *m*; terrain *m* d'équitation; manège *m*; champ *m* de course.

-마저 조 même, aussi, également ((particule spéciale, qui peut se substituer à certains cas grammaticaux, en exprimant un sens)). ((sujet)) ¶ 너~ 나한테 그럴 수 있니 Même toi, tu me fais une chose pareille? ¶ 그~ 떠나버렸다 Même lui a fini par partir. ((complément d'objet direct)) ¶ 버스 안에서 지갑~ 잃어 버렸어요 J'ai perdu mon portefeuille aussi dans le bus.

마적 馬賊 명 brigands *mpl* à cheval (de Mandchourie), bandits *mpl* montés.

◆_단 -團 명 bande *f* de brigands à cheval.

마제 磨製 어근 ((objet *m* d'art)) fabriqué(*e*) en aiguisant de la pierre, ((outil)) en pierre aiguisée.

◆_석기 -石器 명 outils *mpl* en pierre aiguisée.

마조히즘 독 명 ☞ 매저키즘

마주[1] **馬主** 명 propriétaire d'un cheval (de course), propriétaire d'un haras.

마주[2] 부 ① 정면으로 de face; en face, vis-à-vis. ¶ 누구를 ~ 바라보다 observer quelqu'un de face. ② 응답하여 en retour, de retour, à *son* tour, en (guise de) réponse. ¶ 손을 ~ 흔들다 agiter la main à *son* tour [en retour].

마주르카 폴 명 【음악】 mazurka *f*.

마주보다 타 se regarder l'un l'autre; se trouver face à face avec *qn*. ¶ 누구와 얼굴을 ~ se trouver face à face avec *qn*, être en face de *qn*. ¶ 누구를 ~ regarder *qn* en face. ¶ 우리는 서로를 마주보았다 Nous nous sommes regardés l'un l'autre. ¶ 약국은 우체국을 마주보고 있다 La pharmacie fait face au bureau de poste.

마주서다 재 être face à face; se faire face; être en face de *qn*; se trouver face à face avec *qn*. ¶ 누구와 ~ être [se trouver] en face de *qn*. ¶ 현실과 ~ faire face à la réalité. ¶ 마주선 두 건물 deux bâtiments en vis-à-vis [face à face, qui se regardent].

마주앉다 재 s'asseoir face à face [en face de *qn*]. ¶ 누구와 ~ s'asseoir en face de *qn*. ¶ 두 사람은 식탁에 서로 마주앉았다 Les deux personnes se sont mises [assises] à table l'une en face de l'autre / Les deux personnes sont placées [sont assises à table] vis-à-vis.

마주잡다 타 ((손을)) se prendre ((la main, par la main)); ((결과상태)) se tenir l'un(*e*) l'autre ((par la main)), être main dans la main; ((무엇을)) prendre [porter] *qc* à deux; ((비유적)) marcher avec *qn*, marcher la main dans la main [comme un seul homme], agir en parfait accord. ¶ 누구와 무거운 상자를 ~ prendre [porter] ensemble [à deux] une caisse lourde. ¶ 누구와 손을 ~ se prendre la main [se tenir par la main]. ¶ 그 사람들은 서로 손을 마주잡고 걸었다 Ils marchaient main dans la main.

마주치다 자 ① 부딪치다 se heurter, se percuter, se buter. ¶ 두 대의 자동차가 네거리에서 정면으로 마주쳤다 Deux voitures se sont heurtées de front [de plein fouet] au carrefour. ② 우연히 만나다 se (re)trouver face à face [nez à nez] avec *qn*, tomber nez à nez sur *qn*, croiser *qn* ((dans la rue)), rencontrer *qn* (par hasard, sans l'avoir prévu), tomber sur *qn*; ((서로)) se rencontrer par hasard [sans l'avoir prévu] ((dans la rue)). ¶ 길에서 우연히 어릴 적 친구와[를] 마주쳤다 Dans la rue, je me suis retrouvé(*e*) face à face [nez à nez] avec un(*e*) ami(*e*) d'enfance / Je suis tombé(*e*) sur [J'ai croisé] un(*e*) (vieil(*le*)) ami d'enfance [une vieille connaissance] dans la rue / Dans la rue, j'ai rencontré (par hasard) un(*e*) vieil(*le*) ami(*e*) d'enfance. ③ ((눈길이)) croiser, se croiser. ¶ 고개를 돌리다가 그 남자와 눈[시선]이 마주쳤다 En tournant la tête, mon regard a croisé le sien. ④ ((경우, 처지)) se heurter à ((des difficultés)), rencontrer ((des difficultés)), trouver *qc* sur *son* chemin. ¶ 예상치 못한 장벽과 ~ se heurter à un obstacle imprévu. ⑤ battre, frapper ((des mains)). ¶ 두 손바닥을 ~ battre des mains.

마주하다 타 ① se tenir en face de [en vis-à-vis avec] *qn*/*qc*. ¶ 우리는 서로 마주하고 얘기를 했다 Nous nous sommes parlés face-à-face. ¶ 창문을 마주하고 책을 보다 lire face à la fenêtre. ② être (en) tête-à-tête. ¶ 아버지와 오랜만에 밥상을 마주했다 J'ai dîné avec mon père en tête-à-tête pour la première fois depuis longtemps.

마중 명 ((aller à la)) rencontre *f*, accueil *m*. ◇_(을) **하다[나가다]** aller à la rencontre de *qn* ((à l'entrée, à la gare)). ¶ 역에 친구를 ~하러 가다 aller chercher [attendre] un ami à la gare. ◇_**을 받다** être accueilli(*e*) par. ¶ 그 남자는 많은 사람들의 ~을 받았다 Il a été accueilli par un grand nombre de personnes.

마지기 분류 *majigi* <unité de surface des rizières et champs; 660m² pour les rizières, 330m² pour les champs>. ¶ 논 스무 ~ 20 *majigi*.

마지노선 -線 명 la ligne *f* Maginot; ((최후의 방어선)) la dernière ligne *f* de défense.

마지막 명 fin *f*, achèvement *m*; terme *m*, bout *m*. ¶ ~ 날 le dernier jour. ¶ 이 단어의 ~ 글자 la dernière lettre [lettre finale] de ce mot. ¶ 그것은 너에게 주어진 ~ 기회이다 C'est ta dernière chance. ¶ 이것이 나에게 남아 있는 ~ 돈이다 C'est tout l'argent qu'il me reste. ¶ ~ 노력을 하다 faire un dernier [ultime] effort; faire des efforts inespérés. ¶ ~ 수단을 쓰다 jouer *sa* dernière carte; recourir à des moyens extrêmes. ¶ ~ 말을 남기다 laisser le dernier mot. ¶ ~ 숨을 거두다 exhaler *son* dernier souffle. ¶ ~ 순간에 au dernier moment [instant]; à la dernière minute. ¶ ~을 장식하다 clôturer. ¶ ~으로 en dernier lieu; pour finir [terminer]; enfin, finalement. ¶ 그 사람이 맨 ~으로 발언했다 Il a parlé le dernier. ¶ ~으로 한 말씀 드리겠습니다 Je voudrais dire un petit mot pour finir. ¶ 처음이자 ~으로 pour la première et la dernière fois. ¶ ~에 (가서) à la fin de ((la phrase)); en fin de ((séance)). ¶ ~까지 남다[싸우다] rester [lutter] jusqu'au bout. ¶ 그 남자를 만난 것도 그 때가 ~이었다 C'était la dernière fois que je l'ai vu.

마지못하다 형 être obligé(*e*), forcé(*e*) de+*inf*; être réduit(*e*) à+*inf*; ((마지못해)) à contrecœur, malgré *soi*. ¶ 그 사람은 마지못해 웃는다 Il rit de mauvaise grâce. ¶ 우리들은 마지못해 물러났다 Nous avons été obligés de [réduits à] nous retirer. ¶ 친구들의 성화에 마지못해 일을 떠맡았다 J'ai accepté à contrecœur ce travail pour mes amis / Des amis m'ont forcé à accepter ce travail.

마지않다 자 ne pas s'empêcher de; souhaiter, espérer ardemment, prier instamment *qn* de+*inf*, supplier; accueillir chaleureusement. ¶ (누구를) 환영해 ~ accueillir *qn* chaleureusement. ¶ 오늘 저녁 회합에 참석해 주시기를 바라 마지않습니다 Je vous prie instamment [Je vous supplie] d'assister à la réunion de ce soir. ¶ 그들의 노력과 끈기에 감탄해 마지않을 수 없었다 Je ne pouvais pas m'empêcher d'admirer leurs efforts et leur patience. ¶ 그 사람은 드디어 그토록 동경해 마지않던 로마에 발을 딛게 되었다 Enfin, il a mis les pieds à Rome dont il ne cessait de rêver. ¶ 경하해 마지않습니다 Je vous félicite de tout (mon) cœur / Toutes mes félicitations! ¶ 감사해 마지않습니다 Je ne saurais trop vous remercier / Je ne sais comment vous remercier.

마진 영{margin} 명 marge *f*. ¶ ~을 많이[적게] 보다[남기다] avoir une grande [petite] marge ¶ ~이[의 폭이] 크다[적다] La marge est grande [petite]. ¶ 이 물건은 팔아도 ~이 거의 없다 On ne fait pas de marge sur ce produit.
◆ **율** -率 명 taux *m* de marge.

마차 馬車 명 voiture *f* (à cheval), voiture *f* hippomobile, carrosse *m*, carriole *f*, charrette *f*, roulotte *f*. ¶ 말 한 필이 끄는 ~ voiture tirée par un (seul) cheval. ¶ ~를 타다 prendre [emprunter] un carrosse. ¶ ~를 타고 (어디로) 가다 aller (*qp*) en carrosse [voiture à cheval]. ¶ ~를 끌다 tirer un carrosse [une charrette]. ¶ ~를 몰다 conduire un carrosse [une charrette]. ¶ ~가 달린다 La voiture à cheval [charrette] roule.

ㅁ

◆사륜_ 四輪 명 char *m* à quatre roues.
◆삯_ 명 voiture *f* de place; fiacre *m*.
◆쌍두_ 雙頭 명 voiture *f* tirée [carrosse *m* tiré] par deux chevaux; double attelage *m*. ¶ 그 두 사람은 우리 모임을 이끌어가는 쌍두~ 라고 할 수 있다 Ces deux personnes sont les deux chefs de notre groupe.
◆이륜_ 二輪 명 char *m* à deux roues.
◆짐_ 명 voiture *f* de marchandises.
◆포장_ 布帳 명 roulotte *f* bâchée; ((boire dans une)) gargote *f* de rue, gargote *f* ambulante [de fortune].

마찬가지 명 identité *f*, similitude *f*. ¶ 그 친구는 나와 ~로 그것을 알고 싶어 한다 Tous les deux, on est curieux de savoir ce qui s'est passé / Il est aussi curieux de cela que moi. ¶ 그 사람의 견해는 나의 견해와 ~이다 Son point de vue est semblable [analogue, pareil] au mien. ¶ 이 대답은 거절이나 ~이다 Cette réponse équivaut à un refus. ¶ 그 놈은 거지나 ~이다 Il a tout à fait l'air d'un mendiant / On dirait un mendiant. ¶ 이 상품은 신품과 ~이다 Cet article est comme neuf. ¶ 그것은 끝난 것과 ~이다 Autant dire que cela est fini / On peut considérer la chose comme terminée / C'est pour ainsi dire achevé. ¶ 이것이나 저것이나 품질은 ~이다 Ceci ou cela, c'est de la même qualité. ¶ 우리 집 살림은 밤낮 ~이다 Notre situation[La situation de notre famille, de notre couple] ne s'améliore pas. ¶ 이 가격이면 본전에 드리는 거나 ~입니다 C'est presque donné à ce prix-là. ¶ 나도 ~이다 Moi aussi / C'est la même chose pour moi. ¶ 나한테는 ~이다 Il en est de même pour moi.

마찰 摩擦 명 ① 비비기 frottement *m*, friction *f*; frottage *m*. ¶ 냉수 ~(을) 하다 se frictionner le corps avec une serviette mouillée d'eau froide. ② 갈등이나 알력 heurt *m*, conflit *m*, tension *f*. ¶ 무역 ~ des frictions commerciales, des conflits commerciaux. ¶ 그는 주위사람들과 자주 ~을 일으킨다 Il crée souvent des conflits avec son entourage. ¶ 그 사건은 여야 간의 ~을 불러 일으켰다 Cet incident a provoqué [a été à l'origine d'] un conflit [des tensions] entre le parti au pouvoir et celui de l'opposition. ¶ 두 사람 사이에 ~이 있었다 Il y avait des tensions entre eux deux. ¶ 양국 사이에 ~이 잦다 Il se produit souvent des tensions [des conflits] entre les deux pays. ③ 【물리】 friction *f*. ◇_(을) **하다[시키다]** frotter ((du bois avec un bâton)); frictionner ((la peau)); astiquer *qc*. ¶ 나무끼리 ~시켜서 불을 얻다 frotter deux morceaux de bois [deux bâtons] pour obtenir du feu.
◆_계 -計 명 tribomètre *m*.
◆_계수 -計數 명 【물리】 coefficient *m* de friction.
◆_력 -力 명 【물리】 force *f* de frottement.
◆_열 -熱 명 chaleur *f* frictionnelle.
◆_음 -音 명 (consonne *f*) fricative *f*, constrictive *f*; (consonne *f*) spirante *f*. ¶ ~음화 spirantisation *f*.
◆_전기 -電氣 명 【전기】 électricité *f* statique (produite par frottement).

마천루 摩天樓 명 gratte-ciel *m inv*.

마초 馬草 명 fourrage *m* pour chevaux.

마춤 명 ((sur)) commande *f*; ((costume sur)) mesure *f*. ☞ 맞춤

마취 痲醉 명 anesthésie *f*. ¶ ~에서 깨어나다 se réveiller d'une anesthésie. ◇_(를) **하다[시키다]** pratiquer [faire] une anesthésie; anesthésier ((un malade pour l'opérer)). ¶ ~를 안 하고 수술하다 opérer [pratiquer une opération] sans anesthésie(r); ne pas anesthésier avant d'opérer. ◇_(가) **되다** être anesthésié(*e*).
◆_기능 -技能 명 fonction *f* anesthésiante.
◆_과 -科 명 【의학】 anesthésiologie *f*. ¶ ~과 의사 un(*e*) anesthésiste; un médecin anesthésiste.
◆_법 -法 명 (méthode *f* d') anesthésie *f*.
◆_상태 -狀態 명 narcose *f*.
◆_약[제] -藥[劑] 명 【의학】 anesthésique *m*, anesthésiant *m*.
◆_요법 -療法 명 【의학】 (méthode *f* d') anesthésie *f*.
◆_주사 -注射 명 piqûre *f* d'anesthésie.
◆부분[국부, 국소]_ 部分[局部, 局所]- 명 【의학】 anesthésie *f* locale [locorégionale]. ¶ 부분~를 하고 수술하다 faire une opération sous anesthésie locale.
◆전신[척수]_ 全身[脊髓]- 명 【의학】 anesthésie *f* générale [spinale].

마치[1] 명 marteau(*x*) *m*. ☞ 망치

마치[2] 부 presque comme, tout comme si. ¶ 그 여자는 ~ 선녀 같다 Elle ressemble à une fée; on dirait une fée.¶ 그는 ~ 자기가 왕이라도 되는 듯이 행동한다 Il se comporte comme s'il était devenu roi ou quelque chose comme ça.

마치다 타 finir, terminer, achever ((un travail)); accomplir ((*son* service militaire)); clôturer ((un débat, une discussion)), parfaire, clore. ¶ 저녁 식사를 ~ finir le repas du soir. ¶ 하루 일을 ~ terminer une journée de travail. ¶ 준비를 ~ achever les préparatifs. ¶ 성적 처리를 ~ terminer de rentrer les notes (de *ses* élèves) ((dans un système informatique)). ¶ 학업을 ~ terminer *ses* études. ¶ 양로원에서 쓸쓸히 생애를 ~ finir *sa* vie solitairement dans une maison de retraite. ¶ 그 사람은 이렇게 말하고 이야기를 마쳤다 Par ces mots, il a terminé son récit.

마침 부 ① 필요한 차에 justement; opportunément; à propos. ¶ 도움이 필요한데 ~ 그가 왔다 J'avais besoin d'aide et justement il est arrivé. ② 공교롭게도, 바로 그때 justement, au même instant; précisément. ¶ 공을 던졌는데 ~ 아이가 달려들었다 J'ai lancé la balle et à cet instant précis un enfant est arrivé en courant.

마침내 부 finalement, enfin; au bout du compte, en fin de compte. ¶ 오랜 노력 끝에 ~ 성공하다 réussir enfin après bien des efforts. ¶ ~ 그들은 다시 만났다

ㅁ

Finalement ils se sont revus.

마침맞다 형 être opportun(*e*), adéquat(*e*), parfait(*e*); convenir parfaitement, arriver à point nommé [à propos, au moment opportun, (juste) au bon moment], tomber à pic {*fam*}, tomber pile {*fam*}, ne pas pouvoir mieux tomber. ¶ 마침맞게 오다 ne pas pouvoir tomber mieux, bien tomber, arriver au moment voulu [opportunément, à point nommé, au moment idéal, juste au bon moment, au moment opportun], tomber à pic {*fam*}. ¶ 도와줄 사람이 필요하던 차에 그 사람이 마침맞게 돌아왔다 Il arriva juste au moment [au moment précis] où j'avais besoin d'aide / Il ne pouvait pas tomber mieux [Il est arrivé au bon moment]: j'avais justement besoin d'aide / Il est arrivé juste [pile {*fam*}] au moment où j'avais besoin d'aide.

마침표 -標 명 ① point *m* (final). ¶ 문장의 끝에는 ~를 찍어야 한다 Il faut mettre un point en fin de phrase. ② 【음악】 signal *m* de clôture.

*~**를 찍다** mettre un point final à *qc*; mettre fin à *qc*.

마카로니 이 명 macaroni *m*.

마케팅 영{marketing} 명 marketing *m*. ¶ ~ 전략 stratégie de vente, marketing. ¶ 신제품에 대해 ~을 벌이다 mettre en place le marketing d'un nouveau produit [modèle].

마크 영{mark} 명 ① marque *f*, signe *m*; ⦅상표⦆ marque *f* (de fabrique); ⦅레테르⦆ label *m*, étiquette; insigne *m*, symbole *m*, signe *m* distinctif. ¶ 태극 ~ une marque [une inscription] du yin et du yang. ¶ 상품에 ~를 붙이다 apposer une marque sur un produit. ② 【운동】 record *m* ⦅athlétisme⦆. ¶ 그 선수는 현재 9초 82를 ~하고 있다 Le record de cet athlète est de 9 secondes 82. ③ 【운동】 상대선 수를 막는 것 marquage *m* ⦅d'un joueur, d'un adversaire, notamment au football ou au basket⦆. ¶ 집중 ~ un marquage sévère [étroit]; un marquage de très près [à la culotte]. ◇_(를) **하다** ① 기록을 내다 établir un record. ¶ 100미터를 10초에 ~하다 établir un record de 10 secondes au cent mètres. ② 막다 marquer ⦅un joueur⦆ (à la culotte); surveiller [serrer] de près ⦅un joueur⦆; surveiller les mouvements d'un joueur. ¶ 한 선수를 두 명이 ~한다 Deux joueurs marquent un adversaire. ③ 표시를 하다 marquer *qc*, indiquer *qc*. ¶ 지도에 ~한 지점으로 찾아가라 Va à l'endroit indiqué sur la carte.

마타도아 표 명 matador *m*; torero *m*.

마태복음 -福音 명 【기독】 Évangile *m* selon saint Mathieu.

마파람 명 vent *m* du sud.

*~**에 게 눈 감추듯** en un clin d'œil; en un éclair; sans qu'on ait le temps de s'en apercevoir. ¶ 그는 밥 한 공기를 ~에 게 눈 감추듯 먹어치웠다 Il a vidé son bol de riz sans qu'on ait eu le temps de s'en apercevoir.

마패 馬牌 명 【역사】 médaille *f* avec un cheval [des chevaux] ⦅gravé(*s*) en effigie sur le côté face et un cachet assorti d'une inscription gravé sur le côté pile servant de permis de location de chevaux de poste à un envoyé ou un fonctionnaire spécial⦆.

마피아 이 명 mafia *f*.

마필 馬疋 명 cheva*l*(*aux*) *m*.

마필사 馬疋師 명 écuyer(*ère*).

마하 영{Mach} 분류 【물리】 (nombre *m* de) Mach *m* ⦅약자 M⦆. ¶ ~ 2.5의 신예 F-15전투기 un nouveau chasseur (bombardier) [un nouvel avion de chasse] F-15 qui vole à Mach 2,5.

마호가니 포 명 acajou *m*. ¶ ~ 나무[목재] acajou.

마호메트 아 명 Mahomet.

◆_**교** -教 명 islam *m*, mahométisme *m* {*vx*}.

◆_**교도** -教徒 명 mahométan(*e*), musulman(*e*).

◆_**력** -曆 명 calendrier *m* musulman.

마흔 수관 quarante *m*. ¶ ~ 고개를 넘다 dépasser la quarantaine. ☞ 서른

막[1] 膜 명 ① 【생물】 membrane *f*. ② 표면 pellicule *f*, peau(*x*) *f*; couche *f* ⦅d'or, de vernis⦆. ¶ 우유에 ~이 생겼다 Une pellicule [Une peau] s'est formée sur le lait.

막[2] 幕 명 ① rideau(*x*) *m*, voile *m*. ¶ ~을 열다 lever le rideau. ¶ ~을 올리다 lever le rideau. ¶ ~을 내리다 baisser le rideau. ¶ ~이 오른다 Le rideau se lève. ¶ ~이 오르자 관객들의 함성이 터져 나왔다 Dès que le rideau s'est levé, les spectateurs ont laissé éclater leur enthousiasme. ② 【연영】 acte *m*. ¶ 3~ 짜리 연극 une pièce en trois actes. ¶ 제2~ 제2장 acte II, scène II. ③ 가건물이나 막사 cabane *f* ⦅en rondins⦆; hutte *f* ⦅de chaume⦆; baraque *f*, loge *f* ⦅de bûcheron⦆; taudis *m*.

*~**을[이] 내리다** (*se*) terminer, clore, finir. ¶ 그 사건은 그의 죽음으로 ~을 내렸다 Sa mort a clos l'incident / Cet incident s'est terminé [clos] par sa mort. ¶ 3개월간의 협상 끝에 노사분규가 ~을 내렸다 Au bout de 3 mois de négociations, le conflit entre les syndicats et le patronat s'est enfin terminé.

*~**을 열다** commencer.

*~**이 오르다** le rideau se lève sur, commencer. ¶ 월드컵의 막이 올랐다 La coupe du monde de football a commencé.

막[3] 부 ① (tout) juste, à l'instant. ¶ 숙제를 ~ 끝낸 참이다 Je viens juste de finir mes devoirs. ② juste à ce moment(-là), à cet instant précis. ¶ 그가 역에 도착했을 때 기차가 ~ 출발하고 있었다 Lorsqu'elle est arrivée à la gare, le train était justement en train de partir.

막-[4] 접두 le(*la*) dernier(*ère*). ¶ ~차 le dernier train [le dernier (auto)bus]. ¶ ~판 le dernier stade; la dernière phase; la fin.

막-[5] 접두 inconsidérément, à la légère, à tort et à travers, n'importe comment; violemment, brutalement; avec excès, outre mesure, démesurément; avec véhémence; de qualité inférieure, de basse qualité. ¶ ~고추장 du *gochujang* de qualité médiocre. ¶ ~노동 un dur travail(*aux*), un labeur {*litt*}, un travail de forçat, un travail très pénible; un travail sur un chantier (de construction). ¶ ~담배 un tabac [des cigarettes] de qualité inférieure. ¶ ~도장 un petit sceau gravé à titre privé souvent en bois et bon marché dont on se sert un peu partout. ¶ ~된장 de la pâte de soja fermenté [de *doenjang*, de *miso*] de qualité médiocre. ¶ ~말 un langage grossier. ¶ ~일 un travail(*aux*) rude(*s*), un travail de force; un travail sur un chantier (de construction).

막가다 재 se dévoyer, se dévergonder, se comporter comme un voyou [comme un chenapan]; se conduire de façon grossière; agir de façon inconsidérée. ¶ 막가는 녀석 un type qui agit de façon inconsidérée. ¶ 막가는 소리를[말을] 하다 dire des choses insensées [des extravagances], tenir des propos incohérents [aberrants]. ¶ 막가는 행동을 하다 se dévoyer, se comporter comme un voyou.

막간 幕間 명 entracte *m*; intervalle *m*. ¶ ~ 휴식 un entracte. ¶ ~을 이용해서 잠시 안내 말씀을 드리겠습니다 Nous profitons de l'entracte pour passer une note d'information. ¶ ~에 pendant [à] l'entracte.

◆**_극** -劇 명 【연영】 intermède *m*.

막강하다 莫强- 형 être très puissant(*e*), très fort(*e*), très influent(*e*). ¶ 그 집안은 재력이 ~ Cette famille est très riche. ¶ 막강한 군사력 une armée très puissante; une grande force militaire. ¶ 그는 막강한 세력을 쥐고 있다 Il est très influent / Il est très puissant / Il a beaucoup de pouvoir.

막걸리 명 *makgeolli m* <alcool de riz populaire coréen d'aspect laiteux de basse qualité (car non filtré)>. ¶ ~를 마시다 prendre du *makgeolli*. ¶ ~에 취하다 s'enivrer [se soûler] au *makgeolli*.

막국수 명 *makguksu m* <plat de nouilles froides au sarrasin servi généralement dans une sauce liquide pimentée au *gimchi* avec des condiments et des légumes>.

막내 명 le(*la*) dern*ier*(*ère*) enfant *mf* ((de la famille)); le(*la*) plus jeune; le(*la*) cadet(*te*); le(*la*) benjamin(*e*). ¶ ~를 낳다 mettre au monde le dernier enfant.

◆**_동생** 명 le(*la*) dern*ier*(*ère*) (frère, sœur); le(*la*) cadet(*te*); le(*la*) plus jeune, le(*la*) benjamin(*e*).

◆**_둥이[동이]** 명 le(*la*) dern*ier*(*ère*) enfant *mf*, le(*la*) plus jeune; le(*la*) cadet(*te*); le(*la*) benjamin(*e*).

◆**_딸** 명 la cadette *f*, la (petite) dernière *f*, la plus jeune, la benjamine.

◆**_며느리** 명 la belle-fille *f* [bru *f*] mariée avec le plus jeune de la famille.

◆**_사위** 명 le gendre *m* marié avec la plus jeune de la famille.

◆**_삼촌** -三寸 명 l'oncle *m* le plus jeune.

◆**_손자** -孫子 명 les petits-fils *m* [la petite-fille *f*] le [*la*] plus jeune.

◆**_아들** 명 le (petit) dernier *m*; le fils *m* le plus jeune.

◆**_자식** -子息 명 le(*la*) (petit(*e*)) dern*ier*(*ière*).

막노동 -勞動 명 trava*il*(*aux*) *m*(*pl*) rude(s) [très pénible(s)], trava*il*(*aux*) *m* de forçat; travail *m* sur un chantier (de construction); travaux *mpl* de terrassement. ◇_(을) **하다** faire des travaux de terrassement; travailler à la journée; travailler comme manœuvre; travailler avec acharnement et sans répit à des tâches [à des ouvrages] pénibles, travailler très durement [comme un nègre, comme un esclave, comme un bœuf, comme un forçat, comme une brute, comme une bête de somme].

◆**_꾼** 명 ouvrier *m* du bâtiment; manœuvre *m* ((d'un chantier)); terrassier *m*, journali*er*(*ère*).

◆**_판** 명 chantier *m*. ¶ ~판에서 잔뼈가 굵다 avoir du métier dans le chantier, être depuis longtemps un professionnel du travail sur les chantiers; travailler depuis longtemps sur le chantier.

막다 타 ① 봉하다 boucher; fermer, obstruer, obturer, colmater ((une fuite d'eau)), calfeutrer, murer; se boucher ((les oreilles, le nez)), se pincer ((les narines)). ¶ 흙으로 구멍을 ~ boucher un trou avec de la terre. ¶ 병을 마개로 ~ [병에 마개를 ~] boucher une bouteille [mettre un bouchon sur une bouteille]. ¶ 누군가 그 사람의 입을 손수건으로 막았다 Quelqu'un a bâillonné sa bouche avec un mouchoir. ¶ 나는 냄새가 나서 코를 막았다 À cause des mauvaises odeurs, je me suis bouché le nez [je me suis pincé les narines] / Je me suis bouché le nez pour ne pas sentir les mauvaises odeurs. ¶ 너무 시끄러워서 귀를 막았다 Comme c'était trop bruyant, je me suis bouché les oreilles. ¶ 아버지께서는 사람들이 드나들지 못하게 입구를 막아 버렸다 Mon père a obstrué l'entrée pour empêcher les gens de passer [d'aller et venir]. ② ((차단하다)) empêcher, barrer, couper, arrêter, intercepter, interrompre; barricader, obstruer; boucher ((la vue)). ¶ 길[통로]을 ~ barrer [obstruer] une route [un passage]. ¶ 시야를 ~ empêcher *qn* de voir *qc*, ((ce mur)) boucher [obstruer, limiter, dérober] la vue, masquer le paysage [la vue], cacher la vue, ((cette maison)) masquer la vue [le paysage], ((la fumée nous)) dérober le paysage. ¶ 빛을 ~ intercepter la lumière. ¶ 적의 퇴로를 ~ couper [barrer] la retraite à l'ennemi. ¶ 외풍을 ~ supprimer un courant d'air. ¶ 그들은 사장이 회사로 들어가려는 것을 막았다 Ils ont barré la route au Président-directeur général [au P.-d.g.] qui voulait entrer dans l'entreprise. ¶ 경찰이 문 앞에 막아서서 출입자의 신분증을 조사했다 Les policiers qui barraient la porte d'entrée vérifiaient les pièces d'identité des visiteurs. ③ 칸막이를 하다 se cacher [s'abriter] derrière un paravent; cloisonner, compartimenter; murer; séparer par un mur [par une cloison]. ¶ 사무실에 칸[칸막이]을 ~ cloisonner le bureau. ¶ 방 한가운데를 나무벽으로 ~ diviser la pièce au milieu par une cloison en bois. ⑤ ((방어·방지하다)) prévenir ((un accident)); empêcher ((un vol)); enrayer ((la montée des prix)); prendre des précautions contre *qc/qn*; éviter *qc/qn*; (*se*) protéger de *qc/qn*, freiner, entraver, neutraliser, réfréner, arrêter, stopper. ¶ 적의 공격을 ~ neutraliser l'attaque de l'ennemi; résister à l'assaut de l'ennemi. ¶ 추위를 막기 위해 쉐터를 입다 mettre un pull(-over) [un chandail, un tricot, une (petite) laine {*fam*}] pour se protéger du froid [pour lutter contre le froid]. ¶ 범죄를 막기 위해 엄격한 단속을 펴다 mettre en place une surveillance rigoureuse pour contrecarrer les crimes et les délits. ¶ 물가 상승을 ~ enrayer la hausse des prix. ¶ 전염병을 ~ prévenir [éradiquer] une épidémie. ¶ 더 큰 피해 [손해]를 ~ éviter des dégâts plus importants. ¶ 화재가 번지는 것을 ~ empêcher la propagation de l'incendie. ¶ 소문이 퍼지는 것을 ~ empêcher une rumeur de se propager. ⑥ empêcher *qn* de+*inf*, retenir *qn*; ((간섭하다)) se mêler, intervenir. ¶ 내 일을 막지 마세요 Ne vous mêlez pas de mes affaires. ¶ 아무도 나를 막을 수는 없다 Personne ne peut m'en empêcher.

***입[말]을** ~ ☞ 입

***앞길을** ~ gâcher l'avenir de *qn*.

***출세길[혼사길]을** ~ entraver la carrière de *qn* [empêcher le mariage de *qn*].

막다르다 형 être au bout ((d'une rue)); arriver au fond ((d'un couloir, d'une impasse)); être dans une impasse; être dans une situation sans issue. ¶ 막다른 길[골목] un cul-de-sac [une impasse]. ¶ 막다른 집 une maison située au bout d'une rue; une maison au fond d'une impasse. ¶ 막다른 길로 접어들다 S'engager dans une impasse; être aux abois. ¶ 막다른 지경으로 몰리다 être acculé(*e*) à une impasse; être dans une impasse; être dans une situation sans issue; n'avoir guère de chance de se relever. ¶ 그 골목의 막다른 곳에 그의 집이 있다 Sa maison se trouve au bout d'une impasse.

막대 명 bâton *m*, barre *f*, baguette *f*, massue *f*, trique *f*.

막대그래프 영{-graph} 명 graphique *f* en barres [en tuyaux d'orgue].

막대기 bâton *m*; barre *f*, baguette *f*, massue *f*, trique *f*. ¶ ~로 때리다[맞다] donner [recevoir] des coups de bâton, donner [recevoir] la bastonnade.

막대하다 莫大- 형 être énorme, immense, gros(*se*), excessi*f*(*ve*), gigantesque, considérable, important(*e*). ¶ 홍수의 피해가 ~ Les dégâts dus aux inondations sont énormes [considérables, innombrables, importants]. ¶ 홍수로 막대한 손실을 입다 subir [essuyer] des pertes [des dégâts] considérables lors d'une inondation. ¶ 그런 사업을 하려면 자본이 막대하게 필요하다 Pour monter une affaire comme celle-ci, il faudrait un énorme capital. ¶ 막대한 재산 une grosse [immense] fortune, une fortune gigantesque.

막도장 -圖章 명 petit sceau(*x*) *m* gravé à titre personnel souvent en bois et bon marché.

막동이 명 le(la) derni*er*(*ère*) enfant *mf* (de la famille); le(la) plus jeune *mf*; le(la) benjamin(*e*); le(la) cadet(*te*). ☞ 막둥이

막돼먹다 형 【속어】 être impoli(*e*), grossi*er*(*ère*), mal élevé(*e*), mal éduqué(*e*), malotru(*e*), malappris(*e*); avoir de mauvaises manières; être rustre, cavali*er*(*ère*); être mal élevé(*e*), manquer d'éducation, n'avoir aucune éducation; être incorrect(*e*), inconvenant(*e*). ¶ 막돼먹은 말을 하다 dire des impolitesses [des inconvenances, des grossièretés]. ¶ 막돼먹은 녀석들! Qu'ils sont mal élevés! / Quels rustres! / Espèce de malappris! ¶ 아버지한테 대드는 막돼먹은 행동은 누구한테 배운 거야? Qui t'a appris à répondre grossièrement [à tenir tête grossièrement] comme ça à ton père? ¶ 저런 막돼먹은 놈하고는 상대도 하지 말아라 Ne fréquente pas des enfants mal élevés comme lui [ce genre de type]. ¶ 막돼먹은 아이들 des enfants élevés à la diable. ¶ 막돼먹게 굴다 agir grossièrement, se comporter [se conduire] de façon impolie [de façon incorrecte, de façon mal élevée, de façon inconvenante], se comporter [se conduire] comme un sauvage.

막되다 형 être impoli(*e*), grossier(*ère*); être très mal élevé(*e*); être très incorrect(*e*), inconvenant(*e*). ¶ 막된 말을 하다 dire des impolitesses [des inconvenances, des grossièretés]. ¶ 저런 막되어 먹은 놈하고는 상대도 하지 말아라 Ne fréquente pas des enfants mal élevés comme lui [ce genre de type]. ¶ 막되게 굴다 agir grossièrement, se comporter [se conduire] de façon impolie [de façon incorrecte, de façon mal élevée, de façon inconvenante].

막둥이 명 le(*la*) derni*er*(*ère*) (enfant); le(*la*) cadet(*te*); le(*la*) benjamin(*e*); le(*la*) plus jeune de la famille.

막론하다 莫論- 타 ((verbe défectif, il s'emploie sous forme de substantif+를/을 막론하고)) que soit, que ce soit, sans distinction de, en tenant compte de tous, en comprenant non seulement ... mais aussi.

***누구[무엇]을 막론하고** qui [quoi] que ce soit. ¶ 남녀노소를 막론하고 (tous) sans distinction d'âge ni de sexe. ¶ 법을 어긴 자는 지위 고하를 막론하고 엄벌에 처할 것이다 Qui viole la loi sera puni quel que soit son rang. ¶ 이유 여하를 막론하고 Quelle que soit la raison. ¶ 동서고금을 막론하고 En tout lieu et en tout temps, à travers toutes les époques et partout dans le monde, dans le monde entier et de tout temps. ¶ 빈부귀천을 막론하고 Qu'ils soient pauvres ou riches, nobles ou viles; tous sans distinction de fortune ni de classe sociale.

막료 幕僚 명 officier *m* d'état-major; état-major *m*.

막막하다[1] 寞寞- 형 ① 고요하고 쓸쓸하다 être solitaire, désolé(*e*), isolé(*e*); être triste. ¶ 막막한 골짜기 une colline désolée [retirée, sauvage]. ② 의지할 데 없이 외롭다 être désespéré(*e*); se sentir bloqué(*e*) [enfermé(*e*), coincé(*e*), prisonni*er*(*ère*)]; ne pas pouvoir [prévoir] l'issue de *qc*; ((avenir)) être incertain(*e*). ¶ 막막한 심경 un état psychologique de désespoir; un sentiment d'être coincé(*e*), l'impression de se retrouver bloqué(*e*) face à un mur; un sentiment d'avoir un avenir bouché; un moral à zéro {*fam*}. ¶ 막막한 표정 une mine découragée [affligée, abattue, prostrée, perdue]; un visage perplexe; une expression perdue. ¶ 막막하고 산란한 마음 un sentiment d'être bloqué(*e*) [acculé(*e*), coincé(*e*)] et d'être préoccupé(*e*) [anxieu*x*(*se*), incertain(*e*), hésitant(*e*)].

막막하다[2] 漠漠- 형 ① 넓다 être vaste, étendu(*e*), immense, sans bornes, sans fin; être très grand(*e*), spacieu*x*(*se*), gigantesque; s'étendre à perte de vue. ¶ 막막하게 전개되는 평야 une plaine qui s'étend à perte de vue [sans fin]. ¶ 막막한 사막 un désert immense [qui s'étend à perte de vue]. ② 막연하다 être incertain(*e*), ne pas être sûr(*e*). ¶ 살 길이 ~ L'avenir est on ne peut plus incertain / Je ne sais pas quoi faire pour vivre / Je ne sais pas quel chemin prendre pour vivre. ¶ 무엇부터 손을 대야 할지 ~ Je ne sais pas par où commencer (tellement j'ai de choses à faire [à dire]). ¶ 앞으로 혼자서 살아가야 한다는 생각을 하니 ~ En sachant que je dois vivre seul(*e*) dans le futur, je n'arrive pas à penser comment je dois faire / Je ne sais pas comment je vais faire pour vivre seul(*e*).

막말 명 le dernier mot *m*; parole *f* en l'air; langage *m* grossier, des grossièretés *fpl*. ◇_(을) **하다** parler sans ménagement [crûment, brutalement, grossièrement, vulgairement]; parler à tort et à travers. ¶ 함부로 ~을 하다 parler sans ménagement [crûment, brutalement, grossièrement, vulgairement].

◆_**로** 부 sans ménagement, brutalement, grossièrement. ¶ ~로 그는 도둑이나 다름없다 Pour parler franchement, c'est vraiment un voleur.

막무가내 莫無可奈 명 ((avec)) obstination *f*; entêtement *m*. ¶ 아무리 돌아가라고 타일러도 그는 ~로 따라왔다 J'avais beau lui dire de rentrer, il ne voulait pas m'écouter. ¶ 좀 쉬었다가 가라고 했지만 그는 ~였다 Je lui ai proposé de se reposer un petit peu avant d'y aller, mais il n'a rien voulu savoir.

막바로 부 tout de suite, immédiatement; sur-le-champ, illico (presto) {*fam*}; directement. ¶ 식사를 끝내고 ~ 나가다 sortir tout de suite [immédiatement] après (avoir pris) le repas.

막바지 명 bout *m*; fin *f*; extrémité *f*. ¶ 공사가 ~에 다다랐다[이르렀다] On est arrivé à la fin des travaux.

막보다 타 regarder *qn* d'en haut; dédaigner; regarder *qn* de travers.

막사 幕舍 명 baraque *f*; cabane *f*; tente *f*. ¶ 훈련병 ~ une baraque de jeunes recrues[de bizuts, de bleus]. ¶ ~ 생활을 하다 vivre sous la tente; vivre dans une baraque. ¶ ~를 치다 dresser [monter] une tente.

막상 부 véritablement, effectivement, réellement; de fait, en effet. ¶ ~ 가려니까 내키지 않는다 (Je voulais y aller,) mais maintenant que je dois y aller, je n'ai plus envie.

막상막하 莫上莫下 명 similitude *f*; absence *f* de différence. ¶ ~의 실력 une compétence de même niveau. ¶ 두 선수의 기량은 ~이다 Ces deux athlètes se valent [sont (à peu près) du même niveau].

막심하다 莫甚- 형 être énorme, immense, grand(*e*), gigantesque; être important(*e*), considérable. ¶ 후회가 ~ avoir de grands regrets. ¶ 가뭄으로 인한 피해가 ~ Les dégâts dus à la sécheresse sont énormes [importants, considérables]. ¶ 막심한 손해 un dégât important [considérable].

막아내다 타 repousser ((une attaque, un ennemi, l'envahisseur)); se défendre ((contre une invasion)); prévenir ((une maladie)), se protéger ((du froid)); éviter ((un accident)); empêcher ((un vol)). ¶ 방패로 화살을 ~ se protéger des flèches à l'aide d'un bouclier. ¶ 적의 공격을 ~ repousser l'attaque d'un ennemi. ¶ 모든 어려움을 ~ éviter toutes les difficultés.

막아서다 타 barrer ((la route à *qn*)), arrêter, stopper, intercepter; barricader, obstruer. ¶ 누구를 ~ barrer la route à *qn*. ¶ 길을 ~ barrer une route [un passage]. ¶ 문을 ~ barricader une porte.

막역지간 莫逆之間 명 relation *f* intime; intimité *f*. ¶ 나는 그 사람과 ~이다 J'ai une relation intime avec lui / Je suis intimement lié(*e*) avec lui / Je suis très ami(*e*) avec lui.

막역하다 莫逆- 형 être intime avec *qn*, famili*er*(*ère*) avec *qn*, proche de *qn*; être très lié(*e*) avec *qn*. ¶ 막역한 친구 un(*e*) ami(*e*) intime [proche, ch*er*(*ère*)]. ¶ 막역한 사이에도 예의가 필요하다 L'amitié n'exclut pas la politesse / Dans une relation intime la politesse est nécessaire. ¶ 그 사람은 나와 막역하게 지낸다 Nous sommes très intimes [proches, lié(*e*)s] / Avec lui, je suis très intime [proche, lié(*e*)].

막연하다 漠然- 형 être vague, flou(*e*), incertain(*e*); être approximati*f*(*ve*); ((réponse)) être évasi*f*(*ve*). ¶ 막연한 계획 des projets flous [vagues]. ¶ 막연한 짐작 une estimation approximative, une vague estimation, une estimation en gros. ¶ 막연한 대답 une réponse évasive [vague, floue]. ¶ 그가 언젠가는 돌아올 것이라는 막연한 희망을 품고 산다 Je vis avec le mince espoir qu'il rentre un jour. ¶ 누구를

막연하게 기다리다 attendre vaguement *qn*.

막연히 漠然- 부 vaguement, confusément. ¶ ~ 생각했던 것과는 상황이 다르다 La situation est différente de ce que j'avais pensé.

-막이 접미 protection *f*, abri *m*, barrage *m*. ¶ 바람~ 구실을 하다 jouer le rôle de paravent [de coupe-vent]. ¶ 방패~가 되다 servir de protection. ¶ 칸~를 설치하다 installer une cloison [des cloisons].

막일 명 travail *m* dur, trav*ail*(*aux*) *m* de manœuvre; trav*ail*(*aux*) *m* sur un chantier. ◇_(을) **하다** faire des travaux de terrassement; travailler comme manœuvre [comme terrassier]; travailler dur.

◆**_꾼** 명 terrassier *m*; manœuvre *m* ((d'un chantier)); ouvri*er*(*ière*) du bâtiment; journali*er*(*ière*).

막장 명 bout *m* [fond *m*] d'une galerie ((de mine)); extraction *f* ((de la houille)). ¶ ~ 인생 la vie de mineur de fond; ((비유적)) une vie très dure; une vie sans espoir. ¶ 인생 ~ une fin de vie, le bout de l'existence. ¶ 다섯 명의 광부들이 ~에 갇혀 있다 Cinq mineurs (de fond) sont [se retrouvent] prisonniers dans la mine.

막중하다 莫重- 형 être très important(*e*), essentiel(*le*). ¶ 책임이 ~ avoir de lourdes responsabilités. ¶ 막중한 임무를 띠고 파견되다 être chargé(*e*) d'une mission très importante.

막차 -車 명 dernier train *m* [dernier (auto)bus *m*]. ¶ 방금 떠난 것이 ~입니다 (C'est) le dernier train [le dernier bus] (qui) vient de partir. ¶ ~는 11시 50분에 있다 Le dernier train [Le dernier bus] est à 11h50.

*~**를 타다** prendre le dernier train [le dernier bus].

막판 명 phase *f* finale; dernier stade *m*; fin *f*. ¶ ~ 역전극을 펼치다 renverser la situation au dernier moment. ¶ ~에 가서(는)[이르러서(는)] à la fin. ¶ ~에 접어들다 arriver à la fin. ¶ 이제 ~인데, 될 대로 되라지 Maintenant, on est arrivé à la fin, je me fiche de ce qui se passera ensuite.

막후 幕後 명 arrière-plan(~-~*s*) *m*; second plan *m*; coulisse *f*. ¶ 사건을 ~에서 조종하다 tirer les ficelles dans une affaire; dicter la conduite de *qn*; mener le jeu.

◆**_세력** -勢力 명 puissance *f* [pouvoir *f*] occulte.

◆**_인물** -人物 명 personne *f* qui tire les ficelles [qui mène le jeu]; éminence *f* grise.

◆**_협상[회담, 접촉]** -協商[會談, 接觸] 명 négociations *fpl* [réunion *f*, contact *m*] en coulisse.

막히다 자 ① ((구멍 따위가)) être bouché(*e*); être fermé(*e*), obstrué(*e*); se boucher. ¶ 구멍이 막혔다 Le trou est bouché. ¶ 홈통이 막혔다 La gouttière est engorgée. ¶ 하수구가 막혔다 Le tuyau d'évacuation des eaux usées [L'égout] est bouché. ¶ 코가 ~ avoir le nez bouché. ¶ 목이 ~ avoir la gorge serrée. ¶ 숨통이 ~ être asphyxié(*e*). ② ((길 따위가)) être obstrué(*e*), encombré(*e*), barré(*e*). ¶ 길이 너무 막힌다 La rue est trop encombrée. ¶ 이 시간에는 시내 어디서나 차가 막힌다 À cette heure-ci, tout le centre-ville est embouteillé. ¶ 앞 사람 때문에 시야가 막힌다 La personne qui est devant m'empêche de voir [me bouche la vue]. ¶ 그 마을은 사방이 산으로 막혔다 Le village est entouré de montagnes. ¶ 통로가 막혀 있다 La route est barrée. ③ ((말문 따위가)) ne pas savoir quoi dire, être bloqué(*e*), coincé(*e*). ¶ 그 갑작스러운 질문에 말문이 막혔다 À cette question brusque [inattendue], je n'ai su quoi répondre [je suis resté(*e*) sans voix, je suis demeuré(*e*) sans voix, je suis resté(*e*) totalement muet(*te*)]. ¶ 그 사람은 그 시를 암송하려고 했지만 처음 두세 행에서 막혀 버렸다 Il a voulu réciter ce poème, mais il ne se souvenait que des deux ou trois premiers vers. ¶ 두 번째 문제에서 꽉 막혔다 À la deuxième question, j'ai été complètement coincé(e). ④ 융통성이 없다 être étroit(*e*), mesquin(*e*), étriqué(*e*), borné(*e*), obtus(*e*). ¶ 생각이 꽉 막힌 사람 une personne à l'esprit borné [borné, obtus], une personne étroite d'esprit.

*__기가__ ~ ((비유적)) en avoir le souffle coupé, perdre *sa* parole; demeurer [rester] sans voix; être totalement interloqué(*e*); rester totalement muet(*te*) ((d'étonnement, de stupeur)) ¶ (너무) 기가 막혀서 말이 안 나왔다 Je restai muet(*te*) de stupeur / Abasourdi(*e*) [Sidéré(*e*), Stupéfait(*e*)], je ne pouvais prononcer un seul mot [je n'ai pas pu dire un mot, j'en avais le bec cloué {*fam*}.

*__돈줄이 막히다__ ne plus avoir de soutien financier.

*__앞뒤가 막히다__ être complètement coincé(*e*). ¶ 그 사람은 앞뒤가 꽉 막힌 사람이다 C'est quelqu'un de complètement borné(*e*) [coincé(*e*)].

막힘없다 형 être réguli*er*(*ère*), continu(*e*), sans accroc. ¶ 막힘없는 연설 un discours sans discontinuité.

◆**막힘없이** 부 sans heurt, sans accroc, sans problème, aisément, facilement. ¶ 일이 막힘없이 진행되었다 Tout s'est déroulé sans accroc. ¶ 이야기를 막힘없이 이어가다 L'histoire se déroule naturellement.

만[1] 萬 수관 dix mille; dix milliers *mpl*. ¶ ~ 년 dix mille ans. ¶ ~ 번째 le(*la*) dix millième. ¶ ~ 분의 일 un dix millième; un sur dix mille. ¶ 수~ 명의 사람 des dizaines de milliers de gens. ¶ 5~분의 1 지도 une carte [un plan] aux cinq dix millièmes. ¶ ~의[에] 하나라도 그런 일이 일어나지 않게 철저히 대비해라 Fais le maximum [tout] pour que cela n'arrive pas. ¶ ~에 하나 그런 실수를 한다면 일을 모두 그르치게 될 거야 Si tu commets la plus petite faute, tout le travail sera aussi faussé [tout le travail tombera à l'eau {*fam*}] / Si tu fais la moindre erreur, tout sera fichu {*fam*}.

만[2] 灣 명 【지리】 golfe *m*; baie *f*; anse *f*. ¶ 벵골 ~ le golfe du Bengale. ¶ 인천~ la baie d'Incheon.

만[3] 滿 명관 enti*er*(*ère*); plein(*e*); révolu(*e*); compl*et*(*ète*). ¶ 내가 한국을 떠난 지가 벌써 ~ 3년이

되었다 Cela fait déjà trois années entières que j'ai quitté la Corée. ¶ ~으로 몇 살이니? Tu as quel âge? ((âge révolu)) ¶ ~ 18세 이하 입장 금지 entrée interdite aux moins de 18 ans ((âge révolu)).

◆_나이 명 âge *m* révolu.

만[4] 의명 ((nom dépendant, exprimant une durée du temps passée)) au bout de *qc*, au terme de *qc*. ¶ 10년 ~에 만난 친구 un(*e*) ami(*e*) que l'on n'avait pas revu(*e*) depuis 10 ans, un(*e*) ami(*e*) que l'on a rencontré(*e*) au bout de dix ans. ¶ 5년 ~에 귀국하다 rentrer dans *son* pays au bout de cinq ans. ¶ 집을 나간 지 이틀 ~에 돌아왔다 Je suis rentré(*e*) après (seulement) deux jours d'absence / Je suis revenu(*e*) chez moi au bout de deux jours d'absence. ¶ 얼마 ~에 그를 만난거니? Tu l'as revu après combien d'années? / Tu l'as rencontré après combien de temps? ¶ 이게 얼마 ~이냐? Cela fait combien de temps? / Cela fait une éternité? / Ça fait une paye [un bail]? {*fam*}.

-만[5] 조 ① ((suffixe emphatique qui s'ajoute après les suffixes flexionnels et les adverbes)). ((제한)) ne ... que. ¶ 그가 와야~ 일을 시작할 수 있다 On ne peut pas commencer tant qu'il n'est pas là. ② ((최소치)) ne serait-ce que. ¶ 그런 식으로 하면 안 하느니~ 못하다 Si tu fais comme ça, ça revient à ne rien faire du tout. ¶ 그것을 예쁘게~ 만드세요 Fabriquez cela de sorte qu'il soit seulement grand. ((après un suffixe flexionnel conjonctif)) ¶ 입장권이 있어야~ 들어 갈 수 있습니다. Il faut qu'il y ait un billet d'entrée pour pouvoir y entrer.

-만[6] 조 aussi ... que ((particule comparative d'égalité, qui s'emploie avec le verbe 하다. Elle indique le mot auquel un autre mot est comparé pour l'égalité)). ¶ 집채~한 파도 une vague aussi grande qu'une maison, une vague haute comme une maison. ¶ 그 피아니스트~한 재능을 가진 사람은 드뭅니다 Rares sont des gens qui possèdent du talent aussi bon [remarquable] que ce pianiste / Rares sont des gens qui possèdent du talent à la hauteur de ce pianiste. ¶ 이 가방은 저것~ 못합니다 Ce bagage n'est pas comparable (égale) à celui-là.

-만[7] 조 ① ((particule spéciale, qui peut marquer différents cas grammaticaux. Elle peut aussi s'ajouter avant et après les autres particules pour ajouter un sens d'exclusivité ou de limitation)). ne … que, seulement, uniquement, seul(*e*) ((sujet)) ¶ 나~ 영어를 할 줄 안다 Moi seul, je sais parler l'anglais. ((complément d'objet direct)) ¶ 민수는 사과~ 먹어요 Min-su ne mange que la pomme / Min-su mange seulement la pomme. ¶ 그 소설가는 밖에도 안 나가고 글~ 써요. Ce romancier ne sort pas dehors, et n'écrit que des textes ¶ 하루 종일 잠~ 자다 ne faire que dormir toute la journée ¶ 말없이 웃기~ 하다 ne faire que rire sans dire un mot ¶ 그는 일은 안 하고 먹기~ 해요 Il ne fait que manger sans travailler. ((complément circonstanciel de lieu)) ¶ 그이는 한식당~ 갑니다 Il ne va que dans les restaurants coréens. ((complément circonstanciel de temps)) ¶ 나는 월요일과 화요일~ 강의가 있다. J'ai des cours seulement le lundi et le mardi. ② ((Il s'ajoute également après les autres particules pour exprimer l'exclusivité)). ((après d'autres particules ou les adverbes)) ¶ 어머니는 나에게~ 과자를 주셨다 Ma mère a donné du gâteau à moi seulement. ¶ 그 책은 큰 서점에~ 있습니다 Ce livre n'existe que dans les grandes librairies. ¶ 여기까지~ 우리 땅입니다 Jusqu'ici seulement, ce sont nos terrains. ((devant les autres particules de sujet 이, 은 et attributive 이)) ¶ 나 (혼자)만이 그이를 사랑해요 ¶ Moi seul, je l'aime. ¶ 그 학생을 때린 애들은 자~이 아니에요 ¶ Ce n'est pas seulement moi qui ai frappé cet étudiant. ((après un adverbe)) 크기는 아무래도 좋으니 글씨를 예쁘게~ 써라 Ecris les caractères de sorte qu'ils sont jolis seulement, et peu importe leur taille.

-만[8] 조 (('-마는'의 준말)) ☞ -마는

만가 輓歌 명 【음악】 hymne *m* funèbre; chant *m* funèbre; élégie *f*.

만감 萬感 명 sentiments *mpl* divers. ¶ ~에 사로잡히다 [~이 교차하다] être assailli(*e*) de mille et un sentiments; être en proie à des sentiments divers[variés]. ¶ 40년 만에 고국 땅을 다시 밟는 그의 가슴 속에는 ~이 교차했다 Il a été assailli de sentiments divers quand il a foulé de nouveau le sol de son pays après quarante ans.

만개 滿開 명 pleine floraison *f*, plein épanouissement *m*. ◇_(를) 하다 être épanoui(*e*), grand(*e*) ouvert(*e*). ¶ 봄꽃들이 ~했다 Les fleurs printanières se sont épanouies.

만개하다 滿開- 자 s'épanouir, s'ouvrir, fleurir pleinement [complètement]. ¶ 벚꽃이 만개한 정원 le jardin où les cerisiers sont en fleurs.

만경창파 萬頃蒼波 명 immensité *f* de la mer; de l'océan *m*.

만고 萬古 명 antiquité *f*, temps *mpl* anciens [reculés]; l'ancien temps *m*; le [bon] vieux temps *m*; éternité *f*; perpétuité *f*. ¶ ~에 길이 빛날 업적 un exploit qui restera dans l'histoire à jamais. ¶ ~에 다시없는 영웅 un héros sans pareil dans l'histoire. ¶ 이번 사태는 ~에 유례가 없던 일이다 C'est un événement sans précédent.

◆_불변 -不變 명 invariabilité *f*, constance *f*, immuabilité *f*, immutabilité *f*. ¶ ~불변의 진리 une vérité immuable.

◆_불후 -不朽 명 caractère *m* impérissable; immortalité *f*. ¶ ~불후의 걸작 un chef d'œuvre immortel.

◆_절색 -絶色 명 femme *f* d'une beauté sans égale.

◆_풍상 -風霜 명 toutes sortes d'épreuves; mille difficultés *fpl* [adversités *fpl*, péripéties *fpl*].

만곡 彎曲 명 courbe *f*, courbure *f*, coude *m*.

◆이상_ 異常- 명 【의학】 courbure *f* insolite.
◆척추_ 脊椎- 명 【의학】 déviation *f* de la colonne vertébrale.

만국 萬國 명 toutes les nations *fpl* (du monde).
◆_기 -旗 명 drapeaux *mpl* de toutes les nations.
◆_박람회 -博覽會 명 exposition *f* internationale [universelle]; foire *f* internationale.
◆_평화회의 -平和會義 명 Conférence *f* internationale de la paix.
◆_호출부호 -呼出符號 명 signaux *mpl* internationaux d'appel.

만근 萬斤 명 grand poids *m*; dix mille livres *fpl*. ¶ 그 일은 나에게 ~의 무게로 다가왔다 Cette affaire a été très lourde pour moi.

만금 萬金 명 toute somme *f* (d'argent); somme *f* considérable. ¶ 건강은 ~을 주고도 살 수 없다 La santé ne s'achète pas, même à prix d'or.

만기 滿期 명 expiration *f* (du délai); terme *m* échu. ¶ 이 여권은 6월 1일이 ~이다 Ce passeport expire le premier juin / La validité de ce passeport vient à expiration le premier juin. ◇_(가) 되다 expirer; échoir; arriver à échéance [à terme]. ¶ 보험이 ~가 되었다 L'assurance n'est plus valable / La validité de l'assurance a expiré.
◆_상환 -償還 명 remboursement *m* payable à échéance.
◆_일 -日 명 date *f* d'échéance. ¶ ~일을 넘기다 dépasser la date d'échéance.
◆_제대 -除隊 명 libération *f* après le service militaire complet; démobilisation *f*. ¶ 군대를 ~제대하다 terminer *son* service militaire, être libéré du service; ((군대은어)) avoir la quille {*fam*}.

만끽하다 타 profiter pleinement [au maximum] de *qc*, jouir pleinement [au maximum] de *qc*; se réjouir pleinement; goûter [savourer, manger, boire] à satiété [avec délices], se gaver, se rassasier, se délecter. ¶ 신혼의 달콤함을 ~ jouir pleinement de [savourer] *sa* vie de jeunes mariés. ¶ 자유를 ~ jouir au maximum de *sa* liberté. ¶ 여행의 진미를 ~ profiter pleinement [au maximum] d'un voyage. ¶ 젊음을 ~ jouir pleinement de la [*sa*] jeunesse. ¶ 승리의 기쁨을 ~ se réjouir pleinement d'une victoire, savourer une [*sa*] victoire.

만나다 타 ① ((사람을)) rencontrer *qn*, retrouver *qn*, rejoindre *qn*, voir *qn*; ((여러 사람이 서로)) se rencontrer, se retrouver, se rejoindre, se voir; ((내방자를)) recevoir *qn*; ((자주)) fréquenter *qn*. ¶ 친구를 [와] ~ rencontrer un(*e*) ami(*e*). ¶ 애인을 ~ rencontrer *son*(*sa*) petit(*e*) ami(*e*) [*son*(*sa*) copain(copine) {*fam*}]. ¶ 길에서 우연히 누구를 ~ rencontrer *qn* par hasard [croiser *qn*, tomber (nez à nez) sur *qn*, se (re)trouver face à face [nez à nez] avec *qn*] dans la rue. ¶ 누구와 만날 약속을 하다 prendre un rendez-vous (avec *qn*), donner [fixer] rendez-vous à *qn*, donner un rendez-vous à *qn*; ((서로)) se donner rendez-vous. ¶ 누구와 약속해서 ~ rencontrer *qn* après avoir pris un rendez-vous. ¶ 누구를 만나 주다 donner un rendez-vous à *qn*; recevoir *qn* ((dans *son* bureau)). ¶ 누구를 만나러 가다 aller rencontrer [voir, trouver, retrouver, rejoindre] *qn*; rendre [faire une] visite à *qn*. ¶ 가족끼리 ~ se rencontrer [se retrouver] en famille. ¶ 우리 만나서 이야기합시다 Rencontrons-nous pour en discuter. ¶ 그들은 만나기만 하면 싸운다 À chaque fois qu'ils se rencontrent, ils se disputent [c'est pour se disputer]. ¶ 누구를 만나려고 하십니까[만나러 오셨습니까]? Qui désirez-vous rencontrer [voir]? ¶ 사장님은 지금 만나실 수 없습니다 Vous ne pouvez pas rencontrer [voir] maintenant monsieur le Président-directeur général. ¶ 우리 언제 다시 만날까? Quand nous reverrons-nous? / Quand pourrions-nous nous revoir? ¶ 그 여자와는 이제 별로 만나지 않는다 Je ne la fréquente plus / Je ne la vois presque plus. ② ((사고, 경우, 시기 따위를)) rencontrer ((des obstacles)), éprouver ((des difficultés)), retrouver, trouver; affronter, essuyer ((un échec)), subir ((une épreuve)), avoir ((un accident)), être surpris(*e*) par. ¶ 폭풍우[소나기]를 ~ essuyer une tempête [être surpris(*e*) par une averse]. ¶ 여기 오는 길에 사고를 만났다 En venant ici, j'ai eu un accident. ¶ 그 회사는 설립이래 최대의 위기를 만났다 Cette société a rencontré [affronté] la plus grande crise depuis sa création. ¶ 그 사람은 아직 때를 만나지 못했다 Il n'a pas encore trouvé son heure. ¶ 사촌 형은 뜻하지 않게 좋은 기회를 만났다 Mon cousin aîné a trouvé [rencontré] une opportunité inattendue. ¶ 제 세상 만났구나 Il a trouvé son paradis. ③ 서로 연결되다 converger, confluer, rencontrer, se rencontrer, croiser, se croiser, tomber sur ((un endroit)), trouver, voir. ¶ 이 지점은 한류와 난류가 만나는 곳이다 C'est l'endroit où confluent [où convergent] les courants marins froids et chauds / C'est le lieu de convergence des courants marins froids et chauds. ¶ 이 길로 바로 가면 고속도로와 만날 것입니다 Si vous suivez cette route jusqu'au bout, vous tomberez [verrez, trouverez] sur l'autoroute. ¶ 작은 물줄기들이 만나 큰 강을 이룬다 Ce sont les petites rivières qui forment les grands fleuves / De petits filets d'eau se rencontrent pour former un grand fleuve. ④ 인연으로 관계를 맺다 faire une ((heureuse [mauvaise])) rencontre. ¶ 까다로운 상사를 ~ tomber sur un supérieur (difficile et) exigeant. ¶ 좋은 배우자를 만나는 일이 무엇보다 중요하다 Plus que tout, l'important est de rencontrer un bon conjoint. ¶ 그 남자는 부모를 잘 만나서 지금껏 고생 모르고 자랐다 Mes parents sont bons et fortunés, j'ai vécu jusqu'ici sans difficultés. ¶ 친구를 잘못 만나서 범죄의 길로 빠져들었다 J'ai rencontré des amis de mauvaise compagnie qui m'ont entraîné sur la voie du crime.
*__만나면 헤어지게 마련이다__ Il est dans la nature

humaine de se rencontrer et de se séparer / La vie n'est faite que de rencontres suivies de séparations.

*임자를 ~ ☞ 임자[2]

만난 萬難 명 toutes les difficultés *fpl*; tous les obstacles *mpl*. ¶ ~을 극복하다 surmonter [vaincre, venir à bout de] toutes les difficultés; franchir [triompher de] tous les obstacles. ¶ ~을 무릅쓰고 en surmontant [malgré] toutes les difficultés [tous les obstacles]; contre vents et marées.

만날 萬- 부 tous les jours. ¶ ~ 술만 마시다 boire (de l'alcool) tous les jours.

만남 명 rencontre *f*. ¶ 그와의 ~은 내게 평생 잊지 못할 추억이다 Je n'oublierai jamais notre rencontre [cette rencontre avec lui] / La rencontre avec lui restera gravée à jamais dans mon esprit [dans ma mémoire].

만년[1] 萬年 명 어근 dix mille années *fpl*; éternité *f*; perpétuité *f*; toute la vie *f*; *sa* vie *f* durant. ¶ ~ 후보 un éternel candidat ((aux élections)). ¶ 그는 ~ 소년이다 Il est éternellement jeune. ¶ 그 사람은 ~ 과장이다 Il reste chef de ce secteur toute sa vie [à perpétuité].

◆_설 -雪 명 neiges *fpl* éternelles.

만년[2] 晩年 명 les dernières années *fpl* de *qn*; vieillesse *f*. ¶ ~의 모습 une allure de personne en fin de vie. ¶ ~의 고독 la solitude pendant la vieillesse [sur *sa* fin de vie]. ¶ ~을 홀로 쓸쓸히 보내다 avoir [passer] une vieillesse malheureuse [triste]. ¶ ~에 그는 몹시 불우한 삶을 살았다 Il a vécu dans la misère vers la fin de *sa* vie [à la fin de *ses* jours].

만년필 萬年筆 명 stylographe *m*; stylo *m* à encre, stylo *m* (à) plume. ¶ ~로 글을 쓰다 écrire au stylo à encre [stylo (à) plume]. ¶ 생일 선물로 몽블랑 ~을 받았다 J'ai reçu un stylo plume Montblanc comme cadeau d'anniversaire. ¶ 이 ~은 (잉크가) 새니까 쓰지 마라 N'écris pas avec ce stylo plume, il coule [il fuit].

만능 萬能 명 omnipotence *f*; toute-puissance *f*. ¶ 물질 ~주의 le matérialisme. ¶ 시장 ~주의 le consumérisme. ¶ 황금 ~주의 le culte de l'argent. ¶ 그는 ~ 스포츠맨이다 C'est un athlète complet.

만다라 曼陀羅 산 명 mandala *m*.

만단 萬端 명 toutes sortes de. ¶ ~의 준비를 다 갖추다 prendre toutes les dispositions nécessaires, être paré(*e*) [se parer] à toutes éventualités.

만담 漫談 명 bon mot *m*; plaisanterie *f*; farce *f*; histoire *f* drôle; sketch *m*. ◇_(을) **하다** raconter une histoire drôle; faire un sketch.

◆_가 -家 명 comique *m*.

만대 萬代 명 toutes les générations *fpl*; éternité *f*. ¶ 그의 영광된 이름은 자손 ~에 전해질 것이다 Son nom honorable restera dans toutes les mémoires.

만덕 萬德 명 toutes les vertus *fpl*. ¶ 동양에서는 ~의 근본으로 효를 꼽는다 En Orient, on considère la piété filiale comme la base de toutes les vertus.

만돌린 이 명 mandoline *f*. ¶ ~을 타다[연주하다] jouer de la mandoline.

만두 饅頭 명 *mandu m* <ravioli coréen, sorte de ravioli chinois à la coréenne fourré de viande, de légumes et de nouilles translucides>. ¶ ~를 빚다 faire [confectionner] des *mandu*. ¶ 냉동~ des *mandu* surgelés.

◆_집 명 restaurant *m* où l'on sert des *mandu*.

◆_피 -皮 명 pâte *f* à *mandu*.

◆군_ 명 *mandu m* frit.

◆물_ 명 *mandu m* cuit à l'eau.

◆찐_ 명 *mandu m* à la vapeur.

만들다 타 ① produire; fabriquer, faire, confectionner, usiner, façonner. ¶ 빵[케이크]을 ~ faire du pain [un gâteau]. ¶ 자동차[종이]를 ~ produire des automobiles [fabriquer du papier]. ¶ 쌀로 술을 ~ fabriquer de l'alcool avec du riz [de l'alcool de riz]. ¶ 빵은 무엇으로 만들지요? Avec quoi fait-on [fabrique-t-on] du pain? ¶ 위조지폐를 ~ fabriquer de la fausse monnaie. ¶ 이야기를 ~ inventer [fabriquer, forger] une histoire. ¶ 오동나무로 상자를 ~ fabriquer une armoire avec du bois de paulownia. ¶ 그 여자는 음식을 잘 만든다 Elle fait bien la cuisine / Elle est bonne cuisinière. ② ((건축하다, 건조하다)) bâtir; construire. ¶ 붉은 벽돌집을 ~ bâtir une maison en briques rouges. ¶ 교량[배]을 ~ construire un pont [un bateau]. ¶ 공원[정원]을 ~ créer un parc [un jardin]. ③ ((창조하다)) créer, réaliser, engendrer, concevoir, former, inventer, fonder. ¶ 신이 세상을 만들었다 Et Dieu créa le monde. ④ ((설립하다)) établir, fonder, constituer, édifier. ¶ 회사를 ~ fonder [établir] une société. ⑤ ((작성하다)) faire, établir, rédiger, écrire. ¶ 법률을 ~ établir une loi. ¶ 규칙을 ~ instituer [établir] des règlements. ¶ 프로그램을 ~ établir [concevoir, créer, faire] un programme; ((컴퓨터)) établir [concevoir, créer, faire] un programme informatique. ⑥ ((조성하다, 구축하다)) créer, faire, générer, procréer. ¶ 돈을 ~ réunir de l'argent. ¶ 구실을 ~ trouver un prétexte pour+*inf*. ¶ 친구[적]를 ~ se faire un ami [un ennemi]. ¶ 분위기를 ~ créer une ambiance [une atmosphère]. ⑦ 변화시키다 transformer, faire *qc* de *qc*. ¶ 얼음을 물로 ~ transformer de la glace en eau. ¶ 기체를 액체로 ~ transformer un gaz en liquide, liquéfier un gaz. ¶ 친구를 적으로 ~ faire d'un ami un ennemi. ¶ 소설을 영화로 ~ adapter un roman pour le cinéma, faire d'un roman un film, transformer un roman en film. ¶ 그 여자는 딸을 뛰어난 음악가로 만들었다 Elle a fait de sa fille une musicienne remarquable. ¶ 아버님은 동생을 사람을[으로] 만들려고 애를 무척이나 쓰셨다 Mon père a fait beaucoup d'efforts pour donner une bonne éducation à mon petit frère. ¶ 동생이 나 없는 사이에 방안을 엉망으로 만들어 놓았다 Pendant mon absence, mon petit frère

ㅁ

a mis le désordre [le souk {*fam*}] dans la pièce [a mis la pièce en désordre, a mis la pièce sens dessus dessous]. ⑧ ((사역)) rendre *qn*+Adj; faire+*inf*. ¶ 경찰은 그를 자백하게 만들었다 La police l'a fait avouer. ¶ 그 친구의 우스운 표정은 우리를 웃게 만들었다 Ses mimiques amusantes nous ont fait rire. ¶ 그 소식이 나를 슬프게 만들었다 Cette nouvelle m'a rendu triste.

만들어내다 타 fabriquer, créer, faire naître, engendrer, entraîner. ¶ 그 사건은 시중에 많은 화제 거리를 만들어냈다 Cette affaire a engendré de nombreux sujets de conversation.

만료 滿了 명 expiration *f*, échéance *f*. ◇_(가) **되다** expirer; arriver à terme; arriver à échéance [à expiration]. ¶ 그 의원의 임기가 ~됐다 Le mandat du député est expiré [terminé].

◆_**일** -日 명 date *f* d'expiration [d'échéance].

만루 滿壘 명 【운동】 les trois buts *mpl* [coussins *mpl*, bases *fpl*] occupé(*e*)s [rempli(*e*)s]. ¶ 9회말 주자 ~ 상황이다 Nous sommes à la neuvième manche, tous les buts sont occupés.

◆_**홈런** 명 grand chelem *m*, *home run m* alors que toutes les bases sont occupées. ¶ ~홈런을 치다 frapper un grand chelem, frapper un *home run* alors que tous les buts sont occupés.

만류[1] 挽留 명 dissuasion *f*. ¶ 주위 사람들의 ~로 출발을 미루었다 Dissuadé(*e*) par les voisins, j'ai remis mon départ. ◇_(를) **하다** retenir *qn* ((qui veut partir)); empêcher, dissuader *qn* de+*inf*. ¶ 동료가 사직하려는 것을 ~하다 dissuader *son* collègue de démissionner [de donner *sa* démission].

만류[2] 灣流 명 【지리】 le Gulf Stream. ¶ 멕시코~ le courant mexicain du Gulf Stream, la branche mexicaine du Gulf Stream.

만리 萬里 명 mille lieues *fpl*. ¶ ~ 길 long voyage. ¶ 이역 ~ 타국에서 외로운 생활을 하다 mener une vie solitaire à l'autre bout du monde.

◆_**장성** -長城 명 la Grande Muraille *f* (de Chine).

만만디 중 명 lenteur *f* oisive, bonhomie *f*. ¶ ~ 정신 esprit de bonhomie.

만만하다[1] 형 être très facile, aisé(*e*), commode, simple; être docile. ¶ 그것은 만만한 일이 아니다 Ce n'est pas très [si] facile. ¶ 만만하게 여기다 peu respecter *qn*, faire peu de cas de *qn*, ne faire aucun cas de *qn*, mépriser *qn*, dédaigner *qn*. ¶ 상대방이 작다고 만만하게 생각하지는 말아라 Le faible n'est pas toujours le perdant. ¶ 네 눈에는 내가 그렇게 만만하게 보이니? Est-ce qu'à tes yeux je parais si faible que ça? / Est-ce qu'à tes yeux j'ai l'air si méprisable [peu respectable] que ça? ¶ 네가 만만하게 보이니까 애가 자꾸 너한테 가는 거야 Notre enfant va toujours vers toi car il a compris qu'il avait affaire à quelqu'un de malléable [de docile, de non directif, de non contraignant, de souple, de flexible, d'influençable, de maniable, de peu autoritaire].

◆**만만찮다** 형 ① être très difficile; être indocile; être intraitable, redoutable, ne pas être dédaignable. ¶ 비용이 만만찮다 Les dépenses sont élevées. ¶ 만만찮은 적수 un adversaire [un ennemi] redoutable [qu'il ne faut pas prendre à la légère, dont il faut tenir compte, qu'il ne faut pas dédaigner]. ② être autant+Adj, être dans la même situation [dans le même cas], l'être autant. ¶ 너 말이 너무 많아 - 너도 만만치 않아 Tu es trop bavard. - Parle pour toi {*fam*} / Tu l'es autant / C'est la même chose pour toi / Tu ferais mieux de te regarder dans une glace {*fam*} / T(u n)'as pas de leçons à donner. ¶ 할 일이 태산이군 - 나도 만만치 않게 많아 J'ai une tonne de choses à faire [J'ai un boulot monstre {*fam*}]. - C'est la même chose pour moi [Je suis dans le même cas].

만만하다[2] 滿滿- 형 être abondant(*e*); être plein(*e*) de *qc*. ¶ 자신이 ~ être sûr(*e*) ((de la réussite, de réussir)), ne pas douter de *ses* capacités. ¶ 그 사람은 모든 일에 자신 만만한 모습을 보인다 Il paraît toujours sûr de lui. ¶ 그 사람은 누구보다도 여유 만만해 보였다 Il avait l'air d'être le moins occupé [le moins pris] d'entre tous [de nous tous]. ¶ 자신 만만하게 대답을 하다 répondre avec aisance [avec aplomb, avec assurance].

만면 滿面 명 tout le visage *m*. ¶ 그 여자는 ~에 웃음을 띠고 있다 Elle est toute souriante.

◆_**하다** 형 être rayonnant(*e*), illuminé(*e*), radieux(*se*). ¶ 그의 얼굴에 희색이 ~하다 Son visage est rayonnant [s'illumine] de joie.

만무 萬無 명 rien de possible; impossibilité *f*. ◇_(이) **다** être impossible. ¶ 그 녀석에게 돈이 있을 리 ~다 C'est impossible que ce type ait de l'argent / Je ne vois pas comment ce type aurait de l'argent.

◆_**하다** 형 être absolument impossible, être incroyable, ne pas être possible; il n'y a aucune raison pour que+*subj*. ¶ 그럴 리가 ~하다 Ce n'est pas possible! / C'est absolument impossible! / Cela m'étonnerait fort / Cela ne se peut pas! / Cela ne peut être vrai! / Ce n'est pas vrai! ¶ 그 사람이 그런 짓을 했을 리 ~하다 Il n'a certainement pas fait ce genre de chose / C'est impossible qu'il ait fait cela [qu'il ait agi ainsi [de la sorte] [qu'il ait commis un tel acte, qu'il ait fait une chose pareille]! / Je ne vois pas comment il aurait pu faire cela [il aurait pu faire une chose pareille]!

만물 萬物 명 toutes les choses *fpl*; toutes les créatures *fpl*, tous les êtres; création *f*, l'univers *m*. ¶ 신이 ~의 창조자라고 믿는 사람들이 있다 Il y a des gens qui croient que c'est Dieu qui a créé l'univers. ¶ 인간은 진정 ~의 영장일까? L'homme est-il vraiment le roi de la création? ¶ ~이 소생하는 봄이 왔다 Enfin c'est le printemps et tout renaît.

◆_**박사** -博士 명 une vraie [véritable] encyclopédie *f* {*fam*} vivante. ¶ 그 사람, 정말 ~박사야! C'est une véritable encyclopédie vivante! / Il a des connaissances encyclopédiques / Celui-là, il est vraiment cultivé dans tous les domaines.

만물상 萬物商 명 marchand(*e*) de couleurs, droguiste *mf*; ((상점)) droguerie *f*, bazar *m*.

만민 萬民 명 tous les gens *mpl*, tous les hommes *mpl*; le monde *m* entier. ¶ ~은 법 앞에 평등하다 Tout le monde est égal devant la loi / La loi est la même pour tous / Tous les hommes sont égaux devant la loi.

만반 萬般 명 tout *m*. ¶ ~의 준비가 다 되어 있습니다 J'ai pris toutes les mesures possibles / Je suis paré(*e*) à toute éventualité. ¶ ~의 계획을 마련했다 J'ai préparé un plan parfait.

만발하다 滿發- 동 s'épanouir, s'ouvrir, éclore. ¶ 정원에 온갖 꽃들이 만발해 있다 Toutes sortes de fleurs sont écloses [se sont épanouies] dans le jardin.

만방 萬邦 명 ① tous les sens *mpl*; toutes les directions *fpl*; tous les côtés *mpl*; toutes les façons *fpl*; tous les procédés *mpl*. ¶ ~으로 노력하다 faire de *son* mieux [du mieux que l'on peut], faire tout *son* possible, faire le maximum, faire tout ce qui est en *son* pouvoir, donner le meilleur de *soi*, se mettre en quatre pour *qn*/*inf*, se démener, se bouger à fond {*fam*}, se décarcasser {*fam*}. ② tous les pays *mpl*; toutes les nations *fpl*; le monde *m* entier. ¶ 세계 ~에 국위를 떨치다 rehausser le prestige national dans le monde entier.

만백성 萬百姓 명 tous les citoyens *mpl* ((d'un pays)).

만병 萬病 명 toutes les maladies *fpl*. ¶ 스트레스는 ~의 근원이다 Le stress est à l'origine de toutes les maladies. ¶ ~을 다스리다 soigner [agir sur, être efficace sur] toutes les maladies. ¶ 이 약은 ~에 잘 듣는다 Ce médicament [Ce remède] est efficace [agit] sur toutes les maladies / Ce médicament est une panacée.

◆**_통치** -通治 명 guérison *f* de toute maladie. ¶ ~통치약 un remède universel, une panacée.

만복 萬福 명 tous les bonheurs *mpl* possibles. ¶ ~을 받다 être béni(*e*) du Ciel. ¶ ~을 빌다 souhaiter tout le bonheur possible [beaucoup de bonheur] ((à *qn*)), adresser *ses* meilleurs vœux de bonheur ((à *qn*)). ¶ ~이 깃들기 바랍니다 Je souhaite que la chance vous sourie / Je vous souhaite tout le bonheur possible [beaucoup de bonheur] / Je vous adresse mes (meilleurs) vœux de bonheur.

만부당하다 萬不當- 형 être entièrement injuste, injustifié(*e*), erroné(*e*), illégitime. ¶ 천부당 ~ être absolument impossible [inacceptable], être absolument injustifiable.

만분의일 萬分- 명 un dix millième. ¶ 그분의 은혜에 ~이라도 보답하고 싶습니다 Je ferais n'importe quoi pour le [la] remercier.

만분지일 萬分之 一 명 ☞ 만분의일

만사 萬事 명 tout *m*; toutes choses *fpl*. ¶ ~를 잊다 tout oublier. ¶ ~에 신중해라 Sois toujours prudent(*e*) / Fais attention à tout. ¶ 연락을 받자마자 ~ 제쳐 놓고 달려왔다 Dès qu'il a reçu l'appel, il est venu (en) laissant tout de côté. ¶ 그는 ~에 성의 있는 자세로 임한다 Il met toute sa bonne volonté pour tout (ce qu'il entreprend) / Tout ce qu'il fait, il le fait avec sérieux. ¶ ~가 순조롭다 Tout va bien / Tout va pour le mieux / Tout va à merveille / Tout marche à souhait [sans problème] / Tout marche [va, se passe] comme sur des roulettes / Tout baigne {*fam*}. ¶ ~가 다 귀찮다 Tout m'ennuie / J'en ai assez [marre {*fam*}] de tout / Je n'ai envie de rien faire / Tout me fait chier {*vulg*}.

◆**_태평** -太平 명 tranquillité *f* totale, impassibilité *f*. ¶ 그는 어떤 일이 닥쳐도 ~태평이다 Il reste impassible [calme] quoiqu'il arrive [en toutes circonstances, en toute situation].

◆**_휴의** -休矣 명 tout est fini; c'est fini; il n'y a plus d'espoir. ¶ 계획이 ~휴의가 되었다 Le projet est (tombé) à l'eau [est tombé dans le lac] / Le projet est fichu {*fam*}.

만사형통 萬事亨通 명 tout marche à souhait, tout va bien. ◇_(을) **하다** ((tout)) aller (parfaitement) bien; ne poser aucun problème. ¶ 하는 일마다 ~하시기를 바랍니다 Je souhaite que toutes les choses que vous réaliserez se passent bien / (Je vous présente) tous mes vœux de réussite dans vos affaires / Je souhaite que tout marche à souhait [que tout aille bien] / J'espère que tout ira bien.

만삭 滿朔 명 dernier mois *m* de la grossesse, mois *m* de la parturition [de l'accouchement]. ¶ 그 여자는 ~의 몸을 이끌고 일하러 나갔다 Elle est sortie travailler malgré l'imminence de son accouchement [alors qu'elle est sur le point d'accoucher]. ¶ 그 여자는 지금 ~이다 Elle doit accoucher bientôt / Elle est sur le point d'accoucher / Son accouchement est proche [imminent] / Elle approche de son terme / Elle est à la veille de ses couches.

만산 滿山 명 toute la montagne *f*, montagne *f* entière. ¶ ~이 벚꽃으로 덮여있다 Toute la montagne est recouverte de fleurs de cerisier.

◆**_홍엽** -紅葉 명 montagne *f* recouverte de son feuillage d'automne; montagne *f* dans son habit [dans sa parure] d'automne; montagne ayant recouvré ses couleurs d'automne.

만상 萬象 명 toutes les créatures *fpl*; toutes choses *fpl*. ¶ 우주 ~이 조화를 이루고 있다 L'harmonie règne à travers tout l'univers.

◆**삼라_** 森羅 명 univers *m*; création *f*.

◆**천태_** 千態 명 grande diversité *f* [variété *f*]. ¶ 사람들의 성격이 천태~이다 On a tous des caractères différents.

만석꾼 萬石- 명 propriétaire *m* très riche.

만석들이 萬石- 명 très vaste champ *m* où on peut récolter une très grande quantité de céréales.

만선 滿船 명 bateau(*x*) *m* rempli de poissons; pêche

f miraculeuse. ¶ ~의 기쁨을 만끽하다 goûter pleinement la joie d'une pêche miraculeuse. ¶ 고깃배가 ~이 되어 돌아오고 있다 Un bateau rentre avec une pêche miraculeuse / Un bateau rempli de poissons rentre au port.

만성 慢性 명 ① 【의학】 chronicité *f.* ¶ ~ 간염 hépatite chronique. ¶ ~ 기관지염 bronchite chronique. ② insensibilité *f* provoquée par l'habitude, accoutumance *f.* ¶ 사람들은 매일 벌어지는 불의에 대해 ~이 되어 가고 있다 On devient insensible aux injustices qui ont lieu tous les jours. ¶ 힘드시겠어요? - 힘들긴요, 이젠 ~이 돼서 차라리 편하더군요 Ça doit être dur pour vous? - Dur? Non maintenant que j'ai pris l'habitude, au contraire c'est même agréable.

◆**_적** -的 명 chronique. ¶ ~적 불황 récession chronique. ¶ ~적 실업 chômage chronique. ¶ ~적인 적자에 시달리다 être tourmenté(*e*) [tracassé(*e*)] par un déficit chronique.

◆**_병** -病 명 maladie *f* chronique.

◆**_인플레이션** 명 【경제】 inflation *m* chronique.

◆**_적자** -赤子 명 déficit *m* chronique.

◆**_질환** -疾患 명 maladie *f* chronique.

만성절 萬聖節 명 【천주】 la Toussaint *f.*

만세 萬歲 명 dix mille ans *mpl*; éternité *f.* ¶ ~를 누리다 vivre une longue vie, jouir d'une longue vie. ¶ ~를 부르다 pousser des hourras. ¶ 대한민국 ~! Vive la Corée!

◆**_삼창** -三唱 명 hourra! hourra! hourra! ¶ ~삼창(을) 하다 pousser des hourras à trois reprises.

만수 滿水 명 être rempli(*e*) à ras bord. ¶ 댐이 ~가 되었다 Le barrage est rempli jusqu'à la limite [au maximum].

◆**_위** -位 명 limite *f* du niveau d'eau.

만수무강 萬壽無疆 명 longue vie *f* en bonne santé. ¶ 부모님의 ~을 기원하다 souhaiter longue vie à *ses* parents.

◆**_하다** 자 vivre une longue vie, jouir d'une longue vie. ¶ 할아버지, 부디 ~하십시오 Je te souhaite longue vie, grand-père [papi, papy].

만시지탄 晩時之歎 명 regret *m* tardif. ¶ ~의 감이 없지 않으나, 이제라도 처방을 내려야 하겠다 Je sens qu'il est un peu trop tard, mais même maintenant, il convient de prendre des mesures.

만신창이 滿身瘡痍 명 ① couvert(*e*) de blessures [de bleus, de meurtrissures]. ¶ ~의 몸으로 couvert(*e*) de bleus [de meurtrissures, de blessures]; roué(*e*) de coups. ¶ 어디서 그렇게 얻어맞았는지, ~가 되어 돌아왔다 Je ne sais pas qui l'a roué de coups, mais il est revenu couvert de bleus. ② être tout sale, tout crotté; être couvert(*e*) de boue. ¶ 진흙탕 속을 한참 걸었더니 신발이 ~가 되었다 J'ai marché longtemps dans la boue, j'ai les chaussures toutes crottées.

만약 萬若 명 toute éventualité *f*, cas *m* imprévu, cas *m* échéant. ¶ ~의 경우에 dans le cas éventuel; le cas échéant, au cas où. ¶ ~을 위해 따로 돈을 좀 모아 놓자 Mettons de l'argent de côté [Faisons des économies] pour nous préparer au pire. ¶ ~에 아버지가 실직을 하신다면 어떻게 하겠니? Si ton père était au chômage, qu'est-ce que tu ferais? 부 si, supposé que+*subj*, au cas où+*cond*, des fois que+*cond* {*pop*}. ¶ ~ 네가 다시 태어난다면 si tu renaissais ... ☞ 만일

만연 蔓延 명 propagation *f* ((d'une épidémie)). ¶ 사치풍조의 ~ tendance du luxe à se propager ((dans une société)), extension du luxe. ¶ 부정부패의 ~ propagation du vice et de la corruption. ¶ 요즈음 과소비 풍조의 ~이 큰 문제로 대두되고 있다 Ces temps-ci, la tendance à une consommation excessive crée un sérieux problème social. ◇_(을) **하다** se propager, se diffuser, se répandre, se développer. ¶ 전국적으로 콜레라가 ~하고 있다 Le choléra sévit dans tout le pays. ¶ 공직자들 사이에 ~한 기회주의를 뿌리 뽑아야 한다 Il faut déraciner l'opportunisme qui s'est propagé dans le milieu des fonctionnaires. ◇_(이) **되다** être propagé(*e*), diffusé(*e*), répandu(*e*), développé(*e*). ¶ 시청에는 부정부패가 ~되어 있다 L'administration municipale est complètement corrompue.

만연체 蔓衍體 명 【문학】 style *m* littéraire très chargé [ornementé], style *m* littéraire très léché {*fam*}.

만용 蠻勇 명 témérité *f*; folle audace *f*; courage *m* aveugle. ◇_(을) **부리다** faire preuve de témérité.

만우절 萬愚節 명 le poisson *m* d'avril ((le premier avril)).

만원 滿員 명관 compl*et*(*ète*); bondé(*e*), comble, plein(*e*), archicomble {*fam*}. ¶ ~ 버스 un bus bondé. ¶ ~ 사례 ((게시)) Toutes nos excuses, mais c'est complet / Complet. ¶ 극장 안은 관객들로 ~을 이루었다 La salle du théâtre est archicomble {*fam*}. ¶ ~이 되어 접수를 마감합니다 C'est complet, nous arrêtons les inscriptions. ¶ 이 가게는 언제나 ~이다 Ce magasin [Cette boutique] ne désemplit pas / Il y a toujours du monde dans ce magasin. ¶ 도서관은 대~이었다 La bibliothèque était pleine [archicomble {*fam*}].

만월 滿月 명 pleine lune *f.*

만유 萬有 명 tous les êtres *mpl*; toutes les créatures *fpl*; création *f* entière; univers *m.* ¶ ~를 움직이는 신비한 힘 force mystérieuse qui fait bouger [qui fait tourner] tout l'univers.

만유인력 萬有引力 명 【물리】 ((loi *f* de la)) gravitation *f* universelle. ¶ ~의 법칙 la loi de la gravitation (universelle).

만인 萬人 명 tous les hommes *mpl*, tous les êtres *mpl*; tout le monde *m*; le monde *m* entier. ¶ ~의 칭송을 받다 recevoir des éloges de tout le monde, recevoir des éloges unanimes. ¶ ~에게 칭찬을 받다 recevoir des compliments [des éloges] de tout le monde, être complimenté(*e*) par tout le monde, recevoir des éloges unanimes. ¶ 그것은 ~이 인정할 명백한 사실이다 C'est un fait évident que tout le monde peut admettre.

만일 萬一 명 toute éventualité *f*, cas *m* imprévu, cas *m* échéant. ¶ ~의 경우에 대비하다 se tenir prêt(*e*) à toute éventualité; envisager le pire. ¶ ~의 사태를 대비해 경계를 강화하다 renforcer la sécurité [redoubler de vigilance] pour être prêt(*e*) à toute éventualité. ¶ ~을 생각해야 한다 Il faut envisager le pire. ¶ ~의 경우에는 en cas d'imprévu; en cas d'urgence; le cas échéant, au cas où {*fam*}, on ne sait jamais. ¶ ~의 경우 내일 비가 오면 경기를 다른 날로 연기하겠다 S'il pleut demain, on remettra le match à un autre jour.

부 ① ((현재, 미래에 관한 바람, 가정)) si (par hasard); si jamais; si d'aventure; supposé que+*subj*; au cas où+*cond*, des fois que+*cond*. ¶ ~ 괜찮으시다면 같이 오십시오 Venez ensemble, si cela ne vous gêne [dérange] pas. ¶ ~ 그를 만나면 내게 오라고 해 줘 Si tu le vois [Quand tu le verras], dis-lui de venir me voir. ¶ 내가 ~ 약속시간에 늦으면 너 먼저 출발해라 Si je suis en retard au rendez-vous, pars sans m'attendre. ② ((실현성 적은 현재, 미래의 일)) si (par hasard); si jamais; si d'aventure; au cas où+*cond*, des fois que+*cond*. ¶ ~ 내가 죽는다면 si je venais à mourir. ¶ ~ 당신이 제 입장이라면 어떻게 하시겠습니까? Si vous étiez à ma place, qu'est-ce que vous feriez? ¶ ~ 네가 그런 상황에 처했다면 어떻게 행동했겠니? Si tu avais été dans cette situation, qu'aurais-tu fait? ¶ ~ 네가 아니었다면[네 도움이 없었더라면] 난 그 일을 해내지 못했을 거다 Sans toi [Sans ton aide], je ne l'aurais pas fait. ¶ ~ 그때 알기만 했더라면! Ah, si je l'avais su à ce moment-là!

만장 滿場 어근 toute l'assistance *f* [la salle *f*, l'assemblée *f*]; tout le public *m* [l'auditoire *m*].

◆**_하다** 자 faire salle comble. ¶ ~하신 신사숙녀 여러분! Mesdames et Messieurs, vous qui êtes venus nombreux!

◆**_일치** -一致 명 unanimité *f*, unanimisme *m*, un commun accord *m*. ¶ ~일치로 à l'unanimité, d'un commun accord, par consensus, par consentement universel, par consentement de tous, unanimement. ¶ 거의 ~일치로 à la quasi-unanimité. ¶ 무엇에 ~일치로 동의하다 approuver *qc* à l'unanimité. ¶ ~일치로 새 법안을 통과시키다 faire passer le nouveau projet de loi à l'unanimité. ¶ 그 안건에 관해서는 모두가 ~일치였다 On était unanime sur ce sujet. ¶ ~일치가 이루어졌다 L'accord est unanime.

만전 萬全 명 perfection *f*; sûreté *f*. ¶ ~의 대책을 세우다 prendre des mesures absolues, prendre toutes les mesures possibles, parer à toute éventualité, s'assurer de tout. ¶ 행사 준비에 ~을 기하다 préparer à la perfection l'organisation d'une activité.

만점 滿點 명 ① la note *f* maximale, le maximum *m* de points ((100 sur 100)). ¶ 프랑스어 시험에서 ~을 받았다 J'ai eu [obtenu] le maximum de points à l'examen de français. ¶ 시험관은 그 학생에게 ~을 주었다 L'examinateur [Le jury] lui a donné [accordé] le maximum de points [la note maximale]. ¶ 100점 ~에 80점을 얻다 avoir [obtenir] 80 points sur 100. ② 완벽함 état *m* parfait, irréprochable, impeccable. ¶ 매력 ~의 아가씨 une jeune fille d'un charme exceptionnel. ¶ 인기 ~이다 être populaire au plus haut niveau, être au summum de *sa* popularité. ¶ 이 호텔의 서비스는 ~이다 Le service de cet hôtel est impeccable [parfait](il n'y a rien à redire).

만조 滿潮 명 【해양】 marée *f* haute. ¶ ~가 되었다 La marée atteint son maximum.

만족 滿足 명 satisfaction *f*, contentement *m*. ¶ 자기 ~ satisfaction de *soi*. ¶ ~을 느끼다 éprouver de la satisfaction. ¶ 고객들은 그 호텔의 서비스에 (대해) ~을 표시했다 Les clients ont exprimé leur satisfaction du [ont été satisfaits par le] service de cet hôtel. ◇_(을) **하다** être satisfait(*e*) de *qn*/*qc*; être content(*e*) de *qn*; se contenter de *qc*, se satisfaire de *qc*. ¶ 모두가 ~하도록 ((agir)) de manière à satisfaire tout le monde. ¶ 나는 이 정도 성과로는 ~할 수 없다 Je ne peux pas me satisfaire [me contenter] d'un tel résultat. ¶ 그 여자는 결과에 ~했다 Elle est satisfaite du résultat. ¶ 그 사람은 ~해 하는 눈치더라 Il a l'air satisfait. ◇_(을) **시키다** satisfaire *qn*, contenter *qn*. ¶ 이런 성적으로는 부모님을 ~시킬 수 없다 Avec cette note, tu ne pourras pas satisfaire [contenter] tes parents. ¶ 자신의 욕망을 ~시키기 위해 다른 사람들을 이용하다 profiter des autres pour satisfaire [contenter] *son* propre désir. ¶ 다음 방정식을 ~시키는 X의 값을 구하시오 trouver la valeur de X pour résoudre l'équation suivante.

◆**_스럽다** 형 être satisfaisant(*e*); être enviable; être acceptable. ¶ ~스러운 생활 une vie satisfaisante. ¶ ~스러운 결과 un résultat satisfaisant. ¶ ~스러운 표정으로 d'un air content [satisfait]. ¶ 학생들 중 누구도 그 질문에 ~스러운 대답을 하지 못했다 Aucun de ces élèves n'a pu donner de réponses satisfaisantes [correctes]. ¶ 주문한 상품이 ~스러운 상태로 도착했다 La marchandise commandée est arrivée en bon état.

◆**_히** 부 d'une manière satisfaisante, avec satisfaction; suffisamment. ¶ ~히 보상을 받다 être suffisamment récompensé(*e*).

◆**_감** -感 명 sentiment *m* de contentement [de satisfaction].

◆**_도** -度 명 degré *m* de satisfaction. ¶ 제품에 대한 소비자들의 ~도를 조사하다 faire une enquête auprès des consommateurs pour connaître le degré de leur satisfaction sur les produits.

◆**대_** 大- 명 satisfaction *f* profonde, grande[pleine, entière] satisfaction *f*. ¶ 대~이다 être entièrement satisfait(*e*). ¶ 나는 그 친구에게 대~이었다 J'étais pleinement satisfait(*e*) de lui. ¶ 그 친구가 좋아하는 것을 보니 대~이다 Je suis très content(*e*) de le voir heureux. ¶ 나는 그의 능력에 대~이다 Je suis pleinement satisfait(*e*) de ses compétences.

만종 晩鐘 명 angélus *m* du soir. ¶ ~ 소리가 들려온다 On entend l'angélus du soir.

만주 滿洲 명 【지명】 la Mandchourie *f*.

◆**_국** -國 명 la dynastie *f* mandchoue.

◆**_문자** -文字 명 【언어】 caractère *m* mandchou.

◆**_어** -語 명 【언어】 le mandchou *m*, langue *f* mandchoue.

◆**_족** -族 명 tribu *f* mandchoue, Mandchous *mpl*.

만지다 타 ① toucher, palper, tâter. ¶ 누구의 손[가슴]을 ~ toucher la main [la poitrine] de *qn*. ¶ 생선을 만져서 손에서 비린내가 난다 Comme j'ai manipulé le poisson, ma main sent fort. ¶ 만지지 마시오 Ne pas toucher / Défense de toucher. ② 수리하다 réparer, manipuler. ¶ 그 남자는 텔레비전을 잘 만진다 Il répare bien la télévision. ¶ 그 남자는 기계를 만지는 데에 아주 솜씨가 있다 Il est très habile pour manipuler les machines.

만지작거리다 타 tâter, palper, manipuler, manier, tripoter, tripatouiller, trifouiller, patouiller {*fam*}. ¶ 소녀는 수줍어서 고개를 숙인 채 소매 끝만 만지작거린다 La jeune fille, timide, la tête baissée, ne fait que tripatouiller le bout de sa manche (de robe). ¶ 우리 아들은 새로 산 라디오를 만지작거리더니 기어이 고장을 냈다 Mon fils, en tripotant [en trifouillant {*fam*}, manipulant, en bricolant] le poste de radio nouvellement acheté, a fini par le casser.

만찬 晩餐 명 dîner *m* (officiel). ¶ 최후의 ~ la Cène; le dernier repas. ¶ ~을 들다 prendre (part à) un dîner. ¶ ~에 초대하다 inviter [recevoir] *qn* à dîner. ¶ ~에 참석하다 assister [prendre part] à un dîner.

◆**_장** -場 명 lieu(*x*) *m* où l'on dîne [prend le dîner]; salle *f* de banquet.

◆**환영_** 歡迎_ 명 dîner *m* de bienvenue.

만천하 滿天下 명 le monde *m* entier. ¶ 그의 음모를 ~에 폭로하다 révéler [dévoiler] *son* complot au monde entier, mettre au grand jour *son* complot. ¶ 그의 죄상이 ~에 드러났다 Son crime est révélé [dévoilé] au monde entier. ¶ 그것은 ~가 다 아는 사실이다 C'est un fait connu de tout le monde.

만추 晩秋 명 arrière-saison *f*, la fin *f* de l'automne. ¶ ~를 즐기다 jouir de la fin de l'automne. ¶ ~에 à la fin de l'automne.

만춘 晩春 명 fin *f* du printemps.

만취 滿醉 명 ivresse *f* complète. ¶ ~(의) 상태 état d'ébriété totale, état d'ivresse complète. ◇**_(를) 하다** être ivre mort; être bourré(*e*) {*fam*}; être abruti(*e*) par l'alcool. ¶ 그는 몸을 가누지 못할 만큼 ~하였다 Complètement ivre, il ne pouvait se tenir debout. ¶ 그렇게 ~한 몸으로 어떻게 집을 찾아왔는지 모르겠다 Je ne comprends pas comment il a pu rentrer chez lui dans cet état d'ébriété totale. ◇**_(가) 되다** être ivre mort(*e*), être complètement ivre [soûl(*e*), saoul(*e*), bourré(*e*) {*fam*}, beurré(*e*) {*fam*}, pété(*e*) {*fam*}, schlass {*fam*}, rond(*e*) {*fam*}, plein(*e*) {*fam*}]; être abruti(*e*) par l'alcool. ¶ 독주에 ~되다 être abruti(*e*) par un alcool très fort. ¶ 그 남자는 술을 마셨다하면 ~가 되도록 마신다 Quand il boit, il boit jusqu'à être complètement ivre.

만치 의명 ((nom dépendant. Il s'emploie après un démonstratif ou un suffixe flexionnel déterminatif)). au point de+*inf*; au point que+*ind*. ¶ 놀랄 ~ 영리한 아이 enfant admirablement intelligent. ☞ 만큼

만큼[1] 의명 ((nom dépendant exprimant le degré, la qualité ou le niveau égaux, identiques ou comparables. Il s'emploie après les démonstratifs 이 *ce*, 그 *cela*, 저 *cela là-bas* ou les suffixes flexionnels déterminatifs -ㄴ/-는/-은, -ㄹ/-을)). ① si ...que; tellement ...que; au point de+*inf*, autant que, aussi que, de telle sorte que. ¶ 이 ~ 두꺼운 책을 본 적이 있니? As-tu vu un livre aussi épais que celui-ci? ¶ 네가 나에게 하는 ~ 나도 너에게 해 줄 것이다 J'en ferai autant pour toi que tu en feras pour moi / Je ferai pour toi ce que tu feras pour moi. ¶ 서두르면 서두르는 ~ 손해다 Plus on se dépêchera, plus on aura de pertes. ¶ 네가 공을 들인 ~의 성과를 얻게 될 것이다 Tes résultats seront proportionnels à tes efforts / Tu auras un résultat proportionnel à tes efforts. ¶ 그 여자는 같은 사람으로 보기 어려울 ~ 변했다 Elle avait tellement changé qu'on la reconnaissait à peine. ¶ 그 아이는 이제 혼자서도 외출할 수 있을 ~ 다 컸다 Maintenant il est assez grand pour sortir seul. ¶ 그 사람의 모습을 보고 기절할 ~ 놀랐다 J'ai failli m'évanouir en le voyant. ② puisque. ¶ 이번 일은 특별히 중요한 ~ 신중하게 행동해야 한다 Puisque cette affaire est spécialement importante, il faut agir prudemment. ¶ 너는 학생인 ~ 공부에만 전념해야 한다 Puisque tu es étudiant(*e*), tu dois t'appliquer à tes études.

만큼[2] 조 autant que; aussi ...que; si ...que; autant de ...que. ((particule comparative d'égalité, indiquant le mot auquel un autre mot est comparé pour l'égalité ou la ressemblance)). ¶ 나도 너 ~은 할 수 있다 (Moi aussi,) je peux en faire autant que toi. ¶ 내가 너를 얼마 ~ 사랑하는지 아무도 모를 거야 Personne ne sait combien je t'aime. ¶ 동생은 나~ 키가 크다 Mon frère est aussi grand que moi. ¶ 건강~ 귀한 것은 없다 Rien n'est aussi [si] précieux que la santé. ¶ 그것~은 안 됩니다 Tout passe sauf ça / Tout est acceptable sauf ça / Tout ce que tu veux, mais pas ça. ¶ 이것은 생각했던 것~ 어렵지는 않다 Ce n'est pas aussi [si] difficile que je le croyais.

만판 명부 pleinement, à satiété, jusqu'à satisfaction; comme on veut, selon *ses* désirs, à souhait. ¶ ~으로 떠들고 놀다 s'amuser [se distraire] et crier comme on veut. ¶ ~ 먹다 manger [s'amuser] à volonté. ¶ 나는 어제 공부는 안 하고 ~ 놀았다 Hier, je n'ai pas travaillé [étudié], je n'ai fait que m'amuser [je me suis amusé(*e*) [détendu(*e*)] toute la journée] / Hier, je n'ai pas étudié de toute la journée.

만평 漫評 명 caricature *f* (politique). ¶ 시사 ~ une caricature (politique).

만하다[1] 형 ① ((정도)) ((support, mange))-able, ((ris))-ible, qui peut être ((oublié(*e*), alarmant(*e*))); qu'on peut faire; être sur le point de+*inf*. ¶ 견딜 ~ être supportable. ¶ 그는 잊을 만하면 한 번씩 전화를 한다 Quand on pourrait l'oublier, il téléphone. ¶ 걱정할 만한 일은 벌어지지 않았다 Il n'y a pas eu d'affaires alarmantes [inquiétantes]. ¶ 그 사람에게는 그럴 만한 이유가 있다 Il a une bonne raison pour cela. ② ((가치)) mériter; valoir la peine. ¶ 이 소설은 읽을 ~ Ce roman vaut la peine d'être lu. ¶ 볼 만한 영화 un film qui vaut la peine d'être vu.

만하다[2] 형 ((크기)) être comme ..., être aussi ((grand(*e*))) que *qc*, être de la taille de *qc*. ¶ 우리 집도 너희 집 ~ Ma maison est aussi grande que la tienne. ¶ 내가 본 뱀은 이 ~ Le serpent que j'ai vu est aussi grand que ça [grand comme ça]. ¶ 이 만하면 됐지? Ça va comme ça? ¶ 그 만한 사람도 구하기 어렵다 On ne trouve pas souvent un homme comme [tel que] lui / (Il n')y en a pas beaucoup des comme lui {*fam*}. ¶ 그 사람은 뺨에 동전 만한 점이 있다 Il a, sur la joue, des grains de beauté de la taille d'une pièce de monnaie. ¶ 그 만한 일로 사람을 오라 가라 하다니! Il est absurde de me faire venir pour si peu! ¶ 거실이 운동장 만하게 넓다 Le séjour[La salle de séjour, le salon] est aussi spacieux qu'un stade [fait la taille d'un stade].

만학 晩學 명 études *fpl* tardives. ¶ 그는 ~의 어려움을 딛고 노력한 끝에 성공했다 Après des études tardives entraînant des efforts pénibles, il a réussi. ◇_(을) **하다** faire des études tardives.

◆_**도** -徒 명 étudiant(*e*) ayant commencé tard *ses* études, étudiant(*e*) à vocation tardive.

만행 蠻行 명 barbarie *f*, acte *m* barbare; violence *f*, brutalité *f*. ¶ 극악무도한 ~ barbarie atroce. ¶ ~을 저지르다[부리다] commettre des actes de barbarie. ¶ 나치의 ~을 규탄하다 condamner avec véhémence les atrocités nazies.

만혼 晩婚 명 mariage *m* tardif. ◇_(을) **하다** se marier tard. ¶ 여성들은 학력이 높을수록 ~하는 경향이 있다 Plus le niveau d'éducation des femmes est élevé, plus elles se marient tard.

만화 漫畵 명 caricature *f*, dessin *m* humoristique; ((만화책)) bande *f* dessinée; B.D. *f*, bédé *f*. ((만화영화)) dessin(*s*) *m* animé(*s*). ¶ 시사 ~ bande dessinée qui traite de l'actualité. ¶ ~를 그리다 dessiner [réaliser] une bande dessinée. ¶ ~를 보다 lire une bande dessinée [une B.D.]. ¶ TV에서 방영하는 ~를 빠짐없이 보다 regarder tous les dessins animés qui passent à la télé.

◆_**가** -家 명 dessinateur *m* (humoristique); auteur *m* de bandes dessinées [de bédés].

◆_**가게[방]** [-房] 명 *manhwabang m* <boutique où l'on peut lire ou emprunter des bandes dessinées>, bédéthèque *f*.

◆_**영화** -映畵 명 dessin(*s*) *m* animé(*s*).

◆_**잡지** -雜誌 명 revue *f* de bandes dessinées.

◆_**책** -冊 명 album *m* de bandes dessinées; *comics*.

◆_**학** -學 명 étude *f* littéraire spécialisée dans les bandes dessinées.

만화경 萬華鏡 명 kaléidoscope *m*, caléidoscope *m*.

만회 挽回 명 rétablissement *m*; redressement *m* ((d'une situation)); amélioration *f*. ◇_(를) **하다** rétablir *qc*; remettre *qc* en état. ¶ 형세를 ~하다 redresser la situation. ¶ 자존심을 ~하다 retrouver *sa* dignité [*son* honneur]. ¶ ~할 수 없는 손실 perte irréparable, irrémédiable. ¶ 우리 팀은 후반전에 1점을 ~하여 동점이 되었다 En inscrivant un but en deuxième mi-temps, notre équipe est revenue au score. ¶ 지난 학기의 성적을 ~하기 위해서라도 한층 분발해야겠다 Il faut redoubler d'effort [d'ardeur], ne serait-ce que pour compenser la mauvaise note du semestre précédent. ◇_(가) **되다** rattraper. ¶ 지난번의 손실은 ~되었다 On a rattrapé la perte subie il y a quelque temps / La perte que nous avons subie il y a quelque temps a été compensée. ¶ 아버지 대에 기울어진 가세가 아들 대에 와서 ~되었다 Le fils a rétabli la situation financière familiale que le père avait mis en péril.

많다 형 ① ((양)) être nombreux(*se*); être abondant(*e*); être riche; être plein(*e*), rempli(*e*). ¶ 재산이 ~ avoir une grande [grosse] fortune. ¶ 호기심이 ~ être (très) curieux(*se*). ¶ 사람이 너무 ~ Il y a trop de monde / Cet endroit grouille de monde. ¶ 그분은 아는 사람이 ~ Il a beaucoup de connaissances / Il connaît beaucoup de personnes. ¶ 그 집은 식구가 ~ C'est une famille nombreuse. ¶ 그 친구는 나보다 훨씬 아는 것이 ~ Il connaît beaucoup plus de choses que moi / Il est bien plus instruit que moi / Il est plus instruit que moi, et de loin. ¶ 그 사람은 늘 근심이 ~ Il a toujours beaucoup de soucis / C'est un éternel anxieux. ¶ 그 친구는 정이 ~ Il est affectueux [cordial]. ¶ 너는 능력이 많으니 이 일도 잘 해낼 거야 Puisque tu es si compétent, tu mèneras aussi ce travail à bien. ¶ 밥이 너무 많으니 좀 덜어주세요 Il y a trop de riz, enlevez-m'en un peu. ¶ 저 사람은 참 복도 많지! Il a vraiment de la chance! / Comme il est chanceux! / C'est un sacré veinard, celui-là! {*fam*} ¶ 고생이 참 많으십니다 Vous vous donnez bien du mal / Merci pour tous vos efforts. ¶ 많으면 많을수록 좋다 Plus il y en a, mieux cela vaut [mieux c'est]. ¶ 그 후로 많은 시간이 흘렀다 Un long moment s'est écoulé depuis. ¶ 이렇게 많은 일을 한꺼번에 할 수는 없다 Il n'est pas possible de faire autant de choses en même temps [à la fois]. ¶ 아이들에게 너무 많은 돈을 한꺼번에 주는 것은 교육상 좋지 못하다 Il n'est pas très recommandé sur le plan pédagogique de donner trop d'argent aux enfants en une seule fois / La pédagogie recommande de ne pas trop donner d'argent aux enfants en une seule fois. ¶ 그 많은 돈을 어디다 다 썼니? Qu'as-tu fait avec tout cet argent? ¶ 그 많은 가능성 중에서 parmi toutes ces possibilités; entre toutes ces possibilités. ② ((빈도)) être fréquent(*e*), avoir lieu fréquemment. ¶ 일본은 지진이 많은 나라이다 Le Japon est un pays où les tremblements de terre sont fréquents.

많이 부 beaucoup. ¶ ~ 먹어라 Mange beaucoup! ¶ 그는 ~ 아프다 Il est très souffrant. ¶ ~ 생각하고 적게 말해라 Tourne sept fois la langue dans ta bouche avant de parler[avant d'ouvrir la bouche].

맏- 접두 premi*er*(*ère*), aîné(*e*).

◆**_이** 명 aîné(*e*). ¶ 걔가 그 집에서 ~이라지? Il est l'aîné de la famille, n'est-ce pas?

맏동서 -同壻 명 femme *f* du frère aîné de *son* mari; mari *m* de la sœur aînée de *sa* femme

맏딸 명 (fille *f*) aînée *f*.

*~**은 살림 밑천이다** L'aînée de la maison est d'un grand soutien pour le ménage [la famille].

맏며느리 명 épouse *f* [femme *f*] du fils aîné. ¶ ~를 보다 marier *son* fils aîné.

◆**_감** 명 future épouse *f* du fils aîné; ((후덕한 처녀)) jeune fille *f* exemplaire de vertu.

맏물 명 primeur *f*; prémices *fpl*.

맏사위 명 gendre *m* [époux *m*] de la fille aînée.

맏상주 -喪主 명 premier fils *m* du [de la] défunt(*e*).

맏손녀 명 première petite-fille *f*.

맏손자 명 premier petit-fils *m*.

맏아들 명 (fils *m*) aîné *m*.

맏아이 명 premi*er*(*ère*) enfant *mf* ((de la famille)), aîné(*e*); ((맏아들)) fils aîné; ((맏딸)) fille *f* aînée.

맏이 명 ① aîné(*e*), premi*er*(*ère*); ((맏아들)) fils *m* aîné; ((맏딸)) fille *f* aînée. ¶ 그 사람이 그 집 형제중 제일 ~입니다 C'est l'aîné des fils de la famille. ② aîné(*e*); aîné(*e*), plus âgé(*e*). ¶ 그분이 저보다 사년 ~예요 Il est mon aîné de quatre ans / Il est plus âgé que moi de quatre ans / Il a quatre ans de plus que moi.

맏형 -兄 명 frère *m* aîné.

맏형수 -兄嫂 명 femme *f* de *son* frère aîné.

말[1] 명 ① ((언어)) langage *m*; ((단어)) mot *m*; ((국어)) langue *f*; ((말씀)) parole *f*. ¶ 프랑스[한국, 중국, 일본] ~ français [coréen, chinois, japonais]. ¶ ~과 글 langue parlée et langue écrite. ¶ ~의 뜻 le sens d'un mot; la signification [acception] d'un terme. ¶ 알아듣기 힘든 ~ une expression [des propos] difficile(s) à comprendre. ¶ ~을 배우다 apprendre à parler; apprendre une langue. ¶ 흥분해서 ~을 더듬다 bégayer [bredouiller, balbutier] d'émotion. ¶ 그 나라 ~을 알다[모르다] connaître [ne pas connaître] la langue du pays. ¶ 그 남자는 프랑스 ~을 할 줄 안다[모른다] Il sait parler [ne sait pas] le français. ¶ 그 사람은 여러 나라 ~을 유창하게 구사한다 Il parle couramment plusieurs langues. ¶ ~을 교묘하게 에두르다[돌려서 하다] tergiverser; faire des circonlocutions; parler par [en usant de] circonlocutions; prendre des détours pour dire *qc*; user de périphrases; tourner autour du pot. ¶ ~을 바꾸면 en d'autres termes. ¶ 적당한 ~을 찾지 못하다 ne pas arriver à trouver une expression appropriée; chercher *ses* mots. ¶ 그 정치가는 자신이 했던 ~을 전부 부인했다 Cet homme politique s'est rétracté (sur tout ce qu'il avait dit). ¶ 그는 모든 것을 ~로 때우려고 한다 Il tente [essaie] de tout compenser par des paroles. ¶ 그 놈은 늘 ~만 앞세운다 Ce type ne fait que parler / Ce type parle plus qu'il n'agit. ¶ 싸우지 말고 ~로 해라 Il faut parler au lieu de se quereller [chamailler] / Parlez au lieu de vous chamailler. ¶ 방 안에서는 아무 ~도 들리지 않았다 Dans la chambre, on n'entendait aucun bruit. ¶ 연사의 ~이 뒤에서는 들리지 않는다 De [À] l'arrière, on n'entend pas l'orateur. ¶ 내 ~이 떨어지자마자 그는 달려갔다 Aussitôt que je le lui ai dit, il est sorti en courant / À peine le lui ai-je dit, qu'il est sorti en courant / Les mots étaient à peine sortis de ma bouche qu'il est sorti en courant. ¶ ~이 통하지 않는 나라 un pays dont on ne comprend pas la langue. ¶ 그하고는 도무지 ~이 안 통해 Je ne le comprends pas du tout / Je ne suis pas du tout sur la même longueur d'onde que lui / Lui et moi, nous ne parlons pas du tout de la même chose. ¶ 내 ~대로 해 Fais ce que je dis / Suis mes conseils. ② ((대화)) conversation *f*, entretien *m*; causerie *f*; ((수다)) bavardage *m*; ((강연)) conférence *f*, ((연설)) discours *m*. ¶ ~을 걸다 adresser la parole à *qn*; parler à *qn*. ¶ ~을 건네다 adresser la parole à *qn*; parler à *qn*. ¶ ~을 꺼내다 entamer une conversation [discussion]; aborder un sujet de conversation. ¶ ~을 붙이다 aborder *qn*; adresser la parole à *qn*; parler à *qn*. ¶ ~을 주고받다 parler avec *qn*; causer [discuter] avec *qn*; se parler; échanger des paroles avec *qn*. ¶ ~을 가로막다[자르다, 끊다] couper la parole a *qn*; interrompre *qn*. ¶ ~을 돌리다 détourner la conversation, se mettre à parler d'autre chose, changer de sujet; parler par périphrases [circonlocutions], périphraser. ¶ 나는 그 사람의 ~을 믿는다 Je crois à ce qu'il dit / Je crois à sa parole [en sa parole] / Je le crois sur parole. ¶ 그 친구의 ~을 믿건대 à l'en croire. ¶ 금세 ~을 바꾸다 revenir sur ce que l'on vient de dire; se rétracter immédiatement. ¶ 파스칼의 ~을 빌면 pour emprunter une expression de Pascal; selon le mot de Pascal. ¶ ~을 삼가다 (savoir) tenir *sa* langue; mesurer *ses* paroles. ¶ 목구멍까지 나온 ~을 삼키다 ravaler *sa* langue, retenir ce qu'on allait dire [une remarque]. ¶ ~을 시작하다 commencer à parler;

entamer [engager] la conversation; commencer un discours. ¶ ~을 전하다 rapporter les paroles de *qn*; transmettre le message a *qn*. ¶ ~을 흐리다 s'exprimer d'une façon équivoque; être sibyllin(*e*), ambig*u*(*uë*); répondre en[faire une réponse de] Normand [évasivement, d'une manière évasive]. ¶ 같이 일하기로 하고 이제 와서 다른 ~(을) 하면 어떡합니까? Qu'est-ce que vous voulez que je fasse maintenant! Vous changez d'avis après avoir promis de collaborer? ¶ 남의 ~을 씹다 se foutre des paroles d'autrui {*vulg*}. ¶ 그 남자는 냉큼 내 ~을 받아 오히려 내게 질문을 던졌다 Au contraire, il a répliqué en posant une question immédiatement après ma remarque. ¶ 때리지 말고 ~로 해라 Ne frappe pas, mais explique-toi. ¶ ~이 막히다 ne pas savoir que répondre; être à bout d'arguments; ne pas trouver *ses* mots. ¶ ~이 중단되었다[길어진다] La conversation a été interrompue [traîne en longueur, dure]. ¶ ~이 오고갔다 Des propos ont été échangés / Ils ont échangé des propos / Ils ont discuté [causé, bavardé] ensemble. ¶ ~이 난 김에 Puisqu'on en parle. ¶ 그게 무슨 ~입니까? De quoi parlez-vous [s'agit-il]? / Que dites-vous? ¶ 우리끼리의 ~입니다만 (soit dit en passant) entre nous. ¶ 얼마나 방이 지저분하던지 ~도 마 Sa chambre, ne m'en parle pas! C'est vraiment une porcherie! / Tu ne peux pas imaginer comment[combien] la chambre était sale! ¶ 내 ~이 ~같지 않니? Est-ce que tu te fiches [te moques, te fous] de ce que je dis? {*fam*} ¶ ~이 뜨다 parler lentement. ③ 소문 bruit *m*; rumeur *f*. ¶ 근거 없는 ~을 퍼뜨리다 faire courir [faire circuler, répandre, semer] un faux bruit. ¶ 이것은 우리끼리의 비밀이니 ~을 내지 마라 J'espère que cela restera entre nous. ¶ 곧 전쟁이 날 것이라는 ~이 돌고[퍼져] 있다 Le bruit court [La rumeur dit] que la guerre éclatera bientôt. ¶ 그 사업은 은밀하게 진행되었는데도 마침내 ~이 나고 말았다 Le projet s'est déroulé dans la discrétion, mais il a finalement été porté à la connaissance du public [il a finalement été dévoilé au public]. ④ 말투나 말씨 langage *m*. ¶ 고원[상스러운, 천한, 어려운, 쉬운] ~ beau langage, langage soutenu, langage châtié [langage grossier, langage vulgaire, langage difficile, langage simple]. ¶ 고운 ~을 씁시다 Employons un beau langage / Utilisons un langage soutenu [châtié]. ¶ ~에 가시가 돋치다 faire une remarque piquante [mordante]; dire d'un ton acerbe. ¶ ~이 거칠다 employer un langage grossier [familier]. ⑤ 비난, 꾸중 blâme *m*; reproche *m*; critique *f*, réprimande *f*, semonce *f*, remontrance *f*, gronderie *f*. ¶ 너 선생님한테서 무슨 ~을 들었구나 Tu t'es fait gronder [enguirlander {*fam*}] par ton prof(esseur), c'est ça? ◇_(을) **하다** parler, dire *qc*; bavarder, converser; s'entretenir ((avec *qn*)); avoir une conversation ((avec *qn*)); faire une conférence [une causerie, un discours]. ¶ 무엇[누구]에 관한 ~을 하다 parler de *qc* [(au sujet) de *qn*]; s'entretenir de *qc*. ¶ 우리 ~을 할 줄 아세요? Pouvez-vous parler notre langue [coréen]? ¶ 저 아이는 아직 ~을 하지 못한다 Cet enfant ne sait pas encore parler. ¶ 그에 대해 무슨 ~을 해야 할지 모르겠다 Je ne sais pas comment parler de lui / Je ne peux pas m'exprimer à son sujet. ¶ 나도 ~ 좀 합시다 Puis-je parler? / Laissez-moi donc parler! ¶ 무엇이든 ~ 좀 해라 Dis quelque chose, s'il te plaît / Mais parle bon sang [bon dieu], dis quelque chose. ¶ ~을 안 하고 가만있으면 어떡하니? Il faudrait que tu parles [ouvres la bouche]. Tu ne peux pas rester comme ça sans rien dire. ¶ 이 사태에 대해 너는 뭐라고 ~하겠니? Que dirais-tu dans cette situation? ¶ 너 정말 ~다 했어? Qu'est-ce que tu viens de dire à l'instant? / Répète! / Répète un peu pour voir (si tu oses)! ¶ ~을 잘하는 사람 personne qui parle bien [qui a la langue déliée, qui a un bon délié]; brillant causeur, bon orateur, orateur éloquent [disert *m* {*litt*}]; un (beau) diseur {*vx*}. ¶ ~ 못 할 사정이 있다 J'ai des raisons que je ne peux pas dévoiler. ¶ 저 사람에게 할 ~이 있니? As-tu des choses à lui dire? ¶ 아까 하던 ~ 계속해라 Reprends [Répète] ce que tu disais tout à l'heure / Peux-tu reprendre tes propos de tout à l'heure? ¶ ~하기는 쉬워도 행동하기는 어렵다 C'est plus facile à dire qu'à faire / Facile à dire! / C'est vite dit / Cela est bientôt dit {*litt*, *vx*}. ◇_**을 놓다** tutoyer *qn*. ¶ 내가 더 나이가 많으니 ~을 놓아도 되겠지? Je peux te tutoyer puisque je suis plus âgé, n'est ce pas? ◇_**이 되다** ① tenir debout ((argument)); être logique [cohérent(*e*), censé(*e*)]. ¶ ~이 되는 소리를 해야지 Il faut s'exprimer logiquement [conformément au bon sens]. ¶ 그가 범인이라니, 그런 ~도 안 되는 소리는 하지도 말아라 Lui! un criminel? Ça n'a pas de sens ce que tu dis / [Tes propos n'ont pas de sens]! ② être prévu(*e*); être décidé(*e*). ¶ 일주일 후에 그가 오기로 ~이 되어 있다 Il est censé venir dans une semaine / Il est prévu qu'il vienne dans une semaine. ¶ 두 사람을 서로 짝지어 주자고 부모님들은 서로 ~이 되어 있었다 Les parents des deux personnes avaient décidé de les marier / Leurs parents respectifs s'étaient entendus pour les marier. ◇_**을 듣다** ① écouter *qn*; obéir à *qn*. ¶ 그의 ~도 들어보자 Écoutons également ce qu'il a à dire / Écoutons-le lui aussi. ¶ 제발 ~ 좀 들어라 Écoute-moi (bien), s'il te plaît. ¶ 아들놈이 전혀 ~을 듣지 않아요 Mon fils ne m'écoute pas du tout. ¶ 남의 ~을 잘 듣다 obéir aux autres. ② aller, marcher. ¶ 몸이 영 ~을 듣지 않는다 Mon corps ne va pas comme je veux / Je ne me sens pas très bien. ¶ 차가 ~을 잘 안 듣는다 La voiture ne marche pas bien. ③ être critiqué(*e*), être réprimandé(*e*). ¶ ~을 듣다 être réprimandé(*e*) [grondé(*e*)]. ¶ 그런 일로 남의 ~을 들어서야 되겠니? Penserais-tu que ça irait si tu étais critiqué(*e*) [réprimandé(*e*)] pour une chose pareille? ◇_**이다** ① ((불만)) dire. ¶ 좀 조심하란 ~이야 Attention, te dis-je. ¶ 너 나보고 음악을 그만두란 ~이야? Tu voudrais que j'arrête la musique? ¶ 모두 이 일은 못하겠다면 어쩌란 ~이야? Comment faire [Que dois-je faire] si tout le monde refuse de faire ce travail? ¶ 나 혼자 다하란 ~이야? Quoi? je dois faire tout ça tout seul? / Quoi? Vous voudriez que je fasse tout ça tout seul? ② ((강조)) dire. ¶ 그게 무슨 뜻이냐 하면 ~이야 Ce que je veux dire, c'est ... ¶ 아무리 찾아도 개가 보여야 ~이지 J'ai beau chercher, je ne le trouve pas. ③ à propos; quant à; en ce qui concerne. ¶ 그런데 ~이야 À propos. ¶ 나 ~이예요? Vous parlez de moi? / Moi? ¶ 그 책 ~인데 quant à ce livre; en ce qui concerne ce livre; à propos de ce livre. ◇_**이 있다** le bruit court que+*ind*; il paraît que+*ind*. ¶ 그가 사직할 것이라는 ~이 있던데, 사실이야? Le bruit court qu'il va démissionner. Est-ce vrai? ¶ 그가 시상식에 불참할 것이라는 ~이 있다 Il paraît qu'il n'assistera pas à la cérémonie de la distribution des prix. ◇_**이 없다** ne pas parler; ne faire aucun commentaire sur *qc*. ¶ 무슨 일이 있었는지 그 친구는 요즘 통 ~이 없다 Je ne sais pas ce qui s'est passé [ce qui lui est arrivé], mais il ne parle pas du tout ces jours-ci. ¶ 이번 사건에 대해 당국에서는 아무 ~도 없다 Les autorités ne font aucune remarque [aucun commentaire] sur cette affaire. ◇_**이 많다[적다]** ① 말수 être bavard(*e*), loquace, prolixe, volubile; avoir la langue bien pendue, avoir la langue bien déliée, avoir un bon délié [parler peu, ne pas parler beaucoup, être peu bavard(*e*), être taciturne]. ¶ 너는 너무 ~이 많아 Tu parles trop / Tu es bavard(*e*) / Tu as la langue bien pendue. ¶ 무슨 [웬] ~이 그렇게 많니? Arrête de parler un peu ! / Quand est-ce que tu vas t'arrêter de parler? ¶ 평소에 ~이 적던 그 사람이 이번에는 열변을 토했다 D'habitude taciturne, il a parlé, cette fois-ci, avec éloquence. ② 불평 se plaindre. ¶ 이번 인사에 대해서 직원들 간에 ~들이 많다 Le personnel se plaint beaucoup de ces dernières affectations [nominations]. ¶ 무슨 [웬] ~이 그렇게 많니? Tu n'arrêtes pas de râler [de récriminer, de rouspéter] / Arrête de te plaindre tout le temps / Arrête de me faire des reproches [de me harceler] / On en a [J'en ai] assez de tes gémissements [de tes plaintes] / Arrête de râler [de rouspéter] tout le temps! ◇_**이 새다** ① zozoter. ¶ 저 사람이 앞니가 빠져 ~이 샌다 Comme il a perdu une incisive, il zozote un peu. ② être divulgué(*e*). ¶ ~이 새지 않도록 모두 입조심해라 Prenez garde, vous tous, que cela ne soit divulgué [ne transpire]!

*~ **그대로** ((글자 그대로)) littéralement, à la lettre; ¶ 그곳은 ~ 그대로 지옥이었다 Là-bas, c'était un véritable enfer.

*~**은 해야 맛이고 고기는 씹어야 맛이다** Il est préférable de parler plutôt que de garder ça pour soi.

*~**이 그렇다는 거지** c'est juste une façon de parler.

*~**이[도] 나오지 않다** ne pas pouvoir parler; ((놀라서)) rester interdit(*e*); avoir la parole coupée; rester bouche bée; être stupéfait(*e*) [ahuri(*e*), abasourdi(*e*), sidéré(*e*), hébété(*e*)]. ¶ 너무 기가 막혀 ~이 나오지 않았다 Abasourdi(*e*) [Sidéré(*e*), Hébété(*e*)], je ne pouvais prononcer un seul mot.

*~**이 아니다** être en désordre. ¶ 어머니가 며칠 집을 비우니 집안 꼴이 ~이 아니다 La mère étant absente depuis quelques jours, la maison est dans un désordre total [dans une sacrée pagaille {*fam*}]. ¶ 고생을 많이 해서 그 사람 얼굴이 ~이 아니다 Les épreuves qu'il a traversées au cours de sa vie ont marqué son visage. ¶ 이런 처지가 되고 보니 체면이 ~이 아니다 Tombé dans une situation pareille, il a complètement perdu la face.

***네 ~맞다나** comme tu l'as si bien dit.

*~ **많은 집은 장맛도 쓰다** Une maison où l'on bavarde trop est mal tenue.

*~**이 많으면 쓸 ~이 적다** Si on parle trop, il y a peu de mots utiles.

*~**이 씨가 될 수 있으니 그런 ~은 하지도 말아** Ne dis pas cela, on ne sait jamais, ce que tu dis pourrait devenir réalité.

*~ **한 마디로 천 냥 빚 갚는다** Avec un mot, on peut honorer une grosse dette.

***가는 ~이 고와야 오는 ~이 곱다** À bons mots, réponse agréable / Pour obtenir une réponse polie de quelqu'un, il faut d'abord lui parler poliment [correctement] / C'est un prêt pour un rendu.

***발 없는 ~이 천리 간다** Les nouvelles voyagent vite.

***아닌[아니 할] ~로** ce n'est pas pour dire mais; pour parler franc et net; pour parler franchement.

◆**_없이** 부 sans rien dire, sans dire un mot, sans piper (mot); sans prononcer une parole. ¶ ~없이 지켜보다 regarder sans rien dire [sans dire un mot]. ¶ ~없이 도와주다 aider sans rien dire [sans se plaindre, sans rechigner].

◆**_공부** -工夫 명 apprentissage *m* d'une langue.

◆**_꼬리** 명 fin *f* des paroles (de *qn*). ¶ ~꼬리를 물고 늘어지다 répliquer à la fin de chaque mot, trouver à redire à tout. ¶ ~꼬리를 잡다 profiter d'une expression malheureuse; chercher querelle à *qn* pour un lapsus; chercher des histoires à *qn*; critiquer sans raison; avoir [trouver] à redire à *qn*; reprendre *qn*; chercher la petite bête [des poux (dans la tête)] à *qn*, pinailler {*fam*}, chicaner {*fam*}, ergoter, ratiociner {*litt*}, épiloguer, couper les cheveux en quatre {*fam*}, enculer les mouches {*vulg*}; criticailler {*fam*}. ¶ ~꼬리를 흐리다 ne pas prononcer clairement la fin de *ses* paroles; tergiverser.

◆**_귀** 명 ((말)) sens *m* d'une phrase; ((이해력)) faculté *f* de comprendre, compréhension *f*; entendement *m*. ¶ ~귀를 알아듣다[알아듣지 못하다] comprendre [ne pas comprendre]. ¶ ~귀가 밝다 bien comprendre; avoir une grande capacité de compréhension. ¶ ~귀가 어둡다 comprendre difficilement; mettre du temps à comprendre; être dur(*e*) à la détente {*fam*}. ¶ ~귀가 빠르다[느리다] avoir l'esprit vif [avoir l'esprit lent, être lent(*e*) à comprendre, être dur(*e*) à la détente {*fam*}, avoir du retard à l'allumage {*fam*}, avoir (toujours) un train [un métro] de retard {*fam*}, être (toujours) en retard d'une guerre {*fam*}, mettre du temps à comprendre].

◆ **_길** 명 contact *m*, connaissance *f*. ¶ 이웃과 ~길을 트다 entrer en contact avec *son* voisin, faire connaissance avec *son* voisin; se présenter à *son* voisin.

◆ **_꼬투리** 명 mot *m* (d'un interlocuteur) susceptible de susciter une querelle, noise *f*, chicane *f*, ergoterie *f*, ergotage *m*. ¶ 누구의 ~꼬투리를 잡다 prendre un mot de *son* interlocuteur pour chercher une querelle, chercher des noises [des crosses] à *qn*, chercher [trouver] un prétexte (pour ennuyer *qn*), chercher la petite bête (pour embêter quelqu'un d'autre), s'efforcer de découvrir une erreur [une irrégularité], chercher des poux (dans la tête de *qn*), chicaner, chercher querelle à *qn* sur des vétilles, quereller *qn*, trouver à redire *qn* (sur des vétilles); chercher chicane à *qn*, chinoiser, discuter, épiloguer, ratiociner {*litt*}, pinailler {*fam*}; chipoter, contester *qn*, disputer, épiloguer, ergoter, objecter, vétiller. ¶ 누구에게 ~꼬투리를 잡히다 se faire contester (sur des vétilles); se faire reprendre par *qn*.

◆ **_끝** 명 fin *f* des paroles. ¶ ~끝을 흐리다 ne pas prononcer clairement la fin de *ses* paroles. ~끝마다 après chaque mot [parole], à chaque fin *f* d'un mot (d'une conversation, d'une phrase). ¶ ~끝마다 욕을 하다 proférer des jurons après chaque parole; ne pas s'empêcher de dire des grossièretés, ne pas parler sans dire de grossièretés. ¶ 그 양반은 ~끝마다 아들 자랑을 늘어놓는다 Ce type-là ne parle jamais [ne peut pas prononcer une parole] sans vanter son fils / Ce type-là vante son fils à tout bout de champ [sans arrêt, à longueur de journée].

◆ **_놀이** 명 bavardage *m* pour passer du temps. ¶ ~놀이 상대를 찾다 chercher *qn* avec qui bavarder. ¶ ~놀이를 하며 시간을 보내다 passer *son* temps à bavarder.

◆ **_다툼** 명 dispute *f*; querelle *f* verbale, heurt *m*, scène *f*, explication *f*, démêlé *m* , escarmouche *f*, altercation *f*, chamaillerie *f*, bisbille *f*, accrochage *m*, engueulade *f* {*fam*}, prise *f* (de bec) {*fam*}. ¶ ~다툼을 벌이다 provoquer une querelle [une dispute]; chercher querelle ((à *qn*)). ¶ 자식 문제로 남편과 ~다툼하다 avoir une querelle [se quereller] avec *son* mari au sujet des enfants.

◆ **_대꾸** 명 riposte *f*, réplique *f*, réponse *f*. ¶ ~대꾸하다 riposter, répliquer, répondre. ¶ 어른 말씀에 꼬박꼬박 ~대꾸하면 못쓴다 Il ne faut pas riposter [répliquer] tout le temps à ses supérieurs [aux grandes personnes].

◆ **_대답** -對答 명 riposte *f*, réplique *m*, réponse *f*. ¶ ~대답(을) 하다 riposter, répliquer, répondre ((à *son* père)). ¶ 조그만 놈이 어디 꼬박꼬박 ~대답이야! Comment un petit morveux comme toi ose-t-il répliquer [répondre] tout le temps à son aîné?

◆ **_더듬이** 명 bègue.

◆ **_동무** 명 compag*non*(*gne*) [personne *f*] avec qui l'on peut parler [discuter, bavarder], interlocu*teur*(*trice*). ¶ ~동무를 하다 tenir compagnie à *qn*, parler [discuter, bavarder] avec *qn*. ¶ 여행길에 ~동무가 필요하다 avoir besoin d'un(*e*) compagnon(compagne) pour un voyage. ¶ ~동무가 되어주다 servir d'interlocu*teur*(*trice*) à *qn*; tenir compagnie à *qn*; meubler la solitude de *qn*; être à l'écoute de *qn*.

◆ **_뜻** 명 signification *f*; sens *m*; acception *f* d'un mot. ¶ ~뜻을 알아차리다 comprendre ce que l'on dit; comprendre [saisir].

◆ **_머리** 명 sujet *m* de conversation; sujet *m* de discussion. ¶ ~머리를 돌리다 changer de sujet (de conversation).

◆ **_문** -門 명 parole *f*, bouche *f* en tant qu'organe de la parole. ¶ ~문을 열다 ouvrir la bouche; commencer à parler; desserrer les dents. ¶ ~문을 막다 empêcher *qn* de parler [de s'exprimer], faire taire *qn*, bâillonner *qn*, clouer [clore] le bec à *qn* {*fam*}, couper le sifflet à *qn* {*fam*}, couper la chique à *qn* {*fam*}, river *son* clou à *qn* {*fam*}, réduire *qn* au silence. ¶ ~문이 트이다 ((un enfant)) commencer à parler.

◆ **_발** 명 éloquence *f*. ¶ ~발을 세우다 développer l'éloquence. ¶ ~발이 세다 être très éloquent(*e*), disert(*e*) {*litt*}; (c'est une) langue dorée [langue déliée], avoir la parole facile, avoir de la tchatche {*fam*}.

◆ **_버릇** 명 manière *f* [façon *f*] de parler; manière *f* [façon *f*] de parler très personnelle, expression *f* favorite de *qn*; refrain *m*. ¶ ~버릇이 없다 parler grossièrement, être grossi*er*(*ère*). ¶ ~버릇이 고약하다 parler d'une manière brutale [impoliment], être grossi*er*(*ère*).

◆ **_벗** 명 personne *f* avec qui l'on peut parler [discuter, bavarder, causer]; ((servir d'))interlocuteur *m*. ¶ 외로운 노인들의 ~벗이 되다 tenir compagnie et servir d'interlocu*teur*(*trice*) aux personnes âgées solitaires.

◆ **_보** -狀 명 loquacité *f* inhabituelle de la part d'une personne taciturne. ¶ ~보를 터뜨리다 commencer à parler librement [couramment, éloquemment], commencer enfin à ouvrir la bouche. ¶ 그 사람은 일단 ~보가 터지면 막을 수 없다 Une fois qu'il s'est mis [s'est décidé] à parler, on ne peut plus l'arrêter [on ne peut plus le faire taire, il est impossible de le faire taire].

◆_소리 명 voix *f*. ¶상냥한 ~소리 une voix douce. ¶~소리를 줄이다[죽이다] baisser [étouffer] la voix; parler moins fort. ¶~소리가 너무 크다 parler trop fort. ¶~소리가 높아지다 hausser le ton.

◆_솜씨 명 don *m* de la parole, art *m* de parler, éloquence *f*, facilité *f* à s'exprimer [pour bien s'exprimer]; élocution *f*. ¶뛰어난 ~솜씨로 사람들을 사로잡다 fasciner les gens par *son* éloquence. ¶~솜씨가 좋다 bien parler [s'exprimer]; avoir la parole facile, avoir de la tchatche {*fam*}; être éloquent(*e*), disert(*e*) {*litt*}.

◆_수 -數 명 quantité *f* de paroles. ¶~수가 적다[많다] parler peu, ne pas parler beaucoup; être taciturne, silencieu*x*(*se*) [parler beaucoup, être bavard(*e*) ((comme une pie)), prolixe, verbeu*x*(*se*), avoir la langue bien pendue, avoir la langue bien déliée, avoir un bon délié]. ¶~수가 없다 être taciturne [silencieu*x*(*se*)]; ne pas parler beaucoup, parler peu.

◆_시비 명 provocation *f* par des propos venimeux, altercation *f* verbale, accrochage *m*, bisbille *f*, dispute *f*, querelle *f*, empoignade *f*; prise *f* de bec; explication *f*, heurt *m*. ¶~시비 끝에 싸움이 벌어졌다 Après avoir échangés quelques propos venimeux, ils en sont finalement venus aux mains / Cette dispute [discussion] s'est terminée en pugilat / Cette dispute a dégénéré en bagarre [en pugilat] / Cette dispute s'est transformée en bagarre / L'altercation s'est transformée en mêlée / L'altercation verbale [La dispute] a dégénéré en rixe / La discussion [La dispute, L'altercation verbale] s'est terminée en pugilat / Ils ont commencé par s'insulter puis ils en sont venus aux mains [aux poings]. ¶누구와 ~시비를 하다[벌이다] provoquer *qn* avec des paroles agressives, chercher dispute [des noises {*fam*}, des crosses {*fam*}, chicane] à *qn*, provoquer *qn*, se disputer, se quereller, se chamailler, se chicaner, se voler dans les plumes {*fam*}.

◆_실수 -失手 명 lapsus *m*; parole *f* malheureuse [maladroite]; mot *m* indiscret; inconvenance *f* de langage; gaffe *f* {*fam*}, bévue *f*, bourde *f*, impair *m*, maladresse *f*. ¶~실수(를) 하다 faire un lapsus [une maladresse, une bourde, un impair, une gaffe {*fam*}]; avoir une parole malheureuse; dire des inconvenances; commettre une maladresse [un impair, une bévue]; manquer une bonne occasion de se taire {*fam*}; dire une bêtise. ¶~실수가 잦다 avoir le don de commettre des impairs, ne pas en rater une {*fam*}, être gaffeur, être un gaffeur professionnel, être prédisposé(*e*) aux gaffes, ne pas arrêter de faire des maladresses.

◆_싸움 명 dispute *f*, querelle *f* verbale, altercation *f*, heurt *m*, scène *f*, explication *f*, démêlé *m*, escarmouche *f*, chamaillerie *f*, bisbille *f* {*fam*}, accrochage *m* {*fam*}, engueulade *f* {*fam*}, prise *f* (de bec) {*fam*}. ¶누구와 ~싸움 끝에 주먹다짐을 하다 commencer par s'insulter puis en venir aux mains [aux poings], en venir aux mains après une longue dispute [après une longue altercation (verbale)].

◆_씨 명 accent *m*. ¶재가 쓰는 게 어디 ~씨더라? Avec quel accent parle-il, déjà? / C'est quoi déjà l'accent avec lequel il parle? / C'est quoi déjà son accent?

◆_씨름 명 dispute *f* verbale; querelle *f*; altercation *f*, heurt *m*, scène *f*, explication *f*, démêlé *m*, escarmouche *f*, chamaillerie *f*, bisbille *f* {*fam*}, accrochage *m* {*fam*}, engueulade *f* {*fam*}, prise *f* (de bec) {*fam*}. ¶~씨름(을) 하다[벌이다] se disputer (verbalement) avec *qn*, se quereller avec *qn*, se chamailler avec *qn*; chercher querelle à *qn* pour *qc*; avoir un heurt [un différend, un démêlé ((à propos de *qc*)), une scène, une explication, un accrochage, une engueulade {*fam*}, une prise de bec {*fam*}] avec *qn*. ¶그 사람과 ~씨름해 봐야 시간만 낭비하는 것이다 C'est une perte de temps de se disputer avec lui / Cela ne vaut pas la peine de se quereller avec lui.

◆_재간[재주] -才幹 명 don *m* de la parole; art *m* de bien parler; éloquence *f*, facilité *f* à s'exprimer [pour bien s'exprimer], élocution *f*. ¶~재간[재주]을 부리다 user de *son* éloquence; manipuler habilement les mots. ¶너의 ~재간[재주]으로는 그 사람을 설득시키지 못한다 Ton éloquence n'arrivera pas à le persuader. ¶이 시는 ~재주[재주]에 지나지 않는다 Ce poème n'est rien d'autre qu'un jeu sur les mots, il joue sur les assonances [sur les sons]. ¶~재간[재주]이 뛰어나다 avoir le don de la parole; avoir de l'éloquence, avoir la parole facile, être éloquent(*e*), disert(*e*) {*litt*}; avoir de la tchatche {*fam*}, avoir un bon délié; être un(*e*) brillant(*e*) causeu*r*(*se*) [un(*e*) bon(*ne*) ora*teur*(*trice*), un(*e*) ora*teur*(*trice*) éloquent(*e*), un(*e*) ora*teur*(*trice*) disert(*e*) {*litt*}]. ¶~재간[재주]이 있다[없다] [ne pas] avoir la parole facile; [ne pas] être (très) éloquent(*e*), disert(*e*) {*litt*}, avoir un bon délié.

◆_장난 명 plaisanterie *f*; blague *f*; boutade *f*. ¶그것은 ~장난에 불과하다 Ce n'est qu'une plaisanterie [boutade] / C'est seulement pour blaguer {*fam*} [déconner {*fam*}]. ¶진지하게 대답하지 않고 ~장난만 늘어놓다 ne faire que des plaisanteries sans répondre sincèrement [sérieusement]. ¶~장난하다 plaisanter, blaguer {*fam*}, rigoler {*fam*}, déconner {*fam*}.

◆_조심 -操心 명 mesure *f* dans le langage; précaution *f* dans *ses* paroles [propos]. ¶~조심(을) 하다 ménager *ses* paroles [expressions]; mesurer *ses* paroles; tenir *sa* langue.

◆_주변 명 don *m* de la parole; éloquence *f*, facilité

f à s'exprimer [pour bien s'exprimer]; élocution *f*. ¶ ~주변이 없다 ne pas avoir la parole facile; ne pas être très éloquent(*e*); chercher *ses* mots. ¶ ~주변이 좋다 avoir la parole facile; être éloquent(*e*), disert(*e*) {*litt*}; avoir le don de la parole; avoir de l'éloquence; avoir de la tchatche {*fam*}, avoir un bon délié; être un(*e*) brillant(*e*) causeu*r*(*se*) [un(*e*) bon(*ne*) ora*teur*(*trice*), un(*e*) ora*teur*(*trice*) éloquent(*e*), un(*e*) ora*teur*(*trice*) disert(*e*) {*litt*}].

◆_**참견** -參見 명 intervention *f*; ingérence *f*; immixtion *f*. ¶ ~참견(을) 하다 placer [dire] *son* mot; intervenir [s'immiscer] dans ((une conversation)); fourrer *son* nez {*fam*} dans ((une discussion)); se mêler ((d'une querelle)). ¶ 옆에서 가만히 듣다못해 ~참견을 했다 Je suis finalement intervenu(*e*) ne pouvant plus rester sans rien dire.

◆_**치레** 명 langue *f* de bois; beaux discours *mpl*; vaines paroles *fpl*; discours *mpl* creux. ¶ ~치레만 화려하다 La langue de bois règne en maîtresse absolue / Ses beaux discours ne sont que des paroles en l'air.

◆_**투** -套 명 manière *f* de parler; parler *m*; ton *m*. ¶ ~투가 거칠다 employer un langage grossier [familier].

◆_**하기** 명 parler *m*; expression *f* orale, production *f* orale. ¶ 듣기, 읽기, 쓰기, ~ 교육 enseignement de la compréhension et de l'expression orales et écrites.

◆**표준**_ 標準 명 【언어】 langue *f* standard.

말² 명 cheva*l*(*aux*) *m*; jument *f*; poulain *m*; pouliche *f*. ¶ ~을 타다 monter à cheval; faire de l'équitation, faire du cheval. ¶ 어디에 ~을 타고 가다 aller (quelque part) à cheval. ¶ ~을 달리다 monter à cheval; galoper, aller au galop, lancer un cheval au galop. ¶ ~을 몰다 faire courir des chevaux; regrouper des chevaux. ¶ ~에서 내리다 descendre de cheval; mettre pied à terre. ¶ ~에서 떨어지다 tomber de cheval; faire une chute de cheval.

*~ **타면 경마 잡히고 싶다** Vous lui donnez la main [le doigt], il vous prend le bras.

***달리는 ~에 채찍질한다** encourager *qn* qui travaille déjà de son plein gré, pour qu'il fasse encore mieux.

***그 양반은 ~ 갈 데 소 갈 데 다 다녔다** Il n'est pas un endroit où il ne soit (pas) allé; il est vraiment allé partout.

◆_**갈기** 명 crinière *f* de cheval.

◆_**고기** 명 (viande *f* de) cheval *m*.

◆_**고삐** 명 rêne(*s*) *f*(*pl*); bride *f*. ¶ ~고삐를 늦추다 lâcher la bride ((à un cheval); lâcher la rêne [les rênes]; laisser flotter les rênes. ¶ ~고삐를 잡아당기다 tirer la bride; ajuster les rênes.

◆_**굽** 명 sabot *m* (d'un cheval); ((편자)) fer *m* à cheval. ¶ ~굽을 박다 ferrer ((un cheval des quatre pieds)); mettre un fer ((à un cheval)). ¶ 이 핸드백은 꼭 ~굽 모양이네 Ce sac à main a tout à fait la forme d'un fer a cheval.

◆_**똥** 명 crottin *m* [crotte *f*] de cheval.

◆_**띠** 명 nati*f*(*ve*) de l'année du cheval.

◆_**먹이** 명 aliment *m* pour chevaux; fourrage *m*; foin *m* pour les chevaux.

◆_**몰이꾼** 명 conducteur *m* de cheval.

◆_**발굽** 명 sabot *m* (d'un cheval). ¶ ~발굽 소리 bruit des sabots d'un cheval.

◆**숫**_ 명 cheval *m*.

◆**암**_ 명 jument *f*.

말³ 명분류 boisseau(*x*) *m* ((18 litres)). ¶ 쌀 두 ~ deux boisseaux de riz ((36 litres)).

***되로 주고 ~로 받는다** Qui sème le vent récolte la tempête.

◆_**술** 명 boisseau(*x*) *m* d'alcool; grande quantité *f* d'alcool. ¶ 그 사람은 한번 마셨다 하면 말~이다 Une fois qu'il a commencé, il boit comme un trou [comme une éponge, comme un Polonais, comme un templier] / Une fois qu'il se met à boire, on ne peut plus l'arrêter.

말⁴ 명 pièces *fpl* et pions *mpl* (des échecs); ((윷놀이)) jeton *m* [cheval *m*] du *yutnori*. ¶ 장기의 ~ pièces et pions des échecs coréens. ¶ 동전을 ~로 삼아 윷놀이를 하다 jouer au *yutnori* en utilisant des pièces de monnaie comme jetons.

말⁵ 末 의명 fin *f*. ¶ 지난 주 ~에 à la fin de la semaine dernière. ¶ 늦어도 7월 ~ 안으로는 귀국해 주십시오 Rentrez dans le pays avant fin juillet au plus tard. ¶ 그 회사하고는 2004년 11월 ~로 계약 기간이 끝났다 Le contrat passé avec cette entreprise a pris fin [est arrivé à échéance] en novembre 2004.

말⁶ 명 【수산】 algue *f*; goémon *m*; varech *m*.

◆**바닷**_ 명 algue *f*; goémon *m*; varech *m*.

-말⁷ -末 접미 fin *f* ((de semaine)). ¶ 주~ week-end, fin de semaine. ¶ 학년~ fin de l'année scolaire. ¶ 세기~ fin de siècle.

말-⁸ 접두 ((guêpe, fourmi)) géant(*e*). ¶ ~벌 frelon; guêpe frelon; guêpe géante. ¶ ~개미 fourmis géantes.

말갛다 형 être clair(*e*), limpide, serein(*e*); être transparent(*e*). ¶ 하늘이 구름 한 점 없이 ~ Le ciel est limpide [tout bleu, clair], sans nuage [sans un seul nuage] / Le ciel est entièrement dégagé. ¶ 아기의 말간 눈동자 les prunelles limpides d'un bébé. ¶ 국물을 말갛게 하려면 건더기를 한 번 걸러 주어야 한다 Il faut filtrer le bouillon une fois pour obtenir un liquide clair.

말경 末境 명 fin *f*; dernières années *fpl*; derniers jours *mpl* [de vie] de *qn*; vieillesse *f*. ¶ 이달 ~에는 à la fin de ce mois [du mois]. ¶ ~에 접어들다 approcher de la fin, commencer à voir le bout du tunnel.

-말고 조 ((particule circonstancielle exprimant le remplacement ou l'exclusion. Elle peut s'ajouter aussi devant d'autres suffixes flexionnels)). ① 아니라 au lieu de *qn*/*qc*; à la place de *qn*/*qc*; non pas *qn/qc* (mais *qn/qc*). ¶ 배~ 사과를 사거라 Achète des pommes, non pas [mais pas] des poires! ¶ 저~ 다른 사람을 보내겠습니다 Je vous enverrai quelqu'un d'autre que moi. ② 제외하고 excepté, hormis; à l'exception de, à l'exclusion de; à part; sauf; sinon. ¶ 그 방법~ 다른 해결책이 없다 On n'a pas d'autre solution (que celle-ci) / C'est la seule solution / On ne peut pas faire autrement. ③ 그외에 en dehors de, hormis; autrement; en plus; outre. ¶ 그것~ 다른 선물이 또 있다 Il y a d'autres cadeaux que celui-ci / Ce n'est pas le seul cadeau. ④ ((‘도_’의 형태로)) pas plus que. ¶ 많이도~ 두 사람이면 충분합니다 On n'a pas besoin de plus de deux personnes / Deux personnes suffisent.

◆_는 조 à part, hormis; excepté; à l'exception de, à l'exclusion de. ¶ 당신~는 믿을 사람이 없다 Hormis vous [À part vous], je ne fais confiance à personne / Vous êtes la seule personne à qui je fais confiance [en qui j'ai confiance, sur laquelle je puisse compter].

◆_도 조 en dehors de, (mis) à part, hormis, à l'exclusion de; autrement; en plus; en outre. ¶ 우리~도 초대된 손님이 많았다 En plus de nous, il y avait beaucoup d'autres invités.

말괄량이 명 garçonne *f*, garçon *m* manqué; femme *f* peu féminine; virago *f*. ¶ ~처럼 행동하다 se conduire [se comporter] en garçon manqué.

말기 末期 명 dernière période *f*, fin *f*, dernière phase *f*, dernier stade *m*; déclin *m*. ¶ ~ 증세 symptômes de la fin [du déclin]; signes de déclin. ¶ 조선 ~ fin de Joseon. ¶ 그 환자는 위암 ~라는 선고를 받았다 Ce patient a été informé qu'il avait atteint le stade terminal du cancer de l'estomac / On lui a dit qu'il était condamné, son cancer de l'estomac étant à un stade trop avancé / On lui a dit que le stade de développement de son cancer de l'estomac était irréversible.

◆_적 -的 명 ((signes)) du déclin; de la phase terminale.

말끔하다 형 être propre [clair(*e*), net(*te*), impeccable]; être tiré(*e*) à quatre épingles. ¶ 그 사람은 언제 보아도 머리에서 발끝까지 항상 ~ Il est toujours propre de pied en cap [de la tête aux pieds] / Il est toujours bien habillé. ¶ 말끔한 옷차림 une tenue propre. ¶ 말끔하게 갠 하늘 un ciel entièrement dégagé.

말끔히 부 complètement, entièrement, parfaitement. ¶ 방을 ~ 정리하다 ranger entièrement[parfaitement] une chambre. ¶ 음식 그릇을 ~ 비우다 vider entièrement l'assiette de nourriture. ¶ 낮잠을 잤더니 피로가 ~ 가셨다 D'avoir fait une sieste, ça m'a ôté toute fatigue.

말년 末年 명 les dernières années *fpl*; déclin *m*; vieillesse *f*. ¶ 불우한 ~을 보내다 passer les dernières années de *sa* vie dans le malheur.

말다[1] 타 ① 둥글게 접다 rouler ((une cigarette, un tapis)), enrouler, envider, embobiner, renvider, peloter. ¶ 멍석을 ~ rouler une grosse natte ((de paille de riz)). ¶ 종이를 둘둘 ~ enrouler une feuille de papier. ¶ 이불[담요]을 말아 구석에 밀어 놓다 rouler une couette [une couverture] et la ranger dans un coin. ¶ 담배를 말아 피우다 rouler une cigarette et la fumer. ② 종이나 천으로 싸다 envelopper. ¶ 짐을 보자기로 ~ envelopper des affaires [des effets personnels] dans un carré de tissu. ¶ 돈 뭉치를 신문지로[에] ~ rouler [envelopper] une liasse de billets dans du papier journal.

말다[2] 타 ① 음식을 만들다 préparer [faire] un plat. ¶ 국수를 ~ préparer un plat de nouilles. ¶ 국밥을 ~ préparer un plat de riz avec de la soupe. ② 음식을 무엇에 말다 mettre (un aliment) dans l'eau [de la soupe]. ¶ 밥을 국에 ~ mettre du riz dans la soupe. ¶ 국수를 김칫국에 말아 먹었다 J'ai mangé les nouilles après les avoir mises dans du jus de *gimchi*.

◆말아먹다 타 engloutir, ruiner. ¶ 이 사람, 회사 말아 먹을 위인이네! Vous, vous êtes un type capable de ruiner [de mettre en faillite] notre entreprise!

말다[3] 타 ① 아니하다 ne pas faire. ¶ 걱정 마세요 Ne vous inquiétez pas. ¶ 제 염려는 말고 그만 나가 보세요 Ne vous faites pas de souci pour moi et partez [allez-y]. ¶ 저런 고집장이에게 충고를 하느니 말을 말지 Au lieu de donner des conseils à un têtu comme lui [à un têtu pareil], je ferais mieux de me taire [il vaut mieux rester silencieux]. ¶ 어찌나 사람이 많던지, 말도 말아라 C'est dingue [fou] le monde [le nombre de personnes] qu'il y avait, ne m'en parle pas! / Tu aurais vu le monde qu'il y avait, ne m'en parle pas! ¶ 그 친구 고집은 말도 마 Quant à son opiniâtreté, n'en parlons pas. ② 그만두다; 아니하다 cesser [arrêter] de+*inf*; ne pas faire. ¶ 밥 먹다(가) 말고 어디 가? Où vas-tu sans avoir terminé ton repas? ¶ 여행 계획이 취소되는 바람에 좋다 말았다 À cause de l'annulation du voyage, ma bonne humeur est gâchée. ¶ 갈까 말까 망설이는 중이다 Y aller ou ne pas y aller, j'hésite. ¶ 여행을 떠날지 말지 생각 중이다 Je me demande si je vais ou non partir en voyage / J'hésite à partir ou non en voyage. ¶ 남이야 여학생을 만나든지 말든지 네가 무슨 상관이야? Qu'est-ce que ça peut te faire que je rencontre ou pas une étudiante? ¶ 믿거나 말거나 아무튼 나는 그 일을 직접 보았다 Que les gens me croient ou non, je l'ai vu de mes propres yeux. ③ ((‘-나 마나’의 형태로)) qu'on le V ou pas, peu importe, inutile de+*inf*. ¶ 결과는 보나 마나 뻔하다 Inutile de voir le résultat, on le connaît déjà / Le résultat est connu d'avance. ¶ 먹으나 마나 한 음식 une quantité de nourriture ridicule [infime] ((avec laquelle on ne va pas s'étouffer; ça ou rien, c'est pareil)). ¶ 해보나 마나 그 친구는 실패할 거야 Ce n'est même pas la peine qu'il essaie, celui-là, il échouera de toute façon, c'est tout vu! ④ ((‘말고’의 형태로)) au lieu de, à la place de, sans, à part, excepté, sauf *qc*. ¶ 이것 말고 저것을 주시오 Non pas celui(celle)-ci, donnez-moi (plutôt) celui(celle)-là. ¶ 너는 말고 네 동생을 오라고 해 Fais venir ton petit frère à ta place / Pas toi, demande à ton petit frère de venir. ¶ 더도 말고 덜도 말고 이만큼이 적당하다 Ni plus ni moins, c'est la quantité qu'il faut [c'est bien comme ça {*fam*}].

말다[4] 조동 ① ((금지)) ne pas + *impératif* ((verbe auxiliaire de négation pour l'impératif. Il s'emploie avec -지, suffixe flexionnel conjonctif, qui s'ajoute au radical du verbe principal, comme les autres verbes auxiliaires de négation 않다, ne pas + *inf*, 아니하다 ne pas + *inf*, 못하다 ne pouvoir + *inf*, radical +지 못하다. Il ne s'emploie pas avec l'adjectif car ce dernier ne peut marquer l'impératif. Verbe irrégulier, il est souvent utilisé en sa forme impérative 마라, 말아요, 마세요, 마십시오)). ¶ 걱정하지 마세요 Ne vous inquiétez pas. ¶ 잔디밭에 들어가지 마십시오 N'entrez pas dans la pelouse / Prière de ne pas marcher sur les pelouses / Interdit d'entrer dans la pelouse / Défense d'entrer dans la pelouse. ¶ 그 짐을 아무데나 놓지 말아요 Ne mettez pas ce bagage n'importe où. ¶ 너 여기 앉지 말고 저기 앉아 Ne t'assieds pas ici, mais assieds-toi là. ¶ 떠들지 마라 Taisez-vous / Silence! / Arrêtez de faire du bruit [de chahuter]. ¶ 함부로 휴지를 버리지 마라 Ne jette pas les papiers par terre [n'importe où]. ¶ 내일 약속 잊지 마 N'oublie pas le rendez-vous de demain. ¶ 잔디밭에 들어가지 마십시오 Défense de marcher sur les pelouses. ¶ 실내에서는 담배를 피우지 마십시오 Défense de fumer dans la salle / Il est interdit de fumer dans la salle / Ne fumez pas dans la salle. ¶ 그 사람에게 아무것도 주지도 받지도 마세요 Tu ne donneras rien ni ne recevras quoi que ce soit de cette personne. ¶ 우리 부모님은 의례 늦게 다니지 말라고 하신다 Nos parents nous disent toujours de ne pas rentrer tard. ② ((실현, 귀결)) finir par+*inf*, en venir à ... ((verbe auxiliaire d'accomplissement d'une action. Il s'emploie avec le suffixe flexionnel conjonctif –고 qui s'ajoute au radical du verbe principal : radical + 고 말다)). ¶ 그 환자는 결국 죽고 말았다 Ce malade est finalement décédé. ¶ 그 소식을 듣고 나는 그만 울고 말았다 J'ai fini par pleurer en entendant cette nouvelle. ¶ 기차는 떠나고야 말았다 Le train est finalement parti. ¶ 나는 꼭 성공하고야 말겠다 Je finirai par réussir. ¶ 그럼, 나도 가고 말고 Bien sûr, j'y vais, moi aussi.

말단 末端 명 ① bout *m*, extrémité *f*. ② ((계급)) dernier grade *m* ((d'une hiérarchie)); dernier échelon *m*; ((au)) bas *m* de l'échelle. ¶ ~ 사원[직원] un(*e*) employé(*e*) du bas de l'échelle. ¶ ~ 공무원 un petit fonctionnaire. ¶ 사장의 지시가 ~까지 잘 전해지지 않는다 L'ordre du président [du patron] ne parvient pas jusqu'au dernier échelon / L'ordre du président [du patron] n'est pas souvent communiqué au niveau du dernier échelon.

◆**_기구[조직]** -機構[組織] 명 ((행정)) administration *f* locale, service *m* local; ((조합 따위)) section *f* locale; ((정당)) cellule *f*, noyau(*x*) *m*.

말대꾸 명 réplique *f*, riposte *f*. ◇_(를) **하다** répliquer, riposter, répondre.

말더듬이 명 bègue.

말똥거리다 타 regarder avec des yeux grand(s) ouverts [écarquillés]. ¶ 그 녀석은 대답은 하지 않고 눈만 말똥거렸다 Il a regardé avec des yeux écarquillés sans répondre.

말뚝 명 piquet *m*; poteau(*x*) *m*. ¶ 목장 둘레에 ~을 박아 경계선을 표시하다 marquer les limites de la ferme d'élevage par des poteaux. ¶ ~에 말을 매다 attacher un cheval à un piquet.

***~을 박다** 【속어】 se fixer professionnellement ((comme militaire de carrière, dans l'armée)). ¶ 그는 군대에 ~을 박았다 Il a choisi la carrière militaire.

말라깽이 명 【속어】 personne *f* extrêmement maigre, personne *f* maigre comme un clou [comme un cent de clous, comme un coucou, comme un hareng saur], personne *f* mince comme un fil, personne *f* filiforme, personne *f* sèche comme un coup de trique [comme un cotret], personne *f* (d'une maigreur) squelettique [d'une maigreur impressionnante, d'une maigreur inquiétante], personne *f* décharnée, squelette *m* ambulant, sac *m* [paquet *m*] d'os {*fam*}, fantôme *m*. ¶ ~ 소녀 une (jeune) fille très maigre [d'une maigreur impressionnante], une fille squelettique [filiforme]. ¶ 개 동생은 더 ~야 Son petit frère [Sa petite sœur] est encore plus maigre [squelettique, filiforme] que lui [qu'elle].

말라리아 명 【의학】 malaria *f*, paludisme *m*. ¶ ~에 걸리다 être atteint(*e*) de paludisme, attraper la malaria. ☞ 학질

◆**_모기** 명 【동물】 anophèle *m*.

◆**_열** -熱 명 fièvre *f* paludéenne.

말라붙다 자 se dessécher et adhérer, se dessécher complètement, être complètement *sec*(*sèche*). ¶ 오랜 가뭄으로 강[우물]이 말라붙었다 Après une longue sécheresse, la rivière [le puits] s'est complètement desséché(*e*). ¶ 입술이 말라붙었다 avoir les lèvres complètement desséchées.

말라비틀어지다 자 maigrir, s'amaigrir; se dessécher. ¶ 말라비틀어진 꽃들 fleurs desséchées.

***말라비틀어진 소리를 하다** tenir des propos de personne très âgée.

말라빠지다 자 ① 말라서 볼품없다 maigrir, s'amaigrir, perdre du poids; se dessécher; être maigre et laid(*e*), être extrêmement maigre, desséché(*e*). ¶ 너무 오래되어서 말라빠진 빵 un vieux pain [une vieille viennoiserie] complètement desséché(*e*). ¶ 노파의 말라빠진 손 la main d'une femme âgée très amaigrie et ridée. ② 하찮다 être inutile. ¶ 다 굶어 죽게 생겼는데 공부는 무슨 말라빠진 공부냐? Nous avons de grosses difficultés financières [Nous sommes très pauvres], comment peux-tu envisager de faire des études?

말랑거리다 자 être m*ou*(m*ol*, m*olle*); ((빵)) être moelleu*x*(*se*); ((젤리)) être onctueu*x*(*se*); ((고기)) être tendre; ((가죽)) être souple. ¶ 말랑거리는 젤리 de la gelée onctueuse.

말랑말랑하다 형 être m*ou*(m*ol*, m*olle*); ((빵)) être moelleu*x*(*se*); ((젤리)) être onctueu*x*(*se*); ((고기)) être tendre; ((가죽)) être souple. ¶ 갓 구워서 말랑말랑한 빵 du pain bien moelleux encore tout chaud fraîchement sorti du four, du bon pain bien frais tout juste sorti du four du boulanger. ¶ 말랑말랑한 젤리 de la gelée onctueuse.

말려들다 자 ① 감기어 들어가다 être entraîné(*e*). ¶ 옷자락이 톱니바퀴에 말려들었다 Un pan de vêtement a été happé par une roue dentée [dans un engrenage]. ② ((사건, 술수 따위에)) être impliqué(*e*) dans ((un scandale)), être entraîné(*e*) dans *qc*, mêlé(*e*) à *qc*, compromis(*e*) dans *qc*; s'impliquer, se laisser entraîner, se laisser piéger. ¶ 적의 유인에 ~ se laisser piéger par une opération de séduction de l'ennemi. ¶ 계략에 ~ être entraîné(*e*) dans un complot [dans une magouille {*fam*}]. ¶ 싸움에 ~ se laisser entraîner [être impliqué(*e*)] dans une dispute [dans une querelle, dans une bagarre]. ¶ 자신도 모르는 사이에 사건에 말려들었다 Il a été entraîné dans cette affaire sans s'en rendre compte / Il s'est laissé piéger dans cette affaire sans s'en rendre compte.

말로 末路 명 fin *f* d'un voyage; fin *f* de la vie; dernières années *fpl*; vieillesse *f*. ¶ 인생의 ~ la fin de la vie. ¶ 독재정권의 ~ la fin du régime dictatorial.

말리다¹ 자 ① ((종이, 천)) être roulé(*e*), enroulé(*e*). ¶ 둘둘 말린 종이를 펴다 dérouler un rouleau de papier. ¶ 신문지에 둘둘 말린 돈 뭉치 une liasse de billets enroulée dans du papier journal. ② se laisser piéger; être entraîné(*e*) ((dans un scandale, dans une sale affaire)). ¶ 사기꾼의 술수에 ~ marcher dans la combine d'[se laisser duper par] un escroc, se faire escroquer [arnaquer {*fam*}].

말리다² 타 sécher, rendre *sec*(*sèche*), faire sécher; dessécher ((la végétation)). ¶ 불에 옷을 ~ faire sécher *ses* habits devant un feu. ¶ 젖은 옷[빨래]을 ~ sécher un vêtement mouillé [du linge]. ¶ 말린 고기 [생선, 과일] de la viande séchée [du poisson séché, des fruits séchés]. ¶ 머리를 감고 나서 말리는 데 시간이 많이 걸렸다 Ça a pris beaucoup de temps de me sécher les cheveux après les avoir lavés.

*피를 ~ ☞ 피¹

말리다³ 타 empêcher, retenir, arrêter. ¶ 싸움을 ~ s'interposer [s'immiscer] dans une querelle, apaiser une querelle. ¶ 나는 그이가 서울에 가겠다는 것을 간신히 말렸다 Je l'ai difficilement empêché(e) d'aller à Séoul. ¶ 저 애는 한번 울었다 하면 아무도 못 말린다 Une fois que cet enfant commence à pleurer, personne ne peut l'arrêter. ¶ 정말 못 말릴 사람이야 On ne le(la) refera [changera] pas [jamais] (celui(*celle*)-là) / Il(Elle) est incroyable [incorrigible]! / Décidément ce sera toujours le(la) même! / (Il(Elle) est indécrottable {*fam*}), il(elle) ne changera jamais.

말매미 명 【동물】 grande cigale *f*, grosse cigale *f*.

말문 -門 명 parole *f*, bouche *f* en tant qu'organe de la parole. ¶ 그 사람이 먼저 ~을 열었다 C'est lui qui a commencé à parler. ¶ 그가 내 ~을 막으며 주위를 살폈다 Il a regardé autour de lui en me faisant signe de ne pas parler. ¶ 이 아이는 두 돌이 지나서야 비로소 ~이 터졌다[열렸다, 트였다] Cet enfant n'a commencé à parler qu'après son deuxième anniversaire [qu'après l'âge de deux ans]. ¶ 우리 아들은 아직까지 ~이 안 트여서 걱정이다 Je suis très inqui*et*(*ète*) car mon fils ne parle toujours pas. ¶ 너무 기가 차서 ~이 막혔다 Je restai muet(*te*) de stupeur / Abasourdi(*e*) [Sidéré(*e*), Stupéfait(*e*)], je ne pouvais prononcer un seul mot [je n'ai pas pu dire un mot, j'en avais le bec cloué {*fam*}, j'en suis resté(*e*) la bouche ouverte, j'en suis restée bouche bée] / Je suis resté(*e*) bouche bée sous le coup de la surprise / J'étais tellement choqué(*e*) que je ne pouvais pas dire un mot / J'en suis resté(*e*) tout(*e*) ébahi(*e*)! / J'en suis resté(*e*) baba [sur les fesses, sur le cul]! {*fam*} / J'en suis resté(*e*) comme deux ronds de flan {*fam*} / J'en suis resté(*e*) muet(*te*) de stupeur.

말미¹ 명 temps *m* libre; délai *m*; congé *m*, permission *f*. ¶ ~를 얻다 obtenir un délai. ¶ 이틀간의 ~를 얻어 고향의 어머님을 뵈러 갔다 J'ai pris deux jours de congé, et je suis allé voir ma mère dans ma ville natale. ¶ 사흘만 ~를 주시면 일을 다 마무리하겠습니다 Je vais finir ce travail, si vous pouvez me donner trois jours de plus.

말미² 末尾 명 fin *f*, queue *f*. ¶ ~를 장식하다 marquer la fin. ¶ ~에서 행렬을 따르다 suivre à la fin du défilé. ¶ 그는 편지 ~에 다른 친구들의 소식도 적었다 Il a donné des nouvelles de ses amis à la fin de sa lettre.

말미암다 자 être d*û*(d*ue*) à, être causé(*e*) par ((verbe défectif)). ¶ 사소한 실수로 말미암은 대형사고 un grand accident dû à une petite erreur. ¶ 그 사건으로 말미암아 여야간의 불신은 더 깊어졌다 À cause de [Suite à] cette affaire, la méfiance entre le parti gouvernemental et le parti de l'opposition a augmenté [s'est accrue].

말미잘 명 【동물】 anémone *f* de mer.

말벌 명 【동물】 guêpe *f*, frelon *m*, gros bourdon *m*.

말복 末伏 명 *malbok* <dernière canicule, dernière

grosse chaleur des trois grandes chaleurs de l'année ou *sambok*>. ¶ ~ 더위 la chaleur de la dernière canicule. ¶ ~만 지나면 아침저녁으로 선선하다 Il fait frais le matin et le soir après le jour de *malbok* [une fois le jour de *malbok* passé].

말살 抹殺 명 suppression *f*, rature *f*, coupure *f*. ¶ 일제의 한국어 ~ 정책 politique de suppression de la langue coréenne par le Japon. ◇_(을) **하다** supprimer [abolir] ((la liberté de presse)), détruire, abattre, défaire entièrement; effacer, raturer, couper, biffer; supprimer [tuer] *qn*. ¶ 인간의 존엄성을 ~하다 détruire la dignité humaine. ¶ 개인의 자유를 ~하는 독재정권 les pouvoirs dictatoriaux qui répriment la liberté des individus. ◇_(이) **되다**[_(을) **당하다**] être supprimé(*e*), aboli(*e*), détruit(*e*); être effacé(*e*), être barré(*e*). ¶ 전쟁 중에는 흔히 인권과 자유가 ~되기 일쑤이다 Les droits de l'homme et la liberté sont souvent supprimés pendant la guerre.

말상 -相 명 visage *m* [profil *m*] chevalin, visage *m* long. ¶ 그 여자는 얼굴이 ~이다 Elle a un visage long [chevalin].

말석 末席 명 dernière place *f*. ¶ ~을 차지하다 prendre la dernière place; être le(*la*) dernier(*ère*).

말세 末世 명 ① la fin *f* du monde, les derniers temps *mpl*. ¶ ~의 징조 le symptôme de la fin du monde. ② âge *m* décadent, époque *f* de dégénérescence morale. ¶ (세상) ~구나 On dirait que c'est la fin du monde! / C'est une époque de dégénérescence morale.

말소 抹消 명 suppression *f*, retranchement *m*, rature *f*. ◇_(를) **하다** supprimer, effacer, retrancher, raturer. ¶ 증빙 서류를 ~하다 supprimer [effacer] le document servant de preuve [la pièce justificative, la pièce à conviction]. ¶ 징계 기록을 ~하다 supprimer [effacer] l'enregistrement des punitions. ¶ 전과 기록을 ~하다 supprimer [effacer] un casier judiciaire. ¶ 회원 명부에서 사망자의 이름을 ~하다 effacer les noms des personnes décédées de la liste des membres. ◇_(가) **되다** être supprimé(*e*), effacé(*e*). ¶ 그는 주민등록이 ~되었다 Son enregistrement de domicile a été supprimé. ¶ 다른 나라에서 국적을 얻게 되면 원래 갖고 있던 국적은 ~된다 Dans le cas où l'on obtient [acquiert] une nationalité étrangère, on perd parfois son ancienne nationalité.

◆**등기_ 登記** 명 suppression *f* de registre.

◆**호적_ 戶籍** 명 suppression *f* de l'état civil.

말썽 명 propos *m* ou action *f* propre à soulever des querelles; difficulté *f*; querelle *f*, trouble *m*, ennui *m*, complication *f*, accident *m*, problème *m*. ¶ 그 사람이 끼면 늘 ~이 생긴다[난다] Quand il est là, il y a toujours des problèmes. ¶ 그들 사이에 ~이 생겼다 Une brouille [Un désaccord, Un différend, Une mésentente] s'est introduit(*e*) [installé(*e*)] dans leur relation / Ils se sont brouillés [querellés] / Ils sont brouillés. ¶ 항상 그 입이 ~이다 Chaque fois qu'il ouvre la bouche, il provoque des querelles [il fait des réflexions qui entraînent des querelles [des histoires] / Chaque fois qu'il ouvre la bouche, c'est pour faire des histoires [c'est pour entraîner des disputes]. ◇_**을 부리다**[**피우다**] causer [faire] des difficultés, causer [créer] des ennuis [des complications]; entraîner [provoquer] des disputes [des querelles, des histoires], faire des histoires. ◇_**을 빚다**[**일으키다**] causer des difficultés [ennuis, complications], entraîner des inconvénients.

◆**_많다** 형 avoir toujours des problèmes [des querelles], provoquer des ennuis [la zizanie]. ¶ ~많은 동네 un quartier qui pose toujours des problèmes. ¶ ~많은 아이 un(*e*) enfant turbulent(*e*), un sale gosse {*fam*}.

◆**_거리** 명 cause *f* de friction, source *f* de dispute. ¶ ~거리가 하나 더 늘었군 Il y a encore un autre problème. ¶ 그의 도벽은 반에서 ~거리였다 Sa kleptomanie était le casse-tête de la classe / Sa kleptomanie était source de problèmes [de disputes] dans la classe. ¶ 지금 간과하는 일이 훗날 ~거리가 될 수도 있다 Ce qu'on néglige aujourd'hui peut devenir un problème plus tard.

◆**_꾸러기**[**쟁이**] 명 trublion *m*, (enfant) espiègle, diablotin *m*, polisson(*ne*); petit(*e*) poison *m* {*fam*} [diable *m*, canaille *f* {*fam*}, crapule *f* {*fam*}, garnement *m*, plaisantin *m*, blagueur *m*, chenapan *m*, coquin *m*, fripon *m*, fripouille *f* {*fam*}], filou *m* {*fam*}, gredin *m* {*fam*}, sale gosse *f* {*fam*}.

◆**_꾼** 명 trouble-fête *m inv*, personne *f* qui provoque des ennuis [la zizanie], (petit) poison *m* {*fam*}, empêcheur *m* de tourner [de danser {*vx*}] en rond, rabat-joie *m inv*, éteignoir *m*, importun *m*, gêneur *m*, emmerdeur(*se*) {*fam*}. ¶ 그는 온 마을 사람들이 포기한 ~꾼이었다 C'était un trouble-fête rejeté par tout le village.

말쑥- 어근 netteté *f*, propreté *f*.

◆**_하다** 형 être net(*te*) et propre, soigné(*e*). ¶ ~한 옷차림 une tenue nette et propre, une tenue soignée. ¶ 뜰은 ~하게 비질이 되어 있었다 La cour était proprement balayée.

◆**_이** 부 proprement; élégamment; avec goût et élégance. ¶ ~이 차려입다 avoir une tenue nette et propre, avoir une tenue soignée.

말씀 명 ① ((forme honorifique de 말 *parole*)) paroles *fpl*, propos *mpl*, discours *m* ((employé en parlant des paroles d'un supérieur)), ce que dit ((un supérieur)); la parole *f* de Dieu. ¶ 선생님 ~을 귀담아 들어라 Écoute bien [attentivement, avec attention] les propos du professeur [les paroles du professeur, ce que dit le professeur]. ¶ 충고 ~ 해주셔서 감사합니다 Je vous remercie de vos bons [précieux] conseils [de vos conseils avisés]. ¶ 부모님 ~에 순종해야 한다 Il faut obéir aux parents. ¶ 기독교인이라면 하느님의 ~에 순종해야 한다 Les chrétiens doivent obéir à Dieu. ¶ 선생님 ~대로 저는 집으로 돌아가겠습니다 Je vais rentrer à la maison comme le professeur m'a [vous m'avez] dit de le faire. ¶ 무슨 ~이신지 이해할 수가 없군요 Je ne comprends pas ce que vous dites. ② ((말의 낮춤말)) mes (humbles) propos *mpl*, mon (humble) récit *m* ((employé en parlant des paroles dites à l'adresse d'un supérieur)). ¶ ~을 올리다[드리다] parler à *qn*, dire *qc* à *qn*, s'adresser à *qn* ((humblement en s'adressant à un supérieur)), s'adresser humblement à un supérieur. ¶ 제 ~ 좀 들어 보십시오 Écoutez-moi bien. ¶ 제가 한 ~ 올리겠습니다 Je voudrais dire une chose. ¶ 뭐라고 감사의 ~을 드려야 할지 모르겠습니다 Je ne sais (pas) comment vous exprimer ma reconnaissance. ◇_(을) **하다** parler, dire *qc* ((terme honorifique employé en parlant des paroles d'un supérieur)). ¶ 사장님은 우리 부서에 특별한 요구 사항을 ~하셨다 Le directeur a adressé une demande particulière à notre service. ¶ 제가 없는 동안 있었던 일들을 모두 ~해 주세요 Dites-moi tout ce qui s'est passé pendant mon absence. ¶ ~하시는 중 실례입니다만 ... Madame (Monsieur), je vous prie de m'excuser [pardonnez-moi, excusez-moi, je m'excuse, je suis désolé(*e*), pardon, désolé(*e*)] de vous interrompre (mais) ... / Si vous me permettez de vous interrompre un instant (dans votre discours), Madame(Monsieur) ... ¶ 듣고 있으니 계속 ~하십시오 Je vous écoute, continuez votre récit.

말씨 명 manière *f* de parler [de s'exprimer], expression *f*; ((방언)) accent *m*. ¶ 서울 ~를 쓰는 사람 une personne avec l'accent de Séoul. ¶ 고운 ~를 쓰도록 하여라 Parle correctement. ¶ 정중한 ~로 en termes courtois. ¶ 그 사람은 누구에게나 늘 상냥한 ~로 대한다 Il parle toujours gentiment à tout le monde.

말없음표 명 【언어】 points *mpl* de suspension.

말엽 末葉 의명 fin *f*, dernière période *f*. ¶ 19세기 ~에 vers la fin du 19ème siècle.

말운 末運 명 destin *m* [sort *m*] de *qn* à la fin de *sa* vie. ¶ ~이 좋다[없다] avoir une vie heureuse [malheureuse] à la fin de *sa* vie.

말음 末音 명 【언어】 finale *f*.

◆**음절** _音節- 명 finale *f* d'une syllabe.

◆**_법칙** -法則 명 règles *fpl* concernant le son final d'une syllabe.

말일 末日 명 dernier jour *m* ((du mois)). ¶ 매달 ~에는 은행이 크게 붐빈다 Il y a toujours beaucoup de monde à la banque le dernier jour du mois. ¶ 이달 ~까지 중도금을 납부해 주십시오 Veuillez payer la part principale [l'essentiel, la plus grosse partie] de la valeur du logement avant [d'ici] la fin du mois.

말장 부 ☞ 말짱

말종 末種 명 ((아무짝에도 쓸모없는, 세상에 도움이 안 되는 나쁜 인간, 아주 몹쓸 종자란 뜻으로, 행실이 아주 못된 사람을 낮잡아 이르는)) canaille *f*, scélérat(*e*), ordure *f*, sale type *m*, type *m* immonde, infâme saligaud(*e*), type *m* odieux, engeance *f*, mauvais sujet *m*, le dernier des derniers, rebut *m* du genre humain, un moins que rien. ¶ 저런 인간 ~과는 상종하지 말아라 On ne peut avoir une conversation [On ne peut pas communiquer] avec ce genre d'énergumène [avec ce type immonde, avec ce type de crapule, avec ce type de voyou, avec ce type de moins que rien]. ☞망종

말직 末職 명 fonction *f* subalterne.

말짜 末- 명 rebut *m*, déchet *m*. ¶ 사람들은 그 여자를 인간 ~로 취급한다 On la traite comme la dernière des dernières. ¶ 여러 개 중에서 내가 고른 것은 제일 ~였다 Parmi tous ces objets, j'ai choisi le plus vilain [détérioré, abîmé, usé]. ¶ 그 녀석은 인간 ~이다 Ce type est le dernier des derniers / C'est le rebut du genre humain.

말짱 부 complètement; entièrement; totalement; tout ((sens négatif)). ¶ 모든 것이 ~ 헛일이 되었다 Tous nos efforts auront été inutiles [n'auront servi à rien]. ¶ 그 녀석 말은 ~ 다 거짓말이야 Ce type ne dit que des mensonges.

*~**도루묵** ☞ 도루묵

말짱하다 형 ① être impeccable, irréprochable, nickel {*fam*}, être en bon état; ne pas avoir de défaut [d'imperfection]; être propre, sain(*e*), net(*te*), pur(*e*); être encore présentable. ¶ 구식이지만 아직 말짱한 옷 un vêtement démodé, mais toujours en bon état. ¶ 싸움을 하고 나서도 그의 옷은 말짱했다 Son habit est encore propre même après la bagarre. ② être comple*t*(*ète*), intégr*al*(*ales*, *aux*), enti*er*(*ère*); être intact(*e*); être sain(*e*) et sau*f*(*ve*); être en parfaite santé, être bien portant(*e*); ((정신)) avoir l'esprit sain [lucide, éveillé], être toujours sain d'esprit, être encore parfaitement lucide; ne pas être soûl(*e*) [ivre], avoir encore toute *sa* tête ((après avoir bu de l'alcool)), avoir encore [garder] toute *sa* lucidité. ¶ 그 여자는 소주 두 병을 마시고도 정신이 말짱했다 Même après deux bouteilles de *soju*, elle était encore parfaitement lucide [elle avait gardé toute sa lucidité, elle avait encore toute sa tête]. ¶ 조금 전까지만 해도 배가 너무 아팠는데 이제는 ~ J'avais encore très mal au ventre tout à l'heure, mais maintenant c'est complètement passé [je n'ai plus du tout mal]. ¶ 해가 뜨자 안개가 말짱하게 걷혔다 Le brouillard s'est complètement dissipé lorsque le soleil s'est levé. ③ être rusé(*e*). ¶ 이 아이는 꾀가 ~ Cet(*te*) enfant est rusé(*e*).

말초 末梢 어근 pointe *f* [extrémité *f*, bout *m*].

◆**_적** -的 명 insignifiant(*e*), vétille; peu importe. ¶ ~적(인) 문제 un problème secondaire, une vétille, une broutille, des détails insignifiants, une chose d'une importance minime.

◆**_신경** -神經 명 nerf *m* périphérique. ¶ ~신경을 자극하다 stimuler le nerf périphérique.

말총 명 crin *m* (de cheval), crinière *f* (de cheval). ◆**_체** 명 crible *m* en crin, tamis *m* en crin.

말캉말캉하다 형 être très soyeux(*se*), mou(*mol*, *molle*); être tendre. ¶ 말캉말캉하게 잘 익은 감 un kaki bien mou.

말파리 명 【동물】 taon *m* (à cheval), mouche *f* à cheval, *Gastrophilus intestinalis* {*nsc*}.

말하다 재타 ① 말을 하다 parler, dire *qc*. ¶ 영어[프랑스어]로 ~ parler (l')anglais [(le) français], parler en anglais [en français]. ¶ 큰 소리[작은 목소리, 나지막한 목소리]로 ~ parler à haute voix [à voix basse, à mi-voix]. ¶ 똑똑히 ~ parler clairement, articuler. ¶ 프랑스어를 유창하게 ~ parler le français [la langue française] couramment. ¶ 말하게 내버려 두다 laisser parler *qn*. ② 나타내다, 표현하다 parler, dire, exprimer, déclarer, affirmer; préciser. ¶ 사정을 ~ parler de *sa* situation. ¶ 이유를 ~ préciser la raison ((de *qc*)). ¶ 감상을 ~ parler de *son* impression, donner *son* impression. ¶ 자기 의견[생각]을 ~ donner [exprimer] *son* avis [*son* opinion, *son* point de vue]. ¶ 누구에 대한 불만을 ~ se plaindre de *qn*, critiquer *qn*. ¶ 간단히[자세히] ~ résumer [raconter en détail, raconter avec précision, détailler]. ¶ 요점만 간단히 말하다 en venir au fait [à l'essentiel], se borner à l'essentiel. ¶ 도와준 친구에게 고맙다고 ~ dire merci à l'ami(*e*) [remercier l'ami(*e*)] qui *nous* a aidé(*e*). ¶ 고쳐 말하다 corriger *ses* propos. ¶ 내 아버지의 아내, 다시 말해서 내 어머니 l'épouse de mon père, c'est-à-dire ma mère. ¶ 솔직히 말해서 pour parler franc, à franchement parler, pour dire la vérité, à parler vrai. ¶ 달리 말하면 autrement dit, c'est-à-dire. ¶ 다시 말하면 en d'autres termes, autrement dit, c'est-à-dire. ¶ 사실을 말하자면 pour dire la vérité. ¶ 법률적으로 말하(자)면, ... juridiquement parlant. ¶ 앞에서 말한 바와 같이 comme je viens de le dire, comme je l'ai dit plus haut, comme je l'ai dit [mentionné] précédemment. ¶ 그렇게 말하고 나서 ceci dit. ¶ 한마디로 말해서, 그 남자는 사기꾼이다 En un mot [En bref, Bref], c'est un escroc. ¶ 말하자면 그는 우리의 죄를 대신 뒤집어쓴 희생양이었다 Pour ainsi dire, il était notre bouc émissaire / Il a pris à son compte tous nos crimes. ¶ 참가자들은 그의 발표가 조금 실망스러웠다고 말했다 Les participants ont dit que son exposé était un peu décevant. ¶ 검사는 그의 진술이 거짓말이라고 말했다 Le juge d'instruction a dit que sa déposition était mensongère. ¶ 내가 만난 사람은 자기가 프랑스에서 온 레오라고 말했다 La personne que j'ai rencontrée a dit qu'il s'appelait Léo et qu'il venait de France. ¶ 누나가 내일 부모님께서 서울에 올라오신다고 말했다 Ma sœur aînée m'a dit que mes parents montaient à Séoul demain. ¶ 다음 주에 시험이 있을지도 모른다고 선생님께서 말하셨다 Le professeur nous a dit que l'examen pourrait avoir lieu la semaine prochaine. ¶ 우리는 그 사람을 결코 학자라고 말할 수는 없다 Nous ne pouvons pas dire que c'est un savant [un érudit]. ¶ 미리 말해 두지만 나는 술이라면 한 방울도 못 마신다 Je te préviens (à l'avance) que je ne peux même pas boire une goutte d'alcool. ③ 알려주다 dire, parler, annoncer, avouer. ¶ 아무에게도 말하지 마라 N'en parle jamais à personne. ¶ 당신에게 말해 줄 것이 있습니다 J'ai quelque chose à vous dire. ¶ 약속 장소를 친구들에게 말하지 않은 것이 이제야 생각난다 C'est maintenant que je me rappelle que je n'avais pas précisé [signalé] le lieu du rendez-vous. ④ ((어린아이가)) ((commencer à)) parler. ¶ 3살에 말하기 시작하다 commencer à parler à l'âge de trois ans. ⑤ ((부탁, 명령)) dire, demander. ¶ 누구에게 결혼하자고 말하다 demander *qn* en mariage, demander la main de *qn* [d'une jeune fille], faire *sa* demande en mariage à *qn*. ¶ 나는 그 친구에게 책을 빌려달라고 말했다 Je lui ai demandé de me prêter un livre. ¶ 그 사람은 나에게 담배를 피우지 말라고 말했다 Il m'a demandé de ne pas fumer. ¶ 나는 운전사에게 다른 곳으로 가자고 말했다 J'ai dit au chauffeur d'aller ailleurs. ¶ 가게에 미리 말해 두었으니 돌아오는 길에 들러서 물건을 갖고 오너라 J'ai déjà dit au magasin [J'ai déjà prévenu les gens du magasin] que tu passerais. Donc, sur le chemin du retour, fais-y un saut et rapporte-moi les achats [les courses]. ⑥ 말리고 꾸짖다 réprimander. ¶ 따끔하게 말해 줬지만 그는 여전히 어른들 앞에서 버릇없이 행동한다 En dépit de mes réprimandes sévères pour son comportement grossier devant les anciens, ils n'a pas changé [évolué]. ⑦ 평하거나 논하다 parler de *qc*. ¶ 누구에 대해 좋게 [나쁘게] ~ dire du bien de *qn*, parler de *qn* en bons termes [dire du mal de *qn*, parler de *qn* en mauvais termes, dénigrer *qn*, médire de [sur {*vx*}] *qn*, casser du sucre sur le dos de *qn*]. ¶ 그 문제에 대해서는 말할 필요도 없다 Il est inutile de parler de ce problème. ¶ 말하면 뭣해 À quoi ça sert d'en parler / A quoi bon en parler. ¶ 너는 우정[사랑]을 말할 자격이 없다 Tu n'es pas qualifié(*e*) pour parler de l'amitié [de l'amour] / Tu es mal placé(*e*) pour parler d'amitié [d'amour]. ¶ 옷이라고는 도저히 말할 수 없는 누더기를 걸친 사나이 un homme qui porte des haillons que l'on ne pourrait jamais prendre pour des vêtements. ⑧ prouver, signifier. ¶ 결혼이란 두 사람의 육체적 결합만을 말하는 것이 아니다 Le mariage ne signifie pas seulement l'union charnelle de deux êtres. ¶ 지금도 남아있는 잔해는 그 당시 사고의 처절함을 말해 주고 있다 Les restes des décombres témoignent de l'atrocité de l'accident. ⑨ (('-으로 말하(자)면'의 형태로)) quant à ...; en ce qui concerne ... ¶ 나로 말하자면 quant à moi; en ce qui me concerne; pour ma part. ¶ 공부에 대한 열정으로 말하면 quant à la passion pour les études. ¶ 힘센 걸로 말하면 그 사람이 제일이다 Si l'on parle de la force physique, c'est lui le meilleur.

*...은 말할 것도 없고 sans parler de *qc*; encore moins. ¶ 그 사람은 외국어는 말할 것도 없고 자기 나라 말도 제대로 하지 못 한다 Il ne maîtrise même pas sa propre langue, sans parler des langues étrangères. ¶ 이자는 말할 것도 없고 원금이라도 갚아야지 Sans parler des intérêts, il faudra rembourser l'emprunt initial. ¶ 그 사람은 쓰는 것은 말할 것도 없고 읽을 줄~도 몰랐다 Il ne sait pas lire (et) encore moins lire / Il ne sait ni écrire, ni même lire.

*말할 것도 없다 inutile d'en parler. ¶ 우리도 이렇게 기쁜데 당사자의 기쁨이야 말할 것도 없었다 Nous sommes déjà contents, alors imagine sa joie à lui. ¶ 그 남자는 영어도 못하는데 프랑스어는 말할 것도 없다 Il ne parle même pas anglais, alors ne parlons pas du français ... ¶ 이번 사고의 책임은 말할 것도 없이 그 남자가 져야 한다 Il doit assumer la totale responsabilité de cet accident.

*말할 수 없이 infiniment. ¶ 자식을 잃은 부모의 슬픔은 말할 수 없이 컸다 La tristesse des parents qui avaient perdu leur enfant était infiniment grande.

◆말하자면 부 ① tant qu'on en parle. ¶ ~하자면 긴데, 그래도 이야기가 나왔으니 끝까지 하자 C'est une longue histoire mais, tant [maintenant] qu'on en parle, finissons-en. ② vouloir dire. ¶ ~하자면, 그것은 잘못되었다는 것입니다 Ce n'est pas réussi [C'est une erreur], je veux dire. ③ pour ainsi dire. ¶ 소문이란 ~하자면 구르는 눈덩이 같은 것이다 La rumeur est, pour ainsi dire, comme une boule de neige qui ne cesse de rouler.

맑다 형 ① 날씨 être clair(*e*), lumineu*x*(*se*), éclatant(*e*), ensoleillé(*e*). ¶ 맑은 날씨가 한동안 계속되었다 Un temps ensoleillé [clair] a persisté plusieurs jours. ¶ 하늘이 맑다 Le ciel est clair. ② 깨끗하다 être propre, limpide, non pollué(*e*), sain(*e*). ¶ 맑은 샘물 une eau de source limpide [claire]. ¶ 맑은 공기를 마시다 respirer de l'air pur [sain], respirer l'air pur, prendre un bol d'air (frais), s'oxygéner les poumons. ¶ 맑은 유리창 une vitre propre. ③ ⦅정신⦆ être clair(*e*), lucide. ¶ 그들은 술이 깬 다음 맑은 정신으로 시시비비를 가리기로 하였다 Ils ont décidé de faire le point pour déterminer les responsabilités de chacun quant ils ne seront plus ivres [quand ils auront l'esprit clair et auront dessoûlé]. ¶ 임종의 순간에도 그 분의 의식은 물처럼 맑았다 Même au moment de rendre l'âme, son esprit était encore très clair. ④ 순수하다 être pur(*e*), candide, innocent(*e*). ¶ 아이들의 맑은 눈동자 le regard pur des enfants. ¶ 그렇게 맑고 깨끗한 소녀는 처음 보았다 C'est la première fois que je vois une fille aussi pure. ⑤ ⦅소리⦆ être clair(*e*). ¶ 맑은 종소리가 울려 퍼졌다 Le son clair de la cloche s'est propagé dans les environs.

◆맑디_ 형 être très pur(*e*) [clair(*e*), limpide, propre, net(*te*)]. ¶ 강물이 맑디~ L'eau de la rivière est très pure.

맑은장국 -醬- 명 *malgeun-janggeuk m* <consommé épicé de viande de bœuf coupée finement>.

맑히다 타 clarifier; purifier; épurer; dépurer. ¶ 음악은 사람의 마음을 맑히는 데 효과가 있다 La musique est efficace pour purifier l'âme de l'homme.

맘 명 【구어】 cœur *m*, réflexion *f*, pensée *f*, intention *f*, humeur *f*. ☞ 마음

맘마 명 【아어】 à manger ⦅terme enfantin désignant le repas⦆, lolo *m* {*vx*}. ¶ 아가야, ~ 먹자 Mon petit bébé [Mon canard, Mon petit cœur, Mon amour], c'est l'heure de manger [c'est l'heure du lolo {*vx*}, on va manger]!

맘모스 영{mammoth} 명 ☞ 매머드

맘보 스 명 【음악】 mambo *f*.

◆_바지 명 pantalon-cigarette(~*s*-~*s*) *m*.

맙소사 감 Mon Dieu! / Grand Dieu! / Juste Dieu! ¶ ~, 이 많은 일을 언제 끝내지? Mon Dieu, quand aurons-nous fini tout ce travail? ¶ 아이구 ~, 또 접시를 깼구나 Mon Dieu, tu as encore cassé des assiettes.

*하느님 ~ Ah! mon Dieu!

맛¹ 명 ① ⦅음식⦆ goût *m*; saveur *f*; sapidité *f*. ¶ 갖은 양념으로 국의 ~을 내다 assaisonner une soupe [un potage] avec diverses épices, relever (le goût d')une soupe avec diverses épices. ¶ 우리 고유의 ~을 찾아서 À la recherche du goût typique [de la saveur unique] de notre cuisine traditionnelle. ¶ ~을 느끼다 bien apprécier (le goût de) *qc*. ¶ ~을 잃다 s'affadir, perdre de *sa* saveur [de *son* goût]. ¶ 단 ~이 나다 avoir une saveur douce [sucrée], avoir un goût doux [sucré], être sucré(*e*). ¶ 짠 ~이 나다 avoir un goût salé, être salé(*e*). ¶ 쓴 ~이 나다 avoir une saveur amère [un goût amer], être am*er*(*ère*). ¶ 매운 ~이 나다 avoir une saveur piquante [un goût piquant], être fort(*e*), pimenté(*e*), épicé(*e*), piquant(*e*), relevé(*e*). ¶ 신 ~이 나다 avoir une saveur [un goût] aigre, être aigre. ¶ 오렌지 ~이 나다 Cela a un goût d'orange. ¶ ~이 변하다 ⦅술이⦆ s'altérer; ⦅우유가⦆ tourner (à l'aigre); ⦅시어지다⦆ devenir aigre. ¶ 이 사과 품종은 새로운 ~을 갖고 있다 Cette variété de pommes a un goût différent. ② 느낌 goût *m*, penchant *m*, inclination *f*. ¶ 고생 끝에 정상에 도달했을 때의 그 ~을 너는 모를 거야 Tu ne peux pas imaginer cette sensation quand on est arrivé à la fin des difficultés. ¶ 사람이 좀 고분고분한 ~이 있어야 하는데 그는 너무 빳빳하다 Un homme doit savoir se montrer un peu souple, mais lui, il est trop rigide [orgueilleux]. ¶ 꼭 정상까지 올라가야만 ~이냐? Faut-il monter jusqu'au sommet (pour que tu sois satisfait)? ◇_(을) 들이다 ① donner du goût à *qc*. ¶ 동치미를 시원한 곳에 두어 ~을 들이다 conserver du *dongchimi* dans un lieu frais pour lui donner du goût. ② prendre goût à *qc*, goûter à *qc*; connaître le goût de *qc*. ¶ 어린 나이에 벌써 돈에 ~(을) 들이다니 Qu'il ait déjà le goût de l'argent à son jeune âge! ¶ 투기에 한번 ~들이면 벗어날 수 없다 Une fois qu'on a goûté à la spéculation, on ne peut plus s'arrêter. ◇_(을) **보다** ① goûter *qc*; goûter à *qc*. ¶ 그는 내가 만든 요리를 ~보고 얼굴을 찌푸렸다 Il a goûté à ma cuisine, et a fait la grimace. ¶ 음식이 많이 남지 않았으니 그저 ~만 보아라 Comme il ne reste pas assez à manger, goûtez seulement un peu. ② 감정을 느끼다 sentir ((le plaisir)); ((비유적으로)) déguster {*fam*} ((des coups)). ¶ 승리의 기쁨을 ~보다 sentir le plaisir de la victoire. ¶ 절망감을 ~보다 avoir un sentiment de désespoir, sombrer dans le désespoir. ¶ 어디 이번에는 ~ 좀 보아라 J'espère que tu vas déguster [que tu vas en prendre plein la gueule {*fam*}, que tu vas le payer cher]! / Ça va être ta fête! ◇_(을) **보이다** faire goûter ((*qc* à *qn*)). ◇_(을) **붙이다** prendre le goût de *qc*/*inf*. ¶ 그는 공부에 ~을 붙였다 Il a pris le goût d'étudier. ¶ 살림살이에 ~붙이다 prendre goût à la tenue de la maison [du ménage], prendre plaisir à faire les travaux ménagers. ◇_**을 알다** savoir goûter; avoir goûté *qc*; connaître *qc*; avoir l'expérience de *qc*. ¶ 저 사람은 포도주 ~을 안다 Il connaît le goût du vin. ¶ 어린애가 벌써 돈 ~을 알면 큰일인데 Avoir déjà si jeune le goût de l'argent est grave! ◇_(이) **들다** prendre de la saveur. ¶ 김치가 이제야 ~이 들었다 Le *gimchi* a maintenant pris de la saveur. ◇_(이) **좋다** 형 être bon(*ne*), délicieu*x*(*se*), savoureu*x*(*se*), délectable, excellent(*e*), exquis(*e*), succulent(*e*). ¶ ~좋은 음식을 배불리 먹다 manger des mets délicieux [exquis, savoureux] à satiété [à sa faim]. ¶ 음식을 ~ 좋게 만들다 faire de la bonne cuisine. ¶ ~ 좋게 담배를 한 모금 빨다 fumer d'une traite une cigarette et en apprécier le goût. ◇_(이) **없다** ne pas être bon(*ne*), avoir mauvais goût, être mauvais(*e*), infect(*e*), indigeste, immangeable, dégoûtant(*e*), dégueulasse {*fam*}, peu appétissant(*e*); ((싱겁다)) n'avoir aucun goût, être fade, insipide. ¶ 물은 아무 ~도 없다 L'eau n'a aucun goût. ¶ ~없는 요리를 억지로 먹다 se forcer à manger un plat qui n'est pas bon [un plat de qualité médiocre], manger sans plaisir un plat sans saveur [mal cuisiné]. ¶ 요리를 ~없게 하다 ne pas bien faire la cuisine. ¶ 밥을 그렇게 ~ 없게 먹으면 살 빠진다 Si tu manges du riz avec si peu de plaisir, tu vas maigrir. ◇_(이) **있다** avoir bon goût; être bon(*ne*); être très bon(*ne*), savoureu*x*(*se*), délicieu*x*(*se*), exquis(*e*), excellent(*e*), délicat(*e*), succulent(*e*). ¶ ~있는 과자 d'excellents biscuits, de bons gâteaux secs [sablés]. ¶ ~있게 먹다 manger de bon appétit, manger avec appétit, se régaler; faire bonne chère.

*~**있는 음식이라도 늘 먹으면 싫다** L'accoutumance diminue le plaisir.

***뜨거운 ~을 보여 주다** le faire payer très cher à *qn*. ¶ 뜨거운 ~을 보여 주마 Je (ne) vais pas te rater / Fais ton testament! / Je vais te montrer de quel bois je me chauffe / Je vais t'apprendre à te moquer de moi / Je vais te le faire payer très cher.

◆**_나다** 형 être d'un goût exquis; être d'une saveur exquise. ¶ ~난 음식 un mets [un plat] délicieux [exquis, succulent].

◆**_난이** 명 assaisonnement *m*. ¶ 국에 ~난이를 치다 assaisonner [relever] une soupe.

◆**_대가리** 명 【속어】 goût *m*, saveur *f* ((appellation familière)). ¶ ~대가리 없는 음식 un plat infect [indigeste, immangeable, dégoûtant, dégueulasse {*fam*}].

◆**_보기** 명 goûter.

◆**끝_** 명 arrière-goût *m*; déboire *m* {*vx*} ((d'un médicament)).

◆**뒷_** 명 arrière-goût(~-~*s*) *m*. ¶ 뒷~을 남기다 laisser un arrière-goût. ¶ 뒷~이 나쁘다[개운치 않다] laisser [avoir] un arrière-goût désagréable.

◆**밥_** 명 appétit *m*. ¶ 나는 요즘 밥~이 없다 Je n'ai pas d'appétit ces jours-ci.

***밥~이다[밥~이 없다]** 【속어】 être dégoûtant(*e*), répugnant(*e*); dégoûter, écœurer. ¶ 저 녀석은 정말 밥~이다 Sa gueule ne me revient pas / Ce type [mec] a une tête qui ne me revient pas {*fam*} / Ce type me dégoûte / Je ne peux pas encaisser ce type {*fam*} / Je ne peux pas l'encadrer [le sentir, l'encaisser, le voir en peinture, le saquer] {*fam*}. ¶ 저 인간은 밥~이 없다 Ce type est dégoûtant [me dégoûte, m'écœure, me répugne] / Ce type est répugnant.

◆**손_** 명 ① ((낚시)) plaisir *m* ((lors de la pêche)). ¶ 이번 낚시에서 손~을 좀 보았다 J'ai pêché beaucoup de poissons lors de cette pêche. ② talents *mpl* culinaires. ¶ 음식의 맛은 만드는 사람의 손~이다 Le goût de la cuisine dépend des talents culinaires de la cuisinière.

◆**입_** 명 appétit *m*. ¶ 입~을 잃다 perdre l'appétit. ¶ 입~이 없다 ne pas avoir d'appétit. ¶ 입~이 당기다 avoir l'eau à la bouche, saliver. ¶ 입~이 쓰다 avoir un goût amer.

◆**첫_** 명 goût *m* initial; avant-goût *m*. ¶ 첫~은 괜찮았는데 끝~은 씁쓸했다 Au début, j'ai senti un goût très agréable, dans un deuxième temps, j'ai eu un arrière-goût très pénible.

맛² 명 【동물】 solen *m*, (manche *m* de) couteau(*x*) *m*, *Ensis directus* {*nsc*}.

◆**_살** 명 chair *f* de solen. ¶ 게~살 du surimi.

맛깔 명 goût *m* ((des aliments)).

◆**_스럽다** 형 être bon(*ne*), excellent(*e*), délicieu*x*(*se*), exquis(*e*), savoureu*x*(*se*), délectable, succulent(*e*), avoir bon goût; être appétissant(*e*), donner l'eau à la bouche. ¶ ~스러워 보이다 paraître savoureu*x*(*se*), donner l'eau à la bouche, faire saliver. ¶ ~스러운 음식 des mets [plats] délicieux [exquis].

맛사지 영{massage} 명 ☞ 마사지

맛소금 명 sel *m* assaisonné ((enrichi d'additifs chimiques)). ¶ 고기를 ~에 찍어먹다 tremper de la viande dans une petite coupelle de sel assaisonné avant de la manger, enduire d'un peu de sel assaisonné la viande avant de la manger, «tamponner» de la viande avec du sel assaisonné et la manger.

망[1] **望** 명 garde *f*, surveillance *f*. ¶ 우리는 적의 공격에 대비해 ~을 세웠다 mettre [placer, poster] une garde [un homme de faction] contre l'attaque des ennemis. ◇_(을) **보다[서다]** regarder si *qn* arrive, surveiller les alentours, faire le guet, guetter; monter la garde. ¶ 한 명이 물건을 훔치는 동안 다른 한 명은 ~을 보았다 Pendant que l'un volait, l'autre surveillait les alentours [l'autre faisait le guet, l'autre guettait]. ¶ 주인이 오는지 ~ 잘 봐 Regarde bien si le patron arrive. ¶ ~ 보는 곳[사람] poste de guetteur [de guet, de surveillant, de garde].
◆**_루** -樓 명 tour *f* de guet, poste *m* de guetteur, belvédère *m*.

망[2] **網** 명 filet *m*; réseau(*x*) *m*. ¶ ~을 치다 tendre un filet. ¶ ~에 걸리다 être pris(*e*) [se laisser prendre] au filet [au piège].
◆**방충_** 防蟲- 명 moustiquaire *f* à la fenêtre.
◆**법_** 法- 명 loi *m*. ¶ 그 사기꾼은 교묘히 법~을 빠져나갔다 Ce fraudeur a adroitement échappé à la loi.
◆**수사_** 搜査- 명 réseau(*x*) *m* d'inspection. ¶ 경찰의 3중 수사~을 뚫기란 거의 불가능하다 Il est presque impossible de tromper une triple inspection de la police. ¶ 수사~이 좁혀오자 그는 자수하기로 마음먹었다 Dès que le nombre des suspects s'est réduit [a diminué], il a décidé de se livrer à la police.
◆**어_** 漁[魚]- 명 filet *m* à poisson.
◆**연락_** 連絡- 명 réseau(*x*) *m* de communication. ¶ 비상연락~을 다시 짜야겠다 Il faut renouveler le réseau de communication d'urgence.
◆**철도_** 鐵道- 명 réseau(*x*) *m* de voies ferrées.
◆**철(조)_** 鐵(條)- 명 réseaux *mpl* de barbelés, barbelés *mpl*, clôture *f* de fil de fer barbelé. ¶ 휴전선은 철조~으로 가로막혀 있다 La ligne d'armistice est garnie [(re)couverte] de barbelés. ¶ 철~을 뚫고 가다 se frayer un passage à travers des barbelés.
◆**통신_** 通信- 명 réseau(*x*) *m* de communication.

망가뜨리다 타 casser, abîmer, briser, détériorer, endommager, briser, gâcher. ¶ 기계[시계]를 ~ casser une machine [une montre]. ¶ 계획을 ~ gâcher un projet. ¶ 그 사건은 한 사람의 인생을 망가뜨렸다 Cette affaire a brisé la vie d'un homme.

망가지다 자 tomber en panne [hors d'usage, hors service]; être gâché(*e*), abîmé(*e*), cassé(*e*), déréglé(*e*), détraqué(*e*). ¶ 망가진 시계 une montre cassée. ¶ 망가진 장난감 un jouet cassé.¶ 망가진 계획 un projet (tombé) à l'eau. ¶ 그 기계는 망가졌어 Cette machine est cassée [déréglée, détraquée, hors service, hors d'usage, en panne] ¶ 방탕한 생활로 몸과 마음이 다 망가졌다 Son corps et son 'esprit ont été abîmés par une vie débauchée.

망각 忘却 명 oubli *m*; ((버림)) abandon *m*, délaissement *m*. ¶ ~의 강 la rivière [le fleuve] de l'oubli. ¶ ~ 속에 묻히다 enterrer dans l'oubli, tomber dans l'oubli. ¶ 인간은 ~의 동물이다 L'homme est un animal de l'oubli. ◇_(을) **하다** oublier, abandonner, délaisser, négliger. ¶ 그는 자기 직분을 ~한다 Il néglige son devoir. ¶ 그런 행동은 자기 분수를 ~한 처신이다 Ce comportement vient d'un oubli du bon sens. ◇_(이) **되다** être oublié(*e*), tomber dans l'oubli.

망간 독 명 【화학】 manganèse *m*. ¶ ~ 화합물 un composé de manganèse.
◆**_건전지** -乾電池 명 pile *f* en manganèse.

망건 명 serre-tête(~~~*s*) *m* en crin. ¶ ~을 쓰다 porter un serre-tête en crin.
*~ **쓰자 파장된다** On s'est tellement préparé(*e*)s qu'on a raté une belle occasion! {*fam*}.

망고 영{mango} 명 mangue *m*.

망국 亡國 명 perte *f* de *sa* patrie; décadence *f* [ruine *f*] d'un pays, ruine *f* de la nation; nation *f* ruinée. ¶ ~의 설움[한] tristesse de la perte de *sa* patrie.
◆**_적** -的 명 nuisible aux intérêts d'un pays [d'une nation]. ¶ ~적인 지역감정 le régionalisme nuisible aux intérêts du pays.
◆**_론** -論 명 thèse *f* sur l'origine de la décadence probable du pays. ¶ 일부 계층의 과소비를 두고 ~론을 부르짖는 사람들이 있다 Certains rendent les dépenses immodérées d'une couche de la population responsables de la décadence du pays.
◆**_민** -民 명 peuple *m* dont le pays a disparu.

망그러지다 자 ☞ 망가지다

망극하다 罔極- 형 être immense, incommensurable. ¶ 성은이 망극하옵니다 La bonté de votre Majesté est incommensurable. ¶ 망극한 은혜 bienfait immense ((reçu de *ses* parents ou de *son* roi)).

망나니 명 ① 사형집행인 bourreau(*x*) *m*. ② 못된 사람 coquin(*e*), fripon(*ne*), malin(*gne*); chenapan *m* {*fam*}, polisson(*ne*), canaille *f*, canaillou *m* {*fam*}, petite crapule, petit démon *m*, petit diable *m*; vilain *m*. ¶ 그의 아들은 천하의 ~이다 Son fils est un vrai chenapan [une vraie canaille, une petite crapule, un petit démon].
◆**_짓** 명 pitreries *fpl*, bêtises *fpl*, imbécillités *fpl*, clowneries *fpl*, facéties *fpl*. ¶ 이제는 그런 ~짓 좀 그만 해라 Arrête tes pitreries [tes clowneries] / Arrête de faire le clown [le zouave, le pitre, l'imbécile, le con {*fam*}].

망년회 忘年會 명 fête *f* [fiesta *f* {*fam*}, banquet *m*, repas *m*, soirée *f*] de fin d'année (souvent bien arrosée), enterrement *m* de l'année (par un banquet).

망녕 妄靈 명 radotage *m*; sénilité *f*. ☞ 망령[2]

망대 望臺 명 tour *f* de guet. ¶ ~에 오르다 monter sur la tour de guet.

망동 妄動 명 분별없는 행동 action *f* irréfléchie. ¶

~을 삼가라 ne fais rien d'irréfléchi! ◇_(을) **하다** se comporter de manière irréfléchie.

◆**경거_** 輕擧 명 comportement *m* irréfléchi. ¶ 경거~(을) 하다 avoir un comportement irréfléchi.

망둥이 명 【동물】 gobie *m*.

*~**가 뛰니까 꼴뚜기도 뛴다** suivre bêtement [aveuglement] les autres [faire bêtement comme les autres, s'empresser de faire une chose simplement pour faire comme les autres] sans tenir compte de *sa* propre condition; avoir un comportement moutonnier, imiter les autres sans discernement.

망라 網羅 명 collection *f*, englobement *m*. ◇_(를) **하다** comprendre, inclure, englober, renfermer, contenir, réunir, rassembler, grouper, embrasser, absorber. ¶ 이 사전은 각 분야의 전문어들을 ~하고 있다 Ce dictionnaire contient des mots spécialisés de [dans] tous les domaines. ◇_(가) **되다** être inclus(*e*), être englobé(*e*), être contenu(*e*). ¶ 초청된 손님들 속에는 정계의 거물들이 ~되어 있었다 Il y avait des politiciens connus parmi les invités.

◆**총_** 總 명 ☞ 총망라

망령[1] 亡靈 명 fantôme *m*, spectre *m*, esprit *m*. ¶ 이 집에는 죽은 사람의 ~이 떠나지를 않는다 L'esprit des morts hante toujours cette maison. ¶ 제국주의의 ~이 되살아나려는 움직임을 보이고 있다 Le spectre de l'impérialisme est en train de revenir en ce moment.

망령[2] 妄靈 명 radotage *m*, sénilité *f*, décrépitude *f*. ◇_(을) **떨다[부리다]** radoter; retomber en enfance. ◇_(이) **나다[들다]** commencer à radoter, retomber en enfance, devenir sénile [gâteux]. ¶ ~ 난 노인네 말에 신경 쓰지 마라 Ne fais pas attention à ce vieux radoteur [à ce vieux gâteux, à ce vieux sénile].

◆**_되다** 형 devenir sénile [gâteux(*se*)]. ¶ 누가 그런 ~된 소리를 하는가? Qui est-ce qui radote comme ça?

◆**_끼** 명 radoterie *f*, tendance *f* à radoter [devenir gâteux(*se*), sénile]. ¶ 그의 할머니는 약간 ~끼가 있다 Sa grand-mère a tendance à radoter.

망루 望樓 명 tour *f* de guet, poste *m* de guetteur. ¶ ~에 올라가다 monter sur la tour de guet.

망막 網膜 명 【의학】 rétine *f*. ¶ 인간의 눈은 사물이 ~에 비춰짐으로써 보게 된다 L'homme peut voir grâce à la réflexion des objets sur la rétine de ses yeux.

◆**_검사** -檢査 명 【의학】 examen *m* de la rétine.

◆**_염** -炎 명 【의학】 rétinite *f*, inflammation *f* [infection *f*] de la rétine.

망망대해 茫茫大海 명 mer *f* immense; océan *m*. ¶ 작은 보트를 타고 ~에 홀로 버려지다 se retrouver seul(*e*) sur un petit bateau en plein océan. ¶ 1시간쯤 항해하자 ~가 눈앞에 펼쳐졌다 Au bout d'une heure de navigation apparut la grande mer [l'océan]. ¶ 눈앞에 펼쳐지는 사막의 광경은 정말 ~ 같았다 Le désert qui apparut devant nous était comme un véritable océan [s'étendait à perte de vue].

망망하다 茫茫- 형 être débordé(*e*).

망명 亡命 명 exil *m*. ¶ 정치적 ~ exil politique. ¶ 프랑스 대사관에 ~을 요청하다 demander l'exil politique auprès de l'ambassade de France. ¶ 외국 정치범의 ~을 받아들이다[허가하다] accepter l'exil des prisonniers politiques étrangers. ¶ ~ 길에 오르다 commencer une vie d'exil. ¶ 오랜 ~ 생활에 지치다 se lasser d'une longue vie d'exil. ◇_(을) **하다** s'exiler. ¶ 외국으로[에] ~하다 s'exiler à l'étranger.

◆**_객** -客 명 exilé(*e*).

◆**_자** -者 명 réfugié(*e*); exilé(*e*); expatrié(*e*).

◆**_정부** -政府 명 gouvernement *m* en exil.

◆**_지** -地 명 pays *m* d'exil.

망발 妄發 명 parole *f* déplacée; propos *mpl* déplacés. ¶ 점잖은 자리에서 그런 저속한 말을 하다니 그 무슨 ~인가?[그런 ~이 어디 있니?] Mais qu'est-ce que c'est que ces paroles complètement déplacées en ces lieux sereins? ◇_(을) **하다** tenir des propos déplacés.

망부석 望夫石 명 statue *f* de femme changée en pierre ((symbole de la femme fidèle - la légende veut qu'une femme se soit changée en pierre à l'endroit où elle attendait le retour de son mari)).

망사 網紗 명 filet *m*, gaze *m*. ¶ ~스타킹 des bas résille. ¶ ~ 커튼 un rideau en dentelle. ¶ 이 천은 ~로 되어 있다 Ce tissu est fait en gaze / C'est un tissu de gaze.

망상[1] 妄想 명 ① folle imagination *f*, illusion *f*, chimère *f*. ¶ 헛된 ~ une illusion déplacée. ¶ 그들은 쉽게 큰 돈을 벌겠다는 그릇된 ~에 빠져 범죄를 저질렀다 Ils ont commis ce crime dans l'illusion de gagner une grosse somme sans aucun effort. ② 【심리】 folie *f*.

◆**_가** -家 명 visionnaire, halluciné(*e*).

◆**_광** -狂 명 paranoïa *f*.

◆**_증** -症 명 【의학】 folie *f* des grandeurs; mégalomanie *f*.

◆**과대_(증)** 誇大-(症) 명 【심리】 paranoïa *f*; folie *f* des grandeurs, mégalomanie *f*.

◆**피해_(증)** 被害-(症) 명 【심리】 délire *m* de la persécution, paranoïa *f*.

망상[2] 網狀 명 rétine *f*.

◆**_조직** -組織 명 【생물】 structure *f* de la rétine. ¶ 사고로 인해 그는 눈의 ~조직이 손상됐다 Suite à un accident, il a des problèmes de rétine.

망설이다 자타 hésiter, tergiverser, balancer; être hésitant(*e*), indécis(*e*). ¶ 대답을 ~ hésiter sur la réponse; hésiter entre deux réponses; hésiter à répondre. ¶ 둘 중에 어느 것을 선택할지 ~ hésiter entre deux choses. ¶ 망설이지 말고 결정하세요 N'hésitez pas, décidez-vous. ¶ 망설일 것 없이 내 말대로 해 Au lieu d'hésiter, fais comme je t'ai dit. ¶ 갈까 말까 망설이다가 결국은 그만두었다 Après avoir longuement hésité, il a finalement renoncé à y aller.

망신 亡身 명 honte *f*, déshonneur *m*, humiliation *f*; infamie *f*, opprobre *m*. ¶ 아이들 보는 데서 뺨을 맞았으니 세상에 그런 ~이 또 어디 있겠어요? Mais quelle honte de recevoir des gifles devant les enfants! ◇_(을) **주다[시키다]** humilier *qn*, déshonorer *qn*, faire honte à *qn*. ¶ 추문을 일으켜 집안 ~을 시키다 humilier *sa* famille par *ses* scandales. ¶ 그 사람은 친구들 앞에서 나에게 ~을 주었다 Il m'a humilié devant ses amis. ¶ 그 사람은 지난 일들을 들추어 가족들 앞에서 나를 ~시켰다 Il m'a humilié devant la famille en dévoilant le passé. ◇_(을) **당하다** être humilié(*e*), se voir humilié(*e*), perdre la face. ¶ 여러 사람이 있는 데서 ~을 당하다 se faire humilier en public. ◇_**이다** Être humiliant; être une honte; être [faire] la honte ((de *sa* famille)). ¶ 외교관의 그런 행동은 나라 ~이다 Le comportement de ce diplomate est une honte pour son pays.

◆_**스럽다** 형 être honteu*x*(*se*), humiliant(*e*), déshonorant(*e*). ¶~스러운 꼴을 당하다 se faire humilier. ¶ 젊은이에게 훈계를 듣는 것이 그는 너무나 ~스러웠다[여간 ~스럽지 않았다] C'était très humiliant de se faire donner des leçons par un jeune devant tout le monde. ¶ 그 친구는 아버지가 늘그막에 재혼하는 것을 ~스럽게 생각했다[여겼다] Le mariage de son vieux père était une honte pour lui / Il avait honte que son vieux père se remarie. ¶ ~스럽게도 길에서 스타킹이 나갔다 C'était honteux d'avoir un bas troué en pleine rue.

◆_**거리** 명 chose *f* humiliante; de quoi être humilié(*e*); une honte *f*, la honte *f* ((de *sa* famille)). ¶ ~거리가 되지 않도록 조심해라 Ne te rends pas ridicule.

◆_**살** 명 situation *f* humiliante. ¶ ~살이 뻗치다 être continuellement humilié(*e*), être couvert(*e*) de honte.

망아지 명 【동물】 ((총칭)) poulain *m*.

◆**암_** 명 pouliche *f*.

망언 妄言 명 parole *f* absurde; sottise *f*; parole *f* vaine [inutile]; injure *f* involontaire, propos *mpl* insensés [injurieux, inconvenables, déplacés]; paroles *fpl* déplacées. ¶ 일본 총리의 잇단 ~으로 한일관계가 급속히 악화되었다 Les relations coréano-japonaises se sont sérieusement refroidies à cause des continuels propos injurieux de la part du Premier ministre japonais. ◇_(을) **하다** lancer des paroles absurdes; dire des sottises, raconter des âneries; tenir des propos insensés [inconvenables, déplacés, injurieux].

망연자실 茫然自失 명 stupéfaction *f*; distraction *f*.

망연자실하다 茫然自失- 자 être profondément déçu(*e*) [abattu(*e*)], être dans un état d'abattement profond; ((넋이 나가다)) être assommé(*e*), sidéré(*e*), stupéfait, frappé de stupeur, ne pas en revenir, être dans une grande perplexité; trouver ((un événement)) énorme; être stupéfait(*e*), ahuri(*e*), abasourdi(*e*), tomber des nues; être frappé(*e*) [rester muet(*te*)] de stupeur; prendre un air [avoir l'air] stupéfait [ahuri, hébété]. ¶ ~한 표정 l'air stupéfait [ahuri, hébété]. ¶ 그 여자는 그 놀라운 사실에 ~할 뿐이었다 Elle est restée simplement sidérée par ce fait étonnant. ¶ 막판에 역전패를 당하자 선수들은 모두 ~해 했다 Après avoir subi un échec à cause d'un revirement de dernière minute, tous les joueurs étaient profondément déçus [abattus] [tous les joueurs ne comprenaient pas ce qui leur arrivait].

망연하다 茫然- 형 être immense, vaste; être sans bornes [limite]; être illimité(*e*), infini(*e*); être distrait(*e*), étourdi(*e*); être rêveu*r*(*se*), inattenti*f*(*ve*); être dans la lune [dans les nuages]. ¶ 망연한 표정을 짓다 prendre une expression rêveuse. ¶ 무슨 말을 해야 할 지 망연했다 J'ai été étourdi(*e*) sans savoir quoi dire.

◆**망연히** 부 d'un air absent; avec un regard vide; d'un air stupéfait. ¶ 망연히 허공을 바라보다 regarder le vide d'un air absent.

망울 명 ① 덩어리 bloc *m*, masse *f*. ② ((꽃 따위의)) bouton *m* (de fleur); bourgeon *m*. ¶ ~이 맺히다 porter des boutons. ③ 【의학】 ganglion *m* lymphatique, ((피)) caillot *m*, thrombose *f*. ¶ 그 여자는 뇌에 ~이 서서 진찰을 받았다 Elle a bénéficié d'un bilan médical parce qu'elle avait présenté une trombose cérébrale [un accident vasculaire cérébral] ☞ 멍울 ◇_(이) **지다** ① se former des grumeaux ② bourgeonner. ¶ 꽃나무에 ~이 졌다 Il y a des boutons de fleurs sur cet arbre.

◆**꽃_** 명 boutons *mpl* de fleurs. ¶ 봄이 오자 진달래가 꽃~을 터뜨렸다 avec le printemps les azalées ont laissé éclater leur boutons.

◆**눈_** 명 yeux *mpl*. ¶ 아이들의 맑은 눈~ les yeux pétillants [étincelants, brillants, scintillants] des enfants; les yeux clairs et limpides des enfants.

망원경 望遠鏡 명 jumelles *fpl*.

◆_**렌즈** 명 téléobjectif *m*.

망월[1] 望月 명 pleine lune *f*.

망월[2] 望月 명 observation *f* de la lune.

◆_**대 -臺** 명 observatoire *m* pour regarder la lune. ¶ ~대에서 달구경을 하다 contempler la lune depuis l'observatoire prévu à cet effet [construit dans ce but].

망인 亡人 명 mort(*e*), disparu(*e*), défunt(*e*), personne *f* décédée.

망자 亡者 명 mort(*e*), défunt(*e*); disparu(*e*). ¶ ~의 넋을 달래기 위한 의식 rituel pour soulager l'âme des morts. ¶ ~의 유언을 따르다 respecter le testament du disparu. ¶ ~여 편히 쉬소서 Che*r*(Chè*re*) disparu(e), reposez en paix.

망정 의명 ((nom dépendant qui s'emploie après les suffixes flexionnels conjonctifs –기에, -니 ou après le suffixe flexionnel déterminatif du futur -ㄹ/-을》 ① heureusement que. ¶ 마침 내가 남아 있었기에 ~이지 그렇지 않았으면 연락을 못 받을 뻔했다 Heureusement que je suis resté(*e*), sinon on n'aurait pas pu nous joindre. ¶ 얼른 차를 피했으니 ~이지 크게 다칠 뻔했다 Heureusement que tu as rapidement évité la voiture, sinon tu aurais pu être grièvement blessé(*e*). ② même si. ¶ 내가 손해를 볼 ~, 그 사람의 요구를 들어줄 수는 없다 Même si j'y perds [Même si je subis des pertes dans cette affaire, Même si je suis perdant(*e*) dans cette affaire], je ne peux pas accepter ce qu'il demande [sa demande].

망조 亡兆 명 signe *m* de décadence; symptôme *m* de déclin; présage *m* d'une catastrophe [d'une crise], mauvais augure *m*. ¶ 국민 간의 증오와 투쟁은 ~의 시작이다 Les conflits et la haine entre les citoyens marquent le début de notre déclin. ¶ 자식들이 하는 짓을 보니 그 집안도 ~가 들었다 Quand je vois ce que font les enfants, (je me dis que) cela ne présage rien de bon pour cette famille.

망종¹ 亡種 명 canaille *f*, scélérat(*e*), ordure *f*, sale type *m*, type *m* immonde, infâme saligaud(*e*), type *m* odieux, engeance *f*, mauvais sujet *m*, le dernier des derniers, rebut *m* du genre humain, un moins que rien. ¶ 우리 집안에서 어떻게 저런 ~이 났을까? D'où sort un gosse pareil dans notre famille? {*fam*} ☞말종.

망종² 芒種 명 ① céréale *f*. ② Mangjong <"Les épis ont des barbes"; une des 24 divisions du calendrier luni-solaire, vers le 5 juin>.

망주석 望柱石 명 colonne *f* tombale, épitaphe *f*. ¶ 우리는 아직 부모님 무덤에 ~을 세우지 못했다 Nous n'avons pas encore pu placer d'épitaphe sur la tombe de nos parents.

망중한 忙中閑 명 trêve *f*, temps *m* de repos au milieu du travail; moment *m* de repos [de calme] au milieu d'un affairement [d'occupations pressantes]. ¶ 우리는 지금 ~을 즐기는 중이다 Nous jouissons d'un petit repos au milieu du travail. ¶ 그 작가는 ~을 틈타 글을 썼다 Il a écrit durant ses heures de repos au travail.

망초 莽草 명 mauvaise herbe *f*, chiendent *m*. ¶ ~만 푸르렀다 Il n'y a que des mauvaises herbes.

망측하다 罔測- 형 être déraisonnable, absurde, extravagant(*e*), insensé(*e*). ¶ 망측한 행동 un comportement insensé. ¶ 별 망측한 말을 다 듣겠네 Mais quelles paroles de fou! / J'aurais tout entendu! ¶ 아이고, 망측해라! Oh là là! c'est complètement insensé! / Oh là là! Ça ne tient vraiment pas debout [ça n'a vraiment pas de sens! / c'est vraiment (du) n'importe quoi!].

망치 명 marteau(*x*) *m*; maillet *m*, mailloche *f*; mail *m* {*vx*}. ¶ 나무[쇠] ~ marteau en bois [en fer]. ¶ 돌 깨는 ~ marteau à rocher. ¶ ~로 두드리다 frapper *qc* à coups de marteau; marteler *qc*. ¶ ~로 못을 박다 enfoncer un clou à coups de marteau.

◆_질 명 martelage *m*. ¶ ~질(을) 하다 marteler.

망치다 타 gâcher, gâter, abîmer, ruiner. ¶ 계획을 ~ faire échouer un projet. ¶ 시험을 ~ rater un examen. ¶ 장래를 ~ gâcher l'avenir. ¶ 도박으로 집안을 ~ ruiner *sa* famille par le jeu [en jouant]. ¶ 불규칙한 생활로 건강을 ~ se ruiner la santé à cause d'une vie irrégulière [d'une vie dissipée, d'une vie dissolue, d'une vie déréglée, d'une vie de patachon {*fam*}, d'une vie de bâton de chaise]. ¶ 네가 일을 다 망쳐 놓았다 Tu as gâché tout ce travail. ¶ 우박 때문에 포도 농사를 망쳤다 Les vignobles ont beaucoup souffert de la grêle / À cause de la grêle, la culture du raisin a été gâchée [ruinée].

망태 명 ☞ 망태기

망태기 網- 명 (sac *m* en) filet *m*; filet *m* à mailles. ¶ 꼴을 베어 ~에 담다 faucher l'herbe [du foin] [couper l'herbe, les foins] puis la(les) mettre dans un filet à mailles.

망토 프{manteau} 명 manteau(*x*) *m*. ¶ ~를 걸치다[두르다] mettre [enfiler] un manteau. ¶ 그 사람은 ~가 휘날리게 달렸다 Il a couru le manteau dans le vent.

망하다 亡- 자 se ruiner, se détruire, s'anéantir. ¶ 나라[집안, 회사]가 망했다 Le pays [La famille, La société] s'est ruiné(*e*). ¶ 그 사람은 술로 망했다 Il s'est détruit par l'alcool / Il a ruiné sa santé à cause de l'alcool. ¶ 이제 우린 망했다 À présent, nous sommes ruinés. ¶ 망할 놈의 자식 Sale type! / Sale escroc! / Espèce d'ordure! / Fumier! {*fam*} / Enflure! {*fam*}. ¶ 하필 이럴 때 고장이 나다니, 망할 놈의 차 같으니 Tomber en panne juste à ce moment-là, saloperie {*fam*} de [putain de {*fam*}] voiture [sale caisse {*fam*}, sale chiotte {*vulg*}]! ¶ 이 망할 놈의 컴퓨터가 왜 이리 말을 안 듣지? Cette saloperie [Ce putain] d'ordinateur {*vulg*} [Cette foutue [satanée] bécane {*fam*}], pourquoi il [elle] s'entête à ne pas fonctionner [ne veut pas marcher]?

망향 望鄕 명 nostalgie *f* du pays, dépaysement *m*. ¶ ~의 정을 달래다 soulager la nostalgie du pays, apaiser son mal du pays.

◆_가[곡] -歌[曲] 명 chanson *f* nostalgique.

맞- 접두 ① 마주 face *f*. ¶ ~바람 contrevent [vent de face]. ¶ 누구와 얼굴을 ~대다 faire face avec *qn*. ¶ 누구와 손을 ~잡다 se donner la main. ② 엇비슷함 comparable. ¶ ~먹다 ne pas tenir compte ((de l'âge d'un aîné)); ne pas respecter ((un aîné)). ¶ ~바둑 duel au (jeu de) go. ¶ 저 선수는 나와 ~상대가 되지 못한다 Ce joueur n'est pas de mon niveau [ne fait pas le poids, n'est pas de taille (à se mesurer avec moi)].

맞걸다 타 ① 마주 걸다 accrocher [pendre] *qc* en face de *qc*. ¶ 줄을 맞걸어 매다 attacher une corde par ses deux extrémités. ② (노름에서) 서로 돈을 걸다 miser [parier] (la même somme). ¶ 서로가 가진 것을 모두 맞걸었다 Ils ont misé tout ce qu'ils possédaient.

맞고소 -告訴 명 accusation *f* mutuelle. ◇_(를) **하다** s'entre-accuser, s'accuser mutuellement. ¶ 사기로 고소당하자 명예훼손으로 ~했다 Dès qu'il fut accusé de truandage, il porta plainte pour atteinte à son honneur.

맞다[1] 자 ((형용사적으로)) ① 옳다 être correct(*e*), juste. ¶ 내 시계가 ~ Ma montre est à l'heure. ¶ 계산이 ~ Le compte est exact. ¶ 네 말이 ~ Tu as raison. ¶ 답이 ~ La réponse est correcte. ② 적합, 조화되다 correspondre, s'harmoniser, s'accorder, s'adapter à, convenir, s'entendre, plaire. ¶ 이 융단은 벽지와 잘 맞는다 Ce tapis s'harmonise bien avec le papier peint. ¶ 이곳의 기후는 나에게 맞지 않는다 Le climat d'ici ne me convient pas. ¶ 규칙에 ~ être conforme à la règle. ¶ 이 블라우스는 이 스커트와 맞지 않는다 Ce chemisier ne va pas avec cette jupe. ¶ 너에게는 화려한 디자인의 옷이 잘 맞는다 Cette robe au design très moderne te va très bien [te sied à merveille]. ¶ 그 두 사람은 서로 잘 맞지 않는다 Ces deux personnes ne s'entendent pas bien / Ces deux personnes ne sont pas faites pour s'entendre. ¶ 그 친구는 나와 마음이 잘 맞는 친구이다 Lui et moi, nous nous entendons bien [nous sommes faits pour nous entendre]. ③ 취미, 음식 convenir à, plaire à. ¶ 그 사람의 취미에 맞는 책 un livre qui est à son goût. ¶ 내 구미에 맞는다 Cela convient à mes goûts. ¶ 음식이 입에 맞으세요? La nourriture vous convient-elle? ¶ 간이 맞는 음식 un plat bien assaisonné, un plat assaisonné comme il faut. ¶ 이 중에서 마음에 맞는 것으로 골라라 Parmi ceux-ci, choisis-en un qui te plaît. ④ 일치, 합치하다 correspondre, convenir, s'ajuster, converger. ¶ 뚜껑이 그릇에 딱 맞는다 Le couvercle s'ajuste exactement au récipient. ¶ 이 옷은 내 몸에 잘 맞는다 Ce costume est exactement à ma taille [me va bien, me va parfaitement, me va comme un gant]. ¶ 이 구두는 내 발에 잘 맞는다 Ces chaussures s'ajustent bien à mes pieds / Ces chaussures me vont bien. ¶ 그들은 항상 의견이 맞지 않아 싸운다 Ils se disputent parce que leurs opinions divergent toujours. ¶ 그 사람은 말과 행동이 맞지 않는다 Ses actes et ses paroles ne concordent pas / Ses actes ne s'accordent pas à [ne coïncident pas avec] ses paroles / Ses actes ne sont pas en conformité avec ses paroles / Il ne fait pas ce qu'il dit. ¶ 이론과 실제가 맞지 않는다 La théorie ne s'accorde [ne cadre] pas avec les faits / La théorie ne correspond pas aux faits. ⑤ 적중하다 atteindre la cible. ¶ 화살이 과녁에 맞았다 La flèche a atteint la cible. ¶ 그 사람의 예상이 맞았다 Ses prévisions se sont avérées justes [se sont réalisées]. ⑥ ((복권)) gagner ((à la loterie)). ¶ 복권이 맞았다 avoir une loterie gagnante, gagner à la loterie.

***눈(이)** ~ s'attirer l'un l'autre (par un sentiment amoureux); tomber amoureux(*se*), s'éprendre l'un pour l'autre, s'amouracher {*fam*}, s'enticher {*fam*}, se toquer {*fam*}. ¶ 그들 둘은 눈이 맞아 달아났다 S'étant attirés l'un l'autre (par un sentiment amoureux), ils ont pris la fuite ensemble.

***수지(가)** ~ rapporter [payer; tirer] une bonne carte, avoir *son* jour de chance. ¶ 오늘 수지 맞았군! Aujourd'hui, tu as tiré un bonne carte / Aujourd'hui, c'est ton jour de chance.

맞다[2] 타 ① ((사람을)) accueillir, recevoir. ¶ 누구를 맞으러 비행장에 가다 aller à la rencontre de *qn* à l'aéroport. ¶ 그 사람의 가족들은 나를 반갑게 맞아 주었다 Sa famille m'a accueilli(*e*) chaleureusement. ¶ 새 식구를 ~ accueillir un nouveau membre dans la famille. ¶ 누구를 맞아 싸우다 se livrer à un combat contre *qn*. ¶ 우리 부서는 금년 인사이동으로 새로운 팀장을 맞게 되었다 Notre service s'attend à accueillir un nouveau chef après les mouvements du personnel de cette année. ¶ 그 남자는 천사 같은 아가씨를 아내로 맞았다 Il a pris pour épouse une demoiselle sage comme un ange. ② ((날, 계절 따위를)) passer. ¶ 파리에서 새해를 ~ passer le jour de l'an à Paris. ¶ 그 부부는 결혼 10주년을 맞아 여행을 떠났습니다 À l'occasion du 10ème anniversaire de leur mariage, ce couple est parti en voyage. ¶ 사건은 중대한 고비를 맞았다 L'affaire est entrée dans une phase importante. ③ ((비, 바람 따위를)) être exposé(*e*) ((à la pluie)), être sous ((la pluie)). ¶ 비를 ~ être mouillé [trempé(*e*), saucé(*e*) {*fam*}] par la pluie {*fam*}, se faire mouiller [tremper, saucer {*fam*}] par la pluie; être exposé(*e*) à la pluie; être sous la pluie. ¶ 벼락을 ~ être foudroyé(*e*); être frappé(*e*) par la foudre. ¶ 눈을 ~ être sous la neige. ④ ((매 따위를)) recevoir ((des coups de martinet, une gifle)), être frappé(*e*) de. ¶ 뺨을 ~ recevoir une gifle, être giflé(*e*). ¶ 회초리로 종아리를 ~ être frappé(*e*) aux mollets avec un fouet. ¶ 머리를 ~ se faire toucher [être touché(*e*)] à la tête. ¶ 그 남자는 돌에 머리를 맞았다 Il a reçu un coup de pierre à la tête. ¶ 매를 ~ recevoir un coup de baguette [de fouet], être fouetté(*e*), battu(*e*). ¶ 회초리 20대를 ~ recevoir 20 coups de fouet. ¶ 총을 ~ recevoir une balle, être touché(*e*) par une balle. ⑤ ((사건, 행위 따위를)) subir. ¶ 대대로 전해져 온 가보가 도둑을 맞았다 Le trésor familial transmis de génération en génération a été volé. ¶ 이 물건은 손님들에게 퇴짜를 맞았다 Cette marchandise a été refusée par les clients. ¶ 야단을 ~ se faire gronder, se faire sermonner, se faire réprimander [enguirlander {*fam*}, engueuler {*fam*}], se faire attraper {*fam*}, être réprimandé(*e*) [admonesté(*e*), tancé(*e*), sermonné(*e*)]. ⑥ ((주사 따위를)) se faire+*inf.* ¶ 주사를 ~ se faire faire une piqûre, se faire injecter ((un sérum, un médicament, un vaccin)). ¶ 침을 ~ se faire piquer avec des aiguilles d'acupuncture. ⑦ ((점수를)) obtenir, avoir ((une note)). ¶ 불어 시험

ㅁ

에서 구십 점을 맞았다 J'ai obtenu 90 sur 100 à l'examen de français. ¶ 만점을 ~ obtenir la note maximale; ((한국)) obtenir [avoir] 100 sur 100; ((프랑스)) obtenir [avoir] un 20 sur 20. ¶ 높은[좋은] 점수를 ~ obtenir une note élevée, obtenir [avoir] une bonne note. ¶ 낮은[나쁜] 점수를 ~ obtenir une mauvaise note, obtenir [avoir] une note médiocre. ⑧ ((도장 따위를)) faire apposer ((un sceau)). ¶ 검인을 ~ faire apposer un tampon de contrôle. ¶ 서류에 부모님 도장을 맞아 오너라 Faites apposer le sceau de vos parents sur le document.

*딱지(를) ~ se faire éconduire, être repoussé(*e*) [rejeté(*e*)] ((par les femmes)). ¶ 그 남자는 번번이 여자들에게 딱지를 맞는다 À chaque fois, il se fait éconduire [il est repoussé, il est rejeté] par les femmes.

*바람(을) ~ aller à un rendez-vous non tenu, se faire poser un lapin {*fam*}. ¶ 그 남자는 어제 그 여자에게 바람을 맞았다 Hier, il est allé à un rendez-vous où elle n'est pas venue / Hier, il s'est fait poser un lapin {*fam*} / Hier, elle lui a fait faux bond [elle lui a posé un lapin {*fam*}].

맞닥뜨리다 자 se (re)trouver face à face [nez à nez] avec *qn*; se heurter, s'entrechoquer; rencontrer par hasard, tomber sur *qn*; arriver en même temps. ¶ 어려운 문제에 ~ se heurter à un problème difficile. ¶ 혼자서 숲 속을 헤매다가 맹수와 맞닥뜨렸다 En errant dans la montagne [Alors qu'il errait dans la montagne], il s'est retrouvé face à face avec un fauve.

맞담배 명 fait de fumer des cigarettes face à face [ensemble]. ¶ 어른과 ~를 피우다니 버릇없는 사람이군 C'est un mal élevé, il fume en présence de son supérieur.

◆_질 명 fait de fumer des cigarettes face à face avec *qn*.

맞당기다 타 tirer chacun vers *soi* [de *son* côté]. ¶ 신호가 울리자 양 팀은 힘차게 줄을 맞당기기 시작했다 Aussitôt que le signal retentit, les deux équipes se mirent à tirer énergiquement la corde chacune de leur côté.

맞닿다 자 se toucher, se trouver [être] collé(*e*)s l'un(*e*) à l'autre; être contigu(*ë*), accolé(*e*), attenant(*e*), mitoyen(*ne*), avoisinant(*e*), voisin(*e*); être limitrophe. ¶ 하늘과 바다가 수평선에서 맞닿아 있다 Le ciel et la mer se rejoignent à l'horizon. ¶ 그 두 나라는 (국경이) 서로 맞닿아 있다 Ces deux pays ont une frontière commune / Ces deux pays sont limitrophes.

맞대결 -對決 명 맞서 대결함 affrontement face-à-face. ◇_(을) **하다[벌이다]** s'affronter, se mesurer (dans un face-à-face) l'un(*e*) à l'autre.

맞대꾸 명 riposte *f*, réplique *f*.

맞대다 타 ① 가깝게 마주 대하다 mettre vis-à-vis, joindre, se trouver vis-à-vis, se trouver en face l'un de l'autre, faire face l'un à l'autre. ¶ 등을 맞대고 서다 se tenir [être] dos à dos. ¶ 이마를 맞대고 해결책을 강구하다 se mettre autour d'une table pour régler un problème. ¶ 그 남자와 나는 한 집에서 얼굴을 맞대고 산다 Lui et moi vivons dans un immeuble où nous nous croisons sans cesse. ② 마주 견주다 comparer deux choses en les mettant l'une contre l'autre. ¶ 친구와 키를 맞대어 보다 comparer *sa* taille avec celle d'un ami en se mettant l'un contre l'autre [en se mettant dos à dos]. ¶ 맞대 놓고 망신을 주다 humilier *qn* ouvertement.

맞대답 -對答 명 riposte *f*.

맞대들다 자 s'affronter, se tenir tête; s'accrocher pour une querelle.

맞대면 -對面 명 face à face *m*.

맞대응 -對應 명 réaction *f*. ¶ ~을 자제하다 se retenir, se contrôler; rester maître de *soi*, se maîtriser, se dominer.

맞대이다 자 se rejoindre.

맞대하다 타 faire face à, s'opposer à, affronter.

맞돈 명 argent *m* comptant.

맞두다 타 s'affronter ((aux échecs, au jeu de go)), faire une partie ((d'échecs, de go)). ¶ 누구와 장기를 [바둑을] ~ s'affronter aux échecs orientaux [au jeu de go].

맞들다 타 ① soulever *qc* à deux ((face à face)). ¶ 책상을 ~ soulever ensemble [à deux] une table. ② ((카드나 화투에서)) avoir les cartes de la même série. ¶ 너와 내가 패를 맞들었나보다 Il semble que toi et moi avons les cartes de la même série.

*백짓장도 맞들면 낫다 Même pour un travail facile, on est meilleur [plus efficace] à plusieurs que tout seul / Une aide même modeste est toujours utile / C'est toujours mieux d'être à deux / À deux, on est toujours plus fort que seul / L'union fait la force.

맞뚫다 타 creuser de part et d'autre. ¶ 터널을 ~ creuser un tunnel des deux côtés ((de la montagne)) [en partant des deux extrémités].

맞먹다 자 ① correspondre, équivaloir à, coïncider, concorder; être égal(*ales*, *aux*), comparable, semblable, équivalent(*e*) à. ¶ 그 때 돈으로 10만원이면 지금의 100만원과 맞먹는다 100 000 wons de l'époque correspondent à un million de wons aujourd'hui. ¶ 옷 한 벌 값이 내 월급에 맞먹는다 Le prix d'un complet correspond [équivaut] à un mois de mon salaire. ② (essayer de) rivaliser. ¶ 나이도 어린 녀석이 어른과 맞먹으려 한다 Un type jeune [Un jeune blanc bec {*fam*}] comme toi qui essaie de rivaliser avec un adulte!

맞물다 자타 ① 마주 물다 se mordre; s'emboîter. ¶ 어금니를 꽉 ~ serrer fortement les mâchoires, serrer fortement les dents; ((다짐)) manifester une ferme volonté de s'opposer à [de contrer] *qn*/*qc*. ¶ 개들은 고깃덩이를 맞문 채 놓지 않았다 Les chiens refusaient de lâcher le petit morceau de viande qu'ils serraient entre leurs dents. ② s'engrener,

engrener; s'enclencher, enclencher. ¶ 두 기어가 맞물고 있다 Les deux roues dentées sont engrenées [sont en prise].

맞물리다 자 s'engrener, engrener, s'enclencher, enclencher, s'entremêler. ¶ 톱니바퀴 두 개가 맞물려 있다 Deux roues dentées sont engrenées [sont en prise]. ¶ 두 사건이 서로 맞물렸다 Deux affaires se sont entremêlées.

맞바꾸다 타 échanger [troquer] *qc* contre *qc*; permuter. ¶ 곡식을 고기와 ~ échanger des céréales contre de la viande. ¶ 명예를 목숨과 ~ perdre l'honneur pour sauver *sa* vie, se déshonorer pour survivre, survivre au mépris de la gloire [dans le déshonneur], sacrifier *son* honneur pour sauver *sa* vie.

맞바둑 명 duel *m* au (jeu de) go. ¶ ~을 두다 faire un duel au (jeu de) go.

맞바라보다 재타 ① 마주 보다 se regarder l'un l'autre; se regarder en face. ¶ 나는 차마 그 사람을 맞바라볼 수 없었다 Je n'ai pas pu le regarder en face. ¶ 그 두 사람은 서로의 얼굴을 맞바라보고 있었다 Ces deux personnes se regardaient mutuellement [dans les yeux]. ② 마주 향해 있다 être face à face. ¶ 그 건물은 우체국을 맞바라보고 있다 Ce bâtiment est en face du bureau de poste. ¶ 서로 맞바라보고 있는 두 집 deux maisons qui se regardent, deux maisons face à face [en face l'une de l'autre, en vis-à-vis].

맞바람 명 ① contrevent *m*; vent *m* contraire; ((해양)) vent *m* debout. ¶ 선수들이 ~을 받고 달려서 기록이 저조할 것 같다 Ils auront un score peu élevé parce qu'ils ont couru avec un vent de face. ¶ 요트가 ~을 헤치고 나아갔다 Le yacht a progressé contre [malgré] un vent de face. ② débauche *f*, libertinage *m* (par vengeance). ¶ 그 여자는 남편의 외도에 화가 나서 어리석게도 ~을 피웠다 Fâchée du libertinage de son mari, elle s'est mise à flirter elle aussi avec d'autres hommes [à tromper son mari].

맞받다 타 ① 정면으로 부딪치다 se heurter à [contre], se cogner à [contre], heurter *qc* de front, recevoir de front, accrocher ((un arbre)). ¶ 그 차는 빗길에 미끄러져 마주 오는 차를 맞받았다 La voiture, glissant sur la route mouillée la pluie, a heurté de front [de plein fouet] une autre voiture qui arrivait en sens opposé. ② 대응하다 répliquer, rétorquer, riposter, répondre. ¶ 그 남자는 우리의 장난어린 질문을 진지한 대답으로 맞받았다 À nos questions espiègles, il a répliqué par des réponses sérieuses. ¶ 앞 사람의 노래를 맞받아 부르다 chanter une chanson en faisant écho à celle de la personne précédente.

맞받아치다 타 renvoyer; rétorquer, répliquer. ¶ 상대방의 공을 ~ renvoyer la balle de l'adversaire. ¶ 누구의 말을 ~ répliquer à la parole de *qn*, rétorquer à *qn*. ¶ 그 남자는 사람들의 농담을 재치있게 맞받아쳤다 Il a rétorqué à nos plaisanteries avec humour et talent.

맞버티다 자 se tenir debout face à *qn*; affronter *qn*.

맞벌이 명 ((ménage à)) double salaire *m*, double revenu *m*. ¶ ~ 부부 ménage où le mari [l'homme] et la femme travaillent (tous les deux); ménage à double revenu. ¶ ~ 주부 une femme mariée qui a un métier [qui travaille]. ◇_(를) **하다** ((le mari et la femme)) travailler tous les deux. ¶ 부모가 ~ 하는 집의 아이 un enfant dont les parents travaillent tous les deux.

맞보다 재타 regarder en face; se trouver face à face avec *qn/qc*. ¶ 누구를 맞보고 앉다 s'asseoir en face de *qn*, s'asseoir face à *qn*. ¶ 누구의 눈을 ~ regarder *qn* dans les yeux. ¶ 그 사람들은 서로를 맞보고 섰다 Ils se mirent debout l'un en face de l'autre.

맞보증 **-保證** 명 garantie *f* mutuelle. ¶ 서로 ~을 서다 garantir mutuellement.

맞부딪다 재타 ① 마주 닿다 se heurter; entrer en collision; se tamponner; faire entrer brutalement ((deux choses)) en contact; heurter. ¶ 누구와 어깨를 ~ heurter l'épaule de *qn*. ② 대립하여 맞서다 s'opposer; tenir tête à *qn*; ne pas céder à *qn*; résister, s'entêter; rivaliser avec *qn*; ((opinion)) être opposé(*e*); être en opposition. ¶ 사소한 문제로 친구와 ~ s'opposer à un ami pour un détail, tenir tête à un ami pour un rien.

맞부딪치다 재타 ① 충돌하다 se heurter l'un à l'autre, heurter, butter, cogner, s'entrechoquer. ¶ 머리를 벽에 맞부딪치다 se cogner la tête contre un mur. ¶ 두 손을 맞부딪쳐 소리를 내다 faire du bruit en frappant les deux mains l'une contre l'autre [en applaudissant]. ② 우연히 만나다 rencontrer *qn* sans le vouloir, se (re)trouver en face de *qn* [face à face avec *qn*, nez à nez avec *qn* {*fam*}], tomber sur *qn*, croiser *qn*. ¶ 나는 그 사람을 계속 피해 다녔는데 우연히 길에서 맞부딪쳤다 Je l'évitais, mais par hasard, je me suis retrouvé(*e*) face à lui [nez à nez avec lui].

맞불 명 contre-feu(~-~x) *m*. ¶ ~ 작전 tactique [stratégie] du contre-feu. ¶ ~을 놓다[지르다] allumer un contre-feu.

◆_**질** 명 action *f* d'allumer un contre-feu.

맞붙다 자 ① 인접해 있다 se trouver [être] collé(*e*)s l'un(*e*) à l'autre, être côte à côte, se toucher, être contigu(*ë*), accolé(*e*), attenant(*e*), mitoyen(*ne*), avoisinant(*e*), voisin(*e*); être limitrophe. ¶ 그 사람의 집은 우리 집과 맞붙어 있다 Sa maison et la nôtre se touchent [sont mitoyennes, sont contiguës]. ② 싸우다 s'affronter, se défier, s'accrocher, s'agripper, s'empoigner, se coller, se cramponner. ¶ 맞붙어 싸우다 se battre en s'agrippant l'un à l'autre; lutter. ¶ 곰과 호랑이가 맞붙으면 어느 쪽이 이길까? De ces deux monstres [De ces deux géants, De ces deux grandes puissances], lequel [laquelle] triomphera? ③ 함께

하다 se trouver ensemble, être ensemble. ¶ 그들은 항상 맞붙어 다닌다 Ils se promènent toujours ensemble / Ils sont toujours ensemble / Ils sont inséparables.

맞붙들다 타 s'agripper l'un à l'autre, se soutenir l'un l'autre.

맞붙이다 타 se coller l'un contre l'autre, joindre, annexer *qc* à *qc*, apposer *qc* sur *qc*; coller, fixer ((deux feuilles de papier ensemble)).

맞붙잡다 타 s'agripper l'un à l'autre.

맞비기다 타 faire (un) match nul, être à égalité.

맞비비다 타 se frotter. ¶ 양손을 ~ se frotter les mains. ¶ 두 손바닥을 ~ se frotter les paumes des mains.

맞상대 -相對 명 riv*al*(*ales*, *aux*). ◇_(를) **하다** être riv*al*(*ales*, *aux*); être confronté(*e*). ¶ 나는 그 녀석과 ~하고 싶지 않다 Je ne veux pas être son(*sa*) rival(*e*) / Je ne veux pas être confronté(*e*) à lui.

맞서다 자 ① 마주 서다 se tenir face à face. ¶ 서로를 노려보며 맞서 있는 모습이 금방 싸울 것 같다 Comme ils se font face intensément, il semble qu'ils sont prêts à se battre. ② 대립하다 faire face [front] à, se trouver vis-à-vis de *qn*/*qc*, s'opposer à, résister à, tenir tête à *qn*, braver *qn*/*qc*, défier *qn*. ¶ 그는 어른에게 맞서 자신의 주장을 굽히지 않았다 Tenant tête à un adulte, il ne veut pas céder. ¶ 두 사람의 의견은 한치의 양보도 없이 팽팽히 맞서 있다 Ces deux personnes confrontent leur opinion sans la moindre concession. ③ 직면하다 affronter, faire face à. ¶ 여성에 대한 사회의 편견에 맞서 싸우다 combattre les préjugés sociaux sur les femmes. ¶ 적의 침공에 맞서 용감히 싸우다 combattre courageusement l'invasion des ennemis, résister vigoureusement aux attaques des envahisseurs.

맞선 명 rencontre *f* de jeunes gens (en vue d'un mariage); entrevue *f* ménagée entre deux jeunes gens en vue d'un mariage. ¶ ~을 보다 rencontrer *qn* en vue d'un mariage; être présenté(*e*) à *qn* en vue d'un mariage. ¶ 두 남녀를 ~을 보이다 faire rencontrer un homme et une femme en vue de les marier.

맞세우다 타 ériger, élever *qc* contre.

맞소송 -訴訟 명 action de porter plainte mutuellement, accusation *f* réciproque.

맞수 -手 명 riv*al*(*ales*, *aux*). ¶ 그 두 선수는 권투판의 영원한[오래된] ~이다 Ces deux boxeurs sont rivaux depuis toujours.

맞싸움 명 action de se battre en s'agrippant l'un à l'autre, action de lutter [de s'affronter, de se défier, de s'accrocher, de s'agripper, de s'empoigner, de se coller, de se cramponner].

맞싸움질 명 ☞ 맞싸움

맞아들이다 타 ① ((손님 따위를)) accueillir, recevoir, réceptionner, héberger. ¶ 귀한 손님을 ~ accueillir un visiteur de marque. ② ((일원 따위로)) avoir [accueillir, accepter] *qn* ((comme nouveau membre de la famille)), intégrer *qn* ((dans la famille)). ¶ 며느리를 ~ avoir [accueillir] une bru [une belle-fille] (comme nouveau membre de la famille). ¶ 누구를 사위로 ~ accepter *qn* comme gendre.

맞아떨어지다 자 coïncider, concorder avec *qc*, se réaliser, se concrétiser, s'avérer juste. ¶ 그 사람의 예측이 맞아떨어졌다 Sa prévision s'est avérée juste. ¶ 나의 계산과 당신의 계산이 맞아떨어진다 Mon calcul concorde avec [coïncide avec, correspond au] le vôtre. ¶ 연주자들의 호흡이 기가 막히게 맞아떨어졌다 Les musiciens jouaient en parfaite harmonie.

맞은편 -便 명 côté *m* opposé; l'autre côté *m*. ¶ ~ 집 la maison d'en face. ¶ 그 친구는 길 ~에 산다 Il habite de l'autre côté de la rue / Il habite en face. ¶ 우체국은 역 바로 ~에 있다 La poste est juste en face de la gare. ¶ ~에서 바람이 불어온다 Le vent souffle d'en face.

-맞이 접미 à l'occasion de *qc*. ¶ 추석~ 대 바겐세일 grandes soldes (à l'occasion) de la fête de *Chuseok*. ¶ 봄~ 대청소를 하다 faire le grand nettoyage de printemps.

맞이하다 타 ① ((손님 따위를)) accueillir, recevoir, saluer, aller à l'encontre de *qn*. ¶ 누구를 박수로 ~ saluer [accueillir] *qn* par des applaudissements. ¶ 웃는 얼굴로 누구를 ~ recevoir *qn* avec un visage souriant. ¶ 누구를 역에 나가 ~ aller à la gare à l'encontre de *qn*. ¶ 대통령이 직접 나와 그분을 맞이했다 Le président de la République en personne est sorti l'accueillir. ② ((일원 따위로)) admettre, recevoir. ¶ 누구를 회원으로 ~ accueillir *qn* comme membre (d'une association). ¶ 제자를 자기 사위로 ~ accepter *son* élève pour gendre. ③ ((시기, 상황 따위를)) accueillir ((une nouvelle année)), célébrer *qc*. ¶ 새해를 ~ accueillir une nouvelle année. ¶ 새 학기를 맞이하여 각오를 새롭게 다지다 réaffirmer *sa* détermination en début de semestre. ¶ 20세 생일을 ~ célébrer le 20ème anniversaire.

맞인사 -人事 명 salut *m*[salutations *fpl*] réciproque(s).

맞잡다 타 마주 잡다 serrer, prendre, empoigner ((chacun de *son* côté)). ¶ 손을 ~ se serrer la main; se prendre la main. ¶ 서로 맞잡고 싸우다 se battre (en s'agrippant l'un l'autre); s'empoigner. ¶ 두 기업은 공동의 이익을 위해 서로 손을 맞잡았다 Les deux entreprises ont scellé un lien pour des bénéfices communs.

맞장구 명 approbation *f*, consentement *m*, assentiment *m*. ¶ 나의 ~에 그 친구는 더욱 신이 나서 말을 이었다 À mon approbation il devint tout excité et continua à parler. ◇_(를) **치다** manifester *son* assentiment [*son* consentement, *son* approbation]; approuver *qc*, donner *son* accord. ¶ 상대방의 말에 ~를 치다 manifester *son* assentiment aux paroles de *son* interlocuteur. ¶ 그 사람은 내 말을 이해하지도 못하면서 무조건 ~쳤다 Il était toujours d'accord avec moi sans pourtant comprendre ce que je disais.

맞절 명 salut *m* réciproque [mutuel]; révérences *fpl* mutuelles. ¶ 신랑 신부 두 사람의 ~이 있겠습니다 À présent, nous allons assister aux saluts [révérences] réciproques des nouveaux mariés. ◇ _(을) **하다[나누다]** se saluer réciproquement; échanger des saluts; s'incliner ensemble très bas; se faire des révérences. ¶ 두 사람이 서로 ~을 했다 Ils se sont saluées réciproquement.

맞추다 재타 ① 맞게 하다 atteindre, toucher; régler, ajuster, réajuster, aligner, se conformer à, adapter, arranger, accorder, conformer. ¶ 과녁을 ~ atteindre la cible. ¶ 시보에 따라 시계를 ~ régler *sa* montre sur le signal horaire. ¶ 책상 줄을 ~ aligner les bureaux [les tables]. ¶ 다른 사람들과 보조를 ~ prendre la mesure du pas des autres, s'adapter à l'allure de *qn*. ¶ 발(을) 맞추어 걷다 marcher en ajustant *ses* pas à ceux des autres. ¶ 계산을 ~ vérifier des [*ses*] comptes. ¶ 옷을 몸에 ~ ajuster la robe au corps. ¶ 각자의 능력에 맞추어 일을 주다 distribuer le travail en fonction des aptitudes de chacun. ¶ 시대의 요구에 ~ se conformant à la demande de l'époque. ¶ 누구의 비위를 ~ faire attention à ne pas contrarier *qn*. ¶ 라디오를 런던 방송에 ~ capter la radio de Londres; régler la radio sur l'émission de Londres. ¶ 음식의 간을 ~ assaisonner ((un plat, des mets; un ragoût d'herbes aromatiques, avec des herbes aromatiques)); relever un mets; accommoder ((la salade)); saler ((un plat)). ¶ 악기의 음을 ~ accorder des instruments de musique. ¶ 피아노에 맞추어 노래하다 chanter accompagné(*e*) au piano. ¶ 음악에 맞추어 춤추다 danser en musique. ¶ 약속시간에 맞춰 오다 arriver à un rendez-vous à l'heure convenue. ② 대조하다 comparer, vérifier, confronter, rapprocher. ¶ 대장을 원장과 맞추어 보다 comparer le registre avec l'original. ¶ 번역문을 원문과 맞추어 보다 comparer la traduction au texte d'origine. ③ 알아맞히다 donner une réponse exacte, deviner. ¶ 정답을 ~ donner une réponse exacte, trouver la bonne réponse. ¶ 내가 어디 있는지 맞춰 봐 Devine où je suis! ¶ 누가 가장 잘 할지 맞춰 보세요 Devinez qui sera le meilleur. ④ 마주 대다 faire une bise [un bisou] à *qn*, embrasser *qn*. ¶ 입을 ~ faire une bise [un bisou] à *qn*, embrasser *qn*, donner un baiser à *qn*. ¶ 볼에 입을 ~ embrasser *qn* [faire une bise à *qn*, faire un bisou à *qn*] sur la joue. ⑤ 조립하다 assembler, monter, construire. ¶ 분해했던 시계를 ~ remonter [assembler, habiller] une montre démontée. ¶ 부품들을 설명서에 따라 ~ assembler les pièces détachées selon [en suivant] les explications. ¶ (탈골된) 뼈를 ~ faire une réduction de fracture, réduire une fracture; réduire une luxation. ⑥ ((주문)) faire faire *qc*. ¶ 구두 [양복]를 ~ faire faire des chaussures [un costume]. ¶ 안경을 ~ faire faire des lunettes ((chez un opticien)).

***입을** ~ ☞ 입

맞춤 명 sur mesure. ¶ ~ 전문 spécialisation sur mesure.

◆**_복** -服 명 costume *m* sur mesure.

◆**안성_** 安城 명 ☞ 안성맞춤

맞춤법 -法 명 【언어】 règles *fpl* de l'orthographe [règles *fpl* orthographiques] ((du coréen, du *hangeul*)); système *m* orthographique ((de l'alphabet coréen, du *hangeul*)). ¶ 한글 ~ 통일안 projet de standardisation du système orthographique de l'alphabet coréen [du *hangeul*]. ¶ ~ 자동 교정 correction automatique de l'orthographe. ¶ ~에 맞게 문장을 고쳐라 Corrige la phrase suivant une orthographe correcte. ¶ ~이 새로이 개정되었다 L'orthographe a été remise à jour / Les règles de l'orthographe ont été remises à jour. ¶ 그 사람의 글은 ~이 엉망이다 Son texte est truffé de fautes d'orthographes.

맞히다 타 ① 적중하다 atteindre. ¶ 표적을 ~ atteindre la cible; frapper juste. ② ((정답 따위를)) trouver (la bonne réponse). ¶ 잘 ~ réussir parfaitement, répondre correctement et bien. ¶ 못 ~ échouer; donner une mauvaise réponse. ¶ 정답을 맞힌 사람에게 상을 주겠다 Je donnerai une récompense [un prix] à la personne qui donnera une réponse exacte [qui trouvera la bonne réponse]. ③ ((비, 눈 따위를)) exposer *qc* à *qn*. ¶ 이 옷은 비나 눈을 맞히면 안 된다 Il ne faut pas exposer ce vêtement à la pluie ou à la neige. ④ ((주사 따위를)) faire faire ((une piqûre, une injection à *qn*)). ¶ (아기에게[를]) 예방 주사를 ~ faire vacciner un bébé. ¶ (누구를[에게]) 독감 예방 주사를 ~ faire vacciner *qn* contre la grippe.

***바람(을)** ~ faire faux bond à *qn*, poser un lapin à *qn* {*fam*}.

맡기다 타 ① confier, mettre, placer. ¶ 보관소에 짐을 ~ mettre des bagages à la consigne. ¶ 귀중품을 누구에게 ~ confier des objets précieux à la garde de *qn*. ¶ 돈을 은행에 ~ mettre [déposer] de l'argent à la banque. ¶ 어린애를 누구에게 ~ confier un enfant aux soins de *qn*, laisser un enfant entre les mains de *qn*. ¶ 누구에게 물건을 전해 달라고 맡기다 confier un objet à une personne en lui demandant de le transmettre à *qn*. ② 위임하다 charger *qn* ((d'une responsabilité)), confier ((une mission à *qn*)). ¶ 누구에게 전권을 ~ confier à *qn* les pleins pouvoirs, donner carte blanche à *qn*. ¶ 책임을 누구에게 ~ charger *qn* d'une responsabilité. ¶ 직책을 누구에게 ~ charger *qn* d'une fonction. ¶ 그 일의 처리는 제게 맡겨 주십시오 Veuillez me laisser traiter cette affaire. ¶ 그들과 협상하는 것은 내게 맡기십시오 Veuillez me laisser négocier avec eux. ¶ 그것은 자네 판단에 맡기겠네 Je te laisse juger de cela. ¶ 그 다음 상황은 각자의 상상에 맡기겠어 Je laisse libre cours à l'imagination de chacun pour la façon dont les choses évolueront. ③ 내버려두다 laisser, se confier, s'abandonner, se jeter, se lancer. ¶ 남에게 몸을 ~ s'abandonner à *qn*. ¶ 격정에 몸을 ~ s'abandonner à une passion, vivre une passion corps et âme. ¶ 본능이 이끄는 대로 몸을 ~ se laisser guider par *son* instinct. ¶ 운명을 하늘에 ~ s'en remettre à la volonté du ciel. ④ 주문하다 confier *qc* ((pour une réparation)). ¶ 양복 수선을 ~ confier un costume pour une réparation. ¶ 시계를 고쳐달라고 시계공에게 ~ confier une montre à un horloger pour une réparation.

맡다[1] 타 ① assumer, prendre en charge. ¶ 내가 그 사람의 짐을 맡아 주었다 J'ai gardé son bagage. ¶ 나는 친구의 아이를 맡아 기르고 있다 J'élève à ma charge l'enfant d'un(*e*) ami(*e*). ② ((자리 따위를)) 차지하다 ¶ 친구를 위해 도서관에 자리를 맡아 두다 garder une place à un ami dans la bibliothèque. ③ ((직책 따위를)) 담당하다 être chargé(*e*) de *qc*; avoir la charge de *qc;* prendre *qc* à *son* compte. ¶ 담임을 ~ prendre en charge une classe. ¶ 국회의장직을 ~ avoir la fonction de présidence au Parlement. ¶ 공장의 경영을 ~ avoir à charge la gestion d'une usine. ¶ 맡은 일에 최선을 다하다 accomplir de *son* mieux le travail dont on a la charge, accomplir de *son* mieux les tâches que l'on s'est vu confier, réaliser au mieux le travail dont on est chargé. ¶ 그 사람은 정부의 중책을 맡고 있다 Il est en charge d'une lourde responsabilité dans le gouvernement. ¶ 뒷일은 내가 맡는다 Je prendrai à mon compte la suite de l'affaire. ¶ 그 문제는 내가 맡아서 처리하마 Je prendrai ce problème en charge et le résoudrai moi-même. ¶ 그 사람의 일이라면 내가 맡아 놓고 처리한다 C'est moi qui m'occupe de ses affaires. ④ ((주문 따위를)) prendre des commandes. ¶ 손님의 주문을 ~ prendre les commandes des clients. ⑤ ((허가 따위를)) obtenir ((une autorisation)). ¶ 부모님께 여행 허락을 ~ obtenir de *ses* parents l'autorisation de voyager [de partir en voyage]. ¶ 숙제 검사를 ~ contrôler les devoirs. ¶ 이 곳에서 장사를 하려면 관할 구청의 허가를 맡아야 한다 Si on veut ouvrir un commerce à cet endroit, il faut obtenir une autorisation de la mairie.

맡다[2] 타 ((냄새를)) sentir ((une odeur)). ¶ 냄새를 맡아 보다 sentir [renifler] une odeur. ¶ 그 사람은 감기가 걸려 냄새를 잘 맡지 못한다 Étant enrhumé, il ne sent pas bien les odeurs. ¶ 사슴이 이미 사냥꾼의 냄새를 맡고 달아나 버렸다 Après avoir senti l'odeur d'un chasseur, le cerf a pris la fuite.

***냄새(를)** ~ sentir d'où vient le vent, sentir le vent, pressentir *qc*, deviner *qc*, percevoir *qc*, comprendre *qc*, supputer ce qui va arriver. ¶ 내가 여기 있는 것을 어떻게 냄새 맡았니? Comment as-tu su que j'étais ici? ¶ 그 친구가 벌써 냄새를 맡은 것 같다 Il me semble qu'il a déjà découvert le pot aux roses.

매[1] 명 ① 회초리 baguette *f*, verge *f*, fouet *m*, martinet *m* ((pour punir les enfants)), cravache *f*. ¶ 선생님은 손에 ~를 들고 들어오셨다 Le maître est entré avec un martinet dans la main. ② 매질 supplice *m* du fouet, fustigation *f*, flagellation *f*; coups *mpl* de fouet [bâton, martinet]. ¶ ~를 때리다 fouetter, flageller. ¶ 아이를 ~로 다스리다 faire obéir les enfants à coups de martinet. ◇_(를) **맞다** recevoir le fouet [quelques coups de fouet], se faire fouetter; se faire corriger à coups de verges [de fouet]; être fouetté(*e*) ((jusqu'au sang)). ¶ 네가 ~맞을 짓을 했다 Tu a fais une grosse bêtise qui mérite quelques coups de martinet.

***~를 들다** corriger *qn* à coup de martinet. ¶ 선생님께서 떠드는 학생에게 ~를 드셨다 Le maître a corrigé à coups de martinet l'élève qui bavardait.

***~도 먼저 맞는 것이 낫다** Quitte à souffrir, autant le faire vite (que ce soit bientôt fini) / Autant passer en premier, que je sois débarrassé(*e*).

***~에는 장사 없다** Personne ne résiste au fouet / Sous le fouet, tout le monde s'affaiblit.

◆_**질** 명 supplice *m* du fouet, flagellation *f*, fustigation *f* {*litt*}; coups *mpl* de fouet [bâton, martinet]. ¶ 심한 ~질 flagellation cruelle. ¶ ~질(을) 하다 battre à coups de fouet, corriger à coups de verges [de fouet]; fouetter *qn*, donner le fouet à *qn*, flageller, cingler ((les jambes de *qn*)) d'un bon coup de fouet, fustiger {*vx*}.

◆_**ㅅ집** 명 résistance *f*, capacité *f* d'encaisser des coups. ¶ 저 선수는 ~ㅅ집이 좋다 Ce joueur est très résistant / Ce joueur encaisse bien.

매[2] 명 【동물】 faucon *m*.

◆_**부리코** 명 nez *m* crochu.

매[3] **枚** 분류 ((classificateur servant à compter les feuilles de papier)) feuille *f*. ¶ 지원서를 한 사람당 1 ~씩 나눠 주었다 On a distribué un formulaire d'inscription par personne. ¶ 시험지100(백) ~ 100 feuilles de copie d'examen.

-매[4] 접미 ((맵시)) mine *f*, apparence *f*, aspect *m*, air *m*, allure *f*, forme *f* (corporelle); façon *f* [manière *f*] de ((s'habiller, parler, marcher)). ¶ 눈~ regard. ¶ 몸~ apparence physique; ligne (du corps) ((ravissante)), galbe; contour; silhouette. ¶ 옷~ tenue; façon [manière] de s'habiller.

매[5]**- 每** 접두 chaque, tous(toutes) ((les jours, les mois, les semaines)). ¶ ~끼 chaque repas. ¶ ~시간 toutes les heures. ¶ ~번 chaque fois.

매각 賣却 명 vente *f*. ¶ 부동산 ~에 나서다 se mettre à vendre *ses* biens immobiliers. ~에 부치다 mettre en vente. ◇_(을) **하다** vendre. ¶ 집[주식, 부동산]을 ~하다 vendre la maison [*ses* [des] actions; l'immobilier, *ses* biens immobiliers]. ◇_(이) **되다** être mis(*e*) en vente.

◆_**대금** -代金 명 prix *m* de vente.

◆_**조건** -條件 명 condition *f* de vente.

매개 媒介 명 médiation *f*; intervention *f*; entremise *f*. ¶ 무엇을 ~로 하여 par l'intermédiaire de *qc*. ¶ 누구를 ~로 하여 회장에게 면담요청을 하다

demander rendez-vous avec le P.-d.g. par l'intermédiaire de *qn*. ¶ 무엇이 ~가 되어 par l'intermédiaire de *qc*.

◆_모음 -母音 명【언어】voyelle *f* épenthétique [d'épenthèse]. ¶ 동사의 어간과 어미 사이에 ~모음 'ㅡ'를 삽입하다 insérer la voyelle épenthétique 'ㅡ' entre le radical et le suffixe flexionnel du verbe.

◆_물 -物 명 médias *mpl*.

◆_변수 -變數 명 paramètre *m*.

◆_자 -者 명 intermédiaire; agent(*e*); média*teur*(*trice*).

◆_자음 -子音 명【언어】consonne *f* médiane.

◆_체 -體 명 média *m*.

매관매직 賣官賣職 명 vénalité *f* des charges. ¶ 당시 사회는 부패할 대로 부패하여 ~이 공공연히 이루어졌다 A l'époque la société était tellement corrompue que la vénalité des charges était une banalité. ◇_(을) 하다 vendre des charges.

매국 賣國 어근 haute trahison *f*. ¶ 파렴치한 ~ 행위 acte de haute trahison honteux.

◆_적 -的 명 traître (coupable de haute trahison). ¶ _적(인) 발언을 하다 parler comme un traître du peuple.

◆_노 -奴 명 traître *m* national.

매기 買氣 명 demande *f* d'achat. ¶ ~가 없어서 주가가 연일 폭락하고 있다 La Bourse dégringole parce qu'il n'y a aucune demande d'achat.

매기다 타 ((점수 따위를)) attribuer, donner, classer, appliquer, marquer, mettre. ¶ 점수를 ~ donner [mettre] une note, noter ((une copie)). ¶ 등급을 ~ faire un classement, classer. ¶ 등수를 ~ attribuer un ordre d'arrivée. ¶ 번호를 ~ numéroter ((des pages)). ¶ 소포에 세금을 ~ appliquer une taxe à un colis, taxer un colis. ¶ 벌금 이만 원을 ~ mettre une amende de 20 000 wons. ¶ 값을 비싸게 ~ fixer un prix élevé.

매끄럽다 형 ① ((surface)) être lisse, poli(*e*), glissant(*e*). ¶ 살결이 ~ avoir la peau lisse. ¶ 매끄러운 감촉 un toucher lisse. ¶ 코팅을 해서 표면이 ~ La surface ((de la poterie)) est lisse grâce au glaçage. ¶ 이 비누는 여러 분의 피부를 매끄럽게 해드립니다 Ce savon rend votre peau lisse [douce]. ② ((글 따위가)) bien couler, ((style)) être fluide, coulant(*e*), facile, aisé(*e*), agréable. ¶ 매끄러운[매끄럽지 못한] 문장 une phrase qui coule bien [une phrase lourde]. ¶ 이 글은 이 대목이 매끄럽지 못하다 Le passage de ce texte est lourd. ¶ 그 친구는 글을 매끄럽게 쓴다 Il écrit des phrases qui coulent bien. ③ ((행동 따위가)) être habile. ¶ 매끄러운 처세 conduite habile. ¶ 일을 매끄럽게 마무리하다 finir *son* travail impeccablement.

매끈거리다 자 ☞ 미끈거리다

매끈하다 형 ((corps)) être bien bâti(*e*), ((visage, trait)) être fin(*e*). ¶ 바닥이 ~ Le sol est propre. ¶ 매끈한 얼굴[몸매] un visage très fin [une fine silhouette, une silhouette fine, une silhouette élancée]. ¶ 깨끗이 씻었더니 손이 ~ J'ai les mains propres parce que je les ai bien lavées / J'ai bien lavé mes mains, elles sont propres. ¶ 표면을 매끈하게 다듬다 rendre une surface plane et lisse; polir la surface. ¶ 매끈하게 단장한 집 une maison refaite très proprement. ¶ 매끈하게 옷을 차려 입다 s'habiller (très) chic, bien s'habiller, être tiré(*e*) à quatre épingles {*fam*}. ¶ 사람들이 자주 오르내려 층계의 돌들이 매끈하게 닳아 있다 Les pierres sont devenues toutes lisses par le passage des gens dans l'escalier. ¶ 그 친구는 얼굴이 매끈하게 생겼다 Il a un visage aux traits très fins. ¶ 뒷마무리를 매끈하게 잘 했다 Il a fini son travail impeccablement.

매너 영{manner} 명 attitude *f*, comportement *m*. ¶ ~(가) 있다[없다] avoir de bonnes manières, être poli(*e*), bien élevé(*e*), bien éduqué(*e*), être distingué(*e*) [être impoli(*e*), discourtois(*e*), grossi*er*(*ère*), incivil(*e*), incorrect(*e*), mal élevé(*e*), malpoli(*e*) {*fam*}; manquer de civilité; être un goujat, un malappris].

*~가 꽝이다 être totalement dépourvu(*e*) de bonnes manières, manquer totalement de civilité, être extrêmement grossi*er*(*ère*) [mal élevé(*e*)].

매너리즘 영{mannerism} 명 maniérisme *m*. ¶ ~에 빠지다 être maniéré(*e*).

매년 每年 명부 tous les ans, chaque année. ¶ ~ 물가가 오른다 Les prix augmentent chaque année. ¶ 같은 일이 ~ 반복된다 Le même événement se répète d'année en année.

매뉴얼 영{manual} 명 mode *m* d'emploi. ¶ ~이 있어야 이 프로그램을 제대로 사용할 수 있겠는데 Il faudrait le mode d'emploi pour pouvoir utiliser correctement ce programme.

매니아 명 mordu(*e*) ((de football, de jazz)), fanatique *mf* ((du football)); adora*teur*(*trice*) ((d'art moderne)), accro *mf* ((du jazz)) mordu(*e*), fondu(*e*) ((de musique)); fana *mf* ((de moto, du tiercé)). ¶ 생선 ~ une personne folle de [qui adore le] poisson. ¶ 골프 ~ un(*e*) mordu(*e*) [fana] du golf.

매니저 영{manager} 명 manager *m*; directeur *m*; administrateur *m*; gérant *m* ((d'un hôtel, d'un restaurant, d'un magasin)); directeur *m* sportif ((d'un club, d'une équipe)); agent *m* ((d'un acteur)). ¶ 호텔 ~ gérant d'un hôtel. ¶ ~를 두다 embaucher un agent. ¶ 그 배우[가수]는 최근에 ~와 결별했다 Dernièrement, cet acteur [ce chanteur] s'est séparé de son agent.

매니큐어 영{manicure} 명 vernis *m* à ongles. ¶ 손톱에 빨간 ~를 칠하다[바르다] peindre *ses* ongles en rouge, se mettre du vernis à ongle rouge.

매다[1] 타 nouer, attacher. ¶ 끈 [넥타이]을 ~ nouer une ficelle [une cravate]. ¶ 신발의 끈을 ~ nouer les lacets de *ses* chaussures, lacer *ses* chaussures, se lacer. ¶ 개를 (끈으로) 기둥에 ~ attacher le chien à un poteau (avec une corde). ¶ 팔에 붕대를 ~

bander un bras. ¶ 목을 매어 죽다 mourir de[par] pendaison.

*목을 ~ faire dépendre toute *sa* vie de *qc*/*qn*; consacrer *son* temps et toute son énergie à un objectif, s'investir dans une seule chose, s'investir totalement [corps et âme] dans un seul but. ¶ 나는 그 여자에게 목매고 싶지 않다 Je n'ai pas envie de faire dépendre toute ma vie d'elle.

*아무리 급해도 바늘 허리 매어 못 쓴다 Si pressé qu'on soit [Aussi pressé soit-on], il y a toujours un ordre à respecter.

매다[2] 타 ((김을)) désherber, sarcler. ¶ 김(을) ~ désherber, sarcler.

매달 每- 명, 부 tous les mois. ¶ 그는 ~ 한번씩 고향에 간다 Il (re)descend une fois par mois [tous les mois] au pays.

매달다 타 attacher, accrocher, nouer, suspendre, placer, mettre. ¶ 송아지 목에 방울을 ~ attacher une clochette autour du cou d'un veau. ¶ 사람을 거꾸로 ~ suspendre *qn* par les pieds. ¶ 마을 사람들은 죄인을 밧줄로 나무에 매달았다 Les villageois ont attaché le criminel à un arbre avec une corde.

*목을 ~ faire dépendre toute *sa* vie de *qc*/*qn*; consacrer *son* temps et toute *son* énergie à un objectif, s'investir dans une seule chose, s'investir totalement [corps et âme] dans un seul but. ¶ 그 여자는 가수 되는 일에 목을 매달았다 Elle s'est investie corps et âme dans le chant / Elle a tout misé sur sa carrière de chanteuse.

매달리다 재 ① se trouver accroché(*e*); être accroché(*e*), suspendu(*e*), fixé(*e*), attaché(*e*). ¶ 감나무에 감이 주렁주렁 매달려 있다 Les plaqueminiers sont lourdement chargés de fruits. ¶ 처마 밑에 매달린 고드름 des stalactites de glace suspendues sous l'auvent. ② être accroché(*e*) à *qc*, être suspendu(*e*) à *qc*. ¶ 밧줄에 매달려 구조를 기다리다 attendre le sauvetage accroché(*e*) à une corde. ¶ 팔이 아파서 철봉에 오래 매달려 있을 수가 없다 Ayant mal aux bras, je ne peux pas rester accroché(*e*) à la barre longtemps. ③ s'accrocher, s'agripper, s'attacher, se cramponner. ¶ 그 사람은 도와 달라며 친구에게 매달렸다 En suppliant de l'aider, il s'est accroché à son ami. ¶ 저 아이는 엄마에게 매달려 떨어지려고 하지 않는다 Agrippé(*e*) à sa mère, cet(*te*) enfant ne veut jamais s'en détacher. ④ s'occuper exclusivement de *qc*. ¶ 나도 이 일에만 매달려 있을 수가 없다 Moi non plus, je ne peux pas consacrer tout mon temps [je ne peux pas me consacrer uniquement] à ce travail. ¶ 하루 종일 너한테만 매달려 있을 수는 없잖니? Tu sais bien que je ne peux pas m'occuper exclusivement de toi toute la journée, n'est-ce pas?

매도[1] **罵倒** 명 accusation *f*. ◇_(를) **하다[시키다]** accuser *qn*, condamner *qn*. ¶ 나를 그런 식으로 ~하지 말아라 Ne m'accuse pas de cette façon. ◇_(가) **되다** être accusé(*e*). ¶ 그 사람은 선동가로 ~되었다 Il a été accusé d'agitateur [de meneur]. ◇_(를) **당하다** se faire accuser.

매도[2] **賣渡** 명 (mise *f* en) vente *f*. ◇_(를) **하다** mettre en vente. ¶ 어음을 ~하다 mettre en vente une traite [une lettre de change, un billet à ordre]. ¶ 주식을 ~하다 mettre en vente des actions. ◇_(가) **되다** être vendu(*e*).

◆_**담보** -擔保 명 garantie *f* de vente.

◆_**인** -人 명 vendeur(*se*).

◆_**증서** -證書 명 certificat *m* de vente

◆_**측** -側 명 côté *m* vendeur.

매독 梅毒 명 【의학】 syphilis *f*, vérole *f*. ¶ ~에 걸리다 attraper la syphilis.

◆_**환자** -患者 명 syphilitique.

매듭 명 ① nœud *m*, attache *f*, boucle *f*. ¶ 보자기의 ~을 풀다 défaire [dénouer] ((un paquet enveloppé dans)) un carré de tissu. ¶ ~이 풀렸다 Le nœud s'est défait. ② ((공예)) nœud *m*, macramé *m*. ¶ ~ 공예 전문가 artisan(*e*) (spécialiste) de macramé. ③ ((비유적)) nœud *m*. ¶ 양국간 과거사의 ~을 풀다 trancher le nœud d'un passé difficile [douloureux] entre deux pays. ◇_(을) **짓다** ① faire un nœud; nouer. ¶ 끈을 이렇게 돌려서 ~을 지어라 Fais un nœud en tournant la ficelle ainsi! ② 끝내다 terminer, achever, finir; mettre fin à *qc*; conclure; arranger, régler ((une affaire)). ¶ 그 사람은 일을 벌여 놓고 ~ 지을 줄을 모른다 Il est toujours prêt à commencer un travail, mais ne le finit [termine] jamais.

◆_**단추** 명 bouton *m* en forme de nœud.

매력 魅力 명 charme *m*; attrait *m*; séduction *f*; attirance *f*; fascination *f*. ¶ 성적 ~ attrait [charme] sensuel. ¶ ~이 넘치다 avoir beaucoup de charme, être très séduisant(*e*) [attrayant(*e*), fascinant(*e*), enchant*eur*(*eresse*), ravissant(*e*)], être ensorcelant(*e*). ¶ 그 여자의 ~ 포인트는 보조개다 Le charme de cette femme est tout entier dans ses fossettes. ◇_(이) **있다** ((une femme)) avoir du charme; être attirant(*e*), ravissant(*e*), ensorcelant(*e*); ((une musique)) être fascinant(*e*), attrayant(*e*), enchant*eur*(*eresse*), avoir *qc* d'attirant(*e*) [de séduisant(*e*), d'attrayant(*e*)]. ◇_(이) **없다** ne pas avoir de charme; ne pas être fascinant(*e*), attrayant(*e*), enchant*eur*(*eresse*); n'avoir rien d'attirant(*e*) [de séduisant(*e*), d'attrayant(*e*)]. ¶ 저 여자는 아무런 ~이 없다 Cette femme n'a aucun charme. ¶ 나에게는 영화가 별로 ~이 없다 Le cinéma ne m'attire pas / Le cinéma ne m'intéresse guère [pas trop].

◆_**적** -的 명 être fascinant(*e*), charmant(*e*), attirant(*e*), séduisant(*e*). ¶ ~적인 웃음 un sourire ravissant [enchanteur]; un rire séduisant.

매료 魅了 명 charme *m*, fascination *f*, enchantement *m*. ◇_(를) **하다[시키다]** fasciner, enchanter, envoûter, séduire, charmer. ◇_(가) **되다**[(를) **당하다**] être fasciné(*e*), enchanté(*e*), séduit(*e*), charmé(*e*) [tomber sous le charme]. ¶ 한국의 전통음악에 ~되다 être fasciné(*e*) par la musique traditionnelle coréenne.

매립 埋立 명 comblement *m*, remblayage *m*. ¶ ~ 공사 travaux de remblai. ◇_(을) **하다** combler ((une mare, un lac, un puits)), remblayer ((un fossé)). ¶ 하천을 ~하다 combler une rivière à sa source. ◇_(이) **되다** ((la fosse)) être comblé(*e*), remblayé(*e*).

◆_**지** -地 명 terrain *m* pris sur la mer, polder *m*.

매만지다 타 arranger, caresser, rajuster, remettre de l'ordre dans *qc*, passer la main sur, mettre en ordre, retoucher, prendre soins de *qc*. ¶ 머리를 ~ arranger *sa* coiffure. ¶ 옷깃을 ~ rajuster le col ((de *sa* chemise)). ¶ 화초를 ~ prendre soins des plantes.

매매 賣買 명 achat *m* et vente *f*, commerce *m*; transaction *f*. ¶ 노예 ~ commerce [trafic] d'esclaves; traite (des Nègres [des Noirs]); traite des êtres humains. ¶ 불법 ~ trafic frauduleux [illégal]. ¶ ~를 성사시키다 réussir un commerce. ¶ ~에 성공하다[실패하다] [ne pas] réussir dans le commerce. ¶ ~가 이루어졌다 La transaction s'est faite [s'est réalisée, a eu lieu]. ¶ ~가 활발하다 Le commerce est actif / Les affaires marchent [vont] bien. ◇_(를) **하다** faire du commerce; acheter et vendre; faire commerce de *qc*. ◇_(가) **되다** se vendre.

◆_**계약[계약서]** -契約[契約書] 명 accord *m* [engagement *m*] de vente [contrat *m* de vente], promesse *f* de vente.

◆_**권** -權 명 droit *m* de vente.

◆_**약정대금** -約定代金 명 arrhes *mpl*.

◆_**장** -場 명 marché *m*.

◆_**춘** -春 명 prostitution *f*.

◆_**혼** -婚 명 mariage *m* d'argent ((par lequel la famille de la mariée reçoit une rétribution en compensation du départ de sa fille)).

◆**성**_ 性 명 trafic *m* sexuel; prostitution *f*.

◆**인신**_ 人身 명 traite *f* des êtres humains; ((여자의)) trafic *m* des femmes en vue de la prostitution, traite *f* des Blanches; ((흑인노예의)) traite *f* des Nègres [Noirs]; commerce *m* [trafic *m*] d'esclaves.

매머드 영{mammoth} 명 【동물】 mammouth *m*. ¶ ~의 화석 des fossiles de mammouth.

어근 d'une grosseur monstrueuse [éléphantesque, gigantesque]; colossal(*e*), éléphantesque, cyclopéen(*ne*), gigantesque, immense, géant(*e*), démesuré(*e*), énorme, monumental(*e*), titanesque. ¶ ~급 행사 une manifestation gigantesque.

매몰 埋沒 명 ensevelissement *m*. ¶ 광부 ~ 사고 accident d'ensevelissement de mineurs. ◇_(이) **되다** être enseveli(*e*). ¶ 눈 속에 ~되다 être enseveli(*e*) sous la neige. ¶ 소방대원들이 무너진 건물 잔해 속에 ~된 시민들을 찾아내려 애쓰고 있다 Les pompiers s'efforcent d'atteindre les personnes ensevelies sous les gravats. ◇_(을) **당하다** être victime d'ensevelissement, être enseveli(*e*).

◆_**자** -者 명 enseveli(*e*).

매몰스럽다 형 avoir l'air froid(*e*); paraître peu aimable; sembler cruel(*le*), insensible. ☞ 매몰차다

매몰차다 형 être très froid(*e*), glaci*al*(*ales*, *aux*); être dur(*e*) cruel(*le*), peu aimable, insensible, sans merci [pitié], impitoyable, être un sans-cœur; être indifférent(*e*); ne pas avoir de cœur. ¶ 그 여자의 음성은 야무지고 ~ Elle a une voix ferme et très sèche. ¶ 매몰찬 인상 physionomie froide. ¶ 매몰찬 태도 attitude froide. ¶ 매몰차게 거절하다 refuser catégoriquement [carrément, tout net, sans pitié, sèchement]. ¶ 매몰차게 돌아서다 tourner le dos à *qn* [se détacher de *qn*] froidement [sèchement]. ¶ 전화를 매몰차게 끊다 raccrocher [couper la communication] froidement [sèchement]; raccrocher au nez de *qn*. ¶ 내미는 손을 매몰차게 뿌리치다 refuser froidement la main tendue.

매무새 명 mise *f*; apparence *f* [tenue *f*] vestimentaire. ¶ ~를 단정히 하다 rajuster *ses* vêtements [*son* col de chemise]; réarranger *sa* tenue; se rajuster; remettre de l'ordre dans *ses* vêtements [*sa* tenue]; se reboutonner, reboutonner *ses* vêtements; réparer le désordre de *sa* toilette {*vx*}. ¶ 그 남자는 늘 ~가 좋은[단정치 못한] 편이다 Il est toujours (plutôt) bien habillé / Il est toujours vêtu avec soin / Il porte toujours une tenue (plutôt) correcte [Il est toujours (plutôt) mal habillé / Il est toujours (plutôt) débraillé / Il est toujours (plutôt) négligé]. ¶ 그 여자는 옷 ~가 형편없다 Elle est mal habillée / Elle n'a pas une tenue décente / Elle ne fait pas attention à sa tenue / Elle est (toujours) fagotée [ficelée] comme un sac {*fam*} / Elle a l'air d'une bohémienne/ Elle est (toujours) habillée n'importe comment.

매무시 명 tenue *f*, mise *f*; apparence *f* [tenue *f*] ((vestimentaire)). ¶ 옷 ~ apparence [tenue] vestimentaire. ◇_**를 하다** vérifier *sa* tenue (avant de sortir), se rajuster [rajuster *ses* vêtements, rajuster *sa* tenue, rajuster *son* col de chemise] avant de sortir; réarranger *sa* tenue; se rajuster; remettre de l'ordre dans *ses* vêtements [dans *sa* tenue]; se reboutonner, reboutonner *ses* vêtements; réparer le désordre de *sa* toilette {*vx*}. ¶ 거울 앞에서 ~를 다시 하다 vérifier encore une fois [vérifier une dernière fois, donner un dernier coup d'œil à, réarranger] *sa* tenue devant la glace, se reboutonner devant la glace.

매물 賣物 명 article *m* [objet *m*] à vendre [en vente]. ¶ ~로 내놓다 mettre *qc* en vente. ¶ 이것은 ~이 아니고 견본입니다 Cela n'est pas à vendre, c'est un échantillon / Ceci n'est pas pour vendre, mais seulement exposé. ¶ 어디 좋은 부동산 ~ 나온 것 없습니까? N'auriez-vous pas [N'y a-t-il pas] un appartement [une maison] intéressant(*e*) en vente? ¶ ~이 쏟아져 나와 주가가 폭락했다 Sous l'excès des offres (d'achat) les cours de la Bourse ont chuté.

매미 명 【동물】 cigale *f.* ¶ ~가 맴맴 운다 La cigale chante [craquette, stridule].

매번 每番 부 (à) chaque fois, toutes les fois, toujours. ¶ 그는 휴가 때마다 ~ 스페인으로 간다 À chaque vacance, il va en Espagne.

매복 埋伏 명 embuscade *f*, guet-apens(~*s*-~) *m*, traquenard *m*. ¶ 적들이 아군의 ~에 걸려 대패했다 Tombé dans une embuscade, l'ennemi a complètement perdu la bataille. ◇_(을) **하다** s'embusquer, se tenir [être] en embuscade, être à l'affût de *qn*, guetter *qn*. ¶ 여기에 ~하고 있다가 적이 오면 기습공격해라 Embusquez-vous ici pour attaquer l'ennemi qui approche!

◆**_전투** -戰鬪 명 escarmouche *f*, échauffourée *f*.

◆**_조** -組 명 embusqué(*e*).

◆**_지[처]** -地[處] 명 endroit *m* où on se tient en embuscade.

◆**_초소** -哨所 명 poste *m* de garde embusqué.

매부 妹夫 명 mari *m* de la sœur; beau-frère(~*x*-~*s*) *m* (d'un homme).

*__누이 좋고 ~ 좋다__ C'est bon pour tout le monde [pour tous les deux] / C'est une affaire qui profite à la fois à toi et à moi [à tous les deux] / Tout le monde y trouvera son compte (Il n'y aura pas de mécontent) / Il n'y aura pas de perdant (dans l'affaire) / Tu n'y perdras rien.

매부리코 명 nez *m* busqué [aquilin, crochu].

매사 每事 명 chaque affaire *f*; toutes les affaires *fpl*; en toutes circonstances *fpl*; toute chose *f*; (en) tout. ¶ ~를 공정하게 다루다 traiter [estimer] toute chose à sa juste valeur [avec équité]. ¶ 그 사람은 ~에 열심이다 Il est diligent, en toute chose [dans tout ce qu'il fait] / Il montre beaucoup de zèle en toutes circonstances / Tout ce qu'il entreprend, il le fait avec beaucoup de sérieux.

매상 賣上 명 ((매상고)) (produit *m* [montant *m*] des ventes *fpl*, recette *f* (des ventes); recette *f* ((journalière d'un magasin)); ((일 년의)) chiffre *m* d'affaires. ¶ 십만 원의 ~을 올리다 faire la recette de cent mille wons. ¶ ~이 오른다[오르지 않는다] Le montant [Le produit, La recette] des ventes augmente [n'augmente pas] / Le chiffre d'affaires augmente [n'augmente pas]. ¶ 오늘 하루 ~만 천만 원이 넘는다 La seule recette (journalière) d'aujourd'hui dépasse les 10 millions de wons / Rien que la recette d'aujourd'hui dépasse les 10 millions de wons / Notre recette des ventes dépasse les 10 millions de wons rien que pour aujourd'hui.

◆**_고** -高 명 montant *m* des ventes, recette *f* (des ventes), produit *m* des ventes; ((일 년의)) chiffre *m* d'affaires.

◆**_액** -額 명 montant *m* des ventes; recette *f*, produit *m* des ventes. ¶ ~액이 늘었다[줄었다] Le montant des ventes a augmenté [diminué].

매상고 賣上高 명 ☞ 매상

매설 埋設 명 pose *f* souterraine ((de câbles, de conduites d'eau)); pose *f*, installation *f* ((de conduites, de mines)). ◇_(을) **하다** poser ((une mine)). ¶ 수도관을 ~하다 poser [installer] des conduites d'eau souterraines. ¶ 지뢰를 ~하다 poser des mines. ◇_(이) **되다** être enfoui(*e*).

◆**_공** -工 명 terrassier *m* de conduites d'eau souterraines; sapeur *m*, mineur *m*, poseur *m* de mine.

◆**_공사** -工事 명 travaux *mpl* de pose [d'installation].

◆**_관** -管 명 conduite *f* souterraine.

◆**_케이블** 명 câble *m* souterrain.

매섭다 형 être violent(*e*), sévère, dur(*e*), âpre, rigoureux(*se*), mordant(*e*), cuisant(*e*), perçant(*e*), impitoyable. ¶ 매서운 추위 froid mordant [âpre, cuisant]. ¶ 매서운 눈초리 regard perçant ¶ 매서운 공격 attaque violente. ¶ 매섭게 쏘아보다 jeter un regard perçant. ¶ 사람을 매섭게 몰아붙이다 acculer *qn* brutalement. ¶ 겨울바람이 매섭게 분다 Le vent d'hiver est mordant.

매수[1] 買收 명 ① achat *m*, acquisition *f*. ¶ 기업~ 및 합병 acquisition(s) et fusion(s) d'entreprise(s). ② ((사람을)) corruption *f*, subornation *f*. ◇_(를) **하다** ① acheter *qc*, faire l'acquisition de *qc*, acquérir *qc*, entrer en possession de *qc*. ② ((사람을)) acheter *qn*; corrompre *qn*, suborner *qn*; graisser la patte à *qn* {*fam*}. ¶ 돈으로 표를 ~하다 acheter des voix [suffrages] ((pour des élections)). ◇_(가) **되다** se laisser acheter par *qn*, se laisser corrompre par *qn*. ¶ 그 사람은 적에게 ~되어 기밀을 누설했다 S'étant laissé acheter par l'ennemi, il a divulgué [dévoilé, confié, révélé] des secrets.

◆**_공작** -工作 명 opération *f* [machination *f*, manœuvre *f*] d'acquisition [d'achat]; manœuvre *f* de subornation.

◆**_시장** -市場 명 marché *m*.

◆**_인** -人 명 acheteu*r*(*se*), acquéreur *m*.

◆**_합병** -合倂 명 lieu *m* de négoce; acquisition(s) *f* et fusion(s) *f*.

매수[2] 枚數 명 nombre *m* de pages. ¶ 원고 ~를 세어보다 compter le nombre de pages d'un manuscrit. ¶ 이번 원고는 ~가 120 매를 넘는다 Cette fois-ci, le manuscrit dépasse [fait plus de] 120 pages.

매수세 買受勢 명 vigueur *f* des achats, achats *mpl*. ¶ 오늘 증시는 매도세보다 ~가 강하다 Aujourd'hui sur le marché des actions, les achats ont été plus importants que les ventes.

매스게임 영{mass game} 명 danse *f* gymnastique en très grand nombre; gymnastique *f* rythmique; gymnastique *f* suédoise; mouvements *mpl* à mains libres; (exercices *mpl* de) callisthénie *f*. ¶ ~을 하다 faire de la gymnastique rythmique.

매스껍다 형 ☞ 메스껍다

매스미디어 영{mass media} 명 massmedias *mpl*, communication *f* de masse.

매스컴 영{mass communication} 명 média *m*, presse *f* (écrite, audiovisuelle ou parlée); moyens *mpl* de communications de masse. ¶ ~을 타다 être très fréquemment dans les médias.

매스터키 영{master key} 명 passe-partout *m inv*.

매스터플랜 영{master plan} 명 schéma *m* directeur, plan *m* directeur. ¶ ~을 짜다[수정하다] élaborer [rectifier] un schéma [plan] directeur. ¶ ~이 있다[없다] avoir un [ne pas avoir de] schéma [plan] directeur.

매슥거리다 자 avoir mal au cœur, avoir envie de vomir [de gerber {*fam*}, de dégueuler {*fam*}], avoir le cœur [l'estomac] (tout) barbouillé, avoir mal au cœur, avoir la nausée, avoir des haut-le-cœur; être pris(*e*) de nausées; être pris(*e*) d'un malaise à l'estomac; être écœurant(*e*), répugnant(*e*); être révoltant(*e*). ¶ 속이 매슥거린다 avoir mal au cœur, avoir des nausées.

매슥대다 자 ☞ 매슥거리다

매식 買食 명 repas *m* au restaurant [en ville]. ¶ 아무려면 ~이 집에서 해 주는 음식만큼 입에 맞을까 Les meilleurs plats de restaurant n'ont jamais le goût de la cuisine familiale. ◇_(을) 하다 prendre *ses* repas au restaurant [en ville]; manger au restaurant [en ville].

매실 梅實 명 abricot *m* du Japon, fruit *m* de l'abricotier du Japon. ¶ ~은 매화나무 열매를 말한다 Le *maesil* est le fruit de l'abricotier du Japon.

◆**_식초** -食醋 명 vinaigre *m* d'abricots du Japon.

◆**_장아찌** 명 abricots *mpl* du Japon séchés et salés avec de la sauce de soja; *jangajji* d'abricots du Japon.

◆**_주** -酒 명 liqueur *m* d'abricots du Japon.

매연 煤煙 명 gaz *m* d'échappement; fumée *f* toxique du gaz d'échappement des voitures, fumée *f* noire, suie *f*. ¶ ~ 단속 contrôle des gaz d'échappement. ¶ 대기 오염의 주범은 자동차 ~이다 La cause principale de la pollution atmosphérique, c'est les gaz d'échappement.

매우 부 très, fortement. ¶ 그는 ~ 부자다 Il est très riche. ¶ 그는 공부를 ~ 잘 한다 Il travaille très bien / Il est très bon dans ses études.

매운탕 -湯 명 *maeuntang* <soupe ou ragoût piquant(*e*) de poisson>. ¶ ~을 끓이다 préparer une soupe de poisson (piquante).

매월 每月 명, 부 tous les mois, chaque mois.

매음 賣淫 명 prostitution *f*. ◇_(을) 하다 se prostituer, faire le trottoir {*fam*}.

◆**_굴** -窟 명 nid *m* [repaire *m*] de prostitué(*e*)s.

매이다 être lié(*e*), attaché(*e*), enchaîné(*e*), pris(*e*), occupé(*e*), retenu(*e*), enfermé(*e*). ¶ 소가 말뚝에 매여 있다 Un vache est attachée à un piquet. ¶ 일에 매여서 꼼짝할 수가 없다 Très pris(*e*) [Très absorbée] par le travail, je ne peux me libérer [je ne peux me rendre disponible].

***매인 몸이라 어쩔 수가 없다** Comme je suis coincé(*e*) [bloqué(*e*)], je ne peux pas faire autrement / Étant prisonni*er*(*ère*) ((de mon travail, de ma situation)), je suis indisponible.

매일 每日 명부 tous les jours, chaque jour. ¶ ~의 매출액을 기록하다 inscrire le montant des ventes de chaque jour. ¶ 그는 ~ 아침 늦잠을 잔다 Il fait la grasse matinée tous les jours. ¶ 나는 ~ 학교에 간다 Je vais tous les jours à l'école. ¶ 나는 ~ 두 번씩 운동을 한다 Je fais de l'exercice deux fois par jour.

◆**_ _** 명부 tous les jours.

◆**_같이** 부 tous les jours *mpl*. ¶ ~같이 산책을 하다 se promener tous les jours.

매일반 -一般 명 ((C'est)) (tout à fait) la même chose *f*, kif *m* {*fam*}. ◇**_이다** Cela revient au même / C'est du pareil au même / C'est exactement pareil / C'est bonnet blanc et blanc bonnet / C'est kif-kif (bourricot) {*fam*} / La chose est égale {*vx*, *litt*} / Cela m'est égal / Je n'ai pas de préférence / Cela importe peu. ¶ 이러나저러나[엎어치나 매치나] ~이다 Quoi qu'on fasse, on aboutit au même résultat / Quels que soient le moyen et la méthode, le résultat est le même.

매입 買入 명 achat *m*, acquisition *f*. ◇_(을) 하다 acheter, acquérir ((des marchandises)), faire l'acquisition de *qc*; se procurer *qc*. ¶ 주식[부동산]을 ~하다 acheter des actions [des biens immobiliers]. ◇_(이) 되다 être acheté(*e*).

◆**_가[액]** -價[額] 명 prix *m* d'achat.

◆**_자** -者 명 acheteu*r*(*se*); acquéreu*r*(*se*).

◆**_처** -處 명 lieu *m* d'achat.

매장¹ 埋葬 명 enterrement *m*, inhumation *f*; ensevelissement *m*; ((사회적)) bannissement *m*, ostracisme *m*. ¶ ~ 풍습 coutume d'ensevelissement. ◇_(을) 하다[시키다] enterrer, ensevelir, mettre au tombeau; ((사회적)) mettre *qn* au ban de la société. ¶ 시신을 신속히 ~하다 ensevelir rapidement le corps. ¶ 이렇게 비열한 사람은 사회에서 ~시켜야 한다 Il faut bannir de la société ce genre de lâche. ◇_(이) 되다[당하다] être enterré(*e*), inhumé(*e*), être enseveli(*e*); ((사회적)) être mis(*e*) au ban de la société, être banni(*e*).

◆**_지** -地 명 cimetière *m*, lieu(*x*) *m* de sépulture.

◆**생_** 生 명 action *f* d'enterrer une personne vivante ((coutume ancienne)). ¶ 산 사람을 생~(을) 하다 enterrer une personne vivante. ¶ 그 사람은 신용 불량으로 사회적으로 생~(을) 당하였다 Il a été banni à cause de son manque d'honnêteté.

매장² 埋藏 명 enfouissement *m* dans le sol de *qc*; gisement *m* ((de fer, de houille, de minéraux)). ¶ 해저 유물의 ~ 여부가 큰 관심거리이다 Des vestiges gisent-ils au fond de la mer, telle est la principale préoccupation. ◇_(이) 되다 être enfoui(*e*) (sous la terre), être disposé(*e*) [enfoui(*e*)] (dans le sol). ¶ 이 지역에는 엄청난 양의 석탄이 ~되어 있다 Un important gisement de charbon se trouve dans

ㅁ

cette région.

◆_량 -量 명 réserve *f* ((de charbon)).

◆_문화재 -文化財 명 bien *m* culturel enfoui sous la terre.

매장³ 賣場 명 surface *f* de vente, espace *m* de vente; magasin *m*, boutique *f*; rayon *m* ((des chaussures, des bagages, des jouets dans un grand magasin)).

◆상설 할인_ 常設 割引- 명 magasin *m* discount qui casse les prix; magasin *m* pratiquant le hard discount.

매저키즘 영{masochism} 명 masochisme *m*.

매점 賣店 명 échoppe *f*, stand *m*, kiosque *m*; boutique *f*, commerce *m* ((à l'intérieur d'un établissement)).

◆구내_ 構內- 명 boutique *f* à l'intérieur d'un établissement.

매점매석 買占賣惜 명 accaparement *m*, monopolisation *f*. ¶ ~을 단속하다 surveiller l'accaparement de *qc*. ¶ 일부 상인들의 ~으로 채소 값이 폭등하고 있다 Le prix des légumes augmente subitement à cause d'achats préemptifs effectués par certains commerçants. ◇_(을) 하다 accaparer *qc*, monopoliser *qc*.

매정스럽다 형 être insensible, dur(*e*), cruel(*le*), impitoyable, sans cœur; ne pas avoir de cœur, avoir une pierre à la place du cœur. ¶ 매정스럽게 말하다 parler durement.

매정하다 형 être insensible, dur(*e*), cruel(*le*), impitoyable, sans cœur; ne pas avoir de cœur, avoir une pierre à la place du cœur. ¶ 부탁을 매정하게 거절하다 refuser froidement (de rendre) un service.

매제 妹弟 명 mari *m* de la sœur cadette; beau-frère(~*x*-~*s*) *m* (d'un homme).

매주 每週 명, 부 chaque semaine, toutes les semaines. ¶ ~ 한 번씩 장을 보다 faire les courses une fois par semaine. ¶ ~ 서울에 가다 monter à Séoul toutes les semaines.

매직 영{magic} 명 magique.

◆_펜 영{- pen} 명 marqueur *m*.

◆수성_ 水性- 명 marqueur *m* à l'eau.

◆유성_ 油性- 명 marqueur *m* à l'huile.

매진 賣盡 명 épuisement *m* ((d'un stock)). ¶ 극장표의 연일 ~으로 극장가가 큰 호황을 누리고 있다 L'industrie cinématographique fonctionne bien, quotidiennement toutes les places sont vendues. ◇_(이) 되다 être épuisé(*e*), s'épuiser. ¶ ((극장, 영화관)) 표가 ~되었습니다 Toutes les places ont été vendues / Il n'y a plus de places. ¶ 음악회[결승전] 표가 벌써 ~되었다 Les billets du concert [pour la finale] ont tous été vendus.

◆_사례 -謝禮 명 ((극장, 영화관 앞)) Complet!

◆_사태 -事態 명 vente *f* exceptionnellement abondante.

◆완전_ 完全- 명 écoulement *m* complet [total].

매진하다 邁進- 자 se concentrer sur, se consacrer, se donner corps et âme, faire tous *ses* efforts. ¶ 학문 연구에 ~ se concentrer sur *ses* études, se consacrer entièrement à *ses* études. ¶ 우리 연구진은 신소재를 개발하는 데에 매진하고 있다 Notre équipe de recherche se donne corps et âme au développement des matériaux nouveaux.

매체 媒體 명 intermédiaire *m*, voie *f*, moyen *m*; véhicule *m*, canal *m*. ¶ 인쇄[방송, 전파] ~ moyen d'impression [d'émission, de transmission]. ¶ 소리는 공기를 ~로 해서 전달된다 Les sons sont transmis par l'intermédiaire de l'air / L'air véhicule les sons.

매춘 賣春 명 prostitution *f*.

◆_부 -婦 명 prostituée *f*, péripatéticienne *f* {*litt*}, fille *f* publique [de joie].

매출 賣出 명 écoulement *m* des marchandises; mise *f* en vente, ((증권의)) émission *f*. ¶ ~ 실적 résultat (concret, tangible) d'une vente. ¶ 염가 대~ grande vente au rabais; soldes.

◆_액 -額 명 montant *m* des ventes. ¶ ~이 늘었다[줄었다] La recette des ventes a augmenté[diminué].

매치 영{match} 명 【운동】 combat *m*, compétition *f*, match *m*. ¶ 권투 플라이급 세계챔피언 타이틀 le match des poids plumes pour le titre de champion du monde de boxe.

◆_포인트 명 【운동】 ((테니스)) balle *f* de match.

매카시즘 영{McCarthyism} 명 MacCarthyisme *m*.

매캐하다 형 sentir la fumée, piquer le nez. ¶ 매캐한 연기 fumée qui pique le nez. ¶ 방 안에 연기가 ~ Ça sent la fumée dans cette pièce. ¶ 매캐한 냄새가 코를 찌른다 L'odeur de la fumée pique le nez.

매콤하다 형 être un peu piquant(*e*), avoir une odeur un peu piquante. ¶ 국물이 ~ La soupe est piquante. ¶ 매콤한 고추 piment un peu piquant. ¶ 매콤한 연기 냄새 odeur un peu piquante de la fumée. ¶ 코가 매콤해 온다 Ça pique un peu le nez. ¶ 이 요리는 좀 더 매콤하게 하는 것이 좋다 Ce plat serait meilleur s'il était un peu relevé. ¶ 나는 매콤한 맛이 좋다 J'aime ce qui est épicé [un peu piquant, un peu relevé].

매킨토시 영{Macintosh} 명 Macintosh *m*, Apple *m*. ¶ ~ 컴퓨터 un ordinateur Macintosh.

매트 영{mat} 명 ☞ 매트리스

매트리스 영{mattress} 명 matelas *m*. ¶ ~를 깔다 étendre un matelas.

매판 買辦 어근 comprador, parasitaire ((dans le vocabulaire communiste maoïste)); personne *f* qui s'associe avec des étrangers pour son profit personnel au dépens du bien[de l'intérêt] de son pays ((dans un contexte de dépendance impérialiste ou colonialiste)).

◆_적 -的 명 comprador, parasitaire ((dans le vocabulaire communiste maoïste)); qui passe outre le bien de *son* pays et préfère s'associer aux étrangers pour *son* propre profit ((dans un contexte impérialiste ou colonialiste)).

◆_자본 -資本 명 capital *m* comprador.

매표 賣票 명 vente *f* de billet.

◆_구[소] -口[所] 명 guichet *m*.
◆_원 -員 명 vendeur(*se*) de billets.
매한가지 명 ((C'est)) (la) même chose *f*, kif-kif *m* {*fam*}. ◇_이다 Cela revient au même / C'est du pareil au même / C'est exactement pareil / C'est bonnet blanc et blanc bonnet / C'est du kif {*fam*} / C'est kif-kif (bourricot) {*fam*} / La chose est égale {*vx*, *litt*} / Cela m'est égal / Je n'ai pas de préférence / Cela importe peu. ¶ 어느 길로 가든 ~다 Quelle que soit la route qu'on prenne, c'est pareil [cela reviendra au même, c'est kif-kif {*fam*}].
매향 梅香 명 parfum *m* des fleurs de l'abricotier du Japon.
매혈 賣血 명 vente *f* de sang.
매형 妹兄 명 mari *m* de la sœur aînée; beau-frère(~*x*-~*s*) *m* (d'un homme).
매혹 魅惑 명 fascination *f*, séduction *f*, envoûtement *m*, ensorcellement *m*, enchantement *m*, charme *m*. ¶ 누구의 ~에 이끌리다 être attiré(*e*) par les charmes de quelqu'un. ◇_(을) 하다[시키다] séduire, fasciner, envoûter, ensorceler, charmer. ◇_(이) 되다[_(을) 당하다] être fasciné(*e*), séduit(*e*), envoûté(*e*), charmé(*e*). ¶ 나는 그 여자의 아름다움에 ~되었다 J'ai été charmé [captivé, envoûté] par la beauté de cette femme.
◆_적 -的 명 charmant(*e*), ensorcelant(*e*), envoûtant(*e*), fascinant(*e*), ravissant(*e*), captivant(*e*), grisant(*e*), séduisant(*e*). ¶ ~적인 여자 une femme envoûtante. ¶ ~적인 자태 des attitudes gracieuses. ¶ 그 여자 아나운서의 목소리는 ~적이다 La voix de cette présentatrice est charmante.
매화 梅花 명 【식물】 fleur *f* de l'abricotier du Japon; ((매화나무)) abricotier *m* du Japon.
◆_나무 명 abricotier *m* du Japon, *Prunus mume* {*nsc*}.
맥 脈 명 ① ((맥박)) pouls *m*, pulsation *f*; ((맥락)) système *m* vasculaire (sanguin). ¶ 한의원에 가서 ~을 짚어 보다 se faire prendre le pouls dans un cabinet de médecine orientale. ¶ ~이 고르다[고르지 못하다] avoir un pouls normal [irrégulier]. ¶ 아직 ~이 뛰는 걸 보니 죽은 것은 아니다 Il n'est pas encore mort, puisque son pouls bat toujours. ② ((광물 따위의)) veine *f*, filon *m*; gisement *m*. ¶ ~을 찾아내다 découvrir [tomber sur] un filon [gisement]. ③ ((가계, 혈통)) filiation *f*. ¶ ~이 끊기다 Il n'y a plus de descendant ((arrêt de filiation)); ((famille)) s'éteindre; être sans descendant. ④ ((문장의)) contexte *m*. ◇_(을) 놓다 être sans entrain [vigueur, force, énergie]. ¶ 그는 ~ 놓고 앉아 있다 Il est assis sans entrain [vigueur, force, énergie]. ◇_(이) 풀리다[빠지다] ① perdre [avoir perdu] *ses* forces, mourir de fatigue; être épuisé(*e*), mort(*e*) de fatigue, exténué(*e*); être sur les rotules; être (complètement) naze [nase] {*fam*}; être crevé(*e*) {*fam*}; ne plus en pouvoir. ② perdre courage; être découragé(*e*), désappointé(*e*), déçu(*e*); être décourageant(*e*). ¶ ~(이) 빠지는 일 un événement décourageant. ¶ 시험에 떨어졌다는 소식을 들으니 ~이 풀린다 Je suis découragé(*e*) [déçu(*e*), désappointé(*e*)] d'apprendre que j'ai échoué [d'apprendre mon échec] à l'examen. ¶ 그 소식에 어머니는 그만 ~이 풀리셨다 À [En apprenant] cette nouvelle, ma mère s'est effondrée / Cette nouvelle a abattu ma mère.
*~을 못 추다 être sans vigueur.
◆금_ 金- 명 filon *m* d'or.
◆광_ 鑛- 명 filon *m*.
◆수_ 水- 명 nappe *f* phréatique.
맥고모자 麥藁帽子 명 chapeau(*x*) *m* de paille.
맥락 脈絡 명 ① 【의학】 système *m* vasculaire (sanguin). ② cohérence *f* ((d'un raisonnement)), enchaînement *m* (logique) ((d'un discours)), suite *f* ((d'un raisonnement)); lien *m*, liaison *f*, rapport *m*; ((문맥)) contexte *m*. ¶ ~을 이어가다 suivre le fil de *ses* idées. ¶ ~이 닿지 않는 말 charabia, propos incohérents [sans suite]; récit décousu. ¶ 앞뒤 ~을 잘 살펴야 뜻을 제대로 이해할 수 있다 On comprend mieux le sens [la signification] après avoir pris en compte [tenu compte] du contexte. ¶ 이 단락은 ~이 잘 안 통한다 Ce paragraphe n'est pas cohérent [manque de cohérence].
맥박 脈搏 명 pouls *m*, pulsation *f*. ¶ ~을 재다 prendre [tâter] le pouls. ¶ ~이 뛰는 걸로 봐서 이 사람은 아직도 살아 있다 Vu que le pouls bat encore, cette personne est encore vivante. ¶ ~이 빠르다[약하다] avoir le pouls rapide [faible]. ¶ ~이 친다 Le pouls bat. ¶ ~이 분당 100으로 올라갔다 Le pouls est monté jusqu'à 100 pulsations minute.
◆_계 -計 명 sphygmographe *m*.
◆_수 -數 명 nombre *m* de pulsations. ¶ 성인의 분당 ~수 nombre de pulsations minute d'un adulte.
맥시 영{maxi} 명 maxi *m*. ¶ ~ 치마 une jupe maxi, une jupe longue.
맥시멈 영{maximum} 명 maximum *m*. ¶ ~으로 au maximum.
맥아 麥芽 명 malt *m*; germe *m* d'orge séché ((pour faire des gâteaux ou des remèdes)).
◆_당 -糖 명 maltose *m*.
맥없이 脈- 부 ① sans vigueur, sans énergie; faiblement, mollement; sans entrain; d'un air abattu[découragé], ¶ 시합에 지자 다들 ~ 돌아갔다 Ils sont rentrés abattus d'avoir perdu leur match. ② 까닭없이 sans raison. ¶ ~ 화를 내다 se fâcher sans raison.
맥주 麥酒 명 bière *f* ((blonde, brune)); ((영국 맥주)) ale *f*, pale-ale(~-~*s*) *m*, ((영국 흑맥주)) porter *m*, stout *f*; ((벨기에 맥주)) faro *m*, lambic *m*, gueuze *f* [gueuse *f*]; (petite) mousse *f* {*fam*}. ¶ ~ 한 잔[조끼] une bière, un verre de bière, un bock de bière [une chope de bière]. ¶ ~ 거품 mousse. ¶ 김빠진 ~ bière éventée. ¶ ~에 취하다 s'enivrer [se griser, se soûler] à la bière.

ㅁ

◆_병 -瓶 명 ① bouteille *f* de bière. ② ((비유적)) personne *f* qui ne sait pas nager.
◆_양조 -釀造 명 brassage *m*.
◆_양조업자 -釀造業者 명 brasseur(*se*).
◆_양조장 -釀造場 명 brasserie *f*.
◆_집 명 brasserie *f*.
◆병_ 瓶- 명 bière *f* en bouteille.
◆생_ 生- 명 bière *f* à la pression; bière *f* pression {*pop*}. ¶ 생~ 500 [1000]cc 500 [1 000]cc de bière à la pression.
◆캔_ 명 bière *f* en canette.
◆흑_ 黑- 명 bière *f* brune.

맥쩍다 형 ① être ennuyeux(*se*), insipide, lassant(*e*), fatigant(*e*), embêtant(*e*), fastidieux(*se*), endormant(*e*), lassant(*e*), monotone, [soporifique {*fam*}], être rasant(*e*) {*fam*}, assommant(*e*), barbant(*e*) {*fam*}, rasoir {*fam*}, mortel(*le*) {*fam*}, bassinant(*e*), casse-pieds {*fam*}. ② être honteux(*se*), confus(*e*); ne pas oser se montrer.

맨[1] 부 rien que; rien d'autre que; ne ... que; plein(*e*), rempli(*e*), bondé(*e*) de *qc*. ¶ 구경거리는 없고 ~ 사람들뿐이었다 Il n'y avait rien à voir, mais que de monde! ¶ 모임에 나갔더니 ~ 모르는 사람들뿐이었다 Il n'y avait que des inconnus [Je ne connaissais vraiment personne] à la réunion. ¶ 그 가게에 갔더니 ~ 비싼 물건들밖에는 없더라 Tout était très cher dans ce magasin.

맨[2] 관 le plus; le moins; tout à fait; tout à l'extrémité; extrême. ¶ ~ 꼭대기 sommet (d'une montagne, de la tête), faîte (d'un arbre, d'une montagne), cime (d'un arbre, d'une montagne, d'un rocher), haut. ¶ ~ 왼쪽 집 maison tout au bout à gauche. ¶ ~ 앞줄에 au tout premier rang. ¶ 그 선수가 ~ 꼴찌로[나중에] 들어왔다 Cet athlète est arrivé le dernier [en toute dernière position]. ¶ 그 사람은 이 줄 ~ 끝에 서 있다 C'est le tout dernier de la queue / C'est le (tout) dernier dans la queue. ¶ 내가 ~ 먼저 도착했다 Je suis arrivé(*e*) (en tout(*e*)) premier(*ère*). ¶ ~ 처음으로 (tout à fait) le premier; à la tête de *qc*; avant tous les autres; avant tout; tout d'abord. ¶ 내가 너에게 ~ 처음에 한 말을 기억하니? Tu te souviens de ce dont je t'ai parlé tout au début?

맨-[3] 접두 ((bras, torse, épaules)) nu(*e*), dénudé(*e*); rien que; juste; sans accompagnement, ((fraises, café, yaourt)) nature, sans adjonction d'autre comestible, au naturel. ¶ ~발(로) ((marcher)) pieds nus, nu-pieds. ¶ ~손(으로) ((rendre visite à *qn*)) les mains vides, sans apporter de cadeaux; ((voyager)) sans bagages; ((rentrer)) bredouille; ((se battre)) sans (aucune) arme, à mains nues; en partant de rien, sans aucun capital. ¶ ~주먹(으로) ((se battre à)) poings *mpl*; sans (aucune) arme; ((fortune acquise)) à la force du poignet [des poignets] {*fam*}; par *ses* seuls moyens.

맨날 부 tous les jours; tout le temps. ¶ 그는 ~ 술타령이다 Il ne fait que boire / Il boit tout le temps.
◆_ _ 부 tous les jours; tout le temps.

맨눈 명 œil *m* nu. ¶ ~으로 볼 수 있는 visible à l'œil nu. ¶ 그것은 너무 작아서 ~으로는 식별할 수가 없다 Cette chose est trop petite pour être discernée à l'œil nu.

맨드라미 명 【식물】 amarante *f*, crête-de-coq (~*s*-~-~) *f*.

맨땅 명 terrain *m* nu [non travaillé, pelé, naturel, sauvage]. ¶ ~에 눕다 se coucher à même le sol [par terre, à la dure {*fam*}]. ¶ 의자가 없어서 ~에 그냥 주저앉았다 Comme il n'y avait pas de chaise, on s'est laissé tomber (par terre). ¶ 우리 집 근처에는 ~뿐이다 Autour de chez moi, il n'y a que du terrain sauvage.
◆_바닥 명 plancher *m* [sol *m*, parquet *m*] nu.

맨머리 명 tête *f* nue (sans aucun ornement, aucun accessoire); sans chapeau, en cheveux. ¶ 그 여자는 모자를 찾지 못해 ~로 외출했다 Comme elle n'a pu trouver son chapeau, elle est sortie nu-tête [tête nue].

맨몸 명 ① nudité *f*; corps *m* nu; nu(*e*); à nu; découvert(*e*); à découvert; déshabillé(*e*). ¶ ~을 드러내다 se montrer tout(*e*) nu(*e*). ¶ 그 남자는 ~에 가운만 걸치고 있다 Il ne porte qu'un peignoir. ② mains *fpl* vides; sans le sou, sans ressource. ¶ 지난밤에 집에 불이 나서 우리는 ~으로 빠져나왔다 Pour échapper au feu qui a brûlé la maison la nuit dernière, nous sommes sortis les mains vides. ¶ 그 사람은 모든 재산을 버리고 ~으로 도피했다 Il s'est enfui les mains vides, abandonnant toute sa fortune.

맨몸뚱이 명 corps *m* nu; va-nu-pieds *m inv*; (les) mains *fpl* vides, sans le sou, sans aucune ressource [aide]. ¶ 그 사람은 ~ 하나만 믿고 사업을 벌였다 Il a monté son affaire avec trois fois rien [sans aucune aide, en ne pouvant compter que sur lui-même].

맨바닥 명 plancher *m* [sol *m*, parquet *m*] nu. ¶ ~에 눕다[앉다] coucher [s'asseoir] sur le sol [à même le sol]; coucher à la dure {*fam*}. ¶ 나는 아무 것도 깔지 않고 ~에서 자는 게 좋다 J'aime dormir sur le sol [à même le sol] / J'aime à dormir par terre.

맨발 명 pieds *mpl* nus, nu-pieds. ¶ ~로 걷다 marcher pieds nus [nu-pieds].

맨밥 명 riz *m* nature; riz *m* sans accompagnement. ¶ 국도 없이 ~만 먹으니 목이 메인다 Manger (du riz) sans rien de liquide m'étouffe / Manger du riz sec sans soupe m'étouffe.

맨살 명 ((torse, bras, épaules)) nu(*e*). ¶ 그 여자는 ~을 다 드러낸 야한 옷을 입고 있다 Elle s'est habillée de façon provocante. ¶ 옷 사이로 그 여자의 ~이 살짝 드러났다 Au travers de ses vêtements, on devinait son corps.

맨션 영{mansion} 명 ((도시)) hôtel *m* particulier; ((지방)) château *m*, manoir *m*; immeuble *m* d'habitation (luxueux).

맨손 명 ① ((à)) mains *fpl* nues. ¶ 그 여자는 ~으로 빨래를 한다 Elle lave le linge à mains nues. ② ((rendre visite à *qn*)) (les) mains *fpl* vides, sans apporter de cadeaux; ((voyager)) sans bagages; ((rentrer)) bredouille; ((se battre)) sans (aucune) arme, à mains nues. ¶ ~으로 싸우다 se battre sans arme [à mains nues]. ¶ 생일잔치에 어떻게 ~으로 가니? Comment (pourrait-on) aller à cet(te fête d')anniversaire les mains vides? / Il ne serait pas correct d'arriver [aller] les mains vides à cet(te fête d')anniversaire / On ne peut tout de même arriver [aller] les mains vides à cet(te fête d')anniversaire! ¶ 그 남자는 ~으로 시작해서 대기업을 일구어 냈다 Il a créé [monté] une grosse entreprise [boîte {*fam*}] en partant de rien [sans aucun capital].

◆_체조 -體操 명 【운동】 gymnastique *f* (préparatoire), échauffement *m*.

맨숭맨숭 부 ((avoir)) encore toute *sa* tête, ((avoir)) encore l'esprit lucide, ((être)) encore parfaitement lucide, avec toute *sa* lucidité ((bien qu'ayant bu)); d'un air ennuyé [embarrassé, gêné]; sans rien dire, sans dire aucun mot, l'air gêné [embarrassé, mal à l'aise]. ¶ 모두들 말없이 ~ 앉아 있기만 했다 Tout le monde était assis sans rien dire, l'air mal à l'aise [l'air gêné, l'air embarrassé].

◆_하다 형 ((정신이)) avoir encore toute *sa* tête ((bien qu'ayant bu)), avoir encore l'esprit lucide, être encore parfaitement lucide, rester lucide, avoir encore [garder] toute *sa* lucidité, être toujours sain d'esprit, ne pas être ivre [soûl(*e*)]; ((머리 따위가)) ne pas avoir de poils; ne pas avoir de cheveux; être chauve, glabre; ((la peau)) être lisse; ((산 따위가)) être dénudé(*e*), déboisé(*e*), nu(*e*), pelé(*e*), chauve; ((분위기가)) il règne une ambiance froide. ¶ 정신이 ~하다 avoir encore toute *sa* tête (après avoir bu de l'alcool), avoir encore [garder] toute *sa* lucidité, être encore parfaitement lucide, ne pas être soûl(*e*), avoir l'esprit sain [lucide, éveillé], être toujours saint d'esprit.

맨얼굴 명 visage *m* non maquillé. ¶ 화장을 전혀 하지 않은 ~로 외출하다 sortir sans s'être maquillé(*e*).

맨입 명 ① à jeun, l'estomac vide. ¶ 그 사람은 밥은 안 먹고 ~에 반찬만 먹었다 Il n'a consommé que des *banchan*. Il n'a pas du tout pris de riz. ② sans aucune contrepartie. ¶ 그런 부탁을 들어주는데 ~으로 되나? Comment accepter une telle demande sans aucune contrepartie?

맨정신 명 état *m* encore lucide, l'esprit encore lucide [sain, éveillé]. ¶ 취하지도 않았는데 ~으로 내가 어떻게 그런 말을 할 수 있겠니? Comment aurais-je pu dire ces choses-là sans avoir été ivre?

맨주먹 명 ① ((se battre à)) poings *mpl* nus; sans (aucune) arme. ¶ ~으로 강도와 싸우다 lutter [se battre] à poings nus contre le cambrioleur. ¶ 그 남자는 ~으로 범을 잡았다 Il a vaincu le tigre à mains nus. ② sans aucun capital, à partir de rien, en partant de rien, par *ses* seuls moyens, avec trois fois rien, sans aucune aide, en ne pouvant compter que sur *soi*-même, ((fortune acquise)) à la force du poignet [des poignets] {*fam*}. ¶ 그 사람은 ~으로 그 많은 재산을 일구어냈다 Il a amassé son énorme fortune à la force des poignets [du poignet].

맨투맨작전 영{man-to-man-} 作戰 명 【운동】 marquage *m* individuel [homme à homme], défense *f* homme à homme.

맨투맨티 영{man to man tee} 명 sweat-shirt *m*.

맨홀 영{manhole} 명 bouche *f* d'égout. ¶ ~ 공사 travaux d'égout. ¶ ~ 뚜껑 plaque d'égout. ¶ ~에 빠지다 tomber dans un égout.

맴돌다 자타 ① tournoyer, tourner en rond, virevolter, tournicoter, tourniquer, tourner autour, s'afficher légèrement. ¶ 독수리가 허공을 맴돌고 있다 Un aigle tournoie dans le ciel. ¶ 그 사람은 항상 내 주위를 맴돈다 Il tourne toujours autour de moi. ② tourner autour de, avoisiner. ¶ 그 사람은 성적이 꼴찌에서 맴돌고 있다 Ses notes tournent autour des dernières de la classe. ③ tourner ((dans la tête de *qn*)). ¶ 머릿속에서 맴도는 생각 des idées qui me tournent dans la tête [qui s'entrechoquent dans mon cerveau]. ¶ 그 사람의 입가에 미소가 맴돌았다 Un sourire s'afficha sur ses lèvres.

맴매 명 【아어】 baguette *f* utilisée pour fesser un enfant; Panpan cucul! ◇_(를) 하다 frapper un enfant avec une baguette (sur le postérieur), donner la fessée ((à un(*e*) enfant)). ¶ 또 그러면 ~한다! Si tu recommences, ce sera panpan cucul [ce sera la fessée, je te donne la fessée, tu auras (le droit à) une fessée, gare à tes fesses {*fam*}].

맵다 형 ① ((맛이)) être piquant(*e*), fort(*e*), pimenté(*e*), âcre, relevé(*e*); être poivré(*e*), épicé(*e*); avoir un goût poivré [épicé]; ((입안이)) mettre la bouche en feu, emporter la bouche; avoir la bouche en feu; emporter la bouche; arracher la gueule {*fam*}; déménager {*fam*}. ¶ 이 고추는 정말 ~ Ce piment est particulièrement piquant [fort] / Ce piment met la bouche en feu [emporte la bouche, arrache (la gueule) {*fam*}]. ¶ 매운 카레라이스 un riz au curry particulièrement épicé. ¶ 겨자 소스가 너무 매워서 눈물이 났다 La sauce (à la) moutarde est tellement piquante qu'elle m'a fait monter les larmes aux yeux. ¶ 맵고 짠 음식을 피하는 것이 건강에 좋다 Il est recommandé pour la santé d'éviter les nourritures trop pimentées et trop salées. ¶ 이 음식은 맵게 하는 것이 좋다 Pour faire [réussir] ce plat, il faut bien le pimenter [il faut le relever]. ② ((fumée)) piquer les yeux, être irritant(*e*). ¶ 매운 담배 연기 une fumée de cigarette irritante. ¶ 낙엽을 태우는 연기가 ~ La fumée des feuilles mortes en train de brûler me pique les yeux. ③ ((성격 따위가)) être sévère, dur(*e*), rigoureux(*se*), draconien(*ne*), implacable, austère, rigide; avoir un caractère dur [sévère]; ((날씨가)) être rigoureux(*se*), mordant(*e*), cuisant(*e*), ((faire un froid)), perçant(*e*), cinglant(*e*) ((vent)); piquer, mordre. ¶ 그 여자는 맵고 차다 C'est une femme sévère et froide. ¶ 바람이 ~ Le vent est cinglant. ¶ 바깥 공기가 차고 ~ L'air du dehors est froid et pique / Dehors, il fait un froid mordant [cuisant]. ¶ 그 남자는 손끝이[손이] ~ Il est adroit [habile] de ses mains ((pour faire la cuisine, etc.)) / C'est un cordon bleu [Il a la main lourde / Il frappe dur [fort] / Il est brutal]. ¶ 그 여자는 살림 솜씨가 ~ Elle gère habilement [adroitement] l'économie du ménage. ¶ 바람이 맵게 분다 Le vent mord / Le vent est cinglant.

맵시 명 bonne apparence *f*, allure *f*, maintien *m*, posture *f*, tenue *f*, contenance *f*. ◇_(를) **내다** se mettre dans une tenue élégante. ¶ 그 여자는 한껏 ~를 내고 모임에 나갔다 Elle est allée à la réunion dans une tenue très élégante. ◇_(가) **나다** être élégant(*e*). ¶ 그 여배우는 어떤 옷을 입어도 ~가 난다 Quels que soient les vêtements qu'elle met, cette actrice est élégante. ◇_(가) **있다** avoir une belle apparence, avoir du galbe, ((une femme)) être bien faite [roulée {*fam*}, foutu(*e*) {*vulg*}]; bien présenter, être présentable, être élégante; avoir de l'élégance. ¶ ~있는 걸음걸이 une démarche élégante. ¶ 그 여자는 ~ 있게 옷을 입는다 Elle s'habille avec goût / Elle sait s'habiller.

맵싸하다 형 être âcre, piquant(*e*), relevé(*e*); être irritant(*e*); arracher {*fam*}, déménager {*fam*}, emporter la bouche {*fam*}, mettre la bouche en feu {*fam*}; avoir la bouche en feu {*fam*}. ¶ 맵싸한 고추 piment très piquant; piment qui met la bouche en feu [qui déménage {*fam*}, qui arrache {*fam*}]. ¶ 맵싸하고 얼큰한 매운탕 *maeuntang* [soupe de poisson] très relevée et pimentée à souhait. ¶ 맵싸한 유황 냄새가 코를 찌른다 L'odeur du soufre est irritante [piquante].

맷돌 명 meule *f* (de pierre); meules *fpl* de moulin en pierre. ¶ (곡식을) ~로[에] 갈다 broyer [moudre] ((des grains)) avec une meule [à la meule]; moudre ((de l'orge)). ¶ ~에 팥을 갈다 moudre des haricots rouges à la meule.

맷집 명 bonne encaisse *f* (aux coups). ¶ 저 권투선수는 ~이 좋다 Ce boxeur encaisse bien (les coups) / Ce boxeur sait encaisser.

맹- 猛- 접두 violent(*e*), féroce, intense. ¶ ~공격 attaque violente; assaut violent; une forte attaque. ¶ ~연습[훈련] entraînement intense. ¶ ~활약 action énergique; activité intense; participation active.

맹견 猛犬 명 chien *m* féroce [méchant]. ¶ ~ 주의 «Attention chien méchant!».

맹공 猛攻 명 ☞ 맹공격

맹공격 猛攻擊 명 attaque *f* violente; assaut *m* violent; forte attaque *f*. ◇_(을) **하다[퍼붓다, 가하다]** attaquer violemment [livrer un assaut féroce, lancer une attaque violente]. ¶ 적을 ~하다[적에게 ~을 퍼붓다] lancer un assaut violent contre l'ennemi [assaillir férocement l'ennemi]. ◇_(을) **당하다[받다]** être pris(*e*) d'assaut, être violemment assailli(*e*), subir une attaque violente.

맹금류 猛禽類 명 【동물】 (famille *f* des) rapaces *mpl*.

맹꽁이 명 ① 【동물】 *Kaloula borealis* {*nsc*}. ② personne bête [niaise, stupide], imbécile, idiot(*e*), niais(*e*), (grand) sot(*te*), (grand) benêt *m*, (grand, gros) bêta(*sse*), (grand, gros) nigaud *m*, godiche *f*, (grand) dadais *m*; cornichon *m* {*fam*}, corniaud *m* {*fam*}, couillon(*ne*) {*fam*}, cruche *f* {*fam*}, gourde *f* {*fam*}, andouille *f* {*fam*}, nicodème *m* {*fam*}, niquedouille {*fam*}, (grosse) nouille *f* {*fam*}, nunuche *f* {*fam*}. ¶ 이런 ~ 같으니, 그것도 몰라? Grand sot [Gros bêta, Gros nigaud], tu ne sais même pas cela?

맹독 猛毒 명 poison *m* violent [foudroyant]. ◆_**성** -性 명 propriété *f* vénéneuse; venimosité *f* {rare}; caractère *m* toxique. ¶ ~성 농약 insecticide puissant.

맹랑하다 孟浪- 형 ① être difficile, délicat(*e*), compliqué(*e*). ¶ 맹랑한 일[사건] affaire [événement] difficile à traiter [surprenant]. ¶ 일이 맹랑하게 됐다 Les affaires ont pris une tournure délicate. ② 당돌하다 être insolent(*e*). ¶ 하는 짓이 참 ~ C'est un comportement vraiment difficile à comprendre. ¶ 맹랑한 놈이로군! Quelle insolence! / Quel culot, celui-là! ¶ 신입사원의 맹랑한 질문에 모두 크게 당황했다 Tout le monde a été stupéfait par l'insolence extrême avec laquelle le nouvel employé a formulé sa question. ③ 허망하다 être décevant(*e*), navrant(*e*); être absurde, ne pas avoir de sens; être inconcevable, incroyable; être étonnant(*e*), surprenant(*e*). ¶ 요즘 세상 돌아가는 것이 참 맹랑하다고 그는 한탄했다 Il a déploré que les affaires du monde prennent une tournure décevante.

맹렬하다 猛烈- 형 être violent(*e*), furieux(*se*), impétueux(*se*), intense, fort(*e*); ((froid)) être mordant(*e*), cuisant(*e*); ((pluie, vent)) être cinglant(*e*). ¶ 맹렬한 공격 attaque violente [impétueuse]. ¶ 맹렬한 추위 froid intense [glacial, rigoureux, mordant, cuisant]. ¶ 반군들의 저항이 시간이 갈수록 더욱 맹렬해 지고 있다 D'heure en heure, la résistance des dissidents se fait plus forte [furieuse]. ¶ 불길이 맹렬한 속도로 번져간다 Le feu se répand à une vitesse terrible. ¶ 정부의 핵발전소 건설 계획은 주민들의 맹렬한 반대에 부딪쳤다 Le projet gouvernemental de construction d'une centrale nucléaire s'est heurté au violent refus [refus catégorique] des habitants.

맹모삼천 孟母三遷 명 trois déménagements *mpl*

que la mère de Mencius a faits pour bien élever celui-ci.

◆_지교 -之教 명 bonne éducation *f* de la mère de Mencius qui a déménagé trois fois pour ce dernier.

맹목 盲目 명 cécité *f*; aveuglement *m*. ¶ ~에 가까운 신뢰 une confiance presque aveugle.

◆_적 -的 명 aveugle, inconditionnel(*le*); servile. ¶ ~적(인) 복종 une obéissance [une soumission] aveugle, approbation [opposition] inconditionnelle. ¶ ~적인 찬성[반대] un accord [un désaccord] absolu. ¶ 자식에 대한 부모의 ~적인 사랑 amour absolu [aveugle] des parents pour leurs enfants. ¶ 그 사람들은 자신들의 지도자를 ~적으로 추종하고 있다 Ils obéissent aveuglément à leur chef [guide].

맹물 명 ① eau *f* pure (et simple), eau *f* nature, eau *f*; ((비탄산수)) eau *f* plate; ((비유적)) boisson *f* fade[sans goût], eau *f* de vaisselle {*fam*}, lavasse *f* {*fam*}. ¶ 엄마는 국이 짜서 ~을 조금 탔다 La soupe étant trop salée, ma mère y a ajouté un peu d'eau. ¶ ~ 같은 술 alcool insipide. ② ((비유적)) personne *f* insipide [fade, sans intérêt]. ¶ 그 사람은 개성도 의욕도 없는 순 ~이다 C'est une personne insipide [sans intérêt]; elle n'a ni personnalité ni volonté.

맹서 盟誓 명 vœu(*x*) *m*, serment *m*. ☞ 맹세

맹세 盟誓 명 vœu(*x*) *m*; serment *m*. ¶ ~를 지키다 tenir *son* serment, être fidèle à un serment [à une promesse]. ¶ ~를 깨뜨리다[저버리다] violer [rompre, trahir] un serment; se parjurer. ¶ 굳은 ~ promesse ferme. ◇_(를) 하다 prêter [faire] serment; faire un serment, faire le serment [faire vœu] de+*inf*;, s'engager à+*inf*; jurer ((fidélité, obéissance, amitié)) à *qn*; jurer ((de faire *qc*)); jurer *qc* ((sur la tête de *ses* enfants, sur la tête de *sa* mère)); prêter un serment ((devant un tribunal)); donner *sa* parole (d'honneur) à *qn* ((de faire *qc*)). ¶ 모든 사람 앞에서 ~하다 faire un serment [jurer] devant tout le monde. ¶ 천지신명께 ~하다 faire vœu devant le Ciel. ¶ 누구에게 충성을 ~하다 jurer fidélité à *qn*. ¶ 비밀을 지킬 것을 ~하다 faire serment de garder le silence. ¶ 무슨 일이 있어도 우정[사랑]을 지키겠다고 누구에게 ~하다 jurer à *qn* de lui conserver amitié [affection] quoi qu'il arrive. ¶ 무엇을 하지 않기로 누구에게 ~하다 jurer à *qn* qu'on ne fera pas *qc*. ¶ 증인은 진실만을 말할 것을 ~하였다 Le témoin a juré de ne dire que la vérité.

◆_코 부 sous la foi du serment. ¶ ~코 약속은 지키겠다 Je fais serment de tenir parole.

맹수 猛獸 명 bête *f* féroce, (grand) fauve *m*. ¶ ~ 우리[사육장] cage d'animaux sauvages [lieu où l'on élève des fauves]. ¶ ~를 길들이는 사람 dompteur (de fauves).

◆_사냥 명 chasse *f* aux (grands) fauves.

맹숭맹숭하다 형 ☞ 맨숭맨숭

맹신 盲信 명 foi *f* [confiance *f*, croyance *f*] aveugle; foi *f* du charbonnier {*fam*}; confiance *f* absolue [totale]. ¶ 현대과학에 대한 ~ foi aveugle dans la science moderne. ◇_(을) 하다 croire ((*qn*, à la médecine)) aveuglément; avoir une confiance absolue; suivre aveuglément. ¶ 그 환자는 의사의 말을 ~한다 Ce patient a une confiance absolue dans ce que dit le médecin.

◆_도 -徒 명 croyant(*e*) [fidèle, adepte] aveugle. ¶ 신흥종교의 ~도 fidèle aveugle d'une nouvelle religion.

◆_자 -者 명 croyant(*e*) [fidèle, adepte] aveugle.

맹아[1] 盲啞 명 aveugle *mf* [non-voyant(*e*)] et sourd-muet(*~e-~te*).

◆_학교 -學校 명 école *f* pour aveugles et sourds-muets.

맹아[2] 萌芽 명 ① bourgeon *m*, bouton *m*; germe *m* ((de pommes de terre, d'orge)); ((새싹)) pousse *f*; ((배 (胚))) embryon *m*. ② ((비유적)) commencement *m*; naissance *f* de *qc*; germes *fpl* ((d'une crise économique)); gestation *f*. ¶ 자본주의의 ~는 이미 그 시기부터 싹트고 있음을 알 수 있었다 Dès cette époque, on put assister à la naissance du capitalisme.

◆_기 -期 명 période *f* de gestation. ¶ 근대문명의 ~기 période où paraissent (les) différents germes de ce qui conduira à la culture moderne.

맹약 盟約 명 ① serment *m*, promesse *f* solennelle, engagement *m* sur l'honneur. ② pacte *m*, alliance *f*. ¶ 스트라스부르 ~ le serment de Strasbourg. ¶ 우리나라는 두 나라 사이의 ~을 깨뜨린 적이 없다 Nous n'avons [Le pays n'a] jamais rompu d'engagement bilatéral.

◆_(을) 하다[맺다] conclure un pacte d'alliance [nouer une alliance] ((avec la France)), se liguer avec *qn*. ¶ 마피아들은 서로의 영역을 넘보지 않기로 ~을 맺었다 Les bandes de mafiosi se sont engagées à ne pas empiéter sur leurs terrains respectifs.

맹연습 猛練習 명 entraînement *m* intense [sévère, impitoyable]. ¶ ~을 거듭하다 répéter un entraînement intense [sévère]. ¶ 공연을 앞두고 모든 단원들이 ~에 들어갔다 Les membres de la troupe ont commencé à répéter intensément pour la représentation. ◇_(을) 하다 faire un entraînement intensif [sévère]; s'entraîner dur. ¶ 우승을 위해 ~하다 s'entraîner intensément [dur] pour gagner [triompher].

맹위 猛威 명 violence *f*, fureur *f* imposante ((de l'orage, des flots)). ¶ 태풍이 ~를 떨쳤다 Un violent typhon a fait d'affreux ravages dans la région. ¶ 늦더위가 ~를 떨치고 있다 Les dernières chaleurs sont écrasantes [intenables, suffocantes, étouffantes]. ¶ 이번 겨울엔 독감이 ~를 떨쳤다 La grippe a sévi cet hiver.

맹인 盲人 명 aveugle *mf*, non-voyant(*e*). ¶ ~ 악사[안마사] musicien [masseur] aveugle. ¶ ~ 안내견 chien d'aveugle. ¶ ~용 점자[지팡이] braille [canne blanche].

ㅁ

◆_학교 -學校 명 école *f* pour aveugles [non-voyants].

맹자[1] 孟子 명 ① Mencius. ② livres *mpl* de Mencius. ¶ ~를 읽다 lire les livres de Mencius.

맹자[2] 盲者 명 ((장님)) aveugle *mf*; ((시각장애자)) non-voyant(*e*).

맹장 盲腸 명 【의학】 caecum *m*; appendice *m*. ¶ 이 환자는 ~을 떼어냈다 Ce patient a été opéré de l'appendicite. ¶ 이 환자는 ~이 곪아서 터졌다 Ce patient a fait un abcès à l'appendice et l'abcès a crevé.

◆_염 -炎 명 【의학】 péritonite *f*, appendicite *f*. ¶ 급성 ~염 appendicite aiguë.

◆_(염)수술 -(炎)手術 명 【의학】 opération *f* de l'appendicite; appendicectomie *f*. ¶ ~수술을 받다 être opéré(*e*) de l'appendicite; subir une appendicectomie.

맹점 盲點 명 ① points [éléments] *mpl* fallacieux; nature *f* fallacieuse; caractère *m* spécieux; obscurité *f*, point *m* obscur. ¶ 법의 ~ le versant négatif d'une loi; obscurités de la loi. ¶ 그 사람은 상대방 주장의 ~을 정확히 찔렀다 Il rend évident la nature fallacieuse des arguments avancés par son adversaire / Il rend évident que les arguments avancés par son adversaire sont entièrement spécieux. ¶ 새로운 인사 제도는 근무 사기의 저하라는 ~을 드러내었다 Le remaniement dans la direction du personnel a eu pour conséquence négative un manque d'assiduité au travail. ② 【의학】 point *m* aveugle, punctum *m* caecum; tache *f* de Mariotte. ¶ ~에는 상이 맺히지 않는다 Les images ne se forment pas au point aveugle.

맹종 盲從 명 obéissance *f* [soumission *f*] aveugle. ¶ 외래문화에 대한 ~ soumission totale à la culture étrangère. ◇_(을) **하다** obéir [se soumettre] aveuglément ((aux ordres d'un supérieur)); suivre *qn* aveuglément. ¶ 상관의 말에 ~하다 obéir [se soumettre] aveuglément aux ordres d'un supérieur. ¶ 지휘자에게 ~할 것을 강요해서는 안 된다 Il ne faut pas forcer quelqu'un à obéir aveuglément à son chef.

맹주 盟主 명 nation [personne] *f* dirigeante ((dans une alliance)). ¶ 이 나라는 그 지역의 새로운 ~로 떠오르고 있다 Ce pays s'impose comme la nation dirigeante de cette région du monde.

맹추 명 imbécile *mf*, idiot(*e*), niais(*e*), (grand) sot(*te*), (grand) benêt *m*, (grand, gros) bêta(*sse*), (grand, gros) nigaud *m*, godiche *f*, (grand) dadais *m*; cornichon *m* {*fam*}, corniaud *m* {*fam*}, couillon(*ne*) {*fam*}, cruche *f* {*fam*}, gourde *f* {*fam*}, andouille *f* {*fam*}, nicodème *m* {*fam*}, niquedouille {*fam*}, (grosse) nouille *f* {*fam*}, nunuche *f* {*fam*}. ¶ ~ 같은 짓을 하다 faire une bêtise. ¶ ~ 같은 놈 Triple imbécile! / Grand sot! / Gros bêta [nigaud]! / Quel corniaud [couillon] {*fam*}! / Quelle nouille {*fam*}! / Ce qu'il peut être nouille {*fam*}! ¶ 이런 ~ 같으니, 그렇게 쉬운 일도 처리 못 해? Grand sot [Gros bêta, Gros nigaud]! Tu ne sais même pas résoudre des problèmes aussi simples?[Tu n'arrives même pas à résoudre des problèmes aussi simples?].

맹타 猛打 명 coup *m* violent. ◇_(를) **하다**[**가하다**, **퍼붓다**] frapper fort [violemment, avec violence]. ¶ 기갑부대가 적진에 ~를 가했다[퍼부었다] Les blindés ont donné un vigoureux assaut contre la position ennemie.

맹탕 -湯 명 ① soupe *f* insipide. ¶ 이 국은 건더기 하나 없는 멀건 ~이다 C'est une soupe insipide sans aucun morceau de viande ou de légumes / C'est de l'eau claire cette soupe [ce bouillon]! ② ((비유적)) personne *f* insipide [sans intérêt]. ¶ 이제 보니 사람이 아주 ~이다 C'est une personne vraiment insipide [sans intérêt].

*~**으로** à la va-vite; sans raison, sans but; en vain, au hasard. ¶ 그 사람을 믿고 맡겼더니 일을 아주 ~으로 처리했다 On lui a fait confiance, et il a tout gâché [n'a pratiquement rien fait, n'a pas été sérieux].

맹하다 형 être abruti(*e*), sot(*te*), idiot(*e*). ¶ 맹한 표정 une expression stupide sur le visage. ¶ 그는 하는 짓이 ~ Il se comporte comme un imbécile.

맹호 猛虎 명 tigre(*sse*) féroce. ¶ ~ 부대 le corps [la division] des Tigres. ¶ ~ 같이 덤비다 se précipiter [foncer, se jeter, se ruer, fondre] sur *qn*/*qc* comme un tigre.

맹활약 猛活躍 명 engagement *m* énergique. ¶ 국제무대에서 ~ 중인 젊은 한국인 예술가 jeune artiste coréen très présent sur la scène internationale. ¶ 후보 선수들의 ~에 힘입어 우리 팀이 우승했다 L'équipe a gagné grâce à l'énergique engagement des remplaçants. ¶ 그 선수의 ~으로 우리 팀이 승리하였다 L'équipe a gagné grâce à son engagement intense. ◇_(을) **하다**[**벌이다**, **펼치다**] travailler énergiquement [vigoureusement] [déployer une grande activité, se montrer actif(*ve*)]. ¶ 그 사람은 가수로, 배우로, 사회사업가로, 여러 방면에서 ~하고 있다 Il travaille énergiquement [activement] dans plusieurs domaines, comme chanteur, acteur, bénévole qui s'occupe d'œuvres sociales.

맹휴 盟休 명 grève *f* (des étudiants). ¶ 학생들은 ~ 중이다 Les étudiants sont en grève.

맺다 타 ① ((매듭 따위를)) nouer, lier, attacher, relier, ligoter, unir, fixer, amarrer, accrocher, atteler, lacer, ficeler, sangler, accoler. ¶ 매듭을 ~ nouer un nœud. ¶ 연을 줄에 ~ accrocher le cerf-volant à son fil. ② ((열매 따위를)) fructifier; ((des fruits)) se former; donner ((des fruits)). ¶ 이 나무는 열매를 일찍[늦게] 맺는다 Cet arbre fructifie précocement [tardivement]. ¶ 열매를 맺는 시기 la période de la fructification. ¶ 그 사람의 오랜 노력이 드디어 열매[결실]를 맺었다 Ses longs efforts ont enfin porté leurs fruits. ③ ((관계 따위를)) nouer; conclure, contracter, signer. ¶ 이웃 나라와 조약을 ~ conclure [signer] un traité avec un pays voisin. ¶ 백년가약[혼인]을 ~ contracter un mariage, se marier. ¶ 누구와 의형제를 ~ avoir une relation fraternelle avec *qn*. ¶ 우리 회사는 프랑스 회사와 계약을 하나 맺었다 Notre entreprise a signé un contrat avec une société française. ¶ 내가 그 친구와 인연을 맺은 지는 십년도 넘었다 Cela fait déjà plus de dix ans que j'ai noué un lien amical avec lui. ¶ 두 남녀가 오래 전부터 관계를 맺어 온 것이 확실합니까? Est-il certain que ces deux personnes ont noué des rapports depuis longtemps? ④ ((끝을)) terminer, achever, finir, achever, conclure, parfaire, clore. ¶ 학업을 끝을 ~ terminer *ses* études. ¶ 하던 일은 마저 끝을 맺고 다른 일을 시작해라 Finis le travail que tu es en train de faire puis commences-en un autre.

맺음말 명 conclusion *f*. ¶ 그 사람은 명구를 인용하는 것으로 ~을 대신했다 Il a cité une phrase célèbre en guise de conclusion.

맺히다 자 ① ((꽃망울 따위가)) bourgeonner; être accroché(*e*), suspendu(*e*), pendu(*e*). ¶ 꽃망울이 맺힌 장미 le rosier qui porte des boutons de fleurs; le rosier sur lequel sont accrochés des boutons de fleurs. ¶ 우리집 사과나무는 금년엔 열매가 맺히지 않았다 Le pommier de chez nous ne porte pas de fruits cette année. ② ((물방울 따위가)) se former; perler; être accroché(*e*), suspendu(*e*). ¶ 그 남자의 눈에 눈물이 맺혔다 Les larmes lui sont montées aux yeux. ¶ 꽃잎에 이슬이 맺혔다 Des gouttes de rosée sont suspendues aux pétales de fleurs. ¶ 이마에 땀방울이 맺혔다 Des gouttes de sueur perlent sur son front. ¶ 땅에 넘어져서 무릎에 피가 맺혔다 Tombé par terre, ses genoux portent des traces de sang / Après être tombé par terre, il a les genoux en sang. ③ ((감정 따위가)) s'incruster (au plus profond de *son* âme). ¶ 원한이 ~ avoir un profond ressentiment au fond du cœur; avoir de la rancune. ¶ 그분은 못 배운 것에 한이 맺혀서 장학 사업에 힘쓰고 있다 Pris du profond remord de ne pas avoir fait d'études, il fait des efforts pour offrir des bourses.

머그잔 -盞 영{mug-} 명 grande tasse *f*, *mug m*; chope *f* ((de bière)).

머금다 타 ① boire à petites gorgées [à petites lampées {*fam*}]. ¶ 물을 한 모금 ~ boire de l'eau à petites gorgées [à petites lampées]. ② laisser paraître, laisser poindre, afficher. ¶ 입가에 미소를 ~ laisser paraître [laisser poindre] un sourire aux lèvres. ③ être chargé(*e*) de *qc*, porter. ¶ 이슬을 머금은 장미 한 떨기 une rose perlée de rosée. ¶ 습기를 머금은 공기 l'air chargé d'humidité. ¶ 비를 머금은 구름 les nuages chargés de pluie. ¶ 소금기를 머금은 바닷바람이 불어왔다 Le vent du large chargé de sel soufflait.

***눈물을 머금고 물러서다** sécher *ses* larmes.

머나멀다 형 être à une grande distance; être lointain(*e*), très éloigné(*e*). ¶ 머나먼 이국땅 pays étranger lointain. ¶ 머나먼 옛날 passé lointain [révolu]. ¶ 머나먼 길을 떠나다 partir loin. ¶ 자유를 찾아 머나먼 여행을 떠나다 partir au loin en quête de la liberté.

머루 명 【식물】 vigne *f* d'ornement ((vigne originaire du Japon qui immortalise le nom de madame Coignet de Lyon; cultivée depuis 1875)); vigne *f Crimson Glory* ((*Crimson Glory Vine*, dénomination horticole)); *Vitis coignetiae* {*nsc*}.

◆_덩굴 명 sarment *m* de la vigne *Crimson Glory*.

◆_주 -酒 명 liqueur *f* fabriquée avec la vigne *Crimson Glory*.

◆_산 _山- 명 vigne *f* (d'ornement) sauvage.

머리 명 ① tête *f*, crâne *m*, chef *m* {*vx*}. ¶ ~를 다치다 être blessé(*e*) à la tête. ¶ 두 팔로 누구의 ~를 감싸다 serrer la tête de *qn* dans *ses* bras. ¶ 누구의 ~를 때리다 frapper *qn* à la tête. ¶ ~를 긁다 se gratter la tête. ¶ ~를 맞대고 의논하다 discuter en tête-à-tête. ¶ 그 사람은 ~를 긁적이며 나에게 미안하다고 했다 Il s'est excusé en se grattant la tête. ¶ 시험에 실패하자 그 사람은 ~를 싸매고 드러누웠다 Ayant échoué à l'examen, il s'est allongé avec un bandeau autour de la tête. ¶ ~에 수건을 두르다 nouer un mouchoir autour de la tête. ¶ ~에 부상을 입다 être blessé(*e*) à la tête. ¶ ~에 총알을 맞다 recevoir une balle dans la tête; être atteint(*e*) d'une balle à la tête. ¶ ~에 피도 안 마른 녀석 un (jeune) blanc-bec, un béjaune [bec-jaune] {*vx*}; un gamin; un (petit) morveux {*fam*} [péteux {*fam*}]; un (petit) merdeux {*vulg*}; un type [jeune homme] qui a encore le nez qui pisse le lait {*fam*}; un type (encore) trop jeune [inexpérimenté]. ¶ 공을 ~로 받다 faire une tête (avec le ballon) ((au football)). ¶ 그 녀석은 내 얼굴을 ~로 들이 받았다 Ce type m'a frappé d'un coup de tête au visage. ¶ ~가 아프다 avoir mal à la tête. ¶ ~가 어지럽다 avoir le vertige [un étourdissement]; être pris(*e*) de vertige; avoir la tête qui tourne [avoir le tournis {*fam*}]. ¶ 시끄러운 소리에 ~가 다 울릴 지경이다 avoir la tête sur le point d'exploser à cause du bruit. ¶ 생선은 ~가 맛있다 La meilleure partie dans le poisson, c'est la tête. ② 두뇌, 사고력 tête *f*, esprit *m*, intelligence *f*, faculté *f* de penser. ¶ ~를 스치는 생각 une idée qui effleure [traverse] l'esprit. ¶ ~를 썩히다 ne pas faire usage de *ses* facultés. ¶ ~를 썩이다 se faire des soucis; se torturer l'esprit; se mettre martel en tête {*litt*}. ¶ ~를 돌리다 tourner la tête. ¶ ~를 식히러 교외로 나가다 sortir de la ville pour se changer les idées. ¶ 모두가 ~를 모아 해결책을 찾다 trouver [chercher] une solution en rassemblant toutes les intelligences. ¶ 해결책을 찾느라 ~를 쥐어 짜다 se casser la tête [se creuser la cervelle] pour trouver une solution {*fam*}. ¶ 문득 좋은 방법이 ~에 떠올랐다 Tout d'un coup, les bonnes idées nous sont venues (à l'esprit). ¶ 그 사람의 설명은

너무 복잡해서 도무지 ~에 들어오지 않는다 Ses explications sont tellement compliquées que je n'arrive pas à les faire rentrer dans ma tête. ¶ 그 사람이 어제 한 말이 ~에서 떠나지 않는다 Ses paroles d'hier ne me sortent plus de la tête. ¶ 그 문제는 네 ~로는 풀 수 없을 것이다 C'est un problème que tu ne pourras pas résoudre. ¶ ~가 좋다 être intelligent(*e*); ((기억력)) avoir une bonne mémoire. ¶ ~가 나쁘다 avoir la tête dure; avoir l'esprit obtus; ((기억력)) avoir une mauvaise mémoire. ¶ ~가 있다[없다] avoir de l'esprit [ne pas avoir d'esprit]. ¶ ~가 잘 돌아간다[돌아가지 않는다] avoir l'esprit vif [lent]. ¶ ~가 낡았다 être dépassé(*e*); avoir des idées un peu démodées. ¶ ~가 비었다 n'avoir rien dans la tête [dans le crâne {*fam*}, dans la cervelle {*fam*}, dans le ciboulot {*fam*}], avoir la tête vide, avoir une case vide {*fam*}, avoir une case en moins {*fam*}, avoir une petite tête, avoir une tête sans cervelle, être écervelé(*e*), être stupide, sot(*te*), débile {*fam*}, con(*ne*) {*fam*}, être un(*e*) crétin(*e*) des Alpes {*fam*} [un(*e*) demeuré(*e*)]. ¶ ~가 굳었다 ne plus pouvoir absorber les nouveautés; être dépassé(*e*) (par les événements). ¶ ~가 깼다 être ouvert(*e*), avoir l'esprit large. ¶ 저 사람은 못된 생각만 하는 것을 보니 ~가 썩었다 En voyant qu'il ne pense qu'à mal, on se dit que tout est pourri dans sa tête. ¶ 공부를 그만둔 지가 오래되어서 ~가 녹슬었다 Ayant quitté les études depuis longtemps, mes facultés sont un peu rouillées. ¶ 안 그래도 ~가 복잡한데 너까지 말썽을 피우느냐? J'ai suffisamment de problèmes comme ça, pourquoi fais-tu des bêtises? ¶ 나는 진로 문제로 ~가 복잡하다 La question de ma future orientation me donne mal à la tête [est un véritable casse-tête]. ③ 정신상태 état *m* d'esprit, humeur *m*. ¶ ~가 무겁다 avoir [se sentir] la tête lourde. ¶ ~가 가볍다 se sentir (tout) léger; ne plus avoir de soucis. ¶ ~가 이상한 fou(*folle*), déséquilibré(*e*); détraqué(*e*) {*fam*}, siphonné(*e*) {*fam*}. ¶ ~가 이상해지다[돌다] devenir fou(*folle*); perdre la raison [l'esprit]; être pris(*e*) d'un accès de folie. ④ 머리카락 cheveu(*x*) *m*; ((집합적)) chevelure *f*; ((타래)) mèche *f* (de cheveux); ((머리 모양)) coiffure *f*. ¶ 검은[금발, 붉은] ~의 소녀 une jeune fille aux cheveux noirs [blonds, roux]. ¶ 긴[짧은] ~(의) 소녀 jeune fille aux cheveux longs [courts]. ¶ ~를 감다 se laver les cheveux; se faire un shampooing. ¶ ~를 깎다[자르다] se faire couper [tailler] les cheveux [les tifs {*fam*}]; aller chez le coiffeur. ¶ ~를 기르다 avoir les cheveux longs; porter une longue chevelure; se laisser pousser les cheveux. ¶ ~를 길게 늘어뜨리다 porter les cheveux très longs; laisser pendre *ses* cheveux dans le dos. ¶ ~를 땋다 tresser [natter] *ses* cheveux, se faire une natte[une tresse]. ¶ ~를 말다 boucler les cheveux de *qn*. ¶ ~를 매만지다 se coiffer. ¶ ~를 묶다 s'attacher les cheveux. ¶ ~를 빗다 se peigner. ¶ ~를 염색하다 se teindre [se colorer] les cheveux. ¶ ~를 쪽지다 se faire un chignon ¶ ~를 쥐어뜯다 s'arracher les cheveux. ¶ ~를 틀어 올리다 ((autrefois, pour les hommes)) se nouer les cheveux sur la tête; ((pour les femmes)) s'attacher les cheveux en chignon. ¶ ~를 커얼하다 friser les cheveux de *qn*; se faire permanenter les cheveux. ¶ ~를 풀다 se décoiffer; ((비유적)) être en deuil; porter le deuil ((de *son* père)). ¶ ~를 깎으러 가다 aller chez le coiffeur. ¶ ~에 가르마를 타다 se faire [porter] une raie ((sur le côté, au milieu)). ¶ ~에 비듬이 있다 avoir des pellicules. ¶ ~가 길다[짧다] avoir les cheveux longs [courts]. ¶ ~가 벗겨지다 devenir chauve; perdre *ses* cheveux; se dégarnir; se déplumer {*fam*}. ¶ ~가 흐트러지다 avoir les cheveux en désordre [en bataille, ébouriffés]; être décoiffé(*e*), échevelé(*e*), ébouriffé(*e*); s'être coiffé(*e*) avec un pétard {*fam*}. ¶ 선생님 ~가 벌써 희끗희끗하다 Le professeur a déjà les cheveux gris [blancs, argentés, grisonnants]. ¶ 그 남자는 나이가 꽤 많은데도 흰 ~가 별로 없다 En dépit de son âge avancé [Pour son âge], il n'a pas beaucoup de cheveux blancs. ¶ 그 사람은 원래 ~가 희다[은발이다] Il a toujours eu les cheveux blancs. ⑤ 꼭대기 sommet *m*, faîte *f*, cime *f*. ⑥ 처음 commencement *m*, début *m*; ((출발점)) départ *m*; ((기원)) origine *f*. ¶ 이 글의 앞 ~에는 작가가 이 글을 쓰게 된 이유가 잘 나타나 있다 Dans la préface de ce texte, il est bien expliqué pour quelle raison l'auteur a été amené à écrire. ⑦ 우두머리 chef *m*, meneur *m* ((d'une émeute)). ¶ 그룹[노동자들]의 ~가 되다 diriger un groupe, être à la tête d'un groupe [diriger des ouvriers]. ◇_**를 내밀다** montrer *son* nez, apparaître; arriver. ¶ 그 친구가 뒤늦게 회의에 ~를 내밀었다 Il est arrivé à la conférence en retard. ¶ 어디를 갔다가 이제야 ~를 내미니? Où donc es-tu allé(*e*) pour n'apparaître que maintenant? ◇_**를 들다** ① lever la tête; relever la tête, redresser la tête. ¶ 네 얼굴이 잘 안 보이니 ~를 들어라 Lève la tête, je ne te vois pas bien. ② apparaître; se manifester; s'élever. ¶ 그에 대한 반대 의견이 ~를 들었다 Une opinion contraire à son propos s'est manifestée / On a commencé à le contredire. ¶ 부정 대출 사건에 대한 새로운 의혹이 ~를 들었다 Une nouvelle suspicion s'est élevée sur l'affaire du prêt illégal. ③ ((ne pas pouvoir)) redresser la tête. ¶ ~를 들지 못하다 ne plus pouvoir garder la tête haute, baisser la tête ((de honte)); adopter un profil bas. ¶ 저번 잘못 때문에 선생님 앞에서 ~를 못 들겠다 Ma faute passée m'empêche de garder la tête haute devant le professeur. ◇_**(를) 숙이다** ① baisser la tête; s'incliner devant *qn*. ¶ 그는 ~를 숙이고 아무 말도 하지 않았다 Il a baissé la tête et n'a plus rien dit. ② saluer *qn*; s'incliner devant *qn*. ¶ ~를 숙여 감사하다 remercier *qn* en s'inclinant [d'un grand salut]. ¶ 그의 숭고한 희생정신에 모두가 ~를 숙였다 Tout le monde s'incline devant son sublime esprit de sacrifice. ③ ((항복)) s'avouer vaincu(*e*); faire preuve de soumission. ¶ ~를 숙이고 들어가다 s'avouer vaincu(*e*); faire preuve de soumission à *qn*. ④ ((간청)) supplier *qn*. ¶ ~를 숙이고 간청하다 s'incliner [se tenir courbé(*e*)] pour une supplication. ◇_(를) **쓰다** faire travailler *son* cerveau [*sa* matière grise, *son* intelligence]; se creuser la tête [la cervelle {*fam*}], se creuser [se torturer] les méninges ((pour trouver une solution)); réfléchir; étudier à fond. ¶ ~를 써야지 힘만으로 일을 처리할 수 있나? Comment peut-on arranger les affaires de force! / Il faut faire marcher ses méninges! / Peut-on résoudre cela par la force seule? ¶ ~를 쓰는 일 travail de tête [cérébral, intellectuel]. ◇_(를) **하다** se coiffer. ¶ ~를 그렇게 하니 훨씬 젊어 보인다 Coiffé comme ça, tu as l'air plus jeune. ◇_**를 디밀다** 【구어】 se mêler de *qc*; mettre le nez dans (les affaires de *qn*); s'immiscer dans les affaires d'autrui. ◇_**가 컸다** avoir grandi, être grand(*e*), adulte. ¶ 이젠 너도 ~가 컸다고 가족보다는 친구들과 어울리는 것을 더 좋아하는구나 Maintenant que tu as grandi, tu aimes mieux fréquenter les amis que ta famille.

***용꼬리가 되는 것보다 닭 ~가 되는 것이 낫다** Il vaut mieux un chien vivant qu'un lion mort / «Mieux vaut un chien vivant qu'un lion mort» ((La Bible)) / Il vaut mieux être roi chez les cons que con chez les rois {*fam*}.

◆_**끄덩이** 명 touffe *f* de cheveux. ¶ ~끄덩이를 잡다 saisir [prendre] *qn* par les cheveux; ((여자들이 서로)) se crêper le chignon.

◆_**끝** 명 extrémité *f* des cheveux. ¶ 무서워서 ~끝이 쭈뼛 섰다 Les cheveux se hérissent de peur. ¶ ~끝에서 발끝까지 de la tête aux pieds.

◆_**기름** 명 pommade *f* (pour les cheveux), brillantine *f*, gel *m* (pour les cheveux), gomina *f*; laque *f*. ¶ ~기름을 바르다 enduire ses cheveux de pommade [de brillantine, de gel, de laque], se mettre du gel [de la brillantine] dans les cheveux, se gominer les cheveux, passer ses cheveux à la gomina, pommader ses cheveux, se pommader les cheveux.

◆_**띠** 명 ① bandeau(*x*) *m*. ② serre-tête(~-~*s*) *m*.

◆_**말** 명 avant-propos *m inv*, préface *f*, avertissement *m* (au lecteur); ((서론)) introduction *f*; discours *m* liminaire; exorde *m*.

◆_**맡** 명 chevet *m*; tête *f* de lit. ¶ ~맡에(서) au chevet de *qn*.

◆_**비누** 명 shampo(o)ing *m*.

◆_**뼈** 명 (les os *mpl* du) crâne *m*.

◆_**빗** 명 peigne *f*; brosse *f* à cheveux.

◆_**ㅅ결** 명 grain *m* [aspect *m*] des cheveux. ¶ 윤기 나는 ~ㅅ결 cheveux brillants. ¶ ~ㅅ결이 곱다 avoir des cheveux fins.

◆_**ㅅ기사** 명 la une ((d'un journal)). ¶ 신문의 ~ㅅ기사를 훑어보다 parcourir la une du journal.

◆_**ㅅ돌** 명 la première pierre *f* d'un édifice.

◆_**ㅅ속** 명 arrières pensées *fpl*, fond *m* de ses pensées de *qn*, pensées *fpl* secrètes [intimes]. ¶ 그는 마치 내 ~ㅅ속을 들여다보는 것 같다 Il me semble qu'il lit dans mes pensées [dans le fond de mes pensées] / Il semble deviner mes pensées secrètes. ¶ 그 사람의 ~ㅅ속에 무엇이 들었는지 모르겠다[궁금하다] Je ne sais pas [Je me demande bien] ce qu'il a derrière la tête / Je ne sais pas ce qu'il pense.

◆_**ㅅ수** 명 nombre *m* de personnes. ¶ ~ㅅ수를 늘리다[갖추다] augmenter [compléter] le nombre ((des joueurs, des invités)). ¶ ~ㅅ수를 채우다 compléter [suppléer à] l'effectif. ¶ ~ㅅ수를 헤아리다 calculer l'effectif; compter le nombre de personnes. ¶ 비용을 ~ㅅ수대로 나누다 diviser les frais par le nombre de personnes, partager l'addition, payer chacun sa part. ¶ ~ㅅ수가 모자라다 manquer de personnes, il y a trop peu de monde. ¶ ~ㅅ수가 많다 il y a beaucoup de personnes[de gens].

◆_**ㅅ수건** 명 fanchon *f*; marmotte *f*; mouchoir *m* de tête.

◆_**숱** 명 épaisseur *f* (de cheveux, de la chevelure). ¶ ~숱이 많다[적다] avoir de l'épaisseur [ne pas avoir beaucoup d'épaisseur], avoir beaucoup de [peu de] cheveux, avoir les cheveux épais [peu épais], avoir une chevelure épaisse [peu épaisse], avoir une chevelure fournie [peu fournie], avoir des cheveux drus. ¶ ~숱을 쳐드릴까요? Je vous enlève un peu d'épaisseur, monsieur? / Je vous désépaissis les cheveux, monsieur?

◆_**싸움** 명 débat *m* intellectuel.

◆_**쓰개** 명 coiffure *f* (que portent les femmes).

◆_**채** 명 cheveux *mpl* (qui tombent sur les épaules); chignon *m*; tresse *m*; natte *f*. ¶ 뒤에서 누가 내 ~채를 잡아당긴다 Quelqu'un derrière moi me tire (par) les cheveux. ¶ 여자들이 ~채를 붙잡고 싸움을 하고 있다 Des femmes sont en train de se quereller en se tirant les cheveux [en se saisissant par les cheveux] / Des femmes se crêpent le chignon.

◆_**치장** 명 coiffure *f*, arrangement *m* des cheveux. ¶ ~치장(을) 하다 se coiffer; s'arranger les cheveux, se refaire une beauté.

◆_**카락** 명 cheveu(*x*) *m*, tif *m* {*fam*}; ((집합적)) chevelure *f*. ☞ 머리카락

◆_**칼** 명 cheveu(x) *m*, tif *m* {*fam*}; ((집합적)) chevelure *f*. ☞ 머리카락

◆_**털** 명 cheveu(*x*) *m*; ((집합적)) chevelure *f*. ¶ ~털을 쥐어뜯다 s'arracher les cheveux. ¶ ~털이 빠지기 시작하다 commencer [se mettre] à perdre ses cheveux, commencer à se dégarnir [se déplumer {*fam*}]. ¶ ~털이 곤두서다[쭈뼛하다] ((비유적)) avoir les cheveux qui se dressent sur la tête [qui se hérissent]. ¶ 무서운 이야기를 들으니

~털이 곤두선다[쭈뼛하다] Les cheveux se hérissent à l'écoute d'une histoire effrayante [de cette histoire effrayante].
*~**털 나고 처음이다** C'est la première fois de ma vie que ...
◆**_통** 명 tour *m* de tête. ¶ ~통이 큰 사람 personne qui a une grosse tête. ¶ 그는 나보다 ~통 하나 만큼 키가 더 크다 Il est plus grand que moi d'une tête / Il me dépasse d'une tête.
◆**_핀** 명 épingle *f* [pince *f*] à cheveux, barrette *f* ((dans les cheveux)). ¶ 머리에 ~핀을 꽂다 (se) mettre une barrette dans les cheveux.
◆**곱슬_** 명 cheveux *mpl* frisés [bouclés]; ((흑인의)) cheveux *mpl* crépus; ((웨이브 진)) cheveux *fpl* ondulés.
◆**까까_** 명 tête *f* rasée, crâne *m* rasé {*fam*}.
◆**대_** 명 crâne *m* chauve [d'œuf], boule *f* de billard {*fam*}; chauve *m*. ¶ 우리 아빠는 완전히 대~야, 머리가 하나도 없다니까 Mon père est chauve comme un œuf [comme une bille, comme un genou], il n'a plus un poil sur le caillou {*fam*}.
◆**더벅_** 명 cheveux *mpl* mal peignés [en bataille, hirsutes].
◆**뱃_** 명 proue *f*, avant *m* d'un navire.
◆**상고_** 명 coiffure *f* d'homme en brosse, cheveux *mpl* (taillés) en brosse, la brosse *f*. ¶ 상고~ 소년 un garçon ayant les cheveux en brosse, un garçon coiffé en brosse.
◆**생_** 生- 명 cheveux *mpl* raides ((comme des baguettes)). ¶ 그 여자는 생~다 Elle a les cheveux raides.
◆**속알_** 명 sentiment *m*, pensée *f*, cœur *m*, intention *f*. ¶ 속알~(가) 없다 agir à la légère, être écervelé(*e*), avoir une tête sans cervelle.
◆**우두_** 명 chef *m*.
◆**잔_** 명 habileté *f*, tour *m*, astuce *f*, finesse *f*. ¶ 잔~를 쓰다[굴리다] employer le système D; user de finesse; chercher un moyen astucieux [rusé]; chercher une combine; se creuser la tête [la cervelle {*fam*}], creuser [se torturer] les méninges ((pour trouver une solution)), faire travailler sa matière grise.

머리끄덩이 명 touffe *f* de cheveux. ☞ 머리
머리말 avant-propos *m inv*, préface *f*, avertissement *m* (au lecteur); introduction *f*; discours *m* liminaire; exorde *m*.
머리맡 명 chevet *m*; tête *f* de lit. ☞ 머리
머리채 명 cheveux *mpl* (qui tombent sur les épaules); chignon *m*. ☞ 머리
머리카락 명 cheveu(*x*) *m*, tif *m* {*fam*}; ((집합적)) chevelure *f*, ((se laver la)) tête *f*. ¶ 굵은[가는] ~ cheveux épais [fins]. ¶ 남편은 아내의 흰 ~을 뽑아주었다 Il a arraché les cheveux blancs de sa femme. ¶ 그는 성형외과에서 ~을 심었다 Il a recouru à la chirurgie esthétique pour se faire greffer des cheveux / Il s'est fait faire une greffe de cheveux. ¶ 그 여자는 ~을 쥐어뜯으며 울부짖었다 Elle a crié en s'arrachant les cheveux. ¶ 이 섬유는 ~보다 100배 나 더 가늘다 Cette fibre est cent fois plus fine qu'un cheveu. ¶ 나도 어느덧 흰 ~이 하나 둘 생기는 나이가 되었다 Je suis arrivé sans m'en rendre compte à l'âge des premiers cheveux blancs. ¶ ~ (끝)이 갈라져서 영양 크림을 발랐다 Je me suis enduit les cheveux de lotion nutritive parce que j'avais les cheveux cassants / Comme mes cheveux devenaient cassants, je les ai enduits d'une lotion nutritive. ¶ 요즘 들어 ~이 많이 빠지기 시작했다 Ces derniers temps, je me suis mis(*e*) à perdre beaucoup de cheveux [je commence à me déplumer {*fam*}]. ¶ 바람에 ~이 헝클어졌다 être décoiffé(*e*), échevelé(*e*), ébouriffé(*e*) par le vent, avoir les cheveux ébouriffés [hirsutes, en bataille] à cause du vent. ¶ 그녀의 긴 ~이 바람에 휘날렸다 Ses longs cheveux flottent au vent. ¶ 한밤중 창가에서 고양이 울음을 듣고 나는 ~이 곤두섰다 J'ai senti mes cheveux se dresser sur ma tête en entendant le cri d'un chat en pleine nuit à ma fenêtre / Le cri d'un chat en pleine nuit à ma fenêtre m'a fait dresser les cheveux sur la tête.
머리통 명 【속어】 caboche *f*, carafe *f*, cassis *m*, citron *m*, citrouille *f*, coloquinte *f*, tirelire *f*. ☞ 머리
머리핀 명 barrette *f*, pince *f* à cheveux. ☞ 머리
머릿결 명 cheveux *mpl*, chevelure *f*. ☞ 머리
머릿속 명 esprit(s) *m*(*pl*). ☞ 머리
머무르다 자 ① 멎다 s'arrêter, stopper, cesser. ¶ 기차가 간이역에서 잠시 머물렀다 Le train s'est arrêté un moment dans une petite gare. ② 묵다 demeurer, rester; séjourner. ¶ 친구 집에 며칠 ~ demeurer chez un ami pour quelques jours, passer quelques jours chez un ami. ③ 체류하다 séjourner, rester. ¶ 프랑스에 머물러 있기로 결정하다 décider de rester en France. ④ 남아 있다 demeurer, rester. ¶ 그의 입가에는 여전히 미소가 머물러 있었다 Un sourire s'attardait sur ses lèvres. ⑤ (상태에) 그치다 rester. ¶ 아무런 향상 없이 같은 단계에 ~ rester au même niveau, stagner, ne pas progresser.
머무적거리다 자타 hésiter, tergiverser, tortiller, atermoyer, barguigner {*vx*}. ¶ 얼른 대답을 못하고 ~ hésiter avant de répondre. ☞ 머뭇거리다
머물다 자 ☞ 머무르다
머뭇거리다 자 hésiter, tergiverser, barguigner {*vx*}, atermoyer, rester indécis(*e*); être indécis(*e*), hésitant(*e*), être entre le zist et le zest {*fam*}. ¶ 분명한 대답을 못 하고 ~ hésiter sans pouvoir donner une réponse claire. ¶ 머뭇거리지 말고 네 의견을 솔직히 말해라 Ne reste pas indécis(*e*) [Arrête de tergiverser], dis franchement ton avis [ton opinion]. ¶ 들어오라고 하는데도 그 남자는 문 밖에서 머뭇거렸다 Bien qu'on lui dise d'entrer, il hésite devant la porte. ¶ 나는 뭐라고 대답해야 할 지 몰라 머뭇거렸다 J'hésitais, ne sachant quoi répondre.
머뭇머뭇 부 avec hésitation. ¶ ~ 말을 꺼내다

commencer à parler avec hésitation.

◆_하다[거리다] 자 hésiter, tergiverser, tortiller, atermoyer, barguigner {vx}. ¶ 그 남자는 할 말이 남았는지 돌아가지 않고 머뭇머뭇했다 Je ne sais s'il lui restait des choses à (me) dire, il hésitait sans s'éloigner [sans partir]. ☞ 머뭇거리다

머슴 명 garçon *m* de ferme; ouvrier *m* agricole; domestique *m* de ferme. ◇_(을) **살다** être garçon de ferme chez *qn*.

◆_꾼 명 valet *m* de ferme; ouvrier *m* agricole; domestique *m* de ferme.

◆_살이 명 vie *f* d'un garçon de ferme.

◆_아이 명 ☞ 머슴애

머슴애 명 ① jeune valet *m* de ferme. ② 【구어】 garçon *m*. ¶ 그 집 며느리는 ~를 출산했다 Leur belle-fille a eu un fils.

머쓱하다 형 être grand(*e*) et maigre; se faire tout(*e*) petit(*e*); se sentir un peu gêné(*e*). ¶ 내 호의가 무시당했다는 생각에 나는 머쓱해 졌다 J'ai été découragé(*e*) en pensant que ma bienveillance avait été négligée. ¶ 내가 그의 초대를 거절하자 그는 머쓱해 했다 Il a été découragé lorsque j'ai refusé son invitation. ¶ 속마음을 들킨 듯 나는 머쓱한 기분이 들었다 Je me sentais gêné(*e*) comme si mes sentiments les plus intimes avaient été mis à nu. ¶ 키만 머쓱하게 큰 사람 un grand maigre, un grand échalas, une grande perche {*fam*}.

머저리 명 sot(*te*), imbécile *mf*, idiot(*e*), niais(*e*), abruti(*e*) {*fam*}, bêta(*sse*) {*fam*}, nigaud(*e*), cruche *f* {*fam*}, gourde *f* {*fam*}, âne *m* {*fam*}, oie *f*, crétin(*e*) (des Alpes), taré(*e*) {*fam*}. ¶ 저런 ~ 같은 녀석! Espèce d'imbécile! / Idiot! / Gros bêta [nigaud]!

머지않다 형 être proche. ¶ 머지않아 통일이 될 것이다 L'heure de la réunification est proche.

머큐로크롬 영{mercurochrome} 명 【약학】 mercurochrome *m*.

머플러[1] 영{muffler} 명 foulard *m*; ((머리용)) fichu *m*.

머플러[2] 영{muffler} 명 ((소음기)) silencieux *m*.

먹 명 encre *f* de Chine; ((막대형)) bâtonnet *m* d'encre de Chine. ¶ ~을 갈다 préparer l'encre de Chine (en frottant le bâtonnet d'encre avec un peu d'eau pour le liquéfier). ¶ ~으로 그린 그림 dessin à l'encre noire.

◆_구름 명 gros nuages *mpl* noirs, nuages *mpl* orageux [menaçants] ((qui annoncent la pluie)). ¶ ~구름이 잔뜩 낀 것을 보니 비가 올 것 같네요 Vu les gros nuages noirs, il risque de pleuvoir / De gros nuages noirs annoncent la pluie. ¶ 갑자기 ~구름이 일어 하늘을 메웠다 Tout à coup, des nuages menaçants ont envahi le ciel.

◆_글씨 명 écriture *f* [caractère *m*] tracé(*e*) à l'encre noire.

◆_칠 -漆 명 ☞ 칠[2]

먹거리 명 quelque chose à manger, nourriture *f*; aliment *m*; vivres *mpl*. ¶ ~를 사다 acheter quelque chose à manger [de la nourriture, des provisions], faire des courses alimentaires.

먹다[1] 자타 ① manger *qc*, prendre *qc*. ¶ 음식을 ~ manger de la nourriture. ¶ 밥을 ~ prendre un repas, manger. ¶ 고기[과자]를 ~ manger de la viande [des biscuits secs, des sablés]. ¶ 아침[점심, 저녁]을 ~ prendre le petit déjeuner [le déjeuner, le dîner]. ¶ 간식을 ~ grignoter, manger entre les repas. ¶ 저녁은 뭘 먹지? Qu'est-ce qu'on mange au dîner [ce soir]? / Quel est le menu du dîner? ¶ 나는 아직 점심을 안[못] 먹었어 Je n'ai pas encore pris [Je n'ai pas encore pu prendre] mon déjeuner / Je n'ai pas encore déjeuné. ¶ 맛있게 잘 먹었습니다 Je me suis régalé(*e*) / J'ai bien mangé / C'était délicieux [très bon, excellent, succulent]. ¶ 먹을 것 좀 주세요 Donnez-moi (quelque chose) à manger. ¶ 애기가 젖을 잘 먹지 않는다 Le bébé ne tète pas bien / Le bébé a du mal à téter. ¶ 닭이 모이를 안 먹네 La poule ne picore pas [ne mange pas] les grains. ¶ 염소는 종이를 먹는다 La chèvre mange du papier. ② ((술을)) boire; ((담배를)) fumer; prendre ((un médicament)). ¶ 술을 ~ boire (de l'alcool). ¶ 약을 ~ prendre un médicament. ¶ 담배를 ~ fumer (une cigarette). ③ ((돈 따위를)) récolter, toucher. ¶ 업자들에게서 뇌물[돈]을 ~ toucher un pot-de-vin [de l'argent] des entrepreneurs. ④ gagner ((une mise)), rafler ((la mise)). ¶ 판돈을 ~ gagner une mise, rafler la mise {*fam*}. ⑤ s'approprier *qc*, prendre possession de *qc*. ¶ 그 남자가 내 책을 빌려가더니 아예 먹어버렸다 Il m'a emprunté un livre, puis il se l'est approprié [et il l'a gardé, et il ne me l'a jamais rendu]. ⑥ encaisser ((un but, un coup)). ¶ 누구에게 주먹을 한 방 먹다 encaisser un coup de poing de *qn*. ¶ 우리 팀이 전반전에 한 골을 먹었다 À la première mi-temps, notre équipe a encaissé un but. ⑦ ((나이를)) prendre ((de l'âge)). ¶ 나이를 ~ avancer en âge, prendre de l'âge, vieillir. ¶ 한살 더 나이를 먹다 prendre un an de plus, vieillir d'un an. ¶ 나이를 먹어가면서 시력이 약해진다 La vue s'affaiblit avec l'âge. ⑧ 스며들다 prendre, absorber, pénètre ((bien dans la peau)), s'assimiler; être absorbé(*e*). ¶ 풀이 잘 먹는 셔츠 une chemise facile à amidonner. ¶ 기름이 잘 먹는 종이 un papier qui absorbe bien l'huile. ¶ 이 크림은 피부에 잘 먹는다 Cette crème de beauté pénètre bien dans la peau. ¶ 마사지를 하였더니 얼굴에[이] 화장이 잘 먹는다 Après un massage, mon visage absorbe bien le maquillage [le maquillage s'imprègne bien dans ma peau, le maquillage adhère bien à mon visage]. ¶ 문짝[문]이 기름을 잘 먹지 않는다 L'essence de térébenthine ne pénètre pas bien dans (le battant de) cette porte. ⑨ 【비어】 ((여자를)) avoir des relations sexuelles ((avec une femme)), baiser (une femme) {*vulg*}, sauter ((une femme)) {*vulg*}, s'en faire[s'en taper] une {*vulg*}. ¶ 그놈이 그의 딸을 먹었다 Ce mec a

ㅁ

niqué sa fille {vulg}. ⑩ ((옷 따위가)) être piqué(e) [mité(e), mangé(e)] ((par les vers)). ¶ 이 가구에 벌레가 먹었다 Ce meuble est piqué par les vers. ¶ 오래 안 입고 넣어 두었더니 옷에[이] 좀이 먹었다 Ce vêtement étant longtemps resté dans l'armoire sans être porté, il est maintenant mité [mangé par les mites]. ⑪ marcher. ¶ 송판에 대패가 잘 먹지 않는다 Le rabot fonctionne mal avec les planches de pin. ⑫ ((기능동사)) récolter, recevoir; avoir. ¶ 누구에게 욕[핀잔]을 ~ recevoir [essuyer] des insultes [injures] [se faire adresser des reproches, se faire gronder, se faire réprimander]. ¶ 호되게 욕을 ~ être l'objet de graves insultes. ¶ 겁을 ~ être effrayé(e); être saisi(e) de frayeur; être intimidé(e); avoir peur; avoir le trac. ¶ 나는 부모님을 설득하는 데에 꽤나 애를 먹었다 J'ai éprouvé beaucoup de difficultés pour convaincre mes parents. ¶ 마음을 ~ décider, fixer; prendre le parti de; se décider à, être déterminé(e) à; avoir l'intention de+*inf*, se proposer de+*inf*.

***골탕을** ~ ((골치를 썩이다)) avoir un gros ennui, avoir de forts désagréments, avoir des mésaventures [des déboires]; ((손해를 보다)) essuyer une perte considérable; boire un bouillon {*fam*}, faire faillite, subir [essuyer] un échec; peiner, éprouver les pires difficultés, en voir de dures [de drôles {*fam*}, de toutes les couleurs, des vertes et des pas mûres], en baver (des ronds de chapeau) {*fam*}, en roter {*fam*} en chier {*fam*}; ((속다)) se faire piéger par *qn*, être induit(*e*) en erreur par *qn*, se laisser duper, se faire berner [avoir {*fam*}, arnaquer {*fam*}, escroquer]; avaler des couleuvres, marcher {*fam*} ((dans l'histoire de *qn*)), tomber dans le panneau; ((헛수고하다)) se fatiguer pour rien.

***국수를** ~ fêter des noces, fêter les noces de *qn*, aller[assister] aux noces de *qn* ¶ 언제 국수 먹게 해 줄 거야? Quand est-ce qu'on te verra passer la bague au doigt? / Quand est-ce que tu nous invites à tes noces? / Et toi, c'est quand que tu te maries?

***귀를[가]** ~ devenir sourd(*e*); être dur(*e*) d'oreille [de la feuille {*fam*}], avoir les portugaises ensablées {*fam*}; entendre mal.

***녹을** ~ toucher un salaire, être fonctionnaire.

***꿀 먹은 벙어리** muet(*te*) comme une carpe [comme une tombe]. ¶ 그는 꿀 먹은 벙어리처럼 아무 말도 하지 않았다 Il n'a pas dit [décoché {*fam*}] un seul mot ((de la soirée)) / Il est resté muet comme une carpe ((toute la soirée)).

***눈치밥을** ~ vivre aux dépens de *qn*; vivre aux crochets de *qn*; vivre en parasite chez *qn*; être à la charge de *qn*.

***나 먹자니 싫고 개 주자니 아깝다** Je n'en ai pas vraiment besoin, mais je n'ai pas envie de m'en séparer [mais ce serait dommage de s'en défaire].

***누워서 떡 먹기[식은 죽 먹기, 식은 밥 먹기]** C'est du gâteau [du billard {*fam*}, du nanan {*fam*}]! / Ça peut se faire les doigts dans le nez! / C'est un jeu d'enfant! / C'est enfantin! / C'est d'une simplicité enfantine / C'est l'enfance de l'art / Ce sera pour moi une formalité / Ce sera pour moi un plaisanterie de ((battre ce record)) / C'est très [hyper {*fam*}, vachement {*fam*}] simple [facile] / C'est fastoche {*fam*} / C'est simple [facile] comme bonjour / C'est facile comme tout / C'est élémentaire / C'est bête comme chou / C(e n)'est pas (bien) compliqué / Ce n'est (pourtant) pas sorcier ((ce que je vous demande)) / Ce n'est pas le diable / Ce n'est pas la mer à boire / Ce n'est pas (bien) malin / Ce n'est pas plus malin que ça! / Ce n'est pas la mort / Ce n'est pas le bout du monde / Ça ne fait [fera] pas un pli / ((gagner, l'emporter)) haut la main, sans aucune difficulté.

***더위를** ~ être incommodé(*e*) par la chaleur; faire [avoir] une insolation.

***먹을 때에는 개도 안 때린다** Manger est une chose sacrée / Il ne faut surtout pas déranger quelqu'un lorsqu'il mange.

***물을** ~ 【속어】 ((실패하다)) ramasser [prendre, remporter] une veste, rater, se planter {*fam*}, louper {*fam*}, queuter {*fam*}, foirer {*vulg*}; ((손해를 보다)) s'enfoncer, y perdre des plumes, essuyer des pertes; essuyer un revers [un échec]; boire un bouillon {*fam*}, boire une tasse [la tasse]; ((속다)) se faire piéger par *qn*, être induit(*e*) en erreur par *qn*, se laisser duper, se faire berner [avoir {*fam*}, arnaquer {*fam*}, escroquer]; avaler des couleuvres, marcher {*fam*} ((dans l'histoire de *qn*)), tomber dans le panneau; ((헛수고하다)) se fatiguer pour rien; ((골탕 먹다)) en voir de drôles, en voir (de toutes les couleurs, des vertes et des pas mûres), en baver {*fam*}.

***미역국을** ~ échouer à [louper {*fam*}, rater {*fam*}, queuter {*fam*}] un examen; être congédié(*e*) [renvoyé(*e*), remercié(*e*), viré(*e*) {*fam*}, mis(*e*) à la porte {*fam*}, mis(*e*) dehors].

***밥 먹듯이 하다** faire *qc* très fréquemment; faire *qc* par habitude [sans peine, régulièrement]. ¶ 그 녀석은 거짓말을 밥 먹듯이 한다 Ce type ment comme il respire.

***울며 겨자 먹기(로)** ne pouvant faire autrement; la mort dans l'âme.

***외국 [서울] 물을** ~ connaître la vie à l'étranger [à Séoul].

***콩밥을** ~ faire de la prison [de la taule {*fam*}, de la tôle {*fam*}]; être en prison [en taule {*fam*}, en cabane {*fam*}, en cage, sous les verrous].

***편을** ~ faire équipe avec *qn*, faire partie de la même équipe que *qn*, être dans la même équipe que *qn*, jouer avec *qn* dans la même équipe. ¶ 누구와 한 편을 ~ faire partie de la même équipe

que *qn*.
*한솥밥을 ~ manger dans la même marmite, être nourri(*e*) au même chaudron, vivre avec *qn*; partager les mêmes choses [la même existence].
먹다[2] 조동 (('-어 먹다'의 형태로)) ((주로 부정적인 의미로 앞의 동사를 강조))[방어] utiliser; servir à; parvenir à. ¶ 언어학은 배워서 어디다 써 먹을 거니? Avoir appris la linguistique, en quoi cela va-t-il t'être utile? ¶ 하도 글을 갈겨써서 알아 먹을 수가 없다 Le texte est tellement gribouillé qu'il est impossible de le déchiffrer [qu'il est indéchiffrable]. ¶ 그 인간은 도대체 내 말을 들어 먹지를 않는다 Il n'écoute jamais ce que je dis.
먹물 명 ① encre *f* de Chine; eau(*x*) *f* noire comme de l'encre de Chine. ¶ ~물로 붓글씨를 쓰다 écrire avec un pinceau et de l'encre de Chine. ② 【속어】 ((비유적)) intello *mf* {*fam*}. ¶ ~을 먹다 faire des études (supérieures). ¶ ~들이 우리들의 애환을 알겠어? Comment donc ces intellos connaîtraient-ils nos chagrins et nos joies?
◆오징어 _ 명 sépia *m*.
먹보 명 glouton(*ne*), goinfre *m*, personne *f* qui ne pense qu'à manger.
먹성 -性 명 appétit *m*. ¶ ~이 좋다 avoir un bon [gros, sacré {*fam*}, robuste, solide, féroce] appétit, avoir un appétit vorace [terrible], avoir de l'appétit, avoir beaucoup d'appétit, avoir gros appétit, avoir un appétit d'ogre, être un(*e*) gros(*se*) mangeur(*se*), avoir un joli [bon, sacré] coup de fourchette {*fam*}; manger avec appétit [d'un bon appétit], manger comme un ogre. ¶ ~이 까다롭다 être difficile pour la nourriture. ¶ 저 녀석 한창때라 ~이 이만저만이 아니구만 Comme il est dans sa prime jeunesse [en pleine force], il mange incroyablement [il a un sacré appétit {*fam*}]!
먹어들다 자 bien marcher, bien fonctionner. ¶ 칼날이 먹어든다 La lame du couteau est bien tranchante / Ce couteau coupe bien. ¶ 삽날이 먹어든다 Le bord de la pelle tranche bien.
먹어치우다 타 engloutir, avaler, absorber, dévorer, engouffrer, ingurgiter. ¶ 햄버거 3개를 한 번에 ~ engloutir trois hamburgers d'un seul trait [d'un seul coup].
먹여살리다 타 faire vivre, subvenir, assurer la vie de *qn*. ¶ 그 집은 어머니 혼자서 온 식구를 먹여 살리고 있다 Dans cette famille, la mère seule fait vivre [subvient aux besoins de] toute la famille.
먹을거리 명 nourriture *f*. ¶ 너 혹시 ~ 없니? 지금 좀 출출한데 T'as pas quelque chose à grignoter? J'ai un petit creux là maintenant. ☞ 먹거리
먹음직스럽다 형 sembler bon(*ne*) à manger, avoir l'air bon [appétissant(*e*)]; ((음식이)) être appétissant(*e*), de bonne mine; ((냄새가)) être alléchant(*e*); donner [faire] envie (de manger), mettre [faire venir] l'eau à la bouche, faire saliver. ¶ 사과가 (보기에) 참 ~ Comme les pommes semblent savoureuses! / Les pommes ont vraiment l'air très bonnes [sont très appétissantes]. ¶ 먹음직스러운 요리 un mets [plat] appétissant [qui met l'eau à la bouche, qui fait saliver]. ¶ 음식을 먹음직스럽게 차려 놓다 donner à un plat une belle apparence.
먹이 명 vivres *mpl*; provisions *fpl* de bouche; victuailles *fpl*; nourriture *f*; aliment *m*; ((avoir)) de quoi manger; pâture *m*; foin *m*; graines *fpl*; aliment *m*. ¶ 가축에게 ~를 주다 donner du fourrage au bétail. ¶ 사자의 ~가 되다 être mangé(*e*) [avalé(*e*), dévoré(*e*)] par un lion, servir de repas à un lion.
◆_감 명 proie *f*. ¶ 누구[무엇]의 ~ㅅ감이 되다 devenir la proie de *qc*/*qn*.
◆_사슬 명 chaîne *f* alimentaire.
◆_통 -桶 명 mangeoire *f*, auge *f*.
먹이다 타 ① faire manger, paître, élever. ¶ 그는 시골에서 다섯 마리의 소를 먹이고 있었다 Il élevait cinq bœufs à la campagnes. ② donner à manger ((à un bébé)), nourrir *qn*, faire boire de l'eau ((à un animal)). ¶ 아이에게 밥을 ~ donner à manger du riz à un(*e*) enfant. ¶ 아기에게 젖[모유]을 ~ allaiter un enfant au sein, donner le sein à un enfant. ¶ 말에게 물을 ~ faire boire de l'eau au cheval. ③ appliquer. ¶ 옷에 풀을 ~ appliquer de la colle sur un vêtement. ¶ 종이에 기름을 ~ huiler [graisser, lubrifier] du papier. ④ donner, offrir. ¶ 공무원에게 뇌물을 ~ offrir un pot-de-vin à un fonctionnaire. ¶ 그 사람은 상대에게 주먹을 한방 먹였다 Il a donné [flanqué {*fam*}] un coup de poing à son adversaire. ⑤ ((기능동사)) causer ((de la peine à *qn*)), donner ((du souci à *qn*)), faire ((souffrir *qn*, de la peine à *qn*)). ¶ 애를 ~ donner du souci à *qn*; embêter *qn*; faire souffrir *qn*; faire [causer] de la peine à *qn*. ¶ 부모님께[을] 욕 먹이는 짓은 하지 말아라 Ne fais pas des choses qui feraient honte à tes parents.
*물(을) ~ ☞ 물[1]
먹잇감 명 ☞ 먹이
먹자판 명 foire *f* d'empoigne.
먹장구름 명 nuages *mpl* noirs [menaçants]. ¶ ~이 끼었다 Il y a des nuages noirs [menaçants] dans le ciel.
먹줄 명 cordeau(*x*) *m*; ligne *f* tracée au cordeau. ¶ 송판에 ~(을) 치다 tracer une ligne au cordeau sur une planche de sapin.
먹지 -紙 명 (papier *m*) carbone *m*. ¶ ~를 대고 쓰다 écrire en utilisant du papier carbone.
먹통 -桶 명 ① boîte *f* dans laquelle est enroulé un cordeau imprégné d'encre ((employé par les charpentiers)). ② encrier *m*. ③ ((사람)) imbécile; idiot(*e*); niais(*e*); sot(*te*); abruti(*e*), demeuré(*e*) {*fam*}, crétin(*e*) (des Alpes) {*fam*}, couillon(*ne*) {*fam*}; ((기계)) appareil *m* qui ne sert plus à rien. ¶ 전화기가 갑자기 ~이 되었다 Le téléphone est subitement [brutalement] tombé en panne. ¶ 이 컴퓨터 ~이야 Cet ordinateur est en panne [ne

marche pas, ne répond pas, a planté {*fam*}].

먹혀들다 자 avoir de l'effet sur; faire effet. ¶ 내 충고가 그에게 먹혀들었다 Mes conseils ont eu leurs effets sur lui. ¶ 그에게는 누구의 말도 먹혀들지 않는다 Les paroles de personne n'ont d'effet sur lui.

먹히다 자 ① se manger; être mangé(*e*), se faire manger. ¶ 나는 더워서 밥이 잘 안 먹힌다 Je n'arrive pas à manger le riz très chaud. ¶ 더우니까 물만 먹히네 Comme il fait chaud, je ne peux que boire de l'eau [seule l'eau passe]. ¶ 먹느냐 먹히느냐의 싸움 un combat à mort. ¶ 어린 양은 늑대에게 먹혔다 L'agneau a été mangé par un loup. ¶ 중소기업이 대기업에 먹히는 경우가 가끔 있다 Il arrive quelquefois que les petites et moyennes entreprises soient rachetées [mangées, absorbées] par les grandes. ② il faut, être nécessaire; être consommé(*e*). ¶ 이번 일에는 돈[비용, 시간]이 먹힌다 Pour cette affaire, il faut de l'argent [des frais, du temps]. ¶ 이 차는 기름이 너무 많이 먹힌다 Cette voiture consomme trop (d'essence) / Cette voiture est trop gourmande. ③ ne pas marcher, ne pas fonctionner; ((컴퓨터)) ((touche)) ne pas répondre. ¶ 이 컴퓨터의 «엔터» 키가 안 먹힌다 La touche «Entrer» de cet ordinateur ne répond pas [ne marche pas, ne fonctionne pas, est bloquée]. ¶ 그 친구를 놀리려고 했는데 오늘은 안 먹히네 J'ai essayé de le faire enrager [de le provoquer], mais aujourd'hui, ça ne marche pas [il ne marche pas, il ne mord pas à l'hameçon {*fam*}]. ¶ 그 인간에게는 내 말이 잘 먹히지[먹혀들지] 않는다 Il n'écoute pas ce que je dis.

***씨가[씨알이] 먹히다[먹히지 않는다]** ☞ 씨알

먼길 명 long voyage *m* [trajet *m*]; grande [longue] distance *f*. ¶ ~을 가다 faire un long voyage [trajet]; parcourir une longue distance.

먼동 명 aurore *f*; aube *f*, point *m* du jour. ¶ ~이 튼다 Le jour se lève [point]. ¶ ~이 트자마자 dès l'aube, au point du jour.

먼바다 명 【지리】 haute mer *f*.

먼발치 명 endroit *m* éloigné; distance *f* assez importante. ¶ ~에서 바라보다 voir de loin.

먼빛 명 apparence *f* de *qc*/*qn* vu de loin, silhouette *f* de *qc*/*qn*. ¶ 그 분은 예전에 ~으로 한 번 뵌 적이 있습니다 J'ai vu [aperçu] cet homme de loin l'autre jour.

먼 산 명 montagne *f* éloignée [lointaine].

***~만 바라보다** bayer aux corneilles {*fam*}. ¶ ~만 바라보고 있지 말고 책에 집중을 해라 Fixe ton attention sur le livre sans bayer aux corneilles.

먼저 부 avant; d'abord, avant (tout), au préalable. ¶ 그가 나보다 ~ 도착했다 Il est arrivé avant moi. ¶ ~ 식사부터 하세요 Mangez d'abord.

◆**_ㅅ번** -番 명 fois *f* d'avant, fois précédente. ¶ ~ㅅ번에 la fois d'avant.

먼지 명 poussière *f*. ¶ ~를 일으키다 faire de la poussière, soulever de la poussière [un nuage de poussière]. ¶ ~(를) 털다 enlever la poussière; épousseter ((des meubles, des bibelots, avec un chiffon, avec un plumeau)); dépoussiérer ((un tapis)); brosser ((*ses* vêtements, *ses* souliers)), donner un coup de brosse pour enlever la poussière; faire la poussière [les poussières] {*pop*}. ¶ ~가 수북이 쌓인 책 un livre couvert de poussière, un livre tout poussiéreux. ¶ 내 눈에 ~가 들어갔다 J'ai une poussière dans l'œil. ¶ 바람 때문에 ~가 많이 날린다 Il y a beaucoup de poussière à cause du vent / Le vent soulève des nuages de poussière. ¶ ~ 안 나게 살살 쓸어라 Balaie doucement pour ne pas soulever de poussière [sans soulever de poussière].

***~도 쌓이면 큰 산이 된다** Les petits ruisseaux font les grandes rivières.

***비 오는 날 ~나게 맞다** rosser *qn*, envoyer une volée de bois vert, rouer de coups, tabasser {*fam*}.

***털어서 ~ 안 나는 놈 없다** Personne n'est totalement pur / Tout le monde a quelque chose à cacher / On a toujours quelque chose à cacher / Tout le monde a un cadavre [un squelette] dans le placard / Même les gens les plus honnêtes ont des parts d'ombre. ¶ 문제는 털어서 ~ 안 나는 정치가가 없다는 겁니다 Le problème, c'est que les politiciens finissent toujours par avoir un squelette dans le placard quelque part.

◆**_떨이** 명 chiffon *m* à épousseter; torchon *m*; ((지방어)) époussette *f*.

◆**_투성이** 명 être couvert(*e*) de poussière. ¶ 방이 온통 ~투성이다 La chambre est toute poussiéreuse.

◆**흙_** 명 poussière *f* de terre. ¶ 트럭이 지나가면서 흙~을 날렸다 Le camion souleva des poussières de terre sur son passage.

먼촌 -寸 명 parenté *f* éloignée. ¶ 그 분은 제게 ~ 오빠뻘 일가가 되십니다 C'est un parent éloigné qui est un aîné pour moi.

멀겋다 형 être clair(*e*); être faible; être terne; être pâle. ¶ 커피가 아주 멀겋구나 Le café est bien clair [léger] / C'est du jus de chaussette, ton café {*fam*}. ¶ 멀건 스프 une soupe claire, un bouillon clair ((sans aucun morceau de viande ou de légume)). ¶ 국을 멀겋게 끓이다 préparer un bouillon clair.

멀고멀다 형 ☞ 멀다[2]

멀다[1] 자 ① être aveugle; perdre la vue. ¶ 눈이 ~ perdre la vue; devenir aveugle; être frappé(*e*) de cécité. ¶ 눈 먼 사람 un(*e*) aveugle. ¶ 한 쪽 눈이 ~ perdre un œil; devenir borgne. ② ((비유적)) être aveuglé(*e*) par *qc*. ¶ 돈에 눈이 ~ être aveuglé(*e*) par l'argent.

***눈 먼 돈** ① de l'argent *m* qui n'appartient à personne. ② argent *m* [revenu *m*] inattendu gagné sans effort, de l'argent qui tombe du ciel.

멀다[2] 자 ① ((거리)) être lointain(*e*), éloigné(*e*), distant(*e*), reculé(*e*); être loin de ... ¶ 집에서 버스 정류장까지는 매우 ~ La station d'autobus est très loin de chez moi / J'habite très loin de la station d'autobus. ¶ 학교는 우리 집에서 그리 멀지 않다 L'école n'est pas très loin de chez moi / Il n'y a pas loin de l'école à chez moi. ¶ 먼 길을 가다 aller [voyager] loin; faire du chemin. ¶ 갈 길이 아직 ~ avoir encore beaucoup de chemin à faire [à parcourir], avoir encore une longue route (devant *soi*). ② ((수준, 정도)) ne pas être prêt(*e*) [être loin] de+*inf*; le jour est loin où ..., ce n'est pas demain que ..., c(e n)'est pas demain la veille que ... {*fam*}, ce n'est pas pour bientôt, ce n'est pas pour tout de suite, ce n'est pas encore pour demain {*fam*}; ça ne risque pas d'arriver, *tu ne risques* pas de devenir .... de si tôt [((오용)) de sitôt]. ¶ 너의 그림 솜씨는 화가가 되기엔 아직도 멀었다 Vu tes talents pour la peinture, ce n'est pas demain (la veille {*fam*}) que tu deviendras peintre [tu ne risques pas de devenir peintre de si tôt]. ③ ((관계)) ne pas être proche (de *qn*). ¶ 그가 멀게 느껴진다 Je ne me sens pas proche de lui. ④ ((시간)) être lointain(*e*), éloigné(*e*), reculé(*e*) ((dans le temps)); ne pas être prêt(*e*) de+*inf*; ce n'est pas pour tout de suite, ce n'est pas pour bientôt. ¶ 먼 옛날 autrefois. ¶ 동이 트려면 아직도 멀었다 Le soleil n'est pas prêt de se lever. ¶ 도착하려면 아직도 멀었니? Quand est-ce qu'on arrive? / C'est encore loin? ⑤ ((촌수)) être lointain(*e*), éloigné(*e*) ((cousins, parents)); être parent(*e*)s [apparenté(*e*)s] de loin, être vaguement apparenté(*e*) à *qn*. ¶ 촌수가 ~ n'avoir qu'une parenté éloignée avec *qn*, n'être que vaguement apparenté(*e*) à *qn*. ¶ 우리는 먼 친척 간입니다 Nous sommes parents de loin / Nous sommes (des) parents éloignés / Je lui suis vaguement apparenté(*e*) / Nous sommes vaguement apparentés / Nous sommes apparentés de loin / Nous sommes plus ou moins parents. ***먼 친척보다 가까운 이웃이 낫다** Mieux vaut un proche voisin [un bon voisin] qu'un parent éloigné. ***하루[이틀, 사흘]가 ~ 하고[멀게]** presque tous les jours, fréquemment, (très) souvent, tout le temps. ¶ 그는 사흘이 멀게 병원을 다닌다 Il va pratiquement [presque] tous les jours à l'hôpital [à la clinique] / Il n'y a pas pratiquement pas un jour où il ne va pas à l'hôpital. ¶ 그 친구는 이틀이 ~ 하고 여자친구를 만난다 Il rencontre sa petite amie [copine] presque tous les jours. ¶ 그는 하루가 ~ 하고 술에 취해 집에 들어온다 Il n'y a [Il n'est] pratiquement pas un jour où il ne rentre pas soûl à la maison / Il rentre presque tous les jours ivre à la maison.

◆**멀고_** 형 être très lointain(*e*), très éloigné(*e*), très reculé(*e*), être au bout du monde. ¶ 그 사람은 멀고먼 이국땅으로 떠났다 Il est parti pour un pays très lointain.

멀뚱거리다 타 regarder d'un air distrait [vague, atone, vide, sans expression, absent], regarder sans faire attention. ¶ 눈을 ~ regarder d'un air absent, regarder sans faire attention.

멀뚱히 부 distraitement, d'un regard distrait [vague, atone, sans expression]; d'un air confondu [déconcentré]. ¶ 누구를 ~ 바라보다 regarder *qn* d'un air vague.

멀리 부명 (au) loin, dans le lointain; à une grande distance. ¶ ~ 떠나다 partir au loin. ¶ 그는 우리집에서 ~ 산다 Il vit loin de chez nous. ¶ 그는 ~에 있다 Il est loin d'ici.

◆**_ _** 부 au loin, dans le lointain. ¶ ~~ 떠나다 partir au loin.

◆**_뛰기** 명 【운동】 saut *m* en longueur.

◆**_서** 부 de loin, depuis le lointain. ¶ ~서 들려오는 소리 un bruit qu'on entend de loin. ¶ ~서 온 손님들 des invités venus de loin.

멀리하다 타 tenir à distance; éloigner, écarter; mettre à l'écart; éviter, fuir; s'abstenir de *qc*; se détacher de, désaffectionner. ¶ 세상사를 ~ fuir le monde. ¶ 그런 친구는 멀리해야 한다 Il faut éviter [fuir] ce genre d'amis. ¶ 그 사람을 멀리하는 게 좋다 Tu ferais bien de ne pas être trop proche de lui. ¶ 술과 담배를 멀리해라 Ne touche ni au tabac ni à l'alcool.

멀미 명 ① m*al*(m*aux*) *m* de mer [des transports; de l'air]. ¶ ~로 고생하다 souffrir du mal de mer [des transports; de l'air]. ¶ ~가 가셨다[가라앉았다] Le mal de mer [des transports; de l'air] a disparu [s'est atténué] / Il(Elle) n'est plus malade. ¶ 그 여자는 ~가 심해서 장거리 여행을 할 수 없다 Elle est trop sensible au mal de mer [des transports] pour faire un long voyage / Elle est trop malade en voiture [en autocar] pour faire un long voyage. ② dégoût *m*, écœurement *m*; nausée *f*. ¶ 그는 정신없이 돌아가는 도시생활에 ~를 느끼고 낙향을 결심했다 Il a décidé de se retirer à la campagne, renonçant à la vie stressante de la ville / Écœuré [Dégoûté] par la vie trépidante de la ville, il a décidé de se retirer à la campagne. ◇**_(를) 하다** avoir le mal de mer [des transports; de l'air], être malade en voiture [en autocar, en avion]. ¶ 비행기 ~를 하다 avoir le mal de l'air. ¶ 차~를 하다 avoir le mal des transports, être malade en voiture, être malade en autocar. ◇**_(가) 나다** avoir le mal de mer [des transports; de l'air], être malade en voiture [en autocar, en avion]; avoir la nausée à cause de *qc*; être écœuré(*e*) par *qc*.

◆**_기** -氣 명 léger(s) m*al*(m*aux*) *m* de mer [des transports; de l'air]. ¶ 아이가 ~기가 있는 것 같다 L'enfant a un léger [faible] mal de mer [des transports; de l'air].

◆**_약** -藥 명 médicament *m* préventif contre le mal de mer [des transports; de l'air]; antiémétique *m*.

◆**_증** -症 명 mal *m* de mer [des transports; de l'air].

◆**뱃_** 명 mal *m* de mer.

◆차_ 車- 명 mal *m* des transports.

멀쩡하다 형 ① être intégral(*e*), être compl*et*(*ète*), enti*er*(*ère*); être intact(*e*); être en bon état. ¶ 차사고를 당하고도 그는 멀쩡했다 Il est en parfaite santé malgré son accident de la route. ¶ 그는 정신[육신]이 ~ Il a toute sa tête [Il est en parfaite forme (physique)]. ¶ 멀쩡한 대낮에 강도를 만나다 se faire voler en plein jour. ② 약다 être sagace, futé(*e*), malicieu*x*(*se*), ingénieu*x*(*se*). ¶ 그는 보기와 달리 속이 멀쩡한 놈이다 Contrairement aux apparences, c'est un type intelligent.

멀찌감치 부 멀리 (au) loin. ¶ ~ 물러서다 reculer très loin.

멀찍멀찍 부 넓은 간격으로 à grands intervalles; de loin en loin; de façon espacée, ça et là. ¶ ~ 떨어져 선 나무들 les arbres espacés à grands intervalles.

멀티미디어 영{multimedia} 명 multimédia *m*.

멀티비전 영{multivision} 명 multivision *f*.

멀티스크린 영{multiscreen} 명 multiscreen *m*; écrans multiples *mpl*; vue *f* d'ensemble; écran *m* virtuel.

멈추다 자타 ① s'arrêter, se stopper, s'immobiliser, se figer, s'endiguer, s'enrayer, s'ancrer, s'interrompre; arrêter, cesser, stopper, interrompre; faire une pause [une halte]. ¶ 비가 멈추었다 Il a cessé de pleuvoir / La pluie a cessé. ¶ 피가 멈추었다 Le sang s'est arrêté de couler / L'hémorragie s'est arrêtée. ¶ 지혈제를 사용하여 피를 멈추었다 Avec un hémostatique, j'ai arrêté [stoppé] l'hémorragie. ¶ 잠깐 하던 일을 멈추고 내 말을 들어라 Arrête un instant le travail et écoute-moi. ② (s')arrêter. ¶ 차가 집 앞에 멈추었다 La voiture s'est arrêtée devant la maison. ¶ 그 사람은 차를 집 앞에 멈추고 내려서 전화를 했다 Il a arrêté la voiture devant la maison, en est descendu et a téléphoné. ¶ 그 사람은 길모퉁이에서 걸음을 멈추고 뒤를 돌아다 보았다 Il s'arrêta de marcher au coin de la rue, se retourna et jeta un regard.

멈칫거리다 형 ① ((동작)) hésiter; rester indécis(*e*), irrésolu(*e*). ¶ 웬 사내가 입구에서 멈칫거리다가 사라졌다 Un type est resté devant l'entrée l'air indécis avant de disparaître. ② 주저하다 hésiter; rester indécis(*e*), irrésolu(*e*). ¶ 그는 멈칫거리며 대답을 하지 않았다 Il bredouilla sans répondre.

멈칫대다 형 ☞ 멈칫거리다

멈칫하다 형 ☞ 멈칫거리다

멋 명 charme *m*, élégance *f*, grâce *f*, coquetterie *f*; chic *m*; dandysme *m*; élégance *f* affectée; délice *m*; ((운치)) goût *m*, saveur *f*. ¶ 창의 ~을 알다 connaître le charme de[savoir apprécier] la chanson classique coréenne. ¶ 랩의 ~은 어디에 있습니까? Où est le charme du rap? ¶ ~으로 쓰는 안경 porter des lunettes par souci d'élégance. ◇_**을 부리다[내다]** se faire b*eau*(*belle*); s'habiller chic. ¶ 잔뜩 ~을 부려서 글을 쓰다 écrire avec beaucoup de recherche [d'élégance]. ◇_**(이) 있다[없다]** être [ne pas être] chic, élégant(*e*). ¶ 거 참 ~ 있네! Comme c'est élégant! / C'est vraiment chic! ¶ ~있는 문장 style plein de saveur. ¶ ~없는 남자 personne sans intérêt [peu intéressante]. ¶ 그 여자는 언제나 ~있게 옷을 입는다 Elle s'habille toujours avec élégance [avec recherche].

*~**(도) 모르다** être ignorant de la situation. ¶ ~도 모르고 달려들다 intervenir sans savoir ce qui se passe [sans savoir pourquoi]. ¶ ~도 모르면서 떠들어대지 말아라 Ne parle pas sans savoir [de ce que tu ne connais pas].

◆_**대가리** 명 【속어】 ① ((terme péjoratif pour désigner le)) charme *m*, élégance *f*. ② ((운치)) ((terme péjoratif pour désigner le)) goût *m*, saveur *f*, intérêt *m*. ¶ ~대가리 없는 사람 un homme [une femme] terne [sans intérêt, insipide].

◆_**쟁이[장이]** 명 personne *f* chic [élégante]; coquet(*te*), dandy *m*; petit-maître; bellâtre *m*; gandin *m*; minet *m*.

◆**걸_** 명 parure *f*; ornement *m*; ostentation *f*. ¶ 걔는 겉~만 잔뜩 들어서 큰일이다 Ce type s'attache beaucoup trop aux apparences.

멋대로 부 제 맘대로 à *sa* guise. ¶ ~ 행동하다 agir à *sa* guise. ¶ 네 ~ 생각하지 말아라 Ne va pas penser n'importe quoi!

멋들어지다 형 être admirable, remarquable, merveilleu*x*(*se*), magnifique, superbe, splendide. ¶ 패션모델들은 걸음걸이가 ~ Les mannequins marchent avec élégance. ¶ 저 배우는 연기하는 것이 참 ~ Cet acteur joue magnifiquement. ¶ 멋들어진 솜씨로 avec une adresse prodigieuse [remarquable]. ¶ 멋들어진 연주 une interprétation admirable [remarquable]. ¶ 멋들어진 필치 un style élégant [éblouissant, admirable, remarquable]. ¶ 노래를 멋들어지게 부르다 chanter à merveille. ¶ 군악대를 멋들어지게 지휘하다 diriger la musique militaire formidablement (bien).

멋모르다 자 ignorer la situation; ne pas savoir de ce qui se passe; ne pas être au courant. ¶ 멋모르고 일을 시작하다 commencer à travailler sans savoir de quoi il s'agit.

멋지다 형 ((행동이)) être chouette, extraordinaire, admirable, formidable, splendide, sensationnel(*le*); ((차림새나 생김새)) être chic *inv*, élégant(*e*), plein(*e*) de grâce; être fascinant(*e*), charmant(*e*), séduisant(*e*). ¶ 멋진 모자 un chapeau chic [élégant]. ¶ 멋진 생각 une merveilleuse idée, une très bonne idée. ¶ 멋진 솜씨 une adresse prodigieuse. ¶ 멋진 슛[플레이] un tir magnifique, un superbe tir, un tir extraordinaire [un très beau jeu, un très beau match, une superbe rencontre]. ¶ 저 배우 참 ~ Cet(*te*) ac*teur*(*trice*) est vraiment admirable. ¶ 저 사람은 연설하는 것이 참 ~ C'est un bon orateur! / Que son discours est admirable! / Quel discours admirable! ¶ 저 사람 멋진 친구야! C'est un chouette type [un gars bien]! / Il est extra, ce type {*fam*}! ¶ 멋지게 차려입다 s'habiller élégamment. ¶ 집안을 멋지게 꾸미다 décorer magnifiquement [splendidement] la maison, décorer la maison à merveille. ¶ 멋지게 성공하다 réussir magnifiquement.

멋쩍다 형 avoir l'air gêné(*e*); se sentir gêné(*e*); être mal à l'aise, embarrassé(*e*), gêné(*e*), confus(*e*). ¶ 멋쩍은 표정을 짓다 prendre un air gêné; avoir l'air gêné(*e*). ¶ 멋쩍은 얼굴로 d'un air embarrassé. ¶ 그 친구가 나를 몰라보아 참 멋쩍었다 J'étais bien embarrassé(*e*) parce qu'il ne m'avait pas reconnu(*e*). ¶ 그는 사람들 앞에 나서기가 멋쩍었다 Il s'est senti gêné devant les gens [d'affronter le public] / Il avait le trac. ¶ 멋쩍게 웃다 sourire d'un air embarrassé.

멋쩍어하다 자 prendre un air gêné [timide]; avoir l'air gêné(*e*) [timide]. ¶ 그는 멋쩍어하며 머리를 긁적였다 Il s'est gratté la tête d'un air timide [gêné].

멍 명 meurtrissure *f*; contusion *f*; bleu *m* {*pop*}, hématome *m*; ((자국)) marque *f*; 【의학】 ecchymose *f*; ((꼬집힌)) pinçon *m*. ¶ ~ 자국 un hématome, une ecchymose. ◇_(이) **들다** se faire un bleu; avoir un bleu [un hématome, ((의학)) une ecchymose]; avoir un pinçon; ((눈)) avoir un œil au beurre noir, avoir un œil poché [tuméfié]; être contusionné(*e*); ((비유적)) être blessé(*e*) ((dans *son* orgueil)), être meurtri(*e*). ¶ ~든 눈 un œil poché, un œil au beurre noir. ¶ 전신에 ~이 들다 être tout couvert de bleus [d'hématomes, de meurtrissures], avoir des bleus partout {*fam*}. ¶ 그는 실연으로 가슴에 ~이 들었다 Il a le cœur meurtri par un chagrin d'amour. ◇_(이) **지다** être meurtri(*e*); être couvert(*e*) de meurtrissures [de bleus {*pop*}, d'hématomes].

◆**피_** 명 bleu *m* {*pop*}, hématome *m*, meurtrissure *f*, ecchymose *f*.

멍게 명 【동물】 sorte d'ascidie *f*; outre *f* de mer, *Halocynthia roretzi* {*nsc*}.

멍군 명 réplique *f* à un échec [à une mise en échec]. ¶ 장군 ~ échec et réplique à l'échec; difficile à juger; partie (d'échecs orientaux) très disputée.

멍멍이 명 chien *m*; toutou *m*, ((경멸)) roquet *m*.

멍멍하다 형 avoir les oreilles qui bourdonnent, avoir des bourdonnements dans les oreilles. ¶ 높은 산에 오르니 귀가 ~ Au sommet d'une haute montagne, j'ai les oreilles qui bourdonnent. ¶ 음악 소리가 어찌나 시끄럽던지 귀가 다 멍멍했다 La musique était tellement forte que mes oreilles bourdonnaient.

멍석 명 grosse natte *f* ((de paille de riz)).

*(잘) **하던 일도 ~ 깔아 주면 못 한다** Sollicité, il refuse de se produire [il ne le fait plus].

◆**_자리** 명 grosse *f* natte de paille servant de siège.

멍에 명 ① joug *m*. ¶ 소에 ~를 메우다[씌우다] atteler un bœuf au joug. ② ((비유적)) joug *m* ((des traditions, des préjugés, du mariage)). ¶ 이제 인습의 ~를 벗어야 할 때이다 Il est temps de s'affranchir du joug des conventions.

멍울 명 grumeau(*x*) *m*, caillot *m*; boule *f*; bosse *f*. ¶ 젖에 ~이 만져진다 Je sens une boule dans le sein. ◇_(이) **서다[생기다]** avoir une bosse, un caillot se forme.

멍청이 명 lourdaud(*e*); crétin(*e*) (des Alpes), demeuré(*e*) {*fam*}, sot(*te*), idiot(*e*), andouille *f* {*fam*}, cruche *f* {*fam*}, gourde *f* {*fam*}, simple *mf* d'esprit.

멍청하다 형 ((사람)) être sot(*te*), idiot(*e*), stupide, imbécile, débile {*fam*}, abruti(*e*), demeuré(*e*) {*fam*}, con(*ne*) {*fam*}, crétin(*e*), couillon(*ne*) {*fam*}, simple d'esprit; être distrait(*e*); ((말, 행동)) être absurde, ridicule, insensé(*e*). ¶ 멍청한 아이 un(*e*) enfant idiot(*e*). ¶ 멍청한 얼굴[표정]로 바라보다 regarder quelque chose d'un air hébété [d'une manière idiote]. ¶ 멍청한 소리를 하다 tenir des propos insensés; dire des âneries [des sottises, des absurdités, des imbécillités, des énormités]. ¶ 멍청한 짓을 하다 faire une sottise; avoir un comportement absurde, faire l'andouille {*fam*} [le zouave, le pitre, l'imbécile, le clown, le con {*fam*}]. ¶ 저 사람 참 ~ Quel(*le*) idiot(*te*)! / Quelle andouille ce type [celui-là]! / Quelle gourde [cruche] celle-là! / Ce qu'il(elle) peut être con, celui(*celle*)-là! ¶ 일을 멍청하게 처리하다 arranger une affaire d'une manière idiote. ¶ 먼 산만 멍청하게 바라보다 bayer aux corneilles d'un air vague [absent]. ¶ 멍청하게 굴다 agir d'une manière stupide; faire des âneries; faire l'andouille {*fam*} [le zouave, le pitre, l'imbécile, le clown, le con {*fam*}].

◆**멍청하니** 부 sottement, bêtement, stupidement. ¶ 멍청하니 바라보다 regarder bêtement [d'un air hébété].

멍추 명 ☞ 맹추

멍키스패너 영{monkey spanner} 명 clé *f* anglaise; clé *f* à molette.

멍텅구리 명 sot(*te*), imbécile *mf*, idiot(*e*), niais(*e*).

멍하니 부 ☞ 멍하다

멍하다 형 être distrait(*e*); être indifférent(*e*), insensible; être stupéfait(*e*); être étourdi(*e*). ¶ 오랜만에 번화가에 나오니 (정신이) 좀 ~ Il y a si longtemps que je ne suis sorti dans une rue animée que je reste un peu étourdi. ¶ 허공만 멍하니 바라보다 regarder dans le vide d'un air absent. ¶ 멍한 눈으로 aux yeux ternes, sans éclat. ¶ 멍한 표정을 짓다 prendre une expression distraite.

◆**멍하니[멍히]** 부 distraitement, rêveusement. ¶ 그는 정신이 나간 듯 하늘만 멍하니 바라봤다 Il contemplait distraitement le ciel comme s'il n'avait pas tous ses esprits. ¶ 멍하니 있지 말고 뭐든 해라 Ne reste pas comme ça sans rien faire (et bouge-toi).

멍히 부 ☞ 멍하다

멎다 자 ① s'arrêter, se stopper, s'immobiliser, se figer, s'endiguer, s'enrayer, s'encrer, s'interrompre; arrêter, cesser, stopper, interrompre. ¶ 흐르던 피가 멎었다 Le sang s'est arrêté de couler. ¶ 비[눈, 바람]가 멎었다 Il cesse de pleuvoir [de neiger, de venter] / La pluie [La neige] a cessé de tomber / Le vent a cessé de souffler / Il ne pleut plus [Il ne neige plus; Il ne vente plus / Il n'y a plus de vent]. ¶ 시계가 멎었다 La montre s'est arrêtée. ¶ 심장 박동이 멎었다 Son cœur s'est arrêté de battre / Il a fait un arrêt cardiaque. ¶ 기침이 멎는 약 un médicament qui calme la toux. ② s'arrêter. ¶ 버스가 다리 위에 멎었다 Le bus s'est arrêté sur le pont.

메¹ 명 riz *m* offert devant les tablettes des ancêtres. ¶ ~를 올리다 offrir un bol de riz à *ses* ancêtres.

메-² 접두 non collant(*e*), non gluant(*e*); non glutineux(*se*).

◆**_조** 명 millet *m* non gluant.

메가바이트 영{megabyte} 분류 【컴퓨】 mégaoctet *m*, méga *m* {*fam*} ((Mo)).

메가비트 영{megabit} 분류 【컴퓨】 mégabit *m*.

메가톤 영{megaton} 분류 mégatonne *f*.

◆**_급** -級 명 ((de)) taille *f*; méga {*fam*}. ¶ 이 정도면 ~급 사건이군 C'est un événement de taille / C'est un méga événement {*fam*}.

메가폰 영{megaphone} 명 porte-voix *m inv*; mégaphone *m*. ¶ ~을 잡다 prendre un porte-voix; ((비유적)) 영화를 감독하다 diriger[réaliser, assurer la mise en scène d'] un film.

메가헤르츠 영{megahertz} 분류 【물리】 mégahertz *m*.

메기 명 【동물】 silure *m*; poisson(-)chat *m*.

◆**_눈** 명 petits yeux *mpl*.

◆**_입** 명 grande bouche *f*; personne *f* à grande bouche.

메기다 타 encocher ((une flèche)); mener ((le chant)), pousser ((la scie)).

메꽃 명 【식물】 (fleur *f* de) liseron *m*; belle-de-jour *f*.

메꾸다 타 ((ʻ메우다'의 잘못)) ☞ 메우다

메뉴 프{menu} 명 menu *m*; carte *f*.

◆**_판** -板 명 menu *m*, carte *f*. ¶ ~을 보다 regarder la carte (des menus).

◆**세트_** 명 menu *m*. ¶ 세트~를 시키지 그래? Prends un menu.

메니아 명 ☞ 매니아

메다¹ 타 mettre sur l'épaule; porter *qc* sur l'épaule. ¶ 가방을 ~ mettre *son* cartable sur les épaules. ¶ 총을 어깨에 ~ ((행위)) mettre le fusil sur l'épaule, ((상태)) porter l'arme sur l'épaule. ¶ 그 남자는 배낭 하나만 메고 세계를 여행했다 Il a voyagé dans le monde avec pour tout bagage un sac à dos [avec un sac à dos comme seul bagage].

*****총대를** ~ prendre les devants ou assumer la responsabilité d'une tâche difficile ou dangereuse.

메다² 재 être obturé(*e*), obstrué(*e*), bouché(*e*), encombré(*e*), serré(*e*). ¶ 목이 ~ avoir la gorge serrée [nouée], avoir le cœur gros. ¶ 빵을 먹다 목이 메어서 급히 물을 마셨다 M'étant étouffé(*e*) en mangeant du pain, j'ai immédiatement bu de l'eau. ¶ 지금도 돌아가신 할머니를 생각하면 슬픔으로[에] 목이 멘다 Encore maintenant, quand je pense à ma grand-mère décédée, j'ai la gorge serrée [j'ai la gorge nouée, j'ai le cœur gros, j'ai le cœur rempli de chagrin].

메다³ se boucher, s'obstruer; être bouché(*e*), obstrué(*e*), encombré(*e*), obturé(*e*); ((gorge)) être serré(*e*). ¶ 구멍이 멘다 Le trou se bouche.

메다꽂다 타 ☞ 메어꽂다

메달 영{medal} 명 médaille *f*. ¶ 기념 ~ une médaille commémorative. ¶ ~을 따다 obtenir une médaille. ¶ ~을 수여하다 conférer [décerner, remettre] une médaille à *qn*.

◆**_권** -圈 명 rangs *m* médaillables, haut *m* du classement. ¶ ~권에 들다 faire partie des médaillables, faire partie des (trois) meilleurs, entrer dans le haut du classement.

◆**_박스** 명 chasse *f* gardée, spécialité *f*, discipline *f* phare. ¶ 격투기 종목들은 전통적으로 한국의 ~박스이다 Les arts martiaux sont par tradition la discipline phare de la Corée / La Corée est une habituée des médailles dans les épreuves d'arts martiaux.

◆**금_** 金 명 médaille *f* d'or.

◆**동_** 銅 명 médaille *f* de bronze.

◆**은_** 銀 명 médaille *f* d'argent.

메달리스트 영{medallist} 명 médaillé(*e*). ¶ 올림픽 ~ un(*e*) médaillé(*e*) olympique.

메들리 영{medley} 명 mélange *m*; pot-pourri *m* ((des plus belles chansons d'amour)). ¶ 이번에는 팝송 ~를 들려드리겠습니다 À présent, vous allez entendre un pot-pourri de musique pop.

메뚜기 명 【동물】 sauterelle *f*.

*~**도 한 철** Il y a un temps pour tout.

메론 영{melon} 명 melon *m*. ☞ 멜론

메리야스 에 명 maillot *m* de corps, tricot *m* [gilet] de corps; marcel *m* {*fam*}.

◆**_뜨기** 명 tricot *m*.

메리트 영{merit} 명 mérites *mpl*, avantages *mpl*, intérêts *mpl*. ¶ 무슨 ~가 있어야 그 일을 할 거 아냐? Il faut que ce travail ait un intérêt pour qu'on le fasse, non?

메마르다 형 ① 건조하다 être aride, sec(*sèche*). ¶ 메마른 대지를 적시는 비 la pluie qui arrose une terre aride. ¶ 메마른 피부 une peau sèche. ② 비정하다 être stérile, improductif(*ve*), infertile. ¶ 인정이 메마른 시대 une époque impitoyable. ¶ 도시인들은 감정이 메말랐다 Les habitants des grandes villes sont indifférents.

메모 영{memo} 명 mémorandum(*mémorandums*, *mémoranda*) *m*, note *f*, ((écrire un, laisser un)) (petit) mot *m*; quelques lignes *fpl*. ¶ ~를 남기다 laisser un (petit) mot. ◇**_(를) 하다** prendre note de *qc*, noter *qc*, prendre *qc* en note. ¶ 중요한 사항들을 수첩에 ~하다 noter les choses importantes dans un carnet.

◆_장 -帳 명 bloc-notes *m*.

◆_지 -紙 명 papier *m* bloc-notes.

◆_판 -板 명 pense-bête (~-~s) *m*.

◆_패드 명 【컴퓨】 bloc-notes *m*.

메모리 영 {memory} 명 【컴퓨】 mémoire *f*.

메밀 명 sarrasin *m*; blé *m* noir.

◆_가루 명 farine *f* de sarrasin.

◆_국수 명 pâtes *fpl* au blé noir [vermicelles *fpl* de sarrasin].

◆_꽃 명 fleur *f* de sarrasin.

◆_묵 명 gelée *f* de sarrasin.

◆_전병 -煎餠 명 galette *f* de blé noir.

메밥 명 riz *m* non gluant [non glutineux].

메벼 명 riz *m* (non glutineux; non décortiqué).

메스 네 명 bistouri *m*.

*~를 가하다 mettre fin à *qc*; déraciner *qc*. ¶ 세무서 직원들의 부정부패에 ~를 가하다 mettre fin aux corruptions des employés [des agents] des douanes.

메스껍다 형 ① avoir la nausée [mal au cœur, des haut-le-cœur], avoir envie de vomir, être pris(*e*) d'une nausée; être nauséabond(*e*), écœurant(*e*), fétide. ¶ 보기에도 메스꺼운 음식 une nourriture répugnante [écœurante, fétide, dégueulasse {*fam*}, à faire vomir]. ¶ 냄새만 맡아도 속이 ~ Cette odeur me donne la nausée / Cette odeur me donne envie de vomir [de dégobiller {*pop*}, de dégueuler {*pop*}, de gerber {*pop*}]. ¶ 배멀미가 나서 속이 ~ J'ai le mal de mer. ② 불쾌하다 être écœurant(*e*), dégoûtant(*e*), répugnant(*e*). ¶ 그 사람은 생각만 해도 ~ Il est vraiment répugnant. ¶ 저 녀석 잘난 척 하는 꼴이 ~ Cela me dégoûte de le voir faire le malin.

메슥거리다 자 ((속이)) avoir envie de vomir, avoir des nausées, avoir des haut-le-cœur, avoir le cœur au bord des lèvres, avoir mal au cœur; être pris(*e*) de nausées; avoir l'estomac embarrassé [dérangé, retourné], avoir le cœur [l'estomac] (tout) barbouillé, ne pas se sentir bien.

메슥메슥거리다 자 ☞ 메슥메슥하다

메슥메슥대다 자 ☞ 메슥메슥하다

메슥메슥하다 자 avoir envie de vomir, avoir des nausées, avoir le cœur au bord des lèvres, avoir mal au cœur. ¶ 기름진 음식만 먹었더니 (속이) ~ Il m'a suffi de manger un plat gras pour avoir des nausées.

메시껍다 형 (('메스껍다'의 잘못)) ☞ 메스껍다

메시아 히 명 messie *m*.

메시지 영 {message} 명 ① 전언 message *m*. ¶ 대통령의 신년 ~ les vœux de nouvelle année du président. ¶ ~를 보내다 envoyer un message. ¶ ~를 전하다 transmettre un message. ② 교훈, 의도 message *m*, morale *f*, intention *f*. ¶ 이 소설이 전해주는 평화의 ~ le message de paix véhiculé par ce roman. ¶ 이 영화는 강한 ~를 담고 있다 Ce film est très (porteur de) moral(*e*) / Ce film est très moraliste.

메신저 영 {messenger} 명 ① 전달자 messager(*ère*). ② 【컴퓨】 ((프로그램)) *messenger m*.

메아리 명 écho *m*; résonance *f*. ¶ ~가 울려 퍼지다 faire écho; résonner. ◇_(가) 치다 faire écho; retentir [résonner, se répercuter]. ¶ 총성이 온 산에 ~쳐 울렸다 Le bruit du coup de fusil s'est répandu [a résonné, s'est répercuté] dans toute la montagne.

메어꽂다 타 renverser, jeter à terre de toutes *ses* forces. ¶ 그는 상대방 선수를 매트에 메어꽂았다 Il a jeté [renversé] son adversaire de toutes ses forces sur le tatami.

메어치다 타 jeter à terre de toutes *ses* forces. ¶ 그 남자는 뱀을 땅에 메어쳤다 Il a jeté à terre, de toutes ses forces, le serpent.

메우다 타 ① (r)emplir, combler, boucher, bourrer, obturer; remblayer ((un fossé)), truffer. ¶ 구멍을 ~ boucher un trou. ¶ 구덩이를 흙으로 ~ remplir [remblayer] un fossé avec de la terre. ¶ 운동장을 가득 메운 사람들 un stade (archi)comble, un stade plein (à craquer). ② combler ((un déficit)). ¶ 적자 [결손]를 ~ combler un déficit [boucher les trous d'un budget].

메이다 자 être mis(*e*) sur les épaules.

메이데이 영 {May Day} 명 노동절 la fête *f* du travail, la fête *f* du 1er mai.

메이저[1] 영 {major} 명 majeur(*e*).

◆_리그 명 【운동】 la «major league» ((au baseball)). ¶ ~리그 팀 équipe de la «*major league*». ¶ ~리그의 선수 joueur(*se*) de la «*major league*».

메이저[2] 영 {major} 명 【음악】 명 mesure *f*, majeur *m*.

메이저[3] 영 {maser} 명 【공학】 maser *m* ((équivalent du laser pour les ondes électromagnétiques non visibles; acronyme de «*microwave amplification by stimulated emission of radiation*»)).

메이커 영 {maker} 명 fabricant *m*; marque *f*. ¶ 유명 ~ 제품을 선호하다 préférer les produits de marque. ¶ 그는 품질보다는 ~를 따진다 Il attache plus d'importance à la marque d'un produit qu'à sa qualité / Plutôt que la qualité il[elle] fait primer la marque.

메이크업 영 {makeup} 명 maquillage *m*. ◇_(을) 하다 se maquiller.

◆_스쿨 명 école *f* de maquillage.

◆_전문가 -專門家 명 maquilleur(*se*).

메일 영 {mail} 명 courrier *m* électronique; e-mél *m*; mél *m*; courriel *m*; message *m* électronique. ¶ 누구에게 ~을 쓰다[보내다] écrire [envoyer] un e-mail [un courrier électronique, un mél, un courriel] à *qn*; envoyer un message à *qn* par courrier électronique; ((퀘벡어)) courrieler, courieller. ¶ 누구에게(서) ~을 받다 recevoir un e-mail [un méll, un courriel] de *qn* [de la part de *qn*].

◆_박스 영 {-box} 명 boîte *f* aux lettres.

◆_주소 -住所 명 adresse *f* électronique; adresse *f* de courrier électronique; adresse *f* e-mél.

◆스팸[정크]_ 영{spam[junk] -} 명 messages *mpl* publicitaires; messages *mpl* indésirables; courrier *m* indésirable; pollu *m*; message-réseau *m*; pub-réseau *f*; pourriel *m*; courriel-rebut *m*; courriel non sollicité *m*; message-poubelle *m*; pub-poubelle *f*; courrier *m* non sollicité; courrier *m* commercial non sollicité; courrier *m* de masse non sollicité.

◆이_ 영{e-} 명 courrier électronique; e-mail *m*; mail *m*; courriel *m*; message *m* électronique.

메조소프라노 이 명 ((음악)) mezzo-soprano(~-~s) *m*; ((가수)) mezzo-soprano(~-~s) *f*.

메주 명 *meju* <boule de pâte de soja (cuit et en cours de fermentation pour préparer la saumure); boule de pâte de soja en cours de fermentation>. ¶ ~를 쑤다 fabriquer des boules de pâte de soja, destinées à la fermentation. ¶ ~를 띄우다 faire fermenter les boules de pâte de soja. ¶ (얼굴이) ~ 같이 생겼다 être laid(*e*), être affreux(*se*) (avec un visage qui ressemble à une boule de pâte de soja). ¶ 올해는 ~가 아주 잘 떴다 Cette année, les boules de pâte de soja sont bien fermentées. *콩으로 ~를 쑨다 하여도 곧이듣지 않는다 ne rien croire de ce qu'un menteur raconte ((se dit à qn qui ne tient jamais ses promesses ou qui ment sans cesse)). ☞ 콩

◆_가루 명 farine *f* de soja.

◆_덩이 명 boule *f* de pâte de soja.

◆_콩 명 soja *m* destiné à la fabrication de *meju* [boule à faire fermenter].

메추라기 명 【동물】 caille *f*. ¶ 새끼 ~ un cailleteau(*x*).

메추리 명 【동물】 caille *f*. ¶ ~ 알 œuf de caille. ☞ 메추라기

메치기 명 【운동】 *mechigi m*, *ippon-seoi-nage* <au judo, technique de projection par-dessus l'épaule>. ¶ 그는 상대 선수에게 ~ 한판승을 거두었다 Il a gagné le combat par ippon en projetant son adversaire par-dessus l'épaule. ¶ 그 선수는 ~를 당해 패했다 Ce judoka a perdu le combat ayant été projeté par-dessus l'épaule de son adversaire. ¶ 이 선수는 ~ 기술이 장기이다 Ce judoka maîtrise la technique de projection *ippon-seoi-nage*.

메치다 타 jeter à terre de toutes *ses* forces. ☞ 메어치다

메카 아 명 ① 【지명】 La Mecque *f*. ¶ 회교도들의 ~ 순례 le pèlerinage des musulmans à La Mecque. ② ((비유적)) La Mecque *f* ((du tourisme)). ¶ 뉴욕은 현대 미술의 ~라 할 수 있는 곳이다 New-York est pour ainsi dire La Mecque de l'art moderne.

메커니즘 영{mechanism} 명 mécanisme *m*.

메타언어 -言語 그 명 métalangage *m*, métalangue *f*.

메타포 영{metaphor} 명 【문학】 métaphore *f*.

메탄가스 영{methane gas} 명 méthane *m* ((CH_4)).

메탄올 영{methanol} 명 【화학】 méthanol *m*, alcool *m* méthylique [esprit *m* de bois] ((CH_2OH)). ¶ ~ 화합물 les composés dérivés du radical méthyle.

메트로 영{metro} 명 métro *m*. ☞ 메트로폴리탄

메트로놈 영{metronome} 명 【음악】 métronome *m*.

메트로폴리스 영{metropolis} 명 métropole *f*.

메트로폴리탄 영{metropolitan} 명 métropolitain(*e*); ((지하철)) métropolitain *m*.

메틸알코올 영{methyl alcohol} 명 ☞ 메탄올

멘스 영{menses} 명 【생리】 menstruation *f*. ◇_(를) 하다 avoir *ses* règles.

멜라닌 영{melanin} 명 【의학】 mélanine *f*.

멜라민 영{melamine} 명 【화학】 mélamine *f*. ¶ ~ 수지 résine mélaminée.

멜로드라마 영{melodrama} 명 mélodrame *m*; soap-opéra *m* (~-~*s*), soap *m*, feuilleton *m* mélo [à l'eau de rose]. ¶ 그들의 연애 과정은 한 편의 ~ 같다 Leur relation amoureuse est mélodramatique. ¶ 요즘 TV에는 싸구려[삼류] ~가 난무하고 있다 Ces temps-ci, il y a trop de feuilletons à l'eau de rose [de soaps de troisième classe].

멜로디 영{melody} 명 mélodie *f*. ☞ 가락[1]

멜로디언 영{melodion} 명 【음악】 melodion *m*. ¶ ~을 불다 jouer du melodion.

멜론 영{melon} 명 melon *m*. ¶ ~ 주스 un jus de melon. ¶ 이 아이스크림은 ~ 향이 난다 Cette glace a un parfum [un goût] de melon.

멜빵 명 bretelle *f*, bandoulière *f*. ¶ 그는 배가 나와서 ~을 하고 다닌다 Il porte toujours des bretelles parce qu'il a du ventre [du bide {*fam*}, de la bedaine {*fam*}, du bidon, du bedon, de la brioche {*fam*}].

◆_바지 명 salopette *f*.

멤버 영{member} 명 membre *m*. ¶ 베스트 ~ les meilleurs joueurs ((d'une équipe)); les meilleurs employés. ☞ 회원

멤버십 영{membership} 명 adhésion *f*. ¶ ~ 카드 une carte d'adhérent. ¶ ~을 얻다[획득하다] obtenir *son* adhésion, devenir adhérent(*e*).

멥쌀 명 riz *m* (non glutineux, non gluant, non collant).

멧돼지 명 sanglier *m*. ¶ ~ 고기로 요리하다 faire un plat à base de [avec du] sanglier.

멧부리 명 pic *m*, cime *f*, sommet *m* ((de montagne)). ☞ 산봉우리

멧새 명 oiseau *m* de montagne [des sommets].

-며[1]↔-이며 조 ((particule de liaison des mots. -며 s'ajoute après le substantif qui se termine par une voyelle, -으며 après le substantif par une consonne)). ¶ 아이~ 어른이~ 할 것 없이 다 모였다 Tous, enfants et adultes, se sont rassemblés. ¶ 그 집은 소~ 돼지~ 염소~ 많은 가축을 사육해요 Cette famille élève de nombreux animaux domestiques tels que bœufs, porcs et chèvres. ¶ 그는 정치가~ 예술가다 Il est homme politique et artiste.

-며[2] 어미 et, puis ① ((suffixe flexionnel conjonctif de coordination. -며 s'ajoute après le radical qui se termine par une voyelle, par la consonne liquide -ㄹ et après le suffixe flexionnel préfinal honorifique –시. –으며 s'ajoute après le radical qui se termine par une consonne et après les suffixes flexionnels préfinaux temporo-modaux –았/–었 et –겠)). ¶ 그 애는 성격이 나쁘~ 질투심도 많다 Cet enfant a un mauvais caractère, et est aussi très jaloux. ¶ 나는 현재 몸이 아프~ 마음도 괴롭다 Actuellement, je suis malade (physiquement), et mon cœur est tourmenté. ¶ 할머니께서는 바느질을 하사~, 형은 연을 만들~, 나는 숙제를 한다. Ma grand-mère fait la couture, mon grand frère fabrique un cerf volant et je fais mes devoirs. ¶ 나는 대학교에 다니~, 형은 은행에 다니~ 누나는 보험회사에 다닌다 Je fréquente l'université [suis étudiant à l'université], mon frère aîné (fréquente, travaille dans) une banque, et ma sœur aînée (fréquente, travaille dans) une compagnie d'assurance. ¶ 겨울에는 눈이 많이 내리~, 날씨가 추워요. En hiver, il neige beaucoup et il fait froid. ② en + p.pr. ((*gérondif*)) ((suffixe flexionnel indiquant la simultanéité de plusieurs actions)). ¶ 그는 손을 흔들~ 말했다 Il a parlé en agitant la main. ¶ 나는 저녁밥을 먹~ 텔레비젼 뉴스를 보았다 En prenant le repas du soir [dîner], j'ai regardé les nouvelles de la télévision. ¶ 앞을 보~ 걸어라. Marche en regardant devant.

며느리 명 belle-fille(~*s*-~*s*) *f*, bru *f*. ¶ 그는 올해 둘째 ~를 보았다[얻었다] Il a marié son deuxième fils cette année. ¶ 김씨는 이웃집 처녀를 ~로 삼았다 M. Kim a pour sa bru la demoiselle de la maison voisine.

*~ **늙어 시어미 된다** La bru vieillie devient (à son tour) belle-mère.

*~ **사랑은 시아버지, 사위 사랑은 장모** Le beau-père aime bien sa belle-fille, la belle-mère son gendre / Une belle-fille est aimée davantage par son beau-père et un gendre par sa belle-mère.

*~**가 미우면 손자까지 밉다** Qui me hait, hait aussi mon chien / Qui m'aime aime mon chien.

◆**_감** 명 personne *f* susceptible de devenir la belle-fille de *qn*.

◆**_발톱** 명 ergot *m* de coq.

◆**_밥풀꽃** 명 mélampyre *m* linéaire.

◆**맏_** 명 première belle-fille *f*.

며칠날 명 quel jour *m* du mois; quelle date *f*; ((구어)) le combien. ¶ 시험은 ~ 봅니까? Quelle est la date de l'examen? ¶ ~(에) 출발하세요? Quel jour partez-vous? / ((구어)) Vous partez le combien? {*fam*}. ¶ 그것이 ~이었더라? C'était quel jour [le combien] déjà?

며칠 명 ① ((날짜)) quel jour *m* (du mois); quelle date *f*; ((구어)) le combien. ¶ ~까지 이 일을 끝내야 합니까? Quelle est la date limite pour terminer ce travail? ¶ ~부터 그가 돌아와 있을까? Depuis quand est-il de retour? ¶ 오늘이 ~입니까? Quel jour (du mois) [Quelle date] sommes-nous? / Quel jour (du mois) est-ce aujourd'hui? ② ((기간)) quelques jours, un certain nombre de jours; combien de jours. ¶ 휴가가 ~(간)이니? Quelle est la durée du congé? ¶ 그는 우리 집에 ~밖에 묵지 않았다 Il n'est resté que quelques jours chez nous. ¶ 그 곳에 도착하려면 ~ 걸릴 것이다 Cela prendra plusieurs jours pour arriver là-bas. ¶ 그는 약속한 날보다 ~ 뒤[전]에 왔다 Il est arrivé quelques jours après [avant] le jour du rendez-vous. ¶ 그는 ~ 전부터 당신을 찾고 있다 Il vous cherche depuis quelques jours. ¶ ~ 동안 이 일을 준비했습니까? Pendant combien de jours avez-vous préparé cela? ¶ 내가 없는 ~ 동안 pendant mes quelques jours d'absence.

멱¹ 명 gorge *f*, gosier *m*. ◇_(을) **따다** égorger *qn*; couper la gorge de *qn*.

***돼지 ~ 따는 소리** le cri d'un cochon qu'on égorge.

멱² 명 bain *m*. ◇_(을) **감다** prendre un bain; se baigner ¶ 아이들은 강에 ~ 감으러 갔다 Les enfants sont allés se baigner dans la rivière. ¶ 그는 땀으로 ~을 감았다 Il est en nage [en eau] / Il est couvert de sueur. ◇_**을 감기다** baigner *qn*.

멱살 명 gorge *f*, col *m*, collet *m*. ¶ 누구의 ~을 잡다 prendre [saisir] *qn* à la gorge [au collet].

면¹ 面 명 ① 사물의 겉 surface *f* ((de la terre)); face *f*, plan *m*, facette *f* ((d'un cristal)); plan *m* ((d'un prisme)). ¶ 평평한 ~ une surface plane. ¶ ~이 고르지 않다[매끄럽다] La surface est irrégulière[lisse]. ¶ 어느 ~이 앞인지 모르겠다 Je ne sais pas où est l'endroit / Je ne sais pas où est le devant / Je n'arrive pas à distinguer le devant / Je ne sais pas quel est le côté face. ¶ 한 ~만 보아서는 전체를 알 수 없다 On ne peut pas tout connaître après avoir seulement vu un petit aspect des choses. ② 측면 aspect *m*; côté *m*; point *m* de vue. ¶ 사회의 어두운 ~을 다룬 소설 un roman qui traite des aspects sombres de la société, un roman qui met l'accent sur les côtés noirs de la société. ¶ 부정적인 ~만 강조하다 n'accentuer que les côtés [les aspects] négatifs, accentuer seulement les mauvais côtés. ¶ 불평만 하지 말고 그 일의 좋은[긍정적인] ~도 생각해 봐 Ne pense pas qu'aux côtés négatifs [aux inconvénients], pense aussi aux bons côtés [aux côtés positifs]. ¶ 이 문제의 다른 ~도 살펴보아야 한다 Il faut également s'intéresser aux autres aspects de la question. ¶ 모든 ~에서 그가 나를 월등히 앞선다 Il est mieux [meilleur] que moi dans tous les domaines [sous tous les aspects]. ¶ 그는 정치가로서는 실패했지만 학문적인 ~에서는 높이 평가되고 있다 Il a échoué en tant que politicien, mais il est reconnu comme grand savant. ¶ 실력 ~에서는 네가 더 우수하지만 경험 ~에서는 내가 너보다 낫다 Tu as plus d'aptitudes que moi, mais j'ai plus d'expérience que toi. ¶ 그 사람에게도 그런 자상한[인간적인] ~이 있었나? Je ne savais pas qu'il avait ce côté attentionné [humain]. ¶ 겉으로는 강해 보이지만 속으로는 의외로 여린 ~을 갖고 있다 Il a l'air très fort, mais en fait il est très faible. ¶

ㅁ

그는 상당히 정치적인 ~이 있다 Il a un côté très politique. ③ ((신문, 책자)) page *f*, rubrique *f*. ¶ 사회[경제, 문화, 정치] ~에 실린 기사 un article figurant[publié] dans la rubrique société [économie, culture, politique]. ¶ 사건의 전모를 밝힌 기사가 여러 ~에 걸쳐 실렸다 L'article qui a révélé tous les aspects de l'affaire est étalé sur plusieurs pages. ¶ 그 사건이 모든 신문의 제 일 ~을 장식했다 Cet événement a fait la première page de tous les journaux [a fait la une des journaux, a fait la manchette des journaux] / Cet événement a fait la une des journaux / Ce fait a été à la une des journaux. ¶ 이와 관련된 다른 문제는 이 책의 136 ~을 참조하라 Si tu te poses d'autres questions à ce sujet [Pour de plus amples informations à ce sujet], réfère-toi à la page 136 de ce livre. ④ 【수학】 côté *m*.

◆_수 -數 명 nombre *m* de pages. ¶ 이 책은 ~수가 너무 많다 Ce livre est trop long.

◆뒷_ 명 verso *m*.

◆앞_ 명 recto *m*.

면² 面 명 *myeon m* <subdivision administrative du territoire correspondant à un canton, subdivision d'un *gun*>. ¶ ~ 소재지 le chef-lieu d'une commune.

◆_내 -內 명 intérieur *m* du canton. ¶ 그 소문이 ~내에 자자하다 Cette rumeur court dans tout le canton.

◆_민 -民 명 les habitants *mpl* d'un *myeon*.

◆_사무소 -事務所 명 conseil *m* municipal d'un canton [d'un *myeon*].

◆_서기 -書記 명 adjoints *mpl* d'un canton [d'un *myeon*].

◆_장 -長 명 maire *m* d'un canton [d'un *myeon*].

면³ 綿 명 coton *m*. ¶ ~ 내의 un sous-vêtements en coton. ¶ ~ 양말 des chaussettes en coton.

◆_제품 -製品 명 article *m* de coton; cotonnade *f*.

◆_직물 -織物 명 étoffe *f* de coton; cotonnade *f*.

◆_포 -布 명 (tissu *m* de) coton *m*; cotonnade *f*.

◆순_ 純- 명 coton *m* pur. ¶ 순~ 의류 un vêtement cent pour cent coton.

면⁴ 麵 명 nouilles *fpl*.

◆_발[빨] 명 texture *f* de pâtes alimentaires; consistance *f* des nouilles. ¶ ~발이 곱다[가늘다] Les pâtes sont belles et fines [Les pâtes sont fines]. ¶ ~발이 질기다 Les pâtes sont résistantes.

-면⁵↔-으면 어미 ① si; quand; une fois que; chaque fois que, lorsque, quand. ((suffixe flexionnel conjonctif conditionnel. -면 s'ajoute après le radical qui se termine par une voyelle, par la consonne liquide -ㄹ et après le suffixe flexionnel préfinal honorifique -시; -으면 s'ajoute après le radical verbal et après les suffixes flexionnels préfinaux temporo-modaux -았/-었 et -겠)). ¶ 만약 [만일] 그날 비가 오~ 등산 계획은 취소됩니다 S'il pleut ce jour-là, notre projet d'escalade de montagne sera annulé. ¶ 이번 시험에 90점 이상 받으~ 상을 주겠다 Vous aurez une récompense si vous avez plus de 90 à cet examen. ¶ 봄이 오~ 꽃이 핀다 Quand le printemps arrive, les fleurs s'épanouissent. ¶ 아저씨가 오시~ 이 봉투를 드려라 Quand [si] l'oncle arrive, tu lui donneras cette enveloppe. ¶ 이런 좋은 집에 살~ 행복하겠다 Si l'on vit dans une belle maison comme celle-ci, on serait heureux. ¶ 8월 중순이 지나~ 아침저녁으로 선선하다 Il fait frais [frisquet {*fam*}] le matin et le soir à partir de la mi-août. ¶ 네가 가 버리~, 난 어떡해? Si tu t'en vas, comment vais-je faire (sans toi)? / Si tu n'es pas là, qu'est-ce que je vais faire (sans toi)? ¶ 나는 버스만 타~ 메스껍다 J'ai envie de vomir chaque fois que je prends le bus. ¶ 그때 네가 안 왔더라~ 일이 어떻게 되었을까? Que serait-il arrivé si tu n'étais pas venu(*e*) à ce moment-là? ¶ 네가 반장이~ 다냐? Tu crois que tu peux tout te permettre parce que tu es le chef de classe? ¶ 예를 들자~ 이런 것들이 있다 Par exemple [Si on prend un exemple], il y a ces choses-là [ça]. ¶ 네가 그때 한 마디만 더 했더라~ 좋았을 텐데 Cela aurait été bien si tu avais ajouté un seul mot à ce moment-là. ¶ 고향에 가보~ 좋겠다 J'aimerais tant aller voir mon pays natal. ¶ 주말이~ 나는 친구들과 등산을 간다 A chaque fois que le week-end arrive, je vais à la montagne avec mes amis. ¶ 그런가 하~, 그에게는 또 다른 면이 있기도 하다 Au contraire, cela veut aussi dire qu'il a aussi d'autres côtés. ¶ 그 사람이 먼저 전화를 한다~ 몰라도, 내 쪽에서 먼저 연락하지는 않겠다 À la rigueur, si c'est lui qui m'appelle [fait l'effort de m'appeler] en premier, mais ce n'est pas moi qui l'appellerai. ② même si ((suffixe flexionnel conjonctif d'exagération)). ¶ 내가 사표를 내~ 냈지, 그 작자하고는 도저히 함께 일을 못 하겠다 Même si je dois donner ma démission, je ne peux pas travailler avec cet individu. ¶ 자~ 졌지 항복은 못한다 Si je suis battu, soit [tant pis], mais je ne me rendrai pas. ((suffixe flexionnel conjonctif exprimant la simultanéité de plusieurs actions)). ¶ 사람들이 노래를 부르는가 하~ 춤도 춘다 Les gens chantent et en même temps ils dansent. ¶ 학문은 하~ 할수록 어렵다 Quand aux études scientifiques, plus on les fait, plus c'est difficile.

-면⁶ 조 ☞ -이면¹

면구스럽다 面灸- 형 être confus(*e*), embarrassé(*e*), décontenancé(*e*), déconcerté(*e*), troublé(*e*), désarçonné(*e*), démonté(*e*); avoir honte; ne plus savoir où se mettre.

면담 面談 명 entrevue *f*; entretien *m*; tête-à-tête *m*. ¶ ~을 거절하다 refuser un entretien [une rencontre, un tête-à-tête, une entrevue]. ¶ 시장과의 ~을 요청[신청]하다 demander une entrevue avec le maire. ¶ 총장과의 ~이 예정되어 있다 Un entretien est prévu avec le président de l'université. ◇_(을) 하다 avoir un entretien [une entrevue] avec *qn*;

s'entretenir avec *qn*. ¶ 의사와 ~하다 s'entretenir avec un médecin. ¶ 진학문제를 놓고 선생님과 ~하다 s'entretenir avec un enseignant pour l'entrée à l'université.

◆_시간 -時間 명 heure *f* de réception.

◆_실 -室 명 pièce *f* [bureau *m*] pour un entretien.

◆단독_ 單獨- 명 tête-à-tête *m*.

면도 面刀 명 ① 면도질 rasage *m*. ② 면도칼 rasoir *m*. ¶ ~로 다리털을 깎다 se raser les jambes. ◇_(를) **하다** se raser, se faire la barbe; se faire raser; raser *qc*, faire la barbe à *qn*.

◆_기 -器 명 rasoir *m*. ¶ 안전 ~기 un rasoir mécanique. ¶ 전기 ~기 un rasoir électrique. ¶ 일회용 ~기 un rasoir jetable.

◆_날 명 lame *f* de rasoir. ¶ ~날을 세우다[갈다] aiguiser une lame de rasoir.

◆_솔 명 blaireau(*x*) *m*.

◆_자국 명 trace *f* du rasoir, passage *m* du rasoir. ¶ 얼굴에 ~자국이 있는 사람 visage irritée par le feu du rasoir.

◆_칼 명 rasoir *m*.

면류관 冕旒冠 명 ① diadème *m*; couronne *f* royale. ¶ 곤룡포와 ~ l'habit officiel (du roi) et le diadème. ② ((비유적)) honneur *m* suprême; gloire *f*. ¶ 승리의 ~을 쓰다[차지하다] porter une couronne de laurier; remporter une victoire.

면면 面面 명 ① ((사람)) chacun, chaque personne *f*. ¶ 그는 회의에 참석한 사람들의 ~을 살펴보았다 Il a regardé attentivement le visage de chaque participant à la réunion. ② ((사물)) chaque côté *m* [direction *f*]; tous les côtés *mpl*, toutes les directions *fpl*. ¶ 그가 하는 일이란 ~이 허점투성이다 Son travail est truffé [plein] d'erreurs.

면면하다 綿綿- 형 ① être continu(*e*), ne pas avoir de fin, être infini(*e*), être sans fin. ② être fin(*e*), délicat(*e*), menu(*e*), minuscule. ¶ 면면한 전통 une tradition de toujours, une tradition qui se perpétue de génération en génération. ¶ 가슴 속에 품어온 면면한 정 des sentiments enfouis dans *son* cœur; des sentiments toujours présents au fond de *lui*.

면모 面貌 명 ① visage *m*, figure *f*, physionomie *f*. ② aspect *m*, apparence *f*. ¶ ~를 일신하다 changer tout à fait d'apparence; prendre un autre aspect; se transformer totalement. ¶ 이번 일로 그의 새로운 ~를 발견하게 되었다[~가 드러났다] On a découvert un nouvel aspect de sa personnalité dans cette affaire. ¶ 그는 이번 일로 지금까지와는 또 다른 ~를 보였다 Il a montré un autre aspect de sa personnalité dans cette affaire. ¶ 선진국으로서의 ~를 갖추려면 적어도 수십 년이 더 걸릴 것이다 Il faudra au moins dix ans pour que le pays ressemble à [ait une apparence de] un pays développé.

면목 面目 명 ① visage *m*, figure *f*, apparence *f*, air *m*. ② ((perdre la)) face *f*; honneur *f*; réputation *f*, crédit *m*; dignité *f*. ¶ 너 무슨 ~으로 집에 들어가니? Comment oses-tu encore mettre les pieds ici? / Comment oses-tu pointer ton nez chez nous? / Quel culot de venir montrer ta tête à la maison! ◇_(이) **없다** être confus(*e*); être honteux(*se*). ¶ 약속을 지키지 못해서 너를 볼 ~이 없다 Je suis tout honteux(*se*) [confus(*e*)] de n'avoir pas respecté ma promesse. ¶ 정말 ~ 없게 되었네 Je suis vraiment [tout] honteux(*se*) [confus(*e*)]. ◇_**이 서다** sauver l'honneur [la face]; l'honneur est sauf; ne pas être discrédité(*e*); ne pas compromettre *son* honneur. ¶ 이번 일은 꼭 성공해야 도와준 사람들에게 ~이 선다 Il nous faut absolument réussir cette affaire pour sauver notre honneur devant les gens qui nous ont aidés / Cette fois-ci il faut absolument réussir pour sauver la face devant ces gens qui nous ont soutenus.

◆진_ 眞- 명 vrai visage *m*; vraie nature *f* de *qn*. ¶ 진~을 보여주다 montrer *sa* vraie nature; se révéler sous *son* vrai jour. ¶ 그 일을 처리하는 과정에서 그의 진~이 드러났다 Sa vraie nature s'est révélée quand il a accompli cette tâche.

면밀하다 綿密- 형 être minutieux(*se*), soigné(*e*), détaillé(*e*), étudié(*e*), exact(*e*); être méticuleux(*se*), scrupuleux(*se*). ¶ 면밀한 연구[관찰] 끝에 결론을 내다 conclure après une étude détaillée. ¶ 그 계획에 대해서는 면밀한 검토가 필요하다 Il faut examiner ce projet dans les moindres détails. ¶ 건물의 안전도를 면밀하게 조사하다 faire une enquête scrupuleuse sur le degré de sécurité d'un édifice. ¶ 그는 우리를 면밀하게 감시하고 있다 Il nous surveille de façon méticuleuse.

◆**면밀히** 부 minutieusement, méticuleusement, soigneusement. ¶ 보고서를 면밀히 검토하다 examiner soigneusement un rapport.

면박 面駁 명 reproche *m*, blâme *m*, réfutation *f* (faite en présence de l'intéressé). ◇_(을) **주다[하다]** s'en prendre à *qn*; reprocher *qc* à *qn*; faire des reproches à *qn*; critiquer *qn*, contredire *qn*; insulter *qn*. ¶ 그는 내게 이렇게 쉬운 일도 못하느냐고 ~을 주었다[~(을) 했다] Il m'a reproché(*e*) de ne pouvoir faire une chose si facile. ◇_(을) **당하다** se faire critiquer [se faire reprocher *qc*, se faire blâmer par *qn*]; être critiqué(*e*) par *qn*; se faire insulter par *qn*. ¶ 사소한 일로 상사에게 ~을 당하다 se faire insulter pour pas grand chose par le supérieur.

면벽 面壁 명 【불교】 méditation *f* face à un mur. ◇_(을) **하다** méditer face à un mur, rester en méditation face à un mur. ¶ ~한 노승 un vieux moine qui a médité face à un mur.

◆_참선 -參禪 명 médiation *f* bouddhique face à un mur.

면봉 綿棒 명 coton-tige(~*s*-~*s*) *m*. ¶ ~으로 약을 바르다 étaler de la pommade avec un coton-tige. ¶ ~으로 귀를 후비다 se curer [se nettoyer] les oreilles avec un coton-tige.

면사 綿絲 명 fil *m* de coton.

면사포 面紗布 명 voile *m* (de mariée). ◇_**를 쓰다**

① porter un voile. ¶ 새하얀 ~를 쓴 신부 nouvelle mariée portant un voile blanc. ② ((비유적)) se marier. ¶ 너 언제 ~ 쓸 거니? Quand est-ce que tu vas te marier?

면상 面上 명 sur la figure [le visage]. ¶ 사장은 그 남자의 ~에 서류를 집어던졌다 Le directeur lui a jeté les documents à la figure.

-면서↔-으면서 어미 ① ((suffixe flexionnel conjonctif marquant le gérondif ou les actions simultanées. –면서 s'ajoute après le radical verbal qui se termine par une voyelle, par la consonne liquide –ㄹ et après le suffixe flexionnel préfinal honorifique –시; –으면서 s'ajoute après le radical verbal et les suffixes flexionnels préfinaux temporo-modaux –았/–었 et –겠)). ¶ 저는 그림을 그리~ 음악을 들어요 En peignant un tableau, j'écoute la musique. ¶ 공부를 하~ 딴 생각을 하지 마라 En faisant les études, il ne faut penser à d'autres choses. ¶ 어머니는 아들을 떠나보내~ 눈물을 흘렸다 La mère, en laissant partir son fils, a pleuré. ¶ 그분은 나를 잘 알~ 늘 모르는 체해요 Cette personne me connaît bien, mais il fait toujours semblant de m'ignorer. ② ((suffixe flexionnel conjonctif de concession)). ¶ 그녀는 다른 데는 돈을 잘 쓰~ 이런 일에는 인색하다. Elle dépense facilement de l'argent pour d'autres choses, mais elle est avare pour ce genre de chose. ¶ 그이는 사실을 잘 모르~ 우기기만 해요 Lui, tout en ne sachant pas bien la vérité, il ne fait qu'insister sur ses propos.

면세 免稅 명 détaxe *f*, exemption *f* [exonération *f*] d'impôts, détaxation *f*. ◇_(를) **하다** détaxer, exempter [exonérer] d'impôts, dégrever. ◇_(를) **받다** être détaxé(*e*). ¶ 부가세를 ~받다 être détaxé(*e*) de la TVA.

◆_**소득** -所得 명 revenu *m* non imposable.

◆_**점** -店 명 boutique *f* hors taxes; boutique *f* franche.

◆_**품** -品 명 article *m* détaxé.

◆_**품목** -品目 명 liste *f* d'articles détaxés.

면수 面數 명 nombre *m* de pages. ☞ 면[1]

면식 面識 명 accointance *f*, connaissance *f*. ◇_(이) **있다[없다]** [ne pas] connaître *qn*. ¶ 그 사람과는 ~이 좀 있다 Je le connais un peu. ¶ 그 남자와는 ~이 전혀 없다 Je ne le connais pas du tout / Il m'est complètement inconnu.

◆_**범** -犯 명 criminel(*le*) connu(*e*) de la victime. ¶ 이번 범죄는 ~범의 소행인 것으로 추정된다 Nous supposons que ce crime a été commis par quelqu'un de connu de la victime.

◆**일**_ 一~ 명 accointance *f*, connaissance *f*. ¶ 그 분과는 일~도 없다 Je ne le connais pas du tout / Il m'est complètement inconnu.

면실유 棉實油 명 huile *f* végétale.

면양 綿羊 명 【동물】 mouton *m*.

면역 免疫 명 ① immunisation *f*, immunité *f*. ② insensibilité *f* provoquée par l'habitude. ◇_(이) **되다[생기다]** ① être immunisé(*e*) (contre une maladie). ② être accoutumé(*e*) à; avoir pris l'habitude de+*inf*; être (maintenant) habitué(*e*) [insensible] à *qc*; être vacciné(*e*) contre *qc* {*fam*}. ¶ 그 남자는 아내의 불평에 ~이 되었다 Il est désormais indifférent aux plaintes [reproches] de sa femme / Il est vacciné contre les plaintes [reproches] de sa femme {*fam*}. ¶ 그 친구는 누나의 잔소리를 듣는 데에 이제는 ~이 되었다 Il est désormais vacciné contre les reproches de sa grande sœur {*fam*} / Les reproches de sa grande sœur ne lui font désormais plus rien [ne lui font désormais plus ni chaud ni froid].

◆_**성** -性 명 immunité *f*.

◆_**검사** -檢査 명 test *m* d'immunité.

◆_**결핍** -缺乏 명 carence *f* immunitaire.

◆_**력** -力 명 immunité *f*.

◆_**반응** -反應 명 réaction *f* d'immunité [immunitaire].

◆_**병리학** -病理學 명 pathologie *f* d'immunité.

◆_**억제** -抑制 명 immunosuppresseur *m*.

◆_**요법** -療法 명 immunothérapie *f*.

◆_**주사** -注射 명 vaccin *m*.

◆_**체** -體 명 corps *m* immunisé.

◆_**체계** -體系 명 système *m* immunitaire.

◆_**혈청** -血淸 명 sérum *m* immunisant, immuno-sérum *m*.

◆**후천성_결핍증** 後天性缺乏症 명 syndrome *m* d'immunodéficience acquise, sida *m*.

면장 面長 명 maire *m* d'un canton. ¶ 우리 할아버지는 ~을 지내셨다 Mon grand-père était maire de canton.

면적 面積 명 étendue *f*, superficie *f*, surface *f*, ((수학)) aire *f* ((d'un triangle)). ¶ ~의 단위 unité de surface. ¶ 총~ surface totale. ¶ 대지[경지] ~ superficie d'un terrain [étendue *f* cultivable]. ¶ ~을 재다[측량하다] mesurer la superficie d'un terrain. ¶ 한 변의 길이가 3센티인 정삼각형의 ~을 구하라 Mesure l'aire d'un triangle équilatéral de 3 cm de côté. ¶ 이 토지는 ~이 얼마나 됩니까? Quelle est la superficie de ce terrain? ¶ 한국보다 ~이 넓은 나라 pays dont la superficie est plus grande que celle de la Corée.

면전 面前 명 présence *f*. ¶ 내 ~에서 devant moi; sous mes yeux [mon nez]; en ma présence; en face de moi. ¶ 어른 ~에서 그렇게 버릇없게 굴다니! Comment peut-il être aussi grossier en présence de personnes plus âgées! ¶ 그 놈은 내 ~에서 나를 비난했다 Il m'a ouvertement critiqué.

면접 面接 명 examen *m* oral, or*al*(*aux*) *m*; entretien *m*, entrevue *f*, audience *f*. ¶ ~ 심사 examen oral. ¶ ~에서 떨어지다 échouer à un entretien d'embauche. ◇_(을) **하다** avoir un entretien [une entrevue] avec *qn*; voir [recevoir] *qn*; accorder un entretien [une audience, une entrevue] à *qn*. ¶ 지원자들을 ~하다 avoir un entretien avec les candidats. ◇_(을) **보다** passer un entretien [examen oral].

◆_시험 試驗 명 examen *m* oral. ¶ 그 친구는 필기시험에서는 합격했는데 ~시험에서 탈락했다 Il a réussi à l'examen écrit, mais a échoué à l'(examen) oral.

면제 免除 명 dispense *f*, exemption *f*, exonération *f*. ¶ 세금 ~ exonération d'impôts. ¶ 소작료 ~ dispense de fermage. ¶ 수업료 ~ exonération des frais de scolarité. ◇_(를) **하다** exempter, dispenser, exonérer *qn* de *qc*. ¶ 수업료를 ~해 주다 dispenser *qn* des frais de scolarité. ◇_(가) **되다** être exempté(*e*), être dispensé(*e*), être exonéré(*e*). ¶ 그는 수석을 해서 등록금이 ~되었다 Il a été dispensé des frais d'inscription car il a fini premier de sa classe. ◇_(을) **받다** être exempté(*e*), être dispensé(*e*), être exonéré(*e*). ¶ 병역을 ~ 받다 être exempté du service militaire.

면죄부 免罪符 명 indulgence *f*, rémission *f* ((religieuse)). ¶ ~를 주다 remettre une indulgence.

면직 免職 명 destitution *f*, renvoi *m*, déposition *f*, révocation *f*. ◇_(을) **하다[시키다]** destituer, licencier, limoger, renvoyer, révoquer, congédier, relever *qn* de *ses* fonctions, remercier *qn*, mettre ((un employé)) à la porte [dehors], virer {*fam*}. ¶ 본인의 원에 따라 ~하다 relever *qn* de *ses* fonctions à *sa* propre demande. ¶ 뇌물을 받은 관리들을 ~시키다 limoger les fonctionnaires qui ont touché un pot-de-vin. ◇_(을) **당하다[되다]** être congédié(*e*), destitué(*e*), renvoyé(*e*), licencié(*e*), limogé(*e*), remercié(*e*), mis(*e*) à la porte [dehors], viré(*e*) {*fam*}. ¶ 그 공무원은 비리에 연루되어 ~되었다 Ce fonctionnaire a été destitué de ses fonctions à cause de son implication dans des affaires de corruption.

면책[1] 面責 명 reproche *m*, blâme *m*, critique *f*, répréhension *f* {*vx*}. ¶ 그는 사장의 ~이 두려워 회사에 가지 않았다 Il n'est pas allé au bureau par crainte de subir les réprimandes de son patron / Comme il a peur de se faire engueuler par le patron, il n'est pas allé au bureau {*fam*}. ◇_(을) **하다** faire des reproches à *qn*, réprimander *qn*, blâmer *qn*, remonter les bretelles de *qn* {*fam*}, passer un bon savon à *qn* {*fam*}. ¶ 실수를 한 부하 직원을 ~하다 donner un blâme à l'employé qui a fait des erreurs. ¶ 경솔한 행동을 ~하다 reprocher à *qn sa* négligence. ◇_(을) **당하다[받다]** être blâmé(*e*), être critiqué(*e*), être réprimandé(*e*). ¶ 그 사람은 상관으로부터 심한 ~을 받았다 Il a reçu beaucoup de blâmes de la part de son supérieur.

면책[2] 免責 명 exemption *f*. ¶ 책임자는 ~이 불가능하다 Le responsable ne peut pas échapper à sa responsabilité. ◇_(을) **하다** exempter *qn* d'une obligation, échapper à une responsabilité [une obligation, un devoir]. ¶ 이전의 모든 과오를 ~하다 pardonner toutes les erreurs [fautes] antérieures. ◇_(이) **되다** avoir [obtenir] une dispense; être exempté(*e*). ¶ 국회의원의 직무상의 발언은 ~된다 Les déclarations officielles des députés ne sont pas soumises à poursuite.

◆_사유 -事由 명 【법률】 raison *f* de la dispense [l'exemption].

◆_조항 -條項 명 【법률】 article *m* d'exemption.

◆_특권 -特權 명 【법률】 droit *m* spécial d'exemption. ¶ 국회의원[외교관]의 ~특권 droit spécial d'exemption de responsabilité (pour les députés) pour les propos tenus à l'intérieur de l'Assemblée nationale [immunité diplomatique].

◆_행위 -行爲 명 【법률】 action *f* d'exemption.

면피 面皮 명 peau *f* du visage. ¶ ~가 두껍군 Quel(*le*) effronté(*e*)! Quel(*le*) impudent(*e*)! / Quel culot [toupet] {*fam*}! / Il(Elle) ne manque pas d'audace [d'air {*fam*}, de toupet {*fam*}]!

면하다[1] 免- 타 ① échapper à *qc*, éviter. ¶ 책임을 ~ échapper à une responsabilité; se libérer d'une responsabilité. ¶ 정상이 참작되어 중형을 ~ éviter [échapper à] une peine lourde grâce aux circonstances atténuantes qui ont été retenues. ¶ 비난을 면치 못하다 ne pas échapper aux critiques. ¶ 간신히 낙제를 ~ éviter avec difficulté le redoublement (d'une année scolaire). ② esquiver, éviter; échapper à *qc*. ¶ 화를 ~ esquiver un malheur. ¶ 셋방살이를 ~ devenir propriétaire (d'une chambre). ¶ 굶주림을 ~ éviter la faim et la misère. ¶ 가난을 면치 못하다 ne pas échapper à la pauvreté. ③ être exempté(*e*) de *qc*, être dispensé(*e*) de *qc*. ¶ 병역을 ~ être dispensé[exempté] du service militaire.

면하다[2] 面- 자타 ① faire face à *qc*, être en face de *qc*; donner sur *qc*, avoir vue sur *qc*. ¶ 바다에 면한 건물 un bâtiment faisant face à la mer[donnant sur la mer]. ② faire face à *qc*, affronter. ¶ 위기에 면한 정국 une conjoncture politique en pleine crise.

면학 勉學 명 étude *m*. ¶ ~ 분위기를 조성하다 préparer une atmosphère propice à l'étude. ◇_(을) **하다** étudier, poursuivre *ses* études. ¶ 어려운 형편에도 불구하고 ~하는 학생들이 많다 Il y a beaucoup d'étudiants qui font leurs études malgré une situation financière difficile.

면허 免許 명 permission *f*; permis *m*; autorisation *f*; licence *f*; brevet *m*. ¶ ~를 얻다 obtenir une autorisation [un permis, un brevet, une patente]. ¶ ~를 따다 obtenir une autorisation [un permis, un brevet, une patente]; prendre un permis ((de chasse, de pêche)). ¶ (관청에서) ~를 내주다 délivrer [donner] un permis ((de conduire)) dans les bureaux de l'administration; concéder [accorder] une licence à *qn*. ¶ ~도 없이 영업을 하다 faire du commerce sans licence [permission].

◆_기간 -期間 명 période *f* de permission.

◆_세 -稅 명 frais *mpl* de permis.

◆_정지 -停止 명 suspension *f* d'un permis.

◆_제 -制 명 système *m* exigeant une autorisation.

◆_증 -證 명 permis *m*, certificat *m*.

◆(**자동차**) **운전**_ (自動車) 運轉 명 permis *m* de conduire. ¶ 자동차 운전~ 시험 examen de conduite [du permis de conduire]. ¶ 자동차 운전 ~ 시험장 lieu [endroit] où l'on passe l'examen de conduite. ¶ 운전 ~가 취소되다 se faire retirer [supprimer] *son* permis de conduire.
◆**전문의**_ 專門醫 명 diplôme *m* de médecin spécialiste.

면화 棉花 명 【식물】 coton *m*. ☞ 목화

면회 面會 명 entrevue *f*, audience *f*. ¶ ~ 사절 visites interdites, prière de ne pas déranger. ¶ 입원 환자의 ~를 신청하다 demander une permission de visite d'un malade hospitalisé. ¶ ~ 시간이 언제죠? Quelles sont les heures de réception[visite]? ¶ 변호사를 제외한 다른 사람들의 ~를 금지하고 있다 Les visites sont interdites, exceptées celles de l'avocat / Les visites sont interdites, seul l'avocat y est autorisé. ¶ 그 교도소는 1시부터 2시까지 ~가 허용된다 Cette prison autorise les visites de 1 heure à 2 heures de l'après-midi. ◇_(**를**) **하다**[**가다**, **오다**] voir *qn*, rendre visiter à *qn*. ¶ 감옥에 갇힌 친구를 ~하다 rendre visiter à [aller voir] un ami (qui est) en prison. ¶ 전방에 있는 친구를 ~ 가다 aller voir un ami qui effectue son service militaire près de la frontière. ¶ 주말만 되면 그는 가족들이 ~ 오기를 기다렸다 Dès que le week-end venait, il attendait la visite de sa famille.
◆_**객** -客 명 visiteu*r*(*se*) d'une personne aux heures de visite ((soit en prison, soit à l'armée, ou encore à l'hôpital)).
◆_**소** -所 명 bureau *m* de réception, poste *m* de réception. ¶ 이산가족 상봉을 위한 ~소를 설치하다 ouvrir un bureau de réception pour faire se rencontrer les familles coréennes séparées.
◆_**실** -室 명 bureau *m* de réception.
◆_**인** -人 명 visiteu*r*(*se*).

멸균 滅菌 명 stérilisation *f*, pasteurisation *f*. ◇_(**을**) **하다**[**시키다**] stériliser, pasteuriser, désinfecter. ◇_(**이**) **되다** être stérilisé(*e*), être pasteurisé(*e*), être désinfecté(*e*). ¶ ~된 젖병 biberon stérilisé.
◆_**성** -性 명 stérilité *f*.
◆_**기** -器 명 appareil *m* à stériliser, stérilisateur *m*.
◆_**법** -法 【의학】 stérilisation *f*, pasteurisation *f*.
◆_**우유** -牛乳 명 lait *m* stérilisé [pasteurisé].

멸망 滅亡 명 chute *f*, effondrement *m*, ruine *f*, destruction *f*. ¶ 로마제국의 ~ effondrement de l'Empire romain. ¶ ~의 길을 걷다 aller à la ruine, marcher à la ruine [à *sa* perte], courir à *sa* perte, être en perdition. ¶ 인류의 ~을 초래하다 causer la chute de l'humanité. ◇_(**을**) **하다** s'effondrer, se ruiner, s'anéantir, tomber en ruine, dépérir, péricliter, courir à *sa* perte; disparaître totalement. ¶ 그 나라는 외적의 침입으로 10세기에 ~하였다 Ce pays s'est effondré au dixième siècle, envahi par les puissances étrangères. ◇_(**을**) **시키다** anéantir, détruire. ¶ 환경파괴가 인류를 ~시킬 수도 있다 La destruction de l'environnement peut provoquer la chute de l'humanité.

멸시 蔑視 명 mépris *m*, dédain *m*, indifférence *f*. ¶ ~의 눈초리 un regard de mépris. ◇_(**를**) **하다** dédaigner, mépriser. ¶ 남을 ~하는 듯한 태도[말투] un air de mépris, un air méprisant, un air dédaigneux [un ton méprisant]. ¶ 가난하다고 사람을 함부로 ~하면 안 된다 Il ne faut pas mépriser quelqu'un à cause de sa pauvreté. ◇_(**를**) **받다**[**당하다**] être méprisé(*e*) [traité(*e*) avec mépris]. ¶ 그 사람은 무식하다는 이유로 이웃들에게[로부터] 터무니없이 ~를 당했다 Il était méprisé par ses voisins parce qu'il n'avait pas fait d'études [parce qu'il était peu instruit, parce qu'il n'avait pas beaucoup d'instruction].
◆_**적** -的 명 méprisant(*e*), dédaigneu*x*(*se*). ¶ ~적인 태도 un air dédaigneux [méprisant(*e*)]. ¶ ~적인 눈초리로 쳐다보다 regarder avec mépris [d'un air méprisant, dédaigneux].
◆_**감** -感 명 dédain *m*, mépris *m*.

멸족 滅族 명 extermination *f* d'un peuple [d'une race]; destruction *f* entière d'une famille. ◇_(**을**) **하다** exterminer un peuple. ¶ 그 집안은 ~했다 Cette famille a entièrement été exterminée. ¶ 반역자의 가문을 ~하다 exterminer entièrement la famille du traître [rebelle]. ◇_(**을**) **당하다** être victime lors de l'extermination de *son* peuple, être exterminé(*e*) avec *son* peuple [*sa* famille].

멸종 滅種 명 extermination *f* d'une race [d'une espèce]. ¶ ~ 식물[동물] plantes [animaux] en voie de disparition. ¶ ~ 위기에 처하다 être en danger[voie] d'extermination. ◇_(**을**) **하다** exterminer une race. ¶ 자연환경의 파괴로 이미 수많은 동·식물들이 ~했다 Beaucoup d'espèces d'animaux et de plantes [animales et végétales] sont déjà en voie de disparition à cause de la destruction de l'environnement. ◇_(**이**) **되다** être exterminé(*e*). ¶ 지나친 남획으로 이 동물은 ~될 위기에 처해 있다 Cet animal est une espèce en voie de disparition à cause d'une chasse trop intensive. ◇_(**을**) **시키다** exterminer *qc*, faire exterminer *qc*.

멸치 명 【수산】 anchois *m* japonais; *Engraulis japonicus* {*nsc*}.
◆_**젓** 명 salaison *f* d'anchois, saumure *f* d'anchois.

명[1] **名** 분류 ((classificateur qui sert à compter les personnes)) personne *f*. ¶ 농구 선수 다섯 ~ cinq joueurs de basket-ball, cinq basketteurs. ¶ 학생 네 ~ quatre étudiants. ¶ 세 ~의 학생과 ~ 명의 교수 trois étudiants et un professeur d'université. ¶ 두 ~의 친구 deux amis. ¶ 그들은 모두 몇 ~입니까? Combien sont-ils au total? ¶ 이 학교에 지원한 학생은 총 250 ~이다 Deux cent cinquante étudiants ont posé leurs candidatures à cette école. ¶ 그 가게는 점원이 10 ~이다 Il y a dix employés dans ce magasin.

◆_수 -數 명 nombre *m* de personnes. ¶ ~수를 늘리다 augmenter le nombre de personnes. ¶ ~수를 세다 compter le nombre de personnes [des personnes]. ¶ ~수가 모자라다 manquer de personnes.

명² 命 명 vie *f*, destin *m*, destinée *f*, sort *m*. ¶ 스스로 ~을 끊다 mettre fin à *sa* vie, se suicider. ¶ ~이 길다 vivre longtemps; jouir de longévité. ¶ ~이 질기다 vivre très vieux(vieille). ¶ 이 일로 인해 ~이 십 년은 줄어드는 줄 알았다 J'ai pris dix ans avec cette histoire / J'ai bien cru que j'allais y passer / J'ai eu très peur / J'ai eu la trouille de ma vie {*fam*}.

*~대로 살다 mourir de *sa* belle mort, mourir de mort naturelle, mourir de vieillesse.

*제 ~에 못 살다[죽다] avoir une fin prématurée; mourir prématurément. ¶ 이런 아내랑 더 같이 살다 가는 제 ~에 못 살겠다 Si je continue à vivre avec cette femme, je vais mourir très jeune [mourir avant mon heure] / Elle va me tuer cette femme?

◆_줄 명 【속어】 (durée *f* de la) vie *f*, longévité *f*. ¶ 적장의 ~줄을 끊다 tuer le chef de l'armée ennemi. ¶ ~줄이 길다[짧다] avoir une longue vie [une vie courte]. ¶ 막노동으로 ~줄을 잇다 vivre d'un travail de manœuvre [de terrassier], gagner *sa* vie en travaillant comme manœuvre.

명³ 命 명 ordre *m*, commandement *m*, injonction *f*, consigne *f*, directives *fpl*, instructions *fpl*. ¶ 임금의 ~을 받아 군대를 출동시키다 envoyer l'armée par ordre du roi. ¶ ~을 거두다 annuler un ordre. ¶ 주인의 ~을 따르다[거역하다] obéir [désobéir] à l'ordre de *son* patron. ¶ 당국의 ~에 의하여 par ordre des autorités. ◇_(을) 하다[내리다] donner un ordre [l'ordre de+*inf*], ordonner, commander. ¶ 위에서 ~하는 대로 따르다 suivre les ordres de *ses* supérieurs; obéir à *ses* supérieurs. ¶ 계속 진격할 것을 ~하다 donner l'ordre de continuer à attaquer.

-명⁴ -名 접미 nom *m*. ¶ 단체~ nom de l'association [de l'organisation, du groupe]. ¶ 지원서류에 학교~을 기입하다 écrire le nom de *son* école sur le formulaire d'inscription.

명-⁵ 名- 접두 ① ((사람)) célèbre, connu(*e*), remarquable, excellent(*e*). ¶ ~가수 chanteu*r*(*se*) renommé(*e*) [remarquable, célèbre, connu(*e*)] ¶ ~배우 ac*teur*(*trice*) renommé(*e*) [remarquable, célèbre, connu(*e*)] ¶ ~사수 un excellent tireur. ¶ ~해설가 un(e) excellent(e) commenta*teur*(*rice*). ② ((행위)) excellent(*e*), remarquable. ¶ ~강의 un excellent cours. ¶ ~연주 une excellente interprétation ((d'une pièce pour violoncelle)). ¶ ~연기 une interprétation remarquable ((d'un rôle)).

명가 名家 명 illustre famille *f*.

명가수 名歌手 명 chanteu*r*(*se*) renommé(*e*) [remarquable, célèbre, connu(*e*)].

명감독 名監督 명 metteur *m* en scène renommé [remarquable, célèbre, connu], réalisa*teur*(*trice*) célèbre.

명강의 名講義 명 excellent cours *m*. ¶ 그 교수님의 수업은 ~로 소문이 나 있다 Le cours de ce professeur est réputé pour être excellent.

명견 名犬 명 très bon chien *m*.

명경 明鏡 명 miroir *m* limpide [clair]. ¶ ~처럼 맑은 호수 un lac limpide comme un miroir.

◆_지수 -止水 명 miroir *m* limpide et eau *f* calme; âme *f* calme [tranquille]. ¶ ~지수의 마음으로 사물을 바라보다 observer [contempler] des objets calmement [dans le calme, tranquillement].

명곡 名曲 명 musique *f* illustre; belle page *f* musicale, chef-d'œuvre(~*s*-~) *m* du répertoire (musical). ¶ ~을 감상하다 écouter une musique illustre [une belle page musicale].

◆_집 -集 명 recueil *m* de morceaux choisis.

명관 明官 명 administrateur *m* sage.

*구관이 ~이다 C'est dans les vieux pots qu'on fait les bonnes soupes.

명교수 名敎授 명 professeur *m* très connu; professeur *m* émérite.

명구 名句 명 phrase *f* [expression *f*, citation *f*] célèbre. ¶ 동서고금의 ~를 모아 담은 책 recueil de citations de toutes les époques et de tous les pays.

명군 名君 명 roi *m* sage. ¶ ~이 되시옵소서 Soyez un roi sage.

명궁 名弓 명 arc *m* célèbre; archer *m* renommé.

명기¹ 名妓 명 *gisaeng f* renommée. ¶ 조선시대의 ~들 중에서도 황진이가 가장 유명하다 Hwang Jini est la plus célèbres des *gisaeng* à l'époque de Joseon.

명기² 明記 명 mention *f* claire [précise]. ◇_(를) 하다 mentionner [noter] avec précision, écrire clairement, spécifier, écrire noir sur blanc. ¶ 차용증에 상환 일자를 ~하다 spécifier la date de remboursement sur la reconnaissance de dette. ◇_(가) 되다 être spécifié(*e*), écrit(*e*) clairement [noir sur blanc]. ¶ 계약서에는 다음과 같은 의무조항이 ~되어 있다 Sont spécifiées sur le contrat les obligations suivantes.

명기³ 名器 명 article *m* d'exception [exceptionnel, de renom], pièce *f* unique [d'exception]; ((악기)) instrument *m* de musique d'exception [de renom, exceptionnel]. ¶ 이 바이올린은 천하의 ~이다 Ce violon est un violon d'exception [exceptionnel, remarquable, incomparable].

명년 明年 명 année *f* prochaine. ☞ 내년

명단¹ 明斷 명 décision *f* sage; jugement *m* sain [sensé]. ¶ ~을 내리다 juger sagement, rendre un jugement sensé.

명단² 名單 명 liste *f* ((de noms)); rôle *m* ((d'équipage)). ¶ 선수[회원] ~ liste de joueurs [membres]. ¶ ~을 작성하다[짜다] faire une liste, mettre en liste, lister. ¶ ~을 발표하다 annoncer une liste. ¶ ~에 있다[없다] [ne pas] être dans une liste. ¶ ~에 오르다[끼다] entrer dans une liste. ¶ ~에서 누락되다 être omis(*e*) d'une liste. ¶ ~에서 빼다 enlever de la liste, rayer un nom de la liste.

명답 名答 명 réponse *f* excellente [remarquable].

명당 明堂 명 site *m* [place *f*] remarquable (pour une tombe).

◆**_자리** 명 (le) meilleur emplacement *m* (pour une tombe). ¶ ~자리에 묘를 쓰다 placer une tombe au meilleur emplacement.

명도[1] 明度 명 degré *m* de clarté et d'obscurité. ¶ 색상의 ~를 조절하다 régler la clarté des couleurs.

명도[2] 明渡 명 reddition *f* ((d'une ville, d'une forteresse)); évacuation *f* et cession *f* ((d'un bien)). ¶ 세입자에게 ~를 통고하다 notifier au locataire l'obligation de quitter la maison [le domicile]. ¶ ~ 소송 procès d'éviction. ◇_(를) **하다** évacuer [quitter] ((une ville)); libérer ((une maison)) pour *qn*. ¶ 집을 누구에게 ~하다 libérer une maison pour que *qn* puisse la louer ou y habiter.

명란젓 明卵- 명 salaison *f* d'œufs de merlan.

ㅁ

명랑 明朗 어근 gai(*e*), jovial(*e*), de bonne humeur, plein(*e*) d'entrain.

◆**_하다** 형 être gai(*e*) [jovial(*e*)], être de bonne humeur, être plein(*e*) d'entrain. ¶ 그 사람은 성격이 ~하다 Il est très gai [jovial]. ¶ 그 소녀는 언제나 ~하다 Cette fille est toujours enjouée. ¶ ~한 가정 une famille joyeuse. ¶ ~한 기분 bonne humeur. ¶ ~한 목소리로 인사하다 saluer d'une voix enjouée.

◆**_만화** -漫畵 명 dessin *m* animé joyeux.

◆**_소설** -小說 명 roman *m* à l'eau de rose.

명령 命令 명 ordre *m*, commandement *m*, injonction *f*, instructions *fpl*. ¶ 귀환[소환] ~ ordre de retour. ¶ 법원의 ~을 이행하다 exécuter l'ordre du tribunal. ¶ ~을 취소하다[거두다] annuler un ordre. ¶ 일찍 일어나라는 아버지의 ~을 어기다 désobéir à l'ordre de *son* père de se réveiller tôt. ¶ 윗사람의 ~에 따르다[복종하다] obéir aux ordres de *ses* supérieurs. ¶ ~대로 하겠습니다 à vos ordres. ¶ 사무실에 도착해 보니 즉시 본사로 오라는 ~이 기다리고 있었다 Quand je suis arrivé au bureau, l'ordre m'attendait [j'ai trouvé l'ordre] de me rendre [venir] immédiatement au siège social. ◇_(을) **하다[내리다]** donner un ordre [l'ordre de+*inf*], commander, ordonner. ¶ 부하들에게 퇴각을 ~하다 donner l'ordre de se replier [de battre en retraite] à *ses* troupes [*ses* soldats]. ¶ 공격 ~을 내리다 donner l'ordre d'attaquer. ¶ 전군에 비상경계에 들어가도록 ~을 내리다 ordonner à toutes les troupes de l'armée de rester en alerte. ¶ 상관은 그날 자정 안으로 부대로 복귀할 것을 ~했다 Le gradé [L'officier] a donné l'ordre de réintégrer la caserne avant minuit. ¶ 아내는 내게 양복을 입으라고 ~하듯 말했다 Ma femme m'a ordonné d'un ton impérieux de porter un costume. ◇_(을) **받다** recevoir un ordre [l'ordre de+*inf*]. ¶ 경찰서에 출두하라는 ~을 받다 recevoir l'ordre de se présenter au poste de police. ¶ 부대는 자정에 현장으로 출동하라고 ~받았다 La troupe a reçu l'ordre de se rendre sur les lieux de l'incident à minuit. ◇_**이 내려지다[떨어지다]** recevoir un ordre. ¶ 그에게 아버지로부터 외출 금지 ~이 떨어졌다 Son père lui a interdit de sortir.

◆**_적** -的 명 impérati*f*(*ve*), impérieu*x*(*se*). ¶ ~적인 어조 ton impérieux. ¶ ~적으로 말하다 parler avec un ton impérieux.

◆**_권** -權 명 droit *m* de donner un ordre.

◆**_문** -文 명 ① 명령서 ordre *m*. ② 【언어】 phrase *f* injonctive; phrase *f* à l'impératif, phrase *f* impérative. ¶ ~문에서는 일반적으로 프랑스어처럼 주어가 생략된다 Lorsqu'une phrase est au mode impératif [Lorsqu'il s'agit d'une phrase à l'impératif, Dans une phrase à l'impératif], il y a généralement effacement du sujet (en coréen) comme (c'est le cas) en français.

◆**_법** -法 명 【언어】 (mode *m*) impératif *m*.

◆**_서** -書 명 【법률】 ordre *m*. ¶ ~서를 전달하다 transmettre un ordre.

◆**_조** -調 명 ton *m* impérieux. ¶ ~조로 말하다 parler d'un ton impérieux.

◆**_형** -形 명 【언어】 impératif *m*.

명료성 明瞭性 명 clarté *f*, transparence *f*; netteté *f*, précision *f*.

명료하다 明瞭- 형 être clair(*e*), net(*te*), précis(*e*). ¶ 그의 태도는 언제나 ~ Son attitude est toujours nette. ¶ 이 글에는 저자의 의도가 명료하게 드러나 있다 On peut voir l'intention de l'écrivain dans ce texte. ¶ 명료한 태도[발음]로 이야기하다 parler avec une attitude claire, prononcer clairement.

◆**명료히** 부 clairement; précisément; nettement. ¶ 자신의 생각을 명료히 말하다 exprimer [donner] clairement *son* opinion [*son* point de vue, *son* avis].

명리 名利 명 honneur *m* et intérêt *m*. ¶ ~를 얻기에 급급하다 ne penser qu'aux honneurs et à *ses* intérêts.

명마 名馬 명 cheval *m* célèbre; beau coursier *m*; excellent cheval *m*.

명망 名望 명 réputation *f*, renom *m*, renommée *f*; popularité *f*. ¶ ~을 얻다 se faire connaître, se faire une réputation. ¶ ~을 잃다 perdre *sa* réputation, perdre l'estime du public. ¶ ~이 높다 avoir bonne réputation.

◆**_가** -家 명 homme *m* réputé, personne *f* renommée.

명맥 命脈 명 vie *f*, existence *f*. ¶ ~이 유지되다[이어지다] vivoter, subsister; avoir une faible activité. ¶ ~이 끊기다 expirer, rendre l'âme, rendre *son* dernier souffle; cesser d'exister. ¶ 전통 토기의 제작은 간신히 ~을 유지하고[이어가고] 있다 La fabrication de la porcelaine [faïence] traditionnelle vivote tant bien que mal.

명멸 明滅 명 clignotement *m*. ◇_(을) **하다** clignoter, scintiller. ¶ 화려한 네온사인이 ~하는 도시의 밤거리 les rues de la ville scintillent sous la lumière éclatante des néons la nuit.

명명 命名 명 baptême *m*, attribution *f* d'un nom, nomination *f*. ¶ 사물에 대한 ~ 행위 acte d'attribution d'un nom à un objet. ◇_(을) **하다** donner un nom, nommer. ¶ 새로 만든 공원을 '파리 공원' 으로[이라고] ~하다 nommer le nouveau parc 'parc de Paris'. ◇_(이) 되다 être nommé(*e*). ¶ '대화의 공간' 이라고 ~된 방 bureau nommé en tant qu'espace de dialogue [d'entretien, de communication].

◆_식 -式 명 cérémonie *f* de baptême.

명명백백하다 明明白白- 형 être évident(*e*), clair(*e*) (comme le jour, comme de l'eau de roche, comme deux et deux font quatre), incontestable, limpide; être patent(*e*), être manifeste, flagrant(*e*), criant(*e*); être révélé(*e*) [découvert(*e*)] au grand jour; sauter aux yeux, crever les yeux {*fam*}, se voir comme le nez au milieu du visage [de la figure].¶ 명명백백한 사실 un fait incontestable. ¶ 이 일에 그 사람이 개입되었음이 ~ Il est clair [manifeste, évident] qu'il est intervenu dans [s'est mêlé de] cette affaire. ¶ 그 사람의 죄상이 명명백백하게 드러났다 Son crime a été découvert [révélé] au grand jour.

명목 名目 명 nom *m*, titre *m*, appellation *f*; désignation *f*; raison *f*, prétexte *m*. ¶ 기부금 ~으로 돈을 걷다 solliciter une somme pour une contribution [un don d'argent]. ¶ 무슨 ~으로 돈을 또 걷지? Sous quel prétexte, fait-on encore la collecte d'argent? ¶ 그 사람은 직업을 알선해 주겠다는 ~으로 돈을 요구했다 Il a demandé à être rémunéré pour recommander *qn* pour un poste [travail] [pour servir d'intermédiaire et présenter *qn* pour un emploi].

◆_상 -上 명 en forme; en apparence. ¶ 그 남자는 ~상의 주인일 뿐이고 실제로는 아내가 주인이다 Il est propriétaire du magasin en apparence, mais c'est sa femme qui en est le réelle propriétaire. ¶ 건강 때문에 사퇴한다는 것은 ~상의 이유에 불과하다 Qu'il prenne sa retraite à cause de sa santé n'est qu'un prétexte. ¶ ~상으로는 그 남자가 대표이다 Officiellement c'est lui, le P.-d.g.

◆_성장률 -成長率 명 【경제】 taux *m* de croissance nominal.

◆_소득 -所得 명 【경제】 revenu *m* nominal.

◆_임금 -賃金 명 【경제】 salaire *m* nominal.

◆_자본 -資本 명 【경제】 capit*al*(*aux*) *mpl* nomin*al*(*aux*).

◆_하 -下 명 raison *f*, prétexte *m*. ¶ 그 사람은 사랑이라는 ~하에 내게 간섭을 일삼는다 Sous prétexte de le faire par amour, il ne cesse de se mêler de mes affaires.

◆_화폐 -貨幣 명 【경제】 monnaie *f* de compte.

명문[1] 名門 명 famille *f* illustre [distinguée, renommée]; lignée *f* noble; haut parage *m* {*vx*}. ¶ ~ 집안의 자제 enfant d'une bonne famille; descendant d'une famille illustre. ¶ 고교야구의 ~ T고교 le lycée T, renommé pour sa tradition du baseball. ¶ ~학교 출신 issu(*e*) [diplômé(*e*)] d'une école prestigieuse. ¶ 그는 ~ 대학교를 나왔다 Il est sorti d'une université prestigieuse.

◆_가 -家 명 famille *f* célèbre [renommée, noble, distinguée]. ¶ 그 남자는 ~가의 딸과 결혼을 했다 Il a épousé la fille d'une famille distinguée.

◆_교 -校 명 école *f* [université *f*] prestigieuse.

◆_대 -大 명 université *f* réputée [renommée, prestigieuse]. ¶ ~대를 나오다 sortir d'une université réputée [cotée, prestigieuse].

명문[2] 銘文 명 épitaphe *f*. ¶ ~을 쓰다[새기다] graver une épitaphe. ¶ 신라시대의 ~이 발견되었다 Une inscription tombale de la période de Silla a été découverte.

명문[3] 名文 명 belle phrase *f*; beau style *m* (littéraire); beau passage *m*; belle prose *f*. ¶ ~을 쓰다 écrire de belles phrases; bien écrire; avoir un beau style (d'écriture) [une belle plume, la plume facile]. ¶ 이 문장 참 ~이군 Quelle belle phrase! / Quel beau passage!

◆_가 -家 명 (grand) styliste, écrivain *m* remarquable (par son style); grand écrivain *m*; auteur *m* célèbre.

◆_집 -集 명 chrestomathie *f*, anthologie *f*. ¶ 라틴어 ~집 chrestomathie latine.

명문화 明文化 명 stipulation *f*. ◇_(를) 하다 stipuler; inscrire; coucher sur le papier; rendre public; énoncer expressément dans un texte; écrire clairement [explicitement]. ¶ 규칙을 ~하다 réglementer officiellement; stipuler. ◇_(가) 되다 être explicitement écrit(*e*); être clairement indiqué(*e*) [précisé(*e*)]; être explicite; être stipulé(*e*).

명물 名物 명 ① ((사물)) produit *m* spécial; spécialité *f*; particularité *f*; attraction *f*.¶ 대구의 ~인 사과 les pommes, spécialité de la ville de Daegu. ¶ 에펠탑은 파리의 ~이다 La tour Eiffel est le monument phare de Paris [(un monument qui est devenu) le symbole de Paris, le monument le plus célèbre de Paris]. ¶ 이 지방의 ~은 무엇입니까? Quelle est la spécialité de cette région? ② ((사람)) figure *f*, célébrité *f*. ¶ 그 선생님은 우리 학교의 ~이다 Ce professeur est une figure de notre école.

명민하다 明敏- 형 être brillant(*e*), clairvoyant(*e*), perspicace, sagace. ¶ 두뇌가 ~ être très intelligent(*e*); être brillant(*e*). ¶ 명민한 젊은이 un jeune brillant.

명반 名盤 명 disque *m* [enregistrement *m*] de premier ordre, chef *m* d'œuvre, enregistrement *m* mémorable [remarquable, légendaire, d'exception]. ¶ 불후의 명반 un disque culte, un (pur) chef d'œuvre, un classique.

명배우 名俳優 명 grand(*e*) ac*teur*(*trice*); ac*teur*(*trice*) de grand renom. ¶ 왕년의 ~ un(*e*) ac*teur*(*trice*) qui a connu la célébrité.

명복 冥福 명 repos *m* éternel; bonheur *m* éternel. ¶ 삼가 고인의 ~을 빕니다 Je vous présente toutes mes condoléances.

명부 名簿 명 liste *f* (de noms). ¶ ~를 작성하다 créer une liste. ¶ 누구를 ~에 올리다 inscrire *qn* sur une liste. ¶ 내 이름이 ~에 올랐다 Mon nom est sur la liste.

◆**선거인_** 選擧人- 명 liste *f* électorale.

명분 名分 명 cause *f*, devoir *m* [obligation *f*] moral(*e*); justification *f*. ¶ ~ 싸움 conflit d'intérêts. ¶ ~을 내세우다 justifier ((*sa* conduite)); avancer *qc* pour prétexte. ¶ 자국민 보호를 ~으로 (삼아) 전쟁을 일으키다 provoquer la guerre sous prétexte de protéger *son* peuple. ¶ ~이 약하다 Cela n'est pas suffisant comme justification. ◇_**이 서다** trouver une cause. ¶ 그래서는 ~이 서지 않는다 Cela ne constitue pas une justification suffisante. ◇_**(이) 있다[없다]** avoir une raison [ne pas avoir de raison]. ¶ 네가 그렇게 주장하기에는 ~이 없다 Tu ne peux pas prétendre cela sans avoir de bonnes raisons. ¶ ~이 없는 싸움에 끼어들고 싶지 않다 Je ne veux pas me mêler d'un conflit qui n'a pas de raison d'être.

명사[1] **名士** 명 personnalité *f* (politique); personne *f* renommée [célèbre, éminente]; notable *m*. ¶ ~ 초청 토론회 panel; table ronde de personnalités illustres. ¶ 문단의 ~ belle plume. ¶ 정계의 ~ personnalité politique. ¶ 오늘 만찬에 각계의 ~들이 참석하였다 À la réception de ce soir, de nombreuses personnalités étaient présentes.

명사[2] **名詞** 명 【언어】 nom *m*; substantif *m*.

◆**_적** -的 명 nomin*al*(*ales*, *aux*). ¶ 형용사의 ~적 용법 emploi nominal de l'adjectif. ¶ ~적 성격을 드러내는 테스트들 quelques tests révélateurs du comportement nominal.

◆**_화** -化 명 nominalisation *f*.

◆**_구** -句 명 syntagme *m* nominal ((SN)), groupe *m* nominal ((GN)).

◆**_문** -文 명 phrase *f* nominale.

◆**_절** -節 명 proposition *f* nominale.

◆**_형** -形 명 forme *f* substantive.

◆**_형[화] 어미** -形[化] 語尾 명 suffixe *m* flexionnel nominalisateur, nominalisateur *m*. ¶ ~형 어미는 명사절을 이끈다 Le suffixe flexionnel nominalisateur introduit une proposition nominale.

◆**고유_** 固有- 명 nom *m* propre.

◆**대_** 代- 명 pronom *m*.

◆**보통_** 普通- 명 nom *m* commun.

◆**불완전_** 不完全- 명 nom *m* incomplet, nom *m* dépendant, nom *m* non autonome.

◆**의존_** 依存- 명 【언어】 nom *m* dépendant, nom *m* non autonome.

◆**인물_** 人物- 명 nom *m* personnel.

◆**집합_** 명 nom *m* collectif.

◆**추상_** 抽象- 명 nom *m* abstrait.

명사수 名射手 명 bon [fin] tireur *m*; excellent fusil *m*; (la) meilleure gâchette *f* ((de l'Ouest)).

명사십리 明沙十里 명 【지명】 plage *f* de sable fin.

명산 名山 명 belle montagne *f*, montagne *f* réputée.

◆**_대찰** -大刹 명 grand temple *m* de montagne.

◆**_대천** -大川 명 site *m* de montagne; beau paysage *m*.

명산물 名産物 명 spécialité *f*, produit *m* typique [de la région, du terroir].

명산지 名産地 명 lieu *m* d'origine d'une spécialité. ¶ 굴의 ~이다 Ce lieu est célèbre pour ses huîtres..

명상 瞑想 명 méditation *f*, contemplation *f*; recueillement *m*. ¶ ~에 잠기다[빠지다] s'absorber [se plonger] dans la méditation; être en pleine méditation. ¶ ~ 중이니 방해하지 말아요 Je médite, ne me dérange pas. ◇_**(을) 하다** méditer; se livrer à la contemplation intérieure. ¶ 인간의 운명을[에 대하여] ~하다 méditer sur la destinée humaine.

◆**_적** -的 명 méditati*f*(*ve*); contemplati*f*(*ve*). ¶ ~적 태도 une attitude méditative [contemplative].

◆**_가** -家 명 personne *f* qui médite, méditatif *m*; contempla*teur*(*trice*); contemplati*f*(*ve*) *m*; rêveu*r*(*se*) {*vx*}; penseur *m*, philosophe *m*.

◆**_곡** -曲 명 【음악】 méditation *f*.

◆**_록** -錄 명 livre *m* de méditation.

명색 名色 명 nom *m*, titre *m*; désignation *f*. ¶ ~이 사장인데 그런 옷차림으로 나가면 어떻게 하나? Quand on est P.-d.g. (d'une entreprise), comment peut-on sortir habillé comme ça [dans un tel accoutrement]? ¶ ~이 좋아서 회장이지 그 모임은 회원이 다섯뿐이다 Il a le titre de président, mais d'une association de cinq personnes.

명석하다 明晳- 형 être intelligent(*e*), brillant(*e*), perspicace, sagace. ¶ 명석한 사람[두뇌] personne intelligente [grosse tête {*fam*}]. ¶ 명석하게 생각하다 penser intelligemment.

명성 名聲 명 renom *m*, renommée *f*; réputation *f*; célébrité *f*; gloire *f*. ¶ ~을 얻다 acquérir du renom [un grand renom, de la réputation]; se faire une réputation; acquérir une (certaine) notoriété; connaître la gloire. ¶ ~을 잃다 perdre *sa* réputation. ¶ 과학자로서 ~을 떨치다 être un chercheur de renom, connaître une certaine renommée en qualité de scientifique, se faire un nom comme chercheur. ¶ ~을 더럽히다 salir [souiller, ternir, compromettre, nuire à] la réputation de *qn*; déshonorer *qn*; porter atteinte à l'honneur de *qn*; tacher le nom de *qn*; souiller [ternir] le nom [l'honneur, la réputation] de *qn*; entacher l'honneur de *qn*; avilir *qn*; dégrader *qn*. ¶ 그 사람은 그 연구로 세계적인 ~을 얻었다 Ses recherches lui ont valu d'être mondialement connu. ¶ ~이 높다 jouir d'une excellente réputation. ¶ 사람들 사이에 그의 ~이 자자하다 Sa renommée est très étendue / Il a acquis un grand renom.

명성황후 명 l'impératrice *f* Myeongseong, dite la reine *f* Min <épouse de l'empereur Gojong ((1851-1895))>.

명세 明細 명 relèvement *m*; inventaire *m*. ◇_**(를) 하다** relever; noter; faire une liste; inscrire. ◇_**(가) 되다** être noté(*e*); être relevé(*e*).

◆**신상_** 身上- 명 état *m* civil.

명세서 明細書 명 bordereau(*x*) *m*; rapport *m* [compte *m* rendu] détaillé; détails *mpl*; relevé *m* détaillé. ¶ 첨부한 ~와 같이 selon le relevé [l'inventaire] ci-joint. ¶ 실제내용과 ~가 일치한다 L'inventaire est conforme au contenu.

◆**물품**_物品- 명 inventaire *m*.

명소 名所 명 endroit *m* [site *m*] célèbre, site *m* pittoresque; monuments *mpl* [sites *mpl*] historiques [célèbres], lieux *mpl* célèbres, hauts lieux *mpl*. ¶ ~ 탐방 visite des lieux [sites] touristiques. ¶ 로마의 ~들을 둘러보다 visiter les endroits célèbres [les monuments historiques] de Rome.

◆**관광**_ 觀光- 명 sites *mpl* touristiques [pittoresques]; monuments *mpl* [sites *mpl*] célèbres [historiques].

명수[1] 名手 명 maître *m* en *qc*; expert *m*; virtuose; spécialiste. ¶ 사격의 ~ fin [très bon] tireur; excellent fusil; la meilleure gâchette ((de l'Ouest)); tireur d'élite. ¶ 그 사람은 협상의 ~이다 C'est un spécialiste des négociations.

명수[2] 名數 명 ① nombre *m* de personnes. ② 【수학】 nombre *m* nominal.

명승 名勝 명 endroit *m* [site *m*] célèbre, site *m* pittoresque; monuments *mpl* [sites *mpl*] historiques [célèbres], lieux *mpl* célèbres, hauts lieux *mpl*.

명승고적 名勝古蹟 명 lieux célèbres *mpl* [hauts lieux] et sites *mpl* historiques; sites *mpl* pittoresques et monuments historiques. ¶ 전국 각지의 ~을 답사하다 visiter tous les sites pittoresques et monuments historiques de Grèce.

명승지 名勝地 명 endroit *m* [site *m*] célèbre, site *m* pittoresque; monuments *mpl* [sites *mpl*] historiques [célèbres], lieux *mpl* célèbres, hauts lieux *mpl*. ¶ 휴가철이 되면 전국의 ~들은 사람들로 크게 붐빈다 Pendant les vacances, les sites célèbres sont bondés de vacanciers.

명시[1] 明示 명 notification *f*; indication *f*. ◇_(를) **하다** indiquer; notifier; faire apparaître; préciser, spécifier. ¶ 계약서에 조건을 ~하다 indiquer [préciser] clairement les conditions dans le contrat. ◇_(가) **되다** être explicitement écrit(*e*); être clairement indiqué(*e*) [précisé(*e*)]; être explicite; être stipulé(*e*). ¶ 헌법에 ~되어 있는 국민의 기본권 les droits fondamentaux de l'homme mentionnés dans la constitution. ¶ 세부적인 사항들은 계약서 뒷면에 ~되어 있다 Les détails sont (clairement) précisés au dos du contrat.

◆**_적** -的 명 indicati*f*(*ve*). ¶ 한 언어의 음운 체계는 ~적인 규칙으로 설명된다 Le système phonétique d'une langue s'explique par des règles précises. ¶ 그 기사는 사건의 동기를 ~적으로 드러내지 않고 있다 Cet article n'explicite pas le motif de l'accident.

◆**_어** -語 명 【언어】 spécificateur *m*.

명시[2] 明視 명 bonne visibilité *f*; bonne vision *f*.

◆**_성** -性 명 visibilité *f*.

◆**_거리** -距離 명 【물리】 distance *f* d'accommodation parfaite.

명시[3] 名詩 명 beau poème *m*. ¶ 그 시인은 생전에 많은 ~를 남겼다 De son vivant, il a laissé beaucoup de beaux poèmes. ¶ 이 시집은 한국[세계]의 ~를 모았다 Dans ce recueil, se trouvent réunis de beaux poèmes coréens [du monde].

◆**_선** -選 명 recueil *m* des plus beaux poèmes.

◆**_집** -集 명 anthologie *f* des plus beaux poèmes.

명신 名臣 명 ministre *m* illustre; homme *m* d'État célèbre. ¶ 그 왕은 ~을 여럿 거느린 행복한 군주였다 C'était un roi heureux, entouré de ministres loyaux.

명실 名實 명 nom *m* et réalité *f*.

◆**_공히** -共- 부 이름으로나 실제로나 en principe et en réalité. ¶ 이 기업은 ~ 공히 한국을 대표하는 기업이다 Cette entreprise représente la Corée dans ses principes et sa réalité.

◆**_상부** -相符 명 ((이름과 실상이 서로 꼭 맞음)) ◇**_상부하다** être à la hauteur de *son* nom [de *sa* réputation], être digne de ce nom, porte bien *son* nom. ¶ 브라질은 ~상부한 축구 강국이다 Le Brésil mérite[porte] bien son nom de grand pays de football / Le Brésil est à la hauteur de sa réputation de grand pays du football.

명심 銘心 명 mémorisation *f*; rappel *m*. ◇_(을) **하다** 타 graver [imprimer, inscrire] *qc* dans *son* cœur [dans *son* esprit, dans *sa* mémoire], ne pas oublier *qc*, retenir ((les paroles de *qn*)), se remémorer, garder *qc* en mémoire [à l'esprit], se rappeler *qc*. ¶ 누구의 훈계를 ~하다 tenir compte des remontrances de *qn*; ne pas oublier la leçon de *qn*. ¶ 내 말을 명심하시오 Gravez ce que je vais dire dans votre esprit / Gardez toujours en tête mes propos / N'oubliez pas [Retenez bien, Rappelez-vous bien, N'oubliez pas] ce que je vais vous dire / Soyez attenti*f*(*ve*)s à ce que je vais dire. ¶ 이 점을 명심하세요 N'oubliez pas ce point / Retenez bien ce point / Ayez toujours ce point en tête [à l'esprit].

명암 明暗 명 ① ombre *f* et lumière *f* (clarté *f*); clair-obscur(~*s*-~*s*) *m*. ¶ 이 그림은 ~이 뚜렷하다 Les teintes sombres et les teintes claires contrastent vivement (entre elles) dans ce tableau/ Le clair-obscur est très prononcé dans cette toile. ② les bons et les mauvais côtés *mpl* ((de la vie)); ((connaître)) des hauts *mpl* et des bas *mpl*. ¶ 인생의 ~ les bons et les mauvais côtés de la vie; ((connaître)) des hauts et des bas. ¶ 여기서 두 사람의 ~이 갈라졌다 C'est ici que leurs vies commencèrent à connaître des parcours différents.

명약 名藥 명 médicament *m* bien connu pour son efficacité [habituellement efficace], médicament *m* d'efficacité reconnue.

명약관화하다 明若觀火- 형 être clair(*e*) comme de l'eau de roche; être évident(*e*), clair(*e*) (comme le jour, comme de l'eau de roche, comme deux et deux font quatre), incontestable, limpide; être patent(*e*), être manifeste, flagrant(*e*), criant(*e*). ¶ 그건 명약관화한 일이다 C'est quelque chose de clair comme de l'eau de roche. ¶ 우리가 이기는 것은 ~ Notre victoire ne fait pas l'ombre d'un doute.

명언 名言 명 ① parole *f* célèbre [mémorable]; beau mot *m*; bon mot *m*; apophtegme *m*. ¶ 위인들의 ~을 모아 놓은 책 recueil de citations célèbres. ② ((avoir le)) mot *m* juste; remarque *f* judicieuse [pleine d'esprit]. ¶ 그 말 참 ~일세 Que c'est bien dit! / C'est le mot juste.

명언하다 明言- 타 dire, parler, affirmer, déclarer clairement. ¶ 그 남자가 확실하게 명언하지는 않았지만 그 사람의 의도는 대충 알 수 있을 것 같다 Il n'a pas parlé de façon très explicite, mais je crois comprendre globalement son intention [mais je crois comprendre le sens global de ses propos].

명연 名演 명 ☞ 명연기

명연기 名演技 명 interprétation *f* remarquable [magistrale], bonne [excellente] prestation *f* ((d'un acteur)), performance *f* remarquable; jeu *m* brillant [remarquable, excellent] ((d'un comédien)). ¶ 그 배우는 이 영화에서 ~를 펼쳐 보였다 Cet acteur a très bien joué [a joué merveilleusement] dans ce film / Sa prestation fut excellente dans ce film / La performance de cet acteur fut remarquable dans ce film.

명예 名譽 명 ① honneur *m*, gloire *f*, distinction *f*; renom *m*, renommée *f*, réputation *f*; dignité *f*, prestige *m*. ¶ ~를 존중[중시]하다 accorder [attacher] une grande importance à l'honneur [aux questions d'honneur]. ¶ ~를 회복하다 rétablir [recouvrer] l'honneur, se réhabiliter. ¶ ~를 얻다 se faire une réputation. ¶ ~를 잃다 perdre *sa* réputation, perdre *son* honneur, voir *sa* réputation ternie, être déshonoré(*e*).

◆ **_롭다** 형 être honorable, glorieu*x*(*se*). ¶ 그 사람은 나라를 위해 죽는 것을 ~롭게 생각했다 Il pensait que c'était un honneur de mourir pour sa patrie.

◆ **_스럽다** 형 être honorable, digne, estimable, respectable. ¶ 무엇을 ~스럽게 생각하다 considérer *qc* comme honorable.

◆ **_교수** -教授 명 professeur *m* émérite [honoraire].

◆ **_박사학위** -博士學位 명 docteur *m* honoris causa.

◆ **_심** -心 명 désir *m* de gloire. ¶ 이제 그에게는 수치심도 ~심도 없다 À présent, il n'a plus ni honte, ni désir de gloire.

◆ **_욕** -慾 명 désir *m* [soif *f*, convoitise *f*] des honneurs; ambition *f*. ¶ 그 남자는 ~욕이 지나쳐서 탈이다 Le problème est qu'il court trop après les honneurs.

◆ **_직** -職 명 poste *m* honoraire. ¶ 그 일은 보수가 없는 ~직이다 Ce travail n'est pas rémunéré, c'est un poste honoraire.

◆ **_회복** -回復 명 réhabilitation *f*. ¶ 그 사람은 이번 일로 ~회복을 했다 Il a ainsi rétabli [recouvré] *son* honneur / Il s'est ainsi réhabilité.

◆ **_회원** -會員 명 membre *m* honoraire. ¶ 누구를 ~회원으로 받아들이다 accepter *qn* comme membre honoraire.

◆ **_훼손** -毁損 명 diffamation *f*. ¶ ~훼손으로 누구를 고소하다 poursuivre *qn* en justice pour diffamation, intenter un procès en diffamation contre *qn*.

◆ **_훼손죄** -毁損罪 명 【법률】 diffamation *f* portant atteinte à la dignité morale ou physique.

명왕성 冥王星 명 【천문】 Pluton *m*.

명운 命運 명 destin *m*, destinée *f*, fatalité *f*, sort *m*, la fortune. ¶ 회사의 ~이 그 사람에게 달려 있다 Le sort de la société dépend de lui.

명월 明月 명 lune *f* brillante; pleine lune *f*. ¶ ~이 빛나는 가을 밤 une nuit d'automne où la lune brille avec éclat.

명의[1] 名義 명 ① ((이름)) nom *m*, titre *m*. ¶ ~ 변경[이전] changement de propriété. ¶ 그 사람은 형님 ~로 된 땅을 조금 가지고 있다 Il possède un peu de terrain enregistré au nom de son grand frère. ¶ 그 남자는 아버지 ~로 집을 샀다 Il a acheté une maison au nom de son père. ¶ 그 아저씨는 집의 ~를 아내 앞으로 돌렸다 Il a fait mettre la propriété de sa maison au nom de son épouse. ② ((명분)) devoir *m* moral.

명의[2] 名醫 명 grand médecin *m*; médecin *m* renommé. ¶ 그 의사는 이 지방에 모르는 사람이 없는 ~이다 C'est un grand médecin connu de toute la région. ¶ ~는 사람의 마음을 다스리는 의사이다 Un grand médecin est un médecin qui sait aussi soigner le cœur des patients.

명인 名人 명 (grand) maître *m*; virtuose. ¶ ~의 반열에 오르다 se trouver au rang des grands maîtres. ¶ 그 남자는 산수화[판소리, 바둑, 장기]의 ~이다 C'est un grand peintre paysagiste [un grand maître du *pansori*, du jeu de go, des échecs orientaux].

명일 明日 명 demain. ¶ ~ 오후 2시까지 경찰서에 출두하시오 Présentez-vous à la police demain avant 14 heures.

명작 名作 명 chef-d'œuvre(~*s*-~) *m*; ((명작집)) anthologie *f*, florilège *m*. ¶ 세계 ~ 전집 anthologie de la littérature mondiale. ¶ 이 소설은 정말 ~이다 C'est un très grand roman.

명장 名將 명 grand génér*al*(*aux*) *m*; génér*al*(*aux*) *m* célèbre.

*~ **밑에 못난 부하 없다** Il n'est pas de sot au commandement d'un grand général.

명저 名著 명 livre *m* [ouvrage *m*] remarquable; ouvrage *m* illustre; chef-d'œuvre(~*s*-~) *m*. ¶ 불후의 ~ chef-d'œuvre inouï. ¶ 이 책은 세계문학사의 ~로 남을 것이다 Cette œuvre restera un chef-d'œuvre dans l'histoire de la littérature mondiale.

명절 名節 명 fête *f*. ¶ 이번 추석에는 ~ 기분이 별로 안 난다 Cette année, une ambiance morose règne pour la fête de *Chuseok*. ¶ ~에는 온 가족이 모여 어른들께 인사를 드린다 Les jours de fête, toute la famille se réunit pour saluer les plus âgées de la famille.

◆ **_날** 명 jour *m* de fête.

ㅁ

명정 銘旌 명 bannière *f* funéraire. ¶ 관 위에 ~을 덮다 couvrir le cercueil d'une bannière funéraire.
명제 命題 명 【논리】 proposition *f*, thèse *f*. ¶ 분명하지 않은 ~ une proposition pas très claire.
◆_**논리(학)** -論理(學) 명 【논리】 logique *f* propositionnelle.
◆**대_** 大- 명 grande proposition *f*, grande thèse *f*, grand prétexte *m*. ¶ 임무 완수라는 대~ 아래 얼마나 많은 사람들이 희생을 당했는가 Que de personnes ont été sacrifiées sous le grand prétexte d'accomplir la mission!
◆**정언_** 定言- 【논리】 명 proposition *f* assertorique.
명조체 明朝體 명 【출판】 *Myeongjo* <une des polices de caractères coréennes>. ¶ 이 책은 ~ 활자와 고딕체 활자를 섞어서 사용했다 Pour ce livre, on a choisi les polices *Myeongjo* et gothique. ¶ ~는 영어 글꼴로 하면 타임즈체에 해당한다 La police *Myeongjo* est équivalente aux polices anglaises *times*.
명주 明紬 명 soie *f*. ¶ ~를 뽑다 filer de la soie; tisser le fil de soie.
◆_**실** 명 fil *m* de soie.
◆_**옷** 명 vêtement *m* en soie.
◆_**치마** 명 jupe *f* en soie.
명중 命中 명 tir *m* précis; fait *m* d'atteindre le but [une cible]. ¶ 그 저격수는 언제나 표적에 ~시킨다 Cet attaquant loge la balle dans le but à tous les coups. ◇_**(을) 하다**[(**이) 되다**] atteindre le but [une cible]; frapper juste; atteindre *son* but [objectif] [(*son* objectif) être atteint(*e*)]. ¶ 총알이 과녁의 한복판에 ~했다 La balle a atteint le disque noir au centre de la cible. ¶ 미사일이 목표물에 ~되었다 Le missile a atteint son but [objectif]. ◇_**(을) 시키다** toucher [atteindre] la cible. ¶ 포격으로 적의 전차를 ~시키다 neutraliser les chars d'assaut ennemis par des tirs de canons. ¶ 화살을 과녁에 ~시키다 envoyer les flèches au milieu de la cible.
◆_**률** -率 명 taux *m* de réussite au tir. ¶ ~률이 높다[낮다] avoir un taux élevé [bas] de réussite au tir.
명증 明證 명 ① évidence *f*; preuve *f* évidente. ¶ 타당한 ~을 제시하다 présenter une preuve évidente. ② certitude *f* intuitive. ¶ 직관적인 ~에 의거해 사실을 추론하다 déduire la vérité basée sur une certitude intuitive. ◇_**(을) 하다** prouver clairement; certifier, vérifier. ¶ 자신의 말이 사실임을 ~하다 prouver clairement la vérité de *ses* paroles.
◆_**성** -性 명 évidence *f*; certitude *f*.
명지[1] 明智 명 sagesse *f*; intelligence *f* brillante. ¶ 남다른 ~를 지니다 être supérieurement intelligent(*e*), être un génie.
명지[2] 銘誌 명 épitaphe *f*. ¶ 비석에 ~를 새기다 graver une épitaphe sur une pierre tombale.
명찰 名札 명 badge *m* (à *son* nom). ¶ ~을 달다[붙이다, 부착하다] porter [mettre] un badge. ¶ ~을 떼다 enlever un badge.
명창 名唱 명 ① chant *m* remarquable. ② grand chanteur *m*; chanteur(*se*) célèbre; cantatrice *f* célèbre. ¶ 판소리 ~의 공연 représentation d'un *pansori* par un grand chanteur.
명철하다 明哲- 형 être sagace, avisé(*e*), perspicace, lucide, intelligent(*e*). ¶ 그 남자는 명철한 두뇌[사고]의 소유자이다 Il est perspicace / Il est d'une lucidité extraordinaire / Il est doué d'un esprit pénétrant.
명치 명 creux *m* de l'estomac, épigastre *m*. ¶ 그 사람은 ~를 한 대 맞고 쓰러졌다 Après avoir reçu un coup au creux de l'estomac, il est tombé.
◆_**뼈** 명 appendice *m* xiphoïde.
명칭 名稱 명 nom *m*; dénomination *f*, appellation *f*; désignation *f*. ¶ ~을 붙이다[바꾸다] donner un nom à *qn*, baptiser *qn* [changer de nom, donner un nouveau nom]. ¶ 그 사람을 어떤 ~으로 불러야 할지 모르겠다 Je ne sais pas comment l'appeler.
명콤비 名- 영{-combination} 명 couple *m* bien assorti; duo *m* fantastique.
명쾌하다 明快- 형 être clair(*e*), précis(*e*), évident(*e*), net(*te*), certain(*e*), apparent(*e*). ¶ 명쾌한 설명[문체] explication claire [style précis]. ¶ 어떠한 상황에서도 그 사람의 대답은 명쾌했다 Ses réponses étaient claires quel que soit le contexte. ¶ 그 사람은 기자의 질문에 아주 명쾌하게 대답했다 Il a répondu précisément aux questions du journaliste.
명탐정 名探偵 명 grand détective *m*. ¶ ~ 셜록 홈즈 Sherlock Holmes, le grand détective.
명태 明太 명 merlan *m*, *Theragra chalcogramma* {*nsc*}.
명패 名牌 명 plaque *f* (posée sur le bureau portant le titre [la fonction] et le nom de l'occupant). ¶ 책상 위에는 그 사람의 ~가 놓여 있었다 Sur son bureau, il a une plaque sur laquelle est inscrite sa fonction.
명품 名品 명 chef-d'œuvre(~s-~) *m*; produits *mpl* de marque, produits *mpl* griffés, produit *m* de luxe. ¶ ~을 감상하다 apprécier les marques. ¶ 그 여자는 옷이라면 ~밖에 안 산다 Elle n'achète que des vêtements de marque.
명필 名筆 명 ① 《필적》 calligraphie *f*, belle écriture *f*. ¶ 이 글씨 참 ~이다 Quelle belle calligraphie! / Quelle belle écriture! / Qu'il [elle] écrit bien! ② 《명필가》 grand(*e*) calligraphe. ¶ 그 남자는 ~로 이름을 날렸다 Il était connu comme un très grand calligraphe.
명하다 命- 타 ① ordonner; donner des ordres. ¶ 누구에게 무엇을 하기를 ~ ordonner à *qn* de faire *qc*. ¶ 엄중히 ~ donner des ordres rigoureux. ¶ 명하시는 대로 따르겠습니다 Je suivrai vos ordres / À vos ordres. ② 임명하다 nommer, désigner, assigner. ¶ 귀관을 오늘자로 2중대장으로 명한다 Je vous nomme capitaine de la 2ème compagnie à compter d'aujourd'hui. ③ 명명하다 nommer, dénommer, désigner, appeler, donner un nom. ¶ 그래서 이 바위를 효자바위라고 명하게 되었다 Ainsi

on nomma ce rocher «rocher du fils pieux».

명함 名銜 명 carte *f* de visite. ¶ 서로 ~을 교환하다 échanger les cartes de visite. ¶ ~을 파다[만들다] (*se*) faire faire des cartes de visite.

*~**도 못 내밀다** ne pas pouvoir se présenter; ne pas oser prétendre être à la hauteur des autres. ¶ 그 정도 실력으로는 이곳에서는 ~도 못 내민다 Ce n'est même pas la peine d'essayer avec un niveau pareil! (Jamais ils ne te prendront).

◆**_판** -版 명 ((photo d'identité)) format *m* 4cm×6cm. ¶ ~판 사진 photo d'identité format 4cm×6cm.

◆**반_판** 半-版 명 ((photo d'identité)) format *m* 2cm×3cm.

명화 名畵 명 ① peinture *f* célèbre, tableau *m* remarquable, chef-d'œuvre(*~s-~*) *m*; ((사람)) grand peintre *m*. ¶ 이 전시관에는 고흐의 ~들이 전시되어 있다 Dans cette salle, sont exposés les chefs-d'œuvre de Van Gogh. ② ((영화)) film *m* excellent; classique *m* du cinéma. ¶ 그 남자는 주말마다 오래된 ~를 감상하는 것이 취미이다 Son passe-temps du week-end est de regarder les classiques du cinéma.

명확 明確 어근 clarté *f*; précision *f*, exactitude *f*; lucidité *f*.

◆**_하다** 형 être clair(*e*), précis(*e*). ¶ ~한 답변 une réponse claire [nette, précise]. ¶ ~한 증거 preuve évidente. ¶ ~한 경계 frontière nette. ¶ 그 사람은 프랑스어 발음이 ~하지 않다 Sa prononciation en français n'est pas claire. ¶ 그 사람이 살아있다는 것은 ~한 사실이다 C'est un fait évident qu'il est en vie. ¶ 누가 범인인지(가) ~하지 않다 On ne sait pas encore qui est l'auteur du crime. ¶ 두 개념을 ~하게 구분하다 séparer clairement ces deux concepts. ¶ 책임 소재를 ~하게 하다 répartir clairement les responsabilités.

◆**_성** -性 명 clarté *f*; précision *f*.

몇 관 ((nombre interrogatif)) quel nombre *m*, combien de; quel; qui. ((déterminant numéral. Il s'emploie généralement avec un classificateur dans une phrase interrogative)). ¶ 학생이 ~ 명 [학생 ~ 명이, ~ 명의 학생이] 교실에 있습니까? Y a-t-il combien (de personnes) d'étudiants dans la salle de classe? ¶ 오늘은 ~ 년, ~ 월, ~ 일입니까? Quelle année, quel mois et quel jour sommes-nous? ¶ 지금 ~ 시 ~ 분이에요? Maintenant, il est quelle heure et combien de minutes? ¶ 지금 ~ 시지? Quelle heure est-il? ¶ 너는 ~ 살 때 고향을 떠났니? À quel âge tu as quitté ton pays natal? ¶ 사과를 ~ 개나 먹었니? Tu as mangé combien de pommes? ¶ 조심하라고 ~ 번이나 말했니? Combien de fois je t'ai dit de faire attention?

수 ① un certain nombre de, quelques-uns, un petit nombre de, quelques, peu. ((Dans un énoncé non interrogatif, il exprime un nombre indéfini)). ¶ 친구 ~이 어울려서 회사를 하나 차렸다 Un certain nombre d'amis (entre eux) ont monté une société [boîte {*fam*}]. ¶ 그렇게 생각하는 사람은 ~ 안 된다 Très peu de gens pensent ainsi. ¶ 그런 일을 할 사람이 ~이나 되겠어? Combien seront ceux qui peuvent faire ce genre de travail ? ¶ 아직 시간이 ~ 분 안 지났다 À peine quelques minutes sont passées depuis. ¶ 책을 ~ 권 샀다 J'ai acheté quelques livres. ¶ 모인 사람이 ~ 명 되지 않는다 Juste quelques personnes se sont réunies. ¶ 마흔 ~ 개 쯤 되는 사과 quarante et quelques pommes. ② ((numéral interrogatif)) combien de, quel(*le*). ¶ 올해 자네 나이가 ~인가? Quel âge as-tu cette année? ¶ 선생님의 자녀분은 ~입니까? Combien d'enfants avez-vous, monsieur?

몇몇 수 certains; un certain nombre de; quelques-un(*e*)s, quelques personnes *fpl*. ¶ ~은 집에 갔고 ~은 사무실에 남았다 Certains sont rentrés chez eux, d'autres sont restés au bureau. ¶ 사과를 스무 개 샀는데 ~은 곯았더라 J'ai acheté une vingtaine de pommes dont quelques-unes étaient pourries.

관 quelques, certain(*e*)s. ¶ ~ 학생이 졸고 있었다 Quelques élèves étaient en train de somnoler. ¶ ~ 중요한 소지품만 챙겨서 집을 빠져나왔다 Je suis parti(*e*) de chez moi avec le strict nécessaire.

모[1] 명 riz *m*. ¶ ~를 찌다 enlever le riz. ¶ ~를 심다 planter le riz. ¶ ~를 옮겨 심다 repiquer le riz; transplanter le riz.

◆**_내기** 명 repiquage *m* du riz. ¶ ~내기 (를)하다 repiquer les jeunes pousses du riz; transplanter de riz.

◆**_판** -板 명 plant *m* de riz.

◆**_ㅅ자리** 명 rizière *f* où on repique le riz.

모[2] 명 ① point *m*; côté *m*; angle *m*. ② aspect *m*; arête *f*. ¶ 여러 ~로 보아 en tous points; sur tous les points, sur toute la ligne; sur tous les plans; de tous les points de vue; dans tous les domaines.

◇**_(가) 나다** ① être pointu(*e*). ¶ 이 돌은 뾰족하게 ~가 나 있다 Ce caillou est tranchant. ② être difficile, intransigeant(*e*); ((esprit)) être anguleux(*se*). ¶ 그 남자는 성격이 좀 ~(가) 난 편이다 Il est plutôt [assez] intransigeant [difficile]. ◇**_(가) 지다** être angulaire, former un angle; être difficile, intransigeant(*e*); ((esprit)) être anguleux(*se*).

*~**난 돌이 정 맞는다** ☞ 모나다

◆**_로** 부 ☞ 모로

모[3] 분류 ((classificateur qui sert à compter les morceaux de pâtés de soja)) morceau(*x*) *m*; motte *f*. ¶ 두부 한 ~ un morceau de *tofu* (pâté de soja). ¶ 이 집 두부는 ~가 크다 Les morceaux de *tofu* de ce magasin sont plus grands qu'ailleurs.

모[4] **母** 의명 mère *f*.

모[5] **某** 명 un(*e*) certain(*e*), un(*e*) tel(*le*). ¶ ~ 의원 un certain député. ¶ ~ 년 ~ 일 une certaine année, un certain jour; tel jour, telle année. ¶ 혐의자를 ~ 처로 연행하다 faire conduire le suspect dans un endroit secret ((pour l'interroger)). ¶ 그는 ~ 은행

에 비밀구좌를 가지고 있다 Il a un compte secret dans une banque. ¶ 이 ~가 박 ~한테 돈을 주었다고 한다 On dit qu'un certain monsieur Yi a donné de l'argent à un certain monsieur Park.

모[6] 毛 명 poil *m*. ¶ ~로 된 옷 un vêtement en poils ((de mouton)).

-모[7] 帽 접미 coiffure *f*; chapeau(*x*) *m*; ((헬멧)) casque *f*, ((캡)) casquette *f*; ((조리사용)) toque *f*; ((털모자)) bonnet *m*; ((군모)) calot *m*, képi *m*; ((가톨릭, 유대교)) calotte *f*. ¶ 맥고~ un chapeau de paille. ¶ 방한~ un passe-montagne. ¶ 사각~ une faluche. ¶ 소방~ un casque de pompier. ¶ 수영~ un bonnet de bain. ¶ 작업~ un casque de chantier.

모가지 명 ① cou *m*. ¶ 기린은 ~가 길다 La girafe a un long cou. ② 【속어】 tête *f*, gueule *f* {*fam*}, caboche *f* {*fam*}; ((일자리)) ((sauver)) *sa* tête *f*, *sa* place, *son* poste; ((목숨)) vie *f*, ((y laisser, sauver)) *sa* peau *m*. ¶ 누구의 ~를 자르다[치다] virer {*fam*} *qn*, mettre *qn* à la porte, mettre *qn* dehors. ¶ ~가 떨어지다[날아가다, 잘리다] être chassé(*e*), viré(*e*) {*fam*}, mis(*e*) à la porte [mis(*e*) dehors]. ¶ ~가 붙어 있다 sauver *sa* tête [*son* poste, *sa* place], rester en poste [à *son* poste], garder [conserver] *son* poste [*sa* place], être maintenu(*e*) à *son* poste, être confirmé(*e*) dans *son* poste, ne pas être renvoyé(*e*) [viré(*e*) {*fam*}, mis(*e*) dehors {*fam*}, vidé(*e*) {*fam*}, balancé(*e*) {*fam*}, dégommé(*e*) {*fam*}]. ¶ 자네는 ~야 (À la porte! / Dehors!) Tu es viré(*e*)! ¶ 너는 도대체 ~가 몇 개냐? Comment se fait-il que tu n'aies toujours pas été viré(*e*) [vidé(*e*), dégommé(*e*), balancé(*e*)]? {*fam*} / Ça fait longtemps que tu aurais dû y passer / Comment se fait-il que tu n'y sois toujours pas passé(*e*)? {*fam*} / Comment fais-tu pour être toujours en vie [toujours là]? ¶ 나는 ~가 둘인 줄 아쇼? Je tiens à la vie [à ma peau {*fam*}] / Je tiens à sauver ma peau {*fam*} / Je n'ai qu'une vie / Je ne tiens pas à mourir [à crever {*fam*}, à y laisser ma peau {*fam*}, à y laisser des plumes {*fam*}] / Je ne veux pas risquer ma vie / Ce serait de la folie que de faire ça.

모계 母系 명 côté *m* maternel, cognation *f*. ¶ 그와 나는 ~로 6촌간이다 Lui et moi, nous sommes cousins germains du côté maternel. ¶ 그는 ~가 귀족 집안이다 Il est de famille noble par sa mère / Son cognat est de famille noble.

◆ **_사회** -社會 명 société *f* matriarcale.

모골 毛骨 명 cheveux *mpl* ((et os *mpl*)). ¶ 그의 악담에 나는 ~이 송연해졌다 J'ai tremblé en entendant ses injures [ses invectives].

모과 木瓜 명 coing *m*.

◆ **_나무** 명 cognassier *m*.

◆ **_주** -酒 명 alcool *m* de coing.

모교 母校 명 école *f* dont on est issu, *son* (ancienne) école *f*. ¶ ~를 방문하다 visiter *son* ancienne école, visiter l'école dans laquelle on a fait *sa* scolarité [*ses* études]. ¶ ~의 발전을 위해 장학 기금을 내놓다 offrir des bourses pour le développement de l'école dont on est sorti(*e*) [sortant(*e*), issu(*e*)] [pour le développement de *son* ancienne école].

모국 母國 명 pays *m* natal, patrie *f*. ¶ 해외 동포의 ~방문 visite des expatriés à leur pays natal.

◆ **_어** -語 명 langue *f* maternelle. ¶ ~어를 잊어버리지 않다 ne pas oublier *sa* langue maternelle.

모권 母權 명 droit *m* maternel; autorité *f* matriarcale; matriarcat *m*.

◆ **_사회** -社會 명 société *f* matriarcale.

◆ **_제** -制 명 matriarcat *m*.

모근 毛根 명 racine *f* du cheveu.

모금[1] 분류 ((음료)) gorgée *f*; bouffée *f* ((d'une cigarette)), taffe *f* {*fam*}. ¶ 물을 한 ~ 마시다 boire [prendre] une gorgée d'eau. ¶ 담배를 한 ~ 빨다 tirer des bouffées d'une cigarette, tirer sur *sa* cigarette, prendre une taffe {*fam*} [une bouffée]. ¶ 물 한 ~ 마시지 않다 ne pas boire une seule goutte d'eau; ne pas manger du tout.

모금[2] 募金 명 collecte *f* (de fonds), quête *f*. ¶ 환경운동을 위한 기금 ~ une collecte de fonds pour le mouvement écologiste. ¶ 불우이웃돕기 성금 ~을 위한 공연 un concert organisé [donné] pour collecter des fonds au profit des personnes défavorisées. ◇ **_(을) 하다** collecter des fonds, faire une collecte de fonds, quêter. ¶ 수재 의연금을 ~하다 collecter des fonds pour aider les populations victimes des inondations.

◆ **_액** -額 명 montant *m* d'une collecte [d'une quête].

모기 명 moustique *m*, aédès *m* [aedes *m*], anophèle *m*. ¶ ~에게 물리다 se faire piquer par un moustique; être piqué(*e*) par un moustique. ¶ ~가 앵앵거린다 Les moustiques vrombissent.

◆ **_약** -藥 명 insecticide *m* contre les moustiques.

◆ **_장** -帳 명 moustiquaire *f*. ¶ ~장을 치다 mettre une moustiquaire, installer une moustiquaire, placer aux fenêtres une moustiquaire.

◆ **_향** -香 명 (spirale *f* d')encens *m* [fumigation *f*] contre les moustiques.

모기업 母企業 명 maison *f* mère. ¶ ~과 자회사들 la maison mère et ses filiales.

모꼬지 명 réunion *f*, assemblée *f* ((pour un jeu ou une fête)).

모나다 자 ① être carré(*e*), être anguleux(*se*). ¶ 모난 돌 une pierre carrée. ¶ 모난 얼굴 un visage anguleux. ② ((성격, 행동)) 까탈스럽다 être difficile, capricieux(*se*). ¶ 성격이 모난 사람 une personne difficile [capricieuse, compliquée, exigeante]. ¶ 모나게 굴다 agir [se comporter] de façon capricieuse.

***모난 돌이 정 맞는다** Une personne agaçante [désagréable] se fait parfois taper dessus / Une personne exigeante subit les conséquences de son caractère.

모나리자 이 명 la Joconde *f*, Mona Lisa *f*.

모내기 명 repiquage *m* du riz. ¶ 농촌에는 요즘 ~가 한창이다 Ces jours-ci, on est occupé à repiquer le riz à la campagne. ◇_(를) **하다** repiquer le riz.
◆_**철** 명 la saison *f* du repiquage du riz.

모녀 母女 명 mère *f* et fille *f*.
◆_**간** -間 명 relation *f* mère-fille, entre mère et fille. ¶ ~간에 정이 돈독하다 La mère et la fille sont pleines d'affection l'une pour l'autre / Mère et fille entretiennent une relation très affectueuse. ¶ ~간에 많이 닮았다 La mère et la fille se ressemblent comme deux gouttes d'eau [d'une manière frappante, sous toutes les coutures, en tous points] / Cette fille est le sosie [la copie conforme, tout le portrait, le portrait vivant, l'image vivante, le portrait (craché {*fam*})] de sa mère. ¶ 그 두 사람은 ~간이다 Elles sont mère et fille.

모년 某年 명 telle année *f*. ¶ 나는 그 사람을 ~ 모월 모일 모처에서 만나기로 했다 Je lui ai promis de le rencontrer tel jour, telle année, à tel endroit.

ㅁ

모노 이 명관 mono. ¶ ~ 드라마 monodrame. ¶ ~ 레일 monorail.

모노그라피 영{monograph} 명 monographie *f*.

모노드라마 영{monodrama} 명 monodrame *m*.

모노레일 영 {monorail} 명 rail *m* unique, monorail *m*.

모놀로그 영{monologue} 명 monologue *m*.

모눈종이 명 papier *m* quadrillé [millimétré].

모니터 영 {monitor} 명 ① écran *m*, moniteur *m*. ¶ 컴퓨터 ~를 오랫동안 들여다보다 regarder longtemps l'écran de l'ordinateur [rester longtemps devant l'écran de l'ordinateur]. ② rédac*teur*(*trice*) d'un service d'écoute. ¶ 방송국 ~ 요원 rédacteur d'un service d'écoute à la télévision[à la radio].

모니터링 영{monitoring} 명 contrôle *m* (continu), supervision *f*. ¶ ~ 요원 agent de supervision, personnel de contrôle. ◇_(을) **하다** superviser, contrôler. ¶ TV 드라마를 ~하다 superviser un feuilleton télévisé.

모닥불 명 feu *m* de camp, feu *m* en plein air, feu *m* de bivouac. ¶ ~을 피우다 allumer un feu de camp [de bivouac]. ¶ ~ 주위에 둘러앉아 노래를 부르다 chanter assis autour d'un feu de camp.

모더니스트 영{modernist} 명 moderniste *mf*.

모더니즘 영{modernism} 명 modernisme *m*. ¶ ~ 소설[회화] un roman [une peinture] moderniste.

모더니티 영{modernity} 명 modernité *f*.

모던 영{modern} 어근 moderne. ¶ ~ 재즈[발레] le jazz [le ballet] moderne. ¶ ~ 아트 l'art moderne.
◆_**하다** 형 être moderne. ¶ 이 제품은 디자인이 ~하다 Le design de ce produit [de cet article] est très moderne. ¶ 이 건축가는 ~한 감각을 지녔다 Cet architecte a un goût très moderne.

모데라토 이 명 moderato *m*.

모델 영{model} 명 ① modèle *m*. ¶ 무엇을 ~로 하다[삼다] prendre *qc* pour modèle. ② ((패션)) modèle *m*; mannequin *m*(*f*); top-modèle *mf*, top *mf* {*fam*}. ¶ 누드 ~ un modèle nu. ¶ 패션 ~ un modèle, un(*e*) mannequin. ¶ ~처럼 늘씬하다 être mince comme un(*e*) mannequin.
◆_**케이스** 영{- case} 명 exemple *m* type, exemple *m* à suivre; ((처벌)) exemple *m*.
◆_**하우스** 영{- house} 명 appartement(-)témoin *m*, appartement *m* modèle; maison(-)témoin *f*. ¶ ~하우스를 보러 가다 visiter l'appartement(-)témoin [(-)modèle].
◆**슈퍼_** 영{super -} 명 super-modèle *m*.

모델료 -料 명 salaire *m* [paie *f*] de mannequin [d'un(*e*) ac*teur*(*trice*) de publicité]. ¶ ~를 받다[주다] recevoir[payer] un salaire à un mannequin[à un ac*teur*(*trice*) de publicité].

모뎀 영{modem} 명 【컴퓨】 modem *m*.

모독 冒瀆 명 blasphème *m*, profanation *f*, impiété *f*, offense *f*, outrage *m*. ¶ 신성 ~을 범하다 commettre un blasphème. ¶ 그런 말은 나의 인격에 대한 ~이다 Ces paroles sont[constituent] un outrage à ma dignité [personne]. ◇_(을) **하다** blasphémer; blesser, offenser, outrager. ¶ 신을 ~하다 blasphémer contre Dieu, offenser Dieu. ¶ 신성한 법정을 ~하는 언동 des paroles et des actes qui lèsent le tribunal. ◇_(을) **당하다** subir une offense de la part de *qn*, être offensé(*e*). ¶ 나는 그 사람에게 인격을 ~당했다 Il m'a offensé / J'ai subi une offense de sa part / J'ai été offensé par lui.

모두[1] **冒頭** 명 début *m*, ouverture *f*, commencement *m*. ¶ ~ 연설 un discours d'inauguration. ¶ ~에 말씀드린 바와 같이 comme je l'ai dit au début.

모두[2] 명 tout, tous, toutes, tout le monde. ¶ 그 사고는 ~에게 책임이 있다 Tout le monde porte une part de responsabilité dans cet accident. ¶ 가족 ~가 외출했다 Toute la famille est sortie. ¶ ~들 겨울을 기다린다 Tous attendent l'hiver.
부 빠짐없이 tout, tous, toutes. ¶ 돈이 ~ 합해서 십만 원이다 Il y a en tout 100 000 wons.

모드 프{mode} 명 mode *f*. ¶ 최신 ~로 옷을 입다 s'habiller à la dernière mode, s'habiller dernier cri. ¶ 올 가을의 새로운 ~를 소개하는 잡지 un magazine qui présente la nouvelle mode de la saison d'automne.

모든 관 tout (le), toute (la), tous (les), toutes (les). ¶ ~ 종류의 음식 toutes sortes de plats [mets]. ¶ ~ 경우를 고려해서 en tenant compte de toutes les circonstances, dans tous les cas de figure. ¶ 가능한 ~ 수단을 강구하다 prendre toutes les mesures possibles, utiliser tous les moyens possibles. ¶ ~ 사람은 늙게 마련이다 Tous les hommes vieillissent. ¶ 이 사실을 ~ 회원(들)에게 알리세요 Avertissez tous les membres de ce fait / Avertissez-en tous les membres. ¶ ~ 학생들이 다 시간을 지켰다 Les étudiants sont tous arrivés à l'heure. ¶ 이제 이 사건에 대해 ~ 것이 밝혀질 것이다 Maintenant, tout sera révélé sur cet évènement. ¶ 두 사람은 ~ 점에 있어서 서로 닮았다 Ces deux hommes se ressemblent à tous les points de vue.

모듬- 접두 assortiment *m*. ¶ ~냄비 une marmite d'assortiment. ¶ ~산채 un assortiment d'herbes sauvages. ¶ ~정식 une variété de menus, un assortiment de menus. ¶ ~회 un assortiment de sashimi(s) [de poissons crus].

모듬살이 명 mode *m* de vie. ¶ 사람들의 ~는 시대와 지역에 따라 상이한 모습을 지니게 된다 Le mode de vie des hommes diffère selon les lieux et les époques.

모락모락 부 vite, rapidement, à vue d'œil. ¶ 찜통에서 김이 ~ 난다 De la vapeur s'échappe rapidement de la cocotte.

모란 牧丹 명 pivoine *f*.

◆**_꽃** 명 (fleur *f* de) pivoine *f*.

모랄 영{moral} 명 ☞ 모럴

모랄리스트 영{moralist} 명 ☞ 모럴리스트

모래 명 sable *m*. ¶ 눈이 온 길에 ~를 뿌리다 sabler une route enneigée. ¶ ~를 깔다 sabler. ¶ 이 땅에는 ~가 많이 섞여 있어서 물이 잘 빠진다 L'eau s'écoule bien dans ce terrain parce qu'il est très sableux.

*~ **위에 집 짓는 격이다** C'est comme bâtir sur du sable / C'est comme bâtir des châteaux en Espagne. ☞ 사상누각

◆**_밭** 명 étendue *f* de sable fin, champ *m* sablonneux.

*~**밭에서 바늘 찾기** chercher une aiguille dans une botte de foin.

◆**_사장** -沙場 명 plage *m* de sable, banc *m* de sable, grève *f*.

◆**_성** -城 명 château(*x*) *m* de sable.

◆**_시계** -時計 명 sablier *m*.

◆**_알** 명 grain *m* de sable. ¶ ~알처럼 많다 être aussi nombreux(*se*) que les étoiles dans le ciel.

◆**_언덕** 명 dune *f* de sable.

◆**_주머니** 명 sac *m* de sable; gésier *m* ((d'un oiseau)).

◆**_찜질** 명 bain *m* de sable.

◆**_톱** 명 île *f* de sable, javeau(*x*) *m*.

◆**_판** 명 ① 모래밭 bac *m* à sable; étendue *f* de sable [sablonneuse]. ¶ ~판에 앉다 s'asseoir sur une étendue de sable [sablonneuse], s'asseoir sur le sable. ② 씨름판 ring *m* de lutte. ¶ 씨름 선수들이 ~판에 등장했다 Les lutteurs se sont présentés sur le ring. ¶ 그가 드디어 ~판을 제패했다 Il a enfin conquis le titre de champion de lutte.

◆**_흙** 명 terre *f* sablonneuse, sol *m* sablonneux.

◆**_ㅅ바닥** 명 lit *m* ((d'un fleuve)), fond *m* [sol *m*] sablonneux [sableux], terre *f* sablonneuse [sableuse].

◆**-ㅅ벌** 명 étendue *f* sablonneuse; plage *f* [banc *m* de sable] recouvert(*e*) à marée haute.

모략 謀略 명 intrigue *f*, ruse *f*, piège *m*, complot *m*, conspiration *f*, machination *f*, manœuvre *f*. ¶ ~을 꾸미다 tramer [fomenter, ourdir, machiner] un complot. ¶ ~에 빠지다[걸려들다] tomber [donner] dans un piège [dans le panneau], se laisser prendre au piège, se laisser piéger, se laisser duper [manœuvrer, manipuler], mordre à l'hameçon, être victime d'une ruse. ¶ 그것은 나에 대한 ~이다 C'est un complot contre moi. ◇_(을) **하다** tramer [fomenter, machiner, ourdir, monter] un complot ((contre *qn*)), comploter ((contre *qn*)), manœuvrer, manipuler ((*qn*, l'opinion publique)), conspirer ((contre *qn*)), piéger *qn*, dresser [tendre] un piège ((à *qn*)). ¶ 동료를 ~하다 piéger [prendre au piège] un(*e*) collègue de travail [de bureau], jouer un (mauvais, vilain) tour [faire une plaisanterie, faire une farce {*fam*}, faire une blague {*fam*}] à un(*e*) collègue de bureau.

모럴 영{moral} 명 morale *f*, moralité *f*. ¶ 현대인의 애정 ~을 비판하는 작품 une œuvre qui critique la conception que se font nos contemporains de l'amour.

모럴리스트 영{moralist} 명 moraliste *mf*.

모레 명 après-demain. ¶ (내일) ~ 들리겠습니다 Je passerai après-demain. ¶ ~ 아침에 다시 오시오 Revenez après-demain matin. ¶ ~까지는 다 준비될 것입니다 Tout sera prêt pour après-demain.

모로 부 ((비스듬히)) obliquement, diagonalement, en diagonale, en écharpe ((옆으로)) de côté, latéralement, de biais, en biais, de travers, en travers. ¶ ~ 눕다 se coucher, s'allonger sur le côté. ¶ ~ 걷다 marcher en crabe. ¶ ~ 줄을 긋다 souligner en diagonale.

*~ **가도 서울만 가면 된다** Peu importe la façon dont on s'y prend [de s'y prendre], l'essentiel c'est le résultat [c'est d'(y)arriver] / La façon dont nous faisons les choses importe peu, l'essentiel, c'est le résultat / Peu importe la manière, c'est le résultat qui compte / La manière importe peu, c'est le résultat qui compte.

모롱이 명 ((지리)) éperon *m* (rocheux).

◆**산** 山- 명 éperon *m* de montagne.

모루 명 enclume *f*.

모르다 타 ① ignorer, ne pas savoir; ne pas connaître((*qn*, un endroit)). ¶ 나는 그 사람을 모릅니다 Je ne connais pas cette personne. ¶ 저는 그 사람의 이름을 모릅니다 Je ne connais pas son nom. ¶ 모르는 사람 une personne que l'on ne connaît pas. ¶ 나는 몰랐다 Je ne savais pas / Je n'étais pas au courant. ¶ 나는 그 이유를 도저히 모르겠다 Je ne connais absolument pas la raison. ¶ 그 사람은 이 화재에 대해서는 아무 것도 모른다 Il ne sait rien de cet incendie. ¶ 우리는 그 인물에 대해 전혀 모른다 Nous ignorons tout de ce personnage. ¶ 너는 몰라도 너무 모른다 Tu ne sais rien de rien. ¶ 어제 일은 모르겠습니다 Je ne sais pas ce qui s'est passé hier. ¶ 그는 이 동네를 전혀 모른다 Il ne connaît pas du tout ce quartier. ¶ 파리를 모르는 사람들 ceux qui ne connaissent pas Paris. ¶ 이 일은 아무도 모르게 처리해야 할 거야 Il faudrait régler cette affaire sans que personne ne le sache. ¶ 요즘 연예인

ㅁ

들은 도대체 누가 누군지 모르겠어 Avec les artistes d'aujourd'hui, je ne sais plus qui est qui [je n'arrive plus à les distinguer]. ¶ 나는 모르는 일입니다 Je ne veux pas entendre parler de cette affaire / C'est une affaire qui ne m'intéresse pas [que je veux ignorer]. ② ((지식, 능력, 경험)) ignorer, n'avoir aucune connaissance [aucune compétence, aucune expérience] ((dans un domaine)), ne rien connaître à *qc*, être (parfaitement) novice [béotien(*ne*)] ((en la matière)); ne pas savoir+*inf*, ne pas être capable de+*inf*. ¶ 인테리어 쪽은 난 전혀 모른다 Je n'ai aucune compétence [aucune connaissance] en décoration intérieure. ¶ 나는 프랑스 말 몰라 Je ne connais pas le français / Je ne parle pas du tout (le) français. ¶ 그 사람은 세상을 모른다 Il ne connaît pas le monde. ¶ 너는 여자를 몰라 Tu ne connais pas les femmes / Tu ne connais rien aux femmes / Tu ne sais rien des femmes / Tu ne comprends pas les femmes. ((locution sous forme de radical + –ㄹ/–을 줄 모르다)) ne pas savoir + *inf*, ne pas savoir si, ignorer si [quand, comment]. ¶ 저는 수영할 줄 몰라요 Je ne sais pas nager. ¶ 나는 글을 읽을 줄 모릅니다 Je ne sais pas lire. ¶ 너는 피아노도 칠 줄 모르니? Tu ne sais même pas jouer du piano? ¶ 양보할 줄 모르는 사람은 문화인이라고 할 수 없다 Celui qui ne sait pas faire de concessions [Celui qui ne sait pas s'effacer devant un autre, Celui qui ne sait pas laisser sa place à quelqu'un] ne peut être considéré comme civilisé. ¶ 그 친구도 올 줄은 몰랐어 Je ne savais pas que lui aussi allait venir. ¶ 그 사람이 차마 그럴 줄은 몰랐어 Je ne savais pas qu'il agirait de la sorte / Je ne m'attendais pas à ce qu'il agisse de la sorte / Jamais je n'aurais pensé qu'il agirait ainsi. ¶ 나는 그 애가 그렇게까지 바보인 줄은 몰랐네 Je ne savais pas que ce type était idiot à ce point. ¶ 나는 해가 뜬 줄도 모르고 자고 있었다 Je dormais sans savoir que le soleil était déjà levé. ③ 경험한 적이 없다 n'avoir aucune expérience de *qc*; ignorer tout de *qc*, n'avoir aucune idée de *qc*. ¶ 실패를 모르는 사람 une personne qui ne connaît pas l'échec. ¶ 그 당시에는 전기를 몰랐다 À cette époque, on ne connaissait pas l'électricité. ④ 이해하지 않다 ne pas comprendre, ne pas reconnaître, ne pas savoir. ¶ 왜 이다지도 내 마음을 모르니 Pourquoi ne comprends-tu pas mon état d'âme? / Pourquoi restes-tu sourd(*e*) à mon amour [à ma souffrance]? ⑤ 마땅히 할 일을 하지 않다 manquer de *qc*. ¶ 인사라곤 모르는 사람 quelqu'un qui ne respecte pas les règles élémentaires de la politesse [qui ne connaît pas les règles de bienséance, qui ne sait pas manifester sa gratitude, qui manque de savoir-vivre]. ⑥ (('밖에 모르다')) 관심이 없다 ne connaître que *qc*, ne s'intéresser qu'à *qc*; savoir [connaître] seulement; faire passer *qc* avant tout. ¶ 공부밖에 모르는 사람이 사업을 알겠어? Celui qui n'a que des connaissances théoriques, comment pourrait-il réussir en affaires? ¶ 그 분은 자식밖에 모르는 분이시다 Cette personne fait passer ses enfants avant tout. ¶ 돈 밖에 모르는 녀석 같으니! Toi, il n'y a que l'argent qui t'intéresse. ⑦ ((locution sous forme de + -ㄴ/-는/-은지 모르다, -ㄹ/-을지 모르다)) ne pas savoir que+*ind*, ignorer que+*ind*; ne pas savoir ((si, quand, comment)). ¶ 나는 정말 이런 경우에는 무엇을 어찌해야 할지를 모르겠다 Dans de telles circonstances, je ne sais vraiment pas quoi et comment faire [comment m'y prendre]. ¶ 어머니께서는 내가 언제 올지 모르고 계셨다 Ma mère ne savait pas quand je viendrais. ⑧ ((주로 '얼마나'와 함께)) tu ne peux pas savoir combien ... ¶ 그 사람의 말에 나는 얼마나 감동했는지 몰라요 Tu ne peux pas savoir combien ses paroles m'ont ému(*e*). ¶ 이제는 더 이상 그 사람하고 다툴 일이 없을 거라고 생각하니 얼마나 마음이 편했는지 몰라요 Tu ne peux pas savoir combien j'étais soulagé(*e*) d'apprendre que je n'aurais plus à me disputer avec lui. ⑨ ((짐작, 의문)) il est probable que+*ind*. ¶ 글쎄, 그럴지도 모르지 Eh bien, c'est peut-être le cas [cela se peut, c'est possible, c'est probable]. ¶ 내일은 그 사람이 올지도 모르겠다 Il viendra peut-être [sans doute] demain. ¶ 오후에 비가 올지도 모르니 우산을 갖고 가자 Prenons [Emportons] un parapluie car il va sans doute pleuvoir cet après-midi. ⑩ ((sous forme de '모르게', '모르고')) ne pas se rendre compte de *qc*; ne pas vouloir. ¶ 식구들 모르게 집을 나가다 sortir de la maison à l'insu de toute la famille. ¶ 그 남자는 아무도 모르게 이번 선거를 준비해 왔다 Il a préparé cette élection à l'insu de tout le monde. ¶ 나도 모르게 눈시울이 뜨거워졌다 Malgré moi [Sans m'en rendre compte], les larmes me sont montées aux yeux. ¶ 그 친구는 모르고 다른 사람의 발을 밟았다 Sans le vouloir, il a marché sur le pied de quelqu'un. ⑪ (('몰라도')) peut-être à la rigueur. ¶ 그 사람이라면 몰라도, 그 형은 믿을 수가 없다 Lui, c'est possible à la rigueur, mais son grand frère n'est sûrement pas fiable.

***모르는 게 약이다** Il est parfois préférable de ne pas savoir.

***모르긴 해도[몰라도]** J'ai cru comprendre que ... / Je ne suis pas sûr(*e*), mais il est possible que ...

***모르면 몰라도** Il est plus que probable que ...

***나 몰라라** attitude consistant à feindre de ne pas être concerné(*e*) par le problème. ¶ 문제를 나 몰라라 방치해 두다 négliger [escamoter] un problème en disant que l'on n'est pas concerné(*e*). ¶ 나 몰라라 하다 feindre de ne pas être concerné(*e*) ((par le problème)). ¶ 행정 당국의 나 몰라라 하는 태도 attitude des autorités gouvernementales démontrant qu'elles ne sont pas concernées par le problème, politique de détachement [attitude négligente] des autorités gouvernementales ne se sentant pas concernées par le problème.

*알게 모르게 mine de rien, l'air de rien ¶ 그 사람은 알게 모르게 자기 이익을 다 챙겨왔다 L'air de rien, il s'est empoché tous les bénéfices / Mine de rien, il a pris tous ses profits.

*알다가도 모를 일[사람]이다 C'est une chose incompréhensible [C'est un être incompréhensible / Je n'arrive pas à comprendre cet individu].

*쥐도 새도 모르게 dans le secret absolu, à l'insu de tous, avec une discrétion absolue.

모르몬교 -教 명 mormonisme *m*, secte *f* mormone.

모르쇠 명 fait de [attitude *f* consistant à] toujours prétendre ne rien savoir. ¶ ~로 일관하다 persister à toujours prétendre ne rien savoir.

모르스부호 명 ☞ 모스부호

모르타르 영{mortar} 명 mortier *m*.

모르핀 독 명 morphine *f*. ¶ ~ 중독 le morphinisme; la morphinomanie. ¶ ~ 주사를 맞다 se (faire) piquer à la morphine.

모른체하다 타 feindre de ne pas savoir; ignorer, faire semblant de; ne pas savoir [connaître, reconnaître]; ignorer. ¶ 그는 길에서 동창을 만났지만 모른 체했다 Il a rencontré un ancien camarade de classe [d'études] dans la rue, mais il a fait semblant de ne pas le reconnaître. ¶ 친구의 딱한 사정을 모른 체할 수야 없지 On ne peut pas rester indifférent à la situation difficile d'un ami.

모름지기 부 par tous les moyens (possibles), nécessairement, malgré tout. ¶ ~ 교수는 연구에 몰두해야 한다 Un professeur doit se concentrer sur ses recherches quoi qu'il en coûte.

모리 謀利 명 mercantilisme *m*; âpreté *f* au gain. ¶ ~를 단속하다 contrôler le mercantilisme. ◇_(를) 하다 ne penser qu'à *son* profit, ne penser qu'au gain.

◆_배 -輩 명 profiteu*r*(*se*), mercanti *m*, personne *f* âpre au gain. ¶ 전쟁 ~배 un profiteur de guerre.

모면 謀免 명 action d'échapper ((à un danger)), action d'éviter ((une difficulté)) de justesse, subterfuge *m*. ¶ 위기의 ~ un subterfuge pour éviter une crise. ¶ 순간적인 ~을 위해 엄청난 거짓말을 하다 dire de gros mensonges pour échapper momentanément à une situation périlleuse. ◇_(을) 하다 éviter ((un danger de justesse)), esquiver, échapper à, se soustraire à ((de justesse)), se tirer de peu [de justesse] ((d'un danger, d'une situation périlleuse)). ¶ 재치 있는 말로 곤경을 ~하다 se tirer d'une situation difficile [s'en tirer] par une pirouette [réflexion, remarque] spirituelle [par un jeu de mots]. ¶ 그는 이번 일에 대한 책임을 ~하기 어렵다 Il est difficile d'échapper à [de ne pas assumer] la responsabilité de cette affaire. ¶ 그는 다행히 사고를 ~했다 Il a heureusement pu éviter l'accident.

모멸 侮蔑 명 mépris *m*, dédain *m*, mésestime *f*. ¶ 누구를 ~에 찬 시선으로 바라보다 regarder *qn* avec mépris. ◇_(을) 하다 mépriser, dédaigner, montrer du dédain pour *qn*. ¶ 거친 말과 행동으로 상대를 ~하다 montrer [exprimer] du mépris pour la partie adverse par des mots ou des actes brutaux [une conduite brutale].

◆_적 -的 명 méprisant(*e*). ¶ ~적 언사 parole méprisante.

◆_감 -感 명 mépris *m*. ¶ ~감을 느끼다 éprouver du mépris.

모모 某某 대 ((사람)) un(*e*) tel(*le*); Monsieur(Madame) untel, Monsieur(Madame) X ((personne dont on ne veut pas dévoiler l'identité)). ¶ ~가 주선한 모임 une réunion aménagée [organisée] par un tel. ¶ 이번 시합에 ~가 나가기로 했다 Monsieur X a décidé de participer à ce match. 관 tel(*le*), X, un(*e*) certain(*e*). ¶ ~ 대학에서 강의하다 donner des cours [enseigner] dans telle université [dans l'université X, dans une certaine université].

◆_한 관 notable, éminent(*e*), bien connu(*e*), célèbre, important(*e*). ¶ ~한 정치인들 des politiciens importants [bien connus, célèbres].

모문 母文 명 【언어】 phrase *f* matrice; phrase *f* réceptrice. ¶ 모문에 내포된 연쇄 une suite emboîtée [enchâssée] dans la phrase matrice [réceptrice].

모반 謀叛 명 ((반란)) rébellion *f*, révolte *f*, soulèvement *m*, insurrection *f*, émeute *f*. ((반역)) conspiration *f*, conjuration *f*, complot *m*, trahison *f*. ¶ 반역과 ~의 역사 histoire de la conspiration et de la rébellion. ¶ 누구에 대해 ~을 꾀하다[꾸미다] conspirer contre *qn*; tramer *qc* contre *qn*. ¶ 정부에 대해 ~을 일으키다 conspirer contre le gouvernement. ◇_(을) 하다 se rebeller, se révolter, se soulever, s'insurger contre *qc*. ¶ 정부에 ~하는 자들을 처벌하다 punir les gens qui se rebellent contre le gouvernement, punir les opposants au gouvernement.

◆_심 -心 명 cœur *m* rebelle. ¶ 누구에 대해 ~심을 품다 garder un cœur rebelle.

◆_자 -者 명 rebelle *mf*, révolté(*e*), conspira*teur*(*trice*). ¶ ~자를 색출하다 dénicher [détecter] le(*la*) rebelle [le(*la*) révolté(*e*), le(la) conspira*teur*(*trice*)].

모발 毛髮 명 poil *m*, cheveu(*x*) *m*, chevelure *f*. ¶ 손상된 ~에 영양분을 공급하다 nourrir des cheveux abîmés.

모방 模倣 명 imitation *f*, copie *f*. ¶ 외래문화의 ~ imitation de cultures étrangères. ¶ 그 가수의 옷차림과 헤어스타일이 젊은이들에게 ~의 대상이 되고 있다 Les jeunes gens imitent la tenue et la coiffure de ce(*tte*) chanteu*r*(*se*). ¶ 그의 작품은 ~이 불가능하다 Son œuvre est inimitable. ◇_(을) 하다 imiter, copier; suivre l'exemple de *qn*; se modeler sur; singer, mimer; contrefaire; plagier, pasticher, faire un pastiche ((d'un romancier à la mode)). ¶ 남의 글을 그대로 ~하다 plagier le texte de *qn*. ¶ 고급 브랜드 제품을 ~해 만든 옷 la contrefaçon d'un produit d'une marque de luxe. ◇_(이) 되다 être imité(*e*); copié(*e*). ¶ 이 건물의 양식이 이후 여러 곳에서 ~되었다 Depuis, le style de ce bâtiment a été reproduit dans beaucoup d'endroits.

◆_적 -的 명 imitati*f*(*ve*), imité(*e*). ¶ ~적인 사고와 행동 pensée et comportement imitatifs.

◆_성 -性 명 imitation *f*, caractère *m* imitatif.

◆_본능 -本能 명 instinct *m* d'imitation.

◆_자 -者 명 imita*teur*(*trice*); copiste *mf*.

모범 模範 명 modèle *m*, exemple *m* (à suivre). ¶ 누구에게 ~을 보이다 donner l'exemple à *qn*. ¶ 성공한 사람들을 ~으로 삼다 prendre exemple sur les hommes qui ont réussi. ¶ 타의 ~이 되다 être un modèle pour les autres.

◆_적 -的 명 modèle, exemplaire, accompli(*e*), édifiant(*e*), bon(*ne*), parfait(*e*). ¶ ~적인 사례 un très bon exemple, un exemple parfait. ¶ ~적으로 행동하다 se comporter de manière exemplaire, se comporter parfaitement. ¶ 그의 태도는 아주 ~적이다 Son attitude est tout à fait [parfaitement] exemplaire.

◆_생 -生 명 élève *mf* modèle [studieu*x*(*se*)].

◆_수 -囚 명 prisonni*er*(*ère*) exemplaire.

◆_운전사 -運轉士 명 conduc*teur*(*trice*) modèle [exemplaire].

◆_택시 명 taxi *m* de luxe.

모병 募兵 명 conscription *f*, recrutement *m*. ◇_(을) **하다** recruter

◆_제 -制 명 système *m* de recrutement.

모빌 프{mobile} 명 mobile *m*.

모사¹ 謀事 명 conception *f*, organisation *f* (d'un complot), machination *f*; intrigue *f*, complot *m*, cabale *f*. ¶ ~를 꾸미다[꾀하다] projeter, tramer [fomenter, ourdir, machiner, monter] un complot, comploter contre *qn*, manœuvrer, conspirer contre, manigancer, intriguer, machiner ((une trahison)), magouiller {*fam*}, se livrer à des magouilles {*fam*}, trafiquer, user de stratagèmes, utiliser des combines.

◆_꾼 명 conspira*teur*(*trice*), comploteu*r*(*se*), manœuvri*er*(*ère*), stratège *f*, magouilleu*r*(*se*) {*fam*}, combinard(*e*) {*fam*}.

모사² 模寫 명 imitation *f*; copie *f*, reproduction *f*; fac-similé(~-~s) *m*; double *m*. ¶ 예술이 현실의 ~에 그쳐서는 안 된다 L'art ne doit pas s'arrêter à la reproduction de la réalité. ¶ ~ 기술이 점차 더 정교해지고 있다 La technique de reproduction est de plus en plus minutieuse. ◇_(를) **하다** imiter, copier, reproduire; calquer. ¶ 피카소의 그림을 ~하다 faire une copie d'un tableau de Picasso.

◆_품 -品 명 imitation *f*; reproduction *f*; copie *f*.

모사³ 毛絲 명 fil *m* de laine; laine *f* (à tricoter). ¶ ~ 내의 lingerie en laine. ¶ ~로 양말을 짜다 tricoter des chaussettes de laine.

모사⁴ 謀士 명 manœuvrier *m*. ¶ 그는 정계의 ~로 통한다 Il est reconnu comme un manœuvrier dans le monde politique.

모상 模相 명 portrait *m*, reflet *m*, ressemblance *f*.

모색¹ 暮色 명 crépuscule *m*. ¶ ~이 짙어가는 가을 저녁 un soir d'automne au crépuscule.

모색² 摸索 명 tâtonnement *m*. ¶ ~의 시대 une époque de tâtonnements. ¶ 새로운 활로의 ~에 힘을 기울이다 chercher à trouver une nouvelle issue. ◇_(을) **하다** chercher, tâtonner. ¶ 문제의 해결 방안을 ~하다 chercher une solution à un problème. ◇_(이) **되다** être cherché(*e*), cherché(*e*). ¶ 노사간의 타협점이 ~되고 있다 Les syndicats et le patronat cherchent un compromis [un terrain d'entente].

◆암중_ 暗中 명 action de chercher secrètement; tâtonnement *m*. ¶ 상대의 의도를 암중~하다 chercher secrètement à connaître l'intention de l'autre.

모서리 명 angle *m*, coin *m*, bord *m*, arête *f*. ¶ 이 책상은 ~가 둥글다 Ce bureau a des coins arrondis.

모선 母船 명 ((어업)) bateau-mère *m*; bateau-gigogne *m*; navire-base *m*; ((해운)) navire-mère *m*; ((해군)) bâtiment *m* [navire *m*] ravitailleur; mère-gigogne *f*; bateau-support *m*; bâtiment-porteur *m*; ((우주선)) vaisseau-mère *m*.

모성 母性 명 maternité *f*.

◆_보호 -保護 명 protection *f* maternelle.

◆_본능 -本能 명 instinct *m* maternel.

◆_애 -愛 명 maternité *f*; sentiment *m* maternel, amour *m* maternel.

모세¹ 毛細 어근 capillaire.

◆_혈관 血管 명 vaisseau(*x*) *m* capillaire.

모세² 히 명 Moïse *m*.

모세관 毛細管 명 ①【생물】vaisseau(*x*) *m* capillaire. ②【물리】tube *m* capillaire.

◆_현상 -現狀 명 capillarité *f*, phénomène *m* capillaire.

모션 영{motion} 명 mouvement *m*. ¶ 무엇을 하려는 ~을 취하다 faire mine de faire *qc*.

모순 矛盾 명 contradiction *f*; désaccord *m*, conflit *m*; absurdité *f*; incompatibilité *f*; inconséquence *f*; illogisme *m*. ¶ 현실과 이상 사이의 ~ contradiction entre la réalité et l'idéal. ¶ 그의 말에는 ~이 많다 Il y a beaucoup de contradictions dans ses paroles. ¶ 그의 생각은 ~ 투성이다 Il y a beaucoup de contradictions dans sa réflexion. ◇_(이) **되다** être incompatible; être en contradiction [désaccord]; être contradictoire, illogique. ¶ 그 사람은 말과 행동이 ~된다 Ses paroles sont en contradiction avec ses actes. ¶ 이 이론은 기존의 이론과 ~된다 Cette théorie est contradictoire avec les théories préexistantes. ¶ 그의 주장은 이번 일의 취지에 ~된다 Sa revendication est contradictoire avec son objectif.

◆_적 -的 명 contradictoire; incompatible. ¶ 이 두 생각은 ~적이다 Ces deux réflexions sont contradictoires.

◆_성 -性 명 caractère *m* contradictoire.

◆_개념 -概念 명【논리】concept *m* contradictoire.

◆_명사 -名辭 명【언어】nom *m* opposé.

◆_율 -率 명 【논리】 taux *m* de contradiction.
◆_점 -點 명 point *m* contradictoire. ¶ 무엇의 ~점을 찾아내다[발견하다] trouver [découvrir] le point contradictoire à *qc*.

모스부호 -符號 명 【통신】 morse *m*.

모스크 영{mosque} 명 Mosquée *f*.

모스크바 러 명 【지리】 Moscou.

모슬렘 아 명 musulman(*e*).

모슬린 영{muslin} 명 mousseline *f*. ¶ 견 ~ une mousseline de soie. ¶ ~ 치마 une jupe de [en] mousseline.

모습 명 ① figure *f*, forme *f*, image *f*. ¶ 아기가 엄마의 ~을 빼닮았다 Ce bébé ressemble à sa mère d'une manière frappante [sous toutes les coutures, en tous points] / Cet(*te*) enfant est l'image de sa mère / C'est tout le portrait de sa mère [le sosie de sa mère, le portrait vivant, l'image vivante, la copie conforme, le portrait ((tout) craché {*fam*}) de sa mère] / C'est sa mère tout craché {*fam*} / On dirait vraiment sa mère (bébé) / Le bébé [Cet enfant] ressemble à sa mère comme deux gouttes d'eau / Sa mère ne peut pas le(la) renier. ¶ 그 여자의 얼굴에서는 어린 시절의 ~을 찾아볼 수 없다 Son visage a perdu les traits de l'enfance. ¶ 그 분은 ~이 많이 변했다[달라졌다] Il a beaucoup changé (d'apparence). ② ((사람, 사물)) 겉모습 apparence *f*, aspect *m*, air *m*, allure *f*. ¶ 발전한 조국의~ l'image de ma patrie transformée par le développement. ¶ 새로 난 도로가 도시의 ~을 바꾸어 놓았다 La nouvelle route a transformé l'apparence de la ville. ¶ 그 회사는 아직 회사의 ~을 갖추지 못했다 Cette société n'a pas encore l'aspect d'une entreprise. ¶ 초라한[초췌한] ~으로 나타나다 apparaître sous un air misérable [amaigri]. ¶ 누구에게 약한 ~을 보이다 montrer *sa* faiblesse [*sa* fragilité, *sa* vulnérabilité, des signes de faiblesse, *son* côté fragile, *son* côté vulnérable] à *qn*. ¶ 약한 ~ 보이지 말아라 Montre-toi fort(*e*) [brave, courageux(*se*)] / Sois un homme fort! / Sois fort(*e*)! ((ne pleure pas)) / Ne montre pas ta faiblesse [ta fragilité, ta vulnérabilité, de signes de faiblesse, ton côté fragile, ton côté vulnérable]. ¶ 아버지의 기뻐하는 ~을 보니 나도 기뻤다 J'étais également heureux de voir que mon père était heureux / La joie de mon père me rendait heureux. ¶ 그 사람은 얼굴에 지친 ~이 역력했다 Il avait manifestement [indéniablement, clairement, à l'évidence] l'air épuisé / Il avait [manifestait] de nets signes de fatigue / La fatigue se lisait manifestement [se manifestait nettement, se laissait nettement voir] sur son visage / Son visage trahissait manifestement la fatigue / On voyait clairement [Il paraissait évident] qu'il était fatigué / On lisait clairement la fatigue sur son visage. ¶ 이 곳은 이제 옛 ~이 거의 남아 있지 않다 Ce quartier n'est plus du tout ce qu'il était autrefois / Ce quartier a complètement changé / Je ne reconnais plus ce quartier tellement il a changé / Ce quartier a tellement changé que je ne reconnais plus rien. ¶ 고향은 옛 ~ 그대로였다 Mon pays natal n'a pas changé. ¶ 창밖으로 행인들이 지나가는 ~이 보였다 Depuis la fenêtre, on a vu des passants [passer des gens, des gens passer]. ¶ 사람들에게 있는 그대로의 네 ~을 보여라 Montre-toi tel que tu es [sous ton vrai jour]. ③ ((존재, 자취)) présence *f*, trace *f*. ¶ 공개 석상에 ~을 드러내다[나타내다] se présenter[se montrer, apparaître] devant le public. ¶ 무대에 잠깐 ~을 보이다[비치다] se montrer juste quelques instants sur scène. ¶ 그 여자가 학교에서 ~을 감춘 지 한 달이 되었다 Ça fait un mois qu'elle est absente de l'école [qu'elle a disparu de l'école, qu'on ne l'a pas vue au bahut {*fam*}]. ¶ 아무리 기다려도 그의 ~이 나타나지[보이지] 않았다 On l'a attendu(*e*) pendant longtemps, mais on ne l'a pas vu(*e*). ◇_을 하다 avoir l'aspect de. ¶ 거리는 한산한 ~을 하고 있었다 Les rues étaient désertes [vides]. ¶ 그는 다 죽어가는 ~을 하고 있었다 Il avait l'air presque mort. ◇_이다 être d'un aspect+형용사. ¶ 그 분은 지친 ~이었다 Il a l'air fatigué. ¶ 거리는 한산한 ~이었다 Les rues étaient désertes. ¶ 모두들 맡은 일에 몹시 바쁜 ~이었다 Tout le monde a l'air très occupé par son travail. ¶ 낯익은 ~인데 그 여자가 누군지 생각이 안 난다 Elle m'est familière [Son visage me dit quelque chose], mais je n'arrive pas à mettre un nom sur son visage.
◆겉 명 apparence *f*, extérieur *m*, mine *f*. ¶ 겉~만 보고 사람을 판단해서는 안 된다 Il ne faut pas juger quelqu'un sur sa seule apparence [seulement sur son apparence] / Il ne faut juger les gens sur leur seule apparence / Les apparences sont souvent trompeuses / Tout ce qui brille n'est pas or / L'habit ne fait pas le moine / L'air ne fait pas la chanson. ¶ 그 건물은 겉~이 아름답다 Le bâtiment a une belle apparence.
◆뒷 명 apparence *f* de derrière [de dos], (silhouette *f*) vue *f* de dos. ¶ 떠나가는 사람의 뒷~을 바라보다 regarder *qn* partir [s'éloigner]. ¶ 뒷~만으로는 누군지 알 수 없었다 De dos, il était impossible de savoir de qui il s'agissait.
◆본[참]_ 本- 명 le vrai visage *m* de *qn*, la vraie nature *f* de *qn*, le vrai caractère *m* de *qn*, la nature *f* profonde de *qn*, le fond *m* du caractère de *qn*, ((paraître)) sous son vrai jour, tel qu'on est, ce qu'est vraiment *qn*. ¶ 무엇이 그 사람의 참~인지 모르겠어 Je ne connais pas sa nature profonde [le fond de son caractère, ce qu'il est vraiment]. ¶ 이제야 본~을 드러내는군 Il(Elle) révèle enfin sa vraie nature [sa nature profonde, le fond de son caractère, ce qu'il(elle) est vraiment] / Il(Elle) paraît [se montre] enfin sous son vrai jour / Il(Elle) se montre enfin tel qu'il(elle) est / Il(Elle) montre enfin son vrai visage [caractère] / Il(Elle) laisse

enfin paraître son vrai caractère / Il(Elle) révèle enfin son vrai visage [son vrai caractère] / Il(Elle) se démasque enfin.

모시 명 chanvre *m*, lin *m* blanc.

◆**_두루마기** 명 *durumagi m* de lin <manteau coréen en lin blanc>.

◆**_옷** 명 vêtement *m* de lin.

◆**_적삼** 명 veste *f* de lin.

◆**_풀** 명 ramie *f*.

◆**세_** 細 명 ramie *f* fine. ¶ 한산 세~ de la ramie fine de Hansan.

모시다 타 ① 가까이서 받들다 s'occuper de *qn* avec soin, prendre soin de *qn*, prêter attention à *qn*. ¶ 손님을 정성껏 ~ accueillir des visiteurs avec hospitalité [chaleureusement], faire bon accueil à *ses* visiteurs. ¶ 부모님을 모시고 살다 vivre avec *ses* parents en prenant soin d'eux. ¶ 대통령을 옆에서 모시는 사람들 des gens qui s'occupent de près du président de la République. ② 안내하다 conduire [accompagner] *qn* avec soin. ¶ 댁까지 모시고 가겠습니다 Je vais vous accompagner [vous reconduire] jusque chez vous. ¶ 그대로 계시면 제가 곧 모시러 가겠습니다 Veuillez attendre là, je viendrai vous prendre [je passerai vous chercher]. ③ 자리잡게 하다 faire installer; recevoir, accueillir avec dignité. ¶ 손님을 거실로 ~ introduire [faire entrer] un visiteur dans le salon. ¶ 사당에 신주를 ~ installer avec soin la plaquette portant le nom du parent défunt dans l'autel [dans le temple]. ¶ 누구를 회장으로 ~ choisir *qn* comme président d'une association. ¶ 누구를 스승으로 ~ considérer *qn* avec déférence, considérer *qn* comme (on considère) *son* maître. ¶ 외교 사절을 국빈으로 ~ recevoir [avec dignité] un délégué diplomatique comme invité du gouvernement. ④ ((제사 따위를)) offrir (un culte). ¶ 제사를 ~ offrir un culte à un parent défunt (la veille de la date anniversaire de *son* décès). ¶ 조상을 ~ commémorer le souvenir des parents défunts.

***신주 (단지) 모시듯 하다** garder *qc* avec une extrême attention.

모씨 某氏 명 (monsieur) un tel *m*, (madame) une telle *f*, un(*e*) certain(*e*) (Kim). ¶ 김 ~ un(*e*) certain(*e*) Kim.

모양 模樣 명 ① 겉모습 forme *f*, configuration *f*; apparence *f*, aspect *m*, air *m*. ¶ 머리 ~을 바꾸다 changer de coiffure. ¶ ~만 보고 물건을 고르다 choisir un objet sur son seul aspect extérieur. ¶ 세모 (난) ~의 시계 une horloge en forme de triangle, une horloge triangulaire. ¶ 갖가지 ~의 물고기들 des poissons de formes différentes. ¶ 사자 ~을 한 바위 un rocher en forme de lion. ¶ 종이를 별 ~으로 오리다 découper une feuille de papier en forme d'étoile. ¶ 이 건물은 팔각형 ~이다 Cet immeuble a une forme octogonale. ② ((외모 따위의)) 멋 élégance *f*, coquetterie *f*, chic *m*, dandysme *m*. ¶ 책을 ~으로 들고 다니다 garder un livre à la main pour faire chic. ¶ ~에만 신경 쓰다 s'occuper seulement de *son* aspect extérieur ③ 격식, 위신 face *f*, honneur *m*, dignité *f*, formalité *f*. ¶ 제대로 ~을 갖추어 일을 시작하다 commencer un travail dans de bonnes conditions [sur de bonnes bases, pleinement préparé]. ¶ 그렇게 하는 건 ~이 안 좋다 Ce n'est pas beau de faire comme ça. ¶ 거짓말한 꼴이 되었으니 내 ~이 우습게 되었다 Je suis embêté(*e*) [Je suis dans l'embarras, Je ne sais que [quoi] dire] parce que l'on va penser que j'ai menti. ④ ((일 따위의)) 형편 façon *f*, tournure *f*, allure *f*. ¶ 사람들이 사는 ~은 가지각색이다 Tout le monde a sa propre façon de vivre sa vie / Il y a différentes façons de vivre. ¶ 돌아가는 ~을 보니 일이 잘 되기는 틀렸다 Quand je vois la tournure que prennent les choses [Vu l'état actuel des choses], je vois mal comment ça marcherait [j'ai l'impression que l'affaire est mal partie [mal engagée]] / Étant donné la situation, il y a peu de chance que cela marche [que cela fonctionne, qu'on réussisse] / Vu l'état d'avancement des travaux, jamais on n'y arrivera. ¶ 그 분이 사는 걸 보니 ~이 말이 아니었다 J'ai vu comment il vivait. Cela faisait peine à voir. ¶ 일을 어떻게 이 ~으로 처리했니? Comment as-tu pu faire ce travail aussi mal? / Comment as-tu fait pour saccager ce travail? ¶ 어째서 너는 하는 일마다 그 ~이냐? Pourquoi ne fais-tu jamais les choses comme il faut? / Pourquoi n'arrives-tu jamais à faire les choses comme il faut? / Comment se fait-il que tu n'arrives jamais à faire quelque chose comme il faut [correctement]? ¶ 너는 어째 그 ~이니? Pourquoi ne fais-tu pas les choses comme il faut [correctement]? / Pourquoi te conduis-tu ainsi [te comportes-tu de la sorte]? / Ce n'est pas une conduite à avoir / Mais tu te rends compte de ce que tu fais! / Comment en es-tu arrivé(*e*) là? / Comment es-tu descendu si bas! / Comment justifies-tu ta conduite? / Mais tu n'as pas honte de ta conduite / Ta conduite est honteuse [injustifiable, odieuse, inadmissible] / T'es pas gêné(*e*)! / Tu devrais avoir honte / C(e n)'est pas croyable! ⑤ ((명사 뒤에서)) air *m*, apparence *f*, ressemblance *f*. ¶ 미친 사람 ~(으로) 웃어대다 rire comme un fou. ¶ 그도 자기 아버지 ~(으로) 성격이 급하다 Il est très impatient comme son père. ◇**_(을) 내다[부리다]** se mettre en grande toilette, se mettre sur son trente et un, s'habiller avec élégance. ¶ 한껏 ~을 내고 외출하다 s'habiller avec élégance pour sortir. ¶ 거울을 보며 ~을 부리다 se regarder de bas en haut dans le miroir. ¶ ~ 내는 일에만 신경쓰다 ne s'occuper que de son style vestimentaire. ◇**_(이) 나다** avoir du chic, être élégant(*e*). ¶ ~ 나게 차려 입다 s'habiller chic. ¶ 넥타이를 매니 그 사람도 제법 ~이 난다 Il fait assez chic avec sa cravate. ¶ 아무리 비싼 옷을 입어도

그 사람은 ~이 나지 않는다 Il a beau porter un vêtement très cher, il n'est pas chic du tout. ◇_(이) **있다[없다]** être [ne pas être] chic, joli(*e*), élégant(*e*). ¶ 음식을 접시에 ~ 있게 담다 disposer joliment la nourriture sur une assiette. ¶ ~ 있게 꾸며 놓은 실내 un intérieur (d'une chambre, d'une pièce) bien décoré.

*~**(이) 사납다** avoir un drôle d'air; être laid(*e*); être débraillé(*e*), mal habillé(*e*), drôlement accoutré(*e*) {*fam*} [sapé(*e*) {*fam*}]; ((어떤 일이나 상황, 격식이)) ne pas être b*eau*(*belle*) à voir, être déplaisant(*e*) à voir, être vilain(*e*), laid(*e*). ¶ ~ 사납게 싸우지 말고 조용히 해결하자 Tâchons de résoudre ça calmement, inutile de nous disputer, ce n'est pas beau à voir. ☞ 꼴사납다 [의명] ◇_**이다** il semble que+*ind*/*subj*; visiblement. ¶ 그 분은 안 올 ~이다 Il semble qu'il ne viendra [vienne] pas / Il est peu probable qu'il vienne / J'ai bien l'impression qu'il ne viendra pas. ¶ 하늘이 흐린 것을 보니 비가 올 ~이다 Le ciel étant couvert [nuageux], il va sans doute [probablement] pleuvoir / Le ciel [Le temps] couvert [nuageux] présage [annonce] de la pluie / D'après le ciel, on dirait qu'il va pleuvoir. ¶ 그 여자는 외출한 ~이었다 Visiblement, elle est sortie. ¶ 너 피곤한 ~이구나? Tu as l'air fatigué, n'est-ce pas? / T'as l'air bien fatigué, je me trompe?

모양새 貌樣- 명 allure *f*. ¶ ~로 보아 à l'allure, au physique. ¶ ~가 좋다[나쁘다] avoir une belle[mauvaise] apparence.

모어 母語 명 ① langue *f* maternelle. ② 조어 langue *f* mère (d'une autre langue). ¶ 불어와 스페인어는 ~인 라틴어에서 분화되었다 Le français et l'espagnol se sont différenciés de leur langue mère, le latin.

모여들다 자 arriver en foule, se rassembler, s'assembler, se réunir, se joindre, se rejoindre, se grouper, se regrouper, se masser, s'attrouper, s'ameuter, se rallier. ¶ 군중들이 새까맣게 모여들었다 Une foule énorme et compacte [immense et dense] s'est rassemblée. ¶ 유세장에 사람들이 구름처럼 모여들었다 Pour la réunion électorale, les gens se sont rassemblés en foule. ¶ 그 남자의 주위에는 항상 추종자들이 모여든다 Autour de lui, les partisans se regroupent toujours. ¶ 해마다 이맘때면 철새들이 먹이를 구하기 위해 이 곳으로 모여든다 Tous les ans à cette période, les oiseaux migrateurs se regroupent ici pour trouver à manger.

모역 謀逆 명 complot *m*, conspiration *f*, conjuration *f*; trahison *f*.

◆**_죄** -罪 명 crime *m* de trahison.

모욕 侮辱 명 insulte *f*, injure *f*, affront *m*, offense *f*, outrage *m*. ¶ ~을 느끼다 se sentir insulté(*e*). ¶ ~을 참다 supporter une insulte [un affront]. ◇_**(을) 하다** injurier, insulter; offenser *qn*. ¶ 누구를 거친 말과 행동으로 ~하다 agresser *qn* verbalement et physiquement. ◇_**(을) 주다** insulter. ¶ 누구에게 ~을 주다 insulter *qn*. ◇_**(을) 당하다** se faire insulter. ¶ 누구에게(서) ~을 당하다 se faire insulter par *qn*.

◆**_적** -的 명 insultant(*e*), injurieu*x*(*se*). ¶ ~적 언사 paroles insultantes.

◆**_감** -感 명 sensation *f* [sentiment *m*] d'avoir été insulté(*e*). ¶ ~감을 느끼다 se sentir insulté(*e*). ¶ ~감에 얼굴이 달아오르다 rougir d'être insulté(*e*); rougir sous l'insulte.

◆**_죄** -罪 명 outrage *m*; offense *f*.

모월 某月 명 tel mois *m*.

◆**_모일** -某日 명 tel jour, (de) tel mois. ¶ 그들은 ~모일에 다시 만나기로 하고 헤어졌다 Ils se sont séparés après s'être promis de se revoir tel jour, (de) tel mois.

모유 母乳 명 lait *m* maternel, ((donner le)) sein *m*. ¶ 아기에게 ~를 먹이다 allaiter un enfant au sein, donner le sein, donner sa tétée à un bébé. ¶ 아기를 ~로 기르다 nourrir [élever] un bébé au sein.

모으다 타 ① joindre, réunir, assembler, grouper, rassembler, regrouper. ¶ 두 손을 모으고 기도하다 prier [faire une prière] en joignant les deux mains. ¶ 다리를 가지런히 모으고 앉아라 Assieds-toi en joignant sagement les jambes. ¶ 모두가 입을 모아 그 사람을 칭찬했다 Tous ont fait son éloge en chœur. ② 축적하다 collecter, collectionner, accumuler, amasser, entasser, ramasser, amonceler. ¶ 노후를 위해 돈을 ~ faire des économies pour les vieux jours. ¶ 모아 둔 돈 pécule, argent mis de côté, économies. ¶ 고서를 ~ faire une collection de [collectionner des] livres anciens. ¶ 우표를 ~ collectionner des timbres. ¶ 일할 사람들을 ~ rassembler des travailleurs [des ouvriers]. ¶ 벌들이 꿀을 모은다 Les abeilles collectent le miel. ③ 집중시키다 réunir, rassembler, assembler, concentrer. ¶ 전교생을 운동장에 ~ réunir l'ensemble des élèves de l'école sur le terrain de jeux. ¶ 여기저기 흩어진 책들을 한 곳으로 ~ rassembler [regrouper] les livres dispersés ici et là. ¶ 기를 ~ canaliser [concentrer, organiser] l'énergie vitale. ¶ 정신을 ~ concentrer l'esprit, se concentrer. ¶ 힘을 ~ ((plusieurs personnes)) unir *ses* efforts [*ses* forces]. ¶ 의견을 하나로 ~ faire converger les opinions en une seule. ④ ((관심 따위를)) 끌다 attirer, captiver, affrioler, appâter, entraîner. ¶ 시선을 ~ attirer le regard. ¶ 그 상품[영화; 노래]은 크게 인기를 모았다 Ce produit [Ce film, Cette chanson] a connu une grande popularité [a connu une grande vogue]. ¶ 청소년들의 인기를 한 몸에 모으고 있는 가수[배우] un(*e*) chanteu*r*(*se*) [un(*e*) ac*teur*(*trice*)] qui attire en foule les jeunes [qui a une grande popularité auprès des jeunes [qui est en vogue [à la mode] chez les jeunes]. ¶ 그 선수는 유망주로 기대를 모으고 있다 Cet athlète suscite l'espoir des gens en tant que sportif d'avenir en pleine ascension [en tant que valeur montante].

모음 母音 명 【언어】 voyelle *f*. ¶ 무강세 ~ une voyelle atonique [atone].

◆_화 -化 명 vocalisation *f*.
◆_교체 -交替 명 alternance *f* vocalique; apophonie *f*.
◆_교체형 -交替形 명 type *m* d'alternance vocalique [d'apophonie].
◆_동화 -同化 명 assimilation *f* vocalique.
◆_변화[전환] -變化[轉換] 명 altération *f* vocalique.
◆_조화 -調和 명 harmonie *f* vocalique, harmonie *f* des voyelles.
◆_체계 -體系 명 système *m* vocalique.
◆_추이 -推移 명 alternance *f* du système vocalique.
◆_충돌 -衝突 명 heurt *m* de voyelles; hiatus *m*. ¶ ~충돌을 피하다 éviter les hiatus.
◆개_ 開- 명 voyelle *f* ouverte.
◆고_ 高- 명 voyelle *f* haute [fermée].
◆구강_ 口腔- 명 voyelle *f* orale.
◆단[1]_ 短- 명 voyelle *f* brève.
◆단[2]_ 單- 명 monophtongue *f*.
◆반_ 半- 명 semi-voyelle *f*, semi-consonne *f*. ☞ 반자음
◆비(강)_ 鼻(腔)- 명 voyelle *f* nasale.
◆삼중_ 三重- 명 triphtongue *f*.
◆원순_ 圓脣- 명 voyelle *f* arrondie.
◆이중_ 二重- 명 diphtongue *f*.
◆이중_화 二重-化 명 diphtongaison *f*.
◆장_ 長- 명 voyelle *f* longue.
◆저_ 底- 명 voyelle *f* ouverte [basse].
◆전(설)_ 前(舌)- 명 voyelle *f* antérieure [d'avant].
◆중(설)_ 中(舌)- 명 voyelle *f* médiane.
◆평순_ 平脣- 명 voyelle *f* écartée [non arrondie].
◆폐_ 閉- 명 voyelle *f* fermée.
◆후(설)_ 喉(舌)- 명 voyelle *f* postérieure [d'arrière].

모음곡 -曲 명 【음악】 suite *f*. ¶ 관현악 ~ une suite pour orchestre.

모의[1] 模擬 명 simulation *f*. ¶ ~ 재판 une simulation de procès, un procès fictif. ¶ ~ 법정 une simulation de tribunal. ¶ ~ 수업 une simulation de cours. ¶ ~ 시험[고사] un examen blanc. ¶ ~ 전투 un combat simulé, une simulation de combat. ¶ ~ 투표 un vote d'essai, une simulation de vote. ¶ ~ 국회를 열다 siéger sur le modèle de l'Assemblée nationale.

모의[2] 謀議 명 entretien *m*, délibération *f*; conspiration *f*, conjuration *f*, complot; préméditation *f*. ¶ 사전 ~가 있었는지 조사하다 enquêter pour savoir s'il y a eu préméditation. ◇_(를) **하다** comploter, monter [ourdir, fomenter, machiner] un complot, machiner; préméditer. ¶ 범죄를 ~하다 préméditer un crime. ¶ 밤에 몰래 도망하기로 ~하다 préméditer de s'enfuir en cachette [en douce {*fam*}] la nuit.

모이 명 graines *fpl*, pâture *f*, nourriture *f* ((pour la volaille)), mangeaille *f*. ¶ 비둘기들에게 ~를 주다 donner des graines aux pigeons, donner à manger aux pigeons. ¶ 닭이 ~를 쫀다 La poule picore. ¶ 새들이 ~를 먹는다 Les oiseaux becquettent.
◆_통 -桶 명 mangeoire *f*.

모이다 자 ① se rassembler, s'assembler, se réunir, se grouper, se regrouper, s'attrouper, s'ameuter, se rallier. ¶ 온 가족이 한자리에 모였다 Toute la famille s'est réunie (au même endroit). ¶ 청중들이 모인 가운데 연설을 하다 faire un discours devant une foule. ¶ 대회장에 사람들이 구름처럼 모였다 Sur le lieu de réunion, les gens se sont rassemblés en foule. ¶ 우리는 내일 약속 장소로 모이기로 하고 헤어졌다 Nous nous sommes quittés après avoir décidé de nous retrouver le lendemain au lieu de rendez-vous. ② 축적되다 se rejoindre, se joindre, s'accumuler, se collecter, se masser, s'entasser, s'amonceler, s'empiler, se tasser. ¶ 강물이 모여 바다를 이룬다 Dans la mer se déverse l'eau de tous les fleuves / Les fleuves se rejoignent dans la mer. ¶ 작품들이 모이면 전시회를 개최할 것이다 Lorsque j'aurai réuni suffisamment d'œuvres, j'organiserai une exposition. ¶ 이웃돕기 성금이 많이 모였다 Beaucoup de dons ont été collectés [réunis] pour aider les gens (démunis) [les gens dans le besoin, les pauvres, les malheureux]. ¶ 작은 정성이 모여 큰 힘이 된다 Les petits dons ne sont pas négligeables / La somme des soutiens, aussi petits soient-ils, est d'un grand secours / Les petits ruisseaux font les grandes rivières. ③ ((관심 따위가)) être concentré(*e*) sur, se concentrer sur, converger. ¶ 두 배우의 결혼식에 대중의 관심이 모였다 Le mariage de ces deux acteurs a concentré l'attention de tous. ¶ 지금 세간의 관심은 온통 다가오는 국회 의원 선거에 모여 있다 Maintenant, toute l'attention des gens se focalise sur les élections législatives qui approchent.

모일 某日 명 tel jour *m*. ¶ 모월 ~ tel jour de tel mois, le tant de tel mois.

모임 명 réunion *f* ((d'un club, d'étudiants)); séance *f* ((musicale, récréative)); ((정치)) rassemblement *m*, assemblée *f*, meeting *m*, congrès *m*; ((의식)) cérémonie *f*; ((연회)) partie *f*. ¶ 계~ une réunion pour la tontine (*gye*). ¶ ~을 갖다[가지다] avoir [tenir] une réunion. ¶ ~에 나가다 assister à une réunion. ¶ ~에 빠지다 manquer une réunion, ne pas être présent(*e*) lors d'une réunion, s'absenter d'une réunion. ¶ 예전에 그 분을 어떤 ~에서 한 번 만난 적이 있다 Je l'ai rencontré(*e*) une fois dans une réunion.

모자[1] 帽子 명 ((총칭어)) coiffure *f*; couvre-chef *m*; ((딱딱하고 주로 양태가 있는)) chapeau(*x*) *m*; ((캡, 야구)) casquette *f*; ((말랑말랑하고 귀까지 내려오는 모자; 털모자, 수영모자)) bonnet *m* ((de laine, de ski; de bain; de douche; de nuit)); ((벙거지)) chapeau *m* cloche, bob *m*; ((헬멧)) casque *m*; ((조리사용)) toque *f*; ((군모)) calot *m*, képi *m*; ((가톨릭, 유대교)) calotte *f*; ((총칭)) coiffure *f*. ¶ 사각~ la faluche (des étudiants diplômés). ¶ 빵~ un béret. ¶ 털~ un bonnet de laine [de ski]; un chapeau de laine; ((모피)) un chapeau de fourrure. ¶ 챙이 넓은 ~ une casquette à visière large, un chapeau à bords larges. ¶ ~를 쓴 채로 있다 garder *son* chapeau (sur la tête). ¶ ~를 쓰지 않고 외출하다 sortir sans chapeau. ¶ ~를 푹 눌러 쓰다 enfoncer *son* chapeau. ¶ ~를 씌우다 coiffer *qn* d'un chapeau. ¶ ~를 벗기다 décoiffer *qn*, retirer à *qn son* chapeau. ¶ 그 분은 언제나 ~를 비스듬히 쓰고 다닌다 Il porte toujours son chapeau de travers [de côté]. ¶ ~를 벗으시오 Ôtez [Retirez, Enlevez] votre chapeau.

◆_가게 명 boutique *f* de modiste, chapellerie *f*.

◆_걸이 명 porte-chapeaux *m inv*.

◆_챙 명 visière *f*.

모자² 母子 명 mère *f* et fils *m* [enfant *m*]. ¶ ~간의 대화가 부족하다 Il n'y a pas suffisamment de dialogue entre les enfants et leur mère / Les enfants et leur mère ne dialoguent pas assez ensemble / Il y a un manque de dialogue entre les enfants et leur mère.

◆_보건법 -保健法 명 【법률】 règle *f* [code *m*] de santé pour les nouvelles mères et leurs enfants.

◆_복지 -福祉 명 bien-être *m inv* des mères et de leurs enfants.

◆_상 -像 명 statue *f* de mère et fils.

모자라다 재 ① manquer de *qc*, être insuffisant(*e*), être à court de *qc*, ne pas avoir assez de *qc*, faire défaut, manquer à *qn* [de *qc*], avoir une carence de. ¶ 일손이 ~ manquer de main-d'œuvre, manquer de bras. ¶ 잠이 ~ manquer de sommeil. ¶ 젖이 ~ ne pas avoir assez de lait ((pour allaiter *son* enfant)). ¶ 피가 ~ manquer de sang; ((사람)) être anémique, avoir besoin d'une transfusion sanguine. ¶ 턱없이 ~ être largement insuffisant(*e*). ¶ 시간이 모자라네 Le temps me manque / Je manque de temps / Je n'ai pas assez de temps / Le temps me fait défaut. ¶ 힘이 모자라서 이 바위를 들 수 없다 Je ne suis pas assez fort(*e*) pour soulever ce rocher. ¶ 이 옷을 사기에는 돈이 조금 모자란다 Il me manque un peu d'argent pour acheter ce vêtement. ¶ 1킬로그램에서 50그램이 모자란다 Il manque 50 grammes pour arriver à un kilogramme. ② 어리석다 avoir une case en moins {*fam*}, avoir une case vide {*fam*}, il lui manque une case {*fam*}, être idiot(*e*), avoir une déficience (intellectuelle), être déficient(*e*), diminué(*e*). ¶ 모자라는 사람 un pauvre d'esprit. ¶ 그 남자는 좀 모자라는 것 같다 Il semble qu'il soit un peu idiot [qu'il lui manque une case {*fam*}].

모자이크 영{mosaic} 명 ① 【미술】 mosaïque *f*. ② 【동물】 mosaïque *f*.

◆_병 -病 명 【식물】 mosaïque *f* ((du tabac)).

◆_화 -畵 명 【미술】 mosaïque *f*.

모작 模作 명 copie *f*, œuvre *f* copiée, reproduction *f*.

모정 母情 명 amour *m* [affection *f*] maternel(*le*).

모조 模造 명 imitation *f*, copie *f*, contrefaçon *f*, faux *m*, simili *m*. ¶ ~ 권총 un revolver contrefait, un faux pistolet. ¶ ~ 보석 les faux bijoux.

◆_품 -品 명 article *m* de contrefaçon, faux *m*, imitation *f*. ¶ 그 그림은 결국 ~품으로 판정을 받았다 Ce tableau a finalement été jugé [estimé] faux.

모조리 부 tout(*toute*, *tous*, *toutes*); sans exception; entièrement, totalement, complètement. ¶ 이걸 ~ 다 주세요 Donnez-moi tout ça. ¶ 사과가 ~ 썩었다 Toutes les pommes sont pourries.

모조지 模造紙 명 papier *m* vélin.

모종¹ 某種 명 un(*e*) certain(*e*), quelque. ¶ 두 사람 사이에 ~의 약속이 있는 것 같다 Il doit y avoir un certain engagement entre eux deux.

모종² -種 명 【농업】 repiquage *m*, transplantation *f*; ((나무)) semis *m*, plant *m*. ¶ 꽃 ~ un plant de fleurs.

모주 母酒 명 lie *f* de vin.

모지락스럽다 형 être dur(*e*), violent(*e*), rude. ¶ 성격이 ~ avoir un caractère violent. ¶ 아이를 모지락스럽게 때리다 battre violemment un enfant.

모직 毛織 명 étoffe *f* de laine, drap *m*. ¶ ~ 코트[양복, 바지] un manteau [un costume, un pantalon] en laine.

◆_물 -物 명 tissu *m* [étoffe *f*] de laine, laine *f*, lainage *m*, tricot *m*.

◆_물상 -物商 명 maison *f* de lainages, draperie; drapi*er*(*ère*), négociant(*e*) de draps.

모질다 형 ① ((성격)) être dur(*e*), impitoyable, cruel(*le*), féroce, atroce, sans pitié. ¶ 성격이 ~ être de [d'une] nature cruelle. ¶ 마음이 ~ être inhumain(*e*), cruel(*le*), impitoyable, insensible, dur(*e*), endurci(*e*), impassible, indifférent(*e*), froid(*e*), glaci*al*(*ales*, *aux*), implacable, inexorable, sans pitié; avoir un cœur dur [de pierre, de marbre], avoir une pierre à la place du cœur, ne pas avoir de cœur, être sans cœur, manquer [ne pas avoir] de cœur. ¶ 자식을 버리다니, 그 여자는 정말 모진 사람이다 Elle abandonne ses propres enfants! Elle est vraiment sans cœur [Elle est vraiment inhumaine]! ② 매섭고 사납다 être cruel(*le*), dur(*e*), impitoyable; être féroce, violent(*e*). ¶ 모진 말을 하다 dire [sortir] des paroles blessantes, avoir des mots très durs [cruels]. ¶ 모진 바람 un vent violent. ¶ 모진 추위를 견뎌내다 endurer un froid rigoureux [très dur, violent]. ¶ 모질게 때리다 battre [frapper] *qn*/*qc* impitoyablement. ¶ 모질게 대하다 traiter *qn* avec dureté. ③ 정도가 심하다 être sévère, rigoureux(*se*), dur(*e*). ¶ 모진 학대와 수모를 꿋꿋이 이겨내다 affronter courageusement les mauvais traitements et les injures. ¶ 상사에게 욕을 먹은 그는 사무실을 나와 담배만 모질게 빨아댔다 Suite aux critiques du supérieur, il est sorti du bureau et s'est contenté de fumer frénétiquement. ④ 억세다 être fort(*e*), robuste, solide, ferme, résistant(*e*), tenace, opiniâtre, acharné(*e*). ¶ 아픔을 모질게 참다 supporter la douleur sans dire un mot. ¶ 마음을

모질게 먹다 prendre une ferme résolution. ¶ 마취도 안 하고 수술을 참아 내다니 그 사람 참 모진 사람이야 Qu'il est courageux d'avoir supporté l'opération sans anesthésie!

***모진 놈 옆에 있다가 벼락 맞는다** On finit toujours par s'attirer la foudre [les pires ennuis] en restant près du danger.

모집 募集 명 recrutement *m*, appel *m*. ¶ 사원 ~ recrutement de personnel. ¶ 학생 ~ 공고 une annonce pour le recrutement de nouveaux étudiants. ¶ 군자금 ~ une collecte de fonds pour la guerre. ◇_(을) **하다** recruter, faire appel ((pour une souscription)). ¶ 용병을 ~하다 recruter des soldats. ¶ 대학 발전 기금을 ~하다 faire une collecte de fonds [collecter des fonds] pour l'université. ¶ 단체 여행 희망자를 ~합니다 On cherche des participants pour un voyage organisé.

모집단 母集團 명 échantillon *m* de population.

모쪼록 부 ☞ 아무쪼록

모찌 일 명 ((appellation japonaise du)) *tteok m*.

모처 某處 명 dans un certain endroit *m*, quelque part. ¶ 양당의 실무자들이 시내 ~에서 회동을 가졌다 Les responsables des deux partis se sont réunis quelque part en ville.

모처럼 명 après longtemps, après une longue attente, pour la première fois depuis longtemps. ¶ ~ 만에 편지를 쓰다 écrire à *qn* après un long silence. ¶ ~의 기회를 놓치다 laisser échapper une occasion précieuse [inespérée]. ¶ ~의 휴일인데 하루 종일 잠만 잘 거야? Tu vas passer ce jour de congé tant attendu à dormir?

부 ① après longtemps, après une longue attente, pour la première fois depuis longtemps, pour une fois que ... ¶ ~ 친구들을 만나다 revoir des amis après une longue séparation. ¶ ~ 맞는 좋은 날씨다 On a longtemps attendu un tel beau temps / Ça faisait longtemps qu'il n'avait pas fait aussi beau [qu'on n'avait pas eu du beau temps] / On a enfin du beau temps / Après bien des jours, le temps s'est remis au beau. ¶ ~ 이렇게 모였는데 어디 가서 함께 차라도 마십시다 Allons prendre un thé quelque part car il est rare d'être ainsi réunis [pour une fois qu'on est tous réunis]. ¶ ~ 공부를 하려는데 친구들이 놀러왔다 Je m'étais enfin décidé(*e*) à travailler un peu quand mes amis sont venus me voir. ¶ ~ 친구를 찾아갔는데 집에 없었다 Cela faisait longtemps que je n'étais pas allé(*e*) voir mon ami(*e*) chez lui(elle), mais il(elle) n'était pas là / Pour une fois que j'allais exprès voir mon ami(*e*), il(elle) n'était pas chez lui(elle). ② 특별히 tout spécialement, exprès, si aimablement [gentiment], en se donnant tant de peine. ¶ ~ 주시는 거니 감사히 받겠습니다 Je l'accepte avec reconnaissance puisque vous me le donnez si gentiment. ¶ ~ 초대해 주셨는데 못 가게 되어 대단히 미안합니다 Je suis vraiment désolé(*e*) de ne (pas) pouvoir accepter votre aimable invitation.

모체 母體 명 ① corps *m* de la mère. ② ((바탕)) base *f*, noyau(*x*) *m*, source *f*, origine *f*. ¶ 재벌 기업을 ~로 한 회사 une entreprise affiliée à un conglomérat.

모친 母親 명 mère *f*.

◆**_상** -喪 명 deuil *m* de *sa* mère. ¶ ~상을 당하다 perdre *sa* mère, être en deuil de *sa* mère.

모카커피 영{mocha coffee} 명 (café *m*) moka *m*.

모태 母胎 명 ① matrice *f* {*vx*}, ventre *m* de la mère, utérus *m*. ② ((근원)) berceau(*x*) *m*, origine *f*. ¶ 고향이 인격형성의 ~라고 하는 사람도 있다 Certains disent que le pays natal est le berceau où se forme la personnalité.

◆**_감염** -感染 명 【의학】 transmission *f* héréditaire ((d'une maladie)) par la mère.

◆**_내 발육부진** -內 發育不振 명 【의학】 développement *m* défectueux du fœtus.

◆**_신앙** -信仰 명 【기독】 foi *f* qui a commencé dans le ventre de la mère.

모터 영{motor} 명 moteur *m*.

◆**_보트 영**{-boat} 명 bateau(*x*) *m* à moteur, canot *m* à moteur, chris-craft *m*, runabout *m*, bateau-glisseur(*~x-~s*) *m*, offshore *m*, cigare *m* des mers, cigarette *f*; ((고속)) hors-bord *m inv*.

◆**_사이클 영**{-cycle} 명 motocycle *m*, motocyclette *f*.

◆**_쇼 영**{- show} 명 exposition *f* de voiture, salon *m* de l'automobile.

모텔 영{motel} 명 motel *m*, auberge *f*.

모토 영{motto} 명 slogan *m*, devise *f*. ¶ 무엇을 ~로 삼다 avoir [prendre] *qc* pour devise. ¶ '하면 된다'는 것이 6~70년대 우리의 ~였다 «Vouloir, c'est pouvoir», c'était notre devise dans les années 60-70.

모퉁이 명 ① coin *m*, tournant *m*, coude *m*; angle *m* ((de rue)). ¶ ~를 돌다 tourner au coin [à l'encoignure]. ¶ ~를 돌아서 첫 번째 건물 le premier bâtiment en tournant au coin. ¶ 두 번째 ~를 오른쪽으로 돌면 바로 우체국이 보입니다 Au deuxième coin, tournez à droite et vous verrez le bureau de poste. ¶ 우리 집은 이 길 한 ~에 있다 J'habite au coin de cette rue. ② ((비유적)) coin *m*, recoin *m*. ¶ 그는 산업 현장의 한 ~에 끼어들어 돈을 좀 벌었다 Il a gagné de l'argent pour sa petite participation à un projet de développement industriel.

모티브 영{motif} 명 ☞ 모티프

모티프 프{motif} 명 ① 동기 motif *m*. ¶ 살인 사건의 ~ motif de l'homicide [du meurtre]. ② 주제 sujet *m* (d'une œuvre d'art). ¶ 판화의 ~ motif [sujet] d'une estampe [d'une gravure sur bois].

모판 -板 명 【농업】 espace *m* d'ensemencement.

모포 毛布 명 couverture *f* (de laine). ¶ ~를 깔다 étendre une couverture de laine. ¶ ~를 덮다 se couvrir d'une couverture de laine.

모표 帽標 명 insigne *m* (attaché à la coiffure). ¶ 모자에 ~를 달다 mettre [attacher] un insigne à *son* chapeau.

모피 毛皮 명 fourrure *f*.

◆**_상** -商 명 fourreu*r*(*se*).

◆**_코트** 명 manteau *m* de fourrure.

모필 毛筆 명 pinceau(*x*) *m*.

모하메드교 -敎 명 【종교】 mahométisme *m*; islam *m*.

모함[1] 母艦 명 【군사】 ravitailleur *m*.

◆**잠수_** 潛水- 명 【군사】 ravitailleur *m* de sous-marins.

◆**항공_** 航空- 명 【군사】 porte-avions *m inv*.

모함[2] 謀陷 명 complot *m*, cabale *f*, machination *f*. ¶ 적의 ~에 빠지다 tomber dans le piège de l'ennemi. ◇**_(을) 하다** calomnier *qn*, diffamer *qn*, rejeter la faute sur *qn*, faire porter le chapeau à *qn*. ¶ 친구를 함부로 ~하지 마라 Il ne faut pas calomnier ses amis sans raison. ◇**_(을) 받다** être accusé(*e*) injustement, être [faire] l'objet de calomnie. ¶ 그는 반대파의 ~을 받아 자리에서 물러났다 Victime d'une cabale de ses adversaires, il a quitté son poste.

모험 冒險 명 aventure *f*, ((위험한 일)) péril *m*, risque *m*. ¶ ~을 즐기다 aimer l'aventure, se réjouir de l'aventure. ◇**_(을) 하다** tenter une aventure, s'aventurer ((dans une affaire hasardeuse)), se risquer, se hasarder.

◆**_적** -的 명 aventureu*x*(*se*).

◆**_가** -家 명 aventuri*er*(*ère*).

◆**_심** -心 명 esprit *m* d'aventure, goût *m* de l'aventure, témérité *f*.

모형 模型 명 ① modèle *m*, maquette *f*, forme *f*. ¶ ~을 뜨다 faire la maquette [le modèle, le patron] de *qc*, modéliser *qc*. ¶ ~에 맞추어 물건을 제작하다 fabriquer *qc* d'après modèle. ② maquette *f*, modèle *m* réduit. ¶ 인체 ~ un mannequin, un moulage humain. ¶ 비행기 ~ un modèle réduit d'un avion, une maquette d'avion, un avion ((jouet)). ¶ 자동차 ~을 만들다 faire une maquette de voiture.

◆**_도** -圖 명 dessin *m*[plan *m*] du modèle, plan de maquette; patron *m*.

◆**_선** -船 명 modèle *m* réduit d'un bateau, maquette *f* de bateau.

모호 模糊 어근 incertitude *f*, ambiguïté *f*, flou *m*, vague *m*, indistinction *f*, confusion *f*. ◇**_하다** 형 être vague, imprécis(*e*), flou(*e*), obscur(*e*), confus(*e*); être indéterminé(*e*), incertain(*e*), ambigu(*ë*), équivoque. ¶ 경계선이 ~하다 Les frontières sont floues [imprécises]. ¶ ~한 답변을 하다 répondre de façon équivoque [avec ambiguïté]. ¶ ~한 기억[추억] une mémoire [un souvenir] vague [flou(*e*), indistinct(*e*), confus(*e*)]. ¶ 표정이 너무 ~해서 그 분의 기분을 알 수 없었다 L'expression sur son visage était si équivoque qu'il était impossible de connaître son humeur.¶ 그 분은 ~하게 대답을 얼버무렸다 Il a répondu de façon évasive / Il a répondu en termes ambigus.

◆**_성** -性 명 incertitude *f*, ambiguïté *f*, flou *m*, vague *m*, indistinction *f*, confusion *f*.

모화사상 慕華思想 명 sinophilie *f*, amour *m* [respect *m*] pour la Chine. ¶ ~에 찌든 조선의 선비들 les lettrés du royaume de Joseon qui étaient aveuglément sinophiles.

모후 母后 명 mère *f* du roi.

목[1] 명 ① cou *m*, nuque *f*. ¶ ~을 씻다 se laver le cou. ¶ ~을 조르다 serrer la gorge de *qn*, étrangler *qn*. ¶ 반가워서 친구의 ~을 얼싸안다 se jeter [sauter] au cou d'un ami avec joie. ¶ 추위에 ~을 움츠리다 rentrer la tête dans les épaules (à cause du froid). ¶ ~을 빼고 담장 안을 들여다보다 regarder par-dessus la haie en tendant le cou. ¶ ~을 삐끗하다 se tordre le cou, avoir [attraper] un torticolis. ¶ 목도리를 ~에 두르다 se mettre [s'enrouler, se nouer] une écharpe autour du cou. ¶ 화환을 ~에 걸어 주다 mettre [passer] un collier de fleurs autour du cou de *qn*. ¶ ~이 가늘다 avoir une nuque élégante. ¶ 그 여자는 ~이 길다[짧다] Elle a un long [petit] cou. ¶ ~이 조이다 avoir la gorge serrée, se sentir étranglé(*e*). ¶ ~이 깊게 패인 드레스 une robe décolletée. ② ((목구멍)) gorge *f*, gosier *m*. ¶ ~이 아프다 avoir mal à la gorge. ¶ ~(이) 마르다 avoir soif, avoir la gorge sèche. ¶ ~이 타다 avoir le gosier [la gorge] en feu, mourir de soif, être assoiffé(*e*), avoir grand-soif, ((오용)) avoir très soif, avoir la gorge sèche, avoir la pépie. ¶ ~(이) 메다[막히다] avoir des soubresauts [des serrements] dans la gorge. ¶ 시원한 물로 ~을 축이다 se désaltérer [apaiser [étancher] *sa* soif] avec de l'eau fraîche. ¶ ~이 메이다 avoir la gorge serrée [nouée]. ¶ ~이 터져라[터지게] 외치다 crier à pleine voix. ¶ ~이 아프게 이야기하다 répéter encore et encore [rabâcher sans cesse] la même histoire. ¶ 생선 가시 하나가 ~에 걸렸다 Une arête m'est restée (coincée) dans la gorge / J'ai une arête (coincée) dans la gorge. ③ ((목소리)) voix *f*. ¶ ~이 갈라지다 avoir la voix enrouée [cassée, éraillée]. ¶ ~이 잠겼다 ne pas avoir de voix, avoir la voix blanche [sans timbre], avoir la voix voilée [sourde]. ¶ ~이 쉬었다 avoir la voix cassée [éraillée, rauque]. ④ col *m*, cou, goulot *m* ((d'une bouteille)); poignet *m*; cheville *f*, tige *f* ((d'une botte)). ¶ ~이 긴 장화 des bottes longues [hautes], des bottes à longues tiges. ¶ 양말의 ~이 늘어졌다 L'élastique de mes chaussettes s'est détendu.

*(**무엇에**) **~을 걸다** risquer *sa* vie pour ..., jouer *sa* vie pour ..., être prêt(*e*) à donner *sa* vie pour ...

*~(**을**) **놓아** à grands cris [à sanglots]. ¶ ~ 놓아 울다 pleurer à grands cris, sangloter (à grands sanglots, bruyamment), pleurer comme une Madeleine [comme une vache, comme un veau {*fam*}]. ¶ 죽은 친구의 이름을 ~ 놓아 부르다 crier [appeler à grand renfort de cris] le nom de son

ami défunt.

*~(을) **매다[매달다]** consacrer *son* temps et toute *son* énergie à un seul objectif, s'investir dans une seule chose, s'investir totalement [corps et âme] dans un seul but. ¶ 너무 그 일에만 ~을 맬 필요 없다 Inutile de consacrer tout ton temps et toute ton énergie à ce seul travail.

*~(을) **자르다[베다]** renvoyer *qn*, mettre *qn* à la porte, virer *qn* {*fam*}, vider *qn* {*fam*}, éjecter *qn* {*fam*}, dégommer *qn* {*fam*}. ¶ 태만한 직원의 ~을 자르다 licencier [congédier, renvoyer, remercier, virer {*fam*}, vider {*fam*}, éjecter {*fam*}, mettre à la porte {*fam*}, mettre dehors {*fam*}] un employé négligent.

*~을 **조이다** prendre *qn* à la gorge. ¶ 정해진 기한이 점점 ~을 조여 왔다 L'arrivée [L'échéance] de la date limite le prenait de plus en plus à la gorge.

*~에 **칼이 들어와도** au péril de *sa* vie.

*~에 **핏대를 세우다[올리다]** se mettre en colère, s'emporter.

*~에 **힘(을) 주다[힘이 들어가다]** se pousser du col, se rengorger, se pavaner.

*(**무엇에**) ~**이 걸려있다** C'est une question de vie ou de mort.

*~**이 간들간들하다** *sa* tête risque de tomber à tout moment, risquer d'être viré(*e*) à tout moment {*fam*}, avoir une épée de Damoclès suspendue [qui pend] au-dessus de sa tête, avoir (comme) une épée de Damoclès au-dessus de sa tête; être sur le point d'être renvoyé(*e*) [viré(*e*) {*fam*}], être très vulnérable, ses jours sont comptés.

*~**이 근질거리다** ① avoir la gorge qui gratte, avoir un chat dans la gorge ② brûler de parler.

*~**이 날아가다[달아나다, 떨어지다, 잘리다]** être décapité(*e*), être renvoyé(*e*) [licencié(*e*), viré(*e*) {*fam*}, mis(*e*) à la porte, mis(*e*) dehors, dégommé(*e*) {*fam*}, éjecté(*e*) {*fam*}, vidé(*e*) {*fam*}], se faire éjecter [virer, dégommer, vider] {*fam*}. ¶ 그 사람은 회사에서 ~이 잘렸다 Il a été renvoyé de son entreprise.

*~(**이**) **빠지게[마르게] 기다리다** attendre *qn*/*qc* avec impatience.

*~**이 붙어 있다** sauver [conserver] *son* poste, être maintenu(*e*) à *son* poste, ne pas être dégommé(*e*) {*fam*}, sauver *sa* tête [*son* poste, *sa* place], rester en poste [à *son* poste], garder [conserver] *son* poste [*sa* place], être maintenu(*e*) à *son* poste, être confirmé(*e*) dans *son* poste, ne pas être renvoyé(*e*) [viré(*e*) {*fam*}, mis(*e*) dehors {*fam*}, vidé(*e*) {*fam*}, balancé(*e*) {*fam*}, dégommé(*e*) {*fam*}].

*~ **마른 놈[사람]이 우물 판다** ☞ 목마르다

◆**_감기** -感氣 명 angine *f*, (rhino)pharyngite *f*.

◆**_걸이** 명 ☞ 목걸이

◆**_구멍** 명 ☞ 목구멍

◆**_기침** 명 toussotement *m*; raclement *m* (de gorge).

◆**_덜미** 명 ☞ 목덜미

◆**_도리** 명 ☞ 목도리

◆**_둘레** 명 tour *m* du cou.

◆**_뼈** 명 vertèbres *fpl* cervicales. ¶ ~뼈가 부러지다 se fracturer [se casser] les vertèbres cervicales.

◆**_살** 명 chair *f* du cou; collier *m* ((de veau, de bœuf)); échine *f* ((de porc)). ¶ ~살이 쪄서 큰일이다 C'est affreux, j'ai la nuque qui s'est épaissie / Mon cou a doublé de volume. ¶ 저녁에 돼지 ~살이나 좀 먹을까? Et si on mangeait de l'échine de porc ce soir?

◆**_소리** 명 ☞ 목소리

◆**_운동** -運動 명 exercices *mpl* d'assouplissement du cou. ¶ 틈 날 때마다 ~운동을 하세요 Faites des exercices d'assouplissement du cou chaque fois que vous avez un moment de libre [chaque fois que vous le pouvez].

◆**_청** 명 ☞ 목청

목² 目 명 ① titre *m*; chapitre *m*; article *m*, rubrique *f* (du budget). ② 【생물】 ordre *m* (végétal). ¶ 같은 ~에 속하는 de la même espèce, du même ordre.

목³ 명 emplacement *m* [endroit *m*, lieu(*x*) *m*] stratégique ((pour faire du commerce)); endroit *m* fréquenté, coin *m* [rue *f*] très passant(*e*) [passag*er*(*ère*)]] ((propice au commerce)). ¶ ~을 지키다 se poster dans un lieu stratégique pour *qc*. ¶ ~(이) 좋다 C'est un bon endroit [un bon emplacement] pour ouvrir un commerce / C'est un endroit très fréquenté, idéal pour ouvrir un commerce / C'est un coin très passant [passager], idéal pour ouvrir un commerce. ¶ ~이 좋은 곳에 커피숍을 차리다 ouvrir un café [un salon de thé] dans un endroit bien fréquenté.

목-⁴ 木- 접두 de [en] bois. ¶ ~그릇 une écuelle en bois [un récipient en bois].

목-⁵ 木- 접두 en [de] coton. ¶ ~장갑 des gants en coton. ¶ ~양말 des chaussettes en coton.

목가 牧歌 명 chant *m* pastoral [de berger], pastorale *f*, bucolique *f*.

◆**_적** -的 명 pastor*al*(*ale*, *aux*), bucolique, champêtre. ¶ ~적인 분위기 une ambiance [une atmosphère] pastorale.

목각 木刻 어근 sculpture *f* sur [en] bois. ¶ ~ 인형 une poupée de [en] bois.

목간통 沐間桶 명 baignoire *f*.

목걸이 명 collier *m*, chaîne *f* ((d'or, d'argent)); ((porter en)) sautoir *m*; rivière *f* de diamants; rang *m* ((de perles)); jaseran *m* [jaseron *m*] {*vx*}. ¶ 진주 ~ un collier de perles. ¶ 다이아몬드 ~ une rivière [un collier] de diamants. ¶ 금 ~ un collier en or, une chaîne en or [d'or]. ¶ ~를 한[목에 건] 여자 une femme avec un collier.

목검 木劍 명 sabre *m* de [en] bois. ¶ ~으로 대결하다 s'affronter [se battre] au sabre de bois.

목격 目擊 명 action de voir de *ses* propres yeux.

◇**_(을) 하다** voir de *ses* propres yeux; être témoin ((d'un accident)); assister à une scène. ¶ 살인 사건을

우연히 ~하다 être par hasard témoin d'un accident mortel. ◇_(이) 되다 être vu(*e*) ((par un témoin)) de *ses* propres yeux. ¶ 범행에 사용된 자동차가 주차장에서 ~되었다 La voiture utilisée pour le crime a été retrouvée sur un parking.

◆_담 -談 명 témoignage *m*. ¶ ~담을 듣다 écouter un témoignage.

◆_자 -者 명 témoin *m* (oculaire). ¶ ~자를 찾다 chercher un témoin. ¶ ~자의 진술에 따르면 selon le témoignage [selon la déposition] du témoin.

목공 木工 명 ((일)) charpenterie *f*, menuiserie *f*, ébénisterie *f*; ((사람)) charpentier *m*, menuisi*er*(*ère*), ébéniste *mf*. ¶ ~ 일을 배우고 있다 apprendre à travailler le bois.

◆_소 -所 명 (atelier *m* de) menuiserie *f*.

◆_일 명 travail *m* de menuiserie [de charpenterie].

목공예 木工藝 명 artisanat *m* d'art en bois.

목관 木管 어근 tuyau(*x*) *m* en bois. ¶ ~ 악기 les bois, les instruments à vent (en bois). ¶ ~ 오중주 un quintette (pour instruments) à vent.

목구멍 명 gorge *f*, gosier *m*. ¶ ~이 아프다 avoir mal à la gorge. ¶ 뭔가 ~에 걸렸다 J'ai quelque chose pris en travers de la gorge ¶ 목이 메어서 밥이 ~으로 넘어가지 않는다 J'ai la gorge tellement serrée que la nourriture ne passe pas [que je n'arrive pas à avaler]. ¶ r의 발음을 ~에서 내다 prononcer les "r" du fond de la gorge [de manière gutturale]. ¶ 그 말이 ~까지 나왔지만 참았다 retenir *ses* mots, ne pas sortir les mots de la gorge, se refréner de parler.

*~이 포도청 La faim [La misère] peut vous amener à la délinquance [peut vous obliger à des actes délictueux] / On est prêt à faire n'importe quoi [à commettre des actes délictueux] pour gagner sa vie quand on vit dans la misère.

목기 木器 명 récipient *m* en bois, écuelle *f* en bois.

목덜미 명 nuque *f*. ¶ ~를 잡다 saisir [prendre, attraper] *qn* à la nuque [par la nuque, au collet], colleter *qn*.

*~가 근질근질하다 beaucoup s'ennuyer, s'ennuyer (comme un rat mort {*fam*}, à cent sous (de) l'heure, à mourir, à périr, copieusement, odieusement), mourir [périr, crever {*fam*}] d'ennui, vachement s'emmerder, se faire chier à mort {*vulg*} [un max {*fam*}], l'ennui *me* rend fou.

*~가 잡히다 être pris(*e*) sur le fait [en flagrant délit, la main dans le sac, en train de+*inf*].

목도 目睹 명 action de voir de *ses* propres yeux [d'être témoin de *qc*]. ◇_(를) 하다 voir de *ses* propres yeux, assister à ((une scène)), être témoin de *qc*. ¶ 그 분의 죽음을 ~했다. J'ai assisté à sa mort / Je l'ai vu mourir. ¶ 처참한 사고를 ~했다 J'ai été le témoin d'un grave accident [d'une catastrophe].

목도리 명 écharpe *f*; ((털실)) cache-nez *m inv*, cache-col *m inv*; ((여우)) renard *m*; ((밍크)) vison *m*. ¶ ~를 두르다[하다] mettre [nouer, enrouler; porter] une écharpe [un cache-nez] (autour de *son* cou).

목도장 木圖章 명 sceau(*x*) *m* [cachet *m*] en bois. ¶ ~을 파다[새기다] (faire) faire [graver] un sceau en bois.

목돈 명 grosse *f* somme, somme *f* rondelette [assez importante]. ¶ ~을 치르다 payer ((une somme)) intégralement. ¶ ~을 마련하다[만들다] se procurer une somme assez coquette. ¶ 이번 일로 그 분은 ~을 만지게 되었다 Il a gagné une belle somme dans cette affaire. ¶ 집을 사는 데에는 ~이 필요하다 Pour acheter une maison, il faut une sacrée {*fam*} somme. ¶ 한 푼 두 푼 모았더니 어느새 ~이 되었다 Les petits ruisseaux font les grandes rivières.

목동 牧童 명 berg*er*(*ère*). ¶ ~이 양떼를 몰고 간다 Le berger mène le troupeau de moutons.

목련 木蓮 명 【식물】 magnolia *m*.

◆_꽃 명 magnolia *m*.

목례 目禮 명 signe *m* [inclination *f*] de la tête. ◇_(를) 하다 saluer *qn* d'un signe de (la) tête, incliner la tête en signe de salut [de déférence]; faire un signe de (la) tête à *qn*.

목로 木壚 명 bar *m*, bistrot *m* {*fam*}, cabaret *m*, estaminet *m*.

◆_주점 -酒店 명 cabaret *m*, assommoir *m*, bar *m*, bistrot *m* {*fam*}, troquet *m* {*fam*}, estaminet *m*.

목록 目錄 명 table *f* des matières, index *m*, catalogue *m*, liste *f*, inventaire *m*, répertoire *m*. ¶ 도서[물품, 재산] ~ un catalogue de livres [une liste d'articles, un inventaire (de biens)]. ¶ ~을 만들다[작성하다] dresser un inventaire, cataloguer [inventorier, répertorier], faire une liste [un inventaire] ((d'articles)), composer un index [une table des matières]. ¶ ~에 올리다 mettre dans le catalogue [sur la liste, dans la table des matières]. ¶ 그 책은 ~에 (들어)있다 Ce livre figure [est] dans le catalogue [sur la liste].

목마 木馬 명 cheva*l*(*aux*) *m* de bois; ((어린이용)) cheva*l*(*aux*) *m* à bascule; ((체조용)) cheva*l*(*aux*) *m* d'arçons. ¶ ~를 타다 monter sur un cheval [faire du cheval] à bascule.

◆회전_ 回轉 명 manège *m* (de chevaux de bois).

목마르다 형 ① avoir soif, être assoiffé(*e*), avoir la gorge sèche. ¶ 목이 몹시 마르다 avoir très soif; avoir la pépie. ¶ 목마르면 물을 마셔라 Si tu as soif, bois de l'eau! ② 갈망하다 désirer *qc* ardemment, avoir soif de *qc*; être assoiffé(*e*) [avide, affamé(*e*)] de *qc*, (faire *qc*) avec impatience. ¶ 그리움에 ~ désirer ardemment revoir *qn*; brûler du désir [éprouver un besoin irrésistible]. ¶ 사랑[지식]에 목마른 사람들 les personnes qui ont soif d'amour [de connaissances, de savoir]. ¶ 그들은 그가 돌아오기를 목마르게 기다렸다 Ils ont attendu son retour avec impatience / Ils ont fait le pied de grue. ¶ 그들은 시험 결과가 나오기를 목마르게 기다렸다 Ils ont attendu les résultats des examens

ㅁ

avec impatience.

*목마른 사람이 우물 판다 ☞ 우물

목마름 명 ① soif *f*.¶ ~을 견디다[해소하다] supporter la[assouvir *sa*] soif. ② ((비유적)) soif *f*, envie *f*, désir *m*; aspiration *f*. ¶ 진리에 대한 ~ une aspiration à la vérité.

목말 명 action de monter [de se mettre] à califourchon sur les épaules de *qn*. ¶ ~을 타다 monter [se mettre] à califourchon sur les épaules de *qn*. ¶ ~을 태우다 faire monter *qn* à califourchon sur *ses* épaules; porter ((un enfant)) sur *ses* épaules.

목매다 재 ① se pendre. ¶ 목매어 죽다[자살하다] se pendre (pour mourir) [se suicider par pendaison]. ¶ 그 사람은 그 일로 충격을 받아 삶에 대한 희망을 잃고 목매어 자살했다 Ayant eu un choc à cause de cette affaire, il a perdu le goût de la vie et s'est suicidé par pendaison. ② 연연하다 faire dépendre toute *sa* vie de *qc/qn*; consacrer *son* temps et toute *son* énergie à une seul objectif, s'investir dans une seule chose, s'investir totalement [corps et âme] dans un seul but. ¶ 다섯 식구가 쥐꼬리만한 월급에 목매고 산다 Les cinq membres de cette famille vivent d'un [sur un] salaire ridicule [extrêmement maigre]. ¶ 너무 그 일에만 목맬 필요 없다 Inutile de consacrer tout ton temps et toute mon énergie à ce seul travail. ¶ 나는 그 여자에게 목매고 싶지 않다 Je n'ai pas envie de faire dépendre toute ma vie d'elle.

목매달다 재 se pendre. ¶ 나무에 목매달아 죽다 se pendre à un arbre.
타 pendre *qn*. ¶ 누구를 목매달아 죽이다 tuer *qn* par pendaison, pendre *qn*.

목메다 재 avoir la voix étouffée ((par les sanglots)). ¶ 목메어 울다 avoir la voix étouffée par les sanglots, avoir une voix sanglotante.

목면 木棉 명 ① 【식물】 cotonnier *m*; coton *m*; cotonnade *f*. ② coton *m*. ¶ ~ 손수건 un mouchoir de poche en coton.

목물 명 ① ((avoir l')) eau *f* qui arrive jusqu'au cou. ② action de rafraîchir *qn* d'un seau d'eau sur le torse ou le dos. ¶ ~을 끼얹다 verser de l'eau sur le dos de *qn* pour le rafraîchir. ◇_(을) **하다** se laver le torse.

목발 木- 명 béquille *f* (sous aisselle); canne *f* anglaise. ¶ ~을 짚고 다니다 se déplacer [marcher] avec des béquilles (sous aisselle) [avec des cannes (anglaises)].

목부[1] **木部** 명 【식물】 vaisseau(*x*) *m* ligneux.

목부[2] **牧夫** 명 ((양)) berg*er*(*ère*), pâtre *m*, ((소)) jeune vach*er*(*ère*); bouvi*er*(*ère*); ((일반적)) gardien(*ne*) (de bêtes).

목불인견 目不忍見 명 spectacle *m* horrible. ◇_**이다** C'est horrible à voir! / Cela fait peine à voir / C'est écœurant [dégoûtant, répugnant, écœurant] à voir [à la vue] / Ça m'écœure de voir ça / C'est à vomir. ¶ 저 녀석의 작태는 정말 ~이다 Le comportement de ce type m'écœure / Ce genre de comportement, ça m'écœure.

목사 牧師 명 【기독】 pasteur *m*, ministre *m* du culte. ¶ 김 ~님 le pasteur Kim. ¶ 신학교를 나와 ~가 되다 devenir pasteur en sortant de l'école de théologie.
◆_**직** -職 명 ministère *m* des pasteurs; pastorat *m*.

목상 木像 명 statue *f* en bois.

목석 木石 명 arbres *mpl* et pierres *fpl*; objets *mpl* inanimés; ((비유적)) insensibilité *f*; indifférence *f*. ¶ 나는 ~이 아니다 Je ne suis pas insensible.
*~ **같다** manquer de sentiment [de cœur, de sensibilité]. ¶ ~ 같은 사람 une personne de bois [insensible, indifférente, dure (comme un roc), froide; taciturne].

목선 木船 명 bateau(*x*) *m* en bois.

목성 木星 명 【천문】 Jupiter *m*..

목소리 명 voix *f*, ton *m* (de la voix). ¶ 가는 ~ une petite voix; une voix faible [menue, fluette, frêle, grêle, éteinte]. ¶ 굵은 ~ une voix grave [profonde, rauque]. ¶ 커다란 ~ une voix forte [puissante]; une grosse voix. ¶ 아름다운 ~ une belle voix; une voix douce; une voix chaude [moelleuse, harmonieuse, bien timbrée, souple]. ¶ 은방울 같은 ~ une voix argentine [cristalline]; une voix de cristal [claire, pure, fraîche, légère]; une voix de rossignol. ¶ 쉰 ~ une voix enrouée [voilée, rauque, éraillée, grasseyante, grasse]. ¶ 성난 ~ une voix coléreuse [irritée, énervée]. ¶ 거친 ~ une voix rauque [enrouée, rocailleuse, éraillée]. ¶ 귀에 익은 ~ une voix familière [connue]. ¶ 이상한 ~를 내다 prendre une voix bizarre, faire une drôle de voix {*fam*}. ¶ 그는 일부러 ~를 거칠게 했다 Il a haussé la voix (exprès) / Il a pris sa voix hargneuse [la plus sévère] / Il a pris exprès une grosse voix. ¶ ~를 낮추다[높이다] baisser *sa* voix (d'un ton) [hausser la voix, le ton; élever la voix]. ¶ 그는 후두암에 걸려 ~를 잃었다 Suite à un cancer du larynx, il a perdu sa voix. ¶ 낮은[가는] ~로 à voix basse; à mi-voix. ¶ 떨리는 ~로 d'une voix tremblante [chevrotante]. ¶ 내 ~가 갈라진다 Ma voix déraille [se casse]. ¶ ~가 좋다 avoir une belle [bonne] voix. ¶ 너무 멀어서 그의 ~가 들리지 않는다 Je n'entends pas sa voix parce qu'il est trop loin. ¶ 그의 ~는 알아듣기 힘들다 C'est difficile de le comprendre quand il parle [de comprendre ce qu'il dit, raconte] / Sa voix est incompréhensible.

목수 木手 명 charpentier *m*, menuisier *m*. ¶ ~ 일 un travail de charpentier [de menuisier]; la charpenterie; la menuiserie. ¶ ~ 일을 하다 faire de la charpenterie [de la menuiserie].
***솜씨 없는 ~가 연장 탓만 한다** Les mauvais ouvriers ont toujours de mauvais outils / À méchant ouvrier, point de bon outil / Un méchant ouvrier ne trouvera jamais bon outil.

목숨 명 vie *f*. ¶ 귀한[천한] ~ une vie précieuse [sans

importance]. ¶ 모진 ~ une vie de souffrance qui n'en finit pas. ¶ ~을 버리다 sacrifier *sa* vie; se sacrifier.¶ ~을 잃다 mourir, décéder, succomber; périr; perdre la vie. ¶ ~을 빼앗다 ôter la vie à *qn*; tuer *qn*, assassiner *qn*, prendre la vie de *qn*. ¶ (누구의) ~을 구하다 sauver la vie de *qn*. ¶ ~(을) 걸다 risquer *sa* vie, mettre *sa* vie en péril [en danger] ((pour *qn*)). ¶ ~(을) 걸고 au risque [au péril] de *sa* vie. ¶ ~(을) 건 사랑 l'amour pour lequel on est prêt à donner *sa* vie. ¶ ~을 건지다 sauver *sa* vie; se sauver. ¶ 집에 불이 났지만 간신히 ~은 건졌다 Il y a eu le feu à la maison, mais j'ai pu sauver ma vie [j'ai pu me sauver] / Il y a eu un incendie chez moi, mais je l'ai échappé belle. ¶ ~을 살려 주다 épargner la vie ((d'un prisonnier)); faire [donner] quartier ((à *qn*)), faire grâce à *qn*. ¶ 제발 ~만 살려 주십시오 De grâce [Par pitié], épargnez-moi! / J'implore votre merci. ¶ 조국에[을 위해] ~을 바치다 se sacrifier [donner *sa* vie] pour *sa* patrie [*son* pays]. ¶ ~을 중히 여기다 tenir à la vie, être accroché(*e*) à la vie. ¶ 겨우 ~을 부지하다 subsister [vivoter] tant bien que mal; l'échapper belle. ¶ 그가 네 ~을 노리고 있다 Il cherche à te tuer / Il veut ta peau {*fam*}/ Il veut te faire la peau {*fam*}. ¶ 담배를 피우는 사람은 스스로의 ~을 단축하는 것이다 Les fumeurs sacrifient leur capital vie [leur longévité] / Les fumeurs diminuent [raccourcissent] leur vie [la longueur de vie, leur longévité]. ¶ ~이 다 할 때 까지 싸우다 se battre jusqu'à la mort, lutter jusqu'à ce que mort s'en suive. ¶ ~이 붙어 있다 subsister [survivre] (tant bien que mal), vivoter; être encore vivant(*e*); avoir survécu [avoir échappé] ((à un accident)); en avoir réchappé. ¶ ~이 붙어 있는 한 희망이 있다 Tant qu'il y a de la vie, il y a de l'espoir. ¶ ~이 끊어지다 rendre le dernier soupir [souffle], rendre l'âme; s'éteindre, mourir, périr, expirer, décéder, fermer les yeux, succomber, trépasser, partir pour l'autre monde; casser *sa* pipe {*pop*}, crever {*fam*}, claquer {*fam*}, claboter {*fam*}, clamser {*fam*}, faire le grand voyage {*pop*}, passer à l'arme à gauche {*fam*}, partir les pieds devant {*fam*}. ¶ 그 사람 ~이 위태롭다 Sa vie est en danger [en péril] / Sa vie est menacée.

목신[1] **木神** 명 【민속】 dieu *m* du bois [de la forêt]. ¶ ~을 섬기다 servir le dieu du bois [de la forêt].

목신[2] **牧神** 명 【신화】 Pan.

목양말 木洋襪 명 chaussette *f* en coton.

목양신 牧羊神 명 ☞ 목신[2]

목요일 木曜日 명 jeudi *m*. ☞ 금요일

목욕 沐浴 명 bain *m*. ◇_(을) **하다** prendre un [*son*] bain; se baigner. ◇_(을) **시키다** baigner ((un bébé)).

◆**_물** 명 eau *f* du bain. ¶ ~물 좀 받아줄래? Tu peux me faire couler un bain, s'il te plaît?

◆**_실** -室 명 salle *f* de bains.

◆**_재계** -齋戒 명 ablutions *fpl*.

◆**_탕** -湯 명 bains *mpl* publics, établissement *m* de bains, bains *mpl* thermaux, thermes *mpl*; ((욕실)) salle *f* de bains. ¶ 공중 ~탕 bains *mpl* publics.

목자 牧者 명 berg*er*(*ère*), pâtre *m*; éleveu*r*(*se*) de moutons; ((성직자)) pasteur *m*; prêtre *m*, ministre *m* du culte, berger *m*; gardien(*ne*) ((de troupeaux)). ¶ 양떼를 지키는 ~ un berger qui garde *ses* moutons [un troupeau de moutons]. ¶ 주는 우리의 ~이시니 Dieu est notre berger.

목장 牧場 명 ferme *f* d'élevage *m*; élevage *m* de bestiaux; prairie *f* d'élevage; pré *m*; pâturage *m*, pâtis *m*. ¶ ~ 주인 propriétaire d'un élevage. ¶ ~에서 젖소를 기르다 élever des vaches laitières dans une ferme (d'élevage).

목재 木材 명 bois *m*; ((건축용)) bois *m* d'œuvre [de construction, de charpente]. ¶ ~ 가구 meubles en bois.

◆**_상** -商 명 marchand(*e*) de bois.

목적 目的 명 but *m*, fin *f*; finalités *fpl*; intention *f*, dessein *m*; objet *m*, motif *m*; objectif *m*; visées *fpl*, ambition *f*, plan *m*, projet *m*; vue *f*, destination *f*, fins *fpl* dernières; motivation *f*. ¶ 공동의 ~ un but commun. ¶ 인생의 ~ le but dans la vie [de la vie]. ¶ 궁극적인 ~ un but final [ultime]; une intention finale; des fins dernières. ¶ 확고한 ~ un dessein [un but] précis. ¶ ~을 달성하다[이루다] atteindre *son* but. ¶ ~을 이루기 위한 수단 un moyen pour arriver à une fin. ¶ ~을 세우다 fixer un but (à atteindre). ¶ ~을 추구하다 poursuivre un but. ¶ ~을 같이 하다 partager le même objectif. ¶ ~을 고수하다 rester fidèle à *son* dessein [à *son* objectif]. ¶ 그는 ~을 위해서 수단 방법을 가리지 않는다 Il se sert de n'importe quel moyen pour arriver à son but[à ses fins] / Tous les moyens lui sont bons pour arriver à son but. ¶ 이것은 우리 ~에 위배되는 일이다 Cela va à l'encontre de nos intentions. ¶ 무엇을 ~으로 하다 viser [aspirer à] *qc*; avoir *qc* comme objet; avoir l'intention de faire *qc*. ¶ 오로지 이러한 ~으로 seulement [uniquement] dans ce but. ¶ ...할 ~으로 avec l'intention de+*inf*; dans le but de+*inf*. ¶ 너는 무슨 ~으로 이 곳에 왔느냐? Quel était ton dessein en venant ici? / Dans quel but es-tu venu(*e*) ici? ¶ 이 책은 세상에 발표할 ~으로 쓴 것이 아니다 Ce livre n'a pas été écrit pour être publié. ¶ ~이 있다 avoir un but [un objectif]. ¶ ~이 있는 fait dans un (certain) but. ¶ 이번 바자회는 불우 이웃 돕기에 그 ~이 있다 Cette kermesse [Cette vente de charité] est faite dans le but d'aider *ses* voisins pauvres [les sans-abri, les sans domicile fixe (S.D.F.)]. ¶ 그가 여기 온 데는 무슨 ~이 있을 것이다 Il doit avoir un but en venant ici / Il a une idée derrière la tête en venant ici. ¶ ~이 없는 sans but; inutile. ¶ 이 글의 ~은 독자로 하여금 불문학에 대한 새로운 시각을 갖게 하는 것이다 Le but de ce texte est de proposer aux lecteurs un nouveau regard sur la littérature française [de donner aux

ㅁ

lecteurs une nouvelle vision de la littérature française]. ¶ 내가 여기 온 ~은 연구 자료를 수집하는 것이다 Je suis venu(*e*) ici pour [dans le but de] rassembler les documents [matériaux] nécessaires à mes recherches.

◆ **_격** -格 명 【언어】 accusatif *m*, cas *m* objet. ¶ ~격 조사 particule *f* de cas accusatif, marque *f* de cas accusatif, particule accusative.

◆ **_론** -論 명 【철학】 téléologie *f*. ¶ ~론적 final(*e*). ¶ ~론적인 세계관 une vision [une conception] finale du monde.

◆ **_물** -物 명 objet *m*; but *m*.

◆ **_어** -語 명 【언어】 complément *m* d'objet, objet *m*. ¶ 한국어는 ~어가 동사 앞에 온다 En coréen, le complément d'objet se place [se met] avant le verbe.

◆ **_어 중출문** -語 重出文 명 【언어】 phrase *f* à objets multiples.

◆ **_의식** -意識 명 ((dans un)) but *m* réfléchi; (esprit *m* de) discernement *m*. ¶ ~의식 없이 살다 vivre sans but.

목적지 目的地 명 ((arriver à)) destination *f*; but *m* ((d'un voyage)). ¶ ~지까지 무사히 가다 arriver à destination sain et sauf. ¶ 이제 ~지에 거의 다 왔다 Maintenant, nous sommes presque arrivés à destination.

목전 目前 명 ① ((en)) la présence de *qn*; ((sous)) les yeux *mpl* de *qn*; ((sous)) le nez *m* de *qn*. ② être immédiat(*e*), imminent(*e*), prochain(*e*). ¶ ~의 이익에만 급급해서는 안 된다 Il ne faut pas penser qu'aux intérêts immédiats. ¶ 승리를 ~에 두다 être tout proche de la victoire. ¶ 위험이 ~에 닥쳤다 Le danger s'est approché de nous / Le risque est devenu imminent. ¶ 우리 ~에서 일어난 사건 un incident qui s'est déroulé devant nos yeux [devant nous, sous notre nez].

목젖 명 uvule *f*; luette *f*. ¶ ~이 울리다 faire vibrer la luette.

목제 木製 명 ((de)) bois; ((en)) bois; ((fait(*e*) de)) bois. ¶ ~ 가구 un meuble en bois.

◆ **_품** -品 명 objet *m* en [de] bois.

목조 木造 어근 ((de)) bois; ((en)) bois; fait(*e*) [construit(*e*)] en bois. ¶ ~ 건물 un bâtiment de [en] bois. ¶ 이 부속 건물은 ~로 되어 있다 Ce bâtiment annexe est en bois.

목줄기 명 nuque *f*. ¶ ~줄기를 죄다[누르다] serrer [peser sur] la nuque.

목질 木質 명 substance *f* ligneuse. ¶ ~이 약한 나무 un arbre qui a peu de substance ligneuse.

목차 目次 명 table *f* des matières. ¶ ~를 작성하다 faire la table des matières. ¶ ~를 붙이다 mettre une table des matières. ¶ ~에 소제목들이 나와 있다 À la table des matières figurent les titres des chapitres.

목책 木柵 명 clôture *f* [barrière *f*, palissade *f*, claie *f*] de bois. ¶ ~을 세우다 dresser une barrière [une clôture, une palissade].

목청 명 cordes *fpl* vocales; voix *f*. ¶ ~을 돋우어[높여] en élevant la voix; en haussant la voix [le ton]. ¶ 감정이 북받치는지 그의 ~이 높아졌다 Submergé par *ses* sentiments, sa voix est montée d'un ton [il a haussé la voix, le ton] / Il a haussé la voix [le ton] comme s'il avait eu un accès de colère.

◆ **_껏** 부 à tue-tête, à pleine voix, à haute voix, à gorge déployée; de toute sa voix; à pleins poumons. ¶ ~껏 소리 지르다 crier très fort; crier comme un sourd [de toutes *ses* forces, à pleins poumons].

목초[1] 木草 명 végétation *f*, flore *f*.

목초[2] 牧草 명 herbe *f*, pâture *f*; fourrage *m* vert. ¶ 가축에게 먹일 ~를 베다 couper de l'herbe [du fourrage] pour les animaux.

◆ **_지** -地 명 herbage *m*; pâturage *m*, prairie *f*, pré *m*, champ *m*, pâture *f*, alpage *m*. ¶ 양들을 ~에 풀어놓다 mettre des moutons à paître dans un herbage [dans un pâturage].

목축 牧畜 명 élevage *m* du bétail.

◆ **_업** -業 명 exploitation *f* d'une ferme d'élevage. ¶ ~업에 종사하다 faire de l'élevage; exploiter une ferme d'élevage.

◆ **_장** -場 명 ferme *f* d'élevage.

목침 木枕 명 oreiller *m* de [en] bois. ¶ ~을 베고 자다 dormir sur un oreiller de bois.

목탁 木鐸 명 ① 【불교】 *moktak m*, cloche *f* de bois <cloche de bois en forme de gros grelot frappé avec un bâton et portant une longue fente d'un côté et de l'autre une poignée, utilisée pour la prière par les bonzes dans les temples bouddhiques>. ¶ ~을 두드리다 accompagner une prière en frappant sur une petite cloche de bois. ¶ ~ 소리가 들려온다 On entend le son du *moktak* [de la cloche de bois]. ② ((비유적)) guide *m*. ¶ 그는 스스로 시대의 ~으로 자처한다 Il se pose en guide de *son* temps.

목탄 木炭 명 charbon *m* de bois; ((소묘용)) fusain *m*. ¶ ~ 가스 le gaz produit par la combustion du charbon de bois. ¶ ~을 때다 brûler du charbon de bois.

목통 명 【속어】 ① ((terme péjoratif pour désigner le)) cou *m*. ¶ ~이 굵다[가늘다] avoir un cou épais, avoir un cou de taureau [avoir un cou de cygne]. ② voix *f*. ¶ 그는 ~이 크다 Il a une voix forte.

목판 木版 명 planche *f* gravée. ¶ ~ 인쇄 une gravure sur bois; une xylographie. ¶ 불경을 ~에 새기다 graver des soutras [des écritures bouddhiques] sur des planches de bois.

◆ **_본** -本 명 livre *m* fait avec des planches gravées.

◆ **_화** -畵 명 gravure *f* sur bois; estampe *f*.

목표 目標 명 but *m*, objectif *m*; finalités *fpl*; ((표적)) cible *f*. ¶ 인생의 ~ le but de la vie. ¶ 연구 ~ le but de recherches. ¶ 일차[이차] ~ le premier [le deuxième] objectif. ¶ 장기적[단기적] ~ un objectif à long terme [à court terme]. ¶ ~를 달성하다 atteindre le but [l'objectif]. ¶ ~를 설정하다[세우다] fixer l'objectif à atteindre. ¶ 무엇을 ~로 하다 avoir pour but [objectif] de+*inf.* ¶ 수출 실적 초과 달성을 ~로 모든 근로자들이 철야 작업을 강행하고 있다 L'ensemble des travailleurs poursuit ses efforts tout au long de la nuit dans le but d'atteindre un excédent des exportations. ¶ 거의 ~에 이르렀다 On est tout proche du but / On est presque au but. ¶ ~에 못 미치다 ne pas pouvoir atteindre *son* but [*son* objectif, *sa* cible].

◆_량 -量 명 quantité *f* à atteindre.

◆_물 -物 명 cible *f*; objectif *m*, but *m*, objet *m*. ¶ 무엇을 ~물로 해서 사격 연습을 하다 faire des exercices de tir en visant [prenant pour cible] *qc*.

◆_액 -額 명 montant *m* à atteindre, montant *m* fixé. ¶ 고객 예탁금 ~액인 1조원을 돌파하다 atteindre mille milliards de wons, le montant de dépôts (minimum) que s'est fixé la banque.

◆_지점 -地點 명 objectif *m* (militaire). ¶ ~지점에 시간 내에 도착하다 atteindre l'objectif dans le temps prévu; arriver sur les lieux [à destination] à temps.

목화 木花 명 coton *m*; ((나무)) cotonnier *m*. ¶ ~를 따다[재배하다] cueillir [cultiver] le coton. ¶ ~로 면섬유를 만들다 tisser des fibres de coton pour en faire du tissu.

◆_밭 명 champ *m* de coton.

◆_씨 명 graine *f* du cotonnier.

목활자 木活字 명 type *m* en bois, caractère *m* d'imprimerie en bois.

목회 牧會 명 service *m*; culte *m*; action (du pasteur) de guider les croyants. ◇_(를) **하다** guider les croyants.

◆_자 -者 명 ((목사)) pasteur *m*; ((전도사)) prédica*teur*(*trice*), propaga*teur*(*trice*) de la foi.

몫 명 part *f* ((d'argent, de biens)), portion *f* ((de l'héritage)), contingent *m*; lot *m* ((en argent)); ((배당)) dividende *f*, 【수학】 dividende *f*. ¶ 자기 ~을 챙기다 prendre *sa* part ((du butin)). ¶ 부당하게 큰 ~을 차지하다 s'approprier [prendre] une grande part de manière illicite; se tailler la part du lion. ¶ 남의 ~까지 차지하다 s'approprier la part des autres. ¶ 이것은 네 ~으로 남겨 두었다 Je t'ai laissé ta part. ¶ 네 ~으로 이익의 반을 주겠다 Je vais te donner la moitié des intérêts. Ce sera ta part. ¶ 내 ~은 겨우 이것뿐이냐? Ma part, c'est seulement ça? ¶ 이 돈에서 내 ~은 얼마냐? C'est combien ma part dans ce butin? ¶ 10 나누기 2의 ~은 얼마냐? Le résultat de 10 divisé par 2, c'est combien?

*****무엇에서 한 ~ 하다** y être beaucoup dans *qc*.

*****한 ~ 끼다** prendre part à *qc*[avoir part à *qc*; participer à *qc*; contribuer à faire *qc*] pour en tirer profit.

*****한 ~ 잡다** tirer le gros lot.

몫돈 명 ((‘목돈’의 잘못)) ☞ 목돈

몬순 外 명 mousson *f*. ¶ ~ 기후 un climat de mousson.

◆_림 -林 명 forêt *f* de zone de mousson.

◆_지대 -地帶 명 zone *f* de mousson.

몰[1] 영{mole} 명 【화학】 mole *f*. ¶ ~ 농도 densité de mole.

몰-[2] 접두 manquer de, ((être)) dépourvu(*e*) de. ¶ ~상식하다 manquer de [être dépourvu(*e*) de] bon sens; être déraisonnable, incongru(*e*), déplacé(*e*), extravagant(*e*), imprudent(*e*); manquer de savoir-vivre [d'éducation]. ¶ ~인정하다 être cruel(*le*), inhumain(*e*), sans pitié, sans cœur. ¶ ~지각하다 manquer de bon sens.

몰-[3] 접두 한 곳으로 몰린 tout, tous, toutes. ¶ 한 후보에게 ~표를 주다 donner toutes les voix à un candidat. ¶ ~매를 맞다 recevoir une volée de coups.

몰가치성 沒價値性 명 absence *f* du sens des valeurs; attitude *f* scientifique prônant le rejet des valeurs morales pour préserver l'objectivité.

몰각 沒却 명 indifférence *f*, négligence *f*; dédain *m*; ignorance *f*. ◇_(을) **하다** faire peu de cas de; ne tenir aucun compte de; ne pas faire attention à, oublier; effacer. ¶ 그것은 공직자의 신분을 ~한 행동이다 C'est un comportement indigne d'un membre de la fonction publique.

◇_(이) **되다** être oublié(*e*), effacé(*e*).

몰개성적 沒個性的 명 manque *m* de personnalité [d'originalité]. ¶ ~인 문체 un style qui manque de personnalité [d'originalité].

몰골 명 apparence *f*, aspect *m*; air *m*; figure *f*; mine *f*; forme *f*. ¶ 사나운 ~ une apparence [une forme] disgracieuse [peu agréable à la vue, inconvenante, incongrue, peu décente; une mine peu décente, une triste mine. ¶ 그 동안 너무 고생을 해서 ~이 말이 아니다 Il a mené une vie si dure qu'il est triste à voir [a une triste mine]. ◇_(이) **흉하다[사납다]** ① avoir une figure hideuse; être laid(*e*) [moche, vilain(*e*), hideu*x*(*se*)]; être répugnant(*e*), désagréable à voir, écœurant(*e*); être ignoble; être peu présentable. ② avoir mauvaise mine, avoir une triste mine; ne pas avoir une belle mine; être triste à voir. ¶ 그 아이는 ~ 사나운 짓만 골라 한다 Cet enfant fait toujours délibérément de sérieuses bêtises [des conneries {*vulg*}].

몰다 타 ① conduire ((un troupeau)), pousser, mener. ¶ 양떼를 ~ conduire un troupeau de moutons. ¶ 소를 축사로 ~ mener le bétail vers l'étable; mettre les bestiaux (dans une pâture). ¶ 그 가수는 항상 팬들을 몰고 다닌다 Ce chanteur se déplace toujours avec sa horde de fans / Ce chanteur est toujours accompagné par ses fans. ② rassembler. ¶ 그 사람은 그 동안 못했던 일들을 몰아서 한꺼번에 했다 Il a rassemblé les choses qu'il n'a pas pu faire et les a réglées d'un seul coup. ¶ 그 여자는 석달치 방세를 몰아서 냈다 Elle a payé en bloc trois mois de loyer / Elle a payé le loyer de trois mois en un seul versement [en un versement unique]. ③ acculer; mettre *qn* (au pied du mur); pousser *qn* (dans ses derniers retranchements); réduire *qn* (à des extrémités). ¶ 그 사건이 그 사람을 궁지에[로] 몰았다 Cette affaire l'a conduit(*e*) dans une impasse. ④ conduire ((un véhicule)); diriger. ¶ 자동차를 ~ conduire une auto. ¶ 그 사람은 트럭을 반대 방향으로 몰았다 Il a conduit le camion en sens inverse. ¶ 조종사는 비행기를 남쪽으로 몰았다 Le pilote a dirigé l'avion vers le sud. ¶ 그 여자는 항상 차를 몰고 다닌다 Elle se déplace toujours en voiture. ⑤ ((운동)) faire avancer ((le ballon, la balle)). ¶ 나는 공을 몰다가 동료에게 패스했다 J'avançais ballon au pied et j'ai fait une passe à un partenaire / J'avais le ballon [la balle] (au pied) et l'ai passé(*e*) à un partenaire. ⑥ imputer ((un crime)) à *qn*; charger *qn* ((d'un crime)); inculper *qn*, accuser *qn* ((d'un crime)). ¶ 무고한 사람을 도둑으로 몰다 prendre un innocent pour un voleur. ¶ 충신을 역적으로 ~ faire passer un sujet loyal pour un traître.

*__소문[풍문]을 몰고 다니다__ être souvent l'objet de rumeurs, être la source [une source permanente] de rumeurs [de bruits], être toujours à l'origine de rumeurs récurrentes.

몰두 沒頭 명 concentration *f* (d'esprit), application *f* ((à un travail)); préoccupation *f*. ◇_(를) **하다** s'absorber ((dans la lecture)); s'adonner à *qc*; se donner totalement à *qc*; se plonger ((dans un roman)); se vouer entièrement à *qc*; se concentrer sur *qc*. ¶ 그는 일에 ~하려 했으나 허사였다 Il voulait s'absorber dans son travail, mais il n'a pas réussi [ça n'a pas marché, il n'a pas pu le faire]. ¶ 어떤 문제를 해결하는 데 ~하다 se donner [se livrer] totalement à *qc* pour résoudre un problème. ◇_(가) **되다** être absorbé(*e*) par *qc*; être entièrement voué(*e*) à *qc*. ¶ 좀처럼 일에 ~가 되지 않는다 Il n'est pas du tout absorbé par *son* travail / Je n'arrive pas à me concentrer sur *mon* travail.

몰라보다 타 ① ne pas reconnaître *qn*. ¶ 모습이 너무 변해서 나는 그 사람을 몰라보았다 Son aspect [physique] ayant trop changé, je ne l'ai pas reconnu(*e*) / Il[Elle] a tellement changé que je ne l'ai pas reconnu(*e*). ¶ 너 몰라보게 예뻐졌다! Tu es devenue une réelle beauté [une beauté incomparable]. ¶ 그의 아들은 몰라볼 정도로 자랐다 Son fils a grandi de manière méconnaissable. ② 무시하다 mésestimer; manquer d'égards envers *qn*, ne pas respecter, ne pas avoir de considération [de respect] pour *qn*; négliger, laisser *qn* de côté, sous-estimer. ¶ 누구의 수고를 ~ mésestimer le service d'autrui; mésestimer les efforts de *qn*. ¶ 출세 좀 했다고 어른을 몰라보다니 Tu as réussi dans la vie et tu es sans considération pour les personnes âgées. ¶ 내 정성을 몰라보다니 Tu n'apprécies [Tu ne reconnais] pas les efforts sincères que je fais pour toi.

몰라뵙다 타 ((forme honorifique de 몰라보다)) ne pas reconnaître ((une personne âgée et respectable)); ne pas considérer [respecter], ne pas avoir de considération [de respect, de déférence] pour, manquer d'égards envers ((une personne âgée et respectable)). ☞ 몰라보다

몰라주다 타 ne pas reconnaître *qc*; rester sourd(*e*) ((à l'amour de *qn*, à la souffrance de *qn*)). ¶ 아무도 내 공로를 몰라주어서 무척 섭섭하다 Je suis très triste car personne ne reconnaît mes exploits [mes mérites]. ¶ 너는 내 마음을 몰라주는구나 Tu ne comprends pas mon état d'âme / Tu restes sourd(*e*) à mon amour [à ma souffrance].

몰락 沒落 명 ruine *f*, chute *f*, décadence *f* ((d'une société, d'une époque)), abaissement *m*, affaiblissement *m*, affaissement *m*; déchéance *f* ((d'une civilisation)), décrépitude *f*, dégringolade *f* {*fam*} ((d'une entreprise, des cours en Bourse)), dégénérescence *f*; ((régime, société en complète)) déliquescence *f*; dégradation *f*; dépérissement *m*; écroulement *m*, effondrement *m*; ((파산)) faillite *f*, banqueroute *f*. ¶ 가문의 ~ la déchéance d'une famille. ¶ 서구문명의 ~ le déclin [la déchéance, la dégénérescence] de la civilisation occidentale. ¶ 그 때부터 그는 ~의 길을 걷기 시작했다 À partir de ce moment-là, il est entré dans une période de décadence [cela a été pour lui le début de la déchéance, il a commencé à dégringoler {*fam*}, ça a été la dégringolade {*fam*}]. ◇_(을) **하다** se ruiner, s'effondrer, s'écrouler, périr, baisser, aller à la [tomber en] ruine; tomber en décadence [en déliquescence]; déchoir, dégénérer; se dégrader, s'avilir, s'abâtardir; faire faillite [être, tomber en faillite], aller à la faillite; s'acheminer vers la ruine; tomber bien bas. ¶ ~한 귀족 un noble ruiné; un noble déchu. ¶ 여러 번의 사업 실패로 그 집안은 완전히 ~해 버렸다 Cette famille a fait faillite suite à de nombreux échecs dans les affaires / Cette famille s'est ruinée après avoir échoué à plusieurs reprises dans leur business. ◇_(을) **시키다** ruiner *qc*; conduire *qc* à la faillite, pousser *qc* vers *son* déclin; provoquer l'effondrement ((d'un empire)).

몰래 부 secrètement; en secret; incognito; en cachette; sans bruit; à la dérobée, subrepticement, doucement, en douce; clandestinement; furtivement; en tapinois, en catimini, à l'insu de *qn*, en se cachant de *qn*; à pas de loup, sur la pointe des pieds. ¶ ~ 가버리다 partir en douce [furtivement], s'esquiver doucement, filer à l'anglaise, se tirer en douce {*fam*}, s'éclipser {*fam*}, prendre la tangente, disparaître en douce, fausser compagnie à *qn*. ¶ ~ 누구의 뒤를 밟다 suivre *qn* en cachette [en douce {*fam*}]. ¶ 그는 부모님 ~ 집을 빠져나갔다 Il est sorti à l'insu de ses parents. ¶ 남 ~ 사랑하는 사이 une relation amoureuse secrète.

몰려가다 자 se ruer vers, arriver en foule, aller à flots, s'attrouper, s'assembler; courir en foule vers. ¶ 사람들이 모두 광장에[으로] 몰려갔다 Les gens se sont tous rués vers la place. ¶ 사람들은 시청에[으로] 몰려가 항의를 했다 Les gens se sont attroupés devant la mairie pour protester.

몰려나가다 재 sortir en foule [en groupe, en masse, en bande]; courir en foule (vers). ¶ 사람들이 광장으로 몰려나갔다 Les gens sont sortis en foule sur la place. ¶ 사람들이 운동장에서 거리로 몰려나갔다 Les gens ont quitté en masse la cour pour (gagner) la rue.

몰려나다 재 ① se faire chasser; être chassé(*e*), renvoyé(*e*), expulsé(*e*). ¶ 동네에서 ~ être chassé(*e*) de son village; être mis(*e*) au ban du village. ② être destitué(*e*) (d'une fonction), congédié(*e*), licencié(*e*), mis(*e*) à la porte {*fam*}, mis(*e*) dehors {*fam*}. ¶ 그 남자는 젊은 사람들에게 밀려 직장에서 몰려났다 Concurrencé par les jeunes [Poussé vers la sortie par les jeunes], il a quitté son emploi / Il a dû laisser son poste professionnel aux jeunes.

몰려나오다 재 sortir en foule, se ruer vers l'extérieur. ¶ 시민들이 거리로 몰려나왔다 Les citoyens sont sortis en foule dans la rue. ¶ 사람들이 항의하러 우르르 몰려나왔다 Les gens sont sortis en foule pour protester.

몰려다니다 재 ① 쫓겨다니다 être chassé(*e*), poussé(*e*), poursuivi(*e*). ¶ 구름이 바람에 몰려다닌다 Les nuages sont chassés par le vent. ¶ 낙엽이 바람에 몰려다닌다 Les feuilles mortes volent au vent ici et là. ② 떼지어 다니다 se déplacer [marcher, s'avancer] en masse [en foule, en bande, en groupe], traîner ici et là en groupe. ¶ 매일 친구들과 어디를 그렇게 몰려다니니? Tous les jours, toi et tes amis, où vous promenez-vous [où vous baladez-vous, où traînez-nous {*fam*}] ensemble? ¶ 소녀들은 몰려다니기를 좋아한다 Les filles aiment se promener [se déplacer] en groupe.

몰려들다 재 ① arriver [venir] en foule [en masse, en bande, en groupe]. ¶ 비구름이 몰려든다 Des nuages chargés de pluie arrivent en masse. ② affluer dans [vers, à]; se ruer, se réunir, s'attrouper, se rassembler, se jeter en foule, envahir. ¶ 사람들이 극장으로 몰려든다 La foule afflue vers le théâtre. ¶ 손님들이 백화점으로 몰려들었다 Les clients ont afflué dans le grand magasin. ¶ 그 가수는 몰려드는 팬들을 피해 뒷문으로 빠져나갔다 Le(La) chanteu*r*(*se*) s'est sauvé(*e*) par la sortie de secours en évitant les fans qui se jetaient en foule sur lui(elle).

몰려오다 재 ① venir [arriver] en foule [en masse, en groupe, en troupe, en bande], affluer vers [à]. ¶ 먹구름이 몰려온다 Des nuages noirs [menaçants] affluent. ¶ 외래문화가 몰려온다 Les cultures étrangères arrivent en masse. ② affluer; se ruer. ¶ 사람들이 가게로 몰려왔다 Les gens affluaient dans le magasin; arriver en masse. ¶ 적들이 개미떼처럼 몰려오고 있다 Les ennemis affluent comme des mouches. ¶ 채권자들이 그의 집에 몰려왔다 Les créanciers sont arrivés en foule chez lui. ③ être envahi(*e*) ((par la fatigue)), être tiraillé(*e*) ((par la faim)). ¶ 갑자기 피로와 공복감이 몰려왔다 Soudain, la fatigue et la faim m'ont envahi(*e*).

몰리다 재 ① se réunir; se rassembler, se grouper; se presser autour, faire foule autour de; affluer à [dans]; accourir [se rendre] en foule, se ruer. ¶ 한꺼번에 차가 몰려서 도로가 몹시 혼잡하다 À la suite d'un afflux brutal des voitures, la circulation est très encombrée [difficile, congestionnée]. ¶ 사람들이 한 쪽으로 몰린다 Les gens se pressent sur un seul côté. ¶ 돈이 한 곳에 몰린다 L'argent est mal réparti. ¶ 주문이 몰린다 Les commandes affluent en masse [se bousculent]. ¶ 손님들이 그 가게에[로]만 몰린다 Les clients se pressent seulement dans ce magasin. ¶ 그 의사는 환자들이 몰린다 Les malades affluent chez ce médecin. ¶ 주말에 일이 몰려서 쉴 틈이 없다 Le travail ayant afflué ce week-end, je n'ai pas de répit. ② être pourchassé(*e*), coincé(*e*), chassé(*e*), pressé(*e*), poussé(*e*). ¶ 시간에 ~ être à court de temps, manquer de temps. ¶ 그 사람은 상대편 복서에게 코너로 몰렸다 Il a été acculé dans un coin par le boxeur adverse. ¶ 바람에 휴지들이 한쪽으로 몰렸다 Des morceaux de papiers usés sont poussés sur le côté par le vent. ¶ 그는 그 일로 궁지에[로] 몰렸다 Il a été acculé [poussé] dans une impasse par cette affaire. ¶ 나는 막바지에 몰렸다 Je suis acculé(*e*) dans les derniers retranchements. ¶ 일본 팀이 한국 팀에 몰리기 시작했다 L'équipe japonaise commence à être pressée [mise en péril, acculée] par l'équipe coréenne. ③ être accusé(*e*) de *qc*. ¶ 역적으로 ~ être accusé(*e*) de crime [de traîtrise]. ¶ 그는 간통죄로 몰렸다 Il est accusé d'adultère.

몰매 명 volée *f* de coups (reçue par plusieurs personnes); bastonnade *f* (donnée par une collectivité). ¶ ~(를) 맞다 recevoir une volée de coups; subir une bastonnade. ¶ ~(를) 때리다[주다] donner une volée de coups [une bastonnade] à *qn*.

◆ **_질** 명 acte *m* de donner une volée de coups [une bastonnade]. ¶ ~질을 하다 donner une volée de coups [une bastonnade] à *qn*.

몰사 沒死 명 mort *f* de plusieurs personnes (en même temps). ◇_(를) **하다** ((les passagers d'un avion)) mourir tous ensemble; mourir jusqu'au dernier.

몰살 沒殺 명 massacre *m*; hécatombe *f*, extermination *f*; tuerie *f*; anéantissement *m*. ◇_(을) **하다[시키다]** massacrer *qn*; anéantir *qn*, exterminer *qn*; tuer ((plusieurs individus jusqu'au dernier)). ¶ 적을 ~하다 anéantir [massacrer, exterminer] l'ennemi. ◇_(을) **당하다** se faire anéantir [se faire exterminer, se faire massacrer, se faire tuer jusqu'au dernier]; être massacré [anéanti, tué jusqu'au dernier]. ¶ 일가족이 ~당했다 Toute la famille a été massacrée [tuée].

몰상식하다 沒常識- 형 être déraisonnable, incongru(*e*), déplacé(*e*), extravagant(*e*), imprudent(*e*); manquer de savoir-vivre [d'éducation]; n'avoir aucune éducation; être malappris(*e*), mal élevé(*e*) [mal éduqué(*e*)], malotru, grossi*er*(*ère*), sans-gêne; être un ours mal léché; se conduire comme un mufle [un rustre, un goujat, un pignouf {*fam*}]. ¶ 몰상식한 행동[말] un comportement incongru; des incongruités, des extravagances; un comportement sans-gêne [des paroles grossières, des incongruités, une remarque incongrue, une remarque déplacée]. ¶ 정말 몰상식한 사람이군 Il manque vraiment d'éducation [de savoir-vivre]! / Quel malotru [malappris, mufle]! / Il est vraiment sans gêne! ¶ 몰상식하게 그 녀석은 아무 데나 침을 뱉는다 Il crache n'importe où. Quel malotru [malappris]! / Il crache n'importe où. Il manque vraiment d'éducation [de savoir-vivre] / Il crache n'importe où. Il n'a vraiment aucune éducation!

몰수 沒收 명 confiscation *f* ((de biens)); saisie *f*. ¶ 토지의 ~ la confiscation de la terre. ◇_(를) **하다** confisquer ((les biens d'un criminel)); saisir ((les biens de *qn*)). ¶ 반역자의 재산을 ~하다 confisquer les biens d'un traître. ◇_(가) **되다** être confisqué(*e*) [réquisitionné(*e*)] ((par le gouvernement)). ¶ 여행객들이 반입하려던 금괴가 모두 ~되었다 Les lingots d'or que les voyageurs voulaient introduire (en cachette) dans un pays ont été saisis. ◇_(를) **당하다** se faire confisquer [se faire saisir] *qc*. ¶ 주민들은 적군에게 식량을 모조리 ~당했다 Les habitants se sont fait confisquer toutes leurs vivres par l'armée ennemie.

◆**_게임[경기]** [-競技] 명 match *m* confisqué ((match où l'équipe qui a été trop pénalisée est déclarée perdante)).

◆**_물[품]** -物[品] 명 articles *mpl* confisqués; objet *m* saisi.

몰아 沒我 명 effacement *m* de soi(-même); oubli *m* de soi-même. ¶ ~의 상태에서 dans un état extatique, dans un état de parfaite béatitude. ¶ ~의 경지에 이르다 parvenir à l'état extatique, atteindre la parfaite béatitude.

◆**_지경** -地境 명 état *m* extatique, parfaite béatitude *f*.

몰아가다 타 ① chasser, pousser, faire aller; conduire, mener. ¶ 사건을 파국으로 몰아가다 mener une affaire vers une issue [un dénouement] catastrophique [tragique]. ¶ 언론이 이 사건을 정치적인 사건으로 몰아가고 있다 Les médias font de cet événement une affaire politique. ② acheter *qc* en bloc; rafler; accaparer. ¶ 장사꾼들이 남은 물건을 다 몰아가버렸다 Les marchands ont raflé le reste des marchandises.

몰아내다 타 ① pousser vers l'extérieur, expulser, chasser; faire sortir; refouler; renvoyer; bannir; éliminer, éjecter, exclure, évincer, écarter, reconduire, déloger. ¶ 사진 기자들을 회의장 밖으로 ~ expulser les journalistes photographes en dehors de la salle de réunion. ¶ 침략자들을 도시에서 ~ chasser les envahisseurs hors de la ville. ¶ 선동자를 회의에서 ~ expulser les agitateurs [les perturbateurs] d'une réunion. ¶ 세입자를 거리로 ~ jeter un locataire à la rue, expulser un locataire. ② destituer, révoquer, renvoyer, démettre, déposer, congédier, éjecter. ¶ 이사들은 그 사람을 회장 자리에서 몰아냈다 Les administrateurs l'ont éjecté [destitué] de sa fonction de président.

몰아넣다 타 ① faire entrer *qn*, introduire *qn*; pousser, chasser, jeter, acculer (à l'intérieur de *qc*). ¶ 돼지를 우리에 ~ faire entrer un porc dans la porcherie. ¶ 선생님은 많은 수의 학생들을 한 교실에 몰아넣었다 Le professeur a fait entrer un grand nombre d'élèves dans une seule salle de classe. ② acculer *qn*. ¶ 누구를 궁지에[로] ~ acculer *qn* à *qc*; mettre *qn* dans une situation embarrassante; mettre *qn* au pied du mur; enfermer *qn* dans un dilemme. ¶ 딸의 불행은 아버지를 깊은 슬픔으로 몰아넣었다 Le malheur de sa fille a plongé le père dans une profonde tristesse.

몰아닥치다 자 venir en foule [en groupe, en bande]; s'abattre. ¶ 친구들이 내 자취방으로 몰아닥쳤다 Mes ami(*e*)s ont débarqué à plusieurs dans mon studio. ¶ 한파가 몰아닥쳤다 Une vague de froid s'est abattue ((sur la région)). ¶ 한꺼번에 여러 사건들이 몰아닥쳤다 Plusieurs événements sont arrivés [se sont produits] en même temps.

몰아대다 재타 ① admonester, critiquer, chapitrer, houspiller sermonner, tancer. ¶ 약속을 지키지 않았다고 친구를 심하게 ~ houspiller *son* ami pour avoir manqué à *sa* parole. ¶ 누구의 잘못을[에 대해] 마구 ~ tancer *qn* sévèrement [vertement] pour *son* erreur. ② presser *qn* (de faire *qc*); pousser *qn* (à faire *qc*); mettre l'épée dans les reins. ¶ 작업반장은 일을 빨리 끝내라고 인부들을 몰아댔다 Le contremaître a pressé ses ouvriers de vite finir le travail. ¶ 채권자들은 그 채무자에게 빚을 갚으라고 몰아댔다 Les créanciers l'ont poussé à rembourser sa dette.

몰아붙이다 타 ① mettre [pousser] tout du même côté. ¶ 책상들을 한 쪽 구석으로 ~ pousser les bureaux dans un coin. ② réprimander; blâmer; faire des reproches à *qn*. ¶ 우리는 모든 것이 그 사람 탓이라고 그를 몰아붙였다 Nous l'avons réprimandé en disant que tout était à cause de lui [que tout était de sa faute].

몰아세우다 타 ① mettre *qn* dans un coin. ¶ 그 남자는 동생을 한쪽 구석에[으로] 몰아세웠다 Il a dit à son petit frère de se tenir [de rester] dans un coin. ② réprimander, morigéner, tancer; sermonner *qn* vertement; blâmer *qn* fortement, faire de vifs reproches à *qn* pour une faute. ¶ 그 남자는 실수를 했다고 나를 몰아세웠다 Il m'a reproché d'avoir commis des fautes. ¶ 그 남자는 자초지종도 듣지 않고 나를 일방적으로 몰아세웠다 Il m'a critiqué d'un bout à l'autre sans même écouter mon récit. ③ prendre *qn* pour ((l'auteur d'un crime)). ¶ 경찰은 그 사람을 범인으로 몰아세웠다 La police l'a pris(e) pour l'auteur du crime.

몰아쉬다 명 ((숨을)) souffler [expirer] après avoir retenu *son* souffle. ¶ 숨을 ~ expirer [souffler] après avoir retenu *son* souffle.

몰아오다 타 ① conduire, emmener *qc* à flots [en groupe], amener. ¶ 양떼를 집으로 ~ conduire le troupeau de moutons à la maison. ¶ 바람이 소나기를 몰아왔다 Le vent a amené une averse. ¶ 그 사람은 일꾼들을 지방에서 서울로 몰아왔다 Il a emmené les ouvriers en foule de la province à Séoul. ② rafler, acheter en grande quantité; apporter en totalité. ¶ 가게에 진열된 물건들을 모두 ~ rafler tous les produits exposés dans le magasin.

몰아주다 타 donner *qc* en une seule fois; payer une somme en une seule fois. ¶ 그 회사는 그에게 일년치 봉급을 몰아주었다 L'entreprise lui a donné [payé, versé] son salaire d'une année en une seule fois. ¶ 우리 지역 출신 후보에게 표를 몰아줍시다 Donnons tous nos bulletins de vote au candidat issu de cette région.

몰아치다 재타 ① déferler, fracasser, souffler violemment, mettre [pousser] tout dans un endroit [dans une direction]. ¶ 어제 해안 지역에 폭풍이 몰아쳤다 Hier, une tempête a déferlé sur la région côtière. ② faire [travailler] à la hâte; se hâter de+*inf*. ¶ 밀린 일을 몰아쳐서 하루만에 끝냈다 J'ai travaillé rapidement pour terminer en une journée le travail en retard.

몰염치 沒廉恥 명 impudence *f*; effronterie *f*; indécence *f*, inconvenance *f*. ¶ 그런 ~가 어디 있냐? Quelle impudence! / Quel toupet! / Quel culot! {*fam*} / Il ne manque vraiment pas d'audace [d'air {*fam*}, de culot {*fam*}]! / Il a un de ces culots! / Il exagère! / Il est gonflé {*fam*}.

◆**_하다** 형 être impudent(*e*), éhonté(*e*), effronté(*e*), inconvenant(*e*), indécent(*e*); manquer de pudeur [de réserve]; ne pas manquer d'air [de culot]; être sans-gêne, sans scrupule; être sans vergogne; être culotté(*e*) {*fam*}, gonflé(*e*) {*fam*}; avoir un de ces culots {*fam*}. ¶ ~한 사람 une personne sans-gêne [sans scrupule, sans vergogne], une personne effrontée; un(*e*) effronté(*e*); une personne culottée {*fam*}; une personne qui ne manque pas d'air {*fam*}. ¶ ~한 부탁 une demande sans gêne [impudente, sans scrupule, culottée {*fam*}].

몰이 명 rabat *m*; rabattage *m* ((du gibier)). ¶ 내일은 꿩 ~나 하러 갈까 한다 Demain, on va peut-être aller rabattre du faisan.

◆**_꾼** 명 rabatteu*r*(*se*); traqueu*r*(*se*).

몰이해 沒理解 명 manque *m* de compréhension; incompréhension *f*. ¶ 천재는 종종 주위 사람들의 ~로 고통받는다 Les génies souffrent souvent du manque de compréhension de leur entourage.

몰인정 沒人情 명 inhumanité *f*, cruauté *f*, insensibilité *f*, manque *m* de cœur, manque *m* de sympathie.

◆**_하다** 형 manquer d'humanité [de cœur, de sympathie]. ¶ ~한 사람[행동] une personne cruelle[un geste cruel]. ¶ ~하게 부탁을 거절하다 refuser froidement un service.

몰입 沒入 명 action de se plonger ((dans la méditation)); action *de* se laisser absorber ((par un travail)). ◇**_(을) 하다** se plonger dans ((l'étude)); s'absorber dans *qc*; s'adonner entièrement à *qc*; se concentrer sur *qc*. ¶ 예술의 세계에 ~하다 se plonger dans le monde de l'art. ¶ 황홀경에 ~하다 tomber en [dans l'] extase. ◇**_(이) 되다** être absorbé(*e*) par *qc*; être plongé(*e*) dans *qc*; être entièrement voué(*e*) à *qc*.

몰지각 沒知覺 명 manque *m* de bon sens[de jugement, de discernement, de clairvoyance, de jugeote {*fam*}].

◆**_하다** 형 manquer de bon sens[de jugement, de discernement, de clairvoyance, de jugeote {*fam*}]; être déraisonnable, incongru(*e*), extravagant(*e*), insensé(*e*), irréfléchi(*e*), imprudent(*e*), inconsidéré(*e*). ¶ ~한 사람 une personne extravagante [insensée, qui agit en dépit du bon sens]. ¶ ~한 언동 une incongruité, une extravagance; des paroles insensées [irréfléchies], propos imprudents [inconsidérés]. ¶ 옆 집 사람은 ~하게 한 밤중에 피아노 연습을 한다 Mon voisin qui manque vraiment de sens civique fait ses gammes au beau milieu de la nuit.

몰표 -票 명 tous les suffrages *m*, toutes les voix *f*. ¶ ~를 얻다 recueillir tous les suffrages, réunir toutes les voix. ¶ ~를 주다 donner tous les suffrages à *qn*, donner toutes les voix à *qn*.

몸 명 ① corps *m*; physique *m*; constitution *f*; stature *f*. ¶ ~을 씻다 se laver (le corps). ¶ ~을 단련하다 s'exercer le corps, s'entraîner physiquement, faire des exercices physiques. ¶ ~을 녹이다 se réchauffer. ¶ ~을 가리다 se couvrir, se recouvrir. ¶ 분노로 ~을 떨다 trembler[frémir] de colère[de rage], bouillir de colère. ¶ 사고로 ~을 크게 다치다 sortir grièvement [gravement, sérieusement] blessé(*e*) d'un accident. ¶ ~을 날려 공을 잡다 se jeter sur le ballon de tout *son* corps. ¶ 날아오는 공을 ~으로 막다 arrêter un but de tout *son* corps, bloquer un tir avec tout *son* corps. ¶ 이 옷이 ~에 아주 잘 맞는구나! Ce vêtement te va à merveille[comme un gant, à ravir, très bien]! / Ce vêtement est très seyant pour toi! ¶ ~이 작다 être petit(*e*), être de petite taille, être menu(*e*); ((경멸적)) être un nabot, un avorton, un nain. ¶

ㅁ

~이 건장하다 avoir[être d'] une robuste constitution; être solidement bâti(*e*), être vigoureux(*se*)[solide, gaillard(*e*), robuste]. ¶ ~과 마음이 다 피곤하다 être physiquement et psychologiquement fatigué(*e*) [épuisé(*e*), crevé(*e*) {*pop*}, à plat {*fam*}, vanné(*e*) {*fam*}, vidé(*e*) {*fam*}, lessivé(*e*) {*fam*}]. ¶ ~이 많이 말랐다 être très maigre (comme une allumette), être décharné(*e*)[efflanqué(*e*), famélique, rachitique, squelettique, étique]. ② santé *f*. ¶ ~을 회복하다 aller mieux[bien], recouvrir la santé, se rétablir, reprendre du poil de la bête {*fig*}, se ressaisir, reprendre le dessus, se porter mieux. ¶ ~에 좋은 약 un bon remède pour la santé, un médicament efficace pour garder la santé.¶ ~에 나쁘다 être mauvais(*e*) pour[nuisible à] la santé. ¶ ~이 약하다 être de faible constitution, être chétif(*ve*)[délicat(*e*)]. ¶ ~이 지쳤다 Je suis fatigué(*e*) / Je suis épuisé(*e*) [exténué(*e*), éreinté(*e*)] / Je suis crevé(*e*) {*pop*} [fourbu(*e*), vanné(*e*) {*fam*}, à plat {*fam*}]. ¶ 어제 늦게 잤더니 오늘은 ~이 좋지 않다[무겁다] Je me suis couché(*e*) trop tard hier, je ne suis pas en forme [je ne me sens pas d'aplomb, je ne me sens pas bien, je me sens lourd(*e*)] aujourd'hui. ¶ 담배를 끊고 운동을 했더니 ~이 좋아졌다 Je me porte mieux depuis que j'ai arrêté de fumer et que je fais du sport / Je vais mieux depuis que j'ai cessé de fumer et que j'ai commencé le sport. ③ position *f*, situation *f*; condition *f*; statut *m*. ¶ 귀하신 ~ une personne de haut rang; une personne prestigieuse. ¶ 장애인의 ~으로 에베레스트 산을 정복하다니, 정말 놀랍다 Qu'une personne ayant un handicape vienne à bout de l'Everest, c'est vraiment formidable. ④ ((사물)) corps *m*; tronc *m*; torse *m*.

*~ **둘 바를 모르다** ne plus savoir où donner de la tête[comment faire]. ¶ 이렇게 환대를 해 주시니 송구스러워서 ~ 둘 바를 모르겠습니다 Je ne sais pas comment vous remercier de m'avoir si bien reçu(*e*) / Je ne saurais comment vous remercier de[pour] votre accueil.

*~(을) **담다** être dans ((une compagnie)), faire partie de ((du corps éducatif)). ¶ 교직에 ~(을) 담고 있다 être dans l'enseignement, faire partie du corps éducatif.

*~을 **더럽히다** ((남자가 여자를)) avilir, bafouer, violenter, déshonorer, déflorer, violer, abuser d'((une femme, une jeune fille)); ((여자가)) se déshonorer, se couvrir d'opprobre; perdre *sa* virginité; être déflorée[déshonorée].

*~을 **던지다** ① 뛰어내리다 sauter en bas, s'élancer du haut de, se jeter dans ((le vide)). ¶ 그 분은 창문을 통해 아래로 ~을 던져 자살을 시도했다 Il a tenté de se suicider en se jetant par la fenêtre [en se défenestrant]. ② 헌신하다 se jeter [se lancer] (à corps perdu) dans ((la politique)), se dévouer [se consacrer] à *qc*, se sacrifier pour *qc*. ¶ 자유를 위한 투쟁에 ~을 던지다 se jeter [se lancer] dans la lutte pour la liberté, embrasser la cause de la liberté.

*~을 **맡기다** se donner à *qn*; se mettre à la disposition de *qn*.

*~(을) **바치다** se sacrifier, s'adonner entièrement ((à l'étude)), se donner corps et âme à *qc*; s'offrir à *qn*; se vouer à *qc*. ¶ 평생을 여성교육에 ~ 바치다 se donner corps et âme[tout entier] à l'éducation des femmes.

*~을 **버리다** ruiner[détruire, compromettre] *sa* santé, mettre *sa* santé à mauvaise épreuve.

*~을 **빼다[빼내다]** se dérober à *qc*; éviter *qc*; se soustraire à *qc;* s'esquiver de; s'éclipser de.

*~을 **사리다** se ménager, ménager *ses* efforts, être prudent(*e*).

*~을 **섞다** s'étreindre; s'accoupler, se mêler, baiser {*vulg*}.

*~을 **아끼다** se ménager, ménager [économiser] *ses* forces.

*~을 **팔다** se prostituer, se vendre, faire le trottoir {*fam*}, faire le tapin {*arg*}, tapiner {*arg*}, racoler *qn* {*arg*}.

*~을 **풀다** ① ((운동)) 준비운동하다 s'échauffer, faire des échauffements. ② accoucher d'((un enfant)) enfanter, donner le jour à ((un enfant)), donner naissance à ((un enfant)), mettre au monde ((un enfant)).

*~에 **배다** se faire à *qc*, s'habituer à *qc*, s'accoutumer à *qc*.

*~으로 **때우다** compenser un déficit intellectuel [*ses* déficiences intellectuelles] par le physique [par *ses* capacités physiques, par *ses* qualités physiques], remplacer l'intelligence par la force.

*~이 **가볍다** ① se sentir léger(*ère*). ② ((운동선수가)) 컨디션이 좋다 se sentir en pleine forme, se sentir en train [d'aplomb], être dans un bon jour ((se dit d'un athlète, d'un sportif)).

*~이 **나다** grossir, prendre du poids [de l'embonpoint].

*~이 **달다** ① avoir de la fièvre. ② s'impatienter, perdre patience, être sur des charbons ardents, être sur le gril {*fam*}.

*~이 **허락하다** être physiquement capable.

◆**_가짐** 명 ① façon *f* [manière *f*] de se comporter [de se conduire]; conduite *f*, tenue *f*, maintien *m*, comportement *m*; mœurs *fpl*. ② attitude *f*; air *m*; manière *f* de se tenir. ¶ 단정한 ~가짐을 하다 être tiré(*e*) à quatre épingles {*fig*}, être vêtu(*e*) avec soin, se tenir décemment [correctement]. ¶ 어른들 앞에서는 ~가짐을 조심해라 Fais attention à ta tenue lorsque tu es en présence de grandes personnes! / Tiens-toi bien quand tu es devant des adultes! ¶ ~가짐이 바르다 avoir une tenue[une attitude] correcte, avoir une tenue[une attitude] décente.

◆_값 명 ① ((포로)) rançon *f.* ¶ 누구를 억류하고 ~값을 요구하다 prendre *qn* en otage et demander une rançon à *qn*, rançonner *qn*, mettre *qn* à rançon. ② ((운동선수)) cote *f* de popularité. ¶ ~값을 올리다 monter *sa* cote de popularité; être mieux coté(*e*); avoir une cote financière évaluée à la hausse.

◆_놀림 명 몸을 움직이기 mouvements *mpl* (du corps), gestes *mpl*. ¶ 옷을 많이 껴입어서 ~놀림이 둔하다 être engoncé(*e*)[être guindé(*e*), être gêné(*e*) dans *ses* mouvements] parce qu'*on* porte plusieurs vêtements l'un sur l'autre. ¶ ((운동선수가)) ~놀림이 좋다[가볍다] se mouvoir agilement [rapidement], se déplacer avec agilité ((se dit d'un athlète)).

◆_뚱이 명 ☞ 몸뚱이

◆_무게 명 ((corps)) poids *m*. ¶ ~무게를 달다[재다] se peser. ¶ ~무게가 많이 나간다 peser lourd, avoir un poids élevé. ¶ ~무게가 늘다[줄다] prendre[perdre] du poids[de l'embonpoint], grossir[maigrir].

◆_수색 -搜索 명 fouille *f*, inspection *f*. ¶ 수상한 자들을 ~수색하다 fouiller des suspects, faire une fouille de suspects.

◆_시중 명 service *m*; soin *m*. ¶ ~시중을 들다 s'occuper de *qn*, prendre soin de *qn*.

◆_종 명 servante *f* ((d'une femme)); camériste *f*.

몸가짐 명 ☞ 몸

몸단장 명 soin *m* de *son* corps [de *sa* tenue]. ◇_(을) **하다** prendre soin de *son* corps, prendre soin de *sa* toilette, se soucier de *sa* tenue. ◇_(을) **시키다** prendre soin du corps [de la toilette] de *qn*.

몸뚱아리 명 <équivalant *m* patoisant de 몸뚱이 dans la région du Jeolla méridionale>. ☞ 몸뚱이

몸뚱어리 명 ☞ 몸뚱이

몸뚱이 명 ① ((사람이나 짐승의 팔, 다리, 머리를 제외한 몸의 덩치)) corpulence *f*. ¶ ~가 크다[작다] être d'une forte [petite, faible] corpulence, être corpulent [massif, gros, trapu(*e*)]. ② ((' 몸' 을 속되게 이르는 말)) arcasse *f* {*fam*}. ((terme familier servant à désigner le corps)). ¶ 피투성이가 된 작은아버지의 몸뚱이를 매장하는 것을 똑똑히 보았었다 J'ai vu de mes propres yeux lorsqu'on a enterré [enseveli, inhumé] le cadavre ensanglanté de mon oncle paternel.

몸매 명 ligne *f* ((du corps)), galbe *m*, contours *mpl*, silhouette *f*. ¶ 가냘픈 ~ un physique longiligne[svelte, frêle, grêle], un corps fluet. ¶ ~를 가꾸다 prendre soin de *son* apparence [de *sa* ligne]. ¶ 그 부인은 아직도 날씬한 ~를 유지하고 있다 Cette femme a encore une jolie silhouette (pour *son* âge).

몸보신 -補身 명 fortification *f* [revitalisation *f*] du corps. ¶ ~에 좋은 음식 une nourriture [une alimentation] ayant des vertus régénérantes [revitalisantes]. ◇_(을) **하다** se revitaliser, reprendre des forces. ¶ 삼계탕으로 몸보신을 했다 J'ai repris des forces en prenant un *samgyetang*.

몸부림 명 agitation *f* ((dans le sommeil)); débattements *mpl*; trépignement *m* ((de colère)). ◇_(을) **치다** ① se débattre, se tordre ((de douleur)); se tourner et se retourner ((dans *son* lit)), se démener; se rouler par terre ((pour un enfant qui est une colère)). ¶ 덫에 걸린 짐승이 빠져나가려고 ~을 친다 L'animal pris au piège se démène pour s'en libérer [s'en échapper]. ¶ 필사적으로 ~을 쳐보았지만 도저히 몸을 움직일 수 없었다 Je me suis démené(*e*) désespérément, mais il n'y avait pas moyen de bouger. ¶ 아무리 ~쳐보아야 소용없다 Toute agitation est inutile. ② ((비유적)) se débattre contre les difficultés de la vie, lutter, se battre, se colleter ((avec les difficultés de la vie)). ¶ 살아나기 위해 ~치다 batailler pour survivre. ¶ 재기의 ~을 치다 lutter pour remonter la pente. ☞ 발버둥

몸뻬 일 명 *momppe m* <pantalon ample que portaient par-dessus leur *kimono* les femmes japonaises afin d'être libres de leurs mouvements au travail et qui fut importé en Corée pendant l'occupation. Pendant un certain temps, ce pantalon est resté le vêtement de la femme ouvrière. Aujourd'hui, il est porté par les femmes âgées qui travaillent sur les marchés ou utilisé comme pantalon d'intérieur>.

몸살 명 grippe *f*, frisson *m*, fièvre *f*. ◇_(을) **앓다**[(이) **나다**] ① attraper la grippe. ¶ 찬 바람을 오래 쐬었더니 결국 ~이 났다 À rester longtemps au froid, j'ai fini par attraper la grippe. ② s'impatienter, perdre patience; être sur le gril {*fam*}. ¶ 그 해 가을에 나는 어디론가 떠나고 싶어 ~을 앓았다 L'automne de cette année-là, j'avais tellement envie de partir en voyage que j'en étais presque malade.

◆_감기 -感氣 état *m* grippal; grippe *f*.

몸서리 명 frisson *m*; frémissement *m* ((de dégoût, de peur)). ◇_(를) **치다** frémir, frissonner, trembler, tressaillir ((de colère, de peur)). ¶ 그 사람의 이름만 들어도 끔찍해서 모두 ~(를) 친다 Le seul fait d'entendre son nom fait tressaillir [fait trembler] tout le monde d'effroi. ◇_(가) **나다**[**쳐지다**] être saisi(*e*) ((de colère, de dégoût, de peur)); frémir ((de peur, de dégoût)). ¶ 그 때의 고생은 생각만 해도 ~가 날 지경이다 Quand je pense à tout ce que j'ai enduré, j'en frémis encore.

몸소 부 en personne; *soi*-même. ¶ 그 사람이 ~ 나를 만나러 왔다 Il est venu me rencontrer en personne.

몸싸움 명 affrontement *m*, bagarre *f*, échauffourée *f*, pugilat *m*, rixe *f*. ¶ 야당의원과 여당의원 간에 격렬한 ~이 벌어졌다 Un affrontement violent a éclaté entre les députés de l'opposition et de la majorité. ¶ 공을 차지하기 위한 선수들의 ~이 치열했다 Les joueurs luttaient avec acharnement pour se saisir [pour s'emparer] du ballon. ◇_(을) **하다**[**벌이다**] engager un affrontement; bagarrer, se battre, se tabasser.

몸져눕다 자 s'aliter, garder le lit. ¶ 그 사람은 무리하게

일을 하더니 결국 몸져누웠다 À la suite d'un travail forcé, il est finalement tombé malade et s'est alité. ¶ 그 남자는 아들의 전사 소식을 듣고 너무 상심해서 몸져누웠다 Il était tellement triste d'avoir appris le décès de son fils sur le champ de bataille qu'il en est tombé malade.

몸조리 -調理 명 soin *m* de santé; convalescence *f*. ¶ 산후 ~가 중요하다 Les soins à apporter suite à un accouchement sont très importants. ◇_(를) **하다** prendre soin de *sa* santé, se remettre ((en bonne santé)), se rétablir, se retaper {*fam*}. ¶ 회사일은 걱정하지 말고 ~나 잘 하게 Ne vous inquiétez pas de votre travail pour le moment et prenez bien soin de vous.

몸조심 -操心 명 ① ((건강)) précaution *f*; prudence *f*. ② ((언동)) réserve *f* dans la conduite, circonspection *f*, retenue *f*. ¶ 정국이 불안할 때에는 ~이 제일이다 En temps de conjoncture politique instable, la circonspection est de rigueur. ◇_(을) **하다** ① prendre soin de *sa* santé. ¶ 날씨가 추우니 감기 걸리지 않게 각별히 ~해라 Prends bien soin de ne pas t'enrhumer car il fait froid [car le temps est refroidi]. ② prendre des précautions; se conduire avec réserve[avec prudence]. ¶ 정적들이 노리고 있으니 ~하십시오 Faites attention car les adversaires politiques sont aux aguets.

몸집 명 corps *m*; corpulence *f*, stature *f*; taille *f*. ¶ ~이 좋다 être athlétique, être fort(*e*), être robuste, être balèze[balaise] {*fam*}, être costaud(*e*). ¶ ~이 나다 être bien en chair, être gros(*se*), être potelé(*e*). ¶ ~이 작은 남자 un homme de petite taille, un homme court de taille. ¶ 그 여자는 ~이 크다 Cette femme est robuste[forte].

몸짓 명 geste *m*, gesticulation *f*, mouvement *m*; mimique *f*. ¶ ~을 섞어가며 par gestes, en faisant des gestes. ¶ 항의하는 ~을 보이다 montrer un mouvement de protestation. ¶ 그는 간단한 ~ 정도는 할 수 있다 Il arrive à faire un petit geste / Il peut encore faire un petit geste. ¶ ~으로 나타내다 exprimer *qc* par gestes à *qn*. ¶ ~으로 대답을 대신하다 répondre par gestes à *qn*. ¶ 말은 통하지 않았지만 ~으로 의사를 전달했다 Je ne parlais pas la langue du pays, mais j'ai communiqué par gestes. ◇_(을) **하다** faire un geste; gesticuler. ¶ 그 분은 어쩔 수 없다는 듯한 ~을 하며 가버렸다 Il a fait signe qu'il ne pouvait rien y faire et s'en est allé.

몸짱 명 corps *m* d'athlète. ¶ 그는[그녀는] ~이다 Il[Elle] a un corps d'athlète.

몸차림 명 toilette *f*, tenue *f*, habillement *m*. ¶ ~에 신경을 쓰다 prendre soin de *sa* toilette, se soucier de *sa* tenue. ¶ 산뜻한 ~으로 나가다 sortir avec une tenue chic.

몸채 명 bâtiment *m* principal, aile *f* principale ((d'une maison traditionnelle coréenne)).

몸치장 -治粧 명 toilette *f*, tenue *f*, habillement *m*. ¶ 화려한 ~ une toilette majestueuse; une tenue de gala, une grande tenue. ◇_(을) **하다** prendre soin de *sa* tenue; s'embellir; se parer. ¶ 보석으로 ~을 하다 se parer de bijoux, se couvrir de bijoux. ¶ 화려하게[아름답게] ~하다 avoir [mettre] *ses* plus beaux habits; se mettre sur *son* trente et un. ¶ ~하는 데 시간이 많이 걸리다 passer beaucoup de temps sur *sa* toilette[sur *sa* tenue].

몸통 명 corps *m*; tronc *m*.

몸피 명 corpulence *f*.

몹시 부 très, grandement, fort; beaucoup. ¶ 배가 ~ 고프다 avoir extrêmement faim; avoir le ventre qui crie famine. ¶ ~ 추운 날이다 Il fait très froid (aujourd'hui).

몹쓸 관 être détestable, infâme, abominable, mauvais(*e*), méchant(*e*), vilain(*e*), odieux(*se*), vicieux(*se*). ¶ 누구에게 ~ 행동을 하다 se conduire de façon odieuse [détestable] envers *qn*. ¶ ~ 병에 걸리다 attraper une méchante maladie [une sale maladie, une saloperie {*fam*}]; ((성병)) attraper une vilaine maladie ((une MST, une maladie vénérienne)). ¶ ~ 녀석[사람] 같으니 Petit scélérat! / Espèce de canaille [de gredin]! ¶ 누가 이런 ~ 짓을 했니? Qui a commis cette abomination [cette atrocité]?

못[1] 명 bassin *m*; étang *m*. ¶ 깊은 ~ un étang profond. ¶ ~을 파다[메우다] creuser [reboucher, combler] une retenue d'eau.

못[2] 명 clou *m*; cheville *f*. ¶ ~을 치다 clouer. ¶ 망치로 벽에 ~을 박다 enfoncer un clou dans le mur avec un marteau. ¶ ~을 뽑다 arracher un clou, déclouer. ¶ ~에 찔리다 se piquer à un clou. ¶ 달력을 ~에 걸다 suspendre un calendrier à un clou.

*~**(을) 박다** ① briser [fendre] le cœur de *qn*. ¶ 어머니의 가슴에 ~을 박다 briser le cœur de *sa* mère. ② 분명히 하다 être ferme, mettre les points sur les i. ¶ 그 분은 일요일까지 일을 다 끝내야 한다고 ~을 박았다 Elle lui ai fait comprendre qu'il devait absolument terminer *son* travail d'ici dimanche.

*~**(이) 박히다** se faire demander instamment de+*inf*. ① être cloué(*e*) [rivé(*e*)]. ¶ 그 자리에 ~이 박힌 듯이 서서 상대방의 얼굴을 쳐다보다 fixer le visage de *qn* en restant rivé(*e*) à *son* siège. ② avoir le cœur brisé. ¶ 지나간 일이 가슴에 ~이 박혀 잊혀지지 않다 ne pas pouvoir oublier ce qui s'est passé car on en a eu le cœur brisé.

◆**_대가리** 명 ((clou)) tête *f*.

◆**_뽑이** 명 pince *f*, tenaille *f*, pied-de-biche (~*s*-~-~) *m*; tire-clou *m*.

◆**_질** 명 clouage *m*, cloutage *m*.

◆**나무_** 명 cheville *f* de bois.

◆**콘크리트[시멘트]_** 명 clou *m* à béton [à ciment].

못[3] 명 cor *m* (au pied), callosité *f*, cal *m*, durillon *m*, oignon *m*, œil(*s*)-de-perdrix *m*. ◇_**이 박히다** avoir un cal. ¶ 손[발]에 ~이 박히다 avoir un cal à la main[au pied].

***귀에 ~이 박히다** avoir les oreilles rebattues de *qc*,

en avoir par-dessus la tête de *qc*[+*inf*]. ¶ 그 이야기는 귀에 ~이 박히게 들었다 J'ai les oreilles rebattues de cette histoire.

못[4] 부 ((adverbe de négation préfixant. Il se place devant le verbe pour marquer l'impossibilité de l'idée exprimée par ce dernier. Il est utilisé plutôt dans la langue parlée. La forme normale de l'expression d'impossibilité ou d'interdiction est: radical+-지 못하다 *ne (pas) pouvoir*+inf)). ne pas pouvoir+*inf*, il est impossible de+*inf*, il est interdit de+*inf*, ¶ 술을 ~ 마시다 ne pas pouvoir boire (d'alcool). ¶ 어제 밤에 잠을 ~ 잤다 Hier, je n'ai pas pu dormir. ¶ 우리 아이는 아직 영어를 잘 ~ 해요 Notre enfant ne parle pas encore bien l'anglais. ¶ 거기는 ~ 들어가요 On ne peut pas entrer là. ¶ 비행기 기내에서는 담배를 ~ 피웁니다 Il est interdit [il n'est pas possible de, c'est impossible] de fumer dans l'avion.

못갖춘마디 명 【음악】 demi-mesure *f*.

못나다 형 ① ((외모)) être laid(*e*), vilain(*e*), être disgracieu*x*(*se*); hideu*x*(*se*); inesthétique, informe; moche {*fam*}. ¶ 못난 얼굴 un visage laid[informe, moche, horrible]. ¶ 이 감자는 참 못나기도 했다 Cette pomme de terre est bien vilaine. ② ((행실)) être bête, idiot(*e*), imbécile, inintelligent(*e*), sot(*te*), stupide, abruti(*e*) {*fam*}. ¶ 못난 사람 같으니라구 Quel imbécile! / Une espèce d'idiot, vous dis-je! ¶ 못난 짓[소리] 좀 그만해라 Arrête un peu de faire l'idiot! / Arrête de faire la bête! / Tu ne peux pas t'arrêter de faire l'imbécile!

못난이 명 sot(*te*), idiot(*e*); personne *f* laide [moche {*fam*}].

못되다 형 être mauvais(*e*), méchant(*e*), vicieu*x*(*se*); être vilain(*e*). ¶ 못된 버릇 une vilaine [sale] manie [habitude]. ¶ 못된 심보 une méchanceté, une mauvaise foi. ¶ 못된 친구와[를] 사귀다 avoir de mauvaises fréquentations. ¶ 저 아이는 못된 짓만 골라한다 Cet enfant ne fait que des bêtises / Cet enfant a le diable au corps. ¶ 그런 심한 말을 하다니, 너 정말 못됐다 Comment peux-tu dire de telles horreurs? Tu es vraiment méchant(*e*)! ¶ 못된 녀석 같으니라구! Espèce de sale type! / Espèce d'horrible individu! ¶ 누구에게 못되게 굴다 mal se comporter [mal agir] envers *qn*. ¶ 못돼먹다 être mal élevé(*e*), impoli(*e*), grossi*er*(*ère*), mal éduqué(*e*), malotru(*e*), malappris(*e*); avoir de mauvaises manières; être rustre, cavali*er*(*ère*), se conduire comme un sauvage; manquer d'éducation, n'avoir aucune éducation.

***못된 송아지 엉덩이에 뿔 난다** ☞ 송아지

못마땅하다 형 être contrariant(*e*), déplaisant(*e*); mécontent(*e*); être peu satisfaisant(*e*), ne pas convenir, être inconvenant(*e*). ¶ 못마땅한 기색[표정] un air mécontent [une mine insatisfaite]. ¶ 나는 그 사람이 영 ~ Il ne me convient absolument pas / Ce n'est vraiment pas ma tasse de thé. ¶ 나는 그 사람이 일하는 방식이 ~ Sa façon de travailler me déplaît. ¶ 나로서는 그 사람이 그런 식으로 말하는 것이 매우 ~ Personnellement, sa façon de parler me déplaît fort [tout à fait]. ¶ 못마땅한 듯이 쳐다보다 dévisager *qn* d'un air mécontent. ¶ 그 분은 늘 나를 못마땅하게 여긴다[생각한다] Il n'est jamais satisfait [content] de moi.

못미덥다 형 ne pas être digne de confiance; ne pas être loy*al*(*ales*, *aux*) [fidèle, sûr(*e*)]; ne pas mettre *sa* confiance. ¶ 아버지는 아들의 하는 짓이 영 못미더웠다 Le père n'a pas donné [accordé] sa confiance à son fils. ¶ 그는 나를 못미덥게 여긴다 Il n'a pas confiance en moi.

못살다 재 ① vivre pauvrement. ¶ 어렸을 때 그 사람의 집은 굉장히 못살았다 Quand il était petit, sa famille était extrêmement pauvre. ¶ 그 사람은 못사는 친척들을 늘 잘 대해 주었다 Il était toujours bon et généreux avec les membres pauvres de sa famille. ② ne pas supporter, être insupportable, embêter. ¶ 일이 너무 힘들어서 못살겠다 Le travail est trop dur, c'est insupportable. ¶ 못살겠다, 갈아보자! C'est insupportable, changeons! ¶ 주위 사람들을 못살게 구는 아이 un garçon qui fait mener une vie impossible [qui rend la vie impossible] à *son* entourage, un garçon qui empoisonne [qui pourrit la vie de] *son* entourage].

못생기다 형 être laid(*e*), vilain(*e*), être disgracieu*x*(*se*); hideu*x*(*se*); inesthétique, informe; moche {*fam*}. ¶ 못생긴 얼굴 un visage laid[informe, moche {*fam*}, hideux]. ¶ 못생긴 인형 une poupée difforme [laide, moche {*fam*}, hideuse]. ¶ 아무리 못생긴 아기라도 부모 눈에는 예뻐 보인다 L'enfant le plus laid soit-il reste le plus bel enfant du monde aux yeux de ses parents. ¶ 못생긴 외모도 그 분의 뛰어난 인품을 가리지는 못한다 Son physique désavantageux ne cache pas son caractère exceptionnel [sa personnalité remarquable].

못쓰다 재 ① ne pas être bon(*ne*) [bien]; il est interdit de+*inf*. ¶ 너 거짓말하면 못쓴다 Il est interdit de mentir / Si tu mens, c'est pas bien. ¶ 또 그러면 못써! Ne le répète pas! ② tomber en panne, être hors service [hors d'usage, en panne]. ¶ 이 냉장고는 못쓰겠다 On ne peut plus utiliser ce réfrigérateur. ¶ 네가 만지작거려서 라디오가 못쓰게 되었다 Tu as tripoté [trifouillé, manipulé, bricolé] le poste de radio et il est tombé en panne / En tripotant [En trifouillant, En bricolant] le poste de radio, tu as a fini par le casser. ③ ((얼굴)) être amaigri(*e*). ¶ 고생을 많이 해서 그 사람 얼굴이 아주 못쓰게 되었다 Ayant travaillé comme un forçat, son visage s'est amaigri [s'est émacié].

못자리 명 【농업】 ① semis *m* de riz. ② ensemencement *m* d'une rizière.

못지않다 형 être aussi bien[bon(*ne*)] que *qn*/*qc*; ne pas être inférieur(*e*) à *qn*/*qc*. ¶ 실력으로 보자면

그 여자도 너(만) ~ Du point de vue des compétences, elle n'est pas inférieure à toi [elle est aussi compétente que toi]. ¶ 이 컴퓨터는 품질이 대기업 제품에 ~ Cet ordinateur n'est pas d'une qualité inférieure aux produits des grandes entreprises. ¶ 그 사람은 누구 못지않은 능력을 갖추었다 Il(Elle) est aussi capable qu'un(*e*) autre / Il(Elle) est aussi compétent que les autres / Il n'y a rien qu'il ne puisse faire comme les autres. ¶ 나도 너 못지않게 바쁘다 Je suis aussi occupé(*e*) [pris(*se*), débordé(*e*)] que toi. ¶ 나도 누구 못지않게 잘 할 수 있다 Je peux faire aussi bien qu'un(*e*) autre.

못하다[1] 타 ne pas pouvoir+inf; être incapable de+inf; il est impossible de+*inf*, il est interdit de+*inf* ((verbe auxiliaire de négation exprimant l'impossibilité malgré la volonté du sujet parlant. Il s'emploie avec -지, suffixe flexionnel conjonctif, qui s'ajoute au radical du verbe principal, comme les autres verbes auxiliaires de négation, sous forme de radical+-지 못하다 *ne (pas) pouvoir*, -지 않다 *ne pas + ind*; -지 아니하다 *ne pas + inf*; -지 말다 *ne pas + impératif*)). ¶ 에릭은 아직 어려서 글을 쓰지 못해요 Comme Éric est trop petit, il ne peut pas écrire. ¶ 이 열매는 먹지 못해요 On ne peut pas manger ce fruit. ¶ 외투가 너무 커서 입지 못하겠어요 Je ne pourrai pas porter ce manteau car il est trop grand. ¶ 교통편이 없어서 가지 못합니다 Je ne peux pas y aller [Je ne peux pas m'y rendre] puisqu'il n'y a pas de moyen de transport. ¶ 여기서는 담배를 피우지 못해요 Il est interdit de fumer ici. ¶ 저는 술은 마시지 못하지만 담배는 많이 피웁니다 Je ne bois pas (d'alcool), mais je fume beaucoup. ¶ 그건 좋지 못한 행동이다 C'est un comportement inapproprié. ¶물이 맑지 ~ L'eau n'est pas claire. ¶ 그 분은 잘생기지는 못했지만 성격이 좋다 Il n'est pas beau, mais il a bon caractère.

못하다[2] 타 ((-을 ~)) ne pas pouvoir faire, être incapable de +*inf*, ne pas bien faire, être mauvais(*e*) en. ¶ 그 남자는 술[담배]을 못한다 Il ne fume [boit] pas. ¶ 그는 공부[운동]를 못한다 Il est mauvais à l'école [Il n'est pas doué pour le sport / Il est mauvais en E.P.S.((Education physique et sportive))]. ¶ 나는 그 일은 꿈에도 생각을 못했어! Jamais je n'aurais pu imaginer cela (même dans un rêve)!

못하다[3] 형 être inférieur(*e*) à *qn*/*qc*, ne pas être à la hauteur de *qn*/*qc*, ne pas valoir *qn*/*qc*. ¶ 그 사람은 자기 아버지만 ~ Il ne vaut pas son père / Il est loin d'arriver à la cheville de son père. ¶ 이것이 저것만 ~ Ceci est inférieur à cela. ¶ 실력을 따진다면 내가 너보다 훨씬 ~ Pour ce qui est des compétences, je suis loin de te valoir / Tu es bien meilleur(*e*) [plus fort(*e*), plus compétent(*e*)] que moi / Je ne t'arrive pas à la cheville /Toi et moi, on ne joue pas dans la même catégorie. ¶ 나는 운전이[운전하는 것이] 그 사람만 ~ Je ne conduis pas aussi bien que lui.

***-다(가) 못해** tellement ... que ...; enfin, finalement, à la fin, en fin de compte. ¶ 소란을 참다못해 야단을 쳤다 Ne pouvant plus supporter le désordre, j'ai fait quelques réprimandes. ¶ 그는 계모의 학대를 견디다 못해 가출을 했다 Ne pouvant plus supporter les mauvais traitements de sa belle-mère, il a fugué. ¶ 보다 못해 내가 나섰다 N'en pouvant plus d'assister à ce spectacle [à cette scène] [Ne supportant plus cette scène, Ne pouvant plus rester (simple) specta*teur*(*trice*)], je suis intervenu(*e*). ¶ 그 사람의 목소리는 진지하다 못해 떨리고 있었다 Sa voix était totalement sincère et même tremblante de sincérité.

***하다못해** faute de mieux, au moins, c'est un minimum [la moindre des choses]. ¶ 하다못해 너라도 그 사람을 말렸어야지 Ne serait-ce que toi, tu aurais dû l'en empêcher. ¶ 하다못해 꽃이라도 사왔어야지 Ne penses-tu pas que tu aurais pu au moins acheter des fleurs?

몽고 蒙古 명 Mongolie *f*.

◆**_문자** -文字 명 【언어】 alphabet *m* mongol.

◆**_반점** -斑點 명 tache *f* de naissance de couleur bleuâtre <apparaissant sur le fessier des nouveaux-nés coréens attribuée aux descendants des Mongols>.

◆**_어** -語 명 【언어】 langues *fpl* mongoles, mongol *m* ((famille ouralo-altaïque parmi lesquelles le *Dagũr*, le *Khalkha* ou le *Buryat*)).

◆**_인** -人 명 Mongol(*e*).

◆**_인종** -人種 명 ethnie *f* mongole.

◆**_족** -族 명 tribus *fpl* mongoles.

◆**내_** 內- 명 Mongolie-Intérieure *f*.

◆**외_** 外- 명 Mongolie-Extérieure *f*.

몽골 명 ☞ 몽고

몽글몽글하다 형 être mou(molle) et visqueux(*se*). ¶ 피부 밑에서 몽글몽글한 덩어리가 만져진다. J'ai une excroissance de chair sous la peau. ¶ 구름이 몽글몽글하게 솟아올랐다. Les nuages forment des cumulo-nimbus.

몽니 명 entêtement *m*, obstination *f*; action de se montrer mauvais perdant. ¶ ~를 부리다 se comporter avec entêtement, s'entêter, s'obstiner; se montrer mauvais perdant.

몽달귀신 -鬼神 명 fantôme *m* [spectre *m*] de jeune homme (dépité d'être mort à un âge nubile).

몽당붓 명 pinceau(*x*) *m* usé.

몽당비 명 balai *m* usé.

몽당연필 -鉛筆 명 crayon *m* (à mine) usé.

몽당치마 명 jupe *f* courte.

몽둥이 명 bâton *m*; trique *f*; gourdin *m*; matraque *f*, massue *f*, casse-tête *m*. ¶ 깡패들이 ~를 휘두른다 Les voyous frappent qui à coups de bâton (*qn*). ¶ ~로 때리다 donner des coups de bâton à *qn*, frapper *qn* à coup de bâton [de trique], matraquer *qn*. ¶ ~에[로] 맞다 recevoir des coups de bâton de *qn*, prendre des coups de bâton de *qn*.

◆_맛 명 bastonnade *f*. ¶ 이놈이, ~맛을 봐야 알겠냐 Espèce de salopard, tu veux goûter [tâter] de mon bâton? / Mon gaillard, faudra-t-il donc que je te donne la bastonnade pour que tu comprennes?

◆_세례 -洗禮 명 pluie *f* de coups (de bâton).

◆_질 명 bastonnade *f*; matraquage *m*; coup *m* de bâton [de matraque, trique].

◆_찜질 명 volée *f* de coups de bâton, bastonnade *f*; coups *mpl* de trique. ¶ ~찜질을 당하다 prendre des coups de bâton [des coups de trique].

몽롱하다 朦朧- 형 être dans le vague [dans le flou(*e*)], être confus(*e*); être brumeux(*se*); être peu clair(e), ne pas avoir *sa* lucidité. ¶ 몽롱한 상태에서 내린 결정 une décision prise dans la confusion. ¶ 마취가 깨지 않아 정신[의식]이 ~ L'effet de l'anesthésie n'étant pas dissipé, j'ai l'esprit embrumé. ¶ 그 약을 마시자 갑자기 몽롱해 졌다 J'ai senti brutalement des étourdissements après avoir bu ce médicament. ¶ 그 마법사는 재빠른 손동작으로 구경꾼들을 몽롱하게 만들었다 Le magicien a trompé l'assistance par des gestes d'une grande rapidité / Il a trompé l'assistance par des manipulations rapides.

몽땅 부 tout (tous, toute); entièrement, complètement. ¶ 재산을 ~ 잃다 perdre toute *sa* fortune. ¶ 돈을 ~ 도둑맞다 se faire voler[dérober] tout *son* argent.

몽마르트르 프{Montmartre} 명 Montmartre.

몽매하다 蒙昧- 형 être ignorant(*e*), illettré(*e*); être sot(*te*), stupide, manquer d'intelligence. ¶ 네가 그렇게 몽매한 사람인 줄은 몰랐다 Je ne savais pas que tu étais si ignorant(*e*).

◆무지_하다 無知- 형 être ignare {*fam*}, ignorant(*e*), inculte, illettré(*e*), analphabète. ¶ 무지~한 백성들 peuple illettré [analphabète]; les illettrés.

몽상 夢想 명 rêve *m*, songe *m*; rêverie *f*, songerie *f*; imagination *f*. ¶ 터무니없는 ~ des rêveries absurdes. ¶ 그 분은 ~을 즐기는 편이다 Il a tendance à (aimer) rêvasser. ¶ ~에 잠기다[빠지다] se laisser aller à la rêverie, se perdre dans *ses* rêves, rêvasser. ¶ 너는 그런 ~에서 깨어나야 한다 Il faut te réveiller / Il faut sortir de tes rêveries / Cesse de rêver! ◇_(을) 하다 songer, rêver, imaginer; faire un songe.

◆_가 -家 명 rêveu*r*(*se*), utopiste *mf*.

몽실몽실하다 형 être dou*x*(*ce*) au toucher; être grassouillet(*te*), rond(*e*); être moelleu*x*(*se*), douill*et*(*te*). ¶ 몽실몽실한 솜사탕 une barbe à papa moelleuse. ¶ 뺨이 몽실몽실한 것이 꼭 아기 얼굴 같구나 *Ses* joues sont rebondies comme le visage d'un nouveau-né. ¶ 아지랑이가 몽실몽실하게 피었다 La brume de chaleur s'évapore en volutes.

몽유병 夢遊病 명 【의학】 somnambulisme *m*. ¶ ~ 환자 un(*e*) somnambule. ¶ 그 분은 ~ 증세가 있다 Il est atteint de somnambulisme / Il présente les symptômes du somnambulisme.

몽정 夢精 명 éjaculation *f* [épanchement *m* séminal] durant le sommeil. ◇_(을) 하다 avoir des épanchements séminaux [éjaculer] pendant *son* sommeil.

몽치다 자 se serrer, devenir compact(*e*), se compacter. ☞ 뭉치다

몽클몽클하다 형 être gélatineu*x*(*se*) [gélatiniforme].

몽타주 프{montage} 명 montage *m*. ¶ ~ 사진 un montage photographique, un photomontage. ¶ ~ 기법 une technique du photomontage. ¶ 범인[용의자]의 ~를 만들다[작성하다] faire le portrait-robot d'un criminel.

몽타쥬 프{montage} 명 ☞ 몽타주

몽타지 프{montage} 명 ☞ 몽타주

몽환 夢幻 명 fantaisie *f*, illusion *f*.

◆_적 -的 명 chimérique, fantaisiste, illusoire, imaginaire.

뫼[1] 명 montagne *f*.

뫼[2] 명 tombe *f*, sépulture *f*, tombeau(*x*) *m*. ¶ ~를 쓰다 ensevelir *qn*, enterrer *qn*, inhumer *qn*, mettre en terre *qn*. ☞ 묘[1]

◆_ㅅ자리 명 emplacement *m* de sépulture.

뫼비우스의 띠 명 Ruban *m* de Möbius 《astronome et mathématicien allemand (Schulpforta, 1790-Leipzig, 1868)》.

뫼시다 타 servir *qn*; être au service de *qn*; être de service auprès de *qn*; suivre [accompagner] un supérieur. ☞ 모시다

묘[1] **墓** 명 tombe *f*; sépulture *f*; tombeau(*x*) *m*.

◆_자리 명 emplacement *m* de sépulture. ¶ (어디에) ~자리를 쓰다 déterminer l'emplacement d'une sépulture.

◆_지기 명 gardien(*ne*) d'un tombeau.

묘[2] **妙** 명 merveille *f*, prodige *m* ¶ 운영의 ~를 잘 살리다 mettre en valeur[donner toutes ses chances à] un prodige de la gestion.

묘기 妙技 명 habileté *f* parfaite, technique *f* prodigieuse, virtuosité *f*, adresse *f* (d'un prestidigitateur). ¶ ~를 부리다[보이다] faire preuve d'une merveilleuse adresse; faire preuve de virtuosité. ¶ ~백출이다 jouir de talents[de dons] extraordinaires.

묘령 妙齡 명 《스무 살을 전후한 여성의 나이》 jeune, à la fleur de l'âge. ¶ ~의 아가씨 une jeune femme à la fleur de l'âge, une femme dans la fleur de *sa* jeunesse; un tendron {*fam*, *vx*}.

묘리 妙理 명 principe *m* fondamental.

묘목 苗木 명 jeune plant *m*, semis *m*. ¶ ~ 상자 une boîte de jeunes plants, un cageot de plants. ¶ ~을 옮겨 심다 transplanter [repiquer] des jeunes plants.

묘미 妙味 명 délicatesse *f*, subtilité *f* 《d'une expression》, finesse *f*, beauté *f* exquise 《d'un poème》; charme *m* 《d'une musique》. ¶ ~를 살리다 faire revivre les subtilités de *qc*; donner vie aux subtilités de *qc*. ¶ 고전 음악의 ~를 맛보다 goûter la beauté [apprécier les subtilités] de la musique classique. ¶ 그 분의 연설에서는 화려한 수사의 ~를 느낄 수 있다 On peut sentir la finesse d'une rhétorique somptueuse dans ses discours.

묘방 妙方 명 excellent stratagème *m*.

묘법 妙法 명 excellent moyen *m*; bon expédient *m*.

묘비 墓碑 명 stèle *f* funéraire. ¶ ~를 세우다 dresser une stèle funéraire.

◆_명 -名 명 épitaphe *f*.

묘사 描寫 명 description *f*, représentation *f*, peinture *f*, dessin *m*. ¶ 생생한 ~ une description pleine de vie. ¶ 이 소설은 등장인물의 심리 ~가 뛰어나다 Dans ce roman, la description du caractère des personnages est brillante. ¶ 이 책에서 농부들은 매우 어리석은 인물로 ~되어 있다 Dans ce livre, les paysans sont décrits comme des personnages stupides. ◇_(를) **하다** décrire, dépeindre ((un paysage, un caractère)); faire la description de *qn/qc*; peindre, représenter ((un arbre, les mœurs)). ¶ 사물을 있는 그대로 ~하다 décrire les choses telles qu'elles sont. ¶ 발작의 작품은 당시의 사회상을 생동감 있게 ~했다 Dans les ouvrages de Balzac, la vie sociale et quotidienne de l'époque est décrite de manière vivante. ◇_(가) **되다** être décrit(*e*). ¶ 이 책에서 농부들은 매우 어리석은 인물로 ~되어 있다 Dans ce livre, les fermiers sont décrits comme des personnages stupides.

◆_력 -力 명 talent *m* pour la description.

◆_법 -法 명 moyen *m* de description.

◆성격_ 性格- 명 peinture *f* de caractère.

◆인물_ 人物- 명 portrait *m* d'un personnage.

◆정밀_ 精密- 명 description *f* détaillée.

묘상 苗床 명 pépinière *f*.

묘석 墓石 명 stèle *f*, pierre *f* tombale. ¶ ~을 세우다 ériger une stèle.

묘소 墓所 명 (emplacement *m* d'une) tombe *f*. ¶ 누구의 ~에 참배하다 saluer la tombe de *qn*.

묘수 妙手 명 habileté *f*; adresse *f*; coup *m* adroit; virtuose *mf*; personne *f* d'une grande habileté. ¶ ~를 두다[찾아내다] placer un coup adroit [réussir un coup adroit].

묘술 妙術 명 grande habileté *f*. ¶ ~을 부리다 user d'une grande habileté.

묘안 妙案 명 heureuse [excellente] idée *f*; plan *m* excellent. ¶ ~을 생각해내다 trouver une excellente idée. ¶ 나에게 ~이 떠올랐다 Il m'est venu à l'esprit une excellente idée. ¶ 무슨 ~이 없을까? Vous avez une excellente idée?

묘약 妙藥 명 médicament *m* [remède *m*] très efficace. ¶ 사랑의 ~ un élixir d'amour. ¶ 이 병에는 ~이 없다 Il n'existe pas (encore) de traitement efficace pour cette maladie. ¶ 이것은 인플레 방지의 ~이다 C'est le meilleur remède contre l'inflation.

묘역 墓域 명 site *m* d'une tombe [d'un tombeau]. ¶ ~을 만들다 aménager le site d'une tombe.

묘연하다 杳然- 형 être lointain(*e*), éloigné(*e*); être indistinct(*e*); être inconnu(*e*). ¶ 누구의 행방[소식, 자취]이 ~ partir sans laisser d'adresse [ne pas avoir de nouvelles de *qn*; disparaître sans laisser de traces].

묘원 墓園 명 cimetière *m* (dans un parc).

묘제 墓祭 명 offrandes *fpl* devant une tombe.

묘주 墓主 명 propriétaire *m* d'un tombeau.

묘지 墓地 명 emplacement *m* d'une tombe; cimetière *m*. ¶ ~에 안장되다[하다] s'enterrer dans le cimetière [enterrer *qn* dans le cimetière].

◆공동_ 公同- 명 cimetière *m* communal.

◆공원_ 公園- 명 cimetière *m* (dans un parc).

◆국립_ 國立- 명 Cimetière *m* national.

◆유엔_ 명 cimetière *m* de Casques bleus.

묘지기 墓- 명 gardien *m* d'un tombeau.

묘지명 墓誌銘 명 épitaphe *f*.

묘책 妙策 명 plan *m* (très) habile, mesures *fpl* très habiles. ¶ 정부는 물가 안정을 위한 ~을 강구해야 할 것이다 Le gouvernement doit prendre des mesures très habiles pour stabiliser [contrôler] la hausse des prix.

묘판 苗板 명 【농업】 semis *m* de riz.

묘표 墓表 명 stèle *f* funéraire.

묘하다 妙- 형 être étrange, bizarre, singuli*er*(*ère*), mystérieu*x*(*se*), drôle, excentrique. ¶ 묘한 복장 tenue excentrique. ¶ 묘한 표정[어투] expression bizarre du visage [manière bizarre de parler]. ¶ 묘한 소리 un bruit étrange; des propos mystérieux, une parole mystérieuse. ¶ 거 묘한 일일세! C'est singulier! ¶ 그런 일을 당하고 나니 기분이 ~ J'ai un drôle de sentiment suite à cette expérience. ¶ 그 집 참 묘하게 생겼다 Cette maison a l'air étrange / Cette maison ne me dit rien qui vaille. ¶ 묘하게도 그런 일이 연속해서 일어난다 Il est singulier que ce genre d'événements se produise continuellement.

묘혈 墓穴 명 (fosse *f* d'une) tombe *f*.

*(**스스로**) ~**을 파다** creuser *sa* propre tombe.

무[1] **無** 명 néant *m*; rien *m*. ¶ 존재와 ~ *l'Être et le Néant* ((de Jean-Paul Sartre, paru en 1943)). ¶ ~에서 유를 창조하다 créer quelque chose à partir de rien. ¶ ~로 돌아가다 rentrer dans le néant.

무[2] 명 【식물】 radis *m* géant blanc.

◆_국 명 soupe *f* de radis.

◆_김치 명 *gimchi m* de radis.

◆_다리 명 grosses cuisses *fpl*, grosses jambes *fpl*, jambons *mpl* {*arg*}, jambonneaux {*arg*}, de grosses guibol(l)es *fpl* {*fam*}, ((avoir)) de bons gigots {*fam*}, pilier *m* {*fam*}, poteau(*x*) *m* {*fam*}. ¶ 그 여자 다리 봤니? 완전히 ~다리라니까 T'as vu ses guibol(l)es? De vrais jambonneaux!

◆_말랭이 명 morceaux *mpl* de radis séchés.

◆_밭 명 champ *m* de radis.

◆_생채 -生菜 명 *saengchae m* de radis.

◆_장아찌 명 *jangajji m* de radis.

◆_죽 명 bouillie *f* de riz aux radis.

◆_채 명 radis *mpl* râpés.

◆_청 명 fane *f* de radis.

무[3] 武 명 militaire *m*.

무[4] 無 의명 nul *m*. ¶ 가나와의 역대 전적은 3승 1~ 2패다 Les résultats des rencontres précédentes avec le Ghana font état de 3 victoires, 1 nul et 2 défaites. ¶ 종합전적 3~ 1패의 중국 l'ensemble des résultats de la Chine: 3 nuls, 1 défaite.

무-[5] 無 접두 manque *m*, absence *f*. ¶~감각 insensibilité; engourdissement, torpeur; indifférence, apathie. ¶~기력 inertie, manque d'énergie, mollesse, faiblesse. ¶~관심 indifférence.

무가 巫歌 명 incantation *f*, chant *m* (chamanique). ¶~를 부르다 proférer des incantations. ¶~를 수집하다 recueillir des incantations.

무가당 無加糖 명 sans sucre (ajouté). ¶~ 주스 un jus sans sucre.

무가치하다 無價值- 형 être sans valeur; être inutile. ¶ 그런 일은 ~ Ce type de travail ne sert à rien. ¶ 무가치한 일에 인생을 낭비하지 말라 Ne gaspille pas ta vie avec des choses inutiles [avec des choses sans valeur, avec des choses qui n'en valent pas la peine]! ¶ 무가치하게 그런 논쟁은 해서 뭐해 Ce n'est pas la peine de discuter ainsi inutilement!

무감각 無感覺 명 ① insensibilité *f* ((du corps)); engourdissement *m*, torpeur *f*, léthargie *f*. ② 무관심 indifférence *f*, apathie *f*.

◆_하다 형 être insensible; être indifférent(*e*). ¶ 손이 꽁꽁 얼어 ~하다 J'ai les mains [les doigts] engourdies par le froid / Le froid m'a engourdi les mains [les doigts]. ¶ 인간의 불행에[에 대해] ~하다 être indifférent(*e*) à la misère humaine.

무개 無蓋 어근 ((voiture)) décapotable, sans couvercle. ¶~차 une voiture décapotable. ¶~ 트럭 camion non bâché.

무겁다 형 ① ((무게)) être lourd(*e*), pesant(*e*). ¶ 무거운 짐 bagage lourd. ¶ 이 상자는 (무게가) ~ Cette caisse pèse lourd. ¶ 힘이 없어서 무거운 것은 못 들겠다 Je ne peux [pas] porter de choses lourdes, car je manque de force. ¶ 가방을 너무 무겁게 꾸리지 마라 N'alourdis pas trop ta valise! ② ((비유적)) être lourd(*e*), pesant(*e*); être grave. ¶ 무거운 세금 de lourds impôts. ¶ 무거운 죄 un crime grave. ¶ 무거운 침묵 un silence pesant. ¶ 몸이 ~ ne pas se sentir en train [d'aplomb]; ne pas être dans *son* assiette; être indisposé(e), se sentir sans énergie [fatigué(e)]; se sentir patraque {*fam*}. ¶ 집을 뒤에 두고 돌아서는 발걸음이 무거웠다 Il tourne le dos à sa maison et s'en va à pas lourds. ¶ 그 사람은 마음이 무거웠다 Il avait des soucis pesants / Il était préoccupé / Il avait l'esprit chargé de lourdes pensées. ¶ 이번에 맡은 직책이 높은 만큼 너의 책임이 ~ Tes responsabilités sont proportionnelles à tes nouvelles hautes fonctions. ¶ 그 사람은 회의만 하면 인상을 써서 분위기를 무겁게 만든다 Quand il assiste à une conférence, son air renfrogné alourdit l'atmosphère. ¶ 그렇게 모진 말을 해서 친구의 마음을 무겁게 하는 것이 재미있니? Ça t'amuse de faire ainsi de la peine à ton ami(*e*) en lui disant des méchancetés?

*어깨가 ~ avoir de lourdes responsabilités, se sentir responsable ((de *sa* famille, de *ses* employés)).

*엉덩이가 ~ ☞ 엉덩이

*입이 ~ ☞ 입

무게 명 ① poids *m*; pesanteur *f*. ¶ 저울을 사용해서 ~를 달다[재다] mesurer le poids de *qc* [peser *qc*] à l'aide d'une balance. ② ((비유적)) poids *m*, gravité *f*, sérieux *m*; valeur *f*. ¶~가 실린 말[지적] une phrase qui a du poids [une remarque judicieuse, une remarque importante]. ◇_(가) 있다[없다] ((사람)) être digne de confiance [être lég*er*(*ère*), indiscr*et*(*ète*)]. ¶~가 있는 사람 une personne digne de confiance [digne de foi]. ¶~(가) 있는 발언 un discours important, un discours capital.

◆_중심 -中心 명 【물리】 centre *m* de gravité.

무결 無缺 명 결함이 없음 immaculé(*e*), parfait(*e*), sans faute, sans défaut.

◆_하다 형 결함이 없다 être immaculé(*e*), parfait(*e*), sans faute, sans défaut.

완전_ 完全- 명 sans le moindre défaut, parfait(*e*), irréprochable.

무경험자 無經驗者 명 personne *f* inexpérimentée.

무계급 無階級 어근 sans classe. ¶~ 사회 une société sans classe.

무계획 無計劃 명 manque *m* [absence *f*] de plan.

◆_하다 형 être désordonné(*e*), ne pas être ordonné(*e*) [organisé(*e*)]; ne pas avoir [ne pas faire] de projet. ¶~한 생활을 청산하다 cesser de mener une vie désordonnée. ¶ 언제까지 그렇게 ~하게 살려고 하니? Jusqu'à quand comptes-tu mener ainsi une vie désordonnée?

◆_적 -的 명 sans plan; sans projet. ¶ 일을 ~적으로 추진하다 effectuer un travail sans plan.

무고 誣告 명 【법률】 diffamation *f*, calomnie *f*. ◇_(를) 하다 accuser *qn* sans fondement; calomnier; diffamer *qn*.

◆_죄 -罪 명 【법률】 fausse accusation *f*.

무고하다[1] 無故- 형 ne pas avoir de problèmes, aller [se porter] bien. ¶ 댁내 두루 무고하신지요? Tout le monde va bien chez vous?

무고하다[2] 無辜- 형 être innocent(*e*). ¶ 무고한 사람을 잡아들이다 arrêter une personne innocente [un(*e*) innocent(*e*)].

무곡 舞曲 명 【음악】 musique *f* de danse. ¶ 헝가리[슬라브] ~ musique de danse hongroise [slave].

◆원_ 圓- 명 【음악】 valse *f*.

무골호인 無骨好人 명 bonne pâte *f*, personne *f* trop bonne [bonne comme la romaine], bonne poire *f* {*fam*}.

무공 武功 명 exploit *m* militaire; fait *m* d'armes. ¶~을 세우다 faire des exploits militaires.

◆_훈장 -勳章 명 médaille *f* décernée après un exploit militaire.

무공해 無公害 어근 sain(*e*); préservé(*e*); non pollué(*e*). ¶ ~ 식품 une alimentation saine.

무과 武科 명 concours *m* des fonctionnaires militaires. ¶ ~를 하다 préparer le concours des fonctionnaires militaires. ¶ ~에 급제하다 réussir au concours des fonctionnaires militaires.

무관[1] 武官 명 attaché *m* militaire. ¶ ~학교 école militaire. ¶ ~으로 근무하다 travailler en tant qu'attaché militaire.

무관[2] 無冠 명 sans couronne. ¶ ~의 제왕 roi sans couronne. ¶ ~으로 전락하다 perdre *son* titre.

무관심 無關心 명 indifférence *f* ((en matière religieuse)); détachement *m* ((des biens matériels)); insouciance *f*, nonchalance *f*, apathie *f*. ¶ 누구[무엇]에 대한 극도의 ~ indifférence totale envers *qn*/*qc*. ¶ 주위 사람들의 ~ 속에(서) dans l'indifférence de l'entourage. ¶ ~을 가장하다 feindre l'indifférence. ¶ 부모의 ~이 문제아를 만든다 L'indifférence des parents rend les enfants indisciplinés.

◆_하다 형 être indifférent(*e*) à *qc*/*qn*, se moquer totalement de *qc*/*qn*, ne pas du tout se sentir concerné(*e*) par *qc*. ¶ 그는 가정 일에 도통 ~하다 Il est complètement indifférent à tout ce qui concerne sa famille.

무관하다 無關- 형 ne pas avoir de lien ((avec)). ¶ 누구[무엇]와 ~ ne pas avoir de lien avec *qn*/*qc*. ¶ 나는 그 사건과 전혀 ~ Je n'ai rien à voir avec cette affaire. ¶ 우리와는 무관한 일에 괜히 끼어들지 맙시다! Ne nous mêlons pas de ce qui ne nous concerne pas! / Ce ne sont pas nos affaires! / Cela ne nous regarde pas! ¶ 내 의견과는 전혀 무관하게 작업은 계속 진행되었다 Le projet se poursuit sans rapport avec mes propositions.

무구하다 無垢- 형 ① être pur(*e*). ¶ 무구한 마음 cœur pur. ¶ 무구한 처녀 une jeune fille pure et innocente. ② être innocent(*e*), immaculé(*e*). ¶ 무구한 희생자 une victime innocente.

◆순진_ 純眞- 형 être pur(*e*) et innocent(*e*), être innocent(*e*) comme l'enfant [comme l'agneau] qui vient de naître.

무국적 無國籍 명 apatridie *f*. ¶ ~의 인생 vie d'apatride. ¶ ~의 문화[패션] culture [mode] universelle.

◆_자 -者 명 apatride *mf*.

무궁무진하다 無窮無盡- 형 être immense, incommensurable, infini(*e*), éternel(*le*). ¶ 그 사람은 언제나 이야깃거리가 ~ Il a toujours quantités d'histoires à raconter.

무궁하다 無窮- 형 être immense, infini(*e*), éternel(*le*). ¶ 시간의 흐름은 ~ Le temps passe sans jamais s'arrêter. ¶ 귀사의 무궁한 발전을 빕니다 Je souhaite pour votre société une prospérité illimitée [éternelle].

무궁화 無窮花 명 【식물】 hibiscus *m*, rose *f* de Sharon.

무궤도 無軌道 어근 sans rails; excentrique; dépourvu(*e*) de ligne de conduite. ¶ ~ 전차 un trolleybus.

무극 無極 명 absence *f* de limites.

무급 無給 명 sans salaire; à titre gracieux. ¶ ~으로 일하다 travailler sans salaire.

◆_조교 -助敎 명 assistant(*e*) non rémunéré(*e*).

◆_휴가 -休暇 명 congé *m* sans solde.

무기[1] 武器 명 arme *f*. ¶ 불법 ~ 신고 기간 période de déclaration des armes illégales. ¶ ~를 소지한 사람 personne en possession illégale d'une arme. ¶ ~를 버리고 투항하다 déposer les armes en face de l'ennemi. ¶ ~를 들고 일어서다 prendre les armes contre *qn*. ¶ 그 사람은 뛰어난 말재주를 ~로 하여 청중을 사로잡았다 Il a séduit la foule grâce à sa remarquable éloquence.

◆_고 -庫 명 【군사】 armurerie *f*; arsenal *m*.

◆살상_ 殺傷 명 【군사】 arme *f* pour blesser ou tuer. ¶대량살상~ armes de destruction massive.

◆재래식_ 在來式 명 【군사】 arme *f* conventionnelle.

◆방어용_ 防禦用 명 【군사】 arme *f* défensive.

◆핵_ 核 명 【군사】 arme *f* nucléaire.

◆화생방_ 化生放- 명 【군사】 armes *fpl* chimiques, biologiques et radiologiques.

◆화학_ 化學 명 【군사】 armes *fpl* chimiques.

무기[2] 無期 어근 absence *f* de limite; perpétuité *f*. ¶ 피고에게 ~징역을 구형[선고]하다 réclamer la détention à perpétuité pour l'accusé [condamner l'accusé à la détention à perpétuité]. ¶ 그 학생에게 ~정학의 처벌이 내려졌다 Cet étudiant est interdit de cours pour une période indéfinie.

◆_수 -囚 명 prisonni*er*(*ère*) *m* à perpétuité.

◆_연기 -延期 명 *sine die*. ¶ ~연기하다 remettre *sine die*. ¶ ~연기되다 être remis *sine die*.

무기[3] 無機 어근 【화학】 chimie *f* inorganique [minérale].

◆_물 -物 명 substance *f* [corps *m*] inorganique.

◆_질 -質 명 matière *f* [matériau(*x*) *m*] inorganique. ¶ ~질 비료[섬유] engrais chimique [fibres *fpl* artificielles].

◆_재료공학 -材料工學 명 technologie *f* des matériaux inorganiques.

◆_화학 -化學 명 【화학】 chimie *f* inorganique [minérale].

◆_화합물 -化合物 명 composé *m* inorganique.

무기력하다 無氣力- 형 être faible, manquer d'énergie. ¶ 무기력한 현대인 l'homme moderne sans énergie. ¶ 무기력한 일상생활에 염증을 느끼다 en avoir assez de vivre dans l'inertie. ¶ 팀이 무기력한 플레이를 펼쳤다 L'équipe a développé un jeu sans énergie. ¶ 요즘 왠지 만사가 귀찮은 것이 영 무기력하네 Ces temps-ci, sans raison, j'en ai assez de tout et je suis sans énergie. ¶ 우리 팀은 상대팀에게 너무나 무기력하게 무너졌다[패했다] Notre équipe, beaucoup trop passive, a perdu contre l'adversaire.

무기명 無記名 명 anonymat *m*.

◆_**공채** -公債 명 titre *m* au porteur.

◆_**채권** -債券 명 bons *mpl* du Trésor anonymes.

◆_**투표** 投票 명 vote *m* à bulletin secret.

무기물 無機物 명 substance *f* [corps *m*, matériau(*x*) *m*] inorganique.

무기산 無機酸 명 【화학】 acide *m* minérale.

무기음 無氣音 명 【언어】 ((consonne)) non-aspirée *f*.

무기질 無機質 명 【화학】 élément *m* inorganique. ☞ 무기[3]

무기한 無期限 명 absence *f* de limites. ¶ ~ 파업에 들어가다 se mettre en grève pour une durée indéfinie. ¶ 일을 ~으로 질질 끌다 traîner les choses indéfiniment.
부 ((prolonger *qc*)) pour une durée indéfinie [indéterminée, illimitée]; *sine die*. ¶ ~ 연기하다 reporter *sine die*; ajourner *sine die*. ¶ 그 토론회가 ~ 연기되었다 On a ajourné le débat *sine die* / Ce débat a été reporté *sine die*.

무꾸리 명 【민속】 divination *f*. ◇_(를) **하다** interroger un astrologue [un devin]; se faire dire la bonne aventure.

무난하다 無難- 형 être facile ((à associer)), sans difficultés; être convenable, adapté(*e*); convenir; ((유행)) être classique, indémodable. ¶ 무난한 차림새[머리모양] une tenue [une coiffure, une coupe de cheveux] classique [indémodable]. 무난한 성적 des notes convenables. ¶ 그 사람은 이제까지 무난한 가정에서 큰 어려움 없이 자라왔다 Jusqu'à maintenant, il a grandi dans une famille ordinaire sans histoire. ¶ 색깔이 이 정도면 ~ Avec cette couleur, vous ne risquez rien. ¶ 그런 자리에는 이런 옷이 ~ Ce genre de vêtement convient dans une telle situation / Ce genre de vêtement est adapté à une telle circonstance. ¶ 이렇게 하는 것이 무난할 것 같습니다 Il me semble que cette façon de faire conviendra bien. ¶ 무난하게 일을 처리하다 faire [mener] les choses convenablement.

무남독녀 無男獨女 명 fille *f* unique. ¶ 금지옥엽처럼 기른 ~ 외동딸 une fille unique élevée comme une princesse.

무너뜨리다 타 abattre, démolir ((un mur)); raser ((un bâtiment)); détruire, défaire, casser, renverser, anéantir. ¶ 태풍이 우리집 담을 무너뜨렸다 Le typhon a détruit les murs de notre maison [a emporté notre maison]. ¶ 인부들이 우리 집을 무너뜨렸다 Les ouvriers ont démoli notre maison. ¶ 폭력배들이 사회 질서를 무너뜨리고 있다 Des bandes de voyous sont en train de mettre en péril l'ordre social. ¶ 국민들의 단결된 힘이 부패한 정부를 무너뜨렸다 Les forces unies du peuple ont renversé le gouvernement corrompu. ¶ 아군이 적의 방어선을 무너뜨렸다 Notre armée a détruit la ligne de défense des ennemis. ¶ 그는 부모님의 기대를 무너뜨렸다 Il a réduit à néant les attentes de ses parents.

무너지다 자 ① crouler, s'écrouler ((sous l'effet d'un tremblement de terre)); s'effondrer; tomber en ruine, se renverser. ¶ 담이 무너졌다 Le mur s'est écroulé. ¶ 그 벽은 폭풍우에 무너졌다 Ce mur s'est effondré pendant la tempête. ¶ 산 위의 집들이 지진으로 무너졌다 Les maisons situées sur la montagne se sont écroulées pendant un tremblement de terre. ¶ 부실 공사로 인해 건물이 무너졌다 À cause de constructions défectueuses, les bâtiments se sont écroulés. ¶ 그 만남으로 우리를 가르고 있던 마음의 장벽이 무너졌다 Le mur de l'incompréhension qui nous séparait s'est effondré grâce à cette rencontre. ¶ 사회 질서가 무너지고 있다 L'ordre social est en train de s'effondrer. ¶ 어머니는 아들의 말에 하늘이 무너져 내리는 것 같았다 En écoutant son fils, la mère a ressenti un choc comme si tout s'effondrait. ② 패배하다 s'écrouler; se faire battre. ¶ 철옹성 같던 브라질팀이 프랑스팀에게 무너졌다 L'équipe brésilienne, pourtant indestructible [invincible], s'est écroulée [s'est fait battre] face à l'équipe de France.
***공든 탑이 무너지랴**? Un travail bien fait dure longtemps.
***하늘이 무너져도 솟아날 구멍이 있다** Même si le ciel s'écroule, il y a un trou par lequel on peut s'échapper / Il y a toujours une solution.

무너트리다 타 ☞ 무너뜨리다

무녀[1] 巫女 명 sorcière *f*, chamane[shamane] *f*, chamanesse[shamanesse] *f*.

무녀[2] 舞女 명 danseuse *f*, danseuse *f* professionnelle. ☞ 무희

무녀도 巫女圖 명 portrait *m* d'une shamane.

무녀리 명 ① premier petit *m* ((d'un animal)). ¶ 돼지가 ~를 낳았다 La truie a eu son premier porcelet. ② sot(*te*), idiot(*e*), bête *f*. ¶ 주위에 그만한 ~가 없다 Il n'y a pas plus idiot(*e*) que lui [qu'elle] ici.

무념무상 無念無想 명 absence *f* de pensée et sérénité *f* de l'esprit.

무논항 無論項 명 【언어】 sans argument. ¶ ~ 술어 prédicat sans argument.

무뇌증 無腦症 명 【의학】 déficience *f* cérébrale.

무능 無能 명 incapacité *f*, incompétence *f*, impéritie *f* {*litt*}. ¶ 내가 자네의 ~을 탓하려는 것은 아닐세 Je ne veux pas vous accuser d'incompétence.

◆_**하다** 형 être incompétent(*e*); être incapable, bon(*ne*) à rien, nul(*le*). ¶ 이번에 ~한 관리들이 여럿 경질되었다 Cette fois, plusieurs hauts fonctionnaires incompétents ont été remplacés. ¶ 당신 ~한 남편(을) 만나서 고생만 하는구려 Ta vie est pleine de problèmes [Ta vie n'est qu'une suite de soucis, Tu n'as que des emmerdements {*fam*}] parce que tu es tombée sur un mari incapable / Tu n'as que des problèmes parce que tu m'as épousé, moi qui suis nul [moi qui ne vaux rien].

¶ 그 국회의원은 사람은 좋은데 정치적으로 ~한 게 흠이다 Ce député a une bonne personnalité, mais son défaut est qu'il est politiquement incompétent.

무능력 無能力 명 incapacité *f*; manque *m* de compétence; incompétence *f*.

◆**_하다** 형 être incapable, incompétent(*e*). ¶ 정부는 이번 사태에 너무 ~하게 대처했다 Le gouvernement a fait face à cet événement d'une manière incompétente.

◆**_자** -者 명 incapable *mf*.

무늬 명 dessin *m*; motif *m* ((d'une étoffe)); veine *f*; veinure *f* ((du marbre)). ¶ 체스판 ~ (à) carreaux du damier du jeu d'échecs. ¶ 무엇에 ~를 넣다 ajouter des dessins sur *qc*. ¶ ~가 없는 sans motif, uni(*e*). ¶ 그 여자의 원피스는 아무런 ~도 없는 수수한 것이었다 Sa robe sans motif était sobre.

*~만 qui n'a que l'apparence de. ¶ 그놈은 ~만 학생이지 순 깡패야 Ce type n'a que l'apparence d'un étudiant, c'est en réalité un véritable voyou / Sous l'apparence d'un étudiant, ce type n'est qu'un véritable voyou.

◆**꽃_** 명 à fleurs. ¶ 꽃~ 넥타이 une cravate à fleurs.

◆**물방울_** 명 ((une cravate)) à pois.

◆**줄_** 명 à rayures *fpl*, rayé(*e*) ((bleu et blanc)). ¶ 파란 줄~ 와이셔츠 une chemise à rayures vertes.

◆**체크_** 명 à carreaux. ¶ 진한 체크~ 치마 une jupe à carreaux foncés.

무단[1] **無斷** 명 indécision *f*, absence *f* de permission. ¶ 그 사람은 허락도 받지 않고 실험실을 ~으로 사용했다 Il a utilisé le laboratoire sans permission.

◆**_결석[결근]** -缺席[缺勤] 명 absence *f* sans autorisation préalable. ¶ 그 학생은 일주일동안 ~결석을 했다 Cet étudiant a été absent pendant une semaine sans autorisation préalable.

◆**_복제** -複製 명 reproduction *f* illicite. ¶ 저자나 판권자의 허락 없는 ~복제는 금지되어 있다 Il est interdit de reproduire une œuvre sans l'accord de son auteur ou de celui qui en détient les droits.

◆**_외출** -外出 명 sortie *f* sans autorisation. ¶ ~외출 금지 명 interdiction *f* de sortir sans autorisation.

◆**_이탈** -離脫 명 déplacement *m* sans autorisation. ¶ 그 병사는 근무지를 ~이탈했다 Ce soldat a quitté son poste sans permission.

◆**_출입** -出入 명 allées *fpl* et venues *fpl* sans autorisation. ¶ 그 사람은 내가 없는 동안 내 사무실을 ~출입했다 Pendant mon absence, il a fait des allées et venues dans mon bureau sans mon autorisation.

무단[2] **武斷** 어근 militarisme *m*; contrainte *f*.

◆**_정치** -政治 명 politique *f* militariste.

◆**_통치** -統治 명 gouvernement *m* militaire.

무단변속기 無段變速器 명 【기계】 boîte *f* de vitesse automatique.

무단변속장치 無段變速裝置 명 ☞ 무단변속기

무담보 無擔保 명 absence *f* de gage. ¶ ~ 대출 un prêt sans garantie. ¶ ~로 돈을 꿔주다[빌리다] prêter [emprunter] de l'argent sans garantie.

무당 巫堂 명 prêtre(*sse*) (et guérisseu*r*(*se*)) (du chamanisme), chaman(*e*), shaman(*e*). ¶ 대물림 ~ une chamane de mère en fille; un chaman de père en fils. ¶ 용한 ~ une chamane divinatrice; un chaman divinateur.

*~**이 제 굿 못 한다** Ce sont toujours les cordonniers qui sont les plus mal chaussés / *medice cura ipsum* [médecin, soigne-toi toi-même!].

*선 ~**이 사람 잡는다** Un débutant [Une personne inexpérimentée] gâte les choses en faisant semblant d'être compétent(*e*).

◆**_굿** 명 【민속】 cérémonie *f* du chamanisme, cérémonie *f* chamanique, ((pratiquer une)) séance *f* d'exorcisme.

◆**_춤** 명 danse *f* de shamane[chamane]. ¶ ~을 추다 danser une danse de shamane[chamane].

무당개구리 명 【생물】 grenouille *f* verte de Corée.

무당거미 명 【생물】 araignée *f* d'Asie, *Nephila clavata* {*nsc*}.

무당굿 巫堂- 명 ☞ 무당

무당벌레 명 【생물】 coccinelle *f*, bête *f* à bon Dieu.

무당춤 巫堂- 명 ☞ 무당

무대 舞臺 명 ① scène *f*; planches *fpl*; plateau(*x*) *m* ((d'un théâtre)); décor *m*. ¶ ~를 꾸미다[설치하다] installer la scène. ¶ 주인공이 ~에 등장했다 Le héros est apparu sur la scène. ¶ 이 극작가는 해마다 새로운 작품을 ~에 올린다 Cet écrivain met en scène une nouvelle pièce chaque année. ¶ 이 오페라 가수는 오랜 만에 ~에 섰다 Ça fait longtemps qu'on n'avait pas vu ce chanteur d'opéra sur la scène. ¶ 중세를 ~로 한[삼은] 서사시 épopée sur un décor médiéval. ¶ ~가 바뀐다 Le décor change. ¶ ~는 서울의 거리이다 La scène se passe dans les rues de Séoul. ② ((비유)) champ *m*, sphère *f* ((d'activité)). ¶ 그 가수는 활동(의) ~를 해외로 넓혔다 Ce chanteur se met à chanter pour un marché étranger [international]. ¶ 그 가수는 표절시비로 활동 ~를 잃어버릴 위기에 놓여 있다 Il a failli ne plus chanter à la suite d'une affaire de plagiat. ¶ 그 사람은 재담으로 언제나 ~를 독차지한다 Avec ses plaisanteries (spirituelles), il est toujours le héros [le centre] des conversations [il monopolise son auditoire, il est le centre de l'auditoire]. ¶ 그 화가는 이번 국제전을 통해 세계 ~에 데뷔했다 Ce peintre s'est fait connaître grâce à cette exposition internationale. ¶ 군인들은 정치 ~에서 사라져야 한다 Les militaires doivent disparaître du milieu politique. ¶ 이 기업가는 세계를 ~로 활약하고[뛰고] 있다 Cet homme d'affaires travaille à travers le monde. ③ ((비유)) théâtre *m* ((d'un crime)). ¶ 그 친구는 ~ 뒤의 사정 [뒷얘기]에 밝다 Il est très au courant des on-dit[des coulisses] / Il connaît bien les coulisses ((de la politique)). ¶ 이 마을은 대사건의 ~가 되었다 Ce village a été témoin d'un grand accident / Ce village a été le théâtre d'un grand événement.

◆_감독 -監督 명 metteur *m* en scène; régisseur *m* ((d'un théâtre)).
◆_공연 -公演 명 représentation *f* théâtrale.
◆_미술 -美術 명 décor *m* de théâtre.
◆_연습 -練習 명 répétition *f* ((générale)) (d'une pièce de théâtre).
◆_의상[장치] -衣裳[裝置] 명 costumes *mpl* [décors *mpl*] de théâtre.
◆_조명 -照明 명 éclairage *m* de la scène.
◆_효과 -效果 명 effet *m* scénique.
◆가설_ 假設- 명 scène *f* provisoire.
◆회전_ 回轉- 명 scène *f* rotative.

무더기 명 masse *f*, amas *m*, tas *m*. ¶ 동네마다 쓰레기가 ~로 쌓여 있다 Dans tous les quartiers les déchets sont entassés en masse. ¶ 뇌물을 받은 공직자들이 ~로 적발되었다 De nombreux fonctionnaires ont été arrêtés pour des délits de corruption. 분류 tas *m* ((de pommes de terre)). ¶ 감자 한 ~ un tas de pommes de terre.

무더위 명 chaleur *f* accablante [étouffante, caniculaire]; canicule *f*. ¶ ~로 쓰러지다 s'écrouler par une chaleur de feu.

무던하다 형 ① ((정도)) être suffisant(*e*), abondant(*e*). ¶ 그 사람의 정성이 무던해서 일이 잘 되었다 Tout s'est bien passé grâce à son effort inlassable. ② ((성격)) avoir bon cœur, être généreux(*se*), bon(*ne*), tolérant(*e*). ¶ 그 사람은 사람됨이 ~ Il a (très) bon cœur / C'est un homme d'une grande générosité. ¶ 그 여자는 무던한 인상을 준다 Elle a l'air d'avoir très bon cœur.

무던히 부 ① abondamment, considérablement. ¶ 그는 문제를 해결하려고 ~ 애를 썼다 Il a fait des efforts considérables pour tenter de résoudre ce problème. ② généreusement, avec générosité, avec indulgence. ¶ ~ 말이 없는 사람 une personne qui n'est pas bavarde [qui s'abstient de (trop) parler].

무덤 명 tombe *f*, sépulture *f*, tombeau(*x*) *m*.. ¶ ~을 옮기다 déplacer une tombe. ¶ 왕의 ~을 파헤치다 violer [piller] la tombe du roi. ¶ ~에 묻다 enterrer *qn* dans une tombe. ¶ ~에 꽃을 바치다 mettre des fleurs sur la tombe de *qn*. ¶ ~에 참배하다 aller au cimetière; faire une visite à la tombe de *qn*, visiter la tombe de *qn*.
*스스로 (제) ~을 파다 creuser *sa* propre tombe; préparer *sa* propre ruine.
*요람에서 ~까지 du berceau à la tombe.
*핑계 없는 ~이 없다 Tous les prétextes sont bons.
◆젖_ 명 creux *m* des seins.

무덤덤하다 형 être insensible. ¶ 무덤덤한 성격 un caractère insensible. ¶ 걔는 원래 매사에 ~ C'est comme ça, mais il est insensible à tout.

무덥다 형 faire chaud et humide; faire une chaleur lourde, faire lourd; ((le temps)) être chaud et humide. ¶ 한여름의 무더운 날씨 une lourde chaleur en plein été. ¶ 에어컨이 고장 난 자동차 안은 찜통처럼 무더웠다 La clim(atisation) étant en panne, il faisait dans la voiture une chaleur étouffante [on se serait cru dans une étuve] / Il faisait très lourd [il faisait une chaleur étouffante, on crevait {*fam*} de chaud] dans la voiture car la clim(atisation) ne marchait plus.

무도[1] 武道 명 ① chevalerie *f*, esprit *m* chevaleresque. ② art *m* militaire, art *m* martial. ¶ ~의 달인 (grand) maître des arts martiaux; expert en arts martiaux. ¶ 그 사람은 오랜 세월 동안 ~를 닦았다 Il pratique depuis très longtemps les arts martiaux.
◆_인 -人 명 expert *m* en arts martiaux; spécialiste des arts martiaux.
◆_장 -場 명 salle *f* d'entraînement.
◆_대회 -大會 명 compétition *f* d'arts martiaux.

무도[2] 舞蹈 명 danse *f*.
◆_장 -場 명 dancing *m*; (salle *f* de) bal *m*.
◆_회 -會 명 bal *m*. ¶ 가장 ~회 bal masqué.
◆_곡 -曲 명 musique *f* de danse.
◆_병 -病 명 【의학】 danse *f* de Saint-Guy; chorée *f*.

무두장이 명 tanneur *m*.

무두질 명 tannage *m*, tannerie *f*. ◇_(을) 하다 tanner. ¶ 가죽을 ~하다 tanner une peau.

무드 영{mood} 명 ambiance *f*, atmosphère *f*, climat *m*. ¶ ~를 깨다 renverser [casser] l'ambiance. ¶ ~를 살리다 faire revivre l'ambiance. ¶ 나는 ~에 약하다 Je suis sensible à l'ambiance. ¶ 거리는 온통 축제 ~이다 Les rues sont en fête. ¶~음악 musique d'ambiance. ◇_(가) 있다[없다] être [ne pas être] romantique. ¶~(가) 있는[없는] 남자 un homme romantique [un homme qui n'est pas romantique]. ¶ ~(가) 없는 분위기 une ambiance morne, un manque d'ambiance, une absence d'ambiance.

무득점 無得點 명 score *m* nul, match *m* nul. ¶ 양 팀 모두 ~으로 비겼다 Les deux équipes ont fait match nul.

무등 명 action de s'asseoir sur les épaules de *qn*. ¶ 아이는 아버지 어깨에 ~을 타고 싶어 했다 L'enfant voulait s'asseoir sur les épaules de son père. ¶ 아버지는 어린 아들을 ~(을) 태우고 걸어갔다 Le père marchait avec son fils assis sur ses épaules.

무디다 형 ① être émoussé(*e*). ¶ 칼날이 ~ La lame n'est plus coupante. ¶ 오래 써서 송곳 끝이 무뎌졌다 Après une utilisation prolongée, la pointe du poinçon s'est émoussée. ② ((감각 따위)) être insensible. ¶ 무딘 신경 nerfs insensibles. ¶ 손끝의 감각이 ~ Je ne ressens plus rien au bout des doigts / J'ai le bout des doigts engourdis. ¶ 그 선수는 동작이 ~ Cet athlète [Ce joueur] n'a aucune souplesse dans ses actions[mouvements]. ③ ((소리 따위)) être lourd(*e*). ¶ 무딘 발자국 소리에 이어 비명 소리가 들렸다 A la suite des bruits de pas très lourds, on a entendu un cri.

무뚝뚝하다 형 être bourru(*e*), maussade, taciturne, désagréable, renfrogné(*e*), insociable,

ㅁ

hargneux(se), être d'un abord difficile; être sec(sèche), froid(e). ¶ 무뚝뚝한 남자 un homme maussade [bourru]; un homme qui ne parle pas beaucoup, un homme taciturne; un (vieil) ours {fam}; un ours mal léché {fam}. ¶ 무뚝뚝한 말투로 ((répondre)) d'un ton bourru, sur un ton sec. ¶ 무뚝뚝하게 거절하다 refuser avec maussaderie.

무람없이 囝 impoliment, grossièrement. ¶ 누구를 ~ 대하다 répondre à *qn* [répliquer] impoliment, répondre à *qn* grossièrement.

무량하다 無量- 혱 être innombrable, infini(e). ¶ 모처럼만에 너를 만나니 감개가 무량하구나 Ça me fait infiniment [très] plaisir de te revoir.

무력[1] **無力** 어근 impuissance *f*, faiblesse *f*.

◆**_하다** 혱 être impuissant(e): être sans défense. ¶ 자연의 재앙 앞에서 인간은 너무나 ~했다 Devant la colère de la nature, l'homme s'est montré impuissant. ¶ 그 친구를 구해주기에는 나는 너무나 ~했다 J'étais incapable de lui sauver la vie. ¶ 우리 팀은 상대의 공격에 ~하게 무너졌다 Face à l'attaque de l'adversaire, notre équipe s'est écroulée impuissamment.

◆**_화** -化 명 fait *m* d'affaiblir *qn/qc*, fait *m* d'anéantir[de réduire] la force de *qn/qc*. ¶ 누구[무엇]를 ~화 시키다 rendre impuissant(e) *qn/qc*.

◆**_감** -感 명 sentiment *m* d'impuissance. ¶ ~감을 느끼다 se sentir impuissant(e). ¶ ~감에 빠지다 tomber dans une impuissance morale; avoir le moral bas.

◆**_증** -症 명 impuissance *f*; faiblesse *f*.

무력[2] **武力** 명 force *f* armée; force *f* [puissance *f*] militaire. ¶ ~ 도발 attaque armée. ¶ ~ 행사 manifestation violente [armée]. ¶ ~을 사용하다 utiliser [avoir recours à, recourir à, faire appel à] la force (armée). ¶ ~을 증강하다 renforcer une armée [l'armement du pays]; augmenter [grossir] les effectifs militaires; augmenter la force de frappe; envoyer des renforts. ¶ ~을 앞세워 쳐들어오다 envahir militairement. ¶ ~에 호소하다 recourir [faire appel] à la force (armée). ¶ 남의 나라를 ~으로 빼앗다 envahir militairement un pays.

◆**_시위** -示威 명 manifestation *f* armée.

◆**_적** -的 명 armé(e).

◆**_전** -戰 명 combats *mpl* des forces armées [militaires].

◆**_간섭** -干涉 명 intervention *f* armée.

◆**_통일** -統一 명 réunification *f* par la force.

◆**_혁명[봉기]** -革命[蜂起] 명 révolution *f* armée.

◆**인민_부** 人民部 명 section *f* populaire des forces armées.

무렵 의명 temps *m*, époque *f*, moment *m*. ¶ 동틀 ~에 au (moment du) lever du soleil. ¶ 해질 ~에 au (moment du) coucher du soleil. ¶ 그럴 ~에 à ce moment-là, à cette époque. ¶ 그 ~ 나는 아직 학생이었다 À cette époque, j'étais encore étudiant(e). ¶ 저녁 ~에 그 친구가 찾아왔다 Il est venu (me voir) dans la soirée. ¶ 그 친구는 여행의 끝 ~에 가서야 한국음식에 적응했다 Il a commencé à s'adapter à la cuisine coréenne seulement à la fin du voyage. ¶ 그 사람이 돌아올 ~이면 나도 일이 끝날 것이다 Au moment où il reviendra, j'aurai fini mon travail.

무례 無禮 명 impolitesse *f*, incongruité *f*, manque *m* de civilité [respect]; insolence *f*, impertinence *f*. ¶ 잘 몰라 뵙고 ~를 범했습니다 J'ai fait l'erreur de ne pas vous reconnaître. ¶ ~를 용서해 주시기 바랍니다 Excusez mon insolence / Excusez-moi d'avoir manqué de respect.

◆**_하다** 혱 être impoli(e), incongru(e), irrespectueux(se), insolent(e); manquer de respect.¶ ~한 놈 un grossier personnage. ¶ ~한 행동[말]을 하다 se montrer insolent(e), avoir un comportement irrespectueux [dire des impertinences, parler de façon irrespectueuse, tenir un langage impoli]. ¶ ~하게 대하다 être insolent(e) envers *qn*. ¶ ~하게도 어른들 앞에서 그런 말을 하다니 C'est grossier de dire cela devant ses aînés [ses supérieurs, des personnes âgées].

◆**_히** 囝 de façon irrespectueuse ¶ ~히 굴다 se montrer insolent(e).

무뢰배 無賴輩 명 vaurien *m*; voyou *m*; chenapan *m*, garnement *m*, galopin *m*.

무뢰한 無賴漢 명 vaurien *m*; voyou *m*; chenapan *m*, galopin *m*.

무료[1] **無料** 명 gratuité *f*. ¶ ~ 강습 cours gratuits. ¶ ~ 서비스 service gratuit. ¶ ~ 숙박소 asile de nuit; dortoir gratuit. ¶ 견본은 ~로 드립니다 Nous vous donnons ces échantillons gratuitement. ¶ ~로 봉사하다 faire du bénévolat, rendre un service gratuit, offrir *ses* services par simple dévouement, proposer gracieusement ses services, prêter un concours gracieux, faire *qc* à titre gracieux. ¶ ~로 진료하다 donner des examens médicaux gratuits. ¶ 자료를 참조만 하는 것은 ~입니다 Seule la consultation des documents est gratuite.

◆**_입장** -入場 명 entrée *f* libre [gratuite].

◆**_입장권** -入場券 명 billet *m* gratuit.

무료[2] **無聊** 명 ((흥미 있는 일이 없어 심심하고 지루함)) ennui *m*, lassitude *f*. ¶**무료를 달래 줄 재미있는 일을 찾다** chercher *qc* d'intéressant pour tromper [vaincre] *son* ennui [pour tuer le temps].

◆**_하다** 혱 s'ennuyer, trouver le temps long. ¶**할머니는 텅 빈 집에서 먼 산만 바라보며 늘 무료하게 앉아 계셨다** Grand-mère restait toujours assise dans une maison vide à regarder sans entrain [avec ennui, sans intérêt] la montagne au loin.

◆**_함** 명 ennui *m*, lassitude *f*. ¶ ~을 달래다 apaiser *sa* lassitude, vaincre [tromper] l'ennui; tuer le temps. ¶ ~을 이기지 못하다 ne pas supporter la lassitude.

◆**_히** 囝 las(se), à s'ennuyer. ¶ **그는 종일 무료히 집에 있었다** Il est resté toute la journée à la maison à s'ennuyer.

무르녹다 자 mûrir; arriver à maturité. ¶ 무르녹은 8월의 녹음 les ombrages en plein mois d'août. ¶ 기회가 무르녹았다 L'occasion s'approche. ¶ 분위기가 무르녹았다 L'ambiance est chaude.

무르다¹ 형 ① être m*ou*(m*olle*). ¶ 반죽이 너무 ~ La pâte est trop molle. ¶ 금은 무른 금속 중의 하나이다 L'or est un métal mou / L'or se range dans la catégorie des métaux mous. ② ((사람)) être m*ou*(m*olle*), manquer d'énergie; manquer de volonté [fermeté]. ¶ 그 남자는 사람이 물러서 좀처럼 거절을 못한다 Il est trop mou pour refuser quelque chose. ¶ 그 친구는 물러 터져서 이런 일을 맡길 수가 없어 Il manque tellement d'énergie qu'on ne peut pas lui confier ce type de travail / Il est trop mou pour qu'on lui confie ce type de travail.

무르다² 자 devenir tendre ((à la cuisson)). ¶ 감자가 잘 물렀다 Les pommes de terre sont bien cuites. ¶ 홍당무가 무를 때까지 푹 삶아라 Fais cuire des carottes jusqu'à ce qu'elles deviennent tendres.

무르다³ 타 ① se faire rembourser; compenser. ¶ 샀던 시계를 ~ se faire rembourser une montre qu'on vient d'acheter. ② annuler ((un coup)) ((aux échecs, au jeu de go)). ¶ 한 수만 물러 줘 Peux-tu annuler mon dernier coup?

무르익다 자 mûrir (complètement). ¶ 사랑이 ~ devenir encore plus amoureux(*se*); s'aimer davantage. ¶ 빨갛게 무르익은 사과 une pomme qui a mûri en devenant rouge. ¶ 오곡백과가 무르익었다 Toute la nature a mûri. ¶ 때가 무르익었다 Le temps s'approche. ¶ 분위기가 무르익었다 L'ambiance bat son plein. ¶ 그 배우는 연기가 무르익었다 Cet acteur est au sommet de son art.

무르팍 명 genou(*x*) *m*. ☞ 무릎

무릅쓰다 타 affronter; braver; défier; risquer, défier, s'exposer à. ¶ 폭풍을 무릅쓰고 바다를 건너다 affronter une tempête de mer. ¶ 온갖 악조건을 무릅쓰고 산에 오르다 gravir une montagne [faire l'ascension d'une montagne] en dépit de [malgré] de très mauvaises conditions. ¶ 부끄러움을 무릅쓰고 부탁을 하다 demander une faveur [un service] malgré *sa* honte [bien qu'on soit gêné]. ¶ 생명의 위험을 무릅쓴 모험 une aventure dangereuse [risquée]. ¶ 나는 주위 사람들 모두의 반대를 무릅쓰고 사업을 시작했다 Bien que mon entourage s'y oppose, j'ai démarré mon affaire.

무릉도원 武陵桃源 명 utopie *f*.

무릎 명 genou(*x*) *m*. ¶ ~을 꿇고 앉다 s'asseoir sur les talons. ¶ ~을 맞대고 이야기하다 avoir un tête-à-tête [une conversation intime] avec *qn*. ¶ 그 아이는 신발 끈을 매려고 ~을 굽혔다 Il s'est accroupi pour attacher ses lacets. ¶ ~ 꿇고 손들고 있어 Mets-toi à genoux avec les mains levées. ¶ 아이가 ~을 다쳤다[~이 깨졌다] L'enfant s'est blessé au genou [cassé le genou]. ¶ 그 엄마는 아기를 ~에 앉혔다 Elle a pris le bébé sur les genoux. ¶ 그 사람은 ~에 매달리며 살려 달라 애원했다 Il l'a prié de lui sauver la vie en s'accrochant à ses genoux. ¶ ~이 떨려 나는 도저히 뛰어내릴 수가 없다 Je ne pouvais pas sauter à cause de mes genoux tremblants. ¶ 한참을 앉아 있었더니 ~이 펴지지 않는다 Je suis tellement resté(*e*) assis(e) longtemps que je ne pouvais pas tendre mes genoux. ¶ ~이 나온 바지 pantalon déformé aux genoux.

*~(을) **꿇다** 패배하다; 복종하다 s'incliner; se soumettre; rendre les armes. ¶ 그 남자는 결국 내게 ~을 꿇고 말았다 Il a fini par se soumettre à moi. ¶ 우리 팀은 아깝게도 일 대 영으로 상대 팀에 ~을 꿇고 말았다 Malheureusement, notre équipe a dû s'incliner sur le score de un à zéro.

*~**을 치다** se taper les cuisses (en signe de contentement). ¶ 그 남자는 바로 그거라며 ~을 쳤다 Il s'est tapé les cuisses en disant que c'était exactement ça.

◆**_걸음** 명 marche *f* sur les genoux.

◆**_마디[관절]** -[關節] 명 articulation *f* du genou.

◆**_반사** -反射 명 réflexes *mpl* du genou.

◆**_방아** 명 action *de* tomber sur les genoux. ¶ ~방아를 찧다 tomber sur les genoux.

◆**_베개** 명 genoux *mpl* comme oreiller.

◆**_뼈** 명 rotule *f*.

◆**_쏴** 명 tir *m* à genou. ¶ ~쏴 자세 position de tir à genou.

◆**_앉아** 명 genou à terre ((commandement militaire)). ¶ ~앉아 자세 position genou à terre.

◆**_운동** -運動 명 exercice *m* des genoux. ¶ ~운동을 하다 faire les exercices des genoux.

◆**_장단** 명 tapotage *m* des genoux. ¶ ~장단을 치다 se taper les genoux.

무리¹ 명 foule *f*, cohue *f*; affluence *f*; groupe *m* ((de jeunes filles, de curieux)); troupe ((de touristes, de loups affamés)); horde *f* ((d'envahisseurs)); troupeau(*x*) *m* ((de moutons)); vol *m* ((de cigognes)); banc *m* ((de harengs)); essaim *m* ((d'abeilles)). ¶ 한 떼의 사람들이 ~를 이루고 있었다 Une foule de gens formait une troupe. ¶ 도적의 ~에 가담하다 entrer dans une bande de voleurs; rejoindre un groupe de voleurs. ¶ ~에서 이탈하다 quitter un groupe. ◇_(를) **짓다** former une troupe [un groupe].¶ 학생들이 ~(를) 지어 찾아왔다 l Les étudiants sont venus en groupe. ¶ ~ 지어 날아다니는 새떼 les oiseaux qui volent en groupe.

무리² 無理 명 ① impossibilité *f*, déraison *f*, absurdité *f*, inadmissibilité *f*. ¶ 이 일은 너에게는 ~이다 C'est un travail qui te dépasse. ¶ 그 사람이 화를 낸 것도 ~는 아니다 Il n'a pas eu tout à fait tort de se fâcher / Ce n'est pas sans raison qu'il s'est mis en colère. ¶ 이런 몸으로 긴 여행을 한다는 것은 ~이다 C'est une absurdité de voyager si longtemps dans des conditions physiques pareilles. ¶ 혼자 이 일을 다 해낸다는 것은 ~이다 C'est impossible de faire tout ce travail tout(*e*) seul(*e*). ¶ 그 일을 하는 것이 ~가

된다면 하지 말아라 Si ce travail te dépasse, ne le fais pas. ② excès *m*; manque *m* de modération. ¶ 이렇게 많은 짐을 실으면 차에 ~가 간다 La voiture ne pourra pas encaisser tous ces bagages. ¶ 술을 많이 마셨더니 간에 ~가 갔다 J'ai trop bu et mon foie en souffre. ◇_(를) **하다** se surmener; tenter l'impossible. ¶ 너무 ~하지 말고 좀 쉬어라 N'en fais pas trop, repose-toi. ¶ 그 사람은 ~(를) 하더니 결국 병이 났다 Après tant d'excès, il a fini par tomber malade / Épuisé par un labeur incessant, il a fini par tomber malade / Il s'est surmené à tel point qu'il a fini par tomber malade. ¶ 저를 위해 여러 가지로 ~를 하셨습니다 Vous avez fait beaucoup trop pour moi. ¶ 집을 마련하느라고 ~를 좀 했다 J'ai fait l'impossible pour acheter une maison. ◇_(가) **없다** être raisonnable. ¶ ~(가) 없는 일정을 잡다 prendre un emploi du temps raisonnable. ¶ 맡은 일을 ~ 없이 해내다 mener à bien *son* travail. ¶ 그 어린 소녀는 어려운 곡을 ~ 없이 소화했다 Cette fillette a interprété sans problème [impeccablement] ce morceau difficile.

◆**_하다** 형 être impossible, déraisonnable, absurde; être inadmissible. ¶ ~한 요구[부탁]을 하다 demander [exiger] l'impossible. ¶ ~한 힘을 가하다 forcer exagérément. ¶ 어린 아이에게 ~한 일을 시키다 donner à un enfant un travail qui dépasse ses capacités; faire faire à un enfant un travail au-dessus de ses capacités [qui le dépasse]. ¶ 그런 ~한 말을 말라 Allons, sois raisonnable, n'exige pas l'impossible! / Ne parle pas de façon si exagérée. ¶ 돈을 ~하게 요구하다 demander exagérément de l'argent. ¶ 사업을 ~하게 확장하다 étendre une affaire exagérément. ¶ 운동을 너무 ~하게 해서 다리가 아프다 J'ai fait trop de sport, si bien que maintenant j'ai mal aux jambes. ¶ 그 아버지는 자식들에게 공부를 ~하게 시킨다 Ce père fait trop travailler ses enfants.

무리³ 無理 어근 irrationalité *f* ((d'un nombre)).

◆**_방정식** -方程式 명 【수학】 équation *f* irrationnelle.

◆**_수** -數 명 【수학】 nombre *m* irrationnel.

◆**_식** -式 명 【수학】 formule *f* [expression *f*] irrationnelle.

무마 撫摩 명 apaisement *m*, caresse *f*. ◇_(를) **하다[시키다]** caresser, apaiser. ¶ 그 사람은 돈으로 사건을 ~하려 했다 Il a voulu régler cette affaire avec de l'argent. ¶ 사장은 반발하는 직원들을 잘 ~시켰다 Le patron a bien apaisé les employés qui se révoltaient. ¶ 깨끗하게 ~하기는 힘든 사건이다 C'est une affaire difficile à régler convenablement. ◇_(가) **되다** se régler; s'apaiser. ¶ 그 사건은 잘 ~되었다 Cette affaire s'est bien réglée.

◆**_책** -策 명 solution *f* d'apaisement.

무말랭이 명 tranches *fpl* séchées de gros radis blanc. ¶ ~ 장아찌 tranches de radis séchées et salées avec de la sauce de soja.

무망하다 자 être sans espoir. ¶ 그가 살아서 돌아오는 건 무망한 일이다 Il y a peu d'espoir qu'il revienne sain et sauf.

무면허 無免許 명 absence *f* de permis [d'autorisation]; sans permis; ((구어)) au noir. ¶ ~ 의사[약사] médecin [pharmacien] sans permis. ¶ ~ 의료행위 activité médicale sans permis. ¶ ~로 운전하다 conduire une voiture sans permis.

무명¹ 명 coton *m*; cotonnade *f*.

◆**_실** 명 fil *m* de coton.

◆**_옷** 명 vêtement *m* en coton.

무명² 無名 명 anonymat *m*; sans nom; ((auteur)) anonyme, inconnu(*e*); ((poète)) obscur(*e*). ¶ ~ 용사의 무덤 tombeau du soldat inconnu. ¶ ~ 가수[배우]의 설움 la tristesse d'un chanteur [acteur] inconnu. ¶ ~의 전사 soldat inconnu. ¶ 어제까지만 해도 ~이었던 그 작가가 하루아침에 유명해졌다 Hier encore, cet auteur était un inconnu; le voilà célèbre.

◆**_씨** -氏 명 anonyme.

◆**_인** -人 명 personne *f* inconnue.

무명지 無名指 명 annulaire *m*.

무모증 無毛症 명 【의학】 dépourvu(*e*) de poils; glabre.

무모하다 無謀- 형 être imprudent(*e*). ¶ 무모한 시도 une tentative déraisonnable. ¶ 무모한 짓 하지 마라 Ne sois pas déraisonnable. ¶ 무모하게 사업을 확장하다 étendre *ses* affaires de façon déraisonnable.

무문 無紋 명 sans dessin *m* [motifs *mpl*]; uni(*e*).

◆**_토기** -土器 명 poterie *f* sans dessin.

무미 無味 명 insipidité *f*, fadeur *f*. ¶ 무색, ~, 무취의 액체 liquide insipide [fade].

무미건조하다 無味乾燥- 형 être sans (aucune) particularité [originalité]; être monotone, plat(*e*), fade, prosaïque, insipide. ¶ 이 글은 ~ Ce texte est insipide. ¶ 그 친구의 편지는 따뜻한 인사 한 마디 없어 무미건조했다 Sa lettre était sèche, sans un mot de tendresse. ¶ 그 여자는 무미건조한 생활에 진력이 났다 Elle est lasse de sa vie [son existence] monotone [morne, morose] / Elle est lasse [fatiguée] de la monotonie de sa vie [de la platitude de sa vie]. ¶ 무미건조하게 살다 mener une vie prosaïque.

무반 武班 명 noblesse *f* militaire.

무반동총 無反動銃 명 【군사】 canon *m* sans recul.

무반주 無伴奏 명 【음악】 sans orchestre; *a cappella*. ¶ ~ 음악 musique sans orchestre. ¶ ~ 합창 chœur *a cappella*. ¶ 바흐의 ~ 첼로 조곡 suites pour violoncelle seul de Bach. ¶ ~로 노래하다 chanter sans orchestre [*a capella*].

무방비 無防備 명 absence *f* d'installation de défense. ¶ 이 곳은 완전히 ~ 상태이다 C'est un endroit sans aucune défense.

◆**_도시** -都市 명 ville *f* ouverte [sans défense, démilitarisée].

무방하다 無妨- 형 être permis(*e*), possible. ¶ 그것은 없어도 ~ On peut se passer de cela. ¶ 가벼운 산책은

무방하지만 격렬한 운동은 삼가야 한다 On peut faire une petite promenade, mais il faut éviter de faire du sport de manière trop intensive.

무배당 명 dividendes *mpl* non distribués [payés, attribués, assignés] ((aux actionnaires)).

무법 無法 명 absence *f* de loi; anarchie *f*.

◆_**적** -的 명, anarchique, violent(*e*), brut*al*(*ale*, *aux*). ¶ ~적인 행위 un acte violent (et brutal); un acte de barbarie.

◆_**자** -者 명 hors-la-loi *m inv*.

◆_**천지** -天地 명 monde *m* anarchique.

무변하다 형 être infini(*e*), immense, vaste.

무병장수 無病長壽 명 santé *f* de fer. ¶ ~를 빌다 prier pour la santé de *qn*.

◆_(를) **하다** avoir une santé de fer; jouir d'une excellente santé. ¶ ~ 하시길 축원합니다 Je prie pour que vous viviez très longtemps en excellente santé.

무보수 無報酬 명 gratuité *f*; absence *f* de salaire; service *m* gratuit; ((service)) gratuit(*e*); ((collaboration)) bénévole; ((concours)) gracieu*x*(*se*). ¶ ~로 gratuitement, gratis; bénévolement; à titre gracieux. ¶ ~로 일하다 travailler bénévolement.

◆_**직** -職 명 travail *m* bénévole.

무보증 명 absence *f* de caution [garantie]. ¶ ~ 대출 emprunt sans garant. ¶ ~으로 돈 좀 빌릴 데 없을까? N'y aurait-il pas un endroit où l'on puisse emprunter de l'argent sans garant?

무복 巫服 명 vêtement *m* de chaman(*e*) [de shaman(*e*)].

무분별 無分別 명 manque *m* de jugement, imprudence *f*, irréflexion *f*; légèreté *f*.

◆_**하다** 형 être téméraire ((dans *ses* jugements)), inconsidéré(*e*), irréfléchi(*e*), insensé(*e*). ¶ ~한 언동으로 문제를 일으키다 provoquer un problème par *sa* conduite inconsidérée. ¶ 사냥꾼들의 ~한 남획으로 코뿔소의 수가 급격히 줄었다 À cause de la conduite inconsidérée des chasseurs, le nombre des rhinocéros a considérablement diminué. ¶ 돈을 ~하게 쓰다 ne pas regarder à la dépense; jeter l'argent par les fenêtres.

무비 영{movie} 명 ((작품)) film *m*; ((추상적인 개념)) cinéma *m*. ¶ ~ 카메라 une caméra (de cinéma).

무비판적 無批判的 명 peu critique, non critique; qui manque de discernement. ¶ 외국 문화를 ~으로 받아들여서는 안 된다 Il ne faut pas accepter les cultures étrangères sans esprit critique / Il ne faut pas manquer d'esprit critique à l'égard des cultures étrangères.

무사[1] **武士** 명 guerrier *m*; soldat *m*; militaire *m*; chevalier *m*. ¶ ~ 계급[출신] titre de chevalier [originaire d'une famille de guerriers].

◆_**도** -道 명 chevalerie *f*.

무사[2] **無事** 명 sain(*e*) et sau*f*(*ve*); sans incident; indemne. ¶ ~ 귀환을 빌다 prier pour que *qn* revienne sain(*e*) et sau*f*(*ve*) [indemne], prier pour un retour sain et sauf.

◆_**하다** 형 être en sûreté [sécurité]; se porter bien, être bien portant(*e*), se porter bien, être en bonne santé; ne pas avoir d'accrocs, être sain(*e*) et sau*f*(*ve*), être indemne; être intact(*e*), être en bon état. ¶ 네가 ~한 것을 보니 안심이다 Je suis rassuré(*e*) de te voir sain(*e*) et sau*f*(*ve*) [de te voir rentrer indemne]. ¶ 우리는 모두 ~하니 걱정하지 마십시오 Nous sommes tous sains et saufs alors ne vous en faites pas / Nous nous portons tous bien, alors pas de souci [ne vous en faites pas]. ¶ 사고가 났으나 사람들은 모두 ~했다 Il y a eu un accident, mais tout le monde s'en est sorti indemne [nous nous en sommes tous tirés indemnes].

◆_**히** 부 sain(*e*) et sau*f*(*ve*), sans encombre, sans incident, sans accident, sans (aucun) problème; sans obstacles. ¶ ~히 집에 돌아왔다 Je suis rentré(*e*) sans encombre à la maison.

◆_**통과** -通過 명 passage *m* sans accroc. ~통과(를) 하다 passer sans accroc [sans difficultés]. ~통과(가) 되다 être passé(*e*) sans accroc.

무사고 無事故 명 absence *f* d'accident. ¶ ~ 운전 conduite sans aucun accident. ¶ 10년 ~ 운전자 conducteur qui n'a pas eu d'accident pendant 10 ans.

무사안일 無事安逸 명 tenir à *ses* aises; vivre dans l'indolence; être pantouflard(*e*).

◆_**주의** -主義 명 je-m'en-foutisme *m* {*fam*}, (fort) penchant *m* à l'indolence, penchant *m* pantouflard. ¶ ~주의를 배격하다 repousser la tendance à ne tenir qu'à *ses* aises. ¶ 공무원들이 ~주의에 빠져 있다 Les fonctionnaires tiennent à leur aises.

무사태평 無事泰平 명 ((평안)) tranquillité *f*, paix *f*; ((태평)) insouciance *f*. ◇_**이다** être insouciant(*e*), sans-souci; être décontracté(*e*), cool {*fam*}, relax {*fam*}. ¶ 시험이 코앞에 닥쳤는데도 너는 어찌 그리 ~이니? Comment peux-tu être aussi insouciant(*e*) alors qu'on est à la veille de l'examen?

◆_**하다** 형 être insouciant(*e*), sans-souci; être décontracté(*e*), cool {*fam*}, relax {*fam*}; ne pas s'en faire. ¶ 가내는 두루 ~하신지요 Est-ce que votre famille se porte bien?

무산[1] **無産** 어근 absence *f* de biens; prolétariat *m*; prolétaire, prolétarien(*ne*).

◆_**가[자]** -家[者] 명 prolétarien(*ne*).

◆_**계급** -階級 명 prolétariat *m*.

◆_**혁명** -革命 명 révolution *f* prolétarienne.

무산[2] **霧散** 명 dissipation *f*. ◇_(을) **시키다** annuler; déjouer. ¶ 우리는 치밀한 사전 준비로 그들의 음모를 ~시켰다 Nous avons déjoué leur plan grâce à de très bons préparatifs. ◇_(이) **되다** se dissiper, disparaître, partir en fumée. ¶ 그들의 계획은 ~되었다 Leur projet est parti est en fumée. ¶ 약속이 ~되었다 Le rendez-vous a été annulé.

무산소 無酸素 어근 absence *f* d'oxygène. ¶ ~ 등정 l'alpinisme sans assistance respiratoire. ¶ ~ 호흡

respiration sans apport d'oxygène.
◆_증 -症 명 anoxie *f*, anoxémie *f*.

무상¹ 無常 명 caractère *m* éphémère; instabilité *f* ((des choses humaines)); mutabilité *f*. ¶ 인생 ~을 느끼다 éprouver [ressentir] le caractère éphémère des choses de la vie.
◆_하다 형 être éphémère, instable, vain(*e*), fragile, inconstant(*e*). ¶ 인생의 ~함 la mutabilité des choses de la vie; l'inconstance de la vie; les vicissitudes de la vie; l'instabilité des choses humaines. ¶ 그는 실각 이후 권력의 ~함을 깨달았다 Il a réalisé après sa destitution combien était éphémère le pouvoir.
◆_감 -感 명 느낌 sens *m* du caractère éphémère des choses, sentiment *m* de la vanité ((des choses de la vie)).

무상² 無償 명 gratuité *f*. ¶ ~ 교육 instruction ((publique)) gratuite; enseignement gratuit. ¶ ~ 대출 emprunts sur l'honneur; emprunts à zéro pour cent. ¶ ~ 배부[분배] distribution gratuite ((de journaux, de brochures)). ¶ ~ 원조 assistance gratuite. ¶ ~ 증자 augmentation de capital à titre gratuit. ¶ ~ 행위 acte gratuit. ¶ 고장난 가전제품을 ~으로 수리해주다 réparer gratuitement des appareils ménagers.

무상³ 無上 명 suprême; souverain(*e*). ¶ ~의 행복 un bonheur suprême. ¶ ~의 영광입니다 C'est un trop grand honneur pour moi.

무상출입 無常出入 명 entrée *f* libre. ◇_(을) 하다 avoir *ses* entrées libres; entrer comme chez *soi*. ¶ 그는 대사관저를 ~하는 특권을 누렸다 Il voulait avoir le privilège d'entrer librement dans la résidence de l'ambassade. ¶ 그는 술집을 ~한다 Il entre dans ce bar comme chez lui.

무색 無色 명 absence *f* de couleur; incolore, achrome. ¶ ~의 액체[가스] un liquide [un gaz] incolore.
◆_무취 -無臭 명 incolore et inodore. ¶ ~무취의 액체 un liquide incolore et inodore.
◆_투명 -透明 명 incolore et transparent(*e*).
◆_하다 형 être [se sentir] honteux(*se*), confus(*e*); être humilié(*e*), confondu(*e*); rougir ((de honte)); ne plus savoir où *se* mettre. ¶ 그 소녀의 아름다움은 꽃이 무색할 정도이다 Cette fille est belle à faire rougir les autres. ¶ 그가 내 도움을 거절해서 나는 그만 무색해졌다 J'étais très embêté(*e*) [ennuyé(*e*)] parce qu'il avait refusé mon aide. ¶ 그는 보는 사람이 무색할 정도로 호통을 쳤다 Il nous a sévèrement réprimandés [grondés], au point de nous humilier.

무생물 無生物 명 objet *m* inanimé. ¶ ~ 주어 sujet non animé.
◆_계 -界 명 monde *m* inanimé.
◆_체 -體 명 objet *m* inanimé.

무생채 -生菜 명 *musaengchae m* <salade de radis blancs ou *daikon*>.

무서리 명 première gelée *f* blanche. ¶ 간밤에 ~가 내렸다 La nuit dernière, il a gelé pour la première fois.

무서움 명 peur *f*, épouvante *f*, terreur *f*; effroi *m*; frayeur *f*; panique *f*. ¶ ~을 느끼다 avoir peur; avoir [éprouver] une peur ((panique)). ¶ 그는 ~을 많이 탄다 Il s'effraie facilement [pour peu de chose]. ¶ 그는 ~이 없다 Il n'a peur de rien / Il n'a pas froid aux yeux.

무서워하다 타 avoir peur de *qc/qn/inf*, craindre *qc/qn*; appréhender *qc*; redouter *qc*. ¶ 학생들은 그 선생님을 몹시 무서워한다 Les élèves craignent beaucoup cet enseignant [ce professeur]. ¶ 나는 어렸을 때 개를 무척 무서워했다 J'avais très peur des chiens [Les chiens me faisaient très peur] quand j'étais petit(*e*). ¶ 너를 해치지 않을 테니 무서워하지 마라 Je ne te nuirai pas, n'aie pas peur. ¶ 병원 가기를 무서워하는 아이 un(*e*) enfant qui a peur d'aller à l'hôpital [chez le médecin]. ¶ 네가 가장 무서워하는 것은 뭐니? Quelle est la chose dont tu as le plus peur?

무선 無線 명 sans-fil *inv*; radio *m*. ¶ ~ 이동전화 téléphone mobile sans fil. ¶ ~ 이동통신 télécommunication mobile sans fil. ¶ ~으로 통신을 보내다 envoyer un message radio.
◆_공 -工 명 mécanicien *m* chargé de la radiocommunication [radiomessagerie, radiotéléphonie].
◆_공유기 -共有機 명 routeur *m* sans fil.
◆_국 -局 명 poste *m* de radiodiffusion.
◆_방송 -放送 명 radio *f*, radiodiffusion *f*.
◆_설비 -設備 명 équipement *m* [installation *f*] radioélectrique.
◆_송신 -送信 명 radioémission *f*.
◆_송신기 -送信機 명 radioémetteur *m*.
◆_수신기 -受信機 명 radiorécepteur *m*.
◆_안테나 명 antenne *f* radioémettrice.
◆_인터넷 명 internet *m* sans fil.
◆_전보 -電報 명 radiogramme *m*, télégramme *m*; sans-fil *m inv*.
◆_전신 -電信 명 télégraphie *f* sans fil ((T.S.F.)); radiotélégraphie *f*.
◆_전화[기] -電話[電話機] 명 téléphonie *f* sans fil [téléphone *m* sans fil].
◆_조종 -操縱 명 radioguidage *m*; téléguidage *m*. ¶ ~조종 비행기 un avion téléguidé.
◆_주파수 -周波數 명 radiofréquence *f*.
◆_중계국 -中繼局 명 poste *m* de radiodiffusion.
◆_탐지기 -探知機 명 radiocompas *m*.
◆_통신 -通信 명 radiocommunication *f*; radiomessagerie *f*, radiotéléphonie *f*.
◆_통신망 -通信網 명 réseau *m* sans fil.
◆_호출기 -呼出機 명 pager *m*, pageur *m*, alphapage *m*.

무섬증 -症 명 peur *f*, épouvante *f*, terreur *f*, effroi *m*, frayeur *f*, panique *f*.

무섭다 형 ① avoir peur; être effrayant(*e*); être terrifiant(*e*); être menaçant(*e*); être terrible, redoutable; être féroce, méchant(*e*). ¶ 무서운 맹수

une bête féroce. ¶ 무서운 꿈 un cauchemar. ¶ 무서운 눈으로 노려보다 regarder *qn* méchamment. ¶ 무서운 병에 걸리다 attraper une mauvaise maladie. ¶ 나는 개가 ~ J'ai peur des chiens. ¶ 나는 그가 무서워서 가까이 가고 싶지도 않다 Il me fait tellement peur que je ne peux m'approcher de lui. ¶ 그는 어른 무서운 줄을 모른다 Il est irrespectueux avec les personnes âgées. ¶ 나는 어두운 골목길에 혼자 있는 것이 무서웠다 J'avais peur d'être seul(*e*) dans une sombre ruelle. ¶ 그는 밤길이 무서워서 해가 지면 될 수 있는 대로 밖에 나가려 하지를 않았다 Ayant peur de la nuit, il n'est pas sorti avant le lever du jour. ¶ 개가 무섭게 짖어댔다 Le chien a aboyé méchamment. ② être hors du commun. ¶ 무서운 실력을 가진 신인 une nouvelle figure hors du commun [pleine d'avenir, très douée]. ¶ 무서운 경제성장률 un taux de croissance économique très important. ¶ 친구의 부탁을 거절하는 걸 보니 그는 무서운 사람이다 Il faut être sans scrupule pour (pouvoir) refuser d'aider un ami. ¶ 무섭게 빠르다 être extrêmement rapide. ¶ 그는 성공하기 위해 밤낮 없이 무섭게 일했다 Il a travaillé comme un fou jour et nuit afin de réussir. ¶ 비가 무섭게 퍼붓는다 Il pleut comme vache qui pisse {*fam*} / Il pleut [tombe] des cordes [des hallebardes] / Il tombe des cataractes / Il pleut à verse [à torrents]. ③ craindre; avoir peur. ¶ 나는 그 일을 남이 알까 ~ Je crains que les gens [autres] ne soient au courant de cette affaire. ¶ 그 사람과 마주칠까봐 무서워서 나는 한동안 그 길을 피해 다녔다 J'ai évité ce chemin pendant un certain temps craignant de le rencontrer [de tomber sur lui par hasard]. ¶ 그는 실수할까봐 무서워서 여러 사람 앞에서 말하는 것을 꺼려했다 Il avait tellement peur de se tromper [de dire une bêtise] qu'il évitait de parler en public. ④ ((-기(가) 무섭게)) aussitôt; dès que. ¶ 설명이 끝나기가 무섭게 질문이 쏟아졌다 Les questions affluèrent dès la fin des explications. ¶ 물건을 내놓기 무섭게 다 팔려 버렸다 Les marchandises sont parties aussitôt qu'on les a déballées [étalées] / On s'est arraché les marchandises sitôt déballées.

***구더기 무서워 장 못 담그랴** ☞ 구더기

***하룻강아지 범 무서운 줄 모른다** l'inconscience de celui qui ignore le danger; être imprudent(*e*), téméraire, intrépide.

무성[1] 無性 어근 【생물】 absence *f* de sexe; asexué(*e*).

◆**_생식** -生殖 명 reproduction *f* asexuée.

무성[2] 無聲 어근 ① absence *f* de son. ② 【언어】 absence *f* de vibration des cordes vocales.

◆**_영화** -映畫 명 film *m* [cinéma *m*] muet.

◆**_음** -音 명 sourde *f*. ((consonne)) sourde *f*.

◆**_음화** -音化 명 assourdissement *m*.

◆**_자음** -子音 명 consonne *f* sourde.

무성의 無誠意 명 manque *m* de bonne volonté [de sérieux]; manque *m* de sincérité. ¶ 그는 이 일에 있어서 나의 ~를 탓했다 Il a mis en cause mon manque de sérieux dans cette affaire.

◆**_하다** 형 manquer de sérieux [de bonne volonté, de sincérité]. ¶ ~한 답변[태도] une réponse [attitude] qui manque de sérieux[de sincérité]. ¶ 그는 이 일을 ~하게 처리했다 Il a fait ce travail sans bonne volonté. ¶ 당신이 이렇게 ~하게 나올 줄 몰랐습니다 Je ne m'attendais pas du tout à ce que vous manquiez autant de bonne volonté.

무성하다 茂盛- 형 ① ((feuillage)) être épais(*se*), fourni(*e*), touffu(*e*); pousser dru. ¶ 무성하던 숲이 황무지로 변했다 La forêt épaisse s'était transformée en terre inculte / Le bois épais est maintenant une terre inculte. ¶ 이 정원에는 나무가 ~ Dans ce jardin, les arbres ont un feuillage épais. ¶ 풀[잡초]이 무성하게 자란다 L'herbe pousse dru [Les mauvaises herbes poussent dru]. ② ((소문 따위)) circuler beaucoup. ¶ 그에 관해서는 소문만 무성할 뿐 아무도 진실을 모른다 Beaucoup de rumeurs circulent à propos de cette affaire, mais personne ne connaît la vérité.

무세포동물 無細胞動物 명 protozoaire *m*.

무소득 無所得 명 absence *f* de profit [de revenu].

◆**_자** -者 명 personne *f* sans revenu [sans ressources].

무소부재 無所不在 명 【천주】 omniprésence ((de Dieu)); ubiquité *f*.

◆**_하다** 형 être omniprésent(*e*) [présent(*e*) partout].

무소부지 無所不知 명 omniscience *f*. ¶ 그는 각 방면에 ~하다 Il est omniscient / Il est incollable {*fam*} dans tous les domaines.

무소불위 無所不爲 명 omnipotence *f* ((militaire)); toute-puissance *f*; pouvoir absolu; puissance *f* [autorité *f*] absolue. ¶ ~의 막강한 권력 un pouvoir absolu; une puissance [autorité] absolue.

무소속 無所屬 명 qui n'appartient à aucun parti, être indépendant(*e*). ¶ ~ 의원 député indépendant. ¶ ~으로 입후보하다 se présenter comme candidat indépendant.

무소식 無消息 명 absence *f* de nouvelles. ¶ 그는 떠난 후 사흘이 지나도록 깜깜 ~이다 Cela fait déjà trois jours qu'il est parti, mais on est [nous sommes] toujours sans nouvelle [mais on n'a toujours aucune nouvelle] / Cela fait déjà trois jours qu'il est parti, mais il n'a toujours pas donné le moindre signe de vie / Déjà trois jours se sont écoulés depuis son départ sans qu'il nous soit parvenu aucune nouvelle.

***~이 희소식이다** Pas de nouvelles, bonnes nouvelles.

무소유 無所有 명 non-propriété *f*.

무속 巫俗 명 mœurs *fpl* des *mudang* [des chamans], chamanisme[shamanisme] *m*. ¶ ~ 연구 études du chamanisme; études chamaniques. ¶ ~ 음악 musique chamanique; musique des chamans.

무쇠 명 fonte *f*. ¶ ~ 다리 des jambes solides [aux muscles d'acier]. ¶ ~처럼 단단하게 단련된 몸 une armoire à glace; un corps d'acier. ¶ ~ 같은 주먹 un poing d'acier; une main de fer.

◆_붙이 명 articles *mpl* de fonte; ferronnerie *f*.

◆_솥 명 casserole *f* en fonte.

무수리 명 servante *f* du palais à l'époque de Goryeo ou Joseon ((à laquelle on confiait les tâches les plus ingrates)).

무수하다 無數- 형 être innombrable; être incalculable. ¶ 밤하늘의 무수한 별들 les étoiles innombrables dans le ciel; les myriades d'étoiles (scintillant) dans le ciel.

◆**무수히** 부 innombrablement, infiniment. ¶ 무수히 많은 별들 d'innombrables étoiles.

무순[1] 無順 명 absence *f* d'ordre ((dans une liste)). ¶ 이 명단은 ~으로 작성되었습니다 Cette liste a été établie sans ordre.

무순[2] -筍 명 pousse *f* de (gros) radis blanc ((*daikon*)).

무술[1] 武術 명 art(*s*) *m* marti*al*(*aux*); sports *mpl* de combat; art *m* militaire ((des samouraïs)). ¶~ 고단자 *personne ayant de nombreux dan dans un art martial.* ¶ ~을 익히다 s'initier aux arts martiaux. ¶ ~을 겨루다 se mesurer avec *qn* dans un art martial. ¶ 그는 뛰어난 ~ 실력을 가지고 있다 C'est un expert en arts martiaux.

무술[2] 巫術 명 sorcellerie *f* [pratiques *fpl* divinatoires] (d'un(*e*) chaman(*e*)).

무스 프{mousse} 명 ① mousse *f* ((au chocolat)). ¶ 그 제과점은 쵸콜릿 ~가 특히 맛있다 Dans cette boulangerie-pâtisserie, les mousses au chocolat sont particulièrement bonnes [je vous recommande fortement les mousses au chocolat]. ② mousse *f* [pommade *f*, gomina *f*, gel *m*] ((pour les cheveux)). ¶ 머리에 ~를 발라 잔뜩 멋을 내다 se mettre de la mousse [du gel] dans les cheveux [se gominer les cheveux] pour se faire une beauté [dans un but esthétique].

무슨 관 ① ((déterminant interrogatif sur l'aspect, la nature, le caractère, la couleur, le genre)) quel(*le*). ¶ 그 여자의 옷은 ~ 색입니까? De quelle couleur est la robe de cette femme? ¶ ~ 생각을 그리 하고 있니? À quoi tu penses là? Tu as l'air bien pensi*f*(*ve*) ¶ ~ 일입니까? Qu'est-ce que je peux faire pour vous? / Qu'est-ce qui vous amène ici? / Quel bon vent vous amène ici? ¶ 그가 ~ 이야기를 했는지는 나도 다 알아 Moi aussi, je sais parfaitement ce qu'il t'a raconté. ¶ ~ 말씀이신지 잘 모르겠군요 Je ne sais pas de quoi vous voulez parler / Je ne comprends pas ce que vous voulez dire. ② ((dans un énoncé non interrogatif, il exprime l'indéfini)) quoi que; ce que; quel(*le*) que soit. ¶ 문 밖에서 ~ 소리가 들렸다 J'ai entendu un bruit dehors. ¶ 그녀에게는 ~ 마력 같은 것이 있다 Elle a un côté charmant / Elle a un charme tout particulier. ¶ 네가 ~ 말을 해도 내 결심을 바꿀 수는 없다 Tu pourras me dire ce que tu veux, ça ne changera rien à mon opinion [je ne changerai pas d'avis]. ¶ ~ 일이 있어도 이 일은 오늘까지 끝내야 한다 Coûte que coûte, il faut venir à bout de ce travail aujourd'hui. ¶ ~ 일이라도 좋으니 맡겨주십시오 N'hésitez pas à me demander quoi que ce soit. ¶ 그는 ~ 일이든 일단 시작하면 끝을 보고야 만다 Lorsqu'il commence un travail, il le fait toujours jusqu'au bout. ¶ 네가 ~ 잘못을 했어도 다 용서하겠다 Quelle que soit ta faute, je te pardonnerai. ¶ 다른 사람들이 ~ 소리를 하더라도 거기에 흔들리면 안 돼 Il ne faut pas prêter attention à ce que les autres disent quel que soit leur discours / Même si les gens disent quelque chose, n'y prête pas attention. ③ ((négation)) ne pas; non; tu parles! ¶ 쉬지도 말고 일만 하라니, 내가 ~ 기계야? Tu me demandes de travailler sans m'arrêter un seul instant, je ne suis pas une machine! ¶ 이 판에 ~ 환호인가 Ce n'est pas le moment de crier de joie. ¶ ~ 말씀을, 제가 찾아뵈야지요 Mais non, c'est à moi d'aller chez vous [de me déplacer]. ¶ 부탁은 ~, 말도 꺼내지 못했네 Je n'ai pas pu lui demander quoi que ce soit, tu parles! Je n'ai même pas osé évoquer le sujet. ¶ 이제 와서 그런 변명이 ~ 소용이 있겠니? À quoi ça sert maintenant ce genre d'excuse? / C'est trop tard maintenant pour faire ce genre d'excuse!

*~ **놈의** tu me fais bien rire; tu appelles ça ... ¶ 항의는 ~ 놈의 항의, 입도 뻥끗 못했지? Tu appelles ça protester? ¶ ~ 놈의 컴퓨터 전문가가 그 모양이야 Toi, un expert en informatique! Tu me fais bien rire! Tu n'a jamais réussi à faire fonctionner un ordinateur correctement! / Comment un gars soi-disant expert en informatique met toujours les ordinateurs en panne! ¶ 이 마당에 ~ 놈의 뾰족한 수가 있겠어요? Ici, qui pourra proposer une solution intelligente?

무승부 無勝負 명 résultat *m* nul (d'un match). ¶ 시합은 3 대3 ~로 끝났다 Le match s'est terminé sur un score nul de 3 à 3 / On a fait match nul avec trois buts partout.

무시 無視 명 mépris *m*, négligence *f*. ◇_(를) **하다** négliger ((un avertissement, un avis salutaire)), mépriser ((*qn*, les conventions)), dédaigner, regarder de haut, faire peu de cas de *qc*/*qn*, ne faire aucun cas de ((des conseils de *qn*)), faire fi ((des conseils de *qn*)), faire bon marché de *qc*, ne pas tenir compte ((d'une objection)), ne tenir aucun compte de *qc*, passer outre ((une interdiction)); mésestimer; ne pas respecter *qn*, manquer d'égards [de considération, de déférence, de respect] envers *qn*, ne pas avoir de considération [de déférence, de respect], laisser *qn* de côté, sous estimer. ¶ 신호[신호등]를 ~ ne pas respecter un panneau de signalisation routière, faire une infraction au code de la route [brûler [ne pas respecter, griller {*fam*}] un feu (rouge) {*fam*}, ne pas s'arrêter à un feu (rouge)]. ¶ 일단정지를

~하고 지나치다 passer sans respecter le stop, griller un stop {*fam*}. ¶ 법[여론]을 ~하다 mépriser la loi [ne pas tenir compte de l'opinion publique]. ¶ 남의 의견을 ~하다 ne tenir aucun compte de l'opinion des autres. ¶ 사람을 ~하는 듯한 태도[말투] une attitude méprisante à l'égard des autres [un ton méprisant à l'égard des autres]. ¶ 잘산다고 남을 ~하지 마세요 Ce n'est pas parce que vous êtes riches que vous devez mépriser les autres / Être riche n'est pas une raison pour mépriser les autres [ne justifie en rien le mépris des autres]. ¶ 그는 의사가 휴식을 취하라고 한 것을 ~하고 힘든 일을 계속했다 Il a continué à travailler dur [faire des tâches pénibles] en dépit des conseils du médecin lui demandant de prendre du repos. ¶ 우리 모임에서 그는 아무도 ~하지 못하는 존재이다 Tout le monde le prend au sérieux dans notre association. ◇_(가) **되다** être méprisé(*e*). ◇_(를) **당하다[받다]** être méprisé(*e*). ¶ 이렇게 ~ 당하고는 못살겠다 Je n'accepterai pas d'être méprisé(*e*) à ce point.

무시무시하다 형 être effrayant(*e*), terrible, terrifiant(*e*), effroyable, épouvantable, horrible. ¶ 무시무시한 사람 une personne effrayante. ¶ 무시무시한 광경 une scène épouvantable [atroce, horrible]. ¶ 그 일은 생각만 해도 ~ Rien qu'en y pensant, j'en ai la chair de poule. ¶ 무시무시하게 고함을 지르다 pousser des cris épouvantables [terrifiants].

무시험 無試驗 명 absence *f* d'examen. ¶ ~ 입학 entrée à l'université sans examen ni concours d'entrée. ¶ ~ 전형 sélection qui n'est pas faite sur concours; sélection sur dossier. ¶ ~ 전형으로 학생을 선발하다 sélectionner des étudiants sans concours [sur dossier]; ne pas faire une sélection sur concours.
◆**_제** -制 명 système *m* d'entrée à l'université sans concours ou examen [sur dossier]. ¶ 2005년부터 대학입시에 ~제를 택하기로 했다 À partir de 2005, il a été décidé d'adopter le système d'entrée à l'université sur dossier.

무식 無識 명 ignorance *f*. ¶ 예술에 대한 자신의 ~을 드러내다 révéler *son* ignorance en matière d'art. ¶ 자신의 ~을 부끄러워하다 avoir honte de *son* ignorance. ¶ ~을 면치 못하다 rester toujours inculte [ignorant(*e*)]; rester dans l'ignorance. ¶ ~의 소치로 par ignorance. ¶ ~이 탄로 나다 révéler [voir révélée] *son* ignorance.
◆**_하다** 형 être illettré(*e*), analphabète; être inculte, ignorant(*e*), ignare. ¶ ~한 농부 un agriculteur illettré. ¶ ~하지만 성실한 사람 une personne illettrée [qui n'a pas fait d'études], mais honnête. ¶ 어떻게 이런 자리에서 그런 ~한 말을 할 수가 있니? Comment peut-on tenir des propos aussi incultes?
◆**_꾼[쟁이]** 명 ignorant(*e*), ignare *mf*, inculte *mf*.
◆**일자_** 一字- 명 illettré(*e*), analphabète *mf*, ignare *mf*.

무신 武臣 명 officiers *mpl* militaires.

무신[1] 巫神 명 【민속】 foi *f* dans le chamanisme.

무신[2] 武神 명 dieu(*x*) *m* qui protège les combattants [les guerriers], dieu(*x*) *m*[esprit *m*] protecteur des guerriers.

무신경 無神經 명 indifférence *f*, négligence *f*, laisser-aller *m inv*. ¶ 누구의 ~을 탓하다 mettre en cause l'indifférence de *qn*. ¶ 사태를 이토록 방치한 당국의 ~을 비난하다 critiquer les autorités pour leur négligence lors de cet accident. ¶ 조세불평등 문제에 대해 당국은 ~으로 일관했다 Les autorités ont fait preuve de négligence face au problème de la perception des impôts.
◆**_하다** 형 être indifférent(*e*), négligent(*e*); se moquer de *qc*. ¶ 그녀는 ~한 남편을 원망했다 Elle en veut à son mari pour son indifférence [sa négligence]. ¶ 그는 다른 사람들의 비판에 ~하다 Il se moque des critiques des autres. ¶ 그 여자는 외모를 꾸미는 데 ~하다 Elle n'attache aucune importance à son aspect extérieur[à son apparence].

무신론 無神論 명 【철학】 athéisme *m*.
◆**_적** -的 명 athée.
◆**_자** -者 명 athée.

무실점 명 sans (aucun[le moindre]) but *m* encaissé. ¶ 준결승까지 ~으로 오르다 arriver en demi-finale sans avoir encaissé le moindre but. ¶ ~으로 경기를 마무리를 짓다 terminer un match sans encaisser le moindre but.

무심 無心 명 indifférence *f*, négligence *f*.
◆**_하다** 형 être indifférent(*e*), négligent(*e*). ¶ 그는 성격이 ~하다 Il n'est pas très prévenant / Ce n'est pas quelqu'un d'attentionné. ¶ 편지 한 장 없는 그 ~한 사람은 이제 잊어버려라 Oublie cet énergumène qui ne t'as même pas écrit une seule lettre. ¶ 하늘도 ~하시지 Comment le ciel peut-il rester indifférent à la misère humaine! ¶ 그는 나를 ~하게 대한다 Il me traite sans attention [avec indifférence].
◆**_히[코]** 부 involontairement, par inadvertance, par inattention; par hasard, accidentellement; inconsciemment. ¶ ~코 한 말이 오해를 불러일으켰다 Des propos prononcés sans arrière-pensée ont provoqué un malentendu.
◆**_결** 명 inadvertance *f*, inattention *f*; absence *f* d'arrière-pensée, candeur *f*. ¶ ~결에 내뱉은 말이 그를 화나게 만들었다 Mes paroles prononcées sans (aucune) arrière-pensée l'ont mis en colère.
◆**_증** -症 명 indifférence *f*. ¶ 남편의 ~증 때문에 많이 섭섭하다 être peinée par l'indifférence de *son* mari.
◆**무념_** 無念- 명 impassibilité *f*, calme *m* parfait de l'esprit. ¶ 무념~의 경지에 이르다 atteindre un niveau de parfaite sérénité.

무쌍하다 형 être incomparable, unique, sans pareil(*le*), sans égal(*ale*, *aux*). ¶ 변화가 ~ être très changeant(*e*), capricieux(*se*), fantasque, inconstant(*e*).

ㅁ

◆대담_ 大膽- 형 être extrêmement courageux(se), avoir un grand courage [une grande audace], être très audacieux(se) [hardi(e)], être intrépide, téméraire, risque-tout, ne pas avoir froid aux yeux.

◆용감_ 勇敢- 형 être extrêmement courageux(se); avoir un grand courage, avoir un courage de lion.

무아지경 無我之境 명 état *m* extatique, dépassement total de soi-même; ravissement *m*; parfaite béatitude *f*. ¶~에 빠지다 parvenir à un état extatique; atteindre la parfaite béatitude.

무악 舞樂 명 musique *f* (de cour) pour danser.

무안 無顔 명 humiliation *f*. ◇_(을) 주다 infliger une humiliation à *qn*. ¶그 선생은 여러 사람 앞에서 나에게 ~을 주었다 Ce prof(esseur) m'a humilié en public. ◇_(을) 당하다 être humilié(*e*).

◆_하다 형 être humilié(*e*), confondu(*e*); rougir (de honte); être honteux(*se*), confus(*e*). ¶그는 그 실수로 매우 ~해 했다 Il était tout honteux [confus] de son erreur. ¶~해 어쩔 줄 모르겠다 Je ne sais pas [plus] où me mettre tellement je suis honteux [confus]. ¶그 친구는 ~한 듯이 아무 말도 하지 않았다 Il n'a rien dit comme s'il était honteux [confus] / Il n'a rien dit comme s'il était humilié (en rougissant).

◆_스럽다 형 être humilié(*e*). ¶너는 그 친구 ~스럽게 어른들 앞에서 뭣 하러 그런 말을 하니? Tu ne vois pas que tu le rends [mets] mal à l'aise en disant de telles choses devant des grandes personnes?

무어 대 ((forme contractée de 무엇)) ① que, quoi; quelque chose. ¶너도 알다시피, 내가 가진 게 ~ 있어야지 Je n'ai rien comme tu le sais déjà. ② quoi, comment. ¶~라고 감사의 말씀을 드려야 할지 모르겠습니다 Je ne sais comment vous remercier. 감 Quoi? / Qu'est-ce que tu dis? / Hein? ¶~? 네가 간다고? Quoi? C'est toi qui vas y aller? ¶그게 ~ 그리 대단하다고 자랑이니? Tu crois que c'est quelque chose dont tu dois être si fier? ☞ 뭐

무언 無言 명 silence *m*; mutisme *m*. ¶~의 압력[시위] pression muette [manifestation muette]. ¶우리 사이에는 이미 ~의 약정이 있었다 Entre nous, il y avait déjà un accord tacite.

◆_가 -歌 명 【음악】 romance *f* sans paroles.

◆_극 -劇 명 【연영】 pantomime *f*.

◆_중 -中 명 en silence. ¶~중 암시 allusion en silence. ¶~중에 통하는 마음 sympathie des cœurs en silence, transmission de pensée.

◆유구_ 有口- 명 rester sans voix, n'avoir rien à dire (pour *sa* défense). ¶그는 유구 ~으로 내 말만 듣고 있을 뿐이었다 Il se contentait de m'écouter, sans rien dire[en observant le plus grand silence, en s'enfermant dans son mutisme]. ¶유구~일 따름입니다 Je n'ai rien à dire pour ma défense / Je n'ai pas la moindre excuse / Je n'ai aucune excuse.

무엄하다 無嚴- 형 être impertinent(*e*); insolent(*e*); manquer de respect. ¶무엄하게 어른 앞에서 그게 무슨 짓이냐? Comment peux-tu commettre une telle impolitesse [incongruité] devant cet homme?

무엇 대 ① ((pronom interrogatif)) quoi, que, quelle chose *f*. ¶~을 찾으십니까? Que désirez-vous? ¶~을 원하시는지 제게 말씀하세요 Dites-moi ce que vous désirez. ¶당신은 ~을 생각하십니까? À quoi pensez-vous? ¶당신은 ~ 하러 오셨습니까? Qu'êtes-vous venu(*e*) faire ici? ¶~을 하라는 건지 말을 분명히 해라 Donne des instructions claires sur ce qu'on doit faire. ¶~ 때문에 그러십니까? Qu'est-ce qui vous arrive? ¶~으로 결손분을 채울 거니? Comment comptes-tu combler le déficit? ¶이것은 ~인가? Qu'est-ce que c'est? ¶이것이 ~인지 아세요? Savez-vous ce que c'est? ¶당신들이 사랑이 ~인지 알기나 해요? L'amour, vous savez au moins ce que c'est? ¶그 남자는 사랑한다는 것이 ~인지 조금도 모른다 Il ne sait pas du tout ce qu'est l'amour [ce que signifie l'amour]. ¶이제야 대도시에서 산다는 것이 ~인지 조금 알 것 같다 Je peux savoir un peu maintenant ce que veut dire "vivre dans une grande ville". ¶~이 문제입니까? Quel est le problème? ② ((dans un énoncé non interrogatif, il exprime l'indéfini)) quelque chose. ¶~보다도 나의 흥미를 끄는 것 ce qui m'intéresse le plus. ¶~보다도 중요한 일 ce qu'il y a de plus important. ¶~ 때문인지 그 사람은 매우 불안해했다 Peut-être qu'il lui est arrivé quelque chose, il était très nerveux. ¶그 친구는 ~에 쫓기듯 집으로 돌아왔다 Il est rentré chez lui comme s'il était poursuivi par quelque chose [quelqu'un]. ¶걔가 ~인지 할 말이 있었던 것 같았는데 Il avait l'air de dire quelque chose. ¶동생은 내게 ~인지 이상한 것을 들고 왔다 Mon frère est venu m'apporter quelque chose de bizarre. ¶가방 속에 ~이 든 모양이다 Il semble qu'il y a quelque chose dans le sac. ③ ((Il indique l'indéfini s'il est marqué par les suffixes spéciaux -이고(↔-고), -이나(↔-나), -이든(↔-든), -이든지(↔-든지), -이라도(↔-라도, -인들(↔-ㄴ들), comme n'importe quel autre mot interrogatif)). n'importe quoi; quoi que, quel(*le*) que soit. ¶~이든 물어 보세요 Posez-moi des questions, sur n'importe quoi. ¶찬 것이면 ~이든 좋습니다 N'importe quoi, pourvu que ce soit quelque chose de frais. ¶네가 원하는 것이면 ~이든 다 구해 보겠다 Quoi que tu désires, je vais essayer de le trouver.

무엇하다 형 être embarrassant(*e*), gênant(*e*), inconfortable; être incongru(*e*), inadapté(*e*) ((à une situation)). ¶그냥 앉아 있기가 무엇해서 일어나 좀 거드는 척했다 Comme j'étais bien embarrassé d'être assis à ne rien faire, j'ai fait mine de donner un coup de main pendant quelques instants.

무역 貿易 명 commerce *m* (extérieur, international). ¶~ 상담 consultation [conseil] du commerce. ¶~ 자유화 la libéralisation des échanges internationaux. ¶~ 정책 la politique commerciale ((d'un gouvernement)). ¶대미 ~ commerce avec les États-Unis. ¶ 우리나라의 대일 ~ 역조 현상이 심각해지고 있다 Le déséquilibre des échanges commerciaux avec le Japon s'aggrave / Le déficit de la balance commerciale de la Corée dans ses échanges avec le Japon s'accroît. ¶ 최근 두 나라 사이의 ~이 급증하고 있다 Ces jours-ci, le commerce entre les deux pays se développe rapidement. ◇_(을) **하다** commercer ((avec un pays)); faire du commerce.

◆_**계** -界 명 milieu *m* du commerce (extérieur).

◆_**대표부** -代表部 명 bureau *m* de commerce, service *m* commercial, agence *f* de commerce.

◆_**량** -量 명 volume *m* du commerce international. ¶ ~량이 늘었다 Le volume des échanges commerciaux internationaux est en augmentation.

◆_**상** -商 명 exporta*teur*(*trice*); importa*teur*(*trice*).

◆_**상사[회사]** -商社[會社] 명 maison *f* [compagnie *f*] d'exportation et d'importation.

◆_**선** -船 명 bateau(*x*) *m* de commerce international.

◆_**수지** -收支 명 balance *f* commerciale. ¶ ~수지의 개선이 시급하다 Il est urgent d'améliorer la balance commerciale.

◆_**시장** -市場 명 marché *m* international.

◆_**업** -業 명 travail *m* (commercial), affaires *fpl*.

◆_**업자** -業者 명 commerce *m*.

◆_**역조** -逆調 명 situation *f* défavorable à l'exportation; déficit *m* du commerce extérieur.

◆_**의존도** -依存度 명 degré *m* de dépendance commerciale.

◆_**진흥공사** -振興公社 명 Centre *m* du commerce extérieur.

◆_**풍** -風 명 【지리】 (vent *m*) alizé *m*.

◆_**학과** -學科 명 département *m* des études de commerce.

◆_**항** -港 명 port *m* de commerce.

◆_**협회** -協會 명 association *f* du commerce.

◆**구상**_ 求償- 명 【경제】 commerce *m* d'échange; commerce *m* compensé.

◆**대외[역내]**_ 對外[域內]- 명 【경제】 commerce *m* extérieur [intérieur].

◆**보호_주의** 保護-主義 명 【경제】 protectionnisme *m*, système *m* protectionniste.

◆**삼각**_ 三角- 명 【경제】 commerce *m* triangulaire.

◆**세계_기구** 世界-機構 명 Organisation *f* internationale du commerce.

◆**자유_주의** 自由-主義 명 【경제】 libre-échange *m*.

◆**중개**_ 仲介- 명 【경제】 commerce *m* intermédiaire.

무연[1] 無煙 어근 absence *f* de fumée. ¶ 이 가스는 ~, 무취, 무색이다 Ce gaz n'a ni fumée, ni odeur, ni couleur.

◆_**탄** -炭 명 anthracite *m*.

무연[2] 無鉛 어근 sans plomb *m*. ¶ ~ 휘발유 essence sans plomb.

무연[3] 無緣 어근 absence *f* de relation [rapport].

◆_**하다** 형 être étrang*er*(*ère*). ¶ 그 사람은 이 지역과는 ~하다 Il est étranger à cette région / Il n'a aucune attache avec cette région.

무연하다 憮然- 형 être déçu(*e*), déconcerté(*e*), découragé(*e*), étonné(*e*). ¶ 무연한 표정으로[무연하게] 바라보다 regarder d'un air déçu.

◆**무연히** 부 d'un air déçu.

무염식 無鹽食 명 régime *m* sans sel. ¶ 당뇨에는 ~이 좋다 Le régime sans sel est bon pour le diabète.

무예 武藝 명 arts *mpl* martiaux; art *m* militaire. ¶ 전통 ~ les arts martiaux traditionnels. ¶ ~를 (갈고) 닦다 s'entraîner aux arts martiaux. ¶ ~를 숭상하던 시대 époque où l'on appréciait les arts martiaux. ¶ 그 여자는 각종 ~를 두루 섭렵했다 Elle est rompue [Elle excelle] à tous les arts martiaux. ¶ ~에 뛰어나다 exceller aux arts martiaux; être expert(*e*) en arts martiaux; être rompu(*e*) {*litt*} aux arts martiaux.

무욕 無慾 명 désintéressement *m*. ¶ ~의 경지 un état de désintéressement.

◆_**하다** 형 être désintéressé(*e*). ¶ ~한 마음으로 살다 vivre avec un cœur désintéressé.

무용[1] 舞踊 명 danse *f*. ¶ ~ 발표회 une représentation de danse. ¶ ~ 음악 musique de ballet. ¶ ~ 선생 professeur de danse. ◇_(을) **하다** danser; faire de la danse. ¶ 이 여자 아이는 ~을 잘 한다 Cette enfant danse bien. ¶ 우리 딸아이는 ~을 한다 Ma fille fait de la danse.

◆_**가** -家 명 danseu*r*(*se*).

◆_**계** -界 명 monde *m* de la danse.

◆_**단** -團 명 compagnie *f* de danse; corps *m* de ballet. ¶ 국립 ~단 compagnie nationale de danse ; corps de ballet national. ¶ 서울 시립 ~단 compagnie de danse municipale de Séoul; corps de ballet municipal de Séoul. ¶ 볼쇼이 ~단 la troupe du Bolshoï; la compagnie du théâtre Bolshoï.

◆_**복** -服 명 tenue *f* de ballet.

◆_**수** -手 명 danseu*r*(*se*).

◆**민속**_ 民俗- 명 danse *f* folklorique.

◆**한국**_ 韓國- 명 danse *f* (traditionnelle) coréenne.

무용[2] 無用 어근 inutilité *f*.

◆_**하다** 형 être inutile, oiseu*x*(*se*).

◆_**론** -論 명 théorie *f* de l'inutilité. ¶ 협상 ~론이 대두되고 있다 L'inutilité de la négociation garde de l'influence. ¶ 사람들이 입시 ~론을 주장한다 On revendique l'inutilité de l'examen d'entrée à une école.

무용[3] 武勇 명 bravoure *f*; vaillance *f*. ¶ ~을 떨치다 faire preuve de bravoure.

◆_**담** -談 명 exploits *mpl* (de *qn*).

무용지물 無用之物 명 chose *f* inutile et embarrassante [encombrante]; bon(*ne*) à rien.

무우 명 (('무'의 잘못된 말)) *m*. ☞ 무[2]

무운 武運 명 destin *m* des hommes de guerre, sort *m* des armes. ¶ ~을 빌다 prier pour *qn* parti à la guerre.

무운시 無韻詩 명 poème *m* libre [sans rime].

무원칙 無原則 명 irrégularité *f*, absence *f* de principe. ¶ 그 교수는 현 조직운영의 ~을 지적했다 Ce professeur a fait remarquer [a attiré l'attention sur] l'irrégularité de l'organisation de l'administration actuelle.

◆ **_하다** 형 être irréguli*er*(*ère*); manquer de principe. ¶ 노조는 ~한 회사의 정리해고에 강력하게 반발하였다 Le syndicat ouvrier a réagi fortement contre le licenciement massif irrégulier de cette compagnie. ¶ 이번 사태로 정부의 경제 정책이 ~하다는 비판의 소리가 높아지고 있다 Après cet événement, les critiques augmentent sur l'irrégularité de la politique économique du gouvernement.

◆ **_성** -性 명 tendance *f* à l'irrégularité.

무위[1] 無爲 명 désœuvrement *m*; oisiveté *f*. ¶ 여러 번의 시도가 ~로 돌아갔다 Plusieurs tentatives se sont avérées oisives [inutiles].

◆ **_도식** -徒食 명 paresse *f*; oisiveté *f*.

◆ **_자연** -自然 명 【철학】 état *m* de nature.

무위[2] 武威 명 puissance *f* [force *f*] militaire. ◇ **_를 떨치다** montrer *sa* puissance militaire.

무음 無音 명 son *m* muet, absence *f* de son. ¶ ~ h h muet.

무의미 無意味 명 insignifiance *f*; absence *f* de signification; non-sens *m inv*, absurdité *f*.

◆ **_하다** 형 ne pas avoir de sens; être insignifiant(*e*); être inutile, vain(*e*). ¶ ~한 말만 되풀이하다 répéter pour rien [en vain, inutilement]. ¶ 지금 그런 일을 하는 것은 ~하다 Ça n'a aucun sens [Ça ne rime à rien, Il est inutile] de faire maintenant une telle chose.

무의식 無意識 명 inconscience *f*; inconscient *m*. ¶ ~의 세계가 인간 행동의 많은 부분을 지배하고 있다 L'inconscient domine une grande partie des comportements humains. ¶ ~ 중에 나오는 말이 진심인 법이다 Les paroles inconscientes sont celles du cœur.

◆ **_적** -的 명 ((geste)) inconscient(*e*); ((faute)) involontaire. ¶ 그 남자의 도벽은 거의 ~적 행동이다 Sa kleptomanie est un comportement quasi-inconscient. ¶ 뒤에 사람이 들어오고 있다는 것을 생각하지 못하고 ~적으로 문을 닫았다 J'ai fermé la porte sans faire attention s'il y avait quelqu'un derrière moi [sans prendre conscience, sans être conscient, sans réaliser qu'il y avait peut-être quelqu'un derrière moi].

무의촌 無醫村 명 village *m* sans médecin. ¶ ~ 의료 봉사 활동 service médical volontaire pour les villages sans médecin.

무의탁 無依託 어근 n'avoir personne sur qui s'appuyer [compter]; être sans appui [soutien]. ¶ ~ 노인들을 돌보다 s'occuper des personnes âgées qui sont sans appui.

무이자 無利子 명 absence *f* d'intérêt. ¶ ~로 돈을 빌려주다 prêter de l'argent sans intérêt.

무익하다 無益- 형 être inutile. ¶ 그런 책은 학생들에게 전혀 ~ Un tel livre est inutile pour les élèves.

무인[1] 拇印 명 empreinte *f* du pouce. ¶ ~을 찍다 signer ((un papier)) en y mettant une empreinte du pouce (digitale).

무인[2] 武人 명 militaire *m*; guerrier *m*.

무인[3] 無人 어근 désert(*e*), inhabité(*e*), sans habitants. ¶ ~ 우주왕복선 navette spatiale inhabitée. ¶ ~ 판매 vente sans vendeur.

◆ **_지경** -之境 명 région *f* inhabitée. ¶ 그 선수는 ~지경의 상대편 골문을 향해 돌진했다 Ce joueur s'est lancé précipitamment vers le but désert de l'autre équipe.

무인도 無人島 명 île *f* déserte [inhabitée].

무일푼 無一- 명 sans-le-sou *m inv* {*fam*}. ¶ 그 남자는 ~으로 서울에 올라와서 자수성가한 사람이다 Cet homme est venu à Séoul sans-le-sou et a bien réussi sans l'aide d'autrui. ¶ 후배들에게 밥을 사주고 나니 ~이 되어 버렸다 J'ai invité à manger mes cadets de l'université ((comme la coutume l'exige)) et me voilà sans un sou [à sec {*fam*}] [et je n'ai plus un sou [un rond, un pèse, un radis {*fam*}] (en poche) à présent, et je suis complètement fauché {*fam*} à présent].

무임 無賃 어근 gratuité *f*, absence *f* de tarification [de paiement].

◆ **_ 승차** -乘車 명 trajet *m* sans titre de transport [sans billet, gratuitement]. ~승차(를) 하다 voyager sans billet.

무자격 無資格 명 incapacité *f*, incompétence *f*. ¶ ~ 교원 -敎員 institu*teur*(*trice*) sans brevet. ¶ ~ 의사 -醫師 médecin non patenté.

◆ **_자** -者 명 personne *f* non qualifiée.

무자맥질 명 nager sous l'eau. ◇ **_(을) 하다** nager en s'immergeant.

무자비하다 無慈悲- 형 être impitoyable; être sans pitié; être cruel(*le*), féroce, atroce, brut*al*(*ales, aux*). ¶ 그 독재자는 국민들의 민주화 요구를 무자비하게 탄압했다 Le dictateur opprime sans pitié l'appel à la démocratisation du peuple.

무자식 無子息 명 absence *f* d'enfant [d'héritier]. *~**이 상팔자다** Heureux les parents qui n'ont pas d'enfant!

무작위 無作爲 명 aléatoire. ¶ ~로 ((pris [choisi])) au hasard [de façon aléatoire]. ¶ ~ 표본 추출(법) randomisation *f*, hasardisation *f*. ¶ 이번 여론 조사의 표본은 ~로 추출된 서울 시민 500명입니다 Cet échantillon de gens interviewés est constitué de 500 habitants de Séoul sélectionnés de façon aléatoire.

무작정 無酌定 명부 absence *f* de plan (précis); au hasard; de façon irréfléchie. ¶ ~으로 누구를 좋아하다 aimer quelqu'un aveuglément. ¶ ~ 떼를 쓰다 geindre sans intention précise.

무장[1] 武將 명 général *m*; capitaine *m* (illustre).

무장[2] 武裝 명 armement *m*. ¶ ~ 간첩[괴한, 경찰]

espion(*ne*) armé(*e*), agent secret armé [homme suspect armé, agent (de police) armé; force policière armée]. ¶ 정신 ~ armement mental. ¶ ~을 해제하다 désarmer ((des soldats)) ¶ ~을 풀다 déposer[rendre] *ses* armes; donner *ses* armes. ◇_(을) 하다 armer ((des volontaires)). ¶ 각종 현대식 무기로 ~한 군인들 des soldats équipés de toutes les armes modernes. ◇_(이) 되다 s'armer ((d'un fusil)). ¶ 좌익 이념으로 철저하게 ~된 대학생들 des étudiants armés d'idées gauchistes.

◆_공비 -共匪 명 guérilla *f* communiste armée.

◆_봉기 -蜂起 명 soulèvement *m* ((du peuple)) armé; insurrection *f* ((populaire)) armée.

◆_해제 -解除 명 désarmement *m* ((d'une garnison)). ¶ 반군을 ~해제(를) 하다[시키다] désarmer les troupes rebelles. ¶ ~해제(를) 당하다 être désarmé(*e*).

◆비- 非- 명 démilitarisation *f*. ¶ 비~지대 zone démilitarisée. ¶ 비~ 민간인 civil démilitarisé; population civile démilitarisée.

◆재_ 再- 명 réarmement *m*. ¶ 도덕 재~운동 réarmement moral.

◆중_ 重- 명 【군사】 armement *m* de guerre. ¶ 중~(을) 하다 s'armer pour la guerre.

◆완전_ 完全- 명 【군사】 armement *m* de pied en cap. ¶ 완전~(을) 하다 s'armer de pied en cap.

무저항 無抵抗 명 absence *f* de résistance.

◆_주의 -主義 명 non-violence *f*.

무적[1] 無敵 형 invincible; imbattable; sans rival(*e*). ¶ ~의 용사들 des soldats invincibles. ¶ 검술에 있어서 그 선수는 ~이다 Il est imbattable à l'escrime.

◆_함대 -艦隊 명 flotte *f* (de guerre) invincible; escadre *f* invincible.

무적[2] 無籍 명 absence *f* d'état civil; ((운동선수)) absence *f* de club d'appartenance. ¶ ~ 자식 enfant sans état civil. ¶ ~ 선수 un joueur sans club.

무전[1] 無錢 어근 sans argent.

◆_여행 -旅行 명 voyage *m* sans argent. ¶ ~ 여행(을) 하다 voyager sans argent.

◆_취식 -取食 명 action de s'alimenter sans argent. ¶ ~취식(을) 하다 aller au restaurant sans avoir de quoi payer.

무전[2] 無電 명 radio *f*; radiotélégraphie *f*; sans-fil *m inv*. ¶ 누구에게 ~을 치다[보내다, 때리다] envoyer un message radio à *qn*, envoyer un message sans-fil à *qn*, envoyer une radiotélégraphie à *qn*. ¶ ~이 왔다 Il est arrivé un message radio.

◆_기 -機 명 radio *f*, appareil *m* de radiotélégraphie sans fil; sans-fil *m inv*., talkie-walkie (~*s*-~*s*) *m*.

무절제 無節制 명 intempérance *f*, manque *m* de sobriété. ¶ 부유층의 ~와 탐욕 l'intempérance et l'avidité des riches.

◆_하다 형 manquer de tempérance [sobriété, modération]. ¶ 그 친구는 ~하고 게으른 생활을 청산했다 Il s'est acquitté de sa vie intempérante et paresseuse. ¶ 일부 부유층이 ~한 소비로 비난을 받고 있다 La consommation intempérante [immodérée] d'une partie des riches est en train d'être critiquée.

무접사 파생 無接詞 派生 명 【언어】 dérivation *f* impropre.

무정 無情 명 insensibilité *f*; manque *m* de cœur. ¶ ~도 정이다 L'insensibilité aussi est un sentiment.

무정견 無定見 명 absence *f* de ligne de conduite précise; manque *m* de principes. ¶ ~을 드러내다 montrer un manque de principes.

◆_하다 형 manquer de principes; être opportuniste; être inconstant(*e*) dans *ses* idées. ¶ 선거 때마다 당을 바꾸는 ~한 정치인이 많다 Il y a beaucoup d'hommes politiques manquant de principe qui changent de parti à chaque élection.

무정란 無精卵 명 œuf *m* non fécondé.

무정명사 無情名詞 명 【언어】 nom *m* inanimé [non animé].

무정물 無情物 명 être *m* [objet *m*] inanimé.

무정부 無政府 어근 anarchie *f*.

◆_상태 -狀態 명 anarchie *f*; état *m* anarchique. ¶ 군사 쿠데타로 인해 이 나라에 한 달째 ~상태가 계속되고 있다 À cause du coup d'état militaire, ce pays continue d'être en proie à l'anarchie depuis un mois.

◆_주의 -主義 명 anarchisme *m*.

◆_주의자 -主義者 명 anarchiste.

무정자증 無精子症 명 【의학】 stérilité *f* du spermatozoïde.

무제 無題 명 absence *f* de titre. ¶ 이 작품은 ~라는 제목으로 발표되었다 Cette œuvre a été présentée sous le nom «sans titre».

무제한 無制限 명 absence *f* de limitation [de limite(s), de restrictions]; illimité(*e*); ((liberté)) tot*al*(*ale*, *aux*), enti*er*(*ère*). ¶ ~의 자유 une liberté totale [absolue]. ¶ ((음료수 따위의)) ~ 리필 서비스 ((coca-cola)) à volonté [à discrétion, à souhait, à gogo {*fam*}]. ¶ 수입을 ~으로 확대하다 augmenter [accroître] sans restriction(*s*) les importations. ◇_이다 être illimité(*e*), infini(*e*), sans limites, sans bornes, sans restriction(*s*), sans frein; être tot*al*(*ale*, *aux*), enti*er*(*ère*); ((accès)) être libre. ¶ 수하물의 중량은 ~이다 Le poids des bagages à main est illimité.

◆_하다 형 être illimité(*e*), infini(*e*), sans limite, sans restriction, sans frein, sans borne; être tot*al*(*ale*, *aux*), enti*er*(*ère*); ((accès)) être libre.

◆_급 -級 명 【운동】 sans distinction de poids, toutes catégories *fpl* (de poids).

무조건 無條件 명 absence *f* de condition.

◆_적 -的 명 sans condition, inconditionnel(*le*). ¶ ~적 사랑 un amour inconditionnel.

부 sans conditions, inconditionnellement; sans restriction, sans discuter; coûte que coûte. ¶ ~ 내가 시키는 대로 해라 Fais ce que je te dis sans discuter.

무조음악 無調 音樂 명 【음악】 musique *f* atonale.

무좀 명 【의학】 pied *m* d'athlète; mycose *f* des orteils

ㅁ

et des pieds [entre les doigts de pied]; mycoses *fpl* [champignons *mpl* {*pop*}] de la peau et des ongles. ¶ ~을 앓다 être atteint(*e*) d'une mycose; avoir des champignons {*pop*}. ¶ ~으로 오랫동안 고생하다 avoir des champignons {*pop*} [une mycose] depuis très longtemps. ¶ 발에 ~이 생기다 avoir des champignons aux pieds.

◆_균 -菌 명 【생물】 champignons *mpl*, trichophytie *f*.

무종교 無宗敎 명 absence *f* de religion; irréligion *f*.

무죄 無罪 명 innocence *f*. ¶ ~를 선고하다 déclarer *qn* innocent [non coupable]; acquitter ((un accusé)). ¶ 피고의 ~를 입증하다 prouver l'innocence d'un accusé. ¶ 자신의 ~를 주장하다 protester de *son* innocence. ¶ 변호사는 피고의 ~를 확신하고 있었다 L'avocat avait la conviction de l'innocence de l'accusé. ¶ 배심원단이 ~를 평결했다 Les membres du jury ont rendu un verdict d'acquittement.

◆_하다 형 être innocent(*e*). ¶ ~한 양민을 학살하다 massacrer la population civile innocente.

◆_방면 -放免 명 acquittement *m*.

◆_추정 -推定 명 présomption *f* d'innocence.

◆_판결 -判決 명 verdict *m* d'acquittement; verdict *m* négatif.

무주공산 無主空山 명 montagne *f* déserte; montagne *f* inhabitée.

무주택 無住宅 명 sans domicile. ¶ ~ 서민 population sans domicile.

◆_자 -者 명 personne *f* sans domicile. ¶ ~자 임대아파트 appartement [logement] en location pour des personnes sans domicile.

무중력 無重力 명 absence *f* de pesanteur. ¶ ~ 공간 espace d'où la pesanteur est absente. ¶ ~ 상태 apesanteur, état d'apesanteur.

무지[1] 拇指 명 pouce *m*.

무지[2] 無知 명 ignorance *f*; stupidité *f*. ¶ ~의 소치 une erreur qui vient de l'ignorance; le résultat (provenant) de l'ignorance.

◆_하다 형 être ignorant(*e*), inculte, illettré(*e*), analphabète. ¶ 선인의 지혜를 거부하는 것은 얼마나 ~한 일인가? Refuser la sagesse d'un ancien est un modèle d'ignorance.

◆_스럽다 형 être ignorant(*e*); être brut*al*(*ale*, *aux*), rude, grossi*er*(*ère*).

◆_몽매하다 -蒙昧 형 être ignare {*fam*}, ignorant(*e*), inculte, illettré(*e*), analphabète. ¶ ~몽매한 백성들 peuple illettré [analphabète]; les illettrés.

무지개 명 arc-en-ciel(~*s*-en-~) *m*. ¶ 일곱 빛깔[오색] ~ arc-en-ciel à sept [à cinq] couleurs. ¶ 비 온 뒤에 ~가 떴다 Après la pluie, il s'est formé [est apparu] un arc-en-ciel. ¶ ~는 일곱 색이다 L'arc-en-ciel(~*s*-en-~) a sept couleurs.

◆_떡 명 gâteau(*x*) *m* de pâte de riz irisée.

◆_무늬 명 motif *m* arc-en-ciel.

◆_치마 명 jupon *m* irisé pour le costume traditionnel coréen.

무지렁이 명 ((사람)) sot(*te*), idiot(*e*); ((물건)) vieillerie *f*, bazar *m*, fatras *m*, bric-à-brac *m inv*.

무지르다 타 couper *qc*, écourter; interrompre; couper en deux. ¶ 그는 나의 이야기를 무지르고 나왔다 Il a interrompu mon discours / Il m'a interrompu(*e*) / Il m'a coupé le sifflet [la chique] {*fam*}.

무지막 어근 ignorance *f*; grossièreté *f*.

◆_스럽다 형 être ignorant(*e*), rude, grossi*er*(*ère*).

◆_하다 형 être ignorant(*e*), rude, grossi*er*(*ère*).

무지막지하다 無知莫知- 형 être ignorant(*e*), rude, grossi*er*(*ère*), féroce, impitoyable. ¶ 무지막지한 적의 병사들이 백성들을 마구 학살했다 Les (soldats) ennemis impitoyables ont massacré le peuple. ¶ 무지막지하게 때려 부수다 détruire de façon barbare [violente], massacrer.

무직 無職 명 chômage *m*; sans travail, sans activité professionnelle. ¶ 그 남자는 벌써 몇 년째 ~으로 지낸다 Il est sans travail [sans activité professionnelle] depuis déjà plusieurs années.

◆_자 -者 명 personne *f* sans profession [sans travail, sans activité professionnelle]; chômeu*r*(*se*).

무진장 無盡藏 명 infinité *f*. ¶ 그 지방에는 철광석이 ~으로 널려있다 Cette région est riche en minerai de fer.

◆_하다 형 être inépuisable. ¶ 우리나라는 거의 ~한 인력 자원을 잘 활용해야 한다 Notre pays doit profiter de ses ressources naturelles qui sont quasi(ment) inépuisables.

무질서 無秩序 명 désordre *m*; confusion *f*; chaos *m*. ¶ 선진 시민이 되기 위해서는 ~를 추방하는 것이 급선무이다 Pour être de bons citoyens, il faut avant tout respecter l'ordre social.

◆_하다 형 être en désordre; être désordonné(*e*), confus(*e*). ¶ 책들이 방안에 ~하게 널려 있었다 La chambre était en désordre avec des livres jetés çà et là / Des livres traînaient un peu partout dans la chambre.

무찌르다 타 battre, anéantir, tuer; massacrer; attaquer. ¶ 적군을 ~ anéantir l'armée ennemie.

무차별 無差別 명 sans distinction *f*; sans discrimination *f*. ¶ 적의 ~ 공격[폭격]을 받다 se faire attaquer [bombarder] indistinctement par les ennemis.

◆_적 -的 명 indistinct(*e*), sans pitié; ((bombardement)) à l'aveugle. ¶ ~적으로 sans distinction; sans discrimination.

무참하다[1] 無慘- 형 être cruel(*le*), inhumain(*e*), impitoyable, atroce, horrible, effroyable, affreu*x*(*se*). ¶ 그 남자는 너무도 무참한 광경 앞에서 넋을 잃었다 Il a perdu l'esprit devant cet atroce spectacle. ¶ 그 독재자는 국민들의 인권을 무참하게 짓밟았다 Ce dictateur a piétiné impitoyablement les droits de son peuple.

◆무참히 부 cruellement, atrocement, sauvagement, férocement, impitoyablement. ¶ ~

살해되다 être assassiné(*e*) d'une manière atroce.

무참하다[2] 無慚- [형] être piteux(*se*), piètre, miteux(*se*), minable, honteux(*se*). ¶ 그 사람의 호된 비난에 무참해져서 얼굴이 화끈 달아올랐다 Sa sévère réprimande m'a fait rougir de honte.

무채색 無彩色 [명] couleur *f* achromique [terne]. ¶ ~의 도시 풍경 un paysage urbain morose. ¶ 그 남자는 ~ 계통의 옷을 즐겨 입는다 Il aime porter des vêtements de couleurs ternes [mornes].

무책임 無責任 [명] irresponsabilité *f*. ¶ 모두들 담당자의 불친절과 ~에 분개했다 Tout le monde a été fâché des manières peu aimables et irresponsables de l'administrateur [de l'employé]. ¶ 이번 그 사람의 행동은 ~ 그 자체였다 Cette fois-ci, son comportement était totalement irresponsable.

◆**_하다** [형] être irresponsable. ¶ ~한 약속을 하다 faire des promesses en l'air. ¶ 자식을 돌보지 않는 ~한 부모도 있다 Il se trouve même des parents irresponsables qui ne s'occupent pas de leurs enfants. ¶ 이 상태에서 손을 떼는 것은 너무 ~한 행동이다 C'est trop irresponsable d'abandonner à ce stade-là. ¶ ~하게도 그 남자는 전혀 모르는 일이라고 잡아뗐다 Il a fait l'ignorant, ce qui montre un manque de responsabilité de sa part.

무척 [부] très, grandement, fort, hautement {*litt*}; beaucoup. ¶ 그녀는 ~ 예쁘다 Elle est très jolie.

무척추동물 無脊椎動物 [명]【동물】(animal *m*) invertébré *m*.

무청 [명] feuille *f* de navet.

무취 無臭 [명] absence *f* d'odeur; ((gaz)) inodore, ((un corps)) sans odeur. ¶ 무색, 무미, ~의 기체 gaz incolore, insipide et inodore.

무취미하다 無趣味- [형] manquer de goût [d'intérêt]; être prosaïque, insipide. ¶ 그렇게 무취미한 사람은 처음 보았다 Je n'ai jamais vu quelqu'un qui ne s'intéresse à [n'a de goût pour] rien comme lui. ¶ 그 남자는 무취미한 생활을 바꿔보려고 노력 중이다 Il est en train d'essayer de changer son mode de vie insipide.

무치다 [타] assaisonner [épicer, préparer avec divers épices] ((des légumes potagers ou sauvages généralement blanchis ou cuits)). ¶ 나물을 ~ assaisonner [épicer, préparer avec diverses épices] des légumes potagers ou sauvages généralement blanchis ((pour en faire un plat d'accompagnement)).

무침 [명] préparation *f* avec diverses épices et condiments. ¶ 나물 ~ un *namul* préparé avec diverses épices. <plat d'accompagnement à base d'herbes comestibles potagères ou sauvages (ou à base de légumes verts) préparées avec diverses épices. Les *namul* sont habituellement blanchis, frits et assaisonnés avec du sel, de la sauce de soja, des graines de sésame, de l'huile de sésame, de l'ail et de l'oignon vert>. ¶ 북어 ~ merlan séché préparé avec des épices.

무턱대고 [부] à la légère, inconsidérément; au hasard; aveuglément. ¶ 그는 ~ 내게 돈을 빌려달라고 했다 Il m'a demandé de lui prêter de l'argent comme ça.

무테안경 無-眼鏡 [명] lunettes *fpl* sans monture.

무통분만 無痛分娩 [명]【의학】accouchement *m* sans douleur [sous péridurale].

무투표당선 無投票當選 [명] élection *f* sans scrutin.

◆**_자** -者 [명] élu(*e*) sans scrutin.

무패 無敗 [명] absence *f* de défaite. ¶ ~의 기록을 세우다 établir une série record de victoires consécutives. ¶ 4전 ~로 결승전에 나가다 arriver (invaincu(*e*)) en finale ((sans avoir perdu un seul des quatre matchs)).

무폭력 無暴力 [명] absence *f* de violence.

무표 無表 [명]【언어】non marqué(*e*).

◆**_계열** -系列 [명]【언어】paradigme *m* non marqué.

◆**_항** -項 [명]【언어】terme *m* non marqué.

무표정하다 無表情- [형] être inexpressi*f*(*ve*); être impassible; être sans expression; être impénétrable. ¶ 그 사람은 그 소식을 듣고도 계속 무표정한 얼굴이었다 Même après avoir appris cette nouvelle, son visage est resté impassible. ¶ 두 사람은 아무 말 없이 무표정하게 앉아 있었다 Tous les deux étaient assis en silence, impénétrables.

무풍지대 無風地帶 [명] zone *f* abritée du vent; région *f* calme.

무학 無學 [명] ignorance *f*. ¶ 그 남자는 ~이지만 지혜가 있는 사람이다 Cet homme est ignorant, mais sage.

◆**_자** -者 [명] ignorant(*e*), illettré(*e*).

무한 無限 [명] infini *m*; infinité *f*, infinitude; sans limites, sans bornes. ¶ 정보 관련 산업의 발전 가능성은 거의 ~에 가깝다 L'industrie informatique a des potentialités quasi infinies.

◆**_하다** [형] être infini(*e*), illimité(*e*), indéfini(*e*); être sans fin. ¶ 인간의 상상력은 ~하다 L'imagination humaine est infinie.

◆**_히** [부] infiniment. ¶ 인류의 진보는 ~히 계속될 것이다 Le progrès de l'humanité ne s'arrêtera jamais.

◆**_성** -性 [명] infini *m*; ((수학)) infinité *f*; ((철학)) infinitude *f*.

◆**_궤도** -軌道 [명] chenille *f* ((d'un véhicule)).

◆**_급수** -級數 [명]【수학】série *f* infinie.

◆**_대** -大 [명] infini *m*; infiniment grand *m*.

◆**_소수** -小數 [명]【수학】fraction *f* décimale périodique indéfinie.

◆**_수열** -數列 [명]【수학】série *f* numérique infinie.

◆**_집합** -集合 [명]【수학】ensemble *m* infini.

◆**_책임** -責任 [명] responsabilité *f* illimitée.

무한대 無限大 [명]【수학】infini *m*, infinité *f*. ¶ ~의 시간 temps infini. ¶ ~로 증가하다 augmenter à l'infini [sans fin].

무해 無害 [어근] absence *f* de nocivité. ¶ ~ 식품 aliment inoffensif; aliment sûr.

◆**_하다** [형] être inoffensi*f*(*ve*); ne pas être noci*f*(*ve*).

ㅁ

¶ 이 약은 인체에 ~하다 Ce médicament est inoffensif pour le corps humain.

◆_무독하다 -無毒 형 n'être ni nocif(*ve*) ni toxique.

무허가 無許可 명 absence *f* de permission [d'autorisation]. ¶ ~ 건물 bâtiment construit sans autorisation. ¶ ~ 술집 bistrot sans licence. ¶ ~ 제조 production sans licence. ¶ ~ 판매 vente sans licence. ¶ ~로 장사를 하다 faire du commerce sans licence.

무혈 無血 어근 pas de sang; absence *f* de sang; sans effusion de sang. ¶ ~ 혁명[점령] révolution [occupation] sans effusion de sang.

무혐의 無嫌疑 명 absence *f* de suspicion. ¶ ~ 처리 l'arrangement (d'une affaire) par absence de suspicion. ¶ 그 용의자는 ~로 풀려났다 Le suspect a été libéré par absence de preuve.

무협 武俠 어근 de chevalerie, de cape et d'épée.

◆_소설[지] -小說誌 명 roman *m* de chevalerie [de cape et d'épée].

◆_영화 -映畵 명 film *m* de cape et d'épée.

무형 無形 명 absence *f* de forme; immatériel(*le*), intangible, spirituel(*le*), mor*al*(*ale*, *aux*), invisible, intangible, abstrait(*e*).

◆_적 -的 명 incorporel(*le*), mor*al*(*ales*, *aux*). ¶ ~적 손해 un dommage moral [incorporel].

◆_무역 -貿易 명 commerce *m* de biens moraux.

◆_문화재 -文化財 명 trésor *m* national intangible.

◆_물 -物 명 réalité *f* immatérielle.

◆_자본 -資本 명 capital *m* abstrait; fonds *mpl* abstraits.

◆_재산 -財產 명 biens *mpl* incorporels.

무형식 無形式 명 pas de formalité *f*, sans formalité *f*.

무화과 無花果 명 【식물】 figue *f*. ¶ ~ 나무 figuier.

무효 無效 명 inefficacité *f*, invalidité *f*, nullité *f*. ¶ ~ 확인 소송 procès pour la confirmation d'une invalidation. ¶ 당선을 ~로 하다 invalider une élection. ¶ 선거는 ~가 되었다 L'élection a été invalidée. ¶ 도중하차하면 이 차표는 ~가 된다 Si on descend en route, ce billet n'est plus valable. ¶ 이 유언장은 ~이다 Ce testament est invalidé [n'est pas valable].

◆_화 -化 명 invalidation *f*. ¶ ~화(를) 하다[시키다] invalider; annuler la validité. ¶ ~화(가) 되다 être invalidé(*e*). ¶ 그 조항은 ~화할 수가 없다 On ne peut pas invalider cette clause. ¶ 이번 계약의 ~화로 회사에 큰 손실이 생겼다 L'invalidation de ce contrat a causé une grosse perte à la compagnie.

◆_소송 -訴訟 명 procès *m* pour une invalidation.

◆_표 -票 명 billet *m* invalidé; billet *m* non valable.

◆원인_ 原因- 명 annulation *f* d'une cause.

무훈 武勳 명 exploit *m* (militaire); action *f* d'éclat [mémorable, remarquable], acte *m* héroïque; fait *m* d'armes; haut fait *m*. ¶ ~을 세우다 se signaler par *ses* exploits; se distinguer dans une bataille; accomplir une action d'éclat [mémorable, remarquable], accomplir un exploit [un acte héroïque, de belles actions], se distinguer [se signaler] par *ses* exploits, rendre des services éminents ((à la patrie)). ¶ ~이 혁혁한 장군 général qui a accompli de brillants exploits.

◆_담 -談 명 récit *m* d'exploits.

◆_시 -詩 명 chanson *f* de geste.

무휴 無休 명 toujours ouvert(*e*); sans relâche.

◆연중_ 年中- 명 ouvert(*e*) toute l'année.

무희 舞姬 명 danseuse *f*, ballerine *f*.

묵 명 gelée *f* [gélatine *f*] ((de sarrasin, de gland)). ¶ ~을 쑤다 faire de la gelée (de gland). ¶ ~을 무치다 assaisonner de la gelée (de gland).

◆_사발 -沙鉢 명 ① écuelle *f* de gelée (de gland). ② 【속어】 état *m* lamentable [de désordre] {*fam*}, confusion *f*. ☞ 묵사발

◆녹두_ 綠豆- 명 gelée *f* de haricots mungo.

◆도토리_ 명 gelée *f* de gland.

◆메밀_ 명 gelée *f* de sarrasin.

묵계 默契 명 accord *m* tacite. ¶ 그 문제에 대해서는 양당 간에 모종의 ~가 있었던 것 같다 En ce qui concerne cette question, il semble qu'il y ait eu un accord tacite entre les deux partis politiques. ◇_(를) **하다** avoir un accord tacite avec *qn*. ◇_(가) **되다** arriver à un accord tacite.

묵과 默過 명 ◇_(를) **하다** fermer les yeux sur *qc*, passer sur *qc*; tolérer *qc*, approuver tacitement. ¶ 이 일은 도저히 ~할 수 없다 Je ne peux vraiment pas fermer les yeux sur cet incident / Je ne peux vraiment pas tolérer [laisser passer] ça.

묵념 默念 명 méditation *f*, prière *f* en silence. ◇_(을) **하다[올리다]** faire une prière en silence. ¶ 호국 영령을 위해 ~을 하다 faire une prière en silence pour les morts au champ d'honneur.

묵다[1] 자 vieillir, dater; être vieilli(*e*), suranné(*e*). ¶ 묵은 때를 벗기다 enlever une vieille crasse. ¶ 묵은 빨래를 하다 laver *son* vieux linge en famille. ¶ 백 년 묵은 노송 un vieux pin centenaire. ¶ 백 년 묵은 여우 un renard centenaire transformé en femme fantôme. ¶ 마음속의 묵은 상처를 건드리다 rouvrir [raviver] une ancienne blessure. ¶ 그 학자의 강의 노트는 십 년은 묵었다 Son cahier de cours date d'au moins dix ans.

***십년 묵은 체증이 내리다** ☞ 체증

묵다[2] 자 séjourner, passer la nuit; descendre ((dans un hôtel)), coucher ((dans une auberge)), loger. ¶ 하룻밤(을) ~ passer une nuit ((dans un hôtel)). ¶ 호텔[여관, 유스호스텔]에(서) ~ loger [descendre] dans un hôtel [dans une auberge, dans une auberge de jeunesse]. ¶ 친척집에(서) ~ loger chez un parent. ¶ 묵을 곳이 없다 ne pas avoir d'endroit pour[où] loger. ¶ 어디에 묵고 계십니까? Où logez-vous?

묵도 默禱 명 【기독】 prière *f* sans parole; oraison *f* silencieuse. ¶ ~ 시간 l'heure d'oraison silencieuse. ◇_(를) **하다[올리다]** prier en silence.

묵독 默讀 명 lecture *f* en silence. ¶ 그 여자는 항상

~으로 책을 본다 Elle lit toujours en silence. ◇_(을) **하다** lire en silence. ¶ 책을 ~하다 lire un livre en silence.

묵묵부답 默默不答 명 silence *m* sans réponse [obstiné]. ¶ 그 사람은 남이 무어라고 하든 ~이다 Il garde le silence quoi qu'on lui dise. ◇_(을) **하다** garder le silence; rester muet(*te*).

묵묵히 默默- 부 en silence, sans rien dire, sans un mot, silencieusement. ¶ 그는 ~ 내 말을 듣기만 했다 Il s'est contenté de m'écouter sans dire un mot. ¶ 그는 누가 뭐라고 하던 상관 않고 ~ 자기 할 일을 했다 Il a fait son travail [Il a accompli son œuvre] en silence sans écouter les critiques [sans se laisser troubler par les autres].

묵비권 默秘權 명 【법률】 liberté *f* de l'inculpé de ne pas répondre. ¶ ~을 행사하다 exercer *sa* liberté de ne pas répondre.

묵사발 -沙鉢 명 ① écuelle *f* de gelée. ② 【속어】 ((réduire en)) bouillie *f*. ¶ ~을 만들다 mettre en bouillie, réduire *qn* en bouillie, écrabouiller {*fam*}, massacrer *qn*; régler *son* compte à *qn*, le faire payer cher à *qn*; faire la peau à *qn*, tuer *qn*. ¶ 이번 일을 제대로 처리하지 못하면 ~이 될 테니 알아서 들 해 Vous avez intérêt à bien régler cette affaire, sinon je vous écrabouille [je vous réduis en bouillie, je vais vous massacrer]. ¶ 오냐, 내가 오늘 너를 아주 ~로 만들어 주마 Tu vas voir, je vais te massacrer [te réduire en bouillie, te faire la peau, te régler ton compte] aujourd'hui.

묵살 默殺 명 ◇_(을) **하다** rester sourd(*e*); ne pas écouter; ne pas tenir compte de ((l'opinion publique)); se moquer de *qc*. ¶ 누구의 요구를 ~하다 rester sourd(*e*) à la demande de *qn*. ¶ 부하 직원의 건의를 ~하다 ne pas écouter les propositions d'un employé subalterne. ¶ 소수 의견을 ~하다 ne pas tenir compte de l'opinion minoritaire. ◇_(이) **되다** [(을) **당하다**] être ignoré(*e*); ne pas être écouté(*e*). ¶ 내 의견은 여지없이 ~되었다 Mon opinion n'a pas été écoutée / Mon opinion n'a attiré aucune attention.

묵상 默想 명 méditation *f*, contemplation *f*, recueillement *m*. ¶ ~에 잠기다 s'absorber dans la méditation; être plongé(*e*) dans la contemplation. ◇_(을) **하다** méditer sur *qc*; se recueillir. ¶ ~하는 시간을 갖다 avoir un temps de méditation.

◆_**법** -法 명 méthode *f* de méditation.

묵새기다 재타 séjourner longtemps; faire un long séjour. ¶ 그는 우리 집에서 여러 날을 묵새겼다 Il a séjourné [passé] plusieurs jours chez nous.

묵서 墨書 명 calligraphie *f* à l'encre de Chine.

묵시[1] 默視 명 indifférence *f*. ¶ ~에 의한 동의 accord tacite. ◇_(를) **하다** rester indifférent(*e*). ¶ 그 사람의 곤경을 이대로 ~할 수만은 없다 Ses difficultés ne me laissent pas indifférent(e).

◆_**적** -的 명 implicite. ¶ ~적 합의 accord implicite. ¶ ~적으로 동조하다 être d'accord implicitement.

묵시[2] 默示 명 【종교】 révélation (divine) *f*, allusion *f*, insinuation *f*, suggestion *f*. ◇_(를) **하다** révéler; faire allusion à *qn*/*qc*. ◇_(가) **되다** être révélé(*e*). ¶ 그 구절에는 이러한 내용이 ~되어 있다 Ce passage fait allusion à ceci.

◆_**록** -錄 명 (livre *m* de l')Apocalypse *f* (*de Jean*).

◆_**문학** -文學 명 【문학】 littérature *f* religieuse fondée sur la révélation.

묵연히 默然- 부 silencieusement. ¶ ~ 얘기를 듣다 écouter silencieusement [en silence, calmement].

묵은닭 명 poule *f* de plus d'un an.

묵은빚 명 vieille dette *f*, dette *f* de longue date. ¶ ~을 갚다 rembourser une vieille dette.

묵은세배 -歲拜 명 ☞ 세배

묵은쌀 명 riz *m* de l'année passée.

묵은해 명 l'année *f* passée; l'an *m* dernier. ¶ ~를 보내고 새해를 맞다 donner congé à l'année écoulée et accueillir la nouvelle.

묵음 默音 명 【언어】 son *m* muet.

묵인 默認 명 approbation *f* tacite, consentement *m* tacite. ¶ 당국의 ~ 하에 불법 영업을 하다 faire du commerce illégalement avec le consentement tacite des autorités. ◇_(을) **하다** approuver tacitement; fermer les yeux ((sur *qc*)); tolérer. ¶ 불법 주차를 ~해 주다 fermer les yeux sur le stationnement interdit. ◇_(이) **되다** être toléré(*e*). ¶ 수렵금지 구역 내에서 사냥이 ~되고 있다 On ferme les yeux sur le braconnage dans la réserve.

묵주 默珠 명 【천주】 rosaire *m*; chapelet. ¶ ~ 신공을 드리다 réciter [dire] le rosaire [chapelet].

묵중하다 默重- 형 être lourd(*e*); être taciturne, silencieux(*se*), réservé(*e*). ¶ 묵중한 쇠망치 marteau lourd en acier. ¶ 묵중하게 정좌하고 있는 남자 un homme silencieux, assis bien droit.

묵직하다 형 être un peu lourd(*e*), pesant(*e*); être sérieux(*se*), grave, prudent(*e*). un ton grave.¶ 묵직한 바구니 un panier un peu lourd. ¶ 묵직한 음성 une voix grave. ¶ 그 남자는 묵직한 인상을 준다 Il donne l'impression d'être sérieux. ¶ 가방이 꽤 묵직해 보인다 Le sac semble assez lourd. ¶ 그 사람의 손에는 여행 가방이 묵직하게 들려 있었다 Il portait une valise qui semblait pesante.

묵향 墨香 명 parfum *m* de l'encre de Chine.

묵화 墨畵 명 peinture *f* à l'encre de Chine. ¶ ~를 치다 faire une peinture à l'encre de Chine.

묵히다 타 ① laisser vieillir ((un vin)); laisser *qc* à l'abandon, laisser *qc* de côté. ¶ 여러 해 동안 묵힌 포도주 un vin qui a vieilli plusieurs années. ¶ 오랫동안 묵혀온 고민거리 un problème embarrassant laissé de côté pendant longtemps. ② laisser ((des terrains en friche)), laisser à l'abandon. ¶ 땅[밭]을 묵혀 두다 faire reposer une terre; laisser une terre en jachère; laisser un terrain en friche. ③ laisser *qc* au placard, laisser *qn* à l'abandon, ne pas utiliser *qc*; laisser dormir ((*son* argent, *ses* capitaux)). ¶ 실력[능력]을~ laisser au placard *ses* compétences [*ses* capacités]. ¶ 연장[기계]를 오래 묶혀 두다 laisser longtemps à l'abandon un outil [une machine].

묶다 타 ① lier *qc* (avec une corde, avec une ficelle), attacher ((les mains de *qn*)), ficeler ((un paquet)), relier, ligoter, fixer, amarrer, ancrer, atteler, enchaîner, lacer, ligaturer, sangler. ¶ 짐을 ~ emballer (des marchandises); faire un ballot [un colis]. ¶ 머리를 (고무줄로) ~ s'attacher les cheveux (avec un élastique). ¶ 개를 나무에 ~ attacher le chien à un arbre. ¶ 선착장에 배를 묶어 두다 amarrer un bateau au quai. ¶ 상자를 끈으로 ~ ficeler une boîte. ② 매듭을 만들다 nouer. ¶ 보자기를 ~ nouer un carré de tissu par les quatre bouts. ¶ 구두끈을 ~ nouer le lacet d'une chaussure; nouer *ses* lacets. ③ 결박하다 ligoter, enchaîner. ¶ 손발을 밧줄[쇠사슬]로 ~ lier les mains et les pieds de *qn* avec une corde [avec des chaînes]. ¶ 범인을 포승으로 꽁꽁 ~ ligoter un coupable avec une corde. ④ 속박하다 limiter, astreindre. ¶ 언론을 국가 보안법으로 ~ obliger [enjoindre] la presse à respecter la loi de la sécurité nationale. ¶ 구정치인들을 선거법 위반으로 ~ neutraliser les vieux hommes politiques pour violation de la loi électorale. ⑤ 합치다 réunir, rassembler, regrouper. ¶ 그 동안 발표했던 글들을 한 권의 책으로 ~ rassembler en un volume des articles publiés jusqu'alors.

*(**누구의**) **발을** ~ retenir *qn*, bloquer *qn*, immobiliser *qn*, paralyser *qn*, neutraliser *qn*. ¶ 폭설이 여행객들의 발을 묶었다 La neige abondante a retenu [a bloqué, a immobilisé] les voyageurs.

묶음 명 touffe *f*; bouquet *m* ((de fleurs)); gerbe *f* ((de blé)); botte *f* ((de paille, de carottes)); liasse *f* ((de papiers)); faisceau(*x*) *m* ((de flèches, de cheveux)). ¶ ~을 짓다 faire des bottes [gerbes]; mettre *qc* en bottes [en gerbes]. ¶ ~으로 팔다 vendre en bottes [en gerbes, en bouquets].

묶이다 자 ① être lié(*e*), attaché(*e*), ligoté(*e*) ((verbe passif)). ¶ 그 사람은 손발이 (밧줄로) 묶였다 Ses mains et ses pieds sont ligotés [attachés] avec une corde. ¶ 그 사람의 허리에는 끈이 묶여 있었다 Une ficelle était enroulée autour de ses hanches. ¶ 그 여자는 의자에 묶여서 앉아 있었다 Elle se trouvait assise, attachée à une chaise. ¶ 집 열쇠와 자동차 열쇠가 같이 묶여 있었다 Les clés de la maison et de la voiture étaient attachées ensemble. ¶ 부두에는 많은 배가 묶여 있었다 Au quai, un grand nombre de bateaux étaient amarrés. ② 속박당하다 être lié(*e*), contraint(*e*), forcé(*e*). ¶ 시간에 ~ ne pas être maître de *son* temps. ¶ 관습에 ~ être contraint(*e*) par les coutumes. ¶ 각종 규제에 묶여 주거 환경은 더욱 악화되고 있다 Contraint par diverses lois, l'environnement de l'habitat s'aggrave de plus belle. ③ 합쳐지다 être réuni(*e*), assemblé(*e*), rassemblé(*e*). ¶ 스승과 제자의 글이 한 권의 책으로 묶였다 Les publications [Les articles] du professeur [du maître] et de ses élèves sont rassemblé(*e*)s [réuni(*e*)s, regroupé(*e*)s] en un volume.

***발이** ~ être retenu(*e*), bloqué(*e*), immobilisé(*e*), paralysé(*e*). ¶ 눈보라가 심해서 여행객들이 발이 묶였다 Les voyageurs sont retenus [immobilisés] à cause de la tempête de neige / La tempête de neige a immobilisé [bloqué] les voyageurs.

문[1] **門** 명 porte *f*; entrée *f*; portière *f*. ¶ 들어오는 ~ la porte d'entrée. ¶ 나가는 ~ la sortie, l'issue. ¶ ~을 두드리다 frapper à la porte. ¶ ~을 잠그다 fermer une porte à clef. ¶ 열쇠로 ~을 열다 ouvrir la porte avec la clef. ¶ 누가 그 사람에게 ~을 열어 주었니? Qui lui a ouvert la porte? ¶ 더운데 왜 ~을 닫아 놓고 있어? Pourquoi laissez-vous la porte fermée par cette chaleur? ¶ 현관 ~으로 들어가라 Entrez par la porte principale! ¶ ~이 저절로 열린다[닫힌다] La porte s'ouvre [se ferme] toute seule. ¶ 대학의 ~은 좁다 Il n'est pas facile d'entrer à l'université.

*~**을 닫다** fermer (*ses* portes), arrêter un commerce. ¶ 그 가게는 장사가 잘 안 되서 ~을 닫았다 Les affaires ne marchant pas bien, ce magasin a fermé.

*~**을 열다** ouvrir ((un commerce)), commencer un commerce; être ouvert(*e*). ¶ 저희 가게는 매일 9시에 ~을 엽니다 Notre magasin ouvre tous les jours à 9 heures. ¶ 새로운 상점이 ~을 열었다 Un nouveau magasin s'est ouvert [a ouvert ses portes]. ¶ 우리 모임은 모두에게 ~을 열어 놓고 있다 Notre réunion est ouverte à tout le monde.

***마음의** ~**을 열다** ouvrir *son* cœur.

◆**_가** 명 près de la porte.

◆**_고리** 명 poignée *f* d'une porte; anneau(*x*) *m* d'une porte.

◆**_구멍** 명 trou *m* dans une porte; trou *m* de la serrure.

◆**_기둥** 명 pilier *m* d'une porte.

◆**_단속** -團束 명 fermeture *f* à clef d'une porte; verrouillage *m* d'une porte. ¶ ~단속 단단히 해라 Veillez à ce que toutes les portes soient bien fermées!

◆**_살** 명 croisillons *mpl* d'une porte.

◆**_소리** 명 claquement *m* de porte; bruit *m* de porte. ¶ 갑자기 ~소리가 났다 Soudain, il y eut un bruit de porte.

◆**_짝** 명 vant*ail*(*aux*) *m* [battant *m*] d'une porte.

◆**_창살** -窓 명 croisillons *mpl* de porte et de fenêtre.

◆**_창호지** -窓戶紙 명 papier *m* coréen pour portes.

◆**_틀** 명 cadre *m* d'une porte, huisserie *f*. ¶ ~틀을 짜다 faire un cadre de porte.

◆**대_** 大- 명 portail *m* (d'entrée).

◆**뒷_** 명 ① porte *f* de derrière [de service]. ② ((비유적)) petite porte *f*. ¶ 너는 대학교를 뒷~으로 들어왔니? Es-tu entré(*e*) à l'université par la petite porte?

◆**정_** 正- 명 entrée *f* principale.

◆좁은_ 명 porte *f* étroite.

◆후_ 後 명 ① entrée *f* secondaire. ② ((비유적)) petite porte *f*.

문[2] **文** 명 phrase *f*. ¶ ~의 구성요소 les éléments constitutifs de la phrase française. ¶ ~의 네 가지 유형 les quatre types de phrase.

문[3] **文** 분류 *mun m* <unité de mesure pour la pointure des chaussures, environ 2,4 cm>. ¶ 그 사람이 고무신을 몇 ~ 신는지 알아봐야 하는데 ... Il faudrait savoir combien de *mun* font vos chaussures (traditionnelles) en caoutchouc ...

문[4] **門** 명 【생물】 phylum (phylums, phyla) *m*, embranchement *m*. ¶ 종, 속, 과, 목, 강, ~, 계 espèce, genre, famille, ordre, classe, embranchement, règne.

문[5] **門** 분류 【군사】 ((classificateur servant à compter les canons)). ¶ 고사포 십~ 10 canons antiaériens.

-문[6] **-文** 접미 littérature *f*, lettres, plume *f*; écrit *m*, composition *f*. ¶ 기행~ récit de voyage. ¶ 수필~ essai.

문간 門間 명 vestibule *m*; porche *m*; entrée *f*. ¶ 손님을 ~에 세워두다 faire attendre un(*e*) visiteu*r*(*se*) sous le porche.

◆방 -房 명 pièce *f* située près de l'entrée principale.

◆채 명 bâtiment *m* situé près de l'entrée principale ((d'une maison traditionnelle)).

문갑 文匣 명 coffret *m* à documents; casier-armoire *m* à papeterie.

문객 門客 명 parasite *m*, écornifleu*r*(*se*) {*fam*}, pique-assiette; visiteu*r*(*se*) (habituel(*le*)).

문건 文件 명 document *m*. ¶ 공식 ~을 아직 전달받지 못했다 Je n'ai pas encore reçu les documents officiels.

문고 文庫 명 bibliothèque *f*; collection *f*; livre *m* [format *m*] de poche.

◆_본 -本 명 【출판】 livre *m* de poche.

◆_판 -版 명 【출판】 format *m* de poche.

◆학급_ 學級- 명 bibliothèque *f* de la classe.

문과 文科 명 ① section *f* des lettres, faculté *f* des lettres. ② 【역사】 concours *m* des fonctionnaires d'État (dans la branche des lettres). ¶ ~에 급제하다 être reçu(*e*) au concours des fonctionnaires dans la section des lettres.

◆_대학 -大學 명

문관 文官 명 fonctionnaire *mf* civil(*e*); fonctionnaire *mf* d'État; conseill*er*(*ère*) civil(*e*).

문교부 文敎部 명 ministère *m* de l'Éducation (nationale). ¶ ~장관[차관] le ministre [le vice-ministre] de l'Éducation nationale.

문구[1] **文具** 명 papeterie *f*, articles *mpl* de bureau; fournitures *fpl* d'école.

◆_류 -類 명 papeterie *f*; articles *mpl* de bureau.

◆_점 -店 명 papeterie *f*.

문구[2] **文句** 명 phrase *f*; expression *f*. ¶ 선전 ~ expression[texte] publicitaire; slogan publicitaire. ¶ 틀에 박힌 ~ un cliché; une expression habituelle [conventionnelle, traditionnelle]. ¶ 꼭 맞는 ~를 사용하다 utiliser le bon slogan [la bonne formule, la phrase publicitaire idéale]. ¶ ~가 서툴다 s'exprimer maladroitement.

문귀 명 ☞ 문구[2]

문단[1] **文壇** 명 monde *m* littéraire; monde *m* des lettres; milieu(*x*) *m* littéraire. ¶ ~에 데뷔하다 [진출하다] faire *ses* débuts dans le monde littéraire; faire *son* entrée dans le milieu littéraire; commencer *sa* carrière littéraire; débuter dans la carrière littéraire. ¶ ~에 이름이 나다 acquérir une renommée littéraire; se faire un nom comme écrivain. ¶ 최근 ~의 경향은 이렇습니다 Telle est la tendance littéraire actuelle. ¶ 그 남자는 ~의 주목을 받는 신인으로 급부상 했다 Il est devenu tout d'un coup une vedette dans le monde littéraire.

문단[2] **文段** 명 paragraphe *m*. ¶ 위의 ~에서 부적절한 단어를 고르시오 Trouvez le mot inadéquat dans le paragraphe ci-dessus.

문답 問答 명 question *f* et réponse *f*, conversation *f*, dialogue *m*; demande *f* et réponse *f*. ◇_(을) 하다 échanger des questions et des réponses; échanger des paroles.

◆_식 -式 명 sous forme de questions et réponses, sous forme de dialogue. ¶ ~식으로 설명하다 expliquer avec des questions et réponses.

◆교리_ 敎理- 명 【천주】 catéchisme *m*.

문대다 타 frotter. ¶ 얼굴을 손등으로 ~ se frotter le visage avec (le dos de) la main [du revers de la main].

문둥병 -病 명 【의학】 lèpre *f*. ¶ ~에 걸리다 devenir lépreu*x*(*se*); attraper [contracter] la lèpre, être atteint(*e*) de la lèpre.

◆_환자 -患者 명 lépreu*x*(*se*).

문둥이 명 lépreu*x*(*se*).

문드러지다 자 tomber en ruine; s'effriter; tomber en poussière [morceau]; se désagréger, s'abîmer, s'écrouler, se décomposer, corrompre, se disséquer; se meurtrir. ¶ 문드러진 과일 des fruits abîmés. ¶ 털이 문드러진 칫솔 une brosse à dents dont les poils sont abîmés, une brosse à dents usée [hors d'usage]. ¶ 상처 부위가 썩어 문드러졌다 La région contuse [blessée, meurtrie] s'est nécrosée et ulcérée. ¶ 생선이 썩어 문드러졌다 Le poisson a pourri et s'est décomposé.

문득 부 tout à coup, soudain, soudainement, subitement; de façon inattendue. ¶ 떠나간 옛 애인이 ~ 생각났다 Tout à coup j'ai repensé à mon ex {*fam*}.

◆_ _ 부 tout à coup, soudain, soudainement, subitement; de façon inattendue.

문란 紊亂 명 désordre *m*; trouble *m*; confusion *f*.

◆_하다 형 être en désordre; être déréglé(*e*), désordonné(*e*); être relâché(*e*). ¶ ~한 생활을 하다 mener une vie dissipée. ¶ 공공질서를 ~하게 하다

troubler l'ordre public. ¶ 풍속을 ~하게 하다 assouplir les mœurs.

◆풍기_ 風氣- 명 corruption *f* [relâchement *m*] des mœurs.

문루 門樓 명 tour *f* de guet.

문리 文理 명 lettres *fpl* et sciences *fpl*; raison *f*; logique *f* de la pensée. ¶ ~를 파악하다 comprendre la logique de la pensée. ¶ ~가 트이다 parvenir à la raison. ¶ ~가 통하다[훤하다] être versé(*e*) dans les lettres et les sciences.

◆_과 -科 명 section *f* des lettres et des sciences.

◆_대[과대학] -大[科大學] 명 faculté *f* des lettres et des sciences. ¶ 그 여자는 ~대에서 학위를 받았다 Elle est diplômée de la faculté des lettres et des sciences.

문말어미 文末語尾 명 【언어】 suffixe *m* flexionnel final.

문맥 文脈 명 contexte *m*; fil *m* des idées. ¶ ~을 파악하다 suivre le fil des idées de *qn*. ¶ 앞뒤 ~을 통해 단어의 뜻을 알아내다 comprendre le sens du mot d'après le contexte. ¶ ~이 통한다[닿는다] Les idées se suivent [s'enchaînent].

문맹 文盲 명 analphabétisme *m*. ¶ ~ 퇴치[타파] lutte contre l'analphabétisme.

◆_률 -率 명 taux *m* d'analphabétisme.

◆_자 -者 명 analphabète *mf*. ¶ 여전히 그 나라에는 ~자가 매우 많다 Il y a encore trop d'analphabètes dans le pays.

문면 文面 명 teneur *f* ((d'une lettre)); texte *m*; termes *mpl* ((d'un contrat)); ((par)) écrit *m*. ¶ 편지 ~에 의하면 d'après le contenu de la lettre. ¶ ~ 그대로 받아들이다 prendre une expression à la lettre [au pied de la lettre].

문명[1] 文名 명 renommée *f* littéraire; réputation *f* [célébrité *f*, renommée *f*] d'un écrivain. ¶ ~을 떨치다 se faire un nom, se faire connaître.

문명[2] 文明 명 civilisation *f*; culture *f*. ¶ ~의 이기 confort procuré par la civilisation moderne. ¶ 고대 ~의 발상지 berceau de la civilisation de l'Antiquité. ¶ 물질 ~의 폐해 effets néfastes de la civilisation matérielle. ¶ ~의 혜택을 입다 bénéficier de la civilisation. ¶ 고도로 발달한 ~ civilisation hautement développée. ¶ ~에 뒤떨어진 오지 région arriérée [d'un bas niveau de civilisation].

◆_국 -國 명 pays *m* civilisé.

◆_권 -圈 명 région *f* civilisée.

◆_사 -史 명 histoire *f* des civilisations.

◆_사회 -社會 명 société *f* civilisée.

◆_인 -人 명 personne *f* civilisée.

◆동양 _ 東洋 명 civilisation *f* orientale.

◆서양 _ 西洋 명 civilisation *f* occidentale.

문묘 文廟 명 【종교】 lieu(*x*) *m* où l'on fait des offrandes à Confucius.

문무 文武 명 littérature *f* et armes *fpl*; plume *f* et épée *f*; autorités *fpl* civiles et militaires. ¶ ~ 양반 noblesse civile et noblesse militaire. ¶ ~를 겸비하다 exceller par la plume et par l'épée.

◆_백관 -百官 명 fonctionnaires *mpl* civils et militaires.

문물 文物 명 les produits *mpl* de la civilisation *f*; arts *mpl* et sciences *fpl*. ¶ 선진 ~ arts et sciences des civilisations avancées. ¶ 서양 ~을 받아들이다 introduire la civilisation occidentale.

◆_제도 -制度 명 système de civilisation.

문미 文尾 명 fin *f* de la phrase.

문민 文民 어근 civil(*e*). ¶ ~ 정부 gouvernement civil. ¶ ~ 정치 politique civile.

문밖 門- 명 dehors; extérieur *m* de la porte. ¶ ~ 출입을 못하다 ne pas pouvoir sortir, être coincé(*e*), bloqué(*e*), enfermé(*e*). ¶ ~으로 나가다 sortir. ¶ ~에서 기다리다 attendre devant la porte. ¶ ~에서 놀다 s'amuser [jouer] dehors.

문방구 文房具 명 ((가게)) papeterie *f*; articles *mpl* de bureau, papeterie *f*; fournitures *fpl* scolaires.

◆_점 -店 명 papeterie *f*.

문방사우 文房四友 명 les quatre objets *mpl* du bureau (de l'érudit): papier, pinceau, encre de Chine et pierre à encre.

문벌 門閥 명 extraction *f*, naissance *f*, famille *f*; lignage *m*, lignée *f*. ¶ 요즘 세상은 ~을 별로 따지지 않는다 De nos jours, qu'on soit de bonne naissance ou pas, les gens n'y attachent guère d'importance. ¶ ~이 좋다 être né(*e*) d'une famille noble; être d'origine illustre; être de bonne famille [naissance]. ¶ ~(이) 있는 사람 personne de haute naissance [d'extraction noble, d'illustre origine].

◆_가 -家 명 bonne famille *f*, famille *f* distinguée.

◆_제도 -制度 명 système *m* de lignage.

문법 文法 【언어】 grammaire *f*. ¶ ~ 규칙 une règle de grammaire [grammaticale]. ¶ 보편 ~ grammaire universelle. ¶ 전통 ~ grammaire traditionnelle. ¶ 학교 ~ grammaire scolaire. ¶ 프랑스어 ~ la grammaire française. ¶ ~을 무시하다 ne pas se soucier de la grammaire. ¶ ~에 맞다 être grammatic*al*(*ales*, *aux*). ¶ ~에 어긋나다 être agrammatic*al*(*ales*, *aux*). ¶ ~에 구애받지 않고 글을 쓰다 écrire sans se soucier de la grammaire. ¶ ~상의 오류 une faute de grammaire [grammaticale].

◆_적 -的 명 ((exercice, faute)) grammatic*al*(*ales*, *aux*); ((règle, faute)) de grammaire. ¶ ~적 오류 faute grammaticale [de grammaire]. ¶ ~적 주어 sujet grammatical. ¶ 이 문장은 ~적으로 맞지 않는다 Cette phrase est grammaticalement fausse.

◆_성 -性 명 grammaticalité. ¶ ~성 판단 jugement de grammaticalité.

◆_가[학자] -家[學者] 명 grammairien(*ne*).

◆_범주 -範疇 명 catégorie *f* grammaticale.

◆_소 -素 【언어】 morphème *m* grammatical.

◆_책[서] -冊[書] 명 livre *m* de grammaire *f*.

◆_형태소 -形態素 명 【언어】 morphème *m* grammatical.

◆구조_ 構造- 명【언어】grammaire *f* structurale.
◆규범_ 規範- 명【언어】grammaire *f* normative.
◆기능(주의)_ 機能(主義)- 명【언어】grammaire *f* fonctionnelle.
◆기술_ 記述- 명【언어】grammaire *f* descriptive.
◆범주_ 範疇- 명【언어】grammaire *f* catégorielle.
◆비교_ 比較- 명【언어】grammaire *f* comparée.
◆생성_ 生成- 명【언어】grammaire *f* générative. ¶ 변형생성~ grammaire *f* générative transformationnelle.
◆역사_ 歷史- 명【언어】grammaire *f* historique.
◆어휘_ 語彙- 명【언어】lexique-grammaire *f*; grammaire *f* lexicale.
◆학교_ 學校- 명【언어】grammaire *f* scolaire.
◆형식_ 形式- 명【언어】grammaire *f* formelle.

문병 問病 명 visite *f* à un malade. ◇_(을) **하다[가다]** faire une visite à un malade. ¶ 친구의 ~을 가다[다녀오다] effectuer une visite à un ami malade. ¶ 병원에 친구를 ~하러 가다 faire une visite à un ami hospitalisé.
◆_객 -客 명 visiteu*r*(*se*). ¶ 오후 7시 이후에는 ~객들의 접근이 금지되어 있다 L'accès est interdit aux visiteurs après 19h.

문사 文士 명 homme *m* [femme *f*] de lettres; écrivain *m*, ((여자)) femme *f* écrivain, ((드물게)) écrivaine *f*.

문상 問喪 명 visite *f* de condoléances. ◇_(을) **하다** exprimer [présenter] *ses* condoléances. ◇_(을) **받다** recevoir des condoléances. ◇_(을) **가다** rendre visite à *qn* pour lui exprimer [présenter] *ses* condoléances.
◆_객 -客 명 visiteu*r*(*se*) pour les condoléances; personne *f* qui vient présenter [exprimer] *ses* condoléances.

문서 文書 명 écrit *m*; pièce *f*, papier *m*; dossier *m*, document *m*. ¶ 외교 ~ notes diplomatiques. ¶ 비밀 ~ dossiers confidentiels. ¶ 어떤 사건에 대한 관계 ~ 일체 toutes les pièces concernant [relatives à] une affaire; dossier concernant une affaire. ¶ ~를 작성하다 dresser [rédiger] un document; établir [constituer] un dossier. ¶ ~를 보관하다 conserver les documents. ¶ ~를 파기하다 détruire les documents. ¶ ~를 편집하다 rédiger un document. ¶ ~에 서명을 하다 signer un document. ¶ ~에 기록되어 있다 être archivé(*e*). ¶ 회의 과정을 ~로 남기다 conserver par écrit les discussions de la réunion. ¶ ~ 상으로는 그 남자가 이 건물의 주인이다 Selon les documents, il est le propriétaire de l'immeuble.
◆_화 -化 명 archivage *m*.
◆_과 -課 명 service *m* des archives.
◆_보관소 -保管所 명 archives *fpl*, lieu *m* de stockage des documents.
◆_변조 -變造 명 modification *f* [falsification *f*] de documents.
◆_변조죄 -變造罪 명【법률】délit *m* de falsification de documents.
◆_손괴 -損壞 명 destruction *f* de documents.
◆_손괴죄 -損壞罪 명【법률】délit *m* de destruction de documents.
◆_위조 -僞造 명 falsification *f* de documents.
◆_위조죄 -僞造罪 명【법률】délit *m* de falsification de documents.
◆_철 -綴 명 classeur *m*.
◆_편집기 -編輯機 명 traitement m de texte, éditeur m de texte.
◆_함 -含 명 casier *m*.
◆공_ 公- 명 document *m* officiel; pièce *f* [note *f*] officielle.
◆기밀_ 機密- 명 document *m* secret.
◆불온_ 不穩- 명 écrit *m* séditieux.
◆증거_ 證據- 명 pièce *f* à conviction.

문선 文選 명 choix *m* des caractères (d'imprimerie); œuvres *fpl* choisies; sélection *f* d'œuvres célèbres.

문설주 門-柱 명 montant *m* d'une porte. ¶ ~에 머리를 박다 se cogner la tête contre le montant de la porte.

문수 文數 명 pointure *f* (de chaussure) ((terme vieilli encore utilisé par les personnes d'un certain âge)). ¶ 당신의 ~는 몇입니까? Quelle est ta pointure (de chaussure)? ☞ 문³

문신¹ 文身 명 tatouage *m*. ¶ 등에 용 ~이 있는 남자 un homme qui a un dragon tatoué sur le dos. ◇_(을) **하다[새기다]** tatouer. ¶ 팔에 ~을 새기다 se faire tatouer le bras.

문신² 文臣 명 haut fonctionnaire *m* civil; mandarin *m* [dignitaire *m*] civil; courtisan *m* lettré.

문안¹ 問安 명 demande *f* de nouvelles sur la santé de *qn*; échanges *mpl* de politesse. ◇_(을) **하다[올리다, 드리다]** demander des nouvelles [s'enquérir] de la santé de *qn*; souhaiter le bonjour à *qn*; rendre une visite de courtoisie. ¶ 선생님께 ~을 올리다 rendre une visite de courtoisie à un professeur.
◆_편지 -便紙 명 lettre *f* demandant des nouvelles de la santé de *qn*; lettre *f* de sympathie. ¶ 그 남자는 아픈 친구에게 ~편지를 보냈다 Il a envoyé une lettre de sympathie à son ami qui est malade.

문안² 文案 명 plan *m*, ébauche *f*, canevas *m*, projet *m*, avant-projet(~-~*s*) *m*; brouillon *m*; document *m*, écrit *m*; papier *m*, registre *m*. ¶ 보고서 ~을 작성하다 rédiger un projet de rapport. ¶ 연설 ~을 작성하다 établir le plan d'un discours. ¶ 편지 ~을 작성하다 faire le brouillon d'une lettre. ¶ ~을 수정하다 rectifier un projet.

문양 文樣 명 moire *f* ((de la soie)); dessin *m* ((d'une étoffe)); motif *m*. ¶ 꽃[동물] ~을 넣다 insérer des motifs de fleurs [d'animaux].

문어¹ 文魚 명【동물】pieuvre *f*, poulpe *m*.
◆_발 명 bras *m* [tentacule *f*] d'une pieuvre. ¶ 대기업의 ~발식 사업 확장 diversification tous azimuts des domaines d'activité des conglomérats.

문어² 文語 명【언어】① langue *f* écrite; langage *m* écrit ¶ 그 단어는 ~에서만 쓰인다 Ce mot ne

ㅁ

s'utilise [n'est employé] que dans la langue écrite [le langage écrit] / On utilise [emploie] ce mot uniquement dans la langue écrite. ② langage *m* littéraire; style *m* [niveau *m* de langue] littéraire. ¶ 그 표현은 ~에서만 쓰인다 Cette expression n'est utilisée que dans le langage littéraire.

◆_**체** -體 명 style *m* littéraire. ¶ ~체로 쓰다 écrire dans un style littéraire [classique].

문예 文藝 명 littérature *f*; belles lettres *fpl*; arts *mpl* et littérature *f*; beaux-arts *mpl*; œuvre *f* littéraire; œuvre *f* d'art. ¶ ~에 조예가 깊다 être versé(*e*) dans les arts et la littérature.

◆_**가** -家 명 homme *m* de lettres; artiste *mf*.

◆_**독본** -讀本 명 recueil *m* de morceaux choisis.

◆_**란** -欄 명 chronique *f* littéraire.

◆_**반** -班 명 classe *f* de littérature.

◆_**부** -部 명 cercle *m* [club *m*] littéraire; ((언론)) section *f* chargée de l'élaboration des textes et scénarios. ¶ ~부 기자 journaliste spécialiste des questions littéraires.

◆_**부흥** -復興 명 【역사】 Renaissance *f*.

◆_**비평** -批評 명 critique *f* littéraire.

◆_**비평가** -批評家 명 critique *mf* littéraire.

◆_**사조** -思潮 명 【예술】 courant *m* [mouvement *m*] littéraire.

◆_**영화** -映畵 명 cinéma *m* littéraire [d'auteur, d'art et d'essai].

◆_**운동** -運動 명 mouvement *m* littéraire.

◆_**인** -人 명 gens *mpl* [homme *m*] de lettres; artiste *mf*.

◆_**작품** -作品 명 ouvrage *m* littéraire.

◆_**지** -誌 명 journal *m* littéraire.

◆_**창작과** -創作科 명 département *m* de créations littéraires.

◆_**학** -學 명 étude *f* de l'esthétique littéraire.

◆_**활동** -活動 명 activité *f* littéraire et artistique.

◆**신춘_** 新春- 명 concours *m* littéraire du printemps" ((concours *m* des jeunes écrivains)).

◆**한국_진흥원** 韓國-振興院 명 Office *m* national de promotion des arts et de la littérature.

문외한 門外漢 명 béotien(*ne*) ((en musique)), personne *f* profane ((dans un domaine)), profane *mf* ((en musique)); ignorant(*e*) ((en matière de *qc*)). ¶ ~의 의견 opinion d'un profane. ¶ 나는 미술에는 ~이다 Je suis un profane en matière d'art. ¶ 저는 그 일에 대해서는 전혀 ~입니다 Je suis béotien en la matière / Je suis complètement profane [incompétent(*e*)] en la matière / Je suis incompétent(*e*) en la matière [dans ce domaine] / Je suis novice en la matière / Je n'y connais strictement rien / Je suis mauvais juge en la matière. ¶ ~이 보기에는 모든 그림이 별 차이가 없는 것 같다 Aux yeux du profane, tout se vaut en peinture.

문의[1] 文意 명 sens *m* d'une phrase. ¶ ~를 파악하다 saisir le sens d'un texte. ¶ ~가 통하지 않는다 Le message ne passe pas.

문의[2] 問議 명 demande *f* de renseignement [d'informations]; enquête *f*; question *f*; interrogation *f*. ¶ ~ 전화가 계속 쇄도하고[빗발치고] 있다 Les demandes d'informations téléphoniques affluent. ¶ 누구에게서 무엇에 대해 ~가 오다 demander des renseignements à *qn* sur *qc*. ◇_(를) **하다** se renseigner (auprès de *qn*); demander des renseignements (à *qn*). ¶ 자세한 것은 본사에 ~해 보십시오 Pour plus de renseignements [Pour des précisions supplémentaires, Pour de plus amples informations], adressez-vous au bureau! ¶ 그 남자는 어떤 서류를 제출해야 하는지를 시청에 ~했다 Il s'est renseigné auprès de la mairie, à propos des dossiers qu'il faut remettre. ◇_(를) **받다** recevoir des demandes de renseignements.

문인[1] 門人 명 disciple *m*, élève *mf*, apprenti(*e*). ¶ 누구의 ~이 되다 devenir l'élève de *qn*; commencer *son* apprentissage chez *qn*.

문인[2] 文人 명 homme *m* [femme *f*] de lettres; gens *mpl* de lettres; écrivain *m*, ((여자)) femme *f* écrivain, ((드물게)) écrivaine *f*; littérateur *m*.

◆_**협회** -協會 명 association *f* d'écrivains.

◆_**화** -畵 명 peinture *f* réalisée par un homme de lettres d'après l'école du Sud de peinture chinoise.

◆_**화가** -畵家 명 peintre *mf* de lettres; calligraphe *mf*.

문자 文字 명 lettre *f*, écriture *f*; caractère *m*. ¶ ~의 발명 invention de l'écriture. ¶ ~를 배우다[모르다] apprendre l'écriture [être analphabète]. ¶ ~로 기록하다 rapporter au moyen de l'écriture [à l'écrit].

*~ **그대로** littéralement, véritablement; à la lettre, au pied de la lettre, dans *son* sens littéral [strict], *stricto sensus*; au sens propre, au sens fort, au sens exact du terme. ¶ ~ 그대로 해석하다 prendre une expression à la lettre [au pied de la lettre]. ¶ ~ 그대로 그 남자는 미쳤다 Il est littéralement [véritablement] fou.

*~**(를) 쓰다** faire de belles phrases; employer des expressions venant du chinois [des formules conventionnelles].

◆_**메시지** 명{-message} 명 SMS *m*; texto *m*. ¶ ~ (메시지)를 보내다 envoyer un SMS [texto].

◆_**사** -史 명 histoire *f* de l'écriture.

◆_**언어** -言語 명 langue *f* écrite.

◆_**판** -板 명 cadran *m*; touche *f*.

◆_**학** -學 명 science *f* de l'écriture.

◆**갑골_** 甲骨- 명 【언어】 écriture *f* figurative, caractère *m* figuratif ((sculptés sur des os ou des carapaces de tortue)).

◆**대_** 大- 명 (lettre *f*) majuscule *f*. ¶ 문장의 첫 글자는 대~로 쓰시오 Commencez toujours une phrase par une majuscule!

◆**상형_** 象形- 명 【언어】 hiéroglyphe *m*. ¶ 상형~를 해독하다 déchiffrer les hiéroglyphes.

◆**설형_** 楔形- 명 【언어】 caractère *m* cunéiforme.

◆**소_** 小- 명 (lettre *f*) minuscule *f*.

◆**표음_** 表音- 명 【언어】 alphabet *m* phonétique.
◆**표의_** 表意- 명 【언어】 idéogramme *m*.

문장[1] **文章** 명 ① phrase *f*, texte *m*. ¶ 간결한[조리있는] ~ une phrase concise; un style laconique [un style cohérent]. ¶ 아름다운 ~ de belles phrases. ¶ ~을 분석하다 analyser une phrase. ¶ ~을 이루는 요소들 les éléments [les constituants] qui forment une phrase. ¶ ~을 절로 분해하다 décomposer une phrase en propositions. ¶ ~은 단어의 결합이다 Une phrase est une association de mots. ¶ ~이 너무 길게 늘어지면 의미가 명확하게 전달되지 않을 수 있다 Si une phrase est trop longue, le sens peut ne pas être transmis de façon précise [il est parfois difficile d'en comprendre le sens exact]. ¶ 다음 ~을 수동태 구문으로 바꾸어라 Mettez cette phrase au passif [à la voix passive]. ¶ 이 글의 주제를 다섯 ~ 내로 요약하라 Résumez ce texte en cinq phrases. ¶ 그것은 한 ~으로 표현할 수 없다 Il n'est pas possible de dire cela en une seule phrase. ¶ 자기가 쓴 ~에서 틀린 부분을 고치다 corriger les erreurs de la phrase qu'on a écrite. ② style *m*. ¶ 유려한[세련된] ~ un style élégant [raffiné]. ¶ ~을 다듬다 travailler *son* style, soigner *son* écriture. ¶ 그는 ~이 능하다[서툴다] Il écrit bien [mal]. ¶ 제법 그럴듯한 ~이군 C'est plutôt bien écrit. ¶ 그는 ~으로 세상에 이름을 날렸다 Il s'est fait connaître grâce à *ses* écrits / *Son* style [*Son* livre] l'a rendu célèbre.
◆**_가** -家 명 écrivain *m*; auteur *m*; homme *m* de plume; styliste *mf*.
◆**_구조** -構造 명 structure *f* d'une phrase. ¶ ~구조를 파악하다 saisir [analyser] la structure d'une phrase.
◆**_력** -力 명 style *m*. ¶ ~력이 뛰어나다 avoir un beau style; avoir une belle plume; bien écrire.
◆**_론** -論 명 syntaxe *f*.
◆**_부사** -副詞 명 【언어】 adverbe *m* de phrase.
◆**_부호** -符號 명 symbole *m* d'une phrase.
◆**_성분** -成分 명 éléments *mpl* d'une phrase, constituants *mpl* d'une phrase.

문장[2] **紋章** 명 armoiries *fpl* ((familiales)); blason *m*; emblème *f* d'un blason. ¶ 귀족 가문의 ~ les armoiries d'une famille noble. ¶ 백합꽃 ~ l'emblème du lys.

문재 **文才** 명 talent *m* littéraire; don *m* de bien écrire, don *m* du style. ¶ ~를 발휘하다 avoir un talent littéraire; avoir le don de bien écrire. ¶ ~가 있다[뛰어나다] avoir un talent littéraire; avoir le don de bien écrire; être doué(*e*) pour l'écriture, savoir écrire.

문전[1] **門前** 명 devant *m* de la porte. ¶ 그 사람은 ~에서 쫓겨났다 Il s'est fait éjecter [s'est fait jeter {*fam*}] dès son arrivée.
◆**_걸식** -乞食 명 ¶ ~걸식(을) 하다 aller de porte en porte en mendiant; faire du porte à porte en demandant l'aumône.
◆**_박대** -薄待 명 accueil *m* glacial devant la porte. ¶ ~박대(를) 하다 accueillir froidement *qn* devant la porte. ¶ ~박대(를) 당하다 se faire accueillir froidement devant la porte.
◆**_성시** -盛市 명 avoir beaucoup de visiteurs; avoir une foule [une multitude de] visiteurs. ¶ ~성시를 이루다 se presser (chez *qn*); les gens se pressent (chez *qn*).
◆**_옥답** -沃畓 명 champ *m* fertile situé près de la maison [chez *soi*].
◆**_옥토** -沃土 명 terre *f* fertile [féconde, riche] (devant chez *soi*).

문전[2] **文典** 명 livre *m* de grammaire, grammaire *f*.

문정관 **文政官** 명 conseill*er*(*ère*) culturel(*le*) (d'une ambassade).

문제 **問題** 명 ① ((시험 따위의)) problème *m*; question *f*; exercice *m*. ¶ 시험 ~ la question d'un examen ¶ 수학 ~ un problème [un exercice] de mathématiques. ¶ 예상 ~ des questions probables, des questions qui pourraient tomber [être posées] à l'examen ¶ 연습 ~ des exercices. ¶ ~를 내다[출제하다] rédiger [préparer] les questions ((d'un examen, d'un concours)). ¶ ~를 풀다 résoudre un problème; répondre à des questions. ¶ 세 ~를 맞추다 répondre correctement à trois questions. ¶ ~가 쉽다[어렵다] C'est une question facile [difficile]. ¶ 이번 시험 ~는 너무 어려웠어 Les questions de cet examen étaient trop ardues / Le professeur nous a donné un sujet trop difficile cette fois-ci. ¶ 다음 ~에 답하시오 Répondez à la question suivante. ¶ 3번 ~에 잘못된 부분이 있다 Il y a une erreur dans la question trois. ¶ 1번 ~에는 답이 없다 Il n'y a pas de réponse à la première question. ② 관계되는 일 problème *m*. ¶ 가정 ~ un problème familial. ¶ 정치[사회] ~ un problème politique[social]. ¶ 주택[실업] ~ un problème de logement [de chômage]. ¶ 극동 ~ les problèmes [les questions] d'Extrême-Orient. ¶ 고부 간의 ~ un problème entre la belle-mère et la belle-fille. ¶ 그것은 우리끼리의 ~이니 다른 사람은 끌어들이지 마십시오 C'est un problème entre nous, ne fais pas intervenir d'autres personnes / C'est notre problème, alors ne viens pas y mêler d'autres personnes. ¶ 이것은 네가 관여할 ~가 아니다 Cela ne te regarde [te concerne] pas / Tu n'es pas concerné(*e*) par ce problème / Ce ne sont pas tes oignons {*fam*}. ¶ 그것은 시간 ~이다 C'est une question de temps. ¶ 그것은 별개의 ~이다 C'est une autre question. ¶ 그가 성공하고 못하고가 ~가 아니다 Qu'il réussisse ou non, peu importe. ¶ ~는 바로 그 점에 있다 C'est là la question / Là est toute la question. ¶ 그것은 ~ 밖이다 C'est hors de question / Il n'en est pas question / Il en est hors de question / Pas question. ¶ 금전적인 ~로 골치를 썩고 있어요 La question d'argent me tracasse / Le problème d'argent m'inquiète. ¶ 특혜 대출 사건이 마침내 정권의 도덕성 ~로까지 비화되었다 Les affaires d'emprunts exceptionnels ont fini par porter préjudice à la moralité du gouvernement. ③ 해결되어야 할 일 problème *m*, ennui *m*. ¶ 오늘날의 ~ les problèmes actuels. ¶ 선결해야할 ~ un problème de première urgence; une question préjudicielle; une question préalable. ¶ 먼저 짚고 넘어갈 ~ un problème de première urgence. ¶ ~를 해결하다 résoudre un problème, trouver une solution. ¶ ~를 심의하다 délibérer sur une question; examiner une question [un problème]. ¶ ~를 제기하다 soulever un problème. ¶ ~가 생기다 avoir un problème [un ennui, un pépin {*fam*}]. ¶ ~에 부딪치다 être confronté(*e*) à un problème, se heurter à un problème. ¶ 어디로 가야 할지가 ~이다 La question est de savoir où [dans quelle direction] on doit aller. ¶ 사실 여부를 아는 것이 ~이다 Il s'agit de savoir si c'est vrai ou non / Il s'agit de distinguer le vrai du faux. ¶ 무엇이 ~입니까? Quel est le problème? / Quels sont *vos* ennuis? / Il y a un problème? / Vous avez un problème? / Qu'est-ce qui se passe? ¶ 야당이 제기한 ~들에 대해 여당은 아무 답변도 하지 않고 있다 Le parti au pouvoir ne peut pas répondre aux problèmes soulevés par l'opposition. ¶ 한국 정부는 환경[마약, 청소년, 물가] ~로 고심하고 있다 Le gouvernement coréen est préoccupé par les problèmes de l'environnement [des stupéfiants, des jeunes, des prix]. ④ 화제가 되는 일 problème *m*; polémique *f*. ¶ ~의 en question; dont il s'agit; qui crée des problèmes. ¶ 여기가 바로 ~의 건설 현장입니다 Ici, c'est le lieu de construction en question. ¶ ~의 인물[사건] un personnage [un événement] en question. ⑤ 귀찮은 일이나 말썽 ennui *m*, scandale *m*. ¶ ~를 일으키다 causer des ennuis, créer des problèmes; ((추문)) causer un scandale. ¶ 넌 왜 학교에서 ~만 일으키니? Pourquoi crées-tu tant de difficultés [de problèmes] à l'école? ¶ ~가 많은 녀석 un gars à problèmes, une problématique; un type qui crée des problèmes [cause des ennuis]. ¶ 도대체 뭐가 ~라는 거야? Mais quel est donc le problème au juste? ◇_(가) **있다[없다]** Il y a un problème [Il n'y a pas de problème]. ¶ 그의 태도는 ~가 있다 Son comportement est problématique. ¶ 그 일을 네가 맡아서 하는 데에 무슨 ~가 있니? En quoi est-ce un problème que ce soit toi qui fasse cela? / Tu arriveras sans problème à faire cela. ¶ 요즘 별로 말이 없어 보이는데 집에 무슨 ~ 있니? Tu ne dis presque rien ces jours-ci. Y a-t-il un problème chez toi? / Tu es bien silencieux ces jours-ci, est-ce que tu as un problème à la maison? ¶ ~ 없이 sans problème. ¶ 우리 일[사이]에는 아무 ~ 없다 Il n'y a aucun problème dans notre travail [entre nous]. ◇_(가) **되다** soulever des réactions [des problèmes], susciter [poser] des problèmes, provoquer des scandales. ¶ 장관의 발언이 ~가 되었다 Les propos [les paroles] du ministre ont suscité beaucoup de réactions. ¶ 그런 것은 아무 ~가 되지 않는다 Cela ne pose pas de problèmes. ¶ 미국에서는 불법 이민자들이 큰 사회 ~가 되고 있다 Aux États-Unis, les immigrés clandestins posent [sont] un gros problème social. ◇_(로) **삼다** prendre *qc* au sérieux, considérer *qc* comme un problème; se faire une montagne [tout un plat] de *qc*. ¶ 그 일은 더 이상 ~ 삼지 않기로 했다 On a décidé de ne plus considérer cette affaire comme un problème / On a décidé de ne plus m'en faire pour cela.

◆**_적** -的 명 problématique. ¶ 근대 소설에 나타나기 시작한 ~적 인물 le personnage problématique qui commence à apparaître dans les romans contemporains.

◆**_극** -劇 명 théâtre *m* à thèse.

◆**_시** -視 명 critique *f*. ¶ 작품을 ~시하다 trouver à redire à une œuvre; prendre une distance critique par rapport à une œuvre. ¶ ~시 되다 devenir problématique.

◆**_아** -兒 명 enfant *m* à problèmes, enfant *m* problématique. ¶ 얌전하던 아이가 어쩌다가 ~아가 되었니? Comment un enfant si sage a-t-il pu devenir un enfant à problèmes [un enfant problématique]?

◆**_아동** -兒童 명 enfant *m* à problèmes [problématique].

◆**_의식** -意識 명 conscience *f* des problèmes. ¶ 사회 현상에 대한 ~의식을 가지다 avoir conscience des problèmes sociaux. ¶ ~의식이 예민하다 avoir une conscience précise [aiguë] des problèmes. ¶ 이 작품은 현대 산업 사회에 대한 ~의식이 돋보인다 Ce roman met en avant les [met en exergue les, montre bien les, nous fait prendre conscience des] problèmes de la société industrielle actuelle.

◆**_작** -作 명 œuvre *f* [roman *m*] qui pose [soulève] des problèmes.

◆**_점** -點 명 point *m* délicat; problème *m* délicat. ¶ 그의 보고서는 여러 가지 ~점을 지적하고 있었다 Son compte rendu dénonçait plusieurs points [problèmes] délicats. ¶ 우리 계획에 무슨 ~점이 있는지 말해 보아라 Dis-moi ce qu'il y a comme problème dans notre projet / Dis ce qui pose problème dans notre projet.

◆**_지** -紙 명 questionnaire *m*, liste *f* des questions; feuille *f* d'examen. ¶ ~지를 배부하십시오 Distribuez les questions.

◆**_집** -集 명 cahier *m* d'exercices, recueil *m* de questions. ¶ 불어[수학] ~집 un cahier d'exercices de français [de mathématiques].

◆**_화** -化 mise *f* en cause (de *qc*); (re)mise *f* en question de *qc*. ¶ ~화하다 devenir un problème; soulever un problème. ¶ 정치 ~화하다 devenir un problème politique; faire de *qc* un problème politique. ¶ 공식 석상에서의 그의 발언이 ~화 되었다 Ces propos prononcés publiquement lors de la conférence [de la réunion] ont soulevé des problèmes.

◆ㅅ거리 명 (source *f* de) problème; source *f* d'ennui; difficulté *f.* ¶~ㅅ거리로 삼다 considérer *qc* comme un problème. ¶ 그것은~ㅅ거리도 안된다 Ce n'est pas un problème / Cela ne pose aucune difficulté. ¶ 자리만 차지하고 있는 저 가구를 어떻게 처리해야 할 지 ~ㅅ거리다 Je me demande quoi faire de ce meuble qui prend [occupe] tant de place? ¶ 그것은 영원히 ~ㅅ거리로 남아 있을지도 모른다 Il se peut que cela reste toujours un problème.

문주란 文珠蘭 명 lys *m* blanc *amarylidaceae; Crinum asiaticum* {*nsc*}.

문중 門中 명 toute la famille *f*; proches *mpl*[parents *mpl*]; clan *m*. ¶ ~의 영광 le prestige du clan. ¶ ~의 어른들 les adultes les mieux placés de la famille [Les adultes d'un certain rang dans la famille]. ¶ 우리 김해 김씨 ~에 그런 녀석은 일찍이 없었다 C'est la première fois qu'on voit une personne pareille chez les Kim du clan Gimhae.

문지기 門- 명 gardien(*ne*), concierge *mf*, portier(*ère*). ¶ ~를 매수해서 들어가다 corrompre le [graisser la patte du] gardien pour entrer.

문지르다 타 frotter *qc*, frictionner *qc*; essuyer *qc*. ¶ 손가락으로 코를 ~ frotter *son* nez du doigt [de la main]. ¶ 이마의 땀을 ~ essuyer la sueur de *son* front. ¶ 땀에 젖은 양손을 바지에 ~ s'essuyer les mains sur *son* pantalon. ¶ 봉걸레로 바닥을 반들반들 윤이 나게 ~ frotter le plancher avec une serpillière pour le faire luire. ¶ 콜드크림으로 얼굴[피부]을 ~ appliquer du cold-cream sur le visage [sur la peau], s'enduire la peau de cold-cream. ¶ 옷을 문질러(서) 빨다 laver un vêtement en le frottant. ¶ 문질러 가루로 만들다 frotter *qc* pour en faire de la poudre [pour le pulvériser]. ¶ 문질러 때를 벗기다 frotter pour enlever de la crasse {*fam*}. ¶ 무엇을 문질러 지우다 effacer *qc* en frottant, gommer *qc*.

문지방 門地枋 명 seuil *m*; pas *m* de porte. ¶ ~을 넘다 franchir [passer] le seuil. ¶ 그렇게 ~에 서있지 말고 어서 들어오너라 Ne reste pas comme ça sur le pas de la porte, entre donc [entre vite].

***~이 닳도록 드나들다** aller fréquemment [très souvent] chez *qn*.

문진 文鎭 명 presse-papiers *m inv*. ¶ ~으로 (종이를) 누르고 글씨를 쓰다 écrire sur une feuille coincée sous un presse-papiers.

문집 文集 명 recueil *m* d'écrits; (recueil *m* de) morceaux *mpl* choisis. ¶ 보들레르 ~ un recueil de morceaux choisis de Baudelaire. ¶ 학급 ~ un recueil de compositions d'élèves. ¶ 누구의 ~을 간행하다 publier [faire paraître] un recueil de *qn*.

문짝 門- 명 battant(*s*) *m* [vantail(*aux*) *m*] d'une porte; porte *f*. ¶ ~을 열어젖히다 ouvrir une porte largement [complètement]. ¶ ~이 떨어졌다 La porte s'est détachée et est tombée.

문채 文采 명 ① belle couleur *f*, bel éclat *m* ② figure *f*; design *m*; motif *m*.

문책 問責 명 reproche *m*, réprimande *f*, blâme *m*. ¶ 책임자의 ~을 요구하다 exiger que le(*la*) responsable soit puni(*e*). ¶ 그에 대한 ~은 없었다 Il n'y avait aucun reproche à lui faire. ¶ 이번 사태에 대해서는 어떤 형식으로든 ~이 있을 것이다 D'une manière ou d'une autre, le(*la*) responsable sera puni(*e*). ◇_(을) **하다** blâmer *qn*; faire une réprimande à *qn*; faire des reproches à *qn*; reprocher *qc* à *qn*; reprocher à *qn* de ne pas avoir le sens des responsabilités. ¶ 정부는 공무원의 비리에 대해서는 지위고하를 막론하고 엄중 ~하겠다고 밝혔다 Le gouvernement sévira avec rigueur [avec force, avec vigueur] contre des fonctionnaires malhonnêtes ayant commis des malversations [des fonctionnaires corrompus] quel que soit leur grade. ◇_(을) **받다[당하다]** se faire blâmer, se faire réprimander; être réprimandé(*e*) par *qn*.

◆_**성** -性 명 (action *f*) répréhensible [condamnable]. ¶ ~성 인사 une mutation de fonctionnaires ayant commis un acte répréhensible.

문체 文體 명 style *m*; figure *f* de style; manière *f* d'écrire. ¶ 세련된[장중한, 소박한, 간결한, 서사시적] ~ un style raffiné [solennel, sobre, concis, épique].¶ 작가들의 ~를 비교 연구하다 faire une étude contrastive [comparative] des styles des écrivains. ¶ 어떤 작가의 ~를 모방하다 imiter le style[la manière] d'un auteur. ¶ 그의 ~는 평이하면서도 힘이 있다 Son style est vigoureux tout en étant simple [sobre].

◆_**론** -論 명 stylistique *f*.

◆_**법** -法 명 【언어】 mode *m* stylistique.

문초 問招 명 interrogatoire *m* (d'un accusé); investigations *fpl*. ◇_(를) **하다** interroger un(*e*) accusé(*e*); faire l'interrogatoire d'un accusé. ◇_(를) **받다[당하다]** subir un interrogatoire.

◆_**실** -室 명 salle *f* d'interrogatoire.

문치 文治 명 administration *f* civile.

◆_**주의** -主義 명 principes *mpl* d'une administration civile.

문칫거리다 자 avoir des gestes hésitants.

문턱 門- 명 ① seuil *m*; pas *m* de porte. ¶ ~을 넘다 franchir [passer] le seuil. ¶ ~에 걸려 넘어지다 tomber à cause du pas de porte. ② barre *f* de passage ((d'un examen)). ¶ 대학 입시의 ~ la barre de passage de l'examen d'entrée à l'université. ¶ ~이 높다 La barre de passage est élevée / Le degré de difficulté de l'examen est élevé. ¶ ~을 낮추다 baisser le niveau; baisser la barre de passage ((d'un examen)).

***~이 닳도록 드나들다** aller très souvent [fréquemment] chez *qn*.

***~에 들어서다** entrer dans; être au seuil de ((la vie, de l'année nouvelle)), être au commencement de *qc*. ¶ 개나리가 핀 것을 보니 봄의 ~에 들어섰나 보다 Lorsque je vois les forsythias en fleurs, on dirait bien qu'on est au seuil du printemps [qu'on est au commencement du printemps, que le printemps est arrivé [là] / Lorsque je vois les forsythias en fleurs, on réalise bien qu'on entre dans le printemps.

문투 명 manière *f* d'écrire, style *m*. ¶ 틀에 박힌 ~ un style conventionnel [stéréotypé].

문틈 門_ 명 fente *f*[interstice *m*] d'une porte. ¶ ~을 막다 calfeutrer une porte. ¶ ~으로 엿보다 regarder [guigner] par la fente d'une porte; regarder par une porte entrouverte. ¶ ~으로 바람이 들어온다 Le vent entre par la fente de la porte. ¶ ~에 손이 끼이다 se coincer les doigts dans (la fente d')une porte.

문패 門牌 명 plaque *f* avec le nom du propriétaire (apposée sur une porte). ¶ ~를 달다 mettre une plaque avec *son* nom sur *sa* porte. ¶ ~를 보고 집을 찾다 chercher la maison de *qn* en regardant les plaques.

문풍지 門風紙 명 papier *m* servant à calfeutrer; calfeutrant *m*, coupe-froid *m*. ¶ ~를 바르다 calfeutrer ((une fenêtre, une porte)) avec du papier; mettre du papier sur les fentes ((d'une fenêtre)). ¶ 바람에 ~가 운다[울린다] Le papier (servant à calfeutrer) se décolle à cause du vent.

문필 文筆 명 lettre *f* et écriture *f*; travail(*aux*) *m* littéraire; littérature *f*. ¶ ~ 활동 un travail littéraire.
◆_**가** -家 명 écrivain *m*. ¶ 그는 ~가로서의 명성을 얻었다 Il a acquis sa renommée [s'est fait connaître] en tant qu'écrivain.

문하 門下 명 ① ((sous)) la direction de *qn*; ((à)) l'école de *qn*. ¶ 그는 퇴계 선생 ~에서 공부했다 Il a travaillé sous la direction du grand maître Toegye. ¶ 그는 ~에 많은 제자를 두었다 Il a eu beaucoup d'élèves / Beaucoup d'élèves ont travaillé avec lui [sous sa direction]. ¶ 그는 이 선생의 ~에 들었다 Il est entré sous la direction du professeur Lee / Il travaille [est] sous la direction du professeur Lee. ② maison *f* d'une personne puissante où les gens vont et viennent.
◆_**생[인]** -生[人] 명 disciple *m*, élève *mf*.

문학 文學 명 littérature *f*, (belles) lettres *fpl*. ¶ 사실주의[낭만주의, 모더니즘] ~ la littérature réaliste [romantique, moderne]. ¶ 프랑스 19세기 ~ la littérature française du 19ème siècle. ¶ 그는 프랑스 ~을 전공한다 Il fait des études de littérature française. ¶ ~을 논하는 젊은이들 les jeunes qui discutent (de) littérature. ¶ 그는 ~에 취미[소질]가 있다 Il s'intéresse à [a un don pour] la littérature. ¶ 그는 일찍이 ~에 뜻을 두었다 Il s'est intéressé très tôt à la littérature.
◆_**적** -的 명 littéraire. ¶ 그의 ~적 특성 ses particularités littéraires. ¶ ~적 상상력 une imagination portée vers la littérature; un imaginaire nourri de littérature. ¶ ~적 소양이 있다 être littéraire, être un(*e*) lettré(*e*); avoir un penchant pour la littérature.
◆_**가** -家 명 littéraire *mf*.
◆_**개론** -槪論 명 introduction *f* à la littérature.
◆_**계** -界 명 monde *m* littéraire[des lettres]; milieux *mpl* littéraires.
◆_**관** -觀 명 philosophie *f* de la littérature, opinion *f* littéraire; tendance *f* littéraire.
◆_**도** -徒 명 lettré(*e*); homme *m* [femme *f*]de lettres. ¶ 그는 어려서부터 ~도의 꿈을 키워왔다 Il a toujours rêvé d'être un lettré.
◆_**론** -論 명 commentaire *m* sur la littérature; théorie *f* de la littérature.
◆_**박사** -博士 명 docteur *m* ès lettres.
◆_**부** -部 명 faculté *f* des lettres; section *f* [département *m*, U.F.R. *m*] de littérature.
◆_**비평** -批評 명 critique *f* littéraire. ¶ 사회학적[정신분석적] ~비평 une critique littéraire sociologique [psychanalytique].
◆_**사** -史 명 histoire *f* littéraire; histoire *f* de la littérature.
◆_**사조** -思潮 명 courants *mpl* [mouvements *mpl*] (des idées) littéraires. ¶ 독일의 낭만주의 ~사조 le courant romantique de la littérature allemande. ¶ ~사조의 변천 l'évolution des courants littéraires.
◆_**상** -賞 명 prix *m* littéraire, récompense *f* littéraire. ¶ 몇 가지 ~상을 휩쓸다 remporter [obtenir] quelques prix littéraires.
◆_**서** -書 명 œuvre *f* littéraire; livre *m* de littérature. ¶ 요즘은 ~서가 많이 읽히고[팔리고] 있다 Ces jours-ci, beaucoup d'œuvres littéraires se vendent.
◆_**성** -性 명 littérarité *f*. ¶ ~성이 있다[없다] avoir une [manquer de] littérarité ¶ ~성이 높다[낮다] avoir une très grande[faible] littérarité. ¶ 이 작품은 ~성이 떨어진다 Cette œuvre est faible sur le plan littéraire.
◆_**소녀** -少女 명 jeune fille *f* qui adore la littérature; jeune fille *f* amatrice de littérature.
◆_**소년** -少年 명 garçon *m* qui adore la littérature; garçon *m* amateur de littérature.
◆_**인** -人 명 littéraire *mf*; personne *f* du monde littéraire.
◆_**운동** -運動 명 mouvement *m* littéraire.
◆_**작품** -作品 명 œuvre *f* littéraire.
◆_**잡지** -雜誌 명 revue *f* littéraire [de littérature]. ¶ ~잡지에 글을 싣다 publier dans une revue littéraire [de littérature].
◆_**청년** -靑年 명 jeune homme *m* qui adore la littérature, jeune homme *m* amateur de [versé dans la] littérature.
◆_**평론** -評論 명 critique *f* littéraire.
◆_**평론가** -評論家 명 critique *m* littéraire.
◆_**회** -會 명 société *f* de littérature.
◆**고대_** 古代- 명 littérature *f* ancienne.
◆**고전_** 古典- 명 littérature *f* classique.
◆**구비_** 口碑- 명 littérature *f* orale.
◆**국민_** 國民- 명 littérature *f* nationale.
◆**궁중_** 宮中- 명 littérature *f* de cour [d'aristocrates].

◆근대_ 近代- 명 littérature *f* moderne.
◆기록_ 記錄- 명 littérature *f* documentaire.
◆대중_ 大衆- 명 littérature *f* populaire.
◆비평_ 批評- 명 littérature *f* critique.
◆서민_ 庶民- 명 littérature *f* populaire.
◆순수_ 純粹- 명 littérature *f* pure.
◆아동_ 兒童- 명 littérature *f* pour enfants.
◆에로_ 명 littérature *f* érotique.
◆중세_ 中世- 명 littérature *f* du Moyen Âge.
◆참여_ 參與- 명 littérature *f* engagée.
◆현대_ 現代- 명 littérature *f* contemporaine.

문항 問項 명 question *f* (dans un examen) ¶ 중간고사에는 50 ~이 출제되었다 Dans l'examen partiel [de mi-semestre], il y a cinquante questions.

문헌 文獻 명 document *m*, texte *m*, bibliographie *f*; archives *fpl*. ¶ 영문으로 된 조선 시대에 관한 ~ les archives [les documents] en anglais sur l'époque de Joseon. ¶ 지진에 관해 남아 있는 최초의 ~ les plus anciens documents sur les tremblements de terre [les séismes] qui nous soient parvenus. ¶ 가장 오래된 ~ les plus vieilles archives. ¶ ~을 수집하다 recueillir[rassembler] des documents sur *qc*; se documenter sur *qc*. ¶ 많은 ~을 참고하다 consulter beaucoup de documents sur *qc*; se référer à beaucoup de documents à propos de *qc*. ¶ 그 문제에 관한 ~은 거의 없다 Il n'y a pas beaucoup de documents sur ce sujet / Il n'y a presque pas de documents sur ce sujet / Il y a très peu de documents sur ce sujet / Il y a de très rares documents sur ce sujet. ¶ 그것은 ~에 보면 나와 있다 On peut le constater dans les documents.
◆_ 목록 -目錄 명 bibliographie *f*; liste *f* de documents.
◆_자료 -資料 명 documents d'archives *mpl*.
◆_집 -集 명 (ouvrage *m* de) documentation *f*.
◆_학 -學 명 philologie *f*. ¶ ~학적 philologique; documentaire.
◆_학자 -學者 명 philologue *mf*.
◆참고_ 參考- 명 livre *m* [ouvrage *m*] à consulter; bibliographie *f*; références *fpl*.

문혁 文革 명 【역사】 la Révolution *f* culturelle (en Chine). ☞ 문화

문형 文型 명 【언어】 types *mpl* [formes *fpl*, structures *fpl*] de phrase.
◆기본_ 基本- 명 【언어】 constructions *fpl* fondamentales, phrases *fpl* de base. ¶ 영어의 다섯 가지 기본 ~ les cinq structures fondamentales [de base] de l'anglais.

문호[1] 文豪 명 grand écrivain *m*; écrivain *m* de premier ordre. ¶ 러시아의 ~, 톨스토이 Tolstoï, grand écrivain russe.
◆대_ 大- 명 grand écrivain *m*; écrivain *m* de premier ordre.

문호[2] 門戶 명 porte *f*. ¶ ~를 개방하다[열다] ouvrir *sa* porte à *qn*. ¶ 모든 사람에게 ~를 닫다 fermer *sa* porte à tout le monde. ¶ 조선은 마침내 서양에 ~를 개방하였다 Joseon ((La Corée)) a fini par s'ouvrir au monde occidental. ¶ ~가 열려[개방되어] 있다 La porte est ouverte.
◆_개방주의 -開放主義 명 libéralisme *m*.

문화 文化 명 culture *f*, civilisation *f*. ¶ 한국[서양] ~ la culture [civilisation] coréenne [occidentale]. ¶ 불교[기독교, 유교] ~ la culture bouddhique [chrétienne, confucianiste]. ¶ ~ 교류 un échange culturel. ¶ 고도의[저급한] ~ une culture de haut niveau [de bas niveau]. ¶ 한국 고유의 ~ la civilisation [culture] propre à la Corée. ¶ 외국 ~의 무분별한 수입 l'importation imprudente des cultures étrangères. ¶ ~가 서로 다르기 때문에 생겨나는 문제들 les problèmes qui se posent du fait de différences culturelles, les problèmes engendrés par les différences culturelles.
◆_적 -的 명 culturel(*le*); civilisé(*e*); cultivé(*e*). ¶ ~적 차이 les différences culturelles. ¶ ~적으로 소외된 농촌 지역 une zone rurale laissée (à l'écart) [abandonnée, non soutenue] sur le plan culturel; un secteur rural laissé à l'abandon sur le plan culturel.
◆_계 -界 명 milieu *m* culturel.
◆_관광부 -觀光部 명 ministère *m* de la Culture et du Tourisme.
◆_국민 -國民 명 peuple *m* civilisé.
◆_권 -圈 명 aire *f* de civilisation; zone *f* [aire *f*] culturelle. ¶ 유교 ~권 aire de civilisation confucianiste [confucéenne].
◆_단체 -團體 명 organisation *f* culturelle.
◆_(대)혁명 -(大)革命 명 【역사】 la Révolution *f* culturelle (en Chine).
◆_면 -面 명 ((신문)) page *f* [rubrique *f*] culturelle.
◆_민족 -民族 명 peuple *m* civilisé.
◆_부 -部 명 ① département *m* des affaires culturelles. ¶ ~부 기자 un journaliste du département des affaires culturelles. ② ministère *m* de la Culture.
◆_사 -史 명 histoire *f* culturelle, histoire *f* de culture; histoire *f* de la culture (de *qc*).
◆_사절 -使節 명 ¶ ~사절로 프랑스에 파견된 바이올린 연주가 un(*e*) violoniste envoyé(*e*) en France en mission culturelle.
◆_상품 -商品 명 marchandise *f* culturelle, produit *m* culturel ((du type livre, disque, etc.)). ¶ ~상품권 un bon d'achat [un chèque cadeau] pour un produit culturel ((livre, disque, etc.)).
◆_산업 -產業 명 industrie *f* culturelle.
◆_생활 -生活 명 vie *f* civilisée [cultivée, culturelle]. ¶ ~생활을 누리다 jouir de la vie culturelle.
◆_수준 -水準 명 niveau(*x*) *m* de culture. ¶ 그들은 ~수준이 높다[낮다] Ils sont très cultivés [peu cultivés].
◆_시민 -市民 명 personne *f* civilisée, citoyen(*ne*) civilisé(*e*).
◆_시설 -施設 명 infrastructure *f* culturelle;

établissement(*s*) *m*(*pl*) de culture [culturel(*s*)].
◆_어 -語 명 langue *f* standard (en Corée du Nord).
◆_영화 -映畵 명 film *m* éducatif.
◆_용품 -用品 명 supports *mpl* culturels ((livres, disques, etc.)).
◆_유공자 -有功者 명 personne *f* qui a réalisé un exploit pour le patrimoine culturel.
◆_유산 -遺產 명 héritage *m* culturel. ¶ ~유산을 잘 보존하다 bien préserver l'héritage culturel.
◆_인 -人 명 personne *f* civilisée.
◆_인류학 -人類學 명 anthropologie *f* culturelle [de la culture].
◆_재 -財 명 patrimoine *m* culturel. ¶ 유형[무형] ~재 patrimoine culturel tangible [intangible]. ¶ ~재 관리국 le bureau de gestion du patrimoine culturel. ¶ ~재를 관리하다[보호하다] gérer [protéger] le patrimoine culturel. ¶ 무엇을 ~재로 지정하다 désigner *qc* comme faisant partie du patrimoine culturel.
◆_정책 -政策 명 politique *f* culturelle.
◆_집단 -集團 명 communauté *f* culturelle. ¶ 이질적인 ~집단 des communautés culturelles hétérogènes.
◆_콘텐츠 명 contenu *m* culturel.
◆_협정 -協定 명 accord *m* culturel.
◆_훈장 -勳章 명 médaille *f* du mérite culturel.
◆대중_ 大衆- 명 culture *f* de masse.
◆엘리트_ 명 culture *f* réservée à l'élite.
◆전통_ 傳統- 명 culture *f* traditionnelle.
◆정신_ 精神- 명 culture *f* intellectuelle.

묻다¹ 타 ① ((파묻다)) enfouir, enterrer, ensevelir, engloutir. ¶ 보물 상자를 땅속에 ~ enterrer un coffre à trésors. ¶ 김장 김치는 땅에 묻어야 제 맛이 난다 Le *gimchi* d'hiver prend son goût véritable lorsqu'il est enterré dans une jarre. ② ((얼굴이나 몸을)) enfouir. ¶ 얼굴을 베개에 묻고 펑펑 울다 pleurer à gros sanglots, le visage enfoui dans l'oreiller. ¶ 그녀는 남편의 품에 얼굴을 묻고 하염없이 울었다 Le visage enfoui dans la poitrine de son mari, elle a pleuré à chaudes larmes [elle s'est effondrée en larmes]. ③ ((매장하다)) ensevelir, enterrer, inhumer. ¶ 시체를 (땅에) ~ ensevelir un cadavre [un corps]; inhumer *qn*. ¶ 아버지를 차가운 땅에 묻고 왔다 Je viens d'ensevelir mon père dans une terre glaciale.

묻다² 자 coller à, s'attacher à *qc*; adhérer à *qc*. ¶ 잼이 네 소매[브라우스]에 묻었다 Tu t'es mis de la confiture sur ta manche [ton chemisier] / Ta manche [ton chemisier] est taché(*e*) [couvert(*e*)] de confiture. ¶ 풀이 손에 묻었다 J'ai de la colle sur les doigts. ¶ 얼굴에 과자 가루가 묻었다 Son visage est barbouillé de farine à gâteau. ¶ 이 서류들은 중요한 거니까 쓰레기에 묻어서 나가지 않도록 주의해라 Ces papiers sont importants, fais attention à ce qu'ils ne soient pas jetés, mêlés aux déchets.

묻다³ 자타 ① 질문하다 interroger *qn*; demander *qc* à *qn*, s'enquérir de *qc*; questionner *qn*; poser une question à *qn*; interroger, consulter, enquêter, interviewer. ¶ 선생님이 학생에게 물었다 Le professeur interrogea l'élève. ¶ 전문가에게 ~ consulter un expert. ¶ 선생님은 나에게 숙제를 했는지 물었다 Le professeur m'a demandé si j'avais fait mes devoirs. ¶ 나는 그 여자에게 언제 돌아오느냐고 물어 보았다 Je lui ai demandé quand elle reviendrait. ¶ 나는 내가 어떻게 살아야 하는가를 나 자신에게 묻곤 했다 Je m'interrogeais sur la façon dont je dois vivre. ② 알아보다 demander *qc*, s'informer de *qc*. ¶ 길을 ~ demander *son* chemin. ¶ 값[가격]을 ~ s'informer du prix. ¶ 이름[직책]을 ~ demander *son* nom (à *qn*) [*son* statut, *son* grade, *ses* fonctions]. ¶ 안부[소식]를 ~ demander des nouvelles de *qn*; s'inquiéter du sort de *qn*; s'enquérir de *qn*; s'informer de *qn*. ¶ 단어의 뜻[의미]을 ~ demander le sens [la signification] d'un mot. ¶ 누구의 의사[의향]를 ~ interroger *qn* sur *ses* intentions. ¶ 까닭[이유]을 ~ interroger *qn* sur la raison [sur la cause]. ¶ 음식 맛의 비법[비밀]을 ~ s'informer sur le secret d'une recette de cuisine. ③ ((책임 따위를)) 추궁하다 demander des comptes à *qn*; jeter un blâme sur *qn*; faire une réprimande à *qn*. ¶ 누구에게 책임을 ~ rendre *qn* responsable de *qc*, blâmer *qn*. ¶ 외무장관에게 한일 관계에 대하여 책임을 ~ demander une explication au ministre des Affaires étrangères au sujet des relations entre la Corée et le Japon.

묻어나다 자 tacher, apparaître. ¶ 그의 머리에서 피가 묻어났다 Il a du sang sur la tête. ¶ 수건에서 잉크가 묻어났다 L'encre a imprégné la serviette.

묻어나오다 자 tacher, apparaître. ¶ 상처에서 피가 묻어나온다 On voit du sang sur la plaie / Il y a une tache de sang sur la plaie. ¶ 아침에 청소를 했는데도 바닥에서 먼지가 묻어나온다 Bien que j'aie fait le ménage ce matin, on voit encore de la poussière [il y a de nouveau de la poussière] / J'ai beau avoir fait le ménage ce matin, il y a [il reste] toujours de la poussière.

묻어두다 타 laisser enterré(*e*), cacher; tenir *qc* secret, garder. ¶ 추억[사랑]을 가슴속에 ~ garder des souvenirs au fond de *son* cœur [garder de l'amour au fond de *son* cœur ((pour *qn*))]. ¶ 사건을 비밀 속에 ~ tenir un événement secret. ¶ 이번 일은 더 이상 캐지 않고 묻어두기로 했다 On a décidé de laisser cette affaire enterrée sans l'élucider. ¶ 어머니는 화가 나도 가슴 속에 묻어두기만 해서 결국 병이 되었다 Ma mère n'ayant jamais extériorisé sa colère [en gardant sa colère pour elle] a fini par tomber malade.

묻히다¹ 타 faire adhérer *qc* à *qc*, faire imbiber, faire pénétrer; tacher, salir, souiller; étaler; mettre sur. ¶ 붓에 먹을 ~ imbiber un pinceau d'encre de Chine, tremper un pinceau dans de l'encre de Chine. ¶ 펜에 잉크를 ~ tremper une plume dans l'encre.

¶ 연필에 침을 ~ mettre de la salive sur la mine d'un crayon, lécher le bout d'un crayon. ¶ 옷에 기름을 ~ tacher un vêtement avec de l'huile. ¶ 구두에 흙을 ~ salir [souiller] *ses* chaussures avec de la boue. ¶ 아이는 친구의 얼굴에 물감을 묻히며 장난했다 L'enfant s'amusait à mettre de la peinture sur le visage de son ami. ¶ 콩고물을 묻힌 인절미 *injeolmi* (*tteok*) recouvert [enrobé] de poudre de pois.

묻히다[2] 자 ① être enterré(*e*), enseveli(*e*), enfoui(*e*), enterré(*e*); être couvert(*e*) de *qc*. ¶ 모래 속에 ~ être enfoui(*e*) dans le sable. ¶ 누구나 죽으면 땅속에 묻힌다 Toute personne qui meurt est enterré / Toute personne est enterrée après sa mort. ② ((상태나 환경에)) 휩싸이다 être enseveli(*e*), plongé(*e*), enveloppé(*e*), enfoui(*e*). ¶ 텅 빈 광장은 어둠 속에 묻혀서 아무 것도 보이지 않았다 On ne voit rien sur la place complètement vide, ensevelie dans les ténèbres. ¶ 그 남자는 키 큰 친구들 틈에 묻혀서 잘 보이지 않는다 Caché par [Caché derrière, Dissimulé par, Entouré de] ses amis qui sont grands, on ne le voit pas bien. ③ 칩거하다 rester cloîtré(*e*) [enfermé(*e*), reclus(*e*), claustré(*e*)]. ¶ 초야[시골, 산골]에 묻혀 살다 vivre isolé(*e*) [retiré(*e*), en ermite, comme un ermite] dans la nature [à la campagne, dans la montagne]. ④ ((진실 따위가)) être enseveli(*e*), enterré(*e*), enveloppé(*e*), noyé(*e*). ¶ 역사 속에 ~ être enseveli(*e*) [noyé(*e*)] dans l'histoire. ¶ 진실은 묻힐 수 없다 La vérité ne peut pas rester enterrée. ¶ 그 사건의 진상은 아직도 베일에 묻혀 있다 La vérité de cette affaire reste ensevelie sous un mystère [sous un voile].

***꽃 속에** ~ se trouver isolé parmi les femmes [entouré de belles femmes].

물[1] 명 eau(*x*) *f*, liquide *m*; cours *m* d'eau, rivière *f*, sève *f*, jus *m*. ¶ 찬[뜨거운, 미지근한] ~ eau froide [chaude, tiède]. ¶ 깨끗한[더러운] ~ eau propre [sale]. ¶ 많은 ~ beaucoup d'eau. ¶ ~ 속에 사는 동물 un animal qui vit dans l'eau, un animal aquatique. ¶ ~ 밖으로 나오다 sortir de l'eau. ¶ ~[~ 한 잔]을 마시다 boire de l'eau [un verre d'eau]. ¶ ~을 긷다[푸다] puiser de l'eau. ¶ ~을 끓이다 faire bouillir de l'eau. ¶ ~을 쏟다[엎지르다] renverser de l'eau, [s'asperger d'eau.] ¶ 용변 후에 ~을 내리다 tirer la chasse d'eau après avoir fait *ses* besoins. ¶ 목욕을 하기 위해 뜨거운[더운] ~을 받다 faire couler de l'eau chaude pour prendre un bain. ¶ ~을 아껴 쓰다 économiser [épargner] l'eau, faire des économies d'eau. ¶ 논에 ~을 대다 irriguer des rizières. ¶ 냄비에 ~을 붓다 verser de l'eau dans une casserole. ¶ 나무에 ~을 주다 arroser les plantes. ¶ 땅에 ~을 뿌리다 arroser le sol (avec de l'eau). ¶ 위스키에 ~을 조금 타다[섞다] allonger *son* whisky avec un peu d'eau. ¶ ~을 건너다 franchir un cours d'eau [une rivière]. ¶ 자동차가 행인에게 ~을 튀겼다 La voiture a éclaboussé les passants. ¶ ~에 빠지다 tomber dans l'eau. ¶ ~에 가라앉다 s'enfoncer dans l'eau, couler, se noyer. ¶ 빨래를 ~에 헹구다 rincer le linge (avec de l'eau). ¶ 밥을 ~에 말다 mettre de l'eau dans son riz. ¶ ~에 빠져 죽다 se noyer. ¶ 홍수가 나서 많은 집들이 ~에 잠겼다 Beaucoup de maisons ont été submergées [englouties] par la montée des eaux à cause des [à l'occasion] des inondations. ¶ 소금이 ~에 녹는다 Le sel se dissout dans l'eau. ¶ ~에서 건져내다 repêcher [tirer] *qn* de l'eau, sauver *qn* de la noyade. ¶ 얼굴을 ~로 씻다 se laver [se débarbouiller, se rafraîchir] le visage avec de l'eau, faire *sa* toilette [un brin de toilette]. ¶ 찬 ~로 샤워를 하다 prendre une douche [se doucher] avec de l'eau froide. ¶ 수도에서 ~이 나온다 L'eau sort du robinet. ¶ 대야에 ~이 넘친다 L'eau déborde du bassin. ¶ 가뭄이라 논에 ~이 말랐다 Il n'y a plus d'eau dans la rizière à cause de la sécheresse. ¶ 논에 ~이 빠졌다 La rizière s'est asséchée. ¶ 이 배는 ~이 샌다 Ce bateau prend l'eau. ¶ ~이 끓는다 L'eau bout. ¶ ~이 얼었다 L'eau a gelé. ¶ 이 ~은 오염되었다 Cette eau est polluée. ¶ ~이 흐른다 L'eau coule. ¶ ~이 수도꼭지에서 방울져 떨어진다 Le robinet goutte. ¶ ~이 불고 있다. L'eau monte. ¶ ~ 흐르듯 유창한 그의 말솜씨 sa volubilité, sa grande facilité d'élocution, sa verve, son élocution aisée, son don de la parole. ¶ ~이 안 맞아서 배탈이 났다 Je ne supporte pas bien cette eau qui me donne des coliques [des crampes abdominales, des douleurs abdominales]. ◇_(이) **나다[지다]** déborder. ¶ 삼남 지방에 큰 ~이 났다 Il y a eu des inondations dans les trois provinces du sud.

*~ **건너가다** ne pas marcher, échouer, capoter {*fam*}; être fichu(*e*) {*fam*}, être foutu(*e*) {*fam*}, être râpé(*e*) {*fam*}; être trop tard pour+*inf*. ¶ ~ 건너갔구만 Ça n'a pas marché / C'est râpé {*fam*}! ¶ 우리 여행 계획은 ~ 건너갔다 Pour notre projet de voyage, c'est râpé {*fam*} [on peut faire une croix dessus]! ¶ 이제 내각책임제는 ~ 건너간 이야기이다 Ce n'est plus le moment de parler du régime ministériel [parlementaire].

*~**과 기름이다** être comme l'eau et le feu {*vx*}, être comme chien et chat, être en opposition totale. ¶ 그 두 사람은 ~과 기름이다 Ces deux-là sont comme chien et chat / Ces deux-là, c'est le feu et l'eau.

*~**(을) 먹다【속에】** ① ((실패하다)) ramasser [prendre, remporter] une veste, rater, se planter {*fam*}, louper {*fam*}, queuter {*fam*}, foirer {*fam*}; ((손해보다)) s'enfoncer, y perdre des plumes, essuyer des pertes; essuyer un revers [un échec]; boire un bouillon, boire une tasse [la tasse]. ¶ 그 친구 이번에도 또 ~ 먹었어 Il a encore raté cette fois-ci / Il a encore été recalé cette fois-ci / Il a encore été refusé cette fois-ci / ((이성에게)) Il a encore essuyé une rebuffade / Il s'est encore fait envoyer promener [paître] {*fam*} / Il a encore

ㅁ

été éconduit cette fois-ci. ¶ 난 이 시험에서 5번이나 ~을 먹었다 J'ai raté [loupé {*fam*}, queuté {*fam*}] au moins 5 fois cet examen / J'ai au moins été recalé cinq fois à cet examen. ② ((속다)) se faire piéger par *qn*, être induit(*e*) en erreur par *qn*, se laisser duper, se faire berner [avoir {*fam*}, arnaquer {*fam*}, escroquer]; avaler des couleuvres, marcher {*fam*} ((dans l'histoire de *qn*)), tomber dans le panneau; ((헛수고하다)) se fatiguer pour rien; ((골탕 먹다)) en voir de drôles, en voir (de toutes les couleurs, des vertes et des pas mûres), en baver {*fam*}. ¶ 그 놈 때문에 오늘 ~ 먹었다 À cause de lui, je me suis fatigué(*e*) pour rien [je me suis donné de la peine pour rien, j'ai perdu mon temps, je me suis déplacé pour rien] aujourd'hui / Ce type m'a fait perdre mon temps aujourd'hui / ((골탕 먹다)) Ce type m'a joué un sale tour aujourd'hui / Ce type m'en a fait voir (de drôles) aujourd'hui.

*~(을) **먹이다** 【속어】 ① 우롱하다 ridiculiser *qn*, se moquer de *qn*, se foutre de la gueule de *qn* {*fam*}, tourner *qn* en dérision [en ridicule], ridiculiser *qn*; faire avaler des couleuvres à *qn*, faire marcher *qn*. ¶ 이 옷을 샀는데 상점 주인이 날 ~ 먹였다 J'ai acheté ce vêtement, mais le vendeur m'a escroqué [mais je me suis fait escroquer [rouler {*fam*}, avoir {*vulg*}, arnaquer {*fam*}] par le vendeur. ② 골탕 먹이다 en faire voir à *qn* (de toutes les couleurs, des vertes et des pas mûres) {*fam*}, en faire voir de drôles à *qn*, en faire baver à *qn* {*fam*}, mettre *qn* dedans, jouer un mauvais [vilain, sale {*fam*}] tour à *qn*, faire une entourloupe(tte) à *qn* {*fam*}; tromper *qn*, piéger *qn*, induire *qn* en erreur, berner *qn*, duper *qn*, escroquer *qn*, rouler *qn* {*fam*}, avoir *qn* {*vulg*}, posséder *qn* {*vulg*}, arnaquer *qn* {*fam*}, pigeonner *qn* {*fam*}, embobiner *qn* {*fam*}, entuber *qn* {*fam*}, baiser *qn* {*vulg*}, couillonner *qn* {*fam*}; mener *qn* en bateau; causer des ennuis [des tourments] à *qn*, mener la vie dure à *qn*; ((헛수고시키다)) faire perdre à *qn son* temps. ¶ 이번 시험에서 선생님이 완전히 우리를 물 먹이셨어 Le prof(esseur) nous a complètement piégés [nous a totalement induit en erreur] lors de cet examen. ¶ 내가 그 놈~ 좀 먹였지 Je suis content(*e*) de lui avoir joué un mauvais [un sale {*fam*}] tour.

*(어디의) ~**을 먹다** faire l'expérience de. ¶ 그 친구 도시 ~을 먹더니 세련되었다 Ses manières se sont raffinées après son séjour en ville.

*~**로 보다**[**여기다**] peu respecter *qn*, faire peu de cas de *qn*, ne faire aucun cas de *qn*, mépriser *qn*, dédaigner *qn*; considérer *qn* comme un adversaire facile [aisé]. ¶ 나를 ~로 보는 거니? Est-ce qu'à tes yeux je parais si faible que ça? / Est-ce qu'à tes yeux j'ai l'air si méprisable [si peu respectable] que ça?

*~ **만난 고기 같다** être heureux comme un poisson dans l'eau.

*~ **쓰듯 하다** gaspiller. ¶ 그 사람은 돈을 ~ 쓰듯 한다 L'argent lui coule entre les doigts / C'est un panier percé.

*~(이) **오르다** être au plus haut point de *son* existence, atteindre le sommet dans *sa* vie; atteindre *son* firmament, être à l'apogée [au zénith] de *sa* vie [de *sa* carrière, de *sa* gloire], être au meilleur de *sa* forme, être à la fleur de l'âge. ¶ 잔뜩 ~이 오를 나이 la fleur de l'âge.

*~**이다** être quelqu'un de malléable [de docile, de non directif, de non contraignant, de souple, de flexible, d'influençable, de maniable, de peu autoritaire]. ¶ 새로 온 부장은 완전히 ~이다 Le nouveau directeur est vraiment quelqu'un de malléable [de peu autoritaire].

*~**을 흐리다** gâcher [pourrir] l'ambiance; dégrader l'image; faire baisser [abaisser] le niveau ((d'une classe)) faire baisser le niveau ((d'une bonne classe)).

***술에 ~술 탄 듯 ~에 ~ 탄 듯** ☞ 술[1]

*~**에 빠진 사람은 지푸라기라도 잡는다** Un homme qui se noie, s'accroche même à un brin de paille.

*~**에 빠진 사람 건져 주었더니 보따리 내놓으라고 한다** Vous lui donnez le doigt [la main], il vous prend le bras.

*~**에 빠지면 입만 뜰 사람이다** C'est un vrai robinet (d'eau tiède) / Elle est bavarde comme une pie.

*~**에 빠진 생쥐 꼴이다** être trempé(*e*) [mouillé(*e*)] jusqu'aux os.

*~ **위에 뜬 기름 같다** rester à l'écart, s'accorder difficilement avec les autres.

***노는 ~이 다르다** ne pas être du tout du même rang (social) [de la même catégorie sociale] / avoir une vie complètement différente.

***손에 ~을 묻히다** faire des travaux ménagers. ¶ 그 여자는 손에 ~ 묻히는 것조차 싫어한다 Elle n'aime pas faire le moindre travail ménager.

***윗~이 맑아야 아랫~이 맑다** Pour que les jeunes soient honnêtes, il faut que les anciens le soient d'abord [il faut d'abord que les anciens le soient].

***찬 ~을 끼얹다** faire l'effet d'une douche froide, refroidir *qn*, doucher {*fam*} *qn*, décourager *qn*; décourager [abattre, démoraliser, démonter] *qn*; saper le moral de *qn* {*fam*}, gâter ((miner l'ambiance {*fam*})), gâcher ((l'ambiance)). ¶ 계획에 찬 ~을 끼얹다 saper {*fam*} un projet; faire tomber un projet à l'eau. ¶ 열의에 찬 ~을 끼얹다 jeter une douche froide sur l'enthousiasme de *qn*, décourager l'ardeur de *qn*. ¶ 분위기에 찬~을 끼얹다 gâter [gâcher] l'ambiance [l'atmosphère].

***피는 ~보다 진하다** Les liens du sang sont les plus importants / Les liens du sang l'emportent toujours.

◆**_목** 명 ((어귀)) passage *m* d'un cours d'eau; étranglement *m* d'une rivière; pertuis *m* d'un fleuve; ((사광의)) partie *f* la plus riche en or (lors de l'opération de triage).

◆_속 명 dans l'eau *f*.
◆_위 명 sur l'eau *f*. ¶ ~위를 걷다 marcher sur l'eau. ¶ ~위로 떠오르다 remonter à la surface; faire surface.
◆흙탕_ 명 eau *f* boueuse.

물[2] 명 ① teinture *f*; teint *m*, couleur *f*. ¶ ~을 빼다 décolorer *qc*, déteindre *qc*. ¶ ~이 빠지다 se décolorer, déteindre. ¶ 이 천은 빨아도 ~이 안 빠진다 Cette étoffe ne déteint pas au lavage. ② ((비유적)) mauvaise influence *f* ((exercée sur *qn*)), fait de déteindre (négativement) sur *qn*. ◇_(을) 들이다 ① colorer *qc*, teindre *qc*, teinter *qc*. ¶ 머리에 ~을 들이다 se teindre [se colorer] les cheveux, teindre *ses* cheveux, se faire faire une coloration. ¶ 천에 붉은색 ~을 들이다 teindre une étoffe en rouge. ¶ 단풍이 온 산을 붉게 ~들이고 있다 Toute la montagne est teintée de couleurs flamboyantes. ② ((비유적)) exercer une (mauvaise) influence sur *qn*, déteindre sur *qn*, influencer négativement *qn*. ¶ 친구들이 그에게 나쁜 ~을 들이려고 한다 Ses amis essaient d'exercer une mauvaise influence sur lui. ◇_(이) 들다 ① se tacher; être teinté(*e*). ¶ 저녁노을로 붉게 ~든 하늘 le ciel empourpré par le soleil couchant. ¶ 옷에 파란 ~이 들어서 잘 빠지지 않는다 Ce vêtement a pris une couleur bleue qui ne s'enlève pas facilement. ② subir une mauvaise influence, être négativement influencé(*e*) par *qc*/*qn*. ¶ 그는 낡은 사상에 ~들어 있다 Il est nourri de vieilles idées. ¶ 그 여자는 미국에 한번 여행을 갔다 오더니 미국 ~이 들었다 Elle s'est américanisée à la suite de son voyage aux États-Unis [depuis qu'elle a mis les pieds aux États-Unis {*fam*}].

물[3] 명 fraîcheur *f* ((du poisson)); (première) récolte *f*, cueillette *f*, pêche *f*. ¶ 이 생선은 ~이 좋지 않다 Ce poisson n'est pas frais. ◇_(이) 가다 ne plus avoir l'air frais. ¶ 이 생선은 ~이 좀 간 것 같다 Ce poisson semble [a l'air] pourri / Ce poisson n'a plus l'air frais [ne sent plus le frais].
*~이 좋다 【속어】 ((유흥업소)) il y a de belles nanas {*fam*} [meufs {*fam*}], il y en a des bonnes {*fam*}. ¶ 이 나이트클럽은 ~이 좋다 Cette boîte de nuit est pleine de belles nanas / Dans cette boîte, il y a plein de belles nanas [meufs].
◆끝_ 명 derniers produits *mpl*. [dernière récolte *f*] de la saison. ¶ 참외가 끝~이라 싱싱하지 않다 Comme ces melons viennent des dernières récoltes de la saison, ils ne sont pas frais.
◆첫_ 명 première récolte *f* (de la saison). ¶ 첫~ 과일 les fruits de la première cueillette.
◆한_ 명 (pleine) saison *f*; sommet *m*, apogée *m* de *qc*.
*한~ 가다 être démodé(*e*), dépassé(*e*); être périmé(*e*); perdre *sa* fraîcheur, être défraîchi(*e*), décati(*e*)}; ne plus être au milieu de *sa* forme. ¶ 딸기가 한~ 갔다 Les fraises sont gâtées. ¶ 그 사람도 이제는 한~ 갔다 Ses plus beaux jours sont passés / Il n'est plus de la première jeunesse.

-물[4] 物 접미 ① construction *f*. ¶ 건축~ un édifice, un bâtiment, une architecture. ¶ 구조~ une structure; une construction. ② produit *m*. ¶ 농산[수산, 축산]~ un produit agricole [de la mer, d'élevage]. ¶ 홍보~ une brochure; un dépliant (touristique); une publicité; un film publicitaire [promotionnel]. ¶ 첨가~ un additif, un adjuvant. ③ film *m*; histoire *f*. ¶ 애정~ une histoire d'amour; un film d'amour. ¶ 폭력~ un film violent. ¶ 멜로~ un mélodrame. ¶ 전쟁~ un film de guerre. ¶ 공포~ un film d'épouvante [d'horreur].

물-[5] 접두 liquide. ¶ ~비누 du savon liquide. ¶ ~티슈 des lingettes.

물가[1] 명 bord *m* de l'eau, bord *m* (d'une rivière, de la mer); rive *f*. ¶ ~에서 놀다 s'amuser au bord de l'eau. ¶ 위험하니 ~에 가지 마라 N'allez pas au bord de l'eau, c'est dangereux. ¶ ~에 집들이 나란히 서있는 것이 보인다 On voit des maisons alignées (tout) le long de la rivière.

물가[2] 物價 명 prix *mpl*. ¶ ~를 안정시키다[통제하다] stabiliser [contrôler] les prix. ¶ ~를 조절하다 réguler les fluctuations des prix. ¶ 월간 ~ 동향을 살피다 ausculter les prix mensuels. ¶ ~가 오른다[내린다] Les prix augmentent [baissent]. ¶ ~가 불안정하다 Les prix sont instables. ¶ 도쿄는 ~가 비싸다 La vie est chère à Tokyo. ¶ ~가 뛰었다[폭등했다] Les prix ont fait un bond [un saut] / Les prix ont grimpé [flambé] / Les prix ont augmenté de façon astronomique / La hausse des prix est spectaculaire.
◆_고 -高 명 augmentation *f* du coût de la vie. ¶ ~에 시달리다 souffrir des prix élevés.
◆_대책 -對策 명 mesure *f* contre la hausse des prix.
◆_상승 -上昇 명 hausse *f* des prix ¶ ~상승을 막다 bloquer la hausse des prix; prévenir la hausse des prix. ¶ ~상승에 대한 대책을 강구하다 prendre des mesures contre la hausse des prix.
◆_상승율 -上昇率 명 taux *m* d'augmentation des prix. ¶ ~상승률을 5 % 이내로 유지하다 retenir [maintenir] le taux d'augmentation des prix au-dessous de 5 %.
◆_수준 -水準 명 niveau(*x*) *m* des prix.
◆_지수 -指數 명 indice *m* de prix.
◆_하락 -下落 명 baisse *f* des prix.
◆고_ 高- 명 prix *m* élevé. ¶ 고~ 시대 époque de prix élevés.
◆도매[소매]_ 都賣[小賣]- 명 prix *m* de gros [de détail].
◆소비자_ 消費者- 명 prix *m* à la consommation.

물갈이 명 ① changement *m* d'eau (de l'aquarium). ¶ 어항의 ~ changement d'eau de l'aquarium, action de changer l'eau de l'aquarium. ② ((비유적)) renouvellement *m*, changement *m* complet; roulement *m*. ¶ 이번 개각에서는 수뇌부의 ~가 예상된다 On prévoit le renouvellement de l'équipe

ㅁ

dirigeante lors de ce remaniement ministériel. ◇_(를) **하다** renouveler *qn*. ¶ 경영진을 ~하다 renouveler les dirigeants d'une entreprise. ◇_(가) **되다** se renouveler; être renouvelé(*e*).

물갈퀴 명 palmure *f*. ¶ ~가 달린 발 des pattes palmées.

물감 명 ① colorant *m*, matière *f* colorante, teinture *f*. ¶ 천에 까만 ~을 들이다 teindre [colorer] un tissu en noir. ② ((그림)) peinture *f*. ¶ 수채화[유화] ~ une peinture à l'eau [une peinture à l'huile, une huile]. ¶ ~을 칠하다 peindre, mettre de la couleur. ¶ 팔레트에 ~을 짜다 mettre de la peinture sur une palette. ¶ ~을 풀다 délayer [diluer] une couleur. ¶ 두 가지 색 ~을 섞다[혼합하다] mélanger deux couleurs.

물개 명 【동물】 phoque *m*. ¶ ~ 가죽 une peau de phoque.

물거품 명 bulle *f* (d'eau); bouillon *f*, écume *f*, mousse *f*. ¶ ~처럼 허망한 인기 popularité éphémère comme l'écume. ¶ ~처럼 사라지다 s'en aller [partir] en fumée, n'aboutir à rien.

***~이 되다[~으로 돌아가다]** passer à la trappe; tomber à l'eau ¶ 모든 것이 ~이 되었다 Tout est passé à la trappe. ¶ 10년 노력이 ~으로 돌아갔다 Dix ans d'efforts sont tombés à l'eau.

물건 物件 명 ① objet *m*, article *m*, chose *f*. ¶ 저기 있는 ~은 뭐지? Qu'est-ce que c'est que cet objet-là? ¶ 사람을 ~ 취급하다 traiter *qn* comme une chose. ② marchandise *f*, denrée *f*. ¶ 좋은 ~ un produit de qualité. ¶ 시시한[싸구려] ~ une marchandise de pacotille; une marchandise de mauvaise qualité. ¶ 최고급 ~ un article de tout premier choix, un produit de première qualité. ¶ 가게에 ~을 들여놓다 entrer des marchandises dans un magasin. ¶ ~이 좋다[나쁘다] être de bonne [mauvaise] qualité. ¶ 이것은 저것과 ~이 다릅니다 Ceci est de meilleure qualité que cela. ③ personne *f* extraordinaire ou incroyable. ¶ 그놈 참 ~이다 Ce type-là, c'est vraiment quelqu'un [quelque chose {*fam*}].

물걸레 명 serpillière *f*. ¶ ~로 바닥을 닦다 nettoyer le plancher avec une serpillière.

◆**_질** 명 coup *m* de serpillière. ¶ 마루에 ~질을 하다 donner un coup de serpillière sur le sol, passer la serpillière sur le sol.

물결 명 ① vague *f*, flots *mpl* {*litt*}; ondulation *f*, onde *f*. ¶ 큰 ~ une lame, la houle. ¶ 잔 ~ des rides. ¶ 거친 ~ des vagues houleuses. ¶ ~을 일으키다 faire des vagues. ¶ ~을 가르다[헤치다] fendre les vagues [flots]. ¶ 바다의 ~이 잔잔해졌다[가라앉았다] La mer s'est calmée. ¶ ~이 바위에 부딪친다 Les vagues se brisent contre [déferlent sur] les rochers. ¶ 큰 ~이 일기 시작했다 Les vagues ont commencé à se soulever. ¶ 일렁이는 ~이 수면에 퍼져나간다 Les ondulations se propagent à la surface de l'eau. ② ((비유)) vague *f*, foule *f* ((humaine)), courant ((de l'époque)). ¶ 유행의 ~ une vague de mode. ¶ 시대의 ~ le courant de l'époque. ¶ 거리는 사람들의 ~로 넘쳐났다 La rue est envahie par une foule humaine. ¶ 변혁의 ~을 거스를 수는 없다 Personne ne peut résister à la vague de mutation. ¶ 그도 혁명의 ~에 휩쓸리고 말았다 Lui aussi a été entraîné par la vague révolutionnaire. ◇_(이) **치다** onduler; ((비유적)) ondoyer (dans le vent), flotter au (gré du) vent, claquer au vent. ¶ ~(이) 치는 대로 떠다니다 flotter au gré des flots. ¶ 운동장은 형형색색의 깃발로 ~치고 있었다 Toutes sortes de drapeaux flottaient dans le stade.

물경 勿驚 관 prodigieusement, étonnamment; à la surprise de *qn*; à l'étonnement de *qn*; à la (grande) stupéfaction de *qn*. ¶ 이 회사의 작년 한 해 매출액은 ~ 1조원이 넘는다 À la grande surprise de tout le monde, le total des ventes de la société l'année dernière a dépassé 100 milliards de wons.

물고 物故 명 mort *f* [décès *m*] d'une personne éminente; exécution *f* d'un criminel. ¶ ~를 당하다 être exécuté(*e*) (en tant que criminel(*le*)). ¶ ~가 나다 ((un criminel)) être exécuté(*e*), mourir. ¶ ~를 내다 exécuter un criminel; 【속어】 tuer *qn*.

물고기 명 poisson *m*. ¶ ~ 떼 banc de poissons. ¶ 바다 ~ poisson de mer. ¶ ~를 낚다 pêcher (du poisson) à la ligne. ¶ ~를 잡다 attraper [pêcher] du poisson. ¶ ~들이 떼지어 몰려다닌다 Les poissons se déplacent en banc.

◆**_자리** 명 【천문】 Poissons *mpl*.

물고늘어지다 타 ① prendre dans la bouche et ne pas lâcher, ne pas (vouloir) lâcher prise. ¶ 상어가 다이버를 물고늘어졌다 Le requin a mordu le plongeur et ne voulait plus le lâcher. ② ((비유적)) ne pas lâcher prise, s'acharner sur *qn*, harceler *qn* ((de questions)); tenir bon; s'attacher à *qc*; s'accrocher, s'agripper, se cramponner à *qc*/*qn*; rester collé(*e*) sur *qc*; ne pouvoir quitter *qc*; ne pas démordre de *qc*. ¶ 피의자를 ~ s'acharner sur le prévenu. ¶ 기자들은 집요한 질문 공세로 그 사람을 끝까지 물고늘어졌다 Les journalistes l'ont harcelé de questions jusqu'au bout. ③ ((말꼬리를)) répliquer. ¶ 말꼬리를 ~ corriger *qn* à la fin de chaque phrase, trouver sans cesse à redire à *qn*, critiquer chaque parole, reprendre *qn* sans arrêt [en permanence].

물고문 명 supplice *m* [torture *f*] de l'eau. ◇_(을) **하다** mettre *qn* à la torture [au supplice] de l'eau, livrer *qn* au supplice de l'eau. ◇_(을) **당하다** être mis(*e*) à la torture [au supplice] de l'eau.

물구나무서기 명 tenue *f* en équilibre la tête au sol; ((faire le)) poirier *m*. ◇_(를) **하다** se tenir en équilibre la tête au sol; faire le poirier; faire l'arbre fourchu.

물구나무서다 자 faire l'équilibre, tenir l'équilibre; faire le poirier [l'arbre fourchu]. ¶ 물구나무서서 걷다 marcher sur les mains. ¶ 그 사람은 물구나무서서 50미터를 전진했다 Il a avancé sur 50 mètres en marchant sur les mains.

물구덩이 명 flaque *f* d'eau; (petite) mare *f*, ornière *f*. ¶ 비온 뒤에 군데군데 ~가 생겼다 La pluie a laissé des flaques par-ci par-là. ¶ 마차가 ~에 빠졌다 La charrette s'est enlisée dans une ornière.

물굽이 명 sinuosité *f*; méandre *m*; boucle *f* (d'une rivière); courbe *f*; coudes *mpl* (d'une rivière).

◆_지다 자 serpenter; faire des boucles [des méandres].

물권 物權 명 【법률】 droits *mpl* réels; droit *m* de propriété. ¶~ 설정[계약, 변동] établissement [contrat, changement] de droits réels.

◆_법 -法 명 loi *f* de droits réels.

물귀신 -鬼神 명 esprit *m* des eaux. ¶ ~처럼 물고 늘어지다 insister opiniâtrement, demander avec insistance, ne pas se lasser de demander, ne pas lâcher prise, poursuivre *qn* obstinément, poursuivre *qn* de *ses* assiduités, harceler *qn* (jusqu'à obtenir *qc*, pour obtenir *qc*).

*~**이 되다** se noyer.

*~ **작전** ((dans une situation extrême)) opération *f* [manœuvre *f*, tactique *f*, stratégie *f*] qui consiste à faire sombrer *qn* en se noyant *soi*-même ((comme le feraient les esprits des eaux)), tactique *f* du *kamikaze*. ¶ 승산 이 없으니 ~ 작전으로 나가자 Comme on n'a aucune chance de réussir, arrangeons-nous pour les autres perdent eux aussi.

물그릇 명 récipient *m* [bol *m*] (d'eau). ¶ ~을 엎지르다 renverser un bol d'eau. ¶ ~에 물을 떠놓다 préparer un bol d'eau.

물기 -氣 명 humidité *f*, moiteur *f*. ¶ ~를 빼다 égoutter. ¶ 그 아이는 몸에서 ~를 닦아냈다 L'enfant s'est essuyé le corps ((après son bain)). ¶ 그 여자는 ~를 가득 머금은 눈으로 나를 쳐다보았다 Elle m'a regardé les yeux remplis de larmes. ¶ 그 여자는 머리에서 ~가 채 마르지 않은 [가시지 않은, 남아 있는] 차림으로 욕실을 나왔다 Elle est sortie de la salle de bains les cheveux encore trempés.

물기둥 명 colonne *f* d'eau. ¶ 분수가 하늘 높이 ~을 뿜어올렸다 Le jet (de la fontaine) projette une haute colonne d'eau. ¶ 대형 수도관이 터져 거대한 ~이 솟아올랐다 Un gros conduit a éclaté et a laissé échapper une immense colonne d'eau.

물길 명 voie *f* maritime [fluviale]; voie *f* navigable; passe *f*, chen*al*(*aux*) *m*; can*al*(*aux*) *m*, conduit *m*. ¶ ~ 안내인 un pilote. ¶ ~을 따라 항해하다 naviguer en suivant une voie maritime. ¶ ~을 거슬러 오르다 remonter les cours d'eau; pertuis *m*. ¶ ~로 가다 aller par voie maritime. ¶ 거기까지는 육로보다 ~이 빠를 것이다 On irait plus vite par voie de terre que par les voies navigables.

물김치 명 *mulgimchi m* <*gimchi* non pimenté dans de l'eau; choux chinois ou navets fermentés et trempés dans de l'eau>.

물꼬 명 ① vanne *f* d'une rizière. ¶ 논의 ~를 열다[트다] ouvrir [déboucher] la vanne de la rizière. ¶ 논에 물을 가두기 위해 ~를 막다 fermer [boucher] la vanne de la rizière pour retenir l'eau. ② ((비유)) vanne *f*. ¶ 미중 양국은 탁구를 통해 수교의 ~를 텄다 Le ping-pong a servi de vanne régulatrice dans l'établissement des relations diplomatiques entre la Chine et les États-Unis. ¶ 그 성명서 하나로 체제에 대한 비판의 ~가 터졌다 Cette seule déclaration a suffi à lever la vanne de toutes les critiques contre le régime.

물끄러미 부 distraitement, d'un regard distrait; rêveusement, d'un air absent, d'un air rêveur; d'un air vague; d'un œil terne. ¶ 그는 말없이 나를 ~ 바라보았다 Il me regarda silencieusement d'un regard terne.

물끼 명 ☞ 물기

물난리 -亂離 명 inondation *f*, crue *f*; dégâts *mpl* des eaux; ravages *mpl* causés par une inondation, ravages *mpl* d'une inondation, dégâts *mpl* dus aux inondations, dégâts *mpl* [ravages *mpl*] causés [provoqués] par les inondations, dommages *mpl* occasionnés [causés] par les inondations. ¶ 강이 범람하여 주민들이 ~를 겪었다 Les habitants ont subi d'importants dégâts à cause des inondations provoquées par les crues de la rivière. ¶ ~가 나다 être inondé(*e*); être dévasté(*e*) par les eaux; être touché(*e*) [affecté(*e*)] par les inondations.

물냉면 -冷麵 명 *mulnaengmyeon fpl* <plat de nouilles froides non pimentées (servies dans un bouillon aqueux)>.

물놀이 명 ① rides *fpl* sur la surface de l'eau. ② amusement *m* [jeux *mpl*] dans l'eau. ¶ ~를 가다 aller s'amuser dans l'eau [avec de l'eau]. ◇_(를) **하다** s'amuser dans l'eau [avec de l'eau].

물다[1] 타 ① mordre *qc/qn*, mordre dans [à] *qc*; donner un coup de dents à *qc*; saisir *qc* d'un coup de dents, happer *qc*; ((벌레가)) piquer. ¶ 모기가 물었다 Un moustique m'a piqué. ② tenir *qc* dans la bouche, tenir ((un cigare)) entre les dents, avoir ((une cigarette)) à la bouche [en bouche]; retenir *qc* entre les dents [dans la gueule]. ¶ 제비가 물어다준 박씨 Le pépin de courge que l'hirondelle a emmené dans son bec. ¶ 입에 담배를 ~ avoir une cigarette à la bouche [en bouche, au bec {*fam*}].

***꼬리에 꼬리를 물고** ((rouler)) pare-chocs contre pare-chocs; à touche-touche {*fam*}; en se touchant presque; en se suivant de près.

물다[2] 타 payer ((une somme à *qn*)), solder, acquitter, régler; indemniser *qn*, compenser ((une perte)); dédommager *qn* d'((une perte)); rembourser *qc*; verser une compensation pour *qc*; verser une somme à la place de *qn*, régler la note de *qn*, subvenir aux frais de *qn*. ¶ 벌금을 ~ payer une amende. ¶ 이자를 ~ payer des intérêts. ¶ 도서관에 분실한 책값을 ~ dédommager la bibliothèque du prix du livre perdu; rembourser le prix du livre perdu.

물독 명 pot *m* à eau.

물동이 명 cruche *f* à eau; jarre *f* (à eau). ¶ ~를 (머리에) 이다 porter une cruche à eau sur la tête

물들다 자 être teinté(*e*); se teindre, prendre une couleur. ☞ 물²

물들이다 타 teindre; se teindre, se colorer ((les cheveux, les ongles)); appliquer une couleur, colorer, colorier. ☞ 물²

물때 명 incrustation *f*, dépôt *m*; tartre *m*, entartrage *m*; schlamms *m*. ¶ ~를 벗기다 détartrer. ¶ 주전자 안에 ~가 끼었다 Il y a du tartre dans la bouilloire / Il y a du dépôt à l'intérieur de la bouilloire.

물랭루주 프{Moulin Rouge} 명 【연영】 le Moulin-Rouge.

물량 物量 명 quantité *f* (de choses, d'articles, de produits). ¶ ~ 작전[공세] dumping. ¶ 원자재 ~을 최대한으로 확보하다 détenir [se procurer] un maximum de matériaux bruts. ¶ 이 대리점이 그 ~을 며칠 안에 다 소화할지 의문이다 Je me demande si ce concessionnaire peut liquider ces produits en quelques jours. ¶ 지난달보다 수출 ~이 늘어났다 Les exportations ont beaucoup augmenté par rapport au mois dernier. ¶ 그들은 우리를 ~으로 압도했다 Ils nous ont écrasé [étouffé] sous la quantité.

물러가다 자 ① reculer; aller en arrière; faire marche arrière, refluer, se retirer, se dégager. ¶ 아군의 강한 저항에 부딪쳐 적군은 물러갔다 Se heurtant à la forte résistance de notre armée, les ennemis ont reculé. ¶ 추위[더위]가 물러간다 Le froid [La chaleur] s'éloigne. ¶ 장마 전선이 남쪽으로 물러갔다 Le front de pluie s'est retiré vers le sud. ② prendre congé de *qn*, se retirer; s'en aller, disposer; démissionner ((d'un emploi)), quitter ((*son* emploi)). ¶ 그만 물러가겠습니다 Permettez-moi de me retirer. ¶ 이제 물러가거라 Vous pouvez vous retirer maintenant [à présent] / Vous pouvez disposer maintenant. ¶ 이만 저는 제방으로 물러가겠습니다 Je voudrais me retirer dans ma chambre.

물러나다 자 ① reculer, se reculer, se retirer, s'éloigner, céder. ¶ 길을 막지 말고 조금만 뒤로 물러 나세요 Ne barrez pas la route, reculez-vous un peu. ¶ 나는 한 걸음도 물러날 수 없다 Je ne peux pas reculer d'une semelle. ② quitter ((*son* poste)), démissionner ((d'un emploi)); se retirer, abandonner. ¶ 정계에서 ~ se retirer de la politique. ¶ 그 사람은 갑자기 장관직[공직]에서 물러났다 Il a quitté soudain son poste de ministre [son poste dans la fonction publique].

물러서다 자 ① reculer, se retirer, faire la marche arrière. ¶ 조금만 뒤로 물러서시오 Reculez un peu. ¶ 전동차가 역에 들어오자 그녀는 안전선에서 한 걸음 물러섰다 Lorsque le train est entré en gare, elle a reculé d'un pas en arrière derrière la ligne de sécurité. ② ((비유적)) se retirer, faire la marche arrière; céder *qc* à *qn*; faire une concession. ¶ 일선에서 ~ se retirer d'un poste clé; abandonner un travail important. ¶ 성공을 눈앞에 두고 지금 이대로 물러설 수는 없다 Dans cette situation, je ne peux pas faire marche arrière alors que je suis à deux pas de réussir [sur le point de réussir]. ¶ 쌍방이 조금만 물러서면 합의점을 찾을 수 있을 것이다 Si les deux parties font une petite concession, on pourra trouver un accord.

물러앉다 자 ① s'asseoir en retrait, reculer d'un siège. ¶ 사람들이 지나다니게 뒤로 조금 물러앉아라 Assieds-toi un peu en retrait pour que l'on puisse passer. ② quitter ((un poste pour un autre)); prendre *sa* retraite. ¶ 그 사람은 좋은 자리에서 한직으로 물러 앉았다 Il a quitté un bon poste pour un poste de tout repos [pour un poste sans astreinte].

물러지다 자 ((사물)) devenir mo*u*(mo*lle*), s'amollir, se ramollir; ((사람)) s'attendrir, s'adoucir, se radoucir. ¶ 날이 더워서 초콜렛이 물러졌다 Le chocolat s'est ramolli à cause de la chaleur.

물렁물렁하다 형 être mo*u*(mo*lle*), mollet(*te*), moelleu*x*(*se*), tendre. ¶ 물렁물렁한 홍시 plaquemine très mûre et tendre. ¶ 홍당무를 물렁물렁해 질 때까지 삶다 faire bouillir des carottes jusqu'à ce qu'elles soient très tendres. ② ((비유적)) ((caractère)) être mo*u*(mo*lle*), bon(*ne*), faible, dou*x*(*ce*), lâche, laxiste, veule {*litt*}, mollasse, mollasson(*ne*) {*fam*}, conciliant(*e*), gentil(*le*), cool {*fam*}, coolant(*e*) {*fam*}, indulgent(*e*), indolent(*e*), accommodant(*e*), être inconsistant(*e*); être une lavette {*fam*}, une chiffe molle {*fam*}. ¶ 당신이 그렇게 물렁물렁하니까 애들이 버릇이 없어요 Puisque tu es trop mou(molle) [bon(*ne*), dou*x*(*ce*), laxiste] avec les enfants, ils ne te respectent pas [sont malpolis]. ¶ 회사를 너무 물렁물렁하게 보지 말아요 Ne sous-estimez pas l'entreprise!

물렁뼈 명 【의학】 cartilage *m*. ¶ ~ 조직 organisme cartilagineux.

물렁살 명 chair *f* molle, chair *f* flasque, chairs *fpl* mollasses. ¶ 내 살은 근육질이라기보다 ~에 가깝다 Plutôt que musclé, mon ventre est mou / Ce n'est pas du muscle que j'ai, mais plutôt du bide [de la brioche] {*fam*}.

물렁팥죽 명 ((물건)) substance *f* molle; ((사람)) personne *f* sans volonté [très molle], chiffe *f* molle {*fam*}, lavette *f* {*fam*}, mollusque *m*{*fam*}, tendre, mauviette *f* {*fam*}, mollasson(*ne*) {*fam*}. ¶ 그 남자는 사람이 ~ 같다 Il n'a pas de volonté / C'est une chiffe molle!{*fam*} / C'est une vraie lavette {*fam*}!

물레 명 rouet *m*. ¶ ~를 돌리다 faire tourner le rouet (pour filer).

◆**_질** 명 mouvement *m* du rouet; fabrication *f* de fil. ¶ ~질을 하다 faire tourner le rouet.

◆**_ㅅ가락** 명 axe *m* du rouet.

◆**_ㅅ줄** 명 courroie *f* de rotation du rouet.

물레방아 명 moulin *m* hydraulique [à eau]. ¶ ~가 돈다 Le moulin tourne.

◆**_ㅅ간** 명 moulin *m*.

ㅁ

물려받다 타 ① hériter de *qc*; hériter *qc* de *qn*. ¶ 그 사람은 아버지에게서 집을 물려받았다 Il a hérité de la maison de son père. ¶ 그 사람은 어머니에게서 이 반지를 물려받았다 Cette bague lui est venue de sa mère / Il a hérité cette bague de sa mère. ② succéder à *qn*; prendre la suite [la succession] de *qn*, reprendre ((une entreprise)). ¶ 누구의 자리를 ~ remplacer *qn* dans une fonction. ¶ 사업을 ~ reprendre une entreprise, prendre la succession d'une affaire. ¶ 회사를 ~ prendre la succession d'une société. ¶ 부모에게서 재산을 ~ hériter (de la fortune) de *ses* parents. ③ tenir de *qn*. ¶ 그 사람은 아버지의 성격을 그대로 물려받았다 Il tient de son père pour le caractère / Il a le caractère de son père.

물려주다 타 léguer, céder *qc* à *qn*; transmettre (une propriété, des droits); abdiquer en faveur de *qn*. ¶ 자식들에게 재산을 ~ céder [léguer] des biens à *ses* enfants. ¶ 누구에게 권력을 ~ transmettre *ses* pouvoirs à *qn*. ¶ 선조들이 물려준 귀중한 유산들 le patrimoine précieux légué par nos ancêtres. ¶ 그 사람은 동생에게 회장 자리를 물려주었다 Il a passé [légué] le poste de président à son frère cadet.

물론 勿論 명 bien sûr, bien entendu, certainement, certes, évidemment, mais oui, naturellement, sans aucun doute. ◇**_이다** Il va sans dire [Il va de soi]. ¶ 그야 ~이다 Cela va de soi / Bien évidemment. ¶ 그 친구도 내 의견에 찬성했음은 ~이다 Il va sans dire [Il va de soi] qu'il était de mon avis. ¶ 선생님은 ~이고 부모님께서도 좋다고 하셨다 Non seulement mon professeur, mais aussi mes parents sont d'accord.

부 certes; sans aucun doute, bien entendu, évidemment, naturellement; bien sûr, assurément, certainement; mais oui. ¶ 너도 ~ 나와 함께 가겠지? Bien entendu tu m'accompagnes, toi aussi! ¶ ~ 나도 여행을 가고 싶지만 시간이 없다 Bien sûr que je veux voyager moi aussi, mais je n'ai pas le temps. ¶ 그 학생은 영어는 ~ 불어에도 능통하다 Non seulement cet élève maîtrise l'anglais, mais aussi le français / Cet élève maîtrise aussi bien le français que l'anglais. ¶ 네가 도움을 청한다면 ~ 도와줘야지 Si tu as besoin de mon aide [de mes services], évidemment, je t'aiderai.

물류 명 circulation *f* des marchandises. ¶ ~ 창고 entrepôt.

◆**_비(용) 費(用)** 명 frais *m* de circulation des marchandises.

물리 物理 명 physique *f*.

◆**_적** -的 명 ① physique. ¶ ~적인 힘을 가하다 appliquer une force physique; repousser, écarter ((des manifestants)). ¶ 협상이 결렬되면 ~적인 투쟁 방법을 택하겠다 S'il y a rupture des négociations [Si les négociations sont rompues [échouent]], nous choisirons l'affrontement. ② ((물리학적)) physique. ¶ ~적 변화 changement physique. ¶ ~적 성질 nature physique. ¶ ~적 결정론 déterminisme physique.

◆**_광학** -光學 명 optique *m*.

◆**_량** -量 명 quantité *f* physique.

◆**_법칙** -法則 명 loi *f* physique.

◆**_분석** -分析 명 analyse *f* physique.

◆**_상수** -常數 명 constante *f* physique.

◆**_요법** -療法 명 ((traitement par kinésithérapie)) mouvements *mpl* [exercices *mpl*] physiques.

◆**_작용** -作用 명 action *f* d'une force physique.

◆**_치료** -治療 명 cure *f* physique, kinésithérapie *f*. ¶ ~치료를 받다 subir un traitement par kinésithérapie.

◆**_치료사** -治療士 명 kinésithérapeute.

◆**_학** -學 명 physique *f*. ¶ 이론[실험] ~학 physique théorique [expérimentale]. ¶ 응용 ~학 physique appliquée. ¶ 원자[양자, 핵] ~학 physique atomique [quantique, nucléaire]. ¶ 천체 ~학 astrophysique. ¶ ~학계 (le domaine de) la physique. ¶ 노벨 ~학상 prix Nobel de physique.

◆**_학과** -學科 명 département *m* de physique.

◆**_학자** -學者 명 physicien(*ne*).

◆**_현상** -現像 명 phénomène *m* physique.

◆**_화학** -化學 명 physico-chimie *f*.

물리다[1] 자 être rassasié(*e*), dégoûté(*e*) de *qc* {*fam*}, saturé(*e*) de *qc*; en avoir assez de *qc*; en avoir soupé [plein le dos, par-dessus la tête] de *qc*, en avoir à satiété de *qc*. ¶ 나는 이제 그 음식에 물렸다 J'en ai assez de manger cela. ¶ 나는 어제 물리도록 고기를 먹었다 Hier, j'ai mangé de la viande jusqu'à satiété. ¶ 그 이야기는 아무리 들어도 물리지 않는다 J'ai beau entendre cette histoire pour la (é)nième fois, elle ne m'ennuie toujours pas / Je ne me lasse pas de cette histoire / Je ne me lasserai jamais de cette histoire.

물리다[2] 자 mordre. ¶ 이곳에는 고기가 잘 물리지 않는다 Le poisson ne mord pas bien par ici.

물리다[3] 타 rendre [rapporter] un objet acheté et se faire rembourser. ¶ 새로 산 옷을 물렸다 J'ai rendu [rapporté] le vêtement nouvellement acheté et me le suis fait rembourser.

물리다[4] 타 retirer, repousser. ¶ (밥)상을 ~ ôter la table basse (sur laquelle est servi le repas) ((à la fin du repas)).

물리다[5] 자 ① être mordu(*e*) ((par un chien)); se faire mordre ((par un serpent)); se faire piquer (par un moustique); être piqué(*e*); être pincé(*e*) ((par un crabe)) ((verbe passif)). ¶ 미친개에(게) ~ être mordu(*e*) [se faire mordre] par un chien enragé. ¶ 독사에(게) ~ être mordu(*e*) [piqué(*e*)] par un serpent venimeux. ¶ 모기한테 물렸다 Un moustique m'a piqué. ¶ 그 사람은 개에게 다리를 물렸다 Il a été mordu à la jambe par un chien. ② s'engrener, s'emboîter. ¶ 이 톱니바퀴는 저 톱니바퀴와 서로 잘 물리지 않는다 Cette roue dentée ne s'engrène pas bien avec celle-là.

물리다[6] 타 faire payer; faire dédommager *qn* de *qc*; infliger une amende à *qn*; frapper *qn* d'une amende; imposer (un impôt sur *qc* à *qn*); faire rembourser. ¶ 세금을 ~ faire payer un impôt; infliger un impôt. ¶ 누구에게 무거운 세금을 ~ infliger à *qn* un lourd impôt. ¶ 누구에게 방세를 ~ faire payer le loyer à *qn*. ¶ 불법 주차 차량에 벌금을 ~ infliger une amende au propriétaire d'une voiture mal garée. ¶ 국세청은 체납자에게 5 %의 추징금을 물렸다 Le bureau des impôts a infligé une majoration de 5 % aux contribuables retardataires. ¶ 주인은 분실된 물건 값을 종업원에게 물렸다 Le patron a fait payer à l'employé le prix des objets disparus.

물리다[7] 타 mettre *qc* entre les dents; mettre le mors à ⦅un cheval⦆, emboucher ⦅un cheval⦆; faire téter ⦅un bébé⦆, donner ⦅le sein à un bébé⦆. ¶ 어머니는 아기에게 젖을 물렸다 La mère a fait téter son bébé [son enfant] / La mère a donné le sein à son bébé / La mère a allaité son bébé. ¶ 사육사는 말에게 재갈을 물렸다 L'éleveur a mis le mors à son cheval.

물리치다 타 ① rejeter, repousser, refuser; écarter. ¶ 유혹을 ~ repousser une tentation. ¶ 제의를 ~ refuser [rejeter] une proposition. ② surmonter, battre. ¶ 어려움[난관]을 ~ surmonter les difficultés [une passe difficile]. ③ repousser, chasser; battre. ¶ 적을 ~ repousser l'ennemi. ¶ 결승전에서 프랑스팀은 독일팀을 물리쳤다 Lors de la finale [En finale], l'équipe de France a battu l'équipe allemande.

물마루 명 crête *f* [sommet *m*] d'une vague.

물만두 -饅頭 명 *mulmandu m* <sorte de ravioli cuit à l'eau>.

물맛 명 goût *m* de l'eau. ¶ ~이 좋은 샘 source dont l'eau est bonne [a bon goût].

물망 物望 명 bonne opinion *f*; renommée *f*; considération *f* générale. ¶ 차기 총리로 ~에 오르고 있는 인사 personnalité renommée susceptible de devenir prochain président du Conseil. ¶ 국방장관 직에는 그 사람이 ~에 올라 있다 Il est susceptible de devenir ministre de la Défense.

물망초 명 【식물】 myosotis *m*.

물매[1] 명 pente *f*, inclinaison *f*, déclivité *f*. ¶ 지붕의 ~ la pente d'un toit. ◇_**가 싸다** ⦅toit⦆ être en pente raide. ◇_**가 뜨다** être en pente douce.

물매[2] 명 volée *f* de coups (reçue par plusieurs personnes); bastonnade *f* (donnée par une collectivité). ¶ ~를 치다 donner une volée de coups [une bastonnade] à *qn*.

물목[1] 명 ☞ 물[1]

물목[2] **物目** 명 liste *f* d'objets ⦅à acheter⦆; inventaire *m*. ¶ 창고의 ~을 조사하다 faire l'inventaire des objets d'un entrepôt.

물물교환 物物交換 명 troc *m*. ¶ 그 지역에서는 아직도 ~이 성행하고 있다 On fait encore beaucoup de troc dans ce quartier. ◇_(을) **하다** faire du troc, donner en troc, troquer (*qc* contre *qc*), échanger une marchandise contre une autre. ¶ ~하던 시대 époque où on faisait du troc. ¶ 무엇과 무엇을 ~하다 échanger directement *qc* contre *qc*, troquer *qc* contre *qc*.

물미역 명 *miyeok m* frais, algue *f* fraîche [non séchée]; *Undaria pinnatifida* {*nsc*}. ¶ ~ 무침 algues fraîches préparées [*miyeok* frais préparé] avec divers condiments et épices.

물밀다 자 ⦅la marée⦆ monter. ¶ 물밀 듯이 몰려오는 외래 문물 les produits de l'étranger qui déferle comme portés par la marée montante.

물밑 명 fond *m* ⦅de la mer, d'un puits⦆. ¶ 정가의 ~ 동정 eaux troubles (dans lesquelles évoluent) les politiciens. ¶ ~ 협상 manœuvres [manigances] en eaux troubles.

물바가지 명 calebasse *f*.

물바다 명 mare *f*, piscine *f*. ¶ 욕조에서 물이 넘쳐 마루가 온통 ~가 되었다 La baignoire a débordé et le plancher est comme une mare / La baignoire ayant débordé, le plancher est comme une piscine [on dirait une piscine].

물받이 명 chéneau(*x*) *m*, gouttière *f*; tuyau(*x*) *m* de descente. ¶ 처마에 ~를 달다 installer une gouttière au bord d'un toit.

물방개 명 【곤충】 dytique *m*.

물방아 명 moulin *m* à eau. ¶ ~를 찧다 piler avec le moulin à eau.

◆_ㅅ**간** -間 명 moulin *m*.

물방울 명 goutte *f* d'eau. ¶ ~ 무늬 그림 tableau à motif de goutte d'eau. ¶ ~ 다이아몬드 diamant piriforme. ¶ ~이 떨어지다 goutter. ¶ ~이 맺히다 Des gouttes d'eau se forment. ¶ ~이 튀다 Des gouttes d'eau giclent.

물배 명 ventre *m* [estomac *m*] rempli d'eau. ¶ ~를 채우다 se remplir l'estomac d'eau. ¶ ~가 차다 avoir l'estomac rempli d'eau.

물뱀 명 【동물】 serpent *m* de mer; couleuvre *f* à collier; serpent *m* d'eau; hydrophis *m*.

물법 物法 명 【법률】 droit *m* des choses, droit *m* réel.

물베개 명 poche *f* en caoutchouc ou en tissu imperméable remplie d'eau (chaude, froide ou glacée) que l'on place sous la tête d'un malade afin de régler sa température.

물벼락 명 masses *fpl* d'eau(*x*) qui tombent (subitement) sur *qn*. ¶ 그 사람은 난데없는 ~을 맞았다 Il a subitement reçu un seau d'eau sur la tête.

물벼룩 명 【곤충】 daphnie *f*; puce *f* d'eau.

물병 -甁 명 bouteille *f* d'eau.

물병자리 -甁- 명 【천문】 Verseau *m*.

물보라 명 embrun *m*. ¶ ~를 일으키다 faire jaillir des embruns. ¶ 바람에 ~가 일어났다 Des embruns sont emportés par le vent. ¶ ~가 친다 L'écume jaillit.

물볼기 명 bastonnade *f* ⦅punition traditionnelle. Les femmes portent des vêtements préalablement trempés. La bastonnade est appliquée sur ces vêtements)). ¶ ~를 때리다[치다] bastonner. ¶ ~를 맞다 être bastonné(*e*).

물불 명 eau(*x*) *f* et feu(*x*) *m*.

*~(을) **가리지 않다** ne pas regarder au danger, braver tous les dangers, se sacrifier, sacrifier *ses* intérêts [*ses* craintes, *sa* peur]; être prêt(*e*) à tout. ¶ 그 사람은 돈이라면 ~을 가리지 않는다 Pour gagner de l'argent, il ne regarde pas les difficultés. ¶ 그 직원은 ~ 가리지 않고 상사에게 대들었다 Sacrifiant ses intérêts, cet employé a répliqué à son supérieur.

물빛 명 bleu *m* clair ((couleur de l'eau)).

물빨래 명 lavage *m* à l'eau. ¶ 이 옷은 ~를 해도 됩니까? Peut-on laver ce vêtement? ¶ ~가 가능한 옷 vêtement lavable à l'eau.

물뿌리개 명 pulvérisateur *m*; arrosoir *m*.

물산 物産 명 ① produit *m* (d'une région). ¶ 이 지역은 ~이 풍부하다 Cette région a des productions abondantes / C'est un pays où les produits abondent / Cette région a de grandes richesses [est riche]. ② société *f*, entreprise *f*, firme *f*. ¶ 삼성~ la société Samsung.

물살 명 courant *m*. ¶ 빠른 ~ courant rapide. ¶ ~이 세서 강을 건널 수가 없다 On ne peut pas traverser la rivière à cause du courant.

물상[1] 物像 명 forme *f* d'un objet.

물상[2] 物象 명 ① ((사물)) objet *m*, chose *f*. ② ((현상)) phénomène *m* matériel. ③ ((학과)) sciences *fpl* naturelles.

물새 명 【조류】 oiseau(*x*) *m* aquatique; palmipède *m*.

물색 物色 명 ① couleur *f* d'un objet. ¶ 이 노랑 저고리는 ~이 참 곱다 Cette casaque a une très jolie couleur jaune. ② situation *f*, cause *f*, raison *f*. ¶ ~도 모르고 덤비다 affronter [attaquer, braver, s'exposer, s'élancer sur *qc*/*qn*, foncer sur *qc*/*qn*, se jeter sur *qn*/*qc*] sans réfléchir. ③ recherche *f*. ¶ 그 사람은 후임자를 ~ 중이다 Il est à la recherche de son successeur. ◇_(을) **하다** chercher, rechercher; être à la recherche de *qn*. ¶ 캠핑 장소를 ~하다 chercher un terrain de camping. ¶ 적임자를 ~하다 chercher la personne qui convient (à un poste).

물색없다 物色- 형 être déraisonnable, absurde, insensé(*e*). ¶ 그는 엉뚱한 상황에서 물색없는 말을 지껄였다 Il a tenu des propos insensés dans une situation insolite.

◆**물색없이** 부 sans réfléchir; de manière insensée.

물샐틈없다 형 ((cloison)) être étanche; ((revêtement)) être imperméable; être rigoureux(*se*) [complet(*ète*), impeccable]. ¶ 물샐틈없는 경계망을 치다 exercer une surveillance rigoureuse [attentive]; ne rien laisser passer.

◆**물샐틈없이** 부 rigoureusement, de près, étroitement. ¶ 물샐틈없이 감시하다 exercer sur *qn* une surveillance étroite, surveiller *qn* de près. ¶ 물샐틈없이 치밀하게 준비하다 se préparer méticuleusement [avec une extrême minutie, avec beaucoup de soin].

물성 物性 명 ① propriétés *fpl* physiques; nature *f* des choses. ② 【철학】 physique *f* théorique.

◆_**론** -論 명 partie *f* de la physique théorique.

물세 -稅 명 redevance *f* pour l'eau. ¶ ~를 내다 payer la redevance pour l'eau. ¶ 이번 달에는 ~가 많이 나왔다 Nous avons consommé beaucoup d'eau ce mois-ci, cela nous coûte cher.

물세례 -洗禮 명 baptême *m* (par l'eau); fait *m* d'être aspergé(*e*) (d'eau) ((expression idiomatique)). ¶ 지나가는 자동차에서 ~를 맞았다 J'ai été « baptisé(*e*) » [complètement aspergé(*e*)] par la voiture qui vient de passer.

물세탁 명 lavage *m* ((par opposition au nettoyage à sec)). ¶ 이 옷은 ~이 가능합니까? Faut-il apporter ce vêtement au pressing [au nettoyage à sec] ou bien est-il lavable en machine? ◇_(을) **하다** laver ((un vêtement)).

물소 명 【동물】 buffle(*sse*). ¶ ~ 뿔[가죽] cornes [peau] de buffle.

물소리 명 bruit *m* de l'eau. ¶ 폭포의 ~ bruit de l'eau de la cascade.

물수건 -手巾 명 serviette *f* humide (pour les mains). ¶ ~을 사용하다 se servir d'une serviette humide. ¶ ~으로 손[얼굴]을 닦다 se passer une serviette humide sur les mains [sur le visage]. ¶ 그 사람은 열이 나서 이마에 ~을 했다 Fiévreux, il s'est mis une serviette humide sur le front. ¶ 그 여자는 세수를 시키는 대신 아이의 얼굴을 ~으로 닦아 주었다 Au lieu de laver le visage de l'enfan elle l'a débarbouillé avec une serviette hu ide.

물수리 명 【동물】 orfraie *f*, pygargu *n*; balbuzard *m*, huard *m*.

물수세미 명 【식물】 myriophyll *n*.

물수제비 명 ricochet *m* sur l'ea ¶ ~(를) 뜨다 faire des ricochets.

물시계 -時計 명 horloge *f* à u; ((고대의)) clepsydre *f*.

물신 物神 명 fétiche *m*

◆_**주의** -主義 명 fétichis *m*, animisme *m*. ¶ ~주의에 빠지다 tomber dan animisme [le fétichisme]; croire dans des fét es.

물심양면 物心兩面 matière *f* et esprit *m*. ¶ 그 친구는 나를 ~으로 와 주었다 Cet ami m'a aidé(*e*) aussi bien maté llement que moralement.

물싸움 명 ① qu le *f* à propos de l'eau. ¶ 두 농부 사이에 ~이 났 Querelle entre deux paysans à propos des e ② bataille *f* [jeux *mpl*] (d'enfants) dans l'eau. (을) **하다** ((jeu d'enfants)) faire une bataille d l'eau.

물쓰듯하다 dépenser à tort et à travers [follement] ((*son* ar nt)), dépenser sans compter, ne pas regard à la dépense, faire des dépenses exces es, dépenser excessivement. ¶ 그 남자는 돈을 쓰듯한다 Il gaspille son argent / Il jette son argent par les fenêtres / L'argent lui fond entre les mains.

물씬 부 fort, fortement; à grosses volutes, en grosses nuées. ¶ 그 사람에게서 술 냄새가 ~ 풍겼다 Il empeste l'alcool. ¶ 부엌에서 연기가 ~ 피어올랐다 Une épaisse fumée s'élève hors de la cuisine.

물아일체 物我一體 명 unité *f* de l'esprit [du moi] avec le monde physique, accord *m* de l'ego avec le monde extérieur[la nature]. ¶ ~의 경지에 이르다 arriver au stade de l'accord avec la nature. ¶ 비경을 바라보니 ~가 된 느낌이다 La beauté de ce paysage me donne l'impression de faire partie de la nature[de ne faire qu'un avec la nature].

물안개 명 bruine *m*, brouillard *m*. ¶ 강가에 ~가 뽀얗게 끼어 있다 Un épais brouillard recouvre les bords de la rivière.

물안경 -眼鏡 명 lunettes *fpl* de plongée. ¶ ~을 쓰다[벗다] mettre[retirer] *ses* lunettes de plongée.

물약 -藥 명 médicament *m* liquide; potion *f*. ¶ 감기 때문에 ~을 먹다 prendre un sirop pour le rhume [la grippe].

물어내다 타 dédommager, indemniser, rembourser, débourser, payer, verser, régler. ¶ 치료비를 ~ régler les frais des soins médicaux. ¶ 손해배상금을 ~ verser le montant des dédommagements. ¶ 너의 과실이니까 네가 물건 값을 물어내야 한다 Étant donné que c'est de ta faute, tu dois payer le prix de cet objet.

물어넣다 타 dédommager [indemniser] *qn* de *qc*; rembourser *qc* à *qn*. ¶ 내 실수로 잃어버린 공금을 물어넣었다 J'ai remboursé l'argent public perdu par ma faute.

물어들이다 타 ① apporter de la nourriture ((à *ses* petits)); ((새)) prendre *qc* dans le bec pour nourrir ((*ses* oisillons)), donner la becquée ((à *ses* oisillons)). ¶ 먹이를 ~ apporter de la nourriture à *ses* petits; ((새)) donner la becquée ((à *ses* oisillons)). ② attirer, faire venir ((des clients)). ¶ 손님을 ~ attirer [faire venir] des clients

물어뜯다 타 mordre [...] et le détacher, détacher *qc* avec les dents, déc[...]er *qc* à coups de dents, déchiqueter, arracher [...]ec les dents, mettre *qc* en pièces. ¶ 고양이가 내 책을 다 물어뜯어 놓았다 Le chat a complètement déchiqueté [a mis en pièces] mon cahier. ¶ 그 [...]빵을 한 입 물어뜯고 천천히 씹기 시작했다 Il pri[...]e bouchée de pain et se mit à mâcher lentement. [...]쥐가 벽지를 물어뜯었다 Les rats ont déchiré le pa[...]r peint. ¶ 아이는 힘이 달리자 상대의 팔을 물뜯었다 L'enfant n'arrivant pas à vaincre son [a]dversaire, en désespoir de cause, l'a mordu [au] bras.

물어보다 타 demander. ¶ 행인에게 길을 ~ demander *son* chemin à un passant. ¶ 어머니가 [언]제 외출했는지 동생에게 물어보았다 J'ai demandé [à] mon frère quand maman était sortie.

물어주다 타 rembourser, payer, dédommager, indemniser. ¶ 그 남자는 실수로 깨뜨린 유리창 값을 집주인에게 물어주었다 Il a remboursé au propriétaire de la maison le prix des vitres qu'il avait cassées par mégarde. ¶ 네 빚은 내가 대신 물어주마 Je rembourserai ta dette.

물엿 명 sirop *m* de *yeot*.

물오르다 자 ① ((초목)) ((la sève)) monter. ¶ 물오른 나뭇가지들 les branches des arbres où monte la sève. ② ((능력, 상태)) s'enrichir, gagner de l'argent; prospérer; être en pleine ascension.

물오리 명 canard *m* sauvage.

물오징어 명 calamar *m*, calmar *m*, encornet *m*.

물욕 物慾 명 désirs *mpl* matériels [de richesse]; soif *f* du gain, appât *m* du gain [du lucre], cupidité *f*. ¶ 인간은 ~을 떨쳐버리기가 쉽지 않다 Il n'est pas facile pour l'homme de renoncer aux désirs matériels. ¶ 그 사람은 ~에 사로잡혀 있다 Il est obsédé par les choses matérielles.

물웅덩이 명 flaque *f* d'eau, fondrière *f*. ¶ 비가 와서 도로 곳곳에 ~가 생겼다 La pluie a partout laissé des flaques sur la route / La pluie a partout creusé [laissé] des fondrières sur la route.

물음 명 question *f*, interrogation *f*. ¶ 다음 ~에 답하시오 Répondez à la question suivante.

◆**_표 -標** 명 point *m* d'interrogation. ¶ ~표를 붙이다 mettre un point d'interrogation.

물의 物議 명 ① débat *m* public. ② scandale *m*, esclandre *m*. ¶ ~를 일으키다[빚다] causer [provoquer, faire] un scandale. ¶ 본의 아니게 ~를 일으켜[빚어] 죄송합니다 Excusez-moi d'avoir fait [provoqué] ce scandale, telle n'était pas mon intention.

물이끼 명 【식물】 mousse *f*. ¶ 바위에 ~가 끼어 있다 De la mousse pousse sur la roche / La roche est recouverte de mousse.

물자 物資 명 matière *f* première, denrées *fpl*, ressources *fpl*. ¶ ~ 절약 économie sur les matières premières. ¶ 군수 ~ munitions [matériel] de guerre; approvisionnement de l'armée.

물자체 物自體 명 【철학】 chose *f* en soi.

물장구 명 barbotage *m*. ◇_(를) **치다** barboter (dans l'eau). ¶ 시내에서 아이들이 ~(를) 치며 놀고 있다 Les enfants barbotent dans un ruisseau.

◆**_질** 명 barbotage *m*.

물장난 명 jeu(*x*) *m* dans l'eau; action *de* jouer avec l'eau. ¶ 어린아이들은 ~, 흙장난을 좋아한다 Les enfants aiment jouer avec l'eau comme avec la terre. ◇_(을) **하다[치다]** jouer avec l'eau [dans l'eau]. ¶ 위험하니 깊은 물에서는 ~하지 말아라 Il ne faut pas jouer dans l'eau profonde, c'est dangereux.

물장사 명 ① marchand(*e*) d'eau. ② marchand(*e*) de vins et spiritueux. ◇_(를) **하다** faire le commerce de boissons spiritueuses [alcoolisées]; faire le commerce de vins et spiritueux.

물장수 명 marchand(*e*) d'eau.

물적 物的 명 matériel(*le*), physique. ¶ ~ 자원

son argent par les fenêtres / L'argent lui fond entre les mains.

물씬 副 fort, fortement; à grosses volutes, en grosses nuées. ¶ 그 사람에게서 술 냄새가 ~ 풍겼다 Il empeste l'alcool. ¶ 부엌에서 연기가 ~ 피어올랐다 Une épaisse fumée s'élève hors de la cuisine.

물아일체 物我一體 名 unité *f* de l'esprit [du moi] avec le monde physique, accord *m* de l'ego avec le monde extérieur[la nature]. ¶~의 경지에 이르다 arriver au stade de l'accord avec la nature. ¶ 비경을 바라보니 ~가 된 느낌이다 La beauté de ce paysage me donne l'impression de faire partie de la nature[de ne faire qu'un avec la nature].

물안개 名 bruine *m*, brouillard *m*. ¶ 강가에 ~가 뽀얗게 끼어 있다 Un épais brouillard recouvre les bords de la rivière.

물안경 -眼鏡 名 lunettes *fpl* de plongée. ¶ ~을 쓰다 [벗다] mettre[retirer] *ses* lunettes de plongée.

ㅁ

물약 -藥 名 médicament *m* liquide; potion *f*. ¶ 감기 때문에 ~을 먹다 prendre un sirop pour le rhume [la grippe].

물어내다 他 dédommager, indemniser, rembourser, débourser, payer, verser, régler. ¶ 치료비를 ~ régler les frais des soins médicaux. ¶ 손해배상금을 ~ verser le montant des dédommagements. ¶ 너의 과실이니까 네가 물건 값을 물어내야 한다 Étant donné que c'est de ta faute, tu dois payer le prix de cet objet.

물어넣다 他 dédommager [indemniser] *qn* de *qc*; rembourser *qc* à *qn*. ¶ 내 실수로 잃어버린 공금을 물어넣었다 J'ai remboursé l'argent public perdu par ma faute.

물어들이다 他 ① apporter de la nourriture ((à *ses* petits)); ((새)) prendre *qc* dans le bec pour nourrir ((*ses* oisillons)), donner la becquée ((à *ses* oisillons)). ¶ 먹이를 ~ apporter de la nourriture à *ses* petits; ((새)) donner la becquée ((à *ses* oisillons)). ② attirer, faire venir ((des clients)). ¶ 손님을 ~ attirer [faire venir] des clients.

물어뜯다 他 mordre *qc* et le détacher, détacher *qc* avec les dents, déchirer *qc* à coups de dents, déchiqueter, arracher avec les dents, mettre *qc* en pièces. ¶ 고양이가 내 공책을 다 물어뜯어 놓았다 Le chat a complètement déchiqueté [a mis en pièces] mon cahier. ¶ 그는 빵을 한 입 물어뜯고 천천히 씹기 시작했다 Il prit une bouchée de pain et se mit à mâcher lentement. ¶ 쥐가 벽지를 물어뜯었다 Les rats ont déchiré le papier peint. ¶ 아이는 힘이 달리자 상대의 팔을 물어뜯었다 L'enfant n'arrivant pas à vaincre son adversaire, en désespoir de cause, l'a mordu au bras.

물어보다 他 demander. ¶ 행인에게 길을 ~ demander *son* chemin à un passant. ¶ 어머니가 언제 외출했는지 동생에게 물어보았다 J'ai demandé à mon frère quand maman était sortie.

물어주다 他 rembourser, payer, dédommager, indemniser. ¶ 그 남자는 실수로 깨뜨린 유리창 값을 집주인에게 물어주었다 Il a remboursé au propriétaire de la maison le prix des vitres qu'il avait cassées par mégarde. ¶ 네 빚은 내가 대신 물어주마 Je rembourserai ta dette.

물엿 名 sirop *m* de *yeot*.

물오르다 自 ① ((초목)) ((la sève)) monter. ¶ 물오른 나뭇가지들 les branches des arbres où monte la sève. ② ((능력, 상태)) s'enrichir, gagner de l'argent; prospérer; être en pleine ascension.

물오리 名 canard *m* sauvage.

물오징어 名 calamar *m*, calmar *m*, encornet *m*.

물욕 物慾 名 désirs *mpl* matériels [de richesse]; soif *f* du gain, appât *m* du gain [du lucre], cupidité *f*. ¶ 인간은 ~을 떨쳐버리기가 쉽지 않다 Il n'est pas facile pour l'homme de renoncer aux désirs matériels. ¶ 그 사람은 ~에 사로잡혀 있다 Il est obsédé par les choses matérielles.

물웅덩이 名 flaque *f* d'eau, fondrière *f*. ¶ 비가 와서 도로 곳곳에 ~가 생겼다 La pluie a partout laissé des flaques sur la route / La pluie a partout creusé [laissé] des fondrières sur la route.

물음 名 question *f*, interrogation *f*. ¶ 다음 ~에 답하시오 Répondez à la question suivante.

◆**_표 -標** 名 point *m* d'interrogation. ¶~표를 붙이다 mettre un point d'interrogation.

물의 物議 名 ① débat *m* public. ② scandale *m*, esclandre *m*. ¶~를 일으키다[빚다] causer [provoquer, faire] un scandale. ¶ 본의 아니게 ~를 일으켜[빚어] 죄송합니다 Excusez-moi d'avoir fait [provoqué] ce scandale, telle n'était pas mon intention.

물이끼 名 【식물】 mousse *f*. ¶ 바위에 ~가 끼어 있다 De la mousse pousse sur la roche / La roche est recouverte de mousse.

물자 物資 名 matière *f* première, denrées *fpl*, ressources *fpl*. ¶ ~ 절약 économie sur les matières premières. ¶ 군수 ~ munitions [matériel] de guerre; approvisionnement de l'armée.

물자체 物自體 名 【철학】 chose *f* en soi.

물장구 名 barbotage *m*. ◇**_(를) 치다** barboter (dans l'eau). ¶ 시내에서 아이들이 ~(를) 치며 놀고 있다 Les enfants barbotent dans un ruisseau.

◆**_질** 名 barbotage *m*.

물장난 名 jeu(*x*) *m* dans l'eau; action *de* jouer avec l'eau. ¶ 어린아이들은 ~, 흙장난을 좋아한다 Les enfants aiment jouer avec l'eau comme avec la terre. ◇**_(을) 하다[치다]** jouer avec l'eau [dans l'eau]. ¶ 위험하니 깊은 물에서는 ~하지 말아라 Il ne faut pas jouer dans l'eau profonde, c'est dangereux.

물장사 名 ① marchand(*e*) d'eau. ② marchand(*e*) de vins et spiritueux. ◇**_(를) 하다** faire le commerce de boissons spiritueuses [alcoolisées]; faire le commerce de vins et spiritueux.

물장수 名 marchand(*e*) d'eau.

물적 物的 名 matériel(*le*), physique. ¶ ~ 자원

trempés. La bastonnade est appliquée sur ces vêtements)). ¶ ~를 때리다[치다] bastonner. ¶ ~를 맞다 être bastonné(*e*).

물불 명 eau(*x*) *f* et feu(*x*) *m*.

*~(을) **가리지 않다** ne pas regarder au danger, braver tous les dangers, se sacrifier, sacrifier *ses* intérêts [*ses* craintes, *sa* peur]; être prêt(*e*) à tout. ¶ 그 사람은 돈이라면 ~을 가리지 않는다 Pour gagner de l'argent, il ne regarde pas les difficultés. ¶ 그 직원은~ 가리지 않고 상사에게 대들었다 Sacrifiant ses intérêts, cet employé a répliqué à son supérieur.

물빛 명 bleu *m* clair ((couleur de l'eau)).

물빨래 명 lavage *m* à l'eau. ¶ 이 옷은 ~를 해도 됩니까? Peut-on laver ce vêtement? ¶ ~가 가능한 옷 vêtement lavable à l'eau.

물뿌리개 명 pulvérisateur *m*; arrosoir *m*.

물산 物產 명 ① produit *m* (d'une région). ¶ 이 지역은 ~이 풍부하다 Cette région a des productions abondantes / C'est un pays où les produits abondent / Cette région a de grandes richesses [est riche]. ② société *f*, entreprise *f*, firme *f*. ¶ 삼성~ la société Samsung.

물살 명 courant *m*. ¶ 빠른 ~ courant rapide. ¶ ~이 세서 강을 건널 수가 없다 On ne peut pas traverser la rivière à cause du courant.

물상[1] **物像** 명 forme *f* d'un objet.

물상[2] **物象** 명 ① ((사물)) objet *m*, chose *f*. ② ((현상)) phénomène *m* matériel. ③ ((학과)) sciences *fpl* naturelles.

물새 명 【조류】 oiseau(*x*) *m* aquatique; palmipède *m*.

물색 物色 명 ① couleur *f* d'un objet. ¶ 이 노랑 저고리는 ~이 참 곱다 Cette casaque a une très jolie couleur jaune. ② situation *f*, cause *f*, raison *f*. ¶ ~도 모르고 덤비다 affronter [attaquer, braver, s'exposer, s'élancer sur *qc*/*qn*, foncer sur *qc*/*qn*, se jeter sur *qn*/*qc*] sans réfléchir. ③ recherche *f*. ¶ 그 사람은 후임자를 ~ 중이다 Il est à la recherche de son successeur. ◇_(을) **하다** chercher, rechercher; être à la recherche de *qn*. ¶ 캠핑 장소를 ~하다 chercher un terrain de camping. ¶ 적임자를 ~하다 chercher la personne qui convient (à un poste).

물색없다 物色- 형 être déraisonnable, absurde, insensé(*e*). ¶ 그는 엉뚱한 상황에서 물색없는 말을 지껄였다 Il a tenu des propos insensés dans une situation insolite.

◆**물색없이** 부 sans réfléchir; de manière insensée.

물샐틈없다 형 ((cloison)) être étanche; ((revêtement)) être imperméable; être rigoureu*x*(*se*) [compl*et*(*ète*), impeccable]. ¶ 물샐틈없는 경계망을 치다 exercer une surveillance rigoureuse [attentive]; ne rien laisser passer.

◆**물샐틈없이** 부 rigoureusement, de près, étroitement. ¶ 물샐틈없이 감시하다 exercer sur *qn* une surveillance étroite, surveiller *qn* de près. ¶ 물샐틈없이 치밀하게 준비하다 se préparer méticuleusement [avec une extrême minutie, avec beaucoup de soin].

물성 物性 명 ① propriétés *fpl* physiques; nature *f* des choses. ② 【철학】 physique *f* théorique.

◆_**론** -論 명 partie *f* de la physique théorique.

물세 -稅 명 redevance *f* pour l'eau. ¶ ~를 내다 payer la redevance pour l'eau. ¶ 이번 달에는 ~가 많이 나왔다 Nous avons consommé beaucoup d'eau ce mois-ci, cela nous coûte cher.

물세례 -洗禮 명 baptême *m* (par l'eau); fait *m* d'être aspergé(*e*) (d'eau) ((expression idiomatique)). ¶ 지나가는 자동차에서 ~를 맞았다 J'ai été « baptisé(*e*) » [complètement aspergé(*e*)] par la voiture qui vient de passer.

물세탁 명 lavage *m* ((par opposition au nettoyage à sec)). ¶ 이 옷은 ~이 가능합니까? Faut-il apporter ce vêtement au pressing [au nettoyage à sec] ou bien est-il lavable en machine? ◇_(을) **하다** laver ((un vêtement)).

물소 명 【동물】 buffle(*sse*). ¶ ~ 뿔[가죽] cornes [peau] de buffle.

물소리 명 bruit *m* de l'eau. ¶ 폭포의 ~ bruit de l'eau de la cascade.

물수건 -手巾 명 serviette *f* humide (pour les mains). ¶ ~을 사용하다 se servir d'une serviette humide. ¶ ~으로 손[얼굴]을 닦다 se passer une serviette humide sur les mains [sur le visage]. ¶ 그 사람은 열이 나서 이마에 ~을 했다 Fiévreux, il s'est mis une serviette humide sur le front. ¶ 그 여자는 세수를 시키는 대신 아이의 얼굴을 ~으로 닦아 주었다 Au lieu de laver le visage de l'enfant, elle l'a débarbouillé avec une serviette humide.

물수리 명 【동물】 orfraie *f*, pygargue *m*; balbuzard *m*, huard *m*.

물수세미 명 【식물】 myriophylle *m*.

물수제비 명 ricochet *m* sur l'eau. ¶ ~(를) 뜨다 faire des ricochets.

물시계 -時計 명 horloge *f* à l'eau; ((고대의)) clepsydre *f*.

물신 物神 명 fétiche *m*.

◆_**주의** -主義 명 fétichisme *m*, animisme *m*. ¶ ~주의에 빠지다 tomber dans l'animisme [le fétichisme]; croire dans des fétiches.

물심양면 物心兩面 명 matière *f* et esprit *m*. ¶ 그 친구는 나를 ~으로 도와 주었다 Cet ami m'a aidé(*e*) aussi bien matériellement que moralement.

물싸움 명 ① querelle *f* à propos de l'eau. ¶ 두 농부 사이에 ~이 났다 Querelle entre deux paysans à propos des eaux. ② bataille *f* [jeux *mpl*] (d'enfants) dans l'eau. ◇_(을) **하다** ((jeu d'enfants)) faire une bataille dans l'eau.

물쓰듯하다 타 dépenser à tort et à travers [follement] ((*son* argent)), dépenser sans compter, ne pas regarder à la dépense, faire des dépenses excessives, dépenser excessivement. ¶ 그 남자는 돈을 물쓰듯한다 Il gaspille son argent / Il jette

ㅁ

¶ 죽을 묽게 끓여 먹다 manger la bouillie après l'avoir délayée. ¶ 물을 더 넣어서 반죽을 묽게 하다 rendre la pâte liquide en ajoutant de l'eau; délayer la pâte. ¶ 물감을 묽게 개다 délayer une pâte colorante. ¶ 물을 섞어 술을 묽게 하다 rallonger de l'alcool avec de l'eau.

뭇¹ 관 tous(*tes*), plusieurs, beaucoup de *qc*, (un grand) nombre de *qc*, moult {*litt*}, de nombreux(*ses*) ((personnes)), bien ((des gens)). ¶ 밤하늘에 반짝이는 ~ 별들 la myriade des astres qui étincellent au ciel. ¶ 마을의 ~ 총각[사내]들이 그 여자를 흠모하고 있다 Beaucoup de jeunes gens [de garçons] du village adorent cette fille.

◆_**놈** 명 tous les gars *mpl* {*fam*} [types *mpl* {*fam*}]; beaucoup de gars *mpl* {*fam*}.

◆_**사람** 명 public *m*, foule *f*, cohue *f*; (tout le) monde *m*; bien des [beaucoup de] gens *mpl*, de nombreuses personnes *fpl*; toutes sortes *de* gens.

뭇² 의명 ((단위)) brassée *f*; botte *f*; fagot *m* ((pour les poissons, les poulpes : une dizaine)).

뭇매 명 rossée *f* {*fam*}; volée *f* de coups, pile *f* {*fam*}, raclée *f* {*fam*} ((donnée par plusieurs personnes en même temps)). ¶ ~를 가하다 rouer *qn* de coups, cogner sur *qn* à plusieurs; flanquer une rossée [volée] à *qn* {*fam*}, rosser *qn* {*fam*}, passer *qn* à tabac {*fam*}, battre *qn* comme plâtre à plusieurs {*fam*}; tabasser *qn* {*fam*}. ¶ ~를 맞다 être roué(*e*) de coups, recevoir une rossée {*fam*}, être tabassé(*e*) {*fam*}, se faire tabasser {*fam*}.

◆_**질** 명 action *de* flanquer une rossée {*fam*} [volée] de coups; tabassage *m* {*fam*}, passage *m* à tabac {*fam*}. ¶ ~질을 당하다 recevoir une rossée [volée] de coups; se faire tabasser {*fam*}, se faire passer un tabac {*fam*}.

뭉개다 타 ① écraser, aplatir, briser, ramollir, friper, froisser, chiffonner, plisser, broyer, mettre en purée. ¶ 그 사람이 내 모자를 깔고 앉아 납작하게 뭉개어 버렸다 Il s'est assis sur mon chapeau qui s'est aplati. ¶ 탱크가 철조망을 뭉개고 지나갔다 Le char a écrasé le barbelé et est passé / Le char est passé en écrasant le barbelé. ¶ 그 여자는 남편을 깔고 뭉갠다 Elle mène son mari par le bout du nez [à la baguette] / C'est elle qui porte la culotte. ② démolir, casser, descendre (en flamme) ((un argument)). ¶ 사람들 앞에서 내 의견을 그렇게 뭉개 버리면 어떻게 하니? Que dois-je faire si tu démolis mes arguments devant les autres? ③ rester à ne rien faire, se tourner les pouces, buller {*fam*}, coincer la bulle {*fam*}. ¶ 집에서 그렇게 뭉개고만 있지 말고 나가서 일거리를 좀 찾아봐라 Ne reste pas bêtement à ne rien faire à la maison, va plutôt dehors chercher du travail.

뭉게구름 명 nuage *m* épais, nuée *f* épaisse, cumulus *m*. ¶ 하늘에 ~이 피어올랐다 Il y a des nuages épais dans le ciel.

뭉게뭉게 부 ① ((구름 따위)) 크고 둥글게 피어오르는 모양 en épaisses volutes (de fumée), en couches épaisses, en un nuage épais. ¶ 연기가 ~ 피어오른다 une fumée épaisse s'élève dans les airs. ② ((생각, 감정)) 연달아 일어나는 모양 consécutivement. ¶ 그 사람에 대한 의혹이 ~ 피어올랐다 Les suspicions s'accumulaient autour de lui.

뭉그러뜨리다 타 écraser, démolir, aplatir, broyer. ¶ 펜촉을 ~ écraser la pointe du stylo.

뭉그러트리다 타 ☞ 뭉그러뜨리다

뭉그러지다 자 s'écraser, se démolir, se détruire; être écrasé(*e*), démoli(*e*), ramolli(*e*). ¶ 이 칼은 끝이 뭉그러졌다 Ce couteau s'est émoussé [est émoussé]. ¶ 밀치는 바람에 케익이 뭉그러졌다 À cause de la bousculade, le gâteau est tout écrasé.

뭉그적거리다 자 tergiverser, atermoyer, hésiter. ¶ 지금 시간이 몇 신데 아직까지 그렇게 뭉그적거리니? Ce n'est plus le moment [On n'a plus le temps] de tergiverser [d'hésiter].

뭉그적대다 자 ☞ 뭉그적거리다

뭉뚝하다 형 ☞ 뭉툭하다

뭉뚱그리다 타 ramasser *qc* sans ordre; empaqueter *qc* sans soin [à la hâte]. ¶ 빨래감을 뭉뚱그려 쌓아두다 laisser le linge s'empiler grossièrement. ¶ 이 곤충들을 뭉뚱그려서 뭐라고 부르는지 아시오? Savez-vous en gros [de façon approximative] comment s'appellent ces insectes?

뭉치 명 paquet *m*; ballot *m*; liasse *f*, fagot *m*; masse *f*; pelote *f*, peloton *m*; boule *f*. ¶ 돈[솜] ~ liasse de billets [balle de coton].

◆_**ㅅ돈** 명 argent *m* en liasse.

분류 balle *f* ((de coton)). ¶ 솜 두 ~ deux balles de coton.

뭉치다 자타 ① mettre en tas, agglomérer, pelotonner, faire des boules; s'entasser, s'amonceler, réunir, unir, allier, rallier, se réunir, s'unir, se rallier, s'allier, se liguer. ¶ 눈을 뭉쳐서 눈사람을 만들다 faire de grosses boules de neige pour fabriquer un bonhomme de neige. ¶ 휴지를 뭉쳐서 버리다 faire des boules de papier et les jeter. ¶ 이 개는 귀 뒤쪽에 털이 뭉쳤다 Ce chien a une boule de poils derrière les oreilles. ¶ 피가 뭉쳐서 딱지가 앉았다 Le sang a séché en formant des croûtes. ② ((비유적)) réunir, unir, allier, rallier, se réunir, s'unir, se rallier, s'allier, se liguer. ¶ 서로 힘을 뭉쳐서 싸우자! Battons-nous en réunissant nos forces! ¶ 우리가 굳게 뭉쳐야 어려움을 극복할 수 있다 Il faut nous unir solidement pour venir à bout des difficultés.

뭉클하다 형 ① ((뱃속)) peser sur l'estomac; avoir l'estomac chargé [lourd, pesant]. ¶ 점심을 급히 먹었더니 속이 ~ J'ai l'estomac lourd d'avoir mangé trop vite à midi. ¶ 아까 먹은 것이 내려가지 않고 가슴에 뭉클하게 얹혀 있다 Le repas que j'ai pris tout à l'heure m'est resté sur l'estomac. ② ((감동)) avoir *qc* sur le cœur; avoir le cœur gros, en avoir lourd sur le cœur, en avoir gros sur le cœur [sur ressources physiques [matérielles]. ¶ ~ 증거 preuve physique [matérielle].

물정 物情 명 état *m*, condition *f*, situation *f*, circonstances *fpl*. ¶ (세상) ~도 모르고 함부로 말하지 마라 Ne dis pas n'importe quoi quand tu n'es pas au courant / Il ne faut pas dire n'importe quoi quand on ignore la situation [de quoi il retourne]. ¶ 그 사람은 세상 ~에 어둡다 Il ne connaît pas bien la société [le monde].

물주 物主 명 ① propriétaire; personne *f* qui fournit des fonds [un capital]; bâilleur *m* de fonds. ¶ 그 사람은 그 모임의 ~ 노릇을 한다 Il subventionne cette réunion / Il sponsorise cette réunion. ¶ 오늘은 내가 ~가 되지 Aujourd'hui, je payerai / C'est moi qui paie. ② banqui*er*(*ère*) ((au jeu)).

물주머니 명 sac *m* d'eau.

물주전자 명 bouilloire *f*.

물줄기 명 courant *m*, débit *m*, cours *m* d'eau; jet *m* ((d'eau)). ¶ ~를 따라가다 suivre le courant. ¶ ~를 거슬러 à contre-courant. ¶ 비가 와서 강의 ~가 거세졌다 Le courant du fleuve s'est renforcé [Le débit du fleuve a augmenté] à cause de la pluie / Le fleuve a gonflé parce qu'il a plu / Le courant s'est accéléré [intensifié] en raison des pluies.

물증 物證 명 preuve *f* matérielle. ¶ 그가 범인이라는 ~을 잡았다 On a trouvé une preuve matérielle prouvant sa culpabilité. ¶ 심증은 가지만 ~이 없다 Il n'y a pas de preuves matérielles, il n'y a que des impressions.

물지게 명 appareil *m* servant à porter l'eau (sur son dos à la manière d'une hotte); cruche *f*. ¶ ~를 지다 porter une cruche.

물질 物質 명 matière *f*; substance *f* matérielle.
◆**_적** -的 명 matériel(*le*), de la matière. ¶ ~적인 피해 dégâts matériels. ¶ 그 사람은 ~적으로 넉넉하다 Matériellement, il est à l'aise / Il a une situation assez aisée (sur le plan matériel) / Il vit confortablement.
◆**_계** -界 명 monde *m* physique [matériel].
◆**_대사** -代謝 명 métabolisme *m*.
◆**_만능주의** -萬能主義 명 hyper-matérialisme *m*. ¶ 우리 사회에 ~만능주의가 만연하고 있다 Un matérialisme tout-puissant se répand dans la société.
◆**_명사** -名詞 명 noms *mpl* concrets.
◆**_문명** -文明 명 civilisation *f* matérielle.
◆**_주의** -主義 명 matérialisme *m*.
◆**_주의자** -主義者 명 matérialiste.
◆**비_적** 非-的 명 immatériel(*le*).

물짐승 명 animal *m* aquatique, animal *m* qui vit dans l'eau

물집 명 ① ampoule *f*, cloque *f*, phlyctène *f*. ¶ 손[발]에 ~이 잡혔다[생겼다] Des ampoules se sont formées aux mains [aux pieds] / J'ai (attrapé) des ampoules aux mains [aux pieds]. ¶ ~이 터져서 쓰리다 Les ampoules crevées (me) font mal. ② ((칠의)) cloque *f*, boursouflure *f*.

물찬제비 명 hirondelle *f* frôlant la surface de l'eau. ¶ 그 사람은 ~처럼 날래다 Il est habile [rapide, précis] comme une hirondelle frôlant la surface de l'eau. ¶ 그 여자는 몸매가 ~ 같다 Elle est mince [élancée] / Elle est svelte / C'est un beau brin de fille.

물참나무 명 【식물】 chêne *m* japonais.

물청소 명 nettoyage *m* à l'eau. ◇_(를) **하다** nettoyer à l'eau. ¶ 오늘은 마루 ~ 좀 하자 Aujourd'hui, on va laver le plancher à grande eau.

물체 物體 명 corps *m* (matériel); objet *m*, substance *f*. ¶ 미확인 비행 ~ objet volant non identifié ((O.V.N.I.)).

물총 -銃 명 pistolet *m* à eau. ¶ ~ 싸움 une bataille au pistolet à eau. ¶ ~을 쏘다 tirer au pistolet à eau.

물총새 -銃- 명 martin-pêcheur *m*.

물컹물컹하다 형 être m*ou*(m*olle*), flasque, mollasse, spongieu*x*(*se*), être sans consistance. ¶ 더위에 아스팔트가 물컹물컹하게 녹아 내린다 L'asphalte devient mou [fond] sous la chaleur.

물컹이 명 personne *f* sans volonté; personne *f* faible de caractère [de caractère mou]; (personne *f*) mollasse, mollasson(*ne*) {*fam*}, mollusque *m* {*fam*}; (une vraie) lavette *f* {*fam*}, chiffe *f* molle {*fam*}. ¶ 너 같은 ~가 이 험한 세상을 어떻게 헤쳐 나갈지 Comment un mollasson comme toi va-t-il se débrouiller dans un monde aussi dur [impitoyable]?

물컹하다 형 être m*ou*(m*olle*), flasque, mollasse, être spongieu*x*(*se*), être sans consistance. ¶ 감이 물컹해서 노인들이 드시기에 좋다 Ces plaquemines étant molles, elles sont bonnes à manger pour les personnes âgées. ¶ 발을 디디다가 물컹한 것이 밟혔다 En faisant un pas en avant, mon pied s'est posé sur quelque chose de mou.

물탱크 명 réservoir *m* d'eau, cuve *f* d'eau.

물통 -桶 명 récipient *m* contenant de l'eau; gourde *f* d'eau. ¶ ~ 가득 물을 채우다 remplir d'eau un récipient [une gourde].

물푸레나무 명 frêne *m*.

물풀 명 herbe *f* aquatique.

물품 物品 명 objet *m*; article *m*, marchandise *f*, produit *m*. ¶ ~ 관리 gestion d'un objet. ¶ 사무실에 필요한 ~을 구입하다 acheter [se procurer] des articles de bureau.
◆**_명** -名 명 nom *m* de l'article [de l'objet, de la marchandise].
◆**_세** -稅 명 taxe *f* sur les marchandises.

물활론 物活論 명 【철학】 hylozoïsme *m*.

묽다 형 être dilué(*e*), étendu(*e*), délayé(*e*), aqueu*x*(*se*); ((pâte, selles)) être (très, trop) liquide. ¶ 묽은 액체 solution [liquide] délayé(*e*). ¶ 묽은 색 couleur diluée. ¶ 묽은 염산 acide chlorhydrique dilué. ¶ 아이가 묽은 똥을 싼다 Le bébé a des selles très liquides. ¶ 반죽이 ~ La pâte est trop liquide.

la patate {*fam*}]. ¶ 가슴이 ~ avoir *qc* sur le cœur; avoir le cœur gros; en avoir lourd sur le cœur, en avoir gros sur le cœur [sur la patate {*fam*}]. ¶ 돌아가신 어머니를 생각하면 나는 언제나 마음이 ~ J'ai toujours le cœur gros quand je pense à ma mère qui nous a quittés. ③ ((감각)) être m*ou*(m*olle*), mollet(*te*); être dou*x*(*ce*) au toucher. ¶ 백사장을 걷다 발바닥에 뭉클한 것을 느꼈다 J'ai senti quelque chose de doux sous le pied en me promenant sur la plage. ¶ 뭔가 뭉클하니 밟히는 것이 있다 sentir quelque chose de doux sous la plante des pieds.

뭉텅 뷔 en bloc; d'un coup.

◆_ _ 뷔 en bloc; d'un coup.

뭉텅이 명 gros morceau(*x*) *m*; bloc *m*, motte *f*, masse *f*, pelote *f*, peloton *m*; paquet *m*, ballot *m*; liasse *f* ((de billets)). ¶ 두목은 부하들에게 돈을 ~로 집어주었다 Le chef a distribué des liasses de billets à ses hommes.

분류 gros morceau(*x*) *m*. ¶ 우리 엄마는 스튜 냄비에 고기를 한 ~ 집어넣었다 Ma mère a mis un gros morceau de viande dans la cocotte.

뭉툭하다 형 être émoussé(*e*); ne pas être pointu(*e*). ¶ 뭉툭한 손[코] des mains rondes [gros nez arrondi]. ¶ 연필심이 ~ La mine du crayon est épointée [émoussée]. ¶ 이 송곳은 끝이 뭉툭해져서 쓸 수가 없다 On ne peut pas utiliser ce poinçon car la pointe en est émoussée.

뭍 명 terre *f* (ferme); continent *m*. ¶ ~에서 온 관광객들 touristes qui viennent du continent. ¶ 선원들은 일 년 만에 ~에 올랐다[~을 밟았다] Cela faisait un an que les marins n'avaient pas mis pied à terre [n'avaient pas débarqué].

◆**_짐승** 명 anim*al*(*aux*) *m* terrestre.

뭐 대 ① ((forme contractée de 무어, 무엇; pronom interrogatif)) que; quoi. ¶ 오늘 아침에 ~(ㄹ) 먹었니? Qu'est-ce tu as mangé ce matin? ¶ 너는 이름이 ~니? Quel est ton nom? / C'est quoi ton nom? / Comment tu t'appelles [t'appelles-tu]? ¶ 이걸 ~라고 하지? Comment ça s'appelle? / Comment appelle-t-on ça? ¶ 너 이게 ~ㄴ지 알기나 하니? Tu sais [Est-ce que tu sais / Sais-tu] au moins ce que c'est? ¶ ~기는 ~야, 그냥 편지지 Ce n'est rien de spécial; ce n'est rien qu'une simple lettre. ¶ 나는 도무지 ~가 ~ㄴ지 모르겠다 Je ne comprends absolument rien à cela. ¶ 친구 좋다는 게 ~니 Être ami qu'est-ce c'est[qu'est-ce ça veut dire, qu'est-ce que ça signifie]? ¶ 걔가 하긴 ~ㄹ 하니? Qu'est-ce qu'il sait faire celui-là? ¶ 그것 봐, 내가 ~랬니? Tu vois, ne l'avais-je pas déjà dit? / Qu'est-ce que je te disais [je t'avais dit]? ¶ 너는 ~야? De quoi tu te mêles? {*fam*} / Mêle-toi de ce qui te regarde [de tes affaires, de tes oignons {*fam*}] / On ne t'a pas sonné {*fam*} / Reste en dehors de ça / Ce ne sont pas tes affaires / ((관계없는 사람이 어떤 장소에 들어왔을 때)) D'où est-ce que tu sors, toi? ¶ 네가 ~ㄴ데 참견이니? Qui es-tu pour oser intervenir? / Comment oses-tu te mêler de cette affaire? / De quoi oses-tu te mêler? ¶ 내가 한 일이 ~가 어쨌다고 시비를 거는 거야? Qu'est-ce que j'ai fait pour que vous me cherchiez noise? ¶ 내가 알 게 ~야 Qu'est-ce que j'en sais? / Je n'en sais rien! ② ((dans un énoncé non interrogatif, il exprime l'indéfini tout seul ou avec les particules spéciales -고(↔-이고), -나(↔-이나), -든(↔-이든), -든지(↔이든지), -라도(↔-이라도, -ㄴ들(↔-인들)). quelque chose ((à+*inf*)). ¶ ~ 먹을 것 좀 있니? Tu as quelque chose à manger? ¶ ~라도 좋으니 마실 것 좀 줘 Donne-moi n'importe quoi à boire. ¶ 이 속에 ~가 든 것 같은데 J'ai l'impression qu'il y a quelque chose là-dedans. ¶ 그 사람이 ~라고 하던 너는 흔들리면 안돼 Quoiqu'il dise, il ne faut pas que tu te laisses faire[que tu flanches {*fam*}]. ③ une si petite [grande] chose *f*. ¶ ~ㄹ 이런 것까지 다 주십니까? Pourquoi est-ce que vous donnez cela? Ce n'est pas la peine. ¶ 그게 ~가 그리 중요하다고 Qu'est-ce que cela a de si important? ¶ ~ㄹ 그 정도를 가지고 그리 놀라니? Pourquoi est-ce que tu t'étonnes tant d'une si petite chose?

◆_ _ 대 quoi et quoi ((pluriel de 뭐)). ¶ 오곡밥 하는 데에 ~~가 필요하지? De quoi a-t-on besoin pour faire du riz aux cinq céréales? ¶ 오늘은 ~~를 해야 하지? Faut-il faire quoi et quoi aujourd'hui?

감 ① ((interjection)) Quoi? / Comment? ¶ ~, 어머니가 쓰러지셨다고? Quoi? [Comment?] Maman s'est évanouie? ¶ ~야[라고], 이걸 네가 다 가지겠다고? Quoi? [Comment?] Tu veux prendre tout cela? ② c'est tout; c'est comme ça. ¶ 할 수 없이 집에 돌아갔지 ~(야) N'ayant pas d'autre solution, je suis rentré(*e*) chez moi [à la maison]. ¶ 그냥 그렇게 하기로 했지 ~ J'ai décidé de faire comme ça, c'est tout.

***~(가) 있다** ① avoir l'art [le don] de+*inf*. ¶ 그 아이는 사람 화나게 하는 데에 ~ 있어 Ce garçon a l'art de mettre les gens en colère / Ce pasteur a le don de rendre les gens furieux / Ce pasteur a le don d'énerver tout le monde. ② ((의문문의 형태로)) y a-t-il une (quelconque) raison? pourquoi? ¶ 급한 일도 아닌데 그렇게 서두를 것 ~ 있니? Pourquoi se presser alors qu'il n'y a rien d'urgent? [alors que cela n'est même pas urgent?]. ¶ 그렇다고 해서 할 말을 못할 것은 ~ 있냐? Supposons qu'il en soit ainsi! Y a-t-il une quelconque raison pour ne pas dire ce qu'on a à dire?

***~니 ~니 해도** quoi qu'on dise, surtout.

***~라 ~라 해도** quoi qu'on dise; finalement.

***눈에 ~가 씌다** être aveuglé(*e*) par *qc* ((par l'amour, par l'argent)). ¶ 눈에 ~가 씌었는지 그 여자는 저 사람 말만 믿는다 Elle devait être aveuglée pour ne croire que ce type. ☞ 무엇

뭐하다 형 ☞ 무엇하다

뭔 ((forme contractée de 무엇-은)) quoi, quelle chose

((thème ou sujet dans une proposition ou une phrase)).

뭔가 ((forme contractée de 무엇인가)) quelque chose, un objet inconnu ((pronom interrogatif indéfini)) ¶ 여기 ~가 있어요 Ici, il y a quelque chose.

뭔지 ((forme contractée de 무엇인지)) on sait, on ne sait pas si c'est quoi ¶ 이게 ~ 모르겠어요 Je ne sais pas si c'est quoi.

뭘[1] 감 quoi? / (Il n'y a) pas de quoi! ¶ 이제 됐어, 이것도 많은데 ~ Non merci! Ça me suffit comme ça! ¶ ~, 별것도 아닌데 Je vous en prie [Il n'y a pas de quoi / Vous n'avez pas à me remercier]; ce n'est pas grand-chose [ce n'est presque rien].

뭘[2] ((forme contractée de 무엇을)) quoi, quelle chose ((complément d'objet direct dans une proposition ou une phrase)).

뭣하다 형 ☞ 무엇하다

뮤즈 영{muse} 명 muse *f.* ¶ 음악의 여신 ~ la Muse de la musique ((Euterpe)).

뮤지컬 영{musical} 명 comédie *f* musicale; opérette *f.* ¶ 브로드웨이 ~ comédie musicale de Broadway. ¶ 헐리우드 ~ 영화 comédie musicale de Hollywood. ¶ ~ 배우 ac*teur*(*trice*) de comédie musicale. ¶ ~을 보러 가다 aller voir une comédie musicale.

뮤직홀 영{music hall} 명 music-hall *m.*

-므로↔ -으므로 어미 parce que, étant donné que, puisque, comme ((suffixe flexionnel conjonctif indiquant la raison ou la cause. -므로 s'ajoute après le radical qui se termine par une voyelle, par la consonne liquide -ㄹ et après le suffixe flexionnel préfinal honorifique -시; -으므로 s'ajoute après le radical verbal et les suffixes flexionnels préfinaux temporo-modaux -았/-었, -겠)). ¶ 상대가 강하~ 조심해야 한다 Il faut faire attention parce que notre adversaire est très fort. ¶ 비가 오~ 밭일은 못해요 Comme il pleut, on ne peut pas faire le travail de champs. ¶ 할아버지께서 다섯 시에 역에 도착하시~ 마중하러 지금 나가야겠어요 Puisque grand-père arrive à la gare à cinq heures, il faudrait aller l'accueillir maintenant. ¶ 저는 일본어에 서툴~ 통역이 쉽지 않을 것입니다 Comme je suis malhabile en japonais, mon interprétariat ne sera pas facile.

미[1] 美 명 beau(*x*) *m*, beauté *f.* ¶ 자연의 ~ la beauté de la nature. ¶ 시대에 따라 ~의 기준도 달라진다 Les canons de la beauté [la conception du beau] change avec les époques. ¶ ~를 추구하는 것은 인간의 본성이다 La recherche du beau est dans la nature de l'homme.

◆**_적** -的 명 esthétique. ¶ ~적 감각 sens [sentiment] esthétique.

◆**자연[인공]_** 自然[人工]- 명 beauté *f* naturelle [artificielle].

미[2] 美 명 mention *f* passable, C, (environ) 10 / 20 ((système de notation à l'école primaire coréenne : Su (A), U (B), Mi (C), Yang (D), Ga (F))). ¶ 그 학생은 이 과목에서 ~를 받았다 Cet élève a obtenu un C [un 10 / 20] dans cette matière.

미[3] 美 명 Les États-Unis *mpl* (d'Amérique); américain(*e*). ¶ ~ 국무장관 le Secrétaire d'État américain. ¶ ~ 제국주의 impérialisme des États-Unis [américain].

◆**_군정** -軍政 명 gouvernement *m* militaire américain en Corée après la Deuxième Guerre mondiale.

◆**_합중국[연방]** -合衆國[聯邦] 명 Les États-Unis (d'Amérique).

미[4] 이 명 【음악】 mi *m inv.* ¶ ~ 음 mi. ¶ ~ 플랫 mi bémol.

-미[5] 美 접미 beauté *f*; art *m* ((de la tragédie)), sens *m* ((du tragique)). ¶ 각선~ le galbe des jambes; de belles jambes. ¶ 건강~ beauté[formes] généreuse(s), une beauté qui respire la santé. ¶ 골계~ le comique; le sens comique; l'art de la comédie. ¶ 비장~ beauté (du) tragique; le sens du tragique; l'art de la tragédie. ¶ 육체~ beauté physique. ¶ 인공~ beauté artificielle. ¶ 자연~ beauté naturelle.

미-[6] 未 접두 pas encore; non ((terminé, tranché)); in((achevé, exploité)) sous-((développé)). ¶ ~완성 inachèvement, inaccomplissement. ¶ ~취학 pas encore scolarisé(*e*). ¶ ~공개 non révélé(*e*); pas rendu(*e*) public(*que*). ¶ ~발표 non [pas encore] présenté(*e*).

미-[7] 美 접두 beau(*bel, belle*). ¶ ~소년 un beau garçon, un bel enfant. ¶ ~남자 un bel homme, un Adonis, un apollon, un éphèbe.

미각 味覺 명 (sens *m* du) goût *m*; ((avoir le)) palais *m* ((fin)). ¶ ~을 돋구는 음식[요리] mets appétissant [qui flatte le palais, qui aiguise l'appétit]. ¶ 봄의 ~을 돋구는 산나물들 plantes [herbes] sauvages qui relèvent le goût printanier. ¶ 나는 ~이 둔한 편이다 Je n'ai pas le (sens du) goût très développé / Je n'ai pas le palais très fin.

미간[1] 未刊 명 qui n'est pas (encore) publié(*e*); qui n'est pas (encore) édité(*e*); inédit(*e*). ¶ ~ 도서 livres inédits. ¶ 그 책은 아직 ~이다 Ce livre n'est pas encore publié.

미간[2] 眉間 명 espace *m* entre les sourcils. ¶ ~을 찌푸리다 froncer les sourcils.

◆**양_** 兩- 명 espace *m* entre les deux sourcils.

미감[1] 美感 명 sens *m* esthétique. ¶ 그 남자는 ~이 뛰어나다 Il a un sens esthétique remarquable.

미감[2] 味感 명 (sens *m* du) goût *m*; ((avoir le)) palais *m* ((fin)). ¶ 이 향신료는 음식에 자극적인 ~을 낸다 Cette épice relève ce plat [les plats] / Cette épice donne du piment [de la saveur] à ce plat.

미개 未開 명 ((société)) primiti*f*(*ve*), ((peuplade)) sauvage.

◆**_하다** 형 ① être primiti*f*(*ve*), barbare, sauvage; ne pas être civilisé(*e*), être inexploré(*e*). ¶ ~한 부족들 tribu primitive. ② ((꽃 따위)) ne pas être épanoui(*e*).

◆_국 -國 명 pays *m* non civilisé.

◆_인 -人 명 primiti*f*(*ve*), sauvage.

◆_사회 -社會 명 société *f* primitive.

◆_지 -地 명 région *f* sauvage, terre *f* inexploitée.

미개간 未開墾 명 (état *m* de) friche *f*, ((terre en)) friche *f*.

◆_지 -地 명 terrain *m* [terre *f*, sol *m*] inculte; terre *f* en friche.

미개발 명 (état *m* de) sous-développement *m*; ((région)) sous-développé(*e*). ¶ ~ 지역 région sous-développée.

◆_되다 형 être sous-développé(*e*).

미개척 未開拓 명 (état *m*) inexploité; état *m* brut [sauvage]. ¶ ~ 분야 domaine inexploité.

◆_지 -地 명 pays *m* inexploré [encore inconnu]; terrain *m* [terre *f*] inexploité(*e*).

미결 未決 명 ((question)) pendant(*e*); non tranché(*e*); en suspens; indécis(*e*). ¶ ~ 상태 (état) en suspens; situation indécise. ¶ ~ 서류 dossier en cours d'examen. ¶ 그 사건은 아직도 ~로 남아 있다 Cette affaire est encore en suspens.

◆_수 -囚 명 inculpé(*e*), prévenu(*e*).

◆_안 -案 명 question *f* en suspens; contrat *m* dont les stipulations ne sont pas encore arrêtées.

미결정 未決定 명 아직 결정되지 않음 dans un état d'indécision. ◇_(이) 되다 demeurer indécis(e).

미곡 米穀 명 riz *m*.

◆_상 -商 명 marchand(*e*) [vendeu*r*(*se*)] de riz.

미관 美觀 명 belle vue *f*, beau paysage *m* [spectacle *m*, panorama *m*]; site *m* pittoresque. ¶ 도시 ~을 아름답게 가꾸다 entretenir la beauté de la ville. ¶ 저 낡은 건물이 이 지역의 ~을 해치고 있다 Ce bâtiment vétuste nuit à la beauté du paysage.

◆_상 -上 명부 d'un point de vue esthétique, esthétiquement. ¶ ~상(으로) 보기 안 좋다 Esthétiquement parlant, ce n'est pas très joli (à voir).

미괄식 尾括式 명 méthode *f* inductive (consistant à terminer par la conclusion après avoir développé le corps d'un sujet), mode *m* de construction argumentative par induction (faisant précéder la conclusion d'un développement). ¶ ~ 구성 organisation d'une argumentation qui se développe en une conclusion finale.

미구 未久 명 ((dans)) (un) peu de temps, ((dans)) un temps *m* prochain, un proche avenir *m* [un avenir *m* prochain, un avenir *m* (très) proche], ((sous)) peu. ¶ ~에 dans peu de temps; prochainement; bientôt; (incessamment) sous peu; dans un proche avenir, dans un avenir prochain [(très) proche], à bref délai; sans tarder; tantôt {*fam*}. ¶ ~에 내가 말한 대로 될 거야 Cela se fera bientôt [prochainement] comme je te l'ai dit. ¶ ~에 ...할 때가 온다 le temps n'est pas loin où...; le moment approche où....

미국 美國 명 les États-Unis *mpl* (d'Amérique). ¶ ~ 영어 anglais des États-Unis.

◆_식 -式 명 ((à l'))américaine, américain(*e*).

◆_인 -人 명 Américain(*e*).

◆_병 -病 명 obsession *f* pour le rêve américain, idéalisation *f* exagérée du mode de vie américain.

미군 美軍 명 armée *f* américaine. ¶ 주한 ~ armée [troupes] américaine(*s*) stationnée(*s*) en Corée. ¶ ~의 철수를 요구하다 réclamer [exiger] le départ des troupes américaines.

미궁 迷宮 명 labyrinthe *m*, dédale *m*. ¶ ~ 속을 헤매다 errer dans un dédale.

*~에 빠지다 se perdre dans un dédale; ((affaire policière)) demeurer mystérieu*x*(*se*), être entouré(*e*) de mystère, s'avérer insoluble.

미그기 -機 명 chasseur *m* Mig, Mig *m*.

미꾸라지 명 loche *f*. ¶ 그 남자는 인파 속을 ~처럼 잘도 빠져나갔다 Il s'est sauvé de la foule [a filé] comme une anguille. ¶ 그는 매번 법망을 ~처럼 잘도 빠져나갔다 Il s'est dérobé à la loi comme une anguille.

*~ 한 마리가 우물물을 흐린다 Il ne faut qu'une seule brebis galeuse pour infecter le troupeau.

미끄덩거리다 자 être glissant(*e*). ¶ 기름을 쏟았는지 바닥이 미끄덩거린다 C'est sans doute l'huile renversée qui a rendu le sol glissant.

미끄덩대다 자 ☞ 미끄덩거리다

미끄러지다 자 ① glisser, tomber en glissant, déraper, faire une glissade; ((un verre)) glisser de la main de *qn*, échapper des mains de *qn*. ¶ 눈길을 걷다가 ~ glisser en marchant sur la route enneigée. ¶ 그는 발이 미끄러져 절벽으로 굴러 떨어졌다 Son pied ayant glissé, il est tombé dans un précipice. ¶ 쾌속정이 강물 위를 미끄러지듯 달린다 Une vedette file sur le fleuve comme si elle glissait. ② 낙방하다 ne pas réussir, échouer, rater {*fam*}, se faire coller, être collé(*e*) ((à l'oral)); manquer *son* coup. ¶ 대학 입학 시험에 ~ échouer au concours d'entrée à l'université.

미끄럼 명 glissade *f*, glissement *m*; dérapage *m*. ¶ ~ 방지 장치 dispositif antiglisse [antidérapage]. ¶ 얼음판 위에서 ~을 지치다 faire des glissades sur la glace. ◇_(을) 타다 faire des glissades. ¶ 미끄럼틀에서 ~을 타다 glisser sur le toboggan. ¶ 아이들이 눈이 쌓인 비탈길에서 ~을 타며 놀고 있다 Les enfants s'amusent à faire des glissades sur une pente neigeuse.

◆_틀 명 toboggan *m*.

◆_질 명 jeu *m* de glissades. ¶ ~을 치다[하다] faire des glissades.

미끄럽다 형 être lisse; être glissant(*e*), poli(*e*); être doux(*ce*) au toucher. ¶ 미끄러운 빙판길 chemin [route] verglacé(*e*) glissant(*e*). ¶ 길이 ~ Le chemin est glissant. ¶ 바닥이 미끄러워서 넘어지기 쉽다 Il est facile de tomber par terre, comme le sol est glissant. ¶ 손에 비누가 묻어서 ~ Le savon rend

ㅁ

mes mains glissantes. ¶ 비누가 미끄러워서 손에 잘 잡히지 않는다 Ce savon est bien glissant, j'ai du mal à l'attraper [à le prendre] / J'ai du mal à attraper ce savon car il est bien glissant.

미끈거리다 자 être glissant(*e*), gluant(*e*), visqueu*x*(*se*), glutineu*x*(*se*), collant(*e*), graisseu*x*(*se*), huileu*x*(*se*), poisseu*x*(*se*). ¶ 기름이 묻어 손이 미끈거린다 Mes mains couvertes d'huile sont glissantes. ¶ 상자 속에서 무언가 미끈거리는 것이 만져졌다 J'ai touché à quelque chose de gluant dans la boîte.

미끈하다 형 être lisse, luisant(*e*), poli(*e*); être habillé(*e*) de façon soignée; être soigné(*e*) de *sa* personne; être gracieu*x*(*se*). ¶ 미끈한 감자알들 Des pommes de terre lisses. ¶ 미끈한 다리 des jambes lisses. ¶ 대리석 표면을 미끈하게 잘 다듬었다 On a bien poli la surface du marbre pour qu'elle soit lisse. ¶ 미끈하게 잘 생겼다[빠졌다] avoir un air distingué[avoir (de) la ligne]. ¶ 얼굴은 미끈하게 잘 생긴 녀석이 하는 짓은 왜 그 모양이야? À quoi ça rime d'être beau si l'on a un comportement pareil?

◆**미끈히** 부 finement. ¶ 미끈히 잘 다듬어진 도로 route bien aménagée. ¶ 미끈히 차려 입은 신사 gentilhomme [galant homme] habillé de façon soignée. ¶ 새로 이사 간 집을 미끈히 단장하다 décorer la nouvelle maison où l'on a déménagé.

미끌미끌 부 très lisse, glissant(*e*).

◆_**하다** 형 être très lisse, être poli(*e*), glissant(*e*). ¶ 길이 ~ Le chemin est glissant. ¶ 미끌미끌한 액체가 손에 묻었다 J'ai les mains pleines d'un liquide très glissant.

미끌어지다 자 (('미끄러지다'의 잘못)) ☞ 미끄러지다

미끼 명 ① appât *m*, amorce *f*, boëtte *f*, bouette *f*. ¶ 산 ~를 써야 물고기가 잘 문다 Le poisson mord bien les appâts vivants. ¶ 낚시 (바늘)에 ~를 달다 amorcer un hameçon. ¶ ~를 물다 mordre à l'appât [l'hameçon]. ② ((비유적)) appât *m*, attrait *m*, piège *m*, amorce *f*, appeau(*x*) *m*, carotte *f* {*fam*}. ¶ 그 사람은 우리가 던진 ~를 덥석 물었다 Il a immédiatement mordu à l'hameçon / Il s'est immédiatement fait piéger / Il s'est immédiatement laissé prendre (à notre piège) / Il est tout de suite tombé dans le panneau {*fam*} [dans notre piège]. ¶ 그 남자는 결혼을 ~로 수많은 여자들을 농락했다 En faisant miroiter une promesse de mariage, il a dupé de nombreuses femmes.

미나리 명 【식물】 persil *m* japonais, *Oenanthe japonica*.

미나리아재비 【식물】 renoncule *f* des Alpes; bouton *m* d'argent.

미남 美男 명 bel homme *m*; homme *m* bien fait (de sa personne), beau garçon *m*, joli garçon *m*, apollon *m*, adonis *m*, éphèbe *m*, beau mec [type] {*fam*}.

◆_**자** -子 명 bel homme *m*; homme *m* bien fait (de sa personne), beau garçon *m*, joli garçon *m*, apollon *m*, adonis *m*, éphèbe *m*.

◆_**형** -形 명 traits *mpl* d'un bel homme.

미납 未納 명 non-paiement(~-~*s*) *m*; non payé(*e*), impayé(*e*); arriéré(*e*). ¶ 지난 달 전기요금이 아직 ~ 상태이다 Sa note d'électricité n'est pas encore payée [n'est toujours pas payée]. ◇_(을) **하다** ne pas avoir (encore) payé; n'avoir toujours pas payé.

◆_**금** -金 명 arriéré *m*; arrérages *mpl*.

◆_**자** -者 명 (contribuable) retardataire.

미네랄 영{mineral} 명 minér*al*(*aux*) *m*. ¶ ~을 많이 함유한 생수 une eau riche en minéraux.

◆_**워터** 영{- water} 명 eau *f* minérale.

미네르바 라 명 ((로마신화)) Minerve *f*.

미녀 美女 명 belle [jolie] femme *f* [fille *f*]; beauté *f*; belle *f*. ¶ ~와 야수 la Belle et la Bête. ¶ 8등신 ~ belle femme au corps bien proportionné; une femme bien proportionnée; une femme bien faite [fichue {*fam*}, foutue {*fam*}, roulée {*fam*}]; femme aux formes harmonieuses.

미농지 美濃紙 명 papier *m* de riz.

미뉴에트 영{minuet} 명 menuet *m*.

미늘 명 petite dent *f* d'un hameçon; barbillon *m*.

미니 영{mini-} 어근 mini-. ¶ 이 상점은 여러 가지를 골고루 갖춘 ~ 백화점이다 Ce magasin est une supérette bien fournie en produits variés [bien achalandée].

◆_**버스** 영{-bus} 명 bus *m*, minibus *m*.

◆_**스커트** 영{-skirt} 명 minijupe *f*, mini *f* {*fam*}. ¶ ~스커트를 입은 여자 la femme en minijupe [qui s'habille mini {*fam*}].

미니멈 영{minimum} 명 minimum *m*. ¶ ~은 여기까지다 C'est le minimum. ¶ ~으로 계산하다 calculer au minimum.

미니어처 영{miniature} 명 miniature *f*.

미니카 영{minicar} 명 voiture *f* (citadine) compacte.

미닫이 명 porte *f* [fenêtre *f*] à coulisse [glissière], porte *f* coulissante. ¶ ~를 열었다 닫았다 하다 Faire coulisser une porte plusieurs fois pour l'ouvrir et la fermer / ouvrir et fermer à plusieurs reprises une porte à coulisse.

◆_**문[창]** -門[窓] 명 porte *f* [fenêtre *f*] à coulisse [glissière].

◆_**식** -式 명 ((porte)) à coulisse [glissière]. ¶ 이 문은 ~식이다 C'est une porte à coulisse.

미달 未達 명 insuffisance *f*, manque *m*. ¶ 정원 ~ 사태 insuffisance du quorum. ¶ 함량 ~ manque de fond [profondeur]. ¶ 그는 자격 ~로 합격이 취소되었다 Sa qualification étant insuffisante, sa candidature a été refusée / Sa qualification ayant été jugée insuffisante, on a refusé sa candidature. ◇_(을) **하다** être au-dessous de *qc*; être moins que; ne pas arriver à *qc*; ne pas atteindre. ¶ 정원에 ~하다 ne pas atteindre le nombre fixé. ¶ 세계 수준에 ~하다 rester en dessous du niveau mondial. ¶ 금년 매출액이 목표량에 ~하였다 La vente de cette année n'atteint pas la quantité fixée [est moins élevée que prévue] / La vente de cette année est loin de la quantité fixée. ¶ 올해는 신청자가 예정 인원에 ~했다 Cette année, le nombre des demandeurs n'a pas atteint le niveau prévu. ◇_(이) **되다** être au-dessous de *qc*; être moins que; être insuffisant(*e*). ¶ 정원이 ~되었다 Le nombre fixé n'est pas atteint. ¶ 기준 함량에 ~되었다 Le contenu n'est pas suffisant / Le fond est insuffisant. ¶ 최저 생계비에도 ~되는 임금 un salaire qui n'atteint pas le minimum vital.

◆_**량** -量 명 quantité *f* insuffisante; ((combler le)) manque *m* à gagner. ¶ ~량을 채우려면 공원들은 아직도 사흘이나 일을 더 해야 한다 Il faut que les ouvriers travaillent encore trois jours supplémentaires pour combler le manque à gagner.

미담 美談 명 histoire *f* édifiante; exemple *m* édifiant. ¶ ~의 주인공 héros [auteur] d'une histoire édifiante.

미대 美大 명 faculté *f* des beaux-arts.

미더덕 명 ascidie *f* plissée; *Styela clava* {*nsc*}. ¶ ~ 찜 ascidies plissées cuites à la vapeur.

미덕 美德 명 conduite *f* vertueuse; action *f* généreuse; bonne action *f*, B.A. *f* {*fam*}. ¶ ~을 쌓다 pratiquer [faire] le bien. ¶ ~을 지닌 사람 homme vertueux [généreux]. ¶ 그 학생은 곤경에 처한 나를 도와주는 ~을 발휘했다 Cet étudiant a fait une bonne action en m'aidant quand je me trouvais dans une situation embarrassante.

미덥다 형 être digne de confiance [de foi]; être loy*al*(*ales*, *aux*), fidèle, sûr(*e*); ((ami)) être solide. ¶ 나는 그 사람이 하는 말이 영 미덥지가 않다 Je ne suis pas bien sûr(*e*) de ce qu'il dit / Je doute de ses paroles. ¶ 어머니는 늘 나를 못 미더워 하셨다 Ma mère ne m'a jamais fait confiance.

미동 微動 명 mouvement *m* (presque) insensible; petite secousse *f*. ¶ 그 남자는 ~도 없이 눈앞에 펼쳐진 장관을 바라보았다 Sans aucun mouvement, il a regardé le spectacle magnifique qui s'étendait devant ses yeux. ◇_(을) **하다** provoquer de petites secousses. ¶ ~도 하지 않다 rester absolument immobile [inébranlable, ferme]; ne pas reculer d'un centimètre. ¶ 아이의 커다란 눈동자가 ~도 (하지) 않고 나를 쳐다보고 있었다 L'enfant fixait ses grandes prunelles sur moi, sans aucun mouvement.

◆_**계** -計 명 micro sismographe *m*.

미들급 -級 영{middle-} 명 【운동】 poids *m* moyen. ¶ 복싱[세계] ~ 챔피언 champion de boxe [du monde] poids moyen.

미등기 未登記 명 fait *m* de ne pas être enregistré(*e*) au cadastre, non enregistré(*e*) au cadastre. ¶ ~ 상태에서 부동산을 되팔기 revente à une agence immobilière d'un bien immobilier non enregistré au cadastre. ¶ 이 건물은 ~ 상태이다 Ce bâtiment n'est pas encore enregistré.

미등록 未登錄 명 ne pas s'inscrire. ¶ ~ 학생 étudiant(*e*) non-inscrit(*e*).

◆_**자** -者 명 non-inscrit(*e*). ¶ ~자를 위한 추가 등록기간 délai des inscriptions supplémentaires pour les personnes non-inscrites.

미디어 영{media} 명 média *m*.

◆**매스**_ 영{mass-} 명 média *m*, mass media *mpl*.

미디엄 영{medium} 명 ((steak)) à point. ¶ (스테이크는) ~으로 해 주세요 Je voudrais un steak à point, s'il vous plaît.

미라 포 명 ☞ 미이라

미래 未來 명 ① futur *m*, avenir *m*; monde *m* de demain. ¶ ~ 사회 société future [à venir]. ¶ ~의 내 아내 ma future femme. ¶ ~의 일을 두고 너무 걱정하지 마라 Ne t'inquiète pas trop de ce qui va (t')arriver / Ne t'inquiète pas trop pour la suite. ¶ 이 점술가는 ~를 예견한다 Ce devin prédit le futur. ¶ 나도 한때는 행복한 ~를 꿈꾸었다 J'ai à une époque rêvé à un futur heureux. ¶ ~에 일어날지도 모를 재앙 désastre possible à l'avenir. ¶ 가까운 ~에 dans un proche avenir, prochainement, dans peu de temps, bientôt, (incessamment) sous peu, à brève échéance, dans un bref délai, sans tarder, tantôt {*vx*}. ¶ ~에 대한 전망 perspective du futur. ¶ 그 청년의 앞에는 찬란한 ~가 있다 Il a de l'avenir / Il a un bel avenir devant lui. ¶ 나에게는 ~가 없다 Je n'ai pas de futur. ② 【언어】 futur *m*. ¶ ~ 시제 문장 phrase mise au futur. ¶ ~ 시제 동사 verbe mis au futur. ¶ 다음 문장을 ~로 바꾸시오 Mettez les phrases suivantes au futur.

◆_**상** -像 명 futur *m* idéal. ¶ 우리의 ~상 notre futur idéal.

◆_**시제** -時制 명 【언어】 (temps *m* du) futur *m*; futur *m*. ¶ ~ 시제의 용법 emplois *mpl* (des temps) du futur.

◆_**사** -事 명 événements *mpl* futurs [prochains, à venir, qui se préparent].

◆_**완료** -完了 명 【언어】 futur *m* accompli.

◆_**주의** -主義 명 futurisme *m*.

◆_**파** -派 명 futurisme *m*; futuriste *mf*.

◆_**학** -學 명 futurologie *f*.

◆_**학자** -學者 명 futurologue.

◆_**형** -形 명 ① à tendance *f* futuriste. ¶ ~형으로 설계된 아파트 appartement à tendance futuriste. ② 【언어】 forme *f* future; ((conjuguer au)) futur *m*. ¶ 동사를 ~형으로 변화시켜라 conjuguer un verbe au futur.

◆**과거**_ 過去- 명 【언어】 futur *m* du passé; futur *m* dans le passé.

◆**단순**[**전**]_ 單純[前]- 명 【언어】 futur *m* simple [futur *m* antérieur].

미래지향 未來指向 명 tendance *f* future.

◆_**적** -的 명 à tendance future.

◆_**성** -性 명 caractère *m* futuriste.

미량 微量 명 très petite quantité *f*. ¶ ~의 방사능 물질 누출 fuite de radioactivité en très petite quantité. ¶ 이 독가스는 ~으로도 인체에 치명적이 해를 준다 Même une petite quantité de ce gaz

asphyxiant est nuisible au corps humain.
◆_분석 -分析 명 microanalyse(*s*) *f*.
◆_화학 -化學 명 microchimie *f*.

미력 微力 명 faible pouvoir *m*; maigre talent *m* [influence *f*]; maigres ressources *fpl*. ¶ ~이나마 최선을 다하겠습니다 Je n'ai pas de grands moyens [Je suis limité], mais je ferai de mon mieux [tout mon possible] / Je ne peux pas faire grand-chose, mais je ferai tout ce que je pourrai. ¶ 나는 ~을 다해 그들을 도와주려 했다 J'ai essayé de les aider, en faisant tout ce qui était en mon faible pouvoir. ¶~이라도 보태겠습니다 Même si je n'ai pas de grands moyens [Même si je suis limité], je vais vous aider comme je le peux /Je ne peux pas faire grand-chose, mais je ferai tout ce que je pourrai / J'aimerais vous apporter mon aide aussi petite [infime, ridicule] soit-elle.
◆_하다 형 ne pas avoir de grands moyens, être limité(*e*). ¶ ~하나마 최선을 다하겠습니다 Je suis limité [Je n'ai pas de grands moyens], mais je ferai de mon mieux [tout mon possible].

ㅁ

미련[1] 未練 명 regret *m*; attachement *m*. ¶ 그 친구는 아직도 그 일에 ~을 가지고 있다 Il regrette encore cette affaire / Il n'a toujours pas tourné la page sur cette affaire. ¶ 헤어진 애인에게 아직도 ~이 (남아) 있다 Encore maintenant, je regrette mon ancien(*ne*) petit(*e*) ami(*e*) / Je pense encore souvent à mon ancien(*ne*) petit(*e*) ami(*e*) / Je reste attaché à mon ancienne petite amie. ¶ 이제 나는 서울에 ~이 없다 Rien ne me retient (plus) à Séoul / Maintenant, je ne regrette plus Séoul / Je n'ai plus d'attachement pour Séoul. ¶ ~ 없이 sans regret. ¶ ~ 없이 포기하다 abandonner sans regret. ¶ 나는 이제까지 별 ~ 없이 살아왔다 J'ai vécu jusqu'à maintenant sans grand regret.

미련[2] 어근 stupidité *f*, sottise *f*, bêtise *f*, absurdité *f*, idiotie *f*, imbécillité *f*, ânerie *f*, niaiserie *f*, connerie {*vulg*}; sornette *f*, fadaise *f*, baliverne *f*.
◆_하다 형 être malhabile, maladroit(*e*); manquer d'expérience. ¶ ~한 사람 un (homme) idiot. ¶ ~한 행동[짓] comportement idiot. ¶ ~한 생각 pensée idiote. ¶ ~한 소리 좀 그만해라 Arrête de dire des imbécillités [sottises, bêtises, absurdités, idioties, âneries, conneries {*fam*}] / Tais-toi donc, tu ne dis que des âneries / Trêve de balivernes! / Arrête de raconter des sornettes [des conneries {*vulg*}, n'importe quoi] / Arrête de débiter tes âneries!
◆_맞다[스럽다] 형 être stupide, sot(*te*), bête, idiot(*e*); être peu intelligent(*e*).
◆_퉁이 명 sot(*te*), idiot(*e*), imbécile; âne *m*.

미로 迷路 명 labyrinthe *m*, dédale *m*. ¶ ~ 학습 étude suivant le schéma d'un labyrinthe ((*maze learning*)). ¶ 실험은 마지막 단계에서 ~에 빠지고 말았다 Dans la dernière étape, l'expérimentation s'est perdue dans un labyrinthe. ¶ 우리는 해법을 찾지 못하고 ~ 속을 헤매고 있다 Nous (nous) sommes égarés dans un labyrinthe sans pouvoir trouver de solution. ¶ 이제야 ~를 벗어난 느낌이다 À peine maintenant, je me sens sorti(*e*) [échappé(*e*)] du dédale.

미루나무 명 ☞ 포플러

미루다 타 ① ajourner, différer, reporter, remiser, renvoyer, remettre à plus tard, repousser. ¶ 출발을 이삼일 뒤로 ~ retarder le départ de deux ou trois jours. ¶ 약속을 다음번으로 ~ reporter un rendez-vous à une prochaine fois. ¶ 개막식을 9월 13일로 ~ reporter la cérémonie d'ouverture au 13 septembre. ¶ 그 일은 미루어 두고 이 일부터 처리해라 Remets ce travail-là à plus tard et occupe-toi de ce travail-ci. ② 전가하다 incomber, repousser, remettre, rejeter ((une faute sur *qn*)), imputer. ¶ 자신의 잘못을 남에게 ~ rejeter *sa* propre faute sur autrui, faire porter le chapeau à *qn* {*fam*}. ¶ 실패의 책임을 서로에게 ~ s'accuser réciproquement de la responsabilité de l'échec. ¶ 네 일을 남에게 미루지 말아라 Ne fais pas faire ton travail par quelqu'un d'autre. ③ 추측하다 supposer, présumer, présager, conjecturer, imputer, supputer, réduire. ¶ 나머지는 미루어 알 수 있다 pouvoir connaître le reste par déduction. ¶ 그 사람의 평소 행적으로 미루어 보아 이것은 그 사람이 한 일이 아니다 Il n'est pas du genre à faire cela [à faire une chose pareille, à commettre un tel acte]. ¶ 이런 사정으로 미루어 짐작컨대 사건의 조속한 해결은 힘들겠다 Si on s'imagine (être) dans une situation pareille, il sera difficile de trouver une solution rapide à cette affaire.
***오늘 할 일을 내일로 미루지 말라** Ne remets pas à demain ce que tu pourrais faire le jour même!

미류나무 명 ((‘미루나무’의 잘못)) ☞ 포플러

미륵 명 Maitreya *m*, Bouddha *m* du futur.
◆_보살[불] 菩薩[佛] Maitreya.

미리 부 à l'avance; auparavant. ¶ 누구를 방문하기 전에 전화로 ~ 알리다 prévenir *qn* par téléphone avant de lui rendre visite. ¶ ~ 눈치 채다 deviner (à l'avance) de quoi il retourne.
◆__ 부 사전에 (bien) à l'avance. ¶ ~~ 준비하다 se préparer bien à l'avance.

미립자 微粒子 명 【물리】 corpuscule *m*. ¶ ~ 현상 phénomène corpusculaire.

미만 未滿 명 en dessous de *qc*; moins de *qc*; inférieur(*e*) à *qc*. ¶ 5세 및 5세 ~의 아이들 enfants de cinq ans et au-dessous. ¶ 천 원 ~의 액수 somme inférieure à mille wons; somme de moins de mille wons.

미망 迷妄 명 illusion *f*, aberration *f*, aveuglement *m*, erreur *f*. ¶ ~에 빠져 있다 être dans l'erreur; être aveuglé(*e*). ¶ ~에서 벗어나다 perdre *ses* illusions; ouvrir les yeux; revenir à la raison; revenir sur terre; déchanter. ¶ 그 사람의 마음을 돌이킬 수 있으리라는 생각은 헛된 ~에 불과하다 Ce n'est qu'une illusion futile de croire qu'on peut le faire changer d'avis / Si tu t'imagines que tu pourras le faire changer d'avis, tu te fais des illusions [tu te mets le doigt dans l'œil {*fam*}].

미망인 未亡人 명 veuve *f*. ¶ 김 교수의 ~ la veuve du professeur Kim. ¶ 전쟁 ~ veuve de guerre.

미명[1] 未明 명 aube *f*; point *m* du jour; aurore *f*; petit jour *m*. ¶ 새벽의 뿌연 ~ aube floue de grand matin; aube blanchissante. ¶ ~의 새벽 grand matin de l'aube. ¶ ~에 출발하다 partir avant le jour [à l'aube].

미명[2] 美名 명 ((sous le)) beau nom *m* ((de)). ¶ 자선이라는 ~ 하에 sous le beau nom de la charité. ¶ 시민의 의무라는 ~ 아래 en mettant en avant les devoirs des citoyens. ¶ 서구 열강들로부터 우리의 주권을 보호해 준다는 ~ 하에 sous le beau nom de la protection de notre souveraineté contre les grandes puissances européennes.

미모 美貌 명 beauté *f*; beau visage *m*; belle figure *f*. ¶ 뛰어난 ~를 자랑하다 être fi*er*(*ère*) de *sa* beauté. ¶ 그 여성은 지성과 ~를 고루 갖추었다 Elle est dotée à la fois de beauté et d'intelligence / Elle est à la fois belle et intelligente. ¶ 그 남자는 여자의 ~를 너무 따진다 La beauté compte trop pour lui / Il met trop l'accent sur la beauté (quand il rencontre des femmes). ¶ 그 여자의 ~는 타고난 것이다 Elle est d'une beauté ravageuse. ¶ 나는 그 여자의 ~에 매료되었다 Je suis fasciné par sa beauté. ¶ 그 여자는 자신의 ~로 모든 사람들을 사로잡았다 Elle a ravi tous les cœurs avec sa beauté.

미모사 라 명 mimosa *m*.

미목 眉目 명 traits *mpl*. ¶ ~이 수려한 청년 jeune homme aux traits réguliers.

미몽 迷夢 명 illusion *f*, chimère *f*, rêve *m* chimérique. ¶ ~속에서 헤매다 s'égarer dans un rêve [une illusion]. ¶ ~에서 깨어나다[벗어나다] être désillusionné(*e*) [dissiper *ses* illusions].

미묘하다 微妙– 형 être délicat(*e*), subtil(*e*). ¶ 미묘한 맛 goût délicat [subtil]. ¶ 그 문장의 의미가 참으로 ~ Le sens de la phrase est vraiment subtil.

미문[1] 美文 명 belle prose *f*; belle phrase *f*.

미문[2] 未聞 jamais vu, unique en *son* genre, inouï(*e*), inconnu(*e*), nouv*eau*(*el*, *elles*, *eaux*), sans précédent.

◆**전대**_ 前代– 명 sans précédent, sans exemple, qui n'eut jamais d'exemple, unique (en *son* genre), jamais vu. ¶ 전대~의 사건 un événement inouï [sans précédent].

미물 微物 명 bagatelle *f*, rien *m*; petit ver *m*, petit insecte *m*. ¶ 하찮은 ~일지라도 함부로 죽여서는 안 된다 Ce n'est pas parce que c'est un petit ver qu'on peut le tuer sans raison.

미미하다 微微– 형 être minime, insignifiant(*e*), infime; ((profit)) être mince. ¶ ~한 숫자[비율] chiffre [nombre] minime [proportion minime]. ¶ 아직 학생들의 숫자는 ~ Le nombre d'élèves est encore insignifiant [minime].

미발달 未發達 명 sous-développement *m*. ¶ ~의 원시 상태 état primitif [de nature] sous-développé.

미발표 未發表 명 inédit *m*. ◇_(가) **되다** être inédit(*e*). ¶ 응모작은 ~된 것으로 국한한다 Les œuvres présentées se limitent aux ouvrages inédits.

◆_**작** -作 ouvrage *m* [œuvre *f*] inédit(*e*).

미백 美白 명 blanchissement *m*. ¶ ~ 효과 effet du blanchissement; effet blanchissant. ¶ ~ 크림 crème blanchissante.

미봉책 彌縫策 명 expédient *m*; moyen *m* de fortune. ¶ ~을 써서 될 일이 아니다 Ce n'est pas une chose pour laquelle on peut recourir à un expédient. ¶ 그 조치는 ~에 불과하다 Les dispositions ne sont qu'un expédient provisoire [temporaire].

미분 微分 명 【수학】 différentielle *f*; calcul *m* différentiel. ◇_(을) **하다** différentier. ¶ 다음 곡선을 ~하시오 Différentiez la courbe suivante!

◆_**계수** -係數 명 coefficient *m* différentiel.

◆_**방정식** -方程式 명 équation *f* différentielle.

◆_**법** -法 명 différentiation *f*.

◆_**학** -學 명 calcul *m* différentiel.

미분양 未分讓 명 déficit *m* de promesses d'achat (par rapport aux nombre d'appartements proposés à la vente), nombre *m* de promesses d'achat inférieur aux parts [appartements] mise en vente ((sur le marché immobilier coréen où les entreprises de construction font des propositions d'offre pour signer des promesses de vente avant la construction des grands ensembles d'appartements)); (appartement *m*) qui n'a fait l'objet d'aucune promesse d'achat avant construction. ¶ ~ 아파트 appartement qui n'a fait l'objet d'aucune promesse d'achat la avant construction. ¶ 신규 아파트의 ~ 사태가 생긴다 Il arrive que les nouveaux appartements ne soient pas bien vendus avant la construction / Il arrive, avec les nouveaux ensembles (d'appartements), que se produise un déficit de promesses d'achat par rapport aux nombres d'appartements proposés à la vente.

미분자 微分子 명 particule *f*.

미분화 未分化 명 indifférenciation *f*. ¶ ~ 상태 indifférenciation.

◆_(가) **되다** ne pas être différencié(*e*). ¶ 그 분야의 업무는 아직 ~되어 있다 Le travail de ce domaine n'est pas encore différencié.

미불 未拂 어근 ((trait)) impayé(*e*); ((dette)) arriéré(*e*); ((somme)) qui n'est pas encore payé(*e*); ((note)) non encore réglé(*e*); non acquitté(*e*). ¶ ~ 임금을 지급하라! Versez-nous nos salaires (impayés)!

미비 未備 명 imperfection *f*.

◆_**하다** 형 être incompl*et*(*ète*), imparfait(*e*), insuffisant(*e*), défectueu*x*(*se*). ¶ 지도교수께서 박사 논문의 ~한 부분을 보완하도록 일러주셨다 Mon directeur de recherches m'a indiqué la partie de ma thèse à compléter.

◆_**점** -點 명 imperfection *f*, point de vue *m*

imperfectif. ¶ 제도상의 ~점 imperfection institutionnelle.

미쁘다 형 être digne de confiance; mériter crédit.

미사 라 명 messe *f.* ¶ 주일[평일] ~ messe dominicale [basse]. ¶ 장엄 ~ messe solennelle. ¶ ~를 드리다 célébrer la messe. ¶ ~에 참석하다[빠지다] assister à la messe [ne pas assister à la messe].

◆**_곡** -曲 명 Messe *f*, chant *m* de messe, chant *m* religieux [sacré, d'Église].

◆**_예물** -禮物 명 offrande *f* (de la messe).

미사여구 美辭麗句 명 langage *m* [style *m*] fleuri [recherché]. ¶ 그 친구는 온갖 ~를 늘어놓으며 자기 여자친구를 칭찬했다 Il a fait l'éloge de sa petite amie en énumérant tous les noms de fleurs.

미사일 영{missile} 명 missile *m.* ¶ ~ 부대 corps d'artillerie. ¶ 대륙 간 핵탄두 ~ missile à ogive atomique intercontinental; missile balistique atomique intercontinental. ¶ ~을 발사하다 lancer un missile. ¶ 탄도 ~ missile balistique.

미상 未詳 명 être inconnu(*e*), incertain(*e*); ne pas être identifié(*e*). ¶ 작자 ~의 작품 ouvrage d'un auteur inconnu[anonyme]. ¶ 신원 ~의 인물 personne dont l'identité n'est pas connue; personne non identifiée; homme non identifié [anonyme].

미상환 未償還 명 non remboursé(*e*). ¶ ~ 채무[부채] dette non remboursée. ◇_(**이**) **되다** ne pas être remboursé(*e*). ¶ ~된 대출금 somme prêtée non remboursée.

◆**_액[금]** -額[金] 명 somme *f* non remboursée.

미색 美色 명 jolie femme *f*, beauté *f* (d'une femme); belle couleur *f*. ¶ 수도자는 모름지기 ~을 멀리해야 한다 Un moine doit absolument éviter les jolies femmes. ¶ ~을 너무 가까이 하면 건강을 해치기 쉽다 Fréquenter trop les belles femmes est nuisible à/pour la santé.

미생물 微生物 명 【생물】 microbe *m*; micro-organisme(~-~*s*) *m.*

◆**_학** -學 명 microbiologie *f.*

◆**_학자** -學者 명 microbiologiste.

미성 美聲 명 belle voix *f.* ¶ 이 소프라노 가수는 ~을 지녔다 Cette soprano a une belle voix [possède une très jolie voix]. ¶ 당신은 목소리가 정말 ~이군요 Vous avez vraiment une très jolie voix! / Votre voix est magnifique.

미성년 未成年 명 minorité *f.* ¶ ~의 자녀 enfants mineurs.

◆**_자** -者 명 mineur(*e*); minorité *f.* ¶ ~자 보호법 loi pour la protection des mineurs. ¶ ~자 출입[입장] 금지 entrée interdite aux mineurs. ¶ ~자 관람불가의 영화 film interdit aux mineurs [aux moins de dix-huit ans]. ¶ ~자에게 담배를 파는 것은 위법이다 Il est illégal de vendre des cigarettes aux mineurs.

미성숙 未成熟 명 défaut *m* de maturité; immaturité *f.*

◆**_하다** 형 être immature. ¶ ~한 여자아이 une adolescente immature.

미세 微細 어근 finesse *f*, minutie *f*; minuscule, microscopique, fin(*e*), menu(*e*).

◆**_하다** 형 être minuscule, menu(*e*), ténu(*e*), fin(*e*), microscopique. ¶ 미세한 먼지 poussière fine. ¶ 자료를 ~하게 분류하다 classer les documents de façon minutieuse.

◆**_구조** -構造 명 structure *f* microscopique.

◆**_운석** -隕石 명 météorite minuscule.

미세스 영{Mrs.} 명 ☞ 미시즈 madame *f.*

미션스쿨 영{mission school} 명 établissement *m* scolaire tenu par des religieux.

미소[1] **微笑** 명 sourire *m.* ¶ 환한 ~ sourire radieux. ¶ ~를 띠다[짓다] esquisser un sourire [adresser un sourire à *qn*]. ¶ ~를 머금고 avec un sourire; en souriant.

미소[2] **美蘇** 명 américano-soviétique. ¶ ~ 간의 냉전 guerre froide américano-soviétique. ¶ ~ 공동위원회 commission conjointe des États-Unis et de l'U.R.S.S. ¶ ~ 군축회담 conférence pour le désarmement américano-soviétique.

미소공동위원회 美蘇共同委員會 명 【역사】 Commission *f* mixte américano-soviétique.

미소년 美少年 명 beau garçon *m*; bel adolescent *m*; beau gosse *m* {*fam*}.

미송 美松 명 pin *m* d'Afrique.

미송환 未送還 명 non renvoi *m.* ¶ ~ 포로 prisonnier de guerre non retourné [non échangé]. ◇_(**이**) **되다** ne pas être renvoyé(*e*), retourné(*e*).

미수[1] **未收** 명 non perçu(*e*). ¶ ~ 세금 impôt [taxe] non perçu(*e*).

◆**_금** -金 명 somme *f* non perçue.

미수[2] **未遂** 명 non achèvement *m*, échec *m*; tentative *f*; attentat *m.* ¶ 그 사람의 자살 기도는 ~에 그치고 말았다 Sa tentative de suicide n'a pas réussi [a échoué] parce qu'un passant l'a vu. ¶ 암살은 ~로 끝났다 La tentative d'assassinat n'a pas réussi [a échoué, n'a pas été fructueuse].

◆**_범** -犯 명 coupable de tentative criminelle.

◆**살인[자살]_** 殺人[自殺]- 명 tentative *f* de suicide [d'homicide, d'assassinat contre *qn*].

◆**살인_죄** 殺人-罪 명 tentative *f* d'homicide.

미수교국 未修交國 명 pays *m* avec lequel les relations diplomatiques ne sont pas nouées.

미숙 未熟 명 ① manque *m* d'expérience, inexpérience *f* ((d'un débutant)); manque *m* d'adresse [d'habileté]; maladresse *f.* ¶ 그 사람은 운전 ~으로 사고를 냈다 Il a été à l'origine d'un accident de la route parce qu'il manquait d'expérience en tant que conducteur. ② défaut *m* [manque *m*] de maturité; immaturité *f*; novice; jeune; vert(*e*), qui n'est pas mûr(*e*).

◆**_하다** 형 être malhabile [inhabile, maladroit(*e*)]; manquer d'expérience. ¶ 이 미술학도는 붓놀림이 아직 ~하다 Cet étudiant des beaux-arts est encore maladroit avec ses pinceaux.

◆**_성** -性 명 défaut *m* [manque *m*] de maturité;

immaturité *f.*

◆_아 -兒 명 enfant *m* prématuré. ¶ 이 아기는 ~아로 태어났다 Cet enfant est né prématuré.

미숙련 未熟練 명 manque *m* de métier; maladresse *f*; inhabilité *f*; non qualifié(*e*), non expérimenté(*e*), qui manque de métier. ¶ 이 사고는 계기 조작의 ~에서 비롯되었다 C'est le manque de métier dans le maniement de la machine qui a été à l'origine de cet accident.

◆_공 -工 명 ouvri*er*(*ère*) non qualifié(*e*) [non expérimenté(*e*)].

미술 美術 명 art *m*, beaux-arts *mpl.*

◆_가 -家 명 artiste.

◆_감독 -監督 명 direc*teur*(*trice*) artistique; responsable artistique.

◆_계 -界 명 monde *m* artistique; milieux *mpl* artistiques.

◆_관 -館 명 musée *m* [galerie *f*] d'art.

◆_교육 -教育 명 éducation *f* artistique; enseignement *m* artistique.

◆_대학 -大學 명 École *f* [faculté *f*] des beaux-arts.

◆_반 -班 명 atelier *m* d'élèves des Beaux-Arts, classe *f* des beaux-arts.

◆_부 -部 명 cercle *m* des beaux-arts.

◆_비평 -批評 명 critique *f* d'art.

◆_사 -史 명 histoire *f* de l'art.

◆_전 -展 명 exposition *f* d'art.

◆_전람회 -展覽會 명 exposition *f* d'œuvres d'art.

◆_품 -品 명 objet *m* [œuvre *f*] d'art.

◆_학교 -學校 명 les Beaux-Arts *mpl*; École *f* des Beaux-Arts.

◆고_ 古- 명 art *m* ancien.

◆민중_ 民衆- 명 art *m* populaire; folklore *m.*

◆응용[생활, 장식]_ 應用[生活, 裝飾]- 명 arts *mpl* appliqués [ménagers, décoratifs].

◆조형_ 造形- 명 arts *mpl* plastiques.

◆현대_ 現代- 명 art *m* moderne; art *m* contemporain.

미숫가루 명 (boisson *f* de) *misutgaru* <poudre mélangée de riz, d'haricots, d'orge etc>. ¶ ~를 빻다 moudre les céréales. ¶ ~를 타다[마시다] préparer [boire, prendre] une boisson de poudre de céréales.

미스[1] 영{Miss} 명 ① ((호칭)) mademoiselle *f*, la demoiselle. ¶ ~ 김 mademoiselle Kim. ② *Miss* ((France, Corée)). ¶ ~ 코리아 *Miss* Corée. ¶ ~ 유니버스 *Miss Univers.*

미스[2] 영{miss} 명 défaut *f*, bêtise *f*, faute *f*, manque *m*; erreur *f*. ¶ 서브 ~ faute [erreur] de service. ¶ 패스 ~ mauvaise passe.

미스터 영{Mr.} 명 monsieur *m*. ¶ ~ 김 monsieur Kim.

미스터리 영{mystery} 명 mystère *m*; énigme *f*. ¶ ~ 속의 인물 personnage (très) mystérieux; personnage énigmatique. ¶ ~를 풀다[해결하다] éclaircir un mystère; déchiffrer [trouver] une énigme. ¶ 그 남자의 행적은 ~로 가득 차 있다[~투성이다] Son comportement est très mystérieux / Il a un comportement très étrange [énigmatique].

◆_물 -物 명 roman *m* policier; roman *m* à énigmes. ¶ ~물 작가 auteur de roman policier.

미스테리 영{mystery} 명 ☞ 미스터리

미시 微視 어근 micro.

◆_적 -的 명 micro. ¶ ~적 관점 point de vue individuel [personnel]. ¶ ~적 분석 microanalyse. ¶ ~적 세계 micromonde.

◆_경제학 -經濟學 명 microéconomie *f.*

◆_구조 -構造 명 microstructure *f.*

미시즈 영{Mrs.} 명 madame *f.*

미식가 美食家 명 gastronome, gourmet *m*; amateur *m* de bonne chère.

미식축구 美式蹴球 명 football *m* américain.

미신 迷信 명 superstition *f*; croyances *fpl* superstitieuses. ¶ ~을 믿다[~에 빠지다] croire dans une superstition. ¶ ~을 타파하다 détruire une superstition.

◆_적 -的 명 superstitieu*x*(*se*).

미심쩍다 형 être douteu*x*(*se*), suspect(*e*), obscur(*e*), énigmatique. ¶ 미심쩍은 일 affaire douteuse [obscure]. ¶ 그 사람의 행동이 어쩐지 ~ Sa conduite est douteuse / Son comportement est énigmatique.

미심쩍어하다 타 douter, soupçonner, suspecter, se poser des questions, avoir des soupçons (sur *qc*) ¶ 경찰은 사건 당일 그의 행적을 미심쩍어하고 있다. La police a des soupçons sur son emploi du temps le jour du crime.

미싱 영{machine} 명 machine *f* à coudre.

◆_사 -士 명 couturi*er*(*ère*).

미아 迷兒 명 enfant porté(*e*) disparu(*e*); enfant égaré(*e*) [perdu(*e*)]. ¶ ~ 보호 시설 structure de protection des enfants portés disparus [égarés]. ¶ ~나 마찬가지의 신세 pareil à un enfant perdu. ¶ 휴가철에는 ~가 많이 발생한다 Pendant les vacances, le nombre d'enfants portés disparus augmente. ¶ 사회주의정권의 붕괴로 그 나라는 국제사회의 ~가 되었다 À la suite de la chute du régime socialiste, le pays se retrouve égaré dans la communauté internationale.

미안 어근 excuse *f.*

◆_하다 형 être désolé(*e*), navré(*e*). ¶ ~한 감정 regret. ¶ ~한 감[마음]이 들다 se sentir désolé(*e*). ¶ 늦어서 ~합니다 Je suis désolé(*e*) d'être en retard. ¶ 내일 못 가게 되어 ~합니다 Je suis désolé(*e*) de ne pas pouvoir venir demain [de ne pas être des vôtres demain]. ¶ 별 것도 아닌데, 너무 그렇게 ~해하지 마세요 Ne soyez pas tant désolé(*e*), ce n'est pas grave [ce n'est rien] / Ne soyez pas tant désolé(*e*) pour aussi peu.

◆_스럽다 형 être désolé(*e*), navré(*e*).

◆_쩍다 형 être désolé(*e*), navré(*e*).

미약 微弱 어근 insignifiant(*e*), dérisoire, minime, infime; ridicule; piètre.

◆_하다 형 être insignifiant(*e*); être dérisoire, minime, infime, ridicule, piètre. ¶ ~한 효과 effet insignifiant. ¶ 그 날 우리의 발언은 그 사람의 행동을 돌려놓기에는 너무 ~했다 Ce que nous lui avons dit ce jour-là n'a pas été suffisant pour le faire changer de comportement. ¶ ~하나마 힘이 되어 드리고 싶습니다 J'aimerais vous apporter mon aide aussi petite [infime, ridicule] soit-elle.

미어지다 자 ① se trouer, se déchirer; être éclaté(*e*), déchiré(*e*), troué(*e*). ¶ 미어진 양말을 신다 porter une chaussette trouée. ② avoir ((le cœur)) déchiré. ¶ 슬픔으로 가슴이 ~ avoir le cœur déchiré par la tristesse. ③ être plein(*e*) à craquer, être comble, archiplein(*e*), bondé(*e*), archicomble. ¶ 관객들이 너무 많이 몰려서 극장 안은 미어질 지경이었다 En raison de l'affluence des spectateurs, la salle de cinéma était pleine à craquer.

미어터지다 자 être plein(*e*) à craquer, archiplein(*e*), bondé(*e*), comble, archicomble. ¶ 명절에는 도로가 차들로 미어터진다 Les autoroutes sont sursaturées les jours de fête / Il y a un monde fou sur les autoroutes les jours de fête {*fam*}. ¶ 그 사람은 볼이 미어터지게 밥을 먹는다 Il mange comme un goinfre / Il en met plein dans sa bouche / Il enfourne la nourriture.

*__가슴이__ ~ être très triste; être plein(*e*) de tristesse, déborder de tristesse; avoir le cœur déchiré.

미역[1] 명 algue *f*, *Undaria pinnatifida* {*nsc*}, *miyeok m* <variété d'algue (marine) comestible; cette algue régénère la qualité du sang, collabore à améliorer les sécrétions des reins et du foie et stimule la production d'hormones>. ¶ ~을 양식하다[채취하다] cultiver [ramasser] du *miyeok*.

◆**_국** 명 soupe *f* de *miyeok* ((repas quotidien des femmes coréennes le premier mois qui suit l'accouchement, soins de santé après l'accouchement)).

*~__국을 먹다__ échouer à [louper, rater {*fam*}, queuter {*fam*}] un examen; être congédié(*e*) [renvoyé(*e*), remercié(*e*), viré(*e*) {*fam*}, mis(*e*) à la porte, mis(*e*) dehors].

◆**물_** 명 *miyeok m* frais, algues *fpl* fraîches [non séchées].

미역[2] 명 bain *m* de rivière. ¶ ~(을) 감다 se baigner dans une rivière, prendre un bain de rivière.

미연 未然 명 jusque-là inexistant(*e*); avant la naissance [l'apparition] de *qc*; avant que ((cela)) n'arrive; ((étouffer une affaire)) dans l'œuf. ¶ 사고를 ~에 방지하다 prévenir un accident.

미열 微熱 명 fièvre *f* légère. ¶ ~이 있다 avoir un peu de fièvre.

미온수 微溫水 명 eau *f* tiède.

미온적 微溫的 명 tiède; nonchalant(*e*); mitigé(*e*). ¶ ~인 태도 une attitude mitigée. ¶ 우리의 제안에 대한 그 사람의 반응은 매우 ~이었다 Sa réaction était plutôt mitigée vis à vis de notre proposition. ¶ 정부는 이 문제 해결에 아주 ~이다 Le gouvernement garde une attitude mitigée à l'égard de cette affaire.

미완 未完 명 inachevé(*e*). ¶ ~의 원고[작품] un manuscrit [ouvrage] inachevé. ¶ ~의 대작 un chef-d'œuvre inachevé.

미완성 未完成 명 inachèvement *m*. ¶ 이 건물은 ~으로 남아 있다 Ce bâtiment reste inachevé.

◆**_곡** -曲 명 œuvre *f* [pièce *f*] inachevée.

◆**_품** -品 명 œuvre *f* inachevée.

◆**_교향곡** -交響曲 명 Symphonie *f* inachevée ((de Franz Schubert, 1822)).

미용 美容 명 soins *mpl* de beauté.

◆**_사** -師 명 coiffeu*r*(*se*), esthéticien(*ne*).

◆**_술** -術 명 technique *f* de coiffage, soins *mpl* de beauté; soins *mpl* esthétiques.

◆**_식** -食 명 régime *m* amaigrissant; repas *m* diététique.

◆**_실** -室 명 salon *m* de coiffure.

◆**_성형** -成形 명 chirurgie *f* esthétique.

◆**_체조** -體操 명 exercices *mpl* physiques pour garder sa ligne; gymnastique *f* douce.

◆**_학원** -學院 명 institut *m* de beauté.

미욱 어근 idiot(*e*), stupide; insuffisant(*e*); immature.

◆**_하다** 형 être stupide; être idiot(*e*); être immature. ¶ ~한 생각 pensée immature; idée immature. ¶ ~한 행동 comportement abruti.

◆**_스럽다** 형 sembler être [avoir l'air] stupide; sembler être idiot(*e*); sembler être immature.

미운털 명 canard *m* boiteux, bouc *m* émissaire, souffre-douleur *m*.

*(**누구에게**) ~**이 박히다** être le souffre-douleur de *qn*.

미움 명 haine *f*; aversion *f*, hostilité *f*; rancune *f*; antipathie *f*; détestation *f* {*vx*, *litt*}. ¶ ~을 느끼다 éprouver [ressentir, avoir, concevoir] de la haine pour [envers] *qn*. ¶ ~이 커지다 nourrir une haine contre *qn*. ¶ 그 남자는 새삼 그 여자에 대한 ~이 치밀어 올랐다 Il éprouva tout d'un coup de la haine pour [envers] elle. ¶ 그 사람에 대한 실망은 곧 ~으로 변했다 La déception qu'il a causée s'est transformée aussitôt [a tourné aussitôt] en haine. ◇**_(을) 받다[사다]** être haï(*e*), détesté(*e*) [s'attirer la haine de *qn*; exciter la haine de *qn*; attirer sur *soi* [sur *sa* tête] la haine de *qn*; être [devenir] l'objet de la haine de *qn*]. ¶ 대통령은 모든 사람에게서 ~을 받고 있다 Le président (de la République) est haï par tout le monde / Tout le monde hait [déteste] le président / Le président de la République attire sur lui la haine de tout un peuple.

◆**_받이** 명 mal-aimé(*e*); rejeté(*e*).

미워하다 타 ne pas aimer, rejeter, repousser, détester, haïr, abhorrer, exécrer, abominer. ¶ 그 여자는 그 사람을 미워한다 Elle ne l'aime pas / Elle le hait. ¶ 그들은 서로 미워하는 사이다 Ils ne s'aiment pas / Ils se détestent. ¶ 저를 미워하지 마세요 Je vous prie de ne pas me repousser. ¶ 죄는 미워도 사람은 미워하지 말아라 On peut détester le crime, mais pas la personne [l'auteur du crime].

미음¹ 米飮 명 bouillie *f* de riz très peu épaisse; brouet *m* de riz [de millet]. ¶ ~을 쑤다 préparer une bouillie de riz [millet] très légère. ¶ 환자에게 ~을 (떠)먹이다 donner une bouillie de riz très légère à un malade.

미음² 명 *mieum m* <appellation de la cinquième lettre de l'alphabet coréen>

미의식 美意識 명 sens *m* esthétique [de la beauté]. ¶ 이 건축물은 ~이 결여되어 있다 Ce bâtiment manque d'esthétique.

미이라 포 명 momie *f*.

◆**_화** -化 명 momification *f*. ¶ ~하다[되다] se momifier.

미인 美人 명 jolie femme *f* [fille *f*]; beauté *f*. ¶ 빼어난 ~ une beauté époustouflante [stupéfiante]; une grande beauté. ¶ 드문 ~ une beauté rarissime. ¶ 동양 ~ une beauté orientale. ¶ ~ (선발)대회 concours de beauté. ¶ 그 남자의 누이는 대단한[대단히] ~이다 Sa sœur est d'une grande beauté [une très jolie femme].

◆**_계** -計 명 stratagème *m* utilisant une jolie femme. ¶ ~계를 쓰다 recourir à une jolie femme pour obtenir *qc*. ¶ ~계에 걸려들다 succomber au charme d'une beauté.

◆**_도** -圖 명 portrait *m* d'une beauté.

미장공 -工 명 ☞ 미장이

미장원 美粧院 명 institut *m* de beauté; salon *m* de coiffure.

미장이 명 plâtrier *m*.

미장일 명 plâtrerie *f*. ◇_(을) **하다** plâtrer.

미적거리다 자 ① ((밀다)) pousser par petits coups. ② ((지체)) ajourner, remettre à plus tard, différer, reporter; lambiner {*fam*}, perdre *son* temps à des riens, traîner, traînasser {*fam*}, traînailler {*fam*}. ¶ 빨리 오지 않고 뭘 그렇게 미적거리냐? Qu'est-ce que tu attends au lieu de sortir? / Arrête de lambiner, viens immédiatement / Pourquoi ne viens-tu pas immédiatement? ¶ 그 사람은 미적거리며 시간을 끌었다 Il traînaillait / Il traînassait.

미적대다 자 ☞ 미적거리다

미적미적 부 ((avancer)) par petits coups.

◆**_하다[대다, 거리다]** 자 avancer par petits coups. ¶ ~하지 말고 빨리 움직여라 Arrête d'avancer par petits coups et bouge de là.

미적분 微積分 명 【수학】 calcul *m* infinitésimal; calcul *m* différentiel et intégral. ◇_(을) **하다** faire du calcul infinitésimal [du calcul différentiel et intégral].

◆**_학** -學 명 mathématiques *fpl* continues.

미정 未定 명 pas encore fixé(*e*). ¶ 날짜는 아직 ~이다 La date reste à fixer / La date n'est pas encore fixée. ¶ 그 사람의 후임자는 아직 ~이다 Son successeur n'est pas encore nommé.

미제¹ 未濟 명 affaire *f* non réglée. ¶ ~(로 분류된) 사건 affaire classée non réglée.

미제² 美製 명 fabriqué aux États-Unis; américain(*e*). ¶ ~ 만년필 stylo américain. ¶ ~ 옷 vêtement fait [fabriqué] aux États-Unis. ¶ ~ 칼 couteau américain.

미주 美洲 명 continent *m* américain. ¶ 항공회사의 ~ 노선 destination Amérique des compagnies aériennes.

◆**_기구** -機構 명 Organisation *f* des États américains ((OEA, en anglais OAS, *Organization of American States*)).

미주알고주알 부 jusque dans ses moindres détails, sans en laisser une miette. ¶ ~ 이야기를 늘어놓다 étaler toute l'histoire jusque dans ses moindres détails.

미증유 未曾有 명 absence *f* de précédent; ((événement)) inouï(*e*), sans précédent; ((du)) jamais vu. ¶ 역사상 ~의 대전쟁 la plus grande guerre de l'histoire. ¶ ~의 사건 événement inouï; événement sans précédent. ¶ ~의 시련을 겪다 essuyer [subir] des épreuves; passer par de dures [rudes] épreuves.

미지 未知 명 inconnu(*e*). ¶ ~의 세계 monde inconnu. ¶ ~의 땅 terre inconnue.

미지근하다 형 ① être tiède. ¶ 미지근한 물 좀 주십시오 (Donnez-moi) de l'eau tiède, s'il vous plaît. ¶ 미지근한 감정 sentiment mitigé. ¶ 방바닥이 ~ Le sol de la chambre est tiède. ② être mitigé(*e*). ¶ 이번 일에 대한 그 남자의 태도가 ~ Il manifeste un zèle mitigé dans ce travail.

미지수 未知數 명 ① 【수학】 variable *f* inconnue; inconnue *f*. ② inconnu(*e*). ¶ ~의 일 chose inconnue. ¶ 그 사람이 어떤 결정을 내릴지는 ~이다 Personne ne sait quelle décision il va prendre.

미진¹ 微震 명 secousse *f* sismique très légère; faible tremblement *m* de terre.

◆**_계** -計 명 【물리】 microsismographe *m*.

미진² 微塵 명 infime poussière *f*; ((비유적)) chose *f* insignifiante, rien *m*.

미진하다 未盡- 형 être incompl*et*(*ète*), imparfait(*e*), inachevé(*e*). ¶ 미진한 점, 양해 바랍니다 Veuillez nous excuser pour ces imperfections. ¶ 아직 ~ ne pas être encore parfait(*e*); être encore incompl*et*(*ète*).

미처 부 jusqu'ici; préalablement. ¶ 그가 그런 사람인 줄은 ~ 몰랐다 Je ne savais vraiment pas qu'il était ce genre de personne. ¶ 음식이 ~ 준비되기도 전에 손님들이 도착했다 Les invités sont arrivés avant même que la nourriture soit prête.

미천하다 微賤- 형 être indigne, abject(*e*); être méprisable, ignoble. ¶ 미천한 몸 personne ignoble.

미추 美醜 명 beauté *f* et laideur *f*; physionomie *f*.

미취학 未就學 명 état *m* non scolarisé. ¶ ~ 아동 enfant non scolarisé. ¶ ~ 자녀를 둔 부모들 parents qui ont des enfants non scolarisés.

미치광이 명 fou *m*, folle *f*, excentrique; insensé(*e*);

ㅁ

malade mental(*e*), dément(*e*); écervelé(*e*); fanatique. ¶ ~ 짓 folie; démence; délire. ¶ ~처럼 굴다 se comporter comme un(*e*) fou(folle). ¶ ~처럼 한 문제에만 매달리다 se concentrer sur un seul problème comme un(*e*) fou(folle) [un(*e*) déméné(*e*)].

미치다[1] 㘽 ① devenir fou(folle), avoir la folie de *inf*, faire des folies de *qc*, perdre la raison [l'esprit, la tête, la boule {*fam*}], divaguer, dérailler, débloquer {*fam*}, délirer {*fam*}, yoyoter {*fam*}, ne pas être bien ((ça (ne) va pas la tête)); être pris(*e*) d'un accès de folie, devenir [être] fou(folle), dingue {*fam*}, aliéné(*e*), dément(*e*), insensé(*e*), halluciné(*e*). ¶ 그 사람은 전쟁의 충격으로 미치고 말았다 À cause du choc de la guerre, il a fini par devenir fou. ¶ 미친 듯이 달려가다 courir comme un fou [comme un dératé]. ¶ 누구를 미치도록 사랑하다 aimer *qn* à mourir. ¶ 더워서 미칠 것 같다[미치게 덥다] Je crève de chaleur [de chaud] / Je meurs de chaud. ¶ 지겨워 미치겠다 L'ennui me rend fou / Je meurs [péris, crève {*fam*}] d'ennui / Je m'ennuie comme un rat mort / Je m'ennuie à cent sous (de) l'heure / Je m'ennuie à mourir [à périr] / Je m'emmerde vachement / Je me fais chier à mort {*vulg*} [un max]. ¶ 아무도 내 이야기를 믿어주지 않으니 미칠 지경이다 Personne ne croit à mon histoire, cela me rend fou. ¶ 너 미쳤냐? Tu es fou(folle)? / Tu délires? / Tu dérailles? / Tu débloques {*fam*}? / Ça (ne) va pas la tête? ¶ 저 사람 미쳐도 단단히 미쳤군 Il s'est rendu fou, vraiment fou. ¶ 지금도 그것을 생각하면 분통이 터져 미치겠다 Même maintenant, si je pense à cela, cela me rend fou. ② 열중하다 être fou(folle), ivre ((de joie)); se passionner pour *qc*, s'enthousiasmer pour *qc*, s'enfiévrer, raffoler de *qc*, s'enflammer pour *qc*, s'embraser pour *qc*, s'exalter, s'exciter, se ravir. ¶ 축구에 ~ se passionner pour le football. ¶ 도박에 ~ devenir fou de jeu. ¶ 여자에 ~ être fou des femmes. ¶ 그 사람은 주식 투기하는 데에 미쳐서 다른 일에는 관심이 없다 Passionné à la folie par la spéculation boursière, il ne s'intéresse pas aux autres affaires [il ne fait plus que ça].

미치다[2] 㘽㘾 ① atteindre, arriver à, toucher, aboutir, attraper, rattraper. ¶ 손이 미치는 곳에 à portée de (la) main. ¶ 힘이 미치는 한 de *son* mieux, de tous *ses* efforts, autant que possible. ¶ 나는 거기까지는 생각이 미치지 못했다 Je n'ai pas pensé aussi loin / Je n'avais pas envisagé cela. ¶ 그 사람은 두목의 손길이 미치지 않는 곳으로 도망쳤다 Il a pris la fuite loin du territoire de son chef de bande. ② égaler, atteindre. ¶ 아직 세계 기록에 10초나 못 미친다 Ce résultat est encore à 10 secondes du record mondial. ③ donner, exercer ((une influence)); influencer, atteindre, gagner, aboutir. ¶ 학생들에게 나쁜 영향을 ~ exercer de mauvaises influences sur les élèves, influencer négativement les élèves. ¶ 그 분의 가르침은 우리에게 많은 영향을 미쳤다 Son enseignement nous a beaucoup influencé(*e*)s. ¶ 이슬람 문명이 이 지역에까지 영향을 미쳤다 La civilisation islamique a même gagné cette région. ④ (('못 미쳐(서)'의 형태로)) peu avant ((une date, un lieu)). ¶ 두 시 좀 못 미쳐(서) 만날까요? Pourrions-nous nous rencontrer un peu avant 2 heures? ¶ 성남 좀 못 미쳐(서) 좋은 곳이 있어요 Il y a un bon endroit un peu avant Seongnam.

미친개 명 ① chien(*ne*) enragé(*e*); chien *m* qui a attrapé la rage. ¶ ~처럼 날뛰다 s'agiter comme un chien enragé. ¶ ~에게 물리다 se faire mordre [être mordu(*e*)] par un chien enragé. ② ((비유적)) personne *f* qui se comporte comme un chien enragé; chien *m* enragé. ¶ 그 사람은 술만 먹으면 ~가 된다 Dès qu'il boit une goutte de vin, il s'agite comme un chien enragé.

미친년 명 【속어】 folle *f*, toquée *f* {*fam*}; fofolle *f* {*fam*}, foldingue *f* {*fam*} [folledingue *f* {*fam*}]; fille *f* cinglée *f* {*fam*}.

*~ 널뛰듯 하다 s'agiter comme une folle [comme une fofolle {*fam*}].

미친놈 명 【속어】 (type *m*) fou *m*, cinglé *m* {*fam*}; crétin *m*, toqué *m* {*fam*}, barjo *m* {*fam*}. ¶ 저런 ~ 같으니 Quel fou, ce type! / Il est complètement marteau [jeté, malade, maboul, zinzin, cinglé, déjanté, fada, frappé, givré, timbré, siphonné {*fam*}], ce type! / Il est fou à lier [à enfermer], ce type / Il a complètement déjanté {*fam*} [déjante complètement, déraille complètement, débloque complètement], ce type! {*fam*} / Il a complètement pété les plombs, ce type {*fam*}! ¶야 이 ~아 Hé, connard! {*vulg*}.

미터 영{meter} 분류 mètre *m*. ¶ 이 목재는 길이가 2 ~이다 Ce morceau de bois fait 2 mètres. ¶ 이 방은 넓이가 10 평방 ~이다 La superficie de cette chambre fait 10m². ¶ 이 용기는 용적이 20 입방 ~이다 Ce récipient fait 20 m³.

◆_기 -機 명 compteur *m* (horokilométrique) ((d'un taxi)), taximètre *m*.

◆_법 -法 명 système *m* métrique. ¶ ~법을 따르다 adopter le système métrique.

◆_자 명 règle *f* métrique.

◆_제 -制 명 taximètre *m*.

◆입방_ 立方- 명 mètre *m* cube.

◆평방_ 平方- 명 mètre *m* carré.

미투리 명 sandale *f* de chanvre.

미트[1] 영{meet} 명 【운동】 frappe *f* amortie [contrôlée]. ¶ 공을 배트 중앙에 ~ 시키다 frapper de façon amortie la balle au milieu de la batte.

미트[2] 영{mitt} 명 【운동】 gant *m* de base-ball (((유럽)) de l'attrapeur, ((쾌벡)) du receveur ou du défenseur placé sur la première base)).

미팅 영{meeting} 명 ① rendez-vous *m*; rendez-vous *m* d'affaires; entretien *m*, entrevue *f*, réunion *f*. ¶ 내일 나는 외국 바이어들과 ~이 있다 Demain, j'ai

ㅁ

un rendez-vous d'affaires avec des clients étrangers. ② rendez-vous *m* ((galant, amoureux)), rencontre *f* ((arrangée entre garçons et filles)), rencard *m* {*fam*}. ¶ ~을 주선하다 faire l'entremetteur lors d'une rencontre, s'entremettre ((entre deux ou plusieurs personnes ou partis)), servir d'intermédiaire lors d'une rencontre arrangée ((dans un rendez-vous galant)). ¶ 누구와 ~을 갖다 avoir une entrevue [un entretien, un tête-à-tête] avec *qn*, avoir un rendez-vous (d'affaires) avec *qn*. ◇_(을) **하다** organiser une réunion (d'affaires); participer à une rencontre arrangée.

미풍 微風 명 brise *f*, zéphyr *m* {*litt*}. ¶ ~이 분다 La brise souffle.

미풍양속 美風良俗 명 bonnes mœurs *fpl*, vertu *f*. ¶ ~을 지키다 respecter les bonnes mœurs, suivre les bonnes mœurs. ¶ ~을 해치는 행위 un comportement qui va à l'encontre des bonnes mœurs, une conduite scandaleuse.

미필 未畢 명 inachèvement *m*. ¶ 검사 ~ encore non examiné(*e*).

◆**병역 자** 兵役-者 명 sursitaire *mf* ((service militaire)), personne *f* qui n'a pas encore fait *son* service militaire. ¶ 그는 병역 ~자이다 Il est sursitaire / Il n'a pas encore fait son service militaire.

미필적고의 未畢的故意 명 imprudence *f*, négligence *f*. ¶ ~에 의한 살인 un homicide involontaire.

미학 美學 명 esthétique *f*.

◆**_적** -的 명 esthétique. ¶ ~적 가치 valeur esthétique

◆**예술_** 藝術- 명 esthétique *f* (de l'art).

미합중국 美合衆國 명 ☞ 미[3]

미해결 未解決 명 non résolu(*e*), en suspens, inachevé(*e*); ((conflit)) non réglé(*e*). ¶ ~의 문제 un problème qui n'est pas encore résolu, une question non résolue. ¶ 우리는 그 문제를 ~로 남겨두었다 Nous avons laissé ce problème [cette question] en suspens. ¶ 그 사건은 ~인 채 남아 있다 Cette affaire reste [demeure] en suspens [sans solution] / Cette affaire est pendante.

미행 尾行 명 filature *f* (d'un suspect). ¶ 형사는 ~을 시작했다 L'inspecteur de police a commencé sa filature. ◇_(을) **하다** prendre *qn* en filature, suivre *qn*, surveiller *qn*, filer ((un suspect)), pister ((un espion)). ¶ 범인[용의자]을 ~하다 prendre un malfaiteur [un suspect] en filature, filer [suivre, surveiller] un suspect [un suspect]. ◇_(을) **당하다** être pris en filature, être suivi(*e*) (par *qn*) ◇_(을) **붙이다** faire filer *qn*. ◇_**이 붙다** être pris(*e*) en filature. ¶ 재범자에게는 ~이 붙는 경우가 많다 Un récidiviste est souvent pris en filature.

◆**_자** -者 명 personne *f* [détective *m*, policier *m*] qui file *qn*. ¶ ~자를 따돌리다 se débarrasser de [se défaire de, semer] celui qui *le* suit [file].

미혹 迷惑 명 ① ensorcellement *m*; séduction *f*; fascination *f*, éblouissement *m*, abasourdissement *m*, ahurissement *m*, enchantement *m*; perplexité *f*. ② embarras *m*, confusion *f*. ¶ ~에 빠지다 être ensorcelé(*e*), envoûté(*e*), fasciné(*e*), ébloui(*e*), séduit(*e*), tomber sous le charme, se laisser prendre [séduire] par *qc*/*qn*.

미혼 未婚 명 célibat *m*; célibataire *mf*. ¶ ~ 여성 une femme célibataire. ¶ 언니는 아직 ~으로 박사학위를 준비하고 있다 Ma grande sœur prépare sa thèse alors qu'elle est encore célibataire / Ma grande sœur, qui ne pense pas encore au mariage, prépare une thèse. ¶ 그 남자는 아직 ~이다 Il n'est pas encore marié / Il est célibataire.

◆**_자** -者 명 célibataire *mf*, personne *f* non mariée, homme *m* [femme *f*] non marié(*e*).

미혼모 未婚母 명 mère célibataire *f*; ((경멸적)) fille-mère(*~s-~s*) *f* {*vx*}. ¶ ~ 문제 le problème des mères célibataires.

미화[1] 美貨 명 dollar *m* américain. ¶ ~로 지불하다 payer en dollars américains.

미화[2] 美化 명 embellissement *m*; esthétisation *f*, idéalisation *f*. ¶ ~ 작업 un travail [une opération] d'embellissement. ◇_(를) **하다[시키다]** rendre *beau*(*belle*), embellir [enjoliver] ((une histoire)), broder, parer, agrémenter; rendre propre ((l'environnement)); idéaliser ((un personnage, un modèle)). ¶ 그 영화는 폭력을 ~하고 있다 Ce film esthétise la violence. ¶ 사람들은 대부분 과거를 ~하려는 습성이 있다 La plupart des gens ont l'habitude d'embellir le passé. ◇_(가) **되다** être embelli(*e*), enjolivé(*e*), idéalisé(*e*). ¶ 그에 관한 얘기는 지나치게 ~되어 있다 Ce qu'on dit de lui est trop beau. ¶ 그의 범죄는 추종자들에 의해 숭고한 행동으로 ~되었다 Son crime a été magnifié par ses acolytes qui en ont fait un acte noble / Ses acolytes ont fait de son crime un acte noble.

◆**_법** -法 명 【문학】 euphémisme *m*.

◆**_원** -員 명 ((거리)) balayeu*r*(*se*); cantonnier *m*; ((공공건물)) technicien(*ne*) de surface. ¶ 환경 ~원 balayeu*r*(*se*); cantonnier.

◆**환경_** 環境- 명 embellissement *m* de l'environnement.

미확인 未確認 어근 non confirmé(*e*); non identifié(*e*); non certifié(*e*); non vérifié(*e*). ¶ ~ 비행물체 un O.V.N.I. ((Objet Volant Non Identifié)). ¶ ~ 보도에 의하면 selon une nouvelle [information] non confirmée.

미흡 未洽 명 insuffisance *f*, manque *m*. ¶ 도서관 시설의 ~과 교수진의 부족 l'insuffisance des équipements dans la bibliothèque et le manque de professeurs.

◆**_하다** 형 être insuffisant(*e*); être incomple*t*(*ète*). ¶ 설비가 ~하다 L'équipement est insuffisant / On manque d'équipement [d'outillage]. ¶ ~한 면이 있다 Il y a une lacune [un défaut, une négligence, un manque] de soin [d'attention].

ㅁ

미희 美姬 명 beauté *f*; jolie fille *f* [femme *f*].

믹서 영{mixer} 명 mixeur *m*, batteur *m*, robot *m* culinaire. ¶ 과일을 ~로 갈다 mixer les fruits, passer les fruits au mixeur.

믹서기 -器 명 ☞ 믹서

믹스 영{mix} 명 mélange *m*. ◇_(를) **하다** mélanger. ◇_(가) **되다** être mélangé(*e*).

민[1] **民** 명 civil(*e*). ¶ ~과 군이 합심해서 홍수 피해 지역의 복구에 나섰다 Les civils et les militaires se sont unis pour reconstruire cette zone sinistrée (par une inondation).

-민[2] **-民** 접미 peuple *m*. ¶ 유목~ le peuple nomade, les nomades. ¶ 실향~ peuple expatrié, peuple exilé. ¶ 이주~ peuple immigré, peuple émigré. ¶ 영세~ les indigents, les pauvres, les nécessiteux, les personnes dans le besoin.

민-[3] 접두 sans ornements, sans décorations, dépourvu d'ornements [de décorations], sans motifs, nu(*e*), tout(*e*) simple, sobre. ¶ ~가락지 un anneau dépourvu d'ornements, une bague toute simple. ¶ ~비녀 une épingle à cheveux toute simple [sans ornements, sans décorations]. ¶ ~소매 ((un vêtement)) sans manche; un débardeur.

민-[4] 접두 dépourvu(*e*) de, qui n'a pas de. ¶ ~꽃식물 les plantes cryptogames [dépourvues de fleur], les cryptogames. ¶ ~척추 동물 les invertébrés.

민가 民家 명 maison *f* des habitants ordinaires[civils]. ¶ 도적 떼들이 ~를 털었다 Une bande de voleurs a cambriolé les maisons des habitants. ¶ 탈영병들이 ~에 침입했다 Des déserteurs se sont introduits dans une maison des habitants.

민간 民間 명 civil(*e*); privé(*e*), non officiel(*le*), non gouvernement*al*(*ale*, *ales*, *aux*). ¶ ~ 기업 une entreprise privée; le secteur privé. ¶ ~ 단체 une organisation non gouvernementale, une ONG. ¶ ~ 무역 échanges commerciaux [commerce international] dans le secteur privé. ¶ ~ 사절 un mandataire non gouvernemental. ¶ ~ 설화 contes et légendes populaires, contes [histoires] populaires. ¶ ~ 신앙 une croyance populaire [locale]. ¶ ~ 여객기 un avion de passagers civils. ¶ ~ 외교 relations non officielles. ¶ ~ 요법 médecine traditionnelle; un (vieux) remède populaire; ((경멸적)) un remède de bonne femme {*fam*} [de grand-mère {*fam*}]. ¶ ~ 전승 le folklore, traditions populaires. ¶ ~ 투자 investissements privés. ¶ ~ 항공 l'aviation civile. ¶ ~ 주도의 사업 les entreprises à l'initiative du secteur privé. ¶ ~에 널리 퍼진 처방 un vieux remède populaire très répandu.

◆**_어원(설)** -語源(說) 명 étymologie *f* populaire.

민간인 民間人 명 civil(*e*); population *f* civile. ¶ ~ 출입금지 지역 une zone interdite aux civils.

민감 敏感 어근 sensibilité *f*.

◆**_하다** 형 être sensible; être émoti*f*(*ve*), impressionnable; ne pas être de bois; avoir un sens aigu (des réalités). ¶ ~한 문제 un problème [une question, un sujet] sensible. ¶ 시사문제에 ~하다 être sensible aux sujets [aux problèmes, aux questions] d'actualité. ¶ 그런 일에 너무 ~하게 반응하지 마라 Ne t'émeus pas [Ne réagis pas comme ça] pour si peu / Ne te trouble [te démonte] pas pour si peu.

◆**_히** 부 avec sensibilité. ¶ 온도 변화에 ~히 반응하다 être sensible au changement de température.

◆**_성** -性 명 sensibilité *f*. ¶ ~성 피부 une peau sensible.

민관군 民官軍 명 citoyens, fonctionnaires et militaires *mpl*, sociétés *fpl* civiles, gouvernementales et militaires. ¶ ~이 단합하여 재해를 극복했다 Citoyens, fonctionnaires et militaires se sont unis pour surmonter la catastrophe.

민권 民權 명 droits *mpl* civiques [du citoyen]. ¶ ~을 옹호하다 défendre [sauvegarder] les droits civiques.

◆**_론** -論 명 traité *m* de droits civiques.

◆**_신장** -伸張 명 développement *m* des droits du citoyen.

◆**_운동** -運動 명 mouvement *m* pour la protection [défense] des droits du citoyen.

민단 民團 명 *mindan m* <abréviation de l'Association (pro-sud-coréenne) des résidents coréens au Japon>.

◆**_대표부** -代表部 명 Représentation *f* de l'Association (pro-sud-coréenne) des résidents coréens au Japon.

◆**재일한국거류_** 在日韓國居留- 명 Association *f* (pro-sud-coréenne) des résidents coréens au Japon.

민달팽이 명 limace *f*.

민담 民譚 명 contes *mpl* et légendes *fpl* populaires.

◆**_집** -集 명 recueil *m* de contes populaires.

민도 民度 명 niveau(*x*) *m* ((culturel, moral, économique, intellectuel, d'instruction)) d'un pays [d'une région]. ¶ 이 지역의 주민들은 ~가 매우 높다 [낮다] Le niveau culturel (et moral) de cette région est élevé [reste bas].

민둥산 -山 명 colline *f* [montagne *f*] nue [déboisée].

민들레 명 【식물】 pissenlit *m*, dent-de-lion (~*s*-~-~) *f*.

민란 民亂 명 révolte *f*, rébellion *f*, insurrection *f*, soulèvement *m*. ¶ ~을 일으키다 se révolter, s'insurger contre ((un tyran)). ¶ ~이 일어났다 Une révolte a éclaté.

민망 어근 embarras *m*, gêne *f*, honte *f*.

◆**_하다** 형 être embarrassé(*e*), gêné(*e*), mal à l'aise, confus(*e*); se sentir gêné(*e*), être dans l'embarras; avoir honte pour *qn*. ¶ 그는 어린아이에게 그런 부탁을 하기가 ~해서 입을 열지 못했다 Honteux de devoir demander un service pareil à un enfant, il est resté muet. ¶ 약속에 늦은 것을 몹시 ~하게 생각하다 [여기다] être terriblement confus(*e*) d'être

[d'arriver] en retard à un rendez-vous. ¶ 남들 보기에 ~하게 차림새가 그게 뭐니? Ta tenue a si peu de classe que j'ai honte pour toi.
◆_스럽다 형 être honteux(*se*), embarrassant(*e*), gênant(*e*); inspirer la honte. ¶ 쳐다보기가 ~스러운 광경 un spectacle honteux à voir [dont la vue est honteuse, qui inspire la honte].
민머리 명 ① (tête *f*, crâne *m*) chauve. ② personne *f* sans poste officiel.
민며느리 명 future belle-fille *f* (qui vit dans la maison de ses futurs beaux-parents). ¶ ~를 얻다 avoir *sa* future belle fille chez *soi* [à la maison]. ¶ ~로 들어가다 aller vivre dans la maison de *ses* futurs beaux-parents (avant le mariage).
◆_제 -制 명 【민속】 coutume *f* par laquelle une jeune fille est adoptée comme future belle-fille ((par sa belle-famille)).
민물 명 eau(*x*) *f* douce.
◆_고기 명 poisson *m* d'eau douce.
◆_낚시 명 pêche *f* en eau douce.
◆_조개 명 coquillage *m* d'eau douce.
민박 民泊 명 pension *f* de famille. ¶ 이 지역에서는 ~이 하룻밤에 만원이다 Dans cette région, la pension de famille est à environ 10 000 wons la nuit. ◇_(을) 하다 dormir dans une pension de famille, prendre pension [une chambre] chez des particuliers. ◇_(을) 받다 recevoir [héberger] *qn* en pension chez *soi*.
◆_집 명 pension *f* de famille.
민방 民放 명 chaîne *f* privée.
민방위 民防衛 명 défense *f* civile. ¶ ~ 훈련 entraînement de la défense civile. ¶ ~ 체제 système de défense civile.
◆_대 -隊 명 corps *m* de défense civile, organisation *f* civile de la Défense nationale, milices *fpl* (populaires).
◆_본부 -本部 명 siège *m* de la Défense civile.
민법 民法 명 【법률】 code *m* civil, droit *m* civil.
◆_학자 -學者 명 spécialiste *m* [professeur *m*] de droit civil, jurisconsulte *m* en droit civil.
민병 民兵 명 milicien(*ne*).
◆_대 -隊 명 milice *f* (populaire). ¶ 레바논의 기독교 ~대 milice chrétienne du Liban, les phalanges libanaises.
민본주의 民本主義 명 démocratie *f*.
민비 閔妃 명 【역사】 la reine *f* Min, dite l'impératrice *f* Myeongseong <épouse de l'empereur Gojong ((1851-1895))>.
민사 民事 어근 affaires *fpl* civiles; civil(*e*).
◆_(소송)법 -(訴訟)法 명 code *m* civil.
◆_부 -部 명 département *m* des affaires civiles.
◆_사건 -事件 명 affaire *f* [cause *f*] civile.
◆_소송 -訴訟 명 procès *m* civil, poursuite *f* [action *f*] (judiciaire) civile.
◆_재판 -裁判 명 procès *m* civil.
◆_재판소 -裁判所 명 tribun*al*(*aux*) *m* civil.
◆_책임 -責任 명 responsabilité *f* civile.
민생 民生 명 vie *f* du peuple. ¶ ~ 안정 la stabilité de la vie du peuple. ¶ ~ 문제 un problème concernant la vie du peuple. ¶ ~ 관련 법안 un projet [une proposition] de loi pour le bien-être du peuple.
◆_치안 -治安 명 ordre *m* public.
민생고 民生苦 명 difficultés *fpl* (économiques) du peuple. ¶ ~를 해결하다 régler les difficultés économiques du peuple; ((비유적)) se sustenter, se restaurer.
민선 民選 명 élection *f* par le peuple. ¶ ~ 시장[의원] maire [député] élu par le peuple.
민속 民俗 명 coutume *f* d'un peuple, folklore *m*. ¶ 전래 ~ héritage du folklore. ¶ ~ 자료 document sur le folklore, élément *m* d'information folklorique.
◆_공예품 -工藝品 명 objet *m* artisanal [d'art] folklorique.
◆_극 -劇 명 théâtre *m* folklorique.
◆_놀이 명 jeu(*x*) *m* traditionnel (et région*al*(*aux*)).
◆_무용 -舞踊 명 danse *f* folklorique.
◆_박물관 -博物館 명 musée *m* folklorique.
◆_신앙 -信仰 명 croyance *f* régionale [locale].
◆_예술 -藝術 명 art *m* folklorique.
◆_음악 -音樂 명 musique *f* folklorique.
◆_촌 명 village *m* folklorique.
◆_학 -學 명 ethnologie *f*.
◆_학자 -學者 명 folkloriste *mf*, spécialiste *mf* du folklore.
민숭민숭하다 형 ① ((la tête)) ne pas avoir de cheveux, ne pas avoir de poils; ((la peau)) être lisse; être chauve, glabre, dénudé(*e*), pelé(*e*); ((la montagne)) être déboisé(*e*), nu(*e*), dénudé(*e*). ② ((정신)) avoir encore toute *sa* tête ((après avoir bu de l'alcool)), avoir encore [garder] toute *sa* lucidité, être encore lucide, rester lucide, ne pas être ivre [soûl(*e*)], avoir l'esprit sain [lucide, éveillé], être toujours sain d'esprit. ③ ((맛)) être fade, insipide; ((분위기)) être pénible, lourd(*e*); se sentir gêné(*e*), embarrassé(*e*) [mal à l'aise]. ¶ 국물이 ~ Le bouillon manque de goût [est insipide]. ¶ 그 날 모임은 사람들이 서로 잘 알지 못해서 분위기가 영 민숭민숭했다 Lors de cette réunion, comme les membres ne se connaissaient pas bien, il régnait une ambiance pénible [lourde] [tout le monde se sentait mal à l'aise].
민습 民習 명 coutume *f* [habitude *f*] d'un peuple.
민심 民心 명 sentiment *m* populaire; opinion *f* du peuple. ¶ ~을 잃다 perdre le soutien du peuple. ¶ ~을 얻다[사다] gagner [s'attirer] la faveur [le soutien] du peuple. ¶ ~을 동요시키다 jeter de l'inquiétude parmi le peuple, lancer l'agitation [le trouble] dans le peuple. ¶ ~을 수습할 묘책을 찾지 못하다 ne pas trouver les mesures appropriées pour rassembler l'opinion publique. ¶ ~에 역행하는 정부

ㅁ

un gouvernement qui va à l'encontre de l'opinion publique. ¶ ~이 점차 정부로부터 멀어졌다 Le gouvernement s'est de plus en plus aliéné le peuple. ¶ ~이 흉흉하다 Le peuple est agité.

*~은 천심 La voix du peuple est la voix de Dieu / 《라틴어》 *Vox populi, vox Dei* / Voix du peuple, voix de Dieu.

민어 民魚 명 sciène *f*, *Nibea imbricata.*

민영 民營 명 direction *f* [administration *f*] privée. ¶ ~ 방송 une émission privée.

◆_**화** -化 명 privatisation *f* (d'une entreprise). ¶ 국영기업체의 ~화 privatisation des entreprises d'État. ¶ ~화하다 privatiser *qc*. ¶ ~화되다 être privatisé(*e*).

민예품 民藝品 명 produit *m* artisanal, objet *m* folklorique.

민완 敏腕 어근 compétence *f*, aptitude *f*, capacité *f*; grande habileté *f*. ¶ ~ 형사 un inspecteur très compétent [habile]. ¶ ~ 가드 《농구》 un arrière très rapide et habile.

민요 民謠 명 chanson *f* populaire [folklorique, régionale].

◆_**풍** -風 명 le style *m* des chansons populaires.

민원[1] 民怨 명 rancune *f* [haine *f*] du peuple. ¶ ~을 사다 s'attirer la haine du peuple.

민원[2] 民願 명 requête *f* [demande *f*, pétition *f*] civile; plainte *f* [réclamation *f*] (d'un citoyen). ¶ ~ 서류 une demande [requête] civile écrite; une demande de permis 《de construire》; une pétition. ¶ ~을 내다 [제기하다] présenter une pétition, demander une autorisation, s'adresser à une autorité pour faire reconnaître l'existence d'un droit, réclamer *qc* auprès d'une autorité. ¶ 관청에 ~이 많이 들어왔다 Beaucoup de gens ont fait des réclamations [requêtes] auprès du bureau de l'administration. ¶ 정부의 이번 조치와 관련하여 ~이 쇄도하고[많은 ~이 발생하고] 있다 Des réclamations affluent pour protester contre les dernières mesures du gouvernement.

◆_**실** -室 명 service *m* des affaires civiles. ¶ 구청 ~실 service des affaires civiles d'une mairie.

◆_**인** -人 명 personne *f* qui fait une demande civile.

민의 民意 명 volonté *f* [opinion *f*] du peuple; opinion *f* publique. ¶ ~를 묻다 consulter l'opinion du peuple, consulter la nation [le peuple]. ¶ ~를 무시[존중]하다 mépriser [respecter] la volonté du peuple. ¶ ~를 반영하다 refléter la volonté du peuple.

민의원 民議院 명 《autrefois》 Assemblée *f* nationale; Chambre *f* des députés; Parlement *m*; 《영국》 Chambre *f* basse [des communes]; 《미국》 Chambre *f* des représentants. ¶ ~ 선거 《autrefois》 élections législatives.

민자 民資 명 capit*al*(*aux*) *m* privé. ¶ ~를 유치하다 solliciter l'investissement de capitaux (privés) étrangers.

민정[1] 民政 명 administration *f* civile, gouvernement *m* du peuple, gouvernement *m* civil; affaires *fpl* de l'État pour le bien-être du peuple. ¶ ~ 장관 gouverneur civil. ¶ 대통령 비서실 ~ 수석 le chef [responsable] de l'administration civile du bureau présidentiel. ¶ ~을 실시하다 établir un gouvernement civil.

◆_**관** -官 명 administrateur *m* civil.

◆_**이양** -移讓 명 transfert *m* dans [vers] l'administration civile.

민정[2] 民情 명 situation *f* du peuple, conditions *fpl* (de vie) du peuple. ¶ ~을 살피다 observer les conditions (de vie) du peuple. ¶ ~을 시찰하다 observer [inspecter] les conditions du peuple.

민족 民族 명 nation *f*, peuple *m*; race *f*; ethnie *f*, groupe *m* ethnique. ¶ ~ 해방 운동 mouvement de libération nationale.

◆_**적** -的 명 nation*al*(*ale*, *ales*, *aux*). ¶ ~적 시련 une épreuve nationale. ¶ 모든 ~적 편견을 버리자 Débarrassons-nous de tous les préjugés raciaux! / Il faut combattre tous les préjugés raciaux.

◆_**성** -性 명 caractère *m* national [ethnique], trait *m* caractéristique d'un peuple [d'une nation].

◆_**감정** -感情 명 (sentiment *m* de) fierté *f* nationale, sentiment *m* du peuple, conscience *f* nationale. ¶ 한국인의 ~ 감정을 해치다 porter atteinte à la fierté nationale des Coréens. ¶ 양국 간에는 해묵은 ~ 감정이 있다 Il existe entre ces deux pays un vieux sentiment de haine national.

◆_**국가** -國家 명 pays *m* constitué d'une seule ethnie.

◆_**문학** -文學 명 littérature *f* nationale.

◆_**문화** -文化 명 culture *f* nationale.

◆_**사** -史 명 histoire *f* nationale.

◆_**애** -愛 명 amour *m* pour *sa* nation, patriotisme *m*.

◆_**운동** -運動 명 mouvement *m* nationaliste.

◆_**의식** -意識 명 conscience *f* nationale.

◆_**자결** -自決 명 autodétermination *f* [libre disposition *f*, souveraineté *f*] des peuples.

◆_**자결주의** -自決主義 명 principe *m* de souveraineté; principe *m* de l'autodétermination [de la libre disposition] des peuples.

◆_**정신** -精神 명 esprit *m* national; sentiment *m* national.

◆_**주의** -主義 명 nationalisme *m*.

◆_**주체성** -主體性 명 identité *f* nationale, fierté *f* nationale 《북한의 민족구체의식》 esprit *m* du *juché* national 《théorie nationaliste sur lequel repose la pensée totalitariste du régime nord-coréen》.

◆_**학** -學 명 ethnologie *f*.

◆_**혼** -魂 명 esprit *m* national, âme *f* (collective) d'un peuple.

◆**다**_ **국가** 多-國家 명 pays *m* multiracial.

◆**단일**_ 單一- 명 une seule ethnie.

◆**소수**_ 少數- 명 minorité *f* ethnique.

민주 民主 명 souveraineté *f* du peuple; démocratie *f*. ¶ ~ 정치 une politique démocratique, une démocratie. ¶ ~ 사회[국가] une société [un pays] démocratique. ¶ ~ 공화국 une république démocratique. ¶ 성숙한 ~ 시민의 자세 attitude [sens, esprit] civique, sens des responsabilités et des devoirs civils [du citoyen].

◆_적 -的 명 démocratique. ¶ ~적인 절차 une procédure démocratique. ¶ ~적인 제도 un régime [une institution, un système] démocratique. ¶ 갈등을 ~적으로 해결하다 régler un conflit de manière démocratique [démocratiquement].

◆_화 -化 명 démocratisation *f*. ¶ ~화 운동 mouvement de démocratisation. ¶ ~화(를) 하다 démocratiser. ¶ ~화(가) 되다 être démocratisé(*e*).

민주공화당 民主共和黨 명 parti *m* démocrate républicain.

민주당 民主黨 명 parti *m* démocrate.

민주주의 民主主義 명 idéologie *f* de démocratie, démocratie *f*.

◆_적 -的 명 démocratique.

◆_자 -者 명 démocrate.

◆대의_ 代議 명 démocratie *f* représentative.

◆사회_ 社會- 명 démocratie *f* socialiste.

◆의회_ 議會- 명 démocratie *f* parlementaire.

◆직접[간접]_ 直接[間接]- 명 démocratie *f* directe [indirecte].

민중 民衆 명 peuple *m*, masses *fpl* (populaires). ¶ ~ 예술 l'art des masses. ¶ ~ 봉기 une révolte populaire.

◆_적 -的 명 populaire, des masses. ¶ ~적 휴머니즘 humanisme populaire.

◆_가요 -歌謠 명 chant *m* populaire.

◆_극 -劇 명 théâtre *m* populaire.

◆_문학 -文學 명 littérature *f* populaire.

◆_문화 -文化 명 culture *f* populaire.

◆_미술 -美術 명 art *m* des masses.

◆_운동 -運動 명 mouvement *m* populaire [des masses].

◆_의식 -意識 명 conscience *f* populaire.

민짜 명 sans motif, sans dessin, sans imprimé. ¶ 그냥 ~로 (깨끗하게) 나온 셔츠는 없습니까? N'y aurait-il pas de t-shirt sans motif [sans dessin]?

민첩 敏捷 어근 agilité *f*, vivacité *f*, promptitude *f*, rapidité *f*, vélocité *f*.

◆_하다 형 être agile, vif(*ve*), leste, prompt(*e*), alerte. ¶ ~하게 움직이다 bouger alertement [avec vivacité, avec agilité, avec promptitude].

◆_히 부 avec agilité. ¶ ~히 행동하다 se comporter [agir] avec agilité.

◆_성 -性 명 agilité *f*, vivacité *f*, promptitude *f*, rapidité *f*, vélocité *f*. ¶ ~성 테스트 un test d'agilité.

민초 民草 명 peuple *m*.

민통선 民統線 명 no man's land *m* ((une zone interdite aux civils)).

민폐 民弊 명 abus *m* (dont souffre le peuple). ◇_(를) 끼치다 ① ((des fonctionnaires publics)) outrepasser *son* autorité, faire souffrir le peuple en abusant de *son* autorité. ② abuser de *qn*; se comporter sans délicatesse à l'égard de *qn*.

민하다 형 être un peu stupide [sot(*e*), bête].

민항 民航 명 compagnie *f* aérienne privée.

◆_기 -機 명 avion *m* [appareil *m*] de l'aviation civile; avion *m* d'une compagnie (aérienne) privée.

민화[1] 民畵 명 peinture *f* [tableau *m*] populaire.

민화[2] 民話 명 conte *m* populaire.

민화투 -花鬪 명 *minhwatu m*, *hwatu m* <jeu de cartes d'origine japonaise *hana fuda*>. ¶ ~를 치다 jouer au (*min*)*hwatu*.

민회 民會 명 association *f* populaire. ¶ 그리스~ Assemblée générale des Citoyens en Grèce.

믿기다 자 pouvoir croire; être crédible; être convaincu(*e*). ¶ 믿기지 않는 사실 un fait incroyable. ¶ 나는 그의 말이 전혀 믿기지 않았다 Je ne pouvais pas du tout croire son discours / Je ne pouvais pas du tout accorder confiance à ses paroles. ¶ 그 사람이 살아서 돌아왔다는 사실이 내게는 아무래도 믿기지 않았다 Néanmoins je ne pouvais pas croire qu'il soit revenu vivant.

믿다 자타 ① croire (à) *qc*; croire *qn*, croire en *qn*, avoir confiance en *qn*, compter sur *qn*, se fier à *qn*, admettre, se fier. ¶ 의학을 ~ avoir confiance en la médecine. ¶ 나는 그 남자를 믿는다 Je lui fais confiance. ¶ 나는 이 친구를 전적으로 믿고 있다 J'ai une confiance totale [absolue] en cet ami. ¶ 그 사람은 인류의 미래를 믿지 않는다 Il ne croit pas en l'avenir de l'humanité. ¶ 나는 너의 말[약속]을 믿을 수 없다 Je ne peux pas croire à ta parole [à ta promesse]. ¶ 나는 당신이 내게 말한 것을 믿는다 Je crois ce que vous m'avez dit. ¶ 나는 정직이 최선책임을 믿는다 Je crois que l'honnêteté est la meilleure solution. ¶ 이제 누구를 믿어야 할지 모르겠다 On ne sait plus à qui se fier / On ne sait plus qui croire. ¶ 이 증인은 믿을 만하다 Ce témoin est crédible. ¶ 믿을 만한 소식통에 의한 정보 un renseignement de source sûre [autorisée]. ② 생각하다 croire que+*ind*. ¶ 나는 내가 옳다고 믿는다 Je crois avoir raison. ¶ 우리는 모든 것이 잘 되리라고 믿는다 Nous croyons que tout se passera bien. ¶ 사람들은 그 남자가 정직하다고 믿는다 Les gens croient qu'il est honnête. ¶ 나는 그 남자가 떠난 줄로 믿었다 J'ai cru qu'il était parti. ¶ 우리들은 그 사람의 말을 사실로 믿는다 Nous considérons que ses paroles sont vraies [sincères]. ¶ 사람들은 그 사람을 신으로 믿고 있다 Les gens le prennent pour un dieu. ③ (신앙으로) 믿다 croire ((aux fantômes, en Dieu)); avoir la foi. ¶ 그 여자는 천주교[개신교, 불교]를 믿는다 Elle est catholique [protestante, bouddhique]. ¶ 그 사람은 하느님을 믿는다 Il croit en Dieu. ¶ 그 여자는 아직도 유령[점성술]을 믿는다 Elle croit encore aux fantômes [à l'astrologie, à la divination].

***믿는 도끼에 발등 찍히다** être trahi(*e*) par *qn* en qui on croit.

믿음 명 ① foi *f*, croyance *f*, confiance *f*. ¶ 부모님의 ~을 저버리다 ne pas répondre à la confiance de *ses* parents. ¶ 그는 항상 우리에게 ~을 준다 Nous pouvons toujours avoir confiance en lui / Il est toujours fiable pour nous / Nous pouvons toujours nous fier à lui. ¶ 그는 아들이 성공하리라는 ~을 버리지 않았다 Il croit toujours au succès [à la réussite] de son fils. ¶ 그 여자는 자기 남편에 대한 ~이 두텁다 Elle a entièrement confiance en son mari. ¶ 그(에게)는 도무지 ~이 가지 않는다 Je ne lui fais pas du tout confiance / Je ne crois pas du tout en lui. ¶ 그 사람 말에는 별로 ~이 안 간다 Je ne crois pas en ce qu'il dit / Je doute de ses paroles. ② 신앙 foi *f*, croyance *f*. ¶ ~을 가지다 avoir la foi; être croyant(*e*). ¶ 그는 ~이 깊다 Il a la foi / Il a une foi profonde / Il est très croyant.

◆_**성** -性 명 honnêteté *f*, sûreté *f*, confiance *f*; crédibilité *f*; loyauté *f*. ¶ 누구의 태도에서 ~성을 느끼다 ressentir de la loyauté dans l'attitude de *qn*. ¶ 그는 마을에서 제일 ~성 있는 청년이다 C'est le jeune le plus honnête du quartier / C'est le jeune qui est le plus digne de confiance dans le quartier.

믿음직스럽다 형 être [paraître] digne de confiance; être sûr(*e*), solide; être fidèle; être fiable, crédible; mériter crédit; être plein(*e*) d'avenir [de promesses], avoir un avenir prometteur; être prometteu*r*(*se*). ¶ 믿음직스러운 태도 une attitude digne de confiance. ¶ 믿음직스러운 청년 un jeune homme plein d'avenir [de promesses], un jeune qui a un avenir prometteur [avec un avenir prometteur, qui promet beaucoup, qui a de l'avenir, avec un bel avenir devant lui, avec un bel avenir en perspective]. ¶ 그는 언제 보아도 ~ On peut toujours avoir confiance en lui / On peut toujours se reposer sur lui. ¶ 믿음직스럽게 말하다 parler avec assurance [avec sûreté, avec fermeté]; parler en donnant confiance. ☞ 믿음직하다

믿음직하다 형 être [paraître] digne de confiance; être sûr(*e*), solide; être fidèle; être fiable, crédible; mériter crédit; être plein(*e*) d'avenir [de promesses]; être prometteu*r*(*se*). ¶ 믿음직한 나의 아들 mon fils en qui je crois [en qui j'ai une totale confiance, en qui j'ai toute confiance]. ¶ 무슨 일을 시켜도 그는 왠지 믿음직하지가 않다 Quel que soit ce que je lui commande de faire, je ne peux avoir confiance en lui / Peu importe le travail que je lui demande, je ne peux pas lui faire confiance.

밀[1] 명 blé *m*, froment *m*.

◆_**가루** 명 farine *f* de blé. ¶ ~가루 반죽 la pâte de blé. ¶ ~가루 음식 un plat à base de (farine de) blé; un pain [un gâteau] de farine de blé. ¶ ~가루를 빻다 moudre du blé.

◆_**밭** 명 champ *m* de blé.

◆_**알** 명 grains *mpl* de blé.

◆_**짚** 명 paille *f* de blé.

밀-[2] 密 접두 illég*al*(*ale*, *ales*, *aux*), clandestin(*e*). ¶ ~거래 des transactions illégales. ¶ ~입국 une entrée clandestine [illégale] dans un pays. ¶ ~도살 l'abattage illégal (de bestiaux). ¶ ~반출 un transport illégal. ¶ ~무역 de la contrebande; un commerce clandestin; un trafic clandestin [frauduleux]; une vente clandestine.

밀가루 명 farine *f* (de blé). ☞ 밀[1]

밀감 蜜柑 명 mandarine *f*, clémentine *f*. ¶ ~ 껍질 une écorce de mandarine. ¶ ~ 나무 un mandarinier; un clémentinier.

밀거래 密去來 명 trafic *m* (clandestin, illicite), transaction *f* sous le manteau. ◇_(를) **하다** trafiquer, faire des transactions[vendre *qc*] sous le manteau. ¶ 마약을 ~하다 faire du trafic de drogue, vendre de la drogue. ◇_(가) **되다** être vendu(*e*) sous le manteau.

밀고 密告 명 dénonciation *f*, délation *f*, mouchardage *m* {*fam*}. ¶ 이웃의 ~로 감옥에 끌려가다 être conduit(*e*) en prison à cause de la délation de *son* voisin. ◇_(를) **하다** dénoncer *qn*, moucharder *qn* {*fam*}, cafarder *qn* {*fam*}, faire le cafard {*fam*}, cafeter *qn* {*fam*}. ¶ 반체제 인사들을 당국에 ~하다 dénoncer aux autorités des personnes opposées au système [au régime]. ¶ 그가 나를 공산주의자라고 경찰에 ~하였다 Il m'a dénoncé(*e*) à la police : il a dit que j'étais communiste. ◇_(를) **당하다** se faire dénoncer.

◆_**자** -者 명 dénoncia*teur*(*trice*), déla*teur*(*trice*), indica*teur*(*trice*), rapporteu*r*(*se*), mouchard(*e*) {*fam*}, cafardeu*r*(*se*) {*fam*}.

◆_**장** -狀 명 lettre *f* de dénonciation.

밀교 密敎 명 bouddhisme *m* ésotérique.

밀기울 명 son *m* de blé.

밀다 타 ① pousser, repousser, avancer. ¶ 비탈에서 차를 ~ pousser une voiture dans une montée. ¶ 손수레를 ~ pousser un chariot. ¶ 나는 책상을 조금 앞으로 밀었다 J'ai poussé mon bureau un peu vers l'avant. ¶ 항만 건설을 계획대로 밀고 나가다 poursuivre la construction du port selon le plan. ¶ 그 사람은 자기 계획[주장]을 끝까지 밀고 나갔다 Il a poussé en avant son plan [son affirmation] jusqu'au bout. ② étendre ((de la pâte avec un rouleau)), aplanir *qc*; mettre *qc* de niveau; égaliser ((un chemin, un terrain)), raboter, raser; ((때를)) enlever les cellules mortes de la peau, faire un massage exfoliant ((à *qn*)). ¶ 밀가루 반죽을 밀대로 ~ aplanir la pâte avec un rouleau. ¶ 널판지를 대패로 ~ Il raboter la planche. ¶ 불도저로 언덕을 밀어 집터를 닦다 égaliser [niveler] avec un bulldozer une colline pour aménager un terrain à bâtir. ¶ 머리[수염]를 ~ raser la tête [la barbe]. ¶ 때를 ~ enlever les cellules mortes de la peau, faire un massage exfoliant ((à *qn*)). ③ 지지하다 pousser, aider, soutenir, apporter son appui à *qn*; recommander *qn*. ¶ 나는 너를 끝까지 밀겠다 Je te

pousserai [soutiendrai] jusqu'au bout. ¶ 우리는 그 사람을 의장 후보로 밀었다 Nous lui avons apporté notre appui pour sa candidature à la présidence.
*밀고 당기다 se disputer, se quereller, avoir une querelle [une altercation, une prise de bec] avec *qn*. ¶ 나는 가격을 놓고 그 사람과 한참을 밀고 당겼다 J'ai négocié pendant longtemps le prix avec cette personne.

밀담 密談 명 entretien *m* secret. ◇_(을) 하다[나누다] avoir un entretien secret; s'entretenir en secret [secrètement] avec *qn*. ¶ 그들은 문을 걸어 닫고 ~을 나누었다 Ils ont eu un entretien à huis clos [à portes fermées].

밀도 密度 명 densité *f*. ¶ 물은 공기보다 ~가 높다 L'eau est plus dense que l'air.
◆_계 -計 명 densimètre *m*.
◆인구_ 人口- 명 densité *f* de population. ¶ 서울의 인구~ la densité de population de Séoul. ¶ 벨기에는 인구~가 가장 높은 나라였다 La Belgique était le pays dont la densité de population était la plus importante.

밀도살 密屠殺 명 abattage *m* clandestin [illégal] (de bestiaux). ¶ ~을 단속하다 réprimer l'abattage clandestin. ◇_(을) 하다 abattre ((du bétail, des bestiaux)) clandestinement.

밀떡 명 pain *m* de farine de blé.

밀랍 蜜蠟 명 cire *f* (d'abeilles). ¶ ~ 인형 une poupée de cire.

밀레니엄 영{millennium} 명 millénaire *m*.

밀려가다 자 être poussé et aller [s'en aller], se laisser pousser. ¶ 하늘에 구름이 밀려간다 Des nuages se laissent pousser dans le ciel. ¶ 청중들 틈에 끼어 ~ se laisser pousser dans la foule.

밀려나다 자 être poussé dehors, mis dehors, éjecté, rejeté, repoussé. ¶ 그 사람은 나이가 들어 자리에서 밀려났다 Étant âgé, il a été repoussé de son poste.

밀려다니다 자 faire des va-et-vient en bande, se laisser entraîner. ¶ 쓸데없이 이리저리 밀려다니지 말고 일찍 들어와라! Ne te laisse pas détourner ici et là par les gens et rentre tôt!

밀려들다 자 être poussé et entrer, arriver en foule, arriver à flots, envahir. ¶ 손님이 밀려든다 Les clients arrivent en masse. ¶ 시장 개방으로 외국 제품들이 한국으로 한꺼번에 밀려들고 있다 Par l'ouverture du marché, les produits étrangers entrent en Corée à flots.

밀려오다 자 être poussé et venir [arriver], arriver à flots [en quantité], affluer. ¶ 쓰레기가 파도를 타고 해변에 밀려왔다 Poussés par les vagues, des déchets sont arrivés à flots sur le rivage. ¶ 파도가 해변으로 거세게 밀려온다 Des vagues affluent violemment vers[sur] la côte.

밀렵 密獵 명 braconnage *m*. ◇_(을) 하다 braconner ((la palombe)). ¶ 멧돼지를 ~하다 braconner le sanglier.
◆_꾼 명 braconni*er*(*ère*).

밀리 어근 *milli-*. ¶ ~그램 un milligramme. ¶ ~리터 un millilitre. ¶ ~미터 un millimètre. ¶ ~바 un millibar.

밀리다[1] 자 ① être en retard, avoir du retard; s'accumuler, s'entasser, s'amasser; être remis à plus tard, décalé(*e*), différé(*e*). ¶ 나는 집세가 석 달이나 밀렸다 Je suis en retard de trois mois pour le paiement de mon loyer. ¶ 한동안 놀았더니 일이 많이 밀렸다 Comme je n'ai pas travaillé pendant un certain temps, j'ai beaucoup de travail en retard. ¶ 지금은 신청자가 너무 많이 밀려 있다 Pour le moment, beaucoup trop de candidats se sont présentés. ② se retarder, s'encombrer. ¶ 월요일에는 차가 많이 밀린다 Le lundi, il y a un gros embouteillage. ¶ 오늘 유난히 이 길이 많이 밀린다 Aujourd'hui en particulier, cette avenue est très encombrée [congestionnée, embouteillée].

밀리다[2] 자타 ① être poussé(*e*), se faire pousser. ¶ 그 사람은 행인들에게 밀려 넘어졌다 Poussé par les passants, il est tombé. ¶ 배가 바람에 밀려 기슭에 닿았다 Poussé par le vent, le bateau est arrivé sur le rivage. ② être poussé(*e*), écarté(*e*), dépassé(*e*), dominé(*e*). ¶ 그 직원은 유능한 동료에게 밀려 승진에서 탈락했다 Dépassé(*e*) par un collègue compétent, cet(*te*) employé(*e*) n'a pas eu sa promotion. ¶ 우리 팀이 전반전에는 좀 밀렸다 Lors de la première mi-temps, notre équipe a légèrement été dominée [dépassée]. ③ se raboter; se faire raboter, être raboté(*e*); raboter, aplanir, raser; ((les cellules mortes superficielles de la peau)) être exfolié(*e*), desquamé(*e*) ((gommage, massage exfoliant à l'aide d'un gant de crin)), ((la peau)) être nettoyé(*e*) ((en éliminant les cellules mortes superficielles)). ¶ 이 송판은 잘 밀리지 않는다 Cette planche de pin ne se rabote pas bien. ¶ 이 대패는 잘 밀린다 Ce rabot rabote [aplanit] bien. ¶ 이 면도기는 수염이 잘 밀린다 Ce rasoir rase [marche] bien. ¶ 이태리타올을 쓰면 때가 잘 밀린다 Avec un gant de crin, on arrive à faire un bon gommage. ④ se faire faire un massage exfoliant ((gommage)). ¶ 그 남자는 동생에게 등을 밀렸다 Son petit frère lui a fait dans le dos un massage exfoliant.

밀리미터 영{millimeter} 명 millimètre *m*.

밀림 密林 명 forêt *f* dense; jungle *f*. ¶ ~지대 une jungle.

밀매 密賣 명 commerce *m* clandestin; marché *m* noir, trafic *m* clandestin [frauduleux], vente *f* clandestine; contrebande *f*. ¶ 마약 ~ un trafic de stupéfiants [de drogue]. ◇_(를) 하다 faire le trafic de *qc*; vendre *qc* en fraude; faire du marché noir. ¶ 금을 ~하다 vendre de l'or clandestinement. ◇_(가) 되다 être vendu(*e*) en fraude [clandestinement]. ¶ 마약이 ~되고 있는 구역 une zone où l'on fait du trafic de stupéfiants.

밀명 密命 명 ordre *m* secret. ¶ ~을 띠고 잠입하다 s'infiltrer clandestinement ((quelque part)) avec un ordre secret, pénétrer secrètement ((dans un endroit)) sur la commande de *qn*, être commandité(*e*) en secret pour s'infiltrer ((dans un endroit)).

밀무역 密貿易 명 contrebande *f*; commerce *m* clandestin; trafic *m* clandestin [frauduleux]; vente *f* clandestine. ¶ 국경 지대의 ~을 단속하다 réprimer [interdire] la contrebande dans les zones frontalières. ◇_(을) **하다** pratiquer [faire] de la contrebande. ¶ 외국 상인들과 귀중품을 ~하다 faire de la contrebande d'objets précieux avec des commerçants étrangers. ¶ 토산품을 외국으로 ~하다 exporter illégalement (à l'étranger) des produits locaux.

밀물 명 marée *f* haute [montante]; flux *m*. ¶ ~이다 C'est la marée haute / C'est la marée montante. ¶ ~이 밀려온다 La marée vient [monte] rapidement. ¶ 갑자기 사람들이 ~처럼 밀려왔다 Soudain, les gens ont afflué [sont arrivés en masse, ont déferlé par vagues].

밀반입 密搬入 명 importation *f* illégale. ◇_(을) **하다** importer de manière illégale. ◇_(이) **되다** être importé(*e*) illégalement [clandestinement].

밀반출 密搬出 명 transport *m* illégal. ¶ 외화 ~ une exportation illégale de devises étrangères. ◇_(을) **하다** transporter [exporter] *qc* illégalement. ¶ 문화재를 외국으로 ~하다 exporter illégalement des patrimoines culturels. ◇_(이) **되다** être transporté(*e*) [sortir] illégalement. ¶ 많은 외화가 해외로 ~되고 있다 Beaucoup de devises étrangères sortent illégalement du territoire.

밀보리 명 blé *m* et orge *f*; orge *f* à deux rangs.

밀봉 密封 명 cachetage *m* hermétique. ◇_(을) **하다** cacheter [fermer] hermétiquement *qc*; faire sceller ((une fenêtre)). ¶ 시험지를 ~하여 보관하다 garder les sujets d'examen dans une enveloppe scellée. ◇_(이) **되다** être cacheté(*e*) [fermé(*e*)] hermétiquement; être scellé(*e*). ¶ ~된 시험관 une éprouvette fermée [scellée] hermétiquement. ¶ 그의 편지는 ~이 되어 있었다 Sa lettre était scellée.

◆_ **교육** -敎育 명 entraînement *m* clandestin.

밀사 密使 명 émissaire *m* [envoyé(*e*)] secr*et*(*ète*). ¶ ~를 파견하다 dépêcher un émissaire secret.

밀서 명 lettre *f* secrète [confidentielle].

밀수 密輸 명 contrebande *f*, commerce *m* illégal, fraude *f*. ◇_(를) **하다** pratiquer [faire] la contrebande de *qc*; introduire *qc* clandestinement [en secret, en fraude, illégalement]. ¶ 외국에서 보석류를 (국내로) ~하다 importer clandestinement des pierres précieuses. ◇_(가) **되다** être importé(*e*) [exporté(*e*)] clandestinement [en secret, en fraude]. ¶ 지난 해에 국내로 가장 많이 ~된 품목은 가전 제품이다 L'année dernière, ce sont les appareils électroménagers qui ont été le plus importés clandestinement [en secret, en fraude, illégalement].

◆_ **꾼** 명 contrebandi*er*(*ère*).

◆_ **단** -團 명 groupe *m* de contrebande.

◆_ **품** -品 명 article *m* [produit *m*, marchandise *f*] de contrebande.

밀수입 密輸入 명 importations *fpl* clandestines. ◇_(을) **하다** importer ((des marchandises)) clandestinement [en secret, en fraude, illégalement]. ¶ 해외에서 마약을 국내로 ~하다 importer clandestinement [en secret, en fraude, illégalement] des stupéfiants [de la drogue] de l'étranger. ◇_(이) **되다** être importé(*e*) clandestinement [en secret, en fraude, illégalement].

◆_ **품** -品 명 article *m* [produit *m*, marchandise *f*] importé(*e*) clandestinement [de contrebande].

밀수출 密輸出 명 exportations *fpl* clandestines. ◇_(을) **하다** exporter ((des marchandises)) clandestinement [en secret, en fraude, illégalement]. ¶ 외국에 마약을 ~하다 exporter clandestinement [en secret, en fraude, illégalement] des stupéfiants [de la drogue] vers l'étranger [à l'étranger]. ◇_(이) **되다** être exporté(*e*) clandestinement [en secret, en fraude, illégalement]. ¶ 외국에 ~된 금괴 des métaux précieux exportés clandestinement [en secret, en fraude, illégalement] à l'étranger.

밀실 密室 명 chambre *f* secrète; cachot *m*; lieu *m* secret [confidentiel, caché]. ¶ ~ 협상 une négociation au secret [dans un lieu secret, dans un lieu confidentiel, dans un lieu caché, dans une planque {*pop*}, dans une cachette {*fam*}]. ¶ ~ 정치 une politique dans un lieu secret [dans un lieu confidentiel, dans un lieu caché, dans une planque {*pop*}, dans une cachette {*fam*}].

밀약 密約 명 promesse *f* secrète; entente *f* secrète, accord *m* secret. ¶ 두 사람 사이에 ~이 이루어졌다 Ils se sont promis quelque chose secrètement [en cachette, discrètement, en douce]. ◇_(을) **하다**[**맺다**] faire une promesse en secret [conclure un accord secret; conclure secrètement un accord]. ¶ 두 나라가 상호지원하기로 ~을 맺었다 Les deux pays se sont promis secrètement un soutien mutuel.

밀어[1] 密語 명 entretien *m* confidentiel [secret]; chuchotement *m*. ¶ ~를 나누다 s'entretenir confidentiellement avec *qn*.

밀어[2] 蜜語 명 parole *f* douce [mielleuse]. ¶ ~를 속삭이다 dire des paroles mielleuses.

밀어내다 타 pousser dehors, éjecter, écarter, éloigner, repousser, rejeter, chasser, limoger. ¶ 그는 형을 왕좌에서 밀어내고 왕위에 올랐다 Il a chassé son grand frère du trône pour y monter.

밀어닥치다 자 arriver à flots [en grande quantité], affluer. ¶ 갑자기 주문이 밀어닥치는 바람에 정신이 없었다 Soudain, les commandes affluant, je ne savais plus où donner de la tête / J'étais débordé(*e*) par les commandes qui affluaient. ¶ 이제 손님들이

밀어닥칠 시간이다 C'est l'heure d'affluence des clients.

밀어뜨리다 타 pousser violemment *qn*. ¶ 그는 차 안에서 그 여자를 거칠게 밀어뜨렸다 Il l'a poussée violemment dans la voiture.

밀어붙이다 타 ① ((한쪽으로 세게 밀다)) acculer. ¶ 구석으로 ~ acculer. ② ((여유를 주지 아니하고 계속 몰아붙이다)) presser [pousser] *qn* sans lui donner (un moment) de répit, acculer *qn*. ¶ 상대팀을 ~ presser l'adversaire sans lui donner (un moment) de répit, acculer l'adversaire. ¶ 세게 ~ y aller fort. ③ faire *qc* jusqu'au bout. ¶ 그 일을 끝까지 밀어붙이지 못한 것이 못내 아쉽다 Je regrette encore de n'avoir pu faire ce travail jusqu'au bout.

밀어젖히다 타 pousser *qn* pour l'écarter [pour l'éloigner]. ¶ 미닫이를 활짝 ~ ouvrir toute grande une porte à coulisse.

밀어주다 타 ① pousser *qn* ((sur une balançoire)). ¶ 뒤에서 그네 좀 밀어줄래? Pourrais-tu me pousser s'il te plaît? ((sur une balançoire)). ② aider *qn*, soutenir *qn*, donner un appui. ¶ 이번 선거에서 저 좀 밀어주십시오 Veuillez me soutenir à cette élection.

밀어트리다 타 ☞ 밀어뜨리다

밀월 蜜月 명 lune *f* de miel.

◆**_여행** -旅行 명 lune *f* de miel; voyage *m* de noces.

밀의 密議 명 conférence *f* à huis clos. ◇_(를) **하다** tenir une conférence à huis clos.

밀입국 密入國 명 entrée *f* clandestine dans un pays. ¶~을 알선하다 aider *qn* à entrer clandestinement [en cachette, secrètement] dans un pays; servir de passeur. ◇_(을) **하다** entrer clandestinement [en cachette, secrètement] dans un pays; passer clandestinement [en cachette, secrètement] la frontière (d'un pays). ¶~한 외국인 노동자 les ouvriers étrangers en situation irrégulière; les ouvriers clandestins.

◆**_자** -者 명 personne *f* en situation irrégulière; clandestin(*e*).

밀정 密偵 명 espion(*ne*); agent *m* secret; mouchard *m* {*fam*}.

밀조 密造 명 production *f* non déclarée ((de liqueur)). ◇_(를) **하다** fabriquer ((de la liqueur)) clandestinement. ◇_(가) **되다** être fabriqué(*e*) clandestinement. ¶~된 조직 une organisation [un système] monté(*e*) clandestinement.

밀주 密酒 명 vin *m* [alcool *m*] fabriqué en fraude.

밀접 密接 어근 intimité *f*, proximité *f*.

◆**_하다** 형 être intime, proche. ¶ 이 두 사람은 ~한 관계를 유지하고 있다 Ils entretiennent des rapports très intimes. ¶~하게 연관된 두 가지 사실 deux faits intimement liés.

◆**_성** -性 명 intimité *f*, proximité *f*.

밀집 密集 명 concentration *f*. ¶~ 방어 une défense très serrée; un marquage individuel [étroit, de très près]. ¶~ 대형 formation serrée, rangs serrés. ¶ 인구~ 지역 une zone de forte population, une zone à forte densité démographique. ¶ 대도시의 인구~ 현상 la concentration de la population dans les grandes villes. ◇_(을) **하다**[(이) **되다**] se masser; se réunir en masse; se serrer les un(*e*)s contre les autres. ¶ 공장들이 ~한 구역 un quartier où les usines sont concentrées [sont regroupées en masse], un quartier où les usines poussent comme des champignons {*fam*}. ¶ 강변에 ~된 건물들 les bâtiments [les immeubles] serrés les uns contre les autres [réunis en masse] le long d'une rivière. ¶ 그 지역은 아파트들이 ~해 있다 C'est un quartier où les appartements sont serrés les uns contre les autres [sont regroupés en masse] / C'est un quartier où les appartements sont entassés [empilés] comme des cages à lapins {*fam*}.

밀짚 명 paille *f* (de blé).

◆**_모자** -帽子 명 chapeau(*x*) *m* de paille. ¶~모자를 쓰다 mettre un chapeau de paille.

밀착 密着 명 adhérence *f*. ¶~ 수비 un marquage individuel [étroit, à la culotte {*fam*}]. ◇_(을) **하다**[(이) **되다**] adhérer fortement; coller à *qc*. ¶ 지면에[과] ~하다 adhérer [coller] à la terre. ¶ 우리는 서로 ~하여 추위를 달랬다 Nous nous sommes réchauffés en nous serrant l'un contre l'autre. ¶ 그 일 이후로 두 사람의 관계는 더욱 ~되었다 Après cela, leur relation a été d'autant plus forte [ils sont devenus encore plus intimes]. ¶ 중세 예술은 종교와 ~되어 있었다 L'art du Moyen Âge est étroitement lié à la religion. ◇_(을) **시키다** coller *qc*; lier étroitement *qc* à *qc*. ¶ 손바닥을 지면에[과] ~시키다 coller *ses* paumes sur la terre.

밀쳐놓다 타 pousser *qc* et le laisser en l'état. ¶ 그는 읽고 있던 책을 옆으로 밀쳐놓았다 Il poussa de côté le livre qu'il était en train de lire.

밀초 명 bougie *f* de cire. ¶~에 불을 붙이다 allumer une bougie de cire.

밀치다 타 repousser [pousser] avec force, bousculer. ¶ 누가 나를 밀쳐 넘어뜨렸다 Quelqu'un m'a poussé(*e*) avec force et je suis tombé(*e*) / Quelqu'un m'a fait tomber en me poussant violemment.

밀크 영{milk} 명 lait *m*.

◆**_셰이크** 영{-shake} 명 lait *m* frappé; *milkshake m*.

◆**_캐러멜** 영{- caramel} 명 caramel *m* au lait.

밀통 密通 명 ① adultère *m*. ② communication *f* secrète. ◇_(을) **하다** ① commettre un adultère; avoir une liaison adultère [adultérine]. ② confier en secret *qc* à *qn*; donner secrètement des ordres à *qn*; dire [faire savoir] secrètement *qc* à *qn*. ¶ 그는 적과 ~하고 있었다 Il donnait secrètement des informations à l'ennemi / Il était en relation secrète avec l'ennemi.

밀파 密派 명 envoi *m* secret. ◇_(를) **하다** envoyer *qn* en secret. ¶ 적국에 간첩을 ~하다 envoyer secrètement des espions chez l'ennemi. ◇_(가) **되다**

être envoyé(*e*) secrètement. ¶ 특수 임무를 띠고 ~된 간첩 un(*e*) espion(*ne*) envoyé(*e*) secrètement pour une mission spéciale.

밀폐 密閉 명 fermeture *f* hermétique. ¶ 완전 ~ 상태의 방 une pièce fermée hermétiquement. ◇_(를) **하다** [**시키다**] fermer *qc* hermétiquement. ¶ 방의 모든 창들을 ~하다 fermer hermétiquement toutes les fenêtres d'une pièce. ◇_(가) **되다** être fermé(*e*) hermétiquement. ¶ ~된 공간 un espace fermé hermétiquement.

◆_**식** -式 명 fermé(*e*) hermétiquement.

◆_**실** -室 명 pièce *f* fermée hermétiquement.

밀풀 명 colle *f* (faite de farine de blé).

밀항 密航 명 traversée *f* clandestine. ¶ ~을 결심하다 décider de s'embarquer clandestinement [en cachette, secrètement, illégalement] à bord d'un bateau [navire]. ◇_(을) **하다** traverser clandestinement [en cachette, secrètement, illégalement]; voyager clandestinement [en cachette, secrètement, illégalement] par bateau. ¶ 일본으로 ~하다 passer clandestinement [en cachette, secrètement, illégalement] au Japon.

◆_**선** -船 명 bateau *m* clandestin.

◆_**자** -者 명 passag*er*(*ère*) clandestin(*e*).

밀행 密行 명 action *f* d'aller quelque part en secret; fréquentation *f* secrète. ¶ ~ 수사 une enquête secrète. ¶ ~ 취재 un reportage secret. ◇_(을) **하다** aller quelque part en secret; fréquenter *qn* en secret.

밀회 密會 명 rendez-vous *m inv* secret [en cachette, clandestin]; réunion *f* secrète. ¶ 연인들의 ~ 장소 un lieu de rendez-vous secret [en cachette, clandestin] pour les amoureux. ¶ 그들은 공원에서 ~를 즐겼다 Ils aimaient se voir secrètement [en cachette, clandestinement] dans un parc. ◇_(를) **하다**[**갖다**] se voir secrètement [en cachette, clandestinement]; se réunir en secret [en cachette, clandestinement]. ¶ 밤중에 애인과 ~하다 rencontrer secrètement [en cachette, clandestinement] *son* ami(*e*) la nuit. ¶ 외간 남자와 ~를 갖다 avoir des relations secrètes [clandestines] avec un (autre) homme.

밉다 형 ① être laid(*e*), vilain(*e*), affreu*x*(*se*), moche {*pop*}, horrible ((à voir)). ¶ 미운 오리 새끼 le vilain petit canard. ¶ 별로 미운 얼굴은 아니다 Son visage n'est pas si laid [vilain]. ¶ 밉게 생기다 être laid(*e*), vilain(*e*), affreu*x*(*se*), moche {*pop*}. ② être haïssable, détestable, exécrable, odieu*x*(*se*), répugnant(*e*), rebutant(*e*); être déplaisant(*e*), irritant(*e*), insupportable. ¶ 미운 짓만 골라서 하다 ne faire que des gestes irritants; ne faire que se comporter de manière irritante [de manière énervante]. ¶ 자꾸 약을 올리는 그가 너무 미웠다 Il n'arrêtait pas de m'embêter, je le haïssais beaucoup. ¶ 그는 자꾸 나를 귀찮게 하는데도 왠지 밉지가 않았다 Il avait beau m'embêter, je ne sais pas pourquoi, mais je ne lui en voulais pas. ¶ 밉게 굴다 énerver [irriter] les autres; taper sur les nerfs des autres.

***미운 놈 떡 하나 더 주고 우는 놈 한 번 더 때린다** On aime encore moins celui qui pleure qu'une personne qu'on n'aime pas.

***미운 정 고운 정 다 들었다** On a tout vécu [partagé] ensemble, les bons moments comme les pires.

밉보다 타 déconsidérer *qn*, ne pas apprécier *qn*; porter un regard peu aimable; considérer, regarder, voir d'un regard méfiant; être peu aimable. ¶ 아무래도 사장님이 나를 밉보신 것 같다 En fin de compte, il me semble que le Président-directeur général ne m'apprécie pas.

밉보이다 자 ne pas être aimé(*e*) [apprécié(*e*)] par [de] *qn*, ne pas plaire à *qn*, déplaire à *qn*; être détesté(*e*) [haï(*e*)] par *qn*. ¶ 저 분한테 밉보이지 않는 게 좋아 Il est préférable (d'agir en sorte) de ne pas lui déplaire / Il ne vaut mieux ne pas être dans son nez {*fam*} / Il vaut mieux pour toi qu'il ne t'ait pas dans le nez {*fam*} / Il vaut mieux être dans ses faveurs / Il vaut mieux être bien vu par lui / Il vaut mieux être son ami ((que l'inverse)).

밉살맞다 형 être détestable, déplaisant(*e*), mesquin(*e*) et haïssable, irritant(*e*), désagréable. ¶ 나는 그 여자가 너무나도 ~ Je la trouve odieuse [insupportable]. ¶ 그는 누구에게나 밉살맞게 보인다 Tout le monde le trouve détestable [désagréable].

밉살스럽다 형 être détestable, déplaisant(*e*), mesquin(*e*) et haïssable, irritant(*e*), désagréable. ¶ 밉살스럽게 행동하다 se comporter d'une manière détestable [irritante].

밉상 -相 명 visage *m* laid [vilain, affreux]. ¶ 그는 얼굴이 그리 ~은 아니다 Il n'est pas si laid [vilain]. ¶ 그 녀석은 하는 짓마다 ~이다 Tout ce qu'il fait m'énerve [me tape sur les nerfs, m'exaspère].

밋밋하다 형 ① être plat(*e*), aplati(*e*), insipide, fade. ¶ 밋밋한 어깨선 les épaules tombantes; les épaules frêles; les épaules peu saillantes. ② être insipide, fade; n'avoir aucun intérêt. ¶ 밋밋한 삶 une vie sans intérêt, une vie insipide [fade], une vie sans sel. ¶ 그 작품은 이렇다 할 특징이 없는 밋밋한 작품이다 Cet ouvrage est sans intérêt, sans la moindre originalité.

밍밍하다 형 manquer de goût, être fade, insipide; être lég*er*(*ère*), ne pas être fort(*e*). ¶ 이 차는 너무 ~ Ce thé, c'est du jus de chaussette {*fam*}. ¶ 이 술[담배]은 맛이 너무 ~ Cet alcool est trop léger [Ces cigarettes ne sont pas assez fortes].

밍크 영{mink} 명 vison *m*.

◆_**목도리** 명 étole *f* de vison.

◆_**코트** 명 (manteau(*x*) *m* de) vison *m*.

및 접 et, aussi. ¶ 우리 부서는 홍보 ~ 섭외 업무를 맡고 있다 Dans notre service, on s'occupe de la publicité et des relations extérieures.

밑 명 ① bas *m*; dessous *m*; fond *m*; cul *m*. ¶ 마루

~에 sous le plancher, sous le parquet, sous le *maru*. ¶ 책상 ~에 숨다 se cacher sous le bureau. ¶ 깊은 바다 ~에 au fond des mers. ¶ 더 ~으로 내려가다 descendre encore plus bas. ② en dessous, plus jeune que *soi*; employé *m* subalterne. ¶ 그 여자는 나보다 두 살 ~이다 Elle est plus jeune que moi de deux ans. ¶ 이 아이 ~으로 남동생이 넷이나 있다 Il a quatre frères plus jeunes que lui. ¶ ~에서 올라온 보고서입니다 C'est un rapport qui vient d'un (employé) subalterne. ③ sous (les ordres de, la direction de) *qn*. ¶ 엄격한 부모님 ~에서 가정교육을 받다 être élevé(*e*) dans une famille stricte, être élevé(*e*) par des parents très sévères. ¶ 선생님 ~에서 배우고 싶습니다 J'aimerais travailler sous votre direction [sous vos ordres]. ④ derrière *m*, anus *m*, (trou *m* du) cul *m*; parties *fpl* sexuelles [honteuses]. ¶ ~을 닦다 s'essuyer le derrière.

*~도 끝도 없이** de façon absurde; de façon inattendue.

*~ 빠진 독** une passoire.

*~ 빠진 독에 물 붓기** porter l'eau à la mer; labourer (le rivage de) la mer; vouloir sécher la mer avec des éponges; planter la mer de vignes; battre l'eau (avec un bâton); battre [piler] l'eau dans un mortier; se fatiguer pour rien; ne servir à rien; être peine perdue; perdre *sa* peine [*ses* peines] à ...; enfoncer des portes ouvertes.

밑거름 명 engrais *m* (utilisé avant d'ensemencer); fumier *m*. ¶ 오늘의 실패를 ~으로 삼아 다음번에는 성공하기를 바란다 Considère cet échec comme une expérience, tu feras mieux la prochaine fois.

밑구멍 명 ① trou *m* (percé au fond de *qc*). ¶ ~으로 돈을 빼돌리다 détourner de l'argent. ② anus *m*; parties *fpl* sexuelles de la femme.

밑그림 명 ① dessin *m* de base; esquisse *f*, croquis *m*. ② dessin *m* pour la broderie. ¶ ~을 다 그린 뒤에 물감으로 색칠을 해라 Après avoir fini ton dessin, mets-y des couleurs. ¶ 경제정책의 ~이 그려졌다 Une politique économique commence à se dessiner [à se concrétiser, à voir le jour] / L'esquisse d'une politique économique commence à apparaître.

밑돌다 자타 marquer [indiquer, se situer à] un niveau inférieur, être inférieur(*e*) à. ¶ 오늘 아침 기온은 평년 기온을[에] 크게 밑돈다 La température de ce matin indique un niveau largement inférieur à celui de la moyenne. ¶ 이 제품을 원가에 훨씬 밑도는 가격으로 판매합니다 Nous vendons ce produit très en dessous du prix de revient.

밑동 명 racine *f*; base *f* ((d'une colonne)); partie *f* inférieure ((d'un objet long)); racine *f* ((de certains légumes)).

밑둥 명 ((‘밑동’의 잘못)) ☞ 밑동

밑둥치 명 partie *f* inférieure ((d'un objet long)); base *f* ((d'une colonne)); racine *f* ((de certains légumes)). ¶ 나무 ~를 자르다 couper la partie inférieure d'un arbre.

밑면 -面 명 【수학】 étendue *f* à la base.

밑바닥 명 ① ((사물)) fond *m*, dessous *m*; semelle *f* ((des souliers)); fond *m*, cul *m* ((d'une bouteille)); fond *m* ((de la mer)); lit *m* ((d'un fleuve)); cale *f* ((d'un bateau)); fond *m* ((du cœur)). ¶ 구두 ~이 하도 닳아서 맨발로 걷는 느낌이다 Les semelles sont si usées que j'ai l'impression de marcher pieds nus. ¶ 깊은 바다 ~에 사는 생물들 les êtres vivants du fond des océans [des mers]. ¶ ~이 빤히 들여다보이는 거짓말 un mensonge grossier; un trop gros mensonge; un mensonge clair comme de l'eau de roche ② ((수준)) niveau *m* le plus bas. ¶ ~ 인생 une vie exécrable. ¶ 주식 값이 ~을 헤매고 있다 La Bourse est à son niveau le plus bas. ¶ ~부터 다시 시작하다 recommencer à zéro [du début]. ¶ 그는 학교 성적이 완전히 ~이다 Son bulletin est vraiment nul / Ses notes sont vraiment nulles.

밑바탕 명 ① fond *m*, base *f*, essence *f*, substance *f*, nature *f* intime. ② nature *f* (de l'homme); vrai caractère *m* de *qn*. ¶ 그의 사상의 ~에는 진한 인간애가 깔려 있다 Derrière ses pensées il y a un amour de l'humanité très profond. ¶ 아무리 숨기려 해도 사람의 ~은 드러나게 마련이다 Même si on veut se cacher, notre véritable nature refait toujours surface.

밑반찬 명 plats *mpl* d'accompagnement (de base). ¶ ~을 준비하다 préparer les plats d'accompagnement.

밑받침 명 ce que l'on met sous *qc*; hausse *f*, support *m*, base *f*, appui *m*. ¶ ~이 튼튼하지 못한 건축물은 항상 붕괴의 위험을 안고 있다 Une construction dont les fondations ne sont pas solides [pas stables] [dont les fondations sont fragiles [mauvaises, superficielles]] risque en permanence [à tout moment] de s'écrouler [de s'effondrer]. ¶ 그의 성공에는 어머니의 뒷바라지가 큰 ~이 되었다 Sa mère a été d'un grand soutien pour son succès [sa réussite] / Toutes les aides et tous les soins de sa mère ont été d'un grand appui pour sa réussite.

밑변 -邊 명 【수학】 base *f* ((d'un triangle)).

밑뿌리 명 bases *fpl*. ¶ ~가 튼튼하다[약하다] avoir des bases solides [des bases peu solides].

밑씻개 명 papier *m* (de) toilette; PQ *m* {*fam*}, papier *m* cul {*fam*}.

밑알 명 nichet *m*.

밑줄 명 trait *m* de soulignement. ¶ ~(을) 긋다[치다] souligner.

밑줄기 명 partie *f* inférieure (d'un arbre, d'un plante).

밑지다 타 perdre (de l'argent sur une marchandise). ¶ 밑지는 장사를 하다 vendre à perte. ¶ 그것은 밑지는 일이다 C'est un travail peu intéressant [peu avantageux]. ¶ 밑지고 팔 수는 없다 On ne peut pas vendre une marchandise à perte. ¶ 나는 주식을 하다가 크게 밑졌다 J'ai beaucoup perdu à la Bourse. ¶ 그 사람은 이 번 거래에서 십만 유로를 밑졌다 Il

a perdu 100 000 euros au cours de cette transaction.
***밑져야 본전** Ça ne coûte rien d'essayer / Tu ne risques rien d'essayer.

밑창 명 semelle *f*; fond *m* ((d'un tonneau)), cale *f* ((d'un bateau)). ¶ 배의 ~ la cale d'un bateau. ¶ 구두 ~을 갈다 ressemeler des chaussures; remettre des semelles à des souliers.

밑천 명 ① capit*al*(*aux*) *m*; fonds *m*. ¶ 장사 ~을 마련하다[대 주다] se procurer [prêter] les fonds nécessaires pour monter un commerce. ② 【속어】 pénis *m*, verge *f*.

***~도 못 건지다[찾다]** laisser *sa* chemise [perdre *sa* mise] dans une affaire (dont *on* espérait quelques gains).
***~이 드러나다[떨어지다]** On le voit sous son vrai jour / On voit sa vraie nature / On le découvre tel qu'il est.
***한 ~ 잡다** faire un bon coup.

밑칠 -漆 명 première couche *f* de peinture. ◇_(을) **하다** passer une première couche.

밑판 -板 명 planche *f* [madrier *m*] de dessous. ¶ ~을 짜다 faire un madrier de dessous.

ㅁ

ㅂ 명 *bieup m* ((sixième lettre consonantique de l'alphabet coréen)).

-ㅂ니까 어미 ↔-습니까↔ -읍니까 ((suffixe flexionnel de terminaison phrastique interrogative très polie. Utilisé entre les adultes mutuellement et à l'égard d'un interlocuteur supérieur (parent, maître, supérieur hiérarchique plus âgé, un public), il exprime une politesse et un respect strictes et protocolaires. -ㅂ니까 s'ajoute après le radical de l'adjectif et du verbe qui se termine par une voyelle et après la consonne liquide -ㄹ (mais après l'omission de cette consonne), et après le suffixe flexionnel préfinal honorifique -시/-으시 ; -습니까(-읍니까) s'ajoute après le radical verbal qui se termine par une consonne et après les suffixes flexionnels préfinaux temporo-modaux -았/-었, -겠. Tel quel, ce suffixe exprime le présent, et dans l'écrit, il est suivi d'un point d'interrogation.)) ¶여기가 광주가 아닙~? Cet endroit-ci n'est-il pas Gwangju? ¶이정도면 넉넉하~? Est-ce qu'une quantité pareille à ceci est suffisante? ¶이 떡이 다~(달다 *être sucré*)? Ce gâteau est-il sucré? ¶그가 서울에 오~? Est-ce qu'il vient à Séoul? ¶이 줄에 서~? Est-ce que je fais la queue dans cette file? ¶학생이사~? Êtes-vous étudiant(e)?¶무슨 소포를 부치사~? Quel (genre de) colis affranchissez-vous? ¶들어가도 돼~? Puis-je entrer ? ¶요즈음 어떤 소설을 쓰고 계사~? Ces jours-ci, quel genre de roman écrives-vous (êtes-vous en train d'écrire)? ¶킬로그램 당 배가 사과보다 비싸~? Au kilogramme, la poire est-elle plus chère que la pomme? ¶서울 어느 동네에 사~(살다 *vivre*)? Dans quel quartier de Séoul habitez-vous?

-ㅂ니다 어미 ↔-습니다↔-읍니다 (forme ancienne) ((suffixe flexionnel de terminaison phrastique déclarative, très polie. Utilisé entre les adultes mutuellement et à l'égard d'un interlocuteur supérieur (parent, maître, supérieur hiérarchique plus âgé, un public), il exprime une politesse et un respect strictes et protocolaires. -ㅂ니다 s'ajoute après le radical de l'adjectif et du verbe qui se termine par une voyelle et après la consonne liquide -ㄹ (mais après l'omission de cette consonne), et après le suffixe flexionnel préfinal honorifique -시/-으시 ; -습니다(-읍니다) s'ajoute après le radical verbal qui se termine par une consonne et après les suffixes flexionnels préfinaux temporo-modaux -았/-었, -겠. Tel quel, ce suffixe exprime le présent.)) ¶오늘이 바로 추석아~ Aujourd'hui est justement la fête de Chuseok (le 15 août lunaire). ¶이것이 저것보다 더 크~ Ceci est plus grand que cela. ¶우리는 모두 행복하~ Nous sommes tous heureux. ¶저는 모레 파리에 가~ Je vais à Paris après-demain. ¶인용문 끝에 주를 다~ (달다 *mettre, accrocher*) On met une note après un texte cité. ¶저 노인이 길을 물으사~ (묻다 *demander, interroger*) Cette personne âgée demande un renseignement sur le chemin. ¶아버지께서는 신문을 읽으사~ Mon père lit le journal. ¶세월이 참 빨리 가~ Le temps passe vraiment vite. ¶세금 납부 기일은 모레까지아~ Le délai de paiement de l'impôt est jusqu'à après-demain.

-ㅂ디까 어미 ↔-습디까↔-읍디까 (forme ancienne) il sous-entend « *d'après vous, d'après ce que vous avez vu, vécu, connu, entendu, constaté* » ((suffixe flexionnel de terminaison phrastique interrogative, très polie. Il sert à interroger l'interlocuteur sur un fait qu'il a vu, vécu ou connu (passé). Utilisé entre les adultes mutuellement et à l'égard d'un interlocuteur supérieur (parent, maître, supérieur hiérarchique plus âgé), il exprime une politesse et un respect strictes et protocolaires. -ㅂ디까 s'ajoute après le radical de l'adjectif et du verbe qui se termine par une voyelle et après la consonne liquide -ㄹ (mais après l'omission de cette consonne), et après le suffixe flexionnel préfinal honorifique -시/-으시 ; -습디까(-읍디까) s'ajoute après le radical verbal qui se termine par une consonne et après les suffixes flexionnels préfinaux temporo-modaux -았/-었. Tel quel, ce suffixe exprime le présent, et dans l'écrit, il est suivi d'un point d'interrogation. Dans l'écrit, il est suivi d'un point d'interrogation.)) ¶우리 애들이

잘 사~? (D'après ce que vous avez vu) est-ce que nos enfants vivaient bien? ¶그이가 우리 돈을 빨리 갚겠다~? Est-ce qu'il avait l'intention de rendre (rembourser) notre argent? ¶그 처녀가 예쁘~? Cette demoiselle était-elle belle? ¶숙모님께서는 건강하사~? (D'après ce que vous avez constaté) est-ce que votre tante est en bonne santé ?

-ㅂ디다 어미 ↔-습디다↔-읍디다 (forme ancienne) il sous-entend « *d'après moi, d'après ce que j'ai vu, vécu, connu, entendu, constaté* » ((suffixe flexionnel de terminaison phrastique déclarative, très polie. Il sert à rapporter un fait que le locuteur a vu, vécu, connu, entendu ou constaté (passé). Utilisé entre les adultes mutuellement et à l'égard d'un interlocuteur supérieur (parent, maître, supérieur hiérarchique plus âgé), il exprime une politesse et un respect stricts et protocolaires. –ㅂ디다 s'ajoute après le radical de l'adjectif et du verbe qui se termine par une voyelle et après la consonne liquide –ㄹ (mais après l'omission de cette consonne), et après le suffixe flexionnel préfinal honorifique -시/-으시 ; -습디다(-읍디다) s'ajoute après le radical verbal qui se termine par une consonne et après les suffixes flexionnels préfinaux temporo-modaux –았/-었. Tel quel, ce suffixe exprime le présent.)) ¶회사 사업이 잘 된다~ J'ai entendu dire que les affaires de l'entreprise marchent bien. ¶공원에서 아이들이 잘 노~ (놀다 *jouer*) (D'après ce que j'ai vu) dans le parc, les enfants s'amusaient bien. ¶거기서는 통영을 충무라고 보르~ (D'après ce que j'ai constaté) là bas, on appelait Tongyeong (ville) Chungmu. ¶그 처녀가 예쁘~ (D'après ce que j'ai vu) Cette demoiselle était belle. ¶저의 삼촌께서는 건강하사~ (D'après ce que j'ai constaté) mon oncle était en bonne santé.

-ㅂ쇼 어미 →-ㅂ시오 ((-ㅂ쇼 est la forme contractée de –ㅂ시오))

-ㅂ시다 어미 ↔-읍시다 ((suffixe flexionnel de terminaison phrastique exhortative ou impérative, très polie. Il sert à interroger l'interlocuteur sur un fait qu'il a vu, vécu ou connu (passé). Utilisé entre les adultes mutuellement et à l'égard d'un interlocuteur supérieur (parent, maître, supérieur hiérarchique plus âgé), il exprime une politesse et un respect stricts et protocolaires. –ㅂ시다 s'ajoute après le radical de l'adjectif et du verbe qui se termine par une voyelle et après la consonne liquide –ㄹ (mais après l'omission de cette consonne), et après le suffixe flexionnel préfinal honorifique -시/-으시 ; -읍시다 s'ajoute après le radical verbal qui se termine par une consonne. L'adjectif coréen ne peut avoir la forme exhortative ou impérative.)) ¶밥 먹으러 가~ Allons manger. ¶모두 같이 노래를 부르~ Chantons tous ensemble. ¶한국어를 열심히 배우~ Apprenons le coréen ardemment. ¶술을 마시지 마~ (-지 말다 verbe auxiliaire de négation de l'impératif, *ne pas*)Ne buvons pas d'alcool. ¶우리 모두 회사를 위해 최선을 다 하~ Nous tous, faisons de notre mieux pour notre entreprise.

-ㅂ시오 어미 ((suffixe flexionnel de terminaison phrastique impérative,très polie.Utilisé entre les adultes mutuellement et à l'égard d'un interlocuteur supérieur (parent, maître, supérieur hiérarchique plus âgé), il exprime une politesse et un respect stricts et protocolaires. Il s'ajoute après le suffixe flexionnel préfinal honorifique –시 /-으시. L'adjectif coréen ne peut avoir la forme impérative.)) ¶안녕히 계사~ Soyez en paix. / Au revoir (adressé à la personne qui reste). ¶안녕히 가사~ Allez en paix. / Au revoir (adressé à la personne qui part). ¶어서 오사~ Veuillez entrer. / Entrez. ¶부디 건강하사~ Soyez en bonne santé. ¶많이 드사~ Mangez bien (Bon appétit!). ¶말씀하사~ Veuillez parler. / Je vous prie de parler. ¶어서 들어오사~ Veuillez entrer. / Je vous prie d'entrer. ¶이 자리에 앉으사~ Asseyez-vous (veuillez vous asseoir) à cette place. ¶이 계약서에 서명하사~ Veuillez signer sur ce contrat. ¶설명서를 읽으사~ Lisez (veuillez lire) le mode d'emploi. ¶그 회의에 가지 마~ Je vous prie de ne pas aller à cette réunion.

-ㅂ지요 어미↔-읍지요 【고어】 ((suffixe flexionnel archaïque de terminaison phrastique déclarative. Utilisé à l'égard de l'interlocuteur supérieur, il témoigne un respect vénérable. . –ㅂ지요 s'ajoute après le radical de l'adjectif adjectifet du verbe qui se termine par une voyelle et après la consonne liquide –ㄹ (mais après l'omission de cette consonne); -읍지요) s'ajoute après le radical verbal qui se termine par une consonne et après les suffixes flexionnels préfinaux du passé –았/–었.)) ¶ 그건 사실이 아니~ Telle n'est pas la vérité.

바[1] 의명 ce, le fait ((nom dépendant ou non autonome, servant à nominaliser ou substantiver une locution verbale ou une proposition. A cet effet, il ne s'emploie qu'après les suffixes flexionnels déterminatifs –ㄴ/-은, -는, -ㄹ/-을, -던.)) ¶생각하는 ~를 말하다 dire ce qu'on pense. ¶맡은 ~ 책임을 다하다 assumer la responsabilité dont on a la charge. ¶어찌할 ~를 모르다 ne pas savoir que [comment] faire. ¶눈 둘 ~를 모르다 ne pas savoir où tourner *son* regard.¶기왕 일을 시작한 ~에 끝을 냅시다 Puisque nous l'avons commencé, terminons ce travail. ¶그렇게 자꾸 미룰 ~에는 차라리 계획을 취소해라 Plutôt que de le reporter comme ça sans arrêt, autant annuler ce projet. ◇_이다 c'est que, cela dit que, cela signifie que ((une affirmation appuyée)) ¶우리의 의지를 만천하에 천명하는 ~이다 (Cela signifie que) nous proclamons notre volonté devant le monde entier.

바² 명 【음악】 fa *m inv*.

◆_**장조[단조]** -長調[短調] 명 fa *m* majeur [mineur].

바³ 영{bar} 명 ① bar *m*; comptoir *m*. ② 【운동】 barre *f* haute ((saut en hauteur)).

바가지 명 ① calebasse *f*, gourde *f*. ¶ ~로 물을 퍼내다 puiser de l'eau avec une calebasse. ② prix *m* excessif (d'un commerçant malhonnête), escroquerie *f*, arnaque *f* {*fam*}, ((ce prix, c'est du)) vol *m*. ¶ ~ 요금을 내다 ((un client)) payer un prix excessif, payer trop cher (un article) ((à cause d'un commerçant malhonnête)), payer un article plus cher que ce qu'il vaut en réalité [que *son* prix réel], se faire avoir {*fam*} [rouler {*fam*}, estamper {*fam*}, étriller] par un marchand [commerçant] malhonnête, se faire arnaquer {*fam*} par un commerçant malhonnête, être victime d'une escroquerie [d'une arnaque {*fam*}]. ③ remarques *fpl* continuelles [criailleries *fpl*, paroles *fpl* de reproches incessantes, critiques *fpl* incessantes] ((d'une femme à *son* mari)).

*~(를) **긁다** ((la femme)) faire des reproches à *son* mari; harceler *son* mari de reproches; ((une femme)) ne pas arrêter de faire des remarques ((à *son* mari)), harceler [asticoter] ((*son* mari)) pour qu'il [jusqu'à ce qu'il] fasse *qc*; faire des remarques ((à *son* mari)) sur *qc*; faire de continuelles observations ((à *son* mari)).

*~(를) **긁히다** se faire harceler de reproches, se faire harceler [asticoter] ((par *sa* femme)).

*~(를) **쓰다** ① ((un client)) payer un prix excessif, payer trop cher (un article) ((à cause d'un commerçant malhonnête)), payer un article plus cher que ce qu'il vaut en réalité [que *son* prix réel], se faire avoir {*fam*} [rouler {*fam*}, estamper {*fam*}, étriller] par un marchand [commerçant] malhonnête, se faire arnaquer {*fam*} par un commerçant malhonnête, être victime d'une escroquerie [d'une arnaque {*fam*}]. ② être injustement accusé(*e*) d'un fait que l'on n'a pas commis; se faire injustement accuser d'une faute que l'on n'a pas commise, porter le chapeau {*fam*}.

*~(를) **씌우다** ((un commerçant malhonnête)) faire payer trop cher à (un client), faire payer un prix excessif à (un client), voler [rouler {*fam*}, estamper {*fam*}, écorcher {*fam*}, arnaquer {*fam*}, escroquer] un client.

*~**를 차다** tomber dans la misère; devenir pauvre [misérable]; tomber dans la déchéance, tomber bien bas.

◆**탈**_ 명 masque *m* fait avec une calebasse.

분류 ((une)) calebasse *f*. ¶ 물 한 ~ une calebasse d'eau.

바게트 프{baguette} 명 baguette *f*.

바겐세일 영{bargain sale} 명 solde *m*, liquidation *f* en solde. ¶ 백화점이 ~에 들어갔다 Les grands magasins ont commencé à faire les soldes. ◇_(을) **하다** faire les soldes, brader.

바구니 명 corbeille *f*, panier *m*. ¶ 꽃 ~ corbeille de fleurs. ¶ 과일 ~ corbeille de fruits. ¶ ~를 엮다 tresser un panier. ¶ ~에 과일을 담다 mettre des fruits dans une corbeille. ¶ 꽃이 ~에 가득하다 Le panier est plein de fleurs.

◆**대**_ 명 corbeille *f* en bambou.

◆**(시)장**_ (市)場 명 panier *m* à provisions.

분류 ((une)) corbeille *f* ((de fruits)). ¶ 과일 한 ~ une corbeille de fruits.

바구미 명 【동물】 charançon *m*. ¶ 쌀[쌀통]에 ~가 생겼다 Il y a des charançons dans le riz [dans la huche à riz].

바글거리다 재 ① ((액체 따위가)) bouillir à gros bouillons, bouillonner. ¶ 찌개가 바글거리며 끓는다 Le ragoût bout à gros bouillons / Le ragoût bouillonne. ② ((짐승, 사람 따위가)) grouiller ((de pucerons, de monde)), fourmiller, pulluler, foisonner, abonder, regorger, surabonder. ¶ 설탕통에 개미가 바글거린다 Les fourmis grouillent dans le pot à sucre. ¶ 바닷가에 피서객들이 바글거린다 Les vacanciers [estivants] fourmillent au bord de la mer. ¶ 거리가 사람들로 바글거린다 La rue fourmille [grouille] de monde. ¶ 음식 찌꺼기에 파리가 바글거린다 Des mouches grouillent sur les déchets alimentaires [ordures ménagères, les détritus].

바글대다 재 ☞ 바글거리다

바글바글 부 ① ((bouillir)) à gros bouillons. ¶ 물이 ~ 끓는다 L'eau bout à gros bouillons. ② ((s'agiter)) en très grand nombre.

◆_**하다** 재 ☞ 바글거리다

바깥 명 ① ((공간)) dehors *m*, extérieur *m*. ¶ ~으로 나가다 aller vers l'extérieur. ¶ ~의 동정[사정]을 살피다 observer la situation de l'extérieur; suivre le cours des événements de l'extérieur. ¶ ~ 날씨가 쌀쌀하다 Il fait froid [frisquet] dehors / Le temps s'est rafraîchi dehors. ¶ ~에 나가다 sortir dehors. ¶ ~에서 놀다 jouer dehors. ② ((경계)) dehors *m* ((d'un récipient, d'une boîte)), partie *f* extérieure, extérieur *m* ((d'une figure)), surface *f*; hors de *qc*, au-delà de *qc*. ¶ 줄 ~으로 나가지 마라 Ne sors pas hors de la ligne. ¶ 담 ~으로 나뭇가지가 늘어져 있다 Les branches penchent au-delà du mur.

◆_**문** -門 명 porte *f* extérieure.

◆_**바람** 명 vent *m* qui vient de l'extérieur [du dehors]. ¶ ~바람을 쐬다 sortir dehors pour prendre l'air.

◆_**사돈** -査頓 명 beau-père *m* de sa fille; père *m* de sa belle-fille.

◆_**사람** 명 maître *m* de maison; mari *m*.

◆_**양반** -兩班 명 maître *m* de maison; chef *m* de famille; mari *m*. ¶ ~양반께서는 무슨 일을 하고 계십니까? Que fait votre mari dans la vie?

◆_**일** 명 travail *m* [affaires *fpl*] hors de chez soi; événements *mpl* de l'extérieur. ¶ 집 안에만 있으니

ㅂ

~일은 전혀 모른다 Comme il ne sort jamais, il n'est pas du tout au courant de ce qui se passe dehors.

◆_채 명 partie *f* extérieure de la maison.

◆_출입 -出入 명 sortie *f* à l'extérieur. ¶ ~출입을 삼가다 s'abstenir de sortir.

바께쓰 영{bucket} 명[분류] ☞ 양동이

바꾸다 타 ① changer, changer de *qc*, modifier, remplacer, substituer *qn*/*qc* à *qn*/*qc*, transformer *qc* en *qc*, transborder. ¶ 자동차를 ~ changer de voiture. ¶ 주소[전화 번호]를 ~ changer d'adresse [de numéro de téléphone]. ¶ 국적을 ~ changer de nationalité. ¶ 계획을 ~ modifier le plan [le projet]. ¶ 마음을 ~ changer d'idée [d'avis]. ¶ 머리 모양을 ~ changer *sa* coiffure. ¶ 나는 대전에서 기차를 바꾸어 탔다 J'ai changé de train à Daejeon. ② remplacer *qn*/*qc* par *qn*/*qc*, renouveler, transformer *qc* en *qc*, échanger *qc* contre *qc*, troquer *qc* contre *qc*, convertir *qc* en *qc*, rénover, métamorphoser *qc* en *qc*, substituer *qc* à *qc*, changer *qc* en *qc*, changer *qc* pour [contre] *qc*; faire un échange; troquer *qc* contre *qc*. ¶ 가구를 새 것으로 ~ renouveler les meubles. ¶ 만 원짜리 지폐를 천 원짜리로 ~ échanger un billet de dix mille wons contre l'équivalent en billets de mille wons ((échanger un (gros) billet en petits billets)). ¶ 지폐를 동전으로 ~ échanger un billet en petites pièces, faire de la monnaie. ¶ 유로를 원으로 ~ changer des euros contre des wons. ¶ 불어를 영어로 ~ traduire du français vers l'anglais. ¶ 2002년 1월 1일부터 유럽 12개국은 화폐를 유로로 바꿨다 Les 12 pays européens ont changé leurs monnaies en euros depuis le 1er janvier 2002. ¶ 나는 그 친구와 방을 서로 바꾸었다 J'ai échangé ma chambre avec la sienne. ¶ 어머니는 헌 가구를 선풍기와 바꾸었다 Ma mère a échangé les vieux meubles contre un ventilateur.

***바꾸어 말하면** c'est-à-dire, en d'autres termes, autrement dit.

바꿔치기 명 remplacement *m*; substitution *f*. ◇_(를) **하다** remplacer, substituer *qc* à *qc*.

바꿔치다 타 remplacer, substituer *qc* à *qc*. ¶ 진품을 모조품으로 ~ remplacer les vrais par les faux.

바뀌다 재 ① se changer, se transformer, se métamorphoser; être changé(*e*), renouvelé(*e*), remplacé(*e*), transformé(*e*), métamorphosé(*e*), inversé(*e*), renversé(*e*). ¶ 그의 주소가 바뀌었다 Son adresse est changée. ¶ 방침이 바뀌었다 On a changé de plan [de politique]. ¶ 상황이 바뀌었다 La situation a changé. ¶ 신호가 파란불로 바뀌었다 Le feu a tourné[est passé] au rouge. ¶ 사랑이 미움으로 바뀌었다 L'amour s'est transformé en haine. ② être échangé(*e*); être inversé(*e*). ¶ 내 방이 그 친구의 방과 바뀌었다 J'ai échangé ma chambre contre la sienne. ¶ 그 사람과 나는 이제 처지가 서로 바뀌었다 Nos situations se sont inversées maintenant. ¶ 착오로 내 가방이 그 친구의 가방과 바뀌었다 Nos sacs ont été intervertis par erreur.

바나나 영{banana} 명 banane *f*. ¶ ~ 한 송이 un régime de bananes.

바나듐 라 명 【화학】 vanadium *m*.

바느질 명 couture *f*, travail *m* à l'aiguille. ¶ 옷의 ~ 상태를 살펴보다 examiner la couture du vêtement. ¶ 해어진 양말을 ~해 깁다 raccommoder des chaussettes. ¶ 이 옷은 ~이 튼튼하다 Ce vêtement est solidement confectionné. ◇_(을) **하다** coudre, faire de la couture. ¶ 가죽옷은 ~하기가 쉽지 않다 Il n'est pas facile de coudre des vêtements en cuir.

◆_감 명 tissu *m* à coudre; ouvrages *mpl* de dames.

◆_삯 명 coût *m* de couture.

◆_품 명 travail *m* de couture. ¶ ~품을 팔다 vivre de la couture.

바늘 명 ① ((바느질)) aiguille *f*. ¶ ~에 실을 꿰다 enfiler une aiguille. ¶ ~에 손가락을 찔리다 se piquer le doigt avec une aiguille. ¶ 뜨개(질) ~ une aiguille à tricoter. ② ((주사, 낚시)) aiguille *f*; hameçon *m*. ¶ 주사 ~ une aiguille à injection. ¶ 외과용 ~ une aiguille à suture. ¶ 낚시 ~ un hameçon. ③ ((시계, 나침반 따위)) aiguille *f*. ¶ 나침반 ~ une aiguille de boussole. ¶ 시계의 큰 ~과 작은 ~ la grande aiguille et la petite aiguille d'une montre.

*~ **가는 데 실 간다** Le fil suit l'aiguille / Ils sont inséparables / Les deux font la paire.

*~ **도둑이 소 도둑 된다** Qui vole un oeuf, vole un boeuf.

*~**로 찔러도 피 한 방울 안 난다** Cet homme n'a pas de coeur / Cet homme est sans pitié / C'est (vraiment) un sans-coeur / Cet homme a un coeur de pierre [un coeur de marbre] / Cet homme a une pierre à la place du coeur / C'est un homme glacial [de glace, de marbre, sec, imperturbable, dur et insensible, cruel, égoïste, endurci, impitoyable, implacable].

◆_구멍 명 chas *m* [trou *m*] d'une aiguille.

*~**구멍으로 황소바람 들어온다** Aussi petit soit-il, il ne faut pas négliger un problème.

***부자가 천국에 가는 것은 낙타가 ~구멍에 들어가기보다 어렵다** «il est plus aisé pour un chameau d'entrer par le trou d'une aiguille que pour un riche d'entrer dans le royaume de Dieu» ((évangile de Matthieu)).

◆_귀 명 trou *m* [oeil *m*] d'une aiguille; chas *m* (d'une aiguille).

◆_낚시 명 hameçon *m* à aiguille.

◆_방석 명 pelote *f* à aiguilles; situation *f* extrêmement inconfortable.

*~**방석에 앉은 것 같다** se sentir très mal à l'aise.

◆_집 명 boîte *f* à aiguilles.

◆코_ 명 aiguille *f* à crochet [tricoter] [분류] ((un)) point *m* de suture. ¶ 상처를 일곱 ~ 꿰매다 faire sept points de suture à une plaie.

바닐라 영{vanilla} 명 vanille *f*. ¶ ~ 아이스크림 (de la) glace à la vanille. ¶ ~ 향 odeur de vanille;

parfum (à la) vanille.

바다 명 ① mer *f*; océan *m*. ¶ 푸른 ~ mer bleue. ¶ 넓은[깊은] ~ mer immense [profonde]. ¶ 먼~ la haute mer, le large, le grand large, la pleine mer. ¶ 잔잔한[험한] ~ une mer calme, une mer peu agitée [une mer déchaînée]. ¶ ~로 진출하다 étendre ses activités outre-mer. ¶ 배로 ~를 건너다 [항해하다] traverser la mer en bateau; naviguer en mer. ¶ 우리나라는 삼면이 ~로 에워싸여 있다 La Corée a trois côtés maritimes. ② ((비유적)) mer *f*, immensité *f*. ¶ ~ 같은 어머니 사랑 amour maternel sans borne. ¶ 무엇을 불~로 만들다 faire de *qc* une mer de feu; livrer *qc* aux flammes. ¶ 울음[눈물] ~를 이루다 faire pleurer tout le monde.

◆ **거북** 명 【동물】 tortue *f* de mer.

◆ **_뱀** 명 【동물】 serpent *m* de mer.

◆ **_ㅅ가** 명 bord *m* de la mer; plage *f*.

◆ **_ㅅ게** 명 【동물】 crabe *m*.

◆ **_ㅅ고기** 명 【동물】 poisson *m* de mer.

◆ **_ㅅ길** 명 route *f* marine.

◆ **_ㅅ말** 명 【식물】 algue *f*, goémon *m*, varech *m*.

◆ **_ㅅ물** 명 eau *f* de mer. ¶ ~ㅅ물의 소금기를 제거해 식수를 만들다 dessaler l'eau de mer pour en faire de l'eau potable.

◆ **_ㅅ바람** 명 brise *f* marine.

◆ **_ㅅ조개** 명 【동물】 coquillage *m* de mer.

◆ **_사자** 명 【동물】 lion *m* de mer.

◆ **_새** 명 oiseau *m* de mer.

◆ **_장어** -長魚 명 【동물】 anguille *f* de mer.

◆ **_제비** 명 【동물】 pétrel *m*.

◆ **_코끼리** 명 【동물】 éléphant *m* de mer.

◆ **_표범** 명 【동물】 phoque *m*.

바닥 명 ① sol *m*; terre *f*; partie *f* plate de *qc*; fond *m*; lit *m*. ¶ 부엌 ~ le sol de la cuisine. ¶ ~을 깔다 recouvrir le sol de *qc*. ¶ 시냇물이 맑아서 ~이 다 들여다보인다 Le ruisseau est si clair qu'on en voit le fond. ② partie *f* inférieure; fond *m*. ¶ 구두 ~ semelle. ¶ 그릇 ~에 au [dans le] fond d'un récipient. ¶ ~이 이중으로 된 가방 une valise à double fond. ③ lieu *m* vaste et très fréquenté. ¶ 시장 ~ (la place du) marché. ¶ 나는 이 서울 ~에서 20년을 일했다 J'ai travaillé pendant vingt ans ici à Séoul. ④ ((수준, 상태)) partie *f* inférieure; fond *m*. ¶ 주식 값이 ~으로 떨어졌다 La valeur des actions est tombée au plus bas. ⑤ ((비유적)) fin *f*, bout *m*. ⑥ ((옷감)) texture *f* ((d'une étoffe)).

*~**을 기다** avoir un niveau au ras des pâquerettes {*fam*}, avoir un niveau limite, voler bas, ne pas voler haut; être quasi nul(*le*). ¶ 그 아이의 수학 성적은 ~을 기는 수준이다 Les notes de mathématiques de cet(*te*) enfant sont très basses [quasi nulles].

*~**(을) 내다** épuiser. ¶ 한 달 생활비를 일주일 만에 ~ épuiser en une semaine un mois de l'argent du ménage. ¶ 집안의 술을 모두 ~(을) 냈다 On a bu tout l'alcool de la maison.

*~**(을) 보다** ① être à sec, être à court ((d'argent)), être (complètement) fauché(*e*) {*fam*}, être épuisé(*e*) ((les caisses sont vides, à sec)). ¶ 이제 곧 ~을 보게 되는데 들어올 돈은 없고 정말 큰일이군 On sera bientôt à sec [à court d'argent] et on n'a plus de rentrées d'argent, c'est vraiment la catastrophe / C'est la misère [la catastrophe]: les caisses seront bientôt à sec [nous n'avons quasiment plus de réserves financières] et on n'a plus de rentrées d'argent. ② voir la fin de *qc*; atteindre le but de *qc*. ¶ 한번 시작한 일이니 ~을 보아야지 중도에서 그만둘 수는 없다 Le travail étant commencé, il faut le terminer, nous ne pouvons pas nous arrêter en cours de route.

*~**을 치다** toucher le fond. ¶ 주가가 바닥을 쳤다 Les valeurs en bourse ont chuté au plus bas [ont atteint leur seuil inférieur record].

*~**(이) (드러) 나다** ① 닳다 s'user, se trouer. ¶ ~난 운동화 des baskets usées [trouées]. ② 없어지다 s'épuiser, se tarir, se vider, tirer à *sa* fin, ne (presque) plus avoir de *qc*; être à court de *qc*; être à sec; ((les réserves)) être épuisé(*e*); avoir tout dépensé, ((돈이)) être à court d'argent, être (complètement) fauché(*e*) {*fam*}, fauché(*e*) comme les blés, être raide comme un passe-lacet {*fam*}, être sans le sou. ¶ 양식이 ~났다 Les provisions sont épuisées. ¶ 돈이 ~났다 On a dépensé tout l'argent / Les caisses sont vides / Je suis à court d'argent / Je suis (complètement) fauché(*e*) {*fam*} [à sec] / Je n'ai plus un sou en poche. ¶ 돈이 ~이 드러나서 어떻게 살아야 할지 막막하다 Étant à sec [Les réserves d'argent étant épuisées, Les caisses étant vides], je ne sais pas du tout comment faire pour survivre.

◆ **_세** -勢 명 fond *m*, bas *m* de l'échelle. ¶ 주가가 ~를 맴돌고 있다 Les valeurs boursières stagnent en bas de l'échelle. ¶ 채소 가격이 ~세에 머물러 있다 Le prix des légumes reste au plus bas.

◆ **_재** -材 명 matériau *m* pour le sol. ¶ ~를 바꾸다 changer de matériau pour le sol.

바대 명 doublure *f* d'un vêtement.

바동거리다 자타 ① se débattre; se démener, s'agiter, se batailler, se remuer (dans tous les sens), se tortiller. ¶ 끈으로 묶인 팔을 풀려고 ~ s'agiter dans tous les sens pour tenter de libérer *ses* bras ligotés. ¶ 아기가 (팔다리를) 바동거려서 안기가 힘들다 Comme le bébé n'arrête pas de remuer (bras et jambes), il est difficile de le prendre dans ses bras. ¶ 물에 빠진 사람이 살려달라고 바동거린다 L'homme, qui est tombé à l'eau, se débat et crie à l'aide. ② ((비유적)) se débattre, se démener. ¶ 가난에서 벗어나기 위해 ~ se démener pour échapper à la pauvreté. ¶ 빚에 쪼들려 ~ être accablé(*e*) de dettes. ¶ 빚을 갚으려고 ~ se démener (comme un diable) pour rembourser *ses* dettes. ¶ 이제 와서 바동거려 보아도 소용없다 A quoi bon se démener maintenant.

ㅂ

바동바동 [부] ① en remuant dans tous les sens. ② ((비유적)) en se démenant de toutes *ses* forces, comme un diable. ¶ 가난에서 벗어나려고 ~ 몸부림치다 se débattre comme un diable pour sortir de la misère.

바둑 [명] (jeu(*x*) *m* de) *baduk m*, (jeu(*x*) *m* de) *go m*. ¶ 누구와 ~을 한 판 두다 jouer une partie de *baduk* avec *qn*.

◆**_강아지** [명] chien(*ne*) truité(*e*).

◆**_돌[알]** [명] pions *mpl* (blancs et noirs).

◆**_무늬** [명] motif *m* (décoratif) en damier [à carreaux]. ¶ ~무늬 천 tissu en damier; étoffe à carreaux.

◆**_이** [명] chien(*ne*) truité(*e*).

◆**_점** -點 [명] tache *f*; moucheture *f*.

◆**_판** -板 [명] damier *m* du jeu de *go*. <table de jeu de *go* qui est quadrillée de 19x19 lignes>. ¶ ~판 식 배열 disposition en damier ((dans le style du jeu de *go*)).

바둥거리다 [형] ☞ 바동거리다

바드득거리다 [자타] ① grincer, crisser, craquer, crouler. ¶ 자동차 바퀴 아래서 자갈이 바드득거린다 Le gravier crisse sous les roues. ② grincer ((des dents)). ¶ 화가 난 그는 이를 바드득거린다 Il grince des dents de colère.

바득바득 [부] ① avec opiniâtreté, opiniâtrement, avec obstination, obstinément; sans démordre, mordicus {*fam*}. ¶ 자기 잘못이 아니라고 ~ 우기다 s'obstiner [s'entêter, persister] à dire que ce n'est pas (de) *sa* faute. ② avec insistance, inlassablement. ¶ 재산을 모으겠다고 ~ 욕심을 부리다 suivre inlassablement *sa* soif de fortune.

바들바들 [부] comme une feuille morte ((onomatopée évoquant un corps qui tremble)). ¶ 추위[두려움]에 몸을 ~ 떨다 trembler de froid [de peur].

바디 **영**{body} [명] corps *m*; ((자동차)) carrosserie *f*. ¶ 충돌사고로 차의 ~가 상했다 La collision a fait [entraîné, occasionné] des dégâts de carrosserie / La carrosserie a été endommagée au cours d'une collision.

◆**_라인** **영**{- line} [명] ligne *f* du corps. ¶ 이 차는 ~라인이 아름답다 Cette voiture a une belle ligne.

바라 [명] 【음악】 trompette *f* (faite d'une coquille de triton); petite cymbale *f*. ¶ ~를 치다 jouer des cymbales.

◆**_춤** [명] danse *f* avec des cymbales.

바라다 [타] ① vouloir, désirer, souhaiter *qc*; espérer *qc*. ¶ 선물을 ~ désirer un cadeau. ¶ 돈을 ~ vouloir de l'argent. ¶ 대가[보상]를 ~ espérer une compensation [une récompense]. ② vouloir, désirer *qc*/*inf*/que+*subj*; aspirer à *qc*; tenir à+*inf* [à ce que+*subj*]; demander ((la permission de faire *qc*)); implorer *qc*, solliciter *qc*; prier *qn*; supplier *qn*. ¶ 용서를 ~ demander pardon (à *qn*). ¶ 신의 자비를 ~ implorer la miséricorde de Dieu. ¶ 병의 회복을 ~ prier pour la guérison d'un malade. ¶ 문제의 조속한 해결을 ~ souhaiter un règlement rapide du problème. ¶ 부자가 되기를 ~ espérer devenir riche. ¶ 바라던 것 이상의 성과를 거두다 réussir au-delà de *ses* espérances. ¶ 내가 바라던 것이 모두 이루어졌다 Tous mes voeux ont été exaucés. ¶ 바라는 것이 있으면 무엇이든 이야기해라 Dis-moi tout ce que tu désires. ¶ 일이 바라던 대로 진척되어 간다 L'affaire marche comme on le souhaitait [comme prévu] / Tout se déroule exactement comme on le souhaitait [le voulait] / Tout se passe comme on le voulait [comme il se doit, comme prévu]. ¶ 바라지도 않았던 좋은 기회이다 C'est une chance inespérée. ¶ 그 여자는 그 남자가 만나러 와주기를 바라고 있다 Elle désire qu'il vienne la voir. ¶ 그 친구가 무사히 돌아오기를 바랍니다 Nous souhaitons qu'il revienne sain et sauf. ¶ 빨리 회복하기 바래 Je te souhaite une prompte guérison / Je fais des voeux pour ton prompt rétablissement / Je te souhaite de te rétablir promptement [très vite].

바라다보다 [타] regarder, voir; dévisager. ¶ 창밖을 물끄러미 ~ regarder distraitement par la fenêtre. ¶ 누구의 뒷모습을 ~ scruter *qn* de dos.

바라문 婆羅門 [명] 【역사】 brahmane *m*.

◆**_교** -教 [명] 【종교】 brahmanisme *m*.

바라보다 [타] ① regarder, voir, scruter, dévisager, lorgner. ¶ 누구[무엇]를 뚫어지게 ~ regarder *qn*/*qc* fixement; fixer *qc*/*qn*. ¶ 누구[무엇]를 멀리서 [가까이서] ~ regarder *qn*/*qc* de loin [de près]. ¶ 먼 데를 ~ regarder au loin. ¶ 앞만 바라보고 걷다 marcher en ne regardant que devant *soi*. ¶ 에펠탑에서 바라본 파리 Paris vue de la tour Eiffel. ¶ 그 여자는 아름다운 그림을 정신없이 바라보고 있다 Elle a le regard perdu dans un beau tableau. ② ((관점)) ¶ 사건을 객관적으로 ~ considérer une affaire avec objectivité. ③ ((기대)) espérer, aspirer, prévoir, se trouver tout près. ¶ 그 선수는 세계 대회 우승을 바라보고 있다 Cet athlète espère remporter le championnat du monde. ¶ 그 선수는 정상을 바라보다가 뜻하지 않은 부상으로 은퇴를 해야만 했다 Il était quasiment au sommet de sa carrière, mais à cause d'une blessure, il a dû se retirer de la compétition [du circuit]. ④ ((시간적인 근접)) friser {*fam*}, approcher de, être proche de ((la soixantaine)). ¶ 나이 50을 바라보는 아저씨 un homme qui approche de [qui frise, est proche de] la cinquantaine.

바라보이다 [타] se trouver en face, dominer, avoir la vue sur *qc*, donner sur *qc*. ¶ 지평선까지 바라보인다 La vue s'étend jusqu'à l'horizon. ¶ 멀리 산이 바라보인다 On voit au loin le mont [la montagne]. ¶ 거리가 바라보이는 언덕 une colline qui domine les rues de la ville, une colline qui domine la ville. ¶ 바다가 바라보이는 방 chambre ayant vue [avec vue] sur la mer. ¶ 한길이 바라보이는 집 une maison donnant sur la rue.

바라크 프{baraque} 명 【군사】 baraques *fpl*, baraquements *mpl*.

바람[1] 명 ① vent *m*; brise *f*; air *m*. ¶ 강한[서늘한] ~ un vent fort [frais]. ¶ ~을 쐬다 prendre l'air. ¶ ~이 잘 통하는 방 une pièce bien aérée. ¶ ~ 한 점 없는 날 un jour où il n'y a pas un souffle de vent. ¶ ~이 인다 Le vent souffle [se lève]. ¶ ~이 분다 Il fait [Il y a] du vent / Le vent souffle / Il vente. ¶ ~이 점점 심해진다 Le vent souffle de plus en plus fort. ② air *m*. ¶ 타이어에 ~을 넣다[빼다] gonfler [dégonfler] un pneu. ¶ 공에 ~이 빠졌다 Le ballon est dégonflé. ③ retentissement *m*; popularité *f*; vogue *f*. ¶ 세계화 ~ le vent de la mondialisation. ¶ 그 상품은 국내 시장에 ~을 일으켰다 Cet article a eu un grand succès sur le marché intérieur. ¶ 감원 ~이 분다 Il y a du mouvement pour réduire le personnel. ④ inconstance *f*, humeur *f* volage; caractère *m* capricieux. ¶ 무슨 ~이 불어 여기까지 왔니? Quel bon vent t'amène ici? ⑤ aventure *f* galante.

*~ **앞의 등불** une bombe prête à exploser, une situation critique.

*~(을) **넣다** inciter *qn* à faire *qc*.

*~(을) **맞다** ① être frappé(*e*) [atteint(*e*)] de paralysie; avoir une attaque de paralysie; tomber paralysé(*e*). ¶ 할아버지께서 ~을 맞아 왼팔이 마비되었다 Mon grand-père est paralysé du bras gauche. ② se faire poser un lapin {*fam*}. ¶ 여자 친구한테 ~을 맞았다 Mon amie m'a posé un lapin {*fam*}.

*~(을) **맞히다** poser un lapin à *qn* {*fam*}, ne pas venir à un rendez-vous (qu'on a donné), faire faux bond à *qn*.

*~(을) **잡다** ① inciter les autres à faire *qc*. ② ne pas tenir en place; vivre dans la débauche.

*~(을) **피우다** être infidèle ((à son partenaire amoureux)), tromper ((sa femme, son mari, son amant)), faire cocu ((son mari)) {*fam*}, cocufier *qn* {*fam*}. ¶ ~ 피우면 당장 이혼이야 Si tu me trompes, je divorce tout de suite.

*~(이) **나다** avoir une aventure (galante) avec une autre femme [avec un autre homme]; mener une vie dévergondée, être volage, frivole. ¶ 사장이 여비서와 ~이 났다 Le P.-d.g.. a eu une aventure (galante) avec sa secrétaire.

*~(이) **들다** ① ((un navet)) devenir creux. ¶ ~든 무 un navet creux. ② se dévergonder; vivre dans la débauche.

*~(이) **자다**. Le vent s'apaise.

***가지 많은 나무에 ~ 잘 날 없다** Une mère qui a beaucoup d'enfants n'a pas un jour de paix [répit].

◆**_개비** 명 girouette *f*, anémomètre *m*; jouet *m* à vent ((se composant d'une hélice que le vent fait tourner)). ¶ ~개비를 돌리다 faire tourner (l'hélice d')un jouet à vent.

◆**_결** 명 ¶ ~에 듣다 entrendre par ouï-dire.

◆**_기** -氣 명 signe *m* annonciateur de vent; manque *m* de sérieux dans sa conduite. ¶ ~기가 있는 남자 un homme enclin aux plaisirs de l'amour.

◆**_꽃** 명 vapeur *f* blanchâtre (qu'on voit sur les sommets des montagnes et qui annonce le vent).

◆**_둥이** 명 coureur *m* (de jupons, de filles), don Juan *m*, trousseur *m* de jupons {*vx*}; noceur(*se*), bambocheur(*se*) {*fam*}, fêtard(*e*) {*fam*}, cavaleur(*se*) {*fam*}, débauché(*e*), libertin(*e*).

◆**_막이** 명 abri *m* contre le vent; abrivent *m*; brise-vent *m*. ¶ 오토바이의 ~막이 un pare-brise de moto. ¶ ~막이를 설치하다 installer un abri contre le vent.

◆**_잡이** 명 complice (d'un voleur).

◆**맞_** 명 vent *m* contraire; vent *m* debout.

◆**비_** 명 pluie *f* et vent *m*; tempête *f*. ¶ 비~이 친다 Il y a de la pluie et du vent.

◆**회오리_** 명 【지리】 tourbillon *m* (de vent).

바람[2] 의명 ① ((sous)) le coup *m* [contrecoup *m*] de *qc*; ((sous)) l'effet *m* de *qc*; force *f* ((de)). ¶ 그 ~에 나도 정신을 잃었다 Sous le choc, je me suis aussi évanoui(*e*). ¶ 넘어지는 ~에 머리를 부딪쳤다 Je me suis cogné(*e*) la tête en tombant. ¶ 자꾸 술을 권하는 ~에 혼이 났다 J'ai été bien embarrassé(*e*), parce qu'ils n'arrêtaient pas de me faire boire. ② en ((tenue légère, petite tenue, vêtements de nuit, sous-vêtements, en déshabillé)) ((exprimant une tenue sommaire)). ¶ 잠옷 ~으로 손님을 맞이하다 recevoir des visiteurs en pyjama [en chemise de nuit, en petite tenue]. ¶ 그 남자는 속옷 ~으로 뛰어나왔다 Il est sorti en courant sans même s'habiller.

바람[3] 명 souhait *m*, désir *m*; rêve *m*. ¶ 그 사람의 오랜 ~이 이루어졌다 Son vieux rêve s'est réalisé. ¶ 자기만의 방을 가지는 것이 그 사람의 소박한 ~이다 Son simple désir est d'avoir une chambre à lui.

바람벽 -壁 명 【건축】 mur *m*; cloison *f*; paroi *f*.

바람직스럽다 형 ☞ 바람직하다

바람직하다 형 être souhaitable. ¶ 바람직한 젊은이 un jeune homme admirable. ¶ 바람직한 지도자 상 image d'un leader idéal. ¶ 운동을 시작할 때는 자신의 체력을 고려하는 것이 ~ Quand on commence un sport, il est souhaitable de tenir compte de sa force physique. ¶ 바람직하게 끝나다 finir bien; finir d'une manière souhaitable.

바랑 명 【불교】 sac *m* de bonze. ¶ ~을 지다 porter un sac sur le dos.

바래다[1] 자 ((la couleur)) passer, pâlir, se faner, se ternir, se décolorer, déteindre, virer, changer de couleur. ¶ 색이 바랜다 La couleur passe. ¶ 오래되어 바랜 커튼 vieux rideau terni.

바래다[2] 타 reconduire, raccompagner *qn*; conduire, accompagner *qn*. ¶ 손님을 문[정거장]까지 바래어 주다[드리다]. reconduire [raccompagner] un visiteur jusqu'à la porte [jusqu'à l'arrêt de bus].

바래다주다 타 reconduire *qn*, raccompagner *qn*. ¶ 그 사람은 친구를 역까지 바래다주었다 Il a

ㅂ

raccompagné son ami jusqu'à la gare.

바로 부 ① (tout) droit. ¶ 선을 ~ 긋다 tracer une ligne bien droite. ¶ 모자를 ~ 쓰다 mettre son chapeau bien droit. ¶ ~ 앉다 s'asseoir tout droit. ② tel(*le*) quel(*le*), dans toute sa vérité. ¶ 무슨 짓을 했는지 ~ 말해라 Dis ce que tu as fait sans rien cacher. ③ 원리원칙에 어긋나지 않게 correctement, convenablement, comme il convient, comme il faut. ¶ 나쁜 습관을 ~ 고치다 corriger de mauvaises habitudes / redresser des travers. ¶ 마음을 ~ 쓰다 se montrer bienveillant(*e*). ¶ 한복을 ~ 입다 porter le hanbok correctement. ④ sans attendre, sur le champ, immédiatement, aussitôt, sans délai. ¶ 편지에 ~ 답장하다 répondre sans délai à une lettre. ¶ 퇴근하고 ~ 집에 가다 rentrer chez soi directement après le travail. ⑤ précisément, juste. ¶ 우리 학교 ~ 옆에 juste à côté de notre école. ¶ ~ 눈앞에 있는 물건을 보지 못하다 ne pas voir ce qui se trouve (juste) sous *son* nez. ⑥ justement. ¶ ~ 그거야 C'est (justement) ça! / C'est bien ça! ¶ 오늘이 ~ 내 생일이다 Aujourd'hui c'est justement *mon* anniversaire. 감 ((제식훈련)) Sur le champ. ¶ 앞으로 나란히! ~! En avant en rang! Sur le champ!

바로미터 영{barometer} 명 ①【물리】baromètre *m*. ② ((비유적)) baromètre *m*. ¶ GNP는 그 나라 경제력의 ~다 Le P.N.B.(produit national brut) d'un pays sert de baromètre à son économie.
분류【물리】baromètre *m*.

바로잡다 타 corriger, rectifier, retoucher, réviser, rétablir, redresser. ¶ 오자를 ~ corriger des coquilles [des fautes d'orthographe]. ¶ 잘못을 ~ corriger les défauts de *qn*, corriger *qn* de ses défauts, rectifier une faute. ¶ 나쁜 습관을 ~ se corriger [corriger *qn*] d'une mauvaise habitude. ¶ 잘못 알려진 사실을 ~ corriger une fausse vérité. ¶ 잘못된 생각을 ~ corriger des idées fausses. ¶ 삐뚤어진 자세를 ~ corriger une mauvaise posture; se redresser. ¶ 나는 그 친구의 행동을 바로잡아 주었다 Je l'ai remis sur la bonne voie. ¶ 다음 문장에서 틀린 곳을 바로잡으시오 Corrigez les fautes dans les phrases suivantes.

바로잡히다 자 être corrigé(*e*), rectifié(*e*); se corriger, se rectifier. ¶ 책의 오자가 바로잡혔다 Les fautes d'orthographe dans le livre sont corrigées. ¶ 잘못된 기사가 바로잡혔다 L'article erroné est rectifié. ¶ 그의 나쁜 습관이 바로잡혔다 Il a corrigé *sa* mauvaise habitude.

바로크 명【예술】baroque *m* ¶ ~ 건축[미술, 음악] l'architecture [la peinture, la musique] baroque.

바루 부 ☞ 바로

바르다[1] 형 ① être droit(*e*), rectiligne, être vertic*al*(*ale*, *aux*). ¶ 바른 자세 maintien correct. ¶ 바른 생활[행실] une vie [conduite] irréprochable. ¶ 바른 말을 사용하다 utiliser des expressions correctes. ¶ 일에 임하는 바른 마음가짐 attitude correcte dans le travail. ¶ 생각이 바른 젊은이 un jeune homme qui a des idées raisonnables. ¶ 몸가짐이 ~ se tenir bien; se conduire correctement. ¶ 그 사람은 예의가 ~ Il est poli / Il se comporte poliment. ¶ 바르게 앉아라 Assieds-toi droit / Redresse-toi. ¶ 언제 어디서나 바르게 행동하고 신중하게 말해라 Conduis-toi toujours bien et parle toujours avec circonspection. ② être ensoleillé(*e*), être exposé(*e*) au soleil. ¶ 양지 바른 곳 un endroit ensoleillé.
***바른말을 하다** dire la vérité.

바르다[2] 타 ① coller; adhérer, plaquer, agglutiner, apposer, poser, tapisser. ¶ 벽에 벽지를 [벽을 벽지로] ~ coller du papier peint sur le mur. ¶ 창문을 색종이로 ~ coller des morceaux de papier de couleur sur la fenêtre. ② appliquer, enduire, mettre. ¶ 종이에 풀을 ~ appliquer de la colle sur le papier. ¶ 머리에 젤을 ~ enduire *ses* cheveux de gel. ¶ 빵에 버터를 ~ beurrer une tartine de pain. ¶ 상처에 약을 ~ appliquer de la pommade sur la blessure. ¶ 얼굴에 분을 ~ se farder. ¶ 얼굴에 크림을 ~ appliquer de la crème sur le visage. ¶ 온몸에 진흙을 ~ s'enduire tout le corps d'argile. ¶ 그 여자는 입술에 분홍빛 루즈를 발랐다 Elle s'est mis du rouge à lèvres rose.
*입에 침 바른 소리 ☞ 입

바르다[3] 타 enlever, ôter, retirer, dégager, débarrasser, soustraire, éliminer. ¶ 생선[생선의 뼈]을 발라 먹다 manger du poisson après avoir enlevé les arêtes.

바른 관 droit(*e*).
◆_**발** 명 pied *m* droit.
◆_**손** 명 main *f* droite.
◆_**쪽** 명 côté *m* droit.
◆_**팔** 명 bras *m* droit.
◆_**편** 명 côté *m* droit.

바른생활 -生活 명【교육】éducation *f* civique (pour les écoliers du primaire).

바리[1] 명 bol *m* en cuivre.
◆**퉁**_ 명 bol *m* en laiton (de basse qualité).

바리[2] 명 ((말, 소의 등에)) charge *f* (d'un boeuf [d'un cheval]).
분류 ((말, 소의 등에)) charge *f* (d'un boeuf [d'un cheval]). ¶ 땔감나무 한 ~ une charge de bois de chauffe.
◆_ _ 부 à l'excès ¶ 차에 ~~ 짐을 싣다 charger la voiture à l'excès [à craquer {*fam*}].

바리때 명 vase *m* [écuelle *f*] en bois (des bonzes).

바리캉 프{bariquant} mot provenant de la marque « Bariquand et Marre » 명 tondeuse *f* de coiffeur. ¶ ~으로 머리를 깎다 couper les cheveux avec une tondeuse.

바리케이드 영{barricade} 명 barricade *f*. ¶ ~를 치다 barricader.

바리톤 영{baritone} 명 baryton *m*. ¶ ~ 가수 baryton.

바바리 영{Burberry} 명 ☞ 바바리코트

바바리코트 영{Burberry coat} 명 imperméable *m*; manteau *m* Burberry.

바베큐 영{barbecue} 명 barbecue *m*. ¶ 멧돼지 ~ 요리 barbecue de sanglier. ¶ ~를 하다[굽다] griller au barbecue.

바벨 영{barbell} 명 【운동】 haltère *f*.

바보 명 sot(*te*), imbécile, idiot(*e*), niais(*e*), abruti(*e*) {*fam*}, benêt *m*, (gros(*se*), grand(*e*)) bêta(sse) {*fam*}; (gros(*se*), grand(*e*)) nigaud(*e*), cruche *f* {*fam*}, gourde *f* {*fam*}, andouille *f* {*fam*}, nicodème *m* {*fam*}, niquedouille {*fam*}, (grosse) nouille *f* {*fam*}, crétin(*e*) (des Alpes) {*fam*}, demeuré(*e*) {*fam*}. ¶ ~ 취급당하다 être pris(*e*) pour un imbécile; être ridiculisé(*e*). ¶ ~ 같은 짓을 하다 faire une sottise. ¶ ~처럼 굴다 se comporter comme un imbécile. ¶ 누구를 ~로 여기다[알다] prendre [tenir] *qn* pour un imbécile. ¶ ~ 같은 소리[짓] 하지 마 Ne dis [fais] pas de bêtises! ¶ 똑똑한 줄 알았는데 영 ~군 Moi qui te croyais intelligent(*e*), tu es complètement débile! ¶ 야, 이런 ~야! Oh, quel imbécile!

◆**_상자** -箱子 명 télévision *f* (qui rend débile) ((appellation péjorative)).

◆**_온달** 명 L'idiot Ondal (personnage de l'époque de Goguryeo, devenu le héros d'une légende populaire).

◆**_짓** 명 bêtise *f*, sottise *f*.

바쁘다 형 ① être occupé(*e*). ¶ 몹시 바쁜 사람 une personne très occupée. ¶ 바쁜 일정 un programme chargé [surchargé]. ¶ 바쁜 걸음을 재촉하다 marcher à pas précipités. ¶ 눈코 뜰 새 없이 ~ être submergé(*e*) [débordé(*e*)] de travail, ne plus savoir où donner de la tête. ¶ 요즘 주문이 많이 밀려서 무척 ~ Ces jours-ci je suis très occupé(*e*) à cause des commandes qui s'accumulent. ¶ 마음만 바빴지 어떻게 할 도리가 없었다 On avait beau être préoccupé, il n'y avait rien que nous puissions faire. ¶ 바쁘게 돌아다니다 aller et venir d'un air affairé. ② être pressant(*e*), urgent(*e*). ¶ 바쁜 일 un travail pressant [urgent]. ¶ 한 시가 ~ Le temps presse.

***바쁠수록 돌아가라** Plus on se presse, moins on y arrive.

***아무리 바빠도 바늘허리 매어 못 쓴다** Si pressé qu'on soit, il y a toujours un ordre à respecter.

◆**바삐** 부 à la hâte, en toute hâte. ¶ 어디론가 바삐 뛰어가다 courir *qp* en toute hâte.

바삭 부 avec un bruissement léger, avec un (petit) craquement. ¶ 낙엽을 밟으면 ~ 소리가 난다 On entend les feuilles mortes craquer sous nos pas.

◆**_거리다[대다]** 자타 produire un bruissement léger; craquer, croustiller. ¶ 사탕을 깨물어 ~거리는 소리를 내다 faire craquer un bonbon sous *ses* dents.

◆**_하다** 자 être croquant ¶ 이 빵은 ~하다 Ce pain est croquant

바셀린 독 명 vaseline *f*. ¶ 상처에 ~을 바르다 enduire une plaie de vaseline.

바수다 타 écraser, broyer. ¶ 돌을 바수어 가루를 만들다 réduire une pierre en poudre. ☞ 부수다

바순 영{bassoon} 명 【음악】 basson *m*.

바스라지다 자 ☞ 바스러지다

바스락 부 avec un bruissement léger, avec un (petit) craquement. ¶ 어둠 속에서 ~ 소리가 났다 Il y eut un craquement faible dans les ténèbres.

◆**_거리다[대다]** 자타 bruire, produire un bruissement [susurrement, froissement]. ¶ 발밑에서 낙엽이 ~거리는 소리 le froissement des feuilles mortes sous *ses* pieds.

바스러뜨리다 타 broyer, briser ((un solide)) en petits morceaux, écraser ((du gravier)), moudre, concasser, triturer. ¶ 자갈을 ~ concasser de la pierre.

바스러지다 자 être réduit(*e*) en miettes [en morceaux, en pièces, en bouillie, en poudre], éclater en petits morceaux [en mille morceaux]. ¶ 과자가 눌려서 완전히 바스러졌다 Les biscuits sont complètement réduits en miettes [en poudre]. ¶ 자갈이 바스러져 가루가 되었다 Des galets ont été réduits en poudre.

바싹 부 ① tout(*e*) ((*sec*(*sèche*))). ¶ ~ 마른 나뭇가지 des branches toutes sèches. ② (tout) contre, très près. ¶ 누구에게 ~ 다가앉다 s'asseoir tout contre quelqu'un. ③ bien ((fort)); très ((tendu)). ¶ ~ 긴장하다 être très tendu(*e*). ¶ 정신을 ~ 차려 Ressaisis-toi bien / Fais bien attention / Concentre-toi bien / Ne te disperse surtout pas. ④ tout d'un coup, tout à coup, d'un seul coup, soudainement, brutalement; à vue d'oeil. ¶ 강물의 수위가 ~ 줄었다 Le niveau du fleuve [de la rivière] a baissé brutalement [d'un seul coup, d'un jour à l'autre]. ⑤ très ((maigre)). ¶ ~ 마른 남자 un homme squelettique. ⑥ avec ardeur. ¶ ~ 시험 준비에 열을 올리다 s'absorber avec ardeur dans la préparation des examens.

바야흐로 부 ((venir)) juste ((de)). ¶ ~ 꽃피는 봄이 왔다 Le printemps en fleurs vient de commencer.

바운드 영{bound} 명 bond *m*, saut *m*. ◇**_(가) 되다** faire un bond. ¶ 한 번 ~된 공을 쳐서 넘기다 renvoyer une balle qui a rebondi. ◇**_(를) 시키다** faire rebondir ((un ballon)).

바위 명 roche *f*; roc *m*; rocher *m*. ¶ 그 사람은 ~처럼 꿈쩍도 하지 않았다 Comme un roc, il n'a pas bougé.

***달걀[계란]로 ~ 치기[치는 격]** Contre cognée serrure ne peut.

◆**_산** -山 명 montagne *f* rocheuse.

◆**_섬** 명 île *f* rocheuse.

◆**_스돌** 명 bloc *m* de rocher.

바이러스 영{virus} 명 ① 【생물】 virus *m*. ¶ 감기 ~ virus de la grippe. ¶ ~에 감염되다 être infecté(*e*) [contaminé(*e*)] par un virus. ② 【컴퓨】 virus *m*. ¶ 컴퓨터 ~ un virus informatique.

바이블 영{bible} 명 ① 【기독】 Bible *f*. ② ((비유적)) bible *f*. ¶ 이 책은 이제 고등학교 수학의 ~이 되다시피 했다 Ce livre est presque devenu la bible des mathématiques pour les lycéens.

바이어 영{buyer} 명 acheteur *m*. ¶ ~를 만나다 rencontrer un acheteur.

바이오리듬 영{biorhythm} 명 【의학】 rythme *m* biologique, biorythme *m*. ¶ ~을 재다 calculer son biorythme. ¶ ~을 따르다 suivre son rythme biologique.

바이올리니스트 영{violinist} 명 【음악】 violoniste.

바이올린 영{violin} 명 【음악】 violon *m*. ¶ ~을 켜다[연주하다] jouer du violon.

바이킹 영{Viking} 명 【역사】 viking *m*.

바인더 영{binder} 명 lieuse *f*; relieuse *f*.

바자 영{bazaar} 명 vente *f* de charité.

◆**_회** -會 명 vente *f* de charité. ¶ 불우이웃돕기 ~회를 열다 organiser une vente de charité pour les malheureux.

바지[1] 명 ① pantalon *m*; culotte *f*. ((반바지)) short *m*, bermuda *m*. ¶ ~를 입다[벗다] mettre [enlever, retirer] son pantalon. ¶ ~를 걷어 올리다 retrousser son pantalon. ② pantalon *m* traditionnel coréen, partie *f* inférieure du *hanbok* masculin.

◆**_사장** -社長 명 【구어】 patron *m* fantoche.

◆**_저고리** 명 ① pantalon *m* et veste *f*, costume *m*. pantalon *m* et veste *f* du *hanbok* masculin, *hanbok* *m* masculin. ¶ ~저고리를 갖추어 입다 se vêtir convenablement d'un pantalon et d'une veste. ② ((비유적)) bon à rien *m*, incapable; imbécile, sot(*te*). ¶ 이거 나를 무슨 ~저고리로 아는 거야? Tu me prends pour un imbécile ou quoi?

◆**_춤** 명 ceinture *f* de pantalon traditionnel.

◆**_ㅅ가랑이** 명 jambe d'un pantalon.

◆**속_** 명 caleçon *m*; pantalon *m* de dessous.

◆**솜_** 명 pantalon *m* ouaté.

◆**핫_** 명 pantalon *m* ouaté; lourdaud *m*.

바지[2] 영{barge} 명 remorqueur *m*, bateau(*x*) *m* remorqueur.

◆**_선** -船 명 remorqueur *m*, bateau(*x*) *m* remorqueur.

바지락 명 【동물】 petit coquillage *m* bivalve; *Mactra veneriformis* {*nsc*}. ¶ ~ 국물 bouillon d'une soupe de petits coquillages. ¶ ~을 캐다 ramasser des petits coquillages.

바지런하다 형 être actif(*ve*), diligent(*e*), zélé(*e*). ¶ 그 여자는 아주 ~ Elle est très active. ☞ 부지런

바짝 부 ☞ 바싹

바치다 타 ① donner [offrir, présenter] *qc* (à un supérieur); dédier *qc*. ¶ 뇌물을 ~ donner un pot de vin à *qn*, corrompre [acheter, soudoyer] *qn*, graisser la patte à *qn* {*fam*}. ¶ 누구에게 꽃을 ~ offrir des fleurs à *qn*. ¶ 자신의 책을 옛 스승께 ~ dédier son oeuvre à un ancien maître. ② payer. ¶ 국가에 공물[세금]을 ~ payer ses impôts à l'État. ¶ 헌금을 ~ donner une contribution, déposer une offrande. ③ se dévouer; se consacrer ((à une oeuvre)), se sacrifier. ¶ 나라를 위해 목숨을 ~ se sacrifier pour *son* pays. ¶ 그는 일생을 학문 연구에 바쳤다 Il a consacré sa vie à la recherche scientifique. ¶ 나는 그 연구를 위해 많은 시간을 바쳤다 J'ai consacré beaucoup de temps à cette recherche.

바캉스 프{vacance} 명 vacances *fpl*. ¶ ~ 철[시즌] saison de vacances. ¶ ~를 가다[떠나다] partir en vacances. ¶ 그는 ~ 중이다 Il est en vacances.

◆**_족** -族 명 personnes *fpl* en vacances, vacanciers *mpl*; ((여름)) estivants *mpl*.

◆**_촌** -村 명 villégiature *f*.

바코드 영{bar code} 명 ((상품)) code *m* bar.

바퀴[1] 명 roue *f*. ¶ 자동차[자전거, 수레] ~ roue d'une voiture [d'une bicyclette, d'un chariot]. ¶ ~가 돈다 [헛돈다] La roue tourne [patine].

◆**뒷_** 명 roue *f* arrière.

◆**앞_** 명 roue *f* avant.

◆**톱니_** 명 roue *f* dentée, roue *f* d'engrenage.

분류 tour *m*; tournée *f*; ronde *f*. ¶ 운동장을 세 ~ 돌다 faire trois tours du stade[de la cour]. ¶ 그 소문이 벌써 마을을 한 ~ 돌았다 Cette rumeur s'est déjà répandue dans tout le village.

바퀴[2] 명 blatte *f*; cancrelat *m*; cafard *m*.

◆**_벌레** 명 blatte *f*; cancrelat *m*; cafard *m*.

바탕 명 ① fond *m*; champ *m*; base *f*. ¶ ~을 연한 색으로 칠하다 colorer le fond d'une couleur claire. ¶ 흰 ~에 노란 꽃무늬가 있는 천 Un tissu avec des motifs de fleurs jaunes sur (un) fond blanc. ¶ 그의 소설 속에는 심오한 사상이 ~에 깔려 있다 Son roman est emprunt de profondeur spéculative / Dans le fond de son roman, il y a une philosophie profonde. ② ((사람의)) nature *f*, caractère *m*; naturel *m*; complexion *f*; tempérament *m*; constitution *f*. ¶ 천재의 ~을 지니다 posséder les germes du génie, posséder une nature géniale, avoir [être doté(*e*) de] ce qu'il faut pour être un génie. ¶ 그 아이는 ~이 선하다 Cet enfant est bon de nature. ¶ 원래 ~이 허약해서 보약도 소용이 없다 Pour lui, ça ne sert à rien de prendre des fortifiants étant donné qu'à la base, il est fragile de constitution. ③ matière *f*, substance *f*, qualité. *f*. ¶ ~이 촘촘한 천 tissu serré.

바텐더 영{bartender} 명 barman *m*.

바톤 영{baton} 명 ☞ 바통

바통 프{bâton} 명 ① 【운동】 bâton *m*, témoin *m*. ¶ ~을 넘기다[넘겨주다] relayer. ¶ ~을 이어받다 prendre le relais [la relève]. ¶ ~을 주고받다 passer et recevoir le témoin. ¶ 다음 주자에게 ~을 건네다 passer le témoin au coureur suivant. ② ((비유적)) succession *f*, héritage *m*. ¶ 사장 자리의 ~을 이어받다 hériter du poste de président. ¶ 그 사람은 친구에게 회사 경영의 ~을 넘겨줬다 Il a passé à son ami la gestion de son entreprise.

◆**_터치** 명 relais *m*. ¶ ~ 터치를 하다 prendre le relais.

박[1] 명 【식물】 calebasse *f*, courge *f*, gourde *f*. ¶ ~을 타다 couper une courge en deux.

박[2] 拍 분류 【음악】 ((à trois)) temps *m* ((divisions de la mesure en musique)).

박격포 迫擊砲 명 mortier *m*. ¶ ~를 쏘다 tirer au mortier.

박공 牔栱 명 【건축】 pignon *m*. ¶ 지붕에 ~을 대다 mettre un pignon sur le toit.

박다 타 ① enfoncer, coucher ((un clou)); visser ((une vis)); planter ((un poteau)); enchâsser ((une pierre précieuse)); sertir ((un diamant)). ¶ 망치로 못[말뚝, 기둥]을 ~ enfoncer un clou [un poteau, une colonne] à coups de marteau. ¶ 상에 자개를 ~ incruster la table de nacre. ¶ 담 위에 유리를 ~ couvrir la crête d'un mur d'éclats de verre. ¶ 루비[다이아]를 박은 반지 une bague ornée de rubis [diamants]. ② imprimer; tirer ((une épreuve)); faire ((une photo)). ¶ 명함에 직함을 ~ inscrire le titre de *sa* fonction sur *sa* carte de visite. ¶ 글씨[명함]를 ~ faire imprimer les caractères [une carte de visite]. ¶ 사진을 ~ faire une photographie; prendre une photo de *qn/qc*; se faire photographier. ¶ 글씨를 또박또박 박아서 쓰다 écrire des caractères en s'appliquant. ③ ((바느질)) coudre; piquer. ¶ 재봉틀로 옷을 ~ coudre un vêtement avec une machine à coudre. ¶ 옷 헤진 데를 ~ faire un point à un vêtement. ④ ((속 따위를)) boucher. ¶ 이에 봉을 ~ plomber une dent, obturer la cavité d'une dent cariée. ¶ 상의 어깨 부분에 심을 ~ rembourrer les épaules d'un veston. ⑤ ((뿌리 따위를)) s'enraciner. ¶ 척박한 땅에 뿌리를 ~ s'enraciner dans une terre aride ⑥ ((고개 따위를)) plonger. ¶ 그 사람은 커피 잔에 얼굴[코]을 박고 가만히 있었다 Il restait immobile la tête [le visage, le nez] plongé(*e*) dans la tasse de café. ⑦ se heurter. ¶ 그 사람은 잘못해서 문에 머리를 박았다 Il s'est heurté maladroitement à la porte. ⑧ ((판돈 따위를)) miser, mettre. ¶ 카드를 더 받고 싶으면 (판)돈을 더 박아라 Mise plus d'argent si tu veux recevoir plus de cartes.

***못(을)** ~ blesser *qn*. ¶ 남의 가슴에 못을 박지 마라 Ne blesse pas le coeur d'autrui.

***뿌리(를)** ~ s'enraciner, s'implanter. ¶ 그 친구는 이곳에 뿌리를 박고 살기로 결심했다 Il a décidé de s'implanter et de vivre ici.

***쐐기를** ~ mettre fin [un terme] à *qc*. ☞ 쐐기

***판(에)** ~ ressembler, tenir de. ¶ 저 애는 제 아버지를 판에 박았다 Cet enfant tient de son père [est le portrait (craché {*fam*}) de son père].

박달 명 【식물】 ((espèce de)) bouleau(*x*) *m*; *Betula schmidtii* {*nsc*}.

◆_나무 명 【식물】 ((espèce de)) bouleau(*x*) *m*; *Betula schmidtii* {*nsc*}.

박대 薄待 명 accueil *m* froid [glacial], inhospitalité *f*. ◇_(를) **하다** accueillir *qn* froidement, traiter *qn* mal [avec froideur]. ¶ 외국 것은 숭상하면서 전통 문화는 ~하는 풍조 tendance à vénérer la culture étrangère et à rejeter la culture traditionnelle. ◇_(를) **당하다[받다]** être maltraité(*e*), être accueilli(*e*) avec froideur. ¶ 그는 무능하다고 아내에게 ~받고 있다 Il est négligé par sa femme qui le considère comme un bon à rien.

◆문전_ 門前- 명 accueil *m* froid au devant de la porte. ¶ 거지를 문전~하다 chasser un mendiant devant la porte. ¶ 문전~를 당하다 être chassé(*e*) devant la porte.

박덕 薄德 manque *f* de vertu.

◆_하다 형 manquer de vertu [de mérite, de sagesse]; être peu vertueu*x*(*se*) {*vx*}. ¶ 제가 ~한 탓에 일이 이렇게 됐습니다 C'est par mon manque de vertu que les choses se sont déroulées ainsi.

박두 迫頭 명 urgence *f*, imminence *f* ((d'un danger)), proximité *f* ((d'un événement)). ¶ 개봉 ~ prochainement [bientôt] sur les écrans. ◇_(를) **하다** ((une date)) approcher; être imminent(*e*); ((danger)) être menaçant(*e*). ¶ 마감 시간이 ~해서야 원고를 넘겼다 Il n'a transmis le manuscrit qu'à la limite du délai fixé. ¶ 행동 개시 날짜가 목전에 ~했다 La date à partir de laquelle il (nous) faudra agir est imminente.

박람회 博覽會 명 exposition *f*, foire *f*, salon *f* ¶ 국제 무역[과학]~ exposition commerciale [scientifique] internationale.

◆_장 -場 명 lieu *m* (parc *m*) d'exposition.

박력 迫力 명 force *f*; vigueur *f*; intensité *f*. ◇_(이) **있다** être vigoureu*x*(*se*), fort(*e*); être intense; être énergique, dynamique. ¶ 저 그림의 붓 터치가 ~있어 보인다 Les touches de pinceaux de cette peinture paraissent énergiques. ◇_(이) **없다** ne pas être vigoureu*x*(*se*) [fort, intense, énergique, dynamique]. ¶ 사내 녀석이 그렇게 ~이 없어서 쓰겠니? Tu crois que c'est bien pour un homme d'être si peu vigoureux et de manquer autant d'énergie? / Eh bien, pour un mec, tu manques sacrément de fougue et de vigueur, tu ne crois pas? {*fam*}

박력분 薄力粉 명 farine *f* basse.

박리 薄利 명 petit [maigre] profit *m*. ¶ ~로 팔다 vendre à petit profit.

◆_다매 -多賣 명 vente *f* à petit profit et en grande quantité.

박멸 撲滅 명 destruction *f*, extermination *f*. ¶ 기생충 ~ 캠페인 campagne de lutte contre les parasites, campagne d'extermination des parasites. ◇_(을) **하다** détruire, exterminer; extirper, faire disparaître (complètement). ¶ 바퀴벌레를 ~하다 exterminer les cafards. ◇_(이) **되다** être détruit(*e*) [exterminé(*e*), extirpé(*e*)]. ¶ 농작물에 피해를 주던 해충들이 ~되었다 Les vermines qui nuisaient à la récolte ont été exterminées.

박명 薄命 명 ① infortune *f*, malheur *m*, ((être né(*e*) sous une)) mauvaise étoile *f*. ② courte vie *f*.

◆_하다 형 ① être infortuné(*e*), malchanceu*x*(*se*), malheureu*x*(*se*), être né(*e*) sous une mauvaise étoile. ② avoir une courte longévité, ne pas vivre longtemps, mourir jeune. ¶ 그 사람은 ~할 운이다 C'est son destin de mourir jeune.

***미인** ~ Les jolies femmes meurent jeunes.

박물관 博物館 명 musée *m*; muséum *m* ((d'histoire naturelle)). ¶ 국립 자연사 ~ musée national d'histoire naturelle. ¶ ~을 구경하다 visiter un musée. ¶ ~에 가다 aller au musée.

◆_**장** -長 명 directeur *m*, président *m* de musée.

◆_**학** -學 명 muséologie *f*, muséographie *f*.

박물학 博物學 명 histoire *f* naturelle.

◆_**자** -者 명 naturaliste *m*.

박박 부 ① avec un bruit de grattement fort [de frottement appuyé]. ¶ 피부를 ~ 문지르다 se frotter la peau avec force. ¶ 등을 ~ 긁다 se gratter fort le dos. ② en mille morceaux. ¶ 서류를 ~ 찢어버리다 déchirer un document en mille morceaux. ③ ((머리 따위를)) tout court, en brosse, (à) ras. ¶ 머리를 ~ 깎다 couper les cheveux très court [(à) ras, en brosse]. ④ de toutes *ses* forces, dans tous les sens. ¶ ~ 대들다 se lancer sur *qn* de toutes *ses* forces.

박복 薄福 명 mauvaise fortune *f*, mauvais sort *m*, malchance *f*. ¶ 그 여자는 자신의 ~을 탄식하였다 Elle se lamente sur son sort.

◆_**하다** 형 ne pas avoir de chance, manquer de chance [de veine {*fam*}, de pot {*fam*}], être malchanceu*x*(*se*), infortuné(*e*) {*litt*}. ¶ ~한 팔자 un destin malchanceux. ¶ ~한 사람 personne malchanceuse. ¶ ~하게 살다 vivre infortuné {*litt*}.

박빙 薄氷 명 ① mince [fine] couche *f* de glace. ② maigre[faible] différence *f*. ¶ ~의 승부 une courte victoire.

박사[1] 薄紗 명 soie *f* très fine.

◆_**고깔** 명 coiffure *f* en soie très fine.

박사[2] 博士 명 doct*eur*(*oresse*) ¶ ~학위를 받다 recevoir[obtenir] *son* doctorat¶ ~논문을 쓰다 écrire *sa* thèse (de doctorat) ¶ ~과정에 입학하다 commencer *son* doctorat, entrer en troisième cycle, intégrer une école doctorale.

◆**문학**_ 文學 명 docteur ès lettres

◆**철학**_ 哲學 명 docteur en philosophie

◆**이학**_ 理學 명 docteur ès sciences

◆**공학**_ 工學 명 docteur en technologie

◆**국가**_ 國家- 명 titulaire d'un doctorat d'Etat

◆**명예**_ 名譽 명 docteur honoris causa

박살 명 abattage *m*; destruction *f* en plusieurs morceaux. ◇_**(을) 내다** abattre ((d'un coup de poing)), assommer; battre; pulvériser; tuer *qn* à coups de bâton. ¶ 적군을 ~(을) 내다 abattre l'armée ennemie. ¶ 그 아이는 도자기를 떨어뜨려 ~을 내고 말았다 Cet enfant a fait tomber la poterie, qui s'est cassée en mille morceaux. ◇_**(이) 나다** se casser en mille morceaux, être réduit(*e*) en miettes, être pulvérisé(*e*); être massacré(*e*), écrasé(*e*), humilié(*e*). ¶ 유리창이 ~났다 La vitre a été cassée en mille morceaux. ¶ 이번 시합에서 상대 팀은 우리 팀에게 ~이 났다 Lors de ce match, notre équipe a battu à plate(*s*) couture(*s*) [a écrasé, a massacré {*fam*}] l'équipe adversaire / Lors de ce match, l'équipe adversaire a pris une défaite cuisante [ils ont pris] une déculottée {*fam*} [une belle raclée {*fam*}, la piquette {*fam*}, une tannée {*fam*}, une branlée {*vulg*}].

박수 拍手 명 battement *m* des mains; applaudissement *m*. ¶ 패배한 선수에게 힘찬 격려의 ~를 보내다 applaudir vivement le joueur vaincu pour l'encourager. ¶ 관객 여러분께 열렬한 ~를 부탁드립니다 Je vous propose, chers spectateurs, d'applaudir chaleureusement. ¶ ~로 맞이하다 accueillir avec des applaudissements. ¶ 우레와 같은 ~가 터져 나온다 Il y a des applaudissements à tout casser [des tonnerres d'applaudissement]. ◇_**하다** applaudir. ◇_**(를) 치다** applaudir.

◆_**갈채** -喝采 명 applaudissements *mpl*. ¶ 관객의 ~갈채를 받다 être applaudi(*e*) du public. ¶ 관객들은 그 피아니스트에게 열렬한 ~갈채를 보냈다 Le public a salué le pianiste par des applaudissements enthousiastes.

박스 영{box} 명 boîte *f*, caisse *f*, carton *m*, cageot *m*.

분류 boîte *f*, caisse *f*, carton *m*, cageot *m*. ¶ 라면 한 ~ une boîte de *ramen*.

박식하다 博識- 형 être érudit(*e*), posséder de vastes connaissances; être savant(*e*); être très instruit(*e*). ¶ 박식한 사람 un(*e*) érudit(*e*). ¶ 그는 여러 방면에 두루 ~ Il a de vastes connaissances dans plusieurs domaines.

박애 博愛 명 philanthropie *f*, amour *m* universel. ¶ ~ 정신 esprit philanthropique.

◆_**주의** -主義 명 philanthropisme *m*.

박약 薄弱 명 ((의지 따위)) faiblesse *f*. ¶ 의지 ~ manque de volonté.

◆_**하다** 형 être faible. ¶ 그는 의지가 ~하다 Il manque de volonté.

박음질 명 couture *f*, point *m*; ouvrage *m* à l'aiguille; point *m* piqué, point *m* arrière. ¶ 솔기는 ~로 꿰매야 잘 터지지 않는다 Les coutures doivent être faites par points piqués pour rester cousues[ne pas se défaire trop vite, pour ne pas se découdre trop facilement]. ◇_**(을) 하다** coudre par points piqués. ¶ 꼼꼼하게 ~하다 coudre soigneusement.

-박이 접미 qui est incrusté(*e*) de *qc*. ¶ 점~ animal tacheté; personne qui a une tache de vin. ¶ 차돌~ gras de la poitrine de boeuf. ¶ 외눈~ personne à un oeil, borgne.

박이다 자 ① avoir (un cor). ¶ 발에 못이 ~ avoir un cor au pied. ② être intoxiqué(*e*), s'intoxiquer, avoir une accoutumance. ¶ 담배에 인이 ~ être intoxiqué(*e*) par le tabac. ¶ 못된 습관이 ~ prendre [contracter] une mauvaise habitude. ③ ((인쇄, 사진)) ((verbe causatif)) faire imprimer. ¶ 작품을 2천 부 ~ faire imprimer [tirer] un ouvrage à deux mille exemplaires. ¶ 명함을 ~ commander des cartes de visite. ¶ 그 엄마는 아이에게 사진을 박였다 Elle a fait photographier son enfant.

*귀에 못이 박이도록 이야기하다 raconter à *qn* une chose moult fois {*litt*}; rebattre les oreilles de *qn* avec *qc*, seriner *qn*, répéter cent fois la même chose à *qn*, bassiner *qn* {*fam*}, fatiguer *qn*.

박자 拍子 명 【음악】 rythme *m*, tempo *m*, temps *m*, mesure *f*, cadence *f*. ¶ ~를 맞추다 suivre la mesure [la cadence]. ¶ ~가 빠르다[느리다] le tempo est rapide[lent].

박장대소 拍掌大笑 명 éclat *m* de rire, rire *m* aux éclats [à gorge déployée]. ◇_(를) 하다 rire aux éclats [à gorge déployée], éclater de rire, partir d'un gros rire, pouffer de rire {*fam*}, s'esclaffer, se tordre de rire, rire comme un bossu {*fam*}[une baleine {*fam*}], rire à en pleurer, rire aux larmes, mourir [hurler] de rire. ¶ 그 사람의 농담을 듣고 모두 다 ~했다 Sa plaisanterie a déclenché [provoqué] l'hilarité générale / A sa plaisanterie, toute l'assistance partit d'un grand éclat de rire.

박절하다 迫切- 형 être sans pitié; être impitoyable, insensible, être sans coeur; être inhumain(*e*), dur(*e*). ¶ 그 사람의 거절하는 태도가 박절했다 Sa manière de refuser était impitoyable. ¶ 멀리서 찾아 왔는데 만나보지도 않겠다니 너무 박절하군요 Il est venu de très loin pour vous voir et vous, vous refusez; c'est trop inhumain. ¶ 부탁을 박절하게 거절하다 refuser insensiblement une demande.

◆**박절히** 부 impitoyablement, inhumainement, insensiblement, durement. ¶ 친구에게 박절히 굴다[대하다] traiter son ami de façon impitoyable.

박정하다 薄情- 형 manquer de coeur [d'affection], avoir peu de coeur, être peu affectueux(*se*), être dur(*e*), insensible, inhumain(*e*). ¶ 박정한 사람 sans-coeur. ¶ 한 겨울에 사람들을 내쫓는 것은 박정한 처사다 C'est inhumain de chasser les gens en plein hiver. ¶ 누구에게 박정하게 대하다 traiter *qn* de façon insensible. ¶ 거지를 박정하게 내쫓다 chasser durement un mendiant. ¶ 나는 그의 부탁을 박정하게 거절할 수가 없었다 Je n'ai pu refuser catégoriquement sa demande.

박제 剝製 명 empaillage *m*; animal *m* empaillé. ¶ 호랑이를 ~로 만들다 empailler un tigre. ◇_(를) 하다 empailler. ¶ 희귀한 동물들을 ~해서 전시하다 exposer des animaux rares après les avoir empaillés. ◇_(가) 되다 être empaillé(*e*). ¶ ~된 맹수 fauve empaillé.

◆_**사** -師 명 taxidermiste.

◆_**술** -術 명 taxidermie *f*.

박쥐 명 【동물】 chauve-souris *f*.

박진감 迫進感 명 vraisemblance *f*, sentiment *m* de réalité, réalisme *m*. ¶~을 더하다 ajouter au réalisme[à la vraisemblance, au sentiment de réalité]. ◇_(이) 있다 être prenant(*e*), palpitant(*e*), saisissant(*e*), frappant(*e*) de réalisme. ¶ ~ 있는 축구 경기 un match de foot haletant [palpitant, prenant].

박차 拍車 명 éperon *m*. ◇_를 가하다 ① donner un coup d'éperon, éperonner, donner de l'éperon. ② accélérer, presser, hâter. ¶ 신기술 개발에 ~를 가하다 presser le développement de nouvelles technologies.

박차다 타 ① pousser violemment avec le pied; frapper, pousser avec force. ¶ 대문[현관문]을 박차고 나가다 sortir de chez *soi* en claquant la porte. ② quitter brusquement. ¶ 그 남자는 화가 나서 자리를 박차고 나갔다 Furieux, il se leva brusquement, et sortit de la pièce. ¶ 아버지는 밥상을 박차고 나가 버렸다 Mon père quitta brusquement la table du repas, et sortit de la pièce. ③ arrêter ((une activité)). ¶ 회사를 박차고 뛰쳐나가 새로운 일을 시작하다 quitter brusquement l'entreprise et commencer une nouvelle affaire. ④ surmonter des difficultés. ¶ 어려움을 박차고 일어나다 se relever [reprendre pied] et surmonter toutes les difficultés. ¶ 모든 장애물을 박차고 매진하다 avancer tout droit en forçant tous les obstacles.

박치기 명 coup *m* de tête. ¶ 그 레슬러는 상대방을 ~로 쓰러뜨렸다 Le lutteur[catcheur] a fait tomber son adversaire par un coup de tête. ◇_(를) 하다 ① donner un coup de tête [de boule {*fam*}] ((à *qn*)). ¶ 그 녀석에게 ~를 하려다 나이를 생각해서 참았다 J'avais envie de lui donner un coup de tête [de boule {*fam*}], mais je me suis abstenu(*e*) compte tenu de mon âge. ② entrer en collision. ¶ 차 두 대가 정면으로 ~를 했다 Les deux voitures se sont heurtées de plein fouet.

*현찰 ~ 【속어】 action de payer comptant [de payer cash {*fam*}].

박탈 剝奪 명 privation *f*, dépouillement *m*. ¶ 그 선수는 약물 사용으로 자격 ~의 위기에 처했다 Ce joueur est menacé de suspension pour usage de produits dopants. ◇_(을) 하다 dépouiller, priver *qn* de *qc*; retirer *qc* à *qn*; démunir *qn* de *qc*; déposséder *qn* de *qc*. ¶ 자유를 ~하다 déposséder *qn* de sa liberté. ¶ 공민권을 ~ démunir *qn* de ses droits civiques. ¶ 선수 자격을 ~하다 retirer un joueur de la compétition. ◇_(이) 되다 être démuni(*e*) de *qc*. ¶ 인권이 ~되다 être démuni(*e*) des droits de l'homme.

◆_**감** -感 명 sentiment *m* de privation [frustration]. ¶ 빈부격차가 심화되면 사람들은 상대적인 ~감에 시달리게 된다 Quand le décalage entre les riches et les pauvres s'accentue, les gens souffrent d'un sentiment de privation.

박테리아 라{bacteria}명 【생물】 bactérie *f*.

박하 薄荷 명 【식물】 menthe *f*.

◆_**사탕** -砂糖 명 bonbon *m* à la menthe.

박하다 薄- 형 ① être peu généreux(*se*), manquer de coeur, être dur(*e*). ¶ 인심이 ~ manquer de cœur. ¶ 그 여자는 마음 씀씀이가 ~ Elle est très peu généreuse. ¶ 점수를 박하게 주다 noter sévèrement [avec sévérité] ((les élèves)); sacquer {*fam*} [saquer {*fam*}], sabrer {*fam*}. ② être avare, chiche; être maigre, pauvre. ¶ 이문이 ~ Les profits sont maigres. ¶ 그 회사는 월급이 ~ Les salaires de cette société

ㅂ

sont bas[maigres].

박학다식하다 博學多識 ⓗ être très savant(*e*), être érudit(*e*), être très instruit(*e*). ¶ 그 사람은 매우 ~ Cette personne est une véritable encyclopédie vivante / Cette personne est un puits de science.

박학하다 博學 ⓗ être très savant(*e*), être érudit(*e*), être très instruit(*e*). ¶ 박학한 사람 personne d'une grande érudition.

박해 迫害 ⓜ persécution *f*. ¶ 다른 민족들의 ~를 피해 숨어 살다 vivre en cachette, loin des persécutions des peuples étrangers. ◇_(를) **하다** persécuter. ¶ 이교도를 ~하다 persécuter les païens. ◇_(를) **받다** [**당하다**] être persécuté(*e*) [subir une persécution, être victime de persécutions]. ◆병인 천주교 대~ la grande persécution des catholiques (coréens) de l'année Byeongin (1866).

◆_**자** -者 ⓜ persécuteur *m*. ¶ ~자의 눈을 피해 변장을 하다 se déguiser pour se dérober aux regards des persécuteurs.

박혁거세 朴赫居世 ⓜ 【역사】 Bak Hyeokgeose <personnage mythologique qui naquît d'un oeuf et fut le fondateur du royaume de Silla (57 av. J.-C.-935)>.

박히다 ⓙ ① s'enfoncer, se planter, s'incruster, s'enliser; être enfoncé(*e*), planté(*e*), fiché(*e*), incrusté(*e*). ¶ 창이 가슴에 박혔다 La lance s'est enfoncée [est enfoncée, est fichée] dans la poitrine. ¶ 이 못은 잘 박히지 않는다 Ce clou ne s'enfonce pas bien. ¶ 다이아몬드가 박힌 결혼반지 une alliance (de mariage) sertie d'un diamant. ¶ 차가 진흙 속에 박혔다 La voiture s'est enlisée [s'embourba ((jusqu'aux essieux))]. ¶ 그 사람은 박힌 듯이 서 있었다 Il resta cloué au sol. ¶ 산업 현장 곳곳에 박혀 있는 스파이들 des espions semés dans tous les secteurs d'activités industriels. ② ((시선)) se fixer. ¶ 그 사람의 시선은 허공에 박혀 있었다 Il regardait en l'air. ③ être imprimé(*e*), inscrit(*e*). ¶ 합격자 명단에는 그의 이름이 분명히 박혀 있었다 Sur la liste des personnes admises, son nom se trouvait inscrit clairement. ④ ((집안에)) se cloîtrer (chez *soi*), se calfeutrer (chez *soi*). ¶ 방학 내내 집안에만 박혀 있었다 Je me suis cloîtré chez moi pendant toutes les vacances. ⑤ ((점)) avoir ((des taches de rousseur, des grains de beauté)), être couvert(*e*) [parsemé(*e*), tavelé(*e*)] de ((taches de rousseur)). ¶ 그 여자는 얼굴에 주근깨가 많이 박혀 있다 Le visage de cette femme est couvert [parsemé] de taches de rousseur / Cette femme a le visage couvert [parsemé, tavelé] de taches de rousseur [de taches de son, d'éphélides]. ⑥ ((인상)) être imprimé(*e*). ¶ 그 남자의 눈빛이 뇌리에 깊이 박혀 떠나질 않는다 Le regard ce cet homme est profondément imprimé dans mon cœur./ Je garde bien en mémoire le regard de cet homme. ¶ 그 사람의 원망하던 말이 나의 가슴에 깊이 박혔다 Ses paroles de reproche sont imprimées profondément dans mon coeur. ⑦ ((생각)) s'imprégner. ¶ 근검절약이 뼛속까지 박힌 사람 personne très économe et pleine de zèle.

***정신이 제대로** ~ avoir une conscience honnête.

***틀[판]에 박힌 말을 하다** employer des stéréotypes [clichés].

밖 ⓜ ① ((경계)) dehors *m*; au-delà *m*. ¶ 선 ~으로 나가지 마세요 Ne dépassez [franchissez] pas la ligne. ¶ 창문 ~을 내다보다 regarder (au-dehors) par la fenêtre. ② 겉 extérieur *m*. ¶ 건물이 안은 깨끗한데 ~이 지저분하다 l'intérieur de ce bâtiment est propre mais l'extérieur est sale. ③ ((한도·범위)) au-delà *m*. ¶ 기대 ~의 좋은 결과 un résultat qui dépasse *nos* espérances. ¶ 그건 내 능력 ~의 일입니다 C'est quelque chose au-dessus de mes moyens. ④ 바깥 dehors *m*. ¶ ~에 비가 온다 Il pleut (dehors).

-밖에 ⓩ ne ... que. ¶ 그는 일~ 모른다 Il ne connaît que le travail/ Il ne fait que travailler. ¶ 돈이 천원~ 없다 n'avoir que mille wons. ¶ 내가 믿을 사람은 너~ 없다 Il n'y a que toi en qui je puisse avoir confiance.

반[1] 班 ⓜ ① équipe *f*, groupe *m*. ¶ ~을 편성하다 organiser [former, composer, faire] des équipes [des groupes]. ¶ 특별활동으로 바둑~에 들어갔다 Je suis entré(*e*) dans le groupe [dans le club, dans l'association] de *baduk* [de *go*] au titre des activités extrascolaires [de loisirs]. ② ((학급)) classe *f*. ¶ ~ 대항 시합 rencontres sportives interclasses, tournoi interclasses. ¶ 걔는 같은 ~ 친구야 Lui, c'est un camarade de classe / Lui, il est dans la même classe que moi [il est dans ma classe]. ¶ 저는 3학년 4~입니다 Je suis dans la classe numéro 4 de troisième année. ¶ 학년 별로 열 ~이 있습니다 Il y a dix classes par année d'âge. ③ ((행정)) *ban* *m* <association de voisins, subdivision administrative de base d'un quartier regroupant entre 10 et 20 foyers familiaux>. ¶ 통과 ~을 기입하시오 Précisez vos numéros de *ban* et de *tong*.

◆**단속**_ 團束 ⓜ équipe *f* ((de policiers)) effectuant un contrôle ((d'identité, de papiers, de la circulation automobile)), brigade *f* de contrôle.

◆**작업**_ 作業 ⓜ groupe *m* de travail.

반[2] 半 ⓜ ① moitié *f*, demi(*e*). ¶ 한 달 ~ un mois et demi. ¶ 두 배 ~ deux fois et demi. ¶ 한 시간 ~ une heure et demie. ¶ ~으로 자르다 couper en deux (parts égales) [en deux moitiés]. ¶ 일을 ~쯤 하다 faire environ [à peu près] la moitié du travail. ¶ 종이를 ~으로 접다 plier en deux une feuille de papier. ¶ 이익금은 ~씩 나누자 Partageons les bénéfices moitié-moitié. ¶ 나머지 ~은 내게 돌려줘 Donne-moi la moitié restante [qui reste]. ¶ 배가 ~쯤 가라앉았다 Le bateau a coulé à moitié / Le bateau est à moitié coulé. ② ((비중)) ((à)) moitié, mi. ¶ 자의 ~ 타의 ~으로 물러나다 se retirer d'une affaire de mauvais gré. ¶ 농담 ~ 진담 ~으로 한 말이었지 Je ne plaisantais qu'à moitié.

ㅂ

*시작이 ~이다 ☞ 시작[2]

◆_ _ 명 moitié-moitié, fifty-fifty {*fam*}, cinquante-cinquante. ¶ 성공 확률은 ~~이다 La probabilité de succès est [Les chances de succès sont] de cinquante pour cent / On a autant de chances de réussite que d'échec. ¶ 비율은 ~~으로 하자 Faisons une répartition égale [une répartition cinquante-cinquante]. ¶ ~~씩 섞어라 Mélange à parts égales / Mélange moitié-moitié.

반[3] 反 명 【철학】 antithèse *f*. ¶ 변증법의 정, ~, 합 la thèse, l'antithèse, la synthèse de la dialectique.

반-[4] 半 접두 semi-, demi-, mi-. ¶ ~팔 티셔츠 un t-shirt [un polo] à manches courtes. ¶ ~자동 소총 une arme semi-automatique. ¶ ~코트 manteau mi-long, surveste. ¶ ~나체로 거리를 활보하다 parcourir la rue à demi-nu(*e*) [à moitié nu(*e*), à demi-dévêtu(*e*)]. ¶ ~평생을 문학연구에 바치다 consacrer la moitié de *sa* vie à l'étude de la littérature.

반-[5] 反- 접두 anti- ¶ ~공산주의 anticommunisme. ¶ ~민주주의적 antidémocratique. ¶ ~독재 투쟁 lutte contre la dictature. ¶ ~정부 시위 manifestation anti-gouvernementale.

반가상 半跏像 명 【불교】 statue *f* de Bouddha méditant (en position assise avec une jambe repliée sur l'autre).

반가워하다 타 manifester [extérioriser] la joie. ¶ 좋은 소식을 듣고 매우 ~ manifester une grande joie à l'annonce d'une bonne nouvelle. ¶ 그는 나를 보고 반가워했다 Il a manifesté sa joie de me retrouver. ¶ 네가 찾아오면 우리 부모님도 무척 반가워하실 것이다 Si tu viens les voir, mes parents seront vraiment ravis.

반가이 부 chaleureusement; avec joie, avec plaisir, à bras ouverts, avec effusion, avec empressement. ¶ 친구를 ~ 맞이하다 recevoir [accueillir] un ami à bras ouverts [chaleureusement].

반감[1] 反感 명 antipathie *f*; aversion *f*; répugnance *f*, répulsion *f*. ¶ ~을 가라앉히다[씻어내다] apaiser [effacer] la répugnance. ◇_(을) **가지다[품다]** avoir [éprouver] de la répulsion pour [envers, à l'égard de] *qn*/*qc*. ◇_(을) **사다** inspirer de l'aversion [de la répulsion, de l'antipathie] à *qn*; s'attirer l'hostilité de *qn*. ¶ 그 결정은 많은 학생들의 ~을 샀다 Cette décision a inspiré de l'aversion à un bon nombre d'étudiants.

반감[2] 半減 명 diminution *f* de moitié, baisse *f* de moitié; réduction *f* de moitié; amoindrissement *m*. ◇_(을) **하다** diminuer de moitié, baisser de moitié; amoindrir. ¶ 줄거리를 알고 영화를 봐서 흥미가 ~했다 Le film était deux fois moins intéressant, parce que j'avais lu le synopsis avant de le voir. ¶ 경제난으로 비용을 ~했다 Nous avons réduit les coûts de moitié, en cette période de récession (économique). ◇_(이) **되다** diminuer de moitié, s'abaisser de moitié; amoindrir, diluer. ¶ 같은 약을 반복 투여하여 효과가 ~되었다 Une administration répétitive du même médicament en a diminué de moitié les effets. ◇_(을) **시키다** diminuer de moitié; réduire de moitié; amoindrir, diluer. ¶ 잘못된 번역이 원작의 감동을 ~시켰다 La mauvaise traduction (de ce texte) a amoindri l'émotion suscitée par l'original.

반갑다 형 être heureux(*se*); être enchanté(*e*), content(*e*), ravi(*e*), joyeux(*se*); être bien aise de *qc*/*inf*/que+*subj*: se réjouir de *qc*/*inf*/que+*subj*, se féliciter de *qc*/*inf*. ¶ 만나서 반갑습니다 Enchanté(*e*) [Ravi(*e*), Très heureux(*se*)] de vous connaître [de faire votre connaissance]. ¶ 늘 말씀만 듣다가 이렇게 뵙게 되니 정말 반갑습니다 J'ai beaucoup entendu parler de vous. C'est un réel plaisir et un honneur pour moi de vous voir aujourd'hui. ¶ 그 친구가 살아있다니 참 반갑구나 Je suis si ravi(*e*) qu'il soit toujours en vie! ¶ 나는 모처럼 찾아온 그 제자가 반가웠다 J'ai été ravi(*e*) de la visite de cet(*te*) élève que je n'avais pas revu(*e*) depuis longtemps. ¶ 가난한 사람에게는 한 푼의 돈도 반갑기 마련이다 Pour un pauvre, même un seul sou serait le bienvenu. ¶ 반가운 소식이라도 있니? Aurais-tu reçu de bonnes nouvelles? ¶ 반가운 손님이 오셨다 Sont arrivés des invités qu'on est heureux de recevoir. ¶ 내 아들의 얼굴을 보니 반가운 나머지 눈물이 났다 Le bonheur de voir mon fils me tirait les larmes des yeux / La joie de voir mon fils me mettait la larme à l'oeil. ¶ 너무 반가워서 어쩔 줄 모르겠어 Je suis tellement content(*e*) de le [la] voir / Ça me fait un plaisir fou de le [la] voir. ¶ 반갑게 맞이하다 accueillir chaleureusement.

반값 半- 명 moitié *f* prix. ¶ ~에[으로] 물건을 팔다 vendre des articles à moitié prix.

반개하다 半開- 형 ((fenêtre)) être entrouvert(*e*); ((fleur)) être à demi-ouvert(*e*), demi épanoui(*e*). ¶ 진달래꽃이 반개했다 Les azalées ne sont pas encore pleinement en fleurs.

반격 反擊 명 riposte *f*; contre-attaque(~-~*s*) *f*; contre-offensive(~-~*s*) *f*. ¶ ~을 가하다 contre-attaquer, faire une contre-attaque, riposter. ¶ ~을 개시하다 entamer [engager] une contre-attaque. ¶ 우리의 ~에 상대 팀은 맥없이 무너졌다 L'équipe adverse s'est effondrée sans force devant notre contre-attaque. ◇_(을) **하다** riposter à ((une attaque, *qc*/*qn*)), contre-attaquer, faire une contre-attaque, déclencher une contre-offensive. ¶ 공격을 받으면 지체 없이 ~할 태세가 되어 있다 Nous sommes prêts à déclencher une contre-offensive immédiate, quand nous serons attaqués.

반경 半徑 명 ① rayon *m*, demi-diamètre *m*. ¶ 시청에서 ~ 5킬로미터 안의 건물들 Les bâtiments dans un rayon de cinq kilomètres autour de l'Hôtel de ville. ② rayon *m* (d'action). ¶ 그는 행동 ~이 넓다 Son rayon d'action est très étendu.

반공 反共 명 anticommunisme *m.* ¶ ~ 단체 association anticommuniste. ¶ ~ 포로를 석방하다 libérer des prisonniers anticommunistes.

◆_법 -法 명 【법률】 loi *f* anticommuniste.

반구 半球 명 hémisphère *f.*

◆_형 -形 명 hémisphère *f.*

반군 叛軍 명 troupes *fpl* rebelles, armée *f* dissidente. ¶ ~을 진압[소탕]하다 anéantir l'armée de rebelles.

반기다 타 accueillir chaleureusement. ¶ 좋은 소식을 매우 ~ accueillir avec enthousiasme une bonne nouvelle. ¶ 고향에 돌아가도 반겨 줄 사람이 없다 Même si je retourne dans mon pays natal, il n'y a personne pour m'accueillir chaleureusement.

반나절 半- 명 demi-journée *f.* ¶ 일을 ~만에 끝내다 finir un travail en une demi-journée. ¶ 거기까지 가려면 ~이 걸린다 Cela prend une demi-journée pour se rendre jusque-là.

반납 返納 명 restitution *f*, remboursement *m*; rétrocession *f.* ¶ ~ 기일 délai de restitution. ¶ 그들은 이미 지급한 물품의 ~을 요구했다 Ils ont revendiqué la restitution des articles déjà distribués. ◇_(을) **하다** rendre ((un livre emprunté)); rembourser ((un emprunt)); restituer; rétrocéder. ¶ 빌린 책을 도서관에 ~하다 rendre un livre emprunté à la bibliothèque. ¶ 그 남자는 휴가도 ~한 채 열심히 일했다 Il a travaillé avec ardeur sans même partir en vacances [sans même prendre de vacances].

반년 半年 명 six mois *mpl*, semestre *m.* ¶ 입사한지 ~ 뒤에 사직하다 démissionner six mois après avoir été embauché(e).

반달 半- 명 ① quinze jours *mpl.* ② demi-lune *f.*

반대 反對 명 ① opposition *f*; objection *f*; contradiction *f.* ¶ ~ 의견을 제기하다 présenter une opinion opposée. ¶ 가족들의 ~에 부딪치다 rencontrer l'opposition de sa famille. ② 다름 contraire *m*, opposé *m.* ¶ ~ 방향으로 가다 aller en sens contraire [inverse]. ◇_(를) **하다** s'opposer à *qc*, faire de l'opposition, faire opposition à *qc*, faire [formuler] une objection, être contre *qc*. ¶ 아들의 해외 유학을 극력 ~하다 s'opposer radicalement à l'idée que *son* fils aille étudier à l'étranger. ¶ 우리는 핵실험에 ~한다 Nous sommes contre les essais nucléaires. ¶ 그 아이를 혼자 두는 것에 ~한다 Je suis contre l'idée de laisser seul cet enfant. ◇_(가) **되다** être contraire [opposé(*e*), inverse]. ¶ 그들은 서로 ~되는 주장을 하고 있다 Ils avancent chacun des revendications contraires. ◇_**이다** être contre *qc*/*qn*; être le contraire. ¶ 나는 이 결정에 ~이다 Je suis contre cette décision.

◆_로 부 inversement, contrairement, à l'opposé, au contraire. ¶ 그와는 ~로 au contraire, contrairement (à cela [à lui]), à l'opposé (de cela [de lui]).

◆_개념[명제] -槪念[命題] 명 concept *m* [proposition *f*] contraire.

◆_명령 -命令 명 contre-ordre *m.*

◆_세력 -勢力 명 force *f* opposée; opposant *m*, (partisans de l') opposition *f.*

◆_심문 -審問 명 examen *m* contradictoire. ¶ 변호사가 ~심문을 했다 L'avocat a procédé à un examen contradictoire.

◆_어 -語 명 【언어】 antonyme *m*, contraire *m.*

◆_자 -者 명 opposant(*e*), contradicteur *m.*

◆_쪽 명 côté *m* opposé. ¶ ~쪽 해안 la côte opposée.

◆_파 -派 명 parti *m* d'opposition, opposant *m.*

◆_편 -便 명 direction *f* opposée; côté *m* opposé; opposant *m.* ¶ 길 ~편 집 la maison de l'autre côté de la rue.

◆_ㅅ말 명 【언어】 antonyme *m*, contraire *m.*

반도[1] 半島 명 【지리】 presqu'île *f*; péninsule *f.* ¶ ~ 국가 pays péninsulaire.

반도[2] 叛徒 명 rebelles *mpl*, insurgés *mpl*, mutins *mpl*, révoltés *mpl.* ¶ ~를 섬멸하다 anéantir les insurgés.

반도체 半導體 명 【물리】 semi-conducteur *m.* ¶ ~ 산업 industrie des semi-conducteurs.

반독 反獨 명 anti-germanique(~-~*s*); anti-allemand (~-~*s*). ¶ ~ 감정 sentiment anti-germanique [anti-allemand].

반동 反動 명 ① réaction *f*, résistance *f*, frein *m*; recul *m* (d'une arme à feu). ② ((idée, gouvernement)) réactionnaire.

◆_성 -性 명 réactivité *f*; élasticité *f.*

◆_분자 -分子 명 réactionnaire *mf.*

반드럽다 형 ① être lisse, poli(*e*); être uni(*e*), égal(*ale*, *aux*), être doux(*ce*). ¶ 반드러운 천 un tissu lisse. ¶ 반드러운 실내 바닥 un plancher lisse. ② être astucieux(*se*), adroit(*e*), habile, être fin(*e*), être futé(*e*), malin(*gne*), rusé(*e*). ¶ 저렇게 교활하고 반드러운 사람은 처음 본다 C'est la première fois que je vois un homme aussi rusé et futé.

반드시 부 certainement, sûrement, à coup sûr; pour sûr, infailliblement, immanquablement; coûte que coûte, à tout prix; nécessairement, inévitablement, obligatoirement. ¶ 그는 ~ 온다 Il viendra à coup sûr. ¶ ~ 약속 시간을 지켜라 Respecte bien l'heure de ton rendez-vous!

반들거리다 형 être reluisant(*e*), luisant(*e*); reluire. ¶ 마루가 반들거리도록 닦다 astiquer le parquet jusqu'à ce qu'il reluise. ¶ 문손잡이가 사람들의 손때가 묻어 반들거린다 La poignée de la porte est reluisante, traces d'un long usage. ¶ 눈을 반들거리며 쳐다보다 ¶ 눈을 반들거리며 쳐다보다 regarder fixement *qc* avec des yeux brillants.

반들반들 부 de manière à rendre *qc* reluisant(*e*) [lisse, propre]. ¶ 유리창을 ~ 닦다 polir des vitres.

◆_하다 형 être lisse, luisant(*e*), reluisant(*e*), propre. ¶ 책상의 표면이 ~하다 La surface du bureau est lisse. ¶ ~하게 닦다 polir *qc*, rendre *qc* lisse.

반듯하다 형 ① être droit(*e*), régulier(*ère*). ¶ 네모반듯한 책상 une table carrée. ¶ 반듯한 사각형 un

ㅂ

rectangle bien droit. ¶ 자세를 반듯하게 하다 se tenir droit(*e*); se redresser. ¶ 물건들을 반듯하게 놓다 ranger les objets correctement. ② être propre, net(*te*), impeccable. ¶ 반듯한 용모 visage régulier. ¶ 반듯한 이마[이목구비] front [traits] régulier. ¶ 반듯한 옷차림을 하다 être habillé(*e*) de façon impeccable. ③ ((un costume)) correct(*e*), décent(*e*). ¶ 나는 반듯한 옷 한 벌도 없다 Je n'ai même pas un costume décent.

◆**반듯이** 부 tout droit, verticalement; correctement. ¶ 반듯이 눕다 s'étendre de tout son long; s'allonger sur le dos. ¶ 반듯이 앉다 s'asseoir tout droit. ¶ 모자를 반듯이 쓰다 mettre un chapeau bien droit.

반등 反騰 명 【경제】 remontée *f* des prix [cours]; reprise *f* boursière. ¶ 유가 ~에 대비해야 한다 Il faut se prémunir contre l'augmentation [la remontée, la hausse] du prix du pétrole. ¶ 그 남자는 이번 ~장세를 이용하여 주식을 팔아 치웠다 Il a profité de la récente reprise du marché pour revendre toutes ses actions / Il a profité de ce que le cours des actions avait remonté pour toutes les revendre [pour les revendre toutes]. ◇_(을) **하다** remonter. ¶ 떨어졌던 유가가 ~할 조짐이 보인다 On constate des indices de reprise du prix du pétrole. ¶ 주식값이 ~하고 있다 Le cours des actions remonte / Les cours remontent / On assiste à une reprise boursière.

반딧불 명 ① phosphorescence *f* du ver luisant. ② ((반딧불이)) ver *m* luisant, luciole *f*, *Luciola cruciata* {*nsc*}.

반딧불이 명 【동물】 ver *m* luisant, luciole *f*, *Luciola cruciata* {*nsc*}.

반라 半裸 명 demi-nudité *f*. ¶ ~의 여인 une femme à demi-nue.

반란 叛亂 명 révolte *f*; rébellion *f*; insurrection *f*; sédition *f*. ¶ ~을 일으키다 provoquer une révolte. ¶ ~을 선동하다 inciter [pousser] à la révolte; fomenter une révolte. ¶ ~을 꾀하다 comploter [conspirer] une révolte. ¶ ~을 진압하다 réprimer [étouffer, écraser] une révolte. ¶ ~이 일어났다 Une révolte a éclaté.

◆**_군** -軍 명 troupe *f* rebelle; armée *f* dissidente, armée *f* de révoltés.

◆**_자** -者 명 rebelle, insurgé(*e*), révolté(*e*), mutin(*e*), mutiné(*e*), séditieux(*se*).

◆**_죄** -罪 명 crime *m* de révolte [d'insurrection, de sédition].

반려[1] **伴侶** 명 ((남자)) compagnon *m*, ((여자)) compagne *f*; ((배우자)) époux(*se*), conjoint(*e*). ¶ 참되고 성실한 ~를 얻다 avoir un(*e*) compagnon(compagne) dévoué(*e*) et fidèle.

◆**_자** -者 명 compagnon *m*, compagne *f*. ¶ 평생의 ~자 le compagnon [la compagne] de toute une vie.

반려[2] **返戾** 명 rétrocession *f*; renvoi *m*; restitution *f*. ¶ 그 남자는 은근히 ~를 기대하며 사표를 던졌다 Il a donné sa démission, en espérant au fond de lui-même qu'elle serait refusée. ◇_(를) **하다** rendre, renvoyer, restituer, rembourser; remettre, retourner. ¶ 사표를 ~하다 refuser la démission de *qn*.

반론 反論 명 réplique *f*; réfutation *f*; protestation *f*. ¶ ~을 제기하다 présenter un avis différent. ¶ ~을 펴다 protester ouvertement. ¶ ~에 부딪치다 se heurter à des protestations. ◇_(을) **하다** protester; réfuter; répliquer, rétorquer *qc*; répondre; se défendre. ¶ 누구의 주장에 대하여 ~하다 répondre[réagir, répliquer] à l'affirmation de quelqu'un.

◆**_권** -權 명 【법률】 droit *m* de réponse.

반말 명 【언어】 utilisation *f* des suffixes flexionnels exprimant l'infériorité par un adulte àl'égard de son interlocuteur adulte, constituant une sorte d'insulte, tutoiement *m*, langue *f* [expression *f*] non honorifique; langue *f* familière; sorte *de* tutoiement; langage *m* [style *m*] familier [non poli]; style *m* neutre [non honorifique] sans distinction des classes sociales. ¶ ~(을) 하다 "tutoyer"; parler en utilisant le style familier [non-honorifique, non poli]. ¶ 지금 어디다 대고 ~이야? D'où est-ce que tu me parles comme ça? / Dis donc, tu te prends pour qui pour me parler comme ça?

◆**_체[투]** -體 명 style *m* de tutoiement, style *m* non-honorifique [neutre] (sans distinction des classes sociales); style *m* [langage *m*] familier [non poli]. ¶ ~투로 말하다 parler dans le style non honorifique; parler en utilisant le style familier [non honorifique, non poli].

반면[1] **反面** 명 autre côté *m*; inverse *m*; ((주로 '반면에' 형태로)) en revanche, par contre. ¶ 그는 똑똑한 ~에 게으르다 Il est intelligent mais d'un autre côté, il est paresseux. ¶ 나는 그가 싫다. ~에 그는 나를 좋아한다 Je ne l'aime pas. Mais à l'inverse lui m'aime.

◆**_교사** -教師 명 mauvais exemple *m*.

반면[2] **半面** 명 moitié *f*. ¶ 화면의 ~ la moitié de l'écran. ¶ 얼굴의 오른쪽 ~ le profil droit.

반모음 半母音 명 【언어】 semi-voyelle *f*.

반목 反目 명 antagonisme *m* ((entre deux peuples)); brouille *f* ((entre deux familles)); hostilité *f* ((entre deux états)). ¶ 가족 간의 ~과 갈등 des brouilles et des conflits entre les membres de la famille. ◇_(을) **하다** être en opposition avec *qn*, être hostile l'un à l'autre, être comme chien et chat; se brouiller, être brouillé(*e*), être en brouille avec *qn*. ¶ 그들은 이웃과 ~했다 Ils étaient en termes hostiles[en mauvais termes] avec leurs voisins. ¶ 형제들끼리 서로 ~하고 있다 Les frères sont en brouille [brouillés] les uns avec les autres.

반문 反問 명 question *f* en retour, riposte *f*. ¶ 그 사람은 뜻하지 않은 ~에 당황하는 빛이 역력했다 Il avait visiblement l'air (d'être) décontenancé par cette riposte imprévue. ◇_(을) **하다** répondre par une question, rétorquer. ¶ 그 기자는 오히려 내 질문의 진의가 무엇이냐고 ~을 했다 Ce journaliste a, au contraire, rétorqué à ma question en me demandant quelle était la véritable raison pour laquelle je posais cette question.

반미 反美 명 anti-américain(~-~*s*). ¶ ~ 감정[운동] sentiments [mouvements] anti-américains.

반민족 反民族 명 antinationalisme *m*.

◆_**적** -的 명 antinational(*e, aux*); contre la nation, contre le peuple. ¶ ~적 행위 une action antinationale [contre la nation]

반민주 反民主 명 recul *m* de la démocratisation [de la démocratie], démocratisation *f* inverse, évolution *f* antidémocratique.

◆_**적** -的 명 antidémocratique. ¶ ~적 언행 propos et actes antidémocratiques.

반민중 反民衆 명 antipopulisme *m*.

◆_**적** -的 명 antipopuliste *m*.

반바지 半- 명 bermuda *m*; culotte *f* courte; short *m*. ¶ ~ 차림으로 외출하다 sortir en bermuda.

반박 反駁 명 réfutation *f*; contradiction *f*; réplique *f*; riposte *f*, contestation *f*. ¶ ~ 성명을 발표하다 faire une déclaration de démenti, opposer un démenti formel. ¶ ~의 여지가 없는 논거 un argument irréfutable. ◇_(을) **하다** réfuter ((une théorie)), contredire, répliquer à ((un argument)), contester, contredire, démentir, désavouer. ¶ 근거 없는 주장을 ~하다 réfuter des revendications infondées. ¶ 그들은 내 의견에 즉각 ~하고 나섰다 Ils ont tout de suite réfuté mon opinion.

◆_**문** -文 명 texte *m* de réfutation, démenti *m*. ¶ ~문을 신문에 내다[싣다] publier un démenti dans le journal.

반반하다 형 ① être plat(*e*); être égal(*ale, aux*), uni(*e*). ¶ 땅을 반반하게 고르다 aplanir la terre. ¶ 나무를 반반하게 대패로 밀다 raboter le bois. ② ((사람)) être régulier(*ère*); être joli(*e*). ¶ 반반한 얼굴 un joli visage. ¶ 그 소녀는 인물도 반반하고 성격도 좋다 Cette fille est non seulement jolie mais elle a aussi un bon caractère. ¶ 그 여자는 반반하게 생겼다 Elle a des traits réguliers / Elle a un joli visage [minois]. ③ ((물건)) être convenable, être décent(*e*), être correct(*e*), être comme il faut. ¶ 그 가게에는 반반한 물건들이 꽤 있다 Il y a un bon nombre d'objets corrects dans ce magasin. ¶ 반반한 방 한 칸이라도 얻었으면 좋겠다 Je voudrais louer ne serait-ce qu'une chambre convenable.

반발 反撥 명 réaction *f* violente, regimbement *m* {*litt*}, opposition *f* violente, protestation *f*. ¶ 새 법안은 노동자들의 ~을 불러 일으켰다 Le nouveau projet de loi a provoqué de vives réactions de la part des ouvriers. ¶ 지난주의 폭락에 대한 ~ 매수세에 힘입어 주가가 폭등했다 Les prix des actions ont rebondi à la suite de l'augmentation des achats provoquée par la chute des prix de la semaine dernière. ¶ ~이 심하다 Les protestations sont vives (violentes). ◇_(을) **하다** réagir contre *qc*/*qn*, regimber contre *qc*, se rebiffer {*fam*}. ¶ 모든 학생들이 교장의 결정에 ~했다 Tous les élèves ont vivement protesté contre la décision du directeur de l'école. ◇_**을 사다** faire l'objet de réactions violentes, soulever de vives protestations.

◆_**계수** 係數 명 【물리】 coefficient *m* de restitution.

◆_**력** -力 명 force *f* répulsive.

◆_**심** -心 명 sentiment *m* de répulsion. ¶ 청소년기에는 어른들에 대한 ~심이 생기기 마련이다 Pendant l'adolescence, les jeunes peuvent éprouver un sentiment de répulsion vis-à-vis des adultes.

반복 反復 명 répétition *f*, réitération *f*; reprise *f*. ¶ 그 사람은 ~ 연습으로 완벽한 연주에 도달하였다 Il est parvenu à une interprétation parfaite de la musique à force de répéter. ¶ 습관은 ~에 의해 형성된다 Les habitudes se forment par répétitions. ◇_(을) **하다** répéter, réitérer, reprendre. ¶ 똑같은 일[말, 잘못]을 ~하다 rabâcher les mêmes travaux [rabâcher les mêmes mots, répéter les mêmes fautes]. ◇_(이) **되다** se répéter, se réitérer, se reprendre. ¶ 지루한 토론이 끝없이 ~되었다 Des débats ennuyeux ont repris maintes fois. ¶ 그는 날마다 ~되는 일상이 지겨워졌다 Il en avait assez du train-train [de la routine].

◆_**적** -的 명 répétiti*f*(*ve*), itérati*f*(*ve*). ¶ 물체의 ~적 운동 mouvement répétitif de l'objet. ¶ 같은 일을 ~적으로 하다 faire la même chose de manière répétitive, répéter la même chose.

◆_**성** -性 명 répétitivité *f*.

◆_**복합어** -複合語 명 【언어】 composé *m* rédupliqué ((예: 불긋불긋, 울긋불긋, 가가호호, 방방곡곡)).

◆_**형** -形 명 【언어】 forme *f* redupliquée.

반봉건[1] 半封建 명 semi-féodalité *f*. ¶ ~ 잔재 vestiges de la semi-féodalité. ¶ 식민지 ~ 사회 société coloniale semi-féodale.

◆_**적** -的 명 semi-féod*al*(*ale, aux*).

반봉건[2] 反封建 명 anti-féodalité *f*.

◆_**적** -的 명 anti-féod*al*(*ale, aux*). ¶ ~적 투쟁 lutte anti-féodale.

반분 半分 명 moitié *f*, partage *m* en deux. ¶ 땅 주인이 수확량의 ~을 가져갔다 Le propriétaire du terrain a emporté la moitié de la récolte. ◇_(을) **하다** diviser en deux, partager *qc* en deux parts égales. ¶ 두 사람은 수익금을 ~했다 Les deux personnes se sont divisées les recettes en deux. ◇_(이) **되다** se diviser en deux, se partager *qc* en deux parts égales. ¶ 이익이 ~되어 각자 몫이 줄어들었다 Les profits divisés en deux, la part allouée à chacun a diminué.

반비례 反比例 명 raison *f* inverse; proportion *f* inverse. ¶ 소득과 엥겔 계수는 ~ 관계에 있다 Les revenus sont inversement proportionnels au coefficient d'Engel. ◇_(를) **하다** être inversement proportionnel(*le*) à *qc*; être en raison [en proportion] inverse à *qc.* ¶ 통화량은 이자율에 ~한다 La quantité de l'argent en circulation est inversement proportionnelle au taux d'intérêt.

반사 反射 명 ① 【물리】 réflexion *f* ((de la lumière, du son)); réverbération *f* ((de la chaleur)); reflet *m.* ¶ 빛의 ~ 효과 effets de la réflexion de la lumière. ② 【생물】 réflexe *m.* ¶ 동공 ~ réflexes pupillaires. ¶ 인체의 ~ 기능 les fonctions réflexes du corps humain. ¶ ~ 신경이 예민하다[둔하다] avoir de bons [de mauvais] réflexes. ◇_(를) **하다** refléter ((une image, la lumière, des objets)), réfléchir ((la lumière, une image)), réverbérer ((la chaleur du foyer)). ¶ 거리에 쌓인 눈이 불빛을 ~하고 있었다 La neige amoncelée dans les rues reflétait la lumière. ◇_(가) **되다** se refléter; se réverbérer; se réfléchir. ¶ 햇빛이 거울에 ~된다 Les rayons se reflètent dans le miroir / Le miroir réfléchit la lumière du soleil. ◇_(를) **시키다** refléter; réverbérer; réfléchir. ¶ 우리는 햇빛을 거울로 ~시켜 눈부시게 하는 놀이를 하곤 했다 Nous nous sommes amusés à éblouir les gens en réfléchissant la lumière avec un miroir.

◆**_적** -的 명 ((réflexe, réaction)) instantané(*e*), immédiat(*e*). ¶ ~적 반응 réaction (instantanée), réflexe. ¶ ~적으로 브레이크를 밟다 avoir le réflexe de freiner. ¶ 상대의 주먹질에 ~적으로 대응하다 réagir immédiatement à un coup de poing de l'adversaire.

◆**_각** -角 명 【물리】 angle *m* de réflexion.

◆**_광** -光 명 【물리】 reflet *m*; reflet *m* de lumière, lumière *f* reflétée. ¶ 유리창의 ~광에 눈이 부시다 Je suis aveuglé(*e*) par les reflets sur la vitre.

◆**_광선** -光線 명 【물리】 rayons *mpl* réfléchissants; reflet *m.*

◆**_망원경** -望遠鏡 명 【물리】 télescope *m* à réflexion; miroir *m* réflecteur; réflecteur *m.*

◆**_신경** -神經 명 réflexe *m.* ¶ ~이 좋다[나쁘다] avoir de bons [mauvais] réflexes. ¶ ~이 없다[둔하다] manquer de réflexe.

◆**_이익** -利益 명 【법률】 intérêts *mpl* réciproques. ¶ ~이익을 보다 recevoir des intérêts réciproques.

◆**_작용** -作用 명 ① 【물리】 réflexion *f.* ¶ 음파의 ~ 작용 réflexion des ondes sonores. ② 【심리】 *réflexe m.* ¶ 남편에게 실망한 그 여자는 ~ 작용으로 아들에게 모든 희망을 걸었다 Déçue par son mari, elle a tourné tous ses espoirs vers son fils.

◆**난_** 亂- 명 【물리】 réflexion *f* irrégulière [diffuse]. ¶ 빛을 난~(를) 하다 mal réfléchir la lumière.

◆**무릎_** 명 réflexes *mpl* du genou.

◆**조건_** 條件- 명 【심리】 réflexe *m* conditionné [conditionnel].

반사회적 反社會的 명 antisocial(*ale, aux*). ¶ ~ 행동[인물] comportement[personnage] antisocial.

반색 명 grande joie *f.* ◇_(을) **하다** être très heureux(*se*), être fort joyeux(*se*), éprouver une grande joie, accueillir [recevoir] avec une grande joie, exulter, déborder de joie, jubiler, se réjouir vivement, être aux anges. ¶ 그는 친구를 ~하며 맞이했다 Il était très heureux d'accueillir son ami(*e*). ¶ 어머니는 그 소식을 듣고 ~하며 기뻐하셨다 Maman était aux anges quand elle a entendu cette nouvelle.

반석 盤石 명 ① roc *m*, rocher *m.* ② ((비유적)) roche *f.* ¶ 나라를 ~ 위에 올려놓다 fonder un pays sur un socle solide [une base solide].

반설음 半舌音 명 【언어】 semi-linguale *f.*

반성 反省 명 ① réflexion *f* (sur *soi*-même). autocritique *f.* ¶ 깊은[뼈저린] ~ une réflexion profonde sur *soi*-même. ¶ 너는 아직 ~이 부족하다 Tu devrais encore réfléchir sur tes actes passés [sur ce que tu as fait]. ¶ 지금은 교육제도에 대한 ~이 필요한 시기이다 Nous sommes à une époque où il est nécessaire de réfléchir sur le système éducatif [pédagogique]. ② 【철학】 introspection *f*; examen *m* de conscience *m.* ◇_(을) **하다** réfléchir [faire un retour] sur *soi*-même; s'examiner; ((자기성찰)) faire *son* examen de conscience. ¶ 자신의 잘못을 ~하다 réfléchir à *ses* fautes [à *ses* erreurs]. ¶ 오늘 하루 있었던 일을 ~하다 réfléchir sur ce qui nous est arrivé aujourd'hui. ¶ 그는 무모하게 사업을 확장한 게 아닌가 ~하고 있다 Il se demande s'il n'a pas agrandi imprudemment son entreprise.

*~**의 빛** ¶ 그는 아직도 ~의 빛이 보이지 않는다 Il ne semble pas regretter ce qu'il a fait / Il ne semble pas vouloir corriger sa conduite. ¶ ~의 빛이 뚜렷하니 이번만은 용서하겠다 Comme tu sembles regretter tes actes [ce que tu as fait], je te pardonne pour cette fois-ci / Comme tu regrettes clairement ce que tu as fait, je te pardonne pour cette fois-ci.

◆**_적** -的 명 introspecti*f*(*ve*). ¶ ~적 의식 volonté de faire une introspection. ¶ ~적 성찰 un examen de conscience.

◆**_문** -文 명 punition *f* donnée aux élèves de l'école primaire, du collège ou du lycée pour qu'ils réfléchissent à *leur* faute ((punition consistant à écrire un texte dans lequel ils doivent écrire le pourquoi de leur faute et exprimer leurs regrets)).

반송 返送 명 renvoi *m* ((d'une lettre, d'un paquet)). ◇_(을) **하다** renvoyer, retourner; rendre *qc.* ¶ 출판사는 심사에 탈락된 원고를 ~하였다 La maison d'édition a renvoyé les manuscrits (qui ont été) refusés. ◇_(이) **되다** être renvoyé, retourné, rendu(*e*). ¶ 우편물이 ~되어 (돌아)왔다 Ce courrier [Cette lettre, Ce colis, Ce paquet] est revenu(*e*) [a été retourné(*e*), a été renvoyé(*e*)] à l'expéditeur.

반숙 半熟 명 ((à)) moitié cuit(*e*); ((oeuf)) mollet. ¶ 계란 ~ un oeuf à la coque; un oeuf mollet. ◇_(을) **하다** faire cuire à demi [à moitié]; faire ((un oeuf)) à la coque.

반승낙 半承諾 명 acceptation *f* à moitié; demie acceptation *f*; demi-consentement *m.* ◇_(을) **하다** accepter à moitié; se résigner à moitié. ¶ 그는 마지

못해 ~을 했을 뿐이다 Il n'a accepté qu'à moitié. ◇_을 받다[얻다] obtenir un demi-consentement. ¶ 조르고 졸라서 ~을 얻어 내다 obtenir un demi-consentement de *qn* à force d'insister; contraindre *qn* à accepter.

반신반의 半信半疑 명 croyance *f* (confiance *f*) à moitié, doute *m*, soupçon *m*. ◇_(를) **하다** douter, ne croire qu'à moitié, rester sceptique, rester dubitati*f*(*ve*). ¶ ~하는 표정을 짓다 avoir l'air de croire à moitié. ¶ 사람들은 그 분의 죽음을 ~했다 On doutait de sa mort. ¶ 모두들 그가 우승했다는 것을 ~했다 Tous ont douté un peu de sa victoire. ¶ 그는 내 말을 ~하는 듯 야릇한 표정을 지었다 Il a arboré une expression bizarre comme s'il croyait à moitié à mes paroles.

반신불수 半身不遂 명 hémiplégie *f*. ¶ ~가 되다 devenir hémiplégique.

반야 般若 명 【불교】 Prajñā-paramita *m*.

◆_**심경** -心經 명 【불교】 Prajñā-paramita-soutra *m*.

반어 反語 명 ironie *f*; antiphrase *f*.

◆_**적** -的 명 ironique. ¶ ~적 표현 une expression ironique.

◆_**법** -法 명 【논리】 ironie *f*. ¶ 방금 한 말은 ~법이야 Ce que je viens de dire est ironique.

반역 叛逆 명 trahison *f*, traîtrise *f*, rébellion *f*, révolte *f*. ¶ ~을 꾀하다 comploter. ¶ ~을 모의하다 ourdir un complot. ¶ ~ 음모가 적발되었다 Une trahison a été découverte [mise au jour]. ◇_(을) **하다** trahir ((sa patrie)); se rebeller contre ((l'autorité)); se révolter contre. ¶ 그는 정부에 ~한 전력을 숨기고 있다 Il cache sa carrière de rebelle contre le gouvernement.

◆_**자** -者 명 traître(*sse*); Judas *m*; rebelle *mf*; révolté(*e*).

◆_**죄** -罪 명 (crime *m* de) trahison *f*.

◆**국가**_ 國家- 명 haute trahison *f*.

반영 反映 명 reflet *m*. ¶ 문학은 사회상의 ~이다 La littérature est le reflet de la société. ◇_(을) **하다[시키다]** refléter. ¶ 출석 점수를 성적에 ~하다 refléter [répercuter] les absences et les présences sur les notes. ¶ 민의를 정책에 ~하다 refléter l'opinion publique sur la politique. ◇_(이) **되다** se refléter. ¶ 임금 인상은 곧바로 제품 가격에 ~된다 La hausse des salaires se reflète automatiquement sur les prix.

◆_**물** -物 명 élément *m* qui reflète.

반영구 半永久 명 très long usage *m*.

◆_**적** -的 명 pratiquement inusable. ¶ 이 제품은 수명이 ~적이다 Ce produit est pratiquement inusable.

반올림 半- 명 【수학】 arrondissement *m* [arrondi *m*] au chiffre supérieur ((d'un résultat, d'une somme)). ◇_(을) **하다** arrondir au chiffre supérieur ((un résultat, une somme)).

반외세 反外勢 명 refus *m* des forces étrangères. ¶ ~ 저항운동 mouvement de résistance contre les puissances étrangères, campagne anti-impérialiste.

반응 反應 명 ① réponse *f*; réaction *f*; effet *m*. ¶ 즉각적인 ~을 보이다 réagir [répondre] instantanément. ((과학)) réagir à un stimulus. ¶ 그는 나의 제안에 냉랭한 ~을 보였다 Il a répondu froidement à ma proposition. ¶ 아무리 요청해도 ~이 없다 ne montrer aucune réaction [être sans réaction]. ② 【화학】 réaction *f* (chimique). ¶ ~ 속도를 측정하다 mesurer la vitesse de réaction. ¶ 화학 ~을 일으키다 provoquer une réaction chimique. ¶ 두 물질 사이에서 ~이 일어났다 Il y a eu une réaction chimique entre ces deux substances. ◇_(을) **하다** ① réagir; répondre. ¶ 아기들은 어머니의 목소리에 민감하게 ~한다 Les enfants sont sensibles à la voix de leur mère. ② 【화학】 réagir. ¶ 파란 리트머스 시험지가 산과 ~하면 붉은색이 된다 Le papier de tournesol vire au rouge sous l'action des acides.

◆_**성** -性 명 【화학】 réactivité *f*.

◆_**물** -物 명 【화학】 matière *f* réactive.

◆**투베르쿨린**_ 명 cuti-réaction(~-~*s*) *f* (tuberculinique); cuti *f* ((positive, négative)). ¶ 투베르쿨린~ 검사 cuti-réaction (tuberculinique), cuti.

◆**핵**_ 核- 명 【물리】 réaction *f* nucléaire.

반의어 反意語 명 【언어】 antonyme *m*; (mot *m* de sens) contraire *m*.

반일 反日 명 opposition *f* au Japon; antijaponais(*e*). ¶ ~ 감정 un sentiment antijaponais. ¶ ~ 정책 une politique antijaponaise.

반입 搬入 명 introduction *f*. ¶ 식량 ~이 끊겨 고생하다 mener une vie difficile parce que les vivres ont été coupés. ¶ 그는 ~이 금지된 물건을 들여오다 적발되었다 Il s'est fait surprendre au moment où il introduisait des marchandises interdites [prohibées, illicites]. ◇_(을) **하다** apporter, introduire. ¶ 수입 농산물을 ~ introduire des produits agricoles importés [venant de l'étranger]. ◇_(이) **되다** être introduit(*e*). ¶ 당국은 밀수품이 ~된 경로를 추적하고 있다 Les autorités sont à la recherche de la piste des marchandises introduites clandestinement.

반자음 半子音 명 【언어】 semi-consonne *f*.

반작이다 재타 ☞ 반짝[1]

반장 班長 명 chef *m*. ¶ 형사~ inspecteur principal. ¶ 학급의 ~을 뽑다 choisir le chef de classe.

반전[1] 反戰 명 anti-guerre, contre la guerre. ¶ ~ 시위 une manifestation contre la guerre [anti-guerre].

반전[2] 反轉 명 renversement *m*; revirement *m*; volte-face *f inv*. ¶ 극적인 ~ un revirement à 180 degrés. ¶ 사태의 ~을 꾀하다 essayer de renverser la situation. ◇_(을) **하다** ((situation)) être renversé(*e*); faire volte-face. ¶ 조만간 물가는 오름세로 ~할 것이다 Les prix vont bientôt basculer à la hausse. ◇_(이) **되다** ((situation)) être renversé(*e*). ¶ 형세가 ~되었다 La situation est renversée. ¶ 국제 수지가 다시 적자로 ~될 것이다 La balance du commerce extérieur va redevenir déficitaire.

반절[1] 半切 명 moitié *f*, demi *m*.

반절[2] 半- 명 salut *m* [révérence *f*] exécuté(*e*) en ne s'inclinant qu'à moitié. ◇_(을) **하다** s'incliner à moitié.

반점 斑點 명 tache *f*. ¶ 손등에 ~이 생겼다 avoir des taches sur le dos de la main.

반정부 反政府 명 opposition *f* au gouvernement; antigouvernement*al*(*ale*, *aux*); contre le gouvernement *m*; dans l'opposition *f*. ¶ ~ 게릴라[시위] une guérilla [une manifestation] antigouvernementale [contre le gouvernement]. ¶ ~ 활동으로 기소되다 être mis(*e*) en accusation [poursuivi(*e*)] pour s'être révolté(*e*) contre le [s'être opposé(*e*) au] gouvernement.

◆_**군** -軍 명 armée *f* antigouvernementale.

반주[1] 伴奏 명 accompagnement *m* (musical). ¶ 피아노 ~에 맞추어 노래를 부르다 chanter accompagné(*e*) au piano. ¶ ~가 시작되었다 L'accompagnement a commencé [démarré]. ◇_(를) **하다** accompagner ((*qn*, un chanteur au piano)). ¶ 그 여자는 합창반에서 피아노 ~를 한다 Elle accompagne une chorale [un choeur] au piano.

◆_**기** -機 명 instrument *m* d'accompagnement.

◆_**자** -者 명 accompagna*teur*(*trice*).

◆**무**_ 無- 명 sans accompagnement (d'instruments), a capella. ¶ 무~ 바이올린 소나타 une sonate pour violon seul. ¶ 무~ 첼로 조곡 une suite pour violoncelle seul. ¶ 무~로 a capella.

반주[2] 飯酒 명 repas *m* arrosé. ¶ 그는 ~로 포도주를 한 잔 마셨다 Il a pris un verre de vin au cours de son repas / Il a accompagné son repas d'un verre de vin. ◇_(를) **하다** boire pendant un repas. ¶ 그는 식사 때 마다 꼭 ~를 한다 Il boit toujours de l'alcool pendant ses repas.

반죽 명 pâte *f*, pétrissage *m*. ¶ 밀가루 ~ farine pétrie. ◇_(을) **하다[개다]** pétrir. ¶ 밀가루를 ~해서 빵을 만들다 faire du pain en pétrissant de la farine.

반죽음 半- 명 ((à)) moitié mort; circonstances *fpl* extrêmement difficiles. ◇_**이 되다** être à moitié mort, être comme mort(*e*), être très mal en point, être à demi mort(*e*) ((de froid)) {*litt*}. ¶ 그는 ~이 되도록 얻어맞았다 Il a été battu à mort / Il a été lynché / Il a été battu comme plâtre.

반증 反證 명 preuve *f* contraire; le fait de prouver le contraire. ¶ 그가 내세운 ~앞에서 모두 할 말을 잃었다 Plus personne n'avait quelque chose à dire lorsqu'il a apporté la preuve contraire. ¶ 당신의 그 말이 바로 그 사건과 관계가 있다는 ~이다 Vos propos prouvent plutôt [au contraire] que vous êtes impliqué(*e*) dans cette affaire. ◇_(을) **하다** fournir une preuve contraire, fournir une preuve qui réfute [contredise] ((une thèse)); prouver au contraire que+*ind*, prouver le contraire; infirmer une preuve, contredire, réfuter ((une thèse, une théorie)). ¶ 그의 주장을 ~할 만한 증거를 찾아야 한다 Il faut trouver une preuve qui réfute sa thèse [contraire à la sienne] / Il faut trouver une preuve qui contredise ce qu'il dit. ¶ 이것은 오히려 그들의 주장에 문제가 있음을 ~하는 것이다 Cela réfute [contredit, infirme] plutôt la thèse qu'ils avancent.

반지 斑指 명 bague *f*, anneau(*x*) *m*. ¶ 손가락에 ~를 끼다 mettre une bague à *son* doigt. ¶ ~를 빼다 enlever [retirer, ôter] une bague.

반지르르 부 ① avec une apparence luisante [huileuse]. ¶ 그는 얼굴에 ~ 윤이 난다 Il a le visage reluisant. ② ((비유적)) en surface, en apparence. ¶ ~ 말만 잘 하는 사람 personne qui ne parle bien qu'en apparence.

◆_**하다** 형 briller (en surface). ¶ 그는 말만 ~하다 Il ne brille que par ses paroles. ¶ 겉모양을 ~하게 꾸미다 se donner des airs, soigner son apparence.

반지름 半- 명 【수학】 rayon *m*; demi-diamètre (~-~s) *m*.

반짇고리 명 boîte *f* à ouvrage [à couture].

반질거리다 형 luire, être luisant(*e*), huileu*x*(*se*), graisseu*x*(*se*). ¶ 대리석 바닥이 반질거린다 Le sol en marbre luit. ¶ 소맷부리가 닳아서 반질거린다 Le bout du manche est tellement usé qu'il est tout luisant.

반질반질 부 ① avec une apparence (re)luisante [graisseux, huileux]. ¶ 구두가 ~ 빛이 난다 Les souliers brillent[sont reluisants]. ② ((성격)) effrontément. ¶ 일은 안 하고 ~ 놀기만 하다 ne faire que jouer effrontément sans travailler.

◆_**하다** 형 être effronté(*e*), impudent(*e*), insolent(*e*). ¶ 그는 성격이 ~해서 정이 가지 않는다 Il est tellement insolent qu'on a du mal à s'attacher à lui[à le trouver sympathique].

반짝[1] 부 ① ((une lumière apparaît)) brusquement ((puis s'éteint)); en clignotant; en scintillant, en brillant. ¶ 불빛이 ~ 했다 Les flammes scintillèrent. ¶ 갑자기 어둠 속에서 불빛이 ~ 빛났다 Soudain, une lumière apparut [fit son apparition, jaillit, parut soudain] puis s'éteignit dans l'obscurité / Soudain une lumière traversa [fendit, troua] l'obscurité. ② ((reprendre *ses* esprits, se réveiller)) (tout) d'un coup, brusquement. ¶ 잠이 ~ 깨었다 Je me suis brusquement réveillé(*e*) / J'ai brusquement ouvert les yeux. ¶ 정신이 ~ 들었다 J'ai brusquement repris mes esprits. ¶ 그 말에 나는 정신이 ~ 들었다[났다] A cette parole, je me ressaisis d'un coup. ③ ((venir à l'esprit, faire tilt {*fam*})) soudainement. ¶ 해결책이 ~ 떠올랐다 La solution m'est soudainement venue à l'esprit / Ça a soudainement fait tilt dans mon esprit {*fam*}. ④ dans un éclair; pendant un court moment [instant]. ¶ 날이 ~ 개었다가 이내 다시 비가 흩뿌렸다 Il venait (à peine) d'y avoir une éclaircie lorsqu'il s'est de nouveau mis à pleuvoir. ¶ 경기가 ~ 좋다가 다시 나빠졌다 La situation économique s'est améliorée un instant avant de rechuter. ⑤ ((dresser)) soudainement ((les oreilles)); ((prendre)) soudainement ((conscience de *qc*)); ((être)) brusquement ((surpris(*e*) de [par] *qc*)). ¶ 공짜라는 말에 귀가 ~ 뜨이다 dresser l'oreille au mot «gratuit» [«gratis» {*fam*}]. ¶ 나는 그 사람의 말에 귀가 ~ 뜨였다 À ses propos, je dressai les oreilles / Je fus surpris(*e*) soudainement par ses propos.

◆_하다 자 ① scintiller, briller; clignoter. ② briller (un instant), briller (comme une comète). ¶ 그 가수는 한때 ~하더니 요즘은 보이지 않는다 Ce chanteur a brillé un instant, mais maintenant on ne le voit plus.

◆_이다[거리다] 자타 briller, étinceler, luire; scintiller. ¶ ~이는 불빛 lumière brillante [étincelante]. ¶ 멀리서 불빛이 ~거린다 Des lumières brillent au loin. ¶ 밤하늘에 수많은 별들이 ~인다 D'innombrables étoiles scintillent dans le ciel. ¶ 아이들은 눈을 ~이며 내 얘기에 귀를 기울였다 Les enfants m'écoutaient attentivement, les yeux étincelants.

◆_ _ 부 ① en clignotant; en scintillant, en brillant. ¶ ~~ 윤이 나는 가구 un meuble brillant. ¶ 별들이 ~~한다 les étoiles brillent[scintillent]. ② soudain, tout d'un coup, subitement. ¶ 좋은 구상이 ~~ 떠오른다 Une bonne idée m'est soudain venue. ¶ 그는 재치가 ~~한다 Il a un sens de l'humour très développé.

반짝² 부 ① ((soulever un objet)) facilement, sans effort, sans peine, d'un seul coup. ¶ 그는 어린애를 ~ 안아서 차에 태웠다 Il souleva facilement l'enfant et l'installa dans la voiture. ② ((lever)) soudainement ((la main)). ¶ 손을 ~ 들다 lever soudainement la main. ③ ((ouvrir)) grand ((les yeux)). ¶ 그는 처음 듣는 소리라는 듯이 눈을 ~ 뜨며 나를 쳐다보았다 Il me regarda, ébahi [Il ouvrit de grands yeux (étonnés), Il écarquilla les yeux (de surprise)] comme si c'était la première fois qu'il entendait cette histoire.

반쪽 半- 명 moitié *f*. ¶ 사과 ~ une moitié de pomme. ¶ 오랜 병으로 그는 얼굴이 ~이 되었다 Longtemps malade, son visage avait diminué de moitié.

반찬 飯饌 명 *banchan m* <plats d'accompagnement (qu'on sert avec le riz), plats qui accompagnent le riz>. petits mets *mpl*. ¶ ~ 가게 un magasin de *banchan*, un magasin de plats d'accompagnement. ¶ 고기 ~ un plat de viande. ¶ ~ 투정을 하다 rouspéter contre les [avoir quelque chose à redire quant aux, ne pas être satisfait(*e*) des] plats d'accompagnement; se plaindre des [bougonner contre {*fam*} les] plats d'accompagnement. ¶ ~이 별로 없다 Il n'y a pas beaucoup de plats d'accompagnement. ¶ 오늘 저녁 ~은 뭐냐? Qu'est-ce qu'il y a comme plats d'accompagnement ce soir? / Ce soir, qu'est-ce que nous avons à dîner? / Qu'est-ce qu'on mange ce soir (avec le riz)?

◆_거리[감] 명 ingrédients *mpl* pour faire les plats d'accompagnement.

◆마른_ 명 plats *mpl* d'accompagnement secs.

◆밑_ 명 plats *mpl* d'accompagnement de base.

반창고 絆創膏 명 sparadrap *m*; ((일회용)) pansement *m* (adhérent). ¶ ~를 떼다 enlever un pansement. ¶ 상처에 ~를 붙이다 appliquer [mettre] un pansement sur une plaie. ¶ 일회용 ~ pansement adhérent.

반체제 反體裁 명 contestataire. ¶ ~ 인사 un(*e*) dissident(*e*). ¶ ~ 운동 un mouvement contestataire.

◆_적 -的 명 anti-gouvernement *m*, anti-régime *m*.

반추 反芻 명 ① ((동물의)) rumination *f*. ¶ ~ 동물 ruminant *m*. ② ((비유적)) rumination *f*. ◇_(를) 하다 ruminer ((*son* chagrin)), repasser *qc* dans *son* esprit; faire repasser *qc* dans *son* esprit; retourner *qc* dans *sa* tête; ressasser ((des regrets, des souvenirs, des réflexions)); remâcher ((*son* amertume)); revenir sur les mêmes choses. ¶ 지난 일들의 의미를 ~하다 ressasser les événements passés, remâcher interminablement les fautes du passé. ¶ 그가 남긴 말을 곰곰히 ~해 보다 repenser en détail à ce qu'il a dit.

◆_위 -胃 명 【동물】 estomac *m* de ruminant.

반출 搬出 명 transport *m*. ¶ 문화재의 불법 해외 ~을 적발하다 révéler [mettre au jour, mettre en évidence] le transport illégal de biens culturels à l'étranger. ◇_(을) 하다 emporter *qc*; transporter. ¶ 차[비행기]로 ~하다 transporter *qc* en voiture [par avion]. ¶ 수출이 금지된 물건을 몰래 ~하다 emporter en cachette [clandestinement] des marchandises interdites à l'exportation. ◇_(이) 되다 être transporté(*e*). ¶ 많은 문화재들이 전쟁 중에 해외로 ~되었다 Beaucoup de biens culturels sont partis à l'étranger pendant la guerre.

◆_증 -證 명 certificat *m* de transport.

반칙 反則 명 faute *f*, infraction *f*; manquement *m* à une règle [une loi, un règlement]. ¶ ~을 범하다 enfreindre une loi [le règlement]. ¶ 심한 ~으로 퇴장당하다 se faire expulser pour une faute grave. ¶ ~으로 지다 perdre à cause d'une faute. ¶ 상대편 선수의 ~으로 공이 우리에게 돌아왔다 Nous avons récupéré la balle grâce à une faute d'un joueur de l'équipe adverse. ¶ 이 선 밖으로 나오는 것은 ~이다 Il est interdit de dépasser [franchir] cette ligne. ◇_(을) 하다 commettre une faute [infraction]; contrevenir à un règlement [une loi].

◆_패 -敗 명 【운동】 disqualification *f* (pour faute commise).

반타작 半打作 명 ① partage *m* par moitié. ② mauvaise récolte *f*, revenu *m* très maigre; moyenne *f* ((à un contrôle, à une interrogation)). ¶ 수해 때문에 이번 농사는 ~이 될까 말까 한다 Les agriculteurs craignent une mauvaise récolte à cause des inondations. ¶ 올해는 태풍으로 과실을 ~밖에 못했다 Cette année, nos récoltes sont deux fois moins importantes que d'habitude à cause du typhon. ◇_(을) **하다** ① partager *qc* en deux (parties égales). ② faire une mauvaise récolte; avoir la moyenne ((à un contrôle, à une interrogation)). ¶ 수학 시험에서 ~했다 J'ai eu la moyenne en maths {*fam*} [en mathématiques].

반탁 反託 명 opposition *f* à la (mise en) tutelle.
◆_**운동** -運動 명 【역사】 mouvement *m* [campagne *f*] contre la mise en tutelle.

반투명 半透明 명 translucidité *f*. ¶ ~ 유리 verre translucide. ¶ ~ 접착 테이프 un ruban adhésif translucide.
◆_**하다** 형 être translucide, diaphane.

반팔 半- 명 ((vêtement)) à manches *fpl* courtes. ¶ ~ 티셔츠 un t-shirt à manches courtes. ☞ 긴팔

반편 半偏 명 niais(*e*), lourdaud(*e*), imbécile, sot(*te*), idiot(*e*).

반포 頒布 명 promulgation *f*, vulgarisation *f*. ¶ 세종대왕의 한글 ~ la promulgation du *hangeul* par le roi Sejong. ◇_(를) **하다** promulguer ((un édit)); porter à la connaissance du public; faire connaître à tout le monde; vulgariser. ¶ 새로운 헌법을 ~하다 promulguer une (nouvelle) Constitution. ◇_(가) **되다** être promulgué(*e*). ¶ 한글은 1446년 ~되었다 Le *hangeul* a été promulgué en 1446.

반품 返品 명 renvoi *m* d'une marchandise ((à un commerçant, à l'expéditeur)); marchandise *f* retournée [renvoyée]; rendu *m*. ¶ 그 제품은 ~이 많다 Cet article nous est souvent renvoyé. ◇_(을) **하다** renvoyer [retourner] ((une marchandise)). ¶ 불량품을 ~하다 renvoyer [retourner] des marchandises de mauvaise qualité ((à l'expéditeur)). ¶ 재고를 ~하다 renvoyer le stock d'invendus à l'expéditeur. ◇_(이) **되다** être renvoyé(*e*), retourné(*e*) ((à l'expéditeur)). ¶ 수출한 제품에 문제가 생겨 모두 ~되었다 Les produits exportés ayant des défectuosités ont tous été renvoyés à l'expéditeur.

반하다[1] 재 être charmé(*e*), tomber amoureux(*se*) de *qn*; s'éprendre de *qn*; s'enticher de *qn* {*fam*}; s'amouracher de *qn* {*fam*}; se toquer de *qn* {*fam*}. ¶ 누구에게 홀딱 ~ tomber follement amoureux(*euse*) de *qn*. ¶ 누구의 노래에 ~ tomber sous le charme d'une chanson de *qn*. ¶ 그 남자는 첫눈에 그 여자에게 반했다 Il s'est épris d'elle au premier coup d'oeil. ¶ 나는 그 사람의 뛰어난 인품에 반했다 Je suis charmé(*e*) par sa personnalité [son caractère] exceptionnel(*le*).

반하다[2] 反- ① s'opposer, être contraire à ((la raison)); aller contre ((la grammaire)); aller à l'encontre de *qc*. ¶ 부모님의 뜻에 반하는 행동을 하다 agir à l'encontre de la volonté de ses parents. ② ((...에 반하여)) contrairement à *qc*. ¶ 이에 반하여 contrairement à ceci, par contre, en revanche. ¶ 언니는 늘 명랑한 데 반하여 동생은 항상 우울한 듯하다 Contrairement à sa soeur aînée qui est toujours de bonne humeur, la soeur cadette a toujours l'air triste. ¶ 소득이 줄어든 데 반해 지출은 더 늘었다 Nos revenus ont diminué alors que nos dépenses ne cessent d'augmenter.

반항 反抗 명 résistance *f*, opposition *f*; insubordination *f*, insoumission *f*; révolte *f*. ¶ 10대들의 ~ une crise d'adolescence; l'âge ingrat. ¶ 무언의 ~에 부딪치다 se heurter à une opposition tacite. ¶ 부모들은 자녀들의 이유 없는 ~에 당황해한다 Les parents ne savent (pas) quoi faire face à l'insoumission sans raison de leurs enfants. ◇_(을) **하다** résister à ((l'autorité)); s'opposer à; se révolter contre ((le gouvernement)); tenir tête à *qn*. ¶ 부모에게 ~(을) 하다 ne pas obéir à [ne pas écouter, répondre à, tenir tête à] *ses* parents. ¶ ~하지 않고 순순히 항복하다 se rendre sans résistance.
◆_**적** -的 명 révolté(*e*), insoumis(*e*); ((caractère)) récalcitrant(*e*). ¶ ~적인 태도 une attitude rebelle.
◆_**기** -期 명 l'âge *m* ingrat; crise *f* d'adolescence.
◆_**심** -心 명 insubordination *f*, insoumission *f*. ¶ ~심이 일다[생기다] être insoumis(*e*), ne pas obéir; désobéissant(*e*). ¶ ~심이 강하다 être très désobéissant(*e*). ¶ 학교에 대한 ~심에서 금지된 일들을 저지르다 commettre des interdits pour se révolter contre l'école [contre le système scolaire].
◆_**아** -兒 명 enfant *mf* insoumis(*e*).

반핵 反核 명 antinucléaire. ¶ ~ 운동 une campagne (un mouvement) antinucléaire.

반향 反響 명 retentissement *m*; résonance *f*; écho *m*; réaction *f*; réponse *f*; répercussion *f*. ¶ 그 사건은 우리 사회에 커다란 ~을 불러일으켰다 Cette affaire a eu de graves répercussions dans notre société [a eu un grand retentissement dans l'opinion publique, a soulevé une vague d'indignation dans l'opinion publique]. ¶ 정부의 조처는 전 세계에 ~을 일으킬지도 모른다 Cette mesure du gouvernement pourrait avoir un grand retentissement dans le monde.

반혁명 反革命 명 contre-révolution *f*. ¶ ~ 인사 un(*e*) antirévolutionnaire.
◆_**적** -的 명 contre-révolutionnaire, antirévolutionnaire.

반환 返還 명 rétrocession *f*, restitution *f*. ¶ 영토의 ~을 요구하다 demander la restitution d'un territoire. ¶ 전시 도난 예술품의 ~ la restitution des objets (d'arts) volés pendant la guerre. ◇_(을) **하다** rendre *qc*; rétrocéder *qc*; restituer *qc*. ¶ 점령지를 ~하다 restituer un territoire. ◇_(이) **되다** être rendu(*e*); être rétrocédé(*e*); être restitué(*e*). ¶ 약탈 문화재들은 본국으로 ~되어야 한다 Les objets volés doivent être restitués à leur pays d'origine.
◆_**점** -點 명 ① 【운동】 ((육상)) virage *m*; ((마술)) point *m* de tourner; ((조정)) point *m* de virage. ¶ ~점을 돌다 effectuer un virage ((dans une compétition d'athlétisme)). ② tournant *m* ((d'un match)); moment *m* décisif; le tournant *m* ((de

sa carrière)); le moment *m* décisif ((de *sa* vie)). ¶ 인생의 ~점에 있다 être au tournant de *sa* carrière.

받다¹ 타 ① recevoir, percevoir, obtenir, recueillir, prendre, toucher, empocher, toucher, encaisser. ¶ 생일 선물로 꽃다발을 ~ recevoir un bouquet de fleurs comme cadeau d'anniversaire. ¶ 상을 ~ recevoir [remporter] un prix. ¶ 편지를 ~ recevoir une lettre. ¶ 너는 한 달에 월급을 얼마나 받니? Tu touches combien comme salaire mensuel? ② ((도움 따위를)) recevoir, subir. ¶ 교육을 ~ recevoir une éducation. ¶ 허가를 ~ obtenir une autorisation. ¶ 수술을 ~ subir une opération chirurgicale; être opéré(*e*). ¶ 심문을 ~ subir un interrogatoire. ¶ 재판을 ~ être jugé(*e*). ¶ 공격을 ~ faire l'objet d'une attaque, être attaqué(*e*). ¶ 칭찬을 ~ recevoir un éloge. ¶ 친구에게 도움을 ~ recevoir l'aide d'un ami. ¶ 제자들에게 존경을 받는 선생님 un professeur respecté de ses disciples. ¶ 버림을 ~ être abandonné(*e*). ¶ 그 사람은 현재 살인 혐의를 받고 있다 Actuellement, il est soupçonné d'être l'assassin. ③ ((공 따위를)) attraper, saisir; recevoir, recueillir. ¶ 공을 던질 테니 잘 받아라 Je te lance une balle; rattrape-la. ¶ 강한 스파이크를 잘 받아내다 bien renvoyer un smash ((au volley-ball)). ¶ 내 칼을 받아라 Tiens, prends ce coup-là! ④ ((요청 따위를)) recevoir, accepter. ¶ 주문을 ~ recevoir une commande. ¶ 신청곡을 ~ recueillir les chansons demandées. ⑤ ((성금 따위를)) recueillir, collecter. ¶ 기부금[성금]을 ~ collecter les contributions. ⑥ ((물 따위를)) recueillir. ¶ 양동이에 빗물을 ~ recueillir de l'eau de pluie dans un seau. ¶ 욕조에 목욕물을 ~ remplir la baignoire d'eau chaude. ⑦ ((손님 따위를)) accepter, accueillir, se couvrir. ¶ 손님을 ~ accueillir les visiteurs. ¶ 더 이상은 환자를 받을 수가 없다 On ne peut plus accepter de patients. ⑧ s'abriter ((sous un parapluie)). ¶ 우산도 받지 않은 채 빗속을 걸어가다 marcher sous la pluie sans parapluie. ⑨ se trouver (sous la lumière). ¶ 달빛을 받아 호수가 반짝인다 Le lac brille sous un clair de lune. ⑩ ((거래)) acheter. ¶ 도매로 받아 소매로 팔다 acheter ((des marchandises)) en gros et ((les)) vendre au détail. ⑪ ((아기를)) accoucher; assister une femme lors de l'accouchement ¶ 아기를 ~ ((le docteur)) accoucher une femme; ((sage-femme)) assister *qn* lors de l'accouchement. ⑫ ((학위 따위를)) obtenir ((un diplôme)). ¶ 나는 금년에 박사 학위를 받았다 J'ai obtenu le grade de docteur cette année.

***날을** ~ choisir [fixer] une date. ¶ 이사할 날을 ~ choisir [fixer] la date du déménagement.

자 convenir à *qn*. ¶ 오늘따라 술이 잘 받지 않는다 Je n'ai pas très envie d'alcool aujourd'hui / Je n'aime pas trop le goût de l'alcool aujourd'hui. ¶ 오늘은 화장이 잘 받는다 Le maquillage rend bien sur ma peau aujourd'hui / Le maquillage me réussit bien [me sied bien] aujourd'hui / Le maquillage prend [ressort] bien sur ma peau aujourd'hui. ¶ 음식이 속에서 받지 않는다 Je digère mal cette nourriture.

받다² 타 buter contre *qn*/*qc*; frapper contre *qc*; heurter *qc*/*qn*; foncer sur *qn*. ¶ 머리로 문을 ~ se cogner la tête contre la porte; heurter la porte avec *sa* tête. ¶ 소가 사람을 뿔로 받았다 Le boeuf a heurté un homme de *ses* cornes. ¶ 빙판길에 차가 미끄러져서 앞차를 받았다 Glissant sur la chaussée gelée, la voiture a buté contre celle de devant.

받들다 타 ① supporter, soutenir, tenir. ¶ 그들은 횃불을 머리 위로 높이 받들고 행진했다 Ils ont défilé dans les rues en tenant très haut une torche. ② honorer *qn*, respecter *qn*; témoigner du respect à *qn*; avoir de grands égards pour *qn*, témoigner de grands égards à *qn*; avoir du respect [de l'estime] pour *qn*; tenir *qn* en haute [grande] estime; vénérer *qn*; révérer *qn*. ¶ 부모님[윗사람]을 ~ témoigner du respect à *ses* parents [supérieurs]. ③ respecter, suivre la volonté de *qn*. ¶ 그는 선친의 유지를 받들어 문화 재단을 세웠다 Pour honorer *son* père défunt, il a établi une fondation culturelle.

받들어총 **-銃** 명 action de présenter les armes. ◇_(을) **하다** présenter les armes.
감 Présentez armes!

받아넘기다 타 ① renvoyer, retourner ((la balle)), répliquer. ¶ 상대팀의 진영으로 공을 ~ renvoyer la balle dans le camp adverse. ② ((비유적)) ne pas hésiter à répondre; répliquer avec talent. ¶ 상대방의 말을 재치 있게 ~ répliquer avec talent aux propos de l'adversaire; avoir de la répartie; avoir la répartie facile.

받아들이다 타 accepter ((une condition, une proposition)); admettre, agréer ((les salutations)); acquiescer, introduire, importer, recevoir, accueillir ((les immigrants)); adopter. ¶ 서양 문화를 ~ introduire la civilisation occidentale. ¶ 요구를 ~ accepter une demande; satisfaire à une demande. ¶ 제안을 긍정적으로 ~ accepter une proposition [accueillir une proposition de façon positive]. ¶ 남을 받아들이는 아량이 있다 être tolérant(*e*) (envers les autres). ¶ 그는 남의 의견을 좀처럼 받아들이지 않는다 Il n'accepte presque pas l'opinion des autres.

받아쓰기 명 dictée *f*. ¶ ~ 경시대회 un concours de dictée. ¶ 아이에게 ~ 문제를 내다 faire faire une dictée à un enfant. ◇_(를) **하다** faire une dictée. ◇_(를) **시키다** faire faire une dictée à *qn*. ¶ 초등학교 일학년 학생들에게 ~를 시키다 faire faire une dictée aux élèves de première année de l'école primaire [aux élèves de C.P.(Cours préparatoire)].

받아쓰다 타 écrire sous la dictée. ¶ 연설을 속기로 ~ sténographier un discours; prendre en sténo un discours. ¶ 받아쓰게 하다 dicter ((un texte à *sa* secrétaire)); faire prendre des notes. ¶ 내가 부르는 대로 받아써라 Ecris ce que je te dis.

ㅂ

받잡다 타 【고어】 respecter. ¶ 폐하의 뜻을 받자옵고 pour témoigner du respect à Votre [Sa] Majesté / en l'honneur de Votre [Sa] Majesté.

받치다 타 ① supporter, appuyer, soutenir, maintenir, étayer, épauler, accoter, accouder, adosser, mettre un support; soutenir avec *qc*; maintenir avec un support. ¶ 벽을 기둥으로 ~ soutenir [appuyer] le mur avec une colonne, adosser un support contre le mur. ¶ 천정을 받치고 있는 기둥들 colonnes qui soutiennent le plafond. ¶ 검정 스웨터 안에 분홍색 와이셔츠를 받쳐 입다 porter une chemise rose sous un pull-over noir. ② ((우산 따위를)) ouvrir, déployer. ¶ 우산을 ~ se couvrir d'un parapluie, ouvrir [déployer] un parapluie. ③ 【언어】 mettre (une consonne en dessous d'une voyelle) ((dans l'écriture coréenne)).
자 ((감정 따위가)) monter, se soulever. ¶ 악[분, 설움]에 받친 말투 un ton enragé [de colère, de tristesse]. ¶ 속이 ~ peser sur l'estomac. ¶ 열[분]이 받친다 La colère me monte.

받침 명 ① appui *m*; support *m*; étai *m*; soutien *m* ((d'une voûte)); pied *m*; cale *f*; console *f*; soupente *f*; socle *m* ((d'une colonne)). ¶ 지렛대 밑에 ~을 괴다 mettre un support sous un levier. ¶ 책상 다리 밑에 ~을 대다 mettre [glisser] une cale sous le pied d'une table. ② 【언어】 consonne *f* finale d'une syllabe ((dans l'écriture coréenne)).
◆_대 -臺 명 appui *m*, support *m*, soutien *m*, étai *m*, cale *f*.
◆꽃_ 명 【식물】 sous-pot(~-~*s*) *m*.
◆책_ 冊- 명 pupitre *m*.

받히다 être heurté(*e*); être blessé(*e*) d'un coup de corne, être encorné(*e*). ¶ 소에게 ~ être encorné(*e*) par un taureau [par une vache]. ¶ 뒤에서 오던 차에 받혔다 On s'est fait encastrer par la voiture de derrière.

발¹ 명 ① ((사람)) pied *m*, jambe *f*. ¶ ~을 뻗다 étendre [allonger] *ses* jambes; s'allonger. ¶ ~을 헛디디다 faire un faux pas. ¶ ~을 다치다 se blesser au(*x*) pied(*s*). ¶ (누구의) ~을 밟다 marcher sur le pied (de *qn*); écraser le pied de *qn*. ¶ 공을 ~로 차다 frapper dans le ballon avec le pied. ¶ 무엇을 ~로 밟다 écraser *qc* du pied. ¶ ~이 아프다 avoir mal au(*x*) pied(*s*). ¶ ~이 저리다 avoir des fourmis dans les pieds, avoir les pieds engourdis. ② ((동물)) patte *f*; ((문어 따위)) bras *m*, tentacule *m*. ③ 걸음 pas *m*. ¶ ~을 멈추다 s'arrêter. ¶ ~을 맞추어 걷다 se mettre au pas; marcher du même pas que *qn* [de pair avec *qn*]. ¶ ~이 빠르다 marcher vite [rapidement]; marcher d'un pas rapide [leste]. ④ ((가구 따위)) pied *m*. ¶ 장롱의 ~ les pieds d'une armoire.
*~ **디딜[들여놓을] 틈이 없다** être tellement bondé(*e*) qu'il est impossible d'y mettre les pieds [d'y faire un pas, de mettre un pied devant l'autre, d'y rentrer], être surabondant(*e*).
*~ **벗고 나서다** s'investir corps et âme ((dans une affaire)), se donner, se consacrer (complètement, corps et âme) à *qc*, s'engager [se lancer, se jeter] corps et âme ((dans une affaire)), s'impliquer complètement, se donner à fond ((dans *qc*)); mettre tout en second plan, accorder la priorité absolue à *qc*.
*~ **벗고 나서도 못 따라가다** ne pas arriver à la cheville [à la ceinture] de *qn*.
*~ **뻗고 자다** dormir sur *ses* deux oreilles; dormir à poings fermés, dormir comme un loir [comme une marmotte], dormir du sommeil du juste.
*~**에 채다** être répandu(*e*) un peu partout, courir les rues, pulluler, abonder, foisonner, ne pas manquer ((ça court les rues {*fam*}, on en trouve à tous les coins de rue {*fam*})). ¶ 요즘에는 ~에 채는 것이 여관이요 호텔이다 À notre époque, on trouve très facilement des hôtels et des motels [il n'est pas difficile de trouver une chambre dans un hôtel ou un motel].
*~**을 구르다** taper des pieds (d'impatience, de colère), trépigner. ¶ 기차표를 구하지 못해 ~만 동동 굴렀다 Je ne faisais que trépigner parce que je n'avais pas réussi à acheter de billet de train.
*~**을 끊다** ne plus rendre visite à *qn*; ne plus mettre les pieds ((dans un endroit)).
*~**을 디디다[들여놓다]** mettre un pied devant l'autre; [entrer]. ¶ 정계에 ~을 디디다 entrer dans le monde politique.
*~**(을) 맞추다** être en phase [en accord, en harmonie] avec. ¶ 현대 사회에 ~ 맞추어 새로운 제도를 도입하다 introduire un nouveau système en phase avec la société actuelle.
*~**을 빼다** renoncer à *qc*; couper les liens; rompre ((avec le passé)); rompre *ses* [les] liens avec *qn*; tourner le dos à *qn*; tourner la page; se désintéresser de *qc*.
*~**이 길다** arriver au moment du repas, avoir la chance de bien tomber au moment du repas. ¶ 먹는 일만 생기면 나타나니 저 친구 참 ~이 길다 Il arrive chaque fois qu'on va passer à table, il a toujours la chance de bien tomber au moment du repas.
*~**이 넓다** avoir des relations; connaître beaucoup de gens; avoir le bras long.
*~**이 묶이다** être privé(*e*) [ne plus avoir] de moyens de transport; être arrêté(*e*) ((par un embouteillage)).
*~**이 닳도록 ((돌아다니다))** courir dans tous les sens, se démener, se défoncer {*fam*}, se décarcasser {*fam*}, se donner toute la peine du monde [un mal fou {*fam*}, un mal de chien {*fam*}], suer toutes les gouttes de son corps {*fam*}, se donner corps et âme [entièrement] à *qc*. ¶ ~ 이 닳도록 일거리를 찾아다니다 se démener [se défoncer {*fam*}, faire des pieds et des mains {*fam*}, remuer ciel et terre {*fam*}] pour trouver du [un] travail.

*~ **없는 말이 천리 간다** Les mauvaises nouvelles voyagent [se propagent] vite.

[분류] pas *m*. ¶ 한 ~ 두 ~ 다가서다 s'approcher pas à pas.

*한 ~ **늦다** manquer [rater] *qc* de peu [de justesse], se faire devancer d'une courte tête [d'un poil {*fam*}], se faire coiffer sur le poteau {*fam*} [au poteau {*fam*}, sur le fil {*fam*}].

*한 ~ **뒤로 물러나서** (en) faisant une concession; en prenant du recul [du champ], (en voyant les choses) avec du recul, avec un peu de recul, à distance.

*한 ~ **앞서다** avoir une longueur d'avance sur *qn*.

발² 명 store *m* ((en bambou, en roseaux)). ¶ ~을 엮다 fabriquer un store. ¶ ~을 치다 abaisser un store. ¶ ~을 걷어올리다 relever un store.

발³ 명 texture *f*, tissage *m*. ¶ ~이 고운 모시 un tissu de bonne texture.

-발⁴ -發 접미 ① ((교통기관)) départ *m* ; en partance de, en provenance de. ¶ 6시 20분 서울~ 기차 un train qui part de Séoul à six heures vingt. ② ((뉴스)) expédition *f*, envoi *m* de *qn*/*qc*. ¶ 파리~ A.F.P 통신 une dépêche de l'A.F.P. en provenance de Paris.

-발⁵ 접미 ((suffixe qui désigne l'épaisseur d'un objet long ou un liquide)). ¶ 서릿~ givre. ¶ 핏~ congestion. ¶ 눈~이 굵다[가늘다] Il neige [La neige tombe] à gros flocons. ¶ 빗~이 굵다 Il pleut à grosses gouttes.

발가락 명 orteil *m*; doigt *m* de pied. ¶ ~을 다치다 se blesser aux orteils.

◆**엄지_** 명 gros orteil *m*.

◆**새끼_** 명 petit orteil *m*, cinquième orteil *m*.

발가벗기다 타 déshabiller *qn* complètement. ¶ 목욕을 시키려고 아이를 ~ déshabiller *son* [un] enfant complètement pour le baigner [pour lui faire prendre un bain].

발가벗다 자 se mettre à nu, se déshabiller; se mettre à poil {*fam*}, se dénuder. ¶ 발가벗은 여자들이 목욕을 하고 있었다 Des femmes complètement nues étaient en train de prendre leur bain. ☞ 벌거벗다

발가숭이 명 personne *f* nue; corps *m* nu. ☞ 벌거숭이

발각 發覺 명 découverte *f* ((d'un complot)); dévoilement *m*, révélation *f* ((d'un secret)). ◇_(이) **되다** être découvert(*e*), être dévoilé(*e*), démasqué(*e*), révélé(*e*), percé(*e*), éventé(*e*); être surpris(*e*), mis(*e*) au jour. ¶ 공무원들의 부정행위가 ~되었다 Les malversations des fonctionnaires ont été dévoilées [révélées, mises au jour]. ¶ 범행 계획이 사전에 ~되었다 On a découvert le projet d'attentat avant sa réalisation [avant son exécution]. ¶ 그는 사기를 치다가 ~되었다 Il s'est fait prendre sur le fait au moment où [pendant qu'] il se livrait à des escroqueries.

발간 發刊 명 publication *f*, édition *f*. ¶ 새 신문의 ~을 준비하다 préparer la publication d'un nouveau journal. ◇_(을) **하다** publier; faire paraître; éditer. ¶ 새로운 과학 잡지를 ~하다 publier [faire paraître] un nouveau magazine scientifique. ◇_(이) **되다** être publié(*e*); être édité(*e*); paraître. ¶ 그 잡지는 일년에 네 번 ~된다 Ce magazine paraît quatre fois par an.

◆**_사¹** -社 명 maison *f* d'édition.

◆**_사²** -詞 명 avant-propos *m*, note *f* au lecteur ((expliquant les raisons ou les circonstances de la publication de l'ouvrage en question)).

발갛다 형 être rouge; être cramoisi(*e*). ¶ 노을이 ~ Les lumières crépusculaires sont rougeoyantes. ¶ 그 사람의 얼굴이 발갛게 상기되었다 Son visage rougit [s'empourpra].

발걸음 명 pas *m*; démarche *f*, allure *f*. ¶ 가벼운[무거운] ~ ((d'un)) pas léger [lourd]. ¶ 힘찬 ~ ((d'un)) pas énergique [vigoureux]. ¶ ~을 옮기다 bouger, marcher, se déplacer. ¶ ~을 재촉하다 redoubler *sa* vitesse; marcher de plus en plus vite.

*~**을 끊다** ne plus remettre les pieds ((dans un endroit, chez *qn*)).

*~**이 떨어지지 않다** ne pas pouvoir partir tranquille.

발견 發見 명 découverte *f*, dévoilement *m*, révélation *f*. ¶ 과학적 ~ une découverte scientifique. ¶ 신대륙의 ~ découverte du Nouveau Continent [de l'Amérique]. ¶ 새로운 ~ une nouvelle découverte. ¶ 대단히 중요한 ~ une découverte très importante. ◇_(을) **하다** découvrir *qc*; faire une découverte; trouver ((un bon moyen)); dévoiler, démasquer, éventer, percer; mettre au jour; dénicher; retrouver. ¶ 신대륙을 ~하다 découvrir le Nouveau Continent [l'Amérique]. ¶ 잘못을 ~하다 découvrir une faute. ¶ 잃어버렸던 원고를 서랍 속에서 ~했다 J'ai retrouvé dans un tiroir le manuscrit que j'avais égaré. ¶ 함께 일을 하면서 그의 새로운 일면을 ~했다 J'ai découvert un autre côté de sa personnalité en travaillant avec lui. ¶ 신문에서 우연히 그의 이름을 ~했다 J'ai vu son nom par hasard dans les journaux. ¶ 나는 그가 시위대에 끼어있는 것을 ~하였다 Je me suis aperçu qu'il se trouvait dans la manifestation / Je l'ai aperçu dans la manifestation. ◇_(이) **되다** être découvert(*e*). ¶ 새로운 별이 ~되었다 On a découvert une nouvelle étoile. ¶ 그 작가의 생애에 관하여 새로운 사실이 ~되었다 Des faits nouveaux sur la vie de cet écrivain ont été révélés au grand public. ¶ 도난당한 차가 교외에서 ~되었다 Une voiture volée a été retrouvée en banlieue. ¶ 혼자 사는 노인이 죽은 채로 ~되었다 Un vieux solitaire a été retrouvé mort.

◆**_물** -物 명 objet *m* découvert.

◆**_자** -者 명 découvreur *m*.

발고 發告 명 【고어】 dénonciation *f*. ¶ 이웃의 ~로 체포되다 être arrêté(*e*) sur dénonciation d'un voisin. ◇_(를) **하다** dénoncer *qn*; accuser *qn*. ☞ 고발

발광¹ 發狂 명 démence *f*, folie *f*, fureur *f*, aliénation *f*, hébéphrénie *f*, schizophrénie *f*. ◇_(을) **하다** perdre la raison [l'esprit, la tête, la boule {*fam*}]; tomber en démence; devenir *fou*(*folle*); entrer dans une colère folle. ¶ 주기적으로 ~하다 perdre la raison par période. ¶ 갑자기 ~하여 à cause d'un accès de folie. ¶ 그는 억울해서 ~할 지경이다 Il trouve cela tellement injuste qu'il en devient colérique [furieux].

◆_**적** -的 명 *fou*(*folle*). ¶ ~적으로 à la folie, follement.

발광[2] **發光** 명 luminescence *f*; ((광선의)) irradiation *f*; ((화학적)) chimioluminescence *f*; ((곤충, 심해어 따위의)) bioluminescence *f*. ¶ ~ 현상 photoluminescence ◇_(을) **하다** briller; éclairer; répandre[émettre] de la lumière; émettre [lancer, répandre] des rayons. ¶ ~하는 물체 objet qui émet des rayons; objet luminescent.

◆_**기관** -器官 명 photophore *m*.

◆_**동물** -動物 명 luminophore *m*.

◆_**체** -體 명 corps *m* phosphorescent.

발군 拔群 명 éminence *f*. ◇_**의** incomparable, distingué(*e*), prééminent(*e*), qui sort de l'ordinaire, extraordinaire. ¶ ~의 공을 세우다 faire un acte de mérite sans pareil [inégalable]. ¶ 그는 대학교를 ~의 성적으로 졸업하였다 finir [terminer, achever] *ses* études avec des notes brillantes.

발굴 發掘 명 ① fouille *f*, déterrement *m*; exhumation *f* ((d'un mort)). ¶ 고대 유적지 ~ fouille d'un vestige de l'antiquité. ¶ ~ 현장 chantier de fouilles. ¶ 경주 지역 유적 ~을 위해 떠나다 partir faire des fouilles dans la région de Gyeongju. ② découverte *f*. ¶ 모범 사례 ~ découverte de cas exemplaires. ◇_(을) **하다** ① faire des fouilles; déterrer; désensevelir ((des vestiges)); exhumer ((un mort)). ¶ 고대 그리스의 유물을 ~하다 déterrer des reliques de la Grèce ancienne. ¶ 사라진 도시의 유적을 ~하다 faire des fouilles à l'emplacement d'une ville disparue. ¶ 고대 주거 유적지를 ~하다 déterrer les vestiges d'une maison antique. ¶ 보물을 ~하다 déterrer un trésor. ¶ 시체를 ~하다 exhumer un mort. ② découvrir. ¶ 역량 있는 신인배우를 ~하다 découvrir un acteur [une actrice] en herbe talentueux [talentueuse]. ¶ 숨은 인재를 ~하다 découvrir un trésor caché. ¶ 잊혀졌던 작품을 ~하다 sauver [tirer] une oeuvre de l'oubli. ◇_(이) **되다** ① être déterré(*e*), *exhumé*(*e*); *être découvert*(*e*). ¶ 최근에 ~된 유적지 vestige m récemment déterré. ② être découvert(*e*). ¶ 그 사건에 관한 새로운 자료가 ~되었다 De nouveaux documents ont été découverts sur cette affaire.

◆_**팀** 명 équipe *f* de fouille archéologique.

◆_**품** -品 명 objet *m* découvert au cours d'une fouille.

발굽 명 sabot *m* (de cheval).

발권 發券 명 mise *f* en circulation de billets, émission *f* de billets ((de baque)). ◇_**되다** être mis(*e*) en circulation, être émis(*e*) ¶ 백화점 상품권이 ~됐다 Des bons d'achat de grands magasins ont été mis en circulation / Les grands magasins ont émis des bons d'achat. ¶ 이 천 원짜리 지폐는 ~된지 오래되었다 Cela fait longtemps que les billets de 2000 wons ont été mis en circulation. ◇_**하다** émettre des billets, mettre en circulation. ¶ 중앙은행이 새 지폐를 ~하다 La banque centrale a émis de nouveaux billets.

◆_**은행** -銀行 명 banque *f* d'émission

발그레 부 (tout) rouge; rougeâtre. ¶ 하늘이 노을로 ~ 붉어진다 le ciel du crépuscule est écarlate.

◆_**하다** 형 être rougeâtre; être rose.. ¶ 볼이 ~하다 avoir les joues roses. ¶ 그 아이는 추위에 얼어서 손이 ~하다 A cause du froid, l'enfant a les mains gelées [glacées] et roses.

발그스름하다 형 être rougeâtre; être rose. ¶ 그 여자는 볼이 ~ Elle a les joues rougeâtres.

발급 發給 명 délivrance *f*. ¶ 비자 ~을 신청하다 demander un visa, déposer[faire] une demande de visa. ¶ 임시 통행증의~을 요청하다 demander un laissez-passer provisoire. ¶ 여권 ~이 늦어지고 있다 La délivrance de mon passeport tarde / J'ai fait une demande pour obtenir *mon* passeport, mais ça tarde {*fam*}. ◇_(을) **하다** délivrer ((un passeport)). ¶ 학생증을 ~하다 délivrer une carte d'étudiant. ¶ 여권을 ~하다 délivrer un passeport. ◇_(이) **되다** ((un certificat)) être délivré(*e*). ¶ 그 학생의 재학증명서가 ~되었다 On lui a délivré un certificat de scolarité.

발기[1] **發起** 명 fondation *f*. ¶ 신당 ~에 앞장을 서다 prendre l'initiative de fonder un nouveau parti. ◇_(를) **하다** lancer, fonder, monter ((une société, une affaire)). ¶ 회사 설립을 ~하다 lancer [fonder, monter] une société [une affaire, une entreprise], monter une entreprise [une boîte {*fam*}].

◆_**인** -人 명 ((계획의)) auteur *m* d'une proposition; organisa*teur*(*trice*); ((회사, 정당의)) fonda*teur*(*trice*).

◆_**회** -會 명 réunion *f* [assemblée *f*] pour la fondation ((d'un parti)).

발기[2] **勃起** 명 ① (vaso-)dilatation *f*, tumescence *f*, turgescence *f*. ¶ 혈관의 ~ (vaso-)dilatation des vaisseaux sanguins. ② 【생리】 érection *f*; tumescence *f*, turgescence *f*; crampe *f* {*pop*}. ¶ ~가 풀리다 cesser d'être en érection; débander {*vulg*}. ◇_(를) **하다** ① se dilater soudainement. ② 【생리】 avoir une érection, bander {*vulg*}, avoir le bâton {*vulg*}, avoir la trique {*vulg*}, avoir la gaule {*vulg*}, triquer {*vulg*}. ¶ 성기가 ~를 하다 avoir une érection, bander {*vulg*}. ◇_(가) **되다** être en érection. ¶ ~된 성기 un pénis [une verge] en érection.

◆_**근** -筋 명 【의학】 muscle *m* érecteur.

◆_**부전** -不全 명 【의학】 difficulté *f* érectile.

◆_**불능** -不能 명 【의학】 impuissance *f* (sexuelle).

발기다 타 éplucher ((une orange, une pomme)); ôter [enlever] la peau ((d'une banane)); peler ((une orange, des oignons)); écosser ((des haricots, des petits pois)); décortiquer ((des amandes)). ¶ 삶은

ㅂ

계란껍질을 ~ écaler des oeufs durs.
◆**찢어_** 타 déchirer *qc*, déchiqueter ((une étoffe, de la viande)), lacérer ((*ses* vêtements)), mettre *qc* en lambeaux [en pièces].

발기발기 부 en petits morceaux, en lambeaux, en pièces. ¶ 문서를 ~ 찢다 déchirer des papiers en petits morceaux.

발길 명 ① pas *m*; coup *m* de pied. ¶ 어떤 쪽으로 ~을 돌리다 tourner *ses* pas vers *qc*. ¶ ~에 채다 recevoir un coup de pied. ② fréquentation *f*, allées et venues *fpl*. ¶ ~이 잦다 fréquenter ((un lieu)); avoir des relations suivies avec *qn*. ¶ ~이 뜸해지다 espacer *ses* visites.
*~**(이) 닿는 대로** à l'aventure, au hasard des routes. ¶ ~(이) 닿는 대로 걷다 marcher où me portent *mes* pas; marcher à l'aventure. ¶ ~(이) 닿는 대로 무전여행을 하다 voyager sans un sou au hasard des routes.
*~**이 떨어지지 않다** ne pas pouvoir partir, n'ayant pas l'esprit tranquille [en paix]. ¶ 우는 아이를 놓아두고 차마 ~이 떨어지지 않는다 Je ne peux pas laisser un enfant pleurer (avec l'esprit tranquille)/ Je ne peux pas partir tranquille en laissant un enfant pleurer.
◆**_질** 명 coup *m* de pied. ¶ ~질을 하다 donner un coup de pied à *qn*; donner des coups de pied à *qn*. ¶ ~질을 당하다 recevoir un coup de pied; recevoir des coups de pied. ¶ 화풀이로 강아지에게 ~질을 해댔다 J'ai passé *mes* nerfs sur le chien en le battant à coups de pied.

발꿈치 명 talon *m* (du pied).

발끈 부 dans un accès de colère; en faisant grand bruit. ¶ ~ 화를 내다 piquer une colère [une crise {*fam*}].
◆**_하다** 자 se mettre en colère, s'emporter, avoir une réaction vive, sortir de ses gonds {*fam*}, monter sur ses grands chevaux {*fam*}. ¶ 그 사람은 내 말에 ~했다 Il a eu une réaction très vive à mes propos [à mes paroles] / Mes propos l'ont mis en colère [l'ont mis hors de lui, l'ont fait sortir de ses gonds {*fam*}].

발끝 명 pointe *f* des pieds. ¶ 소리 나지 않게 ~으로 살살 걷다 marcher sur la pointe des pieds pour ne pas faire de bruit.

발단 發端 명 début *m*, commencement *m*; ouverture *f*; origine *f*, (point *m* de) départ *m*. ¶ 혁명의 ~ point de départ de la révolution. ¶ 사건의 ~부터 이야기하자면 Pour vous parler de l'affaire en partant de ce qui en a été l'origine. ¶ 어떤 일의 ~까지 거슬러 올라가다 remonter au début d'un événement. ◇**_(을) 하다** avoir pour origine; venir de *qc*, découler de *qc*. ¶ 사소한 일에서 ~한 싸움이 살인으로 이어졌다 Une simple dispute a dégénéré en meurtre. ◇**_(이) 되다** marquer le début ((de *qc*)); donner le départ à *qc*. ¶ 아주 사소한 오해가 그 싸움의 ~이 되었다 Cette dispute a été déclenchée par un petit malentendu / Un petit malentendu est à l'origine de cette dispute.

발달 發達 명 développement *m*; croissance *f*, progrès *m*, accroissement *m*. ¶~ 단계 étape du développement. ¶ 도시의 ~ développement urbain. ¶ 의학의 ~로 많은 질병이 퇴치되었다 Le développement des sciences médicales a permis d'enrayer beaucoup de maladies. ◇**_(을) 하다** se développer, faire des progrès, progresser. ¶ 20세기에 들어 과학 기술이 급속히 ~하였다 La technologie a fait un bond en avant à l'aube du vingtième siècle. ¶ 남태평양에서 ~한 저기압 une dépression développée au-dessus du Pacifique Sud. ◇**_(이) 되다** être développé(*e*). ¶ 잘 ~된 근육 des muscles bien développés. ¶ 고도로 ~된 문명 une civilisation hautement développée. ◇**_(을) 시키다** développer, faire progresser, faire avancer.
◆**_상** -相 명 mode *m* de développement. ¶ 조선사회의 ~상을 연구하다 étudier le mode de développement dans la société à l'époque du royaume de Joseon.
◆**_심리학** -心理學 명 【심리】 psychologie *f* du développement.
◆**미_** 未- 명 sous-développement *m*; ((성적인)) juvénilité *f*.

발돋움 명 ① action de se tenir sur la pointe des pieds; objet *m* sur lequel on monte (pour être plus haut). ② ((비유적)) agrandissement *m*, développement *m*, accroissement *m*. ◇**_(을) 하다** ① se dresser [se hausser] sur la pointe des pieds. ¶ 아무리 ~을 해도 선반에 손이 닿지 않는다 J'ai beau me hausser sur la pointe des pieds, je n'arrive pas à atteindre l'étagère [je suis trop petit(*e*) pour atteindre l'étagère]. ② ((비유적)) s'agrandir. ¶ 선진복지사회로 ~하기 위해 노력하다 oeuvrer [faire des efforts] pour le développement d'une société où le bien-être du peuple est assuré. ¶ 그 회사는 단기간 내에 대기업으로 ~하였다 Cette firme s'est agrandie pour devenir une grande entreprise en peu de temps.

발동 發動 명 ① suscitation *f*, éveil *m*. ¶ 호기심의 ~ éveil de la curiosité ((de *qn*)). ② mise *f* en mouvement ((des moteurs)); démarrage *m*; mise *f* en marche. ¶ 엔진에 ~을 걸다 démarrer un moteur. ③ mise *f* en exercice ((d'un pouvoir)). ◇**_(을) 하다** ① se mettre en marche; commencer à+*inf*. ¶ 그 사람의 방랑벽이 또 ~했다 Sa manie de vagabonder l'a repris. ¶ 그 녀석의 장난기가 또 ~하는군 Ce type recommence à vouloir (nous) jouer des tours. ② invoquer ((une loi)); exercer ((un droit)). ¶ 경찰권을 ~하다 exercer le pouvoir de la police. ¶ 거부권을 ~하다 exercer *son* droit de veto (contre *qc*). ¶ 규약 제9조를 ~하다 invoquer l'article 9 de la convention. ◇**_(이) 되다** ① être mis(*e*) en marche. ¶ 그것을 보자 내 호기심이 ~되었다 Cela a piqué ma curiosité. ② être mis(*e*) en vigueur [en place], entrer en vigueur, être effecti*f*(*ve*); être exercé(*e*). ¶ 긴급조치

가 ~되었다 Des mesures d'urgence ont été mises en place. ◇_(을) **시키다** ① susciter; éveiller, piquer, exciter. ¶ 그의 기이한 행동이 내 호기심을 ~시켰다 Son comportement étrange a éveillé ma curiosité. ② invoquer ((une loi)); exercer ((un droit, un pouvoir)).

*~(을) **걸다** démarrer ((un moteur)); éveiller ((la curiosité de *qn*)).

*~(이) **걸리다** démarrer; commencer à+*inf*. ¶ 그 사람은 항상 늦게 ~이 걸린다 Il met du temps à s'échauffer[à démarrer].

◆_**기** -機 명 moteur *m* ((à vapeur, électrique)).

◆_**력** -力 명 force *f* motrice; source *f* d'énergie; moyen *m* de propulsion.

◆_**선** -船 명 embarcation *f* à moteur; canot *m* automobile; vedette *f* à moteur.

발뒤꿈치 명 talon *m*.

***누구의 ~도 못따라가다** ne pas arriver à la cheville de *qn* {*fam*}, ne pas faire le poids avec *qn* {*fam*}, ne pas être de taille à rivaliser avec *qn*, ne pas être comparable à *qn*, ne pas être [courir] dans la même catégorie {*fam*}.

발뒤축 명 talon *m*. ¶ ~이 높은[낮은] 구두 souliers [chaussures] à talons hauts [bas].

발등 명 dessus *m* du pied. ¶ 뒷사람의 ~을 밟다 marcher sur le pied de la personne qui se trouve derrière.

*~**에 불이 떨어지다** avoir le feu aux trousses [au derrière {*vulg*}, au cul {*vulg*}, quelque part {*fam*}]; avoir le diable à *ses* trousses.

***믿는 도끼에 ~ 찍힌다** On n'est jamais trahi que par les siens.

발딱 부 tout d'un coup, brusquement, d'un bond. ¶ 의자에서 ~ 일어나다 se lever brusquement [d'un bond] de sa chaise.

발라내다 타 enlever ((les parties inutiles)). ¶ 생선 가시를 ~ enlever les arêtes d'un poisson. ¶ 수박을 씨도 발라내지 않고 먹다 manger une pastèque sans en enlever les pépins.

발라드 영{ballad} 명 【음악】 ballade *f*.

발랄하다 潑剌- 형 être vif(*ve*), animé(*e*), vivace; être pétillant(*e*) de vie; être frais(*aîche*). ¶ 그 여학생은 성격이 ~ Cette élève est exubérante.

◆**생기_** 生氣- 형 être plein(*e*) de vie [de vivacité, d'entrain]. ¶ 생기발랄한 대학 초년생 étudiant(*e*) en première année qui est plein(*e*) de vie.

발레 프{ballet} 명 ballet *m*. ¶ 현대 ~ ballet contemporain. ◇_(를) **하다** danser un ballet; ((남자)) être danseur de ballet; ((여자)) être ballerine.

◆_**단** -團 명 compagnie *f* de ballet, corps *m* de ballet.

발레리나 영{ballerina} 명 ballerine *f*.

발령 發令 명 nomination *f* (officielle). ¶ 많은 사람들이 교사 ~을 기다리고 있다 Il y a beaucoup de personnes qui attendent d'être nommées professeurs. ◇_(을) **하다**[**내다**] nommer [désigner] officiellement. ¶ 정부는 그를 초대 러시아 대사로 ~했다 Le gouvernement l'a nommé premier ambassadeur en Russie. ◇_(을) **받다**[(**이**) **나다**] être nommé(*e*). ¶ 그 사람은 어제 편집국장으로 ~을 받았다 Il a été nommé rédacteur en chef hier. ¶ 그 직원은 이번에 부산 지사로 ~이 났다 Cette fois, cet(*te*) employé(*e*) a été nommé(*e*) pour travailler dans la succursale de Busan.

◆_**장** -狀 명 (lettre *f* de) nomination *f*. ¶ 누구에게 ~장을 주다 donner la (lettre de) nomination à *qn*. ¶ 누구의 ~장을 받다 recevoir la lettre de nomination de *qn*.

발로 發露 명 expression *f*, manifestation *f*. ¶ 그 남자는 애국심의 ~로 자원 입대했다 Son patriotisme l'a poussé à s'engager dans l'armée. ¶ 그 사람의 행동은 애국심의 ~이다 *Sa* conduite est l'expression de *son* patriotisme.

발리다 자 être étalé(*e*), appliqué(*e*), mis(*e*), enduit(*e*); être collé(*e*), tapissé(*e*); ((버터 따위가)) être tartiné(*e*). ¶ 잼이 발린 빵 du pain tartiné de confiture, du pain sur lequel on a étalé [tartiné] de la confiture. ¶ 벽에 신문지가 발린 방 une pièce tapissée de papier journal.

***입에 발린 소리를 하다** flatter ((de façon peu sincère)), dire ce que l'on ne pense pas vraiment. ¶ 그런 입에 발린 소리는 하지 마라 Arrête de me flatter alors que tu n'en penses pas un traître mot! / Dispense-toi de tes flatteries, je sais pertinemment que tu n'en penses pas un traître mot / Tu n'as pas besoin de me dire ça! / Ne dis pas ce que tu ne penses pas! / Ne dis pas ça pour me faire plaisir!

발림 명 propos *mpl* enjôleurs [mielleux], paroles *fpl* mielleuses, doux propos *mpl*, belles paroles *fpl*, beaux discours *mpl* (pour séduire *qn*, pour mieux duper *qn*), cajoleries *fpl* [flatteries *fpl*] pour mieux duper *qn*. ¶ 그는 사기꾼의 ~에 속아 넘어가 그 많던 재산을 모두 날렸다 Il s'est laissé embobiner par les belles paroles d'un escroc et a ainsi perdu toute *sa* fortune. ¶ 그것은 ~에 불과한 말이다 Ce ne sont que de belles paroles.

발맞추다 타 ① marcher au pas, cadencer, s'accorder, aller à la même allure. ¶ 발맞춰 가! Cadencez le pas! / Marquez la cadence [le pas]! ② s'accorder avec *qn*. ¶ 정부 시책에 발맞추어 에너지 절약에 힘써야 한다 Nous devons nous mettre au pas avec le gouvernement en ce qui concerne la politique sur l'économie d'énergie.

발매 發賣 명 mise *f* en vente; mise *f* sur le marché. ¶ ~ 중이다 être en vente. ¶ 이번 신제품은 ~가 좀 늦어지게 되었다 La mise sur le marché de ce nouveau produit est retardée. ◇_(를) **하다** mettre *qc* en vente. ◇_(가) **되다** être mis(*e*) en vente; sortir; être en vente [sur le marché]. ¶ 그의 새 음반이 ~되었다 *Son* nouvel album est sorti [est sur le marché].

◆_**품** -品 명 marchandise *f* en vente.

ㅂ

발명 **發明** 명 invention *f*. ¶ ~에 재주가 있다 être inventi*f*(*ve*), être très ingénieu*x*(*se*). ◇ _(을) **하다** inventer, faire une invention. ◇ _(이) **되다** être inventé(*e*).

◆ **_가** -家 명 inven*teur*(*trice*).

◆ **_특허** -特許 명 brevet *m* d'invention.

◆ **_품** -品 명 chose *f* inventée, invention *f*.

발모제 **發毛劑** 명 crème *f* contre la calvitie, produit *m* qui fait pousser les cheveux.

발목 명 cheville *f*. ¶ 축구경기 중에 ~ 부상을 당하다 se blesser à la cheville en jouant au football. ¶ ~을 삐다 se fouler la cheville.

*~(을) **잡다[붙잡다]** retenir *qn*, empêcher *qn* de se tirer de *qc* ((d'embarras)). ¶ 실추한 이미지를 바꿔 보려고 노력했지만 그의 과거 행적이 ~을 잡고 있다 Malgré ses efforts pour améliorer son image ternie, ses antécédents l'empêchent de se tirer d'embarras.

*~(을[이]) **잡히다** avoir [traîner] un fil à la patte {*fam*}, être tenu(*e*) par un engagement dont on voudrait bien se libérer; être coincé(*e*), bloqué(*e*). ¶ 자식 교육문제로 ~이 잡혀 이사를 가지 못 한다 Des problèmes concernant l'éducation des enfants nous empêchent de déménager [nous retiennent ici].

ㅂ

발문 **跋文** 명 postface *f*; épilogue *m*.

발밑 명 dessous *m* des pieds. ¶ ~을 조심하시오 Faites attention où vous marchez. ¶ 왕의 ~에 엎드리다 se prosterner aux pieds du roi.

발바닥 명 plante *f* des pieds.

*~**의 때만도 못하게 여기다** fouler aux pieds ((les convenances, les lois)); mépriser *qn*; piétiner ((*qn*, la mémoire de *qn*)); faire litière de *qc* {*litt*}. ¶ 그 녀석은 나를 ~의 때만도 못하게 여겼다 Ce type me méprisait totalement [me considérait comme un moins que rien, me considérait comme de la merde {*vulg*}].

*~**이 닳도록 돌아다니다** courir dans tous les sens, se démener, se défoncer {*fam*}, se décarcasser {*fam*}, se donner toute la peine du monde [un mal fou {*fam*}, un mal de chien {*fam*}], suer toutes les gouttes de *son* corps {*fam*}, se donner corps et âme [entièrement] à *qc*, faire des pieds et des mains {*fam*}, remuer ciel et terre. ¶ 그는 ~이 닳도록 영업을 했지만 결과는 좋지 않았다 Il s'est donné corps et âme à *ses* affaires mais ça n'a pas marché / Il a sué toutes les gouttes de *son* corps {*fam*} pour *son* affaire mais le résultat ne fut pas bon.

발바리 명 【동물】 pékinois *m*.

발발 **勃發** 명 déclenchement *m* ((d'une guerre)). ◇ _(을) **하다** éclater, se déclencher, débuter. ¶ 중동에서 전쟁이 ~할 가능성은 여전히 높다 Il y a encore de fortes possibilités que la guerre éclate au Moyen-Orient.

발버둥 명 ① débattement *m*, action *de* se débattre; trépignement *m*. ② ((비유적)) action de se démener [de faire des pieds et des mains {*fam*}, de remuer ciel et terre, de se donner beaucoup de peine, de se donner un mal fou {*fam*}]. ◇ _(을) **하다[치다]** ① agiter les bras et les jambes, se débattre ((comme un (beau) diable, comme un possédé, comme un forcené)). ¶ 아이가 따라가겠다고 ~을 쳤다 L'enfant a tout fait pour qu'on l'emmène avec nous. ② faire tout pour+*inf*, se remuer, se démener ((comme un (beau) diable)), s'agiter ((comme un diable dans un bénitier)); faire des pieds et des mains {*fam*}, se donner beaucoup de peine, se donner du mal [un mal de chien {*fam*}, un mal fou {*fam*}], se démener, se décarcasser {*fam*}, se casser le cul {*vulg*}, se démancher {*fam*}, se mettre en quatre {*fam*}, se dépenser, se battre, se bagarrer pour obtenir *qc*, jouer serré, monter au créneau, ne pas se laisser faire, se défoncer {*fam*}, remuer ciel et terre. ¶ 그 사람은 회사에서 살아남으려고 ~치고 있다 Il fait tout pour ne pas être licencié. ☞ 몸부림

◆ **_질** 명 débattement *m*, action *de* se débattre; trépignement *m*. ¶ ~(을) 하다[치다] se débattre. ¶ 가지 않으려고 아무리 ~질을 쳐야 소용없다 Il est inutile de te débattre pour ne pas y aller.

발버둥치다 재 ① s'agiter, se débattre, bouger, s'ébrouer. ¶ 그 사람은 늪에서 빠져나오려고 발버둥쳐 보았지만 소용이 없었다 Il s'est débattu comme un diable pour sortir du marécage, mais en vain. ¶ 그 아이는 주사를 안 맞으려고 발버둥쳤다 Cet enfant s'est débattu comme un diable pour ne pas recevoir de piqûre. ② se démener. ¶ 그 남자는 기울어 가는 회사를 살리려고 발버둥쳤다 Il s'est donné beaucoup de mal pour sauver l'entreprise du déclin. ¶ 네가 아무리 발버둥쳐 봐야 내 손아귀에서 벗어날 수 없다 Tu as beau te débattre comme un forcené, tu ne pourras pas t'échapper.

발벗고나서다 재 s'investir corps et âme ((dans une affaire)), se donner, se consacrer (complètement, corps et âme) à *qc*, s'engager [se lancer, se jeter] corps et âme ((dans une affaire)), s'impliquer complètement, se donner à fond ((dans *qc*)); mettre tout en second plan, accorder la priorité absolue à *qc*. ¶ 그 아저씨는 이 사업[일]에 완전히 발 벗고 나서기로 했다 Il a décidé de s'investir corps et âme dans cette affaire. ¶ 우리 모두 그 사람을 돕는 데에 발 벗고 나서자 Engageons-nous tous à aider cette personne.

발병[1] **發病** 명 début *m* d'une maladie; apparition *f* des premiers symptômes d'une maladie; attaque *f* (d'une maladie). ◇ _(을) **하다** ((사람)) tomber malade; attraper une maladie; ((maladie)) se déclarer. ¶ 그 환자는 결핵이 다시 ~을 해서 요양을 하고 있다 Ce patient est en traitement parce que sa tuberculose a rechuté [récidivé].

◆ **_률** -率 명 taux *m* d'apparition d'une maladie. ¶ 성인병의 ~률 taux d'apparition des maladies de l'âge adulte [mûr] ((hypertension, artériosclérose, etc.)).

발병² -病 명 maladie *f* des pieds; cor *m* aux pieds. ¶ ~(이) 나다 attraper [contracter] une maladie des pieds.

발본색원 拔本塞源 명 extirpation *f* ((des abus)); éradication *f* ((du mal)). ◇_(을) **하다** couper le mal à la racine, supprimer la source du mal; extirper, déraciner, arracher, balayer; prendre des mesures rigoureuses [draconiennes, drastiques]. ¶ 반체제 인사를 ~하다 balayer les opposants au régime.

발부 發附 명 délivrance *f*. ◇_(를) **하다** délivrer ((un certificat)). ¶ 증명서를 ~하다 délivrer une attestation. ¶ 영장을 ~하다 délivrer un mandat d'arrêt contre *qn*. ◇_(를) **받다** se faire délivrer ((un certificat)). ¶ 스티커를 ~받은 차량만 출입할 수 있다 L'entrée n'est autorisée qu'aux voitures avec un permis / L'entrée n'est autorisée qu'aux conducteurs munis d'un permis [possédant un permis]. ◇_(가) **되다** être délivré(*e*).

발부리 명 pointe *f* du pied. ¶ 돌멩이에 ~가 걸려 넘어졌다 Il a trébuché en heurtant une pierre de la pointe du pied.

발붙이다 자 mettre le pied, s'enraciner, prendre pied, avoir place, s'installer. ¶ 버스가 발붙일 틈이 없이 만원이다 Le bus est plein à craquer [est bondé]. ¶ 그런 파렴치범은 이 사회에 발붙일 수 없게 해야 한다 Il faut agir de sorte que ce type d'infâme criminel disparaisse de notre société. ¶ 이 나라에 발붙이고 살려면 그 정도는 참아야지 Tu dois pouvoir endurer ça si tu veux t'établir dans ce pays.

발빠르다 형 être rapide, leste, agile, prompt(*e*), vi*f*(*ve*), alerte. ¶ 시대의 변화에 발빠르게 대응하다 réagir rapidement [promptement] au changement de l'époque.

발뺌 명 excuse *f*, justification *f*, explication *f*, faux-fuyant(~-~*s*) *m*, échappatoire *f*, dérobade *f*, fuite *f*, subterfuge *m*. ¶ 그것은 ~에 불과하다 Cela n'est qu'un faux-fuyant [un prétexte]. ◇_(을) **하다** se justifier, se défendre, s'expliquer; prendre [tirer] prétexte de *qc*; user de subterfuges [de faux-fuyants], avoir recours à des faux-fuyants; répondre par une échappatoire; se récuser, se défiler. ¶ 그 사람은 자기가 저지른 일이면서도 계속 ~하려 든다 Il est évident que c'est lui, le coupable, mais *il* essaie toujours de se récuser.

발사 發射 명 tir *m*; coup *m* de feu; décharge *f*; lancement *m* ((d'une fusée)). ¶ ~ 시설 équipement [installation] de lancement. ¶ ~ 예정일 la date de lancement. ¶ ~! Tirez! / Feu! ◇_(를) **하다** tirer ((un coup de feu)), faire feu; lancer ((un missile, une fusée)). ¶ 권총을 ~하다 tirer un coup de revolver. ¶ 미사일[로케트]을 ~하다 lancer un missile [une fusée]. ¶ 일제히 ~하다 tirer en masse. ¶ 시험적으로 ~하다 tirer à l'essai, faire un tir d'essai; effectuer un lancement d'essai. ◇_(가) **되다** ((un coup de feu)) être tiré(*e*); ((un missile, une fusée)) être lancé(*e*). ¶ 10초 후에 미사일이 ~될 것이다 On va lancer un missile dans dix minutes.

◆_**대** -臺 명 rampe *f* de lancement.

◆_**력** -力 명 force *f* de lancement.

발산 發散 명 ① ((열, 냄새 따위)) diffusion *f*, dispersion *f*, émanation *f*, irradiation *f*, émanation *f*, exhalation *f*. ¶ 빛의 ~ émanation [irradiation] de la lumière. ¶ 향기의 ~ émanation d'un parfum. ② ((정열, 감정 따위)) manifestation *f*, expression *f*; libération *f* ((de *sa* colère)). ¶ 감정의 ~ manifestation [expression] d'un sentiment. ¶ 젊음의 ~ manifestation de jeunesse. ◇_(을) **하다** ① émettre, exhaler, dégager; dépenser ((des forces)). ¶ 열을 ~하다 émettre [exhaler] de la chaleur. ¶ 빛을 ~하다 émettre [irradier] de la lumière. ¶ 냄새를 ~하다 exhaler [dégager] une odeur. ② exprimer, manifester ((un sentiment)); libérer ((*sa* colère)). ¶ 젊음을 ~하다 manifester *sa* jeunesse. ¶ 정력을 ~하다 dépenser *ses* forces. ¶ 욕구를 ~하다 assouvir *ses* désirs; se défouler. ◇_(이) **되다** ① se dégager; s'exhaler. ② s'exprimer, se manifester. ¶ 그의 모든 정열은 음악을 통해 ~되었다 Toutes *ses* passions se sont exprimées au travers de la musique / Il a exprimé toutes *ses* passions au travers de la musique [par la musique].

◆_**물** -物 명 émanation *f*, exhalaison *f*.

◆_**수열** -數列 명 【수학】 série *f* divergente.

발상 發想 명 pensée *f*, mode *m* de pensée, conception *f*; concept *m*; idée *f*. ¶ 기발한 ~ façon de pensée originale; conception originale; un concept hardi. ¶ 기발한 ~이군 C'est de l'inédit. ¶ ~ 자체는 좋지만 현실성이 없다 Le concept est bon, mais irréel. ◇_(을) **하다** avoir une idée. ¶ 그 사람은 언제나 신선한 ~을 한다 Il a toujours des idées originales [de très bonnes idées, d'excellentes idées, des idées géniales, des idées lumineuses].

◆_**법** -法 명 manière *f* de se faire une idée. ¶ 특이한 ~법 manière singulière de se faire une idée. ¶ 그 사람은 ~법이 남다르다 Il a une manière très particulière de concevoir les choses.

발생 發生 명 ① naissance *f*, apparition *f*, production *f*. ¶ 사고의 ~을 막다 prévenir un accident. ¶ 사건 ~ 후 일주일이 지났다 Une semaine est passée depuis l'événement. ② 【생물】 genèse *f*, développement *m* ((d'un organisme)). ◇_(을) **하다**[(이) **되다**] ① avoir lieu, se produire; apparaître. ¶ 해충이 ~한다 Des insectes nuisibles apparaissent. ¶ 가스가 ~한다 Il y a production de gaz. ¶ 사건이 ~했다 Un accident est arrivé [a eu lieu]. ¶ 곤란한 일이 ~했다 Une difficulté a surgi [est apparue]. ② ((un organisme)) se développer.

◆_**적** -的 명 générat*eur*(*trice*). ¶ 자연 ~적 현상 phénomène naturel.

◆_**률** -率 명 taux *m* ((d'accident de la route)), incidence *f* ((d'une maladie)). ¶ 한국은 교통사고 ~률이 아주 높다 Le taux d'accident de la route est très élevé en Corée.

◆_생리학 -生理學 명【생물】 biologie *f* génétique.

◆_심리학 -心理學 명【심리】 psychologie *f* génétique.

◆_지 -地 명 lieu *m* ((d'un accident)); lieu *m* où s'est produit ((un accident)). ¶ 사고 ~지 lieu d'un accident. ¶ 지진의 ~지 lieu où s'est produit le tremblement de terre.

◆_학 -學 명【생물】 embryologie *f*.

발설 發說 명 divulgation *f*, révélation *f*. ◇_(을) 하다 divulguer, dévoiler, livrer. ¶ 이 이야기는 누구에게도 ~해서는 안 된다 Silence sur cette histoire! / Il ne faut révéler cette histoire à personne! ¶ 우리 계획에 대해서 아무 것도 ~해서는 안 된다 Il ne faut rien divulguer [ébruiter] de nos projets.

◆_자 -者 명 divulga*teur*(*trice*).

발성 發聲 명 émission *f* de voix; articulation *f*, phonation *f*. ¶ ~ 연습 exercice pour chauffer la voix. ¶ ~이 좋다 bien vocaliser. ◇_(을) 하다 émettre des sons; prononcer.

◆_기관 -器管 명【의학】 organe *m* vocal.

◆_법 -法 명 ①【음악】 vocalisation *f*. ②【연영】 élocution *f*.

◆_영화 -映畵 명 film *m* sonore; cinéma *m* parlant.

발소리 명 bruit *m* de pas; pas *mpl*. ¶ ~를 내다 faire du bruit en marchant. ¶ ~를 죽이고 걷다 marcher à pas feutrés [à pas de loup]. ¶ 누군가의 ~에 잠이 깼다 Des bruits de pas m'ont réveillé(*e*).

발송 發送 명 envoi *m* ((d'une lettre)); expédition *f* ((d'un message)). ¶ 저희 회사는 화물 ~ 전문입니다 Notre compagnie est spécialisée dans l'envoi de cargaisons. ◇_(을) 하다 envoyer, expédier; ((우편물)) poster. ¶ 전보를 ~하다 envoyer un télégramme. ¶ 초청장을 회원들에게 ~하다 envoyer une invitation aux membres. ◇_(이) 되다 être envoyé(*e*).

◆_인 -人 명 expédi*teur*(*trice*).

◆_지 -地 명 lieu(*x*) *m* d'expédition.

◆_계 -係 명 service *m* des expéditions.

발신 發信 명 ① envoi *m* d'un message [d'une expédition, d'une dépêche télégraphique]. ② envoi *m* d'un signal. ◇_(을) 하다 ① envoyer un message; mettre une lettre à la poste. ② envoyer un signal. ¶ 전파를 ~하다 propager [envoyer] des ondes radioélectriques.

◆_국 -局 명 bureau(*x*) *m* [de poste] d'expédition.

◆_음 -音 명 tonalité *f*.

◆_인 -人 명 expédi*teur*(*trice*).

◆_자 -者 명 ① expédi*teur*(*trice*). ②【언어】 émet*teur*(*trice*).

◆_지 -地 명 lieu(*x*) *m* d'expédition. ¶ ~지를 추적해서 범인을 잡다 arrêter un criminel en suivant *sa* trace grâce au lieu d'expédition d'un message.

발싸개 명 bande *f* d'étoffe servant à envelopper les pieds.

발아 發芽 명【식물】 germination *f*; bourgeonnement *m*. ◇_(를) 하다 germer; bourgeonner. ¶ 꽃이 ~한다 Les fleurs bourgeonnent. ◇_(가) 되다 germer; bourgeonner. ¶ 시민권은 계몽사상에서 ~되었다 Les droits civils ont germé de la philosophie du siècle des Lumières.

발악 發惡 명 emportement *m*; paroles *fpl* et actes *mpl* violents [insensés]. ¶ 최후의 ~ effort désespéré, dernier effort, effort ultime. ◇_(을) 하다 se livrer à des paroles et actes violents [insensés], se débattre, faire rage, se mettre en furie, s'emporter. ¶ 그 사람은 노래를 하는 것이 아니라 ~을 한다 Il ne chante pas, il crie. ¶ 아무리 ~해도 소용없다 Tu as beau t'emporter, cela ne sert à rien. ¶ 그 녀석은 널 해코지하려고 ~을 한다 Ce type fait n'importe quoi pour te faire du mal.

발안 發案 명 proposition *f*, motion *f*, initiative *f*, projet *m*. ¶ 누구의 ~에 따라 sur la proposition de *qn*. ◇_(을) 하다 proposer *qc*.

발암 發癌 명 cancérigène.

◆_물질[성분] -物質[成分] 명 matière *f* [élément *m*] cancérigène.

발언 發言 명 parole *f*; intervention *f*; propos *mpl*. ¶ 의사 진행 ~ parole qui permet la poursuite de la séance. ¶ 다른 사람의 ~을 경청하다 écouter attentivement les paroles des autres. ◇_(을) 하다 prendre la parole, intervenir. ¶ ...라고 ~하다 prendre la parole [intervenir] pour dire ... ¶ 누구에게 유리한[불리한] ~을 하다 parler pour [contre] *qn*. ¶ 그 사람은 ~하려고 자리에서 일어섰다 Il s'est levé pour prendre la parole. ¶ 김 선생이 ~할 차례입니다 La parole est à monsieur Kim.

◆_권 -權 명 [droit *m* de] parole *f*. ¶ ~권을 가지다 avoir la parole. ¶ ~권을 얻다 obtenir la parole, prendre la parole. ¶ ~권을 요구하다 demander la parole.

◆_자 -者 명 personne *f* qui parle, ora*teur*(*trice*).

발연 發煙 명 ((engins, pots)) fumigène *m*.

◆_성 -性 명 fumigène. ¶ ~성 물질을 팔다[취급하다] vendre [traiter] des matières fumigènes.

◆_점 -點 명 point *m* d'ébullition. ¶ 휘발유는 ~점이 매우 낮다 Le point[La température] d'ébullition de l'essence est très bas.

◆_제 -製 명 matière *f* fumigène.

발열 發熱 명 calorification *f*, fièvre *f*. ¶ ~ 반응 réaction exothermique. ◇_(을) 하다 émettre [produire] de la chaleur.

◆_성 -性 명 pyrogène. ¶ ~성 질병 maladie pyrétique [fiévreuse].

◆_량 -量 명 capacité *f* calorifique.

발원 發源 명 origine *f*; source *f* ((d'une rivière)). ◇_(을) 하다 prendre naissance, prendre *sa* source. ¶ 론강은 알프스산맥에서 ~한다 Le Rhône prend *sa* source dans les Alpes.

◆_지 -地 명 origine *f*, source *f*.

발육 發育 명 croissance *f*, développement *m*. ¶ 성장 ~ croissance. ¶ ~ 상태가 좋다[나쁘다] se développer bien [mal]. ¶ ~이 빠르다[느리다] se développer rapidement[lentement].

◆_기관 -器管 명 organe *m* de croissance.
◆_부전 -不全 명 mauvaise croissance *f*.

발음 發音 명 prononciation *f*; énonciation *f*. ¶ ~ 연습 exercice de prononciation. ¶ 표준 ~ prononciation standard. ¶ 정확한 ~ prononciation correcte. ¶ ~이 좋다[나쁘다] avoir une bonne [mauvaise] prononciation. ◇_(을) **하다** prononcer. ¶ ~하기 어려운 단어 mot difficile à prononcer. ¶ 잘못 ~하다 mal prononcer; écorcher ((une prononciation, un mot)). ◇_(이) **되다[나다]** se prononcer. ¶ ~나는 대로 적다 écrire comme ça se prononce.
◆_기관 -器管 명 【언어】 organe *m* (appareil *m*) phonatoire.
◆_기호[부호] -記號[符號] 명 【언어】 signe *m* phonétique.

발의 發議 명 initiative *f*; demande *f*; proposition *f*; motion *f*; suggestion *f*. ¶ 김 의원의 ~에 따라 sur la proposition du [sur l'initiative du] député Kim, ◇_(를) **하다** prendre l'initiative de *qc*, proposer *qc*, faire une proposition de *qc*. ¶ 노동법의 개정을 ~하다 proposer la révision des lois régissant les conditions de travail.
◆_권 -權 명 droit *m* de motion.
◆_자 -者 명 promo*teur*(*trice*).

발인 發靷 명 départ *m* d'un cortège [d'un convoi funèbre]. ◇_(을) **하다** ((cortège, convoi funèbre)) partir pour le cimetière. ¶ 내일 오전 11시에 ~한다 Le cortège funèbre partira pour le cimetière demain à onze heures.

발자국 명 trace *f* (de pas), empreinte *f* (de pas); piste *f*. ¶ ~을 남기다 laisser l'empreinte de ses pas, marquer de ses pas. ¶ ~을 따라가다 suivre *qn* à la trace, suivre la piste de *qn*. ¶ 눈 위에 ~이 있다 Il y a des traces de pas sur la neige. ¶ 현장에서 범인의 ~이 발견됐다 Des traces de pas du criminel ont été retrouvées sur place.

발자욱 명 (('발자국'의 잘못)) ☞ 발자국

발자취 명 ① trace *f*, marque *f*, empreinte *f*. ② ((비유적)) trace *f*. ¶ 10년 간 걸어온 ~를 회고하다 se souvenir des [se rappeler les] dix dernières années de sa vie. ¶ 조상들의 ~를 따라서 en suivant les traces de ses ancêtres.

발작 發作 명 【의학】 convulsion *f*, spasme *m*; crise *f* ((de nerfs)) ◇_(을) **하다[일으키다]** avoir un accès [une attaque, une crise]. ¶ 간질병이 ~하다 avoir une crise d'épilepsie. ¶ 그 사람이 또 ~을 일으켰다 Il a eu une nouvelle crise.
◆_적 -的 명 par impulsion, sous le coup de ((la folie)); ((travailler, revenir)) par à-coups, par accès; involontairement. ¶ ~적인 히스테리 une crise d'hystérie. ¶ ~적으로 기침을 하다 avoir une quinte de toux. ¶ ~적으로 울다 avoir une crise de larmes.

발장구 명 battement *m* de pieds. ◇_(를) **치다** battre des pieds dans l'eau. ¶ 물가에서 ~를 치다 battre des pieds au bord de l'eau. ☞ 물장구

발전¹ 發展 명 développement *m*, évolution *f*, progrès *m*, expansion *f*. ¶ ~ 도상국 pays en voie de développement. ¶ 경제(의) ~ développement de l'économie. ¶ 문명의 ~ développement de la civilisation. ¶ 나라의 ~을 위해 pour le développement du pays. ◇_(을) **하다** se développer, progresser, évoluer; s'étendre. ¶ 사업이 비약적으로 ~하고 있다 Le développement des entreprises connaît un essor prodigieux. ¶ 과학 기술이 날로 ~하고 있다 Les techniques scientifiques se développent très vite. ¶ 사건이 의외의 방향으로 ~하였다 Cette affaire s'est développée dans une direction inattendue. ◇_(이) **되다** être développé(*e*), se développer. ¶ 이 도시는 지난 10년 간 크게 ~되었다 Cette ville s'est beaucoup développée pendant les dix dernières années. ◇_(을) **시키다** développer, faire évoluer. ¶ 산업을 ~시키다 développer des industries. ¶ 단편적인 생각들을 논문으로 ~시키다 développer dans un mémoire [un article, une thèse] des idées partielles.
◆_적 -的 명 progressi*f*(*ve*). ¶ ~적 해체 dissociation pour le progrès. ¶ ~적인 계획 projet progressif.
◆_성 -性 명 possibilité *f* de développement; progressivité *f*.
◆_론 -論 명 théorie *f* du développement.
◆_사 -史 명 histoire *f* du développement.
◆_상 -相 명 développement *m*. ¶ 서울의 놀라운 ~상 le développement étonnant de Séoul.

발전² 發電 명 production *f* d'électricité. ◇_(을) **하다** produire de l'électricité.
◆_기 -機 명 dynamo *f*, générateur *m* (d'électricité).
◆_소 -所 명 centrale *f* électrique.

발정 發情 명 rut *m*. ◇_(을) **하다[(이) 나다]** entrer en rut. ¶ ~(이) 난 동물 anim*al*(*aux*) en rut [en chaleur ((pour les femelles))].
◆_기 -期 명 période *f* de rut. ¶ ~기의 고양이 chatte en chaleur [chat(te) en rut].

발족 發足 명 commencement *m*; inauguration *f*, fondation *f* ((d'une société)). ◇_(을) **하다** commencer; fonder. ¶ 국제협력기구가 정식으로 ~했다 L'organisme de coopération internationale est officiellement fondé. ◇_(이) **되다** être fondé(*e*), être inauguré(*e*). ¶ 준비위원회가 ~되다 inaugurer le comité de préparation. ◇_(을) **시키다** fonder, inaugurer. ¶ 시민선거감시단을 ~시키다 fonder une garde électorale de citoyens.
◆_식 -式 명 cérémonie *f* d'inauguration. ¶ ~식을 갖다 organiser une cérémonie d'inauguration.

발주 發注 명 commande *f*. ◇_(를) **하다** passer une commande, commander. ¶ 리비아 수로 공사를 ~하다 commander les travaux du canal de Libye.
◆_자 -者 명 client(*e*) d'une commande.
◆_처 -處 명 commanditaire *m*. ¶ 공사 ~처 commanditaire [donneur d'ordre] de construction.

발진¹ 發疹 명 【의학】 éruption *f*, exanthème *m*. ◇_(을) **하다** avoir une éruption, avoir des boutons;

((une maladie)) provoquer une éruption.

◆_성 -性 명 éruptif, exanthématique.

◆_열 -熱 명 fièvre *f* éruptive.

◆_티푸스 명 typhus *m* exanthématique.

발진² 發進 명 départ *m*; décollage *m*. ¶ 군함이 ~을 준비하고 있다 Le navire [vaisseau] de guerre se prépare [à larguer les amarres] pour le départ. ◇_(을) **하다** partir; décoller. ¶ 전투기가 ~했다 Un avion de chasse [Un chasseur] a décollé.

발짓 명 signe *m* [geste *m*, mouvement *m*] du pied. ◇_(을) **하다** faire un signe du pied.

◆손짓_ 명 mouvement *m* des mains et des pieds. ¶ 손짓~을 다 해서 외국인과 말하다 discuter avec un étranger en faisant des gestes avec *ses* mains et *ses* pieds.

발짝 분류 pas *m*. ¶ 한 ~씩 조심스럽게 발을 디디다 marcher précautionneusement; marcher doucement [à pas lents, à pas de loup, à pas feutrés, à pas mesurés]. ¶ 한 ~ 한 ~ 앞으로 나아가다 avancer pas à pas [petits pas par petits pas].

발차 發車 명 départ *m* ((d'un train)). ¶ ~ 신호 signa*l*(*aux*) de départ. ¶ ~ 시간 heure de départ. ¶ ~를 알리다 annoncer le départ. ◇_(를) **하다** partir, démarrer. ¶ 기차는 3번 선에서 ~한다 Le train part du quai N°3.

발착 發着 명 départ *m* et arrivée *f*. ¶ ~ 시간 heures *fpl* de départ et d'arrivée, horaire *m* d'un train.

◆_지 -地 명 lieux *mpl* de départ et d'arrivée.

발췌 拔萃 명 extrait *m*, choix *m*, sélection *f*, morceaux *mpl* choisis. ◇_(를) **하다** extraire des passages; choisir des morceaux. ¶ 영화에서 가장 유명한 장면들만 ~하여 편집하다 faire un montage avec les scènes de films les plus connues. ¶ 이 기사는 그의 연설문에서 ~한 것이다 Cet article est extrait [tiré] de son discours.

◆_문 -文 명 extrait *m*; morceaux *mpl* choisis.

발치 명 ① aux pieds ((de *qn*)). ¶ 할머니 ~에 고양이가 웅크리고 있다 Il y a un chat accroupi aux pieds de la vieille dame. ② ((비유적)) aux pieds ((de *qc*)); pied *m* d'un lit. ¶ 먼 ~에서 바라보다 regarder de loin.

발칙하다 형 être impoli(*e*), mal élevé(*e*), impertinent(*e*), insolent(*e*), grossi*er*(*ère*). ¶ 발칙한 말 mot impoli, parole grossière. ¶ 발칙한 짓[행동] comportement [attitude] malpoli(*e*). ¶ 저런 발칙한 놈 같으니 Espèce de malappris!

발칵 부 ① totalement, entièrement. ¶ 그 사고로 온 동네가 ~ 뒤집혔다 L'accident a mis tout le village sens dessus dessous. ② brusquement, soudain, tout d'un coup. ¶ ~ 화를 내다 sortir soudain de *ses* gonds, piquer une colère, se mettre en colère tout d'un coup. ☞ 벌컥

발코니 영{balcony} 명 balcon *m*. ¶ 그 여자는 ~에서 시내의 전경을 바라보았다 Depuis son balcon elle a regardé la vue panoramique de la ville.

발탁 拔擢 명 choix *m*; élection *f*, promotion *f*, avancement *m*. ◇_(을) **하다** choisir; promouvoir ((*qn* à un poste)). ¶ 신임 이사에 젊은 사람을 과감히 ~하다 ne pas hésiter à choisir un jeune comme nouvel administrateur. ◇_(이) **되다** être promu(*e*) ((à un poste)); être choisi(*e*), retenu(*e*), sélectionné(*e*) ((pour un poste)) ¶ 그 배우는 주연으로 ~되었다 Il a été choisi pour être l'acteur principal[pour jouer le rôle principal]. ¶ 천여 명의 지원자 가운데서 삼십 명만 ~되었다 Seulement trente personnes ont été sélectionnées [retenues, choisies] parmi plus de mille candidats.

발톱 명 ① ((사람)) ongle *m* des pieds. ¶ ~을 깎다 (*se*) couper les ongles des pieds. ¶ ~이 길다 Les ongles des pieds sont longs / J'ai les ongles des pieds longs. ② ((짐승)) griffe *f*; ((맹금)) serres *fpl*; ((말)) sabot *m*. ¶ 날카로운 ~ des griffes[des serres] acérées. ¶ ~ 자국을 남기다 laisser une griffure. ¶ ~을 세우다 montrer [sortir] *ses* griffes. ¶ ~으로 할퀴다 griffer, donner un coup de griffe. ¶ 고양이는 화가 나면 ~을 드러낸다 Le chat montre *ses* griffes quand il est en colère.

발파 發破 명 détonation *f* de ((dynamite)). ¶ ~ 작업 travaux de dynamitage. ¶ ~ 장치 détonateur. ◇_(를) **하다** faire sauter à la dynamite. ◇_(가) **되다** exploser; détoner.

◆_공 -工 명 (ouvrier *m*) dynamiteur *m*.

발판 -板 ① escabeau(*x*) *m*, marchepied *m*. ¶ ~을 딛고 올라서서 구경하다 regarder ((une scène, un spectacle)) monté [perché] sur un escabeau. ② ((비유적)) ((servir à *qn* de)) tremplin *m*. ¶ 이번 기회를 성공의 ~으로 삼자 Profitons de cette occasion pour atteindre le succès [pour réussir] / Servons-nous de cette occasion comme d'un tremplin vers la réussite. ¶ 우리의 처지를 약진의 ~으로 삼자 Profitons de notre situation comme base d'un grand essor. ¶ 그 사람은 대중적 인기를 ~으로 정계에 진출했다 Il est entré en politique en se servant de sa popularité. ¶ 그 녀석은 성공하기 위해 나를 ~으로 이용했다 Ce type s'est servi de moi pour réussir. ¶ 그 남자의 성공은 아버지의 후광을 ~으로 한 것이었다 Il a atteint le succès en se servant de son père.

발포¹ 發布 명 promulgation *f*, proclamation *f*. ¶ 헌법의 ~ promulgation d'une Constitution. ◇_(를) **하다** promulguer ((une loi)), proclamer. ¶ 계엄령을 ~하다 proclamer l'état de siège. ◇_(가) **되다** être promulgué(*e*). ¶ 새로운 법령이 ~되었다 Une nouvelle loi a été promulguée.

발포² 發砲 명 tir *m*; coup *m* de feu; décharge *f* ((d'une arme à feu)). ¶ ~ 명령 ordre de tir. ◇_(를) **하다** tirer un coup de feu [revolver, fusil] sur *qn*; faire feu; décharger ((une arme)) sur *qn*/*qc*. ¶ 적에게 총을 ~하다 tirer un coup de revolver sur l'ennemi. ¶ 군인들이 시위대에 ~했다 Des soldats ont tiré [ouvert le feu] sur les manifestants.

발포³ 發泡 명 effervescence *f*.

◆_성 -性 명 effervescence *f*; effervescent(*e*)

◆_약 -藥 명 médicaments *mpl* effervescents.

◆_정 -錠 명 comprimé *m* effervescent.

발표 發表 명 annonce *f* ((de fiançailles)); publication *f* ((d'un résultat)); présentation *f* ((d'une nouvelle collection)), déclaration *f.* ¶ 결혼 ~ annonce de mariage; publication des bans (de mariage). ¶ 작품 ~ exposition (d'une oeuvre), présentation (d'une oeuvre). ¶ 정견 ~ annonce d'un programme politique. ¶ 합격자 ~ annonce de la liste des candidats admis. ◇_(를) 하다 annoncer; rendre public(*que*); déclarer, publier, présenter, communiquer; exprimer *qc.* ¶ 계획을 ~하다 présenter un plan. ¶ 공식 견해를 ~하다 communiquer un avis officiel. ¶ 선거인 명부를 ~하다 rendre publique une liste électorale. ¶ 법령을 ~하다 publier une ordonnance. ¶ 논문을 ~하다 publier un mémoire [un article, une thèse]. ¶ 연구 결과를 ~하다 publier le résultat de *sa* recherche. ¶ 우승자를 ~하다 annoncer le vainqueur [gagnant]. ◇_(가) 되다 être annoncé(*e*), être publié(*e*). ¶ 그 작가의 새로운 작품은 아직 ~되지 않았다 Sa nouvelle oeuvre n'a pas été encore présentée [publiée, exposée].

◆_문 -文 명 exposé *m*; ((학술대회)) texte *m* de conférence; ((선언문)) déclaration *f*, communiqué *m.* ¶ ~문을 쓰다[작성하다] écrire [rédiger] un texte de conférence.

◆_자 -者 conférencier(*ère*), personne *f* qui fait un exposé.

◆_회 -會 명 exposition *f*, présentation *f.* ¶ 미술 ~회 exposition d'oeuvres d'arts. ¶ 음악 ~회 concert. ¶ 신기술 ~회 présentation d'une nouvelle technologie. ¶ 신차 ~회 présentation d'une nouvelle voiture. ¶ 정견 ~회 annonce d'un avis politique. ¶ 학술 ~회 conférence, colloque, séminaire.

발하다 發- 타 ① émettre; donner, publier ((un ordre, un arrêté ministériel, un décret du président de la République)). ¶ 동원령을 ~ décréter une mobilisation générale. ② émettre, lancer, rayonner, exhaler, répandre, diffuser, darder. ¶ 밤하늘에 별 하나가 광채를 발한다 Une étoile scintille dans le ciel de nuit.

*빛을 ~ porter ses fruits; commencer à être reconnu(*e*). ¶ 그 사람의 수고가 이제야 빛을 발하게 되었다 *Ses* efforts portent enfin leurs fruits / *Ses* efforts commencent enfin à être reconnus.

발한 發汗 명 transpiration *f*, suée *f*; sueur *f.*

◆_요법 -療法 명 transpiration *f*, sudation *f.*

◆_제 -劑 명 diaphorétique *m*, sudorifique *m.*

발해 渤海 명 【역사】 Balhae <royaume fondé par Daejoyeong au nord de la péninsule coréenne et au sud de la Mandchourie (698-926)>.

발행 發行 명 ① ((출판물 따위)) publication *f*, parution *f.* ¶ ~ 부수가 많은 신문 journ*al*(*aux*) à grand tirage. ② ((화폐 따위)) émission *f.* ¶ 화폐 ~ émission de billets. ◇_(을) 하다 ① publier, éditer; faire paraître. ¶ 매주 월요일에 ~하는 잡지 revue qui paraît tous les lundis. ¶ 그 출판사에서는 과학 전문 잡지를 ~하고 있다 Cette maison d'édition publie des revues scientifiques. ② émettre. ¶ 공채를 ~하다 émettre un emprunt. ◇_(이) 되다 ① être publié(*e*). ¶ 이 잡지는 일 년에 네 번 ~된다 Cette revue est publiée quatre fois par an. ② être émis(*e*). ¶ 한도액을 초과하여 ~된 수표 un chèque émis dépassant le montant limite.

◆_고 -高 명 montant *m* (des billets émis). ¶ 화폐 ~고 montant des billets émis.

◆_소[처] -所[處] 명 maison *f* d'édition.

◆_인[자] -人[者] 명 édit*eur*(*trice*).

◆_일 -日 명 date *f* de publication.

◆_주식 -株式 명 actions *fpl* émises.

발현 發現 명 révélation *f*, manifestation *f*, apparition *f.* ◇_(을) 하다 ① se manifester; se révéler, apparaître. ¶ 루르드는 성모가 ~한 곳으로 유명하다 Lourdes est connue pour être le lieu d'apparition de la Vierge (Marie). ② manifester; révéler, faire apparaître. ¶ 숨겨져 있던 잠재능력을 ~하다 révéler une puissante capacité. ◇_(이) 되다 apparaître, se révéler.

발호 跋扈 명 déchaînement *m.* ¶ 외척들의 ~로 온 나라가 어지러웠다 Le pays a été plongé dans le chaos par la tyrannie frénétique de la belle famille du roi. ◇_(를) 하다 être déchaîné(*e*), effréné(*e*). ¶ 사방에서 군벌들이 ~한다 Partout, les clans militaires se déchaînent.

발화¹ 發火 명 allumage *m.* ¶ 자연~ combustion spontanée. ◇_(를) 하다[(가) 되다] prendre feu, s'enflammer. ¶ 이번 화재는 바로 이 곳에서 처음 ~하였다. C'est ici le point de départ de l'incendie.

◆_장치 -裝置 명 appareil *m* d'allumage.

◆_점 -點 명 point *m* d'allumage.

발화² 發話 명 【언어】 énonciation *f*; énoncé *m.* ¶ ~ 행위 acte d'énonciation; énonciation; acte de parole. ¶ ~ 행위 이론 théorie de l'énonciation. ¶ ~ 부사 adverbe d'énonciation. ◇_(를) 하다 énoncer.

◆_시 -時 명 moment *m* de l'énonciation.

◆_자 -者 명 énonciat*eur*(*trice*), locut*eur*(*trice*); sujet *m* parlant.

발효¹ 醱酵 명 fermentation *f.* ¶ ~ 식품 aliment fermenté. ◇_(를) 하다[(가) 되다] fermenter, être fermenté(*e*). ¶ 잘 ~된 포도주 un vin bien fermenté. ◇_(를) 시키다 faire fermenter ¶ 우유를 ~시켜 만든 음식 aliment obtenu par la fermentation du lait.

◆_균 -菌 명 【식물】 zymogène *m.*

◆_소 -素 명 【화학】 levure *f*, levain *m*; ferment *m.*

◆_열 -熱 명 chaleur *f* zymotique, chaleur *f* causée par la fermentation.

◆_유 -乳 명 lait *m* fermenté. ¶ 유산균 ~유 ferment lactique.

발효² 發效 명 application ((de *qc*)); ((être)) en vigueur

f. ¶ 휴전 협정이 ~ 중이다 Le traité d'armistice est appliqué [est en vigueur]. ◇_(를) **하다** ① appliquer *qc*; mettre *qc* en application. ② entrer en vigueur; mettre en application [être appliqué(*e*)]. ¶ 평화협정은 오늘부터 ~한다 Le traité de paix entre en vigueur dès aujourd'hui. ◇_(가) **되다** entrer en vigueur; mettre en application [être appliqué(*e*)]. ¶ 전군에 비상경계령이 ~되었다. Les armées ont été placées en état d'alerte général. ◇_(를) **시키다** appliquer *qc*; mettre *qc* en application.

◆_**일** -日 명 date *f* d'entrée en vigueur [d'application].

발휘 發揮 명 déploiement *m*; mise *f* en oeuvre. ◇_(를) **하다** déployer; mettre en oeuvre. ¶ 실력[재능]을 ~하다 déployer *ses* talents. ¶ 인내심을 ~하다 faire preuve de patience. ¶ 협상에서 뛰어난 수완을 ~하다 déployer toutes *ses* compétences [facultés] en faveur de la négociation. ◇_(가) **되다** être mis(*e*) en oeuvre. ¶ 이번 일을 통해 그 사람의 진가가 유감없이 ~되었다 Cette affaire a révélé ses véritables compétences. ¶ 그 선수의 기량이 마음껏 ~된 경기였다 Il a dû mettre en oeuvre toutes ses facultés pour ce match.

발흥 發興 명 essor *m* (d'un pays); envol *m*, développement *m*, prospérité *f*. ¶ 민족문화의 ~ essor de la culture nationale. ◇_(을) **하다** prendre *son* envol. ¶ ~하는 신흥 공업국 une jeune puissance industrielle prenant son essor. ¶ 신흥 공업국으로 ~하다 se développer en tant que jeune puissance industrielle.

◆_**기** -期 명 période *f* de développement; période *f* de l'essor.

밝기 명 ① ((빛이나 불)) luminosité *f*. ¶ 햇빛의 ~는 장소에 따라 다르다 La luminosité du soleil est différente selon l'endroit (où l'on se trouve). ② ((색깔)) clarté *f*.

밝다[1] 자 ((aube)) poindre. ¶ 새벽이 밝아 온다 L'aube commence à poindre. ¶ 날이 밝기 전에 출발하다 partir avant le jour. ¶ 나는 날이 밝는 대로 떠날 생각이다 J'ai l'intention de partir dès l'aube.

밝다[2] 형 ① ((빛)) être clair(*e*), éclairé(*e*), radieu*x*(*se*), lumineu*x*(*se*), brillant(*e*). ¶ 밝은 조명 un éclairage puissant [fort]. ¶ 햇살이 ~ Le soleil est radieux. ¶ 달이 ~ La lune est claire. ¶ 조명등 때문에 운동장이 대낮같이 ~ Les projecteurs éclairent le stade comme en plein jour. ¶ 방안을 밝게 하다 éclairer la chambre. ② ((색깔)) être clair(*e*). ¶ 밝은 색깔의 립스틱 un rouge à lèvres clair. ¶ 그 여자는 밝은 색 옷이 어울린다 Les (vêtements aux) couleurs claires lui vont bien. ③ ((성격 따위)) être enjoué(*e*), rayonnant(*e*), radieu*x*(*se*), gai(*e*). ¶ 밝은 표정[목소리] un visage [une voix] gai(*e*). ¶ 그 집은 집안 분위기가 ~ Il y a une bonne ambiance dans cette famille. ¶ 그 소식을 듣고 그 사람의 얼굴이 밝아졌다 À cette nouvelle, son visage s'est épanoui. ¶ 그 남자는 성격이 밝은 사람이다 C'est un homme épanoui. ¶ 밝게 웃다 sourire radieusement. ¶ 건강하고 밝게 살다 mener une vie saine et gaie. ④ ((전망 따위)) être plein(*e*) d'espérances, plein(*e*) d'espoir, prometteu*r*(*se*). ¶ 밝은 미래 un avenir plein d'espoir, un avenir prometteur. ¶ 그 사업은 전망이 ~ C'est une affaire prometteuse. ¶ 나라의 장래가 밝지 못하다 L'avenir du pays est sombre. ⑤ être sain(*e*), solide, juste, équilibré(*e*) ((pour une société)). ¶ 공공질서 준수하여 밝은 사회 이룩하자 En respectant l'ordre public, formons une société saine! ⑥ ((시력 따위)) être fin(*e*), vi*f*(*ve*), perçant(*e*). ¶ 눈이 ~ avoir une bonne vue [de bons yeux]; avoir la vue perçante. ¶ 귀가 ~ avoir une bonne ouïe, avoir l'oreille [l'ouïe] fine. ¶ 밤눈이 ~ bien voir la nuit [dans l'obscurité], avoir une bonne vision nocturne, être nyctalope, avoir des yeux de chat. ¶ 길눈이 ~ avoir le sens de l'orientation; avoir une bonne mémoire de la route. ⑦ 능통하다 être versé(*e*) dans [en] *qc* {*litt*}; être habile [très compétent(*e*)] en *qc*; s'y connaître en *qc*, s'y entendre ((pour cuisiner)); savoir [connaître] *qc* à fond [sur le bout du doigt, sur le bout des doigts, par coeur {*fam*}], être incollable {*fam*} ((en physique, sur ce chapitre)). ¶ 경제에 ~ s'y connaître en économie. ¶ 이재에 ~ être habile à gérer des finances; s'y connaître en gestion financière; s'y entendre pour la gestion des finances. ¶ 그 여자는 학교 내 사정에 ~ Cette femme connaît bien la situation de l'école. ¶ 그 친구는 이 곳 지리에 ~ Il connaît bien la géographie de cette région. ⑧ 바르고 정확하다 être correct(*e*), exact(*e*). ¶ 계산이 밝은 사람 une personne qui recherche constamment le compte exact. ¶ 인사성이 ~ bien saluer les gens, saluer poliment [correctement], être poli(*e*). ¶ 경우가 ~ avoir une conduite appropriée aux événements.

밝히다 타 ① éclairer, illuminer. ¶ 환하게 불을 ~ éclairer d'une vive lumière, illuminer. ¶ 등불로 어둠을 ~ éclairer les ténèbres avec une lampe. ¶ 야간 조명등이 운동장을 환하게 밝혔다 Les projecteurs ont illuminé le stade [ont éclairé le stade d'une vive lumière]. ② ((태도 따위를)) révéler, éclaircir, élucider, clarifier, démêler, rendre ((*son* opinion)) clairement, débroussailler; exprimer [affirmer] clairement. ¶ 자신의 입장을 ~ afficher clairement *sa* position. ¶ 사건의 진상을 ~ éclaircir la nature de l'affaire. ¶ 사고의 원인을 밝혀내다 éclaircir la cause de l'accident. ¶ 신분을 밝혀라 Déclinez votre identité! / Identifiez-vous! ¶ 시간이 흐르면 진실이 밝혀질 것이다 La vérité viendra avec le temps. ¶ 그 사람이 이 일의 주동자임이 밝혀졌다 Il se révéla être l'instigateur de cette affaire. ¶ 그가 범인인 것으로 밝혀졌다 Il s'avéra qu'il était criminel. ¶ 결국 그 사람이 무죄라고 밝혀졌다 Finalement, il s'est avéré être innocent. ③ 매우 좋아하다 aimer trop. ¶ 여자를 ~ aimer trop les femmes. ¶ 그 녀석은 너무 돈을 밝힌다 Ce type aime trop l'argent.

*밤을 ~ veiller toute la nuit, passer une nuit blanche.

밟다 타 ① marcher (dessus), fouler, marcher sur *qc*, mettre les pieds. ¶ 남의 발을 ~ marcher sur le pied de *qn*. ¶ 외국 땅을 ~ mettre les pieds sur le sol étranger. ¶ 브레이크를 ~ freiner, appuyer sur le frein. ¶ 가속기를 ~ appuyer sur l'accélérateur. ② procéder à *qc*; effectuer, suivre ((une formalité ou une procédure administratives)), poursuivre *qn* (discrètement). ¶ 입국 수속을 ~ effectuer les formalités d'entrée dans un pays. ¶ 박사 과정을 ~ suivre le cursus de doctorat.

*뒤를 ~ suivre (discrètement) *qn* (pour épier). ¶ 범인의 뒤를 ~ se mettre à la poursuite d'un criminel.

*전철을 ~ suivre le parcours de *qn*. ¶ 자기 아버지의 전철을 ~ suivre le parcours de *son* père.

밟히다 타 être piétiné(*e*), poursuivi(*e*); se faire piétiner, se faire poursuivre, être suivi(*e*). ¶ 버스 안에서 발을 밟혔다 J'avais les pieds écrasés dans le bus.

*꼬리를 ~ être découvert(*e*).

*눈에 ~ être encore présent(*e*) à l'esprit; avoir un souvenir très net [vif à l'esprit], avoir encore *qc* à l'esprit [à la mémoire], se rappeler encore *qc*. ¶ 그는 어머니의 모습이 눈에 밟혀 차마 발걸음을 옮길 수 없었다 Il ne pouvait pas partir de chez lui [quitter sa maison], ayant encore l'image de sa mère à l'esprit [ayant encore l'image de sa mère (profondément) gravée dans son esprit, car il gardait l'image de sa mère gravée dans son esprit].

*뒤를 ~ être poursuivi(*e*) par *qn*. ¶ 경찰에게 뒤를 ~ être suivi(*e*) [poursuivi(*e*)] par la police.

밤[1] 명 nuit *f*, soir *m*. ¶ ~ 공기[풍경] air [vue] nocturne. ¶ ~ 근무 travail de nuit. ¶ 칠흑 같은 ~ une nuit noire, une nuit d'encre. ¶ 무더운 여름 ~ une nuit d'été chaude et humide. ¶ 비가 내리던 어느 날 ~ une nuit où il pleuvait. ¶ 오늘 ~ 모임 la réunion de ce soir. ¶ 깊은[늦은] ~에 en pleine nuit, en plein milieu de la nuit; au milieu de la nuit [à une heure avancée de la nuit, tard dans la nuit]. ¶ 별이 총총한 ~에 dans une nuit étoilée. ¶ 3월 30일 ~에 le 30 mars au soir. ¶ (그) 전날[다음 날] ~에 la veille au soir [le lendemain soir]. ¶ ~에 일하다 travailler la nuit. ¶ ~마다[매일 ~] 외출하다 sortir tous les soirs. ¶ ~ 11시였다 Il était 11 heures du soir. ¶ 불면의 ~을 보내다 passer une nuit d'insomnie; ne pas dormir de la nuit, ne pas fermer l'oeil de la nuit. ¶ 숱한 ~을 눈물로 지새우다 passer plusieurs nuits à pleurer. ¶ ~(을) 새우다 passer une nuit blanche; veiller ((toute la nuit)). ¶ 시험 준비로 ~을 새우다 veiller toute la nuit pour préparer un examen, passer la nuit à préparer un examen, passer une nuit blanche pour préparer un examen. ¶ ~새워 비디오를 보다 regarder des vidéos [des films (au magnétoscope)] toute la nuit. ¶ ~이 오기 전에 avant qu'il fasse nuit; avant la nuit, avant la tombée de la nuit. ¶ ~이 깊었다 La nuit est avancée. ¶ 바깥은 벌써 ~이다[~이 되었다] Il fait déjà nuit dehors. ¶ ~(이) 늦다 La nuit avance / Il est déjà bien tard. ¶ ~ 늦은 시간에 très tard le soir. ¶ ~이 늦었으니 그만 돌아가자 Il est tard, rentrons! ¶ ~ 늦게 귀가하다 rentrer très tard le soir. ¶ ~ 늦도록[늦게까지] 잠을 못 이루다 ne pas trouver le sommeil jusqu'à une heure avancée de la nuit.

*~ **말은 쥐가 듣고 낮말은 새가 듣는다** Fais attention à ce que tu dis! Les murs ont des oreilles / Il faut faire très attention à ce que l'on dit.

*~(을) **도와** toute la nuit. ¶ ~을 도와 일을 하다 travailler toute la nuit. ¶ ~ 도와 술을 마시다 boire pendant toute la nuit.

*~을 **밝히다** veiller toute la nuit; passer une nuit blanche, ne pas fermer l'oeil de la nuit.

◆_**거리** 명 rue *f* de nuit. ¶ ~거리를 헤매다 errer la nuit par les rues. ¶ ~거리의 여자 une femme [une fille] qui fait le trottoir de nuit; une prostituée.

◆_**교대** -交代 명 alternance *f* [relève *f*, relais *m*, roulement *m*, remplacement *m*] nocturne. ¶ ~교대 근무 un travail de nuit par roulement.

◆_**길** 명 marche *f* de nuit; chemin *m* suivi de nuit; route *f* de nuit. ¶ ~길을 가다 marcher la nuit.

◆_**낮** 명부 nuit et jour, jour et nuit, vingt-quatre heures sur vingt-quatre; toujours, tout le temps, sans arrêt, sans cesse, sans répit, continuellement. ¶ ~낮으로 일하다 travailler jour et nuit. ¶ ~낮 잔소리를 하다 faire des reproches [des réprimandes, des critiques] à *qn* à longueur de journée, faire des reproches sans cesse à *qn*, faire incessamment des reproches [des critiques, des remarques désobligeantes] à *qn*, rouspéter {fam} sans cesse contre *qn*, critiquer *qn* à longueur de journée, harceler [asticoter {fam}] *qn*.

◆_**낮없이** 부 jour et nuit, tout le temps. ¶ ~낮없이 일하다 travailler jour et nuit.

◆_**눈** 명 faculté *f* de voir dans l'obscurité, nyctalopie *f*. ¶ ~눈이 어둡다 ne pas bien voir dans l'obscurité [la nuit], (souffrir de) cécité nocturne, être héméralope. ¶ ~눈이 밝다

◆_**무대** -舞臺 명 le plateau *m* [la scène *f*] ((pour quelqu'un travaillant au cabaret tard le soir)). ¶ ~무대에 서다[출연하다] monter sur scène [jouer sur scène] ((pour quelqu'un travaillant au cabaret tard le soir)).

◆_**바람** 명 vent *m* nocturne.

◆_**비** 명 pluie *f* nocturne. ¶ ~비가 내렸다 Il pleuvait [a plu] pendant la nuit.

◆_**사이** 명부 pendant la nuit. ¶ ~사이에 태풍이 불어닥쳤다 Le typhon a soufflé fort pendant la nuit. ¶ ~사이에 마음이 변하다 changer d'opinion en une nuit. ¶ 그 사람은 ~사이 한잠도 못 잤다 Il n'a pas fermé l'oeil de la nuit. ¶ ~사이 무슨 일이 벌어졌지? Qu'est ce qui s'est passé pendant la nuit?

◆_**새** 부 pendant la nuit, au cours de la nuit. ¶

~새 비가 내렸다 Il a plu pendant la nuit. ¶ ~새 안녕하셨습니까 Vous allez bien [Rien de spécial] depuis hier soir?

◆_새껏 부 toute la nuit. ¶ ~새껏 한잠도 못 잤다 J'ai passé une nuit blanche / Je n'ai pas dormi de (toute) la nuit.

◆_샘 명 veille *f*, veillée *f*. ¶ ~샘(을) 하다 passer la nuit sans dormir; veiller toute la nuit; passer une nuit blanche. ¶ 시험 준비로 사흘 동안 ~샘을 했더니 어지럽다 Après trois nuits consécutives de veille [après trois nuits blanches consécutives] pour préparer les examens, J'ai des vertiges. ¶ 광고 제작에서는 ~샘 작업이 빈번하다 On fait souvent des [de longues] veillées de travail dans les équipes de concepteurs en publicité.

◆_손님 명 un(*e*) cambrioleu*r*(*se*); un(*e*) voleu*r*(*se*). ¶ ~손님이 들다 se faire cambrioler (la nuit).

◆_안개 명 brouillard *m* [brume *f*] nocturne.

◆_이슬 명 rosée *f* (nocturne). ¶ ~이슬을 맞다 être mouillé(*e*) [trempé(*e*)] par la rosée du soir.

◆_일 명 ① trav*ail*(*aux*) *m* nocturne; service *m* de nuit. ② relations fpl sexuelles; ¶ ~일을 하다 se prostituer, faire le trottoir {*fam*}.

◆_잠 명 sommeil *m* (nocturne). ¶ ~잠을 설치다 passer une très mauvaise nuit, (très) mal dormir, ne (presque) pas dormir; se retourner dans tous les sens (dans *son* lit) toute la nuit. ¶ 그 사람은 ~잠이 없다 Il n'a pas beaucoup de sommeil la nuit.

◆_중 -中 명 ((en plein)) milieu *m* de la nuit, ((en)) pleine nuit *f*. ¶ 이 ~중에 웬 전화지? Qui nous appelle si tard la nuit? / Qui nous appelle à cette heure-ci [en plein milieu de la nuit]?

◆_차 -車 명 train *m* de nuit. ¶ ~차를 타다 prendre le train de nuit. ¶ ~차로 떠나다 partir par le train de nuit.

◆_참 명 collation *f* pris(*e*) tard dans la nuit, souper *m*, médianoche *m* {*vx*}, réveillon {*vx*}. ¶ ~참을 먹다 manger tard (la nuit); souper; prendre une collation la nuit.

◆_하늘 명 ciel *m* nocturne. ¶ ~하늘에 반짝이는 별들 étoiles scintillant au ciel.

◆한_ 명 ((en)) plein milieu *m* de la nuit; ((en)) pleine nuit *f*. ¶ 한~의 적막한 거리 풍경 atmosphère urbaine désolée [déserte] en plein milieu de nuit.

밤² 명 châtaigne *f*; marron *m*. ¶ ~을 까다 ôter la peau [peler] des châtaignes.

◆_나무 명 【식물】 châtaignier *m*.

◆_벌레 명 【동물】 ver *m* de châtaigne.

◆_색 -色 명 marron *m inv*; châtain *m*; brun *m*; couleur *f* châtain.

◆_송이 명 bogue *f*; enveloppe *f* de la châtaigne. ¶ ~송이에 찔리다 être piqué(*e*) par les aiguilles de la châtaigne. ¶ ~송이가 저절로 벌어진다 La bogue s'ouvre seule.

◆_알 명 châtaigne *f*; marron *m*. ¶ ~알을 줍다 ramasser des châtaignes.

◆_톨 명 châtaigne *f*; marron *m*.

*~**톨만한 녀석[놈]** un individu pas plus haut que trois pommes. ¶ 이 ~톨만한 녀석이 어디서 까불고 있어 Comment oses-tu, toi qui n'es pas plus haut que trois pommes!

밥¹ 명 ① riz *m* (cuit). ¶ ~(을) 짓다[하다] faire cuire du riz. ¶ ~을 안치다 mettre la marmite au feu pour cuire du [le] riz. ¶ ~을 푸다 servir le riz; se servir de riz. ¶ ~이 질다[되다] Le riz contient trop [ne contient pas assez] d'eau. ¶ ~이 탔다[설었다] Le riz est brûlé [Le riz n'est pas assez cuit]. ② repas *m*. ¶ ~(을) 짓다[하다] préparer un repas. ¶ ~을 굶다 jeûner. ¶ 하루 세끼 ~(을) 먹다 faire trois repas par jour. ¶ 아이에게 ~을 먹이다 donner à manger à un enfant, faire manger un enfant, nourrir un enfant. ¶ 나는 오늘 아침에 ~도 못 먹고 출근했다 Ce matin, je suis allé(*e*) au travail sans avoir rien pris [sans avoir pris de petit-déjeuner] / Ce matin, je suis allé(*e*) au travail en ayant sauté le petit-déjeuner. ¶ 저놈은 ~만 축내는 식충이다 C'est le glouton (de la famille), sans respect pour l'épargne, il ne sait que se goinfrer {fam}. ③ ((동물의)) nourriture *f* ((des animaux)), fourrage *m*; ((미끼)) appât *m*, amorce *f*, proie *f*. ¶ 강아지에게 ~을 주다 donner à manger au chien [sa pâtée], nourrir le chien. ¶ 늑대의 ~이 되다 être [devenir] la proie d'un loup. ④ ((비유적)) ma chose *f*, mon jouet *m*. ¶ 너는 내 ~이야 Je fais de toi ce que je veux; tu es mon jouet. / Je peux faire ce que je veux de toi. / ((게임에서)) Je ne ferai de toi qu'une bouchée. / Tu ne fais pas le poids. / Tu n'es pas un adversaire de taille.

*~ **먹듯 하다** faire *qc* par habitude [sans peine, régulièrement]. ¶ 거짓말을 ~ 먹듯 하다 mentir par habitude [sans peine, régulièrement]. ¶ 굶기를 ~ 먹듯 하다 jeûner par habitude [sans peine, régulièrement].

*~ **먹을 때는 개도 안 건드린다** Il ne faut surtout pas déranger quelqu'un lorsqu'il mange. / Manger est un moment sacré.

*~**을 아니[안] 먹어도 배가 부르다** Rien que de voir [de savoir] que+*ind*, je suis comblé(*e*). ¶ 네가 시험에 붙었다는 소리를 들으니 ~을 안 먹어도 배가 부르다 Rien que de savoir que tu as été reçu(*e*) à ton examen, je suis comblé(*e*).

*((**시계에**)) ~**을 주다** remonter une montre. ¶ ~을 안 줬더니 시계가 죽었다 La montre s'est arrêtée, n'ayant pas été remontée.

***물고기 ~이 되다** servir de nourriture [de repas] aux poissons; se noyer.

***죽도 ~도 안 되다[아니다]** n'avoir ni le beurre, ni l'argent du beurre {fam}, se retrouver bredouille {fam}, tout perdre. ¶ 양다리를 걸치다 결국 죽도 ~도 안되었다 Il courait après deux filles [Il avait deux relations amoureuses en même temps], il

n'en a aucune des deux [il n'a ni l'une, ni l'autre; le voilà bredouille, il a tout perdu] ((il ne faut pas courir deux lièvres à la fois)).
◆_값 명 ① ce que coûte [vaut] la nourriture; tarif *m* [prix *m*] d'un repas. ② ((비유적)) *son* pain, *sa* vie, *son* bifteck *m* {*fam*}, *sa* croûte *f* {*fam*}.
*~**값(을) 하다** se mettre au travail [se prendre en main(*s*), se prendre en charge] pour ne plus parasiter les autres, arrêter de vivre comme un parasite; faire *qc* en contrepartie d'un repas payé. ¶ 집에서 놀지 말고 ~값 좀 해 Arrête de nous parasiter, mets-toi au travail [prends-toi en main(*s*), prends-toi en charge] / Arrête de vivre comme un parasite, gagne ton pain [ta vie]. ¶ ~값도 못하는 주제에 웬 불만은 그리 많은지 Comment un incapable de ton genre ose-t-il se plaindre autant? ¶ 밥을 얻어먹었으면 ~값을 해라 Je t'ai invité pour le repas, tu pourrais faire quelque chose en contrepartie tout de même. ¶ 저 사람은 ~값도 못하는 위인이다 Il [Cette personnalité] ne vaut rien!
◆_그릇 명 bol *m* de riz. ¶ ~그릇에 밥을 담다 remplir un bol de riz; mettre du riz dans un bol.
◆_맛 명 ① goût *m* du riz. ¶ 쌀이 좋으니 ~맛도 좋다 Ce riz étant de bonne qualité, il sera excellent après la cuisson / Que ce riz soit si bon est tout naturel puisqu'il s'agit d'un grain d'excellente qualité. ② appétit *m*. ¶ ~맛을 잃다 perdre l'appétit. ¶ ~맛이 난다 ((Ceci)) me donne de l'appétit [me met en appétit]. ¶ 나는 요즘 통 ~맛이 없다 Je n'ai plus d'appétit en ce moment.
*~**맛(이) 떨어지다[없다]** 【속어】 être dégoûtant(*e*), écoeurant(*e*); ôter l'appétit à *qn*. ¶ 정말 ~맛 없는 녀석이야 Ce type m'écoeure [me dégoûte].
◆_물 명 eau *f* pour cuire le riz. ¶ ~물을 붓다 verser de l'eau pour faire cuire le riz. ¶ ~물이 넘친다 L'eau du riz déborde (lors de la cuisson).
◆_벌레 명 【속어】 bon(*ne*) à rien, vaurien(*ne*), fainéant(*e*). ¶ 그는 아무짝에도 쓸데없는 ~벌레다 C'est un inutile [un poids social], un bon à rien [un vaurien].
◆_벌이 명 gagne-pain *m inv*; moyens *mpl* de vivre [d'existence, de subsistance], ressources *fpl*; ((gagner)) *sa* vie *f* [*sa* subsistance *f*, *sa* croûte *f* {*fam*}, *son* bifteck *m* {*fam*}]. ¶ ~벌이(를) 하다 gagner *sa* vie [de quoi vivre, *sa* subsistance]; gagner *son* pain [*sa* croûte {*fam*}, *son* bifteck {*fam*}]. ¶ 그는 ~벌이가 영 시원치 않다 (Son) gagne-pain est insuffisant (pour assurer sa subsistance) / Il gagne très peu. ¶ 그 일이 ~벌이가 되나? Cet emploi [Ce travail] te nourrit-il?
◆_상 -床 명 table *f* (à manger). ¶ ~상을 보다 préparer la table. ¶ ~상을 차리다 mettre [dresser] la table. ¶ ~상을 받다 être servi(*e*), recevoir la table de repas. ¶ ~상을 치우다 desservir [débarrasser] la table. ¶ ~상을 뒤엎다 예문 추가 ¶ ~상에 생선을 올리다 servir du poisson à table. ¶ ~상을 사이에 두고 마주앉다 se mettre à table face à face. ¶ ~상 앞에서 재수 없는 소리를 하는 것이 아니다 Il ne faut pas parler de choses déplaisantes à table (sous entendu: qui portent malheur).
◆_솥 명 marmite *m* (pour cuire le riz). ¶ 전기 ~솥 un autocuiseur (électrique) pour le riz.
◆_술 명 ① cuiller(*ère*) *f* à soupe, grosse cuillère *f*. ¶ ~술을 뜨다 manger un morceau, faire un petit repas, prendre un repas simple; manger un petit peu, casser la [une] croûte [la graine] {*fam*}. ② ((생계)) subsistance *f* du ménage [de *sa* famille]. ¶ ~술 걱정을 덜다 ne plus avoir à se soucier d'assurer la subsistance de *sa* famille [de gagner l'argent du ménage], ne plus avoir de souci pour gagner l'argent du foyer.
*~**술이나 뜨다[먹다]** être à l'abri du besoin, vivre dans une honnête aisance, être (enfin) à *son* aise, la vie devient (enfin) plus aisé(*e*) [facile], pouvoir (enfin) vivre aisément, ne plus avoir besoin de se serrer la ceinture {*fam*} [de faire attention à *ses* dépenses], vivre (enfin) à l'aise [sans avoir besoin de se serrer la ceinture {*fam*}], être (enfin) à l'aise (financièrement), pouvoir (enfin) ne plus regarder à *ses* dépenses. ¶ 오랜 고생 끝에 이제는 우리도 ~술이나 뜨게 되었다 Après des années de difficulté, nous sommes enfin assurés de manger à notre faim [nous sommes enfin à notre aise, nous pouvons enfin vivre aisément (sans avoir besoin de nous serrer la ceinture)].
◆_알 명 grain *m* de riz. ¶ ~알을 흘리다 laisser tomber du riz. ¶ 나는 목에 ~알이 걸렸다 J'ai avalé mon riz de travers.
*~**알을 세며 먹다** manger à peine, manger avec peu d'appétit, manger sans appétit [comme un oiseau, du bout des dents]; chipoter, pignocher {vx}, picorer.
◆_장사 명 restauration *f*. ¶ ~장사를 하다 travailler dans la restauration.
◆_장수 명 restaura*teur*(*trice*).
◆_주걱 명 spatule *f* pour servir le riz. ¶ ~주걱으로 밥을 푸다 servir le riz [se servir de riz] avec une spatule.
◆_줄 명 【속어】 gagne-pain *m inv*; moyens *mpl* de vivre [d'existence, de subsistance]; ressources *fpl*. ¶ ~줄이 끊어지다 perdre *son* gagne-pain. ¶ 그 일이 그 사람의 유일한 ~줄이었다 Ce travail était son unique moyen de vivre [son unique moyen de subsistance, sa seule ressource].
◆_집 명 gargote *f*, restaurant *m*. ¶ 그 사람은 단골 ~집이 정해져 있다 Il va toujours dans le même restaurant [dans la même gargote].
◆_통 -桶 명 ① marmite *f* [cocotte(-minute)(~*s*-~) *f*, faitout *m*] pour le riz (cuit). ¶ 보온 ~통 un récipient thermostat pour conserver le riz chaud [pour garder le riz au chaud]. ¶ 전기 ~통 un autocuiseur à riz.

ㅂ

¶ ~통에 밥이 하나도 없다 Il n'y a plus de riz dans l'autocuiseur [dans la cocotte(-minute)]. ② estomac *m* ((des animaux)). ¶ 소는 ~통이 4개다 Les bovidés possèdent un estomac comprenant quatre compartiments. ③ 【속어】 bon(*ne*) à rien, incapable *mf*, nul(*le*); ((바보)) personne bête [niaise, stupide], imbécile *mf*, idiot(*e*), niais(*e*), (grand) sot(*te*), corniaud *m* {*fam*}, couillon(*ne*) {*fam*}, cruche *f* {*fam*}, gourde *f* {*fam*}, andouille *f* {*fam*}. ¶ 이 ~통, 가르쳐 줘도 늘 잊어버리니 Gros bêta [Grand sot, Gros nigaud]! On a beau faire, tu oublies tout le temps ce qu'on t'apprend! / Quel corniaud [couillon] {*fam*}! Ça ne sert à rien de t'apprendre quoi que ce soit puisque tu oublies tout ce qu'on t'apprend!

◆_**투정** 명 insatisfaction *f* à propos de la nourriture. ¶ ~투정(을) 하다[부리다] se plaindre du repas [de la cuisine], critiquer la cuisine, faire des remarques sur le repas [la cuisine].

◆_**풀** 명 grain *m* de riz cuit ((généralement tombé sur la table, sur les vêtements)). ¶ ~풀을 떼어내다 enlever le(*s*) grain(*s*) de riz (collé(*s*) au vêtement). ¶ ~풀 하나 남기지 않고 다 먹다 vider *son* bol de riz (jusqu'au dernier grain); vider *son* bol sans laisser un grain. ¶ 옷에 ~풀이 묻었다 Du riz est collé [Des grains de riz sont collés, Un grain de riz est collé] au vêtement.

◆**김**_ 명 ☞ 김²

◆**볶음**_ 명 riz *m* sauté; riz *m* cantonnais..

◆**비빔**_ 명 ☞ 비빔밥

◆**주먹**_ 명 ☞ 주먹

-밥² 접미 chutes *fpl*. ¶ 가윗~ des chutes d'étoffe [de papier]. ¶ 대팻~ des copeaux *mpl*. ¶ 톱~ de la sciure (de bois). ¶ 실~ des restes de fil; points de couture. ¶ 실~이 터졌다 Les fils sont partis.

밧데리 명{battery} 명 ☞ 배터리

밧줄 명 câble *m*, corde *f*. ¶ ~을 당기다 hâler un câble, tirer la corde. ¶ ~을 풀다 mouiller le câble. ¶ ~로 몸을 묶다 lier [ligoter] un corps avec une corde. ¶ ~로 목재를 묶다 lier des bois avec une corde.

방¹ 放 분류 ① ((classificateur qui sert à compter les coups de poing ou de fusil)) ((un)) coup *m* ((de fusil)). ¶ 총을 한~ 쏘다 tirer un coup de fusil. ② ((un)) coup *m* ((de poing)). ¶ 상대에게 주먹을 한 ~ 먹이다 donner un coup de poing à *son* adversaire. ¶ 얼굴에 주먹을 한 ~ 날리다 donner un coup (de poing) au visage; flanquer une châtaigne {*fam*} au visage de *qn*.

방² 房 명 ((총칭어)) pièce *f*, ((침실)) chambre *f*, piaule *f* ; ((원룸)) studio m, ((공부방; 개인 연구실)) bueau(*x*) *m*. ¶ 교수님 ~으로 갈까요? Dois-je aller dans votre bureau, monsieur(madame) le(la) Professeur(e)? ¶ ~을 세내다 louer une pièce [une chambre, une piaule {*fam*}¶ ~을 빼다[비우다] libérer [vider] la chambre [la pièce]. ¶ ~을 보러 다니다 chercher une chambre [un logement]. ¶ 호텔 ~을 잡다[예약하다] réserver une chambre d'hôtel; retenir une chambre dans un [à l'] hôtel. ¶ ~이 넓다[좁다] La pièce est grande / La pièce est spacieuse [La pièce est petite]. ¶ ~이 비어 있다 La chambre [La pièce] est libre [vide]. ¶ 손님이 온다기에 나는 ~을 치웠다 J'ai fait la pièce [la chambre] pour recevoir un visiteur.

◆_**값** 명 prix *m* d'une chambre (d'hôtel). ¶ 이 호텔은 하루 ~값이 아주 비싸다 Le prix d'une nuit dans cet hôtel est très cher.

◆_**고래** 명 conduit *m* [tuyau(*x*) *m*] d'un *ondol* [d'un système de chauffage hypocauste].

◆_**구석** 명 ① coin *m* d'une pièce. ② 【속어】 piaule *f* {*fam*}, cambuse *f* {*fam*}, crèche *f* {*fam*}, taule *f* {*fam*}, turne *f* {*fam*}, thurne *f* {*fam*}. ¶ ~구석에 처박혀 잠만 자다 passer *sa* vie à dormir dans *sa* piaule {*fam*}.

◆_**바닥** 명 sol *m* d'une pièce. ¶ ~바닥에 누워 있다 être allongé(*e*) sur le sol d'une pièce.

◆_**세** -貰 명 loyer *m* de la chambre. ¶ ~세를 내다[지불하다] payer le loyer. ¶ ~세를 받다 recevoir le loyer. ¶ ~세로 월 200 유로를 내다 payer 200 euros pour le loyer mensuel. ¶ ~세가 두 달 밀렸어요 Vous n'avez pas payé votre loyer les deux derniers mois.

◆**골**_ 명

◆**온돌**_ 명

◆**찬**_ 명

◆**침대**_ 寢臺 명 chambre *f* avec lit; chambre *f* à coucher occidentale (à l'hôtel).

방³ 傍 명 【역사】 affiche *f* (apposée sur un panneau d'affichage); liste *f* des candidats admis à l'examen des hauts fonctionnaires. ¶ 합격자를 알리는 ~이 붙었다 La liste des admis est affichée.

방게 명 【동물】 petit crabe *m* d'eau douce, *Helice tridens tridens* {*nsc*}.

방공 防空 명 défense *f* antiaérienne. ¶ ~ 훈련 un exercice de protection civile (contre les attaques aériennes).

◆_**호** -壕 명 abri *m* antiaérien.

방관 傍觀 명 observation *f*, action *de* regarder sans prendre part. ◇_(을) **하다** rester [être] specta*teur*(*trice*) [indifférent(*e*)] ((devant une affaire, devant une bagarre)); regarder (passivement) *qc* sans y prendre part [sans intervenir], regarder ((un spectacle)) avec indifférence [sans s'y mêler]; assister à un événement en simple spectateur [en simple observateur]; demeurer indifférent(*e*) à *qc*, ne pas réagir, rester les bras croisés. ¶ 데모[논쟁]를 ~하다 regarder une manifestation [assister à un débat] sans y prendre part. ¶ 속수무책으로 일을 ~하다 rester specta*teur*(*trice*) sans ne rien pouvoir faire, rester impuissant(*e*) ((devant un désastre, contre des menaces)), assister, impuissant(*e*), à un événement, se trouver totalement désarmé(*e*) face à un événement; ne pouvoir absolument rien faire face à un événement, ne pouvoir absolument rien à *qc*; être réduit(*e*) à l'état de spectateur [d'observateur]. ¶ ~만 하지 말고 네가 적극적으로 나서야 한다 Tu devrais intervenir au lieu de rester spectateur [d'être simple observateur]. ¶ 사태를 더 이상 ~할 수 만은 없다 Devant cet état de choses, on ne peut plus rester spectateur.

◆_적 -的 명 indifférent(*e*). ¶ ~적 자세[태도] une attitude indifférente. ¶ ~적인 성격 un caractère indifférent.

◆_시 -視 명 observation *f*, action *de* regarder sans prendre part. ¶ ~시하다 faire comme si *qc* n'était qu'un spectacle; faire comme si l'on n'était pas concerné. ¶ 저들의 극단적인 행동을 더 이상 ~시해서는 안 된다 Devant leurs agissements extrêmes, on ne peut plus rester indifférent.

◆_자 -者 명 simple specta*teur*(*trice*), simple observa*teur*(*trice*). ¶ 나는 구경만 하는 ~자처럼 느껴졌다 Il me semblait n'être qu'un spectateur / J'avais l'impression de n'être qu'un simple observateur. ¶ 더 이상 ~자로 남아있을 수는 없다 Je ne peux plus rester specta*teur*(*trice*).

◆수수_ 袖手- 명 indifférence *f*; action de regarder sans prendre part. ¶ 불량배들이 아녀자들을 희롱하는 것을 수수~하다 rester indifférent quand / alors que des voyous se moquent des faibles ((femmes, enfants)); ne pas réagir en entendant de mauvais garçons ridiculiser les faibles.

방광 膀胱 명 【의학】 vessie *f*.

방구 명 ☞ 방귀

방귀 명 pet *m*, vent *m*. ¶ ~(를) 뀌다 lâcher un pet, faire un vent, péter.

방글거리다 자 sourire à *qn*, avoir un sourire rayonnant. ¶ 아기가 엄마 품에서 방글거리고 있다 Le bébé sourit dans les bras [dans le giron {*vx*}] de sa maman.

방글방글 부 ((onomatopée)) avec joie; d'une manière rayonnante. ¶ ~ 웃다 avoir un sourire rayonnant.

방금 부 tout à l'heure; à l'instant, il y a un instant. ¶ ~ 뭐라고 했니? Qu'est-ce que tu viens de dire? ¶ ~ 전에 그 사람이 왔다 갔다 Il est venu et reparti aussitôt.

방긋 부 joyeusement. ¶ ~ 웃다 sourire, faire [adresser] un sourire.

◆_거리다 자 sourire à *qn*, avoir un sourire rayonnant; avoir le sourire aux lèvres.

◆_ _ 부 d'un air joyeux. ¶ 아기가 ~~ 한다 Le bébé sourit d'un air joyeux.

◆_이 부 joyeusement, d'un air joyeux. ¶ ~이 웃다 sourire joyeusement.

방기 放棄 명 abandon *m* ((de ses droits, d'un projet)); renonciation *f* ((à un droit)); délaissement *m* ((d'un héritage)); abdication *f*, répudiation *f*. ¶ 책임과 의무의 ~ abandon de responsabilités; abandon de devoirs. ¶ 여기서 물러서는 것은 우리 직분의 ~나 다름이 없다 Reculer maintenant reviendrait à un abandon de *nos* responsabilités. ◇_(를) **하다** renoncer à ((une succession, un projet)); abandonner ((un poste, *son* devoir)); délaisser ((un héritage)). ¶ 책임을 ~해서는 안 된다 Il ne faut pas abandonner *ses* responsabilités. ¶ 젊은이들이 나쁜 길로 가도록 ~할 수는 없다 On ne peut laisser la jeunesse s'engager sur de mauvaises voies.

방뇨 放尿 명 écoulement *m* de l'urine, miction *f*. ¶ 노상 ~ 금지 défense d'uriner dans la rue. ◇_(를) **하다** uriner.

방담 放談 명 discussion *f* [causeries *fpl*] à bâtons rompus; conversation *f* libre, conversation *f* informelle. ¶ 신문사에서 정치개혁에 관한 ~의 시간을 마련했다 Le journal a préparé une table ronde à propos de la réforme politique. ◇_(을) **하다[나누다]** tenir une discussion à bâtons rompus, parler en toute liberté, parler sans retenue [partager des idées]. ¶ 그들은 교육개혁의 주제 아래 ~을 했다 Ils ont discuté librement de la réforme de l'éducation / Ils ont parlé à bâtons rompus de la réforme de l'éducation.

방대하다 尨大- 형 être énorme, volumineu*x*(*se*), étendu(*e*), vaste, gigantesque, colos*sal*(*ale*, *aux*), immense, gros(*se*), considérable. ¶ 방대한 자료를 수집하다 rassembler une énorme quantité de documents. ¶ 규모가 방대한 예산 un budget considérable [énorme, colossal].

방랑 放浪 명 errance *f*; vie *f* errante; voyage *m* sans but; voyage *m* à l'aventure; vagabondage *m*. ¶ ~ 생활을 하다 mener une vie vagabonde. ◇_(을) **하다** errer; vagabonder; aller à l'aventure; mener une vie de bohème, vivre en bohème. ¶ 그는 전국 방방곡곡을 ~하면서 안 해 본 일이 없다 Il n'y a métier qu'il n'ait fait durant ses vagabondages à travers le pays / Durant ses vagabondages, il a tâté d'un peu tous les métiers [il a fait toutes sortes de travaux].

◆_가수 -歌手 명 chanteur *m* errant; barde *m*, troubadour *m*.

◆_객[자] -客[者] 명 voyageu*r*(*se*) sans but; vagabond(*e*).

◆_기[벽] -氣[癖] 명 tendance *f* [inclination *f*] à vagabonder; goût *m* du vagabondage; habitude *f* de vagabonder, vagabondage *m*. ¶ 그 남자는 ~기가 있다 Il est naturellement porté au vagabondage. / Il vagabonde naturellement [par inclination naturelle].

◆_길 명 itinéraire *m* sans but précis. ¶ ~길을 떠나다 partir en errance.

◆_시인 -詩人 명 poète *m* vagabond [bohème].

◆_아 -兒 명 ① enfant *m* vagabond. ② voyageu*r*(*se*) sans but; vagabond(*e*).

방류 放流 명 ① évacuation *f* des eaux retenues. ¶ 댐의 ~ 계획을 수립하다 faire un projet d'évacuation des eaux pour un barrage. ¶ 폐수

~로 상수원이 오염되었다 Le bassin d'alimentation en eau potable est contaminé par des effluents pollués. ② remise *f* à l'eau. ¶ 치어의 ~ remise à l'eau des poissons trop petits. ◇_(를) **하다** ① évacuer les eaux retenues. ¶ 댐(의 물)을 ~하다 évacuer les eaux d'un barrage. ② relâcher ((les poissons trop petits)). ¶ 치어를 강 하류에 ~하다 relâcher les poissons trop petits en aval de la rivière. ◇_(가) **되다** ① ((les eaux)) être évacué(*e*). ② ((les trop petits poissons)) être relâché(*e*) dans la rivière [dans la mer]. ¶ 바다에서 성숙한 연어는 ~된 지점으로 되돌아온다 Les saumons adultes remontent depuis la mer vers l'endroit où ils avaient été relâchés ((quand ils étaient trop petits)).

◆_**수** -水 명 eau *f* évacuée.

방만하다 放漫 – 형 être désordonné(*e*), irréfléchi(*e*). imprévoyant(*e*). ¶ 방만한 경영을 하다 gérer de façon désordonnée [imprévoyante, irréfléchie]. ¶ 사업을 방만하게 벌이다 disperser *ses* affaires de façon imprévoyante [irréfléchie]. ¶ 정부의 새해 예산이 너무 방만하게 짜여졌다는 지적이 있었다 On a fait remarquer que le budget national pour l'année n'a pas été établi de façon prévoyante[réfléchie] / On a critiqué le manque de prévoyance dans l'établissement du budget national pour l'année.

ㅂ

방망이 명 bâton *m*, gourdin *m*. ¶ 야구 ~ une batte de baseball. ¶ ~를 휘두르다 agiter (en l'air) un gourdin.

방면 放免 명 délivrance *f*, libération *f*, élargissement *m*, mise *f* en liberté; relaxe *f*. ◇_(을) **하다[시키다]** délivrer; libérer *qn*; mettre *qn* en liberté. ¶ 죄인을 ~하다 libérer un criminel. ¶ 억류된 사람을 ~하다 libérer un(*e*) détenu(*e*). ◇_(이) **되다** être libéré(*e*). ¶ 국경일을 맞아 모범수들이 대거 ~되었다 En ce jour de fête nationale, de nombreux prisonniers de bonne conduite ont été libérés.

◆**무죄_** 無罪- 명 【법률】 acquittement *m*.

방명록 芳名錄 명 liste *f* des invités[visiteurs]. ¶ ~을 작성하다 dresser la liste des invités. ¶ ~에 이름을 쓰다 écrire un nom sur la liste des invités.

방목 放牧 명 pâturage *m*. ◇_(을) **하다** faire paître. ¶ 초원에서 양을 ~하다 mener paître les moutons.

◆_**장** -場 명 lieu(*x*) *m* de pâturage *m*; pâture *f*.

◆_**지** -地 명 terres *fpl* à pâture.

방문 訪問 명 visite *f*. ¶ 가정 ~ visite à la famille d'un élève. ¶ 해외 동포의 모국 ~ visite au pays (natal) des expatriés. ¶ 미국 대통령의 서울 ~ visite à Séoul du président des États-Unis. ¶ 대통령이 미국을 공식 ~ 중이다 Le président de la République est en visite officielle aux États-Unis. ¶ ~을 허락하시면 한번 찾아뵙겠습니다 Je passerai vous voir si vous êtes d'accord / Si vous me le permettez, je vous rendrai visite. ¶ ~을 환영하는 현수막이 걸렸다 Une banderole de bienvenue a été tendue. ◇_(을) **하다** rendre visite à *qn*, faire une visite à *qn*, aller voir *qn*. ¶ 대통령이 미국을 ~했다 Le président de la République s'est rendu aux États-Unis / Le président de la République a fait une visite officielle aux États-Unis. ¶ 오후에 고객의 사무실을 ~하기로 약속했다 J'ai promis à mon client d'aller le voir cet après-midi à son bureau. ◇_(을) **받다** recevoir une visite. ¶ 친구의 ~을 받다 recevoir un ami.

◆_**객** -客 명 visiteu*r*(*se*). ¶ 응접실에서 ~객을 접견하다 accueillir des visiteurs dans la salle de réception. ¶ 집에 낯선 ~객이 찾아왔다 Une personne inconnue [Un visiteur inattendu] est venu(*e*) nous voir. ¶ ~객이 줄을 잇는다 Les visiteurs font la queue / Les visiteurs affluent.

◆_**기** -記 명 récit *m*; mémoires *mpl* de voyage [d'expédition]; compte rendu *m* de visite. ¶ 중앙아시아 ~기가 신문에 연재되고 있다 Un récit d'expédition en Asie centrale est publié en feuilleton dans le journal.

◆_**단** -團 명 groupe *m* de visiteurs; délégation *f*. ¶ 고향 ~단 groupe de visiteurs (expatriés) au pays natal.

◆_**록** -錄 명 récit *m* [mémoires *mpl*] de voyage [d'expédition].

◆_**자** -者 명 visiteu*r*(*se*). ¶ 낯선 ~자 un visiteur inconnu.

◆_**판매** -販賣 명 vente *f* de porte-à-porte, démarchage *m*, colportage *m*.

방물 명 article *m* ménager ((autrefois à l'usage des femmes)).

◆_**장수** 명 colporteu*r*(*se*) (d'articles ménagers); camelot *m*.

방미 訪美 명 visite *f* [voyage *m*] aux États-Unis. ¶ ~ 사절단 groupe de délégués pour les États-Unis. ◇_(를) **하다** visiter (officiellement) les États-Unis.

방범 防犯 명 prévention *f* des crimes. ¶ ~ 초소 poste (de police) préventif.

◆_**대원** -隊員 명 agent *m* de la police préventive.

◆_**등** -燈 명 alarme *f* lumineuse.

방방곡곡 坊坊曲曲 명 partout, dans tous les coins. ¶ ~을 돌아다니다 aller partout.

방백[1] 方伯 명 【역사】 préfet *m* de région.

방백[2] 傍白 명 【연영】 aparté *m*.

방법 方法 명 moyen *m*, méthode *f*, manière *f*, façon *f*; procédé *m*, technique *f*. ¶ 사용 ~ mode d'utilisation [d'emploi]. ¶ 연구 ~ méthode de recherche. ¶ 수단과 ~을 가리지 않다 tous les moyens sont bons.

방부 防腐 명 antisepsie *f*.

◆_**제** -劑 명 antiseptique *m*.

방불 訪佛 명 visite *f* [voyage *m*] en France. ¶ ~ 사절단 groupe de délégués pour la France. ◇_(을) **하다** visiter (officiellement) la France.

방불케하다 彷佛– 타 ressembler à *qn*/*qc*, être comparable à *qc*, rappeler [évoquer] *qc* à *qn*, faire penser à qc, suggérer qc. ¶ 실전을 방불케하는 훈련 entraînement militaire où les soldats se battent comme s'ils étaient dans un vrai champ de bataille. ¶ 사고 현장은 너무나 참혹해서 마치 전쟁터를 방불케 했다 Le lieu de l'accident était tellement horrible [atroce] à voir que l'on aurait pu le comparer à un champ de bataille.

방불하다 彷佛– 형 être quasi identique, se ressembler beaucoup, présenter des similitudes. ¶ 사고 현장은 전쟁터에 ~했다 Le lieu de l'accident ressemblait à un champ de bataille.

방비 防備 명 préparation *f* [prévention *f*, prévision *f*] (en vue de risques, de dangers possibles); installation *f* d'un dispositif de défense; fortification *f*. ¶ 물샐틈없는 ~ prévention [préparation, installation] sans faille. ¶ ~를 강화하다 renforcer la prévention [la préparation; *ses* défenses]. ¶ 적의 침입에 대비해 ~를 철저히 하다 renforcer les fortifications afin de prévenir toute invasion. ¶ ~가 허술하다[철저하다] La prévention est insuffisante [parfaite, exemplaire, sans faille]. ◇_(를) 하다 préparer la défense; faire des préparatifs de défense; prévenir ((un malheur)); défendre; fortifier. ¶ 사고에 대한 ~를 하다 prendre des précautions pour éviter des accidents. ◇_(가) 되다 ((précautions)) être pris(*e*). ¶ 자연 재해에 대한 모든 ~가 되어 있다 Toutes les précautions ont été prises en prévision des risques naturels.

◆_선 -線 명 ligne *f* de défense.

◆_책 -策 명 stratégie *f* de défense. ¶ ~책을 세우다[모색하다] concevoir les modalités d'une meilleure protection (face aux risques, aux dangers); réfléchir aux modalités [aux formes] d'une meilleure prévention [aux formes d'une meilleure protection].

◆무_ 無- 명 absence *f* de moyens de défense. ¶ 무~ 상태의 민중을 짓밟다 écraser une population dépourvue de moyens de défense.

방사[1] 放飼 명 élevage *m* en plein air. ◇_(를) 하다 faire paître, mettre au pâturage. ¶ 닭을 ~하다 élever les poulets en plein air.

◆_장 -場 명 pâture *f*, pâturage *m*.

방사[2] 放射 명 radiation *f*, irradiation *f*, rayonnement *m*. ◇_(를) 하다 rayonner, irradier, émettre ((de la lumière)). ¶ 열을 ~하다 émettre de la chaleur. ◇_(가) 되다 être irradié(*e*); ((chaleur)) être émis(*e*).

◆_성 -性 명 【물리】 radioactif *m*. ¶ ~성 동위원소 un isotope radioactif. ¶ ~성 물질에 오염되다[노출되다] être contaminé(*e*) par [exposé(*e*) à] des éléments radioactifs.

◆_능 -能 명 【물리】 radioactivité *f*. ¶ ~능에 오염되다 être contaminé(*e*) par la radioactivité.

◆_선 -線 명 【물리】 radiation *f*; rayons *mpl* radioactifs. ¶ ~선을 쬐다 irradier. ¶ ~선 촬영

◆_형 -形 명 forme *f* en étoile; étoilement *m*. ¶ ~형 교차로 un rond-point; une étoile; une patte-d'oie.

◆화염_기 火焰-器 명 lance-flammes *mpl*.

방산[1] 放散 명 diffusion *f*, dispersion *f*, éparpillement *m*; émanation *f*, évaporation *f*. ¶ 복사열의 ~ dispersion de la chaleur radiante [rayonnante]. ◇_(을) 하다[(이) 되다] (*se*) diffuser, (*se*) disperser, (s')éparpiller.

방산[2] 防産 명 ((‘방위산업’의 준말)) industrie *f* militaire [de défense].

◆_업체 -業體 명 entreprise *f* de l'industrie [du secteur] militaire.

방생 放生 명 【불교】 libération *f* de poissons ((rite bouddhiste)), remise *f* d'un poisson capturé dans l'eau. ¶ ~ 법회 cérémonie bouddhique de remise des poissons dans l'eau. ◇_(을) 하다 libérer des animaux captifs, remettre des poissons dans l'eau. ¶ 저수지에 물고기를 ~하다 remettre des poissons [libérer des poissons captifs] dans un bassin de retenue d'eau.

◆_지 -池 명 【불교】 lieu(*x*) *m* de remise en liberté d'animaux capturés.

방석 方席 명 coussin *m*. ¶ ~을 깔고 앉다 s'asseoir sur un coussin. ¶ 손님에게 ~을 내놓다 donner un coussin à un invité.

방성대곡 放聲大哭 명 sanglots *mpl*; pleurs *mpl* et lamentations *fpl* bruyantes. ◇_(을) 하다 éclater en sanglots; pousser des sanglots; se lamenter bruyamment. ¶ 아들의 전사 소식을 듣고 ~을 하다 éclater en sanglots en apprenant la mort de *son* fils au front [À la nouvelle de la mort de *son* fils au combat].

방송 放送 명 radiophonie *f*, radiodiffusion *f*; télédiffusion *f*; émission *f* ((de radio, de télévision)). ¶ ~ 강좌[강의, 교육] téléenseignement. ¶ ~ 대담 entretien radiophonique [télévisé]. ¶ ~ 설비 dispositif de diffusion [de retransmission]. ¶ ~ 시간 heure de diffusion [de retransmission]. ¶ ~ 시간표 programme des émissions; grille des programmes. ¶ ~ 위원회 commission de programmation. ¶ ~ 토론회 débat radiodiffusé [télévisé]. ¶ 공영[민간, 상업] ~ chaîne publique [privée, commerciale]. ¶ 교내 ~ réseau scolaire interne. ¶ 교육 ~ chaîne éducative. ¶ 대외 ~ émission en réseau [de diffusion] externe. ¶ 라디오 ~ radiophonie; radiodiffusion. ¶ 텔레비전[TV] ~ émission de télévision [télévisée]. ¶ 제 1[2, 3] 텔레비전 ~ première [deuxième, troisième] chaîne de télévision. ¶ 장파[중파, 단파, 초단파] ~ diffusion sur grandes ondes [ondes moyennes, ondes courtes, ondes ultra courtes]. ¶ ~을 타다 être sur les ondes. ¶ ~에 나가다[출연하다] apparaître dans [participer à] une émission. ¶ 라디오 ~에 귀를 기울이다 écouter attentivement une émission de radio. ¶ 이 프로그램은 시청률이 낮아 ~이 중단되었다 Cette émission a été supprimée en raison d'une faible audience [du faible taux d'audience]. ◇_(을) 하다 émettre; radiodiffuser; (télé)diffuser. ¶ 취재 내용을 여과 없이 ~하다 diffuser des reportages bruts. ¶ 오늘 저녁에는 드라

마 대신 축구 경기를 ~했다 Ce soir, à la place du feuilleton, un match de foot a été diffusé. ◇_(이) 되다[나가다] être radiodiffusé(*e*); être (télé)diffusé(*e*), retransmis(*e*). ¶ 축구 경기가 전국으로 ~되었다 Le match de football a été retransmis dans tout le pays. ¶ 오늘 녹화한 것은 다음주에 ~이 된다 Ce qui a été enregistré aujourd'hui sera retransmis la semaine prochaine.

◆_**가[계]** -街[界] 명 monde *m* de la radio et de la télé, monde *m* audiovisuel.

◆_**국** -局 명 chaîne *f* de télévision, station *f* de radio. ¶ 국영[민영, 상업, 케이블] ~국 chaîne nationale [privée, commerciale, câblée].

◆_**극** -劇 명 feuilleton *m* radiophonique [télévisé]; série *f* télévisée. ¶ 텔레비전 ~극을 보다 suivre un feuilleton [une série] télévisé(*e*); regarder un feuilleton à la télévision. ¶ 라디오 ~극 un feuilleton radiophonique.

◆_**극본** -劇本 명 scénario *m*.

◆_**기자** -記者 명 journaliste *mf* de la presse audiovisuelle.

◆_**대학** -大學 명 université *f* d'enseignement à distance [de télé-enseignement].

◆_**률** -率 명 fréquence *f* ((hebdomadaire, mensuelle)) des émissions.

◆_**망** -網 명 réseau(*x*) *m* de diffusion.

◆_**반** -班 명 club *m* d'activités radiophoniques ((milieu scolaire)).

◆_**법** -法 명 loi *f* relative à l'audiovisuel [à la téléradiodiffusion].

◆_**사** -社 명 organisation *f* audiovisuelle.

◆_**소** -所 명 poste *m* émetteur.

◆_**송신** -送信 명 émission *f*.

◆_**수신** -受信 명 réception *f*.

◆_**수신기** -受信機 명 récepteur *m*.

◆_**실** -室 명 studio *m* (de radio, de télévision). ¶ 교내 ~실 studio [émission de radio interne] (dans un établissement scolaire).

◆_**인** -人 명 professionnel(*le*) de radio [de télévision].

◆_**차** -車 명 véhicule *m* de transmission ((véhicule technique)).

◆_**탑** -塔 명 tour *f* de diffusion.

◆_**통신대학** 通信大學 명 université *f* d'enseignement à distance [de télé-enseignement].

◆_**파** -波 명 ondes *fpl* émettrices.

◆_**학** -學 명 études *fpl* en médias audiovisuels.

◆**녹화_** 錄畫- 명 émission *f* enregistrée [en différé].

◆**무선_** 無線- 명 diffusion *f* sur les ondes.

◆**실황_** 實況- 명 retransmission *f* en direct [live].

◆**위성_** 衛星- 명 diffusion *f* [émission *f*] par satellite [satellitaire]; chaîne *f* par satellite, chaîne *f* satellitaire.

◆**유선_** 有線- 명 chaîne *f* [diffusion *f*, émission *f*] câblée [par câble].

◆**중계_** 中繼 명 émission *f* (re)transmise en direct.

방수 防水 명 imperméabilisation *f*. ¶ ~ 처리 traitement d'imperméabilisation; traitement pour imperméabiliser. ¶ ~ 시계 une montre étanche [waterproof].

방술 方術 명 magie *f*, prestidigitation *f*. ¶ ~을 쓰다 faire de la prestidigitation; faire des tours de magie.

방습 防濕 명 protection *f* contre l'humidité. ¶ ~ 효과 effet de protection contre l'humidité.

◆_**제** -劑 명 matière *f* protégeant contre l'humidité.

방식 方式 명 forme *f*, méthode *f*, procédé *m*, processus *m*; formule *f*, formalité *f*, usage *m*, coutume *f*, mode *m*; système *m*. ¶ 행동[생활, 표현] ~ manière de se comporter [de vivre, de s'exprimer]. ¶ 자기 ~을 고집하다 s'obstiner [persister] dans *sa* manière de faire, vouloir toujours faire les choses à *sa* façon. ¶ 문제를 푸는 ~이 틀려서 답이 안 나온다 Vous n'avez pas la bonne réponse parce que vous n'avez pas utilisé la bonne méthode de résolution [la bonne méthode de raisonnement, le bon raisonnement].

◆_**부사** -副詞 명 【언어】 adverbe *m* de manière.

방실방실 부 ((onomatopée)) joyeusement. ¶ ~ 웃다 sourire joyeusement.

방심 放心 명 manque *m* d'attention; négligence *f*, distraction *f*, état *m* de parfaite détente. ¶ 누구의 ~을 틈타 기습하다 profiter de la distraction [de la négligence, du manque d'attention] de *qn* pour lancer un assaut soudain. ¶ ~은 금물(이다) La négligence est proscrite / Le manque d'attention est inacceptable / La distraction est interdite. ◇_(을) 하다 être inattenti*f*(*ve*), être distrait(*e*), être négligent(*e*), manquer d'attention; être dans un état de complète détente, être parfaitement détendu(*e*). ¶ 끝까지 ~하지 말아라 Reste concentré(*e*) / Reste attenti*f*(*ve*) jusqu'au bout / Ne te relâche pas! ¶ 그 선수는 상대가 약체라고 ~했다가 큰코다칠 뻔했다 Cet athlète a payé cher son excès de confiance dans la faiblesse de son adversaire / Cet athlète a été victime de son excès de confiance dans la faiblesse de son adversaire. ¶ 우리 팀은 다 이겼다고 ~했다가 역전패를 당하고 말았다 La défaite inattendue de l'équipe est due à ce qu'elle était convaincue de gagner / Persuadée de vaincre, l'équipe a subi une défaite inattendue.

방아 명 moulin *m* à pilon. ¶ ~로 곡식을 찧다 piler des céréales au mortier. ◇_(를) 찧다 piler, broyer.

◆_**ㅅ간** 명 moulin *m*.

방아쇠 명 gâchette *f*, détente *f*. ¶ 권총의 ~를 당기다 appuyer sur la gâchette, presser la détente.

방안 方案 명 plan *m*, projet, programme *m*. ¶ 교통 문제의 해결 ~을 내놓다[제시하다] présenter un plan pour résoudre les problèmes de la circulation. ¶ 계획의 실천 ~을 모색하다 chercher un programme de mise en pratique du projet.

방어 防禦 명 défense *f*, protection *f*, garde *f*. ¶ ~ 본능 instinct de défense. ¶ ~ 수단 moyen *m* de défense. ¶ ~ 시설 installation [équipements] de défense. ¶ ~를 구축하다 construire une installation de défense. ¶ ~ 태세를 취하다 se préparer à la défense. ¶ ~ 체제를 갖추다 mettre en place un système de défense. ¶ 적의 침입에 대비해서 구축한 ~ 진지 un camp construit pour faire face aux invasions. ◇_(를) **하다** (se) défendre, (se) protéger, sauvegarder. ¶ 적의 공격을 전력을 다해 ~하다 se défendre [se protéger] des attaques ennemies en déployant toutes ses forces. ¶ 우리 선수는 상대 선수의 공격을 ~하기에만 급급했다 Le joueur n'a pu quitter sa position de défense face aux attaques adverses.

◆**_적** -的 명 défensi*f*(*ve*). ¶ ~적(인) 태도[자세] une attitude défensive. ¶ 그 사람은 매사에 ~적이다 Il est toujours sur la défensive / Il cherche toujours à se défendre.

◆**_력** -力 명 capacité *f* défensive. ¶ ~력을 보강하다 renforcer le pouvoir [la capacité de défense]. ¶ 오랜 전투로 ~력이 크게 떨어졌다 Etant donné la longueur des combats, la capacité de défense s'est effondrée. ¶ 이 선수는 ~력이 뛰어난 선수이다 Ce joueur est un excellent défenseur / Ce joueur excelle en défense.

◆**_망** -網 명 réseau(*x*) *m* de défense. ¶ ~망을 구축하다 construire un réseau de défense. ¶ ~망을 뚫다 percer la ligne de défense.

◆**_벽** -壁 명 mur *m* de défense. ¶ 대전차 ~벽 un mur de défense antichar. ¶ 그 사람은 미리 ~벽을 치고 슬그머니 도망갔다 Il s'est défilé derrière tout un système de défense.

◆**_선** -線 명 ligne *f* de défense. ¶ ~선을 구축하다[치다] édifier [construire] une ligne de défense. ¶ 적의 ~선을 돌파하다[뚫다] traverser [percer] la ligne de défense ennemie. ¶ 최후의 ~선이 무너졌다 La dernière ligne de défense a été neutralisée [s'est effondrée].

◆**_전** -戰 명 ① combat *m* défensif; guerre *f* défensive. ② 【운동】 combat *m* [match *m*] pour défendre *son* titre. ¶ 타이틀 ~전을 가지다 faire un match pour défendre *son* titre.

◆**_진** -陣 명 position *f* de défense.

◆**_책** -策 명 moyen *m* de défense; stratégie *f* défensive. ¶ ~책을 강구하다 chercher un moyen de défense; chercher une *stratégie* de défense.

방언 方言 명 【언어】 dialecte *m*; patois *m*; parlers *mpl* régionaux; idiome *m*. ¶ ~ 조사 enquête sur les patois. ¶ 사회적 ~ dialecte social. ¶ 농촌 ~ dialecte rural; patois. ¶ 단어의 ~적 형태 forme patoise [dialectale] d'un mot; variantes dialectales d'un mot; versions [variantes] patoises d'un mot.

◆**_경계선[구획]** -境界線[區劃] 명 【언어】 frontière *f* des dialectes.

◆**_지도** -地圖 명 【언어】 carte *f* dialectale.

◆**_학** -學 명 【언어】 dialectologie *f*.

방역 防疫 명 prévention *f* contre une épidémie. ¶ ~ 사업 service sanitaire. ¶ ~ 대책 moyen sanitaire. ◇_(을) **하다** prendre des mesures préventives contre une épidémie.

◆**_반** -班 명 équipe *f* sanitaire.

방열 放熱 명 émission *f* [irradiation *f*] de chaleur.

◆**_판** -板 명 plaque *f* chauffante.

방영 放映 명 diffusion *f*, retransmission *f*. ¶ 그 영화는 ~ 불가 판정을 받았다 La diffusion de ce film a été interdite. ¶ 그 프로는 ~이 취소되었다 La diffusion de cette émission a été annulée. ◇_(을) **하다** diffuser, retransmettre ((une émission)). ¶ 외화를 ~하다 diffuser un film étranger. ◇_(이) **되다** être retransmis(*e*); diffusé(*e*) à la télévision. ¶ 인기리에 ~되고 있는 연속극 feuilleton télévisé bénéficiant d'une très grande popularité [arrivant en tête des taux de popularité].

방울[1] 명 goutte *f*. ¶ 손수건에 향수 몇 ~을 떨어뜨리다 verser quelques gouttes de parfum sur *son* mouchoir. ¶ 석유 한 ~ 나지 않는 나라 un pays qui ne produit pas une goutte de pétrole.

◆**__** 부 goutte à goutte, par gouttes. ¶ 아이의 눈에는 눈물이 ~~ 맺혀 있었다 L'enfant avait les larmes aux yeux.

방울[2] 명 clochette *f*, grelot *m*. ¶ ~을 흔들다 agiter une clochette.

◆**_새** 명 【동물】 chardonneret *m*; verdier *m*.

방위[1] 防衛 명 ① défense *f*, protection *f*, garde *f*. ¶ ~ 체제를 갖추다 établir un système de défense; se mettre en état de défense. ¶ 철통같은 ~ 태세를 갖추다 adopter un système de défense impénétrable [imprenable]. ¶ 그 부대는 수도 ~를 맡고 있다 Ces troupes sont chargées de défendre la capitale. ② 【군사】 *bangwi m* <un homme faisant son service national non pas dans l'armée mais dans l'administration pendant une durée réduite>. ◇_(를) **하다** défendre, protéger, garder. ¶ 국토를 ~하다 défendre [protéger, garder] le territoire national.

◆**_군** -軍 명 【군사】 troupe *f* [bataillon *f*] de défense. ¶ ~군을 창설하다 créer une armée de défense.

◆**_력** -力 명 capacité *f* défensive; pouvoir *m* de défense. ¶ ~력 강화[증강]에 힘쓰다 essayer de renforcer le pouvoir de défense.

◆**_비** -費 명 budget *m* (de la) défense. ¶ ~비를 절감하다 réduire le budget (de la) défense. ¶ ~비가 작년에 비해 1 % 늘어났다 Les dépenses pour le budget défense ont augmenté de 1 % par rapport à l'année passée.

◆**_병** -兵 명 【군사】 *bangwibyeong m* <un homme faisant son service national non pas dans l'armée mais dans l'administration pendant une durée réduite>.

◆**_산업** -産業 명 industrie *f* de défense (militaire); secteur *m* industriel de défense.

◆**_산업체** -産業體 명 entreprises *fpl* de défense.

◆**_선** -線 명 ligne *f* de défense. ¶ 최후의 ~선을 지키다 protéger l'ultime ligne de défense. ¶ 아군의

~선에 구멍이 뚫렸다 La ligne de défense a été percée. ¶ 적의 총공세에 밀려 ~선이 무너졌다 Repoussée par l'attaque générale, la ligne de défense s'est effondrée / La ligne de défense a été neutralisée suite à l'attaque générale.

◆_성금 -誠金 명 don *f* d'argent pour la défense. ¶ 국민이 낸 ~성금으로 avec les dons d'argent faits par des citoyens.

◆_세 -稅 명 impôt *m* sur la défense.

◆_수역 -水域 명 【군사】 zone *f* militaire.

◆_조약 -條約 명 【군사】 pacte *m* [traité *m*] de défense.

◆_책 -策 명 moyen *m* de défense.

◆정당_ 正當- 명 légitime *f* défense. ¶ 그 사람의 살인은 정당~에 의한 것이었다 Il a commis ce meurtre en légitime défense.

◆상호_조약 相互-條約 명 【군사】 traité *m* de défense mutuelle.

방위² 方位 명 orientation *f*, direction *f*. ¶ 지도에는 ~가 표시되어 있다 Les directions sont indiquées sur la carte.

방음 防音 명 insonorisation *f*. ¶ ~ 장치 système *m* d'insonorisation. ¶ ~시설을 갖추다 être insonorisé(*e*). ¶ ~ 시설이 된 아파트 un ensemble d'immeubles d'habitation bien insonorisé, un ensemble résidentiel bien insonorisé. ◇_(을) **하다** insonoriser. ◇_(이) **되다** être insonorisé(*e*). ¶ 이 방은 ~이 잘 되지 않는다 La chambre n'est pas bien insonorisée.

◆_유리 -琉璃 명 vitrage *m* insonorisant.

◆_재 -材 명 matériau *m* insonore.

◆_창 -窓 명 fenêtre *f* étanche aux bruits. ¶ ~창을 설치하다 équiper [installer] une fenêtre étanche aux bruits.

방일 放逸 명 débauche *f*, vie *f* dissolue.

◆_하다 형 mener une vie dissolue, être débauché(*e*). ¶ ~한 생활 une vie dissolue; une vie de débauche.

방임 放任 명 laisser-faire *m*, action de laisser *qn* faire comme il veut. ¶ 자유 ~ 정책 politique *f* du laisser-faire. ◇_(을) **하다** laisser faire; laisser tranquille; ne pas s'occuper de *qc*. ¶ 아이들을 ~해 두다 laisser les enfants faire comme ils veulent. ◇_(이) **되다** être abandonné(*e*) à soi-même. ¶ 할머니의 유품은 오랫동안 ~된 채 먼지에 쌓여 있었다 Les objets laissés à sa mort par la grand-mère, longtemps restés à l'abandon, étaient couverts de poussière [poussiéreux].

◆_주의 -主義 명 laxisme *m*. ¶ 자유 ~주의 laisser-faire.

◆_죄 -罪 명 【법률】 délit *m* de non-assistance à personne en danger.

◆_행위 -行爲 명 【법률】 action de laisser-faire, non-intervention *f*.

◆_형 -形 명 ① autonomie *f* (de l'éducation), (apprentissage *m*) autonome ((laisser faire un enfant, le laisser libre de faire comme il veut)). ② 【언어】 ((suffixe flexionnel conjonctif)) introduisant la non restriction. ¶ ~형 어미 suffixe flexionnel conjonctif introduisant la non-restriction ((par exemple *-a/eodo*: même si)).

방자¹ 명 malédiction *f*, imprécation *f*. ◇_(를) **하다** ¶ 왕을 해치려고 ~를 하다 proférer des imprécations pour attenter à la vie du roi.

방자² 房子 명 【역사】 valet *m*; servante *f*.

방자하다 放恣- 형 être effronté(*e*), impudent(*e*), éhonté(*e*), désinvolte; être insolent(*e*), arrogant(*e*). ¶ 방자한 행동[언동] une action [conduite] effrontée. ¶ 그놈은 하는 짓이 ~ Il se comporte d'une manière désinvolte. ¶ 어른에게 방자하게 굴다 se montrer arrogant vis à vis de personnes plus âgées. ¶ 그 남자는 자신의 재능만 믿고 너무 방자하게 군다 Certain de son talent, il se comporte de façon très effrontée.

방장¹ 房帳 명 ① rideau(*x*) *m*, tenture *f*. ¶ ~을 치다 tirer [fermer] les rideaux. ② moustiquaire *f*. ¶ ~을 치다 mettre une moustiquaire.

방장² 方丈 명 【불교】 chef *m* d'une communauté bouddhiste.

방재 防災 명 prévention *f* de catastrophe [désastre]. ¶ ~ 시설 un équipement [une installation] de lutte contre les catastrophes [désastres]. ¶ 산불 ~ la prévention des incendies de forêt.

방적 紡績 명 filature *f*, filage *m*. ¶ ~ 공장 usine de filature, atelier de filature.

◆_기 -機 명 métier *m* à filer.

방전 放電 명 【물리】 décharge *f* électrique. ¶ ~ 용량 capacité de décharge électrique. ¶ ~ 전류 courant de décharge électrique. ¶ ~ 화학반응 réaction chimique de décharge électrique. ◇_(이) **되다** se décharger. ¶ 차의 배터리가 ~되었다 La batterie de la voiture est déchargée [à plat {*fam*}].

◆_관 -管 명 【물리】 câble *m* de décharge électrique.

◆_기 -器 명 【전기】 excita*teur*(*trice*)

◆_등 -燈 명 【전기】 lampe *f* de décharge électrique.

◆_로 -路 명 【물리】 voie *f* de décharge électrique.

◆_률 -率 명 【물리】 taux *m* de décharge électrique.

◆_표시관 -表示管 명 【물리】 câble *m* indicateur de décharge électrique.

◆진공[기체]_ 眞空[氣體]- 명 【물리】 décharge *f* électrique dans le vide [dans un gaz].

방점 傍點 명 point *m* ((qu'on met sur un mot écrit pour attirer l'attention du lecteur)). ¶ 글귀에 ~을 찍다[치다] mettre des points sur les mots d'une phrase, souligner certains mots d'une phrase.

방정 명 acte *m* [parole *f*] irréfléchi(*e*). ◇_(를) **떨다** agir[se comporter] de façon irréfléchie.

◆_맞다[스럽다] 형 ① être irréfléchi(e), imprudent(e), insouciant(e), frivole, lég*er*(*ère*) ((dans sa conduite)). ¶ ~맞은 옷차림 une tenue frivole. ¶ ~스럽게 떠들지 말아라 ne dis pas n'importe quoi / ne jacasse pas pour ne rien dire. ② être de mauvais augure. ¶ 혹시 그 사람이 사고를 당하지 않았나 하는 ~맞은 생각이 들었다 L'idée m'est venue comme un mauvais augure que peut-être il avait eu un accident. ¶ ~맞은 생각은 하지도 말아라 Ne va surtout pas penser au pire! / Ne pense pas tout de suite au pire ! / N'envisage pas tout de suite le pire !

방정식 方程式 명 【수학】 équation *f*. ¶ 2차 ~ une équation du second degré. ¶ 대수[미분, 적분] ~ une équation algébrique [différentielle, intégrale]. ¶ 연립 ~ des équations simultanées. ¶ 화학 ~ une équation chimique. ¶ ~을 세우다 poser une équation. ¶ ~을 풀다 résoudre une équation.

방정하다 方正- 형 avoir une conduite irréprochable. ¶ 품행이 ~ être irréprochable dans sa conduite.

방제 防除 명 prévention *f*. ¶ 병충해 ~를 위해 농약을 뿌리다 pulvériser des produits chimiques [insecticides] contre les insectes. ◇_(를) **하다** prévenir. ¶ 농약으로 병충해를 ~하다 prévenir les ravages causés par les insectes au moyen d'insecticides.

◆_**학** -學 명 science *f* de la prévention.

방조 幇助 명 aide *f*, assistance *f*, soutien *m*, coopération *f*, complicité *f* involontaire. ◇_(를) **하다** aider *qn* ((dans un crime, à commettre un crime)), assister, appuyer, soutenir, encourager, se rendre involontairement complice ((d'un vol, d'un crime, d'un suicide)), ne pas empêcher *qn* de+*inf*. ¶ 누구의 자살을 ~하다 ne pas empêcher *qn* de se suicider, encourager *qn* à se suicider, se rendre involontairement complice d'un suicide. ¶ 그 사람은 범행을 ~한 혐의로 수배중이다 Il est soumis à enquête pour soupçon de complicité involontaire dans cette affaire.

◆_**범** -犯 명 personne *f* s'étant involontairement rendue complice ((d'un crime, d'un vol, d'un suicide)), complice *mf* involontaire.

◆_**자** -者 명 personne *f* s'étant involontairement rendue complice ((d'un crime, d'un vol, d'un suicide)), complice *mf* involontaire. ¶ 살인 사건의 ~자 personne s'étant rendue involontairement complice dans une affaire de meurtre, complice involontaire dans une affaire de meurtre.

◆_**죄** -罪 명 complicité *f* involontaire.

방조제 防潮堤 명 digue *f*. ¶ ~를 쌓아 해일에 대비하다 élever une digue [construire une digue] pour prévenir les raz-de-marée.

방종 放縱 명 débauche *f*, relâchement *m*. ¶ 자유와 ~은 구별되어야 한다 Il faut bien distinguer liberté et débauche. ¶ 사치와 ~으로 젊음을 낭비하다 gaspiller sa jeunesse en luxe et en débauche. ¶ 아이들을 너무 방임하면 ~에 빠지기 쉽다 Les enfants tombent facilement dans toutes sortes de débordements si on les laisse faire ce qu'ils veulent.

◆_**하다** 형 agir à sa guise. ¶ ~한 생활을 하다 faire à sa guise; se laisser aller à une vie de débauche; mener une vie déréglée, vivre sans gêne [sans règle].

방주 方舟 명 arche *f*. ¶ 노아의 ~ l'arche de Noé.

방죽 명 barrage *m*; digue *f*. ¶ ~에 부딪쳐 찰랑거리는 물결 le bruit des vagues s'écrasant sur le barrage.

방증 傍證 명 preuve *f* indirecte; preuve *f* conforme aux aveux. ¶ ~ 자료 documents constituant des preuves indirectes. ◇_(을) **하다** fournir une preuve indirecte.

방지 防止 명 arrêt *m*, interruption *f*, prévention *f*. ¶ ~ 조치 mesure de prévention. ¶ 병충해 ~ prévention des ravages causés par les insectes. ¶ 재해[사고] ~ prévention des risques naturels [des accidents]. ¶ 산불 ~를 위해 등산객을 통제하다 contrôler les randonneurs afin de prévenir les incendies de forêt. ¶ 수질 오염 ~를 위한 환경 운동 une action environnementale pour prévenir la pollution des eaux. ◇_(를) **하다** prévenir; prendre des mesures contre *qc*; arrêter; enrayer. ¶ 사고를 미연에 ~하다 prévenir les accidents. ◇_(가) **되다** être prévevu(*e*); être arrêté(*e*). ¶ 병충해는 미리 대비하면 ~될 수 있다 Les ravages causés par les insectes peuvent être enrayés si on organise une prévention suffisamment précoce.

◆_**책** -策 명 moyen *m* de prévention. ¶ 재해 재발 ~책 mesure préventive contre la reproduction des cataclysmes. ¶ 인플레 ~책 mesure préventive contre l'inflation. ¶ ~책을 마련하다 prendre une mesure préventive.

방직 紡織 명 industrie *f* textile; filature *f* et tissage *m*. ¶ ~ 공업[산업] industrie textile. ¶ ~ 공장 usine textile.

◆_**공** -工 명 ouvrier *m* dans une filature [dans l'industrie textile].

◆_**기** -機 명 machine *f* de filature et tissage.

방진 防塵 명 protection *f* contre la poussière. ¶ ~ 마스크 un masque anti-poussière [de protection contre la poussière]. ¶ ~ 설비 un système [une installation] anti-poussière.

방책[1] 方策 명 moyen *m*, mesure *f*, plan *m*. ¶ ~을 찾다 chercher un moyen. ¶ 만일의 사태에 대비해 ~을 세우다 prévoir tous les moyens [prendre toutes les mesures nécessaires] pour toute éventualité. ¶ 이 문제를 해결할 ~이 없을까? N'y a-t-il pas un moyen de résoudre ce problème? ¶ 좋은 ~이 있다 Il y a un bon moyen.

방책[2] 防柵 명 palissade *f*. ¶ 적의 공격에 대비해 ~을 설치하다 dresser une palissade contre les attaques de l'ennemi.

방첩 防諜 명 contre-espionnage *m*; mesure *f* de précaution contre l'espionnage. ¶ ~(수사)대 corps [service] de contre-espionnage.

방청 傍聽 명 assistance *f* à une audience [séance]. ¶ ~ 금지 재판 audience [jugement] à huis clos. ¶ ~을 원하시는 분은 방송국으로 문의해 주십시오

Pour assister à une émission, veuillez demander des renseignements à la station d'émission. ◇_(을) 하다 assister à ((une audience)). ¶ 많은 사람들이 재판을 ~하러 왔다 Beaucoup de gens sont venus assister à l'audience.

◆_객[인, 자] -客[人, 者] 명 auditeur(*trice*).

◆_권 -券 명 laissez-passer *m inv* pour une audience.

◆_석 -席 명 banc *m* réservé aux auditeurs.

◆자유_ 自由- 명 audience *f* [séance *f*] ouverte au public.

방추 紡錘 명 broche *f*, navette *f*, fuseau *m*. ¶ ~를 늘어뜨리다 suspendre [pendre] un fuseau [une broche].

◆_형 -形 명 forme *f* en fuseau.

방축 防縮 명 anti-rétrécissement *m*, résistance *f* au rétrécissement, apprêt *m* des matières textiles à l'épreuve du rétrécissement. ¶ ~ 가공을 한 천 tissu [étoffes] apprêté(*es*) à l'épreuve du rétrécissement.

방출 放出 명 ① émission *f* ((de chaleur, de gaz, de neutrons)). ② mise *f* en circulation ((de capitaux)); mise *f* en vente. ¶ 쌀의 ~ mise en circulation du riz. ¶ 은행의 자금 ~로 기업의 숨통이 조금 트였다 L'entreprise a obtenu un sursis grâce au fonds émis par la banque. ◇_(을) 하다 ① dégager, exhaler, ((액체)) déverser. ¶ 막대한 양의 에너지를 ~하다 émettre [dégager] une immense énergie. ② mettre en circulation. ¶ 이재민을 위해서 물자를 ~하다 distribuer des secours aux sinistrés. ¶ 자금을 시중으로 ~하다 dégager des fonds en circulation. ◇_(이) 되다 ① être émis(*e*), libéré(*e*). ¶ 방사능이 외부로 ~되었다 De la radioactivité s'est répandue dans les environs [s'est échappée de la centrale] / Il y a une fuite [une émission anormale] de radioactivité ((hors de la centrale)). ② être mis(*e*) en circulation. ¶ 시중에 대량 ~된 현금 통화가 금융권으로 환수되었다 La monnaie mise en circulation en masse à tous les niveaux a été récupérée par les milieux financiers.

◆_미 -米 명 riz *m* distribué. ¶ 쌀값 안정을 위해 ~미의 공급을 늘리다 augmenter la distribution du riz pour la stabilité des prix.

◆_스펙트럼 영{*-spectrum*} 명 spectre *m* d'émission.

◆_호르몬 명 hormone *f* d'émission [de libération].

방충 防蟲 명 insectifuge *m*.

◆_망 -網 명 moustiquaire *f*.

◆_제 -劑 명 insectifuge *m*, insecticide *m*.

방치 放置 명 laisser-aller *m inv*, négligence *f*. ¶ 쓰레기의 ~로 온 동네가 지저분해졌다 Tout le quartier est devenu insalubre à cause de la mauvaise gestion [de l'absence de gestion] du problème des ordures. ◇_(를) 하다 laisser, négliger, abandonner, laisser traîner. ¶ 환자를 ~하다 négliger un patient. ¶ 사태는 더 이상 ~할 수 없는 지경에 이르렀다 La situation en arrive au point où elle ne peut plus être négligée [ignorée] / La situation en est au point de ne plus pouvoir être négligée. ¶ 나는 그들이 마음대로 말하게 ~했다 Je les ai laissés parler comme ils voulaient sans intervenir. ◇_(가) 되다 être abandonné(*e*). ¶ 고장난 차가 길가에 ~되어 있다 Une voiture en panne est abandonnée dans la rue.

방침 方針 명 ligne *f* de conduite, direction *f*, orientation *f*, politique *f*, principe *m*. ¶ 영업 ~ politique commerciale. ¶ 외교 ~ orientation diplomatique. ¶ 회사 ~ principe de la société. ¶ ~을 정하다[세우다] adopter une ligne de conduite. ¶ ~을 바꾸다 changer la ligne de conduite, changer de politique. ¶ 당의 ~에 따르다 être dans la ligne du parti. ¶ 저희들의 ~에 어긋나기 때문에 부탁을 들어드릴 수 없습니다 Il n'est pas dans nos principes de satisfaire *votre* demande / Nous ne pouvons pas satisfaire *votre* demande, parce que c'est contraire à *nos* principes.

방탄 防彈 명 blindage *m*.

◆_복 -服 명 (gilet *m*) pare-balles *m*.

◆_유리 -琉璃 명 glace *f* pare-balles

◆_조끼 명 gilet *m* pare-balles

◆_차 -車 명 voiture *f* blindée.

방탕 放蕩 명 débauche *f*, libertinage *m*, inconduite *f*.

◆_하다 형 être libertin(*e*), déréglé(*e*), désordonné(*e*), débauché(*e*), dépravé(*e*). ¶ ~한 생활 une vie de débauche. ¶ ~한 아들 un fils libertin [débauché].

방파제 防波堤 명 brise-lames *m inv*, digue *f*, jetée *f*, môle *m*. ¶ ~를 쌓다 construire une digue. ¶ 해일로 ~가 무너졌다 La digue s'est écroulée lors d'un raz-de-marée.

방패 防牌 명 ① bouclier *m*, écu *m*. ¶ 날아오는 화살을 ~로 막다 arrêter une flèche à la volée avec un bouclier. ② ((비유적)) bouclier *m* protecteur, protection *f*, couverture *f*. ¶ 누구[무엇]를 ~로 삼다 se retrancher derrière *qn*/*qc*. ¶ 우리부대는 수도 서울의 ~이다 Nous sommes les troupes [forces] de couverture de la capitale, Séoul.

◆_막이 명 prétexte *m*, couverture *f*. ¶ 무엇을 ~막이로 삼다 se servir de *qc* comme couverture [comme prétexte].

방편 方便 명 moyen *m*, expédient *m*, ressources *fpl*. ¶ 생활의 ~ ressources de la vie ¶ 해결의 ~을 찾다 chercher la voie vers une solution. ¶ 결혼을 출세의 ~으로 삼다 utiliser le mariage comme moyen de progression (sociale) [réussite sociale, promotion (sociale)].

◆임시_ 臨時 명 expédient *m* provisoire. ¶ 그것은 임시 ~에 불과하다 Ce n'est qu'une solution de fortune / Ce n'est qu'un moyen de fortune [moyen provisoire].

방풍 防風 명 protection *f* contre le vent.

◆_림 -林 명 rideau(*x*) *m* d'arbres, barrage *m* vert.

방학 放學 명 vacances *fpl* scolaires. ¶ 봄 ~ les

vacances de printemps. ¶ 여름 ~ les vacances d'été; ((프랑스)) les grandes vacances. ¶ 겨울 ~ les vacances d'hiver. ¶ 스키 ~ les vacances de ski. ¶ ~ 숙제 les devoirs de vacances. ¶ ~을 시골에서 보내다 passer *ses* vacances à la campagne. ¶ 내일 ~에 들어간다 Les vacances commencent demain. ¶ ~이 끝났다 Les vacances sont finies [terminées]. ¶ 나는 ~ 내내 놀기만 했다 Je n'ai fait que m'amuser pendant toutes les vacances / Je n'ai pas travaillé une seule fois pendant les vacances. ◇_(을) **하다** commencer les vacances. ¶ 너 ~했니? Tu es en vacances?

방한¹ 防寒 명 protection *f* contre le froid.

◆_모 -帽 명 passe-montagne *m*.

◆_복 -服 명 vêtement *m* chaud.

◆_화 -靴 명 chaussure *f* fourrée.

방한² 訪韓 명 visite *f* en Corée. ¶ ~ 일정 programme de la visite en Corée. ¶ 프랑스 대통령의 ~을 맞이하여 영접 준비를 하다 préparer une réception pour accueillir le président de la République française en visite en Corée / préparer l'accueil du président de la République française en visite en Corée. ◇_(을) **하다** faire une visite en Corée. ¶ 프랑스 대통령이 오늘 ~했다 Le président de la République française a fait une visite en Corée aujourd'hui.

방해 妨害 명 action *f* d'empêcher; obstacle *m*, gêne *f*, entrave *f*, dérangement *m*, interruption *f*, encombrement *m*. ¶ 안면 ~ trouble du sommeil [du repos]. ¶ 영업 ~ obstacle au commerce; empêchement d'exploiter les affaires. ¶ 그는 공무집행 ~로 구속되었다 Il a été arrêté pour entrave aux forces de l'ordre [pour obstacle à un fonctionnaire (de l'État) dans l'exercice de ses fonctions]. ¶ 돕지는 못할망정 ~는 말아라 Si tu ne m'aides pas, au moins ne me gêne pas / Aide-moi, ou du moins ne me gêne pas. ◇_(를) **하다[놓다]** faire obstacle à *qc*, susciter des obstacles à *qc*, empêcher, déranger. ¶ 교통을 ~하다 gêner [empêcher] la circulation des voitures; encombrer une route. ¶ 연설을 ~하다 interrompre un orateur. ¶ 영업을 ~하다 empêcher la gestion d'un commerce, gêner un commerce, gêner l'exploitation d'un commerce. ¶ 휴식[안면]을 ~하다 troubler le repos [le sommeil] de *qn*. ¶ 라디오 방송의 수신을 ~하다 brouiller une émission de radio. ¶ 다른 사람들의 공부를 ~하지 마라 N'empêche pas les autres d'étudier. ¶ 그는 사사건건 우리 일에 ~를 놓는다 Il nous gêne en toute occasion. ◇_(가) **되다** devenir un obstacle, faire obstacle, entraver; gêner, déranger. ¶ 일을 추진하는 데 ~되다 déranger l'avancement des travaux. ¶ 내 공부에 ~되니 나가서 놀아라 Va jouer dehors, tu m'empêches d'étudier [tu me gênes dans mon travail]. ¶ 제가 당신에게 ~가 된다면 말씀하십시오 Dites-le-moi, si je vous gêne. ¶ 그 사람은 계획을 짜는 데 ~만 된다 Il ne fait que gêner la conception du projet. ◇_(를) **받다** être gêné(*e*), dérangé(*e*). ¶ 아무에게도 ~받지 않고 공부하다 étudier sans être gêné(*e*) par personne.

◆_꾼 명 empêcheur *m*, gêneur *m*, importun *m*.

◆_물 -物 명 obstacle *m*, entrave *f*, barrière *f*, empêchement *m*. ¶ ~물을 제거하다 supprimer [ôter] un obstacle.

◆_자 -者 명 empêcheu*r*(*se*), gêneu*r*(*se*), importun *m*.

◆_전파 -電波 명 blocage *m*, brouillage *m*.

◆_죄 -罪 명 crime *m* d'obstruction.

◆공무집행_ 公務執行- 명 outrage *m* à un fonctionnaire (de l'État) dans l'exercice de ses fonctions, entrave *f* [outrages *mpl*] aux forces de l'ordre. ¶ 그 사람은 공무집행~로 체포되었다 Il a été arrêté pour insulte [outrages] aux forces de l'ordre [pour diffamation envers un fonctionnaire public dans l'exercice de ses fonctions].

◆의사_ 議事- 명 【정치】 obstruction *f* parlementaire.

방향¹ 方向 명 ① sens *m*, direction *f*. ¶ ~ 전환[선회] changement de direction, revirement. ¶ ~을 바꾸다 changer de direction; prendre une autre direction; donner un coup de barre ((pour un bateau)). ¶ ~을 잃다 être désorienté(*e*). ¶ ~을 잡다 tenir la barre. ¶ ~을 틀다 tourner dans une autre direction. ¶ 정 반대쪽으로 ~을 돌리다 inverser la direction; prendre une direction opposée. ¶ 반대 ~에서 오는 차 la voiture venant de la direction opposée [en sens inverse]. ¶ 같은 ~으로 가는 사람과 택시를 같이 타다[합승하다] partager le même taxi avec des personnes qui vont dans la même direction. ¶ 그 사람은 우리와 가는 ~이 다르다 Il prend un autre chemin [une autre direction que nous]. ② ((일, 현상 따위의)) orientation *f*, tendance *f*; sens *m*, direction *f* que l'on veut donner ((à *sa* vie)). ¶ 삶의 목표와 ~ (le but et) le sens que l'on veut donner à *sa* vie. ¶ 삶의 새로운 ~을 모색하다 rechercher un nouveau sens à *sa* vie. ¶ 일을 좋은 ~으로 해결하다 résoudre le problème dans le bon sens. ¶ 삶은 자신이 생각하는 것과 전혀 다른 ~으로 흘러갈 수도 있다 La vie peut aller dans une toute autre direction que le sens qu'on voulait lui donner / La vie peut prendre un sens radicalement différent de celui qu'on avait prévu [programmé]. ¶ 그 사람과 나는 생각하는 ~이 다르다 Nous ne voyons pas les choses de la même façon / Ma façon de penser [de voir les choses] n'est pas la même que la sienne / On voit les choses d'une toute autre manière.

◆_감각 -感覺 명 sens *m* de l'orientation.

◆_타 -舵 명 gouvernail *m* de direction (verticale).

◆_탐지기 -探知機 명 【통신】 radar *m*.

방향² 芳香 명 parfum *m*, arôme *m*; odeur *f* agréable. ¶ ~ 초 chandelle, bougie aromatique.

◆_성 -性 명 arôme *m*.

ㅂ

◆_제 -劑 명 aromate *m*.

방형 方形 명 carré *m*, forme *f* carrée.

방호 防護 명 protection *f*, défense *f*. ◇_(를) **하다** protéger, défendre.

◆_벽 -壁 명 mur *m* de protection.

방화[1] 放火 명 incendie *m* volontaire [criminel]. ¶ ~를 저지르다[범하다] commettre [allumer] un incendie volontaire, incendier. ¶ 약탈과 ~를 일삼다 se livrer au pillage et aux incendies. ¶ 이 화재는 ~의 혐의가 있다 Cet incendie est présumé volontaire / On soupçonne que ce feu soit intentionnel / On attribue cet incendie à la malveillance. ◇_(를) **하다** incendier, mettre le feu. ¶ 세워둔 자동차에 고의로 ~하다 mettre intentionnellement le feu aux voitures en stationnement.

◆_광 -狂 명 pyromanie *f*.

◆_범 -犯 명 incendiaire *mf*.

◆_자 -者 명 incendiaire *mf*, pyromane.

◆_죄 -罪 명 crime *m* d'incendie.

방화[2] 邦畵 명 film *m* coréen. ¶ ~와 외화 les films coréens et les films étrangers.

ㅂ

방화[3] 防火 명 protection *f* contre le feu, défense *f* contre l'incendie.

◆_벽 -壁 명 mur *m* destiné à arrêter le feu; paroi *f* à revêtement calorifuge;

◆_복 -服 명 vêtement *m* anti-feu [ignifuge].

방황 彷徨 명 ① vagabondage *m*, errance *f*. ② ((정신적)) errance *f*, égarement *m*. ¶ 오랜 좌절과 ~을 겪다 se laisser aller à un long découragement et à l'errance. ¶ 젊은이들의 ~을 그린 소설 un roman qui décrit l'errance des jeunes. ¶ 오랜 ~ 끝에 après un long égarement. ◇_(을) **하다** ① errer, vagabonder. ¶ 거리를 ~하다 errer par[dans] les rues. ¶ 여기저기 ~하다 errer de-ci de-là. ② ((정신적)) errer, s'égarer, avoir du mal à trouver *sa* voie. ¶ 두 여자 사이에서 ~하다 balancer entre deux femmes. ¶ 청소년기에는 무엇을 해야 할지 몰라 ~하기 쉽다 Dans sa jeunesse, on a tendance à errer sans savoir ce qu'on doit faire.

밭 명 champ *m*, labour *m*; plantation *f*. ¶ 보리 ~ un champ d'orge. ¶ 포도 ~ un vignoble, une plantation de vignes. ¶ 대나무 ~ un champ de bambous. ¶ ~을 갈다 cultiver [labourer] un champ. ¶ ~을 일구다 débroussailler; défricher un champ. ¶ ~에 씨를 뿌리다 semer des graines dans un champ.

◆_고랑 명 sillon *m*.

◆_곡식 -穀食 명 céréales *fpl* de champ non rizicole.

◆_농사 -農事 명 culture *f* de champs non rizicoles.

◆_도랑 명 douve *f*, fossé *m*.

◆_두둑 명 billon *m*.

◆_두렁 명 talus *m*.

◆_둑 명 lisière *f* du champ.

◆_뙈기 명 petit champ *m*.

◆_머리 명 borne *f* cadastrale, bordure *f* de champ.

◆_벼 명 riz *m* cultivé en terrain sec [en rizière sèche].

◆_이랑 명 sillon *m*.

◆_일 명 trav*ail*(*aux*) *m* des champs. ¶ ~일을 하다 travailler aux champs.

밭갈이 명 labourage *m* d'un champ; travaux *m* des champs. ¶ 논갈이와 ~ labourage de rizière et de champs. ◇_(를) **하다** labourer les champs, travailler la terre. ¶ ~하는 농부들 les paysans labourant les champs.

◆_소리 명 【음악】 chant *m* des travaux des champs.

◆_철 명 période *f* d'entretien des champs.

밭다 타 tamiser, filtrer, décanter, extraire par filtration [filtrage], passer au filtre. ¶ 술을 체에[로] ~ filtrer de l'alcool (de riz).

밭은기침 명 toux *f* sèche et répétée. ¶ 그 환자는 폐렴에 걸려 계속 ~을 해댔다 Ce patient toussait sans arrêt à cause d'une pneumonie / *Sa* pneumonie lui donnait une toux sèche et répétée.

밭이다 자타 être tamisé(*e*), filtré(*e*), décanté(*e*), extrait(*e*) par filtration [filtrage], passé(*e*) au filtre.

밭치다 타 ☞ 밭다

배[1] 명 ventre *m*; abdomen *m*; bide *m* {*fam*}, bidon *m* {*fam*}. ¶ ~를 깔고 눕다 se coucher [s'allonger] sur le ventre. ¶ ~가 아프다 avoir mal au ventre, avoir des maux de ventre, avoir des douleurs abdominales. ¶ ~가 나오다 avoir du ventre [du bide {*fam*}, de la brioche {*fam*}], être ventru(*e*), ventripotent(*e*), bedonnant(*e*).

*~**가 남산만하다** être enceinte jusqu'aux yeux {*fam*}; avoir un ventre énorme.

*~(**가**) **다르다** être d'un autre lit; être né(*e*) d'une mère différente. ¶ ~다른 형제 un frère [une soeur] consanguin(*e*); un demi-frère; une demi-soeur.

*~**가 맞다** avoir une liaison.

*~(**가**) **아프다** être jalou*x*(*se*) [envieu*x*(*se*)] ((de la réussite des autres)), ne pas supporter le bonheur des autres.

*~**를 불리다**[**채우다**] faire fortune [s'enrichir] par des moyens souvent peu honnêtes, faire fortune [s'enrichir] illégalement [d'une manière frauduleuse, d'une manière illicite, d'une manière peu honnête, d'une façon malhonnête].

*~**를 잡다** se tenir les côtes (de rire), se tordre de rire, rire à se tordre, se plier [se tordre] de rire, être plié(*e*) (en deux), être plié(*e*) de rire, avoir la rate qui va éclater {*fam*} (tellement on rit), hurler [mourir] de rire, se bidonner {*fam*}, se boyauter {*fam*}, se fendre la pipe [la pêche, la gueule, la poire] {*fam*}, se dilater la rate {*fam*}.

◆_불뚝이 명 personne *f* bedonnante [ventripotente]; pot *m* à tabac {*fam*}. ¶ ~불뚝이 영감 un vieux monsieur bedonnant.

분류 (nombre *m* de) portée *f*. ¶ 그 돼지는 1년에 두 ~ 새끼를 낳는다 Cette truie a deux portées par an.

배[2] 명 ((선박)) bateau *m*, bâtiment *m*, vaisseau *m*, navire *m*, jonque *f*, ((여객선)) paquebot *m*, ((화물선)) cargo *m*, ((작은 배)) barque *f*. ¶ 바다에 ~를 띄우다 mettre à la mer un navire. ¶ ~를 타다 prendre le bateau. ¶ ~를 타고 여행하다 voyager en bateau. ¶ ~에 오르다 monter sur un bateau, monter à bord, s'embarquer. ¶ ~에서 내리다 débarquer. ¶ 화물을 ~에 싣다 embarquer les marchandises. ¶ 사람을 ~에 태우다 embarquer *qn*. ¶ ~로 강을 건너다 traverser une rivière en bateau. ¶ ~로 짐을 나르다 transporter les charges en bateau. ¶ ~가 침몰했다 Le navire a coulé.

◆_**따라기** 명 【예술】 *Baettaragi* <une des douze danses ou chansons anciennes qui accompagne cette danse>. ¶ ~따라기를 부르다 chanter la chanson de *Baettaragi*.

◆_**멀미** 명 mal *m* de mer.

◆_**편** -便 명 transport *m* par mer; trafic *m* [transport *m*] maritime. ¶ ~편을 이용하다 voyager en bateau; utiliser la voie maritime. ¶ ~편으로 가다 prendre le bateau; aller en bateau.

◆_**ㅅ고동** 명 sirène *f* de bateau.

◆_**ㅅ길** 명 ligne *f* de navigation, route *f* maritime, route *f* suivie par un navire.

◆_**ㅅ노래** 명 chant *m* de bateliers, refrain *m* de mer, chant *m* de marin, chanson *f* de bord.

◆_**ㅅ놀이** 명 promenade *f* en barque, navigation *f* de plaisance; canotage *m*. ¶ ~ㅅ놀이를 하다 faire du bateau.

◆_**ㅅ머리** 명 proue *f*, avant *m* d'un navire.

◆_**ㅅ사공** 명 bateli*er*(*ère*).

◆_**ㅅ사람** 명 marin *m*, matelot *m*, marini*er*(*ère*), bateli*er*(*ère*).

◆_**ㅅ삯** 명 prix *m* de passage sur un bateau; ((짐)) fret *m*; ((대여)) prix de la location.

◆_**ㅅ일** 명 travail *m* à bord d'un bateau.

◆_**ㅅ전** 명 bord *m* d'un bateau, plat-bord *m*.

◆_**ㅅ짐** 명 cargaison *f*, chargement *m*.

배[3] 명 poire *f* asiatique, ((appelée aussi « poire des sables » ou « pomme-poire »; elle a le goût d'une poire, mais la forme d'une pomme; poire très croquante, juteuse et granuleuse dont la chair est très dure)), *Pyrus pyrifolia* {*nsc*}, *Pyrus serotina* {*Nsc*}.

◆_**나무** 명 poirier *m* asiatique. *Pyrus pyrifolia* {*nsc*}, *Pyrus serotina* {*Nsc*}

배[4] 胚 명 ① 【동물】 embryon *m*. ② 【식물】 embryon *m*, germe *m*.

◆_**낭** -囊 명 【식물】 sac *m* embryonnaire; feuilles *mpl* embryonnaires.

◆_**유** -乳 명 【식물】 albumen *m*.

배[5] 倍 명 double *m*, deux fois *fpl*. ¶ 원금을 ~로 불리다 doubler *son* capital. ¶ 월급을 ~로 받다 toucher un double salaire (mensuel).

분류 fois *f*. ¶ 이것은 저것보다 두 ~ 정도 비싸다 Ceci est à peu près deux fois plus cher que cela. ¶ 10년 전보다 물가가 세 ~ 더 올랐다 Comparés à ceux d'il y a 10 ans, les prix ont triplé.

-배[6] -輩 접미 bande *f*, troupe *f*, groupe *m* (de malfaiteurs, voyous, gangs). ¶ 불량~ bande de voyous, racailles, jeunes dévoyé(e)s. ¶ 폭력~ un groupe de malfaiteurs.

배가 倍加 명 action de porter au double, duplication *f* {*vx*}, doublement *m*, dédoublement *m*. ¶ 국민 소득 ~ 운동 campagne pour doubler le revenu national. ¶ 노력(의) ~ redoublement des efforts. ¶ 전투력(의) ~ doublement de *sa* puissance militaire [des forces militaires]. ◇_**(를) 하다[시키다]** doubler, porter au double. ¶ 노력을 ~하다 doubler l'effort, redoubler d'effort. ¶ 생산량을 ~하다 doubler le volume de production. ¶ 부지런히 일한 덕분에 소득이 ~하였다 Il a doublé son revenu en travaillant sans épargner sa peine. ◇_**(가) 되다** doubler; redoubler. ¶ 부담이 ~되었다 Les charges ont doublé. ¶ 기쁨이 ~되었다 La joie a redoublé.

배갈 중 명 alcool *m* de sorgho. ¶ ~을 마시다 boire de l'alcool de sorgho.

배겨내다 타 endurer; supporter, vaincre. ¶ 힘든 훈련 과정을 ~ supporter un entraînement très dur. ¶ 그분의 성화를 배겨낼 사람은 없다 Personne ne peut supporter sa sollicitation envahissante.

배격 排擊 명 rejet *m*, refus *m*. ◇_**(을) 하다** rejeter, repousser, refuser. ¶ 외래어의 사용을 ~하다 s'opposer à l'emploi des mots d'origine étrangère. ◇_**(이) 되다[(을) 당하다]** être rejeté(*e*).

배경 背景 명 ① ((경치)) fond *m*, arrière-plan *m*, second plan *m*, entourage *m*, cadre *m*. ¶ 학교를 ~으로 사진을 찍다 prendre une photo avec l'école à l'arrière-plan. ② ((무대)) décor *m*; fond *m*, arrière-plan *m*. ¶ 제2차 세계대전을 ~으로 프랑스의 작은 마을을 묘사하다 décrire un petit village de France avec la Seconde Guerre mondiale en arrière-plan [sur fond de Seconde Guerre mondiale]. ③ ((비유적)) soutien *m*, support *m*, appui *m*. ¶ ~이 든든하다 avoir de puissants appuis. ¶ ~이 좋다 avoir de bons appuis. ¶ 그 남자는 아버지의 권력을 ~으로 전횡을 일삼는다 Il se laisse aller à des actions despotiques avec l'appui de l'autorité de son père.

◆_**음악** -音樂 명 【연영】 musique *f* de fond.

배고프다 형 ① avoir faim, avoir le ventre creux; être affamé. ¶ 배고파 죽겠다 Je meurs de faim. ¶ 배고프면 케이크를 먹어라 Prends du gâteau si tu as faim. ② être pauvre [misérable]. ¶ 배고팠던 어린 시절 enfance pauvre[misérable]. ¶ 배고픈 직업 métier peu rentable [peu payant].

배고픔 명 faim *f*. ¶ ~을 느끼다 sentir la faim. ¶ ~을 참다 tromper *sa* faim.

배곯다 자 souffrir de (la) faim, ne pas avoir à manger. ¶ 요즘에도 여전히 배곯는 사람들이 있다 Même aujourd'hui, des gens souffrent encore de la faim.

배관 配管 명 pose *f* des tuyaux, canalisation *f*. ¶

~ 공사 travaux de tuyauterie [plomberie, plombage].

◆_공 -工 명 tuyauteu*r*(*se*).

◆_도 -圖 명 plan *m* des canalisations.

배교 背教 명 apostasie *f*, reniement *m*. ¶ ~를 선언하다 déclarer l'apostasie. ¶ ~를 강요하다 forcer à l'apostasie, contraindre *qn* à renier sa foi. ◇_(를) 하다 apostasier, renier *sa* religion.

◆_자 -者 명 apostat(*e*), renégat(*e*). ¶ ~자로 낙인찍히다 être marqué(*e*) du sceau de l'apostasie.

배구 排球 명 【운동】 volley-ball *m*.

배금 拜金 명 culte *m* exagéré de l'argent, culte *m* de Mammon. ¶ ~ 사상 esprit qui met l'argent au-dessus de tout, mammonisme.

◆_주의 -主義 명 mammonisme *m*. ¶ 사회 전반에 걸쳐 ~주의가 만연해 있다 Le mammonisme s'est propagé partout dans la société.

배급 配給 명 ① ((식량 따위의)) rationnement *m*. ¶ 식량 ~ rationnement des vivres. ¶ 쌀 ~ rationnement du riz. ¶ ~을 주다 rationner les vivres. ¶ ~을 타다 recevoir [toucher] une ration. ② ((상품 따위의)) approvisionnement *m*, distribution *f*. ¶ 우유 ~ distribution du lait. ¶ 영화 직배사에 의한 영화 ~ distribution d'un film par la filiale locale d'un distributeur étranger. ◇_(을) 하다 ① rationner. ¶ 전쟁 중에 식량을 ~하다 rationner les vivres pendant la guerre. ② distribuer. ¶ 신문을 독자들에게 ~하다 distribuer le journal aux lecteurs. ◇_(을) 받다 recevoir une ration. ◇_(이) 되다 être fourni(*e*), distribué(*e*); être rationné(*e*).

◆_관 -管 명 tuyau *m*, canalisation *f*. ¶ 가스 ~관 tuyau de gaz [canalisation de gaz]. ¶ 온수 ~관 tuyau d'eau chaude.

◆_량 -量 명 ration *f*, quantité *f* de nourriture distribuée. ¶ 그날 한 일의 양에 따라 ~량을 결정하다 déterminer la ration à proportion du travail d'un jour / journalier.

◆_소[처] -所[處] 명 poste m [centre *m*] de distribution de rations. ¶ 석유 ~소 poste [centre] de distribution de rations d'essence. ¶ 쌀 ~소 poste [centre] de distribution de rations de riz.

◆_인 -人 명 distributeur *m*.

◆_제 -制 명 rationnement *m*.

◆_조직 -組織 명 【경제】 structure *f* [système *m*] de distribution.

◆_표 -票 명 coupon *m* [ticket *m*] de rationnement. ¶ 식량 ~표 coupon de ration.

◆_품 -品 명 ration *f*.

배기[1] 排氣 명 échappement *m* d'air, ventilation *f*, aération *f* (dans les mines). ¶ ~ 장치 système de ventilation [d'aération]. ¶ ~ 통로 orifice d'évacuation, voie d'aération.

◆_가스 명 gaz *m* d'échappement.

◆_관 -管 명 tuyau *m* d'échappement.

◆_구 -口 명 orifice *m* d'échappement.

◆_량 -量 명 cylindrée *f*. ¶ ~량 2000 cc의 자동차 une voiture de 2 000 cm^3 de cylindrée.

-배기[2] 접미 ① âgé de, digne d'un âge. ¶ 한 살~ un enfant d'un an. ¶ 두 살~ 어린아이 un enfant de deux ans. ② personne *f* [objet *m*] chargé(*e*) de *qc*. ¶ 나이~ une personne plus âgé qu'il n'y paraît. ¶ 알~ une femelle poisson lourde de son frai [chargée de son frai, sur le point de frayer]. ¶ 진짜~ un vrai, un véritable.

배기다[1] 재타 endurer, souffrir, supporter, durer, tenir, résister, rester ferme, tenir bon. ¶ 나는 계속되는 고통을[에] 배길 수가 없었다 Je ne pouvais plus tolérer [endurer, supporter] ces souffrances continuelles [perpétuelles]. ¶ 그 사람은 말을 하지 않고는 입이 근질근질해서 배길 수가 없었다 Il ne pouvait résister à l'envie de lui dire / La langue lui démangeait {*fam*}.

배기다[2] 재 sentir un engourdissement. ¶ 방바닥에서 잠을 잤더니 등이 배긴다 J'ai mal au dos [aux reins] après avoir dormi par terre [à même le sol]. ¶ 엉덩이가 배긴다 J'ai mal aux fesses à force de rester assis(*e*).

배꼽 명 nombril *m*, ombilic {*litt*}.

*~**도 덜 떨어지다** avoir encore le nez qui pisse le lait {*fam*}; si on lui pressait le nez, il en sortirait du lait {*fam*})), être encore trop jeune et inconsidéré(*e*), être encore inexpérimenté(*e*), être un (jeune) blanc-bec, être encore un(*e*) gamin(*e*) {*fam*}. ¶ ~도 덜 떨어진 녀석 un type [un jeune homme] qui a encore le nez qui pisse le lait {*fam*}, un type (encore) trop jeune [inexpérimenté], un type encore jeune et inconsidéré, un (jeune) blanc-bec, un béjaune [bec-jaune] {*vx*}, un gamin, un (petit) morveux {*fam*} [péteux {*fam*}], un (petit) merdeux {*vulg*}.

*~**(이) 빠지다** se fendre la pipe {*fam*} [la gueule {*fam*}, la pêche {*fam*}, la poire {*fam*}], se tenir les côtes (de rire) {*fam*}; se dilater la rate {*fam*}, se tordre (de rire), pouffer (de rire), être plié(*e*) (en deux), être plié(*e*) {*fam*} de rire, faillir faire (pipi) dans *sa* culotte {*vulg*}, avoir la rate qui va éclater (tellement on rit), hurler de rire, se bidonner {*fam*}, se boyauter {*fam*}. ¶ 어찌나 우스운지 ~이 빠지는 줄 알았다 J'ai bien cru que j'allais pisser [faire (pipi)] dans ma culotte {*vulg*} / J'ai failli mourir de rire / C'était à mourir de rire.

*~**(을) 잡다[쥐다]** se tenir les côtes {*fam*}(de rire), se fendre la pipe {*fam*} [la gueule {*fam*}, la pêche {*fam*}, la poire {*fam*}], se dilater la rate {*fam*}, se tordre (de rire), se mailler de rire {*fam*}, se bidonner {*fam*}, se poiler {*fam*}, se gondoler {*fam*}, se boyauter {*fam*}; ne plus en pouvoir; pouffer (de rire); rire à en faire pipi dans *sa* culotte {*vulg*}; ((j'ai failli)) mourir de rire; être plié(*e*) (en deux), être plié(*e*) de rire, être mort(*e*) de rire; rire à en pleurer; pleurer de rire; se désopiler. ¶ 그의 우스갯소리에 모두가 ~을 잡았다 A sa

plaisanterie, on était tous morts de rire [pliés en deux, pliés {*fam*}(de rire)] / Tout le monde était tordu [s'est tordu] de rire à sa plaisanterie / *Sa* plaisanterie, c'était à mourir [à crever {*fam*}] de rire / *Sa* plaisanterie a déclenché [provoqué] l'hilarité générale.

***배보다 ~이 더 크다** ((se dit lorsque)) l'accessoire revient plus cher que l'essentiel [les frais sont supérieurs à la valeur de l'objet acheté, les frais secondaires dépassent largement la valeur de l'achat [de la marchandise] ((par exemple lorsque l'envoi d'un cadeau revient plus cher que le cadeau lui-même)).

배낭[1] 胚囊 명 【식물】 sac *m* [feuillets *mpl*] embryonnaire(*s*).

배낭[2] 背囊 명 sac *m* à dos; havresac *m*, sac *m* de soldat [fantassin]; sac *m* d'alpiniste; sac *m* de scout; sac *m* de campeur. ¶ ~을 메다[짊어지다] mettre un sac sur le dos; porter un sac à dos [sur le dos]. ¶ ~을 싸다 préparer *son* sac (à dos).

◆**_여행** -旅行 명 voyage *m* avec un sac à dos, voyage *m* en routard {*fam*}.

배냇병신 -病身 명 personne *f* ayant une malformation *f* congénitale; crétin(*e*) congénital(*e*); infirme *m* congénital.

배냇저고리 명 vêtements *mpl* (sans col) pour bébé.

배냇짓 명 sourire *m* ou mouvement *m* des yeux, du nez et de la bouche d'un bébé dans *son* sommeil. ¶ 아기가 ~을 한다 Le bébé sourit dans *son* sommeil.

배다[1] 자 ① imprégner, mouiller, baigner, pénétrer, détremper, humecter, imbiber, tremper. ¶ 땀이 밴 옷 un vêtement baigné de sueur. ¶ 담배 냄새가 밴 옷 un habit imprégné d'odeur de cigarette. ¶ 종이에 기름이 배어 있다 Ce papier est imbibé d'huile. ② être familiarisé(*e*) avec *qc*; se faire à *qc*, s'habituer à *qc*, s'accoutumer à *qc*. ¶ 습관[태도] 이 몸에 ~ prendre une habitude [une attitude]. ¶ 그 아저씨는 욕이 입에 배어 있다 Cet homme jure du matin au soir / Cet homme a un langage de charretier [jure comme un charretier]. ¶ 그 남자는 친절이 몸에 배어 있다 C'est la gentillesse même / Il est gentil comme tout / Il est adorable / C'est la gentillesse personnalisée / Il transpire la gentillesse / Il sue la bonté.

배다[2] 자타 ① ((femme)) concevoir; devenir enceinte. ¶ 아기를 밴 여자 femme enceinte. ¶ 누구에게 아이를 배게 하다 mettre [rendre] ((une femme)) enceinte; rendre ((une femme)) grosse {*vulg*}, engrosser {*vulg*} ((une femme)); faire un enfant à ((une femme)) {*fam*}; féconder {*vulg*} ((une femme)). ¶ 개가 새끼를 뱄다 La chienne est grosse. ② avoir des œufs. ¶ 대구가 알을[이] 가득 뱄다 La morue est pleine d'oeufs. ③ ((알이 ~)) avoir des muscles durs. ¶ 종아리에 알이 ~ avoir des mollets durs [mollets musclés].

배달[1] 配達 명 livraison *f*; factage *m*; distribution *f*. ¶ 우편 ~ distribution du courrier. ¶ 무료 ~ une livraison gratuite; un rendu à domicile; un franc de port. ¶ 대금을 ~ 시에 지불하다 payer à la livraison. ◇_(을) **하다** livrer (à domicile); porter ((le lait)) à domicile; distribuer ((le courrier)); faire la livraison de *qc*. ¶ 우유[편지, 소포, 신문]를 ~하다 porter le lait à domicile [distribuer le courrier, apporter un colis à *qn*, distribuer les journaux]. ¶ 즉시 ~할 것 (à) livrer de suite. ¶ 주문을 받는 즉시 ~해 드립니다 Nous vous livrons dès la commande. ◇_(이) **되다** être livré(*e*); être distribué(*e*). ¶ 잘못 ~된 편지 une lettre mal distribuée. ¶ 우편물은 하루에 두 번 ~된다 Le courrier est distribué deux fois par jour / Il y a deux distributions de courrier par jour / On distribue le courrier deux fois par jour.

◆**_료** -料 명 frais *mpl* de livraison; factage *m*.

◆**_부** -夫 명 livreu*r*(*se*); facteur *m*, télégraphiste *mf*; porteu*r*(*se*) ((de journaux)).

◆**_원** -員 명 livreu*r*(*se*); porteu*r*(*se*) ((de lait)). ¶ 우유 ~원 porteu*r*(*se*) de lait (à domicile).

◆**_처** -處 명 destination *f*.

배달[2] 명 Baedal ((ancien nom de la Corée)).

배당 配當 명 ① attribution *f* de *qc* à *qn*; affectation *f* ((d'une somme à un but)); partage *m*, répartition *f*, distribution *f* ((de parts, de fonctions)). ¶ 시간 ~을 효율적으로 하다 répartir [organiser] intelligemment [de façon efficace] *son* emploi du temps. ② 【경제】 dividende *m*. ¶ 이익 ~을 받다 toucher un dividende. ¶ 이익 ~을 줄이다 réduire un dividende. ◇_(을) **하다** ① attribuer; assigner *qc* à *qn*; affecter, destiner ((une somme à un but)); répartir, distribuer ((des fonctions, des sièges)). ¶ 실업자 대책에 많은 예산을 ~하다 affecter une grosse somme [un important budget, de gros crédits] aux mesures contre le chômage. ¶ 국어에 가장 많은 시간을 ~하다 consacrer le plus de temps possible à l'étude du coréen, privilégier le coréen dans la répartition du temps d'étude. ② répartir, distribuer ((des actions)), répartir un dividende ((aux actionnaires)). ¶ 이익금을 주주에게 ~하다 répartir un dividende aux actionnaires. ◇_(이) **되다** se voir attribuer. ¶ 내게 가장 힘든 일이 ~되었다 Je me suis vu attribuer le travail le plus difficile [fastidieux]. ¶ 이 팀에는 차량 한 대가 ~되어 있다 Un véhicule a été attribué à cette équipe. ¶ 우리 부서에 ~된 인력으로는 도저히 그 일을 감당할 수 없다 On ne pourra jamais achever ce travail [assumer cette tâche] avec le peu d'effectif(s) qui nous a été affecté.

◆**_금** -金 명 ((법률)) dividende *m*, part *f*, portion *f*, lot *m*.

◆**_주** -株 명 【경제】

◆**무_** 無- 명

◆**중간_** 中間- 명 【경제】 acompte *m* sur un dividende.

배드민턴 영{badminton} 명 【운동】 badminton *m*.
배라먹다 자 【속어】 mendier, faire la manche. ¶ 배라먹을 놈! Pauvre [sale] clodo! {*vulg*}.
배란 排卵 명 ovulation *f*. ¶ ~ 주기 période d'ovulation. ◇_(을) **하다** ovuler; être en période d'ovulation.
◆_**기** -期 명 période *f* d'ovulation.
◆_**일** -日 명 jour *m* de l'ovulation.
배럴 영{barrel} 명 baril *m*. ¶ ~을 기름으로 채우다 remplir le baril de pétrole.
분류 baril *m* ((de pétrole)). ¶ 석유 한 ~ un baril de pétrole.
배려 配慮 명 sollicitude *f*, considération *f*, prévenance *f*, attentions *fpl*; ((être aux)) (petits) soins *mpl*. ¶ 누구에게 세심한 ~를 아끼지 않다 être aux petits soins pour *qn*. ¶ 그의 지나친 ~가 그녀를 부담스럽게 했다 *Ses* attentions exagérées l'ont mise dans l'embarras. ◇_(를) **하다**[**기울이다**] être plein d'attentions [d'égards]; avoir de la prévenance pour *qn*; être aux petits soins pour *qn*; être attentionné(*e*) à l'égard de *qn*; entourer *qn* d'attentions; être prévenant(*e*) envers [pour] *qn*; être plein de prévenances et d'égards ((pour sa femme)); entourer *qn* (de prévenances); avoir des attentions ((délicates)) pour *qn*; traiter *qn* avec beaucoup d'égards; veiller à *qc*; prendre *qc* en considération. ¶ 장애인들을 우선적으로 ~하다 avoir de la prévenance avant tout pour les personnes handicapées; entourer les personnes handicapées (d'attentions). ¶ 다른 사람을 조금도 ~하지 않다 ne pas porter la moindre attention aux autres. ¶ 누구를 ~해서 en considération de *qn*. ¶ 이 유치원은 어린이들이 즐겁게 놀 수 있도록 여러 가지로 ~하고 있다 Cette école maternelle fait de son mieux pour (veiller à ce) que les enfants puissent s'amuser dans de bonnes conditions. ◇_(가) **되다** être fait(*e*) à l'égard de *qn*. ¶ 빈민들이 ~된 복지정책이 시행되어야 한다 Il faut que des mesures soient prises à l'égard des personnes défavorisées [des personnes démunies, des pauvres].
배례 拜禮 명 salutation *f* avec inclination; salutation *f* courtoise; salut *m* oriental. ◇_(를) **하다** saluer *qn* en s'inclinant. ¶ 신랑 신부가 서로 ~를 하였다 Les mariés se sont salués en s'inclinant.
배리 背理 명 irrationalité *f*. ◇_(가) **되다** être irrationnel(*le*).
배면 背面 명 dos *m*, arrière *m*, derrière *m*. ¶ 조각의 ~ dos d'une sculpture.
배반 背反 명 trahison *f*; révolte *f*. ◇_(을) **하다** trahir, abandonner ((*son* roi)); se rebeller contre; manquer ((à *sa* parole)). ¶ 조국을 ~하다 trahir *sa* patrie. ¶ 친구[부모]를 ~하다 trahir *ses* amis [être ingrat(*e*) envers *ses* parents]. ¶ 주위 사람들의 기대를 ~하다 trahir l'espérance [l'attente, les espoirs] de *son* entourage. ¶ 신의[약속]를 ~하다 trahir la confiance [manquer à la parole]. ◇_(을) **당하다** être trahi(*e*). ¶ 그는 믿고 있던 친구에게 ~당했다 Il a été trahi par *son* ami en qui il croyait. ☞ 배신
◆_**감** -感 명 sentiment *m* de trahison.
◆_**자** -者 명 traître(*sse*); Judas *m*, renégat(*e*).
배배 부 ① ((줄 따위)) d'une manière entortillée. ¶ 줄을 ~ 꼬다 entortiller une corde. ② ((비유적)) de façon tordue, de manière déformée; d'une façon agaçante. ¶ ~ 꼬이다 avoir l'esprit tordu [mal tourné, faussé, perverti]. ¶ 그 사람은 성격이 ~ 꼬였다 Il a un caractère tordu. ¶ 남의 말을 ~ 꼬아대다 parler d'un ton ironique [cynique], lancer [envoyer] des traits ironiques; ironiser, rire au nez de *qn*, parler à *qn* sur un ton railleur, se moquer d'une façon agaçante de *qn*, railler *qn*, ridiculiser *qn*, tourner *qn* en dérision.
배변 排便 명 excrétion *f*, évacuation *f* des excréments. ◇_(을) **하다** excréter; évacuer *ses* excréments, déféquer, faire caca {*fam*}, faire la grande commission, aller à la selle, aller sur le trône {*fam*}, faire ses besoins. ¶ 아이가 혼자 ~을 한다 L'enfant fait caca tout seul {*fam*}.
배부 配付 명 distribution *f*. ¶ 원서 ~ la distribution des dossiers [demandes] d'admission. ◇_(를) **하다** distribuer, faire la distribution de *qc*. ¶ 학생들에게 교과서를 무상으로 ~하다 distribuer gratuitement les manuels aux élèves. ¶ 시험지를 ~하다 distribuer les feuilles d'examen. ◇_(가) **되다** être distribué(*e*).
배부르다 형 ① avoir l'estomac [le ventre] plein, ne plus avoir faim; être rassasié(*e*), repu(*e*), assouvi(*e*), être calé(*e*) {*fam*}, lesté(*e*) {*fam*}, gonflé(*e*) [plein(*e*)] comme une outre {*fam*}. ¶ 이제는 배불러 (더 못 먹겠다) Maintenant, j(e n)'ai plus faim, je ne peux plus rien avaler / J(e n)'en peux plus maintenant, (je ne peux plus rien avaler) / Je suis calé(*e*) maintenant {*fam*} / Je ne peux plus manger parce que j'ai le ventre plein [je suis rassasié(*e*), je suis repu(*e*)] / J'ai le ventre plein, je n'en peux plus. ② être comblé(*e*); ne pas avoir à se plaindre vu *sa* situation; être riche, vivre dans l'aisance. ¶ 배부른 투정 des plaintes d'une personne comblée (qui ne devrait pas avoir à se plaindre) [d'une personne mal placée pour se plaindre, d'une personne qui n'est pas dans le besoin]. ¶ 배부른 소리 하지 마라 Tu n'as pas à te plaindre / De quoi tu te plains? / Tu as tout ce qui te faut, de quoi tu te plains? / Tu es mal placé(*e*) pour te plaindre.
***안 먹어도** ~ être comblé(*e*). ¶ 아들이 사법시험에 합격하니 안 먹어도 ~ Je suis comblé car mon fils a été reçu au concours d'admission de la magistrature.
◆**배불리** 부 à satiété. ¶ 배불리 먹다 manger à sa faim; avoir la peau du ventre bien tendue {*fam*}; se remplir le ventre {*fam*}.
배분 配分 명 distribution *f*, répartition *f*, partage *m*. ◇_(을) **하다** distribuer, répartir, partager. ¶ 각자에게 몫을 고루 ~하다 distribuer la part de chacun

équitablement. ◇_(이) 되다 se partager, se répartir, se distribuer.

배상 賠償 명 répartition *f*, compensation *f*; dédommagement *m*, indemnisation *f*. ¶ 손해 ~ dommages et intérêts. ¶ 손해 ~을 청구하다 demander [réclamer] à *qn* un dédommagement. ◇_(을) 하다 indemniser *qn* de ses frais, dédommager *qn* ((d'un manque, de ses frais, de ses pertes)); compenser un préjudice. ¶ 교통사고로 입은 피해를 ~하다 indemniser *qn* des dommages subis lors d'un accident de voiture.

◆_금 -金 명 indemnité *f*; dommages-intérêts *mpl*; dommages *mpl* et intérêts *mpl*; dommages *mpl* ((de guerre)). ¶ ~금 전액을 지불하다 s'acquitter d'une indemnité.

◆_액 -額 명 montant *m* d'une indemnité.

배색 配色 명 assortiment *m* de couleurs; distribution *f* des couleurs; coloration *f*, coloris *m*. ¶ ~ 효과 le résultat de la coloration. ¶ ~이 좋다[좋지 못하다] Les couleurs sont bien [mal] assorties. ¶ 벽지와 커튼의 ~이 잘 되었다 Le papier peint et les rideaux sont bien assortis. ◇_(을) 하다 assortir [répartir] des couleurs; colorer, colorier; mettre en couleur.

배서 背書 명 ① écriture *f* au verso d'un document. ② 【경제】 endos *m*, endossement *m*. ¶ ~가 없는 수표 un chèque non endossé. ◇_(를) 하다 ① écrire au dos d'une feuille. ¶ 책장에 ~하다 écrire au dos d'une feuille. ② endosser ((un chèque)). ¶ 수표에 ~하다 endosser un chèque. ☞ 이서

배석 陪席 명 action d'assister *qn* (comme adjoint). ◇_(을) 하다 assister *qn*; être l'adjoint de *qn* ((dans une réunion)). ¶ 학교 행사에 많은 지역 유지들이 ~했다 De nombreuses personnes dévouées sont venues assister à la fête de l'école. ¶ 양국 수뇌 회담은 장관들이 ~한 가운데 진행되었다 La conférence au sommet des deux pays s'est déroulée en présence des ministres.

◆_판사 -判事 명 【법률】 juge *m* assesseur.

배선 配線 명 pose *f* de fils électriques. ¶ ~ 공사 travaux de pose de fils électriques. ¶ 전기 ~ pose de fils électriques. ◇_(을) 하다 poser une ligne électrique; poser [mettre] l'électricité ((dans une maison)). ◇_(이) 되다 ((ligne électrique)) être posé(*e*); ((électricité)) être mis(*e*).

◆_공 -工 명 électricien(*ne*).

◆_도 -圖 명 【전기】 schéma *m* de principe [des principes]; schéma *m* des circuits; diagramme *m* schématique.

배설 排泄 명 excrétion *f*, évacuation *f*. ¶ ~ 작용 évacuation; le processus de l'excrétion. ◇_(을) 하다 excréter, évacuer. ¶ 노폐물을 몸 밖으로 ~하다 évacuer les déchets [les excrétions] hors du corps ((excréments, transpiration)). ◇_(이) 되다 être excrété(*e*), évacué(*e*).

◆_계 -系 명 système *m* excrétoire.

◆_관 -管 명 can*al*(*aux*) *m* excréteur; canaux *mpl* déférents.

◆_기 -器[器官] 명 can*al*(*aux*) *m* excréteurs; canaux *mpl* déférents.

◆_물 -物 명 excrétions *fpl*; excrément *m*, déjection *f*.

배소 配所 명 exil *m*. ¶ ~로 보내다 envoyer *qn* en exil.

배속 配屬 명 affectation *f* ((à un poste)); répartition *f* du personnel. ◇_(을) 하다[시키다] affecter ((*qn* à un poste)); répartir le personnel. ¶ 누구를 영업부로 ~하다 affecter *qn* au service commercial. ◇_(이) 되다 être affecté(*e*), détaché(*e*) ((à un poste)). ¶ 나는 사장 비서실에 ~되었다 J'ai été affecté(*e*) au poste de secrétaire du directeur. ◇_(을) 받다 être affecté(*e*), détaché(*e*) ((à un poste)). ¶ 영업부에 ~을 받다 être affecté(*e*) au service commercial.

배송[1] 配送 명 envoi *m*, livraison *f*. ¶ 무료 ~ livraison gratuite. ◇_(을) 하다 envoyer, livrer, délivrer, expédier. ¶ 신간 서적을 각 서점에 ~하다 expédier les nouvelles parutions dans toutes les librairies. ◇_(이) 되다 être expédié(*e*), envoyé(*e*), livré(*e*).

배송[2] 陪送 명 accompagnement *m* ((de *qn* à la gare)). ◇_(을) 하다[나가다] accompagner *qn*. ¶ 손님을 기차역까지 ~하다 (r)accompagner un hôte jusqu'à la gare. ◇_(을) 받다 être accompagné(*e*), conduit(*e*), escorté(*e*). ¶ 대통령은 장관의 ~을 받으며 공항으로 나갔다 Le président de la république s'est rendu à l'aéroport accompagné par son ministre.

배수[1] 配水 명 distribution *f* d'eau. ¶ ~ 시설 les installations pour la distribution de l'eau. ◇_(를) 하다 distribuer l'eau.

◆_관 -管 명 conduite *f* d'eau, tuyau(*x*) *m* de distribution d'eau. ¶ 낡은 ~관을 교체하다 changer un vieux tuyau d'eau[une vieille conduite d'eau].

배수[2] 排水 명 drainage *m*, écoulement *m*, évacuation *f* (des eaux). ¶ ~ 작업[시설] travaux d'assainissement (d'un terrain) [équipement d'évacuation des eaux]. ◇_(를) 하다 évacuer, drainer, assainir. ◇_(가) 되다 s'écouler, (l'évacuation des eaux) se faire (bien [mal]). ¶ ~가 잘 안되는 지역 un endroit où l'évacuation des eaux se fait mal [où l'eau s'écoule mal].

◆_관 -管 명 conduite *f* d'évacuation, tuyau(*x*) *m* d'écoulement. ¶ 막힌 ~관을 뚫다 déboucher un tuyau d'écoulement.

◆_구 -口 명 can*al*(*aux*) *m* de décharge, rigole *f* [caniveau(*x*) *m*, tranchée *f*, fossé *m*] d'écoulement, fossé *m* d'assainissement. ¶ 폭우로 도로의 ~구가 막혔다 Les caniveaux d'évacuation (de la route) ont été bouchés par les pluies torrentielles.

배수[3] 倍數 명 【수학】 multiple *m*.

배시시 부 timidement, mollement. ¶ ~ 웃다 sourire timidement.

배식 配食 명 distribution *f* de repas [de rations] ((à l'armée)); action de fournir [de distribuer] les repas ((aux hommes, dans l'armée)). ¶ ~ 시간 l'heure

ㅂ

du repas à l'armée; l'heure du rationnement. ¶ 병사들이 줄을 서서 ~을 기다린다 Les soldats attendent leur repas [leur ration] en faisant la queue. ◇_(을) **하다** fournir des repas à ((chaque homme dans l'armée, des soldats)); distribuer les rations à chaque homme (dans l'armée).

배신 背信 명 abus *m* de confiance; trahison *f*, traîtrise *f*, perfidie *f*, infidélité *f*. ¶ ~ 행위 trahison, manque de parole, infidélité. ◇_(을) **하다** trahir la confiance de *qn* [la foie jurée]; manquer à ((*sa* promesse, *sa* parole)). ¶ 친구[회사]를 ~하다 trahir un(*e*) ami(*e*), ne pas être fidèle à un(*e*) ami(*e*) [trahir une société, trahir une compagnie]. ¶ 친구의 믿음을 ~하다 trahir la confiance d'un(*e*) ami(*e*). ◇_(을) **당하다** être trahi(*e*). ¶ 친구에게 ~당하다 être trahi(*e*) par un(*e*) ami(*e*).
◆_**적** -的 명 traître, infidèle.
◆_**감** -感 명 sentiment *m* de trahison.
◆_**자** -者 명 traître(*sse*); Judas *m*, renégat(*e*).

배심 陪審 명 jury *m*.
◆_**원** -員 명 【법률】 (membre *m* d'un) jury *m*; juré(*e*).
◆_**원석** -員席 명 banc *m* du jury.
◆_**재판** -裁判 명 jugement *m* par jury.
◆_**제도** -制度 명 【법률】 système *m* de jury.

배알 拜謁 명 ((obtenir)) audience *f* ((auprès du roi, d'un prince, de la reine)). ¶ 교황에게 ~을 요청하다 demander audience au pape. ◇_(을) **하다** être reçu(*e*) en audience; avoir une audience avec ((un roi, un prince)). ¶ 왕을 ~하다 avoir une audience avec le roi.

배양 培養 명 ① développement *m*, formation *f*, entretien *m*, encouragement *m*, enrichissement *m*. ¶ 인격 ~ formation du caractère [de la personnalité]. ② 【생물】 culture *f* ((microbienne)). ◇_(을) **하다** ① cultiver ((l'intelligence, le goût, le don, les dispositions de *qn*)), développer; favoriser, encourager; entretenir, nourrir. ¶ 실력을 ~하다 cultiver *ses* capacités. ¶ 인재를 ~하다 développer les ressources humaines. ② cultiver ((des microbes, des cellules)), faire une culture ((microbienne)). ◇_(이) **되다** ① ((intelligence, goût, don, dispositions)) être cultivé(*e*), être développé(*e*), formé(*e*), entretenu(*e*), nourri(*e*), enrichi(*e*), perfectionné(*e*); être encouragé(*e*), favorisé(*e*). ¶ 단기간에 국력이 ~되었다 La puissance de l'État a augmenté en très peu de temps. ② ((cellules, microbes)) être cultivé(*e*)s. ¶ ~된 세포 cellules *cultivées*.
◆_**기** -器 명 étuve *f* à incubation. ¶ 세균 ~기 une étuve à incubation.
◆_**액** -液 명 bouillon *m* de culture.
◆_**토** -土 명 compost *m*.

배어나다 자 apparaître ((à la surface)). ¶ 긴장으로 그 사람의 이마에는 땀이 배어났다 La tension lui a mis la sueur au front.

배어들다 자 filtrer; infiltrer; s'infiltrer. ¶ 옷에 물감이 배어들었다 Le colorant s'est infiltré dans l'étoffe. ¶ 그 사람의 목소리에는 허세가 배어들어 있었다 Il avait la voix teintée de vanité.

배열 排列 명 rangement *m*, arrangement *m*, disposition *f*. ¶ 좌석 ~을 바꾸다 changer la disposition des places. ◇_(을) **하다** ranger, arranger; mettre *qc* en ordre, disposer. ¶ 의자들을 나란히 ~하다 aligner les chaises. ¶ 학생들의 이름을 가나다 순으로 ~하다 ranger le nom des étudiants dans l'ordre de l'alphabet (coréen). ◇_(이) **되다** être disposé(*e*)s.

배우 俳優 명 ac*teur*(*trice*), comédien(*ne*). ¶ 주연 ~ ac*teur*(*trice*) principal(*e*).

배우다 타 ① apprendre *qc*, étudier, faire l'apprentissage de *qc*, prendre connaissance de *qc*, s'initier ¶ 프랑스어를 ~ apprendre le français. ¶ 읽는[수영하는] 법을 ~ apprendre à lire [à nager]. ¶ 형에게 수학을 ~ apprendre les mathématiques auprès de *son* frère aîné. ¶ 참고 기다리는 법을 ~ apprendre à endurer et à patienter. ¶ 나는 사는 것이 쉽지 않다는 것을 배웠다 J'ai appris que la vie n'était pas facile. ¶ 어른을 깍듯이 모셔야 한다고 배웠다 J'ai appris qu'il fallait absolument respecter les anciens [les personnes âgées]. ¶ 그 친구는 모든 것을 쉽게 배우는 편이다 Il apprend tout avec une grande facilité. ¶ 그것은 배우기가 쉽다 [어렵다] Cela est facile [difficile] à apprendre / Cela s'apprend facilement [difficilement]. ¶ 누구에게 (서) 배웠습니까? Auprès de [Par] qui l'avez-vous appris? ¶ 배우는 데에는 나이가 없다 On apprend à tout âge. / Pour apprendre, il n'y a pas d'âge. ② 본받다 suivre, imiter, apprendre. ¶ 자식들은 부모의 행동을 그대로 배운다 Les enfants imitent [suivent] le comportement de leurs parents. ③ ((술 따위를)) apprendre à+*inf*, s'initier à *qc*. ¶ 술을 ~ apprendre à boire (de l'alcool); s'initier à l'alcool [aux boissons alcoolisées]. ¶ 담배를 ~ commencer à fumer [s'initier au tabac] sous l'influence de mauvaises fréquentations. ④ 깨닫다 acquérir des connaissances, apprendre. ¶ 역사에서 ~ s'inspirer [se nourrir] de l'histoire. ¶ 고통 속에서 인생의 참뜻을 ~ apprendre le véritable sens de la vie dans les souffrances. ¶ 그 일을 통해 배운 바가 많다 J'ai acquis [appris] beaucoup de choses à travers cette affaire.

배우자 配偶者 명 âme *f* soeur, épou*x*(*se*), conjoint(*e*); compagnon *m*, compagne *f*. ¶ ~를 찾다 chercher [trouver] *son* âme soeur. ¶ 좋은 ~를 만나다 rencontrer un bon conjoint. ¶ ~를 얻다 se marier.

배웅 명 accompagnement *m* ((de *qn* qui part)). ¶ ~을 나가다 accompagner *qn* ((jusqu'à l'aéroport)), raccompagner [(re)conduire] *qn* ((à l'aéroport)). ◇_(을) **하다** accompagner *qn* ((jusqu'à l'aéroport)), raccompagner [(re)conduire] *qn* ((à l'aéroport)). ¶ 손님을 ~하다 reconduire les invités ((jusqu'au seuil de la porte)). ¶ 친구를 공항까지 ~하다 conduire *son* ami(*e*) à l'aéroport, raccompagner *son* ami(*e*) (jusqu')à l'aéroport. ◇_(을) **받다** être reconduit(*e*), raccompagné(*e*). ¶ 친구들에게 ~을 받다 être reconduit(*e*) [raccompagné(*e*)] par des amis.

배율 倍率 명 【물리】 ((렌즈 따위의)) puissance *f* ((d'un microscope)), grossissement *m*.

배은망덕 背恩忘德 명 ingratitude *f*, méconnaissance *f*.

◆**_하다** 형 être ingrat(*e*); oublier les bienfaits, manifester de l'ingratitude. ¶ 저런 ~한 놈 같으니 Quel ingrat! / Espèce d'ingrat!

배이다 자 ☞ 배다[1]

배임 背任 명 prévarication *f*; abus *m* de confiance [de pouvoir, d'autorité]. ¶~ 행위 prévarication; abus de confiance [de pouvoir, d'autorité]. ◇_(을) **하다** abuser de *son* pouvoir [de *son* autorité].

◆**_죄** -罪 명 【법률】 prévarication *f*, détournement *m* de fonds.

배점 配點 명 répartition *f* des points; répartition *f* des coefficients. ¶ 과목별 ~ 비율 taux de répartition des coefficients selon la matière. ¶ 전체 ~ répartition totale des coefficients. ¶ 수학과목의 ~을 높이다 augmenter le coefficient [l'importance] des mathématiques. ¶ 학생들은 ~이 낮은 과목을 공부하지 않는다 Les étudiants ne travaillent pas pour les matières à faible coefficient. ◇_(을) **하다** attribuer des points; attribuer des coefficients ((à chaque matière)). ¶ 객관식은 한 문항에 1점씩 ~하고 주관식은 2에서 4점까지 ~했다 Un point sera attribué aux questions du type Q.C.M., entre deux et quatre points aux questions subjectives.

배접 褙接 명 collage *m* ((de papier, d'étoffes)). ◇_(을) **하다** faire un collage.

배정 配定 명 allocation *f*, affectation *f* ((d'une somme)); répartition *f* ((des dépenses)); attribution *f* ((de fonctions)); distribution *f* ((de parts, d'une propriété)); ventilation *f* ((des frais généraux)). ¶ 방 ~은 벌써 끝났다 La répartition des chambres est déjà terminée. ◇_(을) **하다** répartir, distribuer ((des fonctions, des sièges)); affecter, destiner *qc* ((à un but)); attribuer ((une part à *qn*)); assigner ((un rôle, une tâche, un logement)). ¶ 예산을 ~하다 attribuer [allouer] un budget. ¶ 각자 할 일을 ~하다 assigner une tâche à chacun. ¶ 추첨에 의해 학교를 ~하다 répartir des élèves dans telle ou telle école (primaire) par tirage au sort. ¶ 누구를 어디에[어느 부서에] ~하다 affecter *qn* à un poste [dans un service]. ◇_(이) **되다** se faire attribuer; être affecté(*e*). ¶ 내게는 창가 쪽 좌석이 ~되었다 On m'a donné une place (assise) côté fenêtre. ¶ 금년에는 많은 인원이 우리 부서로 ~되었다 Cette année, une grande partie du personnel a été affectée dans notre service. ◇_(을) **받다** se voir assigner ((un rôle, une tâche, un logement)); être affecté(*e*). ¶ 힘든 일을 ~받다 se voir assigner des tâches difficiles.

배제 排除 명 exclusion *f*, élimination *f*. ◇_(를) **하다[시키다]** exclure, éliminer. ¶ 정실을 ~한 인사 정책 politique sans favoritisme [népotisme] (où ont été supprimées [mises de côté] toutes les considérations d'ordre personnel, où l'on fait abstraction de tout favoritisme). ¶ 그 회사는 입찰에서 우리를 ~시켰다 Cette compagnie nous a exclus de l'adjudication [la vente aux enchères]. ◇_(가) **되다** être exclu(*e*), éliminé(*e*). ¶ 공무에 있어서 사적인 감정은 ~되어야 한다 Dans la fonction publique, les sentiments personnels doivent être exclus [il faut faire abstraction de ses sentiments personnels [de tout sentiment personnel], il faut faire abstraction de toute considération d'ordre personnel].

배중률 排中律 명 【논리】 loi *f* de l'exclusion du milieu.

배지 영{badge} 명 ☞ 휘장[2]

배짱 명 ① (ferme) intention *f*, pensée *f* intime. ¶ 네 ~대로 해 봐라 fais comme bon te semble! ② culot *m* {*fam*}, courage *m*, cran *m*, audace *f*, intrépidité *f*. ¶ 그는 ~이 좋다 Il a du culot. ◇_(을) **부리다** montrer du culot, se montrer intrépide. ¶ 쓸데없는 ~ 부리지 마라 Ne te montre pas inutilement intrépide! ◇_(이) **있다[없다]** avoir du[ne pas avoir de] cran [culot]. ¶ ~ 있는 사람 une personne qui a du cran [des couilles{vulg}] ¶ 그만한 ~도 없이 어떻게 사업을 하나 Comment veux-tu faire des affaires si tu n'as pas le cran nécessaire[les couilles qu'il faut!{vulg}]!

*~**을 내밀다** montrer du cran[du culot], avoir le cran ((de faire *qc*)).

*~**(이) 맞다** bien s'entendre. ¶ ~이 맞는 친구들 des amis qui s'entendent bien.

배차 配車 명 programmation *f* des départs des trains [des autobus, des autocars]. ¶~ 시간 programmation des horaires des trains [((시내버스)) des autobus, ((시외버스)) des autocars]. ¶ 이 구간의 버스는 ~ 시간[간격]이 짧다 Sur ce trajet, l'intervalle entre deux (auto)bus est très court. ◇_(를) **하다** programmer les départs des trains [des autobus, des autocars] ; envoyer des autocars [des autobus] sur diverses lignes, faire partir les trains [les autocars, les autobus]] selon les horaires programmés à intervalles réguliers. ¶ 버스를 10분 간격으로 ~하다 faire partir un autobus toutes les 10 minutes [par intervalle de dix minutes].

배척 排斥 명 expulsion *f*, boycottage *m*. ◇_(을) **하다** expulser *qn*; exclure, rejeter, éliminer, chasser *qn* ((d'un parti)); mettre *qn* en quarantaine; boycotter ((les produits étrangers)). ¶ 외래어를 ~하다 exclure les mots d'origine étrangère. ¶ 미국 영화를 ~하다 boycotter les films américains. ◇_(을) **받다[당하다]** être exclu(e), chassé(e), mis(*e*) en quarantaine. ¶ 그의 새로운 이론이 다른 학자들에게 ~받고 있다 Sa nouvelle théorie n'est pas acceptée par les autres savants. ◇_(이) 되다 être exclu(*e*), chassé(*e*), rejeté(*e*), éliminé(*e*), mis(*e*) en quarantaine. ¶ 갓 들어온 외국문물은 ~되곤 한다 On a tendance à rejeter [à se méfier de] toutes les cultures étrangères nouvellement importées.

배추 명 chou(*x*) *m* blancs, chou(*x*) *m* chinois; chou(*x*) *m* de Pékin, pé-tsaï *m*, *Brassica rapa pekinensis* {*Nsc*}, *Brassica pe-tsai* {*Nsc*}/, ¶~ 김치 *gimchi* classique (fait à partir de choux de Pékin).

배출[1] 排出 명 ① décharge *f*, déversement *m*, vidange *f*, évacuation *f* ((d'eau)); dégagement *m* ((de gaz)), rejet *m* de gaz ((toxiques dans l'atmosphère)); échappement *m*, éjection *f* ((de vapeur)). ② excrétion *f* ((des matières fécales)). ◇_(을) 하다[시키다] dégager, émettre ((un gaz)); déverser; évacuer; éjecter; vider; rejeter. ¶ 공해물질을 ~하다 rejeter des substances polluantes. ¶ 각 가정에서 ~시키는 하수 les eaux usées rejetées par chaque ménage. ◇_(이) 되다 être déversé(*e*). ¶ 하루에도 몇 톤이 넘는 쓰레기가 ~된다 Combien de tonnes d'ordures sont déversées chaque jour!

◆_관 -管 명 【의학】 canaux *mpl* sécréteurs; canaux *mpl* excréteurs.

◆_구 -口 명 ① issue *f*, orifice *m* d'émission [d'évacuation]; sortie f ((d'air, de gaz)); débouché *m*, émissaire *m*. ¶~구가 막혔다 L'orifice est bouché. ② ((비유적)) moyen *m* d'exprimer ((un sentiment refoulé)). ¶ 억눌린 감정의 ~구 moyen d'exprimer un sentiment refoulé ((avoir pu enfin se libérer d'un sentiment refoulé)).

◆_기 -器 명 échappement *m*. ¶ 가스 ~기 dispositif d'évacuation de gaz d'échappement.

배출[2] 輩出 명 sortie *f* ((d'une université)). ◇_(을) 하다[시키다] faire sortir ((d'une université)); produire. ¶ 이 학교는 뛰어난 과학자들을 많이 ~하였다 Beaucoup de grands scientifiques sont sortis de cette école / Cette école a produit de nombreux grands scientifiques. ¶ 위대한 음악가들을 ~한 나라 pays qui fournit beaucoup de grands musiciens. ◇_(이) 되다 sortir, naître. ¶ 이 대회를 통해 많은 성악가들이 ~되었다 Par [Grâce à] ce concours, de nombreux chanteurs d'opéra sont nés / Ce concours a donné naissance à de nombreux chanteurs d'opéra.

배치[1] 背馳 명 contradiction *f*, opposition *f*. ◇_(를) 하다 aller à l'encontre de *qc*; contredire. ¶ 이 사실들은 이론에 ~한다 Ces faits vont à l'encontre de la théorie. ¶ 그의 행동은 평소 그의 소신과는 ~하는 것들이었다 Il a agi en contradiction [en opposition] avec ses principes. ◇_(가) 되다 se contredire. ¶ 증인들의 진술이 서로 ~된다 Les dépositions des témoins se contredisent.

배치[2] 配置 명 disposition *f*, arrangement *m*; placement *m*; mise *f* en place; affectation *f*, nomination *f*, désignation *f*; répartition *f*. ¶ 좌석 ~가 끝났다 La répartition des places est terminée. ◇_(를) 하다[시키다] disposer; arranger; agencer; poster; mettre en place; désigner *qn* ((pour un commandement)). ¶ 가구를 ~하다 arranger [disposer] des meubles. ¶ 행사장 입구마다 경찰들을 ~하였다 On a posté des policiers à chaque entrée de la foire. ◇_(가) 되다 être posté(*e*). ¶ 신입사원들은 영업부에 ~되었다 Les nouveaux employés ont été répartis dans le service commercial. ◇_(를) 받다 être disposé(*e*), arrangé(*e*), agencé(*e*), mis(*e*) en place. ¶ 몇몇 신입사원들은 해외로 ~받았다 Quelques nouveaux employés ont été postés à l'étranger.

◆_도 -圖 명 ① 【기계】 plan *m* d'agencement; 【건축】 plan *m* [projet *m*] de lotissement. ② plan *m* d'arrangement; 【건설】 plan *m* de terrain.

배타 排他 명 rejet *m* d'autrui; exclusion *m*; exclusivisme *m*; sectarisme *m*; esprit *m* de clan [de clique {*fam*}, de chapelle], esprit *m* fermé.

◆_적 -的 명 exclusi*f*(*ve*); fermé(*e*), qui a l'esprit fermé [de clan, de clique {*fam*}, de chapelle]; inamic*al*(*ale*, *aux*); hostile; qui manifeste de la froideur [de l'hostilité] envers *qn*. ¶~적 경제수역 zone d'exclusion [exclusive] économique ((ZEE)). ¶~적인 권리 droit exclusif ((de vendre, de publier)). ¶ 이 곳 사람들은 외국인들에게 매우 ~적이다 Ici, les gens sont très fermés envers les étrangers / Ici, les gens manifestent de la froideur [de l'hostilité] envers les étrangers / Ici, on n'aime pas du tout les étrangers.

◆_성 -性 명 exclusivisme *m* [sectarisme *m*]; esprit *m* fermé [de clan, de clique, de chapelle]. ¶~성이 강하다 être très fermé(*e*).

◆_주의 -主義 명 exclusivisme *m*; exclusion *m*; sectarisme *m*; esprit de clan [de clique {*fam*}, de chapelle].

배탈 명 indigestion *f*, troubles *mpl* digestifs. ◇_(이) 나다 avoir des troubles intestinaux[une indigestion].

배태 胚胎 명 ① conception *f*. ② ((비유적)) origine *f*. ◇_(를) 하다 ① concevoir. ② être à l'origine de. ¶ 급속한 산업화는 여러 가지 사회적 모순과 갈등을 ~하였다 Une industrialisation trop rapide est à l'origine de toutes sortes de contradictions sociales et de frictions. ◇_(가) 되다 être conçu(*e*).

배터리 영{battery} 명 batterie *f*, pile *f*. ¶~를 충전하다 recharger une pile [une batterie].

배턴 영{baton} 명 ☞ 바통

배토 培土 명 buttage *m*; terre *f* rapportée par buttage. ◇_(를) 하다 butter, terrer, chausser ((une plante)).

배포 配布 명 distribution *f*. ◇_(를) 하다 distribuer, répartir; répandre ((des libelles {*litt*} contre *qn*)). ¶ 유인물을 ~하다 distribuer des imprimés [des polycopiés]. ◇_(가) 되다 être distribué(*e*), réparti(*e*). ¶ 흑색 선전물이 ~되었다 Des libelles {*litt*} [Des pamphlets diffamatoires] ont été répandus [distribués dans la rue].

배필 配匹 명 époux(se), conjoint(e). ¶ ~을 구하다[만나다] (se) chercher [rencontrer] un(e) conjoint(e). ¶ 누구를 ~로 삼다 prendre *qn* pour époux(se), épouser *qn*.

배합 配合 명 combinaison *f*, assortiment *m*; mélange *m*, amalgame *m*; mixtion *f*, mixture *f*; composition *f* ((d'un engrais chimique)); harmonie *f*. ¶ ~ 비율 le taux de composition. ¶ 색의 ~ un assortiment de couleurs. ¶ ~이 잘 되다[잘못 되다] être bien [mal] assorti(e). ¶ 이 색깔들은 ~이 잘 되지 않는다 Ces couleurs s'harmonisent mal. ◇_(을) **하다[시키다]** combiner, assortir, mêler, mélanger; préparer; faire ((une mayonnaise)); composer ((un breuvage)); doser ((des drogues)). ¶ 노랑 물감에 파랑 물감을 ~하여 초록색을 만들다 On obtient la couleur verte en mélangeant du jaune avec du bleu. ◇_(이) **되다** s'assortir, se mélanger, se mêler, se combiner.

◆**_비료** -肥料 명 engrais *m* chimique; composé *m*.

◆**_사료** -飼料 명 aliment *m* composé pour animaux.

배회 徘徊 명 badauderie *f*, flânerie *f*. ◇_(를) **하다** flâner; marcher nonchalamment; rôder de-ci de-là; traîner ((dans les rues)); aller et venir sans rien faire; errer. ¶ 거리를 ~하다 flâner [errer] dans les rues.

배후 背後 명 ① arrière *m*, derrière *m*. ② arrière *m*. ¶ 적군의 ~를 공격하다 attaquer les lignes arrières de l'ennemi. ③ face *f* cachée, dessous *mpl*. ¶ ~ 인물 une éminence grise. ¶ 사건의 ~를 밝히다 dévoiler les dessous d'une affaire. ¶ ~에서 조종하다 diriger à distance, manoeuvrer dans l'ombre.

백[1] 百 관수 cent *m*. ☞ 이십

*~**에 하나** la perle rare.

백[2] 영{bag} 명 sac *m*.

백[3] 영{back} 명 ① derrière *m*, arrière *m*. ¶ 차를 ~으로 몰다 conduire en marche arrière ② ((비유적)) piston *m*. ¶ 그는 ~이 좋다[든든하다] Il a beaucoup de piston {*fam*}.

백관 百官 명 fonctionnariat *m*.

◆**만조_** 滿朝 명 ensemble *m* des fonctionnaires.

백구 白球 명 ((야구, 배구)) balle *f* blanche.

백금 白金 명 platine *m*; ((오용)) or *m* blanc. ¶ ~ 반지 une bague en platine.

백기 白旗 명 drapeau *m* blanc.

*~**(를) 들다** agiter le drapeau blanc; se rendre, rendre les armes, capituler.

백내장 白內障 명 cataracte *f*. ¶ ~이 왔다 être atteint(e) de la cataracte.

백년 百年 명 cent ans *mpl*; très longue période *f*. ¶ ~을 써도 남을 돈 une somme d'argent inépuisable.

*~**(이) 가도[가야]** éternellement; jamais, quand les poules auront des dents {*fam*}, le jour est loin où ..., ce n'est pas demain que ..., ce n'est pas demain la veille que ... {*fam*}, ce n'est pas encore pour demain {*fam*}, ce n'est pas pour tout de suite, ce n'est pas pour bientôt, ne pas être prêt(e) [être loin] de+*inf*; ça ne risque pas d'arriver, *tu* ne *risques* pas de+*inf* .... de si tôt [((오용)) de sitôt].

◆**_대계** -大計 명 projet *m* de grande envergure, projet *m* à long terme. ¶ ~대계를 세우다 former un projet de grande envergure [à long terme].

◆**_해로** -偕老 명 longue vie *f* en commun ((des époux)). ¶ ~해로(를) 하다 avoir une longue vie en commun [commune]. ¶ ~해로를 약속하다 s'unir en se promettant de tout partager jusqu'au dernier jour; jurer de vivre ensemble jusqu'à la mort [jusqu'à ce que la mort *les* sépare].

백년가약 百年佳約 명 liens *mpl* du mariage, lien *m* conjugal, noeuds *mpl* de l'hymen. ¶ ~을 맺다 s'unir par le mariage.

백도 白桃 명 pêche *f* blanche, *Prunus persica* for. *alba* {*nsc*}.

백두산 白頭山 명 le mont *m* Baekdu ((2 778 m, situé à la frontière de la Corée du Nord et de la Chine)).

백랍 白蠟 명 cire *f* blanche.

백련 白蓮 명 nénuphar *m* blanc; magnolia *m* [magnolier *m*] blanc.

백로[1] 白鷺 명 【동물】 aigrette *f*; héron *m*.

백로[2] 白露 명 rosée *f* blanche. <une des 24 divisions du calendrier luni-solaire, vers le 7 septembre.>

백만 百萬 관수 million *m*. ¶ ~ 명의 흑인들 un million de Noirs.

◆**_장자** -長者 명 millionnaire *m*.

백목련 명 magnolia *m* [magnolier *m*] blanc.

백문 百聞 명 entendre cent fois.

*~**이 불여일견** Mieux vaut voir une fois qu'entendre cent fois. ☞ 일견

백미[1] 白米 명 riz *m* décortiqué ((par opposition au riz complet)), riz *m* poli.

백미[2] 白眉 명 ① sourcils *mpl* blancs. ② le(*la*) meilleur(*e*); la fine fleur; élite *f*; prince *m*. ¶ 그의 작품 중의 ~ la meilleure de ses oeuvres.

백미러 영{back mirror} 명 rétroviseur *m*. ¶ ~로 뒤를 보다 regarder dans le rétroviseur.

백발 白髮 명 chevelure *f* blanche, cheveux *mpl* blancs. ¶ ~의 노인 un vieillard aux cheveux blancs.

백발백중 百發百中 명 ① ne jamais manquer son coup. ¶ ~의 명사수 un(*e*) tireur(*se*) d'élite, un(*e*) tireur(*se*) remarquable. ② réussite *f* en tout. ¶ 문제를 ~으로 알아맞히다 réussir tous les exercices; trouver la réponse à toutes les questions. ¶ 그는 언제나 ~이다 Il ne manque jamais son coup / Il réussit tout ce qu'il fait. ◇_(을) **하다** réussir à chaque coup; ne jamais manquer le but; réussir en tout.

백방 百方 명 toutes sortes de moyens, tous les moyens *mpl*, toutes les mesures *fpl*. ¶ 잃어버린 아이를 찾으려고 ~으로 노력하다 rechercher par tous les moyens un enfant perdu.

백배사죄하다 百拜謝罪- 자타 se confondre en excuses, faire toutes *ses* excuses. ¶ 이번 사건에 대해 국민들에게 ~ présenter toutes *ses* excuses au peuple au sujet de cette affaire. ¶ 지난날의 잘못을 ~ demander humblement pardon pour *ses* fautes passées. ¶ 그는 자기가 큰 잘못을 저질렀다고 동료들에게 백배사죄했다 Il s'est confondu en excuses auprès de ses collègues en reconnaissant avoir commis une faute grave.

백분[1] 白粉 명 poudre *f* blanche.

백분[2] 百分 명 division *f* par cent. ¶ ~의 일 un pour cent; un centième *m*.

◆**_율** -率 명 pourcentage *m*.

백사[1] 白蛇 명 serpent *m* blanc.

◆**_주** -酒 명 alcool *m* de serpent blanc.

◆**_탕** -湯 명 bouillon *m* de serpent blanc.

백사[2] 白沙 명 sable *m* blanc.

◆**_장** -場 명 plage *f* (de sable blanc).

백색 白色 명 blanc *m*, couleur *f* blanche. ¶ ~ 가루 poudre *f* blanche. ¶ 눈이 와서 온통 ~의 세상이 되었다 Il a neigé et tout est devenu blanc.

백서 白書 명 livre *m* blanc, rapport *m* (du gouvernement). ¶ 외교 ~ livre blanc sur la politique étrangère [diplomatie]. ¶ ~를 내다[발간하다] publier un livre blanc.

백설 白雪 명 neige *f* (blanche), neige *f* immaculée. ¶ 간밤에 ~이 내렸다 Il a neigé cette nuit.

◆**_공주** -公主 명 Blanche neige

백성 百姓 명 peuple *m*; homme *m* du peuple.

백세 百歲 명 cent ans *mpl*.

백송 白松 명 pin *m* blanc.

백수 白手 명 【구어】 oisif *m*, personne *f* oisive et inactive, fainéant(*e*), paresseu*x*(*se*), glandeu*r*(*se*) professionnel {*fam*}. ¶ ~ 생활을 하다 mener une vie de paresseux, rester oisi*f*(*ve*) et inacti*f*(*ve*), mener une vie oisive [de fainéantises], vivre dans l'oisiveté [dans l'inaction], paresser [glander {*fam*}, glandouiller {*fam*}] toute la journée.

백스윙 영{backswing} 명 *backswing m*. ◇**_(을) 하다** faire un *backswing*.

백신 영{vaccine} 명 ① 【의학】 vaccin *m*. ¶ 천연두 ~ vaccin contre la variole. ¶ ~을 맞다 se faire vacciner. ¶ ~을 개발하다 inventer un vaccin. ② 【컴퓨】 vaccin *m*. ¶ 컴퓨터 바이러스 ~ vaccin contre les virus informatiques.

백안시 白眼視 명 mauvais oeil *m*, oeil *m* malveillant. ◇**_(를) 하다** regarder *qn* d'un mauvais oeil [froidement, de travers]; voir *qn* d'un mauvais oeil; regarder *qn* d'un oeil malveillant. ¶ 그는 다른 학파의 학설을 너무 ~하는 경향이 있다 Il a tendance à trop critiquer les théories des autres écoles. ◇**_(를) 당하다** être regardé(*e*) d'un mauvais oeil [de travers].

백야 白夜 명 nuit *f* blanche; soleil *m* de minuit.

백약 百藥 명 tous les remèdes *mpl*; médicaments *mpl* de toutes sortes. ¶ 이 병에는 ~이 무효다 Tous les remèdes sont sans effet contre cette maladie.

백양 白楊 명 【식물】 peuplier *m* blanc [de Hollande]; tremble *m*.

백업 영{backup} 명 ① 【운동】 repli *m*; action *de* se replier; soutien *m* d'un coéquipier ((au baseball)); demi d'ouverture ((au rugby)). ¶ ~ 플레이 action de se replier. ② 【컴퓨】 sauvegarde *f*. ◇**_(을) 하다** sauvegarder ((des fichiers)); faire une sauvegarde ((de *son* disque dur)). ◇**_(을) 받다** sauvegarder ((des fichiers)); faire une sauvegarde ((de *son* disque dur)). ¶ 중요한 파일들은 ~받다 sauvegarder les fichiers importants, faire une sauvegarde des fichiers importants.

◆**_시스템** 영{backup system} 명 système *m* de sauvegarde.

◆**_파일** 영{backup file} 명 fichier *m* sauvegardé.

백여우 白- 명 ① renard *m* blanc. ② femme *f* futée [maligne].

백열 白熱 명 incandescence *f*.

◆**_등** -燈 명 lampe *f* à incandescence.

◆**_전구** -電球 명 ampoule *f* à incandescence.

백옥 白玉 명 jade *m* blanc.

백의 白衣 명 habit *m* blanc.

◆**_민족** -民族 명 peuple *m* coréen ((qui autrefois portait les habits blancs traditionnels)).

◆**_종군** -從軍 명 participation *f* ((à l'armée, à une campagne)) après avoir perdu son titre ou après avoir renoncé à son titre. ¶ ~종군(을) 하다 participer ((à l'armée, à une campagne)) après avoir perdu son titre ou après avoir renoncé à son titre.

백인[1] 白人 명 blanc(*che*). ¶ ~ 우월주의 thèse de la supériorité de la race blanche.

◆**_종** -種 명 race *f* blanche

백인[2] 百人 명 personnes *fpl* de tout genre [de tout horizon]. ¶ ~이면 ~이 다 그렇게 생각한다 Tout le monde le pense sans exception.

백일[1] 白日 명 grand [plein] jour *m*. ¶ ~ 하에 드러나다 se montrer [s'exposer] au grand jour.

◆**_몽** -夢 명 rêve *m* [songe *m*] éveillé, rêverie *f*; chimère *f*, illusion *f*. ¶ ~몽을 꾸다 faire un rêve éveillé, caresser une chimère.

◆**_장** -場 명 concours *m* de composition littéraire, concours *m* d'écriture. ¶ ~장에 나가다 se présenter à un concours de composition littéraire.

백일[2] 百日 명 ① cent jours *mpl*. ② ((fête du)) centième jour *m* après la naissance <Autrefois, le taux de mortalité des enfants en bas âge était très important mais on considérait que, passé le cap du centième jour, les chances de survie devenaient très importantes, ce qui justifiait cette fameuse fête>. ¶ ~ 사진 les photos du centième jour après la naissance d'un enfant. ¶ 오늘이 우리 아기 ~이다 Aujourd'hui, c'est le centième jour de mon bébé.

◆**_상** -床 명 table *f* bien garnie à l'occasion du centième jour d'un bébé.

백일천하 百日天下 명 【역사】 les Cent jours *mpl* ((de Napoléon)).

백일해 百日咳 명 【의학】 coqueluche *f*. ¶ ~를 앓다

souffrir de la coqueluche. ¶ ~에 걸리다 avoir la coqueluche.

백일홍 百日紅 명 【식물】 *Lagerstroemia indica* {*nsc*}.

백자 白磁 명 porcelaine *f* blanche. ¶ 조선 ~ porcelaine blanche de l'époque du royaume de Joseon.

백작 伯爵 명 comte *m*.

백전노장 百戰老將 명 vétéran *m*, vieux routier *m* {*fam*} [routard {*fam*}], personne *f* qui a roulé sa bosse.

백전백승 百戰百勝 명 série *f* de victoires, victoire *f* à tous les coups. ◇_(을) **하다** faire mouche à tous les coups, être invincible, enchaîner les victoires, être toujours victorieu*x*(*se*).

백정 白丁 명 bouch*er*(*ère*), paria *m*. ¶ 소 ~ bouch*er*(ère) de viande bovine.

백제 百濟 명 【역사】 Baekje <un des trois royaumes antiques coréens ((18 av. J.C. -660)).

백조 白鳥 명 【동물】 cygne *m*.

백주 白晝 명 grand [plein] jour *m*. ¶ ~에 en plein jour *m*, au grand jour *m*, en plein midi.

◆**_대로** -大路 명 grand boulevard *m* en plein soleil. ¶ ~대로를 활보하다 s'afficher aux yeux de tous.

백중[1] 伯仲 명 égalité *f* parfaite.

◆**_하다** 형 égaler *qn* ((en intelligence)); être égal(*e*) à *qn*; se valoir. ¶ 두 팀의 실력이 ~하다 Ces deux équipes sont de même niveau / Ces deux équipes se valent.

◆**_(지)세** -(之)勢 명 égalité *f* de force. ¶ ~세를 보이다 manifester une égalité parfaite ((entre deux équipes)). ¶ 두 팀의 실력이 ~지세이다 Les deux équipes font jeu égal.

백중[2] 百中 명 【민속】 Baekjung <fête bouddhique célébrée le 15 du septième mois lunaire>.

백지 白紙 명 ① papier *m* blanc. ¶ ~ 한 장 une feuille de papier blanc. ② papier *m* uni. ¶ 편지를 쓸 때는 반드시 ~에 써야 한다 Quand tu écris une lettre, il faut choisir un papier uni. ③ page *f* blanche, feuille *f* vierge. ¶ ~에 글씨를 쓰다 écrire sur une page blanche ④ état *m* d'ignorance; ((사람)) personne *f* complètement profane [incompétente, ignorante] en la matière [dans tel ou tel domaine], profane *mf* [novice *mf*, béotien(*ne*)] en la matière. ¶ 나는 그 분야에 완전 ~이다 Je suis complètement profane [incompétent(*e*), ignorant(*e*)] en la matière [dans ce domaine, là-dessus] / Je suis un(*e*) total(*e*) béotien(*ne*) [novice] en la matière / Je n'y connais strictement rien (dans ce domaine). ⑤ état *m* initial [primitif, originel]. ¶ 그 계획은 ~로 돌아갔다 On a fait table rase du projet.

*~ **한 장의 차이** une différence minime.

*~ **한 장도 맞들면 낫다** Même pour un travail facile, on est meilleur [plus efficace] à plusieurs que tout seul / Une aide même modeste est toujours utile / C'est toujours mieux d'être deux / À deux, on est toujours plus fort que seul / L'union fait la force.

◆**_상태** -狀態 명 état *m* d'ignorance; table *f* rase, position *f* sans condition préalable.

◆**_수표** -手票 명 chèque *m* en blanc.

◆**_장** -張 명 feuille *f* de papier blanc.

◆**_화** -化 명 action de recommencer *qc* [de repartir de zéro, de repartir à zéro]; nouveau départ *m*; action d'annuler *qc*. ¶ 계획을 ~화하다 annuler un projet. ¶ 노동법 개정을 ~화시키다 résilier la révision [annuler l'amendement] des lois du travail [régissant les conditions de travail]. ¶ 재개발 사업이 주민들의 반발로 ~화되었다 Le projet de reconstruction a été annulé suite aux protestations des habitants.

백차 白車 명 voiture *f* de police. ¶ 경찰 ~ voiture de police. ¶ 강도 사건으로 ~가 왔다[출동했다] Une voiture de police est arrivée à cause d'un cambriolage.

백치 白痴 명 idiot(*e*), crétin(*e*), imbécile *mf*.

백태[1] 白苔 명 dépôt *m* blanc ((sur la langue, autour des yeux)).

백태[2] 百態 명 allures *fpl*, styles *mpl* de toutes sortes [versatiles].

◆**_만상** -萬狀 명 apparences *fpl* très différentes les unes des autres.

백토 白土 명 terre *f* glaise blanche.

백팔번뇌 百八煩惱 명 【불교】 cent huit souffrances *fpl* mondaines ((dont parlent les bouddhistes)).

백포도주 白葡萄酒 명 vin *m* blanc.

백합 百合 명 lis *m*, lys *m*.

백해 白海 명 【지리】 mer *f* blanche.

백해무익하다 百害無益― 형 être purement et simplement nuisible [noci*f*(*ve*), dangereu*x*(*se*), funeste]. ¶ 백해무익한 놈 bon à rien, moins que rien, propre à rien. ¶ 담배는 건강에 ~ Le tabac est purement et simplement nocif pour la santé / Le tabac [Fumer] nuit gravement à la santé.

백혈구 白血球 명 globule *m* blanc, leucocyte *m*. ¶ ~ 감소증 une leucopénie.

백혈병 白血病 명 leucémie *f*. ¶ ~ 환자 un(*e*) leucémique. ¶ ~에 걸리다 être atteint(*e*) de leucémie.

백호 白虎 명 tigre *m* blanc.

백화 白話 명 chinois *m* parlé [moderne, vulgaire].

백화점 百貨店 명 grand magasin *m*. ¶ ~에 가다 aller dans un grand magasin.

밴댕이 명 harenguet *m*, sprat *m*.

◆**_속** 명 esprit *m* étroit [borné]; mesquinerie *f*. ¶ 남자가 뭐 그리도 ~속이냐 Quel type mesquin! / Comme il est mesquin! / Ce qu'il peut être mesquin!

밴드[1] 영{band} 명 orchestre *m*.

◆**브라스_** 영{brass band} 명 fanfare *f*.

밴드[2] 영{band} 명 ① ((반창고)) pansement *m*, sparadrap *m*, bande *f* adhésive. ¶ 1회용 ~ un pansement adhésif. ② ((띠)) bandeau(*x*) *m*;

ㅂ

serre-tête(~-~s) *m*. ¶ 머리에 ~를 매다 mettre un bandeau sur la tête.

◆고무_ 명 élastique *m*.

밴들거리다 자 passer *son* temps à ne rien faire; ne rien faire, perdre *son* temps; se rouler [tourner] les pouces (par oisiveté), mener une vie oisive [de paresseux, de fainéantises], vivre dans l'oisiveté [dans l'inaction], paresser toute la journée, rester oisi*f*(*ve*) et inacti*f*(*ve*); ne rien faire, se les rouler {*fam*}, fainéanter, traîner, traînailler {*fam*}, traînasser {*fam*}, lézarder, paresser, flemmarder {*fam*}, buller {*fam*}, glander {*fam*}, glandouiller {*fam*}, peigner la girafe {*fam*}, rester les bras croisés. ¶ 밴들거리며 하루해를 보내다 paresser toute la journée; ne rien faire de la journée; glander toute la journée {*fam*}, se les rouler toute la journée {*fam*}.

밸 명 l'intérieur *m*, les entrailles *fpl*, les tripes *fpl*; ((비유적)) amour *m* propre.

*~도 없다 manquer de cran, ne rien avoir dans le ventre [dans les tripes] {*fam*}, ne pas avoir de couilles {*vulg*}; ne pas avoir d'amour propre. ¶ (너는) ~도 없니? Tu n'as pas d'amour propre!

*~이 꼬이다 se fâcher, s'irriter, s'exaspérer, s'énerver.

밸런스 영{balance} 명 équilibre *m*. ¶ ~를 잡다[맞추다] trouver un équilibre [équilibrer].

밸런타인데이 영{Valentine's day} 명 ((2월 14일)) la Saint-Valentin *f*.

밸브 영{valve} 명 soupape *f*, clapet *m*, valve *f*. ¶ 수도 ~ le robinet ((pour l'eau courante)). ¶ 물탱크의 ~ une valve de réservoir à eau [d'eau]. ¶ ~를 열다[잠그다] ouvrir [fermer] un robinet [une valve].

뱀 명 serpent *m*. ¶ ~처럼 사악한 놈! Quel sinistre personnage! / Comme cet homme est méchant!

◆_띠 명 (signe *m* du) serpent *m*

◆_탕 -湯 명 tonique *m* [fortifiant *m*] au serpent bouilli, bouillon *m* de serpent.

◆꽃_ 명 ① serpent *m* très coloré. ② ((여자)) femme *f* qui séduit un homme marié pour lui faire du chantage, intrigante *f*.

뱀장어 -長魚 명 【동물】 anguille *f*.

뱁새 명 mésange *f* coréenne, *Sutjora webbiana fulvicaude* {*nsc*}.

*~가 황새 따라가다 가랑이 찢어진다 Ceux qui surévaluent leurs forces le payent un jour / Il faut faire selon ses moyens / Il ne faut pas surévaluer ses capacités / Il faut savoir garder son rang / Il ne faut pas placer la barre trop haut / Il ne faut pas péter plus haut que son cul {*vulg*}.

◆_눈 명 petits yeux *mpl*. ¶ ~눈을 하고 바라보다 regarder *qn* en plissant les yeux.

뱃놈 명 marin *m*, matelot *m*.

뱃심 명 opiniâtreté *f* [ténacité *f*] et audace *f* [intrépidité *f*, hardiesse *f*, aplomb *m*, courage *m*]. ¶ ~이 두둑하다 [좋다] ne pas avoir froid aux yeux, avoir du cran [du courage], ne pas manquer d'audace, avoir de l'aplomb, avoir de l'audace, être audacieu*x*(*se*), courageu*x*(*se*), brave, hardi(*e*), intrépide. ¶ ~ 좋게 일을 추진하다 poursuivre une affaire avec ténacité et audace, faire avancer le travail avec ténacité et audace, être entreprenant(*e*).

뱅뱅 부 (tout) en rond. ¶ 같은 곳을 ~ 돌다 tourner sur place [en rond].

-뱅이 접미 ((suffixe utilisé pour désigner un individu de façon méprisante)). ¶ 가난~ pauvre, indigent, pauvre hère. ¶ 게으름~ paresseu*x*(*se*), fainéant(*e*). ¶ 주정~ ivrogne(*sse*), buveu*r*(*se*), alcoolique, alcoolo {*fam*}, picoleur(*se*) {*fam*}, pochard(*e*) {*fam*}, poivrot(*e*) {*fam*}, soûlard(*e*) {*fam*}, soûlaud(*e*) {*fam*}, soûlot(*e*) {*fam*}. ¶ 앉은~ cul-de-jatte (~*s*-~-~).

뱉다 타 ① ((침을)) cracher. ¶ 침을 ~ cracher (par terre). ¶ 침을 뱉지 마시오 Défense de cracher. ② lâcher, laisser échapper ((un mot)). ¶ 무심코 뱉은 말이 화근이 되었다 La parole malheureuse que j'ai laissé échapper par mégarde est à l'origine de ce conflit.

*웃는 낯에 침 뱉으랴 [못 뱉는다] On ne peut pas se mettre en colère contre quelqu'un qui sourit.

버겁다 형 être trop épais(*se*) [gros(*se*)] et difficile à manier. ¶ 버거운 일 une tâche lourde [difficile, pénible]. ¶ 그 사람은 나에게는 버거운 상대이다 C'est un adversaire difficile pour moi. ¶ 그 여자가 너무 버거워하는 것 같으니 좀 도와주어라 Donne-lui un coup de main parce qu'elle a l'air de peiner.

버그러지다 자 se fendre, se fêler, se crevasser, se fendiller. ¶ 계획이 엉뚱한 곳에서 버그러졌다 Le projet a été freiné par des événements inattendus.

버글거리다 자 fourmiller, grouiller, pulluler, foisonner, abonder, être fourmillant(*e*) (de monde), grouillant(*e*) (de monde). ¶ 식빵 조각에 개미가 버글거린다 Les fourmis grouillent sur une tranche de pain de mie.

버금가다 자 ① ((맞먹다)) correspondre à, équivaloir à, coïncider avec, concorder avec; être ég*al*(*ale*, *aux*) à, comparable, semblable, équivalent(*e*) à. ¶ 영어 실력이 누구에 ~ avoir un niveau d'anglais comparable à *qn*, avoir le même niveau d'anglais que *qn*, être aussi bon(*ne*) [fort(*e*)] en anglais que *qn*. ¶ 그것은 혁명에 버금가는 일대사건이었다 C'était un événement très important, quasi-révolutionnaire. ② être second(*e*), être presque équivalent(*e*) à *qc*, venir juste après *qc*. ¶ 사형에 버금가는 처벌 peine juste inférieure [presque équivalente] à la peine de mort.

버너 영{burner} 명 brûleur *m*, feu *m*. ¶ 가스[기름] ~ un brûleur à gaz [à mazout]. ¶ 산업용[난방용] ~ un brûleur qui dessert les industries [qui a pour but de chauffer]. ¶ ~를 피우다[끄다] allumer [éteindre] un brûleur. ¶ ~에 불을 켜다 allumer un brûleur.

버둥거리다 재타 gesticuler, gigoter {*fam*}, se débattre ((comme un (beau) diable, comme un possédé, comme un forcené)), se remuer, se démener ((comme un (beau) diable)), s'agiter ((comme un diable dans un bénitier)); agiter les bras et les jambes; faire des pieds et des mains {*fam*}, se donner beaucoup de peine, se donner du mal [un mal de chien {*fam*}, un mal fou {*fam*}, un mal du diable {*fam*}, un mal d'enfer {*fam*}], se démener, se décarcasser {*fam*}, se casser le cul {*vulg*}, se démancher {*fam*}, se mettre en quatre, se dépenser, se battre, se bagarrer pour obtenir *qc*, jouer serré, monter au créneau, ne pas se laisser faire, se défoncer {*fam*}. ¶ 나무에 매달려 ~ se débattre comme un diable, suspendu(*e*) à un arbre. ¶ 두 팔을 ~ agiter les bras. ¶ 사지[온몸]를 ~ agiter les bras et les jambes [tout le corps]. ¶ 출세하려고 ~ se démener pour réussir dans la vie. ¶ 힘든 환경 속에서 살려고 ~ se démener [se débattre] pour survivre dans un environnement difficile.

버둥대다 재타 ☞ 버둥거리다

버드나무 명 saule *m*, osier *m*, saule *m* pleureur.

버들 명 saule *m*, osier *m*.

◆**_가지** 명 branche *f* [scion *m*] d'osier.

◆**_잎** 명 feuille *f* de saule.

◆**_피리** 명 flûte *f* en osier.

버디 영{birdie} 명 【운동】 birdie *m*.

버러지 명 ver *m*, insecte *m*. ¶ ~ 같은 놈 Espèce de vermisseau! / Espèce de minable! / Vermine!

버럭 부 ((s'écrier)) brusquement et avec colère. ¶ 격노해서 ~ 소리를 지르다 hurler de colère. ¶ 누구에게 ~ 화를 내다 adresser une vive réprimande à *qn*, engueuler {*fam*} *qn*, décharger *sa* bile sur *qn*.

◆**_ _** 부 ((s'écrier)) brusquement et avec colère.

버려두다 타 laisser *qc* tel(*le*) quel(*le*); laisser passer *qc*; laisser faire *qn*. ¶ 땅을 ~ laisser une terre telle quelle. ¶ 아이를 혼자 ~ laisser un bébé seul(*e*).

버르장머리 명 ((습관)) habitude *f*, coutume *f*, (mauvais) pli *m*; ((예의)) politesse *f*, courtoisie *f*, bonnes manières *fpl*, convenances *fpl*, étiquette *f*. ¶ 아이의 ~를 고쳐주다 faire perdre une mauvaise habitude à un enfant. ◇_(**가**) **없다** être impoli(*e*); *manquer de respect*; *être mal élevé*(*e*), n'avoir aucune éducation, manquer de savoir-vivre; avoir une mauvaise tenue; se conduire comme un mufle. ¶ ~ 없는 놈! Quel rustre! / Quel mufle! / Quel goujat! / Quel grossier personnage! / Ce qu'il peut être mufle!

버르적거리다 재 se débattre ((dans les bras de *qn*, contre le courant)), se démener; se tordre ((de douleur)), s'agiter, gesticuler, gigoter {*fam*}. ¶ 팔다리를 ~ agiter les bras et les jambes.

버릇 명 habitude *f*, coutume *f*, étiquette *f*, courtoisie *f*, bonnes manières *fpl*. ¶ 늘 하던 ~대로 행동하다 se comporter comme d'habitude. ¶ 아이의 나쁜 ~을 고치다 corriger un enfant d'une mauvaise habitude. ¶ 이놈, ~부터 가르쳐야겠군 Quelle brute! Il faut t'enseigner les bonnes manières. ¶ 이 아이는 ~이 나쁘다 Cet enfant est impoli [grossier] / Cet enfant se tient mal / C'est un(*e*) enfant mal élevé(*e*). ¶ 나는 곤란할 때마다 머리를 긁는 ~이 있다 J'ai l'habitude de me gratter la tête à chaque fois que je me retrouve dans une situation difficile [embarrassante]. ◇_(**이**) **들다** prendre l'habitude de+*inf*. ¶ 이 아이는 ~이 잘[잘못] 들었다 Cet enfant a pris une bonne [mauvaise] habitude. ◇_(**이**) **없다** être grossi*er*(*ère*) [impoli(*e*)] (avec [envers] *qn*) ¶ ~없는 아이 un(*e*) enfant grossi*er*(*ère*) [impoli(*e*), mal élevé(*e*)]. ¶ ~없는 짓 une mauvaise conduite, une conduite grossière. ¶ 상사에게 ~(이) 없다 être grossi*er*(*ère*) avec [envers] un supérieur. ¶ ~ 없이 어른에게 대들다 tenir tête [s'opposer] à un supérieur avec grossièreté.

◆**_하다** 조동 s'habituer à+*inf*. ¶ 커피를 마셔 ~ s'habituer à boire du café.

버리다[1] 타 ① jeter ((un vieux chapeau, ses armes)); déposer, mettre bas ((les armes)). ¶ 휴지를 휴지통에 ~ jeter du papier-toilette [P.Q. {*fam*}] dans la poubelle. ¶ 이곳에 쓰레기를 버리지 마시오 Défense de jeter [déposer] des ordures ici. ② abandonner ((un(e) enfant, *ses* droits)), quitter ((un amant)), déserter ((*son* foyer, *son* poste)), renoncer à ((*sa* foi)), sacrifier ((*sa* vie)), délaisser ((un(e) ami(e))). ¶ 가족을 버리고 혼자 도망치다 s'enfuir seul(*e*) en abandonnant *sa* famille. ¶ 고향을 버리고 도시로 가다 abandonner *sa* campagne natale pour aller vivre [s'installer] en ville. ¶ 돈도 명예도 다 버리고 은둔하다 prendre *sa* retraite en renonçant à la gloire et à l'argent. ③ ((희망 따위를)) abandonner, renoncer à *qc*. ¶ 늦잠 자는 버릇을 버리지 못하다 ne pas pouvoir perdre l'habitude de faire la grasse matinée. ¶ 시인이 되겠다는 꿈을 ~ abandonner *son* rêve de devenir poète. ¶ 네가 성공하리라는 기대를 아직 버리지 못하고 있다 Je n'arrive pas à abandonner l'espoir de te voir réussir / Je ne désespère toujours pas que tu réussisses. ¶ 본성은 버리지 못하는 법이다 «Chassez le naturel, il revient au galop» ((Destouches)) / On ne perd jamais ses mauvaises habitudes. ④ 망치다 abîmer, détériorer, dégrader, délabrer, casser, briser, démolir, endommager, détraquer, salir. ¶ 술과 담배로 몸을 ~ abîmer [détruire] *sa* santé [s'esquinter la santé {*fam*}] par la consommation (excessive) d'alcool et de tabac. ¶ 커피를 엎질러서 옷을 다 버렸다 Tous mes vêtements sont bons à laver [bons pour la lessive] parce que j'ai renversé du café (dessus) [que je me suis aspergé(e) de café] / Je vais devoir me changer parce que j'ai renversé du café sur mes vêtements. ¶ 우박이 와서 포도농사를 버렸다 La grêle a endommagé les vignobles. ¶ 지나치게 애지중지하면 아이의 장래를 버린다 À

ㅂ

trop gâter un enfant, on risque de gâcher son avenir. ¶ 매를 아끼면 자식을 버린다 Vous pourrissez [Vous finirez pas pourrir] un enfant si vous économisez [épargnez, évitez] le fouet [si vous ne le sanctionnez pas] / Vous compromettrez l'avenir d'un enfant, si vous économisez le fouet. / Un(*e*) enfant a besoin d'être sanctionné(e) / Qui aime bien châtie bien. ⑤ 방치하다 mettre *qc* hors d'usage, mettre [laisser] à l'abandon. ¶ 기계들을 버려두고 쓰지 않다 laisser des machines à l'abandon. ¶ 사태가 그냥 버려둘 수 없게 되었다 La situation est telle que l'on ne peut pas rester là à ne rien faire [rester là les bras croisés].

버리다[2] 조동 ((verbe auxiliaire qui s'emploie après le suffixe flexionnel conjonctif -아/-어 qui s'ajoute au radical du verbe principal, sous forme de radical + -아/-어 버리다)) achever, finir de+*inf*; terminer; finir par+*inf*. ¶ 밥을 (하나도 남기지 않고) 다 먹어 ~ vider son bol de riz (sans laisser un grain). ¶ 책을 하루 만에 다 읽어 ~ lire un livre d'un bout à l'autre [en entier] en à peine un jour, achever la lecture d'un livre [finir un livre] en à peine un jour. ¶ 용돈을 다 써 ~ dépenser tout son argent de poche. ¶ 버스가 하도 오지 않아 결국은 택시를 타 버렸다 J'en avais tellement assez d'attendre le bus que j'ai fini par prendre un taxi / Comme le bus ne venait pas [Le bus ne venant pas], j'ai fini par prendre un taxi.

버림받다 자 être rejeté(*e*), abandonné(*e*). ¶ 남자에게(서) ~ être abandonné(*e*) par un homme. ¶ 모든 사람들 ~ être abandonné(*e*) [délaissé(*e*)] de tous.

버무리다 타 mélanger *qc* avec [et] *qc*, mêler *qc* à *qc*; faire la salade. ¶ 손으로 나물을 ~ assaisonner à la main des herbes sauvages blanchies. ¶ 배추를 양념에 ~ farcir des choux chinois avec des épices [condiments] ((pour faire du *gimchi*)).

버석거리다 자 produire un bruissement léger; bruire, bruisser, frémir. ¶ 옷이 움직일 때마다 버석거린다 Au moindre mouvement, on entendait le bruissement de mes vêtements.

버선 명 *beoseon m*. <chaussette en étoffe assortie au costume coréen>. ¶ ~ 한 켤레 une paire de *beoseon*. ¶ ~을 신다[벗다] mettre [enlever] *ses beoseon*.

◆**_발** 명 pieds *mpl* chaussés de *beoseon*. ¶ 나는 ~발로 뛰어나가 그 사람을 맞았다 Je suis sorti(*e*) l'accueillir avec tant d'empressement que je n'ai pas pris le temps [que j'ai oublié] de mettre *mes* chaussures / J'étais tellement heureu*x*(*se*) de le(la) voir que je suis sorti(*e*) l'accueillir ((au portail)) [que je me suis précipité(*e*) pour l'accueillir ((au portail))] sans même prendre le temps de mettre *mes* chaussures.

버섯 명 champignon *m*. ¶ ~의 갓 chapeau d'un champignon. ¶ ~의 포자 spores d'un champignon. ¶ ~ 요리 un plat de champignons. ¶ ~을 따다 cueillir des champignons. ¶ ~을 재배하다 cultiver des champignons.

◆**_구름** 명 champignon *m* atomique.

◆**느타리_** 명 *pleurote f* en huître, *Pleurotus ostreatus* {*nsc*}.

◆**독_** 毒 명 champignon *m* vénéneux [toxique, mortel].

◆**송이_** 명 sorte de tricholome m, Tricholoma matsutake {nsc} ((champignon comestible poussant sous les pins, champignon noble proche du tricholome équestre [des chevaliers])).

◆**식용_** 食用- 명 champignon *m* comestible.

◆**양송이_** 洋- 명 champignon *m* de couche [de Paris], psalliote *f*.

◆**표고_** 명 champignon *m* du chêne. ((champignon comestible très parfumé)), Lentinus edodes {*nsc*} ((surnommé "champignon de longévité", plus connu en France sous son nom japonais: shi(i)take)).

버스 영{bus} 명 (auto)bus *m*; ((시외버스)) (auto)car. ¶ ~ 기사[운전사] un(*e*) conduc*teur*(*trice*) [un chauffeur] d'autobus. ¶ ~ 정류장[종점] un arrêt d'autobus [le terminus, le dernier arrêt]. ¶ ~ 노선 le trajet [le parcours] des autobus. ¶ ~를 타다 prendre [emprunter] l'autobus. ¶ ~에서 내리다 descendre de l'autobus. ¶ ~로 가다 aller en autobus. ¶ ~가 만원이다 L'autobus est bondé. ¶ 저기 ~ 한 대가 온다 Voilà un autobus!

◆**_표** -票 명 ticket *m* de bus. ¶ ~표를 내다[사다] présenter [acheter] un ticket de bus.

◆**고속_** 高速- 명 (auto)car *m*.

◆**공항_** 空港- 명 (bus-)navette *f* de l'aéroport.

◆**관광_** 觀光- 명 autocar *m* de tourisme.

◆**마이크로_** 명 minibus *m*.

◆**셔틀_** 명 navette *f*.

◆**시내_** 市內- 명 (auto)bus *m*.

◆**시외_** 市外- 명 (auto)car *m*.

◆**좌석_** 坐席- 명 bus *m* pour voyageurs assis.

◆**통근_** 通勤- 명 bus *m* de banlieue, bus *m* des heures de pointe.

◆**통학_** 通學- 명 car *m* de ramassage scolaire; ((퀘벡어)) autobus *m* scolaire.

버스러지다 자 se broyer en poudre, se réduire en miettes, crouler, s'effondrer; s'écrouler. ☞ 바스러지다

버스럭거리다 자 produire un bruissement léger (de façon continue). ☞ 바스락

버저 영{buzzer} 명 sirène *f*, sifflet *m*, sonnerie *f*; interphone *m*; ((퀴즈)) *buzzer m*, bouton-réponse *m*. ¶ ~를 울리다[누르다] appuyer sur un *buzzer*, buzzer; appeler par interphone.

버젓이 부 comme si de rien n'était, comme s'il(elle) n'avait rien fait, comme si rien ne s'était passé, sans aucune gêne, avec assurance; la conscience tranquille. ¶ 그 사람은 죄를 짓고도 ~ 돌아다닌다 Même après avoir commis un tel crime, il se promène encore la conscience tranquille [comme si de rien n'était].

버젓하다 형 être imposant(*e*), majestueu*x*(*se*), magnifique; ⸨allure⸩ être plein(*e*) de dignité. ¶ 버젓하게 살다 vivre comme les autres (sans avoir à les envier).

버지다 자 se couper, s'érailler, s'effiler, s'effranger. ¶ 유리조각에 손이 버졌다 Je me suis coupé la main avec un morceau de verre. ¶ 가슴이 버지는 듯 아프다 souffrir à fendre l'âme.

버짐 명 mycose *f* cutanée, trichophytie *f*, teigne *f* ⸨cuir chevelu, barbe⸩; favus *m*; dartre *f*, pityriasis *m*. ¶ 이마에 ~이 났다 J'ai une mycose cutanée sur le front.

버찌 명 ① ((열매)) cerise *f*, merise *f*. ¶ ~를 따다 cueillir des cerises. ② ((나무)) cerisier *m*.

◆_**나무** 명 cerisier *m*.

◆_**열매** 명 fruit *m* du cerisier; cerise *f*.

버클 영{buckle} 명 boucle *f* (de ceinture). ¶ ~을 채우다[끄르다] boucler [défaire] *sa* ceinture.

버터 영{butter} 명 beurre *m*. ¶ 빵에 ~를 바르다 étaler [mettre, tartiner] du beurre sur du pain, beurrer du pain. ¶ ~를 녹이다 faire fondre du beurre.

버튼 영{button} 명 ① ((옷)) bouton *m*. ¶ 옷의 ~이 떨어졌다 Le bouton de ce vêtement est parti [est décousu, est tombé]. ② ⸨기계⸩ bouton *m*, touche *f*, poussoir *m*, bouton-poussoir(*~s-~s*) *m*. ¶ 경보 ~ bouton d'alarme. ¶ ~을 누르다 appuyer sur un bouton [⸨전화기⸩ sur une touche].

◆_**식** -式 명 ⸨braguette⸩ à boutons.

버티다 자 ① 괴다 soutenir, supporter, maintenir, épauler, étayer, chevaler, arc-bouter, accoter, tuteurer ⸨un arbuste⸩. ¶ 쇠막대로 기울어진 벽을 버티어 놓다 étayer le mur incliné à l'aide d'un étai [d'une barre] métallique. ② 가누다 se tenir en équilibre; garder l'équilibre, se maintenir. ¶ 그 여자는 몸을 버티지 못했다 Elle ne pouvait se maintenir debout. ③ se tenir debout solidement. ¶ 문 앞에 버티고 서서 드나드는 사람들을 지켜보다 se tenir debout devant la porte et observer les gens qui entrent et sortent. ¶ 내가 버티고 서 있어야 일들을 한다니까 Il faut que je sois là debout pour qu'ils travaillent. ④ endurer ⸨de mauvais traitements⸩; supporter ⸨un malheur⸩; prendre patience; faire preuve de patience; patienter, rester maître de *soi*, se maîtriser, se dominer. ¶ 나는 더 이상 버틸 수가 없다 Je n'en peux plus / C'est plus fort que moi / Je suis à bout de patience / Ma patience est à bout. ¶ 그 가게는 늘어나는 빚 때문에 더 이상 버티지 못하고 문을 닫았다 Ce magasin n'a pas pu lutter contre la faillite à cause de sa dette grandissante. ¶ 조금만 더 버티어라 Encore un peu de patience! ¶ 근근이 버티어 나가고 있습니다 Je survis avec beaucoup de peine. ¶ 지난 3년 동안 그 사람을 만나리라는 희망으로 버티어 왔다 J'ai enduré ces trois dernières années dans l'espoir de le rencontrer. ⑤ tenir bon ⸨devant les attaques⸩; tenir ferme ⸨contre l'ennemi⸩; ne pas céder; ne pas lâcher pied, résister à *qc*, persister, s'obstiner, s'opiniâtrer, persévérer, s'opposer à *qc*, rivaliser avec *qn*, se maintenir; lutter ⸨contre la maladie⸩. ¶ 완강히 ~ s'opposer fermement. ¶ 가지 않겠다고 ~ résister en disant qu'on ne partira pas. ¶ 자기의 실수를 인정할 수 없다고 ~ refuser avec entêtement de reconnaître *ses* fautes. ¶ 적의 공격에 굴복하지 않고 끝까지 ~ résister jusqu'au bout à l'attaque des ennemis. ¶ 그 환자는 3년 동안 병과 싸우며 버티어 왔다 Ce patient a lutté contre la maladie pendant trois ans.

버팀대 명 ① support *m*; appui *m*, soutien *m*, étai *m*; pointal *m*, jambe *f* de force, étrésillon *m*, béquille *f*, épontille *f*. ¶ 나무에 ~를 대다[세우다] mettre des tuteurs à un arbre. ② marchepied *m*, petit escabeau(*x*) *m*. ¶ ~를 밟고 서다 monter sur un marchepied (pour s'élever).

버팀목 명 ⸨en bois⸩ support *m*, soutien *m*, appui *m*, étai *m*, pointal *m*, jambe de force *m*, étrésillon *m*, tuteur *m*. ¶ 나무에 ~을 대다[세우다] mettre des tuteurs à un arbre, tuteurer ⸨des plants de tomates⸩.

버팅기다 재타 endurer, supporter; ⸨가누다⸩ se tenir en équilibre, garder l'équilibre. ¶ 쓰러지지 않으려고 몸을 ~ se tenir en équilibre pour ne pas tomber. ¶ 죽을힘을 다해 ~ s'accrocher désespérément, tenir bon jusqu'au bout, endurer les pires difficultés (sans craquer).

벅 부 ① avec force et une seule fois. ¶ 벽을 ~ 문지르다 frotter le mur avec force et une seule fois. ② d'un seul coup. ¶ 종이를 ~ 찢다 déchirer du papier d'un seul coup.

◆_ _ 부 avec (beaucoup de) force et à plusieurs reprises; en mille morceaux, en pièces, en miettes. ¶ 벽을 ~~ 문지르다 frotter le mur avec force à plusieurs reprises.

벅적거리다 자 se bousculer, grouiller ⸨de monde⸩; être grouillant(*e*); ⸨foule⸩ se bousculer, se presser. ¶ 사람들로 벅적거리는 시장 un marché surpeuplé; un marché grouillant de monde.

벅차다 형 ① dépasser les forces [moyens] de *qn*; être au-dessus de *ses* forces; ne pas être à la portée de *qn*; excéder les forces de *qn*. ¶ 쉬지 않고 1000m를 달리는 건 내게 ~ J'ai beaucoup de mal à courir 1 000 mètres sans m'arrêter / Courir 1 000 mètres sans m'arrêter, cela dépasse mes forces. ¶ 혼자 아기를 키우기가 그 여자에겐 너무 벅찼다 Elever un bébé toute seule, c'était au-dessus de ses forces / Elle ne se sentait pas de taille à élever un bébé toute seule. ¶ 그 일은 내게 벅찬 느낌이다 Je sens que ce travail dépasse mes forces [dépasse mes forces, est au-dessus de mes capacités] / Je ne me sens pas de force [de taille] à faire ce travail / Je ne me sens pas à la hauteur de ce travail. ② s'essouffler. ¶ 정상까지 단숨에 오르니 숨이 ~

Je me suis essoufflé(*e*) en voulant monter jusqu'au sommet de la montagne d'un seul trait. ¶ 한참 뛰었더니 숨이 벅차게 차올랐다 Je suis essoufflé(*e*) par la longue course que je viens de faire.
***가슴이** ~ avoir le coeur débordant d'émotions, être profondément ému(*e*).

벅차오르다 자 être plein(*e*), débordant(*e*) ((de joie)). ¶ 그 말에 벅차오르는 감격을 참을 수 없었다 A ces mots, je n'ai pu retenir ma profonde émotion.
***가슴이** ~ avoir le coeur débordant d'émotions, être profondément ému(*e*).

번[1] 番 명 tour *m* de service *m*, garde *f*, permanence *f*. ◇**_을 갈다** relever *qn*, prendre la relève de *qn*. ¶ 이제 ~을 갈 때가 안 되었냐? Maintenant, ce n'est pas le moment de te faire relever [de quitter le service]? ◇**_을 서다[들다]** prendre *sa* garde [*son* tour de garde], être de service [de garde]. ◇**_을 세우다** désigner *qn* pour la garde, mettre *qn* de garde.

번[2] 番 의명 ① ((classificateur. S'il s'emploie avec un nombre coréen, il indique le nombre de fois; avec un nombre sino-coréen, le numéro.)) fois *f*, tour *m*, coup *m*. ¶ 한 ~ une fois. ¶ (제)1(일)~ le numéro 1, ¶열 ~ dix fois. ¶ (제)10(십)~ le numéro 10. ¶ 여러 ~ plusieurs fois. ¶ 그 사람이 이런 게 한두 ~이 아니다 Ce n'est pas la première fois que ça lui arrive / Ça lui arrive très souvent / C'est une habitude chez lui(elle). ② 차례 -ième; numéro *m*. ¶ 5~ 선수 le(*la*) joueu*r*(*se*) numéro 5.

번갈다 자 se relayer ((pour faire *qc*)), faire *qc* tour à tour [à tour de rôle, alternativement, successivement]. ¶ 번갈아 가며 청소하다 faire le ménage à tour de rôle. ¶ 둘은 번갈아 짐을 날랐다 Les deux portaient la charge à tour de rôle.

번개 명 éclair *m*. ¶ ~처럼[같이] 빨리 달아나다 s'enfuir aussi vite que l'éclair. ¶ ~ 같은 솜씨로 일을 끝내다 régler une affaire en un rien de temps [en un éclair, très rapidement, en un temps record, en trois coups de cuillère à pot {*fam*}, en deux temps trois mouvements, en un tour de main]. ¶ ~가 친다 Il y a des éclairs.

번거롭다 형 ① être compliqué(*e*), contrariant(*e*), ennuyeu*x*(*se*), fâcheu*x*(*se*), embarrassant(*e*), embêtant(*e*); vexant(*e*), fatigant(*e*), agaçant(*e*). ¶ 번거로운 절차를 생략하다 ne pas s'embarrasser des formalités [procédures] contrariantes [compliquées, ennuyeuses]. ¶ 매끼 밥을 사 먹는 것도 ~ C'est (aussi) embêtant de manger trois repas par jour dehors (que de faire à manger à la maison). ¶ 번거롭게 직접 오실 필요는 없습니다 Ce n'est pas la peine de vous déplacer spécialement [exprès]! ② 번잡하다 être bruyant(*e*), tapageu*r*(*se*), turbulent(*e*). ¶ 이곳은 수도하기에는 번거로운 곳이다 C'est un endroit trop bruyant pour mener une vie monastique.

번뇌 煩惱 명 angoisse *f*, détresse *f*, anxiété *f*, appréhension *f*, inquiétude *f*. ¶ ~에 시달리다 se tourmenter, se torturer, être accablé(*e*) de soucis. ¶ 모든 ~가 사라졌다 Toutes mes angoisses ont disparu [se sont envolées].

번데기 명 ① pupe *f*, chrysalide *f* (du ver à soie), nymphe *f*, ver *m* à soie, larve *f* d'insectes, chenille *f*. ¶ 나비 ~ la larve des papillons, la chenille. ② *beondegi mpl* <chrysalides du ver à soie grillées et assaisonnées>. ¶ ~ 장수 un(*e*) vendeu*r*(*se*) de *beondegi*. ¶ ~를 먹다 manger des *beondegi*.

번드르르 부 d'un air [d'un visage] graisseux et luisant.
◆**_하다** 형 ① être d'un air *m* [d'un visage] graisseux et luisant. ¶ 그 사람은 얼굴에 개기름이 ~하다 Son visage est graisseux et luisant. ② être d'une apparence reluisante. ¶ 그 사람은 실속 없이 겉만 ~하다 Sous un masque respectable [Sous un masque séduisant, Sous une présentation agréable, Sous des dehors charmants] se cache un manque cruel de consistance / Malgré son apparence reluisante (favorable), au fond de lui-même, il n'a rien. ((son apparence est trompeuse)).

번득거리다 재타 ① scintiller, briller. ¶ 번득거리는 계급장 une décoration militaire [un insigne] scintillant(*e*) [brillante]. ② ((눈빛을)) avoir des yeux brillants. ¶ 그 사람은 눈빛을 번득거리며 방안을 뒤졌다 Il a fouillé la chambre avec des yeux brillants.

번득이다 재타 ☞ 번뜩이다

번들거리다 자 luire, reluire, être luisant(*e*). ¶ 마룻바닥이 번들거린다 Le plancher en bois reluit. ¶ 이마가 햇빛을 받아 번들거린다 Le front luit sous les rayons du soleil.

번들번들 부 ① de manière unie, d'apparence luisante. ¶ ~ 빛나다 être luisant(*e*). ② oisivement, paresseusement. ¶ ~ 놀며 지내다, mener une vie oisive, vivre dans l'oisiveté [dans l'inaction], rester oisi*f*(*ve*) et inacti*f*(*ve*), paresser toute la journée, mener une vie de fainéantises; traîner, traînailler {*fam*}, traînasser {*fam*}, ne rien faire, mener une vie de paresseux.
◆**_하다** 형 être luisant(*e*) et lisse. ¶ ~하게 닦다 astiquer, briquer, polir, bien polir, bien lisser.

번듯하다 형 ① être régulie*r*(*ère*), bien droit(*e*). ¶ 번듯하니 넓은 홀 une grande salle rectangulaire. ② être bien équilibré(*e*). ¶ 이 남자는 겉보기에는 번듯하게 생겼다 Cet homme a l'air d'être une personne équilibrée. ¶ 번듯하게 차려놓고 살다 vivre comme il faut.

번뜩거리다 재타 ☞ 번뜩이다

번뜩이다 재타 ① briller, luire, reluire, resplendir, étinceler, scintiller. ¶ 어둠 속에서 늑대의 눈이 번뜩이고 있었다 Les yeux du loup brillaient dans les ténèbres. ¶ 그들은 눈을 번뜩이며 조사를 시작했다 Ils ont commencé leur enquête avec vigilance [avec minutie]. ② ((비유적)) briller. ¶ 번뜩이는 재치가

있다 avoir de l'esprit. ¶ 그 사람의 눈에는 살기가[그 사람의 눈은 살기로] 번뜩였다 Un regard assassin brillait dans ses yeux [Ses yeux brillaient d'un regard assassin].

번민 煩悶 명 tourment *m*; angoisse *f*; souffrance *f*. ¶ ~을 잊으려고 술을 마시다 boire pour oublier (*ses* soucis); noyer *son* chagrin dans l'alcool. ¶ ~에 빠지다 être angoissé(*e*). ¶ 그의 얼굴에 ~의 흔적이 보인다 Son visage trahit l'angoisse. ◇_(을) **하다** se tourmenter, se tracasser, s'inquiéter vivement; être dans l'angoisse, éprouver de l'angoisse. ¶ 이 일로 그는 몹시 ~했다 Cette affaire lui a donné beaucoup de soucis / Cette affaire l'a beaucoup tourmenté(*e*) [angoissé(*e*)]. ¶ 이익과 의리 사이에서 그는 몹시 ~했다 Il a beaucoup hésité entre ses intérêts personnels et la loyauté.

번번이 부 chaque fois, toutes les fois, toujours, constamment. ¶ 하는 일마다 ~ 실패하다 échouer dans tous les projets que l'on a entrepris.

번복 飜覆 명 changements *mpl* successifs; renversement *m* ((d'une situation)); retournement *m* ((de la situation)). ◇_(을) **하다** renverser ((une théorie)); changer de façon radicale; revenir sur ((une décision, un engagement, *sa* parole)); revenir en arrière; rétracter ((une promesse, un engagement)); retourner ((une situation)); se dédire ((d'une promesse, d'un engagement)); désavouer ((une opinion qu'on avait soutenue, les propos qu'on avait tenus)). ¶ 결심을 ~하다 revenir sur *sa* décision. ¶ 약속을 ~하다 revenir sur *sa* promesse [parole]; rétracter une promesse [un engagement]; se dédire d'une promesse [d'un engagement]. ¶ 은퇴하겠다던 말을 ~하다 revenir sur *sa* décision de se retirer ((de la vie politique, de la compétition)). ¶ 심판이 결정[판정]을 ~했다 L'arbitre est revenu sur sa décision. ◇_(이) **되다** ((situation)) être retourné(*e*); ((théorie)) être renversé(*e*). ¶ 그의 결정이 ~되었다 Il est revenu sur sa décision.

번성 蕃盛 명 ① prospérité *f*, prolifération *f*, multiplication *f*, extension *f* ((des descendants d'une famille)). ¶ 가문의 ~ prospérité d'une famille. ¶ ~을 누리다 jouir de la prospérité, connaître la prospérité. ② 나무나 풀이 무성함 reproduction *f* ((des plantes)); croissance *f*, végétation *f* luxuriante. ◇_(을) **하다** ① prospérer; s'agrandir ((une famille)); être prospère, florissant(*e*); prospérer; ((장사 따위)) avoir beaucoup de clients, avoir une grosse [belle, vaste] clientèle. ¶ 자손이 ~하기를 기원하다 souhaiter la prospérité pour *ses* descendants. ¶ 그 당시 낭만주의가 프랑스에서 ~했다 En ce temps-là, le romantisme était fleurissant en France. ¶ 사업[장사]이 나날이 ~한다 Les affaires prospèrent d'un jour à l'autre / *Son* commerce prospère [se développe] tous les jours. ② ((des plantes)) pousser abondamment. ¶ 이 지역에는 밤나무가 ~하고 있다 Dans cette région, les châtaigniers poussent bien.

번식 繁殖 명 reproduction *f*, génération *f*, prolifération *f*, multiplication *f*, propagation *f*. ¶ 종족 ~ reproduction d'une espèce. ¶ 분열 ~ reproduction par scissiparité. ◇_(을) **하다** se reproduire, se multiplier, proliférer.

◆_**기** -期 명 période *f* de reproduction; saison *f* d'accouplement. ¶ 조류의 ~기 temps [saison] des nids [de la ponte].

◆_**력** -力 명 capacité *f* de reproduction; fécondité *f*, prolificité *f* {*litt*}. ¶ 강한 ~력 grande fécondité. ¶ 토끼는 ~력이 강하다 Les lapins sont très prolifiques.

번안 飜案 명 ① rejet *m* d'un projet (de loi). ② adaptation *f* ((d'un roman au cinéma)). ¶ ~ 가요 remake ((d'une chanson américaine)). ¶ ~ 소설 roman adapté. ◇_(을) **하다** ① rejeter un projet de loi. ② adapter ((une oeuvre, un roman au cinéma)). ¶ 몰리에르의 희곡을 ~하여 한국의 관객들에게 선보이다 adapter une pièce de Molière pour le public coréen. ◇_(이) **되다** faire l'objet d'une adaptation, être adapté(*e*).

◆_**극** -劇 명 pièce *f* de théâtre, adaptation *f* ((d'une pièce de Molière)).

번역 飜譯 명 traduction *f*. ¶ 작품 ~ traduction d'une oeuvre (littéraire). ◇_(을) **하다** traduire ((un texte en coréen)); faire une traduction. ¶ 영어를[에서] 한국어로 ~하다 traduire un texte anglais en coréen; traduire de l'anglais vers le coréen. ¶ 프랑스 작가들의 소설을 한국어로 ~하다 traduire les romans français en coréen. ¶ 이 단어는 ~하기가 거의 불가능하다 Ce mot n'est guère traduisible [est presque intraduisible]. ◇_(이) **되다** être traduit(*e*). ¶ ~이 잘 된 책 un livre très bien traduit.

◆_**가** -家 명 traduc*teur*(*trice*).

◆_**권** -權 명 droit *m* de traduction.

◆_**극** -劇 명 pièce *f* traduite.

◆_**료** -料 명 rétribution *f* touchée [perçue] pour une traduction.

◆_**문** -文 명 texte *m* traduit.

◆_**문학** -文學 명 littérature *f* traduite.

◆_**물[서]** -物[書] 명 traduction *f*.

◆_**시** -詩 명 poème *m* [poésie *f*] traduit(*e*).

◆_**자** -者 명 traduc*teur*(*trice*).

◆_**판** -版 명 œuvre *f* traduite, traduction *f* ((d'une œuvre littéraire)), version *f* [édition *f*] traduite (en une langue étrangère). ¶ ~판으로 읽다 lire la traduction (d'une œuvre littéraire) ((et non l'œuvre originale)), lire une œuvre littéraire dans sa version traduite, lire une œuvre traduite [une traduction].

◆_**학** -學 명 traductologie *f*.

◆**기계_** 機械- 명 【컴퓨】 traduction *f* automatique.

번연히 부 clairement; avec évidence. ¶ 안 될 걸 ~ 알면서 시도하다 essayer tout en sachant que ça ne réussira pas.

번영 繁榮 명 prospérité *f*. ¶ 국가의 ~을 위해 헌신하다 se sacrifier pour le développement du pays. ◇_(을)

ㅂ

하다 être prospère, florissant(*e*); prospérer; se développer.

번의 翻意 명 changement *m* d'avis. ¶ ~를 거듭하다 changer d'avis sans arrêt, changer sans cesse [tout le temps] d'avis; revenir sans cesse sur *ses* décisions. ◇_(를) **하다** changer d'avis, revenir sur *sa* décision, se raviser, se dédire, se désavouer, se contredire, se rétracter, désavouer une opinion qu'on avait soutenue. ¶ 한번 결심한 것을 ~하다 revenir sur *sa* décision, se raviser. ◇_(를) **시키다** détourner *qn* d'une résolution, faire changer d'avis à *qn*; dissuader *qn* d'un projet.

번잡스럽다 煩雜- 형 ☞ 번잡하다

번잡하다 煩雜- 형 être compliqué(*e*), embrouillé(*e*), inextricable, enchevêtré(*e*), complexe, mêlé(*e*); être bruyant(*e*), tapageu*r*(*se*), turbulent(*e*); être trépidant(*e*). ¶ 번잡한 대도시 생활 la vie trépidante des grandes villes. ¶ 마음이 번잡하다 avoir des sentiments complexes [contradictoires]. ¶ 번잡하게 일을 늘어놓다 embrouiller les affaires.

번적이다 재타 briller, étinceler, scintiller, reluire; faire briller, faire étinceler. ¶ 빛이 번적인다 La lumière luit. ¶ 날을 번적이며 칼을 휘두르다 brandir un sabre avec une lame étincelante [en faisant étinceler la lame]. ☞ **번쩍**[1]

ㅂ

번지 番地 명 numéro *m* (d'une maison, d'un immeuble). ¶ 몽테뉴가 20 ~ le 20, avenue Montaigne. ¶ 주소의 ~를 대다 donner le numéro de *sa* maison [de *son* logement] ((dans la rue)). ¶ 새 주택들에 ~를 매기다 attribuer un numéro administratif [officiel] aux nouvelles habitations. ¶ ~를 몰라서 집을 찾을 수 없다 Je ne peux pas trouver la maison parce que je ne connais pas le numéro.

*~**를 잘못 찾다** se tromper [se gourer {*fam*}, se planter {*fam*}] complètement, se méprendre, se faire des illusions, se mettre [se fourrer] le doigt dans l'oeil {*fam*}, se fourvoyer, prendre des vessies pour des lanternes, se mettre [se ficher, se foutre] dedans {*fam*}. ¶ ~를 잘못 찾았지, 어디서 행패야 C(e n)'est pas ici qu'on se conduit comme ça!

◆**_수 -數** 명 le numéro *m* de *sa* maison.

*~**수가 틀리다** se tromper [se gourer {*fam*}, se planter {*fam*}] complètement, se méprendre, se faire des illusions, se mettre [se fourrer] le doigt dans l'oeil {*fam*}, se fourvoyer, être loin du compte; tirer le mauvais numéro. ¶ ~수가 틀렸다 Tu te trompes [Tu te plantes {*fam*}, Tu te goures {*fam*}] *complètement* / Tu n'y es pas du tout / C'est juste l'inverse / C'est tout juste le contraire.

번지다 재 ① se répandre, imprégner *qc* de *qc*, s'imprégner de *qc*. ¶ 잉크가 종이에 ~ Le papier s'imprègne d'encre. ② ((불길 따위)) circuler, s'étendre, se propager. ¶ 전염병이 이웃 마을에 번졌다 La maladie contagieuse s'est propagée jusqu'au village voisin. ¶ 불길이 옆집으로 번졌다 L'incendie s'est propagé à la maison voisine. ③ ((소문 따위)) se répandre. ¶ 그 사람이 죽었다는 소문이 삽시간에 온 마을에 번졌다 La rumeur affirmant qu'il est mort s'est répandue comme une traînée de poudre dans tout le village. ④ ((사태 따위)) se propager. ¶ 사건이 엉뚱한 방향으로 번지기 시작했다 L'affaire commença à se propager dans une direction inattendue.

번지르르 부 avec une apparence luisante, avec un aspect luisant. ¶ 얼굴에 윤기가 ~ 흐르는 사람 un homme au visage luisant.

◆**_하다** 형 être brillant(*e*), luisant(*e*), lisse.

번지점프 영{bungee jump} 명 saut *m* à l'élastique. ◇_(를) **하다** effectuer un saut à l'élastique.

번질거리다 재 reluire, luire, être luisant(*e*), reluisant(*e*). ¶ 그들의 얼굴은 땀으로 번질거렸다 Leur visage reluisait de sueur. ¶ 기름이 번질거리는 작업복 une tenue de travail luisante de graisse.

번질대다 재 ☞ 번질거리다

번질번질 부 brillamment, doucereusement, avec onction. ¶ ~ 윤이 나다 briller, luire, être brillant(*e*), luisant(*e*).

◆**_하다[거리다, 대다]** 형 être lisse, lustré(*e*), poli(*e*), brillant(*e*), luisant(*e*), onctueu*x*(*se*).

번쩍[1] 부 ① avec éclat. ¶ 창 밖에서 빛이 ~ 비쳤다 La lumière scintillante éclairait de l'extérieur de la fenêtre. ② brusquement. ¶ ~ 제정신이 들다 reprendre brusquement *ses* esprits. ¶ 그 소리에 ~ 눈을 떴다 J'ai été brusquement réveillé(e) par ce bruit / À cause de ce bruit, j'ouvris brusquement mes yeux.

***동에 ~ 서에 ~ 하다** être omniprésent(*e*), apparaître à l'est et à l'ouest en un clin d'œil.

◆**_하다** 재 éclairer subitement; ((비유적)) comprendre subitement [brutalement], avoir un flash, faire tilt {*fam*} ((ça a fait tilt {*fam*} dans *son* esprit)). ¶ 번개가 ~했다 Un éclair déchira le ciel. ¶ 그 말을 듣자 정신이 ~했다 Cette phrase a fait tilt dans mon esprit {*fam*} / Cette parole me permit soudain de comprendre / Cette parole apporta la lumière dans mon esprit / Cette parole éclaira subitement ma pensée.

◆**_거리다[대다, 이다]** 재타 clignoter; étinceler, briller, chatoyer, luire, scintiller, pétiller {*litt*}. ¶ 네온사인 불빛이 ~거린다 La lumière du néon clignote. ¶ ~거리는 보석으로 치장하다 se parer de bijoux scintillants.

◆**__** 부 avec éclat. ¶ ~~ 윤이 나는 자동차 une voiture lustrée [briquée, reluisante].

◆**__하다** 재타 clignoter; briller, luire, étinceler, scintiller, pétiller {*litt*}. ¶ 햇빛을 받아 칼날이 ~~한다 La lame du couteau brille [étincelle] au soleil [sous la lumière du soleil]. 형 être lisse, lustré(*e*), poli(*e*), brillant(*e*), luisant(*e*). ¶ ~하게 차를 광내다 briquer [lustrer] la carrosserie d'une voiture.

번쩍[2] 부 facilement, sans effort, sans peine, d'un

seul coup; légèrement. ¶ 손을 ~ 들다 lever haut la main. ¶ 바위를 ~ 들어올리다 soulever un rocher d'un seul coup [sans peine, facilement].

◆__ 뭐 facilement, sans effort, sans peine, d'un seul coup. ¶ ~~ 들어올리다 soulever *qc* sans effort [sans peine, facilement, d'un seul coup].

번창 繁昌 명 prospérité *f.* ◇_(을) **하다** être prospère, florissant(*e*); prospérer; se développer; être en pleine croissance. ¶ 그의 사업이 나날이 ~한다 Son affaire prospère [est en pleine croissance, en pleine prospérité] / Son commerce prospère / Ses affaires marchent très bien.

번철 燔鐵 명 poêle *f* (à frire).

번트 영{bunt} 명 【운동】 amorti *m*, coup *m* retenu ((au baseball)). ¶ ~ 실수 un amorti mal exécuté, un amorti raté. ¶ ~를 성공[실패]하다 réussir [rater] un amorti ((au baseball)). ◇_(를) **하다[대다]** ((au baseball)) frapper doucement (la balle), faire un amorti, amortir, retenir un coup [une frappe].

번호 番號 명 numéro *m*. ¶ 금고 ~ le numéro d'un coffre(-fort). ¶ 대기 ~ le numéro de passage. ¶ 출석 ~ le numéro d'étudiant. ¶ ~를 매기다 numéroter. ¶ ~를 부르다 appeler *qn* par *son* numéro. ¶ ((전화에서)) ~가 틀렸습니다 Désolé, vous vous êtes trompés de numéro / Vous avez fait un mauvais numéro

◆**_판** -板 명 plaque *f* d'immatriculation.

◆**_표** -票 명 plaque *f* numérotée.

◆**우편_** 郵便- 명 code *m* postal.

◆**전화_** 電話 명 numéro *m* de téléphone. ¶ 전화~ 좀 알려주시겠어요? Pourriez-vous me donner votre numéro de téléphone, s'il vous plaît?

번화가 繁華街 명 rue *f* animée.

벋다 자 ① ((bourgeons)) éclater; ((branches)) s'étirer, s'étendre, s'élever. ¶ 가지가 위로 벋은 나무 un arbre dont les branches s'étirent vers le ciel. ② se prolonger. ¶ 저 멀리로 벋은 오솔길 un sentier se prolongeant au loin. ③ ((세력 따위)) se répandre, se propager. 타 étendre ((les bras)), allonger ((les jambes)). ¶ 팔[다리]을 ~ étendre les bras [étendre les jambes, allonger *ses* jambes]. ☞ 뻗다

벌[1] 명 ((꿀벌)) abeille *f*, ((말벌)) guêpe *f*. ¶ ~을 치다 élever des abeilles, pratiquer l'apiculture. ¶ ~에 쏘이다[물리다] être piqué(*e*) par une guêpe.

◆**_집** 명 ruche *f*, guêpier *m*, nid *m* d'abeille, alvéole *f*. ¶ 그 사건으로 회사는 ~집을 쑤신 듯했다 Cette affaire entraîna une grande confusion dans la société. ¶ 그 사람의 몸은 총알로 ~집이 되었다 Son corps a été criblé de balles.

◆**꿀_** 명 abeille *f*, mouche *f* à miel.

◆**말_** 명 guêpe *f*.

벌[2] **罰** 명 punition *f*, châtiment *m*; peine *f*, supplice *m*; correction *f*. ¶ 무거운[가벼운] ~ une punition sévère [légère], une peine lourde [légère]. ¶ 숙제를 안 한 ~로 화장실 청소를 하다 avoir comme punition l'obligation de nettoyer les toilettes pour n'avoir pas fait *ses* devoirs. ◇_(을) **주다[내리다]** donner [infliger] une punition à *qn*, punir *qn*. ¶ 아이에게 엄한 ~을 주다 infliger une punition sévère à un(*e*) enfant, punir sévèrement un(*e*) enfant. ¶ 게으름 핀 것을 ~주다 punir *qn* pour *sa* paresse. ◇_(을) **받다** être puni(*e*); subir [purger] une [*sa*] peine. ¶ 의무를 다하지 않아 ~을 받다 être puni(*e*) pour ne pas avoir fait *son* devoir. ¶ 징계 3개월의 ~을 받다 purger [subir] une peine [une sanction] de 3 mois. ¶ 무슨 ~이라도 달게 받겠다 Je supporterai [J'endurerai] n'importe quel châtiment.

◆**_하다** 타 punir *qn*, châtier *qn*. ¶ 누구[누구의 잘못]를 ~하다 punir *qn* de *qc*/*inf*. ¶ 친구와 싸운 것을 ~하다 punir *qn* pour s'être disputé(*e*) avec un ami.

벌[3] 명 plaine *f*, campagne *f*, champs *mpl*, prairie *f*, pré *m*. ¶ 넓은 ~을 가로지르다 traverser une grande plaine.

벌[4] 의명 ((classificateur servant à compter les habits et les couverts en deux pièces)) ensemble *m* ((pour salon)); assortiment *m* ((d'outils)); service *m* ((de porcelaine, à desser))t. ¶ 옷 한 ~ un ensemble. ¶ 수저 두 ~ deux couverts ((baguettes et cuillère)).

벌거벗기다 타 déshabiller, mettre *qn* à nu. ¶ 목욕을 시키려고 아이를 ~ déshabiller un(*e*) enfant pour un bain [pour le baigner].

벌거벗다 자 se déshabiller, se mettre à nu, se mettre à poil. ¶ 벌거벗고 수영하는 아이들 les enfants qui se baignent tout nus. ¶ 그 여자는 집안에서 벌거벗은 채로 돌아다닌다 Cette femme se ballade toute nue dans sa maison.

***벌거벗은 임금님** *le Roi nu* ((fable d'Evguéni Schwartz)).

벌거숭이 명 nu(*e*) *mf*, corps *m* nu. ¶ ~로 길에 나서다 se promener tout(*e*) nu(*e*) [à poil {*fam*}] dans la rue. ¶ ~가 되다 se mettre à nu {*fam*}, se mettre à poil {*fam*}, se déshabiller complètement.

벌겋다 형 être rouge, cramoisi(*e*), vermeil(*le*), rubicond(*e*), écarlate. ¶ 그 사람은 술이 올라 얼굴이 ~ Il a le visage rouge [*Son* visage devient rouge] après avoir bu de l'alcool. ¶ 벌겋게 달궈진 쇳조각 un morceau de fer chauffé au rouge [jusqu'à incandescence], un morceau de fer incandescent.

벌게지다 자 rougir, devenir rouge. ¶ 술에 취해 얼굴이 ~ avoir un visage rougi par l'alcool. ¶ 코가 벌개진 주정꾼 un ivrogne au nez rouge.

벌금 罰金 명 amende *f*, contravention *f*, peine *f* pécuniaire. ¶ ~을 내다 payer une amende. ¶ ~을 물다 verser une amende. ¶ 누구에게 ~을 물리다[부과하다, 과하다] infliger une amende [contravention] à *qn*; frapper *qn* d'une amende. ¶ 나는 교통법 위반으로 5만원의 ~을 물었다 J'ai versé une amende de 50 mille wons pour avoir enfreint le code de la route [pour avoir commis une infraction au code de la route].

◆**_형** -刑 명 amende *f*, peine *f* pécuniaire. ¶ 누구를 ~형에 처하다 infliger une amende [contravention]

à *qn*. ¶ 누구에게 ~형을 내리다[언도하다] frapper *qn* d'une amende.

벌꿀 명 miel *m*.

벌다[1] 자 s'écarter, se fendre; ((꽃이)) s'éclore, s'épanouir, s'ouvrir. ¶ 틈새가 번다 La fente se produit. ¶ 반쯤 번 꽃봉오리 un bouton de fleur à moitié éclos.

벌다[2] 타 ① gagner ((de l'argent)), acquérir, encaisser, recevoir, empocher, toucher ((un salaire)), amasser, rafler. ¶ 돈을 정당하게 ~ gagner de l'argent de manière honnête. ¶ 가족의 생계비를 ~ gagner le pain de *sa* famille; faire vivre *sa* famille; faire bouillir la marmite {*fam*}; gagner l'argent du ménage; assurer la subsistance du ménage [de la famille]; subvenir aux besoins du ménage. ¶ 용돈을 벌기 위해 아르바이트를 하다 faire un petit boulot [un travail à temps partiel] pour gagner de l'argent de poche. ¶ 먹고 살 만큼 ~ amasser assez d'argent pour vivre tranquille ((jusqu'à la fin de ses jours)). ② gagner ((du temps)). ¶ 시간을 ~ gagner du temps. ③ accumuler. ¶ 매를 ~ accumuler les punitions ((les châtiments, les coups de fouet)).

◆**벌어먹다** 타 ☞ 벌어먹다

◆**벌어먹이다** 타 ☞ 벌어먹이다

벌떡 부 soudain, soudainement; promptement, subitement, brusquement; tout à coup. ¶ 자리에서 ~ 일어나다 se lever vivement de *son* siège, se lever d'un bond. ¶ 마룻바닥에 ~ 드러눕다 se plaquer contre le sol, s'aplatir par terre.

◆**_이다[거리다, 대다]** 자타 ((coeur)) palpiter; battre vite [fort]. ¶ 숨을 ~이다 haleter, être hors d'haleine. ¶ 가슴[심장]이 ~거린다 Mon coeur bat très vite [palpite, bat très fort, bat la chamade].

◆_ _ 부 soudain, soudainement; promptement, subitement, brusquement; tout à coup. ¶ 심장이 ~~ 뛰다 avoir le coeur qui bat très vite [qui palpite, qui bat très fort, qui bat la chamade].

벌떡거리다 자 ☞ 벌떡

벌떡대다 자 ☞ 벌떡

벌떼 명 essaim *m* (d'abeilles). ◇_ **같이** en foule, en bande. ¶ ~ 같이[처럼] 달려들다 se jeter en foule sur *qc*, se précipiter en foule ((sur un article en promotion, sur les places libres, vers le buffet)), se ruer sur ((les promotions)), se porter en foule vers *qc*, affluer. ¶ 군중이 ~ 같이 몰려왔다 La foule afflua [se rua, déferla, se précipita ((vers la sortie))].

벌러덩 부 à la légère, par [avec] étourderie, imprudemment. ¶ 길바닥에 ~ 드러눕다 s'étendre imprudemment au milieu de la route. ¶ 한방에 ~ 나자빠지다 tomber à la renverse sous l'effet d'un coup.

벌렁 부 à la renverse. ¶ 침대 위에 ~ 드러눕다 tomber sur le lit à la renverse. ¶ ~ 나자빠지다[넘어지다] tomber à la renverse.

◆**_이다[거리다, 대다]** 자타 agir à la légère; se comporter imprudemment. ¶ 코를 ~대다 dilater fortement *ses* narines. ¶ 가슴이 ~거리다 avoir des battements de cœur, avoir le cœur qui bat très vite [qui palpite, qui bat très fort, qui bat la chamade].

◆_ _ 부 à la légère, par [avec] étourderie, imprudemment. ¶ 코를 ~~ 움직이다 renifler ((une odeur suspecte)). ¶ 가슴이 ~~ 요동을 친다 *Mon* cœur bat très vite [palpite, bat très fort, bat la chamade].

◆**_코** 명 nez *m* retroussé; nez *m* en trompette.

벌렁거리다 자 ☞ 벌렁

벌렁대다 자 ☞ 벌렁

벌레 명 ((곤충)) insecte *m*; ((연충)) ver *m*; ((기생충)) parasite *m*; vermine *f*; ((나방)) papillon *m* nocturne; phalène *mf*; ((유충)) chenille *f*; ((의류)) mite *f*.

벌름거리다 자타 se gonfler et se dégonfler; être agité(*e*) de frémissements, palpiter. ¶ 개가 코를 벌름거린다 La truffe du chien palpite.

벌름대다 자 ☞ 벌름거리다

벌름벌름하다 타 se gonfler et se dégonfler; palpiter. ☞ 벌름거리다

벌리다[1] 타 ① ouvrir, écarter, distancer, séparer, éloigner, disjoindre, détacher, décoller. ¶ 입을 크게 ~ ouvrir grand la bouche. ¶ 두 팔을 ~ ouvrir *ses* bras. ¶ 의자들의 간격을 ~ écarter [éloigner] les chaises les unes des autres. ¶ 자루를 ~ ouvrir le sac. ② entreprendre, installer, ouvrir ((un commerce)). ¶ 사업을 ~ entreprendre une affaire. ¶ 길거리에 좌판을 ~ ouvrir un kiosque de vente [un stand] dans la rue.

***손을** ~ tendre la main à *qn* (pour demander de l'argent), mendier, faire la manche, faire la quête ((après une prestation)), demander l'aumône [la charité].

벌리다[2] 자 ((돈이)) se gagner. ¶ 돈이 잘 벌린다 On gagne bien.

벌목 伐木 명 abattage *m* d'arbres; coupe *f* des arbres. ¶ ~ 작업 abattage; déboisement. ¶ ~ 금지 interdiction d'abattre les arbres; défense de couper les arbres. ◇_(**을**) **하다** abattre les arbres; couper les arbres; déboiser. ¶ 관의 허가 없이 ~하다 couper les arbres sans l'autorisation des autorités publiques.

◆**_공[꾼]** -工 명 bûcheron *m*, abatteur *m* d'arbres.

벌벌[1] 부 ((onomatopée)) avec un frémissement. ¶ 추워서 ~ 떨다 grelotter [frissonner, trembler] de froid, claquer des dents {*fam*} (de froid). ¶ 무서움에 ~ 떨다 frémir [trembler] de peur.

◆**_거리다[대다]** 자타 frémir, frissonner, grelotter, trembler. ¶ 두려워 다리를 ~거리다 J'ai les jambes qui tremblent de peur.

*~ **떨다** trembler ((pour *son* argent)), trembler de+*inf* [que+*subj*], avoir (très) peur de *qc*, éprouver une grande crainte, appréhender *qc*. ¶ 돈 몇 푼에 ~ 떨다 être près de *ses* sous; lésiner sur tout.

벌벌[2] 🄟 ((onomatopée)) à grandes brassées. ¶ 병사들이 벌판을 ~ 기어간다 Des soldats rampaient à grandes brassées dans la plaine.

*~ **기다** ramper devant *qn*, s'aplatir (comme une carpette) devant *qn* {*fam*}, faire des courbettes à *qn*, s'abaisser devant *qn*, être aux pieds de *qn*; être intimidé(*e*) par *qn*. ¶ 상사 앞에서 ~ 기다 ramper devant *son* supérieur, s'aplatir devant des supérieurs {*fam*}, flatter bassement [servilement] *ses* supérieurs.

벌써 🄟 déjà, avant, auparavant. ¶ ~ 일곱 시 반이다 Il est déjà 7 heures et demie. ¶ 그 사람이 도착했을 때는 ~ 기차가 떠난 뒤였다 Le train était déjà parti lorsqu'il est arrivé.

◆**_부터** 🄟 depuis longtemps; auparavant. ¶ ~부터 그 말을 하려고 했어 Je voulais te le dire auparavant [plus tôt]. ¶ 이제 3월인데 ~부터 휴가계획을 세우니? Tu prépares déjà *tes* vacances alors que nous sommes à peine en mars?

벌어들이다 🄣 gagner et introduire, gagner et rapporter, gagner, rapporter. ¶ 해외 시장에서 많은 외화를 ~ gagner beaucoup de devises sur le marché étranger. ¶ 그 사람은 벌어들일 줄만 알지 쓸 줄을 모른다 Cet homme ne fait qu'amasser de l'argent mais ne sait [n'ose] pas le dépenser.

벌어먹다 🄙🄣 gagner *sa* vie [*son* pain, *sa* croûte {*fam*}, *son* bifteck {*fam*}, de quoi vivre, *sa* subsistance]. ¶ 그럭저럭 ~ vivre au jour le jour; gagner péniblement *sa* vie. ¶ 하루하루 근근히 ~ gagner à peine pour vivre au jour le jour; gagner à peine de quoi vivre; vivoter. ¶ 정직하게 ~ gagner *sa* vie honnêtement. ¶ 그 아저씨는 막노동으로 벌어먹고 산다 Cet homme vit d'un travail de manoeuvre. ¶ 벌어먹기 힘들다 Il est difficile de gagner sa vie / La vie est dure. ¶ 요즘 불황이라 밥 벌어먹고 살기가 힘들다 En raison de la mauvaise conjoncture actuelle, il est difficile de gagner sa vie.

벌어먹이다 🄣 faire vivre ((*sa* famille)), nourrir ((*sa* famille)), subvenir aux besoins ((de *sa* famille)). ¶ 가족을 ~ pourvoir à la subsistance de [soutenir] *sa* famille. ¶ 월 100만원의 봉급으로 다섯 식구를 ~ subvenir aux besoins d'une famille de cinq *personnes avec un salaire d'un million* de wons.

벌어지다 🄙 ① ((틈)) s'ouvrir, se fendre, s'entrouvrir, s'écarter, être entrouvert(*e*), bâiller, être séparé(*e*), s'espacer, laisser un intervalle. ¶ 창문 틈이 점점 벌어진다 La fente entre les fenêtres s'élargit de plus en plus. ¶ 밤송이가 벌어진다 La bogue de la châtaigne s'ouvre. ② ((인간관계)) se fâcher, se brouiller. ¶ 그들 사이가 벌어졌다 Leurs relations sont moins intimes / Ils se sont brouillés. ③ ((몸)) prendre de l'embonpoint; gagner [prendre] du poids; grossir; ((épaule)) être large, carré(*e*). ¶ 어깨가 딱 ~ avoir les épaules carrées; avoir de larges épaules. ④ ((사(건 따위)) se produire, avoir lieu, se passer, se produire, survenir, éclater, arriver. ¶ 사건이 벌어졌다 Un incident s'est produit. ¶ 두 나라 사이에 싸움이 벌어졌다 La guerre a éclaté entre les deux pays. ¶ 어제 아이가 없어져서 큰 소동이 벌어졌다 Hier, il y eut un grand remue-ménage suite à la disparition de l'enfant. ¶ 윷판이 벌어졌다 Une partie de *yut* a eu lieu.

***입이 딱 벌어질 일이다** C'est un événement époustouflant.

벌여놓다 🄣 exposer, étaler, disposer, mettre à l'étalage [en vitrine], étendre, déployer, dérouler, répandre. ¶ 상품을 진열창에 예쁘게 ~ disposer les marchandises joliment dans la vitrine. ¶ 큰 탁자에 새로나온 책들을 ~ étaler les livres les plus récents sur une grande table. ¶ 화투짝을 ~ étaler les cartes (du jeu) de *hwatu*.

벌이 🄜 gain *m*, profit *m*; gagne-pain *m*, moyen *m* d'existence; revenu *m*; rapport *m*; produit *m*; salaire *m*. ¶ ~가 좋다 bien gagner sa vie; avoir un revenu assez élevé; avoir un bon (niveau de) salaire.

◆**돈_** 🄜 gagne-pain *m*; moyen *m* de gagner de l'argent; travail *m* rémunéré [qui rapporte de l'argent]. ¶ 돈~(를) 하다 travailler pour gagner de l'argent. ¶ 그 여자는 돈~가 되는 일이면 무엇이든 한다 Elle accepte n'importe quel travail tant que [du moment que, dans la mesure où] cela rapporte / Elle accepte n'importe quel travail dans la mesure où c'est rentable.

벌이다 🄣 ① commencer, engager ((un combat)), amorcer ((une affaire)), entreprendre; démarrer, créer ((une affaire)), se livrer à *qc*, provoquer ((une querelle)), faire éclater. ¶ 싸움을 ~ engager un combat. ¶ 일을 ~ démarrer un travail. ¶ 협상을 ~ amorcer des négociations. ¶ 사업을 잔뜩 ~ se lancer dans beaucoup d'affaires. ¶ 잔치를 ~ organiser un festin. ¶ 그 녀석은 일을 벌일 줄만 알지 수습할 줄을 모른다 Ce type ne fait que créer des problèmes mais ne fait rien pour les résoudre [pour y remédier]. ② ouvrir ((un magasin, un commerce)). ¶ 대로에 노점을 ~ installer un étalage sur le trottoir d'une avenue. ¶ 시장에 가게를 ~ ouvrir une boutique dans un marché.

벌점 罰點 🄜 retrait *m* [perte *f*] de points ((du permis de conduire de *qn*)). ¶ ~을 주다 retirer des points ((du permis de conduire de *qn*)). ¶ ~을 매기다 noter les fautes. ¶ ~을 받다 se voir retirer des points.

벌주 罰酒 🄜 verre *m* d'alcool qu'on fait boire à *qn* en guise de punition [gage] (entre amis). ¶ ~를 마시다 être obligé(*e*) de boire un verre d'alcool adressé comme punition [gage]. ¶ ~를 주다[받다] obliger *qn* à [accepter de] boire un verre d'alcool comme punition [gage].

벌집 🄜 ① nid-d'abeilles *m*, ruche *f* ; alvéole *f*, guêpier *m*, nid *m* de guêpes. ② ((비유적)) objet *m* criblé de toutes parts. ¶ 집을 온통 ~으로 만들다 cribler

ㅂ

((de balles)) la maison.

*~을 **건드리다** embêter [provoquer, exciter] *qn* qui est sur le point d'exploser {*fam*} [qui est d'une humeur massacrante]; remuer un nid de frelons, secouer un nid de guêpes, provoquer une furie, soulever un tollé; mettre le feu aux poudres.

*~(을) **쑤셔 놓은 듯하다** faire un éclat; provoquer des remous. ¶ 그의 발언으로 총회는 온통 ~을 쑤셔 놓은 듯 했다 Son intervention a fait un éclat [provoqué des remous] lors de l'assemblée générale.

벌쭉 부 en entrouvrant, en entrebâillant; ((rire)) la bouche entrouverte et silencieusement. ¶ ~ 웃다 sourire la bouche entrouverte, sourire discrètement.

◆_**이다**[**거리다**, **대다**] 자타 s'ouvrir et se fermer à plusieurs reprises; être entrouvert(*e*); laisser un espace. ¶ ~거리며 웃다 rire silencieusement (la bouche entrouverte).

벌채 伐採 명 déboisement *m*; abattage *m* d'arbres, coupe *f* du bois. ◇_(를) **하다** déboiser; abattre des arbres; couper du bois.

◆_**권** -權 명 autorisation *f* d'abattre les arbres.

벌초 伐草 명 coupe *f* de l'herbe (autour d'un tombeau). ◇_(를) **하다** couper l'herbe autour d'un tombeau. ¶ 묘를 ~하다 nettoyer une tombe, débarrasser une tombe des mauvaises herbes.

벌충 명 compensation *f*, dédommagement *m*; supplément *m*, complément *m*. ◇_(을) **하다** compenser *qc*; dédommager *qn* de *qc*; se rattraper. ¶ 손해를 ~하다 compenser les pertes. ◇_(이) **되다** être compensé(*e*); être dédommagé(*e*). ¶ 그걸로 ~이 될까? Cela suffira comme compensation pour les dégâts?

벌칙 罰則 명 sanction *f*, punition *f*, clause *f* pénale; règle *f* punitive. ¶ ~을 적용하다 appliquer une clause pénale; appliquer une sanction pénale contre *qn*. ¶ ~을 내리다[주다] frapper *qn* d'une sanction; appliquer une clause pénale. ¶ ~을 받다 recevoir une sanction. ¶ ~에 저촉되다 contrevenir à une clause pénale; être en infraction; commettre une infraction ((au règlement)); être en contravention; se mettre en infraction ((avec la loi, avec les conventions internationales des Nations unies)).

◆_**차기** 명 【운동】 ((페널티킥)) penalty *m*

벌컥 부 tout à coup, soudain, soudainement. ¶ 문을 ~ 열다 ouvrir la porte soudainement. ¶ 화를 ~ 내다 s'emporter tout à coup; sortir soudain de *ses* gonds; piquer une colère soudaine, exploser (de colère), se mettre hors de *soi*. ¶ ~ 소리를 지르다 pousser un cri soudain; s'écrier soudainement. ¶ 물을 ~ 들이키다 boire de l'eau à grandes gorgées [à pleines gorgées, à grands traits]. ¶ 그 일로 마을이 ~ 뒤집혔다 Le village fut totalement bouleversé par cet événement / Cet événement bouleversa totalement le village.

◆_ _ 부 à grandes gorgées, à grands traits, avidement. ¶ 물[맥주]을 ~~ 들이키다 boire de l'eau [de la bière] à grandes gorgées.

벌통 -桶 명 ruche *f*.

벌판 명 plaine *f*; campagne *f*; champs *mpl*; prairie *f*; désert *m*. ¶ 황량한 ~ plaine déserte.

◆**허허**_ 명 plaine *f* immense, vaste plaine *f*; campagne *f* sauvage, plaine *f* inculte.

범[1] 명 tigre(*sse*).

*~ **굴에 들어가야** ~**을 잡는다** Qui ne tente rien n'a rien.

*~ **없는 골에는 토끼가 스승이라** Quand le chat n'est pas là, les souris dansent. / Dans la vallée où il n'y a pas de tigre, c'est le le lièvre qui est le maître.

***하룻강아지** ~ **무서운 줄 모른다** Ton ignorance te rend bien téméraire [intrépide]. / Un chiot de quelques jours ignore la peur du tigre.

◆_**나비** 【동물】 명 machaon *m*; grand porte-queue *m*.

◆_**띠** 명 (signe *m* du) tigre *m*.

범[2] **犯** 분류 ((classificateur servant à compter les crimes ou les condamnations)) condamnations *fpl*. ¶ 그는 전과 5~이다 Il a été condamné cinq fois. / Il a été reconnu coupable à cinq reprises. / Il est quatre fois récidiviste.

-범[3] **犯** 접미 violation *f*, contrevenant *m*, agresseur *m*, criminel *m*. ¶ 강력~ criminel dangereux. ¶ 상습~ récidiviste. ¶ 절도~ voleur(*se*). ¶ 정치~ criminel(*le*) politique; prisonni*er*(*ère*) politique. ¶ 지능~ violation intellectuelle, offense morale; criminel coupable de violation intellectuelle. ¶ 현행~ en flagrant délit.

범-[4] **汎** 접두 pan-. ¶ ~교파적 pansectaire. ¶ ~국민적 개혁운동 mouvement de réforme national), sur le plan national, au niveau national. ¶ ~세계적 추세 tendance internationale [mondiale, pandémique]. ¶ ~유럽적 통신망 réseau de communication paneuropéen.

범국민 어근 nation*al*(*ale*, *aux*), répandu(*e*) dans tout le pays. ¶ ~ 궐기대회 un rassemblement national.

◆_**적** -的 명 nation*al*(*ale*, *aux*). ¶ ~적 지지를 호소하다 en appeler à l'appui national. ¶ ~적으로 금연운동을 전개하다 développer un mouvement national anti-tabac.

범람 氾濫 명 ① débordement *m*, inondation *f*, déluge *m*; crue *f*. ¶ 하천의 ~을 막다 enrayer le débordement du fleuve. ② inondation *f* ((du marché)); invasion *f* massive ((de capitaux étrangers)), envahissement *m* ((de la publicité)); expansion *f*, prolifération *f*, foisonnement *m*. ¶ 미국 문화의 ~ l'invasion [l'envahissement] de la culture américaine. ◇_(을) **하다** ① déborder, inonder. ¶ 강(물)이 ~했다 Le fleuve a débordé. ¶ 비가 많이 와서 개천이 ~을 했다 De fortes pluies ont fait déborder le ruisseau. ②

envahir (massivement) ((le marché)), inonder ((le marché)); se multiplier rapidement et en abondance, pulluler, foisonner, abonder, proliférer. ¶ 가짜 상품이 시장에 ~하고 있다 Les contrefaçons inondent le marché.

범례 凡例 명 remarque *f* préliminaire; notice *f* explicative; légende *f*. ¶ 이에 대해서는 ~를 참조하시오 A ce sujet, reportez-vous aux remarques préliminaires.

범벅 명 ① ((떡)) *beombeok* <gâteau(*x*) de riz coréen roulé dans la farine de soja>. ② ((비유적)) mélange *m*, méli-mélo *m*; pêle-mêle *m*; mixture *f*; fouillis *m*, salmigondis *m*, pagaille *f* {*fam*}. ¶ ~을 만들다 mêler confusément; embrouiller *qc*; mettre *qc* pêle-mêle [en désordre]. ¶ 신발을 아주 흙~을 만들어 놓았구나 예문 교체 ¶ 자꾸 덧칠을 해서 물감이 ~이 되었다 A force d'ajouter des couches, les peintures sont mélangées. ¶ 얼굴이 눈물, 콧물, 땀으로 ~이 되다 avoir le visage couvert de larmes, de sueur et de morve; avoir le visage tout ruisselant de larmes, de sueur et de morve.

◆**뒤_** 명 mélange *m* (sens dessus dessous); grand désordre *m*, pagaille *f* {*fam*}.

범법 犯法 명 infraction *f* à une loi; violation *f* d'une loi. ¶ ~ 행위를 하다[저지르다] déroger à la loi; contrevenir à [enfreindre, transgresser, violer] une loi; commettre une infraction (à une loi).

◆**_자** -者 명 viola*teur*(*trice*) de la loi.

범부 凡夫 명 homme *m* ordinaire, (le) commun *m* des mortels; homme *m* quelconque; gens *mpl* ordinaires [de la rue]; monsieur *m* tout le monde.

범사 凡事 명 ① tout *m*; toutes choses *fpl*; toutes les affaires *fpl*. ¶ ~에 감사하라 Remercie en toute occasion. ② affaire *f* ordinaire; banalité *f*. ¶ 이 일은 ~가 아니다 Ça, ce n'est pas banal! / Cela n'arrive pas tous les jours!

범상하다 凡常- 형 être ordinaire. ¶ 이번 사태는 범상치 않다 Cet incident semble peu ordinaire. ¶ 범상한 일[인물]이 아니다 Ce n'est pas quelque chose de banal / Ça, ce n'est pas banal! / Cela n'arrive pas tous les jours! [Ce n'est pas quelqu'un d'ordinaire / Ce n'est pas n'importe qui].

범서 梵書 명 livre *m* en sanskrit, sûtra *m*.

범선 帆船 명 bateau(*x*) *m* à voiles, voilier *m*.

범세계적 汎世界的 명 mondi*al*(*ale*, *aux*), universel(*le*), au niveau mondial, sur le plan mondial. ¶ ~ 불평등구조 une structure d'inégalité universelle. ¶ ~인 규모 ((d'))envergure mondiale. ¶ ~적으로 반전 운동을 벌이다 développer un mouvement contre la guerre partout dans le monde.

범속 凡俗 명 médiocrité *f*, banalité *f*, platitude *f*; lieu *m* commun; vulgarité *f*. ¶ ~에 빠지다 se laisser aller à la banalité.

◆**_하다** 형 être ban*al*(*ale*, *aux*), ordinaire, commun(*e*); être médiocre, vulgaire. ¶ ~하지 않은 사람 un homme peu ordinaire. ¶ 그 사람은 말하는 투가 ~하지 않다 Sa manière de parler n'est pas du tout ordinaire / Sa manière de parler sort de l'ordinaire. ¶ ~하게 살다 vivre simplement.

◆**_성** -性 명 médiocrité *f*, banalité *f*.

범속하다 凡俗- 형 ☞ 범속

범시민적 汎市民的 명 de tous les citoyens. ¶ ~ 참여[운동] participation [mouvement] de tous les citoyens. ¶ ~으로 쓰레기 줄이기 운동을 전개하다 déclancher un mouvement national pour la réduction du volume des déchets.

범신론 汎神論 명 【철학】 panthéisme *m*.

◆**_적** -的 명 panthéiste. ¶ ~적 사고[세계관] une pensée [vision du monde] panthéiste.

◆**_자** -者 명 panthéiste.

범실 凡失 ① erreur *f*, maladresse *f*, bêtise *f*, gaffe *f* {*fam*}. ② 【운동】 faute *f* directe ((au baseball)). ¶ 3루수 ~로 2루에 가다 atteindre le deuxième but [la deuxième base] suite à une faute directe du joueur du troisième but [de la troisième base]. ¶ ~이 많다[적다] commettre beaucoup [peu] d'erreurs. ¶ ~이 잦다 commettre fréquemment des erreurs. ◇_(을) **하다** commettre une maladresse, faire une erreur.

범어 梵語 명 sanskrit *m*, sanscrit *m*, langue *f* sanskrite.

◆**_학** -學 명 étude *f* du sanskrit et de la littérature sanskrite, sanskritisme *m*.

◆ **학자** -學者 명 sanskritiste.

범용 汎用 명 usage *m* général ((par opposition à un usage spécialisé ou spécifique)). ¶ ~ 사전 un dictionnaire général ((par opposition à un dictionnaire spécialisé)). ¶ ~ 컴퓨터 un ordinateur universel ((dans le sens où il n'est pas conçu pour une tâche spécifique)). ¶ ~ 언어 un langage (d'usage) général ((langage de programmation informatique d'usage général par opposition à un langage spécialisé, langage de programmation évolué permettant de résoudre des problèmes dans une grande variété de domaines d'application)).

◆**_하다** 형 être génér*al*(*ale*, *aux*); être universel(*le*).

◆**_적** -的 명 d'usage *m* général; génér*al*(*ale*, *aux*); universel(*le*), multi-usages.

◆**_성** -性 명 (d')usage *m* général ((par opposition à un usage spécialisé ou spécifique)).

범위 範圍 명 sphère *f*, cercle *m*; champ *m* ((d'action)); étendue *f*; domaine *m* (des connaissances); limites *fpl*. ¶ 가능한 ~ 안에서 dans la mesure [les limites] du possible. ¶ 내가 아는 ~ 내에서는 à ma connaissance. ¶ 시험 ~를 넓게 잡다 choisir un programme étendu pour l'examen. ¶ 적용 ~를 좁게 잡다 choisir un champ d'application restreint. ¶ 연구 ~를 넓히다[확대하다] élargir le champ d'études. ¶ 활동 ~를 좁히다[한정하다] restreindre le champ d'action. ¶ 그것은 내 능력의 ~를 벗어나는[넘어서는] 일이다 Cela dépasse *mes* capacités. ¶ 넓은[좁은] ~에서 보면 d'un point de vue plus large [étroit].

ㅂ

범인[1] 凡人 명 homme *m* ordinaire [quelconque], (le) commun *m* des mortels; homme *m* du commun; (gens *mpl*) médiocres *mpl*. ¶ ~들이 도달할 수 없는 경지 état qu'un homme ordinaire ne peut pas atteindre.

범인[2] 犯人 명 coupable, criminel(*le*), auteur *m* d'un crime; délinquant(*e*). ¶ ~ 은닉죄 recel de malfaiteur. ¶ ~ 인도 조약 traité d'extradition. ¶ ~ 취급을 받다 être traité(*e*) comme un(*e*) délinquant(*e*). ¶ ~을 잡다 arrêter un criminel. ¶ ~으로 몰리다 être pris(*e*) pour un(*e*) délinquant(*e*).

범절 凡節 명 toutes les formalités *fpl* de politesse. ¶ ~을 갖추다[지키다, 따르다] observer [respecter, suivre] les règles de politesse. ¶ ~에 어긋나다 être contraire aux règles de politesse. ¶ 그 사람은 ~이 바르다 Il connaît les règles de bienséance.

◆**예의_** 禮儀 명 étiquette *f*, règles *fpl* de bienséance; savoir-vivre *m*; tenue *f*, manières *fpl*. ¶ ~범절을 지키다[따르다] observer les convenances. ¶ ~범절을 알다[모르다] être courtois(*e*), poli(*e*) [mal poli(*e*), mal élevé(*e*)].

범접 犯接 명 approchement *m*; intrusion *f*. ¶ 산짐승의 ~을 막다 empêcher l'intrusion des animaux sauvages. ◇_(을) **하다** s'approcher ((de *qn*)). ¶ 그 사람에게는 함부로 ~하기 어려운 위엄이 있다 Il a une dignité inviolable. ¶ 감히 ~할 수 없는 경지 un état dont on n'oserait s'approcher.

범종 梵鐘 명 【불교】 cloche *f* (d'un temple).

◆**_각** -閣 명 pavillon *m* qui protège la cloche (du temple).

범죄 犯罪 명 crime *m*, délit *m*; contravention *f*, infraction *f*; faute *f*. ¶ ~ 행위 un crime, un délit. ¶ ~ 사건 crime. ¶ ~ 수사 enquête policière [judiciaire]; investigation; instruction (criminelle). ¶ ~ 현장 lieu du crime. ¶ ~ 구성요건 des facteurs constitutifs d'un délit. ¶ ~ 예방에 힘쓰다 faire des efforts de prévention contre la délinquance. ¶ ~와의 전쟁을 선포하다 déclarer la guerre contre la délinquance. ¶ ~가 급격히 늘어나고 있다 La délinquance est en forte progression. ◇_(를) **하다**[**저지르다**] commettre un délit [un crime, un péché, une faute].

◆**_적** -的 명 criminel(*le*). ¶ ~적 행위 un acte criminel. ¶ 의도가 다분히 ~적이다 On y voit sûrement une intention criminelle.

◆**_성** -性 명 criminalité *f*. ¶ ~성이 있다[없다] avoir [ne pas avoir] un caractère criminel; être [ne pas être] criminel(*le*).

◆**_사회학** -社會學 명 sociologie *f* criminelle.

◆**_심리학** -心理學 명 psychocriminologie *f*; psychologie *f* criminelle; profilage *m*.

◆**_율** -率 명 taux *m* de criminalité. ¶ ~율이 높다[낮다] Le taux de criminalité est élevé [faible].

◆**_자[인]** -者[人] 명 coupable *mf*, criminel(*le*). ¶ 상습 ~자 criminel(*le*) multirécidiviste.

◆**_학** -學 명 criminologie *f*.

◆**_학자** -學者 명 criminologue.

◆**소년_** 少年- 명 【법률】 délinquance *f* juvénile.

범주 範疇 명 ① catégorie *f*. ¶ 넓은[좁은] ~ catégorie élargie [délimitée]. ¶ ~를 설정하다 créer [établir] des catégories. ¶ ~에 넣다 classer dans une catégorie. ¶ 다른 ~에 속하다 entrer dans [appartenir à] une autre catégorie. ② 【언어】 catégorie *f*. ¶ ~ 기호 symbole catégoriel. ¶ ~ 부문 composantes catégorielles. ¶ 문법 ~ catégorie grammaticale. ¶ 어휘 ~ catégorie lexicale.

◆**_화** -化 명 catégorisation *f*. ¶ ~화(를) 하다 créer des catégories; catégoriser. ¶ ~화(가) 되다 se trouver dans une catégorie.

◆**_론** -論 명 【철학】 philosophie *f* catégorielle.

◆**_문법** -文法 명 【언어】 grammaire *f* catégorielle.

◆**_자질** -資質 명 【언어】 trait *m* catégoriel.

범칙 犯則 명 infraction *f* au règlement; violation *f* d'une loi; transgression *f* d'une loi; manquement *m* aux règles; faute *f*. ¶ ~ 행위 une infraction au règlement. ¶ ~에 대한 처벌을 받다 être puni(*e*) [sanctionné(*e*)] pour infraction au règlement.

◆**_금** -金 명 amende *f*, contravention *f*. ¶ 교통 ~금 une amende pour infraction au code de la route. ¶ ~금을 내다 payer [régler, acquitter] une amende. ¶ 속도위반으로 ~금을 물리다[부과하다] faire payer [imposer] une amende pour excès de vitesse.

범칭 泛稱 명 appellation *f* générale.

범타 凡打 명 【운동】 coup *m* raté, frappe *m* ratée ((au baseball)). ¶ 그는 이번 타석에서 ~에 그쳤다 À ce passage à la batte, il a manqué son coup.

범태평양 汎太平洋 명 tout l'Océan *m* Pacifique. ¶ ~ 회의 conférence de tous les pays de l'Asie et du Pacifique.

범패 梵唄 명 【불교】 chant *m* laudatif bouddhique.

범퍼 영{bumper} 명 pare-chocs *m* [parechocs *m*] *inv*. ¶ ~가 찌그러졌다 Le pare-chocs est bosselé.

범하다 犯- 타 ① contrevenir à *qc*, enfreindre, transgresser ((une loi, un règlement)); faire une entorse ((au règlement)); violer ((une loi)). ② violer ((la dignité de *qn*)), perturber. ¶ 그 남자는 감히 범하기 어려운 기품을 지녔다 Il a une dignité qu'on n'oserait perturber. ③ commettre [faire] une faute [erreur], fauter. ¶ 실수를 ~ commettre une faute. ¶ 오류를 ~ commettre une erreur. ¶ 죄를 ~ commettre un péché. ④ empiéter sur *qc*; usurper ((un droit)), violer ((un droit)); envahir ((un pays)), faire une incursion dans ((un pays)) ¶ 한국의 영공을 ~ violer l'espace aérien de la Corée. ¶ 성소를 ~ profaner un lieu saint. ⑤ violer ((une femme)). ¶ 여자를 ~ violer une femme.

범행 犯行 명 crime *m*, délit *m*; fait *m* délictueux. ¶ ~ 동기 le mobile du crime. ◇_(을) **하다**[**저지르다**] commettre un délit [un crime].

법[1] 法 명 loi *f* ((d'un État)); droit *m*; code *m*; législation f; règle *f*, règlement *m*; justice *f*. ¶ ~을 지키다[따르다, 준수하다] respecter la loi [obéir aux lois]. ¶

~을 어기다 aller à l'encontre des lois; enfreindre [violer, contrevenir à] une loi. ¶ ~대로 처리하다 régler selon les lois. ¶ ~이 정한 테두리 내에서 dans le cadre juridique.

*~ **없이도 살 사람이다** être d'une parfaite rectitude.

*~**은 멀고 주먹은 가깝다** Force passe droit / La force prime le droit.

***악법도 ~이다** La loi, c'est la loi.

◆**_적** -的 명 légal*(ale, aux)*; juridique; de droit; législati*f(ve)*. ¶ ~적 근거 justificatif. ¶ ~적 제재를 가하다 imposer une sanction de justice. ¶ ~적 대응을 불사하다 aller jusqu'à faire appel à la loi; entraîner *qn* devant la justice.

◆**_규범** -規範 명 norme *f* juridique.

◆**_규정** -規程 명 dispositions *fpl* juridiques, règle *f*, règlement *m*; devoir *m*; obligation *f*.

◆**_의학** -醫學 명 【의학】 médecine *f* légale.

◆**_질서** -秩序 명 ordre *m* de la justice. ¶ ~질서를 어지럽히다 porter atteinte à l'ordre de la justice.

◆**_철학** -哲學 명 【철학】 philosophie *f* du droit.

◆**계약_** 契約- 명 droit *m* contractuel.

◆**국제_** 國際- 명 droit *m* international.

◆**대륙_** 大陸- 명 droit *m* continental.

◆**물권_** 物權- 명 droits *mpl* réels.

◆**민[상, 공, 형]_** 民[商, 公, 刑]- 명 droit *m* civil [commercial, industriel, pénal].

◆**민사[형사]소송_** 民事[刑事]訴訟- 명 procès m civil [pénal].

◆**상위[하위]_** 上位[下位]- 명 droit *m* supérieur [inférieur].

◆**선거_** 選擧- 명 loi *f* électorale.

◆**실정_** 實定- 명 droit *m* positif.

◆**정치자금_** 政治資金- 명 loi *m* sur le financement des partis politiques.

◆**채권_** 債權- 명 droit *m* de créance.

◆**특별_** 特別- 명 droit *m* spécial.

◆**해양_** 海洋- 명 droit *m* maritime [de la mer].

법[2] 法 의명 ① ((nom dépendant ou non autonome, servant à nominaliser ou substantiver une locution verbale ou une proposition. A cet effet, il ne s'emploie qu'après les suffixes flexionnels déterminatifs -는, -ㄹ/-을, -던)). 방법 méthode *f*; procédé *m*; façon *f*; manière *f*, moyen *m*; recette *f*. ¶ *사람 다루는 ~을 아는 사람* un meneur d'hommes. ¶ 이것 만드는 ~ 좀 가르쳐 주세요 Apprenez-moi comment on fait ça. ¶ 이 서류 쓰는 ~ 좀 알려 주세요 Expliquez-moi comment on remplit ce papier, s'il vous plaît / Voulez-vous m'indiquer comment il faut remplir ce papier, s'il vous plaît? ② 이치 raison *f*; justice *f*; bon sens *m*. ¶ 그런 ~이 어디 있니? Ce n'est pas raisonnable / C'est injuste. ¶ 나라고 못하란 ~ 있나? Moi aussi, je peux le faire. ③ ((예)) cas *m*, habitude *f*. ¶ 그 여자는 아침에 일찍 일어나는 ~이 없다 Elle n'a pas l'habitude de se lever tôt le matin / Elle n'est pas très matinale / Cette fille, ce n'est pas une lève-tôt. ◇**_이다** être raisonnable, judicieu*x(se)*, naturel*(le)*, normal*(ale, aux)*; être conforme à la raison. ¶ 죄를 지은 자는 벌을 받는 ~이다 Il est normal que le coupable soit puni.

◆**_하다** 형 ((verbe auxiliaire de ressemblance ou de supposition, sous forme de radical+-ㄹ/-을 법하다)) sembler; être probable, vraisemblable. ¶ 있을 ~한 일이다 C'est probable. ¶ 그도 그럴 ~하다 C'est vraisemblable. ¶ 당신 말도 그럴 ~합니다 Vous avez raison dans un certain sens. ¶ 구름이 많이 낀 것을 보니 오늘은 비가 올 ~하다 Comme le ciel [le temps] est nuageux [couvert], il devrait pleuvoir aujourd'hui. ¶ 네가 화가 날 ~도 하다 Je comprends que tu te mettes en colère. ¶ 그 친구가 이미 서울에 도착했을 ~(도) 한데 아직 연락이 없다 Il aurait dû déjà arriver à Séoul, mais il ne m'a pas encore appelé.

-법[3] 法 접미 ① façon *f*, méthode *f*, manière *f*. ¶ 계산~ façon de compter. ¶ 교수~ méthode pédagogique; pédagogie. ¶ 조리~ une recette (de cuisine). ¶ 미터~ le système métrique. ② 【언어】 mode *m*. ¶ 직설~ le mode indicatif, l'indicatif. ¶ 접속~ le mode subjonctif, le subjonctif. ¶ 명령~ le mode impératif, l'impératif. ③ 【불교】 loi *f*, dogme *m*. ¶ 불~ le bouddhisme; précepte de Bouddha.

법계[1] 法系 명 【법률】 système *m* juridique; loi *f*, droit *m*.

법계[2] 法界 명 ① 【불교】 monde *m* des moines. ② 【법률】 monde *m* des juristes; barreaux *mpl*.

◆**_불** -佛 명 bouddha *m*.

법과 法科 명 (section *f* de) droit *m*; cours *m* de droit.

◆**_대학** -大學 명 faculté *f* de droit. ¶ 그 남자는 ~대학에 다닌다[~대학 학생이다] Il fait des études de droit [Il est étudiant en droit].

법관 法官 명 homme *m* de loi; magistrat *m*; magistrature *f*; juge *m*.

법규 法規 명 loi *f*; règlement *m*. ¶ 교통 ~ le code de la route. ¶ 현행 ~ les lois en vigueur.

법당 法堂 명 【불교】 bâtiment *m* principal d'un temple bouddhique.

법대 法大 명 faculté *f* de droit. ☞ 법과

◆**_생** -生 명 étudiant*(e)* en droit.

법도 法度 명 loi *f* et institution *f*, convenances *fpl*; étiquette *f*. ¶ ~를 알다 avoir le sens de l'étiquette, connaître l'étiquette. ¶ ~를 지키다[따르다] observer [respecter, suivre] les convenances [les lois].

법랑 琺瑯 명 émail *m*. ¶ ~ 철기 un instrument de fer émaillé. ¶ ~을 칠하다 émailler, revêtir *qc* d'émail.

법령 法令 명 loi *f*, ordonnance *f*, décret *m*, statut *m*.

◆**_집** -集 명 recueil *m* de lois.

법률 法律 명 loi *f*; droit *m*; code *m*; législation *f*. ¶ ~ 고문 un*(e)* conseill*er(ère)* juridique; un*(e)* jurisconsulte. ¶ ~ 상담 consultation en matière juridique. ¶ ~ 용어 terme juridique. ¶ ~ 위반 violation de la loi. ¶ ~ 상으로 아무런 문제가 없다 Il n'y a aucun problème juridique.

◆_적 -的 명 juridique.

◆_가 -家 명 juriste *mf*, jurisconsulte *m*, homme *m* de loi; légiste *m*.

◆_사무소 -事務所 명 bureau(*x*) *m* d'un avocat.

◆_안 -案 명 ((정부)) projet *m* de loi; ((국회)) proposition *f* de loi; avant-projet(~-~*s*) *m*. ¶ 무엇에 관한 ~안 un projet de loi pour *qc*. ¶ ~안을 꾸미다[짜다] rédiger un projet de loi. ¶ ~안을 본회의에 상정하다[올리다, 내다, 제출하다] présenter [soumettre, introduire] un projet de loi à la séance officielle. ¶ ~안을 심의하다[검토하다] délibérer sur [prendre en considération] un projet de loi. ¶ ~안을 채택하다[통과시키다] adopter [passer] un projet de loi. ¶ ~안을 거부하다 rejeter un projet de loi. ¶ ~안이 통과[가결, 채택]되었다 Le projet de loi est passé [est adopté]. ¶ ~안이 거부[부결]되었다 Le projet de loi est rejeté [n'a pas été retenu].

◆_학 -學 명 science *f* du droit; droit *m*, jurisprudence *f*.

ㅂ

법리 法理 명 ① principe *m* de la loi. ¶ ~ 논쟁 débats de jurisprudence. ¶ ~ 해석 interprétation des lois. ② 【불교】 dogme *m*.

◆_학 -學 명 jurisprudence *f*.

법망 法網 명 loi *f*, droit *m*. ¶ ~을 피해 가다 se dérober [se soustraire] à la loi.

법명 法名 명 【불교】 nom *m* de religion (d'un moine).

법무 法務 명 【법률】 administration *f* de la justice. ¶ ~ 장관 le ministre de la Justice. ¶ ~ 행정 administration de la justice.

◆_관 -官 명 【군사】 assesseur *m* (auprès d'un tribunal militaire).

◆_부 -部 명 Ministère *m* de la Justice; Justice *f*.

◆_사 -士 명 notaire *m*.

법문[1] 法文 명 ① texte *m* d'une loi. ② 【불교】 écrits *mpl* bouddhiques.

◆_화 -化 명 codification *f*. ¶ ~화 하다[되다] codifier [être codifié(*e*)].

법문[2] 法門 명 【불교】 bouddhisme *m*. ¶ ~에 귀의하다[들어가다] devenir croyant(*e*) bouddhique.

법문[3] 法問 명 catéchisme *m* bouddhique.

법복 法服 명 ① robe *f* de magistrat. ② robe *f* de moine.

법사 法師 명 【불교】 bonze *m*; moine *m* bouddhiste (qui enseigne la loi).

법석 명 bruit *m*; tapage *m*; vacarme *m*; agitation *f*; tumulte *m*; boucan *m* {*fam*}, bousin *m* {*fam*}, raffut *m* {*fam*}, chambard *m* {*fam*}, barouf *m* {*fam*}.

◇_(을) 떨다[치다, 피우다] faire du bruit [tapage, vacarme, boucan {*fam*}, bousin {*fam*}, chambard {*fam*}, ramdam {*fam*}, potin {*fam*}, un potin du diable {*fam*}, remue-ménage]. ¶ 별 일도 아닌 것을 가지고 ~을 떨다 faire beaucoup de bruit pour rien [pas grand-chose]. ¶ 그렇게 ~ 떨 것 없습니다 Il n'y a pas de quoi vous agiter.

◆_이다[거리다, 대다] 자 faire du bruit [tapage, vacarme, boucan {*fam*}, bousin {*fam*}, chambard {*fam*}, ramdam {*fam*}, potin {*fam*}, un potin du diable {*fam*}, remue-ménage]. ¶ 온 집안이 손님들로 ~거린다 Toute la maison est en remue-ménage à cause des invités. ¶ 공원은 꽃구경을 나온 사람들로 ~였다 Il régnait une agitation bruyante [un grand tumulte] dans le parc envahi par les personnes venues voir les fleurs.

◆야단_ 惹端 명 vacarme *m*, boucan *m* {*fam*}, bousin *m* {*fam*}, raffut *m* {*fam*}; remue-ménage *m*, le branle-bas *m inv* général; un boucan *m* {*fam*} de tous les diables; un potin *m* du diable. ¶ 그 소식에 온 집안이 야단~을 떨었다 Cette nouvelle a fait beaucoup de bruit [raffut {*fam*}] dans toute *sa* famille / Cette nouvelle a bouleversé *sa* famille. ¶ 왜 이렇게 야단~입니까? Pourquoi vous faites un tel boucan {*fam*}? / Quel boucan [bousin] {*fam*}! / Pourquoi tout ce remue-ménage? / Quel raffut {*fam*}!

법석거리다 자 ☞ 법석

법석대다 자 ☞ 법석

법석이다 자 ☞ 법석

법안 法案 명 projet *m* de loi; proposition *f* de loi; avant-projet *m*. ¶ ~을 제출하다[기각하다] présenter [rejeter] un projet de loi.

법어 法語 명 【불교】 prédication *f* de bouddhisme.

법열 法悅 명 【불교】 extase *f* religieuse; ravissement *m*, transport *m*, ivresse *f*, extase *f* mystique.

법원 法院 명 tribunal *m*; palais *m* de justice; cour *f* (d'appel).

◆_서기 -書記 명 greffi*er*(*ère*).

◆_장 -長 명 président(e) de tribunal.

◆가정_ 家庭- 명 tribun*al*(*aux*) *m* des affaires familiales.

◆고등_ 高等 명 cour *f* d'appel.

◆대_ 大- 명 cour *f* suprême.

◆지방_ 地方- 명 tribun*al*(*aux*) *m* région*al*(*aux*).

법의 法衣 명 【불교】 robe *f* de moine; habit *m* religieux.

법익 法益 명 bénéfice *m* et protection *f* de loi [judiciaire].

법인 法人 명 personne *f* juridique. ¶ ~을 설립하다 constituer [fonder] une société.

◆_세 -稅 명 impôt *m* sur les revenus des personnes juridiques.

◆_체 -體 명 personnalité *f* juridique, personne *f* morale [juridique].

◆공익_ 公益 명 association *f* d'utilité publique.

◆비영리_ 非營利- 명 association *f* à but non lucratif

◆사단_ 社團- 명 société *f* civile.

◆영리_ 營利- 명 association *f* à but lucratif

◆**재단**_ 財團- 명 fondation *f* juridique.

◆**학교**_ 學校- 명 établissement *m* d'enseignement.

법장 法藏 명 【불교】 sûtra *m*.

법전 法典 명 code *m*. ¶ 현행 ~ code en vigueur. ¶ ~을 편찬하다 codifier (des lois).

법정[1] 法廷 명 tribunal *m*; cour *f* (de justice); salle *f* d'audience. ¶ ~ 소란[모욕]죄 un délit de lèse-justice. ¶ ~ 투쟁 un litige. ¶ ~에 출두하다 comparaître en jugement [en justice, au tribunal], paraître à la barre. ¶ 상속인들의 재산 다툼이 ~까지 번졌다[비화됐다] Le conflit entre les héritiers finit par prendre la voie des tribunaux.

*~**에 서다** être à la barre (du tribunal), comparaître devant le tribunal.

*~**에 세우다** faire venir *qn* à la barre, faire comparaître *qn* devant le tribunal.

◆_**구속** -拘束 명 arrestation *f* en droit strict. ¶ ~구속(을) 시키다 ordonner l'arrestation de *qn* en droit strict. ¶ ~구속(이) 되다 être arrêté(*e*) en droit strict.

법정[2] 法定 어근 stipulation *f* par la loi; défini(*e*) [reconnu(*e*)] par la loi, stipulé(*e*), lég*al*(*ale*, *aux*), légitime. ¶ ~ 기간 un délai [un terme, une période] lég*al*(*e*). ¶ ~ 대리인[상속인, 후견인] un(*e*) représentant légal [un(*e*) hériti*er*(*ère*) légitime, un(*e*) tu*teur*(*trice*) légal(*e*)]. ¶ ~ 임금 salaire légitime. ¶ ~ 가격 prix [tarif] légal. ¶ ~ 근로시간 heures légitimes de travail. ¶ ~ 금리 intérêts définis [stipulés] par la loi. ¶ ~ 전염병 une maladie reconnue [déclarée] contagieuse par la loi. ¶ ~ 정족수 un quorum, un quan*tum*(*ta*). ¶ ~ 휴일 une fête légale; un jour férié (reconnu par la loi).

◆_**관리** -管理 명 administration *f* juridique. ¶ 채권단이 회사의 ~관리를 신청했다 Les créanciers ont demandé l'administration juridique de cette société. ¶ 회사가 부도나서 ~관리에 들어갔다 Puisque la société n'a pas honoré *ses* lettres de change, elle est sous l'administration juridique.

◆_**형** -刑 명 peine *f* prévue par le code pénal. ¶ 반란죄에 대한 ~형은 사형뿐이다 La peine prévue par le code pénal pour un crime d'insurrection [de sédition] n'est autre que la peine capitale.

법제 法制 명 législation *f*, loi *f*, droit(*e*).

◆_**화** -化 명 acte *m* de décider les lois [de légiférer]. ¶ ~화(를) 하다 *légiférer*. ¶ ~화(가) 되다 être légiféré(*e*).

◆_**사** -史 명 histoire *f* de la législation.

◆_**처** -處 명 ministère *m* chargé de la législation.

법조 法曹 명 juge *mf*, magistrat(*e*) ; avocat(*e*); juriste *mf*, jurisconsulte *m*.

◆_**계** -界 명 magistrature *f*, barreau(*x*) *m*.

◆_**인** -人 명 juge *m*, procureur *m*, avocat(*e*).

법주 法酒 명 alcool de riz *m* respectant pleinement les critères de qualité, alcool de riz haute qualité.

법치 法治 명 gouvernement *m* constitutionnel.

◆_**국가** -國家 명 État *m* constitutionnel.

◆_**주의** -主義 명 constitutionnalisme *m*; légalisme *m*.

법칙 法則 명 ① 규범 loi *f*; règle *f*. ¶ ~을 따르다 suivre la loi; se soumettre à la loi. ¶ ~대로 하다 s'assujettir à une règle; se plier [se soumettre] à la loi. ② 원리 loi *f*; règle *f*. ¶ 만유인력의 ~ la loi de la gravitation universelle; la loi de l'attraction universelle. ③ 【수학】 lois *fpl* d'arithmétique, règles *fpl* de l'arithmétique.

◆_**성** -性 명 caractère *m* conforme à une loi.

법통 法統 명 (authentique) tradition *f*. ¶ 사회[국가]의 ~ tradition authentique de la société [du pays]. ¶ ~을 지키다[유지하다] garder [maintenir] la tradition.

법학 法學 명 droit *m*; jurisprudence *f*.

◆_**도** -徒 명 étudiant(*e*) en droit.

◆_**자** -者 명 juriste *mf*, légiste *mf*.

법회 法會 명 office *m* bouddhique; cérémonie *f* bouddhique; service *m* commémoratif. ¶ ~를 열다[개최하다] organiser une cérémonie bouddhique.

벗 명 ami(*e*), copain *m*, copine *f*; compagnon *m*, compagne *f*; camarade *mf*. ¶ 오랜 ~을 만나다 rencontrer un vieil ami [une vieille connaissance].

◇_**(을) 삼다** vivre en accord avec, vivre avec; être en phase [en accord, en harmonie] avec. ¶ 자연을 ~삼아 지내다 vivre en accord avec la nature.

◆_**하다** 재타 ① être ami(*e*) avec *qn*. ¶ 우리가 ~한 지도 십 년이 넘었다 Cela fait plus de 10 ans que nous sommes ami(*e*)s / Nous sommes ami(*e*)s depuis plus de dix ans. ② vivre en accord avec, vivre avec, être en phase avec. ¶ 고독을 ~하여 밤을 지새우다 passer une nuit blanche seul(*e*) avec *soi*-même. ③ être sans façon, ne pas faire de chichis {*fam*}, être simple et sans cérémonies; être intime avec *qn* {*fam*}, être à tu et à toi avec *qn*, avoir des rapports familiers avec *qn*. ¶ 나는 그 사람과 서로 ~하는 사이다 Je suis sans façon avec *lui* / Je suis à tu et à toi avec lui / J'ai des relations simples avec *lui* / Nous avons des relations sans manières [des relations en toute simplicité] / Nous sommes à tu et à toi {*fam*} / Nous avons des relations en toute simplicité [sans manières] / Nous sommes des amis(*e*) avec des rapports simples sans manières [sans chichi(*s*) {*fam*}].

벗겨지다 재 ① ((옷 따위)) s'enlever, se détacher, se peler, s'ôter, se retirer, se dégager, se séparer, se défaire. ¶ 신발이 꽉 끼여 잘 벗겨지지 않는다 Les chaussures étant étroitement serrées, il est difficile de [on a du mal à] les enlever. ¶ 양말이 벗겨진다 Les chaussettes sont enlevées. ② ((칠 따위)) s'enlever, disparaître; s'écailler. ¶ 페인트칠이 벗겨졌다 La peinture s'est enlevée [s'est effacée, s'est écaillée]. ¶ 얼룩이 벗겨졌다 La tache a disparu. ③ ((껍질 따위)) s'écorcher; ((le genou)) s'érafler, s'égratigner. ④ se disculper. ¶ 누명이 ~ se disculper d'une fausse accusation. ⑤ ((머리)) devenir chauve, perdre *ses* cheveux, se déplumer {*fam*}.

ㅂ

벗기다 타 ① ((옷 따위를)) enlever, ôter, retirer ((les habits de *qn*)); dégager, débarrasser, défaire. ¶ 옷을 ~ déshabiller ((un enfant)); dévêtir ((un blessé)). ¶ 신발을 ~ déchausser ((un enfant)). ¶ 어린아이의 외투를 ~ enlever le manteau d'un enfant. ¶ 이불을 ~ enlever une couverture. ¶ 장화를 벗겨 드리겠습니다 Je vais vous retirer *vos* bottes. ② ((껍질 따위를)) éplucher, peler; écailler, ouvrir ((des huîtres)); écorcer. ¶ 복숭아 껍질을 ~ peler une pêche. ¶ 감자 [양파] 껍질을 ~ éplucher une pomme de terre [un oignon]. ¶ 콩 껍질을 ~ écosser des pois [haricots]. ¶ 토끼 가죽을 ~ écorcher un lapin; dépouiller un lièvre. ¶ 삶은 계란 껍질을 ~ enlever la coquille d'un oeuf dur. ③ ((얼룩 따위를)) enlever, effacer, ôter, faire disparaître, faire partir. ¶ 얼룩을 ~ enlever [faire disparaître] une tache. ¶ 무엇의 때를 ~ décrasser *qc*. ¶ 낡은 페인트칠을 벗겨 내고 새로 칠하다 repeindre ((une chambre)) après avoir enlevé la vieille peinture. ④ ((뚜껑 따위를)) arracher, enlever, ôter, ouvrir complètement. ¶ 가면을 ~ arracher le masque à *qn*, démasquer ((un intrigant)). ¶ 뚜껑을 ~ enlever le couvercle. ¶ 지붕에서 기와를 ~ enlever des tuiles du toit. ¶ 문고리를 ~ enlever la poignée de la porte.

*__벗겨 먹다__ faire tout payer à *qn*; dépouiller *qn* de ses biens; plumer {pop} *qn*, tondre *qn* {pop}. ¶ 직장상사를 벗겨 먹다 faire tout payer à son supérieur.

벗다 타 ① ((옷 따위를)) ôter, enlever, se débarrasser, retirer, se défaire. ¶ 외투를 벗다 ôter [enlever, retirer] *son* manteau; se débarrasser de *son* manteau; se défaire. ¶ 장갑[모자]을 벗다 ôter [enlever, retirer] *ses* gants [*son* chapeau]. ¶ 안경을 ~ retirer [enlever] *ses* lunettes. ② ((짐을)) se décharger, enlever, se débarrasser ((d'un objet encombrant)). ¶ 나뭇짐을 ~ se décharger d'un fagot. ③ ((빚을)) se libérer de *qc*, se débarrasser de *qc*. ¶ 은행 빚을 ~ régler *ses* dettes à la banque. ④ ((껍질 따위를 ~)) muer, se libérer de *qc*, sortir de *qc*. ¶ 누에가 허물을 벗는다 Le ver à soie termine *sa* mue [quitte *son* cocon]. ¶ 뱀이 껍질을 벗는다 Le serpent mue. ⑤ ((태도 따위를)) se défaire de *qc*, se débarrasser de *qc*, abandonner. ¶ 촌티[시골티]를 ~ se défaire de *ses* allures de [de *son* côté] campagnard. ¶ 그는 아직도 어린 티를 못 벗었다 Il n'arrive pas encore à abandonner *ses* habitudes d'enfant. ⑥ ((누명, 책임 따위를)) se libérer de *qc*, se débarrasser de *qc*, être lavé ((de tout soupçon)). ¶ 억울한 누명을 ~ être lavé d'un soupçon injuste. ¶ 오해를 ~ régler un malentendu.

*__발 벗고 나서다__ s'investir corps et âme ((dans une affaire)), se donner, se consacrer (complètement, corps et âme) à *qc*, s'engager [se lancer, se jeter] corps et âme ((dans une affaire)), s'impliquer complètement, se donner à fond ((dans *qc*)); mettre tout en second plan, accorder la priorité absolue à *qc*.

벗어나다 재타 ① ((경계, 범위)) s'échapper de, se trouver hors de, sortir de, sortir hors des limites. ¶ 도심지를[에서] 벗어난 곳 endroit éloigné du centre-ville. ¶ 비상선을 ~ franchir un barrage de police. ¶ 그물을 ~ s'échapper [sortir] du filet. ¶ 열차가 궤도에서 벗어났다 Le train a déraillé. ¶ 화살이 과녁을 약간 벗어났다 La flèche a dévié un peu de la cible. ¶ 인공위성이 예정궤도를 벗어나고 있다 Le satellite est en train de dévier [dévie actuellement] de son orbite originelle. ② ((상황)) échapper à *qc*, se soustraire à *qc*, se dérober, s'esquiver, se sauver de *qc*, sortir de *qc*, se tirer de *qc*, franchir, surmonter. ¶ 속박에서 ~ se libérer d'une contrainte. ¶ 위기에서 ~ sortir d'un moment critique [d'une mauvaise passe]; échapper au danger, se tirer d'un mauvais pas. ¶ 책임을[에서] ~ être déchargé(*e*) d'une responsabilité. ¶ 궁지를 ~ sortir [se tirer] d'une impasse [d'un embarras], se tirer d'un mauvais pas [d'affaire]; s'en sortir; s'en tirer. ¶ 반드시 이겨야 한다는 부담감에서 ~ se libérer de la contrainte de devoir absolument gagner. ¶ 경찰의 추격을 ~ échapper à la police [aux policiers]; se dérober aux poursuites de la police; déguerpir. ¶ 시험지옥에서 ~ se libérer de l'enfer des examens. ③ ((이치, 규범)) être [se trouver] hors de *qc*, dévier de *qc*, déroger à *qc*, être déraisonnable, être contraire à la raison [au bon sens], être insensé(*e*), être absurde, être contraire à *qc*. ¶ 규칙에서 ~ être hors des règles. ¶ 정도에서 ~ dévier du droit chemin [de la bonne voie]; s'écarter du droit chemin. ¶ 이치에서 벗어난 말을 하다 dire des absurdités; tenir des propos absurdes [insensés, illogiques]; débiter des inepties. ¶ 토론이 주제에서 벗어났다 La discussion a dévié (du sujet initial) / La conversation a dérapé.

*__눈에(서)__ ~ perdre la faveur de *qn*, tomber en disgrâce, être mal vu(*e*), être mal considéré(*e*). ¶ 상사의 눈에(서) ~ être mal considéré(*e*) par [(très) mal vu(*e*) de, mal apprécié(*e*) par] *son* supérieur; se faire mal voir de *son* patron; ne pas être en odeur de sainteté auprès de *son* supérieur [patron] {*fam*}. ¶ 그 녀석이 하는 짓은 모든 사람의 눈에 벗어난다 Tout ce que fait ce type déplaît à tout le monde / Tout le monde est mécontent de sa façon de faire.

벗어던지다 타 se débarrasser de *qc*, se défaire de *qc*; se libérer de *qc*; se délivrer de *qc*. ¶ 집착[편견]을 ~ se libérer d'un attachement [se défaire d'un préjugé]. ¶ 걱정[시름]을 ~ se délivrer [se débarrasser] d'un souci. ¶ 체면을 ~ perdre *sa* dignité [la face]. ¶ 굴레를 ~ se délivrer d'un joug [d'une entrave].

벗어부치다 타 enlever, ôter ((*ses* habits)); ((비유적)) retrousser [relever] *ses* manches, se décider [se résoudre] fermement, se mettre au travail avec

ㅂ

ardeur. ¶ 옷을 벗어부치고 친구를 돕다 retrousser *ses* manches pour aider *son* ami. ¶ 웃통을 벗어부치고 그는 적극적으로 그 일에 달라붙었다 Il enleva *sa* veste [((비유적)) retroussa *ses* manches] et se consacra corps et âme à ce travail.

벗어지다 자 ① ((vêtement)) glisser, tomber; ((신발)) s'enlever. ¶ 그의 외투가 어깨에서 벗어져 땅에 떨어졌다 *Son* manteau glissa de *son* épaule et tomba par terre. ¶ 이 신발은 손쉽게 벗어진다 Ces chaussures s'enlèvent facilement [ne tiennent pas aux pieds]. ② ((안개 따위가)) disparaître, se dissiper, être emporté(*e*) ((par le vent)). ¶ 구름이 벗어진다 Les nuages se dissipent. ③ ((살갗 따위가)) s'écorcher, s'érafler, s'égratigner; s'enlever, se dépouiller. ¶ 나는 계단에서 넘어져서 무릎이 벗어졌다 Je me suis écorché(*e*) [éraflé(*e*)] les genoux en tombant dans les escaliers. ④ ((칠 따위가)) s'enlever, s'effacer, s'écailler. ¶ 문의 페인트가 거의 다 벗어졌다 La peinture sur la porte a presque disparu [s'est presque totalement effacée]. ⑤ ((머리가)) devenir chauve. ¶ 머리가 ~ devenir chauve, perdre *ses* cheveux. ¶ 그 남자는 젊은 나이에 벌써 이마가 훤하게 벗어졌다 Il a déjà le front dégarni à son âge.

벙거지 명 ① chapeau *m* en feutre noir ((des valets, des soldats, des esclaves)). ② chapeau(*x*) *m* cloche, bob *m*. ¶ ~를 쓰다 mettre [enfiler] *son* chapeau cloche [*son* bob]. ¶ ~를 벗다 enlever *son* chapeau cloche.

*~ **시울을 만지다** être pris(*e*) au dépourvu, bégayer une réponse maladroite [être embarrassé(*e*) [gêné(*e*)] pour répondre, ne pas savoir quoi répondre, ne pas trouver *ses* mots, paniquer pour répondre].

벙글 부 en faisant un grand sourire. ¶ ~ 웃다 faire un (grand) sourire, sourire.

◆**_거리다[대다]** 자 sourire, rayonner de joie, s'épanouir. ¶ 그 친구는 언제나 벙글거린다 Il est toujours souriant / Il a toujours le sourire / Il est toujours de bonne humeur.

◆**_ _** 부 en faisant de grands sourires. ¶ ~~ 웃다 faire de grands sourires.

벙글거리다 자 ☞ 벙글

벙긋 부 ① en souriant, avec le sourire. ¶ ~ 웃다 sourire. ② en ouvrant la bouche. ¶ 나는 입도 한 번 ~ 못 했다 Je n'ai pas pu dire un mot / Je n'ai pas pu ouvrir la bouche.

◆**_하다** 자타 prononcer un mot. ¶ 나는 입도 ~하지 않았다 Je n'ai pas prononcé un mot. ¶ 입만 ~해 봐! Dis seulement un mot, et tu verras. ¶ 그 사람이 입을 ~하는 날에는 모든 것이 끝이다 Le jour où il ouvre la bouche, tout est fini.

◆**_거리다[대다]** 자타 ouvrir ((la bouche)). ¶ 입을 ~거리다 ouvrir la bouche (pour dire quelque chose).

◆**_ _** 부 en faisant de grands sourires. ¶ ~~ 웃다 sourire; faire de grands sourires.

벙벙하다 형 être stupéfait(*e*), sidéré(*e*), ébahi(*e*).

*어안이 ~ ☞ 어안

벙실 부 en faisant un grand [un large] sourire. ¶ ~ 웃다 sourire; faire un grand sourire.

◆**_거리다[대다]** 자타 sourire, avoir le sourire aux lèvres. ¶ 그 사람은 좋아서 ~거린다 Il a un large sourire heureux.

◆**_ _** 부 en faisant de grands [de larges] sourires. ¶ ~~ 웃다 sourire; faire de grands sourires, avoir un grand sourire aux lèvres.

벙실거리다 자 ☞ 벙실

벙싯 부 en souriant, avec le sourire. ¶ ~ 웃다 sourire, faire un sourire.

◆**_거리다[대다]** 자 sourire, faire un sourire.

벙어리 명 muet(*te*); sourd(*e*)-muet(*te*)..

*~ **냉가슴 앓다** souffrir en silence, taire *sa* douleur, ne pas (pouvoir) exprimer *ses* soucis.

***꿀 먹은** ~ muet(*te*) comme une carpe [comme une tombe]

◆**_장갑** -掌匣 명 moufles *fpl* ((de skieur, de motard)).

◆**_저금통** -貯金筒 명 tirelire *f*.

벙커 영{bunker} 명 *bunker m*.

벚꽃 명 fleur *f* de cerisier du Japon.

◆**_놀이** 명 la fête *f* des fleurs des cerisiers du Japon.

벚나무 명 cerisier *m* du Japon, *Prunus serrulata* var. *spontanea* {*nsc*}.

베 명 chanvre *m*; lin *m*. ¶ ~를 짜다 tisser le chanvre.

◆**_옷** 명 vêtement *m* de lin.

◆**_틀** 명 métier *m* à tisser le chanvre.

베개 명 oreiller *m*; traversin *m*. ¶ ~를 베다 reposer [mettre] *sa* tête sur un oreiller.

◆**_ㅅ머리** 명 chevet *m*.

*~**ㅅ머리 송사** confidences sur l'oreiller.

◆**_ㅅ속** 명 bourre *f* (d'un oreiller).

◆**_ㅅ잇** 명 taie *f* d'oreiller. ¶ 베개에 ~ㅅ 잇을 씌우다 mettre un oreiller dans *sa* taie, enfiler une taie d'oreiller.

◆**팔_** 명 la tête posée sur le bras [sur l'avant-bras]. ¶ 팔~를 베다 appuyer *sa* tête sur *son* bras [sur *son* avant-bras].

베끼다 타 ① transcrire, recopier, frauder; copier ((un texte)). ¶ 책을 ~ recopier un livre. ¶ 친구의 숙제를 보고 ~ copier (pour *soi*) les devoirs d'un ami. ¶ 책에서 답을 ~ copier la réponse à partir d'un livre. ¶ 강의 노트를 베껴 쓰다 recopier les notes de cours. ¶ 그 남학생은 남의 답안지를 몰래 베껴 썼다 Cet élève a discrètement copié sur quelqu'un d'autre [sur l'un de ses camarades]. ② plagier. ¶ 외국 가수의 노래를 ~ plagier la chanson d'un chanteur étranger. ¶ 이 소설은 남의 작품을 그대로 베낀 것이다 Ce roman n'est qu'un plagiat.

베니어 영{veneer} 명 placage *m*; vernis *m*; planche *f*.

◆**_판** -板 명 contreplaqué *m*. ¶ ~판을 자르다 découper du contreplaqué. ¶ ~판을 댄[붙인] 벽 un mur revêtu de contreplaqué.

베다[1] 타 reposer *sa* tête sur ((un oreiller)), mettre ((un oreiller)) sous la tête. ¶ 팔베개를 ~ dormir la tête posée sur les bras. ¶ 아내의 무릎을 베고 눕다 se coucher en reposant la tête sur les genoux de *sa* femme.

베다[2] 타 ① 자르다 faucher ((de l'herbe)); abattre ((un arbre)); trancher, décapiter. ¶ 낫으로 꼴[풀]을 ~ faucher du foin [de l'herbe]. ¶ 벼[보리]를 ~ moissonner le riz [l'orge] (à la faucille), faucher les plants de riz [de l'orge]. ¶ 나무를 ~ abattre un arbre. ¶ 목을 ~ trancher la tête de *qn*; décapiter *qn*. ¶ 적을 한 칼에 베어버리다 trancher la tête des ennemis d'un seul coup de sabre. ② 상처를 내다 se couper, se faire une coupure [entaille]; s'érafler, s'écorcher, se griffer, s'effleurer, s'érailler, se hachurer. ¶ 손가락을 ~ se couper le doigt; se faire une entaille [une coupure] au doigt. ¶ 연필을 깎다가 손을 ~ se couper [se blesser à] la main en taillant un crayon. ¶ 면도하다가 턱을 ~ se blesser au menton en se rasant.

베드신 영{bed scene} 명 【연영】 scène *f* de [au] lit, scène *f* d'amour.

베란다 영{veranda} 명 verranda *f*; balcon *m*.

베레모 -帽 프{béret-} 명 béret *m*.

베스트 영{best} 명 ① le(*la*) meilleur(*e*). ¶ ~ 상품 la meilleure qualité de ce type de produit. ¶ 금주의 ~ 곡 la chanson qui arrive en première place du classement [du hit-parade] de cette semaine. ② ((faire)) le mieux possible [du mieux que l'on peut]; ((faire)) *son* possible; ((faire)) de *son* mieux, ((faire)) le maximum [tout ce qui est en *son* pouvoir], ((donner)) le meilleur de *soi*-même. ¶ 승리를 위해 ~를 다하다 faire de *son* mieux pour remporter la victoire.

베스트셀러 영{best seller} 명 best-seller *m*. ¶ ~ 작가 un auteur de best-sellers. ¶ 출간 일주일 만에 ~가 되다 devenir un best-seller après seulement une semaine de publication.

베어내다 타 couper [abattre] ((un arbre)); faucher ((des céréales, le foin)); trancher. ¶ 잡초를 ~ faucher des mauvaises herbes.

베어먹다 타 découper et manger. ¶ 케이크를 ~ découper un gâteau et le manger. ¶ 떡[사과]을 한입 ~ découper un morceau de *tteok* [pomme] et le manger.

베이다 자 se couper; se blesser. ¶ 칼에 손을 ~ se couper la main avec un couteau. ¶ 면도칼에 얼굴을 ~ *se couper [se blesser]* le visage avec un rasoir. ¶ 목이 베인 시신 un cadavre décapité.

베이스[1] 영{base} 명 【야구】 but *m*, base *f*. ¶ ~를 밟다 atteindre le coussin d'un but [d'une base].

베이스[2] 영{bass} 명 【음악】 ① ((음역)) basse *f*. ¶ ~를 넣다 jouer de la basse. ② ((가수)) basse *f*. ③ ((악기)) basse *f*.

◆**_기타** 명 guitare *f* basse.

베이스캠프 영{base camp} 명 camp *m* de base. ¶ 등정에 앞서 ~를 치다 installer un camp de base avant de commencer l'escalade (d'un sommet).

베이지 영{beige} 명 beige *m*.

◆**_색** -色 명 (couleur *f*) beige *m*.

베이컨 영{bacon} 명 bacon *m*, lard fumé *m*.

베이킹파우더 영{baking powder} 명 levure *f*.

베일 영{veil} 명 ① voile *m*; voilette *f*. ¶ 검은 ~ voile noir. ¶ ~을 쓴 여자 une femme portant un voile ((décoratif)). ② ((비유적)) voile *m*; ((dans l'))ombre *f*. ¶ ~에 싸인 인물 un personnage voilé; un homme dans l'ombre; un homme secret. ¶ 비밀의 ~을 벗기다 dévoiler [révéler] un secret [la vérité].

베짱이 명 【동물】 espèce de grillon *m*; *Hexacentrus japonicus* {*nsc*}.

베테랑 프{vétéran} 명 vétéran *m*, ancien *m*; vieux routier *m* ((de la politique, des affaires)), un vieux de la vieille {*fam*}, un vieux *m* briscard *m*, brisquard *m* {*fam*}. ¶ ~ 운전사 un chauffeur vétéran.

베풀다 타 ① donner, organiser, offrir ((un banquet, un festin, une soirée)). ¶ 잔치를 ~ donner [organiser, offrir] un banquet [festin]. ¶ 친구들은 나에게 환송 잔치를 크게 베풀어 주었다 *Mes* amis m'ont offert un grand banquet d'adieu. ② accorder ((un bienfait)), concéder, octroyer, conférer; attribuer (comme une faveur), aider *qn*. ¶ 은혜[호의]를 ~ faire [accorder] une faveur à *qn*. ¶ 불우한 이웃에 자선을 ~ faire l'aumône [la charité]; venir en aide aux pauvres. ¶ 남이 베풀어 주는 것으로 살아가다 vivre d'aide [de la charité d'autrui]. ¶ 사람은 모름지기 남에게 베풀고 살아야 한다 Un homme doit absolument faire preuve de charité envers autrui.

벡터 영{vector} 명 【물리】 vecteur *m*.

◆**_량** -量 명 【물리】 somme *f* vectorielle.

◆**_방정식** -方程式 명 【수학】 équation *f* vectorielle.

◆**_함수** -函數 명 【물리】 fonction *f* vectorielle.

벤젠 영{benzene} 명 【화학】 benzène *m*.

벤처 영{venture} 명 entreprise *f* à capital-risque, start-up *f*, jeune pousse *f* ((de l'anglais *venture*)). ¶ ~ 회사 une entreprise à capital-risque, une start-up. ◇_(를) **하다** créer [avoir] une entreprise à capital-risque [une start-up].

벤치 영{bench} 명 banc *m*. d'extérieur [de jardin], banc *m* public.

벨 영{bell} 명 cloche *f*, clochette *f*, sonnette *f*, sonnerie *f*. ¶ 문의 ~을 누르다 sonner à la porte. ¶ 전화 ~이 울린다 Le téléphone sonne.

벨벳 영{velvet} 명 velours *m* (côtelé).

벨칸토 이 명 【음악】 *belcanto m*.

벨트 영{belt} 명 ① ceinture *f*. ¶ 가죽 ~ ceinture de cuir. ¶ ~를 매다 boucler *sa* ceinture. ② 【기계】 convoyeur *m*. ¶ 컨베이어 ~ un convoyeur; un tapis roulant.

벼 명 plant *m* de riz *m*. ¶ ~를 심다 repiquer [planter] le riz. ¶ ~를 베다 couper les plants de riz.

***~는 익을수록 고개를 숙인다** Plus on est cultivé,

plus on se rend compte que l'on a des choses à apprendre [que l'on est ignorant] / La culture rend humble.

◆_농사 -農事 명 culture *f* du riz *m*, riziculture *f*. ¶ ~농사(를) 하다[짓다] cultiver du riz.

◆_이삭 명 épi *m* de riz. ¶ ~이삭을 줍다 ramasser des épis de riz.

◆_ㅅ가리 명 meule *f* [moyette *f*] de gerbes de riz. ¶ ~ㅅ가리를 쌓다 entasser les meules.

◆_ㅅ단 명 gerbe *f* de riz. ¶ ~ㅅ단을 묶다 lier une gerbe de riz.

◆_ㅅ섬 명 sac *m* de riz.

◆_ㅅ짚 명 paille *f* de riz.

벼락 명 ① foudre *f*; tonnerre *m*. ¶ ~을 맞다 être frappé(*e*) par la foudre. ¶ ~이 친다[떨어진다] La foudre éclate [tombe]. ② gronderie *f*, réprimande *f*. ¶ 수업시간에 조금이라도 늦으면 선생님의 ~이 떨어진다 Si les élèves arrivent en retard, ne serait-ce que d'une seconde, le professeur leur adresse une sévère réprimande [ils se font incendier par le professeur {*fam*}]. ② événement *m* brutal et imprévu; malheur *m*, coup m dur absolument imprévisible; nouvelle f foudroyante; tuile f {fam}.

*~을 맞아도 시원찮을 놈 Tonnerre de Dieu! / Mille tonnerres! / Tonnerre de Brest!

◆_같이 부 ((rapide)) comme l'éclair [comme une flèche]; comme une tornade; comme un bolide. ¶ 그 사람은 연락을 하자마자 ~같이 달려왔다 Il est venu comme l'éclair [est arrivé en trombe] dès qu'il a reçu le message.

◆_감투 명 poste *m* inattendu. ¶ ~감투를 쓰다 être nommé(*e*) subitement à un poste inattendu.

◆_공부 -工夫 명 préparation *f* hâtive d'un examen; bachotage *m*. ¶ ~공부를 하다 préparer hâtivement un examen [un concours]; préparer un examen au dernier moment [à la dernière seconde, la veille de l'examen]; bachoter {*fam*}.

◆_부자 -富者 명 parvenu *m*; nouveau riche *m*. ¶ 그 사람은 땅값이 오르는 바람에 ~부자가 되었다 Comme le prix de son terrain a fortement augmenté, il s'est brutalement [très rapidement] enrichi..

◆_출세 -出世 명 réussite *f* [succès *m*, promotion *f*, avancement *m*] rapide. ¶ ~출세를 하다 atteindre rapidement une importante situation sociale; faire une rapide carrière.

◆_치기 명 préparation *f* hâtive; travail *m* hâtif [bâclé, expédié, effectué de façon expéditive]. ¶ 그 사람은 꼭 일을 미뤄 두었다가 ~치기로 한다 Il remet toujours son travail à plus tard et finit par le bâcler.

◆날[생]_ 명 ① foudre *f* qui s'abat sur *qn* qui ne le méritait pas [sur un innocent] ((selon la croyance populaire coréenne, une personne ayant commis un péché est punie par le ciel)). ② reproche *m* [réprimande *f*] immérité(*e*); réprimande *f* sévère. ¶ 그런 짓 하다가는 날~ 맞지 Un tel acte mérite une réprimande sévère [d'être puni sévèrement]. ③ événement *m* brutal et imprévu; malheur *m* imprévu. ¶ 그 행복하던 집안에 교통사고라니, 이게 웬 날~이냐 Un accident de voiture est arrivé à cette famille auparavant qui était heureuse, quel malheur!

*마른하늘에 날~ un coup de tonnerre dans un ciel serein, un coup de tonnerre ((un malheur brutal et imprévu)).

◆불_ 명 ① ((être sous)) le feu du canon ennemi, ((être sous)) le feu de l'ennemi. ② ((s'attirer les)) foudres *fpl* ((de *qn*)), gronderie *f*, réprimande *f*, engueulade *f* {*fam*}, savon *m* {*fam*}. ¶ 그 여자는 저녁에 늦게 귀가하면 아버지께 불~을 맞는다 Si elle rentre tard, elle encourt les foudres [la réprimande] de son père [son père la réprimande].

벼랑 명 ① falaise *f*, escarpement *m*; flanc *m* escarpé; rocher *m* à pic; précipice *m*. ② ((비유적)) ((être au)) bord *m* du gouffre [du précipice, de l'abîme], ((être devant un)) péril *m* imminent, situation *f* morale ou matérielle mauvaise, quasi désespérée. ¶ ~ 끝에 몰린[선] 심정이다 avoir l'impression d'être au bord du précipice [du gouffre, de l'abîme].

◆_길 명 chemin *m* sur une falaise.

벼루 명 pierre *f* à encre de Chine.

벼룩 명 puce *f*.

*~도 낯짝이 있다 ne pas manquer d'audace [d'aplomb, d'air {*fam*}, de culot {*fam*}]; avoir un sacré culot {*fam*} [toupet {*fam*}] / Il [Elle] a vraiment un sacré toupet {*fam*}! / Quel culot! {*fam*} / Quelle audace! / Il(Elle) (ne) manque vraiment pas d'air {*fam*}[d'aplomb, d'audace, de culot {*fam*}]! / Il (Elle) est vraiment gonflé(*e*) {*fam*} [culotté(*e*) {*fam*}, effronté(*e*)]!

*~의 간을 내어[빼어] 먹다 priver les pauvres, extorquer de l'argent à un pauvre; extorquer une très petite somme d'argent par des moyens illicites.

◆_시장 -市場 명 le marché *m* aux puces; les puces *fpl*.

벼르다 자타 guetter, attendre, chercher ((une occasion)), convoiter ((un poste)); être à l'affût de *qc*/*qn*, être [se tenir] aux aguets, épier, guetter ((une occasion)); ouvrir l'œil, être [se tenir] prêt à+*inf*, se préparer à *qc*/*inf*, être résolu à+*inf*; projeter, envisager; désirer, ambitionner. ¶ 기회를 ~ guetter [épier] l'occasion. ¶ 복수의 순간을 ~ épier le moment de la vengeance; attendre le bon moment pour se venger. ¶ 벼르고 벼르던 기회 occasion tant attendue. ¶ 누구를 죽이려고 ~ attendre le moment favorable pour supprimer *qn*. ¶ 그 여자는 요리 솜씨를 자랑할 기회를 별러 왔다 Elle attendait l'occasion de montrer *ses* talents culinaires. ¶ 그 여자는 오랫동안 사려고 벼르던 모자를 샀다 Elle a acheté le chapeau qu'elle désirait depuis longtemps. ¶ 그 남학생은 프랑스에 유학 가려

고 여러 해 동안 별러 왔다 Cet élève a attendu pendant des années l'occasion de partir en France pour étudier. ¶ 매운 맛을 보여주겠다고 벼르고 있다 Il attend l'occasion de lui rendre la pareille [de lui rendre la monnaie de *sa* pièce].

벼리 명 ① corde *f* attachée au bord supérieur d'un filet de pêche. ② table *f* des matières; contenu *m* ((d'un livre)).

벼리다 타 aiguiser, affûter ((un couteau)).

벼슬[1] 명 dignité *f*, charge *f*, magistrature *f*, fonction *f* ((de mandarin)); fonction *f* publique. ¶ ~ 자리 un poste administratif [gouvernemental]; un rang officiel. ¶ ~을 하다[살다] assumer [se charger d']une fonction publique. ¶ ~을 마다하다 refuser un poste administratif. ¶ ~을 내놓다 démissionner d'un poste de fonctionnaire. ¶ 높은 ~에 오르다 avoir un poste élevé dans l'Administration.

◆ **_길** 명 voie *f* de fonction publique; accès *m* à la fonction publique. ¶ ~길에 오르다[나서다] entrer dans l'Administration; devenir fonctionnaire d'État; assumer une fonction publique. ¶ ~길이 트이다 voir *son* avenir assuré dans la fonction publique. ¶ ~길이 막히다 voir *sa* carrière brisée dans la fonction publique.

◆ **_살이** 명 vie *f* de fonctionnaire. ¶ ~살이(를) 하다 mener une vie de fonctionnaire.

◆ **_아치** 명 fonctionnaire *m*; personnel *m* de l'administration; bureaucrate *m*.

벼슬[2] 명 ☞ 볏

벽[1] **壁** 명 ① mur *m*; muraille *f*, rempart *m*; cloison *f*, paroi *f*. ¶ ~을 쌓다 construire [élever, bâtir] un mur. ¶ ~을 칠하다 plâtrer [crépir] un mur. ¶ ~에 기대다 s'appuyer au mur. ¶ ~에 그림을 걸다 accrocher [mettre] un tableau au mur. ¶ 벽이 무너졌다 Le mur s'est effondré. ② ((dépasser la)) barre *f* ((des 10 euros)), seuil *m*; empêchement *m*, obstacle *m*, difficulté *f*. ¶ 100미터 달리기에서 10초의 ~이 무너지다 passer sous la barre des 10 secondes au 100 mètres. ¶ ~에 부딪치다 se heurter à une difficulté [à un obstacle, à une barrière, à un mur]. ¶ 현실의 ~에 부딪치다 se heurter à la réalité. ③ ((관계)) barrière *f* ((sociale, culturelle, linguistique, psychologique)), mur *m*, ((rompre, briser la)) glace. ¶ 마음의 ~을 쌓다 élever un mur, dresser une barrière psychologique. ¶ 동료들 간의 ~을 허물다 faire tomber les barrières entre collègues, rompre [briser] la glace entre collègues. ¶ 그와 나 사이에는 넘지 못할 ~이 있다 Entre lui et moi, il y a un *mur infranchissable*.

◆ **_난로** -暖爐 명 cheminée *f*.

◆ **_면** -面 명 pan *m* de mur.

-벽[2] **-癖** 접미 penchant *m* à+*inf*, manie *f*, mauvaise habitude *f*, tendance *f* fâcheuse, appétence *f* {*litt*}; tic *m*; penchant *m*; disposition *f*, propension *f*; passion *f* ((suffixe marquant une (mauvaise) habitude, une tendance, un penchant)). ¶ 과장~ une tendance à l'exagération [à exagérer]. ¶ 낭비~ un penchant à gaspiller. ¶ 도~ la kleptomanie, la cleptomanie; une propension au vol. ¶ 방랑~ un penchant au vagabondage.

벽계수 碧溪水 명 ruisseau(*x*) *m* limpide.

벽공 碧空 명 ciel *m* bleu [d'azur]; voûte *f* azurée {*litt*}; azur *m* {*litt*}.

벽돌 壁- 명 brique *f*. ¶ ~ 공장 une briqueterie ¶ ~을 굽다 cuire des briques. ¶ ~을 쌓다 poser des briques. ¶ 붉은 ~로 지은 성당 une cathédrale [une église] construite en briques rouges.

◆ **_공** -工 명 briqueteur *m*.

◆ **_담** 명 mur *m* en briques.

◆ **_색** -色 명 couleur *f* (de) brique; teint *m* brique.

◆ **_집** 명 maison *f* en brique(s).

벽두 劈頭 명 commencement *m*; début *m*. ¶ ~에 붙이는 말 un discours préliminaire, un discours d'introduction; un avant-propos; un préambule. ¶ 새해 ~부터 안 좋은 소식만 들려온다 Dès le début de l'année, il n'y a que de mauvaises nouvelles.

벽력 霹靂 명 tonnerre *m*; foudre *f*.

◆ **청천_** 青天- 명 ((être tel un)) coup *m* de tonnerre dans un ciel serein, malheur *m* brutal et inattendu, malheur *m* foudroyant, terrible malheur *m* inattendu. ¶ 청천~의 소식 une nouvelle foudroyante. ¶ 그게 무슨 청천~ 같은 소리냐? Comment un tel malheur peut-il donc se produire? / Comment est-il possible un tel malheur [un malheur pareil]?

벽보 壁報 명 affiche *f*; placard *f* ((de publicité)). ¶ ~ 금지 défense d'afficher, interdiction d'afficher. ¶ 게시판에 ~를 붙이다 coller [apposer] une affiche; mettre [passer] une annonce au tableau d'affichage.

◆ **_판** -板 명 panneau(*x*) *m* d'affichage.

벽안 碧眼 명 oeil *m* bleu; Européen(*ne*). ¶ ~의 서양 선교사 un missionnaire aux yeux bleus.

벽오동 碧梧桐 명 【식물】 sterculie *f*; sterculier *m*, *Culhamia simplex*.

벽옥 碧玉 명 【광업】 jaspe *m*.

벽장 壁欌 명 placard *m*.

벽지[1] **僻地** 명 lieu *m* écarté; région *f* reculée; coin *m* perdu. ¶ ~ 학교 une école d'une région éloignée [reculée]. ¶ 그 사람은 ~에 산다 Il habite dans un coin perdu [une région reculée].

벽지[2] **壁紙** 명 papier *f* à tapisser; papier *m* peint. ¶ ~를 바르다 coller du papier peint; tapisser ((une chambre, un mur)) de papier peint.

벽창호 명 personne *f* entêtée [têtu(*e*), obstiné(*e*), opiniâtre]; personne *f* un peu rude de caractère.

벽체 壁體 명 mur *m*; paroi *f*; cloison *f*.

벽촌 僻村 명 village *m* perdu; hameau *m* retiré.

벽파 碧波 명 vague *f* bleue.

벽화 壁畵 명 peinture *f* murale; fresque *f*.

◆ **_고분** -古墳 명 ancien tombeau(*x*) *m* orné de peintures murales [orné de fresques].

변[1] **邊** 명 ① bord *m*; rive *f*; côté *m*; côte *f*. ¶ 도로

~에 차를 세워두다 laisser la voiture sur le bord de la route; se garer sur le bord de la rue. ② 【수학】 côté *m*. ¶ 삼각형의 세 ~ les trois côtés d'un triangle. ③ 【수학】 membre *m* ((d'une équation)).

◆**좌_** 左- 명 ① côté *m* gauche. ② 【수학】 membre *m* gauche d'une équation.

◆**우_** 右- 명 ① côté *m* droit. ② 【수학】 membre *m* droit d'une équation.

변[2] 邊 명 clé *f* [clef *m*] ((d'un caractère chinois)).

변[3] 變 명 mésaventure *f*; contretemps *m*; désagrément *m*; accident *m*; avatar *m*; infortune *f*; malheur *m*; calamité *f*. ¶ 난리통에 ~을 당하다 tomber dans l'infortune [le malheur] au moment d'une calamité. ¶ 어제까지도 멀쩡하던 사람이 죽다니 이런 ~이 있나 Quel malheur qu'il soit mort, lui qui se portait très bien (comme un charme) jusqu'à très récemment.

변[4] 便 명 excréments *mpl*; fèces *fpl*; matières fécales *fpl*; déjections *fpl*; selles *fpl*. ¶ ~ 검사 ((faire)) l'analyse des selles; des examens des selles. ¶ ~을 보다 faire *ses* besoins, se soulager. faire caca {*fam*}, aller à la selle, chier {*vulg*}.

변개 變改 명 changement *m*; remaniement *m*; retouche *f*; modification *f* ((apportée à *qc*)), transformation *f*. ◇_(를) **하다** changer, remanier, retoucher, modifier; transformer.

변경[1] 變更 명 changement *m*; modification *f*, transformation *f*, remaniement *m*; retouche *f*. ¶ 규약 ~ une modification d'un règlement. ¶ 구조 ~ un changement de structure; le remaniement d'une structure. ¶ 주소 ~ un changement d'adresse. ◇_(을) **하다[시키다]** changer, remanier, retoucher, modifier; transformer. ¶ 계획을 ~하다 modifier [changer] les projets. ¶ 구조를 ~시키다 modifier [remanier] la structure. ¶ 날짜를 ~하다 changer la date. ¶ 진로를 ~하다 changer de route [d'orientation, de direction]. ◇_(이) **되다** être changé(*e*), modifié(*e*), transformé(*e*). ¶ ~된 시간표 un nouvel horaire; un nouvel emploi du temps. ¶ 모이는 장소가 ~되었다 Le lieu de la réunion a changé. ¶ 회의 시간이 ~되었다 L'heure de la réunion a changé.

◆**명의_** 名義- 명 transfert *m* d'un titre.

***변경**[2] 邊境* 명 région *f* éloignée; région *f* frontalière; confins *mpl*.

변고 變故 명 accident *m*; événement *m* désastreux [malheureux]; désastre *m*, infortune *f*, calamité *f*, catastrophe *f*, mésaventure *f*, contretemps *m*, empêchement *m*, ennui *m*. ¶ ~가 생겼다 Il y a eu un accident / Un accident est arrivé / Une catastrophe a eu lieu.

변괴 變怪 명 ① événement *m* étrange [anormal]; accident *m* imprévu; infortune *f*; calamité *f*. ② méfait *m*, malfaisance *f*, mauvais coup *m*.

변기 便器 명 cuvette *f* des toilettes [des cabinets]; urinoir *m*, pissoir *m*; vase *m* de nuit; pot *m* de chambre. ¶ 환자용 ~ chaise percée. ¶ ~에 앉다 s'asseoir [se mettre, être] sur la cuvette des toilettes [le pot de chambre].

변덕 變德 명 caprice *m*; inconstance *f*, versatilité *f*; humeur *f* inégale [variable], saute *f* d'humeur; instabilité *f* de caractère; lubie *f*. ¶ 한 순간의 ~ caprice d'un moment, caprice passager. ◇_(을) **부리다** faire un caprice [des caprices].

*~**이 죽 끓듯 하다** être très lunatique.

◆**_스럽다** 형 être capricieux(*se*), lunatique, changeant(*e*), versatile, instable. ¶ ~스러운 여자 une capricieuse, une lunatique, une femme changeante [versatile]. ¶ 날씨가 왜 이렇게 ~스럽지? Quel temps capricieux! / Pourquoi ce temps est-il si capricieux[changeant, instable]?

◆**_꾸러기[쟁이]** 명 capricieux(*se*), lunatique *mf*, personne *f* changeante [versatile].

변동 變動 명 changement *m* ((de température)); fluctuation *f* ((du change)); mouvement *m*; variation *f* ((des prix)). ¶ ~ 사항 des changements. ¶ 정치권의 지각 ~을 예고하다 prévoir [annoncer] un bouleversement politique. ¶ 물가 ~이 심하다 La fluctuation des prix est importante. ◇_(을) **하다** être changé(*e*), être fluctuant(*e*). ¶ 환율이 ~한다 Le taux de change est fluctuant. ◇_(이) **되다** être changé(*e*), être fluctuant(*e*). ◇_(을) **시키다** faire changer, faire fluctuer.

◆**_계수** -計數 명 【수학】 coefficient *m* [facteur *m*] de la fluctuation.

◆**_금리제** -金利制 명 【경제】 système *m* de taux d'intérêt variable.

◆**_환율** -換率 명 【경제】 taux *m* de change variable.

◆**_환율제** -換率制 명 【경제】 système *m* de taux de change variable.

◆**대_** 大- 명 cataclysme *m*, bouleversement *m*. ¶ 그 사건은 우리 사회에 대~을 가져왔다 Cet événement a bouleversé notre société.

변두리 명 banlieue *f*, périphérie *f*, faubourg *m*; abords *mpl*; bords *mpl*; lisière *f*, approches *fpl*. ¶ 도시 ~에 살다 habiter en [dans la] banlieue, habiter dans la périphérie.

변란 變亂 명 troubles *mpl* (sociaux), tourmente *f*; émeute *f*; soulèvement *m*; rébellion *f*; révolte *f*; guerre *f* civile. ¶ ~을 일으키다 causer [soulever] des troubles. ¶ ~이 일어났다 Une émeute a éclaté / La guerre civile a éclaté.

변량 變量 명 grandeur *f* [quantité *f*] variable.

변론 辯論 명 ① plaidoyer *m*, apologie *f*, défense *f*, éloge *m*, justification *f*. ② 【법률】 plaidoyer *m*; plaidoirie *f*, défense *f*. ¶ 무료 ~ plaidoyer gratuit. ¶ 최종 ~을 하다 faire la plaidoirie finale. ¶ 정치범들의 ~을 맡다 plaider pour les criminels politiques. ◇_(을) **하다** ① faire un plaidoyer en faveur de, plaidoyer en faveur de, faire l'apologie de, prendre la défense de, défendre, faire l'éloge de. ② plaider pour *qn*/*qc*, défendre *qn*. ¶ 법정에서 ~하다 plaider au tribunal. ¶ 누구의 입장을 ~하다 plaider pour *qn* [*son* opinion, *sa* position]. ¶ 그 변호사는 그가 무죄임을 변론했다 Cet(*te*) avocat(*e*) a plaidé non coupable pour *son*(*sa*) client(*e*).

◆_인 -人 명 【법률】 avocat(*e*); défenseu*r*(*se*).

변류 變流 명 【전기】 conversion *f* d'un courant continu en un autre courant continu.

◆_기 -機 명 convertisseur *m* (électronique) de courant continu.

변리[1] 辨理 명

◆_사 -士 명 【법률】 avocat(*e*) en brevets.

변리[2] 邊利 명 intérêt *m* ((sur l'argent emprunté)).

변명 辨明 명 explication *f*, éclaircissement *m*, excuse *f*, prétexte *m*; justification *f*; défense *f*. ¶ 구차한 ~을 늘어놓다 donner des excuses [explications] empruntées [maladroites]. ¶ 그 사람이 저지른 일에 대해서는 ~의 여지가 없다 Il a commis une faute inexcusable / Aucune excuse n'est possible pour son acte. ¶ 구구한 ~은 듣기 싫다 Je ne veux pas entendre d'insignifiantes excuses. ◇_(을) 하다 donner des excuses [des prétextes], s'excuser, se défendre; donner des éclaircissements [des explications].

변모 變貌 명 transformation *f*; métamorphose *f*; transfiguration *f*. ¶ ~를 거듭하다 continuer à se transformer, ne pas cesser de changer d'apparence. ◇_(를) 하다 [되다] se transformer; se métamorphoser. ¶ 내 고향의 거리는 지난 10년 동안 몰라볼 만큼 ~했다 En dix ans, les rues de mon pays natal ont tellement changé que j'ai du mal à les reconnaître. ◇_(가) 되다 se transformer; se métamorphoser. ¶ ~된 모습 une nouvelle image; une nouvelle apparence; une image transformée [métamorphosée]. ◇_(를) 시키다 transformer *qn/qc*; transfigurer *qn/qc*; métamorphoser *qn/qc*; changer *qn/qc*. ¶ 세월은 그 사람의 모습을 완전히 ~시켰다 Le temps l'a complètement changé(*e*) [transformé(*e*), transfiguré(*e*)].

변발 辮髮 명 【역사】 très longue queue *f* de cheval ((coiffure traditionnelle mandchoue)). ◇_(을) 하다 porter une queue de cheval traditionnelle mandchoue.

변방 邊方 명 frontière *f*; région *f* éloignée; région *f* frontalière; confins *mpl*; lisière *f*; région *f* limitrophe. ¶ ~의 마을 un village frontalier.

변변하다 자 ① être joli(*e*), mignon(*ne*), être assez be*au*(*belle*). ② être assez bon(*ne*) [bien], être acceptable, tolérable, admissible, passable; être décent(*e*), convenable; être satisfaisant(*e*). ¶ 외출할 때 입을 변변한 옷 한 벌 없다 Je n'ai même pas de vêtement convenable à me mettre pour sortir. ¶ 아직까지 변변한 집 한 채 장만하지 못했다 Je n'ai même pas encore eu de maison convenable. ¶ 그 사람은 늦게 온 것에 대해 변변한 구실을 대지 못하고 우물쭈물했다 Il a balbutié sans pouvoir donner d'explications plausibles pour son retard.

◆**변변찮다** 형 ① ne pas être assez be*au*(*belle*); être laid(*e*); être maladroit(*e*), malhabile, gauche, médiocre ¶ 변변찮은 인물 une personne médiocre; quelqu'un de nul, un bon à rien. ② être sans valeur; être pauvre, insignifiant(*e*), sans importance; être maigre; être petit(*e*). ¶ 변변찮은 음식 une maigre nourriture. ¶ 성과가 변변찮아 실망이다 Je suis déçu(*e*) par de maigres résultats.

◆**변변히** 부 suffisamment; correctement; bien; convenablement; dûment, comme il faut. ¶ 약 한 번 ~ 못 쓰다 ne pas pouvoir une seule fois prendre des médicaments. ¶ 나는 오늘 아침밥도 변변히 못 먹었다 Je n'ai pas pris de petit déjeuner correct / Je n'ai pas pris correctement mon petit déjeuner.

변별 辨別 명 ① distinction *f*, discrimination *f*, discernement *m*. ② 【언어】 distinction *f*. ◇_(을) 하다 faire une distinction entre ((deux choses)); discerner, distinguer ((le bien du mal, le vrai du faux)). ◇_(이) 되다 se distinguer de *qc*, se démarquer de *qc*, se différencier de *qc*.

◆_적 -的 명 distincti*f*(*ve*). ¶ ~적 자질 trait(s) distinctif(s).

◆_력 -力 명 faculté *f* de distinguer [discerner]; discernement *m*. ¶ 이번 시험은 너무 쉬워서 ~력이 없다 Cet examen est trop facile pour pouvoir distinguer le niveau (des élèves).

변복 變服 명 déguisement *m*, travestissement *m*. ◇_(을) 하다 se déguiser, se travestir. ¶ ~을 하고 도망 다니다 prendre la fuite, (une fois) déguisé(*e*).

변비 便秘 명 constipation *f*. ¶ ~에 걸리다 être constipé(*e*).

◆_약 -藥 명 médicament *m* contre la constipation; laxatif *m*; purgatif *m*.

변사[1] 變死 명 mort *f* violente; mort *f* accidentelle; mort *f* criminelle; mort *f* suicidaire *m*. ◇_(를) 하다 mourir dans un accident.

◆_자 -者 명 victime *f* d'une mort accidentelle [violente], personne *f* morte accidentellement.

◆_체 -體 명 cadavre *m* [corps *m*, dépouille *f*, macchabée *m* {*pop*}] (suite à une mort accidentelle). ¶ 해변에서 ~체가 발견되었다 On a retrouvé un corps [un cadavre] sur la plage. ¶ 그 사람은 실종 한 달 만에 ~체로 발견되었다 Il a été retrouvé mort un mois après sa disparition.

변사[2] 辯士 명 ① 말솜씨가 아주 능란한 사람 bon orateur *m*, personne *f* éloquente, brillant causeur *m*. ② ((무성영화)) narrateur(*trice*) de films muets.

변상 辨償 명 indemnisation *f*, dédommagement *m*; compensation *f*, réparation *f*, remboursement *m*. ◇_(을) 하다 dédommager [indemniser] *qn* de/pour *qc*; réparer *qc* pour *qn*. ¶ 부서진 물건들에 대해 ~을 하다 dédommager [indemniser] *qn* des [pour des] objets cassés. ¶ 피해자에게 자동차 수리비를 ~하다 indemniser la victime du coût de réparation d'une voiture. ◇_(을) 받다 obtenir réparation de *qc*; être dédommagé(*e*) par *qn* (de *qc*); être indemnisé(*e*) par *qn* (de *qc*). ¶ 공사로 인한 피해를 정부로부터

~받다 être dédommagé(*e*) [être indemnisé(*e*)] par le gouvernement pour la perte causée par les travaux; obtenir réparation de la part du gouvernement pour la perte due aux travaux. ◇_(을) **시키다** se faire dédommager [se faire indemniser] par *qn*. ¶ 계약자에게 위약금으로 계약금의 두 배를 ~시키다 se faire dédommager [se faire rembourser en tant que pénalité] le double des arrhes versées par le signataire.

변색 變色 명 décoloration *f*; changement *m* de couleur. ◇_(을) **하다**[(이) **되다**] se décolorer; perdre de *sa* couleur, changer de couleur. ¶ 누렇게 ~한 종이 un papier jauni; un papier décoloré. ¶ 이 옷은 쉽게 ~하지 않는다 Ce vêtement ne se décolore pas facilement. ¶ 이 물질은 습기를 빨아들이면 붉은 색으로 ~된다 Cette matière devient rouge quand elle prend l'humidité.

변설[1] 辯舌 명 éloquence *f*. ¶ 뛰어난[탁월한] ~ une très grande éloquence, une éloquence hors du commun.

변설[2] 變說 명 modification *f* d'une logique [d'une théorie].

변성[1] 變成 명 changement *m* de forme, métamorphose *f*; régénération *f*; transmutation *f*.

◆_**암** -巖 명 【지리】 roche *f* métamorphique [cristallophyllienne].

변성[2] 變聲 명 mue *f* de la voix; muance *f*.

◆_**기** -期 명 période *f* de mue. ¶ ~기가 오기 전의 어린 소년들 des garçons dont la voix n'a pas encore mué.

변소 便所 명 toilettes *fpl*; cabinet *m*; *water-closet(s) mpl*; W.-C. *mpl*; *waters mpl*; vécés *mpl* {*fam*}; latrines *fpl*; lieux *mpl* d'aisance, petit coin *m* {*fam*}, chiottes *fpl* {*pop*}. ¶ ~에 가다 aller aux (cabinets de) toilettes; aller aux W.-C. [vécés, *waters* {*fam*}]; aller au petit coin. ¶ 재래식 ~를 수세식으로 바꾸다 remplacer le cabinet traditionnel par des toilettes avec chasse d'eau.

*~ **갈 때 올 때 마음 다르다** Tout s'oublie une fois le danger passé.

변속 變速 명 changement *m* de vitesse. ¶ 자동차의 ~ 장치 la boîte de vitesse d'une voiture. ◇_(을) **하다** changer de vitesse. ¶ 언덕길에서 기어를 ~하다 changer de vitesse dans la pente.

◆_**기** -機 명 boîte *f* de vitesse.

변수 變數 명 ① facteur *m* de variation [de changement, variable]. ¶ 그 사람의 앞으로의 행보가 정치권에 큰 ~로 작용할 것이다 *Ses* prochaines actions vont jouer le rôle de facteur [moteur] d'évolution dans le monde politique. ② 【수학】 variable *f*.

◆**독립**_ 獨立- 명 【수학】 variable *f* indépendante.

◆**종속**_ 從屬- 명 【수학】 variable *f* dépendante.

변시체 變屍體 명 cadavre *m* [corps *m*, dépouille *f*, macchabée *m* {*pop*}] (suite à une mort accidentelle). ¶ 어제 한강에서 한 여인이 ~로 발견되었다 On a retrouvé hier le cadavre d'une femme dans le fleuve Han.

변신 變身 명 métamorphose *f*. ◇_(을) **하다** se métamorphoser en *qc*; passer de *qc*/*qn* à *qc*/*qn*. ¶ 그 사람은 학자에서 사업가로 ~했다 De chercheur [De savant], il est devenu homme d'affaires / Il est passé du monde de la recherche au monde des affaires.

◆_**술** -術 명 technique *f* [art *m*] de la métamorphose.

변심 變心 명 changement *m* d'avis [d'opinion, d'idées, de sentiments]. ◇_(을) **하다** changer d'avis [d'opinion, d'idées, de sentiments]. ¶ 그 사람은 애인이 ~해서 실의에 빠져 있다 Il est démoralisé [désespéré] car sa petite amie l'a quitté [ne l'aime plus]. ¶ 그 사람은 언제 ~할 지 알 수 없는 사람이다 C'est une personne inconstante / C'est une personne qui change tout le temps / C'est une personne imprévisible / C'est une personne dont on ne sait jamais quand elle va changer.

변압 變壓 명 transformation *f* du courant. ¶ ~ 장치 un système de transformation du courant. ◇_(을) **하다** transformer le courant.

◆_**기** -器 명 transformateur *m* [transfo *m*].

변역 變域 명 【수학】 champs *m* de variation.

◆**공**_ 共 명 【수학】 champs *m* commun de variation.

변온동물 變溫動物 명 animaux *mpl* à température variable [à sang froid]; animaux *mpl* poïkilothermes [poecilothermes].

변용 變容 명 changement *m* (d'apparence); transfiguration *f*; transformation *f*. ◇_(을) **하다**[**시키다**] changer, transfigurer, transformer. ¶ 외국의 문화를 나름대로 ~해서 받아들이다 accepter une culture étrangère à *sa* propre manière. ¶ 영국 교회는 가톨릭의 교리를 적절히 ~시켰다 L'église anglaise a bien assimilé la doctrine catholique. ◇_(이) **되다** être changé(*e*), transformé(*e*); s'acculturer à *qc*, s'assimiler *qc*. ¶ 전통 음악의 ~된 형태 une forme héritée de la musique traditionnelle, un courant musical dérivé de la musique traditionnelle.

변이 變異 명 【생물】 variation *f*.

◆_**음** -音 명 allophone *f*.

◆_**형** -形 명 variante *f*, allomorphe *m*. ¶ 결합[문맥] ~형 variante combinatoire [contextuelle]. ¶ 문체적 ~형 variante stylistique. ¶ 자유 ~형 variante libre.

◆**돌연**_ 突然- 명 mutation *f*.

◆**돌연**_**설** 突然-說 명 mutationnisme *m*.

변인 變因 명 facteur *m* à l'origine d'un changement, facteur *m* étiologique d'un changement. ¶ 가족 형태 변화의 구체적인 ~을 찾아 연구하다 faire l'étude des [rechercher les] facteurs concrets à l'origine du [ayant participé au, ayant entraîné le] changement du système de la famille.

변장 變裝 명 déguisement *m*. ¶ 그 사람은 ~에 능하다 Il est doué pour le déguisement. ◇_(을) **하다** se déguiser; se travestir. ¶ ~한 모습으로 나타나다

ㅂ

apparaître déguisé(*e*) [dans un déguisement, en tenue déguisée]. ¶ 여자로 ~하다 se déguiser [se travestir] en femme. ¶ 가발과 콧수염으로 ~하고 외출하다 sortir déguisé(*e*) avec une moustache et une perruque. ◇_(을) **시키다** déguiser.

◆**_술** -術 명 technique *f* [art *m*] du déguisement. ¶ ~술이 뛰어나다 avoir une bonne technique de déguisement.

변전[1] **變電** 명 transformation *f* du courant (électrique). ◇_(을) **하다** transformer le courant.

◆**_소** -所 명 sous-station *f*; transformateur *m*; station *f* de transformation de courant.

변전[2] **變轉** 명 changement *m*; variation *f*; évolution *f*; mouvement *m*; vicissitude *f*. ◇_(을) **하다** changer; varier; évoluer.

변절 變節 명 trahison *f*; infidélité *f*; perfidie *f*; défection *f*; apostasie *f*. ◇_(을) **하다** trahir, changer de partie [d'opinion]; retourner *sa* veste {*fam*}.

◆**_자** -者 명 traître(*sse*); renégat(*e*); infidèle *mf*; transfuge *mf*. ¶ ~자를 처단하다 punir un traître.

변제 辨濟 명 restitution *f*; remboursement *m*; acquittement *m*. ¶ 부채의 ~ un acquittement [un remboursement] de dette. ◇_(를) **하다** rembourser *qc*; rendre; régler *qc*; s'acquitter de *qc*. ¶ 채무를 기한 안에 ~하지 못하다 ne pas pouvoir payer [s'acquitter de] *sa* dette à l'échéance. ◇_(를) **받다** être remboursé(*e*), acquitté(*e*), payé(*e*); se faire rembourser, se faire acquitter, se faire payer. ¶ 채무자로부터 빌려준 돈을 ~받다 être remboursé(*e*) par le débi*teur*(*trice*).

변조[1] **變造** 명 falsification *f*, altération *f*, contrefaçon *f*. ¶ 주민등록증[공문서] ~ falsification d'une carte d'identité [d'un document officiel]. ◇_(를) **하다** falsifier *qc*; contrefaire *qc*; altérer *qc*; imiter *qc*. ¶ 현금카드[수표]를 ~하다 falsifier une carte de crédit [un chèque]. ◇_(가) **되다** être falsifié(*e*) [contrefait(*e*)]. ¶ ~된 신분증을 소지하다 détenir une pièce d'identité falsifiée.

변조[2] **變調** 명 ① modification *f*, changement *m*; irrégularité *f*, anormalité *f*. ② 【음악】 changement *m* de ton; variation *f*. ③ 【물리】 modulation *f* ((de fréquence, d'amplitude)). ¶ 주파수 ~ modulation de fréquence. ◇_(를) **하다** ① changer de, modifier. ¶ 목소리를 ~하다 modifier *sa* voix, prendre une autre voix, changer le ton de *sa* voix. ② 【음악】 apporter des variations ((à un morceau de musique, à un air)); changer de ton. ¶ 이 곡을 피아노 연주에 적합하도록 ~해 보시오 Apportez à ce morceau de *musique des variations* pour piano. ③ 【물리】 moduler ((la fréquence, l'amplitude)). ◇_(가) **되다** ① être changé(*e*), modifié(*e*). ¶ 내가 한 이야기가 ~되었다 Le contenu de mes propos a été modifié / Il a modifié le contenu de mes propos à son avantage. ② 【음악】 ((ton)) être changé(*e*). ③ 【물리】 ((fréquence, amplitude)) être modulé(*e*).

◆**음성_기** 音聲器 명 machine *m* à modifier la voix.

변종 變種 명 【생물】 variété *f*; variation *f*.

변주 變奏 명 【음악】 morceau *m* musical avec variation de rythme, d'harmonie et de mélodie. ◇_(를) **하다** faire varier le rythme, l'harmonie et la mélodie d'un morceau musical.

◆**_곡** -曲 명 【음악】 variation *f* (musicale).

변죽 邊- 명 bord *m* d'un ustensile.

*~(을) **울리다**[**치다**] insinuer *qc*; laisser entendre *qc*, donner à entendre *qc*; faire un clin d'œil à *qc*, faire allusion à *qc*.

변증 辨證 명 démonstration *f*. ◇_(을) **하다** démontrer.

◆**_론** -論 명 【철학】 topique *f*; dialectique *f*.

◆**_법** -法 명 【철학】 dialectique *f*.

◆**_법적** -法的 명 dialectique *f*. ¶ ~법적 사고 la pensée dialectique. ¶ 역사는 ~법적으로 발전한다 L'histoire évolue dialectiquement.

변질 變質 명 changement *m* de qualité; altération *f*; dénaturation *f*, dégénérescence *f*, détérioration *f*. ¶ 가치관의 ~ un changement de pensée. ¶ 식품의 ~을 막다 éviter l'altération des aliments. ◇_(을) **하다**[(이) **되다**] changer; s'altérer; tourner; se déformer; se transformer; dégénérer, se détériorer; se dégrader; s'avarier; se corrompre. ¶ ~한 식품 l'aliment avarié. ¶ 우유가 ~되었다 Le lait a tourné. ¶ 생선은 ~되기 쉬운 식품이다 Le poisson s'avarie [s'altère] facilement / Le poisson ne se conserve pas bien. ¶ 이 제도는 시행 과정에서 성격이 많이 ~되었다 Ce système s'est largement déformé [altéré] au cours de son application / Ce système a connu beaucoup de changements au cours de son application / Ce système a subi de nombreuses transformations pendant son application. ¶ 토론이 감정적인 대립으로 ~되고 말았다 Le débat a dégénéré en confrontation émotionnelle / Le débat a fini en confrontation personnelle. ◇_(을) **시키다** altérer *qc*, changer *qc* en *qc*; déformer *qc* en *qc*; transformer *qc* en *qc*; dénaturer *qc* en *qc*. ¶ 지나친 상업성이 문학을 오락으로 ~시키고 있다 La commercialisation excessive conduit la littérature à n'être plus qu'un divertissement / La commercialisation excessive dénature la littérature en un produit de divertissement.

변천 變遷 명 évolution *f*, changement *m*. ¶ 시대의 ~ un changement d'époque [de temps]. ¶ 언어의 ~ 과정 l'évolution de la langue. ◇_(을) **하다** évoluer, changer, être changé(*e*) en *qc*. ¶ 언어는 항상 ~한다 La langue est toujours en train d'évoluer. ¶ 수만 년에 걸쳐 ~해 온 인간의 문화 la culture humaine qui a évolué durant plusieurs dizaines de milliers d'années. ◇_(이) **되다** évoluer, changer, être changé(*e*) en *qc*. ¶ 한국인의 식생활이 점차 서구식으로 ~되어 갔다 Le régime alimentaire des Coréens s'est de plus en plus occidentalisé.

◆**_사** -史 명 histoire *f* de l'évolution.

변칙 變則 명 ① irrégularité *f*, exception *f* à la règle; anomalie *f*, anormalité *f*. ¶ ~ 증여 une donation irrégulière [«illégale»] faite sous le manteau. ¶ 예산을 ~으로 운영하다 gérer le budget d'une façon irrégulière et frauduleuse. ② 【언어】 irrégularité *f*. ¶ ~ 동사 verbe(*s*) irrégulier(*s*).

◆_**적** -的 명 irrégulier(*ère*); anorm*al*(*ale*, *aux*). ¶ ~적인 법률 개정 une réforme injuste de la loi.

◆_**성** -性 명 irrégularité *f*; caractère *m* irrégulier.

◆_**용언** -用言 명 【언어】 mot *m* fléchi à conjugaison irrégulière.

◆_**활용** -活用 명 【언어】 conjugaison *f* irrégulière. ¶ ㄷ ~활용 conjugaison irrégulière en ㄷ. ¶ ㄷ~활용 동사 un verbe irrégulier en ㄷ.

변태 變態 명 ① 【생물】 métamorphose *f*; transformation *f*. ¶ 나비의~ 과정 le processus de métamorphose du papillon. ¶ 완전[불완전] ~ une métamorphose parfaite [imparfaite]. ② 【심리】 perversion *f*, anomalie *f*. ¶ ~ 성욕 une perversion [une anomalie] sexuelle, une sexualité perverse, un désir sexuel pervers. ¶ ~ 성욕자 un(*e*) pervers(*e*) [un(*e*) obsédé(*e*)] sexuel(*le*); un(*e*) inverti(*e*) sexuel(*le*). ¶ ~ 심리 une psychologie à tendances perverses. ◇_(**를**) **하다** se métamorphoser en *qc*. ¶ 누에가 번데기로 ~한다 Le ver à soie se métamorphose en nymphe.

◆_**적** -的 명 anormal(*e*); pervers(*e*), vicieu*x*(*se*); malsain(*e*); tordu(*e*) {*fam*}. ¶ ~적 행동 un comportement [un acte, une action] pervers(*e*). ¶ ~적인 영업을 하는 야간업소 un établissement nocturne qui fait du commerce illégal.

변통 變通 명 ① adaptation *f* ((à une situation)). ② acquisition *f* ((de biens, d'argent)); action de s'arranger pour [de trouver des moyens de] se procurer ((de l'argent)). ◇_(**을**) **하다** ① se débrouiller; se tirer d'affaire; s'arranger ((pour faire *qc*)). ¶ 형편에 맞추어 ~하다 se débrouiller selon les circonstances; s'adapter à des situations variées. ② s'arranger pour [trouver des moyens de] se procurer ((de l'argent)); acquérir ((des biens, de l'argent)). ¶ 돈을 ~하다 s'arranger pour [trouver des moyens de] se procurer de l'argent. ◇_(**이**) **되다** ((des biens, de l'argent)) être acquis(*e*). ¶ 돈이 ~되어 파산 위기를 넘기다 éviter [échapper à] la faillite grâce à un emprunt.

◆**임시**_ 臨時 명 moyen *m* [solution *f*, issue *f*] provisoire; expédient *m* [moyen *m*] de fortune, palliatif *m*, combine *f* {*fam*}. ¶ 임시~으로 일을 처리하다 s'occuper des affaires de façon provisoire; régler une affaire de manière temporaire.

변하다 變- 자 ① changer, évoluer, se transformer, passer. ¶ 색이 누렇게 변했다 La couleur a jauni. ¶ 그 친구는 (사람이) 많이 변했다 Il a beaucoup changé. ¶ 파리는 10년 전에 비해 그다지 변하지 않았다 Paris n'a pas tellement changé depuis dix ans. ¶ 우리들 사이에는 아무 것도 변한 것이 없다 Rien n'a changé entre nous. ¶ 그 남자는 사람이 아주 소극적으로 변했다 Il est devenu un homme passif [inerte, soumis]. ¶ 입맛은 변한다 Les goûts (culinaires) changent. ¶ 얼굴빛 하나 변하지 않고 태연하게 말하다 raconter *qc* sans (aucune) pudeur. ② se dénaturer, s'abîmer, ((고기)) se gâter, pourrir, se putréfier, se ternir, se détériorer, flétrir; ((우유)) tourner. ¶ 우유가 변했다 Le lait a tourné. ¶ 고기가 변했다 La viande s'est gâtée. ③ muer, se muer, se transformer. ¶ 애벌레가 나비로 변했다 La chenille s'est transformée en papillon.

변함 명 changement *m*; variation *f*; évolution *f*; renouvellement *m*.

◆_(**이**) **없다** 형 ne pas changer, rester inchangé(*e*); être [rester] le même, être pareil(*le*); être constant(*e*). ¶ ~없는 우정 une amitié fidèle. ¶ 장관이 바뀌어도 경제 정책에는 ~이 없다 Le changement de ministre n'entraîne pas celui de la politique économique / Même si le ministre change, la politique économique reste inchangée.

◆_**없이** 부 sans changement; toujours pareil(*le*); comme avant; constamment. ¶ 우리 회사 제품을 앞으로도 ~없이 이용해 주시기 바랍니다 Restez toujours fidèles à nos produits.

변항 變項 명 variable *f*.

변혁 變革 명 changement *m*; réforme *f*; rénovation *f*; transformation *f*; grand changement *m*; bouleversement *m*. ¶ 정치적인 일대~을 일으키다 causer un grand bouleversement politique. ¶ 사회 전반에 걸친 ~을 가져오다 entraîner un grand changement dans tous les domaines sociaux. ◇_(**을**) **하다**[**시키다**] changer *qc*; innover *qc*; rénover *qc*; réformer *qc*. ¶ 모순적인 사회 현실을 ~하다 rénover [transformer] une société en contradiction. ¶ 책 한 권으로 세상을 ~시키다 changer le monde par la force d'un livre. ◇_(**이**) **되다** être changé(*e*), transformé(*e*), innové(*e*), rénové(*e*). ¶ 정권이 바뀌면서 정치 제도가 ~되었다 La passation de pouvoir a entraîné le changement du système politique [a transformé le système politique].

◆_**기** -期 명 période *f* de changement. ¶ 격동의 ~기 une période de changement brutal [rapide].

변협 辯協 명 (l')Ordre *m* des avocats.

변형 變形 명 ① transformation *f*; déformation *f*. ¶ 자동차 안전 시트로 ~이 가능한 유모차 une poussette transformable en siège de sécurité pour (la) voiture. ② 【언어】 transformation *f*. ◇_(**을**) **하다**[**시키다**] transformer *qc*; déformer *qc*. ¶ 만화를 ~하고 윤색하여 소설로 꾸미다 transformer une bande dessinée en roman en y apportant des arrangements et des retouches. ◇_(**이**) **되다** se transformer; se déformer. ¶ 다소간 ~된 형태의 고딕 양식 건물 un immeuble de style gothique un peu transformé. ¶ 이 가구는 절대로 ~되지 않습니다 Ce meuble ne se déforme jamais.

◆_**문법** -文法 명 【언어】 grammaire *f* transformationnelle.

◆_**생성문법** -生成文法 명 【언어】 grammaire *f*

ㅂ

générative transformationnelle.

변호 辯護 명 ① défense *f*, justification *f*, disculpation *f*, excuse *f*. ¶ 자기 ~ la défense de sa propre cause; une justification. ¶ 친구에 대한 ~ la défense d'un(*e*) ami(*e*). ② 【법률】 défense *f*, plaidoirie *f*, plaidoyer *m*. ¶ 피의자[살인 사건]의 ~를 맡다 être chargé(*e*) de la défense d'un(*e*) prévenu(*e*) [d'une affaire de meurtre]. ¶ 변호사에게 ~를 의뢰하다 confier la défense (de *qn*) à un(*e*) avocat(*e*). ◇_(를) **하다** ① défendre *qn*, assumer la défense de *qn*; protéger *qn* contre *qc*; justifier ((une opinion)). ¶ 자신을 ~하다 défendre sa (propre) cause, se charger de sa (propre) plaidoirie. ¶ 실수한 친구를 ~하고 나서다 prendre la défense d'un(*e*) ami(*e*) responsable d'un faux pas [ayant commis un impair]. ② ((법정)) défendre *qn*, plaider pour *qn*, plaider la cause d'un(*e*) accusé(*e*), se faire l'avocat de *qn*/*qc*; assumer la défense de *qn*. ¶ 피의자를 ~하다 prendre [assurer] la défense d'un(*e*) prévenu(*e*). ◇_(를) **받다** être défendu(*e*) (par un avocat), être bénéficier(*ère*) d'une plaidoirie. ¶ 국선 변호사에게 ~를 받다 être défendu(*e*) par un(*e*) avocat(*e*) commis d'office [par l'aide juridique].

◆_**인** -人 명 la défense *f* ((institution chargée de la défense d'un(*e*) prévenu(*e*))); avocat(*e*) de la défense, intercesseur *m*, représentant(*e*) de la défense. ¶ ~인 반대 심문 un contre-interrogatoire de la défense. ¶ 국선 ~인 un(*e*) avocat(*e*) commis d'office.

◆_**인단** -人團 명 corps *m* de la défense.

변호사 辯護士 명 avocat(*e*). ¶ ~ 수임료 des frais de dossier (perçus par un avocat). ¶ ~사 사무실 un cabinet d'avocat(s). ¶ 고문 ~ avocat-conseil. ¶ ~사를 선임하다 nommer [choisir] un(*e*) avocat(*e*). ¶ 유능한 ~를 대다[쓰다, 고용하다] choisir [prendre] un(*e*) avocat(*e*) talentueux(*se*) [compétent(*e*)].

◆_**석** -席 명 barreau(*x*) *mpl*.

◆_**협회** -協會 명 (l')Ordre *m* des avocats.

◆**관선** 官選- 명 avocat(*e*) désigné(*e*) d'office.

변화 變化 명 ① changement *m*, variation *f*, modification *f*, évolution *f*, mouvement *m*; transformation *f*, transmutation *f*. ¶ 신체적(인) ~ une transformation physique (d'une personne), une métamorphose. ¶ 옷차림에 ~를 주다 apporter un changement à sa tenue [son style vestimentaire]. ¶ 표정의 ~를 읽다 lire dans le(*s*) changement(*s*) d'expression du visage. ¶ ~를 겪다 éprouver [connaître, expérimenter, rencontrer, ressentir] un changement. ¶ ~를 가져오다 causer [apporter] un changement. ¶ 환경의 ~에 적응하다 s'adapter au changement d'environnement. ¶ 국제정세의 ~에 대처하다 faire face à l'évolution de la conjoncture internationale. ¶ 환절기에는 기온 ~가 심하다 Les variations de températures sont extrêmes durant les périodes de changement de saison. ¶ ~가 많은 풍경 un paysage varié. ¶ 그 사람의 심경에 ~가 왔다[생겼다]. Il a changé d'avis / Il s'est ravisé. ② 【언어】 conjugaison f. ¶ 동사 ~ une conjugaison de verbe. ◇_(를) **하다** changer, varier; évoluer, se modifier, se transformer; se conjuguer; se décliner. ¶ ~하는 시대에 능동적으로 대처하다 prendre activement des mesures en période de changement. ¶ 양국 관계가 우호적으로 ~했다 Les relations entre les deux pays se sont améliorées. ◇_(가) **되다** changer, être changé(*e*); connaître un changement [une variation]; connaître une évolution [une modification, une transformation]; être transformé(*e*), transmuté(*e*); être conjugué(*e*); être décliné(*e*). ¶ 중국은 점차 미국에 우호적인 나라로 ~되어 갔다 La Chine est devenue progressivement un pays ami des États-Unis. ◇_(를) **시키다** changer *qc*, transformer *qc*, modifier *qc*; conjuguer *qc*; causer [provoquer] un changement. ¶ 경제발전이 도시의 모습을 ~시켰다 Le développement économique a modifié le paysage urbain. ◇_(가) **있다** connaître [y avoir] un changement. ¶ ~있는 멜로디 une mélodie à vibrato. ◇_(가) **없다** ne pas connaître [y avoir] de changement. ¶ ~없는 단조로운 생활 une vie monotone sans changement. ¶ 그 나라의 전통은 외국 문화의 압력에도 별 ~없이 유지되고 있다 Les traditions de ce pays subsistent sans véritable changement malgré la pression de la culture étrangère.

◆_**무쌍하다** -無雙 형 avoir des changements très variés. ¶ ~무쌍한 여름 날씨 un temps d'été imprévisible.

◆_**성** -性 명 nature *f* du changement.

◆_**구** -球 명 【운동】 balle *f* à laquelle le lanceur a donné de l'effet ((au baseball)) ((balle à changement de vitesse, balle cassante, balle courbe, balle glissante, balle papillon, balle tire-bouchon, balle tombante)).

◆_**율** -率 명 taux *m* mesurant une évolution; taux *m* de changement.

◆_**표** -表 명 tableau *m* des changements. ¶ 동사 ~표 un tableau de conjugaisons des verbes.

변환 變換 명 changement *m*, conversion *f*, transformation *f*. ¶ 에너지의 ~ un changement d'énergie. ◇_(을) **하다[시키다]** changer *qc*, convertir *qc*, transformer *qc*. ¶ 아날로그 정보를 디지탈 정보로 ~하다 convertir l'information analogique en information numérique. ◇_(이) **되다** (*se*) changer, se convertir, se transformer.

별[1] 명 ① étoile *f*, astre *m*. ¶ ~(자리) 점 l'astrologie. ¶ ~이 빛나는 밤 une nuit étoilée. ¶ 밤하늘에 ~이 총총하다 La nuit, les étoiles emplissent le ciel. ② en (forme d')étoile *f*. ¶ 가슴에 황색의 ~을 달다 porter l'étoile jaune sur la poitrine. ③ étoile *f* ((des officiers généraux)). ¶ ~을 달다 recevoir une étoile. ¶ ~ 셋인 장군 un général à trois étoiles; un général de corps d'armée. ④ 【속어】 ((terme péjoratif servant à désigner le nombre de)) fois *f* où une personne est allée en prison. ¶ 그 사람은 10대의 나이에 이미 ~을 여러 개 달았다 Il avait fait plusieurs fois de la prison avant même d'avoir atteint ses vingt ans. ⑤ ((restaurant, hôtel)) étoile(s) *f(pl)*. ¶ ~ 셋짜리 호텔 un hôtel trois(-)étoiles, un trois-étoiles.

***하늘의 ~ 따기** décrocher la lune.

◆_나라 명 pays *m* des étoiles ((littérature enfantine)).

◆_빛 명 lueur *f* des étoiles.

◆_자리 명 signe *m* astr*al(aux)*, signe *m* du zodiaque.

◆_표 -標 명 astérisque *m*. ¶ 중요한 부분에 ~표를 하다 mettre un astérisque aux passages importants.

별[2] **別** 관 singuli*er(ère)*, extraordinaire, étrange, bizarre, drôle; guère. ¶ ~ 수를 다 써 보다 essayer tout (sans trop de résultat). ¶ 사장은 그 문제에 대해 ~ 말이 없었다 Le patron n'a rien dit de particulier sur cette question. ¶ ~ 말씀을 (다 하십니다) Ne le mentionnez pas / N'en parlez pas / Ce n'est pas la peine d'en parler / Je vous en prie. ¶ ~ 걱정 다 한다 Vous vous faites bien des soucis pour peu de chose [pour pas grand chose]. ¶ ~ 소리 다 듣겠네 J'aurai tout entendu! ¶ ~ 도리(가) 없다 Il n'y a pas grand chose à faire / Il n'y a guère de solution. ¶ ~ 생각 없이 한 말이다 J'ai dit cela sans (trop de) réflexion [sans réfléchir]. ¶ ~ 이상한 사람[놈] 다 있군 Il y a vraiment des gens bizarres!

◆_ _ -別 관 extraordinaire, (tout à fait) étrange; divers(*es*), de toutes sortes. ¶ ~~ 터무니없는 소리를 다 들었다 J'aurai vraiment tout entendu.

◆_의_ -別 관 extraordinaire, (tout à fait) étrange; divers(*es*), de toutes sortes ¶ ~의~ 수단을 다 쓰다 utiliser tous les moyens imaginables.

-별[3] **別** 접미 à part; d'après; suivant; par, selon. ¶ 부서~ 모임 une réunion par service. ¶ 직업~ 소득액 un montant des revenus par profession. ¶ 업종~ 전화번호부 un annuaire téléphonique [du téléphone] par profession; les pages jaunes. ¶ 우표를 국가~로 분류하다 classer les timbres d'après [suivant, selon] leur pays d'origine. ¶ 연령~로 분류하다 classer *qc* par tranches d'âges.

별-[4] **別** 접두 différent(*e*), autre. ¶ ~개 chose différente; autre chose. ¶ ~것도 아닌 일로 걱정하다 se faire du souci pour un rien [à propos d'un rien, pour des raisons futiles, pour peu de chose, pour pas grand-chose]. ¶ ~꼴 다 보겠다 On aura tout vu *{fam}*!

별감 別監 명 【역사】 assistant *m* d'un mandarin ((fonctionnaire envoyé par l'État en province pour une inspection)).

별개 別個 명 chose *f* différente. ¶ ~로 하다 établir une distinction ((entre deux choses)), considérer *qc* différemment. ◇**_의** autre; différent(*e*), distinct(*e*). ¶ ~의 일들[문제들] les deux choses [des questions] différentes.

별거 別居 명 séparation *f*, séparation *f* de corps. ¶ 그 사람은 아내와 ~ 중이다[~ 상태에 있다] Il vit séparément de sa femme / Ils sont séparés de corps. ◇**_(를) 하다** vivre séparément [à part]. ¶ 남편과 ~하다 se séparer de son époux. ¶ 그 부부는 2년째 ~하고 있다 C'est leur deuxième année de séparation.

별것 別- 명 chose *f* extraordinaire; objet *m* rare; curiosité *f*; rareté *f*. ¶ ~을 다 물어보는군 Vous en posez des questions! / Vous êtes bien curieux(*se*)! ¶ ~ 아니다 Ce n'est rien / Il n'y a rien de particulier / Cela n'a rien d'extraordinaire / C'est banal. ¶ ~(도) 아닌 일로 호들갑을 떨다 s'agiter [s'exciter] pour rien [pour bien peu de chose, pour si peu de chose]. ¶ 너한테는 ~ 아니겠지만 나한테는 꽤 큰 돈이다 Ce n'est peut-être pas grand-chose pour toi, mais pour moi, c'est une grosse somme d'argent. ¶ 시대가 어수선하니까 이제는 ~(들)이 다 나서는군! On vit des temps si imprévisibles qu'on voit n'importe qui faire n'importe quoi. ¶ 그 집에는 정말 ~이 다 있더라 Dans cette maison, il y a vraiment toutes sortes de choses / Dans cette maison, on y trouve de tout.

별고 別故 명 événement *m* [accident *m*] fâcheux [malencontreux, malheureux]; empêchement *m* soudain; anicroche *f*; contretemps *m*; ennui *m*; difficulté *f*. ¶ 그 동안 ~(는) 없으셨는지요 Comment allez-vous depuis notre dernière rencontre [depuis que nous ne nous sommes vus]? ¶ ~없이 잘 지내다 aller bien (sans rencontrer de problème fâcheux).

별관 別館 명 annexe *f*; bâtiment *m* extérieur; dépendance *f*.

별궁 別宮 명 palais *m* de la reine; palais *m* secondaire.

별꼴 別- 명 spectacle *m* extraordinaire; chose *f* odieuse [désagréable, haïssable, déplaisante]. ¶ ~ 다 보겠군 J'aurai tout vu! *{fam}* ¶ ~을 다 당하는군 Me voilà dans de beaux draps maintenant! {fig} / Me voilà frais maintenant! {fig} / Me voilà propre maintenant! {fig}. ¶ ~이야 C'est (du) joli! *{fam}* / En voilà du propre! *{fam}*.

별나다 別- 형 être particuli*er(ère)*, étrange, singuli*er(ère)*, bizarre, original(*e*), drôle, extraordinaire, excentrique. ¶ 별난 만남[경험] une rencontre [une expérience] hors du commun. ¶ 별난 일도 다 있군 Il y en a de raides! *{fam}* / Il y a des choses surprenantes! ¶ 하는 짓이 ~ avoir un comportement excentrique [original]. ¶ 그 사람은 참 ~ C'est vraiment un drôle de personnage. ¶ 그 아이는 성격이 너무 별나서 친구가 별로 없다 Il est tellement singulier qu'il n'a guère d'amis / Comme cet enfant a un caractère très particulier il n'a pas beaucoup d'amis. ¶ 너무 별나게 굴다 se conduire de façon singulière [de façon particulière, de façon originale]. ¶ 그 사람은 무척 깔끔하고 별나게 신경질적이다 Il est très correct et singulièrement nerveux.

ㅂ

별납 別納 명 paiement *m* supplémentaire; paiement *m* [règlement *m*] séparé. ¶ 요금 ~ un règlement *m* [un paiement] séparé.

별놈 명 homme *m* bizarre; drôle d'individu *m*; excentrique *m*; original *m*; type *m* curieux. ¶ ~ 다 보겠군 J'aurai vu toutes sortes d'excentriques [toutes sortes d'individus bizarres]!

별다르다 別- 형 être particuli*er*(*ère*), étrange, spécial(*e*), spécifique, singulier(*ère*), extraordinaire, original(*e*). ¶ 별다른 생각 없이 말하다 parler sans réfléchir. ¶ 별다른 일[사항] 없다 n'avoir rien de particulier, pas de problème particulier. ¶ 그 사람은 별다른 이유 없이 사직했다 Il a démissionné sans raison particulière. ¶ 나에게 학교란 별다른 의미가 없다 L'école n'a guère de sens pour moi. ¶ 무엇을 별다르게 생각하지 않다 ne pas trouver *qc* extraordinaire. ¶ 별다르게 말할 건 없다 Il n'y a rien à rajouter [à dire] de particulier [de spécial] (à ce sujet, là-dessus) / Je n'ai rien à (r)ajouter [à dire] de particulier là-dessus / Je n'ai rien de spécial [de particulier] à dire (à ce sujet, là-dessus).

◆**별달리** 부 particulièrement, étrangement, spécialement, spécifiquement, singulièrement, extraordinairement. ¶ 별달리 생각하지 마세요 N'y prêtez pas attention / N'y pensez pas trop. ¶ 이 일 말고는 별달리 할 일이 없다 À part ça, je n'ai rien de particulier [rien de spécial] à faire.

별당 別堂 명 petit*e* maison *f* [pavillon *m*, construction *f*] séparé(*e*) du bâtiment [du pavillon] principal.

별도 別途 명 autre direction *f*, autre moyen *m*. ◇_**의** 명 autre; différent(*e*); à part; nouve*au*(*elle*) ¶ ~의 시설 un établissement à part. ¶ ~의 자금 d'autres capitaux, des fonds particuliers. ¶ ~의 명령이 있을 때까지 당분간 대기하라 Attendez jusqu'à nouvel ordre!

◆_**로** 부 séparément, à part; par un autre moyen. ¶ 봉사료는 ~로 지불함 service non compris. ¶ 그 사람은 본봉과는 ~로 연 600 %의 수당을 받는다 Il perçoit une prime de 600 % par an en plus de son salaire de base.

별동 別棟 명 pavillon *m* annexe.

별동대 別動隊 명 détachement *m*. ¶ ~를 파견하다 dépêcher un détachement.

별똥 명 étoile *f* filante; météore *m*. ¶ ~이 떨어진다 Une étoile filante tombe.

◆_**별** 명 étoile *f* filante; météore *m*. ¶ ~별이 떨어졌다 Un météore est tombé.

별로 부 *pas très; ne ... guère*. ¶ ~ 어렵지[쉽지] 않다 Ce n'est pas très difficile [facile] / Ce n'est guère [pas bien] difficile [facile]. ¶ 나는 ~ 아프지 않다 Je ne suis pas très malade / Je n'ai pas très mal / Je n'ai presque pas mal / Ce n'est guère douloureux.

별리 別離 명 séparation *f*, rupture *f*. ¶ ~의 아픔[슬픔] la douleur [la tristesse] de la séparation [de la rupture]. ¶ 연인간의 ~ la séparation [la rupture] de deux amoureux [de deux amants]. ◇_(**를**) **하다** se séparer, rompre.

별말 別- 명 ① paroles *fpl* particulières, quelque chose de particulier à dire. ¶ 그 사람이 ~(이) 없었나? Il n'avait rien de particulier à (me) dire?/Il n'a pas laissé de message particulier? ② propos *mpl* inattendus, paroles *fpl* surprenantes. ¶ ~을 다 하는구나 Il dit vraiment n'importe quoi!/ Je t'en prie.

별명[1] **別名** 명 pseudonyme *m*, surnom *m*; sobriquet *m*. ¶ 누구의 ~을 부르다 appeler *qn* par son surnom. ¶ 누구에게 ~을 지어[붙여] 주다 donner un surnom à *qn*, surnommer *qn*. ¶ 그 사람의 ~은 슈퍼맨이다 Son surnom est Superman.

별명[2] **別命** 명 nouvel ordre *m*. ¶ ~이 있을 때까지 대기하시오 Attendez jusqu'à nouvel ordre.

별문제 別問題 명 ① autre question *f* [affaire *f*, chose *f*]. ¶ 그 일은 ~로 하고 이 일부터 다루자 Laissons cela de côté, et traitons d'abord cette affaire. ② grand problème *m*; grand-chose. ¶ ~는 없겠지만 Je ne pense pas que cela pose (grand) problème, mais ... ¶ ~는 아니지만 Ce n'est pas un grand problème, mais ...

별미 別味 명 goût *m* exquis; mets *mpl* délicieux. ¶ 봄[계절]의 ~ un délice [des mets] de printemps [de saison]. ¶ 입맛이 없어 ~로 콩국수를 해먹었다 J'ai mangé de délicieuses nouilles au gruau de soja pour vaincre *mon* manque d'appétit. ¶ 겨울에는 군고구마가 ~다 Les patates douces cuites à la braise sont un délice en hiver. ¶ 그 지방의 음식을 맛보는 것도 여행의 ~라고 하겠다 Je qualifierai de plaisant la dégustation des spécialités régionales dans un voyage.

별반 別般 명 particuli*er*(*ère*), spéci*al*(*ale*, *aux*). ¶ ~ 조치 une mesure particulière.

부 particulièrement, ((ne)) ... guère, ((pas)) tellement. ¶ ~ 대수롭지 않은 문제 un problème peu important [d'importance secondaire, secondaire]. ¶ 나는 그 문제에 ~ 관심이 없다 Je ne m'intéresse pas particulièrement à ce problème [à la question] / Je ne m'intéresse guère [Je m'intéresse peu] à ce problème.

별세 別世 명 décès *m*, mort *f*, trépas *m*. ◇_(**를**) **하다** décéder, mourir; trépasser. ¶ 숙환으로 ~하다 décéder des suites d'une longue maladie.

별세계 別世界 명 ① autre monde *m*; monde *m* entièrement différent; monde *m* à part. ¶ 마치 ~에서 온 것 같은 사람 une personne qui semble venir d'un autre monde. ② lieu(*x*) *m* idé*al*(*aux*); pays *m* d'une beauté extraordinaire; paradis *m*. ¶ 뛰어난 풍광이 ~를 생각나게 했다 Ce magnifique paysage m'a fait penser au paradis.

별수[1] **別-** 명 ① autre moyen *m*, autre solution *f*; ((avoir une)) solution *f* magique [miracle], remède *m* miracle; solution *f* requise. ② tous les moyens *mpl* (possibles). ¶ 문제를 해결하려고 ~를 다 써 보다 utiliser [employer, recourir à] tous les moyens possibles [en *son* pouvoir] pour résoudre le problème; faire feu [flèche] de tout bois; faire des pieds et des mains {*fam*} [faire l'impossible] pour résoudre le problème. ◇_(**가**) **있다** avoir une solution miracle [magique]. ¶ 그 사람이라고 ~ 있겠어? Tu crois qu'il aura une solution miracle, lui? / Même lui, que veux-tu qu'il y fasse? / Même lui n'y pourra rien / . ¶ 그 사람이 말은 그렇게 하지만 뭐 ~ 있으려고? Il a beau dire, que pourrait-il faire? ◇_(**가**) **없다** ne pas avoir d'autre moyen, ne pas pouvoir faire autrement. ¶ 그 문제를 해결하는 데는 ~가 없다 Il n'y a pas d'autre solution pour résoudre ce problème / On ne peut pas résoudre ce problème autrement. ¶ 아무리 잘난 그 사람도 그런 일에는 ~ 없지 Même lui qui est si doué n'y pourra rien. ¶ 이 일을 하는 것 이외에는 ~가 없다 On n'a pas d'autre choix que de faire cette chose. ¶ 저를 못 믿으신다니 ~없군요 Que voulez-vous que je fasse si vous n'avez pas confiance en moi! / Puisque vous n'avez pas confiance en moi, je ne vois pas ce que je pourrais faire.

◆**_없이** 부 ne pouvant [sans pouvoir] faire autrement; à contrecoeur; malgré *soi*. ¶ 그 사람도 이번에는 ~없이 항복할걸 Lui aussi finira bien par se soumettre [se rendre] qu'il le désire ou non [de gré ou de force]. ¶ 사람이 부족하니 ~없이 그 사람을 끼워줄 도리 밖에 On n'a pas d'autre choix que de l'incorporer puisqu'on manque de gens / On ne peut pas faire autrement que de le faire participer [de le prendre avec nous] puisqu'on manque de personnes.

별수[2] **別數** 명 bonne chance *f*, aubaine *f*, fortune *f* [chance *f*] extraordinaire [imprévue, inespérée] coup *m* de chance, chance *f* de tous les diables {*fam*}, veine *f* de cocu {*fam*}.

별스럽다 別- 형 être original(*e*), particuli*er*(*ère*), singuli*er*(*ère*); bizarre, curieu*x*(*se*), étrange. ¶ 별스러운 일 un événement étrange, une chose bizarre. ¶ 그 사람은 성격이 너무 ~ Il a un caractère trop difficile / Il est caractériel. ¶ 아이들이 너무 별스러워서 다루기 힘들다 Les enfants sont si terribles qu'il est difficile de s'en occuper. ¶ 세상에 별스러운 꼴을 다 보겠다 J'aurai vu toutes sortes de choses étranges *en ce monde [dans ma vie]!* ¶ *너무 별스럽게 굴지* 마라 Ne sois pas si exubérant(*e*)! / N'exagère pas tant! / N'en fais pas trop! ¶ 참 별스럽게 생긴 나무도 있구나 Il y a vraiment des arbres qui ont de drôles d'aspects! / Il y a vraiment des arbres aux formes étranges!

별식 別食 명 mets *m* inhabituel [qui change de l'ordinaire] ((ça nous change)). ¶ ~으로 쿠스쿠스를 먹다 manger du couscous pour changer (de l'ordinaire, des repas habituels). ¶ 오늘 점심에 ~이 나왔다 Aujourd'hui à midi, nous avons mangé des plats inhabituels / Aujourd'hui à midi, nous avons eu un menu particulier [le menu était original].

별신굿 別神- 명 pratique *f* du chamanisme exercée tous les trois, cinq ou dix ans pour souhaiter aux dieux tutélaires la paix et une riche moisson au village. ◇_(**을**) **하다**[**올리다**, **지내다**] exercer une pratique chamaniste pour souhaiter aux dieux tutélaires la paix et une riche moisson au village.

별실 別室 명 chambre *f* réservée aux hôtes de marque. ¶ 귀빈을 ~로 모시다 recevoir des hôtes de marque dans une chambre destinée à cet effet.

별안간 瞥眼間 명 ((arriver)) à l'improviste *m*; impromptu *adj*, *adv*; tout à coup, soudain, soudainement, subitement, brusquement, subito {*fam*}; de manière inattendue. ¶~의 사건 un événement brutal et inattendu, un événement inopiné. ¶~에 벌어진 일 un événement qui arrive soudainement [de façon inopinée], un événement inattendu [inopiné].

부 soudain, soudainement, tout à coup; brusquement, subitement. ¶~ 고함을 지르다 s'écrier brusquement. ¶~ 호각소리가 들렸다 Tout à coup, on a entendu un sifflement.

별일 別- 명 chose *f* bizarre; affaire *f* étrange [extraordinaire]; événement *m* anormal [inattendu]; accident *m*; ennui *m*; trouble *m*. ◇_(**이**) **없다** Ce n'est rien / Il n'y a rien (d'extraordinaire). ¶ 사고는 났지만 다행히 ~은 없었다 Il y a eu un accident mais je n'ai rien de (très) grave / Je suis sorti(*e*) indemne de l'accident. ¶~ 없이 잘 지내다 aller bien, ne pas avoir de soucis particuliers. ◇_**이다** être curieu*x*(*se*), bizarre, étrange, extraordinaire, anorm*al*(*ale*, *aux*), inattendu(*e*). ¶ 그렇게 성실한 애가 무단결석을 하다니 ~이군 C'est vraiment curieux qu'un gamin {*fam*} [étudiant] aussi sérieux s'absente sans avertir!

별장 別莊 명 villa *f*, maison *f* de campagne, résidence *f* secondaire; cottage *m*.

별정 別定 명 ((cas)) à part [spécial]; ((situation)) privilégiée; spéci*al*(*ale*, *aux*), privilégié(*e*). ¶~ 요금 un tarif spécial.

◆**_직** -職 명 position *f* privilégiée au sein de l'administration [de la fonction publique]; fonction *f* [charge *f*] extraordinaire (dans l'administration). ¶~직 공무원 fonctionnaire extraordinaire.

별종 別種 명 variété *f* [espèce *f*] différente; 【속어】 individu *m* singulier. ¶ 그 사람 정말 ~이더라 Cette personne est vraiment farfelue! / Il est vraiment original!

별지 別紙 명 pièce *f* [feuille *f*] annexe [jointe]; autre feuille *f*; feuille *f* à part. ¶~ 참조 Voir la feuille annexe. ¶~에 기재하다 mettre par écrit sur une feuille annexe.

별쭝나다 형 ((parole ou comportement)) original(*e*), particuli*er*(*ère*), singuli*er*(*ère*); bizarre, curieu*x*(*se*), étrange. ¶ 말투가 ~ avoir une étrange façon de parler. ¶ 아이가 별쭝나게 행동한다 L'enfant se comporte de façon curieuse [bizarre, particulière].

ㅂ

별차 別差 명 grande différence *f*. ¶ 결과적으로는 ~가 없다 En fin de compte, il n'y a pas grande différence / Quand on voit le résultat, il n'y a pas grande différence.

별채 別- 명 annexe *f*; autre pavillon *m*; bâtiment *m* annexe [indépendant, séparé].

별책 別冊 명 volume *m* indépendant [séparé]; supplément *m* séparé ((à un ouvrage, à une revue, à un magazine)).

◆_**부록** -附錄 명 supplément *m* séparé ((à une revue, à un magazine)).

별천지 別天地 명 autre monde *m*; monde *m* merveilleux.

별첨 別添 명 document *m* joint [à part]. ¶ ~ 서류를 참조하기 바람 Consultez le document à part. ◇_(을) **하다** mettre le document à part. ¶ 편지에 자기 소개서를 ~하다 mettre à part sa fiche de présentation individuelle dans une lettre.

별칭 別稱 명 autre nom *m*, autre [seconde] appellation *f*; pseudonyme *m*.

별항 別項 명 autre article *m*; article *m* [paragraphe *m*, clause *f*] supplémentaire. ¶ ~과 같이 comme il est mentionné dans la clause.

별호 別號 명 surnom *m*. ¶ 그 이후 그 사람에게 타잔이란 ~가 붙었다 Depuis, on le surnomme Tarzan.

볍씨 명 grain *m* de riz destiné aux semences.

볏 명 crête *f* ((de coq, de faisan)).

병[1] 瓶 명 bouteille *f*, flacon *m*; fiole *f*, bocal *m*; vase *m*. ¶ 포도주 ~ une bouteille de vin ¶ ~을 깨다 [깨뜨리다] briser [casser] une bouteille. ¶ 약품을 ~에 담다 mettre un médicament en flacon.

◆_**나발** -喇叭 명 goulot *m*.

*~**나발을 불다** boire au goulot [à la bouteille].

◆_**따개** 명 décapsuleur *m*, tire-bouchon *m*.

◆_**뚜껑** 명 capsule *f*, bouchon *m*. ¶ 병따개로 ~뚜껑을 따다 décapsuler une bouteille (au moyen d'un décapsuleur); déboucher [déboucher] une bouteille (avec un tire-bouchon).

◆_**마개** 명 bouchon *m*.

◆_**조림** 명 conserve *f* en bocal.

◆**꽃**_ 명 vase *m*.

◆**물**_ 명 carafe *f* [bouteille *f*] d'eau.

◆**약**_ 藥 명 fiole *f*, flacon *m* de médicament.

분류 bouteille *f*. ¶ 맥주 한 ~ une bouteille de bière.

병[2] 病 명 ① maladie *f*, *mal(aux)* *m*; affection *f* ((aiguë)); ((경증)) indisposition *f*, malaise *m*; ((국부적)) trouble *m*, dérangement *m*. ¶ 다리[허리] ~ un mal de jambe [de reins]. ¶ 불치의 ~ une maladie incurable. ¶ 마음[영혼]의 ~ des douleurs morales; des souffrances morales [spirituelles], un effondrement moral; une peine de l'âme; un vague à l'âme. ¶ 가벼운 ~ une maladie sans gravité, une maladie bénigne [inoffensive]. ¶ 중한[무거운, 심각한] ~ une maladie grave. ¶ 오래된 ~ une maladie de longue durée. ¶ 희귀한 ~ une maladie rare. ¶ 몹쓸 ~ une méchante maladie. ¶ ~을 고치다[치료하다]. guérir [soigner] une maladie. ¶ ~을 앓다 être [tomber] malade, souffrir d'une maladie. ¶ ~을 얻다 avoir une maladie; être atteint(*e*) d'une maladie; contracter [attraper] une maladie. ¶ ~을 옮기다 transmettre [passer, donner] une maladie. ¶ ~으로 쓰러지다 être terrassé(*e*) [abattu(*e*)] par la maladie. ¶ ~으로 자리에 눕다 s'aliter; prendre le lit à cause d'une maladie. ¶ ~으로 죽다 mourir des suites d'une maladie. ¶ ~ 때문에 결석하다 s'absenter pour cause [raison] de maladie. ¶ ~이 낫다 guérir; retrouver [recouvrer] la santé; se rétablir; se remettre (d'une maladie). ¶ ~이 더치다 ((une maladie)) s'aggraver, ((état de santé)) se dégrader. ¶ ~이 도지다[재발하다] faire [avoir] une rechute, récidiver. ¶ 그 사람은 심장에 ~이 있다 Il a une maladie cardiaque [de coeur]. ¶ ~이 깊다 Le mal est profond [grave, sérieux]. ¶ 그 환자는 무슨 ~이라고 합니까? Comment appelle-t-on la maladie de ce(*cette*) patient(*e*)? ② défaut *m*, faiblesse *f*, manie *f*, obsession *f*, phobie *f*, travers *m*, vice *m*, tare *f*; panne *f*. ¶ 그 사람은 술을 너무 좋아하는 것이 ~이다 Son penchant pour l'alcool est un défaut / Cette personne aime tellement l'alcool, c'est sa maladie. ¶ 자네 또 그 못된 ~이 도졌군 Vous retombez dans votre vieille manie. ◇_(이) **나다** être malade, retourné(*e*); tourner à l'obsession. ¶ 오래 걸었더니 다리에 ~이 났다 J'ai mal aux jambes pour avoir marché longtemps. ¶ 이 아이는 연예인이 되고 싶어 ~이 났다 Le désir de devenir une vedette tourne à l'obsession chez cet enfant. ◇_(이) **들다** tomber malade, (en) être malade, (en) être retourné(*e*); être atteint(*e*) ((par un mal)). ¶ ~든 몸 un corps malade. ¶ 큰 ~(이) 들다 être atteint(*e*) d'une maladie grave, attraper une maladie grave. ¶ 마음에 ~이 들다 avoir le vague à l'âme, être mélancolique; être dépressi*f*(*ve*), être déprimé(*e*), être en déprime. ¶ 우리 사회는 지나친 이기주의로 ~들어 있다 Notre société est malade d'un excès d'égoïsme. ◇_(에) **걸리다** attraper une maladie, tomber malade.

*~**에는 장사 없다** Personne n'est exempt de maladie.

*~ **주고 약 준다** passer le mal et les remèdes, mettre le feu puis apporter de l'eau ((se dit d'une personne qui provoque un dégât auquel elle apporte elle-même la solution)).

***아는 게 ~이다** Il vaut mieux ne rien savoir / Moins j'en sais, mieux je me porte.

◆_**적** -的 명 maladi*f*(*ve*), obsessionnel(*le*), irrépressible. ¶ ~적(인) 호기심 une curiosité maladive. ¶ ~적으로 컴퓨터 게임에 빠지다 se prendre d'une passion maladive pour les jeux électroniques. ¶ 그 사람의 음악에 대한 열정은 거의 ~적이다 Sa passion pour la musique est obsessionnelle.

◆_**간호** -看護 명 soins *mpl* auprès d'un malade. ¶ ~간호(를) 하다 donner des soins (à un malade), soigner ((un malade)), entourer (un malade) de soins; veiller au chevet (d'un malade).

◆_구완 - 명 ☞ 병구완

◆_문안 -問安 명 prise *f* de nouvelles de l'état de santé d'un(*e*) malade [convalescent(*e*). ¶ 선생님께 ~문안을 가다[하다] rendre visite à son professeur malade.

◆_석 -席 명 lit *m* de malade. ¶ ~석에 눕다 s'aliter; s'allonger sur un lit de malade [d'hôpital]. ¶ ~석에서 일어나다 se lever de *son* lit de malade; ((비유적)) guérir, se rétablir, se remettre d'une maladie.

◆_시중 명 soins *mpl* (auprès d'un malade). ¶ 남편의 ~시중을 들다[하다] soigner son mari, donner [faire] des soins à son mari malade.

◆_중 -中 명 au milieu d'une maladie, en convalescence. ¶ 그 사람은 ~중이라 회의에 참석하지 못했다 Il n'a pu assister à la réunion pour cause de maladie.

◆_치레 명 maladie *f*. ¶ ~치레를 하다 nécessiter de soins fréquents à cause de maladies. ¶~치레가 잦다 avoir une santé fragile, être maladi*f*(*ve*), souffreteu*x*(*se*).

◆만성_ 慢性 명 maladie *f* chronique.

◆불치_ 不治 명 maladie *f* incurable.

◆정신_ 精神 명 maladie *f* mentale.

◆중_ 重- 명 maladie *f* grave.

병가 病暇 명 congé *m* de maladie [convalescence]. ¶ ~를 얻다[내다] obtenir un congé maladie. ¶ 그 사람은 지금 ~ 중이다 Cette personne est en congé maladie.

병가상사 兵家常事 명 Quoi de plus banal / Ce n'est pas la peine de se décourager à cause de l'échec.

*한 번 실수는 ~이다 L'erreur est humaine / Il est de la nature dans l'homme de se tromper.

병고 病苦 명 douleur *f* [souffrance *f*] causée par une maladie. ¶ ~를 치르다 souffrir d'une maladie.

병골 病骨 명 ☞ 약골

병구완 病- 명 soins *mpl* auprès d'un malade. ¶ 암에 걸린 아버지를 극진히 ~ 하다 entourer *son* père cancéreux [atteint du cancer] de tous les soins.

병권 兵權 명 commandement *m* de l'armée, pouvoir *m* militaire. ¶~을 장악하다[쥐다] détenir le commandement de l'armée, détenir le pouvoir militaire.

병균 病菌 명 germe *m* infectieux; microbe *m* pathogène; virus *m*; bacille *m*. ¶~이 옮다 contracter un virus.

병근 病根 명 cause *f* [origine *f*] d'une maladie [d'un mal]; agent *m* pathogène. ¶~을 뿌리 뽑다 supprimer la cause d'un mal; soigner une maladie en s'attaquant à sa cause.

병기[1] 兵器 명 armes *fpl*; matériel *m* de guerre. ¶ 핵 ~ arme nucléaire. ¶ 비밀 ~ arme secrète.

◆_고 -庫 명 magasin *m* d'armes, entrepôt *m* d'armes.

◆_창 -廠 명 arsenal *m*.

병기[2] 倂記 명 action d'écrire deux choses ensemble [à la fois]. ◇_(를) 하다 écrire deux choses ensemble, écrire deux choses à la fois. ¶ 한자를 한글과 ~하다 joindre des sinogrammes à la transcription en alphabet coréen, écrire *son* nom à la fois en alphabet coréen et en caractères chinois. ¶ 한글 이름 옆에 한자를 ~하다 joindre des sinogrammes [caractères chinois] au nom écrit en alphabet coréen. ¶ 도로 표지판에 한글 표기와 영문 표기를 ~하다 écrire à la fois, sur les panneaux d'affichage, la transcription en alphabet coréen et en caractère romain des indications routières. ◇_(가) 되다 être écrit(*e*) ensemble [à la suite]; être joint(*e*). ¶ 괄호 안에 ~된 숫자를 참조하시오 Se référer aux chiffres entre parenthèses. ¶ 계약서에 보증인의 이름도 ~되어야 한다 Le nom du garant doit également figurer sur le contrat.

병동 病棟 명 pavillon *m* d'un hôpital. ¶ 격리 ~ un pavillon isolé ((des contagieux)), un pavillon des quarantaines. ¶ 소아 ~ pavillon du service pédiatrique. ¶ 암 ~ pavillon du service de cancérologie. ¶ 정신 ~ pavillon du service psychiatrique. ¶ 제 2 ~ pavillon numéro deux.

병란[1] 丙亂 명 【역사】 ☞ 병자호란

병란[2] 兵亂 명 guerre *f* civile. ¶ ~을 겪다 connaître [vivre] une guerre civile. ¶ 잦은 ~으로 폐허가 된 국토 un territoire ruiné à cause de fréquentes guerres civiles.

병력[1] 兵力 명 ① force *f* militaire ((d'un pays)); les forces *fpl* armées ((françaises)); puissance *f* militaire. ② les effectifs *mpl* (de l'armée ((française))). ¶ ~ 오만 명을 파견하다 envoyer (un renfort de) cinquante mille hommes.

병력[2] 病歷 명 antécédents *mpl* (d'un malade). ¶ 환자의 ~을 조사하다 faire une enquête sur les antécédents (pathologiques) d'un(*e*) malade.

병렬 竝列 명 ① juxtaposition *f*, accolement *m* {*litt*}. ② 【전기】 ((piles en)) parallèle *f*, dérivation *f*. ¶ ~연결[접속] montage en parallèle [en dérivation]. ¶ 전지를 ~로 연결하다 monter [mettre] des piles en parallèle [en dérivation]. ◇_(을) 하다[시키다] ① juxtaposer; accoler; poser [mettre] ((plusieurs choses)) l'une à côté de l'autre [les unes à côté des autres]. ¶ 자료들을 항목별로 ~하다 poser des *documents les uns* à côté des autres en les classant par rubrique. ② monter ((des piles)) en parallèle [dérivation]. ◇_(이) 되다 être juxtaposé(*e*), accolé(*e*); être posé(*e*)s les un(*e*)s à côté des autres. ¶ 독립적인 사건들이 ~된 소설 구조 structure d'un roman où sont juxtaposés des faits [événements] indépendants les uns des autres.

◆_적 -的 명 juxtaposé(*e*), accolé(*e*). ¶ ~적인 구조 structure où sont juxtaposés des événements indépendants les uns des autres.

◆_식 -式 명 style *m* où sont juxtaposés des événements. ¶ ~식 서술 방식 un procédé de narration où sont relatés des événements juxtaposés.

◆_처리 -處理 명 【컴퓨】 traitements *mpl* simultanés sur de multiples données; calculs *mpl* parallèles; (ordinateur *m*) parallèle; multitraitement *m*.

◆_회로 -回路 명 【전기】 circuit *m* en parallèle [en dérivation].

병리 病理 명 pathologie *f*. ¶ ~ 현상 un phénomène pathologique.

◆_학 -學 명 pathologie *f*.

◆_학자 -學者 명 pathologiste *mf*.

병립 竝立 명 compatibilité *f*; coexistence *f*. ◇_(을) **하다** être compatible [conciliable] avec *qc*; s'accorder [se concilier] avec *qc*; coexister avec *qc*. ¶ 정신분석학계에는 여러 학파가 ~하고 있다 En psychanalyse, il existe [il y a] plusieurs écoles. ◇_(이) **되다** être compatible avec *qc*; se concilier avec *qc*.

병마[1] 兵馬 명 hommes *mpl* et chevaux *mpl*; troupe *f*; force *f* armée; armée *f*; affaires *fpl* militaires; guerre *f*.

◆_총 -塚 명 armée *f* de terre cuite de Qin Shi Huangdi ((7 000 guerriers (qui veillent sur le tombeau du premier empereur de Chine, Qin Shi-Huangdi), chars de guerre, cavaliers et leur monture)).

병마[2] 病魔 명 maladie *f*. ¶ ~에 시달리다 souffrir d'une maladie. ¶ 그 사람은 오랜 시간 ~와 싸워 왔다 Il s'est longtemps battu avec [contre] la maladie.

병명 病名 명 nom *m* d'une maladie. ¶ ~을 알 수 없는 병 une maladie inconnue.

병목 瓶- 명 goulot *m* (de bouteille). ¶ ~ 현상 goulet [goulot] d'étranglement; embouteillage [bouchon {*fam*}] dû à [consécutif à] un rétrécissement de la chaussée.

병무 兵務 명 affaires *fpl* militaires. ¶ ~ 상담 entretien d'un futur conscrit avec l'officier recruteur.

◆_청 -廳 명 service *m* [bureau(*x*) *m*] de recrutement.

병법 兵法 명 art *m* militaire [de la guerre]; stratégie *f*; tactique *f*. ¶ ~에 통달한 사람 un expert en art militaire; un stratège.

◆_가 -家 명 stratège *m*; tacticien *m*.

◆_서 -書 명 livre *m* d'art militaire [de stratégie].

병사[1] 兵士 명 soldat *m*; combattant *m*.

병사[2] 兵舍 명 caserne *f*; baraque *f*; baraquement *m*.

병사[3] 病死 명 mort *f* [décès *m*] par suite d'une maladie. ◇_(를) **하다** mourir de maladie; mourir des suites d'une maladie. ¶ 그는 젊은 나이에 ~했다 Il est mort jeune des suites d'une maladie.

병살 併殺 명 【운동】 double jeu *m* ((au baseball)); double retrait *m* ((au baseball)). ◇_(을) **하다** frapper une balle entraînant un double jeu. ◇_(을) **당하다** être victime d'un double jeu.

◆_타 -打 명 【운동】 balle *f* frappée entraînant un double jeu. ¶ ~타를 치다 frapper une balle entraînant un double jeu.

병상[1] 病床 명 lit *m* de malade. ¶ 아버님은 ~에 계십니다 Mon (beau-)père est au lit [garde le lit, garde la chambre, est cloué au lit, est alité].

병상[2] 病狀 명 état *m* d'une maladie [d'un(*e*) malade].

병색 病色 명 ((avoir l'))air *m* malade [souffrant, maladif, souffreteux, malingre]; teint *m* pâle [blême, blafard, livide, hâve]. ¶ ~이 완연하다 avoir clairement l'air malade; avoir une figure [une mine] de papier mâché (d'une pâleur maladive). ¶ 얼굴에 ~이 돌다[있다] avoir l'air malade [souffrant, maladif, souffreteux, malingre]; paraître malade; avoir une figure [une mine] de papier mâché (d'une pâleur maladive); avoir le teint pâle [blême, blafard, livide, hâve]; avoir le visage blême.

병서[1] 兵書 명 【역사】 livre *m* (traitant) de stratégie [d'art militaire]. ¶ ~를 읽다 lire un livre de stratégie militaire.

병서[2] 竝書 명 【언어】 écriture *f* de deux consonnes accolées ((en langue coréenne)). ◇_(를) **하다** écrire deux consonnes accolées.

병석 病席 명 lit *m* de malade. ¶ 우리 선생님은 아직 ~에 (누워) 계신다 Notre professeur est encore au lit [garde encore le lit, garde encore la chambre, est encore alité, est encore cloué au lit]. ¶ 하루 빨리 ~에서 일어나시기를 바랍니다 J'espère que vous vous rétablirez le plus vite possible [dans les meilleurs délais].

병선 兵船 명 navire *m* de guerre.

병설 併設 명 institution *f* [bâtiment *m*, établissement *m*] annexe; annexe *f*. ¶ ~ 유치원 jardin d'enfants rattaché à [dépendant d']une école. ◇_(을) **하다** construire une annexe près du bâtiment principal; créer un établissement rattaché à un établissement principal. ¶ 대학에 초등학교를 ~하다 créer une école primaire rattachée à une université. ◇_(이) **되다** devenir une institution annexe [une annexe].

병세 病勢 명 état *m* [processus *m*] d'une maladie. ¶ ~가 악화되었다[호전되었다] L'état de sa maladie a empiré / L'état de sa maladie s'est aggravé [amélioré].

병술 瓶- 명 vin *m* en bouteille. ¶ ~을 마시다 boire du vin en bouteille.

병신 病身 명 ① estropié(*e*); mutilé(*e*); infirme *mf*; impotent(*e*); personne *f* difforme; corps *m* malade. ¶ ~이 되다 devenir infirme [estropié(*e*)] ((à la suite d'un accident)); s'estropier; se faire estropier. ¶ 교통사고를 당해 다리 ~이 되다 devenir infirme des jambes, perdre l'usage de ses jambes] à la suite d'un accident de la route. ¶ 사람을 아주 ~을 만들어 놓았군 Cela l'a vraiment rendu infirme. ② 【속어】 idiot(*e*); imbécile *mf*; sot(*te*); abruti(*e*); lourdaud(*e*); {*fam*} crétin(*e*) (des Alpes), personne débile {*fam.*}; demeuré(*e*); bêta(*sse*); {*fam*} cruche *f*, gourde *f*, patate {*fam*} *f*, andouille *f*; con(*ne*), couillon(*ne*) {*vulg*}. ¶ ~ 같은 짓 좀 작작 해라 Assez de sottises / Les conneries {*vulg*}, ça suffit maintenant / Arrête tes bêtises [âneries, conneries {*vulg*}], tu veux (bien)! / Il y en a marre {*fam*} de tes bêtises [conneries {*vulg*}] / J'en ai assez [marre {*fam*}] de tes bêtises [tes sottises, tes conneries {*vulg*}] / Arrête de faire le couillon! {*vulg*}. ¶ 이런 ~! Quel(*le*) crétin(*e*) [con(*ne*), couillon(*ne*), nouille]! / Espèce d'idiot(*e*)! / Imbécile! / Espèce de demeuré(*e*)! / Quelle andouille [cruche], ce type! / Crétin des Alpes! / Quel(*le*) pauvre couillon(*ne*)! / Il est vraiment crétin! / Espèce d'abruti! / Gros(*se*) bêta(*sse*)! / Ce qu'il [elle] peut être nouille!

*~(이) **육갑한다** Tu as encore fait le couillon! {*fam*} / Tu as encore fait une couillonnade [des conneries] {*fam*}.

*~ **자식이 효도한다** Un enfant moins doué s'occupera vraisemblablement mieux de ses parents plus tard.

병실 病室 명 chambre *f* de malade; salle *f* des malades; salle *f* d'hôpital; infirmerie *f*.

병아리 명 ① poussin *m*; poulet *m*. ¶ ~ 감별사 triage de [trieu*r*(*se*) de] poussins (pour distinguer les mâles des femelles). ¶ 약 ~ un poulet utilisé comme fortifiant [comme reconstituant] dans la médecine chinoise. ② ((비유적)) personne *f* sans expérience [inexpérimentée]; débutant(*e*); novice *mf*; bleu *m*; bizut *m*; nouv*eau*(*el, elle, eaux*). ¶ ~ 기자 un(*e*) journaliste débutant(*e*). ¶ ~ 교사 un(*e*) enseignant(*e*) débutant(*e*) [inexpérimenté(*e*)].

◆**햇_** nouv*eau*(*elle, eaux*); bleu *m*; bizut [bizuth] *m*; nouvel(*le*) employé(*e*); débutant(*e*) compl*et*(*ète*). ¶ 햇~ 신입생들 les bleus; les bizuts; les nouveaux.

병약 病弱 어근 maladi*f*(*ve*), débile, chéti*f*(*ve*), malingre, frêle, rachitique, maigrichon(*ne*), maigrelet(*te*), (d'une santé) fragile, de faible constitution.

◆**_하다** 형 être maladi*f*(*ve*), débile, chéti*f*(*ve*), malingre, frêle, rachitique, maigrichon(*ne*), maigrelet(*te*), (d'une santé) fragile, de faible constitution; être cacochyme; être valétudinaire {*litt*}. ¶ ~한 소년 un garçon chétif [fragile, malingre, frêle, débile]; un gringalet; une mauviette. ¶ ~한 몸 un corps chétif [débile]; un corps fragile [de faible constitution]. ¶ ~해 보이는 사람 personne d'apparence chétive [fragile].

◆**_자** -者 명 personne *f* maladive [chétive, d'une santé fragile, de faible constitution].

병어 -魚 명 【동물】 *Pampus argenteus* {*nsc*}.

병역 兵役 명 service *m* (militaire); service *m* national. ¶ ~(의) 의무 obligation du service militaire [national]; service militaire obligatoire; service national (obligatoire). ¶ ~ 거부 refus de faire *son* service (militaire). ¶ ~ 기피자 réfractaire; conscrit réfractaire. ¶ ~ 면제 exemption du service militaire. ¶ ~ 제도 système de conscription. ¶ 양심적 ~ 거부자 objecteur de conscience. ¶ ~을 면제받다 être exempté [exempt] du service militaire; être réformé. ¶ ~을 마치다[필하다] finir [terminer] *son* service (militaire), terminer *son* temps de service. ¶ ~을 기피하다 refuser de faire *son* service militaire; refuser d'aller à l'armée; être objecteur de conscience.

◆**_법** -法 명 【법률】 loi *f* du service militaire [national].

◆**_특례** -特例 명 【법률】 ① athlète de haut niveau médaillé (aux Jeux olympiques ou aux Asiades) ou lauréat d'un concours international de musique ne faisant que quatre semaines de service militaire au lieu des deux années obligatoires. ② formes civiles du service national d'une durée de cinq ans ((service civil en entreprise ou technique (chercheurs, ingénieurs, etc.) où il est nécessaire de posséder un diplôme d'enseignement supérieur)).

병영 兵營 명 caserne *f*; quartier *m*; cantonnement *m*. ¶ ~ 생활을 하다 loger à la caserne [au quartier]; être caserné.

병용 倂用 명 emploi *m* [usage *m*] simultané ((de deux choses)); double usage *m* [emploi *m*] ((d'une même chose)). ¶ 한글과 한자의 ~ usage simultané des caractères coréens et chinois. ◇**_(을) 하다** utiliser à la fois ((A et B)); se servir à la fois ((de A et de B)); employer ((deux remèdes)) en même temps; employer *qc* pour un double usage. ¶ 한글을 한자와[한글과 한자를] ~하다 utiliser à la fois les caractères coréens et les caractères chinois. ¶ 여러 가지 치료법을 ~하다 employer plusieurs thérapies en même temps. ◇**_(이) 되다** être utilisé(*e*) à la fois; être employé(*e*) pour un double usage. ¶ 예전에는 상거래에 화폐와 현물이 ~되었다 Autrefois, on payait avec de l'argent ou en nature / Autrefois, pour les transactions commerciales, on employait soit l'argent soit le système du troc.

병원[1] 病院 명 hôpit*al*(*aux*) *m*; clinique *f*. ¶ 정신~ un centre de santé mentale; un hôpital [un asile] psychiatrique, un asile; ((Alzheimer)) un centre neuropsychiatrique; un centre de désintoxication (pour les conduites addictives). ¶ 의사의 진찰을 받으러 ~에 가다 aller à l'hôpital [dans une clinique] consulter un médecin. ¶ ~에 다니다 fréquenter l'hôpital; se rendre régulièrement à l'hôpital. ¶ ~에 입원하다 entrer à l'hôpital, être hospitalisé(*e*). ¶ ~에 입원시키다 admettre *qn* à l'hôpital, (faire) hospitaliser *qn*

◆**_비** -費 명 tarif *m* d'une consultation; honoraires *mpl* médicaux; frais *mpl* d'hôpital; frais *mpl* d'hospitalisation.

◆**_장** -長 명 direc*teur*(*trice*) d'un hôpital.

◆**대학_** (大學)- 명 C.H.U. ((centre hospitalier universitaire)).

◆**종합_** 綜合- 명 polyclinique *f*, hôpit*al*(*aux*) *m* général, centre *m* hospitalier.

ㅂ

병원² **病原** 명 cause *f* [origine *f*] d'une maladie; agent *m* pathogène.

◆_**균** -菌 명 bactérie *f* [microbe *m*] pathogène; germes *mpl* infectieux [pathogènes, microbiens]. ¶ ~균을 보유하다 avoir un organisme qui contient des germes pathogènes; être porteu*r*(*se*) d'une maladie [de microbes, de bacilles].

◆_**체** -體 명 agent *m* pathogène; micro(-)organisme(~-~*s*) *m* pathogène.

◆_**학** -學 명 【의학】 étiologie *f*.

병인 **病因** 명 cause *f* [origine *f*] d'une maladie. ¶ ~을 밝혀내다 trouver la cause d'une maladie. ¶ ~을 알 수 없는 병 une maladie dont la cause est inconnue; une maladie non identifiée.

병인양요 **丙寅洋擾** 명 【역사】 Byeonginyangyo ⦅conflit armé de 1866 lors du débarquement de la Marine française sur l'île de Ganghwa à la suite du massacre des missionnaires français et des catholiques coréens par le gouvernement de Séoul⦆.

병자 **病者** 명 malade *mf*; patient(*e*). ¶ ~를 돌보다 s'occuper d'un malade [d'un(*e*) patient(*e*)].

ㅂ

병자호란 **丙子胡亂** 명 Byeongjahoran ⦅invasion des Mandchous en Corée en 1636⦆.

병작 **竝作** 명 【농업】 métayage *m* (où l'on partage moitié-moitié avec le propriétaire). ◇_(**을**) **하다** avoir une terre en métayage et partager les fruits et les récoltes avec le propriétaire.

병장 **兵仗** 명 ⦅육군⦆ capor*al*(*ale*, *aux*)-chef(s) *m*, cabot *m* {*fam*}; ⦅해군⦆ quartier-maître(~*s*-~*s*) *m*. ¶ ~ 제대 libération des obligations militaires avec le grade de caporal. ¶ ~으로 진급하다 passer caporal-chef [quartier-maître].

병적 **兵籍** 명 matricule *f* militaire. ¶ ~에 넣다 enrôler *qn*. ¶ ~에 들다 entrer dans l'armée; s'enrôler dans l'armée. ¶ ~에 있다 être soldat; être sous les drapeaux.

병정 **兵丁** 명 soldat *m*; simple soldat *m*; homme *m* de troupe, troufion *m* {*fam*}, bidasse *m* {*fam*}.

◆_**개미** 명 【동물】 soldat *m* ⦅dans une colonie de fourmis⦆.

◆_**놀이** 명 jeu *m* de la guerre. ¶ ~놀이를 하다 jouer à la guerre.

병제 **兵制** 명 【군사】 organisation *f* militaire (d'un pays); organisation *m* de l'armée. ¶ ~ 개혁 une réforme militaire.

병조 **兵曹** 명 【역사】 ministère *m* de l'Armée.

병존 **並存** 명 coexistence *f*. ¶ 보수와 진보의 ~ coexistence du conservatisme et du progrès. ◇_(**을**) **하다** coexister. ¶ 세상에는 선과 악이 ~한다 Le bien et le mal coexistent sur terre. ¶ 그 지방에는 다양한 문화가 ~하고 있다 Dans cette région, coexistent des cultures diverses.

병졸 **兵卒** 명 (simple) soldat *m*, homme *m* de troupe, troufion *m* {*fam*}, bidasse *m* {*fam*}, griveton *m* {*pop*}.

병진 **竝進** 명 marche *f* de front. ¶ 농공 ~ 정책 politique de développement simultané de l'agriculture et de l'industrie.

병참 **兵站** 명 【군사】 service *m* du matériel [des dépôts] militaires; ravitaillement *m*; intendance *f*. ¶ ~ 기지 base [centre] de ravitaillement [d'approvisionnement, logistique]. ¶ ~ 지대 zone de ravitaillement.

◆_**감** -監 명 【군사】 chef *m* de l'intendance d'une armée; officier *m* supérieur chargé du service de ravitaillement; intendant *m* général d'armée.

◆_**로** -路 명 【군사】 voie *f* de ravitaillement.

◆_**선** -線 명 【군사】 ligne *f* de communication (entre l'arrière et le front).

병충해 **病蟲害** 명 ravages *mpl* causés par les insectes et les maladies parasitaires (dans l'agriculture). ¶ ~를 입다 subir les ravages causés par les insectes et les affections parasitaires ⦅affections fongiques notamment⦆. ¶ ~를 예방하다 prendre des précautions [des mesures préventives] pour protéger les plantes des ravages causés par les insectes et des affections parasitaires.

병치 **倂置** 명 juxtaposition *f*; accolement *m* {*litt*}. ◇_(**를**) **하다**[**시키다**] juxtaposer; accoler; poser [mettre] plusieurs choses les unes à côté des autres. ¶ 하나의 장면에 과거와 미래를 ~하다 juxtaposer le passé et le futur dans une scène. ¶ 여러 요소들을 조화롭게 ~시키다 juxtaposer plusieurs éléments avec harmonie [harmonieusement]. ◇_(**가**) **되다** être juxtaposé(*e*), être posé(*e*) les uns à côté des autres [côte à côte]; coexister; se concilier; être concilié(*e*). ¶ 사실과 허구가[사실이 허구와] ~되어 있는 구조 une structure où coexistent [où sont conciliées] la réalité et la fiction.

병탄 **倂呑** 명 absorption *f*; annexion *f* (de force). ¶ 일본의 조선 ~ l'annexion de la Corée par le Japon. ◇_(**을**) **하다** absorber, annexer, dévorer; prendre possession de *qc*. ¶ 무력으로 약소국을 ~하다 annexer un petit pays par la force. ◇_(**이**) **되다** être absorbé(*e*), annexé(*e*), dévoré(*e*) {*fam.*}. ¶ 조선은 1910년에 일본에 (의해) ~되었다 La Corée a été annexée par le Japon en 1910.

◆_**합병** -合倂 명 【경제】 annexion *f*.

병태 **病態** 명 stade *m* d'une maladie; évolution *f* de la maladie; état *m* d'un malade. ¶ ~를 살피다 apprécier le stade [le degré de gravité, l'évolution] de la maladie. ¶ ~가 호전되었다 L'état du(de la) malade s'est amélioré / Le(*La*) malade est en bonne voie de guérison / Le(*La*) malade va mieux / La sévérité de la maladie diminue.

병폐 **病弊** 명 m*al*(*aux*) *m*; défaut *m*; vice *m*; abus *m*. ¶ 사교육의 ~를 뿌리뽑다[없애다] extirper les [éliminer les, se débarrasser complètement des] abus de l'enseignement privé.

병풍 **屛風** 명 paravent *m*. ¶ 여덟 폭 ~ un paravent composé de huit panneaux. ¶ ~을 치다 mettre un paravent. ¶ ~을 친 듯한 절벽 une falaise à pic [escarpée, abrupte].

병합 倂合 명 annexion *f*; incorporation *f*; fusion *f*; fusionnement *m*; union *f*; réunion *f*. ¶ 기업 간의 ~ fusion de sociétés [d'entreprises]; absorption ((d'une entreprise par une multinationale)). ◇_(을) **하다** annexer; incorporer; absorber; fusionner; phagocyter; s'unir à, s'incorporer à, fusionner avec; unir [incorporer, annexer, fusionner] *qc* à *qc*; fusionner *qc* avec *qc*; annexer *qc* à *qc*. ¶ 그 두 회사는 곧 ~할 예정이다 Il est prévu très prochainement que ces deux entreprises fusionnent. ¶ 미국은 하와이를 ~하였다 Les États-Unis ont annexé Hawaï. ◇_(이) **되다** être annexé(*e*), incorporé(*e*), absorbé(*e*), dévoré(*e*). ¶ 그 연구소는 좀 더 큰 연구소에 ~되었다 Ce centre de recherche a été absorbé par un autre un peu plus grand. ¶ 이 회사는 증권회사와 보험회사가 ~된 성격을 갖고 있다 Cette entreprise a le double caractère d'une société de change [placement] et d'une société d'assurance.

병행 竝行 명 marche *f* de front; cumul *m*. ¶ ~ 처리 cumul de deux [plusieurs] traitements. ¶ 식이요법과 약물 치료의 ~ cumul du traitement diététique et du traitement médicamenteux. ◇_(을) **하다** aller de pair avec *qc*; faire deux choses en même temps [parallèlement]; mener deux affaires de front. ¶ 학업과 직장 생활을 ~하다 étudier [faire des études] et en même temps travailler; travailler et parallèlement faire des études; mener de front travail et études. ¶ 도시화 현상은 산업화와 ~해서 나타난다 L'urbanisation va de pair avec l'industrialisation. ◇_(이) **되다** se faire parallèlement [simultanément], être mené(*e*) de front. ¶ 이론 작업은 실천과 ~되어야 한다 La théorie doit aller de pair avec la pratique. ¶ 두 가지 연구가 ~되고 있다 Deux études sont faites parallèlement. ◇_(을) **시키다** mener [faire marcher] de front; mener deux affaires de front. ¶ 서너 가지 일을 ~시켜 추진하다 mener [faire marcher] de front plusieurs affaires.

병화¹ 兵火 명 guerre *f*.

병화² 兵禍 명 dommages *mpl* (de guerre); dommages [ravages *mpl*] causés (à une nation) par une guerre, destructions *fpl* liées à la guerre. ¶ ~를 입다 subir les dommages causés par une guerre; être ravagé(*e*) [dévasté(*e*), détruit(*e*)] par la guerre.

병환 病患 명 maladie *f* (d'un supérieur). ¶ 오래전부터 ~ 중에 있다 être malade depuis longtemps. ¶ ~이 위중하다 être gravement malade.

볕 명 soleil *m*; rayons *mpl* de soleil [solaires]. ¶ ~을 쬐다 se mettre [s'exposer] au soleil; prendre un bain de soleil; {*fam*} faire bronzette. ¶ 이불을 ~에 말리다 faire sécher une couverture au soleil. ¶ ~에 그을리다 bronzer au soleil; brunir au soleil. ¶ ~이 잘 드는 방 chambre ensoleillée. ¶ 오랜 장마 끝에 ~이 났다 Il a fait soleil [Il y a eu un temps ensoleillé] après une longue saison de pluies.

볕살 명 rayons *mpl* de soleil.

보¹ 步 분류 ((classificateur servant à compter les pas)) pas *m*. ¶ 삼 ~ 앞으로! Trois pas en avant! ***오십 ~ 백 ~** C'est presque pareil [la même chose] / C'est du pareil au même / C'est kif-kif [kifkif] (bourricot) {fam}/ Cela se vaut / Ces deux choses se valent / C'est bonnet blanc et blanc bonnet. ***일 ~ 일 ~** pas à pas; par échelons, petit à petit, graduellement.

보² 洑 명 bassin *m* de retenue; retenue *f* d'eau; digue *f* (de retenue d'eau); barrage *m* (de retenue). ¶ ~를 막다 endiguer; construire un barrage [réservoir]. ¶ ~를 트다 ouvrir un barrage. ¶ ~가 터졌다 La digue s'est brisée [s'est rompue].
◆_ㅅ물 명 eau(*x*) *f* d'un réservoir.
***~ㅅ물 터지듯** comme s'il en pleuvait [en grande quantité, en grand nombre, en abondance, beaucoup]; ((arriver, affluer)) de toutes parts [de tous les côtés]. ¶ 온갖 요청이 ~ㅅ물 터지듯 쏟아졌다 Toutes sortes de demandes affluèrent de toutes parts.

보³ 褓 명 ① carré *m* de tissu [d'étoffe] servant à envelopper et à transporter des objets [paquets]; tapis *m* de table, nappe *f*. ② ((놀이)) la feuille *f* de papier dans le jeu des ciseaux, de la pierre et de la feuille de papier qui permet de se départager. ¶ 가위 바위 ~ le jeu de «ciseaux-pierre-carré de tissu» (qui permet de se départager) <façon coréenne de tirer au sort [de jouer à pile ou face] à deux ou à plusieurs en présentant simultanément la main dans l'une des trois positions symbolisant les ciseaux, la pierre ou le carré de tissu; jeu des ciseaux, de la pierre et du carré de tissus, qui permet de se départager); jeu de la pierre dans le puits>. ¶ ~를 내다 présenter la main dans la position symbolisant la feuille de papier au jeu de «ciseaux-pierre-carré de tissu».

-보⁴ 접미 ① personne *f* qui fait quelque chose avec excès ou qui en jouit [prend plaisir à le faire]. ¶ 먹~ un(*e*) gros(*se*) mangeu*r*(*se*), un gargantua, un(*e*) glouton(*ne*), un goulu, un(*e*) vorace, un goinfre, un(*e*) bâfreu*r*(*se*) {*fam*}, un(*e*) morfal(*e*) {*fam*}; ((지방어)) un(*e*) goulafre; ((지방어)) un(*e*) gueulard(*e*). ¶ 울~ un pleurniche*ur*(*se*); ((gamin(*e*))) un(*e*) pleurard(*e*); ((gosse)) un(*e*) chialeu*r*(*se*) {*fam*}. ¶ 잠~ un(*e*) grand(*e*) dormeur(*se*). ¶ 털~ une personne très poilue, une personne poilue comme un singe. ② fait de se retenir très longtemps ((pour ne pas pleurer)). ¶ 웃음~를 터뜨리다[가 터지다] éclater de rire. ¶ 울음~를 터뜨리다[가 터지다] fondre en larmes.

보강¹ 補强 명 renforcement *m* ((d'une garnison)); renfort *m*; consolidation *f* ((d'un pont)); étayage [étaiement] *m* ((d'un mur)). ¶ 체력 ~ fortification du corps. ¶ 시설 ~ perfectionnement des équipements [des installations, du matériel]. ¶ 교수진의 ~ augmentation des effectifs du personnel enseignant d'une université. ◇_(을) **하다** renforcer ((une armée)), consolider ((des fondations)), affermir ((la santé de *qn*)); rendre plus fort *qc*; fortifier; grossir [gonfler] le nombre ((des mécontents)); étayer ((un mur)). ¶ 전력을 ~하다 renforcer la force [la puissance] militaire; augmenter les effectifs et les armements; ¶ 규정을 ~하다 renforcer le règlement. ¶ 신규 채용으로 인력을 ~하다 augmenter [grossir] les effectifs d'une entreprise en engageant de nouvelles recrues. ¶ 훈련을 통해 팀의 취약점을 ~하다 corriger les points faibles d'une équipe en l'entraînant. ◇_(이) **되다** se renforcer, se consolider; se raffermir; être renforcé(*e*); s'amplifier, prendre de l'ampleur; s'enfler. ¶ 그 팀은 수비[수비력]가 ~되었다 La défense de cette équipe a été renforcée. ¶ 그 극단은 단원이 ~되어야 한다 De nouveaux membres doivent venir renforcer l'effectif de cette troupe théâtrale.

◆_재 -材 명 renfort *m*; lien *m*.

◆_증거 -證據 명 【법률】 preuves *fpl* à l'appui; pièces *fpl* [documents *mpl*] à l'appui.

보강² 補講 명 cours *m* [leçon *f*] de rattrapage [supplémentaire]; cours *m* de soutien. ¶ ~ 계획서 calendrier [planning, planification] des cours de rattrapage. ¶ 결근한 선생님을 대신해 ~을 들어가다 donner un cours de rattrapage à cause de l'absence du professeur (titulaire du cours). ◇_(을) **하다** rattraper des cours; faire des cours de rattrapage; faire des cours de soutien, faire des cours supplémentaires. ¶ 지난주에 빠진 수학 수업을 ~하다 rattraper les cours de mathématiques qui n'ont pas eu lieu la semaine dernière.

보건 保健 명 (conservation *f* de la) santé *f*, hygiène *f*; santé *f* publique; salubrité *f* publique. ¶ ~ 위생 l'hygiène; la santé publique. ¶ ~ 교육 leçon d'hygiène et d'éducation physique. ¶ ~ 체조 gymnastique (pratiquée pour le maintien de la santé).

◆_소 -所 명 service *m* de santé publique; organisme *m* chargé des questions d'hygiène; ((퀘벡)) CLSC *m*.

◆_복지부 -福祉部 명 【법률】 Ministère *m* de la santé et de la Prospérité.

보결 補缺 명 suppléance *f*; remplacement *m*; suppléant(*e*); remplaçant(*e*). ¶ ~ 모집 un recrutement complémentaire. ¶ ~ 시험 un examen complémentaire. ¶ ~ 입학 une admission en remplacement des défections. ¶ 학교를 ~로 들어가다 être admis(*e*) en remplacement des défections.

◆_생 -生 명 élève *mf* admis(*e*) en remplacement des défections.

보고¹ 報告 명 rapport *m*; compte rendu *m*; exposé *m*; information *f*. ¶ 경과[상황] ~ compte rendu d'une situation. ¶ 국회의원의 의정 활동 ~ rapport sur les activités protocolaires des députés. ¶ 사건에 대한 ~가 상부로 올라갔다 Un rapport sur cette affaire a été remis [est arrivé] aux autorités supérieures. ◇_(를) **하다** faire un rapport sur *qc*; rapporter *qc* à *qn* [à *qn* que+*ind*]; rendre compte de *qc*; informer *qn* de *qc* [*qn* que+*ind*]; relater ((un événement)); faire savoir *qc* à *qn*. ¶ 적의 동태를 상부에 ~하다 faire un rapport aux autorités supérieures sur les mouvements de l'ennemi. ¶ 연구 결과를 학계에 ~하다 faire un rapport sur les résultats d'un travail de recherche [de *ses* recherches] (au monde des sciences). ¶ 그 연구는 흡연 여성이 증가하고 있다고 ~했다 Cette étude a montré que les femmes fumaient de plus en plus. ¶ 그 문제는 다시 자세히 ~하겠습니다 Je vous ferai de nouveau un rapport détaillé sur la question. ◇_(가) **되다** être rapporté(*e*), relaté(*e*). ¶ 지금까지 ~된 바에 따르면 Si l'on en croit les informations recueillies jusqu'à ce jour. ¶ 사건은 즉각 그에게 ~되었다 L'affaire lui a été rapportée immédiatement. ◇_(를) **받다** recevoir un rapport [compte rendu] sur *qc*; se faire informer [rendre compte] de *qc* (par *qn*). ¶ 나는 그 일에 대해서 ~받은 것이 없다 Je n'ai pas reçu de rapport sur cette affaire.

◆_서 -書 명 rapport *m*; compte rendu *m*; bilan *m*. ¶ 연구[조사] ~서 le compte rendu d'une étude [d'une enquête]; rapport [exposé] sur un travail de recherche. ¶ ~서를 작성하다 dresser [rédiger] un rapport. ¶ 판매 현황을 조사하여 ~서로 제출하다 rédiger un rapport après avoir fait une enquête sur la situation actuelle des ventes.

보고² 寶庫 명 trésor *m*. ¶ 아마존강 유역은 천연자원의 ~이다 La zone du fleuve Amazone est une réserve inépuisable de ressources naturelles.

-보고³ 조 【구어】 ((particule de complément d'objet indirect ou de cas datif)) à, envers, à l'égard de, à l'intention de, à l'adresse de, à l'endroit de, vis-à-vis de. ¶누가 너~ 그 일을 하라고 했냐 Qui t'a dit de faire ça?! ¶그 사람이 왜 우리 아저씨~ 그런 말을 해? Pourquoi cette personne dit ce genre de choses à l'endroit de mon oncle? ¶그 사람~ 시간 날 때 우리 사무실에 좀 들르라고 해요. Dites-lui (à cette personne) de passer à notre bureau quand il a le temps.

보관 保管 명 garde *f*; dépôt *m*; conservation *f*; entretien *m*; magasinage *m*. ¶ ~에 주의하다 faire [prêter] attention à la garde d'un objet. ¶ 이 물건은 ~이 편리하다 Cette marchandise se conserve [garde] bien [est facile à conserver]. ◇_(을) **하다** garder, conserver; entretenir; ((역)) consigner; ((창고)) mettre en magasin, emmagasiner, entreposer des marchandises; stocker des marchandises en magasin; mettre en stock; faire une réserve de *qc*; engranger ((des richesses)), entreposer ((des marchandises)). ¶ 돈을 금고에 ~하다 mettre de l'argent dans un coffre-fort. ¶ 식품을 냉장고에 ~하다 conserver [mettre] des produits alimentaires dans un réfrigérateur; garder des produits alimentaires au réfrigérateur. ◇_(이) **되다** être conservé(*e*), gardé(*e*); être consigné(*e*), confié(*e*), déposé(*e*), laissé(*e*) en garde; être entreposé(*e*), stocké(*e*); être mis(*e*) en magasin [en stock], emmagasiné(*e*); se garder, se conserver, être mis(*e*) en dépôt [en lieu sûr]. ¶ 기밀 서류가 ~된 금고 un coffre-fort où sont conservés des documents secrets. ¶ 그 그림은 박물관에 ~되어 있다 Cette toile est conservée dans un musée. ◇_(을) **시키다** confier *qc* à la garde de *qn*; remettre *qc* entre les mains de *qn*; déposer *qc* en garde chez *qn*; déposer des marchandises ((à l'entrepôt, en consignation)); mettre [laisser] *qc* en dépôt; mettre *qc* en lieu sûr; entreposer; laisser en garde *qc*; mettre ((des bijoux, des titres)) en garde dans une banque [au coffre]. ¶ 귀중품을 은행에 ~시키다 déposer [mettre en lieu sûr] ses objets de valeur dans un coffre à la banque [dans une banque]; mettre ses objets de valeur en garde dans une banque [au coffre].

◆**_료** -料 명 consigne *f*; frais *mpl* d'entrepôt [d'entretien]; droits [frais] *mpl* de magasinage.

◆**_물** -物 명 objet *m* mis en dépôt; dépôt *m*; article *m* en garde.

◆**_비** -費 명 frais *mpl* d'entrepôt [d'entretien], droits [frais] *mpl* de magasinage.

◆**_소** -所 명 bureau(*x*) *m*; consigne *f*. ¶ 분실물~소 le bureau [le service] des objets trouvés, les objets trouvés. ¶ 자전거 ~소 un parking à vélos.

◆**_자** -者 명 dépositaire *mf*; garde *m*.

◆**_증** -證 명 reçu *m*; récépissé *m* d'un dépôt; certificat *m* de dépôt; certificat [récépissé] *m* d'entrepôt. ¶ ~증을 내고 맡긴 물건을 찾다 récupérer [reprendre] un objet qu'on a pris en dépôt avec un reçu [un récépissé], présenter un reçu pour reprendre l'objet laissé en dépôt.

◆**_창고** -倉庫 명 entrepôt *m*; hangar *m*; docks *mpl*, magasin *m* ((les magasins d'un port)); remise *f*; réserve *f*; dépôt *m* (de marchandises); resserre *f*. ¶ 이삿짐 ~창고 un garde-meuble.

◆**_함** -函 명 consigne *f* (automatique).

보교 *步轎* 명 【역사】 palanquin *m*; chaise *f* à porteurs; litière *f* {*vx*}. ¶ ~를[에] 타다 prendre [monter sur] un palanquin [une chaise à porteurs], se déplacer en palanquin. ¶ ~를 매다[지다, 들다] mettre un palanquin sur ses épaules [porter un palanquin, porter une chaise à porteurs].

보궐 補闕 명 suppléance *f*, remplacement *m*.

◆**_선거** -選擧 명 【정치】 élection *f* partielle [complémentaire, de remplacement].

보균 保菌 명 porteu*r*(*se*) de bacilles [de microbes].

◆**_자** -者 명 【의학】 porteu*r*(*se*) de bacilles [de germes, de microbes, d'un virus], porteur(*se*) ((d'une maladie contagieuse, du virus du SIDA)). ¶ 검사 결과 그는 간염 항체 ~자로 판명되었다 Le résultat de l'examen a révélé qu'il était porteur d'anticorps anti-HBc [qu'il avait des anticorps anti-HBc ((anticorps de l'hépatite))].

보글거리다 자 bouillonner; bouillir, être en ébullition; frémir, frissonner, chanter; bouillotter. ¶ 찌개[김칫국]가 보글거리며 끓고 있다 Le ragoût [La soupe de *gimchi*] bouillonne.

보글보글 부 en bouillonnant; à gros bouillons. ¶ ~ 끓는 찌개 un ragoût qui bouillonne.

보금자리 명 ① nid *m* ((d'oiseaux)). ¶ 새가 나뭇가지 위에 ~를 짓는다 L'oiseau fait son nid sur les branches. ② ((비유적)) foyer *m* paisible. ¶ 행복의 ~ un foyer heureux. ¶ 두 사람만의 ~를 꾸미다 décorer *leur* foyer à tous les deux.

보급 普及 명 diffusion *f*, propagation *f*, vulgarisation *f*. ¶ 신문(의) ~ distribution des journaux. ¶ 기술의 개발과 ~에 힘쓰다 faire des efforts pour encourager le développement et la vulgarisation des techniques. ◇_(을) **하다**[**시키다**] diffuser, répandre, propager; vulgariser. ¶ 새로운 상품을 널리 ~하다 diffuser un nouveau produit à grande échelle. ¶ 건전한 놀이 문화를 ~시키다 diffuser une saine culture des divertissements. ◇_(이) **되다** se généraliser. ¶ 컴퓨터는 이제 각 가정에 널리 ~되어 있다 On trouve maintenant un ordinateur dans presque tous les foyers.

◆**_로** -路 명 route *f* utilisée pour le ravitaillement [pour l'approvisionnement] ((d'une armée)). ¶ ~로를 뚫다 ouvrir [construire] une route de ravitaillement. ¶ ~로를 차단하다 bloquer la route de ravitaillement; couper les voies servant au ravitaillement.

◆**_률** -率 명 taux *m* de diffusion [de distribution, de propagation]. ¶ 컴퓨터[자동차] ~률 taux de diffusion des ordinateurs [des voitures]. ¶ 주택 ~률 taux d'accession à la propriété ((d'un logement)).

◆**_소** -所 명 lieu *m* de distribution [propagation]. ¶ 신문 ~소 lieu de distribution des journaux.

◆**_창** -廠 명 dépôt *m* de ravitaillement.

◆**_판** -版 명 édition *f* de vulgarisation. ¶ ~판 서적 ouvrage d'une édition de vulgarisation.

◆**_품** -品 명 ravitaillement *m*. ¶ ~품을 나눠주다[분배하다] distribuer le ravitaillement, ravitailler. ¶ ~품을 타다[받다] être ravitaillé(*e*).

보기[1] 명 exemple *m*. ¶ 대표적인 ~ un exemple typique. ¶ 적절한 ~ un bon exemple, un exemple judicieusement choisi. ¶ ~를 들다 citer un exemple. ¶ ~를 참조하다 observer un exemple.

보기[2] 영{bogey} 명 【골프】 *Bogey m*.

보나마나 부 sans aucun doute; certainement; bien sûr; pas la peine d'aller voir. ¶ ~ 그 사람이 이기겠지 Pas la peine d'aller voir, c'est lui qui gagnera / C'est certainement lui qui gagnera. ¶ ~ 또 거짓말이겠지 Je suis persuadé(*e*) que c'est encore un mensonge.

ㅂ

보내다 타 ① envoyer *qn*. ¶ 누구를 사무실에[로] ~ envoyer *qn* au bureau. ¶ 전령을 사단 본부에 ~ envoyer un messager au quartier général de la division. ¶ 부상자들을 병원으로 ~ faire transporter des blessés à l'hôpital; diriger des blessés sur [vers] un hôpital. ¶ 아들을 학교에 ~ envoyer [mettre] *son* fils à l'école. ¶ 죄수를 감옥에 ~ emprisonner un criminel. ¶ 자식을 전쟁터에 ~ laisser partir un fils au champ de bataille. ¶ 담배를 사오라고[사러] 누구를 ~ envoyer *qn* acheter des cigarettes. ¶ 의사를 부르러 사람을 ~ envoyer quelqu'un chercher le médecin. ¶ 나는 사람을 보내 그 친구를 불렀다 J'ai envoyé quelqu'un pour demander à cet ami de venir. ¶ 나는 사람을 보내 모든 일이 잘 끝났는지 알아보았다 J'ai envoyé quelqu'un vérifier que tout le travail était bien terminé. ② envoyer, expédier ((une lettre, un colis)); adresser, transmettre ((un colis, un ordre, une nouvelle)); faire parvenir ((*qc* à *qn*)). ¶ 누구에게 편지를 ~ envoyer une lettre à *qn*. ¶ 친구에게 전갈을 ~ adresser un message à un ami. ¶ 회사에 이력서를 ~ envoyer *son curriculum vitae* [C.V.] à une entreprise. ¶ 옷을 세탁소에 ~ donner du linge à la blanchisserie [au pressing], donner ((un costume)) à la teinturerie, donner ((une robe)) à nettoyer (au pressing), donner [apporter] ((un costume)) au pressing [au nettoyage à sec], porter ((un manteau)) à la teinturerie [chez le teinturi*er*(*ère*), à la blanchisserie, chez le(*la*) blanchisseu*r*(*se*)]. ¶ 전기[식량]를 북한에 ~ expédier de l'électricité [de la nourriture] en Corée du Nord. ¶ 그 친구는 내게 삼 만원을 우편으로 보냈다 Il m'a fait parvenir la somme de trente mille *wons* par la poste. ③ passer ((*son* temps à+*inf*)); employer ((*son* temps pour+*inf*)); occuper ((*ses* journées)). ¶ 방학을 ~ passer les vacances. ¶ 어린 시절을 시골에서 ~ passer *son* enfance à la campagne. ¶ 행복한[비참한] 인생을 ~ mener une vie heureuse [misérable]. ¶ 하는 일없이 세월[나날]을 ~ passer *son* temps [*ses* journées] à ne rien faire. ¶ 대부분의 시간을 집안일에 ~ passer la plupart [le plus clair] de *son* temps à faire le ménage. ¶ 그 아이는 저녁 시간의 대부분을 컴퓨터 오락 하는 데에 보낸다 Cet(*te*) enfant passe le plus clair de ses soirées à jouer aux jeux vidéo. ¶ 시간을 어떻게 보내십니까? Comment employez-vous votre temps? / Comment [À quoi] occupez-vous vos journées? ¶ 주말[일요일]에는 무엇을 하며 시간을 보내십니까? Que faites-vous le week-end [le dimanche]? / Comment [À quoi] *occupez*-vous [Comment passez-vous] vos week-ends [dimanches]? ④ envoyer *qn* ((faire une commission)). ¶ 누구를 심부름을 ~ envoyer *qn* faire une commission. ¶ 아들을 미국으로 유학을 ~ envoyer son fils faire ses études aux États-Unis. ⑤ ((시집, 장가를)) marier *qn*. ¶ 아들[딸]을 의사에게 장가[시집]를 ~ marier *son* fils [*sa* fille] avec [à] un(*e*) médecin(*e*). ⑥ adresser ((un éloge)) à *qn*; couvrir *qn* ((d'applaudissements)). ¶ 음악가의 연주에 찬사[박수갈채]를 ~ adresser un éloge [des applaudissements] à la performance d'un musicien; saluer un musicien par des applaudissements, couvrir un musicien d'applaudissements. ⑦ porter [témoigner] ((de l'intérêt)) à *qn*/*qc*. ¶ 누구에게 많은 눈길을 ~ porter un grand intérêt à *qn*. ⑧ laisser partir *qn*; assister au départ de *qn*. ¶ 나는 그 사람을 소홀히 해서 보낸 적이 없다 Je ne lui ai jamais fait d'adieux de manière brutale [de façon négligée]. ⑨ perdre *qn*; laisser partir *qn* dans l'au-delà. ¶ 아내를 갑작스레 보내고 나서 그 남자는 실의에 빠져있다 Suite à la mort subite de sa femme, il est tombé dans un état de profond désespoir. ¶ 그 여자는 남편을 먼저 저세상으로 보내고 혼자 살아가고 있다

보너스 명 {bonus} 명 prime *f*. ¶ 연말 ~ une prime de fin d'année. ¶ 특별 ~ une prime spéciale. ¶ ~를 주다 donner une prime. ¶ ~를 타다[받다] obtenir une prime. ¶ ~로 하루 휴가를 받다 obtenir un jour de congé en prime.

보닛 명 {bonnet} 명 ① chapeau(*x*) *m* de femme ou d'enfant avec une lanière sous le menton. ② capot *m*. ¶ ~을 열다 ouvrir le capot ((d'une voiture)).

보다[1] 타 ① voir, regarder, distinguer, apercevoir, percevoir, remarquer, repérer, constater. ¶ 하늘을 ~ regarder le ciel. ¶ 누구를 빤히 ~ regarder *qn* bien en face [dans les yeux, dans le blanc des yeux]; dévisager *qn*. ¶ 여러 사람이 보는 앞에서 sous le regard de plusieurs personnes. ¶ 여기 좀 보세요 Regardez par ici s'il vous plaît! ¶ 나는 그 여자가 자기 동생에게 돈을 주는 것을 보았다 Je l'ai vue donner de l'argent à son petit frère. ② 만나다 voir, rencontrer. ¶ 요즈음 그를 보기가 힘들다 Ces jours-ci, il est difficile de le voir. ¶ 있다가 나 좀 보고 가라 Plus tard, tu viendras me voir avant de partir. ③ 구경하다 voir, visiter. ¶ 에펠탑[루브르]을 ~ visiter la tour Eiffel [le Louvre]. ④ 감상하다 voir, apprécier. ¶ 영화[연극]를 ~ voir un film [une pièce de théâtre]. ⑤ 읽다 lire, consulter. ¶ 책[신문, 잡지]를 ~ lire un livre [un journal, une revue]. ¶ 시계를 ~ regarder sa montre [l'heure]. ¶ 도면[지도]을 ~ consulter un plan [une carte géographique]. ⑥ 경험하다 connaître, faire l'expérience de, subir. ¶ 시험을 ~ passer [subir] un examen. ¶ 예배를 ~ aller à l'église, assister à un culte [à un service]. ¶ 이익을 ~ faire un profit [un bénéfice] (sur une affaire); retirer un bénéfice (d'une affaire), gagner de l'argent, tirer profit de. ¶ 재미를 ~ prendre goût à *qc*, s'amuser; se divertir; s'en donner à coeur joie, passer un bon moment. ¶ 손해[피해]를 ~ subir des dommages [dégâts, pertes], être endommagé(*e*). ¶ 욕(을) ~ recevoir [essuyer] un affront [une insulte]; avoir de grosses difficultés [beaucoup de peine]; être violé(*e*); se faire violer. ¶ 성과를 ~ obtenir le résultat. ⑦ 생각하다 étudier, prendre *qc* en considération; juger, apprécier, considérer comme ((règle)), tenir compte. ¶ 호의적인 눈으로 ~ voir *qn/qc* d'un oeil favorable. ¶ 나는 그 사람이 옳다고 본다 Je pense [trouve] qu'il a raison / Je lui donne raison. ¶ 나는 그렇게 보지 않는다 Je ne vois pas les choses de cette manière / Je vois les choses différemment. ¶ 이 문제를 어떻게 보십니까? Que pensez-vous de ce problème? ⑧ 판단하다 juger, apprécier, observer, examiner. ¶ 현실[사태]을 바로 ~ voir la réalité [la situation] en face. ¶ 사람을 볼 줄 알다 savoir juger les gens. ¶ 윗사람들이 그 직원을 아주 잘 본 모양이다 Il semble que ses supérieurs ont bien apprécié cet(*te*) employé(*e*). ¶ 자네가 보기에 그 사람은 어떤가? Comment est cette personne d'après toi? ¶ 그 사람의 죽음을 사고로 보기는 힘든 구석이 있다 Il subsiste encore des doutes quant à la nature accidentelle de ce décès. ¶ 남의 일로 보아 넘길 일이 아니다 Cette affaire ne concerne pas que les autres. ¶ 나를 어떻게[뭘로] 보고 하는 수작이냐? Pour qui tu me prends pour te comporter ainsi? ¶ 내[내 얼굴]를 보아서 그 사람을 용서해 주게 Pardonne-le pour moi [pour me faire plaisir]! ¶ 형편을 봐서 한 번 찾아가지요 Je viendrai vous rendre visite si l'occasion se présente [si les conditions me le permettent]. ¶ 얼굴을 보니 몹시 앓은 모양이다 Vu ton visage, je suppose que tu as été très malade. ¶ 그 남자는 처가의 재산을 보고 결혼했다 Il s'est marié en tenant compte de la fortune de la famille de sa femme. ¶ 저는 아들 놈 하나 보고 삽니다 Mon fils est ma seule joie [raison] de vivre. ⑨ 검토하다 observer, étudier, examiner. ¶ 땅을 ~ (bien) examiner le terrain (avant de l'acheter). ⑩ 진찰하다 ausculter, faire un diagnostic. ¶ 환자를 ~ ausculter un patient. ⑪ 진찰받다 consulter, voir. ¶ 의사를 보러 가다 aller consulter un médecin; se faire examiner par un médecin. ⑫ ((맛을)) goûter ((un plat)), apprécier. ¶ 맛을 ~ goûter ((un plat, un mets)). ¶ 간을 ~ goûter pour voir si un plat [un mets] est bien assaisonné [assez salé]. ⑬ 돌보다 soigner, s'occuper de *qn*, prendre soin de *qn*, veiller sur *qn*; garder ((un malade)). ¶ 아이들을 ~ s'occuper [prendre soin] des enfants, veiller sur les enfants. ¶ 집을 ~ garder la maison; veiller sur la maison; surveiller la maison. ¶ 집안일을 ~ vaquer aux soins du ménage, faire le ménage. ¶ 모임의 사회를 ~ présider une réunion. ¶ 사무를 ~ s'occuper de l'administration. ¶ 일을 보러 시내에 나가다 sortir en ville pour affaire. ¶ 그 일은 내가 볼게 Je vais m'en occuper / Je m'en charge / C'est moi qui m'en occupe [m'en charge]. ⑭ ((가족을)) accueillir un nouveau membre dans la famille. ¶ 사위[며느리]를 ~ accueillir un gendre [une belle-fille] dans la famille. ¶ 손재[자식]를 ~ avoir un petit-enfant [enfant]. ⑮ ((점을)) consulter un devin. ¶ 점[토정비결]을 ~ consulter un voyant; consulter un(*e*) diseur(*se*) de bonne aventure; se faire prédire l'avenir [consulter son horoscope chinois]. ¶ 궁합을 ~ consulter une voyante pour savoir si les futurs mariés auront une vie de couple harmonieuse. ¶ 관상을 ~ se faire prédire l'avenir d'après *ses* traits. ¶ 손금을 ~ lire les lignes de la main, prédire l'avenir de *qn* en lui lisant les lignes de *sa* main. ⑯ 차리다 préparer, mettre, dresser ((la table)). ¶ 술상[밥상]을 ~ mettre des bouteilles de l'alcool et des amuse-gueule sur une table; servir une table d'apéritifs [mettre la table, dresser la table, préparer la table]. ⑰ ((일자리를)) chercher; être à la recherche de. ¶ 일자리를 보러 다니다 être à la recherche d'un travail [d'un emploi]. ⑱ ((장을)) faire le [*son*] marché. ¶ 시장[장]을 ~ faire des courses dans un marché. ⑲ ((합의를)) arriver [aboutir] (à un résultat). ¶ 합의[타협]를 ~ arriver [aboutir, parvenir] à un accord [à un compromis]. ¶ 끝장을 ~ terminer, acheter. ⑳ 배설하다 aller aux toilettes, faire *ses* besoins; aller à la selle. ¶ 소변을 ~ faire pipi {*fam*}, uriner, faire la petite commission {*fam*}. ¶ 대변을 ~ faire caca {*fam*}, aller à la selle, faire la grande commission {*fam*}. ㉑ 방관하다 regarder, assister à une scène. ¶ 보고만 있지 말고 도와주세요 Aidez-moi au lieu de me regarder faire. ㉒ ((보고)) à *qn*. ¶ 누가 누굴 보고 할 소린가? À qui tu parles sur ce ton-là?

***두고** ~ attendre, observer. ¶ (어디) 두고 보자 ① On verra! / On verra bien (qui aura le dernier mot)! / On verra ce dont tu es capable [comment tu te débrouilles]! / On verra si tu as raison! / J'attends de voir le résultat / Tu verras. ② Tu ne perds rien pour attendre / Il (me) le paiera [payera] cher / Il s'en repentira / Je l'attends [Je l'aurai, Je le rattraperai] au tournant {*fam*} / Tu ne perds rien pour attendre! / Je te rendrai la monnaie de ta pièce {*fam*} / Je me vengerai (tôt ou tard)! / Tu vas le payer cher! / Vous aurez [Tu auras] affaire à moi! / Vous aurez [Tu auras] de mes nouvelles!

***(그것) 봐[봐라, 보시오]** Vois [voyons] cela. ¶ 봐라, 내가 뭐랬니 Tu vois, qu'est-ce que je t'ai dit.

***닭 소 보듯 소 닭 보듯** se regarder l'un l'autre de manière indifférente, sans prêter attention l'un à l'autre, s'ignorer complètement.

***보기에는** en apparence, apparemment. ¶ 내가 보기에는 d'après moi, selon moi. ¶ 그 남자는 내가 보기에는 어려 보인다 Il a l'air jeune, d'après moi.

***보기 좋게** de façon éclatante. ¶ 그 남자는 보기 좋게 바람을 맞았다 On lui a posé un lapin.

***보기 좋은 떡이 먹기도 좋다** Si l'apparence est beau/belle le contenu l'est aussi [est probablement de bonne qualité].

***보다 못해** n'y tenant plus, n'en pouvant plus de+*inf.* ¶ 보다 못해 내가 나서서 그 일을 처리했다 N'y tenant plus, je m'en suis chargé(*e*) moi-même.

ㅂ

***보란 듯이** ostensiblement, fièrement. ¶ 그 사람은 열심히 공부하더니 보란 듯이 시험에 합격했다 Il a étudié avec ardeur, et il a réussi l'examen haut la main. ¶ 사업가로 성공하여 보란 듯이 살다 vivre la tête haute en entrepreneur prospère.

***보아 하니** en apparence, selon toute apparence, d'apparence, apparemment, extérieurement. ¶ 보아 하니 나이도 어린 사람이 왜 이리 예의가 없나? Toi, qui es apparemment bien jeune [qui as l'air bien jeune], comment peux-tu ainsi manquer de politesse à mon égard?

***보자보자 하니까[했더니]** je n'ai rien dit [je t'ai laissé faire] jusqu'à maintenant mais ...; attendre, supporter (autant que possible); trop, c'est trop! {*fam*} / Ma patience est à bout [a des limites]! ¶ 보자보자 하니까 더 이상 못 참겠군 Trop c'est trop! Je ne peux en supporter davantage! {*fam*} / Ça alors, c'est la meilleure [j(e n)'en reviens pas, j'en tombe des nues, j'en tombe sur le cul {*fam*}]! / C'est le [un] comble [trop fort, un peu (trop) fort de café {*fam*}, le bouquet {*fam*} / Il[Elle] manque pas d'air {*fam*}! / Il ne manquait plus que cela! / C'est incroyable! ¶ 보자보자 하니까 정말 말을 너무 함부로 하는군! Trop c'est trop! Vous devriez surveillez votre langage [Faites attention à ce que vous dites].

***볼 낯이 없다** perdre la face.

***볼 장 다** ~ Il n'y a plus rien à faire / Tout est fini / Ç'en est fait / C'est fichu [foutu] {*fam*}. ¶ 저 사람은 볼 장 다본 사람이다 C'est un homme foutu {*fam*} / Ç'en est fait pour lui. ¶ 볼 장 다 본 인생이군 Ç'en est fait de sa vie.

***어느 모로 보나** à tous points de vue, pour tout.

***어디 보자[봅시다]** On verra. ¶ 얼마나 잘 하는지 어디 보자 On verra comment tu te débrouilles! / On va voir si tu es aussi fort(*e*) que ça [que tu le prétends]! / On verra ce dont [de quoi] tu es capable [ce que tu es capable de faire] / Montre-nous ce que tu sais faire [ce dont tu es capable].

***이것[요것] 봐라[보게]** Dis donc. ¶ 이것[요것] 봐라, 맹랑하기는! Dis donc! Qu'est-ce que tu es marrant(e)! ¶ 이것 보세요[보십시오, 보게나] Eh oh, s'il vous plaît. ¶ 이것 보세요, 어떻게 됐어요? Dis-moi. Comment ça s'est passé?

보다² 조동 ① ((verbe auxiliaire de tentative ou d'essai, qui s'emploie après le suffixe flexionnel conjonctif –아/-어, sous forme de radical + -아/-어 보다)) essayer, tenter. ¶ 해 ~ essayer *qc* [de+*inf*]; tâcher [tenter, s'efforcer] de+*inf*. ¶ 옷을 입어 ~ essayer une robe. ¶ 다른 나라 음식을 먹어 ~ goûter [goûter à] *qc*; déguster *qc*. ¶ 어서 해 보라니까 Puisque je te dis d'essayer! ¶ 나는 중국에 가 본 적이 없다 Je ne suis jamais allé(*e*) en Chine. ② ((경험)) se rendre compte que+*ind* (après avoir fait l'expérience de *qc*). ¶ 그의 말을 듣고 보면 그 일은 쉬운 일이 아니다 À l'entendre parler, ce n'est pas un travail facile. ¶ 우선 저질러 놓고 보자 Faisons-le, ensuite on verra bien. ¶ 상을 당하고 보니 갑자기 막막해졌다 Ayant été à mon tour victime, tout d'un coup, je n'ai plus le moral. ③ ((verbe auxiliaire de cause, qui s'emploie après le suffixe flexionnel conjonctif –다, sous forme de radical + -다 보다)) à force de *qc*/*inf*. ¶ 걷다 보면 도착하겠지 Si on continue de marcher, on arrivera bien un jour. ¶ 바쁘다 보니 휴가 한 번 못 갔다 J'étais si occupé(*e*) que je n'ai pas pu prendre un seul jour de vacances. ¶ 정신없이 걷다 보니 어느새 밤이 되었다 J'ai tellement marché qu'il fait déjà nuit. ¶ 살기가 어렵다 보니 어쩔 수 없었다 Vu ma situation précaire, je ne pouvais faire autrement. ¶ 그게 좀 미묘한 문제이다 보니 우리도 어쩔 수 없었다 Cette affaire était si compliquée [délicate] que nous ne pouvions pas faire autrement nous non plus. ¶ 자주 싸우다 보니 싸우는 것도 버릇이 되었다 À force de nous quereller, c'est devenu une habitude / Les querelles sont devenues tellement fréquentes que c'est devenu la règle [que c'est devenu quelque chose de banal [de normal], qu'on y est habitués, qu'on ne pourrait pas vivre sans]. ¶ 몇 시간을 계속 일하다 보면 피로가 오기 마련이다 Au bout de quelques heures de travail, il est normal qu'on se sente fatigué. ④ ((verbe auxiliaire exprimant une crainte, qui s'emploie après le suffixe flexionnel conjonctif –ㄹ까/-을까, sous forme de radical + -ㄹ까/-을까 보다)) craindre que+*subj*. ¶ 거짓말이 탄로 날까 봐 안절부절 했다 J'étais très nerveux(*se*) [fébrile] de peur qu'on découvre le pot aux roses. ⑤ ((verbe auxiliaire exprimant un espoir, qui s'emploie après le suffixe flexionnel conjonctif –ㄹ까/-을까, sous forme de radical + -ㄹ까/-을까 보다)) penser, espérer. ¶ 월급을 올려줄까 봐 열심히 일했다 J'ai travaillé dur pensant pouvoir être augmenté(*e*). ⑥ essayer seulement de+*inf*; ne pas avoir intérêt à+*inf*. ¶ 울었다가는 봐라, 혼날 줄 알아 Essaie un peu de pleurer pour voir, tu vas voir ce que tu vas voir [tu vas voir de quel bois je me chauffe]. / T(u n')as pas intérêt à pleurer, sinon je vais me fâcher [te montrer de quel bois je me chauffe]. ⑦ ((반어)) c'est la dernière fois que+*ind*. ¶ 내가 너를 다시 만나나 봐라 C'est la dernière fois que je te vois.

보다³ 조형 ((verbe auxiliaire d'hésitation ou de doute, qui s'emploie après les suffixes flexionnels interrogatifs)) sembler, paraître; avoir l'air. ¶ 아마 ...인가 ~ Il me semble [J'ai l'impression] que+ind. ¶ 나는 갈까 ~ J'ai bien envie de m'en aller. ¶ 뭘 좀 마실까 ~ Je prendrais bien quelque chose. ¶ 무슨 문제가 있나 ~ On dirait qu'il y a quelque problème. ¶ 내가 무슨 실수를 했는가 ~ J'ai l'impression que je viens de commettre un impair. ¶ 그가 못 알아듣나 ~ On dirait qu'il ne comprend pas. ¶ 감기에 걸렸나 봐 Je crois que j'ai attrapé froid.

보다[4] 부 plus. ¶~ 빨리 ~ 안전하게 공사를 끝내시오 Terminez les travaux plus vite, plus en sécurité.

-보다[5] 조 ((particule de comparaison de supériorité et d'infériorité. Le substantif (nom, pronom, numéral) marqué par ce suffixe est le mot auquel est comparé un autre substantif. Dans une proposition comparative, l'emploi de ce suffixe est obligatoire, alors que celui de l'adverbe 더 plus est facultatif.)) par rapport à, en comparaison de, plus [moins] ... que. ¶그는 나~ 나이가 많다 Il est plus âgé que moi. ¶나는 영화~ 연극을 더 좋아한다 Je préfère le théâtre au cinéma. ¶한라산은 백두산~ 낮습니다. Le mont Halla est plus bas que le mont Baekdu. ¶이 꽃이 저 꽃~ (더) 예뻐요. Par rapport à cette fleur-ci, celle-là est (plus) jolie. / Cette fleur est plus jolie que celle-là. ¶파리에서 리옹이 마르세이유~ (더) 가까워요. De Paris, Lyon est plus proche que Marseille. ¶저 양말~ 이 양말이 300원 더 비쌉니다. Par rapport à cette chaussette-là, celle-ci est plus chère de 300 wons. / Cette chaussette est plus chère de 300 wons que celle-là..

-보다는 조 ((forme emphatique du particule de comparaison -보다)) par rapport à, A (plutôt) que B; ((préférer)) A à B. ¶ 나는 봄~ 가을이 좋아 Je préfère l'automne au printemps. ¶ 그 여자는 유혹적이가~ 도발적이다 Elle est plus provocante que séductrice.

-보다야 조 ((forme emphatique du particule de comparaison -보다)) bien plus que *qc/qn*, que de+*inf*. ¶ 미모로 보면 너~ 내가 훨씬 낫지 Pour ce qui est de la beauté, je suis bien plus jolie que toi. ¶ 그 책~ 이 책이 훨씬 재미있지 Ce livre-ci est beaucoup plus intéressant que celui-là. ¶ 그렇게 사는 것~ 오히려 죽는 것이 낫겠다 Je préférerais mourir plutôt que de vivre ainsi. / Mourir est bien meilleur que de vivre ainsi.

보답 報答 명 récompense *f*, ((donner *qc* en)) retour *m*. ¶~을 바라다 espérer avoir *qc* en retour. ¶ 무엇에 대한 ~으로 en récompense de *qc*. ¶ 도와주신[답변해 주신] 데 대한 ~으로 en récompense de votre aide [de votre réponse]; pour vous remercier de votre aide [de votre réponse]. ◇_(을) **하다** rendre un bienfait; récompenser *qn* ((de *qc*)); donner *qc* en retour ((de *qc*)). ¶ 그 여자가 그 사람의 도움에 ~을 했다 Elle l'a récompensé pour un service qu'il lui avait rendu.

보도[1] 報道 명 reportage *m* ; information *f*, nouvelles *fpl*; presse *f*, rapport *m*. ¶~ 기사 un article de journal. ¶~(의) 여파[파장] répercussions provoquées par des informations. ¶충격 ~ nouvelles bouleversantes. ¶사실 ~ une information basée sur des faits. ¶ 비행기가 추락했다는 ~ un flash d'informations sur le crash d'un avion. ¶ ~를 접하다 apprendre des nouvelles. ¶~를 읽다 lire un article de journal. ◇_(를) **하다[내다]** rapporter, diffuser. ¶ 사건[경기 결과]을 ~하다 rapporter [diffuser] l'accident [le résultat d'un match]. ¶ 언론은 범행에 정치인이 연루되었다고 ~했다 La presse a dit que des politiciens étaient mêlés au crime. ◇_(가) **되다** être rapporté(*e*), diffusé(*e*). ¶ 경찰이 범인을 빼돌렸다는 사실이 ~가 되었다 Le fait que la police a caché le criminel a été divulgué.

◆_**관제** -官制 명 censure *f* de la presse; contrôle *m* des informations. ¶~관제를 하다 exercer un contrôle [une censure] sur les informations.

◆_**국** -局 명 service *m* d'information.

◆_**기관** -機關 명 organe *m* d'information (publique).

◆_**진** -陣 명 presse *f*, journalistes *mpl*. ¶~진을 현장에 파견하다 envoyer des journalistes sur place. ¶~진이 모여들었다 La presse s'est rassemblée.

보도[2] 步道 명 trottoir *m*. ¶~ 위를 걸어가다 marcher sur le trottoir.

◆_**블록** 명 revêtement m[pavement *m*, pavage *m*] du trottoir. ¶~블록을 깔다 paver[cimenter, bétonner, macadamer] le trottoir.

보도[3] 輔導 명 orientation *f*, guidance *f*. ¶ 소년원의 청소년 ~ rééducation dans un centre pénitentiaire pour mineurs(*es*). ◇_(를) **하다** guider, orienter. ¶ 불량 청소년들을 ~하다 guider la jeunesse délinquante.

보도[4] 寶刀 명 sabre *m* précieux.

보드 영{board} 명 planche *f*. ¶ 스프링 ~ un tremplin. ¶ 스키 ~ du surf (des neiges), du snowboard. ¶ 석재 ~ une plaque de [en] pierre.

보드랍다 형 ① ((감촉)) être doux(*ce*) [agréable] (au toucher), soyeux(*se*), satiné(*e*), tendre; être lisse. ¶ 보드라운 피부 une peau douce. ¶ 보드라운 머릿결 une chevelure lisse. ¶ 보드라운 천 un tissu doux [agréable au toucher]. ② ((가루 따위가)) être très fin(*e*). ¶ 밀가루처럼 보드랍게 빻아야 한다 Il faut moudre [broyer] les graines jusqu'à obtenir une farine très fine (comme de la farine de blé). ③ ((마음씨)) être douillet(*te*), affable, aimable, docile. ¶ 보드라운 성격 un caractère doux [agréable, aimable], un caractère [un tempérament, une personnalité] doux(*ce*) [tendre, gentil(*le*), aimable, affable, agréable]. ☞ 부드럽다

보들보들 부 avec une sensation de peau douce [satinée]. ¶ 깃털처럼 ~ 감촉이 좋다 être doux(*ce*) [agréable] au toucher, comme le duvet.

◆_**하다** 형 être souple; être doux(*ce*) [agréable] (au toucher), lisse, satiné(*e*), moelleux(*se*); être tendre. ¶~한 아기 피부 la peau douce d'un bébé.

보듬다 타 ① prendre dans *ses* bras, embrasser, étreindre [serrer] *qn* dans [entre] *ses* bras, serrer *qn* contre *sa* poitrine. ¶ 아이를 ~ prendre un enfant dans *ses* bras. ② ((비유적)) garder, veiller sur *qn/qc*. ¶ 우리 역사는 우리가 보듬고 나아가야 한다 Quant à notre histoire, c'est nous qui devons nous en occuper.

보디가드 영{body guard} 명 garde *m* du corps.

보디랭귀지 영{body language} 명 *body language m*, langage *m* corporel.
보디빌더 영{body-builder} 명 culturiste.
보따리 褓- 명 ① paquet *m* de linge; ballot *m* ((de marchandises, d'effets)); baluchon *m*. ¶ 옷 ~ un paquet de linge, un baluchon. ¶ ~를 풀다 défaire *son* baluchon. ② ((비유적)) tout ce qu'on a à dire, ((vider)) *son* sac {*fam*}, ((dévider)) *son* chapelet [*son* écheveau]. ¶ 추억의 ~를 풀다 déballer {*fam*} (tous) *ses* souvenirs, raconter [débiter] tous *ses* souvenirs ((d'enfance, du lycée)). ¶ 이야기 ~를 풀어놓다 raconter [débiter] tout ce qu'on a à dire, débiter *son* chapelet [*son* écheveau]; vider *son* sac {*fam*}.
*~**를 싸다** faire *sa* valise [*ses* valises, *son* baluchon]. ¶ 그 여자는 남편과 다투고 ~를 싸서 나갔다 Elle a fait ses valises après s'être disputée avec son mari.
◆ **_장수[장사]** 명 colporteu*r*(*se*); marchand(*e*) ambulant(*e*); camelot *m*.
보라 명 색깔 violet *m*; mauve *m*.
보람 명 résultat *m* (favorable), juste rétribution *f*, récompense *f*, mérite *m*. ¶ 삶의 ~을 느끼다 ressentir le mérite qu'il y a à vivre. ◇ **_(이) 있다[없다]** valoir la peine [le coup {*fam*}] [ne pas valoir la peine]. ¶ 뭔가 ~ 있는 일을 해라 Fais quelque chose qui en vaille la peine! ¶ 열심히 일한 ~이 있다 Cela paie de travailler beaucoup. ¶ 노력한 ~도 없이 일이 실패로 끝났다 Cela a échoué en dépit de tous leurs efforts.
보류 保留 명 remise *f* (à plus tard); réserve *f*. ¶ 판정[결정] ~ suspension d'un jugement [d'une décision]. ¶ 등급 ~ suspension d'un classement. ◇ **_(를) 하다[시키다]** différer, ajourner, remettre, renvoyer ((une affaire)); suspendre ((un jugement)). ¶ 계획[결정, 결론]을 ~ suspendre un projet [suspendre une décision, ajourner une conclusion]. ◇ **_(가) 되다** ((une affaire)) être différé(*e*) [ajourné(*e*), remis(*e*), renvoyé(*e*)]; ((un jugement)) être suspendu(*e*).
보름 명 ① le 15 de chaque mois (lunaire). ¶ 이 달 ~으로 약속을 정하다 fixer le rendez-vous au 15 de ce mois-ci. ② ((기간)) 15 jours. ¶ ~ 동안 여행하다 voyager pendant quinze jours.
◆ **_달** 명 pleine lune *f*.
보리 명 orge *f*. ¶ ~를 심다[베다] planter [moissonner] de l'orge.
◆ **_밥** 명 orge *f* cuite à l'eau ((à la place du riz)).
◆ **_밭** 명 champ *m* d'orge.
◆ **_차** 명 *boricha m* <infusion d'orge grillé souvent bue froide et servie à la place de l'eau>.
◆ **_ㅅ고개** 명 période *f* de disette [où les vivres commencent à manquer]; période *f* difficile (où les vivres commencent à manquer) qui précède la récolte de l'orge. ¶ ~를 넘기다 passer une période de disette.
◆ **_ㅅ자루** 명 sac *m* d'orge.
*꾸어다 놓은 ~ㅅ자루 une personne qui reste toute seule sans mot dire dans son coin, une personne isolée dans son coin.
보리수 菩提樹 명 tilleul *m*.
보모 保姆 명 jardinière *f* d'enfants; institutrice *f* d'école maternelle. ¶ 탁아소 ~ jardinière d'enfants, employée dans une crèche [un jardin d'enfants].
보문 補文 명 【언어】 (proposition) complétive *f*. ¶ ~은 명사구를 대체할 수 있다 Les complétives sont substituables à des syntagmes nominaux.
◆ **_재[_소]** -子[-素] 명 【언어】 complémenteur *m*; élément *m* qui introduit une complétive.
◆ **_화** -化 명 【언어】 complétivisation *f*, transformation *f* en complétive.
보물 寶物 명 ① trésor *m*. ¶ ~ 상자 coffre au trésor. ② trésor ((culturel)). ¶ 대한민국 ~ 제1호 trésor culturel numéro 1 de la République de Corée.
◆ **_섬** 명 île *f* au trésor.
◆ **_찾기** 명 chasse *f* au trésor. ¶ ~찾기 놀이를 하다 jouer à la chasse au trésor.
보배 명 trésor *m*, richesse(*s*) *f*(*pl*). ¶ 어린이는 나라의 ~다 Les enfants sont la richesse du pays.
보병 步兵 명 【군사】 fantassin *m*, soldat *m* d'infanterie.
보복 報復 명 vengeance *f*, revanche *f*, représailles *fpl*; rétorsion *f*. ¶ ~ 공격 contre-attaque *f*; représailles. ¶ 정치적 ~ représailles politiques. ¶ 배신에 대한 ~ vengeance après une trahison. ¶ 회사가 자기를 파면시킨데 대한 ~으로 en représailles [pour se venger] d'avoir été renvoyé(*e*) par *sa* société. ¶ ~에 나서다 commencer à se venger. ◇ **_(을) 하다[가하다]** se venger ((d'un ennemi)); tirer vengeance ((d'un affront)); prendre *sa* revanche ((sur un adversaire)); user de représailles [de rétorsion] ((contre un pays)). ¶ 그 사람은 자기를 놀린 사람들에게 ~을 했다 Il s'est vengé des gens [Il a pris sa revanche sur les gens] qui s'étaient moqués de lui. ¶ 그 사람은 동료가 자신을 중상모략한 것에 대해 ~했다 Il s'est vengé d'une calomnie d'un collègue. ◇ **_(을) 받다[당하다]** être l'objet de la vengeance ((de *qn*)); se venger. ¶ 정적에게[으로부터] ~을 당하다 être la cible d'une vengeance de *son* adversaire. ¶ 배신을 하면 ~을 받는다 La trahison mérite vengeance.
보살 菩薩 명 ① Bodhisattva *m*. ② Bodhisattva *m*; saint *m* bouddhiste. ③ ((terme honorifique désignant une)) croyante *f* bouddhiste.
◆ **_상** -像 명 Bodhisattva *m*; saint *m* bouddhiste.
보살피다 타 ① 돌보다 soigner *qn*, s'occuper de *qn*, se charger de *qn*, avoir *qn* en charge. ¶ 환자를 ~ soigner des malades. ¶ 아이들을 ~ s'occuper des enfants, se charger des enfants, avoir des enfants en charge. ② 마음을 쓰다 s'occuper de *qc*, prendre soin de *qc*/*qn*. ¶ 누구의 생활을 보살펴 주다 prendre soin de *qn*; subvenir aux besoins de *qn*.
보상[1] 報償 명 ① paiement *m* [remboursement *m*]

d'une dette. ¶ 국채 ~ 운동 campagne de remboursement de la dette nationale. ¶ 빌린 돈의 ~ remboursement de l'argent emprunté. ② récompense *f.* ¶ 노고[선행]에 대한 ~ récompense pour un effort [pour une bonne action]. ◇_(을) **하다** ① payer, rembourser. ¶ 물건 값을 ~하다 rembourser le prix d'un objet [d'une marchandise]. ② récompenser ((*qn* pour [de] *qc*)); rendre ((*qc* pour *qc*)). ¶ 누구에게 일을 잘 처리해 준 데 대한 ~을 하다 récompenser *qn* d'avoir bien réglé une affaire. ◇_(을) **받다** être remboursé(*e*); être récompensé(*e*) ((de *qc*/*inf*)); être indemnisé(*e*). ¶ 빌려준 돈을 ~받다 être remboursé(*e*). ¶ 희망을 버리지 않은 것에 대한 ~을 받다 être récompensé(*e*) d'avoir gardé espoir.

◆_**금** -金 명 argent *m* en récompense. ¶ 지갑을 찾아준 사람에게 ~금을 주다 récompenser par de l'argent la personne qui a retrouvé *son* portefeuille.

보상[2] 補償 명 indemnisation *f* ((des sinistrés)); compensation *f*; dédommagement *m*. ¶ 피해 ~ compensation pour les dégâts. ¶ 손해 ~ dédommagement; dommages-intérêts, dommages et intérêts. ¶ 자동차 사고에 대한 ~ indemnité pour les divers préjudices liés à un accident de voiture. ¶ ~을 요구하다[신청하다] demander [réclamer] une compensation [une indemnité, un dédommagement]. ◇_(을) **하다** compenser ((une perte)); dédommager *qn* ((d'une perte)); accorder [payer, verser] une indemnité ((à *qn*)); indemniser *qn* ((de *qc*)). ¶ 사고 피해자에게 ~을 하다 accorder [payer, verser] une indemnité aux victimes de l'accident. ¶ 정부가 수재민들에게 피해를 ~했다 Le gouvernement a indemnisé les sinistrés. ◇_(을) **받다** obtenir une compensation.

◆_**금** -金 명 indemnité *f.* ¶ 피해 ~금을 요구하다 demander une indemnité pour les dommages causés, demander à être dédommagé(*e*) [indemnisé(*e*)] pour les dommages causés.

◆_**비[액]** -費[額] 명 indemnité *f*; compensation *f.* ¶ ~비를 받다[타다] recevoir [toucher] une indemnité.

◆_**심리** -心理 명 compensation *f* psychologique.

보석[1] 寶石 명 bijou(*x*) *m*, joyau(*x*) *m*; pierre *f* précieuse, gemme *f.* ¶ ~ 반지 bague avec (une) pierre précieuse.

◆_**상** -商 명 bijouti*er*(*ère*), joailli*er*(*ère*); bijouterie *f*, joaillerie *f.*

보석[2] 保釋 명 【법률】 mise *f* en liberté provisoire [sous caution]. ¶ 병 ~으로 감옥에서 풀려나다 être remis(*e*) en liberté pour raison de santé. ◇_(을) **하다[시키다]** mettre *qn* en liberté provisoire. ◇_(이) **되다** être remis(*e*) en liberté sous caution.

◆_**금** -金 명 caution *f* (de mise en liberté provisoire). ¶ ~금을 내고 석방되다 être libéré(*e*) après versement de caution.

보송보송 부 ① ((mimétisme)) bien *sec*(*sèche*). ¶ 빨래가 ~ 잘 말랐다 Le linge est bien sec. ② avec une impression de douceur. ¶ 그 여자의 얼굴에는 ~ 솜털이 나 있다 Elle a un léger duvet sur le visage.

◆_**하다** 형 être duveteu*x*(*se*), être cotonneu*x*(*se*), être dou*x*(*ce*) et *sec*(*sèche*); être duveté(*e*), velouté(*e*). ¶ ~한 타올 [수건] une serviette douce. ¶ ~하게 솜털이 난 귀여운 소년 un jeune garçon mignon au doux duvet.

보수[1] 報酬 명 ① salaire *m*, paie *f*, paye *f*, rétribution *f*, rémunération *f*; gages *mpl* ((d'un domestique)); appointements *mpl* ((d'un employé)); traitement *m* ((d'un fonctionnaire)); honoraires *mpl* ((d'un médecin, d'un(*e*) avocat(*e*))). ¶ 높은[낮은] ~ un haut [bas] salaire. ¶ ~를 지급하다 verser un salaire, rémunérer, payer. ¶ 한 달 치의 ~를 받다 recevoir l'équivalent d'un mois de salaire. ¶ 정당한 ~를 요구하다 demander une rémunération équitable [une juste rétribution, une juste récompense]. ② ((비유적)) récompense *f.* ¶ 남을 도운 사람에게는 반드시 ~가 뒤따른다 Une personne qui aide les autres [qui vient en aide aux autres] est fatalement [obligatoirement, inévitablement, toujours, tôt ou tard, un jour ou l'autre] récompensée.

보수[2] 補修 명 réparation *f*; dépannage *m* ((d'une voiture)); réfection *f* ((d'une route)). ¶ ~ 센터 centre de réparation. ¶ 도로 ~ 작업 travaux de réfection de la route. ¶ 하수도 ~ réfection des égouts. ◇_(를) **하다** réparer, dépanner; refaire ((une toiture)). ¶ 다리를 ~하다 réparer un pont. ◇_(가) **되다** être réparé(*e*).

보수[3] 保守 명 conservation *f*, entretien *m*, maintien *m*. ¶ ~ 세력[진영] force conservatrice [camp conservateur].

◆_**적** -的 명 conserva*teur*(*trice*). ¶ ~적 인물[태도] personnage [comportement] conservateur. ¶ 그의 정치 성향은 ~적이다 En politique, il est conservateur.

◆_**성** -性 명 conservatisme *m*, propension *f* au conservatisme. ¶ 그 지역은 ~성이 강하다 La propension au conservatisme est très forte dans cette région.

◆_**당** -黨 명 parti *m* conservateur.

◆_**주의** -主義 명 conservatisme *m*, immobilisme *m*.

◆_**주의자** -主義者 명 conserva*teur*(*trice*).

보스 영{boss} 명 boss {*fam*} *m*.

보슬보슬 부 ((mimétisme)) d'une manière bruineuse; légèrement. ¶ ~ 비가 내린다 Il bruine / Il pleuvine / Il pleuvasse / Il pleuvote / Il pleut légèrement. ☞ 부슬부슬

보시 布施 명 【불교】 offrande *f* à un temple bouddhique [à un moine]; enseignement *m* de la loi bouddhique. ◇_(를) **하다** faire une offrande à un temple bouddhique.

보신[1] 保身 명 protection *f* [défense *f*] de *soi*-même. ¶ 자기 ~을 위한 대책 mesure pour se protéger [pour

ㅂ

se défendre]. ◇_(을) **하다** se protéger [se défendre] ((contre [de] *qc*)).

◆_**용** -用 명 pour la protection; pour se protéger, pour se défendre. ¶ ~용 총[칼] un fusil [un couteau] servant à se protéger [à se défendre].

◆_**주의** -主義 명 protectionnisme *m*.

◆_**처** -處 명 abri *m*; refuge *m*; asile *m*.

◆_**책** -策 명 mesure *f* de protection. ¶ ~책을 세우다 [쓰다] prendre des mesures de protection.

보신² 補身 명 revitalisation *f* [fortification *f*] du corps. ¶ ~을 위한 한약 un médicament chinois pour se fortifier, un fortifiant [un reconstituant] chinois. ◇_(을) **하다** se fortifier.

◆_**탕** -湯 명 soupe *f* de viande de chien ((ayant des vertus régénératrices, revitalisantes)).

◆**몸_** 명 fortification *f* [revitalisation *f*] du corps. ¶ 몸~을 하다 se fortifier, se revitaliser.

보아주다 자 ☞ 봐주다

보아하니 부 en apparence, (à en juger) d'après l'apparence. ¶ ~ 당신 프랑스 사람이군요 Vous avez l'air français[d'être français, d'un Français].

보안 保安 명 ① maintien *m* de la sécurité. ¶ 비밀 정보의 ~ préservation de la confidentialité des informations secrètes. ¶ 극비 서류의 ~에 신경 쓰다 faire attention [porter une grande attention] aux documents strictement confidentiels [*top-secret* {*fam*}]. ② maintien *m* de l'ordre social. ¶ ~ 사범 un délit qui entrave [qui trouble, qui perturbe] l'ordre social.

◆_**등** -燈 명 éclairage *m* de sécurité [sécuritaire]. ¶ ~등을 밝히다 allumer l'éclairage sécuritaire.

◆국가_법 國家-法 명 loi *f* de sécurité nationale.

보약 補藥 명 fortifiant *m*, tonique *m*, (produit *m*) revigorant *m*. ¶ ~을 먹다 prendre un fortifiant. ¶ 인삼으로 ~을 짓다 confectionner un fortifiant avec du ginseng. ¶ 아이에게 ~을 먹이다 donner un fortifiant à un enfant.

*~**도 쓰면 안 먹는다** Même l'or, s'il est crotté, dégoûte.

보얗다 형 être blanchâtre, laiteux(*se*); être grisâtre. ¶ 김이 서려 보얗게 된 거울을 닦다 essuyer la glace recouverte de buée, essuyer la glace embuée. ☞ 뽀얗다

보어 補語 명 【언어】 complément m. ¶ 동작주 ~ complément d'agent. ¶ ~ 위치에 나타나다 apparaître [figurer] en position complément. ¶ ~ 없이 사용된 동사 verbe sans complément. ¶목적 ~ complément d'objet ¶직접 목적 ~ complément d'objet direct ¶간접 목적 ~ complément d'objet indirect.

◆_**절** -節 명 complément *m* propositionnel; complément *m* phrastique; ((보문)) complétive *f*.

보여주다 타 montrer, faire voir; montrer [présenter, exhiber, étaler]. ¶ 나는 그에게 앨범을 보여주었다 Je lui ai montré mon album. ¶ 제게 방을 보여주세요 Montrez-moi la chambre. ¶ 그분에게 이것을 보여주세요 Faites voir ceci à cette personne.

***뭔가** ~ montrer quelque chose [un résultat]. ¶ 이번에는 꼭 뭔가 보여드리겠습니다 Cette fois-ci, je vous montrerai sans faute quelque chose [un résultat].

보옥 寶玉 명 pierre *f* précieuse; bijou(*x*) *m*.

보온 保溫 명 maintien *m* de la température; qui garde [qui maintient] au chaud. ¶ ~ 도시락 un casse-croûte maintenu au chaud. ¶ ~ 밥통 un autocuiseur à riz qui maintient [qui garde] le riz au chaud. ¶ 실내 ~에 힘쓰다 tâcher de maintenir la température intérieure stable. ◇_(을) **하다** maintenir la température.

◆_**성[력]** -性[力] 명 maintien *m* en température.

◆_**병** -甁 명 thermos *mf*, bouteille *f* thermos.

◆_**재** -材 명 isolant *m*.

보완 補完 명 complément *m*; supplément *m*. ¶ ~ 대책 une mesure complémentaire. ¶ 문제점의 ~ règlement progressif des problèmes. ¶ 상호 ~ 관계 relation complémentaire; complémentarité. ◇_(을) **하다** compléter ((*ses* connaissances)); suppléer ((à ce qui manque)); combler ((un déficit)); racheter ((*ses* défauts par *ses* qualités)); réparer ((une perte)); compenser ((une perte par un gain)). ¶ 약점[결점, 문제점]을 ~하다 compenser *ses* points faibles [*ses* défauts, les problèmes]. ¶ 제도를 ~하다 modifier et améliorer un système [une institution]. ◇_(이) **되다** être complété(*e*), suppléé(*e*), comblé(*e*), compensé(*e*).

◆_**적** -的 명 complémentaire. ¶ ~적 관계[역할] une relation [un rôle] complémentaire. ¶ 두 이론을 ~적으로 활용하다 utiliser deux théories d'une manière complémentaire.

보위 保衛 명 protection *f*, sauvegarde *f*. ¶ 국가 ~에 관한 특별법 loi spéciale pour la protection du pays. ◇_(를) **하다** protéger, sauvegarder.

보유 保有 명 possession *f*, détention *f*. ¶ 핵무기[잠수함] ~ possession d'armes nucléaires [de sous-marins]. ¶ 외환 ~ 한도[규모] limite maximale de détention de devises étrangères [quantité de réserve de devises étrangères]. ◇_(를) **하다** détenir *qc*, posséder *qc*, garder *qc*. ¶ 그 선수는 세계 기록을 ~하고 있다 Le joueur détient le record du monde. ¶ 막강한 전력을 ~한 국가 대표팀 équipe nationale d'une grande valeur. ¶ 회사가 ~한 주식 actions que détient une entreprise. ◇_(가) **되다** être possédé(*e*), détenu(*e*), gardé(*e*).

◆_**고** -高 명 réserve *f*. ¶ 외환 ~고 un stock de devises.

◆_**량** -量 명 quantité *f* détenue [possédée]. ¶ 잠수함[핵무기] ~량 quantité de sous-marins possédés [d'armes nucléaires détenues].

◆_**미** -米 명 réserve *f* de riz.

◆_**자** -者 명 déten*teur*(*trice*). ¶ 세계 기록 ~자 déten*teur*(*trice*) d'un record du monde.

◆_**주** -株 명 【경제】 détenteur *m*.

보육 保育 명 éducation *f* ((des enfants)). ¶ ~ 사업 association [organisation] spécialisée dans [s'occupant de] l'éducation des enfants, organisation [organisme] s'occupant de [prenant en charge] l'éducation des enfants. ¶ ~ 시설 installations pour promouvoir [pour favoriser, pour faciliter] l'éducation des enfants. ¶ 아이들의 ~에 힘쓰다 se donner du mal pour l'éducation des enfants.

◆_원 _院 명 crèche *f*, pouponnière *f*; (halte-)garderie *f*.

보은 報恩 명 récompense *f* des bienfaits. ¶ ~ 사상 l'esprit de gratitude. ¶ ~ 설화 contes et légendes sur la récompense des bienfaits. ◇_(을) **하다** s'acquitter d'une obligation de reconnaissance; rendre à *qn* ses bienfaits. ¶ 부모님께 ~을 하다 s'acquitter du devoir de gratitude envers *ses* parents. ¶ 스승의 은덕에 ~을 하다 s'acquitter du devoir de gratitude envers *ses* maîtres.

보이 영{boy} 명 garçon *m* ((d'hôtel)). ¶ 호텔 ~ garçon d'hôtel.

보이다[1] 자 ① se montrer, apparaître, paraître, se voir, se faire voir, se présenter aux yeux de *qn*; tomber sous les yeux de *qn*; entrer dans le champ visuel. ¶ 어둠 속에 사람이 하나 보인다 Je vois un homme dans les ténèbres.¶ 저기 우리 집이 보인다 Là-bas apparaît [on aperçoit] notre maison. ¶그 사람의 모습이 눈에 보이기 시작했다 Je commençais à entrevoir sa silhouette. ¶ 이 쌍안경은 멀리까지 보인다 Ces jumelles permettent de voir loin. ② ((기색 따위)) être visible [perceptible], entrer dans le champ visuel, apparaître, se manifester, se lire, se laisser voir. ¶ 그 여자의 얼굴에 당황한 빛이 역력히 보인다 L'embarras se lit [se manifeste, se laisse voir] sur son visage / Son visage trahit l'embarras. ¶ 그 사람의 태도에 불안의 흔적이 보인다 Son attitude trahit une certaine angoisse. ③ paraître, sembler, avoir l'air, il semble [on dirait] que. ¶그 남자는 장사꾼으로[같이, 처럼] 보인다 On dirait que c'est un(e) marchand(e) /Il a l'air d'un(e) marchand(e). ¶내가 몇 살로 보입니까? Quel âge me donnez-vous? ¶일이 틀어진 것처럼 보인다 On dirait que l'affaire est mal engagée. ¶내게는 그 녀석이 거짓말 하는 것으로 보이는 걸 Il me semble que ce type dit des mensonges. ③ ((verbe auxiliaire qui s'emploie après le suffixe flexionnel *conjonctif* –아/-어 qui s'ajoute au radical de l'adjectif principal, sous forme de radical + -아/-어 보이다)) il semble que, il paraît que + *ind, sub* ¶그 아이는 피곤해 보인다 Cet(te) enfant a l'air fatigué(e). ¶그것은 쉬워 보인다 Cela paraît facile. ¶이 자동차가 저 자동차보다 더 좋아 보여요. Il semble que cette voiture soit meilleure que celle-là. ¶이것이 저것보다 더 작아 보입니다. Il paraît que ceci est plus petit que celui-là.

***개 눈에는 똥만 보인다** ne s'intéresser qu'à une chose.

***눈에 보이는 게 없다** être *fou*(*folle*); perdre la tête [la raison] ((de rage, d'enthousiasme, etc))..

***다시** ~ poser un nouveau regard sur *qc*, voir les choses d'un autre oeil, voir les choses autrement.

***잘** ~ se faire bien voir ((de *son* patron)); être apprécié(*e*) par *qn*, être bien vu(*e*) ((de *son* patron)); avoir la faveur de *qn*.

***잘못** ~ ne pas être apprécié(*e*) par *qn*, perdre la faveur de *qn*.

보이다[2] 타 ((verbe causatif)) ① faire voir; montrer, présenter *qc* à *qn*. ¶ 경찰관에게 여권[증명서]을 ~ montrer *son* passeport [certificat, attestation] à un agent de police.¶ 개찰원에게 기차표를 ~ présenter *son* billet au contrôleur. ¶ 환자[상처]를 의사에게 ~ montrer un(*e*) patient(*e*) [une plaie] à un médecin. ② montrer, laisser voir, laisser paraître, faire voir, faire preuve de *qc*, faire montre de ((*son* talent)), déployer *qc*, exhiber *qc*, étaler *qc*. faire étalage de *qc*, faire parade de *qc*, faire preuve de, manifester ((*sa* joie, *sa* haine, *sa* colère, *sa* volonté, *ses* intentions)), révéler, exprimer, trahir ((l'inquiétude)). ¶ 누구에게 시범[모범]을 ~ montrer [donner] l'exemple. ¶ 용기[애정, 친절]를 ~ montrer du courage [exprimer *son* affection, faire preuve de gentillesse]; faire preuve [montre] de courage [d'affection, de gentillesse]. ¶ 의욕을 ~ montrer [manifester] *sa* volonté; faire preuve de volonté. ③ ((행동으로)) montrer, afficher, arborer. ¶ 웃음을 지어 ~ afficher [arborer] un sourire.

보이콧 영{boycott} 명 *boycott m*, boycottage *m*. ¶ 선거 ~ boycottage des élections. ¶ 올림픽 ~ boycott des Jeux olympiques. ◇_(을) **하다** boycotter.

보일러 영{boiler} 명 chauffe-eau *m*. ¶ ~를 틀다[잠그다] [fermer] le chauffe-eau. ¶ 가스 ~ chauffe-eau à gaz

◆_공 -工 명 plombier *m*.

보자기 褓- 명 carré *m* d'étoffe (servant à envelopper des objets); baluchon *m*. ¶ ~를 풀다 défaire un baluchon. ¶ 무엇을 ~에[로] 싸다 envelopper *qc* dans un baluchon[un carré d'étoffe].

보잘것없다 형 être insignifiant(*e*); avoir peu de valeur; être médiocre. ¶ 이곳은 음식이 ~ Ici, ce n'est pas très bon / Ici, la nourriture laisse à désirer. ¶ 보잘것없는 제 글을 읽어 주셔서 감사합니다 Je vous remercie d'avoir pris la peine de lire mon médiocre texte. ¶ 그는 보잘것없는 자신의 처지를 한탄하고 있다 Il déplore sa situation misérable.

보장 保障 명 garantie *f*; sécurité *f*. ¶ 안전 ~ sécurité, garantie de sécurité. ¶ 비밀 ~ garantie d'un secret. ¶ 생활 ~ 대책 mesures de couverture sociale, garanties d'un minimum social. ¶ 인권 ~ garantie des droits de l'homme. ◇_(을) **하다** garantir *qc*; assurer *qc*. ¶ 사회~제도 sécurité sociale ¶ 주민의 생계를 ~하다 assurer [garantir] la subsistance de la population. ¶ 언론의 자유를 ~하다 assurer [garantir] la liberté de la presse. ◇_(이) **되다** être

ㅂ

assuré(*e*), garanti(*e*). ¶ 높은 수익성이 ~되는 사업 affaires qui garantissent un grand profit. ¶ 높은 금리가 ~되는 예금 compte qui garantit un taux d'intérêt élevé [à la rémunération intéressante]. ¶ 장래가 ~된 젊은 작가 jeune auteur prometteur [qui est promis au plus brillant avenir]. ◇_(을) **받다** avoir une garantie; avoir la garantie ((que+*ind*)). ¶ 제보자는 신변보호를 ~받았다 La sécurité de l'informateur a été assurée. ¶ 파업 노동자들이 계속 일할 수 있다는 ~을 받았다 Les grévistes ont eu la garantie qu'ils pouvaient rester au travail [continuer à travailler]. ◇_(이) **있다[없다]** avoir des garanties [être sans garantie]. ¶ 그 경기에서 우리가 이긴다는 ~이 없다 Rien ne nous garantit la victoire dans ce match. ¶ 약속이 이행된다는 ~이 있어야 파업을 풀겠다 Nous n'arrêterons la grève qu'avec la garantie d'une promesse tenue.

◆_**책** -策 명 dispositif *m* de garantie. ¶ 근로자 생계 ~책을 세우다 créer des dispositifs pour garantir la subsistance des travailleurs.

보전 保全 명 sauvegarde *f*, préservation *f*, protection *f*, maintien *m*. ¶ 현장 ~ protection [conservation] des lieux. ¶ 생태계[환경] ~ préservation [protection] de l'écosystème [de l'environnement]. ¶ 국토의 개발과 ~에 힘쓰다 s'efforcer de développer et de sauvegarder le territoire. ◇_(을) **하다** sauvegarder *qc*, préserver *qc*, conserver *qc*; protéger *qc*. ¶ 목숨을 ~하다 préserver *sa* vie. ¶ 환경을 ~하다 sauvegarder [préserver, protéger] l'environnement. ◇_(이) **되다** être sauvegardé(*e*), préservé(*e*), conservé(*e*), protégé(*e*). ¶ 문화유적이 잘 ~된 도시 une ville qui protège bien *ses* vestiges culturels [*son* patrimoine].

보정 補正 명 ① révision *f*, compensation *f*. ¶ 임금 ~ révision d'un salaire. ② 【물리】 correction *f*. ¶ 나침반 편차의 ~ correction d'un compas. ◇_(을) **하다** réviser; corriger; compenser.

보조 補助 ① aide *f*, assistance *f*, appui *m*. ¶ ~ 동력 une force motrice secondaire [de secours]. ¶ ~ 수단 un moyen [une mesure] subsidiaire. ¶ ~ 인력 assistant(*e*). ¶ ~ 장치 un dispositif subsidiaire [secondaire]. ¶ 국가 ~로 학교를 운영하다 administrer une école avec l'aide [avec les subventions, avec les allocations] du gouvernement. ¶ ~가 끊어지다 ne plus avoir d'aide [d'assistance, d'appui]. ② assistant(*e*); aide *mf*. ¶ 간호 ~ un(*e*) assistant(*e*) infirmi*er*(*ère*), un(*e*) aide-soignant(*e*). ¶ 요리사 ~ un(*e*) assistant(*e*) cuisini*er*(*ère*), un(*e*) aide-cuisini*er*(*ère*). ¶ 미싱 ~ un(*e*) aide-taille*ur*(*se*). ¶ 세 명의 ~를 두다[쓰다] avoir [employer] trois assistant(*e*)s. ◇_(를) **하다** aider ((*qn*)) ((financièrement)); donner [prêter] assistance ((à *qn*)); subvenir ((aux besoins de *qn*)). ¶ 극빈자의 생활비를 ~하다 subvenir aux besoins des plus démunis. ◇_(를) **받다** être assisté(*e*); toucher une subvention; être financé(*e*). ¶ 그 사람은 삼촌에게서[으로부터] 학비를 ~받는다 Il est assisté [aidé] financièrement par son oncle pour ses études.

◆_**적** -的 명 subsidiaire, secondaire. ¶ ~적 수단 un moyen [une mesure] subsidiaire. ¶ ~적인 역할[기능] un rôle [une fonction] secondaire. ¶ ~적으로 쓰이는 개념[도구] une notion secondaire, un concept secondaire [un outil d'appoint].

◆_**금[비]** -金[費] 명 subvention *f*, subside *m*, allocation *f*. ¶ 생활 ~비 allocation. ¶ 국고 ~금 subvention de l'État. ¶ ~금을 주다 donner une subvention [une allocation]. ¶ ~금을 받다[타다] recevoir [obtenir, toucher] une subvention [une allocation].

◆_**기관** -機關 명 【행정】 organisme *m* subsidiaire.

◆_**기억장치** -記憶裝置 명 【컴퓨】 mémoire *f* secondaire.

◆_**동사** -動詞 명 【언어】 verbe *m* auxiliaire. ¶ 일종의 ~동사처럼 쓰이다 s'employer [être employé(*e*)] comme une sorte de verbe auxiliaire [un quasi-verbe auxiliaire]; s'employer pour ainsi dire [en quelque sorte, quasiment] comme un verbe auxiliaire.

◆_**어간** -語幹 명 【언어】 radical *m* supplémentaire.

◆_**용언** -用言 명 【언어】 mot *m* fléchi auxiliaire, verbe *m* auxiliaire ou adjectif *m* [qualitatif *m*, verbe *m* de qualité] auxiliaire.

◆_**원** -員 명 aide *mf* (de bureau); assistant(*e*); employé(*e*) auxiliaire. ¶ ~원을 쓰다[두다] employer un(*e*) aide [assistant(*e*)].

◆_**적 연결어미** -的 連結語尾 명 【언어】 suffixe *m* flexionnel conjonctif [de jonction] auxiliaire; ((suffixe *m* flexionnel conjonctif [de jonction] qui apparaît devant un verbe ou un adjectif [qualitatif] auxiliaire, 예: 먹'어' 보다)).

◆_**형용사** -形容詞 명 【언어】 adjectif *m* (verbe *m* de qualité) auxiliaire; qualitatif *m* auxiliaire.

보조개 명 fossette *f*. ¶ 그 여자는 웃을 때 양 볼에 ~가 패인다 Elle a des fossettes qui se creusent quand elle sourit.

보조사 補助詞 명 ☞ 조사[3]

보존 保存 명 conservation *f*, garde *f*, préservation *f*. ¶ ~ 창고 entrepôt de conservation. ¶ 유물 ~ conservation des vestiges. ¶ 영토 ~ intégrité territoriale [du territoire]. ¶ 종족 ~ préservation de la race [de l'espèce]. ¶ 공문서 ~ 기간 période de conservation des documents officiels. ¶ 전통[문화]의 ~ préservation de la tradition [de la culture]. ◇_(을) **하다** conserver *qc*; garder *qc*; se charger de la garde de *qc*; préserver *qc*. ¶ 환경[국토]을 ~하다 préserver l'environnement [le territoire]. ◇_(이) **되다** être préservé(*e*), conservé(*e*).

◆_**적** -的 명 conserva*teur*(*trice*). ¶ ~적 가치가 있는 도서 un ouvrage qui mérite d'être conservé. ¶ ~적인 차원에서 sur le plan de la conservation.

◆_**력** -力 명 【물리】 force *f* conservatrice.

◆_료 -料 명 antiseptique *m*.

◆_법 -法 명 méthode *f* de conservation [de préservation]. ¶ 문화재의 수명을 늘리기 위한 ~법의 연구 étude des méthodes de conservation du patrimoine.

◆_법칙 -法則 명 【물리】 loi *f* [principe *m*] de conservation. ¶ 에너지 ~ 법칙 le principe de la conservation de l'énergie.

보좌 補佐 명 assistance *f*; aide *f*; conseil *m*. ◇_(를) **하다** aider *qn*; donner [prêter] assistance à *qn*; seconder. ¶ 국회의원을 ~하다 seconder un parlementaire [un député]. ¶ 사장을 ~하다 assister le P.-d.g.. ◇_(를) **받다** se faire assister (par *qn*).

◆_관 -官 명 aide *mf*; assistant(*e*); auxiliaire *mf*; conseill*er*(*ère*). ¶ 대통령[국회의원] ~관 adjoint(*e*) du président [député]. ¶ 수석 ~관 premi*er*(*ère*) adjoint(*e*).

◆_신부 -神父 명 【천주】 vicaire *m* (de paroisse).

◆_인 -人 명 【법률】 conseill*er*(*ère*) judiciaire.

보증 保證 명 ① justification *f*. ② garantie *f*, caution *f*, assurance *f*. ¶ ~ 각서 un bon de garantie. ¶ 품질 ~ garantie de la qualité des produits. ¶ 경찰서장의 ~으로 구속을 면하다 échapper à la détention préventive grâce à la garantie du commissaire de police. ◇_(을) **서다** se porter garant(e), se rendre garant(e). ¶ 친구의 ~을 서다 servir de répondant(*e*) [garant(*e*)] à un(*e*) ami(*e*). ◇_(을) **세우다** ¶ 친구를 ~ 세워 대출을 받았다 J'ai fait un emprunt avec la caution d'un ami. ◇_(을) **하다** garantir *qc* à *qn*, certifier *qc* à *qn*, assurer à *qn* que+*ind*; répondre de *qn*/*qc*. ¶ 품질을 ~하다 garantir la qualité. ◇_(을) **받다** être garanti(*e*), certifié(*e*). ¶ 품질을 ~받은 상품 un produit garanti de bonne qualité.

◆_금 -金 명 caution *f*, dépôt *m*, cautionnement *m*, fonds *mpl* de garantie. ¶ 아파트 임대 ~금 caution pour la location d'un appartement. ¶ ~금을 내다[걸다] verser [déposer] une caution.

◆_서 _書 명 bon *m* de garantie.

◆_인 -人 명 répondant(*e*), garant(*e*).

보직 補職 명 nomination *f* à un poste [à une fonction], désignation *f* à un poste. ¶ ~ 교수 professeur en poste [en charge, attitré]. ¶ ~을 맡다 être appelé(*e*) à occuper un poste [une fonction]. ¶ ~에서 물러나다 quitter un poste [une fonction]. ◇_(을) **하다[시키다]** nommer *qn* à un poste [á une fonction]. ¶ 누구를 차관에[으로] ~하다 nommer quelqu'un à un poste de vice-ministre. ◇_(이) **되다** être nommé(*e*) ((à un poste)).

보채다 자 pleurnicher; demander [réclamer] *qc* avec insistance, importuner *qn* [harceler *qn*, casser les pieds à *qn* {*fam*}] pour obtenir *qc*, insister (d'une façon enfantine) auprès de *qn* pour faire *qc*; importuner *qn*, énerver *qn*, agacer *qn*, harceler *qn*, faire une colère [un caprice, des caprices], s'entêter à vouloir faire *qc*. ¶ 보채는 아이를 달래다 calmer [apaiser, consoler] un bébé qui pleure [pleurniche, geint]. ¶ 아이가 과자를 사 달라고 자꾸 보챘다 L'enfant importunait sa mère pour qu'elle lui achète des biscuits / L'enfant faisait une colère pour que sa mère lui achète des biscuits.

보청기 補聽器 명 appareil *m* auditif. ¶ (귀에) ~를 끼다 porter un appareil auditif (à l'oreille).

보초 步哨 명 【군사】 sentinelle *f*, garde *m*, factionnaire *m*. ¶ ~ 근무 garde *f*, guet *m*. ◇_(를) **서다** monter la garde, faire le guet, être en faction[en sentinelle]. ◇_(를) **세우다** placer une sentinelle, mettre un garde [un homme de faction].

보충 補充 명 supplément *m*, complément *m*, suppléance *f*. ¶ ~ 수업[교육] cours supplémentaires (en dehors des heures réglementaires) [enseignement *m*, complémentaire]. ¶ ~ 설명[질문] une explication [une question] supplémentaire [complémentaire]. ¶ ~ 수단 un moyen supplémentaire. ¶ 영양 ~ un supplément nutritionnel. ¶ 냉각수 ~ addition d'eau pour refroidir la voiture. ¶ 인원 ~ renouvellement du personnel. ◇_(을) **하다** suppléer à ((un manque)), combler ((un déficit dans un budget)), compléter ((une somme)), réparer, compenser ((une perte)). ◇_(이) **되다** être comblé(*e*), complété(*e*), réparé(*e*), compensé(*e*).

◆_적 -的 명 supplémentaire, complémentaire. ¶ ~적인 설명 explication supplémentaire. ¶ ~적으로 언급할 문제 problème à mentionner supplémentairement.

◆_법 -法 명 【언어】 supplétion *f*.

◆_어 -語 명 【언어】 complément *m*.

◆_역 -役 명 【법률】 obligations *fpl* militaires d'un réserviste.

◆_형 -形 명 【언어】 forme *f* supplétive.

보컬 영{vocal} 명 【음악】 ① chant *m*. ② chanteur d'un groupe (de rock)

보태다 타 ① ajouter; additionner, suppléer ((à ce qui manque)), combler ((un déficit)); compléter ((une somme)). ¶ 이 돈을 생활비[학비, 여비]에 보태라 Sers-toi de cet argent pour arrondir tes fins de mois [pour payer tes frais de scolarité, pour tes dépenses de voyage]. ¶ 이 돈을 모자라는데 보태라 Prends cette somme pour payer le reste. ¶ 보태지도 말고 빼지도 말고 사실대로 말해라 Dis la vérité, rien que la vérité, n'ajoute rien, n'enlève rien. ② ajouter *qc* à *qc*; additionner ((des nombres)). ¶ 2에 3을 보태면 5이다 Si on ajoute trois à deux, cela fait cinq / Deux et trois font cinq / Deux plus trois égalent cinq.

보탬 명 ① addition *f*. ¶ 숨김도 ~도 없이 말하다 dire ni plus ni moins que la vérité. ② aide *f*. ◇_(이) **되다** aider (à *qc*), faciliter *qc*. ¶ 적당한 운동은 건강에 ~이 된다 Faire un peu de sport aide à maintenir la santé. ¶ 그 사람[그 사람의 충고]이 계획 성사에 많은 ~이 되었다 Ses conseils nous ont beaucoup aidés à concrétiser notre projet. ◇_(을) **주다** aider. ¶ 살림에 ~을 주다 arrondir *ses* fins de mois {*fam*}.

ㅂ

¶ 그 사람이 우리 계획에 많은 ~을 주었다 Il nous a beaucoup aidés dans notre projet.

보통 普通 명 normalité *f*, norm*al*(*ale*, *aux*); ordinaire, commun(*e*); habituel(*le*), usuel(*le*), courant(*e*), quotidien(*ne*); conventionnel(*le*), routini*er*(*ère*); génér*al*(*ale*, *aux*), universel(*le*); moyen(*ne*); banal(*e*), ordinaire; médiocre, plat(*e*). ¶ ~ 실력 un niveau ordinaire [moyen]. ¶ ~의 키 une taille normale [ordinaire, moyenne]. ¶ ~ 때와 다른 옷차림 une tenue qu'on ne met pas d'ordinaire [en temps normal]. ¶ ~이 넘다 sortir de l'ordinaire, être mieux que la normale, être plus doué(*e*) [meilleur(*e*)] que les autres, exceller, être au-dessus du lot, émerger [se détacher] du lot. ¶ ~ 사람이 아니다 Ce n'est pas quelqu'un d'ordinaire. ¶ ~ 솜씨가 아니다 faire *qc* mieux que la normale, être plus doué(*e*) que les autres, être au-dessus du lot [des autres], émerger [se détacher] du lot. ¶ ~ 같으면 두 달이 걸릴 번역 une traduction qui aurait dû en temps normal prendre deux mois.
부 d'ordinaire, d'habitude, en général, généralement, d'habitude, en règle générale, ordinairement, à l'ordinaire, le plus souvent, communément, couramment. ¶ 그는 ~ 일곱 시에는 일어난다 D'ordinaire [D'habitude], il se lève à sept heures. ¶ ~ 몇 시에 퇴근하십니까? D'ordinaire, à quelle heure quittez-vous le bureau?
◆**_명사** -名詞 명 【언어】 nom *m* commun.
◆**_선거** -選擧 명 【정치】 élection *f* populaire; suffrage *m* universel.
*~(**이**) **아니다** être hors du commun, être extraordinaire, excellent(*e*), remarquable, exceptionnel(*le*); se distinguer, se détacher [émerger] du lot, être au-dessus du lot [des autres], exceller. ¶ 부인의 요리 솜씨가 ~이 아니네 *Ta* femme fait vraiment bien la cuisine / *Ta* femme est vraiment douée pour la cuisine / *Ta* femme est vraiment bonne cuisinière.

보통내기 普通- 명 quelqu'un d'ordinaire. ¶ 말하는 걸 보니 그 사람 ~가 아니다 À l'entendre parler ce n'est pas quelqu'un d'ordinaire.

보트 영{boat} 명 bateau *m*.

보편 普遍 명 【철학】 universalité *f*. ¶ 철학의 ~ 원리 principe universel de la philosophie.
◆**_적** -的 명 universel(*le*). ¶ ~적 추세 courant universel [tendance universelle]. ¶ 인류의 ~적 가치 valeur universelle de l'humanité. ¶ ~적으로 쓰이는 표현 expression utilisée universellement.
◆**_성** -性 명 universalité *f*.
◆**_화** -化 명 universalisation *f*. ¶ 휴대 전화의 ~화 universalisation de la téléphonie mobile. ¶ 인터넷 사용이 ~화하였다[되었다] L'utilisation de l'Internet s'est universalisée.
◆**_의지** -意志 명 【철학】 volonté *f* universelle.
◆**_주의** -主義 명 universalisme *m*.

보폭 步幅 명 (grandeur *f* d'un) pas *m*. ¶ ~을 넓히다 allonger le pas.

보푸라기 명 duvet *m*, peluche *f*. ¶ 털옷의 ~ le duvet d'un vêtement duveté.

보필 輔弼 명 assistance *f*, aide *f*, service *m*. ¶ 참모들의 ~ assistance aux officiers d'état-major. ¶ 십여 명의 신하를 ~로 삼다 avoir à *son* service une dizaine de sujets [de serviteurs, de vassaux]. ◇_(**을**) **하다** assister, aider, servir, être au service de *qn*, servir de second à *qn*. ¶ 임금을 잘 ~하다 bien servir le roi, servir le roi avec dévouement. ¶ 사장을 ~하다 assister le président. ◇_(**을**) **받다** se faire assister [aider] par *qn*, avoir *qn* à *son* service.

보행 步行 명 marche *f*. ¶ 공사로 ~에 불편을 드려 죄송합니다 Nous sommes désolés si les travaux rendent le passage difficile aux piétons.
◆**_기** -器 명 ((갓난아이용)) trotteur *m*.
◆**_자** -者 명 piéton(*ne*).

보험 保險 명 【경제】 assurance *f*. ¶ ~에 들다[가입하다] prendre une assurance [s'assurer].
◆**_금** -金 명 【경제】 indemnité *f* ((versée par une compagnie d'assurance)). ¶ ~금을 지급하다[타다] verser [obtenir] des indemnités.
◆**_료** -料 명 【경제】 prime *f* d'assurance. ¶ ~료를 내다 verser une prime d'assurance.
◆**_사** -社 명 【경제】 compagnie *f* d'assurance.
◆**_자** -者 명 【경제】 assureur *m*. ¶ ~자와 피보험자 assureur et assuré.
◆**건강_** 健康- 명 【경제】 assurance-maladie *f*.
◆**사회_** 社會- 명 【사회】 assurance *f* sociale.
◆**산재_** 産災- 명 【경제】 assurance *f* contre les accidents de travail.
◆**상해_** 傷害- 명 【법률】 assurance *f* (contre les) accidents.
◆**생명_** 生命- 명 【경제】 assurance *f* sur la vie, assurance-vie *f*.
◆**손해_** 損害- 명 【법률】 assurance *f* tous risques.
◆**실업_** 失業- 명 【경제】 assurance *f* contre le chômage.

보호 保護 명 ① protection *f*, garde *f*; sauvegarde *f*; patronage *m*; tutelle *f*. ¶ ~ 장치 dispositif de protection. ¶ 동물 ~ protection des animaux. ¶ 신변 ~ protection du corps; protection d'une personne; garde rapprochée. ¶ 자연 ~ 운동 mouvement pour la protection de la nature. ¶ 생명의 위협을 느끼고 경찰에 ~를 요청하다 demander [solliciter] la protection de la police, se sentant en danger de mort. ¶ 부모님의 ~ 아래 행복한 유년기를 보내다 passer une enfance heureuse sous la protection de *ses* parents. ¶ 이 아이는 부모의 각별한 ~가 필요하다 Cet(*te*) enfant nécessite une protection particulière de la part de *ses* parents. ② prestations *fpl* sociales. ¶ 생활 ~ 대상자 bénéficiaire de l'aide sociale. ◇_(**를**) **하다** ① protéger, prendre *qn* sous *sa* protection [sous *sa* tutelle]; défendre *qn* contre *qc*; sauvegarder *qc*. ¶ 환경을 ~하다 protéger l'environnement. ¶ 멸종 위기에 처한 동물들을 ~하다

protéger les animaux en voie de disparition. ¶ 어린이들을 위험으로부터 ~하다 protéger les enfants des dangers. ¶ 사람들을 각종 질병으로부터 ~하다 protéger les gens de toutes sortes de maladies. ¶ 국가는 국민의 생명과 재산을 ~한다 L'État protège la vie et les biens de ses citoyens. ② garder, surveiller. ¶ 길 잃은 어린이를 ~하다 garder un(*e*) enfant perdu(*e*). ◇_(가) **되다** être protégé(*e*). ◇_(를) **받다** être surveillé(*e*); être placé(*e*) sous la protection de *qn*. ¶ 경찰의 ~를 받다 être surveillé(*e*) par la police. ¶ 법적으로 ~를 받다 être cautionné(*e*) par la loi. ¶ 지적 재산권이 ~받지 못하는 국가 États qui ne garantissent pas le droit de propriété intellectuelle.

◆**_감호** -監護 명 【법률】 placement *m* [internement *m*] des anciens détenus (après la purge de leur peine) dans un centre de rééducation. ¶ ~감호 처분을 내리다 décider de placer un ancien détenu dans un centre de rééducation après la purge de sa peine.

◆**_관세** -關稅 명 【법률】 droits *mpl* de douane [tarifs *mpl* douaniers] protectionnistes, tarif *m* protecteur des droits de douane. ¶ ~관세를 부과하다 imposer des droits de douane protectionnistes.

◆**_관찰** -觀察 명 【법률】 liberté *f* surveillée. ¶ ~관찰 처분 liberté surveillée.

◆**_구** -區 명 【법률】 réserve *f* ((zoologique)); zone *f* protégée.

◆**_구역** -區域 명 réserve *f* ((zoologique)); zone *f* protégée. ¶ 야생동물 ~구역 une réserve zoologique.

◆**_국** -國 명 État *m* [pays *m*] protecteur; État *m* protégé; protectorat *m*.

◆**_기관** -器官 명 【생물】 organisme *m* protecteur.

◆**_령** -領 명 【정치】 protectorat *m*.

◆**_림** -林 명 forêt *f* protégée.

◆**_막** -膜 명 barrière *f* de protection. ¶ ~막을 형성하다 installer une barrière de protection. ¶ 얇은 ~막을 씌운 유리병 une bouteille de verre protégée par un film de protection.

◆**_무역주의** -貿易主義 명 【경제】 protectionnisme *m*.

◆**_무역주의자** -貿易主義者 명 【경제】 protectionniste *mf*.

◆**_법** -法 명 droit *m* de protection. ¶ 소비자 ~법 droit (de protection) des consommateurs.

◆**_색** -色 명 【동물】 homochromie *f*, mimétisme *m* ((du caméléon)). ¶ ~색을 띠다 être homochrome.

◆**_석** -席 명 place *f* réservée ((aux personnes âgées)). ¶ 노약자 ~석 place réservée aux personnes âgées, aux handicapés et aux femmes enceintes.

◆**_소** -所 명 centre *m* de recueil ((des enfants perdus)). ¶ 시립 아동 ~소 centre municipal de recueil des enfants.

◆**_시설** -施設 명 établissement *m* d'assistance sociale [d'aide sociale].

◆**_자** -者 명 protec*teur*(*trice*); parents *mpl*; patron(*ne*); tu*teur*(*trice*). ¶ 환자의 ~자 le (la) tu*teur*(*trice*) du malade [du patient].

◆**_조약** -條約 명 【법률】 traité *m* de protection.

◆**_조치** -措置 명 【법률】 mesure *f* de protection.

◆**_주의** -主義 명 【경제】 protectionnisme *m*.

◆**_지** -地 명 réserve *f* ((zoologique)); zone *f* protégée. ¶ 철새 ~지 une réserve d'oiseaux migrateurs.

◆**_책** -策 명 mesure *f* de protection.

◆**_처분** -處分 명 【법률】 mesure *f* de protection.

◆**피_자** 被-者 명 protégé(*e*).

보화 寶貨 명 trésor *m*, richesse *f*.

복[1] 福 명 ① bonheur *m*, heur *m* {*litt*, *vx*}, (bonne) fortune *f*, chance *f*. ¶ ~을 타고나다 être né(*e*) sous une bonne étoile [sous le signe de la chance], être né(*e*) coiffé(*e*), être béni(*e*) des dieux. ¶ ~이 있다[없다] avoir de la [ne pas avoir de] chance [veine {*fam*}], avoir du [ne pas avoir de] pot {*fam*}, [bol {*fam*}, cul {*vulg*}], avoir la baraka {*fam*}. ¶ ~(이) 많은 사람 une personne qui a beaucoup de chance, une personne très chanceuse, une personne à qui la chance sourit beaucoup [toujours], une personne gâtée par la vie, une personne comblée par la chance. ¶ ~이 터졌다 avoir beaucoup de chance, avoir une chance extraordinaire [folle {*fam*}], avoir une veine de cocu {*fam*}. ¶ 좋은 일을 하면 ~을 받는다 Le bonheur [La chance] sourit à ceux qui font le bien. ¶ 새해 ~ 많이 받으세요 Bonne année / Tous mes voeux de bonheur pour cette nouvelle année. ② 배당되는 몫이 많은 것을 비유적으로 이르는 말 fait de bien tomber [d'arriver au bon moment]. ¶ 나는 먹을 ~이 있다 J'arrive toujours au moment du repas / J'ai la chance de toujours tomber au moment du repas.

◆**_되다** 형 être heureux(*se*). ¶ 온 집안이 모두 건강하시고 ~되시기를 빕니다 Je prie pour que toute votre famille soit en bonne santé et heureuse.

◆**_부인** -婦人 명 femme *f* qui fait [qui cherche à faire] de gros bénéfices grâce à la spéculation immobilière.

◆**_비** -福費 명 frais *mpl* d'agence immobilière. ¶ ~비를 내다[받다] payer les frais d'agence (immobilière) [prélever les frais d'agence (immobilière)] ((pour l'achat ou la location d'un logement)).

복[2] 伏 명 Bok <un des trois jours de canicule, les trois grandes [grosses] chaleurs de l'année: Chobok, Jungbok et Malbok>.

◆**_더위** 명 chaleur *f* caniculaire [de plomb, intenable, accablante, suffocante, étouffante], canicule *f*, fournaise *f*, étuve *f*. ¶ ~더위를 이겨내다 surmonter la chaleur caniculaire. ¶ ~더위가 기승을 부린다 On souffre de la chaleur caniculaire.

복[3] 명 ☞ 복어

-복[4] -服 접미 vêtement *m*. ¶ 신사[숙녀]~ vêtement pour homme [femme]. ¶ 수영~ maillot de bain.

¶ 작업~ tenue de travail; bleu de travail. ¶ 체육[운동]~ survêtement [training, jogging]; survêt {*fam*}. ¶ 평상~ tenue *f* de tous les jours. ¶ 학생~ uniforme *m* scolaire.

복-5 複- [접두] complexe, composé(*e*); double. ¶ ~모음[자음] double voyelle *f* [double consonne]. ¶ ~소수 nombre *m* complexe.

복각 覆刻 명 réimpression *f*, réédition *f* ((d'un ouvrage gravé)). ◇_(을) **하다** réimprimer, rééditer. ◇_(이) **되다** être réimprimé(*e*), réédité(*e*).
◆_**본[판]** -本[板] 명 réédition *f*, réimpression *f*.

복간 復刊 명 reprise *f* de publication ((après interdiction ou interruption)). ◇_(을) **하다** publier de nouveau, reprendre la publication ((d'un magazine)); faire reparaître ((un journal)). ¶ 폐간되었던 잡지를 ~하다 publier de nouveau un magazine dont la publication avait été interrompue. ◇_(이) **되다** être publié(*e*) de nouveau, paraître à nouveau, reparaître. ¶ ~된 정기 간행물 périodique *m* publié de nouveau.

복개 覆蓋 명 couvercle *m* ((d'une boîte)); plaque *m* d'égout; opercule *m*. ¶ ~ 공사 travaux de bétonnage. ¶ 하천의 ~ le recouvrement de la rivière [du cours d'eau]. ◇_(를) **하다** recouvrir ((de béton)). ¶ 개천을 ~하다 recouvrir ((de béton)) un ruisseau [un petit cours d'eau]. ◇_(가) **되다** être recouvert(*e*) ((de béton)).

복고 復古 명 ((유행 따위가)) retour *m* ((à l'ancienne mode)); restauration *f*, retour *m* (à l'ancien régime).
◆_**주의** -主義 명 théorie *f* rétrograde. ¶ 패션의 ~주의 경향 tendance rétrograde de la mode.
◆_**풍** -風 명 tendance *f* rétrograde. ¶ ~풍의 옷차림 une tenue (vestimentaire) rétrograde.

복구 復舊 명 ① reconstruction *f* ((d'un pont)); restauration *f* ((d'un château)). ¶ ~ 공사 travaux de remise en état [de restauration]. ¶ 수해 지역의 ~ rétablissement des voies de communication dans une zone sinistrée par les inondations. ¶ 재해 지역의 피해 ~ 작업 des travaux de reconstruction des régions sinistrées. ② 【컴퓨】 restauration *f* ((de fichiers perdus à partir de fichiers sauvegardés)), restitution *f* ((de fichiers sauvegardés)). ◇_(를) **하다** [**시키다**] ① rétablir; reconstruire; restaurer; réparer. ¶ 피해를 최대한 빨리 ~하다 réparer le plus vite possible les dégâts. ¶ 훼손된 문화재를 ~시키다 restaurer les biens culturels endommagés. ¶ 지진으로 무너진 건물들을 ~하다 reconstruire les bâtiments détruits par le séisme. ② restaurer ((des fichiers perdus)), restituer ((des fichiers sauvegardés)). ¶ 손실된 파일을 ~하다 restaurer les fichiers perdus. ◇_(가) **되다** ① être remis(*e*) en état de marche; être restauré(*e*), reconstruit(*e*). ¶ 끊어진 전화선이 ~되었다 La ligne de téléphone a été remise en état de marche. ② ((un fichier perdu)) être restauré(*e*); ((un fichier sauvegardé)) être restitué(*e*).

복권 復權 명 réhabilitation *f*. ¶ 정치인들의 ~ la réhabilitation des hommes politiques. ◇_(을) **하다** [**시키다**] rétablir *qn* dans ses droits; réhabiliter ((la victime d'une erreur judiciaire)). ◇_(이) **되다** être rétabli(*e*) dans ses droits. ¶ 그는 이번 사면으로 ~되었다 Il a été rétabli dans ses droits grâce à l'amnistie.

복귀 復歸 명 retour *m* ((d'un ancien ministre au pouvoir)). ¶ 원대 ~ retour à *sa* base (militaire) après une permission. ◇_(를) **하다** retourner ((à son ancien poste)); revenir ((à sa place)). ¶ 다시 일상 생활로 ~하다 revenir à la vie quotidienne. ¶ 파견근무를 마치고 원래의 자리로 ~하다 retourner à *son* poste [retrouver *son* travail] après un travail en détachement. ¶ 왕년의 스타가 은막에 ~했다 La star d'autrefois est revenue à l'écran. ¶ 나는 병이 나아서 직장에 ~했다 J'ai retrouvé mon poste [J'ai réintégré mes fonctions] une fois guéri(*e*). ◇_(를) **시키다** réintégrer *qn* dans *ses* fonctions. ¶ 선수들을 ~시키다 réintégrer des joueurs. ◇_(가) **되다** être réintégré(*e*); retrouver *sa* place.

복근 腹筋 명 muscles *mpl* abdominaux; abdominaux *mpl*. ¶ ~ 운동 ((faire)) des abdo(minaux). ¶ ~을 단련하다 faire des abdominaux [des abdos {*pop*}].

복날 伏- Boknal <un des 3 jours de canicule, les trois grandes [grosses] chaleurs de l'année: Chobok, Jungbok et Malbok>.
*~(**에**) **개 맞듯 맞다**[**패듯 패다**] se faire battre [battre *qn*] comme plâtre, se faire frapper [frapper *qn*] violemment, se faire frapper [frapper *qn*] à mort, se faire passer [passer *qn*] à tabac, {*fam*}, se faire frapper [frapper *qn*] jusqu'au sang, se faire tabasser {*fam*} [tabasser *qn* {*fam*}, rosser *qn* {*fam*}], se faire rouer [rouer *qn*] de coups.

복닥거리다 자 grouiller, fourmiller, pulluler; présenter une agitation confuse; s'agiter, se remuer; faire du tapage. ¶ 거리에 사람들이 복닥거리고 있다 La rue grouille de monde. ¶ 가게가 손님들로 복닥거린다 Les clients se bousculent dans le magasin.

복덕방 福德房 명 agence *f* immobilière. ¶ ~에 집을 내놓다 mettre *sa* maison en vente auprès d'une agence immobilière.

복도 複道 명 couloir *m*; corridor *m*; passage *m*. ¶ ~식 아파트 (ensemble d')immeubles *mpl* d'habitation en enfilade.

복리 福利 명 bien-être *m*, prospérité *f*. ¶ 주민의 ~ 증진 augmentation *f* du bien-être de la population.

복막염 腹膜炎 명 【의학】 péritonite *f*, inflammation *f* du péritoine.

복무 服務 명 service *m* (public). ¶ ~ 규정 réglementation *f* de travail [service]. ¶ 군 ~ service *m* militaire. ¶ ~를 마치다 terminer son service militaire. ¶ 군의관으로 3년간의 의무 ~를 마치다 travailler trois ans en tant que médecin, à la place du service militaire. ◇_(를) **하다** servir; entrer en service; faire son service militaire. ¶ 해외에서 ~하

다 travailler à l'étranger. ¶ 공익근무요원으로 ~하다 faire son service national en tant que personnel du service public. ¶ 군대에서 3년 동안 ~했다 J'ai servi l'armée 3 ans / J'ai fait un service militaire de 3 ans [d'une durée de 3 ans].

◆_**연한** -年限 명 durée *f* du service militaire. ¶ ~연한을 늘리다[줄이다] accroître [réduire] la durée du service militaire.

◆_**자** -者 명 personne *f* en service; appelé *m*, personne *f* qui fait son service militaire.

복문 複文 명 【언어】 phrase *f* complexe. ¶ ~은 포함된 술어 수만큼의 절로 구성된다 La phrase complexe est composée d'autant de propositions qu'elle contient de prédicats.

복받치다 자 ((tristesse)) remplir le cœur; ((émotion)) surgir, envahir. ¶ 복받치는 화[기쁨]를 억누르지 못하다 ne pouvoir retenir [contenir, dominer, réprimer, modérer] *sa* colère [*sa* joie]. ¶ 설움이 복받친다 La tristesse m'envahit. ¶ 그는 눈물이 복받쳐 올랐다 Des larmes (de tristesse) lui montaient aux yeux.

복병 伏兵 명 ① 【군사】 embuscade *f*, traquenard *m*, guet-apens(~*s*-~) *m*, piège *m*, chausse-trape (~-~*s*), guêpier *m*, embûche *f*. ② 【군사】 soldat *m* en embuscade. ¶ ~을 배치하다 préparer [dresser] une embuscade, mettre des soldats en embuscade. ¶ ~을 만나다 tomber dans une embuscade [dans un traquenard, dans un piège]. ③ ((비유적)) embûche *f*, obstacle *m* imprévu et insurmontable, difficulté *f*, écueil *m*, pierre *f* d'achoppement, ((tomber sur un)) os *m* {*fam*}, hic *m* {*fam*}, cactus *m* {*fam*}. ¶ ~을 만나다[에 걸리다] tomber sur un os {*fam*} [sur un bec (de gaz) {*fam*}].

복사 複寫 명 ① reproduction *f*, copie *f*. ② photocopie *f*, copie *f*, duplicata *m*, double m, polycopie *f*. ¶ 사진 ~ une photocopie. ¶ 컬러 ~ une photocopie couleur. ¶ ~를 맡기다 faire faire des photocopies. ③ 【컴퓨】 reproduction *f*, copie *f* ((d'un disque, d'un logiciel)); ((불법)) piratage *m*. ◇_(를) **하다** ① reproduire ((un document)); copier ((une lettre)); prendre copie ((d'un contrat)). ② faire une photocopie, photocopier ((un document)), faire une copie [un double]. ¶ ~ 용지 papier pour faire des photocopies. ¶ 이 서류를 다섯 부만 ~해 줘요 Faites-moi cinq exemplaires de ce document. ③ reproduire, copier ((un disque, un logiciel)); ((불법)) pirater. ¶ 프로그램을 ~해서 쓰다 utiliser la copie d'un programme [d'un logiciel], utiliser un logiciel copié [un programme copié; ((불법)) un logiciel piraté]. ◇_(가) **되다** ① être reproduit(*e*), être copié(*e*). ② être reproduit(*e*), être photocopié(*e*). ③ ((un logiciel, un programme)) être reproduit(*e*), copié(*e*); ((불법)) être piraté(*e*).

◆_**기** -器 명 duplicateur *m*; photocopieur *m*, photocopieuse *f*.

◆_**물** -物 명 copie *f*, duplicata *m*, double *m*. ¶ ~물을 나눠주다 distribuer les photocopies.

◆_**본** -本 명 photocopie *f*, copie *f*. ¶ 필름의 ~본 une copie d'une pellicule. ¶ 이 책의 ~본이 나돌고 있다 Des copies de ce livre circulent un peu partout.

◆_**지** -紙 명 papier *m* copie.

◆_**판** -版 명 reproduction *f*; ((비유적)) copie *f* conforme, portrait *m* vivant, image *f* vivante, portrait *m* (craché {*fam*}) ((de *son* père)), tout le portrait *m* ((de *sa* mère)). ¶ 모나리자의 ~판 reproduction de la Joconde. ¶ 저 녀석은 내 젊은 시절의 ~판이다 C'est la copie conforme [tout le portrait, l'image vivante, le portrait vivant, le portrait (craché {*fam*})] de son père [de sa mère] / Cet(*te*) enfant me ressemble sous toutes les coutures [en tous points, d'une manière frappante, comme deux gouttes d'eau] / C'est moi tout craché {*fam*} quand j'étais petit(*e*).

복사꽃 명 fleur *f* de pêcher.

복상 服喪 명 port *m* du (costume de) deuil. ¶ 그는 ~ 중이다 Il est en deuil / Il porte le deuil. ◇_(을) **하다** se mettre en deuil; porter le deuil.

복선 伏線 명 intrigue *f*, manigance *f*, manoeuvre *f* en dessous. ¶ ~을 깔다 faire des manigances [intriguer] ((pour se ménager un poste)).

복속 服屬 명 obéissance *f*, soumission *f*. ◇_(을) **하다** [**시키다**] faire obéir *qn*; se faire obéir de *qn*. ◇_(이) **되다** obéir ((à un ordre)), se soumettre, se plier ((aux ordres de *qn*)). ¶ 강대국에 ~되다 obéir aux grandes puissances.

복수¹ 複數 명 ① pluriel *m*. ② 【수학】 pluriel *m* ③ 【언어】 pluriel *m*, nombre *m* pluriel. ¶ ~ 명사 nom au pluriel. ¶ 다음 명사를 ~로 고치시오 Mettez les noms suivants au pluriel.

◆_**정당제** -政黨制 명 politique *f* du parti pluriel. ¶ ~정당제를 채택하다 adopter la politique du parti pluriel.

◆_**형** -形 명 forme *f* plurielle; au pluriel. ¶ 불규칙 ~형 pluriel irrégulier. ¶ 이 동사는 ~형이다 Ce verbe est au pluriel.

복수² 復讐 명 vengeance *f*, revanche *f*, représailles *fpl*. ¶ 처절한 ~ vengeance terrible. ¶ ~를 꾀하다 méditer une vengeance. ◇_(를) **하다** se venger de *qn*; tirer vengeance de *qn*; prendre sa revanche; user de représailles contre *qn*. ¶ 누구에게 ~하다 se venger de *qn*. ¶ ~할 기회를 노리다 attendre l'occasion de se venger. ¶ 아버지의 ~를 하다 venger son père. ¶ 자신이 받은 수모를 자식을 통해 ~하다 se venger [tirer vengeance] d'un affront par le biais de son fils [sa fille].

***~는 ~를 부른다** La vengeance appelle la vengeance.

***~의 여신** personne assoiffée de vengeance; personne qui ne vit que pour la vengeance.

***~의 칼(날)을 갈다** se préparer à une vengeance terrible. aiguiser la lame de la vengeance.

◆_**극** -劇 명 (acte *m* de) vengeance *f*. ¶ ~극을 벌이다 commettre un acte de vengeance, se venger.

ㅂ

◆_심 -心 명 désir *m* de vengeance, esprit *m* de vengeance. ¶ ~심을 품다 avoir la vengeance dans le coeur, nourrir une vengeance. ¶ ~심에 불타다 brûler de se venger, avoir soif de vengeance.

◆_전 -戰 명 guerre *f* de représailles; ((운동)) revanche *f*. ¶ ~전을 벌이다[치르다] engager une guerre de représailles; ((운동)) prendre sa revanche.

복숭아 명 pêche *f*.

복슬복슬 부 d'aspect frisé.

◆_하다 형 être frisé(*e*), bouclé(*e*). ¶ 털이 ~한 강아지 un chiot frisé; un caniche.

복습 復習 명 révision *f*. ◇_(을) **하다** répéter, repasser ((une leçon)); faire des révisions; revoir, réviser ((un programme)). ¶ 화학을 ~하다 repasser une leçon de chimie; réviser un programme de chimie. ¶ 매일 ~하는 습관을 들이다 prendre l'habitude [la bonne habitude] de faire des révisions [de revoir ses leçons] tous les jours. ¶ 그날 배운 것은 그날 ~하도록 해라 Essaie de revoir ce que tu as appris le jour même.

복식[1] 服飾 명 habillement *m* et parure *f*. ¶ 조선 시대의 ~ 연구 étude des costumes et des parures de l'époque de Joseon.

복식[2] 複式 명 formule *f* double; formule *f* multiple. ¶ ~ 복권 loterie *f* combinée. ¶ ~ 테니스 경기 un match de tennis en double.

복안 腹案 명 projet *m* [plan *m*, idée *f*] en tête. ¶ 무슨 ~이라도 있습니까? Est-ce que tu as une idée en tête?

복어 -魚 명 *fugu m*, poisson-globe *m*.

복역 服役 명 ① service *m* militaire. ② détention *f*, travaux *mpl* forcés. ¶ 10년 동안의 ~ 생활 dix années de détention. ¶ ~을 마치다 terminer sa peine de détention. ◇_(을) **하다** ① faire son service militaire. ② purger [subir] une peine. ¶ 그는 정치범으로 감옥에서 5년 동안 ~했다 Il a purgé une peine de cinq ans en prison pour crime politique.

◆_수 -囚 명 détenu(*e*) *m*.

복용 服用 명 absorption *f* ((d'un médicament)). ◇_(을) **하다** prendre un médicament. ¶ 위장약을 ~하다 prendre des médicaments favorisant la digestion. ¶ 식사 후 세 알씩 ~할 것 Prendre trois comprimés après chaque repas. ◇_(을) **시키다** administrer un médicament.

복원 復元 명 restitution *f*, reconstitution *f*; restauration *f*. ¶ 훼손된 문화재 ~에 힘쓰다 encourager la restauration des biens culturels. ◇_(을) **하다** restituer; reconstituer, restaurer. ¶ 무너진 사원을 ~하다 restaurer un temple détruit. ¶ 잊혀진 역사를 ~하다 restituer l'histoire oubliée. ◇_(이) **되다** être restitué(*e*); être reconstitué(*e*), restauré(*e*). ¶ 고증에 따라 ~된 건물 un édifice restauré selon des techniques très fidèles à celles de l'époque.

◆_도 -圖 명 reconstitution *f*, restitution *f*.

◆_력 -力 명 stabilité *f* ((d'un navire)).

복위 復位 명 réintégration *f*, réhabilitation *f*. ◇_(를) **하다** remonter sur le trône; être réhabilité(*e*). ◇_(를) **시키다** remettre *qn* sur le trône; réintégrer *qn* à son poste.

복음[1] 伏飮 명 【한의】 action de prendre un médicament de la pharmacopée chinoise, action de prendre un fortifiant [un reconstituant].

복음[2] 福音 명 【기독】 Évangile *m*, la bonne nouvelle *f*. ¶ ~을 전하다[전파하다] répandre [prêcher] l'Évangile [la bonne nouvelle].

◆_화 -化 명 évangélisation *f*. ¶ 전 세계의 ~화 l'évangélisation du monde entier.

◆_교회 -教會 명 Église *f* évangélique.

◆_서 -書 명 Évangile *m*.

◆_성가 -聖歌 명 chant *m* évangélique.

◆_성가집 -聖歌集 명 recueil *m* des chants évangéliques.

◆_주의 -主義 명 évangélisme *m*.

복음[3] 複音 명 【언어】 son *m* composé.

복작거리다 자 se bousculer, grouiller, fourmiller, pulluler, abonder, foisonner, être grouillant(*e*) [fourmillant(*e*)] (de monde); affluer; se presser, s'affairer, s'agiter; grouiller; essaimer. ¶ 거리가 인파로 복작거린다 Les rues grouillent [fourmillent] de monde / Les rues sont grouillantes de monde / Il y a un monde fou dans les rues {*fam*}. ¶ 공원에 사람들이 복작거린다 Le parc grouille de monde. ¶ 그 길은 너무 복작거리니 다른 길로 가자 Cette route est trop fréquentée, passons par une autre route. ¶ 복작거리는 곳은 싫다 Je n'aime pas les endroits qui grouillent de monde [les endroits surpeuplés].

복작대다 자 ☞ 복작거리다

복작복작하다 자 ☞ 복작거리다

복잡 複雜 어근 complication *f*, complexité *f*; imbroglio *m*.

◆_하다 형 ① être compliqué(*e*), complexe, embrouillé(*e*). ¶ ~한 문제들 des problèmes compliqués [difficiles]. ¶ 절차가 ~하다 Les procédures sont compliquées. ¶ 이 소설은 줄거리가 너무 ~하다 Ce roman a une intrigue trop compliquée / Ce roman est trop compliqué. ¶ 그가 일을 ~하게 만들었다 Il a rendu l'affaire encore plus compliquée / Il a embrouillé [compliqué] l'affaire. ② ((감정 따위)) être mêlé(*e*), complexe, embrouillé(*e*). ¶ ~한 감정 sentiments mêlés [complexes]. ¶ 여러 가지 문제들로 머리가 ~하다 J'ai la tête embrouillée avec tous ces problèmes. ③ 붐비다 être bondé(*e*). ¶ 기차 안은 피서객들로 매우 ~했다 Le train était bondé de vacanciers [d'estivants].

◆_다단하다 -多端 형 être extrêmement complexe.

◆_성 -性 명 complexité *f*.

복장[1] 服裝 명 tenue *f*, habillement *m*; mise *f*, toilette *f*. ¶ ~에 신경을 쓰다 faire des efforts pour s'habiller; soigner *sa* toilette [*sa* tenue]. ¶ 간소한 ~으로 외출하다 sortir en s'habillant simplement.

복장[2] 腹臟 명 pleine poitrine *f*; coeur *m*.
*~을 찢다 déchirer le coeur à *qn*.
*~(이) 타다 être inquiet(ète); se faire un sang d'encre {*fam*}. ¶ ~ 타서 더 이상 못 기다리겠다 Je suis tellement nerveux(*se*), je ne peux plus attendre.
*~(이) 터지다 être énervant(*e*) (parce que vain(*e*)). ¶ ~ 터지는 소리 좀 그만 해라 Arrête de dire des choses aussi énervantes et qui ne servent à rien.

복접파생 複接派生 명【언어】dérivation *f* parasynthétique, parasynthèse *f*.

복제 複製 명 reproduction *f* ((d'un tableau)); réimpression *f*, plagiat *m*, copie *f*, imitation *f*, clonage *m* ((humain)). ¶ ~양 mouton cloné. ¶ 불법 ~ reproduction illégale; copie illégale; reproduction frauduleuse ((de logiciels)); piratage. ¶ 인간 ~ le clonage humain. ¶ 무단 ~를 금하다 interdire les reproductions illégales. ◇_(를) 하다 reproduire ((un dessin)); réimprimer; faire une reproduction; faire une copie; faire une imitation; cloner. ◇_(가) 되다 être reproduit(*e*); être réimprimé(*e*); être copié(*e*), imité(*e*), plagié(*e*). ¶ 불법으로 ~된 카세트테이프 cassette vidéo piratée.
◆_판 -版 명 logiciel *m* piraté; cassette *f* vidéo illégale; DVD *m* copié (illégalement).
◆_품 -品 명 reproduction *f*, imitation *f*, copie *f*.
◆_화 -畫 명 reproduction *f* ((d'un tableau)).

복종 服從 명 obéissance *f*, soumission *f*. ◇_(을) 하다 obéir à *qn*; se soumettre à *qn*/*qc*; se plier à *qc*; céder à *qn*. ¶ 상관의 명령에 ~하다 obéir aux ordres de ses supérieurs; se plier [se soumettre] aux ordres de ses supérieurs. ¶ 주인에게 무조건 ~하다 jurer obéissance [soumission] à son maître. ◇_(을) 시키다 faire obéir *qn*; se faire obéir de *qn*.
◆_심 -心 명 (esprit *m* d')obéissance *f*, (esprit *m* de) soumission *f*.

복지 福祉 명 bien-être *m*, prospérité *f*. ¶ 노후 ~ bien-être de la vieillesse. ¶ 근로자의 ~ 증진[향상] augmentation *f* du bien-être des travailleurs.
◆_국가[사회] -國家[社會] 명【정치】État-providence *m*.
◆_시설 -施設 명 établissement *m* d'assistance publique.

복지부동 伏地不動 명 désinvolture *f*, laisser-aller *m inv*, je-m'en-foutisme *m* {*fam*}. ¶ 공무원들의 ~ le je-m'en-foutisme des fonctionnaires. ◇_(을) 하다 faire preuve de désinvolture [de laisser-aller]; en faire le moins possible.

복직 復職 명 reprise *f* de fonction; retour *m* à son poste. ¶ ~ 교수 professeur des universités réintégré dans ses fonctions [de retour à son poste]. ◇_(을) 하다 reprendre ses fonctions; retourner à son poste; obtenir sa réintégration. ◇_(이) 되다 être réintégré(*e*) dans ses fonctions. ¶ 해고노동자들은 회사와의 오랜 싸움 끝에 ~되었다 Les ouvriers licenciés ont fini par être réintégrés dans leurs fonctions au bout de longues discussions avec le patronat [au bout d'une lutte acharnée avec le patronat]. ◇_(을) 시키다 réintégrer *qn* dans ses fonctions; rétablir *qn* dans son emploi [ses fonctions].

복창 復唱 명 répétition *f*. ◇_(을) 하다 répéter, reprendre. ¶ 구호를 ~하다 répéter tel quel un ordre [un slogan].

복토 覆土 명 recouvrement *m* de la terre (après avoir semé une graine). ◇_(를) 하다 recouvrir de terre (après avoir semé une graine).

복통 腹痛 명 douleur *f* abdominale. ¶ ~을 일으키다 provoquer [être à l'origine d'] une douleur abdominale.
*~(이) 터지다[~을 치다] bouillir intérieurement de déception ou de frustration.

복판 명 (plein) centre *m*, (plein) coeur *m*, (beau) milieu *m*. ¶ 마당 ~에 있는 나무 l'arbre au beau milieu de la cour. ¶ 그 건물은 도시 ~에 있다 Ce bâtiment est en plein centre de la ville.

복학 復學 명 reprise *f* de *ses* études. ◇_(을) 하다 reprendre *ses* études; être réintégré(*e*) dans *son* école [université]; réintégrer *son* université [*son* école]; retourner à l'école. ¶ 2학년 1학기에 ~하다 reprendre *ses* études au premier semestre de deuxième année. ¶ 군복무를 마치고 대학에 ~하다 reprendre *ses* études après le service militaire.
◆_생 -生 명 élève [étudiant(*e*)] qui reprend *ses* études; élève réintégré(*e*) [réinscrit(*e*)].
◆_원 -願 명 dossier *m* de demande de réintégration dans une école [université]. ¶ ~원을 내다 présenter un dossier de demande de réintégration à une école.

복합 複合 명 ① mixture *f*, mélange *m*, réunion *f* de plusieurs éléments. ¶ ~ 영양제 élément *m* nutritif complet [composé]. ②【언어】procédé *m* de formation de mots nouveaux incluant la composition et la dérivation. ◇_(을) 하다[시키다] réunir. ◇_(이) 되다 être réuni(*e*).
◆_적 -的 명 composé(*e*), complexe. ¶ ~적(인) 요인 élément composant.
◆_성 -性 명 complexité *f*.
◆_개념 -槪念 명【논리】principe *m* complexe.
◆_건물 -建物 명【건설】édifice *m* complexe.
◆_단백질 -蛋白質 명【화학】protéine *f* complexe.
◆_동사 -動詞 명 ☞ 동사
◆_문 -文 명【언어】phrase *f* complexe.
◆_어 -語 명【언어】mot *m* construit (à l'aide de plusieurs morphèmes; (mot *m*) composé *m* [dérivé *m*]. ¶ ~어는 합성어와 파생어를 포함한다 Les mots construits incluent les composés et les dérivés.
◆통사적 _ 統辭的 - 명 composé *m* syntaxique.
◆_자모 -字母 명【언어】consonnes *fpl* composées et voyelles *fpl* composées.
◆_체 -體 명 corps *m* composé.
◆_형 -形 명 forme *f* composée.

복다 타 ① griller, (faire) frire, rôtir, sauter. ¶ 깨[콩]를 ~ griller des graines de sésame [de légumineuse]. ¶ 고기를 ~ rôtir de la viande à feu doux. ¶ 채소를

ㅂ

기름에 ~ faire sauter des légumes. ¶ 밥을 볶아 먹다 manger du riz sauté. ② faire une permanente. ¶ 머리를 ~ faire une permanente, permanenter. ③ harceler, assaillir, agacer, tarabuster {fam}, embêter, asticoter {fam}, demander *qc* inlassablement; réclamer *qc* à *qn* avec insistance, importuner *qn* (pour obtenir *qc*), énerver *qn*, maltraiter ((un inférieur)). ¶ 제발 나를 달달 볶지 마라 Je te prie de ne plus me harceler.

◆볶음밥 명 riz *m* sauté; riz *m* cantonnais.

볶아치다 재 presser avec insistance, harceler, accabler, agacer, tarabuster *{fam}*, embêter, asticoter *{fam}*. ¶ 공부하라고 아이들을 ~ harceler les enfants en les exhortant à étudier. ¶ 일을 빨리 끝내라고 그 사람은 나를 볶아쳤다 Il m'a pressé(*e*) de terminer vite le travail.

볶음밥 명 riz *m* sauté; riz *m* cantonnais.

볶이다 재 ① être grillé(*e*), sauté(*e*), frit(*e*). ¶ 아직 콩이 덜 볶였다 Les haricots ne sont pas encore complètement grillés. ② être harcelé(*e*), importuné(*e*). ¶ 빚쟁이[아이들]에게 ~ être harcelé(*e*) par les créanciers [les enfants].

ㅂ

본[1] **本** 명 ① exemple *m*, modèle *m*. ② patron *m*. ¶ 옷의 ~을 뜨다 relever un patron; ((tailler)) d'après un patron [sur un patron]. ③ origine *f* (d'une famille). ¶ ~이 어디세요? - 김해 김씨입니다 Quelle est l'origine de votre nom de famille? - Je suis un Kim de Gimhae. ④ ((본전)) capit*al*(*aux*) *m* investi au départ. ¶ 나는 잃지도 따지도 않고 딱 ~이다 Je ne perds rien, je ne gagne rien, je rentre tout juste dans mes frais [dans mes dépenses] / J'amortis tout juste mes frais. ◇_(을) **받다**[**보다**] prendre modèle sur *qn*, prendre *qn* pour modèle, prendre *qn* en exemple. ¶ 성인들의 삶을 ~받다 prendre modèle sur les Saints. ¶ 너는 저런 사람들을 ~받지 마라 Ne les prends pas en exemple / Ne suis pas leur exemple.

본[2] **本** 관 ledit, ce, présent(*e*). ¶ ~ 원고 ledit plaignant. ¶ ~ 사건 cette affaire.

본-[3] **本-** 접두 ① princip*al*(*ale*, *aux*), centr*al*(*ale*, *aux*). ¶ ~고장 와인 le vin du pays. ¶ ~관 le bâtiment principal. ② vrai(*e*), véritable. ¶ ~명 vrai nom *m*. ¶ ~부인 véritable femme [épouse], épouse légitime. ¶ ~심을 드러내다 se montrer sous son vrai jour. ③ notre. ¶ ~교 notre école.

본거지 本據地 명 base *f* d'opération, domicile *m* principal. ¶ 마약의 ~ base de stupéfiants.

본격 本格 명 règle *f* fondamentale. ¶ ~ 공상 과학 소설 un véritable roman de science-fiction.

◆_적 -的 명 vrai(*e*), véritable; authentique; sérieu*x*(*se*); pour de bon. ¶ 이번 주부터 ~적인 추위가 시작되겠습니다 Le froid commencera pour de bon à partir de cette semaine. ¶ ~적으로 그림을 배우다 se mettre sérieusement au dessin. ¶ 계획을 ~적으로 실행에 옮기다 passer à l'action pour réaliser un projet.

◆_화 -化 명 concrétisation *f*. ¶ 계획 추진이 ~화되고 있다 La mise en application du projet se concrétise.

본고 本稿 명 cet article *m*, ce manuscrit *m*, ce texte *m*. ¶ ~의 목적[주장] l'objectif de [la thèse défendue dans] cet article.

본국 本國 명 ① pays *m* natal, pays *m* d'origine. ¶ 그 프랑스인은 ~으로 돌아갔다 Ce Français est retourné dans son pays natal. ② métropole *f*.

본과 本科 명 【교육】 cursus *m* principal, programme *m* fondamental [régulier]. ¶ 의대 ~ 과정 programme régulier de la fac de médecine.

본교 本校 명 ① établissement *m* principal (d'une école). ② *mon* école *f*, école *f* dont *on* est issu.

본기 本紀 명 【역사】 histoire *f* d'un roi, chronique *f* d'un roi, annales *fpl* d'un règne. ¶ ~의 기록 annales d'un roi.

본능 本能 명 instinct *m*. ¶ 모성 ~ instinct maternel. ¶ 종족을 보존하려는 ~ instinct de conservation de l'espèce. ¶ ~을 자극하다[억제하다] exciter [maîtriser] un instinct.

◆_적 -的 명 instincti*f*(*ve*). ¶ ~적인 행동 un acte instinctif. ¶ 폭발음이 들리자 ~적으로 자세를 낮추다 se baisser instinctivement au son de l'explosion.

본데없다 형 être mal élevé(*e*), mal éduqué(*e*), malappris(*e*), grossi*er*(*ère*), impoli(*e*), cavali*er*(*ère*), malotru(*e*), sans-gêne; manquer de savoir-vivre [d'éducation], n'avoir aucune éducation; être un ours mal léché *{fam}*; se conduire comme un mufle [rustre, goujat, pignouf *{fam}*]. ¶ 그런 짓을 하다니 정말 본데없는 사람들이다 Il faut vraiment n'avoir aucune éducation pour faire une chose pareille [pour commettre un tel acte]!

◆본데없이 부 ((se conduire)) mal, comme un mufle [rustre, goujat, pignouf *{fam}*]. ¶ 그 사람은 본데없이 자라서 예의범절을 모른다 Etant mal élevé [N'ayant (reçu) aucune éducation], il n'a aucune notion de politesse.

본도 本道 명 le droit chemin *m*, chemin *m* de la vertu.

본동사 本動詞 명 【언어】 verbe *m* principal.

본드 영{bond} 명 colle *f*. ¶ 무엇을 ~로 붙이다 attacher [fixer] quelque chose avec de la colle.

본디 本- 명 dès l'origine, à l'origine, originellement, originairement, au commencement, dès le début, d'abord. ¶ 그 문제는 ~부터 예상하고 있었다 On s'attendait à ce problème depuis le début. ¶ 이곳은 ~는 화장터였다 Auparavant il y avait ici un four crématoire.

부 dès l'origine, à l'origine, originellement, originairement, au commencement, dès le début, d'abord. ¶ 이 동네는 ~ 공동묘지 자리였다 Ce quartier est implanté sur un ancien cimetière / Ce quartier était à l'origine un cimetière.

본뜨다 타 ① prendre *qn*/*qc* pour modèle, prendre exemple sur *qn*, suivre l'exemple de *qn*, imiter *qn/qc*. ¶ 훌륭한 사람의 행동을 ~ imiter la conduite d'une personne exceptionnelle. ② copier *qc*, reproduire *qc*, imiter *qc*. ¶ 고딕 양식을 본떠 건물을 짓다 construire un bâtiment en imitant le style gothique.

본래 本來 명 (dès) l'origine, (à) l'origine, originellement, originairement, (au) commencement, primitivement, (dès) le début. ¶ 그 사람의 ~(의) 모습[성격, 말투] *sa* vraie nature, *son* vrai visage [*son* véritable tempérament, *son* caractère premier, *son* tempérament naturel; sa manière de parler habituelle]. ¶ 그 여자는 ~부터 말이 없다 Cette fille est peu loquace de nature. ¶ 그 사람은 ~가 악한 사람은 아니다 Il n'a pas un mauvais fond. 부 (dès) l'origine, (à) l'origine, originellement, originairement, (au) commencement, primitivement, (dès) le début. ¶ ~ 예상했던 기간보다 더 길어질 공사 des travaux qui risquent de durer plus longtemps que prévu [qui risquent de s'éterniser]. ¶ 그 사람은 ~ 심성이 곱다 Il a un bon fond / C'est une bonne nature. ¶ 이 아파트 단지는 ~ 공원부지로 조성된 곳이다 À l'origine, le terrain sur lequel est construit cet ensemble résidentiel devait être un parc.

◆_적 -的 명 originel(*le*), premi*er*(*ère*), primiti*f*(*ve*), naturel(*le*). ¶ ~적인 용법 l'usage premier de *qc*.

본론 本論 명 sujet *m* [thème *m*, matière *f*] principal(e), développement *m*, corps *m* (d'un article); vif *m* du sujet. ¶ ~으로 들어가겠습니다 Je vais (à présent) rentrer dans le vif du sujet.

본말 本末 명 ① commencements *mpl* et les fins *fpl*; causes *fpl* et effets *mpl*. ¶ 사건[사태, 문제]의 ~ les commencements et les fins [les causes et les effets] des évènements [des situations, des problèmes]. ② essentiel *m* et accessoire *m*. ¶ ~을 전도시키다 mettre la charrue avant les boeufs {*fam*}.

본명 本名 명 vrai nom *m*, nom *m* véritable. ¶ ~과 가명 nom véritable et nom d'emprunt.

본무 本務 명 emploi *m* principal. ¶ ~를 다하다 faire *son* devoir.

본문 本文 명 ① corpus *m*,[texte *m*] principal, corps *m* (d'un texte). ② ((주석에 대한)) texte *m* primitif. ③ ((번역에 대한)) texte *m* original.

본법 本法 명 loi *f* principale.

본분 本分 명 ① fonction *f* originelle. ② devoir *m*, obligation *f*. ¶ 교수로서의 ~을 지키다 s'acquitter de ses obligations de professeur, remplir son devoir de professeur. ¶ 학생의 ~은 공부이다 le devoir de l'étudiant est d'étudier.

본사[1] 本社 명 ① siège *m* social *m*; maison *f* mère *f*. ¶ ~와 지사 la maison mère et sa succursale. ¶ ~로 발령이 나다 être nommé(*e*) à un poste du siège social. ② notre société *f*, notre entreprise.

본사[2] 本寺 명 【불교】 temple *m* principal.

본산 本山 명 ① 【불교】 temple *m* principal (d'une secte bouddhique). ¶ 이 사찰은 조계종의 ~이다 Ce temple est le temple principal de la secte Jogye. ② ((비유적)) centre *m*. ¶ 대학은 학문의 ~이다 L'université est le lieu [le site, le temple] principal des connaissances [du savoir, de la science].

본색 本色 명 ① couleur *f* originale, vraie couleur *f*. ② *son* vrai *m* caractère, *son* vrai jour *m*, *son* vrai visage *m*. ¶ ~을 숨기다 dissimuler *son* vrai caractère. ¶ ~을 드러내다 trahir [laisser paraître] *son* vrai caractère, révéler *son* vrai caractère [*son* vrai visage], montrer *son* vrai visage, se montrer sous *son* vrai jour, se montrer tel qu'on est, se démasquer. ¶ ~이 드러나다 montrer *son* vrai caractère [*son* vrai visage]; être démasqué(*e*). ¶ 마침내 그 여자의 ~이 드러났다 Elle s'est enfin montrée sous son vrai jour / On la voit enfin sous son vrai jour / Elle s'est enfin démasquée / La voilà enfin démasquée! / Elle a enfin montré son vrai visage / Elle a enfin révélé [laissé paraître] son vrai caractère [son vrai visage].

본서[1] 本書 명 ce livre *m*, cet ouvrage *m*.

본서[2] 本署 명 commissariat *m* de police. ¶ 사건을 ~에 보고하다 rapporter une affaire au commissariat de police.

본선[1] 本線 명 ligne *f* [voie *f*] principale. ¶ 지하철 2호선은 ~과 몇 개의 지선이 있다 La ligne 2 du métro est composée d'une voie principale et de voies secondaires.

본선[2] 本船 어근 ce [notre] bateau *m*.

◆_인도가격 -引渡價格 명 【경제】 prix *m* franco à bord [FOB].

본선[3] 本選 명 phase *f* finale ((de la coupe du monde de football)). ¶ 예선과 ~ épreuves *fpl* éliminatoires *fpl* et phase finale, les éliminatoires et la phase finale. ¶ ~에 오르다[진출하다] se qualifier pour la phase finale ((de la Coupe du monde de football)), franchir le cap des éliminatoires et se qualifier pour la phase finale. ¶ 2006년 월드컵 ~에 진출하다 se qualifier pour la phase finale de la Coupe du monde de football 2006 [du Mondial 2006].

본성 本性 명 ① nature *f* ((de l'homme)). ② ((본색)) *sa* (vraie) nature *f*, *son* vrai caractère *m*. ¶ ~을 드러내다 trahir [laisser paraître] *son* vrai caractère, révéler *son* vrai caractère [*son* vrai visage], montrer *son* vrai visage [caractère], se montrer sous *son* vrai jour, se montrer tel qu'on est, se démasquer. ¶ 그 사람은 ~이 착하다[순진하다] Il est bon [naïf] par nature / Il est d'un bon naturel / Il a (un) bon caractère. ¶ ~이 악한 사람은 없다 «Nul n'est méchant volontairement».(Socrate)

본시 本是 명 état *m* primitif. ¶ ~부터 약골인 아이 un(*e*) enfant faible par nature [de constitution chétive, de constitution malingre, de faible constitution]. ¶ 그 사람은 ~부터 게으름뱅이다 Il est paresseux de nature / Il est de nature paresseuse. 부 de nature, originairement, primitivement. ¶ 그

ㅂ

사람은 ~ 고집이 세다 Il est têtu de nature.

본시험 本試驗 명 véritable examen *m*, examen *m* (officiel, réglementaire) ((par opposition à l'examen blanc)). ¶ ~에 합격하다 réussir à l'examen (réglementaire), réussir au véritable examen. ¶ ~에서 떨어지다 échouer à l'examen (réglementaire), échouer au véritable examen.

본실 本室 명 épouse *f* légitime ((par rapport à une concubine)). ¶ ~ 부인 épouse légitime. ¶ ~로 삼다 conférer à une femme le titre d'épouse légitime.

본심 本心 명 ① *sa* (vraie) nature *f*, *son* vrai caractère *m*. ¶ ~이 착하다 avoir bon coeur par nature. ② *sa* véritable intention *f*; sentiment *m* profond; fond *m* de la pensée [du coeur] de *qn*, le fond *m* de *sa* pensée [de *son* coeur]. ¶ ~을 감추다[숨기다] cacher [dissimuler] *sa* véritable intention. ¶ ~을 드러내다 dévoiler [laisser paraître, trahir] *son* intention. ¶ ~을 밝히다 révéler [dévoiler] *sa* véritable intention [le fond de *sa* pensée]. ¶ 그것이 그 여자의 ~에서 나온 말일까 Est-ce qu'elle pense réellement ce qu'elle a dit?

본얼굴 本- 명 ① visage *m* non maquillé tel qu'il est naturellement. ¶ 화장기 없는 ~ le visage tel qu'il est naturellement sans aucun maquillage. ② ((비유적)) *son* vrai visage *m* [caractère *m*, jour *m*]. ¶ 드디어 그가 ~을 드러냈다 Il s'est enfin montré sous son vrai jour / On le voit enfin sous son vrai jour / Il s'est enfin démasqué / Le voilà enfin démasqué! / Il a enfin montré son vrai visage / Il a enfin révélé [laissé paraître] son vrai caractère [son vrai visage] / Il a enfin trahi son vrai caractère / Il s'est enfin montré tel qu'il est.

본업 本業 명 *son* occupation *f* principale, *son* métier *m*, *sa* profession *f*. ¶ 그 작가는 의사가 ~이다 Cet homme est écrivain mais il est avant tout médecin.

본연 本然 명 état *m* naturel; état *m* initial; naturel(*le*), inné(*e*), initi*al*(*ale*, *aux*), véritable, premi*er*(*ère*), fondament*al*(*ale*, *aux*). ¶ ~의 자세로 돌아가다[돌아오다] retourner à l'état initial, redevenir comme avant. ¶ ~의 임무에 충실하다 être fidèle à la mission confiée.

본영 本營 명 【역사】 quartier *m* général. ¶ 전라도 수군의 ~ le quartier général de la marine de la province du Jeolla.

본예산 本豫算 명 budget *m* ordinaire. ¶ ~과 추가경정 예산 le budget ordinaire et le budget extraordinaire.

본용언 本用言 명 【언어】 verbe *m* principal ou adjectif *m* [qualitatif *m*, verbe *m* de qualité] principal; mot *m* fléchi principal.

본원[1] 本源 명 origine *m*; source *f*; provenance *f*. ¶ 만물의 ~ l'origine des choses.

◆**_적** -的 명 originel(*le*), premi*er*(*ère*), véritable, fondament*al*(*ale*, *aux*). ¶ ~적인 문제 le problème fondamental, le véritable [vrai] problème, la cause première, le fond d'un problème, le point essentiel d'un problème.

본원[2] 本院 명 cet hôpital *m*; notre hôpital *m*, notre établissement *m* [centre *m*, institut *m*].

본위 本位 명 préoccupation *f* principale; priorité *f*, étalon *m*. ¶ 무엇이든지 손님 ~로 생각하다 penser d'abord aux clients. ¶ 실력 ~로 채용하다 embaucher ((*qn*)) en tenant compte avant tout de *sa* compétence.

◆**금[은]_제** 金[銀]-制 명 【경제】 étalon *m* d'or [d'argent].

본유 本有 명 nature *f* (innée). ¶ ~ 관념 idée *f* innée. ¶ 인간 ~의 특성 propriété *f* innée de la nature humaine.

◆**_적** -的 명 naturel(*le*), inné(*e*).

본음 本音 명 son *m* primitif.

본의 本意 명 véritable intention *f*, fond *m* de *sa* pensée [de *son* coeur]. ¶ ~ 아니게 실수를 하다 commettre une erreur malgré *soi* [sans le vouloir]. ¶ ~ 아니게 물의를 빚어 죄송합니다 Excusez-moi d'avoir fait [provoqué] ce scandale, telle n'était pas mon intention. ¶ 그것은 내 ~가 아니다 Ce n'est pas ce que j'ai voulu / Ce n'était pas mon intention.

본이름 本- 명 véritable [vrai] nom *m*.

본인 本人 명 personne même; *soi*-même. ¶ ~의 의사 intention de la personne intéressée [concernée]. ¶ ~에게 직접 전달하다 remettre en mains propres. ¶ ~이 시인한 사실 Les faits reconnus par la personne intéressée. ¶ ~ 스스로 de *soi*-même, en personne. ¶ 그것은 ~ 스스로 해결해야 할 문제다 C'est un problème que tu dois résoudre par toi-même (sans l'aide de personne). ¶ 대리인이 와서는 안 되고 ~이 직접 와야 한다 Il faut qu'il(elle) vienne en personne, la procuration n'étant pas acceptée.

대 moi, je. ¶ ~은 전재산이라야 29만원 밖에 되지 않습니다 Pour tous biens, je n'ai que 290 mille wons.

본임자 本- 명 propriétaire *mf*. ¶ 무엇을 ~에게 돌려주다 rendre *qc* au propriétaire.

본적 本籍 명 commune *f* de rattachement de naissance. ¶ ~을 옮기다 transférer *sa* commune de rattachement ((commune de naissance)). ¶ ~이 어디세요 Quelle est votre commune de rattachement? ¶ 그 사람은 ~이 서울이다 Sa commune de rattachement est Séoul.

◆**_지** -地 명 commune *f* de rattachement de naissance. ¶ ~지 구청[면사무소]에 문의하다 s'informer au près de la mairie d'arrondissement [de la mairie de canton] de la commune de rattachement.

본전 本錢 명 ① capit*al*(*aux*) *m* investi au départ, fonds *m*, mise *f* au départ. ¶ ~을 찾다 rentrer dans *ses* dépenses [dans *ses* frais], amortir *ses* frais, en avoir (eu) pour *son* argent. ¶ ~까지 떼이다 non seulement ne pas toucher d'intérêts mais ne pas même récupérer le capital (investi au départ), non seulement ne pas faire de profit mais perdre de l'argent, perdre tout intérêts et capital; ne pas rentrer dans *ses* dépenses [dans *ses* frais], en avoir (eu) pour *ses* frais. ¶ ~ 생각이 나다 pleurer sur l'argent perdu. ② ((장사 따위의)) capit*al*(*aux*) *m* investi au départ. ¶ ~을 까먹다 perdre le capital de départ [les fonds qu'on y a investis]. ¶ ~에서 밑지고 팔다 vendre *qc* à perte. ¶ 이 가격이면 ~에 드리는 것이나 마찬가지입니다 C'est presque donné à ce prix-là.

***(이자는커녕) ~도 못 건지다[찾다]** ① non seulement ne pas faire de profit mais perdre de l'argent, non seulement ne pas toucher d'intérêts mais ne pas même récupérer le capital, perdre tout, intérêt et capital; ne pas rentrer dans ses dépenses [dans ses frais]. ② s'attirer la rancœur[les foudres] de *qn* alors qu'on s'attendait à ses remerciements[ses louanges]. ¶ 그 친구한테 괜히 충고해 줬네! 고마워하기는커녕 이젠 나를 원망하는 거야. 이자는커녕 ~도 못 건졌다니까 Je lui ai donné des conseils pour rien! Au lieu de m'en être reconnaissant, à présent il m'en veut. Tout ce que j'ai retiré de ma peine, ce sont des reproches.

***밑져야** ~ Ça ne coûte rien d'essayer / Tu ne risques rien d'essayer.

◆_꾼 명 parieu*r*(*se*) qui ne gagne pas et qui ne perd pas non plus.

◆_치기 명 pari *m* sans perte ni gain. ¶ 이 장사는 ~치기다 Cette affaire [Cette vente] ne me rapporte rien / Je suis perdant(*e*) dans cette affaire / Ce n'est pas une affaire rentable / Cette affaire n'est pas très payante [ne paye pas] / Ce n'est pas une affaire qui paye [qui rapporte].

본점 本店 명 ① ((백화점 따위)) maison *f* mère; franchiseur *m*; ((은행 따위)) siège *m* social. ¶ ~과 지점 le franchiseur [la maison mère] et ses magasins franchisés. ② ce [notre] magasin *m*.

본정신 本精神 명 état *m* de conscience normal [habituel]; raison *f*, esprit *m* sain; lucidité *f*, sérieux *m*. ¶ 끝까지 ~을 잃지 않다 garder *son* sang-froid jusqu'au bout. ¶ ~으로 돌아오다 reprendre conscience; reprendre [retrouver] *ses* esprits; revenir à *soi*. ¶ 그 사람은 지금 ~이 아니다 Il n'a pas tous ses esprits maintenant / Il n'est pas dans son état normal (maintenant) / Il est dans un état second maintenant / Il n'est pas comme ça habituellement / Il délire actuellement / Il est actuellement confus. ¶ ~으로는[이면] 그런 짓을 할 수가 없다 Il est impossible de faire une pareille chose de sang froid / Il faudrait avoir perdu la tête pour faire une chose pareille [pour commettre un tel acte].

본제 本題 명 ① sujet *m*, matière *f*, principal(*e*), cœur *m* [vif *m*] du sujet. ¶ ~로 들어가다 entrer dans le coeur [vif] du sujet, entrer en matière. ¶ ~로 돌아가다 revenir au sujet ((après une digression)), revenir à *nos* moutons {*fam*}. ② titre *m* original [primitif].

본조[1] 本朝 명 ① cette dynastie *f*, dynastie *f* régnante. ¶ ~에 들어와서 sous cette dynastie. ② 【역사】 notre dynastie *f*.

본조[2] 本調 명 【음악】 ton *m* principal.

본존 本尊 명 【불교】 Sakyamuni, bouddha *m* principal.

◆_불 -佛 명 【불교】 Sakyamuni, bouddha principal.

본지[1] 本旨 명 esprit *m* initial; principe *m*; point *m* essentiel. ¶ ~에 맞다 être en accord avec l'esprit du début. ¶ ~에서 벗어나다 oublier le but initial. ¶ 교육의 ~에 어긋나다 être en contradiction avec le but éducatif [pédagogique]. ¶ 네 말의 ~에는 찬성한다 Je suis d'accord sur le fond de tes paroles [de ton discours].

본지[2] 本紙 명 ce journal *m*. ¶ ~의 애독자 un(*e*) lec*teur*(*trice*) réguli*er*(*ère*) de ce journal.

본지[3] 本誌 명 cette revue *f*.

본직 本職 명 profession *f* d'origine, profession *f* initiale; occupation *f* principale; fonction *f* principale. ¶ ~으로 돌아오다 retrouver *sa* profession d'origine. ¶ 그 사람의 ~은 변호사이다 Il est avant tout avocat / Il est avocat de (son) métier / Sa véritable [vraie] profession est avocat. 대 moi ((terme employé par les fonctionnaires)).

본질 本質 명 fond *m* ((d'un problème)); essence *f*, substance *f*, nature *f* intime ((des choses)). ¶ 형태와 ~ forme *f* et essence. ¶ 생명의 ~ essence de la vie. ¶ 인간의 ~ essence de l'être humain. ¶ 문제의 ~을 파악하다 comprendre le fond d'un problème, saisir le point essentiel d'un problème [le véritable problème, le noeud du problème]. ¶ 사건의 ~을 꿰뚫다 pénétrer au cœur de l'affaire. ¶ ~을 왜곡하다 [호도하다, 흐리다] farder la vérité.

◆_적 -的 명 essentiel(*le*), substantiel(*le*), fondament*al*(*ale*, *aux*). ¶ ~적 속성 caractère *m* essentiel. ¶ ~적인 문제 problème *m* fondamental. ¶ ~적인 차이 différence *f* fondamentale. ¶ 그 사람은 나와 ~적으로 다르다 Il a une nature différente de la mienne.

본집 本- 명 maison *f* paternelle; foyer *m* paternel; maison *f* des parents. ¶ ~으로 들어가다 retourner à la maison paternelle.

본채 本- 명 bâtiment *m* principal, pavillon *m* principal ((d'une maison traditionnelle coréenne)). ¶ ~와 아래채 pavillon principal et bâtiment inférieur [d'en bas, du bas].

본처 本妻 명 femme *f* légitime ((par rapport à une concubine)); première femme *f*. ¶ ~ 소생의 두 자녀 deux enfants issus de la femme légitime.

본청 本廳 명 office *m* administratif central.

본체 本體 명 ① substance *f*, nature *f*. ¶ 우주의 ~를 규명하다 élucider la nature de l'univers. ② 【기계】 le corps *m* [le cœur *m*, l'âme *f*] ((d'une machine)); noyau(*x*) *m*, centre *m*; unité *f* centrale ((d'un ordinateur)). ¶ 컴퓨터 ~ l'unité centrale d'un ordinateur. ¶ 기계의 ~를 분해하다 démonter le cœur [le corps] d'une machine. ③ 【철학】 noumène *m*.

④【불교】 réalité *f* suprême.

본체만체 부 comme si *on* n'avait rien vu. ¶ 누구를 보고도 ~ 지나가다 passer devant *qn* comme si *on* ne l'avait pas vu. ◇_(를) **하다** feindre [faire semblant] de ne pas voir.

본토 本土 명 ① métropole *f*. ② territoire *m* autochtone; ce pays *m*, cette région *f*. ¶ 미국 ~ 발음 la prononciation des locuteurs natifs américains [des Américains de souche]; une prononciation pareille à celle des locuteurs natifs américains. ¶ 중국 ~에서 온 사람 un chinois venant de la Chine métropolitaine.

*~ **물을 먹다** séjourner dans la métropole.

◆_**박이** 명 autochtone *mf*, indigène *mf*. ¶ 서울 ~박이 un(*e*) Séoulite de naissance [de souche].

◆_**인** -人 명 aborigène *mf*; indigène *mf*, autochtone *mf*.

본판 本板 명 modèle *m*.

본향 本鄕 명 pays *m* des ancêtres; pays *m* natal.

본회 本會 명 ① assemblée *f* plénière. ¶ 국회 ~의 속개[개회] reprise *f* [ouverture *f*] de l'assemblée plénière. ② cette assemblée, cette réunion.

본회의 本會議 명 séance *f* plénière. ¶ ~에 안건을 상정하다[회부하다] soumettre [renvoyer] un projet à la séance plénière. ¶ ~에서 심의하다 examiner à la séance plénière.

볼[1] 명 joue *f*. ¶ 통통한[핼쑥한] ~ joues bien remplies, joues bien en chair [joues creuses]. ¶ 서로 ~을 비비다 se frotter les joues. ¶ 누구의 ~에 입을 맞추다 embrasser *qn* sur la joue [sur les joues]. ¶ ~이 발갛게 상기되다 avoir les joues en feu. ¶ ~이 미어지게 밥을 먹다 manger le riz à pleine bouche.

*~**이 붓다** faire la tête [faire la gueule {*fam*}, faire la moue, faire la lippe {*vx*}], montrer *son* mécontentement. (de) par *sa* mimique; manifester ouvertement *son* mécontentement. ¶ 내가 약속을 어긴 탓에 그 여자는 잔뜩 ~이 부어 있었다 Elle me faisait la tête parce que je n'avais pas tenu ma promesse.

◆_**따구니[때기]** 명 【속어】 ((terme *m* familier pour désigner)) les joues *fpl*. ¶ ~따구니[때기]를 때리다 gifler *qn*, donner une gifle à *qn*, balancer {*fam*} [flanquer {*fam*}] une gifle [une paire de baffes {*fam*}, une calotte {*fam*}, une taloche] à *qn* {*fam*}.

볼[2] 명 largeur *f* ((des chaussures)). ¶ 이 신발은 ~이 너무 넓다[좁다] Ces chaussures sont trop larges [Ces chaussures sont trop étroites / Ces chaussures me serrent trop / Je suis trop à l'étroit dans ces chaussures / Je suis trop serré(*e*) dans ces chaussures].

볼[3] 영{ball} 명 ((annoncer)) «une balle *f*» ((par opposition à «une prise» ou un *strike*)).

볼거리 명 【한의】 les oreillons *mpl*. ¶ ~ 예방주사 vaccination *f* contre les oreillons. ¶ ~를 앓다 avoir les oreillons.

볼기 명 fesses *fpl*; fessée *f*. ¶ ~를 치다[때리다] donner une fessée à *qn*, fesser *qn*. ¶ ~를 맞다 recevoir une fessée, être fessé(*e*).

◆_**짝** 명 【속어】 fesses *fpl*, postérieur *m* {*fam*}, arrière-train(~-~*s*) *m* {*fam*}, cul *m* {*vulg*}. ¶ ~짝을 드러내다 montrer *ses* fesses.

볼레로 포 명 ①【음악】 boléro *m*. ② ((의복)) boléro *m*.

볼록 부 d'une forme convexe [bombée, renflée]. ¶ ~ 솟아난 혹 une bosse convexe. ¶ ~ 튀어나온 부분 la partie convexe.

◆_**하다** 형 être convexe. ¶ ~한 배 un ventre rebondi, ventre proéminent, ((avoir)) de l'embonpoint, du ventre, du bide {*fam*}, de la brioche {*fam*}. ¶ ~하게 혹이 났다 avoir un kyste [une bosse, une boule, une grosseur, une tumeur, une excroissance, une protubérance].

◆_ _ 부 d'une forme convexe.

◆_ _**하다** 형 être convexe, bossu(*e*).

◆_**거울** 명 miroir *m* convexe.

◆_**렌즈** 명 lentille *f* convexe.

볼륨 영{volume} 명 ① proportions *fpl* du corps. ¶ ~ 있는 몸매 un corps bien proportionné, un corps harmonieux [bien fait, bien fichu {*fam*}, bien roulé {*fam*}]; un joli corps. ¶ 가슴에 ~을 준 의상 un vêtement qui met les seins en valeur. ② ((bouton de réglage du)) volume *m*, intensité *f* [volume *m*, force *f*] du son *m*. ¶ 라디오 ~을 높이다[올리다, 키우다] augmenter le volume [hausser le son, augmenter l'intensité du son] de la radio, mettre la radio plus fort. ¶ 라디오 ~을 낮추다[내리다, 줄이다] baisser le volume de la radio, baisser (le son de) la radio, mettre la radio moins fort. ③ volume *m* [ampleur *f*] de la voix; coffre *m*. ¶ ~ 있는 바리톤 가수 un baryton qui a du coffre.

볼링 영{bowling} 명 bowling *m*, ((jouer aux)) quilles *fpl*. ◇_(을) **하다[치다]** jouer au bowling, faire une partie de bowling.

◆_**장** -場 명 bowling *m*.

볼만하다 형 valoir la peine d'être vu. ¶ 볼만한 장면 scènes *fpl* à ne pas manquer, scènes qui valent la peine d'être vues, scènes intéressantes. ¶ 외국인들이 볼만한 명승고적 sites *mpl* pittoresques et monuments *mpl* historiques qui peuvent intéresser [qui ont un intérêt pour] les étrangers. ¶ 내일 두 사람이 만나서 한바탕 하면 아주 볼만하겠다 Si ces deux personnes s'affrontent demain, ce sera une bagarre à ne pas manquer. ¶ 그 영화 아주 볼만하게 만든 모양이다 Il paraît [On dit] que ce film vaut la peine d'être vu [c'est un film à ne pas manquer].

볼메다 형 être maussade, renfrogné(*e*); être ronchon(*ne*) boudeu*r*(*se*); être grincheu*x*(*se*); être énervé(*e*), coléreu*x*(*se*); être bourru(*e*). ¶ 볼멘 표정 un visage renfrogné.

볼멘소리 명 (paroles *fpl* dite d'un) ton *m* bourru, paroles *fpl* non aimables. ¶ ~로 대답하다 répondre d'un ton bourru. ◇_(를) **하다[내다]** se plaindre, grommeler, bougonner, rouspéter {*fam*}, râler {*fam*}. ¶ 그 사람은 뭐가 불만인지 항상 ~를 한다 Il se plaint [rouspète {*fam*}] tout le temps pour tout / Il râle à longueur de journée {*fam*}.

볼모 명 gage *m*; otage *m*. ¶ 누구를 ~로 잡다 prendre *qn* en otage. ¶ ~로 잡혀 있다 être retenu(*e*) [gardé(*e*)] en otage. ¶ 그 사람은 식구들을 ~로 협박을 했다 Il a retenu sa famille en otage en proférant des menaces.

볼썽사납다 형 ne pas être b*eau*(b*elle*) à voir, être désagréable à voir, inconvenant(*e*), incorrect(*e*); être gênant(*e*) [écoeurant(*e*)] à voir, ignoble, odieu*x*(*se*), être dégoûtant(*e*), répugnant(*e*), vil(*e*) {*litt*}, vilain(*e*), laid(*e*). ¶ 볼썽사나운 꼴 une scène inconvenante [gênante, choquante], une scène ignoble [odieuse, dégoûtante, répugnante]. ¶ 저 사람은 촐랑대는 모습이 ~ Il est gênant [désagréable] de le voir se conduire de manière si irréfléchie [frivole, irresponsable]. ¶ 볼썽사납게 형제들끼리 싸우지 마라 Ne vous disputez pas comme ça entre frères et soeurs, c(e n)'est vraiment pas beau à voir / Arrêtez de vous chamailler entre frères et soeurs, c'est un vilain spectacle!

볼일 명 ① affaires *fpl* à régler, affaire *f* personnelle, chose *f* à faire, trav*ail*(*aux*) *m* à faire. ¶ 나는 아직 ~이 남았다 Il me reste toujours quelques affaires à régler / J'ai encore quelques affaires à régler. ¶ 그 사람은 ~이 있어서 외출했다 Il est sorti pour affaires. ¶ 그 사람은 이곳에 ~이 없다 Il n'a rien à faire ici. ¶ 저에게 ~이 있으십니까? Que puis-je faire pour vous, monsieur [madame]? / Que désirez-vous monsieur [madame]? / Avez-vous quelque chose à me dire? / Quelle est la raison de votre venue [de votre visite]? ② ((용변)) petite ou grande commission *f*. ◇_(을) **보다** ① s'occuper de *ses* affaires, régler *ses* affaires. ② aller au petit coin, aller aux toilettes, faire la petite ou la grande commission.

***별 ~(이) 없다** ne plus compter. ¶ 그 안건은 이제 별~ 없다 Ce projet ne compte plus. ¶ 그들은 이제 별~ 없는 관계가 되었다 Leurs relations sont devenues quelconques [se sont distendues, se sont refroidies] / Ils n'ont plus grand-chose à faire ensemble [à se dire].

볼트[1] 영{bolt} 명 vis *f*. ¶ ~를 조이다[풀다] serrer une vis, visser, donner un tour de vis [desserrer une vis, dévisser]. ¶ ~를 끼우다 insérer une vis. ¶ ~로 조립하다 (faire un assemblage et) le fixer avec des vis.

볼트[2] 영{volt} 분류 volt *m*; voltage *m*. ¶ 이 선풍기는 220 ~ 용이다 Ce ventilateur s'utilise avec un courant de 220 volts [marche sur du 220 volts]. ¶ 이 가전제품은 몇 ~ 용입니까? Quel est le voltage de cet appareil électroménager? ¶ 이 제품은 우리나라 생산품과 ~ 수가 다르다 Cet appareil s'utilise à un voltage différent de celui des appareils locaux [différent du voltage classique].

볼펜 영{ball pen} 명 stylo *m* [crayon *m*] (à) bille, stylo *m*, bic *m* {*fam*}.

볼품 명 apparence *f*. ◇_(이) **없다** ne pas être présentable, présenter mal; être mal présenté(*e*) [conditionné(*e*)]. ¶ ~없는 행색 un aspect extérieur non présentable. ¶ 그것 정말 ~없게 되었구나 Cela se présente mal.

◆**_없이** 부 dans un triste état, sous un air misérable, sous une apparence piteuse [pitoyable, déplorable, minable], à l'aspect misérable.

봄 명 printemps *m*. ¶ 올 ~에 ce printemps. ¶ 작년[내년] ~에 le printemps dernier [prochain]. ¶ 1942년 ~에 au printemps de l'année de 1942. ¶ ~ 소식을 전해주는 꽃들 les fleurs annonçant l'arrivée du printemps. ¶ 겨울이 가고 ~이 온다 L'hiver s'achève et le printemps revient.

*~**(을) 타다** avoir besoin de changement; ((les femmes)) avoir envie d'avoir une aventure [de rencontrer un autre homme].

◆**_가뭄** 명 sécheresse *f* printanière.

◆**_기운** 명 air *m* printanier, ambiance *f* printanière. ¶ ~기운을 느끼다 sentir l'air printanier. ¶ ~기운이 완연하다 On sent que le printemps est incontestablement là [est bien arrivé, est solidement là, est bien installé] / C'est incontestablement le printemps.

◆**_날** 명 jour *m* printanier.

◆**_내음** 명 ambiance *f* printanière. ¶ ~내음이 물씬 풍긴다 On (res)sent le printemps partout. ¶ 산과 들에 ~내음이 가득하다 Les montagnes et les champs sont gorgés de l'air du printemps.

◆**_노래** 명 chanson *f* pour fêter le retour du printemps.

◆**_눈** 명 neige *f* printanière. ¶ ~눈이 녹았다 La neige printanière a fondu.

*~**눈 녹듯 하다** fondre comme neige au soleil.

◆**_맞이** 명 fête *f* pour accueillir le printemps. ¶ ~맞이 대청소[바겐세일] le grand nettoyage de printemps [les soldes de printemps].

◆**_바람** 명 brise *f* printanière.

◆**_볕** 명 soleil *m* printanier.

◆**_보리** 명 orge *f* du printemps.

◆**_비** 명 pluie *f* (fine) du printemps.

◆**_빛** 명 ambiance *f* de printemps [printanière]. ¶ 산과 들에 ~빛이 완연하다 On sent que le printemps est véritablement [incontestablement] là [arrivé] dans les montagnes et les champs.

◆**_옷** 명 vêtement *m* de printemps [printanier, de mi-saison, d'intersaison].

◆**_철** 명 (saison *f* du) printemps *m*.

◆**_풀** 명 herbe *f* du printemps.

◆**늦_** 명 fin *f* du printemps.

◆**초_** 初 명 début *m* du printemps.

봅슬레이 영{bobsleigh} 명 【운동】 *bobsleigh m*.

봇물 명 eau *f* de réservoir. ¶ 회원들의 불만이 ~ 터지

듯 쏟아져 나왔다 Le mécontentement des membres a éclaté.

봇짐 명 ballot *m* (de marchandises); paquet *m*. ¶ ~을 지고 다니다 porter un ballot (sur *son* dos). ¶ ~을 싸다[꾸리다] emballer *sa* marchandise.

◆_**장수**[**장사**] 명 colporteu*r*(*se*).

봉봉 프{bonbon} 명 bonbon *m*.

봉하다 封- 타 ① cacheter ((une lettre)), fermer ((une enveloppe)), coller, estampiller, oblitérer, boucher (avec un bouchon). ¶ 술 항아리를 ~ fermer la jarre d'alcool. ¶ 투표함을 ~ cacheter les urnes (de bulletins de vote). ¶ 풀로 편지를 ~ fermer une enveloppe avec de la colle; coller une enveloppe. ② fermer (la bouche), faire taire, museler. ¶ 누구의 입을 ~ faire taire *qn*, bâillonner *qn*. ③ donner l'investiture (à un seigneur), conférer (un titre de noblesse) à *qn*, anoblir *qn*. ¶ 누구를 제후로[에] ~ conférer à *qn* le titre de seigneur.

봉[1] 峰 명 pic *m*; crête *f*; sommet *m*; cime *f*. ¶ 금강산 일만 이천 ~ les 12 000 crêtes du mont Geumgang.

봉[2] 封 분류 sachet *m* unidose ((de médicaments)). ¶ 약 두 ~ deux sachets de médicaments. ¶ 식후 한 ~씩 드세요 Prenez un sachet après le repas.

봉[3] 鳳 명 ① phénix *m*. ② pigeon *m* {*fam*}, (bonne) poire *f* {*fam*}, jobard(*e*), naï*f*(*ve*), gogo *m* {*fam*}, jocrisse *m* {*vx*}, nigaud(*e*), gobe-mouche *m*. ¶ 누구를 ~으로 생각하다 prendre *qn* pour un pigeon. ¶ 저 손님은 ~이다 Ce client est un pigeon à plumer. ¶ 내가 너희들 ~이라도 되냐? Vous me prenez pour un pigeon?

*~(을) **잡다** trouver un pigeon [une bonne poire].

봉건 封建 명 【역사】 féodalité *f*. ¶ ~ 계급 classe *f* des féodaux. ¶ ~ 사상 féodalisme *m*. ¶ ~ 사회 société *f* féodale. ¶ ~ 시대 époque *f* féodale.

◆_**적** -的 명 autoritaire, féod*al*(*ale*, *aux*), médiév*al*(*ale*, *aux*), moyenâgeu*x*(*se*). ¶ ~적 사고방식 une mentalité moyenâgeuse [archaïque].

◆_**성** -性 명 féodalisme *m*; féodalité *f*.

◆_**국가** -國家 명 pays *m* féodal.

◆_**제** -制 명 régime *m* féodal, féodalité *f*.

◆_**제도** -制度 명 【역사】 féodalité *f*. ¶ ~제도를 타파하다 détruire le système féodal.

◆_**주의** -主義 명 féodalisme *m*.

◆_**지주** -地主 명 propriétaire *mf* féod*al*(*ale*, *aux*).

◆**반**_[1] 反- 명 anti-féodalisme *m*.

◆**반**_[2] 半- 명 semi-féodalisme *m*. ¶ 식민지 반~ 사회 société semi-féodale colonisée.

봉고 명 minibus *m*, camionnette *f*. ¶ 12인승 ~ un minibus pour 12 personnes.

◆_**차** -車 명 minibus *m*, camionnette *f*. ¶ ~차를 몰다 conduire un minibus [une camionnette].

봉고도 棒高跳 명 【운동】 saut *m* à la perche.

봉급 俸給 명 salaire *m*; appointements *mpl* ((d'un employé)); traitement *m* ((d'un fonctionnaire)). ¶ ~ 생활자 un(*e*) salarié(*e*). ¶ ~을 타다[받다] toucher [recevoir] un salaire. ¶ ~이 높다[낮다] être bien payé(*e*) [rémunéré(*e*)], avoir un bon salaire, avoir un gros salaire. ¶ ~이 낮다 être mal payé(*e*) [rémunéré(*e*)], avoir un petit salaire [un maigre salaire, un salaire de misère]. ¶ ~이 올랐다[내렸다, 깎였다] Les salaires ont augmenté [diminué, baissé].

◆_**날** 명 jour *m* de paye[paie]. ¶ ~날을 기다리다 attendre le jour de paye. ¶ 매달 20일이 ~날이다 Le vingt est mon jour de paye.

◆_**액** -額 명 (montant *m* du) salaire *m*.

◆_**쟁이** 명 salarié(*e*).

봉긋하다 형 être arrondi(*e*). ¶ ~한 능선 une colline arrondie. ¶ ~하게 솟은 가슴 des seins arrondis.

봉기 蜂起 명 soulèvement *m* ((du peuple)); insurrection *f* ((populaire, des paysans)); révolte *f*. ¶ 민중[농민] ~ soulèvement du peuple [des paysans]. ¶ ~를 일으키다 se soulever, se révolter, s'insurger. ◇_(를) **하다** se soulever, se révolter, s'insurger ((contre *qn*, contre la dictature)).

봉당 封堂 명 【건설】 *bongdang m* <espace entre deux pièces où on ne pose pas de parquet>.

*~을 **빌려주니 안방까지 달라고 한다**[**마루 깔아 달라고 한다**] Vous lui donnez le doigt [la main], il vous prend le bras.

◆_**마루** 명 espace *m* entre deux pièces [où on ne pose pas de parquet].

봉독 奉讀 명 lecture *f* respectueuse. ◇_(을) **하다** lire respectueusement [avec respect]. ¶ 성경을 ~하다 lire la Bible respectueusement [avec respect, avec recueillement].

봉두 峰頭 명 pic *m*, crête *f*, sommet *m*.

봉변 逢變 명 affront *m*, insulte *f*, accident *m*, calamité *f*, mésaventure *f*. ◇_(을) **당하다**[**하다**] être victime d'un accident, avoir un accident [une mésaventure]; subir un affront, être humilié(*e*); être insulté(*e*). ¶ 괜히 남의 일에 끼어들었다가 ~을 당했다 J'aurais mieux fait de ne pas me mêler des affaires des autres car j'ai été humilié(*e*).

봉분 封墳 명 tumulus *m*. ¶ ~을 쌓다 élever un tumulus.

봉사[1] 奉仕 명 service *m*; service *m* bénévole, bénévolat *m*, volontariat *m*. ¶ ~ 정신이 투철하다 être très serviable. ¶ ~ 활동을 벌이다 organiser des activités bénévoles. ◇_(를) **하다** accomplir bénévolement des travaux d'intérêt général, faire du bénévolat, faire [accomplir] un travail bénévole, faire du volontariat, rendre des services, rendre service à *qn*. ¶ 사회[장애우들]를 위해 ~하다 travailler comme bénévole dans une oeuvre sociale [pour les handicapés].

◆_**료** -料 명 frais *m* de service. ¶ 음식값에 ~료 10퍼센트가 가산됩니다 Un supplément de 10 % pour le service est ajouté au prix du repas.

◆_**심** -心 명 attitude *f* serviable; attitude *f* altruiste.

◆_**자** -者 명 bénévole *mf*.

◆**사회**_ 社會- 명 service *m* bénévole social, bonnes oeuvres *fpl*, assistance *f* aux nécessiteux. ¶ 사회~

명령 condamnation à des travaux d'intérêt général.

봉사[2] 명 aveugle *m*.

*~ **등불 쳐다보듯 하다** rester impassible devant ((une scène affreuse)), assister à ((une scène horrible)) en spectateur indifférent, agir [se comporter, se conduire] comme si on n'était pas concerné(*e*) ((par une affaire)).

***눈 뜬** ~ une personne qui ne voit pas ce qui est juste sous ses yeux [sous son nez {*fam*}], une personne aveugle ((au sens figuré)). ¶ 눈앞에 있는 것도 제대로 못 보니 눈 뜬~가 따로 없군! Tu as des yeux et tu ne vois rien / Tu ne vois pas ce qui est juste sous ton nez / Tu ne vois rien alors que c'est juste sous ton nez.

봉서 封書 명 lettre *f* cachetée.

봉선화 鳳仙花 명 【식물】 balsamine *f*.

봉송 奉送 명 port *m* ((de flamme)); action de reconduire *qc*; action de faire accompagner la dépouille mortelle [les restes] de *qn*. ¶ 성화 ~ 요원 porteur *m* de flamme. ◇_(을) **하다** porter; reconduire. ¶ 올림픽 성화를 ~하다 porter la flamme olympique.

봉쇄 封鎖 명 blocus *m*; encerclement *m*. ¶ 해상 ~ blocus maritime. ¶ ~를 뚫다[풀다] forcer [lever] le blocus. ◇_(를) **하다** fermer par un blocus. ¶ 국경[해안]을 ~하다 fermer la frontière [la ligne côtière]. ◇_(가) **되다** être bloqué(*e*). ¶ 시위대에 의해 길이 ~되었다 Les manifestants ont barricadé la rue. ◇_(를) **당하다** être bloqué(*e*).

◆**_경제** -經濟 명 économie *f* fermée.

◆**원천_** 源泉- 명 blocage *m* en amont. ¶ 원천~(를) 당하다 être bloqué(*e*) en amont; être bloqué(*e*) dès le départ.

봉숭아 명 【식물】 balsamine *f*.

◆**_꽃** 명 【식물】 balsamine *f*.

◆**_물** 명 coloration *f* avec des pétales de balsamine. ¶ 손톱에 ~물을 들이다 colorer *ses* ongles [les ongles de *qn*] avec des pétales de balsamine.

봉안 奉安 명 action de placer des reliques (dans un sanctuaire). ◇_(을) **하다** placer des reliques (dans un sanctuaire). ¶ 사당에 영정을 ~하다 poser le portrait du défunt dans le sanctuaire familial. ◇_(이) **되다** être placé(*e*) dans un sanctuaire.

봉양 奉養 명 soutien *m* (de *ses* parents). ◇_(을) **하다** soutenir[entretenir] *ses* parents. ¶ 그 남자는 노모를 ~하고 있다 Sa vieille mère est à sa charge.

봉오리 명 bourgeon *m*; bouton *m*. ¶ 꽃이 ~가 맺혔다 Les fleurs sont en bouton.

◆**꽃_** 명 bouton *m* de fleur. ¶ 탐스러운 꽃~ bouton de fleur magnifique.

봉우리 명 pic *m*; crête *f*; sommet *m*; cime *f*. ¶ 높은[험준한] ~들 des pics élevés [rocheux].

◆**산_** 山- 명 pic *m* de montagne. ¶ 저 산~를 돌아가면 마을이 나온다 On arrive à un village en détournant ce pic.

봉인 封印 명 ① cachet *m*; sceau(*x*) *m*. ② apposition *f* d'un sceau [cachet]. ¶ ~ 파기 descellement. ¶ ~을 뜯다 desceller. ③ 【법률】 scellé *m*. ◇_(을) **하다** sceller. ¶ 편지를 붉은 밀랍으로 ~하다 sceller la lettre avec de la cire rouge. ¶ 문에 ~을 하다 sceller la porte.

봉정 奉呈 명 présentation *f*; action *f* d'offrir ((un livre)). ◇_(을) **하다** présenter avec respect; dédicacer. ¶ 제자들이 스승의 정년 기념 논문집을 ~했다 Les élèves ont préparé un recueil d'articles pour commémorer la retraite de leur professeur. ◇_(을) **받다** être dédicacé(*e*).

◆**_식** -式 명 cérémonie *f* de dédicace.

봉제 縫製 명 confection *f*. ¶ ~ 인형 poupée confectionnée en tissu; peluche *f*. ¶ ~ 완구 jouets *mpl* confectionnés en tissu. ¶ ~ 공장 usine *f* de confection. ◇_(를) **하다** confectionner.

봉제사 奉祭祀 명 célébration *f* d'un culte aux ancêtres. ◇_(를) **하다** célébrer un culte aux ancêtres.

봉지 封紙 명 sac *m* en papier [en matière plastique]; sachet *m*, poche *f*. ¶ 비닐~ un sac en matière plastique, un sac plastique {*fam*}, un sachet [une poche] en plastique, un plastique {*fam*}. ¶ 쓰레기 ~ sac-poubelle. ¶ 약 ~ sachet de médicaments. ¶ ~를 만들다 fabriquer des sacs en papier. ¶ 무엇을 ~에 넣다 mettre *qc* dans un sac [un sachet, une poche]. ¶ ~가 찢어졌다 Le sac (plastique) s'est déchiré [fendu].

분류 un sachet *m*. ¶ 약 두 ~ deux sachets de médicaments.

봉직 奉職 명 service *m* (dans l'administration). ◇_(을) **하다** être en service; servir. ¶ 그 사람은 30년 넘게 이 대학에 ~해 왔다 Il travaille dans cette université depuis plus de 30 ans.

봉착 逢着 명 rencontre *f* (de difficultés). ◇_(을) **하다** rencontrer (une difficulté); se heurter à *qc*. ¶ 난관에 ~하다 se heurter à une difficulté. ¶ 양자택일의 문제에 ~하다 être obligé(*e*) de choisir entre deux alternatives. ¶ 서구문화는 현재 심각한 위기에 ~해 있다 La culture occidentale connaît une grave crise actuellement.

봉창[1] 封窓 명 fenêtre *f* scellée; fausse *f* fenêtre.

***자다가 ~ 두드리는 소리를 하다** passer du coq à l'âne.

봉창[2] 奉唱 명 action de chanter avec respect. ¶ 애국가 ~이 있겠습니다 Nous vous prions de chanter avec respect l'hymne national. ◇_(을) **하다** chanter avec respect. ¶ 애국가를 ~하다 chanter l'hymne national.

봉축 奉祝 명 célébration *f*; félicitations *fpl* respectueuses. ¶ 불탄일 ~ 법회를 열다 organiser une cérémonie bouddhique à l'occasion de l'anniversaire de Bouddha. ◇_(을) **하다** célébrer; féliciter avec respect.

봉토[1] 封土 명 entassement *m* de la terre. ◇_(를) **하다** entasser de la terre.

봉토[2] 封土 명 【역사】 fief *m*, domaine *m* féodal

봉투 封套 명 ① enveloppe *f*. ¶ 편지 ~ enveloppe

de correspondance. ¶ ~를 붙이다 coller une enveloppe. ¶ 돈 ~를 주다[건네다] passer [transmettre] une enveloppe (pleine) d'argent. ¶ 무엇을 ~에 넣다 mettre *qc* sous enveloppe [dans une enveloppe]. ② sac *m* en papier [en matière plastique]; sachet *m*, poche *f*.

◆**월급_** 月給 명 enveloppe *f* dans laquelle se trouvait autrefois en espèces le salaire d'un(*e*) employé.

봉합 縫合 명 suture *f*. ¶ 상처 ~ suture d'une plaie. ◇_(을) **하다** faire une suture; suturer. ¶ 상처를 ~하다 suturer une plaie. ◇_(이) **되다** être suturé(*e*). ¶ 상처가 잘 ~될 것 같다 La plaie va être bien suturée.

◆_**사** -絲 명 fil *m* de suture.

◆_**선** -線 명 suture *f*.

봉헌 奉獻 명 consécration *f*; oblation *f*; offrande *f*. ◇_(을) **하다** faire une offrande [oblation]. ¶ 예물을 ~하다 faire le don d'objet [d'argent]. ◇_(이) **되다** être offert(*e*) en offrande.

◆_**물** -物 명 offrande *f*.

봉화 烽火 명 【역사】 feu *m* d'alarme. ¶ ~를 올리다[피우다] allumer les feux d'alarme.

◆_**대** -臺 명 【역사】 torche *f*.

◆_**ㅅ불** 명 【역사】 feu *m* d'alarme.

봉황 鳳凰 명 phénix *m*.

*__뱁새가 어찌 ~의 뜻을 알리요__? Ceux qui ont un esprit borné ne peuvent jamais deviner ce que pensent les grands esprits.

◆_**새** 명 phénix *m*.

봐주다 타 ① 살펴주다 aider *qn*, être indulgent(*e*), soigner *qn*/*qc*, s'occuper de *qn*/*qc*, avoir soin de *qn*/*qc*, prendre *qn*/*qc* en charge, se charger de *qn*. ¶ 사정[형편]을 ~ tenir compte de la situation [des circonstances]. ② 덮어주다 passer [fermer les yeux] sur ((une faute)); tolérer. ¶ 잘못을 ~ passer sur les fautes de *qn*, fermer les yeux sur une faute. ③ y aller doucement [mollo {*fam*}] avec *qn*/*qc*; être indulgent(*e*) avec *qn*; faire des faveurs à *qn*, tenir compte de *qc*; pardonner, excuser. ¶ 그 선수가 봐줘서 네가 이긴거야. Tu as gagné parce qu'il y est allé mollo avec toi! / Tu as gagné parce qu'il t'a laissé gagner! ¶ 친구라고 봐주지 마. Ne (lui) fais pas trop de faveurs sous prétexte que c'est un ami.

*__뒤를__ ~ soigner *qn*/*qc*, s'occuper de *qn*/*qc*, prendre soin de *qn*/*qc*, prendre *qn*/*qc* en charge, se charger de *qn*. ¶ 어려운 친구의 뒤를 ~ aider un ami en difficulté.

뵈다[1] 타 ((웃어른을 forme humble de 보다 *voir*, 만나다 *rencontrer*) voir, rencontrer. ¶ 어제 선생님을 뵈었다 Hier, j'ai vu [rencontré] mon professeur.

뵈다[2] 자 ((forme humble du verbe 보다*voir*, 만나다 *rencontrer*)) voir. ¶ 눈에 뵈는 게 없나, 어디서 반말이야 Impertinent(*e*), tu oses me tutoyer?

뵈옵다 타 ((웃어른을 forme humble du verbe 보다 *voir*, 만나다 *rencontrer*)) voir, rencontrer, avoir l'honneur [le plaisir] de rencontrer *qn*. ¶ 제가 어른을 뵈옵기는 이번이 처음입니다 C'est la première fois que j'ai l'honneur [la chance] de vous rencontrer.

뵙다 타 ((웃어른을 forme contractée du verbe 보다 *voir*, 만나다 *rencontrer*)) voir, rencontrer, avoir une audience [une entrevue] avec (un supérieur parental ou hiérarchique). ¶ 처음 뵙겠습니다 Enchanté(*e*) [Ravi(*e*), Très heureux(*se*)] (de faire votre connaissance). ¶ 언제 한 번 찾아가 뵙겠습니다 J'irai vous voir un jour. ¶ 사장님을 직접 뵙고 말씀드려야 하겠다 Il faudrait que je dise cela au président en personne.

부[1] 父 명 【문어】 père *m*.

부[2] 否 명 non; ((voix)) contre. ¶ ~가 10표였다 On a compté 10 non [10 voix contre]. ¶ 그 안건은 가 20표 ~ 10표로 가결되었다 Cette proposition de loi a été adoptée [est passée] avec 20 voix pour et 10 voix contre.

부[3] 富 명 richesse *f*. ¶ ~의 분배 répartition *f* des richesses. ¶ ~를 이루다 acquérir de la fortune, faire fortune. ¶ 엄청난 ~를 쌓다 accumuler une immense fortune.

부[4] 部 명 section *f*, service *m*; ministère *m*. ¶ 이 일은 우리 ~에서 총괄한다 Ce travail est supervisé par notre service.

분류 ① partie *f*. ¶ 행사의 제 2 ~ 순서 programme de la deuxième partie de la cérémonie. ② exemplaire *m*. ¶ 책을 3천 ~ 찍다 tirer un livre à 3 000 exemplaires.

-부[5] -部 접미 ① section *f*, service *m*; ministère *m*. ¶ 경리~ service de comptabilité; caisse *f*. ¶ 문화~ ministère de la Culture. ¶ 서무~ section administrative. ¶ 영업~ service des affaires commerciales. ¶ 외무~ ministère des Affaires étrangères. ② partie *f*; classe *f*; catégorie *f*; groupe *m*; section *f*; sorte *f*; division *f*; ordre *m*; domaine *m*; branche *f*; champ *m*; genre *m*; type *m*. ¶ 머리~ la tête. ¶ 어휘~ lexique. ¶ 그 사람은 언제나 사건의 중심~에 있다 Il est toujours au coeur des événements.

-부[6] -夫 접미 ((personne qui fait tel ou tel métier; suffixe servant à former des noms de métiers)). ¶ 청소~ un balayeur, un boueux {*fam*}; un éboueur; un agent d'entretien, un(*e*) technicien(*ne*) de surface. ¶ 잡역~ un homme à tout faire, un manoeuvre, un ouvrier; un terrassier.

-부[7] -附 접미 ① date *f*, en date de, à compter de ¶ 4월 10일~로 회사를 그만두다 quitter l'entreprise à la date du 10 avril. ② sous ((condition)); rattaché(*e*) à, dépendant de, appartenant à. ¶ 조건~ 승낙 permission *f* conditionnelle(sous condition). ¶ 대사관~ 무관 un attaché militaire près l'ambassade.

부-[8] 副- 접두 ① en second; vice-((président)); sous-((directeur)); ((directeur, maire))-adjoint;

ㅂ

((maître))-assistant(*e*); ((arbitre)) auxiliaire. ¶ ~교수 maître de conférences. ¶ ~국장 sous-direc*teur*(*trice*) de bureau. ¶ ~단장 sous-chef. ¶ ~사장 sous-direc*teur*(*trice*). ¶ ~영사 vice-consul. ¶ ~의장[회장] vice-président(*e*). ¶ ~지사 sous-préfet. ¶ ~총리 vice-président du Conseil des Ministres. ② supplémentaire; ((gain)) d'appoint. ¶ ~수입 revenu supplémentaire; les à-côtés.

부-[9] 不- 접두 in((attention)); im((moralité)). ((préfixe de négation)). ¶ ~자유 manque m de liberté. ¶ ~정의 injustice *f*. ¶ ~정직 malhonnêteté *f*. ¶ ~도덕 immoralité *f*. ¶ ~주의 inattention *f*, négligence *f*, distraction *f*, inadvertance *f*.

부가 附加 명 addition *f*, supplément *m*. ◇_(를) **하다** ajouter. ¶ 문서에 몇 가지 사항을 ~하다 ajouter quelques points au document. ◇_(가) **되다** être ajouté(*e*).

◆**_적** -的 명 secondaire. ¶ ~적 성격 un caractère secondaire.

◆**_가치** -價値 명 【경제】 valeur *f* ajoutée. ¶ ~가치가 높은 산업 industrie à haute valeur ajoutée.

◆**_가치세** -價値稅 명 taxe *f* à [sur] la valeur ajoutée; ((약자)) la T.V.A *f*.

◆**_물** -物 명 annexe *f*.

◆**_세** -稅 명 surtaxe *f*; impôt *m* additionnel, (taxe à la valeur ajoutée).

◆**_어** -語 명 【언어】 (syntagme *m*) adjoint *m*.

◆**_의문** -疑問 명 【언어】 queue *f* de phrase interrogative; interrogation *f* qui se joint à une autre interrogation pour la renforcer, pour demander une approbation ou pour solliciter un consentement.

◆**_형** -刑 명 【법률】 peine *f* additionnelle.

부각 浮刻 명 ① 【미술】 relief *m*. ② ((mettre l')) accent *m* ((sur *qc*)), ((mettre *qc* en)) relief *m*, ((mettre *qc* en)) exergue *f*. ◇_(을) **하다** ① 【미술】 embosser; sculpter en relief. ② être mis(*e*) en relief [exergue]. ¶ 청소년 범죄가 시급한 사회문제로 ~하였다 La délinquance juvénile est devenue un enjeu social important. ¶ 뉴욕은 세계 경제의 중심지로 ~하였다 La ville de New York s'est hissée au rang des centres économiques mondiaux. ③ mettre l'accent sur *qc*; mettre *qc* en avant [en valeur] ; mettre *qc* en exergue ; insister sur *qc*; souligner; bien montrer; faire ressortir *qc*. ◇_(이) **되다** ① 【미술】 être mis(*e*) en relief; être souligné(*e*). ② être mis(*e*) en relief [exergue]. ¶ 개헌 문제가 여야간의 쟁점으로 ~되고 있다 La réforme de la Constitution est au coeur des débats entre le parti au pouvoir et l'opposition. ◇_(을) **시키다** mettre en relief *qc*; mettre en exergue *qc*; insister sur *qc*; souligner ((l'importance d'un événement)); mettre en avant [en valeur] *qc*; faire ressortir *qc*. ¶ 문제점을 ~시키다 souligner le côté problématique (d'une question).

부감 俯瞰 명 vue *f* aérienne. ◇_(을) **하다** regarder d'en haut; dominer. ¶ 산정에서 ~한 도시 ville vue du haut d'une montagne. ◇_(이) **되다** être vu(*e*) d'en haut.

◆**_도** -圖 명 vue *f* aérienne. ¶ 서울의 ~도 vue aérienne de Séoul.

부강 富强 명 richesse *f* et puissance *f*.

◆**_하다** 형 être riche et puissant(*e*). ¶ ~한 국가 pays *m* riche et puissant.

부검 剖檢 명 autopsie *f*. ◇_(을) **하다** pratiquer [procéder à] une autopsie, faire l'autopsie de *qn*, autopsier. ¶ 시체[사체]를 ~하다 faire l'autopsie d'un cadavre.

◆**_의** -醫 명 médecin *m* légiste.

부결 否決 명 rejet *m*. ¶ ~을 선포하다 déclarer le rejet d'un projet. ◇_(을) **하다[시키다]** rejeter. ¶ 안건을 ~하다 rejeter une proposition. ◇_(이) **되다** être rejeté(*e*). ¶ 의안은 30대 20으로 ~되었다 Le projet a été rejeté par 30 voix contre 22.

부계 父系 명 côté *m* paternel, clan *m* paternel. ¶ ~ 사회 société patriarcale. ¶ ~ 혈족 lien de parenté du côté paternel. ¶ 저 친구는 ~쪽으로 유명한 인물이 많다 Parmi ses ascendants du côté paternel, on compte beaucoup de personnages célèbres.

◆**_제도** -制度 명 patriarcat *m*.

부고 訃告 명 faire-part *m* [avis *m*] de décès. ¶ ~를 받다 apprendre le décès ((de *qn*)). ◇_(를) **하다[내다, 돌리다]** publier l'avis de décès.

부과 賦課 명 ① ((세금 따위의)) imposition *f*. ¶ 덤핑관세 ~ imposition de taxe anti-dumping. ② ((책임 따위의)) imposition *f*. ¶ 책임량 ~ imposition d'une certaine quantité de travail (qu'il faut impérativement terminer dans les délais). ◇_(를) **하다** ① ((세금 따위를)) imposer. ¶ 벌금을 ~하다 imposer une amende. ¶ 상인들에게 특별세를 ~하다 frapper les commerçants d'une taxe spéciale. ② ((책임 따위를)) imposer. ¶ 가혹한 조건을 ~하다 imposer de dures conditions. ¶ 누구에게 과중한 책임을 ~하다 imposer une lourde responsabilité à *qn*. ◇_(가) **되다** ① ((세금 따위)) être imposé(*e*). ¶ 그에게 벌금이 ~되었다 Une amende lui a été imposée. ② ((책임 따위)) être imposé(*e*). ¶ 교육자에게 ~되는 임무 responsabilité imposée aux enseignants.

◆**_금** -金 명 impôt *m*; taxe *f*. ¶ 공해 배출 ~금 taxe imposée aux pollueurs.

◆**_액** -額 명 montant *m* de taxe [d'impôt].

부관 副官 명 【군사】 aide *m* de camp.

부교 浮橋 명 pont *m* flottant; pont *m* suspendu. ¶ ~를 가설하다[설치하다] construire un pont flottant. ¶ ~를 타고 도하하다 traverser la rivière par le pont flottant.

부교수 副教授 명 professeur(*e*) associé(*e*). ((Le système de titularisation des professeurs d'université en Corée suit le modèle américain avec quatre échelons allant du maître de conférence (전임강사), maître-assistant ou professeur assistant (조교수), professeur associé (부교수), et professeur titulaire (정교수)).

부교재 副敎材 명 matériel *m* scolaire secondaire.

부국 富國 명 pays *m* riche. ¶ 석유 ~ pays riche en pétrole. ¶ 자원 ~ pays riche en ressources naturelles. ¶ ~의 대열에 들다 se hisser au rang des pays riches.

◆_강병 -强兵 명 accroissement *m* de la puissance économique et militaire. ¶ ~강병 정책 politique visant au développement économique et militaire (du pays).

부군 夫君 명 mari *m*.

부권 父權 명 ① autorité *f* patriarcale. ¶ ~ 상실의 시대 époque *f* de perte de l'autorité patriarcale, époque où [à laquelle] l'autorité patriarcale disparaît. ② 【법률】 droit *m* paternel. ¶ ~ 포기 abandon *m* des droits paternels.

◆_제 -制 명 【사회】 patriarcat *m*.

부귀 富貴 명 richesse *f* et honneur *m*. ¶ ~를 누리다 jouir de la richesse et de l'honneur.

◆_공명 -功名 명 richesse *f* et noblesse *f* et gloire *f*.

◆_영화 -榮華 명 richesse *f* et gloire *f*. ¶ ~영화를 누리다 mener une vie riche et glorieuse. ¶ 나는 ~영화를 바라지 않는다 Je ne recherche ni la richesse ni la gloire.

부근 附近 명 environs *mpl*. ¶ 서울 ~의 도시 ville *f* située aux environs de Séoul. ¶ 학교 ~에 커다란 서점이 있다 Il y a une grande librairie à proximité de l'école. ¶ 그 영화관은 우리 집 ~에 있다 Le cinéma est à proximité de chez moi. ¶ 도서관은 그 ~에 있다 La bibliothèque est proche de cet endroit. ¶ 그의 집은 이 ~이다 Il habite près d'ici.

부글거리다 재 ① ((물 따위)) bouillir, être en ébullition, bouillonner, dégager des bulles. ¶ 물이 부글거리며 끓는다 L'eau bouillonne. ② ((비유적)) bouillonner (de colère); bouillir ((de colère, d'impatience)). ¶ 몹시 분해서 속이 ~ bouillonner de colère; bouillir (de rage, de colère); être fou(folle) de rage.

부글부글 부 ① ((액체 onomatopée)) en bouillonnant. ¶ 국[찌개]이 ~ 끓는다 La soupe [Le ragoût] bout [bouillonne]. ¶ 거품이 ~ 인다 Ça bout à gros bouillons / Ça bout fort. ② ((비유적)) avec colère, sous l'emprise de la colère, (en bouillant) de rage, rageusement. ¶ ~ 분노가 치밀다 se crisper de colère. ¶ 속이 ~ 끓다 bouillir [bouillonner] de rage.

◆_하다 재 bouillir, être en ébullition, bouillonner, dégager des bulles. ¶ 어제 마신 술 때문에 속이 ~한다 J'ai le ventre ballonné [Je me sens ballonné(*e*), Je suis ballonné(*e*)] à cause de l'alcool que j'ai bu hier.

부금 賦金 명 versement *m* partiel [mensuel]. ¶ 주택 ~을 붓다 alimenter le dépôt à terme donnant le droit de souscription d'achat de logement.

부기[1] 簿記 명 【경제】 comptabilité *f*. ¶ 단식[복식] ~ comptabilité en partie simple [double]. ¶ 상업 ~ comptabilité commerciale.

◆_법 -法 명 【경제】 méthode *f* de comptabilité.

◆_장 -帳 명 cahier *m* de comptabilité. ¶ ~장을 기입하다 tenir un cahier de comptabilité.

부기[2] 附記 명 note *f*; remarque *f*; appendice *m*. ◇_(를) **하다** ajouter [adjoindre] une note. ¶ 끝으로 다음 사항을 ~하는 바이다 Pour conclure, nous ajoutons la chose suivante. ◇_(가) **되다** être ajouté(*e*).

◆_등기 -登記 명 【법률】 avenant *m* d'un enregistrement.

부기[3] 浮氣 명 enflure *f*. ¶ 아직도 ~가 남아 있다 Ce n'est pas complètement désenflé. ¶ ~가 완전히 가시지 않았다 L'enflure n'a pas complètement disparu. ¶ 삔 손목의 ~가 완전히 가라앉았다 Le poignet foulé est complètement désenflé. ¶ 얼굴의 ~가 빠졌다 Le visage est désenflé.

부끄러움 명 ① honte *f*, pudeur *f*, timidité *f*. ¶ ~이 많은 소녀 une fille pudique. ② honte *f*. ¶ ~을 모르다 avoir perdu toute honte, être éhonté(*e*). ¶ ~을 아는 사람이라면 그런 일은 하지 않았을 텐데 Il doit avoir perdu toute honte pour faire une chose pareille. ¶ 나는 ~을 무릅쓰고 그 남자에게 도움을 청했다 Je me suis abaissé(*e*) jusqu'à lui demander de l'aide. ¶ 그 남자는 ~이라고는 찾아볼 수 없는 사람이다 C'est un homme parfaitement éhonté. ¶ 아무런 ~ 없이 거짓말을 하다 mentir sans honte. ¶ 그것에 대해서는 한 점 ~ 없이 말할 수 있다 J'ai la conscience tranquille pour dire ça. ◇_(을) **타다** être timide. ¶ 그 남자는 ~을 타서 사람들 앞에 나서지 못한다 Il est trop timide pour se montrer en public.

부끄러워하다 형 se sentir honteux, éprouver une honte, être honteux(*se*), déshonorant(*e*), infâme, ignoble, indigne, scandaleux(*se*). ¶ 실수[잘못]를 ~ avoir honte de *son* erreur. ¶ 그 사람은 약속을 못 지킨 것을[에 대해] 부끄러워한다 Il a honte de ne pas avoir tenu sa parole [de ne pas avoir tenu parole, de ne pas avoir tenu sa promesse, d'avoir manqué à sa parole, de ne pas avoir respecté son engagement [sa promesse]].

부끄럼 명 ☞ 부끄러움

부끄럽다 형 ① avoir honte, être honteux(*se*), se sentir honteux, éprouver une honte, être timide. ¶ 부끄러워 얼굴을 붉히다 rougir de timidité. ¶ 낯선 사람들 앞에서는 부끄러워 말 한 마디 못하다 être trop timide pour parler aux inconnus. ¶ 대단치 않은 제 소설이 상을 받게 되어 부끄럽습니다 Je ne sais pas si mon roman est digne de ce prix. ② avoir honte; être honteux(*se*). ¶ 남들 보기에 부끄럽지 않은 행동 une conduite irréprochable. ¶ 이런 옷차림으로는 사람들 앞에 나서기가 ~ Je suis tellement mal habillé(*e*) pour me montrer en public. ¶ 아직도 밀렵을 하는 사람들이 있다니 정말 부끄러운 일이다 Il est honteux de voir de nos jours des braconniers. ¶ 그런 거짓말을 하다니, 부끄럽지도 않니? Tu n'as pas honte d'avoir menti pour une chose pareille? ¶ 나는 가난을 부끄럽게 생각하지 않는다 Je n'ai pas honte d'être pauvre. ¶ 우리 집안의 명성에 부끄럽지 않게 행동해라 Conduis-toi en pensant à l'honneur de notre famille.

부내 部內 명 (dans la) section *f*, intérieur *m* d'un service.

부녀¹ 婦女 명 femmes *fpl* (mariées) et filles *fpl*.

◆_**자** -子 명 femmes *fpl* (mariées) et filles *fpl*. ¶~자와 아이들부터 대피시키다 évacuer d'abord les femmes et les enfants.

◆_**회** -會 명 club *m* des femmes (d'un village).

부녀² 父女 명 père *m* et fille *f*. ¶~간에 사이가 안 좋다 (Le) père et (sa) fille ne s'entendent pas.

부농 富農 명 paysan *m* riche. ¶그 남자는 이 지역의 최대 ~이었다 Il était le paysan le plus riche de cette région.

부닥뜨리다 타 ☞ 부닥치다

부닥치다 자 se heurter, se buter, rencontrer ((des difficultés)), se trouver en face [en présence] ((d'une difficulté)). ¶곤란에 ~ buter contre une difficulté. ¶장애에 ~ rencontrer un obstacle. ¶우리의 계획이 예기치 않은 문제에 부닥쳤다 Notre projet s'est heurté à un problème inattendu. ② être surpris(*e*) par *qc*; tomber sur ((l'ennemi)). ¶적과 ~ rencontrer l'ennemi; tomber sur l'ennemi. ¶폭풍우에 ~ être surpris(*e*) par la tempête.

부단 不斷 어근 continuité *f*, persistance *f*.

◆_**하다** 형 être continuel(*le*), continu(*e*), incessant(*e*), ininterrompu(*e*), soutenu(*e*). ¶~한 노력 끝에 시험에 합격하다 réussir à l'examen grâce à des efforts constants [soutenus]. ¶연구는 ~하게 계속되어야 한다 La recherche doit se poursuivre [doit continuer] sans interruption.

◆_**히** 부 sans cesse, sans arrêt, continuellement, constamment. ¶~히 애를 쓰다 fournir un effort continu [soutenu]. ¶성적을 올리기 위해 ~히 노력하다 fournir des efforts soutenus pour obtenir de meilleures notes [un meilleur bulletin].

부단하다 不斷- 형 ☞ 부단

부담 負擔 명 ① charge *f*, fardeau(*x*) *m*; responsabilité *f*. ¶~을 덜다 alléger les charges. ¶납세자의 ~을 경감하다 alléger les charges des contribuables. ¶국민들의 조세 ~이 커졌다 Les charges fiscales du peuple sont alourdies. ② ((마음의)) ((ôter un)) poids *m* ((de la conscience)), charge *f*, gêne *f*, incommodité *f*. ¶~ 갖지[느끼지] 마시고 저한테 기대세요 Appuyez-vous contre moi sans gêne. ③ ((몸의)) gêne *f*, embarras *m*, incommodité *f*. ◇_(을) **하다** assurer la charge de *qc*. ¶경비는 내가 ~하겠다 Les frais seront à ma charge. ¶돈은 각자 ~하기로 하자 On paye chacun sa part. ◇_(이) **되다** être pesant(*e*), peser. ¶위에 ~이 되는 음식을 삼가다 éviter de prendre les plats lourds qui pèsent sur l'estomac. ¶평소에 글을 써 본 적이 없어서 작문 시간이 ~된다 Le cours de rédaction me stresse car je n'ai pas l'habitude d'écrire. ◇_(을) **시키다** imposer la charge de *qc*. ¶누구에게 얼마나 ~시키느냐는 쉬운 문제가 아니다 Ce n'est pas une chose facile de décider qui va payer combien. ◇_(이) **있다[없다]** être [ne pas être] pesant(*e*), gênant(*e*); [ne pas] gêner, peser. ¶읽기에 ~이 없는 책 un livre plaisant à lire. ◇_**이다** être à la charge de *qn*. ¶비용은 그 사람의 ~이다 Les frais sont à sa charge. ◇_(을) **주다** imposer; gêner; peser sur. ¶밤에 무얼 먹으면 위에 ~을 준다 Manger la nuit pèse sur l'estomac.

◆_**스럽다** 형 être pesant(*e*); être gênant(*e*). ¶~스러운 일 une tâche pesante. ¶사람들의 지나친 기대가 ~ Les gens placent trop d'espoir en moi et cela est pesant pour moi. ¶그 사람과 만나는 것은 ~ Il est stressant de le rencontrer. ¶그 친구에겐 내가 ~스러운 존재로 여겨질 수도 있다 Il risque de me considérer comme un être gênant.

◆_**없이** 부 sans gêne, sans embarras. ¶그 정도 가격이면 누구나 ~없이 살 수 있다 À ce prix-là, n'importe qui peut se le payer sans se priver.

◆_**감** -感 명 joug *m* pesant. ¶지나친 친절에 ~감을 느끼다 se sentir embarrassé(*e*) par la gentillesse excessive ((de *qn*)). ¶그 사람은 얹혀산다는 ~감 때문에 늘 어두운 표정이다 Le fait de vivre à la charge de l'autre le rend morose.

◆_**금** -金 명 charges *fpl*.

◆_**률** -率 명 taux *m* de charges. ¶조세 ~률 incidence *f* de la taxe.

◆_**액** -額 명 charge *f*. ¶조세 ~액 montant *m* d'un impôt.

부당 不當 명 injustice *f*, illégitimité *f*, illégalité *f*; inconvenance *f*. ¶~ 노동행위 travail *m* illicite. ¶~ 이득 profit *m* illicite.

◆_**하다** 형 être injuste, être illicite. ¶~한 가격 prix *m* exorbitant. ¶~한 행동 acte *m* injuste. ¶~한 처우 traitement *m* indigne. ¶~한 이익을 취하다 tirer un profit illicite. ¶~한 대우를 하다 traiter *qn* indignement; commettre une injustice. ¶그 사람을 해고한 회사의 처사는 ~하다 L'entreprise l'a renvoyé[licencié] d'une façon illicite.

◆_**히** 부 ((accuser *qn*)) injustement, ((détenir *qc*)) indûment, illégitimement. ¶~히 대접받다 faire l'objet d'un traitement injuste.

◆_**성** -性 명 injustice *f*. ¶일의 ~성을 널리 알리다 révéler l'aspect injuste de l'affaire.

부대¹ 負袋 명 sac *m*. ¶쌀 ~ un sac de riz. ¶시멘트 ~ un sac de ciment. ¶밀가루를 ~에 담다 mettre de la farine de blé dans un sac, remplir un sac de farine de blé.

분류 ¶밀가루 한 ~ un sac de farine de blé.

부대² 部隊 명 ① 【군사】 unité *f* militaire; groupe *m* de soldats; troupes *fpl*; corps *m* d'armée; détachement *m* militaire (chargé de la surveillance d'un convoi). ¶기갑 ~ une armée [une unité] blindée; un régiment [une troupe] de blindés [blindé(*e*)]. ¶기동 ~ ((육군)) une force motorisée;

((해군)) une unité mobile; un détachement spécial; une force opérationnelle. ¶ 보병 ~ des troupes *fpl* [une unité, un corps] d'infanterie. ¶ 외인 ~ la Légion étrangère. ¶ 전투 ~ des troupes [une unité] de combat [d'assaut]. ② 【군사】 base *f* militaire, camp *m* [campement *m*] militaire, zone *f* militaire. ③ ((비유적)) groupe *m*, troupe *f*. ¶ 박수 ~ la claque; groupe de supporters.

◆_기 -旗 명 drapeau(*x*) *mpl* ((militaire)); étendard *m* ((d'une compagnie de gendarmerie)); fanion *m* ((de la Légion)); bannière *f*.

◆_원 -員 명 soldat *m*; militaire *m*; guerrier *m*.

◆_장 -長 명 commandant(*e*); capitaine *m*; officier *m* en chef; chef *m* de bataillon.

부대³ **附帶** 명 addition *f* [ajout *m*, adjonction *f*] ((d'un article à un projet de loi)). ¶ ~ 시설 installations [équipements] annexes. ¶ ~ 조건 condition(*s*) complémentaire(*s*) [supplémentaire(*s*)]. ¶ ~ 비용을 계산하다 calculer les frais supplémentaires [accessoires, additionnels]; calculer les à-côtés.

◆_공소 -公訴 명 【법률】 appel *m* ((pour changer un jugement)); révision *f* ((d'un procès)).

◆_면적 -面積 명 【건설】 terrain *m* [superficie *f*, surface *f*] en surplus [en supplément].

◆_사업 -事業 명 entreprise *f* secondaire [de moindre importance]; affaires *fpl* [business *m*, commerce *m*] secondaires.

부대끼다 재 ① être accablé(*e*), importuné(*e*), embêté(*e*), ennuyé(*e*), dérangé(*e*), agacé(*e*), lassé(*e*). ¶ 만원 버스 안에서 이리저리 ~ être bousculé(*e*) de part et d'autre dans un bus bondé. ¶ 빚쟁이에게 ~ être accablé(*e*) par les créanciers. ② être tourmenté(*e*), barbé(*e*) {*fam*}; être en proie à ((une obsession)), souffrir de *qc*. ¶ 온갖 잡다한 일들에 부대끼며 살다 vivre tourmenté(*e*) par toutes sortes de choses. ③ ((속이)) avoir une indigestion. ¶ 어제 과음을 했더니만 속이 부대낀다 J'ai trop bu hier, j'ai une digestion difficile.

부덕¹ **不德** 명 manque *f* de vertu. ¶ 저의 ~을 꾸짖어 주세요 Je suis seul(*e*) responsable / Tout cela est dû à mon manque de discrétion / Tout cela est de ma faute.

◆_하다 형 manquer de vertu [de mérite, de sagesse]; être peu vertueux(*se*), ne pas être vertueux(*se*). ¶ ~한 행위 un comportement qui n'est pas vertueux. ¶ ~한 지도자 un leader qui n'est pas vertueux, un dirigeant malhonnête [douteux].

부덕² **婦德** 명 vertu *f* féminine.

부도¹ **不渡** 명 【경제】 non-paiement *m* ((d'un chèque)); faillite *f* ((d'une entreprise)), dépôt *m* de bilan. ¶ 회사의 ~ la faillite de l'entreprise. ¶ ~를 막다 approvisionner [alimenter] *son* compte pour éviter un chèque sans provision. ◇_(가) 나다 ((chèque, effet de commerce)) être sans provision; ((dettes)) ne pas être honoré(*e*); faire faillite, déposer *son* bilan. ¶ 그 사람의 수표가 ~ 났다 Son chèque n'a pas été honoré / Son chèque est sans provision. ◇_(를) 내다 ne pas honorer [ne pas payer] un chèque [un effet de commerce, une lettre de change, *ses* dettes]. ¶ ~를 내고 도망가다 s'enfuir [partir] sans honorer *ses* dettes.

◆_수표 -手票 명 【경제】 chèque *m* sans provision [en bois {*fam*}].

◆_어음 명 【경제】 effet *m* de commerce [traite *f*, lettre *f* de change, billet *m* à ordre] non honoré [non payé].

◆_율 -率 명 taux *m* d'impayés [de non-paiement] ((d'un chèque, d'une traite)). ¶ 높은[낮은] ~율 taux élevé [bas] d'impayés [de non-paiement].

부도² **附圖** 명 planche *f*; carte *f*; diagramme *m*; graphique *m*; tableau(*x*) *m* en annexe ((d'un ouvrage)). ¶ 지리 ~ atlas *m* [carte *f*] géographique; planisphère. ¶ 역사 ~ carte [tableau(*x*)] historique [chronologique]. ¶ 사회과 ~ carte [tableau(*x*)] sociologique.

부도³ **浮屠** 명 【불교】 ① pagode *f* ((pagode où l'on conserve les perles osseuses et les cendres d'un bonze [d'un moine bouddhiste] vénérable)). ② Bouddha *m*. ③ bonze *m*, moine *m* bouddhiste.

부도덕 **不道德** 명 immoralité *f*; dépravation *f*; corruption *f*; malhonnêteté *f*; libertinage *m*; vice *m*; turpitude *f*; immoralisme *m*. ¶ 누구의 ~을 비난하다 dénoncer la malhonnêteté de *qn*.

◆_하다 형 être immor*al*(*ale*, *aux*), dépravé(*e*), indécent(*e*), débauché(*e*), dissolu(*e*), corrompu(*e*), obscène. ¶ ~한 인물 un personnage [un individu] immoral [dépravé, indécent, débauché, dissolu {*litt*}, corrompu; obscène]. ¶ ~한 행위 une conduite [un comportement, une attitude, une action, un agissement] immorale [amorale, dépravée, indécente, dissolue, obscène]. ¶ ~한 관계 une relation [des liens, des amitiés, un rapport] immorale [amorale, dépravée, indécente; dissolue, obscène].

부도체 **不導體** 명 【전기】 corps *m* non conducteur d'électricité; corps *m* isolant. ¶ ~로 절연하다 isoler *qc* par un corps non-conducteur.

부동¹ **浮動** 명 flottement *m*; instabilité *f*; fluctuation *f*, variation *f*, vacillation *f*. ¶ ~ 인구 une population flottante [en déplacement, instable, mouvante]. ¶ ~ 자금 capitaux flottants. ◇_(을) 하다 flotter ((dans l'air, dans l'eau)); vaciller; être flottant(*e*); ((시세 따위)) fluctuer; être fluctuant(*e*); varier, osciller; être changeant(*e*); être instable. ¶ 주가가 ~한다 La valeur [Le cours] des actions [Le cours de la Bourse] est très volatile [très instable] / Les cours de la Bourse sont très volatiles / La Bourse est très volatile [très instable, très fluctuante].

◆_성 -性 명 instabilité *f*, inconstance *f*.

◆_주 -株 명 【경제】 actions *fpl* fluctuantes.

◆_표 -票 명 vote(*s*) *m* [voix *fpl*] fluctuant(*es*)

[indécis]. ¶ ~표를 잡아야 선거에서 승리한다 On remporte les élections en gagnant des voix fluctuantes [indécises, irrésolues].

부동[2] **不動** 명 immobilité *f*; fixité *f*; stabilité *f*; sûreté *f*; fermeté *f*; immuabilité *f*; immobilisme *m*. ¶ ~의 신념 une conviction inébranlable [immuable, ferme]. ◇_(을) **하다** être immobile, fixe, ferme, inébranlable, immuable, sûr(*e*), stable.

◆_**심** -心 명 esprit *m* [état *m* d'esprit] imperturbable [inébranlable, impassible].

◆_**자세** -姿勢 명 posture *f* immobile; station *f* fixe; ((군대)) garde-à-vous *m inv*. ¶ ~자세를 취하다 se mettre au garde-à-vous.

부동사 副動詞 명 【언어】 formes *fpl* fléchies des adjectifs et des verbes à fonction adverbiale (('아, 게, 지, 고)).

부동산 不動産 명 ① 【법률】 bien *m* immobilier; propriété *f* foncière; propriété *f* immobilière. ¶ ~ 매매 un achat et une vente de biens immobiliers; une transaction immobilière. ¶ ~ 중개인 un agent immobilier. ¶ ~ 중개소 une agence immobilière. ¶ ~ 투기 des spéculations immobilières; un investissement spéculatif dans des biens immobiliers. ¶ 많은 ~을 소유하다 posséder beaucoup de biens immobiliers. ¶ 올해는 ~ 경기가 좋지 않다 Cette année, les affaires immobilières ne marchent pas / Cette année, le marché immobilier ne va pas. ② agence *f* immobilière. ¶ ~에 집을 내놓다 mettre *sa* maison en vente dans une agence immobilière.

부동액 不凍液 명 antigel *m*; liquide *m* de refroidissement. ¶ ~을 보충하다 ajouter [rajouter] de l'antigel.

부동항 不凍港 명 port *m* maritime où la mer ne gèle pas.

부두 埠頭 명 quai *m*; embarcadère *m*; débarcadère *m*; jetée *f*; appontement *m*; wharf *m*. ¶ ~에 배를 대다 ancrer un bateau dans un port. ¶ ~에 정박해 있는 배들 les navires [bateaux, vaisseaux, paquebots] amarrés au quai, les navires qui sont au quai, les navires qui sont mis à l'ancre au quai, les navires ancrés au quai.

◆_ㅅ**가** 명 bord *m* du quai [d'embarquement, de débarquement]; embarcadère *m*. ¶ 사람들이 ~ㅅ가에서 배를 기다린다 On attend un bateau sur le quai.

부둥켜안다 자타 embrasser, prendre dans les bras, enlacer. ¶ 인형을 부둥켜안다 prendre une peluche dans *ses* bras. ¶ 두 소녀는 서로 부둥켜안고 울어댔다 Enlacées l'une contre l'autre, les deux jeunes filles pleuraient à chaudes larmes.

부드럽다 형 ① être doux(*ce*) (au toucher), tendre, soyeux(*se*), satiné(*e*); être souple. ¶ 부드러운 감촉 doux [agréable, lisse, soyeux, satiné] au toucher. ¶ 피부가 비단결처럼 ~ Sa peau est soyeuse [satinée] comme de la soie. ② ((성격)) être malléable, douillet(*te*), affable, aimable, docile. ¶ 부드러운 성품 un caractère [un tempérament, une personnalité] doux(*ce*) [tendre, gentil(*le*), aimable, affable, agréable]. ¶ 그 사람은 성격이 ~ Il a un caractère doux [agréable, aimable]. ③ ((행동거지)) être doux(*ce*), tendre, agréable, aimable, chaleureux(*se*), caressant(*e*). ¶ 부드러운 미소 un sourire affable [doux, agréable, aimable, chaleureux, caressant]. ¶ 부드러운 목소리 une voix douce. ¶ 부드러운 손길 une main tendre [douce, affectueuse, chaleureuse]. ¶ 아이를 부드럽게 다루다 traiter tendrement [affectueusement] les enfants, s'occuper avec douceur [affectueusement] des enfants. ④ ((색깔 따위)) être doux(*ce*), tendre, suave, chaud(*e*). ¶ 부드러운 색깔[빛] une couleur [une lumière] douce [tendre, suave, chaude]. ⑤ ((맛)) être onctueux(*se*); moelleux(*se*); velouté(*e*). ¶ 부드러운 술 un alcool doux [onctueux].

부득부득 부 ① ((onomatopée)) avec insistance, opiniâtrement, obstinément, avec entêtement [persistance, ténacité]; sans désemparer. ¶ ~ 학교를 안가겠다는 아이 un(*e*) enfant qui s'entête à ne pas aller à l'école, un(*e*) enfant qui refuse obstinément d'aller à l'école. ② avec un grincement. ¶ 이를 ~ 갈며 자다 grincer des dents en dormant ((bruxomanie)). ¶ 나는 그 일만 생각하면 이가 ~ 갈린다 J'éprouve de la répugnance chaque fois que je pense à cela.

부득불 不得不 부 inévitablement, inéluctablement, de toute nécessité. ¶ 그 사람들은 ~ 헤어질 수밖에 없었다 Ils ont dû se séparer.

부득이 부 faute de mieux, forcément, par nécessité, inévitablement. ¶ 집안 사정상 ~ 학업을 중단하다 être forcé(*e*) d'arrêter *ses* études pour des problèmes familiaux. ¶ ~ 하던 일을 포기하다 abandonner involontairement ce qu'on est en train de faire.

◆_**하다** 형 être inéluctable, inévitable, nécessaire. ¶ ~한 경우 un cas de force majeure. ¶ ~한 사정으로 약속을 연기하다 ajourner le rendez-vous à cause d'un empêchement imprévu [de dernière minute].

부들 명 【식물】 canne *f* de jonc; massette *f*, *Typha orientalis* {*nsc*}.

부들부들 부 ① ((mimétisme)) en tremblant. ¶ 다리를 ~ 떨다 avoir les jambes qui tremblent [qui tremblotent], trembloter des jambes. ¶ 손을 ~ 떨다 trembler des mains, avoir la tremblote {*fam*}, avoir des tremblements des mains, être pris(*e*) de tremblements, sucrer les fraises {*fam*}]. ¶ 분노로 ~ 떨다 trembler de colère. ¶ 추위에 몸을 ~ 떨다 frémir [grelotter, frissonner] de froid. ② doucement, finement, délicatement, souplement. ¶ ~ 촉감이 좋은 셔츠 une chemise souple.

◆_**하다** 형 être moelleux(*se*), doux(*ce*), satiné(*e*), souple, tendre. ¶ 부들부들한 가죽 un cuir souple. ¶ 살결이 ~하다 avoir la peau douce [satinée]. ¶

ㅂ

털이 ~하다 Les poils [Les fourrures, Le pelage] sont doux [soyeux, duveteux].

부듯하다 형 ① avoir le ventre [l'estomac] plein; être rassasié(*e*), repu(*e*). ¶ 좀 많이 먹었더니 배가 ~ Comme j'ai beaucoup mangé, j'ai le ventre [l'estomac] plein / Je suis rassasié(*e*) / Je suis repu(*e*) / J'ai la peau du ventre bien tendue {*fam*}. ② ((비유적)) être satisfait(*e*), ému(*e*), récompensé(*e*), heureu*x*(*se*); avoir chaud au coeur. ¶ 그 사람은 보람으로 가슴이 부듯했다. Il était heureux [satisfait, ému] de ce résultat fructueux / Il était heureux [satisfait, récompensé] de ses efforts [de son travail]. ☞ 뿌듯하다

부등 不等 어근 【수학】 inégalité *f*; inéquation *f*.

◆_**하다** 형 être inég*al*(*ale*, *aux*).

◆_**변** -邊 명 【수학】 côtés *mpl* inégaux; scalène. ¶ ~변 삼각형 un triangle scalène [quelconque].

◆_**식** -式 명 【수학】 l'inégalité *f*.

◆_**호** -號 명 【수학】 signe *m* d'inégalité.

부디 부 de grâce, surtout, s'il vous plaît. ¶ ~ 몸조심하세요 Surtout, soignez-vous bien / Prenez soin de votre santé. ¶ ~ 오래오래 사세요 Je vous souhaite longue vie.

부딪다 타 ☞ 부딪치다

부딪치다 자타 ① (*se*) heurter, (*se*) cogner, (s')entrechoquer, se choquer, (*se*) percuter, (s')emboutir, (s')achopper, (*se*) télescoper. ¶ 길가는 사람과 ~ heurter un passant. ¶ 유리문에 이마를 ~ se cogner contre la porte vitrée. ¶ 자동차가 나무에 부딪쳤다 La voiture a heurté un arbre. ¶ 선박끼리 부딪쳤다 Les navires sont entrés en collision. ¶ 자동차 두 대가 네거리에서 서로 정면으로 부딪쳤다 Les deux voitures se sont heurtées de front [de plein fouet] au carrefour. ② ((비유적)) se heurter ((à la réalité)) ¶ 곤란에 ~ se heurter à une difficulté. ¶ 현실의 벽에 ~ se heurter à la dure réalité de la vie. ¶ 계획이 난관에 부딪쳤다 Ce projet s'est heurté à des obstacles. ¶ 내가 한 번 그 사람과 부딪쳐 보겠다 Je vais essayer d'affronter cette personne une bonne fois pour toutes.

부딪히다 자타 se faire heurter, (*se*) heurter, (*se*) cogner, (s')entrechoquer, se choquer, (*se*) percuter, (s')emboutir, (s')achopper, (*se*) télescoper. ¶ 그 남자의 머리가 천장에 부딪혔다 Sa tête a heurté le plafond. ¶ 앞차가 뒤차에 뒷범퍼를 부딪혔다 Une voiture heurta le pare-chocs de celle qui roulait devant elle. ¶ 옆 사람과 어깨가 부딪힐 정도로 자리가 비좁다 Les sièges sont si étroits que les voisins se retrouvent assis épaule contre épaule.

부뚜막 명 *buttumak m* <partie surélevée du sol où se trouvent les orifices des feux dans une cuisine traditionnelle coréenne, et sous lequel on insère du bois ou de la paille>.

*~**의 소금도 넣어야 짜다** On ne fait pas d'omelette sans casser des oeufs / On n'obtient rien sans faire un minimum de sacrifices inévitables.

*__얌전한 고양이가 ~에 먼저 올라간다__ Le plus sage n'est pas toujours celui qu(e l)'on croit.

부라리다 타 fixer *qn* d'un regard menaçant [farouche], lancer [darder] un regard furieux [furibond] à *qn*.

부락 部落 명 hameau(*x*) *m*; petit village *m*; lieu-dit *m*; bled *m* {*fam*}; trou *m* {*fam*}; pâté *m* de maisons; écart *m*; bourgade *f*. ¶ 강을 끼고 ~이 형성되어 있다 Un village s'est installé le long de la rivière.

◆_**민** -民 명 villageois(*e*); habitant(*e*) d'un village.

부랑 浮浪 명 vagabondage *m*. ¶ ~ 생활 une vie errante, une vie de bohémien. ◇_(을) **하다** vagabonder; errer; traîner; aller sans but.

◆_**배** -輩 명 troupe *f* [bande *f*, groupe *m*] de vagabonds.

◆_**아** -兒 명 jeune vagabond(*e*); jeune *mf* sans domicile (fixe) [SDF]; jeune rôdeu*r*(*se*); jeune voyou *m*; jeune clochard(*e*); jeune mendiant(*e*).

◆_**인** -人 명 vagabond(*e*), clochard(*e*), chemineau(*x*) *m* {*vx*, *litt*}.

◆_**자** -者 명 vagabond(*e*); (personne *f*) sans domicile fixe [SDF]; rôdeu*r*(*se*); voyou *m*; clochard(*e*); mendiant(*e*); va-nu-pieds *mf* {*fam*}.

부랴부랴 부 ((mimétisme)) ((sortir)) avec précipitation, précipitamment, à la hâte, en toute hâte, vite, rapidement. ¶ ~ 집을 나서다 quitter la maison en hâte [dans la précipitation]. ¶ ~ 일을 끝내다 s'empresser de finir *son* travail.

부러뜨리다 타 ① casser, briser, couper ((une branche, un crayon)), rompre ((une canne)), se casser ((le bras, une dent)). ¶ 나뭇가지를 ~ casser une branche d'arbre. ¶ 연필을 ~ briser un crayon. ② (*se*) casser. ¶ 그 여자는 스키를 타다가 다리를 부러뜨렸다 Elle s'est cassé la jambe en faisant du ski.

부러워하다 타 envier *qn*/*qc* à *qn*; être envieu*x*(*se*), jalou*x*(*se*) ((du succès de *qn*)), jalouser ((la situation de *qn*)), convoiter, briguer. ¶ 모든 사람들이 그를 부러워한다 Tout le monde l'envie.. ¶ 다들 그 학생의 재능을 부러워한다 Tous envient les talents de cet(*te*) élève. ¶ 모두 그 친구가 성공한 것을 부러워한다 Tous lui envie sa réussite.

부러지다 자 ① se casser (en deux), se rompre, se briser. ¶ 지팡이가 딱 하고 부러졌다 La canne s'est cassée avec un bruit sec. ② se casser, se fracturer. ¶ 팔이 ~ se casser [se fracturer] un bras. ¶ 이가 ~ se casser une dent. ¶ 그 친구는 넘어져서 오른쪽 다리가 부러졌다 Il s'est fracturé la jambe droite en tombant.

부럼 명 【민속】 *bureom m* <fruits à écale comme les noix, les châtaignes, les pignes des pommes de pin, les cacah(o)uètes qu'on mange le 15 du premier mois lunaire pour se protéger contre les maladies de peau pour l'année en cours>. ¶ ~을 까다 casser [ouvrir] des noix, des châtaignes, des pommes de pin, des cacah(o)uètes et des noisettes;

écaler des noix. ¶ ~을 깨물다 mordre [croquer] des noix; casser des noix avec les dents.

부럽다 형 envier *qn*/*qc* [à *qn*, *qn* de *qc*, *qn* de+*inf*]; être enviable; être envieux(*se*) de *qc*. ¶ 나는 네가 정말 ~ Je t'envie vraiment. ¶ 그 사람의 낙천적인 성격이 ~ J'envie son caractère optimiste / Je lui envie son caractère optimiste / Je l'envie pour son caractère optimiste / Je l'envie d'avoir un caractère optimiste / Je suis envieux(*se*) de son caractère optimiste. ¶ 나는 세속적인 명성 같은 것은 하나도 부럽지 않다 Je n'envie pas du tout la célébrité [réputation]. ¶ 내 집을 갖게 되었으니 이제는 부러울 것이 없다 Comme je suis devenu maintenant propriétaire, je n'ai rien à envier à personne. ¶ 나는 네가 그렇게 불어를 잘 하는 것이 정말 부러웠다 Je t'enviais vraiment de savoir si bien parler français. ¶ 그런 위기 상황에서도 태연할 수 있다니 정말 ~ Je l'envie de savoir garder son sang-froid [rester calme] dans une telle situation critique.

부레 명 【동물】 vessie *f* natatoire.

부려먹다 타 faire travailler, exploiter. ¶ 의붓딸을 하녀처럼 ~ faire travailler la fille de *son* conjoint [de l'ex-époux(*se*) de *son* conjoint] comme une domestique. ¶ 사원들을 너무 부려먹지 마라 N'exploite pas trop tes employés de bureau.

부력 浮力 명 【물리】 poussée *f* d'Archimède; poussée *f* (verticale). ¶ ~의 원리 le principe d'Archimède.

◆_**계** -計 명 jauge *f* de poussée.

부령 部令 명 ordonnance *f*, arrêté *m* ministériel.

부록 附錄 명 supplément *m*; annexe *f*; appendice *m*; rabiot *m* {*fam*}; rab *m* {*pop*}. ¶ 권말 ~ supplément [appendice] ((placé à la fin d'un livre [d'une revue, d'un magazine])). ¶ 별책 ~ supplément [appendice] ((publié séparément d'un livre [d'une revue])). ¶ 특별 ~ supplément spécial. ¶ 자료 목록을 책 뒤에 ~으로 붙이다 ajouter la liste des documents en supplément [appendice] à la fin d'un livre.

부루퉁하다 형 ☞ 뿌루퉁하다

부류 部類 명 catégorie *f*, espèce *f*, sorte *f*, classe *f*, type *m*; famille *f*; genre *m*; ordre *m*; classification *f*; embranchement *m*; acabit {*fam*} *m*. ¶ 같은 ~의 사람 des personnes [des gens] de la même catégorie [de la même espèce, du même genre]. ¶ 다른 ~에 속하다 appartenir à une catégorie différente, faire partie d'une catégorie différente. ¶ 몇 가지 ~로 나누다 répartir [regrouper, classer, ranger] *qc* en plusieurs catégories [types]. ¶ 그런 ~의 사람들과는 어울리지 마라 Ne fréquente [rencontre] pas les gens de cette espèce [de cette sorte].

◆_**화** 명 -化 catégorisation *f*; classification *f*; classement *m*; typologie *f*. ¶ ~화하다 catégoriser *qc*; classifier *qc*.

부르다[1] 형 ① être plein(*e*), être rassasié(*e*), repu(*e*), avoir le ventre [l'estomac] plein (à craquer comme une outre {*fam*}), être calé(*e*) {*fam*}, lesté(*e*) {*fam*}, être gonflé(*e*) comme une outre {*fam*}. ¶ 이제는 배가 불러서 더 못 먹겠다 Je n'ai plus faim maintenant, je ne peux plus rien avaler / Je ne peux plus manger parce que j'ai le ventre plein [je suis rassasié(*e*), je suis repu(*e*) / J'ai le ventre [l'estomac] plein [Je suis calé(*e*) {*fam*} maintenant], je n'en peux plus. ¶ 다들 배부르게 먹었니? Avez-vous mangé à satiété [jusqu'à satiété, à votre faim]? ② être enceinte, grosse; être en cloque {*vulg*}. ¶ 그 사람은 아내의 부른 배를 쳐다보았다 Il a regardé le ventre enflé [le gros ventre] de sa femme (enceinte).

부르다[2] 자타 ① appeler, héler, interpeller. ¶ 누구의 이름을 ~ appeler *qn* par son nom. ¶ 개를 ~ appeler *son* chien (en sifflant). ¶ 누구를 소리쳐 ~ appeler *qn* à haute voix. ¶ 지나가는 택시를 ~ héler un taxi. ¶ 초인종을 눌러서 하인을 ~ sonner un domestique. ¶ 별명으로 ~ appeler *qn* par son surnom [sobriquet]. ② épeler, lire en articulant bien, dicter. ¶ 출석을 ~ faire l'appel (de présence). ¶ 명단을 ~ lire la liste des noms. ¶ 부르는 대로 받아 적어라 Ecris ce que je te dicte! ③ inviter *qn* à ((un bal, un dîner)), convier *qn* à ((une réception)), faire venir, demander. ¶ 친척들을 잔치에 ~ convier les proches parents à un festin. ④ appeler, faire venir, mander {litt}, solliciter, envoyer chercher. ¶ 택시를 ~ appeler un taxi. ¶ 의사를 ~ envoyer *qn* chercher un médecin, appeler un médecin. ¶ 서울에서 전문가를 ~ faire venir un expert de Séoul. ¶ 사장님께서 부르십니다 Le président-directeur général vous demande. ⑤ chanter ((une chanson)), fredonner, chantonner. ¶ 노래를 ~ chanter une chanson. ⑥ pousser ((des acclamations, des hourras)). ¶ 그들은 만세를 세 번 불렀다 La foule les a acclamés [a poussé des acclamations [hourras] en les voyant]. ⑦ ((값을)) donner, énoncer, faire savoir, dire, annoncer, demander ((le prix)). ¶ 그 여점원은 물건 값을 비싸게 불렀다 La vendeuse a annoncé un prix élevé pour cet article. ¶ 얼마를 부르셨지요? Combien m'avez-vous demandé pour cela? / Quel prix avez-vous annoncé (pour cette marchandise [cet objet])? ⑧ 일컫다 appeler, nommer, dénommer, désigner, surnommer. ((verbe de citation, sous forme de substantif+-라/-라고 부르다)) ¶ 사람들은 바흐를 음악의 아버지라고 부른다 On appelle Bach «le père de la musique». ¶마을 사람들은 이 넓은 호수를 바다라 부르지요. Les habitants du village appelle ce vaste lac la mer. ***부르는 게 값이다** ne pas avoir de prix; être sans prix; être inestimable. Ça n'a pas de prix! Ça coûtera ce que ça coûtera.

부르르 부 ① ((onomatopée)) en frissonnant ((quelques instants)) ((onomatopée qui imite un bref épisode de frisson)). ¶ 노여움에 몸을 ~ 떨다 trembler de haine. ② en frémissant. ¶ 냄비의 물이

~ 끓는다 L'eau de la casserole frémit.

부르릉 부 ((onomatopée qui imite le bruit d'une voiture ou d'un moteur)) vroum; en rugissant. ¶ 차가 ~ 시동이 걸린다 La voiture démarre bruyamment.

◆_**거리다[대다]** 재타 vrombir: ronfler. ¶ 자동차[오토바이]가 ~거린다 La voiture [La moto] vrombit.

부르조아 명 bourgeois *m* ☞ 부르주아

부르주아 프{bourgeois} 명 ① 【역사】 bourgeois(*e*); personne *f* qui n'était ni noble, ni ecclésiastique, ni travailleur manuel sous l'Ancien Régime en France. ② bourgeois(*e*); personne *f* de la classe moyenne et dirigeante, qui ne travaille pas de ses mains. ③ bourgeois(*e*); personne *f* aux opinions conservatrices appartenant à la classe dominante en régime capitaliste et qui possède des moyens de production. ¶ ~ 사상 idée(*s*) [pensée, idéologie, opinion] bourgeoise(*s*). ④ ((경멸적)) bourgeois *m*; nantis *mpl*.

◆_**계급** -階級 명 bourgeoisie *f*, classe *f* bourgeoise.

부르쥐다 타 serrer (le poing) avec force. ¶ 주먹을 불끈 ~ serrer les poings. ¶ 주먹을 부르쥐고 le poing bien serré.

부르짖다 재타 ① crier, pousser [jeter] des cris, s'écrier, se récrier, vociférer. ¶ 목청을 다하여 ~ crier à tue-tête. ¶ 성나서 ~ crier avec fureur. ¶ 큰 소리로 ~ crier fort, crier comme un sourd {*fam*}. ¶ 살려달라고 ~ crier au secours. ② demander *qc* à cor et à cri, réclamer haut et fort, prêcher, revendiquer, préconiser. ¶ 개혁을 ~ prêcher une réforme. ¶ 한국의 통일을 ~ revendiquer haut et fort la réunification de la Corée. ¶ 산아제한을 ~ recommander [préconiser] le contrôle des naissances. ¶ 임금인상을 ~ réclamer [demander] à grands cris [à cor et à cri] une augmentation de salaire.

부르짖음 명 cri *m*, appel *m*, clameur *f*, tapage *m*, exclamation *f*. ¶ 한 여인의 ~ 소리 le cri d'une femme. ¶ 민주화를 요구하는 학생들의 ~ cri des étudiants qui revendiquent la démocratie.

부르트다 재 se couvrir de cloques; se boursoufler; se couvrir d'ampoules; se faire des ampoules; avoir des ampoules. ¶ 손이 부르텄다 J'ai la main couverte d'ampoules. ¶ 발바닥이 부르텄다 Je me suis fait(*e*) des ampoules à la plante des pieds. ¶ 나는 걸핏하면 입술이 부르튼다 J'ai souvent les lèvres enflées [boursouflées, couvertes de cloques].

부름 명 appel *m*; convocation *f*, assignation *f*, indiction *f*. ¶ 운명의 ~ l'appel du destin. ◇_**(을) 받다** être appelé(*e*) ((sous les drapeaux)). ¶ 조국의 ~을 받아 입대하다 faire *son* service militaire après avoir reçu *sa* convocation.

부릅뜨다 타 faire les gros yeux (pour gronder), écarquiller les yeux. ¶ 눈을 부릅뜨고 보다 voir [regarder] *qn* avec de grands yeux, lancer un regard furieux [furibond].

부리 명 ① bec *m*. ¶ ~로 쪼다 becqueter [béqueter] *qc*; picoter [picorer] *qc*; piquer *qc* avec le bec. ¶ ~로 모이를 쪼아 먹다 becqueter [picoter, picorer] de la nourriture [des graines]; picorer avec le bec de la nourriture [des graines]. ② pointe *f*; bout *m* en pointe; extrémité *f*; coin *m*; saillie *f*; embout *m*; bec *m*; jet *m*; lance *f* ((d'une pompe à incendie)); sommet *m*; pic *m*; dent *f*; aiguille *f*; crête *f* ((d'une montagne)). ¶ 총 ~ la pointe d'un fusil (où se trouve la gueule du canon). ¶ 소매의 ~ un poignet [une manchette] ((d'une chemise)).

부리나케 부 ① à la hâte, en (toute) hâte, à toutes jambes, quatre à quatre, à toute vapeur {*fam*}. ¶ 전화를 받고 ~ 집을 나서다 sortir en toute hâte après avoir reçu un appel (téléphonique). ¶ 어디론가 ~ 달려가다 aller quelque part en toute hâte, se précipiter quelque part, foncer [filer] quelque part {*fam*}. ② sans arrêt; fréquemment. ¶ 화장실을 ~ 드나들다 aller sans arrêt aux toilettes.

부리다 타 ① employer ((une femme de ménage)), faire travailler *qn*, diriger ((des subordonnés)). ¶ 하인을 ~ employer un domestique. ¶ 많은 사람을 ~ employer beaucoup de monde. ¶ 사람을 되게 ~ surmener *qn*; surcharger *qn* de travail ② conduire ((un cheval)). ¶ 말을 부릴 줄 알다 savoir conduire un cheval. ③ manœuvrer ((une machine)), conduire, diriger, piloter, manipuler, faire marcher, faire fonctionner. ¶ 기계를 ~ manœuvrer [manipuler] une machine. ¶ 자동차를 ~ conduire une voiture. ¶ 그 남자는 배를 능숙하게 잘 부린다 Il dirige habilement le navire.

부리부리하다 형 ((눈)) être grand(*e*) [gros(*se*)], brillant(*e*) et vif(*ve*). ¶ 눈[눈매]이 ~ Il a de grands yeux brillants et vifs / Ses yeux sont grands, brillants et vifs. ¶ 그 사람은 부리부리하고 잘 생긴 얼굴에 키도 크다 Il a un beau et grand visage, en plus il est grand.

부마 駙馬 명 gendre *m* du roi. ¶ 누구를 ~로 삼다 prendre *qn* comme gendre royal.

◆_**국** -國 명 【역사】 pays *m* du gendre du roi.

부메랑 영{boomerang} 명 boomerang *m*.

◆_**효과** -效果 명 【경제】 effet *m* boomerang.

부모 父母 명 parents *mpl*; père *m* et mère *f*. ¶ ~ 형제 des parents, des frères et des sœurs. ¶ ~를 극진히 섬기다[모시다]. s'occuper de [soigner] *ses* parents avec beaucoup de dévouement [beaucoup de bienveillance]. ¶ ~를 잃다[여의다] perdre *ses* parents.

◆_**님** 명 parents *mpl*. ¶ ~님께 효도하다 être dévoué(*e*) à [envers] *ses* parents; être respectueux(*se*) envers [pour, avec] *ses* parents; bien s'occuper de *ses* parents; remplir les devoirs de la piété filiale. ¶ ~님 말씀을 잘 들어야 한다 Il faut bien écouter ses parents / Vous devez bien écouter vos parents / Vous devez obéir à vos parents.

부목 副木 명 【의학】 éclisse *f*; attelle *f*; gouttière *f*. ¶ 부러진 팔에 ~을 대다 éclisser [mettre] une attelle au bras fracturé, fixer le bras fracturé au moyen d'une attelle, assujettir le bras fracturé par des éclisses.

부문 部門 명 classe *f*, catégorie *f*, groupe *m*; section *f*; sorte *f*, division *f*, ordre *m*; domaine *m*; branche *f*, champ *m*; genre *m*; type *m*. ¶ ~별 관리 une gestion [une administration] ((financière)) par section. ¶ 자연 과학 ~ le domaine des sciences naturelles. ¶ 무엇을 세 ~으로 나누다 diviser [partager, répartir] *qc* en trois sections [groupes, catégories]. ¶ 다큐멘터리 ~에서 상을 받다 remporter [recevoir] un prix [une récompense] dans la catégorie des films documentaires.

◆**_별** -別 명 selon les catégories *fpl*, selon les groupes *mpl*, selon les classes *fpl*. ¶ ~별 수상자 lauréat(*e*)s selon les catégories. ¶ ~별로 세분화된 학문 science *m* subdivisée en domaines bien délimités.

부벼대다 자 (('비벼대다'의 잘못)) ☞ 비벼대다

부벽 扶壁 명 contrefort *m*; arc-boutant *m*; contre-boutant *m*; éperon *m*.

◆**_댐** 명 barrage *m* à contreforts.

부부 夫婦 명 couple *m* (marié); époux *m*, conjoints *mpl*; mari *m* et femme *f*, époux *m* et épouse *f*; ménage *m*. ¶ ~ 싸움 une scène [une querelle] de ménage. ¶ ~ 생활 une vie conjugale; une vie de couple [à deux]. ¶ 신혼 ~ des jeunes [des nouveaux] mariés, un jeune couple [un jeune ménage]. ¶ 맞벌이 ~ un couple dont le mari et la femme travaillent. ¶ ~ 동반으로 외출하다 sortir en couple [en amoureux, à deux]. ¶ 두 사람은 ~가 되었다 Ils sont devenus mari et femme / Ils se sont mariés / Ils se sont épousés / Ils se sont casés {*fam*}. ¶ 그 ~는 사이가 좋다[나쁘다] Ce couple (marié) s'entend bien [mal].

*~ **싸움은 칼로 물 베기** Les scènes de ménage finissent toujours par s'arranger / Deux époux qui se disputent finiront toujours par se réconcilier / Les querelles entre époux ne sont qu'un feu de paille [ne durent pas longtemps].

◆**_간** -間 명 relation *f* [lien *m*] conjugale; mari *m* et femme *f*. ¶ 그 ~는~간에 금실이 좋다 [나쁘다]. Ce couple vit en harmonie [en désaccord] / Ils vivent le parfait bonheur conjugal [Ils sont à couteaux tirés {*fam*}] / Ils s'entendent bien [mal].

◆**_애** -愛 명 amour *m* conjugal. ¶ 그 사람들은 ~애가 있다[없다] Ce couple connaît l'amour conjugal / Ils filent le parfait amour {*fam*} [Ce couple est en total désaccord].

부분 部分 명 partie *f*; part *f*; fragment *m*; tranche *f*, tronçon *m*, rondelle *f*; particule *f*; parcelle *f*, pièce *f*. ¶ 상당한 ~ une bonne [grosse] partie; une partie importante [considérable, conséquente].

◆**대_** 大- 명 la plupart *f* [majorité *f*] ((des étudiants)); le (plus) grand nombre *m* ((des électeurs)); la plus grande partie *f* ((de *sa* vie)). ¶ 대~의 사람들이 그의 제안에 찬성했다 La plupart des gens ont accepté [ont dit oui à] sa proposition. ¶ 인생의 대~을 외국에서 보내다 passer la plus grande partie de *sa* vie à l'étranger. 부 dans la plupart des cas; pour la plupart; en grande partie; dans l'ensemble. ¶ 그의 말은 대~ 거짓말이다 La plupart de ses dires sont des mensonges / La majorité de ses déclarations [de ses paroles] sont des mensonges.

◆**_적** -的 명관 partiel(*le*); fragmentaire; parcellaire. ¶ ~적으로 partiellement; en partie; fragmentairement. ¶ 건물을 ~적으로 보수하다 restaurer partiellement [en partie] un bâtiment.

◆**_관사** -冠詞 명 【언어】 article *m* partitif <une sous-catégorie d'articles qui indique un prélèvement quantitatif non défini>.

◆**_부정** -不定 명 【언어】 négation *f* partielle.

◆**_색맹** -色盲 명 【의학】 daltonisme *m* partiel.

◆**_월식** -月蝕 명 【천문】 éclipse *f* lunaire [de lune] partielle.

◆**_의문문** -疑問文 명 【언어】 interrogation *f* partielle. ☞ 설명(의문문)

◆**_일식** -日蝕 명 【천문】 éclipse *f* de soleil partielle.

◆**_집합** -集合 명 【수학】 sous-ensemble *m*.

◆**_파업** -罷業 명 grève *f* partielle.

부비다 자타 (('비비다'의 잘못)) ☞ 비비다

부비트랩 명 {booby trap} 명 piège *m*. ¶ ~을 설치하다 poser [installer, tendre] un piège. ¶ ~을 제거하다 enlever un piège.

부사 副詞 명 【언어】 adverbe *m* <mot invariable ajoutant une détermination ((qualification)) à un verbe, un adjectif, un adverbe, ou une phrase>.

◆**_적** -的 명관 【언어】 adverbi*al*(*ale*, *aux*). ¶ ~적 용법 emploi adverbial ((d'un adjectif)).

◆**_격 조사** -格 助詞 명 【언어】 particule *f* adverbialisante.

◆**_구** -句 명 【언어】 locution *f* adverbiale.

◆**_성 의존명사** -性 依存名詞 명 【언어】 nom *m* dépendant (non autonome) adverbial.

◆**_어** -語 명 【언어】 mot *m* adverbial.

◆**_절** -節 명 【언어】 proposition *f* (subordonnée *f*) adverbiale.

◆**_형[_화 어미** -形-化 語尾 명 【언어】 suffixe *m* flexionnel adverbialisant.

◆**_화 접미사** -化 接尾辭 명 【언어】 suffixe *m* flexionnel adverbialisant.

부사장 副社長 명 vice-président(*e*)(~-~*s*) ; sous-direc*teur*(~-~*trice*).

부산 명 bruit *m*, tumulte *m*. ◇_(을) **떨대[부리다]** être affairé(*e*), empressé(*e*); être bruyant(*e*), tumultueu*x*(*se*). ¶ 과장된 친절로 ~을 떨다 exprimer [manifester] *sa* gentillesse avec trop d'empressement. ¶ 이리 뛰고 저리 뛰며 ~을 피우다 aller et venir bruyamment. ¶ 대청소를 한다고 아이들이 아침부터 ~을 떤다 Les enfants s'affairent à nettoyer toute la maison depuis ce matin.

◆_하다 형 être affairé(*e*), empressé(*e*); être animé(*e*) et bruyant(*e*) [tumultueux(*se*)]. ¶ 공항이 여행객들로 ~하다 L'aéroport est animé (et bruyant) à cause de ses nombreux passagers. ¶ 백화점이 바겐세일로 매우 ~하다 Les grands magasins sont très animés en raison des soldes. ¶ 축제 준비로 학생들이 ~하게 움직인다 Les étudiants s'affairent à préparer la fête.

◆_히 부 d'un air affairé [empressé], bruyamment. ¶ 선거철을 맞아 정치인들이 ~히 뛰어다닌다 Durant la saison électorale, les hommes politiques battent la campagne d'un air affairé [multiplient déplacements et réunions dans le cadre de leur campagne électorale ((pour animer des réunions très diverses)), sont en mouvement perpétuel].

◆_스럽다 형 être affairé(*e*), empressé(*e*); être animé(*e*) et bruyant(*e*) [tumultueux(*se*)]. ¶ ~스러운 모습 air empressé. ¶ 시장이 상인과 손님들로 ~스럽다 Le marché est tumultueux à cause du nombre élevé de marchands et de badauds. ¶ 응급차가 ~스럽게 병원 문을 드나든다 L'ambulance entre et sort bruyamment de la clinique [de l'hôpital].

◆_스레 부 d'un air affairé [empressé], bruyamment. ¶ 혼주가 피로연장을 ~스레 드나든다 Les parents des nouveaux (jeunes) mariés arpentent avec agitation la salle de réception.

부산물 副産物 명 sous-produit(~-~*s*) *m*; produit *m* secondaire; conséquence *f* secondaire. ¶ 석유 정제의 ~ des sous-produits de la distillation des pétroles. ¶ 콜타르는 석탄의 분해 증류로 얻어지는 ~이다 Le goudron de houille est un sous-produit obtenu par la distillation de la houille.

부삽 -鍤 명 pelle *f* à feu; louchet *m*.

부상[1] 負傷 명 blessure *f*; plaie *f*; lésion *f*; ((피가 흐르는 상처)) égratignure *f*; écorchure *f*; éraflure *f*; entaille *f*; coupure *f*; balafre *f*; morsure *f*; ((타박상)) contusion *f*; bleu *m*; ecchymose *f*; meurtrissure *f*; bosse *f*; ((덴 상처)) brûlure *f*; ((염좌)) luxation *f*; entorse *f*; foulure *f*; ((탈구)) déboîtement *m*; désarticulation *f*; déhanchement *m*; ((골절)) fracture *f*; cassure *f*; fêlure *f*. ¶ 가벼운 ~ une blessure légère [peu profonde, superficielle]. ¶ 심한 ~ une blessure grave [mortelle]. ¶ 누구에게 ~을 입히다 blesser *qn*; faire [infliger] une blessure à *qn*. ¶ ~에서 회복되다 [벗어나다]. se rétablir [se remettre, être guéri] d'une blessure ((au genou)); s'en tirer, en réchapper {*fam*}, en revenir {*fam*}. ¶ 그 선수는 다리 ~으로 결장하였다 Ce joueur a déclaré forfait à cause d'une blessure à une jambe / Ce joueur a abandonné le match [n'a pas participé au match] à cause d'une blessure à une jambe. ◇_(을) 하다 se blesser ((aux bras)); être blessé(*e*) ((aux bras)); être accidenté(*e*); se couper ((le doigt)); s'érafler, s'écorcher ((les mollets)); s'amocher ((la figure)) {*pop*}. ¶ 비행기 사고로 많은 사람이 죽거나 ~하였다 Beaucoup de gens sont morts ou blessés dans un accident d'avion / Cet accident d'avion a fait beaucoup de morts ou de blessés. ◇_(을) 당하다[입다] se blesser [être blessé(*e*)] ((au pied)); s'esquinter ((une jambe)) {*fam*}; avoir une blessure. ¶ 전쟁 중에 ~ 당한 팔 un bras blessé pendant la guerre. ¶ 그 사람은 자동차 사고로 머리에 ~을 입었다 Il a été blessé à la tête dans un accident de voiture [d'automobile].

◆_병 -兵 명 soldat *m* blessé.

◆_자 -者 명 blessé(*e*); personne *f* blessée; accidenté(*e*).

부상[2] 副賞 명 prix *m*; récompense *f*. ¶ 우승자에게는 ~으로 자동차를 준다고 한다 On dit [Il paraît] qu'on offre [donne] comme récompense une voiture au gagnant.

부상[3] 浮上 명 émergence *f* ((d'un fait historique)); émersion *f* ((d'un sous-marin)). ◇_(을) 하다 émerger de *qc*; faire surface; remonter à la surface ((de l'eau)); surgir de *qc*; sortir de *qc*. ¶ 다음 세대를 이끌 지도자로 ~하다 émerger [apparaître] comme leader [dirigeant, chef] pouvant diriger [conduire, guider] la génération suivante [prochaine]. ¶ 어제 저녁 잠수함 한 대가 서해 연안에 ~했다 Hier soir, un sous-marin a émergé [est remonté à la surface, a fait surface] sur la côte Ouest. ¶ 그 사람은 이번 시합에서 강력한 우승 후보로 ~했다 Ce candidat a émergé [apparu] comme un futur vainqueur de cette compétition.

◆급_ 急 명 apparition *f* fulgurante; surgissement *m*; jaillissement *m*; bondissement *m*. ¶ 재계의 실력자로 급~하다 faire une apparition fulgurante [surgir] en tant que personne [personnage] influent(*e*) [puissant(*e*)] dans le monde des affaires [dans le monde financier] / surgir en tant qu'homme fort dans le monde financier. ¶ 그 나라는 신흥 공업국으로 급~ 중이다 Ce pays est en train de surgir [de s'élever] comme l'un des nouveaux pays industrialisés.

부서[1] 部署 명 service *m*; bureau(*x*) *m*; poste *m*; direction *f*; département *m*; organisme *m*; secteur *m*; place *f*. ¶ ~를 옮기다 changer de service [poste, affectation]; être muté(*e*). ¶ 그 사람은 새 ~에 배치되었다 Il s'est fait affecter [nommer] à un nouveau [autre] service / Il a reçu une affectation dans un nouveau [autre] service. ¶ 각자 자기 ~로 돌아가시오! Reprenez votre service! / ((군대)) À vos postes!

◆_별 -別 명 selon les départements *mpl*, selon les services *mpl*, selon les bureaux *mpl*. ¶ ~별 분담량 attribution *f* selon les services. ¶ ~별 토론 réunions *fpl* de service dans chaque service. ¶ 각 ~별로 일을 추진하다 Chaque service procède à une tâche spécifique.

부서[2] 副署 명 【법률】 contreseing *m* ((d'un ministre)); deuxième signature *f* (destinée à authentifier la signature principale). ◇_(를) 하다

contresigner ((un décret)). ¶ 장관이 ~한 서류 un document [un dossier] contresigné par un ministre.

부서뜨리다 타 ① 힘껏 부서지게 하다 briser, casser. ¶ 전화기[꽃병]를 ~ casser le téléphone [un vase]. ② 부스러지게 하다 briser en mille morceaux, mettre [réduire] *qc* en miettes, mettre en pièce *qc*, pulvériser *qc*. ¶ 폭약으로 바위를 ~ faire exploser un rocher en mille morceaux, pulvériser un rocher avec un explosif.

부서지다 자 ① être brisé(*e*), cassé(*e*). ¶ 부서진 꽃병[컵] un vase brisé [un verre brisé]. ¶ 뼈가 부서져라 일하다 travailler comme un forcené [comme un forçat]. ② 흩어지다 se disperser [s'éparpiller, diffuser] dans toutes les directions. ¶ 파도가 부서진다 Les vagues se brisent ((contre les rochers)). ¶ 햇살[달빛]이 부서지고 있었다 Les rayons du soleil diffusent [La lumière de la lune diffuse] dans toutes les directions. ③ 망가지다 se briser, se casser. ¶ 부서진 문짝[건물, 다리] le battant d'une porte cassé [un bâtiment détruit, un pont détruit]. ④ ((비유적)) s'envoler, être anéanti(*e*). ¶ 산산이 부서진 희망 un espoir anéanti.

부석부석하다 형 être légèrement pâle et enflé(*e*). ¶ 그 여자는 몹시 피곤한 듯 얼굴이 ~ Son visage est légèrement pâle et enflé comme si elle était très fatiguée / Très fatiguée, elle a les traits tirés.

부선장 副船長 명 second capitaine *m*; second patron *m*.

부설¹ 附設 명 installation *f* d'un centre annexe; construction *f* d'un édifice annexe. ¶ 기업체 ~ 연구소 un laboratoire [un institut] de recherche rattaché à [dépendant d']une entreprise. ¶ 대학 ~ 평생 교육원 un centre [un institut] de formation continue rattaché à [dépendant d']une université. ◇_(을) **하다** construire [bâtir] une annexe près du bâtiment principal; créer [fonder, ériger] un établissement rattaché à un établissement principal. ¶ 대학에 병원을 ~하다 construire [bâtir] un hôpital rattaché à une université. ◇_(이) **되다** devenir une institution annexe [une annexe]. ¶ 교육대학에 유치원이 ~되었다 Une école maternelle rattachée à l'Institut Universitaire de Formation des Maîtres a été créé.

부설² 敷設 명 pose *f* [installation *f*] d'un pont ou d'une voie ferrée; construction *f* [travaux *mpl*]des ponts et chaussées. ¶ 선로 ~ la pose d'une voie ferrée; l'installation d'une ligne de chemin de fer. ¶ 교량 ~ 공사 des travaux publics pour la construction d'un pont. ◇_(을) **하다** poser [installer] ((une voie ferrée, un pont)). ¶ 철도를 ~하다 poser une voie ferrée. ¶ 급수관을 ~하다 installer des tuyaux d'alimentation d'eau. ◇_(이) **되다** être posé(*e*), être installé(*e*). ¶ 그 지역에는 많은 지뢰가 ~되어 있다 Dans cette zone, ont été posées [enterrées, mouillées] beaucoup de mines.

◆**_권** -權 명 concession *f* de travaux publics; droit *m* de construction. ¶ 철도 ~권을 따내다[획득하다] obtenir la concession de travaux ferroviaires.

부성 父性 명 paternité *f*

◆**_애** -愛 명 amour *m* paternel.

부세 賦稅 명 【법률】 taxation *f*; imposition *f*. ¶ ~ 제도 un système d'imposition [de taxation]. ◇_(를) **하다** imposer [taxer] ((une marchandise, les contribuables sur *leurs* revenus)).

부속 附屬 명 ① rattachement *m* [annexion *f*, affiliation *f*, incorporation *f*] d'un objet [un établissement, une institution, un bâtiment] à un objet plus important [principal]; dépendance *f* d'un établissement [institution, bâtiment] d'un autre établissement principal. ¶ ~ 건물 un bâtiment [une construction, un immeuble, des installations] annexe; une annexe; un satellite. ¶ ~ 기관 une annexe; une institution [un établissement] annexe; une (organisation) filiale; une branche; un organisme dépendant; une agence subsidiaire. ¶ ~ 고등학교 un lycée attaché ((à une université)); un lycée dépendant d'((une université)). ¶ ~ 서류 un document [un papier] annexe [attaché]; une pièce jointe. ¶ 대학 ~ 병원 un hôpital rattaché à une université. ¶ 한반도와 그 ~ 도서 la péninsule coréenne avec ses archipels. ② 부속품 pièce *f* ((d'une machine)); accessoire *m*. ¶ 자동차 ~ des pièces [des accessoires] automobiles. ◇_(이) **되다** être rattaché(*e*) [annexé(*e*), incorporé(*e*)] à *qc*; être dépendant(*e*) de *qc*; être subordonné(*e*) [inférieur(*e*)] à *qc*. ¶ 대학에 ~된 박물관 un musée annexe d'une université; un musée rattaché à [dépendant d'] une université. ◇_(을) **시키다** annexer [rattacher, incorporer, intégrer, réunir] *qc* à *qc*. ¶ 연구소를 대학에 ~시키다 annexer [rattacher] un laboratoire [un institut] à une université.

◆**_물** -物 명 accessoires *mpl*; annexes *fpl*; dépendance *f*; installations *fpl*. ¶ 공장과 그에 딸린 ~물 une usine avec ses annexes [ses dépendances].

◆**_성분** -成分 명 【언어】 constituants *mpl* secondaires d'une phrase (comme les adjectifs ou les adverbes qui servent à modifier les constituants primaires d'une phrase tels que le sujet, l'objet et le prédicat).

◆**_실** -室 명 ① salle *f* rattachée à [dépendante d'] une salle principale; antichambre *f*; chambre *f* de devant; salle *f* d'attente. ② 비서실 secrétariat *m*.

◆**_품** -品 명 pièces *fpl* ((d'automobile)); accessoires *mpl* ((d'automobile)). ¶ 자동차의 ~품을 갈다 changer [remplacer] des pièces automobiles.

부수¹ 附隨 명 accompagnement *m*. ¶ ~ 시설 un établissement [une installation, un équipement] annexe. ¶ ~ 업무 un travail supplémentaire. ◇_(를) **하다** accompagner *qc*; aller avec *qc*; s'ajouter à *qc*; suivre *qc*. ¶ 제주도에 ~한 작은 섬들 des petites îles rattachées à l'île de Jeju. ◇_(가) **되다** être joint(*e*) à *qc*; être annexé(*e*) à *qc*; être concomitant(*e*) à qc. ¶ 사업에 ~되는 경비 des frais *mpl* [des dépenses *fpl*] supplémentaires pour une affaire; des faux frais. ¶ 건물에 ~되어 있는 시설 des installations [des équipements] annexées à un bâtiment.

◆_적 -的 명 accessoire; annexe; secondaire; supplémentaire; incident(*e*); subsidiaire. ¶ ~적(인) 조건[현상] une condition [un phénomène] secondaire. ¶ ~적인 문제 un problème secondaire. ¶ ~적으로 생겨나는 이익 un bénéfice [un profit] produit accessoirement.

◆_비용 -費用 명 frais *mpl* [dépense *f*, débours *mpl*] accessoires [supplémentaires]: faux frais *mpl*.

◆_체 -體 명 【생물】 satellite *m*; trabant *m*.

◆_현상설 -現象說 명 【철학】 phénoménologie *f* ((description des phénomènes, relations entre les phénomènes)).

부수² 部數 명 nombre *m* d'exemplaires; tirage *m* ((d'un journal)). ¶ 책의 판매 ~ un nombre de livres vendus. ¶ 발행 ~가 많은 신문 un journal à grand (gros) tirage. ¶ 신문[잡지]의 발행 ~를 늘리다 augmenter [accroître] le tirage d'un journal [d'une revue]; multiplier le nombre d'exemplaires d'une revue.

부수³ 部首 명 clé *f* des caractères chinois.

부수다 타 ① briser en morceaux, concasser, casser. ¶ 흙덩이를 ~ briser les mottes de terre en petits morceaux. ¶ 돌을[바위를] ~ concasser une pierre [une roche]. ¶ 유리창을 ~ briser du verre en morceaux. ¶ 음식을 잘게 ~ réduire des aliments en miettes, hacher (menu). ② 망가뜨리다 détruire, démolir. ¶ 문[자물쇠, 벽, 집, 건물]을 ~ détruire une porte [casser un cadenas, démolir un mur, démolir une maison, démolir un bâtiment]. ③ 물리치다 battre. ¶ 적[상대팀]을 부수어 버리겠다는 각오 détermination *f* [fermeté *f*] à anéantir l'ennemi [à battre l'équipe adverse].

부수입 副收入 명 ((가외의)) revenu *m* secondaire [supplémentaire]; à-côtés *mpl*; avantage(s) *mpl* indirect(s) [accessoire(s), de toutes natures]; ((음성적 수입)) grappillage *m*, gratte *f* {*pop*}.

부스 영{booth} 명 ① cabine *f*. ¶ 공중전화 ~ cabine téléphonique. ② stand *m*. ¶ 상품 전시[홍보] ~ stand de présentation[de promotion] d'un produit.

부스러기 명 petit fragment *m* [morceau(*x*) *m*]; bout *m*, bribe *f*, brin *m*, miette *f*. ¶ 유리 ~ éclats *mpl* de verre. ¶ 종이 ~ petits morceaux *mpl* de papier. ¶ 빵[과자] ~를 바닥에 떨어뜨리지 마라 Ne fais pas tomber de miettes (de pain [de gâteaux]) par terre. ¶ ~ 하나 남기지 않고 음식을 다 먹어 치웠다 J'ai vidé l'assiette sans laisser aucune miette.

부스러지다 자 se casser, s'écrouler, s'effriter, se désagréger; être brisé(*e*) en morceaux. ¶ 쉽게 부스러지는 과자 un biscuit qui s'effrite facilement.

부스럭 부 ((onomatopée)) avec un bruissement léger (de façon continue). ¶ 저쪽에서 ~ 소리가 난다 On entend [On perçoit] un bruissement léger là-bas.

◆_거리다[대다, 하다] 자타 produire un bruissement léger (de façon continue); ((뒤지다)) fouiller, farfouiller {*fam*}, trifouiller {*fam*}, fouiner. ¶ 그 사람은 아까부터 서류를 ~거리고 있다 Il trifouille {*fam*} dans les dossiers depuis un moment.

부스럼 명 bouton *m* (sur la peau); ((종양)) tumeur *f*; ((궤양)) ulcère *m*; ((농양)) abcès *m*; ((정)) furoncle *m*. ¶ 머리에 ~이 나다 avoir des boutons sur la tête.

부스스 부 ① en désordre. ¶ ~ 헝클어진 머리 des cheveux ébouriffés. ② 느릿느릿 doucement; sans bruit. ¶ 잠자리에서 ~ 일어나다 se lever sans bruit de *son* lit. ③ 흩어지는 모양 sans consistance. ¶ 모래가 ~ 떨어졌다 Le sable s'est écoulé (en un filet inconsistant).

◆_하다 형 être ébouriffé(e). ¶ ~한 머리 des cheveux ébouriffés.

부슬부슬 부 ((mimétisme)) doucement, sans bruit, avec légèreté. ¶ 봄비가 ~ 내린다 Une fine pluie printanière tombe doucement.

부슬비 명 pluie *f* fine, bruine *f*. ¶ ~가 내린다 Il bruine / Il pleuvine {*fam*} / Il pleuvasse {*fam*} / Il pleuvote {*fam*} / Il pleut légèrement.

부시 명 briquet *m*.

부시다¹ 형 être éblouissant(*e*), aveuglant(*e*). ¶ 강한 햇볕에 눈이 ~ être ébloui(*e*) par la forte lumière du soleil. ☞ 눈부시다

부시다² 타 rincer. ¶ 이 컵 좀 부셔 오너라 Rince ce verre et apporte-le-moi.

부시럭 자타 ☞ 부스럭 ((mimétisme))

부시시 부 ☞ 부스스 ((mimétisme))

부시장 副市長 명 maire *m* adjoint.

부식¹ 腐蝕 명 décomposition *f*, corrosion f. ¶ ~ 작용 action f corrosive. ¶ ~을 막다[방지하다] prévenir la corrosion. ¶ 금속 표면에 ~이 생겼다[일어났다] La surface du métal est corrodée. ◇_(을) 하다 décomposer, corroder. ◇_(이) 되다 se décomposer, se corroder. ¶ 관이 ~되는 것을 막기 위하여 페인트를 칠하다 peindre avec de la peinture afin de prévenir la corrosion du tube. ¶ 산에 ~되다 être oxydable, être attaquable par un acide. ◇_(을) 시키다 faire corroder. ¶ 동판을 ~시키다 (faire) mordre une planche.

◆_성 -性 명 causticité *f*.

◆_화 -化 명 【화학】 décomposition *f*.

◆_제 -劑 【약학】 caustique *m*.

◆_판화 -版畫 명 【미술】 gravure *f* sur planche corrosive.

◆_층 -層 명 【농업】 couche *f* d'humus.

◆_토 -土 명 【농업】 humus *m*.

부식² 扶植 명 ① 심음 implantation *f*. ② ((사상, 세력 따위를)) implantation *f* ((économique dans un pays, d'une idée)), établissement *m* de *son* influence. ◇_(을) 하다 ① 심다 implanter. ② ((사상, 세력 따위를)) implanter une idée dans l'esprit de *qn*; s'implanter, établir [étendre] ((*son* influence)); consolider ((*sa* position)). ¶ 당내에 자기 세력을 ~하다 consolider *sa* position politique dans un parti.

부식[3] **副食** 명 provisions *fpl,* vivres *fpl.*

◆**_비** -費 명 frais *mpl* de provisions.

부신 副腎 명 【의학】 (capsule *f*, glande *f*) surrénale *f*.

◆**_피질** -皮質 【의학】 cortex *m* surrénalien. ¶ ~피질 호르몬 hormone *f* cortico-surrénale, corticoïdes *mpl*.

부실 不實 명 ① 약함 faiblesse *f* (corporelle); maturation *f* imparfaite. ¶ 청소년들의 체력 ~ 원인을 분석하다 analyser les causes de la fragilité physique des adolescents. ② 모자람 incurie *f*, manque *m* de soin, défaut *m*, lacunes *fpl,* carence *f*, manque *m* ((de maintenance)), imperfection *f*, négligence *f*, relâchement *m*, laisser-aller *m inv* ((dans la gestion d'une entreprise)), désorganisation *f*, insouciance *f*, désordre *m* ((dans la gestion)); ((경영)) gabegie *f*. ¶ ~ 공사 travaux *mpl* de construction frauduleux. ¶ 경영 ~로 위기를 맞다 être dans un état critique dû à une mauvaise gestion de l'entreprise [dû à un certain laisser-aller dans la gestion de l'entreprise]. ③ 불성실 infidélité *f*; manque *m* de loyauté; manque *m* de sérieux.

◆**_하다** 형 ① 약하다 être faible, délicat(*e*), fragile, chéti*f*(*ve*). ¶ 몸이 ~하다 être de faible constitution [de constitution fragile]; avoir une santé délicate. ② 모자라다 être insuffisant(*e*). ¶ 식사가 ~하다 Le repas est insuffisant. ¶ 준비한 자료가 ~하다 Les documents préparés sont insuffisants.

◆**_화** -化 명 incurie *f*, manque *m* de soin, défaut *m*, lacunes *fpl*, carence *f*, manque *m* ((de maintenance)), imperfection *f*, négligence *f*, relâchement *m*, laisser-aller *m inv* ((dans la gestion d'une entreprise)), désorganisation *f*, insouciance *f*, désordre *m* ((dans la gestion)); ((경영)) gabegie *f*; ((기업)) insolvabilité *f*. ¶ 경영의 ~ mauvaise gestion *f*, désordre *m* dans la gestion [dans l'administration], laisser-aller *m* dans la gestion d'une entreprise, gabegie *f*. ¶ ~화 하다[되다] se fragiliser; ((기업)) devenir insolvable.

◆**_기업** -企業 명 entreprise *f* insolvable; entreprise *f* qui végète.

◆**_채권** -債權 명 【경제】 obligation *f* à haut risque, obligation *f* pourrie {*fam*}, obligation *f* de pacotille.

부심 副審 명 【운동】 arbitre *m* auxiliaire, juge *m* adjoint.

부싯돌 명 pierre *f* à briquet, silex *m*.

부아 명 irritation *f*, exaspération *f*, ressentiment *m*, rancune *f*, indignation *f*, rage *f*, colère *f*. ¶ 그 일[친구]이 그 여자의 ~를 돋구었다[건드렸다] Cette affaire [Son ami] l'a exaspérée. ¶ 그 일로 그 사람은 ~가 치밀어 올랐다 Cette affaire l'a piqué(*e*) au vif. ◇**_(가) 나다** s'irriter de *qc*. ¶ 그 여자는 갑자기 ~가 났다 Elle s'irrita subitement.

부양[1] **扶養** 명 entretien *m*. ¶ ~ 능력 capacité f d'entretien. ◇**_(을) 하다** entretenir, nourrir, ((*sa* famille)). ¶ 가족을 ~하다 avoir la charge d'une famille, entretenir [nourrir] *sa* famille. ¶ 늙은 부모를 ~하다 entretenir ses vieux parents. ◇**_(을) 받다** être nourri(*e*) par *qn*. ¶ 자식에게 ~을 받다 être entretenu(*e*) par *ses* enfants.

◆**_가족** -家族 명 bouches *fpl* [personnes *fpl*] à nourrir [à charge]. ¶ 그 아버지는 ~가족이 많다 Ce père de famille a beaucoup de bouches à nourrir.

◆**_공제** -控除 명 【경제】 allocation *f* familiale.

◆**_의무** -義務 명 【법률】 devoir *m* de soutien (de sa famille).

◆**_청구권** -請求權 명 【법률】 droit *m* de revendication de l'entretien de la famille.

부양[2] **浮揚** 명 remise *f* à flot (d'un bateau). ¶ 경기 ~ 대책 mesure *f* de redressement de la conjoncture économique. ◇**_(을) 하다** remettre à flot, émerger. ¶ 침몰선을 ~하다 renflouer un navire. ¶ 증권 시장을 ~하다 faire redresser le marché boursier. ¶ 경기가 일시적으로 ~하였다 La conjoncture s'est redressée temporairement. ◇**_(을) 시키다** faire redresser *qc*; donner un coup de pouce à *qn*/*qc*. ¶ 경기를 ~시키다 donner un coup de pouce à l'économie.

◆**_력** -力 명 flottabilité *f*.

◆**_책** -策 명 mesure *f* de redressement. ¶ 증시 ~책 mesure de redressement du marché boursier.

부어오르다 자 ① (s')enfler, (*se*) gonfler; être bouffi; se tuméfier. ¶ 볼[얼굴]이 부어올랐다 avoir les joues enflées [le visage enflé, le visage boursouflé, le visage bouffi, le visage tuméfié]. ¶ 다리[손]가 퉁퉁 부어올랐다 avoir les jambes [les mains] gonflées [enflées, 【의학】 oedématiées]. ¶ 감기로 목이 부어올랐다 avoir une inflammation de la gorge [avoir une angine, 【의학】 avoir une pharyngite] secondaire à un rhume [à l'occasion d'un rhume]; avoir une rhinopharyngite. ② 화가 남 bouder, faire une moue. ¶ 잔뜩 부어오른 표정 un visage boudeur, une mine boudeuse.

부어터지다 자 être plein(e) de colère [ivre de colère]. ¶ 아이가 부어터진 얼굴로 방에서 나갔다 L'enfant est rentré dans sa chambre, le visage tout rouge de colère.

부언 附言 명 parole *f* ajoutée. ¶ 그분의 실력에 대해서라면 더 이상의 ~이 필요없다 Il serait inutile d'en dire plus sur ses capacités. ◇**_(을) 하다[달다]** ajouter un mot; ajouter que+*ind*. ¶ 그 점에 대해서는 제가 몇 마디만 ~하겠습니다 Sur ce point, je voudrais ajouter quelques mots. ¶ 내 이야기가 전혀 허구가 아님을 ~하여 둔다 Je voudrais ajouter que ce que je dis n'a rien de fictif. ¶ 그 사람은 자기 이론을 발표한 후 아직 증명된 것은 아니라고 ~을 달았다 Après avoir présenté sa théorie, il a ajouté que celle-ci n'était pas encore prouvée.

부업 副業 명 occupation *f* secondaire. ¶ ~으로 관광안내를 하다 travailler comme guide touristique pour améliorer son revenu. ◇**_(을) 하다** avoir une occupation secondaire.

부엉 부 (en) hululant.

ㅂ

◆_이[새] 명 【동물】 hibou(*x*) *m.* ¶ ~이가 운다 Le hibou hulule [chuinte].

◆_ _ 부 (en) hululant. ¶ ~ 울다 hululer, huer, boubouler.

부엌 명 cuisine *f.*

◆_**데기** 【속어】 cuisinière *f*

◆_**용품** -用品 명 ustensile *m* de cuisine.

◆_**일** 명 travail *m* dans la cuisine. ¶ ~일을 하다 travailler dans la cuisine.

◆_**칼** 명 couteau(*x*) *m* de cuisine.

부여[1] **附與** 명 remise *f*, action de conférer *qc* à *qn.* ¶ 임무 ~ assignation *f* d'une mission. ◇_(를) **하다** assigner, donner, conférer. ¶ 소수에게 특권을 ~하다 conférer un privilège à une minorité. ¶ 사람들에게 각자 임무를 ~하다 assigner à chacun un devoir. ¶ 그 사람은 이번 여행에 특별한 의미를 ~하고 있다 Il donne à ce voyage une signification particulière. ◇_(가) **되다** être conféré(*e*), donné(*e*), assigné(*e*) ¶ 그 사람에게 막강한 권한이 ~되었다 On lui a conféré un grand pouvoir.

부여[2] **賦與** 명 répartition *f.* ◇_(를) **하다** doter [douer] *qn* de *qc.* ¶ 하늘이 ~한 재능 un don que le ciel lui a départi {*litt, vx*}, un don du ciel. ◇_(가) **되다** être doté(*e*), doué(*e*).

부여안다 타 ① prendre *qn* dans *ses* bras, étreindre *qn*, entourer *qn* de *ses* bras. ¶ 애인의 사진을 ~ serrer la photo de *son*(*sa*) petit(*e*) ami(*e*) contre *sa* poitrine [contre *son* coeur]. ¶ 아들을 부여안고 우는 어머니 une mère qui pleure en prenant son fils dans ses bras. ② 감정을 간직하다 éprouver ((un sentiment)). ¶ 슬픔을 부여안고 고향을 떠나다 quitter *son* pays natal le coeur gros.

부여잡다 타 empoigner, saisir, étreindre. ¶ 누구의 손을 부여잡고 애원을 하다 supplier *qn* en l'empoignant des deux mains.

부역[1] **賦役** 명 corvée *f*; trava*il*(*aux*) *m* forcé; prestation *f.* ¶ 그 남자는 ~을 나갔다 Il a été choisi pour une mission. ¶ 농민들에게 ~을 지우다 astreindre les paysans à une corvée; imposer une corvée aux paysans.

◆_**꾼** 명 forçat *m.*

부역[2] **附逆** 명 (complicité *f* dans une) trahison *f*; collaboration *f* avec l'ennemi. ¶ ~ 행위 action de complicité. ¶ ~의 혐의를 받다 être soupçonné(*e*) de complicité. ◇_(을) **하다** collaborer avec l'ennemi. ¶ 그 사람은 적국에 ~한 사람이다 Il a collaboré avec le pays ennemi.

◆_**자** -者 명 collabora*teur*(*trice*), complice.

부연 敷衍 명 explication *f* complémentaire; développement *m.* ¶ ~ 설명 explication complémentaire; développement. ◇_(을) **하다** développer ((un sujet, un argument)). ¶ 그 점은[에 대해서는] 더 이상 ~할 필요가 없다 Il est inutile de donner une explication supplémentaire sur cette question. ¶ 자신의 목표는 시험에 합격하는 것이라고 그 남학생은 ~하였다 Cet élève a expliqué que son objectif était de réussir à l'examen. ¶ (다시) ~하자면 그 정책은 실패입니다 En d'autres termes, cette politique est un échec.

부엽토 腐葉土 명 terreau *m* de feuille.

부옇다 형 ☞ 뿌옇다

부왕 父王 명 【역사】 roi *m* en tant que père pour le prince.

부요하다 富饒- 형 ☞ 부유[1]

부용 芙蓉 명 【식물】 ① ketmie *f*, hibiscus *m.* ② 연꽃 nélombo[nelumbo] *m inv*; lotus *m* sacré.

부원 部員 명 membre *m* (d'un cercle); employé(*e*) (d'une section). ¶ 그 사람은 우리 ~이다 Il est membre de notre cercle.

부원군 府院君 명 【역사】 beau-père *m* du roi.

부원장 副院長 명 sous-direc*teur*(*trice*); direc*teur*(*trice*) adjoint(*e*).

부위 部位 명 【의학】 région *f* ((du coeur)). ¶ 상처 ~를 만지다 toucher la partie blessée.

부위원장 副委員長 명 vice-président(*e*) d'un comité [d'une commission].

부유[1] **富裕** 명 richesse *f*, opulence *f.*

◆_**하다** 형 être riche, être opulent(*e*), être aisé(*e*), être nanti(*e*). ¶ ~한 나라 pays riche. ¶ ~한 집안에서 태어나다 être né(*e*) dans une famille aisée. ¶ ~하게 살다 vivre dans l'aisance [l'opulence].

◆_**층** -層 명 classe *f* des riches.

부유[2] **浮游** 명 ① 떠다님 flottement *m*; suspension *f.* ¶ ~ 기관 organe *m* flottant ¶ ~ 생물 organisme *m* flottant. ¶ ~ 식물 plante *f* flottante. ② 떠돌아다님 vagabondage *m.* ◇_(를) **하다** ① 떠다니다 flotter, surnager. ¶ 햇빛 속을[에] 작은 먼지들이 ~하고 있었다 On voyait les grains de poussière flotter dans le rayon de soleil. ② 떠돌아다니다 errer, vagabonder. ¶ 세상을 ~하다 vagabonder dans le monde. ¶ 그 사람은 이곳저곳을 ~하는 생활을 한다 Il vit une vie de nomade.

◆_**기뢰** -機雷 명 【군사】 mine *f* flottante.

◆_**물** -物 명 objet *m* flottant, particule *f* en suspension.

◆_**선광** -選鑛 명 【광물】 traitement *m* du minerai par flottaison.

부유스름하다 형 être blanchâtre; être enfumé(*e*); être nacré(*e*); être brumeu*x*(*se*), embué(*e*), flou(*e*), nébuleu*x*(*se*). ¶ 김이 서려 유리창이 ~ La vitre est embuée par la vapeur (d'eau). ¶ 부유스름한 하늘 un ciel brumeux. ¶ 부유스름한 액체 un liquide blanchâtre.

부윤 府尹 명 【역사】 *buyun m* <maire d'une grande ville à l'époque de Joseon>.

부음 訃音 명 annonce *f* [nouvelle *f*] de la mort de *qn.* ¶ 은사의 ~을 듣다 apprendre la mort d'un professeur. ¶ 친구의 ~에 접하다 recevoir la nouvelle de la mort d'un ami.

부응 副應 명 réponse *f* à l'attente de *qn.* ◇_(을) **하다** répondre à l'attente de *qn.* ¶ 기대에 ~하다 satisfaire les espoirs de *qn*; répondre à l'attente de *qn*. ¶ 시대적인 요청에 ~하다 se mettre au diapason des demandes de l'époque. ¶ 손님들의 요구에 ~하여 서비스를 개선하다 améliorer les services conformément aux attentes des clients.

부의 賻儀 명 objet *m* [argent *m*] envoyé à la famille d'un défunt.

◆_금 -金 명 argent *m* envoyé à la famille d'un défunt.

부의장 副議長 명 vice-président(~~s) *m* ((d'une assemblée)).

부익부 富益富 명 L'argent fait boule de neige.

*~ **빈익빈** Les riches s'enrichissent et les pauvres s'appauvrissent.

부인[1] 夫人 명 femme *f*, épouse *f*. ¶ ~께서는 안녕하십니까? Comment va votre épouse? ¶ ~과 함께 저희 집을 한 번 방문해 주십시오 Rendez-nous visite avec votre épouse.

부인[2] 婦人 명 femme *f*, dame *f*. ¶ 어린아이를 안은 ~ une dame [femme] portant un enfant.

◆_과 -科 명 gynécologie *f*. ¶ ~과 의사 gynécologue *mf*.

◆_병 -病 명 maladies *fpl* de la femme.

부인[3] 否認 명 négation *f*, démenti *m*, désaveu *m*, dénégation *f*. ◇_(을) **하다** nier ((un fait)), dénier ((une faute)), démentir ((une nouvelle)), désavouer, renier ((un enfant)), refuser de reconnaître *qc*. ¶ 범죄 사실을 ~하다 dénier son acte de criminalité. ¶ 아무도 ~할 수 없는 사실 un fait indéniable. ¶ 그 사람은 그 곳에 간 적이 없다고 ~하였다 Il a nié être allé [avoir déjà mis les pieds] là-bas. ¶ 그 여자는 자기가 그 남자의 애인임을 ~하지 않았다 Elle n'a pas nié être sa maîtresse. ◇_(이) **되다** être démenti(*e*), être nié(*e*). ¶ 그 소문은 당사자에 의해 ~되었다 Cette rumeur a été démentie par les personnes concernées.

부임 赴任 명 entrée *f* en fonctions, prise *f* de fonctions ¶ ~ 절차를 밟다 suivre les procédés d'entrée en fonctions. ◇_(을) **하다** rejoindre son poste. ¶ 새로 ~한 교장 nouv*eau*(*elle*) proviseur(e) [direc*teur*(*trice*) d'école]. ¶ 장관으로 ~하다 prendre ses fonctions de ministre.

◆_지 -地 명 nouveau poste *m*. ¶ 새로운 ~지로 떠나다 être affecté(*e*) à un nouveau poste.

부자[1] 父子 명 père *m* et fils *m*

◆_간 -間 명 entre père et fils.

부자[2] 富者 명 riche; millionnaire; milliardaire; nanti(*e*). ¶ ~가 되다 devenir riche; s'enrichir; faire fortune. ¶ 그 남자는 이 마을에서 제일가는 ~이다 Il est le plus riche du village.

*~**는 망해도 삼 년을 간다** Un riche peut survivre pendant trois ans, même s'il fait faillite.

◆_ㅅ 집 명 famille *f* riche ¶ 그 여자는 ~ㅅ 집에서 태어났다 Elle est née dans une famille riche.

부자연 不自然 어근 non naturel, manque *m* de naturel.

◆_스럽다 형 être peu naturel(*le*), manquer de naturel. ¶ ~스러운 웃음[태도, 자세] un sourire [une attitude, une posture] peu naturel(*le*) [forcé(*e*), contraint(*e*)]. ¶ 이야기의 결말이 ~스럽다 La fin de l'histoire ne tient pas debout. ¶ 저 배우는 연기하는 것이 ~스럽다 L'interprétation de cet acteur est peu naturelle / Cet acteur n'a pas un jeu très naturel. ¶ 저 환자는 아직 팔 움직이는 것이 ~스럽다 Ce patient ne peut pas encore bouger son bras de façon naturelle. ¶ 그 옷에 그런 가방을 드는 것은 ~스럽다 Ce n'est pas très adapté [élégant] de porter un tel sac avec cette tenue / Habituellement, ce sac n'est pas conseillé avec [adapté à] cette tenue / Ce sac n'est pas adapté à cette tenue. ¶ 내가 그 자리를 차지한다는 것이 아무래도 ~스럽다 Il ne m'est pas naturel de prendre cette position. ¶ ~스럽게 굴다 agir de façon peu naturelle. ¶ 그 남자는 나를 보자 ~스럽게 미소를 지었다 Il me sourit d'un sourire peu naturel [affecté, forcé].

◆_하다 형 être artificiel(*le*), forcé(*e*), maniéré(*e*). ¶ ~한 태도 une attitude artificielle.

부자유 不自由 명 restriction *f* de liberté. ¶ 기숙사 생활에 ~를 느끼다 ressentir une restriction de liberté dans la vie au pensionnat.

◆_하다 형 être handicapé(*e*), ne pas être libre. ¶ 지체가 ~하다 être handicapé(*e*). ¶ ~한 세계 monde aux libertés restreintes.

◆_스럽다 형 ne pas être libre, être restreint(*e*), limité(*e*); être handicapé(*e*), infirme, invalide, impotent(*e*) ((d'un bras)), perclus(*e*), podagre; être inconfortable. ¶ 두 손이 묶여 있어 몸놀림이 ~스럽다 ne pas pouvoir bouger librement (*son* corps), ayant les deux mains ligotées, être gêné(*e*) [restreint(*e*)] dans *ses* mouvements, ayant les deux mains liées; *ses* mouvements sont entravés. ¶ 새 양복을 입으니 몸이 ~스럽다 se sentir mal à l'aise dans un nouveau costume. ¶ 그 노인은 중풍에 걸려서 몸[한쪽 팔]이 ~스럽다 La paralysie a restreint les capacités de mouvement de ce vieillard / La paralysie l'a rendu infirme [impotent] / Ce vieillard, paralysé, ne peut pas bouger librement son corps [un bras] / Ce vieillard, paralysé, est impotent [impotent d'un bras]. ¶ 그 사람은 포박을 당해 몸이 ~스러운 상태에서 탈출을 시도했다 Bien qu'attaché par une corde, il a tenté de fuir.

부작용 副作用 명 ① 【의학】 effets *mpl* secondaires; effet *m* [réaction *f*] secondaire. ¶ ~을 일으키다 provoquer un effet secondaire [des effets secondaires]; avoir des effets secondaires; provoquer des réactions secondaires. ¶ 이 약은 ~이 있다[없다] Ce médicament a des [n'a pas d', n'a aucun] effet(*s*) secondaire(*s*). ¶ 무리한 다이어트에는 ~이 따른다 Un régime diététique trop poussé entraîne des effets secondaires. ② répercussion *f*. ¶ 부동산 투기에 따르는 ~이 심각하다 Les répercussions des spéculations immobilières sont énormes.

부작위 不作爲 명 【법률】 négligence *f* de *son* devoir. ¶ ~에 의한 살인 un homicide involontaire.

부장[1] 部長 명 chef *m*, direc*teur*(*trice*) [d'un service, d'une section]. ¶ 인사 ~ direc*teur*(*trice*) du personnel.

◆_**검사** -檢事 명 procureur *m* en chef.

◆_**판사** -判事 명 juge *m* en chef.

부장[2] 副葬 명 action *f* d'enterrer près d'un mort des objets lui ayant appartenu. ◇_(**을**) **하다** enterrer près d'un mort des objets lui ayant appartenu. ¶ 왕이 사용하던 물품들을 ~하는 관습 coutume *f* d'enterrer avec le roi des objets qu'il utilisait de son vivant.

◆_**품** -品 명 objets *mpl* enterrés avec un mort.

부재 不在 명 absence *f*. ¶ 정책 ~ absence de politique. ¶ 어머니의 ~로 집안이 쓸쓸하다 À cause de l'absence de la mère régnait dans la maison une atmosphère d'abandon [de désolation].

◆_**하다** 형 être absent(*e*). ¶ 그 회사에는 사원 복지 정책이 ~하다 Cette société ne prévoit pas de politique sociale pour les employés.

◆_**자** -者 명 absent(*e*), non résidant(*e*) *m*. ¶ ~자 투표 vote par correspondance (du non résidant).

◆_**중** -中 명 absent(*e*). ¶ 그 친구에게 전화했더니 ~중 신호가 울렸다 Je lui ai téléphoné, mais il n'était pas à la maison. ¶ 지금은 ~중이라 전화를 받을 수 없습니다 Je suis absent(*e*) pour le moment. Donc, je ne peux pas vous répondre.

◆_**증명** -證明 명 【법률】 alibi *m*.

◆_**지주** -地主 명 propriétaire *m* non résidant.

부저[1] 명 ☞ 버저

부저[2] 명 ☞ 부젓가락

부적 符籍 명 talisman *m*, amulette *f*, porte-bonheur *m inv*; phylactère *m*. ¶ ~을 지니다 porter un talisman. ¶ ~을 붙이다 attacher une amulette.

부적격 不適格 명 disqualification *f*, inaptitude *f*, non-qualification *f*. ¶ ~ 판정을 받다 être jugé(*e*) non qualifié(*e*).

◆_**자** -者 명 disqualifié(*e*); personne *f* inacceptable (pour une position).

부적당하다 不適當- 형 être impropre, inadéquat(*e*), inapte, ne pas convenir à *qc* ¶ 저 사람은 학자로서 ~ Ce n'est pas une personne appropriée pour être un savant. ¶ 이 건물은 너무 낡아 학교로는 ~ Cet immeuble est trop vieux pour servir d'école. ¶ 그곳은 너무 추워 사람이 살기에는 ~ Cet endroit est trop froid pour être habitable. ¶ 이 책은 아이들에게 읽히기에는 ~ Ce livre ne convient pas aux enfants. ¶ 그 직원은 이 일을 맡기에 부적당한 인물이다 Cet employé n'est pas apte à assumer cette tâche.

부적응 不適應 명 inadaptation *f*.

부적절하다 不適切- 형 être inapproprié(*e*), inopportun(*e*), inadéquat(*e*). ¶ 새로운 사업을 시작하는 것은 시기적으로 ~ Il est inopportun de se lancer dans une nouvelle affaire. ¶ 여름은 그런 장사를 하기에는 ~ L'été est une saison inappropriée pour ce genre de commerce. ¶ 부적절한 조치 une mesure inappropriée. ¶ 부적절한 판단을 내리다 prononcer un jugement inapproprié.

부적합 不適合 명 incongruité *f*, non-conformité *f*. ¶ ~ 판정을 받다 être jugé incongru(*e*).

◆_**하다** 형 ne pas être conforme, être incongru(*e*).

부전 不全 명 imperfection *f*.

부전자전 父傳子傳 명 Tel père, tel fils.

부젓가락 명 pincettes *fpl*.

부정[1] 不淨 명 impureté *f*, malpropreté *f*, saleté *f*. *~**을 타다** être suj*et*(*ète*) au [souffrir du] mal.

◆_**하다** 형 être impur(*e*), malpropre, sale. ¶ ~한 생각 des pensées *fpl* impures. ¶ ~한 재산 des biens *mal* acquis.

◆_**부패** -腐敗 명 corruption *f*. ¶ ~부패를 척결하다 assainir [mettre fin à, éradiquer] la corruption. ¶ 관료의 ~부패 la corruption des fonctionnaires. ¶ ~부패를 일소하다 balayer [éradiquer] la malhonnêteté et la corruption. ¶ ~부패로 썩어가는 사회 une société corrompue [dépravée]. ¶ 사회 전반에 ~부패가 만연하고 있다 La malhonnêteté et la corruption touchent toutes les couches de la société [n'épargnent aucune couche sociale].

◆_**풀이** 명 【민속】 rite *m* [cérémonie *f*] purificatoire; exorcisme *m*.

부정[2] 不貞 명 infidélité *f*, adultère *m*.

◆_**하다** 형 être infidèle, être adultère. ¶ ~한 짓을 하다 tromper ((son mari, sa femme)); faire des infidélités ((à son mari, sa femme)).

부정[3] 不定 명 ① incertitude *f*, indétermination *f*, caractère *m* indéfini [vague, mal défini] de *qc*. ¶ ~ 수입 revenus *mpl* qui ne sont pas fixes [réguliers], revenus irréguliers; revenus incertains [aléatoires]. ¶ 주거 ~ ((personne)) qui n'a pas de logement régulier, sans domicile fixe, S.D.F. ② 【언어】 indéfini(*e*). ¶ ~의 뜻으로 쓰인 단어 mot employé avec un sens indéfini.

◆_**관사** -冠詞 명 【언어】 article *m* indéfini.

◆_**관형사** -冠形詞 명 【언어】 déterminant *m* indéfini.

◆_**극어** -極語 명 【언어】 terme *m* [item *m*] de [à] polarité négative. ☞ 극성[1]

◆_**대명사** -代名詞 명 【언어】 pronom *m* indéfini.

◆_**방정식** -方程式 명 【수학】 équation *f* indéterminée.

◆_**법** -法 명 【언어】 (mode *m*) infinitif *m*.

◆_**주어** -主語 명 【언어】 sujet *m* indéfini.

◆_**칭** (**대명사**) 명 【언어】 pronom *m* indéfini ((예: 아무, 아무개)).

◆_**형** -型 명 【수학】 forme *f* indéterminée.

부정[4] 不正 명 injustice *f*, iniquité *f*, malhonnêteté *f*, illégalité *f*. ¶ ~ 축재 accumulation de richesses par des moyens illicites. ¶ ~을 방지하다 prendre des mesures pour éviter la corruption [les actes malhonnêtes, les actes illégaux]. ◇_**을 저지르다**

commettre une injustice; commettre un acte illégal.

◆_하다 형 être injuste, être inique, être malhonnête, être frauduleu*x*(*se*), être illicite, être illég*al*(*ale*, *aux*). ¶~한 방법으로 재산을 모으다 accumuler des richesses par des moyens malhonnêtes. ¶~ 행위를 하다 tricher, frauder ((à un examen, au jeu)). ¶ 공금을 ~하게 사용하다 utiliser frauduleusement des fonds publics [des biens sociaux] ((utilisation abusive de biens sociaux)).

◆_교합 -咬合 명 【의학】 malocclusion *f* dentaire.

부정[5] 否定 명 ① négation *f*. ¶ 긍정도 ~도 아닌 애매한 대답 une réponse ambiguë [équivoque]; une réponse incomplète. ② 【언어】 négation *f*. ¶ ~ 변형 passage à la forme négative. ¶ ~ 조동사 verbe auxiliaire de négation. ¶ 메타언어적 ~ négation métalinguistique. ¶ 장형[단형] ~ négation longue [courte]. ¶ 국어에는 문을 ~하는 두 가지 방식이 있다 En coréen, il existe deux procédés de négation (de phrase). ◇_(을) 하다 nier ((un fait, que +*subj*/*ind*)); dénier; démentir; ne pas reconnaître *qc*. ¶ 범죄 사실을 ~하다 nier sa culpabilité; ne pas se reconnaître coupable. ¶ 소문을 ~하다 démentir la rumeur [le bruit]. ¶ 신을 ~하다 nier l'existence de Dieu [du divin]. ¶ 인생[현실]을 ~하다 nier la vie [le réel]. ¶ 베드로는 예수의 제자임을 ~했다 Pierre nia qu'il fût un disciple de Jésus. ◇_(이) 되다 être nié(*e*). ¶ 기본적인 인권이 ~되는 사회 société où sont niés les droits fondamentaux de l'homme.

◆_적 -的 ① 명 négati*f*(*ve*). ¶ 정부의 새 정책에 대한 ~적인 견해[평가, 반응, 시각] opinion [estimation, réaction, vue] négative sur la nouvelle politique du gouvernement. ¶ 세상을 ~적으로 바라보다 regarder le monde de façon négative; avoir un point de vue négatif sur le monde. ② négati*f*(*ve*). ¶ 대중 매체의 ~적인 측면[영향] aspect [influence, effet] négatif des (mass) média. ¶ 나는 그 사람에 대해 ~적인 이미지를 갖고 있다 J'ai une image négative de cette personne. ¶ 그 일이 그들의 관계에 ~적으로 작용하였다 Cette affaire a eu un effet négatif sur leur relation.

◆_문 -文 명 【언어】 phrase *f* négative.

◆_부사 -副詞 명 【언어】 adverbe *m* de négation. ¶ 한국어에서 긍정부사와 ~부사의 용법은 불어의 용법과 다르다 En coréen, l'emploi des adverbes d'affirmation et de négation est différent de celui du français [n'est pas équivalent à celui de 'oui' / 'non' / 'si' en français].

◆_의문 -疑問 명 【언어】 interrogation *f* négative.

◆문_ 文- 명 négation *f* de phrase.

◆부분_ 部分- 명 【언어】 négation *f* partielle.

◆성분_ 成分- 명 négation de constituants.

부정[6] 父情 명 affection *f* paternelle.

부정기 不定期 명 irrégularité *f* (d'horaire).

◆_적 -的 명 irréguli*er*(*ère*). ¶ ~적으로 발행되는 잡지 revue publiée sur un rythme irrégulier [publication irrégulière].

◆_선 -船 명 navire *m* sans horaire fixe [de service irrégulier].

부정맥 不整脈 명 【의학】 pouls *m* irrégulier; ((의학)) arythmie *f*. ¶ ~이 나타났다 Le pouls est devenu irrégulier.

부정직 不正直 명 malhonnêteté *f*.

◆_하다 형 être malhonnête. ¶ ~한 사람 personne malhonnête. ¶~한 태도 attitude malhonnête.

부정확 不正確 명 inexactitude *f*, imprécision *f*.

◆_성 -性 명 inexactitude *f*, imprécision *f*.

◆_하다 형 être inexact(*e*), imprécis(*e*); ((mémoire, traduction)) être infidèle, incorrect(*e*), fau*x*(*sse*), défectueu*x*(*se*). ¶ ~한 사격 tir mal réglé. ¶ ~한 표현 expression peu précise [floue]; expression incorrecte.

부제[1] 副祭 명 【천주】 diacre *m* ((catholique)); ((judaïsme)) lévite *m*.

부제[2] 副題 명 sous-titre(~~*s*) *m*. ¶ 논문에 ~를 붙이다[달다] mettre [donner, ajouter] un sous-titre à une thèse [un article].

부제학 副提學 명 【역사】 *bujehak* *m* ((sous-directeur de l'académie royale à l'époque de Joseon)).

부조[1] 扶助 명 ① don *m* fait pour contribuer aux frais ((de noces, de sépulture)), participation *f* aux frais ¶ 결혼식[장례식] ~ contribution *f* (financière) à un mariage [à des funérailles] ((coutume traditionnelle)). ② 도와주는 일 aide *f*, assistance *f*, secours *m*; soutien *m*; appui *m*. ¶ 주민들 간의 상호 ~를 목적으로 하는 단체 association pour l'entraide des habitants. ◇_(를) 하다 ① donner une somme d'argent comme [pour sa, en] contribution [pour contribuer] aux frais d'une cérémonie ((de funérailles, de mariage)), faire un cadeau pour contribuer aux frais (de noces ou de sépulture) (souvent sous forme de contribution en argent). ¶ 친척의 혼사에 (돈을) ~하다 faire un cadeau de mariage à une personne de la famille (sous forme de contribution en argent). ② 도와주다 venir en aide ((aux nécessiteux)),; secourir ((les familles nécessiteuses)); aider, assister, soutenir; aller [se porter] au secours de *qn*.

◆_금 -金 명 contribution *f* en argent (que l'on donne à un mariage ou un décès), don *m* d'argent pour une célébration, somme *f* d'argent pour contribuer aux frais d'une cérémonie ((de funérailles, de mariage)).

부조[2] 浮彫 명 【미술】 relief *m*; gravure *f* ((orfèvrerie)). ¶ ~ 세공 orfèvrerie *f*, ouvrage *m* orfévré ((joaillerie)). ◇_(를) 하다 sculpter [tailler, graver] en relief; mettre *qc* en relief; donner du relief à *qc*. ◇_(가) 되다 être sculpté(*e*) [taillé(*e*), gravé(*e*)] en relief; ((비유적)) être mis(*e*) en relief [en exergue].

부조리 不條理 명 absurdité *f*, absurde *m*; incohérence

f. ¶ 우리 사회의 ~ les incohérences [les absurdités, les côtés absurdes] de notre société.

◆_하다 형 être absurde, déraisonnable, insensé(*e*), inconséquent(*e*). ¶ ~한 현실 une réalité absurde.

◆_극 -劇 명 【연영】 comédie *f* [théâtre *m*] de l'absurde.

부조화 不調和 명 manque *f* d'harmonie, inharmonie *f*; discordance *f*, désaccord *m*. ¶ 이상과 현실의 ~ discordance [hiatus] entre l'idéal et la réalité.

◆_하다 형 être disharmonieu*x*(*se*), discordant(*e*), ne pas s'accorder, manquer d'harmonie, ne pas aller ensemble; être dissonant(*e*), fau*x*(*sse*). ¶ 주변 환경과 ~한 고층 빌딩 les grands immeubles [les bâtiments élevés, les (grandes) tours, les grandes constructions, les gratte-ciel] en discordance avec l'environnement immédiat [avec les alentours].

부족[1] 部族 명 tribu *f.* ¶ 이스라엘의 12 ~ les douze tribus d'Israël.

◆_국가 -國家 명 tribu *f.*

◆_사회 -社會 명 système *m* tribal; organisation *f* sociale par tribus; tribalisme *m*.

부족[2] 不足 명 manque *m*; défaut *m*; carence *f*, insuffisance *f*, pénurie *f.* ¶ 수면 ~ manque de sommeil.

◆_하다 형 manquer (de *qc*); faire défaut; être insuffisant(*e*), ne pas suffire. ¶ 말솜씨가 ~하다 ne pas être éloquent(*e*); manquer d'éloquence; ne pas avoir la parole facile, chercher ses mots. ¶ 나는 1 유로가 ~하다 Il me manque 1 euro. ¶ 돈이 ~하다 Je manque d'argent / Je suis à court d'argent. ¶ 단체 할인을 받으려면 아직 10명이 ~하다 Il faudrait 10 personnes de plus [Il manque encore 10 personnes] pour bénéficier de la réduction pour groupe. ¶ 기한 내에 논문을 제출하려면 시간이 너무 ~하다 Je manque de temps pour remettre mon article dans les délais fixés.

◆_감 -感 명 sentiment *m* d'insatisfaction. ¶ ~감을 느끼다 ressentir une insatisfaction, avoir un sentiment d'insatisfaction. ¶ 이것만으로는 ~감이 든다 Cela nous paraît insuffisant.

◆_분 -分 명 partie *f* [quantité *f*] insuffisante; manque *m*. ¶ ~분을 채우다 combler un manque.

◆_증 -症 명 【한의】 symptôme *m* de manque.

부존자원 賦存資源 명 ressources *fpl* disposées de nature.

부종 浮腫 명 【한의】 tuméfaction *f*, turgescence *f*; enflure *f*, boursouflure *f* ((du visage)); gonflement *m*; engorgement *m* ((mammaire)); ((수종)) hydropisie *f.*

부주의 不注意 명 inattention *f*, faute *f* d'attention [d'étourderie], manque *m* d'attention; négligence *f*; ((방심)) distraction *f*, inadvertance *f*, étourderie *f.* ¶ ~로 인해서 par négligence; par inadvertance; par mégarde; faute d'attention; involontairement; sans faire exprès. ¶ 한순간의 ~가 커다란 재앙을 불러올 수도 있다 La moindre inattention [négligence, distraction] peut provoquer une catastrophe / Le moindre instant d'inattention [La moindre minute d'inattention, Un moment d'inattention] peut provoquer une catastrophe / Un instant d'inattention et la catastrophe arrive.

◆_하다 형 être inattenti*f*(*ve*), négligent(*e*). ¶ ~한 행동 un comportement négligent [inattentif, étourdi]. ¶ ~하게 행동하다 se conduire négligemment [de manière inattentive, distraitement].

부주제 副主題 명 【음악】 thème *m* [motif *m*] secondaire.

부중 府中 명 【역사】 *bujung m* <nom d'un bureau d'administration à l'intérieur de l'office de la préfecture régionale à l'époque de Goryeo et de Joseon>. ¶ ~ 관속 fonctionnaire subalterne d'une administration locale.

부증 浮症 명 【한의】 tuméfaction *f*, turgescence *f*; enflure *f*, boursouflure *f* ((du visage)); gonflement *m*; engorgement *m* ((mammaire)); ((수종)) hydropisie *f.* ☞ 부종

부지[1] 敷地 명 emplacement *m*; terrain *m* ((à bâtir)). ¶ 공장 설립 ~ terrain pour la construction d'une usine. ¶ 학교가 들어서기에 적당한 ~를 물색하다 chercher le bon emplacement pour construire une école.

부지[2] 不知 명 ignorance *f*, inconnaissance *f* {*litt*}.

◆_기수 -其數 명 (un) nombre *m* infini de ((maladies)), nombre *m* incalculable; innombrable; sans nombre; incalculable. ¶ 부상자가 ~기수로 발생했다 Il y a eu d'innombrables blessés. ¶ ~이다 être innombrable, incalculable, infini(*e*). ¶ 폭격이 가해져서 죽은 사람이 ~기수다 Les bombardements ont causé d'innombrables victimes.

◆_불식간 -不識間 명 ☞ 부지불식

◆_중 -中 명 ((avoir)) un moment *m* d'inconscience; ((être)) dans un état *m* d'inconscience. ¶ ~중에 à son insu, sans le savoir, sans s'en rendre compte, sans s'en apercevoir, inconsciemment, involontairement; soudain, tout d'un coup.

◆생면_ 生面- 명 que l'on voit pour la première fois de *sa* vie; totalement inconnu(*e*). ¶ 생면~의 사람 une personne que l'on voit [rencontre] pour la première fois [que l'on n'a jamais vue auparavant], une personne totalement inconnue.

부지[3] 扶持 명 endurance *f*, résistance *f* ((à l'adversité)). ◇_(를) **하다** résister, endurer, tenir bon, souffrir avec patience, supporter; ne pas lâcher pied; préserver dans l'adversité. ¶ 목숨을 ~하다 préserver *sa* vie malgré les difficultés.

부지깽이 명 tisonnier *m*, pique-feu *m inv*.

부지런 명 application *f*, passion *f.* ◇_(을) **떨다** être travailleu*r*(*se*), bûcheu*r*(*se*) {*fam*}, bosseu*r*(*se*) {*fam*}.

◆_하다 형 être diligent(*e*), acti*f*(*ve*), assidu(*e*); être courageu*x*(*se*) au travail, appliqué(*e*), travailleu*r*(*se*), studieux(se), laborieux(se), soigneux(se). ¶ ~한 사람 une personne (très) active; un(e) travailleur(se) ((acharné(e))). ¶ 벌써 청소를 다 마쳤다니 참 ~하기도 해라 Tu as déjà fait le ménage! Comme tu es actif(ve)!

◆_히 뿐 d'une manière studieuse [appliquée, sérieuse], avec application, dur, soigneusement, studieusement, sérieusement, assidûment, avec assiduité; à une vitesse soutenue. ¶ ~히 일하다[공부하다] travailler [étudier] dur [sérieusement, d'une manière sérieuse, d'une manière appliquée, avec ardeur, avec acharnement]. ¶ ~히 가야 시간 내에 도착한다 On arrivera à temps [dans les temps, dans les délais] à condition de rouler [((걸어서)) de marcher, d'avancer] à une vitesse soutenue.

부지불식 不知不息 명 ne pas être conscient(e) de qch, être inconscient(e) de qch, être involontaire. ¶ ~ 중에 한 말 une parole prononcée inconsciemment [sans le vouloir, involontairement].

◆_간 -間 명 ((에)) à son insu, involontairement, inconsciemment, sans le savoir, sans s'en rendre compte, sans s'en apercevoir, insensiblement. ¶ ~간에 일을 저지르다 commettre qc à son insu [involontairement, inconsciemment, sans le savoir, sans s'en rendre compte, sans s'en apercevoir, insensiblement].

부직 副職 명 occupation f [activité f] secondaire; travail m d'appoint. ¶ ~을 찾다[구하다] chercher [trouver] un travail d'appoint.

◆_거리 명 qui peut servir de travail d'appoint [d'activité secondaire].

부진 不振 명 stagnation f, marasme m ((des affaires)); inactivité f, crise f ((des affaires)), manque m d'activité; ralentissement m [baisse f] d'activité; absence f de progression [d'évolution] dans ce qu'on fait; manque m de…. ¶ 수출 ~ baisse [ralentissement] des exportations. ¶ 나는 식욕 ~이다 Je n'ai pas [Je manque] d'appétit.

◆_하다 형 être calme, inactif(ve), inanimé(e), ralenti(e); être en stagnation, stagner, être dans le marasme; ne pas bien marcher; ne pas progresser, ne pas [ne guère] avancer, faire du surplace, marquer le pas; ne pas évoluer; piétiner, patiner, s'enliser. ¶ 그 사람은 최근 성적[판매 실적]이 ~하다 Ses résultats récents ne sont pas brillants / Ses résultats [Ses résultats de vente] récents n'ont pas progressé. ¶ 기록이 ~한 선수 un sportif qui n'améliore pas son record.

부질없다 형 être inutile, vain(e), infructueux(se), stérile, superflu(e), oiseux(se), futile; être sans valeur, sans effet, être insignifiant(e), sans importance; ne servir à rien; ne pas être motivé(e). ¶ 그렇게 애써 보았자 다 ~ Tous ces efforts ne serviront à rien [n'amèneront rien de bon]. ¶ 부질없는 소리 paroles [propos] inutiles, paroles creuses [oiseuses], propos futiles, ((dire des)) futilités, balivernes, fadaises. ¶ 다 부질없는 짓이다 Rien de ceci ne vaut la peine / Tout cela est peine perdue. ¶ 그 녀석이 하는 일이 내게는 다 부질없어 보인다 Tout ce que fait ce type me paraît sans valeur.

◆부질없이 뿐 vainement. ¶ 부질없이 욕심만 부리다 avoir des ambitions vaines.

부쩍 뿐 ① ((크기 따위가)) ((grandir)) rapidement, soudainement, tout d'un coup. ¶ 못 본 사이에 아이의 키가 ~ 컸다 L'enfant a beaucoup grandi depuis que je l'ai vu la dernière fois. ¶ 가게에 손님이 ~ 늘었다 Les clients se sont soudainement multipliés dans la boutique/ Le nombre des clients a tout d'un coup augmenté dans le magasin. ② très tendu(e). ¶ 시험이 다가오자 ~ 긴장하다 être très tendu(e) à l'approche de l'examen.

◆_ _ 뿐 ((크기 따위가))--espace--subitement, brusquement, soudainement.

부차 副次 명 ((d'))ordre m secondaire.

◆_적 -的 명 secondaire, accessoire. ¶ ~적 문제 un problème secondaire, un détail. ¶ 무엇을 ~적으로 다루다 considérer qc comme subsidiaire [comme secondaire, comme accessoire]. ¶ 그것은 ~인 문제이다 C'est une question secondaire.

부착 附着 명 adhérence f; adhésion f. ¶ 스티커[포스터]~ adhérence d'un autocollant [d'une affiche].

◇_(을) 하다[시키다] adhérer; coller; mettre. ¶ 이름표를 ~하다 mettre [porter] un badge à son nom. ¶ 상품에 가격표를 ~시키다 coller une étiquette de prix sur des produits, étiqueter des marchandises. ¶ 망원 렌즈를 ~한 카메라 appareil photo équipé d'un téléobjectif. ◇_(이) 되다 être équipé(e) de qc, muni(e) de qc; être collé(e), affiché(e); être mis(e). ¶ 벽에 '금연'이라는 안내문이 ~되어 있었다 Une affiche mentionnant «Interdiction de fumer» était collée au mur. ¶ 전동차 안에 ~된 광고물들 publicités affichées dans les voitures du métro.

부창부수 夫唱婦隨 명 ((principe confucéen conduisant à maintenir)) l'harmonie f du couple.

부채¹ 명 éventail m. ¶ ~를 부치다 s'éventer; éventer qn.

◆_꼴 명 forme f d'éventail.

◆_질 명 ① 부채를 부치는 행위 action de s'éventer [se rafraîchir] avec un éventail. ¶ 할머니가 손주에게 ~질을 해주고 있다 La grand-mère évente son petit-fils. ② 비유적 attisement m d'une querelle, incitation f. ¶ 물가상승이 무역적자 확대를 더욱 ~질하고 있다 Actuellement la hausse des prix aggrave le déficit commercial.

*불난 집에 ~질하다 jeter de l'huile sur le feu.

◆_춤 명 danse f des éventails.

◆_ㅅ살 명 baleine f d'éventail.

부채² 負債 명 ① dette f, emprunt m. ¶ ~를 지다 être endetté(e); avoir des dettes. ¶ ~를 갚다[상환하다] rembourser une dette; s'acquitter de ses dettes; payer ses dettes. ¶ 이 기업은 자기 자본에 비해 ~

비율이 높다 Cette société a trop de dettes par rapport à son capital.

부처¹ 명 【불교】 ① 석가모니 bouddha *m*. ¶ 그 사람은 산~이다 C'est un bouddha vivant. ② 불도를 깨달은 성인 sage *m* ayant atteint le stade de l'éveil.

◆_님 명 bouddha *m*.

*~님 가운데 토막 C'est un ange / On dirait un ange.

◆돌_ 명 bouddha *m* en pierre.

부처² 夫妻 명 mari *m* et femme *f*, époux *mpl*.

부처³ 部處 명 ministère *m*; département *m* ministériel. ¶ 주무 ~ ministère de tutelle. ¶ 이 문제를 놓고 관련 ~ 간에 갈등이 있는 것 같다 Il semble que, sur ce point, il y ait conflit entre les ministères concernés.

부촌 富村 명 village *m* [quartier *m*] riche. ¶ ~에 산다고 다 부자는 아니다 Toute personne habitant un quartier riche n'est pas forcément riche.

부총장 副總長 명 vice-président(*e*) *m* ((d'une université)).

부총재 副總裁 명 vice-président(e) *m* d'un parti politique [d'une institution]. ¶ ~ 경선에 나서다 se présenter comme candidat(e) aux primaires des élections du vice-président.

부추 명 ((plante herbacée dont le goût est à mi-chemin entre la ciboulette et l'ail)); ciboule(*tte*) *f* chinoise, ail *m* à feuilles plates, ail *m* odorant; *Allium tuberosum* {*nsc*}.

◆_김치 명 *gimchi m* de ciboule(*tte*) chinoise.

◆_전 -煎 명 épaisse galette *f* de ciboule(*tte*) chinoise.

부추기다 타 inciter [aiguillonner, animer, exciter, pousser, stimuler] *qn* à faire *qc*. ¶ 낭비를 ~ pousser à la dépense. ¶ 그 사람에게 주식에 투자하라고 ~ pousser *qn* à investir en Bourse. ¶ 부모님이 땅을 팔도록 ~ pousser *ses* parents à vendre un terrain.

부축 명 aide *f*, support *m*. ◇_(을) 하다 aider *qn* (à se tenir bien); donner [prêter] la main à *qn*. ¶ 몸이 불편한 노인을 ~해 드리다 aider une personne âgée qui a du mal à se tenir. ◇_(이) 되다 être aidé(*e*) à se tenir bien, être soutenu(*e*). ¶ 아버지는 아들에게 [아들의 손에] ~되어 자리에서 일어났다 Le père s'est levé, aidé de son fils / Le père s'est appuyé sur son fils [la main de son fils] pour se lever. ◇_(을) 받다 recevoir de l'aide (pour bouger, évoluer). ¶ 아버지는 아들의 ~을 받으며 행사장에 나타났다 Le père est apparu à la fête soutenu par son fils.

부츠 영{boots} 명 bottes *fpl* ¶ ~를 신다 mettre [enfiler] des bottes.

부치개 명 ☞ 부침

부치다¹ 자 être au-dessus des [dépasser les] forces [compétences] de *qn*, ne pas être de taille à+*inf*. ¶ 힘에[이] 부쳐 짐을 들지 못하다 Je ne suis pas de taille à soulever cette valise / Je ne suis pas assez fort(*e*) pour soulever cette valise. ¶ 그 일은 내 능력에 부친다 Ce travail me dépasse / Ce travail est au-dessus de mes forces / Je ne suis pas à la hauteur de ce travail / Je ne me sens pas de taille à faire ce travail [à accomplir cette tâche].

부치다² 타 envoyer, expédier, faire parvenir *qc* à *qn*. ¶ 편지를 ~ envoyer [poster] une lettre. ¶ 집에[으로] 소포[짐]를 ~ envoyer [expédier] un colis [des affaires] chez *soi*. ¶ 친구에게 책을 소포로 ~ envoyer un livre à un ami par colis.

부치다³ 타 ① ((안건으로)) soumettre *qc* à un vote. ¶ 그 사람의 의견을 표결에 ~ soumettre ses idées [ses suggestions] à un vote. ¶ 그 문제를 총회에 ~ soumettre ce problème à une assemblée générale. ¶ 국가 중대사를 국민투표에 ~ soumettre les questions nationales à un référendum [à un plébiscite]. ② 어떤 상태로 돌리다 passer ((une affaire sous silence)). ¶ 그 일을 불문에 ~ passer cette affaire sous silence, occulter cette affaire. ¶ 회의 내용을 비밀[극비]에 ~ rendre le contenu de la réunion confidentiel [strictement confidentiel]. ③ ((의탁하다)) se confier. ¶ 삼촌 집에 숙식을 ~ être hébergé(*e*) chez *son* oncle. ¶ 몸 부칠 데 없는 신세다 n'avoir personne à qui se confier. ④ ((인쇄에)) soumettre. ¶ 원고를 인쇄에 ~ faire imprimer un manuscrit. ⑤ ((...에 부쳐; 기념하다)) pour ((commémorer, marquer un événement)). ¶ 어버이날에 부쳐 pour la fête des parents. ¶ 한글날에 부치는 글 discours pour commémorer le Jour de la création du *hangeul* ((le 9 octobre)). ⑥ 싣다 exprimer ((*ses* sentiments par des vers)). ¶ 외로움을 시에 ~ exprimer *sa* solitude dans un poème.

부치다⁴ 타 cultiver, labourer, exploiter, ensemencer, planter. ¶ 대대로 부치던 땅[논, 밭] une terre [une rizière, un champ] cultivé(*e*) depuis des générations.

부치다⁵ 타 ((요리)) (faire) frire *qc*; cuire *qc* dans une poêle [à la poêle]. ¶ 계란을 ~ cuire un oeuf dans une poêle. ¶ 김치전[산적]을 ~ cuire une galette de *gimchi* [une brochette de viande] dans une poêle.

부치다⁶ 타 éventer, s'éventer. ¶ 부채를 ~ agiter un éventail, (s')éventer.

부칙 附則 명 avenant *m*. ¶ ~을 넣다[신설하다] ajouter [mettre] un avenant ((à une loi, à une convention, à un contrat)). ¶ '이 규정은 2007년 1월 1일부터 유효하다'라는 ~을 넣겠습니다 J'ajouterai un avenant précisant que cette loi sera effective à partir du premier janvier 2007.

부친 父親 명 père *m*. ¶ ~께선 뭘 하시는가? Que fait votre [ton] père?

◆_상 -喪 명 décès *m* du père. ¶ ~상을 당하다 perdre son père; être en deuil de son père.

부침 명 galette *f*. ¶ 김치[녹두, 감자] ~ galette de *gimchi* [de haricots mungo, de pommes de terre]. ¶ ~을 부치다 préparer [faire] des galettes (de légumes).

◆_개 명 galette *f*.

부케 프{bouquet} 명 bouquet *m* de la mariée. ¶ 신부의 ~를 받다 attraper le bouquet de la (nouvelle) mariée.

부탁 付託 명 sollicitation *f*; demande *f* (d'aide, de soutien, de faveur); prière *f.* ¶ ~ 편지 lettre *f* de sollicitation. ¶ ~의 말을 전하다 faire une sollicitation; faire une demande en faveur de *qn*; solliciter une faveur de *qn*. ¶ 아는 사람의 ~을 거절하다 refuser la requête d'une personne que l'on connaît. ¶ 친구의 ~을 들어주다 accepter la demande d'un(*e*) ami(*e*). ¶ 아내의 ~으로 장을 보다 faire les courses à la demande de sa femme. ¶ ~이 하나 있습니다 J'ai une faveur [un service] à vous demander. ¶ 어려운 ~이 들어왔는데 어떻게 해야 할지 모르겠다 On m'a fait une demande difficile à laquelle je ne sais comment accéder. ¶ 내 ~에 그 친구는 난처한 표정을 지었다 Il s'est montré embarrassé à ma demande. ◇_(을) **하다** faire une demande à *qn*, demander à *qn*; solliciter une faveur de *qn*; solliciter *qn* [prier *qn*, demander à *qn*] de faire *qc*; inviter [convier] *qn* à faire *qc*; confier *qc* à *qn*; charger *qn* de *qc*; recommander. ¶ 아는 사람에게 취직을 ~하다 demander à une personne qu'on connaît d'aider à trouver un travail. ¶ 은사님에게 주례를 ~하다 demander à un maître [professeur] vénéré [à un vieux maître] de présider son mariage ((pratique coréenne)). ¶ 가족들에게 뒷일을 ~하다 demander à sa famille de prendre en charge la suite de ses affaires (en cas de problème). ¶ 아이들을 이웃에게 ~하고 외출하다 confier ses enfants au voisin avant de sortir. ¶ 누구를 위해 마음 써주시기를 간곡히 ~합니다 Je sollicite votre bienveillante attention en faveur de *qn* ¶ 옆 사람에게 창문을 닫아 줄 것을 정중하게 ~하다 demander poliment à son voisin de fermer la fenêtre. ¶ 긴히 ~할 일이 있어서 왔습니다 Je viens vous faire une demande pressante. ◇_(을) **받다** se faire solliciter. ¶ 친구에게 ~받은 일을 깜박 잊어버리다 oublier (par inattention) la demande d'un(*e*) ami(*e*). ¶ 나는 그 사람에게 그 여자를 소개해 달라는[달라고] ~을 받았다 Il m'a demandé de lui présenter la jeune fille (en question).

부탄 영{butane} 명 【화학】 butane *m*.

◆_**가스** 명 gaz *m* butane.

부터 조 ((particule circonstancielle indiquant le point de départ)) ① ((시간)) de, depuis, à partir de; dès; après; cela fait ... que+P. ((...부터 ...까지)) de ... à ..., à partir de ... jusqu'à ... ¶ 나는 오후 두 시~ 회의가 있다 J'ai un cours à partir de 2 heures de l'après-midi. ¶ 한 시~ 세 시까지 d'une heure à trois heures. ¶ 이 달 1일~ à partir du premier jour du mois. ¶ 5월 1일~ 10일까지 du premier au dix mai. ¶ 새해~ à partir de la nouvelle année. ¶ 옛날~ depuis très longtemps. ¶ 어제~는 날씨가 좋다 Il fait beau depuis hier. ¶ 어제~ 내일까지 d'hier à aujourd'hui. ¶ 꼭두새벽~ 웬일이냐? Qu'est-ce qui t'amène ici dès l'aube? ¶ 월요일~ 금요일까지 de lundi à vendredi; ((매주)) du lundi au vendredi. ¶ 그 전람회는 다음달 1일~ 일주일 동안 계속 된다 Cette exposition se déroulera pendant une semaine à partir du premier du mois prochain. ¶ 이제~ dès maintenant, désormais. ¶ 다음~ dès la prochaine fois. ¶ 그로~ 삼년이 지났다 Voilà trois ans de cela. ¶ 신라시대~ 내려오는 풍속 Une coutume qui date de l'époque de Silla. ¶ 당시~ depuis cette époque(-là); depuis ce temps-là; depuis ces jours-là; depuis lors; dès lors. ¶ 언제~인가 그 남자는 나에게 친구 이상의 존재로 다가섰다 Je ne sais depuis quand, mais il est devenu plus qu'un ami. ¶ 나는 10년 전~ 이 문제에 대해 연구하고 있다 Je travaille sur cette question depuis dix ans / Cela fait dix an que je travaille sur cette question. ¶ 그는 10년 전 ~ 강단에 섰다 Il donne des cours depuis plus de dix ans. ¶ 열흘 전~ 강추위가 계속되고 있다 Le grand froid sévit depuis 10 jours. ¶ 그 자동차는 출고 때~ 결함이 있었다 La voiture avait déjà des défauts avant sa sortie. ¶ 어려서~ depuis *son* enfance ¶ 그는 어려서~[어렸을 때~] 피아노를 배웠다 Il a appris le piano dès son plus jeune âge. ¶ 그런 일을 겪고 나서~ 나는 새 사람이 되었다 Après cette expérience, je suis devenu un homme nouveau. ② ((공간)) de; ((...부터 ...까지)) de ... à ..., de ... jusqu'à ... ¶ 서울~ 강릉까지 de Séoul à[jusqu'à] Gangneung. ¶ 그 사람은 지하철역에서~ 집까지 계속 달려왔다 Il a couru d'une traite [sans s'arrêter] de la station de métro jusqu'à chez lui. ¶ 여기서~ 거리가 기껏해야 10킬로미터 밖에 안 된다 D'ici il y a à peine dix kilomètres. ¶ 곳곳으로~ de partout. ¶ 이 길은 서울에서~ 시작된다 Cette route commence par Séoul. ¶ 건물 옥상에서~ 밧줄이 길게 늘어져 있다 La corde pend longuement du toit de l'immeuble. ③ ((순서)) dès; de; ((commencer)) par; ((...부터 ...까지)) de ... à ..., de ... jusqu'à ... ¶ 처음~ dès le début. ¶ 이 일은 처음~ 잘못되었다 Dès le début, il y avait quelque chose qui n'allait pas. ¶ 처음~ 일을 다시 시작해야 한다 Il faut recommencer depuis le début. ¶ 처음~ 끝까지 du début à la fin [jusqu'au bout]. ¶ 당신~ 해요 On commence par toi [vous]. ¶ 그것~ 읽어보세요 Essayez de lire ça d'abord. ¶ 배가 고물~ 가라앉기 시작한다 Le navire commence à sombrer[chavirer] par la poupe. ¶ 시행 첫해~ 문제점이 노출되어 있다 Des problèmes se posent dès la première année d'exécution. ¶ 돈~ 내놓으라고 했다 Il a commencé par me demander de l'argent. ¶ 그 사람은 화~ 냈다 Il commença à se mettre en colère. ¶ 결혼식 날~ 늦다니! En retard déjà le jour du mariage.

부통령 副統領 명 vice-président(*e*). de la République. ¶ 대통령의 유고로 ~이 권한을 대행한다 Le vice-président assure l'intérim du pouvoir.

부패 腐敗 명 ① pourriture *f*, pourrissement *m*; décomposition *f*; altération *f.* ¶ 음식물의 ~ altération [corruption] des aliments. ¶ 이 식품은 ~가 빠르다 Cet aliment s'altère rapidement [s'abîme rapidement, facilement]. ② 타락하다 corruption *f*; dépravation *f*. ¶ 공직 사회의 ~를 척결하다 résoudre le problème de la corruption dans la fonction publique; éliminer la corruption dans la fonction publique. ¶ 그 나라는 정치적인 ~가 심하다 Ce pays a un grave problème de corruption politique / La corruption politique est excessive dans ce pays. ◇_(를) **하다**[(가) **되다**] ① pourrir; s'altérer; s'abîmer, se gâter, se détériorer; se putréfier. ¶ 여름철에는 음식물이 쉽게 ~한다 En été, les aliments s'abîment facilement. ② 타락하다 se corrompre. ¶ 절대 권력은 ~하기 마련이다 Un pouvoir absolu conduit toujours à une certaine corruption. ¶ ~한 공무원 fonctionnaire corrompu. ◇_(가) **되다** ① pourrir; s'altérer; s'abîmer, se gâter, se détériorer; se putréfier. ¶ ~된 생선을 먹고 배탈이 나다 avoir mal au ventre [avoir des coliques intestinales, avoir des crampes intestinales, avoir des douleurs abdominales] après avoir mangé du poisson pourri. ② 타락하다 se corrompre. ¶ 물질문명에 ~된 정신 un esprit corrompu par la civilisation matérialiste. ◇_(를) **시키다** ① pourrir; altérer ((les denrées périssables)); ((la chaleur)) putréfier ((la viande)). ② 타락시키다 corrompre. ¶ 이기심과 탐욕은 사회를 ~시킨다 L'égoïsme et l'avidité corrompent la société.

◆_**상** -相 명 état *m* de corruption. ¶ 공무원 사회의 ~상 état de corruption du milieu des fonctionnaires.

부페 명{buffet}명 ☞ 뷔페

부평초 浮萍草 명 ① 【식물】 lentille *f* d'eau; lenticule *f*, lemnacées *fpl*. ② 떠돌아다니는 신세 sort *m* précaire, sort incertain [vie *f* précaire, instable, éphémère]. ¶ ~ 신세[인생] sort précaire, sort incertain [vie précaire, instable, éphémère].

부표[1] 浮漂 명 bouée *f*, flotteur *m*; balise *f* flottante. ¶ ~를 설치하다[띄우다] mouiller une bouée.

부표[2] 否票 명 vote *f* défavorable. ¶ 안건에 ~를 던지다 voter contre un projet [une proposition].

부풀 명 ((faire des)) peluches *fpl*. ¶ ~이 일다[생기다] faire des peluches, pelucher, plucher, boulocher.

부풀다 자 ① ((종이나 살 거죽이)) enfler, boursoufler, dilater, se gonfler, bouffir. ¶ 눈두덩이 부풀었다 avoir les paupières enflées [les yeux gonflés]; 【의학】 avoir un oedème des paupières [de la région orbitaire]. ¶ 살갗이 부풀었다 avoir la peau enflée [une enflure de la peau]; 【의학】 avoir un oedème. ¶ 물집이 부풀어 올랐다 avoir des ampoules [des cloques, 【의학】 des phlyctènes]. ② ((부피가)) gonfler, enfler. ¶ 바람에 부푼 돛 une voile soufflée par le vent. ¶ 잘 부푼 빵 un pain bien levé. ¶ 봉투를 부풀게 하다 gonfler l'enveloppe, exagérer le montant. ③ ((비유적)) enfler, s'accroître; faire boule de neige. ¶ 소문[말]이 눈덩이처럼 부풀었다 La rumeur a fait boule de neige. ¶ 의혹이 부풀어 올랐다 Les doutes se sont accrus. ④ ((꿈, 희망에)) remplir, déborder, être plein(*e*) d'espoir. ¶ 희망[기대]에 ~ caresser un rêve [espoir]; fonder de grandes espérances. ¶ 부푼 꿈 un grand rêve; un grand espoir.

부풀리다 타 ① augmenter de volume; gonfler, remplir, enfler; bomber; dilater. ¶ 풍선[빵]을 ~ gonfler un ballon (de baudruche) [faire lever un pain]. ② ((감정 등을)) exagérer; grossir l'importance de *qc*, donner [accorder] trop d'importance à *qc*; se faire un monde de *qc* {*fam*}, se faire une montagne de *qc* {*fam*}, dramatiser. ¶ 기대[희망]를 ~ exagérer un espoir, accorder trop d'importance à un espoir, augmenter les chances d'espérer. ¶ 상상력을 한껏 ~ développer *son* pouvoir imaginatif. ¶ 아무것도 아닌 일을 지나치게 ~ donner [accorder] trop d'importance à un détail, grossir démesurément l'importance d'un fait sans importance [insignifiant], exagérer l'importance d'un fait, grossir une affaire sans importance, faire d'un incident sans portée un événement considérable; faire tout un drame d'une histoire sans importance; (*se*) faire toute une montagne de *qc* {*fam*}, dramatiser une histoire sans importance. ③ 과장하다 exagérer, gonfler, amplifier, grossir, broder sur *qc* {*fam*}, en rajouter; embellir. ¶ 이야기[말, 소문]를 ~ amplifier [grossir, donner trop d'importance à, broder sur {*fam*}; ((좋게)) embellir] une histoire [un propos, une rumeur]. ¶ 실적을 ~ exagérer le résultat; étoffer le résultat.

부품 部品 명 pièce *f* détachée, accessoire *m* d'une machine [d'un appareil]. ¶ ~ 공장 usine d'accessoires. ¶ ~의 결함 défectuosité [malfaçon] d'(un) accessoire(s). ¶ 자동차 ~ 생산 공장 usine produisant des accessoires de voiture. ¶ ~을 새것으로 교체하다 remplacer un accessoire par un nouveau.

부피 명 volume *m*; taille *f*; dimension *f*; grosseur *f*. ¶ ~가 크다[작다] être [ne pas être] volumineux(*se*) [encombrant(*e*)]; prendre de la place, prendre beaucoup de place [ne pas prendre de place]. ¶ ~를 재다[측정하다] mesurer le volume [cubage] d'un corps [d'une pièce]. ¶ ~가 늘다[팽창하다, 줄다] augmenter [diminuer] de volume; croître [décroître] en volume. ¶ ~가 많이 나가다 être volumineux(*se*) [encombrant(*e*)].

부하[1] 負荷 명 【물리】 charge *f*, fardeau *m*; poids *m*. ¶ ~를 받다 porter des poids [un fardeau] sur son dos, porter un fardeau ((sur les épaules)); être en charge de *qc*; prendre en charge *qc*; se charger de ((bagages)); être encombré(*e*) de *qc*; prendre à charge; assumer; prendre sur soi; contracter ((une obligation envers *qn*)). ¶ ~가 많이 걸리다 être pressé(*e*) par un énorme poids. ¶ ~가 크다 peser sur *qc*/*qn*.

부하[2] 部下 명 subalterne, inférieur *m*, subordonné(*e*). ¶ ~ 직원 un employé subalterne.

부하다 富- 형 ① être riche, opulent(*e*), fortuné(*e*),

aisé(*e*), friqué(*e*) {*fam*}. ¶ 부한 사람 un personne riche [fortunée, aisée, friquée {*fam*}], un riche. ¶ 나라를 부하게 하다 enrichir un pays. ② 뚱뚱하다 être gros(*se*), gras(*se*), repl*et*(*ète*), être bien en chair, ((배가)) être ventru(*e*), avoir du ventre [du bide {*fam*}, de la brioche {*fam*}], être bedonnant(*e*), ventripotent(*e*). ¶ 그 남자는 몸이 부한 편이다 (On peut dire qu') il est plutôt fort [bien en chair].

부학장 副學長 명 vice-doyen *m* d'une faculté.

부합 符合 명 concordance *f*, coïncidence *f*; correspondance *f*. ◇_(을) **하다** coïncider avec *qc*/*qn*; concorder avec *qc*; correspondre à *qc*; être conforme à *qc*. ¶ 이번 조치는 정부의 개혁 정책에 ~하지 않는다 La récente mesure prise par le gouvernement ne correspond pas à sa politique de réforme. ¶ 그 사람의 주장은 사실과 ~하지 않는다 Ce qu'il dit ne correspond pas à la vérité. ¶ 두 사람의 이익이 서로 ~하였다 Leurs intérêts coïncidaient les uns avec les autres. ◇_(을) **되다** coïncider avec *qc*/*qn*; concorder avec *qc*; correspondre à *qc*; être conforme à *qc*. ¶ 자유와 평등의 이념에 ~되는 정치 politique conforme aux idéaux de liberté et d'égalité.

부형 父兄 명 parents *mpl* (d'élèves).

◆**학**_ 學 명 parents *mpl* d'élèves.

부호[1] 符號 명 signe *m*, marque *f*; symbole *m*; code *m*. ¶문장 ~ ponctuation ¶ ~ 일람 liste des signes. ¶~를 집어넣다[빼다] ajouter [supprimer] des signes. ¶ 책에는 복잡한 ~들이 쓰여 있었다 Il y avait des signes [symboles] compliqués dans ce livre. ¶ 되도록이면 ~는 적게 사용하는 것이 좋겠다 Il vaudrait mieux utiliser le moins de signes possible.

부호[2] 富豪 명 riche *mf*; millionnaire *mf*; milliardaire *mf*. ¶ 그 사람은 이 지방의 대표적인 ~이다 C'est l'un des hommes les plus riches de la région.

부화 孵化 명 éclosion *f* ((d'une couvée)); incubation *f*. ¶ 인공 ~ incubation artificielle; accouvage. ¶ 알 속에서 새 생명이 ~를 시작하였다 Une nouvelle vie sortait de l'œuf. ◇_(를) **하다** éclore; sortir de l'œuf. ¶ 알이 ~하였다 Les œufs ont éclos / L'œuf est éclos. ¶ 병아리는 ~하는 데 3주 정도 걸린다 Les poussins mettent environ trois semaines à sortir de l'œuf. ◇_(가) **되다** éclore; être éclos(*e*). ¶ 열흘 만에 알이 ~되었다 L'œuf a éclos en 10 jours. ◇_(를) **시키다** couver; faire éclore ((des œufs)). ¶ 계란을 인공적으로 ~시키다 faire artificiellement éclore des oeufs.

부화뇌동 附和雷同 명 esprit grégaire. ◇_(을) **하다** opiner du bonnet, bonneter; hurler avec les loups.

부활 復活 명 ① résurrection *f*. ¶ 예수의 ~ la résurrection du Christ. ¶ 생명의 ~ la résurrection du corps. ② 사라져 가는 것의 재생 restauration *f*, renaissance *f*, régénération *f*, réhabilitation *f*. ¶ 교복[제도] ~ restauration du port de l'uniforme ((à l'école)) [restauration d'un système]. ¶ 국악[전통]의 ~ réhabilitation de la musique traditionnelle coréenne [de la tradition]. ◇_(을) **하다** réhabiliter, restaurer, régénérer, réparer, faire renaître. ¶ 부통령제를 ~하다 restaurer le système de vice-présidence. ¶ 전통예술이 ~한다 L'art traditionnel renaît. ◇_(이) **되다** être réhabilité(*e*), restauré(*e*). ¶ ~된 지방자치제 le système de l'autonomie régionale restauré. ◇_(을) **시키다** réhabiliter, restaurer, régénérer, réparer, faire renaître ¶ 교복을 ~시키다 restaurer l'uniforme ((à l'école)).

◆_**절** -節 명 【기독】 (fête *f* de) Pâques *fpl*.

◆**패자**_**전** 敗者-戰 【운동】 épreuve *f* de repêchage. ¶ 패자~전에 나가다 se présenter [participer] aux épreuves de repêchage.

부황 浮黃 명 jaunisse *f* et enflure *f* du corps (causées par un jeûne répété). ¶ ~이 들다[빠지다] avoir le corps enflé et le teint blafard [retrouver une bonne mine, reprendre des couleurs; se remettre]. ¶ 오랜 기근으로 아이들이 온통 ~이 들었다 Les enfants ont des mines blafardes, ils sont tout gonflés à cause d'une longue famine.

부회 附會 명 analogie *f* exagérée, interprétation *f* tirée par les cheveux {*fam*} [amenée de bien loin]; déformation *f*, altération *f*. ¶ 그 사람의 글에는 ~가 많다 Il y a trop de raisonnements tirés par les cheveux dans ses écrits {*fam*}. ◇_(를) **하다** aller trop loin dans l'interprétation [tirée par les cheveux {*fam*}]; faire des raisonnements tirés par les cheveux {*fam*}; déformer, altérer, fausser, dénaturer. ¶ 억지로 ~하지 말아라 N'exagère pas le raisonnement.

◆**견강**_ 牽强 명 analogie *f* exagérée ; argument *m* exagéré; interprétation *f* exagérée; raisonnement *m* tiré par les cheveux {*fam*}. ¶ 당신 말은 견강~에 지나지 않아요 Votre raisonnement est forcé [tiré par les cheveux {*fam*}]. ¶ 견강~하다 donner une interprétation exagérée [tirée par les cheveux {*fam*}]; déformer [altérer, fausser, dénaturer] *qc* dans son sens.

부회장 副會長 명 vice-président(*e*) d'une association. [d'une société savante, d'une entreprise]. ¶ ~이 회장을 대리한다 Le vice-président remplace le président.

부흥 復興 명 reconstruction *f*, réfection *f*; reconstitution *f* ((d'une société)); restauration *f*; renaissance *f*, renouvellement *m*, reprise *f*, relèvement *m*; renouveau *m*; remise *f* en vigueur. ¶ 경제 ~ renouveau de l'économie. ¶ 문예 ~ la Renaissance. ◇_(을) **하다** reconstruire, rebâtir, refaire; reconstituer; restaurer; reprendre; refleurir; réanimer, faire revivre, renouveler ((un usage)); remettre en vogue ((une mode)). ¶ 그 시대에는 문화와 예술이 ~하였다 Cette époque vit refleurir les lettres et les arts. ¶ 나라가 ~하려면 젊은이들이 건전해야 한다 La reconstruction d'un

ㅂ

pays suppose la santé de sa jeunesse, tant physique que mentale. ¶ 경제가 ~해야만이 우리가 산다 Seule la réanimation [la reprise, le renouveau] de l'économie pourra nous sauver. ◇_(을) **시키다** reconstruire; reconstituer; restaurer; revivifier, réanimer; faire refleurir ((les arts)); faire reprendre. ¶ 낙후한 지역 경제를 ~시키다 réanimer une économie régionale traînante [attardée, en perte de vitesse]. ¶ 농어촌을 ~시키다 revivifier les régions agricoles et maritimes.

◆**_기** -期 명 période *f* de reprise. ¶ 문예 ~기의 유럽 Europe de la Renaissance.

◆**_회** -會 명 【기독】 réunion *f* pour la réanimation de la foi. ¶ 심령 ~회를 열다 faire une réunion pour réanimer la foi.

북¹ 명 navette *f* ((de tisserand)). ¶ 베틀의 ~ navette du métier à tisser.

북² 명 【음악】 ① tambour *m*; caisse *f*. ② *buk m* <tambour tonneau à deux faces, dit tambour de baril>. ¶ ~을 치다 battre du [le] tambour, frapper sur un tambour, jouer du tambour; tambouriner ((une marche)). ¶ 둥둥 ~을 울리다 faire sonner le tambour. ¶ ~ 소리가 숲 속으로 퍼져 나갔다 Le son du tambour s'est répandu vers la forêt.

◆**_채** 명 baguettes *fpl* de tambour; mailloche *f*.

◆**_춤** 명 danse *f* des tambours.

◆**작은_** 명 caisse *f* claire [plate].

◆**큰_** 명 grosse caisse *f*.

북³ 北 명 nord *f*. ¶ ~으로 가다 aller vers le nord. ¶ ~으로 진로를 돌리다 changer de route pour aller vers le nord. ¶ ~으로 넘어가다 passer au Nord ((de Corée du Sud en Corée du Nord)).

◆**_녘** 명 côté *m* nord. ¶ 두고온 ~녘 땅 la terre (natale) au Nord que j'ai dû laisser derrière moi, ce Nord qu'il a fallu quitter ((pour rejoindre le Sud pendant la guerre)).

북⁴ 명 【농업】 binage *m*, hersage *m*, labour *m*, ameublissement *m*. ¶ 밭에 ~을 주다 biner [ameublir] un champ.

북괴 北傀 명 ((‘북한괴뢰’의 준말)) régime *m* de la Corée du Nord.

북구 北歐 명 Europe *f* septentrionale. ☞ 북유럽

북국 명 pays *m* du nord [nordique]; nord *m*.

북극 北極 명 pôle *m* nord [arctique]. ¶ ~ 탐험 expédition pôle nord. ¶ ~을 개발하다 exploiter le pôle nord.

◆**_곰** 명 ours *m* blanc [polaire].

◆**_광** -光 명 aurore *f* boréale.

◆**_권** -圈 명 cercle *m* arctique [polaire], le grand Nord *m*.

◆**_성** -星 명 étoile *f* polaire, Polaire *f*.

◆**_점** -點 명 pôle *m* nord.

◆**_해** -海 명 océan *m* arctique, mer *f* polaire arctique.

북단 北端 명 extrémité *f* septentrionale, confins *mpl* septentrionaux. ¶ 한반도의 ~에 위치하다 être situé aux confins septentrionaux de la péninsule coréenne.

북대서양 北大西洋 명 Atlantique *m* nord, océan *m* Atlantique nord.

◆**_조약기구** -條約機構 명 l'Organisation *f* du Traité de l'Atlantique Nord, ((약)) l'O.T.A.N.

북데기 명 couche *f* d'humus [de paille].

북도 명 département *m* [province *f*, région *f*] du nord.

북돋다 타 encourager, renforcer, stimuler, soutenir, inciter, exhorter, pousser. ¶ 누구의 용기[의지, 희망]를 ~ remonter le moral [soutenir la volonté, renforcer l'espoir] de *qn*.

북돋우다 타 encourager, renforcer, relever, rehausser, stimuler, soutenir, inciter, exhorter. ¶ 누구의 사기[희망, 용기, 의지]를 ~ rehausser [relever, remonter] le moral de *qn*, remonter *qn*, réconforter *qn* [soutenir la volonté, renforcer l'espoir]. ¶ 애국심을 ~ encourager le patriotisme. ¶ 누구의 기력을 ~ augmenter l'énergie (vitale) de *qn*, fortifier *qn*.

북동 北東 어근 nord-est *m*.

◆**_부** -部 région *f*. [zone *f*.] nord-est.

◆**_쪽** 명 le nord-est *m*.

◆**_풍** -風 명 vent *m* du nord-est; ((해양)) nordet *m*.

북두칠성 北斗七星 명 ((천문)) le Grand Chariot *m*, la Grande Ourse *f*.

북망산 명 ☞ 북망산천

북망산천 北邙山川 명 mont *m* Bukmang [((중국)) Beimang], l'Au-delà *m* <colline située au nord de Luoyang, ancienne capitale chinoise; lieu où les mortels doivent se rendre au terme de leur séjour terrestre>.

*~**(을) 가다** partir pour l'au-delà, mourir, décéder. ¶ ~을 어이 갈꼬 [어찌 갈꼬, 어이 가리] Dire qu'on est destiné à partir pour l'au-delà!

북면 北面 명 ① la face *f* nord [septentrionale]. ¶ 건물의 ~ le nord [l'aile nord] du bâtiment. ② 【행정】 communes *fpl* situées au nord d'une préfecture. ③ 제자가 됨 commencer à suivre l'enseignement d'un maître. ④ 임금을 섬김 servir le roi en tant que sujet. ◇_(을) **하다** servir le roi en tant que sujet, servir un roi.

북문 北門 명 la porte *f* du Nord.

북미 北美 명 ☞ 북아메리카

북반구 北半球 명 【지리】 hémisphère *m* boréal [nord].

북받치다 자 jaillir, rejaillir; ((감정이)) envahir *qn*, inonder *qn*, gagner *qn*; avoir un accès de ((colère)), être en proie à ((une émotion forte)), être pris(*e*) ((d'un accès de colère)). ¶ 감정이 ~ avoir du mal à contrôler [à contenir, à réprimer, à refréner, à réfréner] une émotion. ¶ 그 여자는 눈물이 북받쳐 올랐다 Elle éclata en sanglots [Les larmes jaillirent de ses yeux / Les larmes lui montèrent aux yeux]. ¶ 그 사람은 기쁨[짜증, 서러움, 홰이 북받쳐 올랐다

Une joie soudaine l'a envahi(*e*) [Une mauvaise humeur l'a subitement gagné(*e*), Une tristesse soudaine l'a envahi(*e*) / Une tristesse soudaine l'envahit / Il(Elle) s'est soudainement senti(e) envahi(e) par la tristesse / Il(Elle) sentit une tristesse soudaine l'envahir / La colère l'a soudainement envahi(*e*) / Il[Elle] a eu un accès de colère].

북방 北方 명 nord *m*, région *f* du nord, zone *f* septentrionale. ¶ ~ 민족 peuple [nation] du nord. ¶~ 정책 politique d'expansion vers le nord (de la péninsule coréenne).

◆**_계** -界 명 ce qui est originaire des régions du Nord [septentrionales]. ¶ 이 풍습은 ~계에서 유래한 것이다 Cette coutume vient (des régions) du Nord.

북벌 北伐 명 conquête *f* du nord, expédition *f* au nord. ¶~ 정책 une politique d'expédition vers le nord. ◇_(을) **하다** faire la conquête des pays du nord; soumettre des pays du nord.

북변 北邊 명 frontières *fpl* du nord, régions *fpl* septentrionales. ¶~의 오랑캐[여진족] les sauvages du nord de la Mandchourie [la tribu Yeojin, dite Nuchen, la tribu toungouse des Nuchen].

북부 北部 명 nord *m*, septentrion *m* {*litt*}, côté *m* du nord, partie *f* septentrionale. ¶~ 지역 région [zone] septentrionale. ¶ 도시 ~를 새로 개발하다 aménager le nord de la ville.

북북동 北北東 명 le nord-nord-est *m*.

북북서 北北西 명 le nord-nord-ouest *m*. ¶~로 기수를 돌려라 ((배, 비행기)) Mets le cap sur le nord-nord-ouest / Change de cap au nord-nord-ouest.

북상 北上 명 marche *f* [route *f*, remontée *f*] vers le nord. ¶ 태풍의 ~이 예상된다 La météo prévoit une remontée du typhon vers le nord. ◇_(을) **하다** se diriger [aller, marcher, monter] vers le nord, faire le nord; ((배, 비행기)) mettre le cap sur le nord. ¶ 꽃소식이 하루하루 ~하고 있다 La nouvelle floraison gagne chaque jour un peu plus au nord. ¶ 적군이 ~하고 있다 L'armée ennemie se dirige vers le nord.

북새 명 ((행동)) agitation *f*, remue-ménage *m inv*, branle-bas *m inv*, tumulte *m*; bruit *m*, vacarme *m*, tintamarre *m*, charivari *m*, chahut *m*, tapage *m*, boucan *m* {*fam*}, barouf *m* {*fam*}; affairement *m*, chambardement *m* {*fam*}; ((정신적)) confusion *f*, trouble *m*. ◇_(를) **떨다[놓다]** mettre [jeter] la confusion dans, faire du vacarme [du chambard {*fam*}, du chahut, du raffut {*fam*}, du bordel {*vulg*}, du boxon {*vulg*}, du ramdam {*fam*}, du bousin {*fam*}, du potin {*fam*}, un potin du diable {*fam*}], faire un boucan de tous les diables {*fam*}, faire du remue-ménage. ¶ 비좁은 집안에서 많은 사람들이 ~를 떨고 있었다 Des gens faisaient un grand remue-ménage [vacarme] dans une maison minuscule.

◆**_통** 명 grouillement *m*; tohu-bohu *m*, brouhaha *m*, bruit *m* confus, boxon *m* {*vulg*}; remue-ménage *m inv*, désordre *m*, cohue *f*, pagaille *f*, bousculade *f*, branle-bas *m inv* ((général, des élections)), bouleversement *m*, chambardement *m* {*fam*}, confusion *f*. ¶ 이 ~통에 무슨 책을 읽겠어요 Comment pourrait-on faire la lecture dans ce remue-ménage? ¶ 백화점은 사람들로 ~통을 이루고 있었다 Il y avait un énorme tohu-bohu dans le grand-magasin.

북서 北西 어근 nord-ouest *m*.

◆**_부** -部 명 partie *f* nord-ouest, le nord-ouest *m*.

◆**_쪽** 명 le nord-ouest *m*.

◆**_풍** -風 명 vent *m* du nord-ouest.

북소리 명 son *m* du tambour. ¶~에 발을 맞추다 marcher au son du tambour. ¶~가 난다[울린다] Le tambour résonne.

북송 北送 명 envoi *m* en Corée du Nord. ◇_(을) **하다[시키다]** envoyer en Corée du Nord [expédier en Corée du Nord]. ◇_(이) **되다** être envoyé(*e*) en Corée du Nord; être(*e*) déporté au Nord.

◆**_선** -船 명 ferry *m* assurant la liaison entre le Japon et la Corée du Nord.

북아메리카 北- 영{-America} 명 Amérique *f* du Nord.

북아프리카 北- 영{-Africa} 명 【지리】 Afrique *f* du Nord.

북안 北岸 명 ((바다, 호수)) côte *f* [rivage *m*] nord, ((강)) rive *f* nord.

북양 北洋 명 mer *f* du nord [septentrionale].

북어 北魚 명 【어류】 merlan *m* séché; lieu(*s*) *m* jaune séché; merluche *f*.

◆**_구이** 명 grillade *f* de merlan séché.

◆**_국** 명 soupe *f* au merlan séché.

◆**_찜** 명 merlan *m* séché cuit à l'étouffée.

◆**_포** -脯 명 filet *m* de merlan séché; merluche *f*.

◆**통_** 명 merlan *f* séché entier.

북위 北緯 명 latitude *f* nord. ¶~ 38도 동경 132도 38° de latitude nord et 132° de longitude est.

북유럽 北- 영{-Europe} 명 【지리】 Europe *f* du Nord [septentrionale].

북적 北狄 명 foule *f* nombreuse [fourmillante], affluence *f*, un monde *m* fou {*fam*}.

북적거리다 자 grouiller (de monde), fourmiller, être grouillant(*e*) [fourmillant(*e*)], pulluler, foisonner, abonder; connaître une grande affluence. ¶ 거리가 사람들로 북적거린다 Les rues grouillent de monde / Il y a un monde fou dans les rues {*fam*}.

북적대다 자 ☞ 북적거리다

북진 北進 명 avancée *f* [marche *f*] vers le nord. ¶~ 정책 la politique de conquête du nord. ¶~ 통일 la conquête de la Corée du nord par l'armée sud-coréenne; la réunification forcée de la Corée par la Corée du sud. ◇_(을) **하다** avancer [marcher] vers le nord; ((해양)) faire le nord, mettre le cap sur le nord.

북쪽 北- 명 nord *m*; côté *m* (du) nord; septentrion

ㅂ

m {*litt*}, aquilon *m* {*litt*}. ¶ ~ 하늘을 바라보다 regarder le ciel septentrional. ¶ ~으로 가다 aller [avancer] vers le nord. ¶ ~으로 진로[방향]를 돌리다 ((배, 항공)) mettre le cap sur le nord, mettre le cap plein nord, prendre la direction (du) nord, obliquer [s'orienter, remonter, bifurquer] vers le nord.

북촌 北村 명 ((서울의)) quartier *m* au nord (de Séoul); ((북쪽 동네)) village *m* au nord.

북측 北側 명 ① ((au)) nord *m*, côté *m* nord. ¶ 홀의 ~에 놓인 그림 la peinture exposée au nord du hall. ② 북한 측 le Nord *m* ((le régime de la Corée du Nord)). ¶ ~ 대표 les représentants *mpl* politiques (de la Corée) du Nord. ¶ ~ 인사 les personnalités *fpl* politiques (de la Corée) du Nord.

북편 北便 명 transport *m* vers le Nord.

북풍 北風 명 vent *f* du nord, bise *f*, aquilon *m* {*litt*}. ¶ 오늘 아침에 차가운 ~이 분다 Ce matin souffle une bise glaciale. ¶ 겨울에는 ~이 매섭다 En hiver, le vent du nord est glacial [mordant].

북한 北韓 명 Corée *f* du Nord, République *f* populaire démocratique de Corée (R.P.D.C.).

ㅂ

북한산 北漢山 명 le mont *m* Bukhan.

북한산성 北漢山城 명 la forteresse *f* du mont Bukhan.

북해 北海 명 la mer *f* du nord [septentrionale]; l'océan *m* Arctique.

◆**_어장** -漁場 명 pêcherie *f* [zone *f* de pêche] de l'océan Arctique.

북향 北向 명 exposition *f* [orientation *f*] au nord. ¶ 이 집은 ~이라 춥다 Il fait froid dans cette maison parce qu'elle est exposée au nord.

◆**_집** 명 maison *f* exposée [orientée] au nord. ☞ 남향

북회귀선 北回歸線 명 【지리】 Tropique *m* du Cancer.

분[1] 의명 ((nom dépendant indiquant la personne, honorifique. Il s'emploie après les démonstratifs 이, 그, 저 ; après les suffixes flexionnels déterminatifs –ㄴ/-은/-는, -ㄹ/-을, -던, et après les déterminatifs interrogatifs 어느, 어떤)) personne *f*; ce monsieur, cette dame, cette demoiselle. ¶ 이 ~이 우리 선생님이시다 C'est notre professeur / Voici notre professeur. ¶ 그[저] 분은 누구시냐? Qui est ce monsieur / Qui est ce monsieur là-bas? ¶ 함께 오신 ~은 어디 가셨니? Où est passé le monsieur avec qui tu es venu(*e*)? ¶ 여러~ mesdames, mesdemoiselles, messieurs. ¶어느 ~ *laquelle (lequel) des personnes./quelle* personne. ¶어떤 ~ quel genre de personne. ¶키가 큰 ~ la personne dont la taille est grande.

분류 personne *f* ((classificateur ou spécificatif, honorifique, servant à compter les personnes)). ¶ 몇 ~이나 오셨지? Combien de personnes sont venues? ¶ 세[여러]~이 아직 방에 남아 있다 Trois [Plusieurs] personnes restent [sont] encore dans la pièce. ¶참석자 열다섯 ~에게만 좌석이 배정되었습니다. On a attribué une chaise [un siège] à 15 participants seulement. ¶열두 ~의 참석자 12 participants.

분[2] **分** 의명 ① ((unité de mesure du temps)) minute *f*. ¶ 한 시 5 ~이다 Il est une heure cinq. ¶ 두 시 10 ~ 전이다 Il est deux heures moins dix. ¶ 세 시 15 ~ 전이다 Il est trois heures moins le quart. ¶ 일곱 시 30 ~이다 Il est sept heures trente [et demie]. ¶ 열두시 30 ~이다 Il est douze heures trente / Il est midi et demi. ¶ 30 ~ 정도 기다리다[걸리다] attendre [prendre, mettre] environ une demi-heure. ¶ 10 ~ 안에 내려와라 Tu as [Je te donne] dix minutes pour descendre / Sois en bas dans dix minutes au plus tard. ¶ 30 ~ 뒤에 다시 전화할게 Je te rappellerai dans une demi-heure. ② ((각도, 위도)) minute *f*. ¶ 위도 38도 5~ 38° degrés 5 minutes de latitude.

분[3] **粉** 명 poudre *f*, fard *m*. ¶ ~을 바르다 se mettre de la poudre, se poudrer.

◆**_가루** 명 poudre *f*, pulvérulence *f*.

◆**_갑** -匣 명 boîte *f* [houppe *f*] à poudre [poudrer], poudrier *m*.

◆**_꽃** 명 belle-de-nuit (~*s*-~-~) *f*, mirabilis *m*.

◆**_칠** -漆 명 fard *m*; ((구어, 경멸)) plâtre *m*. ¶ 얼굴에 두껍게 ~칠을 하다 se farder [se maquiller] de manière outrageuse [outrageusement], se tartiner {*fam*} de fond de teint, se tartiner {*fam*} les joues [le visage] avec du fond de teint. ¶ 잔뜩 ~칠한 글 un texte trop travaillé; des phrases trop travaillées.

분[4] **忿** 명 colère *f*; indignation *f*, emportement *m*, rage *f*, fureur *f*, rogne *f* {*fam*}. ¶ ~을 참다[삭이다, 가라앉히다] rentrer [retenir] *sa* colère, refréner *sa* colère. ¶ ~을 이기지 못하다 se laisser emporter par la colère, perdre le contrôle de *soi* (sous le coup de la colère). ¶ ~을 풀다[터뜨리다] exciter la colère, provoquer l'indignation [laisser exploser [éclater] *sa* colère, exploser {*fam*} (de rage)]. ¶ ~이 풀리다[가라앉다] calmer [apaiser, radoucir] *sa* colère.

◆**_풀이** 명 déchargement *m* de colère. ¶ 누구[무엇]에게 ~풀이(를) 하다 déverser [épancher, décharger] *sa* colère [*sa* bile {*fam*}] sur *qn*/*qc*; donner libre cours à *sa* colère; passer *sa* colère sur *qn*/*qc*.

분[5] **分** 명 ((능력)) capacité *f*; ((분수)) moyens *mpl*, condition *f*; ((신분)) état *m*, condition *f*, position *f*. ¶ ~에 넘치다 outrepasser [dépasser] *ses* capacités [*ses* moyens], aller au(-)delà de *sa* condition, aller au-delà de ce que l'on peut se permettre. ¶ ~에 넘치게 살다 vivre au-dessus de *ses* moyens. ¶ ~에 넘친 호화 생활을 하다 vivre dans un luxe qu'on ne peut se permettre, nager dans une opulence au-delà de *ses* moyens.

-분[6] **分** 접미 ① ((몫, 분량 classificateur)) part *f*, partie *f*, portion *f*. ¶ 식사 2인~ deux (portions de) repas, un repas pour deux (personnes). ¶ 3일~ 식량 trois jours de vivres, provisions pour trois jours. ¶ 추가~ une part supplémentaire, un supplément. ② 【수학】 part *f*, partie *f*, portion *f*, divisé par. ¶ 전체 액수의 3~의 1 un tiers du montant total. ¶ 2~의 1 [3~의 1, 4~의 1, 5~의 1, 10~의 7, 12~의 5, 4와 4~의 3, 327~의 14] un demi, la moitié, un divisé par deux [un tiers, un quart, un cinquième, sept dixièmes, cinq douzièmes, quatre et trois quarts, quatorze sur trois cent vingt-sept].

분가 分家 명 établissement *m* d'une famille ((par un fils ou une fille ou encore un autre membre de la famille qui quitte le foyer parental [familial])); branche *f* d'une famille. ¶ 아들의 ~를 허락하다 permettre à *son* fils de fonder [d'établir] sa famille. ◇_(를) **하다** fonder [établir] une famille [un foyer]; quitter le foyer parental [familial]. ¶ 그는 직장 일에 전념하기 위해 ~할 계획이다 Il a le projet de quitter la maison familiale pour se consacrer à son travail. ¶ 그는 결혼 뒤에 (부모님과) ~해서 살고 있다 Après son mariage, il a quitté le foyer parental. ◇_(를) **시키다** autoriser [pousser] *ses* enfants à s'installer hors du foyer parental. ¶ 결혼한 자식을 ~시키다 autoriser les enfants mariés à vivre à part.

분간 分揀 명 distinction *f*, discernement *m*. ◇_(을) **하다** distinguer, faire la différence [distinction] ((entre deux choses)), discerner *qc* de *qc*. ¶ 참과 거짓을 ~하다 discerner le vrai du faux. ¶ 어찌나 어두운지 한치 앞도 ~하기 어려웠다 Il faisait tellement sombre qu'il n'était même pas possible de voir à deux pas devant soi. ¶ 그의 말은 진심인지 거짓인지 도무지 ~할 수 없다 Il est impossible de savoir s'il dit la vérité ou non. ◇_(이) **되다** se distinguer de, se différencier de; se discerner, être distinguable [discernable]. ¶ 용기와 만용은 ~되어야 한다 Le courage est une chose, la témérité en est une autre / Il faut différencier le courage et la témérité. ¶ 동이 트고 나서야 사물들이 ~이 되었다 Ce n'est qu'à l'aube qu'on a pu [qu'il a été possible de] distinguer les objets. ¶ 온통 눈에 덮여서 도대체 어디가 길인지 ~이 되지 않는다 La route étant toute recouverte de neige, on avait du mal à la distinguer [savoir où était la route]. ¶ 누가 주인이고 누가 손님인지 ~이 되지 않는다 Les rôles sont inversés. ◇_**이 가다[서다]** savoir distinguer. ¶ 그의 태도를 어떻게 해석해야 할지 ~이 가지 않는다 Je ne sais pas comment interpréter son comportement.

***천지를 ~하지 못하다** ne rien savoir, être ignorant(*e*), ignare; être stupide, bête comme *ses* pieds.

분개 憤慨 명 indignation *f*, colère *f*. ◇_(를) **하다** se mettre en colère, s'indigner (de *qc*/que+*subj*), s'irriter, s'emporter. ¶ 그 소식에 모두들 ~했다 Tout le monde s'est indigné [s'indignait] de cette nouvelle. ¶ 그가 달아난 것에 모두들 ~했다 Tous s'indignaient qu'il se soit échappé. ¶ 내가 은혜를 원수로 갚는다고 그는 ~하고 있다 Il s'indigne que je rende le mal pour le bien.

분계선 分界線 명 frontière *f* ((entre deux états)); démarcation *f* ((entre deux régions)); limites *fpl* [bornes *fpl*] ((entre deux catégories)), ligne *f* de séparation ((entre deux catégories)). ¶ 군사 ~을 넘다 franchir [passer] la frontière militaire.

분과 分科 명 ((조직)) section *f*, division *f*, département *m*; ((학문)) domaine *m*, ramification *f*, branche *f*; catégorie *f*. ¶ ~ 회의 une conférence [une réunion] sectorielle [catégorielle]. ¶ ~ 책임자 un(*e*) responsable de section. ¶ ~별로 토의하다 discuter par branche. ¶ 위원회의 경제 ~ la section économique [le département économique] du comité.

◆**_위원회** -委員會 명 sous-commission(~-~*s*) *f*, sous-comité(~-~*s*) *m*.

분관 分館 명 annexe *f*. ¶ 국립도서관 ~ l'annexe de la bibliothèque nationale.

분광 分光 어근 【물리】 spectre *m*. ¶ ~ 사진 un spectrogramme.

◆**_기** -器 명 spectrographe *m*.

분교 分校 명 annexe *f* locale d'une école, école *f* annxe; deuxième campus *m* (d'une université). ¶ A 대학교 부산 ~ le deuxième campus [le campus annexe] de l'université A situé à Busan. ¶ 외국에 ~를 개설하다[내다] On a ouvert [fait construire, établi] une annexe de l'école à l'étranger.

◆**_장** -長 명 directeur(*trice*) de l'annexe d'une école.

분국 分局 명 ((회사)) agence *f* locale, bureau(*x*) *m* de quartier, succursale *f*; ((우편)) poste *f* auxiliaire, bureau(*x*) *m* postal(*aux*). ¶ 한국방송 부산 ~ l'agence locale de KBS à Busan. ¶ ~을 설치하다 établir [ouvrir] une agence. ¶ ~을 폐쇄하다 fermer une agence.

분권 分權 어근 décentralisation *f* (administrative).

◆**_화** -化 명 décentralisation *f* du pouvoir, régionalisation *f*. ¶ 행정 조직의 ~화 décentralisation du système administratif.

◆**_주의** -主義 명 régionalisme *m*.

◆**지방_** 地方- 명 régionalisation *f*; décentralisation *f*.

분규 紛糾 명 conflit *m*; complications *fpl*, embrouillement *m*; enchevêtrement *m*. ¶ ~를 일으키다 compliquer, embrouiller ((une situation, un problème)). ¶ ~가 일어났다[발생했다] Il s'est produit un conflit / Un conflit est survenu [a éclaté].

◆**노사_** 勞使 명 conflit *m* social. ¶ 해마다 이맘때면 노사~가 일어난다 Chaque année, à cette époque, le conflit social éclate.

분급 分給 명 distribution *f* ((des richesses)), répartition *f*, partage. ¶ 토지 ~ la répartition des terres. ◇_(을) **하다** distribuer, répartir, partager, faire la distribution de *qc*. ¶ 급여를 주별로 ~하다 répartir le salaire de façon hebdomadaire.

분기[1] 分岐 명 divergence *f* ((de points de vue)); ramification *f* ((d'un égout)); bifurcation *f*, embranchement *m*; dérivation *f*, partage *m* du courant. ◇_(를) **하다**[(가) **되다**] diverger, s'écarter, se ramifier, se diviser, se partager; se séparer de *qc*. ¶ 이곳에서 남한강과 북한강이 ~한다 C'est ici que le fleuve Han se divise en deux courants: le fleuve Han du sud et celui du nord.

◆_**점** -點 명 ((철도, 도로)) bifurcation *f*, embranchement *m*; ((도관, 도선)) branchement *m* ((de voies ferrées)); ((길, 강)) fourche *f*, bifurcation *f* ((d'une route)). ¶ 경부선 철도의 ~점 l'embranchement de la voie ferrée qui va de Séoul à Busan. ¶ 손익 ~점 le seuil de rentabilité. ¶ 역사의 ~점 un tournant de l'histoire. ¶ 이번 시험이 내가 졸업하느냐 못하느냐의 ~점이다 La poursuite [la fin] de mes études dépend du résultat de cet examen.

분기² 分期 명 division *f* de l'année ((par semestres, par trimestres)).

◆_**별** -別 명 ¶~ 손익 계산 un bilan semestriel [trimestriel]. ¶ 회비를 ~로 내다 payer une cotisation trimestrielle [semestrielle], 2/4(이사) ~ 2e trimestre.

분김 憤- 명 fureur *f*, proie *f* à la colère [un accès de rage]. ¶~에 일을 저지르다 commettre un délit causé par [secondaire à] un accès de fureur.

분납 分納 명 échelonnement *m* ((des paiements)), fractionnement *m* ((des paiements)), acompte *m*; versement *m* [paiement *m*] partiel. ¶ 보험금 ~ 제도 système de paiement de prime d'assurance par échelonnement. ◇_(을) **하다** payer par acomptes; échelonner [fractionner] des paiements. ¶ 등록금[세금]을 두 번에 ~하다 payer [acquitter, régler] le droit d'inscription [l'impôt] en deux fois. ¶ 물건값을 6개월에 걸쳐 ~하다 payer le prix de l'objet en six mensualités.

분노 憤怒 명 colère *f*, fureur *f*, emportement *m*, rage *f*. ¶~에 찬 목소리[얼굴, 눈길] une voix furieuse [un visage plein de fureur; un regard de colère, des regards furibonds]. ¶~에 떨다 trembler [frémir] de colère. ¶~로 들끓다 bouillir de colère. ¶ 정부의 허위 발표에 시민들의 ~가 극에 달했다 À cause des fausses promesses du gouvernement, la colère des citoyens a atteint son comble [des sommets, son paroxysme]. ◇_(를) **하다** s'emporter, se fâcher, se mettre en colère, s'irriter, s'indigner de, enrager, s'exaspérer, sortir de *ses* gonds, se mettre [se foutre {*vulg*}] en rogne {*fam*}. ¶~해서 avec colère, de colère, avec courroux. ¶~한 시위대의 물결 vague *des manifestants furieux* [enragés]. ¶ 친구의 배신에 ~하다 être furieux(*se*) de la trahison d'un(*e*) ami(*e*). ¶ 그는 아내가 거짓말을 한 것에 ~하였다 Il s'est fâché tout rouge parce que sa femme lui avait menti. ◇_**시키다** fâcher [énerver] terriblement *qn*, mettre *qn* dans une colère noire, rendre *qn* furieux(*se*), mettre *qn* hors de *soi*, faire sortir *qn* de *ses* gonds, mettre [foutre {*vulg*}] *qn* en rogne {*fam*}.

분뇨 糞尿 명 excrément *m*; ((변소의)) vidange *f*, gadoue *f*. ¶~ 수거차 un camion-vidange. ¶~를 수거해 가다 vidanger, faire la vidange d'une fosse septique [d'une fosse d'aisances].

◆_**담** -談 명 conversation *f* scatologique.

분단¹ 分團 명 ((조직)) section *f*, groupe *m*, partie *f*; ((학급)) groupe *m*. ¶ 1~과 2~이 축구 시합을 한다 Les écoliers du première groupe font un match de football contre ceux du deuxième.

◆_**장** -長 명 chef *m* de groupe.

분단² 分斷 명 division *f* ((d'une propriété)), partage *m* ((d'une terre)), séparation *f*, fraction *f*. ¶~ 국가 une nation [un état, un pays] partagé(*e*) [divisé(*e*)]. ¶ 민족 ~의 아픔 la peine [souffrance] du peuple dont le pays est divisé en deux. ◇_(을) **하다**[**시키다**] diviser, partager, couper, séparer, scinder. ¶ 한반도를 ~하고 있는 38선[휴전선] le 38e parallèle [la ligne de démarcation] qui scinde la péninsule coréenne en deux parties. ◇_(이) **되다** se diviser, se partager, se séparer, se scinder. ¶ 한국은 남과 북으로 ~되어 있다 La Corée est divisée en deux, le nord et le sud. ¶ 동서로 ~된 나라 un pays divisé entre l'est et l'ouest.

◆_**국** -國 명 pays *m* séparé [divisé].

◆_**선** -線 명 ligne *f* de démarcation.

분단³ 分段 명 partie *f*, division *f*, section *f*, ((글의)) paragraphe *m*; ((인쇄)) alinéa *m*. ◇_(을) **하다** diviser en paragraphe, faire des paragraphes. ¶ 긴 글을 ~하다 diviser un texte long en plusieurs paragraphes.

분담 分擔 명 division *f*, partage *m*, répartition *f*. ¶ 업무[역할] ~ la répartition des tâches[des rôles]. ◇_(을) **하다** partager *qc* avec *qn*; prendre part à *qc*; répartir *qc* ((entre des gens)); associer (à/avec *qn*); participer à; ((일)) payer [y aller {*fam*}, donner] de *sa* personne. ¶ 두 사람이 비용을 똑같이 ~하였다 Les deux personnes ont partagé équitablement les frais. ¶ 가사를 남편과 ~하다 partager les tâches ménagères avec *son* mari. ◇_(이) **되다** se distribuer; se partager. ¶ 그 단체는 구성원들 간에 역할이 ~되어 있다 Dans cette association, on a distribué le rôle de chacun. ◇_(을) **시키다** assigner, attribuer ((une charge à *qn*)), distribuer. ¶ 일을 일꾼들에게 ~시키다 partager la tâche aux ouvriers.

◆_**금** -金 명 contribution *f*, cotisation *f*, quote-part *f*.

분당 分黨 명 fractionnement *m* du parti, scission *f* [schisme *m*, dissidence *f*] du parti. ¶ 사회당이 ~의 위기에 처해 있다 Le parti socialiste risque de se diviser en plusieurs tendances [faction]. ◇_(을) **하다** diviser un parti en plusieurs tendances [faction]. ◇_(이) **되다** ((un parti)) être divisé(*e*) en plusieurs tendances [faction].

분대 分隊 명 【군사】 escouade *f*, peloton *m*; ((부대로 나누기)) division *f* en escouades [en pelotons].

◆_원 -員 명 membre *m* d'escouade.
◆_장 -長 명 chef *m* d'escouade [de peloton].

분동 分銅 명 poids *m* (de mesure) en cuivre. ¶ ~ 저울 une balance fonctionnant avec des poids en cuivre.

분란 紛亂 명 trouble *m*, tumulte *m*; ((집단, 조직)) désordre *m*, confusion *f*, désarroi *m*; ((사회, 정치)) agitation *f*, émeute *f*. ¶ 내부 ~ agitation intérieure, émeute intérieure. ¶ ~을 일으키다 jeter [porter, semer] la confusion dans *qc*, déchaîner [provoquer] une émeute, soulever l'agitation. ¶ ~이 일어나고 있다 Le tumulte éclate / Les tensions se soulèvent. ¶ ~이 심하다 être en plein [en grand] désarroi.

분량 分量 명 quantité *f*. ¶ 많은 ~ une grosse [grande] quantité, une quantité importante. ¶ 책 한 권 ~의 내용 le contenu d'un livre. ¶ ~을 늘리다[줄이다] augmenter [réduire] la quantité. ¶ ~을 조절하다 régler la quantité. ¶ ~을 정해놓고 마시다 boire en respectant la quantité prévue. ¶ 원고지 ~이 늘었다[줄었다] Le nombre de pages manuscrites a augmenté [a diminué].

분려 奮勵 명 efforts *mpl* intenses. ◇_**하다** faire tout *son* possible [le maximum, tout ce qui est en *son* pouvoir], mettre toutes *ses* forces, travailler énergiquement, appliquer [apporter, consacrer] toute *son* énergie à *qc*/*inf*.

분력 奮力 명 effort *m*. ◇_**하다** s'efforcer, mettre toutes *ses* forces, faire appel à toutes *ses* forces.

분류 分類 명 ① classification *f*, classement *m*, catégorisation *f*; catégorie *f*. ¶ ~ 번호 numéro de classement. ¶ ~ 기준 un critère de classification. ¶ 도서 ~ catégories de livres. ② 【철학】 catégorie *f* ((aristotélicienne, ou philosophique)), les notions classificatrices de l'être. ((qualité que l'on peut attribuer à un sujet)). ◇_(를) **하다** catégoriser, classer, classifier; trier ((des lettres)); répartir, grouper, diviser. ¶ 무엇을 두 종류로 ~하다 classer [classifier, diviser] *qc* en deux groupes, grouper *qc* en deux familles. ¶ 자료를 연대별로[알파벳순으로] ~하다 classer les documents [dossiers] par ordre chronologique [alphabétique]. ¶ 우편물을 지역별로 ~하다 trier le courrier par quartier. ◇_(가) **되다** se classer; être classé(*e*), catégorisé(*e*). ¶ 책이 저자별로 ~되어 있다 Les livres sont classés par auteur. ¶ 위험 지역으로 ~되다 être classé(*e*) en zone dangereuse. ¶ 동물은 식성에 따라 초식, 육식, 식충으로 ~된다 On classe les animaux selon leur alimentation: herbivores, carnivores, insectivores.
◆_법 -法 명 système *m* de classification [de classement].
◆_사 -詞 명 【언어】 classificateur *m* (numéral); spécificateur *m* numérique. ¶ (한국어에서는) ~사에 반드시 수관형사가 선행되어야 한다 (En coréen), les classificateurs sont obligatoirement [toujours, nécessairement] précédés d'un déterminant numéral / Les classificateurs (coréens) sont toujours [doivent nécessairement être] précédés d'un déterminant numéral / (En coréen), un classificateur [tout classificateur] est obligatoirement [toujours, nécessairement] précédé d'un déterminant numéral.
◆_표 -表 명 tableau(*x*) *m* synoptique (de classement).
◆_학 -學 명 taxinomie *f*, taxonomie *f*.
◆_학자 -學者 명 taxinomiste *mf*, taxonomiste *mf*.

분리 分離 명 ① séparation *f*, division *f*. ¶ 정경 ~ séparation de la politique et de l'économie. ¶ 정교~ séparation de la politique et de la religion. ¶ 소유와 경영의 ~ séparation de la possession et de la gestion. ¶ (쓰레기를) ~ 수거하다 trier des ordures et les emporter. ② 【언어】 dislocation *f*. ¶ ~ 구문 construction disloquée[à dislocation]. ¶ 좌방[우방] ~ dislocation gauche[droite]. ◇_(를) **하다** séparer ((A de B)), détacher ((A de B)), désunir, dissocier, disjoindre (deux questions), décoller *qc* de *qn*/*qc*; diviser *qc*; trier. ¶ 무엇을 여러 가지로 ~하다 diviser les choses en plusieurs genres. ¶ 무엇과 무엇을 ~ séparer une chose d'avec [d'] une autre. ¶ 두 개의 문제를 ~해서 검토하다 examiner séparément deux questions. ¶ 거름종이를 사용하여 흙탕물을 물과 흙으로 ~하다 Dans la boue on sépare l'eau de la terre à l'aide d'un filtre en papier. ◇_(가) **되다** se séparer de *qc*/*qn*, se disjoindre, se dissocier de *qn*/*qc*. ¶ 정치가 종교와 ~되었다 La politique est séparée de la religion. ¶ 오랜 내분 뒤에 그 나라는 여러 개의 나라로 ~되었다 Ce pays s'est divisé en plusieurs états après une longue guerre civile. ¶ 범죄자들은 사회와 ~되어 감옥에 수감된다 Les malfaiteurs sont mis à l'écart de la société, on les enferme dans des prisons. ◇_(를) **시키다** isoler, écarter; différencier, détacher. ¶ 우리들은 일과 가정을 ~시키고자 한다 Nous voulons différencier le travail et la famille. ¶ 그것들은 ~시켜서는 이해할 수 없다 On ne peut les appréhender séparément. ¶ 그런 악질적인 사람들은 사회로부터 영원히 ~시켜야 한다 Des gens si ignobles, il faut les isoler de la société à jamais.
◆_파 -派 명 séparatiste *mf*.

분립 分立 명 séparation *f*; écartement *m* écart *m*; indépendance *f*; autonomie *f*. ¶ 삼권 ~의 원칙 principe de la séparation des (trois) pouvoirs ((pouvoir législatif; pouvoir exécutif; pouvoir judiciaire)). ◇_(을) **하다** séparer, détacher, désunir, faire scission. ¶ 신교는 구교에서 ~해 나갔다 Le protestantisme s'est séparé du catholicisme romain. ◇_(이) **되다** se séparer, se détacher, se diviser, se fractionner; être séparé(*e*), divisé(*e*), fractionné(*e*). ¶ 삼권이 ~되어 있다 Les (trois) pouvoirs sont séparés. ¶ 이해관계가 엇갈리는 많은 단체들이 ~되어 있다 Plusieurs groupes se sont fractionnés parce qu'ils avaient des intérêts opposés.

분만 分娩 명 ① ((사람의)) accouchement *m* [parturition *f*, travail *m*, enfantement *m*] d'une femme. ② ((동물의)) mise *f* bas ((des animaux)). ¶ ~ 예정일 la date prévue pour l'accouchement. ¶ ~을 유도하다 déclencher [provoquer] un accouchement. ◇_(을) **하다** ((사람이)) donner naissance à, donner le jour à, mettre au monde (un enfant), accoucher (d'un enfant), enfanter; ((동물이)) mettre bas. ¶ 그는 자신의 첫 아이는 집에서 ~하기를 원한다 Il souhaite que sa femme fasse son premier accouchement à la maison.

◆**_실** -室 명 salle *f* d'accouchement.

◆**_휴가** -休暇 명 congé *m* de maternité.

◆**무통_** 無痛 명 accouchement *m* sans douleur.

◆**유도_** 誘導 명 accouchement *m* provoqué [déclenché].

◆**자연_** 自然 명 accouchement *m* naturel; 【의학】 parturition *f*.

분말 粉末 명 poudre *f*, poussière *f* ((de charbon)). ¶ ~ 주스[우유] jus [lait] en poudre.

◆**_기** -機 명 broyeur *m*.

◆**_소화기** -消火器 명 extincteur *m* à poudre.

ㅂ

분명 分明 어근 netteté *f*, clarté *f*, évidence *f*, lucidité *f*.

◆**_하다** 형 être certain(*e*), sûr(*e*); être clair(*e*), net(*te*), évident(*e*), manifeste; être lucide. ¶ 그는 성격이 ~하다 Il a du caractère / Il est ferme de caractère. ¶ 그는 천재임이 ~하다 C'est évident que c'est un génie. ¶ 그가 거짓말을 했음이 ~하다 C'est sûr qu'il a menti / Il est certain qu'il a menti. ¶ 목표가 ~하다면 망설일 필요가 없다 Il ne faut pas hésiter quand on a des objectifs bien déterminés. ¶ 그의 사인은 ~치 않다 La cause de sa mort reste obscure / On ignore encore la cause de sa mort. ¶ 기억이 ~하지 않다 Ça n'est pas clair [précis] dans ma mémoire / Mes souvenirs sont confus. ¶ 이는 부인할 수 없는 ~한 사실이다 C'est une évidence qu'on ne peut nier. ¶ 그 여자는 조용하지만 ~한 어조로 말했다 Elle a parlé à voix basse mais claire [nette]. ¶ 유리창 너머로 그의 모습이 ~하게 보였다 On le voyait clairement à travers la fenêtre.

◆**_히** 부 évidemment, clairement, nettement, manifestement, distinctement, certainement, sûrement. ¶ ~히 그건 사실이 아니야 Evidemment [D toute évidence] ce n'est pas vrai. ¶ 나는 ... 임을 ~히 해두고 싶다 Je tiens à préciser que ...

◆**_코** 부 évidemment, clairement, nettement, manifestement, distinctement, certainement, sûrement. ¶ 그는 ~코 뛰어난 과학자이지만 인간적으로는 결점이 많다 C'est certainement un scientifique hors pair, mais c'est un individu plein de défauts. ¶ 나라도 ~코 너처럼 했을 거야 J'aurais très certainement fait comme toi [la même chose que toi].

분모 分母 명 【수학】 dénominateur *m*. ¶ 공통 ~ dénominateur commun.

분묘 墳墓 명 tombe *f*, tombeau(*x*) *m*, sépulture *f* (d'un roi). ¶ 조상의 ~ les tombeaux des aïeux.

분무기 噴霧器 명 pulvérisateur *m*, vaporisateur *m*, atomiseur *m*, brumisateur *m*, nébuliseur *m*. ¶ ~로 물을 뿌리다 pulvériser de l'eau. ¶ ~로 화초에 물을 주다 vaporiser de l'eau sur les plantes.

분반 分班 명 division *f* [partage *m*, répartition *f*] d'une classe, groupement *m*. ¶ ~ 공고 annonce de répartition de la classe. ¶ ~ 토론 une discussion en groupes. ◇_(을) **하다** diviser [partager] la classe. ¶ 이 강의는 수강생이 많아서 ~을 했다 Les étudiants étant trop nombreux, on a réparti ce cours en plusieurs classes. ¶ 삼학년을 다섯 반으로 ~했다 On a réparti les étudiants de 3e année en cinq classes. ◇_(이) **되다** ((la classe)) être divisé(*e*), partagé(*e*).

분발 奮發 명 redoublement *m* d'efforts [de force, d'ardeur]. ¶ ~을 촉구하다 presser *qn* de faire tous [de multiplier] *ses* efforts, pousser vivement *qn* à faire tous *ses* efforts [à redoubler d'efforts]. ¶ 우리 팀은 신인 선수들의 ~로 우승을 차지했다 Notre équipe a gagné le titre grâce aux efforts des nouveaux joueurs. ◇_(을) **하다** faire un petit [dernier] effort; faire *qc* de toutes *ses* forces, s'efforcer avec persévérance, redoubler de force [d'ardeur]; se secouer {*fam*} ((au travail)), se démener, se décarcasser {*fam*}, se mettre en quatre {*fam*}; mettre les bouchées doubles {*fam*} [triples {*fam*}]. ¶ 대학에 가고 싶으면 더 ~해야 해 Tu as intérêt à redoubler d'efforts si tu veux entrer à l'université. ¶ 격려를 받고 더욱 ~하다 redoubler de forces [d'efforts] grâce aux encouragements. ◇_(을) **시키다** presser *qn* de faire tous [de multiplier] *ses* efforts, pousser vivement *qn* à faire tous *ses* efforts [à redoubler d'efforts], sommer *qn* de redoubler d'efforts, secouer *qn* {*fam*}. ¶ 선수들을 ~시키다 sommer les joueurs de redoubler leurs efforts [de donner le meilleur d'eux-mêmes], demander aux joueurs de faire tous leurs efforts [de donner le meilleur d'eux-mêmes].

분방하다 奔放- 형 être ouvert(*e*), libre. ¶ 자유롭고 ~한 성격 un caractère ouvert [libre].

분배 分配 명 distribution *f*, partage *m*, répartition *f*. ¶ 공평한 ~ une répartition égale. ¶ 소득 ~ distribution [répartition] des revenus. ¶ 트럼프 짝의 ~ distribution des cartes. ¶ 부의 ~ distribution [répartition] des richesses. ¶ 이익의 ~를 받다 participer [avoir part] aux bénéfices. ◇_(를) **하다** partager, répartir [distribuer] (*qc* entre plusieurs personnes), faire le partage de *qc*; faire les parts. ¶ 이익금을 ~하다 répartir des dividendes. ¶ 유산을 서로 ~하다 (*se*) partager un héritage. ¶ 보급품을 ~하다 distribuer des approvisionnements. ◇_(가) **되다** se distribuer, se répartir, se partager. ¶ 준비한 음식이 모든 사람에게 ~되었다 On a distribué les plats préparés à tout le monde. ¶ 그 회사는 성과에 따라 임금이 ~된다 Dans cette entreprise, les salariés sont rémunérés selon leur rendement.

분벽 粉壁 명 mur *m* blanchi (à la chaux).

분변 分辨 명 discernement *m*, distinction *f*, discrimination *f* {*litt*}. ¶ 선악의 ~ discernement du bien et du mal. ◇_(을) **하다** discerner *qc* de *qc*; faire la distinction entre deux objets. ¶ A와 B를 ~하다 discerner A de B; faire la distinction entre A et B.

분별 分別 명 ① 구분 discernement *m*, distinction *f*. ② 판단력 discernement *m*; jugement *m*; bon sens *m*. ¶ ~을 잃다 manquer de jugement [de discernement, de bon sens, de jugeote {*fam*}]; être aveuglé(*e*) par *qc*; ◇_(을) **하다** ① 구분하다 discerner; distinguer, faire la distinction; discriminer {*litt*}, faire la discrimination. ¶ 그 아이는 아직 선과 악을 ~하지 못한다 Cet enfant ne discerne pas encore le bien du mal [d'avec le mal] / Cet enfant ne fait pas encore la distinction entre le bien et le mal. ② 알아보다 discerner, percevoir, reconnaître, identifier. ¶ 먼 곳에 있는 물건을 ~하다 discerner [percevoir] un objet lointain. ③ 판단하다 juger, porter un jugement sur *qc*. ¶ 그 사람은 사리를 잘 ~하지 못한다 Il manque de jugement [de discernement, de bon sens, de jugeote {*fam*}]. ◇_(이) **있다** être raisonnable; être sage, sensé(*e*); avoir du bon sens; avoir du jugement [du discernement, de la jugeote {*fam*}]; être judicieux(*se*). ◇_(이) **없다** manquer de jugement [de discernement, de bon sens, de jugeote {*fam*}]; être déraisonnable. ¶ ~없는 행동 un comportement [une conduite] déraisonnable. ¶ ~없는 사람 un homme déraisonnable [irréfléchi].

◆**_없이** 부 sans discernement; déraisonnablement; en dépit du bon sens, contre le sens commun. ¶ ~없이 행동하다 agir en dépit du bon sens [contre le sens commun]; agir sans discernement; se comporter [se conduire] déraisonnablement. ¶ ~없이 일을 마구잡이로 처리하다 traiter les affaires de façon déraisonnable et sans réfléchir.

◆**_력** -力 명 ① 구분하는 능력 capacité *f* de discerner [de distinguer]. ② 판단하는 능력 jugement *m*, bon sens *m*, discernement *m*, jugeote *f* {*fam*}. ¶ ~력이 있다[없다] avoir du bon sens [manquer de jugement, manquer de discernement, manquer de jugeote].

◆**사리_** 事理- 명 bon sens *m*, discernement *m*, jugeote *f* {*fam*}. ¶ 그 사람은 매사에 있어 사리~이 분명하다 Il est [C'est un] homme de bon sens.

분봉[1] 分封 명 【역사】 nomination *f* d'un seigneur par l'Empereur de Chine lui donnant le droit et la puissance de dominer les habitants d'un territoire. ◇_(을) **하다** conférer le titre de seigneur.

분봉[2] 명 essaimage *m*. ◇_(을) **하다** essaimer.

분부 分付 명 ordre *m*, commandement *m*. ¶ 선생님의 ~를 받고 왔습니다 On est là par ordre du professeur. ¶ 모셔오라는 아버님의 ~가 있었습니다 Mon père m'a donné l'ordre d'aller vous chercher. ¶ ~대로 하겠습니다 À vos ordres. ◇_(를) **하다[내리다]** donner un ordre, ordonner. ¶ 아버지께서 오늘 안에 이 일을 끝내라고[끝낼 것을] ~하셨다 Mon père m'a ordonné de finir ce travail aujourd'hui.

분분하다 紛紛 ① être divers(*e*), varié(*e*), différent(*e*); ((의견이)) diverger, être en désaccord. ¶ 이 문제에 대해서는 의견이 ~ Les opinions divergent [diffèrent] sur ce point / Il y a une divergence d'opinions [de vues] sur ce point. ¶ 선거 부정으로 비난 여론이 ~ La corruption électorale scandalise toute la nation / Les fraudes électorales scandalisent toute la nation. ¶ 논란이 분분하여 결정을 내리지 못하고 있다 La décision n'est pas encore prise à cause des opinions divergentes. ¶ 억측이 분분하자 정부는 공식 발표를 하기에 이르렀다 Les accusations gratuites ont conduit le gouvernement à faire une déclaration. ② 어수선하다 se disperser, s'éparpiller; s'envoler. ¶ 꽃잎이 분분하게 떨어진다 Il pleut des pétales de fleur un peu partout / Les pétales de fleurs tombent un peu partout [de façon dispersée] / Des pétales de fleur volent un peu partout. ③ 떠들썩하다 être bruyant(*e*), tumultueux(*se*), étourdissant(*e*).

분비 分泌 명 【의학】 sécrétion *f*, excrétion *f*. ¶ ~ 작용 sécrétion. ¶ 과잉 ~ sécrétion élevée; hypersécrétion. ◇_(를) **하다** sécréter [secréter] ((des hormones)). ¶ 호르몬을 ~하다 sécréter des hormones. ¶ 땀을 ~하다 sécréter de la sueur. ¶ 달팽이는 끈끈한 점액을 ~한다 Les escargots sécrètent une substance visqueuse. ◇_(가) **되다** être sécrété(*e*). ¶ 눈물샘에서는 눈물이 ~된다 Les glandes lacrymales sécrètent les larmes.

◆**_물** -物 명 【의학】 sécrétion *f*.

◆**_선[샘]** -腺 명 【의학】 glande *f* (sécrétrice).

◆**_액** -液 명 【의학】 liquide *m* sécréteur.

◆**내[외]_** 內[外]- 명 【의학】 endocrine *f*.

◆**내[외]_선** 內[外]-腺 명 【의학】 glandes *fpl* à sécrétion interne, glandes *fpl* endocrines [glandes *fpl* à sécrétion externe, glandes *fpl* exocrines].

분사[1] 憤死 명 mort *f* de dépit [de colère]. ◇_(를) **하다** mourir de dépit [de colère].

분사[2] 噴射 명 jet *m* d'eau [de vapeur, de gaz]; jaillissement *m* d'eau [de sang, de gaz]. ◇_(를) **하다** jaillir, s'élancer en jet; gicler; lancer un jet de *qc*. ¶ 잔디밭에 물을 ~하다 arroser le gazon. ¶ 벽에 도색 스프레이를 ~하다 pulvériser la peinture sur le mur.

◆**_기** -機 réacteur *m*.

◆**_기관** -機關 명 moteur *m* à réaction.

◆**_식** -式 명 à réaction.

분사[3] 分社 명 succursale *f*, filiale *f* ((d'une société)); agence *f*.

분사[4] 分詞 명 【언어】 participe *m*.

◆**_과거[현재]**~ 過去[現在]- 명 【언어】 participe *m* passé [présent]. ¶ 'avoir'동사의 과거~는 무엇입니

까? Quel est le participe passé du verbe 'avoir'?
◆_절 -節 명 【언어】 proposition *f* participiale. ¶ 절대 ~절 proposition participiale absolue.

분사⁵ 焚死 명 immolation *f*, suicide *m* par le feu. ◇_(를) 하다 s'immoler, se brûler vif(*ve*). ¶ ~하여 독재에 항거하다 s'immoler pour résister à la dictature.

분산 分散 명 ① 흩어지게 함 dispersion *f*, éparpillement *m*, dissémination *f*. ¶ 빛의 ~ dispersion [diffusion] de la lumière. ¶ 열의 ~ dispersion [diffusion] de la chaleur. ¶ 지역 개발을 통해 인구 ~을 유도하다 disperser la population par la régionalisation. ¶ ~ 투숙하다 se répartir [loger] dans divers hôtels. ◇_(을) 하다[시키다] se disperser, s'éparpiller, se disséminer. ¶ 군대가 ~하여 여러 지역에 주둔하고 있다 Les troupes éparpillées sont en garnison dans plusieurs régions [en divers endroits]. ◇_(이) 되다 se disperser, s'éparpiller, se disséminer. ¶ 신도시 건설로 인구가 ~되었다 La population s'est dispersée grâce à la construction de nouvelles villes. ¶ 우리 부대는 너무 ~되어 있었다 Nos troupes étaient trop éparpillées. ◇_(을) 시키다 disperser, éparpiller, disséminer. ¶ 시위군중을 ~시키다 disperser les manifestants. ¶ 산업을 각지로 ~시키다 décentraliser l'industrie dans différentes régions. ¶ 도심에 몰린 학교들을 시외로 ~시키다 décentraliser les écoles en banlieue. ¶ 집중된 시선을 ~시키다 disperser l'attention des gens.
◆_적 -的 명관 réparti(*e*), partagé(*e*), divisé(*e*); dispersé(*e*), éparpillé(*e*), disséminé(*e*). ¶ ~적 투자 un investissement réparti. ¶ ~적 정치 체제 un système politique où le pouvoir est partagé. ¶ 자금 운용을 ~적으로 하다 disperser *ses* placements de fonds [*ses* placements, *ses* capitaux] ((ne pas mettre tous *ses* oeufs dans le même panier)).
◆_값 명 【수학】 dispersion *f* statistique; déviation *f* standard.
◆_계 -系 명 【화학】 système *m* dispersé.
◆_점 -點 명 【물리】 point *m* de dispersion.
◆_투자 -投資 명 【경제】 investissements *mpl* diversifiés.

분서 焚書 명 autodafé *m* de livres. ¶ 그 계통의 책들은 ~의 수난을 당했다 Les livres de cette catégorie ont subi un autodafé.
◆_갱유 -坑儒 명 【역사】 autodafé de livres et massacre des lettrés ordonné par le premier empereur de Chine Gin Shi-Huangdi (진시황) pour leur interdire de critiquer la politique.

분석 分析 명 ① analyse *f*. ¶ 경제 ~ analyse économique. ¶ 성분 ~ analyse des composants. ¶ 작품 ~ analyse d'une oeuvre. ¶ 자료[상황] ~ analyse des documents [d'une situation]. ¶ 정신[심리] ~ psychanalyse [analyse psychologique]. ② ((과학)) analyse *f*. ¶ 혼합물의 성분 ~ analyse des constituants d'un mélange. ◇_(을) 하다 ① faire l'analyse de *qc*/*qn*. ¶ 문장을 ~하다 faire l'analyse (logique) d'une phrase. ¶ 당시의 상황을 ~하다 faire l'analyse d'une situation de ce temps-là [de cette époque-là]. ¶ 최근의 경제동향을 ~하다 faire l'analyse de la tendance économique actuelle. ② ((과학)) faire l'analyse de *qc*. ¶ 약품을 ~하다 faire l'analyse d'un médicament. ◇_(이) 되다 s'analyser. ¶ 최근 그 문제는 많은 ~이 되고 있다 Le problème fait l'objet de nombreuses analyses ces jours-ci. ¶ 문장은 구, 어절, 단어, 형태소등의 작은 단위들로 ~된다 Une phrase s'analyse en unités plus petites qui sont les syntagmes, les propositions, les mots, les morphèmes, etc. ¶ 자동차 배출가스도 주요한 대기 오염의 원인으로 ~되고 있다 D'après l'analyse, le gaz d'échappement des voitures constitue l'un des facteurs principaux de la pollution atmosphérique.
◆_적 -的 명관 analytique. ¶ ~적 심리학 la psychologie analytique. ¶ ~적 정의 une définition analytique. ¶ ~적인 관점을 사용하다 se servir d'un point de vue analytique.
◆_력 -力 명 capacité *f* d'analyse. ¶ 그 사람은 상황에 대한 ~력이 뛰어나다 Il analyse très bien toute situation / Il a une analyse très pertinente des situations / Il est toujours très lucide pour analyser les situations. ¶ 정확한 ~력 une capacité d'analyse très précise.
◆_명제 -命題 명 【논리】 proposition *f* analytique.
◆_법 -法 명 méthode *f* d'analyse.
◆_비평 -批評 명 【문학】 critique *f* analytique.
◆_시약 -試藥 명 【화학】 réactif *m* analytique.
◆_철학 -哲學 명 philosophie *f* analytique.
◆_판단 -判斷 명 【논리】 jugement *m* analytique.
◆_표 -表 명 tableau(*x*) *m* analytique. ¶ 물가 ~표 tableau analytique des prix. ¶ 기수 ~표 le tableau analytique des nombres cardinaux.
◆_학 -學 명 sciences *fpl* analytiques. ¶ 정신 ~학 la psychanalyse.

분소 分所 명 point *m* de vente séparé du siège principal, succursale *f*, branche *f*. ¶ 이 기관은 여러 지역에 ~를 두고 있다 Cette institution a des bureaux dans plusieurs régions.

분쇄 粉碎 명 ① broyage *m*, concassage *m*. ② 쳐부숨 écrasement *m*, anéantissement *m*. ◇_(를) 하다 ① broyer, concasser; écraser, anéantir. ¶ 유리병을 ~하다 concasser de la bouteille. ¶ 돌의 성분을 알기 위해 ~하다 concasser de la pierre pour en connaître les composants. ② 쳐부수다 ¶ 적군을 ~하다 écraser [anéantir] l'armée ennemie. ¶ 적의 음모를 ~하다 écraser le complot [la conspiration] de l'ennemie.
◆_기 -機 명 concasseur *m*, broyeur *m*.

분수¹ 分數 명 ① état *m*, condition *f*, position *f*. ¶ (자기) ~를 알다 ((능력)) bien connaître l'étendue de ses capacités; ((형편)) bien connaître sa situation financière [économique], ne pas aller au(-)delà [au(-)delà] de sa condition. ¶ (자기) ~를 모르고 날뛰다 aller au-delà de *ses* capacités [au-delà de ce que l'on peut se permettre]; vivre au-dessus de ses moyens. ¶ (자기) ~를 지키다[차리다] garder [tenir] son rang. ¶ (자기) ~에 맞는 생활을 하다 vivre selon ses moyens, vivre selon sa condition, mener une vie conforme à ses moyens. ¶ 그 사람은 학생 신분으로는 ~에 넘치는 생활을 한다 Ses dépenses sont supérieures au budget d'un étudiant / Pour un étudiant il vit au-dessus de ses moyens / Il dépense plus qu'un étudiant normal [ordinaire]. ¶ ~에 넘게 고급 승용차를 타고 다닌다 Il conduit une voiture de luxe qui n'est pas dans ses moyens. ② 분별력 discernement *m*, bon sens *m*, jugeote *f* {*fam*}; raison *f*. ¶ ~가 없다 manquer de discernement [de bon sens, de jugeote {*fam*}]; être imprudent(*e*), inconséquent(*e*), irréfléchi(*e*), inconsidéré(*e*), lég*er*(*ère*); être aveuglé(*e*) par *qc*. ¶ 그 여자는 ~가 없어서 아무 일에나 끼어든다 Faute de discernement elle se mêle de tout [fourre son nez partout {*fam*}]. ③ 한도 borne *f*, limite *f*. ¶ ...하는데도 ~가 있지 Il y a des limites à ((la plaisanterie, la moquerie)) / Il ne faut pas exagérer tout de même / Il ne faut pas pousser tout de même {*fam*} / Il ne faut pas charrier {*fam*} (tout de même) / Il ne faut pas pousser le bouchon trop loin {*fam*}. ¶ 사람을 놀리는데도 ~가 있지 Il y a des limites à la moquerie. ¶ 적반하장도 ~가 있지 Celui qui est en tort pourrait au moins avoir la décence de se taire / C'est la meilleure [le comble, le pompon {*fam*}] / On aura tout entendu! ¶ 거짓말도 ~가 있지 On peut mentir mais il y a des limites tout de même ... (Il ne) faut pas pousser le bouchon trop loin! {*fam*}. ¶ 참는데도 ~가 있지 Ma patience a des limites / Je suis à bout de patience. ¶ 말을 해도 ~가 있지 왜 그렇게 함부로 말하는거야? Tu dépasses les limites; surveille ton langage. Comment peut-on parler de la sorte? ¶ 사람이 못되어도 ~가 있지 (어떻게 그럴 수 있나)? Comment peut-on être si méchant? ¶ 청천 하늘에 날벼락도 ~가 있지 (어떻게 이런 일이?) Comment une telle chose peut-elle se produire? / Comment une chose pareille est-elle possible?

◆_**없이** 부 sans discernement; contre toute raison, en dépit du bon sens. ¶ ~없이 나대다 agir sans discernement [en dépit du bon sens].

◆_**껏** 부 avec discernement. ¶ ~껏 행동해라 Agis avec discernement. ¶ ~껏 생활해라 Ne vis pas au-dessus de tes moyens.

분수[2] **分數** 명 【수학】 fraction *f*.

◆_**식** -式 명 expression *f* fractionnaire.

분수[3] **噴水** 명 jet *m* d'eau. ¶ ~가 물을 내뿜는다 Un jet d'eau jaillit. ¶ ~처럼 피가 콸콸 쏟아졌다 Le sang a jailli à gros bouillons.

◆_**대** -臺 명 fontaine *f*.

분수령 分水嶺 명 ① 【지리】 ligne *f* de partage des eaux; ligne *f* de faîte; arête *f* ((d'une montagne)). ¶ 압록강과 두만강의 ~ ligne de partage des deux fleuves Apnok et Duman. ② 전환점 ((marquer un)) tournant *m*. ¶ 우리 문학사에서 그 사람의 소설이 중요한 ~을 이루고 있다 Ses romans marquent un tournant important dans la littérature nationale..

분승 分乘 명 action de monter séparément ((dans des véhicules)). ◇_(을) **하다** monter séparément ((dans des véhicules)). ¶ 그들은 3대의 버스에 분승했다 Ils sont montés séparément dans (les) trois autocars / Ils se sont répartis dans (les) trois autocars.

분식 粉食 명 aliment *m* à base de farine ((nouilles instantanées, *sujebi* (수제비), *tteokbokki* (떡볶이), etc.)) ((et non un véritable repas avec du riz)); sorte de fast-food *m* coréen. ¶ ~을 장려하다 recommander les aliments à base de farine. ¶ ~으로 점심을 때우다 ne manger que des aliments à base de farine pour le déjeuner; ne manger que des nouilles [ne manger que sommairement] à midi ((et non un véritable repas avec du riz)), se contenter de nouilles [d'un en-cas] pour le déjeuner, avaler [engloutir] rapidement un plat de nouilles [un en-cas] en guise de déjeuner, manger un morceau sur le pouce à midi {*fam*}, remplacer le repas de midi par un plat de nouilles.

◆_**점[집]** -店 명 petit restaurant *m* où l'on sert généralement des plats rapides, (petite) gargote *f*, sorte de fast-food *m* coréen. ¶ ~점을 차리다 ouvrir un petit restaurant [une petite gargote]. ¶ ~집에서 라면을 먹다 prendre des nouilles instantanées dans une petite gargote.

분신[1] **分身** 명 alter ego *m*. ¶ 그 사람이 자신의 ~처럼 아끼는 사진기 l'appareil photo auquel il tient comme à la prunelle de ses yeux. ¶ 그 사람은 나의 ~이다 Lui, c'est mon alter ego [mon double, un autre moi-même].

◆_**술** -術 명 don *m* de l'ubiquité; art *m* de se démultiplier [de se dédoubler], art *m* du dédoublement. ¶ ~술을 쓰다 se démultiplier, se dédoubler ((être à la fois en plusieurs endroits)).

분신[2] **焚身** 명 immolation *f*. ¶ ~ 자살 immolation, suicide par le feu. ◇_(을) **하다** s'immoler, se suicider par le feu. ¶ 많은 민주투사들이 독재에 항거하여 ~했다 Pour résister à la dictature, beaucoup de militants se sont immolés.

분실 紛失 명 perte *f*, disparition *f*. ¶ 무엇의 ~ 신고를 하다 déclarer la disparition de *qc*, déclarer un objet perdu. ◇_(을) **하다** perdre *qc*, égarer *qc*. ¶ 책[지갑, 신용카드]을 ~하다 perdre son livre [son portefeuille, sa carte de crédit]. ◇_(이) **되다** disparaître, manquer. ¶ 책이 몇 권 ~되었다 Il manque quelques livres. ¶ ~되었던 가방을 도로 찾다 retrouver le sac disparu.

◆_**물** -物 명 objets *mpl* perdus. ¶ ~물 신고 센터 le service des objets perdus, les objets perdus.

분야 分野 명 domaine *m*, champ *m*, sphère *f*. ¶ 예술[인문학] ~ domaine de l'art populaire [des sciences humaines]. ¶ 활동 ~를 넓히다 agrandir le champ d'action [d'activité], étendre [élargir] le champ [la sphère, le cercle] de son activité. ¶ 자기 ~에서 최고가 되다 être [devenir] le(*la*) meilleur(*e*) [hors pair] dans son domaine. ¶ 이 ~는 내 전공이 아니다 Ce n'est pas mon domaine. ¶ 그것은 내 ~ 밖의 일이다 Cela [Ça] n'est pas dans mon ressort [de mon domaine] / Cette affaire n'est pas de mon ressort / Ce travail n'entre pas dans mes compétences / Ce n'est pas dans mes compétences / Cela est en dehors de mes pouvoirs / Cela [Cette affaire] ne relève pas de ma compétence [de mon ressort].

분양 分讓 명 lotissement *m*. ¶ 아파트 ~ lotissement d'immeubles d'habitation, [des ensembles résidentiels, des cités résidentielles, des grands ensembles]. ◇_(을) **하다** faire un lotissement. ¶ 아파트 택지를 ~하다 lotir et vendre un terrain pour la construction [pour l'édification] d'immeubles d'habitation. ◇_(이) **되다** être réparti(*e*)s par lots, être loti(*e*), être vendu(*e*)s par lots [par parcelles].

◆**_가** -價 명 prix *m* d'un lotissement.

◆**_주택** -住宅 명 immeubles *mpl* à lotir; logement *m* en lotissement.

◆**_지** -地 명 lotissement *m*, terrains *mpl* à lotir.

분업 分業 명 répartition *f* [division *f*] du travail, répartition *f* [décomposition *f*, séparation *f*] des tâches; taylorisme *m*. ¶ 노동의 ~은 사회관계의 변화를 가져왔다 La division du travail a apporté un changement dans les rapports sociaux. ¶ ~으로 막대한 생산력의 변화가 일어났다 Grâce à la division du travail, la production a grandement augmenté. ◇_(을) **하다** diviser [se répartir] le travail.

◆**_적** -的 명관 répartition *f* [division *f*] du travail, répartition *f* [décomposition *f*, séparation *f*] des tâches. ¶ ~적 작업 체계 le système de (*la*) répartition des tâches.

◆**_화** -化 명 répartition *f* [division *f*] du travail, répartition *f* [décomposition *f*, séparation *f*] des tâches. ¶ ~화를 하다 s'orienter vers la répartition des tâches. ¶ ~화가 되다 ((tâches)) être séparé(*e*)s, réparti(*e*)s, décomposé(*e*)s. ¶ 업무의 ~화가 심화되었다 Il y a de plus en plus de séparation [de répartition, de décomposition] des tâches.

분연히[1] **憤然-** 부 avec indignation, avec colère, dans un mouvement de colère, en frémissant de colère. ¶ ~ 퇴장하다 sortir dans un mouvement de colère.

분연히[2] **奮然-** 부 résolument, courageusement, hardiment. ¶ ~ 일어나 싸우다 se révolter avec courage, prendre les armes. ¶ ~ 떨치고 나가다 s'en aller [partir] résolument.

분열 分裂 명 ① scission *f*, dissidence *f*, dissension *f*; schisme *m*, division *f*. ¶ 그들 사이[관계]에 ~이 생겼다 Il existe des dissensions entre eux. ¶ 노동운동에 ~이 생겼다[일어났다, 발생했다] Des scissions [dissidences, dissensions] sont apparues dans le mouvement ouvrier. ② 【생물】 scission *f*; ((핵)) fission *f* ((nucléaire)); ((세포)) division *f* ((cellulaire)). ¶ ~ 증식 scissiparité *f*, fissiparité *f*. ¶ 세포 ~ division cellulaire. ¶ 핵 ~ fission nucléaire. ③ 【의학】 schizophrénie *f*. ¶ ~ 증세를 보이다 présenter [avoir] des symptômes de schizophrénie. ④ 【언어】 clivage *m*; extraction *f* de *qc* en position clivée. ◇_(을) **하다** ① se scinder, se diviser. ② 【생물】 se scinder; faire scission; ((cellules)) se diviser. ◇_(이) **되다** ① se scinder, se diviser; être divisé(*e*). ¶ 여론이 ~되어 있다 L'opinion publique est divisée. ¶ 그 정당은 투표 후에 ~되었다 Le parti s'est scindé après le vote. ② 【생물】 ((cellules)) se diviser. ③ 마음 상태가 어지러워지고 흐트러지다 ((esprit)) se troubler; se désagréger. ◇_(을) **시키다** scinder, diviser, désunir. ¶ 한 가족을 ~시키다 diviser [désunir] une famille. ¶ 국민 여론을 ~시키다 diviser l'opinion publique.

◆**_문** -文 명 【언어】 phrase *f* clivée.

◆**_상** -相 명 image *f* de désagrégation. ¶ ~상을 보이다 montrer une image de désagrégation.

◆**_성** -性 명 【의학】 schizoïdie *f*. ¶ ~성 사고 pensées *fpl* ambivalentes. ¶ ~성 기질이 있다 avoir une disposition schizoïde.

◆**_조직** -組織 명 【식물】 méristème *m*.

◆**_증** -症 명 【의학】 schizophrénie *f*, désagrégation *f* mentale psychique, dissociation *f* mentale.

분원 分院 명 annexe *f* ((d'un hôpital)); branche *f* ((d'un monastère dépendant de la maison mère)); filiale *f*. ¶ 그 병원은 작년에 교외에 ~을 냈다 On a construit une annexe de l'hôpital en banlieue l'année dernière.

분위기 雰圍氣 명 ① atmosphère *f*, ambiance *f*. ¶ 축제 ~ une ambiance [une atmosphère] de fête. ¶ 훈훈한 ~ une ambiance chaleureuse, une bonne ambiance. ¶ 민숭민숭한[어색한] ~ une ambiance froide [une drôle d'ambiance]. ¶ 여기는 축제[잔칫집] ~다 C'est une ambiance de fête, ici / Vous avez l'air de (bien) vous amuser ici. ¶ 엄숙한 ~ 속에서 식이 거행되었다 La cérémonie s'est déroulée dans une ambiance solennelle [avec solennité]. ¶ ~를 만들다 créer une ambiance [une atmosphère, l'atmosphère]. ¶ 집안 ~를 바꾸다 changer l'ambiance de la maison. ¶ 면학 ~를 깨뜨리다 troubler l'atmosphère de travail. ¶ 그 여자는 지적인 ~를 지녔다 Elle donne l'impression d'être une intellectuelle. ¶ 화기애애하던 ~를 깨다[화기애애하던 ~에 찬물을 끼얹다] gâcher [gâter] la bonne ambiance. ¶ 집안에 무거운 ~가 감돈다 Une atmosphère lourde environne la maison. ¶ 그 집은 시골집(의) ~가 난다 De cette maison émane l'atmosphère de la campagne. ¶ 회의 ~가 좋다[나쁘다] L'ambiance de la réunion est bonne [mauvaise]. ¶ ~가 심상치 않다 L'ambiance est tendue [lourde, pesante, ne me dit rien qui vaille] / Il y a de l'orage dans l'air {*fam*} / Je sens que ça va éclater {*fam*}. ¶ ~가 부드럽다[험악하다] L'ambiance est rassurante [inquiétante, alarmante]. ¶ 회의장 ~가 딱딱했다 La salle de réunion avait une ambiance compassée. ¶ 온 나라가 초상집 같은 ~이다 Une atmosphère lugubre domine tout le pays. ② 흐름, 기운 atmosphère *f*, climat *m*. ¶ 해방 직후의 들뜬 ~ un climat agité juste après la libération. ¶ 학벌을 중시하는 사회적 ~ une atmosphère sociale qui accorde de l'importance aux coteries [clans] universitaires.

*~**(가) 있다** le cadre est propice à une bonne ambiance, le cadre est très chaleureux [accueillant] ici. ¶ 그 카페는 ~가 있다 Le cadre de ce café est très chaleureux [accueillant] / Ce café est (très) chaleureux. ¶ 이곳은 ~가 있다 Le cadre est très chaleureux ici.

*~**를 살리다**[**띄우다**, **잡다**] (ré)animer, mettre de l'ambiance, rendre une atmosphère joyeuse.

*~ **파악을 못하다** ne pas comprendre la situation.

◆_**메이커** 명 personne qui met de l'ambiance [qui anime] ((la classe, une réunion, une soirée)), amuseu*r*(*se*), boute-en-train *m inv*, joyeux drille *m*, gai luron *m*, comique, bouffon *m*, clown *m*. ¶ 그 녀석은 정말 ~야 C'est vraiment un boute-en-train [un comique] celui-là.

분유 粉乳 명 lait *m* en poudre. ¶ 아이에게 ~를 먹이다 donner du lait en poudre à un bébé. ¶ ~ 세 숟가락을 물에 타다 verser [mettre] dans l'eau trois cuillères de lait en poudre.

분임 分任 명 en petites unités *fpl*, en petits groupes *mpl*. ¶ ~ 토의 une discussion en petits groupes.

◆_**조** -組 명 petite unité *f*. ¶ ~조를 편성하다 constituer un petit groupe.

분자 分子 명 ① 【물리】 molécule *f*. ¶ ~ 구조 structure *f* moléculaire. ¶ ~ 모형 modèle moléculaire. ¶ 탄소 ~ molécule organique. ② 개인 구성원 élément *m*; facteur *m*. ¶ 극렬 ~ élément extrémiste. ¶ 당내의 불평 ~ les (éléments, individus) mécontents dans un [au sein d'un] parti. ③ 【수학】 numérateur *m* ((d'une fraction)). ¶ 분수의 ~와 분모 le numérateur et le dénominateur d'une fraction.

◆_**량** -量 명 【화학】 *poids m* [*masse f*] *moléculaire*.

◆_**력** -力 명 【물리】 force *f* de cohésion (dans une molécule).

◆_**물리학** -物理學 명 physique *m* moléculaire.

◆_**생물학** -生物學 명 biologie *f* moléculaire.

◆_**스펙트럼** 명 【물리】 spectre *m* moléculaire.

◆_**식** -式 명 【화학】 formule *f* moléculaire.

◆_**운동** -運動 명 【물리】 mouvement *m* des molécules.

◆_**인력** -引力 명 【물리】 attraction *f* moléculaire.

◆_**화합물** -化合物 명 【화학】 corps *m* composé de molécules.

◆**반동**_ 反動- 명 réactionnaire *mf*.

분장 扮裝 명 déguisement *m*; travestissement *m*; costume *m*. ◇_**(을) 하다** se déguiser en ((père Noël)); se travestir ((en femme)); se costumer [s'habiller] en ((Napoléon)). ¶ 배우가 ~을 하고 있다 L'acteur est en train de s'habiller [se costumer]. ¶ 그 남자는 여자로 ~했다 Il s'est déguisé [s'est travesti] en femme. ¶ 어릿광대로 ~한 얼굴 visage fardé en pierrot.

◆_**사** -師 명 maquilleu*r*(*se*) ((de théâtre, de studio)).

◆_**술** -術 명 art *m* du maquillage.

◆_**실** -室 명 salle *f* de maquillage.

분재 盆栽 명 mise *f* en pot; bonsaï *m* ◇_**(를) 하다** mettre en pot, empoter.

분쟁 紛爭 명 conflit *m*; contestation *f*, différend *m*, querelle *f*, dispute *f*. ¶ 두 나라 간[사이]의 국경 ~ un conflit frontalier entre les deux pays. ¶ ~을 일으키다 provoquer une dispute. ¶ ~을 해결하다 arranger un différend, régler un conflit. ¶ 계파간의 ~을 조정하다 s'interposer dans une dispute entre les tendances [factions] d'un parti. ¶ 두 나라 간에 영토를 둘러싼 ~이 일어났다 Il y a eu un conflit territorial entre les deux pays. ¶ ~에 휘말리다 entrer en conflit. ◇_**(을) 하다** être en conflit [avoir un différend]. ¶ 두 나라는 종교 문제로 오래 동안 ~하였다 Les deux pays étaient longtemps en conflit à cause de la religion.

분전 奮戰 명 lutte *f* ardente, combat *m* acharné. ¶ ~ 끝에 après une lutte acharnée [obstinée, ardente, opiniâtre]. ◇_**(을) 하다** lutter avec acharnement. ¶ 끝까지[최후까지] ~하였으나 시합에 지고 말았다 Ils ont perdu le match malgré leur lutte acharnée jusqu'au dernier moment [jusqu'à la dernière minute].

분절 分節 명 ① section *f*, articulation *f*. ¶ 이 노래는 3개의 ~로 나뉜다 Cette chanson se compose de trois couplets. ② 【언어】 segmentation *f*. ¶ ~ 음소 phonème *m* segmental. ◇_**(을) 하다** segmenter. ◇_**(이) 되다** ① se segmenter, se diviser. ¶ 곤충의 다리는 여러 마디로 ~되어 있습니다 Chaque patte d'un insecte est segmentée. ② 【언어】 se segmenter, se diviser. ¶ 음절은 자음과 모음으로 ~된다 Une syllabe se segmente [se divise] en groupes de consonnes et de voyelles.

◆_**적** -的 명 articulatoire.

◆_**운동** -運動 명 【동물】 mouvement *m* segmentaire.

◆_**음** -音 명 【언어】 segment *m*.

분점 分店 명 succursale *f*, filiale *f*. ¶ ~을 내다 ouvrir une succursale. ¶ 이 식당은 여러 곳에 ~을 두고 있다 Ce restaurant a des succursales en divers endroits.

분주하다 奔走_ 형 ((사람이)) être très occupé(*e*), pris(*e*), (très) chargé(*e*), surchargé(*e*) ((de travail)), débordé(*e*), dépassé(*e*); ((프로그램, 날, 시간표)) être chargé(*e*), surchargé(*e*). ¶ 그 사람은 오전보다 오후에 더 ~ Il est plus occupé [Il est davantage pris] l'après-midi que le matin / Il a un emploi du temps plus chargé l'après-midi que le matin / Il est davantage libre le matin que l'après-midi ¶ 나는 하루 종일 분주했다 Aujourd'hui, j'ai eu une journée bien chargée [bien remplie, très chargée, surchargée, hyper chargée {*fam*}] / Aujourd'hui, je n'ai pas eu un seul moment à moi [pour moi] / Aujourd'hui, j'ai vraiment eu un emploi du temps très chargé [surchargé]. ¶ 분주한 오전 une matinée (très) chargée. ¶ 그 날은 잔치 준비로 분주한 날이었다 Ce jour-là, j'ai été très occupé(*e*) à préparer la fête. ¶ 그 사람은 분주한 거리를 홀로 걷고 있었다 Il marchait seul dans une rue grouillante de monde. ¶ 대선 주자들이 분주한 움직임을 보이고 있다 Les candidats aux présidentielles passent à l'action. temps. ¶ 사람들이 분주하게 거리를 오가고 있다 Les gens traversent les rues en hâte.

◆**분주히** 부 en hâte, à la hâte, précipitamment. ¶ 그 사람은 분주히 뛰어다닌 덕에 승진하였다 Sa promotion relève de ses efforts acharnés / Il s'est tellement battu qu'il est monté dans la hiérarchie.

분지 盆地 명 bassin *m*. ¶ ~를 이루다 former un bassin.

분지르다 타 ☞ 부러뜨리다

분진 粉塵 명 poussière *f*, saleté *f*. ¶ ~이 날린다 La poussière vole.

분책 分冊 명 fascicule *m*, volume *m*. ◇_(을) **하다** relier un ouvrage en fascicules. ¶ 책을 ~하여 출판하다 publier un ouvrage par fascicules.

분철 分綴 명 ① reliure *f* en plusieurs petits dossiers, action de diviser un document trop important pour en faire plusieurs petits dossiers que l'on relie. ② 【언어】 syllabation *f*. ¶ ~을 잘못한 단어 un mot mal coupé. ◇_(을) **하다** répartir en plusieurs petits dossiers que l'on relie ensuite. ¶ 그 자료들은 양이 많아 여러 권으로 ~하였다 Comme il y avait des documents en grande quantité, on a dû les répartir en plusieurs dossiers puis les relier. ◇_(이) **되다** être réparti(*e*) en plusieurs petits dossiers que l'on relie ensuite.

분첩 粉貼 명 poudrier *m*, boîte *f* [houppe *f*] à poudre [à poudrer].

분청 糞淸 명 *buncheong m* <style de porcelaine coréenne, enduite d'argile blanc de céladon et cuite une seconde fois>.

◆**_사기** -沙器 명 (céladon *m*) *buncheong m*.

분초 分秒 명 bref [court] instant *m*, [fraction *f* de] seconde *f*, minute *f*, moment *m* très court. ¶ ~를 아껴 공부에 몰두하다 consacrer chaque instant à *ses* études. ¶ ~가 급한 응급 환자 un(*e*) malade qui a besoin d'être soigné(*e*) d'urgence.

*~**를 다투다** être extrêmement urgent(*e*); n'accorder aucun délai. ¶ ~를 다투어 일을 처리하다 traiter une affaire dans les plus brefs délais. ¶ 이 일은 ~를 다투는 일입니다 C'est une affaire extrêmement urgente. ¶ ~을 다투는 상황 une situation urgente pour laquelle une minute ou une seconde compte.

☞ 촌각

분출 噴出 명 jaillissement *m*, éruption *f*. ¶ 화산 ~ une éruption volcanique. ◇_(을) **하다** jaillir; faire jaillir, émettre. ¶ 화산에서 용암이 ~하고 있다 Le volcan vomit [crache] des laves. ¶ 에너지를 ~하다 émettre de l'énergie. ◇_(이) **되다** être émis(*e*). ◇_(을) **시키다** faire jaillir, émettre ¶ 그는 그 동안 쌓여 있던 불만들을 ~시키기 시작했다 Il s'est mis à déverser [à décharger] tout le mécontentement qu'il avait accumulé pendant tout ce temps.

◆**_구** -口 명 dégagement *m*, exutoire *m*.

분침 分針 명 grande aiguille *f*, aiguille *f* des minutes ((sur une horloge)).

분탕질 焚蕩- 명 dissipation *f*, dilapidation *f* ((d'une fortune)); gaspillage *m* ((d'argent)); pillage *m*. ◇_(을) **하다** dissiper, dilapider ((une fortune)), gaspiller, prodiguer {*litt*} ((l'argent)); piller. ¶ 홍청망청 가산을 ~하다 dilapider *son* patrimoine sans compter. ¶ 도적떼가 온 마을을 ~하고 갔다 Les voleurs ont pillé tout le village.

분통 憤痛 명 rage *f*, fureur *f*, grande colère *f*, colère *f* noire, rage *f* folle, ire *f* {*litt*, *vx*}; indignation *f*. ◇_**을 터뜨리다** laisser exploser [éclater] *sa* colère, exploser {*fam*} (de rage), se fâcher grandement {*litt*}, se mettre en grande colère [en grande fureur]; rager, s'emporter [se déchaîner] contre *qn*, entrer dans une rage folle [colère noire], sortir de *ses* gonds {*litt*}, décharger *sa* bile {*litt*}, entrer en fureur, s'emporter; bouillonner de rage. ◇_**이 나다** être très en colère, être fâché(*e*), irrité(*e*), dépité(*e*), mortifié(*e*), froissé(*e*); être dans une colère noire [terrible], être furieu*x*(*se*), hors de *soi*, fumasse {*fam*}, furax {*fam*}, en boule {*fam*}, en pétard {*fam*}, en rogne {*fam*}.

◆**_하다** 형 être fâcheu*x*(*se*), regrettable, déplorable. ¶ 그 일을 생각하면 ~하기 짝이 없다 Quand je pense à cette affaire, j'éprouve un très vif ressentiment.

◆**_스럽다** 형 être fâcheu*x*(*se*), regrettable, déplorable.

분투 奮鬪 명 lutte *f* [combat *m*, bataille *f*] acharnée, efforts *mpl* acharnés. ¶ ~를 다짐하다 se jurer de mettre toutes *ses* forces. ◇_(를) **하다** combattre [lutter] avec acharnement, déployer des efforts acharnés. ¶ 우리 팀은 ~하여 승리를 거뒀다 Notre équipe a remporté la victoire après une lutte acharnée.

◆**고군_** 孤軍- 명 lutte *f* acharnée sans aucun soutien. ¶ 고군~(를) 하다 lutter [se défendre, persévérer] énergiquement et sans être soutenu(*e*).

분파 分派 명 secte *f*; groupe *m* (de) dissident(s); faction *f*. ¶ 마르크스주의의 여러 ~ diverses factions du marxisme.

◆**_적** -的 명관 dissident(*e*), scissionniste; hétérodoxe; séparatiste. ¶ ~적인 행동 un comportement dissident [scissionniste].

◆**_주의** -主義 명 scissionnisme *m*. ¶ ~주의적인 경향

une tendance scissionniste.

◆_활동 -活動 명 activité *f* scissionniste.

분패 憤敗 명 défaite *f* [échec *m*] frustrant(*e*) [rageant(*e*)]. ◇_(를) **하다[당하다]** essuyer [concéder, connaître] une défaite rageante, subir [essuyer, concéder] une défaite avec très peu d'écart; perdre un match [une rencontre] de très peu [à quelques points près, regrettablement, de justesse]; se faire devancer d'une courte tête [d'un poil {*fam*}], se faire coiffer [être coiffé(*e*)] sur le poteau {*fam*} [sur le fil {*fam*}, au poteau {*fam*}]. ¶ 연장전까지 간 끝에 (아깝게) ~했다 Il est éminemment regrettable qu'on se soit fait battre dans les dernières minutes des prolongations / C'est rageant de s'être fait coiffer sur le fil dans les dernières minutes des prolongations {*fam*}. ¶ 한 점 차로 ~하다 perdre regrettablement avec un (seul) point [but] d'écart, se faire coiffer sur le fil [sur le poteau] pour un seul petit point [but] {*fam*}. ☞ 석패

분포 分布 명 distribution *f*, répartition *f*. ¶ 인구~ répartition démographique. ¶ 동물[식물]의 ~ 지역 région *f* [zone *f*] spécifique où vit un animal [où pousse une plante]. ¶ 그 나무는 이 지역에 폭넓은 ~를 보인다 Cet arbre est très répandu dans cette région. ◇_(를) **하다** s'étendre ((d'un endroit à un autre)), être réparti(*e*) [distribué(*e*), répandu(*e*)], se répandre, se trouver ((dans une région)). ¶ 이 꽃은 한국 전역에 ~하고 있다 Cette fleur s'est répandue dans toute la Corée / On trouve cette fleur dans toute la Corée. ◇_(가) **되다** devenir réparti(*e*) [distribué(*e*), répandu(*e*)], se trouver ((de plus en plus)). ¶ 이 식물은 주로 열대지방에 많이 ~되어 있다 Cette plante est surtout répandue dans les régions tropicales.

◆_곡선 -曲線 명 courbe *f* de distribution.

◆_도 -圖 명 carte *f* de distribution. ¶ 인구~도 une carte démographique.

◆상보적_ 相補的- 명 【언어】 distribution *f* complémentaire.

분풀이 憤- 명 effusion *f* de colère, épanchement *m* de colère; vengeance *f*, représailles *fpl*. ¶ 나는 부모님께 야단을 맞은 ~로 강아지를 걷어찼다 Après avoir été grondé(*e*) par mes parents j'ai déversé ma colère sur mon chien en lui donnant un coup de pied. ◇_(를) **하다** donner libre cours à *sa* colère, décharger [déverser, épancher] *sa* bile {*fam*} [colère]; user de représailles, assouvir une vengeance; passer *sa* colère sur *qn*/*qc*. ¶ 엉뚱한 사람에게 ~하다 décharger *sa* bile {*fam*} [colère] sur une tierce personne [sur une personne parfaitement innocente], passer *sa* colère sur *qn*/*qc*.

분필 粉筆 명 craie *f*. ¶ ~ 가루가 손에 묻다 salir *ses* mains avec de la poudre de craie. ¶ 칠판에 ~로 글씨를 쓰다 écrire au [sur un] tableau avec une craie. ¶ ~이 부러졌다 La craie s'est cassée.

◆색_ 色- 명 craie de couleur.

*~ **가루를 먹다** exercer le métier d'enseignant.

분하다 憤- 형 être fâché(*e*), vexé(*e*), mortifié(*e*), froissé(*e*), irrité(*e*), frustré(*e*); être en colère, éprouver du ressentiment. ¶ 그런 녀석에게 모욕을 당하다니 너무 ~ Je suis extrêmement vexé(*e*) d'avoir été insulté par un type pareil. ¶ 다 이긴 시합을 놓쳐서 너무 ~ J'éprouve beaucoup de frustration d'avoir perdu un match que je pensais (avoir) gagné [que j'étais pratiquement sûr(*e*) d'avoir gagné] / C'est rageant d'avoir perdu ce match que je pensais (avoir) gagné [d'avoir perdu ce match que j'étais quasiment sûr(*e*) d'avoir gagné] / Ça me rend furieux(*se*) [furax {*fam*}] d'avoir perdu ce match que je pensais (avoir) gagné [que j'étais presque sûr(*e*) d'avoir gagné]. ¶ 분한 마음에 주먹을 휘두르다 user des poings sous l'emprise de la colère. ¶ 분한 생각이 들다 éprouver du ressentiment [du dépit]. ¶ 우리 팀은 분하게 한 점 차로 지고 말았다 Notre équipe a regrettablement perdu avec un point [but] d'écart. ¶ 분하게도 우리가 선수를 빼앗겼다 Malheureusement, on s'est fait devancer / Malheureusement, il y a eu plus rapide que nous.

분할 分割 명 division *f*, démembrement *m*, scission *f*, partage *m*. ¶ ~ 매입 un achat par acomptes [par mensualités]. ¶ ~ 상환 un remboursement échelonné. ¶ ~ 상속 une succession partagée. ¶ ~ 지불하다 échelonner un paiement, payer en plusieurs versements; acheter à crédit. ¶ ~ 통치 politique *f* consistant à diviser pour mieux régner. ¶ 토지 ~ la division d'un terrain. ¶ 대출금을 10년 ~로 상환하다 rembourser un emprunt sur 10 ans. ◇_(을) **하다** diviser, morceler, partager; démembrer. ¶ 땅을[영토를] ~하다 morceler un terrain. ¶ 이익금을 지분별로 ~하다 distribuer des dividendes. ◇_(이) **되다** être divisé(*e*). ¶ 그 나라는 10개의 지방구역으로 ~되어 있다 Ce pays est divisé en 10 circonscriptions régionales.

◆_소유권 -所有權 명 droit *m* aux dividendes.

분합 粉盒 명 poudrier *m*.

분해 分解 명 décomposition *f*, démontage *m*. ◇_(를) **하다[시키다]** décomposer, démonter, faire l'analyse de *qc*. ¶ 기계[시계]를 ~하다 démonter [mettre en pièces] une machine [une montre]. ◇_(가) **되다** se décomposer. ¶ 물이 산소와 수소로 ~된다 L'eau se décompose en hydrogène et oxygène. ¶ ~가 되는 책장 une bibliothèque démontable.

◆_반응 -反應 명 réaction *f* de décomposition.

◆_작용 -作用 명 désintégration *f*.

◆열_ 熱- 명 pyrolyse *f*.

◆인수_ 因數- 명 factorisation *f*.

◆전기_ 電氣- 명 électrolyse *f*.

분향 焚香 명 encensement *m*, action de brûler de l'encens. ◇_(을) **하다** brûler de l'encens. ¶ 누구의 영전에 ~하다 encenser un défunt, honorer un défunt en brûlant de l'encens.

◆_소 -所 명 autel *m* ((sur lequel on brûle l'encens)). ¶ ~를 차리다[설치하다] installer un petit autel où brûler l'encens; installer une chapelle ardente.

분홍 粉紅 명 rose *m*; rouge *m* clair. ¶ ~ 치마 une jupe rose.

◆_빛 명 rose *m*.

◆_색 -色 명 (couleur *f*) rose *m*.

분화 分化 명 division *f*, spécialisation *f*, spécification *f*, différenciation *f*. ¶ 산업의 ~ segmentation de l'industrie. ¶ 종의 ~ différenciation de l'espèce. ¶ 빈부 차이에 의한 계층의 ~ division des classes selon l'inégalité des richesses. ◇_(를) **하다** se différencier; se spécialiser. ¶ 생물은 다양하게 ~한다 Les êtres vivants se différencient largement. ◇_(가) **되다** se différencier; se spécialiser. ¶ 산업의 발달로 직업이 ~되었다 Les professions se sont spécialisées grâce au développement de l'industrie.

분화구 噴火口 명 cratère *m*.

분회 分會 명 petite section *f*, sous-section(~-~*s*) *f*, sous-partie(~-~*s*) *f*. ¶ ~를 결성하다 constituer [créer] des sous-sections.

붇다 자 ① ((물에 젖어서)) enfler, gonfler. ¶ 눈이 녹아 강물이 불었다 La fonte des neiges a fait enfler [a fait monter le niveau de] la rivière / La rivière a enflé à la fonte des neiges. ¶ 물에 손이 불었다 L'eau m'a fripé le bout des doigts. ¶ 국수가 불어 맛이 없다 Les nouilles ne sont pas bonnes parce qu'elles sont restées trop longtemps dans l'eau [parce qu'elles ont cuit trop longtemps]. ② 늘어나다 augmenter, grossir, (se) gonfler, croître, grandir. ¶ 체중이 ~ prendre du poids [des kilos]. ¶ 재산이 불었다 Son patrimoine s'est accru / Ses biens se sont accrus. ¶ 식구가 둘이나 불었다 La famille s'est agrandie de deux membres / Nous sommes deux de plus dans la famille.

불[1] 명 ① feu(*x*) *m*. ¶ ~을 피우다 faire un [du] feu, allumer un feu. ¶ ~을 쬐다 se chauffer devant le feu. ¶ 가스렌지의 ~을 끄다 éteindre une cuisinière à gaz. ¶ 난로에 ~을 피우다[지피다] allumer [(re)mettre des bûches dans] un poêle. ¶ 방에 ~을 때다 chauffer une pièce. ¶ 초[담배]에 ~을 붙이다 allumer une bougie [une cigarette]. ¶ 자동화기가 적을 향해 ~을 뿜었다 Des armes automatiques se sont mises à tirer en rafales en direction de l'ennemi. ¶ ~ 좀 빌려 주실래요? Vous auriez du feu s'il vous plaît? / Vous n'auriez pas [Vous n'avez pas, Vous avez] du feu s'il vous plaît? ¶ 고기를 ~에 익히다 faire cuire de la viande sur le feu. ¶ ~에[~ 위에] 남비를 올려놓다 mettre une casserole sur le feu. ¶ 프라이팬을 ~에서 내려놓다 ôter [retirer] une poêle du feu. ¶ 커튼에 ~이 붙었다 Le rideau a pris feu. ¶ ~이 잘 붙지 않는다 Le feu ne prend pas. ¶ ~이 꺼진다[죽어간다] Le feu s'éteint [meurt]. ¶ 휴지뭉치가 ~에 타고 있었다 Le rouleau de papier brûlait. ¶ 그 사람은 성격이 ~ 같다 Il a un tempérament fougueux [de feu]. ¶ ~ 같이 노하다 se mettre dans une colère terrible [noire] contre *qn*, se fâcher grandement {*litt*}, se mettre en grande colère [en grande fureur]; rager, s'emporter [se déchaîner] contre *qn*, entrer dans une rage folle [colère noire], sortir de *ses* gonds {*litt*}, décharger *sa* bile {*litt*}, monter sur *ses* grands chevaux {*litt*}, fulminer contre *qn*, tempêter contre *qn*, enrager, fumer {*fam*}, piquer *sa* crise {*fam*}, prendre la mouche, entrer en fureur, s'emporter, bouillonner de rage, s'abandonner à la colère. ② ((조명)) lumière *f*. ¶ ~을 끄다 éteindre la lumière. ¶ 방의 ~을 켜다 éclairer une chambre [une pièce], allumer la lumière d'une chambre [d'une pièce]. ¶ 무대에 ~이 들어왔다[나갔다] La scène est éclairée [plongée dans l'obscurité]. ¶ ~이 깜빡거린다 La lumière clignote. ③ ((화재)) feu(*x*) *m*, incendie *m*. ¶ 소방수가 ~을 껐다 Les pompiers ont éteint le feu. ¶ ~이 옆 건물로 번지고 있다 Le feu gagne le bâtiment voisin. ¶ ~이야! Au feu! ◇_(이) **나다** ((un incendie)) se déclarer; y avoir le feu. ¶ 공장에 ~이 났다 Un incendie s'est déclaré dans l'usine. ◇_(을) **내다[지르다, 놓다]** mettre le feu à *qc*. ¶ 자기 집에 ~을 지르다[내다] mettre le feu chez *soi*.

*~(을) **붙이다[지르다]** mettre le feu à *qc*. ¶ 그 사람의 발언이 숱한 논쟁에 ~을 붙였다 Ses propos ont suscité de nombreux débats.

*~(을) **보듯 하다[뻔하다]** C'est clair comme le jour [comme de l'eau de roche {*fam*}, comme deux et deux font quatre {*fam*}] / Ça se voit comme le nez au milieu de la figure [du visage {*fam*}] / Ça saute aux yeux / Ça crève les yeux {*fam*} / Cela coule de source / Cela tombe sous le sens. ¶ 그 사람의 실패는 ~ 보듯 뻔하다 Son échec est clair comme le jour / Il va échouer, c'est plus qu'évident / Son échec est bien prévisible.

*~(을) **뿜다** ((un canon)) faire feu. ¶ 총들이 일제히 불을 뿜었다 Tous les fusils crachèrent en même temps.

*~(이) **붙다** s'enflammer (pour *qc*); prendre feu, brûler. ¶ 두 사람의 사랑이 불붙었다 Leur amour s'est enflammé. ¶ 경쟁에 불이 붙는다 La concurrence fait rage. ¶ 두 자동차 회사 간에 신차 개발 경쟁에 ~이 붙었다 La concurrence est torride entre ces deux constructeurs automobiles pour le développement de nouvelles voitures.

*~**에 기름을 붓는 격이다** C'est (comme) mettre [jeter] de l'huile sur le feu.

***강 건너 ~구경하듯 하다** rester impassible devant ((une scène affreuse)), assister à ((une scène horrible)) en spectateur indifférent, agir [se comporter, se conduire] comme si on n'était pas concerné(*e*) ((par une affaire)), rester tout à fait indifférent(*e*), être complètement indifférent(*e*), rester [être] specta*teur*(*trice*) [indifférent(*e*)] ((devant une affaire, devant une bagarre)); regarder (passivement) *qc* sans y prendre part [sans intervenir], regarder ((un spectacle)) avec indifférence [sans s'y mêler], assister à un événement en simple spectateur [en simple observateur], demeurer indifférent(*e*) à *qc*, ne pas réagir, rester les bras croisés; ça lui passe (dix pieds) au-dessus de la tête {*fam*}.

***급한 ~(을) 끄다** régler une chose [un problème] de première priorité. ☞ 끄다

***눈에 ~을 켜다** avoir des flammes dans les yeux. ¶ 눈에 ~을 켜고 누구에게 대들다 se révolter violemment contre *qn*.

***발등에 ~이 떨어지다** avoir le feu aux trousses [au derrière {*vulg*}, au cul {*vulg*}, quelque part {*vulg*}]; avoir le diable à *ses* trousses; être extrêmement urgent(*e*) [pressant(*e*)]; être imminent(*e*). ¶ 너는 발등에 ~이 떨어져야 꼭 공부를 시작하니? Il faut toujours que tu attendes le dernier moment [la dernière minute, la veille des examens] pour travailler [pour t'y mettre]?

◆**_꽃** 명 flamme *f*, flammèche *f*, étincelle *f*. ¶ ~꽃 놀이 feu d'artifice. ¶ 불붙은 창문으로 ~꽃이 넘실댄다 Des flammes dépassent de la fenêtre en feu. ¶ 두 팀 간의 경쟁이 ~꽃 튀었다 Les deux équipes se sont livrées à une concurrence ardente.

◆**_기운** -氣運 명 force *f* [activité *f*] des flammes, chaleur *f* [vigueur *f*] du feu. ¶ 화재 현장에 아직 ~기운이 남아 있다 Il reste encore quelques foyers de combustion [des foyers actifs] sur le lieu de l'incendie.

◆**_길** 명 ((être dévoré(*e*) par)) les flammes *fpl*. ¶ ~길을 잡다 maîtriser les flammes. ¶ ~길에 휩싸이다 être dévoré(*e*) par les flammes, être la proie des flammes, être en proie aux flammes. ¶ ~길이 가라앉는다 Les flammes diminuent d'intensité / Les flammes s'atténuent [s'apaisent] / La hauteur des flammes baisse / La violence des flammes s'atténue / Les flammes sont moins hautes [vigoureuses, ardentes]. ¶ ~길이 거세다 Ce sont des flammes ardentes. ¶ ~길이 번지고 있다 Les flammes se propagent.

◆**_똥** 명 étincelle *f*, escarbille *f*, flammèche *f*. ¶ 나무가 타면서 ~똥이 튄다 Le bois projette des étincelles en se consumant. ¶ 그 싸움의 ~똥이 내게로 튀었다 *Ce conflit a eu des répercussions sur moi.*

◆**_쏘시개** 명 allume-feu(~-~(*x*)) *m*, ligot *m*. ¶ 무엇을 ~쏘시개로 쓰다 se servir de *qc* comme allume-feu.

◆**_씨** 명 braise *f* (gardée sous la cendre), charbon *m* ardent; cause *f*, origine *f*. ¶ ~씨를 꺼뜨리다 éteindre une braise. ¶ 남은 ~씨 때문에 아직 화재 위험이 있다 Il y a toujours un risque d'incendie, car il reste encore des braises. ¶ 그의 발언이 ~씨가 되어 숱한 논쟁이 벌어졌다 Ses propos ont suscité de nombreux débats.

◆**_자동차** -自動車 명 camion *m* [voiture *f*] de pompiers.

◆**_조심** -操心 명 précaution *f* contre le feu. ¶ ~조심을 하다 faire attention au feu, prendre garde à l'incendie.

◆**군_** 명 chauffage *m* d'une pièce. ¶ 군~을 때다 chauffer une pièce.

◆**번갯_** 명 éclair *m*, feu(*x*) *m* du ciel.

***번갯~에 콩 볶아 먹듯** d'un seul trait; en un clin d'oeil, en un rien de temps.

◆**산_** 山- 명 incendie *m* de forêt. ¶ 산~이 났다 Un incendie de forêt s'est déclaré.

◆**전깃_** 電氣ㅅ- 명 lumière *f* électrique.

불² 弗 분류 dollar *m*. ¶ 미화 10 ~ 10 dollars américains. ☞ 달러

불-³ 不- 접두 non-, in[im]-. ¶ ~간섭주의 le non-interventionnisme. ¶ ~개입 la non-ingérence.

불가¹ 不可 명 inconvenance *f*; impossibilité *f*. ¶ 그 연극은 공연 ~ 판정을 받았다 La représentation de cette pièce a été jugée inconvenable. ¶ 미성년자 [12세 미만] 관람 ~ Interdit aux mineurs [moins de 12 ans].

◆**_하다** 형 ne pas être convenable, être inconvenable; être illicite; être impossible. ¶ 그것은 ~한 일이다 C'est une chose inconvenable. ¶ 20세기에는 ~하리라던 생명복제가 이루어졌다 Le clonage qu'on pensait impossible au XXe siècle est devenu chose réelle.

불가² 佛家 명 【불교】 bouddhisme *m*. ¶ ~의 가르침 l'enseignement *m* du bouddhisme.

불가결하다 不可缺- 형 être indispensable. ¶ (필수) 불가결한 요소 un élément indispensable.

불가능 不可能 명 impossibilité *f*. ¶ ~을 가능케 하다 rendre possible l'impossible.

◆**_하다** 형 être impossible. ¶ 이론상으로는 가능하지만 실제로는 ~하다 C'est possible en théorie mais impossible en pratique. ¶ 실현 ~한 계획 un projet irréalisable. ¶ 교환이 ~한 상품 un produit non échangeable. ¶ 그 산에 오른다는 것은 내게는 ~한 일이다 C'est pour moi chose impossible que de gravir cette montagne [de faire l'ascension de ce sommet]. ¶ 그는 ~하게만 보이던 그 일을 해냈다 Il est parvenu à accomplir cette tâche qui paraissait impossible.

불가분 不可分 명 indivisibilité *f*. ¶ 권력과 돈은 ~의 관계에 있다 La pouvoir et la richesse sont inséparables.

◆**_하다** 형 être indivisible, inséparable, indissociable. ¶ 국내 정치는 국제 정치와 ~하다 La politique intérieure est indissociable de la politique extérieure. ¶ 개인과 사회는 ~한 관계에 있다 L'individu et la société sont inséparables [indissociables].

불가불 不可不 부 inévitable, inéluctable, incontournable. ¶ 나는 ~ 그렇게 할 수밖에 없다 Je n'ai pas pu faire autrement, c'était inévitable. ¶ ~ 나는 그것을 단념해야 했다 Inéluctablement, j'ai

ㅂ

été obligé(*e*) de renoncer à cela.

불가사리 명 【생물】 étoile *f* de mer, astérie *f*.

불가사의 不可思議 명 mystère *m*, énigme *m*; merveille *f* (du monde). ¶ 피라미드는 세계 7대 ~ 중의 하나이다 Les pyramides sont une des 7 merveilles du monde.

◆**_하다** 형 être mystérieu*x*(*se*), énigmatique, étrange, inexplicable; être merveilleu*x*(*se*), fantastique. ¶ 그 사람이 1등을 한 것은 정말 ~하다 C'est vraiment extraordinaire qu'il soit arrivé le premier. ¶ ~한 인물 un personnage mystérieux [énigmatique]. ¶ ~한 현상[일, 이야기] un phénomène [un fait, une histoire] étrange [inexplicable]. ¶ ~하게 나도 모르게 돈이 사라졌다 L'argent a mystérieusement disparu à mon insu.

불가산명사 不可算名詞 명 【언어】 nom *m* [substantif *m*] non comptable.

불가역현상 不可逆現象 명 【물리】 phénomène *m* irréversible.

불가입성 不可入性 명 【물리】 impénétrabilité *f*.

불가지론 不可知論 명 【철학】 agnosticisme *m*.

◆**_자** -者 명 agnostique *mf*.

불가침 不可侵 명 inviolabilité *f*; non-agression *f*. ¶ 상호 ~(의) 조약을 맺다 conclure [signer] un pacte de non-agression (réciproque).

◆**_선언** -宣言 명 【정치】 déclaration *f* de non-agression.

◆**_협정** -協定 명 pacte *m* de non-agression. ¶ 두 나라 사이에 ~협정을 맺었다 Les deux pays ont conclu un pacte de non-agression.

불가피성 不可避性 명 caractère *m* inévitable. ¶ 체벌의 ~을 주장하다 plaider en faveur de la nécessité de la peine.

불가피하다 不可避- 형 être inévitable, inéluctable. ¶ 목적 달성을 위해서는 어느 정도의 희생이 ~ Certains sacrifices sont inévitables pour atteindre le but. ¶ 그것은 전체의 이익을 지키기 위한 불가피한 조치였다 C'était une mesure inévitable pour préserver l'intérêt de tout le monde. ¶ 불가피하게(도) 앞으로 한 달 동안 급료를 지불할 수 없다 C'est inévitable, on ne pourra pas verser de salaire le mois prochain.

불가항력 不可抗力 명 force *f* impénétrable. ¶ ~의 천재지변 une catastrophe naturelle inévitable. ¶ 일이 그렇게 된 건 어쩌면 ~이었다 Il était peut-être inévitable que l'affaire tourne [tournât] ainsi.

◆**_적** -的 명 irrésistible, inévitable. ¶ ~적인 현상 un phénomène incontrôlable. ¶ ~적으로 닥친 재난 une catastrophe inévitable.

불가해 不可解 명 incompréhensibilité *f*, impénétrabilité *f*.

◆**_하다** 형 être mystérieu*x*(*se*), incompréhensible, être difficile [impossible] à comprendre. ¶ 우리의 운명은 ~하다 Notre destin est imprévisible [mystérieux]. ¶ ~한 인물 une personne mystérieuse. ¶ 과학이 풀지 못한 ~한 현상들 les phénomènes que les sciences n'ont pu résoudre.

불간섭 不干涉 명 non-intervention *f*, non-ingérence *f*. ¶ 내정 ~의 원칙 principe de non-ingérence dans les affaires intérieures ((d'un État)). ¶ 상호 ~의 원칙 principe de non-intervention mutuelle.

◆**_주의** -主義 명 【법률】 non-interventionnisme *m*.

불감증 不感症 명 frigidité *f*; insensibilité *f*, indifférence *f*. ¶ ~ 환자 un(*e*) patient(*e*) sans libido [dénué de libido]; ((여자)) une patiente frigide; ((남자)) un homme impuissant. ¶ 안전 ~ négligence *f* [insuffisance *f*] des mesures de sécurité. ¶ 우리 사회는 심각한 도덕(적) ~에 빠져 있다 Notre société est dénuée de toute morale / Notre société souffre d'une grave insensibilité face aux problèmes moraux.

불개미 명 fourmi *f* rouge.

불개입 不介入 명 【정치】 non-intervention *f*, non-ingérence *f*. ¶ 제삼국의 내정에 대한 ~을 선언하다 se déclarer contre l'ingérence [faire déclaration de non-ingérence] dans la politique intérieure d'un pays tiers.

불거지다 자 ① 돌출되다 faire saillie, ressortir; être protubérant(*e*). ¶ 광대뼈가 툭 불거진 얼굴 visage à pommettes saillantes. ② 문제 따위가 surgir, faire surface brusquement, être découvert(*e*); se révéler. ¶ 조사 과정에서 정치 자금 문제가 불거져 나왔다 Lors de l'enquête, la question du financement des partis politiques a fait surface.

불건전하다 不健全- 형 être malsain(*e*), morbide, ne pas être sain(*e*). ¶ 불건전한 오락[영화] un jeu [un film] malsain(*e*). ¶ 불건전한 생활이 그 사람의 건강을 해쳤다 Sa vie dissolue lui a détérioré la santé.

불결하다 不潔- 형 être malpropre, sale, sordide, immonde, insalubre. ¶ 불결한 환경 un environnement sale. ¶ 그런 불결한 생각을 하다니! Quelle pensée immonde! ¶ 누구의 행동을 불결하게 생각하다 trouver le comportement de *qn* immonde.

불경[1] 不敬 명 irrespect *m*, irrévérence *f*; blasphème *m*. ¶ 누구에게 ~을 범하다 faire acte d'irrévérence à l'encontre de *qn*, se montrer irrespectueu*x*(*se*) devant *qn*. ¶ 그는 왕에 대한 ~으로 투옥되었다 Il a été mis en prison pour irrévérence envers le [à l'égard du] roi.

◆**_하다** 형 être irrespectueu*x*(*se*), irrévérencieu*x*(*se*); être sacrilège, blasphématoire, impie. ¶ ~한 언사를 하다 proférer des paroles irrévérencieuses [blasphématoires]. ¶ ~하게 신전을 파괴하다 commettre un sacrilège en détruisant le temple.

◆**_스럽다** 형 être irrespectueu*x*(*se*), irrévérencieu*x*(*se*); être sacrilège, blasphématoire, impie. ¶ ~스러운 행동을 하다 se comporter de façon blasphématoire. ¶ 왕에게 ~스럽게 대꾸하다 répondre au roi de façon blasphématoire.

◆**_죄** -罪 명 blasphème *m*, sacrilège *m*; ((신에 대한))

péché *m*; ((왕에 대한)) crime *m* de lèse-majesté.

불경[2] **佛經** 명 【불교】 sûtra *m*, Écritures *fpl* bouddhiques. ¶ ~ 소리 récitation (à voix haute) des sûtras. ¶ ~을 읽다 lire des sûtras.

불경기 不景氣 명 【경제】 récession *f* (de l'économie), marasme *m* [crise *f*] économique; morosité *f* ((du marché)), ralentissement *m* des affaires, tendance *f* dépressionnaire de l'économie ((mondiale)). ¶ ~로 재고가 쌓여 있다 On a beaucoup de stock à cause du ralentissement des affaires. ¶ ~에서 벗어나다 sortir du marasme. ¶ 몇 년째 ~가 계속되고 있다 On traverse une grave crise économique depuis plusieurs années. ¶ 요즈음은 ~라서 일자리가 잘 나지 않는다 Comme on est en plein marasme économique, il est difficile de trouver [d'avoir] un emploi [un travail, du travail]. ¶ 워낙 ~라서 가게에 손님이 없다 Il y a peu de clients dans le(*s*) magasin(*s*) à cause de la crise ((économique)).

불계 不計 명 【운동】 victoire *f* incontestable [indiscutable] ((au jeu de go)). ¶ ~로 이기다 remporter une victoire incontestable [indiscutable].

◆**_승** -勝 명 victoire *f* incontestable [écrasante] ((au jeu de go)). ¶ ~승을 하다[거두다] remporter une victoire incontestable [écrasante].

불고기 명 *bulgogi m*, barbecue *m* coréen, viande *f* de bœuf grillée <tranches de boeuf marinées puis grillées sur le feu (à la façon d'un barbecue)>. ¶ ~ 백반 un *bulgogi* servi avec du riz et des plats d'accompagnement. ¶ ~를 구워 먹다 manger du *bulgogi* en le faisant griller sur le feu.

불고지죄 不告知罪 명 【법률】 délit *m* de non-dénonciation de crime.

불곰 명 【생물】 ours *m* brun.

불공 佛供 명 【불교】 offrande *f* au Bouddha. ◇**_(을) 드리다[올리다]** faire une offrande au Bouddha.

불공정 不公正 명 injustice *f*, partialité *f*. ¶ ~ 거래 une transaction inéquitable. ¶ ~ 관행을 시정하다 corriger [réformer] une pratique injuste.

◆**_하다** 형 être injuste, parti*al*(*ale*, *aux*), inéquitable. ¶ 심판의 판정이 ~하다 La décision de l'arbitre est partiale. ¶ ~한 게임 une partie inéquitable. ¶ 평가를 ~하게 하다 juger de façon partiale.

불공평하다 不公平- 형 être injuste, parti*al*(*ale*, *aux*), inéquitable. ¶ 그는 부하들을 대하는 것이 ~ Il traite [dirige] ses subalternes avec partialité. ¶ 불공평한 사회 une société injuste. ¶ 불공평한 재판 un jugement injuste [partial]. ¶ 불공평한 처사 une mesure injuste [inéquitable]. ¶ 자식들을 불공평하게 대해서는 안 된다 Il ne faut pas faire du favoritisme avec vos enfants.

불과 不過 부 tout au plus; à peu près; seulement, pas plus (de). ¶ ~ 몇 분 사이에 일어난 일 un événement survenu en quelques minutes seulement [en à peine quelques minutes]. ¶ 그 사실을 모르는 사람은 ~ 몇 명뿐이다 Il n'y a que très peu de personnes qui ne soient pas au courant de ce fait.

◆**_하다** 형 se réduire à, ne pas dépasser. ¶ 그 단체는 회원이 10명에 ~하다 Cette association ne compte pas plus de 10 membres. ¶ 그 생각은 너의 착각에 ~하다 Cette pensée n'est que le fruit de ton imagination.

불교 佛敎 명 bouddhisme *m*. ¶ ~ 문화[음악] culture *f* [musique] bouddhique.

◆**_적** -的 명 bouddhique.

◆**_계** -界 명 monde *m* bouddhique.

◆**_도[신자]** -徒[信者] 명 bouddhiste *mf*.

◆**대승_** 大乘 명 bouddhisme *m mahayana* [du grand Véhicule].

◆**소승_** 小乘 명 bouddhisme *m hinayana* [du petit Véhicule].

◆**원_** 圓- 명 bouddhisme *m* Won [du Cercle].

불구 不具 명 infirmité *f*, invalidité *f*. ¶ ~의 몸이 되다 devenir infirme. ¶ ~의 몸으로 마라톤 대회에 참가하다 participer [prendre part] à un marathon en tant qu'infirme [que handicapé]. ¶ 그 분은 사고로 오른 팔이 ~가 되었다 Suite à un accident, il est devenu infirme [handicapé] de la main droite.

◆**_동사** -動詞 명 【언어】 verbe *m* défectif. ¶ ~동사란 어간에 몇몇 어미만 결합하는 동사다 Les verbes défectifs sont ceux qui ne peuvent associer à leur radical que quelques suffixes (flexionnels).

◆**_자** -者 명 infirme *mf*, estropié(*e*), handicapé(*e*). ¶ 교통사고로 ~자가 되다 rester infirme [estropié(*e*), handicapé(*e*)] suite à un accident de voiture [de la route, de la circulation].

불구하다 不拘- 자 ((verbe défectif)) ne pas attacher d'importance à *qc*, ne pas tenir compte de *qc*, ne pas se soucier de *qc*.

◆ **불구하고** ((il ne s'emploie que sous forme de nom+-에도 불구하고)) bien que+*subj*, quoique+*subj*, malgré *qc*, en dépit de *qc*, ((법률에서)) nonobstant *qc*. ¶ 병에도 불구하고 malgré sa maladie. ¶ 상당한 비용에도 불구하고 en dépit des [malgré les] dépenses considérables. ¶ 아버지의 반대에도 불구하고 malgré l'opposition de *son* père. ¶ 그 사람은 부상에도 불구하고 끝까지 열심히 뛰었다 Malgré une blessure, il a couru avec ardeur jusqu'au bout. ¶ 악천후에도 불구하고 손님이 많이 왔다 En dépit du mauvais temps, les clients sont venus nombreux. ¶ 바쁘신데도 불구하고 찾아주셔서 감사합니다 Malgré votre emploi du temps chargé, vous êtes venu(*e*) nous rendre visite, et je vous en remercie. ¶ 충고를 했음에도 불구하고 en dépit de [sans tenir compte de, sans se soucier de] *mes* conseils. ¶ 그럼에도 불구하고 malgré cela, pourtant, néanmoins, toutefois.

불구대천 不俱戴天 명 irréconciliabilité *f*. ¶ ~의 원수 un ennemi irréconciliable [juré, mortel].

불구덩이 명 enfer *m* de flammes; brasier *m*. ¶ ~에 빠지다[집어넣다] être jeté(*e*) dans un enfer de

ㅂ

flammes [jeter *qn* dans un enfer de flammes].

불구속 不拘束 명 【법률】 sans mise *f* en détention; sans emprisonnement *m*. ¶ ~ 기소[수사] une arrestation [une enquête] sans mise en détention. ¶ 용의자를 ~(으로) 처리하다 arrêter un suspect sans mise en détention. ◇ _(을) **하다** accuser *qn* sans mise en détention. ◇ _(이) **되다** être accusé(*e*) sans être mis(*e*) en détention.

불국사 佛國寺 명 le temple *m* Bulguk(-sa).

불굴 不屈 명 inflexibilité *f*, extrême fermeté *f*; invincibilité *f*. ¶ ~의 의지 une volonté inflexible [de fer]. ¶ ~의 신념 une conviction inflexible [une ferme conviction, une croyance inflexible, une foi inébranlable].

◆**백전_ 百戰** 명 invincibilité *f* absolue. ¶ 백전~의 용사[정신] un soldat [un héro, un esprit] invincible [irréductible].

불귀 不歸 명 non-retour *m*, départ définitif *m*.

*~**의 객** un mort, un(*e*) défunt(*e*). ¶ ~의 객이 되다 mourir, quitter ce monde, partir pour l'au-delà, partir pour l'autre monde.

*~**의 땅** la terre du non retour, le royaume des morts, l'au-delà.

불규칙 不規則 명 irrégularité *f*. ¶ ~ 바운드 un rebond [un saut] irrégulier. ¶ ~ 용언 verbes et adjectifs [qualitatifs] irréguliers.

◆**_하다** 형 être non conforme à la règle, être irréguli*er*(*ère*), intermittent(*e*). ¶ ~한 생활[습관] habitudes irrégulières [désordonnées]. ¶ 그는 식사 시간이 ~하다 Il mange [prend ses repas] à des heures irrégulières. ¶ 이 화산은 활동 주기가 ~하다 Ce volcan entre en activité de façon irrégulière [intermittente] / Ce volcan se réveille à intervalles irréguliers. ¶ ~하게 움직이는 표적 une cible qui bouge de façon imprévisible.

◆**_적** -的 명관 irréguli*er*(*ère*), intermittent(*e*), imprévisible. ¶ ~적으로 irrégulièrement, de façon irrégulière [intermittente, imprévisible].

◆**_성** -性 명 caractère *m* irrégulier [imprévisible, intermittent]; irrégularité *f*, imprévisibilité *f*. ¶ ~성을 보이다[나타내다] avoir [présenter] un caractère irrégulier [imprévisible].

◆**_동사** -動詞 명 【언어】 verbe *m* irrégulier.

◆**_형용사** -形容詞 명 【언어】 adjectif *m* (verbe *m* de qualité) irrégulier.

◆**_활용** -活用 conjugaison *f* irrégulière.

불균등 不均等 명 inégalité *f*, disproportion *f*. ¶ 취업 기회의 ~ inégalité des chances de trouver un [du] travail.

◆**_하다** 형 être inég*al*(*ale*, *aux*); être disproportionné(*e*). ¶ ~한 소득 분배 répartition inégale des revenus.

불균형 不均衡 명 disproportion *f*, déséquilibre *m*; disparité *f*. ¶ 무역수지 ~ déséquilibre budgétaire entre recettes et dépenses. ¶ 도시와 농촌 간의 소득 ~ disparité de revenus entre les régions urbaines et rurales.

◆**_하다** 형 être disproportionné(*e*), déséquilibré(*e*). ¶ 연령별 인구의 ~한 분포 distribution [répartition] disproportionnée des tranches d'âge.

◆**_적** -的 명관 disproportionné(*e*), déséquilibré(*e*). ¶ ~적 발전 un développement déséquilibré [non uniforme]. ¶ ~적으로 disproportionnément, de façon disproportionnée.

◆**_성** -性 명 déséquilibre *m*, manque *m* d'équilibre. ¶ 산업 구조의 ~성 déséquilibre dans la structure industrielle.

불그레하다 형 être rubicond(*e*); ((얼굴빛이)) être rougeaud(*e*); ((사람이)) être rougeaud(*e*). ¶ 불그레한 뺨 joues rubicondes. ¶ 그 사람은 술기운으로 얼굴이 불그레하다 Cet homme a le visage rubicond [rouge] à cause de l'alcool / Cet homme a le teint rougeaud à cause de l'alcool.

불그스레하다 형 être rubicond(*e*), rougeaud(*e*), rougeoyant(*e*). ☞ 불그레하다

불그스름하다 형 être légèrement rouge, rougeâtre, tirer sur le rouge; ((노을)) être rougeoyant(*e*). ¶ 불그스름한 자국 une trace rougeâtre. ¶ 불그스름한 저녁노을 le rougeoiement du soir, les lueurs rougeoyantes du crépuscule [du soir], le crépuscule rougeoyant.

불그죽죽하다 형 être rougeâtre. ¶ 불그죽죽한 색깔 une couleur rougeâtre, une teinte rougeâtre.

불기[1] **佛紀** 명 【불교】 ère *f* bouddhique. ¶ ~2563년 l'année bouddhique 2563.

불기[2] **-氣** 명 force *f* du feu, énergie *f* de la flamme. ¶ 아궁이에 아직 ~가 남아 있다 Le feu est encore vif dans le foyer. ¶ ~ 없는 방 안 une pièce [un intérieur] mal chauffé(*e*).

불기둥 명 colonne *f* [volute *f*] de feu. ¶ ~이 20미터나 치솟았다[솟아올랐다] La colonne [La volute] de feu s'élève [monte, jaillit] jusqu'à 20 mètres de hauteur.

불기소 不起訴 명 【법률】 absence *f* de poursuite judiciaire. ¶ ~ 처분 décision de ne pas faire de poursuite judiciaire; liquidation d'une affaire sans poursuite en justice. ◇ _(를) **하다** décider de ne pas poursuivre en justice [de ne pas intenter un procès].

불기운 -氣運 명 force *f* du feu. ¶ 산불이 거의 진화되었지만 ~이 아직 남아 있다 L'incendie de montagne est presque maîtrisé, cependant les flammes demeurent vivaces.

불길 명 flammes *fpl* (d'un incendie); ((비유적)) flammes *fpl* ((de la haine)), feu *m* ((de la haine)). ¶ ~을 잡다 éteindre [maîtriser] des flammes. ¶ ~이 치솟는다 Les flammes s'élèvent [jaillissent]. ¶ ~에 휩싸이다 être entouré(*e*) par les flammes. ¶ 증오의 ~ flammes [feu] de la haine. ¶ 민주화 운동의 ~이 전국으로 번지고 있다 Les flammes du mouvement pour la démocratisation se répandent dans tout le pays.

불길하다 不吉- 형 être de mauvais *m* augure; être

sinistre, funeste. ¶ 불길한 꿈을 꾸다 faire un rêve prémonitoire ((défavorable)) [de mauvais augure]. ¶ 불길한 말[예언]을 하다 prédire [annoncer] un malheur [une catastrophe]. ¶ 뭔가 불길한 예감이 들었다 Je ne sais pourquoi mais j'ai eu un mauvais pressentiment. ¶ 13은 불길한 숫자다 Le chiffre treize porte malheur [est de mauvais augure].

불꽃 명 flamme *f*, flammèche *f*, étincelle *f*. ¶ ~이 일다 Une flamme [Une flammèche, Une étincelle] s'élève. ¶ 돌을 부딪치자 ~이 일어났다[튀었다] Il y a eu des étincelles [Des étincelles ont jailli] quand on a frappé la pierre ((avec quelque chose)) [quand on a entrechoqué deux pierres]. ¶ ~처럼 타오르다 brûler [flamber, partir] comme une flamme [comme une flammèche, comme une étincelle].

*~(이) 튀다 être vif(*ve*), enflammé(*e*). ¶ ~ 튀는 경쟁 une compétition vive [enflammée]. ¶ 분노로 그의 눈에서 ~이 튀었다 Ses yeux brûlaient de colère [de rage].

◆ **_놀이** 명 feu(*x*) *m* d'artifice. ¶ ~놀이(를) 하다 organiser un feu d'artifice.

◆ **_방전** -放電 명 【물리】 décharge *f* électrique.

◆ **_점화** -點火 명 【물리】 allumage *m* (à décharge) électrique.

불끈 부 ① soudain, subitement, tout à coup. ¶ 성질을 ~ 내다 se mettre en colère subitement, piquer une colère. ② ((주먹을 쥐는 모양)) ((serrer les poings)) tout d'un coup. ¶ 그 사람은 두 주먹을 ~ 쥐었다 Il a subitement serré les poings.

◆ **_하다[거리다, 대다]** 자 se mettre en colère facilement et brutalement, avoir un tempérament sanguin [explosif, impétueux, volcanique, fougueux, colérique, coléreux, impulsif]. ¶ ~하는 성미 un tempérament sanguin [explosif, impétueux, volcanique, fougueux], un tempérament impulsif, un tempérament colérique [coléreux, irascible]. ¶ 그 사람은 속에서 ~하는 것을 참았다 Il a retenu [dominé, contenu, contrôlé] sa colère.

불나게 부 à toute vitesse, sans cesse, sans arrêt. ¶ 전화통이 ~ 울렸다 Le téléphone sonnait sans cesse [n'arrêtait pas de sonner]. ¶ 상품이 ~ 팔린다 Ce produit se vend comme des petits pains {*fam*} / Ce produit est très demandé / On se l'arrache, ce produit! {*fam*}.

불나방 명 écaille-martre(~*s*-~*s*), écaille *f* martrée ((espèce très commune de papillon de nuit dans toute l'Europe)), *Arctia caja* {*nsc*}.

불나비 명 ☞ 불나방

불놀이 명 feu(*x*) *m* d'artifice. ¶ ~를 구경하다 regarder un feu d'artifice, assister à un feu d'artifice. ◇ **_(를) 하다** faire un feu d'artifice.

불능 不能 명 ① incapacité *f*, impuissance *f*, impossibilité *f*. ¶ 지불 ~ impossibilité de paiement [d'acquittement]. ¶ 사태는 수습 ~(상태)이다 La situation est impossible à rétablir / Il n'y a plus rien à faire. ¶ 재기 ~에 빠지다 ne plus pouvoir se redresser d'une situation difficile, ne plus pouvoir se relever [se remettre debout, se remettre d'aplomb, redémarrer]. ② 성적 무능력 impuissance *f* sexuelle. ¶ 스트레스로 인한 ~ 상태 impuissance sexuelle due au stress.

불다[1] 자 ① souffler, venter. ¶ 바람 부는 방향으로 dans le sens du vent. ¶ 바람 부는 대로 à vau-l'eau, au fil de l'eau [du courant]. ¶ 비가 오나 바람이 부나 qu'il pleuve ou qu'il vente. ¶ 바람이 분다 Il fait du vent / Le vent souffle. ② ((유행)) être dans le vent; ((경향, 유행, 변화 따위가)) être dans l'air (du temps), ((un vent de ...)) souffler. ¶ 감원 바람이 불다 Un vent de licenciement souffle. ¶ 벌써부터 대통령 선거 바람이 불고 있다 Les élections présidentielles sont déjà dans l'air du temps.

불다[2] 타 ① souffler, expirer fort. ¶ 풍선을 ~ souffler dans le ballon. ¶ 촛불을 후 불어 끄다 souffler la bougie. ¶ 언 손을 호호 불어 녹이다 souffler sur *ses* mains glacées. ¶ 입김을 불어 안경을 닦다 nettoyer *ses* lunettes en soufflant dessus avant de les frotter. ② ((악기를)) souffler (dans un instrument à vent); jouer d'un instrument à vent. ¶ 나팔을 ~ souffler dans une trompette; jouer de la trompette. ③ ((휘파람을)) siffler. ¶ 휘파람을 불며 지나가다 passer en sifflant.

*(병)나발을 ~ ☞ 나발

불다[3] 자타 ((자백)) avouer, faire des aveux, dire la vérité, révéler. ¶ 혐의 사실을 다 ~ avouer tous les faits suspectés. ¶ 그 사람은 모든 것이 정부에서 시킨 일이라고 불었다 Il révéla [avoua] que tout avait été commandité par le gouvernement.

불단 佛壇 명 autel *m* dédié à Bouddha, autel *m* bouddhique.

불당 佛堂 명 【불교】 temple *m* bouddhique.

불더미 명 flammes *fpl*. ¶ 순식간에 ~에 휩싸이다 être envahi(*e*) par les flammes en un instant, devenir brutalement [soudainement] la proie des flammes.

불더위 명 chaleur *f* torride [caniculaire, de plomb, accablante, étouffante, suffocante, insoutenable]; canicule *f*, fournaise *f*, étuve *f*.

불덩어리 명 ☞ 불덩이

불덩이 명 ① boule *f* de feu; braise *f*. ¶ 산불 현장 여기저기서 ~가 튀어 올랐다 Lors d'un incendie de forêt des flammes jaillissaient de partout. ¶ 그는 가슴 속에서 ~ 같은 분노가 치솟았다 Tel un incendie, la fureur a enflammé son coeur [son âme]. ② ((몸이)) corps *m* brûlant de fièvre. ◇ **_대[같다, ~가 되다** être [devenir] brûlant(e). ¶ 아기가 열이 나서 몸이 ~다 Le (corps du) bébé est brûlant de fièvre.

불도 佛道 명 【불교】 bouddhisme *m*; doctrine *f* bouddhique. ¶ ~를 닦다[수행하다] pratiquer le bouddhisme.

◆ **_량** -場 명 lieu(*x*) *m* de pratique du bouddhisme.

불도그 영{bulldog} 명 bouledogue *m*.

불도저 영{bulldozer} 명 bulldozer *m*. ¶~를 운전하다 conduire un bulldozer. ¶~로 언덕을 밀어 버리다 aplanir une colline au bulldozer. ¶그 분은 ~처럼 추진력이 강하다 C'est une personne extrêmement dynamique [pleine d'initiatives].

불독 영{bulldog} 명 ☞ 불도그

불똥 명 étincelle *f*, escarbille *f*, flammèche *f*. ¶마른 장작이 타면서 ~이 많이 튄다 Le bois sec fait beaucoup d'étincelles en brûlant.

*코 앞[발등]에 ~이 떨어지다 avoir le feu aux trousses [au derrière {*vulg*}, au cul {*vulg*}, quelque part {*vulg*}]; avoir le diable à *ses* trousses; être extrêmement urgent(*e*) [pressant(*e*)]; être imminent(*e*). ¶코앞에 ~이 떨어져서야 일을 시작하다 attendre le dernier moment [la dernière minute] pour s'y mettre, commencer un travail au dernier moment. ¶너는 발등에 ~이 떨어져야 꼭 공부를 시작하니? Pourquoi faut-il toujours que tu attendes le dernier moment [la dernière minute, la veille des examens] pour travailler [pour t'y mettre]?

*~(이) 튀다 être touché(*e*) [atteint(*e*)] par ricochet [par la bande, par contrecoup, indirectement].

ㅂ

불란서 佛蘭西 명 ☞ 프랑스 France *f*.

불량 不良 명 ① méchanceté *f*, perversité *f*, médiocrité *f*, mauvaise *f* qualité. ¶~ (청)소년[소녀] un(*e*) jeune dévoyé(*e*), un voyou [une femme voyou, une fille dévergondée]. ② ((품질의)) mauvais *m* état, mauvaise *f* qualité, médiocrité *f*. ¶~ 식품 nourriture de mauvaise qualité. ¶성적 ~ mauvaise note. ¶녹음 ~ mauvaise qualité de l'enregistrement. ¶이 제품은 ~이다 Ce produit est médiocre [de mauvaise qualité].

◆_하다 형 ① être mauvais(*e*), médiocre. ¶~한 말씨 une mauvaise expression, une tournure grossière. ¶그 사람은 행실이 ~하다 Il est mal élevé / Il n'a pas de tenue. ② être mauvais(*e*). ¶방음 상태가 ~한 방 une salle mal insonorisée, une salle où l'insonorisation est défectueuse. ¶그 구역은 주거환경이 ~하다 C'est un quartier mal famé / Ce quartier est mal fréquenté.

◆_스럽다 형 être mauvais(*e*), médiocre. ¶~스러운 태도 une attitude incorrecte [dévergondée, dévoyée]. ¶그 남자아이는 ~스러워 보인다 Ce garçon a un air de voyou. ¶~스럽게 말하다 parler comme un voyou [de façon vulgaire].

◆_기 -氣 명 tempérament *m* rebelle. ¶그 사람은 행동거지에 ~기가 보인다 Il se comporte de façon rebelle. ¶그 학생은 ~기가 있다 Cet(*te*) élève a un tempérament rebelle.

◆_대출 -貸出 명 【경제】 prêt *m* peu avantageux.

◆_률 -率 명 taux *m* de défectuosité. ¶제품의 ~률을 낮추다 réduire le taux de défectuosité d'un produit.

◆_배 -輩 명 voyou *m*, délinquant(*e*).

◆_아 -兒 명 filou *m*, fripon *m*, coquin *m*, garnement *m*, sale *m* gosse {*fam*}.

◆_자 -者 명 coquin *m*, filou *m*, fripon *m*, voyou *m*.

◆_품 -品 명 article *m* défectueux [de mauvaise qualité]. ¶~품을 반환하다 rendre [restituer, rapporter] un article défectueux.

◆소화_ 消化- 명 【의학】 trouble *m* digestif, indigestion *f*, dyspepsie *f*.

◆신용_자 信用-者 명 interdit *m* bancaire.

불러내다 타 ① appeler au dehors; appeler *qn*, faire sortir *qn*. ¶친구를 ~ appeler un ami au dehors. ¶누구를 전화로 ~ téléphoner à *qn* pour lui demander de venir. ¶죽은 사람의 혼백을 ~ invoquer l'âme d'un mort. ② ((증인으로)) appeler *qn* comme témoin, convoquer *qn*. ¶법정에 ~ appeler *qn* en justice; faire comparaître *qn* devant le juge, convoquer.

불러들이다 타 ① convier *qn*, inviter *qn*, appeler *qn*, faire venir *qn*, solliciter la présence de *qn*; réunir ((plusieurs personnes)). ¶집에 친구들을 ~ convier [faire venir, inviter] des amis chez *soi*. ② ((본사 따위로)) faire venir *qn*, muter *qn*. ¶누구를 본사로 ~ faire venir *qn* au siège principal. ③ 초래하다 entraîner, causer, attirer. ¶우환을 ~ entraîner [causer] des malheurs. ¶화를 ~ attirer les malheurs.

불러모으다 타 attirer *qn*, appeler *qn*, faire venir *qn*, rassembler ((des gens)). ¶아이들을 ~ faire venir les enfants; appeler des enfants pour les rassembler.

불러세우다 타 interpeller *qn*, appeler *qn*. ¶그 사람은 지나가던 젊은이를 불러세웠다 Il a interpellé un jeune passant.

불러오다 타 ① faire venir ((un médecin)); mander {*litt*}; entraîner, engendrer ((une catastrophe)). ¶의사를 ~ faire venir un médecin. ② ((결과, 상황을)) entraîner, conduire à, amener; provoquer, susciter. ¶사소한 부주의가 큰 재난을 불러올 수 있다 Une petite inattention peut entraîner une grande catastrophe.

불러일으키다 타 éveiller, faire monter. ¶국민들에게 경각심을 ~ susciter la vigilance de la population. ¶그 사람의 행동은 사람들의 오해를 불러일으켰다 Son acte a créé un malentendu chez les gens.

불려가다 재 être convoqué(*e*), appelé(*e*) à se présenter *qp*. ¶사장실로 ~ être convoqué(*e*) [appelé(*e*)] au bureau du directeur. ¶수사 기관에 ~ être convoqué [appelé(*e*) à se présenter] au bureau du juge d'instruction.

불려다니다 재 être appelé(*e*) à se présenter, être convoqué(*e*); être sollicité(*e*), être demandé(*e*). ¶사건의 증인으로 이리저리 ~ être appelé(*e*) à se présenter [être convoqué(*e*)] comme témoin de l'accident. ¶상관들에게 ~ être demandé(*e*) par *ses* chefs.

불려오다 재 être appelé(*e*) à se présenter, être convoqué(*e*); être sollicité(*e*), être demandé(*e*). ¶네가 여기에 불려온 이유를 알고 있나? Sais-tu pourquoi tu as été convoqué(*e*) ici?

불로소득 不勞所得 명 argent *m* que l'on touche

sans avoir travaillé; argent *m* tombé du ciel; manne *f* ((nourriture providentielle)).

◆_세 -稅 명 【법률】 impôt *m* sur de l'argent touché sans avoir travaillé ((provenant de la rente d'un terrain par exemple)).

불로장생 不老長生 명 jeunesse *f* éternelle, jouvence *f* éternelle, longévité *f*. ◇_(을) **하다** jouir d'une jeunesse éternelle. ¶ ~하는 것이 인간의 꿈이다 Jouir d'une jeunesse éternelle et d'une longue vie est le rêve de tout Homme.

불로초 不老草 명 plante *f* de jouvence.

불룩 부 (en) gonflant, bombant ((*son* torse)); ((gonfler)) légèrement. ¶ 배를 ~ 내밀다 gonfler *son* ventre, faire (res)sortir *son* ventre.

◆_하다 형 être enflé(*e*), gonflé(*e*), bomber légèrement. ¶ 주머니가 ~하다 avoir les poches bien remplies. ¶ 배가 ~하게 나오다 avoir de l'embonpoint [du ventre, du bide {*fam*}, de la brioche {*fam*}], être ventripotent(*e*), ventru(*e*), bedonnant(*e*).

불룩거리다 재타 battre, trembler, frémir, vibrer.

불륜 不倫 명 immoralité *f*, adultère *m*, infidélité *f*. ¶ ~으로 맺어진 남녀 un homme et une femme ayant une relation adultère. ¶ 유부남과 ~(의) 관계를 맺다 avoir une relation adultère [une liaison, des rapports adultères, des relations extraconjugales] avec un homme marié. ¶ ~을 저지르다 se compromettre; être immor*al*(*ale*, *aux*). ¶ 그 여자의 남편은 ~을 저지르고 있다 Son mari voit une autre femme [a une liaison, la trompe]. ◇_**에 빠지다** tomber dans l'immoralité.

불리 不利 명 désavantage *m*, inconvénient *m*, handicap *m*.

◆_하다 형 être désavantageu*x*(*se*), défavorable. ¶ ~한 계약 un contrat désavantageux. ¶ ~한 환경에서 싸우다 lutter dans des circonstances défavorables. ¶ 누구에게 ~한 판결을 내리다 porter un jugement défavorable sur *qn*. ¶ 그는 내게 ~한 증언을 했다 Il a témoigné contre moi / Il a fait une déposition contre moi. ¶ 이번 경기에서는 우리가 절대적으로 불리~ Nous sommes vraiment désavantagés dans ce match. ¶ 형세가 우리에게 ~하다 Les conditions nous sont défavorables / La conjoncture nous est défavorable. ¶ 저 선수와 상대하는 것이 너로서는 더 ~하다 Tu pars avec un handicap face à ce joueur / Ce joueur est visiblement plus fort que toi. ¶ 형세가 (우리에게) ~하게 돌아갔다 La situation a évolué en notre défaveur / La conjoncture a pris une mauvaise tournure pour nous / La situation a tourné à notre désavantage.

불리다[1] 타 ① ((액체에)) faire gonfler (par l'humidité) ((du riz dans l'eau)). ¶ 쌀을 물에 ~ mettre du riz dans l'eau pour le faire gonfler. ② ((세력, 재물을)) accroître [augmenter, développer] ((un capital)); faire enfler ((les impôts)). ¶ 자신의 세를 불리다 augmenter [accroître] *son* pouvoir. ¶ 재산을 ~ accroître *sa* fortune [*ses* biens, *son* patrimoine]. ③ 과장하다 exagérer, gonfler, en dire plus qu'il n'en faut, en rajouter {*fam*}, en remettre {*fam*}; fanfaronner, grossir, amplifier, broder {*fam*}; se vanter, bluffer {*fam*}. ¶ 이야기를 불려서 하다 raconter *qc* avec emphase, raconter *qc* en exagérant [avec beaucoup d'exagération]; en rajouter [en remettre] en racontant une histoire; amplifier [grossir] les faits. ¶ 그 사람은 친구들에게 자기가 거의 죽을 뻔했다고 불려 말했다 Il raconta à ses amis en exagérant un peu qu'il avait failli mourir.

불리다[2] 타 ① ((배를)) se remplir la panse [le ventre], manger à *sa* faim [jusqu'à plus soif]; se bourrer {*fam*}, s'empiffrer {*fam*}; rassasier *qn*. ¶ 잔치 음식으로 배를 ~ se remplir la panse au banquet. ¶ 여물로 말의 배를 ~ rassasier un cheval avec du fourrage.

불리다[3] 재타 ((verbe passif)) ① s'appeler, se nommer, être appelé(*e*), nommé(*e*), dénommé(*e*). ¶ 이름이 불린 사람은 앞으로 나오시오 Que les personnes dont le nom est appelé s'avancent. ¶ 그 형사는 수사에 빈틈이 없어 면도날이라 불린다 Le commissaire est tellement méticuleux dans ses enquêtes qu'on le surnomme «le rasoir». ② 부름을 받다 être appelé(*e*), invité(*e*), convié(*e*); être convoqué(*e*). ¶ 그 학생은 선생님한테 불려 갔다 Cet(*te*) élève a été convoqué par le professeur. ¶ 상관에게 불려 가다 être appelé(*e*) par *son* supérieur et aller le voir. ¶ 잔치에 ~ être invité(*e*) à un festin. ③ être convoqué(*e*). ¶ 법정에 불려 나가다 être convoqué(*e*) au tribunal. ④ ((노래 따위가)) être chanté(*e*). ¶ 이 지역에서 자주 불리는 전통가요 un chant folklorique souvent chanté dans cette région.

불리다[4] 재 être poussé(*e*), emporté(*e*) ((par le vent)). ¶ 낙엽이 바람에 불려 날라간다 Les feuilles mortes sont soulevées par le vent / Le vent soulève [fait voler] les feuilles mortes. ¶ 뗏목이 바람에 불려서 강 저편으로 건너갔다 Le radeau de bois, poussé par le vent, a franchi le fleuve.

불리우다 재 ☞ 불리다[3]

불만 不滿 명 mécontentement *m*. ¶ ~을 털어놓다[토로하다] manifester son mécontentement ¶ 사방에서 ~에 찬 야유가 터져나왔다 Des cris de mécontentement [d'exaspération, de ras-le-bol {*fam*}] fusèrent de partout / Des protestations fusèrent de partout. ¶ 그 사람은 ~이 가득한[~에 찬] 눈빛으로 나를 노려보았다 Il m'a lancé un regard plein d'animosité / Il m'a regardé d'un air très mécontent. ¶ 그는 무슨 ~이 그리 많은지 늘 찡그리고 다닌다 Je ne sais pourquoi il est aussi mécontent, mais où qu'il aille il fait la moue [il boude] / Il doit avoir de bonnes raisons d'être mécontent pour faire la tête ainsi sans arrêt. ◇_**을 느끼다**[**가지다, 품다**] éprouver du mécontentement. ¶ 누구에게[누구에 대해] ~을 품다 avoir [éprouver] de la rancune

ㅂ

contre *qn*. ¶ 무엇에 대해 ~을 가지다 être mécontent(*e*) [insatisfait(*e*)] de *qc*/*qn*. ◇_(이) 있다 [없다] être mécontent(*e*), avoir des reproches à faire [des choses à redire {*fam*}] [être satisfait(*e*), n'avoir rien à redire]. ¶ 작은 ~이라도 있으면 얘기해라 Si vous avez le moindre souci [Si vous ressentez un besoin, Si vous avez le moindre problème, Si quelque chose ne va pas, S'il y a le moindre problème], n'hésitez pas à m'en faire part [à le signaler, à m'en parler]. ¶ 그 결정에 대해 큰 ~은 없다 Je ne suis pas mécontent(*e*) de cette décision. ◇_이다 être mécontent(*e*), insatisfait(*e*). ¶ 그 아이는 부모님이 관심을 가져 주지 않는 것이 늘 ~이다 Cet(*te*) enfant est malheureux(*se*) parce que ses parents ne s'occupent pas de lui(d'elle) [ne s'intéressent pas à ses affaires]. ¶ 뭐가 ~이냐? De quoi es-tu mécontent? / Qu'est-ce qui ne va pas? / De quoi te plains-tu? ◇_이 쌓이다 accumuler du mécontentement, le mécontentement s'accumule. ¶ ~이 쌓이고 있다 Le mécontentement va croissant [grandissant].

◆_스럽다 형 être mécontent(*e*). ¶ 그 직원은 동료들의 제안들이 매우 ~스러웠다 Cet employé était très mécontent des propositions faites par ses collègues. ¶ 그는 계획이 ~스러운 듯 했다 Il a semblé mécontent de ce projet / Il a eu l'air peu satisfait par ce projet.

◆_감 -感 명 sentiment *m* de mécontentement [d'insatisfaction]. ¶ 무엇[누구]에 대해 ~감을 가지다 [느끼다, 드러내다] ressentir [éprouver] du mécontentement par rapport à *qc*/*qn*.

불만족 不滿足 명 mécontentement *m*. ◇_이다 être mécontent(*e*); ne pas être satisfait(*e*). ¶ 나는 이 정도로는 ~이다 Cela ne me satisfait pas comme ça.

◆_하다 자 être mécontent(*e*), ne pas être satisfait(*e*) [content(*e*)]. ¶ 자신의 생활에 ~ ne pas être satisfait(*e*) de *sa* vie.

◆_스럽다 형 être mécontent(*e*). ¶ ~스러운 어조[표정] un ton marquant le mécontentement, une voix pleine de mécontentement. ¶ 결과는 좀 ~스럽지만 후회는 없다 Je ne regrette pas ce résultat même s'il est un peu décevant / Quoique ce résultat soit insuffisant, il n'y a pas à avoir de regret. ¶ 그 분이 해임된 것이 나로서는 정말 ~스럽다 En ce qui me concerne [Pour ma part], je ne suis pas d'accord avec son renvoi [avec sa révocation].

불매 不買 명 boycott *m* commercial. ¶ ~의 움직임 un mouvement de boycott commercial.

◆_운동 -運動 명 boycottage *m*, boycott *m*. ¶ ~운동을 하다[벌이다, 펴다] boycotter un produit, imposer un boycott sur des produits. ¶ ~운동이 일어나다[벌어지다] en arriver au boycott.

불면 不眠 명 insomnie *f*. ¶ ~의 밤을 보내다 passer une nuit d'insomnie.

◆_증 -症 명 【의학】 insomnie *f*. ¶ ~증 환자 un(*e*) insomniaque. ¶ ~증을 치료하다 remédier à l'insomnie, traiter l'insomnie. ¶ ~증에 걸리다 être insomniaque. ¶ ~증에 시달리다 souffrir d'insomnie(*s*). ¶ 그 여자는 ~증이 있다 Elle est insomniaque.

불멸 不滅 명 immortalité *f*, indestructibilité *f*. ¶ ~의 명작 un chef d'oeuvre immortel. ¶ 영혼의 ~을 믿다 croire à l'immortalité de l'âme. ◇_(을) 하다 être immortel(*le*), indestructible, éternel(*le*), impérissable. ¶ 영혼은 ~한다 L'âme est immortelle.

◆_성 -性 명 caractère *m* immortel; immortalité *f*, indestructibilité *f*.

불명 不明 명 obscurité *f*, incertitude *f*, manque *m* de clarté. ¶ 정체[국적] ~의 사나이 un homme dont l'identité [dont la nationalité] est inconnue. ¶ 원인 ~의 화재 un incendie dont la cause [dont l'origine] est inconnue [indéterminée]. ¶ 그 사람은 행방 ~이 다[~이 되었다] Il a disparu / Il est parti sans laisser de traces.

◆_하다 형 être obscur(*e*), ambigu(*ë*). ¶ 그 사람은 생사가 ~하다 On ne sait pas s'il est vivant ou mort.

불명료하다 不明瞭– 형 être obscur(*e*), indistinct(*e*), ambigu(*ë*), confus(*e*). ¶ 불명료한 용어 un terme obscur. ¶ 그는 영어 발음이 ~ Sa prononciation en anglais n'est pas distincte. ¶ 그는 자신의 입장을 불명료하게 밝혔다 Il n'a pas clairement fait état de sa situation / Il ne s'est pas exprimé clairement sur sa situation.

불명예 不名譽 명 déshonneur *m*, ignominie *f*, honte *f*. ¶ ~ 제대[퇴직] exclusion de l'armée pour conduite déshonorante (avant la fin de *son* service) [licenciement pour faute grave]. ¶ 파면이라는 ~를 당하다 connaître le déshonneur [l'affront] du renvoi [de la destitution]. ¶ 그 일은 우리 집안의 ~이다 Cette affaire est un déshonneur pour notre famille. ◇_를 벗다[씻다] se laver d'une ignominie. ¶ 부정 공무원이라는 ~를 벗다[씻다] se laver de l'ignominie du soupçon d'être un fonctionnaire corrompu [véreux].

◆_스럽다 형 être déshonorant(*e*), ignominieux(*se*). ¶ ~스러운 은퇴 une retraite déshonorante [dans la honte]. ¶ 불의 앞에서 침묵하는 건 ~스러운 일이다 Se taire devant l'injustice est déshonorant [ignominieux] / Le silence devant l'injustice est honteux. ¶ 직장 생활을 ~스럽게 끝내다 mettre terme [fin] à *sa* carrière dans la honte [dans le déshonneur].

불명확하다 不明確– 형 être obscur(*e*), indistinct(*e*), ambigu(*ë*), ne pas être clair(*e*). ¶ 이 사건은 아직 불명확한 부분이 많이 있다 Cette affaire demeure encore obscure en de nombreux points / Beaucoup d'éléments de cette affaire restent à clarifier. ¶ 그 사람이 돌아올지 아닌지는 아직 ~ Il n'est pas encore certain qu'il revienne / Il persiste encore un doute sur son retour / Il n'est pas certain qu'il revienne ou non. ¶ 주소를 불명확하게 쓴 우편물 un courrier dont l'adresse n'est pas clairement inscrite.

불모 不毛 명 stérilité *f*, aridité *f*. ¶ ~ 지대 une zone stérile [aride]. ¶ ~의 땅 une terre stérile. ¶ 여성 교육의 ~ 지대 une zone géographique infructueuse pour l'éducation des femmes.

◆**_화** -化 명 stérilité *f*, aridité *f*, désertification *f*. ¶ ~화하다[되다] devenir stérile.

◆**_지** -地 명 ① terre *f* [territoire *m*] stérile [aride]. ¶ ~지로 버려진 땅 une terre stérile laissée à l'abandon [en jachère]. ② ((비유적)) stérilité *f* ((des idées, d'un intellectuel, d'un débat)), absence *f* (totale) de *qc*, défaut *m*, manque *m*. ¶ 야구의 ~지 une région ou un pays où l'on ne pratique pas du tout le [où l'on ne s'intéresse pas du tout au] baseball. ¶ 이 분야는 연구가 이루어지지 않아서 ~지나 다름없다 Faute de recherches, ce domaine reste vierge [totalement inexploré, méconnu].

불목 不睦 명 animosité *f*, haine *f*, antipathie *f* (entre membres d'une famille). ¶ 형제간의 ~으로 집안이 시끄럽다 La famille ne connaît pas la paix en raison de l'animosité entre les frères et soeurs. ◇**_(을) 하다** être en désaccord, être en mauvais termes.

불문 不問 명 ① fait de ne pas demander. ¶ 과거 ~의 조건으로 à condition de s'affranchir du passé [de laisser le passé derrière *soi*]. ② 가리지 않음 fait de ne pas faire de distinction ((indifféremment de)). ¶ 일손 구함. 노소 ~ Recherche de main d'oeuvre. Âge sans importance / Sans limite d'âge. ◇**_(을) 하다** ne pas prêter attention à, ne pas prendre garde à, ne pas faire de distinction. ¶ 이유는 ~하고 저희 집에 와 주세요 Venez en toute simplicité chez nous / Venez à la maison quand vous voulez [quand vous en avez envie] / N'hésitez pas à venir nous rendre visite [à venir nous voir]. ¶ 그 노래는 남녀노소를 ~하고 모두들 좋아한다 Cette chanson plaît à tous, indifféremment du sexe et de l'âge. ◇**_에 부치다** passer *qc* sous silence. ¶ 과거를 ~에 부치다 passer le passé sous silence. ¶ 당신이 왜 그런 짓을 했는지는 ~에 부치겠습니다 Je passerai sous silence la cause de votre comportement [la raison pour laquelle vous vous êtes comporté(*e*) ainsi].

◆**_가지** -可知 명 être clair(*e*) comme le jour [comme l'eau de roche], limpide, être évident(*e*). ¶ 그 사람이 오지 않으리라는 건 ~의 일이었다 Il était évident qu'il n'allait pas venir. ¶ 그 사람이 거기에 간 이유는 [왜 갔는지는] ~이다 La raison pour laquelle il s'est rendu là-bas est évidente.

불문곡직 不問曲直 부 sans aucune explication; sans du tout chercher à connaître le vrai du faux. ¶ ~ 잡아가다 emmener *qn* de force sans aucune explication.

◆**_하다** 자 ne pas du tout chercher à connaître le vrai du faux. ¶ ~하고 sans du tout chercher à connaître le vrai du faux; sans aucune explication. ¶ 이유는 ~하고 주먹질부터 하다 en venir tout de suite aux poings sans du tout chercher à comprendre (la situation). ¶ 괴청년들이 나를 ~하고 이곳에 데려왔다 Des voyous m'ont amené de force ici sans me dire pourquoi.

불문과 佛文科 명 département *m* de langue et littérature françaises, département *m* de français. ¶ ~ 학생 un(*e*) élève[un(*e*) étudiant(*e*)] du département de langue et littérature françaises. ¶ ~에 들어가다[입학하다] entrer au département de langue et littérature françaises. ¶ ~를 나오다[졸업하다] obtenir *son* diplôme universitaire [*sa* licence] en langue et littérature françaises, être [sortir] diplômé(*e*) du département de langue et littérature françaises. ¶ ~에[를] 다니다 faire ses études au [être étudiant(*e*) du] département de langue et littérature françaises.

불문법 佛文法 명 grammaire *f* française [du français, de la langue française]. ¶ 기초초급[중급, 고급] ~ grammaire française fondamentale au niveau débutant [intermédiaire, avancé]. ¶ ~ 강의[강좌] un cours de grammaire française. ¶ ~ 책 un livre [un manuel] de grammaire française.

불문율 不文律 명 loi *f* non écrite (comme la loi anglaise); droit *m* coutumier; tradition *f*. ¶ 무엇을 ~로 삼다 considérer *qc* comme un droit coutumier. ¶ 과거를 묻지 않는 것이 그 분들 사이의 ~이 되었다 Ne pas se poser de questions sur leur passé respectif est devenu une tradition chez eux / Il est de coutume chez eux de ne pas se poser de questions sur leur passé.

불문학 佛文學 명 littérature *f* française. ¶ ~ 논문 un mémoire [une thèse] portant sur la littérature française. ¶ ~ 교수 un professeur de littérature française. ¶ ~을 전공하다 étudier la littérature française, faire des études de littérature française.

◆**_과** -科 명 département *m* de littérature française.

◆**_도** -徒 명 élève *mf* [étudiant(*e*)] du département de littérature française.

◆**_자** -者 명 personne *f* qui étudie la littérature française.

◆**_회** -會 명 Société *f* de littérature française [d'études françaises].

불미스럽다 不美- 형 ne pas être b*eau*(b*elle*), être laid(*e*); être vil(*e*), vilain(*e*), indigne, désagréable, défavorable, scandaleu*x*(*se*), déshonorant(*e*), dénigrant(*e*), malveillant(*e*). ¶ 불미스러운 일 une triste affaire. ¶ 그 사람에 관한 불미스러운 소문이 떠돌았다 Une rumeur [dégradante, dénigrante, malveillante, médisante, déshonorante] [Une vilaine rumeur] s'est propagée [répandue] sur son compte.

불미하다 不美- 형 ☞ 불미스럽다

불민하다 不敏- 형 ne pas être d'une intelligence très vive, être simple d'esprit; être lent(*e*), bête,

ㅂ

nigaud(*e*) {*fam*}. ¶ 이게 다 제가 불민한 탓입니다 Tout cela est dû à mon manque d'intelligence [à ma sottise].

불바다 명 mer *f* de feu; grande étendue *f* de feu, brasier *m*. ¶ ~를 이루다 [가 되다] s'embraser, devenir un brasier. ¶ 미사일 공격으로 적지를 ~로 만들다 transformer les territoires ennemis en brasier en lançant [en envoyant] des missiles.

불발 不發 명 ① fait de ne pas prendre le départ. ② 실패함 ratage *m*, échec *m*, avortement *m*. ◇_(을) **하다**[(이) **되다**] rater ((un démarrage)), ne pas partir. ¶ 총이 ~되었다 Le coup n'est pas parti. ¶ 우리 계획은 ~되었다 Notre projet n'a pas démarré. ◇_**에 그치다**[**로 끝나다**] avorter, tourner court, mourir [être tué(*e*)] dans l'œuf, se terminer [finir] en eau de boudin {*fam*}. ¶ 그들의 혁명은 치밀한 사전계획에도 불구하고~에 그쳤다 Leur révolution a avorté en dépit d'un plan préalable minutieux. ¶ 그들의 여행 계획은 부모님들의 반대로 ~로 끝났다 Leur projet de voyage a échoué [n'a pas abouti] parce que leurs parents s'y sont opposés.

◆_**탄** -彈 명 bombe *f* non éclatée, engin *m* explosif ((pétard)) n'ayant pas explosé.

불법[1] **不法** 명 illégalité *f*, injustice *f*, caractère *m* illicite. ¶ ~ 복제 une reproduction illégale. ¶ ~ 선거 une élection entachée de fraudes. ¶ ~ 행위 une infraction. ¶ ~을 눈감아주다 fermer les yeux sur un acte illégal [sur une escroquerie, sur un délit]. ¶ 이번 선거에는 각종 ~이 성행하고 있다 Au cours de cette élection, on a assisté à toutes sortes d'actions frauduleuses [illégales, illicites]. ◇_**이다** être interdit(*e*), illégal(*e*). ¶ 이 도로에 주차하는 것은 ~이다 Le stationnement sur cette route est interdit.

◆_**적** -的 명관 illég*al*(*ale*, *aux*); illicite. ¶ ~적인 파업 une grève illégale. ¶ ~적으로 노동자를 해고하다 congédier des ouvriers illégalement.

◆_**성** -性 명 illégalité *f*, injustice *f*, illégitimité *f*. ¶ 경찰 수사의 ~성 illégitimité d'une enquête policière.

◆_**화** -化 명 illégalité *f*, injustice *f*, illégitimité *f*. ¶ 과외 ~화 조치 mesure rendant illégaux [illégales] cours privés payants [les leçons particulières payantes]. ¶ 정당한 파업을 ~화시키다 considérer une grève légitime comme une action illégale. ¶ 그 나라에서는 공산당이 ~화 되어 있다 Le parti communiste est illégal dans ce pays.

◆_**감금** -監禁 명 détention *f* illégale d'une personne, séquestration *f*.

◆_**점거** -占據 명 occupation *f* illégale.

◆_**체류** -滯留 명 situation *f* illégale [non régularisée] ((d'un étranger)). ¶ ~체류자 une personne en situation illégale.

불법[2] **佛法** 명 【불교】 doctrine *f* [loi *f*] de Bouddha.

불벼락 명 coup *m* de tonnerre; ((비유적)) sévère remontrance *f*, savon *m* {*fam*}.

*~(을) **내리다** infliger une remontrance, passer un savon {*fam*}.

*~(을) **맞다** se faire gronder [engueuler {*fam*}], se faire remonter les bretelles {*fam*}, se faire passer un savon {*fam*}. ¶ 그는 그 일로 아버지로부터 ~을 맞았다 A la suite de cette affaire, il s'est fait sérieusement grondé par son père.

*~(이) **떨어지다** se faire gronder [engueuler {*fam*}], se faire remonter les bretelles {*fam*}, se faire passer un savon {*fam*}. ¶ 그 일로 아버지로부터 ~이 떨어졌다 A la suite de cette affaire, la colère de son père s'est abattue sur lui.

불변 不變 명 invariabilité *f*, constance *f*, fermeté *f*, fidélité *f*, persévérance *f*. ¶ ~의 진리[법칙] une vérité immuable [une loi immuable]. ◇_**이다** être constant(*e*) [ferme, inébranlable, fidèle, stable, immuable]. ¶ 정부의 외교 노선은 ~이다 La ligne diplomatique du gouvernement est stable.

◆_**하다** 형 être constant(*e*), ferme, inébranlable, fidèle, stable, immuable. ¶ 영원히 ~하는 진리 une vérité immuable [constante dans le temps].

◆_**적** -的 명관 invariable, constant(*e*). ¶ 사물들 간의 ~적인 관계 relation invariable entre les choses.

◆_**성** -性 명 invariabilité *f*, constance *f*, fermeté *f*, fidélité *f*, persévérance *f*. ¶ 예술 형식의 ~성 invariabilité [constance] de la forme artistique.

◆_**가격** -價格 명 【경제】 prix *m* fixe.

◆_**비용** -費用 명 【경제】 frais *mpl* invariables [constants].

◆_**자본** -資本 명 【경제】 capital *m* invariable [fixe].

불볕 명 soleil *m* brûlant.

◆_**더위** 명 chaleur *f* intense des rayons du soleil. ¶ ~더위가 이어지고 있다 La chaleur des rayons du soleil persiste.

불복 不服 명 insubordination *f*, désobéissance *f*, insoumission *f*. ¶ 명령에 대한 ~ désobéissance à un ordre, refus d'obtempérer. ¶ 상사에 대한 ~ insubordination vis à vis d'un supérieur, désobéissance à un supérieur. ◇_(을) **하다** être insoumis(*e*), désobéir, refuser de se soumettre; ne pas accepter le verdict d'un tribunal. ¶ 결정에 ~하다 ne pas se plier à une décision. ¶ 법원의 판결에 ~하고 항소하다 faire appel du verdict [de la décision] du tribunal.

불복종 不服從 명 insubordination *f*, désobéissance *f*, insoumission *f*. ¶ 명령 ~으로 누구를 체포하다 arrêter *qn* pour insubordination [pour refus d'obtempérer]. ◇_(을) **하다** désobéir à *qn*. ¶ 상관의 명령에 ~하다 désobéir à *ses* chefs [à *ses* supérieurs]. ¶ 부모에게 ~하다 désobéir à *ses* parents.

◆_**운동** -運動 명 【역사】 mouvement *m* de désobéissance [d'insoumission].

불분명하다 不分明- 형 être peu clair(*e*), ambigu(*ë*), douteu*x*(*se*), obscur(*e*), ne pas être certain(*e*). ¶ 불분명한 대답 une réponse peu claire [ambiguë, évasive]. ¶ 불분명한 태도를 보이다 se montrer peu clair(*e*) [ambigu(*ë*)]. ¶ 출처가 불분명한 유인물이

나돌고 있다 Des tracts d'origine douteuse [obscure] circulent. ¶ 그 사람은 발음이 ~ Sa prononciation n'est pas claire / Il prononce mal. ¶ 그 사람이 올지는 ~ Il n'est pas certain qu'il vienne.

불붙다 자 ☞ 불¹

불비 不備 명 défaut *m*, défectuosité *f*, imperfection *m*. ¶ 통신 시설의 ~로 불편이 많다 L'installation défectueuse des appareils de communication cause de [est à l'origine de] nombreux inconvénients.
◆**_하다** 형 être défectueux(*se*), imparfait(*e*), insatisfaisant(*e*). ¶ ~한 여건 속에서도 상당한 성과를 거두다 recueillir un beau succès malgré les conditions défavorables [insatisfaisantes]. ¶ ~한 점을 보완하다 suppléer un manque, couvrir un défaut. ¶ 서류가 ~하다 Ce document n'est pas complet.

불빛 명 lueur *f*, lumière *f*, éclat *m*. ¶ 창으로 ~이 새어 나온다 Une lueur provient de la fenêtre.

불사¹ 佛事 명 【불교】 œuvre *f* pour la religion bouddhique; cérémonie *f* bouddhique. ¶ ~를 일으키다[행하다] préparer une cérémonie bouddhique.

불사² 不死 명 immortalité *f*. ¶ ~의 생명 l'immortalité.
◆**_신** -身 명 être *m* immortel.
◆**_약** -藥 명 potion *f* qui offre l'immortalité.
◆**_조** -鳥 명 phénix *m*; être *m* immortel. ¶ ~조는 잿더미 속에서 부활했다 Le phénix renaissait de ses cendres.

불사³ 不辭 명 résolution *f* inébranlable [ferme]. ¶ 그들은 일전 ~의 자세로 나오고 있다 Ils agissent avec une résolution inébranlable.
◆**_하다** 타 ne pas reculer ((devant une difficulté)), ne pas décliner. ¶ 저는 이 일에 대해서 죽음도 ~하고 싸우겠습니다 Je vais me battre jusqu'au bout pour cette affaire.

불사르다 타 ① brûler, incinérer, consumer, incendier, enflammer; mettre le feu. ¶ 잡초를 ~ brûler les mauvaises herbes. ¶ 시체를 ~ incinérer un cadavre. ¶ 책을 ~ mettre le feu aux livres. ② se passionner, brûler de passion. ¶ 망념을 ~ se passionner pour les souvenirs. ¶ 정열을 ~ brûler de passion.

불상 佛像 명 【불교】 statue *f* du Bouddha. ¶ ~을 안치하다 installer une statue de Bouddha ((dans *un temple*)).

불상사 不祥事 명 accident *m*, malheur *m*, deuil *m*, infortune *f*, misère *f*, douleur *f*, peine *f*. ¶ 집안에 ~가 생겼다 Un malheur est arrivé dans la famille. ◇**_를 일으키다** provoquer [causer] un malheur.

불서 佛書 명 【불교】 livre *m* bouddhique.

불성 佛性 명 【불교】 nature *f* du Bouddha. ¶ 모든 사람이 ~을 지니고 있다 Tous les hommes gardent la nature du Bouddha en eux.

불성실 不誠實 명 manque *m* de sincérité, malhonnêteté *f*. ¶ 소득세 ~ 신고자 une personne malhonnête qui fait une fausse déclaration de revenus.
◆**_하다** 형 être malhonnête; ne pas être sincère [sérieux(*se*)]. ¶ ~한 태도를 보이다 montrer [manifester] peu de sérieux [un manque de sérieux]. ¶ 그 남자는 업무 자세가 ~하다 Il ne travaille pas sérieusement / Il montre peu de sérieux dans son travail. ¶ ~하게 생활하다 vivre de façon frivole.

불세출 不世出 명 sans égal, sans pareil. ¶ ~의 스타[영웅, 위인] une vedette sans égal [un héros exceptionnel, un grand homme exceptionnel].

불소 弗素 명 【화학】 fluor *m*. ¶ ~ 화합물 mélange issu du fluor. ¶ ~ 치약 dentifrice au fluor.
◆**_화** -化 명 fluoration *f*. ¶ 수도물의 ~화 fluoration de l'eau courante. ¶ 무엇을 ~화하다 mettre du fluor dans *qc*.

불소급 不遡及 명 non-rétroactivité *f*. ¶ 형벌 ~의 원칙 principe de non-rétroactivité des lois. ◇**_(을) 하다[시키다]** ne pas rétroagir. ◇**_(이) 되다** ne pas être rétroagi(e).

불손 不遜 명 manque *m* d'humilité; arrogance *f*, insolence *f*. ◇**_을 범하다** faire acte d'arrogance [d'insolence, d'impertinence, de grossièreté].
◆**_하다** 형 manquer d'humilité, ne pas être poli(*e*), être irrespectueux(*se*), grossi*er*(*ère*), insolent(*e*), arrogant(*e*), hautain(*e*), impertinent(*e*). ¶ 저 사람은 남들에게 늘 ~하다 Il est toujours arrogant avec les autres. ¶ 저 점원은 손님 대하는 것이 참 ~하다 Cet employé répond aux clients avec insolence. ¶ ~한 태도로 사람을 대하다 traiter les gens d'une manière arrogante. ¶ 어른한테 ~하게 그게 무슨 말버릇이니? De quelle manière (irrespectueuse) tu parles aux anciens [aux personnes âgées]? / Comment oses-tu parler ainsi aux anciens?

불수 不隨 명 paralysie *f*. ¶ 그는 사고로 ~의 몸이 되었다 Il est paralysé suite à un accident. ◇**_가 되다** être paralysé(e). ¶ 그는 교통사고로 하반신이 ~가 되었다 Il est paralysé des deux jambes à cause d'un accident de voiture.
◆**반신** 半身 명 hémiplégie *f*. ¶ 그는 반신 ~의 몸으로 누워 지내고 있다 Son hémiplégie [Sa paralysie partielle] le force à rester couché.

불순¹ 不純 명 impureté *f*.
◆**_하다** 형 être impur(*e*), insidieux(*se*), nuisible, grossi*er*(*ère*), obscène. ¶ ~한 의도로 말하다 parler insidieusement. ¶ ~한 동기 un motif vil [méprisable, honteux].
◆**_물** -物 명 impureté *f*. ¶ 이 음료에는 ~물이 들어[섞여] 있다 Il y a des impuretés dans cette boisson.
◆**_분자** -分子 명 élément *m* dangereux [néfaste, nuisible] ¶ ~ 분자를 색출하다 trouver des éléments dangereux [néfastes, nuisibles].

불순² 不順 명 ① manque *m* d'humilité [de politesse, de courtoisie]. ¶ 언행 ~ manque de respect dans *sa* conduite et *ses* propos; conduite et propos irrespectueux. ② 순조롭지 않음 irrégularité *f*; variabilité *f*, caractère *m* variable. ¶ 일기 ~

ㅂ

variabilité [caractère variable] de la météo.

◆_분자 명 agitateur(*trice*); dissident(*e*). ¶ ~분자를 색출하다 trouver des agistateurs [dissidents].

◆_하다 형 ① être impoli(*e*), irrespectueu*x*(*se*). ¶ 그 노파는 며느리의 태도가 ~하다고 화를 냈다 La vieille femme se mit en colère à cause de l'attitude irrespectueuse de sa belle-fille. ② ((기후가)) être irréguli*er*(*ère*), variable. ¶ 요즘 기후[날씨]도 ~한데 잘 지내시는지요 Malgré ce temps instable, j'espère que vous allez bien.

◆월경_ 月經 명 【의학】 irrégularité *f* du flux menstruel, règles *fpl* irrégulières, menstrues *fpl* irrégulières.

불승 佛僧 명 bonze *m*; ((여자)) bonzesse *f*.

불시 不時 명 inattendu(*e*), imprévu(*e*), inopiné(*e*), imprévisible. ¶ ~ 점검 un contrôle imprévisible [inopiné]. ¶ ~의 사고 un accident imprévu [inopiné]. ¶ ~의 방문객 un(*e*) visiteu*r*(*se*) inattendu(*e*).

◆_에 부 de manière inattendue [imprévisible, inopinée, fortuite, imprévue], inopinément, accidentellement, incidemment, à l'improviste, sans prévenir. ¶ 회의를 ~에 소집하다 convoquer une réunion à l'improviste [au dernier moment, subitement, sans prévenir, de façon inattendue]. ¶ ~에 손님들이 들이닥쳤다 Des visiteurs inattendus ont débarqué chez nous.

불시착 不時着 명 atterrissage *m* forcé, atterrissage *m* d'urgence [en catastrophe]. ◇_(을) **하다** faire un atterrissage forcé, atterrir d'urgence [en catastrophe, brutalement]. ¶ 사고 비행기는 평원 위[들판]에 ~했다 L'avion en perdition a atterri d'urgence [en catastrophe] sur une plaine [dans un champ, en pleine nature]. ◇_(을) **시키다** faire atterrir d'urgence [en catastrophe] ((un avion en détresse)) [en perdition en pleine nature]. ¶ 갑작스런 기체 결함으로 비행기를 근처 공항에 ~시켰다 On a fait atterrir l'avion en catastrophe à proximité de l'aéroport à cause d'un défaut insoupçonné de fuselage.

불식 拂拭 명 extirpation *f*, extermination *f*. ◇_(을) **하다**[**시키다**] exterminer, extirper, balayer, nettoyer. ¶ 과거를 ~하고 새로운 모습으로 다시 태어나다 renaître à nouveau tout en balayant le passé. ¶ 무엇에 대한 우려[나쁜 이미지]를 ~시키다 balayer l'inquiétude [la mauvaise image] concernant *qc*. ◇_(이) **되다** disparaître, se corriger. ¶ 그 사람의 누명은 벗겨졌으나 사람들의 불신은 ~되지 않았다 Malgré la preuve de son innocence, la méfiance des gens n'a pas totalement disparu.

불신 不信 명 discrédit *m*, méfiance *f*, manque *m* de confiance. ¶ ~ 풍조 un courant de méfiance, un climat de méfiance. ¶ 무엇에 대한 ~을 일소하다[제거하다] lever le soupçon [le discrédit] qui pèse sur *qc*. ◇_(을) **하다** se méfier de *qn*/*qc*, ne pas faire confiance à *qn*. ◇_(을) **받다** éveiller la méfiance de *qn*. ◇_을 **사다** attirer [encourir] la défiance [méfiance] de *qn*; se discréditer auprès de *qn*.

◆_감 -感 명 méfiance *f*.

불신임 不信任 명 manque *m* de confiance, défiance *f*. ¶ ~ 투표[결의] motion *f* de censure. ¶ ~을 결의하다 adopter une motion de censure. ¶ ~을 제기하다 proposer une motion de censure. ◇_(을) **하다** se méfier de *qn*, n'avoir aucune confiance en *qn*; ¶ 새로 부임한 목사를 ~하다 se méfier du nouveau pasteur. ◇_(을) **받다** être l'objet d'une motion de censure; faire l'objet de la défiance de *qn*. ◇_(이) **되다**[(을) **당하다**] être l'objet d'une motion de censure; faire l'objet de la défiance de *qn*.

◆_안 -案 명 motion *f* de censure ((contre le gouvernement)). ¶ 총리 ~안을 상정하다[가결하다] proposer [adopter] la motion de censure du Premier ministre.

불심 佛心 명 cœur *m* [miséricorde *f*] de Bouddha. ¶ ~이 돈독한 신자 bouddhiste qui aspire à la miséricorde de Bouddha.

불심검문 不審檢問 명 contrôle *m* policier inopiné, dans la rue d'un individu au comportement suspect. ◇_(을) **하다** faire un contrôle policier ((dans la rue d'un individu au comportement suspect)). ◇_**에 걸리다** faire l'objet d'un contrôle policier.

불쌍하다 형 être pauvre, pitoyable, misérable. ¶ 불쌍한 고아들을 보살펴 주다 s'occuper des orphelins malheureux. ¶ 이 불쌍한 아이를 제발 가엾이 여기어 주십시오 S'il vous plaît, ayez pitié de ce pauvre enfant! ¶ 불쌍한 놈! Pauvre homme! ¶ 불쌍한 생각이 들다 faire pitié. ¶ 불쌍하게도 그 아이는 앞을 못 본다 Ce pauvre enfant est aveugle.

◆**불쌍히** 부 par pitié. ¶ 오갈 데 없는 노인들을 불쌍히 여기다 considérer avec pitié les personnes âgées sans domicile fixe.

불쏘시개 명 allume-feu(~-~(*x*)) *m*, ligot *m*. ¶ 낡은 신문을 ~로 쓰다 allumer un feu avec de vieux journaux.

불쑥 부 ① en avant, subitement, brutalement, brusquement, soudain, tout à coup. ¶ 창밖으로 머리를 ~ 내밀다 sortir subitement la tête par la fenêtre, se montrer subitement à la fenêtre. ¶ 주먹을 ~ 내밀다 donner subitement un coup de poing. ② 별안간, 뜻밖에 inconsciemment, tout d'un coup, à l'improviste. ¶ ~ 찾아오다 venir voir *qn* à l'improviste. ¶ 나도 몰래 ~ 그 말이 튀어나왔다 Tout d'un coup, malgré moi, j'ai laissé échapper ces mots. ¶ 어느 날 그 사람이 ~ 나타났다 Un jour, il est apparu tout à coup.

◆_ _ 부 subitement, tout à coup. ¶ 학생들이 복도에 ~~ 나타나곤 한다 Les élèves s'amusent à surgir subitement dans le couloir.

불씨 명 ① étincelle *f*. ¶ 작은 ~라도 주의해야 한다 Il faut se méfier de la moindre étincelle. ¶ ~를 꺼트리다[살리다, 키우다] laisser le feu s'éteindre[ranimer le feu, alimenter[attiser] le feu].

ㅂ

② ((비유적)) étincelle *f* ((qui met le feu aux poudres)), motif *m*, sujet *m* ((d'une dispute)). ¶ 욕망의 ~가 되살아나다 raviver le feu de la passion.

***~가 되다** être à l'origine de *qc*, déclencher, provoquer. ¶ 그 일이 비극의 ~가 되었다 Cet événement a été à l'origine du drame / Cet événement a déclenché le drame.

***~를 안다** renfermer ((un danger)), être sous la menace de ((un conflit)). ¶ 중동 지역은 항상 전쟁의 ~를 안고 있다 Le Moyen-Orient garde toujours un ferment de guerre.

***~를 키우다** alimenter un feu ((de discorde)). ¶ 분쟁의 ~를 키우다 alimenter le feu de la discorde.

불안 不安 명 ① anxiété *f*, inquiétude *f*, appréhension *f*, angoisse *f*. ¶ ~의 빛을 감추지 못하다 ne pas arriver à cacher *son* inquiétude. ¶ ~에 떨다 vivre dans l'anxiété [dans l'inquiétude]. ¶ 경제에 대한 국민들의 ~이 높아 가고 있다 L'inquiétude économique croît. ② ((분위기의)) instabilité *f*, précarité *f*; insécurité *f*. ¶ 정국의 ~ l'instabilité de la situation politique. ¶ 그 소식은 온 마을을 ~에 몰아 넣었다 Cette nouvelle sema la panique dans le village entier.

◆**_하다[스럽다]** 형 ① être inqui*et*(*ète*), anxieu*x*(*se*), ne pas être rassuré(*e*), être mal à l'aise; ((사건이)) être inquiétant(*e*). ¶ ~한 하루밤을 보내다 passer une nuit d'anxiété. ¶ 이 일을 그 사람에게 맡기기가 ~하다 Cela m'inquiète de lui confier ce travail / J'ai peur de lui confier ce travail. ② ((분위기가)) ¶ 정국 혼란으로 경제마저 ~하다 L'économie chancelle à la suite de l'instabilité de la situation politique.

◆**_감** -感 명 (sensation *f* d')inquiétude *f*, angoisse *f*. ¶ ~감이 들다 être pris(*e*) d'une sensation d'inquiétude, éprouver de l'inquiétude. ¶ 그 사람의 태도에 ~감의 흔적이 보인다 Son attitude trahit une certaine angoisse.

불안정 不安定 명 instabilité *f*, précarité *f* ((de la situation)). ¶ 정국의 ~ instabilité de la situation politique. ¶ 통화의 ~ instabilité monétaire. ¶ 정서의 ~ caractère [tempérament] instable.

◆**_하다** 형 être instable, précaire, temporaire, incertain(*e*), changeant(*e*); ne pas être sûr(*e*). ¶ ~한 직업 une profession instable [incertaine, précaire], un travail temporaire, une situation précaire. ¶ ~한 정부 gouvernement instable. ¶ 환율이 ~하다 Le taux de change est instable. ¶ 기후가 ~하다 Le temps est très instable. ¶ 저 체조 선수는 자세가 ~하다 Ce gymnaste se tient dans une position instable. ¶ 이 지역 상공은 대기가 ~하다 L'air est instable dans cet espace aérien. ¶ 그 사람의 지위는 아직 ~하다 Son statut n'est pas encore rétabli / Son statut est encore précaire. ¶ 선반 위에 상자가 ~하게 놓여 있다 Une boîte est posée en équilibre instable sur l'étagère.

◆**_성** -性 명 instabilité *f*, précarité *f*.

불알 명 testicule *m*, parties *fpl* (intimes), burnes *fpl* {*fam*}, couilles *fpl* {*vulg*}, burettes *fpl* {*pop*}, roubignoles *fpl* {*pop*}, roupettes *fpl* {*pop*}, roustons *mpl* {*pop*}, valseuses *fpl* {*pop*}. ¶ 돼지의 ~을 까다 castrer [châtrer] un porc. ¶ 실수로 누구의 ~을 차다 donner un coup de pied dans les testicules de *qn* par accident. ¶ 발길질에 ~을 맞다[차이다] recevoir un coup de pied dans les parties.

◆**_친구** -親舊 명 ami(*e*) d'enfance.

불야성 不夜城 명 lieu(*x*) *m* très éclairé pendant la nuit. ¶ 밤이면 도시 전체가 ~을 이룬다 La nuit, toute la ville est éclairée comme en plein jour.

불어 佛語 명 (le) français *m*, la langue *f* française. ¶ ~를 배우다 apprendre le français. ¶ 대학에서 ~를 전공하다 faire du français [des études de français] à l'université. ¶ ~(를) 할 줄 아세요? Vous pouvez parler (le) français? / Parlez-vous (le) français? ¶ 이 말은 ~로 뭐라고 합니까? Comment peut-on le dire en français? / Comment dit-on cela, en français?

◆**_권** -圈 명 francophonie *f*. ¶ ~권 국가 un pays francophone.

◆**_불문학** -佛文學 명 langue *f* et littérature *f* françaises.

◆**_학** -學 명 linguistique *f* française.

불어나다 자 s'accroître, croître, augmenter, gonfler, enfler, se développer. ¶ 집중호우로 강물이 불어났다 Le débit de la rivière a augmenté en raison des pluies torrentielles / Les pluies torrentielles ont fait enfler la rivière. ¶ 인구[식구]가 불어났다 La population s'est accrue [La famille s'est agrandie]. ¶ 그 사람은 재산이 불어났다 Son patrimoine s'est accru / Ses biens se sont accrus.

불어넣다 타 ① souffler dans ((un ballon de baudruche)); insuffler. ¶ 풍선에 바람을 ~ souffler de l'air dans un ballon; gonfler un ballon (de baudruche). ② ((의식, 느낌을)) insuffler, inspirer, endoctriner, catéchiser, sermonner, initier, instruire, prêcher; donner ((du courage, de l'espoir)). ¶ 누구에게 진보적인 사상을 ~ insuffler à *qn* des idées progressistes. ¶ 그 사람은 내게 용기[희망]를 불어넣어 주었다 Il m'a donné du courage [de l'espoir].

불어닥치다 자 arriver de force, être emporté(*e*) par *qc*, être gagné(*e*) par *qc*, faire fureur. ¶ 눈보라가 불어 닥쳤다 Une tempête de neige a fait rage. ¶ 월드컵의 열기가 불어 닥쳤다 La fièvre de la Coupe du Monde de football a gagné tout le pays.

불어터지다 자 gonfler à bloc. ¶ 불어터진 국수 des nouilles gonflées à l'extrême [qui ont cuit trop longtemps]. ¶ 라면이 퉁퉁 불어터져 맛이 없다 Les nouilles instantanées [*ramen*] ne sont pas bonnes parce qu'elles sont restées trop longtemps dans l'eau [parce qu'elles ont cuit trop longtemps].

불여우 명 ① 【동물】 renard *m* rouge. ② ((비유적)) femme *f* versatile et bavarde; harpie *f*, mégère

ㅂ

f, chipie *f*, (un vrai) chameau(*x*) *m* {*fam*}. ¶ 그 여자는 ~다 C'est une femme dangereuse qui ruine les autres / Cette femme est un vrai chameau {*fam*}.

*꼬리 아홉 달린 ~ renard rouge doté de neuf queues ((désigne dans les contes traditionnels anciens la femme-fantôme haineuse qui veut se venger. Elle entraîne les autres à la ruine ou à la tragédie par des moyens mystérieux)).

불역 佛譯 명 traduction *f* [version *f*] française. ◇_(을) **하다** traduire ((un ouvrage)) en français. ◇_(이) **되다** être traduit(*e*) en français.

◆_**본** -本 명 ouvrage *m* traduit en français, traduction *f* française.

불연 不燃 명 être non combustible. ¶ ~ 재질 matière non combustible.

◆_**성** -性 명 incombustibilité *f*.

불연속 不連續 명 discontinuité *f*, discontinu *m*. ¶ ~(의) 무늬 motif irrégulier, dessin discontinu.

◆_**적** -的 명관 irrégulier(*ère*), discontinu(*e*). ¶ 진동이 ~적으로 이어졌다 La vibration a continué d'une façon irrégulière. ¶ ~적 운동 un mouvement irrégulier.

◆_**성** -性 명 discontinuité *f*.

◆_**선** -線 명 【기상】 ligne *f* de discontinuité.

◆_**함수** -函數 명 【수학】 fonction *f* transcendantale.

불온 不穩 명 agitation *f*, trouble *m*, subversion *f*. ¶ ~ 세력[문서, 유인물, 사상] un mouvement subversif, une organisation subversive [des écrits séditieux; des tracts séditieux; des idées subversives, une opinion subversive].

◆_**하다** 형 être séditieux(*se*), subversif(*ve*), menaçant(*e*), inquiétant(*e*). ¶ ~한 사상 des idées subversives; une opinion subversive.

불완전 不完全 명 imperfection *f*, inachèvement *m*. ¶ ~ 고용 sous-emploi, emploi insuffisamment rétribué. ¶ ~ 연소 combustion imparfaite.

◆_**하다** 형 être imparfait(*e*), inachevé(*e*), défectueux(*se*). ¶ 인간은 ~한 존재이다 L'homme est imparfait. ¶ 아직 ~하지만 일단 시제품이 나왔다 Le produit d'essai est sorti malgré ses quelques imperfections.

◆_**성** -性 명 imperfection *f*.

◆_**계열** -系列 명 【언어】 série *f* défective.

◆_**동사** -動詞 명 【언어】 verbe *m* défectif.

◆_**명사** -名詞 명 【언어】 nom *m* défectif.

◆_**자동사** -自動詞 명 【언어】 verbe *m* intransitif défectif.

◆_**타동사** -他動詞 명 【언어】 verbe *m* transitif défectif.

불요불급하다 不要不急- 형 n'être ni nécessaire ni urgent(*e*); être secondaire, superflu(*e*). ¶ 불요불급한 소비를 억제하다 freiner la consommation superflue. ¶ 불요불급한 조항 une clause secondaire, un article d'importance secondaire.

불용성 不溶性 명 insolubilité *f*. ¶ ~ 지방 graisse insoluble. ¶ ~ 효소 enzyme [ferment, diastase] insoluble. ◇_**이다** être insoluble (dans l'eau). ¶ 이 물질은 ~이다 Cet élément est insoluble (dans l'eau).

불우 不遇 명 infortune *f*, défaveur *f* du sort; ((형용사)) défavorisé(*e*) par le sort, en difficulté, dans le besoin, nécessiteux(*se*), dans la nécessité, dans le besoin, dans la précarité, malheureux(*se*), indigent(*e*), miséreux(*se*). ¶ ~ 이웃 personnes défavorisées [en difficulté, dans le besoin, dans la nécessité, nécessiteuses, vivant dans la précarité], malheureux, indigents, miséreux. ¶ 자신의 ~를 탄식하다 se lamenter sur *son* infortune.

◆_**하다** 형 être défavorisé(*e*) [ne pas être favorisé(*e*)] par le sort, être malchanceux(*se*) infortuné(*e*), malheureux(*se*). ¶ ~한 어린 시절을 보내다 passer une enfance malheureuse. ¶ ~한 이웃을 도웁시다 Aidons les personnes démunies! / Secourons les malheureux! ¶ 그의 삶은 평생 ~했다 La fortune lui fut contraire toute sa vie. ¶ 그 사람은 남은 생애를 ~하게 보냈다 Il fut malheureux le restant de sa vie.

불운 不運 명 infortune *f*, adversité *f*, malheur *m*, malchance *f*. ¶ ~의 연속이다 être poursuivi(*e*) par la malchance; la malchance le(la) poursuit. ¶ ~을 딛고 일어서다 surmonter l'adversité [*son* infortune, *son* malheur].

◆_**하다** 형 être malchanceux(*se*), infortuné(*e*), ne pas avoir de chance. ¶ 그 사람이 탈락된 것은 참 ~하다 Il n'a vraiment pas de chance de ne pas avoir été admis. ¶ ~하게도 par malchance, par malheur, malheureusement.

불원간 不遠間 부 bientôt, prochainement, dans peu de temps, dans un proche avenir [un avenir prochain, un avenir très proche, un avenir peu éloigné], incessamment, sous peu; à brève échéance; dans un bref délai, sans tarder, tantôt ((Québec)). ¶ 이 문제는 ~ 해결될 것이다 Ce problème sera bientôt résolu [sera résolu dans peu de temps]. ¶ 그는 ~ 귀국할 것이다 Il va rentrer en Corée très prochainement. ¶ ~ 한번 찾아 뵙겠습니다 Je vous reverrai [J'irai vous rendre visite] très prochainement. À bientôt! ¶ ~에 무슨 결정이 있을 것이다 Une décision sera prise dans peu de temps.

불응 不應 명 refus *m*; ((faire)) la sourde oreille *f*. ◇_(을) **하다** refuser; désobéir à *qc*/*qn*; faire la sourde oreille. ¶ 명령[검문]에 ~하다 désobéir aux instructions [refuser le contrôle].

불의[1] **不意** 명 imprévu *m*, imprévision *f* {*litt*}; imprévu(*e*), inattendu(*e*), inopiné(*e*). ¶ ~의 사고로 목숨을 잃다 perdre brusquement [subitement] la vie dans un accident, trouver subitement la mort dans un accident. ¶ ~에 기습당하다 être pris(*e*) au dépourvu. ¶ ~에 당한 사고로 그의 가족은 슬픔에 빠졌다 Sa famille a sombré dans la tristesse à cause de ce brusque accident.

불의[2] **不義** 명 injustice *f*. ¶ 그 사람은 ~를 보고는 참지 못한다 Il ne supporte pas l'injustice. ¶ ~에 항거하다 s'opposer à une injustice, se révolter contre l'injustice.

불이야 감 Au feu!

불이익 不利益 명 absence *f* de profit; désavantage *m*. ¶ ~을 감수하다 accepter un handicap. ◇ **_을 당하다 [보다]** être désavantagé(*e*), handicapé(*e*) ((par *qc*)).

불이행 不履行 명 manquement *m* ((au devoir)); non-exécution *f*, inexécution *f* ((d'un contrat)); inobservation *f* ((d'un traité)). ¶ 계약 ~ la non observation d'un contrat. ¶ 약속의 ~을 나무라다 reprocher à *qn* d'avoir manqué à *sa* parole. ◇ **_(을) 하다** manquer à ((*sa* parole)), ne pas respecter ((un contrat)). ¶ 그 사람은 매매 계약을 ~했다 Il n'a pas respecté le contrat de vente.

불일치 不一致 명 discorde *f*, division *f*. ¶ 언행의 ~ le désaccord [la non-conformité] entre la parole et les actes.

◆ **_하다** 형 être en désaccord, être discordant(*e*), divisé(*e*). ¶ 무엇이 무엇과 ~하다 Il y a un désaccord entre A et B. ¶ 그 사람은 말과 행동이 ~한다 Ses paroles ne coïncident pas avec [ne correspondent pas à] sa conduite / Ses paroles ne sont pas en accord avec sa conduite [avec ses actes] / Il ne fait pas ce qu'il dit.

불임 不姙 명 stérilité *f*. ¶ ~ 수술 stérilisation *f* chirurgicale. ¶ ~ 부부 couples stériles. ¶ ~ 클리닉 clinique spécialisée dans le traitement de la stérilité.

◆ **_증** -症 명 【의학】 symptôme *m* de stérilité.

불입 拂入 명 paiement *m*, versement *m*, souscription *f*. ¶ 연금[적금]의 ~ versement de la rente annuelle [de l'épargne]. ◇ **_(을) 하다** verser ((une somme)); souscrire à ((un emprunt)). ¶ 이자[보험료, 적금, 연금]를 ~하다 verser des intérêts [la prime d'assurance, l'épargne, la rente].

◆ **_금** -金 명 somme *f* à verser.

불자 佛子 명 【불교】 bouddhiste *mf*, moine *m* bouddhiste, bodhisattva *m*.

불자동차 -自動車 명 voiture *f* [camion *m*] de pompiers.

불장난 명 ① action de jouer avec le feu. ② 위험한 행위 action *f* dangereuse, jeu(*x*) *m* dangereux. ③ ((남녀의)) relation *f* [aventure *f*] amoureuse inconsidérée [déraisonnable, irréfléchie] (de deux adolescents). ¶ 그들의 관계는 일시적인 ~에 불과하다 Leur histoire n'est qu'une relation passagère [éphémère]. ◇ **_(을) 하다[치다]** jouer avec le feu [avec des allumettes]. ¶ 아이들이 성냥을 가지고 ~을 하고 있다 Les enfants jouent avec des allumettes.

불전 佛前 명 【불교】 devant (le) Bouddha. ¶ ~에 공물을 바치다 faire une offrande devant le Bouddha [devant une statue de Bouddha].

불제자 佛弟子 명 【불교】 disciple *m* de Bouddha.

불찰 不察 명 négligence *f*. ¶ 종업원의 ~이 사고를 초래했다 La négligence d'un employé est à l'origine de cet accident. ¶ 이번 일은 저의 ~입니다 C'est de ma faute si cette affaire a mal tourné.

불참 不參 명 absence *f*. ¶ 경기에 ~을 선언하다 annoncer ne pas participer à une compétition, annoncer qu'on ne participera pas à une [qu'on sera absent(*e*) d'une] compétition. ◇ **_(을) 하다** ne pas assister à ((une conférence, une réunion)); ne pas participer à ((une compétition)), être absent(*e*) ((d'une compétition)). ¶ 그 사람은 회의에 ~했다 Il était absent à la réunion / Il n'a pas participé à la réunion.

불철저하다 不徹底- 형 incompl*et*(*ète*), être imparfait(*e*), défectueu*x*(*se*). ¶ 불철저한 조사 une investigation incomplète. ¶ 불철저한 조치 des mesures insuffisantes.

불철주야 不撤晝夜 명부 jour et nuit, nuit et jour, vingt-quatre heures sur vingt-quatre; toujours, tout le temps {*fam*}, sans arrêt, sans cesse, sans répit, continuellement, sans relâche, sans trêve, sans repos, sans trêve ni repos, en permanence. ¶ ~(로) 열심히 연구하다 s'adonner à la recherche jour et nuit, se consacrer [se donner] tout enti*er*(*ère*) à la recherche, consacrer tout *son* temps à la recherche. ¶ ~(로) 학업에 정진하다 s'adonner aux études jour et nuit. ¶ 식구들을 먹여 살리기 위해 ~(로) 애쓰다 s'activer pour subvenir aux besoins de *sa* famille.

불청객 不請客 명 personne *f* qui vient sans être invitée; parasite *m*; intrus(*e*). ¶ 느닷없는 ~의 침입에 모두 깜짝 놀랐다 Tous ont été choqués par l'intrusion d'un inconnu. ¶ 그 사람은 어디를 가나 ~이다 Il n'est le bienvenu nulle part.

불초 不肖 명 ① indigne, ingrat(*e*), qui a démérité; fils indigne de *son* père. ¶ ~ 자식 un fils indigne de son père. ② ((나를 낮추어 부름)) mon humble personne, moi, je ((de déférence)).

◆ **_하다** 형 être indigne, ingrat(*e*).

불출마 不出馬 명 non-candidature *f*. ¶ ~ 선언 déclaration de non-candidature. ◇ **_(를) 하다** ne pas se présenter à une élection. ¶ 그는 이번 선거에 ~하기로 했다 Il a décidé de ne pas se présenter à la prochaine élection.

불충 不忠 명 déloyauté *f*, manque *m* de dévouement. ¶ ~의 죄를 저지르다 être déloy*al*(*ale*, *aux*) ((envers *son* roi, *son* maître)).

◆ **_하다** 형 être déloy*al*(*ale*, *aux*). ¶ ~한 죄인 un pécheur déloyal [misérable].

불충분 不充分 명 insuffisance *f*. ¶ 증거 ~으로 석방되다 être remis(*e*) en liberté à cause de preuves insuffisantes.

◆ **_하다** 형 être insuffisant(*e*), incompl*et*(*ète*), laisser à désirer. ¶ 그 사람은 노력이 ~하다 Il ne fait pas de son mieux / Il ne fait pas assez d'efforts / Il pourrait faire plus d'efforts. ¶ 그 돈으로는 한

ㅂ

달을 버티기에 ~하다 Cet argent [Cette somme] n'est pas suffisant(*e*) [ne suffit pas] pour tenir un mois. ¶ 그 일을 다 끝내기에는 시간이 ~하다 Le temps lui manque pour finir ce travail.

불치 不治 명 incurabilité *f*; ((maladie)) incurable, inguérissable. ¶ ~의 병에 걸리다 contracter [être atteint(*e*) d']une maladie incurable.

◆ **_병** -病 명 maladie *f* incurable [inguérissable]. ¶ 암은 더 이상 ~병이 아니다 Le cancer n'est plus une maladie incurable.

불친절 不親切 명 impolitesse *f*, manque *m* d'amabilité [de gentillesse, de politesse]; méchanceté *f*; dureté *f*. ¶ 공무원들의 ~ manque d'amabilité des fonctionnaires.

◆ **_하다** 형 ne pas être aimable, être peu aimable. ¶ 이 가게는 종업원들이 ~하다 Les employés de ce magasin ne sont pas aimables. ¶ 손님에게 ~하게 대하다 répondre aux clients d'une façon peu aimable.

불침번 不寢番 명 ((être de)) veille *f*, ronde *f* [garde *f*] de nuit; veilleur *m* de nuit. ◇ **_(을) 서다** veiller. ◇ **_을 세우다** mettre en place une veille; organiser des rondes de nuit.

불쾌 不快 어근 désagrément *m*, déplaisir *m*.

◆ **_하다** 형 être désagréable, déplaisant(*e*); ((voisin)) être ennuyeux(*se*); ((travail, visage)) être rebutant(*e*); ((crissement)) être agaçant(*e*); ((parole)) être vexant(*e*). ¶ ~한 인상 impression *f* très désagréable. ¶ ~한 표정을 짓다 faire la grimace. ¶ 그 사람의 얼굴을 보자 ~한 느낌이 들었다 Son visage provoquait chez moi une réaction désagréable / Il avait un visage qui ne me revenait pas {*fam*}. ¶ 나에 대해 제멋대로 평가하다니 정말 ~하다 Cette critique désinvolte à mon égard est fort désagréable [m'a offusqué(*e*), m'a choqué(*e*)]. ¶ 그는 자기 작품에 대한 비평을 듣고 ~해 했다 Il a exprimé son déplaisir [son dépit] devant la critique de ses œuvres. ¶ 누구[무엇]를 ~하게 생각하다 trouver *qc*/*qn* désagréable, être offusqué(*e*) de, être choqué(*e*) par ((l'attitude de *qn*)); s'offusquer de, se froisser. ¶ ~하게도 désagréablement.

◆ **_감** -感 명 impression *f* très désagréable. ¶ 그런 행동은 다른 사람들에게 ~감을 준다 Ce genre de comportement donne une impression fort désagréable aux autres / Ce type de comportement offusque les gens.

◆ **_지수** -指數 명 degré *m* d'irascibilité [de susceptibilité] des gens ((à cause du climat estival lourd et humide de Corée)). ¶ ~지수가 높은 날 un jour où les gens sont particulièrement irritables [susceptibles] à cause du temps lourd et humide. ¶ 여름에는 ~지수가 높다 En été, les gens sont particulièrement irritables à cause de la chaleur et de l'humidité.

불타 명 【불교】 ① bouddha *m*. ② 석가모니 Bouddha *m*, (le) bouddha *m* historique, (le) bouddha *m* Sakyamuni [Gautama].

불타다 자 ① brûler, calciner, carboniser, incendier, embraser, consumer. ¶ 폭격으로 시청이 불탔다 L'hôtel de ville a brûlé dans un bombardement. ¶ 불타고 남은 잔해 les restes d'un incendie. ② brûler, embraser. ¶ 불타는 태양 le soleil brûlant. ¶ 불타는 노을 le crépuscule embrasé. ③ être animé(*e*) de *qc*; avoir soif de ((vengeance, liberté, tendresse)). ¶ 정열에 불타는 젊은이들 jeunesse qui brûle d'une ardeur juvénile. ¶ 복수심에 ~ avoir soif de vengeance.

불타오르다 자 ① brûler. ② ((비유적)) briller, rougeoyer. ¶ 불타오르는 저녁노을 le crépuscule rougeoyant. ③ ((감정이)) brûler d'un vif sentiment. ¶ 그의 두 눈이 증오심으로 불타올랐다 Ses yeux brûlaient de haine.

불탑 佛塔 명 【불교】 pagode *f*, stûpa *m*. ¶ ~을 세우다 construire [édifier] une pagode.

불토 佛土 명 【불교】 paradis *m* bouddhique; terre *f* de Bouddha, pays *m* où règne la loi bouddhique. ¶ 많은 불교 신자들은 ~에 이르기를 기원한다 Beaucoup de bouddhistes souhaitent aller au paradis bouddhique.

불통 不通 명 ① impossibilité *f* de passer [communiquer]; suspension *f*, interruption *f* (des communications). ② 의사불통 manque *m* [absence *f*] d'informations. ◇ **_(이) 되다** tomber en panne; être interrompu(*e*). ¶ 낙뢰사고로 전화가 ~이 되었다 Le téléphone ne marche plus à cause de la foudre. ◇ **_이다** être interrompu(*e*); être suspendu(*e*). ¶ 그의 전화는 하루 종일 ~이었다 Son téléphone était en dérangement pendant toute la journée. ¶ 기차가 ~이다 Le train est resté bloqué. ¶ 눈으로 길이 ~이다 La rue est impraticable à cause de la neige.

◆ **고집_** 固執 명 très entêté(*e*), têtu(*e*) (comme une mule {*fam*}, une bourrique {*fam*}); tête *f* de mule {*fam*}, cabochard(*e*) {*fam*}. ¶ 그는 고집~이다 Il est très entêté [vraiment têtu] / Lui, quelle tête de mule! / Il a l'esprit buté.

불투명 不透明 명 opacité *f*, incertitude *f*.

◆ **_하다** 형 ① être opaque. ¶ ~한 유리 un verre opaque. ¶ ~하게 일을 처리하다 traiter les affaires sans transparence. ② être incertain(*e*), imprévisible. ¶ 전망이 ~하다 L'avenir est incertain. ¶ 국제 정세가 ~하다 La situation internationale est incertaine. ¶ 사건의 결말이 어떻게 날지는 아직 ~하다 Le dénouement de cette affaire est (encore) incertain / Les paris sont ouverts / On ne connaît pas encore l'issue [le dénouement] de cette affaire.

◆ **_체** -體 명 corps *m* opaque.

불퉁거리다 자 faire la tête; être de mauvaise humeur [de mauvais poil {*fam*}], être mal luné {*fam*}, s'être levé(*e*) du pied gauche {*fam*}. ¶ 그 사람은 아침부터 괜히 불퉁거리고 있다 Dès le matin, il est de mauvaise humeur / Ce matin, il s'est levé du pied gauche.

불특정 不特定 명 non spécifié. ¶ ~ 다수 foule *f* indéterminée.

◆_**하다** 형 être indéterminé(*e*).

◆_**인** -人 명 quidam *m*; individu *m* lambda.

불티 명 flammèche *f*, étincelle *f*. ¶ ~가 날린다 Des étincelles jaillissent / Des flammèches s'envolent. ¶ 그가 피우던 담배에서 ~가 튀었다 Des flammèches se sont détachées de sa cigarette.

*~**나게[나듯] 팔리다** se vendre comme des petits pains. ¶ 이 상품은 ~나게 팔린다 Cet article se vent comme des petits pains.

불패 不敗 명 invincible, invaincu(*e*). ¶ ~의 신화 mythe *m* irréductible. ¶ ~의 영웅 un héros invincible.

불펜 영{bull-pen} 명 【야구】 enclos *m* des releveurs, piste *f* d'échauffement. ¶ ~ 투수 un lanceur de relève, un releveur.

불편 不便 명 incommodité *f*. ¶ 자료 부족으로 연구에 ~을 느끼다 être gêné(*e*) dans *ses* recherches par le manque de documents. ¶ 집이 작기는 하지만 두 사람이 살기에는 ~이 없다 Bien que la maison soit petite, deux personnes peuvent y vivre confortablement.

◆_**하다** 형 ① être inconfortable, incommode; être gêné(*e*). ¶ 살기에 ~한 곳 mauvais emplacement pour habiter. ¶ 이 동네는 교통이 ~하다 Les conditions de circulation ne sont pas bonnes dans ce quartier / Il n'est pas facile de circuler dans ce quartier. ¶ 차 없는 사람들은 거기에 가기가 ~하다 Cet endroit n'est pas facile d'accès pour les personnes [gens] qui n'ont pas de voiture. ② être indisposé(*e*); être fatigué(*e*). ¶ 그는 ~한 몸을 이끌고 모임에 나타났다 Bien qu'indisposé, il est venu à la réunion. ¶ 그 직원은 몸이 ~해서 조퇴를 했다 Cet employé est rentré avant l'heure [a quitté le bureau avant l'heure] car il s'est senti indisposé. ③ être inconfortable. ¶ ~한 분위기 situation inconfortable [peu confortable]. ¶ 그 두 사람은 ~한 관계에 있다 Ces deux personnes ne s'entendent pas très bien. ¶ 나는 그 사람과 함께 있는 것이 ~하다 Je ne me sens pas à l'aise avec lui / Je me sens gêné avec lui / Sa présence m'incommode.

불평 不平 명 mécontentement *m*, plainte *f*; ronchonnement *m*, grommellement *m*. ¶ 상사에 대한 그 직원의 ~ la plainte de cet employé auprès de son supérieur. ¶ ~을 늘어놓다 ronchonner, bougonner. ¶ 그는 늘 ~이 많다 Il est toujours à se plaindre / Il se plaint [râle {*fam*}] toujours / Il est toujours grognon / Il est un bougon / Il rouspète [se plaint] tout le temps {*fam*} [sans arrêt, à propos de tout] / Il est râleur. ◇_**(을) 하다** se montrer défavorable à *qc*; se plaindre; bougonner; exprimer *son* mécontentement; rouspéter, râler {*fam*}. ¶ 상부의 결정에 대해 ~하다 *se* plaindre d'une décision prise par *son* supérieur. ¶ 그 남자는 봉급이 너무 적다고 ~했다 Il s'est plaint de son petit salaire. ◇_**(을) 늘어놓다** ronchonner, bougonner, rouspéter. ◇_**(이) 없이** sans plainte.¶ 악조건 속에서도 ~없이 묵묵히 일하다 travailler en silence sans se plaindre malgré les mauvaises conditions.

◆_**불만** -不滿 명 mécontentement *m*, plainte *f*. ¶ ~불만을 하다 exprimer *son* mécontentement, se plaindre, protester, rouspéter {*fam*}, râler {*fam*}. ¶ 너는 왜 매사에 ~불만이냐? Pourquoi es-tu toujours mécontent(*e*)? / Pourquoi tu n'es jamais content(*e*)? / Pourquoi tu te plains [tu râles {*fam*}] tout le temps {*fam*} [sans arrêt, à propos de tout]?

불평등 不平等 명 inégalité *f*, partialité *f*. ¶ 남녀간의 ~을 해소하다 régler la question de l'inégalité de l'homme et de la femme.

◆_**하다** 형 être inég*al*(*ale*, *aux*), parti*al*(*ale*, *aux*). ¶ ~한 계약 un contrat inégal. ¶ ~한 조건 des conditions inégales. ¶ 우리 사회는 남녀가 ~하다 L'inégalité de l'homme et de la femme existe dans notre société / Dans notre société, les hommes et les femmes sont inégaux. ¶ 두 나라는 ~하게 조약을 맺었다 Les deux pays ont conclu [signé, ratifié] un traité inégal [injuste].

◆_**조약** -條約 명 【정치】 traité *m* partial.

불포화 不飽和 명 manque *m*, insuffisance *f*, non saturation *f*. ¶ ~ 상태 situation non saturée. ¶ ~ 용액 solution non saturée.

◆_**지방산** -脂肪酸 명 【화학】 acide *m* gras non saturé.

◆_**화합물** -化合物 명 【화학】 composé *m* [combiné *m*] non saturé.

불필요하다 不必要- 형 être inutile. ¶ 그 일을 하는 데에는 이런 장비가 ~ Ces équipements sont inutiles pour ce travail. ¶ 이 연구에는 불필요한 기자재 un appareil [outil] inutile pour cette étude. ¶ 불필요한 물건들은 밖에 내다 놓아라 Mets dehors ce [les affaires] dont tu n'as pas besoin.

불하 拂下 명 vente *f* ((de biens publics)); mise *f* en adjudication de biens publics. ¶ ~ 대금 prix de vente ((de biens publics)). ¶ 국유지 ~ vente des terrains appartenant à l'État. ◇_**(를) 하다** vendre ((des biens publics)); mettre en vente *qc*. ¶ 국유지를 ~하다 vendre [mettre en vente] un terrain appartenant à l'État. ◇_**(를) 받다** acheter à l'État; être vendu(*e*) par l'État. ◇_**(가) 되다** être vendu(*e*). ¶ 그 땅은 개인에게 ~되었다 Ce terrain a été vendu à un particulier.

불학무식 不學無識 명 ignorance *f* complète [totale].

◆_**하다** 형 être (complètement) ignorant(*e*), ignare, inculte. ¶ 이런 ~한 놈! Espèce d'idiot! {*fam*} / Quel ignare!

불한당 不汗黨 명 bande *f* de voleurs; bande *f* de voyous [blousons noirs] {*fam*}, mauvais garçon *m*, voyou *m*, vaurien(*ne*), hooligan *m*, houligan *m*. ¶ ~처럼 굴다 se comporter comme un voyou.

불합격 不合格 명 échec *m* (à un examen); disqualification *f* (d'un joueur). ¶ 그는 입영 검사에

ㅂ

서 ~ 판정을 받았다 Il a été déclaré [reconnu] inapte au service militaire / Il a été reconnu impropre au service militaire. ◇_(을) **하다**((**이**) **되다**) échouer ((à un examen)); ne pas réussir; être disqualifié(*e*); être refusé(*e*) [recalé(*e*), collé(*e*) {*fam*}] ((à un examen)); se faire recaler {*fam*} ((à un examen, à l'oral d'un examen)). ¶ 입학시험에 ~하다 échouer [être refusé(*e*)] au concours d'entrée. ¶ 그 학생은 시험에 ~했다 Cet élève n'a pas été reçu à l'examen / Cet élève a été collé à l'examen {*fam*} / Cet élève a été recalé (à l'examen) {*fam*} / Cet élève s'est fait recaler (à l'examen) {*fam*}. ¶ 그는 면접에서 ~되었다 Il a été refusé à l'examen oral / Il a été refusé lors d'une entrevue. ¶ 신체검사에 ~하다 être reconnu inapte ((au service militaire)) lors de la visite médicale. ¶ 상품검사에 ~하다 ((un objet fabriqué)) ne pas passer le contrôle de qualité. ◇_(을) **시키다** refuser, coller, ajourner. ¶ 성적이 나쁜 응시생들을 ~시키다 refuser les candidats qui ont de mauvais résultats [de mauvaises notes].

◆_**자** -者 명 candidat(*e*) refusé(*e*); candidat(*e*) recalé(*e*) {*fam*}; (les) recalés *mpl*.

◆_**품** -品 명 article *m* refusé après contrôle.

불합리 不合理 명 absurdité *f*, incohérence *f*.

◆_**하다** 형 être absurde, déraisonnable, insensé(*e*). ¶ ~한 관행을 고치다 changer les usages absurdes. ¶ 제도를 ~하게 바꾸다 changer déraisonnablement un système.

◆_**성** -性 명 absurdité *f*, caractère *m* absurde. ¶ 행정절차의 ~성 l'absurdité des procédures administratives.

불행 명 ① malheur *m*, infortune *f*, misère *f*, tristesse *f*. ¶ 남의 ~을 함께 슬퍼하다 s'apitoyer sur l'infortune d'autrui. ② 불운 malheur *m*, malchance *f*, infortune *f*. ¶ ~을 이겨내다 surmonter un malheur. ¶ 잇따른 ~에 슬퍼할 여유도 없다 On n'a pas le temps de s'apitoyer sur des malheurs successifs. ¶ 행복한 가정에 갑자기 ~이 닥쳤다 Un malheur arriva soudain dans un foyer heureux. ◇_**을 만나다**[**당하다**] être victime d'un malheur. ◇_**을 부르다** attirer le malheur ((sur *qc*/*qn*)), provoquer un (grand) malheur. ¶ 사소한 싸움이 큰 ~을 부를 수도 있다 Un rien [Une bagatelle] peut provoquer un grand malheur. ◇_**이다** être malheureux(*se*), être un (grand) malheur; être de la malchance. ¶ 오염된 환경에서 사는 것은 우리의 ~이다 On a la malchance de vivre dans un environnement pollué/ Nous avons le malheur de vivre dans un environnement pollué.

◆_**하다** 형 être malheureux(*se*), misérable. ¶ ~한 결혼 생활 une vie conjugale malheureuse. ¶ 그 여자는 그를 ~하게 한다[만든다] Cette femme le rend malheureux. ¶ ~하게도 우리 나라는 남과 북으로 나뉘어져 있다 Malheureusement, la Corée est divisée en 2 parties, le Sud et le Nord.

◆_**히** 부 malheureusement. ¶ 전쟁터에서 ~히 죽어간 많은 병사들 beaucoup de soldats qui sont malheureusement morts sur le champ de bataille. ¶ 그 학생은 ~히(도) 시험에 떨어졌다 Malheureusement, cet élève a été collé à l'examen.

◆_**감** -感 명 sentiment *m* de malheur.

*~**중 다행** le moindre des maux. ¶ 부상이 심하지 않다니 ~ 중 다행이다 Comme la blessure n'est pas grave, c'est le moindre des maux.

불허 不許 명 refus *m* de permission [d'autorisation]. ¶ 당국의 ~ refus de permission par les autorités. ◇_(를) **하다** ne pas permettre à *qn* de+*inf*; ne pas autoriser *qn* à+*inf*. ¶ 예측을 ~하는 막상막하의 경기 un match qui n'a pas permis de départager les deux équipes. ¶ 타의 추종을 ~하다 ne pas avoir de rival(*e*); sans rival(*e*). ¶ 정부에서는 무분별한 지하수 개발을 ~할 방침이다 Le gouvernement a l'intention de ne pas permettre d'exploiter de façon inconsidérée les sources d'eau souterraines.

불현듯 부 soudain, subitement, soudainement, brusquement. ¶ ~ 고향 생각이 나다 penser subitement à *son* pays (natal). ¶ 그는 ~ 자리에서 일어났다 Il s'est brusquement levé.

◆_**이** 부 à brûle-pourpoint; soudain, subitement, soudainement, brusquement. ¶ ~ 외출 채비를 하다 se préparer subitement à sortir.

불협화음 不協和音 명 ① 【음악】 dissonance *f*, accord *m* dissonant [inharmonique]. ¶ 이 곡에는 ~이 자주 나온다 Les dissonances sont fréquentes dans cette musique. ¶ 그들의 합창은 끔찍한 ~을 이루고 있었다 Leurs chorale [leur choeur] sonnait horriblement faux[formait la plus horrible cacophonie]. ② 부조화 discordance *f*; inharmonie *f*; discorde *f*. ◇_**을 내다** afficher un (profond) désaccord. ¶ 회의 시작부터 양 측 주장이 ~을 내고 있다 Dès le début de la réunion, les deux parties manifestent un grave désaccord. ◇_**이 일다** la discorde règne. ¶ 회장 선출 문제를 놓고 회원들 사이에서 ~이 일었다 La discorde régnait entre les membres à propos de l'élection du président.

불호령 -號令 명 ordre *m*; commandement *m* impérieux; réprimande *f*, reproche *f*. ◇_(을) **하다**[**내리다**] réprimander, gronder, reprocher; faire une réprimande; faire des reproches. ¶ 할아버지는 무례한 손자에게 ~을 하셨다 Le grand-père a réprimandé son petit-fils pour son impolitesse. ◇_**이 떨어지다**[**내리다**] tonner [fulminer] contre *qn*; se faire incendier {fam}, se faire gronder. ¶ 일을 잘못 처리했다고 내게 ~이 떨어졌다 Je me suis fait passer un savon sous prétexte que je n'avais pas terminé correctement mon travail.

불혹 不惑 명 [âge *m* de] 40 ans *mpl*, (la) quarantaine *f*. ¶ ~의 나이 âge de 40 ans. ¶ 그는 이제 ~을 넘겼다 Il vient de passer la quarantaine.

불화[1] 佛畵 명 【미술】 image *f* du Bouddha; peinture *f* bouddhique.

불화[2] 弗化 명 【화학】 fluorure *m*. ¶ ~ 나트리움

fluorure de sodium. ¶ ~ 수소 fluorure d'hydrogène. ¶ ~ 산소 fluorure d'oxygène ¶ ~ 수은 fluorure de mercure.

불화[3] **不和** 명 désaccord *m*, discorde *f*, dissension *f*. ¶ 가정에 ~의 씨를 심다 semer la zizanie dans un foyer. ¶ 가정 ~로 가출한 주부 femme qui a abandonné son foyer à cause de dissensions familiales. ¶ 그들은 오랜 ~로 결국 이혼하였다 Ils ont fini par divorcer à cause d'une longue dissension. ¶ 가족 간에 ~가 끊이지 않고 있다 La discorde règne toujours entre les membres de la famille. ¶ 상속 문제로 자식끼리 ~가 싹텄다 Les enfants commencent à être en désaccord à cause de l'héritage.

◆**_설** -說 명 rumeur *f* de désaccord. ¶ 그들 사이에 ~설이 떠돈다[있다] La rumeur veut qu'ils soient en froid/ Une rumeur circule selon laquelle ils seraient en mauvais termes/ Il y a une rumeur selon laquelle ils ne s'entendraient pas (ensemble).

불확실 不確實 명 incertitude *f*.

◆**_하다** 형 être incertain(*e*). ¶ ~한 정보[소식] un renseignement peu sûr [une nouvelle incertaine]. ¶ 그 사람의 태도가 ~하다 Son attitude est incertaine. ¶ 그 사람이 소문대로 사장이 될지는 아직 ~하다 Il n'est pas encore sûr qu'il devienne président comme la rumeur le laisse entendre.

◆**_성** -性 명 incertitude *f*. ¶ ~성의 시대 une ère d'incertitude.

불확정 不確定 명 indétermination *f*, indécision *f*.

◆**_적** -的 명관 indéterminé(*e*), indécis(*e*). ¶ 이번 선거에서 그의 승리는 아직 ~적이다 Sa victoire dans cette élection est encore indécise.

◆**_성** -性 명 indétermination *f*, indécision *f*. ¶ ~성의 원리 principe d'indétermination.

불황 不況 명 dépression *f*, récession *f*, marasme *m*, crise *f* économique. ¶ ~을 극복하다[이겨내다] sortir de la crise économique, surmonter[franchir] la crise économique. ¶ 심한 ~을 겪다[만나다] traverser une crise grave. ¶ ~으로 부도를 내다 honorer *ses* lettres de change à cause de la crise économique. ◇**_을 모르다** ignorer la crise, passer au travers du marasme, être imperméable à la crise. ¶ 그 기업은 ~을 모르고 계속 성장하고 있다 Cette entreprise grandit sans connaître de crise [de récession] / Cette entreprise connaît une croissance continue. ◇**_을 타다** souffrir de la crise, subir les conséquences du marasme (ambiant). ¶ 이 업계는 아직까지 ~을 타는 일이 없었다 Ce secteur n'a pas connu de récession [de crise] jusqu'à ce jour. ◇**_이다** être en crise, traverser [connaître, affronter] une période de récession, être confronté(e) à la récession. ¶ 자동차 산업이 ~이다 L'industrie automobile traverse [connaît] une crise. L'industrie automobile connaît [affronte] une période de récession / L'industrie automobile est confrontée à la récession.

◆**_기** -期 명 période *f* de récession; récession *f*, dépression *f*.

불효 不孝 명 manque *m* de piété filiale; ingratitude *f* envers *ses* parents. ¶ 그 아이의 부모에 대한 ~ ingratitude de cet enfant envers ses parents. ◇**_(를) 하다** manquer à la pitié filiale; être ingrat(*e*) envers *ses* parents. ¶ 그 아이는 부모님께 ~한 죄를 씻을 수가 없다 Cet enfant ne se pardonne pas d'avoir été ingrat envers ses parents. ◇**_(를) 저지르다[범하다]** faire preuve d'un manque de piété filiale; manquer à *sa* piété filiale; témoigner d'une ingratitude à l'égard de *ses* parents.

◆**_막심하다** -莫甚 형 être [se montrer] ingrat(*e*) envers *ses* parents ¶ 이 ~막심한 놈! Quel type ingrat! {*fam*} ¶ 그런 ~막심한 행동을 하다니 Comment a-t-il pu se comporter de manière si ingrate envers ses parents!

◆**_자** -者 명 enfant ingrat(*e*); fils *m* ingrat.

불후 不朽 명 éternité *f*, immortalité *f*. ¶ ~의 명작 un chef-d'oeuvre immortel. ¶ ~의 명성을 남기다 laisser une réputation immortelle; jouir d'une grande réputation. ¶ ~의 공적을 세우다 réaliser [accomplir] un véritable exploit; rendre des services éminents.

붉다 형 être rouge. ¶ 붉은 장미 une rose rouge. ¶ 붉은 입술 des lèvres rouges. ¶ 문을 붉게 칠하다 peindre une porte en rouge. ¶ 저녁노을로 서쪽 하늘이 붉게 물들어 있었다 Le soleil couchant embrasait le ciel à l'occident.

붉디붉다 형 être tout(*e*) rouge; être rouge vif.

붉어지다 자 rougir, devenir rouge, s'empourprer. ¶ 그 여자는 얼굴이 붉어졌다 Elle rougit / Son visage s'empourpra / Le rouge lui monta au visage. ¶ 그 남자는 노해서 얼굴이 붉어졌다 Il devint rouge de colère / La colère empourpra son visage. ¶ 그는 술을 한 잔만 마셔도 얼굴이 붉어진다 Un seul verre d'alcool aura suffi pour que son visage devienne tout rouge.

붉으락푸르락 부 en rougissant d'émotion.

◆**_하다** 형 être rouge d'émotion, congestionné(*e*), rougeaud(*e*). ¶ 그 사람은 화가 나서 얼굴이 ~한다 En proie à la colère, son visage est devenu tout rouge.

붉히다 자 ① rougir, devenir rouge, s'empourprer; avoir honte. ¶ 수줍어 얼굴을 ~ rougir de [par] pudeur [de timidité]. ② rougir, devenir rouge (de *qc*). ¶ 형제끼리 서로 낯[얼굴, 안색]을 붉히며 다투었다 Les deux frères se sont battus, le visage rouge de colère. ③ avoir les larmes aux yeux, être aux bord des larmes. ¶ 눈시울을 ~ avoir les larmes aux yeux; être aux bord des larmes.

붐 영{boom} 명 boom *m*, explosion *f*. ◇**_을 일으키다** provoquer un boom. ◇**_을 타다** être en plein boom [en pleine explosion]. ◇**_이 일다** provoquer un boom [une explosion]. ¶ 금리가 낮아지자 부동산 ~이 일었다 La baisse des taux d'intérêt a provoqué un boom immobilier.

붐비다 재 se bousculer ((dans un grand magasin)), s'agiter, grouiller, s'encombrer, être bondé(*e*). ¶ 사람들이 붐비는 장소 lieu animé, grouillant de vie. ¶ (차가) 붐비는 시각 les heures de pointe. ¶ 그 백화점은 하루 종일 손님들로 붐볐다 Ce grand magasin était bondé de clients toute la journée / Les clients se bousculaient toute la journée dans ce grand magasin. ¶ 극장에 관객들이 붐빈다 Les spectateurs se bousculent dans le théâtre. ¶ 거리가 구경꾼들로 붐빈다 La rue grouille de badauds. ¶ 거리에 차들이 붐빈다 Les rues sont encombrées par des voitures.

붓 명 ① pinceau(*x*) *m*. ¶ ~으로 글씨를 쓰다 écrire au pinceau. ② ((필기구의 총칭)) crayon *m*, plume *f*, stylo *m*. ¶ ~ 가는 대로 글을 써 나가다 écrire au fil de la plume. ¶ ~으로 먹고 살다 vivre de *sa* plume.

*~을 꺾다[던지다] cesser d'écrire.

*~을 놓다 poser *sa* plume; finir d'écrire.

*~을 대다 écrire; prendre la plume; se mettre à écrire.

*~을 들다 prendre la plume; se mettre à écrire.

◆_글씨 명 calligraphie *f*.

◆_끝 명 bout *m* [extrémité *f*, pointe *f*] d'un pinceau. ¶ 그의 생사가 그 기자의 ~끝에 달려 있다 Sa vie est sous la menace de [dépend de, tient à] la plume du journaliste / La plume du journaliste peut lui faire perdre la vie [peut l'assassiner] / Sa carrière peut être la victime de la plume du journaliste / Sa carrière peut être brisée [annihilée] par les traits acérés décochés par le journaliste.

◆_대 명 manche *f* d'un pinceau.

◆_두겁 명 capuchon *m* (d'un pinceau).

◆_자루 명 manche *f* d'un pinceau,

◆_질 명 action de peindre.

붓꽃 명 【식물】 iris *m*; iris *Nertschinskia* {*nsc*}.

붓다[1] 재 ① enfler, gonfler, augmenter. ¶ 맞아서 부은 얼굴 le visage tuméfié suite à des coups. ¶ 모기에 물린 자리가 부었다 L'endroit où le moustique m'a piqué(e) est enflé. ¶ 그 여자는 울어서 눈이 퉁퉁 부었다 Elle a (maintenant) les yeux gonflés d'avoir trop pleuré. ¶ 나는 너무 많이 걸어서 발[다리]이 부었다 Comme J'ai trop marché, mes jambes [pieds] sont maintenant enflées [j'ai maintenant les pieds enflés]. ② avoir l'air mécontent(*e*), être inconscient(*e*), être fou(folle). ¶ 무엇이 못마땅해 그렇게 부어 있니? Pourquoi as-tu l'air si mécontent(*e*)? qu'est-ce qui ne va pas?

*간이 ~ avoir un sacré toupet {*fam*} [culot {*fam*}], être sacrément culotté(*e*) [gonflé(*e*)], ne pas manquer d'audace [d'aplomb, d'air {*fam*}, de toupet {*fam*}, de cran {*fam*}], avoir du cran {*fam*}, avoir de l'estomac {*fam*}. ¶ 그 친구 간이 부었군 Il a un sacré toupet! {*fam*}/ Il est culotté, celui-là! {*fam*} / Il ne manque pas d'audace [d'air {*fam*}], celui-là! {*fam*}

붓다[2] 타 ① verser, arroser, mettre. ¶ 항아리에 물을 ~ verser de l'eau dans une jarre. ¶ 술잔 가득 포도주를 ~ remplir un verre de vin à ras bord. ② ((돈을)) verser, épargner, déposer ((une somme)). ¶ 적금을 한 달에 십만 원씩 ~ verser (sur un compte bancaire) cent mille wons par mois. ¶ 할부금을 ~ verser une part [distribution].

*불에 기름을 ~ mettre [jeter] de l'huile sur le feu. ¶ 불에 기름을 붓는 격이다 C'est (comme) mettre [jeter] de l'huile sur le feu.

붕괴 崩壞 명 écroulement *m* ((de la terre, d'une montagne, d'un mur)); effondrement *m* ((d'un bâtiment)); éboulement *m* ((de terrain)); chute *f* ((d'un ministère)); ruine *f*. ¶ 아파트 ~ 사고 l'effondrement accidentel d'un groupe d'immeubles d'habitation [d'un ensemble de tours résidentielles]. ¶ 조직의 ~ l'écroulement[le démantèlement] d'une organisation. ¶ 전통[제도]의 ~ l'écroulement des traditions [d'une institution]. ◇_(를) 하다[(가) 되다] s'écrouler, s'effondrer, s'ébouler; tomber en ruine. ¶ 거대한 기업도 하루아침에 ~될 수 있다 Même une grande entreprise peut s'écrouler en un jour. ¶ 독재정권이 ~되었다 Le régime totalitaire s'est écroulé. ¶ 조직[질서]이 ~했다 L'organisation s'est effondrée [L'ordre est inversé]. ¶ 폭발 사고로 다리가 ~되었다 L'explosion a détruit le pont / Le pont s'est effondré à cause de l'explosion. ¶ 지진으로 많은 건물들이 ~했다 Un tremblement de terre a détruit de nombreux bâtiments. ◇_(를) 시키다 faire s'écrouler, faire s'effondrer. ¶ 시민의 힘이 독재정권을 ~시켰다 Les forces populaires ont fait s'écrouler [ont anéanti] le régime totalitaire.

붕당 朋黨 명 clique *f*, faction *f*, coterie *f*, chapelle *f*, clan *m*.

◆_심 -心 명 esprit *m* de clique [de chapelle, de clan].

붕대 繃帶 명 bande *f* (pour faire des pansements), pansement *m*. ¶ ~를 갈다[바꾸다] changer un pansement. ¶ 다친 다리에 ~를 감다 faire un pansement à une jambe blessée; panser une jambe blessée. ¶ 간호원이 환자에게 ~를 감아준다 Une infirmière panse un malade / Une infirmière procède au pansement d'un malade. ¶ ~를 풀다 débander, enlever[défaire] un pansement.

붕붕거리다 재 bourdonner; ((자동차가)) faire vroum vroum ((langage enfantin)), vrombir. ¶ 벌들이 붕붕거린다 Des abeilles bourdonnent. ¶ 경주차들이 붕붕거리며 출발 준비를 하고 있다 Les voitures de course vrombissantes attendent le départ.

붕사 硼沙 명 【화학】 borax *m*.

◆천연_ 天然 명 borax *m* naturel; tincal *m*.

붕산 硼酸 명 【화학】 acide *m* borique.

◆_연고 -軟膏 명 onguent *m* [pommade *f*] borique.

◆_염 -鹽 명 【화학】 borate *m*.

붕새 鵬- 명 oiseau *m* géant ⦅animal imaginaire du folklore de la Chine ancienne⦆.

붕소 硼素 명 【화학】 bore *m*.

붕어 명 【동물】 carassin *m*, *Carassius auratus* {*nsc*}. ¶ ~를 잡다[낚다] pêcher le carassin.

◆**_빵** 명 *bungeoppang m* <gaufre coréenne fourrée de pâte d'haricots rouges cuite dans un moule en forme de poisson>. ¶ ~ 같다 ⦅비유적⦆ se ressembler comme deux gouttes d'eau [trait pour trait].

◆**_찜** 명 carassin *m* cuit à l'étouffée.

◆**금_** 金 명 【동물】 carassin *m* doré; poisson *m* rouge.

붕우 朋友 명 vieil(*le*) ami(*e*), vieille connaissance *f*, ami(*e*) de longue date.

◆**_유신** -有信 명 confiance *f* réciproque.

붙다 자 ① coller, adhérer. ¶ 이 풀은 잘 붙는다 Cette colle adhère bien. ¶ 껌이 구두바닥에 붙었다 J'ai du chewing-gum collé sur la semelle de ma chaussure. ¶ 쇠붙이는 자석에 붙는다 Le fer adhère à l'aimant. ¶ 내 방에는 영화 포스터가 하나 붙어 있다 Dans ma chambre, est affiché un poster de cinéma. ② adhérer ⦅à un parti⦆. ¶ 힘있는 사람에게 ~ être derrière quelqu'un d'influent [de puissant]. ¶ 야당에서 탈당하여 여당에 ~ adhérer au parti au pouvoir en quittant le parti de l'opposition. ¶ 동지를 배반하고 적에게 ~ trahissant ses camarades, adhérer à l'ennemi. ③ réussir (à) ⦅un examen⦆. ¶ 입학 시험에 ~ réussir l'examen d'entrée ⦅à l'université⦆. ¶ 대학에 ~ réussir l'examen d'entrée à l'université. ④ 인접하다 se toucher, être contigu(*ë*), mitoyen(*ne*), accolé(*e*), attenant(*e*). ¶ 서로 붙은 방 chambres contiguës. ¶ 그 사람의 집과 우리 집은 서로 붙어 있다 Sa maison et la nôtre sont contiguës [mitoyennes, se touchent] / Nos deux maisons sont mitoyennes. ¶ 벽에 딱 붙어 서다 se tenir debout collé(*e*) contre le mur. ⑤ 가까이 따라다니다 être flanqué(*e*), accompagné(*e*), cloîtré(*e*), accolé(*e*), rester, demeurer. ¶ 그 사람의 옆에는 항상 경호원이 붙어 있다 Il est toujours flanqué de gardes du corps. ⑥ avoir [développer] une affection [une attirance, un intérêt, un goût ⦅Québec⦆]; acquérir des compétences. ¶ 관록이 ~ gagner en confiance. ¶ 그 조항에는 단서가 붙어 있다 Cette clause comporte des conditions. ¶ 열심히 연습을 했더니 점점 실력이 붙는다 À force de m'entraîner durement, je deviens un peu plus habile chaque jour. ¶ 차가 속력이 붙는다 La voiture prend de la vitesse. ¶ 여기에 연 4 %의 이자가 붙는다 Il y a 4 % d'intérêts annuels là-dessus. ¶ 독서에 재미가 ~ prendre goût à la lecture. ¶ 이 도시는 도무지 정이 붙지 않는다 Je n'éprouve aucune attirance pour cette ville. ¶ 조건이 ~ mettre des conditions. ¶ 최근에 그 문제에 관해 논쟁이 다시 붙기 시작했다 Récemment, la polémique sur ce problème [sur cette question] s'est de nouveau engagée [a recommencé]. ⑦ ⦅장소에⦆ rester (enfermé(*e*), confiné(*e*)) ¶ 그 아이는 하루 종일 집에만 붙어 있다 Cet enfant reste cloîtré [claustré, confiné, enfermé] chez lui toute la journée. ¶ 그 농장에는 일꾼들이 오래 붙어 있지를 않는다 Les ouvriers ne restent pas longtemps dans cette ferme. ⑧ ⦅딱지, 벽보 따위가⦆ être collé(*e*), placardé(*e*). ¶ 광고 전단지가 붙은 벽 un mur couvert de tracts publicitaires. ⑨ ⦅사람이나 여자가⦆ attirer *qn*, s'attacher *qn*, s'attirer la sympathie de *qn*. ¶ 그는 관용이 없어서 사람이 붙지 않는다 Il n'inspire pas de sympathie parce qu'il est sans générosité. ¶ 그는 지저분해서 여자가 붙지 않는다 Les femmes ne sont pas attirées par lui parce qu'il est sale. ⑩ ⦅별명, 이름 따위가⦆ nommer, prendre (pour nom), se donner (pour nom). ¶ 그는 백곰이란 별명이 붙었다 Il s'est donné le surnom d'ours blanc. ⑪ ⦅귀신이⦆ être habité(*e*) [possédé(*e*)] par un diable. ¶ 귀신이 붙은 집[사람] une maison habitée par un esprit maléfique [une personne possédée par le diable]. ⑫ ⦅옷이⦆ être serré(*e*), étriqué(*e*); serrer [coller] (à la peau). ¶ 옷이 작아서 몸에 붙는다 Comme le vêtement est top petit, il colle à la peau. ⑬ ⦅불이⦆ allumer (un feu), mettre (le feu). ¶ 짚더미에 불이 붙었다 La botte de paille a pris feu. ⑭ ⦅같이 다니다, 사귀다⦆ être comme cul et chemise, être inséparable, être collé(*e*)s l'un à l'autre. ¶ 그 두 사람은 항상 붙어 다닌다 Ces deux-là se promènent toujours ensemble / Ils sont inséparables tous les deux. ¶ 둘이 붙어서 해먹다 Ils font tout ensemble. ¶ 그는 돈많은 과부에게 붙었다 Il fréquente une veuve pleine aux as {*fam*}. ⑮ 【속어】 교미하다 baiser {*vulg*}, niquer {*vulg*}. ⑯ 싸우다 se quereller, avoir une querelle [un conflit]. ¶ 이웃 사람과 싸움이 붙었다 J'ai eu une querelle avec mon voisin / Je me suis querellé avec mon voisin. ¶ 술집에서 취객과 시비가 붙었다 J'ai eu une altercation dans un bar avec des clients soûls.

***간에 붙었다 쓸개에 붙었다 하다** être opportuniste, être prêt(*e*) à tous les sacrifices si cela peut *lui* profiter.

***불이** ~ ☞ 불[1]

붙들다 타 ① tenir, retenir, garder, maintenir, s'accrocher à *qc*, s'agripper à *qc*, se cramponner à *qc*. ¶ 넘어지지 않게 손잡이를 꼭 붙들어라 Tiens fermement la poignée si tu ne veux pas tomber! / Cramponne-toi bien à la poignée pour ne pas tomber. ¶ 난간을 붙들고 천천히 내려오다 descendre lentement l'escalier en se tenant à la rampe [en s'aidant de la rampe]. ¶ 내 손을 붙들고 일어나라 Prends ma main pour te relever! / Aide-toi de ma main pour te relever! / Agrippe-toi à ma main [à moi] pour te relever! / Tiens fermement ma main pour te relever. ¶ 이것 좀 꼭 붙들고 있어 Tiens-le bien fermement [Ne le lâche surtout pas!], s'il te plaît! ② retenir *qn*. ¶ 가겠다는 친구를 붙들어

ㅂ

같이 저녁을 먹게 했다 J'ai retenu mon ami(e) à dîner ensemble / J'ai retenu mon ami(*e*) qui voulait partir, pour dîner. ③ 사로잡다 attraper, arrêter, prendre. ¶ 도망가던 소매치기를 한 행인이 붙들었다 Un passant a attrapé le pickpocket en fuite. ④ attacher, bander, nouer. ¶ 손수건을 다친 손에 붙들어 매다 Je me suis bandé la main blessée à l'aide d'un mouchoir.

***붙들어 매다** attacher, fixer, lier, arrimer, ligoter, ficeler, nouer. ¶ 개를 꼭 붙들어 매어 놓아라 Attache bien [solidement] le chien.

붙들리다 자 ① être attrapé(*e*), arrêté(*e*), pris(*e*); se faire attraper, arrêter. ¶ 범인이 경찰에 붙들렸다 Le criminel a été arrêté par la police. ¶ 아군 병사 몇 명이 적에게 붙들렸다 Quelques soldats de notre armée se sont fait prendre par les ennemis. ② être retenu(*e*), empêché(*e*), pris(*e*). ¶ 인기가수가 기자들에게 붙들려서 곤혹을 치른다 Le chanteur populaire est retenu par les journalistes qui le harcèlent de questions. ¶ 나는 이 일에 붙들려 꼼짝도 할 수 없다 Retenu par ce travail, je ne peux pas quitter ma place.

타 se faire attraper, être retenu(*e*), être pris(*e*), attrapé(*e*) ((au poignet)). ¶ 그 사람은 군인들에게 손목을 붙들려서 끌려갔다 Il a été amené [traîné] de force par les soldats qui le tenaient par les poignets.

붙박다 타 se fixer, coller. ¶ 우리 가족은 대대로 한 곳에 붙박고 살아왔다 Depuis des générations, notre famille a vécu au même endroit.

붙박이 명 ① chose *f* fixe, installation *f*. ¶ 벽에 ~로 책장을 짜 넣다 encastrer une bibliothèque dans un mur. ¶ 한 자리에 ~가 되어 움직이지 않다 rester immobile sur place. ② 장기 체류 chose *f* fixe, installation *f*. ¶ ~가 되다 être fixé(*e*). ¶ 그 여자는 이곳에 ~로 살면서 남은 여생을 보내려고 한다 Elle a l'intention de passer le reste de sa vie ici.

◆_장 -欌 명 armoire *f* encastrée.

붙박이다 자 être casanier(*ère*), sans bouger, rester fixé(*e*). ¶ 그 사람은 하루 종일 집에 붙박여 있다 Casanier, il reste (enfermé) toute la journée chez lui [il ne sort jamais de chez lui].

붙안다 타 enlacer *qn*, serrer *qn* dans les bras, étreindre *qn*. ¶ 서로 붙안고 밤을 지새다 passer une nuit blanche, enlacés [dans les bras l'un de l'autre].

붙어먹다 타 【속어】 ① se mettre avec *qn* pour commettre un forfait, se mettre ensemble, manigancer avec *qn*, trafiquer [magouiller] avec *qn* {*fam*}; flirter. ¶ 정치권에 ~ flirter avec le monde politique. ¶ 사장과 비서가 붙어먹어 회사 돈을 유용했다 Le président en collusion [de connivence] avec sa secrétaire a détourné les fonds de l'entreprise / Le président a manigancé [a magouillé {*fam*}, a trafiqué, s'est mis] avec sa secrétaire pour détourner les fonds de l'entreprise. ② 간통하다 avoir une liaison hors mariage [extraconjugale], commettre un adultère. ¶ 두 연놈이 붙어먹었다 Ces deux-là ont eu une affaire[liaison] (extraconjugale) ensemble.

-붙이 접미 ① ((동류, 속)) genre *m*, espèce *f*, sorte *f*. ¶ 쇠~ métal *m*. ¶ 금~ objet *m* en or. ② 동족 lignage *m*, lignée *f*. ¶ 일가~ liens de famille; liens de parenté; parents; parenté. ¶ 살[피]~ les liens du sang.

붙이다 타 ① coller, adhérer, mettre, encoller, plaquer, agglutiner, cimenter, lier, engluer, fixer, abouter, accoupler, river. ¶ 봉투에 우표를 ~ coller un timbre sur l'enveloppe. ¶ 벽에 포스터를 ~ coller un poster [une affiche] sur le mur. ② 잇다 lier, joindre, rejoindre, recoller, assembler, unir. ¶ 찢어진 돈을 ~ recoller le billet déchiré. ¶ 그 탁자 두 개를 서로 붙이면 좋겠다 Il serait préférable d'assembler [de réunir] ces deux tables. ¶ 두 손바닥을 붙이고 고개를 숙이세요 Joignez les deux mains et baissez la tête. ③ attacher, accoler, affecter, adjoindre. ¶ 누구에게 경호원을 ~ procurer des gardes du corps à *qn*, faire escorter *qn*. ¶ 그 사람은 나에게 조수를 붙여 주었다 Il m'a adjoint(*e*) un(*e*) assistant(*e*). ④ 주선하다 servir d'intermédiaire pour faire monter ((le marchandage, une querelle)). ¶ 흥정을 ~ servir de courtier [servir d'intermédiaire] pour conclure un marché. ¶ 싸움을 ~ inciter des gens à se battre; provoquer des disputes. ⑤ ((불을)) allumer ((une cigarette)), mettre le feu à *qc*. ¶ 담배에 불을 ~ allumer une cigarette. ¶ 낙엽에 불을 ~ brûler les feuilles mortes. ⑥ mettre, poser, ajouter ((des conditions)). ¶ 본문에 주석을 ~ annoter un texte [livre]. ¶ 계약에 조건을 ~ poser [ajouter] des conditions à [sur] un contrat. ⑦ donner un nom à *qn*; affubler *qn* d'un (((sur)nom ridicule)). ¶ 새로 발견된 혜성에 이름을 ~ donner un nom à une comète nouvellement découverte. ¶ 학생들이 선생에게 웃기는 별명을 붙였다 Les étudiants ont affublé leur professeur d'un surnom ridicule. ⑧ prendre goût à *qc*, s'intéresser à *qc* avec plaisir, s'attacher à *qn*. ¶ 낚시에 취미를 ~ prendre goût à la pêche à la ligne. ¶ 살림에 재미를 ~ s'intéresser à la vie ménagère avec plaisir. ¶ 새로운 마을에 정을 붙이고 살다 s'attacher au nouveau village. ⑨ s'adresser à *qn*, adresser la parole à *qn*. ¶ 새로 전학 온 학생에게 말을 ~ s'adresser à un élève qui vient de changer d'école [d'université].

붙임성 -性 명 caractère *m* social [aimable, affable, liant]; sociabilité *f*, affabilité *f*, liant *m* {*fam*}. ◇**_이 있다[없다]** être sociable [être peu sociable, avoir un côté ours {*fam*}, être un ours {*fam*}] ¶ ~있는 [좋은, 없는] 소녀 une jeune fille sociable [(très) sociable, peu sociable].

붙임표 -標 명 【언어】 tiret *m*. ¶ ~를 넣다 mettre un tiret.

붙잡다 타 ① tenir, retenir, saisir, prendre, attraper, happer, agripper, arrêter, intercepter. ¶ 나는 어머니

의 손을 꼭 붙잡았다 J'ai saisi fermement la main de ma mère. ¶ 버스 안에서는 넘어지지 않게 손잡이를 꼭 붙잡아라 Tiens-toi [Agrippe-toi, Cramponne-toi] bien à la poignée d'autobus pour ne pas tomber. ¶ 난간을 붙잡고 올라가다 monter en se tenant à la rampe [en s'aidant de la rampe, à l'aide de la rampe]. ② 사로잡다 attraper, arrêter ((un malfaiteur)). ¶ 범인을 ~ arrêter le criminel. ¶ 적군을 ~ attraper des soldats ennemis. ③ retenir, maintenir, garder, interpeller, empêcher de partir. ¶ 떠나지 말라고 ~ retenir *qn* pour l'empêcher de partir. ¶ 지나가는 사람을 붙잡고 시간을 물어보다 interpeller un passant pour lui demander l'heure. ¶ 바쁜 사람을 붙잡고 쓸데없는 질문만 하다 retenir quelqu'un qui est très occupé pour ne lui poser que des questions inutiles. ¶ 친구가 더 놀다 가라고 붙잡는 바람에 1 시간쯤 늦었어요 Désolé(*e*) pour ce retard, mais mon ami(*e*) m'a retenu(*e*) plus d'une heure. ④ attacher, accrocher, amarrer, ancrer, crocher, ligoter, nouer, pendre, fixer. ¶ 밧줄을 난간에 붙잡아 매다 attacher la corde au parapet.

붙잡히다 재 ① être attrapé(*e*), retenu(*e*). ¶ 나는 그 남자에게 팔을 붙잡혔다 Il m'a retenu(*e*) par le bras. ② 체포되다 être attrapé(*e*), arrêté(*e*), pris(*e*); se faire attraper [arrêter, prendre]. ¶ 적에게 ~ être attrapé(*e*) par l'ennemi. ¶ 범인이 아직도 붙잡히지 않았다 Le criminel n'a pas encore été arrêté. ③ être retenu(*e*). ¶ 동창회에 갔다가 붙잡혔다 J'ai été retenu par la réunion des anciens étudiants.

뷔페 프{buffet} 명 buffet *m*. ¶ ~ 식당 buffet. ¶ ~를 차리다 dresser le buffet.

브라 영{bra} 명 soutien-gorge(~*s*-~) *m*. ☞ 브래지어

브라만 산 명 【역사】 brahmane *m*.

◆**_교** -教 명 【종교】 brahmanisme *m*.

브라보 이 감 bravo *m*.

브라우저 영{browser} 명 【컴퓨】 navigateur *m*. ¶ 웹 ~ navigateur Web.

브라운관 -管 영{Braun-}명 ① tube *m* cathodique; tube *m* d'un téléviseur. ② 텔레비전, 방송 télévision *f*, émission *f*. ¶ 그 남자는 ~을 통해 잘 알려진 사람이다 C'est un homme célèbre grâce à la télévision. ¶ 그 여배우는 ~에 잘 나타나지 않는다 Cette actrice ne passe pas souvent à la télévision.

브래지어 영{brassiere} 명 soutien-gorge *m*; balconnet *m*; bustier *m*. ¶ ~를 하다[차다] porter un soutien-gorge. ¶ ~를 풀다 défaire un soutien-gorge.

브랜드 영{brand} 명 marque *f* (de fabrique); label *m*. ¶ ~ 상품 produits de marque. ¶ 유명 ~의 옷 vêtement de très bonne marque. ¶ ~의 차별화를 꾀하다 tenter de différencier une marque.

◆**_전략** -戰略 명 【경제】 stratégie *f* de marque.

브랜디 영{brandy} 명 cognac *m*; brandy *m*. ¶ ~를 마시다 boire du cognac.

브러시 영{brush} 명 peigne *m*. ¶ ~로 머리를 빗다 se peigner; se brosser les cheveux avec un peigne.

브레이크 영{brake} 명 ① frein *m*. ¶ ~가 고장났다[파열되었다] Le frein ne marche [fonctionne, répond] plus. ② ((비유적)) frein *m*. ◇**_를 밟다[당기다, 잡다]** freiner; appuyer sur le frein. ¶ 자동차의 ~를 밟다 freiner, appuyer sur la pédale de frein de la voiture. ◇**_를 걸다** ① freiner; appuyer sur le frein. ¶ 자전거의 ~를 당기다[잡다] freiner à vélo, appuyer sur la manette de frein de sa bicyclette. ② ((비유적)) freiner, appuyer sur le frein, ralentir; interrompre. ¶ 일의 진행에 ~를 걸다 interrompre [ralentir] la marche des événements. ¶ 수입 개방화에 ~를 걸다 mettre un frein aux importations. ◇**_가 걸리다** ① freiner; mettre le frein. ¶ 이 차는 내리막에서 ~가 잘 안 걸린다[잡힌다] Les freins de cette voiture ne marchent pas très bien sur dans les descentes. ② ((비유적)) freiner, ralentir. ¶ 사업 추진에 ~가 걸리다 ralentir le développement de l'entreprise.

◆**엔진_** 영{engine-} 명 frein m moteur.

◆**핸드_** 영{hand-} 명 frein m à main.

브로마이드 영{bromide} 명 affiche *f*, poster *m*; émulsion *f* photographique (à base de bromure d'argent), papier *m* sensible (au gélatinobromure d'argent). ¶ 인기배우들의 ~ affiches d'acteurs et d'actrices à la mode.

브로치 영{brooch} 명 broche *f*. ¶ ~를 달다[꽂다] mettre une broche.

브로커 영{broker} 명 courti*er*(*ère*). ¶ 부동산 ~ un agent [un représentant] immobilier irrégulier. ¶ 증권 ~ un agent de change.

브로콜리 이 명 【식물】 brocoli *m*.

브롬 독 명 【화학】 brome *m*.

◆**_화** -化 명 bromure *m*, combinaison *f* du brome ((avec un autre élément)). ¶ ~ 수소 du bromhydrate.

브리핑 영{briefing} 명 briefing *m*. ¶ 임원들 앞에서 계획에 대한 ~을 하다 faire un briefing sur le projet avec les cadres [briefer les membres du bureau sur le projet].

브이 영{v} 명 ((영어의 자음 V)) *m*. ¶ 승리의 ~ 자를 그리다 faire le V de la victoire.

브이아이피 영{VIP} 명 VIP *m*. ¶ ~ 좌석 une place en VIP.

브이자 -字 영{V-}명 le V *m* de la victoire, signe *m* de victoire qui consiste à lever l'index et le majeur. ¶ 환호하는 관중들에게 ~를 그려 보이다 faire [dessiner] le V de la victoire avec *ses* doigts en direction de la foule qui nous acclame.

브이티알 영{VTR} 명 ① lecteur *m* de cassettes-vidéo, magnétoscope *m* ((VTR, Video Tape Recorder)). ¶ ~로 영화를 보다 regarder un film au magnétoscope. ② ((테이프)) cassette-vidéo (vidéocassette) *f*. ¶ ~을 보다 regarder une cassette-vidéo(vidéocassette).

블라우스 영{blouse} 명 chemisier *m*, corsage *m*. ¶ 실크 ~를 입고 있다 porter un chemisier en soie.

블라인드 영{blind} 명 persienne *f*, store *m*; jalousie *f*. ¶ ~를 치다[내리다, 걷다] baisser [abaisser, lever] les stores. ¶ 창에는 ~가 드리워져 있었다 Les persiennes restaient baissées derrière la fenêtre.

블랙 명{black} 명 noir(*e*). ¶ 나는 커피를 ~으로 마신다 mon [le] café noir sans sucre [sans lait et sans sucre] / Je ne mets jamais ni lait, ni sucre [jamais de lait, ni de sucre] dans mon café.

◆**_리스트** 명{-list} 명 liste *f* noire. ¶ ~ 리스트에 오르다 être sur la liste noire.

◆**_유머** 명{- humor} 명 humour *m* noir.

◆**_커피** 명{- coffee} 명 café *m* noir.

◆**_코미디** 명{- comedy} 명 comédie *f* noire.

◆**_파워** 명{- Power} 명 Black Power *m*, pouvoir *m* noir, mouvement *m* noir (à l'origine des Black Panthers). ¶ ~ 파워를 과시하다 faire une démonstration ostentatoire du pouvoir noir [Black Power].

블랙박스 명{black box} 명 boîte *f* noire. ¶ ~를 판독하다 décrypter la boîte noire. ¶ 추락한 비행기의 잔해에서 ~를 찾아내다 trouver la boîte noire dans les débris de l'avion écrasé.

블랙홀 명{black hole} 명 【천문】 trou *m* noir.

블로킹 명{blocking} 명 【운동】 obstruction *f*, blocage *f*. ¶ ~에 성공하다 réussir à parer ((un coup, une attaque)), réussir à bloquer [contrer] ((une balle, une attaque)). ¶ ~으로 상대편의 공격을 차단하다 bloquer [contrer] un tir de l'équipe adverse, parer [contrer] une offensive adverse. ◇**_(을) 하다** bloquer. ◇**_(이) 되다**[**(을) 당하다**] être bloqué(e).

블록 명{block} 명 ① bloc *m*; pavé *m*, dalle *f* ((de pierre, de ciment)); bille *f* ((de bois)). ¶ 보도 ~ une voie pavée [dallée]. ② cubes *mpl* ((de jeu)), jeu(*x*) *m* de construction. ¶ ~쌓기 놀이를 하다 jouer aux cubes. ③ bloc *m* d'habitations, pâté *m* de maisons entre des rues perpendiculaires ((de l'anglais block)). ¶ 여기서 두 ~만 더 가세요 Continuez jusqu'à la troisième rue / Continuez encore deux blocs. ¶ 한 ~ 거리에 우체국이 있다 Le bureau de poste se trouve à un pâté de maison d'ici [à une rue d'ici].

블록경제 명 【경제】 économie *f* de bloc.

블록버스터 명{blockbuster} 명 【연영】 blockbuster *m*, film *m* à gros budget, film *m* à grand spectacle.

블루스 명{blues} 명 ① 【음악】 blues *m*, slow *m*. ② ((춤)) slow *m*. ¶ ~를 추다 danser un slow.

블루진 명{blue jean} 명 blue-jean(*s*)(~-~*s*) *m*; jean(*s*) *m*(*pl*). ¶ ~을 입다 porter un jean [des jeans].

블루칩 명{blue chip} 명 【경제】 action *f* [valeur *f* mobilière] de premier ordre.

블루칼라 명{blue collar} 명 col *m* bleu. ¶ ~ 계층 la classe des cols bleus.

비[1] 명 pluie *f*, flotte *f* {*fam*}. ¶ 봄[가을, 겨울]~ pluie de printemps [d'automne, d'hiver]. ¶ ~가 온다[내린다] Il pleut / La pluie tombe. ¶ ~가 오기 시작한다 Il commence [se met] à pleuvoir / La pluie commence [se met] à tomber. ¶ ~가 억수같이 쏟아진다[퍼붓는다] Il pleut à verse [à torrents, à (grands) flots, à seaux, des hallebardes, des cordes] / Il tombe des cordes / La pluie tombe drue [en cataracte] / Il pleut comme vache qui pisse {*fam*} / Des pluies torrentielles [diluviennes] s'abattent ((sur la région)). ¶ ~가 그쳤다 La pluie s'est arrêtée / La pluie a cessé / Il a cessé de pleuvoir / Il ne pleut plus. ¶ ~가 들이친다 Le vent fait entrer la pluie dans la maison [dans la pièce]. ¶ ~를 피하다 s'abriter [se protéger] de la pluie. ¶ ~를 맞으며 걷다 marcher sous la pluie. ¶ ~에 젖다 être mouillé(*e*) [trempé(*e*)] par la pluie, se faire saucer {*fam*}, être saucé(*e*) {*fam*}. ¶ 이 ~에 어디를 가려느냐? Où vas-tu par cette pluie? ¶ 어제 내린 ~로 강물이 많이 불었다 La rivière est entrée en crue [le niveau de la rivière a monté] à cause de la pluie d'hier. ¶ 땀이 ~ 오듯 쏟아지다 suer à grosses gouttes, ruisseler de sueur.

***~가 오나 눈이 오나** qu'il pleuve ou qu'il vente, par tous les temps; quoi qu'il arrive.

***~ 맞은 장닭 같다** être pareil(*le*) à un chien battu; faire pitié (à *qn*).

***~ 맞은 중 중얼거리듯 하다** grommeler [ronchonner, bougonner] dans *sa* barbe [entre *ses* dents].

***~ 온 뒤에 땅이 굳는다** Après la pluie, le beau temps.

◆**_ㅅ물** 명 eau(*x*) *f* de pluie, eau(*x*) *f* pluviale(s). ¶ ~ㅅ물을 받다 récupérer l'eau de pluie. ¶ 차창에 ~ㅅ물이 흐른다 L'eau (de la pluie) coule sur les vitres (de la voiture). ¶ 웅덩이에 ~ㅅ물이 고였다 L'eau de la pluie a formé des flaques.

◆**_ㅅ물받이** 명 tuyau(*x*) *m* de descente (d'eau pluviale); tuyau(*x*) *m*[conduite *f*] d'écoulement; gouttière *f*.

◆**_ㅅ방울** 명 goutte *f* de pluie.

◆**_ㅅ소리** 명 bruit *m* de la pluie.

◆**_ㅅ속** 명 sous la pluie. ¶ 우산이 없어서 ~ㅅ속을 그냥 달려왔다 Comme je n'avais pas de parapluie, j'ai couru sous la pluie.

◆**_ㅅ줄기** 명 goutte *f* (de pluie). ¶ ~ㅅ줄기가 점점 굵어진다 Les gouttes de pluie deviennent de plus en plus grosses.

◆**가랑_** 명 pluie *f* fine.

◆**보슬_** 명 bruine *f*, crachin *m*.

◆**소낙_** 명 ondée *f*, averse *f*. ¶ 소낙~에 흠뻑 젖다 être mouillé(*e*) [trempé(*e*)] jusqu'aux os ((par l'averse)).

◆**이슬_** 명 crachin *m*, bruine *f*.

비[2] 명 balai *m*, balayette *f*. ¶ 방을 ~로 쓸다 balayer une chambre.

◆**_ㅅ자루** 명 manche *m* à balai; balai *m*, balayette *f*.

◆**_질** 명 balayage *m*. ¶ 마당에 ~질을 하다 balayer la cour.

비[3] **碑** 명 stèle *f*, monument *m*. ¶ 무덤에 ~를 세우다 dresser une stèle devant la tombe. ¶ 누구의 업적을 기리는 ~를 세우다 dresser une stèle commémorative à *qn*.

비[4] 妃 명 ☞ 왕비

비[5] 比 명 【수학】 rapport *m*, proportion *f*; ratio *m*; pourcentage *m*; taux *m*. ¶ 원주의 직경에 대한 ~가 π이다 Le rapport du périmètre d'un cercle à son diamètre est π.

비[6] 영{b} 명 ① (la note) B *m*. ¶ ~ 학점 un B. ¶ ~를 받다 obtenir [recevoir, avoir] un B. ¶ ~급 seconde classe. ② 【음악】 (la note) *m inv*, si *m* bémol. ¶ ~장조 un do. ③ ((연필의 진하기)) B *m*. ¶ 4~ 연필 un crayon 4B.

-비[7] -費 접미 frais *mpl*, dépense *f*; budget *m*. ¶ 생활~ le coût de la vie. ¶ 하숙~ les frais de pension, le prix de la pension. ¶ 교제~ les frais de représentation. ¶ 국방~ le budget de la défense nationale. ¶ 교육~ ((예산)) le budget de l'éducation; ((학비)) les frais de scolarité; ((하숙, 기숙사비)) les frais de pension, le prix de la pension.

비-[8] 非- 접두 non-, in- / im-, a- ((préfixe du sens négatif)). ¶ ~과학적 non scientifique, peu scientifique; sans valeur scientifique. ¶ ~도덕적 immor*al*(*ale*, *aux*). ¶ ~사교적 insociable, peu sociable. ¶ ~인간적 inhumain(*e*). ¶ ~인도적 inhumain(*e*); ((crime)) contre l'humanité. ¶ ~위생적 non hygiénique.

비가 悲歌 명 élégie *f*, chant *m* triste, complainte *f*. ¶ ~를 읊다[부르다] réciter une élégie [chanter une complainte].

비가역 非可逆 명 irréversible. ¶ ~ 반응 une réaction chimique irréversible. ¶ ~ 변화 une transformation irréversible.

◆**_적** -的 명관 irréversible. ¶ ~적 현상 un phénomène irréversible.

◆**_성** -性 명 irréversibilité *f*.

비각 碑閣 명 pavillon *m* qui abrite une stèle. ¶ ~을 세우다 dresser une stèle et son pavillon.

비감 悲感 명 tristesse *f*, mélancolie *f*, affliction *f*; sentiment *m* de tristesse. ◇**_에 젖다[잠기다]** se sentir affligé(*e*) [être plongé(*e*) dans la désolation].

◆**_하다** 형 être triste, affligé(*e*); se sentir triste, être rempli(*e*) de tristesse [d'affliction].

비강 鼻腔 명 fosse *f* [cavité *f*] nasale.

비거주 非居住 어근 absence *f* de résidant.

◆**_자** -者 명 non-résidant(*e*).

◆**_지역** -地域 명 région *f* non habitée [inhabitée].

비겁 卑怯 어근 lâcheté *f*, couardise *f*, poltronnerie *f*.

◆**_하다** 형 être lâche, couard(*e*), poltron(*ne*). ¶ ~한 짓을 하다 commettre une lâcheté. ¶ 혼자만 살겠다고 도망을 치다니, 그 사람 참 ~하다 Il est vraiment lâche de s'être enfui tout seul pour sauver sa vie [peau {*fam*}]. ¶ ~하게 도망을 가다 fuir lâchement. ¶ ~하게 굴다 se comporter lâchement, agir avec couardise.

◆**_함** 명 lâcheté *f*, couardise *f*. ¶ 나는 그 자의 ~함에 몹시 실망했다 Je suis profondément déçu(*e*) par sa lâcheté.

◆**_자** -者 명 lâche, couard(*e*), poltron(*ne*), dégonflé(*e*) {*fam*}, trouillard(*e*) {*fam*}, lopette *f* {*fam*}, couille *f* molle {*vulg*}, poule *f* mouillée.

비견 比肩 어근 (rapport *m* d') égalité *f*.

◆**하다** 타 égaler *qn*, rivaliser avec *qn*; être comparable à *qc*. ¶ 그 남자에[와] ~할 만한 사람은 아무도 없다 Il n'a pas son pareil [son égal] / Personne n'est capable de rivaliser avec lui. ¶ 이번 사태는 천지개벽과도 ~할 만한 일이다 Cet événement est aussi important que la création du monde.

◆**_되다** 자 être à la hauteur de *qn*, égaler *qn*; être comparable à *qc*. ¶ 그에 ~될 만한 사람을 찾기가 어렵다 Il est difficile de trouver quelqu'un à sa hauteur.

비결 秘訣 명 secret *m*, recette *f* secrète, clef[clé] *f*, ficelle *f*, astuce *f*, truc *m* {*fam*}. ¶ 성공의 ~ le secret de la réussite, la clé du succès, *sa* recette pour réussir. ¶ 하는 일마다 성공하는 ~이 뭡니까? Quelle est votre recette pour réussir tout ce que vous entreprenez? ¶ 살이 안 찌는[젊어지는] ~이 뭐냐? Quel est ton secret pour ne pas grossir [pour ne pas vieillir]? ¶ 어떻게 하면 그렇게 할 수 있는지 ~을 좀 알려다오 Tu veux bien m'apprendre à faire comme toi? Dis-moi comment tu fais, quel est ton secret / Tu peux me dire comment tu fais? C'est quoi ton truc {*fam*}? ¶ 공부 잘 하는 데에는 따로 ~이 없다 Il n'y a pas de recette secrète [de voie royale] pour réussir ses études.

비결정론 非決定論 명 indéterminisme *m*.

◆**_적** -的 명관 indéterminé(*e*), contingent(*e*).

◆**_자** -者 명 partisan *m* de la doctrine de l'indéterminisme.

비경 秘境 명 paysage *m* sublime. ¶ 아마존의 ~ le splendide spectacle de l'Amazone.

비경제적 非經濟的 명관 pas économique, onéreu*x*(*se*), ch*er*(*ère*), coûteu*x*(*se*), dispendieu*x*(*se*). ¶ ~으로 de manière (fort) dispendieuse, de manière fort peu économique. ◇**_이다** être coûteu*x*(*se*), onéreu*x*(*se*), ne pas être économique.

비계 명 lard *m*, suif *m*, graisse *f*. ¶ 이 고기는 ~가 너무 많다 Il y a trop de graisse dans ce morceau de viande.

◆**_덩어리** 명 ① morceau(x) *m* de lard; boule *f* de suif. ② 【속어】 ((사람)) gros lard *m* {*fam*}, gros *m* plein de soupe {*fam*}.

◆**_살** 명 lard *m*.

비고 備考 명 note *f*, remarque *f*, commentaire *m*, observation *f*; ((라틴어)) N.B. (Nota Bene).

◆**_란** -欄 명 rubrique *f* [page *f*, colonne *f*] des remarques et commentaires. ¶ ~란에 출석여부를 기록하다 marquer la présence dans la colonne des observations [des remarques].

비공개 非公開 명 huis clos *m inv*. ¶ ~ 회의 une réunion à huis clos. ¶ 재판은 ~로 진행되었다 Le procès s'est déroulé à huis clos. ◇**_(이)다** être secr*et*(*ète*), privé(e), être d'accès réservé, ne pas être accessible au public. ¶ 이 내용은 ~다 Le contenu n'est pas accessible au public.

◆_적 -的 명관 à huis clos, en secret, secr*et*(*ète*). ¶ ~적인 무기판매 vente secrète d'armes.

비공식 非公式 명 voie *f* officieuse [non officielle]; officieu*x*(*se*), non officiel(*le*). ¶ ~ 발표 un communiqué officieux. ¶ ~ 방문[모임, 회담] une visite officieuse [une réunion officieuse, un entretien officieux]. ◇_**이다** être officieu*x*(*se*), non officiel(*le*), ne pas être officiel(*le*). ¶ 이 회의는 ~이다 Cette réunion est officieuse.

◆_적 -的 명관 officieu*x*(*se*), non officiel(*le*). ¶ ~적인 인터뷰 une interview officieuse. ¶ 검찰은 ~적으로 그렇게 말하고 있다 Le parquet tient ce discours officieusement.

비과세 非課稅 명 non-taxation *f*, exonération *f* fiscale, exemption *f* d'impôt [de taxes]. ¶ ~ 품목 des marchandises exonérées, un article exempt de taxes. ¶ ~ 저축 un plan [un produit] d'épargne exempt d'impôt. ◇_(**를**) **하다** exempter [exonérer] d'impôts [de taxes]. ◇_(**가**) **되다** être exempté(*e*) [exonéré(*e*)] d'impôts [de taxes].

비과학적 非科學的 명관 antiscientifique; non scientifique; peu scientifique; sans valeur scientifique. ¶ ~ 사고방식[세계관] une pensée [une perception du monde] antiscientifique. ¶ ~으로 분석하다 analyser *qc* de manière non scientifique. ◇_(**이**)**다** ne pas être scientifique, aller contre la science.

비관 悲觀 명 pessimisme *m*. ◇_(**을**) **하다** être pessimiste, se montrer pessimiste. ¶ 생활고를 ~하다 se lamenter sur *son* sort précaire. ¶ 그는 인생을 ~하여 자살했다 Il s'est suicidé à cause de sa vision pessimiste de la vie. ◇_**에 빠지다** tomber dans le pessimisme.

◆_적 -的 명관 pessimiste. ¶ ~적인 전망 une perspective pessimiste. ¶ 그는 이 문제에 관해 ~적인 견해를 보였다 Il s'est montré pessimiste sur cette question. ¶ 그 사람의 합격 여부는 현재로서는 ~적이다 Il semble peu probable qu'il réussisse à l'examen. ¶ 만사를 ~적으로 보다 voir tout en noir, considérer tout du mauvais côté.

◆_론 -論 명 pessimisme *m*. ¶ 아직은 ~론보다 낙관론이 우세하다 Pour le moment, l'optimisme prévaut contre le pessimisme.

◆_론자 -論者 명 pessimiste *mf*.

비교 比較 명 ① comparaison *f*, parallèle *m*. ¶ ~ 연구 une étude comparée [comparative, contrastive]. ¶ A와 B의 ~ comparaison entre A et B. ◇_(**를**) **하다** comparer, faire une comparaison [un parallèle]. ¶ A와 B를 ~하다 comparer A et B. ¶ A를 B와 ~하다 comparer A avec [à] B. ¶ 둘을 ~하다 établir une [la] comparaison entre deux choses. ¶ 자기 남편을 다른 남자와 ~하다 comparer *son* mari avec les autres hommes [avec un autre homme]. ¶ 누구[무엇]와 ~하면 en comparaison de *qn*/*qc*, par comparaison à [avec] *qn*/*qc*, par rapport à *qn*/*qc*. ◇_(**가**) **되다** être comparé(*e*) à *qc*/*qn*. ¶ 그 사람이 너무 잘해서 나와 ~될까 걱정이다 Sachant qu'il est excellent, j'ai peur d'être comparé à lui. ¶ 누구와도 ~가 안 되게 뛰어나다 être incomparablement supérieur(*e*) aux autres, être meilleur(*e*) que quiconque, émerger [se détacher] du lot, s'élever au-dessus du lot, se distinguer, s'illustrer. ② 【언어】 comparaison *f*. ¶ ~ 부사 adverbe de comparaison. ¶ ~의 등급 degré de comparaison. ¶ ~의 제 2항 le second terme de la comparaison.

◆_적 -的 명관 comparativement, par comparaison, relativement, assez, plutôt. ¶ ~적 좋은 점수를 받다 recevoir [avoir] une assez [relativement] bonne note. ¶ 걔네 집은 ~적 잘사는 편이다 Sa famille est relativement aisée.

◆_격 -格 명 cas *m* comparatif.

◆_조사 -助詞 명 particule *f* (casuelle) comparative.

◆_급 -級 명 comparatif *m*.

◆_문법 -文法 명 【언어】 grammaire *f* comparative, grammaire *f* comparée.

◆_문학 -文學 명 littérature *f* comparée [comparative].

◆_언어학 -言語學 명 linguistique *f* comparée [comparative, contrastive].

◆_우위 -優位 명 supériorité *f* relative. ¶ 반도체 산업에서는 한국이 경쟁국보다 ~ 우위에 있다 Dans le secteur des semi-conducteurs, la Corée est en position de supériorité relative sur ses concurrents.

비교육적 非教育的 명관 non éducati*f*(*ve*). ¶ ~인 환경 un environnement non éducatif. ¶ ~으로 de manière non éducative.

비구 比丘 명 【불교】 bonze *m*.

비구 飛球 명 【운동】 chandelle *f* ((au baseball)), fly-ball *m*.

비구니 比丘尼 명 bonzesse *f* {*vx*}, religieuse *f* bouddhiste.

비구름 명 nuage *m* annonciateur de pluie. ¶ ~이 몰려온다 Des nuages annonciateurs de pluie arrivent massivement. ¶ 한반도 상공에 ~이 짙게 끼었다 Le ciel de la péninsule coréenne est couvert de nuages noirs [d'épais nuages, de nuages menaçants] annonciateurs de pluie.

비구상 非具象 명 non-figuration *f*.

◆_적 -的 명관 non-figurati*f*(*ve*).

◆_화 -畵 【미술】 peinture *f* non-figurative.

◆_회화 -繪畵 peinture *f* non-figurative.

비구승 比丘僧 명 【불교】 bonze *m*; bonzesse *f*.

비굴 卑屈 명 bassesse *f*, servilité *f*, obséquiosité *f*. ¶ ~에 가까운 겸손 une humilité proche de la servilité.

◆_하다 형 être servile, bas(*se*), obséquieu*x*(*se*), rampant(*e*), lèche-bottes {*fam*}, lèche-cul {*fam*}. ¶ ~한 자세[행동, 생각] une attitude [un acte, une pensée] servile. ¶ ~한 표정[태도] une expression servile [un comportement servile]. ¶ ~하게 살려달라고 빌다 prier pour *sa* vie [implorer la vie sauve] en rampant. ¶ 그는 윗사람들에게 너무 ~하게 군다 Il se comporte avec trop de servilité devant ses supérieurs.

비극 悲劇 명 ① tragédie *f*, drame *m*. ¶ 셰익스피어의 4대 ~ les quatre grandes tragédies de Shakespeare. ② ((사건)) drame *m*, tragédie *f*. ¶ 그런 ~이 다시 일어나지 않도록 해야 한다 Il faut faire en sorte que de tels drames ne se reproduisent pas.

◆_**적** -的 명관 dramatique, tragique. ¶ ~ 사태 un incident tragique. ¶ ~적인 삶을 살다 avoir une vie dramatique [tragique]. ¶ ~적으로 생을 마치다 terminer sa vie tragiquement.

◆_**성** -性 명 caractère *m* dramatique [tragique].

비근하다 卑近- 형 être familier(ère), banal(ale, aux), ordinaire, simple. ¶ 비근한 예를 들(자)면 si on cite un exemple banal.

비금속 非金屬 명 métalloïde *m*, non-métal *m*. ¶ ~ 광물[원소] un minerai [un corps simple] non métallique.

비기다[1] 재 être à égalité; faire match nul; être quitte. ¶ 두 후보자는 비겼다 Les deux candidats sont à égalité de voix. ¶ 두 팀은 2대2로 비겼다 Les deux équipes ont fait match nul sur un score de deux buts à deux. ¶ 이제 우리는 서로 비긴 셈이다 Maintenant nous sommes quittes.

비기다[2] 타 comparer, confronter, mesurer, mettre en parallèle. ¶ 고향의 정겨움을 그 어디에 비길 수 있으랴? Rien n'est comparable à l'ambiance chaleureuse du pays natal. ¶ 인생을 한 편의 연극에 ~ comparer la vie à une pièce de théâtre.

*__비길 데 없다__ être incomparable, être hors pair, être sans égal(*e*). ¶ 그 여자의 아름다움은 비길 데가 없다 Elle est d'une beauté incomparable.

비껴가다 타자 ① effleurer, passer en effleurant. ¶ 공이 골대를 살짝 비껴갔다 Le ballon a légèrement effleuré le poteau. ② ((감정 따위가)) effleurer, traverser, passer sur. ¶ 그의 얼굴에 후회의 빛이 비껴갔다 Une lueur de regret a traversé[a passé sur] son visage.

비꼬다 타 ① ((몸을)) se tordre, se tortiller, se torsader, *s'entortiller, se contorsionner*. ¶ 아이들은 지겨운 듯 몸을 비꼬고 있었다 Les enfants se tortillaient d'ennui. ② 비아냥거리다 ironiser sur *qc*, se moquer de *qn*, blaguer, plaisanter, railler, taquiner *qn*, hâbler. ¶ 비꼬는 듯한 말투 ton moqueur. ¶ 그 사람은 그 일을 비꼬아서 그렇게 말했다 Il a dit cela en ironisant sur cette affaire.

비꼬이다 재 ① ((몸, 창자 따위가)) être tordu(*e*), torsadé(*e*), entortillé(*e*). ¶ 지루해서 몸이 저절로 비꼬인다 Je meurs d'ennui. ¶ 배가 너무 고파서 창자가 비꼬이는 것 같다 Mon estomac crie famine. ② ((마음이나 태도가)) devenir grincheux(*se*) [maussade, malhonnête, dévoyé(*e*)]; être pervers(*e*). ¶ 무슨 일에 심사가 비꼬여 뾰로통해 있니? Qu'est-ce qui te chagrine [t'affecte, te perturbe] ainsi pour que tu fasses une tête pareille [une telle mine] ?

비끄러매다 타 attacher, nouer, lier, relier, ligoter, ficeler, joindre, fixer, unir, amarrer, ancrer. ¶ 말고삐를 나무에 ~ utiliser la bride [les reines] du cheval pour attacher ce dernier à un arbre.

비끼다 자 ① éclairer obliquement [de biais, de travers]. ¶ 밤하늘에 비낀 은하수 la voie lactée reflétée dans le ciel de la nuit. ¶ 저녁 햇살이 창에 비낀다 Les rayons du soleil couchant éclairent de biais la fenêtre. ② 잠시 드러나다 apparaître momentanément ((sur le visage)). ¶ 그의 얼굴에 냉소가 비꼈다 Sur son visage est apparu au passage [de manière fugitive] un sourire moqueur. 타 poser de travers; être de biais; être oblique. ¶ 고개를 비낀 채 앉아 있는 여자 une femme assise la tête de profil [de côté].

비난 非難 명 blâme *m*, reproche *m*, critique *f*, accusation *f*, condamnation *f*, désapprobation *f*. ¶ 야당의 정부 정책에 대한 ~ critique de l'opposition à l'encontre de [contre] la politique gouvernementale. ¶ ~을 감수하다 supporter des reproches [des blâmes]. ¶ ~이 빗발쳤다 Un tollé général s'est déclenché [s'est élevé]. ◇_(을) **하다** blâmer *qn* (pour *qc*), reprocher *qc* à *qn*, faire des reproches à *qn*, critiquer [accuser] *qn*. ¶ 남을 ~하다 blâmer autrui. ¶ 누구의 배은망덕을 ~하다 reprocher à *qn son* ingratitude. ¶ 누구의 행동을 ~하다 émettre des critiques contre [blâmer] le comportement de *qn*. ¶ 누가 거짓말 한 것을[에 대해서] ~하다 reprocher à *qn* d'avoir menti. ◇_(을) **받다** encourir [s'attirer] le blâme [la réprobation] de *qn*, s'attirer [essuyer] des reproches. ¶ 그런 행동은 ~받아 마땅하다 Ce genre de comportement mérite d'être blâmé / C'est un comportement répréhensible.

◆_**조** -調 명 ton *m* de reproche. ¶ ~조로 이야기하다 parler d'un ton réprobateur.

비너스 영{Venus} 명 Vénus *f*, Aphrodite *f*.

비녀 명 épingle *f* à cheveux. ¶ 머리에 ~를 꽂다 se mettre une épingle dans les cheveux.

비논리적 非論理的 명관 illogique, incohérent(*e*). ¶ ~인 사고 une réflexion illogique [incohérente]. ◇_**이다** être illogique, incohérent(*e*). ¶ 그 사람의 주장은 ~이다 Ce qu'il prétend n'est pas logique.

비뇨기 泌尿器 명 appareil *m* urinaire, voies *fpl* urinaires. ¶ ~ 질환 un trouble [une maladie] des voies urinaires.

◆_**과** -科 명 urologie *f*. ¶ ~과 의사 un(*e*) urologue, un médecin urologiste.

비누 명 savon *m*, savonnette *f*. ¶ ~ 거품 mousse de savon. ¶ ~로 몸을 씻다 se laver avec du savon. ¶ ~로 무엇을 씻다 laver *qc* au savon.

◆_**방울** 명 bulle *f* de savon.

◆_**질** 명 savonnage *m*. ¶ 얼굴에 ~질을 하다 se

savonner le visage.

◆_칠 명 action de se savonner; savonnage *m*. ¶ 얼굴에 ~칠을 하다 se savonner la figure.

◆_ㅅ곽 -ㅅ廓 명 boîte *f* à savon.

◆_ㅅ물 명 eau *f* savonneuse.

◆가루_ 명 savon *m* en poudre.

◆빨래[세탁]_ 명 savon *m* de Marseille.

◆세수_ 洗手- 명 savon *m* de toilette.

◆액체_ 液體- 명 savon *m* liquide.

◆화장_ 化粧- 명 savon *m* de toilette.

비늘 명 écaille *f*. ¶ ~ 무늬 un motif d'écailles de poisson. ¶ 생선 ~을 벗겨 내다 écailler un poisson. ¶ ~로 덮여 있다 être couvert(*e*) d'écailles.

◆_구름 명 nuage *m* en forme d'écailles de poisson, cirrocumul*us*(*i*) *m*.

비능률 非能率 명 inefficacité *f*.

◆_적 -的 명관 inefficace, infructueu*x*(*se*). ¶ ~적인 일처리 une manière inefficace, une méthode inefficace. ¶ ~적으로 일을 하다 travailler inefficacement. ¶ ~적인 작업 환경 un environnement de travail qui ne pousse pas à l'efficacité. ¶ 이런 식으로 일을 진행하는 것은 ~적이다 Cette façon de procéder ne peut pas être efficace.

비닐 영{vinyl} 명 vinyle *m*, matière *f* plastique; film *m* plastique. ¶ ~ 봉투[봉지] un sac en (matière) plastique, un sac plastique {*fam*}, un sachet [une poche] en plastique.

◆_하우스 영{- house} 명 serre *f*.

비다 자 ① être vide; être inoccupé(*e*), libre. ¶ 빈 병 une bouteille vide. ¶ 빈 자리를 찾다 chercher une place libre. ¶ 빈 잔 하나만 주세요 Donnez-nous [Apportez-nous] seulement un verre supplémentaire. ¶ 빈 택시 un taxi libre. ¶ 사무실이 텅 비었다 Le bureau est complètement vide. ② 지닌 것이 없다 être sans rien, les mains vides. ¶ 빈 몸으로 오다 venir les mains vides. ③ 할 일이 없다 être libre. ¶ 내일 나는 비는 시간이 없다 Demain je n'ai pas un moment (de libre). ④ ((내용이)) être creu*x*(*se*), vide (de sens). ¶ 그의 주장은 현실성이 없는 빈 이론에 불과하다 Sa revendication traduit [est sous-tendue par, est le produit [le fruit] d']une théorie creuse sans le moindre réalisme. ¶ ((지식이나 생각이)) être inculte, ignorant(*e*), analphabète, illettré(*e*). ¶ 그는 머리가 비었다 Il a le crâne vide. ⑥ ((지갑, 주머니가)) être sans le sou. ¶ 나는 주머니가 비었다 Je n'ai rien dans les poches. ⑦ ((마음이)) vide. ¶ 텅 빈 가슴 le coeur (complètement) vide. ⑧ ((액수나 수량이)) manquer. ¶ 5만원에서 천원이 빈다 Il manque mille wons pour faire 50 000 wons. ***빈 수레가 요란하다** Le beurre [La confiture], moins on en a, plus on l'étale {*fam*}.

비단[1] 非但 부 ((pas)) seulement ((mais aussi)). ¶ 이 문제는 ~ 네 문제만은 아니다 Ce problème n'est pas seulement le tien.

비단[2] 緋緞 명 soie *f*, soierie *f*. ¶ ~ 옷[이불] un vêtement [une couverture] de soie. ¶ ~ 장수 un marchand de soierie.

◆_결 명 texture *f* de la soie [soyeuse]. ¶ ~결 같이 부드럽다 être dou*x*(*ce*) comme de la soie. ¶ 그는 마음이 ~결이다 Il a un coeur d'or.

◆_길 명 route *f* de la soie.

비대 肥大 명 ① forte corpulence *f*, embonpoint *m*. ② ((권력 따위가)) hypertrophie *f*.

◆_하다 형 ① être gros(*se*), corpulent(*e*), fort(*e*), obèse; avoir de l'embonpoint. ¶ ~한 몸집 un corps obèse. ② être hypertrophié(*e*); être énorme, gigantesque. ¶ ~한 조직 une organisation hypertrophiée.

◆_증 -症 명 【의학】 hypertrophie *f*. ¶ 말단~증 acromégalie *f*.

비대칭 非對稱 명 asymétrie *f*. ¶ 도자기의 좌우가 ~이다 La forme de cette porcelaine est asymétrique.

◆_적 -的 명관 asymétrique, dissymétrique.

비데 프 명 bidet *m*.

비도덕적 非道德的 명관 immor*al*(*ale, aux*). ¶ ~ 행위[처사] un acte immoral. ¶ ~으로 de façon [de manière] immorale, malhonnêtement. ◇_**이다** être immor*al*(*ale, aux*).

비동맹 非同盟 명 non-alignement *m*, désalignement *m*. ¶ ~ 독자 노선 une ligne de conduite non-alignée.

◆_국 -國 명 pays *m* non-aligné.

◆_주의 -主義 명 non-engagement *m*.

비둔하다 肥鈍- 형 être gros(*se*) et lent(*e*); être maladroit(*e*), gauche, malhabile. ¶ 옷을 많이 껴입었더니 비둔해서 잘 움직일 수 없다 J'ai mis tellement de vêtements que je ne peux pas bouger avec aisance.

비둘기 명 【동물】 pigeon(*ne*), colombe *f*. ¶ ~를 날리다 faire un lâcher de pigeons, laisser les pigeons s'envoler. ¶ ~가 구구거린다 Le pigeon roucoule. ¶ ~떼에게 모이를 주다 donner des graines aux pigeons; donner à manger aux pigeons.

◆_색(빛) -色 명 gris *m* cendré. ¶ ~색 의상 un vêtement gris cendré.

◆_장 -欌 명 pigeonnier *m*, colombier *m*; cage *f* à pigeons.

비듬 명 pellicule *f* (dans les cheveux). ¶ ~을 털다 ôter [épousseter, se débarrasser, enlever] des pellicules. ¶ 머리에 ~이 생기다 avoir des pellicules.

◆_약 -藥 명 lotion *f* antipelliculaire.

비등 沸騰 명 ① ébullition *f*. ② ((비유적)) 여론이 들끓음 ébullition *f*, effervescence *f*.

◆_(을) 하다 자 ① bouillir. ¶ 물은 섭씨 100도에서 ~하기 시작한다 L'eau commence à bouillir à partir de 100 degrés Celsius. ② ((비유적)) être en ébullition. ¶ 대통령의 공식 사과를 요구하는 여론이 ~하고 있다 L'opinion publique, qui demande des excuses officielles du chef de l'État, est en ébullition [en effervescence].

◆_점 -點 명 【화학】 point *m* [température *f*] d'ébullition.

비등비등하다 比等比等- 형 ☞ 비등하다

비등하다 比等- 형 être comparable, similaire, analogue, approchant(*e*), assimilable, être quasiment é*gal*(*ale*, *aux*); être quasiment le(*la*) même, quasi pareil(*le*), quasi semblable [équivalent(*e*)]. ¶ 두 사람의 실력이 ~ Deux personnes ont des compétences semblables [les mêmes compétences]. ¶ 그 두 업체에 대한 평가가 비등하게 나왔다 Ces deux entreprises ont obtenu une évaluation similaire.

비디오 영{video} 명 ① vidéo *f*. ¶ ~를 보다[시청하다, 감상하다] regarder un film sur magnétoscope, regarder [se passer] une cassette vidéo. ¶ 나는 집에서 ~로 그 영화를 보았다 J'ai vu ce film à la maison sur magnétoscope / J'ai vu ce film en vidéo chez moi. ② VTR vidéo *f*, magnétoscope *m*. ¶ ~를 켜다[끄다]. allumer [éteindre] le magnétoscope. ③ 비디오 테이프 cassette *f* vidéo. ¶ 그 영화 벌써 ~로 나왔니? Ce film est déjà sorti en vidéo? ④ 비디오 카메라 caméscope *m*. ¶ 무엇을 ~로 찍다 filmer *qc* au caméscope [à la caméra vidéo].

◆**_대여점** -貸與店 명 vidéoclub *m*.

◆**_방** -房 명 institut avec cabines privées de projection de cassettes vidéo.

◆**_카메라 영**{- camera}명 caméscope *m*.

◆**_테이프 영**{- tape}명 cassette *f* vidéo.

비딱하다 형 ① être en biais, de travers, de traviole {*fam*}, oblique, penché(*e*), incliné(*e*). ¶ 모자를 비딱하게 쓰다 mettre *son* chapeau de travers. ② 부정적이다 être négati*f*(*ve*); avoir des a priori négatifs [destructeurs, peu constructifs,], avoir des opinions préconçues négatives; être dévastateu*r*(*se*), voir tout de travers et en noir, être pessimiste, avoir une vision pessimiste [négative] et dévastatrice. ¶ 그는 사람이 좀 ~ Il a une tendance [Il est enclin] à voir tout en noir [à être négatif en tout] / Il a tendance à détruire tous les projets / Il a tendance à critiquer négativement tous les projets. ¶ 너는 왜 하는 말마다 그렇게 비딱하니? Pourquoi transformes-tu toujours tout? / Pourquoi démolis-tu toujours tout? / Pourquoi es-tu toujours aussi négati*f*(*ve*)? / Pourquoi vois-tu toujours tout de travers [de façon défiante, avec défiance]? / Pourquoi as-tu toujours des a priori négatifs [aussi destructeurs, aussi peu constructifs, aussi]? / Pourquoi t'obstines-tu toujours à mettre à mal nos projets [à tuer nos espoirs]?

비뚜로 부 ☞ 삐뚜로

비뚜름하다 형 ☞ 삐뚜름하다

비뚤다 형 ☞ 삐뚤다

비뚤비뚤 부 ☞ 삐뚤삐뚤

비뚤어지다 자 ☞ 삐뚤어지다

비럭질 명 mendicité *f*. ◇_(을) **하다** mendier, faire la manche, demander l'aumône [la charité].

비렁뱅이 명 【속어】 mendiant(*e*), clochard *m*, clodo *m* {*fam*}.

비련 悲戀 명 amour *m* malheureux [tragique]. ¶ ~의 여주인공 l'héroïne d'un amour tragique.

비례 比例 명 proportion *f*, rapport *m*, comparaison *f* (au moyen d'un exemple). ¶ 인구 ~ la proportion (par rapport) au nombre d'habitations. ◇_(를) **하다** comparer; évaluer [calculer] une proportion; être proportionnel(*le*) à *qc*. ¶ 무엇에 ~하여 en proportion de [avec] *qc*. ¶ 근무 기간에[과] ~해서 봉급이 올라간다 La rémunération évolue en fonction de l'ancienneté. ◇_(가) **되다** comparer; évaluer [calculer] une proportion; être proportionnel(*le*) à *qc*. ¶ 물가지수는 통화량에[과] ~된다 L'indice des prix est proportionnel à la masse monétaire en circulation.

◆**_적** -的 명관 proportionnel(*le*). ¶ 무엇에 ~적으로 à proportion de *qc*; en proportion de [avec] *qc*.

◆**_대표제** -代表制 명 【정치】 représentation *f* proportionnelle.

◆**_세** -稅 명 【법률】 impôt *m* proportionnel [à taux *m* invariable].

◆**_식** -式 명 【수학】 suite *f* proportionnelle.

◆**반_** 反- 명 【수학】 proportion *f* opposée [adverse].

◆**정_** 正- 명 【수학】 relation *f* proportionnelle constante; proportion *f* stable, proportion *f* équivalente.

비로소 부 alors, pour la première fois ¶ 그는 ~ 자기 잘못을 깨달았다 C'est alors qu'il prit conscience de sa faute. ¶ 그 소식을 듣자 ~ 그 여자의 얼굴이 밝아졌다 En entendant cette nouvelle, son visage s'éclaira pour la première fois.

비록[1] 부 Bien que ¶ 비록 나는 가난하지만, 행복하다 Bien que pauvre, je suis heureux(*se*)

비록[2] **秘錄** 명 document *m* secret [confidentiel] ¶ 태평양 전쟁 ~ un document secret concernant la guerre du Pacifique. ¶ ~을 공개하다 dévoiler un document secret, lever le secret sur un document confidentiel.

비롯 어근 commencement *m*, début *m*.

◆**_하다** 자타 tirer son origine de *qc*; provenir de *qc*, trouver son origine; commencer, débuter, amorcer. ¶ 세상에 대한 증오에서 ~한 행동 un geste qui tire son origine d'une haine contre le monde. ¶ 이 습관은 유교에서 ~한 것이다 c'est une coutume (d'origine) confucéenne.

*~**한** à commencer par, notamment, entre autres; y compris. ¶ 대통령을 ~한 국무위원들 tous les ministres d'Etat, à commencer par le président. ¶ 서울을 ~한 전국의 대도시들 toutes les grandes villes du pays, à commencer par Séoul. ¶ 선장을 ~한 전 승무원이 사망했다. Tous les membres de l'équipage ont péri, en commençant par le capitaine du navire. ¶ 가까운 이웃을 ~한 많은 지인들의 도움을 받았다. Nous avons été aidés par beaucoup de nos connaissances, en commençant par nos voisins les plus proches.

*~하여[해서] à commencer par, notamment, entre autres; y compris. ¶ 그것은 나를 ~하여 모두에게 좋은 것이다 C'est une bonne chose pour tous, à commencer par moi. ¶ 미국을 ~해서 많은 나라들이 대회에 참여했다. Beaucoup de pays ont participé à cette compétition[conférence], à commencer par les Etats-unis. ¶ 단장님을 ~해서 많은 분들이 성금을 내 주셨습니다. Beaucoup de personnes ont versé des dons, à commencer par le directeur.

◆_되다 ㊋ ¶ 사소한 오해에서 ~된 싸움 une dispute qui a démarré à cause d'un simple malentendu. tirer son origine de *qc*; provenir de *qc*; commencer, débuter, amorcer. ¶ 이 이론은 그의 연구에서 ~되었다 Cette théorie découle de ses recherches.

비료 肥料 ㊔ engrais *m*, fertilisant *m*; ((퇴비)) fumier *m*, compost *m*. ¶ ~ 공업 industrie des fertilisants. ¶ ~ 공장 usine de fertilisants. ¶ 밭에 ~를 주다[뿌리다]. mettre [répandre] de l'engrais dans un champ.

◆_식물[작물] -植物[作物] ㊔ 【농업】 engrais *mpl* verts.

◆복합_ 複合- ㊔ 【농업】 fertilisant *m* composite [de synthèse].

◆요소_ 尿素- ㊔ 【농업】 engrais *m* uréique.

◆화학_ 化學- ㊔ 【농업】 engrais *m* chimique.

비루먹다 ㊋ avoir la gale, être galeux(*se*).

비루하다 鄙陋- ㊌ être abject(*e*), ignoble, immonde, infâme, vil(*e*). ¶ 비루한 표현 une expression ignoble. ¶ 비루한 행동 une conduite ignoble [abjecte]. ¶ 비루하게 굴다 se comporter abjectement.

비리 非理 ㊔ corruption *f*. ¶ ~ 공무원[경찰]. un fonctionnaire [un agent de police] corrompu. ¶ ~의 온상 un foyer de corruption. ¶ ~를 폭로하다 dévoiler [démasquer, révéler] une corruption. ¶ 고위 공무원들의 ~를 척결[적발]하다 éradiquer [mettre fin à, extirper] la corruption des hauts fonctionnaires. ¶ ~가 드러났다[탄로났다] La corruption a été révélée [dénoncée] / La corruption est apparue au grand jour. ◇_를 저지르다 commettre un acte corruptible, faire une tentative de corruption.

비리다 ㊌ dégager une odeur fétide (de poisson, de viande crue, de sang), avoir une odeur forte, être nauséabond(*e*); sentir le rance. ¶ 비린 냄새가 나다 dégager une forte odeur ((de poisson, de viande crue, de sang)). ¶ 우리 아이는 비린 것을 좋아한다 Mon gamin aime bien les choses [les poissons] qui sentent fort. ¶ 이 생선은 너무 비려서 못 먹겠다 Ce poisson sent trop fort, je ne pourrai pas en manger.

비리비리하다 ㊌ être frêle, faible, fragile, malingre, maladif(*ve*). ¶ 비리비리한 젊은이 un jeune tout frêle. ¶ 그 아이는 잘 안 먹어서 ~ Cet enfant qui ne mange pas bien est frêle [malingre].

비린내 ㊔ odeur *f* fétide (de poisson, de viande crue, de sang). ¶ 생선 ~가 심하다 Le poisson sent extrêmement fort. ¶ ~를 없애다 faire disparaître l'odeur fétide (de poisson). ◇_(가) 나다 sentir fort. ¶ ~ 나는 생선 un poisson sentant très fort.

*(젖)~(가) 나다 être un type [jeune homme] qui a encore le nez qui pisse le lait {*fam*} ((Si on lui pressait le nez, il en sortirait du lait {*fam*})), paraître trop jeune et inexpérimenté(*e*), être encore jeune et inconsidéré(*e*); être (encore) trop jeune [inexpérimenté(*e*)]; être un (jeune) blanc-bec [un béjaune [bec-jaune] {*vx*}; être un gamin; être un (petit) morveux {*fam*} [péteux {*fam*}]; être un (petit) merdeux {*vulg*}.

◆젖_ ㊔ ((sentir)) le lait *m* caillé [aigre]; impression *f* de puérilité. ¶ 젖~ 나는 애송이 un type [jeune homme] qui a encore le nez qui pisse le lait {*fam*}, un blanc-bec, un bleu.

◆피_ ㊔ odeur *f* fétide de sang. ¶ 피~ 나는 전쟁[살육] une guerre [un massacre] nauséabond(*e*).

비릿하다 ㊌ dégager une légère odeur de poisson [de sang, de viande]; sentir légèrement le poisson [le sang, la viande]. ¶ 무엇인지 비릿한 냄새가 코를 찔렀다 Une espèce d'odeur fétide m'est venue dans le nez / Une drôle d'odeur fétide est venue m'agacer les sinus.

비만 肥滿 ㊔ obésité *f*. ¶ ~ 체질 une nature obèse. ◇_이다 être obèse. ¶ 이 아이는 ~이다 Cet enfant est obèse.

◆_하다 ㊌ être obèse, avoir un surpoids; être énorme, avoir un embonpoint excessif, être anormalement gros(*se*). ¶ 그 남자는 몸이 ~해서 잘 뛰지를 못 한다 Ce homme ne peut pas bien courir à cause de *son* surpoids [de *son* obésité, de *son* embonpoint, de *son* poids].

◆_아 -兒 ㊔ enfant *mf* obèse.

◆_증 -症 ㊔ 【의학】 obésité *f*.

◆_형 -型 ㊔ type *m* *d'*obésité.

비말 飛沫 ㊔ embrun *m*; ((캐나다)) poudrin *m*. ¶ ~을 일으키다 soulever des embruns.

비망록 備忘錄 ㊔ aide-mémoire *m*; pense-bête *m*; agenda *m*; mémento *m*. ¶ 무엇의 ~을 만들다 faire un aide-mémoire pour *qc*. ¶ ~에 적어두다[기입하다]. noter [inscrire] sur un agenda.

비매품 非賣品 ㊔ article *m* qui n'est pas à vendre; article *m* interdit à la vente. ¶ 이 제품은 ~입니다 Cet article n'est pas à vendre.

비명[1] 非命 ㊔ mort *f* violente. ◇_에 가다[죽다]. aller au devant [mourir] d'une mort violente.

◆_횡사 -橫死 mort *f* violente. ¶ ~횡사(를) 하다 mourir de mort violente.

비명[2] 悲鳴 ㊔ cri *m* ((de peur, de douleur)); hurlement *m*. ¶ ~ 소리 cri *m*, hurlement *m*. ◇_(을) 지르다 pousser un cri [un hurlement]. ¶ 즐거운 ~을 지르다 pousser un cri de joie.

비명[3] 碑銘 ㊔ inscription *f* sur un monument, épitaphe *f*. ¶ ~을 새기다 graver une inscription (sur une pierre tombale).

ㅂ

비모음 鼻母音 명 【언어】 voyelle *f* nasale.

비목 費目 명 rubrique *f*, article *m*, chapitre *m*. ¶ 자금 사용의 ~을 설정하다 répartir les dépenses par rubrique.

비몽사몽 非夢似夢 명 demi-sommeil *m* ((situation à propos de laquelle on parvient difficilement à déterminer s'il s'agit d'un rêve ou de la réalité)). ◇**_이다[을 헤매다]** être entre deux sommeils, être mal [à peine] réveillé(*e*), être encore tout ensommeillé(*e*), être dans le gaz {*fam*} [dans les vapes {*fam*}], dormir à moitié.

◆**_간** -間 명 entre deux sommeils, entre deux eaux, dans un état tout ensommeillé. ¶ ~ 간에 흘려듣은 말이라 기억이 잘 나지 않는다 Je ne me souviens pas très bien de ce qu'on m'a dit, car j'étais encore entre deux sommeils.

비무장 非武裝 명 désarmement *m*. ¶ ~ 민간인 des civils sans armes. ¶ ~ 상태로 적진에 들어가 담판을 짓다 entrer sans arme [désarmé(*e*)] dans le camp ennemi et entamer des pourparlers.

◆**_화** -化 명 démilitarisation *f*. ¶ ~화하다 démilitariser.

◆**_지대** -地帶 명 zone *f* démilitarisée.

비문[1] 碑文 명 épitaphe *f*, inscription *f* sur un monument. ¶ ~을 새기다 graver une épitaphe.

비문[2] 非文 명 phrase *f* incorrecte; non-sens *m*; 【언어】 phrase *f* agrammaticale. ¶ ~이 생기지 않도록 조심해서 작문하다 composer un texte en faisant attention que des phrases incorrectes n'apparaissent pas. ¶ 이 글에는 ~이 많다 Cet écrit contient beaucoup de phrases incorrectes.

비문말어 非文末語 명 【언어】 suffixe *m* flexionnel pré-final.

비문명국 非文明國 명 pays *m* à l'état primitif.

비문화적 非文化的 명관 non culturel(*le*).

비민주 非民主 명 ((politique)) non démocratique.

◆**_적** -的 명관 non démocratique. ¶ ~적인 제도 un système non démocratique.

비밀 秘密 명 ① secret *m*. ¶ ~ 경찰 une police secrète. ¶ ~ 공작 une opération secrète. ¶ ~ 단체 une organisation secrète. ¶ ~ 문서[외교] un document [une diplomatie] secr*et*(*ète*). ¶ ~ 투표[선거] un scrutin électoral secret. ¶ ~을 폭로하다 révéler un secret. ¶ ~을 누설하다[밝히다] divulguer [dévoiler, révéler] un secret. ¶ ~에 붙이다 enterrer *qc* dans le secret. ¶ ~이 새다 y avoir une fuite concernant un secret. ¶ 무엇을 ~로 하다 faire un secret de *qc*. ¶ 우리 사이에는 ~이 없다 Il n'y a pas de secret entre nous. ② 불가해한 내용 secret *m*, mystère *m*. ¶ 자연의 ~을 밝히다 révéler le secret de la nature. ◇**_을 지키다** garder un secret. ◇**_이다** être (un) secret. ¶ 이건 우리 사이의 ~이다 C'est un secret entre nous. *~**의 열쇠를 쥐고 있다** Je détiens la clef de l'énigme.

◆**_스럽다** 형 être secr*et*(*ète*). ¶ 비밀스러운 이야기를 나누다 se raconter des secrets.

◆**_리에** 부 en secret. ¶ ~리에 만나다[접촉하다] se rencontrer en secret; avoir des contacts en secret. ¶ 회의는 ~리에 진행되었다 La réunion s'est déroulée en secret.

◆**_히** 부 secrètement, furtivement, subrepticement, confidentiellement, clandestinement, en cachette, en catimini, en douce {*fam*}. ¶ ~히 처리하다 traiter *qc* secrètement [en douce {*fam*}].

◆**_결사** -結社 명 société *f* secrète.

◆**_결혼** -結婚 명 mariage *m* (en) secret.

◆**_교섭** -交涉 명 négociation *f* secrète.

◆**_문** -門 명 porte *f* secrète [dérobée].

◆**_조약** -條約 명 convention *f* [traité *m*] secr*et*(*ète*).

◆**_주의** -主義 명 attitude *f* consistant à vouloir tout cacher aux autres.

◆**_통로** -通路 명 passage *m* secret.

◆**_회담** -會談 명 négociations *fpl* clandestines, pourparlers *mpl* secrets.

비바람 명 bourrasque *f* de pluie. ¶ 거센 ~을 견디다 supporter [essuyer] de violentes bourrasques de pluie. ¶ ~이 분다[(몰아)친다] Il y a des bourrasques de pluie.

비바리 명 *bibari f* <jeune plongeuse qui recueille des fruits de mer>.

비바체 이 명 【음악】 vivace *m*.

비방 誹謗 명 critique *f*, médisance *f*, diffamation *f*, calomnie *f*. ¶ 정부에 대한 야당의 ~ une critique de l'opposition contre le gouvernement. ◇**_(을) 하다** critiquer *qn*/*qc*, blâmer *qn*/*qc*; médire de *qn*; diffamer *qn*, calomnier *qn*, décrier *qc*. ¶ 상대 후보를 ~하다 critiquer le candidat adverse [de l'opposition]. ¶ 그 사람은 우리가 일을 잘못했다고 ~하고 다닌다 Il répand partout le bruit que nous avons mal fait notre travail. ◇**_(을) 당하다** essuyer des critiques, être victime de diffamations.

◆**_자** -者 명 diffama*teur*(*trice*), calomnia*teur*(*trice*).

비번 非番 명 jour *m* de congé ((d'un policier)). ¶ 나는 내일 ~이다 Je ne suis pas de service demain. ¶ ~일 때 나는 늘 낚시를 간다 Je vais toujours à la pêche les jours où je ne suis pas de service.

비범 非凡 어근 excellence *f*, caractère *m* extraordinaire.

◆**_하다** 형 ne pas être ordinaire [banal(*e*)]; être extraordinaire, excellent(*e*). ¶ 그 사람은 매우 비범한 인물이다 C'est un personnage tout à fait extraordinaire. ¶ 그 사람은 재주가 아주 ~ Son talent est vraiment extraordinaire.

◆**_성** -性 명 excellence *f*, caractère *m* extraordinaire. ¶ 남다른 ~성을 보이다 faire preuve d'un caractère extraordinaire.

비법 秘法 명 procédé *m* secret, méthode *f* secrète. ¶ 나만의 ~ un procédé secret connu de moi seul(*e*), une méthode secrète personnelle. ¶ ~을 공개하다 dévoiler [révéler, exposer] un procédé secret. ¶ ~을 전수하다 initier *qn* à un procédé secret. ¶ ~을 터득하다 percer le secret d'un procédé. ¶ 거기에 무슨 특수한 ~이 있는 것은 아니다 Il ne s'agit pas d'un procédé secret particulier.

비벼대다 타 se frotter contre, frictionner. ¶ 아이의 볼에 얼굴을 ~ se frotter la joue contre celle d'un enfant.

비보 悲報 명 triste nouvelle *f*; nouvelle affligeante *f*. ¶ 오늘 아침에 ~를 접하게 되었습니다 Ce matin, j'ai appris [entendu] une triste nouvelle. ¶ ~가 전해지자 분위기가 순식간에 변했다 L'atmosphère du moment a changé en un instant à l'annonce de la triste nouvelle. ◇**_를 띄우다** envoyer [transmettre] une nouvelle affligeante.

비복 婢僕 명 【역사】 servante *f* et serviteur *m*, domestiques *mpl*, employés *mpl* de maison, gens *mpl* de la maison.

비본래적 非本來的 명관 non fondamental(*e*), non essentiel(*le*), non primordi*al*(*ale*, *aux*), secondaire.

비본질적 非本質的 명관 non essentiel(*le*). ¶ 그것은 오히려 ~인 문제이다 Je crois au contraire que ce n'est pas un problème fondamental.

비분강개하다 悲憤慷慨– 자 s'émouvoir fortement, être très ému(*e*), être très en colère, être furieu*x*(*se*). ¶ 그 소식을 듣고 비분강개하다 être bouleversé(*e*) par cette nouvelle.

ㅂ

비비 狒狒 명 【동물】 babouin *m*, *Papio cynocephalus m* {*nsc*}.

비비꼬다 타 ① ((줄 따위를)) tordre à plusieurs reprises, tortiller, torsader, enrouler, entortiller, boudiner, distordre. ¶ 철사를 비비꼬아 올가미를 만들다 confectionner un collet [lacs, lacet] en tortillant des fils de fer [avec du fil de fer]. ② ((몸을)) se tortiller. ¶ 몸을 ~ se tortiller. ③ ((말을)) faire trop d'allusions; faire des circonlocutions; parler par [en usant de] circonlocutions; prendre des détours pour dire *qc*; user de périphrases; tourner autour du pot {*fam*}. ¶ 말을 비비꼬아서 하다 faire des circonlocutions; parler par [en usant de] circonlocutions; prendre des détours pour dire *qc*; user de périphrases; tourner autour du pot {*fam*}; faire trop d'allusions.

비비꼬이다 자 ① être tordu(*e*), tortillé(*e*). ¶ 밧줄이 비비꼬여서 풀어지지 않는다 Toute entortillée, la corde ne se défait pas. ② ((몸이)) se tortiller. ③ ((일이)) se tortiller. se compliquer, s'aggraver. ¶ 일이 비비꼬이기만 한다 L'affaire ne fait que se compliquer[s'aggraver]. ④ ((마음이)) avoir l'esprit tordu. ¶ 그 남자는 사람이 비비꼬여 있다 Il a l'esprit tordu.

비비다 타 ① frotter, frictionner, se frotter ((les mains)). ¶ 그 여자는 손이 시려운지 계속해서 두 손을 비볐다 Elle n'arrêtait pas de se frotter les deux mains, comme si elles étaient glacées. ¶ 아침에 일어나 눈을 ~ se frotter les yeux en se levant le matin; se frotter les yeux au réveil. ¶ 그들은 서로 볼을 비비며 인사했다 Ils se sont salués en se frottant les joues. ② 문지르다 écraser. ¶ 담배를 재떨이에 비벼 끄다 écraser *sa* cigarette dans un cendrier. ③ 버무리다 mélanger. ¶ 밥을 비벼 먹다 manger un mélange de riz, de viande et de légumes.
***손을** ~ flatter *qn*, passer de la pommade à *qn*, faire du plat [des courbettes] à *qn*, cirer les bottes [les pompes] de *qn* {*fam*}, faire de la lèche à *qn* {*fam*}, lécher les bottes {*fam*} [le cul {*vulg*}] à *qn*, s'aplatir comme une carpette ((devant *ses* supérieurs)). ¶ 상사한테 손을 ~ flatter ses supérieurs.
***소도 언덕이 있어야 비빈다** On ne peut pas faire de projet en partant de rien [sans l'appui d'une personne, sans avoir de capital, sans avoir de base humaine ou matérielle, sans appui humain ou matériel] / On ne peut pas partir de rien pour arriver à quelque chose.

비비대다 타 ① se frotter (à plusieurs reprises). ¶ 하도 비비대서 벽이 시커멓게 변했다 On s'est tellement frotté au mur qu'il est devenu tout noir. ② se calfeutrer ((chez *soi* pour ne voir personne)), s'enfermer, s'emmurer, se cloîtrer, se confiner ((chez *soi*)), rester claustré(*e*) chez *soi*. ¶ 온종일 의자만 ~ rester lové(e) dans *son* fauteuil toute la journée. ¶ 집에서 그렇게 비비대고 있지 말고 어디 좀 나갔다 오너라 Au lieu de rester cloîtré(*e*) [enfermé(*e*)] chez toi, fais donc un tour dehors [va donc un peu prendre l'air].

비비적거리다 자타 ① demeurer [rester, séjourner] sans objet précis, flâner, perdre *son* temps à des riens, muser, musarder, s'attarder, traîner, traînasser {*fam*}, traînailler {*fam*}, lanterner {*fam*}, lambiner {*fam*}, glander {*fam*}, glandouiller {*fam*}. ¶ 여기서 비비적거리지 말고 빨리 집에 가라 Au lieu de rester ici à ne rien faire [à traînasser {*fam*}, à traînailler {*fam*}], rentre vite chez toi / Ne t'attarde pas ici, rentre vite chez toi. ② 여러 번 비비다 se frotter (à plusieurs reprises); se frotter ((les mains)). ¶ 두 손을 ~ se frotter les mains. ③ 흔들다, 움직이다 agiter, secouer. ¶ 몸을 ~ se secouer.

비빈 妃嬪 명 la reine *f* et les concubines *fpl* du roi.

비빔국수 명 *bibim guksu fpl* <longues nouilles fines à la sauce de piments rouges et de légumes>.

비빔냉면 –冷麵 명 *bibim naengmyeon fpl* <longues nouilles fines froides à la sauce de piments rouges et de légumes avec de la viande ou de la torpille crue>.

비빔밥 명 *bibimbap m* <riz cuit mélangé avec de la viande et des légumes, servi avec de la purée de piments>. ¶ ~을 비벼먹다 manger un *bibimbap* en mélangeant bien le riz aux légumes.
◆**산채_ 山菜** 명 *bibimbap m* végétarien, *bibimbap m* aux herbes de montagne.
◆**돌솥_** 명 *bibimbap m* cuit dans un récipient de terre ou de pierre.

비사 秘史 명 histoire *f* secrète; chronique *f* scandaleuse. ¶ 궁중의 ~를 들려주다 raconter les chroniques cachées de la cour. ¶ 역사의 ~를 밝히다 révéler les chroniques cachées de l'histoire.

비사교적 非社交的 명관 insociable; sauvage. ¶ ~으로 나오다 se montrer insociable. ◇_**이다** ne pas être sociable. ¶ 그 사람은 ~인 편[성격]이다 Il est peu sociable [d'un caractère insociable, plutôt sauvage].

비사회적 非社會的 명관 asocial(*e*). ◇_**이다** être asocial(e). ¶ ~인 행위[행동] une attitude [une conduite] asociale.

비산 飛散 명 ◇_(**을**) **하다** s'éparpiller, se disperser. ¶ 폭포의 물보라가 ~하는 광경 le spectacle de l'écume qui se disperse au bas de la cascade.

비상[1] 非常 명 ① urgence *f*. ¶ ~ 대책 mesures d'urgence. ② 예사롭지 않은 것 ce qui est peu ordinaire [peu commun, inhabituel]; caractère *m* extraordinaire [singulier, anormal]; caractère *m* prodigieux [hors du commun]; caractère *m* remarquable, extraordinaire, exceptionnel. ◇_(**을**) **걸다** donner l'alerte. ◇_(**이**) **걸리다** l'alerte est donnée [sonnée]. ¶ ~이 걸렸다 L'alerte est donnée.

◆_**하다** 형 être remarquable, extraordinaire; être peu commun(*e*); être exceptionnel(*le*). ¶ ~한 사람[인물] une personne [un personnage] remarquable [extraordinaire] ¶ ~한 재주[생각, 솜씨] un talent [une idée, une dextérité] hors du commun. ¶ 그 사람은 이 문제에 대해 ~한 관심을 나타냈다[보였다] Il a montré un intérêt exceptionnel sur cette question. ¶ 그 사람은 머리가 ~하다 Il est d'une intelligence hors du commun.

◆_**구** -口 명 sortie *f* de secours. ¶ ~구로 나가다 sortir par la sortie d'urgence.

◆_**경계** -警戒 명 précaution *f* d'urgence, alerte *f*.

◆_**계단** -階段 명 escalier *m* de secours.

◆_**계엄** -戒嚴 명 état *m* d'urgence.

◆_**금** -金 명 somme *f* d'argent mise de côté pour les cas d'urgence, caisse *f* spéciale pour les urgences. ¶ ~금을 가지고 다니다 avoir [prévoir] un peu d'argent (sur soi).

◆_**대기조** -待機組 명 équipe *f* d'urgence.

◆_**사태** -事態 명 état *m* d'alerte.

◆_**소집** -召集 명 convocation *f* d'urgence.

◆_**수단** -手段 명 procédé *m* d'urgence.

◆_**시** -時 명 moment *m* d'urgence; moment *m* critique. ¶ ~시에는 이 문을 이용하십시오 Utilisez cette porte en cas d'urgence. ¶ ~시에 대비하다 parer aux cas d'urgence.

◆_**시국** -時局 명 situation *f* en état d'alerte [d'urgence] d'un pays.

◆_**식량** -食糧 명 réserves *fpl* alimentaires d'urgence.

◆_**용** -用 명 ((en)) cas *m* d'urgence; ((pour)) les cas *mpl* d'urgence.

◆_**전화** -電話 명 téléphone *m* d'urgence; téléphone *m* rouge.

◆_**착륙** -着陸 명 atterrissage *m* d'urgence.

◆_**훈련** -訓練, -訓鍊 명 entraînement *m* pour les cas d'urgence.

비상[2] 飛翔 명 vol *m* (d'un oiseau). ¶ 매의 ~ le vol du faucon. ◇_(**을**) **하다** voler, planer; tournoyer dans les airs. ¶ 독수리가 ~하는 모습은 참 멋지다 Le vol de l'aigle est vraiment majestueux.

비상근 非常勤 명 engagement *m* temporaire [à temps partiel]. ¶ ~ 요원[직원] un(*e*) agent(*e*) [un(*e*) employé(*e*)] à temps partiel [temporaire].

비상식적 非常識的 명관 irrationnel(*le*); dénué(*e*) de sens commun. ¶ ~ 행동 un comportement irraisonné. ¶ ~인 처사 la mesure irrationnelle.

비상임 非常任 명 membre *m* non permanent.

◆_**이사국** -理事國 명 【정치】 pays *m* membres non permanents du Conseil de sécurité (de l'O.N.U.).

비상장주 非上場株 명 【경제】 action *f* qui n'est pas cotée en Bourse.

비색 翡色 명 vert pâle, couleur *f* du céladon.

비생산 非生産 어근 improductif(*ve*); stérile. ¶ ~ 계급 une couche sociale improductive.

◆_**적** -的 명관 improductif(*ve*); stérile. ¶ ~적인 논쟁은 그만 둡시다 N'entretenons pas de polémique stérile.

비서[1] 秘書 명 ① secrétaire *mf* ((d'un ministre, d'un député, d'un entrepreneur)); secrétaire *mf* particuli*er*(*ère*). ¶ ~를 두다[고용하다] avoir à *sa* disposition [employer] un secrétaire (particulier). ¶ ~가 스케줄을 챙긴다 Le secrétaire (particulier) s'occupe de l'emploi du temps [du carnet de rendez-vous]. ② 【정치】 ((사회주의국가의)) ¶ 공산당 제1비서 premier secrétaire du parti communiste.

◆_**관** -官 명 secrétaire *mf* (d'une institution publique).

◆_**실** -室 명 secrétariat *m*, bureau *m* du secrétariat.

◆_**실장** -室長 명 chef *m* d'un secrétariat *m*.

◆**여**_ 女- 명 secrétaire *f*.

비서[2] 秘書 명 livre *m* [écrit *m*, document *m*] secret, écrit *m* [document *m*] confidentiel.

비석 碑石 명 stèle *f*. ¶ ~을 세우다 ériger une stèle.

비소 砒素 명 arsenic *m*. ¶ ~ 중독 un empoisonnement à l'arsenic. ¶ ~ 쥐약 de la mort-aux-rats à base d'arsenic.

◆_**제** -劑 명 préparation *f* pharmaceutique à base d'arsenic.

비소설 非小說 명 écrit *m* non romanesque. ¶ ~ 부문 베스트셀러 un best-seller de la catégorie non romanesque.

◆_**류** -類 명 genre *m* non romanesque.

비속 卑俗 명 vulgarité *f*, trivialité *f*.

◆_**하다** 형 être vulgaire ou famili*er*(*ère*), trivial(*e*), grossi*er*(*ère*), populaci*er*(*ère*), cru(*e*). ¶ ~한 표현을 쓰다 employer une expression vulgaire.

◆_**어** -語 명 【언어】 langage *m* [terme *m*] vulgaire.

비수 匕首 명 poignard *m*, dague *f*. ¶ ~로 찌르다 frapper *qn* au moyen d'un poignard, poignarder *qn*, larder *qn* de coups de couteau {*fam*}.

*~를 품다 nourrir au fond du coeur le poison de la vengeance, aiguiser au fond de *soi* la lame de la vengeance. ¶ 그 사람은 가슴 속에 ~를 품고 있었다 Il nourrissait au fond du coeur le poison de la vengeance / Il aiguisait au fond de lui la lame de la vengeance.

비수기 非需期 명 basse saison *f*, hors-saison *f*. ¶ 관광 ~ la basse saison touristique.

비스듬하다 형 être incliné(*e*), oblique, penché(*e*). ¶ 비스듬하게 누워 있다 être couché(*e*) de biais. ◆**비스듬히** 부 de manière inclinée [oblique], obliquement, en diagonale, en biais, de biais, de travers, de côté, de guingois {*fam*}.

비스킷 영{biscuit} 명 biscuit *m*. ¶ 바삭바삭한 ~ un biscuit croustillant. ¶ ~을 굽다 faire cuire des biscuits.

*코끼리 ~ des miettes; une goutte dans l'océan [presque rien]. ¶ 그에게는 과자 한 봉지도 코끼리 ~이다 Un paquet de biscuit, ce ne sont que des petites miettes pour lui.

비슷이 부 ① obliquement, en biais. ¶ 가지를 ~ 자르다 couper les branches en biais. ② 유사하게 presque, semblablement, à peu près, à deux doigts de *qc*. ¶ 답을 ~ 맞히다 trouver une réponse approximative.

비슷하다 형 ① ressembler à *qn*/*qc*; se ressembler; être semblable [pareil(*le*)] à *qn*/*qc*. ¶ 그것과 비슷한 것이라면 무엇이든지 좋다 Tout est bon si c'est semblable à celui-ci / Si c'est pareil à ça, tout peut aller. ¶ 서로 비슷한 사람들끼리 만나게 마련이다 Qui se ressemble s'assemble / On rencontre des gens ayant les mêmes affinités. ¶ 그 두 사람은 나이[성격, 취미]가 ~ Ces deux personnes sont du même âge [ont le même caractère, ont les mêmes goûts]. ¶ 내 얘기나 네 얘기나 내용은 둘 다 ~ Je crois que nous parlons tous les deux de la même chose. ¶ 그 사람의 발언 내용도 네가 주장한 것과 ~ Le contenu de son intervention est proche de ce que tu revendiquais [avançais]. ¶ 어제 길에서 삼촌과 비슷하게 생긴 사람을 보았다 Hier, j'ai vu le sosie de mon oncle dans la rue / Hier, j'ai aperçu un homme qui ressemblait comme une goutte d'eau à mon oncle / Hier, j'ai vu un homme qui était le portrait craché {*fam*} de mon oncle. ② (그러한 것으로) 추측되다 ressembler à *qc*, avoir (tout) l'air de *qc*; on dirait+*qc*/*qn*. ¶ 농담 ~한 비난 des critiques qui ressemblent à [qui ont tout l'air d']une plaisanterie. ¶ 멀리 불빛 ~한 것이 보인다 De loin, on aperçoit quelque chose qui ressemble à une lumière / De loin, on dirait une lumière. ¶ 저기 네 아버지랑 ~한 사람이 온다 Là-bas, quelqu'un vient qui ressemble à ton père. ◆**비슷_** 형 être semblable, similaire, analogue; être comparable. ¶ 그 사람들은 성격이 비슷~ Ils ont des caractères semblables. ¶ 모두 다 비슷비슷하게 생겼다 Ils se ressemblent tous.

비신사적 非紳士的 명관 discourtois(*e*); indélicat(*e*). ¶ ~으로 나오다 se montrer discourtois(*e*). ◇**_이다** être discourtois(e), manquer de courtoisie. ¶ ~인 행동 une conduite discourtoise [indélicate].

비실거리다 자 ① chanceler, vaciller sans force, tituber. ¶ 사흘 굶은 사람처럼 ~ tituber comme quelqu'un qui n'aurait pas mangé depuis trois jours. ② se comporter avec servilité, se montrer rampant, témoigner de bassesse (dans son comportement). ¶ 어른 앞에서 죄지은 사람처럼 ~ ramper devant *ses* aînés comme quelqu'un qui aurait un crime à se reprocher.

비실대다 자 ☞ 비실거리다

비실비실 부 ① ((mimétisme)) en titubant, en chancelant. ¶ 술에 취해 ~ 걷다 tituber ivre d'alcool. ② avec servilité, avec bassesse, en rampant. ¶ 겁을 먹고 ~ 물러서다 se retirer[reculer] en rampant, pris(e) de peur.

◆**_하다** 자 ① chanceler, vaciller sans force, tituber. ¶ 잠을 못 자서 ~하다 tituber par manque de sommeil. ② comporter avec servilité, se montrer rampant, témoigner de bassesse (dans son comportement), ramper devant *qn*.

비실용적 非實用的 명관 incommode; pas pratique. ¶ ~인 주방 구조 une cuisine d'un agencement incommode. ¶ 이런 식으로 만들면 ~이다 Fabriqué de cette manière, ce n'est pas pratique.

비실제적 非實際的 명관 qui manque de sens pratique; impraticable, irréalisable, inapplicable. ¶ ~인 문제 une question qui manque de sens pratique.

비싸다 형 être ch*er*(*ère*); coûter cher; être coûteu*x*(*se*), onéreu*x*(*se*), hors de prix, coûter les yeux de la tête {*fam*}. ¶ 비싼 차[옷, 음식] une automobile [un vêtement, un plat] qui coûte cher. ¶ 이 책은 너무 ~ Ce livre coûte trop [très] cher. ¶ 서울은 물가가 ~ Les prix sont élevés[chers] à Séoul. ¶ 비싸게 사다[팔다] acheter [vendre] cher. ¶ 비싸야[비싸 봤자] 10,000원이다 Cela coûtera 10 000 wons tout au plus [au maximum].

*비싸게 굴다 prendre des grands airs, faire l'important(*e*), se faire désirer [attendre].

비아냥거리다 자타 ironiser, ridiculiser *qn*, railler *qn*, rire au nez de *qn* {*fam*}, tourner *qn* en dérision, se moquer d'une façon agaçante de *qn*. ¶ 그렇게 비아냥거리는 투로 말하지 마 Ne me parle pas sur ce ton railleur. ¶ 그 사람은 나에게 내가 미국사람 같다고 비아냥거렸다 Il s'est moqué de moi en disant que je ressemblais à un(*e*) Américain(*e*). ¶ 그 녀석은 계속 우리를 비아냥거렸다 Ce type nous tournait continuellement en dérision.

비애 悲哀 명 chagrin *m*, tristesse *f*; douleur *f*, mal *m*, peine *f*, souffrance *f*; affliction *f* {*litt*}. ◇**_를 느끼다** éprouver du chagrin [de l'affliction, de la tristesse, de la peine], s'affliger. ¶ 인생의 ~를 맛보다 goûter aux affres de l'existence; goûter aux douleurs de l'existence. ◇**_에 젖다** être noyé(*e*) de chagrin.

◆_감 -感 명 sentiment *m* de tristesse, chagrin *m*.

비약 飛躍 명 ① 도약 saut *m*, bond *m*; envolée *f*, envol *m*; décollage *m*. ② ((논리의)) 건너뜀 envolée *f*, envol *m*, saut *m*, bond *m*, discontinuité *f*. ¶ 논리의 ~ une discontinuité dans le raisonnement. ¶ 그 여자의 말은 ~이 심하다 Elle saute [passe] toujours du coq à l'âne. ◇_(을) **하다[시키다]** ① faire un bond, s'envoler. ¶ 한국 경제가 단기간에 ~했다 L'économie coréenne a fait un bond dans un laps de temps très court. ② sauter (du coq à l'âne). ¶ 논리를 ~하다 rompre (le fil de) la logique.

◆_적 -的 명관 de grand essor, de grande envolée, fulgurant(*e*), prodigieu*x*(*se*). ¶ ~적인 경제 성장 une croissance économique fulgurante [prodigieuse]. ¶ 몇 년 사이에 기술이 ~적으로 발전하였다 En l'espace de quelques années, la technologie a pris un essor fulgurant.

비어 卑語 명 ① gros mot *m*, parole *f* vulgaire, langage *m* vulgaire. ¶ ~를 사용하다 utiliser un langage vulgaire. ② parole *f* méprisante; insulte *f*, injure *f*. ¶ 군바리는 군인의 ~이다 'Troufion' est une manière méprisante d'appeler les soldats.

비어지다 자 ① sortir, échapper, dépasser ((du pantalon)), faire saillir. ¶ 네 와이셔츠가 비어져 나왔다 Ta chemise est sortie de ton pantalon / Ta chemise dépasse de ton pantalon / On voit le pan de ta chemise. ¶ 참고 있던 웃음이 비어져 나왔다 Je n'ai pu me retenir plus longtemps de rire.

비엔날레 이 명 【미술】 biennale *f*.

비열하다 卑劣- 형 être bas(*se*); être vil(*e*); être méprisable; être ignoble. ¶ 비열한 놈! infâme canaille! / espèce de sale individu! / ignoble fripouille! / vil bâtard! ¶ 비열한 수단을 이용하다 faire usage de méthodes ignominieuses. ¶ 비열한 짓 un acte ignoble. ¶ 그 사람이 그렇게 비열하게 나올 줄은 몰랐다 Je ne pensais pas qu'il se montrerait si méprisable [ignoble].

비옥하다 肥沃- 형 ((terre)) être fertile, fécond(*e*), généreu*x*(*se*), gras(*se*), riche. ¶ 비옥한 토지 une terre fertile. ¶ 여기는 땅이 ~ Ici, la terre est fertile [riche]. ¶ 오랜 노력으로 비옥하게 가꾸어온 옥토 une terre rendue féconde par de longs efforts de fertilisation.

비올라 라 명 【음악】 alto *m*; viole *f*.

비용 費用 명 frais *mpl*, dépense *f*. ¶ 여행 ~을 마련하다 préparer les frais de voyage. ¶ 그 사업은 ~이 많이 든다 Cette affaire demande beaucoup de frais.

비우다 타 ① vider ((un sac, l'eau d'un réservoir)), désemplir. ¶ 술잔을 ~ vider un verre d'alcool; vider un verre ((d'un trait)). ¶ 순식간에 밥그릇을 깨끗이 비우다 vider *son* bol de riz, en un clin d'oeil. ② 떠나다 vider [quitter] les lieux, évacuer (les lieux); s'absenter. ¶ 그 여자는 자주 집을 비운다 Elle s'absente souvent de chez elle. ¶ 계약 기간이 끝났으니 집을 비워 주어야 한다 Comme le bail a pris fin, nous devons quitter la maison [le domicile, l'appartement]. ¶ 사장님께서는 자리를 비우셨습니다 Monsieur le président n'est pas là pour le moment [s'est absenté].

*마음을 ~ renoncer à toute ambition. ¶ 마음을 비우면 오히려 네가 원하는 것을 얻을 거야 Tu obtiendras au contraire ce que tu voudras si tu renonces à toute ambition.

비웃다 자타 se moquer de *qn*, ricaner, railler *qn*, témoigner du dédain envers *qn*, tourner *qn* en dérision, mépriser *qn*. ¶ 남의 실수를 ~ se moquer de la bévue [de la chute, de l'erreur, du fiasco, de l'échec, du faux pas] des autres.

비웃음 명 raillerie *f*, moquerie *f*, persiflage *m*; dérision *m*; dédain *m*, mépris *m*. ◇_**을 던지다** railler, persifler; dédaigner, mépriser. ◇_**을 받다** être méprisé(*e*), s'attirer le mépris ((d'autrui)); se faire railler [persifler]. ¶ 남들의 ~을 받을 행동을 하다 avoir un comportement propre à s'attirer le mépris des autres. ◇_**을 사다** s'attirer mépris de *qn*; devenir un objet de risée. ¶ 세상의 ~을 사다 devenir l'objet des railleries du monde; s'attirer le mépris du monde.

◆_거리 명 objet *m* des railleries [de risée]. ¶ 남들의 ~거리가 되다 devenir un objet de risée.

비원 悲願 명 voeu(*x*) *m* [souhait *m*] le plus cher. ¶ 통일은 많은 실향민들의 ~이다 La Réunification est le voeu le plus cher de beaucoup d'expatriés.

비원순모음 非圓脣母音 명 【언어】 voyelles *fpl* non arrondies. ☞ 평순모음

비위¹ 非違 명 illégalité *f*, infraction *f* à la loi. ¶ ~를 저지른 공무원 un fonctionnaire qui a enfreint la loi.

비위² 脾胃 명 ① 식성 rate *f* et estomac *m*. ¶ 그는 ~가 좋아서 못 먹는 음식이 없다 Avec son estomac, il peut tout manger. ¶ 그는 ~가 약해서 못 먹는 음식이 많다 Étant sujet(*te*) aux nausées [Étant très facilement nauséeu*x*(*se*), Ayant des nausées faciles, Ayant facilement des nausées], il y a beaucoup de choses qu'il ne peut pas manger. ② 성미 humeur *f*, goût *m*. ◇_(를) **건드리다[거스르다, 긁다]** heurter *qn*, offenser *qn*; mettre *qn* de mauvaise humeur; taper sur les nerfs de *qn* {*fam*}. ¶ 누구의 ~를 건드리다 taper sur les nerfs de *qn* {*fam*}. ◇_**를 돋우다** irriter, mettre *qn* de mauvaise humeur; taper sur les nerfs de *qn* {*fam*} ¶ 쓸데없는 짓을 해서 누구의 ~를 돋우다 irriter *qn* par des gestes inutiles. ◇_**를 맞추다** se plier [s'accorder] à l'humeur de *qn*. ◇_(가) **상하다[뒤집히다]** ① retourner l'estomac, donner des haut-le-coeur, soulever le coeur. ¶ 나는 생선 썩는 냄새에 ~가 상했다 L'odeur du poisson pourri me soulève l'estomac. ② 마음에 거슬리다 être déplaisant(*e*), offensant(*e*). ¶ 제발 ~ 상하게 좀 하지 마라 Je t'en prie, ne fais rien de déplaisant! ◇_(가) **좋다** ① avoir un[l'] estomac solide. ② avoir le coeur bien accroché; avoir du ventre. ◇_**에 맞다**

ㅂ

être à *son* goût. ¶ 그는 자기 ~에 맞지 않으면 아무것도 하지 않는다 Il ne fait rien si ce n'est pas à son goût.

비위생적 非衛生的 명 insalubre, non hygiénique.. ¶ ~인 환경[생활] un environnement insalubre [une vie manquant d'hygiène]. ¶ 그 식당은 ~이다 Ce restaurant manque d'hygiène.

비유 比喩 명 comparaison *f*. ¶ ~를 쓰다[들다] faire une comparaison. ◇_**(를) 하다** comparer, faire la comparaison, établir une comparaison entre deux choses. ¶ 누구를 개에 ~하다 comparer *qn* à un chien. ◇_**(가) 되다** être comparé(*e*). ¶ 흔히 인생은 길에 ~된다 La vie est souvent comparée à une longue route.

◆**_적** -的 명관 ((sens)) figuré(*e*). ¶ ~적인 의미로 au sens figuré. ¶ ~적으로 말하다 parler au sens figuré.

◆**_법** -法 명 comparaison *f*, métaphore *f*, figure *f*.

비육우 肥肉牛 명 bœuf *m* d'embouche.

비윤리적 非倫理的 명관 immor*al*(*ale*, *aux*), amor*al*(*ale*, *aux*), dépravé(*e*). ¶ ~ 범죄 un crime immoral. ¶ ~ 행위 un acte immoral.

ㅂ

비율 比率 명 rapport *m*, proportion *f*, pourcentage *m*.. ¶ 노년 인구의 ~ la proportion de la population âgée. ¶ 남자 50 %, 여자 50 %의 ~로 팀을 짜다 établir les équipes avec 50 % de filles et 50 % de garçons. ¶ ~이 낮다[높다] Le rapport est bas / le rapport est faible [le rapport est haut / le rapport est élevé].

비음 鼻音 명 【언어】 nasale *f*.

◆**_성** -性 명 nasalité *f*.

◆**_화** -化 명 【언어】 nasalisation *f*. ¶ ~화가 되다 *se* nasaliser.

비음운화 非音韻化 명 【언어】 déphonologisation *f*.

비읍 명 *bieup m* <appellation de la sixième lettre consonantique de l'alphabet coréen>.

비이성적 非理性的 명 irrationnel(*le*), déraisonnable. ¶ ~ 행동 un comportement irrationnel. ¶ 상황에 ~으로 대처하다 affronter la situation de manière irrationnelle.

비인간적 非人間的 명 inhumain(e). ¶ ~인 폭력 une violence inhumaine.

비인격적 非人格的 명관 inhumain(*e*), indigne, avilissant(*e*). ¶ ~인 대우 un traitement inhumain [humiliant]. ¶ ~으로 대하다 traiter de manière inhumaine.

비인칭대명사 非人稱 代名詞 명 【언어】 pronom *m* impersonnel.

비일비재 非一非再 명 ((à)) plusieurs [maintes] reprises *fpl*; monnaie *f* courante {*fam*}; grande quantité *f*, grand nombre *m*. ¶ 나는 지금껏 이런 일을 ~로 겪었다 Jusqu'à présent j'en ai fait maintes fois l'expérience / J'en ai fait l'expérience à maintes reprises..

◆**_하다** 형 être fréquent(*e*), être monnaie courante{*fam*}; être nombreu*x*(*se*). ¶ ~한 일 une chose fréquente. ¶ 그런 작은 사고는 ~하다 Les petits accidents de ce genre sont fréquents.

비자 라 명 visa *m*. ¶ 미국 ~를 발급받다 recevoir *son* visa pour les États-Unis. ¶ 취업[유학, 장기, 단기]~ un visa de travail [d'étudiant; de long séjour, de longue durée; de court séjour, de courte durée].

비자금 秘資金 명 【경제】 fonds *m* d'argent secrets, occultes, non déclarés. ¶~을 조성하다 réunir un fonds d'argent secrets.

비자나무 명 *Torreya* {*nsc*}.

비자동적 교체 非自動的 交替 명 【언어】 alternance *f* arbitraire (예: 주라 / 주어라).

비자음 鼻子音 명 【언어】 consonne *f* nasale.

비장 悲壯 어근 héroïque; pathétique; triste et entraînant.

◆**_하다** 형 être héroïque; ((discours)) être pathétique; ((poème ou chant)) être triste et entraînant, aux accents graves et prenants. ¶ ~한 죽음 une mort héroïque. ¶ ~한 각오로 전투에 임하다 s'engager dans la lutte avec résolution héroïque. ¶ 그 사람의 결의는 그 어느 때보다도 ~했다 Sa décision fut plus héroïque que jamais. ¶ 그 날 아버지의 표정은 너무나 ~해 보였다 Ce jour-là, le visage de mon père m'a paru extrêmement poignant.

◆**_미** -美 명 ton *m* pathétique, esthétique *f* pathétique. ¶ ~미가 감돈다 Il règne une atmosphère pathétique. ¶ 이 작품에는 ~미가 흐른다 Le ton de cette oeuvre est pathétique.

비장 秘藏 명 conservation *f* en secret. ¶ 숨겨온 ~의 무기를 보여주다 montrer l'arme que l'on a conservée en secret.

비전 영{vision}·명 vision *f*, perspective *f*. ¶ ~을 제시하다 présenter *sa* vision. ◇_**이 없다** ne pas avoir de vision. ¶ ~이 불투명하다 La vision n'est pas claire.

비전문가 非專門家 명 non-spécialiste.

비전해질 非電解質 명 【화학】 liquide *m* non électrolytique.

비전향 非轉向 어근 non converti(*e*); partisan(*e*) d'une idéologie. ¶ ~ 장기수 prisonnier politique de longue date, partisan communiste *m* non converti à l'idéologie capitaliste ((notamment les prisonniers politiques sympathisants du Nord retenus en Corée du Sud)).

비정 非情 명 inhumanité *f*, insensibilité *f*.

◆**_하다** 형 être inhumain(*e*), insensible, impitoyable; manquer de coeur. ¶ ~한 사회 현실 l'impitoyable réalité sociale.

비정규 非正規 명 irréguli*er*(*ère*).

◆**_군** -軍 명 armée *f* irrégulière, armée *f* de l'ombre, milice *f* patriotique.

◆**_병** -兵 명 membre *m* d'une armée irrégulière, guérillero *m*; résistant(*e*).

◆**_전** -戰 명 guerre non-conventionnelle *f*;

◆**_직** -職 명 emplois *m* en CDD (Contrat à durée

déterminée).

비정기적 非定期的 명관 irréguli*er*(*ère*), sporadique. ¶ ~인 회합 une réunion [un rassemblement] irréguli*er*(*ère*). ¶ ~으로 모임을 갖다 se réunir de manière irrégulière [irrégulièrement].

비정상 非定常 명 anomalité *f.* ¶ 그는 다리가 ~이어서 잘 걷지 못한다 Comme ses jambes ne sont pas normales, il a du mal à marcher.

◆**_적 -的** 명 anorm*al*(*ale, aux*). ¶ ~적인 방법으로 돈을 벌다 gagner de l'argent d'une façon anormale.

비정하다 非情– 형 être inhumain(*e*), cruel(*le*), impitoyable, insensible, dur(*e*), endurci(*e*), impassible, indifférent(*e*), froid(*e*), glaci*al*(*ale, aux*), implacable, inexorable, sans pitié; avoir un coeur dur [de pierre, de marbre], avoir une pierre à la place du coeur, ne pas avoir de coeur, être sans coeur, manquer [ne pas avoir] de coeur. ¶ 비정한 사람 un sans-coeur, une personne avec un coeur de pierre. ¶ 비정한 태도 une attitude inhumaine [froide, glaciale]. ¶ 그는 나의 부탁을 비정하게 거절했다 Il a refusé ma demande sans pitié.

비조[1] 悲調 명 ton *m* plaintif [mélancolique, triste]. ¶ ~를 띤 노랫가락 une mélodie triste.

비조[2] 鼻祖 명 créat*eur*(*trice*), fond*ateur*(*trice*). ¶ 한국 근대사학의 ~ le fondateur de l'histoire moderne de la Corée.

비좁다 형 être étroit(*e*), petit(*e*), exigu(*ë*), étriqué(*e*). ¶ 비좁은 방 une petite pièce, une pièce exiguë. ¶ 여럿이 함께 앉기에는 자리가 너무 ~ C'est trop petit pour s'asseoir à plusieurs. ¶ 작은 방에 저렇게 큰 책상을 놓아서 더 비좁게 느껴진다 Dans cette petite pièce, on se sent encore plus à l'étroit [Cette pièce a l'air encore plus petite] depuis que tu y as mis ce si grand bureau / Cette pièce n'était déjà pas bien grande, mais le fait d'y avoir mis un si grand bureau la rend encore plus petite.

비종결어미 非終結語尾 명 【언어】 suffixe *m* flexionnel non terminatif.

비주류 非主流 명 ① ((사상)) courant *m* mineur, tendance *f* minoritaire. ② ((조직)) minorité *f*, groupe *m* minoritaire.. ¶ 정당 내에서 ~에 속하다 appartenir à un groupe minoritaire au sein du parti.

비죽거리다 재타 faire la moue. ¶ 어머니의 꾸중에 입을 ~ faire la moue face aux remontrances de *sa* mère.

비죽대다 재 ☞ 비죽거리다

비준 批准 명 ratification *f.* ¶ ~을 거부하다 refuser de ratifier ((un traité)) [d'entériner ((une loi))]. ◇**_(을) 하다** ratifier, entériner. ¶ 국회가 이 협정을 ~하지 않고 있다 L'Assemblée nationale ne ratifie pas cette convention. ◇**_(을) 받다** être ratifié(*e*), entériné(*e*). ¶ 국회의 ~을 받다 être ratifié(*e*), [entériné(*e*)] par le Parlement. ◇**_(이) 되다** être ratifié(*e*), entériné(*e*). ¶ 아직 ~이 안 된 협정 un traité qui attend d'être ratifié.

◆**_서 -書** 명 traité *m*, convention *f*.

비중 比重 명 importance *f.* ¶ 우리 팀에서 그 선수는 큰 ~을 차지한다 L'importance de ce joueur est très grande dans notre équipe. ◇**_을 두다** accorder de l'importance à quelque chose. ◇**_(이) 있다** avoir de l'importance, être important(*e*). ¶ 무엇[누구]을 ~있게 다루다 traiter *qc*/*qn* avec importance.

비즈니스 영{business} 명 business *m* {*fam*}, affaires *fpl*. ¶ ~ 영어 l'anglais des affaires.

◆**_맨** 영{-man} 명 homme *m* d'affaires.

비지 명 *biji m* <résidu de soja (après la préparation du tofu)>.

비지땀 명 grosses gouttes *fpl* de sueur. ¶ ~을 흘리다 [쏟다] verser de grosses gouttes de sueur, suer à grosses gouttes.

비지칭 非指稱 명 【언어】 non démonstratif.

비집다 타 se faufiler ((dans la foule, à travers la foule, entre les files d'attente)), se glisser ((dans une file)), écarter, se frayer ((un chemin, un passage)), fendre ((la foule pour se frayer un passage)). ¶ 행렬 속을 비집고 들어가다 se glisser dans une file. ¶ 빽빽하게 둘러선 사람들을 비집고 들어서다 se frayer un passage dans la foule; fendre la foule pour se frayer un passage; se faufiler dans [à travers] la foule.

비쩍 부 extrêmement ((maigre)). ¶ ~ 마른 남자 un homme squelettique.

비쭉 부 en saillie, en avant. ¶ 못이 ~ 나와 있다 Un clou saille ((hors du mur)). ¶ 내 말에 그 아이는 입을 ~ 내밀었다 À mes paroles, l'enfant fit la moue [fit une mine de mécontentement].

◆**_ _** 부 mis(*e*) en avant, en évidence, en saillie. ¶ 옷에 실밥이 ~~ 나와 있었다 On voyait un fil pendre du vêtement.

◆**_거리다[대다, 이다, 하다]** 재타 faire la moue, bouder, faire la lippe {*vx, fam*}, faire la tête {*fam*} [la gueule {*vulg*}], faire une mine de mécontentement. ¶ 아내는 토라져서 입을 ~거렸다 Fâchée, ma femme faisait la moue.

◆**_이** 부 en saillie, en avant. ¶ 양말 밖으로 발가락 하나가 ~이 나와 있다 Un doigt de pied sort de la chaussette. ¶ 그 사람은 ~이 웃기부터 했다 Il a même osé arborer un sourire.

비참하다 悲慘– 형 être déchirant(*e*), pathétique, poignant(*e*), pitoyable, misérable, lamentable, triste, affreu*x*(*se*), horrible, tragique. ¶ 난민들의 비참한 생활 la vie misérable des réfugiés; la vie tragique des réfugiés. ¶ 사고 현장의 비참한 광경 le spectacle pitoyable du lieu de l'accident. ¶ 비참한 광경을 목격하다 être témoin d'une scène poignante. ¶ 비참한 죽음을 맞이하다 mourir d'une mort tragique [misérable]. ¶ 집과 직장을 잃었다니 너무나 비참한 일이다 C'est vraiment tragique d'avoir perdu son travail et son logement. ¶ 전우들이 비참하게 죽어갔다 Les compagnons d'armes sont morts tragiquement. ¶ 비참하게도 그 사람은 졸지에

파산하고 말았다 C'est tragique qu'il ait fait faillite si soudainement / Il est tragique que sa faillite ait été si soudaine / Sa soudaine faillite fut tragique.

비창 悲愴 명 tristesse *f*, chagrin *m*; pathos *m*. ◆**_하다** 형 être triste; être plein(*e*) de chagrin. ¶ ~한 목소리 une voix pleine de chagrin.

비책 秘策 명 ① plan *m* secret, mesures *fpl* secrètes. ② 비장의 수단 arme *f* secrète, carte *f* secrète [cachée], nouvelle arme *f*, jocker *m*, botte *f* secrète. ◇**_을 세우다[짜다, 마련하다]** élaborer un plan secret. ¶ 최후의 ~을 쓰다 sortir *sa* dernière arme [*sa* botte] secrète, jouer *sa* dernière carte, jouer *son* va-tout, faire appel au dernier recours, sortir *son* (dernier) jocker.

비척거리다 자 chanceler, tituber.

비천하다 卑賤— 형 être bas(*se*), pauvre, obscur(*e*), humble, être de basse condition. ¶ 비천한 신분 basse condition. ¶ 출생이 ~ être de basse condition [origine, extraction]. ¶ 비천하게 태어나다 naître dans une famille pauvre, naître dans une famille de basse condition.

비첩 碑帖 명 frottis *m*.

비추다 타 ① éclairer, illuminer, répandre la lumière sur *qc*. ¶ 등불로 방 안을 ~ éclairer la chambre avec une lanterne. ¶ 가로등이 (도시의) 길을 비춘다 Les réverbères [Les lampadaires] illuminent les rues de la ville. ¶ 램프가 방을 비춘다 La lampe éclaire la chambre. ¶ 달이 바다 위를 비춘다 La lune brille sur la mer. ¶ 갑자기 번갯불이 하늘을 비췄다 Soudain, un éclair illumina le ciel. ② ((거울에)) se regarder ((dans un miroir)); ((물속에)) se refléter ((dans l'eau)). ¶ 자신의 모습을 거울에 비추어 보다 se regarder dans un miroir. ¶ 산이 물속에 그림자를 비추고 있다 La montagne se reflète dans l'eau. ¶ 편지를 촛불 빛에 비추어 보다 lire une lettre à la lueur d'une chandelle. ③ à la lumière de *qc*, comparé(*e*) à *qc*, par rapport à *qc*, selon, d'après. ¶ 사실[경험]에 비추어 보면 명백하다 A la lumière des faits [de l'expérience], il est évident que+*ind*. ¶ 법률에 비추어 처리하다 prendre des mesures en se référant à la loi.

비추이다 자 éclairer, illuminer, éclaircir. ¶ 차창 너머로 등불이 비추인다 Une lumière rentre à travers la fenêtre.

비축 備蓄 명 mise *f* en réserve. ¶ ~ 기금 fonds de réserve. ◇**_(을) 하다[시키다]** faire des réserves, mettre *qc* de côté, épargner, économiser, ménager ((*ses* forces)). ¶ 쌀을 ~하다 mettre du riz de côté, faire des réserves de riz. ¶ 힘을 ~하다 ménager [épargner, économiser] *ses* forces, ne pas abuser de *ses* forces, se ménager, garder des forces ((pour la suite, pour la fin, pour le final)). ◇**_(이) 되다** être mis(*e*) en réserve, être mis(*e*) de côté.

비취 翡翠 jade *m* vert

비취다 타 être éclairé(*e*). ☞ 비추이다

비치 備置 명 mise *f* à disposition, réserve *f*, provision *f*, préparation *f*, équipement *m*. ◇**_(를) 하다[시키다]** faire provision de *qc*; avoir *qc* en réserve. ¶ 각 방마다 가구를 ~하다 disposer de meubles dans chaque chambre. ◇**_(가) 되다** disposer de *qc*, être préparé(*e*), être mis(*e*) à disposition, être installé(*e*). ¶ 교실마다 시청각 기자재가 ~되어 있다 Dans les classes, les appareils audiovisuels sont installés.

◆**_도서** -圖書 명 livre *m* [ouvrage *m*] mis à disposition.

◆**_목록** -目錄 명 liste *f* [index *m*] des ouvrages mis à disposition.

비치다 자 ① briller. ¶ 햇빛이 찬란하게 비친다 Le soleil brille d'un éclat éblouissant. ② 드러나다 paraître, apparaître ((au travers de *qc*)); percer. ¶ 비치는 종이 un papier transparent. ¶ 살이 훤히 비치는 옷 un vêtement transparent[au travers duquel on voit (tout)]. ¶ 유리창을 통해 집안이 훤히 비친다 On peut voir l'intérieur de la maison par les fenêtres. ③ ((그림자가)) se réfléchir, se refléter ((dans l'eau, dans un miroir)), se projeter ((sur un mur)), projeter *son* ombre sur *qc*. ¶ 물에 그림자가 비친 나무 arbre qui se reflète dans l'eau. ¶ 거울[물] 속에 비친 내 모습 mon visage reflété dans le miroir [dans l'eau]. ¶ 달빛에 그림자가 비쳤다 Une ombre se dessinait au clair de lune. ④ 눈에 보이다 se refléter, apparaître, paraître, être vu(*e*). ¶ 외국인의 눈에 비친 한국의 모습 la Corée vue par les étrangers. ¶ 그 사람의 행동이 사람들의 눈에는 이상하게 비친다 Ses actes paraissent bizarres aux yeux des gens. 타 ① ((암시를)) faire allusion à *qc*, insinuer *qc*, suggérer *qc*, laisser entendre [deviner] *qc*, se laisser entrevoir. ¶ 사의를 ~ laisser entendre *son* intention de démissionner. ¶ 나는 그 일에 대한 내 생각을 슬쩍 비쳐보았다 J'ai laissé entrevoir [entendre] discrètement mes pensées à propos de cette affaire. ¶ 그 사람은 부탁을 받을 때마다 곤란해 하는 빛을 비친다 Il fait toujours mine d'être contrarié lorsqu'on lui demande un service [une faveur]. ¶ 언짢은 기색을 ~ avoir l'air mécontent(*e*) [l'air contrarié(*e*)]. ¶ 자신의 생각을 넌지시 ~ faire entendre *ses* pensées en faisant des allusions. ② se montrer, signaler la présence. ¶ 모임에 잠깐 얼굴만 ~ faire acte de présence pour quelques instants à une réunion.

비치적거리다 자 être gênant(*e*), encombrant(*e*), embarrassant(*e*).

비칠거리다 자 avec une démarche chancelante, en claudiquant, en boitant, en clopinant. ¶ 그 사람은 비칠거리며 산을 내려왔다 Il est descendu de la montagne en claudiquant.

비칠비칠 부 en chancelant, en clopinant, en claudiquant, en boitant. ¶ ~ 걷다 marcher en chancelant.

비켜나다 자 éviter, détourner, écarter. ¶ 자동차가 지나가도록 길에서 ~ s'écarter pour laisser passer une voiture.

비키니 영{bikini} 명 bikini *m*.

비키다 자 se mettre de côté, se ranger, se garer, se réfugier, (se) reculer, faire place à *qn*, céder la place à *qn*. ¶ 차를 피해서 한 쪽으로 ~ se mettre de côté [se mettre sur le côté, se ranger, se garer] pour éviter [esquiver] les voitures. ¶ 가운데 서 있지 말고 옆으로 좀 비켜라 Au lieu de rester au milieu, mets-toi un peu de côté! ¶ 비켜라! Dégagez! {*fam*} / Eloignez-vous / Faites place! / Rangez-vous! ¶ 한두 발 ~ reculer de quelques pas. 타 ① se dégager, s'écarter. ¶ 다른 사람들도 지나가게 길을 비켜라 Ôte-toi de là pour que les autres puissent passer. ② s'éloigner, laisser (seul). ¶ 우리끼리 이야기하게 잠깐 자리를 비켜 줄래? Pourrais-tu nous laisser seuls pour que nous discutions?

◆**비켜가다** 타 éviter. ¶ 진흙탕을 비켜 가다 marcher en évitant les flaques de boue.

◆**비켜놓다** 타 laisser [poser] à l'écart; déranger, changer *qc* de place, mettre *qc* de côté. ¶ 책상을 비켜놓다 déplacer une table.

◆**비켜서다** 자 se tenir debout à l'écart; se ranger, se tenir ((à l'écart,en arrière)). ¶ 몰려가는 사람들을 피해 옆으로 비켜서다 se mettre de côté [s'écarter, s'effacer, se ranger] pour éviter [esquiver] la foule [pour ne pas être bousculé(*e*) par la foule, pour éviter la bousculade].

◆**비켜 세우다** 타 (*se*) garer (de côté). ¶ 차를 비켜 세우다 garer la voiture de côté.

비타민 영{vitamin} 명 vitamine *f*. ¶ ~ 결핍 manque de vitamine. ¶ ~을 복용하다[먹다] prendre [manger] des vitamines.

◆_**제제** -製劑 명 vitamines *fpl* en comprimé[en pastille].

◆_A[B, C] 명 vitamine A [B, C].

비탄 悲嘆 명 profonde tristesse *f*. ¶ ~에 빠지다[잠기다, 젖다] plonger [sombrer] dans une profonde tristesse.

비탈 명 pente *f*, inclinaison *f*, déclivité *f*. ¶ ~을 오르다 grimper une pente. ¶ ~이 급하다[심하다] la déclivité est importante.

◆_**길** 명 chemin *m* en pente; pente *f*, côte *f*, rampe *f*.

비통 悲痛 명 *douleur f profonde*, tristesse *f* immense[infinie]. ◇_**에 빠지다[잠기다]** être en proie à une tristesse immense.

◆_**하다** 형 être très douloureux(*se*), atroce, affligeant(*e*), déchirant(*e*), pathétique, poignant(*e*). ¶ ~한 얼굴[목소리] un visage déchirant [une voix déchirante]. ¶ ~한 어조로 이야기하다 parler sur un ton pathétique. ¶ 그 소식을 듣고 모두들 ~한 심정을 감출 수 없었다 En entendant cette nouvelle, personne ne pouvait cacher sa souffrance. ¶ 그의 갑작스런 죽음이 너무나 비통~ Sa mort si soudaine est vraiment déchirante. ¶ 비통하게도 그 사람은 성공을 목전에 두고 죽었다 Il est affligeant qu'il soit mort si près du succès.

비통사적 非統辭的 명관 【언어】 asyntaxique [agrammatic*al*(*ale*, *aux*)], non syntaxique.

◆_ **복합어** -複合語 명 【언어】 composé *m* nonsyntaxique [asyntaxique] ((예: 열쇠, 꺽쇠)).

비트[1] 영{beat} 명 rythme *m*. ¶ 이 노래는 ~가 강하다 Le rythme de cette chanson est très rapide.

비트[2] 영{bit} 명 【컴퓨】 bit *m*. ¶ 8~ huit bits

비틀거리다 자 trébucher, chanceler, tituber. ¶ 비틀거리며 길을 가다 marcher dans la rue en titubant. ¶ 그는 술에 취해 비틀거리며 걸었다 Complètement ivre, il marchait en titubant. ¶ 나귀가 짐을 잔뜩 싣고 비틀거린다 Le mulet pleinement chargé avançait péniblement. ¶ 외환 위기로 국가 경제가 비틀거리고 있다 L'économie nationale chancelle à cause de la crise des devises étrangères.

비틀다 타 ① tordre *qc*. ¶ 빨래를 비틀어 짜다 tordre le linge. ¶ 누구의 팔을 ~ tordre le bras de *qn*. ¶ 그들은 범인의 팔을 비틀어 꼼짝 못하게 했다 Ils ont immobilisé le criminel en lui tordant le bras. ② ((몸을)) se tordre, se contorsionner. ¶ 다들 지루해서 몸을 비틀었다 Tous trépignaient d'ennui. ③ ((일을)) gâcher, gâter, saboter, faire échouer *qc*. ¶ 노조는 다 된 협상을 비틀어 버렸다 Les syndicats ont fait échouer les négociations.

비틀대다 자 ☞ 비틀거리다

비틀리다 자 ① être tordu(*e*), tortillé(*e*). ¶ 이 소나무는 비바람에 비틀려 있다 Ce pin est courbé par le vent et la pluie. ② ((팔이)) se tordre le bras. ¶ 그 사람은 팔이 비틀려 꼼짝할 수 없었다 Comme on lui tordait le bras, il ne pouvait faire le moindre mouvement. ③ ((일이)) se compliquer. ¶ 하는 일마다 일이 비틀린다 Toutes les choses que l'on entreprend se compliquent. ④ ((성격이)) être tordu(*e*), anormal(*e*). ¶ 비틀린 성격 un esprit tordu.

비파 琵琶 명 【음악】 *bipa m*, luth *m* coréen.

비판 批判 명 critique *f*, analyse *f*, jugement *m*, diatribe *f*, vitupération *f*. ¶ 신랄한 ~ une critique acerbe [caustique]. ◇_(을) **하다** critiquer [porter un jugement]. ¶ 남을 ~하다 critiquer *qn*. ¶ 사회 모순을 ~하다 critiquer les contradictions sociales. ¶ 누구의 주장에 설득력이 없다고 ~하다 critiquer *qn* en disant que *son* opinion [*sa* thèse] n'est pas convaincante. ◇_(을) **가하다** critiquer [porter un jugement]. ¶ 상대방에게 ~을 가하다 critiquer *son* interlocuteur. ◇_(을) **받다[(이) 되다]** être critiqué(*e*), être la cible de la critique. ¶ 현 교육 제도가 ~을 받고 있다 Le système éducatif actuel est très critiqué. ¶ ...했다고 ~을 받다 être critiqué(e) d'avoir fait ...

◆_**적** -的 명관 critique, sévère, défavorable. ¶ ~적인 태도 une attitude critique ((à l'égard de *qc*)). ¶ 그는 매사에 너무 ~적이다 Il est trop critique pour tout / Il a tendance à tout critiquer / Il critique tout.

◆_**력** -力 명 esprit *m* critique. ¶ ~력을 갖추다 avoir

un esprit critique.

비평 批評 명 critique *f.* ¶ 문학 ~ critique littéraire. ◇_(을) **하다** faire la critique. ¶ 작품에 대한 ~을 하다 faire la critique d'une oeuvre. ¶ ~할 가치도 없다 Cela ne vaut même pas une critique.

◆_**가** -家 명 critique *mf.* ¶ 미술 ~가 un(*e*) critique d'art.

비포장 非鋪裝 명 non goudronné(*e*), non couvert(*e*). ¶ ~ 도로 une route non couvert(*e*).

비품 備品 명 ameublement *m* ((d'un bureau)), équipement *m* ((d'un navire)). ¶ 사무실에 ~을 갖추다[구비하다] meubler un bureau.

비프스테이크 영{(beef)steak} 명 (beef)steak *m.*

비하 卑下 명 sous-estimation *f,* sous-évaluation *f,* mépris *m,* dénigrement *m,* médisance *f,* critique *f.* ◇_(를) **하다** dénigrer, attaquer, calomnier, discréditer, médire, dire du mal de *qn,* casser du sucre sur le dos de *qn.* ¶ 남을 ~하는 말은 삼가세요 Gardez-vous de dénigrer les autres / Evitez de critiquer les autres / Evitez de dire du mal des autres.

비하다 比- 타 comparer *qc/qn* à *qc/qn.* ¶ 이 기쁨을 무엇에 비하랴 À[Avec] quoi comparer cette joie? ¶ 무엇에 비해(서)[비하면] en comparaison à [avec] *qc,* par rapport à *qc.* ¶ 그 분은 나이에 비해 늙어보인다 Il fait physiquement plus âgé que son âge. ¶ 그 소년은 자기 또래에 비해 키가 크다 Ce garçon est grand comparé à d'autres enfants de son âge. ¶ 내가 맡은 일에 비하면 너의 일은 너무 쉽다 Ton travail est trop facile comparé au mien. ¶ 그는 사진에 비해 실물이 훨씬 낫다 Il est beaucoup mieux en vrai qu'en photo.

*비할 수[데, 바] 없다 ((beauté)) être incomparable, hors de comparaison, hors pair, hors du commun. ¶ 어머니의 사랑을 무엇에 비할 수 있을까? L'affection maternelle est tellement grande, à quoi peut-on la comparer?/ À quoi pourrait-on comparer l'amour maternelle? ¶ (무엇에다) 비할 수 없을 만큼 ((être)) d'une excellence incomparable. ¶ 비할 수 없이 아름답다 être d'une beauté hors du commun. ¶ 비할 바 없이 아름다운 일몰 풍경 un coucher de soleil d'une beauté incomparable. ¶ 비할 데 없이 영리한 소녀 jeune fille d'une intelligence rare.

비합리적 非合理的 명 irrationnel(*le*). ¶ 정책의 ~인 요소 les éléments irrationnels d'une politique. ¶ ~인 행동 un comportement irrationnel. ¶ 일을 ~으로 처리하다 régler une affaire d'une façon irrationnelle.

비행[1] 非行 명 mauvaise conduite *f,* inconduite *f,* délinquance *f.* ¶ ~ 청소년 délinquant(*e*) juvénile. ◇_**을 저지르다** se méconduire, se conduire mal.

비행[2] 飛行 명 vol *m* (aérien). ¶ 야간 ~ vol de nuit. ◇_(을) **하다** voler.

◆_**기** -機 명 avion *m.*

◆_**사** -士 명 pilote *m* (d'avion); aviateur *m.*

◆_**시간** -時間 명 temps *m* de vol. ¶ 서울-파리 간의 ~시간 temps de vol entre Séoul et Paris.

◆_**장** -場 명 aérodrome *m*; champ *m*[terrain *m*] d'aviation.

◆_정 -艇 명 hydravion *m.*

◆_**학교** -學校 명 école *f* d'aviation.

비행기 飛行機 명 avion *m.* ¶ 서울행 ~ l'avion en direction de Séoul. ¶ 7시 ~ l'avion à sept heures. ¶ 에어프랑스 AF207편 ~ Vol Air France AF207. ¶ ~ 조종사[승무원] pilote [steward(*esse*); hôtesse de l'air]. ¶ ~를 몰다[조종하다] piloter un avion. ¶ ~를 타다 prendre l'avion. ¶ ~에서 내리다 descendre d'un avion. ¶ ~가 이륙한다 L'avion décolle. ¶ ~가 추락했다 L'avion s'est écrasé. ¶ ~가 조난당했다 L'avion a eu un accident. ¶ 난기류로 ~가 많이 흔들린다 L'avion est secoué par des turbulences.

*~**를 태우다** flatter *qn*; complimenter[louer] *qn,* chanter les louanges de *qn.* ¶ 사람들은 일을 너무 잘 했다고 나를 ~ 태웠다 Les gens m'ont complimenté en disant que j'avais très bien fait mon travail. ¶ 너무 ~ 태우지 마 Ne flatte pas trop.

비현실적 非現實的 명 irréaliste. ¶ ~인 계획 un projet irréaliste.

비호[1] 庇護 명 protection *f,* patronage *m,* appui *m,* soutien *m*; tutelle *f.* ¶ 그의 뒤에는 ~ 세력이 있다 Il est soutenu par des gens puissants / Il a derrière lui des puissants appuis. ◇_(를) **하다** soutenir *qn,* appuyer *qn.* ◇_(를) **받다** être appuyé(*e*), soutenu(*e*), patronné(*e*); bénéficier du soutien de *qn.*

비호[2] 飛虎 명 tigre *m* volant. ¶ ~처럼 빠르다 rapide comme l'éclair.

비화[1] 秘話 명 épisode *m* inconnu [méconnu, secret]. ¶ 누구의 사생활에 관한 ~를 공개하다 révéler un épisode inconnu de la vie privée de *qn.*

비화[2] 悲話 명 histoire *f* triste, tragédie *f,* drame *m,* conte *m* tragique.

비화[3] 飛火 명 contrecoup *m* (inattendu), conséquences *fpl* inattendues. ◇_(를) **시키다** transformer; causer, provoquer. ¶ 사소한 일을 크게 ~시키다 transformer un petit événement insignifiant en quelque chose de grave. ◇_(가) **되다** [(를) **하다**] se transformer en, tourner à[en], avoir pour conséquence inattendue. ¶ 뇌물 사건이 큰 정치 스캔들로 ~되었다 L'affaire des pots-de-vin s'est transformée [a tourné] en un vaste scandale politique.

빈 嬪 명 princesse *f.*

◆**세자**_ 世子- 명 dauphine. ¶ 세자~으로 간택되다[뽑히다] être choisie pour être la dauphine.

빈객 賓客 명 invité(*e*), hôte *mf* (de marque). ¶ ~으로 모임에 가다 se rendre à une réunion en qualité d'invité. ¶ ~을 맞이하다 accueillir [recevoir] des invités.

빈국 貧國 명 pays *m* pauvre.

빈곤 貧困 명 ① pauvreté *f,* indigence *f,* dénuement *m,* nécessité *f,* besoin *m.* ② 결여 manque *m,* stérilité *f*, faiblesse *f*, médiocrité *f*. ¶ 사상의 ~ manque d'idées. ¶ 소재의 ~ manque de sujets. ◇_**을 벗어나다** sortir de la pauvreté. ◇_**에 빠지다** se trouver dans une (extrême) pauvreté. ◇_**에 허덕이다** vivre dans une extrême pauvreté, vivre dans la misère.

◆_**하다** 형 manquer. ¶ ~한 가정에서 태어나다 être né(*e*) dans une famille pauvre. ¶ 우리 회사는 인적 자원이 ~하다 Le personnel de notre entreprise est défaillant. ¶ 그 사람은 상상력이 ~하다 Il manque d'imagination.

◆_**계층** -階層 명 classe f défavorisée [des démunis, des pauvres], milieu *m* défavorisé

빈궁 貧窮 명 pauvreté *f*, misère *f*. ◇_**에서 헤어나다** échapper à la misère. ¶ ~에서 헤어나지 못하다 ne pas échapper à la misère.

◆_**하다** 형 être pauvre, misérable, indigent(*e*), nécessiteux(*se*), miséreux(*se*); être dans le besoin [dans la gêne, dans la nécessité]. ¶ ~한 가정 une famille pauvre. ¶ ~한 살림 une vie misérable. ¶ 당시 우리는 겨우 끼니나 이을 정도로 ~하였다 A cette époque, nous avions à peine de quoi subvenir à nos besoins.

빈농 貧農 명 agricul*teur*(*trice*) pauvre.

빈대 명 **【동물】** punaise *f*.

*~(**를**) **붙다** profiter de *qc* en s'accrochant à *qn*.

*~ **잡으려고 초가삼간 태운다** [~ **미워 집에 불놓는다**] mettre le feu à la maison pour se débarrasser d'une punaise, détruire toute la maison en voulant chasser une mouche.

빈대떡 명 *bindaetteok* ((galette de pois mungo)).

빈둥거리다 자 mener une vie oisive [de paresseux], vivre dans l'oisiveté [dans l'inaction], paresser toute la journée, mener une vie de fainéantises; traîner, traînailler {*fam*}, traînasser {*fam*}, ne rien faire, demeurer [rester, séjourner] sans objet précis, perdre *son* temps à des riens, muser, musarder, lanterner {*fam*}, lambiner {*fam*}; tirer au flanc {*fam*}, tirer au cul {*vulg*}, se tourner [rouler] les pouces {*fam*}; rester les bras croisés; ne pas en ficher une rame {*fam*}, ne pas se fatiguer [se fouler {*fam*}, se casser {*fam*}]; buller {*fam*}, coincer la bulle {*fam*}, paresser, flemmarder {*fam*}, glander {*fam*}, glandouiller {*fam*}, se la couler douce {*fam*}, peigner la girafe {*fam*}. ¶ 그 사람은 일은 안 하고 늘 빈둥거린다 Il mène une vie oisive [une vie de fainéantises] / Il paresse toute la journée. ¶ 왜 여기서 빈둥거리고 있느냐? Pourquoi restes-tu là à ne rien faire [les bras croisés]?

빈둥빈둥 부 ((mimétisme)) sans rien faire, dans le désoeuvrement, de manière oisive. ¶ 집에서 ~ 놀다 paresser (toute la journée) [glander {fam}] à la maison.

빈들거리다 자 s'ennuyer, mener une vie oisive, être désoeuvré(*e*). ¶ 집에서 하루 종일 ~ passer la journée oisivement chez *soi*.

빈들빈들 부 ((mimétisme)) de manière oisive, dans le désoeuvrement, sans rien faire. ¶ ~ 시간을 보내다 tuer le temps sans rien faire, passer *son* temps à ne rien faire, paresser, vivre dans l'oisiveté [dans l'inactivité], mener une vie oisive [de paresseux] ¶ 아무 일도 않고 ~ 놀다 rester oisi*f*(*ve*) et inacti*f*(*ve*).

빈말 명 parole *f* mensongère, parole *f* que l'on ne pense pas. ¶ ~로 하는 칭찬 un compliment hypocrite [mensonger]. ¶ ~로라도 고맙다고 했어야지 Tu aurais au moins pu leur dire merci, ne serait-ce que par politesse. ¶ 이건 절대로 ~이 아니다 Je pense vraiment ce que je dis / Je suis vraiment sincère. ◇_(**을**) **하다** dire *qc* sans le penser. ¶ 그 사람은 곧잘 ~을 한다 Le plus souvent, il ne pense pas ce qu'il dit.

빈민 貧民 명 pauvres *mpl*, indigents *mpl*; nécessiteux *mpl*. ¶ ~ 구제책 mesures pour venir en aide aux pauvres.

◆_**층** -層 명 classe *f* défavorisée, laissé(*e*) pour compte.

빈발하다 자 arriver fréquemment; être fréquent(*e*). ¶ 이 길은 자동차 사고가 빈발한다 Sur cette route, les accidents de voiture sont fréquents.

빈번하다 頻繁- 형 être fréquent(*e*). ¶ 이런 건 우리한테 빈번한 일이다 Cela nous arrive souvent [fréquemment]. ¶ 그 사람의 집안과는 왕래가 ~ On voit [rencontre] souvent sa famille. ¶ 절도사건이 빈번하게 일어난다 Les affaires de vol sont fréquentes / Les affaires de vol sont devenues monnaie courante.

◆**빈번히** 부 fréquemment, très souvent. ¶ 그런 일은 빈번히 일어난다 C'est fréquent / Cela arrive fréquemment [très souvent].

빈부 貧富 명 les riches *mpl* et les pauvres *mpl*. ¶ ~(의) 격차 la fracture entre les riches et les pauvres.

빈소 殯所 명 autel *m* dédié au défunt, chapelle *f* ardente. ¶ ~를 차리다 dresser une chapelle ardente. ¶ 고인의 ~를 찾다 예문 추가 faire une visite de condoléances à la chapelle ardente. ¶ 누구의 ~에 향을 피우고 절을 하다 brûler de l'encens et se prosterner devant l'autel dédié à *qn*.

빈속 명 ventre *m* vide. ¶ ~에 술을 마시다 boire de l'alcool à jeun.

빈손 명 ① main *f* vide. ② 아무것도 가진 것이 없는 상태 mains *fpl* vides. ¶ 남의 집에 ~으로 가다 aller chez quelqu'un les mains vides. ¶ 여행에서 ~으로 돌아오다 revenir de voyage les mains vides. ◇_**이 되다** se retrouver les mains vides. ¶ 사업이 실패하여 ~이 되다 se retrouver les mains vides après l'échec de *son* affaire. ◇_**이다** être sans rien. ¶ 나는 이제 아무것도 가진 게 없는 ~이다 Me voilà à présent sans fortune ni rien.

*~**으로 나앉다** se retrouver sans rien.

*~(**을**) **털다** être dépouillé(*e*). ¶ 도박장에서 ~ 털고 일어서다 sortir dépouillé(*e*) [ruiné(*e*)] de la salle de jeux.

빈약하다 貧弱- 형 ① être pauvre, chétif(ve), maigre, fragile, insignifiant(e), mince. ¶ 체구가 ~ avoir une constitution fragile; être chétif(ve). ¶ 저녁식사를 너무 빈약하게 차려서 죄송합니다 Excusez-moi mais, j'ai fait un repas très simple [frugal] ce soir. ② ((내용이)) être maigre, sans grande valeur. ¶ 내용이 빈약한 논문 une thèse [un article] dont le contenu est sans grande valeur.

빈익빈 貧益貧 명 appauvrissement *m* accéléré. ¶ 부익부 ~이 더욱 가속화되고 있다 L'écart entre les riches et les pauvres s'accroît de plus en plus.

빈자 貧者 명 pauvre *mf*, démuni(*e*), ruiné(*e*), indigent(*e*), dénué(*e*), dépourvu(*e*).

빈정거리다 재 ironiser, rire au nez de *qn*, parler à *qn* sur un ton railleur, se moquer d'une façon agaçante de *qn*, railler *qn*, ridiculiser *qn*, tourner *qn* en dérision, mépriser *qn*, dédaigner *qn*; râler, grogner, marmonner, ronchonner, protester (à voix basse). ¶ 빈정거리는 어투 un ton moqueur. ¶ 그는 나에게 겨우 그런 학교에 입학했느냐고 빈정거리면서 은근히 무시하였다 Il m'a méprisé en me demandant avec un air dédaigneux si c'était bien dans cette université de triste réputation que j'étais entré(*e*). ¶ 그의 말을 빈정거리지만 말고 귀 기울여 잘 들어 보아라 Arrête de dédaigner ses propos et écoute-le bien [attentivement].

빈정대다 재 ☞ 빈정거리다

빈집 명 maison *f* inhabitée; maison *f* abandonnée; maison *f* vide; maison *f* inoccupée.. ¶ 농촌에 ~이 늘어난다 Il y a de plus en plus de maisons abandonnées dans les campagnes. ¶ ~을 털다 cambrioler une maison vide.

빈천 貧賤 명 pauvreté *f*, humilité *f*, obscurité *f*. ◆_하다 형 être pauvre, démuni(*e*), ruiné(*e*), indigent(*e*), dénué(*e*), dépourvu(*e*). ¶ ~한 가문에 태어나다 être né(*e*) dans une famille pauvre et obscure [de basse classe].

빈축 嚬蹙 명 raillerie *f*, moquerie *f*. ◇_(을) **사다[받다]** être l'objet de railleries, donner matière à plaisanter, être l'objet [la cible, le point de mire] des railleries, être un objet de risée, être la risée [l'objet de risée [l'objet de dérision, le sujet de moquerie, la fable] de ((de *ses* amis, d'une collectivité, d'un groupe)), faire l'objet de railleries [d'une moquerie, de moqueries], être en butte aux moqueries ((d'une collectivité)), se ridiculiser, se rendre ridicule, être ridiculisé(*e*), être tourné(*e*) en ridicule. ¶ 남의 ~을 사다 être l'objet de railleries, être la risée ((d'un groupe, d'une collectivité, de tous, de tout le monde)).

빈터 명 terrain *m* vague.

빈털터리 명 personne *f* ruinée [sans le sou, sans un rond, démunie]. ¶ 사업에 실패해 ~가 되다 se retrouver sur la paille[sans le sou, sans un rond] après la faillite de ses affaires.

빈틈 명 ① fente *f*, interstice *m*, ouverture *f*, vide *m*. ¶ 지하철에 사람이 너무 많아 비집고 들어갈 ~이 보이지 않는다 Il y a tellement de monde dans le métro qu'on ne voit pas la moindre fente par laquelle on pourrait rentrer dedans. ② défaut *m*, imperfection *f*, défectuosité *f*, faille *f*, lacune *f*. ¶ 상대에게 ~을 보이다 montrer *ses* failles à *son* adversaire. ¶ 적의 ~을 노리다 viser les failles de l'ennemi. ◇_(이) **없다** être parfait(e), sans faille. ¶ 일처리에 ~이 없는 사람 une personne sans faille dans le règlement des affaires.

빈한하다 貧寒- 형 être pauvre, très démuni(*e*), indigent(*e*); vivre dans le dénuement; être pauvre comme Job {*fig*}. ¶ 빈한한 살림 une vie très pauvre [misérable]. ¶ 빈한한 집안에서 태어나다 naître dans une famille très pauvre.

빈혈 貧血 명 【의학】 anémie *f*. ¶ 악성~ anémie maligne. ¶ ~을 일으키다 souffrir d'anémie. ◆_증 -症 명 anémie *f*.

빌다[1] 타 ① prier pour *qc*, implorer, supplier, adjurer, conjurer *qn* de+*inf*, solliciter, souhaiter vivement *qc* pour *qn*, faire une prière. ¶ 평화의 회복을 ~ prier pour le rétablissement de la paix. ¶ [당신의] 성공을 빕니다 Je vous souhaite de réussir. ¶ 고인의 명복을 빕니다 Je prie pour le repos de son âme. ¶ 병이 낫기를 ~ souhaiter un prompt rétablissement. ¶ 그 친구가 무사히 돌아오기를 빈다 Je prie pour qu'il(elle) revienne sain(*e*) et sauf(*ve*). ¶ 비나이다 비나이다 천지신명께 비나이다! Je vous en prie, je vous en prie, je prie tous les esprits du ciel et de la terre / Je supplie de tout mon coeur le Ciel et la Terre. ② 사죄하다 présenter des excuses à *qn*, s'excuser de *qc*/*inf*; demander pardon à *qn* de *qc*/*inf*. ¶ 그 사람은 자기의 잘못을 빌었다 Il a demandé pardon pour ses erreurs. ¶ 그 아이는 부모님께 잘못을 빌었다 Il a demandé pardon à ses parents. ¶ 용서를 ~ présenter des excuses. ¶ 잘못을 용서해 달라고 손이 발이 되도록 ~ demander humblement pardon à *qn*; se confondre en excuses.

빌다[2] 타 emprunter, recourir, solliciter, se faire aider. ¶ 누구의 도움을 ~ solliciter l'aide de *qn*, recourir à *qn*, avoir recours à *qn*. ¶ 남의 힘을 빌지 말고 혼자 해라 Fais cela tout(*e*) seul(*e*) sans l'aide de personne. ¶ 술기운을 빌어 진심을 털어놓다 puiser *son* courage dans l'alcool pour dire tout ce que l'*on* a sur le cœur. ¶ 고사성어를 빌어 설명하다 expliquer *qc* en citant une maxime chinoise.

빌딩 영{building} 명 building *m*, bâtiment *m*, immeuble *m*. ¶ ~을 짓다[세우다] bâtir[construire] un immeuble.

빌라 이 명 ① villa *f*. ② immeuble *m* ou ensemble *m* d'immeubles résidentiels (dont le nombre d'étages est modéré); appartement *m* (dont le nombre d'étages est modéré).

빌려주다 타 prêter. ¶ 친구에게 책을 ~ prêter un livre à un ami. ¶ 담보를 잡고 돈을 ~ prêter de l'argent

ㅂ

sur gage. ¶ 성냥 좀 빌려 주세요 Auriez-vous des allumettes, s'il vous plaît? / Auriez-vous du feu, s'il vous plaît? ¶ 전화 좀 빌려주시겠습니까? Puis-je utiliser votre téléphone? / Pourriez-vous me prêter votre téléphone?

빌로드 **영**{veludo} 명 ☞ 벨벳

빌리다 타 ① emprunter *qc* à *qn*, faire un emprunt de *qc* à *qn*. ¶ 돈을 ~ emprunter de l'argent ((à un ami)). ¶ 담보를 잡고 ~ emprunter sur gages. ② ((방, 집을)) louer ((une maison)), prendre *qc* en location. ¶ 일 년 계약으로 집을 ~ louer une maison pour un an. ¶ 하루에 5만원씩 주기로 하고 차를 ~ louer une voiture pour 50 000 wons la journée [par jour]. ¶ 땅을 ~ prendre une terre à bail. ¶ 자전거를 한 시간에 백 원에 ~ louer une bicyclette pour 100 wons l'heure. ③ 사용하다 recourir, demander, solliciter, demander l'aide de *qn*. ¶ 다른 사람의 힘[머리]을 빌리지 않고 혼자서 일을 처리하다 régler les choses seul(*e*) sans l'aide de personne. ¶ 담뱃불 좀 빌립시다 Auriez-vous du feu s'il vous plaît?

***손을** ~ solliciter l'aide de *qn*; se faire aider par *qn*.

빌미 명 racines *fpl* d'un mal, source *f* d'un mal. ¶ ~를 제공하다 causer un mal, devenir la source d'un mal. ¶ 그 사건을 ~로 정부는 계엄령을 발표했다 À cause de cet événement, le gouvernement a déclaré la loi martiale. ◇_(를) **잡히다** faire reposer le mal sur *qn*, attribuer les causes d'un mal à *qn*. ◇_(로) **삼다** prendre un mal pour prétexte[raison].

빌붙다 자 vivre aux dépens de *qn*, flatter *qn*; flagorner *qn*; chatouiller l'amour-propre de *qn*; faire du plat à *qn* {*fam*}; lécher les bottes de *qn* {*fam*}, peloter {*fam*}. ¶ 권력가에게 빌붙어 살다 Il vit aux dépens d'un homme puissant.

빌빌거리다 자 bouger [mouvoir] sans force, traîner, traînailler, traînasser, ne rien faire, se laisser vivre, demeurer [rester, séjourner] sans objet précis, perdre *son* temps à des riens, muser, musarder, lanterner, lambiner; tirer au flanc {*fam*}, tirer au cul {*vulg*}, se tourner [rouler] les pouces {*fam*}; rester les bras croisés; ne pas en ficher une rame {*fam*}, ne pas se fatiguer [se fouler {*fam*}, se casser {*fam*}]; buller {*fam*}, coincer la bulle {*fam*}, paresser, flemmarder {*fam*}, glander {*fam*}, glandouiller {*fam*}, se la couler douce {*fam*}, peigner la girafe {*fam*}. ¶ 그는 늘 기운이 없어서 빌빌거린다 Il a toujours l'air fatigué [avachi, apathique, amorphe]. ¶ 그는 졸업 후로 빌빌거리고 있다 Après avoir terminé ses études, il traîne [se laisse vivre] sans prendre d'activité professionnelle [sans travailler].

빌빌대다 자 ☞ 빌빌거리다

빌빌하다 자 ☞ 빌빌거리다

빌어먹다 자타 mendier, vivre de mendicité, faire la manche {*fam*}, quémander. ¶ 빌어먹는 한이 있더라도 même si je dois être réduit(*e*) à la mendicité. ¶ 지금 그 사람은 빌어먹는 신세다 Il est maintenant réduit à la mendicité. ¶ 빌어먹으며 살다 vivre d'aumône.

◆**빌어먹을** 감 **【속어】** diable! / nom de nom! / zut! / merde! {*vulg*}. ¶ 빌어먹을 녀석들! Sales types! / Salopards!{*fam*}. ¶ 빌어먹을 놈의 비! Sale pluie! ¶ 이 빌어먹을 고물 자동차! Vieille carcasse! / Ce fichu [Ce maudit] tas de ferraille [tas de boue]! / Cette vieille casserole! / Ce putain de {*vulg*} [Ce sale, Ce maudit, Ce fichu, Ce satané] vieux tacot! {*fam*} / Cette satanée vieille guimbarde {*fam*}! / Cette maudite caisse [bagnole] {*fam*}!

빔 명 nouveau costume *m* de fête. ¶ 추석[설] ~ vêtements [habits] neufs pour la fête de Chuseok

빗[1] 명 peigne *f*, brosse *f* à cheveux. ¶ ~으로 머리를 곱게 빗다 se peigner avec soin.

빗-[2] 접두 de travers, oblique, biais. ¶ ~금 une ligne oblique, une (ligne) diagonale. ¶ ~살 무늬 motif en dents de peigne. ¶ ~살무늬 토기 명 poterie *f* peignée. ¶ ~나가다 manquer le but, s'écarter de *sa* route, s'écarter du sujet, dévier, se détourner de *son* chemin, quitter le droit chemin, se tromper. ¶ ~대다 insinuer *qc* [que+*ind*], faire allusion à *qc*/*qn*; faire une allusion malveillante, mentir, porter [faire un] faux témoignage, faire de faux aveux.

빗기다 타 peigner ((*son* enfant)). ¶ 딸의 머리를 ~ peigner les cheveux de *sa* fille.

빗나가다 자 ① dévier, s'écarter (de *sa* route), se détourner (de *son* chemin), quitter le droit chemin. ¶ 총알이 빗나갔다 La balle a manqué la cible. ② ((예상, 주제 따위가)) dévier, être erroné(*e*), ne pas être correct(*e*). ¶ 우리의 예상이 빗나갔다 Nos prévisions se sont avérées fausses. ¶ 이야기가 주제에서[딴 데로] 빗나갔다 La discussion a dévié (du sujet) / La conversation a dérapé. ¶ 화제가 빗나갔다 La discussion a dévié (du sujet) / La conversation a dérapé. ¶ 나는 하는 일마다 빗나갔다 Tout ce que j'ai entrepris a échoué. ③ 일탈하다 dérailler, déraisonner. ¶ 사춘기 소년들은 빗나가기 쉽다 Les adolescents en pleine puberté peuvent facilement s'écarter du droit chemin. ¶ 빗나간 행동 un acte déraisonné.

빗다 타 se peigner, se coiffer avec un peigne [((브러시로)) avec une brosse à cheveux]. ¶ 빗[브러시]으로 머리를 ~ se peigner, se coiffer avec un peigne [avec une brosse à cheveux].

◆**빗어[빗겨]주다** 자 donner un coup de peigne, peigner, brosser ((les cheveux de *qn*)). ¶ 빗[브러시]으로 누구의 머리를 빗어주다 donner un coup de peigne à *qn* [brosser les cheveux de *qn*].

빗대다 자 comparer à *qc*, faire référence [allusion] à *qc*, insinuer *qc*/que+*ind;* faire une allusion malveillante. ¶ 남을 빗대어 나를 나무라지 마라

ㅂ

Dis-moi directement ce que tu as à me reprocher au lieu de le faire en faisant référence aux autres. ¶ 빗대어 설명하다 [말하다] expliquer en faisant allusion [référence] à *qc*. ¶ 그렇게 빗대지 말고 사실대로 알려주세요 Au lieu de faire des insinuations, dites-moi tout simplement la vérité.

빗맞다 재 ① manquer *sa* cible. ¶ 총알이 빗맞았다 La balle a manqué la cible. ② ((계획이)) ne pas se réaliser; ne pas aboutir. ¶ 계획이 빗맞았다 Le projet n'a pas abouti comme on l'avait prévu.

빗물 명 ☞ 비[1]

빗발 명 trait *m* de pluie; trombe *f* (d'eau). ¶ ~이 날린다 Les traits de pluie cessent de tomber. ¶ ~이 좀 가늘어졌다 La pluie devient légèrement plus faible / Il pleut un peu moins fort. ◇_(**이**) **치다** pleuvoir à verse, pleuvoir des trombes d'eau, pleuvoir des cordes. ¶ ~이 치는 밤 une nuit de grosse averse. ¶ 그가 일을 망쳤다고 비난이 ~쳤다 Les critiques selon lesquelles il avait tout ruiné ont fusé. ¶ 포탄이 ~치는 전장 un champ de bataille pris sous une pluie d'obus.

빗발치다 재 pleuvoir; affluer (massivement comme des gouttes de pluie), pulluler, abonder; ((질문이)) fuser. ¶ 빗발치는 여론 opinion *f* publique agitée. ¶ 총알이 빗발치듯 날아왔다 Des balles pleuvaient. ¶ 신문사에 항의 전화가 빗발쳤다 Des coups de téléphone de protestation incessants retentissaient au journal. ¶ 비난의 화살이 빗발쳤다 Des reproches acerbes affluaient. ¶ 강연이 끝나자 연사에게 질문이 빗발쳤다 La conférence une fois terminée, les questions (adressées au conférencier) fusèrent.

빗방울 명 goutte *f* de pluie. ¶ ~이 떨어지기 시작한다 Des gouttes de pluie commencent à tomber. ¶ ~이 굵어진다 Les gouttes de pluie s'épaississent[deviennent de plus en plus grosses].

빗소리 명 bruit *m* de la pluie.

빗장 명 barre *f* (pour fermer une porte). ¶ ~을 걸다[지르다] fermer une porte en poussant [mettant] la barre, barrer une porte. ¶ ~을 풀다[열다] ouvrir une porte, ôter [retirer] la barre d'une porte.

*__마음의 문에 ~을 지르다__ garder *ses* pensées secrètes, ne rien révéler de *ses* pensées [sentiments].

빗줄기 명 densité *f* de la pluie tombante; torrent m[cascade *f*] de pluie {*pop*}; pluie *f* tombant à verse. ¶ 굵은 ~ une pluie intense. ¶ ~가 가늘어졌다 La pluie (qui tombait à torrent) s'est calmée. ¶ 쏟아지는 ~ 속으로 차를 몰다 conduire sous un torrent de pluie.

빙고 영{bingo} 명 loto *m*.

빙그레 부 ((sourire)) légèrement. ¶ ~ 웃다[미소를 짓다] sourire légèrement.

빙그르르 부((mimétisme)). ¶ 제자리에서 ~ 한 바퀴 돌다 faire un tour sur *soi*(-même).

빙글 부 ((sourire)) légèrement. ¶ ~ 웃다 sourire légèrement.

◆**_거리다[대다]** 재 sourire à *qn*, faire [adresser] un sourire à *qn*; arborer [afficher] un sourire, avoir un visage souriant. ¶ ~거리는 얼굴 visage qui arbore un sourire. ¶ 그는 뭐가 그리 좋은지 연방 ~거린다 Je ne sais pas ce qui peut être aussi bien mais il n'arrête pas de sourire.

◆_ _ 부 ((sourire)) béatement. ¶ ~~ 웃다 sourire béatement; avoir un sourire béat.

빙긋 부 ((sourire)) légèrement. ¶ ~ 미소를 짓다 sourire légèrement; esquisser un sourire des lèvres.

◆_ _ 부 ((sourire)) légèrement. ¶ 혼자서 ~~ 웃다 sourire tout(*e*) seul(*e*).

빙빙 부 ① ((mimétisme)) en rond. ¶ 탑 주위를 ~ 돌다 tourner en rond autour de la pagode. ② pris(e) de vertige; à (*vous*) donner le vertige. ¶ 갑자기 눈앞이 ~ 돌았다 Il a soudain été pris de vertige.

◆**_거리다[대다]** 재 tourner en rond; être pris(e) de vertige.

빙산 氷山 명 iceberg *m*.

*~**의 일각** une petite partie (de *qc*). ¶ 그 사람에 대해 네가 알고 있는 건 ~의 일각일 뿐이다 Ce que je sais de lui n'est qu'une toute petite partie.

빙상경기 氷上競技 명 【운동】 rencontre *f* sur glace, compétition *f* sur glace.

빙자하다 憑藉- 타 dépendre de *qn*; utiliser un subterfuge [une échappatoire], prendre prétexte de *qc*, prétexter *qc*. ¶ 결혼을 빙자하여 돈을 뜯어내다 extorquer de l'argent sous le prétexte du mariage. ¶ ...한 것을 빙자하여 sous prétexte d'avoir fait ...

빙점 氷點 명 point *m* de congélation. ¶ 기온이 ~ 이하로 떨어졌다 La température (extérieure) est tombée en dessous de zéro.

빙충맞다 형 être stupide, bête, niais(*e*); être peu déluré(*e*) [futé(*e*)]. ¶ 빙충맞은 웃음을 짓다 avoir un rire stupide [bête], rire bêtement. ¶ 빙충맞게도 그 녀석은 일을 잘못 처리했다 Il a mal fait son travail, cet idiot.

빙판 氷板 명 plaque *f* de verglas. ¶ ~에서 미끄러지다 glisser sur une plaque de verglas.

빙하 氷河 명 glacier *m*.

◆**_기** -期 명 période *f* glaciaire.

빚 명 ① dette *f*, emprunt *m*, ardoise (*fam*). ② 부담, 은혜 dette *f* (morale). ¶ 누구에게 마음의 ~을 갚다 rembourser une dette (morale) envers *qn*. ¶ 당신한테 너무 큰 ~을 진 것 같다 J'ai l'impression de vous devoir énormément.

*~**(을) 놓다** prêter avec intérêt à plusieurs personnes. ◇_**(을) 갚다** ① rembourser *sa* dette [un emprunt] à *qn* [amortir sa dette, s'acquitter de sa dette auprès de *qn*]. ② ((비유적)) payer (pour un mal causé), payer le prix (de sa faute). ¶ 두고보자, 언젠가는 이 ~을 반드시 갚아주마 Attends voir un peu, un jour, tu paieras pour ça! ◇_**(을) 내다[얻다]** contracter une dette, faire un emprunt. ¶ 은행에서 ~을 내어 집을 사다 acheter une maison en contractant une dette auprès de la banque [en faisant un emprunt

à la banque]. ◇_(을) **지다** ① s'endetter. ¶ 수억 원의 ~을 지다 s'endetter de plusieurs milliards de wons. ② s'endetter (moralement), devoir *qc* à *qn*. ¶ 나는 남한테 ~지고는 못 산다 Je ne supporte pas d'être redevable de quoi que ce soit à qui que ce soit. ◇**_을 물다** racheter la dette de *qn*. ◇**_을 주다** faire un prêt avec intérêt. ¶ 누구에게 연리 10 %로 ~을 주다 faire un prêt à *qn* avec 10 % d'intérêts annuels. *~ **주고 뺨 맞기** bonne intention mal récompensée; bonne action payée en volées de bois vert.

◆**_더미** 명 tas *m* de dettes, montagne *f* de dettes. ¶ ~더미에 올라앉다 être assis(*e*) sur une montagne de dettes.

◆**_쟁이** 명 ☞ 빚쟁이

◆**_잔치** 명 banquet *m* de créanciers. ¶ ~잔치를 하다 organiser un banquet de créanciers (pour amortir ses dettes).

빚다 타 ① modeler (avec de la terre), façonner, pétrir, confectionner, élaborer, oeuvrer. ¶ 흙으로 그릇을 ~ fabriquer des bols en terre cuite. ② ((술을)) fabriquer, faire ((du vin, de l'alcool)), brasser ((la bière)). ③ ((만두, 송편 따위를)) préparer, faire ((des raviolis)). ④ 초래하다 causer, engendrer, entraîner, provoquer. ¶ 부주의가 빚은 사고 accident provoqué [favorisé] par un moment d'inattention [secondaire à un défaut d'attention]. ¶ 사소한 말다툼에서 빚어진 큰 사건 grave affaire engendrée par une petite dispute. ¶ 두 사람은 정견의 차이로 갈등을 빚어 왔다 Les deux hommes avaient des idées politiques conflictuelles. ¶ 사회적으로 물의를 ~ provoquer des remous sociaux. ¶ 전쟁은 수많은 재난을 빚어낸다 La guerre entraîne d'innombrables désastres. ¶ 차질을 ~ causer un dysfonctionnement.

빚어내다 타 ① fabriquer ((une poterie)). ¶ 흙으로 토기를 ~ fabriquer une poterie avec de l'argile. ② ((술을)) produire ((de l'alcool avec du riz fermenté)). ¶ 어머니는 명절 때가 되면 정성 들여 술을 빚어냈다 Ma mère produisait de l'alcool avec ardeur [en y mettant toute son énergie] pour les [au moment des] fêtes. ③ confectionner ((des *mandu*, des *songpyeon* avec de la farine ou du riz)). ¶ 만두를 ~ confectionner ((des *mandu* (만두))). ④ 초래하다 inciter à, pousser à, entraîner, appeler, provoquer. ¶ 때때로 가난은 범죄를 빚어낸다 La pauvreté pousse parfois au crime. ¶ 부실 공사는 졸속 행정과 부정부패가 빚어낸 결과이다 Ces travaux défectueux résultent de la conjonction d'une administration trop expéditive et d'un pouvoir politique pourri [véreux].

빚장이 명 ☞ 빚쟁이

빚쟁이 명 ① créanc*ier*(*ière*). ¶ ~에 시달리다 être la proie des créanciers; être poursuivi(*e*) par *ses* créanciers. ② 돈을 빌린 사람 débi*teur*(*trice*). ¶ 졸지에 ~가 되다 devenir brusquement débi*teur*(*trice*).

빛 명 ① lumière *f* (du jour), rayons *mpl* du soleil. ¶ 지하실은 ~이 들지 않아 어둡다 La cave est sombre parce que la lumière du jour n'y entre pas. ② 빛깔 lumière *f*, couleur *f*, coloris *m*, teinte *f*. ¶ 가을하늘의 푸른 ~ le bleu du ciel de l'automne. ③ 광채 éclat *m*, lueur *f*. ¶ 찬란한 ~을 발하는 보석 un bijou étincelant. ¶ 반짝반짝 ~이 나다 scintiller. ④ 기색, 분위기 expression *f*, mine *f*, air *m*. ¶ 얼굴에 기쁜 ~을 띠다 avoir une expression de joie sur le visage. ¶ 걱정스러운 ~으로 묻다 demander d'un air inquiet. ¶ 그의 눈길은 경계의 ~으로 가득했다 Il lançait des avertissements des yeux. ¶ 그는 나를 귀찮게 여기는 ~이 역력했다 On voyait (bien) sur son visage que je le dérangeais. ⑤ 희망 lueur *f* d'espoir. ¶ 누구에게 ~을 던져주다 donner une lueur d'espoir à *qn*.

*~**을 보다** être révélé(*e*), être reconnu(*e*); porter *ses* fruits. ¶ 그의 재능이 마침내 ~을 보게 되었다 Son talent a enfin été révélé.

*~ **좋은 개살구** L'habit ne fait pas le moine/ (Il ne faut pas) juger du bois par l'écorce.

빛깔 명 couleur *f*; teinte *f*, coloris *m*. ¶ 바다의 푸른 ~ le bleu de la mer. ¶ ~ 고운 드레스 une robe aux belles couleurs.

빛나다 자 ① briller, luire, resplendir, éclater {*vx*}, reluire, flamboyer, scintiller, rayonner, irradier. ¶ 하늘에 빛나는 태양 le soleil qui brille dans le ciel. ¶ 기쁨으로 빛나는 눈 des yeux brillants de joie. ¶ 밤 하늘이 온통 별들로 빛나고 있었다 Le ciel de nuit tout entier s'illuminait d'étoiles. ② 출중하다 éclater, éblouir, briller, resplendir, exceller. ¶ 빛나는 아름다움 beauté éclatante [éblouissante]. ¶ 빛나는 승리 victoire éclatante. ¶ 빛나는 미래[장래] bel [brillant] avenir. ¶ 그 사람의 공적은 청사에 빛날 것이다 Ses exploits resteront immortalisés. ¶ 그분의 이름은 역사에 길이 빛날 것이다 Son nom brillera pour toujours dans l'histoire. ¶ 빛난다고 반드시 금은 아니다 Tout ce qui brille n'est pas de l'or. ¶ 어려운 일을 빛나게 처리하다 résoudre brillamment des problèmes difficiles.

빛내다 타 ① faire briller, illustrer. ¶ 눈동자를 빛내며 이야기하다 parler avec des yeux pétillants. ② ((비유적)) faire briller ((*son* nom)); illustrer. ¶ 우리 역사를 빛낸 위인들 hommes remarquables qui ont illustré notre histoire. ¶ 세계에 그 이름을 ~ se faire une réputation mondiale. ¶ 가문의 이름을 ~ faire briller le nom de *sa* famille. ¶ 국위를 ~ illustrer *son* pays.

빛살 명 rayon *m* de lumière, faisceau(*x*) *m* lumineux. ¶ 창문으로 스며드는 ~ un rayon de lumière pénétrant par la fenêtre.

ㅃ 명 *ssang bieup m* ((double consonne de l'alphabet coréen; double *bieup* (ㅂ))).

빠개다 타 fendre, casser, cliver, fendiller ((du bois)). ¶ 도끼로 장작을 ~ fendre du bois avec une hache.

빠개지다 자 se fendre, se casser. ¶ 장작이 두 쪽으로 빠개졌어요 Le morceau de bois s'est fendu en deux. ¶ 머리가 빠개질 듯 아프다 avoir un mal de crâne atroce {*fam*}, avoir l'impression que *sa* tête va

ㅂ

exploser {*fam*}.

빠끔빠끔 뷔 ((mimétisme)) par bouffées; par gorgées. ¶ 담배를 ~ 피우다 fumer une cigarette en exhalant (ouvertement) des bouffées de fumée. ¶ 금붕어가 입을 ~ 한다 Le poisson rouge ouvre et ferme sa bouche sans arrêt.

빠끔하다 형 être fendu(*e*) assez profondément, être troué(*e*), être percé(*e*); être entrouvert(*e*), entrebâillé(*e*).

◆_히 뷔 ((laisser)) entrouvert(*e*), entrebâillé(*e*). ¶ 문을 ~히 열어두다 laisser la porte entrouverte. ¶ 그는 ~히 문을 열고 밖을 내다보았다 Il entrouvrit légèrement la porte et regarda dehors.

빠듯하다 형 être à peine suffisant(*e*); être tout juste; être limite {*fam*}, ric-rac {*fam*}. ¶ 빠듯한 형편 des revenus tout juste [à peine] suffisants pour subvenir à *ses* besoins, ((avoir)) juste [à peine] de quoi vivre [de quoi subvenir à *ses* besoins]. ¶ 10명이 먹기에는 너무 빠듯한 식사 un repas trop juste pour dix personnes. ¶ 일 주일을 지내기에도 빠듯한 돈 la somme qui suffit tout juste pour une semaine. ¶ 시간이 ~ manquer de temps, avoir tout juste le temps, avoir à peine le temps. ¶ 돈이 ~ avoir tout juste assez d'argent. ¶ 기차를 갈아타는 데 3분은 아주 ~ Trois minutes pour changer de train, c'est bien juste! ¶ 그 돈으로는 한 달 버티기도 ~ Avec cet argent, on aura à peine de quoi vivre un mois. ¶ 빠듯하게 생활하다 gagner tout juste [à peine] de quoi vivre [de quoi subvenir à *ses* besoins], avoir du mal à joindre les deux bouts {*fam*}, avoir des fins de mois difficiles, tirer le diable par la queue {*fam*}.

◆**빠듯이** 뷔 avec justesse, tout juste. ¶ 빠듯이 살다 gagner tout juste [à peine] de quoi vivre [de quoi subvenir à *ses* besoins], avoir du mal à joindre les deux bouts {*fam*}, avoir des fins de mois difficiles, tirer le diable par la queue {*fam*}, gagner péniblement *sa* vie. ¶ 시간에 빠듯이 대가다 arriver tout juste à temps.

빠뜨리다 타 ① faire tomber *qc*/*qn* dans *qc*; pousser *qn* dans *qc*, noyer *qn*, plonger. ¶ 진흙탕에 발을 ~ laisser *son* pied s'enfoncer dans un bain de boue. ¶ 누구를 함정에 ~ faire tomber *qn* dans un piège. ¶ 그 녀석이 그 여자를 물에 빠뜨렸다 Ce type l'a poussée dans l'eau. ¶ 남을 함정에 ~ prendre *qn* au piège. ¶ 누구를 절망에 ~ pousser [précipiter] *qn* dans le désespoir. ¶ 남을 유혹에 ~ pousser *qn* à la tentation. ¶ 남을 악에 ~ entraîner *qn* au vice. ¶ 그 일은 나를 절망의 구렁텅이에 빠뜨렸다 Cette affaire m'a plongé(*e*) dans un abîme de désespoir. ② 빼먹다 sauter, oublier ((un mot)), omettre ((*qn* dans une liste)), délaisser, manquer. ¶ 명단에서 그 사람의 이름을 빠뜨렸다 On a omis son nom sur la liste. ¶ 본문을 베끼다가 한 줄 ~ sauter [oublier] une ligne en copiant un texte. ¶ 전할 말에서 한 가지를 ~ omettre une information dans un message. ¶ 뜨개질 코를 ~ manquer [sauter] un point d'un tricot. ¶ 한 마디도 빠뜨리지 않고 듣다 écouter sans perdre un mot de ce qui est dit. ¶ 뭐 빠뜨린 것 없니? Tu n'as rien oublié? / Tu es sûr(*e*) d'avoir tout? ¶ 다른 일은 다 했는데 그에게 전화 거는 것을 빠뜨렸다 Hormis le fait que j'ai oublié de lui téléphoner, j'ai fini toutes les tâches que j'avais à faire. ③ 잃다 perdre *qc*, laisser tomber. ¶ 빠뜨린 물건을 줍다 ramasser un objet tombé (par terre). ¶ 길에서 돈지갑을 ~ laisser tomber son porte-monnaie sur le chemin.

빠르다 형 ① ((속도가)) être rapide, prompt(*e*); être vi*f*(*ve*), leste, alerte. ¶ 아주 빠른 차 une voiture très rapide. ¶ 빠른 걸음으로 d'un pas rapide [alerte]. ¶ 빠른 속도로 성장하다 grandir [pousser] rapidement. ¶ 빠른 길로 가다 passer par le chemin le plus court. ¶ 빠른 회복을 빌겠습니다 Je vais prier pour que tu guérisses [pour que vous guérissiez] rapidement / Je fais des voeux pour votre prompt rétablissement / Je vous souhaite un rapide [prompt] rétablissement [une convalescence rapide]. ¶ 자동차가 자전거보다 ~ La voiture est plus rapide que la bicyclette. ¶ 세월 참 ~ Le temps passe vite. ¶ 이 식물은 성장이 ~ Cette plante pousse vite. ¶ 그는 동작[걸음]이 ~ Il est vif dans ses mouvements[Il marche rapidement]. ¶ 그는 손이 ~ Il a la main leste [prompte]. ¶ 그 여자는 눈치[계산, 이해]가 ~ Elle n'a pas les yeux dans sa poche {*fam*} [Elle a l'esprit vif; Elle comprend rapidement]. ¶ 출세가 ~ réussir rapidement, percer rapidement {*fam*}; faire carrière rapidement. ¶ 이 길로 가는 게 좀 더 ~ Je pense qu'il serait un peu plus rapide de passer par ce chemin [de prendre ce chemin]. ¶ 이렇게 하는 게 빠르겠다 Ce serait encore plus rapide de faire comme cela. ¶ 그는 인터넷 업계 소식에 ~ Il est toujours au fait des dernières nouveautés de l'industrie Internet. ¶ 뉴스를 정확하고 빠르게 전달하다 transmettre des informations rapidement et avec précision. ② ((시간상)) être précoce; être en avance; ((시계가)) avancer. ¶ 시간이 너무 ~ Il est trop tôt. ¶ 이 시계는 5분 정도 ~ [빠르게 간다] Ma montre avance de cinq minutes. ¶ 그 나이에 정말 ~ Il est très précoce / Il est en avance sur les jeunes de son âge. ③ 이르다, 시기상조다 Il est trop tôt pour+*inf*, il est prématuré de+*inf*; il n'est pas encore temps de+*inf*. ¶ 지금 그런 말을 하는 것은 좀 ~ Maintenant, il est encore un peu (trop) tôt pour dire cela. ¶ 지금 그 일을 추진하기에는 좀 빠른 것 같다 Je pense qu'il est encore trop tôt pour commencer ce travail. ④ 가깝다 être tôt. ¶ 빠른 시일 내에 le plus vite [tôt] possible, dès que possible.

***발 빠르게** rapidement, promptement, vite. ¶ 상황 변화에 발 빠르게 대처하다 s'adapter rapidement à un changement de situation.

◆**빨리** 뷔 ① rapidement, vite. ¶ 빨리 뛰다 courir

rapidement. ¶ 빨리 오세요 Venez vite. ¶ 일을 빨리 해치우다 s'acquitter [se débarrasser] vite d'un travail, expédier un travail; ((대충 끝내다)) bâcler un travail. ¶ 그 아이는 머리가 빨리 돌아간다 Il a un esprit vif. ② tôt, de bonne heure, précocement; avant (les autres); avant tout. ¶ 우선 그 문제를 빨리 해결해야 한다 Il faut d'abord [Il faut commencer par] résoudre ce problème. ¶ 금년은 가을이 빨리 왔다 Cette année, l'automne a été précoce. ¶ 그 사람은 고등학교를 나보다 이 년 빨리 졸업했다 Il est de deux ans mon aîné au lycée.

빠른우편 -郵便 명 courrier *m* [lettre *f*, colis *m*] exprès, exprès *m*, envoi *m* exprès.

빠져나가다 재타 s'échapper, sortir. ¶ 사무실을[에서] 몰래 ~ sortir subrepticement [s'éclipser hors, s'échapper, filer à l'anglaise hors] de *son* bureau. ¶ 포위망을 뚫고 ~ s'échapper hors des mailles du filet.

빠져나오다 재타 s'échapper, sortir. ¶ 강의실을[에서] 몰래 ~ sortir subrepticement[filer hors] de la salle de classe.

빠지다 재 ① tomber ((dans une rivière)), s'enfoncer, s'enliser, s'engloutir, s'engouffrer, se défoncer, plonger. ¶ 진창[진흙탕]에 ~ s'embourber, s'enfoncer dans un bourbier. ¶ 구덩이에 ~ tomber dans un fossé. ¶ 늪에 ~ s'enliser dans un marécage. ¶ 버스가 강물 속에[으로] 빠졌다 Le bus est tombé dans la rivière. ② ((어려움에)) s'enfoncer, s'enliser, s'engloutir, s'engouffrer, se défoncer, se plonger ((dans des difficultés)). ¶ 위험[곤경, 곤궁]에 ~ se mettre en danger; tomber dans la misère; être réduit(*e*) à la dernière nécessité. ¶ 사건[스캔들]에 빠져 들어가다 être plongé(*e*) dans une affaire [un scandale]. ¶ 혼수상태에 ~ tomber [plonger] dans le coma. ③ ((물, 바람, 김, 빛깔, 때, 냄새, 살 따위가)) manquer, diminuer; se retirer, couler, passer, pétrir, se faner, se nettoyer, s'éventer. ¶ 논에 물이 빠진다 Les eaux se retirent de la rizière. ¶ 이 땅은 물이 잘 빠진다 Ce terrain s'assèche vite (après la pluie). ¶ 타이어의[에, 개] 바람이 빠지고 있다 Le pneu se dégonfle (à cause d'un échappement d'air). ¶ 김빠진 맥주 une bière éventée. ¶ 이 얼룩은 물에 빨아서는 빠지지 않는다 Cette tache ne part pas à l'eau. ¶ 이 책은 두 페이지가 빠졌다 Il manque deux pages à ce livre.

***눈[목]이 빠지게[도록] 기다리다** se morfondre à attendre *qn*; attendre *qn* longtemps en se morfondant; attendre avec impatience, être impatient(*e*) de+*inf*; faire le pied de grue {*fam*}; croquer le marmot {*pop*}.

***물에 빠진 사람은 지푸라기라도 붙잡는다** Un homme qui se noie, s'accroche à un brin de paille ((proverbe arménien)).

***이빨 빠진 호랑이** un géant sans force; un tigre de papier.

빠짐없이 부 sans omission, sans rien omettre, sans oubli, sans faute, sans exception; ((한 사람도 빠짐없이)) au grand complet. ¶ ~ 참석하다 participer au grand complet. ¶ ~ 조사하다 enquêter sans omission.

빠트리다 타 ☞ 빠뜨리다

빡빡 부 ((onomatopée)) d'apparence grêlé; à ras, au bol; ((담배)) à grosses bouffées; avec un bruit de grattement; en mille morceaux; avec un esprit étroit. ¶ 냄비를 ~ 닦다 gratter le fond d'une casserole avec énergie. ¶ 다리를 ~ 긁다 se gratter les jambes avec frénésie. ¶ 편지를 ~ 찢다 déchirer une lettre en mille morceaux. ¶ 머리를 ~ 밀다 couper les cheveux à ras. ¶ 담배를 ~ 빨아대다 tirer sur *sa* cigarette à grosses bouffées. ¶ ~ 우기다 s'obstiner [prétendre] envers et contre tout. ¶ 남편에게 바가지를 ~ 긁다 harceler *son* mari de reproches.

빡빡하다 형 ① être serré(*e*), dur(*e*). ¶ 문손잡이가 ~ Le bouton [La poignée] de la porte est dur(*e*). ¶ 너무 헐겁지도 너무 빡빡하지도 않게 적당히 조여라 Ajuste-le comme il faut, afin qu'il ne soit ni trop lâche, ni trop serré. ② ((일, 일정 따위가)) être surchargé(*e*), très chargé(*e*), hyper {*fam*} chargé(*e*), 【속어】 être overbooké(*e*), surbooké(*e*); ((돈이)) être (un peu) juste ((financièrement)) {*fam*}. ¶ 일정이 ~ avoir un emploi du temps surchargé [très chargé, hyper {*fam*} chargé], avoir un programme surchargé; 【속어】 être overbooké(*e*), surbooké(*e*) {*fam*}. ¶ 이것들을 사기에는 돈이 좀 ~ J'ai tout juste de quoi acheter cela / Je suis un peu juste {*fam*}. ③ ((사람이)) être étroit(*e*); avoir l'esprit étroit; être borné(*e*), peu compréhensi*f*(*ve*), intolérant(*e*), inflexible, intransigeant(*e*), dur(*e*). ¶ 사람이 너무 ~ Il a l'esprit trop étroit / Il est borné. ¶ 빡빡하게 굴다 se montrer dur(*e*) [intransigeant(*e*), intolérant(*e*)], faire des difficultés à propos de rien. ④ ((공간이)) être tassé(*e*), comprimé(*e*); être bourré(*e*), (trop) plein(*e*), rempli(*e*) de *qc*, être comble, bondé(*e*), surchargé(*e*), être plein(*e*) à craquer {*fam*}. ¶ 대기실이 지원자들로 빡빡했다 La salle d'attente était pleine de candidats / Le hall d'attente était plein de candidats. ¶ 책장에 책들이 빡빡하게 들어차 있다 Les étagères sont encombrées [surchargées] de livres. ⑤ ((음식이)) être (trop) sec(*sèche*), dur(*e*). ¶ 그냥 밥만 먹으려니 너무 ~ Manger ce riz (tout) seul, c'est [ce sera] trop sec.

빤들거리다 형 ☞ 반들거리다

빤빤하다 형 ① être plat(*e*), être ég*al*(*le*, *aux*), être uni(*e*), être réguli*er*(*ère*). ¶ 울퉁불퉁한 앞마당이 빤빤하게 다듬어졌다 La cour de devant très accidentée a été aplanie. ¶ 면도를 빤빤하게 하다 se raser de près. ② ((뻔뻔스럽다)) être effronté(*e*), impudent(*e*), éhonté(*e*), sans scrupule; avoir de l'aplomb, avoir du culot {*fam*} [du toupet {*fam*}], être culotté(*e*) {*fam*}, gonflé(*e*) {*fam*}, ne pas manquer d'air {*fam*} [d'audace, d'aplomb, de culot

ㅂ

{*fam*}]. ☞ 뻔뻔하다

빤스 일 명 ☞ 팬티

빤짝 부 ☞ 반짝[1]

빤하다 형 être lumineux(*se*); être clair(*e*) (comme de l'eau de roche), explicite, criant(*e*), flagrant(*e*), manifeste; être momentanément soulagé(*e*); être [aller] un peu mieux. ¶ 그의 속셈은 ~ Ce qu'il a en tête est flagrant. ¶ 그 사람 형편이 ~ Sa situation est connue. ¶ 승패는 불 보듯 ~ L'issue des combats est claire comme de l'eau de roche.

*눈치가 ~ être très vif(*ve*) d'esprit, être très perspicace, comprendre très vite. ¶ 나이는 어려도 아이는 눈치가 빤했다 Malgré son jeune âge, il comprenait tout très vite.

◆**빤히** 부 ① 드러나게 avec attention, avec insistance; ((se voir)) très bien, (très) clairement, de manière manifeste. ¶ 사람을 빤히 쳐다보다 fixer *qn* du regard, dévisager *qn*. ¶ 그 가게는 여기서 빤히 보이는 곳에 있다 D'ici, on voit très bien où est ce magasin. ② à l'évidence, clair(*e*) comme le jour. ¶ 그는 속마음이 빤히 들여다보인다 On lit dans son coeur à livre ouvert. ¶ 나는 그 일을 빤히 알고 있다 Je ne le sais que trop.

빨가벗기다 타 déshabiller *qn* complètement, mettre *qn* à nu, dépouiller *qn* de ses vêtements. ☞ 발가벗기다

빨가벗다 타 ☞ 발가벗다

빨간불 명 ① feu *m* rouge. ¶ ~에 횡단보도를 건너다 traverser au feu rouge. ② ((경고)) ((être dans le)) rouge *m*. ◇_**이 켜지다**. ① ((le feu)) passer au rouge. ② être [passer] dans le rouge, se retrouver dans une situation critique. ¶ 한국 축구의 앞날에 ~이 켜졌다 L'avenir du football coréen est dans le rouge.

빨강 명 couleur *f* rouge, rouge *m*.

◆_**머리** 명 cheveux *mpl* roux; ((경멸적)) cheveux *mpl* poil de carotte.

◆_**색** -色 명 couleur *f* rouge, rouge *m*.

빨갛다 형 ① être rouge. ¶ 빨간 사과 une pomme rouge. ¶ 빨간 입술 des lèvres rouges. ¶ 토끼는 눈동자가 ~ Le lapin a les yeux rouges. ¶ 그는 술을 하도 마셔서 코가 ~ Il boit tellement qu'il a le nez rouge. ¶ 입술을 빨갛게 칠하다 se mettre du rouge à lèvres. ¶ 손톱을 빨갛게 물들이다 se colorer les ongles en rouge. ¶ 문에 부딪쳐서 그의 이마가 빨갛게 부어올랐다 Il a le front œdématié et rouge parce qu'il s'est cogné contre une porte. ② ((생각, 사상이)) être communiste, révolutionnaire, rouge. ¶ 그 사람은 생각[사상]이 ~ Il a des idées communistes.

빨갱이[1] 명 ((공산주의자)) communiste *mf*, ((경멸적)) rouge *mf* {*fam*}, ((경멸적)) coco *mf* {*fam*}.

빨갱이[2] 명 ((어류)) *Ctenotrypauchen microcephalus* {*nsc*}.

빨다[1] 타 ① aspirer; inspirer; avaler. ¶ 빨대로 주스를 ~ aspirer un jus avec une paille. ¶ 담배를 ~ fumer une cigarette; tirer sur une cigarette {*fam*}. ¶ 아기가 젖을 빤다 Le bébé tète. ② 핥다 sucer. ¶ 사탕을 ~ sucer un bonbon. ¶ 손가락을 ~ sucer *son* pouce.

빨다[2] 타 laver; lessiver. ¶ 옷[운동화]을 ~ laver des vêtements[des chaussures de sport]. ¶ 이 옷은 물로 빨아도 된다 Ce vêtement ne nécessite pas le nettoyage à sec / Ce vêtement est lavable en machine.

빨대 명 paille *f* ((pour boire)). ¶ 병에 ~를 꽂다 mettre une paille dans une bouteille. ¶ ~로 우유를 마시다 boire du lait à la [avec une] paille.

빨랑 부 【구어】 vite, sur-le-champ, illico (presto), fissa {*arg*}. ¶ ~ 와 Viens vite.

빨래 명 lessive *f*, linge *m*; lessive *f*, lavage *m*, blanchissage *m*. ¶ ~ 건조대 un étendoir pour le séchage du linge, un séchoir à linge. ¶ ~를 널다[걷다] étendre[rentrer] la lessive [du linge, le linge]. ◇_(**를**) **하다** faire la lessive. ¶ 냇가에서 ~를 하다 faire la lessive sur le bord de la rivière.

◆_**방** -房 명 laverie *f* (automatique); (blanchisserie-)teinturerie *f*; pressing *m*.

◆_**집게** 명 pince *f* à linge.

◆_**터** 명 lavoir *m*.

◆_**판** -板 명 planche *f* à laver.

◆_**ㅅ감[거리]** 명 lessive *f*, linge *m* à laver. ¶ ~ㅅ감이 많이 밀렸다 Il y a beaucoup de linge à laver.

◆_**ㅅ방망이** 명 battoir *m*.

◆_**ㅅ비누** 명 savon *m* de Marseille [marseillais]; ((가루)) lessive *f*.

◆_**ㅅ줄** 명 corde *f* à linge.

◆**손_** 명 lavage *m* à la main. ¶ ~하다 laver à la main.

빨려들어가다 자 ① être aspiré(*e*), se laisser aspirer. ¶ 소용돌이 속으로 몸이 빨려들어갔다 Le corps a été emporté dans le tourbillon. ② être entraîné(*e*), absorbé(*e*). ¶ 나는 나도 모르게 그 사람의 이야기에 빨려들어갔다 ((Son histoire était tellement intéressante que)) je me suis laissé(*e*) emporter par son récit. ¶ 나는 긴장 속으로 빨려들어갔다 La panique [nervosité] me gagna.

빨리 부 ① vite, rapidement, rondement {*litt*}, prestement {*litt*}, promptement {*litt*}; en moins de deux {*fam*}, *rapido presto* {*fam*}, *illico (presto)*, fissa {*arg*}, en un rien de temps. ¶ ~ 내려라 Dépêche-toi de descendre. ¶ ~ 가져오세요 Apportez-moi cela rapidement. ¶ 될 수 있는 대로 ~ 가 주세요 Allez-y aussi vite que possible. ② 일찍 tôt, de bonne heure. ¶ ~ 일어나다 se lever tôt [de bonne heure]. ¶ ~ 도착하다 arriver de bonne heure [en avance]. ¶ 10분 ~ 닿다 arriver 10 minutes en avance, arriver avec 10 minutes d'avance. ¶ 여름 방학이 ~ 왔으면 좋겠다 J'aimerais bien que les vacances d'été arrivent tôt / J'ai hâte que ce soit les grandes vacances d'été. ¶ 시험 결과를 ~ 알고 싶다 J'aimerais avoir [connaître] vite les résultats des examens / J'ai hâte de connaître les résultats des examens.

◆_ _ 부 vite, rapidement, rondement {*litt*},

ㅂ

prestement {*litt*}, promptement {*litt*}. ¶ 할 얘기가 있으면 ~~ 좀 해 봐 Si tu as quelque chose à dire, dépêche-toi un peu [fais le vite, grouille-toi {*fam*}]. ¶ ~~ 끝내고 집에 갑시다 Finissons très vite (ce travail) et rentrons chez nous / Dépêchons-nous de finir ce travail et rentrons chez nous.

빨리다[1] 자 être sucé(*e*), aspiré(*e*), être pressé(*e*). ¶ 밀크셰이크가 빨대로 잘 빨리지 않는다 Le *milk shake* ne se boit pas facilement avec une paille. ¶ 먼지가 진공청소기 속으로 잘 빨려 들어가지 않는다 l'aspirateur n'aspire pas bien les poussières. ¶ 이 빨대[파이프, 담배]는 잘 빨리지 않는다 Il n'est pas facile d'aspirer avec cette paille [pipe, cigarette].

빨리다[2] 타 faire téter, allaiter, nourrir ((un enfant)), donner le sein ((à un enfant)). ¶ 아이에게 젖을~ faire téter [allaiter] un bébé.

빨리다[3] 자 être lavé(*e*), lessivé(*e*), blanchi(*e*); se laver, se lessiver, blanchir. ¶ 센물에서는 빨래가 잘 빨리지 않는다 Le linge ne se lave pas bien dans l'eau alcaline. ¶ 이 세탁기가 제일 잘 빨린다 Ce lave-linge est celui qui lave le mieux.

빨빨거리다 자 faire des mouvements vifs et rapides (comme un rat). ¶ 너는 어딜 그렇게 빨빨거리고 돌아다니니? Qu'est ce que tu as à courir dans tous les sens? ¶ 빨빨거리며 쏘다니다 courir dans tous les sens.

빨아내다 타 extraire, aspirer [sucer] vers l'extérieur. ¶ 독사에 물린 사람의 몸에서 독을~ extraire [aspirer] le venin du corps d'un homme mordu par un serpent venimeux.

빨아들이다 타 ① absorber ((l'eau, l'humidité)); sucer, aspirer. ¶ 스펀지는 물을 잘 빨아들인다 L'éponge absorbe bien l'eau. ② aspirer *qc* ((par le nez)); inhaler *qc*, humer, ingurgiter, ingérer. ¶ 담배를 한 모금~ aspirer une bouffée de cigarette. ③ attirer, charmer, séduire. ¶ 그 남자는 주위 사람을 빨아들이는 이상한 매력을 지녔다 Grâce à son charisme, il attire beaucoup de gens à lui.

빨아먹다 타 ① sucer ((un comprimé, une pastille)). ¶ 사탕을~ sucer un bonbon. ¶ 거머리는 피를 빨아먹는다 La sangsue suce le sang. ② sucer *qn* ((jusqu'à la moelle, jusqu'au dernier sou)); s'approprier, voler. ¶ 백성들의 피와 땀을 빨아먹는 탐관오리들 fonctionnaires cupides et corrompus qui volent le bien des pauvres.

빨치산 러 명 résistant(*e*) (communiste).

빳빳하다 형 ① être raide, rigide, dur(*e*); être tout(*e*) plat(*e*), être sans pli. ¶ 빳빳한 새 지폐 un billet tout neuf. ¶ 풀을 먹여서 셔츠 깃이 ~ Le col de la chemise est empesé [dur, rigide]. ¶ 고개를 빳빳하게 세우다 bien redresser la tête, tenir la tête bien droite. ② ((성질, 태도가)) être ferme. ¶ 빳빳하게 굴다 se conduire avec fermeté; se montrer dur(*e*) [intransigeant(*e*), intolérant(*e*)].

◆**빳빳이** 부 raidement, rigidement; fermement. ¶ 와이셔츠를 빳빳이 다리다 repasser une chemise de manière à ce qu'elle se tienne bien. ¶ 빳빳이 버티다 résister fermement. ¶ 뱀이 고개를 빳빳이 세웠다 Le serpent se dressa.

빵[1] 명 ① pain *m*, viennoiserie *f*. ¶식~ pain de mie. ¶~을 굽다 cuire du pain. ② 양식 pain *m*. ¶ 사람은 ~만으로 살 수 없다 On ne peut pas vivre que de pain.

◆_**집[가게]** 명 boulangerie *f*.

빵[2] 부 ① ((onomatopée)) pan, bang. ¶ 타이어가 ~ 터졌다 Le pneu a éclaté bruyamment. ② ((idéo-phonème indiquant l'idée d'un trou qui se perce)). ¶ 바지에 구멍이 ~ 뚫렸다 Le pantalon s'est troué. ③ ((경적 소리)) pan. ¶ 자동차 경적 소리가 ~ 울렸다 La voiture a klaxonné fort.

◆_ 부 tutt! tutt! ((onomatopée exprimant le son du klaxon)), pan!, blam! ((onomatopée évoquant la détonation d'un fusil)); à trous. ¶ 총을 ~ 쏘다 tirer des coups de fusil.

◆_ **거리다[대다]** 자 donner des coups de klaxon, klaxonner. ¶ 자동차가 ~~거렸다 La voiture a klaxonné.

빵[3] 명 【속어】 감방

빵빵하다 형 ① être plein(*e*) (à craquer); être tout(*e*) rebondi(*e*). ¶ 그 여자는 몸매가 ~ Cette fille a des formes rebondies. ¶ 그는 짐이 많아 가방이 빵빵했다 Il avait tant d'affaires que son sac était plein à craquer [était tout rebondi]. ② 【구어】 être très riche, être riche comme Crésus {*fam*}, être fortuné(*e*). ¶ 그 애 집은 ~ Sa famille est très riche. ③ 【구어】 être au maximum, à fond. ¶ 에어컨을 빵빵하게 틀다 mettre la clim à fond {*fam*}.

빵점 명 【구어】 bulle *f* {*arg*}, ((avoir un, recevoir un)) zéro *m* (pointé). ¶ 저는 ~ 아내예요 Je suis nulle comme épouse. ◇_(을) **맞다** avoir zéro (sur cent). ¶ 수학과목에서 ~ 맞았어 J'ai eu une bulle en maths {*fam*} / J'ai eu zéro en maths.

빻다 타 broyer, écraser, moudre, concasser, briser, croquer, pulvériser, triturer, piler, laminer, désagréger. ¶ 곡식을 빻아서 가루로 만들다 moudre des céréales. ¶ 고추를 곱게 빻아서 고춧가루를 만들다 broyer du piment en poudre fine.

빼곡하다 형 être tassé(*e*), serré(*e*), étriqué(*e*). ¶ 글자들이 빼곡한 편지 une lettre noircie d'une écriture serrée.

◆**빼곡히** 부 entassé(*e*), serré(*e*), étriqué(*e*). ¶ 아파트들이 빼곡히 들어선 신도시 une nouvelle ville hérissée de grandes tours résidentielles.

빼기 명 【수학】 soustraction *f*. ¶ 더하기와 ~ l'addition et la soustraction.

빼내다 타 ① extraire, extirper, ôter, tirer vers l'extérieur, sortir, arracher, déraciner, déplanter, déterrer, enlever, détacher. ¶ 손에서 가시를 ~ extraire [enlever, retirer] ((나무의)) une écharde [((꽃의)) une épine] de la main [d'un doigt]. ¶ 부상자의 다리에서 탄환[파편]을 ~ extraire une balle [un petit bout de *qc*, un fragment de *qc*] de la jambe

ㅂ

d'un blessé. ¶ 양복 안주머니에서 지갑을 ~ sortir *son* portefeuille [porte-monnaie] de la poche intérieure de *sa* veste. ② 골라내다 choisir, sélectionner, faire un choix, trier, enlever, éliminer. ¶ 여러 개 중에서 ~ choisir entre [parmi] plusieurs choses. ¶ 썩은 사과를 빼내세요 Enlevez les pommes pourries. ③ 남모르게 내오다 voler, subtiliser, marauder, dérober. ¶ 가게에서 물건을 ~ subtiliser des objets dans un magasin. ¶ 누구에게서 [어디서] 기밀[정보]을 ~ dérober des secrets [des informations] à *qn* [quelque part]. ④ 꾀어내다 dénicher un talent et le faire venir, leurrer. ¶ 경쟁회사에서 인재[기술자]를 ~ dénicher des talents [des ingénieurs] dans une entreprise concurrente et les embaucher. ⑤ 석방시키다 extraire; faire libérer, délivrer; racheter. ¶ 감옥에서 사람을 ~ faire libérer un homme de prison. ⑥ 돈을 돌려받다 se faire rembourser, être remboursé(*e*). ¶ 전셋돈을 ~ se faire rembourser la caution. ⑦ 점수를 얻다 enregistrer, marquer ((un score)). ¶ 투수가 삼진 6개를 빼냈다 Ce lanceur (de baseball) a enregistré six retraits consécutifs sur des prises. ¶ 그 팀은 오늘 6 안타를 상대 투수에게 빼냈다 Cette équipe de baseball a marqué six coups sûrs.

ㅂ

빼놓다 타 ① retirer, sortir, arracher, ôter, retirer. ¶ 못[전구]을 ~ arracher un clou [enlever une ampoule] et le [la] poser. ¶ 반지를 세면대에 ~ enlever la bague et la poser sur le lavabo. ② 제쳐놓다 faire exception, exclure *qn* ((d'une équipe)), ôter ((un nom d'une liste)), rejeter, éliminer, expulser, refuser d'admettre *qn*, laisser tomber. ¶ 그것을 빼놓고는 à part cela [à cela près, si l'on excepte cela, excepté cela]. ¶ 일요일과 공휴일을 빼놓고는 쉴 시간이 없다 Excepté [à l'exception de, à l'exclusion de] des dimanches et des jours de fête, je n'ai pas le temps de me reposer. ¶ 가격을 빼놓고는 나무랄 것이 없다 Je n'ai pas de quoi me plaindre, si ce n'est du prix. ¶ 다들 놀러가면서 나만 빼놓았다 Ils sont tous partis [allés] s'amuser sans moi [en m'abandonnant]. ③ 골라놓다 choisir [sélectionner, faire choix de, trier, élire] et mettre de côté. ¶ 두 개 중에서 ~ choisir entre deux choses. ¶ 네게 줄 것은 가장 좋은 것으로 미리 빼놓았다 J'ai gardé le meilleur pour toi. ④ ((정신, 기운 따위를)) faire perdre les esprits [l'énergie]. ¶ 정신[얼]을 ~ faire perdre les esprits; troubler *qn*. ¶ 기운을 ~ faire perdre l'énergie.

빼다 재타 ① extraire, ôter, tirer vers l'extérieur, sortir, arracher, déraciner, déplanter, déterrer, enlever, détacher. ¶ 호주머니에서 손을 ~ retirer la main de la poche. ¶ 칼을 칼집에서 ~ tirer l'épée du fourreau. ¶ 손가락에 박힌 가시를 ~ extraire [enlever, retirer] ((나무의)) une écharde [((꽃의)) une épine] du doigt. ¶ 자물쇠에서 열쇠를 ~ retirer la clé d'un cadenas. ② ((공기, 물 따위를)) faire sortir, libérer, évacuer. ¶ 타이어에서[의] 바람을 ~ libérer l'air [dégonfler le] du pneu. ¶ 논에서[의] 물을 ~ évacuer l'eau de la rizière. ¶ 내장을 ~ enlever les intestins, vider ((un poisson)). ③ ((떡, 커피 따위를)) extirper, faire sortir, faire couler. ¶ 떡을 ~ fabriquer des *tteok* en forme de bâtonnet. ¶ 커피를 ~ faire du café; faire couler {*fam*} un café. ④ 덜어내다 soustraire *qc* à *qc*, diminuer, ôter, retirer. ¶ 숫자를 더하고 ~ additionner ou soustraire des chiffres. ¶ 80에서 20을 ~ soustraire 20 à 80. ¶ 월급에서 교통비를 ~ soustraire du salaire les frais de transport. ⑤ 제외하다 excepter. ¶ 저는 일요일을 빼고는 매일 학교에 갑니다 Je vais à l'école tous les jours excepté [sauf] le dimanche. ¶ 그 사람을 빼고 모두가 모임에 참석했다 Tous, sauf lui, ont assisté à la réunion. ¶ 그는 한두 시간을 빼고는 항상 집에 있다 Hormis une ou deux heures, il reste tout le temps chez lui [à son domicile]. ⑥ 삭제하다 supprimer, éliminer, enlever, effacer, ôter, excepter. ¶ 명단에서 누구의 이름을 ~ supprimer de la liste le nom de *qn*. ¶ 기사에서 문제가 될 부분을 ~ éliminer de l'article la partie qui risque de poser problème. ¶ 연설의 한 구절을 ~ enlever un passage du discours. ¶ 쓸데없는 형식을 ~ se débarrasser des formalités inutiles. ¶ 그 이야기는 빼고 말하시오 Parlez de tout, sauf de ça! ⑦ 제거하다 éliminer, effacer, faire disparaître. ¶ 옷에 묻은 얼룩[때]을 ~ éliminer une tache sur un vêtement. ⑧ ((힘, 기운, 살 따위를)) faire perdre ((les esprits, l'âme, l'énergie)). ¶ 힘[기운, 진, 얼, 넋]을 ~ faire perdre la force [l'énergie, la vitalité, les esprits, l'âme]. ¶ 배의 살을 ~ perdre du ventre. ⑨ 돈을 남기다 retirer, déduire. ¶ 재료비[원금]를 ~ déduire le coût des matières premières [le prix de revient]. ⑩ 회피하다 se retirer, s'esquiver. ¶ 일에서 발을 ~ se retirer d'une affaire; retirer *son* épingle du jeu. ⑪ ((몸의 일부를)) 길게 늘이다 sortir, allonger. ¶ 목을 길게 빼고 누구를 기다리다 attendre *qn* avec impatience; se morfondre à attendre *qn*; attendre *qn* longtemps en se morfondant; faire le pied de grue {*fam*}; croquer le marmot {*fam*}. ⑫ ((몸이나 사물을)) 뒤쪽으로 옮기다 reculer. ¶ 몸을 뒤로 ~ reculer. ¶ 자동차를 뒤로 ~ reculer la voiture; faire marche arrière. ¶ 의자를 뒤로 ~ tirer la chaise. ⑬ ((소리를)) 길게 늘이다 allonger ((la voix, un son)). ¶ 소리를 길게 ~ allonger la voix. ⑭ ((돈을)) 다시 찾다 retirer de l'argent ((d'un compte)). ¶ 통장에서 예금한 돈을 ~ retirer de l'argent déposé sur un compte. ¶ 보증금을 ~ récupérer la caution ((d'une maison, d'un appartement)). ⑮ ((방이나 집을)) évacuer, quitter ((les lieux)). ¶ 방[집]을 ~ quitter [évacuer] la chambre [le studio, l'appartement, la maison, le logement] que l'on louait. ⑯ 닮다 tenir de *qn*, ressembler. ¶ 아버지를 쏙 빼 닮았다 Il ressemble tout à fait à son père / C'est tout le portrait [le portrait vivant, l'image vivante, le portrait (craché {*fam*})] de *son* père

/ C'est la copie conforme de *son* père / C'est le sosie de son père / Il ressemble en tous points à son père / Il ressemble à son père sous toutes les coutures {*fam*} [d'une manière frappante, comme deux gouttes d'eau] / C'est son père tout craché {*fam*}. ⑰ 훔치다 voler, dérober, subtiliser. ¶ 피엑스 물건을 빼다 dérober des objets du PX((magasin de l'armée américaine)). ⑱ 불참하다 ne pas participer. ¶ 군대를 ~ ne pas aller à l'armée. ⑲ 거르다 omettre, oublier. ¶ 새 영화를 거의 하나도 빼지 않고 보다 voir tous les nouveaux films presque sans en oublier un seul. ⑳ 꾸미다 affecter, afficher ((une attitude)), prendre des airs. ¶ 점잔[얌전]을 ~ faire des manières [des façons, des cérémonies, des chichis, la [*sa*] chochotte {*fam*}], être maniéré(*e*), chichiteux(*se*); faire le(la) timide. ¶ 점잔[얌전] 빼지 말고 노래 한 곡 해라 Ne fais pas le(la) timide [Ne te fais pas prier], chante (une chanson). ㉑ 차려입다 se parer; s'habiller avec élégance; s'attifer {*fam*}. ¶ 옷을 빼 입다 être tiré(*e*) à quatre épingles, être bien sapé(*e*) {*fam*}; être [se mettre, se saper {*fam*}] sur son trente et un; s'endimancher; s'habiller (pour un dîner); être bien habillé(*e*), être chic, élégant(*e*). ㉒ 무슨 일을 하지 않으려 하다 esquiver, essayer d'éviter, se dérober. ¶ 그렇게 빼지 말고 어서 네 노래 실력을 보여라 Montre-nous vite tes talents de chanteur au lieu d'essayer de te dérober. ㉓ 도망치다 s'en aller, disparaître, s'enfuir, se sauver, prendre la poudre d'escampette {*fam*}. ¶ 뒤로 ~ s'enfuir par derrière. ¶ 뒷문으로 ~ se sauver par la porte de derrière. ¶ 다른 데로 ~ s'en aller ailleurs.

***꽁무니를** ~ avoir le feu au derrière {*vulg*} [aux fesses {*vulg*}, au cul {*vulg*} quelque part {*vulg*}, aux trousses]; prendre la poudre d'escampette, s'enfuir à quatre pattes; prendre *ses* jambes à *son* cou. ☞ 꽁무니

***때 빼고 광내다** se faire beau(belle) {*fam*}; se refaire une beauté. ☞ 때[2]

***목을** ~ ☞ 목[1]

***발을** ~ se retirer d'((une affaire)). ☞ 발[1]

***빼도 박도 못하다** être coincé(*e*), être pris(*e*) au piège.

***손을** ~ se retirer d'(une affaire). ☞ 손[1]

***(진)땀(을)** ~ se donner beaucoup de peine [mal] ((pour parvenir à un résultat)); faire un travail pénible [fatigant], peiner [suer {*fam*}] ((sur un examen)), se fatiguer; en baver {*fam*}; se démener, se décarcasser {*fam*}, se casser le cul {*vulg*}, se mettre en quatre {*fam*}, se remuer {*fam*}, se démancher. ☞ 진땀

빼닮다 타 se ressembler comme deux gouttes d'eau; être le portrait (craché {*fam*}) de *qn*, être le sosie de *qn*. ¶ 그 아이는 아버지를 빼닮았다 Cet(*te*) enfant est le portrait (craché {*fam*}) [tout le portrait, le portrait vivant, l'image vivante, la copie conforme] de son père / Cet(*te*) enfant ressemble en tous point [sous toutes les coutures, d'une manière frappante, comme deux gouttes d'eau] à son père / C'est le sosie de son père / C'est son père tout craché {*fam*}.

빼돌리다 타 ① s'approprier le bien d'autrui, s'emparer de *qc*, détourner ((de l'argent, des fonds)), faire une malversation, soustraire *qc* frauduleusement. ¶ 재산[외화]을 해외로 ~ détourner une [sa] fortune [des devises étrangères] vers l'étranger. ¶ 공금을 ~ détourner l'argent public. ¶ 물자를 ~ s'approprier (frauduleusement) des matériels (appartenant aux autres). ② ((사람을)) donner asile à *qn*, receler ((un malfaiteur)). ¶ 사람을 ~ cacher *qn*.

빼먹다 타 ① extraire [cueillir] et manger. ¶ 곶감을 ~ détacher un *kaki* séché et le manger. ② 빠뜨리다 omettre, passer sous silence ((des détails)), sauter ((un mot, une ligne)), oublier. ¶ 내 말을 하나도 빼먹지 말고 그에게 전하십시오 Transmettez-lui toutes mes paroles sans en omettre une seule. ¶ 그 단락의 한 줄을 빼먹고 읽었어 Tu as lu en sautant une ligne dans ce paragraphe. ¶ 토씨 하나 빼먹지 말고 읽어라 Lis sans omettre la moindre particule / Lis très attentivement. ③ 할 것을 하지 않다 manquer, sécher {*fam*} ((un cours, la classe, l'école)), laisser de côté, négliger. ¶ 수업[학교]을 ~ manquer [sécher {*fam*}] un cours [la classe, l'école]; faire l'école buissonnière. ¶ 할 일을 빼먹고 놀러 가다 aller s'amuser en laissant de côté le travail à faire.

빼물다 타 ① ((담배를)) avoir une cigarette aux lèvres. ¶ 담배[곰방대]를 ~ avoir une cigarette [une pipe] (à la bouche, au bec {*fam*}). ② ((혀를)) tirer la langue; sortir *sa* langue; avoir la langue pendante. ¶ 혀를 날름 ~ darder *sa* langue. ③ ((입술을)) prendre ((une moue boudeuse)). ¶ 입을 쑥 ~ prendre une moue boudeuse.

빼박다 타 ressembler très fort [parfaitement] à *qn*, *ressembler à qn* sous toutes les coutures [en tous points, d'une manière frappante, comme deux gouttes d'eau], être tout le portrait [le portrait vivant, le portrait (craché {*fam*}), l'image vivante, la copie conforme, le sosie] de *qn*. ¶ 너는 어쩌면 어머니의 눈매를 빼박았니? Comment as-tu pu prendre à ce point les yeux de ta mère?

빼빼 부 ((mimétisme)) rachitique, très maigre. ¶ ~ 마른 남자 un homme rachitique.

명 【구어】 un vrai squelette {*fam*}, une planche à pain {*fam*}.

빼앗기다 타 ① être dépouillé(*e*) de *qc*, privé(*e*), dépossédé(*e*), volé(*e*), spolié(*e*), confisqué(*e*), dessaisi(*e*), enlevé(*e*), ôté(*e*), dévalisé(*e*); se faire voler [dépouiller, déposséder, dévaliser]. ¶ 강도에게 돈을 ~ être dépouillé(*e*) de *son* argent par un cambrioleur. ¶ 재산을 ~ être dépossédé(*e*) de *ses* biens. ¶ 권리를 ~ être privé(*e*) de *ses* droits. ¶ 나라를 ~ perdre le pays (par annexion). ¶ 자리를 남에게 ~ se faire voler *sa* place par *qn*. ② 매혹되다 être fasciné(*e*) [charmé(*e*), ensorcelé(*e*), ravi(*e*), absorbé(*e*), captivé(*e*)] par *qc*. ¶ 책 읽기에 정신을 ~ être absorbé(*e*) dans la lecture d'un livre. ¶ 아름다운 음악에 넋을 ~ être fasciné(*e*) [charmé(*e*), ensorcelé(*e*)] par la musique. ¶ 그 아이는 새 장난감에 온통 마음을 빼앗겼다 Cet enfant est totalement captivé par son nouveau jouet. ③ perdre ((*sa* virginité)). ¶ 순결을 ~ perdre *sa* virginité. ④ perdre ((du temps)). ¶ 그런 일에 시간을 빼앗길 필요가 있느냐? Est-il nécessaire de perdre autant de temps pour un tel travail?

빼앗다 타 ① prendre *qc* à *qn*, priver *qn* de *qc*, frustrer *qn* de ((sa fortune)), déposséder *qn* de *qc*, extorquer *qc* à *qn*, ravir *qc* à *qn*, s'emparer de *qc*, usurper *qc*; empiéter sur, déborder sur, grignoter sur, marcher sur les plates-bandes de *qn* {*fam*}; séduire, charmer, fasciner, ensorceler. ¶ 재산을 ~ déposséder *qn* de *ses* biens; s'emparer d'une fortune. ¶ 남의 권리를 ~ déposséder *qn* de *ses* droits, usurper les droits de *qn*. ¶ 시간을 빼앗아서 미안합니다 Je suis désolé d'avoir pris de votre temps.

빼어나다 형 exceller ((en musique, dans une spécialité)); être éminent(*e*), remarquable, exceptionnel(*le*), brillant(*e*); se distinguer; l'emporter sur les autres. ¶ 빼어난 작품 une œuvre remarquable. ¶ 빼어난 미모 une beauté exceptionnelle. ¶ 재주가 ~ avoir un talent exceptionnel, surpasser les autres par *son* talent. ¶ 경치가 빼어나게 아름답다 Le paysage est (vraiment) magnifique [de toute beauté].

빼입다 자 s'habiller (bien). ¶ 정장을 ~ se mettre sur *son* trente et un.

빼치다 타 faire lâcher ((*son* bras)). ¶ 잡힌 팔을 빼치려고 안간힘을 다 썼다 Je me suis débattu(*e*) pour lui faire lâcher mon bras.

빽 부 ((onomatopée imitant un cri strident)). ¶ 그는 갑자기 ~ 소리를 질렀다 Soudain, il a poussé un hurlement [un cri strident].

◆__ 부 ((onomatopée imitant plusieurs cris strident)). ¶ 아이가 ~~ 울어댄다 Le nouveau-né pleure à perdre haleine.

◆__**거리다[대다]** 자 pousser des cris stridents.

빽빽하다 형 ① être épais(*se*), dense, dru(*e*), fourni(*e*), touffu(*e*), serré(*e*). ¶ 숲에 나무들이 ~ Cette forêt est drue. ② 가득하다 être bondé(*e*), (sur)chargé(*e*), comble, plein(*e*) à craquer {*fam*}. ¶ 기차가 여행객으로 ~ Le train est bondé. ¶ 사람들이 빽빽하게 들어찬 교실 La classe est surchargée. ③ (소견이) 좁다 être borné(*e*); avoir l'esprit étroit, être étroit(*e*) d'esprit. ¶ 그 사람은 생각이 좀 ~ Il est un peu borné [difficile, étroit d'esprit].

◆**빽빽이** 부 dru(*e*), fourni(*e*), serré(*e*), touffu(*e*), abondant(*e*), dense, compact(*e*). ¶ 버스는 사람들로 빽빽이 들어차서 발 디딜 틈도 없었다 On ne pouvait mettre un pied dans le bus tant il était bondé.

뺀질거리다 자 esquiver, essayer d'éviter, se dérober, se défiler {*fam*}, ne pas participer; tirer au flanc, tirer au cul {*vulg*}, se tourner [rouler] les pouces {*fam*}; rester les bras croisés; ne pas en ficher une rame {*fam*}, ne pas se fatiguer [se fouler {*fam*}, se casser {*fam*}]; buller {*fam*}, coincer la bulle {*fam*}, paresser, flemmarder {*fam*}, glander {*fam*}, glandouiller {*fam*}, traînasser {*fam*}, se la couler douce {*fam*}. ¶ 그 녀석은 맨날 뺀질거리기만 하고 일을 않는다 Tous les jours, il tire au flanc / Tous les jours, il passe son temps à ne rien faire / Il glande toute la journée, ce type {*fam*} / Ce type se défile tout le temps quand il y a *qc* à faire.

◆**뺀질이** 명 glandeu*r*(*se*) {*fam*}, glandouilleur *m* {fam}.

뺄셈 명 soustraction *f*. ¶ ~(을) 하다 faire une soustraction, soustraire.

뺏기다 타 ☞ 빼앗기다

뺏다 타 ☞ 빼앗다

뺏지 영{badge} 명 ☞ 배지

뺑 부 ((mimétisme)) un tour ((onomatopée)); en rond, autour, concentrique, circulaire. ¶ 제자리를 한 바퀴 ~ 돌다 faire un tour autour de la place. ¶ 집을 ~ 둘러 나무를 심다 planter des arbres tout autour de la maison.

뺑끼통 명 ① pot *m* de peinture. ☞ 페인트 ② 【속어】 ((감방의 변기)) chiottes *fpl* ((de prison)).

뺑뺑이 명 ① jeu(*x*) *m* de tourner sur *soi*-même comme une toupie. ¶ 코를 잡고 ~ 돌기를 하다 jouer à tourner sur *soi-même* en se tenant le nez. ② 【구어】 tirage *m* au sort; ((놀이)) loterie *f*. ¶ 우리는 입시 없이 ~로 고등학교에 입학한 세대이다 Nous faisons partie de la génération qui entrait au lycée par tirage au sort, sans examen d'entrée. ◇_(를) **돌다** tourner en bourrique {*fam*}. ◇_(를) **돌리다** ① faire tourner la roue d'une loterie. ② 【속어】 faire tourner *qn* en bourrique {*fam*}, faire devenir chèvre *qn* {*fam*}. ¶ 특무상사가 병사들을 ~를 돌렸다 L'adjudant a fait tourner ses soldats en bourrique {*fam*}.

뺑소니 명 fuite *f*, escapade *f*, fugue *f*; délit *m* de fuite. ¶ ~ 사고 un accident avec délit de fuite. ¶ ~ 운전수 un automobiliste ayant commis un délit de fuite. ¶ ~ 차량 un véhicule ayant commis un délit de fuite. ◇_(를) **치다** fuir, s'enfuir, se sauver, prendre la fuite, prendre la poudre d'escampette {*fam*}, déguerpir, s'esquiver, s'en aller [disparaître] furtivement, filer (à l'anglaise), se tirer (en douce) {*fam*}. ¶ 술 취한 운전자가 사고를 내고 ~쳤다 Un automobiliste saoul a pris la fuite après avoir provoqué un accident. ¶ 그 작자는 내 돈만 받아먹고 ~쳤다 Ce sale type s'est enfui avec mon argent.

뺑코 명 【속어】 «longs nez» ((surnom donné aux Américains dans des milieux malfamés)).

뺨 명 joue *f*; largeur *f* ((des côtés d'un objet)). ¶

불그레한 ~ les joues rubicondes [rouges]. ¶ 홀쭉한 ~ les joues creusées. ¶ ~을 맞다 recevoir une gifle. ¶ ~을 때리다 gifler, frapper sur la joue.
*~**치다** n'avoir rien à envier à *qn*, être largement [facilement] aussi+*adj* que *qn*; surpasser *qn*, éclipser *qn*. ¶ 그 여자는 배우 ~칠 만큼 잘 생겼다 Sa beauté n'a rien à envier à celle d'une actrice / Elle est largement aussi belle qu'une actrice.
***어르고 ~치다** dorer la pilule à *qn*, consoler d'une main pour frapper de l'autre.
***종로에서 ~맞고 한강에서 눈 흘기다** s'en prendre à *qn* qui n'a rien à y voir.
◆**_따귀** 명 joue *f*; ((때리기)) soufflet *m*, gifle *f*, claque *f* sur la joue, giroflée *f* à cinq feuilles, calotte *f* {*fam*}, baffe *f* {*fam*}, taloche *f* {*fam*}. ¶~따귀를 후려치다 donner [flanquer] une gifle, flanquer une (paire de) baffe(*s*) {*fam*}] à *qn*, gifler *qn*.

빠개다 타 fendre, casser en deux, couper ((une pomme en quartiers)); diviser, partager ((une pomme en deux)). ¶ 장작을 ~ fendre du bois.

빠개지다 자 se casser ((en deux)); prendre mauvaise tournure ((au dernier moment)); ouvrir la bouche de satisfaction. ¶ 술이 덜 깨어 머리가 빠개지는 것 같다 N'étant pas encore complètement dessoûlé(*e*), j'ai l'impression que ma tête va exploser [j'ai un mal de tête infernal].

빠근하다 형 avoir des courbatures, avoir mal partout; se sentir lourd, se sentir abattu(*e*). ¶ 다리가 ~ se sentir les jambes lourdes ¶ 어깨가 ~ avoir l'épaule raide, avoir les épaules courbaturées. ¶ 무거운 것을 들었더니 팔이 ~ J'ai des courbatures dans les bras parce que j'ai porté quelque chose de lourd. ¶ 운동을 많이 해서 온 몸이 ~ J'ai des courbatures partout parce que j'ai fait trop de sport.

빠기다 자 faire l'important(*e*), manifester une arrogance, prendre de grands airs, prendre un air fanfaron, se rengorger, fanfaronner, se montrer prétentieux(*se*); se vanter de *qc*, se faire gloire de *qc* {*litt*}. ¶ 빠기는 말투로 sur un ton prétentieux. ¶ 빠기며 걷다 marcher en se pavanant; rouler des mécaniques {*fam*}. ¶ 그는 자기 집이 부자라고 빠긴다 Il se vante d'avoir une famille riche.

빠꾸기 명 coucou *m*. ¶ ~ 소리 le chant du coucou.
◆**_시계** 명 horloge *f* à carillon ((sous forme de coucou)).

빠꾹새 명 ☞ 빠꾸기

빠끔빠끔 부 ☞ 빠끔빠끔

빠드러지다 자 se courber ((vers l'extérieur)), ((활 모양으로)) s'arquer, ((판자 따위가)) se déformer, gauchir; ((굳어지다)) devenir dur(*e*), durcir, se raidir, devenir ferme, prendre de la résistance; mourir, refroidir. ¶ 이가 빠드러지다 avoir les dents saillantes. ¶ 빠드러진 시체 un corps raidi.

빠드렁니 명 dent *f* saillante.

빡빡 부 ((onomatopée)) bouffée *f* (de cigarette) ((onomatopée lourde)); frottement ((onomatopée lourde)). ☞ 빡빡

빡빡하다 형 être *sec*(*sèche*); être peu souple, dur(*e*); être étroit(*e*) d'esprit; être peu débrouillard(*e*). ¶ 무리를 했더니 어깨가 ~ Ayant trop travaillé, j'ai les épaules courbaturées [contractées]. ¶ 자동차 핸들이 너무 ~ La direction de la voiture est trop dure. ¶ 남은 기한이 너무 빡빡해서 걱정이다 La date limite étant trop rapprochée, je suis inqui*et*(*ète*) ((car je vais manquer de temps pour terminer mon travail)). ☞ 빡빡하다

빡적지근하다 형 ① se sentir lourd, être courbaturé(*e*). ¶ 다리가 ~ avoir les jambes lourdes. ② 굉장하다 être tapageu*r*(*se*), retentissant(*e*), tonitruant(*e*). ¶ 빡적지근한 술자리 une véritable bacchanale.

뻔하다 부 ☞ 빤하다

뻔히 부 ☞ 빤하다

뻔뻔스럽다 형 être effronté(*e*), impudent(*e*), éhonté(*e*), sans scrupule; avoir de l'aplomb, avoir du culot {*fam*} [du toupet {*fam*}], être culotté(*e*) {*fam*}, gonflé(*e*) {*fam*}, ne pas manquer d'air {*fam*} [d'audace, d'aplomb, de culot {*fam*}]. ¶ 뻔뻔스러운 놈! Il[Tu] ne manque[s] pas d'air! ¶ 거짓말을 눈 하나 깜짝 안하고 하다니 참 ~ Il faut être vraiment effronté pour mentir de la sorte sans sourciller. ¶ 뻔뻔스럽게 여기가 어디라고 나타나! Quel toupet! Où te crois-tu pour oser venir ici?

뻔뻔하다 형 ☞ 뻔뻔스럽다

뻔질나다 형 être trop fréquent(*e*), incessant(*e*), se répéter trop souvent, survenir trop souvent. ¶ 재는 오락실 출입이 너무 ~ Celui-là, il fréquente trop les salles de jeu. ¶ 뻔질나게 찾아가다 aller trop fréquemment chez *qn*. ¶ 뻔질나게 드나들다 entrer et sortir trop fréquemment ((dans un lieu public)), fréquenter de manière excessive ((un lieu public)).

뻔하다[1] 조형 faillir, manquer de+*inf*; être à deux doigts ((de la mort, de+*inf*)); ((...할 뻔했다)) il s'en est fallu de peu [d'un cheveu, d'un doigt] [d'un poil {*fam*}] [Peu s'en est fallu {*litt*}] que+*subj*. ¶ 나는 넘어질 뻔했다 J'ai failli tomber / Je suis presque tombé(*e*) / Un peu plus et je tombais. ¶ 큰일 날 뻔했다 Il a failli y avoir une catastrophe / On a évité le pire [une catastrophe] / Il s'en est fallu d'un rien / On est passé (très) près [à deux doigts] de la catastrophe. ¶ 그는 자칫하면 차에 치일 뻔했다 Il a failli se faire écraser. ¶ 그는 죽을 뻔한 고비를 여러 차례 넘겼다 À de nombreuses reprises, il a frôlé la mort.

뻔하다[2] 형 être clair(*e*) (comme le jour, comme de l'eau de roche {*fam*}), manifeste, évident(*e*); être indiscutable, indéniable, incontestable; crever les yeux; sauter aux yeux {*fam*}; ça se voit comme le nez au milieu de la figure {*fam*}. ¶ 들어보나마나 뻔한 이야기다 De toute façon, c'est évident [ça crève les yeux {*fam*}]. ¶ 뻔한 일을 가지고 alors que ça crève les yeux {*fam*}. ¶ 그 사람의 속셈은 ~ Son intention est évidente [crève les yeux {*fam*}]. ¶ 그가 어떻게 나올지는 ~ Tout le monde sait d'avance ce qu'il va faire, cela crève les yeux {*fam*}.

뻗다 재타 ① allonger, rallonger, prolonger, étendre, étirer. ¶ 팔[다리]을 ~ allonger le bras [la jambe]. ¶ 손을 뻗어 물건을 집다 tendre la main pour prendre un objet. ② étendre, déployer, étaler, répandre, ramifier. ¶ 나무가 가지를 ~ l'arbre déploie [étale] ses branches. ¶ 길은 멀리 바다까지 뻗어 있다 La route s'étend jusqu'à la mer. ③ être épuisé(*e*), sonné(*e*); mourir. ¶ 그 남자는 한 대 맞고 길게 뻗었다 Il a été mis au tapis au premier coup. ¶ 몸을 길게 뻗고 눕다 s'allonger en s'étirant de tout *son* long. ④ étendre ((*son* influence)). ¶ 남의 일에까지 손을 ~ toucher aux affaires d'autrui. ⑤ prospérer, s'étendre, se propager, s'agrandir. ¶ 크게 뻗어 나갈 가망이 있다 avoir de grandes [merveilleuses] possibilités (pour l'avenir).

뻗대다 재타 ① résister avec entêtement [d'une façon acharnée, avec acharnement], s'obstiner à résister ((à qc)). ¶ 아기가 다리를 뻗댄다 L'enfant tape des pieds (pour manifester son mécontentement). ② insister, protester, s'opposer à *qn*, résister à *qn*, se révolter contre *qn*, désobéir à *qn*, tenir bon devant *qn*. ¶ 동생은 자기는 아무것도 모른다고 뻗댔다 Mon petit frère protesta affirmant qu'il ignorait tout de la situation.

뻗지르다 타 allonger brutalement; brandir.

뻗치다 재 ① s'étendre, se déployer, s'élancer, se déployer, se répandre, se ramifier, se propager. ¶ 나뭇가지가 담 밖으로 뻗쳤다 Quelques branches de l'arbre dépassaient du mur. ② s'étendre, se déployer, se répandre. ¶ 그 왕국은 세력이 중앙아시아까지 뻗쳤다 La puissance de ce royaume s'étendait jusqu'en Asie centrale.

***열이** ~ être véhément(*e*); se mettre en colère; bouillonner de rage [colère].

타 ① tendre, tirer. ¶ 그 여자는 손을 뻗쳐 밧줄을 잡았다 Elle tendit la main et prit la corde. ② étendre, déployer, répandre. ¶ 세력을 널리 ~ étendre *son* pouvoir. ¶ 누구에게 [무엇에] 마수를 ~ tendre un piège à *qn*.

뻗히다 타 ☞ 뻗치다

뻘[1] 명 sable *m* mouillé, banc *m* de sable (régulièrement recouvert à marée haute) ((dialecte des régions de Gyeongsang Namdo, Gyeongsang *du Sud et de Jeolla Namdo*, Jeolla du Sud)).

-뻘[2] 접미 ((나이 suffixe nominal)) apparenté(*e*) à [de] l'âge de *qn*; personne *f* qui pourrait être apparentée à *qn*. ¶ 아버지~의 남자와 결혼하다 se marier avec un homme de l'âge de *son* père. ¶ 그 사람은 나의 삼촌~이다 On pourrait croire qu'il est mon oncle.

뻘개지다 재 ☞ 벌개지다

뻘겋다 형 être rouge, cramoisi(*e*), vermeil(*le*), écarlate, vermillon *inv*, pourpre. ¶ 그의 얼굴이 뻘겋게 달아오르고 있다 Le sang lui monte au visage.

뻘뻘 부 ((mimétisme)) à toute allure, à toute vitesse; en sueur. ¶ 땀을 ~ 흘리다 transpirer à grosses gouttes. ¶ ~ 기어 다니다 filer à quatre pattes. ¶ 아침부터 어디를 그렇게 ~ 쏘다니냐? Dès le matin, où vas-tu comme ça en courant dans tous les sens? / Pourquoi cours-tu si vite comme ça dès le matin? / Pourquoi es-tu aussi occupé(*e*) [agité(*e*)] dès le matin?

뻣뻣하다 형 ① être raide, rigide, dur(*e*), inflexible. ¶ 뻣뻣한 가죽 cuir rigide. ¶ 머리카락이 ~ avoir les cheveux rêches. ¶ 웬일인지 목이 [다리가] ~ Je ne sais pas pourquoi mais j'ai le cou raide [les jambes raides]. ¶ 저 선수는 자세가 너무 ~ Cet athlète [Ce joueur] a une posture trop rigide [contractée]. ¶ 몸이 뻣뻣하게 굳었다 J'ai le corps engourdi. ¶ 뻣뻣하게 굳은 자세 une attitude [une posture] rigide [contractée]. ② être dur(*e*), inflexible, implacable; être engourdi(*e*). ¶ 그는 나를 뻣뻣한 태도로 맞았다 Il m'a accueilli froidement [durement].

◆**뻣뻣이** 부 d'un air hautain; avec arrogance. ¶ 고개를 뻣뻣이 들고 la tête droite, l'air hautain. ¶ 누구에게 뻣뻣이 대꾸하다 répondre sèchement à *qn*.

뻥 명 【속어】 bobard *m* {*fam*}, salade(*s*) *f*(*pl*) {*fam*}, boniment *m*, craque *m* {*fam*}, blague *f* {*fam*}, galéjade *f*. ¶ 그 남자는 ~이 심하다 ((거짓말)) Il ment comme il respire / Il ment comme un arracheur de dents / ((과장)) Il a une fâcheuse tendance à trop exagérer / Il a une forte tendance à l'exagération / Il faut toujours qu'il en rajoute {*fam*} / Il ne peut raconter une histoire sans broder. ◇_(을) **치다[까다]** ((거짓말하다)) raconter des salades [des bobards {*fam*}, des boniments, des craques {*fam*}]; ((과장하다)) exagérer, en rajouter {*fam*}, en remettre {*fam*}, broder. ¶ ~치지 마[까지 마] ((거짓말)) Ne raconte pas de salades! / Arrête (avec) tes bobards! / Arrête de raconter des bobards! / Arrête tes craques! / Pas de salades! / Assez de boniments! / ((과장)) N'en rajoute pas {*fam*} / N'en fais pas trop. ¶ 그 사람이 하는 말은 다 ~이다 Tout ce qu'il dit, ce sont des salades [des bobards] {fam}.

뻥뻥 부 ① ((mimétisme, onomatopée)) troué(*e*) de partout ((idéophone évoquant plusieurs trous)). ¶ 양말에 구멍이 ~ 났다 Il y a de gros trous aux chaussettes. ② pif! paf! ¶ 폭죽이 ~ 터졌다 Les pétards ont éclaté. ③ de façon prétentieuse, prétentieusement, avec beaucoup de suffisance, en se donnant de grands airs, en faisant le fanfaron, en se donnant un air avantageux. ¶ 그는 항상 큰소리만 ~ 친다 Il parle toujours haut et fort en se donnant de grands airs [de façon prétentieuse] / Il fait toujours le fanfaron.

ㅂ

뻥튀기 명 ① *ppeongtwigi m* <galette de riz ou de maïs soufflé>. ¶ ~ 장수 vendeur de *ppeongtwigi*. ② ((비유적)) action d'amplifier l'importance d'un fait réel, action de faire prendre de trop grandes proportions à un fait, action d'exagérer un fait. ◇_(를) 하다 accorder une importance exagérée [accrue] à *qc*, amplifier l'importance d'un fait réel, faire prendre de trop grandes proportions à un fait réel, exagérer ((un fait)), agrandir, grossir ((une affaire)), gonfler, en dire plus qu'il n'en faut, en rajouter {*fam*}, en remettre {*fam*}; fanfaronner, grossir, amplifier ((les faits)), broder; se vanter, bluffer {*fam*}; exagérer ((un événement)), amplifier ((un fait)), broder ((une histoire)), fanfaronner, grossir ((une description)), gonfler ((une nouvelle)), exagérer [amplifier, gonfler, enjoliver, grossir] un fait; charger, embellir, encenser, enfler, exalter, faire mousser, grandir, hâbler, ne pas y aller de main morte, surestimer, surévaluer, surfaire. ¶ 사소한 일을 ~해서 말하다 exagérer un fait sans importance, donner trop d'importance à un fait qui n'en vaut pas la peine. ◇_(가) 되다 enfler, s'amplifier, prendre de grandes proportions. ¶ 좋지 않은 소문은 꼭 ~ 되기 마련이다 Une mauvaise rumeur a toujours tendance à enfler [à s'amplifier, à prendre de grandes proportions].

뼈 명 ① os *m*; arête *f*. ¶ 생선의 ~를 발라내다 désosser [ôter les arêtes d'] un poisson. ¶ ~가 부러지다 se casser [se fracturer] un os. ¶ 그는 ~만 앙상하다 Il n'a que la peau sur les os / On ne lui voit que les côtes / Il est squelettique. ¶ ~만 남은 얼굴 un visage osseux. ¶ 부러진 ~를 맞추다 réduire une fracture, remettre ((un bras)). ¶ ~가 휘다 avoir le dos courbé [voûté], être courbé(*e*), voûté(*e*), cassé(*e*). ② 핵심, 저의 noeud *m*, fond *m*; l'essentiel *m*; arrière-pensée *f*, intention *f* cachée. ¶ ~만 추려서 이야기해라 Je te demande d'essayer de ne dire que l'essentiel. ◇_(가) 있다 être implicite, tacite; être plein(*e*) de sous-entendus. ¶ 말속에 ~가 있다 critiquer implicitement [tacitement]; faire une insinuation [une phrase pleine de sous-entendus]. ¶ ~ 있는 말을 하다 parler avec une arrière-pensée, critiquer implicitement [tacitement], faire des insinuations, avoir des paroles pleines de sous-entendus.

*~가 휘다 plier sous le poids de, crouler sous le poids de, avoir beaucoup de mal [beaucoup de difficultés] à+*inf*, peiner. ¶ 자식들 뒷바라지로 ~가 휠 지경이다 Je n'arrive pas [J'ai beaucoup de mal] à subvenir aux besoins de mes enfants / Financièrement, c'est dur à cause des enfants.

*~도 못 추리다 (y) laisser des plumes {*fam*}; laisser *sa* vie au combat, (y) laisser *sa* peau {*fam*}; essuyer une lourde perte. ¶ 그 사람한테 걸리면 너는 ~도 못 추릴 것이다 Si tu croises sa route, tu vas y laisser ta peau {*fam*} [des plumes {*fam*}].

*~(를) 깎다 se donner beaucoup de peine [beaucoup de mal], se donner un mal fou [un mal de chien] {*fam*} (pour faire *qc*, pour parvenir à un résultat), faire de grands efforts, faire des efforts intenses [acharnés], suer, peiner, se mettre en quatre {*fam*}, se démener, se dépenser, se décarcasser {*fam*}, se casser le cul {*vulg*}; (beaucoup) galérer {*fam*}, ramer {*fam*}, trimer {*fam*}; suer sang et eau, en baver {*fam*}. ¶ ~를 깎는 노력 끝에 성공하다 réussir après des efforts intenses [acharnés].

*~를 묻다 finir *ses* jours. ¶ 나는 고향에 ~를 묻고 싶다 Je voudrais finir mes jours dans ma ville natale.

*~에 사무치다 émouvoir profondément, toucher au vif, pénétrer jusqu'au fond du coeur. ¶ 원한이 ~에 사무치다 éprouver une âpre rancoeur contre *qn*.

*잔~가 굵다 être expérimenté(*e*) (dans un domaine), avoir de l'expérience; être un vétéran [un vieux routier {*fam*}, un vieux briscard {*fam*}, un vieux de la vieille {*fam*}]; être du métier [de la partie]; connaître *sa* partie; être un spécialiste; bien connaître *son* métier. ¶ 내가 이래 뵈도 이 바닥에서 잔~가 굵은 사람이다 Je n'en ai peut-être pas l'air [Tu ne me croiras peut-être pas], mais dans ce domaine, je suis très expérimenté(*e*).

◆_아프다 형 avoir une douleur vive; être douloureux(*se*); regretter vivement. ¶ ~아픈 실수 une erreur [une faute] (vivement) regrettable. ¶ 젊은 시절의 과오를 ~아프게 후회하다 regretter vivement une erreur de jeunesse.

◆_빠지게 부 sans trêve ni repos, sans relâche, sans répit, sans cesse, sans arrêt. ¶ ~빠지게 일하다 travailler sans relâche [du matin au soir], travailler comme un forçat [comme un esclave, comme une bête de somme, comme un cheval, comme un galérien, comme un forcené, comme une brute, comme un boeuf, comme un malade {*fam*}, comme une bête {*fam*}, comme un fou {*fam*}], se tuer à la tâche, trimer, s'échiner au travail, s'esquinter à travailler {*fam*}, se crever {*fam*} au travail, s'épuiser à la tâche.

◆_저리게 부 profondément, vivement, intensément; au fond du coeur; au plus profond de *soi*-même. ¶ 집 없는 설움을 ~저리게 느끼다 ressentir très profondément la tristesse de ne pas avoir de maison.

◆_마디 명 articulation *f*, jointure *f* ((des os)); noeud *m*, nodosité *f*; phalange ((du doigt)); bout *m* [morceau(*x*) *m*] d'os. ¶ 나이가 들면서 ~ 마디마디가 다 시리다 Avec l'âge, on a toutes les articulations endolories [on a mal à toutes les articulations].

◆_ㅅ골 -ㅅ骨 명 ((골수)) moelle *f*; ((머릿골)) cerveau(*x*) *m*, cervelle *f*.

◆_ㅅ속 명 moelle *f* (des os). ¶ ~ㅅ속까지 스며드는 추위 froid qui pénètre jusqu'à la moelle (des os).

뼈다귀 명 os *m*; bout *m* d'os.

ㅂ

◆_탕 명 *ppyeodagwitang m* <ragoût pimenté avec pommes de terre, échine de porc [longe de porc] et feuilles séchées de chou chinois>.

뼈대 명 ossature *f*, squelette *m*; ((건축)) charpente *f*, carcasse *f*, armature *f*, support(*s*) *m*(*pl*). ¶ ~가 굵은 사람 un homme avec une ossature robuste, un homme bien bâti [bien charpenté]. ¶ 건축물은 무엇보다도 ~가 튼튼해야 한다 En architecture, il faut avant tout avoir une charpente solide.

*~ **있는 집안** ((être)) de noble origine, ((être)) de bonne famille.

뼘 분류 empan {vx} *m*. ¶ 한 ~ 정도의 길이 une longueur d'environ un empan.

뽀드득 부 avec un grincement; avec un crissement. ¶ 이를 ~ 갈다 grincer des dents. ¶ 눈이 ~ 밟힌다 La neige crisse [craquette] sous les pas.

뽀르르 부 ((어린 아이, 작은 동물)) à toutes jambes, ventre à terre. ¶ 아이가 ~ 달려 나갔다 L'enfant s'est mis à courir très vite [à toute allure].

뽀뽀 명 bisou *m* {*fam*}. ◇_(를) **하다** faire un bisou. ¶ 엄마에게 ~를 하다 faire un bisou à *sa* maman, faire une bise à *sa* mère. ¶ 볼에 ~를 하다 faire un bisou sur la joue. ¶ ~해 줘 Fais-moi un bisou [Embrasse-moi], s'il te plaît.

뽀얗다 형 ((얼굴, 살결)) être blanc(*che*), laiteux(*se*); ((먼지)) être blanchâtre; ((안개, 구름)) être brumeux(*se*), embrumé(*e*), nébuleux(*se*), nuageux(*se*); ((연기, 김)) être fumeux(*se*), vaporeux(*se*), embué(*e*). ¶ 피부가 ~ avoir la peau blanche [laiteuse]. ¶ 그 여자는 볼이 ~ Elle a des joues blanches. ¶ 멀리서 뽀얗게 먼지가 일었다 Au loin, on voyait un nuage de poussière. ¶ 뽀얗게 안개가 끼었다 Le brouillard est opaque / Le temps est brumeux.

뽐내다 자타 montrer [manifester] *qc* avec fierté [orgueil], se vanter, prendre de grands airs, prendre un air fanfaron, se rengorger, fanfaronner, se montrer prétentieux(*se*); se faire gloire de *qc*. ¶ 그 여자는 자신의 미모를 뽐낸다 Elle montre sa beauté avec fierté. ¶ 갈고 닦은 실력을 ~ monter avec orgueil des compétences durement acquises. ¶ 뽐내며 걷다 se pavaner. ¶ 뽐내는 말투로 d'un ton arrogant. ¶ 그 남학생은 공부를 잘 한다고 늘 뽐낸다 Cet élève se vante toujours d'être bon à l'école. ¶ 돈깨나 있다고 너무 뽐내지 마라 Ne te vante pas trop du peu d'argent que tu possèdes.

뽑다 타 ① arracher, extraire, extirper, déraciner, retirer, enlever, ôter, déplanter, déterrer, détacher, sortir, tirer, libérer. ¶ 뿌리를 ~ déterrer la racine. ¶ 못을 ~ arracher un clou ¶ 잡초를 ~ enlever [arracher, extirper] les mauvaises herbes. ¶ 칼을 ~ tirer [sortir] un couteau. ¶ 병마개를 ~ déboucher une bouteille. ¶ 이를 ~ arracher une dent. ② 길게 늘여빼다 sortir, tirer. ¶ 국수를 ~ fabriquer des nouilles avec une machine. ③ ((소리나 말을)) allonger, tirer à la longue. ¶ 노랫가락을 ~ étirer un refrain, improviser [s'attarder] sur une couplet, poursuivre un couplet (d'une chanson). ④ ((돈을)) récupérer, rattraper. ¶ 주식이 폭락하는 바람에 본전도 뽑지 못했다 La valeur des actions a chuté si brusquement que je n'ai même pas eu le temps de récupérer mon capital. ⑤ 가려내다, 선발하다 choisir, sélectionner, élire, trier, distinguer, recruter. ¶ 대표를 ~ élire le représentant. ¶ 누구를 대표로 ~ élire *qn* comme [en qualité de] représentant. ¶ 인재[신입 사원, 신입생]를 ~ sélectionner un homme talentueux [un nouvel employé, un étudiant à l'entrée à une université]. ¶ 국회의원[대통령]을 뽑는 선거 les (élections) législatives [présidentielles]. ¶ 대의원을 ~ élire des représentants. ¶ 둘 중 하나를 ~ choisir entre deux choses. ¶ 몇 사람 중에서 한 사람을 ~ choisir une seule personne parmi de nombreux candidats. ⑥ 【속어】 ((양복을)) se payer {fam}. ¶ 새 양복을 뽑아 입다 se payer un nouveau costard.

*제비를 ~ tirer au sort (à la courte paille).

뽑히다 자 ① être arraché(*e*), extrait(*e*), extirpé(*e*), déraciné(*e*), retiré(*e*). ¶ 머리카락이 한 움큼 뽑혔다 Je me suis fait arracher toute une mèche de cheveux. ② être choisi(*e*), élu(*e*); être recruté(*e*) {*fam*}. ¶ 반장으로 ~ être élu(*e*) délégué(*e*) de la classe.

뽕 명 ((열매)) mûre *f*; ((나무)) mûrier *m*. ¶ ~을 따다 cueillir des feuilles de mûrier.

◆_나무 명 mûrier *m*.

◆_잎 명 feuille *f* de mûrier. ¶ 누에는 ~잎을 먹고 산다 Le ver à soie se nourrit de feuilles de mûrier.

*님도 보고 ~도 따다 joindre l'utile à l'agréable; faire coup double, avoir le beurre et l'argent du beurre [et l'argent de la crémière {*fam*}].

뽕짝 명 *ppongjjak m* <chansons populaires du style de celles venant du Japon sous l'occupation, interprétées avec un trémolo dans la voix>.

뾰로통하다 자 bouder, faire la moue, montrer une humeur maussade, rechigner, renâcler, répugner, tiquer, rouspéter, grogner; être renfrogné(*e*); se renfrogner. ¶ 뾰로통한 얼굴 un visage renfrogné. ¶ 그 아이는 조금만 야단쳐도 뾰로통해진다 Cet enfant boude à la moindre réprimande. ¶ 아이가 야단을 맞고 뾰로통해 있다 L'enfant prend une mine boudeuse après avoir été grondé.

뾰루지 명 pustule *f*, bouton *m*. ¶ 이마에 ~가 나다 avoir des pustules sur le front. ¶ 이마에 난 ~를 짜다 (se) percer un bouton sur le front.

뾰루퉁하다 형 être piqué(*e*) (au vif). ☞ 뾰로통하다

뾰족 부 de façon pointue. ¶ ~ 솟은 교회의 첨탑 le clocher pointu de l'église.

◆_하다 형 ① être pointu(*e*), être en pointe; être aigu(*ë*). ¶ ~한 턱 le menton pointu. ¶ ~한 모서리를 매끄럽게 다듬다 émousser des angles pointus. ¶ 그는 코가 ~하다 Il a un nez pointu[en pointe]. ¶ 연필을 ~하게 깎다 aiguiser la pointe de *son* crayon, tailler un crayon. ¶ 입술을 ~하게 내밀다 faire la moue [la lippe {*litt*}]. ② (생각 따위가) 신통하다 être précis(*e*) et admirable; être particuli*er*(*ère*), extraordinaire. ¶ ~한 수가 없다 Il n'y a pas de meilleure solution[de méthode miracle].

뿅 부 ((mimétisme)) avec béatitude, en extase, aux anges. ¶ 그는 갑자기 ~ 하고 무대에 나타났다 Brusquement, il est apparu sur la scène en criant: Me voilà!

◆_가다 자 【속어】 s'extasier devant *qc*/*qn*, se pâmer, tomber en pâmoison, être béat(*e*) (d'admiration), en extase, aux anges. ¶ 그 여자는 정말 ~ 가게 예뻐 Elle est belle à en perdre le souffle. ¶ 어제 술을 너무 많이 먹어서 그만 ~가버렸지 뭐야 J'ai tellement bu hier que j'étais ivre mort(*e*).

뿌듯하다 형 être bien fi*er*(*ère*); ((마음이)) être rempli(*e*) de satisfaction, avoir le sentiment du devoir accompli; éprouver un sentiment de satisfaction, éprouver de la satisfaction, avoir le sentiment du devoir accompli ((après avoir achevé une grande tâche)); se sentir fi*er*(*ère*) de *qc*. ¶ 봉사 활동을 하면서 뿌듯한 보람을 느끼다 éprouver de la satisfaction en faisant du bénévolat. ¶ 그는 보람으로 가슴이 뿌듯했다 Il était heureux [satisfait, ému] de ce résultat fructueux / Il était heureux [satisfait, récompensé] de ses efforts [de son travail]. ¶ 나는 큰일을 해냈다는 생각에 가슴이 ~ J'éprouve de la satisfaction [J'ai le sentiment du devoir accompli] à la pensée d'avoir achevé [terminé] un travail considérable [important]. ¶ 일등상을 받아서 부모님 마음을 뿌듯하게 해 드리다 donner satisfaction à *ses* parents en recevant le premier prix.

뿌루퉁하다 형 ((얼굴, 입)) être enflé(*e*), gonflé(*e*); ((표정)) être boudeur, faire la moue [la tête, la gueule {*fam*}], être renfrogné(*e*), tirer une [la] gueule à *qn* {*fam*}, manifester de la mauvaise humeur, avoir l'air de mauvaise humeur [l'air mécontent], être mal luné(*e*) {*fam*}, être dans une mauvaise lune {*vx*}, s'être levé(*e*) du pied gauche {*fam*}. ¶ 뿌루퉁한 얼굴 un visage [un air, une mine] renfrogné(*e*) [maussade]. ¶ 재 왜 저렇게 뿌루퉁해 있니? Pourquoi est-il boudeur comme ça, celui-là? / Pourquoi est-il d'une humeur si maussade, celui-là? / Qu'est-ce qu'il a à faire la gueule {*fam*} [à faire la tête, à bouder] comme ça, celui-là? / Pourquoi il est si mal luné {*fam*} aujourd'hui?

뿌리 명 ① racine *f*. ¶ 나무를 ~째 뽑다 déraciner un arbre. ② 근원 cause *f*, origine *f*, source *f*. ¶ 사건의 ~를 캐다 découvrir les causes originelles d'une affaire. ◇_(를) **내리다** prendre racine, s'enraciner, s'installer, s'implanter, s'établir, se fixer, s'ancrer. ¶ 민주주의가 ~를 내린다 La démocratie s'enracine. ¶ 이 곳은 내가 ~ 내리고 살아가야 하는 곳이다 C'est l'endroit où je dois me fixer.

*~(가) **깊다** être profondément enraciné(*e*), être bien enraciné(*e*) [ancré(*e*)]. ¶ ~ 깊은 관습 une coutume bien enracinée. ¶ ~ 깊은 증오심 une haine bien enracinée.

*~(가) **깊은 나무는 바람에 흔들리지 않는다** Un arbre bien enraciné ne faiblit pas au vent.

*~(가) **박히다** être enraciné(*e*), ancré(*e*). ¶ 깊이 ~ 박힌 생각 une idée profondément enracinée [bien ancrée dans l'opinion]. |

*~(를) **박다** s'enraciner, s'ancrer, s'installer, s'établir, se fixer. ¶ 한 곳에 ~ 박고 살다 vivre dans un coin et s'y enraciner.

*~(를) **뽑다** déraciner; extirper ((un vice)); éradiquer, supprimer complètement. ¶ 학교 폭력을 ~뽑다 extirper la violence à l'école. ¶ 사회의 부정부패를 ~뽑다 éradiquer les injustices sociales.

뿌리다[1] 자 bruiner, pleuviner {*fam*}. ¶ 가랑비가 뿌렸다 Il a bruiné.

뿌리다[2] 타 ① asperger, arroser, saupoudrer, parsemer, jeter à la volée, semer. ¶ 꽃씨를 ~ semer des graines de fleurs, faire des semis de fleur. ¶ 향수를 ~ vaporiser du parfum. ¶ 생선에 소금을 ~ saupoudrer de sel le poisson, saler le poisson. ¶ 잔디밭에 물을 ~ arroser la pelouse. ¶ 눈물을 ~ verser des larmes. ¶ 유인물을 공중에 ~ jeter des polycopiés en l'air. ② 낭비하다 dépenser à tort et à travers [sans compter], ne pas regarder à la dépense, jeter l'argent par les fenêtres {*fam*}, dilapider, gaspiller. ¶ 돈을 마구 ~ jeter l'argent par les fenêtres. ¶ 팁을 ~ distribuer des gratifications ((à des entraîneuses)). ¶ 뇌물을 ~ verser des pots-de-vin.

뿌리치다 타 dégager ((*son* poignet)); se dégager, repousser, rejeter, refouler. ¶ 그의 손길을 ~ repousser *sa* main. ¶ 유혹을 ~ refouler la tentation. ¶ 나는 아버지의 도움을 뿌리쳤다 J'ai rejeté l'aide de mon père.

뿌옇다 형 être blanchâtre, flou(*e*), vague, brumeu*x*(*se*), grisâtre, laiteu*x*(*se*). ¶ 뿌연 안개 un brouillard opaque. ¶ 뿌연 국물 un bouillon laiteux. ¶ 공해물질 때문에 하늘이 ~ Le ciel est grisâtre à cause de la pollution. ¶ 먼지가 뿌옇게 끼다 être couvert(*e*) de poussière, être poussiéreu*x*(*se*). ¶ 창밖이 뿌옇게 밝아온다 Il commence à faire jour (dehors) / Le jour commence à poindre (dehors).

뿐[1] 의명 ((nom dépendant qui s'emploie après le suffixe flexionnel -ㄹ/-을)) seulement, uniquement; rien d'autre que. ¶ 그는그저 머리만 좋을 ~이다 C'est seulement qu'il est intelligent. ¶ 그는 나를 바라만 볼 ~ 아무 말이 없었다 Il se contentait de me regarder sans dire un mot.

*-ㄹ~**더러**, -ㄹ~ **아니라** non seulement ... mais (aussi).

뿐[2] 조 ((particule exprimant l'exclusivité. Il s'ajoute après un substantif et une autre particule. Il s'emploie souvent sous forme de substantif / suffixe+-뿐만 아니라 ... substantif / suffixe+-도

non seulement ... mais aussi)) ...seulement, uniquement; rien d'autre que, ne ... que. ¶ 내겐 너~이다 Je n'ai que toi / Tu es tout pour moi. ¶ 믿을 건 실력~이다 On ne peut compter que sur les compétences. ¶ 그는 영어~만 아니라 프랑스어도 잘 한다 Il parle non seulement bien l'anglais mais aussi le français. ¶선생님에게 야단을 맞은 학생은 저~이 아니에요. Les étudiants qui ont été grondés par le professeur, ce n'est pas seulement moi. ¶그는 학교에서~만 아니라 집에서도 성실해요. Il est sérieux non seulement à l'école, mais à la maison aussi

뿔 명 ((소)) corne *f*, ((사슴)) bois *mpl* ((des cervidés)); ((갑각류, 어류, 곤충)) rostre *m* ((des crustacés, insectes)), stylet *m* ((des insectes)). ¶ 사슴 ~ les bois d'un cerf. ¶ ~을 자르다 décorner [écorner] ((un boeuf)), priver ((un animal)) de ses cornes. ¶ ~로 받다 encorner, donner un coup de corne. ¶ ~에 받히다 se faire encorner. ¶ ~이 나다[돋다] ((les cornes, les bois)) pousser.

*~(을) **내다** 【구어】 engueuler *qn* {fam}, gueuler après *qn* {fam}.

*~(이) **나다** 【구어】 être en colère, fâché(*e*), furax {*fam*}, fumasse {*fam*}, en rogne {*fam*}, en pétard {*fam*}, remonté(*e*) {*fam*}; ((기분이 나쁘다)) être [avoir l'air] de mauvaise humeur [de mauvais poil {*fam*}], être mal luné {*fam*}, s'être levé(*e*) du pied gauche {*fam*}; ((삐졌다)) bouder, faire la tête {*fam*} [la gueule {*fam*}], tirer la [une] gueule ((à *qn*)) {*vulg*}, avoir [faire] une tête d'enterrement {*fam*}, faire une tête de six pieds de long {*fam*}.

◆_**공예** -工藝 명 objet *m* (fabriqué) en corne ou en ivoire.

◆_**도장** -圖章 명 sceau(*x*) *m* en corne.

◆_**잔** 명 coupe *f* en corne.

◆_**테** monture *f* (de lunettes) en corne. ¶ ~테 안경 des lunettes avec une monture en corne.

◆_**피리** 명 corne *f*, cors *mpl*.

뿔딱지 명 【속어】 énervement *m*. ◇_(를) **내다** s'emporter contre *qn*, passer *son* énervement sur *qn*. ◇_(가) **나다** s'énerver.

뿔뿔이 부 pêle-mêle, en désordre, de-ci de-là, ça et là; ((제각기)) en morceaux, en pièces. ¶ 어릴 적 친구들이 이제는 모두 ~ 흩어졌다 Tous mes amis d'enfance sont maintenant dispersés, ça et là.

뿔뿔히 부 ('뿔뿔이'의 잘못) ☞ 뿔뿔이

뿜다 타 jaillir, faire jaillir, cracher, éjecter, projeter, rejeter. ¶ 총들이 일제히 불을 뿜었다 Tous les fusils crachèrent en même temps. ¶ 고래가 물을 뿜는다 La baleine lance un jet d'eau. ¶ 문어는 먹물을 뿜으며 도망친다 Le poulpe s'enfuit en crachant de l'encre. ¶ 화산에서 뿜어 나오는 연기 fumées qui jaillissent d'un volcan. ¶ 시커먼 배기 가스를 뿜으며 달리는 차 véhicule qui roule en rejetant des fumées noires [un nuage de fumée noire]; véhicule qui laisse un nuage de fumée noire derrière lui.

뿜어내다 타 faire jaillir, faire gicler. ¶ 연기를 ~ rejeter [laisser échapper, dégager, émettre, cracher] de la fumée, fumer.

뿡뿡 부 ((onomatopée)) tut-tut. ¶ 트럭이 ~ 경적을 울렸다 Le camion a klaxonné.

◆_**거리다[대다]** 자 klaxonner.

삐 부 ((onomatopée)) ouin ouin, ((onomatopée évoquant un pleur d'enfant)); turlututu! ((onomatopée évoquant un son de flûte)); bip ((onomatopée évoquant le bruit d'une sonnerie)), ding ding dong ((onomatopée évoquant la sonnerie d'un carillon)). ¶ 벨이 ~ 울렸다 La sonnette a tinté.

삐거덕 부 bing ((onomatopée évoquant le bruit d'objets solides qui s'entrechoquent)), avec un grincement, ((onomatopée évoquant un grincement)), scrii! ...((onomatopée évoquant un coup de frein)). ¶ ~ 문이 열렸다 La porte s'est ouverte avec un grincement. ¶ 마루가 ~ 소리를 냈다 Le parquet a grincé.

◆_**거리다[대다]** 자 grincer; crisser. ¶ 대문이 ~거리며 열렸다 Le portail s'ouvrit en grinçant.

삐걱 부 ☞ 삐거덕

삐걱거리다 자 ① ((문, 창문이)) grincer, crisser, gémir. ¶ 대문[창문]이 삐걱거린다 Le portail [La fenêtre] grince [gémit]. ¶ 의자에서 삐걱거리는 소리가 난다 La chaise grince. ② ((일, 조직이)) être chancelant(*e*). ¶ 저 팀은 그렇게 삐걱거려서 어디 일이 되겠니? Que peut faire de bon une équipe aussi chancelante?

삐꺽 부 ☞ 삐거덕

삐끼 명 rabatteur(*se*)

삐다 자타 se faire une entorse, se démettre ((un membre)); se luxer la rotule. ¶ 발목이[을] ~ se faire une entorse à la cheville. ¶ 손목이[을] ~ se fouler le poignet.

***눈이** ~ être aveugle, inconscient(*e*), fou(*folle*). ¶ 이런 물건을 사오다니 너는 눈이 삐었니? Pour acheter un objet pareil, tu dois être aveugle!

삐대다 자 ① se conduire en parasite chez *qn*, déranger *qn* en demeurant trop longtemps chez lui; rester trop longtemps chez *qn*, s'incruster chez *qn*, taper l'incruste {*arg*}. ¶ 남의 집에서 한 달이나 ~ déranger *qn* en restant un mois chez lui; se conduire en parasite pendant un mois chez *qn*. ② 얼버무리다 user de faux-fuyants [d'équivoques] (dans certaines circonstances). ¶ 어떻게 대충 삐대면 되겠지? Cela passera si l'on use de faux-fuyants?

삐딱하다 형 ① être penché(*e*), incliné(*e*); être de travers [de traviole {*fam*}]. ¶ 벽에 걸린 액자가 좀 ~ Le tableau accroché au mur est un peu penché [de traviole {*fam*}]. ¶ 모자를 삐딱하게 쓰다 mettre un chapeau de travers; mettre[porter] son chapeau[bonnet] sur l'oreille. ② être tordu(*e*); avoir l'esprit mal tourné [l'esprit tordu]. ¶ 그는 사람이 좀 ~ Il est un peu tordu / Il a l'esprit tordu / C'est un compliqué. ¶ 너는 왜 항상 세상을 삐딱하게 보니? Pourquoi vois-tu toujours tout de travers?

ㅂ

☞ 비딱하다

삐뚜로 부 ① de travers; en serpentant. ¶ 줄을 ~ 긋다 tracer une ligne en zigzag. ② 비틀어지게 de façon tordue. ¶ 아이가 삐뚤게 나간다 L'enfant suit une mauvaise voie / L'enfant file un mauvais coton {*fam*}. ¶ 세상을 ~ 보다 porter un regard pessimiste sur le monde. ¶ 우리 아이가 ~ 나가고 있다 Notre enfant est en train de s'écarter du droit chemin.

삐뚜름하다 형 ① être un peu de travers, légèrement penché(*e*), incliné(*e*), oblique, de traviole {*fam*}, de biais, en biais. ¶ 선이 ~ La ligne est légèrement penchée [oblique]. ¶ 그림이 삐뚜름하게 걸려 있다 Le tableau est légèrement de travers. ② ((태도가)) être bizarre, tordu(e). ¶ 삐뚜름하게 나오다[굴다] se comporter bizarrement.

삐뚤거리다 자 chanceler, se balancer d'un côté à l'autre, trébucher, tituber, marcher en zigzag, marcher de travers. ¶ 삐뚤거리며 앞으로 나아가다 avancer d'un pas chancelant. ¶ 술이 취해서 ~ avancer en titubant [marcher en zigzag, marcher de travers] (à cause de l'ivresse); ((ivrogne)) tituber. ¶ 핸들이 삐뚤거려 운전을 할 수가 없다 Comme le volant de la voiture bouge beaucoup, je ne peux pas vraiment conduire. ¶ 누가 줄을 이렇게 삐뚤거리게 그어 놓았지? Qui a tracé cette ligne en zigzag?

삐뚤다 형 ① 기울어지다 être incliné(*e*), de travers; pencher d'un côté. ¶ 길이 ~ La route n'est pas droite. ¶ 줄이 ~ La ligne est tordue. ② 비틀어지다 être tordu(*e*). ¶ 아이가 삐뚤게 나간다 L'enfant suit une mauvaise voie / L'enfant file un mauvais coton {*fam*}. ¶ 세상을 삐뚤게 보다 porter un regard pessimiste sur le monde.

삐뚤삐뚤 부 ((mimétisme)) en serpentant. ¶ ~ 구부러진 산길 une route de montagne extrêmement sinueuse [tortueuse].

◆ **_하다** 형 être sinueux(se), tortueux(se). ¶ ~한 글씨 une écriture sinueuse [pleine de ronds et de déliés].

삐뚤어지다 자 ① 기울어지다 se pencher, s'incliner, devenir irréguli*er*(*ère*), être penché(*e*), couché(*e*). ¶ 벽에 걸린 그림이 약간 왼쪽으로 삐뚤어졌다 Le tableau accroché au mur est légèrement penché à gauche. ¶ 네가 그린 사각형은 좀 삐뚤어졌다 Le rectangle que tu as tracé est légèrement incliné. ¶ 이 자는 삐뚤어졌다 Cette lettre est mal écrite. ¶ 줄을 삐뚤어지게 긋다 tracer une ligne en zigzag. ② 비틀어지다 avoir l'esprit tordu. ¶ 그 사람은 무슨 이유에서인지 마음이 삐뚤어졌다 On ne sait pour quelle raison, il a maintenant l'esprit tordu. ¶ 우리 아이가 삐뚤어진 길로 나가고 있다 Notre enfant est en train de s'écarter du droit chemin.

***코가 삐뚤어지게 마시다** se piquer le nez; se bourrer la gueule {*vulg*}, se cuiter {*fam*}, se pinter {*fam*}, se beurrer {*fam*}, prendre une biture [cuite] {*fam*}, se péter {*vulg*}, murger {*arg*}, boire jusqu'à plus soif; boire comme un trou {*fam*}.

삐라 명 (('전단'의 오용)) tract *m*, prospectus *m*. ¶ ~를 벽에 붙이다 coller des tracts sur les murs. ◇ **_를 뿌리다[돌리다]** distribuer des tracts [des prospectus].

삐져나오다 자 ① ressortir de *qc*, dépasser ((du pantalon)), être visible. ¶ 속옷이 밖으로 삐져나왔다 On voit son sous-vêtement dépasser de sa chemise [de son pantalon]. ¶ 그녀의 옷 사이로 살이 삐져나왔다 Sa chair dépasse de ses vêtements / On voit sa chair dépasser[sortir] de ses vêtements. ② ((웃음 울음 따위가)) s'échapper, éclater. ¶ 삐져나오는 웃음을 애써 참다 s'efforcer de se retenir de rire.

삐죽 부 ((mimétisme)) en saillie, en avant. ¶ 입술을 ~ 내밀다 faire la moue [la lippe {*vx, fam*}, la tête {*fam*}, la gueule {*vulg*}], bouder.

삐죽거리다 타 faire la moue. ¶ 입을 ~ faire la moue; bouder, faire la tête, prendre une mine boudeuse.

삐죽하다 형 ① être saillant(*e*), proéminent(*e*); ((키)) être grand(*e*) et maigre; ((옷이)) dépasser de [sous] *qc*. ¶ 속옷[와이셔츠]이 바지 밖으로 삐죽하게 삐져나왔다 Tes sous-vêtements dépassent [Ta chemise dépasse] de ton pantalon. ¶ 그는 키만 삐죽하게 컸지 체력은 약하다 Il est certes grand mais il a une [il est de] constitution fragile. ② ((태도, 표정)) bouder, montrer du mécontentement (à *qn*) par une attitude maussade ou indifférente. ¶ 야단을 맞고 애가 하루 종일 삐죽해 있었다 L'enfant a boudé toute la journée parce qu'on l'avait grondé.

삐쩍 부 ☞ 비쩍

삐쭉 부 ☞ 삐죽

삐치다[1] 자 se dresser, s'ériger, s'élancer. ¶ 머리카락이 삐친다 Les cheveux se dressent.

삐치다[2] 자 bouder, faire la moue, faire la tête {*fam*} [la gueule {*vulg*}]. ¶ 아내는 걸핏하면 삐친다 Ma femme fait souvent la tête. ¶ 그 친구는 작은 일에도 잘 삐친다 Il boude [fait la tête] pour un rien.

삑삑 부 ((onomatopée)) à coup de sifflet, en sifflant. ¶ ~ 호루라기를 불다 donner un coup de sifflet.

◆ **_거리다[대다]** 자 pousser des cris, crier, hurler, vociférer, faire du bruit, sonner continuellement. ¶ 전화기가 계속 ~거린다 Le téléphone n'arrête pas de sonner.

삥 부 ((mimétisme)) en rond, autour de; en cercle; avec le vertige, avec étourdissement; avec les larmes au bord des yeux [Les larmes aux yeux]. ¶ ~ 둘러앉다 s'asseoir en rond. ¶ ~ 돌다 faire un tour. ¶ 머리가 ~ 돌다 avoir le tournis {*fam*}. ¶ 눈물이 ~ 돌았다 avoir les larmes au bord des yeux, avoir la larme à l'oeil, être très ému(*e*).

삥땅 명 【속어】 petite escroquerie *f*. ◇ **_(을) 하다[치다]** se mettre une petite somme dans la poche; se servir au passage.

ㅂ

ㅅ 명 *siot m* ((septième lettre consonantique de l'alphabet coréen)).

사[1] 四 수 quatre *m*. ¶ ~ 더하기 2는 6이다 Quatre et deux font [égale(nt)] six.
관 quatre. ¶ ~ 개월 quatre mois. ¶ ~ 년 quatre ans. ¶ ~ 장 ~ 절 chapitre quatre, verset quatre.

사[2] 私 명 privé *m*; ((vie)) privé(*e*); ((intérêt)) personnel(*le*); ((correspondance)) particuli*er*(*ère*); ((비밀)) ((lettre)) confidentiel(*le*), secr*et*(*ète*). ¶ 공과 ~를 분명히 구분해야 한다 Il faut bien distinguer la vie publique de la vie privée [ne pas confondre l'intérêt public avec ses intérêts personnels].
◆_적 -的 명관 ((vie)) privé(*e*); ((intérêt)) personnel(*le*); ((correspondance)) particuli*er*(*ère*); ((비밀)) ((lettre)) confidentiel(*le*), secr*et*(*ète*). ¶ ~적인 문제 un problème privé. ¶ ~적으로 en privé ¶ ~적으로 애기할 수 있을까요? Puis-je vous parler en privé?

사[3] 死 명 mort *f*. ¶ 생과 ~의 기로에서 entre la vie et la mort.
◆과로_ 過勞- 명 mort *f* par excès de fatigue, mort *f* d'épuisement.
◆사고_ 事故- 명 mort *f* accidentelle.
◆안락_ 安樂- 명 euthanasie *f*.
◆의문_ 疑問- 명 mort *f* douteuse.
분류 【운동】 mort *m* ((au baseball)). ¶ 2~ 만루의 상황에서 홈런을 치다 faire un *home-run* ((au baseball)) dans une situation de deux morts quand toutes les bases sont occupées.

사[4] 士 명 【운동】 pion *m* ((au jeu d'échecs orientaux)). ¶ ~를 올리다[내리다] faire avancer [retirer] un pion. ¶ ~로 장을 막다 s'échapper d'une situation d'échec grâce à un pion.

사[5] 명 【음악】 sol *m* ((musical)).
◆_단조 -短調 명 sol *m* mineur.
◆_장조 -長調 명 sol *m* majeur.

-사[6] 士 접미 ((suffixe nominal désignant quelqu'un faisant un métier spécial)). ¶ 동시통역~ un(*e*) interprète en simultanée. ¶ 법무~ un(*e*) spécialiste [conseill*er*(*ère*)] d'administration et des affaires juridiques. ¶ 비행~ un(*e*) pilote. ¶ 속기~ un(*e*) sténo(graphe). ¶ 영양~ un(*e*) diététicien(*ne*). ¶ 해결~ un(*e*) libéra*teur*(*trice*); une personne capable de résoudre le problème.

-사[7] 社 접미 ((suffixe nominal désignant une société ou une entreprise)) société *f*; compagnie *f*, firme *f*. ¶ 신문~ la société éditrice d'un journal [d'un quotidien], un journal. ¶ 영화~ une société productrice de [qui produit des] films. ¶ 출판~ une maison d'édition, un éditeur. ¶ 잡지~ une maison d'édition de revues [de magazines]. ¶ 통산~ une société de télécommunication. ¶ 상장~ une société cotée en Bourse. ¶ 계열~ une filiale d'une société. ¶ 자매~ une société filiale.

-사[8] 詞 접미 ((suffixe nominal désignant les parties du discours et les éléments grammaticaux)) mot *m*; ¶ 명~ un substantif, un nom. ¶ 형용~ un adjectif. ¶ 감탄~ un interjectif, une interjection. ¶ 접속~ un conjonctif, une conjonction. ¶ 전치~ une préposition. ¶ 지시~ un démonstratif.

-사[9] 辭 접미 ((suffixe nominal désignant un discours et les éléments de formation de mots)) ① discours *m*, allocution *f*. ¶ 송별~ un discours d'adieux. ¶ 개화~ un discours d'ouverture (de réunion). ¶ 폐화~ un discours de fermeture, un discours de clôture (de réunion). ¶ 주례~ un discours du président d'une cérémonie de mariage. ¶ 취임~ un discours d'entrée en fonction, un discours d'investiture. ¶ 환영~ un discours de bienvenue. ② 【언어】 élément *m* de formation de mots, affixe *m*. ¶ 접두~ un préfixe. ¶ 접미~ un suffixe.

-사[10] 師 접미 ((suffixe nominal désignant une personne exerçant un métier spécial)) maître *m*. ¶ 곡예~ un(*e*) acrobate. ¶ 마술~ un(*e*) magicien(*ne*). ¶ 감별~ une personne qui sait distinguer précisément les choses dans un domaine spécial. ¶ 선교~ un(*e*) missionnaire.

-사[11] 史 접미 ((suffixe nominal désignant l'histoire)) histoire *f*. ¶ 가족~ l'histoire d'une famille. ¶ 경제~ l'histoire de l'économie, l'histoire économique ((d'un pays)). ¶ 사화~ l'histoire de la société, l'histoire sociale ((d'un pays)). ¶ 사상~ l'histoire de la philosophie. ¶ 문화~ l'histoire de la culture, l'histoire culturelle ((d'un pays)). ¶ 한국~ l'histoire de la Corée. ¶ 현대~ l'histoire contemporaine.

-사[12] 寺 접미 ((suffixe nominal désignant un temple bouddhique)) temple *m*. ¶ 불국~ Bulguksa, le temple Bulguk ((célèbre temple de l'ancienne capitale Gyeongju, érigé au 6e siècle sous Silla, classé monument historique par l'UNESCO)).

-사[13] 事 접미 ((suffixe nominal désignant un événement)) affaire *f*, événement *m*. ¶ 관심~ une affaire d'intérêt. ¶ 중대~ une affaire importante [d'importance]. ¶ 경조~ un événement heureux ou triste.

사가 史家 명 historien(*ne*). ¶ 후세의 ~들은 이 사건을 어떻게 평가할까? Comment les historiens du futur estimeront-ils (la valeur de) cet événement?

사각[1] 四角 명 carré *m*; ((장방형)) rectangle *m*. ¶ ~ 팬티 un caleçon. ¶ ~ 테이블 une table carrée; une table rectangulaire. ¶ ~의 링 un ring ((à la boxe)) carré [avec quatre coins].

◆**_모** -帽 명 chapeau *m* carré.

◆**_형** -形 명 quadrilatère *m*; carré *m*.

사각[2] 死角 명 angle *m* mort. ¶ 운전을 할 때는 ~에 늘 신경을 써야 한다 Il faut toujours faire attention à l'angle mort quand on conduit.

◆**_미러** *mirror* 명 rétroviseur *m* anti-angle mort ((contre l'angle mort)).

◆**_지대** -地帶 명 secteur *m* où l'on ne respecte pas *qc*. ¶ 복지 정책의 ~지대 secteurs où l'on n'applique pas le système de la sécurité sociale. ¶ 인권의 ~지대 un endroit où l'on ne respecte pas les Droits de l'Homme.

사각[3] 斜角 명【수학】angle *m* oblique [incliné, penché].

사각[4] 부 ((눈)) crissant; craquant; ((faire)) crac ((sous la dent)) ((onomatopée du crissement provoqué par les pas sur la neige ou du bruit provoqué par la mastication des fruits à chair ferme comme les pommes ou les poires ou celle des gâteaux)).

◆**_거리다[대다]** 재타 craquer [croquer] sous la dent, faire crac, croustiller; être croustillant(*e*), croquant(*e*), craquant(*e*).

◆**_ _** 부 crissant; craquant; ((faire)) crac ((sous la dent)).

사감[1] 私感 명 sentiments *mpl* personnels. ¶ 공적인 일에 ~이 개입되어서는 안 된다 On ne doit pas faire intervenir ses sentiments personnels dans les affaires publiques / On ne doit pas se laisser influencer par ses sentiments personnels en traitant des affaires publiques.

사감[2] 私憾 명 rancune *f*, animosité *f*. ¶ ~을 품다 avoir de la rancune contre *qn*, garder rancune à *qn*; en vouloir à *qn*. ¶ ~을 풀다 se débarrasser d'une rancune. ¶ 너한테 ~이 있어서 그런 것은 아니야 Ce n'est pas parce que j'ai eu de la rancune contre toi [parce que je t'en voulais] que je l'ai fait. ¶ (나는) 네게 아무런 ~도 없다 Je n'ai aucune rancune contre toi / Je ne t'en veux pas du tout.

사감[3] 舍監 명 surveillant(*e*), maître(*sse*) d'internat; ((경멸적)) pion(*ne*) {*fam*}. ¶ 기숙사 ~ un(*e*) surveillant(*e*), un(*e*) maître(*sse*) d'internat; ((경멸적)) un(*e*) pion(*ne*) {*fam*}.

사거리[1] 四- 명 carrefour *m*, rond(s)-point(s) *m*. ¶ ~한 모퉁이 l'un des angles d'un carrefour. ¶ 시청 ~ un carrefour d'Hôtel de ville. ¶ ~를 건너다 traverser un carrefour. ¶ ~를 지나다 passer un carrefour. ¶ ~에서 만나다 rencontrer *qn* à un [au] carrefour. ¶ 두 번째 ~에서 우회전하시오 Tournez à droite au deuxième carrefour. ¶ 이 ~에는 신호등이 없다 Il n'y a pas de feu (rouge) à ce carrefour.

사거리[2] 射距離 명 portée *f*. ¶ 유효 ~ une portée efficace. ¶ 최대 ~ une portée maximale. ¶ ~를 벗어나다 être hors de portée. ¶ ~가 길다[짧다] avoir une longue [une courte] portée; porter loin [court].

사건 事件 명 ① ((일)) affaire *f* ((fâcheuse)), cas *m*; aventure *f*, histoire *f*; ((사소한 일)) incident *m* ((sans importance)); ((우발적)) accident *m*, mésaventure *f*, contretemps *m*, malheur *m*; ((법률상의)) cause *f* ((criminelle, civile)), affaire *f* ((criminelle, civile)); ((추문)) scandale *m*, affaire *f* scandaleuse. ¶ ~ 기록 inscription [enregistrement] d'une affaire aux archives. ¶ 살인 ~ une affaire de meurtre. ¶ 역사상의 획기적인 ~ un événement très important dans le cours de l'histoire, un événement qui fait date (dans l'histoire). ¶ ~을 해결하다 régler une affaire. ¶ 어떤 ~에 관련되어 있다 être impliqué(*e*) dans [être mêlé(*e*) à] une affaire. ¶ ~이 발생했다[일어났다, 터졌다] Il s'est produit un incident [Il est arrivé un incident, un incident a éclaté] ((la nuit dernière)). ② ((큰 사고)) événement *m* ((malheureux, inattendu)). ¶ 이번 일은 하나의 ~으로 기록될 것이다 Cette affaire-ci sera inscrite comme un événement. ¶ 이것은 금세기 최대의 ~이다 C'est le plus grand événement du siècle.

◆**대_** 大- 명 grand événement *m*.

사격[1] 射擊 명 tir *m*; feu *m*. ¶ ~ 개시[중지]! Feu! / Ouvrez [Arrêtez, Cessez] le feu! ¶ ~ 명령 un ordre de tir. ¶ ~ 연습[훈련] des exercices de tir. ¶ 간접 ~ un tir indirect. ¶ 실탄 ~ un tir à balles réelles. ¶ 일제 ~ une salve, un feu de salve. ¶ ~을 개시하다 ouvrir le feu. ¶ ~을 그치다 cesser le feu. ¶ 그 사람은 ~의 명수이다 Il est bon [excellent] tireur / C'est un excellent fusil / C'est un tireur d'élite. ◇**_(을) 하다** tirer. ¶ ~을 잘하다 être bon(*ne*) au tir, bien tirer. ¶ 적에게 ~을 하다 tirer sur l'ennemi. ◇**_(을) 당하다** recevoir une balle, être touché(*e*) par ((une balle)).

◆**_수** -手 명 tireur(*se*) *m*.

◆**_술** -術 명 technique *f* de tir.

◆**_장** -場 명 champ *m* de tir, polygone *m*, stand *m*.

◆**맹_** 猛 명 tir *m* à l'aveuglette.

사격[2] 斜格 명【언어】cas *m* oblique.

사견 私見 명 avis *m* personnel [propre], opinion

ㅅ

f personnelle, point *m* de vue personnel. ¶ 저의 ~을 말씀드리면 Si je puis me permettre de donner mon opinion personnelle ((à ce sujet)); à mon humble avis. ¶ 저의 ~으로는 à mon (humble) avis, d'après [selon] moi, à ce que je crois, à ce qu'il me semble, il me semble que+*ind*, mon opinion est que+*ind*. ¶ 이것은 ~이지만 C'est un avis personnel, mais ...

사경¹ 死境 명 agonie *f*, ((à)) l'article *m* de la mort, la dernière extrémité *f*. ¶ ~을 헤매다 être entre la vie et la mort, être à deux doigts de la mort, être à l'agonie, être (tout) près de mourir, être à l'article de la mort, en être à la dernière extrémité, être mourant(*e*). ¶ ~에 빠지다 entrer en agonie. ¶ ~에서 헤어나다 échapper à la mort, en réchapper.

사경² 寫經 명 【불교】 copie *f* des livres sacrés bouddhiques. ◇_(을) **하다** copier des livres sacrés.

사경³ 四更 명 quatrième veille *f* [phase *f*] ((la nuit est divisée en cinq veilles [phases], la quatrième étant de une heure à trois heures du matin)).

사경제 私經濟 명 【경제】 économie *f* privée.

사계¹ 四季 명 ① les quatre saisons *fpl*. ¶ ~를 통하여 en toute(s) saison(s). ☞ 사계절, 사철 ② 【천주】 quatre-temps *mpl inv*.

사계² 斯界 명 ce [le] domaine *m*. ¶ ~의 권위자 un(*e*) expert(*e*) dans le [ce] domaine. ¶ ~를 대표하다 être le(la) meilleur(*e*) [plus compétent(*e*)] dans ce domaine, faire autorité (dans ce domaine). ¶ 그 사람은 ~의 대가이다 Il est expert dans ce domaine / Il fait autorité dans ce domaine / Il est hors pair dans son domaine / C'est une autorité dans ce domaine / Il est expert [est orfèvre, est grand clerc, est passé maître] en la matière / C'est l'homme ad hoc / C'est une compétence en la matière {*fam*} / Cet homme est un expert en la matière.

사계절 四季節 명 les quatre saisons *fpl*. ¶ ~ 타이어 un pneu quatre(-)saisons [toute saison]. ¶ 한국은 ~의 구분이 뚜렷하다 La Corée a quatre saisons bien distinctes.

사고¹ 事故 명 accident *m*, incident *m*; problème *m*. ¶ 추락 ~ un écrasement au sol; ((비행기)) un accident d'avion, un crash. ¶ 방송 ~ un incident de retransmission. ¶ 부득이한[피할 수 없는, 불가피한] ~ un accident inévitable [inéluctable]. ¶ ~를 당하다 avoir un accident. ¶ ~를 방지하다[예방하다] prévenir un accident. ¶ ~를 줄이다 réduire les accidents. ¶ 각종 ~ 방지에 만전을 기하다 prendre toutes les mesures possibles pour la prévention des différentes sortes d'accidents. ¶ ~로 죽다 se tuer par accident; être tué(*e*) [périr, trouver la mort] dans un accident. ¶ ~가 많다 Il y a beaucoup d'accidents. ¶ ~가 적다 Il n'y pas beaucoup d'accidents. ¶ ~가 잦다 Il arrive fréquemment des accidents / Les accidents sont fréquents / Les accidents arrivent souvent. ¶ ~가 없다 Il n'y a pas d'accident. ◇_(를) **내다[일으키다, 치다]** produire [causer, susciter, être à l'origine d'] un accident [un problème]. ¶ 그 사람이 또 기어이 ~를 치고야 말았다 Il a encore fini par produire [par causer] un accident [un problème]. ◇_(가) **나다** Il arrive [se produit] un accident / Un accident a lieu [arrive, se produit]. ¶ ~가 나서 많은 사람이 죽었다 Beaucoup de gens sont morts dans cet accident / Cet accident a fait de nombreuses victimes. ¶ 그 사람에게 차 ~가 났다 Il a eu un accident de voiture. ¶ 남녀 간에 정이 깊으면 ~가 나기 쉽다 Il arrive [se passe] souvent des choses [des aventures, des problèmes] entre un homme et une femme quand ils tiennent beaucoup l'un à l'autre.

◆**_뭉치** 명 fauteur de troubles [de problèmes].

◆**_사** -死 명 mort *f* accidentelle.

◆**_자** -者 명 personne *f* à l'origine d'un accident.

◆**교통_** 交通 명 accident de la route [de la circulation, de voiture].

◆**안전_** 安全 명 accident par manque de vigilance, un accident de chantier.

사고² 思考 명 pensée *f*, idée *f*, réflexion *f*. ¶ 구시대적인[전근대적인, 낡은] ~ une idée ancienne [passée, démodée]. ¶ 혁명적인 ~ une idée révolutionnaire. ¶ 얄팍한[얕은] ~의 산물 résultat d'une pensée légère [peu profonde]; résultat d'une réflexion rapide [imprudente]. ¶ ~의 틀을 바꾸다 changer de mentalité; changer *sa* façon de penser. ¶ 깊은 ~에 들어가다 entrer dans une profonde réflexion; être plongé(*e*) dans *ses* pensées; être tout à *ses* pensées; réfléchir profondément; méditer. ◇_(를) **하다** penser; réfléchir. ¶ 전혀 새로운 방식으로 ~하다 avoir une manière de penser novatrice; penser tout à fait autrement.

◆**_력** -力 명 facultés *fpl* psychologiques, facultés *fpl* intellectuelles [de penser]. ¶ ~력 테스트 des tests psychométriques, des tests d'intelligence. ¶ 그 사람은 ~력이 낮다 Il a de faibles facultés intellectuelles / Ses facultés intellectuelles ne sont pas très élevées.

◆**_과정** -過程 명 démarches *fpl* [processus *m*] de penser.

◆**_능력** -能力 명 facultés *fpl* mentales, facultés *fpl* de réflexion, facultés *fpl* intellectuelles, ressources *fpl* intellectuelles, dispositions *fpl* intellectuelles.

◆**_방식** -方式 명 manière *f* [façon *f*, mode *m*, méthode *f*, forme *f*] de pensée; mentalité *f*, état *m* d'esprit, tournure *f* d'esprit. ¶ 그 사람은 ~방식이 틀렸다 Son état d'esprit n'est pas bon / Sa mentalité n'est pas bonne. ¶ 그 사람은 ~방식이 낡았다[고루하다] Ses idées sont démodées / Il a une mentalité conservatrice / Il fait [est] vieux jeu {*fam*}.

◆**_작용** -作用 명 processus *m* de penser; opération *f* mentale.

◆**_장애** -障碍 명 troubles *mpl* [perturbations *fpl*, difficultés *fpl*, souffrances *fpl*] psychologiques, souffrances *fpl* mentales.

사고³ 社告 명 avis *m* publié par une entreprise [société]. ¶ ~를 내다[게재하다] publier [afficher] un avis [une annonce].

사고⁴ 史庫 명 archives *fpl* royales (où étaient conservées les chroniques royales, *Sillok*, la généalogie de la famille royale et d'autres documents, à l'époque de Joseon, 1392-1910). ¶ 오대 ~ les cinq archives royales.

사골 篩骨 명 os *m* à moelle. ¶ ~국 une soupe d'os à moelle. ¶ ~을 우리다 laisser mitonner (plusieurs heures) un os à moelle. ¶ ~을 푹 과서 먹다 prendre de la soupe d'os à moelle qui a longtemps mijoté [mitonné].

사공 沙工 명 batelier(ère), matelot *m*, marinier(ère). *~**이 많으면 배가 산으로 간다[올라간다]** «S'il y a trop de bateliers [de pilotes], le bateau risque d'échouer dans la montagne» ((se dit en parlant d'associés qui ne s'accordent pas, qui n'agissent pas de concert dans leur entreprise)) / Trop de cuisiniers gâtent la sauce / S'il y a trop d'opinions (diverses), on n'arrive nulle part.

◆**뱃_** 명 batelier(ère), matelot *m*; marinier(ère).

사과¹ 沙果 명 ① pomme *f*. ¶ ~ 파이 une tarte aux pommes. ¶ ~ 한 광주리[상자, 접] un panier de [un carton de, cent] pommes. ¶ ~ 껍질을 벗기다[~를 깎다] éplucher des pommes. ¶ ~를 따다 cueillir des pommes. ② 사과나무 pommier *m*. ¶ 밭에 ~를 심다 planter des pommiers dans un champ.

◆**_꽃** 명 fleur *f* de pommier.

◆**_나무** 명 pommier *m*. ¶ 내일 세계의 종말이 온다 해도 나는 오늘 한 그루의 ~나무를 심겠다 Même si c'est la fin du monde demain, je suis décidé(*e*) à planter un pommier aujourd'hui.

◆**_식초** -食醋 명 vinaigre *m* de pomme.

◆**_조림** 명 compote *f* de pommes.

◆**_잼** 명 confiture *f* de pommes.

◆**_주** -酒 명 cidre *m*.

◆**_즙** -汁 명 jus *m* de pomme.

◆**풋_** 명 pomme *f* à peine mûre [mûrie].

사과² 謝過 명 excuse *f*, pardon *m*. ¶ 공식적인 ~ présentation d'excuses en public. ¶ 말뿐인[형식적인] ~ des excuses superficielles [sans sincérité]. ¶ 공개 ~를 요구하다 demander de présenter des excuses [exiger des excuses] en public [publiquement, au grand jour]. ¶ ~의 글을 싣다[게재하다] faire paraître [publier] des excuses. ¶ ~의 뜻을 밝히다 manifester l'intention de faire des excuses. ◇**_(를) 하다[드리다]** faire [présenter] des [*ses*] excuses ((à *qn*)), s'excuser ((de *qc*)), demander pardon ((à *qn* pour *qc*)). ¶ 선생님께 자신의 잘못을 ~드리다 faire [présenter] des excuses au(à la) maître(*sse*) ((초등학교 선생님)) [à un(*e*) professeur(*e*), à un(*e*) enseignant(*e*)]. ¶ 그 사람은 나에게 잘못했다고 진심으로 ~했다 Il m'a présenté des excuses sincères / Il m'a présenté sincèrement ses excuses. ¶ 무릎을 꿇고 ~하다 faire [présenter] des excuses à genoux, demander pardon à genoux. ¶ 백배 ~하다 se confondre [se répandre] en excuses, faire toutes *ses* excuses. ¶ 누구를 대신해서 ~하다 faire [présenter] des excuses à la place de *qn* [au nom de *qn*]. ◇**_(를) 받다** accepter des excuses [les excuses de *qn*], pardonner à *qn*. ¶ 그 여자의 ~를 받아라 Accepte ses excuses. ¶ 그 여자는 내 ~를 받지 않았다 Elle n'a pas voulu de mes excuses / Elle n'a pas voulu accepter mes excuses.

◆**_문** -文 명 excuses *fpl* écrites.

◆**_장** -狀 명 excuses *fpl* écrites.

◆**_편지** -便紙 명 lettre *f* d'excuse.

◆**서면_** 書面- 명 présentation *f* d'excuses par écrit.

사관¹ 士官 명 【군사】 officier *m*. ¶ ~ 후보생[생도] cadet.

◆**_학교** -學校 명 école *f* militaire; école *f* de guerre, ((해군)) école *f* navale. ¶ 육군 ~학교 école militaire (pour l'armée de terre).

사관² 史觀 명 conception *f* [vue *f*] de l'histoire. ¶ ~을 바로세우다 rétablir l'histoire.

◆**식민_** 植民- 명 conception *f* colonialiste de l'histoire.

◆**유물_** 唯物- 명 conception *f* matérialiste de l'histoire.

사관³ 史官 명 【역사】 archiviste *mf*; fonctionnaire *mf* chargé de compiler les chroniques (annales), *Sillok*, du roi défunt.

사교¹ 社交 명 relations *fpl* sociales; fréquentations *fpl* dans la société. ¶ ~에 능하다 être habile dans les relations sociales, avoir l'art des relations sociales.

◆**_적** -的 명관 sociable; mondain(*e*); liant(*e*); affable. ¶ ~적인 모임 un monde; une société mondaine. ¶ ~적인 태도 une attitude sociable. ¶ ~적으로 행동하다 agir de façon sociable. ¶ 그 여자는 ~적인 사람이다 Elle est sociable. ¶ 나는 성격이 그다지 ~적이지 못하다 Je ne suis pas tellement sociable.

◆**_성** -性 명 sociabilité *f*, affabilité *f*. ¶ ~성이 있다[없다] être sociable [ne pas être sociable, être insociable {*vx*}; manquer de sociabilité]; avoir du liant {*litt*} [ne pas avoir de liant {*litt*}]. ¶ ~성이 좋다[나쁘다] être sociable [être peu sociable, manquer de sociabilité].

◆**_계** -界 명 monde *m*; société *f* mondaine. ¶ ~계의 명사 quelqu'un de célèbre dans le monde, une célébrité mondiale. ¶ ~계의 여왕 la reine de la soirée. ¶ ~계의 꽃 une fleur de la société. ¶ ~계에 나가다 se présenter [paraître] dans le monde [la société, le Tout-Paris]. ¶ ~계에 입문하다[들어서다] faire *ses* débuts [entrer] dans le monde.

◆**_단체** -團體 명 groupe *m* mondain.

◆**_댄스[춤]** {-dance} 명 danse *f* de salon.

◆**_술** -術 명 politesse *f*, manières *fpl*, civilité *f*.

◆**_장** -場 명 salon *m*.

◆_클럽 명 société *f*.

◆비_적 非的 명관 insociable. ¶ 비~적인 사람 quelqu'un d'insociable [de peu sociable], personne insociable [peu sociable, qui manque de sociabilité].

사교² 邪敎 명 religion *f* fausse; hérésie *f*, hétérodoxie *f*; secte *f*, doctrine *f* erronée. ¶ ~의 뿌리를 뽑다 éradiquer les fausses religions. ¶ ~에 빠지다 tomber dans une secte, se laisser piéger dans une secte.

사구¹ 四球 명 【운동】 quatre balles *fpl*; but *m* sur balles. ¶ 강[홈런, 수위]타자가 타석에 들어서자 투수는 고의로 ~를 내주었다 Lorsque le meilleur frappeur [batteur] fit son apparition, le lanceur décida de lancer volontairement quatre balles ((de peur que le batteur réussisse une frappe donnant des points à son équipe)).

사구² 死球 명 【운동】 frappe *f* par la balle ((balle du lanceur qui laisse aller le batteur au premier but en le touchant par erreur)).

사구³ 砂丘 명 【지리】 dune *f*.

사군자 四君子 명 ① les quatre plantes *fpl* gracieuses ((prunier, orchidée, chrysanthème et bambou; les quatre plantes principales de la peinture orientale)). ② 【미술】 une peinture *f* orientale des quatre plantes *fpl* gracieuses. ¶ ~를 치다 dessiner les quatre plantes *fpl* gracieuses.

사권 私權 명 【법률】 droit *m* privé.

사귀 邪鬼 명 mauvais esprit *m*.

사귀다 자타 se lier avec *qn*, sympathiser avec *qn*; fréquenter *qn*. ¶ 친구를 ~ se faire des amis. ¶ 아파트 이웃과 ~ sympathiser avec *ses* voisins (de palier). ¶ 처음 보는 사람과 잘 ~ se lier facilement avec des gens qu'*on* voit pour la première fois. ¶ 두 사람이 사귄 지 꽤 오래되었다 Cela fait longtemps qu'ils se fréquentent ainsi.

사귐 명 fréquentation *f*.

◆_성 -性 명 sociabilité *f*; liant *m* {*litt*}; affabilité *f*. ¶ ~성이 있다[없다] être sociable [ne pas être sociable, être insociable, manquer de sociabilité]; avoir du liant [ne pas avoir de liant] {*litt*}.

사규 社規 명 règles *fpl*, [règlements *mpl*] d'une entreprise. ¶ 그런 행동은 ~로[에 의해] 금지되어 있다 Un tel acte est interdit par le règlement de l'entreprise.

사그라들다 자 ☞ 사그라지다

사그라지다 자 s'éteindre, s'évanouir, mourir, disparaître, s'estomper, tomber, s'en aller. ¶ 불길이 점차 사그라진다 Les flammes meurent [s'éteignent] progressivement. ¶ 그의 분노가 사그라졌다 Sa colère s'est éteinte [s'est estompée, est tombée].

사극 史劇 명 【연영】 drame *m* historique. ¶ 너는 ~과 현대물 중 어느 쪽을 더 좋아하니? Que préfères-tu entre le drame historique et le drame moderne?

사근사근하다 형 être doux(*ce*), tendre, agréable, gentil(*le*), aimable, affable. ¶ 사람들에게 사근사근하게 대하다 se montrer doux(*ce*) [agréable, aimable, affable] avec les gens.

사글세 -貰 명 loyer *m*; location *f* au mois. ¶ ~를 내다 payer le loyer. ¶ ~로 방을 얻다 louer une chambre.

◆_ㅅ방 -房 명 chambre *f* louée.

사금 砂金 명 【광업】 paillette *f* (d'or), or *m* en paillettes; sable *m* aurifère. ¶ ~을 채취하다[캐다] ramasser des sables aurifères.

사금융 私金融 명 【경제】 financement *m* privé.

사금파리 명 débris *m* [tesson *m*] de porcelaine. ¶ ~에 손[손가락]을 베다 se couper à la main [au doigt] avec un débris de porcelaine.

사기¹ 士氣 명 moral *m*. ¶ ~를 올리다[진작시키다] remonter [exalter, regonfler] le moral ((de *qn*)). ¶ ~를 꺾다[떨어뜨리다] entamer [baisser, saper {*fam*}, casser, ébranler] le moral ((de *qn*)), porter atteinte au moral ((de *qn*)). ¶ ~가 높다[낮다] avoir un moral élevé [bas], avoir bon [mauvais] moral, avoir un moral d'acier, avoir le moral au beau fixe [avoir le moral à zéro, ne pas avoir le moral, être démoralisé(*e*)]. ¶ ~가 오르다[충천하다] Le moral remonte [est à la hausse]. ¶ ~가 떨어지다[저하되다] Le moral baisse [est à la baisse].

사기² 史記 명 chronique *f*, annales *fpl*. ¶ 삼국~ la chronique des Trois Pays.

사기³ 沙器 명 porcelaine *f*, faïence *f*, poterie *f*, céramique *f*.

◆_그릇 명 vaisselle *f* en porcelaine [en faïence].

◆_대접 명 soupière *f* en porcelaine.

사기⁴ 詐欺 명 fraude *f*, tromperie *f*, escroquerie *f*, imposture *f*, tricherie *f*, friponnerie *f*, filouterie *f*; entourloupette *f* {*fam*}; arnaque *f* {*fam*}. ¶ ~ 광고 publicité mensongère. ¶ ~ 결혼 un mariage se révélant être une escroquerie ((un mariage blanc)). ¶ ~ 도박 jeu truqué. ¶ ~에 걸리다 être trompé(*e*), berné(*e*); se laisser duper, se faire berner [escroquer, gruger {*fam*}, avoir {*fam*}, posséder {*fam*}, arnaquer {*fam*}]. ¶ ~로 돈을 빼앗다 escroquer de l'argent ((à *qn*)), estamper *qn* {*fam*}. ¶ 그건 완전히 ~야 C'est vraiment une escroquerie / C'est vraiment de l'arnaque {*fam*}. ◇_(를) **치다** escroquer *qn*, tromper *qn*, duper *qn*, berner *qn*, gruger *qn*, posséder *qn* {*fam*}, avoir *qn* {*fam*}, arnaquer *qn* {*fam*}, rouler *qn* {*fam*}, filouter, estamper *qn* {*fam*}, faire de l'arnaque {*fam*}, entuber *qn* {*vulg*}, baiser *qn* {*vulg*}, couillonner *qn* {*vulg*}, embobiner *qn* {*fam*}, empaumer *qn* {*fam*}, empiler *qn* {*fam*}, feinter *qn* {*fam*}, pigeonner *qn* {*fam*}. ¶ 누구에게 ...하자며 ~를 치다 escroquer *qn* en lui proposant quelque chose de malhonnête, faire une proposition malhonnête à *qn*. ◇_(를) **당하다** être escroqué(*e*), se faire escroquer [avoir {*fam*}, posséder {*fam*}, rouler {*fam*}, arnaquer {*fam*}, estamper {*fam*}, filouter {*fam*}, couillonner {*fam*}, entuber {*vulg*}, baiser {*vulg*}], être la victime [la dupe] d'un escroc, se laisser duper [abuser, leurrer, piéger, prendre (au piège de *qn*), tomber [donner] dans le panneau, tomber dans le piège de *qn*. ¶ 누구에게 ~를 당하다 être escroqué(*e*) [se faire escroquer, se faire entuber {*vulg*}, se faire avoir {*fam*}, se faire rouler {*fam*}, se faire couillonner {*vulg*}, se laisser duper, se faire baiser {*vulg*}] par *qn*.

◆_성 -性 명 tendance *f* à l'escroquerie. ¶ ~성이 농후하다[짙다] avoir une forte tendance à l'escroquerie.

◆_극 -劇 명 escroquerie *f*.

◆_꾼 명 escroc *m*, imposteur *m*, voleur *m*, gangster *m*, bandit *m*, truand *m*, personne *f* [individu *m*] malhonnête, aigrefin *m*, chevalier *m* d'industrie, filou *m*, fripouille *f* {*fam*}, canaille *f* {*fam*}, crapule *f* {*fam*}, arnaqueur *m* {*fam*}, faisan *m* {*arg*}. ¶ 대단한 ~꾼 un grand [un sacré {*fam*}, un fieffé] voleur [truand], un vrai [un sacré] filou, un escroc de première, la malhonnêteté même, une vraie crapule, une crapule de première. ¶ ~꾼에게 속아 넘어가다 être dupe d'un escroc, marcher dans la combine d'un escroc, se faire avoir {*fam*} [rouler {*fam*}, posséder {*fam*}] par un escroc [par un arnaqueur {*fam*}].

◆_단 -團 명 groupe *m* d'escrocs. ¶ 어음 ~단 un groupe d'escrocs aux fausses factures.

◆_범 -犯 명 criminel(*le*).

◆_술 -術 명 technique *f* d'escroquerie.

◆_죄 -罪 명 crime *m* d'escroquerie.

◆_횡령 -橫領 명 détournement *m* de fonds.

◆신용_ 信用- 명 escroquerie *f* de crédit.

사기업 私企業 명 【경제】 société *f* privée.

사꾸라 일 명 ☞ 사쿠라

사나이 명 homme *m*. ¶ 그 사람은 ~ 중의 ~다 C'est le meilleur / C'est un homme, un vrai {*fam*} / C'est l'as des as {*fam*}.

◆_답다 형 être digne d'un homme. ¶ ~답게 행동하다 agir [se conduire] en homme [avec virilité, virilement].

◆_대장부 -大丈夫 명 homme *m* (courageux, viril).

사나흘 명 trois ou quatre jours *mpl*. ¶ 요 ~ 동안 제대로 잠을 못 잤다 J'ai mal dormi pendant ces trois ou quatre jours. ¶ 거기 갔다 오는 데 ~ 걸린다 On met trois ou quatre jours pour y aller et revenir [pour faire l'aller-retour]. ¶ ~은 지나야 결과를 알 수 있다 On ne peut savoir le résultat qu'après trois ou quatre jours.

사날 명 ☞ 사나흘

사납금 社納金 명 cotisation *f* à une société [association]. ¶ ~을 내다 cotiser à une société; souscrire à une cotisation à une société.

사납다 형 ① être féroce, méchant(*e*), violent(*e*), brut*al*(*ale*, *aux*), rude. ¶ 그 사람은 성질이 좀 ~ Il est un peu méchant. ¶ 개가 사납게 짖었다 Le chien a aboyé méchamment [férocement]. ¶ 사나운 개 chien méchant [féroce]. ② 험상궂다 avoir l'air menaçant, faire peur à voir. ¶ 그 여자는 눈매가 ~ Elle a des yeux qui font peur à voir. ③ 《말버릇이》 être rude, grossi*er*(*ère*). ¶ 그 사람은 말버릇이 ~ Il est grossier. ④ 《날씨, 기상 따위가》 나쁘다 être mauvais(*e*), affreu*x*(*se*). ¶ 날씨가 ~ Le temps est affreux / Il fait très mauvais / Le temps est couvert [vilain] / Il fait mauvais temps / Il fait un temps affreux [épouvantable, dégueulasse {*fam*}, pourri {*fam*}] / Il fait un sale temps [un temps de chien, un temps pourri, un temps à ne pas mettre un chien [les pieds] dehors {*fam*}]. ¶ 바람이 ~ Le vent est violent / Il y a un méchant vent / Il y a un vent terrible [violent] / Le vent souffle par [en] rafales [en bourrasques]. ¶ 눈보라가 ~ La tempête de neige est effroyable [épouvantable] / Il y a des rafales de neige / La neige tombe en [par] rafales [en bourrasques]. ¶ 파도가 ~ La mer est agitée [démontée, houleuse]. ¶ 비바람이 사납게 몰아친다 Il y a de violentes [de fortes] bourrasques [rafales] de vent et de pluie / La pluie est venue se mêler aux fortes bourrasques de vent / La pluie et le vent redoublent de force / La tempête fait rage / La tempête se déchaîne avec violence. ⑤ 사정이 매우 나쁘다 être très mauvais(*e*), indigne, honteu*x*(*se*), déshonorant(*e*); être dur(*e*); être mouvementé(*e*), agité(*e*), violent(*e*), impétueu*x*(*se*); mal tourner. ¶ 잠버릇이 ~ avoir un sommeil agité. ¶ 그 사람은 팔자가 ~ Il est né sous une mauvaise étoile [sous un mauvais signe]. ¶ 어젯밤엔 꿈자리가 사나웠다 La nuit dernière [Cette nuit], j'ai fait un rêve (prémonitoire) de mauvais augure / J'ai fait un cauchemar la nuit dernière.

*눈꼴(이) ~ ☞ 눈꼴

*운수(가) ~ ne pas être chanceu*x*(*se*), être malchanceu*x*(*se*), ne (vraiment) pas avoir de chance [de veine {*fam*}, de pot {*fam*}, de cul {*vulg*}]; avoir un mauvais destin, être né(*e*) sous une mauvaise étoile; être dans un mauvais jour, ne pas être dans un jour de chance. ¶ 그 사람은 오늘 아주 운수가 사나웠다 Aujourd'hui, ce n'était pas du tout sa journée! ¶ 운수 사납게도 그 사람은 지갑을 잃어버렸다 Il a perdu son portefeuille par malchance.

사내[1] 명 homme *m*. ¶ 그때 갑자기 한 ~가 나타났다 À ce moment-là, un homme est apparu soudainement. ☞ 사나이

◆_답다 형 être digne d'être un homme, être digne du nom d'homme. ¶ 그 사람은 ~답게 일을 처리했다 Il a réglé le problème [a arrangé l'affaire] en homme [comme un homme].

◆_대장부 -大丈夫 명 homme *m* (courageux, viril). ¶ ~대장부답게 행동해라 Agis comme un homme / Conduis-toi en homme / Sois un homme.

◆_아이[애] 명 garçon *m*; enfant *m*; gosse *m* {*fam*}, gamin *m* {*fam*}; môme *m* {*fam*}. ¶ ~아이를 낳다

accouchér d'un garçon.

◆_자식[새끼] -子息 명 ① homme *m*; fils *m*. ¶ 그 사람은 여섯 살짜리 ~자식을 하나 키우고 있다 Il élève [a] un fils de six ans. ② 【속어】 ((terme familier pour désigner un)) homme *m*. ¶ ~자식이[새끼가] 그따위 일로 울다니! Toi, un homme, tu pleures pour si peu!

사내² 社內 명 dans [à l'intérieur d', au sein d'] une société [entreprise, compagnie]. ¶ ~ 연애[결혼] liaison [mariage] entre deux employés d'une même société. ¶ 이상한 소문이 ~에 떠돌고 있다 Il court une rumeur étrange au sein de l'entreprise.

사냥 명 chasse *f*. ¶ 여우[토끼, 노루] ~ la chasse au renard [au lièvre, au chevreuil]. ¶ 왕은 ~을 매우 즐겼다 Le roi aimait [appréciait] beaucoup la chasse / Le roi aimait beaucoup chasser. ◇_(을) 하다 chasser. ¶ ~하러 가다 aller à la chasse. ¶ 그 사람은 ~을 아주 잘한다 C'est un très bon [un excellent] chasseur. ◇_(을) 나가다 aller à la chasse. ¶ 숲 속으로 ~(을) 나가다 aller chasser en forêt.

◆_감 명 gibier *m* à prendre. ¶ ~감을 놓치다 manquer une bête [un animal] à la chasse.

◆_개 명 ① chien *m* de chasse. ¶ ~개를 풀다 lâcher un chien au cours de la chasse. ② ((비유적)) chien *m* de chasse ((fidèle sous une dictature)). ¶ 독재 정권의 ~개 노릇을 하다 jouer le rôle de chien de chasse fidèle sous une dictature.

◆_꾼 명 chasseu*r*(*se*).

◆_질 명 chasse *f*.

◆_철 명 la saison *f* de la chasse.

◆_총 -銃 명 fusil *m* de chasse.

◆_터 명 (champ *m* de) chasse *f*.

◆마녀_ 魔女- 명 chasse *f* aux sorcières. ¶ 마녀~식으로 생사람을 잡다 accuser [harceler] un innocent ((la chasse aux sorcières)).

사념¹ 邪念 명 pensée *f* perverse, mauvaise pensée *f*. ¶ 쓸데없는 ~을 쫓다 chasser une mauvaise pensée [idée].

사념² 思念 명 pensée *f*, réflexion *f*; méditation *f*. ¶ 깊은 ~에 잠기다 plonger dans une pensée [méditation, réflexion] profonde.

사노비 私奴婢 명 【역사】 esclave *mf* privé(*e*). ¶ ~들을 해방[속량]시키다 émanciper [libérer, affranchir] des esclaves.

사농공상 士農工商 명 quatre classes *fpl* sociales d'autrefois [lettrés *mpl*, paysans *mpl*, artisans *mpl* et marchands *mpl*].

사다 타 ① acheter. ¶ 빵[차]을 ~ acheter du pain [une voiture]. ② ((음식 따위를)) payer. ¶ 친구에게 저녁[술]을 ~ payer le dîner [un verre] à un ami. ③ 남을 부리다 employer. ¶ 짐꾼을 사서 짐을 옮기다 déplacer *ses* bagages avec l'aide d'un porteur, faire transporter *ses* bagages par un porteur. ④ 가치를 인정하다 reconnaître; estimer, priser. ¶ 누구의 성실성을 높이 ~ tenir en haute estime la probité de *qn*. ⑤ 감정을 유발하다 s'attirer *qc*. ¶ 남들에게 원한을 ~ s'attirer le ressentiment des autres. ¶ 동료들에게 호감[의심]을 ~ s'attirer la sympathie[la méfiance] de *ses* collègues.

*사서 고생(을) 하다 ☞ 고생

사다리 명 échelle *f*. ¶ ~를 오르다[타다, 타고 올라가다] monter à l'échelle.

◆_꼴 명 trapèze *m*.

◆_차 -車 명 camion *m* de pompier (équipée d'une échelle).

◆고가_ 高架 명 échelle *f* aérienne.

사닥다리 명 ☞ 사다리

사단¹ 事端 명 ① origine *f* d'une affaire; cause *f* de troubles. ¶ ~을 일으키다 fomenter [susciter] des troubles. ② 사건 affaire *f*, incident *m*. ¶ 별의별 ~을 다 겪다 subir toutes sortes d'histoires. ◇_(이) 나다 jeter [porter, semer] le trouble. ¶ 아들의 잘못으로 그 집은 완전히 ~났다 La faute du fils a jeté le trouble dans cette famille.

사단² 師團 명 【군사】 division *f*. ¶ ~ 본부 état-major de division. ¶ ~ 사령부 quartier général de division. ¶ 교육 ~ division de l'enseignement. ¶ 보병 ~ division d'infanterie. ¶ 예비 ~ division de réserve.

◆_장 -長 명 généra*l*(*aux*) *m* de division; divisionnaire *m*.

사단³ 社團 명 société *f*, association *f*, corporation *f*; groupement *m* corporatif.

◆_법인 -法人 명 société *f* à statut de personne juridique [morale]. ¶ ~법인 한국정치학회 société (savante) coréenne de science politique.

사담¹ 私談 명 conversation *f* privée, confidence *f*. ¶ 시험 중 ~을 금함 Il est interdit de discuter pendant l'examen. ◇_을 하다[나누다] faire la conversation avec *qn*; faire une confidence à *qn*; dialoguer avec *qn*. ¶ 큰 소리로 ~을 나누다 faire la conversation à haute voix. ¶ ~은 이제 그만하고 본격적인 이야기에 들어갑시다 Arrêtons maintenant de bavarder et entrons dans le vif du sujet.

사담² 史談 명 conte *m* [récit *m*] historique.

사당¹ 私黨 명 faction *f*, groupe *m* [association *f*] politique (privé(*e*)). ¶ 우리 당은 보스 한 사람의 ~에 불과하다 Notre parti n'est qu'une petite faction au service d'un chef (qui n'en fait qu'à sa tête).

◆_화 -化 명 sectarisme *m*. ¶ 당을 ~화하다 diviser un parti en plusieurs factions.

사당² 祠堂 명 chapelle *f*; sanctuaire *m*, temple *m*, autel *m* (où l'on vénère des ancêtres). ¶ ~에 제를 지내다[올리다] offrir [faire] des sacrifices au sanctuaire des ancêtres. ¶ 조상을 ~에 모시다 vénérer *ses* ancêtres à la chapelle.

사당³ 寺黨 명 【민속】 troupe *f* d'entraîneuses (qui se déplace pour chanter et danser).

◆_패 명 【민속】 troupe *f* itinérante d'entraîneuses.

사대¹ 事大 명 soumission *f* au plus fort. ¶ ~ 사상 servilité, obséquiosité.

◆_적 -的 명관 servile, obséquieu*x*(*se*).

◆_주의 -主義 명 esprit *m* servile; attitude *f*

flagorneuse. ¶ ~주의적 발상 une idée obséquieuse.

사대[2] **師大** 명 【교육】 ((한국)) faculté *f* de pédagogie; ((프랑스)) I.U.F.M. *m* ((Institut *m* Universitaire de Formation des Maîtres)).

사대문 四大門 명 quatre grandes portes *fpl* (de Séoul). ¶ ~ 안에 살던 양반들 les nobles qui habitaient à l'intérieur des [entre les] quatre grandes portes de Séoul.

사대부 士大夫 명 【역사】 membre *m* de la classe dirigeante. ¶ ~ 계급 la classe dirigeante.

사도[1] **使徒** 명 apôtre *m*. ¶ 정의[평화]의 ~ apôtre de la justice [de la paix]. ¶ 십이 ~ douze apôtres.

◆_**행전** -行傳 명 【기독】 Actes *mpl* des Apôtres.

사도[2] **師道** 명 devoir *m* du maître. ¶ ~를 지키다 accomplir [faire] *son* devoir de maître. ¶ ~가 땅에 떨어지다 manquer à [ne pas remplir] *son* devoir de maître, négliger *ses* devoirs de maître.

사도[3] **邪道** 명 ① 사교 doctrine *f* fausse, mauvaise doctrine *f*, doctrine *f* subversive, hérésie *f*, superstition *f*. ② 나쁜 길 mauvais chemin *m*, mauvaise voie *f*, (voie *f* du) vice *m*. ¶ ~에 빠지다 se détourner [s'écarter] du droit chemin.

사돈 査頓 명 parents *mpl* du gendre, parent *m* [membre *m* de famille] allié par le mariage. ¶ 누구와 ~을 맺다 s'apparenter à [avec] quelqu'un. ¶ 그분은 제 ~ 되십니다 C'est le père de mon gendre [de ma belle-fille]. ¶ 저희 집과 그 댁은 ~지간입니다 Nous nous apparentons avec cette famille-là.

*~ **남 말하고 있네** Tu (ne) t'es pas regardé(*e*)! / Parle pour toi! / Tu devrais te regarder dans une glace [dans un miroir] avant de parler / Tu es mal placé(*e*) pour dire ça!

*~**의 8촌까지 들먹이다** citer comme exemple valorisant un vague [lointain] parent sans rapport direct avec *soi*.

◆_**댁** -宅 명 maison de parents alliés par le mariage, chez les parents du gendre [de la belle-fille].

◆_**도령** 명 beau-frère(~*x*-~*s*), garçon de la famille alliée par le mariage.

◆_**어른[양반]** 명 le père du gendre [de la belle-fille], adulte de la famille alliée par le mariage.

◆_**처녀** -處女 명 belle-sœur(~*s*-~*s*), sœur de la famille alliée par le mariage.

◆**바깥**_ 명 le père du gendre [de la belle-fille], adulte de la famille alliée par le mariage.

◆**안**_ 명 la mère du gendre [de la belle-fille], la femme de la famille alliée par le mariage.

사동[1] **使動** 명 【언어】 causatif *m*, factitif *m*. ¶ ~ 접미사 un suffixe (flexionnel) causatif. ¶ ~형 forme causative. ¶ ~ 구문 une construction causative. ¶ ~ 표현 une expression causative.

◆_**문** -文 명 【언어】 phrase *f* causative.

◆_**사** -詞 명 【언어】 verbe *m* causatif [factitif].

◆_**태** -態 명 【언어】 causativité *f*, voix *f* causative.

사동[2] **使童** 명 domestique *m*, serviteur *m*, garçon *m*.

사둔 명 (('사돈'의 잘못)) ☞ 사돈

사들이다 타 acquérir, acheter. ¶ 농민들한테서 땅을 헐값으로 ~ acheter des terres à des paysans à un prix dérisoire.

사등분 四等分 명 quart *m*, division *f* par 4. ¶ 사과를 ~으로 나누다 partager une pomme en quatre quartiers. ◇_(을) **하다** partager [couper] en quatre. ¶ 파이를 정확히 ~하다 diviser une tarte en quatre parts égales. ◇_(이) **되다** se diviser en quatre; être partagé(*e*)s [divisé(*e*)s] en quatre. ¶ ~된 수익을 골고루 나누어 가지다 recevoir *sa* part des profits partagés en quatre parts égales.

사디스트 영{sadist} 명 sadique *mf*.

사디즘 영{sadism} 명 【심리】 sadisme *m*.

사또 명 【역사】 chef *m* d'un village; maître *m*; seigneur *m* (à l'époque de Joseon).

사라지다 자 disparaître, s'en aller. ¶ 바람처럼 ~ disparaître comme le vent. ¶ 당장 내 눈앞에서 사라져라 disparais immédiatement (hors) de ma vue! ¶ 그의 마지막 희망이 사라졌다 son dernier espoir s'en est allé.

사람 명 ① homme *m*, personne *f*, gens *mpl*; monsieur *m*. ¶ 그[이, 저] ~ la personne, il, elle [cette personne, cette personne-là/là-bas], cet homme. ¶ 다른 ~ autres gens, autre personne, autrui. ¶ 모든 ~들 tout le monde, tous les gens. ¶ 아는[모르는] ~ un visage connu [inconnu]. ¶ 앞[옆, 뒤] ~ la personne (de) devant [(d') à côté, derrière]. ¶ ~의 마음은 참 알 수가 없다 On ne peut pas connaître le cœur des hommes. ¶ ~은 동물과 다르다 L'homme est différent de l'animal. ¶ ~은 모두 평등하다 Tous les hommes sont égaux. ¶ 감정 표현은 ~마다 제각각이다 Chacun exprime diversement ses sentiments. ¶ 네가 그렇게 행동하는 것을 싫어하는 ~도 있다 Il y a aussi des personnes qui n'aiment pas ta manière d'agir. ¶ 그 집 앞에 많은 ~들이 웅성거리고 있었다 On entend le brouhaha des gens devant cette maison. ¶ 그 ~은 돈이 많은 ~이다 C'est un homme riche. ¶ 이 문제를 풀 수 있는 ~은 앞으로 나와라 Que celui qui peut résoudre ce problème s'avance [vienne au tableau]. ¶ 집 볼 ~이 없어 나갈 수가 없다 Comme il n'y a personne dans la maison, je ne peux pas sortir. ② 한 집단의 구성원 personne *f*; gens *mpl*. ¶ 고향 ~ les gens du pays. ¶ 도시 ~과 시골 ~ gens de la ville [citadins] et gens de la campagne [et campagnards]. ¶ 동네 ~ un(*e*) voisin(*e*); ((총칭)) le voisinage. ¶ 우리 집안[문중] ~ nos parents collatéraux, les gens de notre famille. ¶ 한국 ~ un(*e*) Coréen(*ne*). ¶ 옛날 ~들 les gens d'autrefois. ③ 타인 monde *m*, gens *mpl*, les autres *mpl*, autrui *m*, quelqu'un. ¶ 어떤 ~이 찾아왔는데요 Quelqu'un est venu te voir. ¶ 그 ~은 ~들 앞에 나서기를 싫어한다 Il n'aime pas se montrer devant les autres / Il n'aime pas le contact avec le public. ¶ 그 ~에게는 묘하게 ~을 끄는 매력이 있다 Il exerce un charme mystérieux sur les autres. ¶ 나는 요즘

~ 만나는 게 두렵다 Ces jours-ci, j'ai peur de rencontrer les autres. ¶ ~들 말로는 네가 벼락부자가 되었다던데, 그게 사실이니? On dit que tu es devenu un nouveau riche. C'est vrai? ¶ ~들이 뭐라 말하든 나는 신경 쓰지 않는다 Je ne me préoccupe [ne me soucie] pas de ce que les autres [gens] disent [du qu'en-dira-t-on]. ④ 인격 personne *f*, homme *m*; personnalité *f*, caractère *m*; type *m*, personnage *m*. ¶ ~ 됨됨이를 봐야 한다 Il faut bien observer sa personnalité. ¶ 그는 ~을 보는 눈이 있다 Il sait juger les gens. ¶ 그런 이야기도 ~을 보아가며 해야지 À qui crois-tu parler ainsi? / Regarde à qui tu t'adresses avant de parler comme ça! ¶ 친구를 보면 그 ~을 알 수 있다 Dis-moi qui tu hantes [qui tu fréquentes], et je te dirai qui tu es. ¶ 옆집에 새로 이사 온 분은 ~이 어떠니? Comment est le nouveau voisin qui vient d'emménager à côté? ¶ 네가 어떤 ~인지 이제 알겠다 Maintenant je sais quel genre de personne (est-ce que) tu es. ¶ 무슨 ~이 그래? Qu'est-ce que c'est que ce type? / Comment peut-on se comporter ainsi? ¶ 그 ~은 그런 짓을 할 ~이 아니다 Ce n'est pas le genre de personne à faire ça / Il n'est pas du genre à faire ça / Ce n'est pas (dans) son genre. ¶ 며칠 사이로 그 ~은 ~이 확 달라졌다 Il a complètement changé en quelques jours / Il est devenu quelqu'un de complètement différent en quelques jours / Ce n'est plus le même homme. ¶ 그 ~은 가장 믿을 만한 ~이다 C'est sur lui qu'on peut compter le plus. ¶ 나는 한 입으로 두 말 하는 ~이 아니다 Je ne reviens jamais sur ma parole, je tiens toujours mes promesses / Je n'ai qu'une parole. ⑤ 참된 인간 adulte *m*, grande personne *f*; humain *m*; honnête homme *m*. ¶ ~ 구실을 하다 se comporter en homme. ¶ ~의 도리를 다하다 remplir [faire honneur à] *ses* obligations. ¶ 그 사람은 나를 ~으로 여기지도 않는다 Il me traite avec mépris. ¶ 돈이 없으니 ~ 노릇도 못 한다 Faute d'argent, on faillit à ses devoirs les plus élémentaires. ¶ 그 ~도 ~인데 설마 그럴 리가 있겠니? C'est pourtant une grande personne, comment est-ce possible? ¶ 그 ~은 ~도 아니다 Il n'a rien d'humain. ¶ 그 ~은 이제 ~이 됐어 C'est un grand garçon, maintenant. ¶ 그 ~은 ~ 같지도 않다 Il n'a rien d'humain. ⑥ 동지, 편, 부하 personne *f*, compagnon *m*, homme *m*; groupe *m*, parti *m*; subordonné(*e*). ¶ ~을 두다 prendre *qn* à *son* service. ¶ 그 ~은 ~을 다룰 줄 안다 Il sait par où prendre les autres. ¶ ~을 더 써서 일을 끝내라 Finis le travail en embauchant plus d'ouvriers. ¶ 그 ~을 내 ~으로 만들려고 했지만 그렇게 안 됐다 J'ai voulu le pousser à prendre parti pour moi, mais j'ai fini par échouer. ⑦ 인재 personne *f* capable; homme *m* compétent; homme *m* de valeur. ¶ 우리나라 교육계에는 ~이 없다 Dans le milieu de l'éducation dans notre pays, il n'y a pas un seul homme de valeur. ¶ 제도가 아무리 좋아도 그것을 운용할 ~이 없으면 아무 쓸모가 없다 Le système peut être le meilleur qui soit, s'il n'y a personne pour le faire fonctionner, il ne sert à rien. ¶ 그 ~은 이 방면에서는 알아주는 ~이다 C'est une personne (très) reconnue [une autorité] dans ce domaine. ⑧ 방문객, 심부름꾼 messag*er*(*ère*); envoyé(*e*); personne *f*. ¶ 그 집에서 ~을 보내왔다 Le propriétaire de cette maison nous a envoyé un messager. ¶ 의사를 부르러 ~을 보내다 envoyer *qn* appeler un médecin. ¶ 오늘 오후에 ~이 오기로 되어 있다 Il viendra une personne cet après-midi.

***~ 위에 ~ 없고 ~ 밑에 ~ 없다** Le soleil luit [brille] pour tout le monde.

***~을[으로] 만들다** former le caractère. ¶ 그 ~을 ~으로 만들어 보려고 부모들이 무척 애를 썼지만 허사였다 Ses parents se sont efforcés de faire de lui quelqu'un de bien mais ils n'ont abouti à rien.

***~(이) 되다** devenir adulte. ¶ 어른을 공경할 줄 아는 것을 보니 이제는 그 사람도 ~이 되었다 A présent il est devenu adulte puisqu'il sait respecter les personnes âgées [les anciens].

***~(이) 좋다** avoir bon cœur, être quelqu'un de bien, une personne [un type {*fam*}, un gars {*fam*}] de bien. ¶ 그 ~은 ~이 참[너무] 좋다 C'est vraiment quelqu'un de [une personne, un gars {*fam*}, un type {*fam*}] bien [un chic type, un chouette type] / Il a un cœur d'or [Il est trop gentil]. ¶ 그 사람은 ~좋게 웃으면서 다가왔다 Il nous approchait en souriant gentiment.

***뛰는 ~[놈] 위에 나는 ~[놈](이) 있다** Il y a [On trouve] toujours meilleur que soi / A malin, malin et demi.

***생~(을) 잡다** ☞ 생사람

***열 길 물 속은 알아도 한 길 ~ 속은 모른다** Il est difficile de connaître le fond de la pensée de quelqu'un.

◆**_답다** 형 être humain(*e*), digne (de porter le nom d'homme), respectable, honnête. ¶ 무엇이 사람을 ~답게 하는가? Qu'est-ce qui rend les hommes humains [honnêtes]? ¶ 이제부터는 나도 ~답게 살고 싶다 Désormais je veux mener une vie respectable.

◆**_됨[됨됨이]** 명 caractère *m*, personnalité *f*, nature *f*. ¶ 그 ~은 ~됨이[됨됨이가] 좋다 C'est une bonne nature / Il(Elle) a un bon fond. ¶ 글을 보면 그 ~의 ~됨을[됨됨이를] 알 수 있다 En voyant son écriture, on peut imaginer sa personnalité.

◆**난_** 명 homme *m* éminent [exceptionnel]. ¶ 그 ~은 난~이다 C'est un homme exceptionnel.

◆**눈_** 명 bonhomme *m* de neige. ¶ 눈~을 만들다 faire un bonhomme de neige.

◆**된_** 명 gentilhomme *m*, gentleman *m*.

◆**안[집]_** 명 ((ma)) femme *f*, ((mon)) épouse *f*. ¶ 우리 안[집]~ ma femme, mon épouse.

분류 personne *f*. ¶ 몇몇 ~ quelques personnes. ¶ 세 ~이 힘을 합쳤다 Les trois personnes se sont unies [ont uni leurs forces]. ¶ 그 일에 여러[많은] ~이 지원했다 Plus d'un a posé sa candidature à ce travail / Nombreux sont ceux qui ont postulé pour [à] ce poste. ¶ 그를 돕겠다는 친구들이 여러 ~이 된다 Il y a plusieurs amis qui veulent l'aider. ¶ 한 ~씩 들어오세요 Entrez un par un.

사랑¹ 명 amour *m*, affection *f*, tendresse *f*. ¶ 부모의 ~ l'amour parental. ¶ 부부간의 ~ un amour conjugal. ¶ 깊은 ~ un amour profond. ¶ 뜨거운 ~ un amour éperdu. ¶ 맹목적인[대가 없는, 계산적인] ~ un amour aveugle [sans limite, intéressé]. ¶ 몰래한 ~ un amour discret [furtif]. ¶ 변치 않는 ~ un amour constant. ¶ 영원한[절대적인] ~ un amour éternel [absolu]. ¶ 이루어질 수 없는 ~ un amour impossible. ¶ 육체적 ~ un amour charnel. ¶ 정신적 ~ un amour platonique. ¶ 오, 내 ~! Oh! mon amour [mon cœur]. ¶ 조국에 대한 ~ l'amour de la patrie. ¶ 자식에 대한 부모의 ~ l'amour des parents pour leurs enfants. ¶ ~에 눈이 먼 남자 un homme aveuglé par l'amour. ¶ 누구에게 ~을 고백하다 déclarer *son* amour [*sa* flamme] à *qn*, faire une déclaration d'amour à *qn*. ¶ 누구에게 ~을 맹세하다 jurer l'amour à *qn*. ¶ 누구와 ~을 나누다 aimer *qn*; ((성관계)) faire l'amour avec *qn*. ¶ 서로 ~을 나누다 s'aimer [s'affectionner] l'un l'autre. ¶ ~을 속삭이다 chuchoter des mots d'amour. ¶ ~을 먹고 살다 vivre d'amour (et d'eau fraîche). ¶ 누구의 ~을 의심하다 soupçonner l'amour de *qn*. ¶ ~의 언어[밀어, 맹세] la langue de l'amour [une parole intime d'amour, des mots d'amour; un serment d'amour]. ¶ ~의 밀어를 서로 속삭이다[나누다] se dire à l'oreille des mots d'amour [échanger des mots d'amour]. ¶ ~으로 누구를 대하다 être aimable avec *qn*. ¶ 누구와 ~에 빠지다 tomber amoureux de *qn*. ¶ ~에 속다 être trompé(*e*) par l'amour; l'amour *m*'a rendu(*e*) aveugle. ¶ ~에 실패하다 échouer en amour. ¶ 남녀 사이에 ~이 싹트다[무르익다, 익어가다] L'amour naît [mûrit] entre un homme et une femme. ¶ 누구에 대한 ~이 식다 L'amour pour *qn* se refroidit. ◇_(을) **하다** aimer, affectionner. ¶ ~하는 사람 la personne que l'on aime, un(*e*) amant(*e*), un(*e*) petit(*e*) ami(*e*). ¶ ~해! Je t'aime! ¶ 그들은 ~하는 사이이다 Ils s'aiment (tous les deux). ¶ 죽자 살자[몹시] ~하다 aimer à la folie [passionnément, à mourir]. ¶ 누구를 ~하다 aimer *qn*, adorer *qn*. ¶ 누구의 글을 ~하다 préférer l'écriture de *qn*. ¶ 일하는 것을 ~하다 aimer travailler. ◇_(을) **받다** être aimé(*e*). ¶ ~받는 아내 une femme aimée. ¶ 주위로부터 많은 ~을 받다 être beaucoup aimé(*e*) de *son* entourage.

***~에 울고 돈에 울고** pleurer d'amour, pleurer de pauvreté, se lamenter d'être sans amour et sans argent.

◆**_스럽다** 형 être chérissable, adorable. ¶ 잠자는 아기의 ~스러운 모습 l'image d'un bébé chéri en train de dormir.

◆**_가** -歌 명 chanson *f* d'amour, de romance *f*.

◆**_니** 명 dent *f* de sagesse. ¶ ~니를 뽑다[빼다] se faire arracher les dents de sagesse. ¶ ~니가 나다 avoir une dent de sagesse qui sort.

◆**_병** -病 명 ☞ 상사병

◆**_싸움** 명 dispute *f* d'amoureux. ¶ ~싸움(을) 하다 avoir une dispute d'amoureux.

◆**_타령** -打令 명 chant *m* [chanson *f*] d'amour. ¶ ~ 타령을 부르다 chanter une chanson d'amour. ¶ 요즘 유행가들은 허구한 날 ~ 타령이다 Les chansons d'aujourd'hui racontent sans arrêt des histoires d'amour.

◆**내리_** 명 amour *m* des anciens envers les jeunes (dans la famille). ¶ 사랑은 내리~이다 L'amour des anciens se retourne vers les jeunes.

◆**짝_** 명 amour *m* non partagé [sans retour, à sens unique]. ¶ 누구를 짝~(을) 하다 aimer *qn* sans en être aimé(*e*) [sans retour, sans être aimé(*e*) en retour].

◆**첫_** 명 premier amour *m*. ¶ 그 소녀는 나의 첫~이었다 Cette fille était mon premier amour.

◆**풋_** 명 premier amour *m* d'adolescent.

사랑² 舍廊 명 chambre *f* d'hôte.

◆**_방** -房 명 chambre *f* d'hôte. ¶ ~방에 모여 이야기를 나누다 causer [parler] ensemble dans la chambre d'hôte.

◆**_채** 명 *sarangchae m* <aile *f* détachée du bâtiment principal dans une maison traditionnelle coréenne ((quartier des hommes, partie de la maison réservée aux hommes))>.

사레 명 toux *f* (qu'on a après avoir avalé de travers). ◇_(가) **들리다[들다]** s'étouffer en buvant [mangeant] *qc*, avoir une quinte de toux après avoir avalé de travers, s'étrangler. ¶ ~들려서 차를 마시다가 토해 냈다 En buvant son thé, il s'est étouffé et a fini par vomir.

사려 思慮 명 réflexion *f*, prudence *f*, sagesse *f*, considération *f*. ¶ ~ 깊은 배려에 감사드립니다 Je vous remercie d'être plein(*e*) de prévenance et d'égards. ¶ 그 신사는 ~가 깊다 Ce monsieur est très prudent. ◇_(를) **하다** considérer, réfléchir, regarder. ◇_(가) **있다** être sage, prudent(*e*), réfléchi(*e*). ◇_(가) **없다** être étourdi, imprudent(*e*), irréfléchi(*e*).

사력¹ 死力 명 effort *m* désespéré. ◇_을 **다하다** faire tous *ses* efforts, faire un effort désespéré. ¶ ~을 다해 싸우다 combattre [se battre] désespérément.

사력² 私力 명 ((avec)) *ses* propres moyens *mpl*. ¶ ~을 동원하여 공무를 방해하다 empêcher l'exercice d'une mission publique avec *ses* propres moyens.

사력³ 砂礫 명 sable *m* et gravier *m*.

◆**_댐** 명 【건설】 digue *f* en sable et gravier.

사령¹ 司令 명 【군사】 commandement *m*. ¶ 일직 ~ un officier de [en] service.

◆**_관** -官 명 【군사】 commandant *m*. ¶ 총 ~관 un commandant en chef.

◆**_부** -部 명 【군사】 quartier *m* général. ¶ 최고 ~부 un commandement suprême, le grand quartier général.

◆**_탑** -搭 명 tourelle *f* [poste *m*] de commandement.

사령[2] **辭令** 명 nomination *f* (officielle). ¶ 본사 ~ désignation du siège.

◆**_장** -狀 명 nomination *f* (écrite). ¶ ~장을 받다 être nommé(*e*) officiellement, recevoir *sa* nomination.

사령[3] **死靈** 명 âme *f* ((d'un mort)); mânes *mpl*; ((원령)) larve *f*, lémure *m*.

사례[1] **事例** 명 cas *m*, exemple *m*, précédent *m*, modèle *m*, échantillon *m*. ¶ ~ 연구 étude des cas. ¶ 성공 ~ un exemple couronné de succès. ¶ 구체적인 ~를 들다 citer un cas [un exemple] concret. ¶ 그 사람의 문제와 비슷한 ~가 있다 On peut invoquer un précédent semblable à son problème. ¶ 그런 ~는 얼마든지 있다 Des exemples comme celui-ci, on en trouve autant que l'on veut [il y en a à la pelle {*fam*}].

사례[2] **謝禮** 명 ((감사)) remerciement *m*, gratitude *f*, reconnaissance *f*; ((보상)) récompense *f*, rémunération *f*. ¶ 당선 ~ remerciement d'avoir été élu(*e*). ¶ ~의 표시로 en marque de gratitude, en rémunération de *qc*. ◇_(를) **하다**[**드리다**] remercier, récompenser, rémunérer; faire *ses* remerciements à *qn*. ¶ 도와준 것에 대해 ~하다 récompenser une personne d'un service qu'elle a rendu. ¶ 돈을 찾아 주시는 분께 후히 ~하겠습니다 Je saurai manifester toute ma gratitude à [Je n'oublierai pas de récompenser] celui qui trouvera mon argent. ◇_(를) **받다** recevoir une récompense, être récompensé(*e*). ¶ 이 일은 ~받으려고 한 것이 아니다 Ce n'est pas pour recevoir une récompense que j'ai fait cela.

◆**_금**[**비**] -金[費] 명 honoraires *mpl*, rémunération *f*.

사례[3] **四禮** 명 quatre grands rites *mpl* dont un homme de bien doit s'acquitter dans sa vie selon l'éthique confucéenne: rite *m* d'entrée en majorité, mariage, funérailles et rite *m* à la mémoire des ancêtres.

사로잡다 타 ① capturer, attraper, prendre vivant(*e*). ¶ 고래를 ~ capturer une baleine. ¶ 적군을 포로로 ~ faire prisonnière l'armée ennemie. ② ((마음을)) capturer, attraper; captiver, envoûter, fasciner, ravir. ¶ 뛰어난 연설로 청중을 ~ captiver l'audience par un discours exceptionnel. ¶ 미모로 남자들의 마음을 ~ ravir le cœur des hommes par *sa* beauté.

사로잡히다 재 ① être capturé(*e*), attrapé(*e*), pris(*e*) vivant(*e*). ¶ 적군에게 ~ être capturé(*e*) par l'ennemi. ② ((마음을)) être envoûté(*e*), charmé(*e*); être enchaîné(*e*); être pris(*e*), être frappé(*e*); être ravi(*e*); être en proie à *qc*. ¶ 공포[과대망상]에 ~ être pris(*e*) de peur [être frappé(*e*) de mégalomanie]. ¶ 처음 본 여자에게 ~ être envoûté par une femme vue pour la première fois.

사론 **史論** 명 essai *m* historique.

사료[1] **史料** 명 document *m* ((historique)); sources *fpl*, archives *fpl*. ¶ ~ 비판 critique des sources. ¶ ~ 를 수집하다 ramasser [collecter] des documents, réunir de la documentation. ¶ ~를 편찬하다 compiler des documents. ¶ ~가 부족해서 연구에 어려움이 있다 Faute de sources, on a des difficultés pour la recherche.

사료[2] **飼料** 명 【농업】 aliment *m* ((des animaux)); ((말 먹이)) fourrage *m*, foin *m*. ¶ ~용 작물 végétaux destinés à l'alimentation animale. ¶ 가축에게 ~를 주다 distribuer des aliments aux animaux. ¶ 옥수수를 ~로 쓰다 employer du maïs comme alimentation animale.

◆**배합_** 配合- 명 【농업】 granulé *m*, aliment *m* composé.

사료[3] **思料** 명 considération *f*, jugement ((après mûre considération)). ◇_(**가**) **되다** penser, juger, considérer. ¶ 그 일은 선생님의 잘못이라고 ~됩니다 Je pense que c'est votre faute.

사륙배판 **四六倍版** 명 【출판】 *in-octavo*(~-~(*s*)) *m*. ¶ 책을 ~으로 찍다[간행하다] publier [éditer] des livres en format *in-octavo*.

사륙판 **四六版** 명 【출판】 *in-douze m inv*.

사륜 **四輪** 명 quatre roues *fpl*.

◆**_구동** -驅動 명 【기계】 quatre roues *fpl* motrices. ~ 구동식[형] à quatre roues motrices. ¶ ~ 구동 지프 une jeep à quatre roues motrices.

◆**_마차** -馬車 명 char *m* à quatre roues.

사르다 타 ① allumer ((du feu)). ¶ 아궁이에 불을 ~ allumer du feu dans un [le] foyer. ② 태워 버리다 brûler ((des papiers)). ¶ 잡초를 불에 ~ brûler les mauvaises herbes.

사르르 부 doucement; sans force. ¶ 눈을 ~ 감다 fermer les yeux doucement.

사리[1] 명 portion *f* [tas *m*] ((de nouilles)). ¶ 국수를 삶아 ~를 만들어 놓는다 On dépose des nouilles en portions après en avoir fait bouillir. ¶ 여기 ~ 하나 더 주세요 Donnez-moi encore une portion de nouilles.

분류 portion *f* ((de nouilles)). ¶ 국수 한 ~ une portion de nouilles.

사리[2] **舍利** 명 【불교】 ① 유골 os *m* [relique *f*] du Bouddha; fragment *m* d'os du Bouddha. ¶ ~를 수습하다 collecter des reliques bouddhistes. ¶ 스님의 몸에서 ~ 30과가 나왔다 Du corps incinéré du moine (bouddhiste), on a recueilli trente reliques sacrées. ② 경전 Écritures *fpl* bouddhiques; relique *f* d'un (saint) bouddhiste.

◆**_탑** -塔 명 【불교】 pagode *f* des reliques; stûpa *m*. ¶ ~탑을 세우다 construire [élever] un stûpa [une pagode].

사리[3] **事理** 명 raison *f*. ¶ ~(를) 분별을 하다 se conduire raisonnablement. ¶ ~에 맞다 avoir raison.

사리[4] **私利** 명 intérêt *m* personnel.

◆**_사욕** -私慾 명 intérêt *m* personnel et désir *m* égoïste. ¶ ~사욕을 채우다 satisfaire à *son* intérêt personnel, assouvir *son* désir et *son* intérêt personnel, étancher *sa* soif de convoitise, combler *ses* désirs. ¶ ~사욕에 급급하다 être avide de son intérêt. ¶ ~사욕에 눈이 멀다 être aveuglé(*e*) par l'intérêt.

사림 士林 명 【역사】 (lettré *m*) confucianiste *mf*.

◆_**파** -派 명 【역사】 école *f* confucianiste. ¶ 훈구파와 ~파의 대결 confrontation des bureaucrates et des confucianistes.

사립[1] 私立 명 établissement *m* privé. ¶ 우리 학교는 ~이다 Notre école est privée.

◆_**대학** -大學 명 université *f* privée.

◆_**탐정** -探偵 명 détective *m* privé.

◆_**학교** -學校 명 école *f* privée.

사립[2] 명 porte *f* en branchages. ¶ ~으로 나가다 sortir par la porte en branchages.

◆_**문** -門 명 porte *f* en branchages. ¶ ~문을 열다 ouvrir la porte en branchages.

사마귀[1] 명 【동물】 mante *f* religieuse.

사마귀[2] 명 verrue *f*. ¶ 손가락에 ~가 났다 J'ai les doigts (re)couverts de verrues / J'ai des verrues sur les doigts.

사막 沙漠 명 【지리】 désert *m*. ¶ ~ 지대 une zone désertique. ¶ ~ 기후 un climat désertique. ¶ ~의 오아시스 un oasis dans le désert. ¶ 사하라 ~ le désert du Sahara.

사망 死亡 명 mort *f*, décès *m*, trépas *m*. ¶ 부친의 ~ 소식을 접하다 apprendre le décès de *son* père. ◇_**(을) 하다** mourir, décéder, trépasser. ¶ 그 사람은 교통사고로 ~했다 Il est mort dans un accident de la route.

◆_**률** -率 명 (taux *m* de) mortalité *f*. ¶ 교통사고 ~률 le taux de mortalité des accidents de la route, le nombre de morts [de tués] sur la route par an.

◆_ **선고** -宣告 명 sentence *f* de mort. ¶ 그 사람은 표절 사건으로 학계에서 ~ 선고를 받은 것이나 마찬가지이다 Avec cette histoire de plagiat, c'est comme s'il avait reçu sa sentence de mort du monde scientifique.

◆_**신고** -申告 명 déclaration *f* [acte *m*] de décès. ¶ ~신고를 하다 déclarer un décès.

◆_**자** -者 명 mort(*e*), défunt(*e*); tué(*e*), victime *f*. ¶ ~자 명부[수] le nécrologe, la liste [le nombre] de victimes [de morts].

◆_**진단** -診斷 명 constat *m* de décès. ¶ ~진단이 내려졌다 Un constat de décès a été fait [rédigé] / On a fait un constat de décès.

사면[1] 四面 명 quatre côtés *mpl*; tous les côtés *mpl*. ¶ 이 동네는 ~이 산으로 막혀 있다 Ce quartier est entouré de montagnes de tous côtés.

◆_**체** -體 명 tétraèdre *m*.

◆_**초가** -楚歌 명 encerclement *m* par l'ennemi; acculement *m* à une situation désespérée.

◆_**팔방** -八方 명 tous les côtés *mpl*.

사면[2] 赦免 명 【법률】 pardon *m*, rémission *f*, amnistie *f*, grâce *f*. ¶ 그 사람은 이번에 ~ 복권되었다 Cette fois, on lui a accordé une rémission. ◇_**(을) 하다** accorder une amnistie; amnistier. ¶ 양심수를 ~하다 accorder une amnistie à un prisonnier d'opinion, amnistier un prisonnier d'opinion. ◇_**(이) 되다** être amnistié(*e*). ¶ ~된 정치 사범 un prisonnier politique amnistié.

◆_**권** -權 명 【법률】 droit *m* de grâce.

◆_**령** -令 명 【법률】 loi *f* d'amnistie. ¶ 크리스마스에 ~령이 내려졌다 déclarer la loi d'amnistie à Noël.

◆**일반**_ 一般- 명 【법률】 rémission *f* générale.

◆**특별**_ 特別- 명 【법률】 rémission *f* spéciale.

사면[3] 斜面 명 ① pente *f* ((d'une colline)); versant *m* ((d'une montagne)). ② 【수학】 plan *m* oblique.

사멸 死滅 명 extinction *f*, disparition *f*. ◇_**(을) 하다** s'éteindre, disparaître totalement; être anéanti(*e*). ¶ 많은 생물 종들이 ~해 가고 있다 Il y a beaucoup d'espèces en voie d'extinction / De nombreuses espèces sont menacées d'extinction. ◇_**(이) 되다** s'éteindre, disparaître totalement; être anéanti(e).

◆_ **위기** -危機 명 risque *m* d'extinction.

사명[1] 使命 명 mission *f*; vocation *f*. ¶ 조국 통일의 역사적 ~ vocation historique d'accomplir la réunification d'un pays. ¶ 맡은 바 ~을 다하다 remplir [s'acquitter d'] une mission. ¶ 난민 구호의 ~을 띠고 전장에 가다 aller au champ de bataille avec pour mission d'aider les réfugiés. ¶ 적진을 점령하라는 ~을 완수하다 accomplir *sa* mission de prendre un camp ennemi.

◆_**감** -感 명 vocation *f*, sens *m* vocationnel. ¶ ~감에 불타는 젊은이들 une jeunesse éprise de grande vocation. ¶ ~감을 가지다 avoir la vocation de *qc*, avoir vocation de [pour] *qc*. ¶ ~감을 가지고 일하다 travailler avec (une) dévotion (vocationnelle). ¶ ~감을 느끼다 se sentir appelé(*e*) à+*inf*; se sentir la vocation de+*inf*. ¶ 그 사람은 ~감이 없다[부족하다] ne pas avoir la [manquer de] vocation.

사명[2] 社名 명 raison *f* sociale; nom *m* d'une société.

사모[1] 思慕 명 attachement *m*, affection *f*. ¶ ~의 정을 느끼다 se sentir attaché(*e*) à *qn*, avoir de l'affection pour *qn*. ◇_**(를) 하다** prendre *qn* en affection; s'affectionner à *qn/qc*. ¶ 애타게 ~하다 brûler d'envie de s'attacher à *qn*. ¶ 나는 ~하는 여자가 있다 Je me prends d'affection pour une femme / J'aime une femme.

사모[2] 師母 명 épouse *f* d'un professeur [d'un supérieur hiérarchique].

◆_**님** 명 ((mot honorifique désignant l'épouse du maître ou du professeur, ou une interlocutrice respectable, à la place de 'vous'.)) Madame *f* votre épouse; femme *f* d'un supérieur. ¶ ~님께 안부 전해 주세요 Transmettez mes salutations à Madame votre épouse.

사모관대 紗帽冠帶 명 【민속】 costume *m* traditionnel de cérémonie ((une robe ample et claire, tenue à la taille par une ceinture, et un bonnet de crin noir à ailerons)). ¶ ~를 하다[쓰다] porter [mettre, revêtir, enfiler] le costume de cérémonie. ¶ ~를 하고 폐백(을) 드리다 offrir, par le nouveau marié en costume de cérémonie, des soieries ou cadeaux à la nouvelle mariée.

사무[1] 事務 명 travail *m* (de bureau); affaires *fpl* administratives; administration *f*. ¶ ~ 경험[능력] expérience [compétence] administrative. ¶ ~ 인계 la passation [le transfert] des affaires en cours. ¶ ~ 자동화 automatisation de l'administration. ¶ ~를 처리하다 régler les (s'occuper des) affaires administratives. ◇_(를) **보다** travailler (dans un bureau), s'occuper de l'administration. ¶ 그 사람은 신입 사원인데도 ~를 잘 본다 Bien qu'il soit nouveau, il travaille bien.

◆_**적** -的 명관 administrati*f*(*ve*); par manière d'acquit. ¶ ~적인 태도로 말하다 parler par manière d'acquit. ¶ ~적으로 일을 처리하다 régler une affaire de façon administrative.

◆_**관** -官 명 fonctionnaire *m* de l'administration.

◆_**국** -局 명 secrétariat *m* génér*al*(*aux*); bureau(*x*) *m* ((de l'Assemblée nationale)); service *m* administratif.

◆_**국장** -局長 명 secrétaire *m* génér*al*(*aux*).

◆_**비** -費 명 frais *mpl* d'un bureau.

◆_**소** -所 명 bureau(*x*) *m*; étude *f* ((d'un notaire)); office *m* ((de publicité)).

◆_**실** -室 명 cabinet *m* de travail; bureau *m*. ¶ ~실 분위기를 바꾸다 changer l'atmosphère du bureau. ¶ ~실 배치를 새로 하다 réaménager un bureau.

◆_**용** -用 명 de bureau. ¶ ~용 물품 fournitures [articles] de bureau.

◆_**용품** -用品 명 matériel *m* de bureau.

◆_**원** -員 명 employé(*e*) ((de bureau)).

◆_**장** -長 명 commissaire *m*.

◆_**직** -職 명 travail *m* intellectuel (administratif). ¶ ~직 노동자 un(e) travailleur(se) administratif(ve).

◆_**처** -處 명 bureau(*x*) *m*. ¶ 국회 ~처 le bureau de l'Assemblée nationale.

◆_**총장** -總長 명 secrétaire *m* général. ¶ UN ~총장 le Secrétaire général de l'ONU.

사무[2] 私務 명 affaire *f* privée. ¶ 그 사람은 ~ 때문에 무단으로 외출을 했다 Il est sorti sans permission à cause de ses affaires privées.

사무라이 일 명 *samouraï [samurai] m*.

사무치다 재 ① toucher [émouvoir] profondément *qn*, pénétrer [transpercer] *qn* ((jusqu'au plus profond de *son* cœur [de *son* âme])), imprégner. ¶ 누구의 골수에 사무치다 pénétrer *qn* jusqu'à la moelle des os, s'enfoncer au plus profond de *son* âme [de *son* cœur]. ¶ 괴로움이 내 가슴에 사무쳤다 La douleur m'a pénétré(*e*) [m'a transpercé(*e*)] jusqu'au plus profond de mon cœur [de mon âme]. ¶ 그는 조국에 대한 그리움이 가슴에 사무쳤다 La nostalgie de sa patrie le pénètre jusqu'au plus profond de son cœur [de son âme] / La nostalgie de sa patrie l'émeut [le touche] profondément.

사문[1] 沙門 명 【불교】 moine *m* bouddhiste, religieux *m*, bonze *m*.

사문[2] 死文 명 lettre *f* morte.

◆_**화** -化 명 fait de rendre lettre morte. ¶ ~화(가) 되다 devenir lettre morte. ¶ 그 규정은 이미 ~화 되었다고 할 수 있다 On peut dire que cette règle est déjà lettre morte. ¶ ~화(를) 시키다 rendre lettre morte.

사문[3] 査問 명 enquête *f*, investigation *f*; demande *f* de renseignements. ◇_(을) **하다** faire une enquête; examiner, interroger, se renseigner.

◆_**위원회** -委員會 명 commission *f* d'enquête.

사문난적 斯文亂賊 명 【역사】 personne *f* qui se conduit contrairement aux idées confucianistes. ¶ ~으로 몰리다 être considéré(*e*) comme allant à l'encontre des idées confucianistes.

사문서 私文書 명 document *m* privé, sous-seing *m inv*, acte *m* sous seing privé. ¶ ~ 위조 falsification d'un document privé.

사물[1] 私物 명 objet *m* personnel.

◆_**함** -函 명 casier *m*. ¶ 개인 ~함 un casier privé [individuel].

사물[2] 事物 명 chose *f*, objet *m*. ¶ 자기 주위의 ~을 면밀히 관찰하다 observer les choses autour de *soi*.

사물[3] 四物 명 【민속】 quatre instruments *mpl* à percussion: *janggu m* (tambour en forme de sablier), *kkwaenggwari m* (petit gong), *buk m* (petit tambour plat), *jing m* (sorte de gong).

◆_**놀이** 명 【민속】 *samulnori m* <danse folklorique exécutée sur les quatre instruments à percussion traditionnels, en particulier pour les jours de fêtes traditionnelles et pour les fêtes paysannes de la moisson, du repiquage du riz, etc>.

사뭇 부 complètement, totalement; sans réserve. ¶ ~ 다르다 être complètement différent(*e*). ¶ ~ 슬픔을 느끼다 éprouver une tristesse sans réserve. ¶ ~ 술을 마시다 boire de l'alcool jusqu'à plus soif. ¶ 나는 방학 동안 ~ 바빴다 J'ai été extrêmement occupé(*e*) pendant les vacances.

사미 沙彌 명 【불교】 srâmanera *m*, novice *m*.

◆_**승** -僧 명 【불교】 srâmanera *m*, novice *m*.

사바 娑婆 명 【불교】 ici-bas *m*, monde *m*.

◆_**세계** -世界 명 【불교】 ici-bas *m*, (en) ce monde. ¶ 그 사람은 중으로서 ~세계에 너무 매여 있다 Pour un moine, il est trop attaché à ce monde.

사바나 영{savanna} 명 【지리】 savane *f*.

◆_ **기후** 氣候 명 【지리】 climat *m* de savane.

사반세기 四半世紀 명 quart *m* de siècle. ¶ ~에 걸친 대역사 les grands travaux de ce quart de siècle; le grand événement historique de ce quart de siècle.

사발 沙鉢 명 bol *m*; écuelle *f*. ¶ 국 ~ bol à soupe. ¶ 밥을 ~에 담다 mettre du riz dans un bol.

***죽_을 만들다** ☞ 죽사발

◆_**통문** -通文 명 circulaire *f* [pétition *f*] faisant apparaître les noms des signataires en cercle ((pour éviter toute hiérarchie et cacher ainsi le nom d'éventuels meneurs)). ¶ ~통문을 돌리다 faire passer une circulaire.

분류 bol *m* ((de riz)). ¶ 밥[물] 한~ un bol de riz [d'eau].

사방[1] 四方 명 quatre côtés *mpl*; quatre points *mpl* cardinaux; quatre directions *fpl*; tous les côtés *mpl*; toutes les directions *fpl*, tous les azimuts *mpl*. ¶ ~을 둘러보다 jeter des regards de tous côtés. ¶ ~으로 뚫린 길 chemin ouvert de part en part. ¶ ~이 모두 산인 분지 bassin entouré de tous côtés par des montagnes. ¶ 나는 그 사람을 ~으로 찾아다녔으나 아무 데서도 찾아내지 못했다 Je l'ai cherché(e) partout, mais je ne l'ai trouvé(e) nulle part. ¶ 거실에 유리 파편이 ~에 흩어져 있다 Des morceaux de verre sont éparpillés partout dans le salon. ¶ ~에서 불길이 하늘로 치솟는다. Les flammes s'élèvent de partout vers le ciel.

◆_**탁자** -卓子 명 table *f* carrée [rectangulaire].

◆_**팔방** -八方 명 toutes les directions *fpl*; tous les côtés *mpl*; tous les moyens *mpl*. ¶ ~팔방(으로) 수소문하다 chercher des informations par tous les moyens.

사방[2] 砂防 명 prévention *f* contre l'érosion. ¶ ~공사 travaux de prévention contre l'érosion. ¶ ~댐 barrage de prévention contre l'érosion.

사백 四百 수관 quatre cents.

사범[1] 師範 명 moniteur(*trice*); maître(*sse*). ¶ 검도 ~ maître d'armes. ¶ 태권도 ~ maître de *taekwondo*.

◆_**대** -大 명 I.U.F.M. (Institut universitaire de Formation des Maîtres).

◆_**대학[학교]** -大學[學校] 명 faculté *f* des sciences de l'éducation; I.U.F.M. (Institut universitaire de Formation des Maîtres).

사범[2] 事犯 명 crime *m*, délit *m*; acte *m* délictueux. ¶ 정치 ~ crime politique [idéologique]; criminel(*le*) politique. ¶ 경제 ~ délinquance économique; délinquant(*e*) économique.

사법[1] 司法 명 【법률】 justice *f*. ¶ ~의 독립 indépendance du pouvoir judiciaire.

◆_**경찰** -警察 명 police *f* judiciaire.

◆_**고시** -考試 명 concours *m* d'admission à la magistrature.

◆_**권** -權 명 pouvoir *m* judiciaire.

◆_**기관** -機關 명 organisation *f* judiciaire.

◆_**부** -府 명 pouvoir *m* judiciaire.

◆_**연수원** -研修院 명 E.N.M. (Ecole nationale de la Magistrature).

◆_**재판** -裁判 명 jugement *m*; décision *f* de justice.

◆_**재판소** -裁判所 명 cour *f* de justice; palais *m* de justice.

◆_**제도** -制度 명 système *m* judiciaire; institution *f* judiciaire.

◆_**처분** -處分 명 mesure *f* judiciaire.

사법[2] 私法 명 droit *m* privé.

사변[1] 四邊 명 【수학】 quatre côtés *mpl*; tous les côtés *mpl*; entourage *m*; environs *mpl*. ¶ 토지의 ~의 길이를 재다 mesurer le périmètre du terrain

◆_**형** -形 명 【수학】 quadrilatère *m*.

사변[2] 事變 명 incident *m*; calamité *f*, catastrophe *f*, guerre *f* (spontanée, sans déclaration de guerre). ¶ 6·25 ~ la guerre de Corée (commencée le 25 juin 1950). ¶ ~이 났다[일어났다] Un incident éclata [se produisit].

사변[3] 思辨 명 【철학】 spéculation *f*.

◆_**적** -的 명관 spéculati*f*(*ve*).

◆_**철학** -哲學 명 philosophie *f* spéculative.

사별 死別 명 séparation *f* (par la mort). ◇_(을) **하다** perdre. ¶ 아내와[를] ~하다 perdre *sa* femme.

사병[1] 士兵 명 【군사】 soldat *m*; homme *m* de troupe. ¶ 그 남자는 아직 ~이지만 곧 하사관이 될 것이다 Il est encore simple soldat, mais il ne tardera pas à devenir sous-officier.

사병[2] 私兵 명 armée *f* privée; armée *f* personnelle. ¶ ~을 보유하다 posséder une armée privée. ¶ ~을 양성하다 entretenir une armée privée.

사보 社報 명 journal *m* d'entreprise.

사보타주 프{sabotage} 명 sabotage *m*; grève *f* perlée. ¶ ~를 시작하다 commencer un sabotage; commencer une grève perlée. ◇_(를) **하다** saboter ((un travail)).

사복[1] 私服 명 vêtement *m* [tenue *f*] civil(*e*). ¶ ~형사[경찰] policier en civil. ¶ 장교는 근무 시간이 아닌 때에는 ~을 입을 권리가 있다 Les officiers ont le droit de s'habiller en civil quand ils ne sont pas de service. ¶ 그 남자는 유니폼을 벗고 ~을 입었다 Après avoir enlevé son uniforme, l'homme s'est habillé en civil.

사복[2] 私腹 명 propre intérêt *m*; profit *m* [bénéfice *m*, avantage *m*, intérêt *m*] personnel. ¶ ~을 채우다 assouvir *son* propre intérêt [*son* profit personnel]; satisfaire pleinement *son* propre intérêt.

사본 寫本 명 copie *f*, photocopie *f*. ¶ 영수증 ~ photocopie d'un reçu [d'une quittance]. ¶ 무엇의 ~을 뜨다 photocopier *qc*; faire une photocopie de *qc*.

사부[1] 師父 명 maître *m*. ☞ 스승

사부[2] 四部 명 quatre parties *fpl*.

◆_**합창** -合唱 명 【음악】 chœur *m* à quatre voix [à quatre parties]. ¶ 이 노래는 ~합창곡이다 Cette chanson est un chœur à quatre voix.

사부인 査夫人 명 la mère *f* du conjoint de l'un de *ses* enfants, la mère *f* du gendre [de la belle-fille] ((titre donné à la belle mère de l'un de ses enfants)).

사분 四分 명 division *f* en quatre [par 4]. ¶ ~의 일 quart; un quart (de *qc*). ¶ ~의 삼 trois quarts. ¶ ~의이 박자 mesure à deux-quatre. ¶ ~의사 박자 mesure à quatre-quatre. ◇_(을) **하다** diviser *qc* en quatre. ¶ 돈을 ~하다 partager de l'argent en quatre. ◇_(이) **되다** être divisé(*e*) en quatre; être partagé(*e*) en quatre.

◆_**기** -期 명 trimestre *m*. ¶ 일~기 premier trimestre.

◆_**쉼표** -標 명 【음악】 soupir *m*.

◆_오열 -五裂 명 morcellement *m*; dislocation *f*. ¶ 국론을 ~오열하다 disloquer l'opinion publique. ¶ 국론이 ~오열을 한다 L'opinion publique se dissout. ¶ 그 문제로 당론이 ~오열이 되었다 L'opinion du parti est divisée [très partagée] sur cette question.

◆_음표 -音標 명 【음악】 noire *f*.

사브르 프{sabre} 명 【운동】 sabre *m*.

사뿐사뿐 부 ((mimétisme)) d'un pas *m* léger, à pas *mpl* feutrés. ¶ ~ 걷다 marcher à pas feutrés.

사비 私費 명 frais *mpl* personnels. ¶ ~를 털다 épuiser *son* pécule; dépenser tout *son* pécule. ¶ ~로 à *ses* (propres) frais. ¶ ~로 유학하다 faire des études à l'étranger à *ses* propres frais.

사사[1] 師事 명 fait de devenir l'élève de *qn*. ◇_(를) 하다[받다] devenir l'élève de *qn*; avoir *qn* pour professeur; travailler sous la direction de *qn*. ¶ 그 음악가는 예전에 유명한 음악가에게 ~했다 Ce musicien a été autrefois l'élève d'un musicien célèbre.

사사[2] 賜死 명 condamnation *f* à mort par absorption de poison. ◇_(를) 하다 faire absorber un poison mortel à *qn*, exécuter *qn* par le poison [par absorption de poison, en l'empoisonnant]. ¶ 역모자들을 ~하다 exécuter les opposants au régime par le poison [en les empoisonnant]. ◇_(가) 되다 être exécuté(*e*) par absorption de poison [par empoisonnement]. ◇_(를) 당하다 être exécuté(*e*) par absorption de poison [empoisonnement].

사사[3] 私事 명 affaire *f* personnelle. ¶ 타인의 ~에 참견하다 s'immiscer [s'ingérer, fourrer *son* nez {*fam*}] dans les affaires d'autrui.

◆_ㅅ일 명 affaires *fpl* personnelles.

사사건건 事事件件 명 chaque chose *f*; toutes les affaires *f*; tous les événements *mpl*.

부 partout, à tout, en toute occasion, dans tout ce qu'*on entreprend* [*on fait*]; à la moindre occasion, pour la moindre chose; ((se battre)) pour la moindre broutille, à tout propos, à propos de tout et de rien, à propos de rien, à propos d'un rien, à propos de tout, pour un oui, ou pour un non, au moindre prétexte. ¶ ~ 꼬투리를[트집을] 잡다 trouver à redire à tout [à la moindre parole], critiquer toutes choses, tout critiquer, chercher la petite bête partout. ¶ 남의 일에 ~ 참견하다 s'immiscer [s'ingérer, fourrer *son* nez {*fam*}] dans toutes les affaires d'autrui. ¶ 그들은 서로 ~ 부딪친다 Ils se battent [se disputent] pour la moindre broutille [pour la moindre chose, à tout propos, à propos de tout et de rien, à propos de rien, à propos d'un rien, à propos de tout, à la moindre occasion, pour un oui ou pour un non, au moindre prétexte, à tout bout de champ] / Tout est prétexte pour qu'ils se disputent. ¶ 그는 내가 하는 일에 ~ 초를 친다 Il critique [juge] négativement toutes mes actions / Il me décourage dans [Il gâche] tout ce que j'entreprends / Il sabote [Il abîme, Il démolit, Il détériore] tout ce que j'entreprends. ¶ 그는 ~ 우리 일에 방해를 놓는다 Il nous gêne en toute occasion.

사사롭다 私私- 형 être personnel(*le*), particuli*er*(*ère*), privé(*e*). ¶ 사사로운 일 affaires personnelles. ¶ 사사로운 정에 얽매이지 않고 공정하게 일을 처리하다 arranger [régler] les affaires d'une manière équitable et désintéressée.

◆사사로이 부 personnellement; en privé. ¶ 나는 그를 사사로이 알고 있다 Je le connais personnellement.

사사분기 四四分期 명 quatrième trimestre *m*. ¶ 금년 ~에는 매출이 감소했다 Les ventes ont diminué au quatrième trimestre de cette année.

사사오입 四捨五入 명 【수학】 arrondi *m*. ◇_(을) 하다 arrondir ((un résultat, une somme)) au nombre supérieur.

사산 死産 명 accouchement *m* d'un enfant mort-né, fausse couche *f*. ¶ ~의 후유증에 시달리다 souffrir des séquelles de l'accouchement d'un (enfant) mort-né. ◇_(을) 하다 accoucher d'un (enfant) mort-né [faire une fausse couche]. ¶ 태아를 ~하다 accoucher d'un fœtus mort [faire une fausse couche]. ◇_(이) 되다 être mort(*e*) à la naissance.

사살 射殺 명 action de tuer (d'un coup de feu, d'une flèche). ◇_(을) 하다 tuer *qn* (d'un coup de feu, d'une flèche). ¶ 탈주자를 ~하다 tuer un fugitif (d'un coup de feu, d'une flèche). ◇_(이) 되다 être tué(*e*) (d'un coup de feu, d'une flèche). ◇_(을) 당하다 être tué(*e*) (d'un coup de feu, d'une flèche). ¶ 탈주병이 ~당했다 Le déserteur a été tué d'un coup de feu.

사상[1] 死傷 명 mort *f* et blessure *f*. ◇_(을) 당하다 être mort(*e*) ou blessé(*e*).

◆_자 -者 명 morts *mpl* [tués *mpl*] et blessés *mpl*; pertes *fpl* (humaines); victimes *fpl*. ¶ 이번 사고로 많은 ~자가 발생했다 Les pertes humaines ont été lourdes dans cet accident.

사상[2] 思想 명 pensée *f*, idées *fpl*; esprit *m*; idéologie *f*. ¶ ~ 운동 mouvement idéologique. ¶ ~ 투쟁 conflit d'idées. ¶ 봉건적인[낡은] ~ pensée féodale [moyenâgeuse]. ¶ ~과 양심의 자유 liberté de pensée et de conscience. ¶ ~이 다른 두 사람 Deux hommes qui ne partagent pas la même pensée [les mêmes idées]. ¶ ~을 통제하다[억압하다] contrôler, opprimer la pensée.

◆_적 -的 명관 idéologique. ¶ ~적인 문제 question idéologique. ¶ 이 영화의 ~적 배경은 베트남전이다 Ce film a pour toile de fond la guerre du Vietnam.

◆_가 -家 명 penseu*r*(*se*).

◆_계 -界 명 monde *m* des penseurs.

◆_범 -犯 명 crime *m* idéologique [politique]; criminel(*le*) idéologique.

사상[3] 絲狀 명 forme *f* de fil.

◆_균 -菌 명 【생물】 bactérie *f* filiforme.

사상[4] 寫像 명 représentation *f*; image *f*.

사상[5] 四象 명 les quatre éléments *mpl* ((la terre,

l'eau, l'air, le feu)).

◆_의학 -醫學 명 【한의】 médecine *f* des quatre éléments, science *f* (médicale) des quatre éléments, *Sasanguihak* <science médicale présentée par Yi Je-ma (李濟馬) au dixième siècle>.

사상6 捨象 명 abstraction *f*. ◇_(을) 하다 faire abstraction de *qc*.

사상7 史上 어근 dans l'histoire. ¶ ~ 최대의 사건 le plus grand événement de l'histoire. ¶ ~ 최고 기록 record historique.

사상누각 沙上樓閣 명 projet *m* en l'air; château *m* en Espagne, château *m* de sable. ¶ ~을 짓다 bâtir [faire] des châteaux en Espagne; tirer des plans sur la comète {*fam*}.

사색1 思索 명 pensée *f*, méditation *f*, réflexion *f* profonde. ¶ 깊은 ~에 잠기다 être profondément absorbé(*e*) dans *ses* pensées. ¶ 가을은 ~의 계절이다 L'automne est la saison de la méditation. ◇_(을) 하다 penser à *qc*; méditer sur *qc*. ¶ 인생의 무상함에 대하여 ~하다 méditer sur l'inconstance de la vie.

◆_적 -的 명관 méditati*f*(*ve*); pensi*f*(*ve*).

◆_가 -家 명 méditati*f*(*ve*); penseu*r*(*se*); rêveu*r*(*se*).

사색2 死色 명 pâleur *f* mortelle. ◇_이 되다 devenir blême de peur, blêmir de peur. ¶ 그 사람은 나를 보고 (얼굴이) ~이 되었다 Dès qu'il m'a vu(*e*) [À ma vue], son visage est devenu brutalement pâle [blanc] comme la mort / Son visage est devenu blême [a blêmi] dès qu'il m'a vu(*e*).

사색3 四色 명 【역사】 (les) quatre partis *mpl* [camps *mpl*, factions *fpl*] ((à l'époque de Joseon)).

◆_당파 -黨派 명 【역사】 les quatre partis *mpl* [factions *fpl*] (de l'époque de Joseon).

사생1 寫生 명 【미술】 dessin *m* [peinture *f*] d'après nature. ¶ ~ 대회 un concours de dessin d'après nature. ◇_(을) 하다 dessiner [peindre] d'après nature [sur le vif].

◆_화 -畫 명 dessin *m* [peinture *m*, tableau(*x*) *m*] d'après nature.

사생2 死生 명 vie *f* ou mort *f*. ¶ ~을 겨루다 rivaliser à mort (avec *qn*); être à couteaux tirés avec *qn*.

◆_결단 -決斷 명 résolution *f* absolue, détermination *f* inflexible. ¶ ~결단(을) 할 마음을 먹다 être prêt(*e*) à tout[au pire]. ¶ 오늘은 이 문제에 대해 그 사람과 ~결단을 내야겠다 Aujourd'hui, je réglerai ce problème avec lui quoi qu'il en coûte.

사생아 私生兒 명 enfant illégitime, bâtard(*e*), enfant *m* adultérin, enfant *m* naturel. ¶ ~를 낳다 accoucher d'[engendrer] un bâtard. ¶ ~로 태어나다 être né(*e*) bâtard(*e*) [enfant illégitime].

사생활 私生活 명 vie *f* privée; intimité *f*, privé *m*. ¶ ~ 침해 empiétement sur la vie privée; violation de la vie privée. ¶ 유명 연예인의 ~을 캐다 fouiller dans la vie privée d'une célébrité. ¶ 누구나 자신의 ~을 보호 받을 권리가 있다 Tout le monde a le droit de protéger sa vie privée. ¶ 내 ~에 간섭하지 마라 Ne te mêle pas de ma vie privée! ¶ 그 사람의 ~에 대해서는 아는 바가 없다 Je ne connais pas sa vie privée / On ne connaît rien de sa vie privée. ¶ 그것은 내 ~이다 C'est ma vie privée / Cela relève de ma vie privée. ¶ 그 남자는 ~이 복잡했다 Sa vie privée était turbulente.

사서1 司書 명 bibliothécaire *mf*.

사서2 四書 명 【책명】 (les) Quatre classiques *mpl* confucéens <les Entretiens«(論語)», la Grande étude«(大學)», l'Invariable milieu«(中庸)», les commentaires de Mencius«(孟子)»>.

◆_삼경 -三經 명 【책명】 les Quatre grands livres *mpl* de la doctrine (confucéenne) et les Trois classiques *mpl* de la Chine antique <le *Shijing* ou "Livre des odes", le "Canon de l'histoire" et le *Yijing* ou "Livre des mutations">.

◆_오경 -五經 명 【책명】 les Quatre grands livres *mpl* de la doctrine (confucéenne) et les Cinq classiques *mpl* de la Chine antique.

사서3 辭書 명 dictionnaire *m*.

◆_류 -類 명 (catégorie *f* des) dictionnaire(s) *m*.

사서4 史書 명 livre *m* d'histoire.

사서함 私書函 명 boîte *f* postale, ((약자)) B.P. ¶ 중앙 우체국 ~ 56호 B.P. 56 Poste centrale. ¶ ~ 주소 adresse de la boîte postale. ¶ 편지를 ~으로 보내다 envoyer [expédier] une lettre à une boîte postale. ¶ 소포를 ~에 넣다 déposer un colis dans une boîte postale.

사석 私席 명 (en) privé. ¶ 행사가 끝난 후 ~에서 그 사람과 인사를 나누었다 A la fin de la cérémonie, j'ai eu l'occasion de le saluer en privé.

사선1 死線 명 ligne *f* de délimitation [démarcation]; limites *fpl*; bornes *fpl* que l'on ne saurait franchir. ¶ ~을 넘다 frôler la mort. ¶ ~을 뚫고 탈출하다 s'enfuir en franchissant la ligne de démarcation.

사선2 斜線 명 ligne *f* oblique. ¶ ~을 긋다 tracer une ligne oblique.

사선3 私選 명 privé. ¶ ~ 변호인 un avocat privé.

사선4 四選 명 élu(*e*) quatre fois. ¶ ~ 의원 un député élu quatre fois.

사설1 社說 명 éditorial *m*; édito *m*; article *m* de fond. ¶ 날카로운 ~을 쓰다 écrire un édito corrosif.

◆_란 -欄 명 rubrique *f* éditoriale.

사설2 私設 명 établi(*e*) [construit(*e*), fondé(*e*)] à titre privé, ((institut, organisation)) privé(*e*). ¶ ~ 강습소 petit institut privé. ¶ ~ 기관 établissement [institution, organisme] privé(*e*). ¶ ~ 유치원 école maternelle privée. ¶ ~ 학원 institut privé. ¶ ~ 전화 téléphone privé. ¶ ~ 철도(회사) compagnie de chemin de fer privée. ¶ ~ 탐정 détective privé.

사설3 辭說 명 paroles *fpl*. ¶ 길게 ~을 늘어놓다 parler [bavarder] longuement. ¶ 이미 결정된 일인데 웬 ~이 그리 많아? Pourquoi s'étendre sur une question déjà résolue?

사성1 四姓 명 【사회】 (les) quatre castes *fpl* de la société hindoue ((Brahmanes, guerriers, marchands et artisans)). ¶ ~ 제도 système de castes.

사성[2] **四星** 명 【민속】 certificat *m* de naissance astrologique <ce papier sur lequel sont inscrits les quatre piliers formant le thème astral du fiancé est envoyé chez la fiancée par la famille du fiancé lors de la demande officielle en mariage; il est destiné à aider la famille de la fiancée à choisir le jour le plus favorable pour célébrer le mariage>.

사성[3] **四聲** 명 【언어】 (les) quatre tons *mpl* de la langue chinoise.

사성[4] **四聖** 명 (les) quatre grands sages *mpl* de ce monde ((Confucius, Bouddha, Jésus, Socrate)).

사세[1] **事勢** 명 situation *f*, tournure *f* ((des événements)). ¶ ~가 우리에게 불리했다 Nous nous sommes trouvés dans une situation désavantageuse.

사세[2] **社勢** 명 importance *f* [influence *f*, puissance *f*] d'une entreprise. ¶ ~를 확장하다 ((pour une entreprise)) accroître *sa* puissance; étendre *son* influence. ¶ 그 회사의 ~가 확장되었다 La puissance de cette entreprise s'est accrue / L'influence de cette entreprise s'est étendue. ¶ 그 회사의 ~가 기울었다 L'importance de cette entreprise a diminué / L'influence de cette entreprise a décliné.

사소하다 些少－ 형 être lég*er*(*ère*), insignifiant(*e*), négligeable; être sans importance; être petit(*e*). ¶ 사소한 일에 지나치게 신경을 쓰다 attacher [accorder] trop d'importance à des problèmes secondaires [à des détails, à des futilités]. ¶ 그 사람은 아주 사소한 것까지 기억한다 Il se souvient de tout jusqu'au moindre détail. ¶ 그들은 사소한 문제를 놓고 다툰다 Ils se disputent pour une broutille [une bagatelle, un détail, un problème secondaire, des vétilles].

사수[1] **死守** 명 défense *f* acharnée [désespérée]. ◇_(를) **하다** défendre désespérément [avec acharnement]; défendre jusqu'au bout. ¶ 진지를 ~하다 défendre désespérément [avec acharnement] une position.

사수[2] **射手** 명 tireu*r*(*se*); archer *m*, tireu*r*(*se*) à l'arc. ¶ 특등 ~ un tireur d'élite.

◆**명_ 名**- 명 un(*e*) excellent(*e*) tireu*r*(*se*); un bon [fin] tireur; un tireur remarquable; un excellent fusil; la meilleure gâchette *f* ((de l'Ouest)).

사숙[1] **私淑** 명 vénération *f* pour une personne. ◇_(을) **하다** vénérer une personne; avoir une personne pour modèle; être très influencé(*e*) par *qn*. ¶ 그 사람은 플라톤을 ~하고 있었다 Il n'était pas l'élève de Platon mais son fervent admirateur.

사숙[2] **私叔** 명 oncle *m*; ((titre porté par l'oncle de *qn*)) tonton *m* {*fam*}.

사순절 四旬節 명 【기독】 carême *m*. ¶ ~ 기간에 설교하다 prêcher le carême.

사슬 명 chaîne *f*, chaînon *m*. ¶ ~을 끊다 couper [briser] une chaîne. ¶ 개를 ~에 묶다 mettre [tenir] un chien à la chaîne. ¶ ~에 묶이다 être attaché(*e*) à [avec] une chaîne.

◆**쇠_** 명 chaîne *f* en fer.

사슴 명 cerf *m*; ((암컷)) biche *f*; ((새끼)) faon *m*. ¶ 새끼 ~ faon.

◆**_뿔** 명 bois *mpl* d'un cerf.

사시[1] **四時** 명 quatre saisons *fpl*. ☞ 사철

◆**_사철** -四- 명부 ☞ 사철

◆**_장철** -長- 명 quatre saisons *fpl*. 부 en toute saison *f*; pendant toute l'année *f*; toujours. ¶ 그 사람은 ~장철 일만 한다 Il ne cesse de travailler toute l'année.

사시[2] **斜視** 명 【의학】 strabisme *m*. ☞ 사팔눈

사시[3] **社是** 명 principe *m* d'une société; philosophie *f* [devise *f*] d'une entreprise. ¶ 그 회사는 기술 제일주의를 ~로 내걸고 있다 Cette société a pour devise «La technologie avant tout».

사시[4] **司試** 명 concours *m* d'admission à la magistrature. ¶ ~ 16기 모임 réunion de la seizième promotion de l'ENM (Ecole nationale de la Magistrature). ¶ ~를 보다 se présenter au concours d'admission à la magistrature. ¶ ~에 붙다 être reçu(*e*) au concours d'admission à la magistrature.

사시나무 명 【식물】 tremble *m*, peuplier *m*, *Populus Davidiana*.

*~ **떨듯 떨다[하다]** trembler comme une feuille.

사식 私食 명 repas *m* apporté à un prisonnier (par un proche, une connaissance). ¶ ~을 넣어주다 porter un repas (offert par un proche, une connaissance) à un prisonnier. ¶ ~을 먹다 prendre un repas (offert à un prisonnier par un proche, une connaissance).

사신[1] **私信** 명 lettre *f* personnelle. ¶ 그 남자는 은밀히 만나자고 나에게 ~을 보냈다 Il m'a envoyé un message [une lettre] personnel(*le*) pour me rencontrer en secret. ¶ 그 부인으로부터 도와 달라는 ~을 받았다 J'ai reçu de cette dame une lettre personnelle me demandant de l'aider.

사신[2] **使臣** 명 envoyé *m*, émissaire *m*, légat *m*, ambassadeur *m*. ¶ 이웃 나라에 ~을 보내다 envoyer un ambassadeur dans un pays voisin. ¶ 그 사람은 국왕의 ~으로 중국에 갔다 Il s'est rendu en Chine en tant qu'envoyé du roi.

사실[1] **事實** 명 fait *m*; réalité *f*; réel *m*; vérité *f*. ¶ 기정 ~ fait établi. ¶ 명백한[엄연한] ~ fait évident [indéniable]. ¶ 부정할 수 없는 ~ fait indéniable [indiscutable]. ¶ ~ 여부를 가리다 distinguer le vrai du faux. ¶ ~대로 말하다 dire les choses telles qu'elles sont. ¶ ~을 밝히다 préciser les faits. ¶ ~을 인정하다[부인하다] reconnaître [nier] les faits. ¶ ~을 왜곡하다 déformer la vérité. ¶ ~을 있는 그대로 진술하다 décrire les faits tels qu'ils sont. ¶ ~에 부합하다 correspondre à la vérité. ¶ ~에 반하는 증언 un témoignage contraire à la vérité. ¶ 이 ~을 통해(서) par ce fait; grâce à ce fait. ¶ 그 ~로부터 à partir de ce fait. ¶ 그 ~에 대해서 en ce qui concerne ce fait; à propos de ce fait; au sujet de ce fait. ¶ 그 ~에 비추어 볼 때 à la lumière des faits. ¶ 그 사람은 다쳤다는 ~을 숨겼다 Il a caché le fait qu'il s'était blessé. ¶ 나는 ~을 알고 싶을 뿐이다 Je ne veux connaître que les faits. ¶ 그 사람의 말은 ~과 다르다 Ses dires diffèrent de la vérité. ¶ 소문이 마침내 ~로 밝혀졌다[드러났다] La rumeur s'est finalement avérée exacte. ¶ 그가 범인이라는 것은 명백한 ~이다 Il est clair [indiscutable] que c'est un criminel. ¶ 그 친구가 내일 아침 떠난다는 것이 ~이냐? C'est vrai qu'il part demain matin? ¶ 그 사람이 정직하다고들 하는데 ~은 정반대다 On dit qu'il est honnête alors qu'en réalité c'est le contraire. ¶ 그 사람에 대해 말들이 많은데 ~은 이렇다 Beaucoup de choses sont dites à propos de cette personne, la vérité est la suivante ... ¶ 그 사람의 말이 ~이든 아니든 간에 Qu'il dise vrai ou non, ...

◆_성 -性 명 réalité *f.* ¶ 네 이야기는 ~성이 없다 Il n'y a rien de vrai dans ton histoire.

◆_무근 -無根 명 absence *f* de fondement. ¶ 나에 대한 그러한 소문은 ~무근이다 Une telle rumeur me concernant est dénuée de fondement. ¶ 그 소식은 ~무근으로 판명되었다 Cette nouvelle s'est révélée dénuée de fondement.

◆_상 -上 명 [en] fait *m*, [en] réalité *f.* ¶ 그 직원의 전근은 ~상의 해고나 다름없다 Son changement de poste n'est en réalité qu'un licenciement [correspond en réalité à un licenciement]. ¶~상의 경영자는 그 사람이 아니라 그 사람의 아내다 Ce n'est pas lui le vrai patron mais sa femme. 부 en fait; en réalité. ¶~상 존재하지 않는 인물 personnage fictif [imaginaire]. ¶~상 그 사람의 말이 옳다 En fait, il a raison.

◆_혼 -婚 명 【법률】 concubinage *m*; union *f* libre, mariage *m* de la main gauche; vie *f* maritale. ¶ ~혼 관계의 남녀 couple vivant maritalement, en concubinage.
부 en fait; en réalité. ¶~ 이번 일은 실패한 것이나 다름없다 En réalité, cette affaire équivaut à un échec.

사실[2] **寫實** 명 réalité *f.*

◆_적 -的 명관 réaliste; d'une manière réaliste. ¶ 풍경을 ~적으로 그리다 croquer un paysage d'une manière [avec un style] réaliste. ¶ 전쟁의 참화를 ~적으로 묘사하다 décrire d'une manière réaliste les horreurs de la guerre.

◆_주의 -主義 명 【예술】 réalisme *m.* ¶ ~주의 예술 arts réalistes. ¶ ~주의 계열의 소설 roman appartenant au mouvement réaliste.

사실[3] **史實** 명 fait *m* historique.

사심[1] **私心** 명 pensée *f* personnelle; sentiment *m* égoïste; intérêt *m* personnel. ¶ ~을 버리다 se débarrasser de tout sentiment égoïste. ¶ ~ 없는 충고 conseil désintéressé.

사심[2] **邪心** 명 pensée *f* déloyale [perverse]. ¶ 그 사람은 나를 해코지하려는 ~을 품고 있다 Il garde en tête l'idée perverse de me renvoyer.

사십 四十 수관 quarante *m. inv.* ☞ 이십

◆_대 代 명 quarantaine *f.*

사십구재 四十九齋 명 【불교】 cérémonie *f* du 49ème jour après la mort de *qn* ((dans la religion bouddhique d'après laquelle l'âme du défunt passe par une période d'errance de 49 jours avant de passer à son existence ultérieure)). ¶ ~를 지내다[올리다] célébrer la cérémonie du 49ème jour après la mort de *qn*.

사악 邪惡 명 méchanceté *f*; perversité *f*; vice *m*; mal(*aux*) *m*.

◆_하다 형 être mauvais(*e*); être pervers(*e*); être pernicieux(*se*). ¶ ~한 영혼 âme perverse. ¶ ~한 음모 machination perverse. ¶ 그 남자는 ~한 사람이 아니다 Ce n'est pas un mauvais homme.

사안 事案 명 question *f*; cas *m*. ¶ 중대한 ~을 놓고 격론을 벌이다 discuter chaudement d'une question grave.

사암 砂巖 명 【지리】 grès *m*.

사약 賜藥 명 poison *m*; condamnation *f* à mort par absorption de poison. ¶ 누구에게 ~을 내리다 condamner *qn* à mort par absorption de poison.

사양[1] **斜陽** 명 soleil *m* couchant.

◆_길 명 chemin *m* sous le soleil couchant; ((비유)) voie *f* du déclin. ¶ 섬유 산업은 이미 ~길에 들어섰다 L'industrie textile est déjà sur le déclin.

◆_산업 -産業 명 【경제】 industrie *f* sur le déclin.

사양[2] **辭讓** 명 refus *m*. ¶ ~의 미덕 vertu du refus. ¶ ~ 마시고 뭐든지 말씀하세요! Ne dites pas non, dites-moi ce que vous souhaitez / Ne refusez pas tout [ne vous bloquez pas], dites-moi ce que vous aimeriez [faites des suggestions]. ◇_(을) **하다** refuser, décliner ((une invitation)); se récuser, abdiquer, se démettre ((d'une charge)); repousser ((une offre)); ne pas accepter. ¶ ~하지 않고 주는 대로 받다 recevoir de bon cœur ce qu'on nous donne. ¶ 그 사람은 사례금을 끝내 ~했다 Il a fini par refuser la récompense (en argent).

사어 死語 명 【언어】 langue *f* morte; archaïsme *m*, expression *f* archaïque.

사업 事業 명 affaire *f*, entreprise *f*; service *m*; œuvre *f*. ¶ 개인 ~ entreprise privée. ¶ 공공 ~ service public; entreprise publique. ¶ 국가[민간] ~ entreprise d'Etat [privée]. ¶ 자선[복지] ~ œuvre de charité [sociale]. ¶ 중점 ~ affaire prioritaire. ¶ ~을 시작하다 lancer une affaire [monter une entreprise]. ¶ ~을 확장하다 étendre [développer] une affaire. ¶ ~을 그만두다 abandonner une affaire. ¶ 새로운 ~을 벌이다 démarrer une nouvelle affaire. ¶ 아버지의 ~을 물려받다 hériter de l'entreprise de son père. ¶ ~에 성공[실패]하다 réussir [manquer] une affaire; réussir [échouer] dans une entreprise. ¶ 그 사람은 ~에서 망했다 Il a échoué dans ses affaires. ¶ ~이 부진하다 Les affaires sont dans le marasme. ¶ 그 남자의 ~이 잘[안] 되고 있다 Son affaire marche [ne marche pas] bien. ◇_(을) **하다** être dans les affaires. ¶ ~하는 친구 un ami qui est dans les

ㅅ

affaires. ¶ 친구와 ~을 (같이) 하다 monter une entreprise [boîte {*fam*}] avec un ami; travailler en collaboration avec un ami.

◆_적 -的 명관 commerci*al*(*ale*, *aux*), qui a rapport au commerce. ¶ ~적 머리가 비상하다 avoir le sens des affaires; avoir la bosse du commerce {*fam*}.

◆_성 -性 명 rentabilité *f* d'une affaire. ¶ ~성을 따지다 estimer une affaire; faire une évaluation chiffrée d'une affaire. ¶ 이 계획안은 ~성이 있다 Ce projet peut être rentable.

◆_화 -化 명 concrétisation *f* d'une affaire. ¶ ~화에 성공[실패]하다 réussir [échouer] dans la concrétisation d'une affaire.

◆_가 -家 명 homme *m* [femme *f*] d'affaires, entrepreneur *m*. ¶ 그 여자는 ~가 기질이 있다 Elle a l'esprit d'entreprise.

◆_부 -部 명 service *m* commercial (d'une entreprise).

◆_비 -費 명 coûts *mpl*; frais *mpl*; dépenses *fpl* (dans le bilan d'une société). ¶ ~비를 마련하다[조달하다] rassembler des capitaux (pour lancer une affaire).

◆_소 -所 명 lieu(*x*) *m* [site *m*] d'une entreprise.

◆_소득 -所得 명 revenu *m* d'une entreprise; profit *m* d'une exploitation.

◆_자 -者 명 chef *m* d'entreprise; entrepreneur *m*.

◆_자본 -資本 명 capitaux *mpl* d'une entreprise, pour une affaire.

◆_장 -場 명 lieu(*x*) *m* [site *m*] d'une entreprise.

◆_주 -主 명 patron *m* d'entreprise.

◆_체 -體 명 entreprise *f*.

◆연애_ 戀愛- 명 【속어】 liaisons *fpl* [fredaines *fpl* {*fam*)}] amoureuses.

사역 使役 명 ① action d'envoyer *qn* en course [d'envoyer *qn* faire une course, de charger *qn* d'une commission, de faire faire *qc* par *qn*, de demander un service à *qn*, de demander à *qn* de lui rendre un service; commission *f*, course *f*, service *m*. ¶ ~에 나가다 rendre (un) service à *qn*, aller en commission pour *qn*, faire les commissions de *qn*, faire les courses pour *qn*; servir de messager pour *qn*. ② 【언어】 factitif *m*. ☞ 사동[1] ◇_(을) **하다** [**시키다**] faire travailler.

◆_동사 -動詞 명 【언어】 verbe *m* causatif, verbe *m* factitif.

사연 事緣 명 motif *m*, raison *f*, cause *f*, histoire *f*. ¶ 말 못할 복잡한 ~ des raisons trop compliquées pour être expliquées. ¶ 이 노래에 얽힌 슬픈[애절한] ~ la triste [déchirante] histoire à l'origine de cette chanson. ¶ 일이 그렇게 된 ~을 말해 보세요 Dites-moi pourquoi il en est ainsi! ¶ 이곳은 나에게 ~이 있는 장소이다 Cet endroit représente quelque chose pour moi. ¶ 이 이야기에는 참으로 기막힌 ~이 있다 Cette histoire recèle des causes surprenantes. ¶ 내가 이곳을 좋아하게 된 데에는 ~이 있다 Il y a des raisons pour lesquelles j'en viens à aimer cet endroit. ¶ 그 사람은 ~이 많다 Il lui arrive beaucoup d'histoires. ¶ 이 작가에 대하여 이야기하자면 ~이 길다 Si on évoque cet écrivain, il y a beaucoup à raconter.

사열[1] 四列 명 quatre lignes *fpl* [rangs *mpl*]. ¶ ~종대[횡대]로 en colonne(*s*) [rang(*s*)] par quatre. ¶ ~로 정열하다 se mettre sur quatre rangs.

사열[2] 査閱 명 inspection *f*, examen *m*, revue *f*. ◇_(을) **하다** inspecter, passer en revue. ¶ 군대를 ~하다 passer des troupes en revue.

◆_대 -臺 명 【군사】 tribune *f* officielle (pour assister à une revue militaire).

◆_식 -式 명 【군사】 cérémonie *f* de revue.

사영 斜影 명 ombre *f* oblique.

사옥[1] 社屋 명 bâtiment *m*, locaux *mpl* d'une compagnie [entreprise]. ¶ 신[구] ~ locaux neufs [anciens] d'une compagnie. ¶ 신문사 ~ locaux d'un journal. ¶ ~을 새로 짓다 construire de nouveau un bâtiment (pour une entreprise). ¶ ~을 이전하다 changer de bâtiment [de location, d'emplacement, de locaux] (pour une entreprise).

사옥[2] 史獄 명 【역사】 répression *f* violente ((des révoltés)) (au cours de l'histoire). ¶ 신유 ~ répression violente de 1801 ((des catholiques par les autorités du royaume de Joseon)).

사욕 私慾 명 désir *m* égoïste; intérêt *m* personnel; égoïsme *m*. ¶ ~을 부리다 désirer [vouloir] trop (de choses); être avide [affamé(*e*), assoiffé(*e*)] de *qc*; brûler d'envie de tout posséder; avoir de la convoitise pour tout; être insatiable de *qc*. ¶ 그 사람은 ~에 눈이 어두워 공무를 그르쳤다 Aveuglé par son intérêt personnel, il a fait des erreurs dans son service / Obnubilé par son égoïsme, il n'a pas bien fait son devoir / Les yeux bouchés par son ego, il a foutu en l'air toute l'affaire {*fam*}. ¶ 그 사람은 ~이 있는[없는] 사람이다 C'est un être avide [détaché, indifférent] / Il est égoïste [désintéressé] / Il est intéressé [généreux].

◆사리_ 私利- ☞ 사리[4]

사용[1] 使用 명 usage *m*, emploi *m*, utilisation *f*, ((응용)) application *f*, ((소비)) consommation *f*. ¶ ~ 중 ((화장실)) occupé; ((기계)) en service. ¶ ~ 금지 défense [interdiction] d'utiliser [de *se* servir de] *qc*. ¶ 휴대전화 ~ 인구가 크게 늘어났다 Le nombre d'utilisateurs de téléphones portables a énormément augmenté / Le nombre de personnes se servant d'un mobile a grandi. ¶ 합성세제의 ~을 자제하다[줄이다] restreindre [diminuer, réduire] la consommation de lessive chimique. ¶ 그 차는 지금 ~이 불가능하다 Cette voiture est actuellement hors d'usage. ◇_(을) **하다** se servir de ((une voiture)); utiliser ((un procédé)); employer ((un outil)); user de ((un droit)); faire usage de ((faux noms)); mettre en œuvre ((certains moyens)). ¶ ~하기 편리한[간편한] commode [pratique, simple, facile] à utiliser. ¶ ~하기 어려운 difficile à utiliser. ¶ 마이크를 ~하다

utiliser [se servir d'] un micro. ¶ 건축 설계에 컴퓨터를 ~하다 se servir d'[utiliser] un ordinateur pour dessiner un plan (architectural). ¶ 이 기계는 고장이 나서 ~할 수 없다 Cet appareil est en panne, alors on ne peut plus l'utiliser / Cette machine est en panne et je ne peux pas m'en servir. ¶ 빈 유리병을 꽃병으로 ~하다 utiliser une bouteille de verre vide en guise de vase; se servir d' [utiliser] une bouteille vide comme pot à fleurs [vase]. ◇_(이) **되다** s'employer, s'utiliser; être utilisé(*e*), employé(*e*), usité(*e*); être mis(*e*) en œuvre. ¶ 저 창고는 사무실로 ~되고 있다 Cet entrepôt est utilisé comme bureau / Ce dépôt a été reconverti en bureau.

◆**_가치** -價値 명 【경제】 valeur *f* d'usage.

◆**_권** -權 명 droit *m* d'usage; usufruit *m*.

◆**_량** -量 명 quantité *m* d'utilisation; consommation *f*. ¶ 여름철 전기 ~량 (taux de) consommation de l'électricité en été.

◆**_료** -料 명 prix *m* de location; montant *m* de consommation.

◆**_물** -物 명 objet *m* en usage.

◆**_법** -法 명 mode *m* d'emploi; emploi *m*; guide *m* [méthode *f*] d'utilisation; comment utiliser. ¶ ~법을 익히다 s'approprier le mode d'emploi. ¶ 나는 이것의 ~법을 모른다 Je ne connais pas le mode d'emploi de cette chose-là [de cet appareil] / Je ne sais pas comment utiliser ce truc-là [ça] {*fam*} / Moi, ce machin-là, je n'ai aucune idée de comment ça fonctionne {*fam*}.

◆**_인** -人 명 utilisa*teur*(*trice*); consomma*teur*(*trice*); ((노동)) employé(*e*); employeu*r*(*se*).

◆**_자** -者 명 utilisa*teur*(*trice*); ((노동)) employeu*r*(*se*).

사용[2] 私用 명 ① usage *m* personnel [privé]; ((공용물의)) appropriation *f*, détournement *m*. ¶ 이 물품은 공용이 아니라 ~이다 Cet objet n'est pas pour l'usage public, mais pour l'usage personnel / Ce produit n'est pas pour le public, c'est à usage privé. ② 사사로운 용무 affaire *f* personnelle. ◇_(을) **하다** utiliser *qc* pour l'usage personnel [à *son* intention personnelle]; détourner ((des fonds publics)) pour l'usage personnel.

사우 社友 명 ① 동료 collègue; confrère *m*, consœur *f*. ② 사업의 파트너 collabora*teur*(*trice*), associé(*e*); adjoint(*e*); partenaire; ③ 동지 camarade.

사우나 영{sauna} 명 *sauna m*, sudatorium *m*; bain de vapeur *m*, étuve *f*; hammam *m*, bain turc *m*; caldarium *m*. ¶ ~를 가다 aller au sauna.

◆**_탕** -湯 명 bain *m* public.

사운 社運 명 avenir *m* d'une compagnie [d'une entreprise]; sort *m* d'une société. ¶ ~을 결정 짓는 사업 une affaire qui décide de l'avenir d'une entreprise; un business décidant du sort d'une entreprise. ¶ 이 기획에 ~을 걸었다 Avec ce projet, on a risqué l'avenir de notre compagnie / Sur ce projet, on a failli mettre en danger le futur de notre entreprise.

사운드 영{sound} 명 son *m*, sonorité *f*, bruit *m*. ¶ 이 전축은 ~가 좋다 Cette chaîne [chaîne stéréo, chaîne hifi] a un bon son [une bonne sonorité].

사원[1] 社員 명 employé(*e*) ((d'une entreprise)); personnel *m* de bureau; associé(*e*); sociétaire. ¶ ~복지[숙소] le bien-être [logement] des employés [du personnel]. ¶ 누구를 ~으로 채용하다 embaucher [recruter, engager] *qn* comme employé. ¶ 그 사람은 대기업의 ~이다 Il est employé d'une grande entreprise [compagnie].

◆**신입_** 新入- 명 nouvel(*le*) employé(*e*); nouveau personnel *m*.

사원[2] 寺院 명 ((불교)) temple *m*; ((가톨릭)) église *f*; ((수도원)) monastère *m*; ((회교)) mosquée *f*; ((유태인)) synagogue *f*.

사월 四月 명 avril *m*, mois *m* d'avril. ☞ 구월

◆**_혁명** -革命 명 【역사】 Révolution *f* d'Avril. ☞ 사일구혁명

사위[1] 명 beau-fils *m*, gendre *m*. ¶ ~를 보다[맞다] marier *sa* fille. ¶ 누구를 ~로 삼다 prendre *qn* comme gendre; accepter *qn* comme beau-fils. ¶ 누구의 ~가 되다 devenir le gendre de *qn*; épouser la fille de *qn*.

*~**는 백 년 손님** Un gendre est l'hôte d'une vie / Un beau-fils est un invité rare et précieux.

*~**도 반자식이라** Un gendre est comme un fils / Un beau-fils vaut bien un fils.

*~ **사랑은 장모, 며느리 사랑은 시아버지** L'amour de la belle-mère va à son gendre et l'amour du beau-père va à sa bru.

◆**_ㅅ감** 명 futur beau-fils *m* [futur gendre *m*]; beau-fils *m* potentiel. ¶ 사윗감을 고르다 choisir [chercher] un futur beau-fils.

사위[2] 四圍 명 tout autour de *soi*; partout. ¶ ~가 어두워졌다 Tout s'est obscurci autour de nous / Tout est devenu sombre autour de nous. ¶ ~를 두리번거리다 regarder partout ((d'un air de chercher *qc*)), promener *son* regard un peu partout.

사위다 자 brûler entièrement; se consumer; être réduit(*e*) en cendres.

사위스럽다 형 être maléfique, malfaisant(*e*); porter malheur. ¶ 사위스러운 소리 une parole maléfique; une parole qui porte malheur.

사유[1] 私有 명 propriété *f* privée; possession *f* privée. ¶ 토지의 ~ une propriété; un domaine privé. ◇_(를) **하다** posséder ((un bien)); être possesseur de *qc*; être en possession de *qc*; avoir *qc* en possession; être propriétaire de *qc*.

◆**_화** -化 명 privatisation *f*. ¶ 국유지를 불법으로 ~화(를) 하다 privatiser illégalement un domaine de l'État; se rendre frauduleusement propriétaire d'un domaine public.

◆**_권** -權 명 droit *m* de propriété. ¶ ~권을 침해하다 violer [usurper] le droit de propriété (de *qn*).

◆**_림** -林 명 forêt *f* privée.

◆**_물** -物 명 objet *m* personnel; possession *f*.

◆_재산 -財產 명 bien *m* privé; propriété *f* privée; fortune personnelle *f*.

◆_지 -地 명 terrain *m* [domaine *m*] privé; propriété *f*; possessions *fpl*.

사유² 思惟 명 pensée *f*, réflexion *f*, raisonnement *m*; méditation *f*, cogitation *f*; délibération *f*; spéculation *f*. ¶ 논리적 ~ pensée rationnelle [logique, cohérente]; réflexion cohérente; déduction logique, raisonnement logique. ◇_(를) 하다 penser à *qc*; réfléchir ((à ce que vous avez fait)); raisonner ((sur des questions importantes)); méditer ((une vérité)); cogiter; spéculer ((sur le monde)); songer; gamberger {*fam*}. ¶ 지난 일을 ~하다 réfléchir au temps passé [aux jours écoulés, au bon vieux temps]; penser [réfléchir] à ce qui s'est passé; penser [réfléchir] au passé; se pencher sur ce qui a été.

◆_적 -的 명관 spéculati*f*(*ve*); méditati*f*(*ve*).

◆_론 -論 명 théories *fpl* de la pensée.

◆_법칙 -法則 명 règle *f* [méthode *f*] de pensée.

사유³ 事由 명 raison *f*, cause *f*, motif *m*; pourquoi *m*; mobile *m*. ¶ 지각한 ~를 말하다 parler des causes qui ont conduit à un retard; dire les raisons de *son* retard; dire pourquoi on est arrivé en retard. ¶ 회의에 불참하게 된 ~를 밝히다[묻다] expliquer [demander] la raison pour laquelle quelqu'un n'était pas présent à la réunion; dire [demander] pourquoi il était absent à la réunion. ¶ 뚜렷한 ~ 없이 결석하다 être absent(*e*) sans raison précise [sans motif précis, sans raison claire].

◆_서 -書 명 lettre *f* explicative. ¶ ~서를 쓰다[작성하다] écrire [rédiger] une lettre explicative.

사육 飼育 명 élevage *m* ((d'animaux)). ◇_(을) 하다 élever ((des animaux)), faire l'élevage ((des moutons)); nourrir ((des bestiaux)). ¶ 돼지를 ~하는 농가 paysan(s) qui élève(nt) des cochons [qui fait(font) l'élevage des cochons; qui nourrisse(nt) des cochons, qui engraisse(nt) des porcs]. ◇_(이) 되다 être élevé(*e*), nourri(*e*). ¶ 그 마을에는 오리들이 많이 ~되고 있다 Dans ce village, on élève beaucoup de canards.

◆_법 -法 명 méthode *f* d'élevage.

◆_장 -場 명 lieu *m* où on fait de l'élevage; terrain *m* d'élevage; ((가금)) basse-cour *f*, poulailler *m*; ((새)) volière *f*; ((돼지)) porcherie *f*.

사육신 死六臣 명 【역사】 les Six fidèles sujets *mpl* <six sujets loyaux à l'époque de Joseon (1392-1910) mis à mort par le roi Sejo en 1455 pour avoir tenté de remettre le roi Danjong (1452-1455) sur le trône>.

사육제 謝肉祭 명 carnaval *m*.

사은 謝恩 명 remerciement *m*, gratitude *f*, reconnaissance *f*. ¶ 고객 ~ 대 바겐세일 grandes soldes [promotion] pour la clientèle [en remerciement de la fidélité de la clientèle].

◆_회 -會 명 cérémonie *f* pour remercier les professeurs; réception *f* donnée en l'honneur des professeurs; soirée *f* de remerciements organisée par des élèves ou étudiants à la fin de leurs études. ¶ ~회를 열다 se réunir pour remercier les professeurs (en fin de scolarité); organiser une soirée de remerciements.

사의¹ 謝意 명 ((감사)) reconnaissance *f*, gratitude *f*, remerciement *m*; ((변명)) excuses *fpl*; pardon *m*. ¶ 심심한[깊은] ~ une profonde reconnaissance [une reconnaissance sincère]; un grand [sincère, profond] remerciement. ¶ 친절에 대해 ~를 표하다 exprimer [témoigner] *sa* gratitude à *qn* pour *sa* gentillesse; manifester [témoigner] *sa* reconnaissance à *qn* pour *sa* bienveillance.

사의² 辭意 명 ① intention *f* de démissionner [donner sa démission]. ¶ ~를 표(명)하다 faire savoir [annoncer, dire] *son* intention de démissionner. ② 말의 뜻 sens *m* [signification *f*] d'un mot.

사이 명 ① ((공간)) espace *m*, interstice *m*; ((간격)) intervalle *m*; ((거리)) distance *f*; ((둘의)) espace *m* entre ((A et B)); ((셋 이상의)) parmi ((les hommes)); ((한가운데)) au milieu ((des arbres)). ¶ 행과 행 ~를 좁히다 rapprocher l'espace entre les lignes. ¶ 그 사람은 나와 내 친구 ~에 앉았다 Il est assis [s'est assis] entre mon ami(*e*) et moi / Il a pris place entre mon ami(*e*) et moi. ¶ 벽과 책장이 ~가 너무 떴다[떨어졌다, 벌어졌다] Le mur et les étagères sont trop espacés [distants, éloignés, écartés, séparés l'un de l'autre] / Il y a trop d'espace entre le mur et les étagères. ② 시간적 틈 (espace *m* de) temps; espace *m*, intervalle *m*; entre-temps *m* [entre-temps *m*] {*vx*}; entre ((une heure et deux heures)); pendant ((une pause)), durant ((la nuit)). ¶ 그 ~에 무슨 일이 있었니? Qu'est-ce qui s'est passé entre temps? / Que s'est-il passé pendant ce temps-là? ¶ 내가 외출한 ~에 그 사람이 왔다 갔다 Il est venu pendant que j'étais sorti(*e*) [pendant mon absence] et il est reparti / Il est passé pendant que j'étais dehors [pendant que je n'étais pas là]. ¶ 내가 널 만날 ~가 어디 있니? Je n'ai jamais un moment pour te rencontrer / Je n'ai pas le temps de te voir [de te rencontrer]. ③ 관계 relation *f*, ((être en bons)) termes *mpl*; rapports *mpl*; lien *m*. ¶ 친구[형제, 애인, 부부] ~ des relations amicales [fraternelles, amoureuses, conjugales]; ((Ils sont)) amis [frères, amoureux, un couple]. ¶ 그 둘은 친구 ~이다 Ces deux-là, ils sont amis / Entre eux deux, c'est (de) l'amitié. ¶ 너는 그와 어떤 ~니? Quels sont tes rapports avec lui? / Quels liens [Quels rapports] as-tu avec lui? / Il y a quoi entre vous deux? {*fam*}. ¶ 우리 ~에 그까짓 일이 무슨 문제가 되겠니? Entre nous, cette affaire est-elle un problème [a-t-elle de l'importance]? / Entre nous, ce genre d'histoire, qu'est-ce que cela [ça] peut faire? / Entre nous, qu'est-ce que ça peut nous foutre, cette histoire? {*fam*} ¶ 그 사람들은 ~가 좋다

ㅅ

[나쁘다] Leur relation est bonne [mauvaise] / Entre eux deux, tout va bien [mal] / Ils sont en bons termes [Ils sont en mauvais termes / Ils ne sont pas en bons termes] / Ils ont de bons rapports [Ils n'ont pas de bons rapports / Ils ont de mauvais rapports] / Ils s'entendent bien [Ils ne s'entendent pas bien, Ils s'entendent mal]. ¶ 두 사람은 ~가 좋아졌다[나빠졌다, 벌어졌다, 멀어졌다] Leur relation s'est améliorée [s'est détériorée, s'est dégradée, s'est gâtée, a empiré, a dégénéré] / Leur relation va mieux [va mal, va de pire en pire, se dégrade] / Ils se sont rapprochés [éloignés] / Entre eux, c'est mieux [pire, foutu {*fam*}].

***눈 깜짝할 ~에** en un clin d'œil.

◆_ _ 명 entre; chaque intervalle; par intervalle. ¶ 아이들 ~~에 어른들이 앉아 있었다 Chacun des adultes était assis entre les enfants / Chacun des adultes était assis entre deux enfants. 부 entre; chaque intervalle; par intervalle. ¶ 그 사람은 근무를 하는 ~~ 열심히 책을 읽었다 Pendant son travail, il trouvait le moyen de lire à chaque moment.

◆_**시옷** 명 【언어】 consonne *f* d'épenthèse (ㅅ) qui rend forte [qui renforce, qui entraîne un renforcement de] la consonne suivante ((que l'on trouve dans des noms composés faits de deux ou trois syllabes; la consonne siot(ㅅ) intercalaire (elle est considérée comme la forme contractée de la particule génitive 의 *de*) 아래ㅅ니=아랫니 dent inférieure, 바다+가=바닷가 le bord de la mer, 호수ㅅ가=호숫가 le bord du lac, 뒤ㅅ산=뒷산 montagne de derrière)).

사이다 영 *cider* 명 soda *m*, boisson *f* gazeuse aromatisée; ((레몬)) limonade *f*. ¶ ~ 한 병[잔] une bouteille [un verre] de soda. ¶ ~를 마시다 boire [prendre, absorber, ingurgiter] du soda.

사이더 영{cider} 명 ☞ 사이다

사이드 영{side} 명 côté *m*; ligne *f* latérale, couloir *m* latéral. ¶ 축구 시합에서 양 ~를 잘 활용하다 bien jouer sur les deux couloirs latéraux pendant un match de football.

◆_**라인** {-line} 명 【운동】 ligne *f* de touche. ¶ 공이 ~라인 밖으로 나갔다 Le ballon est sorti en touche.

◆_**미러** {-mirror} 명 rétroviseur *m* extérieur [de côté].

◆_**브레이크** {-brake} 명 frein *m* à main. ¶ ~브레이크를 걸다 serrer [tirer, mettre] le frein à main.

◆_**스텝** {-step} 【예술】 명 pas *m* de côté. ¶ ~스텝을 밟다 faire des pas de côté; faire le crabe {*fam*}.

◆_**카** {-car} 명 side-car *m*.

사이렌 영{siren} 명 sirène *f* (d'alerte, d'alarme). ¶ 공습 ~ sirène d'alerte contre un bombardement aérien [un raid]. ¶ ~을 울리다 faire sonner la sirène d'alarme. ¶ ~이 울리다 La sirène sonne [hurle, gueule {*fam*}].

사이버 영{cyber-} 어근 cyber-; virtuel(*le*); en ligne; sur le net. ¶ ~ 공간 web; espace cyber; cybermonde; espace virtuel. ¶ ~ 잡지 magazine en ligne [sur la toile, sur le web, sur le net]. ¶ ~ 강좌 cours [formation] en ligne; cours sur le net [sur internet]; e-formation. ¶ ~ 대학 cyber université; université virtuelle; université sur internet [sur le net].

사이비 似而非 명 faux(*sse*); truqué(*e*), factice; prétendu(*e*), soi-disant; supposé(*e*). ¶ ~ 종교 une pseudoreligion; une secte. ¶ 그 사람은 ~다 Il est faux [factice, fabriqué].

사이즈 영{size} 명 taille *f*, dimension *f*, grandeur *f*, grosseur *f*, longueur *f*. ¶ 작은[큰] ~의 옷 un vêtement de petite [grande] taille. ¶ 신체 ~를 재다 mesurer *qn* [*sa* taille]. ¶ 이 옷은 ~가 너무 크다[작다] Cette veste est trop grande [petite] / Cette veste est d'une taille trop grande [d'une petite taille]. ¶ 이 옷은 ~가 맞다 [안 맞다] Cette veste me va bien [ne me va pas bien] / Cette veste est [n'est pas] à la bonne taille. ¶ ~가 몇이세요? Quelle taille faites-vous? / Quelle est votre taille? ¶ 허리 ~가 얼마세요? Quel est votre tour de taille? / Vous faites combien de tour de taille?

사이코 영{psycho} 명 fou(*folle*), malade mental(*e*), déséquilibré(*e*), psychopathe, psychotique, détraqué(*e*) {*fam*}, taré(*e*) {*fam*}, cinglé(*e*) {*fam*}, barjo *m* {*fam*}, givré(*e*) {*fam*}, toqué(*e*) {*fam*}, timbré(*e*) {*fam*}, zinzin *m* {*fam*}, frappé(*e*) {*fam*}, psycho *m* {*fam*}. ¶ 그 사람은 완전히 ~다 Il est complètement fou [déséquilibré, cinglé, détraqué, frappé, barjo, givré, timbré, zinzin, toqué].

◆_**드라마** 명 【심리】 psychodrame *m*.

사이클 영{cycle} 명 ① vélo *m* , bicyclette *f*; cycle *m*. ¶ ~ 경주 une course cycliste [à vélo]; le cyclisme. ¶ ~ 선수 un(*e*) cycliste, un(*e*) coureur(*se*) cycliste. ¶ ~을 타다 faire du vélo. ¶ ~을 빌리다[임대하다] louer un vélo. ② 주기 cycle *m*; période *f*. ¶ 같은 증세가 일정한 ~을 두고 반복되고 있다 Les mêmes symptômes se répètent périodiquement. / Les mêmes symptômes apparaissent régulièrement de façon cyclique.

사익 私益 명 propre intérêt *m*; profit *m*[bénéfice *m*, avantage *m*, intérêt *m*] personnel. ¶ ~을 채우다 assouvir *son* propre intérêt [*son* profit personnel]; satisfaire pleinement *son* propre intérêt. ¶ ~에 눈이 멀다 être aveuglé(*e*) par *son* propre intérêt [*son* bénéfice personnel] / être obnubilé(*e*) par *ses* propres intérêts.

사인¹ 死因 명 cause *f* de la mort (de *qn*). ¶ ~을 규명하다 élucider [éclaircir, clarifier, mettre en lumière] la cause de la mort (de *qn*). ¶ ~이 밝혀지다 La cause de la mort (de *qn*) est élucidée [éclaircie, dévoilée, mise en lumière].

◆_**불명** -不明 명 cause *f* de la mort inconnue, cause *f* de la mort non identifiée. ¶ 그 사람의 죽음은 ~불명이다 La cause de sa mort reste inconnue [non identifiée].

사인² 私人 명 personne *f* privée.

사인[3] **명**{sign} 명 ① autographe *m*; signature *f*. ¶ 가수의 ~을 받다 faire signer un autographe à un chanteur; recevoir l'autographe d'un chanteur. ¶ 이 서류에는 ~이 없다 Il manque une signature sur ce document / Il n'y a pas de signature sur ce papier. ② 신호 signal *m*; signe *m*. ¶ 포수가 투수에게 ~을 보냈다 Le receveur a donné un signal au lanceur. ¶ 내가 눈으로 ~을 보내면 멈춰라 Quand je cligne des yeux, tu t'arrêtes / Arrête, si je te fais signe des yeux / Si je te fais un clin d'œil, tu stoppes. ¶ 그 사람은 나한테 들어오라는 ~을 보냈다 Il m'a fait signe d'entrer. ◇_(을) **하다** signer ((une lettre, un contrat)); apposer une signature; signer des autographes. ¶ 계약서에 ~하다 signer un contrat; apposer *sa* signature sur un contrat. ¶ 팬에게 ~해 주다 signer des autographes à *ses* fans [groupies, admira*teurs*(*trices*)]. ◇_(을) **받다** recevoir un signal; recevoir une signature ((d'un patron)); recevoir un autographe ((d'une vedette)), se faire signer un autographe. ¶ 투수가 포수의 ~을 받고 공을 던졌다 Le lanceur a reçu un signal du receveur et a lancé la balle.

◆**_펜** 명 feutre *m*, crayon *m* feutre.

사인[4] **명**{sine} 명 【수학】 sinus *m*

◆**_곡선** -曲線 명 【수학】 sinusoïde *f*.

사인교 四人轎 명 chaise *f* à (quatre) porteurs fermée ((ancienne chaise à porteur fermée et couverte portée par quatre hommes)). ¶ ~를 타다 prendre une chaise à porteurs fermée. ¶ ~에 오르다 monter dans une chaise à porteurs fermée.

사일구혁명 四一九義擧 명 【역사】 Révolution *f* du 19 avril 1960 <révolution nationale [étudiante] du 19 avril 1960 contre le pouvoir dictatorial du président Syng-man Rhee (Yi Seung-man) réprimée dans le sang, ce qui aboutit à sa résignation le 26 avril et à son exil à Hawaï>.

사임 辭任 명 démission *f*; résignation *f* ((de *son* poste)). ¶ ~ 압력을 가하다 exercer une pression sur *qn* pour qu'*il* démissionne [donne *sa* démission]. ¶ ~ 의사를 밝히다 exprimer *son* intention de démissionner [de donner *sa* démission, de quitter *son* poste, de se retirer de *ses* fonctions]. ¶ (누구에게) ~을 권고하다 conseiller à *qn* de donner *sa* démission; pousser [encourager] *qn* à démissionner. ◇_(을) **하다** donner *sa* démission, démissionner ((de *son* poste)), résigner {*litt*} ((*ses* fonctions)), se démettre ((de *son* emploi)), *se* retirer ((de *ses* fonctions)), quitter ((*son* poste)). ¶ 사장은 비리에 연루되어 ~하게 되었다 Impliqué dans une affaire scandaleuse [une sale affaire], le P.-d.g.. a donné sa démission [a démissionné, a quitté son poste, s'est retiré de ses fonctions]. ¶ 대표직을 [에서] ~하다 démissionner de *son* poste de représentant [de délégué]; *se* retirer de *ses* fonctions de directeur. ◇_(을) **시키다** faire démissionner ((de *son* poste)); faire quitter ((*ses* fonctions)); licencier *qn*, renvoyer ((*qn* de *son* poste)), congédier *qn*, débaucher *qn*.

사잇길 명 ☞ 샛길

사잇문 -門 명 ☞ 샛문

사자[1] 死者 명 mort(*e*), défunt(*e*), décédé(*e*), trépassé(*e*); tué(*e*). ¶ ~의 서 le livre des morts.

사자[2] 使者 명 ① messag*er*(*ère*), envoyé(*e*); chargé(*e*) de mission; ambassadeur *m*; émissaire *m*. ¶ 적국에 ~를 보내다 envoyer un émissaire [un messager] dans un pays ennemi. ¶ 왕의 ~로 중국에 가다 aller en Chine comme messager [ambassadeur] du roi. ② 【불교】 envoyé *m* de la mort (venu chercher l'âme d'un défunt). ¶ 죽음의 ~ envoyé de la mort venu chercher l'âme d'un défunt.

◆**저승_** 명 convoyeur *m* de l'autre monde [de l'au-delà, du monde des morts], envoyé *m* du royaume des ombres venu chercher l'âme d'un défunt.

사자[3] 獅子 명 【동물】 ((수컷)) lion *m*; ((암컷)) lionne *f*; ((새끼)) lionceau *m*. ¶ 아들을 ~ 새끼처럼 키우다 élever *son* fils comme un petit lion [un brave]. ***잠자는 ~를 건드리다** réveiller un lion qui dort.

◆**_밥** 명 nourriture *f* [repas *m*] du [pour] lion. ¶ ~밥이 되다 être de la pâtée pour lion; *se* faire tuer par un lion, être tué(*e*) par un lion; finir dans la gueule d'un lion.

◆**_자리** 명 constellation *f* du Lion; signe *m* du Lion.

◆**_후** -吼 명 ① rugissement *m* d'un lion. ② 【불교】 grand sermon *m* [grand prêche *m*] du Bouddha. ③ discours *m* éloquent [enflammé, déclamateur]. ¶ ~를 토하다 faire [prononcer] un discours éloquent [déclamateur]; faire une harangue, haranguer.

사장[1] 社長 명 président(*e*); direc*teur*(*trice*); P.-d.g.. *m* (président *m* directeur général), chef *m* (d'entreprise); industriel(*le*). ¶ 중소기업 ~ président [chef] d'une petite et moyenne entreprise.

◆**_실** -室 명 bureau *m* du président [du P.-d.g.., du chef d'entreprise].

◆**_직** -職 명 présidence *f*; direction *f*.

◆**부_** 副 명 vice-président *m*.

사장[2] 死藏 명 fait de conserver [de garder, d'emmagasiner, de stocker] *qc* inutilement [sans en tirer parti, sans l'utiliser, comme un trésor enfoui], fait de laisser dormir *qc*; stockage *m* [entreposage *m*, mise *f* en réserve] inutile. ¶ 재고품의~ entreposage inutile d'un stock. ◇_(을) **하다[시키다]** conserver [garder, emmagasiner, stocker] *qc* sans en tirer parti [sans l'utiliser, comme un trésor enfoui, inutilement], laisser dormir *qc*. ¶ 문화유산을 ~시키다 conserver le patrimoine culturel comme un trésor enfoui. ◇_(이) **되다** être conservé(*e*) [gardé(*e*)] comme un trésor enfoui; rester enfoui(*e*). ¶ 그 원고는 몇 세기 동안 도서관에 ~되어 있었다 Ce manuscrit est resté enfoui dans la bibliothèque pendant des siècles / On a laissé dormir [On a oublié] ce manuscrit pendant des siècles.

사장³ 私藏 명 propriété *f* personnelle, conservation *f* privée ((d'un objet culturel)); trésor *m* personnel, bien *m* privé. ¶ ~ 문화재 trésor culturel privé [conservé par un individu]. ◇_(을) **하다** conserver [garder] ((un trésor culturel)) à titre personnel.

사장⁴ 沙場 명 plage *f*, banc *m* de sable.

사장⁵ 査丈 명 beau-père *m* et belle-mère *f* ((terme respectueux utilisé pour désigner les parents de la belle-fille ou du gendre)). ¶ ~ 어른께 문안 여쭈어라 Dis bonjour à ta belle famille / Salue ta belle famille.

사재 私財 명 biens *mpl* privés; fortune *f* personnelle, richesses *fpl* personnelles; capital *m* privé. ¶ ~를 털어서 ((fonder un hospice)) avec *ses* biens privés [*sa* fortune personnelle]. ¶ ~를 장학금으로 바치다 sacrifier *sa* fortune en bourse scolaire; attribuer [donner, offrir] *ses* biens privés pour une bourse scolaire.

사재다 타 faire des achats excédentaires, acheter ((des choses)) au-dessus de *ses* besoins; accaparer ((des marchandises)); stocker ((des marchandises)); faire une razzia sur des produits {*fam*}. ¶ 생필품을 ~ acheter des produits de première nécessité au-dessus de *ses* besoins; accaparer des produits quotidiens; faire la razzia {*fam*} sur les produits de première nécessité {*fam*}.

◆**사재기** 명 achat *m* excédentaire (au-dessus de *ses* besoins); accaparement *m*, monopolisation *f*; accumulation *f*; razzia {*fam*} *f*. ¶ 무분별한 사재기 accumulation inconsidérée; achat excédentaire et irréfléchi. ¶ 사재기를 하다 faire des achats excédentaires; accaparer (des marchandises); faire des réserves [des provisions], stocker des marchandises, accumuler des produits, faire une razzia sur des produits {*fam*}; spéculer sur des marchandises. ¶ 사재기가 성행한다 Les achats excédentaires [les razzias {*fam*}] se sont multipliés [se font partout].

사저 私邸 명 résidence *f* [maison *f*, villa *f*] privée. ¶ ~에 머물다 loger [habiter, rester] dans une résidence privée; rester dans *sa* maison, s'enterrer chez *soi*.

사적¹ 史的 명관 historique. ¶ ~ 고찰[연구] observation [considération, recherches, études] historique(s). ¶ ~ 유물론 matérialisme historique.

사적² 史蹟 명 monument *m* historique; vestiges *mpl* ((d'une civilisation disparue)); site *m* [endroit *m*] historique. ¶ ~ 답사 inspection [visite, exploration] des monuments historiques. ¶ ~ 보존 préservation [conservation] des monuments historiques.

◆**_지** -地 명 site *m* historique.

사적³ 史籍 명 écrit *m* historique; livre *m* d'histoire; document *m* historique. ¶ ~을 들춰 보다 fouiller [chercher] dans des livres d'histoire [des documents historiques].

사적⁴ 私的 명관 personnel(*le*), individuel(*le*), particuli*er*(*ère*), privé(*e*). ¶ ~인 문제[일, 감정] un problème [un travail, un sentiment] personnel.

◆**_으로** 부 personnellement; en personne; individuellement. ¶ 나는 그 사람과 ~으로 아는 사이다 Je le connais personnellement / C'est une relation personnelle.

사전¹ 事前 명 ce qui vient avant [au préalable]. ¶ ~ 공작[작업] une opération [un travail] préalable. ¶ ~ 선거 운동 une campagne électorale lancée avant la date légale (de départ de campagne). ¶ ~의 ((étude)) préalable; préliminaire. ¶ ~에 préalablement, au préalable; à l'avance, d'avance; auparavant. ¶ ~에 협의하다[연락을 주다] se concerter [prévenir, faire savoir, annoncer, informer] préalablement.

사전² 辭典 명 dictionnaire *m* ((de la langue française)); dico *m* {*fam*}; ((특수 어휘)) glossaire *m* ((des termes d'informatique)); lexique *m* ((de la langue de Molière)). ¶ 단일어 ~ un dictionnaire monolingue. ¶ 이개어 ~ un dictionnaire bilingue. ¶ 영한[한불] ~ un dictionnaire anglais-coréen [coréen-français]. ¶ 언어 ~ un dictionnaire de langue. ¶ 전문용어 ~ un glossaire [un dictionnaire] des termes spécialisés. ¶ 학습 ~ un dictionnaire d'apprentissage. ¶ 종이 ~ un dictionnaire papier. ¶ 인쇄 ~ un dictionnaire imprimé. ¶ 전자 ~ un dictionnaire électronique; un lexique électronique. ¶ 머릿속 ~ le lexique mental. ¶ ~을 찾아보다 consulter un dictionnaire. ¶ ~을 편찬하다 concevoir [faire, rédiger] un dictionnaire. ¶ ~에서 단어를 찾아보다 chercher un mot dans un dictionnaire.

◆**_학** -學 명 lexicographie *f*.

사전³ 事典 명 encyclopédie *f*, dictionnaire *m* encyclopédique.

◆**백과_** 百科 명 encyclopédie *f*, dictionnaire *m* encyclopédique, *encyclopaedia*.

◆**인명_** 人名 명 dictionnaire *m* des noms propres.

사전⁴ 私田 명 champs *mpl* privés [qui appartiennent à un particulier]; rizière *f* privée [qui appartient à un particulier].

사절¹ 使節 명 envoyé(*e*); délégué(*e*); messag*er*(*ère*); ambassadeur *m*. ¶ 평화[외교, 친선] ~ ambassadeur de la paix [diplomate, délégation amicale]. ¶ ~을 파견하다 envoyer [dépêcher] une ambassade [un diplomate, un messager, un envoyé, un délégué].

◆**_단** -團 명 mission *f*; délégation *f*.

사절² 謝絶 명 refus *m*, rejet *m*; inacceptation *f*. ¶ 면회 ~ Visites interdites. ¶ 외상 ~ Vente au comptant / La maison ne fait pas crédit. ¶ 16세 미만 입장 ~ Interdit aux (enfants de) moins de 16 ans. ◇_(을) **하다** refuser ((une invitation)); décliner ((une offre)), rejeter ((une offre)), repousser

ㅅ

((l'aide de *qn*)). ¶ 사례금을 ~하다 refuser de recevoir une récompense. ¶ 제의를 ~하다 refuser [rejeter, décliner] une proposition ¶ 초대를 ~하다 refuser une offre [une invitation].

사절³ 四切 어근 pliage *m* en quatre [à quatre plis *mpl*]; format *m in-quarto* [4°].

◆_지 -紙 명 feuille *f* de papier de format B4.

사정¹ 私情 명 sentiment *m* personnel, affection *f*; intérêt *m* personnel; propre intérêt *m*. ¶ ~에 끌려서 일을 그르치다 rater [manquer] une affaire à cause d'un sentiment personnel.

사정² 事情 명 ① circonstance *f*, condition *f*, état *m* de choses, situation *f*, conjoncture *f*; ((이유)) raison *f*, cause *f*. ¶ 자세한 ~ les détails (sur une affaire); les circonstances précises; les moindres circonstances. ¶ 급한 ~ une situation urgente; des circonstances urgentes. ¶ 딱한 ~ une situation pitoyable; des conditions [circonstances] misérables [défavorables]. ¶ 특별한 ~ des conditions [circonstances] particulières. ¶ ~을 고려하다 tenir compte des circonstances; prendre en considération [considérer] des circonstances. ¶ 무엇을 하지 못하는 ~을 설명하다 donner une explication concernant l'impossibilité de faire *qc*; expliquer pourquoi [la raison pour laquelle] on ne peut pas faire *qc*. ¶ 누구의 ~을 봐주다 tenir compte de la situation de *qn*. ¶ 이 ~ 저 ~ 다 봐줄 수는 없지요 On ne peut pas passer sur tout / On ne peut pas fermer les yeux sur tout. ¶ ~상 그렇게 하기는 어렵겠습니다 Étant donné [Vu] les circonstances, cela semble impossible [je pourrai difficilement accepter, je pourrai difficilement vous rendre ce service]. ¶ 가정 ~으로 pour une raison familiale, pour des raisons de famille, à cause de *sa* situation familiale. ¶ 일신상의 ~으로 pour des raisons personnelles. ¶ 어쩔 수 없는 ~으로 pour une raison impérieuse, à cause d'un empêchement majeur, pour un motif impératif. ¶ ~에 따라서(는) selon les circonstances [les conditions]; suivant la situation. ¶ 그 사람은 이곳 ~에 밝다[어둡다] Par rapport à cette situation, tout est clair [obscur] pour lui / Il est au courant de la situation [Il est ignorant de ce qui se passe ici]. ¶ ~이 많이 변했다 La situation a beaucoup changé / Les choses ont bien changé / Les circonstances sont très différentes. ¶ ~이 되면 quand les circonstances le permettront; si les circonstances le permettent. ¶ ~이 허락하는 한, 너를 도와주겠다 Tant que les circonstances le permettent, je t'aiderai. ② 간청 supplication *f*, imploration *f*; demande *f*, prière *f*; sollicitation *f*; appel *m* sérieux. ◇_(을) **하다** supplier *qn* de+*inf*, implorer *qc* [de *qn*], prier *qn* de+*inf*. ¶ 아무리 ~해도 그 사람은 모르는 체한다 On a beau le supplier, il fait semblant de ne rien savoir / Quoi qu'on fasse, il fait l'ignorant / Il reste impassible [froid] à toutes nos supplications [prières]. ¶ 그 사람은 경찰에게 한 번만 봐달라고 ~했다 Il a supplié un agent de police de fermer les yeux pour cette fois. ◇_(이) **있다** (y) avoir des raisons. ¶ 어떤 ~이 있더라도 quoi qu'il arrive, quelles que soient les circonstances, dans n'importe quelle situation que ce soit. ¶ 부득이한 ~이 있어서 자리를 비우다 vider les lieux pour des raisons incontournables; être obligé de s'absenter à cause d'un empêchement majeur. ¶ 그 사람은 무슨 ~이 있는 모양이야 Il doit avoir des raisons (personnelles) / Il a l'air d'avoir des empêchements / On dirait qu'il a ses raisons. ¶ 그 사람은 여기 못 오는 어떤 ~이 있다 Il a des raisons de ne pas pouvoir venir ici.

◆_없이 부 sans pitié, sans merci, sans ménagement; durement; sévèrement; cruellement; violemment; vivement; inexorablement; implacablement. ¶ ~없이 처벌하다[꾸짖다]. punir [châtier, réprimander, gronder] *qn* sans pitié [froidement, sévèrement, durement, vivement, cruellement, impitoyablement, violemment]. ¶ 한여름의 태양이 ~없이 내리쬐고 있었다 Le soleil d'été était en train de frapper durement / Le soleil d'été tapait vivement [cruellement] / Le soleil d'été cognait {*fam*}.

◆_ _ 명 supplication *f*, imploration *f*; prière *f*; sollicitation *f*. ¶ 도와달라고 하도 ~~해서 할 수 없이 도와주었다 Il m'a tellement supplié [prié] de l'aider que je lui ai donné un coup de main / Il m'a tellement demandé de l'aider que je n'ai pas pu faire autrement que de l'aider.

◆인정_ 人情 명 compassion *f*, pitié *f*; sympathie *f*; indulgence *f*. ¶ 그런 사람에게는 인정~ 봐 줄 필요가 없다 Ce n'est pas la peine d'avoir pitié de ce genre de personne / Ce n'est pas nécessaire d'avoir de la compassion pour ce genre de personne.

사정³ 査定 명 évaluation *f* ((de l'impôt)); estimation *f*; révision *f* ((d'un budget)); sélection *f* ((du personnel)). ¶ 입학[졸업] ~ sélection des élèves pour l'entrée à l'université [des étudiants pour la sortie de l'université] (par évaluation de leurs performances scolaires). ◇_(을) **하다** évaluer, faire une évaluation de ((l'impôt)); estimer, faire une estimation de *qc*; réviser ((un budget)). ¶ 국회에서 새해 예산을 ~하다 établir [fixer, décider] le budget pour la nouvelle année à l'Assemblée nationale. ¶ 세액을 ~하다 fixer [établir] le montant d'un impôt sur *qc*; calculer la valeur imposable de *qc*.

사정⁴ 司正 명 inspection *f*, audit *m*; révision *f* et contrôle *m* de la comptabilité de la gestion ((d'une société)). ¶ ~ 기관 établissement d'inspection; inspection ((des Finances)); cabinet d'audit. ¶ ~의 칼날을 휘두르다 brandir l'épée [la lame] de l'inspection; faire passer une inspection sévère et impitoyable. ◇_(을) **하다** faire [passer] une inspection; inspecter [contrôler, surveiller] ((la comptabilité de la gestion d'une compagnie)).

◆_위원회 -委員會 명 comité *m* d'inspection.

사정[5] 射程 명 portée *f* ((d'un fusil)); longueur *f* de trajectoire.

◆_거리 -距離 명 portée *f* ((d'un canon)); distance *f* ((à laquelle peut être lancé un projectile)). ¶ 이 총은 유효[최대] ~거리가 500미터이다 Ce fusil a une portée effective [maximale] de 500 mètres.

◆_권 -圈 명 portée *f* ((de fusil)). ¶ ~권 안에 들어오다 être à portée ((de fusil)).

사정[6] 射精 명 【의학】 éjaculation *f*; décharge *f* du sperme {*fam*}; spermatorrhée *f*. ¶ ~을 참다 retenir l'éjaculation. ◇_(을) 하다 éjaculer; décharger du sperme {*fam*}. ¶ 너무 빨리 ~을 하다 éjaculer trop tôt [trop vite, précocement, prématurément].

◆_관 -管 명 can*al*(*aux*) *m* éjaculateur(s).

사제[1] 司祭 명 【천주】 prêtre *m*, abbé *m*, curé *m*; ((미사에서의)) célébrant *m*; officiant *m*. ¶ ~에 서품되다 être ordonné prêtre.

◆_관 -館 명 【천주】 presbytère *m*; presbyterium *m*; cure *f*.

◆_단 -團 명 【천주】 presbytère *m*.

◆_직 -職 명 【천주】 (service *m* de) prêtre *m*.

사제[2] 師弟 명 maître *m* et disciple *m*; professeur *m* et étudiant(*e*).

◆_(지)간 -(之)間 명 relation *f* entre [de] maître et disciple [professeur et étudiant(*e*)]. ¶ 두 사람은 ~지간이다 Ces deux personnes ont une relation de maître à disciple / Entre ces deux-là, c'est du maître à élève {*fam*}. ¶ ~ 간에 정이 돈독하다 Ils ont une relation professeur-étudiant très intime.

사제[3] 私製 명 fabrication *f* artisanale; fabrication *f* privée. ¶ ~ 엽서 carte postale de fabrication privée [artisanale]; carte postale faite [fabriquée] artisanalement. ¶ ~ 총[폭탄] revolver [bombe] de fabrication privée [artisanale]; revolver [bombe] fabriqué(*e*) artisanalement.

사조 思潮 명 【예술】 courant *m* d'idées [de pensée]. ¶ 낭만주의 ~ romantisme; courant romantique.

◆문예_ 文藝_ 명 【문학】 littérature *f* et arts *mpl*, idées *fpl* littéraires et artistiques ((du XXème siècle)); courant *m* littéraire et artistique.

사조직 私組織 명 organisation *f* [constitution *f*; structure *f*; organisme *m*] privée; association *f* privée; groupe *m* particulier. ¶ ~을 만들다 créer une organisation privée; former une association privée; fonder un organisme privé; élever une structure privée. ¶ ~을 뿌리 뽑다 supprimer [anéantir, détruire] des structures privées. ¶ ~을 동원하다 mobiliser [appeler, faire bouger] des organisations privées.

사족[1] 四足 명 quatre pattes *fpl*; quatre membres *mpl*.

*~을 못 쓰다 avoir un faible pour *qn/qc*; être fou (folle) de *qn/qc*; raffoler de *qn/qc*; adorer *qn/qc*; être mordu de *qn* {*fam*}. ¶ 그 사람은 돈이라면 ~을 못 쓴다 Il a un faible pour l'argent / Il est fou [Il raffole] du fric {*fam*} [blé {*fam*}].

사족[2] 蛇足 명 superflu *m*; redondance *f*; ce qui est inutile; ce qui est en trop. ¶ ~을 달다[붙이다] ajouter ce qui est superflu [ce qui est redondant, superfétatoire]; faire une addition [un ajout, une adjonction] inutile.

사죄 謝罪 명 excuses *fpl*; pardon *m*; regret *m*; réparation *f*. ¶ ~ 광고를 내다 faire paraître des excuses publiques dans la presse. ¶ ~를 요구하다 exiger des excuses; demander réparation ((d'une offense)). ◇_(를) 하다 présenter [faire] des excuses à *qn*; s'excuser de *qc*; exprimer *ses* regrets. ¶ 자신의 잘못을[에 대해] ~하다 s'excuser à propos de *ses* fautes; présenter [faire] des excuses pour *ses* fautes personnelles; s'excuser de *ses* erreurs; demander pardon pour *ses* erreurs. ¶ 선생님께 죄송하다고 ~하다 demander pardon à *son* professeur; présenter [faire] *ses* excuses à *son* professeur; dire pardon à *son* professeur. ◇_(를) 받다 accepter [recevoir] les excuses de *qn*.

사주[1] 四柱 명 【민속】 thème *m* astral (chinois) ((d'une personne)), quatre piliers *mpl* astrologiques ((renvoyant à l'année, au mois, au jour et à l'heure de la naissance de quelqu'un et qui déterminent le thème astral de cette personne)). ¶ ~를 보다 consulter un(*e*) voyant(*e*) [un diseur de bonne aventure, un(*e*) cartomancien(*ne*)], lire [consulter] *son* horoscope; ((남의)) dire la bonne aventure à *qn*; prédire l'avenir de *qn*; faire [tirer, dresser] l'horoscope de *qn*. ¶ ~가 좋다[나쁘다] être né(*e*) sous une bonne [mauvaise] étoile.

◆_단자 -單子 명 【민속】 certificat *m* de naissance astrologique. ☞ 사성[2]

◆_팔자 -八字 명 【민속】 les quatre piliers *mpl* et les huit caractères *mpl* (chinois) ((dont la combinaison détermine le thème astral, l'horoscope et, partant, la destinée d'un individu)); destin *m* personnel (de *qn*), sort *m*, destinée *f* (personnelle, individuelle).

사주[2] 使嗾 명 instigation *f*; incitation *f*; sollicitation *f*. ¶ 친구의 ~로 범죄를 저지르다 commettre un crime à l'instigation d'un ami. ◇_(를) 하다 instiguer *qn*; provoquer *qn* ((au meurtre)); pousser [inciter, exciter] *qn* ((à la révolte, à se révolter)); induire *qn* ((au péché de gourmandise)). ¶ 노동자들에게 파업을 ~하다 pousser les ouvriers à la grève; inciter [entraîner] les ouvriers à faire (la) grève. ◇_를 받다 être incité(*e*) [poussé(*e*)] ((par *qn* à faire la grève)). ¶ 그 사람은 애인의 ~를 받아 살인을 저질렀다 Il a été poussé au crime par sa maîtresse / Poussé [Incité] par son amant, il a commis un meurtre.

사주[3] 社主 명 propriété *f* d'une entreprise; patr*on*(*ne*) d'une compagnie.

사죽 명 ☞ 사족[1]

사중 四重 명 quadruple *m*. ¶ ~ 충돌 quadruple collision ((de voitures)) ¶ ~의 벽을 쌓다 monter [élever, dresser] un mur en quatre épaisseurs.

◆_주 -奏 명 【음악】 quatuor *m*; quartet(te) *m* ((de jazz)). ¶ 현악 ~주 quatuor à cordes. ¶ 피아노 ~주 quatuor avec [pour] piano. ¶ ~주단 quatuor; quartet(te).

◆_창 -唱 명 【음악】 quatuor *m* vocal. ¶ ~창을 부르다[하다] chanter [exécuter] un quatuor.

사증 査證 명 *visa m*. ¶ 입국 ~을 발급받다 obtenir un visa d'entrée. ¶ ~을 내밀다[제시하다] montrer *son* visa.

사지[1] 四肢 명 quatre membres *mpl*; bras *mpl* et jambes *fpl*; quatre pattes *fpl*. ¶ 분해서 ~가 다 떨린다 Je suis si humilié(*e*) que j'en tremble de la tête aux pieds / Je suis tellement vexé(*e*) que je tremble de tout mon corps. ¶ 추락 사고로 그 사람은 ~가 마비되었다 À cause d'une chute, il a les quatre membres paralysés[ses bras et ses jambes sont paralysés].

*~가 멀쩡한 놈이 빌어먹고 살다니 Toi, avec tes quatre membres bien portants, comment peux-tu mendier [vivre de mendicité]!

사지[2] 死地 명 lieu *m* où on va mourir, lieu *m* de *sa* mort; lieu *m* très dangereux [périlleux, mortel]; situation *f* mortelle; champ *m* de bataille. ¶ ~를 벗어나다 échapper à la mort. ¶ ~에서 빠져나오다 se sauver [s'échapper, s'évader, s'enfuir] d'un lieu dangereux [d'une situation mortelle]. ¶ 남편을 ~로 보내고 걱정하는 여인들 femmes qui s'inquiètent de leurs maris après qu'ils aient été envoyés dans un endroit périlleux [dans un champ de bataille].

사지[3] 寺址 명 emplacement *m* [site *m*] d'un temple bouddhique.

사지[4] 砂地 명 terrain *m* de [en] sable.

사직[1] 社稷 명 ((국가)) État *m*; ((조정)) cour *f*; ((주권)) souveraineté *f*; divinité *f* gardienne de l'État. ¶ 나라의 종묘와 ~을 지키다 préserver les tumuli royaux [tombes royales] et la cour. ¶ 조선은 마침내 600년 ~이 끊기고 말았다 Quant au royaume de Joseon (1392-1910), sa souveraineté de 600 ans est enfin tombée / Le royaume de Joseon a enfin vu la fin de ses 600 ans de souveraineté / 600 ans après, le royaume de Joseon s'effondrait.

◆_단 -壇 명 【역사】 autel *m* dressé à la divinité gardienne de l'État.

사직[2] 辭職 명 démission *f*. ¶ 권고 ~ une démission suggérée. ◇_(을) **하다** donner *sa* démission; démissionner; se démettre de *ses* fonctions [de *son* emploi]. ¶ 회사를 ~하다 donner *sa* démission; *démissionner; se démettre de ses* fonctions [de *son* emploi]. ¶ 그 사람은 병 때문에 ~했다 Il a donné sa démission pour raison médicale [parce qu'il est malade].

◆_서[원] -書[願] 명 lettre *f* de démission. ¶ ~서를 제출하다[내다]. donner [envoyer] *sa* démission. ¶ ~서를 수리하다 accepter la démission de *qn*.

사직[3] 司直 명 autorités *fpl* judiciaires. ¶ 비리를 ~ 당국에 고발하다 dénoncer des affaires de corruption aux autorités judiciaires.

사진 寫眞 명 photographie *f*, photo *f*, cliché *m*. ¶ ~ 촬영 prise d'une photographie. ¶ ~ 판독 la lecture d'une photographie. ¶ 결혼 (기념) ~ une photo de mariage. ¶ 즉석 ~ une photo instantanée, un cliché instantané, un instantané. ¶ 합성 ~ une photo composée. ¶ 항공 ~ une photographie [un cliché, une vue, une perspective] aérien(*ne*); une photographie prise d'avion. ¶ 흑백[컬러] ~ une photo en noir et blanc [en couleur]. ¶ ~을 뽑다 tirer des photos sur papier; développer des photos. ¶ ~을 확대하다 agrandir une photo, faire un agrandissement d'une photo. ¶ ~을 현상하다 développer des photos. ¶ ~을 인화하다 tirer des photos sur papier. ¶ ~을 변조[수정]하다 retoucher une photo. ◇_(을) **찍다[박다]** prendre une photo. ¶ 우리는 함께 ~을 찍었다 On a pris une photo ensemble. ¶ 지나가던 사람이 ~을 찍어 주었다 Un passant nous a pris(*es*) en photo. ¶ 실례지만 ~ 좀 찍어 주시겠습니까? Excusez-moi, monsieur [madame], pourriez-vous nous prendre en photo, s'il vous plaît?

◆_가 -家 명 photographe *mf*.

◆_관 -館 명 atelier *m* [studio *m*] de photographie [de photographe].

◆_기 -機 명 appareil *m* (de) photo; appareil *m* photographique. ¶ 디지털 ~기 un appareil *m* photo numérique.

◆_기자 -記者 명 reporter *m* photographe ((d'un journal)).

◆_발 명 photogénie *f*. ¶ 그 사람은 ~발을[이] 잘 받는다 Il est photogénique.

◆_부 -部 명 section *f* de photographie; service *m* de la photographie dans une agence de presse.

◆_사 -師 명 photographe *mf*.

◆_술 -術 명 art *m* de prendre une photo, art *m* de la photo, art *m* photographique.

◆_작가 -作家 명 photographe *mf* indépendant(*e*) [artiste].

◆_전 -展 명 exposition *f* de photos [de photographies].

◆_집 -集 명 album *m* (de) photos.

◆_첩 -帖 명 album *m* (de) photos.

◆_틀 명 cadre *m* d'une photo.

◆_판 -版 명 plaque *f* sensible; photostat *m*; ((요판)) photogravure *f*.

◆_학 -學 명 photographie *f*.

◆명함판_ 名啣判- 명 photo *f* pour les cartes de visite.

◆여권_ 旅券- 명 photo *f* d'identité pour le passeport, photo *f* de passeport.

◆증명_ 證明- 명 photo *f* d'identité.

사차 四次 명 quatre fois; quatrième; quadruple, bicarrée. ¶ ~ 정상 회담 quatrième round d'un rendez-vous au sommet, le quatrième dialogue au sommet. ¶ ~ 방어전 le quatrième match défensif ((pour défendre *son* titre de champion)). ¶ ~ 방정식 l'équation du quatrième degré [bicarrée]. ¶ 어제 술자리는 ~까지 갔다 Hier, on est allés jusqu'à la quatrième tournée d'une soirée arrosée.

◆_전 -戰 명 quatrième match *m* ((pour défendre *son* titre de champion)).

사차선 四車線 명【교통】quatre voies *fpl*, quatrième voie *f*. ¶ ~ 도로[국도] une route [une route nationale] à quatre voies. ¶ ~으로 빠지다 aller dans la quatrième voie.

사차원 四次元 명 quatrième dimension *f*. ¶ ~ 시공간 연속체 (milieu) espace-temps. ¶ ~의 세계 le monde de la quatrième dimension.

◆_적 -的 명관 à quatre dimensions.

사찰[1] 寺刹 명 temple *m* bouddhique. ¶ ~ 경내를 돌아보다 faire le tour d'une enceinte d'un temple.

사찰[2] 査察 명 ① inspection *f*, investigation *f*. ¶ 학원 ~ l'inspection des instituts privés. ② ((사상의)) enquête *f* sur les idées politiques des citoyens. ◇_(을) 하다 inspecter *qn/qc*; faire [procéder à] une enquête sur *qn/qc*, mettre *qn* en examen; enquêter sur ((les idées politiques de *qn*)). ¶ 정보기관에서 반정부인사들을 은밀히 ~하고 있다 Le Service de Renseignement met en examen secrètement les anti-gouvernementaux [les gens opposés au gouvernement]. ◇_(을) 받다 se faire inspecter, subir une inspection. ¶ 세무 ~을 받다 subir une inspection des impôts.

사창 私娼 명 prostituée *f*, prostitution *f*, pute *f* {*fam*}, putain *f* {*fam*}, fille *f* qui fait le trottoir, fille *f* des rues, professionnelle *f*; fille *f* de joie; péripatéticienne *f*; pierreuse *f* {*vx*}; racoleuse *f* {*pop*}; traînée *f* {*fam*}, ((경멸적)) catin *f* {*vx*}.

◆_가 -街 명 quartier *m* de prostitution; quartier *m* chaud.

◆_굴 -屈 명 maison *f* de prostitution; bordel *m* {*vulg*}; maison *f* close, claque *m* {*pop*}, lupanar *m* {*litt*}; bouge *m*.

사채[1] 私債 명 dette *f* personnelle; emprunt *m* privé. ¶ 고금리 ~ 시장 un marché des emprunts privés à intérêt élevé. ¶ ~를 얻어 쓰다 faire [souscrire] un emprunt dans le privé, emprunter de l'argent dans le privé. ¶ ~는 금리가 높다 Un emprunt privé a taux élevé.

◆_놀이 명 prêts *mpl* à taux de remboursement élevé. ¶ ~놀이를 하다 faire des prêts à taux de remboursement élevé.

◆_업자 -業者 명 prêteur(*se*) privé(*e*), usurier(*ère*) privé(*e*). ¶ 악덕 ~업자 prêteur(*se*) privé(*e*) [usurier(*ère*) privé(*e*)] malhonnête.

사채[2] 社債 명 obligation *f* (d'une société). ¶ 장기[단기] ~ une obligation à long [court] terme. ¶ 기명[무기명] ~ une obligation au porteur [secrète, qui n'est pas nominative, qui n'est pas faite au nom du porteur]. ¶ ~를 발행하다 émettre des obligations.

◆_권 -券 명【경제】(titre *m* d') obligation *f*.

◆공_ 公 명【경제】titres *mpl* (publics); obligations *fpl*.

사천왕 四天王 명【불교】quatre gardiens *mpl* géants du paradis bouddhique ((à l'entrée des temples)), quatre gardiens *mpl* du temple.

◆_문 -門 명【불교】porte *f* des quatre gardiens du temple.

◆_상 -象 명【불교】statues *fpl* des quatre gardiens du temple.

사철 四- 명 quatre saisons *fpl*.

◆_나무 명【식물】fusain *m* du Japon, *Euonymus japonicus* {*nsc*}.

부 pendant toute l'année; en toute saison; en permanence; toujours; à longueur de temps [à longueur de journée]. ¶ ~ 피는 꽃 une fleur des quatre saisons, des fleurs qui fleurissent aux quatre saisons. ¶ 이 나무는 ~ 푸르다 C'est un arbre à feuilles persistantes; C'est un arbre qui reste vert toute l'année.

◆사시_ 四時- 명 quatre saisons *fpl*.

부 à n'importe quelle saison, en toute saison; n'importe quand, (pendant) toute l'année; toujours. ¶ 사시~ 따뜻한 지역 région tempérée en toute saison. ¶ 소나무는 사시~ 푸르다 Le pin est vert en toute saison [toute l'année]. ¶ 요즘은 사시~ 신선한 과일을 먹을 수 있다 Aujourd'hui, on peut manger des fruits frais à n'importe quelle saison.

사체 死體 명 cadavre *m*, mort *m*, corps *m*, dépouille *f* {*litt*}; ((동물의)) carcasse *f*. ¶ ~를 검안하다 examiner un cadavre; faire une enquête judiciaire sur un cadavre; faire l'autopsie d'un cadavre. ¶ ~를 버리다[암매장하다] jeter [enterrer frauduleusement, faire disparaître] un cadavre.

사초[1] 莎草 명 entretien *m* du gazon sur une tombe. ◇_(를) 하다 entretenir le gazon sur une tombe [un tumulus funéraire]. ¶ 어머니 산소에 ~를 하다 entretenir le gazon sur le tumulus [sur la tombe] de *sa* mère.

사초[2] 史草 명【역사】manuscrit *m* des chroniques royales ((écrit par un lettré chargé de compiler l'histoire)).

사촌 四寸 명 cousin(*e*) (germain(*e*)). ¶ ~ 형제[누이] des cousin(*e*)s (germain(*e*)s).

*~이 땅을 사면 배가 아프다 être jaloux(*se*) [envieux(*se*)] de la réussite des autres.

◆_(지)간 -(之)間 명 ((être)) cousin(*e*)s. ¶ 그 사람들은 ~지간이다 Ils sont cousins.

◆외_ 外- 명 cousin(*e*) du côté maternel.

◆이웃_ 명 voisin(*e*).

사춘기 思春期 명 adolescence *f*, puberté *f*; âge *m* ingrat. ¶ ~(의) 소년[소녀] un(*e*) adolescent(*e*); un garçon [une fille] à l'âge de la puberté [à l'âge ingrat]. ¶ ~가 되다 devenir adolescent(*e*). ¶ ~에 들어서다 arriver à l'âge ingrat [à la puberté, à l'adolescence].

사출 射出 명 lancement *m*; jaillissement *m* ((de rayons)); décochement *m* ((d'une flèche)); tir *m* ((au pistolet)). ◇_(을) **하다** lancer ((une fusée)); projeter ((des étincelles)); catapulter ((un avion)). ◇_(이) **되다** être lancé(*e*); être projeté(*e*); être catapulté(*e*).

◆**_기** -機 명 catapulte *m*.

사취 詐取 명 ① fraude *f*; tromperie *f*; escroquerie *f*, arnaque *f* {*pop*}. ◇_(를) **하다** obtenir *qc* par fraude [par tromperie]; commettre [faire] une escroquerie; frauder; tromper *qn*; escroquer *qc* à *qn* ((de l'argent à *qn*)), voler *qc* à *qn*, estamper *qc* à *qn* {*fam*}. ¶ 누구의 재산을 ~하다 escroquer les biens de *qn*, estamper [voler] les biens de *qn*.

사치 奢侈 명 luxe *m*, somptuosité *f*; opulence *f*. ¶ ~ 풍조 une tendance au luxe. ¶ ~를 좋아하는 사람 une personne qui aime le luxe; ((여자)) une poule de luxe {*fam*}. ¶ 다이아몬드 반지는 내게 분에 넘치는 ~다 Une bague ornée d'un diamant, c'est un luxe que je ne peux pas me permettre. ◇_(를) **하다** s'abandonner [se laisser aller] au luxe. ¶ ~하며 살다 avoir une existence dispendieuse; vivre dans le luxe et l'opulence; nager dans l'opulence; rouler sur l'or. ¶ 내 월급으로는 그런 ~는 할 수 없다 C'est un luxe que mon salaire ne me permet pas.

◆**_스럽다** 형 être luxueu*x*(*se*); être de luxe; être somptueu*x*(*se*); ((사람이)) être prodigue, dépensi*er*(*ère*). ¶ ~스러운 가구[방, 장식] un meuble [une pièce, une décoration] somptueu*x*(*se*) [luxueu*x*(*se*)]. ¶ ~스러운 사람 une personne prodigue; une personne dépensière; un panier percé, un(*e*) gaspille*ur*(*se*). ¶ ~스러운 생활 une vie de luxe; une existence dispendieuse. ¶ ~스럽게 살다[지내다] avoir une existence dispendieuse; mener un train de vie luxueux; vivre dans le luxe [dans l'opulence].

◆**_성** -性 명 caractère *m* luxueux. ¶ ~성 소비재[물품] des produits de consommation de luxe [des marchandises de luxe]; des objets [des articles] de luxe.

◆**_품** -品 명 marchandise *f* [article *m*, objet *m*] de luxe; ((없어도 괜찮은 물건)) superfluité *f*. ¶ ~품 수입이 급증하고 있다 L'importation des articles de luxe augmente rapidement.

사칙[1] **四則** 명 【수학】 les quatre opérations *fpl* arithmétiques. ¶ ~ 연산 les quatre opérations arithmétiques.

사칙[2] ***社則*** 명 *statuts mpl* [règlement *m*] d'une compagnie [d'une société].

사친회 師親會 명 【교육】 association *f* des professeurs et parents d'élèves.

사칭 詐稱 명 usurpation *f* de nom [d'identité]. ¶ 신분 ~ l'usurpation d'identité. ◇_(을) **하다** donner un faux nom [une fausse identité]. ¶ 무엇을[누구를] ~하고 sous le faux nom de *qc*/*qn*. ¶ 고위 관료의 이름을 ~하다 se faire passer pour un haut fonctionnaire. ¶ 친한 친구라고 ~하다 se faire passer pour un ami intime.

사카린 영{saccharin} 명 【화학】 saccharine *f*.

사쿠라 일 명 ① 벚꽃 fleur *f* de cerisier japonais. ② 야바위꾼 정치인 politicien(*ne*) opportuniste ((qui retourne régulièrement sa veste [qui tourne régulièrement casaque])). ¶ 그 의원은 ~다 Ce député retourne régulièrement sa veste [tourne régulièrement casaque].

사타구니 명 【속어】 entrecuisse *m*; entrejambe *m*; aine *f*. ¶ 상대 선수의 ~ 밑으로 빠져나가다 passer sous un adversaire entre *ses* deux jambes. ¶ 누구의 ~를 걷어차다 donner un coup de pied dans l'aine de *qn* [dans l'entrecuisse de *qn*].

사탄 영{Satan} 명 Satan *m*. ¶ ~의 유혹 la tentation de Satan.

사탑[1] **寺塔** 명 pagode *f*.

사탑[2] **斜塔** 명 tour penchée *f*. ¶ 피사의 ~ la tour (penchée) de Pise.

사탕 砂糖 명 sucre *m*; bonbon *m*. ¶ ~을 빨다[먹다]. sucer [manger] des bonbons.

◆**_무** 명 betterave *f* à sucre; betterave *f* sucrière.

◆**_수수** 명 canne *f* à sucre.

◆**솜_** 명 barbe *f* à papa.

◆**알_** 명 bonbon *m* rond.

사탕발림 砂糖— 명 propos *mpl* enjôleurs [mielleux], paroles *fpl* mielleuses, doux propos *mpl*, belles paroles *fpl*, beaux discours *mpl* (pour séduire *qn*, pour mieux duper *qn*), cajoleries *fpl* [flatteries *fpl*] pour mieux duper *qn*. ¶ 내가 그런 ~에 넘어갈 것 같으냐? Tu penses vraiment que je vais me laisser prendre à ton jeu? ◇_(을) **하다** adresser de doux propos [de belles paroles] à *qn*; flatter *qn*; passer de la pommade à *qn* {*fam*}; cajoler *qn*, câliner *qn*, entortiller *qn*; embobiner *qn*; endormir *qn* {*fam*}. ¶ 그 사람은 다음에는 더 잘하겠다고 ~을 해댔다 Il m'a endormi(*e*) en me disant que la prochaine fois il ferait mieux [il ferait des efforts].

사태[1] **沙汰** 명 ① 무너짐 éboulement *m*, affaissement *m*, glissement *m* (de terrain), effondrement *m*, écroulement *m*. ¶ 폭우로 인한 ~로 산자락이 무너졌다 La montagne s'est affaissée suite à une pluie torrentielle / Une pluie torrentielle [diluvienne] est à l'origine du glissement de la montagne. ② 범람 flot *m*, déluge *m*, avalanche *f* ((de *qc*)); déferlement *m*; multitude *f*. ¶ 피난민 ~ une multitude de réfugiés, un déferlement de réfugiés. ◇_(가) **나다**[**일어나다**] ① Un éboulement [Un glissement ((de terrain))] se produit [survient]. ¶ ~가 나서 교통이 마비되었다 Un éboulement a entravé [bloqué] la circulation. ② produire un grand nombre de *qn*/*qc*; faire une avalanche de *qn*/*qc*; regorger de *qc*. ¶ 불경기로 인하여 실업자 ~가 났다 La crise économique a produit un grand

ㅅ

nombre de chômeurs.

◆눈_ 명 avalanche *f* (de neige). ¶ 눈~가 났다[일어났다] Une avalanche (de neige) s'est déclenchée / Il y a eu une avalanche (de neige).

◆산_ 山- 명 éboulement *m* de pierres, avalanche *f* en montagne.

사태[2] **事態** 명 ① 상태 situation *f* ((délicate, tendue, désespérée)); état *m* des choses ((anormal)); circonstances *fpl* ((difficiles, imprévues)); cas *m* ((anormal, urgent)). ¶ ~의 추이 la tournure d'une situation; comment vont les choses. ¶ 비상[긴급] ~ un cas urgent [d'extrême urgence]. ¶ 국가 비상 ~를 선포하다 déclarer l'état d'urgence. ¶ ~를 수습하다 régler la situation (délicate). ¶ ~가 심각하다 La situation est grave [critique]. ¶ ~가 나아진다[악화된다] La situation s'améliore [s'aggrave]. ¶ 현재 ~를 좌시할 수만은 없다 On ne peut pas rester indifférent à l'état actuel des choses. ¶ 아직 ~를 정확히 파악하지 못했다 Je n'ai pas pu encore saisir exactement l'état actuel des choses. ② 사건 incident *m*. ¶ 중국 천안문 ~ le massacre de Tiananmen (4 juin 1989); la répression sanglante du «printemps de Pékin». ¶ ~가 일어났다 Un incident s'est déclaré [s'est produit, s'est déclenché].

사태[3] 명 jarret *m* de bœuf. ¶ ~를 1근 사다 acheter un *geun* de jarret de bœuf.

사택[1] **舍宅** 명 résidence *f* privée [personnelle]; maison *f* de *qn*.

사택[2] **社宅** 명 habitation *f* pour les employés construite par une compagnie; logement *m* des employés d'une compagnie.

사토 沙土 명 【지리】 terre *f* sablonneuse.

사통 私通 명 ① adultère *m*, liaison *f*, fornication *f*. ② correspondance *f* secrète [illicite, clandestine]. ◇_(을) 하다 ① commettre un adultère avec *qn*; avoir une liaison secrète avec *qn*, avoir une relation illicite avec *qn*; faire l'amour en dehors du mariage avec *qn*. ② entretenir une correspondance illicite [clandestine] avec *qn*; correspondre clandestinement avec *qn*.

사통오달 四通五達 명 ☞ 사통팔달

사통팔달 四通八達 명 carrefour *m* en étoile [multidirectionnel, qui rayonne dans toutes les directions].

◆_하다 형 rayonner dans toutes les directions; être bien desservi(*e*) (par un bon réseau routier). ¶ 이 도시는 도로가 ~하다 Cette ville est desservie par un bon réseau routier.

사퇴 辭退 명 ① 사양 refus *m* poli, déclinaison *f*. ② démission *f*, départ *m*; prise *f* de congé d'un supérieur. ¶ 자진 ~ la démission de *sa* propre initiative [de *son* plein gré]; un départ volontaire. ◇_(를) 하다 ① décliner ((une invitation)); refuser poliment ((un poste, une invitation)). ② prendre congé d'un supérieur; démissionner ((de *son* poste)) (donner *sa* démission). ¶ 총재직을[에서] ~하다 démissionner de l'ensemble de *ses* fonctions présidentielles.

◆_서 -書 명 lettre *f* de démission.

◆총_ 總- 명 démission *f* collective. ¶ 내각 총~ la démission collective des membres du gouvernement.

사투 死鬪 명 combat *m* à mort [à outrance, désespéré, acharné]. ◇_를 벌이다[펼치다] se battre [combattre] à mort [à outrance], mener un combat sans merci [jusqu'au sang, jusqu'à ce que mort s'en suive].

사투리 명 【언어】 dialecte *m*; patois *m*; accent *m* provincial; idiome *m*; parlers *mpl* régionaux. ¶ 남부[북부] ~ le dialecte [l'accent] du sud [du nord]. ¶ ~로 말하다 parler (en) patois; patoiser. ¶ ~를 버리다[고치다] ne pas parler avec *son* accent provincial. ¶ 그 사람은 ~를 심하게 쓴다 Il parle avec un fort accent [avec un accent prononcé]. ¶ 그 사람은 아직 ~가 남아 있다 Il a encore un peu d'accent. ¶ 이 지방 ~는 억양이 세다 L'accent de cette région est fort [prononcé].

사특하다 邪慝- 형 être vicieu*x*(*se*), corrompu(*e*), dépravé(*e*); être méchant(*e*), pervers(*e*). ¶ 사특한 생각 une pensée vicieuse; une pensée perverse.

사파리 영{safari} 명 safari *m*.

사파이어 영{sapphire} 명 【광업】 saphir *m*. ¶ ~ 반지 une bague ornée de saphirs ¶ ~ 목걸이 un collier avec un saphir en pendentif.

사팔눈 명 strabisme *m*; loucherie *f* {*vx*}, yeux *mpl* louches.

◆_이 명 bigle *mf*, bigleu*x*(*se*), loucheu*r*(*se*), louchon *m* {*fam*}, personne *f* atteinte de strabisme.

사팔뜨기 명 bigle *mf*, bigleu*x*(*se*), loucheu*r*(*se*), louchon *m* {*fam*}, personne *f* atteinte de strabisme. ¶ 그 사람은 심한 ~이다 Il louche énormément [beaucoup].

사포 砂布 명 papier *m* de verre; toile *f* verrée; papier *m* verré. ¶ ~로 문지르다 frotter *qc* avec du papier de verre.

사표[1] **師表** 명 exemple *m* [modèle *m*] de vertu. ¶ 만인의 ~가 되다 être un modèle d'homme parfait, être considéré comme un modèle d'homme parfait.

사표[2] **辭表** 명 lettre *f* de démission. ¶ 일괄 ~ une lettre de démission rédigée collectivement; une démission collective. ¶ ~를 내다[쓰다, 제출하다] écrire [rédiger, présenter] une lettre de démission; donner *sa* démission; démissionner. ¶ ~를 던지다 donner *sa* démission avec mécontentement. ¶ 누구의 ~를 수리하다[반려하다] accepter [refuser] la démission de *qn*.

사필귀정 事必歸正 명 Le Bien l'emporte toujours / Le Mal ne peut pas triompher. ¶ 그 사람의 몰락이야말로 ~이다 Son malheur montre que le bien l'emporte toujours.

사하다 赦- 타 pardonner (*qc*) à *qn* [à *qn* de+*inf*]; accorder [donner] le pardon à *qn*; excuser *qn* de+*inf* [de *qc*]; faire grâce à *qn* de *qc*. ¶ 우리 죄를 사하여 주소서 Pardonnez nos offances.

ㅅ

사학¹ 史學 명 histoire *f.*
◆_**과** -科 명 département *m* d'histoire.
◆_**자** -者 명 historien(*ne*).
사학² 私學 명 ① école *f* [université *f*] privée; établissement *m* d'enseignement privé. ¶ ~ 재단 la fondation d'un établissement privé. ¶ 그 사람은 명문 ~ 출신이다 Il est sorti d'une grande école privée. ② théorie *f* [doctrine *f*] personnelle.
사항 事項 명 ① 항목 article *m.* ② 문제 question *f,* problème *m* ((énoncé dans le chapitre précédent)). ③ sujet *m* ((de délibération)); matière *f* ((traitée dans ce livre)); chose *f.* ¶ 관련 ~ ce qui touche un sujet; ce qui est concerné. ¶ 공지 ~ un avis; une notification. ¶ 주요 ~ les points essentiels; l'essentiel; le point fondamental ((de *son* discours)); l'objet principal ((de cette réunion)). ¶ 주의 ~ les choses auxquelles il faut faire attention; ce à quoi il faut faire attention; les points importants; précautions à respecter; ((사용상의 주의 사항)) précautions ((d'emploi, d'utilisation, d'usage)). ¶ 결정 ~을 알리다 faire savoir la liste des décisions qui ont été prises; informer les gens de ce qui a été décidé [des décisions prises]. ¶ 일체의 ~에 대하여 함구하다 garder le silence sur l'ensemble d'un événement.

사해¹ 四海 명 ① toutes les mers *fpl.* ② 온 세상 le monde *m* entier. ¶ ~가 고요하다 Le monde entier est en paix.
◆_**동포** -同胞 명 fraternité *f* universelle [mondiale]; frères *mpl* humains.
◆_**동포주의** -同胞主義 명 cosmopolitisme *m.*
사해² 死海 명 【지리】 la mer *f* Morte.
사행심 射倖心 명 goût *m* pour la spéculation (financière); goût *m* pour jouer [pour tenter] *sa* chance, goût *m* du jeu. ¶ ~을 버려라 Arrête de miser sur la chance / Arrête de vouloir spéculer. ¶ 복권은 ~을 조장한다[부추긴다] La loterie incite à tenter *sa* chance.
사향 麝香 명 musc *m.* ¶ ~이 든 비누 un savon musqué.
◆_**고양이** 명 【동물】 civette *f.*
◆_**내** 명 odeur *f* de musc.
◆_**노루** 명 【동물】 chevrotain *m.*
사형¹ 私刑 명 【법률】 lynchage *m*; exécution *f* sommaire (par une collectivité); punition *f* personnelle. ¶ ~을 가하다 lyncher.
사형² 死刑 명 【법률】 peine *f* de mort; peine *f* capitale, sentence *f* capitale; condamnation *f* à mort. ¶ ~ 제도 système de la peine de mort [capitale]. ¶ ~을 면하다 échapper à la peine de mort [à la peine capitale]; être gracié(*e*). ¶ 피고에게 ~을 구형하다 réclamer la peine de mort pour l'accusé; condamner l'accusé à la mort. ¶ 누구에게 ~을 선고하다 condamner *qn* à (la peine de) mort. ¶ 범인의 ~을 집행하다 mettre à mort un criminel; exécuter un condamné. ¶ 누구를 ~에 처하다 condamner *qn* à (la peine de) mort. ◇_(**을**) **하다** exécuter un(*e*) condamné(*e*). ¶ 살인범을 ~하다 mettre à mort un(*e*) assassin(*e*). ◇_(**이**) **되다** être mis(*e*) à mort. ¶ 내란죄로 ~되다 être mis(*e*) à mort pour haute trahison. ◇_(**을**) **당하다** être mis(*e*) à mort; se faire mettre à mort.
◆_**선고** -宣告 명 【법률】 condamnation *f* à mort; sentence *f* capitale. ¶ ~선고를 내리다 condamner *qn* à (la peine de) mort [à la peine capitale].
◆_**수** -囚 명 【법률】 condamné(*e*) à mort.
◆_**장** -場 명 【법률】 lieu *m* d'exécution.
◆_**집행** -執行 명 【법률】 exécution *f* capitale; mise *f* à mort.
◆_**집행인** -執行人 명 【법률】 bourreau(*x*) *m*; exécuteur *m* ((de la haute justice, des hautes œuvres)).
사형³ 師兄 명 *sahyeong*, mon frère *m* aîné ((appellation honorifique et amicale désignant un homme plus âgé que *soi*)).
사화¹ 士禍 명 【역사】 répression sanglante des hommes politiques ou des lettrés d'opposition à l'époque de Joseon. ¶ ~를 입다 être victime d'une répression sanglante.
사화² 史話 명 récit *m* historique; narration *f* d'un fait historique.
사화산 死火山 명 【지리】 volcan *m* éteint, volcan *m* en sommeil.
사환 使喚 명 garçon *m* de courses. ¶ ~ 아이 un garçon de courses.
사활 死活 명 vie *f* ou mort *f.* ¶ 국가의 ~이 걸린 문제 une question de vie ou de mort [vitale] pour la nation. ¶ 신기술 개발에 회사의 ~을 걸다 mettre en cause la pérennité de l'entreprise sur le développement des nouvelles technologies. ¶ 이번 사업에 우리 회사의 ~이 달려 있다 Le résultat de cette affaire touche l'existence même de notre compagnie / De la réussite de cette affaire dépend la survie de notre compagnie.
사회¹ 司會 명 ① 진행 direction *f* d'une réunion [d'une cérémonie]; animation *f* d'une cérémonie; présidence *f* d'une réunion. ¶ 누구에게 ~를 맡기다[부탁하다] demander à *qn* de présider une réunion [une cérémonie], demander à *qn* d'animer une cérémonie, confier à *qn* la présidence d'une réunion. ¶ 그 사람의 ~로 회의가 진행되었다 La réunion s'est déroulée sous *sa* présidence. ② 진행자 président(*e*) d'une réunion; organisateu*r*(*trice*) ((d'une réunion)); présentateu*r*(*trice*); animateu*r*(*trice*). ¶ 토크쇼의 ~ l'animateu*r*(*trice*) d'un talk-show. ◇_(**를**) **하다**[**보다**, **맡다**] présider ((un débat, une réunion)); diriger ((une discussion)); animer ((une émission de variétés)). ¶ 모임의 ~를 보다[맡다] présider [assurer la présidence d'] une réunion. ¶ 그 사람은 ~를 잘한다[잘 본다] Il préside bien / C'est un bon présentateur / C'est un bon animateur.
◆_**자** -者 명 président(*e*) d'une réunion, d'une

séance; organisateur(*trice*) d'une réunion; présentateur(*trice*) d'un programme; meneur(*se*) de jeu; animateur(*trice*) ((d'une rencontre)), modérateur(*trice*). ¶ 토론회의 ~자 un(*e*) animateur(*trice*) d'un débat, président(*e*) de séance, modérateur(*trice*).

사회² 社會 명 ① 【사회】 société *f*; ((공동체)) communauté *f*. ¶ ~ 생활 la vie en société; la vie sociale. ¶ ~ 개발 le développement de la société; le développement social. ¶ ~ 경제 l'économie sociale; l'économie d'une société. ¶ ~ 관계 des relations sociales. ¶ ~ 구조 une structure sociale; la structure d'une société. ¶ ~ 단체 des associations sociales. ¶ ~ 문제 un problème social; les problèmes d'une société. ¶ ~ 불안 des troubles sociaux; un malaise social. ¶ ~ 질서 l'ordre social [public]. ¶ 작가들의 ~ 참여 l'engagement des écrivains ¶ 여성의 ~ 진출 l'introduction des femmes dans la vie sociale [dans la vie active, dans le monde de travail]; l'entrée en masse des femmes dans la vie active. ¶ 특이한 ~ 현상 un phénomène social particulier. ¶ ~의 각계각층 les différentes couches [classes] sociales. ¶ ~의 일원으로서 en tant que membre de la société. ¶ ~의 적 un ennemi public, un ennemi de la société. ¶ ~를 개량[개혁]하다 améliorer [réformer] la société. ¶ 현재 우리 ~에 횡행하는 온갖 무질서 toute sorte de désordres de notre société contemporaine. ¶ ~에 기여하다[봉사하다] faire de bonnes actions pour la société; accomplir de bonnes actions pour la société. ¶ 우리 ~가 안고 있는 문제점 les problèmes de notre société, les problèmes qu'a notre société. ② 외부 세상 vie *f* sociale, vie *f* active. ¶ 학교를 졸업하고 ~에 진출하다 entrer dans la vie active après avoir terminé *ses* études. ¶ 형기를 마치고 ~에 나가면[복귀하면] 올바르게 살겠다 Après avoir purgé ma peine, une fois entré dans la vie sociale [la vie active], je vivrai dans le droit chemin. ③ 무리, 집단 monde *m* public, société *f*. ¶ 상류 ~ la haute société; le grand monde. ¶ 문명 ~ une société civilisée. ¶ 학생 ~ milieu(*x*) estudiantin(*s*); la communauté des étudiants. ¶ 꿀벌의 ~ la société des abeilles.

◆**_적** -的 명관 soci*al*(*ale, aux*), public(*que*). ¶ ~적 분화 une différenciation sociale. ¶ ~적 빈곤 une pauvreté sociale. ¶ ~적 제재 une contrainte sociale; une sanction sociale. ¶ ~적 차별 une discrimination sociale. ¶ ~적 환경 un environnement social. ¶ 인간은 ~적 동물이다 L'homme est un animal social [sociable]. ¶ ~적인 압력을 받다 être contraint(*e*) socialement, avoir des contraintes [des pressions] sociales. ¶ ~적으로 문제가 되다 devenir un problème social. ¶ ~적으로 높은 지위에 오르다 atteindre une haute position sociale.

◆**_성** -性 명 sociabilité *f*; nature *f* sociale; socialité *f*. ¶ ~성이 높은 작품 une œuvre engagée. ¶ 이 아이는 ~성이 부족하다[뛰어나다] Cet(*te*) enfant n'est pas assez [est très] sociable / Cet(*te*) enfant manque de sociabilité / Cet(*te*) enfant manque de savoir-vivre / Cet(*te*) enfant ne sait pas se comporter en société / Cet(*te*) enfant devrait améliorer son comportement en société.

◆**_화** -化 명 socialisation *f*. ¶ ~화(가) 되다 devenir plus sociable, intégrer les règles de la vie en société.

◆**_간접자본** -間接資本 명 【경제】 fonds *mpl* sociaux indirects. ¶ ~간접자본을 확충하다 accroître les fonds sociaux. ¶ ~간접자본에 투자하다 investir dans les fonds sociaux.

◆**_경제** -經濟 명 【경제】 économie *f* sociale, économie *f* d'une société.

◆**_경제학** -經濟學 명 économie *f* sociale.

◆**_계급** -階級 명 【사회】 classe *f* sociale.

◆**_계약설** -契約說 명 【사회】 la théorie *f* du contrat social.

◆**_계층** -階層 명 【사회】 couche *f* sociale, classe *f* sociale.

◆**_과** -科 명 【교육】 département *m* [U.F.R. *m*] de sociologie.

◆**_과학** -科學 명 sciences *fpl* sociales.

◆**_관** -觀 명 *son* regard *m* [point m de vue] sur le monde [sur la société].

◆**_교육** -教育 명 éducation *f* sociale.

◆**_규범** -規範 명 normes *fpl* sociales. ¶ ~규범에 따르다 suivre les normes sociales.

◆**_기구** -機構 명 organisation *f* sociale; organisme *m* social.

◆**_당** -黨 명 【정치】 parti *m* socialiste.

◆**_면** -面 명 page *f* [le chapitre *m*, la rubrique *f*] société; page *f* des faits divers. ¶ ~면을 보다[읽다] regarder [lire] la page société. ¶ 비행기 사고가 ~면을 다 차지했다 Un accident d'avion a fait la une des faits divers. ¶ ~면에 나온[실린] 기사 un article figurant à la rubrique société.

◆**_방언** -方言 명 【언어】 sociolecte *m*; dialecte *m*.

◆**_보장** -保障 명 【사회】 couverture *f* sociale; sécurité *f* sociale. ¶ ~보장법 la loi sur la couverture sociale [sur la sécurité sociale]. ¶ ~보장비 des frais de sécurité sociale. ¶ ~보장 제도가 잘되어 있는 나라 un pays avec un bon régime de sécurité sociale [avec une bonne couverture sociale]. ¶ ~보장의 혜택을 보다 avoir des avantages en couverture sociale.

◆**_보험** -保險 명 【사회】 assurance *f* sociale.

◆**_복지** -福祉 명 【사회】 bien-être *m* public [social]. ¶ ~복지 시설 un établissement d'assistance publique [sociale]. ¶ ~복지 사업 une aide [une assistance] sociale. ¶ ~복지를 증진하다[도모하다] promouvoir l'assistance sociale.

◆**_봉사** -奉仕 명 service *f* bénévole social; activités *fpl* bénévoles; service *m* d'assistance ((aux nécessiteux)). ¶ ~봉사를 하다 rendre des services à la société; travailler comme bénévole pour la société. ¶ 경범죄로 ~봉사 5일을 선고받다 être condamné(*e*) à 5 jours de service bénévole social pour délit léger.

◆_부 -部 명 service *f* [ministère *m*] des affaires sociales. ¶ ~부 기자 un journaliste du service des affaires sociales.

◆_사업 -事業 명 service *m* social; aide *f* [assistance *f*] sociale; œuvres *fpl* sociales. ¶ ~사업 단체 un groupe d'assistance sociale. ¶ ~사업을 벌이다[하다] faire de l'assistance sociale.

◆_사업가 -事業家 명 personne *f* qui s'occupe des œuvres sociales.

◆_상 -相 명 état *m* de la société. ¶ 1980년대의 한국의 ~상 l'état de la société coréenne dans les années 80. ¶ ~상을 반영하다 refléter la société.

◆_심리 -心理 명 【심리】 sociopsychologie *f*.

◆_악 -惡 명 mal(*maux*) *m* de la société; abus *mpl* sociaux. ¶ 각종 ~악을 일소하다 se débarrasser des maux de la société [des abus sociaux].

◆_언어학 -言語學 명 【언어】 sociolinguistique *f*.

◆_연대 -連帶 명 solidarité *f*. ¶ ~연대 의식 un sentiment de solidarité.

◆_운동 -運動 명 mouvement *m* social, campagne *f* publique; ((사회주의의)) mouvement *m* socialiste. ¶ 많은 사람들이 ~운동에 뛰어들고 있다 Beaucoup de gens participent activement à des mouvements sociaux.

ㅅ

◆_인 -人 명 membre *m* de la société. ¶ 한 사람의 ~인으로서 져야 할 의무 les responsabilités que l'on doit assumer en tant que membre de la société.

◆_장 -葬 명 funérailles *fpl* organisées par l'ensemble des groupes sociaux. ¶ ~장으로 장례를 치르다 ((tous les groupes sociaux)) s'unir pour organiser les funérailles de *qn*.

◆_제도 -制度 명 système *m* social.

◆_조직 -組織 명 structure *f* [organisation *f*] sociale.

◆_진화 -進化 명 évolution *f* sociale.

◆_집단 -集團 명 groupe *m* social; communauté *f* sociale; collectivité *f*.

◆_체제 -體制 명 système *m* [organisation *f*, régime *m*] social(*e*). ¶ 전시 ~체제 le régime de guerre. ¶ 민주 ~체제 le régime démocratique. ¶ 봉건 ~제체 le régime [le système] social féodal.

◆_통념 -通念 명 opinion *f* commune [très répandue]; point de vue *m* généralement admis; théorie *f* reçue. ¶ 법을 어기면 누구라도 처벌받는 것이 ~통념으로 되어 있다 Il est généralement admis que toute personne enfreignant la loi doit être punie.

◆_풍조 -風潮 명 mœurs *fpl* sociales; tendance *f* générale d'une société.

◆_학 -學 명 sociologie *f*.

◆_학과 -學科 명 【교육】 département *m* [U.F.R. *m*] de sociologie.

◆_학자 -學者 명 sociologue *mf*.

◆시민_ 市民- 명 【사회】 société *f* civile.

◆봉건_ 封建- 명 【사회】 société *f* féodale.

◆원시_ 原始- 명 【사회】 société *f* primitive.

◆혈연_ 血緣- 명 【사회】 société *f* consanguine.

사회주의 社會主義 명 【사회】 socialisme *m*. ¶ ~국가 une nation [un État] socialiste. ¶ ~ 경제 une économie socialiste. ¶ ~ 문학 littérature socialiste. ¶ ~ 사상 idéologie[pensée] socialiste. ¶ ~주의 이론 la théorie socialiste. ¶ ~ 정당 parti socialiste. ¶ ~ 혁명 révolution socialiste. ¶ 공상적 ~ socialisme utopique. ¶ ~를 표방한 나라 un pays qui professe [prône] le socialisme.

◆_적 -的 명관 socialiste.

◆_화 -化 명 passage *m* au socialisme.

◆_자 -者 명 socialiste *mf*.

사후[1] 死後 명 après la mort, outre-tombe, au-delà. ¶ ~ 세계 l'outre-tombe. ¶ 이 시체는 ~ 하루가 지난 것으로 추정된다 Au vu du cadavre, la mort remonte à un jour. ¶ 그 작가는 ~에 명성을 얻었다 Cet auteur a connu une célébrité posthume. ¶ 이 소설은 작가의 ~에 출판되었다 Ce roman fut publié à titre posthume [après la mort de son auteur].

*~ **약방문** entreprendre une action lorsqu'elle ne peut plus être utile, s'affairer [faire les choses] quand il est trop tard [lorsque cela n'est plus nécessaire], ((소 잃고 외양간 고친다)) fermer l'écurie lorsque les chevaux sont (déjà) dehors, prendre des précautions [dispositions] quand le mal est arrivé [quand il n'est plus temps de l'éviter], prendre des dispositions trop tard / Il est trop tard de [pour] fermer l'écurie lorsque les chevaux sont déjà dehors [quand le cheval s'est sauvé] / Après la mort, le médecin.

사후[2] 事後 명 postérieur(*e*), ultérieur(*e*). ¶ ~ 감사 remerciements ultérieurs. ¶ ~ 보고 rapport [compte-rendu] ultérieur. ¶ ~ 처리 liquidation ultérieure. ¶ ~에 승낙을 구하다 chercher l'assentiment après coup [une fois la chose faite]. ¶ ~에 문제가 생겼다 Les problèmes ont surgi après coup.

사흗날 명 le trois ((juin)), le troisième jour *m* d'un mois. ¶ 선달 초~에 le 3 du douzième mois lunaire.

사흘 명 trois jours *mpl*. ¶ ~에 한 번꼴로 une fois tous les trois jours. ¶ 책을 다 읽는 데 ~이 걸렸다 Ça m'a pris trois jours pour lire ce livre en entier. ¶ ~이나 굶었더니 눈앞이 노랗다 J'ai la vue trouble après avoir jeûné trois jours.

*~**이 멀다 하고** ☞ 멀다

삭 朔 명 le premier jour *m* du mois.

◆_일 -日 le premier jour *m* du mois.

◆만_ 滿- le dernier mois *m* de (la) grossesse, le mois *m* de l'accouchement. ¶ 그 여자는 (지금) 만~이다 Elle doit accoucher bientôt / Elle est sur le point d'accoucher / Son accouchement est proche [imminent] / Elle approche de son terme / Elle est à la veille de ses couches.

의명 mois *m*. ¶ 그는 한 ~ 만에 돌아왔다 Il est revenu au bout d'un mois.

삭감 削減 명 diminution *f*, réduction *f*. ¶ 예산 ~ réduction budgétaire. ◇_(을) **하다[시키다]** réduire, diminuer, retrancher une partie de *qc*. ¶ 예산을 대폭 ~하다 diminuer [réduire] sensiblement le budget. ¶ 보수를 반으로 ~하다 réduire un traitement de moitié. ◇_(이) **되다** être réduit(*e*), diminué(*e*). ¶ 임금이 5 % ~되었다 Les salaires ont été diminués de 5 %. ◇_(을) **당하다** subir une réduction.

삭다 자 ① ((물건)) être râpé(*e*), élimé(*e*), usé(*e*), vieilli(*e*), pourri(*e*), altéré(*e*), gâté(*e*). ¶ 삭은 나무토막 un morceau de bois vieilli. ② ((죽)) devenir m*ou*(*molle*). ③ ((김치, 고추장)) mûrir; fermenter. ¶ 잘 삭은 김치 du *gimchi* fermenté à souhait. ④ 먹은 음식이 소화되다 se digérer; être digéré(*e*). ⑤ ((감정)) s'apaiser, se calmer, retomber. ¶ 분노가 삭지 않는다 La colère ne s'apaise [ne retombe] pas / La colère persiste. ⑥ ((기침)) s'apaiser, se calmer.

삭막하다 索莫- 형 être désert*(e)*, morne, triste, lugubre, désolé(*e*). ¶ 이곳은 분위기가 ~ L'ambiance de ce lieu est lugubre. ¶ 삭막한 사회[세상] une société[un monde] morne. ¶ 풀 한 포기 없이 삭막한 사막 un désert désolé sans la moindre pousse d'herbe. ¶ 그는 문화적으로 삭막한 환경에서 자라났다 Il a grandi dans un environnement culturellement désolé.

삭망 朔望 명 ① syzygie *f*. ② 삭망전 offrande *f* aux ancêtres ((le premier et le quinze du mois)). ¶ ~을 지내다 vouer un culte à *ses* ancêtres le premier et le quinze du mois.

삭발 削髮 명 tonsure *f*, rasage *m* du crâne. ◇_(을) **하다** se raser ((la tête, les cheveux, le crâne)), se tonsurer. ¶ 머리를 ~하다 se raser ((la tête, les cheveux, le crâne)), se tonsurer.

◆_**식** -式 명 tonsure, tonte *f*.

삭신 명 tendons *mpl* et articulations *fpl*. ¶ 일을 많이 했더니 ~이 쑤신다 J'ai tellement travaillé que j'ai mal aux tendons et aux articulations.

삭이다 타 ① ((소화)) digérer; consumer. ② ((분노 따위를)) apaiser, calmer ((*sa* colère)). ¶ 분을 ~ apaiser *sa* colère. ③ ((기침 따위를)) apaiser, calmer. ¶ 기침을 삭이는 약 un médicament pour calmer la toux.

삭정이 명 branche *f* morte [sèche]. ¶ ~를 꺾다 casser des branches mortes.

삭제 削除 명 ① suppression *f*, déduction *f*, soustraction *f*. ② 【언어】 effacement *m*, suppression *f*. ◇_(를) **하다[시키다]** supprimer, retrancher, raturer, effacer. ¶ 회원 명단에서 누구의 이름을 ~하다 rayer d'une liste des membres le nom de *qn*. ¶ 잘못된 부분을 ~하다 supprimer les passages mal faits [parties mal faites]. ¶ 컴퓨터에서 파일을 ~하다 effacer un fichier d'un ordinateur. ◇_(가) **되다** être supprimé(*e*), effacé(*e*), retranché(*e*). ¶ 컴퓨터의 모든 파일이 ~되었다 Tous les dossiers de l'ordinateur ont été effacés.

◆_**판** -版 명 édition *f* expurgée.

◆**무**_**판** 無版 명 édition *f* complète non expurgée.

삭탈관직 削奪官職 명 【역사】 révocation *f* [destitution *f*] d'un fonctionnaire. ◇_(을) **하다** révoquer [destituer] ((un fonctionnaire)), casser {*fam*} ((un officier)). ◇_(이) **되다** être révoqué(*e*), destitué(*e*), cassé(*e*) {*fam*}. ◇_(을) **당하다** être révoqué(*e*), destitué(*e*), cassé(*e*) {*fam*}.

삭풍 朔風 명 vent *m* du nord, aquilon *m*. ¶ 밤이 되자 ~이 몰아쳤다 Dès que la nuit est tombée [Dès la tombée de la nuit], le vent du nord s'est levé.

삭히다 타 laisser mûrir; laisser fermenter. ¶ 김치를 ~ laisser le *gimchi* fermenter.

삯 명 ① gages *mpl* ((d'un domestique)), paie *f*, paye *f*, salaire *m*. ¶ ~을 후하게 주다 payer largement ((un employé)). ¶ 하루 1만 원의 ~을 받고 일하다 travailler pour 10 000 wons par jour. ② 사용료 tarif *m*, prix *m*. ¶ 뱃~ prix du billet d'un bateau. ¶ 기찻~으로 2만 원이 들었다 Cela m'a coûté 20 000 wons pour les frais de train.

◆_**꾼** 명 ouvrier *m* à la tâche, tâcheron *m*. ¶ ~꾼을 고용하다 employer des ouvriers à la tâche.

◆_**바느질** 명 travail *m* de couturière à la tâche. ¶ ~바느질로 자식들의 학비를 대다 gagner l'argent pour payer les frais de scolarité de *ses* enfants en faisant des travaux de couturière.

◆_**일** 명 travail *m* rémunéré.

◆**품**_ 명 salaire *m* ☞ 품²

산¹ 山 명 montagne *f*, mont *m*, colline *f*. ¶ 높은 ~ une haute montagne. ¶ 우뚝 솟은 ~ une montagne qui se dresse toute droite. ¶ 험준한 ~ une montagne escarpée. ¶ ~ 너머 l'autre côté *m* de la montagne. ¶ ~ 너머 마을 village de l'autre côté de la montagne. ¶ ~을 넘다 franchir une montagne. ¶ ~을 타다 gravir [escalader, grimper] une montagne. ¶ ~에 오르다 aller en montagne, faire l'ascension d'une montagne. ¶ ~에서 길을 잃다 perdre *son* chemin en montagne. ¶ ~이 많은 지역 une région très montagneuse. ¶ 이 마을은 ~으로 둘러싸여 있다 Ce village est entouré de [par des] montagnes.

*~ **넘어** ~**이다** Une épreuve en suit une autre / On n'en voit pas [n'en verra jamais] la fin / Ce travail est interminable / Ça n'en finit pas [plus] / C'est le tonneau des Danaïdes / la toile de Pénélope / C'est loin d'être fini / Ce travail s'éternise, je n'en vois pas la fin. ¶ 해야 할 일이~ 넘어 ~이다 J'ai une montagne de travail, je n'en vois pas la fin / Je me demande bien quand j'en viendrai à bout.

*~**에 가야 범을 잡는다** Qui ne tente rien n'a rien.

*~**이 높아야 골이 깊다** Il faut être grand (de cœur, d'esprit) pour avoir des pensées profondes[grandes].

***사공이 많으면 배가 ~으로 간다[올라간다]** «S'il y a trop de bateliers [de pilotes], le bateau risque d'échouer dans la montagne» ((se dit en parlant d'associés qui ne s'accordent pas, qui n'agissent pas de concert dans leur entreprise)) / Trop de cuisiniers gâtent la sauce / S'il y a trop d'opinions (diverses), on n'arrive nulle part.

◆_꼭대기 명 sommet *m* (d'une montagne). ¶ ~꼭대기에 오르다 aller jusqu'au sommet d'une montagne, faire l'ascension d'une montagne jusqu'à son sommet.

◆_기슭 명 pied *m* [bas *m*] d'une montagne.

◆_길 명 chemin *m* de montagne. ¶ ~길을 걷다[가다] marcher [aller] sur un chemin de montagne.

◆_나물 명 herbe *f* comestible de montagne, herbe *f* sauvage.

◆_등 명 crête *f*. ¶ ~등을 타다 monter sur une crête.

◆_딸기 명 framboise *f*.

◆_돼지 명 【동물】 sanglier *m*.

◆_동네 명 village *m* montagnard, bidonville *m*, quartier *m* pauvre.

◆_등성이 명 crête *f*.

◆_마루 명 crête *f*.

◆_마을 명 village *m* de montagne.

◆_모퉁이 명 saillie *f* d'une montagne.

◆_바람 명 vent *m* de montagne.

◆_불 명 incendie *m* de forêt [de montagne]. ¶ ~불을 방지하다 prévenir les incendies de forêt. ¶ ~불이 났다 Un incendie de forêt s'est déclaré. ¶ ~불 조심 danger de feu de forêt.

◆_비둘기 명 【동물】 (pigeon *m*) ramier *m*.

◆_비탈 명 pente *f* d'une colline, versant *m* d'une montagne.

◆_사람 명 montagnard(*e*).

◆_사태 -沙汰 명 éboulement *m* (en montagne), glissement *m* de terrain en montagne. ¶ ~사태가 났다 Une éboulement s'est produit en montagne.

◆_새 명 oiseau(*x*) *m* de montagne.

◆_속 명 cœur *m* de la montagne. ¶ ~속을 헤매다 errer au cœur de la montagne.

◆_언덕 명 plate-forme *f* [plateau(*x*) *m*] de montagne, corniche *f*.

◆_중턱 명 flanc *m* d'une montagne.

◆_짐승 명 bête *f* sauvage.

◆_토끼 명 lapin *m* sauvage, (lapin *m* de) garenne; lièvre *m*. ¶ 산~ 굴 un terrier de lapins de garenne. ¶ 산~ 사냥 la chasse aux lapins de garenne.

◆앞[뒷]_ 명 montagne *f* devant[derrière] (un village). ¶ 마을의 앞[뒷]~ la montagne devant[derrière] le village.

산² 酸 명 【화학】 acide *m*.

◆_도 -度 명 【화학】 acidité *f*, degré *m* d'acidité.

-산³ 産 접미 ((suffixe nominal)) d'origine *f* de, en provenance *f* de, produit(*e*)s en ((France)) [au ((Japon)), aux ((États-Unis))]. ¶ 국~ de fabrication nationale, fabriqué(*e*) en Corée. ¶ 중국~ fabriqué(*e*) en Chine. ¶ 한국~ 인삼 ginseng de Corée. ¶ 보르도~ 포도주 vin de Bordeaux.

산간 山間 명 espace *m* entre des montagnes. ¶ ~지방 une région montagneuse.

◆_벽지 -僻地 명 endroit *m* retiré [isolé] en montagne.

산개 散開 명 déploiement *m*. ◇_(를) 하다 se déployer. ¶ 대형을 지어 날아오던 비행기들이 부채꼴 모양으로 ~를 했다 Les avions qui volaient en formation se sont déployés en éventail.

산고 産苦 명 ① douleurs *fpl* de l'accouchement, contractions *fpl* (douloureuses); ((entrer en)) travail *m*. ¶ ~를 겪다 endurer les douleurs de l'accouchement, éprouver [sentir, ressentir] les douleurs de l'accouchement, connaître les douleurs de l'enfantement, entrer en travail; ressentir [avoir] des contractions. ② affres *mpl* (de la création). ¶ 여러 달의 ~ 끝에 작품을 완성하다 terminer une œuvre après plusieurs mois de dur labeur.

산곡 山谷 명 vallée *f*.

산골 山- 명 région *f* montagneuse [de montagne]. ¶ ~ 마을 village de [en] montagne. ¶ ~에서 태어나다 naître dans une région montagneuse.

◆심심_ 深深 명 région *f* enfoncée dans la montagne (profonde).

산골짝 山- 명 ☞ 산골짜기

산골짜기 山- 명 ((계곡)) vallée *f*; ((오지)) fond *m* d'une vallée. ¶ ~의 외딴 집 une maison isolée au fond d'une vallée

산과 山果 명 fruit *m* sauvage de montagne.

산광 散光 명 【물리】 lumière *f* diffuse.

산굽 山- 명 ☞ 산굽이

산굽이 山- 명 courbe *f* montagneuse [de montagne].

산기 産氣 명 douleurs *fpl* de l'accouchement, ((진통)) contractions *fpl* douloureuses, ((entrer en)) travail *m*. ¶ ~를 느끼다 éprouver [sentir, ressentir] les douleurs de l'accouchement, connaître les douleurs de l'enfantement, entrer en travail; ((진통)) ressentir [avoir] des contractions.

산달 産- 명 le mois *m* (prévu) de l'accouchement, le dernier mois *m* de la grossesse. ¶ 아내의 ~이 가까워졌다 Le mois prévu pour l'accouchement de ma femme se rapprochait / La grossesse de ma femme arrivait à terme. ¶ 내 처는 오는 10월이 ~이다 L'accouchement de ma femme est prévu au mois d'octobre.

산대놀이 山臺- 명 【민속】 jeu(*x*) *m* de masques traditionnel coréen.

산더미 山- 명 pile *f*, tas *m*, une montagne *f* de ((travail)). ¶ 걱정이 ~ 같다 avoir une montagne [des tas, une tonne, des tonnes] de soucis, être accablé(*e*) de soucis. 빚이 ~ 같다 être accablé(*e*) de dettes. ¶ 할 일이 ~처럼 쌓였다 avoir une montagne de travail [une tonne de choses, des tonnes de choses, des tas de choses] (à faire), avoir du pain sur la planche {*fam*}. ¶ 숙제가 ~같이 밀렸다 avoir une pile de devoirs en retard.

산도 産道 명 【의학】 canal *m* obstétrique.

산들 부 doucement.

◆_거리다[대다] 자 ((le vent)) souffler doucement
◆_ _ 부 doucement. ¶ 바람이 ~~ 분다 Le vent souffle doucement.
◆_바람 명 (légère) brise *f*, vent *m* doux, zéphyr *m*. ¶ ~바람이 불어온다 Il souffle un vent doux.

산뜻하다 형 être propre, net(*te*), chic. ¶ 목욕을 하니 기분이 ~ Ça fait du bien de prendre une douche / Je me sens frais et dispos après cette bonne douche. ¶ 산뜻한 옷차림 une tenue simple et de bon goût. ¶ 산뜻한 맛[느낌] un goût [une sensation] de fraîcheur. ¶ 산뜻한 색깔 une couleur fraîche. ¶ 산뜻하게 옷을 갈아입다 passer un vêtement plus simple.

산란 産卵 명 ponte *f*. ¶ 조류의 ~ la ponte des oiseaux; la pondaison. ¶ 물고기의 ~ frai, ponte des poissons. ◇_(을) 하다 pondre, frayer. ¶ 연어는 태어난 곳으로 돌아와 ~한다 Le saumon revient à son lieu de naissance pour pondre.
◆_기 -期 명 pondaison *f*, saison *f* de la ponte, temps *m* du frai.

산란하다 散亂- 형 être éparpillé(*e*), dispersé(*e*). ¶ 나쁜 소식에 마음이 ~ être troublé(*e*) [perturbé(*e*), déstabilisé(*e*), tout(*e*) tourneboulé(*e*) {*fam*}, tout(*e*) retourné(*e*), être bouleversé(*e*)] par une mauvaise nouvelle.

산록 山麓 명 pied *m* d'une montagne.

산림 山林 명 forêt *f*. ¶ ~ 개발 une exploitation forestière. ¶ ~ 지대 une zone forestière. ¶ ~ 보호 protection des forêts. ¶ ~ 녹화 사업 entreprise de reboisement des forêts. ¶ 울창한 ~ une forêt luxuriante [épaisse]. ¶ ~을 가꾸다 prendre soin d'une forêt.
◆_법 -法 명 【법률】 code *m* forestier.
◆_자원 -資源 명 ressource *f* forestière.
◆_청 -廳 명 【법률】 office des forêts, secrétariat *m* d'Etat chargé des affaires forestières.

산만하다 散漫- 형 être distrait(*e*), inattenti*f*(*ve*), lâche, décousu(*e*), flottant(*e*). ¶ 이 글은 구성이 ~ La structure de ce texte est flottante. ¶ 이곳은 분위기가 ~ L'ambiance de ce lieu ne permet pas la concentration / Ici, il est difficile de se concentrer. ¶ 산만한 문장[문체] une phrase sans suite [un style décousu]. ¶ 주의가 산만한 아이 un enfant distrait [*peu concentré*].

산망스럽다 형 être lég*er*(*ère*), étourdi(*e*), irréfléchi(*e*), imprudent(*e*). ¶ 그 여자는 언행이 ~ La conduite de cette femme est irréfléchie.

산매 散賣 명 vente *f* au détail, commerce *m* de détail, débit *m*. ◇_(를) 하다 vendre au détail.
◆_상 -商 명 marchand(*e*) au détail, détaillant(*e*), débitant(*e*).
◆_업 -業 명 vente *f* au détail.

산맥 山脈 명 chaîne *f* de montagnes. ¶ 알프스 ~ la chaîne des Alpes, les Alpes.

산모 産母 명 femme *f* venant d'accoucher, accouchée *f*.

산목숨 명 vie *f*. ¶ 죽은 사람은 죽은 사람이고 ~은 살아야지 Il faut laisser les morts enterrer les morts / Les morts sont les morts, mais[et] les vivants doivent vivre. ¶ ~이라 하나 죽은 목숨이나 다름없다 J'ai beau être vivant(*e*), c'est tout comme si j'étais mort(*e*).

산문 散文 명 prose *f*. ¶ ~을 쓰다 écrire de la prose. ¶ 그 작품은 ~으로 되어 있다 Cette œuvre est écrite en prose.
◆_적 -的 명관 en prose, prosaïque.
◆_가 -家 명 prosateur *m*, écrivain *m* (en prose).
◆_시 -詩 명 poème *m* en prose.
◆_체 -體 명 (style *m* de) la prose *f*.

산물 産物 명 ① produit *m*, production *f*. ¶ 쌀이 이 지역의 주요 ~이다 Le riz est le produit phare [principal] de cette région. ② 결과 produit, conséquence *f*, contrecoup *m*. ¶ 전쟁의 ~ les conséquences de la guerre. ¶ 인간 소외 현상은 현대 문명의 ~이다 L'aliénation des êtres humains [de l'homme, des hommes] est le résultat de la civilisation contemporaine.

산미[1] 産米 명 【농업】 riz *m* récolté.

산미[2] 酸味 명 acidité *f*, aigreur *f*, goût *m* acide.

산발[1] 散發 명 sporadicité *f*. ◇_(을) 하다 se produire sporadiquement [occasionnellement]. ¶ 반정부 시위가 여러 도시에서 ~하고 있다 Des manifestations anti-gouvernementales se déroulent sporadiquement dans différentes villes.
◆_적 -的 명관 sporadique. ¶ ~적인 전투 lutte sporadique. ¶ 도심 곳곳에서 ~적으로 시위가 일어났다 Des manifestations se sont déroulées sporadiquement en plusieurs endroits au cœur de la ville.

산발[2] 散髮 명 chevelure *f* hirsute, tignasse *f*, cheveux *mpl* ébouriffés [en bataille, en désordre, en coup de vent]. ◇_(을) 하다 être ébouriffé(*e*), échevelé(*e*), emmêlé(*e*), hirsute, avoir les cheveux ébouriffés [en bataille]. ¶ ~한 여인 une femme échevelée.

산보 散步 명 promenade *f*, balade *f*. ¶ ~를 나가다 aller en promenade, aller faire une promenade [faire une balade, se promener, se balader, prendre l'air]. ◇_(를) 하다 faire une promenade [une balade], se promener, se balader, prendre l'air, s'oxygéner les poumons].
◆_객 -客 명 promeneu*r*(*se*).

산봉 山峰 명 ☞ 산봉우리

산봉우리 山- 명 pic *m*, sommet *m*, cime *f* (d'une montagne).

산부 産婦 명 femme *f* venant d'accoucher, accouchée *f*.

산부인과 産婦人科 명 【의학】 gynécologie *f*. ¶ ~ 병원 clinique d'accouchement. ¶ ~ 의사 gynécologue. ¶ ~에 가서 진찰받다 se faire examiner chez un gynéco(logue), aller consulter un gynéco(logue).

산사 山寺 명 temple *m* en montagne.

ㅅ

산산이 부 en pièces, en (mille) morceaux; en poussière. ¶ 창문이 ~ 부서졌다 la fenêtre s'est brisée en petits morceaux. ¶ 그의 꿈이 ~ 깨졌다 son rêve s'est brisé. ¶ 그들은 ~ 흩어졌다 Ils se sont dispersés dans tous les sens.

산산조각 散散- 명 petits [mille] morceaux *mpl*, pièces *fpl*, ((en)) miettes *fpl*, ((voler en)) éclats *mpl*. ¶ 접시를 ~을 내다 casser [briser] une assiette en mille morceaux. ¶ 컵이 떨어져 ~이 났다 La tasse en tombant s'est brisée en mille morceaux.

산산하다 형 être frais(*aîche*). ¶ 날씨가 ~ Le temps est frais / Il fait frais.

산삼 山蔘 명 【식물】 ginseng *m* sauvage (qu'on trouve en montagne, racine très prisée). ¶ ~을 캐다 déterrer du ginseng sauvage. ¶ ~을 달이다 faire bouillir du ginseng sauvage.

산상 山上 명 sommet *m* (d'une montagne).

◆**_수훈** -垂訓 명 【기독】 sermon *m* sur la montagne. ¶ 예수의 ~수훈 le sermon sur la montagne du Christ.

산색 山色 명 paysage *m* de montagne. ¶ ~이 수려하다 Le paysage de montagne est pittoresque [magnifique]. ¶ 계절에 따라 ~이 바뀐다 Le paysage montagneux change en fonction des [suivant les, selon les] saisons.

산성[1] 山城 명 forteresse *f* de montagne, citadelle *f* de montagne, fort *m* en montagne. ¶ ~을 쌓다 édifier une forteresse en montagne.

산성[2] 酸性 명 【화학】 acidité *f*. ¶ ~ 식품 un produit alimentaire acide. ¶ 이 물질은 ~을 띤다 Cette substance est faiblement acide.

◆**_화** -化 명 acidification *f*. ¶ ~화하다[되다] être acide, s'acidifier.

◆**_도** -度 명 acidité *f*, taux *m* [degré *m*] d'acidité.

◆**_비** 명 pluie *f* acide. ¶ ~비가 내렸다 Il est tombé une pluie acide.

◆**_비료** -肥料 명 fertilisant *m* acide.

◆**_토양** -土壤 명 sol *m* acide.

◆**약[강]_** 弱[强]- 명 faible [forte] acidité *f*.

산세 山勢 명 aspect *m* [apparence *f*, silhouette *f*] d'une montagne, relief *m* montagneux. ¶ 그곳은 ~가 험하다 Là, le relief montagneux est escarpé. ¶ 이곳은 ~가 수려하다 Ici le paysage montagneux est pittoresque.

산소[1] 山所 명 tombe *f*, sépulture *f*, tombeau(*x*) *m*. ¶ 할아버지의 ~에 성묘를 가다 se rendre sur la tombe de *son* grand-père.

산소[2] 酸素 명 oxygène *f*. ¶ 고지대는 ~가 부족하다 A haute altitude, l'oxygène manque.

◆**_결핍증** -缺乏症 명 【의학】 hypoxémie *f*, anoxémie *f*, anoxie *f*.

◆**_마스크** 명 masque *m* à oxygène. ¶ ~마스크를 쓰다[벗다] mettre [retirer, ôter] un masque à oxygène.

◆**_요법** -療法 명 【의학】 oxygénothérapie *f*.

◆**_용접** -鎔接 명 soudure *f* oxyacétylénique [autogène].

◆**_호흡** -呼吸 명 【생물】 oxygénation *f*.

◆**_화합물** -化合物 명 【화학】 composé *m* oxygéné, oxyde *m*.

◆**액화_** 液化- 명 【화학】 oxygène *f* liquide.

산송장 명 cadavre *m* vivant. ¶ 그는 전혀 움직이지 못해 ~이나 다름이 없다 Comme il était parfaitement immobile, il avait tout l'air d'un cadavre [on aurait pu le prendre pour un cadavre].

산수[1] 山水 명 paysage *m*, site *m*. ¶ ~를 두루 유람하다 faire une excursion complète du site. ¶ 이곳은 ~가 좋다 Ici, le paysage est joli [beau].

◆**_도[화]** -圖[畵] 명 paysage *m*. ¶ ~화에 능한 화가 un peintre doué pour les paysages [qui excelle dans les paysages].

산수[2] 算數 명 【수학】 arithmétique *f*, calcul *m*. ¶ ~를 공부하다 étudier l'arithmétique. ¶ 그 학생은 ~를 잘 못한다 Cet élève n'est pas bon en calcul [arithmétique]. ¶ ~에 뛰어나다 être très doué(*e*) [fort(*e*)] pour le [compétent(*e*) en] calcul.

산수갑산 -水甲山 명 ((‘삼수갑산’의 잘못)) ☞ 삼수갑산

산수유 山茱萸 명 【식물】 fruit *m* du cornouiller, *Cornus officinalis* {*nsc*} ((baie de montagne utilisée en médecine traditionnelle)).

산술 算術 명 【수학】 arithmétique *f*.

◆**_적** -的 명관 arithmétique.

◆**_급수** -級數 명 【수학】 progression *f* arithmétique.

◆**_평균** -平均 명 【수학】 moyenne *f* arithmétique.

산신 山神 명 【민속】 esprit *m* de la montagne.

◆**_당** -堂 명 autel *m* consacré aux esprits de la montagne.

◆**_제** -祭 명 offrande *f* aux esprits de la montagne. ¶ ~제를 지내다 offrir une offrande aux esprits de la montagne.

산신령 山神靈 명 【민속】 esprit *m* de la montagne.

산실[1] 産室 명 ① salle *f* d'accouchement. ② 어떤 일이 시작되는 곳 lieu(*x*) *m* de naissance [d'origine]. ¶ 인재의 ~ le lieu d'origine des élites. ¶ 이 연구소가 그 신기술의 ~이다 C'est dans ce centre[laboratoire] de recherche qu'a vu le jour cette nouvelle technique.

산실[2] 散失 명 disparition *f*, évanouissement *m*, défaillance *f*. ◇_(을) **하다** disparaître, s'évanouir, défaillir. ◇_(이) **되다** disparaître, s'évanouir.

산아 産兒 명 nouveau-né(~*x*-~*s*) *m*, nourrisson *m*. ¶ ~의 발육이 좋다 La croissance du nourrisson est bonne.

◆**_제한** -制限 명 contrôle *m* [limitation *f*] des naissances, malthusianisme *m*. ¶ ~제한을 하다 pratiquer le contrôle des naissances.

산악 山岳 명 montagne *f*. ¶ ~ 기후 un climat montagneux. ¶ ~ 지대 une zone montagneuse. ¶ ~ 철도 une voie ferroviaire montagneuse, un chemin de fer montagneux.

◆**_부** -部 명 club *m* d'alpinisme, club *m* alpin. ¶ ~부에 들다 s'inscrire dans un club alpin.

◆_인 -人 명 montagnard(*e*), alpiniste *mf*.
◆_전 -戰 명 bataille *f* en montagne [dans une région montagneuse]. ¶~전을 벌이다 mener un combat [une bataille] dans la montagne.
◆_회 -會 명 association *f* alpine, société *f* alpine.
산야 山野 명 plaines *fpl* et montagnes *fpl*. ¶~에 묻혀 살다 vivre retiré(*e*) [à l'écart] dans la nature.
산약 散藥 명 médicament *m* en poudre [pulvérulent].
산양 山羊 명【동물】caprins *mpl* (sauvages de la montagne); ((염소)) chèvre *f*, bouc *m*; ((영양)) chamois *m*, isard *m*; bouquetin *m*. ¶~ 털[피] poil [sang] de chamois.
산업 産業 명 industrie *f*. ¶~ 도시 ville [cité] industrielle. ¶~ 사회 société industrielle. ¶국내 ~ industrie nationale. ¶방위[자동차, 정보] ~ industrie de la défense[automobile, informatique]. ¶1차[2차, 3차] ~ industrie primaire [secondaire, tertiaire]. ¶~이 급속도로 발전하고 있다 L'industrie se développe à une grande vitesse.
◆_적 -的 명관 industriel(*le*).
◆_화 -化 명 industrialisation *f*. ¶~화(를) 하다 industrialiser. ¶~화(가) 되다 être industrialisé(*e*), s'industrialiser.
◆_계 -界 명 monde *m* [milieu(*x*) *m*] industriel(*s*). ¶~계를 시찰하다 observer les milieux industriels.
◆_공학 -工學 명 technologie *f* industrielle.
◆_공해 -公害 명 pollution *f* industrielle.
◆_교육 -敎育 명 éducation *f* industrielle.
◆_구조 -構造 명 structure *f* industrielle. ¶~구조의 개편 réforme de la structure industrielle.
◆_국가 -國家 명 État *m* industriel.
◆_기지 -基地 명 centre *m* industriel.
◆_디자인 명 design *m* industriel.
◆_박람회 -博覽會 명 exposition *f* industrielle.
◆_별 -別 명 par industrie. ¶~별 노동조합 association syndicale par industrie. ¶~별 인구 population par industrie.
◆_스파이 명 espion *m* industriel.
◆_용 -用 명 à usage industriel. ¶~용 로봇 robot à usage industriel.
◆_자본 -資本 명 capital *m* industriel.
◆_재해 -災害 명 accident *m* de travail. ¶~재해 보상 보험 assurance couvrant les accidents de travail. ¶~재해를 입다[당하다] avoir [subir] un accident de travail. ¶~재해로 불구가 되다 devenir [rester] infirme à la suite d'un accident de travail.
◆_조합 -組合 명 association *f* d'industries.
◆_체 -體 명 entreprise *f* industrielle. ¶방위 ~체 l'entreprise industrielle de la défense.
◆_폐기물 -廢棄物 명 déchet *m* industriel.
◆_폐수 -廢水 명 eaux *fpl* rejetées par les industries. ¶~ 폐수를 배출하다 rejeter des eaux polluées.
◆_합리화 -合理化 명 rationalisation *f* de la production.
◆_혁명 -革命 명 révolution *f* industrielle.
◆_훈장 -勳章 명【고유】ordre *m* du mérite industriel.
산역 山役 명 préparation *f* d'une tombe, travail *m* de fossoyeur. ◇_(을) 하다 creuser une tombe.
◆_군 -軍 명 fossoyeur *m*.
산욕 産褥 명 couches *fpl*, langes *fpl*.
◆_열 -熱 명【의학】fièvre *f* puerpérale.
산울림 山- 명 écho *m*. ¶~이 일어난다 Un écho se fait entendre.
산월 産月 명 ☞ 산달
산유 産油 어근 production *f* de pétrole.
◆_국 -國 명 pays *m* producteur de pétrole.
◆_량 -量 명 quantité *f* de la production de pétrole. ¶연간 ~량 quantité de la production annuelle de pétrole.
산자락 山- 명 versant *m* d'une montagne.
산장 山莊 명 chalet *m* [villa *f*] en montagne.
산재¹ 散在 명 dispersion *f*, éparpillement *m*. ◇_(를) 하다 être éparpillé(*e*); se trouver çà et là. ¶그 지방에는 작은 언덕들이 ~해 있다 Cette région est parsemée de petites collines. ◇_(가) 되다 être éparpillé(*e*).
산재² 産災 명【사회】accident *m* de travail.
◆_보험 -保險 명【경제】assurance *f* contre les accidents de travail.
산재³ 山材 명 bois *m* de montagne.
산적¹ 散炙 명 brochette *f* de viande; viande *f* hachée et grillée. ¶~ 꼬챙이 brochette de viande grillée. ¶돼지고기 ~ brochette de porc. ¶~을 부치다 faire cuire à la broche.
산적² 山賊 명 brigand *m* [bandit *m*] de montagne. ¶~의 소굴 repaire [nid] de brigands. ¶~을 만나다 rencontrer des brigands.
◆_떼 명 bande *f* de brigands.
산적³ 山積 명 accumulation *f*, entassement *m*. ◇_(을) 하다 s'accumuler, s'entasser. ¶할 일이 ~해 있다 avoir beaucoup de [des tas de {*pop*}] choses à faire.
산전¹ 山田 명 champ *m* en montagne.
산전² 産前 명 avant l'accouchement; avant la naissance.
산전수전 山戰水戰 명 calice *m* d'amertume; toutes sortes *de* malheurs. ¶그 사람은 ~(을) 다 겪었다 Il a eu bien des malheurs / Il a traversé beaucoup d'épreuves / Il a connu tous les malheurs de la vie / Il a connu toutes les difficultés de la vie / Il en a vu dans sa vie {*fam*} / Il est passé(*e*) par les pires malheurs / Il en a vu de toutes les couleurs [de dures, des vertes et des pas mûres] {*fam*}.
산정¹ 山頂 명 cime *f* [sommet *m*] d'une montagne; ((뾰족한)) pic *m*. ¶~에서 바라본 경치 vue qu'on a du sommet d'une montagne. ¶~에 오르다 monter au sommet, grimper jusqu'au sommet (d'une montagne).
산정² 算定 명 évaluation *f*, estimation *f*. ¶~ 가격 prix évalué. ◇_(을) 하다 évaluer, estimer. ¶매출액

을 ~하다 évaluer le montant des ventes. ¶ 매표 수를 기초로 하여 승객 수를 ~하다 calculer le nombre de voyageurs d'après le nombre des billets vendus. ◇_(이) 되다 être évalué(*e*) [estimé(*e*)] à ((un million de wons)). ¶ 총 피해액이 1억 원 이상으로 ~된다 L'ensemble des dommages est évalué à plus de cent millions de wons.

◆_표 -表 명 table *f* d'évaluation.

산제 山祭 명 offrande *f* à l'esprit de la montagne. ¶ ~를 올리다[드리다] faire une offrande à l'esprit de la montagne.

산조 散調 명 【음악】 *Sanjo m* <solo instrumental joué au *gayageum* (가야금) ou au *geomungo* (거문고) ((instruments proches de la cithare)), à la flûte traversière en bambou *daegeum* (대금) ou encore à la vièle *haegeum* (해금), avec un discret accompagnement de tambour>. ¶ 가야금 ~ un solo instrumental joué au *gayageum* avec un discret accompagnement de tambour.

산주 山主 명 propriétaire *mf* d'une montagne.

산줄기 山- 명 chaîne *f* de montagnes; versant *m* d'une montagne. ¶ ~를 따라 등반을 하다 monter en suivant [en longeant] un versant d'une montagne, escalader un versant d'une montagne. ¶ 태백산의 ~가 이곳까지 뻗어 있다 La chaîne du mont Taebaek s'étend jusqu'ici.

산중 山中 명 (en) pleine montagne *f*. ¶ 깊은 ~ (au plus) profond de la montagne.

◆첩첩_ 疊疊 명 ① (au) fin fond *m* de la montagne. ② 비유적 ((avoir)) une montagne de ((travail)). ¶ (아직도) 할 일이 첩첩~이다 J'ai (encore) une montagne [une tonne, des tonnes] de travail [de choses à faire] / J'ai (encore) [Il me reste (encore)] des tas de choses à faire / Je croule sous le travail / Je suis submergé de travail / Je ne sais plus où donner de la tête tellement j'ai de travail / J'ai trop de choses à faire, je n'en vois pas la fin.

산지[1] 山地 명 endroit *m* montagneux, région *f* montagneuse. ¶ ~가 많은 나라 pays très montagneux.

산지[2] 産地 명 lieu *m*, site *m* de production [d'exploitation]; pays *m* producteur [région *f*] productrice. ¶ ~ 가격 prix payé au pays producteur; prix coûtant [de revient]. ¶ ~에서 직송된 싱싱한 채소 des légumes frais directement transportés du site de production. ¶ 이 지역은 인삼의 ~로 유명하다 Cette région est connue pour sa production de ginseng. ¶ 이 쌀의 ~는 어디입니까? Quelle est la provenance de ce riz?

산지기 山- 명 garde *m* forestier; gardien *m* de tombeaux.

산지니 山- 명 【동물】 faucon *m* sauvage.

산지사방 散之四方 명 éparpillement *m* [dispersion *f*] dans toutes les directions. ¶ 총소리에 놀라 사람들이 ~으로 흩어졌다 Les gens se sont dispersés dans toutes les directions à la suite d'un coup de fusil.

산채 山菜 명 herbes *f* sauvages comestibles de montagne. ¶ ~ 무침 un *sanchaemuchim* <plat d'accompagnement à base d'herbes sauvages de montagne blanchies et assaisonnées>.

산책 散策 명 promenade *f*, balade *f*. ¶ 아침 ~ promenade matinale. ¶ 공원에 ~을 가다 aller se promener [faire un tour] dans un parc. ◇_(을) 하다 se promener; faire une promenade; faire un tour; se balader, prendre l'air. ¶ ~하러 나가다 partir en promenade, aller se promener [faire une promenade, prendre l'air, se balader]. ¶ 거리를 ~하다 se promener dans les rues.

◆_길[로] -[路] 명 promenade *f*; chemin *m* de randonnée, sentier *m*. ¶ ~로를 걷다 parcourir un chemin de randonnée [un sentier]. ¶ ~길에 그 친구를 만났다 Je l'ai rencontré(e) en promenade. ¶ 이 길은 주민들의 ~로로 이용된다 Ce chemin est utilisé par les habitants locaux comme sentier.

산천 山川 명 montagnes *fpl* et rivières *fpl*; paysage *m*, nature *f*. ¶ 고향[고국] ~ le paysage du pays natal.

◆_경개 -景槪 명 paysage *m*, nature *f*. ¶ 여기는 ~경개가 좋다 Ici, le paysage est très beau [magnifique, splendide].

◆_초목 -草木 명 nature *f*. ¶ **사람의 호령에 ~초목이 다 떨었다** Lorsqu'il a hurlé ces mots, tout le monde a tremblé (de terreur) / Il a fait trembler tout le monde en hurlant.

산초[1] 山草 명 herbe *f* de montagne.

산초[2] 山椒 명 【식물】 poivre *m* de la province du Sichuan.

◆_나무 명 poivrier *m* du Sichuan; *Zanthoxylum piperitum* {*nsc*}.

산촌 山村 명 village *m* de montagne. ¶ ~ 마을 un village de montagne. ¶ 그 사람은 ~ 출신이다 Il est [vient] d'un village de montagne.

산출[1] 産出 명 production *f*. ¶ 회사는 이익 ~을 목표로 한다 La compagnie a pour but de produire avec profit. ◇_(을) 하다 produire, donner. ¶ 이익을 ~하다 produire avec profit. ¶ 이 학교는 많은 인재를 ~한다 De cette école sortent beaucoup d'hommes de talent [de valeur]. ◇_(이) 되다 être produit(*e*). ¶ 이 나라에서는 많은 광물이 ~된다 Ce pays fournit beaucoup de minéraux.

◆_국 -國 명 pays *m* producteur. ¶ 석유 ~국 pays producteur de pétrole.

◆_력 -力 명 capacité *f* de production.

◆_물 -物 명 produit *m*.

◆_지 -地 명 lieu(*x*) *m* de production; provenance *f*.

산출[2] 算出 명 calcul *m*; estimation *f*. ¶ 가격 ~의 근거가 뭐냐? D'où vient l'estimation du prix? ◇_(을) 하다 calculer; estimer ((une dépense)). ¶ 원가[세액]을 ~하다 calculer le prix de revient [le montant d'un impôt]. ◇_(이) 되다 être calculé(*e*), être estimé(*e*). ¶ 인상된 요금은 어떻게 해서 ~된 것입니까? D'où vient l'augmentation du prix? ¶ 총 경비는

오천만 원으로 ~되었다 Les frais sont estimés au total à 50 millions de wons.

◆_액 -額 명 somme *f* estimée.

산타 영{Santa} 명 le père *m* Noël. ¶ ~ 할아버지 le père Noël. ¶ 우리 아들은 아직도 ~ 할아버지를 믿는다 Mon fils croit encore au Père Noël. ☞ 산타클로스

산타클로스 영{Santa Claus} 명 père *m* Noël; Saint-Nicolas, ((유아어)) petit papa *m* Noël. ¶ ~가 다녀갔다 Le père Noël est passé.

산탄 散彈 명 plomb *m*; cartouche *f* à plomb.

◆_총 -銃 명 fusil *m* à plomb.

산턱 山- 명 corniche *f* du versant d'une montagne.

산통[1] 算筒 명 boîte *f* en bambou *m* utilisé pour la divination. ¶ ~을 흔들어 점을 치다 pratiquer la divination en agitant une boîte en bambou.

*~(을) **깨다[깨뜨리다]** faire avorter ((un projet)) en y mettant *son* grain de sel; ((분위기)) casser l'ambiance, gâcher ((le plaisir des autres)). ¶ 너 때문에 ~ 다 깼다 A cause de toi, tout est fichu [raté] {*fam*} / Tu as fait tout rater. ¶ ~ 깨지 말고 저리 가라 Ne gâche pas tout notre plaisir [Ne casse pas l'ambiance], va voir ailleurs si on y est {*fam*}.

*~(이) **깨지다** ((l'ambiance)) être cassé(*e*); ((le plaisir des autres)) être gâché(*e*); ((un projet)) être avorté(*e*), tomber [être] à l'eau [dans le lac], s'effondrer. ¶ 너 때문에 산통이 다 깨졌잖아 Tu as tout gâché! / À cause de toi, tout est fichu! {*fam*}.

산통[2] 産痛 명 douleurs *fpl* [contractions *fpl*] de l'accouchement [de l'enfantement {*vx*}], les douleurs *fpl*, contractions *fpl* utérines au moment de l'accouchement. ¶ ~이 시작되었다 Les douleurs de l'accouchement ont commencé / Les contractions ont commencé. ¶ ~이 간간이 왔다 Les contractions étaient ressenties [se manifestaient, survenaient] par intermittence [de façon intermittente].

산파 産婆 명 sage-femme(~*s*-~*s*) *f*. ¶ ~를 부르다 appeler une sage-femme, faire appel à une sage-femme.

◆_술 -術 명 【철학】 maïeutique *f*.

◆_역 -役 명 rôle *m* de sage-femme; origine *f* de *qc*. ¶ 그 사람이 우리 모임의 ~역을 했다 C'est lui qui a rendu possible notre réunion.

산판[1] 山坂 명 chantier *m* d'abattage d'arbres.

산판[2] 算板 명 table *f* à calcul, abaque *m*.

산포 散布 명 diffusion *f*, dispersion *f*. ◇_(를) **하다** diffuser, disperser.

◆_도 -度 명 【수학】 mesure *f* de dispersion.

산하[1] 山河 명 montagnes *fpl* et rivières *fpl*; paysage *m*, nature *f*. ¶ 고향 ~ le paysage du pays natal.

산하[2] 傘下 명 sous l'affiliation ((de *qc*)); ((se ranger)) sous la bannière *f* de *qn*; affilié(*e*) ((à *qc*)), rattaché(*e*) ((à *qc*)), sous la tutelle ((de *qc*)). ¶ 정부 ~ 단체[기관] un organe affilié au gouvernement. ¶ 그 부서는 기획실 ~로 들어갔다[편입되었다] Cette section a été rattachée au bureau de planification.

산학[1] 産學 명 industrie *f* et enseignement *m*. ¶ ~ 연계[협동] coopération entre l'industrie et l'enseignement.

산학[2] 算學 명 ☞ 수학[3]

산해진미 山海珍味 명 les produits *mpl* du sol et les fruits *mpl* de mer; repas *m* exquis et varié. ¶ ~를 맛보다 goûter des plats exquis et variés.

산행 山行 명 ascension *f* en montagne. ¶ 가파른 ~ une ascension escarpée en montagne. ◇_(을) **하다** aller à la montagne. ¶ 일요일마다 ~을 하다 aller à la montagne tous les dimanches.

◆_길 명 sentier *m* de montagne, chemin *m* de randonnée en montagne. ¶ ~길에 만난 사람 une personne que l'on a rencontrée à la montagne.

산허리 山- 명 flanc *m* d'une montagne. ¶ 차가 천천히 ~를 기어오른다 La voiture monte lentement le flanc de la montagne. ¶ 구름이 ~에 걸려 있다 Il y a des nuages au flanc de la montagne.

산협 山峽 명 vallée *f* d'une montagne.

산형 山形 명 configuration *f* d'une montagne.

산호 珊瑚 명 【동물】 cor*ail*(*aux*) *m*.

◆_도[섬] -島 명 【지리】 île *f* corallienne [de corail].

◆_초 -礁 명 【지리】 récif *m* corallien [de corail].

산화[1] 散華 명 ① 【불교】 rite *m* bouddhique consistant à éparpiller des fleurs. ② 나라를 위해 목숨을 바침 mort *f* héroïque d'un soldat. ◇_(를) **하다** mourir héroïquement. ¶ 장렬히 ~한 무명용사들 des soldats inconnus qui sont morts héroïquement.

산화[2] 酸化 명 【화학】 oxydation *f*. ¶ ~ 방지제 objet inoxydable, objet qui empêche l'oxydation. ◇_(를) **하다** s'oxyder. ◇_(가) **되다** s'oxyder; être oxydé(*e*). ¶ 쉽게 ~되다 s'oxyder rapidement. ◇_(를) **시키다** oxyder.

◆_물 -物 명 【화학】 oxyde *m*. ¶ 금속 ~물 oxyde métallique.

◆_작용 -作用 명 【화학】 oxydation *f*.

◆_제 -劑 명 【화학】 oxydant *m*.

◆_철 -鐵 명 【화학】 oxyde *m* de fer; fer *m* oxydé.

◆_효소 -酵素 명 【생물】 oxydase *f*.

◆일_탄소 一-炭素 명 【화학】 monoxyde *m* de carbone.

◆이_탄소 二-炭素 명 【화학】 bioxyde *m* [dioxyde *m*] de carbone.

산화[3] 山花 명 fleur *f* de montagne.

산화[4] 山火 명 incendie *m* de forêt.

산회 散會 명 levée *f* (d'une séance); fin *f* d'une réunion. ¶ ~를 선언하다 clôturer [lever] la séance. ◇_(를) **하다** clôturer [lever] ((la séance)). ¶ 회의는 결론 없이 ~했다 La réunion s'est terminée sans résultat.

산후 産後 명 après l'accouchement. ¶ 아내는 ~ 경과가 좋다 Ma femme se remet vite de son accouchement.

◆_조리 명 soins *mpl* après l'accouchement.

◆_조리원 -調理院 명 institut *m* pour des soins et l'hygiène après l'accouchement ((soins de remise en forme à une accouchée)).

◆_출혈 -出血 명 【의학】 hémorragie *f* après l'accouchement.

◆_휴가 -休暇 명 congé *m* de maternité.

살¹ 명 ① chair *f.* ¶ ~과 뼈 la chair et les os. ¶ ~을 에는 추위 froid *m* aigre; froid *m* de canard [loup]. ¶ ~을 빼다 perdre du poids. ¶ ~을 찌우다 faire grossir; engraisser. ¶ ~이 많다 être gros(*se*); avoir de la chair. ¶ ~이 찌다[붙다, 오르다] grossir, s'engraisser; gagner [prendre] du poids; prendre de l'embonpoint; s'empâter. ¶ ~이 빠지다 maigrir, amincir. ② 피부 peau *f.* ¶ 해수욕장에서 ~을 태우다 bronzer sur la plage. ¶ 그 여자는 ~이 희다 Elle a la peau blanche. ③ ((고기의)) viande *f*; chair *f.* ¶ ~이 연한[질긴] 고기 viande tendre [dure]. ¶ 생선의 ~을 발라내다 enlever les arêtes d'un poisson. ④ 과육 chair *f.* ¶ ~이 많은 복숭아 pêche pleine de chair.

*~로 가다 se transformer en graisse, profiter {*fam*}. ¶ 나는 먹는 게 다 ~로 간다 Tout ce que je mange se transforme en graisse / Tout ce que je mange profite {*fam*}.

*~(을) 붙이다 amplifier, grossir, exagérer, en rajouter, en remettre {*fam*}, broder sur *qc.* ¶ 간단한 줄거리에 ~을 붙여서 소설로 만들다 faire un roman à partir d'une histoire simple.

*~을 섞다 avoir des relations sexuelles. ¶ 그 둘은 이미 ~을 섞은 관계이다 Les deux ont déjà eu des relations sexuelles.

*~이 떨리다 trembler ((de colère, de peur)). ¶ 그 사람은 배신감에 ~이 떨렸다 Il tremblait à la suite d'une trahison.

*~이라도 베어 주고 싶다 On pourrait donner tout ce qu'on a (à *qn*).

*뼈와 ~을 깎는 노력 efforts acharnés.

*피가 되고 ~이 되다 être profitable [avantageux(*se*), utile]; être précieux(*se*). ¶ 어른들의 말씀은 다 피가 되고 ~이 되는 것이니 잘 새겨들어라 Les paroles d'une personne âgée [d'un ancien] étant précieuses [très enrichissantes], il faut bien les écouter.

◆_가죽 명 peau(*x*) *f*, épiderme *m.* ¶ 못 먹어서 ~가죽만 남은 아이 un(*e*) enfant qui n'a que la peau sur les os à cause de la famine. ¶ 무릎의 ~가죽이 벗겨졌다 Il s'est écorché [égratigné] les genoux.

◆_갗 명 peau(*x*) *f.* ¶ 그 여자는 ~갗이 유난히 희다 Elle a la peau particulièrement blanche [claire]. ¶ ~갗이 벗겨졌다 La peau est écorchée.

◆_결 명 (apparence *f* de la) peau *f.* ¶ 희고 부드러운 ~결 *la peau douce et blanche.* ¶ 그 여자는 ~결이 곱다[비단 같다, 거칠다] Elle a la peau très douce [rugueuse].

◆_덩이 명 masse *f* [morceau(*x*) *m*] de chair [de viande].

◆_붙이 명 parent(*e*); parenté *f.*

◆_빛 명 couleur *f* de la peau; teint *m*; couleur *f* chair. ¶ 그 사람은 ~빛이 희다[검다] Il a la peau claire [foncée]. ¶ ~빛 스타킹 des bas couleur chair.

◆_색 -色 명 couleur *f* chair; couleur *f* carnée. ¶ 그 사람은 ~색이 검다 Il a la peau basanée [noire]. ¶ ~색 스타킹 bas couleur chair.

◆_점 -點 명 ① morceau(*x*) *m* de chair. ¶ 칼에 베어 ~점이 조금 떨어졌다 Je me suis coupé un morceau de chair avec un couteau. ¶ ~점이 떨어져 나갈 듯한 추위 un froid cinglant [mordant]. ② morceau(*x*) *m* de viande. ¶ ~점을 베어내다 couper [enlever] un morceau de viande. ¶ 고기 ~점을 구워 먹다 se faire griller des morceaux de viande et les manger.

◆_집 명 corpulence *f.* ¶ 그 사람은 ~집이 좋다 Il a un corps bien en chair / Il est bien en chair / C'est un homme de forte corpulence / Il est corpulent [étoffé, fort, épais, massif, gras, gros] / Il a de l'embonpoint.

◆_코기 명 viande *f*, chair *f.* ¶ 기름 없이 ~코기로 1 킬로 주세요 Donnez-moi un kilogramme de viande sans graisse, s'il vous plaît.

◆굳은_ 명 chair *f* dure. ¶ 발바닥에 굳은~이 박히다 avoir de la corne aux plantes des pieds [sous les pieds].

◆닭_ 명 chair *f* de poule. ¶ 닭~이 돋다 avoir la chair de poule.

◆맛_ 명 chair *f* de crustacés.

살² 명 ① 화살 flèche *f*, trait *m.* ¶ ~같이 빠른 세월 le temps qui passe rapidement comme un éclair (une flèche). ② 뼈대 rayon *m*; barreau(*x*) *m.* ¶ 우산 ~ baleine de parapluie. ¶ 자전거 바퀴의 ~ 하나가 부러졌다 Un rayon de la roue de la bicyclette s'est cassé.

◆_창 -窓 명 fenêtre *f* grillagée.

◆_창문 -窓門 명 fenêtre *f* grillagée.

◆물_ 명 courant *m* (d'eau). ¶ 물~이 거세다[빠르다] Le courant est fort [rapide].

◆부챗_ 명 barreau(*x*) *m* d'un éventail.

◆빗_ 명 dent *f* d'un peigne. ¶ 빗~ 무늬 토기 pot de terre avec des motifs à rayures.

◆주름_ 명 ride *f.* ¶ 주름~을 제거하다 enlever [éliminer] des rides. ¶ 주름~이 늘다 avoir plus de rides.

◆창_ 窓- 명 barreau(*x*) *m* d'une fenêtre.

◆햇_ 명 rayon *m* de soleil. ¶ 햇~이 따갑다[따사롭다] On sent le soleil qui tape [nous réchauffe la peau].

살³ 煞 명 mauvais esprit *m*; malheur *m.* ¶ ~을 풀다 exorciser. ¶ ~이 끼다 être frappé(*e*) par un mauvais esprit.

◆_풀이 명 【민속】 exorcisme *m.* ¶ ~풀이를 하다 exorciser, chasser les mauvais esprits. ¶ ~풀이 굿 cérémonie du chamanisme destinée à chasser les mauvais esprits.

살⁴ 분류 ((classificateur, neutre, servant à compter l'âge)) an *m.* ¶ 나보다 몇 ~ 아래 남자 un homme de quelques années plus jeune que moi. ¶ 나이를 한 ~ 더 먹다 avoir un an de plus. ¶ 백 ~까지 살다 vivre jusqu'à cent ans. ¶ 그 여자는 스물다섯 ~이다

Elle a vingt-cinq ans. ¶ 네 동생은 몇 ~이니? Quel âge a ton frère? ¶ 그 아이는 여덟 ~에 학교에 들어갔다 Il est entré à l'école à 8 ans. ¶ 나는 그 사람보다 세 ~ 아래다 J'ai trois ans de moins que lui. ¶ 네가 그 사람보다 몇 ~이나 위니? De combien d'années es-tu plus âgé(e) que lui? ¶ 그 사람은 형하고 세 ~ 차이다 Il a trois ans d'écart avec son frère aîné. ¶ 그 여자는 나보다 두 ~이 더 많다 Elle a deux ans de plus que moi.

살갑다 형 être sympathique, tendre, affectueux(*se*), gentil(*le*); être indulgent(*e*), généreux(*se*). ¶ 누구에게 살갑게 굴다 être gentil(*le*) avec *qn*. ¶ 그 사람은 겉으로 살가운 사람은 아니다 Il n'est pas d'apparence sympathique.

살구 명 【식물】 abricot *m*. ¶ ~씨 noyau d'un abricot.
◆_꽃 명 fleur *f* d'abricotier.
◆_나무 명 abricotier *m*.
◆개_ 명 abricot *m* sauvage.
◆참_ 명 vrai abricot *m*.

살균 殺菌 명 stérilisation *f*, désinfection *f*; pasteurisation *f*. ¶ ~ 처리 traitement antiseptique. ◇_(을) 하다 stériliser; ⦅우유를⦆ pasteuriser ⦅le lait⦆. ¶ 기구를 ~하다 stériliser des instruments. ¶ 우유를 ~하다 pasteuriser le lait.
◆_력 -力 명 pouvoir *m* stérilisant. ¶ 이 세제는 ~력이 강하다 Cette lessive a un grand pouvoir stérilisant.
◆_실 -室 명 salle *f* stérilisée.
◆_제 -劑 명 antiseptique *m*; microbicide *m*.

살그머니 부 secrètement, furtivement; en secret, en cachette. ¶ ~ 문을 열다 ouvrir furtivement la porte. ¶ ~ 회의실에서 빠져나오다 sortir en cachette de la salle de réunion.

살금살금 부 ⦅mimétisme⦆ en cachette, en tapinois, en catimini, en douce {*fam*}, à la dérobée, tout doucement sans faire de bruit, furtivement, secrètement, discrètement. ¶ ~ 다가가다 s'approcher tout doucement sans faire de bruit. ¶ ~ 누구의 뒤를 밟다 suivre *qn* secrètement.

살기 殺氣 명 tension *f* extrême. ¶ 얼굴에 ~를 띠다 avoir un visage hagard. ¶ 그 사람의 눈은 ~로 번득였다 Ses yeux brillaient d'un regard assassin / Un regard assassin brillait dans ses yeux / Il avait les yeux pleins d'hostilité / Il avait un regard hostile et menaçant / Son regard était animé de fureur meurtrière / Son regard était empreint d'hostilité / On sentait dans son regard une haine meurtrière. ◇_(가) 있다[돌다] avoir l'air hostile et menaçant. ¶ 그 사람의 눈에는 ~가 돌았다 Il avait les yeux hagards et menaçants.
◆_등등하다 -騰騰- 형 être surexcité(*e*). ¶ 그 사람은 ~등등한 눈으로 나를 노려보았다 Il m'a regardé(*e*) d'un œil farouche. ¶ 그 사람은 ~등등한 기세였다 Il était surexcité.

살길 명 moyen *m* de survie, subsistance *f*; vie *f*. ¶ ~을 찾다 chercher les moyens pour survivre; chercher à gagner *sa* vie [*son* pain, de quoi vivre]. ¶ ~을 잃다 perdre les moyens de subsistance; perdre les moyens de s'en sortir. ¶ ~이 막막하다 ne pas savoir quoi faire pour survivre.

살다 자타 ① vivre. ¶ 백 살까지 ~ vivre (jusqu'à) cent ans. ② 생활, 거주하다 vivre, habiter, demeurer. ¶ 부모님 집에서 ~ vivre dans la maison de *ses* parents. ¶ 서울에 ~ vivre [habiter] à Séoul. ¶ 누구와 함께 ~ vivre avec quelqu'un, cohabiter avec quelqu'un. ¶ 두 사람이 결혼하여 잘 살고 있다 Ils se sont mariés et vivent heureusement. ¶ 그는 종일 연구실에서 산다 Il passe toutes ses journées dans son laboratoire [bureau]. ③ 어떤 생활을 영위하다 vivre, mener. ¶ 풍요로운 삶을 ~ mener une vie opulente. ¶ 평생 학자의 삶을 ~ consacrer toute *sa* vie à l'étude. ④ 현실적인 효력이 있다 être vivant(*e*), être en vie. ¶ 산 교훈 une leçon vivante. ¶ 살아 있는 관습 une coutume vivante. ⑤ (불 따위가) 꺼지지 않다 rester allumé(*e*). ¶ 아직 불씨가 살아 있다 les flammes ne sont pas encore éteintes. ⑥ 그대로 있다 perdurer, demeurer intact(*e*) [tel(*le*) quel(*le*), inchangé(*e*)]; préserver, laisser intact(*e*); faire ressortir. ¶ 그의 재능은 아직 살아 있다 Son talent est intact / Il a encore tout son talent. ¶ 그의 글은 문체의 힘이 살아 있다 Son texte est écrit dans un style plein de force. ⑦ 유지되다 marcher[fonctionner] encore. ¶ 오랫동안 쓰지 않았는데도 시계가 살아 있다 Je ne m'en suis pas servi(*e*) depuis très longtemps et pourtant la montre marche encore.

***산 입에 거미줄 치랴** ☞ 거미

살뜰하다 형 être économe. ¶ 살뜰한 주부 une maîtresse de maison économe; une bonne ménagère.
◆알뜰_ 형 être économe. ¶ 알뜰살뜰하게 가정을 꾸리다 mener un ménage d'une manière économe.
◆살뜰히 부 d'une manière économe; avec soin. ¶ 가정을 살뜰히 돌보다 s'occuper du ménage avec soin.

살랑 어근 ⦅mimétisme⦆ doucement.
◆_거리다[대다, 이다] 자타 souffler doucement; marcher doucement. ¶ 꼬리를 ~거리다 agiter [remuer] la queue doucement. ¶ 바람이 ~거리다 Le vent souffle doucement. ¶ 나뭇잎이 바람에 ~거린다 Les feuilles d'arbres frissonnent [tremblent] doucement au vent. ¶ 고양이가 ~거리며 다가왔다 Le chat s'est approché doucement.
◆_ _ 부 doucement. ¶ 봄바람이 ~~ 분다 La brise printanière souffle doucement. ¶ 강아지가 꼬리를 ~~ 흔든다 Le chien agite la queue doucement.

살래살래 부 ⦅mimétisme évoquant le léger mouvement d'une partie du corps⦆. ¶ 싫다고 고개를 ~ 흔들다 faire non de la tête, refuser (d'un geste) de la tête.

살롱 프{salon} 명 ① 응접실 salon *m*; salle *f* de séjour. ② 사교 모임 salon *m*. ¶ ~ 문학[음악] littérature [musique] de salon. ③ 고급 술집

◆룸_ 명 *room salon m* <institut de cabines privées de *karaoké* pour groupes d'hommes dans lesquelles de jeunes hôtesses [entraîneuses] servent de l'alcool>.

살륙 殺戮 명 ☞ 살육

살리다 타 ① sauver, sauvegarder; raviver. ¶ 죽어가는 사람을 ~ sauver un mourant. ¶ 경제를 ~ redresser l'économie. ¶ 희망의 불씨를 ~ raviver (le feu de) l'espoir. ② 돋보이게 하다 ¶ 개성을 ~ mettre en valeur *sa* personnalité. ③ ((기억, 추억 등을)) rappeler. ¶ 기억을 ~ raviver un souvenir.

살림 명 ① ménage *m*. ¶ ~ 밑천 budget nécessaire pour le ménage, budget dont on dispose pour le ménage. ¶ 큰 ~ grand ménage. ¶ 회사 ~ gestion de la société. ¶ ~을 맡다 s'occuper du ménage. ¶ ~을 잘 꾸려 나가다 bien tenir le ménage, bien s'occuper du ménage. ¶ 그 사람은 결혼하면서 따로 ~을 났다 En se mariant, il s'est mis en ménage hors du foyer de ses parents. ¶ 그 사람은 결혼한 아들의 ~을 따로 내주었다 Il a aidé son fils marié à (aller) se mettre en ménage. ② 형편 situation *f* économique [financière]. ¶ 가난한[풍족한] ~에 étant serré(*e*) [à l'aise] financièrement. ¶ ~이 나아지면 si la situation économique s'améliore. ¶ 그 사람은 ~이 어렵다 Il a du mal à joindre les deux bouts / Il a des fins de mois difficile. ③ 세간 도구 le mobilier *m* et tous les ustensiles *mpl* nécessaires à la vie quotidienne. ¶ ~을 장만하다 acheter le mobilier et tous les ustensiles nécessaires à la vie quotidienne; monter *son* ménage. ◇_(을) **하다** tenir *son* ménage, tenir *sa* maison. ¶ 그 여자는 직장을 갖지 않고 ~만 한다 Elle ne fait que tenir son ménage, elle ne travaille pas / Elle ne travaille pas, elle se contente de tenir son ménage. ¶ 아내는 ~을 잘한다 Ma femme tient bien la maison.

◆_**꾼** 명 bon(*ne*) ménag*er*(*ère*). ¶ 그 여자는 진짜 ~꾼이야 Elle est vraiment bonne ménagère.

◆_**살이** 명 ménage *m*. ¶ ~살이를 장만하다 acheter des ustensiles de ménage. ¶ ~살이가 너무 많다 avoir trop d'ustensiles de ménage.

◆_**집** 명 maison *f* d'habitation. ¶ ~집을 구하다 chercher une maison d'habitation.

◆**딴**_ 명 ménage *m* séparé. ¶ 그 사람은 첩과 딴~을 차렸다 Il s'est mis en ménage avec sa maîtresse.

살맛 명 plaisir *m* [joie *f*] de vivre. ¶ ~을 잃다 perdre la joie de vivre. ¶ 그 생각을 하면 ~이 다 떨어진다 Cette idée me déprime / Quand j'y pense, je perds le moral. ◇_(**이**) **나다** goûter la joie de vivre. ¶ ~ 나는 세상 le monde joyeux [encourageant]. ¶ 요즘 되는 일이 없어서 ~이 안 난다 Je suis déprimé(*e*) parce que rien ne va plus ces jours-ci.

살망하다 형 avoir les jambes grêles; ((habits)) être trop long(*ue*).

살며시 부 ① 가만히 secrètement, furtivement; en secret, en cachette, à la dérobée. ¶ ~ 손을 잡다 se prendre la main en cachette. ② 가볍게 천천히 tout doucement. ¶ ~ 눈을 감다 fermer tout doucement les yeux.

살모사 殺母蛇 명 ☞ 살무사

살무사 명 【동물】 vipère *f*.

살벌하다 殺伐- 형 être féroce, cruel(*le*), brut*al*(*ale*, *aux*). ¶ 분위기가 ~ L'ambiance est à l'orage / Il y a une très mauvaise [une sale {*fam*}] ambiance. ¶ 살벌한 눈초리 le regard agressif [féroce], 살벌한 기세 un air féroce.

살살[1] 부 ((mimétisme)) ① doucement. ¶ ~ 기어 다니다 se déplacer doucement. ② 천천히 끓는 모양 ((bouillir)) à petit feu, légèrement. ¶ 냄비의 물이 ~ 끓는다 L'eau dans la casserole bout légèrement. ③ (방바닥이) 고루 뜨거운 모양 ((se réchauffer)) uniformément. ¶ 방바닥이 ~ 끓는다 Le sol de la pièce est tout chaud.

*~ **기다** ramper devant *qn* {*fam*}. ¶ 상사 앞에서 ~ 기다 ramper devant *ses* supérieurs.

◆_**거리다**[**대다**] 자 rôder ((partout)). ¶ ~거리고 돌아다니다 rôder partout.

살살[2] 부 ((mimétisme)) ① doucement. ¶ ~ 문지르다 frotter doucement. ¶ 차를 ~ 몰다 conduire tout doucement (la voiture). ¶ ~ 해요, 아파요 Vas-y doucement, ça fait mal! ② 부드럽게 남을 달래는 모양 ((traiter *qn*)) avec douceur. ¶ ~ 구슬리다[달래다] enjôler [consoler] *qn*. ③ 사르르 녹는 모양 ((fondre)) imperceptiblement. ¶ 음식이 입안에서 ~ 녹는다 La nourriture fond dans la bouche. ④ 남이 모르게 furtivement, secrètement; subrepticement. ¶ 누구를 ~ 피해 다니다 éviter subrepticement quelqu'un. ⑤ (눈웃음 따위를) 가볍게 légèrement. ¶ 눈웃음을 ~ 치다 sourire des yeux. ⑥ 배가 조금씩 아픈 모양 un peu, légèrement. ¶ 배가 ~ 아프다 avoir un peu mal au ventre.

◆_**거리다**[**대다**] 자 flatter, faire des platitudes, faire de la lèche {*fam*}. ¶ 누구에게 ~거리다 flatter *qn*, faire de la lèche à *qn* {*fam*}.

살상 殺傷 명 blessure *f* et meurtre *m*. ¶ ~ 무기 armes qui peuvent tuer ou blesser. ¶ 인명 ~용 무기 arme meurtrière. ¶ 대량 ~ destruction massive. ◇_(**을**) **하다** détruire [tuer] massivement. ¶ 인명을 ~하다 tuer des hommes.

살생 殺生 명 action de tuer ((des animaux, des personnes)), tuerie *f*, carnage *m*, massacre *m*; ((사람)) crime *m*, meurtre *m*; ((동물)) abattage *m* ((d'un animal)). ¶ ~을 일삼다 se livrer à des tueries [à des massacres, à des carnages]. ¶ 쓸데없는 ~을 피하다 éviter de tuer sans raison. ¶ 불교에서는 모든 종류의 ~을 금한다 Dans le bouddhisme, il est défendu de tuer quoi que ce soit. ◇_(**을**) **하다** tuer ((des animaux, des personnes)). ¶ 동물들을 잔인하게 ~하다 tuer des animaux sans pitié [cruellement].

살신성인 殺身成仁 명 sacrifice *m* de *soi* pour faire le bien. ¶ 그 사람의 ~이 마을을 구했다 Il s'est sacrifié pour sauver le village. ◇_(**을**) **하다** se sacrifier pour le bien des autres. ¶ 그 사람은 우리 모두를

위해 ~한 셈이다 On pourrait dire qu'il s'est sacrifié pour nous tous.

살아가다 자타 vivre. ¶ 하루하루 ~ vivre au jour le jour. ¶ 고달픈 인생을 ~ mener une vie exténuante.

살아나다 자 ① revenir à la vie; ressusciter, renaître, revivre. ¶ 구사일생으로 ~ échapper à la mort par miracle. ¶ 불씨가 다시 살아났다 Les flammes se sont rallumées. ② 어려운 처지에서 벗어나다 réchapper à ((un danger)); se sortir de ((une situation difficile)). ¶ 나는 부도 직전에 친구의 도움으로 살아났다 j'ai réchappé à la banqueroute grâce à l'aide d'un ami. ③ ((기운이)) se raviver, se ranimer; revenir. ¶ 팀의 활력이 살아났다 L'équipe a retrouvé toute sa vigueur. ④ ((기억 따위가)) revenir ((à la mémoire)), se rappeler, se souvenir.

살아남다 자 ① survivre; réchapper à *qc*. ¶ 비행기 사고에서 살아남은 사람들 les personnes qui ont survécu à l'accident d'avion. ② 밀려나지 않다 survivre, persister, tenir tête. ¶ 경쟁에서 ~ survivre malgré la concurrence. ② 효력 따위가 유지되다 persister, perdurer. ¶ 역사 속에 길이 ~ laisser *son* empreinte [*sa* trace] dans l'Histoire.

살아생전 -生前 명 du vivant de *qn*. ¶ 내 ~에 de mon vivant.
부 de *son* vivant. ¶ 아버님은 ~ 늘 아들 자랑을 하시곤 했다 De son vivant, mon père se vantait souvent de son fils.

살아오다 재타 ① vivre. ¶ 그는 공무원으로 평생을 살아왔다 Il a vécu toute sa vie dans la fonction publique. ¶ 어머니는 고난의 삶을 살아왔다 Elle a vécu une vie pleine de souffrances. ② 죽지 않고 돌아오다 survivre, réchapper à *qc*, revenir vivant(*e*). ¶ 전쟁터에서 ~ revenir vivant(*e*) d'un champ de bataille.

살얼음 명 mince couche *f* de glace. ¶ 강에 ~이 얼었다 [끼었다] La rivière a légèrement gelé.
◆_**판** -板 명 ① mince couche *f* de glace. ② ((비유적)) ambiance *f* très tendue. ¶ 회의 분위기가 완전히 ~판이야 La réunion se déroule dans une ambiance très tendue. ¶ ~판 위를 걷는 것 같다 C'est comme si on marchait sur des œufs.

살여울 명 rapide *m* d'un fleuve [d'une rivière].

살육 殺戮 명 carnage *m*, massacre *m*; hécatombe *f*, tuerie *f*, boucherie *f*. ¶ ~을 자행하다[저지르다] commettre [perpétrer] un carnage. ¶ 전쟁 중에 끔찍한 ~이 저질러졌었다 Pendant la guerre il y a eu des tueries abominables. ◇_(을) **하다** massacrer; tuer. ¶ 양민을 ~하다 massacrer la population civile innocente. ◇_(을) **당하다** être massacré(*e*).
◆_**전** -戰 명 carnage *m*, massacre *m*; tuerie *f*, boucherie *f*. ¶ 전쟁은 상호간에 잔인한 ~전으로 전개되었다 La guerre s'est déroulée de façon meurtrière entre les deux camps.

살의 殺意 명 volonté *f* de tuer; intention *f* meurtrière. ◇_**를 느끼다** sentir une intention meurtrière. ◇_**를 품다[갖다]** avoir des intentions meurtrières.

-살이 접미 ((suffixe nominal)) vie *f*. ¶ 살림~ ménage. ¶ 시집~ vie (d'une femme) chez ses beaux-parents. ¶ 처가~ vie (d'un homme) chez ses beaux-parents. ¶ 머슴~ vie de valet de ferme [domestique de ferme, ouvrier agricole]. ¶ 더부~ vie (d'un domestique) chez *qn*. ¶ 첩~ vie en concubinage. ¶ 셋방~ vie en chambre louée. ¶ 하루~ vie éphémère; vie au jour le jour.

살인 殺人 명 homicide *m*; meurtre *m*. ¶ ~(의) 누명 fausse accusation de meurtre. ¶ ~ 강도 cambriolage avec meurtre, vol avec meurtre. ¶ ~ 사건 un accident meurtrier. ¶ ~ 용의자 inculpé(*e*) de meurtre. ¶ ~ 청부업자 un tueur [un assassin] à gages. ¶ 연쇄 ~ meurtres en série. ¶ 청부 ~ un meurtre à gages. ◇_(을) **하다** commettre un meurtre, tuer. ◇_**을 저지르다** commettre un meurtre. ¶ 그 사람은 우발적으로 ~을 저질렀다 Il a commis un meurtre accidentellement.
◆_**적** -的 명관 meurtri*er*(*ère*); terrible, terrifiant(*e*); insupportable. ¶ 올 여름의 더위는 진짜 ~적이다 Cet été, on connaît une chaleur vraiment insupportable.
◆_**극** -劇 명 meurtre *m* spectaculaire. ¶ 작은 마을에서 연쇄 ~극이 벌어졌다 Dans un petit village, il s'est passé des meurtres en série.
◆_**마** -魔 명 meurtrier *mf* psychopathe.
◆_**미수** -未遂 명 【법률】 tentative *f* de meurtre.
◆_**범** -犯 명 【법률】 homicide *mf*, meurtri*er*(*ère*). ¶ ~범으로 몰리다 être accusé(*e*) de meurtre.
◆_**자** -者 명 tueu*r*(*se*), assassin(*e*).
◆_**죄** -罪 명 【법률】 homicide *m*, meurtre *m*. ¶ 그 사람은 ~죄로 기소되었다 Il a été accusé de meurtre / Il a été mis en accusation pour meurtre.

살지다 형 ① être corpulent(*e*), gros(*se*), charnu(*e*), bien en chair. ¶ 살진 짐승을 잡아서 제물로 쓰다 présenter en offrande un animal corpulent. ② 비옥하다 être riche, fertile, fécond(*e*). ¶ 살진 땅 un sol [une terre, un terrain] fertile, un sol riche [fécond, productif].

살짝 부 ① 슬며시 discrètement, furtivement, subrepticement, secrètement; ((filer)) à l'anglaise. ¶ 술자리에서 ~ 빠져나오다 s'en aller discrètement d'un bar, fausser subrepticement compagnie à des compagnons de beuverie. ② 가볍게 doucement, légèrement. ¶ 손으로 ~ 때리다 frapper légèrement de la main. ¶ 고개를 ~ 들다 relever légèrement la tête. ③ 아주 약간 légèrement, un peu. ¶ 고기를 ~ 굽다 cuire la viande légèrement. ¶ 얼굴을 ~ 붉히다 rougir légèrement.

살쩍 명 favoris *mpl*, rouflaquette *f*, patte *f* de lapin.

살찌다 자 ① grossir, s'engraisser; gagner [prendre] du poids; prendre de l'embonpoint; s'empâter. ② 풍부하게 되다 enrichir.

살찌우다 타 ① grossir, prendre du poids. ② 풍부하게 하다 s'enrichir. ¶ 독서로 정서를 ~ enrichir *sa* sensibilité par la lecture.

살충 殺蟲 명 destruction *f* des insectes. ¶ 강력한

~ 효과 un effet insecticide puissant.

◆_제 -劑 명 insecticide *m*. ¶ ~제를 뿌리다 vaporiser de l'insecticide.

살쾡이 명 【동물】 chat *m* sauvage; lynx *m*.

살펴보다 타 ① regarder attentivement, observer, examiner. ¶ 집안을 ~ observer l'intérieur de la maison. ¶ 물건을 이리저리 ~ examiner un objet de différentes manières. ② 무엇을 찾거나 알아보다 regarder attentivement. ¶ 열쇠를 찾기 위해 가방 안을 샅샅이 ~ regarder attentivement le contenu de *son* sac à la recherche de *ses* clés. ③ 자세히 따지다 examiner, considérer ((un problème)). ¶ 이 문제를 좀 더 살펴보자 considérons un peu plus ce problème.

살포 撒布 명 pulvérisation *f*. ¶ 공중 ~ pulvérisation dans l'air. ◇_(를) 하다 pulvériser, répandre. ¶ 밭에 농약을 ~하다 pulvériser des produits chimiques agricoles dans les champs. ¶ 유권자들에게 금품을 ~하다 distribuer excessivement de l'argent et des objets de valeur aux électeurs. ◇_(가) 되다 être pulvérisé(*e*).

◆_약 -藥 명 produit *m* chimique pulvérisé.

◆_제 -劑 명 produit *m* de pulvérisation.

살포시 부 tout doucement. ¶ ~ 눈을 감다 fermer tout doucement les yeux.

살풍경 殺風景 명 paysage *m* désolé [triste et désert], spectacle *m* [scène *f*] lugubre. ¶ 그 집은 그야말로 ~ 그 자체였다 La maison était vraiment lugubre.

◆_하다 형 être triste, désert, lugubre, désolé(*e*). ¶ 이 주변 경치는 너무 ~하다 Le paysage des alentours est trop désolé. ¶ 그 앙상한 나무는 ~한 느낌을 준다 Cet arbre dépouillé de ses feuillages donne une impression lugubre.

살피다 타 ① observer, regarder attentivement, examiner. ¶ 횡단보도에서 좌우를 ~ regarder attentivement à droite et à gauche au passage piéton. ② ((형편 따위를)) observer, considérer, examiner. ¶ 여론을 ~ examiner l'opinion publique. ¶ 상대방의 감정을 ~ considérer les sentiments de *son* interlocuteur.

살해 殺害 명 meurtre *m*, assassinat *m*, homicide *m*, crime *m*. ¶ ~ 사건 un meurtre. ¶ ~ 현장 le lieu du crime. ¶ 남편 ~ 혐의를 받다 Elle est soupçonnée du meurtre de son mari. ◇_(를) 하다 commettre un homicide, tuer *qn*, assassiner *qn*. ¶ 친구를 ~ tuer un ami. ◇_(가) 되다 être tué(*e*), assassiné(*e*). ◇_(를) 당하다 être tué(*e*), assassiné(*e*). ¶ 그는 친구에게 ~당했다 Il a été tué par un(*e*) ami(*e*).

◆_범 -犯 명 【법률】 meurtri*er*(*ère*).

◆_자 -者 명 tueu*r*(*se*).

삵 명 ☞ 살쾡이

삵괭이 명 (('살쾡이'의 잘못)) ☞ 살쾡이

삶 명 vie *f*; existence *f*. ¶ ~의 기쁨 joie de vivre. ¶ ~의 의미 sens de la vie. ¶ ~의 질 qualité de (la) vie. ¶ ~을 마감하다 mourir. ¶ 새 ~을 찾다 être à la recherche [en quête] d'une nouvelle vie, s'organiser une nouvelle vie. ¶ 행복한[소박한, 비극적인, 영웅적인] ~을 살다 vivre [mener] une vie heureuse [simple, tragique, héroïque].

삶다 타 ① (faire) bouillir. ¶ 계란을 ~ bouillir un œuf. ¶ 빨래를 ~ mettre à bouillir du linge. ② 남을 꾀다 amadouer, enjôler. ¶ 누구를 삶아서 자기편으로 만들다 amadouer *qn* pour le mettre de *son* côté. ③ 무덥다 être d'une chaleur cuisante. ¶ 푹푹 삶는 날씨 un temps d'une chaleur cuisante.

***삶은 호박에 이도 안 들어갈 소리** des propos insensés.

삼[1] 三 수 trois *m*.

◆_디 업종 -業種 명 【경제】 les travaux *mpl* difficiles, dangereux et sales [répugnants] ((les travaux des 3 D: Difficult, Dangerous, Dirty)). ¶ ~디 업종을 기피하다 éviter les travaux difficiles, dangereux et sales. ¶ ~디 업종에 종사하다 avoir une occupation difficile, dangereuse et sale.

◆_에스 정책 -政策 명 【정치】 la politique *f* des 3 S: screen, sports, sex ((politique visant à contrôler le peuple par l'intermédiaire du cinéma, des grands événements sportifs et du sexe)).

◆제_ 第- 명 troisième, tiers. ¶ 제~의 인물[장소] une tierce personne [un endroit tiers].

관 trois. ¶ ~ 년[개월, 일, 분] trois années [mois, jours, minutes]. ¶ ~ 인[개국] trois personnes [pays]. ¶ ~ 장[절, 부] Chapitre [paragraphe, partie] trois. ¶ 그 아이는 초등학교 ~학년이다 Cet(*te*) enfant est en troisième année de l'école primaire / ((프랑스)) Il est au CE2.

삼[2] 명 【식물】 chanvre *m*.

◆_나무 명 cèdre *m* japonais.

◆_실 명 fil *m* de chanvre.

◆_밭 명 champs *m* de chanvre.

삼[3] 蔘 명 【식물】 ginseng *m*. ¶ ~ 한 뿌리 une racine de ginseng.

◆산_ 山- 명 【식물】 ginseng *m* sauvage ((racine de ginseng très prisée)).

삼가 부 respectueusement; avec déférence. ¶ ~ 조의를 표하다 présenter [exprimer, offrir] respectueusement *ses* condoléances à *qn*.

삼가다 타 ① être prudent(*e*), discr*et*(*ète*); mesurer. ¶ 말을 ~ mesurer *ses* paroles. ¶ 행동을 ~ surveiller *sa* conduite. ② 억제하다 s'abstenir, s'empêcher, éviter. ¶ 술을 ~ s'abstenir de vin [de boire].

삼가하다 타 (('삼가다'의 잘못)) ☞ 삼가다

삼각 三角 명 trois angles *mpl*.

◆_관계 -關係 명 ménage *m* à trois, relation *f* triangulaire.

◆_김밥 명 *gimbap* *m* triangulaire.

◆_대 -臺 명 trépied *m*.

◆_무역 -貿易 명 【경제】 commerce *m* triangulaire.

◆_뿔 명 【수학】 pyramide *f* à base triangulaire.

◆_자 명 équerre *f*.

◆_주 -洲 명 【지리】 delta *m*.

◆_지 -紙 명 enveloppe *f* de papier triangulaire utilisée pour collecter les insectes.

◆_지대 -地帶 명【지리】 région *f* formant un triangle [de forme triangulaire]; Le Triangle *m* ((des Bermudes)). ¶ 황금의 ~지대 Le Triangle d'or.

◆_측량 -測量 명【건설】 triangulation *f*.

◆_팬티 명 slip *m* (en forme triangulaire). ¶ ~팬티와 사각팬티 des slips et des caleçons.

◆_함수 -函數 명【수학】 fonction *f* trigonométrique.

◆_형 -形 명【수학】 triangle *m*. ¶ 정~형 un triangle équilatéral. ¶ 이등변~형 un triangle isocèle. ¶ 직각~형 un triangle rectangle.

삼강 三綱 명 les trois principes *mpl* fondamentaux (du confucianisme).

◆_오륜 -五倫 명 les trois principes *mpl* et les cinq préceptes *mpl* moraux (du confucianisme).

삼거리 三- 명 intersection *f* de trois routes, carrefour *m* [embranchement *m*, fourche *f*] où se rencontrent trois routes. ¶ 다음 ~에서 좌회전하세요 Tournez à gauche au prochain carrefour.

삼겹살 三- 명 ① poitrine *f* de porc ((avec trois couches, deux de viande, une de graisse)), lard *m* maigre [de poitrine]. ② *samgyeopsal m* <tranches de poitrine de porc grillées que l'on mange avec du sel et de l'huile de sésame ou de la sauce de *ssam-jang* (쌈장) et que l'on enveloppe dans des feuilles de laitue, plat souvent accompagné de *soju* (소주)>. ¶ ~을 구워 먹다 manger du *samgyeopsal*. ¶ ~에 소주를 마시다 boire du *soju* en mangeant du *samgyeopsal*.

삼경1 三更 명 troisième veille *f*, minuit *m*, milieu *m* de la nuit ((de onze heures du soir à une heure du matin)).

삼경2 三經 명【책명】 les «Trois classiques» *mpl* (de la Chine antique): le «*Livre des odes*», le «*Canon de l'histoire*» et le «*Livre des changements*».

◆사서_ 四書 명【책명】 les «Quatre livres» *mpl* et les «Trois classiques» *mpl* (de la Chine antique).

삼계 三界 명 ①【불교】 les trois mondes *mpl* selon le Bouddhisme. ② 세 가지 세계 les existences *fpl* du passé, du présent et du futur.

삼계탕 蔘鷄湯 명 *samgyetang m* <consommé de poulet fourré de riz, avec du ginseng et des jujubes>.

삼고초려 三顧草廬 명 sollicitation *f* d'une personne de génie à plusieurs reprises. ¶ 그분을 모시려면 ~의 정성이 있어야 한다 Il faut le prier poliment, et à plusieurs reprises, quand on veut faire appel à lui. ◇_(를) **하다** solliciter courtoisement une personne de génie à plusieurs reprises.

삼관왕 三冠王 명 personne *f* [champion *m*] titulaire de trois médailles *fpl* d'or. ¶ 올림픽 ~ trois médailles d'or aux Jeux olympiques; ((사람)) un(*e*) triple médaillé(*e*) d'or aux Jeux olympiques. ¶ ~이 되다 [에 오르다] remporter [recevoir] trois médailles d'or; être triple médaillé(*e*) d'or.

삼교 三校 명【출판】 troisième correction *f* (des épreuves), troisième révision *f*. ¶ 원고의 ~를 보다 réviser le manuscrit pour la troisième fois.

삼국 三國 명 ① trois pays *mpl*. ¶ ~ 협상 les négociations entre trois pays. ¶ ~ 간 무역 commerce entre trois pays. ②【역사】 les Trois Royaumes *mpl* (de la Corée antique).

◆_동맹 -同盟 명【역사】 la Triple Alliance *f*.

◆_사기 -史記 명【책명】 l'Histoire *f* des Trois Royaumes de Corée.

◆_시대 -時代 명【역사】 l'époque *f* des Trois Royaumes.

◆_유사 -遺事 명【책명】 «Mythes *mpl* et légendes *fpl*» des Trois Royaumes.

◆_지 -志 명【책명】 *Samgukji*, ((중국어)) *Samgukji* ((roman historique chinois, l'histoire des trois royaumes, compilé par Chen Shou 陳壽, 280 ap. J-C)).

◆제_ 第 명 pays *m* tiers. ¶ 제~으로 망명하다 s'exiler dans un pays tiers.

삼군 三軍 명【군사】 trois armées *fpl*. ¶ ~ 의장대 gardes d'honneur des trois armées. ¶ ~ 사령관 le commandant des trois armées. ¶ 육, 해, 공~ les trois armées : l'armée de terre, l'armée de l'air et la marine.

삼권 三權 명【법률】 les trois pouvoirs *mpl*. ¶ ~을 분리하다 séparer les trois pouvoirs.

◆_분립 -分立 명【법률】 séparation *f* des trois pouvoirs. ¶ ~분립의 원칙 le principe de séparation des trois pouvoirs. ¶ ~분립 제도 le système de séparation des trois pouvoirs.

삼급 三級 명 ① de troisième ordre *m*. ¶ ~ 기밀[비밀] secret [confidentialité] de troisième ordre. ¶ ~ 공무원 un(*e*) fonctionnaire de troisième ordre. ② ((태권도, 바둑)) troisième grade *m*. ¶ 그 사람은 태권도가 ~이다 Il est au troisième grade de taekwondo.

삼남 三南 명【지리】 les trois régions *fpl* du sud (de la Corée) ((les provinces de Chungcheong, Jeolla et Gyeongsang au sud de la Corée)). ¶ ~ 지방 les régions des trois provinces du sud de la Corée.

삼년 三年 명 trois ans *mpl*. ¶ 지난[향후] ~ 동안 durant les trois dernières [prochaines] années. ¶ ~ 내내 pendant trois années entières. ¶ ~ 전[후]에 il y a [dans] trois années. ¶ ~을 군대에서 보내다 passer trois ans à l'armée. ¶ ~만에 돌아오다 revenir après trois années d'absence. *서당 개 ~이면 풍월을 읊는다 C'est par la pratique que l'on se perfectionne / C'est en forgeant qu'on devient forgeron.

◆_상 -喪 명 deuil *m* de trois ans. ¶ ~상을 치르다 accomplir un deuil de trois ans.

삼다1 타 ① ((짚신을)) tresser. ¶ 짚신을 ~ tresser des sandales de paille. ② 꼬아 잇다 filer ((du chanvre)).

삼다2 타 ① 관계를 맺다 prendre *qn* pour ((conseiller)). ¶ 어떤 처녀를 며느리로 ~ prendre une jeune fille pour bru. ② 여기다 prendre *qn*/*qc* pour ((modèle)). ¶ 무엇을 귀감으로 ~ prendre *qc* pour modèle. ¶ 무엇

을 문제 ~ mettre *qc* en question; tenir compte de *qc*.

삼다도 三多島 명 【지명】 île *f* abondante en trois éléments (femmes, vent et pierres) (notamment l'île de Jeju).

삼단[1] 명 botte *f* de chanvre.

*~ **같은 머리** cheveux abondants, chevelure abondante.

삼단[2] 三段 명 ① trois étapes *fpl*, trois niveaux *mpl*. ¶ ~으로 접는 우산 un parapluie pliable deux fois. ¶ 장애물이 ~으로 되어 있다 L'obstacle a trois barres. ② (태권도, 바둑) troisième dan *m* (de *taekwondo*). ¶ 그 남자는 태권도[유도] ~이다 Il est troisième dan de *taekwondo* [de *judo*].

◆**_논법** -論法 【논리】 syllogisme *m*. ¶ ~논법을 쓰다 argumenter par syllogisme.

◆**_뛰기** 명 【운동】 triple saut *m*.

삼대[1] 三代 명 trois générations *fpl*. ¶ 그 사람의 집안은 ~째[에 걸쳐] 식당을 하고 있다 Cette famille gère un restaurant depuis trois générations. ¶ ~가 한 집에서 같이 산다 Trois générations vivent sous le même toit.

*~ **거지 없고** ~ **부자 없다** La pauvreté ne dure pas trois générations, ni la richesse.

◆**_독자** -獨子 명 fils *m* unique de père en fils depuis trois générations. ¶ ~독자로 태어나다[자라다] naître [grandir en tant que] fils unique de père en fils depuis trois générations.

삼대[2] 三大 관 les trois grands (principes). ¶ ~ 영양소 les trois principaux éléments nutritifs. ¶ ~ 원칙 les trois grands principes. ¶ 르네상스 이후의 ~ 발명 les trois inventions majeures depuis la Renaissance.

삼덕 三德 명 ① les trois vertus *fpl* primaires du confucianisme: honnêteté *f*, détermination *f*, et humilité *f*. ② 【기독】 les trois vertus *fpl* primaires du christianisme: espoir *m*, confiance *f*, et charité *f*.

삼동 三冬 명 trois mois *mpl* d'hiver. ¶ 이 ~에 여행이라니 Partir en voyage en plein hiver?

삼두 三頭 어근 à trois têtes *f*. ¶ ~ 정치[체제] un triumvirat.

◆**_마차** -馬車 명 carrosse *m* tiré par trois chevaux.

◆**_박근** -膊筋 명 【의학】 triceps m.

삼등 三等 명 ① troisième place *f* [rang *m*, prix *m*]. ¶ 시험에서 ~을 하다 être troisième aux examens. ② troisième classe *f*. ¶ ~ 열차 un wagon [une voiture] de troisième classe. ¶ ~ 서기관 troisième secrétaire.

◆**_인생** -人生 명 vie *f* médiocre.

◆**_품** -品 명 marchandise *f* de mauvaise qualité.

◆**_칸** 명 cabine *f* de troisième classe.

삼등분 三等分 명 trisection *f*, division *f* en trois parties égales. ◇_(을) **하다** diviser en trois parties égales. ¶ 천하를 ~하다 diviser l'univers en trois parties. ¶ 돈을 ~해서 나눠 갖다 se partager l'argent à trois. ◇_(이) **되다** être divisé(*e*) en trois (parties égales).

삼디업종 三{-D}業種 명 【경제】 les travaux *mpl* difficiles, dangereux et sales [répugnants] ((les travaux des 3 D: *difficult*, *dangerous*, *dirty*)). ¶~을 기피하다 éviter les travaux difficiles, dangereux et sales. ¶~에 종사하다 avoir une occupation difficile, dangereuse et sale.

삼라만상 森羅萬象 명 univers *m*, création *f*, tout ce qui constitue l'Univers. ¶ 우주의 ~ tout ce qui constitue l'Univers.

삼루 三壘 명 【운동】 troisième base *f*, troisième but *m*. ¶ ~를 돌다 atteindre la troisième base [le troisième but]. ¶ ~에 나가다[진출하다] atteindre la troisième base [le troisième but].

◆**_수** -手 명 【운동】 joueur *m* de troisième base.

◆**_타** -打 명 【운동】 coup *m* [frappe *f*] réussi(*e*) permettant au coureur d'atteindre la troisième base [le troisième but]. ¶ ~타를 치다 réussir un coup [une frappe] permettant au coureur d'atteindre la troisième base [le troisième but].

삼류 三流 명 troisième classe *f* [ordre *m*, rang *m*]. ¶ ~ 극장 un cinéma [un théâtre] de troisième classe. ¶ ~ 소설 un roman médiocre. ¶ ~ 인생 une vie basse. ¶ ~ 작가 un écrivain médiocre. ¶ 그 영화는 ~야 Ce film est très mauvais / Ce film est un navet.

삼륙판 三六板 명 【출판】 format *m* à 103 mm de largeur et 182 mm de longueur.

삼륜차 三輪車 명 tricycle *m*, véhicule *m* à trois roues.

삼림 森林 명 forêt *f*. ¶ ~ 보호 la protection de la forêt. ¶ ~ 자원 des ressources forestières.

◆**_계획** -計劃 명 【농업】 projet *m* forestier.

◆**_대** -帶 명 【지리】 zone *f* forestière [de forêts].

◆**_법** -法 명 【법률】 code *m* forestier.

◆**_욕** -浴 명 bain *m* de forêt.

◆**_조합** -組合 명 【농업】 syndicat *m* forestier.

◆**_지대** -地帶 명 région boisée.

◆**_학** -學 명 études *fpl* forestières.

◆**_행정** -行政 명 【정치】 administration *f* forestière (des eaux et forêts).

삼매 三昧 명 【불교】 concentration *f* (de l'esprit).

◆**_경** -境 명 état *m* bienheureux de l'oubli de soi. ¶ ~경에 잠기다 atteindre un parfait état de concentration spirituelle. ¶ 독서 ~경에 빠지다 être absorbé(*e*) par la lecture, être plongé(*e*) dans la lecture; s'adonner à la lecture.

삼면 三面 명 trois surfaces *fpl*, trois côtés *mpl*. ¶ 한국은 ~이 바다로 둘러싸여 있다 La Corée est entourée de mers par trois côtés.

삼모작 三毛作 명 【농업】 triple récolte *f* annuelle. ◇_(을) **하다** faire trois récoltes par an.

삼목 杉木 명 【식물】 cèdre *m* du Japon, *Cryptomeria japonica* {*nsc*}.

삼민주의 三民主義 명 【정치】 les trois principes

du peuple (du chinois Sun Yat-sen).

삼바 🅔 명 【음악】 samba *f*. ¶ 경쾌한 ~ 리듬 les rythmes légers de la samba.

◆_**춤** 명 (danse *f* de la) samba *f*. ¶ ~춤을 추다 danser la samba.

삼박자 三拍子 명 ① 【음악】 mesure *f* ternaire [à trois temps]. ¶ 왈츠는 ~의 춤곡이다 La valse est une musique de danse à trois temps. ② 세 가지 중요한 요소 les trois conditions *fpl* importantes [requises]. ¶ 그 사람은 지성, 감성, 덕성의 ~를 고루 갖춘 인물이다 C'est un personnage intelligent, sensible et vertueux en même temps.

삼발이 三- 명 trépied *m*.

삼배[1] 三拜 명 triple révérence *f*. ◇_(를) **하다[올리다]** faire une triple révérence. ¶ 왕에게 ~를 올리다 faire une triple révérence au roi.

삼배[2] 三倍 명 trois fois *fpl*; multiplié par trois. ¶ ~로 늘다 tripler. ¶ 2의 ~는 6이다 Trois fois deux font six. ◇_(를) **하다** tripler, multiplier par trois. ¶ 3을 ~하면 9이다 Si l'on multiplie trois par trois, on obtient neuf / Trois fois trois font neuf.

삼백예순날 三百- 명 360 jours *mpl*.

삼백육십오일 三百六十五日 명 les 365 jours *mpl* de l'année. ¶ 일 년 ~을 내내 누워 있다 garder le lit toute l'année [en permanence].

삼베 명 (toile *f* de) chanvre *m*.

◆_**옷** 명 vêtement *m* de chanvre.

삼보 三寶 명 【불교】 les trois trésors *mpl* du bouddhisme. ¶ 불보, 법보, 승보의 ~ les trois trésors du bouddhisme que sont le canon bouddhique, Bouddha et les moines.

삼복 三伏 명 Sambok <les 3 canicules, les trois grandes [grosses] chaleurs de l'année: Chobok, Jungbok et Malbok>.

◆_**더위** 명 les trois canicules, les trois grandes [grosses] chaleurs de l'année.

삼부[1] 三部 명 trois parties *fpl* [sections *fpl*].

◆_**작** -作 명 【예술】 trilogie *f*.

◆_**제** -制 명 【교육】 système *m* en trois parties.

◆_**합창** -合唱 명 【음악】 chœur *m* à trois voix.

삼부[2] 三府 명 les trois pouvoirs *mpl*: judiciaire, administratif et législatif. ¶ ~ 요인 les hautes personnalités représentant les trois pouvoirs de l'Etat.

삼부자 三父子 명 le père *m* et les deux fils *mpl*.

삼분 三分 명 division *f* en trois. ¶ ~의 일 un tiers. ¶ ~의 이 deux tiers. ◇_(을) **하다** diviser en trois. ¶ 재산을 ~하다 diviser la fortune en trois. ¶ 천하를 ~하다 diviser le monde en trois parties.

◆_**법** -法 명 【논리】 manière *f* de pensée procédant à la division de l'objet en trois éléments.

◆_**오열** -五裂 명 morcellement *m*, dislocation *f*. ¶ ~오열(이) 되다 se disloquer, se désagréger; être taillé(*e*) en pièces. ¶ 조직이 ~오열했다 L'organisation s'est disloquée.

삼사분기 三四分期 명 troisième trimestre *m*. ¶ ~ 영업 실적 les résultats commerciaux du troisième trimestre. ¶ 올해 ~에 실업률이 높아졌다 Le taux de chômage a augmenté dans le courant du troisième trimestre.

삼사월 三四月 명 les mois *mpl* de mars et d'avril.

삼사조 三四調 명 【문학】 rime *f* de trois et quatre syllabes utilisée dans les poésies traditionnelles coréennes.

삼삼오오 三三五五 명 (par) petits groupes *mpl* de trois ou de cinq. ¶ ~로 무리를 짓다 se rassembler en petits groupes.

부 par petits groupes *mpl*. ¶ ~ 모여서 수군거리다 chuchoter en petits groupes.

삼삼하다[1] 형 ((image)) être vi*f*(*ve*), vivant(*e*); avoir un souvenir net [précis, fidèle, vivant] ((d'un événement)), être encore tout(e) fr*ais*(*aîche*) dans la mémoire de *qn*, être encore à l'esprit, avoir encore présent à l'esprit [à la mémoire] ((un événement)), se souvenir encore précisément ((d'un événement)), avoir un souvenir net ((d'un événement)); ((*se*)) revoir encore précisément ((faire *qc*)). ¶ 그 사람의 얼굴이 아직도 눈앞에 ~ L'image de son visage me revient encore à l'esprit / Je me souviens encore précisément de son visage / Je revois encore son visage.

삼삼하다[2] 형 ① être légèrement insipide [peu relevé(*e*)] mais bon(*ne*), être bon(*ne*) sans être très assaisonné(*e*) [sans être très relevé]. ¶ 국물이 ~ Le bouillon est bon, sans être très relevé. ¶ 국을 삼삼하게 끓이다 préparer une bonne soupe pas trop relevée. ② ((매력)) être charmant(*e*), ravissant(*e*). ¶ 저 여자는 몸매가 ~ Elle a une ligne ravissante / Elle est bien faite. ¶ 얼굴이 삼삼하게 생겼다 Elle a un visage charmant.

삼색 三色 명 trois couleurs *fpl*. ¶ ~ 과일 fruits de trois couleurs différentes. ¶ ~ 휘장 une bannière tricolore.

◆_**기** -旗 명 drapeau(*x*) *m* tricolore(s).

◆_**판** -版 명 【출판】 trichromie *f*.

삼선 三選 명 élection *f* pour un troisième mandat. ¶ ~ 의원 un élu pour la troisième fois. ¶ 이번 선거에서 당선되면 그 사람은 ~째다 S'il est élu lors de cette élection, il assurera un troisième mandat.

삼세 三世 명 troisième génération *f*; ((Henri)) III. ¶ 교포 ~ ressortissant(*e*) coréen(*ne*) de troisième génération ((au Japon, aux États-Unis)). ¶ 앙리 ~ Henri III [trois].

삼세번 三-番 명 pas plus de trois fois *fpl*, trois fois maximum. ¶ ~으로 끝내자 Finissons-en à la troisième fois [en trois parties] / Au meilleur des trois parties.

삼세판 三- 명 trois parties *fpl* ((de «pierre, papier, ciseaux»)). ¶ 가위바위보 ~으로 결정하자 Décidons en trois parties de «pierre, papier, ciseaux».

삼수 三修 명 troisième essai *m*. ¶ 그는 ~ 끝에 대학에 들어갔다 Il est entré à l'université après avoir passé trois fois le concours d'entrée. ◇_(를) 하다 passer un concours pour la troisième fois ((généralement le concours d'entrée à l'université)). ¶ 그 사람은 대학 입시에서 ~를 했다 Il a passé trois fois le concours d'entrée à l'université.

◆_생 -生 명 étudiant(*e*) préparant le concours d'entrée à l'université pour la troisième fois, après avoir échoué deux fois.

삼수갑산 三水甲山 명 situation *f* très difficile, obstacle *m* difficile à surmonter, grosse difficulté *f*. *~을 가는 한이 있더라도 même si je dois me retrouver dans une situation difficile par la suite.

삼승 三乘 명 【수학】 cube *m*, puissance *f* 3. ¶ 2의 ~은 8이다 2 puissance 3 égale(nt) 8 / 2 élevé à la puissance 3 égale(nt) 8 / 2 élevé au cube égale(nt) 8 / Le cube de 2 est 8.

삼시 三時 명 les trois repas *mpl* ((petit-déjeuner, déjeuner et dîner)). ¶ ~ 세끼를 챙겨[찾아] 먹다 prendre trois repas par jour.

삼신 三神 명 【민속】 les Trois Saints *mpl* (fondateurs de la Corée).

◆_산 -山 명 【민속】 Mont *m* des Trois Saints *mpl*.

◆_할미 명 【민속】 les trois esprits *mpl* «grand-mère» (qu'on prie pour obtenir une descendance).

삼심제도 三審制度 명 【법률】 système judiciaire permettant de faire appel deux fois.

삼십 三十 주관 trente *m. inv*. ¶ 그 사람도 이제 ~줄에 들어섰다 Il a maintenant lui aussi passé les trente ans [la trentaine] / Il est maintenant lui aussi trentenaire. ☞ 이십

◆_대 代 명 trentaine *f*. ¶ 그 사람은 ~대다 Il est trentenaire.

삼십육계 三十六計 명 fuite *f*, évasion *f*. ¶ ~ 줄행랑 sauve-qui-peut *m*, dérobade *f*, débandade *f*. ¶ ~ 줄행랑을 치다 prendre la fuite, prendre le large, prendre la poudre d'escampette, s'enfuir à toutes jambes [à toute vitesse, à la débandade], se sauver à toute vitesse, prendre *ses* jambes à *son* cou, jouer des jambes [des flûtes], décamper, déguerpir, filer, se carapater {*fam*}; avoir le feu aux fesses [au cul {*fam*}]. ¶ 세가 불리할 때는 ~가 제일이다 Quand on se retrouve dans une situation défavorable, le plus sage est de décamper. ◇_(를) 놓다[치다] s'enfuir, s'évader, filer, prendre le large, s'échapper, se sauver, déguerpir, se carapater {*fam*}, prendre la poudre d'escampette. ¶ 그 사람은 패색이 짙어지자 ~를 쳤다 Il s'est sauvé lorsqu'il a présagé la défaite.

삼엄하다 森嚴- 형 être rigoureux(*se*), sévère, austère. ¶ 삼엄한 경계를 펴다 surveiller avec une extrême rigueur. ¶ 역 앞은 경계가 삼엄했다 On gardait le devant de la gare avec une rigueur extrême. ¶ 삼엄하게 검문을 하다 vérifier rigoureusement l'identité des passants.

삼에스정책 三{-S}政策 명 【정치】 la politique *f* des 3 S: *screen*, *sports*, *sex* ((politique visant à contrôler le peuple par l'intermédiaire du cinéma, des grands événements sportifs et du sexe)).

삼엽충 三葉蟲 명 【동물】 trilobites *mpl*.

삼원색 三原色 명 【미술】 les trois couleurs *f* primaires.

삼월 三月 명 mars *m*. mois *m* de mars ☞ 구월

◆_삼짇날 명 le troisième *m* jour du troisième mois lunaire.

삼위일체 三位一體 명 【기독】 (sainte) Trinité *f*.

◆_설 -說 명 【기독】 la doctrine *f* de la sainte Trinité.

삼인조 三人組 명 trio *m*, groupe *m* de trois personnes. ¶ ~ 강도 trois cambrioleurs, bande de trois cambrioleurs. ¶ ~ 밴드 formation musicale formée de trois musiciens, groupe de musique de trois musiciens; trio instrumental.

삼인칭 三人稱 명 【언어】 troisième personne *f*. ¶ ~ 대명사 pronom de la troisième personne. ¶ ~ 소설 roman à la troisième personne. ¶ 동사를 ~ 복수로 변화시키다 conjuguer le verbe à la troisième personne du pluriel. ¶ 주어를 ~으로 바꾸다 changer le sujet à la troisième personne.

삼일 三日 명 ① 제 3일 le trois. ② 사흘 trois jours *mpl*. ¶ 이번 달 ~에 le 3 de ce mois. ¶ ~ 치 (분량) quantité que l'on peut consommer ou accomplir en trois jours. ¶ 이달 ~은 공휴일이다 Le 3 de ce mois-ci est un jour férié.

◆_장 -葬 명 funérailles *fpl* de trois jours. ¶ ~장을 지내다[치르다] faire des funérailles de trois jours.

◆_천하 -天下 명 règne *m* éphémère.

삼일절 三一節 명 【법률】 fête *f* du 1er mars <jour commémoratif du mouvement pour l'indépendance de la Corée du 1er mars 1919>.

삼일정신 三一精神 명 esprit *m* du 1er mars <esprit qui insiste sur l'indépendance du pays>.

삼일민족독립운동 三一民族獨立運動 명 【역사】 Samil minjok dongnip undong ☞ 삼일운동

삼일운동 三一運動 명 【역사】 Samil-undong, <Mouvement du 1er mars (pour l'indépendance de la Corée, en 1919).

삼자 三者 명 ① 기수적 trois (personnes *fpl*). ¶ ~ 협상 négociation à trois. ② 서수적 tiers *m*. ¶ ~의 입장에서 의견을 말하다 donner son opinion en tant que tiers.

◆_대면 -對面 명 rencontre *f* à trois personnes. ¶ ~대면(을) 하다 faire une rencontre à trois personnes.

◆제_ 第- 명 tiers *m*.

삼재 三災 명 【불교】 cycle *m* des (trois) calamités, les trois calamités *fpl* ((qui s'inscrivent dans un cycle de la conception cyclique du développement dans le bouddhisme)). ¶ 올해는 ~가 든 해이다 Cette année, nous entrons dans une année funeste [dans une année du cycle des calamités]. ¶ 올해 아들에게 ~가 들었다 Cette année, mon fils est sous l'influence des trois calamités / Cette année correspond pour mon fils à un cycle de calamités.

삼족 三族 명 parents *mpl*, frères *mpl* et enfants *mpl*; familles *fpl* du côté paternel, du côté maternel et belle-famille. ¶ ~을 멸하다 tuer toute la famille du coupable (du côté paternel, du côté maternel et même sa belle-famille).

삼종 三從 명 cousin *m* au troisième degré. ¶ ~ 형제 cousin au troisième degré. ¶ 그 남자는 나와 ~ 간이다 Il est mon cousin au troisième degré.

삼중 三重 명 triple. ¶ ~ 안전장치 triple système de sécurité. ¶ ~ 충돌 triple collision. ¶ ~으로 포위하다 faire un triple encerclement. ¶ 이중 ~으로 겹치다 faire double voire triple emploi.

◆**_고** -苦 명 triple tourment *m*. ¶ ~고를 겪다 connaître un triple tourment.

◆**_모음** -母音 명 【언어】 triphtongue *f*.

◆**_주** -奏 명 【음악】 trio *m*. ¶ 현악 ~ trio à cordes.

◆**_창** -唱 명 【음악】 trio *m* vocal. ¶ ~을 부르다[하다] jouer en trio vocal.

삼지창 三枝槍 명 lance *f* à trois pointes, trident *m*.

삼진 三振 명 【운동】 trois prises *fpl* [strikes *mpl*]. ¶ ~ 아웃 élimination du frappeur [《퀘벡》 du batteur] suite à la troisième prise [au troisième strike]. ¶ 상대 팀에게 10개의 ~을 빼앗다 faire sortir [éliminer] 10 batteurs de l'équipe adverse (par des séries de trois prises [strikes]). ¶ 타자를 ~으로 잡다 éliminer [faire sortir] un frappeur [《퀘벡》 batteur] par un troisième strike [par une troisième prise]. ◇**_(을) 시키다** éliminer [faire sortir] un frappeur [《퀘벡》 batteur]. ¶ 투수가 타자를 ~을 시켰다 Le lanceur a éliminé [fait sortir] un frappeur [《퀘벡》 batteur]. ◇**_(을) 당하다** se faire éliminer. ¶ 투수에게 ~을 당하다 se faire éliminer par le lanceur.

삼짇날 三- 명 troisième jour *m* du troisième mois lunaire. ¶ 삼월 ~ le troisième jour du troisième mois lunaire.

삼질 三- 명 ☞ 삼짇날

삼차 三次 명 ① 기수적 trois fois *fpl*. ¶ ~에 걸친 회의 conseil tenu à trois reprises. ② 서수적 troisième (étape *f* d'une soirée arrosée). ¶ 어제 이차에서는 소주, ~에서는 맥주를 마셨다 J'ai bu du *soju* dans le deuxième bar (au 2ᵉ tour des bistrots) et de la bière dans le troisième (au 3ᵉ).

◆**_곡선** -曲線 명 【수학】 courbe *f* du troisième degré.

◆**_방정식** -方程式 명 【수학】 équation *f* du troisième degré.

◆**_산업** -產業 명 【경제】 industrie *f* tertiaire.

삼차원 三次元 명 trois dimensions *fpl*. ¶ ~ 공간[세계] espace [monde] à trois dimensions.

삼창 三唱 명 trois hourras *mpl*. ◇**_(을) 하다** pousser trois hourras. ¶ 만세 ~을 하다 pousser trois hourras; saluer *qn* d'un triple hourra.

삼척동자 三尺童子 명 petit enfant *m*. ¶ 그런 건 ~도 안다 Même un petit enfant le sait / Tout le monde le sait / C'est l'évidence même.

삼천리 三千里 명 trois mille lieues *fpl*. ¶ ~ 금수강산 beau pays qui s'étend sur trois mille lieues; le beau paysage de la Corée. ¶ ~ 방방곡곡을 돌아다니다 voyager aux quatre coins de la Corée.

삼촌 三寸 명 oncle *m*, tonton *m* {*fam*}. ¶ 큰[작은] ~ l'aîné des oncles [les cadets de l'oncle aîné].

◆**_댁** -宅 명 tante *f*.

◆**외_** 外- 명 oncle *m* maternel.

삼총사 三銃士 명 trois mousquetaires *mpl*; trio *m* (inséparable). ¶ 우리 세 사람은 유년 시절부터 ~였다 Nous formons un trio (inséparable) depuis notre enfance.

삼층 三層 명 ① trois niveaux *mpl* [deux étages ou 2ᵉ étage à la française]. ¶ ~ 건물 immeuble à trois niveaux [à deux étages]. ¶ 우리 집은 ~짜리 단독주택이다 Notre maison est un pavillon à trois niveaux [à deux étages] / Nous habitons dans une maison à trois niveaux [à deux étages]. ② deuxième étage *m*. ¶ 우리는 ~에 산다 Nous habitons au deuxième (étage). ¶ 우리 집은 아파트 ~이다 Notre appartement est au deuxième étage / Nous habitons au deuxième (étage).

◆**_밥** 명 riz *m* cuit à la vapeur dont la partie médiane seule est correctement cuite tandis que la partie supérieure n'est pas tout à fait cuite et la partie inférieure est brûlée. ¶ ~밥을 짓다 cuire du riz à la vapeur dont la partie médiane seule est correctement cuite tandis que la partie supérieure n'est pas tout à fait cuite et la partie inférieure est brûlée.

◆**_장** -欌 명 armoire *f* divisée en trois parties horizontales.

◆**_집** 명 maison *f* à trois niveaux [à deux étages].

◆**_탑** -塔 명 tour *f* à trois étages; stûpa *m* à trois étages [niveaux].

삼치 명 【동물】 *samchi m*, sorte de maquereau(*x*) *m* tacheté, *Sawara niphonia* {*nsc*}.

◆**_구이** 명 *samchi m* grillé.

삼키다 타 ① avaler; déglutir. ¶ 침을 ~ déglutir *sa* salive. ¶ 담배 연기를 ~ avaler la fumée de cigarette. ② 남의 것을 가로채다 s'approprier *qc*; s'emparer de *qc*. ¶ 공금을 ~ s'approprier des fonds publics. ③ 억지로 참다 ravaler, retenir. ¶ 눈물을 ~ ravaler *ses* larmes. ¶ 하려던 말을 ~ ravaler les paroles qu'*on* voulait dire.

삼태기 명 corbeille *f* (pour porter de la terre, des déchets, etc).

삼투 滲透 명 pénétration *f*, infiltration *f*. ¶ ~ 현상[작용] phénomène d'infiltration. ◇**_(를) 하다** pénétrer dans *qc*, s'infiltrer dans *qc*. ◇**_(를) 시키다** faire pénétrer [infiltrer].

◆**_압** -壓 명 【물리】 pression *f* osmotique.

삼파전 三巴戰 명 concurrence *f* à trois. ¶ 이번 대회는 한, 중, 일 삼국 간의 ~ 양상을 띠고 있다 Cette compétition prend l'aspect d'une concurrence

tripartite entre la Corée, la Chine et le Japon. ◇_을 벌이다 se faire une triple concurrence.
삼판양승 三板兩勝 명 deux victoires *fpl* sur trois manches [parties]. ¶ 이번 대회 결승전은 ~으로 벌어진다 Le vainqueur de ce tournoi doit remporter en finale deux parties sur trois.
◆_제 -制 명 système *m* d'attribution de la victoire à celui qui remporte deux parties sur trois.
삼팔선 三八線 명 【지리】 (le) 38ᵉ parallèle *m* (qui divise la péninsule coréenne en deux). ¶ ~을 넘어오다 franchir le 38ᵉ parallèle.
삼포 蔘圃 명 champ *m* de ginseng.
삼한 三韓 명 【역사】 Samhan, «les trois Han» *mpl* <trois pays (Mahan 馬韓, Jinhan 辰韓, Byeonhan 弁韓) qui existaient en Corée avant l'ère des Trois Royaumes>. ¶ ~ 시대 l'ère des trois pays Han.
삼한사온 三寒四溫 명 【지리】 alternance *f* de (trois) jours très froids et de (quatre) jours relativement doux; froid *m* périodique. ¶ 올 겨울에는 ~ 현상이 뚜렷하다 Cet hiver nous pouvons constater une alternance très nette de jours très froids et de jours relativement doux.
삼항식 三項式 명 【수학】 trinôme *m*.
삼현육각 三絃六角 명 【음악】 petit orchestre *m* traditionnel formé de trois instruments à cordes et de six autres instruments ((comme le tambour, le fifre, etc)).

삼형제 三兄弟 명 trois frères *mpl*.
삼회장 三回裝 명 【민속】 *sam-hoejang* <bandes de couleurs cousues sur le vêtement traditionnel des femmes en trois endroits: le col, les poignets et les aisselles>. ¶ ~ 저고리 gilet du costume traditionnel des femmes doté de trois bandes de couleurs aux poignets, aux aisselles et sur le col.
삽 鍤 명 pelle *f*. ¶ ~으로 구덩이를 파다 creuser un fossé avec une pelle.
◆_날 명 lame *f* de pelle.
◆_자루 명 manche *m* de pelle.
◆_질 명 action de pelleter.
*~질(을) 하다 faire *qc* pour rien; ne servir à rien, n'aboutir à rien; se fatiguer [se donner de la peine] pour rien [pour des prunes {*fam*}, en vain]; agir en pure perte.
분류 ((classificateur)) pelletée *f*. ¶ 흙 한 ~ une pelletée de terre.
삽도 插圖 명 【출판】 illustration *f*.
삽사리 명 ☞ 삽살개
삽살개 명 【동물】 chien *m* de race coréenne à poil long.
삽상하다 颯爽- 형 être fr*ais*(*aîche*); faire frais. ¶ 삽상한 가을바람 le vent frais d'automne.
삽시 霎時 명 ☞ 삽시간
삽시간 霎時間 명 un temps *m* très court; un instant *m* très bref, ((en)) un éclair *m*.
◆_에 부 en un temps très court; en un éclair, en un instant, en un clin d'œil. ¶ 모든 일은 ~에 벌어졌다 Tout s'est passé en un éclair.
삽입 插入 명 introduction *f*; insertion *f*; intercalation *f*. ◇_(을) 하다[시키다] introduire; insérer; intercaler. ¶ 탄알을 총에 ~하다 charger un fusil. ¶ 여기에 새로운 조항을 ~하는 게 좋을 듯하다 Ce serait mieux d'insérer ici un nouvel article. ◇_(이) 되다 s'insérer. ¶ 개정안에 3가지 조항이 추가로 ~되었다 Trois articles supplémentaires sont introduits dans ce projet de loi.
◆_곡 -曲 명 【음악】 chanson *f* [musique *f* instrumentale] insérée dans un film [une émission]. ¶ 영화 ~곡 chanson [musique instrumentale] insérée dans un film.
◆_구 -句 명 【언어】 incise *f*.
◆_물 -物 명 produit *m* inséré.
◆_부 -部 명 【음악】 partie *f* insérée.
◆_절 -節 명 【언어】 proposition *f* incidente, incise *f*.
삽화[1] 插畫 명 illustration *f*. ¶ 책에 ~를 넣다 illustrer un livre.
◆_가 -家 명 illustrateur *m*.
삽화[2] 插話 명 épisode *m*.
◆_적 -的 명관 épisodique.
삿갓 명 chapeau(*x*) *m* de bambou de forme conique. ¶ ~을 쓰다 mettre un chapeau de bambou. ¶ 방랑시인 김~ le poète errant surnommé «chapeau de bambou Kim».
삿대 명 perche *f*. ☞ 상앗대
삿대질 명 action de brandir le doigt [le poing] devant le visage de *qn*. ¶ 어디에다 대고 ~이야! Pour qui me prends-tu pour oser pointer le doigt sur moi? ◇_(을) 하다 brandir le poing [pointer le doigt] devant le visage de *qn*. ¶ 그 녀석은 나에게 ~을 하면서 대들었다 Ce type m'a tenu tête en pointant son doigt sur moi.
삿자리 명 natte *f* de roseau.
상[1] 床 명 table *f* (pour manger). ¶ ~을 놓다 mettre [dresser] le couvert [la table]; préparer la table. ¶ ~을 보다[차리다] mettre [dresser] la table [le couvert]; préparer la table. ¶ ~을 물리다 quitter la table. ¶ ~을 치우다 desservir [débarrasser] la table. ¶ ~에서 빈 그릇을 치우다 débarrasser la table.
◆_다리 명 pied *m* de table. ¶ ~다리가 휘어지게 음식을 차리다 régaler, servir un repas copieux [plantureux] à *qn*; servir un festin à *qn*.
◆_머리 명 devant *m* [côté *m*] d'une table; le bout *m* d'une table. ¶ ~머리에 앉다 s'asseoir devant la table. ¶ 며느리가 ~머리에서 시중을 들었다 La belle-fille a fait le service au bout de la table.
◆_물림 명 【민속】 fait de remettre des plats de mariage à un des membres de la famille du marié (ou de la mariée). ¶ ~물림을 하다 remettre des plats de mariage à un des membres de la famille du marié (ou de la mariée).
◆_차례 -次例 명 ordonnancement *m* de la table (à l'occasion d'une cérémonie).

◆_차림 명 dressage *m* d'une table. ¶ 아내의 ~차림을 돕다 aider *sa* femme à mettre la table [le couvert].

◆겸_ 兼 명 repas *m* en tête-à-tête. ¶ 아버지와 겸~으로 저녁 식사를 하다 dîner à deux [en tête à tête] avec *son* père.

◆독_ 獨 명 table *f* à manger pour une personne. ¶ 독~을 받다 être seul(*e*) à la table à manger.

◆밥_ 명 table *f* à manger ((table basse)).

◆술_ 명 plateau(*x*) *m* d'apéritifs; table *f* d'apéritifs. ¶ 술~을 보다 servir un plateau d'apéritifs; mettre des bouteilles d'alcool et des mets légers sur une table.

◆저녁_ 명 dîner; table du dîner.

상[2] 賞 명 prix *m*; récompense *f*. ¶ 일등~ premier prix. ¶ 최우수~ prix hors concours; premier prix. ¶ 금[은, 동]~ médaille d'or [d'argent, de bronze]. ¶ 노벨~ prix Nobel. ¶ ~을 타다[받다] recevoir [remporter, gagner, obtenir] un prix. ¶ 학생에게 ~을 주다 décerner un prix à un(*e*) élève. ¶ 심사위원회는 그 소설에 ~을 주었다 Le jury a décerné le prix à ce roman. ¶ ~으로 특별 휴가를 주다 accorder un congé supplémentaire comme récompense ((à l'armée)).

◆_복 -福 명 chance *f* [faveur *f* du destin, heur *m* {*litt*}] pour recevoir des prix. ¶ 그 사람은 ~복이 있다 Son destin est de recevoir des prix / Il est destiné à être (souvent) primé / Il a la faveur du destin pour recevoir des prix.

◆부_ 副- 명 récompense *f*.

◆우등_ 優等- 명 prix *m* d'excellence.

◆인기_ 人氣- 명 prix *m* de popularité.

◆장려_ 獎勵- 명 prix *m* d'encouragement.

◆특별_ 特別- 명 prix *m* de consolation (spécial).

상[3] 相 명 ① 낯 tête *f*, figure *f*, mine *f*, gueule *f* {*fam*}, tronche *f* {*fam*}. ¶ 잔소리에 ~을 찡그리다 faire la grimace devant les réprimandes (de *qn*). ¶ 죽을~을 하다[짓다] faire [avoir] une tête [gueule {*fam*}] d'enterrement; faire une tête de six pieds de long {*fam*}; avoir un visage désespéré; avoir une figure [tête] de croquemort {*fam*}. ② ((관상)) physiognomonie *f*. ¶ ~을 보다 présager l'avenir de *qn* à partir de sa physiognomonie. ¶ 이 아이는 앞으로 크게 될 ~이다 Cet enfant a la physionomie d'un grand homme. ③ 【언어】 aspect *m*. ¶ 문법~ aspect grammatical. ¶ 어휘~ aspect lexical.¶ 완료~ ((문법상)) aspect *m* accompli; ((어휘상)) aspect *m* perfectif. ¶ 기동[종결]~ aspect inchoatif [terminatif]. ¶ 반복[완료, 지속, 진행]~ aspect itératif [accompli, duratif, progressif].

◆_적 -的 명관 【언어】 aspectuel(*le*). ¶ 술어의 ~적 특성 propriétés aspectuelles d'un prédicat.

◆_판 명 【비어】 gueule *f* {*fam*}, tronche *f* {*fam*}. ¶ 누구의 ~판을 갈기다 casser la gueule à *qn* {*fam*}, mettre la tête au carré à *qn*, abîmer [arranger] le portrait de *qn*, flanquer une volée à *qn*, passer *qn* à tabac; rentrer dedans [dans le mou, dans le chou] à *qn*; tomber sur le paletot [le poil] de *qn*; voler dans les plumes à *qn*.

◆_판대기 명 【비어】 gueule *f* {*fam*}. ¶ ~판대기가 반반하다 avoir une belle gueule {*fam*}.

상[4] 像 명 ① image *f*. ¶ 거울에 비친 ~ reflet dans le miroir. ¶ 필름에 맺힌 ~ image sur la pellicule. ② 조형물 statue *f*. ¶ 교정에 설립자의 ~을 세우다 élever la statue du fondateur dans le campus. ③ 모범 image *f*, modèle *m*. ¶ 적극적인 여성의 ~ image d'une femme active.

◆실_ 實- 명 image *f* réelle.

◆허_ 虛- 명 image *f* virtuelle.

상[5] 喪 명 deuil *m*. ¶ 부모의 ~을 당하다[입다] faire le deuil de *ses* parents. ¶ ~을 치르다 porter [prendre] le deuil de *qn*, être en deuil de *qn*. ¶ ~을 벗다 quitter le deuil.

◆_가 -家 명 maison *f* en deuil. ¶ ~가에 문상을 가다 aller présenter *ses* condoléances à la famille du défunt.

◆_주 -主 명 personne *f* chargée de conduire le deuil dans une famille. ¶ ~가 되다 prendre en charge le deuil dans une famille.

◆_중 -中 명 période *f* de deuil. ¶ ~에 en deuil. ¶ 그 사람은 지금 부친의 ~이다 Il est en deuil de son père / Il porte le deuil de son père.

◆삼년_ -喪 명 deuxième anniversaire *m* d'un décès. ¶ 삼년~을 치르다 commémorer le deuxième anniversaire d'un décès.

상[6] 上 명 ① 상등 première qualité *f* [catégorie *f*]. ¶ 이 물건은 품질이 ~에 속한다 Ce produit est de première qualité. ¶ 그 학생의 성적은 언제나 ~에 들었다 Ses notes figuraient toujours parmi les meilleures. ② 상권 premier volume *m* [tome *m*]. ¶ 이 책은 ~·중·하 세 권으로 되어 있다 Ce livre est en trois tomes. ③ 위, 위쪽 sur ((la terre)). ¶ 지구~의 생물 êtres vivants terrestres.

상[7] 想 명 idée *f*, pensée *f*, conception *f*. ¶ 좋은 ~이 떠올랐다 Une bonne idée [Une idée brillante] m'est venue à l'esprit [m'a traversé l'esprit].

–상[8] 上 접미 ((suffixe nominal)) en matière *f* de *qc*; ((du)) point *m* de vue de *qc*/*qn*; en ce qui concerne; d'ordre *m* ((moral)). ¶ 이론~ du point de vue de la théorie. ¶ 역사~ 중요한 사건들 grands évènements historiques. ¶ 건강~의 이유로 사임하다 démissionner pour raison de santé. ¶ 교육~ 바람직하지 못하다 Ce n'est pas souhaitable du point de vue pédagogique. ¶ 양심~ 그런 일은 할 수 없다 C'est agir contre ma conscience de faire ce genre de chose.

–상[9] 相 접미 ((suffixe nominal)) phase *f*, aspect *m*. ¶ 미래~ l'image idéalisée du futur. ¶ 타락~ chute morale, décadence, dégringolade, déchéance par abandon des valeurs morales [traditionnelles]. ¶ 한국의 발전~ phase de développement de la Corée du Sud.

–상[10] 狀 접미 ((suffixe nominal)) forme *f* ¶ 방사~

rayonnant(*e*). ¶ 나선~ spirale. ¶ 포도~구균 staphylococcie.

-상[11] **商** [접미] ((suffixe nominal)) commerce *m*; affaires *fpl*. ¶ 고물~ brocanteur(*se*). ¶ 가구~ maison d'ameublement; marchand(*e*) d'ameublement. ¶ 도매~ grossiste. ¶ 소매~ détaillant(*e*).

-상[12] **像** [접미] ((suffixe nominal)) ① 바람직한 모습 image *f* idéale; modèle *m*. ¶ 교육자~ l'image idéale d'un enseignant [d'un pédagogue]. ¶ 어머니~ l'image idéale de la mère. ② ((조각이나 그림에 붙어)) statue *f*, portrait *m*. ¶ 반신~ un buste. ¶ 비너스~ la statue de la Vénus de Milo.

상가[1] **喪家** [명] maison *f* [famille *f*] en deuil. ¶ ~에서 하룻밤을 새웠다 veiller auprès de la famille en deuil.

◆**_ㅅ집** [명] maison *f* en deuil.

*~ㅅ**집 개 같다** être déprimé(*e*); avoir le moral à zéro {*fam*}.

상가[2] **商街** [명] quartier *m* commerçant [rue *f* commerçante], centre *m* commercial. ¶ ~ 안내 표시 panneau indicateur pour le centre commercial. ¶ 아파트 ~에 미용실을 개업하다 ouvrir un salon de coiffure dans le centre commercial d'un ensemble résidentiel.

상가[3] **商家** magasin *m*, boutique *f*. ¶ 일요일에는 모든 ~가 문을 닫는다 Le dimanche, tous les magasins sont fermés.

상간[1] [의명] ((en)) l'espace *m* de ((quelques jours)). ¶ 며칠 ~에 기온이 뚝 떨어졌다 La température a chuté en l'espace de quelques jours.

상간[2] **相姦** [명] liaison *f* illicite, fornication *f*.

◆**근친_** 近親 [명] inceste *m*. ¶ 근친~을 법으로 금하다 interdire l'inceste par la loi.

상감[1] **上監** [명] Sa [Votre] Majesté *f*. ¶ ~의 허락을 받다 obtenir l'autorisation du roi.

◆**_마마** -媽媽 [명] Votre Majesté *f*.

상감[2] **象嵌** [명] incrustation *f*, ((금은)) damasquinage *m*. ¶ ~ 기법[세공] damasquinage, damasquinerie, damasquinure, technique d'incrustation. ◇_(을) **하다** incruster ((de l'or dans de l'acier)); damasquiner.

◆**_청자** -靑瓷 [명] céladon *m* damasquiné.

상강 [명] Sanggang. <une des 24 divisions du calendrier luni-solaire, vers le 23 octobre>

상거래 **商去來** [명] transaction *f* commerciale. ¶ 공정한 ~ 질서를 정착시키다 établir l'ordre de la transaction [de l'opération] commerciale.

상것 **常-** [명] vulgaire *m*.

상견 **相見** [명] entrevue *f*. ◇_(을) **하다** avoir une *entrevue*, *se voir*. ¶ 신입생들과 선배들이 ~을 했다 Les nouveaux élèves et les anciens ont eu une entrevue.

◆**_례** -禮 [명] entrevue *f*. ¶ 새로 온 직원들과 ~를 했다 Nous avons eu une entrevue avec des employés nouvellement recrutés.

상경 **上京** [명] voyage *m* [montée *f*] à la capitale. ◇_(을) **하다** aller [venir, monter] à Séoul [à la capitale]. ¶ 무작정 ~하다 venir à la capitale [monter à Séoul] sans aucun projet précis.

◆**_길** [명] chemin de montée *m* à la capitale. ¶ ~길에 친척 집에 들르다 profiter d'un passage à la capitale pour rendre visite à un parent.

상계[1] **商界** [명] monde *m* [milieu *m*] commercial.

상계[2] **相計** [명] 【법률】 contrepoids *m*; ((compte de)) contrepartie *f*, amortissement *m*. ◇_(를) **하다** contrebalancer.

◆**대출_** 貸出- [명] 【경제】 emprunt amortissable.

상고[1] **上古** [명] 【역사】 (haute) antiquité *f*, temps *mpl* antiques.

◆**_시대** -時代 [명] temps *m* ancien.

◆**_사** -史 [명] histoire *f* ancienne.

상고[2] **上告** [명] 【법률】 pourvoi *m* [demande *f*, recours *m*] en cassation. ¶ ~를 기각하다 rejeter un pourvoi en cassation. ◇_(를) **하다** se pourvoir [aller] en cassation. ¶ 대법원에 ~하다 se pourvoir devant la cour suprême.

◆**_심** -審 [명] 【법률】 Cour *f* de cassation [d'appel].

◆**_인** -人 [명] 【법률】 partie *f* appelante.

상고[3] **詳考** [명] délibération *f*, réflexion *f*, méditation *f*, considération *f*. ◇_(를) **하다** délibérer, réfléchir, méditer.

상고[4] **商高** [명] 【교육】 lycée *m* professionnel (filière commerce). ¶ ~에 진학하다[합격하다] entrer au [réussir au concours d'entrée d'un] lycée professionnel.

상고머리 [명] coupe *f* de cheveux au carré. ¶ ~를 하다 se faire faire un carré. ¶ ~로 깎다 se faire couper les cheveux au carré.

상공[1] **上空** [명] ciel *m*. ¶ 비행기가 도시(의) ~을 난다 Un avion au-dessus de la ville. ¶ 서울 ~에 미확인 비행물체가 출현하였다 Un OVNI est apparu dans le ciel de Séoul.

상공[2] **商工** [명] commerce *m* et industrie *f*. ☞ 상공업

◆**_부** -部 [명] ministère *m* du Commerce et de l'Industrie.

◆**_회의소** -會議所 [명] 【경제】 Chambre *f* de commerce et d'industrie. ¶ 주한 미 ~회의소 la Chambre de commerce et d'industrie des États Unis en Corée.

상공업 **商工業** [명] commerce *m* et industrie *f*.

◆**_자** -者 [명] commerçant(*e*) et industriel(*le*).

상과 **商科** [명] 【교육】 département *m* de gestion.

◆**_대학** -大學 [명] 【교육】 faculté *f* de gestion.

상관[1] **上官** [명] supérieur(*e*) de *qn*. ¶ ~의 명령에 복종하다 obéir aux ordres d'un supérieur.

상관[2] **相關** [명] corrélation *f*, relation *f*, rapport *m*; intervention *f*. ¶ 그 사람은 이 사건과 ~이 없다 Il n'y a aucun rapport entre lui et cette affaire. ¶ 이 문제는 나에게도 ~이 있다 Je suis également concerné(*e*) par ce problème. ◇_(을) **하다** se mêler à qn/qc, se mêler de *qc*. ¶ 이 문제는 네가 ~할 일이 아니다 Ce n'est pas à toi de te mêler de cette affaire. ¶ 남의 일에 ~(하지) 마라! Mêle-toi de ce qui te regarde! / Mêle-toi de tes oignons! {*fam*} / De quoi je me mêle? ◇_(이) **되다** concerner *qn*. ¶ 그 사건은 나에게도 ~되는 일이다 Cette affaire me regarde [concerne] également. ◇_(이) **있다** être en rapport avec *qc*. ◇_(이) **없다** n'avoir aucun rapport. ¶ 조금 늦어도 ~없다 Ce n'est pas grave d'être un peu en retard. ¶ 나와는 전혀 ~없는 일이다 Cela ne me regarde pas du tout.

◆**_없이** 부 sans se soucier de *qc*, sans rapport avec *qc*, sans tenir compte de *qc*. ¶ 폭우에도 ~없이 길을 떠나다 partir sans se soucier de l'orage.

◆**_적** -的 명관 corrélati*f*(*ve*), corrélationnel(*le*). ¶ ~적으로 corrélativement.

◆**_성** -性 명 corrélation *f*.

◆**_개념** -槪念 명 【논리】 concept *m* corrélatif.

◆**_계수** -係數 명 【수학】 coefficient *m* de corrélation.

◆**_관계** -關係 명 corrélation *f*.

◆**_속** -束 명 【언어】 contrainte *f* corrélative.

◆**_쌍** -雙 명 couple *m* de corrélés.

상궁 尙宮 명 【역사】 dame *f* de la cour.

상권[1] **上卷** 명 premier volume *m* [tome *m*]. ¶ 소설의 ~ premier volume d'un roman.

상권[2] **商權** 명 ① 【법률】 droit *m* commercial. ② 상업상의 주도권 pouvoir *m* commercial, suprématie *f* commerciale. ¶ 지역의 ~을 장악하다 avoir la suprématie commerciale sur le quartier.

상권[3] **商圈** 명 【경제】 sphère *f* [zone *f*] d'influence commerciale. ¶ 이 지역에 새로운 ~이 형성되었다 Une nouvelle sphère [zone] d'influence commerciale a été créée dans cette région.

상궤 常軌 명 norme *f*, normale *f*. ¶ ~를 벗어난 행동 comportement anormal [excentrique].

상극 相剋 명 incompatibilité *f*, antipathie *f*, antagonisme *m* ((entre l'eau et l'huile)); conflit *m*, opposition *f*. ◇_(이) **되다** être incompatible avec *qc*, ne pas être compatible avec *qc*, être en conflit avec *qn*/*qc*. ¶ 덕과 재물은 ~되는 면이 있다 La vertu n'est pas compatible avec la richesse. ◇_**이다** être incompatible avec *qc*, ne pas être compatible avec *qc*, être en conflit avec *qn*/*qc*. ¶ 물과 불은 (서로) ~이다 L'eau et le feu sont incompatibles. ¶ 그 두 사람은 서로 ~이다 Les deux personnes sont en conflit / Ces deux personnes sont opposées l'une à l'autre.

상근 常勤 명 trav*ail*(*aux*) *m* à plein temps; trav*ail*(*aux*) *m* à temps plein. ◇_(을) **하다** travailler à temps plein, travailler à plein temps.

◆**_직원** -職員 명 employé(*e*) réguli*er*(*ère*); employé(*e*) à plein temps.

상금 賞金 명 montant *m* d'un prix; prime *f*, récompense *f*; lot *m*. ¶ ~을 받다[타다] recevoir un prix en espèces. ¶ 천만 원의 ~을 걸다 parier dix millions de wons. ¶ 우승자에게 ~을 주다 offrir un prix au champion [au vainqueur]. ¶ ~이 얼마인가요? A combien la prime s'élève-t-elle? / Le prix s'élève à combien?

상급[1] **上級** 명 rang *m* [grade *m*] supérieur; classe *f* supérieure. ¶ ~ 기관 organe supérieur.

◆**_반** -班 명 classe *f* supérieure.

◆**_법원** -法院 명 【법률】 tribun*al*(*aux*) *m* supérieur.

◆**_생** -生 명 élève *mf* d'une classe supérieure; grand(*e*). ¶ ~생에게 경례를 붙이다 saluer les élèves d'une classe supérieure.

◆**_심** -審 명 【법률】 un procès *m* au tribunal supérieur.

◆**_자** -者 명 supérieur(*e*). ¶ ~자의 지시에 따르다 suivre les instructions de *ses* supérieurs.

상급[2] **賞給** 명 remise *f* des prix; ((돈이나 물건)) récompense *f*; prix *m*. ¶ 실적이 좋은 직원에게 ~을 주다 décerner une récompense à l'employé qui a obtenu un bon résultat. ◇_(을) **하다** donner [offrir, décerner] une récompense [un prix] à *qn*.

상기[1] **上記** 명 ((texte *m*)) ci-dessus [mentionné ci-dessus, susmentionné]. ◇_(를) **하다** susmentionner. ¶ ~한 바와 같이 comme (on l'a) mentionné ci-dessus.

◆**_인** -人 명 la personne *f* mentionnée ci-dessus.

상기[2] **想起** 명 remémoration *f*, évocation *f*, rappel *m*. ◇_(를) **하다** se rappeler *qc*, se souvenir de *qc*/*qn*; ressasser [remémorer] ((des regrets, des souvenirs)), se remémorer *qn*/*qc*, revivre ((*sa* jeunesse)). ¶ 지난 일을 ~하다 ressasser des événements passés [le passé, des souvenirs], se rappeler ce qui s'est passé). ¶ 이번 일의 중요성을 다시 한 번 ~해라 Rappelle-toi encore une fois l'importance de cette affaire. ¶ 그 사람은 이 일로 자신의 역할이 얼마나 중요한지를 다시 한 번 ~했다 Il a réalisé grâce à cet événement combien son rôle avait été important. ◇_(를) **시키다** rappeler *qc* à *qn*, remémorer *qc* à *qn*; évoquer *qc*; faire songer [faire penser] à *qc*. ¶ 이번 사고는 사람들에게 핵의 위험성을 ~시켰다 Cet accident nous a rappelé le danger du nucléaire. ¶ 그 사람은 나에게 과거의 상처를 다시 ~시켰다 Il m'a fait ressasser un mauvais souvenir du passé / Il m'a remué le couteau [le poignard, le fer] dans la plaie / Il a versé de l'huile sur mes plaies. ¶ 내가 당신을 지지하고 있다는 것을 사람들에게 ~시키십시오 Rappelons aux gens que je suis de votre côté [que je vous soutiens]. ◇_(가) **되다** se rappeler *qc*; se souvenir de *qc*.

상기[3] **上氣** 명 rougissement *m* du visage. ◇_(가) **되다** rougir. ¶ ~된 얼굴 un visage en feu. ¶ 부끄러움으로 얼굴이 발갛게 ~되다 devenir rouge de honte.

상기[4] **喪期** 명 (période *f* de) deuil *m*.

상납 上納 명 ((조세)) paiement *m* [payement *m*] ((de l'impôt)) aux autorités; ((뇌물)) offre *f* d'un pot-de-vin. ◇_(을) **하다** ((조세를)) payer ((l'impôt)) aux autorités; payer une redevance [une dette]; ((뇌물을)) verser un dessous de table à *qn*, offrir un pot-de-vin à *qn*. ¶ 상부에 매달 백만 원을 ~한다 Chaque mois, je paye un million de wons à mes supérieurs. ¶ 정치인에게 돈을 ~하다 donner [verser] de l'argent aux politiciens. ◇_(을) **받다** lever [percevoir] un tribut; encaisser [percevoir] des redevances. ¶ 누구로부터 많은 뇌물을 ~받다 recevoir beaucoup de pots de vin de la part de *qn*.

◆**_금** -金 명 ((조세로)) redevance *f*, argent *m* versé à l'État en tant que taxe; ((뇌물로)) pot-de-vin *m* versé à *qn*.

상냥스럽다 형 ☞ 상냥하다

상냥하다 형 être [paraître] gentil(*le*), tendre, dou*x*(*ce*); être [paraître] aimable, affable, agréable. ¶ 그 여자의 목소리는 참으로 ~ La voix de la femme est très aimable. ¶ 그 간호사는 항상 상냥하게 환자를 대한다 L'infirmière est toujours aimable avec ses patients.

상년 常- 명 【비어】 ((신분이 낮은)) femme *f* de basse naissance, femme *f* de basse extraction, femme *f* de basse condition; ((막된)) salope *f* {*vulg*}, chienne *f* {*vulg*}, garce *f*, putain *f* {*vulg*}, morue *f* {*vulg*}; ((버릇없는)) mal élevée *f*, malapprise *f*, malotrue *f*.

상념 想念 명 idée *f*, pensée *f*. ¶ ~을 떨쳐버리다 chasser l'idée de *qc*. ¶ ~에 잠기다 être pris(*e*) [obsédé(*e*)] par une pensée.

상놈 常- 명 【비어】 ((신분이 낮은)) homme *m* de basse naissance, homme *m* de basse extraction, homme *m* de basse condition, homme *m* vulgaire; roturier *m*; ((막된)) salopard *m* {*vulg*}, chien *m* {*vulg*}, con(n)ard *m* {*vulg*}; sale type, goujat *m*, rustre *m*, malotru *m*, malappris *m*, pignouf *m* {*fam*}.

상늙은이 上- 명 le(*la*) doyen(*ne*) d'un groupe de personnes âgées.

상단[1] 上段 명 ① ((인쇄물의)) colonne *f* supérieure. ¶ 5 페이지 ~ 둘째 줄 la deuxième ligne de la colonne supérieure de la page cinq. ② ((선반 따위의)) rayon *m* supérieur; ((침대차의)) couchette *f* supérieure. ¶ 선반의 ~ le rayon supérieur d'une étagère.

◆**_부** -部 명 partie *f* supérieure.

상단[2] 上端 명 haut *m*, sommet *m* ((d'une échelle, d'un mât)); partie *f* supérieure. ¶ 교회 첨탑의 ~ l'aiguille [la flèche] d'un clocher.

상달[1] 上- 명 le dixième mois *m* lunaire; le mois *m* des moissons. ¶ 시월 ~ le dixième mois lunaire.

상달[2] 上達 명 rapport *m* à un supérieur. ◇_(을) **하다** faire connaître *qc* à un supérieur; porter à la connaissance d'un supérieur, faire un rapport de *qc* ((à un supérieur)). ¶ 민생을 살펴 ~하다 faire un rapport de la vie du peuple ((au roi, au président)).

상담[1] 相談 명 consultation *f*, conseil *m*; conférence *f*, délibération *f*. ¶ ~ 전화 le téléphone pour avoir des conseils. ¶ ~ 창구 un guichet de consultation; le service de conseils; un guichet d'informations ¶ 법률 ~ une consultation juridique. ¶ 건강 ~ la consultation pour un problème de santé, une consultation de santé, une consultation médicale. ¶ 소비자 ~ une consultation pour les consommateurs; des conseils pour les consommateurs. ¶ 인생 ~ une consultation pour un problème relatif à *sa* vie. ¶ 전화 ~ une consultation par téléphone [téléphonique]. ¶ 온라인 ~ une consultation en ligne. ¶ 재테크 ~ une consultation pour un investissement [pour investir des capitaux]. ¶ 전문가에게 ~을 의뢰하다 demander conseil à un(*e*) spécialiste; consulter un(*e*) spécialiste. ◇_(을) **하다** consulter *qn* (sur *qc*, au sujet de *qc*); demander conseil à *qn*; prendre conseil auprès de *qn*. ¶ 건강 문제로 의사와 ~하다 consulter un médecin pour un problème de santé. ¶ 선생님께 진학 문제를 ~하다 consulter [demander conseil à] un(*e*) enseignant(*e*) pour l'orientation scolaire. ¶ 언제 어떻게 할지를 ~하다 demander conseil à *qn* pour savoir quand et comment faire. ◇_(을) **받다** être consulté(*e*) par *qn*, recevoir la demande de consultation de *qn*.

◆**_소** -所 명 cabinet *m* de consultation; ((학생)) accueil *m* des étudiants; ((결혼)) agence *f* matrimoniale. ¶ 법률 ~소 un cabinet de consultations juridiques.

◆**_실** -室 명 cabinet *m* de consultation.

◆**_역** -役 명 conseill*er*(*ère*) ((d'orientation)), consultant(*e*); expert-conseil *m*; confident(*e*).

◆**_원** -員 명 conseill*er*(*ère*); membre *m* d'un conseil.

◆**_자** -者 명 personne *f* qui demande un conseil.

상담[2] 商談 명 négociation *f* commerciale. ¶ 외국 바이어와 ~을 나누다 entrer en négociations avec des hommes [des femmes] d'affaires étrang*ers*(*ères*); traiter [négocier] une affaire avec des étrang*ers*(*ères*). ¶ ~을 성사시키다 conclure un marché. ¶ ~을 파기하다 interrompre des négociations commerciales; rompre un marché. ¶ ~이 잘 이루어졌다 Les négociations (commerciales) ont abouti / Le marché a été conclu. ¶ 잘돼 가던 ~이 갑자기 깨졌다 Les négociations (commerciales) qui avaient l'air en bonne voie ont finalement échoué. ◇_(을) **하다** négocier [traiter] une affaire avec *qn*; entrer en négociations avec *qn*. ¶ 외국 바이어와 ~을 하다 entrer en négociations avec des hommes [des femmes] d'affaires étrang*ers*(*ères*); traiter [négocier] une affaire avec des étrang*ers*(*ères*).

상답 上畓 명 rizière *f* fertile [riche].

상당 相當 명 équivalent(*e*) à *qc*; d'une valeur de *qc*. ¶ 시가 100만 원 ~의 물건 une marchandise [un objet] d'une valeur d'un million de wons.

◆**_하다** 형 ① 알맞다 convenir à *qc*; être approprié(*e*) à *qc*, convenable à *qc*, proportionné(*e*) ((à *qc*)). ¶ 능력에 ~하는 대우를 받다 être traité(*e*) selon *son* mérite. ② 가치를 가지다 être égal(*e*), équivalent(*e*), pareil(*le*) à *qc*/*qn*; égaler *qc*/*qn*; équivaloir à *qc*; correspondre à *qc*; valoir. ¶ 10만 원에 ~하는 물건 une marchandise [un objet] d'une valeur de [qui vaut] cent mille wons. ③ 적지 않다 être suffisant(*e*), satisfaisant(*e*); être considérable, remarquable, appréciable, respectable.

◆_**히** 부 extrêmement, considérablement, très. ¶ ~히 높은 점수 une note extrêmement bonne.

◆_**수** -數 명 un bon nombre *m*. ¶ 경찰들 ~수가 부상을 입었다 Un bon nombre de policiers [de nombreux policiers] ont été blessés.

◆_**량** -量 명 une certaine quantité *f*; une quantité *f* importante. ¶ 곡식의 ~량을 거둬들이다 faire une récolte abondante; faire [rentrer] une grosse récolte.

◆_**액** -額 명 somme *f* assez élevée; somme *f* considérable; une somme équivalente [égale] ((à un salaire)). ¶ 월급 ~액을 지급할 것이다 Vous recevrez une somme équivalente [égale] à votre salaire.

상대¹ 相對 명 ① 짝 compagnon *m*; compagne *f*; camarade *mf*; copain(*copine*) {*fam*}; ((유희의)) partenaire *mf*; ((춤의)) partenaire *mf* ((de danse)), caval*ier*(*ère*); ((말상대)) interlocu*teur*(*trice*); ((편지)) destinataire *mf*; ((결혼)) personne *f* que l'on épouse, parti *m*, ((ne pas trouver)) chaussure *f* à *son* pied; ((동등한 상대)) homologue *m*.. ¶ 아이들의 놀이 ~ un(*e*) camarade de jeu des enfants; un compagnon [une compagne] de jeux des enfants. ¶ 처음 보는 ~와 춤을 추다 danser avec le premier venu; danser avec un partenaire que je rencontre pour la première fois. ¶ 형을 ~로 장기를 두다 faire une partie d'échecs coréens avec *son* (grand)frère. ② 적수 adversaire *m*, rival(*ale*, *aux*), concurrent(*e*), antagoniste *mf*. ¶ 만만치 않은 ~ un adversaire de taille; un adversaire à *sa* mesure. ¶ 준결승전에서 힘겨운 ~를 만나다 rencontrer un adversaire de taille [tenace] en demi-finale. ¶ 이 분야에서 너는 그 사람의 ~가 되지 않는다 Dans ce domaine, tu ne fais pas le poids avec lui / Dans ce domaine, tu n'es pas de taille à l'affronter / Dans ce domaine, tu n'es pas de taille à te mesurer à lui [à lutter avec lui] / Dans ce domaine, tu ne lui arrives pas à la cheville / Dans ce domaine, face à lui, tu n'as aucune chance de gagner. ◇_(를) **하다** tenir compagnie à *qn*; consacrer du temps à *qn*; faire jouer ((un enfant)), s'amuser avec *qn*; avoir affaire à *qn*; s'occuper de *qn*; fréquenter *qn*; ((시합에서)) jouer avec *qn*, se mesurer à *qn*. ¶ 그런 이상한 사람과는 ~하지 마라 Ne fréquente pas des gens comme ça. ¶ 점원이 손님들을 ~하고 있다 Les employés s'occupent des [ont affaire aux] clients.

◆_**적** -的 명관 relati*f*(*ve*). ¶ ~적 진리[가치] une vérité [une valeur] relative. ¶ 모든 것은 ~적이다 Tout est relatif. ¶ 형이 너무 키가 커서 ~적으로 동생은 작아 보인다 Comparé à [Par rapport à] son grand frère, il paraît petit. ¶ 그 사람은 친구에 비해 ~적으로 성적이 나쁘다 Son bulletin est plutôt mauvais, comparé à celui de ses camarades.

◆_**성** -性 【물리】 relativité *f*. ¶ ~ 이론 la théorie de la relativité. ¶ ~의 원리 le principe de la relativité.

◆_**국** -國 명 partenaire *mf* diplomatique, pays *m* adverse.

◆_**높임법**[**경어법**,**존대법**] -敬語法[尊待法] 명 【언어】 mode *m* honorifique en fonction de l'âge et du rang social de l'interlocuteur; registre *m* (de langue) [mode *m*] respectueux [honorifique, déférent] de l'axe interlocutif.

◆_**방** -方 명 adversaire *mf*; partie *f* adverse; autre partie *f*. ¶ 경기 초반에 ~방을 압도하다 mettre la pression sur l'adversaire au début du match. ¶ ~방의 말이 끝나기도 전에 끼어들다 interrompre une personne avant qu'elle n'ait terminé sa phrase [ce qu'elle a à dire]; couper la parole [le sifflet, la chique {*fam*}] à *qn*. ¶ ~방의 의견[입장]을 존중하다 tenir compte de l'avis de l'intéressé [de l'autre partie, de l'autre].

◆_**속도** -速度 명 【물리】 vitesse *f* relative.

◆_**습도** -濕度 명 【물리】 humidité *f* relative.

◆_**시제** -時制 명 【언어】 temps *m* relatif.

◆_**역** -役 명 ac*teur*(*trice*) qui partage la vedette avec le héros [l'héroïne] dans une pièce de théâtre ou dans un film; partenaire *mf*. ¶ 영화에서 주인공의 ~역으로 뽑히다 être choisi(*e*) pour jouer le rôle du [de la] partenaire du héros [de l'héroïne] dans un film.

◆_**자** -者 명 adversaire *mf*; concurrent(*e*), rival(*ale*, *aux*); partie *f* adverse; autre partie *f*.

◆_**주의** -主義 명 【철학】 relativisme *m*.

◆_**편** -便 명 l'autre côté *m*; l'autre partie *f*, partie *f* adverse, adversaire *mf*, antagoniste *mf*; ((편지)) destinataire *mf*. ¶ ~편의 의견을 존중하다 tenir compte de l'avis de l'intéressé [de la partie adverse, de l'autre].

◆_**평가** -評價 명 évaluation *f* relative. ¶ ~평가를 하다 appliquer l'évaluation relative.

◆**말_** 명 interlocu*teur*(*trice*); quelqu'un [une personne *f*] à qui parler. ¶ 말~가 없어 심심하다 s'ennuyer parce qu'on n'a personne à qui parler. ¶ 노인들에게는 말~가 필요하다 Les personnes âgées ont besoin d'avoir quelqu'un à qui parler / Les personnes âgées ont besoin d'un interlocuteur.

상대² 上代 명 ① 조상 génération *f* précédente; ancêtre *m*. ② 옛날 (haute) antiquité *f*, temps *mpl* reculés; ancien temps *m*.

상대³ 商大 명 faculté *f* d'études commerciales.

상도¹ 常道 명 loi *f* morale; droit chemin *m*; voie *f* normale [ordinaire]; norme *f*; loi *f* universelle; règle *f* universelle. ¶ 정치에도 ~가 있다 Même en politique, il y a un droit chemin [il y a des normes, une déontologie].

상도² 商道 명 voie *f* (normale) du commerce. ¶ 그 장사꾼은 ~를 충실히 따른다 Ce commerçant suit à la lettre les règles du commerce.

상동¹ 上同 명 *idem* (*id.*), *ibidem* (*ibid.*); le [la] même.

상동² 相同 명 ① identité *f*, similitude *f*, ressemblance

f. ② 【생물】 homologie *f.*

◆_기관 -器官 명 【생물】 organes *mpl* homologues.

◆_염색체 -染色體 명 【생물】 chromosomes *mpl* homologues.

상두꾼 喪― 명 croque-mort (~-~s) *m*, porteur *m* de cercueil.

상등 上等 명 bonne [première] qualité *f*, qualité *f* supérieure; première classe *f.*

◆_품 -品 명 produits *mpl* [article *m*, marchandise *f*] de qualité supérieure [de première qualité, de premier choix].

상등병 上等兵 명 【군사】 capor*al*(*aux*) *m.*

상량 上樑 명 【건설】 poutre *f* faîtière; pose *f* de la poutre faîtière.

◆_식 -式 명 (cérémonie *f* de) pose *f* de la poutre faîtière.

상례[1] 常例 명 usage *m* (habituel), coutume *f*, pratique *f* habituelle; convention *f*, précédent *m.* ¶ ~를 어기다 braver [aller contre] l'usage. ¶ ~에 따르다 suivre les usages. ¶ 졸업식에는 축사를 읽는 것이 ~로 되어 있다 Lors de la cérémonie de fin d'études, il est de coutume [d'usage] de lire un discours de félicitations.

◆_적 -的 명관 usuel(*le*), habituel(*le*), conventionnel(*le*), ordinaire; traditionnel(*le*). ¶ ~적으로 모임을 갖다 avoir une réunion comme à l'accoutumée.

상례[2] 喪禮 명 funérailles *fpl*, obsèques *fpl*; cérémonie *f* funéraire; rite *m* funéraire. ¶ ~를 간소화하다 simplifier la cérémonie funéraire.

상록 常綠 명 toujours vert(*e*); ((à)) feuilles persistantes. ¶ ~ 활엽수 un arbre à feuilles larges et persistantes.

◆_수 -樹 명 【식물】 arbre *m* à feuilles persistantes.

상론 詳論 명 exposition *f* détaillée; discussion *f* minutieuse. ◇_(을) **하다** exposer [traiter] ((un sujet)) en détail; développer *qc*; discuter de *qc* minutieusement; fournir des arguments détaillés sur *qc.* ¶ 이 문제는 다 같이 ~을 해 볼 필요가 있다 Il faudrait traiter tous ensemble ce problème en détail. ◇_(이) **되다** ((un sujet)) être traité(*e*) en détail; être développé(*e*) minutieusement.

상류 上流 명 ① cours *m* supérieur (d'un fleuve). ¶ ~ 지역 la région en amont (d'un fleuve). ¶ 강의 ~로 거슬러 올라가다 remonter un cours d'eau à contre-courant. ② 사회의 상층 classe *f* dirigeante (de la société); ((사람)) haute société *f.* ¶ ~ 사회 la haute société; le grand monde. ¶ ~ 계급 une classe sociale supérieure, une couche sociale supérieure; une personnalité influente.

◆_층 -層 명 classe *f* dirigeante (de la société). ¶ ~층 인사 une personnalité influente.

상륙 上陸 명 débarquement *m.* ¶ 인천 ~ 작전 les opérations de débarquement à Incheon (le 15 septembre 1950, sous le commandement du général MacArthur). ¶ ~을 금지하다[허가하다]. interdire [permettre] à *qn* de débarquer [mettre pied à terre]. ◇_(을) **하다** débarquer; descendre à terre; mettre pied à terre. ¶ 연합군이 노르망디에 ~했다 Les alliés ont débarqué en Normandie. ¶ 태풍이 남해안에 ~했다 Le typhon a frappé la côte du sud.

◆_작전 -作戰 명 【군사】 opérations *fpl* de débarquement.

상리[1] 常理 명 raison *f*, bon sens *m.* ¶ ~에 어긋나다 être contraire à la raison [au bon sens], aller à l'encontre du bon sens, ne pas suivre [s'écarter de] la voie du bon sens.

상리[2] 商理 명 règles *fpl* du commerce; voie *f* normale du commerce. ¶ ~를 지키다 suivre [respecter] les règles du commerce.

상리[3] 商利 명 gains *mpl* du commerce. ¶ ~를 취하다 acquérir des gains par le commerce. ¶ ~에 밝다[어둡다] [ne pas] être doué(*e*) pour le commerce.

상리[4] 上里 명 윗마을 village *m* en amont. ¶ 그 사람은 ~에 살고 있다 Il habite dans un village en amont.

상리[5] 相利 명 association *f* réciproquement profitable.

◆_공생 -共生 【생물】 ((vivre en)) symbiose *f*; mutualisme *m.*

상말 常― 명 langage *m* grossier [vulgaire]; grossièreté *f*; vulgarité *f.* ◇_(을) **하다** parler grossièrement [vulgairement].

상면[1] 上面 명 partie *f* [surface *f*] supérieure; dessus *m.*

상면[2] 相面 명 rencontre *f*; entrevue *f.* ◇_(을) **하다** se rencontrer; se voir (face à face); se trouver ensemble; avoir une entrevue avec *qn.* ¶ 매스컴에서만 보았던 유명인과 ~하다 avoir une entrevue avec une star des médias. ¶ 나는 그 사람과 ~하는 것이 꺼려진다 Je n'ai pas très envie de le rencontrer.

상모 象毛 명 pompon *m* (décoratif). ¶ ~를 돌리다 faire tourner *son* pompon.

상무[1] 常務 명 affaires *fpl* quotidiennes; trav*ail*(*aux*) *m* courant(*s*); membre *m* d'une commission permanente; administra*teur*(*trice*) délégué(*e*).

◆_위원 -委員 명 membre *m* d'une commission permanente.

◆_위원회 -委員會 명 commission *f* permanente.

◆_이사 -理事 명 administra*teur*(*trice*) délégué(*e*).

상무[2] 商務 명 affaires *fpl* commerciales.

◆_관 -官 명 【법률】 conseill*er*(*ère*) commercial(*e*).

◆_국 -局 명 【역사】 bureau(*x*) *m* (direction *f*) des affaires commerciales.

상민 常民 명 【역사】 les gens mpl du commun, roturiers *mpl* homme *m* [femme *f*] du peuple; plébéien(*ne*); (bas) peuple *m.* ¶ ~의 신분으로 귀족의 딸과 결혼하다 épouser une fille d'une famille noble en étant un homme du peuple.

상박 上膊 명 【의학】 partie *f* supérieure du bras.

◆_골 -骨 명 【의학】 humérus *m.*

◆_근 -筋 명 【의학】 muscle *m* brachial.

◆_동맥 -動脈 명 【의학】 artère *f* humérale.

상반 相反 명 contradiction *f*; désaccord *f*; divergence *f*; opposition *f*. ◇_(을) 하다 être [se trouver] en désaccord avec *qn* sur *qc*; être contraire à *qc*; s'opposer à *qc*; être opposé(*e*) à *qc*, contradictoire à *qc*; aller contre [à l'encontre de] *qc*. ¶ 둘 사이에 이해[견해]가 ~하는 점이 있다 Leurs intérêts [avis] divergent [s'opposent] sur certains points. ◇_(이) 되다 s'opposer, diverger. ¶ ~된 견해[의견]를 보이다 montrer des avis opposés; avoir des opinions divergentes. ¶ 두 사람의 증언이 ~되고 있다 Ces deux témoignages se contredisent. ¶ 이 문제에 대해 양측의 입장이 ~된다 Leurs positions divergent sur cette question [sur ce problème].

◆_관계 -關係 명 relation *f* opposée entre deux personnes.

상반기 上半期 명 premier semestre *m*; première moitié *f* d'une période. ¶ ~ 결산 le bilan de la fin du premier semestre. ¶ 이 공사는 내년 ~에 끝날 예정이다 Les travaux devraient être terminés pour le premier semestre de l'année prochaine.

상반부 上半部 명 partie *f* supérieure.

상반신 上半身 명 partie *f* supérieure du corps; buste *m*; torse *m*. ¶ 여인의 ~ 조각상 un buste de femme ((en sculpture)). ¶ ~을 일으키다 redresser *son* torse; se redresser.

상방 上房 명 ① chambre *f* du propriétaire. ② chambre *f* du chef du bureau d'une administration. ③ 【불교】 greffier *m* d'un temple bouddhique.

상방 上方 명 partie *f* supérieure; haut *m* ((d'un clocher, d'une échelle)); sommet *m* ((d'un mât)). ¶ 눈보다 15도 ~의 위치 une position située à 15 degrés plus haut que les yeux.

상배[1] 喪配 명 décès *m* de *son* épouse; perte *f* de *sa* femme. ◇_(를) 하다 perdre *sa* femme [*son* épouse]; être en deuil de *sa* femme.

상배[2] 賞杯 명 coupe *f* (obtenue en récompense); trophée *m*.

상번 上番 명 ① personne *f* qui se trouve hiérarchiquement en avant parmi les gens de même grade. ② 【역사】 sentinelle *f* de garde qui prend la relève. ③ 【역사】 le fait *m* qu'un soldat de garde vienne remplacer un autre soldat après son quart de travail.

◆_대 -隊 명 armée *f* en poste qui prend le relais.

◆_병 -兵 명 ① 【역사】 soldat *m* de garde qui vient remplacer un autre soldat après son quart de travail. ② sentinelle *f* de garde qui prend la relève.

상벌 賞罰 명 récompense *f* et punition *f*; distinction *f* et condamnation *f*. ¶ ~ 규정 règlement de récompenses et de punitions. ¶ 아이들에게 ~을 주다 [내리다]. récompenser et punir les enfants. ¶ ~을 공정하게 하다 répartir avec égalité [impartialement] les récompenses et les punitions; faire régner la justice.

상법 商法 명 【법률】 droit *m* commercial; code *m* commerce; loi *f* commerciale.

상병 上兵 명 【군사】 ((육군, 해병)) caporal-chef *m*, brigadier-chef *m*; ((해군)) quartier-maître *m* de première classe; ((공군)) caporal *m* [soldat *m* de première classe].

상보[1] 相補 명 complémentarité *f*. ¶ 그 두 관점은 서로 ~ 관계에 있다 Ces deux points de vue sont complémentaires.

◆_적 -的 명관 complémentaire. ¶ ~적인 관계 des relations complémentaires. ¶ ~적 분포 une distribution complémentaire.

◆_성 -性 명 complémentarité *f*.

상보[2] 床褓 명 carré *m* de tissu (servant à couvrir les mets sur une table). ¶ ~로 음식을 덮다 couvrir les mets avec un carré de tissu.

상보[3] 詳報 명 rapport *m* détaillé. ¶ 신문이 이 사건에 대한 ~를 실었다 Les journaux ont fait un rapport détaillé de cette affaire. ◇_(를) 하다 rapporter *qc* en détail. ¶ 사건을 ~하다 faire un rapport détaillé d'une affaire. ◇_(가) 되다 être raconté(*e*) [rapporté(*e*)] en détail. ¶ 이 소식이 뉴스에 ~되었다 Cette nouvelle a été racontée en détail aux informations.

상복 喪服 명 habit *m* de deuil. ¶ ~을 입다 se mettre en habit [en tenue] de deuil. ¶ ~을 벗다 enlever *son* habit de deuil.

상봉[1] 相逢 명 rencontre *f*. ¶ 뜻밖의 ~ une rencontre inattendue. ¶ 이산가족 ~ une rencontre (des membres) des familles séparées. ◇_(을) 하다 rencontrer, se rencontrer, se revoir. ¶ 헤어졌던 가족과 ~하다 rencontrer un membre de *sa* famille duquel on avait été séparé(*e*)(*s*). ¶ 극적으로 누구를 ~하다 rencontrer *qn* de manière dramatique [de manière pathétique, de façon spectaculaire].

상봉[2] 上峰 명 sommet *m*, cime *f*. ¶ 설악산 ~ le sommet du mont Seorak.

상부[1] 上部 명 ① 위쪽 부분 partie *f* supérieure; le haut *m* ((du front)). ¶ 탑의 ~ le haut d'une tour. ② 높은 직위나 관청 administration *f* supérieure. ¶ ~의 지시에 따르다 suivre les instructions (venant) de l'administration supérieure; suivre les instructions de *ses* supérieurs. ¶ 사건을 ~에 보고하다 faire le rapport d'une affaire à *ses* supérieurs [à l'administration supérieure].

◆_구조 -構造 명 【철학】 superstructure *f*.

상부[2] 喪夫 명 décès *m* de *son* mari; perte *f* de *son* mari. ◇_(를) 하다 perdre *son* mari; porter le deuil de *son* mari. ¶ 그 여자는 젊은 나이에 ~했다 Elle a perdu très tôt *son* mari.

상부상조 相扶相助 명 assistance *f* [aide *f*] mutuelle; entraide *f*, secours *m* mutuel; solidarité *f*. ¶ ~의 전통 une tradition d'entraide. ¶ ~의 정신 un esprit de corps [une solidarité], un esprit d'équipe. ¶ ~의 미덕 la vertu du secours mutuel [de la solidarité]. ◇_(를) 하다 s'aider l'un(*l'une*) l'autre [mutuellement], s'entraider, se serrer [se tenir] les

ㅅ

coudes, s'épauler. ¶ 이웃끼리 ~하며 살아가다 s'entraider entre voisins.

상비 常備 명 état *m* de préparation (contre toute éventualité). ◇_(를) **하다** avoir *qc* à portée de la main; avoir *qc* toujours chez *soi*; avoir [garder] *qc* en réserve. ¶ 집안에 구급약품을 ~하다 avoir toujours chez *soi* une petite pharmacie de secours [de premiers soins].

◆**_군** -軍 명 【군사】 armée *f* active.

◆**_약** -藥 명 petite pharmacie *f* (portative) de secours.

상사[1] 上士 명 【군사】 ((육군)) adjudant *m*; ((공군)) sergent-chef *m*.

상사[2] 上司 명 supérieur(*e*) (direct(*e*)). ¶ 직장 ~의 지시에 따르다 suivre les instructions de *ses* supérieurs.

상사[3] 相似 명 ① similitude *f*, ressemblance *f*. ② 【생물】 analogie *f*.

◆**_기관** -器官 명 【생물】 organes *mpl* analogues.

상사[4] 商社 명 maison *f* de commerce; société *f* [firme *f*] commerciale; société *f*, compagnie *f*. ¶ 외국 ~에 근무하다 travailler [être employé(*e*)] dans une firme [une compagnie] étrangère.

◆**종합_** 綜合- 명 grande compagnie *f* qui travaille avec des firmes étrangères; holding *mf*.

상사[5] 喪事 명 mort *f*, décès *m*; deuil *m*. ¶ ~를 당하다 subir un décès (d'un proche); être en deuil. ¶ 이웃에 ~가 났다 Il y a eu un décès dans le voisinage.

상사람 常- 명 ① 개인 roturier *m*, homme *m* [femme *f*] du peuple; plébéien(*ne*). ② 총칭 (gens *mpl* du) peuple *m*, masses *fpl*.

상사병 相思病 명 mal *m* d'amour; maladie *f* d'amour; drame *m* d'amour. ¶ 누구 때문에 ~을 앓다 souffrir de la maladie d'amour à cause de *qn*. ¶ ~에 걸리다 avoir [être atteint(*e*) de] la maladie d'amour.

상상 想像 명 imagination *f*, fantaisie *f*; ((가정)) supposition *f*; ((추측)) conjecture *f*. ¶ ~의 세계 un monde imaginaire. ¶ ~ 속의 동물 des animaux imaginaires [fabuleux]; un animal fantastique. ¶ ~ 밖의 일이 벌어졌다 Un événement inconcevable a eu lieu. ¶ 무슨 일이 있었는지는 네 ~에 맡긴다 Je te laisse imaginer (la suite). ◇_(을) **하다** imaginer *qc* [que+*ind*, que+*subj*]; s'imaginer *qc* [que+*ind*]; se figurer *qc* [que+*ind*]; se faire une idée [image] de *qc*; ((공상)) se représenter *qc* en esprit; ((가정)) supposer *qc* [que+ *subj*]; (추측)) conjecturer *qc*, prévoir *qc*. ¶ 20년 후의 자신의 모습을 ~하다 s'imaginer 20 ans plus tard. ¶ 그런 일은 ~할 수도 없다 *Cela dépasse* tout ce qu'on peut imaginer [dépasse l'imagination] / Une chose pareille, c'est inimaginable [inconcevable, impensable]. ¶ 그 사람의 모습은 내가 ~했던 대로였다 Il était (exactement) comme je l'avais imaginé. ¶ 소녀는 내가 ~했던 것 이상으로 똑똑했다 Elle était plus intelligente que ce que j'avais imaginé. ¶ 너와 헤어진다는 것은 ~도 못 할 일이다 Je n'arrive pas à imaginer [concevoir] la vie sans toi. ¶ 내가 얼마나 놀랐는지 ~할 수 있겠니? Imagine combien j'étais étonné(*e*)! ◇_(이) **되다** (pouvoir) imaginer; arriver à imaginer. ¶ 그 사람의 살찐 모습이 도저히 ~되지 않는다 Je n'arrive pas à l'imaginer avec des kilos en plus.

*~**의 날개[나래]를 펴다** se laisser aller à la rêverie; se repaître de chimères; donner libre cours à *son* imagination [à *sa* fantaisie].

◆**_력** -力 명 imagination *f*, esprit *m* imaginatif. ¶ 문제를 풀기 위해서 ~력을 동원하다 faire travailler *son* imagination pour trouver une réponse au problème. ¶ 그 사람은 ~력이 풍부하다 Il a beaucoup d'imagination / Il déborde d'imagination. ¶ 그 사람은 ~력이 모자란다 Il manque d'imagination / Il est dénué d'imagination.

◆**_외** -外 명 au-delà de ce que l'on peut imaginer [de ce que l'on peut imaginer]. ¶ 일이 ~외로 어렵다 C'est plus difficile que ce que j'imaginais.

◆**_임신** -姙娠 명 【의학】 grossesse *f* nerveuse; fausse grossesse *f*.

◆**_화** -畵 명 【미술】 dessin *m* [peinture *f*] fait sans modèle, dessin *m* d'imagination

상생 相生 명 ① 【민속】 harmonie *f* des cinq éléments primaires ((métal, bois, eau, feu et terre)). ② harmonie *f* ¶ ~의 원리 le principe de l'harmonie des cinq éléments primaires. ◇_(을) **하다** s'harmoniser.

상서[1] 祥瑞 명 bon augure *m*, bon présage *m*; heureux présage *m*; événement *m* heureux; matière *f* à félicitations.

◆**_롭다** 형 être de bon augure; être un bon présage; ((jour)) être heureux(*se*). ¶ ~로운 징조 un bon [heureux] présage. ¶ 동양에서 용은 ~롭게 여겨진다 Le dragon est (considéré comme) de bon augure en Orient / En Orient, le dragon est un heureux présage.

상서[2] 上書 명 ① lettre *f* adressée à un(*e*) supérieur(*e*). ② action *f* d'écrire à un(*e*) supérieur(*e*). ¶ 아버님 전 ~ une lettre adressée à *son* père.

상석[1] 上席 명 place *f* d'honneur; haut [bout] *m* de la table. ¶ ~에 앉다 s'asseoir à [occuper] la place d'honneur. ¶ 선생님을 ~으로 모시다 faire asseoir le professeur à la place d'honneur.

상석[2] 床石 명 【민속】 autel *m* en pierre devant un tombeau.

상석[3] 象石 명 statues *fpl* d'animaux en pierre entourant une tombe royale.

상선[1] 上船 명 embarquement *m* (sur un bateau). ¶ ~ 시간 l'heure d'embarquement (sur un bateau). ◇_(을) **하다** embarquer; s'embarquer (sur un bateau).

상선[2] 商船 명 navire *m* marchand; bateau(*x*) *m* de commerce. ¶ ~ 회사 entreprise de transport maritime.

상설 常設 명 établissement *m* permanent; ((의))

permanent(*e*). ¶ 이곳은 ~로 운영하는 시장이다 Ici, c'est un marché permanent. ◇_(을) **하다** établir *qc* d'une manière permanente. ◇_(이) **되다** s'établir [être établi(*e*)] d'une manière permanente.

◆**_매장** -賣場 명 magasin *m* permanent.

◆**_시장** -市場 명 marché *m* permanent.

상성 上聲 명 【언어】 premier ton *m* (élevé et long) dans la prononciation des caractères chinois; accent *m* élevé sur certaines syllabes longues.

상세하다 詳細- 형 être détaillé(*e*), circonstancié(*e*); être minutieu*x*(*se*). ¶ 상세한 정보 des informations détaillées.¶ 상세하게 설명하다 donner des explications détaillées à *qn*; expliquer *qc* en détail à *qn*.

◆**상세히** 부 en détail; minutieusement.

상소[1] 上疏 명 【역사】 lettre *f* [requête *f*] au roi; placet *m* au roi [à l'empereur]. ◇_(를) **하다** adresser [présenter] une requête au roi; adresser une pétition au roi; écrire au roi pour une affaire du gouvernement. ¶ 그 사람은 임금에게 그 처사는 부당하다고 ~했다 Il a écrit au roi lui disant que la situation était injuste [excessive].

◆**_문** -文 명 【역사】 lettre *f* [requête *f*] au roi; placet *m* au roi [à l'empereur]. ¶ 왕에게 ~문을 올리다 adresser [présenter] une requête au roi; adresser une pétition au roi; écrire au roi pour une affaire du gouvernement.

상소[2] 上訴 명 【법률】 appel *m* (en justice); pourvoi *m*; recours *m* à une justice supérieure. ¶ ~ 법원 la cour d'appel. ◇_(를) **하다** faire appel (d'un jugement), interjeter appel; en appeler à un tribunal supérieur; recourir à une juridiction supérieure; se pourvoir. ¶ 대법원에 ~하다 se pourvoir en cassation.

◆**_권** -權 명 【법률】 droit *m* de recours.

◆**_심** -審 명 【법률】 procès *m* d'appel; procès *m* de seconde instance.

◆**_인** -人 명 【법률】 partie *f* appelante; appelant(*e*).

상소리 常- 명 langage *m* grossier [vulgaire]. ◇_(를) **하다** parler vulgairement; tenir un langage vulgaire, dire des grossièretés [vulgarités].

상속 相續 명 héritage *m*; succession *f*. ¶ 유산 ~을 놓고 형제 간에 싸우고 있다 Les frères et sœurs se disputent au sujet de l'héritage. ¶ 딸이 아버지로부터 토지를~으로 받았다 La fille a hérité des terres de son père. ◇_(을) **하다** léguer; laisser en héritage. ¶ 그 사람은 재산을 자식에게 ~하지 않고 사회에 환원했다 Sans rien léguer à ses enfants, il a restitué ses biens à la société. ◇_(을) **받다** hériter de; faire un héritage; succéder à. ¶ 그 사람은 삼촌의 집을 ~받았다 Il a hérité de la maison de son oncle. ◇_(이) **되다** être légué(*e*), transmis(*e*), laissé(*e*). ¶ 그분의 재산이 아들에게 ~되었다 Ses biens ont été légués à son fils.

◆**_권** -權 명 【법률】 droit *m* de succession [d'héritage]. ¶ ~권을 주장하다 revendiquer *son* droit d'héritage.

◆**_법** -法 명 【법률】 loi *f* successorale.

◆**_분** -分 명 【법률】 part *f* d'héritage. ¶ 그 사람은 자신의 ~분이 적다고 생각한다 Il pense que sa part d'héritage est bien maigre.

◆**_세** -稅 명 【법률】 taxe *f* successorale; droits *mpl* de succession. ¶ ~세를 내다 payer les droits de succession.

◆**_인[자]** -人[者] 명 【법률】 hériti*er*(*ère*); successeur *m*. ¶ ~인의 자질 qualité d'héritier.

◆**_재산** -財產 명 héritage *m*; biens *mpl* héréditaires.

◆**피인** 皮-人 명 【법률】 testa*teur*(*trice*), auteur *m* d'un testament.

상쇄 相殺 명 compensation *f*; dédommagement *m*; indemnité *f*. ¶ ~ 작용 opération d'indemnisation; action d'indemniser. ◇_(를) **하다** compenser; faire compensation; contrebalancer. ¶ 그 기쁜 소식이 내 슬픔을 어느 정도는 ~해 주었다 Cette bonne nouvelle a compensé ma peine dans une certaine mesure. ◇_(가) **되다** être compensé(*e*) par *qc*. ¶ 내 빚은 맡긴 물건 값으로 ~가 되었다 Mes dettes ont été compensées par le montant de mes gages. ¶ 네가 사과한다고 해서 너에게 당했던 일들이 ~되지는 않는다 Quand bien même tu t'excuserais, cela ne compenserait pas les inconvénients que tu m'as causés.

상쇠 上- 명 【민속】 meneur *m* de jeu (dans un groupe de musique et danse folkloriques coréennes).

상수[1] 上手 명 habileté *f*, adresse *f*, personne *f* habile ((en *qc*)). ¶ 바둑에선 그 사람이 나보다 ~다 Il est plus fort [plus doué, meilleur] que moi au (jeu de) go.

상수[2] 上數 명 bon moyen *m*; meilleure façon *f*. ¶ 이럴 땐 도망치는 게 ~다 Dans un cas pareil, la meilleure façon, c'est de prendre la fuite.

상수[3] 常數 명 【수학】 constante *f*; nombre *m* invariable.

상수[4] 上水 명 eau *f* de ville, eau *f* potable.

◆**_도** -道 명 canalisation *f* des eaux potables, service *m* des eaux. ¶ ~도 시설 équipement des eaux.

◆**_원** -源 명 source *f* d'eaux potables, approvisionneur *m* d'eau.

상수리 명 【식물】 gland *m*.

◆**나무** 명 【식물】 chêne *m*, *Quercus acutissima*.

상순 上旬 명 première décade *f* du mois; début *m* [commencement *m*] du mois. ¶ 6월 ~쯤 이사할 계획입니다 Je pense déménager vers début juin [dans la première décade du mois de juin].

상술[1] 詳述 명 description *f* [explication *f*] détaillée. ◇_(을) **하다** décrire [exposer] en détail [de façon détaillée]. ¶ 여기에 관해서는 다음 장에서 ~할 것이다 Concernant ce point, je vous l'exposerai de façon détaillée dans le prochain chapitre. ◇_(이) **되다** être décrit(*e*) [exposé(*e*)] en détail. ¶ 앞 장에 ~된 바와 같이 Ainsi que nous l'avons détaillé dans

ㅅ

le chapitre précédent.

상술[2] **上述** 명 mention *f* ci-dessus. ◇_(을) **하다** mentionner plus haut [précédemment], susmentionner. ¶ ~한 바와 같이 comme il est mentionné [dit] plus haut [précédemment], comme il est susmentionné [susdit], comme il en est fait mention plus haut.

상술[3] **商術** 명 habileté *f* [art *m*] du commerce. ¶ 그 사람은 뛰어난 ~을 발휘했다 Il a déployé tout son art pour le commerce. ¶ 그 사람은 ~이 조금 모자란다 Il n'est pas très doué pour le commerce / Il n'est pas vraiment fait pour le commerce. ¶ 그건 ~이지 C'est l'art [l'habileté] du commerce, ça.

상스럽다 常- 형 être bas(*se*), vil(*e*), ignoble; être vulgaire, grossi*er*(*ère*). ¶ 상스러운 말[행동] un langage [un acte] vulgaire [vil]. ¶ 그 사람은 말이 아주 ~ Son langage est très grossier. ¶ 상스럽게 굴다 se comporter bassement; agir de façon ignoble. ¶ 상스럽게도 그 사람은 그런 말을 했다 Ce qu'il a dit était vraiment grossier.

상습 常習 명 habitude *f*; manie *f*; tic *m*; penchant *m*. ¶ ~ 범행 délit avec récidive. ¶ ~ 도박 행위 manie du jeu d'argent. ¶ ~ 절도범 un(*e*) habitué(*e*) du vol à la tire; un(*e*) voleu*r*(*se*) invétéré(*e*).

◆**_적** -的 명관 habituel(*le*), invétéré(*e*). ¶ ~적인 범행 délit par habitude, délit récidivant [répété]. ¶ 그 사람은 ~적으로 대마초를 피운다 Il est accro {*fam*} à la marihuana.

◆**_성** -性 명 tendance *f* habituelle. ¶ 그 사람은 요즘 들어 외박이 ~성을 띠고 있다 Ces jours-ci, il a tendance à découcher.

◆**_범** -犯 명 récidiviste *mf*.

◆**_자** -者 명 habitué(*e*). ¶ 마약 ~자 un(*e*) toxicomane, un(*e*) drogué(*e*), une personne dépendante de la drogue. ¶ 도박 ~자 un(*e*) joueu*r*(*se*) invétéré(*e*).

상승[1] **上昇** 명 ① montée *f*; ascension *f*; élévation *f*; hausse *f*. ¶ 고도 ~에 따라 기압이 떨어진다 La pression atmosphérique baisse avec l'altitude. ② ((정도가)) hausse *f*, augmentation *f*. ¶ 물가 ~ hausse [augmentation] des prix. ¶ ~ 일로에 있다 être en voie d'augmentation. ◇_(을) **하다** ① ((비행기가)) prendre de l'altitude. ¶ 비행기가 고도를 높여 ~하기 시작했다 L'avion commençait à prendre de l'altitude. ② ((정도가)) monter, s'élever; augmenter. ¶ 폭우로 수면이 ~했다 Le niveau des eaux a augmenté après une pluie diluvienne. ¶ 지난해에는 물가가 3% ~했다 L'an dernier, les prix ont augmenté *de 3 %*. ¶ 기온이 *1*도 ~했다 La température est montée d'un degré. ¶ 이 배우의 인기가 날로 ~하고 있다 Chaque jour, cet acteur voit monter sa (cote de) popularité. ◇_(이) **되다** monter, s'élever; augmenter. ¶ 지구 내부 온도가 점차로 ~되고 있다 La température de l'intérieur de la terre est en augmentation constante. ◇_(을) **시키다** faire augmenter [monter]. ¶ 여러 가지 요인들이 물가를 ~시키고 있다 Plusieurs causes [raisons] sont à l'origine de la hausse des prix.

◆**_기류** -氣流 명 【지리】 vent *m* ascendant; courant *m* ascensionnel. ¶ ~기류를 타다 prendre le vent ascendant [le courant ascensionnel].

◆**_률** -率 명 taux *m* de hausse.

◆**_세** -勢 명 tendance *f* à la hausse, tendance *f* haussière. ¶ ~세를 타다 profiter de la hausse. ¶ 장세가 ~세이다 Le cours du marché est en hausse.

상승[2] **相乘** 명 【수학】 multiplication *f*. ¶ ~ 작용 mécanisme de multiplication. ¶ 두 약의 ~효과 effet conjugué de deux médicaments.

◆**_비** -比 명 【수학】 proportion *f* géométrique.

◆**_평균** -平均 명 【수학】 moyenne *f* géométrique.

상시 常時 명 ((en)) temps *m* ordinaire.

◆**_화** -化 명 permanence *f*. ¶ 비상조치 팀의 가동을 ~화(를) 하다 mettre l'équipe d'urgence en état d'alerte permanente. ¶ ~화(가) 되다 devenir permanent(*e*).

부 toujours, constamment, sans cesse, sans arrêt. ¶ ~ 경계 태세를 갖추다 se tenir toujours [constamment] sur *ses* gardes.

상식[1] **常食** 명 vivres *mpl* quotidiens [nourriture *f* quotidienne]. ◇_(을) **하다** vivre de *qc*; se nourrir de *qc*. ¶ 쌀과 채소를 ~하다 vivre [se nourrir] de riz et de légumes.

상식[2] **上食** 명 offrande *f* quotidienne au défunt ((matin et soir pendant la période de deuil)). ¶ ~을 올리다 présenter des offrandes aux défunts.

상식[3] **常識** 명 sens *m* commun; bon sens *m*; connaissance *f* élémentaire; lieu *m* commun; banalité *f*. ¶ ~에서 벗어난 행동 un acte déraisonnable [insensé, extravagant]. ¶ ~ 이하의 짓을 하다 se conduire de façon extravagante. ¶ 그 사람은 ~이 풍부하다 Il connaît beaucoup de choses. ¶ 그 정도는 ~이지 C'est bien connu / Tout le monde le sait. ◇_(이) **있다[없다]** avoir du bon sens [manquer de bon sens]; être sensé(*e*) [insensé(*e*)], raisonnable [irraisonnable]. ¶ ~ 있는 사람이라면 이럴 수는 없다 Il faut être totalement dépourvu de bon sens pour commettre un tel acte [pour faire une chose pareille]. ¶ ~ 없이 이게 무슨 짓이냐? En voilà des façons!

◆**_적** -的 명관 raisonnable. ¶ ~적으로 네 행동은 납득이 안 된다 Tes actes sont insensés au regard de tout le monde.

◆**_화** -化 명 banalisation *f*. ¶ 그 사실은 이제 거의 ~화되었다 Maintenant c'est un fait quasiment banal [courant] / Maintenant, c'est (devenu) monnaie courante.

◆**비_적** 非的 명관 fou(*folle*); extravagant(*e*); insensé(*e*). ¶ 그런 비~적인 행동을 하다니 Quel acte extravagant!

상신 上申 명 rapport *m* transmis à un supérieur [aux autorités]. ◇_(을) **하다** faire un rapport à un supérieur [aux autorités]. ¶ 승진을 상부에 ~을 하다

faire une demande d'avancement à un supérieur.

◆_서 -書 명 rapport *m* écrit [rédigé] aux autorités.

상실 喪失 명 perte *f*; déchéance *f* ((d'un droit)). ¶ 자아의 ~ perte de *son* âme. ◇_(을) **하다** perdre *qc*; laisser échapper [passer] *qc*. ¶ 시력을 ~하다 perdre la vue. ¶ 기회[권리, 자격]를 ~하다 perdre une occasion [un droit, un titre]. ¶ 경제력을 ~하다 perdre *son* pouvoir économique. ◇_(이) **되다** se perdre; disparaître. ¶ 기계문명으로 인간의 자율성이 ~되고 있다 À cause de la civilisation de la machine, les humains sont en train de perdre leur autonomie.

◆_감 -感 명 frustration *f*. ¶ ~감에 빠지다 être profondément frustré(*e*).

상심 傷心 명 chagrin *m*, peine *f*, déchirement *m* (du cœur). ¶ ~이 크시겠습니다 Vous devez avoir beaucoup de peine. ◇_(을) **하다** se tourmenter, se chagriner, se faire de la peine; avoir le cœur gros, être plongé(*e*) dans un chagrin, en avoir gros [lourd] sur le cœur [sur la patate {*fam*}]. ¶ 그 사람은 이번 일로 크게 ~한 것 같다 Cet événement semble lui avoir fait beaucoup de peine. ¶ 너무 ~하지 마세요 Ne vous tourmentez pas trop. ◇_(을) **시키다** chagriner [peiner] *qn*. ¶ 그런 일로 어른들을 ~시키지 마라 Ne peine pas tes parents avec ce genre d'histoire.

상아 象牙 명 ivoire *m*. ¶ ~ 도장 un sceau(*x*) [cachet] en ivoire. ¶ ~ 세공 l'ivoirerie, l'art de l'ivoirier.

◆_색 -色 명 couleur *f* ivoire.

◆_질 -質 명 ivoire *m*; dentine *f*.

◆_탑 -塔 명 tour *f* d'ivoire.

◆_해안 -海岸 명 la Côte *f* d'Ivoire.

상앗대 명 perche *f*; gaule *f*; gaffe *f*.

상약 相約 명 promesse *f* mutuelle, engagement *m* mutuel; convention *f* mutuelle. ¶ ~을 맺다 s'engager mutuellement, se promettre *qc*. ¶ ~을 잊지 마오 N'oubliez pas notre promesse. ◇_(을) **하다** s'engager mutuellement; se promettre *qc*.

상어 沙魚 명 【동물】 requin *m*. ¶ ~ 간유 de l'huile de foie de requin. ¶ ~ 지느러미 요리 un plat d'ailerons de requin. ¶ 식인 ~ un requin mangeur d'hommes.

상업 商業 명 commerce *m*; affaires *fpl*. ¶ ~에 종사하다 faire du commerce; être dans le commerce [dans les affaires].

◆_적 -的 명관 commerci*al*(*ale*, *aux*). ¶ ~적 이익을 추구하다 rechercher des intérêts commerciaux.

◆_성 -性 명 caractère *m* commercial. ¶ 이 사업은 ~성이 있다[없다] Cette affaire marche bien [mal] commercialement parlant.

◆_화 -化 명 commercialisation *f*. ¶ ~화(를) 하다 commercialiser. ¶ ~화(가) 되다 se soumettre à la loi du marché.

◆_계 -界 명 monde *m* du commerce [des affaires].

◆_고등학교 -高等學校 명 【교육】 lycée *m* commercial.

◆_광고 -廣告 명 publicité *f* commerciale.

◆_주의 -主義 명 mercantilisme *m*; esprit *m* mercantile. ¶ ~주의로 흐르다 verser dans le [s'adonner au] mercantilisme.

◆_지 -紙 명 journ*al*(*aux*) *m* payant.

◆_학교 -學校 명 【교육】 école *f* de commerce.

상여[1] 喪輿 명 catafalque *m*, brancard *m* (civière *f*) pour porter un cercueil, corbillard *m*. ¶ ~를 메다 porter un cercueil.

◆_꾼 명 porteurs *mpl* de catafalque, employé *m* des pompes funèbres, croquemort *m*, croque-mort(~-~*s*) *m*.

◆_ㅅ소리 chant *m* funèbre.

상여[2] 賞與 명 bonification *f*, gratification *f*. ◇_(를) **하다** gratifier; donner une récompense.

◆_금 -金 명 bonification *f*; prime *f*; gratification *f*. ¶ 연말 ~금 une prime de fin d'année. ¶ 우리 회사는 ~금을 연간 600퍼센트 준다 Notre société donne un bonus de six cents pour cent par an.

상연 上演 명 représentation *f*, spectacle *m*. ¶ ~ 목록 liste des spectacles. ¶ 연극의 ~ représentation d'une pièce de théâtre [théâtrale]. ◇_(을) **하다** donner un spectacle [une représentation]. ¶ 연극[오페라, 춘희]을 ~하다 donner [jouer] une pièce de théâtre [un opéra, la Dame aux camélias]. ◇_(이) **되다** être donné(*e*), joué(*e*). ¶ 내일은 어린이를 위한 연극이 ~될 것이다 Demain, sera donnée une pièce de théâtre pour enfants.

◆_료 -料 명 coût *m* d'une représentation.

상염불 常念佛 명 ① 【불교】 récitation *f* (à haute voix) de prières bouddhiques de façon interminable [prolongée], longues prières *fpl* bouddhiques récitées (à haute voix) de façon prolongée. ② 같은 말을 되풀이함 radotage *m*; rabâchage *m*. ◇_(을) **하다** radoter; rabâcher; répéter sans arrêt. ¶ 할아버지는 떠나온 고향 마을을 ~하신다 Mon grand-père parle sans cesse de son pays natal. ¶ 그 사람은 돈을 벌어야 한다고 ~한다 Il répète sans arrêt qu'il a besoin de gagner de l'argent.

*~**로 달고 다니다** rabâcher toujours la même chose.

상영 上映 명 projection *f* (d'un film); séance *f* de cinéma. ¶ ~ 시간 la durée [l'heure] de projection. ¶ 마지막 ~ la dernière séance. ¶ 이 영화는 아직 ~ 중이다 Ce film est encore sur les écrans [dans les salles, à l'affiche] / Ce film passe encore. ◇_(을) **하다** projeter [passer] ((un film)) à l'écran. ¶ 영화를 ~하다 projeter [passer] un film. ◇_(이) **되다** être projeté(*e*).

상오[1] 上午 명 matinée *f*, matin *m*. ¶ ~ 10시 dix heures du matin. ¶ 내일 ~에 출발합시다 Partons demain dans la matinée.

상오[2] 晌午 명 midi *m*.

상온 常溫 명 ① température *f* ambiante [de la pièce]. ¶ ~에 보관하시오 Conservez à température ambiante. ② température *f* constante.

상용[1] 常用 명 usage *m* courant [ordinaire, habituel]. ◇_(을) **하다** se servir habituellement de *qc*; avoir l'habitude d'utiliser *qc*. ¶ 약을 ~하다 prendre habituellement un médicament.

◆_**화** -化 명 vulgarisation *f*, mise *f* en circulation. ¶ ~화(를) 하다 rendre ordinaire [habituel, quotidien]. ¶ ~화(가) 되다 devenir ordinaire [habituel], devenir [être] monnaie courante.

◆_**어** -語 명 mot *m* usuel; langage *m* courant [de tous les jours].

◆_**대수** -代數 명 【수학】 logarithmes *mpl* vulgaires [décimaux].

◆_**한자** -漢字 명 caractères chinois courants.

상용² 商用 명 usage *m* commercial. ¶ ~ 여권 passeport d'affaires.

◆_**화** -化 명 commercialisation *f*. ¶ ~화(를) 하다 commercialiser. ¶ ~화에 성공하다 réussir à commercialiser. ¶ 이 기술이 ~화되려면 아직 시간이 필요하다 Il faut du temps pour commercialiser une telle technique.

◆_**차** -車 명 véhicule [voiture] utilitaire.

상원 上院 명 【정치】 le Sénat *m*; la Chambre *f* haute, la Chambre des pairs.

◆_**의원** -議員 명 【정치】 sénateur *m*; pair *m*.

상위¹ 上位 명 grade *m* élevé; position *f* élevée [supérieure]; premières places *fpl*. ¶ ~ 개념 concept de primauté. ¶ 여성 ~ 시대 époque de la promotion de la femme. ¶ ~에 입상하다 se placer parmi les premiers. ¶ 그 아이는 반에서 성적이 ~에 드는 편이다 Il est plutôt parmi les premiers [parmi les meilleurs] de sa classe.

◆_**권** -圈 명 le groupe *m* de tête, le haut *m* du tableau, les meilleurs éléments *mpl*.

◆_**어** -語 명 【언어】 hyperonyme *m*; superordonné *m*; générique *m*.

상위² 相違 명 différence *f*; écart *m*; divergence *f*; diversité *f*, dissemblance *f*, discordance *f*. ¶ 사본이 원본과 ~가 없다 Il n'y a pas de différence entre la copie et l'original / La copie est conforme à l'original.

◆_**하다** 형 être différent(*e*) de; différer de. ¶ 두 문서의 내용이 완전히 ~하다 Le contenu de ces deux documents est tout à fait différent.

◆_**점** -點 명 différence *f*.

상위³ 常委 명 (('상임위원회'의 줄임말)) commission *f* permanente.

상응 相應 명 correspondance *f*; corrélation *f*; répondant *m*; convenance *f*. ¶ ~ 관계 rapport correspondant [corrélatif, approprié]. ◇_(을) **하다** correspondre à; convenir à; répondre à; agir de concert avec. ¶ 지위에 ~하는 보수 une rémunération correspondant à *son* rang. ¶ 열심히 일하면 그에 ~해서 보수를 많이 받게 되어 있다 Si on s'échine à son travail, on devrait avoir une augmentation de salaire [on devrait s'attendre à recevoir une bonne prime].

상의¹ 上衣 명 veste *f*, veston *m*; ((군복 따위의)) vareuse *f*; ((학생복, 군인의)) tunique *f*; ((여자의)) blouse *f*. ¶ ~를 입다[벗다] enfiler [ôter, enlever] *sa* veste.

상의² 相議 명 consultation *f*; délibération *f*; discussion *f*, débat *m*; conférence *f*; controverse *f*; négociations *fpl*. ◇_(를) **하다[드리다]** consulter *qn* sur *qc* [au sujet de *qc*]; discuter [délibérer, débattre, conférer] avec *qn* de [sur] *qc*. ¶ 이 문제를 ~할 사람이 없다 Je n'ai personne avec qui discuter de ce problème. ¶ 어떻게 할지를 부모님과 ~하다 consulter *ses* parents sur ce qu'on a à faire.

상의³ 上意 명 volonté *f* d'un supérieur.

◆_**하달** -下達 명 porter à la connaissance d'un subordonné la volonté d'un supérieur. ¶ ~하달 식의 의사 결정은 바람직하지 못하다 Il n'est pas bon de prendre une décision fondée sur l'autorité.

상이¹ 相異 어근 différence *f*, dissemblance *f*, dissimilitude *f*.

◆_**하다** 형 être différent(*e*). ¶ ~한 점[내용] point de différence [contenu différent]. ¶ 그 사람은 나와 의견[입장]이 ~하다 Il a un avis différent du mien [une position différente de la mienne]. ¶ 이전과는 ~하게 말하다 exprimer différemment une affirmation antérieure.

◆_**성** -性 명 nature *f* différentielle [dissemblable, de dissimilitude].

◆_**점** -點 명 point *m* de différence. ¶ 둘 사이의 ~점을 발견하다 trouver le point de différence entre les deux.

상이² 傷痍 어근 blessure *f*, plaie *f*, invalidité *f*.

◆_**군인** -軍人 명 mutilé *m* [invalide *m*] de guerre.

◆_**연금** -年金 명 【법률】 pension *f* d'invalidité.

◆_**용사회** -勇士會 명 association *f* des mutilés de guerre.

상인¹ 商人 명 marchand(*e*); commerçant(*e*). ¶ ~ 기질 un tempérament [un caractère] commerçant; une nature mercantile [commerçante].

◆**도매_** 都賣- 명 grossiste *mf*, négociant(*e*) en gros.

◆**소매_** 小賣- 명 détaillant(*e*).

상인² 常人 명 【역사】 homme *m* [femme *f*] du peuple.

◆_**계급** -階級 명 【역사】 classe *f* des gens du commun, des roturiers.

상임 常任 명 fonction *f* permanente. ¶ 오케스트라 ~ 지휘자 chef d'orchestre titulaire.

◆_**위원회** -委員會 명 commission *f* permanente.

◆_**이사** -理事 명 membre *m* permanent.

◆_**이사국** -理事國 명 【정치】 (pays *m*) membre *m* permanent.

상자 箱子 명 boîte *f*, caisse *f*, coffre *m*, cassette *f*, coffret *m*. ¶ 구두 ~ une boîte à chaussures. ¶ 선물 ~ une boîte d'emballage pour les cadeaux, une boîte cadeau. ¶ 옷 ~ une boîte en carton pour emballer un vêtement. ¶ 무엇을 ~에 넣다 mettre [ranger] *qc* dans une boîte. ¶ 이 ~ 안에 뭐가 들어 있어요? Qu'y a-t-il dans cette boîte?

◆ **바보_** 명 télévision *f* (qui rend débile) ((appellation péjorative)).

분류 boîte *f* ((de biscuits, de chocolats)); cageot *m,* cagette *f;* caisse *f* ((de fruits)); ((초콜릿 따위)) ballotin *m*. ¶ 초콜릿 두 ~ deux boîtes [ballotins] de chocolats. ¶ 사과 한 ~ un cageot de pommes. ¶ 과자 한 ~ une boîte de biscuits. ¶ 과일 한 ~ une caisse de fruits, un cageot [une cagette] de fruits.

상잔 相殘 명 dispute *f,* querelle *f.* ¶ 동족~의 비극 tragédie d'une guerre fratricide [entre frères].

상장1 賞狀 명 certificat *m* d'un prix *m*. ¶ ~ 수여식 la cérémonie de remise de prix. ¶ ~을 수여하다[주다] décerner [conférer] un prix. ¶ ~을 받다 recevoir un prix.

상장2 上場 명 【경제】 cotation *f* en Bourse ((d'une action, d'une marchandise)). ¶ ~ 기업[회사] entreprise [compagnie] cotée en Bourse. ¶ ~ 종목 la liste des entreprises cotées en Bourse. ◇_(을) 하다 coter en Bourse; inscrire ((une action, une marchandise)) en Bourse. ◇_(이) 되다 être coté(*e*) en Bourse.

◆_가 -價 명 【경제】 cours *m* [cote *f*] d'une action.

◆_주 -株 명 【경제】 action *f* [valeur *f*] cotée (en Bourse).

상장3 喪章 명 crêpe *m*. ¶ 양복에 ~을 달다[두르다] porter un crêpe sur *sa* veste [au revers de *sa* veste].

상장4 喪杖 명 bâton *m* de deuil. ¶ ~을 짚다 s'appuyer sur *son* bâton de deuil.

상쟁 相爭 명 dispute *f;* querelle *f,* lutte *f,* conflit *m;* différend *m,* contestation *f.* ¶ 골육~ une lutte intestine. ¶ 6·25는 비참한 동족~이었다 La guerre de Corée consista en une lamentable lutte intestine entre gens de même race. ◇_(을) 하다 se disputer avec *qn;* avoir une dispute [un différend, une altercation, une querelle] avec *qn;* entrer en conflit avec *qn*.

상전 上典 명 maître(*sse*); patron(*ne*). ¶ ~처럼 굴다 agir en maître. ¶ 누구를 ~으로 모시다 servir *qn* comme *son* maître.

상전벽해 桑田碧海 명 instabilité *f* des êtres. ¶ 오랜만에 고향에 돌아오니 ~가 되었다 J'ai regagné mon pays natal après une si longue absence, je vois que tout a changé.

상점 商店 명 magasin *m,* boutique *f,* établissement *m* commercial. ¶ 포목 ~ une draperie.

◆_가 -街 명 quartier *m* commerçant; rue *f* commerçante.

상접 相接 명 contact *m*. ◇_(을) 하다 être en contact avec *qc;* ((deux objets)) se toucher. ¶ 두 집이 서로 ~해 있다 Les deux maisons sont contiguës [mitoyennes] / Les deux maisons se touchent. *피골이 ~하다 n'avoir plus que la peau sur les os, être squelettique, être d'une maigreur squelettique, être étique, être maigre comme un clou [comme un cent de clous, comme un coucou, comme un hareng saur], être mince comme un fil, être filiforme, être sec(*sèche*) comme un coup de trique [comme un cotret], être décharné(*e*), on *lui* voit les côtes, on *lui* compterait les côtes.

상정1 上程 명 dépôt *m* ((d'une motion, d'un projet de loi)). ¶ ~이 보류된 법안 un projet de loi dont le dépôt est ajourné. ◇_(을) 하다[시키다] déposer ((un projet de loi)); inscrire ((une question, une interpellation)) à l'ordre du jour. ¶ 법안을 국회 본회의에 ~하다 déposer un projet de loi à la réunion plénière de l'Assemblée nationale. ◇_(이) 되다 être inscrit(*e*) à l'ordre du jour. ¶ 그 안건은 국회에 ~되는 것조차 불투명한 상태이다 Il n'est même pas certain que ce sujet puisse être inscrit à l'ordre du jour au Parlement.

상정2 想定 명 supposition *f;* présomption *f.* ◇_(을) 하다 supposer; présumer. ¶ 이곳을 하나의 사회로 ~해 보자 Supposons ce lieu comme un corps social. ◇_(이) 되다 être supposé(*e*), présumé(*e*).

상정3 常情 명 sentiment *m;* nature *f.*

◆인지_ 人之- 명 sentiment *m* humain; nature *f* humaine; humanité *f.*

상제1 喪制 명 personne *f* en deuil de *ses* parents ou de *ses* grands-parents. ¶ ~가 되다 perdre *ses* parents ou *ses* grands-parents.

◆맏_ 명 fils *m* aîné d'un défunt.

상제2 上帝 명 【종교】 Être *m* suprême.

◆옥황_ 玉皇- 명 【종교】 Empereur *m* de Jade; Être *m* suprême du taoïsme.

상조 相助 명 assistance *f* [aide *f*] mutuelle; entraide *f.* ◇_(를) 하다 s'aider l'un(*e*) l'autre [les un(*e*)s les autres, mutuellement], s'entraider, se serrer [se tenir] les coudes, s'épauler.

◆_회 -會 명 association *f* d'entraide; mutuelle *f.*

◆상부_ 相扶- 명 ☞ 상부상조

상존1 尙存 명 subsistance *f;* persistance *f.* ◇_(을) 하다 subsister, persister, rester. ¶ 그런 폐단이 여전히 ~하고 있다 Un tel abus subsiste encore.

상존2 常存 명 permanence *f.* ◇_(을) 하다 être permanent(*e*). ¶ 그 사람이 하는 일에는 위험이 ~하고 있다 Dans son travail, le danger est permanent.

상종 相從 명 relations *fpl;* liens *mpl,* rapports *mpl,* fréquentation *f.* ¶ 그런 사람들과는 아예 ~을 말아야지 Il ne faut pas du tout fréquenter de tels gens. ◇_(을) 하다 avoir des relations avec *qn,* fréquenter *qn,* frayer avec *qn*. ¶ ~ 못 할 인간들 des gens à éviter.

◆유유_ 類類- 명 Qui se ressemble s'assemble. ☞ 유유상종

상종가 上終價 명 【경제】 prix *m* plafond. ¶ ~를 기록하다[치다] crever le plafond.

상좌1 上座 명 place *f* d'honneur; première place *f.* ¶ ~에 앉다 s'asseoir à [occuper] la place d'honneur.

상좌2 上佐 명 【불교】 premier disciple *m* d'un maître bouddhiste.

상주1 常住 명 résidence *f.* ¶ ~ 인구 population de résidents. ◇_(를) 하다 résider; habiter, demeurer. ¶ 현지에 ~하는 직원 un(*e*) employé(*e*) résidant sur place.

상주[2] 常駐 명 stationnement *m* permanent. ¶ ~ 대표부 Délégation [Commission] permanente. ◇_(를) **하다** résider en permanence; être en garnison.

상중하 上中下 명 le haut *m*, le milieu *m* et le bas *m*; bien, passable et mal; qualité *f* supérieure, ordinaire et inférieure; ((tome)) premier, deuxième, troisième. ¶ 등급을 ~로 나누다 classer en supérieur, ordinaire et inférieur.

상지 上肢 명 membres *mpl* supérieurs; bras *mpl*. ¶ ~와 하지는 운동 기관이다 Les membres supérieurs et inférieurs sont les organes du mouvement.

상징 象徵 명 symbole *m*. ¶ 비둘기는 평화의 ~이다 La colombe est le symbole de la paix. ◇_(을) **하다** symboliser. ¶ 프랑스 국기에서 흰색은 왕을, 파랑과 빨강은 파리를 대변하는 색으로 왕정과 민중의 통일을 ~한다 Les trois couleurs du drapeau français bleu, blanc, rouge symbolisent l'union de la royauté et du peuple de la ville de Paris au moment de la Révolution française.

◆**_적** -的 명관 symbolique. ¶ ~적 언어 un langage symbolique. ¶ ~적인 사건 un événement symbolique. ¶ ~적인 의미가 있다 Il y a un sens symbolique ((dans ce geste)). ¶ 이 그림은 다분히 ~적이다 Ce tableau est très symbolique.

◆**_성** -性 명 nature *f* [caractère *m*] symbolique.

◆**_화** -化 명 symbolisation *f*.

◆**_물** -物 명 objet *m* symbolique.

◆**_어** -語 명 【언어】 mot *m* symbolique.

◆**_주의** -主義 명 【문학】 symbolisme *m*.

상찬 賞讚 명 louange *f*; éloge *m*. ¶ 비평가들에게 ~을 받다 recevoir l'éloge des commentateurs, être loué(*e*) par les commentateurs. ◇_(을) **하다** louer; faire l'éloge de *qn*. ¶ 그 사람의 연주를 전문가도 ~했다 Même les spécialistes ont loué son interprétation musicale.

상채기 명 (('생채기'의 잘못)) ☞ 생채기

상책 上策 명 le meilleur moyen *m*, la meilleure solution, excellent moyen *m*, ce qu'il y a de mieux à faire. ¶ 지금으로서는 가만히 있는 게 ~입니다 Pour l'instant, la meilleure chose est de rester calme. ¶ 이런 상황에서는 입을 다물고 있는 것이 ~이다 Se taire est ce qu'il y a de mieux à faire dans ce genre de situation / Il est préférable de [Il vaut mieux] se taire dans ce genre de situation. ¶ 토요일 오후에는 대중교통을 이용하는 것이 ~이다 Le samedi après-midi, il est fortement recommandé d'utiliser les moyens de transport en commun.

◆**최_** 最 명 le moyen *m* le plus sûr, la meilleure solution. ¶ 다른 사람들에게 너무 기대하지 않는 것이 최~이다 Le plus sûr est de ne pas trop compter sur les autres.

상처[1] 喪妻 명 décès *m* [perte *f*] de *sa* femme. ¶ 그 사람은 ~ 후 줄곧 혼자 살고 있다 Il vit toujours seul depuis la mort de sa femme. ◇_(를) **하다** perdre *sa* femme. ¶ 그 사람은 작년에 ~를 했다 L'an dernier, il a perdu sa femme.

상처[2] 傷處 명 ① blessure *f*; plaie *f*; cicatrice *f*; balafre *f*; coupure *f*; entaille *f*; contusion *f*; bleu *m*; meurtrissure *f*; égratignure *f*; écorchure *f*; morsure *f*. ¶ ~투성이 다리 une jambe couverte de blessures [de cicatrices]. ¶ 얼굴에 칼에 벤 ~ 자국이 있는 사람 une personne avec une balafre, une personne balafrée. ¶ ~를 치유하다 cicatriser une blessure [plaie]. ¶ ~가 다 나았다[아물었다, 치유되었다] La plaie [blessure] s'est cicatrisée complètement / La plaie s'est refermée. ¶ ~가 덧났다[악화되었다] La blessure s'est envenimée. ¶ 그 사람은 얼굴에 ~가 있다 Il porte une cicatrice sur le visage. ¶ 교통사고로 다리에 ~가 났다[생겼다] Il s'est égratigné la jambe lors d'un accident de la route. ¶ 그 사람은 팔에 개에 물린 ~가 있다 Il a une morsure de chien au bras. ¶ 그 사람은 나갔다 하면 온몸에 ~를 내고 돌아왔다 Chaque fois qu'il est sorti, il est rentré couvert de blessures. ② ((마음의)) blessure *f*, plaie *f*, cicatrice *f*. ¶ 마음의 ~ plaie de l'âme [du cœur]. ◇_(를) **입다** se blesser. ¶ 그 사람은 발에 ~를 입었다 Il s'est blessé au pied. ◇_(를) **받다** être blessé(*e*). ¶ 마음에 ~를 받다 être blessé(*e*) par *ses* sentiments. ¶ 그 사람은 자존심[명예]에 ~를 받았다 Il est blessé dans son amour-propre [honneur]. ¶ ~ 받은 자존심 fierté blessée. ¶ ~ 받은 어린 영혼 l'âme d'un enfant blessé par ses sentiments. ◇_(를) **주다** blesser. ¶ 누구의 자존심에 ~를 주다 blesser l'amour-propre de *qn*.

상체 上體 명 partie *f* supérieure du corps; buste *m*; torse *m*. ¶ ~ 운동 gymnastique de la partie supérieure du corps. ¶ ~를 일으키다 ((남의)) soulever la partie supérieure du corps ((de *qn*)); ((자신의)) se soulever.

상추 명 【식물】 salade *f* verte; ((양상추)) laitue *f*; batavia *f*.

◆**_쌈** 명 *sangchussam m* <riz que l'on mange enveloppé dans des feuilles de salade verte>. ¶ ~쌈을 싸 먹다 manger du riz après l'avoir enveloppé dans une feuille de salade.

상춘 賞春 명 admiration *f* [amour *m*] du printemps. ¶ 거리에는 ~ 인파가 많다 Une foule de personnes est sortie dans la rue pour profiter du printemps. ◇_(을) **하다** admirer le printemps.

◆**_객** -客 명 personne *f* qui sort à l'extérieur pour admirer les beautés du printemps. ¶ 봄이 되자 ~객들이 많다 Il y a beaucoup de gens qui sortent (à l'extérieur) pour admirer le printemps.

◆**_곡** -曲 명 chant *m* de l'admiration du printemps.

상충 相衝 명 contradiction *f*, incompatibilité *f*. ¶ 양국 간 이해관계의 ~ conflit [opposition] des intérêts des deux pays. ◇_(을) **하다** être contradictoire à [avec] *qn/qc*; être incompatible avec *qc*; être antipathique à *qc*. ¶ ~하는 원리[증언] principes [témoignages] divergents. ◇_(이) **되다** être contradictoire à [avec] *qn/qc*; être incompatible avec *qc*; être antipathique à *qc*. ¶

ㅅ

이 두 진술은 서로 ~된다 Ces deux témoignages sont contradictoires l'un avec l'autre. ¶ 그 사람의 원칙과 행동은 ~된다 Il y a contradiction entre ses principes et ses actes.

상층 上層 명 couche *f* supérieure. ¶ ~ 계급 classes supérieures. ¶ ~ 구조 superstructure.

◆_기류 -氣流 명 【지리】 courant *m* atmosphérique supérieur.

◆_부 -部 명 hautes sphères *fpl*, hautes couches *fpl*, couche *f* supérieure; cadres *mpl* supérieurs. ¶ 대기의 ~부 hautes couches [couche supérieure] de l'atmosphère. ¶ 회사의 ~부 cadres supérieurs d'une entreprise. ¶ 정계[재계]의 ~부 les hautes sphères de la politique [de la finance].

◆_운 -雲 명 【지리】 nuages *mpl* élevés, nuages *mpl* de haute altitude ((situés à plus de 8 000 *m* d'altitude)), cirrus *mpl*, cirrostratus *mpl*, cirrocumulus *mpl*.

◆최_ 最 명 le sommet *m* de l'échelle. ¶ 권력의 최~ sommet de l'échelle du pouvoir.

상치[1] 相値 명 concurrence *f*, coïncidence *f* fâcheuse; opposition *f* ((de deux choses)). ◇_(**가**) **되다**[(**를**) **하다**] être en opposition; être opposé(*e*); s'opposer l'un à l'autre. ¶ 양쪽의 이익이 서로 ~되고 있다 Les intérêts des deux parties sont en opposition.

상치[2] 명 ((‘상추’의 잘못)) ☞ 상추

상쾌 爽快 어근 fraîcheur *f*.

◆_하다 형 être rafraîchissant(*e*); ((기분이)) se sentir frais(*aîche*) et dispos(*e*). ¶ 기분이 ~하다 se sentir frais(*aîche*) et dispos(*e*); se sentir allègre; se sentir joyeux(*se*). ¶ 공기가 ~하다 L'air est rafraîchissant. ¶ ~한 아침 un matin frais. ¶ 바람이 ~하게 분다 La brise est rafraîchissante.

◆_히 부 avec gaieté; ((marcher)) d'un pas allègre. ¶ ~히 걷다 marcher d'un pas allègre.

◆_감 -感 명 gaieté *f*, gaîté *f*.

상큼하다 형 être frais(*aîche*); être vivifiant(*e*). ¶ 상큼한 과일 un fruit frais. ¶ 상큼한 풀 냄새 la fraîche odeur de l'herbe. ¶ 이것은 씹는 느낌이 ~ C'est rafraîchissant quand je le mâche. ¶ 상큼하게 끝나다 finir *qc* net et sans bavure [sans complication].

상태 狀態 명 état *m*; situation *f*, circonstance *f*, état *m* de choses; conditions *fpl*; conjoncture *f*. ¶ 건강 ~ état de santé. ¶ 그 사람은 요즘 건강 ~가 좋다[나쁘다] *Ces temps-ci, il est en bonne* [mauvaise] santé. ¶ 재정 ~ situation financière. ¶ 정신 ~ état d'esprit; mentalité. ¶ 그 사람은 정신 ~가 틀렸다 Son état d'esprit est mauvais / Il a l'esprit mal tourné. ¶ ~를 봐 가면서 앞으로의 일을 결정하자 On va décider ce qu'on va faire en fonction des circonstances. ¶ 그 사람이 어떤 ~에 있는지 모르겠다 Je ne sais pas dans quelle situation il se trouve. ¶ 그 나라는 지금 거의 내전 ~나 다름없다 Autant dire que ce pays est en état de guerre civile actuellement. ¶ 현재[이런] ~에서는 결과를 속단할 수 없다 On ne peut pas préjuger du résultat dans les circonstances actuelles [dans cet état de choses].

상통 相通 명 ① 서로 통함 compréhension *f* mutuelle; communication *f*, contact *m*. ② 공통점 ressemblance *f*. ◇_(**을**) **하다** ① 서로 통하다 se comprendre mutuellement; s'entendre bien; communiquer. ¶ 의사가 ~하다 s'entendre, être du même avis. ¶ 그들은 서로 뜻이 ~한다 Ils s'entendent bien. ② 공통점이 있다 se ressembler. ¶ 그들 간에 성격상 서로 ~하는 점이 있다 Il y a entre eux une affinité de caractère.

상투[1] 명 *sangtu m* <chignon de la chevelure des hommes>. ¶ ~를 틀다[올리다] se faire un chignon (arrivé à l'âge adulte).

***~를 잡다** acheter des actions au moment où elles valent le plus cher. ¶ 그 사람은 뒤늦게 주식을 샀다가 ~를 잡고 말았다 Il a acheté des actions trop tard au moment où elles valaient le plus cher [où elles étaient à leur cours le plus élevé].

상투[2] 常套 어근 manière *f* [façon *f*] habituelle.

◆_적 -的 명관 conventionnel(*le*), ban*al*(*ale*), commun(*e*), ordinaire; rebattu(*e*). ¶ ~적인 수법 stratégie habituelle. ¶ ~적인 말을 늘어놓다 débiter des banalités [des lieux communs]. ¶ 그런 ~적인 말에는 이제 식상했다 J'en ai assez de ces clichés. ¶ 정치인의 대답은 대개가 ~적이다 La plupart du temps, les réponses des hommes politiques sont des banalités [se font avec la langue de bois, utilisent la langue de bois]. ¶ 그건 너무 ~적이다 C'est trop banal [bateau {*fam*}] / C'est usé [éculé] / Ça a trop servi / Ce n'est pas assez original / Ça manque d'originalité / C'est d'un commun!

◆_성 -性 명 banalité *f*, caractère *m* conventionnel, convenu *m*. ¶ ~성을 벗어나다 échapper au convenu [au conventionnel], être origin*al*(*ale*, *aux*).

◆_어 -語 명 cliché *m*; phrase *f* stéréotypée; lieu(*x*) *m* commun. ¶ 그 사람의 칭찬은 ~어에 지나지 않는다 Ses compliments ne sont que des clichés.

상팔자 上八字 명 bonne chance *f*, bonheur *m*; situation *f* idéale. ¶ ~를 타고나다 être né(*e*) sous une bonne étoile [sous le signe de la chance]. ¶ ~로 지내다 vivre comme un coq en pâte; vivre très confortablement.

***개 팔자가 ~다** La vie de chien est une vie de roi / (Il a) une vie de roi!

***무자식이 ~** ☞ 무자식

상패 賞牌 명 trophée *m*, plaque *f* qui accompagne un prix. ¶ ~를 수여하다 remettre [décerner] une médaille à *qn*, médailler *qn*; honorer [décorer] *qn* d'une médaille. ¶ ~를 수여하다[수여받다] se faire décerner une plaque d'un prix.

상편 上篇 명 premier volume *m* [tome *m*] ((d'un ouvrage en deux ou trois tomes)).

상포 喪布 명 linceul *m*. ¶ ~로 시체를 싸다 recouvrir un cadavre d'un linceul.

상표 商標 명 marque *f* (de fabrique, de commerce). ¶ ~ 등록 enregistrement d'une marque. ¶ 등록 ~ une marque déposée. ¶ 유명 ~를 단 상품 un article

ㅅ

[un produit] d'une marque renommée [d'une grande marque]. ¶ ~를 등록하다 déposer une marque. ¶ 유사 ~에 주의하시오 Faites attention aux marques similaires [dont le nom ressemble, dont le nom s'apparente] à la nôtre.

◆_권 -權【법률】명 droits *mpl* d'une marque; marque *f* déposée. ¶ ~권을 침해하다 violer les droits d'une marque, contrefaire une marque déposée, utiliser le nom d'une marque déposée.

상품[1] 上品 명 produit *m*, marchandise *f* de bonne qualité; marchandise *f* de qualité supérieure; marchandise *f* de choix; article *m* de luxe. ¶ 돈을 좀 더 주고 ~으로 샀다 J'ai acheté une marchandise de qualité supérieure en payant davantage. ¶ 이 상자에 든 것들이 제일 ~입니다 Ceux qui sont dans la boîte sont les meilleurs.

상품[2] 商品 명 article *m*; marchandise *f*; denrée *f*; produit *m*. ¶ 견본 ~ un échantillon. ¶ 소비재 ~ marchandises de consommation. ¶ 재고 ~ marchandises en stock; assortiment. ¶ 행사 특판 ~ marchandises en vente spéciale. ¶ 소매[도매] ~도 취급하십니까? Est-ce que vous traitez des marchandises au détail [en gros]?

◆_성 -性 명 caractère *m* commercialisable. ¶ ~성이 있다[없다] être commercialisable [non commercialisable].

◆_화 -化 명 commercialisation *f*. ¶ ~화(를) 하다 commercialiser ((un produit)). ¶ ~화(가) 되다 être commercialisé(*e*).

◆_권 -券 명 chèque *m* cadeau; bon *m* d'achat; certificat *m* cadeau.

◆_명 -名 명 marque *f*.

상품[3] 賞品 명 objet *m* qui est offert à titre d'un prix, prix *m*; récompense *f*. ¶ ~을 타다[받다] gagner [obtenir] un prix. ¶ ~을 수여하다[주다] décerner [remettre] un prix [une récompense] à *qn*.

상피[1] 上皮 명【의학】épithéli*al*(*ale*, *aux*).

◆_세포 -細胞 명【의학】cellule *f* épithéliale.

◆_조직 -組織 명【의학】tissu *m* épithélial.

상피[2] 相避 명 inceste *m*. ¶ ~(가) 붙다 commettre un inceste.

상하[1] 上下 명 ① haut *m* et bas *m*; sommet *m* et base *f*; montée *f* et descente *f*. ¶ ~ 운동 un mouvement vertical. ¶ ~로 움직이다[진동하다] bouger [mouvoir] de haut en bas [verticalement]. ¶ 상자에 ~로 칸막이를 하다 cloisonner une boîte verticalement. ② ((신분의)) hiérarchie *f*, rang *m* social. ¶ ~ 구별 없이 sans distinction de [sans tenir compte du] rang (social).

◆_관계 -關係 명 relation *f* hiérarchique.

상하[2] 常夏 명 été *m* permanent. ¶ ~의 나라 le pays de l'été éternel [permanent].

상하다 傷- 자 ① ((물건이)) être abîmé(*e*), endommagé(*e*), détérioré(*e*); se détériorer, s'abîmer; s'altérer, se corrompre, pourrir. ¶ 상한 물건 un objet abîmé. ② ((몸이)) être blessé(*e*); se blesser. ¶ 그는 과로로 몸이 상했다 Il s'est abîmé la santé en travaillant trop. ¶ 나는 축구를 하다가 다리가 상했다 Je me suis blessé à la jambe en jouant au football [foot {*fam*}]. ③ ((마음이)) être blessé(*e*), froissé(*e*); offensé(*e*), peiné(*e*), vexé(*e*). ¶ 누구의 말에 기분[자존심]이 상하다 être vexé(*e*) [blessé(*e*) dans *son* orgueil] par les paroles de *qn*.

상하수도 上下水道 명 canalisation *f* des eaux potables et des eaux usées.

상학 商學 명 études *fpl* commerciales [de commerce].

상한 上限 명 limite *f* maximale, plafond *m*, maximum *m*. ¶ 무엇을 ~으로 잡다 fixer [déterminer] la limite maximale [le plafond] à *qc*.

◆_가 -價 명 prix *m* plafond.

◆_선 -線 명 limite *f* maximale, plafond *m*, maximum *m*. ¶ ~선을 정하다 fixer [déterminer] la limite maximale [le plafond, le maximum].

상해 傷害 명 blessure *f*, action de blesser *qn*; ((의학)) lésion *f*. ¶ 누구에게 ~를 입히다 blesser *qn*. ¶ 그 사람은 전치 2주의 ~를 입었다 Il s'est fait une blessure dont le traitement dure deux semaines.

◆_보험 -保險 명【법률】assurance *f* (contre les) accidents.

◆_죄 -罪 명【법률】coups *mpl* et blessures *fpl*.

◆_치사(죄) -致死(罪) 명【법률】coups *mpl* et blessures *fpl* entraînant la mort. ¶ 그 사람은 ~치사 혐의를 받고 있다 Il est suspecté [inculpé] d'avoir blessé quelqu'un à mort.

상행 上行 명 montée *f* (vers la capitale), ((dans)) le sens *m* province-Séoul.

◆_선 -線 명【교통】((autoroute)) en direction de la capitale, dans le sens province-Séoul. ¶ ~선 열차 un train en direction de la capitale, un train montant à Séoul. ¶ 고속도로 ~선이 체증을 보이고 있다 Les autoroutes en direction de la capitale sont embouteillées [congestionnées].

상행위 商行爲 명【법률】commerce *m*.

상향 上向 명 hausse *f*, orientation *f* vers le haut. ¶ 목표를 ~ 조정하다 se fixer un objectif supérieur.

◇_(을) 하다 être à la hausse.

◆_이중모음 -二重母音 명【언어】glide *f* montante.

상현 上弦 명 premier quartier *m* de la Lune, Lune *f* à son premier quartier.

◆_달 명 Lune *f* à son premier quartier.

상형 象形 명 figurati*f*(*ve*), hiéroglyphique.

◆_문자 -文字 명【언어】écriture *f* figurative; caractère *m* figuratif; hiéroglyphe *m*; écriture *f* hiéroglyphique.

상호[1] 相互 명 mutualité *f*; réciprocité *f*. ¶ ~ 관계 relation réciproque; réciprocité. ¶ ~ 작용 action réciproque. ¶ ~ 조약 traité réciproque. ¶ ~ 이익을 도모하다 rechercher les intérêts mutuels.

부 mutuellement, réciproquement, l'un(*e*) l'autre. ¶ 두 나라가 ~ 경계하고 있다 Les deux pays se méfient l'un de l'autre. ¶ 기업끼리 ~ 협력해야 한다 Les entreprises doivent collaborer les unes avec les autres.

상호[2] 商號 명 nom *m* commercial; raison *f* sociale. ¶ 우리 회사의 ~가 변경되었습니다 Notre société a changé de nom commercial.

상혼 商魂 명 goût *m* pour le commerce. ¶ 상인들의 얄팍한 ~에 넘어갔다 Les marchands m'ont eu(*e*) par leur ruse [par leur astuce] / Les marchands m'ont possédé(*e*) [arnaqué(*e*) {*fam*}, roulé(*e*) {*fam*}] / Je me suis fait arnaquer {*fam*} [entuber {*vulg*}] par les marchands.

상환[1] 償還 명 remboursement *m*; amortissement *m*. ¶ 외채 ~ amortissement d'une dette extérieure. ¶ 전액 ~ remboursement intégral. ¶ 1년 내 ~을 조건으로 돈을 빌려주다 prêter de l'argent à *qn* sous condition de remboursement sur un an. ¶ 5년 ~으로 대출을 받다 prendre [avoir] un crédit sur cinq ans. ◇_(을) **하다** rembourser *qc*; amortir ((une dette)). ¶ 빌린 돈을 기한 내에 ~하다 rembourser [restituer] un emprunt dans les délais. ¶ 주식을 배당주로 ~하다 amortir une action. ¶ 국채를 ~하다 amortir un emprunt d'État [national]. ◇_(이) **되다** être remboursé(*e*).

◆**_공채** -公債 명【경제】dette publique *f* remboursable.

◆**_(금)액** -(金)額 명 somme *f* remboursable.

◆**_주식** -株式 명【경제】action *f* amortie.

◆**분할_** 分割- 명【경제】étalement *m* du remboursement. ¶ 부채를 10년 동안 분할~하다 étaler le paiement des dettes sur dix ans.

상환[2] 相換 명【경제】échange *m*. ◇_(을) **하다** échanger *qc*, faire échange de *qc*; interchanger.

상황 狀況 명 circonstances *fpl*; situation *f*; état *m* des choses; conditions *fpl*. ¶ ~ 판단 jugement circonstanciel. ¶ 불리한[유리한] ~ circonstance favorable [défavorable]. ¶ 피해 ~을 보고하다 informer *qn* des dégâts. ¶ 일의 진척 ~을 살펴보다 examiner l'état d'avancement des travaux. ¶ ~에 따라 대처하다 agir selon les circonstances [selon la situation]. ¶ 현 ~ 에서는 dans les circonstances actuelles [présentes]; dans cet état des choses; dans ces conditions. ¶ 지금 한국 경제는 몹시 어려운 ~에 처해 있다 L'économie actuelle de la Corée se trouve dans une situation critique. ¶ ~이 180도 바뀌었다 La situation a complètement changé. ¶ 건강이 나빠져 다시 일을 시작하기가 어려운 ~이다 Je suis dans une situation où je ne peux pas reprendre mon travail, parce que mon état de santé s'est aggravé.

◆**_증거** -證據 명【법률】présomptions *fpl*; preuves *fpl* indirectes.

◆**_보어** -補語 명【언어】complément *m* circonstanciel [de circonstance]; circonstant *m*.

◆**_의미론** -意味論 명【언어】sémantique *f* de situation.

◆**_절** -節 명【언어】proposition *f* circonstancielle.

상회[1] 商會 명 compagnie *f*; firme *f*; société *f* commerciale; maison *f* de commerce.

상회[2] 上廻 명 surpassement *m*. ◇_(를) **하다** aller au-delà de *qc*, surpasser *qc*. ¶ 생산량이 당초의 목표를 ~하였다 La production est allée au-delà du but initial / La production a surpassé le but initial.

상흔 傷痕 명 cicatrice *f*, trace *f*, balafre *f*; ((비유적)) trace *f*, empreinte *f*, stigmates *mpl* {*litt*}. ¶ 이 도시에는 아직도 전쟁의 ~이 남아 있다 Cette ville présente encore des stigmates de la guerre.

샅 명 entrecuisse *m*, entrejambe *m*.

샅바 명【운동】pagne *m* de lutteur. ¶ 씨름 ~ pagne pour la lutte. ¶ 상대방의 ~를 잡다 saisir [empoigner] le pagne de l'adversaire.

샅샅이 부 de fond en comble, dans tous les coins (et recoins); de bout en bout; sans omission. ¶ 집 안을 ~ 뒤지다 fouiller la maison de fond en comble. ¶ 사건의 진상을 ~ 파헤치다 rechercher toute la vérité d'une affaire.

새[1] 명【동물】oiseau(*x*) *m*. ¶ ~ 떼 une colonie [nuée] d'oiseaux, une myriade [multitude] d'oiseaux. ¶ ~알 œuf d'un oiseau. ¶ ~ 사냥 chasse aux oiseaux. *~**도 가지를 가려 앉는다** Selon le vent, la voile.

◆**_가슴** 명 ① 불거진 가슴 thorax *m* en bréchet [en carène]. ② 소심한 사람 peureux *m*, couard(*e*), poltron(*ne*), froussard(*e*) {*fam*}, trouillard(*e*) {*fam*}, poule *f* mouillée {*fam*}.

◆**_똥** 명 déjections d'oiseaux, fiente d'oiseaux; guano *m*.

◆**_소리** 명 chant des oiseaux, gazouillis *m*.

◆**_장** -欌 명 cage *f*; volière *f*.

◆**_집** 명 nid *m* (d'oiseaux).

◆**_총** -銃 명 ☞ 새총

◆**_털** 명 plume *f*. ¶~털을 뽑다 arracher les plumes, déplumer.

◆**_털구름** 명 cirrus *m*.

새[2] 의명 ((nom dépendant qui s'emploie après un déterminant tel qu'un mot exprimant la durée, le démonstratif 그 *ce*, le déterminant interrogatif 어느 *lequel*, *laquelle*, ou les suffixes flexionnels déterminatifs (relatifs) –는, -ㄹ/-을)) intervalle *m*; distance *f*, espace *m*. ¶ 그 사람은 10분 ~에 일을 끝내 버렸다 Il a terminé son travail en dix minutes! ¶오늘 우리는 밥 먹을 ~도 없이 일을 했어요 Aujourd'hui, nous avons travaillé sans même avoir le temps de prendre le déjeuner. ☞ 사이

***눈코 뜰 ~ 없다** être très occupé(*e*) [pris(*e*)]; être débordé(*e*); être submergé(*e*), surchargé(*e*) ((de travail)); ne plus savoir où donner de la tête.

◆**어느_** 부 en peu de temps. ☞ 어느

새[3] 관 ① neuf(*ve*). ¶ ~ 차 une voiture neuve. ¶ 표지가 더러우니까 ~ 책으로 바꿔 주세요 La couverture de ce livre est sale. Je voudrais l'échanger contre un neuf. ¶ 아직 ~ 옷인데 작아져서 입을 수 없다 C'est un vêtement encore neuf, mais je ne peux pas le porter, parce qu'il a rétréci [s'est raccourci]. ② 신형의 nouv*eau*(*el*, *elle*, *eaux*). ¶~ 모델 un nouveau modèle. ¶~ 제품 un nouveau produit. ③ 새로 교체된, 갓 시작된 nouv*eau*(*el*, *elle*, *eaux*). ¶ 나의 ~ 남편 mon nouveau mari, mon nouvel époux. ¶ 우리의 ~ 선생님 notre nouveau professeur. ¶ 나의 ~ 학교 ma nouvelle école. ¶~ 친구를 사귀다 se faire un(*e*) ami(*e*). ¶ 우리는 ~ 지도자를 뽑았다 Nous avons élu un nouveau dirigeant [leader]. ¶~ 책이 나왔다 Son nouveau livre a été publié. ¶~ 천년이 밝아왔다 Un nouveau millénaire a commencé. ¶ 내게 ~ 희망이 솟는다 Un nouvel espoir surgit [s'illumine] en moi. ¶~ 학기가 시작되었다 C'est la rentrée du nouveau semestre / Le nouveau semestre a commencé.

◆_**것** 명 chose *f* neu*f*(*ve*), nouv*eau*(*el*, *elle*, *eaux*). ¶ 냉장고를 ~으로 바꾸다 remplacer un réfrigérateur par un neuf. ¶ 진열되어 있던 물건 말고 ~을 가져와라 Apporte-moi un nouveau, mais pas celui qui est dans l'étalage. ¶ 이 옷은 산 지 3년이나 되었지만 아직 ~이다 Ce vêtement est encore neuf, même si on l'a acheté il y a trois ans.

◆_**장가** 명 ¶~ 장가를 들다 se remarier.

◆_**출발** -出發 명 nouveau départ *m*, recommencement *m*. ¶ 과거의 잘못을 씻고 ~출발을 하다 prendre un nouveau départ en regrettant les fautes du passé. ¶ 우리는 지난 일을 반성하며 ~출발을 다짐했다 Nous avons décidé de prendre un nouveau départ tout en reconsidérant nos actes passés.

-새[4] 접미 ((suffixe nominal)) aspect *m*, état *m*. ¶ 모양~ l'apparence, l'air. ¶ 차림~ une tenue. ¶ 생김~ les traits (du visage), la physionomie *f*.

새-[5] 접두 ((préfixe adjectival)) tout (à fait); très, foncé(*e*). ¶~까맣다 être tout(*e*) noir(*e*). ¶~빨갛다 être tout rouge; être rouge vi*f*(*ve*); être cramoisi(*e*). ¶~파랗다 être très bleu(*e*). ¶~하얗다 être tout(*e*) blanc(*he*), être d'une blancheur immaculée. ¶~파랗게 질리다 pâlir [blanchir, blêmir] de peur. ¶~까맣게 그을다 être tout(*e*) bronzé(*e*). ¶~까맣게 타다 tomber en cendres. ¶~빨간 거짓말 un pur mensonge; un mensonge grossier [maladroit], un mensonge cousu de fil blanc.

새근[1] 어근 ((onomatopée)) haletant, suffoquant.

◆_**거리다**[**대다**] 자 ① 가쁘게 숨을 쉬다 haleter, s'essouffler, suffoquer, avoir la respiration haletante; être hors d'haleine, essoufflé(*e*). ¶ 화가 나서 ~거리며 숨을 쉬다 suffoquer de colère. ② 고른 숨소리를 내다 avoir une respiration paisible, respirer paisiblement [doucement, avec calme, tranquillement]; ((un bébé)) avoir un sommeil paisible [un doux sommeil]. ¶ 아기가 ~거리며 잠을 잔다 Le bébé dort d'un sommeil paisible [d'un doux sommeil] / Le bébé dort paisiblement.

◆_ _ 부 ((respirer, dormir)) paisiblement, d'un sommeil paisible, d'un doux sommeil, tranquillement, comme un bienheureux {*litt*}. ¶ ~~ 잠자는 아기 un bébé qui dort d'un sommeil paisible [d'un doux sommeil, paisiblement].

새근[2] 어근 ☞ 새큰

새기다[1] 타 ① graver. ¶ 몸에 문신을 ~ se (faire) tatouer le corps. ¶ 비석에 글귀를 새겨 넣다 graver une phrase sur une stèle. ② 깊이 기억하다 graver ((dans *sa* mémoire)). ¶ 누구의 말을 마음속에 깊이 ~ graver au fond de *son* cœur les paroles de *qn*.

◆**새김** 명 sculpture *f*, gravure *f*.

새기다[2] 타 ① 쉽게 풀이하다 interpréter; expliquer; commenter. ¶ 어려운 구절을 ~ faire le commentaire d'un passage difficile; expliquer un passage obscur. ② 번역하다 traduire.

◆**새김** 명 ① 뜻의 새김 interprétation *f*, explication *f*, paraphrase *f*, commentaire *m*. ¶ 이 구절은 읽는 사람에 따라 그 새김이 다를 수 있다 Ce passage peut être interprété de façon différente selon les lecteurs. ② 한자 글자마다의 뜻 signification *f* d'un caractère chinois.

새기다[3] 타 ① ((소가)) ruminer. ¶ 소가 여물을 새기고 있다 La vache rumine du foin. ② 돌이켜 생각하다 penser de nouveau, ressasser, ruminer. retourner une pensée dans tous les sens; réfléchir.

◆**되**_ 타 ① penser de nouveau, ressasser, ruminer, retourner une pensée dans tous les sens; se remémorer, se rappeler sans cesse de *qc*. ② ((사람)) mastiquer longuement (avant d'avaler). ③ ((소)) ruminer.

새김질[1] 명 sculpture *f*, gravure *f*. ◇_(을) **하다** graver ((un nom sur un arbre)); sculpter ((un bloc de marbre)); ciseler ((un bijou)).

새김질[2] 명 rumination *f*. ◇_(을) **하다** ruminer

◆**되**_ 명 rumination *f*. ¶ 되~을 하다 ruminer.

새김칼 명 【미술】 ciselet *m*; ciseau(*x*) *m*; burin *m*.

새까맣다 형 ① être très noir(*e*). ¶ 새까만 눈동자 prunelles très noires. ¶ 새까만 머리카락 cheveux très noirs. ② 까마득하다 être beaucoup [bien] plus jeune. ¶ 새까만 후배 un(*e*) ami(*e*) qui est beaucoup [bien] plus jeune que moi. ¶ 새까맣게 어린 놈이 어딜 대들어? Comment oses-tu manquer de respect envers tes aînés? ③ 완전히 잊다 avoir complètement oublié ((ça m'est complètement sorti de l'esprit)). ¶ 친구와의 약속을 새까맣게 잊었다 J'ai complètement oublié le rendez-vous avec mon ami. ④ 노심초사하다 être mort(*e*) d'inquiétude. ¶ 불안감으로 가슴이 새까맣게 되었다 Je suis mort(*e*) d'inquiétude. ¶ 어머니는 자식 걱정에 속이 숯덩이처럼 새까맣게 타 버렸다 La mère était morte d'inquiétude au sujet de ses enfants. ⑤ 매우 많다 être nombreu*x*(*se*). ¶ 적군이 새까맣게 몰려온다 Les soldats ennemis attaquent en force.

새깨기 명 tige *f* écorcée (d'un roseau).

새끼[1] 명 corde *f* (de paille). ¶~를 꼬다 tisser une [de la] corde de paille, corder [cordeler] de la paille. ¶~로 묶다 attacher [lier] *qc* avec de la corde paille.

새끼[2] 명 ① petit *m* (des animaux). ¶ ~ 호랑이 un bébé tigre. ¶ ~를 낳다[치다] faire des petits, mettre bas. ¶ 제비가 처마 밑에 ~를 쳤다 Les hirondelles ont fait des petits sous le toit. ¶ 우리 개가 ~를 배었다 Ma chienne attend des chiots. ¶ 소가 ~를 낳았다 La vache a fait des veaux. ② 【속어】 자식 enfant *mf*, gamin(*e*). ③ 【비어】 individu *m*; type *m*; gars *m*; bougre *m*; salaud *m* {*vulg*}, enfoiré *m* {*vulg*}, enculé *m* {*vulg*}, pédé *m* {*vulg*}. ¶ 이 ~가! Salaud {*vulg*} / Salopard {*vulg*}! / L'[Cet] enfoiré [enculé] {*vulg*}! ¶ 이런 개~ 같으니! Connard {*vulg*} / Quel sale type {*fam*}! / L'[Cet] enfoiré [enculé] {*vulg*}! / Quel pédé {*vulg*}! ¶ 나쁜 ~들! Bande de salauds [de connards] {*vulg*}! / Bande d'enfoirés {*vulg*}!
*(**돈이**) **~를 치다** rapporter des intérêts ((mon argent travaille)). ¶ 빌려주었던 돈이 ~를 쳐서 크게 불어났다 L'argent que j'ai prêté a doublé avec les intérêts.
***제 ~ 귀하면 남의 ~ 귀한 줄도 알아야 한다** Les enfants des autres sont aussi précieux que les nôtres.
◆**_발가락** 명 petit orteil *m*.
◆**_발톱** 명 ongle *m* du petit orteil.
◆**_손가락** 명 auriculaire *m*; petit doigt *m*. ¶ ~손가락을 걸고 약속하다 se faire une promesse, se promettre *qc*, se jurer *qc*, sceller une promesse [un engagement] réciproque ((se promettre *qc* en se croisant les auriculaires)).
◆**_손톱** 명 ongle *m* du petit doigt [de l'auriculaire].

새날 명 nouveau jour *m*. ¶ 희망의 ~이 밝아 오고 있다 Un nouveau jour d'espoir se lève.

새내기 명 nouv*eau*(*elle*) venu(*e*); ((신입생)) bizut(h) *m*, élève *mf* de première année.

새다[1] 자 ① fuir, s'échapper, couler, s'écouler; filtrer. ¶ 지붕에서 비가 샌다[지붕이 샌다] La pluie tombe du plafond / Le plafond fuit. ¶ 가스가 샌다 L'essence coule. ¶ 신발에 물이 샌다 De l'eau s'infiltre dans les chaussures. ¶ 이 공은 바람이 샌다 De l'air s'échappe de ce ballon. ② (빛, 소리 따위가) 밖으로 나가거나 들다 filtrer, s'échapper. ¶ 창으로 불빛이 새 나온다 On voit de la lumière à la fenêtre / Une lumière s'échappe de la fenêtre. ¶ 옆방에서 텔레비전 소리가 새 나온다 On entend le bruit de la télé de la pièce d'à côté. ¶ 소리가 밖으로 새 나가지 않게 조심해라 Fais bien en sorte qu'on n'entende rien à l'extérieur. ③ 모르는 사이에 없어지다 disparaître. ¶ 공금이 어딘가로 새고 있다 Les fonds publics disparaissent quelque part. ④ ((비밀 따위가)) transpirer, filtrer; être découvert(*e*); arriver à la connaissance de *qn*. ¶ 정보가 밖으로 새지 않게 주의해라 Fais en sorte qu'aucune information ne filtre à l'extérieur. ⑤ 딴 데로 가다 se faufiler; se dérober, se défiler {*fam*}. ¶ 그는 틀림없이 회사에 안 가고 딴 데로 샜다 Je suis sûr(*e*) qu'il n'est pas allé au travail et qu'il s'est faufilé ailleurs. ⑥ 곁길로 들다 dévier. ¶ 토론이 엉뚱한 방향으로 샜다 Le débat a dévié dans une direction absurde. ⑦ 슬그머니 빠져나가다 sortir discrètement, se dérober. ¶ 회의장에서 슬그머니 새 나가다 sortir discrètement de la salle de réunion.

새다[2] 자 poindre, naître, se lever. ¶ 밤이 새도록 공부하다 travailler toute la nuit. ¶ 날이 샌다 Il commence à faire jour.

새다[3] 타 (('새우다'의 잘못)) ☞ 새우다

새달 명 le mois *m* prochain.

새댁 -宅 명 nouvelle mariée *f*.

새되다 형 ((voix)) être aigu(*ë*), perçant(*e*). ¶ 새된 목소리 une voix aiguë.

새뜻하다 형 être neu*f*(*ve*) et propre. ¶ 새뜻한 차림새 tenue fraîche; manière propre dont on est habillé.

새로 부 ① nouvellement, pour la première fois, à nouveau, de nouveau. ¶ ~ 문을 연 식당 un restaurant qui vient d'ouvrir. ¶ ~ 가입한 회원입니다 Je suis un(*e*) nouv*eau*(*elle*) membre. ② 전과 달리 encore une fois, une nouvelle fois. ¶ 집을 ~ 고치다 refaire la maison. ¶ 처음부터 ~ 시작하자 recommencer depuis le début.

새록새록 부 ((mimétisme)) ① l'un(*e*) après l'autre; coup sur coup; successivement. ¶ 새순이 ~ 돋아난다 Les nouvelles pousses sortent l'une après l'autre / Les bourgeons s'ouvrent [éclosent] l'un après l'autre. ② ((생각, 느낌이)) à nouveau, de nouveau, encore une fois. ¶ 지난 일들이 ~ 떠오른다. Les événements du passé [Les vieilles histoires] surgissent de nouveau [refont surface, se manifestent à nouveau]. ③ ((아기의 숨소리)) paisiblement, d'un sommeil paisible, d'un doux sommeil, tranquillement, doucement, comme un bienheureux {*litt*}. ¶ 아기가 ~ 잠을 잔다 Le bébé dort paisiblement [d'un sommeil paisible, d'un doux sommeil].

새롭다 형 ① être neu*f*(*ve*), nouv*eau*(*el, elle, eaux*). ¶ 새로운 소식 une nouvelle fraîche. ¶ 가게를 새롭게 단장하다 décorer de nouveau un magasin; requinquer une boutique; rénover [remodeler] un magasin. ② 생생하게 느껴지다 être fr*ais*(*aîche*) dans la mémoire de *qn*, ((souvenir)) être encore vi*f*(*ve*), être encore [rester] présent(*e*) dans la mémoire de *qn* [à l'esprit de *qn*]. ¶ 그 사람과 만난 일이 기억에 ~ Le souvenir de l'avoir rencontré est encore frais. ¶ 늘 보던 얼굴들이 오늘따라 ~ Les visages que je croise tous les jours sont frais dans ma mémoire, surtout aujourd'hui. ③ 소중함이나 필요성이 절실하게 느껴지다 être précieu*x*(*se*). ¶ 학생 한 명 한 명이 ~ J'ai le sentiment que chaque étudiant compte autant que les autres. ¶ 돈 천 원이 ~ Même mille wons me sont précieux.
◆**새로이** 부 ① 처음으로 nouvellement, pour la première fois. ② 전과 달리 새롭게 encore une fois, une nouvelle fois.
◆**새로움** 명 nouveauté *f*. ¶ 새로움에 대한 욕구 le désir de nouveauté.

새마을 명 nouvelle communauté *f*, nouveau village

ㅅ

m.

◆_운동 -運動【역사】Mouvement *m* des Nouvelles Communautés.

새말 명 ☞ 신조어

새말갛다 형 ☞ 샛말갛다

새매 명【동물】épervier *m*.

새벽[1] 명 aube *f*; aurore *f*; point *m* du jour; naissance *f* du jour; ((dès)) potron minet. ¶ ~ 기도 prière du matin. ¶ ~에 au petit jour, au point du jour, au grand matin, à l'aube, de très bonne heure. ¶ ~ 4시에 일어나다 se lever à quatre heures du matin. ¶ 내일 ~ 일찍 출발합시다 On va partir très tôt demain avant le lever du jour. ¶ 어느덧 ~이 밝아오고 있다 L'aube commence à poindre / Le jour pointe.

◆_같이 부 au petit jour, au point du jour, au grand matin, à l'aube, de très bonne heure.

◆_녘 명 point *m* [naissance *f*] du jour. ¶ ~녘에 잠이 깨다 se réveiller au petit jour.

◆_밥 명 petit déjeuner *m* au petit jour. ¶ 그 사람은 ~밥을 먹고 떠났다 Il a pris le petit déjeuner au petit jour et il est parti.

◆_잠 명 fait d'avoir un réveil difficile le matin, fait d'avoir un sommeil très profond le matin. ¶ 나는 ~잠이 많아서 아침 수업에 늦기 일쑤다 Ayant un réveil difficile le matin [Ayant un sommeil très profond], je suis très souvent en retard en classe.

새벽[2] 명【건설】argile *f*; terre *f* glaise; glaise *f*.

◆_질 명【건설】argile *f*; terre *f* glaise; glaise *f*.

새봄 명 début *m* [commencement *m*, premiers jours *mpl*] du printemps. ¶ ~맞이 대 바겐세일 les grandes soldes du printemps.

새빨갛다 형 être tout(*e*) rouge, rouge comme une tomate [comme une cerise, comme un coq, comme un coquelicot, comme une pivoine, comme une écrevisse, comme une pomme d'api; ((더위 때문에)) comme un homard]; être rouge vif *inv*; être carminé(*e*), être cramoisi(*e*). ¶ 새빨간 사과 une pomme très rouge. ¶ 그 여자는 울어서 눈이 ~ Elle a les yeux rouges parce qu'elle a pleuré. ¶ 그 사람은 술 한 잔에 얼굴이 금세 새빨갛게 되었다 Son visage est devenu tout rouge [rouge comme une tomate] en peu de temps après avoir bu un seul verre d'alcool.

***새빨간 거짓말** ☞ 거짓말

새사람 명 ① 새신랑, 새색시 jeune marié(*e*); nouv*eau*(*elle*) marié(*e*). ¶ 오늘은 집안에 ~이 들어온다 Aujourd'hui, la nouvelle mariée entre dans notre famille [vient compléter la famille, est un nouvel élément dans la famille, est un élément de plus dans la famille]. ② 새 삶을 시작한 사람 nouvel homme *m*; personne *f* qui a changé de conduite; autre homme *m*. ¶ ~이 되다 être un nouvel homme, devenir tout autre, n'être plus le même ((on ne le reconnaîtrait plus)). ¶ 그는 ~이 되겠다고 약속했다 Il a promis d'être un nouvel homme. ¶ 말썽만 부리던 아들이 군대 가서 아주 ~이 되어 왔다 Mon fils, qui causait toujours des ennuis, est un nouvel homme [n'est plus le même] depuis son retour du service militaire. ③ 다른 사람 nouv*eau*(*elle*) venu(*e*); nouvel(*le*) arrivant(*e*). ¶ 그쪽 부장 자리에 ~이 왔다고 소문이 돈다 La rumeur court qu'il y a quelqu'un de nouveau au poste de directeur [qu'on a changé de directeur].

새살 명 tissu *m* de cicatrisation. ¶ 상처에 ~이 돋고 있다 La cicatrisation se fait.

새살림 명 nouveau foyer *m*; débuts *mpl* de la vie de couple [de la vie commune]. ¶ ~을 차리다 fonder un nouveau foyer.

새삼 부 ① 다시금 à nouveau, de nouveau, encore une fois. ¶ 그의 프랑스어 실력에 ~ 놀랐다 J'ai été à nouveau surpris(*e*) par son niveau de français. ② 갑작스레 tout d'un coup. ¶ 지난 이야기를 ~ 끄집어 내는 이유가 뭐냐? On peut savoir pourquoi tu ressors tout d'un coup cette histoire pourtant terminée?

새삼스럽다 형 ① 느낌이 새롭다 être inhabituel(*le*), inaccoutumé(*e*), nouv*eau*(*el*, *elle*, *eaux*) ((pour *qn*)), être insolite, ne pas être dans les habitudes de *qn*; ressentir *qc* comme nouveau, ((*qc*)) apparaître différent(*e*) [différemment]. ¶ 늘 보던 풍경이 오늘은 ~ Aujourd'hui, je vois d'un œil nouveau le paysage / Aujourd'hui, je vois le paysage sous un jour nouveau / Aujourd'hui, le paysage m'apparaît différent. ¶ 새삼스럽게 de nouveau; encore une fois; à nouveau; encore; une fois de plus; longtemps après; quelque temps après; contrairement à *ses* habitudes, de manière inattendue; ((demander)) au moment où personne n'y pense. ¶ 부모님의 사랑이 새삼스럽게 가슴에 와 닿는다 L'amour de mes parents me touche droit au cœur de nouveau. ¶ 그날의 감회가 새삼스럽게 기억이 난다 Je me souviens encore de ce jour-là avec émotion / Je suis encore profondément ému(*e*) [remué(*e*)] lorsque je repense à ce qui s'est passé ce jour-là. ¶ 아문 줄로만 알았던 상처가 새삼스럽게 아파 온다 La blessure que je croyais cicatrisée me fait mal à nouveau. ¶ 네가 내게 새삼스럽게 이런 선물을 주다니! (Pourquoi) Un cadeau, ce n'est pourtant pas dans tes habitudes [pas ton genre]! / Ce n'est pas dans tes habitudes de me faire des cadeaux! ¶ 새삼스럽게 칭찬하다니! Ce n'est pas dans tes habitudes de me faire des compliments! / Ce n'est pas souvent que tu me fais des compliments, c'est inattendu de ta part. ¶ 그 사람의 돌출 행동은 우리한테 전혀 새삼스러운 일이 아니다 Sa conduite aberrante n'est jamais étrange pour nous. ② 갑작스럽다 être soudain et inattendu(*e*), brusque, inhabituel(*le*), brut*al*(*ale*, *aux*), inaccoutumé(*e*), nouv*eau*(*el*, *elle*, *eaux*) ((pour *qn*)), ne pas être dans les habitudes de *qn*, être insolite;

revenir à *qn* sans raison; reparler de *qc* sans motif [inutilement]. ¶ 그의 새삼스러운 질문에 나는 얼른 대답하지 못했다 Je n'ai pas pu répondre immédiatement [Je n'ai pas su quoi répondre tout de suite] à sa question brusque [soudaine et inattendue]. ¶ 다 지난 일인데 왜 새삼스럽게 이러는 거야? Pourquoi reparles-tu inutilement de cette histoire qui fait partie du passé? / Pourquoi reviens-tu encore sur cette histoire du passé? / Cela ne vaut pas la peine de parler des choses passées / A quoi cela sert-il de parler de ce qui s'est déjà passé? / Il ne faut pas revenir sur quelque chose qui est terminé [classé]. ¶ 새삼스럽게 말할 것도 없다 (Il est) inutile de le dire [de le répéter, d'en reparler].

◆새삼스레 부 ① 다시금 새롭게 à nouveau, de nouveau, encore une fois. ¶ ~ 그가 멋져 보인다 Je le trouve encore une fois beau. ② 뜬금없이 tout d'un coup. ¶ ~ 웬 프랑스어 공부야? Pourquoi tout d'un coup tu veux apprendre le français?

새색시 명 jeune mariée *f*; nouvelle mariée *f*.

새서방 -書房 명 jeune marié *m*; nouveau marié *m*.

새순 -筍 명 brin *m*; pousse verte *f*; jeune pousse *f*; rejet *m*; scion *m*. ¶ 나뭇가지마다 ~이 돋았다[났다] Toutes les branches bourgeonnent.

새시 영{sach} 명 châssis *m* (de fenêtre). ¶ 창문 ~를 갈다 changer de châssis de fenêtre. ¶ 알루미늄 ~를 하다 faire installer un châssis en aluminium à la fenêtre.

새신랑 -新郎 명 jeune marié *m*; nouveau(*x*) marié *m*.

새싹 명 bourgeon *m*; rejeton *m*; pousse *f*; bouton *m*; germe *m*. ¶ 나무에 ~이 돋아났다[났다] Les bourgeons ont poussé sur les arbres / Les arbres ont bourgeonné. ¶ 보리에 ~이 돋아났다[났다] L'orge a germé.

새아가 명 belle-fille *f* ((terme que les beaux-parents utilisent pour désigner leur belle-fille)).

새아기 명 belle-fille *f*.

◆_씨 명 nouvelle dame *f* ((un terme honorifique)).

새아버지 명 beau-père *m* ((second mari de la mère)).

새아씨 명 nouvelle dame *f* ((un terme honorifique)).

새아주머니 명 nouvelle épouse *f* de l'oncle.

새알 명 œuf *m* d'un oiseau.

◆_심 명 *saealsim m* <boule de pâte de farine de riz qu'on met dans une bouillie de riz et de haricots rouges>.

새앙쥐 명 (('생쥐'의 잘못)) ☞ 생쥐

새어머니 명 belle-mère *f* ((seconde femme du père)).

새언니 명 nouvelle épouse *f* du frère.

새엄마 명 【구어】 belle-mère *f* ((seconde femme du père)).

새옹지마 塞翁之馬 명 A *qc* malheur est bon. ¶ 인생 만사 ~이다 A quelque chose malheur est bon.

새우 명 【동물】 crevette *f*, langouste *f*; langoustine *f*.

◆_눈 명 yeux *mpl* très petits.

◆_등 명 ① dos *m* d'une crevette. ② ((비유)) dos *m* rond [courbé, voûté, arqué]. ¶ ~등을 하고 웅크리다 s'accroupir en faisant le dos rond.

＊고래 싸움에 ~등 터진다 être la victime (du combat) des puissants, être la victime des hostilités entre les puissants.

◆_잠 명 sommeil *m* inconfortable. ¶ ~잠을 자다 dormir en chien de fusil.

◆_젓 명 saumure *f* de crevettes. ¶ ~젓을 담그다 saumurer les crevettes. ¶ 음식에 ~젓을 넣다 assaisonner un plat avec de la saumure de crevettes. ¶ 제육을 ~젓에 찍어 먹다 manger du porc cuit après l'avoir trempé dans de la saumure de crevettes [avec un peu de saumure de crevettes].

◆_튀김 명 beignet *m* de crevette.

새우다 타 veiller toute la nuit; passer une nuit blanche [sans dormir]. ¶ 독서로 밤을 ~ passer toute la nuit à lire, lire toute la nuit, passer une nuit blanche à lire. ¶ 노천에서 밤을 ~ passer une nuit sans dormir à la belle étoile. ¶ 연구 때문에 며칠 밤을 계속 ~ passer plusieurs nuits blanches consécutives pour [à] *ses* recherches, consacrer plusieurs nuits blanches consécutives à *ses* recherches. ¶ 밤을 새워 일하다 travailler toute la nuit, passer toute la nuit à travailler. ¶ 밤 새워 술을 마시다 boire jusqu'au lever du jour, passer toute la nuit à boire, boire toute la nuit.

새참 명 goûter *m*, collation *f*, en-cas *m inv*, casse-croûte *m inv*, casse-graine *m inv* {*fam*}, casse-dalle(~-~(*s*)) *m* {*fam*}. ¶ ~을 먹다 goûter; prendre un goûter [une collation]; casser la [une] croûte [la graine] {*fam*}; manger un morceau. ¶ ~을 즐기다 apprécier [aimer prendre] un goûter [une collation]. ¶ 무엇을 ~으로 내놓다 offrir *qc* à goûter.

새초롬하다 형 (('새치름하다'의 잘못)) ☞ 새치름하다

새총 -銃 명 fusil *m* à air comprimé; fronde *f*, ((Y자형)) lance-pierre(~-~*s*) *m*. ¶ ~을 쏘다 fronder {*vx*}, lancer un projectile avec une fronde [un lance-pierre].

새치 명 cheveux *mpl* (prématurément) blancs ((d'une jeune personne)). ¶ 그는 젊지만 ~가 많다 Malgré son jeune âge, il a beaucoup de cheveux blancs.

새치기 명 ((자동차)) queue *f* de poisson. ◇_(를) **하다** ① sauter la queue, resquiller; passer avant *son* tour dans une file d'attente; entrer [s'introduire] dans une file (sans attendre *son* tour); ((자동차가)) faire une queue de poisson; couper la route à *qn*. ¶ ~를 하지 맙시다 Ne resquillons pas! / Ne doublez pas les autres dans la file d'attente / Gardez votre rang dans la file d'attente / Restez bien dans la queue / Attendez votre tour / Faites la queue (comme tout le monde). ② ((일을)) faire un travail

ㅅ

en dehors de *ses* fonctions propres. ③ ((편지 따위)) intercepter ((une lettre)).

새치름하다 형 faire semblant de rien; prendre un air innocent; agir comme si de rien n'était; feindre l'innocence; faire l'innocent(*e*); feindre l'ignorance; faire l'ignorant(*e*); faire semblant de ne pas savoir *qc* [de ne pas reconnaître *qn*].

새침 명 pruderie *f*, pudibonderie *f*, bégueulerie *f* {*vx*}; innocence *f* feinte; apparence *f* réservée [feinte]. ◇_(을) 떨다[부리다] affecter la pruderie [l'innocence], feindre la réserve, faire semblant de refuser *qc* par discrétion; feindre l'innocence; faire la prude [la bégueule], jouer les prudes; faire l'innocent(*e*).

◆_하다 형 faire semblant de rien; être froid(*e*), indifférent(*e*). ¶ 오늘따라 그 여자가 나한테 ~ Aujourd'hui, elle se montre plus particulièrement froide envers moi. ¶ 새침하게 굴다 agir froidement.

◆_데기 명 personne *f* qui se donne des apparences réservées, personne *f* qui prend un air réservé [distant]; sainte nitouche *f*, prude *f*, bégueule *f*.

새카맣다 형 ☞ 새까맣다

새콤 어근 ((mimétisme))

◆_하다 형 être aigre, acide, sucré(*e*). ¶ 레몬 맛이 ~하다 Le goût du citron est aigre.

◆_달콤하다 형 être aigre et sucré(*e*). ¶ 포도가 ~달콤하다 Le raisin est aigre et sucré. ¶ ~달콤한 맛 un goût aigre et sucré.

새큰 어근 ((mimétisme))

◆_거리다[대다] 자 éprouver une douleur sourde ((aux articulations)). ¶ 비 오는 날은 뼈마디가 ~거린다 Quand il pleut, j'éprouve une douleur sourde aux articulations. ¶ 코끝이 ~거리다 avoir le nez pris [bouché]; avoir des picotements dans le nez, être prêt(*e*) à pleurer. ¶ 손목이 ~거리다 souffrir d'une douleur sourde au poignet.

◆_하다 형 éprouver une douleur sourde ((aux articulations)). ¶ 다친 발목이 ~하다 éprouver une douleur sourde à *sa* cheville blessée.

새큼하다 형 être aigre, acide, sucré(*e*).

새파랗다 형 ① être très bleu(*e*) (vert(*e*)); être d'un bleu très prononcé. ¶ 새파란 하늘 un ciel très bleu. ¶ 추위로 입술이 ~ avoir les lèvres bleues de froid. ② 놀라다 être bleu(*e*) (de peur); être pâle, blême, livide. ¶ 놀라서 새파랗게 되다 devenir bleu(*e*) d'étonnement. ¶ 얼굴이 새파랗게 질리다 pâlir [blêmir, blanchir] de peur; devenir pâle [blême, livide] de peur; être bleu(*e*) de peur. ③ 젊다 être très jeune. ¶ 새파란 나이 un âge très jeune. ¶ 그 남자는 아직 새파란 애송이이다 C'est encore un blanc-bec [novice]. ¶ 나에 비하면 너는 아직 ~ Tu es très jeune par rapport à moi. ¶ 새파랗게 젊다 être très jeune.

새하얗다 형 être tout(*e*) blan*c*(*che*); être d'une blancheur éclatante. ¶ 눈처럼 새하얀 피부 une peau blanche comme neige.¶ 온 세상이 ~ Le monde est tout blanc. ¶ 얼굴이 새하얗게 질리다 pâlir [être tout(*e*) blanc(he)] ((de peur)).

새해 명 nouvelle année *f*; nouvel an *m*; jour *m* de l'an; le premier de l'an. ¶ ~를 맞다 avoir un an de plus. ¶ 집안 어른께 ~ 인사를 드리다 souhaiter la bonne année aux membres âgés de la famille. ¶ ~ 복 많이 받으세요 Meilleurs vœux pour l'année ((2011)) / Je vous souhaite une bonne année / Bonne année. ¶ ~에는 더 열심히 공부해야겠다 L'année prochaine, il faudra travailler avec plus d'assiduité.

색[1] 色 명 couleur *f*; coloris *m*; teinte *f*, coloration *f*. ¶ 옅은[짙은] ~ une couleur claire [foncée]. ¶ 빨간 ~ (la couleur) rouge. ¶ 하얀 ~ (la couleur) blan*c*(*che*).

◆_실 명 fil *m* teint [coloré].

◆_안경 -眼鏡 명 lunettes *fpl* noires, à verres fumés [teintés]; lunettes *fpl* de soleil. ¶ ~안경을 낀 신사 un homme qui porte des lunettes à verres teintés. *~안경을 끼고 보다 voir [regarder] avec des préjugés, avoir une vision faussée par des préjugés, jeter un regard partial.

◆_유리 -琉璃 명 verre *m* coloré; vitr*ail*(*aux*) *m*.

◆_연필 -鉛筆 명 crayon *m* de couleur.

색[2] 色 명 aventure *f* galante; intrigue *f* galante; choses *fpl* de l'amour; luxure *f*; plaisir *m* sexuel; sexe *m*. ¶ ~을 밝히다 être obsédé(*e*) par le sexe. ¶ 누구에게 ~을 쓰다 séduire *qn* sexuellement, séduire *qn* à des fins sexuelles. ¶ ~에 빠지다 mener une vie débauchée.

◆_골 -骨 명 séducteur *m*; don Juan *m*; personne *f* lubrique [débauchée].

◆_마 -魔 명 satyre *m*.

◆_욕 -慾 명 désir *m* sexuel, concupiscence *f* (de la chair); appétit *m* charnel; plaisir *m* (sensuel); concupiscence *f* et avarice *f* [cupidité *f*]; luxure *f*. ¶ ~욕에 빠지다 s'adonner aux plaisirs (de la chair).

◆_탐 -貪 명 luxure *f*, lascivité *f*, lubricité *f*. ¶ ~탐을 하다 s'adonner aux plaisirs sexuels. ¶ 그 늙은이는 아직도 ~탐이 줄어들지 않았다 Ce vieillard n'a toujours pas renoncé aux plaisirs sexuels.

◆여_ 女- 명 charme *m* féminin; beauté *f* féminine. ¶ 여~을 밝히다 être lubrique, luxurieu*x*(*se*), être obsédé par le sexe faible.

◆호_적 好-的 명관 lubrique, luxurieu*x*(*se*).

◆호_한 好-漢 명 personne *f* lubrique [luxurieuse, galante].

-색[3] 色 접미 ((suffixe nominal)) nature *f* propre à un terroir, couleur *f* ((locale)). ¶ 지방~ une couleur locale. ¶ 향토~ une couleur locale.

색각 色覺 명 【생리】 sens *m* des couleurs.

색감 色感 명 sens *m* des couleurs; sensation *f* [impression *f*] des couleurs. ¶ 이 디자이너는 ~이 뛰어나다 Ce styliste a un bon sens des couleurs.

색깔 色- 명 ☞ 색[1]

색다르다 色- 형 être différent(*e*); être peu

commun(*e*); être peu banal(*e*); être inhabituel(*le*); être d'une autre espèce; être d'un autre genre. ¶ 색다른 경험 une expérience peu banale. ¶ 이 요리는 맛이 ~ Cette cuisine a un goût un peu différent. ¶ 방을 색다르게 꾸미다 décorer la chambre de manière originale, décorer différemment la chambre.

색도 色度 명 【물리】 chromatisme *m*.

색동 色- 명 étoffe *f* de diverses couleurs. ¶ ~ 저고리 une veste avec les manches de diverses couleurs.

색떡 色- 명 *tteok* coloré; gâteau(*x*) *m* de riz coloré.

색맹 色盲 명 【의학】 daltonisme *m*; daltonien(*ne*).

◆적록_ 赤綠 명 【의학】 daltonisme *m* portant sur le vert [rouge].

색상 色相 명 couleur *f*, coloris *m*, teinte *f*, coloration *f*. ☞ 색

색색[1] 色色 명 couleurs *fpl* diverses. ¶ ~의 풍선들 des ballons de couleurs diverses. ¶ ~으로 수를 놓다 faire de la broderie [broder] de diverses couleurs.

색색[2] 부 ((onomatopée)) ((respirer)) paisiblement, doucement, tranquillement, avec calme. ¶ 아기가 ~ 잠을 잔다 Le bébé dort paisiblement [d'un sommeil paisible, d'un doux sommeil].

◆_거리다[대다] 자 ((bébé)) respirer paisiblement [doucement, avec calme, tranquillement], avoir une respiration paisible; ((un bébé)) avoir un sommeil paisible [un doux sommeil].

색소 色素 명 colorant *m*; substance *f* colorante; pigment *m*. ¶ 인공[천연] ~ un colorant artificiel [naturel]. ¶ 과자에 ~를 첨가하다 ajouter un colorant dans les gâteaux.

◆_결핍증 -缺乏症 명 【의학】 albinisme *m*.

◆_세포 -細胞 명 【의학】 cellule *f* pigmentaire.

◆_침전 -沈澱 명 【의학】 pigmentation *f* ((de la peau)).

◆멜라닌_ {melanin-} 명 【의학】 mélanine *f*.

색소폰 영 {saxophone} 명 【음악】 saxophone *m*. ¶ ~을 불다[연주하다] jouer du saxophone.

색시 명 ① jeune [nouvelle] mariée *f*; femme *f*. ¶ ~를 얻다 prendre femme, se marier. ② 처녀 jeune fille *f*. ¶ 고 ~ 정말 참하네 Cette jeune fille présente fort bien! ③ 접대부 serveuse *f* (de bar); hôtesse *f*.

◆_ㅅ감 명 bon parti *m* (pour un homme); femme *f* qui a les qualités potentielles d'être une bonne épouse; personne *f* susceptible de devenir la femme de *qn*, épouse *f* potentielle; prétendante *f*; future femme *f* [épouse *f*]. ¶ 색싯감을 구하다 chercher une femme pour se marier avec.

◆_ㅅ집 명 maison *f* de prostituée, maison *f* close, lupanar *m*.

색약 色弱 명 【의학】 dyschromatopsie *f*.

색인 索引 명 index *m*. ¶ 인명 ~ un index des noms propres. ¶ ~을 만들다 faire un index. ¶ ~을 찾아보다 chercher dans l'index. ¶ 가나다순으로 인명 ~을 달다 établir un index des noms propres par ordre alphabétique. ¶ 이 책에는 ~이 없어 불편하다 Ce n'est pas commode qu'il n'y ait pas d'index à ce livre.

색정 色情 명 pensée *f* érotique; concupiscence *f* (de la chair); érotisme *m*; sensualité *f*. ¶ ~을 자극하다 exciter sexuellement.

◆_적 -的 명관 provocant(*e*), érotique, sexuel(*le*), sensuel(*le*), concupiscent(*e*).

색조 色調 명 couleurs *fpl* contrastées. ¶ ~ 화장 un maquillage en couleur.

색종이 色- 명 papier *m* de couleur, papier *m* coloré. ¶ ~를 접다 plier du papier de couleur; faire du pliage avec du papier de couleur.

◆_접기 명 pliage *m* avec du papier de couleur.

색주가 色酒家 명 prostituée *f* servant dans un bar; bar *m* à putes {*vulg*}.

색즉시공 色卽是空 명 【불교】 vacuité *f* de toute chose ((tous les phénomènes sont d'essence vides)).

색지 色紙 명 ☞ 색종이

색채 色彩 명 couleur *f*; coloris *m*; teinte *f*, coloration *f*; couleur *f* et dessin *m*. ¶ ~ 미학 esthétique des couleurs. ¶ 강렬한 ~ une couleur vive.

◆_감 -感 명 sens *m* des couleurs.

◆_대비 -對比 명 【심리】 contraste *m* des couleurs.

◆_명사 -名詞 명 【언어】 nom *m* de couleur.

◆_분할 -分割 명 【미술】 division *f* des couleurs.

◆_파 -派 명 【미술】 coloriste *mf*.

색출 索出 명 recherche *f*. ¶ 폭발물 소지자 ~을 위한 검문 inspection pour découvrir qui possède l'explosif. ◇_(을) **하다** découvrir, trouver (à force de recherches); dénicher *qn*; réussir [parvenir, arriver] à découvrir *qn*. ¶ 밀고자를 ~하다 dénicher le(la) mouchard(*e*). ◇_(이) **되다** être découvert(*e*), déniché(*e*). ¶ 이번에 ~된 사람들은 징역을 면치 못할 것이다 Ceux qui ont été dénichés cette fois ne pourront pas éviter la peine de prison.

색칠 色- 명 coloriage *m*; peinture *f*, couleur *f* ((à l'aquarelle, à l'huile)); colorant *m*; matière *f* colorante; teinture *f*. ¶ ~ 공부[책] un apprentissage du coloriage [un cahier de coloriages, un album de coloriages pour enfants]. ◇_(을) **하다** colorier; colorer ((en vert)); peindre; mettre en couleur. ¶ 예쁘게 ~한 그림 un dessin bien [joliment] colorié. ¶ 도화지에 물감을 ~하다 peindre [mettre de la couleur] sur le papier à dessin. ¶ 문을 파랗게 ~하다 peindre [colorier] la porte en bleu. ◇_(이) **되다** être colorié(*e*); être peint(*e*).

색향 色鄕 명 pays *m* où les filles sont jolies.

샌님 명 ① 【역사】 candidat *m* admis à l'examen des fonctionnaires au temps de Joseon. ② 숫기 없는 사람 personne *f* têtue et conservatrice; personne *f* nourrissant des arrière-pensées.

◆남산골_ 南山- 명 lettré *m* sans le sou auquel il ne reste que sa morgue [son arrogance].

***남산골~이 역적(逆賊) 바라듯** comme la grenouille qui voulait se faire plus grosse que le bœuf.

샌드백 영 {sandbag} 명 【운동】 sac *m* de sable. ¶ ~을 치다[두들기다] frapper le sac de sable. ¶ ~

취급을 당하다 être battu(*e*) comme plâtre; se faire rouer de coups [tabasser {*fam*}].

샌드위치 영{sandwich} 명 sandwich(es) *m*. ¶ 치즈 ~ un sandwich au fromage. ¶ 참치 ~를 만들다 faire un sandwich au thon.

*(A와 B 사이에서) ~ (신세)가 되다 être en sandwich entre A et B.

샌드페이퍼 영{sandpaper} 명 papier *m* verré, papier *m* de verre. ¶ 나무판을 ~로 문지르다 frotter une planche de bois avec du papier de verre.

샌들 영{sandal} 명 sandale *f*.

샐녘 명 aube *f*. ¶ ~이 되서야 잠이 들다 ne s'endormir qu'à l'aube.

샐러드 영{salad} 명 salade *f*. ¶ ~ 드레싱 sauce de salade, vinaigrette. ¶ 참치 ~ une salade au thon. ¶ ~를 만들다 faire une [la] salade.

◆_유 -油 명 huile *f* de salade.

샐러리맨 영{salary man} 명 salarié(*e*). ¶ ~ 생활을 하다 être salarié(*e*).

샐룩 부 ((mimétisme)) nerveusement ((mouvement nerveux; tic)).

◆_거리다[대다, 하다, 이다] 재타 (*se*) contracter nerveusement; ((눈)) clignoter; se convulser, se contracter (convulsion); balancer (les fesses). ¶ 볼을 ~거리다 contracter nerveusement *ses* joues.

◆_ _ 부 nerveusement. ¶ 엉덩이를 ~~ 흔들며 걷다 marcher en balançant les fesses.

샐쭉 부 ((mimétisme)) ① 입이나 눈이 한쪽으로 살짝 움직이는 모양 légèrement. ¶ ~ 웃다 sourire légèrement. ② 약간 불만스러워하는 태도 en faisant la moue. ¶ ~ 토라지다 faire la moue, bouder.

◆_거리다[대다, 하다] 재타 faire la moue. ¶ 입술을 ~거리다 faire la moue. ¶ 토라져서 ~거리다 faire la moue en boudant.

샘[1] 명 source *f*, fontaine *f*, point *m* d'eau; puits *m*. ¶ ~을 파다 creuser une fontaine. ¶ ~에서 물을 긷다 puiser de l'eau à la source.

◆_ 솟다 재 jaillir. ¶ 그 사람의 가슴에는 무언지 모를 희망이 ~솟았다 Un espoir imprécis a jailli de son cœur.

◆_물 명 eau(*x*) *f* de source, fontaine *f*. ¶ 맑은 ~물 une eau de source limpide.

◆_터 명 (endroit *m* où il y a une) source *f*, fontaine *f*.

◆눈물_ 명 【의학】 glande *f* lacrymale.

◆땀_ 명 【의학】 glande *f* transpirante.

◆침_ 명 【의학】 glande *f* salivaire.

샘[2] 명 jalousie *f*, envie *f*. ¶ 내 여동생은 ~이 많다 Ma (petite) sœur est très jalouse. ◇_을 내다 être jaloux(*se*), concevoir de la jalousie contre *qn*, être envieux(*se*). ¶ 그 남자는 형을 ~내고 있다 Il est jaloux de son frère. ¶ 그 친구는 내가 상을 탄 것에 ~을 냈었다 Il était jaloux (parce) que j'avais remporté le prix. ◇_(이) 나다 être jaloux(*se*), concevoir de la jalousie contre *qn*, être envieux(*se*). ¶ 친구의 성공에 ~이 난다 Je suis jaloux(*se*) du succès de mon ami.

◆_바리 명 personne *f* jalouse.

샘플 영{sample} 명 échantillon *m*. ¶ ~을 수집[채취]하다 collecter les échantillons. ¶ 고객들에게 새로 나온 향수의 ~을 나누어 주다 distribuer des échantillons d'un nouveau parfum aux clients.

샛- 접두 ☞ 새-[5]

샛강 -江 명 branche *f*; bras *m* (d'un fleuve).

샛길 명 embranchement *m*; chemin *m* détourné. ¶ 숲 속으로 ~이 나 있다 Il y a un chemin détourné dans les bois.

*~로 빠지다 s'éloigner du thème principal. ¶ 이야기가 자꾸 ~로 빠진다 L'histoire s'éloigne souvent du thème principal / Il y a beaucoup de digressions.

샛노랗다 형 être jaune foncé. ¶ 나뭇잎이 샛노랗게 물들었다 Les feuilles sont colorées en jaune foncé. ¶ 그는 여권을 잃어버린 걸 알고 얼굴이 샛노래졌다 Après avoir su que son passeport était perdu, sa figure est devenue verte [blafarde, terne] d'inquiétude.

샛말갛다 형 être très clair(*e*), limpide, serein(*e*); être transparent(*e*). ¶ 호수같이 샛말간 눈동자 les prunelles ((d'un enfant)) limpides comme l'eau des lacs [comme un miroir, comme de l'eau pure, comme du cristal], le regard ((d'un enfant)) limpide comme l'eau des lacs [comme le firmament, comme l'océan]; les yeux clairs ((des enfants)) limpides comme l'eau des lacs [comme un miroir].

샛문 -門 명 petite *f* porte de côté [latérale]. ¶ ~으로 들어가다[나가다] entrer [sortir] par une petite porte de côté.

샛바람 명 vent *m* d'est.

샛별 명 étoile *f* du matin; Vénus *f*. ¶ ~ 같은 눈동자 des prunelles comme des étoiles du matin. ¶ 동녘 하늘의 새벽 ~ la Vénus de l'aube dans le ciel à l'est.

샛서방 -書房 명 amant *m* d'une femme mariée.

생[1] 生 명 vie *f*. ¶ ~의 철학 une philosophie de la vie. ¶ ~과 사 la vie et la mort. ¶ 영광스러운 ~을 누리다 vivre une vie glorieuse. ¶ 쓸쓸한 ~을 마감하다 finir une vie solitaire.

-생[2] 生 접미 ((suffixe nominal)) ① né(*e*) en ((1959)). ¶ 경진~ être né(*e*) l'année du dragon. ¶ 그 사람은 1945년~이다 Il est né en 1945. ② âgé(*e*) de ((5 ans)). ¶ 6년~ 인삼 un ginseng de 6 ans (d'âge). ③ élève. ¶ 육사 1기~ un(*e*) cadet de première classe de l'école militaire. ¶ 학원~ élève d'un institut privé. ¶ 지각~ un(*e*) retardataire. ¶ 모범~ un(*e*) élève modèle.

생-[3] 生 접두 ((préfixe nominal)) ① cru(*e*); qui n'est pas cuit(*e*). ¶ ~밤 un marron non cuit; une châtaigne crue. ¶ ~쌀 du riz non cuit. ② 가공하지 않은 brut(*e*). ¶ ~가죽 un cuir brut, une peau fraîche. ¶ ~고무 un caoutchouc cru. ③ 직접 en direct. ¶ ~방송 une émission en direct. ④ 공연한 sans raison, sans motif; injuste; arbitraire. ¶ ~고생 une peine sans motif. ¶ ~야단 un vacarme sans raison [injuste]. ¶ ~트집 une critique injuste. ⑤ 뜻하지 않은 malgré *soi*. ¶ ~과부 une femme séparée de son mari malgré elle. ¶ ~이별 une séparation contrainte [involontaire].

생가 生家 명 maison *f* natale. ¶ 빅토르 위고의 ~ la maison natale de Victor Hugo.

생각 명 ① pensée *f*, réflexion *f*, idée *f*. ¶ ~을 정리하다[가다듬다] mettre de l'ordre dans *ses* idées [pensées]. ¶ ~을 짜내다 se creuser l'esprit [la tête]; s'ingénier à ((trouver une solution)). ¶ ~에 잠기다[빠지다] être plongé(*e*) [absorbé(*e*)] dans *ses* pensées; se laisser aller à *ses* pensées. ¶ 그 사람은 오랜 ~ 끝에 그런 결론을 내렸다 Il a pris une telle décision après une longue réflexion. ¶ ~이 깊은 réfléchi(*e*). ¶ ~이 모자라는[짧은] irréfléchi(*e*), inconsidéré(*e*); étourdi(*e*). ¶ ~이 부족하다 ne pas être prudent(*e*). ¶ ~이 거기까지 미치다[가다, 닿다] penser [porter, poursuivre sa pensée] jusqu'à ce point. ② 관념 idée *f*, conception *f*. ¶ 케케묵은[낡은] ~ une idée vieillie [vieillotte, rebattue]. ¶ 그 일이 하찮다는 ~을 버려야 한다 Il faut rejeter l'idée que cela est négligeable. ③ 의견, 판단 idée *f*, avis *m*, opinion *f*, (point *m* de) vue *f*; jugement *m*. ¶ ~을 바꾸다 changer d'avis [d'opinion, d'idée]. ¶ 참신한 ~을 내다 proposer une bonne idée. ¶ 자기 ~을 말하다 s'exprimer, s'expliquer; exprimer *ses* idées; formuler *sa* pensée. ¶ 그 사람은 이 문제에 관한 내 ~을 물었다 Il m'a demandé(*e*) mon avis sur ce problème. ¶ ~을 모으다 arriver à une entente. ¶ 누구와 ~을 달리하다 être d'un autre avis que *qn*; différer d'opinions. ¶ 누구와 ~을 주고받다[교환하다, 나누다] avoir un échange de vues avec *qn*. ¶ 내 ~에[으로]는 à mon avis; selon [d'après] moi. ¶ 모든 사람의 ~으로 de l'avis de tous. ¶ 좋은 ~이 떠오르다 trouver [avoir] une bonne idée. ¶ 당신 ~은 어떻습니까? Quel est votre avis? / Qu'en pensez-vous? ¶ 사람마다 ~이 다르다 Chacun pense différemment. ¶ 네 ~이 옳다[맞다] Tu as raison. ¶ ~이 일치하다 s'accorder; tomber [se mettre] d'accord. ¶ 누구와 ~이 같다 être de l'avis de [du même avis que] *qn*; avoir la même opinion que *qn*; partager l'avis [l'opinion] de *qn*. ¶ 그 사람도 나름대로 ~이 있어서 그렇게 했을 것이다 À n'en pas douter, il a dû avoir une bonne raison de faire ça. ④ 기억, 추억 souvenir *m*, réminiscence *f*. ¶ 옛날 ~에 잠기다 être plongé(*e*) dans les souvenirs. ¶ 고향 ~에 잠을 못 이루다 ne pas dormir en proie au mal du pays. ¶ 어릴 적 뒷산을 뛰어다니던 ~이 떠오른다 Je me souviens de mon enfance quand je parcourais la montagne derrière la maison. ¶ 무엇의 ~이 새롭다 se remémorer *qc*. ¶ 이 글을 읽으면 언제나 옛 ~이 되살아난다 La lecture de ce passage ravive toujours en moi un vieux souvenir. ⑤ 바라는 마음 désir *m*, souhait *m*, vœu(*x*) *m*, espoir *m*, espérance *f*, envie *f*; attente *f*, prévision *f*. ¶ ~을 품다 entretenir un désir. ¶ ~을 억누르다[억제하다] contenir [refréner] ses désirs. ¶ 밥 ~이 없다 Je n'ai pas faim. ¶ 더 드시겠습니까? - 아니오, ~ 없습니다 En désirez-vous un peu plus? - Non merci, j'en ai assez [ça ira]. ¶ 집에 가고 싶은 ~은 굴뚝같은데 갈 수가 없다 J'ai beau avoir très envie de rentrer chez moi, je ne peux pas. ⑥ 의도 intention *f*, dessein *m*; but *m*, fin *f*; résolution *f*, décision *f*, détermination *f*; préparation *f*. ¶ ...할 ~으로 dans l'intention [le but] de+*inf*; en vue de+*inf*. ¶ 당신은 무슨 ~으로 그런 말씀을 하십니까? Que voulez-vous dire par là? ¶ 당신의 감정을 상하게 할 ~은 조금도 없었습니다 Je n'avais aucune intention de vous blesser. ¶ 나는 그럴 ~은 아니었다 Je n'avais pas l'intention de faire ça / Je ne l'ai pas fait exprès. ⑦ 관심 intention *f*, intérêt *m*. ¶ 그 남자는 이번 일에 ~이 있는 모양이다 Il paraît avoir un intérêt dans cette affaire. ¶ 너 참여할 ~이 있니? Est-ce que tu as l'intention de participer [d'être des nôtres]? ⑧ 사랑 attachement *m*, affection *f*. ¶ 그 여자에 대한 나의 ~을 들켜 버렸다 Mon affection pour elle a été révélée. ⑨ 추측, 예상 prévision *f*. ¶ ~보다 좋은 결과를 거두다 obtenir [avoir] un meilleur résultat que prévu. ¶ 일이 ~대로 진척되어 간다 Le travail marche à souhait. ¶ 일이 ~처럼[만큼] 쉽지는 않을 것이다 L'affaire ne sera pas aussi facile que prévue. ¶ ~과는 달리 contrairement à son attente; contre toute attente [prévision]. ⑩ 고려, 간주, 배려 considération *f*. ¶ ~ 중에 있는 문제 un problème à l'étude. ◇_(을) **하다** ① penser, songer, réfléchir. ¶ 무엇[누구]에 대해서 ~을 하다 réfléchir sur qn/qc; penser [songer] à qn/qc. ¶ 무엇[누구]을 ~만 해도 rien que d'y penser; à la seule idée de *qc*. ¶ 너 지금 무슨 ~을 하니? À quoi penses-tu? ¶ 혼자 뭔가 ~하면서 웃다 sourire tout(*e*) seul(*e*) en se rappelant quelque chose. ¶ 거기까지는 ~을 못 했습니다 Je n'avais pas pensé à cela / Je n'étais pas allé(*e*) jusque là. ¶ 그 사람을 만날 ~은 하지 못했다 Je n'ai pas pensé à le voir. ② 숙고하다 réfléchir, méditer sur *qc*; délibérer sur *qc*; penser. ¶ ~해 보면 à bien y réfléchir. ¶ ~해 보고 나서 après (mûre) réflexion; toutes réflexions faites. ¶ ~할 시간이 필요합니다 Laissez-moi (le temps de) réfléchir! ¶ ~해 볼 문제이다 Cela demande réflexion. ¶ ~하면 할수록 그 녀석이 너무 괘씸하다 Plus je pense à ce type, plus je le trouve détestable. ¶ 나는 깊이 ~하고 나서 승낙했다 J'ai longuement réfléchi avant d'accepter. ¶ ~해 보겠습니다 Je vais réfléchir. ¶ 잘 ~하시리라 믿습니다 Je me recommande à votre bienveillance / Je compte sur vous. ¶ 너의 행실을 ~해 보아라 Examine ta conduite. ③ 기억하다 se rappeler *qc/qn/inf*; se souvenir de *qc/qn/inf*. ¶ 그때의 일은 ~하기도 싫다 J'ai horreur de (re)penser à cette époque. ¶ 그 사람과 다투었던 것은 더 이상 ~하지 마라! Oublie ta dispute avec lui! ④ 의도하다 penser, compter+*inf*;

ㅅ

avoir l'intention de+*inf*; caresser l'idée de+*inf*; se proposer de+*inf*; former [nourrir] le dessein de+*inf*; prendre la résolution de+*inf*; se résoudre, se décider, se déterminer à+*inf*. ¶ ~한 바를 위해서 그 사람은 수단을 가리지 않는다 Tous les moyens lui sont bons pour arriver à son but. ¶ 나는 내일 출발하려고 ~하고 있습니다 Je pense [compte] partir demain. ⑤ 위하다 aimer, chérir; soupirer pour [après]; languir (d'amour) pour *qn*. ¶ 누구를 많이 ~하다 penser beaucoup à *qn*. ¶ 자식을 ~하는 부모의 마음 l'affection des parents pour leurs enfants. ¶ 그 여자는 그 남자를 지극히 ~하고 있다 Elle lui est très attachée. ⑥ 고려하다 prendre en considération; considérer [regarder] *qc*/*qn* comme qn/qc; tenir compte de *qc*. ¶ 이 점은 ~할 여지가 없다 On n'a pas à tenir compte de cela. ¶ 무엇을 ~해 두다 prendre *qc* en considération; tenir compte de *qc*; faire entrer *qc* en ligne de compte. ¶ 오지 않은 사람은 기권한 것으로 ~할 것이다 Toute absence sera considérée comme une abstention. ¶ 나는 그 일이 옳다고 ~한다 Je pense que c'est juste. ¶ 나는 그것이 불가능하다고 ~한다 Je considère cela comme impossible. ¶ 나는 그 사람이 반드시 돌아올 것이라고 ~한다 Je suis certain(*e*) qu'il va revenir. ⑦ 여기다 penser. ¶ 나는 가벼운 농담이라 ~하고 말했는데 그는 진정으로 받아들였다 J'ai dit tout cela en plaisantant [sur le ton de la plaisanterie], mais il l'a pris au sérieux. ◇_(이) **되다** sembler ((bon, mauvais)); paraître ((raisonnable)); être considéré(*e*) [regardé(*e*)] comme *qc*/*qn*; passer pour *qc*/*qn*. ¶ 좋게[나쁘게] ~되다 paraître bon [mauvais]. ¶ 나는 아무리 노력해도 좋게 ~되지가 않아 Malgré mes efforts, il ne me paraît pas bon. ¶ 그는 한 30살쯤 되지 않았나 ~된다 Il paraît (avoir) trente ans. ¶ 그것은 나에게 대수롭지 않게 ~된다 Cela me paraît sans grande importance. ¶ 그 사람은 실종된 걸로 ~된다 Il est censé avoir disparu. ◇_(이) **나다** venir [revenir] à l'esprit; se rappeler *qc*/*inf passé*/que+*ind*; se souvenir de *qc*/*qn*/*inf passé*/que+*ind*, se remémorer *qc*. ¶ 겨우 ~이 나다 se rappeler difficilement; avoir du mal à se rappeler. ¶ 그의 이름이 ~이 나지 않는다 Je ne peux pas me rappeler son nom. ¶ 그 여자를 어디서 만났는지 ~이 나지 않는다 Je ne peux pas me rappeler où je l'ai rencontrée. ◇_(이) **있다[없다]** avoir envie; être intelligent(*e*), raisonnable [ne pas réfléchir, ne pas s'intéresser à *qc*]. ¶ 아무 ~ 없이 살다 vivre sans se poser de question. ¶ 나는 그 일에 대해 아무 ~이 없다 Je n'ai [ne porte] aucun intérêt à cette affaire. ¶ 너 ~이 있는 거야, 없는 거야? Tu réfléchis, des fois? / T'es con(*ne*) ou quoi? {*fam*} ◇_**이다** projeter. ¶ 금년 여름은 어떻게 보내실 ~입니까? Quels sont vos projets pour cet été? ¶ 나는 이번에도 안 되면 그만둘 ~이다 Si je ne réussis pas encore cette fois-ci, j'abandonnerai.

생감자 生甘藷 명 pomme *f* de terre crue.

생강 生薑 명 【식물】 gingembre *m*.

◆**_차** -茶 명 thé *m* au gingembre.

◆**_엿** 명 *yeot m* au gingembre.

생것 명 chose *f* crue; nourriture *f* non cuite; fruit *m* vert.

생겨나다 자 apparaître, se former. ¶ 최근에 시민 단체들이 많이 생겨났다 Ces derniers temps de nombreuses organisations non gouvernementales se sont formées.

생경스럽다 生硬- 형 ☞ 생경하다

생경하다 生硬- 형 être obstiné(*e*), tenace, opiniâtre; ne pas être mûr(*e*); être grossi*er*(*ère*), rude; être peu raffiné(*e*). ¶ 그 사람의 모습이 오늘따라 매우 ~ Il n'est pas du tout raffiné aujourd'hui. ¶ 생경한 문체 un style peu raffiné. ¶ 생경한 구호 un mot d'ordre [un slogan] tenace [opiniâtre]. ¶ 생경한 느낌을 주다 donner l'impression d'être rude. ¶ 낯선 풍경이 생경하게 느껴졌다 Le paysage peu familier m'a paru rude.

생계 生計 명 subsistance *f*; ((gagner *sa*)) vie *f*. ¶ ~를 꾸리다 assurer *sa* subsistance, gagner *sa* vie [*son* pain, *sa* croûte {*fam*}, *son* bifteck {*fam*}, de quoi vivre, *sa* subsistance], faire bouillir la marmite. ¶ ~를 책임지다 être responsable de la subsistance de *qn*, assurer la subsistance de *qn*. ¶ ~가 막연하다 ne savoir que faire pour gagner *sa* vie.

◆**_비** -費 명 frais *mpl* du ménage.

생고기 生- 명 viande *f* non surgelée, viande *f* fraîchement abattue, viande *f* fraîche.

생고무 生- 명 caoutchouc *m* naturel [de plantation].

생고생 生苦生 명 peine *f* sans motif *m*. ◇_(을) **하다** se donner du mal pour rien [inutilement].

생과부 生寡婦 명 femme *f* (qui vit) séparée de son mari. ¶ 그 여자는 요즘 거의 ~ 신세다 Elle est actuellement séparée de son mari. ¶ 30년을 ~로 살다 vivre séparée de *son* mari depuis trente ans.

생과자 生菓子 명 gâteau(*x*) *m*.

생굴 生- 명 huître *f* crue.

생글 부 ((mimétisme)) avec un sourire.

◆**_거리다[대다]** 자 sourire; avoir le sourire.

◆**_ _** 부 avec un sourire. ¶ ~~ 웃다 sourire.

생긋 부 ((mimétisme)) avec un sourire.

◆**_거리다[대다, 하다]** 자 sourire; avoir le sourire {*fam*}.

◆**_ _** 부 avec un sourire. ¶ ~~ 웃다 sourire.

생기 生氣 명 vigueur *f*, entrain *m*; vivacité *f*, énergie *f*; force *f* vitale; vie *f*. ¶ ~를 잃다 devenir inerte. ¶ 생활에 ~를 불어넣다 ranimer la vie, vivifier. ¶ 얼굴에 ~가 돌다[띠다]reprendre des couleurs; avoir une bonne mine. ¶ 요즈음 그 여자의 얼굴에는 ~가 돈다 Elle a un visage énergique ces jours-ci. ¶ 엄마를 다시 보자 그 아이 눈에 ~가 돌았다 La vivacité est revenue dans les yeux de cet enfant aussitôt qu'il a revu sa mère. ◇_(가) **있다** être vi*f*(*ve*), vivant(*e*), animé(*e*), énergique. ◇_(가) **없다** être inerte, alangui(*e*), sans animation, sans vie; manquer d'entrain [de vivacité, d'énergie]. ¶ 우리 남편은 요즘 통 ~가 없다 Mon mari manque d'énergie ces jours-ci.

◆_발랄하다 -潑剌- 형 être plein(*e*) de vivacité [de vie, d'énergie, d'entrain], très vivant(*e*), très animé(*e*), très éveillé(*e*); déborder de vie [d'entrain, d'énergie].

생기다[1] 자 ① ((없던 것이)) apparaître, se former, naître. ¶ 옷에 얼룩이 생겼다 Des taches sont apparues sur le vêtement / Le vêtement est taché. ¶ 아파트 입구에 빵집이 생겼다 Une boulangerie a ouvert (ses portes) à l'entrée de notre ensemble résidentiel. ② 새로 얻게 되다 avoir; gagner, acquérir. ¶ 그에게 자동차가 하나 생겼다 Il a une voiture maintenant. ③ 일이 일어나다 rencontrer, faire face à ((un problème)). ¶ 그에게 문제가 생겼다 Il a (rencontré) un problème.

생기다[2] 자 avoir l'air [l'apparence]. ¶ 공 모양으로 ~ être (fait(*e*)) en forme de balle. ¶ 남자답게[볼품없이] ~ avoir l'air d'un homme [n'avoir l'air de rien]. ¶ 아이가 똑똑하게 생겼다 L'enfant a l'air intelligent. 조동 ((verbe auxiliaire exprimant l'aboutissement d'une action, qui s'emploie après le radical+게)) se retrouver dans la situation de ((faire *qc*)), être amené à *inf*. ¶ 나는 거의 굶어죽게 생겼다 Je suis condamné(*e*) à littéralement crever de faim. ¶ 여행 계획이 취소되게 생겼다 On va devoir annuler le projet de voyage.

생김 명 physionomie *f*; apparence *f*; figure *f*. ¶ 그 아이는 ~이 꼭 제 아버지 같다 Cet(*te*) enfant ressemble en tous points [sous toutes les coutures, d'une manière frappante, comme deux gouttes d'eau] à son père / Cet(*te*) enfant est le portrait vivant [tout le portrait, l'image vivante, la copie conforme] de son père / C'est le portrait (craché {*fam*}) de son père / On dirait vraiment son père (bébé) / Il(Elle) a vraiment les traits de son père / C'est le sosie de son père / Son père ne peut le(la) renier.

◆_새 명 traits *mpl* (du visage), physionomie *f*. ¶ ~새를 요모조모 뜯어보다 regarder attentivement la physionomie de *qn*. ¶ ~새가 특이하다 avoir des *traits originaux*.

◆_ _ 명 détails *mpl* de l'apparence. ¶ 그 사람은 ~생김이 자기 아버지를 꼭 빼닮았다 Il a vraiment les mêmes traits que son père / Il ressemble tout à fait à son père / Il est le portrait de son père / C'est la copie conforme [le portrait (craché {*fam*}), tout le portrait, le portrait vivant, l'image vivante] de son père / On dirait vraiment son père (bébé) / C'est le sosie de son père / C'est la copie exacte de son père / Il ressemble en tous points [sous toutes les coutures] à son père / Son père ne peut le renier..

생김치 生- 명 *gimchi m* frais ((qui n'est pas encore fermenté)).

생나무 生- 명 arbre *m* vert; bois *m* vert. ¶ ~를 자르다[태우다] couper [brûler] du bois vert.

생난리 生亂離 명 éclat *m*; esclandre *m*; scandale *m*; tapage *m*. ◇_(를) 부리다[치다, 하다] causer [faire] un esclandre; faire un scandale.

생년 生年 명 année *f* de naissance. ¶ ~이 언제입니까? Quelle est votre année de naissance?

◆_월일 -月日 명 date *f* de naissance.

생념 生念 명 idée *f*; pensée *f*. ¶ 그 일은 아예 ~도 하지 마라 N'y pense même pas.

생니 生- 명 dent *f* non cariée, dent *f* saine. ¶ ~를 뽑다 enlever une dent non cariée [saine].

생담배 生- 명 cigarette *f* qui brûle toute seule. ¶ ~를 태우다 brûler une cigarette sans la fumer.

생도 生徒 명 【교육】 élève *mf*. ¶ 사관학교 ~ un aspirant officier.

◆_대 -隊 명 troupe *f* des élèves.

◆사관_ 士官- 명 【군사】 aspirant *m* officier.

생도둑 生- 명 voleu*r*(*se*); escroc *m*; arnaqueu*r*(*se*) {*fam*}. ¶ 이 음식을 만 원에 팔다니, 그 사람은 ~이다 Il nous vend ce plat à dix mille wons. C'est un escroc.

생돈 生- 명 dépense *f* superflue; argent *m* gaspillé, argent *m* perdu. ¶ ~을 쓰다[들이다] dépenser de l'argent inutilement, gaspiller de l'argent. ¶ ~을 날리다 gaspiller de l'argent. ¶ 또 딱지네. ~ 물게 생겼네 Encore un P.-V. [une contredanse, une prune {*fam*}]. C'est encore de l'argent perdu! ¶ 매달 월세로 ~이 나가니 아까워 죽겠어 Payer chaque mois un loyer, c'est de l'argent qui part en fumée [de l'argent qui est perdu définitivement, de l'argent perdu], c'est vraiment dommage.

생동 生動 명 animation *f*; vivacité *f*; entrain *m*; dynamisme *m*. ◇_(을) 하다 s'animer; être plein(*e*) de vie. ¶ ~하는 이미지 une image pleine de vie. ¶ 만물이 ~하는 봄 le printemps où tout s'anime.

◆_적 -的 명관 animé(*e*); vivant(*e*).

◆_감 -感 명 impression *f* d'être vivant(*e*). ¶ ~감이 있다 donner l'impression d'être vivant(*e*). ¶ ~감이 넘치다 être plein(*e*) d'entrain [d'énergie, de vie, de vitalité], déborder d'énergie.

생동생동 부 avec plein d'entrain *m*. ¶ 우리 아들은 아직도 잠을 자지 않고 ~ 놀고 있다 Mon fils est encore réveillé et joue avec plein d'entrain.

◆_하다 형 être fr*ais*(*aîche*); être animé(*e*); être vivante(*e*), plein(*e*) de vie [de vitalité, d'énergie, d'entrain]. ¶ 기운이 ~하다 être plein(*e*) de vitalité [de vie, d'énergie, d'entrain].

생득 生得 어근 qualité *f* innée [naturelle]; disposition *f*. ¶ ~ 관념 une idée innée.

◆_적 -的 명관 naturel(*le*), inné(*e*). ¶ ~적 언어능력 une capacité linguistique innée.

◆_설 -說 명 【철학】 théorie *f* des qualités innées.

생때같다 형 être vigoureu*x*(*se*); être robuste; être bien portant(*e*). ¶ 생때같은 젊은이 un jeune homme robuste, un grand et solide gaillard.

생떡국 生- 명 *saengtteokguk m*, *tteokguk m* frais <soupe de (bâtonnets de) *tteok* frais>.

생떼 生- 명 exigence *f* déraisonnable; obstination *f*, opiniâtreté *f*, entêtement *m*. ◇_(를) **쓰다[부리다]** importuner, harceler *qn* de demandes déraisonnables; ((enfant)) faire une colère, faire un caprice [importuner *qn*, casser les pieds à *qn*] pour obtenir *qc*; insister pour faire *qc*; s'entêter à vouloir faire *qc*. ¶ 아이는 사탕을 사 달라고 ~를 썼다 L'enfant fait une colère pour qu'on lui achète des bonbons. ¶ ~ 쓰지 마 Ne me casse pas les pieds.

◆_**거리** 명 【속어】 exigence *f* déraisonnable. ¶ ~거리를 쓰다 importuner, harceler *qn* de demandes déraisonnables; ((enfant)) faire une colère, faire un caprice [importuner *qn*, casser les pieds à *qn*] pour obtenir *qc*; insister pour faire *qc*; s'entêter à vouloir faire *qc*.

생래적 生來的 명관 depuis *sa* naissance.

생략 省略 명 ① omission *f*, suppression *f*. ¶ 이하 ~ suppression de la partie qui suit. ② 【언어】 ellipse *f*. ¶ 목적어의 ~ ellipse du complément d'objet. ◇_(을) **하다[시키다]** omettre ((une formalité)); supprimer ((une phrase)); retrancher ((un passage)); sauter ((quelques pages)). ¶ 복잡한 절차를 ~하다 omettre des procédures compliquées. ¶ 시간 관계상 자세한 설명은 ~하겠습니다 Faute de temps, je ne m'embarrasserai pas d'explications détaillées. ◇_(이) **되다** être omis(*e*), supprimé(*e*), retranché(*e*). ¶ 주어가 ~된 문장 une phrase dont le sujet est omis.

◆_**문법** -文法 명 【언어】 ellipse *f*.

◆_**법** -法 명 【언어】 ellipse *f*.

◆_**부호** -符號 명 【언어】 apostrophe *f*, points *mpl* de suspension.

◆_**표시** -標示 명 【언어】 marque *f* de suppression.

생령 生靈 명 vie *f*.

생로병사 生老病死 명 les quatre grandes peines *fpl* de l'Homme: naissance, vieillesse, maladie et mort. ¶ ~는 인간이 피할 수 없는 것이다 L'Homme ne peut éviter les quatre grandes peines: naissance, vieillesse, maladie et mort.

생률 生栗 명 châtaigne *f* crue, marron *m* cru. ¶ ~을 치다 décortiquer des châtaignes crues.

생리 生理 명 ① physiologie *f*. ¶ ~ 작용 fonctionnement physiologique. ¶ ~ 식염수 du sérum physiologique. ¶ 수중 동물들의 ~ physiologie des animaux sous-marins. ② 습성 habitude *f*; mœurs *fpl*; nature *f*. ¶ 네가 아직 이 바닥의 ~를 잘 몰라서 그러는 거다 Tu dis cela parce que tu ne connais pas bien les mœurs d'ici. ¶ 격식을 갖추어 말하는 것은 나의 ~에 맞지 않는다 Ce n'est pas dans ma nature de parler selon les formes [selon les règles de la bienséance]. ③ 【의학】 menstruation *f*, ((avoir)) *ses* règles *fpl*. ¶ ~ 주기 cycle menstruel. ¶ ~ 휴가 congé octroyé pendant la période de menstruation [des règles]. ¶ ~가 오는 것 같다 Je sens que je vais avoir mes règles / J'ai l'impression que j'aurai bientôt mes règles. ◇_(를) **하다** avoir *ses* règles. ¶ 그 여자는 ~를 심하게 한다 Elle a des règles abondantes.

◆_**적** -的 명관 physiologiquement. ¶ ~적 현상 un phénomène physiologique. ¶ ~적인 욕구 un besoin physiologique.

◆_**적으로** -的 부 de nature; par nature. ¶ ~적으로 나는 그런 일이 맞지 않아 Je ne suis pas de nature à faire ce genre de chose.

◆_**대** -帶 명 serviette *f* hygiénique [périodique]; ((체내형)) tampon *m* hygiénique [périodique], ((유명한 브랜드)) tampax *m*. ¶ 여성 ~대 une serviette périodique pour femme. ¶ ~대를 차다[갈다] mettre une [changer de] serviette périodique.

◆_**일** -日 명 période *f* des règles, jours *mpl* critiques, menstrues *fpl*.

◆_**통** -痛 명 【의학】 troubles *mpl* de la menstruation, douleurs *fpl* menstruelles.

◆_**학** -學 명 physiologie *f*.

◆_**학자** -學者 명 physiologiste *mf*.

생리사별 生離死別 명 séparation *f* définitive, causée par la mort et précédée d'une longue séparation. ◇_(을) **하다** quitter *qn* définitivement lors d'un décès, après une longue séparation.

생막걸리 生- 명 *makgeolli m* (alcool *m* de riz) frais.

생매장 生埋葬 명 ① ensevelissement *m* [enterrement *m*, inhumation *f*] d'un être vivant. ¶ 왕의 무덤에 후궁들을 ~을 하는 풍습 coutume d'ensevelir vivantes les concubines d'un roi. ② 사회에서 격리함 condamnation *f* à la peine de mort ou à la prison à perpétuité [à vie]. ◇_(을) **하다[시키다]** ① enterrer *qn* vivant(*e*). ② 사회에서 격리하다 punir *qn* de la peine de mort ou de la prison à perpétuité, condamner à mort ou à la prison à perpétuité. ¶ 그런 인간은 영원히 ~을 시켜야 돼 Il faut infliger la peine de mort ou la prison à perpétuité à ce genre d'individu / Il faut punir de la peine de mort ou de la prison à perpétuité ce genre d'individu / Il faut condamner à la peine de mort ou à la prison à perpétuité ce genre d'individu. ◇_(이) **되다** ① 산 채로 묻히다 être enterré(*e*) vivant(*e*). ② 사회에서 격리되다 être condamné(*e*) à la peine de mort ou à la prison à perpétuité. ¶ 그 일로 그 사람은 이제 사회에서 ~된 거나 다름없다 Suite à cet événement, on peut considérer cette personne comme morte.

생맥주 生麥酒 명 bière *f* à la pression, bière *f* pression {*pop*}, pression *f*. ¶ 어제 친구들과 ~를 한 잔 했다 Hier, j'ai bu de la bière (à la) pression avec mes ami(*e*)s.

생머리 生- 명 cheveux *mpl* naturellement raides. ¶ ~를 늘어뜨리다 laisser tomber *ses* cheveux (raides) dans le dos [sur les épaules]. ¶ 그 여자는 ~다 Elle a les cheveux (naturellement) raides.

생면 生麵 명 nouilles *fpl* mouillées.

생면부지 生面不知 명 personne *f* totalement inconnue. ¶ ~의 저를 믿어 주셔서 감사합니다 Je vous remercie de m'avoir cru(*e*) alors que vous ne me connaissez pas du tout. ¶ ~인 사람과 함께 그 일을 하다 travailler avec une personne totalement inconnue.

생멸 生滅 명 naissance *f* et mort *f*. ◇_(을) **하다** naître et mourir. ¶ ~하는 것이 자연의 법칙이다 Naître et mourir est la loi de la nature.

생명 生命 명 ① 목숨 vie *f*. ¶ ~을 잃다 perdre la vie; mourir. ¶ 누구의 ~을 구하다 sauver la vie de *qn*. ¶ 무엇에 ~을 걸다 faire *qc* au risque [au péril] de *sa* vie. ¶ 조국을 위하여 ~을 바치다 sacrifier *sa* vie pour *sa* patrie. ¶ 정부는 국민의 ~과 재산을 보호할 의무가 있다 Le gouvernement a l'obligation de sauvegarder la vie et le bien de son peuple. ¶ 이 환자는 ~이 위태롭다 Ce patient risque de perdre la vie [est entre la vie et la mort, est sur le point de mourir] / Les jours de ce patient sont comptés. ② 생명체 être *m* vivant; vie *f*. ¶ ~의 신비 le mystère de la vie. ¶ ~을 잉태하다 engendrer la vie; concevoir un être vivant [un enfant]; procréer un enfant. ③ 생명력 vitalité *f*, vigueur *f*; sensation *f* de vie. ¶ 만물에서 ~을 느끼는 봄 le printemps où l'on ressent la vie se réveiller partout, le printemps où tout s'anime [où la nature ressuscite, où tout revit]. ④ 사물이나 사건이 유지되는 기간 durée *f* de vie. ¶ 그 사람의 공직 ~이 위태롭다 Il risque de ruiner sa carrière. ⑤ 중요한 요건 essence *f* ((de *qc*)). ¶ 뉴스의 ~은 신속하고 정확한 보도이다 Les informations rapides et exactes sont l'essence même des médias.

◆**_감** -感 명 sensation *f* de vie. ¶ 이 그림은 ~감이 없다 Ce tableau manque de vie.

◆**_과학** -科學 명 science *f* de la vie.

◆**_권** -權 명 【법률】 droit *m* de vivre.

◆**_력** -力 명 vitalité *f* ((d'une plante, de *qn*)), vigueur *f* ((d'une plante)). ¶ 이 나무는 ~력이 강한 품종이다 Cet arbre est d'une espèce vigoureuse.

◆**_보험** -保險 명 【경제】 assurance *f* sur la vie, assurance-vie *f*.

◆**_선** -線 명 ① ressource(s) *f*(*pl*) vitale(*s*). ② 생사의 경계 frontière *f* entre la vie et la mort. ③ 최저 생활선 minimum *m* vital. ④ 【민속】 la ligne *f* de vie ((dans les lignes de la main)).

◆**_수** -水 명 eau *f* indispensable à la vie.

◆**_수당** -手當 명 indemnité *f* de décès.

◆**_체** -體 명 être *m* vivant.

생모 生母 명 mère *f* biologique, *sa* vraie mère. ¶ 그 사람은 다 성장한 뒤에야 ~를 만났다 Il n'a rencontré sa mère biologique [sa vraie mère] qu'après avoir grandi.

생목[1] 生- 명 ☞ 생나무

생목[2] 生- 명 remontées *fpl* acides au fond de la gorge. ¶ 속이 쓰라리더니 급기야 ~이 올라왔다 Après avoir ressenti des douleurs (vives) à l'estomac, il a fini par avoir des remontées acides au fond de la gorge.

생목숨 生- 명 vie *f*, (죄 없는 목숨) vie *f* d'un innocent. ¶ 겨우 ~을 이어가다 avoir juste de quoi vivre, gagner à peine *sa* vie, avoir peine à vivre avec de maigres ressources, vivoter, tirer le diable par la queue {*fam*}. ¶ ~을 끊다 tuer un innocent. ¶ ~을 앗아 가다[빼앗아 가다] ôter la vie d'un innocent, tuer un innocent.

생몰 生沒 명 naissance *f* et mort *f*. ¶ ~ 연대 cycle de vie.

생무지 生- 명 débutant(*e*); apprenti(*e*); novice *mf*; ignorant(*e*), béotien(*ne*). ¶ 그런 일에 저는 ~입니다 Je suis béotien [novice, profane] en la matière [dans ce domaine] / Je suis ignorant là-dessus / Je n'y connais rien.

생물 生物 명 ① être *m* vivant, animé; organisme *m*. ¶ ~ 분류 classification [classement] des êtres vivants. ¶ 화성에 ~이 존재했을 가능성이 있다 Il peut y avoir de la vie sur (la planète) Mars. ② frais(*aîche*). ¶ ~ 횟감 du poisson cru frais.

◆**_계** -界 명 règne *m* vivant, animé.

◆**_체** -體 명 être *m* vivant [animé].

◆**_학** -學 명 biologie *f*.

◆**_학자** -學者 명 biologiste *mf*.

생밤 生- 명 ☞ 생률

생방송 生放送 명 émission *f* en direct, ((un reportage)) live. ¶ ~으로 내보내다 diffuser une émission en direct. ¶ 이 프로그램은 ~으로 진행된다 Cette émission est en direct. ◇_(을) **하다** être en direct.

생병 生病 명 ① 무리하여 얻은 병 maladie *f* provenant du surmenage. ¶ ~을 앓다 souffrir d'une maladie provenant du surmenage. ¶ ~을 얻다 être atteint(*e*) d'une maladie provenant du surmenage; contracter [attraper] une maladie provenant du surmenage. ② 공연히 앓는 병 simulation *f* d'une maladie; maladie *f* feinte [simulée]. ¶ ~을 앓다 faire semblant d'être malade. ◇_**이 나다** tomber malade à cause du surmenage. ¶ 그렇게 무리해서 일을 하면 ~이 날 겁니다 Si vous travaillez trop [Si vous vous surmenez], vous risquez de tomber malade.

생부 生父 명 père *m* biologique.

생부모 生父母 명 parents *mpl* biologiques, *ses* vrais parents *mpl*.

생불 生佛 명 【불교】 moine *m* très vertueux; bouddha *m* vivant.

생불여사 生不如死 명 vie *f* trop dure pour être vécue. ¶ 이렇게 사는 것은 ~다 Cette vie ne vaut pas d'être vécue.

생사[1] 生死 명 vie *f* et mort *f*; naissance *f* et mort *f*. ¶ ~를 같이한 전우 un camarade de régiment dont on a partagé le sort. ¶ ~의 갈림길[기로]에 서다

ㅅ

être entre la vie et la mort. ¶ 그 후로 그 사람의 ~를 알 길이 없다 Depuis lors, on ne sait pas s'il est vivant.

◆_고락 -苦樂 명 toutes les peines *fpl* et toutes les joies *fpl*. ¶ ~고락을 함께 하다 partager toutes les peines et toutes les joies de *qn*.

◆_여탈 -與奪 명 (droit *m* de) vie *f* et (de) mort *f*.

◆_여탈권 -與奪權 명 droit *m* de vie et de mort. ¶ 누구의 ~여탈권을 쥐고 있다 tenir entre *ses* mains le sort de *qn*.

생사² 生絲 명 soie *f* grège.

생사람 生- 명 innocent(*e*). ¶ ~을 가두다 enfermer un innocent.

*~(을) **잡다** accuser un innocent. ¶ 생~ 잡지 마라 N'accuse pas un innocent!

생사탕 生蛇湯 명 soupe *f* de serpents vivants. ¶ ~을 달이다 faire de la soupe de serpents vivants.

생산 生産 명 ① production *f*. ¶ ~ 공정 procédé de fabrication. ¶ ~ 과정 processus de fabrication; étape de fabrication. ¶ ~구조 structure de production. ¶ ~ 기술 technique de fabrication. ¶ ~ 계획 projet de production. ¶ ~ 목표 production prévue ((pour l'année 1978)). ¶ ~ 설비 outillage; équipement ((d'une usine)). ¶ ~ 수단 moyen de production. ¶ ~ 양식 méthode de production. ¶ ~ 지역 origine de fabrication. ¶ ~ 과잉 surproduction. ¶ ~ 부족 sous-production. ¶ 대량 ~ 대량 소비의 시대 époque de fabrication et de consommation de masse. ② 【고어】 accouchement *m*, délivrance *f*. ¶ 왕자 아기의 ~으로 온 나라가 기뻐하고 있습니다 Toute la nation est heureuse de la naissance du prince. ◇_(을) **하다** ① ((물건을)) produire *qc*, fabriquer *qc*. ¶ 무엇을 대량으로 ~하다 fabriquer *qc* en série. ② ((아기를)) accoucher ((d'un garçon, d'une fille)), mettre au monde ((un enfant)). ◇_(이) **되다** être produit(*e*). ¶ 쌀이 많이 ~이 되는 지역 une région qui produit beaucoup de riz; une région fertile en riz.

◆_적 -的 명관 ① productif(*ve*). ¶ ~적 인구 population productive. ② 유익한 producti*f*(*ve*). ¶ ~적 사고 une pensée productive. ¶ 지난번 회의는 매우 유익하고 ~적이었다 La dernière réunion a été utile et productive.

◆_성 -性 명 ① 【경제】 productivité *f*. ¶ ~성을 높이다 améliorer la productivité. ¶ ~성이 높다 avoir une productivité élevée. ② 【언어】 파생의 정도 productivité *f*. ¶ 어휘 ~ productivité lexicale. ¶ 이 현상은 ~이 높다 Ce phénomène est (très) productif [courant].

◆_가 -價 명 【경제】 prix *m* de revient [de fabrique, coûtant].

◆_계수 -計數 명 【경제】 coefficient *m* de production.

◆_고 -高 명 【경제】 production *f*; rendement *m*.

◆_국 -國 명 pays *m* producteur de *qc*.

◆_량 -量 명 quantité *f* de fabrication (production).

◆_력 -力 명 capacité *f* de production; productivité *f*.

◆_물 -物 명 produit *m*; production *f*.

◆_비 -費 명 【경제】 coût *m* de production.

◆_액 -額 명 【경제】 montant *m* de la production.

◆_요소 -要素 명 élément *m* productif.

◆_원가 -原價 명 【경제】 prix *m* de revient.

◆_자 -者 명 produc*teur*(*trice*).

◆_재 -材 명 biens *mpl* de production.

◆_제한 -制限 명 limitation *f* [restriction *f*] de la production.

◆_지 -地 명 lieu(*x*) *m* d'origine [de provenance, de production]. ¶ ~지 증명 un certificat d'origine.

◆_직 -職 명 fonction *f* de production.

◆_품 -品 명 produit *m*.

◆국민총_ 國民總_ 명 【경제】 produit *m* national brut, ((생략)) P.N.B. *m*.

◆비_적 非的 명관 aride; improducti*f*(*ve*). ¶ 비~적인 논의는 지양하자 Évitons des discussions qui ne mènent à rien.

생살 生- 명 chair *f* fraîche. ¶ ~을 찢는 아픔 une douleur à déchirer la chair.

생새우 生- 명 crevette *f* crue [fraîche].

생색 生色 명 action de faire valoir *ses* services. ◇_(을) **내다[부리다]** faire valoir ((*ses* services)), se faire valoir, se faire un mérite de+*inf*. ¶ 그 사람은 나에게 돈을 빌려주며 ~을 냈다 Il a fait valoir ses services en me prêtant de l'argent. ¶ 오늘 설거지 좀 했다고 지금 나한테 ~ 내는 거야! Pour une fois que tu fais la vaisselle, il n'y a pas lieu de te vanter de l'avoir faite aujourd'hui [il n'y a pas de quoi s'en vanter, cela ne justifie pas une telle autosatisfaction]. ¶ 제발 ~ 좀 그만 내! Il n'y a pas lieu de te vanter / Tu n'as pas à t'en vanter / Il n'y a pas de quoi se vanter [se pâmer, pavoiser, en faire tout un plat {*fam*}] / Il n'y a pas matière à se vanter / Il n'y a pas de quoi être fier. ◇_(이) **나다** faire valoir les services de *qn*. ¶ 그 사람은 ~이 나는 일만 골라 한다 Il ne fait que ce qui fait valoir ses services. ¶ 그래서 ~이나 나겠어? Il n'a pas à s'en vanter pour si peu / Il n'y a pas lieu de se vanter pour si peu / Il n'y a pas de quoi se vanter.

생생하다 生生- 형 ① être animé(*e*), vivant(*e*), fr*ais*(*aîche*); être plein(*e*) de vie; être vi*f*(*ve*); être bien conservé(*e*). ¶ 생생한 기력 toute la vigueur. ¶ 그 사람은 밤샘 작업에도 얼굴이 ~ Même après une nuit blanche de travail, il a encore bonne mine. ② 또렷하다 ((une image, un souvenir)) être vivant(*e*), vi*f*(*ve*); avoir un souvenir net [précis, fidèle, vivant] ((d'un événement)); être encore tout fr*ais*(*aîche*) dans la mémoire de *qn*, être encore à l'esprit, avoir encore présent à l'esprit [à la mémoire] ((un événement)), se souvenir encore précisément ((d'un événement)), avoir un souvenir net ((d'un événement)); ((*se*)) revoir encore

ㅅ

précisément ((faire *qc*)). ¶ 생생한 감동 une sensation vive. ¶ 생생한 목격담 une image vivante, un témoignage vivant. ¶ 생생한 현장 화면 une image vivante de l'événement. ¶ 그 일은 아직도 기억이 ~ J'ai encore présent à l'esprit [à la mémoire] ce qui s'est passé / Je me souviens encore précisément [parfaitement] de ce qui s'est passé / J'ai encore un souvenir net de cet événement / Je m'en souviens comme si c'était hier. ¶ 생생하게 묘사하다 décrire d'une manière vivante.

◆**생생히** 부 exactement, précisément, religieusement, scrupuleusement. ¶ 과거를 생생히 기억하다 se souvenir précisément du passé. ¶ 사건 현장을 생생히 보도하다 faire des reportages scrupuleux sur le lieu même de l'événement. ¶ 기억이 생생히 되살아났다 s'être rafraîchi(*e*) la mémoire. ¶ 그 사진은 전쟁의 참혹상을 생생히 보여 준다 Cette photographie montre la cruauté de la guerre.

생석회 生石灰 명 chaux *f* vive.

생선 生鮮 명 poisson *m*. ¶ ~ 요리 un plat de poisson. ¶ ~ 가게 poissonnerie. ¶ ~ 장수 marchand(*e*) de poisson, poissonni*er*(*ère*). ¶ 등 푸른 ~ un poisson à dos bleu-vert. ¶ 그 사람은 ~을 잘 먹는다 Il mange volontiers [souvent] du poisson.

◆**_구이** 명 poisson *m* grillé.

◆**_국** 명 soupe *f* de poisson.

◆**_묵** 명 gelée *f* de poisson.

◆**_전** -煎 명 poisson *m* grillé enrobé de farine ((poisson pané)).

◆**_조림** 명 poisson *m* cuit dans de la sauce de soja.

◆**_찌개** 명 ragoût *m* de poisson.

◆**_찜** 명 poisson *m* cuit à l'étouffée.

◆**_회** -膾 명 (tranches *fpl* de) poisson *m* cru, sashimi *m*.

생성 生成 명 ① création *f*; genèse *f*; naissance *f*; apparition *f*; formation *f*; production *f* ((d'un gaz dans une réaction chimique)). ¶ ~ 원리 principe de génétique. ¶ ~ 연대 année de la création. ¶ 지구의 ~과 관련된 신비 mystère concernant la naissance de la Terre. ② 【언어】 génération *f*. ¶ 문장의 ~ génération d'une phrase. ◇_(을) **하다시키다** ① faire naître, former, produire. ¶ 에너지를 ~하다 produire de l'énergie. ② 【언어】 générer. ◇_(이) **되다** naître, se former, se produire. ¶ 사내에 새로운 흐름이 ~이 되었다 Une nouvelle tendance s'est formée dans l'entreprise.

◆**_적** -的 명관 génétique; ((grammaire)) générati*f*(*ve*). ¶ ~적 측면 ((sur le)) plan de la génétique.

◆**_론** -論 명 théorie *f* génétique. ¶ ~론적 관점 point de vue génétique.

◆**_문법** -文法 명 【언어】 grammaire *f* générative.

◆**_물** -物 명 produit *m*.

◆**_음운론** -音韻論 명 【언어】 phonologie *f* générative.

생소하다 生疏- 형 être peu famili*er*(*ère*), peu habituel(*le*), nouv*eau*(*el*, *elle*, *eaux*); être inexpérimenté(*e*), ignorant(*e*); être novice. ¶ 생소한 느낌을 주다[받다] avoir [donner] l'impression d'être novice. ¶ 일반인에게는 생소한 개념 un concept inconnu du grand public. ¶ 모든 것이 생소하기만 한 타향 une région étrangère où tout est nouveau [inhabituel]. ¶ 그 사람의 이름은 국내에는 아직 ~ Son nom n'est pas encore connu dans notre pays. ¶ 생소하게 여겨지다 être considéré(*e*) comme étrang*er*(*ère*).

생수 生水 명 eau(*x*) *f* limpide; ((광천수)) eau(*x*) *f* minérale. ¶ ~를 마시다 boire de l'eau minérale.

생시 生時 명 ① *son* heure *f* de naissance. ② 깨어 있는 상태 veille *f*; réalité *f* ((par opposition au rêve)). ¶ 이게 꿈인가, ~인가? Est-ce que je rêve? ¶ 꿈이 ~처럼 느껴지다 Le rêve me paraît réel. ③ 살아 있는 동안 de *son* vivant *m*, du vivant *m* de *qn*. ¶ 아버님 ~에 du vivant de son père, lorsque son père vivait encore, lorsque son père était encore là. ¶ 부모님 ~에 잘해 드려라 Prends bien soin de tes parents tant qu'ils sont encore là.

생식[1] 生食 명 action de manger de la nourriture crue; manger cru. ¶ 그 사람은 ~으로 건강을 회복했다 Il a retrouvé sa santé en mangeant cru. ¶ 어패류 ~은 네게 안 맞는다 Il ne te convient pas de manger cru des produits de la mer. ◇_(을) **하다** manger cru. ¶ 물고기를 ~을 하다 manger cru du poisson.

생식[2] 生殖 명 【생물】 génération *f*; reproduction *f*. ¶ ~ 기관 organe [appareil] génital (mâle, femelle); organe sexuel. ¶ ~ 기능 fonction génitale. ¶ ~ 본능 instinct de reproduction [génétique]. ◇_(을) **하다** se reproduire, engendrer.

◆**_적** -的 명관 reproduc*teur*(*trice*); de reproduction; de la génération.

◆**_기** -期 명 【생물】 période *f* de reproduction.

◆**_기** -器 명 【생물】 organe *m* [appareil *m*] génital (mâle, femelle); organe *m* sexuel. ¶ ~기 숭배 phallisme.

◆**_력** -力 명 【생물】 ① ((여자의)) fécondité *f*. ② ((남자의)) virilité *f*.

◆**_불능** -不能 명 【의학】 ① ((남자의)) impuissance *f*. ② ((여자의)) stérilité *f*.

◆**_선** -線 명 【생물】 glande *f* génitale [reproductrice, sexuelle].

◆**_세포** -細胞 명 【생물】 cellule *f* reproductrice, gamète *f*.

◆**_호르몬** 명 【의학】 hormone *f* mâle [féminine]; hormone *f* sexuelle.

◆**유성[무성]_** 有性[無性]- 명 【생물】 génération *f* sexuée [asexuée].

◆**처녀[단성]_** 處女[單性]- 명 【생물】 parthénogenèse *f*.

생신 生辰 명 ((mot honorifique de 생일 *anniversaire*)) anniversaire *m* ((registre honorifique)). ¶ ~ 잔치 un banquet [un repas] d'anniversaire. ¶ 내일이 아버지 ~이다 Demain, c'est l'anniversaire de mon père.

◆**_날** 명 (jour *m* de l') anniversaire *m* ((registre

ㅅ

honorifique)).

생심 生心 명 volonté *f*; désir *m*; intention *f*. ¶ ~을 내다 exprimer un désir. ◇_(을) **하다** vouloir, désirer.

생쌀 生- 명 riz *m* non cuit. ¶ ~을 씹다 manger du riz non cuit.

생애 生涯 명 ((일생)) vie *f*; ((생활)) vie *f*, existence *f*, carrière *f*; ((생계)) subsistance *f*; moyen *m* de vivre. ¶ ~ 최고의 날 le plus beau jour de ma vie. ¶ 한 예술가의 ~를 그린 영화 un film qui dépeint la vie d'un(*e*) artiste. ¶ 비참하게 ~를 마감하다 finir *sa* vie [finir *ses* jours, mourir] d'une façon tragique [misérable]. ¶ 그는 매우 파란만장한 ~를 살았다 Il a eu une vie très tourmentée.

생야단 生惹端 명 fait de se plaindre en criant [en faisant du bruit] sans raison. ◇_(을) **하다[부리다]** hurler [crier] pour (un) rien [inutilement]. ¶ 그는 아무것도 아닌 일을 가지고 ~을 한다 Il hurle pour pas grand-chose [pour rien] / Il fait beaucoup de bruit pour rien / Il fait du tapage pour peu de chose / Il en fait tout un plat {*fam*} [toute une histoire]. ◇_(이) **나다** hurler [crier] pour (un) rien. ¶ 그 친구가 안 오면 애들이 ~이 난다 Les enfants hurlent, s'il ne vient pas. ◇_**이다** hurler [crier] pour (un) rien. ¶ 아이들이 더 놀겠다고 ~이다 Les enfants insistent en hurlant pour continuer à jouer [pour poursuivre leur jeu].

ㅅ

생약 生藥 명 【약학】 médicament *m* naturel, médicament *m* non chimique; herbes *fpl* médicinales; plante *f* médicinale; plantes *fpl* [herbes *fpl*] officinales; médicament *m* d'origine animale ou végétale. ¶ ~ 제제 matière [ingrédient] entrant dans la composition des médicaments naturels. ¶ ~ 성분의 감기약 un remède naturel ((d'origine animale ou végétale)) contre le rhume [contre les refroidissements].

◆_**제** -劑 명 【약학】 médicament *m* naturel.

생업 生業 명 moyen *m* d'existence; profession *f*, métier, travail *m*, occupation *f*. ¶ 서민들의 ~을 보호하다 protéger les moyens d'existence des personnes pauvres. ¶ 무엇[...하는 것]을 ~으로 삼다 avoir pour métier *qc*/de+*inf*. ¶ ~에 종사하다 s'engager dans ((une industrie, l'agriculture)).

생우유 生牛乳 명 lait *m* frais (non pasteurisé).

생울타리 生- 명 haie *f* vive.

생원 生員 명 ① 【역사】 fonctionnaire *m* admis à l'examen. ② 【고어】 sieur *m*.

◆**꽁_** 명 radin *m* {*fam*}; personne *f* à l'esprit étroit [borné, étriqué]; personne *f* mesquine.

생월 生月 명 mois *m* de naissance.

생육 生育 명 action d'élever ((un enfant)); éducation *f*; culture *f* ((d'une plante)). ¶ ~ 기간 période de culture. ¶ 식물의 ~에 알맞은 온도 la température idéale pour la culture d'une plante. ◇_(을) **하다** ① 자라다 pousser. ¶ 식물이 잘 ~할 수 있는 조건 les conditions pour qu'une plante pousse correctement. ② 재배하다 cultiver. ¶ 식물을 ~을 하다 cultiver des plantes. ◇_(이) **되다** être élevé(*e*), cultivé(*e*).

생육신 生六臣 명 【역사】 Saeng-yuksin <les six sujets loyaux à l'époque de Joseon (1392-1910) mis à mort par le roi Sejo (1455-1468), en 1455 [pour avoir tenté de remettre le roi Danjong détrôné (1452-1455) sur le trône>.

생으로 生- 부 ① ((manger *qc*)) cru(*e*). ¶ ~ 먹는 음식 aliment cru; crudités. ② 무리하게 sans raison; de force; par force.

생의 生意 명 intention *f*; volonté *f*; désir *m*. ◇_(를) **하다** vouloir+*inf*, désirer+*inf*. ◇_**가 나다** avoir l'intention de+*inf*. ◇_**를 내다** émettre l'intention de+*inf*.

생이별 生離別 명 séparation *f* non désirée [tragique]. ◇_(을) **하다** se séparer. ¶ 그녀는 전쟁터에 나가는 남편과 ~을 해야 했다 La guerre a créé la séparation tragique des époux / Elle a dû se séparer tragiquement de son époux qui partait pour la guerre / Elle a dû se séparer tragiquement de son mari à cause de la guerre.

생인손 명 panaris *m* au doigt. ¶ ~을 앓다 avoir un panaris au [à un] doigt.

생일 生日 명 le jour *m* de la naissance de *qn*; anniversaire *m*. ¶ ~ 선물 un cadeau(*x*) d'anniversaire. ¶ ~ 파티 une fête d'anniversaire. ¶ ~(을) 축하합니다 [축하한다] Je te félicite pour ton anniversaire / Joyeux anniversaire. ¶ ~에 친구들을 초대하다 inviter *ses* amis pour *son* anniversaire. ¶ 내 ~은 삼월 이십오일이다 Mon anniversaire(, c')est le 25 mars.

◆_**날** 명 (le jour *m* de *son*) anniversaire *m*.

생자 生者 명 ① 살아있는 사람 être *m* vivant; les vivants *mpl*; ② 【불교】 tous les êtres *mpl* vivants [animés].

생장 生長 명 croissance *f*, développement *m*. ¶ 이 식물은 ~ 속도가 매우 늦다 Cette plante pousse très lentement [tardivement] / C'est une plante à croissance lente. ¶ 식물의 ~을 돕다 favoriser la croissance. ◇_(을) **하다** grandir, se développer; ((식물이)) croître, pousser. ¶ 이 나무는 빨리 ~한다 Cet arbre grandit [pousse] vite [se développe rapidement].

◆_**곡선** -曲線 명 【생물】 courbe *f* de croissance.

◆_**기** -期 명 【생물】 période *f* de croissance.

◆_**발육** -發育 명 croissance *f*; développement *m*.

◆_**점** -點 명 【의학】 point *m* de croissance.

◆_**호르몬** 명 【의학】 hormone *f* de croissance; ((식물의)) auxine *f*.

생전 生前 명 pendant sa vie; de toute *sa* vie; de *son* vivant. ¶ ~의 업적 les travaux de toute *sa* vie [de toute *son* existence]. ¶ ~에 본 적이 없는 얼굴이다 Je n'ai jamais vu cette personne de ma vie / C'est la première fois de ma vie que je vois cette personne / Je n'ai jamais vu cette personne auparavant. ¶ 부모님 ~에 후회 없이 효도해야 한다 Il faut être loyal [fidèle] à ses parents de leur vivant. 㽝 malgré tous les efforts; de *son* vivant. ¶ 그는 그런 데는 ~ 가 본 적이 없다 Il n'est jamais allé [n'a jamais mis les pieds] de sa vie dans un endroit pareil. ¶ ~ 가야[가도] 공부하는 꼴을 못 본다 C(e n)'est pas demain la veille qu'il étudiera {*fam*} / Il n'étudiera jamais de sa vie / Il a vraiment du mal [Il n'arrive pas] à se mettre aux études / Il est récalcitrant aux études / Lui et les études, ça fait deux.

생존 生存 명 ① existence *f*, vie *f*. ¶ ~을 위한 몸부림 acharnement pour survivre. ¶ 환경오염은 인류의 ~을 위협하고 있다 La pollution de l'environnement menace la vie humaine. ② 살아남음 survivance *f*, survie *f*. ¶ 실종자들은 ~ 가망이 거의 없다 Les disparus n'ont presque aucune chance de survivre. ◇_(을) **하다** exister, vivre; survivre. ¶ ~한 승객은 5명이었다 Cinq passagers ont survécu. ¶ 그는 90이 넘은 어머님이 아직 ~해 계신다 Il a sa mère de 90 ans qui est encore vivante.

◆_**경쟁** -競爭 명 lutte *f* pour la vie. ¶ ~경쟁을 하다 lutter pour la vie. ¶ ~경쟁에서 이기다 sortir vainqueur de la lutte pour la vie. ¶ ~경쟁이 치열하다 La lutte pour la vie est difficile.

◆_**권** -權 명 【법률】 droit *m* de vivre. ¶ 우리의 ~권이 위협받다 Notre droit de vivre est menacé.

◆_**자** -者 명 personne *f* vivante; les vivants *mpl*; survivant(*e*); rescapé(*e*) ((d'un accident, d'un naufrage)).

◆**적자**_ 赤子- 명 【생물】 survivance *f* [survie *f*] des plus aptes.

생죽음 生- 명 mort *f* vaine, mort *f* violente. ◇_(을) **하다[당하다]** mourir de mort violente. ¶ 코끼리 떼가 사냥꾼들에게 ~을 당했다 Une troupe d'éléphants a été abattue par des chasseurs.

생중계 生中繼 명 retransmission *f* en direct *m*; live *m*. ¶ 스포츠 ~ la retransmission d'une émission sportive en direct. ¶ 무엇을 ~로 보다 regarder ((une émission)) retransmise en direct. ◇_(를) **하다** retransmettre ((une émission)) en direct. ¶ 현지로부터 직접 결승전을 ~하겠습니다 Nous allons vous retransmettre (d'ici) en direct la finale. ◇_(가) **되다** être retransmis(*e*) en direct.

생쥐 명 souris *f*. ¶ ~같이 약삭빠른 녀석 un type rusé comme un renard.

*__물에 빠진 ~ 꼴이다__ être trempé(*e*) [mouillé(*e*)] jusqu'aux os.

생즙 生汁 명 jus *m* ((de fruits, de légumes, de carottes, de kiwis)) frais; ((orange *f*, citron *m*)) pressé(*e*). ¶ 야채를 ~을 내서 먹다 se presser un jus de légumes puis le boire.

생지옥 生地獄 명 horreur *f* des enfers; horreur *f* sur la terre; spectacle *m* infernal [apocalyptique]; scène *f* abominable [atroce]. ¶ 지난 1년이 나에게는 ~ 같았다 Cette année a été un enfer pour moi. ¶ 사고 현장은 부상자들의 절규로 ~이 따로 없었다 Les lieux de l'accident étaient un spectacle infernal [un spectacle apocalyptique, une scène abominable, une scène atroce] avec les cris des blessés.

생질 甥姪 명 neveu(*x*) *m* [nièce *f*] (fils ou fille d'une sœur d'un homme).

◆_**녀** -女 명 nièce *f* (fille d'une sœur d'un homme).

생짜 生- 명 aliment *m* cru; crudités *fpl*.

◆_**로** à cru(*e*). ¶ 고기를 ~로 먹다 manger de la viande crue.

생채기 명 égratignure *f*, écorchure *f*. ◇_(가) **나다[생기다]** se faire une égratignure, s'égratigner, s'écorcher. ◇_(를) **내다** se faire une égratignure, s'égratigner, s'écorcher.

생철 生鐵 명 【광업】 zinc *m*; tôle *f* galvanisée.

◆_**통** -桶 명 sceau(*x*) *m* en zinc.

생체 生體 명 corps *m* [organisme *m*] vivant. ¶ ~리듬 le rythme de l'organisme. ¶ ~ 반응 réaction de l'organisme. ¶ ~ 실험 expérimentation sur un animal vivant; expérience in vivo; ((인간의)) expérimentation sur l'être humain. ¶ ~ 해부 vivisection.

◆_**학** -學 명 【생물】 vivisection *f*.

생태[1] 生態 명 mode *m* de vie; vie *f*; écologie *f*. ¶ 꿀벌의 ~를 관찰하다 observer le mode de vie des abeilles, observer les mœurs des abeilles.

◆_**적** -的 명관 écologique.

◆_**계** -系 명 【생물】 écosystème *m*. ¶ ~계의 균형이 파괴되면 안 된다 Il ne faut pas détruire l'équilibre d'un écosystème.

◆_**론** -論 명 【생물】 écologie *f*. ¶ ~론적 관점 point de vue écologique.

◆_**학** -學 명 【생물】 écologie *f*.

생태[2] 生太 명 merlan *m*. ¶ ~ 찌개 un ragoût de merlan.

생트집 生- 명 critique *f* toute gratuite [non fondée]. ◇_(을) **하다[잡다, 부리다]** chercher des poux (dans la tête) à *qn*, chercher la petite bête (partout), chercher querelle à tout propos, critiquer sans raison, criticailler {*fam*}, avoir [trouver] à redire à *qn*, trouver à redire à tout, pinailler {*fam*}, chicaner {*fam*} (sur tout), ergoter, chinoiser, ratiociner {*litt*}, épiloguer, couper les cheveux en quatre, enculer les mouches {*vulg*}; reprendre *qn*. ¶ 그는 나에게 자꾸 ~을 한다 Il me casse les pieds sans arrêt / Il me cherche des poux / Il cherche des poux dans ma tête. ¶ 그는 내가 자기에게 방해가 된다고 ~을 잡는다 Il me reproche toujours injustement de le déranger.

생포 生捕 명 capture *f*. ¶ 범인 ~ 작전 stratégie [tactique, opération] de la capture d'un malfaiteur. ◇_(를) **하다** capturer ((une bête féroce)); s'emparer de ((un être vivant)); prendre ((un animal)) vivant. ¶ 포로를 ~하다 faire prisonnier *qn*. ¶ 적군을 ~하다 faire prisonnier un ennemi [un soldat ennemi]. ◇_(가) **되다** être capturé(*e*), se faire capturer, être fait prisonni*er*(*ère*). ¶ 범인이 도주 중에 ~가 되었다 Le malfaiteur s'est fait capturer [a été fait prisonnier] alors qu'il était en fuite.

생필품 生必品 명 produits *mpl* de première nécessité; le strict nécessaire *m*.

생화 生花 명 fleur *f* naturelle [sauvage]. ¶ 방을 ~로 장식하다 décorer une pièce avec des fleurs naturelles [sauvages].

생화학 生化學 명 【화학】 biochimie *f*. ¶ ~ 무기 armes biochimiques. ¶ ~ 검사 un examen biochimique.

◆_**자** -者 명 biochimiste *mf*.

생환 生還 명 retour *m* ((après une bataille)). ¶ 그 사람의 ~을 축하하는 잔치를 열다 fêter son retour (vivant) de la guerre; faire une fête pour célébrer son retour de la guerre. ◇_(을) **하다** revenir vivant(*e*) ((après une bataille)). ¶ 많은 사람들이 ~하지 못하고 죽었다 Beaucoup de gens n'ont pu en revenir vivants.

생활 生活 명 ① vie *f*, existence *f*. ¶ ~ 방식 mode de vie [d'existence]. ¶ ~ 조건 ((améliorer)) les conditions de vie. ¶ ~ 필수품 les produits de première nécessité; le strict nécessaire. ¶ ~ 환경 milieu(*x*) de vie; (problèmes d')environnement. ¶ ~ 상태 conditions *fpl* de vie. ¶ 규칙적인[불규칙적인] ~ une vie régulière [désordonnée]. ¶ 불안한 ~을 보내다 vivre dans l'anxiété. ② 생계 vie *f*. ¶ ~ 보조금 subside, allocation. ¶ ~ 수단 moyens de vivre [d'existence]; ressources, gagne-pain. ¶ 검소한[호화로운] ~ une vie simple [un train de vie fastueux]. ¶ 가족의 ~을 꾸려 나가다 subvenir [pourvoir] aux besoins d'une famille. ¶ 그날그날의 ~에 쪼들리다 vivre au jour le jour. ¶ 내 월급만으로는 ~이 힘들다 Mon salaire ne me suffit pas pour vivre. ③ 조직 생활 vie *f*. ¶ 월급쟁이 ~ la vie d'un salarié. ¶ 직장 ~ la vie professionnelle. ¶ 학교[대학] ~ la vie scolaire [universitaire]. ¶ 학생 ~ 지도 l'orientation scolaire. ④ 활동 vie *f*. ¶ 연주 ~ une vie musicale [de musique]. ¶ 방랑 ~ une vie vagabonde, une vie errante. ◇_(을) **하다** ① vivre; habiter. ¶ 도시에서 ~하다 vivre [habiter] en ville. ¶ 누구와 함께 ~하다 vivre [cohabiter] avec *qn*. ② 살림을 꾸리다 mener une vie ((pauvre, simple)). ¶ 편안한 ~을 하다 vivre dans l'aisance; mener une vie tranquille. ¶ 행복한 ~을 하다 vivre heureux; mener une vie heureuse; passer des jours heureux. ¶ 고독한 ~을 하다 vivre dans la solitude, mener une vie solitaire. ¶ 가난한 ~을 하다 mener une vie pauvre. ¶ 비참한 ~을 하다 être sur la paille; mener une vie misérable. ¶ 검소한 ~을 하다 vivre de peu, mener une vie simple. ¶ 호화로운 ~을 하다 mener un train de vie fastidieux, vivre dans le luxe [dans l'opulence]. ¶ 분에 맞는 ~을 하다 vivre selon *ses* moyens. ¶ 분에 넘치는 ~을 하다 vivre au-dessus de *ses* moyens. ¶ 겨우 ~해 나가다 vivoter, vivre petitement [au jour le jour, chichement]. ¶ 한 달에 5만 원으로 ~하다 vivre avec 50 000 wons par mois. ¶ 피아노를 가르치며 ~하다 vivre de [gagner *sa* vie en donnant des] leçons de piano. ◇_**이 되다** ((revenus)) être suffisant(*e*) pour vivre; arriver à joindre les deux bouts [à vivre] ((avec *ses* revenus)). ¶ 맞벌이를 해야 겨우 ~이 된다 Il faut que le mari et son épouse travaillent tous les deux pour arriver à joindre les deux bouts.

◆_**화** -化 명 fait de rendre *qc* quotidien(*ne*) [réguli*er*(*ère*)]. ¶ ~화하다 faire *qc* quotidiennement, rendre *qc* quotidien(*ne*) [réguli*er*(*ère*)]. ¶ 절전[에너지 절약]을 ~화하다 prendre l'habitude d'économiser (sur) l'électricité [(sur) l'énergie], économiser (sur) l'électricité [(sur) l'énergie] quotidiennement. ¶ ~화되다 devenir quotidien(*ne*), réguli*er*(*ère*); devenir habituel(*le*) [une habitude]; devenir une chose fréquente [banale, commune], devenir monnaie courante; se généraliser. ¶ 절약이 ~화되었다 Aujourd'hui, faire des économies est devenu une chose commune.

◆_**고** -苦 명 situation *f* financière précaire [difficile], difficultés *fpl* financières, sort *m* précaire, précarité *f*. ¶ ~고에 시달리다 souffrir de [connaître des] difficultés financières, souffrir financièrement, avoir une situation familiale précaire, être tourmenté(*e*) par *son* sort précaire, vivre dans la précarité, vivre dans la misère, être dans une situation financière difficile, ne pas être à l'aise financièrement, avoir des fins de mois difficiles, gagner difficilement *son* pain [*sa* vie], tirer le diable par la queue, avoir du mal à vivre, avoir du mal à joindre les deux bouts [à équilibrer *son* budget], avoir des revenus tout juste [à peine] suffisants pour subvenir à *ses* besoins, avoir peine à vivre avec de maigres ressources, avoir juste [à peine] de quoi vivre [de quoi subvenir à *ses* besoins], vivoter péniblement, survivre péniblement, subsister [vivoter] tant bien que mal, subsister difficilement [avec peine, péniblement].

◆_**공간** -空間 명 espace *m* vit*al*(*aux*).

◆_**관** -觀 명 conception *f* de vie.

◆_**권** -圈 명 espace *m* de vie [vital]. ¶ 전국이 1일 ~권 안에 있다 Maintenant, il est possible de faire l'aller-retour dans tout le pays dans la journée.

◆_**기록부** -記錄簿 명 【교육】 registre *m* sur la vie et le comportement de l'élève.

◆_**난** -難 명 difficultés *fpl* de la vie. ¶ 극도의 ~난을 겪다[겪었다] traverser les pires difficultés de la vie [avoir connu toutes les difficultés de la vie].

◆_**력** -力 명 vitalité *f*. ¶ ~력이 강하다 être doué(*e*) d'une grande vitalité.

◆_**보호법** -保護法 명 【법률】 loi *f* concernant les prestations de la sécurité sociale.

◆_**비** -費 명 (coût *m* de la) vie *f*. ¶ ~비를 벌다 gagner *sa* vie [*son* pain {*fam*}, *sa* croûte {*fam*}].

¶ 파리는 ~비가 많이 든다 La vie est chère à Paris. ¶ ~비가 거의 다 떨어졌다 Il ne me reste presque plus d'argent pour la fin du mois / Je suis presque à sec ce mois-ci.

◆_상 -相 명 aspect *m* de la vie. ¶ 이 소설은 70년대 서울의 ~상을 보여 준다 Ce roman dépeint la vie de Séoul dans les années (19)70.

◆_수준 -水準 명 niveau(*x*) *m* de vie. ¶ ~수준이 높다[낮다] Le niveau de vie est élevé [bas].

◆_양식 -樣式 명 genre *m* [mode *m*] de vie [d'existence]. ¶ 전통적인 ~양식을 고수하다 rester fidèle à un mode de vie traditionnel; défendre la tradition.

◆공동_ 共同- 명 vie *f* collective.

◆문화_ 文化- 명 vie *f* culturelle.

◆사회_ 社會- 명 vie *f* sociale.

◆성_ 性- 명 vie *f* sexuelle.

◆이중_ 二重- 명 double vie *f*.

◆일상_ 日常- 명 vie *f* quotidienne [de tous les jours].

생후 生後 명 après *sa* naissance *f*, depuis *sa* naissance *f*. ¶ ~ 3주 된 아기 un bébé [un nouveau-né] de trois semaines.

샤머니즘 영{shamanism} 명 chamanisme *m*.

샤쓰 영{shirt} 명 ☞ 셔츠

샤워 영{shower} 명 douche *f*. ◇_(를) **하다** prendre une douche, se doucher. ¶ 간단히 ~를 하다 prendre une douche rapide, se doucher rapidement.

◆_기 -器 명 pomme *f* de douche; douchette *f*; flexible *m* de douche.

◆_실[장] -室[場] 명 douche *f*; cabine *f* de douche.

샤프[1] 영{sharp} 명 【음악】 dièse *f*.

◆_버튼 {-button} 명 la touche *f* dièse (du téléphone). ¶ ~ 버튼을 누르세요 Appuyez sur la touche dièse.

샤프[2] 영{sharp} 명 porte(-)mine(~(-)~*s*) *m*; stylomine *m*.

◆_펜슬 {-pencil} 명 porte(-)mine(~(-)~*s*) *m*; stylomine *m*.

샴페인 프{champagne} 명 champagne *m*. ¶ ~ 잔을 채우다 remplir de champagne une coupe [une flûte] (à champagne), verser du champagne à *qn* dans une coupe [dans une flûte, dans un verre] à champagne. ¶ ~ 병을 흔들다 secouer une bouteille de champagne. ¶ 우승을 축하하며 ~을 터뜨리다 ouvrir une bouteille [faire sauter le bouchon d'une bouteille] de champagne pour fêter la victoire, sabler le champagne.

*~을 너무 일찍 터뜨리다 fêter trop tôt la [une] victoire.

샴푸 영{shampoo} 명 shampoing *m*; shampooing *m*; lotion *f*. ¶ 지성 ~ un shampoing pour cheveux gras. ¶ 비듬 ~ un shampoing [une lotion] antipelliculaire [traitant contre les pellicules]. ¶ ~ 한 통을 사다 acheter une bouteille de shampoing. ◇_(를) **하다** se faire un shampoing; shampouiner; shampooiner.

◆_질 명 shampoing *m*; shampooing *m*. ¶ 머리에 ~질을 하다 (*se*) faire un shampoing; (*se*) shampouiner les cheveux; (*se*) laver les cheveux [la tête].

샷 영{shot} 명 【골프】 coup *m* (de golf).

샹들리에 프{chandelier} 명 chandelier *m*; lustre *m*. ¶ 휘황찬란한 ~ un lustre éclatant [brillant].

샹송 프{chanson} 명 chanson *f* française.

섀도 영{shadow} 명 fard *m* ((à paupières)); ombre *f* à paupières.

◆_모션 명 mouvement *m* dans le vide.

◆_복싱 명 【운동】 boxe *f* dans le vide; attaque *f* de pure forme; attaque *f* purement rituelle.

◆아이_ {eye-} 명 ☞ 아이섀도

섀도우 영{shadow} 명 ((‘섀도’의 잘못)) ☞ 섀도

서[1] 西 명 l'ouest *m*. ¶ 동과 ~를 연결하는 길 un chemin qui relie l'est à l'ouest.

◆_풍 -風 명 vent *m* d'ouest.

◆_행 -行 명 vers l'ouest.

◆_향 -向 명 ((vent)) d'ouest.

서[2] 署 명 commissariat *m*; poste *m* de police. ¶ ~까지 잠깐 갑시다 Suivez-moi un instant au poste de police.

서[3] 관 trois. ¶ ~ 푼 trois *pun*.

*구슬이 ~ 말이어도 꿰어야 보배 Les qualités naturelles ne suffisent pas à créer la valeur, il y faut encore l'art / Un objet de valeur (accessoire mais très cher) n'a aucune valeur à lui tout seul s'il n'est pas associé à un autre objet pour que ce dernier soit fonctionnel.

-서[4] 조 ((‘에서’의 준말)) d'où (la provenance). ¶ 그는 어디~ 왔니? D'où est-il venu? ¶ 나는 지금 학교~ 오는 길이다 Je viens de l'école [de l'université]. ☞ -에서

-서[5] 조 à ((deux, trois, combien)). ¶ 혼자~ 생활하다 vivre seul(*e*). ¶ 셋이~ 여행하다 faire un voyage [voyager, partir en voyage] à trois. ¶ 너희들은 몇이~ 갔었니? Vous y êtes allés à combien?

서가 書架 명 rayon *m* de bibliothèque; bibliothèque *f*. ¶ ~를 짜다 faire une bibliothèque. ¶ ~에 꽂힌 책들 livres qui garnissent les rayons d'une bibliothèque.

서간 書簡 명 lettre *f*, missive *f*, épître *f*; ((짧은)) billet *m*; ((총칭으로)) correspondance *f*. ¶ ~ 문학 littérature épistolaire. ¶ ~ 왕래 un échange de lettres.

◆_문 -文 명 【문학】 style *m* épistolaire.

◆_집 -集 명 【문학】 recueil *m* de modèles de lettres.

◆_체 -體 명 【문학】 style *m* épistolaire. ¶ ~체 소설 un roman épistolaire.

서거 逝去 명 mort *f*, décès *m*, trépas *m*. ¶ 대통령의 ~를 공식 발표하다 annoncer officiellement le [faire une annonce officielle du] décès du président. ◇_(를) **하다** mourir, décéder, trépasser. ¶ 국왕이 ~했다 Le roi est décédé.

서걱 부 crissant; craquant; ((faire)) crac ((sous la dent)) ((onomatopée du crissement provoqué par

ㅅ

les pas sur la neige ou du bruit provoqué par la mastication des fruits à chair ferme comme les pommes ou les poires ou celle des gâteaux)).

◆_거리다[대다] 자타 craquer [croquer] sous la dent, faire crac, croustiller; être croustillant(*e*), croquant(*e*), craquant(*e*).

서경[1] 西經 명 longitude *f* ouest. ¶ ~ 60도 60 degrés de longitude ouest.

서경[2] 敍景 명 description *f* d'un paysage.

◆_적 -的 명관 ((poésie)) descripti*f*(*ve*).

◆_성 -性 명 caractère *m* descriptif.

서경[3] 書經 명 【책명】 Seogyeong <compilation de documents, livre d'histoire et un classique confucianiste, ((중국어)) Shujing = Sangseo, ((중국어)) Shangshu>. ¶ ~ 편찬 la compilation de Seogyeong.

서경[4] 西京 명 【지명】 Seogyeong <l'une des trois anciennes capitales coréennes, actuellement Pyongyang>.

서고 書庫 명 magasin *m* à livres (d'une bibliothèque); ((도서관의)) magasin *m*, réserve *f* à livres. ¶ 도서관 ~ le magasin [la réserve] à livres d'une bibliothèque.

서곡 序曲 명 ① 【음악】 ouverture *f*; prélude *m*. ¶ 제3막의 ~ l'ouverture du troisième acte. ② 시작 prélude *m*. ¶ 그 사건은 비극의 ~에 불과했다 Cette affaire n'est que le prélude [le début] d'un drame.

서광 瑞光 명 (lueurs *fpl* de) l'aurore *f*; aube *f*. ¶ 암울한 상황에 한 가닥 ~이 비쳤다 Il y a une lueur d'espoir dans ce malheur.

서교 西敎 명 【종교】 religion *f* occidentale; christianisme *m*.

서구 西歐 명 Europe *f* occidentale; Occident *m*. ¶ ~ 문명 la civilisation occidentale [européenne].

◆_적 -的 명관 européen(*ne*); occident*al*(*ale, aux*).

◆_화 -化 명 occidentalisation *f*. ¶ 청소년들의 입맛이 ~화되고 있다 Les jeunes ont été occidentalisés.

◆_권 -圈 명 régions *fpl* [pays *mpl*] de l'Europe occidentale ((Angleterre, France, etc.)).

◆_식 -式 명 style *m* européen [occidental].

◆_인 -人 명 Européen(*ne*); Occident*al*(*ale, aux*).

서구라파 西歐羅巴 명 Europe *f* occidentale; Occident *m*.

서글서글하다 형 ① ((성품이)) être généreu*x*(*se*), magnanime; être spontané(*e*); être franc(*he*) et expansi*f*(*ve*) [ouvert(*e*)] ;avoir de la grandeur d'âme; avoir l'esprit ouvert [large]. ¶ 그는 성격이 ~ Il est généreux / Il a l'esprit ouvert / Il est spontané. ② ((생김새가)) être grands et doux. ¶ 서글서글한 눈매 de grands yeux doux. ¶ 그는 서글서글하게 생겼다 Il a l'air d'être un bon vivant.

서글프다 형 être triste, sombre, malheureu*x*(*se*); être mélancolique, d'humeur maussade. ¶ 이렇게 혼자 떠나야 하다니 너무 ~ C'est trop triste de devoir partir seul(*e*) comme ça. ¶ 서글픈 심정[마음] humeur maussade; mélancolie. ¶ 서글픈 표정 une triste mine, un air malheureux. ¶ 서글픈 신세 un sort malheureux. ¶ 서글프게 울다 pleurer avec tristesse.

◆서글피 부 tristement, avec tristesse; mélancoliquement. ¶ 서글피 울다 pleurer avec tristesse. ¶ 다 너를 위해 하는 소리니 너무 서글피 여기지[생각] 마라 Ne m'en veux pas, je dis ça pour ton bien.

서기[1] 西紀 명 ère *f* chrétienne. ¶ ~ 2005년 l'an 2005 de l'ère chrétienne.

서기[2] 書記 명 secrétaire *mf*, greffi*er*(*ère*). ¶ ~가 회의 내용을 기록하다 Le secrétaire enregistre les propos tenus lors de la réunion.

◆_관 -官 명 secrétaire *m* (diplomate), fonctionnaire *mf* de 3e grade (dans l'administration coréenne).

◆_장 -長 명 secrétaire *mf* général.

서기[3] 瑞氣 명 bon augure *m*, heureux présage *m*. ¶ 주위에 ~가 감돌다 Un heureux présage se répand dans l'air.

서까래 명 chevron *m*.

-서껀 조 soit ... soit ... ¶ 그분은 욕~ 상말~ 못하는 말이 없다 Il sait dire soit des insultes soit des gros mots. ¶ 떡~ 술~ 모두 드세요 Prenez ce que vous voulez, soit du gâteau soit du vin.

서남 西南 명 sud-ouest *m*. ¶ ~ 아시아 l'Asie du Sud-Ouest.

◆_쪽 명 côté *m* sud-ouest.

◆_풍 -風 명 vent *m* sud-ouest.

◆_향 -向 명 direction *f* sud-ouest.

서낭 명 【민속】 ① arbre *m* où demeure l'esprit tutélaire du village. ② esprit *m* protecteur d'un village.

◆_당 -堂 명 【민속】 autel *m* où l'on vénère l'esprit tutélaire du village.

◆_신 -神 명 【민속】 esprit *m* protecteur d'un village.

서너 관 trois ou quatre. ¶ ~ 사람이 모여 있다 Trois ou quatre personnes se sont réunies. ¶ 그릇이 ~ 개 부족하다 Il manque trois ou quatre récipients.

서넛 수 trois ou quatre. ¶ 친구 ~이 찾아왔다 Trois ou quatre ami(*e*)s sont venu(*e*)s me voir.

서녘 西- 명 ouest *m*. ¶ ~ 하늘이 붉게 물들었다 La lumière rougeâtre se répand dans le ciel à l'ouest. ¶ 해가 ~으로 지고 있다 Le soleil se couche à l'horizon à l'ouest.

서늘하다 형 ① être fr*ais*(*aîche*), frisquet. ¶ 날씨가 ~ Il fait frais [frisquet] / Le temps est frisquet. ¶ 서늘한 공기 l'air frais. ¶ 음식은 서늘한 곳에 보관한다 On conserve les aliments dans un endroit frais. ¶ 바람이 서늘하게 분다 Le vent est frais. ② 두려움 따위로 찬 기운을 느끼다 faire froid dans le dos, être transi(*e*) de peur. ¶ 간담이 ~ avoir des sueurs froides. ¶ 끔찍한 광경을 보면 가슴이 서늘해진다 À regarder la scène épouvantable, on a eu des sueurs froides.

서다 자 ① être debout, se tenir debout. ¶ 지하철에서

한 시간 동안 서서 왔다 Je suis resté(*e*) debout pendant une heure dans le métro. ② ((머리카락이)) se hérisser, se dresser, se lever, se mettre debout. ¶ 공포에 머리카락이 쭈뼛 섰다 Mes cheveux se sont dressés (sur ma tête) de peur. ③ ((결심이)) parvenir à ((une décision)); être établi(*e*), décidé(*e*). ¶ 결심이 서면 나한테 말해라 Dis-moi quand tu auras pris une décision. ④ ((날이)) devenir tranchant(*e*). ¶ 칼날이 섰다 La lame du couteau est devenue tranchante. ⑤ 바르게 되다 être observé(*e*), maintenu(*e*). ¶ 도무지 토론의 질서가 서지 않는다 L'ordre n'est absolument pas maintenu dans ce débat. ¶ 그의 말은 논리가 서지 않는다 Il n'y a aucune logique dans ses paroles. ⑥ ((아이가)) concevoir ((un enfant)), tomber enceinte. ¶ 그 여자는 아이가 섰다 Elle est tombée enceinte. ⑦ ((주름이)) être repassé(*e*) avec un pli. ¶ 주름이 선 바지 un pantalon bien repassé. ⑧ 발기하다 être en érection. ⑨ 수직 상태로 있다 se dresser, se trouver. ¶ 운동장 한복판에 서 있는 나무 un arbre qui se dresse au beau milieu de la cour. ⑩ 멈추다 s'arrêter, faire une halte, marquer un arrêt. ¶ 버스가 정류장에 섰다 le bus s'est arrêté à l'arrêt. ⑪ ((건물이)) être construit(*e*), bâti(*e*), se construire, se bâtir; être fondé(*e*). ¶ 집 앞에 고층 건물이 섰다 un building s'est construit devant chez nous. ⑫ 택하다 prendre position. ¶ 누구를 반대하는 입장에 ~ prendre position contre *qn*. ⑬ ((장이)) avoir lieu, se tenir. ¶ 아파트의 입구에 벼룩시장이 섰다 A l'entrée de notre ensemble résidentiel se tient un marché aux puces. ⑭ ((현상이)) se dresser, se former. ¶ 눈에 핏발이 섰다 les yeux sont congestionnés / J'ai les yeux injectés de sang. ⑮ ((체면 따위가)) sauver ((la face, l'honneur)). ¶ 그는 자식들에게 위신이 서지 않았다 Il perd tout prestige devant ses enfants. ⑯ ((역할을)) assumer ((un rôle, une tâche)). ¶ 누구의 결혼 주례를 ~ assumer le rôle du maître de cérémonie du mariage de *qn*, présider le mariage de *qn*. ¶ 보증을 ~ se porter garant(*e*) [caution].

서당 書堂 명 *soedang m* <école d'écriture ancienne où l'on apprenait les caractères sino-coréens autrefois>. ¶ ~을 다니다 fréquenter un *soedang*. *~ **개 삼 년에[년이면] 풍월을 읊는다** C'est par la pratique que l'on se perfectionne / C'est en forgeant qu'on devient forgeron.

서대문 西大門 명 【고적】 la Grande porte *f* de l'Ouest (qui se trouve dans Séoul).

서도[1] **書道** 명 calligraphie *f*. ¶ ~를 익히다 apprendre la calligraphie. ¶ ~에 조예가 깊다 être fort en calligraphie.

서도[2] **西道** 명 【지명】 provinces *fpl* du nord-ouest de la péninsule coréenne. ¶ ~ 민요 chanson folklorique des provinces du nord-ouest.

서두[1] **書頭** 명 incipit *m*.

서두[2] **序頭** 명 début *m* d'un discours, introduction *f*. ¶ 날씨 이야기로 ~를 놓았다 Pour commencer, on a parlé du temps.

서두르다 재타 ① se hâter, se presser, se dépêcher. ¶ 서둘러 외출 준비를 하다 se préparer à sortir en toute hâte. ¶ 서둘러요, 늦었어요 Dépêchez-vous, nous sommes en retard. ② 빨리 처리하려고 하다 hâter, presser, accélérer. ¶ 출발을 ~ hâter le départ. ¶ 여행 채비를 ~ accélérer les préparatifs d'un voyage.

서둘다 형 '서두르다'의 준말 ☞ 서두르다

서랍 명 tiroir *m*. ¶ ~을 열다[닫다] ouvrir, tirer [fermer, pousser] un tiroir. ¶ ~을 뒤지다 fouiller dans le tiroir. ¶ 편지를 ~ 속에 넣고 잠그다 Après avoir mis une lettre dans le tiroir, on l'a verrouillé. ¶ 열쇠를 ~에서 꺼내다 sortir la clef d'un tiroir.

◆**_장** -欌 명 armoire *f*.

◆**_식** -式 명 ((meuble)) à tiroirs.

서러움 명 ☞ 설움

서러워하다 타 éprouver [ressentir] de la tristesse; avoir du chagrin; s'attiser, s'affliger de *qc*; pleurer *qn*; déplorer *qc*. ¶ 아버지의 죽음을 ~ pleurer la mort de *son* père.

서럽다 형 être triste, abattu(*e*), affligé(*e*), mélancolique, morose. ¶ 도와줄 사람 하나 없는 내 신세가 ~ Je suis triste de n'avoir personne qui puisse m'aider. ¶ 서러운 눈물을 흘리다 verser [pleurer] des larmes de tristesse. ¶ 서럽게 울다 pleurer tristement.

서력 西曆 명 ère *f* chrétienne.

◆**_기원** -紀元 명 ère *f* chrétienne. ☞ 서기[1]

서로 대 mutuellement, réciproquement, l'un(*e*) l'autre, [l'un(*e*) à l'autre, l'un(*e*) de l'autre]. ¶ ~의 견해를 존중하다 respecter l'opinion de chacun. ¶ 우리 둘은 ~를 너무나 잘 안다 Nous deux, nous nous connaissons trop bien l'un l'autre. ¶ 이 부부는 ~에게 불만이 많다 Les deux membres de ce couple se font beaucoup de reproches [s'accablent de reproches]. ¶ ~가 ~를 믿지 못하는 세상이다 Nous vivons dans un monde où l'on se méfie les uns des autres.

◆**_ _** 명 l'un l'autre (les uns les autres), l'un à l'autre (les uns aux autres), l'un de l'autre (les uns des autres). ¶ ~~의 마음을 이해하다 On se comprend l'un l'autre.

부 ① mutuellement, réciproquement, l'un(*e*) l'autre. ¶ ~ 선물을 주고받다 échanger des cadeaux réciproquement. ¶ ~ 질문을 하다 poser des questions l'un à l'autre. ¶ ~ 의견을 나누다 échanger des opinions. ¶ ~ 바라보다 se regarder l'un l'autre. ¶ 형제끼리 ~ 사랑하다[돕다] Les frères s'aiment [s'entraident] mutuellement. ¶ 둘이 ~ 마주 앉으세요 Asseyez-vous l'un en face de l'autre. ② 경쟁적으로 avec le désir de surpasser l'autre. ¶ 모든 사람이 ~ 먼저 가려고 한다 Tout le monde veut s'en aller le premier. ¶ 누구나 ~ 많이 먹으려고 한다 Chacun veut manger plus que les autres. ¶ 모두가 ~ 잘났다고 난리다 Chacun se vante d'être meilleur que les autres. ③ 차례로 tour à tour, à tour de rôle.

¶ ~ 돌려가면서 책을 읽다[보다] lire un livre tour à tour. ④ 각자 chacun(*e*). ¶ ~ 한 사람씩 말아서 설득하다 Chacun se charge de convaincre une personne. ¶ 사전을 ~ 한 권씩 사다 Chacun achète un dictionnaire.

◆_ _ 부 l'un l'autre (les uns les autres), l'un à l'autre (les uns aux autres), l'un de l'autre (les uns des autres). ¶ ~~ 손을 잡고 춤을 추다 On danse la main dans la main.

서론 序論 명 ① 머리말 introduction *f*, préface *f*, avant-propos *m*, préambule *m*. ¶ 글의 주제가 ~에 드러나 있다 La thèse principale se manifeste dès l'introduction. ② 서두 discours *m* préliminaire, remarques *fpl* préliminaires. ¶ ~이 너무 길다 L'introduction est trop longue. ¶ ~은 빼고 본론부터 말해라 Passe tout de suite à l'essentiel / Entre d'emblée dans le vif du sujet / Ne fais pas de discours préalable.

서류 書類 명 dossier *m*, document *m*. ¶ 기밀 ~ un document secret. ¶ ~를 검토하다 examiner des dossiers [documents]. ¶ ~를 결재하다 approuver des dossiers. ¶ ~를 만들다[꾸미다, 작성하다] établir [rédiger] des documents. ¶ ~를 분류[정리]하다 classer [ranger] des documents. ¶ 중요한 ~가 없어졌다 Un document important a disparu.

◆_**철** -綴 명 classeur *m*.

◆_**함** -函 명 boîte *f* à dossiers, coffret *m* à documents.

서른 수관 trente *m*. ¶ 그 여자는 나이 ~에 음악 공부를 시작했다 À l'âge de trente ans, elle a commencé à faire de la musique.¶ 나이 ~에 à (l'âge de) trente ans. ¶ 그는 올해 만 ~ 살이다 Il a trente ans cette année. ¶ 그 아저씨는 ~이 넘었다 Il a dépassé les trente ans. ¶ 남동생의 나이가 벌써 만으로 ~이다 Mon petit frère a déjà trente ans. ¶ 내년이면 나도 벌써 ~이다 L'année prochaine, j'aurai déjà trente ans. ¶ 그 남자는 얼핏 보아도 ~은 되어 보인다 On lui donnerait bien [facilement] trente ans. ¶ ~ 명 trente personnes. ¶ ~ 살 생일을 맞다 fêter *son* trentième anniversaire. ¶ ~ 명의 학생 trente élèves [étudiant(*e*)s]. ¶ 학급당 평균 학생수가 ~ 명이다 Il y a en moyenne trente élèves par classe. ¶ ~ 살 trente ans ((âge coréen)) ¶ 손님이 ~ 명 정도 된다 Il y a environ trente invités.

서리[1] 명 【지리】 givre *m*, gelée *f* blanche. ¶ ~ 맞은 풀잎 feuilles couvertes de givre. ¶ ~가 내렸다 Le givre est tombé [s'est déposé].

*~**가 앉다[내리다]** commencer à grisonner [à avoir des cheveux blancs]. ¶ 어느덧 내 남편의 머리에 ~가 앉았군요 *Mon mari a déjà* les cheveux grisonnants [poivre et sel] / Mon mari grisonne déjà.

*~**(를) 맞다** recevoir un coup dur. ¶ 유가 인상으로 자동차 산업이 ~를 맞았다 La hausse des produits pétroliers a porté un coup dur à l'industrie automobile.

◆_ㅅ**김** 명 buée *f*.

◆_ㅅ**바람** 명 vent *m* froid (qui souffle un jour où il a gelé).

◆_ㅅ**발** 명 colonnes *fpl* de glace; ((엄함)) rigueur *f*, âpreté *f*, rudesse *f*, sévérité *f*. ¶ 호령이 서릿발 같다 La réprimande est très sévère.

서리[2] 명 maraude *f*, vol *m*. ¶ 수박 ~ maraude de pastèques. ◇_(를) **하다** marauder, voler.

서리[3] **署理** 명 suppléant(*e*), intérimaire *mf*. ¶ 국무총리 ~ Premier ministre intérimaire.

서리다 자 ① se déposer ((sur une vitre)). ¶ 욕실 거울에 김이 서렸다 De la buée s'est déposée sur le miroir de la salle de bain. ② ((감정이)) remplir ((le cœur)). ¶ 가슴에 서린 한 le ressentiment au cœur. ¶ 그의 두 눈에는 슬픔[분노]이 서려 있었다 Ses yeux étaient emplis de tristesse [rage].

서막 序幕 명 ① 【연영】 prologue *m*, prélude *m*. ¶ ~이 끝났다 Le prologue est terminé. ② 시초 prologue *m*. ¶ 그 사건이 오랜 전쟁의 ~이 되었다 Cet événement est devenu le prologue d'une longue guerre.

*~**을 올리다** ouvrir le prologue.

◆_**전** -戰 명 【운동】 premier *m* match, match *m* d'ouverture. ¶ ~전을 승리로 장식하다 gagner le premier match [le match d'ouverture].

서머타임 영{summertime} 명 l'heure *f* d'été. ¶ ~을 실시하다 passer à l'heure d'été. ¶ 시계를 ~에 맞게 맞추다 régler *sa* montre à l'heure d'été.

서먹하다 형 se sentir dépaysé(*e*) [étrang*er*(*ère*)]; se sentir embarrassé(*e*) [gêné(*e*)] devant *qn*. ¶ 누구와 마주하면 ~ se sentir gêné(*e*) devant *qn*. ¶ 나는 이런 분위기가 아직 ~ Je me sens encore étranger à cette ambiance / Je ne me suis pas encore habitué(*e*) à cette ambiance. ¶ 우리는 함께 이야기하기가 ~ On se sent gêné(*e*)s pour discuter (car on n'a plus rien à se dire). ¶ 우리는 아직 서먹한 사이이다 On ne se sent pas encore intimes [proches]. ¶ 사이가 서먹해졌다 On s'est brouillé(*e*)s tous (toutes) les deux / On est brouillés tous les deux / On ne s'entend plus comme avant / Nos relations se sont distendues / On s'est éloignés l'un de l'autre.

서먹서먹하다 형 se sentir dépaysé(*e*); se sentir embarrassé(*e*) [gêné(*e*)] devant *qn*. ¶ 요새 우리 둘 사이가 ~ Ces temps-ci, on est brouillés tous les deux / Ces jours-ci, on ne s'entend plus comme avant / Nos relations se sont distendues / On s'est éloignés l'un de l'autre.

서면 書面 명 écrit *m*. ¶ ~ 보고 un rapport écrit. ¶ ~으로 회의 참석을 알리다 On annonce par écrit sa participation à la réunion. ¶ ~으로 답하다 répondre par écrit.

◆_**계약** -契約 명 【법률】 contrat *m* écrit.

◆_**심리** -審理 명 【법률】 instruction *f* écrite.

◆_**조사** -調査 명 【법률】 enquête *f* écrite.

서명[1] **署名** 명 signature *f*. ¶ ~이 있는[없는] 편지 une lettre signée [non signée]. ¶ 계약자의 ~이 없는 계약서는 무효다 Un contrat non-signé est nul [caduc]

ㅅ

/ Un contrat qui ne porte pas la signature des intéressés n'est pas valable. ¶ 법률안을 상정하기 위해 시민들의 ~을 받다 Pour présenter un projet de loi, on recueille la signature des citoyens. ◇_(을) **하다** signer, apposer [mettre] *sa* signature. ¶ 계약서에 ~하다 signer un contrat.

◆**_날인** -捺印 명 signature *f*, griffe *f*. ¶ ~날인을 하다 apposer *son* nom [*son* sceau, *sa* griffe].

◆**_운동** -運動 명 pétition *f*. ¶ ~운동을 하다[벌이다] recueillir des signatures pour une pétition.

◆**_자** -者 명 signataire *mf*; soussigné(*e*).

서명[2] 書名 명 titre *m* ((d'un livre)).

서모 庶母 명 concubine *f* du père.

서목 書目 명 liste *f* de livres.

서무 庶務 명 administration *f* ((d'une entreprise)). ¶ ~ 직원 un(*e*) employé(*e*) qui s'occupe de l'administration. ¶ ~를 보다 s'occuper de l'administration.

◆**_계** -係 명 responsable *m* de la section administrative.

◆**_과** -課 명 section *f* administrative.

◆**_실** -室 명 bureau(*x*) *m* d'administration.

서문[1] 西門 명 la porte *f* Ouest.

서문[2] 序文 명 préface *f*, avant-propos *m*. ¶ ~을 쓰다 rédiger la préface. ¶ ~에 밝히다 indiquer *qc* dans la préface.

서민 庶民 명 homme *m* du peuple, gens *mpl* du peuple, petites gens *fpl*, prolétaire *mf*. ¶ ~ 출신의 총리 Premier ministre issu d'un milieu modeste.

◆**_적** -的 명관 populaire. ¶ 국왕은 소박하고 ~적인 태도로 인기가 높다 Grâce à son comportement modeste, le roi est très populaire auprès du peuple.

◆**_계급** -階級 명 【사회】 classe *f* populaire.

◆**_문학** -文學 명 【문학】 littérature *f* de la classe populaire.

◆**_층** -層 명 classe *f* [milieu(*x*) *m*] populaire.

서반구 西半球 명 hémisphère *m* occidental.

서방[1] 西方 명 Occident *m*.

◆**_국가** -國家 명 pays *m* occidental.

◆**_세계** -世界 명 monde *m* occidental.

◆**_정토** -淨土 명 【불교】 Paradis *m* de l'Ouest ((dont parlent les bouddhistes)).

◆**대_** 對- 어근 envers l'Occident. ¶ 그 나라의 대~ 정책 la politique du pays envers l'Occident

서방[2] 書房 명 ① mari *m*. ② monsieur *m*. ¶ 이[김] ~ Monsieur Lee [Kim]. ③ mon gendre ((avec nom de famille du gendre; beaux-parents à leur gendre ou plus généralement pour appeler un homme marié plus jeune que *soi*)). ¶ 장 ~, 우리 딸 잘 부탁하네 Mon cher gendre ((nom de famille du gendre)), prends bien soin de ma fille.

◆**_님** 명 mon chéri; mon mari, mon époux.

◆**_질** 명 adultère *m*, infidélité *f* ((par une femme)). ¶ ~질을 하다 ((femme)) commettre un adultère, être une femme adultère, tromper *son* mari.

◆**기둥_** 명 souteneur *m*, proxénète *m*, maquereau *m* {*pop*}, mac *m* {*arg*}, marlou *m* {*fam*}, barbeau *m* {*fam, vx*}, jules *m* {*arg*}, julot *m* {*arg, vx*}.

서버 영{server} 명 【컴퓨】 serveur *m*, unité *f* centrale. ¶ 메일 ~ un serveur de courrier électronique. ¶ ~를 구축하다 construire un serveur. ¶ ~를 관리하다 contrôler [administrer] un serveur. ¶ ~에 접속하다 se connecter à un serveur. ¶ ~가 다운되었다 Le serveur est en panne [hors service].

서벅거리다 자 craqueter, crisser ((sous les pas de *qn*)).

서벅대다 자 ☞ 서벅거리다

서법[1] 書法 명 méthode *f* d'écriture calligraphique. ¶ ~을 익히다 apprendre la calligraphie.

서법[2] 敍法 명 【언어】 mode *m*.

서부 西部 명 ① partie *f* [territoire *m*] ouest (occidental). ¶ 서울의 ~ 지역 la partie ouest de Séoul. ② ((미국)) le Far West *m inv* (américain), l'Ouest *m* des États-Unis. ¶ 미국의 ~ 개척 시대 l'Époque de la conquête de l'Ouest des États-Unis, l'Époque de la conquête du Far West.

◆**_극[활극]** -劇[活劇] 명 【영연】 western *m*.

◆**_전선** -戰線 명 front *m* ouest.

◆**_영화** -映畫 명 【영연】 western *m*.

-서부터 조 ((forme contractée de에서부터, particule circonstancielle composée, exprimant le point du départ)) à partir de, de; depuis. ¶서울~ 부산까지 depuis Séoul jusqu'à Busan. ¶3(세) 시~ 5(다섯) 시까지 de 3 heures à5 heures. ¶마리옹~ 안느까지 de Marion à Anne. ☞ -에서부터.

서북 西北 명 le nord-ouest *m*. ¶ ~ 지방 la province nord-ouest.

◆**_방** -方 명 direction *f* nord-ouest.

◆**_부** -部 명 territoire *m* [région *f*] nord-ouest.

◆**_쪽** 명 nord-ouest *m*, côté *m* [direction *f*] nord-ouest.

◆**_풍** -風 명 vent *m* nord-ouest.

서분서분하다 형 être aimable, sympathique, gentil(*le*). ¶ 성격이 ~ avoir un caractère ouvert [aimable], être aimable.

서브 영{serve} 명 【운동】 service *m* ((au tennis, au tennis de table)). ◇_(를) **하다** faire [effectuer] un service ((au tennis, au ping-pong)); être au service.

◆**_권** -權 명 【운동】 ((être au)) service *m*. ¶ ~권을 갖다[잃다] être au service [perdre *son* service] ((au tennis)).

서브웨이 영{subway} 명 métro *m*.

서비스 영{service} 명 ① service *m*. ¶ ~ 산업 le secteur des services, le secteur tertiaire. ② 접대 accueil *m*. ¶ 철저한 ~ 정신 un parfait esprit d'accueil. ¶ 저 상점은 ~가 좋다[나쁘다] Ce magasin fait bon [mauvais] accueil. ③ 덤 offre *f* gratuite. ¶ 옷을 사면 ~로 가방을 준다 Si vous achetez des vêtements, nous vous offrons un sac gratuitement. ④ 【운동】 service *m* ((au tennis)). ◇_(를) **하다** servir; offrir *qc* gratuitement; faire [effectuer] un service ((au tennis, au ping-pong)). ¶ 고객들에게 음료수를 ~하다 servir une boisson à des clients; offrir une

ㅅ

boisson à des clients gratuitement.

◆_업 -業 명 【사회】 secteur *m* des services, secteur *m* tertiaire.

서빙 영{serving} 명 service *m* (à table). ◇_(을) **하다** servir (à table), faire le service.

서사[1] 敍事 명 narration *f*, description *f*.

◆_적 -的 명관 narrati*f*(*ve*); descripti*f*(*ve*).

◆_곡 -曲 명 【음악】 musique *f* narrative.

◆_민요 -民謠 명 【음악】 chanson *f* folklorique épique.

◆_시 -詩 명 【문학】 poésie *f* épique, épopée *f*.

서사[2] 書士 명 scribe *m* , écrivain *m* public. ¶ 사법 ~ un écrivain public des affaires judiciaires.

서사[3] 書寫 명 transcription *f*, photocopie *f* d'un texte. ◇_(를) **하다** transcrire.

서산 西山 명 montagne *f* de l'ouest. ¶ 해가 ~으로 넘어갔다 Le soleil s'est couché.

서상 瑞相 명 bon augure *m*, heureux présage *m*.

서생[1] 書生 명 confucianiste *mf*.

서생[2] 庶生 명 ☞ 서출

서생원 鼠生員 명 rat *m* personnifié en homme lettré dans les contes populaires coréens.

서서히 부 lentement, petit à petit, peu à peu. ¶ 사람들이 ~ 광장에 모여들었다 les gens se sont peu à peu assemblés sur la place.

서설[1] 序說 명 introduction *f*. ¶ 국어학 ~ introduction à la langue coréenne (nationale).

서설[2] 瑞雪 명 neige *f* de bon augure. ¶ ~이 내렸다 De la neige de bon augure est tombée.

서성 어근 va-et-vient *m inv*; ((marcher, se promener)) en long et en large.

◆_거리다[대다, 이다] 재타 aller et venir, avoir la bougeotte, marcher [se promener] en long et en large, rôder ((dans une rue, autour de *qn*)), tourner en rond, traîner devant *qp*, flâner. ¶ 복도를 ~거리다 aller et venir dans le couloir, marcher en long et en large dans le couloir, faire des va-et-vient incessants dans le couloir. ¶ 행여나 그 여자를 만날 수 있을까 하고 그 여자의 집 앞을 ~대다 rôder autour de sa maison avec [dans] l'espoir de pouvoir la rencontrer [revoir]. ¶ 수상한 사람이 집 앞에서 ~거린다 Une personne suspecte va et vient (de manière incessante) devant la maison / Une personne suspecte rôde autour de la maison. ¶ 그렇게 ~이지 말고 이리 앉아라 Arrête de tourner en rond, assieds-toi plutôt ici.

◆_ _ 부 ((marcher, se promener)) en long et en large, en allant et venant. ¶ 학교 주위를 ~~ 맴돌다 *rôder autour* de l'école, traîner autour de l'école.

서수 序數 명 【수학】 nombre *m* ordinal.

◆_사 -詞 명 【언어】 ((adjectif(*s*))) numér*al*(*aux*) *m* ordin*al*(*aux*).

서술 敍述 명 description *f*, narration *f*. ¶ 자세한[상세한] ~ une description détaillée. ◇_(을) **하다** décrire, relater, narrer. ¶ 작가가 자신의 경험을 ~한다 L'écrivain relate son expérience. ◇_(이) **되다** être décrit(*e*), relaté(*e*).

◆_적 -的 명관 descripti*f*(*ve*); narrati*f*(*ve*).

◆_격 -格 명 【언어】 cas *m* prédicatif.

◆_어 -語 명 【언어】 prédicat *m*.

◆_문 -文 명 【언어】 phrase *f* descriptive.

◆_법 -法 명 【언어】 mode *m* de narration.

◆_절 -節 명 【언어】 proposition *f* descriptive.

서스펜스 영{suspense} 명 suspense *m*. ¶ ~가 넘치는 영화 un film à grand suspense.

서슬 명 ① 칼날 lame *f* ((d'un couteau, d'un poignard, de rasoir, d'une épée)); tranchant *m*, taille *f*. ¶ ~이 시퍼런 칼날 une lame acérée. ② 강한 기세 esprit *m*, ardeur *f*, entrain *m*, enthousiasme *m*. ¶ 개가 달려드는 ~에 겁을 먹고 달아났다 Le chien s'en étant pris à lui avec fureur, pris de peur il s'enfuit / Attaqué furieusement par le chien, pris de peur, il s'enfuit.

*~이 시퍼렇다[퍼렇다, 푸르다] avoir l'air menaçant [furieux]. ¶ ~이 시퍼런 눈 ((jeter des)) regards furibonds. ¶ ~이 시퍼렇게 덤벼들다 s'en prendre à *qn* d'un air furieux [avec fureur].

서슴 어근 hésitation.

◆_거리다[대다] 재타 hésiter, balancer.

◆_없다 형 être tranchant(*e*), ferme; ne pas hésiter à+*inf*. ¶ ~없는 말투[태도] un ton tranchant [une attitude ferme].

◆_없이 부 sans hésitation, sans hésiter, sans tergiverser; sans détours, sans ambages. ¶ 질문에 ~없이 대답하다 répondre à une question sans tergiverser, ne pas hésiter à répondre à une question; répondre [riposter] du tac au tac. ¶ ~없이 악한 짓을 하다 ne pas hésiter à commettre des actes malfaisants.

◆_ _ 부 en hésitant; avec hésitation.

서슴다 재타 hésiter à+*inf*, balancer, tergiverser; demeurer en suspens. ¶ 극언을 서슴지 않다 ne pas hésiter à tenir des propos excessifs. ¶ 서슴지 않고 말하다 ne pas hésiter à dire *qc*, dire *qc* [parler] sans ambages [sans censure]. ¶ 서슴지 않고 ...라고 공언하다 ne pas hésiter à déclarer publiquement que+*ind*, déclarer sans (la moindre) hésitation que+*ind*. ¶ 서슴지 말고 네 의견을 말해라 Donne ton opinion sans ambages [sans détours, franchement]. ¶ 필요한 것이 있으시면 서슴지 말고 저에게 말씀하세요 N'hésitez pas à me demander quoi que ce soit en cas de besoin. ¶ 그 녀석은 배신도 서슴지 않을 위인이다 Ce type trahirait sans hésiter [sans frémir] / Ce type, il n'hésiterait même pas à trahir.

서시 序詩 명 【문학】 préface *f* en vers ((d'un recueil de poèmes)).

서식[1] 書式 명 formulaire *m*, formule *f* ((établie)). ¶ ~을 꾸미다 établir un formulaire. ¶ ~에 따라 계약서를 작성하다 établir un contrat en bonne et due forme, rédiger un contrat selon la formule prescrite.

서식[2] 棲息 명 habitat *m* d'une espèce. ¶ ~ 환경

environnement d'habitation. ◇_(을) **하다** vivre; exister. ¶ 그 섬에는 희귀한 새들이 ~하고 있다 Sur cette île vivent des espèces d'oiseaux rares.

◆_**지** -地 명 habitat *m* ((d'une espèce animale)).

서신 書信 명 lettre *f*, correspondance *f*. ¶ ~을 주고받다 échanger des lettres. ¶ 관청에 협조를 부탁하는 ~을 보내다 envoyer à l'administration une lettre pour se faire accorder une faveur. ¶ 외국에 사는 친구와 ~ 왕래가 끊기다 ne plus être en correspondance avec un ami de l'étranger.

서실 書室 명 ☞ 서재

서안[1] 西岸 명 côte *f* ouest (occidentale). ¶ ~ 해양성 기후 climat océanique de la côte ouest.

서안[2] 書案 명 table *f*.

서약 誓約 명 ① serment *m*, promesse *f* solennelle, engagement *m* solennel. ¶ ~을 지키다 être [rester] fidèle à un serment, tenir *sa* parole. ¶ ~을 깨뜨리다 violer [rompre, trahir] un serment. ② 신에 대한 vœu(*x*) *m*. ◇_(을) **하다** prêter serment, faire (le) serment de *qc*/*inf*; jurer, donner *sa* parole (d'honneur) à *qn*. ¶ 성경[십자가]에 ~하다 jurer sur la Bible [sur le crucifix]. ¶ 성경에 손을 얹고 사실만을 말할 것을 ~하다 jurer sur la Bible de ne dire que la vérité, rien que la vérité.

◆_**문** -文 명 texte *m* de serment.

◆_**서** -書 명 serment *m* écrit, promesse *f* écrite.

◆**혼인**_ 婚姻- 명 consentement *m* des époux.

서양 西洋 명 Occident *m*. ¶ ~ 문학[미술, 음악, 무용] la littérature [la peinture, la musique, la danse] occidentale. ¶ ~ 문명 civilisation occidentale. ¶ ~ 요리 cuisine occidentale. ¶ ~의 풍습을 이해하다 comprendre les mœurs occidentales.

◆_**적** -的 명관 occident*al*(*ale*, *aux*).

◆_**화** -化 명 occidentalisation *f*, européanisation *f*. ¶ ~화하다 s'occidentaliser, s'européaniser.

◆_**사** -史 명 histoire *f* occidentale.

◆_**식** -式 명 à l'occidentale.

◆_**음악** -音樂 명 musique *f* occidentale.

◆_**인** -人 명 Occident*al*(*ale*, *aux*).

◆_**장기** -將棋 명 (jeu(*x*) *m* d')échecs *mpl* ((pratiqué(s) dans le monde occidental; jeu d'origine persane)).

◆_**철학** -哲學 명【철학】philosophie *f* occidentale.

◆_**풍** -風 명 style *m* occidental [européen].

◆_**화** -畵 명 peinture *f* occidentale.

서언 序言 명 avant-propos *m inv*, discours *m* préliminaire; avertissement *m*.

서얼 庶孼 명 descendance *f* d'une concubine, fils *m* illégitime (à l'époque de Joseon).

◆_**차대법** -差代法 명【역사】*seoeol chadae boep m* <loi ancienne selon laquelle on discrimine les descendants d'une concubine à l'époque de Joseon>.

서역 西域 명【역사】Occident *m*. ¶~ 기행 journal de voyage en Occident.

◆_**국** -國 명【역사】pays *m* de l'Occident, pays *m* occident*al*(*aux*).

서열 序列 명 hiérarchie *f*, classification *f*, ordre *m*, rang *m*. ¶ 왕위 계승 ~ ordre octroyant la succession à la couronne, succession par ordre de primogéniture. ¶ ~을 매기다 hiérarchiser. ¶ ~이 높다[낮다] être supérieur(*e*) [inférieur(*e*)] dans une hiérarchie, être plus [moins] élevé(*e*) dans une hiérarchie.

서예 書藝 명 calligraphie *f*. ¶ ~ 학원 un établissement privé donnant des cours de calligraphie. ¶ ~를 배우다 apprendre la calligraphie.

◆_**가** -家 명 calligraphe *mf*.

서운하다 형 être regrettable, être déplorable, désolant(*e*); être mécontent(*e*); être triste, peiné(*e*), déçu(*e*), désolé(*e*); être regrettable. ¶ 그 여자와 헤어지기가 ~ Je me sens triste de devoir me séparer d'elle / Cela me fait de la peine de devoir me séparer d'elle. ¶ 네가 나에게 그런 말을 하다니 ~ Ça me fait de la peine que tu me dises ça [d'entendre ça de ta part]. ¶ 그 친구가 벌써 떠난다니 ~ Je regrette de le (la) voir partir si tôt. ¶ 친구가 내 마음을 몰라줘서 ~ Je regrette [Je suis peiné(*e*)] que mon ami(*e*) ne me comprenne pas. ¶ 그냥 떠나자니 뭔가 ~ Comme c'est contrariant de devoir partir sans rien pouvoir faire. ¶ 서운한 마음[생각]이 들다 se sentir peiné(*e*) de *qc*.

◆**서운히** 부 avec regret, (avec) le cœur serré. ¶ 친구들의 말을 서운히 여기다 trouver les propos de ses amis regrettables. ¶ 그분은 떠나는 기차를 서운히 바라본다 C'est le cœur serré qu'il regarde le train partir.

서울 명 ①【지명】Séoul. ¶ 한국의 수도 ~ Séoul, capitale de la Corée du Sud. ② capitale *f*. ¶ 프랑스의 ~은 파리이다 La capitale de la France est Paris / La France a pour capitale Paris / Paris est la capitale de la France.

*~ **가서 김 서방 찾는다** Il y a à la foire plus d'un âne qui s'appelle Martin.

◆_**깍쟁이** 명 Séoulite *mf* égocentrique.

◆_**내기** 명 Séoulite *mf* de naissance.

◆_**말** 명 coréen *m* de Séoul, langue *f* séoulite; parler *m* séoulite.

서원[1] 書院 명 institut *m* ((où les lettrés s'adonnaient à l'étude)).

서원[2] 誓願 명 vœu(*x*) *m*; serment *m*; promesse *f* solennelle. ◇_(을) **하다** faire un serment. ¶ 수도자가 되기로 ~하다 faire le serment de devenir prêtre; faire *ses* vœux de prêtrise.

서유럽 西- 영{-Europe} 명 Europe *f* de l'Ouest. ☞ 서구

서인 庶人 명 homme *m* [femme *f*] du peuple; plébéien(*ne*); plèbe *f*.

서자 庶子 명 fils né *m* d'une concubine [d'une épouse secondaire] ((par opposition au fils né de la première épouse ou épouse légitime)).

서장 署長 명 chef *m* d'un bureau de l'administration. ¶ 경찰~ commissaire (de police).

서재 書齋 명 cabinet *m* de travail; bureau(*x*) *m*. ¶ 여름 내내 ~에 틀어박혀 글을 썼다 J'ai passé tout l'été à écrire, confiné dans mon bureau.

서적 書籍 명 livre *m*, ouvrage *m*. ¶ 전문[의학] ~ livres techniques [ouvrage médical]. ¶ 박사 논문과 관련된 ~들을 모두 뒤졌다 J'ai fouillé tous les ouvrages concernant mon sujet de thèse de doctorat.

◆_상 -商 명 ① 가게 librairie *f*, ② 사람 libraire, marchand(*e*) de livres, ((중고책)) bouquiniste.

서전[1] 書典 명 livre *m*, ouvrage *m*.

서전[2] 緖戰 명 commencement *m*; début *m* du combat. ¶ ~을 승리로 장식하다 remporter la victoire dès le début du combat.

서점 書店 명 librairie *f*.

◆_가 -街 명 quartier *m* des libraires.

서정[1] 抒情 명 lyrisme *m*; manifestation *f* des sentiments.

◆_적 -的 명관 style *m* lyrique; lyrique. ¶ ~적인 음악 musique lyrique.

◆_성 -性 명 lyrisme *m*.

◆_시 -詩 명 【문학】 poésie *f* lyrique; poème *m* lyrique.

서정[2] 庶政 명 affaires *fpl* politiques; politique *f*. ¶ ~을 쇄신하다 rénover la politique ((du pays)).

서제 庶弟 명 frère *m* bâtard [adultérin, illégitime].

서주 序奏 명 【음악】 prélude *m*; introduction *f*; ouverture *f*.

서증 書證 명 【법률】 preuve *f* écrite.

서지 書誌 명 bibliographie *f*; livre *m* (bibliographique).

◆_학 -學 명 bibliographie *f*.

◆_학자 -學者 명 bibliographe.

서진 書鎭 명 presse-papiers *m inv*. ¶ 편지지를 ~으로 누르다 retenir [maintenir] du papier à lettres sous un presse-papiers.

서쪽 西- 명 direction *f*, côté *m* ouest *m*; occident *m*; couchant *m*. ¶ 동쪽에서 ~까지 de l'est à l'ouest, d'est en ouest. ¶ 일산시는 서울의 ~에 있다 La ville d'Ilsan est [se situe] à l'ouest de Séoul.

*해가 ~에서 뜨다[뜨겠다] ☞ 해[1]

서찰 書札 명 lettre *f*, épître *f*, billet *m*, missive *f*.

서창 書窓 명 fenêtre *f* d'un bureau de travail.

서책 書冊 명 livre *m*.

서천 西天 명 ① côté *m* ouest du ciel. ¶ 해가 ~에 걸려 있다 Le soleil reste à l'ouest. ② 【역사】 Inde *f*.

◆_서역국 -西域國 명 【역사】 Inde *f*.

서첩 書帖 명 album *m* de calligraphies de personnes célèbres; collection *f* de calligraphies de personnes célèbres.

서체 書體 명 style *m* d'écriture, écriture *f* ((cursive, gothique)); style *m* calligraphique. ¶ 그 사람은 ~가 독특하다 Il a une écriture très personnelle.

서출 庶出 명 enfant d'une concubine; enfant bâtard [illégitime, hors mariage, adultérin(*e*), naturel(*le*)], bâtard(*e*).

서치라이트 영{searchlight} 명 projecteur *m*. ¶ ~를 밝히다 allumer les projecteurs; braquer les projecteurs sur *qn*.

서캐 명 lente *f*; œuf *m* de pou.

서커스 영{circus} 명 cirque *m*.

◆_단 -團 명 cirque *m*.

서클 영{circle} 명 cercle *m*, club *m*, association *f*. ¶ ~ 활동 activité dans un club. ¶ 지하 ~ association clandestine. ¶ ~에 가입하다 s'inscrire à un cercle [à un club].

서투르다 형 être maladroit(*e*), malhabile; être mauvais(*e*); être inexpérimenté(*e*) ¶ 서투른 거짓말 mensonge maladroit, mensonge cousu de fil blanc. ¶ 서투른 도둑질 vol malhabile. ¶ 서투른 피아노 연주 exécution [interprétation] maladroite ((d'un morceau)) au piano. ¶ 나는 요리 솜씨가 ~ Je ne suis pas très doué(*e*) pour (faire) la cuisine / Je fais mal la cuisine / Je ne suis pas un(*e*) très bon(*ne*) cuisini*er*(*ère*). ¶ 나는 셈이 ~ Je ne suis pas très bon en calcul / Je ne suis pas très doué(*e*) pour le calcul [en calcul mental, pour calculer de tête] / Le calcul mental et moi, cela [ça] fait deux {*fam*}. ¶ 서투른 불어로 말하다 parler mal le français; parler (le) français comme une vache espagnole [un Basque espagnol]. ¶ 그 남자는 불어가 ~ Il parle mal le français / Il ne parle pas très bien le français / Il ne parle pas un très bon français. ¶ 그 여자는 애정 표현이[에] ~ Elle n'est pas habile à [n'est pas très douée pour, ne sait pas bien (comment)] exprimer son affection. ¶ 그 친구는 여자를 사귀는 데에 매우 ~ Il est peu adroit dans la fréquentation des femmes [pour courtiser une femme] / Il ne sait pas parler aux femmes / Il est gauche avec les femmes. ¶ 서투르게 처신하다 se conduire maladroitement. ¶ 서투르게 변명하다[거짓말을 꾸며대다] donner des éclaircissements maladroits [inventer des mensonges maladroits].

서툴다 형 '서투르다'의 준말 ☞ 서투르다

서편 西便 명 ouest *m*, occident *m*, couchant *m*.

서편제 西便制 명 【음악】 Seopyeonje <"école de l'ouest"; une des deux écoles de *pansori* de la province du Jeolla (cf. Dongpyeonje)>.

서평 書評 명 compte *m* rendu (critique *f*) d'un livre. ¶ ~을 쓰다 écrire un compte rendu. ◇_(을) **하다** faire un compte rendu.

서푼 명 trois sous *mpl*, sans valeur *f*. ¶ ~도 안 되는 물건 objet sans valeur.

◆_짜리 명 de trois sous *mpl* [deux sous, quatre sous].

서품 敍品 명 【천주】 ordination *f*, ordre *m*. ¶ 부제가 사제 ~을 받다 Le diacre a reçu l'ordination de la prêtrise / Le diacre a été ordonné prêtre.

◆_식 -式 명 ordination *f*. ¶ 사제 ~식 ordination

de la prêtrise.
서풍 西風 명 vent *m* d'ouest.
서학 西學 명 science *f* occidentale; religion *f* chrétienne.
서한 書翰 명 lettre *f*, missive *f*; épître *f*; ((짧은)) billet *m*; mot *m*; ((총칭)) correspondance *f*, message *m*. ¶ 사적인 ~을 보내다 envoyer une lettre privée.
◆_문 -文 명 【문학】 style *m* épistolaire.
서해 西海 명 【해양】 mer *f* Jaune, mer de l'Ouest. ¶ ~ 바다 la mer Jaune.
◆_안 -岸 명 côte *f* de la mer Jaune (de la mer de l'Ouest).
서행[1] 徐行 명 marche *f* lente; roulement *m* (au) ralenti. ¶ ~ 운전 roulement au ralenti. ◇_(을) 하다 aller [marcher] lentement; rouler au ralenti [lentement, au pas]. ¶ 길이 미끄러워 자동차들이 ~하고 있다 Comme le chemin est glissant, les voitures roulent au ralenti.
서행[2] 西行 명 à destination de l'ouest. ◇_(을) 하다 aller à destination de l'ouest.
서향 西向 명 exposition *f* [orientation *f*] à l'ouest.
◆_집 명 maison *f* orientée à l'ouest.
서향나무 瑞香- 명 【식물】 daphné *m*.
서형 庶兄 명 frère *m* bâtard [illégitime, adultérin] plus âgé.
서화 書畵 명 calligraphie *f* et peinture *f*.
◆_가 -家 명 peintre *m* calligraphe, calligraphe *m* et peintre *m*.
◆_전 -展 명 exposition *f* de calligraphies et de peintures.
서훈 敍勳 명 décernement *m* d'une décoration. ◇_(을) 하다 décerner [conférer] une décoration à *qn*.
석[1] 釋 명 signification *f* d'un caractère sino-coréen.
석[2] 石 분류 ((unité servant à compter les sacs à riz)). ¶ 벼 천 ~ mille sacs à riz.
석[3] 席 분류 place *f*, siège *m*, chaise *f*. ¶ 오백 ~ 규모의 극장 théâtre à cinq cents places.
석[4] 관 trois. ¶ ~ 달 trois mois. ¶ ~ 자 trois pieds.
-석[5] 席 접미 ¶ 특별~ place réservée [d'honneur]. ¶ 관람~ place; salle de théâtre. ¶ 경로~ place pour les vieillards. ¶ 내빈~ place des invités
석가 釋迦 명 【불교】 석가모니(무니)의 준말 Sakyamuni.
◆_여래 -如來 명 【불교】 *Bouddha m Sakyamuni.*
석가모니 釋迦牟尼 명 【불교】 Siddharta Gautama, Çakyamuni [Sakyamuni], le Bouddha *m* historique ((fondateur du bouddhisme (Inde du Nord, milieu du VIe siècle. ~ env. 470 av. J-C))).
◆_불 -佛 명 【불교】 Bouddha *m* Sakyamuni, Bouddha *m* Gautama.
석간 夕刊 명 édition *f* du soir, journal *m* du soir. ¶ ~ 신문 journal du soir.
석간수 石間水 명 eau *f* de roche.
석검 石劍 명 sabre *m* de pierre.
석계 石階 명 perron *m*; escalier *m* de pierre.
석고 石膏 명 gypse *m*, (pierre *f* à) plâtre *m*.
◆_상 -像 명 (statue *f* en) plâtre *m*.
◆_보드 명 【건설】 planche *f* à plâtre.
◆_붕대 -繃帶 명 【의학】 appareil *m* plâtré.
석공 石工 명 ① 일 maçonnerie *f*. ¶ ~ 일을 배우다 apprendre la maçonnerie. ② 사람 tailleur *m* de pierre; maçon *m*. ¶ ~이 되다 devenir un maçon. ◇_(을) 하다 maçonner.
석곽 石槨 명 cercueil *m* de pierre
석관 石棺 명 cercueil *m* de pierre; sarcophage *m*.
석교 石橋 명 pont *m* de pierre.
석굴 石窟 명 caverne *f*, grotte *f*; antre *m*.
◆_암 -庵 명 【고적】 grotte *f* de *Seokguram* <grotte à l'intérieur de laquelle se trouve une impressionnante sculpture du Bouddha datant de l'époque de Silla (57 av. J.-C.-935)>.
석권 席卷 명 domination *f*, fait de gagner [de remporter] toutes les épreuves, fait de rafler *{fam}* tous les prix. ◇_(을) 하다 gagner [remporter] toutes les épreuves, rafler *{fam}* tous les prix. ¶ 한 선수가 전 종목[메달]을 ~했다 Un joueur a gagné [remporté] toutes les épreuves / Un joueur a raflé *{fam}* toutes les médailles [tous les titres].
석기 石器 명 outil *m* de pierre.
◆_시대 -時代 명 【역사】 Age *m* de pierre.
◆구_시대 舊-時代 명 【역사】 (âge *m*) paléolithique *m*.
◆신_시대 新-時代 명 【역사】 (âge *m*) néolithique *m*; Age *m* de la pierre polie.
석녀 石女 명 femme *f* stérile. ¶ ~가 되다 devenir stérile.
석대 石臺 명 socle *m* de pierre, piédestal *m* de pierre.
석두 石頭 명 personne *f* peu intelligente [inintelligente, stupide, sotte, bête, cabocharde *{fam}*, débile *{fam}*] sot(*te*); une vraie bûche *f*, cabochard(*e*) *{fam}*, abruti(*e*), imbécile, crétin(*e*) *{fam}*, demeuré(*e*) *{fam}*, con(*ne*) *{fam}*.
석둑 부 ((couper)) d'un coup. ¶ ~ 자르다 couper [enlever, détacher] *qc* d'un coup.
◆_거리다 재타 couper en morceaux [tranches]; trancher.
◆_ _ 부 d'un coup.
석등 石燈 명 lampe *f* de pierre.
석란 石欄 명 parapet *m* en pierre, garde-fou *m* en pierre.
석류 石榴 명 【식물】 grenade *f*.
◆_나무 명 【식물】 grenadier *m*.
◆_석 -石 명 【광업】 grenat *m*.
석면 石綿 명 【광업】 amiante *m*; asbeste *m*.
◆_복 -服 명 habit *m* d'amiante.
◆_분진 -粉塵 명 【공업】 poussière *f* d'amiante
◆_사 -絲 명 【수공】 fil *m* d'amiante.
◆_슬레이트 명 【건설】 (plaque *f* de) fibrociment *m*.
석명 釋明 명 justification *f*, explication *f*, éclaircissement *m*. ◇_(을) 하다 s'expliquer sur *qc*;

se justifier.

석문[1] 石文 명 épitaphe *f*; inscription *f* sur un monument.

석문[2] 石門 명 porte *f* en pierre.

석물 石物 명 garniture *f* d'un tombeau en pierre.

석방 釋放 명 【법률】 mise *f* en liberté; libération *f* ((d'un captif)); élargissement *m*, relaxe *f*, acquittement *m*. ¶ ~ 운동 mouvement de libération. ◇_(을) 하다 remettre ((un prisonnier)) en liberté, libérer *qn*, relâcher ((un prévenu)), relaxer *qn*; acquitter *qn*. ¶ 포로[정치범]를 ~하다 relâcher [libérer, délivrer] un prisonnier [un criminel politique]. ◇_(이) 되다 être relâché(*e*), être libéré(*e*), être remis(*e*) en liberté.

◆_자 -者 명 libéré(*e*).

◆가_ 假 명 【법률】 mise *f* en liberté provisoire.

석벽 石壁 명 mur *m* en pierre; paroi *f* rocheuse.

석별 惜別 명 regret *m* de la séparation, serrement *m* de cœur (au moment d'une séparation); le moment *m* difficile des adieux; (moment *m* des) adieux *mpl* déchirants; séparation *f* douloureuse. ¶ ~의 정을 나누다 se séparer de *qn* [d'avec *qn*] avec regret; dire adieu à *qn*; faire *ses* adieux à *qn*; faire [échanger] des adieux déchirants. ◇_(을) 하다 se séparer de *qn* [d'avec *qn*] avec regret; ((서로)) faire des adieux qui n'en finissent pas; prolonger *ses* adieux. ¶ 그 친구와 아쉽게 ~하다 se séparer de lui avec regret.

석불 石佛 명 (statue *f* de) Bouddha *m* en pierre.

석비 石碑 명 stèle *f* en pierre; ((무덤의)) monument *m* funéraire.

석비레 石- 명 argile *f* mélangée avec des pierres fragiles. ¶ ~담 mur en argile mélangée avec des pierres fragiles.

석사 碩士 명 【교육】 maître *m*; ((학위)) maîtrise *f* diplômé d'un master (2 années de cursus après la licence) ((qui commence, dans le système universitaire coréen, le troisième cycle)). ¶ ~ 과정 (cours de) master. ¶ ~ 논문 mémoire de master. ¶ ~ 학위 diplôme de master (maîtrise + DEA (diplôme d'études approfondies) dans l'ancien système français].

석산 石山 명 montagne *f* rocheuse.

석삼년 -三年 명 ① 9년 neufs [3×3] années *fpl*. ② 오랜 시일 il y a longtemps.

석상[1] 石像 명 statue *f* en pierre. ¶ 공원에 ~을 세우다 ériger une statue en pierre dans un jardin.

석상[2] 席上 의명 réunion *f*, assemblée *f*. ¶ 공식 ~에서 계획을 발표하다 présenter un plan en public [à l'occasion d'une réunion publique, à l'occasion d'une assemblée publique]. ¶ 회의 ~에서 발언하다 prendre la parole lors d'une conférence.

석성 石城 명 château(*x*) *m* en pierre.

석쇠 명 gril *m*. ¶ 고기를 ~에 굽다 rôtir de la viande, griller de la viande.

석수 石手 명 tailleur *m* de pierre.

◆_장이 명 tailleur *m* de pierre.

석순 石筍 명 【광업】 stalagmite *f*.

석실 石室 명 chambre *f* de pierre.

◆_묘 -墓 명 chambre *f* de pierre d'un tombeau; caveau *m*.

◆_분 -墳 명 chambre *f* de pierre d'un tombeau.

석양 夕陽 명 soleil *m* couchant; lueurs *fpl* crépusculaires; lumière *f* crépusculaire; ((저녁녘)) crépuscule *m*; ((à la)) nuit *f* tombante. ¶ ~의 노을을 바라보다 admirer les lueurs rouges [les lueurs crépusculaires, les feux, l'embrasement] du soleil couchant; admirer le coucher de [du] soleil. ¶ ~이 지고 있다 Le soleil se couche.

석연하다 釋然- 형 être tout à fait clair(*e*), être convaincant(*e*), être évident(*e*). ¶ 석연치 않다 inexplicable; inconcevable; peu convaincant(*e*). ¶ 석연치 않은 표정 un air douteux (sur le visage). ¶ 이 사건에는 석연치 않은 구석[점]이 있다 Dans cet accident, il y a quelque chose d'inexplicable [qui ne paraît pas convaincant, qui n'est pas clair] / Cet accident laisse quelque chose d'inexplicable / Cet accident a quelque chose d'inexplicable / Cet accident laisse des choses inexpliquées.

◆석연히 釋然 부 évidemment, clairement. ¶ 문제점이 석연히 풀리지 않았다 Le problème n'est pas clairement résolu.

석영 石英 명 【광업】 quartz *m*; cristal *m* de roche.

석유 石油 명 ① 【광업】 pétrole *m*. ¶ ~ 파동 crise pétrolière; crise du pétrole. ¶ ~를 캐다 déterrer [extraire] du pétrole. ¶ 바다 밑에 엄청난 양의 ~가 매장되어 있다 Une immense quantité de pétrole est enfouie sous la mer. ② 중유 mazout *m*. ¶ ~ 난로 poêle à pétrole [à mazout].

◆_등 -燈 명 lampe *f* à pétrole.

◆_산업 -産業 명 【공업】 industrie *f* pétrolière.

◆_제품 -製品 명 produits *mpl* pétroliers.

◆_탐사 -探査 명 【지리】 prospection *f* et exploitation *f* du pétrole.

◆_통 -桶 명 bidon *m* de pétrole; baril *m* de pétrole.

◆_화학 -化學 명 【공업】 chimie *f* du pétrole, pétrochimie *f*, pétrolochimie *f*.

석이 石栮 명 【식물】 [une espèce de champignon] *Gyrophora esculenta* {*nsc*}.

◆_버섯 명 【식물】 lichen *m* à la manne.

석인 石人 명 gisant *m*, orant *m*; statue *f* de pierre représentant un homme (devant un tombeau).

석일 昔日 명 temps *m* passé

석장 錫杖 명 【불교】 bâton *m* de pèlerin (des moines bouddhistes), bourdon *m* (des moines bouddhistes). ¶ 스님이 ~을 짚고 걸어갔다 Un moine a marché en s'appuyant sur [à l'aide d']un bourdon.

석재 石材 명 pierre *f* à bâtir; pierre *f* de taille; ((잔돌)) moellon *m*. ¶ 이 건물은 ~로 지어졌다 Cet immeuble a été bâti en pierre de taille.

◆_상 -商 명 marchand *m* de pierres de taille.

석전 石戰 명 lutte *f* menée à jets de pierres; guerre

f des pierres; ((이스라엘 점령지에서)) intifada *f*.

석전제 釋奠祭 명【종교】rite *m* sacrificiel à la mémoire de Confucius.

석정[1] 石井 명 puits *m* en pierre.

석정[2] 石鼎 명 marmite *f* de pierre.

석조[1] 石槽 명 récipient *m* de pierre.

석조[2] 夕照 명 (lumière *f* du) soleil *m* couchant; lumière *f* crépusculaire; lueurs *fpl* crépusculaires.

석조[3] 石彫 명 gravure *f* sur pierre, sculpture *f* sur pierre.

석조[4] 石造 명 ouvrage *m* de pierre; construction *f* en pierre. ¶ ~ 건물 bâtiment construit en pierre.
◆**_미술** -美術 명【미술】art *m* en pierre, sculpture *f* sur pierre. ¶ 석굴암은 한국 ~미술의 대표작이다 *Seokguram* est le chef-d'œuvre représentatif de l'art en pierre coréen.

석존 釋尊 명【불교】Bouddha *m*.
◆**_제** -祭 명【불교】fête *f* anniversaire [de la nativité] de Bouddha; fête *f* commémorative de la naissance de Bouddha.

석주 石柱 명 colonne *f* en pierre, pilier *m* en pierre.

석죽 石竹 명【식물】œillet *m* chinois; *Dianthus sinensis* {*nsc*}.

석질 石質 명 qualité *f* de la pierre.

석차 席次 명 place *f*, rang *m* (d'un élève). ¶ 시험 ~ rang à l'examen. ¶ 졸업 ~ rang à l'examen de sortie; rang à l'examen de fin d'études. ¶ ~를 매기다 classer des élèves. ¶ ~가 10등(이) 오르다[떨어지다] avancer [reculer] de dix places. ¶ ~가 10등으로 오르다[떨어지다] monter [baisser, être ramené(*e*)] au dixième rang.

석청 石淸 명 miel *m* sauvage.

석촉 石鏃 명 tête *f* [pointe *f*] d'une flèche en pierre. ¶ ~을 쏘다 lancer une flèche à pointe de pierre.

석총 石塚 명 cairn *m*; monticule *m*; tumulus *m*

석축 石築 명 mur *m* de soutènement; mur *m* en pierre

석출 析出 명 échappement *m*; extraction *f*. ◇_(을) **하다** dégager, faire sortir, extraire. ¶ 광석에서 신물질을 ~하다 extraire une nouvelle substance du minerai. ◇_(이) **되다** être dégagé(*e*).

석탄 石炭 명【광업】houille *f*, charbon *m*. ¶ ~ 난로 un poêle à charbon. ¶ ~ 산업 l'industrie houillère [charbonnière]. ¶ ~ 매장량 une réserve de charbon. ¶ ~을 캐다 extraire [tirer] de la houille; exploiter du charbon. ¶ ~을 때다 brûler du charbon.
◆**_가스** 명【화학】gaz *m* de houille.
◆**_산** -酸 명【화학】phénol *m*.
◆**_층** -層 명 couche *f* de houille, bassin *m* houiller.

석탑 石塔 명 pagode *f*, stûpa *m*, tour *f* de pierre. ¶ ~을 쌓다 édifier une tour de pierre.

석판[1] 石板 명 ardoise *f*.

석판[2] 石版 명【출판】lithographie *f*, litho *f*.
◆**_인쇄** -印刷 명【출판】lithographie *f*.

석패 惜敗 명 défaite *f* [perte *f*] regrettable. ◇_(를) **하다** subir [essuyer] une défaite avec un peu d'écart; perdre un match [une rencontre] de très peu. ¶ 연장전까지 가서 ~하다 subir une défaite regrettable avec peu d'écart après être allé jusqu'aux prolongations.

석필 石筆 명 crayon *m* à ardoise.

석학 碩學 명 érudit(*e*) *m*, savant *m*, scientifique *m* éminent. ¶ 세계적인 ~ érudit mondial. ¶ 세계의 ~들이 대거 회의에 참석했다 Les érudits mondiaux ont assisté en foule à la réunion.

석함 石函 명 boîte *f* en pierre; coffret *m* [coffre *m*] en pierre.

석현 昔賢 명 sage *m* d'autrefois; ancien sage *m*.

석호 潟湖 명【지리】lagune *f*.

석화[1] 石化 명 pétrification *f*; fossilisation *f*. ◇_(를) **하다** pétrifier. ◇_(가) **되다** pétrifier.

석화[2] 石花 명【수산】huître *f*.

석화[3] 石火 명 étincelle *f*.
◆**전광_** 電光- 명 rapidité *f* fulgurante. ¶ 전광~같이 avec une rapidité fulgurante; avec la rapidité de l'éclair; ((être rapide, prompt)) comme l'éclair [la foudre, une flèche]; ((arriver, passer)) comme un bolide [comme un boulet de canon, comme un cyclone, en cyclone, en trombe, en coup de vent, comme une tornade]; ((partir)) comme un trait [comme une flèche]; en un clin d'œil.

석회 石灰 명【화학】chaux *f*; ((탄산칼슘)) carbonate *m* de calcium [chaux]. ¶ 벽에 ~를 바르다 blanchir un mur à la chaux.
◆**_동굴** -洞窟 명【지리】grotte *f* naturelle.
◆**_분** -分 명 poudre *f* de chaux.
◆**_비료** -肥料 명【농업】engrais *m* à chaux.
◆**_석** -石 명【지리】pierre *f* à chaux.
◆**_수** -水 명【화학】eau *f* de chaux.
◆**_암** -巖 명【지리】roche *f* calcaire; calcaire *m*.
◆**_질** -質 명 matière *f* calcaire. ¶ ~질 토양 sol [terre] calcaire.
◆**_층** -層 명【지리】couche *f* de chaux.

섞다 타 ① mélanger, mêler, brasser. ¶ 여러 가지 재료를 ~ mélanger divers ingrédients. ¶ 쌀에 콩을 ~ mélanger des pois avec le riz. ¶ 남자와 여자를 섞어 팀을 짜다 former une équipe mixte. ② ((말이나 행동에)) mêler, accompagner. ¶ 농담을 섞어 가며 강의를 하다 faire cours en glissant quelques plaisanteries (ici et là).

섞이다 자 ① être mélangé(*e*), se mélanger. ¶ 잡곡이 섞인 밥 du riz mélangé à des céréales diverses. ¶ 책들이 마구 섞여 있어서 찾을 수 없다 les livres sont tellement mélangés que je n'arrive pas à le trouver. ② ((말이나 행동에)) être mêlé(*e*), accompagné(*e*). ¶ 원망 섞인 목소리 une voix mêlée d'amertume.

선[1] 명 ① 맞선 rencontre *f* de jeunes gens en vue d'un mariage arrangé. ② 좋고 나쁨을 가림 jugement *m* sur la qualité d'une marchandise. ◇_(을) **보다** rencontrer *qn* en vue d'un mariage arrangé. ¶ 장가 가려고 ~을 보다 rencontrer une jeune fille pour prendre femme dans le cadre d'un mariage arrangé. ◇_(을) **보이다** ① 맞선을 보게 하다 faire rencontrer des jeunes gens en vue d'un mariage arrangé. ② 물건을 내놓다 présenter *qc* à *qn*. ¶ 회사에서 신제품을 ~보였다 La compagnie a présenté un nouveau produit.

◆**맞_** 명 rencontre *f* de jeunes gens en vue d'un mariage arrangé. ¶ 어떤 여자와 맞~을 보다 rencontrer une femme en vue d'un mariage arrangé.

선² 先 명 【운동】 celui(celle) qui joue le(la) premi*er*(*ère*) ((au jeu de go, aux échecs)). ¶ 이번에는 내가 ~이야 Cette fois-ci, c'est moi qui joue le(la) premi*er*(*ère*). / Cette fois-ci, c'est à moi d'agir le(la) premi*er*(*ère*). ◇_(을) **하다[잡다]** faire le premier pas, jouer le premier coup.

선³ 善 명 bien *m*; vertu *f*; bonté *f*. ¶ ~과 악의 대립 opposition entre la vertu et le vice. ¶ ~을 행하다 faire le bien.

◆**_하다** 형 être bon(*ne*), vertueu*x*(*se*). ¶ ~한 사람 brave type; homme bon. ¶ ~하게 살다 vivre avec bonté.

선⁴ 線 명 ① ligne *f*; trait *m*. ¶ 곧은 ~ ligne droite. ¶ 땅 위에 ~을 긋다 tracer une ligne sur la terre. ¶ 이 ~을 넘으면 아웃이야 Pour peu que tu franchisses cette ligne, tu seras disqualifié(*e*) / (si tu) franchis cette ligne, tu seras disqualifié(*e*)! ② 전선 따위 fil *m*; câble *m*. ③ 기준, 한도 frontière *f*; ligne *f* de démarcation, limite *f*. ¶ 국민소득 만 달러 ~을 넘다 dépasser dix mille dollars de revenu national. ¶ 아무리 친한 사이라도 지켜야 할 ~이 있는 법이다 Il y a des limites à ne pas dépasser même entre intimes. ④ 관계 liaison *f*, relation *f*. ¶ 실력자에게 ~을 대다 entrer [se mettre] en relation avec un personnage influent. ¶ 그 사람은 고위층에 ~이 닿았다 Il est protégé [pistonné] par la classe dirigeante / Il a établi des relations avec la haute classe. ⑤ 윤곽 linéament *m*, ligne *f*, contour *m*. ¶ 고려자기의 부드러운 ~ la ligne élégante d'une porcelaine de l'époque de Goryeo. ¶ 이 소녀는 얼굴의 ~이 뚜렷하다 Elle a des traits nettement dessinés / Elle a des contours d'une grande netteté.

*~**을 긋다** tracer une limite [une frontière] à ne pas franchir.

*~**을 넘다** franchir la ligne, consommer, coucher ensemble, avoir des relations sexuelles (avant le mariage, hors mariage), aller jusqu'au bout ((littéralement: franchir la ligne jaune [la ligne blanche])). ¶ 그 둘은 넘어서는 안 될 ~을 넘고 말았다 Ils ont fini par consommer [par coucher ensemble, par aller jusqu'au bout] / Ils sont allés jusqu'à avoir des relations sexuelles.

*~**이 가늘다** être délicat(*e*) [médiocre].

*~**이 굵다** être généreu*x*(*se*). ¶ 그 남자는 ~이 굵은 사람이다 C'est un homme généreux.

◆**어깨_** 명 ligne *f* d'épaule. ¶ 그 여자는 어깨~이 곱다 Elle a une belle ligne d'épaule.

선⁵ 禪 명 【불교】 ((한국)) *seon* ((일본)) *zen m* ((중국)) *chán m*.

-선⁶ 選 접미 ① ((suffixe nominal)) sélection *f*, choix *m*. ¶ 명작~ sélection de chefs-d'œuvre [de films]; œuvres choisies. ② 선출됨 élu(*e*). ¶ 삼~ 의원 un député élu pour la troisième fois [réélu deux fois].

-선⁷ 船 접미 ((suffixe nominal)) bateau(*x*) *m*. ¶ 범~ un voilier. ¶ 여객~ un paquebot. ¶ 유람~ un bateau de plaisance. ¶ 증기~ un navire à vapeur. ¶ 화물~ un cargo. ¶ 해적~ un bateau de pirates.

-선⁸ 線 접미 ((suffixe nominal)) ligne *f*. ¶ 국내[국제]~ ligne domestique [internationale] ¶ 교외~ lignes de banlieue. ¶ 경부~ la ligne de *Gyeongbu* (qui relie Séoul à Busan, qui dessert la région de *Gyeongsan*, le sud-est de la Corée). ¶ 1호~ la ligne 1 ((du métro)).

선-⁹ 접두 ((préfixe nominal)) ① non qualifié(*e*), inexpérimenté(*e*), sans expérience, incompétent(*e*), non qualifié(*e*). ¶ ~무당 chaman(*e*) débutant(*e*), chaman(*e*) sans expérience. ② insuffisant(*e*); lég*er*(*ère*); peu profond(*e*). ¶ ~하품 un bâillement d'ennui [de sommeil]. ¶ ~잠 un sommeil léger [peu profond]; un assoupissement.

선-¹⁰ 先 접두 ((préfixe nominal)) ① 먼저 d'avance ¶ ~이자 intérêt payé d'avance. ② 죽은 précédent(*e*); défunt(*e*). ¶ ~대왕 roi défunt.

선가¹ 禪家 명 【불교】 secte *f* zen. ¶ ~에 입문하다 s'initier au zen.

선가² 仙家 명 maison *f* d'ermites [de taoïstes].

선가³ 船價 명 prix *m* d'un bateau [d'un navire].

선각¹ 先覺 명 ① connaissance de la vérité (avant les autres). ② 선각자 personne *f* qui a des idées en avance sur *son* temps; précurseur *m*, pionni*er*(*ère*), avant-gardiste(~-~*s*) *mf*. ◇_(을) **하다** avoir des idées en avance pour *son* époque.

◆**_자** -者 명 personne *f* qui a des idées en avance sur *son* temps; précurseur *m*, pionni*er*(*ère*), avant-gardiste(~-~*s*) *mf*. ¶ 여성 운동의 ~자 un précurseur [un(*e*) pionni*er*(*ère*)] du mouvement féministe.

선각² 線刻 명 【미술】 technique *f* de sculpture qui n'utilise que des lignes et des angles.

선객 船客 명 passag*er*(*ère*) d'un bateau.

선거 選擧 명 élection *f*. ¶ ~ 본부 bureau centr*al* [direction générale] des élections. ¶ 국회의원 ~ les (élections) législatives. ¶ 대통령 ~ les (élections) présidentielles. ¶ 지방의회 ~ élections communales [municipales; cantonales]. ¶ 반장 ~ l'élection du (de la) délégué(*e*) de classe, l'élection des délégués. ¶ 공정한[공명한] ~ une élection juste [équitable]. ¶ ~를 치르다 procéder à une élection. ¶ ~로[를 통해] 대표를 뽑다 élire un représentant. ¶ ~에 출마하다 se présenter [se porter candidat(*e*), poser *sa* candidature] à une élection. ¶ ~에서 이기다[지다] gagner [perdre] les élections. ¶ ~ 결과에 불복하다 ne pas accepter [contester, protester contre] les résultats des élections, ne pas se rallier aux résultats des élections. ◇_(를) 하다 élire.

◆_공약 -公約 명【정치】programme *m* électoral(*aux*).

◆_관리위원회 -管理委員會 명【법률】comité *m* électoral(*aux*). ¶ 중앙[지방] ~ comité électoral central [régional].

◆_구 -區 명【법률】circonscription *f* électorale. ¶ 대[중, 소] ~구제 système de grande [de moyenne, de petite] circonscription.

◆_권 -權 명【법률】droit *m* de vote.

◆_법 -法 명【법률】loi *f* électorale.

◆_용 -用 명 pour la campagne *f* électorale. ¶ ~용 팸플릿 brochure pour la campagne électorale.

◆_운동 -運動 명【정치】campagne *f* [propagande *f*] électorale. ¶ 사전 ~운동 une campagne pré-électorale. ¶ ~운동원 bénévoles pour la campagne électorale. ¶ ~운동을 하다 mener une campagne électorale.

◆_인 -人 명【법률】électeur(*trice*). ¶ ~인 명부 une liste électorale.

◆_인단 -人團 명【법률】corps *m* [collège *m*] électoral(*aux*).

◆_일 -日 명 jour *m* de l'élection.

◆_전 -戰 명【정치】bataille *f* électorale. ¶ 후보들이 치열한 ~전을 벌였다 Les candidats ont mené une bataille électorale acharnée [âpre, agressive].

◆_철 명 période *f* électorale. ¶ ~철이 다가왔다 La période électorale approche / On est proche de la période électorale.

◆_판 명 situation *f* de la campagne électorale. ¶ ~판의 혼탁상 trouble régnant autour de la campagne.

◆보궐_ 補闕- 명【법률】élection *f* partielle.

◆보통_ 普通- 명【법률】suffrage *m* universel.

◆비밀_ 秘密- 명【법률】vote *m* secret.

◆직접_ 直接- 명【법률】vote *m* direct.

◆총[부분]_ 總[部分]- 명【법률】élections *fpl* générales [complémentaire].

선견 先見 명 prévision *f*, prévoyance *f*, clairvoyance *f*.

◆_지명 -之明 명 prévoyance *f*, clairvoyance *f*. ¶ ~지명이 있는 사람 personne a de la prévoyance [qui voit loin bien, qui voit bien à long terme]. ¶ ~지명이 없는 사람 personne qui manque de prévoyance [qui ne voit pas plus loin que le bout de *son* nez].

선결 先決 명 décision (avant autre chose) préliminaire, préalable. ¶ ~ 조건 une condition préalable. ¶ ~ 과제[문제] un problème à régler au préalable [une question préalable; ((법)) une question préjudicielle]. ◇_(을) 하다 résoudre au préalable [préalablement] ((un problème)). ¶ 민생 사안을 최우선적으로 ~하다 résoudre au préalable les questions concernant la population. ◇_(이) 되다 être résolu(*e*) au préalable. ¶ 이 문제가 가장 ~되어야 한다 Ce problème doit être résolu au préalable.

선경 仙境 명 féerie *f*, pays *m* des fées. ¶ 눈앞에 ~이 펼쳐졌다 Un paysage féerique est apparu devant nos yeux [s'est déroulé sous nos yeux]. ¶ 이곳의 경치는 정말 ~이다 Cet endroit présente un spectacle magique.

선계[1] 仙界 명 monde *m* [pays *m*] féerique.

선계[2] 船契 명 société *f* de secours mutuel pour l'achat de bateaux.

선고[1] 宣告 명 ① 널리 알림 publication *f* ; déclaration *f*; annonce *f* ((d'une maladie)). ②【법률】prononciation *f* ((d'une sentence)). ¶ ~ 공판 audience. ¶ 피고에게 유죄 ~를 내리다 déclarer l'accusé(*e*) coupable. ¶ (범인에게) 사형 ~가 내려졌다 La peine de mort est tombée / La condamnation à mort a été prononcée par le tribunal / Le tribunal a prononcé la peine de mort au criminel / Le criminel a été condamné à la peine de mort. ◇_(를) 하다 ① 널리 알리다 rendre *qc* public; publier, annoncer. ② 판결을 알리다 prononcer ((un verdict, une sentence, un arrêt)); déclarer ((*qn* coupable)); statuer ((sur un litige)); condamner ((*qn* à mort)); ((무죄일 때)) acquitter *qn*. ¶ 판사가 피고에게 무죄를 ~했다 Le juge a déclaré l'accusé(*e*) non coupable / Le juge a acquitté l'accusé(*e*). ◇_(를) 받다 être déclaré(*e*) ((coupable; non coupable)); ((유죄일 때)) être condamné(*e*); ((무죄일 때)) être acquitté(*e*). ¶ 피고가 3년 형을 ~받았다 L'accusé(*e*) a été condamné(*e*) à trois ans de prison. ◇_(가) 되다 être condamné(*e*). ¶ 피고에게 벌금형이 ~되었다 On l'a condamné à payer une amende.

◆_문 -文 명【법률】(texte de) sentence *f*, verdict *m*.

◆_장 -狀 명【법률】sentence *f*.

◆_유예 -猶豫 명【법률】sursis *m* au jugement, sursis *m* à statuer.

◆파산_ 破産- 명【법률】déclaration *f* de faillite.

선고[2] 先考 명 mon défunt père *m*.

선공[1] 先攻 명 attaque *f* menée avant celle de l'adversaire, attaque *f* surprise d'un match. ¶ 우리 팀의 ~으로 경기가 시작되었다 Le match a commencé par l'attaque surprise de notre équipe. ◇_(을) 하다 attaquer le premier, déclencher une attaque, prendre les devants en attaquant, porter la première attaque. ¶ ~하는 팀이 이길 확률이 높다 L'équipe qui attaque la première [en premier] a de fortes chances de l'emporter.

선공[2] 船工 명 ouvrier(*ère*) qui fabrique des bateaux [qui travaille sur un chantier naval].

선과 善果 명【불교】bon résultat *m* (engendré par une bonne action). ¶ ~를 쌓다 faire de bonnes choses (qui rapportent de bons résultats).

선관위 選管委 명 (('선거관리위원회'의 준말)) comité *m* électoral(*aux*).

선교[1] 宣敎 명【종교】évangélisation *f*. ◇_(를) 하다 évangéliser. ¶ 아프리카에서 기독교를 ~하다

évangéliser les pays africains, répandre l'Évangile en Afrique.

◆_사 -師 명 【기독】 missionnaire *mf*.

◆_회 -會 명 【기독】 association *f* missionnaire.

선교² 仙敎 명 【종교】 taoïsme *m*.

선교³ 禪敎 명 【불교】 secte *f* zen.

선교⁴ 船橋 명 pont *m* de bateaux ((pont qui lie des bateaux qui se succèdent)).

선구¹ 先驅 명 pionni*er*(*ère*).

◆_적 -的 명관 pionni*er*(*ère*). ¶ ~적인 노력 effort pionnier.

◆_자 -者 명 précurseur *m*, pionni*er*(*ère*). ¶ 현대 물리학의 ~자 un pionnier de la physique contemporaine. ¶ 그분은 이 분야에서 ~자 역할을 했다 Il a joué un rôle de pionnier dans ce domaine.

선구² 船具 명 agrès *mpl*, gréement *m* équipements *mpl* de navire.

선구³ 選球 명 【운동】 choix *m* de la balle par le batteur au baseball. ◇_(를) 하다 distinguer le type de balle envoyée par le lanceur.

◆_안 -眼 명 【운동】 prévision *f* du type de balle envoyée par le lanceur ((prise ou balle)) pour choisir le type de frappe. ¶ 이 타자는 ~안이 뛰어나다 Ce batteur est excellent pour prévoir [pour distinguer] le type de balle envoyée par le lanceur ((prise ou balle)).

선군 先君 명 ① 선친 mon défunt père *m*. ② 선왕 roi *m* précédent.

선글라스 외{sunglasses} 명 lunettes *fpl* de soleil, lunettes *fpl* noires. ¶ ~를 끼다[쓰다] mettre [porter] des lunettes de soleil. ¶ ~를 벗다 enlever [retirer] *ses* lunettes de soleil.

선금 先金 명 arrhes *fpl*, acompte *m*, somme *f* partielle que l'on paye d'avance. ¶ ~을 주다[치르다] payer [verser] un acompte. ¶ ~을 받다 recevoir [se faire payer] une partie de la somme d'avance. ¶ ~으로 50 유로를 지불하다 payer cinquante euros [50€] d'avance.

선급 先給 명 paiement *m* anticipé [par anticipation, préalable]. ◇_(을) 하다 payer d'avance.

◆_금 -金 명 somme *f* partielle que l'on paye d'avance.

선기¹ -氣 명 fraîcheur *f* ((qui vient après un temps chaud)).

선기² 船旗 명 pavillon *m*, drapeau(*x*) *m* de navire.

선기³ 禪氣 명 état *m* d'esprit que l'on obtient quand on pratique le zen.

선남선녀 善男善女 명 personne *f* de bonne volonté; jeunes filles *fpl* et jeunes gens *mpl* séduisants; âmes *fpl* pieuses.

선납 先納 명 paiement *m* [payement *m*, versement *m*] anticipé [par anticipation, préalable]. ◇_(을) 하다 payer [verser] d'avance [au préalable]. ¶ 대금을 ~하다 payer d'avance [à l'avance].

선내 船內 명 intérieur *m* d'un bateau. ¶ ~를 돌아다니다 flâner sur le bateau.

선녀 仙女 명 fée *f*, ((요정)) nymphe *f*. ¶ ~처럼 아름답다 être belle comme une fée.

선다형 選多型 명 【교육】 sous forme de questions à choix multiple. [((약어)) de Q.C.M.]. ¶ 사지 ~ 문제 une épreuve sous forme de Q.C.M. à quatre choix. ¶ 문제는 ~으로 출제되었다 Les questions ont été posées sous forme de Q.C.M.

선단¹ 船團 명 flotte *f* ((de navires marchands)); flottille *f* ((de pêche)). ¶ 포경 ~ une flotte baleinière. ¶ 수송 ~ un convoi (de transport).

◆_식 -式 명 ((management)) style «flotte». ¶ 재벌들의 ~식 경영이 문제다 Le management des conglomérats [des chaebeols] style «flotte» pose problème.

선단² 先端 명 avant-garde(~-~*s*) *f*.

선달 先達 명 【역사】 candidat *m* admis au concours des fonctionnaires (mais qui n'a pas encore de poste).

선대¹ 先代 명 ancêtre *m*, prédécesseur *m*; génération *f* précédente. ¶ ~의 영광 l'honneur [la gloire] des générations précédentes. ¶ ~로부터 물려받은 문화유산 l'héritage [le patrimoine] culturel des générations précédentes.

선대² 船隊 명 ☞ 선단¹

선덕 善德 명 vertu *f*.

◆_비 -碑 명 stèle *f* que l'on dresse pour se souvenir des exploits de *qn*.

선도¹ 先導 명 conduite *f*, escorte *f* précédant un cortège. ¶ 경찰의 ~로[에 따라] conduit(*e*) par la police. ◇_(를) 하다 précéder *qn* pour lui montrer le chemin, guider *qn*, conduire *qn*. ¶ 순찰차가 행렬을 ~했다 La voiture de patrouille a guidé le défilé. ¶ 개혁을 ~하다 lancer une réforme.

◆_적 -的 명관 de pilote, de leader, de dirigeant(*e*). ¶ ~적인 역할 un rôle de leader [de dirigeant(*e*)]. ¶ ~적 위치에 있다 être [se trouver] dans une position de leader [de dirigeant(*e*)].

◆_자 -者 명 guide *m*.

선도² 善導 명 guidance *f*, bons conseils *mpl*. ¶ 청소년 ~에 앞장서다 prendre la tête de la guidance des adolescents. ◇_(를) 하다 montrer le droit chemin à *qn*, guider *qn* vers le droit chemin, bien diriger ((des étudiants)). ¶ 학생들을 ~하다 guider les élèves dans la bonne direction. ¶ 누구를 올바른 길로 ~하다 montrer le droit chemin à *qn*, guider *qn* vers le droit chemin. ◇_(가) 되다 être guidé(*e*) vers le droit chemin, être bien guidé(*e*) [dirigé(*e*)], se faire montrer la bonne voie [la bonne piste].

선도³ 鮮度 명 niveau(*x*) *m* de fraîcheur.

선돌 명 【고적】 menhir *m*.

선동 煽動 명 incitation *f* [provocation *f*, excitation *f*, appel *m*] ((à la révolte, à la violence)), instigation *f*, démagogie *f*. ¶ ~ 연설 un discours démagogique. ¶ 과격한 ~ une incitation [une provocation] violente. ¶ 정치적 ~ une provocation politique. ◇_(을) 하다 pousser inciter, exciter, provoquer] ((*qn* à *qc*/*inf*)); soulever [agiter] ((le peuple)); faire de l'instigation [de la démagogie]. ¶ 민심을 ~하다 soulever le peuple, exciter [déchaîner] les passions populaires. ¶ 대중을 ~하여 데모를 일으키다 inciter la foule à la manifestation. ¶ 파업을 ~하다 inciter [pousser] ((les ouvriers)) à faire la grève.

◆_**적** -的 명관 soulevant le peuple, démagogique, séditieu*x*(*se*), agitateu*r*(*se*), révolutionnaire, contestataire. ¶ ~적인 언동 une conduite provocatrice [instigatrice de révolte]. ¶ ~적인 정치가 un(*e*) politicien(*ne*) démagogique, un démagogue.

◆_**가** -家 명 démagogue *mf*, instiga*teur*(*trice*) de révolte.

◆_**대** -隊 명 bande *f* d'agitateurs [de démagogues].

◆_**자** -者 명 meneu*r*(*se*), instiga*teur*(*trice*), agita*teur*(*trice*).

◆_**죄** -罪 명 【법률】 incitation *f* [excitation *f*] ((à *qc*)).

선두[1] **先頭** 명 tête *f*, premi*er*(*ère*). ¶ ~ 그룹 le groupe [le peloton] de tête, les coureurs échappés. ¶ ~ 주자 ((야구에서)) le premier coureur ((au baseball)). ¶ ~ 타자 ((야구에서)) le premier batteur. ¶ 그 선수가 ~를 달리고 있다 Cet(*te*) athlète mène [est en tête (de la course, du concours); ((자전거)) domine le peloton]. ¶ 무엇의 ~에 서다 prendre la tête de *qc* ((d'un mouvement, d'une course, d'un concours)); ouvrir la marche ((d'un cortège)). ¶ 누구를 ~에 세우다 installer *qn* à la tête de *qc*. ¶ ~에서 밀려나다 se faire écarter du peloton de tête. ¶ ~와의 격차가 점점 벌어지고 있다 L'écart entre les coureurs de tête [entre les coureurs échappés] et le peloton est de plus en plus important.

◆_**차** -車 명 voiture *f* [wagon *m*] de tête.

선두[2] **船頭** 명 proue *f*, avant *m* ((d'un navire)).

선둥이 **先-** 명 le(la) premi*er*(*ère*) né(*e*), le(la) premi*er*(*ère*) à avoir vu le jour [qui est sorti(*e*) du ventre de *sa* mère]. ¶ 쌍둥이 중에 작은 녀석이 ~다 Le plus petit des jumeaux est le premier à avoir vu le jour [l'aîné].

선득 부 avec un frisson, avec une sensation de froid.

◆_**하다** 형 avoir une sensation de froid, frissonner de froid, être saisi(*e*) de froid; être saisi(*e*) de *peur, trembler [frissonner] de peur*, avoir un moment de frayeur. ¶ 바깥 공기가 ~하다 L'air extérieur me fait frissonner.

◆_ _ 부 avec des frissons, avoir une sensation de grand froid.

선들 부 ((le vent souffle)) doucement.

◆_**거리다**[**대다**] 자 ((le vent)) souffler doucement.

◆_**바람** 명 (légère) brise *f*, vent *m* doux, zéphyr *m*.

◆_ _ 부 doucement. ¶ 바람이 ~~ 분다 Le vent souffle doucement.

선뜩 부 ☞ 선득

선뜻 부 volontiers, sans hésitation. ¶ ~ 누구의 부탁을 들어주다 accepter volontiers la demande de quelqu'un.

선뜻하다 형 ☞ 산뜻하다

선량 **選良** 명 élu(*e*) [représentant(*e*), délégué(*e*)] (du peuple); député.

선량하다 **善良-** 형 être bon(*ne*), brave, vertueu*x*(*se*), de bonne volonté. ¶ ~한 성품 une bonne nature, un bon fond. ¶ ~한 시민 un brave citoyen, un citoyen honnête, un bon citoyen. ¶ 그 사람은 ~해 보인다 Il a l'air [semble] bien brave / Il a l'air d'un brave homme.

선례 **先例** 명 précédent *m*, exemple *m* antérieur. ¶ ~를 남기다 créer un précédent. ¶ ~에[를] 따르다 suivre un exemple antérieur. ¶ 좋은 ~가 되다 servir de bon exemple. ¶ 그렇게 처리한 ~가 있다 Il y a déjà eu un précédent / Il y a déjà eu un cas antérieur analogue. ¶ 그렇게 처리한 ~가 없다 Il n'y a pas [jamais] eu de cas précédents semblables / C'est un cas sans précédent.

선로[1] **船路** 명 【해양】 ligne *f* [voie *f*] maritime, ligne *f* de navigation. ¶ ~를 이탈하다 s'écarter [se détacher] de la ligne [de la voie] maritime, quitter la ligne maritime.

선로[2] **線路** 명 【교통】 voie *f* ferrée, chemin *m* de fer, rail *m*. ¶ ~ 건설 la construction d'une voie ferrée [d'un chemin de fer]. ¶ ~ 공사 travaux sur le chemin de fer. ¶ ~ 표지 un panneau de signalisation ferroviaire. ¶ ~를 놓다[가설하다] poser une voie ferrée. ¶ 기차가 ~를 이탈했다 Le train a déraillé.

◆_**공** -工 명 cheminot *m*.

선루프 **영**{sunroof} 명 toit *m* ouvrant. ¶ 차에 ~를 달다 installer un toit ouvrant sur la voiture.

선린 **善隣** 명 bon voisinage *m*. ¶ ~ 관계 des relations [des rapports] de bon voisinage. ¶ ~ 외교[정책] une diplomatie [une politique] de bon voisinage.

선망 **羨望** 명 envie *f*. ¶ 연예인은 청소년들의 ~의 대상이다 Les vedettes font des envieux chez les adolescents / Les stars font l'objet de l'envie des adolescents. ¶ ~의 눈초리로 바라보다 regarder *qn*/*qc* avec envie. ◇_(을) **하다** envier *qn*, avoir envie de *qc*. ¶ 젊은이들이 ~하는 직업 un métier que les jeunes souhaitent exercer [avoir, faire], un métier qui fait envie aux jeunes [qui attire les jeunes].

선매[1] **先買** 명 acquisition *f* au préalable [d'avance]. ◇_(를) **하다** acquérir *qc* au préalable [d'avance].

◆_**권** -權 명 【법률】 droit *m* de préemption. ¶ ~권을 얻다 obtenir un droit de préemption.

선매[2] **先賣** 명 vente *f* d'avance [au préalable].

◆**입도**_ 立稻 명 vente *f* du riz avant la récolte. ¶ 입도~를 하다 vendre du riz avant la récolte.

선머슴 명 petit sauvage *m*, sauvageon *m*; ((개구장이)) petit coquin *m*, petit diable *m* [démon *m*, espiègle *m*], fripon *m*, gamin *m*, (petit) polisson *m*, canaille *f* {*fam*}, fripouille *f* {*fam*}; ((여자를 가리켜))

ㅅ

garçonne *f*, garçon *m* manqué. ¶ 우리 딸은 꼭 ~ 같다 Notre fille a une allure de garçonne / Notre fille est un garçon manqué.

선명 鮮明 명 netteté *f* ((d'une image)), clarté *f*.

◆**_하다** 형 être net(*te*), clair(*e*); ((contour, bruit)) être précis(*e*). ¶ ~한 색 une couleur [une teinte] vive, une couleur tranchée. ¶ 인쇄가 ~하다 L'impression est très nette. ¶ 그분에 대한 인상[기억]이 ~하다 J'ai un souvenir très clair [très précis] de lui. ¶ 먼 거리에서도 ~하게 보이는 불빛 une lumière que l'on voit nettement de loin. ¶ 얼굴에 안경 자국이 ~하게 남아 있다 avoir encore des traces nettes de lunettes sur le visage. ¶ 문틈으로 그 사람의 얼굴이 ~하게 보였다 Je voyais clairement sa tête par la porte entrouverte.

◆**_성** -性 명 netteté *f* ((d'une image)), clarté *f*.

◆**_도** -度 명 définition *f* ((d'une image)); ((컴퓨터 화면)) résolution *f* ((de l'écran)). ¶ 텔레비전 화면의 ~도가 뛰어나다[높다] C'est une télévision à haute définition.

◆**_히** 부 clairement, nettement, distinctement. ¶ ~히 기억하다 se souvenir de *qc* clairement [nettement], avoir encore clairement *qc* à l'esprit, être encore fr*ais*(*aîche*) dans la mémoire de *qn*. ¶ 깊은 산속이라 별들이 ~히 보인다 Du cœur de la montagne, on voit distinctement les étoiles.

선묘 線描 명 【미술】 dessin *m* fait de lignes, contour *m*, tracé *m*.

선무당 명 ① chaman(*e*) [shaman(*e*)] débutant(*e*), chaman(*e*) sans expérience. ② ((비유적)) 초보자 débutant(*e*), novice *mf*, personne *f* sans expérience [inexpérimentée].

*~**이 사람 잡는다** Un débutant [Une personne inexpérimentée] gâte les choses en faisant semblant d'être compétent(*e*) [habile].

선문 禪門 명 【불교】 secte *f* zen. ¶ ~에 들어가다 devenir moine d'une secte zen.

선문답 禪問答 명 【불교】 ① dialogue *m* entre les gens de la secte zen pour découvrir la vérité ② ((비유적)) 주제와 동떨어진 이야기 réponse *f* non conforme à la question posée. ◇_(을) **하다** ① ((moines de la secte zen)) échanger suivant la méthode de la secte zen pour découvrir la vérité. ② ((비유적)) donner une réponse non conforme à la question posée.

선물[1] 膳物 명 cadeau(*x*) *m*, présent *m*; don *m*; ((여행의)) souvenir *m*. ¶ ~ 세트 un cadeau sous forme d'ensemble ((un service de porcelaine, un service à thé, un service de couverts de table, une ménagère en argent)). ¶ 생일 ~ un cadeau d'anniversaire. ¶ 축하 ~ ((un cadeau à l'occasion d'un succès à un examen (ou un concours) ou à l'occasion d'une promotion)). ¶ 누구에게 ~을 보내다 envoyer un cadeau à *qn*. ¶ 떠나는 친구를 위해 작은 ~을 준비하다 préparer un petit cadeau pour un(*e*) ami(*e*) qui part. ¶ 이것은 별것은 아니지만 나의 마음의 ~이야 Ce n'est pas grand-chose mais ça vient du cœur. ◇_(을) **하다**[**주다**] faire [offrir] un cadeau à *qn*, faire un présent à *qn*, faire cadeau de *qc* à *qn*. ¶ 그 사람은 친구에게 책을 ~했다 Il a offert un livre à un(*e*) ami(*e*) / Il a fait cadeau d'un livre à un(*e*) ami(*e*). ◇_(을) **받다** recevoir un cadeau. ¶ 나는 그 친구에게서 만년필을 ~받았다 J'ai reçu un stylo en cadeau de sa part.

◆**_용** -用 명 pour offrir ((en cadeau)). ¶ ~용 꽃다발 un bouquet pour offrir. ¶ ~용 포장지[상자] du papier cadeau [une boîte cadeau]. ¶ 이것은 ~용입니까? C'est pour offrir? / C'est un cadeau?

선물[2] 先物 명 【경제】 (opérations) à terme *m*. ¶ ~ 시장 marché à terme. ¶ ~ 가격 un prix à terme. ¶ ~을 매입하다 faire un achat à terme. ¶ 커피 ~ café (acheté) à terme.

◆**_거래** -去來 명 【경제】 négociation à terme.

◆**_환** -換 명 【경제】 échange *m* à terme.

선미 船尾 명 poupe *f*, arrière *m* ((d'un navire)).

선민 選民 명 peuple *f* élu, élus *mpl*.

◆**_의식**[**사상**] -意識[思想] 명 conscience *f* [idée *f*] du peuple élu. ¶ ~ 의식[사상]을 품다 se croire le peuple élu (de Dieu).

선박 船舶 명 navire *m*, bateau(*x*) *m*; vaisseau(*x*) *m*; bâtiment *m*. ¶ ~ 검사 contrôle [examen, révision] d'un navire. ¶ ~ 관리 entretien d'un navire. ¶ ~ 회사 agence [compagnie, société] maritime; compagnie de messagerie maritime. ¶ ~을 건조하다 construire un navire. ¶ ~을 진수시키다 lancer un navire, mettre un navire à l'eau [à flot].

◆**_등록** -登錄 명 【법률】 immatriculation *f* d'un navire.

◆**_법** -法 명 【법률】 loi *f* maritime.

◆**_보험** -保險 명 【경제】 assurance *f* d'un navire.

◆**_세** -稅 명 【법률】 taxe *f* sur un navire.

◆**_원부** -原簿 명 【법률】 registre *m* maritime.

선반[1] 명 étagère *f*, rayon *m*, planche *f*, tablette *f*; ((연장 따위를 얹는 것)) râtelier *m*. ¶ 벽에 ~을 매다[달다, 설치하다] mettre [installer] une étagère au mur. ¶ ~ 위의 그릇을 꺼내다 sortir de la vaisselle de l'étagère.

선반[2] 旋盤 명 【공업】 tour *m*. ¶ 자동 ~ tour automatique. ¶ ~에 걸다 tourner ((un pied de table)). ¶ ~으로 쇠를 깎다 tourner le métal.

◆**_공** -工 명 tourneu*r*(*se*).

◆**_공장** -工場 명 tournerie *f*, atelier *m* de tourneur.

선발[1] 先發 명 ① fait d'être précurseur [pionnier]. ¶ ~ 자본주의 국가 les premiers pays capitalistes. ② 【운동】 le premier lanceur au baseball. ◇_(을) **하다** partir en [à l'] avance.

◆**_대** -隊 명 avant-garde(~-~s) *f*.

◆**_투수** -投手 명 premi*er*(*ère*) lanceu*r*(*se*), le(la) lanceu*r*(*se*) qui lance le(la) premi*er*(*ère*). ¶ ~투수로 기용되다 être désigné(*e*) pour être le(la) premi*er*(*ère*) lanceu*r*(*se*).

선발[2] 選拔 명 sélection *f*, choix *m*, tri *m*. ¶ ~ 기준

un critère de sélection. ¶ ~ 대회 un concours. ¶ ~ 시험 un concours (éliminatoire), un examen [une épreuve] éliminatoire. ◇_(을) **하다** sélectionner, choisir, trier; faire une sélection [un tri, un choix] ((parmi des candidats)). ¶ 신입생을 ~하다 sélectionner des élèves de première année. ¶ 누구를 장학생으로 ~하다 sélectionner *qn* comme boursi*er*(*ère*). ◇_(이) **되다** être sélectionné(*e*). ¶ 지역 후보에 ~되다 être sélectionné(*e*) comme candidat(*e*) de la région. ¶ 선수로 ~되다 être sélectionné(*e*) comme athlète.

◆_**전** -戰 명【운동】match *m* [concours *m*] éliminatoire.

선방¹ 善防 명 bonne défense *f*, défense *f* impeccable. ◇_(을) **하다** bien défendre. ¶ 수비진이 ~을 했다 La défense a bien joué.

선방² 禪房 명【불교】pièce *f* dans laquelle on pratique le zen ou on médite.

선배 先輩 명 prédécesseur *m*; devancier(*ère*); ((회사)) personne *f* ayant plus d'ancienneté; ((학교)) ancien(*ne*), étudiant(*e*) aîné(*e*), aîné(*e*) ((du lycée, de l'université)), senior *mf*. ¶ 인생 ~ une personne qui a plus d'expérience de la vie et peut donner plus de conseils. ¶ (옛날) 대학 ~ (ancien(*ne*)) camarade d'université d'une promotion précédente, ¶ 회사 ~ un(*e*) collègue ayant plus d'ancienneté. ¶ 그분은 내 고등학교 2년 ~이다 Il est de deux ans mon aîné au lycée. / Il est d'une promotion de deux ans antérieurs à la mienne. ¶ 결혼은 내가 네 ~다 Je me suis marié(*e*) avant toi.

◆**대**_ 大- 명 ¶ 그분은 내 고등학교 대~이다 C'est un ancien(*ne*) camarade de lycée d'une promotion bien antérieure à la mienne.

선별 選別 명 tri *m*, triage *m*, choix *m*, sélection *f*. ¶ ~ 처리 tri et traitement ((des déchets)). ¶ ~ 보도 la sélection [le tri] des informations [des nouvelles]. ◇_(을) **하다** trier, faire un tri [un triage, un choix, une sélection]. ¶ 좋은 것만 ~하다 ne prendre que de bonnes choses ((en les triant)), choisir les meilleurs morceaux. ◇_(이) **되다** être trié(*e*), choisi(*e*), sélectionné(*e*).

◆_**적** -的 명관 sélecti*f*(*ve*). ¶ ~적으로 처리하다 traiter *qc* de manière sélective.

선본 善本 명【출판】livre *m* imprimé original.

선봉 先鋒 명 tête *f*, avant-garde *f*. ¶ 개혁의 ~에 서다 être à l'avant-garde de la réforme. ¶ 그분이 진군의 ~을 맡았다 Il a dirigé [commandé] l'armée / Il a été à la tête de l'armée.

◆_**대** -隊 명 troupe *f* de tête, groupe *m* de personnes qui prend l'initiative ((de la manifestation)). ¶ ~대를 보내다[파견하다] envoyer une troupe de tête.

◆_**장** -將 명 personne *f* qui prend la tête de *qc*. ¶ 그분은 이번 전투의 ~장이었다 Il a dirigé le combat.

선분 線分 명【수학】segment *m* (de droite). ¶ 점 A와 점 B를 잇는 선을 ~ AB라 하자 On appellera segment [AB] la ligne qui lie les points A et B / On appellera segment [AB] la droite limitée par les points A et B.

선불¹ 先拂 명 paiement *m* [payement *m*] anticipé [par anticipation, préalable]. ¶ ~로 백 유로를 받다 recevoir une avance de cent euros. ¶ 버스 요금은 ~이다 On paye le prix du bus à l'avance [au départ]. ◇_(을) **하다[주다]** payer d'avance [au préalable]. ¶ 음식 값을 ~하다 payer le repas à l'avance. ¶ 세 달치 집세를 ~하다 payer d'avance trois mois de loyer. ◇_(을) **받다** recevoir ((de l'argent)) d'avance [au préalable].

◆_**제** -制 명 système *m* de paiement préalable.

선불² 명 balle *f* perdue.

*~(을) **걸다** ① 섣불리 건드림 toucher *qc* de façon maladroite[imprudente]. ② 상관없는 일에 참견하다가 해를 입음 intervenir dans des affaires qui ne sont pas les *siennes* et en subir des dommages.

*~(을) **놓다** donner un coup à *qn/qc* de façon maladroite [imprudente].

*~(을) **맞다** être une victime innocente [par le fait du hasard] ((littéralement: recevoir une balle perdue)).

선비 명 savant *m*, lettré *m*, érudit *m*; gentilhomme *m*. ¶ ~ 기질 un esprit d'érudit [de gentilhomme]. ¶ 그분은 ~ (집안) 출신이다 Il vient d'une famille de lettrés.

*~**는 얼어 죽어도 곁불은 안 쬔다** Un érudit tâchera toujours de sauver les apparences quoi qu'il arrive [quelles que soient les déconvenues qui lui arrivent] ((vouloir) garder la face coûte que coûte)).

선사¹ 膳賜 명 cadeau(*x*) *m*, présent *m*; don *m*. ◇_(를) **하다** faire [offrir] un cadeau à *qn*, faire cadeau [présent] de *qc* à *qn*. ¶ 누구에게 시계를 ~하다 offrir une montre [un horloge] à *qn*, faire cadeau d'une montre [d'une horloge] à *qn*.

선사² 先史 명【역사】préhistoire *f*.

◆_**시대** -時代 명【역사】âge *m* préhistorique. ¶ ~시대의 유물 des vestiges préhistoriques, une relique préhistorique.

선사³ 禪師 명【불교】moine *m* qui a atteint le zen; moine *m* estimé. ¶ ~의 경지에 오르다 ((moines)) atteindre le zen.

선산 先山 명 tombeau(*x*) *m* [sépulture *f*] des ancêtres [famili*al*(*ale*, *aux*)]; montagne *f* où il y a les tombeaux des ancêtres. ¶ ~에 안장하다 enterrer *qn* dans la sépulture familiale.

선상¹ 線上 명 sur la ligne. ¶ 출발 ~에서 sur la ligne de départ. ¶ 두 현상을 동일한 ~에 놓고 설명하다 expliquer [mettre] deux phénomènes sur la même ligne.

선상² 船上 명 sur le bateau, en bateau, à bord. ¶ ~ 반란[봉기] révolte à bord. ¶ ~에서 연회를 열다 donner [offrir] un banquet à bord.

선상³ 線狀 명 ligne *f*, strie *f*.

◆_**체** -體 명【동물】un corps strié.

선상[4] **扇狀** 명 forme *f* d'éventail.

◆**_지** -地 명 【지리】 delta *m* en éventail.

선생 **先生** 명 ① ((초등학교)) institu*teur*(*trice*), maître(*sse*) d'école, professeur(*e*) des écoles; ((중학교 이상)) professeur(*e*), prof {*fam*}; ((가정교사)) répéti*teur*(*trice*); ((예체능 등의)) professeur(*e*), maître(*sse*) ((de piano, de musique)); ((교습, 강습 등의)) moni*teur*(*trice*) ((de ski, d'auto-école)). ¶ 담임 ~ le[la] professeur(*e*) en charge [responsable] ((d'une classe)), le[la] professeur(*e*) principal(*e*). ¶ 수학 ~ un(*e*) professeur de mathématiques, un(*e*) prof de maths {*fam*}. ¶ 수영 ~ un maître-nageur. ¶ 초등학교 ~ un institu*teur*(*trice*), un(*e*) maître(*sse*) d'école. ¶ 중[고등, 대]학교 ~ un(*e*) professeur(*e*) de collège [de lycée, d'université]. ② 경칭 Monsieur *m*, Madame *f*, Mademoiselle *f*; ((의사)) Docteur *mf*; ((변호사, 공증인)) Maître *mf*. ¶ 김 ~ Monsieur Kim. ¶ 의사 ~ Docteur. ③ ((뛰어난 사람)) expert(*e*), as *m* {*fam*}, champion *m*, crack *m* {*fam*}. ¶ 낚시는 내가 ~이다 Je suis un(*e*) champion(*ne*) [un as {*fam*}] de la pêche.

◆**_님** 명 (Monsieur [Madame] le(la)) professeur(*e*), Monsieur (Madame).

선서 **宣誓** 명 prestation *f* de serment; ((형용사)) juratoire. ¶ 대통령 취임 ~ serment du président pour son investiture. ◇_(를) **하다** jurer, prêter serment ((devant un tribunal)). ¶ 진실만을 말할 것을 ~하다 jurer de dire la vérité et rien que la vérité.

◆**_문** -文 명 prestation *f* écrite.

◆**_식** -式 명 cérémonie *f* de prestation de serment.

선선하다 형 ① être frais(*aîche*); faire frais. ¶ 바람이 ~ Le vent est frais. ¶ 날씨가 제법 선선해졌다 Le temps s'est bien rafraîchi. ② ((성격, 생김새)) être franc(*che*), ouvert(*e*). ¶ 그는 눈매가 ~ Il a les yeux limpides. ¶ 선선한 그의 장담에 그 여자는 할 말이 없었다 Il parlait avec un tel aplomb qu'elle ne pouvait répondre.

◆**선선히** 부 franchement, ouvertement. ¶ 그는 내 부탁을 선선히 들어주었다 Il a accepté ma demande avec plaisir.

선성 **善性** 명 bon caractère *m*.

선소리[1] **先-** 명 【음악】 action d'entonner ((une chanson)). ◇_(를) **하다** entonner ((un chant)).

선소리[2] 명 【음악】 groupe *m* de chanteurs (de chansons populaires de Goryeo) coréens qui chantent debout tout en dansant.

◆**_꾼** 명 【음악】 chanteur *m* du folklore de Goryeo qui chante debout en dansant.

선소리[3] 명 non-sens *m inv*; absurdités *fpl*, bêtises *fpl*, sottises *fpl*, âneries *fpl* {*fam*}, énormités *fpl*; inepties *fpl*. ◇_(를) **하다** dire des absurdités [des sottises, des âneries, des énormités, des inepties]; tenir des propos insensés. ¶ ~ 좀 그만해라 Arrête de dire des sottises.

선수[1] **選手** 명 【운동】 athlète *mf*; concurrent(*e*); joueu*r*(*se*) ((d'une compétition sportive)); équipi*er*(*ère*); champion(*ne*). ¶ ~ 선서 le serment des athlètes. ¶ 운동 ~ un(*e*) athlète, un(*e*) joueu*r*(*se*) ((de football, de tennis)). ¶ 수영 ~ un(*e*) nageu*r*(*se*) (de compétition). ¶ 국가 대표 ~ un(*e*) athlète [un(*e*) joueu*r*(*se*)] de l'équipe nationale. ¶ 최우수[최고] ~ le(la) meilleur(*e*) athlète. ¶ 후보[정] ~ un(*e*) remplaçant(*e*) [un(*e*) titulaire]. ¶ ~를 선발하다 sélectionner des joueurs [des athlètes].

◆**_권** -權 명 【운동】 championnat *m*. ¶ 전국[세계] ~권 대회 le championnat de Corée [du monde].

◆**_단** -團 명 【운동】 équipe *f* [groupe *m*] d'athlètes. ¶ 체조 ~단 une équipe [un groupe] de gymnastes. ¶ 올림픽 ~단 l'équipe olympique.

◆**_촌** -村 명 【운동】 le village *m* des athlètes.

선수[2] **先手** 명 ① ((prendre)) l'initiative *f*, les devants *mpl*. ¶ ~를 빼앗기다 se faire prendre les devants. ② 【운동】 ((marquer)) le premier point *m* au jeu de go. ¶ ~를 두다 prendre l'initiative [les devants]; prendre le pas sur *qc*. ¶ 백의 ~로 시작하다 commencer avec les pions blancs ((au jeu de go)). *~**를 치다[쓰다]** prendre l'initiative [les devants]. ¶ 그는 ~를 쳐서 나의 말을 가로막았다 Il a pris la parole avant moi / Il m'a empêché de prendre la parole [de parler en prenant la parole avant moi] / Il a été plus rapide que moi.

선수[3] **船首** 명 proue *f*, avant *m* d'un navire. ¶ 화물선의 ~ la proue d'un cargo.

선수[4] **善手** 명 expert *m*, quelqu'un de très performant, as *m* {*fam*}, champion(*ne*). ¶ 그는 도박에 ~이다 C'est un as [un expert, un champion] aux jeux d'argent.

선술 **仙術** 명 science *f* occulte du taoïsme [taoïste]. ¶ 그의 의술은 정말 ~이다 Son savoir-faire en médecine est vraiment digne de la science occulte du taoïsme.

선술집 명 cabaret *m*, estaminet *m*, bistro(t) *m*, troquet {*fam*}, mastroquet *m* {*vx*}, assommoir *m* {*vx*}.

선승[1] **先勝** 명 【운동】 première victoire *f*. ◇_(을) **하다[거두다]** remporter le(la) premi*er*(*ère*) une victoire. ¶ 3판 양승제에서 두 경기를 ~을 하다 remporter [gagner] deux parties sur trois.

선승[2] **禪僧** 명 【불교】 moine *m* pratiquant le zen.

선실 **船室** 명 cabine *f*. ¶ 1등 ~ une cabine de première classe [de luxe]. ¶ ~을 예약하다 réserver une cabine sur un paquebot.

선심[1] **善心** 명 bon cœur *m*; esprit *m* vertueux; bonté *f*; charité *f*. ¶ ~ 공세를 하다 faire des libéralités à *qn* (pour lui plaire); chercher à plaire à *qn* avec des gestes libéraux. ◇_(을) **쓰다** faire l'aumône; faire la charité à *qn*; faire *qc* par bienveillance; se montrer généreu*x*(*se*) [libér*al*(*ale*, *aux*)] envers *qn*. ¶ ~ 쓰는 척하다 faire semblant de faire l'aumône.

선심[2] **線審** 명 【운동】 arbitre *m* de touche. ¶ ~을 맡다 être arbitre de touche.

선악 **善惡** 명 bien *m* et mal *m*; vertu *f* et vice *m*;

le juste *m* et l'injuste *m*. ¶ ~을 분별하다[분간하다] discerner le bien du mal.

◆_과 -果 명 【기독】 le fruit *m* de l'arbre du bien et du mal; le fruit *m* du pêché, le fruit *m* défendu.

선약[1] 先約 명 engagement *m* antérieur, promesse *f* (qui existe déjà au moment où l'on est sollicité pour autre chose); premier rendez-vous *m*. ¶ ~을 취소하다 annuler un premier rendez-vous, se décommander. ¶ 오늘 저녁에는 친구와 ~이 있습니다 Ce soir, j'ai déjà un rendez-vous avec un(*e*) ami(*e*) / Ce soir, je suis déjà pris(*e*). ¶ 다른 ~이 없으시면 7시에 보시죠 Si vous n'avez pas d'engagement antérieur [Si vous êtes libre], rendez-vous à sept heures / Si vous n'avez d'autre rendez-vous, venez à sept heures. ◇_(을) **하다** prendre un premier rendez-vous. ¶ 나는 그 여자와 저녁 식사를 (하기로) ~하였다 J'ai déjà pris rendez-vous avec elle pour ce soir. ◇_(이) **되다** être (déjà) pris(*e*), avoir déjà un premier engagement [rendez-vous] avec *qn*. ¶ 그 시간에는 다른 분과 ~이 되어 있습니다 Je suis déjà pris(*e*) (avec quelqu'un d'autre) à cette heure. ¶ 나는 그 남자와 만나기로 ~이 되어 있다 J'ai déjà un premier engagement avec lui.

선약[2] 仙藥 명 ① panacée *f*; remède *m* universel; élixir *m* de longue vie. ② 효험이 좋은 약 remède *m* très efficace. ¶ 감기에는 이 약이 ~이다 C'est un très bon remède contre le rhume [contre les refroidissements] / C'est un médicament très efficace contre le rhume.

선양 宣揚 명 action de faire connaître ⦅*son* pays⦆; exaltation *f* ⦅au nom de Dieu⦆. ◇_(을) **하다** faire connaître; exalter, rehausser, relever. ¶ 국위를 ~하다 donner une excellente impression de *sa* patrie, rehausser le prestige de la patrie.

선어말어미 先語末語尾 명 【언어】 suffixe *m* flexionnel préfinal, terminaison *f* préfinale. ¶ 시제 ~ suffixe flexionnel préfinal temporel. ¶ 존칭 ~ suffixe flexionnel préfinal honorifique.

선언[1] 宣言 명 déclaration *f*, proclamation *f*; profession *f*; annonce *f*, publication *f*; manifeste *m* ⦅d'un mouvement littéraire⦆. ¶ 독립 ~ déclaration d'indépendance. ¶ 개회[폐회] ~ *déclaration de l'ouverture* [de la fermeture] d'une séance. ¶ 공산당 ~ manifeste du parti communiste. ◇_(을) **하다** déclarer, publier, annoncer, proclamer. ¶ 개회를 ~을 하다 déclarer la séance ouverte. ¶ 대회 참가를 ~하다 annoncer *sa* participation à un concours. ¶ 모임에서 탈퇴할 것을 ~하다 déclarer qu'on va se retirer d'une association. ◇_(이) **되다** être déclaré(*e*), publié(*e*), annoncé(*e*). ¶ 개회가 ~되었다 La séance est déclarée ouverte.

◆_문 -文 명 déclaration *f*, manifeste *m*. ¶ 독립 ~문 déclaration d'indépendance.

◆_서 -書 명 déclaration *f*, manifeste *m*. ¶ ~서를 낭독하다 lire à voix haute un manifeste [une déclaration].

◆폭탄_ 爆彈 명 déclaration *f* incendiaire. ¶ 이혼하겠다고 폭탄~을 하다 déclarer brutalement qu'on va divorcer.

선언[2] 選言 명 disjonction *f*. ¶ ~ 명제 (une proposition) disjonctive; une disjonction. ¶ ~ 원리 un principe disjonctif.

◆_적 -的 명관 disjonctif(*ve*). ¶ ~ 개념 une notion disjonctive, un concept disjonctif. ¶ ~ 추리 un raisonnement disjonctif; un dilemme. ¶ ~ 판단 un jugement disjonctif. ¶ ~ 삼단논법 un syllogisme disjonctif; un dilemme.

선업 善業 명 acte *m* [action *f*] méritoire. ¶ ~을 쌓다 accumuler les actes méritoires.

선연하다 鮮然- 형 être distinct(*e*), net(*te*); ⦅image⦆ être vivant(*e*), vif(*ve*); avoir un souvenir net [précis, fidèle, vivant] ⦅d'un événement⦆; être encore tout frais(*aîche*) dans la mémoire de *qn*, être encore à l'esprit, avoir encore présent à l'esprit [à la mémoire] ⦅un événement⦆, se souvenir encore précisément ⦅d'un événement⦆, avoir un souvenir net ⦅d'un événement⦆; ⦅*se*⦆ revoir encore précisément ⦅faire *qc*⦆. ¶ 지금도 기억이 ~ Ce souvenir est encore tout frais dans ma mémoire / J'ai encore à l'esprit ce souvenir / Même maintenant, j'ai un souvenir très vivant ⦅de cette scène⦆ / Je me rappelle encore maintenant ⦅cette scène⦆ / J'ai encore l'impression que c'était hier. ¶ 그 남자의 모습이 선연하게 떠오른다 J'ai encore à l'esprit l'image de cet homme / Je le revois encore.

◆선연히 부 nettement, distinctement. ¶ 간밤의 꿈이 머리에 선연히 떠올랐다 J'ai encore à l'esprit le rêve de la nuit dernière / Je revois encore le rêve de la nuit dernière.

선열 先烈 명 ceux qui sont morts pour la justice ou pour la patrie.

◆순국_ 殉國- 명 ceux qui sont morts [qui ont donné leur vie] pour la patrie, héros *m* mort pour la patrie, héros *m* national.

선영 先塋 명 ☞ 선산

선왕 先王 명 roi *m* défunt; grand roi *m* (de l'histoire). ¶ ~의 유훈을 따르다 se conformer aux volontés du roi (défunt).

선외 選外 명 fait de ne pas avoir obtenu de prix, fait d'avoir été refusé(*e*) ⦅à un concours⦆ [de ne pas avoir été sélectionné(*e*)]. ¶ ~ 가작 un accessit. ¶ ~가 되다 être refusé(*e*) ⦅à un concours⦆; ne pas obtenir de prix.

선용 善用 명 bon usage *m*. ¶ 여가 ~ bon usage de *son* temps libre. ◇_(을) **하다** faire bon usage de *qc*, faire un bon emploi de *qc*, tirer un bon parti de *qc*. ¶ 자투리 시간을 ~하다 faire bon usage de *son* temps libre.

선웃음 명 rire *m* [sourire *m*] forcé. ◇_(을) **치다[짓다]** sourire amèrement; avoir un sourire forcé.

ㅅ

선원[1] **船員** 명 équipage *m*; marin *m*, matelot *m*. ¶ 견습 ~ un mousse; un apprenti matelot. ¶ 일등 ~ un officier.

◆**_보험** -保險 명 【경제】 assurance *f* de marins.

◆**_수첩** -手帖 명 carnet *m* de bord.

선원[2] **禪院** 명 【불교】 temple *m* bouddhiste.

선위[1] **禪位** 명 abdication *f*. ◇_(를) **하다** abdiquer. ¶ 덕이 있는 인물에게 ~하다 abdiquer devant plus fort que *soi*.

선위[2] **選委** 명 (('선거관리위원회'의 준말)) comité *m* de gestion des élections.

선유[1] **仙遊** 명 amusement *m* féerique en bateau; profiter d'un [vivre dans un] endroit féerique.

선유[2] **船遊** 명 promenade *f* en bateau (sur l'eau); canotage *m*.

선율 **旋律** 명 mélodie *f*. ¶ 식당 안에 아름다운 ~이 흐르고 있다 Dans le restaurant, on entend un air mélodieux.

◆**_법[학]** -法學 명 【음악】 études *fpl* mélodiques.

선의 **善意** 명 ① bon cœur *m*; bonne intention *f*; bonne volonté *f*; bonne foi *f*; ((형용사)) bien intentionné(*e*), ((un homme)) de bonne foi, de bonne volonté. ¶ ~의 거짓말 un mensonge bien intentionné. ¶ ~의 경쟁자 un concurrent de bonne foi [bien intentionné]. ¶ 그의 충고를 ~로 해석하다 interpréter un conseil en bien; prendre un conseil du bon côté. ¶ ~로 시작한 일이 결과가 나쁘게 되었다 Un événement qui avait bien commencé s'est mal terminé. ② 【법률】 bons offices *mpl*; de bonne foi. ¶ ~의 피해자 une victime de bonne foi. ¶ ~의 점유 prise de possession de bonne foi. ¶ ~의 제삼자 une tierce personne agissant de bonne foi.

선의지 **善意志** 명 【철학】 intention *f* vertueuse ((terme de Kant)).

선이자 **先利子** 명 【경제】 intérêts *mpl* payés en avance. ¶ ~를 받다 percevoir [toucher] des intérêts en avance. ¶ ~를 떼다 prélever des intérêts en avance. ¶ ~를 지불하다 payer des intérêts en avance.

선인[1] **仙人** 명 ermite *m* taoïste.

선인[2] **先人** 명 père *m* défunt; devanci*er*(*ère*), précurseur *m*, prédécesseur *m*. ¶ ~들의 지혜 la sagesse des précurseurs. ¶ ~들의 발자취 traces des précurseurs.

선인[3] **善人** 명 homme *m* de bien, homme *m* bon. ¶ 그는 천성이 ~이다 C'est un homme de bien [un homme bon] / C'est une bonne nature / Il a un bon fond.

선인[4] **船人** 명 matelot *m*; naviga*teur*(*trice*); batelier *m*; ((바다)) marini*er*(*ère*).

선인장 **仙人掌** 명 【식물】 cactus *m*. ¶ ~ 가시에 찔리다 se piquer avec un cactus.

선임[1] **選任** 명 élection *f* et nomination *f* à un poste; désignation *f*. ¶ 이사회가 총장 ~을 결정했다 Le conseil d'administration a choisi [élu, nommé] son président. ◇_(을) **하다** nommer *qn* ((membre du comité)), désigner *qn* ((à un poste)). ¶ 새 사장을 ~하다 nommer un nouveau directeur. ¶ 변호사를 ~하다 nommer un avocat. ◇_(이) **되다** être nommé(*e*), désigné(*e*). ¶ 그 사람이 대표로 ~되었다 Il(Elle) a été désigné(*e*) comme représentant(*e*).

선임[2] **先任** 명 ① ancienneté *f*. ¶ ~ 사원 un(*e*) employé(*e*) plus ancien(*ne*) [ayant plus d'ancienneté]. ¶ ~ 장교 un officier supérieur. ¶ ~ 하사(관) un sous-officier supérieur. ② 선임자 prédécesseur *m*. ◇_(을) **하다** désigner *qn* pour un travail particulier.

◆**_권** -權 명 【사회】 droit *m* d'ancienneté.

◆**_자** -者 명 prédécesseur *m*.

◆**_제** -制 명 【사회】 système *m* d'ancienneté.

선입감 **先入感** 명 ☞ 선입관

선입견 **先入見** 명 ☞ 선입관

선입관 **先入觀** 명 préjugé *m*; idée *f* reçue; idée *f* [opinion *f*] préconçue [toute faite], *a priori m inv*; parti *m* pris; prévention *f*. ¶ 무엇[누구]에 대해 좋지 않은 ~을 가지다 avoir un préjugé [une idée reçue, une idée toute faite] défavorable [des a priori, un parti pris] sur *qc* [envers *qn*, contre *qn*, vis-à-vis de *qn*]. ¶ 일체의 ~을 버리다[배제하다] écarter tout préjugé. ¶ ~이 앞선다 Les préjugés prévalent [sont dominants]. ¶ ~ 없이 사람을 대하다 considérer les gens sans préjugés [sans parti pris]; ne pas avoir de parti pris [de préjugés, d'a priori] envers *qn*.

선잠 명 sommeil *m* léger; assoupissement *m*. ¶ ~을 자다 dormir d'un sommeil peu profond [léger], sommeiller; ne pas bien dormir. ¶ ~에서 깨어나다 être tiré(*e*) de *son* assoupissement. ¶ ~이 들다 s'assoupir, faire un petit somme {*fam*}.

선장 **船長** 명 commandant *m*; capitaine *m*; patron *m* d'un navire.

◆**_실** -室 명 cabine *f* du capitaine [du commandant] d'un navire.

선적[1] **船積** 명 chargement *m* ((d'un bateau)); expédition *f*, embarquement *m* ((des marchandises)). ¶ ~ 가격 frais d'expédition (par bateau). ¶ ~ 서류 papiers d'expédition [d'embarquement]. ¶ ~ 통지서 avis d'expédition. ¶ 자동차의 ~을 완료하다 terminer l'embarquement d'une voiture. ◇_(을) **하다** charger ((un cargo)); embarquer ((des marchandises)); expédier des marchandises (par bateau). ¶ 화물을 ~하다 charger un cargo ◇_(이) **되다** être chargé(*e*); être embarqué(*e*); être expédié(*e*) (par bateau).

◆**_물** -物 명 marchandise *f* expédiée [fret] (par bateau).

◆**_항** -港 명 port *m* d'embarquement.

선적[2] **船籍** 명 ① nationalité *f* d'un navire; registre *m* maritime. ¶ ~ 증명서 certificat de nationalité d'un navire. ¶ ~ 불명의 배 un navire de nationalité inconnue. ¶ 영국 ~의 배 un navire (de nationalité) britannique. ¶ ~을 등록하다[조회하다] s'inscrire sur le registre maritime. ¶ 이 배는 한국 ~이다 Ce navire est de nationalité coréenne / C'est un navire coréen.

◆_항 -港 명 port *m* d'attache.

선전¹ 宣傳 명 publicité *f*, réclame *f*; propagande *f*. ¶ ~ 문구 slogan ((publicitaire, politique)). ¶ ~ 효과 impact d'une propagande. ¶ 과대 ~ publicité [propagande] tapageuse. ¶ 대대적인 신제품 ~ 공세를 펴다 prendre l'offensive pour une publicité massive [tapageuse] pour des nouveautés. ¶ 자회사 ~에 안간힘을 쓰다 faire le maximum pour faire de la publicité pour *son* entreprise. ◇_(을) **하다** faire de la publicité [de la réclame]; faire de la propagande. ¶ 떠들썩하게[요란하게] ~하다 faire une publicité tapageuse. ¶ 방송으로 제품을 ~하다 faire la publicité d'un produit à la radio [à la télévision]. ¶ 친구 분들에게 우리 가게 좀 ~해 주세요 Faites de la publicité pour notre magasin [Faites connaître notre magasin] à vos amis. ¶ 그는 자기 혼자 그 일을 다 했다고 ~을 해 댔다 Il s'est vanté d'avoir fait ce travail tout seul. ◇_(이) **되다** se faire connaître par une publicité.

◆_망 -網 명 réseau(*x*) *m* de propagande.

◆_문 -文 명 texte *m* publicitaire [de propagande].

◆_물 -物 명 objet *m* de propagande.

◆_비 -費 명 frais *mpl* de publicité [de propagande]; budget *m* de publicité [de propagande].

◆_술 -術 명 technique *f* de propagande.

◆_원 -員 명 publicitaire *mf*.

◆_탑 -塔 명 tour *f* publicitaire.

◆흑색_ 黑色- 명 libelles *mpl* {*litt*}; pamphlets *mpl* diffamatoires; propagande *f* calomnieuse.

선전² 善戰 명 bon combat *m*. ◇_(을) **하다** combattre vaillamment. ¶ 강팀을 만나 끝까지 ~하다 se battre jusqu'au bout face à une (très) forte équipe.

선전³ 宣戰 명 déclaration *f* de guerre.

◆_포고 -布告 명 déclaration *f* de guerre. ¶ ~포고(를) 하다 déclarer la guerre à ((un pays)). ¶ 미국이 일본에 ~포고를 했다 Les États-Unis ont déclaré la guerre au Japon. ¶ ~포고도 없이 공격하다 attaquer sans avoir fait de déclaration de guerre.

선점 先占 명 occupation *f* [invasion *f*] ((d'un territoire)) avant *qn*. ¶ 시장 ~ 효과 effet de l'occupation d'un marché avant les autres. ◇_(을) **하다** occuper ((un territoire)) avant *qn*. ¶ 반도체 시장을 ~하다 occuper le premier le marché des semi-conducteurs.

선정¹ 選定 명 choix *m*, sélection *f*. ¶ ~ 기준 critères de sélection. ¶ 작품 ~ la sélection d'un produit [d'une marchandise]. ◇_(을) **하다** choisir; fixer [arrêter] *son* choix sur *qc*; sélectionner. ¶ 우수 선수를 ~하다 sélectionner les meilleurs athlètes [joueurs]. ¶ 평론가들이 이 소설을 올해의 작품으로 ~했다 Les critiques ont sélectionné ce roman comme l'œuvre de l'année. ◇_(이) **되다** être sélectionné(*e*). ¶ 이 달의 선수에 ~되다 être le joueur du mois. ¶ 그 선수가 최우수 선수로 ~되었다 Il a été désigné comme le meilleur joueur.

선정² 善政 명 bon gouvernement *m*. ¶ ~을 베풀다 bien gouverner.

◆_비 -碑 명 stèle *f* d'un bon gouvernement sur lequel figure un rapport détaillé.

선정³ 煽情 어근 provocation *f*, sensualité *f*, volupté *f*, érotisme *m*.

◆_적 -的 명관 ((attitude, regard)) provocant(*e*), excitant(*e*), ((déshabillé)) troublant(*e*), ((image)) érotique, ((film)) suggesti*f*(*ve*), sensuel(*le*), voluptueu*x*(*se*). ¶ ~적인 영화 un film érotique [suggestif]. ¶ ~적인 광고 une publicité provocante ¶ ~적인 웃음 un (sou)rire provocant [suggestif]. ¶ 그 여자의 자세는 매우 ~적이었다 Sa position était très érotique [suggestive].

◆_주의 -主義 명 provocation *f*. ¶ ~주의적인 보도 자세 une attitude provocante, un geste provocateur.

선제 先制 명 (fait de) mener au score; ((경기 따위의)) départ *m* en tête. ¶ ~ 2점을 올리다 marquer les deux premiers points. ¶ ~ 공격을 하다[가하다] attaquer le premier. ¶ ~ 홈런을 치다 démarrer au score en frappant un *home run*.

선조 先祖 명 ancêtre *m*; ascendance *f*; ascendants *mpl*, aïeux *mpl*. ¶ ~ 때부터 전해 내려온 보물 un trésor qui vient de mes ancêtres; un trésor héréditaire; des bijoux de famille. ¶ 16대 ~ un ancêtre de la seizième génération.

선종¹ 禪宗 명 【불교】 secte *f* zen; bouddhisme *m* zen.

선종² 腺腫 명 【의학】 adénome *m*.

선주 船主 명 propriétaire *m* d'un bateau. ¶ ~ 협회 association des propriétaires de bateaux.

선중 船中 명 ((à)) bord *m* ((d'un bateau)), intérieur *m* ((d'un bateau)). ¶ ~에서 반란이 일어났다 Une révolte a éclaté à bord (du bateau) [à l'intérieur du bateau].

선지¹ 명 caillot *m* de sang ((d'un animal)); *seonji m* ((sorte de boudin noir)).

◆_ㅅ국 명 soupe *f* au *seonji*.

◆_피 명 caillot *m* de sang.

선지² 先知 명 prophétie *f*; prévision *f*, prévoyance *f*, clairvoyance *f*.

◆_자 -者 명 prophète *m* (prophétesse *f*); voyant(*e*).

선진¹ 先進 명 ① ancienneté *f*. ② devanci*er*(*ère*). ¶ ~ 문명[사상, 학문] civilisation avancée [idées avancées, sciences développées]. ¶ ~ 사회[국가] une société développée [un pays développé]. ¶ ~ 공업국 un pays industriel développé [avancé].

◆_적 -的 명관 précurseur, d'avant-garde, avant-coureur, devanci*er*(*ère*); avancé(*e*), développé(*e*). ¶ ~적인 이론 une théorie d'avant-garde; une théorie révolutionnaire.

◆_화 -化 명 développement *m*. ¶ ~화하다 développer. ¶ ~화되다 être développé(*e*).

◆_국 -國 명 pays *m* développé [évolué]. ¶ ~국 대열에 끼다[들어서다] entrer dans le rang des pays développés. ¶ ~국이 되다 devenir [être] un pays développé.

◆_형 -形 명 du type avancé. ¶ ~형 산업구조 une structure industrielle avancée.

선진² 先陣 명 avant-garde(~-~s) *f.* ¶ ~ 부대 une garnison d'avant-garde. ¶ ~ 100명이 먼저 기지에 도착했다 Tout d'abord, 100 personnes sont arrivées sur la base. ¶ ~을 맡다 se faire confier l'avant-garde; être placé dans l'avant-garde.

선집 選集 명 œuvres *fpl* choisies, morceaux *mpl* choisis; anthologie *f.* ¶ 프랑스 문학[시] ~ anthologie de la littérature [de la poésie] française. ¶ 발자크 ~ anthologie de Balzac.

선착 先着 명 action d'arriver avant *qn.* ◇_(을) **하다** arriver avant *qn.* ¶ 4강에 ~하다 être la première équipe qualifiée pour les quarts de finale. ¶ 숙소에는 이미 많은 팀들이 ~해 있었다 De nombreuses équipes (sportives) étaient déjà arrivées à l'hébergement.

◆_순 -順 명 par ordre *m* d'arrivée. ¶ ~순으로 예약을 받다 être reçu(*e*) chez un médecin par ordre d'arrivée. ¶ ~순(으로) 100명에게 기념품을 드립니다 Nous offrons un lot aux cent premiers arrivés.

선착장 船着場 명 quai *m*, embarcadère *m*, débarcadère *m*; port *m*.

선창¹ 先唱 명 ① action d'entonner un chant. ¶ 사회자의 ~으로 노래를 부르다 chanter une chanson à l'initiative de l'animateur. ② 맨 먼저 주창함 initiative *f.* ◇_(을) **하다** ① entonner ((un chant)). ¶ 제가 ~할 테니 따라 하십시오 Je vais chanter en premier [donner le ton], suivez-moi [vous n'avez qu'à me suivre]. ② 맨 먼저 주창하다 introduire; prendre l'initiative de *qc*.

◆_자 -者 명 ① personne *f* qui entraîne les autres à chanter. ② personne *f* qui prend l'initiative de *qc*.

선창² 船窓 명 hublot *m*.

선창³ 船艙 명 quai *m*, embarcadère *m*, débarcadère *m*; entrepôt *m* maritime; pont *m* de bateaux. ¶ 여객선용 ~ pont de bateaux pour passagers. ¶ ~에 배를 대다 mettre un bateau à quai.

◆_가 명 bord *m* du quai.

선책 善策 명 bon plan *m*; bonne mesure *f.* ¶ 뭐 좋은 ~이 없을까 N'y aurait-il pas une mesure adéquate?

◆최_ 最 명 le meilleur plan *m.* ¶ 이게 최~은 아니다 Ce n'est pas le meilleur plan.

선처 善處 명 traitement *m* de faveur. ¶ ~를 부탁[호소]하다 demander [réclamer] traitement de faveur auprès de *qn.* ¶ ~(를) 바랍니다 Je m'en remets à vous [à votre décision]. ◇_(를) **하다** accorder une faveur à *qn.* ¶ 모쪼록 ~해 주십시오 Je m'en remets à vous [à votre décision].

선천 先天 명 caractère *m* inné [naturel, congénital, néonatal; ((유전성의)) héréditaire, atavique.

◆_적 -的 명관 inné(*e*), naturel(*le*), congénit*al*(*ale*, *aux*), néonat*al*(*ale*, *aux*), de naissance; ((유전성의)) héréditaire, atavique. ¶ ~적인 기형[불구] une malformation néonatale [de naissance, congénitale]. ¶ 그의 성격은 ~적이다 Il a toujours eu ce caractère / Dès l'enfance, il était ainsi / Il est comme ça de nature / C'est sa nature / C'est son caractère naturel [d'origine] / Dès la naissance, il avait ce caractère / Il est comme ça de naissance / Il est ((anxieux)) de naissance / Il a toujours été comme ça. ¶ 그는 ~적으로 심장이 약하다 Il a une malformation cardiaque congénitale / Il est né avec [Il a] une cardiopathie congénitale / Il est né avec un souffle au cœur.

◆_성 -性 명 caractère *m* congénital [néonatal, inné, naturel; ((유전성의)) héréditaire, atavique]. ¶ ~성 질환 une maladie congénitale (et héréditaire) ¶ ~성 심장병 une maladie cardiaque congénitale et héréditaire, une malformation cardiaque congénitale, une cardiopathie congénitale.

선철¹ 先哲 명 sage *m* (du temps passé).

선철² 銑鐵 명 【공업】 fonte *f.*

선체 船體 명 coque *f* (d'un navire). ¶ ~가 기울고 있다 Le bateau penche. ¶ ~가 완전히 뒤집혔다 La coque de son bateau a été complètement retournée.

선축 先蹴 명 【운동】 engagement *m* au coup d'envoi (pour l'équipe ayant gagné la mise en jeu). ¶ 우리 팀의 ~으로 경기가 시작되었다 C'est notre équipe qui a engagé le match au coup d'envoi. ◇_(을) **하다** ((l'équipe ayant gagné la mise en jeu)) engager la partie (au coup d'envoi).

선출 選出 명 élection *f.* ¶ 위원장 ~ l'élection du directeur de comité. ◇_(을) **하다** élire *qn.* ¶ 대표를 ~하다 élire un représentant. ◇_(이) **되다** être élu(*e*). ¶ 그는 의원으로 ~되었다 Il a été élu député.

◆_직 -職 명 poste *m* obtenu par une élection. ¶ ~직 시장 poste de maire obtenu par élection.

선취 先取 명 action de prendre *qc* le premier [d'occuper *qc* avant autrui], action de prendre les devants, action d'anticiper [de devancer]; ouverture *f* ((de la marque)). ¶ ~ 득점 l'ouverture de la marque, l'inscription du premier point [but]. ◇_(를) **하다** prendre les devants, anticiper, devancer; prendre *qc* le premier; occuper *qc* avant autrui; ((운동 경기)) ouvrir la marque, inscrire le premier point [((농구)) panier, ((축구 따위)) but]. ¶ 우리는 1점을 ~했다 Nous avons marqué [inscrit] le premier but / Nous avons ouvert la marque.

◆_점 -點 명 【운동】 ouverture *f* de la marque; inscription *f* du premier point *m* [((축구 따위)) but *m*, ((농구)) panier *m*]. ¶ ~점을 따다[올리다] ouvrir la marque, marquer [inscrire, mettre] le premier point [((축구 따위)) but, ((농구)) panier]. ¶ ~점을 지키다 conserver l'avantage après l'ouverture de la marque, conserver l'avantage à 1-0.

선친 先親 명 père *m* (défunt). ¶ ~께서 살아 계셨다면 Si son père était encore vivant. ¶ 자네 ~하고 나하고 절친한 사이였네 Ton père et moi étions très intimes [proches].

선택 選擇 명 choix *m*, option *f*; sélection *f*. ¶ ~의 기준 critère de sélection. ¶ ~의 순간 le moment décisif. ¶ 직업 ~의 자유 la liberté de choisir sa profession. ¶ ~의 폭이 넓다 avoir beaucoup de choix [un grand choix, n'avoir que l'embarras du choix]. ¶ 다른 ~의 여지가 없다 Je n'ai pas le choix / Je n'ai pas d'autre choix / Je ne peux pas faire autrement. ¶ 최종 ~은 너에게 달렸다 C'est à toi de prendre la décision finale. ¶ 이것만이 내가 할 수 있는 유일한 ~이다 Je n'ai pas d'autre choix / Je n'ai pas d'autre alternative [possibilité] / Je n'ai pas le choix / C'est la seule possibilité qui me soit offerte. ¶ 이제 어떻게 해야 할지 ~만이 남았다 À présent, il ne reste plus qu'à choisir comment il faut faire. ◇_(을) **하다** choisir; opter pour *qc*; faire [fixer, arrêter] *son* choix sur *qc*; sélectionner. ¶ ~을 잘하다 bien choisir, faire bonne pioche {*pop*}. ¶ ~을 잘못하다 mal choisir, faire un choix malheureux, faire mauvaise pioche {*pop*}]. ¶ 둘 중에 하나를 ~하다 en choisir un des deux. ¶ 누구를 후계자로 ~하다 désigner *qn* comme successeur. ¶¶ 그 사람이 누구를 ~할지 궁금하다 Je me demande qui il va choisir. 그 여자는 조국을 버리고 사랑을 ~했다 Elle a renoncé à son pays [à sa patrie] pour l'amour d'un homme. ◇_(이) **되다** être sélectionné(*e*), choisi(*e*). ¶ 그가 대표로 ~되었다 Il a été sélectionné comme représentant de son pays.

◆**_적** -的 명관 sélecti*f*(*ve*). ¶ 병에 따라 ~적으로 작용하는 치료약 un médicament ayant des actions différentes suivant les maladies, un médicament qui agit de façon différente [qui a des effets différents, qui est utilisé de façon différente] suivant les maladies.

◆**_성** -性 명 sélection *f*.

◆**_권** -權 명 option *f*. ¶ ~권을 주다 concéder [céder] le droit de choisir à *qn*.

◆**_과목** -科目 명 【교육】 matière *f* optionnelle [facultative]; (matière *f* à) option *f*.

◆**_제약** -制約 명 【언어】 restriction *f* de sélection, restriction *f* sélective, contrainte *f* de sélection; contrainte *f* distributionnelle.

선탠 영{suntan} 명 bronzage *m*. ◇_(을) **하다** se (faire) *bronzer*.

선편 船便 명 (transport *m*) par mer; trafic *m* maritime. ¶ ~으로[에] 보내다 envoyer *qc* par bateau.

선포 宣布 명 proclamation *f*; promulgation *f*; publication *f*. ¶ 전쟁 ~를 알리다 faire une déclaration de guerre; proclamer la guerre. ◇_(를) **하다** proclamer; promulguer ((un édit)); publier. ¶ 계엄령을 ~하다 proclamer la loi martiale; proclamer [lever] l'état de siège [d'alerte]. ¶ 정회를 ~하다 proclamer la suspension ((d'une réunion, d'une séance)). ¶ 그는 이 일에서 손을 떼겠다고 많은 사람들 앞에서 ~했다 Il a déclaré devant beaucoup de gens qu'il allait renoncer à cette affaire. ◇_(가) **되다** être proclamé(*e*); être promulgué(*e*), être publié(*e*). ¶ 전국에 계엄령이 ~되었다 Dans tout le pays l'état de siège a été proclamé.

◆**_문** -文 명 texte *m* de proclamation.

◆**_식** -式 명 cérémonie *f* de proclamation.

선풍[1] 旋風 명 ① 【지리】 tourbillon *m* de vent. ② 돌발적 현상 agitation *f*; série *f* ((d'arrestations)). ¶ 반체제 인사 검거 ~ série d'arrestations des opposants.

*~**을 일으키다** faire sensation (dans le public). ¶ 이 작품은 비평가들 사이에 ~을 일으켰다 Cette œuvre a fait sensation auprès des critiques.

◆**_적** -的 명관 sensationnel(*le*). ¶ ~적인 인기 une popularité sensationnelle; un succès sensationnel.

선풍[2] 仙風 명 ambiance *f* [atmosphère *f*] féerique.

선풍기 扇風機 명 ventilateur *m*. ¶ ~를 틀다[켜다, 돌리다] allumer un ventilateur [mettre un ventilateur en marche]. ¶ ~ 바람을 쐬다 se rafraîchir grâce à un ventilateur.

선하다[1] 형 être distinct(*e*), net(*te*); ((image)) être vi*f*(*ve*), vivant(*e*); avoir un souvenir net [précis, fidèle, vivant] ((d'un événement)); être encore tout fr*ais*(*aîche*) dans la mémoire de *qn*, être encore à l'esprit, avoir encore présent à l'esprit [à la mémoire] ((un événement)), se souvenir encore précisément ((d'un événement)), avoir un souvenir net ((d'un événement)); ((*se*)) revoir encore précisément ((faire *qc*)). ¶ 지금도 그때의 일이 눈(앞)에 ~ Même encore maintenant, je revois précisément [j'ai encore à l'esprit] ce qui s'est passé ce jour-là / Encore maintenant, je me souviens précisément de ce qui s'est passé ce jour-là / Cet événement est encore tout frais dans ma mémoire / Je m'en souviens encore précisément comme si c'était hier / Encore aujourd'hui, j'ai un souvenir très vivant de cette scène / Je me rappelle même encore maintenant cette scène. ¶ 나는 그 일이 아직까지 기억에 ~ J'ai encore présent à l'esprit [à la mémoire] cette scène [ce qui s'est passé ce jour-là] / Je me rappelle encore maintenant cette scène / J'ai l'impression que c'était hier [que cela s'est passé hier].

◆**선히** 부 distinctement, nettement. ¶ 사고 당시의 끔찍한 상황이 아직도 머리에 선히 떠오른다 J'ai encore présent à l'esprit l'horrible scène de l'accident.

선하다[2] 善- 형 être bon(*ne*). ¶ 그는 마음씨가 매우 ~ Il a très bon cœur. ¶ 선하게 살다 bien vivre.

선학[1] 先學 명 prédécesseurs *mpl* dans le même domaine des études, ceux qui ont fait précédemment [auparavant] des études [des recherches] dans le même domaine des études. ¶ ~들의 가르침을 받다[연구를 이어받다] bénéficier de l'enseignement de *ses* prédécesseurs dans ce domaine de recherches [poursuivre les recherches antérieures]. ¶ ~의 연구를 참조하다 consulter les travaux de recherches antérieurs.

선학² 禪學 명 【불교】 science *f* du zen.

선행¹ 善行 명 acte *m* de bonté [de vertu]; bonne action *f* [conduite *f*], B.A. *f*. ¶ ~을 베풀다[쌓다] pratiquer [faire] le bien. ¶ 누구의 ~을 표창하다 féliciter *qn* publiquement pour une bonne action. ◇_을 하다 pratiquer [faire] le bien; faire une bonne action [une B.A.].

◆_상 -賞 명 prix *m* pour bonne conduite [pour une B.A.].

선행² 先行 명 antériorité *f*. ¶ ~ 연구 études antérieures [précédentes]. ¶ ~ 조건 conditions préalables. ◇_(을) 하다 précéder, devancer; se placer devant. ¶ 그 일에 ~해서 이 작업부터 먼저 해 두는 게 좋겠다 Il vaudrait mieux commencer par ce travail. ¶ 그 여자의 생각은 시대에[를] ~하고 있다 Elle [Sa pensée] est en avance sur son siècle. ◇_(이) 되다 être devancé(*e*). ¶ 무엇보다 법령의 정비가 ~되어야 한다 Il faut avant tout commencer par la révision du statut.

◆_사 -詞 명 【언어】 antécédent *m*.

선향 先鄕 명 lieu(*x*) *m* d'origine d'une famille. ¶ ~이 어디신지요 D'où votre famille est-elle originaire?

선험 先驗 어근 transcendance *f*, expérience *f* empirique.

◆_적 -的 명관 transcendant(*e*); a priori; transcendant*al*(*ale*, *aux*). ¶ ~적(인) 지식 un savoir transcendant. ¶ ~적 관념론 un idéalisme transcendantal. ¶ 그런 것은 ~적으로 알 수 있다 On peut le savoir a priori.

◆_성 -性 명 【철학】 transcendance *f*.

◆_론 -論 명 【철학】 transcendantalisme *m*. ¶ ~론적인 입장 une position transcendantale.

◆_주의 -主義 명 【철학】 transcendantalisme *m*.

◆_철학 -哲學 명 【철학】 transcendantalisme *m*.

선헤엄 명 nage *f* avec les bras uniquement. ◇_(을) 치다 nager avec les bras uniquement.

선현 先賢 명 sage *m* (du temps passé).

선혈 鮮血 명 sang *m* (frais). ¶ ~이 낭자한 얼굴 un visage ensanglanté [couvert de sang].

선형¹ 線形 명 forme *f* linéaire.

◆_가속기 -加速器 명 【공업】 accélérateur *m* linéaire.

◆_경제학 -經濟學 명 【경제】 économie *f* linéaire.

◆_공간 -空間 명 【수학】 espace *m* linéaire.

◆_대수 -代數 명 【수학】 algèbre *f* linéaire.

◆_동물 -動物 명 【생물】 némathelminthes *mpl*.

◆_방정식 -方程式 명 【수학】 équation *f* linéaire.

◆_함수 -函數 명 【수학】 fonction *f* linéaire.

◆비_ 非- 명 【수학】 non linéaire *m*. ¶ 비~ 방정식 une équation non linéaire.

선형² 扇形 명 forme *f* d'éventail.

선형³ 船型 명 forme *f* de bateau.

선호 選好 명 préférence *f*, prédilection *f*, faiblesse *f* ((pour)), jugement *m* favorable. ¶ 남아 ~ 사상 idéologie confucéenne marquée par une préférence pour la lignée mâle. ◇_(를) 하다 préférer, aimer mieux. ¶ 젊은 사람들은 단독주택보다는 아파트를 ~한다 Les jeunes préfèrent les appartements aux maisons individuelles. ◇_(가) 되다 être préféré(*e*), affectionné(*e*), jugé(*e*) meilleur(*e*), privilégié(*e*).

◆_도 -度 명 domaine *m* de prédilection, goût *m* prononcé pour *qc*.

선홍색 鮮紅色 명 rouge *m* vif. ¶ ~ 노을 les lueurs rouges [crépusculaires] du soleil couchant, les feux [l'embrasement] rougeoyant(s) du soleil couchant, les rougeoiements du soir. ¶ 하늘이 ~으로 물들었다 Le ciel a rougeoyé [s'est empourpré] sous le soleil couchant.

선화 船貨 명 cargaison *f* (maritime).

◆_증권 -證券 【경제】 명 bulletin *m* d'expédition, connaissement *m*.

선회 旋回 명 ① virement *m* ((de bord)), changement *m* de direction. ② 빙빙 돎 tournoiement *m*. ¶ ~ 비행 un survol, un vol plané, un vol circulaire. ◇_(를) 하다 ① 진로를 바꾸다 changer de direction, virer. ¶ 비행기가 남쪽으로 (방향을) ~했다 L'avion a viré vers le sud [a viré plein sud]. ¶ 정부는 정책을 성장에서 안정 위주로 ~했다 Le gouvernement a révisé sa politique de croissance en faveur de la stabilité économique. ② 빙빙 돌다 survoler, planer; tourner en rond, tournoyer ((dans le ciel)). ¶ 헬리콥터가 사고 지역을 ~하고 있다 Un hélicoptère tourne en rond au-dessus du lieu de l'accident.

선후 先後 명 antériorité *f* et postériorité *f*; ce qui vient avant et après, ordre *m* (chronologique); chronologie *f* (des événements). ¶ ~ 관계 un rapport d'antériorité(-postériorité), un rapport de succession dans le temps, un enchaînement chronologique. ¶ ~를 따지다 examiner l'enchaînement chronologique. ¶ ~를 가리지 않고 sans réflexion, inconsidérément. ¶ 일의 ~가 바뀌었다 L'ordre chronologique est tout [totalement] bouleversé.

선후배 先後輩 명 promotions *fpl* des anciens et jeunes diplômés. ¶ ~ 간의 만남 rencontre entre les promotions des anciens et jeunes diplômés.

섣달 명 dernier mois *m* de l'année lunaire. ¶ ~ 그믐(날) le dernier jour de l'année, la veille du nouvel an,

◆동지_ 冬至- 명 les onzième et douzième mois du calendrier lunaire.

섣부르다 형 être maladroit(*e*), être imprudent(*e*), malhabile, gauche. ¶ 섣부른 짓을 하다 se conduire maladroitement. ¶ 섣부른 판단이 재앙을 불렀다 Une décision imprudente a entraîné la catastrophe. ¶ 이 사실을 섣부르게 발설하지 마시오 Ne divulguez pas ce fait à la légère [imprudemment].

◆섣불리 부 précocement; maladroitement; légèrement, à la légère, négligemment, sans réfléchir, sans prudence, imprudemment. ¶ 아직 선불리 단정할 수는 없다 On ne peut pas prendre de décision à la légère.

설[1] 명 nouvel an *m* lunaire [chinois], jour *m* de l'an lunaire. ¶ ~ 음식 le repas du jour de l'an lunaire. ¶ ~을 쇠다 passer le jour de l'an lunaire, fêter [célébrer] le jour de l'an lunaire.

◆**_날** 명 jour *m* de l'an lunaire, le nouvel an *m* lunaire.

◆**양력_** 陽曆 명 le nouvel an *m* occidental, le nouvel an *m* selon le calendrier grégorien.

◆**음력_** 陰曆 명 le nouvel an *m* lunaire [chinois].

설[2] 說 명 ① hypothèse *f*, thèse *f*, position *f*, théorie *f*. ¶ 새로운 ~을 주창하다 mettre au point une nouvelle théorie. ¶ 이런 터무니없는 ~을 주장한 사람이 누구지? Qui a revendiqué une théorie aussi délirante? ② 소문, 추측 rumeur *f*, hypothèse *f*, conjecture *f*. ¶ ~이 난무한다 La rumeur gronde [s'élève, s'enfle]. ¶ 그의 행방에 대해 여러 가지 ~이 있다 Il y a plusieurs rumeurs qui courent sur sa disparition. ¶ 그 직원이 해임될 거라는 ~이 (항간에) 떠돌고 있다 La rumeur sur son licenciement court partout. ¶ 그 남자가 동성연애자라는 ~이 있다 Il y a des rumeurs qui disent qu'il est homosexuel.

설-[3] 접미 ((suffixe nominal)) rumeur *f*. ¶ 금융 빅뱅~ rumeur sur un séisme financier. ¶ 총리 교체~ rumeur sur l'éventuel remaniement du poste de premier ministre.

설-[4] 접두 ((préfixe verbal)) mal, insuffisamment, pas assez. ¶ 잠이 ~깨다 être mal réveillé(*e*), être encore tout ensommeillé(*e*), être entre deux sommeils, dormir à moitié. ¶ 과일이 ~익었다 Les fruits ne sont pas assez mûrs. ¶ 아침을 ~먹어서 그런지 벌써 배가 고프다 On a déjà faim car le petit déjeuner était insuffisant.

설거지 명 lavage *m* de la vaisselle, vaisselle *f*, ((식당이나 커피숍에서)) ((faire la)) plonge *f* {*fam*} ((dans un restaurant, un café)). ◇_(를) **하다** faire [laver] la vaisselle; ((식당이나 커피숍에서)) faire la plonge.

◆**_통** -桶 명 bac *m* à vaisselle.

◆**뒷_** 명 grosse vaisselle *f* à faire après ((une réunion)). ¶ 뒷~를 하다 se charger d'une grosse vaisselle ((après une réunion)), passer derrière les autres pour faire la vaisselle ((être le larbin de service {*fam*})). ¶ 모임의 뒷~는 으레 그 친구의 몫이었다 C'était toujours lui qui se chargeait de la vaisselle après les repas d'association.

설겅 어근 ((mimétisme)) difficilement, avec résistance.

◆**_거리다** 재타 être dur(*e*) à mâcher. ¶ 콩이 너무 설어서 ~거린다 Les haricots sont mal cuits, ils sont durs à mâcher.

◆**_ _** 부 difficilement, avec résistance. ¶ ~~ 씹히다 être dur(*e*) à mâcher.

설겆이 명 ((‘설거지’의 잘못)) ☞ 설거지

설경 雪景 명 paysage *m* de neige. ¶ 이 산은 겨울의 ~이 특히 아름답다 Cette montagne est particulièrement belle sous la neige en hiver.

설계 設計 명 ① conception *f*, design *m*, dessin *m*, plan *m*, schéma *m*. ¶ 내진 ~ une conception [un design] parasismique. ¶ 도시 ~ un plan urbain. ¶ 건축 ~ 사무소 un bureau d'architecte. ② 계획 projet *m*. ¶ 미래에 대한 ~ des projets pour l'avenir.◇_(를) **하다** ① faire [dresser, tracer] un plan, faire [dresser] un projet, faire le plan de ((*sa* maison)); planifier; dessiner ((un jardin, une automobile)). ¶ 차를 ~하다 dessiner une automobile. ¶ 유명 건축가가 ~한 건물 un bâtiment conçu par un célèbre architecte. ② 계획을 세우다 faire [établir] des projets. ¶ 미래를 ~하다 faire [établir] des projets pour l'avenir [des projets d'avenir]. ¶ 한 해를 ~하다 faire des projets annuels. ◇_(가) **되다** être conçu(*e*). ¶ 이 건물은 웬만한 지진에도 견딜 수 있도록 ~되었다 Ce bâtiment est conçu pour résister à des séismes assez forts.

◆**_도** -圖 명 plan *m*, dessin *m*; tracé *m*. ¶ ~도대로 시공하다 construire en respectant strictement le plan.

◆**_사** -士 명 ingénieur *m* dessinateur [projeteur] agréé.

◆**_자** -者 명 dessinateur *m*, concepteur *m*, projeteur *m*.

◆**_진** -陣 명 équipe *f* d'architectes, concept*eurs*(*trices*).

설교 說敎 명 ① sermon *m*, prédication *f*, morale *f*; ((개신교의)) prêche *m*; homélie *f*; parole *f*, discours *m*. ¶ ~ 말씀 prêche, morale. ② ((훈계)) remontrance *f*, sermon *m*. ¶ 누구에게 ~를 늘어놓다 faire un long discours devant *qn*. ¶ 단단히 ~를 듣다 écouter très attentivement un sermon. ◇_(를) **하다** ① parlementer, discourir, prêcher. ② ((훈계)) sermonner, faire la leçon [la morale] ((à *qn*)), faire [adresser] des remontrances [sermons] ((à *qn*)), chapitrer *qn*, morigéner *qn*. ¶ 장황하게 ~하다 discourir, parlementer. ¶ 내게 ~하려 하지 마 Arrête de me donner des leçons! / Ne me fais pas la morale!

◆**_성** -性 명 morale *f*. ¶ ~성 발언 un discours moralisateur.

◆**_자** -者 명 prêcheu*r*(*se*).

◆**_조** -調 명 ton *m* moralisateur. ¶ ~조로 말하다 prendre un ton moralisateur.

◆**_집** -集 명 recueil *m* de prédications.

설국 雪國 명 pays *m* de neige.

설근 舌根 명 base *f* de la langue.

◆**_음** -音 명 【언어】 pharyngale *f*.

설기 명 (*baek*)*seolgi m*, *tteok m* blanc cuit [pâte *f* de riz blanche cuite] à la vapeur.

◆**_떡** 명 *tteok m* blanc cuit à la vapeur.

◆**백_** 白- 명 (*baek*)*seolgi m*, *tteok m* blanc cuit [pâte *f* de riz blanche cuite] à la vapeur.

설늙은이 명 personne *f* âgée avant l'âge.

설다[1] 재 ① ((과일)) ne pas être mûr(*e*); être encore vert(*e*). ② ((음식)) être mal cuit(*e*); ne pas être assez cuit(*e*). ¶ 밥이 설었다 Le riz n'est pas assez cuit.

설다[2] 형 être peu famili*er*(*ère*), ne pas être famili*er*(*ère*) avec *qc*, ne pas être habitué(*e*) à *qn*/*qc*; ne pas bien connaître *qn*/*qc*. ¶ 눈에 선 풍경 un paysage étranger [peu familier]. ¶ 이 지역은 내게 낯(이) ~ Je me sens étrang*er*(*ère*) dans cette région / Le paysage de cette région ne m'est pas familier.

설단 舌端 명 bout *m*, [apex *m*] de la langue.
◆_음 -音 명 【언어】 son *m* prononcé à l'extrémité de la langue.

설득 說得 명 persuasion *f*. ¶ 끈질긴 ~에 지다 se laisser persuader par les efforts obstinés de *qn*. ¶ 선생님의 ~으로 진학을 결정하다 se laisser persuader par le conseil d'un professeur pour *son* choix d'université. ◇_(을) 하다[시키다] persuader *qn* ((de ne pas+*inf*)), convaincre *qn* ((de *qc*, de+*inf*)). ¶ 나는 그 친구를 ~해서 집으로 돌아가게 했다 Je l'ai convaincu de retourner chez lui. ¶ 나는 그 여자를 단념하도록 그 남자를 ~했다 Je l'ai convaincu de renoncer à elle. ¶ 나는 그 친구에게 빨리 집으로 돌아가라고 ~했다 Je l'ai persuadé(*e*) de vite regagner son domicile. ◇_(이) 되다 être persuadé(*e*), convaincu(*e*). ¶ 인질범이 경찰에 ~되어 자수했다 Le preneur d'otages s'est laissé persuader par la police de se rendre de lui-même. ◇_(을) 당하다 être persuadé(*e*), convaincu(*e*). ¶ ~하러 갔다가 ~당했다 J'étais allé(*e*) le(la) convaincre et c'est finalement lui(elle) qui m'a convaincu(*e*).
◆_력 -力 명 pouvoir *m* de persuasion, force *f* persuasive. ¶ ~력(이) 있다[없다] être [ne pas être] persuasi*f*(*ve*) [convaincant(*e*)]. ¶ ~력이 떨어지다 manque de pouvoir de persuasion; manque de conviction.

설렁 부 ((mimétisme)) ((souffler)) doucement.
◆_거리다[대다, 이다] 재 ((la brise)) souffler doucement, murmurer; frissonner [trembler] doucement ((au vent)), bruire, bruisser.
◆_ _ 부 doucement.

설렁설렁 부 ((mimétisme)) distraitement, pas attentivement, avec peu de concentration, sans empressement, à la hâte, négligemment, sans soin, trop vite, rapidement, à moitié, à demi, grossièrement, en gros, de façon superficielle, de manière expéditive, à la va-vite {*fam*}, vite fait {*fam*}, à la six-quatre-deux {*fam*}. ¶ 일을 ~ 하다 travailler sans zèle [distraitement], faire un travail à la hâte [négligemment, sans soin, de manière expéditive, à la va-vite {*fam*}, vite fait {*fam*}, à la six-quatre-deux {*fam*}]; faire un travail trop vite, faire les choses à moitié [à demi]; saboter un travail. ¶ 일을 ~ 해치우지 마라 Ne bâcle pas ton travail!/ Ne fais pas les choses à moitié! ¶ 책을 ~ 보았으니 기억이 안 나지 Comme tu as lu le livre en diagonale [Comme tu as survolé ce bouquin {*fam*}], tu ne te souviens plus du contenu, n'est-ce pas?

설렁탕 -湯 명 *seolleongtang m* <bouillon gras [consommé] de bœuf et de légumes>. ¶ ~을 시키다[주문하다] commander [demander] un *seolleongtang*. ¶ ~ 한 그릇을 먹다 prendre un bol de *seolleongtang*.

설레다 재 ((le cœur)) battre d'excitation. ¶ 파리에 갈 생각에 마음이 설렌다 Mon cœur bat d'excitation quand je pense à aller à Paris.

설레설레 부 ((mimétisme)) ((refuser)) d'un signe de la tête ((idéophone évoquant le léger mouvement de la tête de gauche à droite)). ¶ 내 말을 듣고 그는 싫다며 고개를 ~ 흔들었다 Il répondit négativement à mes propos par un signe de la tête.

설령 부 même si, quand bien même+*cond*, à supposer que+*sub*. ¶ ~ 그가 온다 하더라도 이미 늦었다 Quand bien même il viendrait, il est déjà trop tard.

설록차 雪綠茶 명 thé *m* vert (cueillies jeunes).

설립 設立 명 fondation *f*, création *f*, ouverture *f*, inauguration *f*. ¶ ~ 자금 les fonds nécessaires à la construction. ¶ 연구소 ~ fondation d'un institut [centre] de recherches. ◇_(을) 하다 fonder, créer, monter, ouvrir. ¶ 회사[학교]를 ~하다 fonder une société [une école, un établissement scolaire]. ◇_(이) 되다 être créé(*e*), monté(*e*), fondé(*e*). ¶ 우리 회사는 100년 전에 ~되었다 Notre compagnie a été fondée il y a 100 ans.
◆_자 -者 명 fonda*teur*(*trice*).

설마 부 tout de même pas, quand même pas; sûrement pas. ¶ ~ 그가 범인은 아니겠지 Ce n'est tout de même pas lui le coupable.
*~가 사람 죽인다[잡는다] Il faut s'attendre à tout.

설명 說明 명 explication *f*, éclaircissement *m*, justification *f*, exégèse *f*, interprétation *f*. ¶ ~을 늘어놓다 se livrer à une longue explication, épiloguer ((sur *qc*)). ¶ ~을 부탁하다 demander une explication [des explications]. ¶ ~이 부족하다 Cela manque d'explications. ¶ 그 사건에 대한 그 사람의 ~을 이해할 수 없다 Je ne peux pas comprendre ses explications sur cette affaire. ¶ 그런 행동에 대해서는 ~이 필요하다 Un tel comportement nécessite une justification. ¶ 이 일에 대해서 너의 ~이 필요하다 Pour cette affaire, j'ai besoin que tu t'expliques. ¶ 이 일은 너무 간단해서 더 이상 ~이 필요없다 Ce travail est tellement simple, ce n'est pas la peine de donner plus d'explications [d'épiloguer là-dessus]. ¶ ~이 끝나자 질문이 쏟아졌다 L'explication a donné lieu à un flot de questions. ◇_(을) 하다 expliquer, commenter, expliciter, élucider, justifier. ¶ 자세히[대충] ~하다 expliquer en détail [en gros]. ¶ 이 부분을 네가 ~을 해 주렴 Explique-moi cette partie. ◇_(이) 되다 être expliqué(*e*), être rendu(*e*) intelligible, être justifié(*e*). ¶ 인간의 지식으로는 ~될 수 없는 현상이 너무 많다 Il y a beaucoup de phénomènes que le savoir humain n'arrive pas à expliquer.

◆_문 -文 명 phrase *f* explicative, note *f* explicative.

◆_서 -書 명 notice *f* explicative [informative], documentation *f*, manuel *m* d'utilisation, mode *m* d'emploi.

◆_의문문 -疑問文 명 【언어】 interrogation *f* partielle, interrogative *f* [interrogation *f*, question *f*] en 'qu(*e*)', (phrase *f*) interrogative *f* à laquelle on ne peut pas répondre par oui ou non. ¶ ~의문문은 의문사를 포함한다 Une interrogation partielle comprend un mot interrogatif. / Dans une interrogation partielle, figure un mot interrogatif. / Une interrogation partielle est introduite par un mot interrogatif (en 'qu(*e*)').

◆_회 -會 명 séance *f* d'explications.

설문 設問 명 enquête *f*, sondage *m*. ¶ ~에 답하다 répondre à une enquête, participer à un sondage.

◆_지 -紙 명 questionnaire *m*. ¶ ~지를 돌리다 distribuer un questionnaire.

◆_조사 -調査 명 enquête *f*. ¶ ~ 조사를 하다[벌이다] procéder à une enquête, conduire une enquête.

설미지근하다 형 être tiède, ne pas être assez chaud(*e*).

설법 說法 명 【불교】 (bonne) parole, prêche *f* bouddhique. ¶ 스님의 ~을 듣다 écouter le prêche d'un prêtre. ¶ 부처의 ~에 감화되다 être touché(*e*) par la parole de Bouddha. ◇_(을) **하다** prononcer un sermon, prêcher.

설복 說服 명 persuasion *f*, détermination *f*, conviction *f*. ◇_(을) **하다[시키다]** faire entendre la raison, persuader, convaincre, déterminer. ¶ 가출 소년을 집으로 돌아가도록 ~하다 persuader un garçon qui a fui le domicile [qui a fait une fugue] de rentrer chez lui. ◇_(이) **되다** être persuadé(*e*), être convaincu(*e*). ¶ 그분의 당당한 태도와 정연한 논리에 ~되고 말았다 Je suis tombé(*e*) sous le charme de sa distinction et de son raisonnement logique. ◇_(을) **당하다** se laissé(*e*) convaincre [persuader] par *qn*. ¶ 나는 그분의 유창한 언변에 ~당했다 Je me suis laissé convaincre par son discours brillant / Grâce à son discours très éloquent [Grâce à son talent d'orateur], il a réussi à emporter ma conviction [à me faire changer d'avis, à me convaincre (sur le coup)].

설봉 雪峰 명 cimes *fpl* neigeuses [enneigées].

설비 設備 명 équipement *m*, installation *f*, infrastructure *f*, système *m*, moyen *m*. ¶ 공장 ~ une installation industrielle. ¶ 주방 ~ un équipement ménager. ¶ 난방 ~ un système de chauffage. ¶ 생산 ~ un équipement [moyen] de production. ¶ ~를 갖추다 s'équiper [se doter] d'une installation. ¶ ~ 투자를 확충하다 augmenter l'investissement en équipement. ¶ ~가 빈약한 공장 une usine sous-équipée. ◇_(를) **하다** équiper, doter de moyens, installer.

◆_비 -費 명 coût *m* d'équipement, frais *mpl* d'installation.

설비음 명 (('설빔'의 잘못)) ☞ 설빔

설빔 명 vêtement *m* neuf du jour de l'an.

설사[1] **泄瀉** 명 【의학】 diarrhée *f*, ((avoir la)) colique *f* {*pop*}, courante *f* {*fam*}, chiasse {*vulg*}. ¶ ~를 멎게 하다 stopper [contrôler, traiter] la diarrhée. ¶ ~가 심하다 avoir une forte diarrhée. ¶ ~가 나다 avoir la diarrhée [la colique {*pop*}]; avoir des selles liquides [diarrhéiques]. ◇_(를) **하다** avoir la diarrhée [la colique {*pop*}]; avoir des selles liquides [diarrhéiques]. ¶ 배탈로 ~를 하다 avoir la diarrhée à cause d'un problème digestif.

◆_병 -病 명 diarrhée *f*.

◆_약 -藥 명 médicament *m* [traitement *m*, remède *m*] contre la diarrhée, antidiarrhéique *m*.

설사[2] 부 même si, quand bien même+*cond*, à supposer que+*subj*. ¶ ~ 그가 온다 하더라도 이미 늦었다 Quand bien même il viendrait, il est déjà trop tard.

설산 雪山 명 montagne *f* enneigée [couverte de neige, sous la neige].

설상가상 雪上加霜 명 le comble *m* du malheur, de pire en pis; en [de] plus, bien plus, en outre, outre cela, de surcroît, par-dessus le marché; ((tomber)) de Charybde en Scylla; de mal en pis; coup sur coup; l'un après à l'autre; ((반어적으로)) pour tout arranger, pour couronner le tout, brochant sur le tout; pour comble de malheur [d'infortune], par [de] surcroît, pis encore. ¶ 가뭄에다 ~으로 병충해까지 발생했다 La sécheresse sévit et par-dessus le marché [et comme si ça ne suffisait pas] les insectes font des ravages. ¶ ~이다 Un malheur n'arrive jamais tout seul [ne vient jamais seul] / C'est le [un] comble! / Il ne manquait plus que cela [ça]! / C'est complet / C'est trop fort (de café) / C'est le bouquet {*fam*} / C'est le pompon {*fam*} / C'est la meilleure {*fam*}. ¶ 부도가 난 데다가 아버님까지 돌아가시다니, 정말 ~이다 Après la faillite, le décès de notre père est vraiment le comble du malheur.

설설[1] 부 ☞ 살살[1]

설설[2] 부 ☞ 살살[2]

설왕설래 說往說來 명 dispute *f*, querelle *f*, démêlé *m*, différend *m*, dissension *f*, opinions *fpl* divergentes. ¶ 그분의 퇴진을 놓고 ~가 있었다 Au sujet de sa retraite, il y a eu des querelles. ◇_(를) **하다** se disputer, se quereller. ¶ 사람들은 그 일로 한동안 ~했다 À cause de cette affaire, les gens se sont disputés un bon moment.

설욕 雪辱 명 revanche *f*, vengeance *f*. ¶ ~의 기회를 잡다 saisir l'occasion de la revanche. ◇_(을) **하다** se venger, prendre *sa* revanche ((sur *qc*)), prendre une revanche sur. ¶ 적에게 ~하다 se venger contre l'ennemi. ¶ 전날의 패배를 ~하다 se venger de la

ㅅ

défaite de la veille.

◆_전 -戰 명 revanche *f*. ¶ ~전을 펼치다 prendre *sa* revanche sur.

설움 명 tristesse *f*, mélancolie *f*, chagrin *m*, peine *f*, douleur *f*, affliction *f*, désolation *f*, grief *m*, amertume *f*. ¶ 나그네 ~ la tristesse [la mélancolie] d'un vagabond. ¶ ~을 달래다 consoler *sa* tristesse. ¶ ~을 못 이기다 ne pas réussir à surmonter *sa* tristesse [à se relever d'un chagrin]. ¶ ~에 겨워 눈물짓다 pleurer [verser des larmes] de tristesse. ¶ ~이 북받쳐 오르다 être envahi(*e*) par la tristesse; la tristesse monte en *soi*.

설원 雪原 명 plaine *f* couverte de neige [enneigée, sous la neige]. ¶ 끝없이 펼쳐진 시베리아는 ~을 이루고 있다 L'interminable plateau sibérien est couvert de neige.

설음 舌音 명 【언어】 liquide *f*, consonne *f* liquide.

설의법 設疑法 명 【문학】 rhétorique *f* de persuasion.

설익다 재 ① ((과일)) ne pas être mûr(*e*); être encore vert(*e*). ② ((음식)) être mal cuit(*e*); ne pas être assez cuit(*e*). ¶ 설익은 밥 du riz pas assez cuit.

설전 舌戰 명 joute *f* oratoire, dispute *f*, querelle *f*, altercation *f*, prise *f* de bec {*fam*}, explication *f*; débat *m*; controverse *f*. ¶ ~이 오가다 débattre avec *qn*. ¶ 두 사람의 ~은 불꽃이 튀었다 Ils ont eu une violente altercation [prise de bec {*fam*}]. ◇_(을) 하다[벌이다] engager une joute oratoire avec *qn*, avoir des discussions avec *qn*; débattre avec *qn*. ¶ 진위 여부를 놓고 ~을 하다 engager une joute oratoire avec *qn* pour savoir qui a raison. ¶ 그 사람과 한 시간 이상 ~하고 있는 중이다 Je débats avec lui depuis plus d'une heure. ¶ 이 문제를 놓고 우리끼리 한바탕 ~을 벌였다 Nous avons débattu avec véhémence sur ce problème / Nous avons eu une violente altercation à ce sujet. ◇_이 벌어지다 avoir lieu un débat. ¶ 그 문제로 한동안 ~이 벌어졌다 À cause de ce problème, il y a eu un débat qui a duré un bon moment.

설정 設定 명 établissement *m*, création *f*; supposition *f*. ¶ 저당권 ~ mise en hypothèque de. ¶ 목표 ~이 잘못되었다 Les objectifs ont été mal définis [posés]. ◇_(을) 하다 établir, constituer, créer, mettre en place, édifier, fixer, implanter, disposer, poser, instaurer. ¶ 개발 제한 구역을 ~하다 instaurer des zones à développement réglementé. ◇_(이) 되다 être établi(*e*), constitué(*e*), créé(*e*), instauré(*e*), mis(*e*) en place. ¶ 이 작품의 배경은 바다로 ~되어 있다 L'arrière-plan de cette œuvre est la mer.

설측음 舌側音 명 【언어】 (consonne *f*) latérale.

◆_화 -化 명 【언어】 latéralisation *f*.

설치 設置 명 ① installation *f* ((d'un appareil)), pose *f*, instauration *f*, aménagement *m*. ¶ ~ 공사 travaux d'installation [de mise en place]. ¶ 조립식 제품은 ~가 간편하다 Il est très facile d'effectuer le montage [l'assemblage] de ce meuble [de cet appareil] en kit / Ce meuble [Cet appareil] en kit se monte [s'assemble] facilement [est facile à installer].. ② 기관을 만듦 établissement *m* ((d'un nouveau ministère)), fondation *f* ((d'une école)), création *f* ((d'une commission)). ◇_(를) 하다[시키다] ① installer, faire installer, faire poser. ¶ 옥상에 안테나를 ~하다 installer une antenne sur le toit. ¶ 횡단보도에 신호등을 ~하다 installer des signaux de circulation. ② 기관을 만들다 établir, ((학교를)) fonder, ((위원회를)) créer. ¶ 위원회를 ~하다 créer une commission. ¶ 회장 직속으로 기획실을 ~하다 mettre le bureau de planification sous la tutelle du P.-d.g...

◆_미술 -美術 명 【미술】 installation *f*.

설치다[1] 재 s'affairer, se démener. ¶ 그는 돈이 좀 있다고 설치고 다닌다 Sous prétexte qu'il a un peu d'argent il se démène pour s'introduire partout.

설치다[2] 타 ne pas aller jusqu'au bout, faire *qc* à moitié. ¶ 시험 걱정으로 잠을 ~ Il n'a dormi qu'à moitié, anxieux à cause de l'examen.

설치류 齧齒類 명 【동물】 rongeur *m*.

설컹 어근 ☞ 설겅

설탕 雪糖 명 sucre *m*. ¶ ~ 가루 du sucre en poudre. ¶ ~ 통 un sucrier, une boîte à sucre. ¶ 커피에 ~을 두 숟갈 넣다[타다] mettre [ajouter] deux cuillères de sucre dans *son* café.

◆_물 명 eau *f* sucrée, sirop.

◆각_ 角- 명 sucre *m* en morceaux. ¶ 내 커피에는 각~을 두 개씩 넣는다 Je mets deux (morceaux de) sucres dans mon café.

◆무_ 無- 명 sans sucre *m*, sans addition *f* de sucre. ¶ 무~ 껌 de la gomme à mâcher sans sucre. ¶ 무~ 오렌지주스 du jus d'orange sans addition de sucre.

◆흑[백]_ 黑[白]- 명 sucre *m* brun [blanc].

설파 說破 명 exposé *m*; propagande *f*; conférence *f*. ◇_(를) 하다 exposer; mettre au jour ((la vérité d'un événement)); prêcher; faire de la propagande [du prosélytisme]. ¶ 교리를 ~하다 faire du prosélytisme, faire de la propagande.

설핏 부 ① subrepticement, furtivement. ¶ 해가 ~ 기울었다 Le soleil a décliné. / Le soleil a déjà bien baissé. / Le soleil a baissé dans le ciel. ② 어렴풋하게 vaguement, transitoirement, un instant. ¶ 머릿속을 ~ 스치는 생각 une pensée qui effleure [qui traverse] transitoirement l'esprit. ¶ ~ 잠이 들다 s'assoupir [somnoler] un instant.

◆_ 하다 형 ① être peu serré(*e*), être peu dense, clairsemé(*e*), distant(*e*); être épars(*e*), éparpillé(*e*). ② 빛이 약해지다 décliner. ¶ 해가 ~해졌다 Le soleil a décliné / Le soleil a déjà bien baissé / Le soleil a baissé dans le ciel. ③ 어렴풋하다 d'une manière vague, vaguement, confusément, indistinctement. ¶ 설핏한 웃음을 웃다 esquisser un sourire réservé.

설하다 타 expliquer, commenter, expliciter, élucider, justifier; mettre au jour ((la vérité d'un événement)), dévoiler, révéler, faire (toute) la lumière sur *qc*. ¶ 불법을 ~ dévoiler [révéler, faire connaître] l'illégalité.

설한풍 雪寒風 명 vent *m* glacial.

설합 舌盒 명 ((' 서랍'의 잘못)) ☞ 서랍

설형문자 楔形文字 명 【언어】 hiéroglyphe *m*.

설혹 부 même si, quand bien même+*cond*, à supposer que+*subj*. ¶ ~ 그가 사과한다 해도 나는 용서할 수 없다 Même s'il me présentait ses excuses, je ne pourrais pas lui pardonner.

설화[1] 舌禍 명 ennui *m* qu'on s'attire par des paroles irréfléchies, conséquence *f* fâcheuse d'une parole imprudente [malheureuse], scandale *m* [malheur *m*] provoqué par une parole imprudente [malheureuse]. ¶ ~ 사건 un incident provoqué par des paroles malheureuses [par des réflexions maladroites]. ¶ ~를 일으키다 provoquer un problème en faisant une déclaration imprudente. ¶ 그는 말을 잘못해서 ~를 입었다 Il a eu des ennuis à cause de ses paroles imprudentes.

설화[2] 雪花 명 flocon *m* de neige, neige *f* en forme de fleur. ¶ 나뭇가지에 ~가 하얗게 피었다 La neige a couvert les branches d'arbre.

설화[3] 說話 명 conte *m*, histoire *f*, fable *f*, légende *f*, contes *mpl* et légendes *fpl*. ¶ ~ 문학 conte, genre littéraire oral. ¶ 구전 ~ tradition orale.

◆ **_적** -的 명관 comme dans un conte, de conte.

◆ **_집** -集 명 【문학】 recueil *m* de contes.

◆ **_체** -體 명 【문학】 style *m* de conte.

설흔 수관 ((' 서른'의 잘못)) ☞ 서른

섧다 형 être triste, abattu(*e*), affligé(*e*), mélancolique, morose. ¶ 한 여인이 섧게 울고 있었다 Une femme, toute triste, pleurait ((sur son triste sort)). ☞ 서럽다

섬[1] 명 île *f*, îlot *m*, archipel *m*. ¶ 외딴 ~ un îlot perdu [isolé]. ¶ ~ 마을 village insulaire. ¶ ~ 출신이다 être originaire d'une île, être insulaire. ¶ 배를 타고 ~에 들어가다 débarquer sur une île à bord d'un bateau. ¶ ~에 고립되어 있다 être isolé(*e*) sur une île.

◆ **_나라** 명 pays *m* insulaire, archipel *m*. ¶ ~나라 근성 l'insularité.

◆ **_놈** 명 【비어】 insulaire *m*, îlien *m*.

◆ **_사람** 명 *insulaire mf*, *îlien(ne)*.

섬[2] 명 sac *m* en paille tressée; *seom m* 분류 *seom m* <unité de poids d'environ 80 kg>. ¶ 쌀 한 ~ un sac de riz.

◆ **_지기** 분류 *seomjigi m* <surface de rizière qu'on peut ensemencer avec un sac de riz ((de 80 kg)), environ un hectare>. ¶ 열 ~지기의 논 une rizière de 10 *seomjigi*.

섬광 閃光 명 éclair *m*, étincelle *f*. ¶ 하늘에 ~이 번쩍했다 Un éclair a surgi dans le ciel. ¶ ~처럼 빠른 동작 un mouvement rapide comme l'éclair.

섬기다 타 servir, être au service de *qn*; adorer; être dévoué(*e*) à *qc*. ¶ 조상을 ~ se dévouer à la mémoire de *ses* ancêtres. ¶ 누구를 스승으로 ~ servir quelqu'un comme *son* maître.

섬돌 명 marche *f* en pierre ((à l'entrée des maisons)). ¶ ~을 딛고 마루로 올라가다 monter sur une marche en pierre pour accéder au *maru*. ¶ ~ 위에 신발이 놓여 있다 Les chaussures sont posées sur la marche en pierre.

섬뜩 부 effroyablement; à faire frémir. ¶ 어둠 속에서 칼날이 ~ 빛났다 Dans l'obscurité la lame du couteau brille effroyablement.

◆ **_하다** 형 être frémissant(*e*), frissonnant(*e*), tremblant(*e*) ((de crainte)); être horrifié(*e*), terrifié(*e*), effrayé(*e*), saisi(*e*) d'épouvante. ¶ 가슴이 ~하다 Mon cœur a tressailli [a frémi] de peur. ¶ 그런 끔찍한 이야기를 들으니 ~하다 Je suis effrayée à l'écoute d'une telle histoire / Cette histoire épouvantable [abominable] me donne la chair de poule [me fait froid dans le dos, me donne des frissons].

섬머타임 영{summertime} 명 ☞ 서머타임

섬멸 殲滅 명 extermination *f*, anéantissement *m*, massacre *m*, destruction *f* totale. ¶ ~ 작전 une opération d'extermination. ◇ _(을) **하다[시키다]** exterminer, anéantir, détruire. ¶ 적군을 ~하다 anéantir l'ennemi. ◇ _(이) **되다** être exterminé(*e*), être anéanti(*e*). ¶ 적군은 아군에게 완전히 ~되었다 L'ennemi a été complètement anéanti par nos armées.

◆ **_전** -戰 명 guerre *f* d'extermination.

섬모 纖毛 명 flagelle *m*, cil *m*.

섬섬옥수 纖纖玉手 명 main *f* fine, main *f* délicate. ¶ 저 아가씨의 손이 정말 ~구나 Cette demoiselle a des mains vraiment fines.

섬세하다 纖細- 형 ① être délicat(*e*), fin(*e*), raffiné(*e*). ¶ 이 옷감은 얇고 섬세하게 짜여져 있다 Ce tissu est léger et fin. ② 세밀, 정교하다 être fin(*e*), délicat(*e*), raffiné(*e*), subtil(*e*). ¶ 이 그림은 표현이 매우 ~ L'expression picturale de cette œuvre est très fine. ¶ 그 건물은 섬세한 조각들로 장식되어 있다 Le bâtiment est couvert de sculptures [de reliefs] très fin(*e*)s. ③ 면밀하다 être raffiné(*e*), délicat(*e*), fin(*e*), sensible, élégant(*e*). ¶ 그분은 성격이 ~ Son caractère est délicat. ¶ 이 소설은 주인공의 심리를 섬세하게 그려냈다 La psychologie du personnage est bien traitée dans ce roman. ④ 예민하다 être délicat(*e*), sensible, subtil(*e*), compliqué(*e*). ¶ 그분의 눈빛은 꽤나 섬세하고 날카로워 보인다 Il a un regard à la fois délicat et perçant.

◆ **섬세히** 부 délicatement; subtilement; finement; élégamment; attentivement. ¶ 섬세히 살펴보다 observer attentivement.

섬유 纖維 명 ① textile *m*, tissu *m*, fibre *f*. ¶ ~ 제품 un produit textile, un tissu, une étoffe. ¶ ~ 공업[산업] industrie textile. ② 【생물】 fibre *f*. ¶ 근육[신경] ~ fibre musculaire [nerveuse] ¶ ~ 조직 tissu fibreux

◆ **_류** -類 명 textile *m*, fibre *f*.

◆_소 -素 명【생물】 cellulose *f*; fibrine *f*.
◆_질 -質 명【생물】 fibre *f*.
◆인조_ 人造 명【수공】 fibre *f* artificielle.
◆천연_ 天然 명【수공】 fibre *f* naturelle.
◆합성[화학]_ 合成[化學]- 명【공업】 fibre *f* synthétique.

섭렵 涉獵 명 lecture *f* pour parvenir à maîtriser *qc*, lecture *f* très étendue, lecture *f* très complète [exhaustive]. ¶ 그는 기술 ~에 열중해 있다 Il est passionné par l'apprentissage de la maîtrise des technologies. ◇_(을) 하다 beaucoup lire [lire énormément de livres, lire de façon boulimique, dévorer des livres] pour bien dominer un sujet [pour bien connaître un domaine]. ¶ 고금의 학문을 ~하다 parcourir les [s'étendre sur des] études d'hier et d'aujourd'hui [du passé et du présent]. ¶ 여러 분야의 책을 두루 ~하다 lire énormément de livres dans différents domaines. ¶ 그 남자는 각종 무술을 ~했다 Il est rompu [Il excelle] à tous les arts martiaux.

섭리 攝理 명 Providence *f*. ¶ 자연의 ~ la nature providentielle. ¶ 하늘의 ~ la providence de Dieu. ¶ 신의 오묘한 ~ La divine providence. ¶ 창조의 ~ la Providence, Dieu créateur.

섭생 攝生 명 ménagement *m* [surveillance *f*] de *sa* santé. ¶ 이 환자는 ~에 신경을 많이 써야 한다 Ce patient doit faire très attention à sa santé. ◇_(을) 하다 surveiller *sa* santé, ménager *sa* santé, se soigner, prendre soin de *sa* santé, prendre soin de *soi*.

섭섭하다 형 ① être un peu triste, regrettable, fâcheu*x*(*se*), déplorable, dommage, malencontreu*x*(*se*). ¶ 그냥 헤어지기가 ~ C'est dommage [regrettable] de se quitter ainsi. ¶ 여기까지 와서 자네를 못 보고 가니 섭섭하네 Il est regrettable [Je regrette] de partir sans avoir pu te voir alors que je suis venu(*e*) (exprès) jusqu'ici / À mon regret, je pars sans avoir pu te voir alors que je suis (exprès) venu(*e*) jusqu'ici. ¶ 섭섭하게도 ce qui est dommage; déplorablement, tristement, de manière désolante, de façon regrettable. ¶ 그 친구는 섭섭하게도 아무 말 없이 떠났다 Il est parti sans dire un mot, ce qui est regrettable [ce qui m'a fait de la peine]. ② 불만스럽다 être attristé(*e*), peiné(*e*), chagriné(*e*), déçu(*e*); regretter; être désolé(*e*), navré(*e*); être fâché(*e*). ¶ 나는 그 친구가 매우 섭섭했다 Cet(*te*) ami(*e*) m'a beaucoup peiné(*e*) [chagriné(*e*)]. ¶ 나는 너의 그 말이 참 ~ Ce que *tu dis me* désole beaucoup. ¶ 섭섭한 일이 있었다면 용서해 주게 S'il y a des choses qui vous ont peiné(*e*) [chagriné(*e*)], pardonnez-moi. ¶ 그 여자는 조금 섭섭한 눈치였다 Elle semblait être un peu déçue [peinée]. ¶ 나는 섭섭한 마음이 든다 Cela me fait de la peine / Cela me chagrine.
◆섭섭히 부 tristement, déplorablement, tristement, de manière désolante, de façon regrettable. ¶ 섭섭히 여기다[생각하다] trouver *qc* dommage [déplorable], regretter *qc*; être déçu(*e*), peiné(*e*) par *qc*/*qn*.

섭씨 攝氏 명【물리】 degré *m* Celsius [ºC], degré *m* centigrade. ¶ ~ 100도의 물 eau à 100 ºC. ¶ 현재 기온은 ~ 25도다 La température est de 25 ºC.

섭외 涉外 명 contact *m*, relations *fpl* publiques, relations *fpl* avec l'extérieur. ¶ ~ 담당 personne chargée des affaires extérieures. ¶ ~ 이사 responsable des relations publiques. ¶ 출연자 ~에 어려움을 겪다 avoir de la difficulté à contacter les invités à l'émission. ◇_(를) 하다 contacter; inviter, faire venir. ¶ 광고주를 ~하다 contacter une agence publicitaire.

섭정 攝政 명 régence *f*, ((사람)) régent(*e*). ¶ 리슐리외는 어린 루이 14세의 ~이었다 Le cardinal Richelieu a exercé la régence pendant la jeunesse du roi Louis XIV. ◇_(을) 하다 être régent(*e*), régenter. ¶ 대왕대비가 ~하다 La reine mère est devenue la régente.

섭취 攝取 명 ingestion *f*, absorption *f*; assimilation *f*. ¶ 지방의 ~를 줄이다 diminuer la consommation d'aliments gras. ◇_(를) 하다 ingérer, absorber, se nourrir; assimiler. ¶ 영양소를 골고루 ~하다 absorber divers éléments nutritifs. ¶ 다양한 지식을 ~하다 assimiler des connaissances diverses. ◇_(가) 되다 être absorbé(*e*), assimilé(*e*), ingéré(*e*).
◆_량 -量 명 ration *f*, consommation *f*.

섭하다 형 ((‘섭섭하다’의 잘못)) ☞ 섭섭하다

섰다 명 *seotta m* <jeu de cartes coréen, sorte de *hwatu* (화투)>. ¶ ~를 치다 jouer au (jeu de cartes) *seotta*.
◆_판 명 jeu *m* du *seotta*. ¶ ~판에 끼다 jouer au (jeu de cartes) *seotta*.

성[1] 명 colère *f*, indignation *f*, emportement *m*. ¶ ~을 풀다[가라앉히다] calmer [apaiser] *sa* colère. ◇_(이) 나다 se mettre en colère, s'emporter, s'irriter, se vexer, se mettre hors de *soi*, monter sur *ses* grands chevaux, se mettre [se foutre {*vulg*}] en rogne {*fam*} [en boule {*fam*}]. ¶ ~ 났다[나 있다] être en colère, être fâché(*e*), furieu*x*(*se*), remonté(*e*), hors de *soi*, furibond(*e*), furibard(*e*) {*fam*}, furax {*fam*}, fumasse {*fam*}, en boule {*fam*}, en rogne {*fam*}, en pétard {*fam*}. ¶ ~난 표정 un air fâché [furibond]. ¶ 그는 ~이 나서 얼굴이 새빨개졌다 Il était rouge de colère. ◇_(을) 내다 se mettre en colère, s'emporter, s'irriter, se fâcher, se vexer, se mettre [se foutre {*vulg*}] en rogne {*fam*} [en boule {*fam*}], se mettre hors de *soi*, sortir de *ses* gonds; piquer une [*sa*] crise. ¶ ~을 잘 내다 s'emporter facilement, se mettre en colère vite et facilement, être prompt(*e*) à s'emporter, avoir la tête près du bonnet, monter comme une soupe au lait, être soupe au lait, avoir un tempérament irascible [coléreux, colérique,

bilieux], avoir le sang chaud, démarrer au quart de tour. ¶ 그 사람은 조금만 자기 마음에 안 들면 ~을 낸다 Il se met en colère à la moindre contrariété.
*~이 머리끝까지 나다 être à bout de nerfs, être à cran, être sur le point d'exploser, être chauffé(*e*) à blanc {*fam*}.

성[2] 姓 명 nom *m* (de famille), patronyme *m*. ¶ 그분은 ~이 뭐지? Quel est son nom de famille?
*~을 갈다 donner *sa* parole d'honneur [engager *son* honneur] que c'est la vérité, jurer *qc* sur la tête de *qn*, jurer que *qc* est vrai. ¶ 만약 내 말이 틀리면 ~을 갈지 Je vous jure que c'est la vérité [que je dis la vérité] / Je vous donne ma parole d'honneur que c'est la vérité / Je le jure sur la tête de ma mère / ((유아어)) Croix de bois, croix de fer (si je mens, je vais en enfer).
◆**_명** -名 명 nom *m* (d'une personne), prénom *m* et nom *m* de famille.
◆**_씨** -氏 명 patronyme *m*, nom *m* (de famille). ¶ 그 사람은 나와 ~씨가 같다 Il a le même nom de famille que moi / Lui et moi avons le même nom de famille. ¶ ~씨가 무엇입니까? Comment vous appelez-vous? / Quel est votre nom de famille?

성[3] 性 명 ① sexualité *f*, genre *m*, sexe *m*. ② 【언어】 genre *m*. ¶ ~의 차이[특성] différence entre les sexes. ¶ ~(의) 문제를 논하다 discuter [parler] de sexualité.
◆**_적** -的 명관 sexuel(*le*), sensuel(*le*). ¶ ~적 매력 attrait [charme] sexuel, sex-appeal, charme sensuel. ¶ ~적 욕구[본능] désir [instinct] sexuel. ¶ ~적 충동 impulsion sexuelle. ¶ ~적 도착 perversion sexuelle. ¶ ~적으로 조숙하다 être (sexuellement) précoce.
◆**_관계** -關係 명 relations *fpl* sexuelles, rapports *mpl* sexuels. ¶ 누구와 ~관계를 갖다 avoir des relations sexuelles avec *qn*, faire l'amour avec *qn*.
◆**_교육** -教育 명 éducation *f* sexuelle. ¶ 청소년들에게 ~교육을 하다 donner une éducation sexuelle aux adolescents.
◆**_도덕** -道德 명 morale *f* sexuelle.
◆**_범죄** -犯罪 명 crime *m* sexuel. ¶ ~범죄를 방지하다 prévenir un crime sexuel.
◆**_불구** -不具 명 impuissance *f*.
◆**_불구자** -不具者 명 impuissant *m*.
◆**_생활** -生活 명 vie *f* sexuelle. ¶ 건전한[문란한] ~생활 une vie sexuelle saine [désordonnée, incohérente ((en prenant des risques et en faisant prendre des risques aux autres))]. ¶ 부부간의 ~생활 la vie sexuelle conjugale [du couple]. ¶ 그 사람은 ~생활이 만족스럽지 않은 것 같다 Il semble qu'il ne soit pas satisfait sur le plan sexuel.
◆**_애** -愛 명 amour *m* sexuel [physique, charnel].
◆**_염색체** -染色體 명 【생물】 chromosome *m* sexuel. ¶ X[Y] ~염색체 chromosome (sexuel) X [Y].
◆**_차** -差 명 différence *f* sexuelle.
◆**_차별** -差別 명 sexisme *m*, discrimination *f* sexuelle. ¶ 회사 내의 ~차별 관행 l'usage de la discrimination sexuelle dans l'entreprise. ¶ ~차별을 받다 être victime de discrimination sexuelle. ¶ ~차별을 없애다 abolir le sexisme.
◆**_추행** -醜行 명 harcèlement *m* sexuel; agression *f* de caractère sexuel, acte *m* indécent [obscène], obscénité *f*, méfait *m* de nature sexuelle. ¶ 강제 ~추행 violence sexuelle. ¶ ~추행범 agresseur (sexuel). ¶ ~추행을 하다 commettre une agression à caractère sexuel, se livrer à des obscénités. ¶ 여학생을 ~추행을 하다 harceler une étudiante. ¶ ~추행을 당하다 être victime d'obscénités [de méfaits de nature sexuelle], subir une agression sexuelle.
◆**_폭행** -暴行 명 violence *f* sexuelle. ¶ 누구를 ~폭행을 하다 violer *qn*, abuser ((d'une femme)), faire subir les derniers outrages à ((une femme)). ¶ 누구에게 ~폭행을 당하다 se faire violer, être victime d'un viol, être violé(*e*).
◆**_행위** -行爲 명 acte *m* sexuel, pratiques *fpl* sexuelles. ¶ ~행위를 하다 avoir une relation sexuelle; faire l'amour avec *qn*. ¶ 부부간에 ~행위를 하다 faire l'amour avec *son*(*sa*) conjoint(*e*); avoir une relation sexuelle avec *son*(*sa*) conjoint(*e*). ¶ 정상적인[변태적인] ~행위를 하다 avoir des relations sexuelles normales [anormales, perverses, déviantes, tordues {*pop*}].
◆**_호르몬** 명 【의학】 hormone *f* sexuelle.

성[4] 性 명 ((만족함)) satisfaction *f* des besoins [des désirs, des envies]. ◇**_에(이) 차다** être satisfaisant(*e*); être comblé(*e*), satisfait(*e*), rassasié(*e*); suffire à *qn*, être saturé(*e*) de *qc*, blasé(*e*), lassé(*e*); être dégoûté(*e*), écœuré(*e*), avoir assez de *qc*, avoir *sa* dose {*fam*}, avoir une indigestion de *qc*. ¶ 밥 한 공기로는 ~에 차지 않는다 Un bol de riz ne me suffit pas. ¶ 아직도 ~이 안 차냐? Tu n'es toujours pas satisfait(*e*)? / Ça ne te suffit pas? / Tu n'en as (toujours) pas assez [marre {*fam*}]? / Tu n'es toujours pas écœuré(*e*) [dégoûté(*e*)]? / Tu n'as toujours pas ta dose {*fam*}?

성[5] 城 명 château(*x*) *m*, château(*x*) *m* fort, forteresse *f*, citadelle *f*. ¶ 난공불락의 ~ une forteresse inexpugnable [imprenable]. ¶ ~을 쌓다 construire une forteresse. ¶ ~을 지키다 défendre une forteresse. ¶ ~을 공격[포위]하다 attaquer [assiéger] une forteresse. ¶ ~을 함락시키다 prendre une forteresse d'assaut. ¶ ~이 무너지다 La forteresse s'écroule. ¶ ~이 함락되었다 La forteresse est tombée (entre les mains de *qn*).
◆**_가퀴** 명 parapet *m*, rempart *m*. ¶ ~가퀴에 몸을 숨기다 se cacher derrière un rempart.
◆**_내** 명 intérieur *m* d'un château [d'une forteresse].
◆**_밖** 명 extérieur *m* [dehors *m*] du château [de la forteresse]. ¶ ~밖으로 나가다 sortir du château.

ㅅ

¶ ~밖에 진을 치다 prendre position en dehors du château.

◆_안 명 ((dans l')) enceinte *f* d'un château(*x*) *m*; (intérieur *m* d'un) château fort [forteresse *f*, citadelle *f*]. ¶ ~안을 둘러보다 promener *son* regard dans l'enceinte d'un château; faire une ronde dans le château. ¶ ~안으로 들어가다 entrer dans un château [dans une forteresse]. ¶ 여기서는 온 ~안이 한눈에 들어온다 D'ici on peut voir tout l'intérieur de la citadelle (d'un seul regard).

◆_터 명 ruines *fpl* d'un château. ¶ 지금은 ~터만 남아 있다 Aujourd'hui, il ne reste que les ruines du château.

성[6] **聖** 관 ((préfixe nominal)) 【천주】 saint(*e*), sacré(*e*). ¶ ~ 베드로 Saint Pierre.

-성[7] **性** 접미 ((suffixe nominal)) caractère *m*, ((human))-ité ((suffixe marquant un ensemble des caractères spéciaux (internes ou externes))). ¶ 인간~ l'humanité. ¶ 민족~ la nationalité. ¶ 도덕~ la moralité. ¶ 보편~ l'universalité. ¶ 지속~ la continuité, la constance.

-성[8] **省** 접미 ((suffixe nominal)) ① 행정부의 기구 ministère *m*. ¶ 국방~ ministère de la Défense (nationale). ¶ 외무~ ministère des Affaires étrangères. ② 중국의 행정구역 province *f*. ¶ 광동~ la province du Gwangdong. ¶ 흑룡강~ la province du Heuknyonggang.

성-[9] **聖** 접두 ((préfixe nominal)) 【기독】 saint(*e*), sacré(*e*). ¶ ~금요일 (le) Vendredi Saint.

성가[1] **成家** 명 ① 가정을 이룸 fondation *f* d'un foyer (familial). ② 집안을 일으킴 action de faire prospérer *sa* famille. ③ 학파를 이룸 fondation *f* d'une école ((philosophique)). ◇_(를) 하다 ① 가정을 이루다 s'établir; fonder un foyer. ¶ 결혼하여 ~하다 (quitter le foyer parental pour) se marier et fonder un foyer. ② 집안을 일으키다 enrichir *sa* famille, rendre *sa* famille riche [prospère]. ③ 학파를 이루다 s'imposer comme une autorité [comme un maître]; devenir maître dans une discipline; avoir de nombreux disciples.

◆자수_ 自手- 명 réussite *f* sans aide d'autrui; réussir par *soi*-même, se tirer d'affaire sans l'aide d'autrui; fait de s'établir par *ses* propres moyens.

성가[2] **聲價** 명 réputation *f*, renommée *f*, renom *m*. ¶ ~를 높이다 accroître [étendre] *sa* renommée. ¶ ~가 높다 jouir d'une bonne réputation, avoir bonne réputation, avoir du renom. ¶ ~가 떨어지다[추락하다] compromettre [perdre] *sa* réputation. ¶ 그 작가는 상을 받은 후로 ~가 더욱 높아졌다 Cet auteur a acquis une certaine renommée après avoir reçu un prix.

성가[3] **聖歌** 명 【천주】 cantique *m*, hymne *f*, chant *m* liturgique, chorale *f*. ¶ 그레고리안 ~ un chant grégorien. ¶ ~를 부르다 entonner un cantique.

◆_대 -隊 명 chœur *m*, chorale *f*. ¶ 장엄한 ~대의 합창 le chœur d'une grande chorale.

◆_대원 -隊員 명 choriste *mf*.

성가시다 형 ① être fâcheu*x*(*se*), ennuyeu*x*(*se*), embêtant(*e*), importun(*e*); être exigeant(*e*). ¶ 성가신 질문에 시달리다 être harcelé(*e*) de [agacé(*e*) par des, importuné(*e*) par des] questions embêtantes [gênantes, embarrassantes, délicates, difficiles]. ((Cet adjectif s'emploie souvent sous sa forme adverbiale 성가시게 *de façon fâcheuse, ennuyeuse, embêtante.*)) ¶ 성가시게 질문하다 importuner [accabler, presser] *qn* de *ses* questions. ¶ 파리가 성가시게 한다 Ces mouches sont agaçantes. ¶ 일이 성가시게 되었다 L'affaire s'est embrouillée [compliquée] (davantage). ② 불쾌하다 ((bruit)) être désagréable, agaçant(*e*), énervant(*e*), assommant(*e*). ¶ 남의 옷차림에 대해 성가시게 지껄여대다 critiquer la tenue vestimentaire des autres. ③ 소리로 귀찮게 하다 ((enfant)) être tapageu*r*(*se*), turbulent(*e*), bruyant(*e*). ¶ 성가시게 참견하다[굴다] se mêler excessivement des affaires des autres [importuner ((les autres)), être pénible ((avec *qn*))].

성가족 聖家族 명 【천주】 la sainte Famille *f*.

성간 星間 명 【천문】 interstellaire. ¶ ~ 물질[거리] une matière[une distance] interstellaire.

◆_가스 명 【천문】 gaz *m* interstellaire.

◆_분자 -分子 명 【천문】 molécule *f* interstellaire.

◆_운 -雲 명 【천문】 nuage *m* interstellaire.

◆_흡수 -吸收 명 【천문】 absorption *f* interstellaire.

성감 性感 명 excitation *f* sexuelle. ¶ ~을 자극하다 provoquer une excitation sexuelle.

◆_대 -帶 명 zone *f* érogène. ¶ ~대를 자극하다 exciter [stimuler] les zones érogènes. ¶ 그 여자는 ~대가 예민하다 Elle a des zones érogènes sensibles.

성게 명 【동물】 oursin *m*. ¶ ~ 같은 머리털 des cheveux en bataille [en désordre, en broussaille, emmêlés, hirsutes, ébouriffés, décoiffés, dépeignés, en coup de vent, coiffés avec un pétard {*fam*}].

◆_젓 명 oursin *m* saumuré.

성격 性格 명 ① 품성 caractère *m*, tempérament *m*, nature *f*. ¶ ~ 결함 troubles caractériels [du caractère]. ¶ 쾌활한 ~의 소녀 une fille au caractère jovial [enjoué, gai]. ¶ 외향적인 ~의 사람 une personne au caractère extraverti [ouvert]. ¶ 내성적인 ~의 사람 un personne au caractère introverti [fermé]. ¶ ~을 만들다[형성하다] former [constituer] un caractère. ¶ 그 사람은 ~이 좋다[나쁘다] Il a un bon [un mauvais, un sale {*fam*}] caractère. ¶ 그 여자는 ~이 시원시원하다 Elle a un caractère sans équivoque / Elle a un caractère franc et ouvert [un caractère limpide]. ¶ 말씨는 그 사람의 ~을 잘 보여 준다 Sa façon de parler traduit bien son caractère. ¶ 그는 ~에 결함이 있다 Il a des troubles du caractère. ¶ 나는 그 친구와 ~이 맞지 않는다 Lui et moi avons deux caractères incompatibles / Lui et moi ne sommes pas faits pour nous entendre.

② 일이나 현상의 본질 caractère *m*, nature *f*. ¶ 일의 ~을 파악하다 saisir la nature d'un travail. ¶ 사건의 ~ 상 언론에 공개할 수가 없다 En raison de sa nature même, on ne peut révéler cet événement à la presse.
◆_적 -的 명관 du caractère, caractériel(*le*). ¶ ~적인 결함 troubles caractériels [du caractère].
◆_검사 -檢査 명 【심리】 test *m* de personnalité.
◆_극 -劇 명 【연영】 comédie *f* de caractère.
◆_묘사 -描寫 명 【문학】 description *f* des caractères.
◆_배우 -俳優 명 【연영】 ac*teur*(*trice*) de genre; ac*teur*(*trice*) qui a *son* propre style [un jeu particulier].
◆_이상 -異常 명 【의학】 anomalie *f* de caractère.
◆_이상자 -異常者 명 caractériel(*le*).
◆_장애 -障碍 명 【의학】 désordre *m* de la personnalité.
◆_차이 -差異 명 différence *f* de caractères, incompatibilité *f* de caractère(s). ¶ 그 부부는 ~ 차이로 이혼했다 Ce couple a divorcé pour incompatibilité de caractère [d'humeur].
◆_파탄자 -破綻者 명 【심리】 caractériel(*le*).

성결 聖潔 명 【기독】 sainteté *f*, pureté *f*.
◆_교회 -教會 명 【기독】 Église *f* des Saints.

성경 聖經 명 【책명】 *Bible f*, écriture *f* sainte du christianisme. ¶ ~을 읽다 lire la *Bible*.
◆_책 -冊 명 *Bible f*.
◆_학자 -學者 명 bibliste mf.

성골 成骨 명 【역사】 *seonggol* <'os saint', titre de noblesse de Silla, noblesse royale, personnes dont la lignée parentale avait du sang royal>. ¶ ~ 출신이다 être de lignée royale [de sang royal].

성공 成功 명 succès *m*, réussite *f*, exploit *m*. ¶ ~ 신화 le mythe du succès. ¶ 작은 ~ un petit succès. ¶ ~의 비결 la clé du succès. ¶ ~의 어머니 la mère du succès. ¶ ~을 거듭하다 avoir des succès répétés. ¶ ~을 눈앞에 두다 être sur le point de réussir. ¶ 친구의 ~을 빌다[기대하다] souhaiter [espérer] la réussite d'un(*e*) ami(*e*). ◇_(을) **하다[거두다]** réussir, avoir du succès, être couronné(*e*) de succès. ¶ 핵실험에 ~하다 réussir un essai [une expérience] nucléaire. ¶ 그분은 사업에 ~했다 Il a eu du succès en affaires. ¶ 그 작가의 소설은 큰 ~을 거두었다 Son roman a remporté un grand [un vif, un plein] succès [un succès complet, un succès éclatant]. ¶ 그 사람은 그 여자를 만나는 데에 ~했다 Il a réussi à la rencontrer. ¶ 이번 작전은 ~할 가능성이 거의 없다 Cette opération a peu de chance de réussir. ◇_(을) **시키다** réussir, mener à bien.
◆_적 -的 명관 couronné(*e*) de succès, qui a réussi, à succès. ¶ ~적인 기업인 un industriel qui a réussi. ¶ 회담은 ~적이었다 La réunion (bilatérale) a réussi. ¶ 연주회를 ~적으로 마치다 finir un concert avec succès.
◆_담 -談 명 histoire *f* d'un succès [d'une réussite].
◆_률 -率 명 taux *m* de succès [de réussite].
◆대_ 大- 명 grand [vif, plein] succès *m*, succès *m* éclatant [complet], belle réussite *f*, franc succès *m*, ((faire un)) tabac *m* {*fam*}, ((faire)) fureur {*fam*}, ((faire un)) malheur *m* {*fam*}. ¶ 공연은 대~이었다 Le concert a obtenu [connu, remporté, joui d'] un grand [vif] succès / Le concert a été un vrai succès / Le concert a remporté un succès complet [un plein succès] / Le concert a fait un tabac {*fam*}, a fait un malheur {*fam*}, a fait fureur {*fam*}, a cassé la baraque {*fam*}].

성공회 聖公會 명 【기독】 église *f* anglicane; église *f* épiscopalienne [épiscopale].

성과 成果 명 résultat *m*, fruit *m*. ¶ 소기의 ~를 달성하다 obtenir le résultat prévu, arriver au résultat escompté. ¶ 좋은 ~를 거두다 obtenir de bons résultats, arriver [aboutir] à un bon résultat. ¶ ~가 좋다[나쁘다] avoir un bon [un mauvais] résultat. ¶ 그 사람의 오랜 연구는 결국 아무런 ~를 얻지 못하고 말았다 Ses longues recherches n'ont finalement pas abouti [n'ont pas été récompensées] / Ses longues recherches n'ont finalement produit aucun résultat. ¶ 그 사람은 장관을 직접 만나는 ~를 올렸다 Il a réussi à rencontrer le ministre en personne. ¶ 협상은 아무런 ~ 없이 결렬되었다 Les négociations ont échoué.
◆_급 -給 명 【경제】 tarif *m* à la pièce; salaire *m* au rendement [à la pièce, aux pièces]. ¶ ~급을 지불하다 payer (un salaire) au rendement. ¶ 우리 회사 급여 제도는 ~급제다 Notre compagnie a un système de salaire au rendement.

성곽 城郭 명 château(*x*) *m*, forteresse *f*, citadelle *f*. ¶ ~ 도시 une ville fortifiée. ¶ ~을 쌓다 construire une citadelle. ¶ ~을 둘러싸다[포위하다] encercler [assiéger] une forteresse [une citadelle]. ¶ ~을 복원하다 restituer une forteresse [une citadelle]. ¶ ~이 파괴되었다[무너졌다] Une citadelle a été détruite. ¶ 그 도시는 튼튼한 ~으로 둘러싸여 있다 Cette ville est bien fortifiée.

성교 性交 명 rapports *mpl* sexuels, relations *fpl* sexuelles, coït *m*. ◇_(를) **하다** avoir des rapports sexuels [des relations sexuelles], baiser {*vulg*}, copuler. ¶ 누구와 ~를 하다 avoir des rapports sexuels [des relations sexuelles] avec *qn*.

성구[1] 成句 명 【언어】 idiome *m*, expression *f* idiomatique, locution *f*.

성구[2] 聖句 명 【기독】 parole *f* biblique.

성군 聖君 명 roi *m* sage. ¶ 세종 대왕은 조선 시대 제일의 ~으로 추앙받는다 Le roi Sejong est révéré comme le plus grand roi du royaume de Joseon.

성궤 聖櫃 명 【기독】 l'Arche *f* d'Alliance, l'Arche *f* Sainte.

성균관 成均館 명 【역사】 Seonggyungwan <université confucéenne fondée au XIVe siècle>. ¶ ~은 조선 시대의 국학(기관)이었다 Seonggyungwan était un établissement d'enseignement national à l'époque de Joseon.

성극 聖劇 명 【연영】 mystère *m*, passion *f*.

성글 어근 ((mimétisme)) en souriant, avec un sourire.

◆**_거리다[대다]** 자 sourire.

◆**_ _** 부 en souriant, avec un sourire. ¶ ~~거리다[대다] sourire.

성글다 형 être clairsemé(*e*), éparpillé(*e*). ¶ 성글게 짠 옷감 un tissu clairsemé.

성금 誠金 명 don *m*, contribution *f*. ¶ ~을 내다 faire un don. ¶ 불우 이웃을 위한 ~을 모으다 organiser une collecte pour les personnes défavorisées [pour les plus démunis, pour les pauvres]. ¶ 수재민들을 돕기 위한 ~이 답지하고 있다 Les dons pour les victimes de l'inondation affluent de toutes parts.

성급하다 性急- 형 ① être impatient(*e*); être irascible, irritable, violent(*e*), vi*f*(*ve*) impétueu*x*(*se*), fougueu*x*(*se*); être d'un tempérament explosif. ¶ 성급한 사람 un homme impatient. ¶ 그 사람은 모든 일에 있어서 너무 ~ Il est trop impatient dans tous les domaines. ¶ 일을 성급하게 매듭짓다 finir un travail de façon précipitée. ¶ 성급하게 결론을 내리다 se hâter de conclure, conclure hâtivement. ¶ 성급하게 굴면 오히려 일을 망친다 La précipitation nuit à la réalisation d'un but. ¶ 결과에 대한 성급한 추측은 금물이다 Il ne faut pas tirer des conclusions hâtives sur le résultat. ② 제철보다 이르다 être prématuré(*e*); être hâti*f*(*ve*). ¶ 거리에는 성급한 참외와 수박이 나와 있다 Dans la rue, il y a des melons jaunes et des pastèques qui ne sont pas encore mûrs.

◆**성급히** 부 hâtivement, prématurément. ¶ 성급히 떠나다 partir [s'en aller] hâtivement.

성기 性器 명 sexe *m*, parties *fpl* génitales, organes *mpl* génitaux.

성기다 형 ① ((사이가)) être peu serré(*e*), espacé(*e*), peu dense, peu nombreu*x*(*se*), être clairsemé(*e*), rare, épars(*e*), épars(*e*), éparpillé(*e*), parsemé(*e*); être par-ci par-là; être ici et là. ¶ 성긴 머리털 des cheveux clairsemés [rares]. ¶ 인구밀도가 성긴 지역 une région où la population est clairsemée [est de faible densité], une région où la densité de population est faible. ¶ 이 천은 올이 ~ Ce tissu a des mailles peu serrées. ② 드문드문하다 être faible, rare. ¶ 밖에는 눈발이 성기게 날리고 있었다 Dehors, il neigeait faiblement / Il neigeotait. ③ ((친분이)) être peu intime. ¶ 그 사람과 나 사이는 친분이 ~ Lui et moi, nous sommes peu intimes.

성깔 性- 명 caractère *m* violent [acerbe, agressif, impétueux, irritable, irascible, emporté, hargneux], mauvais [sale {*fam*}] caractère *m*. ¶ 그 사람은 ~이 있다 Il a son caractère / C'est un violent / Il a un mauvais [un sale] caractère / Il a un caractère [un tempérament] violent [impétueux, agressif, irascible, volcanique, bourru, dur, emporté, coléreux, brutal, colérique, féroce, méchant, rude]. ¶ ~이 보통이 아니다 avoir (un) mauvais caractère, avoir *son* caractère, avoir un caractère impossible, avoir un sale [sacré, fichu, foutu] caractère {*fam*}, avoir un caractère de chien [de cochon]. ¶ 그는 ~ 있게 생겼다 Il a l'air d'avoir un sale caractère [d'avoir son caractère].

◆**_머리** 명 【비어】 caractère *m* violent [acerbe, agressif, impétueux, irritable, irascible, emporté, hargneux] {*fam*}, mauvais [sale {*fam*}, fichu {*fam*}, foutu {*fam*}] caractère *m*, ((avoir)) *son* caractère. ¶ ~머리 하나 고약하구먼 Quel caractère de chien [de cochon]! / Quel sale [fichu, foutu] caractère! ¶ 그 녀석 ~머리 하고는 Il a son caractère, celui-là! / Quel caractère de chien [de cochon], celui-là!

성냥 명 allumette *f*. ¶ ~ 한 갑 un paquet d'allumettes. ¶ 종이 ~ allumettes de [en] carton. ¶ ~을 켜다 craquer [gratter, frotter] une allumette. ¶ ~을 어디에 대고 긋다 gratter une allumette contre *qc*.

◆**_갑** -匣 명 boîte *f* [pochette *f*] d'allumettes.

◆**_개비** 명 allumette *f* en bois.

◆**_불** 명 allumette *f* enflammée. ¶ 아이들이 ~불로 장난을 치고 있다 Des enfants jouent avec des allumettes enflammées.

성녀 聖女 명 【천주】 sainte *f*. ¶ ~ 테레사 sainte Thérèse.

성년 成年 명 (âge *m* de la) majorité *f*; majeur(*e*). ¶ ~의 날 le jour de la majorité. ¶ ~이 되다 atteindre [arriver à] la majorité, devenir majeur(*e*).

◆**_기** -期 명 période *f* de la majorité.

◆**_식** -式 명 cérémonie *f* de la majorité.

성능 性能 명 capacité *f*, qualité *f*, rendement *m*. ¶ 기계의 ~을 조사하다 faire l'essai d'une machine, tester une machine. ¶ ~을 향상시키다 améliorer la qualité. ¶ 이 자동차는 ~이 좋다 Cette voiture est très performante / C'est une voiture à hautes performances.

◆**고_** 高 명 ((d'))excellente qualité *f*, ((de)) qualité *f* supérieure; bon [grand] rendement *m*; haute fidélité *f*, ((optique de)) haute précision *f*; ((une voiture à)) hautes performances *fpl*.

성단 星團 명 【천문】 groupe *m* d'étoiles; amas *m* stellaire.

성당 聖堂 명 【천주】 église *f* catholique, cathédrale *f*. ¶ ~에 가다 aller à l'église, aller à la messe. ¶ 어머니는 ~에 열심히 다니신다 Ma mère est une catholique très pratiquante.

◆**대_** 大- cathédrale *f*.

성대[1] 聲帶 명 【의학】 corde *f* vocale. ¶ ~ 제거 수술 opération d'ablation des cordes vocales. ¶ ~에 이상이 생기다 avoir un ennui aux cordes vocales.

◆**_결절** -結節 명 【의학】 nodule *m* des cordes vocales.

◆**_마비** -痲痺 명 【의학】 paralysie *f* des cordes vocales.

◆**_모사** -模寫 명 imitation *f* vocale, imitation *f* de la voix de *qn*.

성대[2] 盛大 명 prospérité *f* éclatante.

◆_하다 형 être solennel(*le*), pompeux(*se*). ¶~한 결혼식을 올리다 se marier en grande pompe [en grand apparat]. ¶~한 환영을 받다 recevoir un accueil chaleureux. ¶국왕의 장례식은 ~하게 거행되었다 Les funérailles du roi sont solennellement célébrées.

◆_히 부 solennellement, pompeusement, splendidement, en grande pompe, en grand apparat. ¶축하연을 ~히 거행하다 célébrer solennellement une fête.

◆태평_ 명 太平- règne *m* [période *f*] paisible [de paix].

성덕 聖德 명 vertu *f* sainte; vertu *f* royale. ¶~을 쌓다 pratiquer la vertu royale. ¶임금님의 ~에 감읍할 뿐이다 On est ému par la vertu du roi.

성도[1] 聖徒 명 【기독】 saint(*e*), apôtre *m*, disciple *m* de Jésus-Christ.

성도[2] 星圖 명 【천문】 carte *f* astronomique.

성도[3] 聖都 명 ville *f* sainte. ¶~ 예루살렘 Jérusalem, la ville sainte.

성량 聲量 명 volume *m* [ampleur *f*] de la voix. ¶~이 풍부하다[빈약하다] avoir du coffre [manquer de volume]. ¶~이 좋다 avoir une voix puissante.

성령 聖靈 명 【기독】 Saint-Esprit *m*. ¶성부와 성자와 ~의 이름으로 au nom du Père, du Fils et du Saint-Esprit.

◆_강림절 -降臨節 명 【기독】 Pentecôte *f*.

성례 成禮 명 mariage *m*, noces *fpl*. ◇_(를) 하다 célébrer un mariage.

성루 城樓 명 forteresse *f*, tour *f*, tour de guet. ¶~를 지키다 protéger [défendre] une forteresse. ¶~에서 망을 보다 faire le guet sur la tour de guet.

성리학 性理學 명 【철학】 philosophie *f*, métaphysique *f*.

◆_자 -者 명 philosophe *mf*, métaphysicien(*ne*).

성립 成立 명 constitution *f*, formation *f*, conclusion *f*, établissement *m*. ¶~ 조건 condition nécessaire à la conclusion de *qc*. ¶민주 국가의 ~ la constitution d'un pays démocratique. ¶거래의 ~을 위해 노력하다 essayer [s'efforcer] de conclure [de passer] un marché. ◇_(을) 하다 se constituer. ¶거래가 ~하도록 돕다 aider à conclure [à passer] un marché. ◇_(이) 되다 être constitué(*e*). ¶계약[협상]이 ~되었다 passer un contrat, conclure une entente. ◇_(을) 시키다 conclure, régler.

성명[1] 姓名 명 nom *m* (de famille) et prénom *m*, nom *m* (d'une personne). ¶자네 ~이 어떻게 되나? Comment vous appelez-vous / Quels sont vos nom et prénom?

성명[2] 聲明 명 déclaration *f*, communiqué *m*. ¶공식 ~을 발표하다 faire une déclaration publique, annoncer [publier] un communiqué. ¶야당에서 반대 ~을 냈다 Le parti de l'opposition a fait une déclaration dissidente [contraire]. ◇_(을) 하다 déclarer, faire une déclaration.

◆_서 -書 명 déclaration *f*, communiqué *m*. ¶두 나라의 대표가 공동 ~서를 발표했다 Les représentants des deux pays ont fait une déclaration commune.

성명[3] 性命 명 longévité *f*; vie *f*.

성명하다 聖明- 형 être sage. ¶성명하신 왕 roi sage.

성모 聖母 명 【천주】 Sainte Mère *f* [Vierge *f*], Vierge Marie. ¶~ 마리아 Marie, Mère de Dieu, Madone, la Vierge, la Sainte Vierge.

◆_상 -像 명 【천주】 statue *f* de Madone *f*, Vierge *f*.

◆_성월 -聖月 명 【천주】 mois *m* de sainteté ((mai)).

◆_송 -頌 명 【천주】 Ave Maria *m*.

◆_승천 -昇天 명 【천주】 Assomption *f*. ¶~승천 대축일 la fête de l'Assomption.

성묘 省墓 명 visite *f* des tombeaux des ancêtres. ◇_(를) 하다 visiter les tombeaux des ancêtres. ¶선산에 ~하러 가다 aller visiter le cimetière familial où sont enterrés les ancêtres, aller sur la tombe de *ses* ancêtres.

◆_객 -客 명 visiteur(*se*) des tombeaux des ancêtres.

성문[1] 成文 명 codification *f*.

◆_화 -化 명 codification *f*. ¶~화된 규범 une norme codifiée. ¶관습법을 ~화하다 codifier le droit coutumier.

◆_계약 -契約 명 【법률】 contrat *m* écrit.

◆_법 -法 명 【법률】 droit *m* écrit.

◆_헌법 -憲法 명 【법률】 constitution *f* écrite.

성문[2] 城門 명 porte *f* d'un château [d'une forteresse, d'une citadelle]. ¶~을 지키다 protéger [défendre] la porte d'un château [d'une forteresse, d'une citadelle]. ¶~을[으로] 들어가다 entrer dans une forteresse par la porte d'entrée. ¶~을 굳게 닫고 적군에게 저항하다 résister à l'armée ennemie en n'ouvrant pas la porte de la forteresse. ¶~을 열고 적에게 항복하다 se rendre à l'ennemi en ouvrant la porte de la forteresse.

성문[3] 聲門 명 【의학】 glotte *f*.

◆_마찰음 -摩擦音 명 【언어】 (consonne *f*) fricative [constrictive] glottale.

◆_음화 -音化 명 【언어】 glottalisation *f* ((influence glottale)). ¶~음화하다 émettre des glottales.

◆_폐쇄음 -閉鎖音 명 【언어】 (consonne *f*) occlusive glottale.

성문[4] 聲聞 명 renom *m*, renommée *f*, célébrité *f*, réputation *f*. ¶~을 떨치다[날리다] être au sommet de *sa* célébrité [de *sa* gloire].

성물 聖物 명 【천주】 objet *m* sacré, objet *m* de dévotion.

성미 性味 명 caractère *m*; disposition *f*, goût *m*; tempérament *m*. ¶괴팍한 ~ un caractère difficile [délicat, exigeant]; un caractère peu sociable [intraitable]. ¶불같은 ~ un tempérament ardent [vif, fougueux, impétueux]; un tempérament irascible [irritable, explosif]. ¶그 사람은 ~가 급하다 Il a un tempérament vif [impatient, impétueux]. ¶그 사람은 ~가 까다롭다 Il a un caractère compliqué

ㅅ

[exigeant, anguleux] / Il est difficile à satisfaire [à contenter]. ¶ 그 남자는 ~가 고약하다 Il a un mauvais [un sale {*fam*}, un fichu {*fam*}, un foutu {*fam*}] caractère / Il a son caractère / Il a un caractère de cochon [de chien] {*fam*}. ¶ 그 사람은 화가 나면 참지 못하는 ~이다 Il n'arrive pas à contenir [à contrôler] ses colères / Il est d'un tempérament explosif / Il est coléreux [colérique]. ¶ 그런 일은 그의 ~에 맞지 않는다 Ce travail ne s'accorde pas avec son caractère. ◇_(를) **내다[부리다]** se mettre en colère, s'emporter, se fâcher, se vexer, se contrarier, se hérisser, s'irriter, se mettre [se foutre {*vulg*}] en rogne {*fam*} [en boule {*fam*}], sortir de *ses* gonds; piquer une [*sa*] crise {*fam*}, criser {*fam*}, faire un caca nerveux {*fam*}. ¶ 사소한 일에 ~를 부리다 se mettre en colère [se vexer] pour un rien, se hérisser à la moindre remarque. ◇_(가) **나다** se mettre en colère, se fâcher, s'énerver, s'irriter, se vexer, se contrarier, se hérisser, s'emporter, sortir de *ses* gonds, piquer une [*sa*] crise {*fam*}. ¶ 그의 말에 자꾸 ~가 난다 Je suis toujours contrarié(*e*) [irrité(*e*), énervé(*e*), agacé(*e*)] par ses paroles [par son discours] / Ses paroles m'irritent toujours.

*~**를 죽이다** calmer [apaiser] *sa* colère.

성반 聖盤 명 【천주】 plateau(*x*) *m* saint.

성배 聖杯 명 Graal *m*, Saint-Graal *m*. ¶ ~의 전설 la légende du Graal.

성벽[1] **性癖** 명 penchant *m*, inclination *f*. ¶ 그 사람은 남의 말을 믿지 못하는 ~이 있다 Il a tendance à ne pas croire les autres. ◇_**이 나다** se mettre en colère, s'emporter, se fâcher, se vexer, s'irriter, se contrarier, se hérisser. ¶ 공연히 ~이 나서 소리를 질러대다 se fâcher sans raison et crier.

성벽[2] **城壁** 명 rempart *m*, muraille *f* ((d'un château fort)), enceinte *f* ((d'une ville, d'une place forte)). ¶ ~을 쌓다 construire une muraille. ¶ 도시를 ~으로 에워싸다 entourer une ville de murailles [de remparts].

성별[1] **性別** 명 ((distinction de)) sexe *m*. ¶ 이력서에 ~을 기재하다 préciser *son* sexe sur *son* curriculum vitae [sur son C.V.]. ¶ ~에 관계없이 채용하다 embaucher sans distinction de sexe.

성별[2] **聖別** 명 【기독】 consécration *f*, bénédiction *f*. ◇_(을) **하다** consacrer, bénir.

성병 性病 명 【의학】 maladie *f* sexuellement transmissible, ((약어)) M.S.T. *f*, maladie *f* vénérienne [honteuse] {*vx*}. ¶ ~ 환자 une personne *atteinte d'une maladie vénérienne* [d'une M.S.T.]. ¶ ~을 옮기다 donner [transmettre] une maladie vénérienne. ¶ ~에 걸리다[감염되다] attraper une maladie vénérienne, être atteint(*e*) d'une M.S.T.

◆_**학** -學 명 【의학】 vénérologie *f*, vénéréologie *f* {*vx*}.

성보 城堡 명 rempart *m*; forteresse *f* (provisoire et de dimension modeste).

성복 成服 명 grande toilette *f*. ◇_(을) **하다** être en grande toilette.

성부[1] **聖父** 명 【기독】 Dieu le Père *m*.

성부[2] **聲部** 명 【음악】 éventail *m* des voix ((ténor, soprano, basse, etc.)); voix *f* ((de basse, de ténor, de soprano, etc.)).

성분 成分 명 ① composant *m*, constituant *m*, élément *m*, ingrédient *m*. ¶ ~ 분석 analyse des constituants. ¶ 주요 ~ élément essentiel [principal]. ¶ 약의 ~을 분석하다 analyser la composition d'un médicament. ¶ 우유에는 칼슘 ~이 많다 Le lait est très riche en calcium. ② 출신 계층 penchant *m*, tendance *f* (idéologique). ¶ 누구의 출신 ~을 조사하다 examiner la tendance idéologique de *qn*. ③ 【언어】 constituant *m*. ¶ ~ 분석 analyse en constituants. ¶ (문장의) 직접 구성 ~ constituants immédiats (d'une phrase).

◆_**력** -力 명 【물리】 composant *m* d'une force.

◆_**비** -比 명 【화학】 composition *f*, proportion *f* des constituants.

◆_**표시** -表示 명 【수학】 indication *f* des composants.

◆**주**_ 主- 명 élément *m* principal, principal ingrédient *m* [composant *m*].

◆**직접**_ 直接 명 【언어】 constituant *m* immédiat.

성불 成佛 명 【불교】 Illumination *f*, entrée *f* au nirvana, réalisation *f* de *sa* bouddhéité. ◇_(을) **하다** devenir Bouddha, entrer au nirvana, arriver à l'Illumination.

성비 性比 명 répartition *f* des genres [sexes] (au sein d'une même race, d'une même espèce). ¶ 남녀 ~의 불균형 (répartition) disproportion(née) du nombre d'hommes et de femmes.

성사[1] **成事** 명 achèvement *m*, accomplissement *m*, succès *m*, réalisation *f*. ¶ 일의 ~ 여부가 불투명하다 être incertain(*e*) [douter] de l'achèvement [de la réalisation] d'une affaire. ¶ 일의 ~는 하늘에 달려 있다 L'accomplissement de cette affaire dépend de la volonté de Dieu. ◇_(를) **하다** achever *qc*, accomplir *qc*, réussir *qc*. ◇_(가) **되다** être conclu(*e*), achevé(*e*), réalisé(*e*), accompli(*e*). ¶ 계약이 ~되었다 Le contrat a été conclu. ¶ 혼담이 ~되었다 contracter (un) mariage. ◇_(를) **시키다** porter à réalisation, conclure. ¶ 계약[혼담, 회담]을 ~시키다 passer un contrat [arranger un mariage, organiser des pourparlers].

성사[2] **聖事** 명 【천주】 sacrement *m*. ¶ 고백[세례, 성체, 혼인] ~ sacrement de la confession [du baptême, de l'eucharistie, du mariage]. ¶ ~를 내리다 célébrer un sacrement. ¶ ~를 받다 recevoir un sacrement.

성상[1] **聖像** 명 image *f* sainte, icône *f*. ¶ ~ 파괴주의 iconoclasme.

◆_**학** -學 명 iconographie *f*.

성상[2] **性狀** 명 ① ((사람)) nature *f*, tempérament *m*. ② ((사물)) nature *f*.

◆_**관형사** -冠形詞 명 【언어】 déterminant *m*

qualificatif; déterminant *m* qualitatif. ¶ ~관형사는 형용사와 달리 명사 앞에만 위치하는 불변어이다 Contrairement à l'adjectif, le déterminant qualificatif est un mot invariable qui se place uniquement devant un nom.

◆_**부사** -副詞 명 【언어】 adverbe *m* qualificatif; adverbe *m* qualitatif.

◆_**형용사** -形容詞 명 【언어】 adjectif *m* adjectifqualificatif.

성상[3] **星狀** 명 (forme *f* d')étoile *f* (à cinq branches), figure *f* stellaire.

◆_**세포** -細胞 명 【의학】 astrocyte *m* étoilé.

◆_**체** -體 명 【생물】 filaments *mpl* fissurés longitudinalement ((par lesquels s'individualisent les chromosomes lors de la prophase [première partie] de la mitose)).

성상[4] **聖上** 명 Sa Majesté *f* (le roi). ¶ ~ 폐하 ((3인칭 경칭으로 쓰일 때)) Sa Majesté; ((국왕을 직접 부를 때)) (Votre) Majesté.

성상[5] **星霜** 명 an *m*, année *f*.
분류 an *m*, année *f*. ¶ 우리나라가 해방된 지 50여 ~이 지났다 Cela fait une (bonne) cinquantaine d'années que la Corée a été libérée.

성서 聖書 명 【책명】 (sainte) *Bible f*, écriture *f* sainte; les Saintes Écritures *fpl*. ¶ 구약 ~ l'Ancien Testament. ¶ 신약 ~ le Nouveau Testament.

◆_**고고학** -考古學 명 archéologie *f* biblique.

◆_**신학** -神學 명 【기독】 théologie *f*.

성선 性腺 명 【생물】 glande *f* sexuelle [génitale, reproductrice].

성선설 性善說 명 【철학】 doctrine *f* selon laquelle la nature humaine est bonne en elle-même [selon laquelle l'homme naît bon].

성성이 猩猩- 명 【동물】 orang-outan(g)(~s-~s) *m*.

성성하다 星星- 형 être grisonnant(*e*). ¶ 백발이 성성한 노인 un vieillard grisonnant. ¶ 그 사람은 벌써 백발이 ~ Il a déjà les cheveux qui grisonnent / Il a déjà les cheveux poivre et sel / Déjà il grisonne / Il grisonne déjà / Il est déjà grisonnant.

성세 聖洗 명 【천주】 baptême *m*. ¶ ~를 준비하다 se préparer au baptême.

성소[1] **聖召** 명 【천주】 vocation *f*, (saint) appel *m* (de Dieu).

성소[2] **聖所** 명 【기독】 *sanctuaire m*, *lieu m* sacré, le saint *m* des saints.

성쇠 盛衰 명 prospérité *f* et décadence *f*, hauts *mpl* et bas *mpl*, vicissitudes *fpl* de la fortune [de la vie]. ¶ ~를 거듭하다 alterner les hauts et les bas. ¶ 기술력이 기업의 ~를 좌우한다 La capacité technique détermine le destin d'une entreprise. ¶ 국가의 ~는 교육에 달려 있다 La destinée du pays dépend de l'éducation / L'éducation décide du sort d'une nation.

성수 聖水 명 【천주】 eau(*x*) *f* bénite. ¶ ~를 뿌리다 asperger d'eau bénite (lors du baptême).

◆_**반** -盤 명 【천주】 bénitier *m*.

성수기 盛需期 명 haute saison *f*, période *f* prospère [de grande demande], conjoncture *f* favorable. ¶ ~가 지난 제품 un produit tardif [sorti après-coup]. ¶ ~를 맞아 매출이 늘고 있다 Dans la conjoncture favorable actuelle, les ventes sont en train d'augmenter. ¶ ~를 맞아 휴가지로 떠나는 항공 노선을 증편하다 augmenter les vols à destination des lieux de vacances pendant la saison. ¶ 비행기표 가격은 ~ 때와 비수기 때 엄청난 차이가 난다 Les tarifs des billets d'avion en [de la] haute saison sont bien plus onéreux que ceux en [de la] basse saison.

성수품 盛需品 명 produit *m* de saison. ¶ ~들의 가격이 올랐다 Les prix des produits de saison ont augmenté.

성숙 成熟 명 ① maturité *f*. ② ((몸, 마음의)) maturité *f* (d'esprit), sagesse *f*, âge *m* mûr. ¶ 정신의 ~ maturité d'esprit [mentale]. ¶ 육체적 ~ maturité physique. ③ 익숙해짐 maturité *f*, plénitude *f* {*litt*}. ④ 시기가 무르익음 fait que le temps où ... s'approche [arrive], fait que le moment devienne favorable. ◇_**(을) 하다** ① mûrir, atteindre la maturité; être mature. ¶ 오곡이 ~하는 계절 la saison (de l'automne) où les cinq céréales mûrissent. ② ((몸, 마음이)) mûrir, atteindre la maturité, acquérir de la maturité d'esprit [de la sagesse]; être mature. ¶ ~한 몸매 un corps d'adulte, un corps pleinement développé, une silhouette bien dessinée. ¶ 그 소녀는 나이에 비해 훨씬 ~해 보인다 Cette jeune fille a l'air [fait] beaucoup plus adulte que son âge. ③ 익숙해지다 mûrir, devenir mûr(*e*), se développer, atteindre *son* plein développement, atteindre la maturité, venir à maturité; être mature, mûr(*e*), développé(*e*). ¶ ~한 시민 의식 conscience mûre [développée, mature] des citoyens. ④ 시기가 무르익다 ((le temps)) s'approcher, arriver; ((le moment)) devenir favorable. ¶ 혁명의 여건이 ~하기를 기다리다 attendre que les conditions de la révolution atteignent leur pleine maturité, attendre le moment favorable pour la révolution. ◇_**(이) 되다** atteindre la maturité, mûrir. ¶ 인간으로 ~되어 가는 과정 processus par lequel l'homme devient mature. ◇_**(을) 시키다** faire mûrir, rendre mûr [mature]. ¶ 분위기를 ~시키다[고조시키다] chauffer l'ambiance, porter l'ambiance à son comble.

◆_**기** -期 명 (âge *m* de la) puberté *f*, adolescence *f*, nubilité *f*, bel âge *m*. ¶ ~기의 청소년들 adolescents à l'âge de la puberté, adolescents en pleine puberté. ¶ 그 사람의 연기는 ~기에 이르렀다[들어섰다] Son jeu est arrivé à maturité.

성스럽다 聖- 형 être saint(*e*), sacré(*e*), divin(*e*). ¶ 성스러운 땅 une terre sainte, un lieu(*x*) saint. ¶ 성스러운 여신 une déesse sacrée.

성시[1] **盛市** 명 marché *m* prospère [riche, très fréquenté]. ◇_**(를) 이루다** avoir beaucoup de clients. ¶ 거리는 많은 사람들로 ~를 이루고 있다

Il y a une énorme foule [un monde fou {*fam*}] dans la rue / La rue grouille [est grouillante] de monde.

성시² 盛時 명 période *f* de pleine vigueur [d'énergie, d'entrain].

성신¹ 星辰 명 【천문】 étoiles *fpl*, astres *mpl*.

성신² 聖神 명 【기독】 Saint-Esprit *m*. ☞ 성령

성실 誠實 명 sérieux *m*, honnêteté *f*, sincérité *f*, probité *f*.

◆**_하다** 형 être honnête, sincère. ¶ 그 사람은 매우 ~한 학생이다 C'est un étudiant très assidu [sérieux]. ¶ 그 사람은 내 글을 ~하게 읽고 비평해 주었다 Après avoir lu attentivement [avec attention] mon texte, il l'a critiqué.

◆**_히** 부 consciencieusement, sincèrement; avec probité. ¶ ~히 일하다 travailler consciencieusement. ¶ 맡은 일을 ~히 처리하다 remplir *sa* tâche avec probité. ¶ 질문에 ~히 답변하다 répondre sincèrement aux questions.

◆**_성** -性 명 sincérité *f*, probité *f*. ¶ 그 사람은 ~성을 인정받아 승진했다 Sa sincérité au travail a été reconnue et il a bénéficié d'une promotion.

성심¹ 誠心 명 cœur *m* sincère, sincérité *f*. ¶ 환자 간호에 ~을 다하다 s'occuper de [veiller sur] un malade de tout *son* cœur [de toute *son* affection], être aux petits soins pour un malade, entourer un malade d'attentions, bichonner un malade {*fam*}. ¶ ~으로 손님을 대접하다 recevoir un(*e*) invité(*e*) avec un cœur sincère.

◆**_껏** 부 de tout (*son*) cœur, de toute *son* âme, ((se donner)) corps et âme. ¶ ~껏 돌보다 s'occuper de [veiller sur] *qn* de tout *son* cœur, être aux petits soins pour *qn*, entourer *qn* d'attentions, bichonner *qn* {*fam*}.

◆**_성의** -誠意 명 (grande) sincérité *f*, bonne volonté *f*, empressement *m* sincère. ¶ ~성의를 다하다 faire de *son* mieux avec beaucoup de bonne volonté, se donner corps et âme [tout(*e*) entier(*ère*)] ((à un projet)), s'engager corps et âme; s'impliquer complètement; se donner à fond, se vouer à *qc*; se consacrer entièrement à *qc*, mettre toute son âme [tout *son* cœur] (dans un travail); faire *qc* de tout (*son*) *cœur* [de toute *son* âme]. ¶ ~성의로 일을 하다 travailler de tout *son* cœur. ¶ 질문에 ~성의껏 대답하다 répondre avec une grande sincérité aux questions.

성심² 聖心 명 【천주】 Sacré-cœur *m*.

성싶다 조형 ((verbe auxiliaire de ressemblance ou de supposition, il s'emploie sous forme de radical + -ㄹ/-을.)) il semble que+*ind*, on dirait que+*ind*. ¶ 비가 올 ~ On dirait qu'il va pleuvoir. ¶ 그 녀석이 너의 말을 들을 성싶냐? Tu crois vraiment qu'il t'écoute?

성악 聲樂 명 【음악】 chant *m*, musique *f* vocale; leçon *f* de chant.

◆**_가** -家 명 ((남자)) chanteur *m* d'opéra; ((여자)) chanteuse *f* d'opéra, cantatrice *f*, ((유명한)) diva *f*, prima donna (des prima donna, des prime donne) *f*.

◆**_곡** -曲 명 【음악】 chant *m*.

◆**_과** -科 명 【교육】 département *m* de musique vocale.

성악설 性惡說 명 【철학】 doctrine *f* selon laquelle la nature humaine est mauvaise en elle-même.

성안 成案 명 ① 계획 plan *m* établi, projet *m* élaboré [concret]; ② 계획을 세우는 일 établissement *m*, élaboration *f* (d'un plan). ◇_(을) **하다** élaborer un plan, dresser un projet concret. ¶ 법률을 ~하다 instituer [fonder] une loi. ◇_(이) **되다** ((un plan, un projet)) s'élaborer, être élaboré(*e*).

성어¹ 成語 명 ① expression *f* toute faite. ② 【언어】 locution *f*, idiotisme *m*.

◆**고사_** 故事- 명 expression *f* toute faite [locution *f*, idiotisme *m*] tirée d'un fait historique [d'une légende].

◆**사자_** 四字- 명 maxime *f* traditionnelle; expression *f* toute faite [locution *f*, idiotisme *m*] tirée d'un fait historique [d'une légende] composé(*e*) de quatre caractères sino-coréens.

성어² 成魚 명 【수산】 poisson *m* adulte, poisson *m* au terme de sa croissance.

◆**_기** -期 명 【수산】 pic *m* de la période de pêche, saison *f* de pêche faste.

성업¹ 成業 명 achèvement *m*, accomplissement *m*, réalisation *f*. ◇_(을) **하다** achever ((*son* travail, *ses* études)).

성업² 盛業 명 entreprise *f* florissante. ¶ ~을 이루다 ((une entreprise)) devenir florissant(*e*), fleurir, briller, prospérer. ¶ 그 사람의 식당은 ~ 중이다 Son restaurant est en train de prospérer.

성업³ 聖業 명 entreprise *f* sainte [sacrée, vénérable]. ¶ 조국 통일의 ~ l'entreprise sainte [sacrée, vénérable, exemplaire] de la réunification de la Corée.

성에 명 givre *m*, glaçon *m*. ¶ ~ 방지제 antigivrant, antigivreur. ¶ 차창의 ~를 제거하다 ôter le givre d'un pare-brise, dégivrer une vitre de voiture. ¶ 유리창에 ~가 끼었다[생겼다] Les vitres sont couvertes de givre / Du givre s'est formé [s'est déposé] sur les vitres.

성역 聖域 명 ① sanctuaire *m*, lieu *m*, zone *f* sacré(e) ; 신성한 지역 lieu(*x*) *m* [endroit *m*] sacré, sanctuaire *m*. ¶ ~ 없는 수사 une enquête sans tabous. ¶ ~을 침범하다 envahir [violer] un lieu sacré, violer un lieu de culte, profaner un sanctuaire [un temple, un autel]. ② 보호 영역 lieu(*x*) *m* [endroit *m*] sacré, enceinte *f* sacrée, terre *f* consacrée.

성왕 聖王 명 saint roi *m*. ☞ 성군

성욕 性慾 명 appétit *m* charnel [sexuel, sensuel, vénérien]; désir *m* charnel; sexualité *f*, libido *f*. ¶ ~ 감퇴 régression de la libido, diminution de l'appétit sexuel. ¶ ~을 느끼다 éprouver un désir charnel. ¶ ~을 만족시키다 assouvir [contenter, satisfaire] *ses* appétits sexuels [*sa* libido]. ¶ 그 사람은 ~이 강하다 Il a un grand appétit sexuel.

◆_주의 -主義 명 sensualisme *m*.

◆변태_ 變態- 명 déviations *fpl* [perversions *fpl*] sexuelles, sexualité *f* anormale.

◆변태_자 變態-者 명 obsédé(*e*) [maniaque *mf*] (sexuel(*le*)).

성우 聲優 명 ac*teur*(*trice*) à la radio, doubleu*r*(*se*) de voix (dans le film ou dans un feuilleton étranger).

성운 星雲 명 【천문】 nébuleuse *f*.

◆_군 -群 명 【천문】 groupe *m* [rassemblement *m*] de nébuleuses.

◆_단 -團 명 【천문】 (grand) amas *m* de nébuleuses, nébuleuse *f* extragalactique.

성웅 聖雄 명 (saint) héros *m*, héros *m* parmi les héros.

성원¹ 成員 명 ① 구성원 membre *m*. ¶ 한 사회의 전체 ~ tous les membres d'une société. ② 회의 등의 성립 가능 인원 quorum *m*. ¶ ~ 미달로 회의를 연기하다 Comme le quorum n'a pas été atteint, on a ajourné la réunion. ◇_이 되다 atteindre le quorum.

성원² 聲援 명 encouragement *m* (de la voix), (cri *m* d')encouragement *m*, soutien *m*, appui *m*. ¶ 뜨거운[열렬한] ~ des encouragements chaleureux. ¶ 누구에게 ~을 아끼지 않다 prodiguer des encouragements à *qn*. ¶ 고객의 ~에 보답하다 remercier les clients de leur appui. ¶ 너의 ~을 기대한다 Je compte sur votre appui [soutien]. ¶ 관중들이 우리 선수들에게 ~을 보냈다 Les spectateurs ont poussé des cris d'encouragement à nos joueurs. ◇_(을) 하다 pousser des cris d'encouragement, encourager *qn* (de la voix). ¶ 관중들이 선수들을 ~하고 있다 Les spectateurs ont encouragé les joueurs.

◆_자 -者 명 protec*teur*(*trice*), appui *m*.

성위 星位 명 【천문】 position *f* d'une étoile (dans le ciel).

성유 聖油 명 【천주】 saint chrême *m*, huile *f* sainte. ¶ ~를 바르다 oindre *qn*.

성은 聖恩 명 ① bienfait *m* (reçu du roi), bienveillance *f* royale. ¶ ~을 입다 recevoir le bienfait du roi. ¶ ~이 망극하옵나이다 Que la bienveillance du Roi [de Sa Majesté] est immense! ② 【기독】 la grâce *f* (de Dieu).

성음 聲音 명 ① (son *m* de la) voix *f*. ② 【음악】 musique *f* (vocale).

성읍 城邑 명 ville *f*.

성의¹ 誠意 명 sincérité *f*, empressement *m*. bonne volonté *f*. ¶ 일에 ~를 보이다 montrer [témoigner] de l'empressement à travailler. ¶ 환자 간호에 ~를 다하다 mettre toute *sa* bonne volonté à soigner des malades; s'occuper de [veiller sur] un malade de tout *son* cœur, être aux petits soins pour un malade, entourer un malade d'attentions, bichonner un malade {*fam*}. ¶ 소액의 부조금으로 ~를 표시하다 montrer [témoigner] *sa* bonne foi avec un petit don d'argent ((argent que l'on donne comme contribution à un mariage ou un décès)). ¶ 그 사람은 나를 맞으러 공항까지 나오는 ~를 보였다 Il est venu m'accueillir avec gentillesse à l'aéroport. ◇_(가) 없다 être peu empressé(*e*), manquer de bonne volonté. ¶ ~ 없는 사람 un homme qui manque de bonne volonté [peu empressé]. ¶ ~ 없는 말 parole qui manque de sincérité. ¶ 그 사람의 대답에는 ~가 없었다 Sa réponse a manqué de sincérité. ¶ 그 사람은~ 없이 행동했다 Il a agi sans empressement.

◆_껏 부 avec empressement, de bon cœur, de bonne foi, de bonne grâce, de tout (*son*) cœur, de toute *son* âme. ¶ 물음에 ~껏 답하다 répondre de bon cœur [de bonne grâce] aux questions.

성의² 聖衣 명 【천주】 saint habit *m*, scapulaire *m*.

성인¹ 成人 명 adulte *mf*. ¶ ~의 날 fête de l'entrée dans la majorité ((20 ans, âge coréen, 18 ans âge français)), journée des nouveaux majeurs (le troisième lundi du mois de mai). ¶ ~이 되다 arriver à l'âge adulte, atteindre [arriver à] la majorité.

◆_교육 -教育 명 【교육】 enseignement *m* pour adultes, formation *f* continue.

◆_기 -期 명 âge *m* mûr, âge *m* d'homme, âge *m* adulte.

◆_병 -病 명 【의학】 maladie *f* de l'âge adulte [de l'âge mûr] ((hypertension, artériosclérose, etc.)).

◆_식 -式 명 cérémonie *f* de passage à l'âge adulte ((20 ans, âge coréen)).

◆_영화 -映畵 명 【연영】 film *m* interdit aux moins de 16 ans. ¶~ 영화 전용관 cinéma interdit aux moins de 16 ans.

◆_용 -用 명 à l'usage (exclusif) des personnes majeures, interdit(*e*) aux mineurs. ¶ ~용 잡지 une revue [un magazine] pour adultes [interdit aux mineurs].

성인² 聖人 명 saint *m*, bienheureux *m*, saint homme *m*. ¶ 4대 ~ les quatre grands Saints de l'Antiquité ((Jésus, Socrate [Mahomet], Bouddha, Confucius)). ¶ ~(의) 반열에 오르다 être canonisé(*e*), sanctifié(*e*).

◆_군자 -君子 명 saints *mpl* et sages *mpl*.

◆_전 -傳 명 vie *f* des saints, hagiographie *f*.

◆_품 -品 명 【천주】 canonisation *f*.

성자¹ 聖者 명 saint(*e*). ¶ 아프리카의 ~ 슈바이처 Schweitzer, saint d'Afrique.

성자² 聖子 명 【기독】 Fils *m* de Dieu.

성작 聖爵 명 【천주】 coupe *f* de communion, calice *m*. ☞ 성배

성장¹ 成長 명 ① croissance *f*, accroissement *m*. ¶ ~ 억제 물질 substance qui freine la croissance. ¶ ~ 조성 물질 substance productrice de croissance. ¶ ~ 촉진 물질 substance qui stimule la croissance. ¶ 육체적[정신적] ~ croissance corporelle [mentale]; développement physique [((지적인)) intellectuel]. ¶ ~을 돕다 aider à la croissance. ¶ ~을 촉진하다 stimuler la croissance. ¶ ~을 방해하다 empêcher la croissance. ¶ 아이의 ~이 늦다[빠르다] L'enfant grandit lentement [rapidement]. ② 발전 progrès *m*, développement *m*, croissance *f*. ¶ 경제 ~ croissance *f* économique. ¶ 회사 ~의 요인 facteur principal du développement de l'entreprise. ◇_(을) **하다** ① grandir, croître, mûrir. ¶ 소년은 훌륭한 청년으로 ~했다 Le petit garçon est devenu un jeune homme brillant. ② 발전하다 grandir, se développer, évoluer, progresser; faire des progrès. ¶ 빠르게[천천히] ~하다 progresser rapidement [lentement]. ¶ 그 회사는 한국 최고의 기업으로 ~했다 L'entreprise a grandi pour devenir la meilleure de Corée du Sud. ◇_(을) **시키다** faire grandir, mûrir.

◆**_성** -性 명 possibilité *f* de développement. ¶ 기업의 ~성을 평가하다 évaluer [estimer] la possibilité de développement d'une entreprise.

◆**_거점** -據點 명 point *m* d'appui [base *f*] de croissance.

◆**_곡선** -曲線 명 【생물】 courbe *f* (graphique) de croissance.

◆**_기** -期 명 période *f* de croissance. ¶ 그 아이는 당연히 많이 먹지. 지금 한참 ~기잖아 C'est normal que cet(*te*) enfant mange beaucoup, il(elle) est maintenant en pleine période de croissance.

◆**_률** -率 명 【경제】 taux *m* de croissance.

◆**_소설** -小說 명 【문학】 roman *m* d'apprentissage.

◆**_점** -點 명 【식물】 point m de croissance.

◆**_호르몬** 명 【의학】 hormones *fpl* de croissance.

성장² **盛裝** 명 grande toilette *f* [tenue *f*], toilette *f* de bal [de gala]. ◇_(을) **하다** se mettre en grande tenue.

성적 **成績** 명 note *f*; bulletin *m* (scolaire); score *m*, résultat *m*, classement *m*. ¶ 시험 ~ résultat d'un examen. ¶ 학교 ~ les notes [les résultats] scolaires; le bulletin scolaire. ¶ 영업 ~ chiffres d'activité, performances (d'une entreprise). ¶ 경기에서 우수한 ~을 거두다[올리다, 내다] obtenir un excellent résultat dans une rencontre (sportive). ¶ ~을 조작하다 falsifier le résultat [*ses* notes, *son* bulletin (scolaire)]. ¶ 좋은 ~으로 시험에 합격하다 réussir à un concours avec un bon résultat [avec une bonne note, avec brio]. ¶ ~이 오르다[떨어지다] avoir de meilleures notes, avoir un meilleur bulletin (scolaire), avoir un meilleur carnet de notes [voir *ses* notes chuter, voir *son* bulletin chuter, avoir de moins bonnes notes, avoir un moins bon bulletin, avoir un moins bon carnet de notes ((qu'au semestre précédent))]. ¶ 그 사람은 이번 달에 판매 ~이 좋다[나쁘다] Ce mois, il arrive à un bon [mauvais] chiffre d'affaires. ¶ ~이 부진하다 Les résultats ne sont pas brillants [laissent à désirer, sont médiocres].

◆**_순** -順 명 ordre *m* [classement *m*] selon les résultats [notes] d'un examen [d'un concours]. ¶ ~순으로 반을 편성하다 organiser les classes selon les résultats de l'examen [suivant le classement des notes].

◆**_표** -表 명 【교육】 bulletin *m* scolaire (trimestriel), carnet *m* de notes. ¶ 학기말 ~표를 받다 recevoir le bulletin (scolaire) de la fin de semestre.

성전¹ **聖典** 명 écrit *m* d'un sage; livre *m* sacré, Bible *f*, les Saintes Écritures *fpl*.

성전² **聖殿** 명 église *f*; sanctuaire *m* ((de Grèce)).

성전³ **聖戰** 명 guerre *f* sainte.

성절음 **成節音** 명 【언어】 noyau *m* syllabique.

성정 **性情** 명 tempérament *m*, caractère *m*, naturel *m*, nature *f*. ¶ 그 사람은 ~이 어질고 착하다 Il a un [est d'un] caractère doux et gentil.

성조 **聲調** 명 【언어】 ton *m*. ¶ ~ 언어 langue(*s*) à ton.

성조기 **星條旗** 명 bannière *f* étoilée, drapeau(*x*) *m* des États-Unis.

성좌 **星座** 명 【천문】 constellation *f*. ¶ 오리온 ~ (la constellation d') Orion.

성주¹ **城主** 명 seigneur *m* féodal; maître *m* d'un château; magistrat *m* [gouverneur *m*] de région (où sont enterrés *ses* ancêtres).

성주² 명 【민속】 génie *m* protecteur, divinité *f* tutélaire.

◆**_풀이** 명 【민속】 cérémonie *f* [chant *m*] chamaniste pour invoquer le génie protecteur (dans la maison).

성중 **城中** 명 intérieur *m* des remparts [murailles]; (à) l'intérieur de la ville, en dedans des murs, ((habiter)) intra-muros *inv*.

성지¹ **城址** 명 ruines *fpl* d'un château fort.

성지² **聖旨** 명 volonté *f* [désir *m*] du roi. ¶ ~를 받들다 honorer [respecter] la volonté du roi.

성지³ **聖地** 명 terre *f* [ville *f*] sainte; lieu(*x*) *m* saint. ¶ 민족의 ~ terre sainte de la nation [du peuple]. ¶ ~를 순례하다 aller en [faire un] pèlerinage en Terre sainte.

◆**_순례** -巡禮 명 pèlerinage *m* en Terre sainte.

◆**_순례자** -巡禮者 명 pèlerin(*e*).

성지⁴ **聖枝** 명 【천주】 rameau(*x*) *m* saint.

◆**_주일** -週日 명 【천주】 le dimanche *m* des Rameaux.

성직 **聖職** 명 【종교】 sacerdoce *m*, prêtrise *f*, cléricature *f*; fonction *f* sacrée. ¶ ~ 생활 vie sacerdotale.

◆**_자** -者 명 【종교】 ecclésiastique *m*, prêtre *m*, religieux *m*, ((집합적)) clergé *m*.

성질 **性質** 명 ① 특성 propriété *f*, caractéristique *f*, nature *f*. ¶ 탄성이 강한 고무의 ~ la propriété fortement élastique du caoutchouc. ¶ 그 둘은 비교될 ~의 것이 아니다 Les deux choses ne peuvent se comparer [sont incomparables]. ¶ 일의 ~상 비전문가가 관여할 문제가 아니다 Vu la nature du travail, ce n'est pas une question sur laquelle peut intervenir un non-spécialiste. ② 성격 caractère *m*, naturel *m*, tempérament *m*. ¶ 더러운 ~ un sale caractère {*fam*}. ¶ 급한 ~ une nature impétueuse, un caractère impérieux [emporté, impatient], un tempérament vif [violent, fougueux]; ((avoir le)) sang chaud; ((avoir l'))humeur très impatiente. ¶ ~이 사나운 사람 une personne au tempérament féroce [méchant, violent, brutal, rude]. ¶ ~이 급한 사람 une personne de nature irascible [colérique, bilieuse, pressée, impérieuse, emportée, irritable], une personne impatiente de nature [d'une nature impétueuse, d'un tempérament vif], une personne qui a le sang chaud, une personne au tempérament vif [violent, fougueux, impétueux]. ¶ ~이 사나운[순한] 개 un chien méchant [un chien doux, un chien tranquille, un chien inoffensif]. ¶ ~을 죽이다[눅이다] apaiser *sa* colère, adoucir *son* mauvais caractère. ¶ 그 사람은 ~이 고약하다[나쁘다, 못됐다] Il a un mauvais [un sale {*fam*}] caractère / Il a un caractère méchant [affreux] / Il est méchant. ¶ 그 여자는 ~이 앙칼지다 Elle est d'une nature intrépide. ¶ 그 사람은 불같은 ~이다 Il est prompt à s'emporter / Il se met vite et facilement en colère / Il a un caractère irascible [un tempérament bilieux, un tempérament coléreux, un tempérament irritable] / Il est très nerveux [caractériel, coléreux, colérique] / Il a la tête près du bonnet / Il monte comme une soupe au lait / Il est soupe au lait / C'est une soupe au lait. ¶ 가만있는 사람 성질 좀 돋우지 마 J(e n')ai pas besoin que tu m'énerves. (Laisse-moi tranquille). ◇_(을) **내다[부리다]** se mettre en colère, s'énerver contre *qn*, se fâcher, se hérisser, se vexer, se froisser, se mettre [se foutre] en rogne {*fam*} [en boule {*fam*}], s'irriter contre *qn* [de *qc*, de voir *qc*, du fait que ...], s'emporter contre *qn*, s'exciter, se mettre en colère contre *qn*, se fâcher contre *qn*, se monter contre *qn*; monter sur *ses* grands chevaux; faire [piquer] une crise de nerfs. ¶ 사소한 일로 애인에게 ~을 내다 se fâcher pour (un) rien [pour une broutille] contre *son*(*sa*) petit(*e*) ami(*e*). ¶ 그 사람은 웬만해서는 ~을 내지 않는다 Il ne s'énerve pas pour un rien [sans raison, pour un oui, ou pour un non] / Il *sait contrôler* [contenir, maîtriser] sa colère. ¶ 그 녀석은 하루 종일 ~을 부렸어 Il était en colère [en rogne {*fam*}] toute la journée / Il était nerveux [excité, sur les nerfs] toute la journée / Il avait les nerfs à fleur de peau [en pelote {*fam*}, en boule {*fam*}] toute la journée. ¶ 제발 ~ 좀 그만 부려라 Calme-toi, je t'en prie / Du calme, ne t'énerve pas comme ça! ◇_(이) **나다** être fâché(*e*) de *qc*/*inf*. ¶ 그 사람의 행동에 나는 ~이 났다 Je suis fâché(*e*) de sa façon de se comporter. ¶ ~이 나게 하다 agacer *qn*, irriter *qn*, horripiler *qn*, hérisser *qn*, taper sur les nerfs de *qn*, mettre *qn* en boule {*fam*}, indisposer *qn*. ¶ 너 자꾸 ~나게 할래? Vas-tu continuer longtemps à m'énerver? / Laisse-moi tranquille, tu m'agaces.

성징 性徵 명 【생물】 sexes *mpl*, genres *mpl*; caractères *mpl* sexuels. ¶ 제1차[제2차] ~ caractères sexuels primaires [caractères sexuels secondaires]. ¶ ~이 나타나는 시기 la période où apparaissent les caractères sexuels, la puberté.

성찬[1] 盛饌 명 repas *m* somptueux, mets *mpl* abondants, festin *m*, banquet *m* (de fête). ¶ ~을 베풀다 offrir un festin, faire un (véritable) banquet.

성찬[2] 聖餐 명 【기독】 la Cène *f*; le dernier repas *m* de Jésus.

◆**_식** -式 명 【기독】 la Cène *f*; la communion *f*, l'Eucharistie *f*.

성찰 省察 명 examen *m* de conscience, introspection *f*, réflexion *f* (sur *soi*-même). ¶ 자아 ~ une réflexion sur *soi*-même, une introspection. ◇_(을) **하다** faire *son* examen de conscience, réfléchir [faire un retour] sur *soi*-même; s'examiner. ¶ 자신의 지난 생활을 ~하다 réfléchir sur *sa* vie passée.

성채 城砦 명 château(*x*) *m* fort, citadelle *f*.

성책 城柵 명 fortification *f* en bois (autour d'un château). ¶ 성 주위에 ~을 쌓다 dresser une fortification en bois autour d'un château.

성체 聖體 명 【천주】 l'Eucharistie *f*; corps *m* du Christ; le saint sacrement *m*.

◆**_강복** -降福 명 【천주】 bénédiction *f* eucharistique; consécration *f*.

◆**_성사** -聖事 명 【천주】 le sacrement *m* de l'Eucharistie.

◆**_행렬** -行列 명 【천주】 la procession *f* du Saint Sacrement.

◆**_현시대** -顯示臺 명 【천주】 ostensoir *m*.

성충 成蟲 명 【동물】 imago *m* ((du hanneton)). ¶ 모기의 ~ imago [forme adulte] du moustique.

성취 成就 명 achèvement *m*, accomplissement *m*, réalisation *f*. ◇_(를) **하다** exécuter ((un travail)); achever ((un ouvrage)); réaliser ((un désir)). ¶ 목적을 ~하다 réaliser [atteindre] *son* but. ¶ 소원을 ~하다 accomplir un vœu. ◇_(가) **되다** être réalisé(*e*). ¶ 그의 오랜 꿈이 친구들의 도움으로 ~되었다 Son vieux rêve a pu aboutir [être réalisé] grâce à l'aide de ses amis.

◆**_감** -感 명 sentiment *m* d'accomplissement. ¶ ~감을 느끼다 avoir l'impression d'avoir réalisé [accompli] *qc*.

◆**_도** -度 명 degré *m* d'accomplissement. ¶ 학업 ~도 degré d'accomplissement de *ses* études.

◆**_동기** -動機 명 raisons *fpl* qui *nous* poussent [ce qui *nous* pousse] à accomplir [réaliser] *qc*.

◆**_욕** -慾 명 désir *m* d'accomplissement.

성층 成層 명 【지리】 strate *f*.

◆**_권** -圈 명 【지리】 stratosphère *f*.

◆**_암** -巖 명 【지리】 roche *f* stratifiée.

◆**_화산** -火山 명 【지리】 cône *m* volcanique.

성큼 부 ① à grands pas, par grandes enjambées.

¶ 집 안으로 ~ 들어서다 pénétrer par grandes enjambées dans la maison. ② 시기가 갑자기 가까워진 모양 rapidement, à grands pas. ¶ 겨울이 ~ 다가왔다 l'hiver approche à grands pas.

◆_ _ 부 à grands pas, par grandes enjambées. ¶ ~~ 걷다 marcher à grands pas.

성탄 聖誕 명 【기독】 (fête de) Noël *m*; Nativité *f*. ¶ ~ 예배[선물] culte de Noël [cadeaux de Noël]. ¶ ~을 축하합니다. Joyeux Noël.

◆**_목** -木 명 arbre *m* [sapin *m*] de Noël.

◆**_일** -日 명 (jour *m* de) Noël *m*, Nativité *f*.

◆**_절** -節 명 Noël *m*, Nativité *f*. ¶ ~절 예배 le culte de Noël.

성토 聲討 명 blâme *m* public. ◇_(를) **하다** blâmer *qn* en public. ¶ 시민 단체들이 기업의 횡포를 ~했다 Les groupes civiques ont blâmé le despotisme [la tyrannie] des entreprises.

◆**_대회** -大會 명 meeting d'indignation; rassemblement [ralliement] pour blâmer *qc*.

성패 成敗 명 succès *m* ou échec *m*; victoire *f* ou défaite *f*. ¶ ~를 가름하다[좌우하다, 결정하다] décider de la victoire ou de l'échec [inciter, décider]. ¶ 일의 ~ 여부를 떠나 최선을 다하다 faire tout *son* possible [faire le maximum, faire tout ce qui est en *son* pouvoir] quel que soit le résultat [que cela réussisse ou non]. ¶ 이번 계약에 우리 사업의 ~가 달려 있다 L'avenir [La réussite] de notre entreprise dépend de ce contrat. ¶ 당신이 어떻게 하느냐에 따라 일의 ~가 좌우된다 Le succès dépend de toi.

성품[1] **性品** 명 nature *f*, naturel *m*, caractère *m*, tempérament *m*, personnalité *f*. ¶ 그는 온화한 ~을 지녔다 Il a un tempérament doux.

성품[2] **性稟** 명 caractère *m*, tempérament *m*. ¶ 그 여자는 타고난 ~이 강인하다 Elle a du tempérament / Elle a du caractère.

성하 盛夏 명 plein été *m*.

성하다[1] 형 ① être intact(*e*); être en bon état. ¶ 자동차가 어느 한 군데 성한 곳 없이 망가졌다 La voiture est en miettes / La voiture est complètement ratatinée {*fam*}. ¶ 그 집에서 성한 물건은 모두 도둑맞았다 Tout ce qui était en bon état dans cette maison a été dévalisé. ② 건강하다 être sain(*e*); être en bonne santé; être bien portant(*e*). ¶ 그는 성한 몸으로 돌아왔다 Il est rentré sain et sauf. ¶ 이 아이는 무릎이 하루도 성할 날이 없다 Cet enfant a toujours quelque chose aux genoux.

◆**성히** 부 sainement; en bonne santé. ¶ 몸 성히 잘 지내다 être en bonne santé; être bien portant(*e*).

성하다[2] **盛-** 형 ① ((수목)) être dense, luxuriant(*e*), touffu(*e*). ¶ 수풀이 성하게 자란 폐허 ruines envahies par l'herbe. ② ((기운, 세력)) être prospère, florissant(*e*), actif(*ve*), développé(*e*); ((유행)) être populaire, à la mode. ¶ 그 지역은 목축업이 ~ L'élevage de cette région est prospère.

성학 聖學 명 catéchisme *m*.

성함 姓銜 명 ((mot honorifique de 이름)) (votre) nom *m*. ¶ ~을 말씀해 주십시오 Dites-moi [Donnez-moi] votre nom. ¶ ~이 어떻게 되십니까? Comment vous appelez-vous? / Quel est votre nom?

성합 聖盒 명 【천주】 pyxide *f*.

성행[1] **盛行** 명 mode *f*, vogue *f*. ¶ ~ 중이다 être à la mode [en vogue]. ◇_(을) **하다** jouir d'une grande vogue; être à la mode [en vogue]. ¶ 음반의 불법 복제가 ~하고 있다 Les copies illégales des disques jouissent d'un grand intérêt. ◇_(이) **되다** être à la mode [en vogue].

성행[2] **性行** 명 caractère *m* et conduite *f*. ¶ ~이 온순한 학생 un(*e*) élève sage.

성향 性向 명 propension *f*, inclination *f*, penchant *m*. ¶ 소비 ~ propension à la consommation. ¶ 그의 정치적인 ~을 알고 싶다 J'aimerais connaître ses tendances politiques. ¶ 그는 보수적인 ~이 강하다 Il a de fortes tendances conservatrices. ¶ 그 여자는 남의 호의를 무시하는 ~이 있다 Elle a tendance à ignorer la sympathie des autres.

성현 聖賢 명 sage *m*; saint *m*. ¶ 옛 ~들의 가르침 l'enseignement des vieux sages.

성혈 聖血 명 【천주】 Précieux Sang *m*.

성형 成形 명 ① 【공업】 moulage *m*. ② 【의학】 chirurgie *f* plastique, reconstructrice et esthétique; chirurgie *f* orthopédique. ◇_(을) **하다** ① 【공업】 mouler. ② 【의학】 faire une opération de chirurgie plastique [esthétique]; refaire ((le visage de *qn*)). ¶ 흉터가 난 얼굴을 ~하다 refaire le visage d'une personne avec une cicatrice.

◆**_기** -機 명 【공업】 appareil *m* servant au moulage.

◆**_수술** -手術 명 【의학】 opération *f* de chirurgie esthétique [plastique].

◆**_술** -術 명 【의학】 technique *f* de chirurgie esthétique.

◆**_외과** -外科 명 【의학】 chirurgie *f* esthétique.

◆**_의** -醫 명 【의학】 chirurgien *m* plastique.

성호 聖號 명 【천주】 croix *f*. ¶ ~를 긋다 se signer, faire le signe de la croix [un signe de croix].

◆**_경** -經 명 【천주】 ((dire un)) Notre Père *m*, pater *m*; formule *f* qui accompagne le signe de la croix [formule *f* du signe de croix] ("Au nom du Père, du Fils et du Saint-Esprit, amen").

성혼 成婚 명 mariage *m*. ¶ ~ 선언 déclaration de mariage. ¶ ~ 선언문 déclaration *f* écrite de mariage. ¶ 하객에게 ~을 알리다 annoncer le mariage aux invités. ◇_(을) **하다** se marier.

◆**_식** -式 명 cérémonie *f* de mariage.

성홍열 猩紅熱 명 【의학】 scarlatine *f*.

성화[1] **成火** 명 tracas *m*, ennui *m*; contrariété *f*, mécontentement *m*; souci *m*, inquiétude *f*, irritation *f*; agacement *m*; ennui *m*, embêtement; tourment *m*, supplice *m*; angoisse *f*. ◇_(를) **하다** ennuyer, harceler, agacer, énerver, importuner, casser les pieds pour que+*subj* {*fam*}, (ne pas arrêter d') insister auprès de *qn* pour que+*subj*; inquiéter, ennuyer. ¶ 그는 내가 꼭 자기와 동행을 해야 한다고 ~를 했다 Il a insisté auprès de moi [m'a cassé les pieds {*fam*}] pour que je l'accompagne. ◇_(가) **나다[일다]** être énervé(*e*), agacé(*e*). ¶ 나는 그의 어중간한 태도에 ~가 났다[일었다] Son attitude indécise [irrésolue] m'a énervé(*e*) [agacé(*e*)].

◆_ㅅ**거리** 명 source *f* [cause *f*] d'irritation; ennui *m*, embêtement *m*; fléau *m*, ((une vraie)) plaie *f* {*fam*}.

성화[2] 星火 명 ① 【천문】 météore *m*; étoile *f* filante. ② ((급한 일)) affaire *f* urgente. ③ 불꽃 étincelle *f*.

*~**(와) 같다** être urgent(*e*), pressant(*e*). ¶ 대통령의 엄명이 ~와 같다 L'ordre formel [stricte] du président est urgent. ¶ ~같이 재촉하다[독촉하다] presser [sommer] *qn* de+*inf*.

성화[3] 聖火 명 ① feu(*x*) *m* sacré(s). ② 【운동】 ((올림픽의)) flamme *f* [torche *f*] olympique. ¶ ~ 봉송 relais de la flamme olympique. ¶ ~를 채취하다 ramasser la torche olympique.

◆_**대** -臺 명 【운동】 plate forme *f* de la flamme olympique.

◆_**릴레이** 명 【운동】 torche *f* olympique.

성화[4] 聖畵 명 【미술】 peinture *f* religieuse

성화[5] 聲華 명 renommée *f*.

성황 盛況 명 ((번성)) prospérité *f*, ((활황)) expansion *f*, essor *m*, boom *m*, forte progression *f*, montée *f* en flèche, popularité *f*, vogue *f*, ((성공)) (grand) succès *m*, succès *m* (fou). ◇_**을 이루다** remporter [avoir] un grand succès [un vif succès, un succès fou], être un grand [un vif] succès, être réussi(*e*); faire salle comble [pleine]. ¶ 전시회는 ~을 이루었다 L'exposition a eu un succès fou [a été un grand succès]. ¶ 그의 가게는 항상 ~을 이루고 있다 Son magasin attire beaucoup de clients [est toujours plein à craquer {*fam*}]. ¶ 그의 강연회는 아주 ~이다 La salle de conférence était pleine à craquer {*fam*} / Beaucoup de gens sont venus [ont assisté] à sa conférence.

◆_**리** -裏 명 grand succès *m*, succès *m* fou, ((faire un)) tabac *m* {*fam*}. ¶ 연주회가 ~리에 열렸다[끝났다] Ce concert a eu un succès fou / Ce concert a fait un tabac {*fam*}.

성황당 城隍堂 명 【민속】 petit temple *m* dédié aux esprits d'un village.

성회[1] 盛會 명 belle [grande] réunion *f* [assemblée *f*]. ¶ 그 모임은 ~였다 Cette réunion a eu un grand succès.

성회[2] 成會 명 fait *m* qu'une réunion ait lieu [se tienne, puisse avoir lieu]. ¶ ~를 선포합니다 Je déclare la séance ouverte / La séance est ouverte. ◇_**(가) 되다** ((la réunion)) pouvoir avoir lieu [se tenir]. ¶ 정족수의 반 이상이 모이면 ~된다 Si plus de la moitié des gens viennent, la réunion pourra avoir lieu.

섶[1] 명 broussailles *fpl*; taillis *m*, menu bois *m*, brindilles *fpl*; bois *m* de chauffage [à brûler].

*~**을 지고 불로 (뛰어)든다** entraîner *soi*-même un désastre; être *soi*-même à l'origine d'un désastre..

◆_**나무** 명 broussailles *fpl*; taillis *m*, menu bois *m*, brindilles *fpl*; bois *m* de chauffage [à brûler].

섶[2] 명 support *m*, étai *m*, appui *m*, soutien *m*; échalas *m*, tuteur *m*. ¶ 누에 ~ bois sur lequel le ver à soie fabrique son cocon. ¶ 물고기 ~ brindilles sur lesquelles vivent les poissons.

섶[3] 명 laize *f* [d'un habit coréen]. ¶ 한복의 ~을 여미다 rajuster (la laize de) *son hanbok*.

세[1] 貰 명 loyer *m*; bail *m*; location *f*. ¶ ~를 들다[살다] prendre à loyer [en location, à bail]; louer ((une maison, un appartement, une chambre)); être locataire ((d'un appartement)). ¶ 요즈음은 ~가 잘 안 나간다 Ces jours-ci [temps-ci], les locations ne marchent pas très bien. ◇_**(를) 내다** louer ((une voiture)); donner à loyer [en location, à bail]. ¶ 자동차를 ~내다 louer une voiture. ◇_**(를) 놓다[주다]** louer ((une maison)) à *qn*. ¶ 방을 ~놓다 louer une chambre à *qn*.

◆**방**_ 房 명 loyer *m* (d'une chambre).

◆**집**_ 명 loyer *m* (d'une maison). ¶ 집~를 내다 ((locataire)) payer le loyer (de *son* appartement), payer *son* loyer.

세[2] 勢 명 puissance *f*, force *f*. ¶ ~를 불리다[늘리다] augmenter *sa* puissance [déployer *sa* force]. ¶ ~가 꺾이다[위축되다] voir *ses* forces [*sa* puissance] diminuer. ¶ ~가 늘어나고 있다 Sa puissance augmente.

◆_**불리** -不利 명 augmentation *f* de *sa* puissance. ¶ ~불리를 느끼고 후퇴하다 faire marche arrière sentant l'augmentation de la puissance de *qn*.

세[3] 稅 명 【법률】 impôt *m*, contribution *f*, taxe *f* ((de luxe, à l'importation)); droit *m* ((de passage, de succession)). ¶ ~ 부담을 줄이다 alléger [diminuer, réduire] les impôts. ¶ ~를 제하고 월급을 받다 recevoir un salaire net.

◆**간접**_ 間接 명 【법률】 impôt *m* indirect.

◆**누진**_ 累進 명 【법률】 impôt *m* progressif.

◆**부가가치**_ 附加價値 명 【법률】 taxe *f* à la valeur ajoutée [TVA].

◆**소득**_ 所得 명 【경제】 impôt *m* sur le revenu.

◆**재산**_ 財産 명 【법률】 impôt *m* sur la propriété privée.

◆**지방**_ 地方 명 【법률】 taxe *f* locale.

◆**직접**_ 直接 명 【법률】 impôt *m* direct.

세[4] 歲 의명 ((classificateur)) âge *m*. ¶ 금년 나이 이십 ~ 19 ans cette année. ¶ 만 십팔 ~ 18 ans (âge révolu). ¶ 방년 십팔 ~의 처녀 une jeune fille de 18 ans. ¶ 십칠 ~ 이상 입장 가능 entrée autorisée aux plus de 16 ans. ¶ 십 ~ 이하 무료 Entrée gratuite pour les moins de 9 ans.

세[5] 관 trois. ¶ 책 ~ 권 trois livres; trois volumes. ¶ ~ 사람 trois personnes. ¶ ~ 명의 학생[학생 ~ 명]

trois élèves [étudiants]. ¶ ~ 살 먹은 아이 un enfant de deux ans.

*~ **살 버릇(이) 여든까지 간다** ☞여든

◆_**쌍둥이** 명 triplés *mpl*.

-세[6]↔-으세 어미 ((suffixe flexionnel de terminaison phrastique du mode impératif. Utilisé à l'égard d'un interlocuteur égal (entre les amis adultes intimes âgés, entre couple âgé) ou inférieur (ancien élève ou employé âgés), il exprime l'égalité ou l'infériorité avec un respect léger. -세 s'ajoute au radical du verbe qui se termine par une voyelle et par la consonne liquide -ㄹ (mais après son omission) -으세 au radical qui se termine par une consonne.)) ¶이제 떠나~ Partons maintenant! ¶천천히 많이 드~ Sers-toi doucement et beaucoup (à satiété).

-세[7] 世 접미 ((suffixe nominal)) ① génération *f*, famille *f*, monde *m*. ¶ 나폴레옹 1~ Napoléon 1er. ¶ 루이 14~ Louis XIV. ② 지질시대의 구분 단위 époque *f*. ¶ 충적~ holocène. ¶ 홍적~ époque diluvienne.

-세[8] 勢 접미 ((suffixe nominal)) tendance *f*. ¶ 상승[하락]~ tendance à la hausse [à la baisse], tendance haussière. ¶ 급등[급락]~ tendance à la montée brutale, tendance à la montée vertigineuse [à l'effondrement, à la chute brutale, à la descente vertigineuse].

세가 勢家 명 famille *f* influente.

◆**권문_ 權門-** 명 famille *f* influente.

세간[1] 명 ménage *m*, mobilier *m*; ustensiles *mpl* de ménage. ¶ ~을 들여놓다 faire entrer le mobilier. ¶ ~을 처분하다 se défaire de *son* mobilier. ¶ ~이 늘다[줄다] avoir plus [moins] de mobilier.

*~(을) **나다** quitter le foyer parental pour fonder un foyer; fonder un foyer; mener une existence indépendante; acquérir *son* indépendance; vivre indépendant(e) ((de *ses* parents)).

*~(을) **내다** envoyer *qn* fonder *son* propre foyer. ¶ 아들을 ~ 내다 envoyer *son* fils fonder un foyer.

◆_**살이[붙이]** 명 ménage *m*, mobilier *m*; ustensiles *mpl* de ménage.

세간[2] 世間 명 monde *m*, société *f*. ¶ ~에 떠도는 소문 une rumeur qui circule [qui se propage] dans la société, une rumeur publique. ¶ ~에서 뭐라고 하든지 나는 상관하지 않는다 Je me moque [me fiche] du qu'en-dira-t-on.

세거리 명 ☞ 삼거리

세계[1] 世界 명 ① monde *m*; univers *m*, cosmos; terre *f*. ¶ 전 ~ (le) monde entier. ¶ ~ 선수권 대회 championnat du monde. ¶ ~ 지도 mappemonde. ¶ ~ 평화를 위해 노력하다 travailler pour la paix mondiale. ¶ ~ 신기록을 깨뜨리다[수립하다, 보유하다] battre [établir, détenir] un record mondial. ¶ 80일 만에 ~ 일주를 하다 faire le tour du monde en 80 jours. ② 분야, 영역 monde *m* ((du cinéma, de la poésie)). ¶ 시[상상, 예술, 스포츠]의 ~ le monde de la poésie [de l'imaginaire, des arts, des sports]. ¶ 동물의 ~ le monde des animaux, le monde animal. ¶ 정신 ~ le monde spirituel. ¶ 자신만의 독특한 ~를 구축하다 construire [créer] *son* propre monde.

◆_**적** -的 명관 mondi*al*(*ale, aux*), universel(*le*). ¶ ~적인 학자 savant universel. ¶ ~적으로 유명하다 être connu(*e*) (renommé(*e*)) dans le monde entier.

◆_**성** -性 명 universalité *f*.

◆_**화** -化 명 mondialisation *f*, globalisation *f*. ¶ ~화 운동 mouvement de mondialisation. ¶ ~화 반대 운동 mouvement anti-mondialisation, mouvement anti-globalisation.

◆_**관** -觀 명 vision *f* [conception *f*] du monde.

◆_**대전** -大戰 명 ((la première, la deuxième)) guerre *f* mondiale. ¶ 제1차[제2차] ~대전이 터졌다 La première [deuxième] Guerre mondiale a éclaté.

◆_**사** -史 명 histoire *f* du monde, histoire *f* mondiale.

◆_**어** -語 명 langue *f* internationale ((cf. espéranto, anglais)).

◆_**인** -人 명 citoyen *m* du monde; cosmopolite.

◆_**주의** -主義 명 cosmopolitisme *m*.

◆_ **지리** -地理 명 géographie *f* du monde.

◆**신_ 新-** 명 (le) Nouveau Monde *m*.

세계[2] 世系 명 généalogie *f*, lignée *f*, lignage *m*{*vx*}.

세곡 稅穀 명 【역사】 céréales *fpl* remises comme impôts au pouvoir central.

세공 細工 명 façon *f*, façonnage *m*; trav*ail*(*aux*) *m* ((de l'artisan)), facture *f*, ouvrage *m*. ¶ 보석 ~ bijouterie. ◇_(을) **하다** travailler [façonner] ((un morceau de bois)). ¶ 보석에 (무엇을) ~을 하다 travailler un bijou. ¶ 금으로 ~하다 travailler *qc* avec de l'or.

◆_**품** -品 명 article *m* d'artisanat. ¶ 금은 ~품 (pièce d') orfèvrerie.

세관 稅關 명 (bureau(*x*) *m* de la) douane *f*. ¶ ~ 신고 déclaration à la douane. ¶ 인천 국제공항 ~ la douane de l'aéroport international d'Incheon. ¶ ~을 통과하다 passer (à) la douane. ¶ ~에 신고하다 faire une déclaration à la douane; déclarer *qc* à la douane. ¶ ~에서 물품을 검사하다[검사받다] fouiller *qn* à la douane [être fouillé(*e*) à la douane].

◆_**원** -員 명 douanier *m*.

세균 細菌 명 【생물】 bactérie *f*, bacille *m*, microbe *m*. ¶ ~ 배양 culture microbienne. ¶ ~에 감염되다 être contaminé(*e*) [infecté(*e*)] par un microbe; se transmettre par un microbe [des bactéries].

◆_**전** -戰 명 【군사】 guerre *f* bactériologique.

◆_**학** -學 명 bactériologie *f*.

◆_**학자** -學者 명 bactériologiste.

세금 稅金 명 impôt *m*, taxe *f*, contributions *fpl* ((directes, indirectes)). ¶ ~ 체납 retard pour le versement d'un impôt. ¶ ~ 공제 prélèvement des impôts. ¶ ~(의) 환불 remboursement de taxes. ¶ 무거운 ~ de lourds impôts. ¶ 부당한 ~ impôt injuste. ¶ 미납 ~ impôt non payé. ¶ ~을 내다[물다, 납부하다] payer un impôt; payer une taxe. ¶ ~을 부과하다

imposer un impôt (sur *qc*). ¶ ~을 징수하다 lever [percevoir] un impôt. ¶ ~을 체납하다 avoir du retard pour le versement d'un impôt. ¶ ~을 포탈하다 tromper le fisc. ¶ 급여에서 ~을 제하다 prélever un impôt sur un salaire.

세기[1] 世紀 명 siècle *m*. ¶ 20 ~ le vingtième [XXème, XXe, 20e] siècle. ¶ 과거 수 ~ 동안 durant plusieurs siècles [dans le passé]. ¶ 기원전 3 ~ le troisième siècle avant Jésus-Christ (av. J-C). ¶ ~의 영웅 héros du siècle. ¶ 지난 두 ~ 사이에 entre ces deux derniers siècles.

◆_**적** -的 명관 séculaire. ¶ ~적 현상 phénomène séculaire.

◆_**말** -末 명 fin *f* de siècle. ¶ ~말적(인) 풍조 les mœurs de la fin du siècle.

◆**금**_ 今- 명 monde *m* actuel; ce monde *m*.

세기[2] 명 intensité *f*. ¶ 빛의 ~를 측정하다 mesurer l'intensité de la lumière.

세기[3] 細技 명 잔기술 technique *f* minutieuse. ¶ ~에 능하다[뛰어나다] être très minutieu*x*(*se*); faire preuve d'une grande minutie [précision] dans *ses* gestes.

세끼 명 trois repas *mpl*. ¶ ~를 챙겨 먹다 prendre *ses* trois repas, prendre trois repas par jour.

-세나 어미 ((suffixe flexionnel de terminaison phrastique du mode impératif. Utilisé à l'égard d'un interlocuteur égal (entre les amis adultes intimes âgés, entre couple âgé) ou inférieur (ancien élève ou employé âgés), il exprime l'égalité ou l'infériorité avec un respect léger. –세나 s'ajoute au radical de quelques verbes qui se termine par une voyelle et par la consonne liquide –ㄹ (mais après son omission).)) ¶집으로 돌아가~ Rentrons à la maison. ¶이제 떠나~ Partons maintenant! ¶천천히 많이 드~ Sers-toi doucement et beaucoup (à satiété).

세납 稅納 명 paiement *m* [versement *m*] d'un impôt. ◇_(**을**) **하다** payer un impôt.

◆_**자** -者 명 contribuable, personne *f* qui verse des impôts.

세뇌 洗腦 명 lavage *m* de cerveau; endoctrinement *m*. ¶ ~ 교육 endoctrinement par lavage de cerveau [forcé]. ¶ ~ 공작 lavage de cerveau. ◇_(**를**) **하다**[**시키다**] faire un lavage de cerveau, laver le cerveau à *qn*; endoctriner, inculquer ((des doctrines politiques, la haine de l'ennemi)) à *qn*; conditionner *qn* à faire *qc*; forcer *qn* à prendre conscience de *qc*. ¶ 아이를 ~하여 도둑질을 시키다 demander à un(*e*) enfant de voler après lui avoir lavé le cerveau; conditionner un enfant à voler. ¶ 학생들에게 공산주의는 무조건 나쁘다고 ~하다 inculquer (fortement) aux écoliers que le communisme est quelque chose de mal. ◇_(**가**) **되다** être inculqué(*e*). ¶ 친구들로부터 거짓말이 나쁘지 않다고 ~가 되다 se faire inculquer par des amis que le mensonge n'est pas quelque chose de mal. ◇_(**를**) **받다**[**당하다**] subir un lavage de cerveau. ¶ 신입 사원들은 자기 회사가 최고라고 ~를 받는다 Les nouveaux employés se font inculquer que leur entreprise est la meilleure / On conditionne les nouveaux employés pour les persuader que leur entreprise est la meilleure [pour les convaincre de la supériorité de leur entreprise].

세다[1] 타 compter, faire le compte de, calculer, dénombrer. ¶ 돈을 ~ compter de l'argent. ¶ 참석자의 수를 ~ dénombrer les assistants [les participants, les présents]. ¶ 백까지 ~ compter jusqu'à cent. ¶ 셀 수 없이 많다 être innombrable.

세다[2] 자 ((cheveux)) devenir blan*c*(*che*), blanchir, devenir gris(*e*), grisonner. ¶ 그 사람은 벌써 머리가 하얗게 세었다 Il a déjà les cheveux blancs / Ses cheveux ont déjà blanchi / Ses cheveux sont déjà grisonnants [poivre et sel].

세다[3] 형 ① ((힘이)) être fort(*e*), puissant(*e*), vigoureu*x*(*se*), robuste, solide. ¶ 그는 기운[힘]이 매우 ~ Il est très fort [costaud]. ¶ 아주 센 상대를 만나다 rencontrer un dur à cuire; rencontrer un adversaire de taille. ¶ 세게 때리다 frapper fort. ② ((현상의 정도가)) être fort(*e*); être violent(*e*), vi*f*(*ve*); ((mer)) être agité(*e*), houleu*x*(*se*). ¶ 바람이 ~ Le vent est violent. ¶ 수압이 너무 세서 파이프가 터졌다 La pression de l'eau était si forte que le tuyau a explosé. ③ ((기세가)) être fort(*e*); être violent(*e*), vi*f*(*ve*). ¶ 고집이 ~ être entêté(*e*), têtu(*e*), obstiné(*e*). ¶ 콧대가 ~ être hautain(*e*), orgueilleu*x*(*se*), être fi*er*(*ère*) de *soi*, être arrogant(*e*), enflé(e) (de *ses* succès), avoir un air hautain, avoir une attitude pleine d'orgueil, être gonflé(*e*) d'orgueil; péter plus haut que *son* cul [que *son* derrière] {*fam*}; ((눈이 높다)) être difficile à satisfaire (pour les critères de choix d'une personne du sexe opposé). ¶ 세게 밀어붙이다 y aller fort. ¶ 그 사람 아주 세게 나오더라 Il ne plaisante pas! / Il y va fort, je trouve! ④ ((능력, 실력이)) être bon(*ne*), fort(*e*), doué(*e*). ¶ 그는 술이 ~ C'est un grand buveur. / Il boit sec [beaucoup]. ¶ 우리 학교는 야구가 ~ Nous sommes forts en baseball dans notre université [école]. ¶ 이 학생은 수학보다 영어가 더 ~ Cet(*te*) élève est meilleu*r*(*e*) en anglais qu'en mathématiques. ⑤ 뻣뻣하다 ((털이)) avoir ((les poils)) durs; être rude au toucher; ((피부가)) être rêche; piquer. ¶ 털이 ~ avoir des poils qui piquent; ((동물이)) avoir les poils durs. ¶ 살결이 ~ avoir la peau rêche. ⑥ ((운수가)) ne pas avoir de chance, être malchanceu*x*(*se*); être malencontreu*x*(*se*), malheureu*x*(*se*), être mal choisi(*e*), mauvais(*e*) ((étoile)). ¶ 팔자가 ~ être né(*e*) sous une mauvaise étoile. ⑦ ((물이)) être calcaire [dure]. ¶ 이 물은 세어서 정수를 해서 마셔야 한다

세단 영{sedan} 명 ((자동차)) berline *f*; voiture-salon *f*.

ㅅ

세단뛰기 -段- 명 【운동】 triple saut *m*.

세대[1] **世代** 명 ① 약 30년 génération *f*. ② 동시대 사람들 génération *f*. ¶ 젊은 ~ la jeune génération. ¶ ~ 간의 갈등 le conflit des générations.

◆ **_교체** -交替 명 alternance *f* des générations. ¶ ~교체를 단행하다 exécuter l'alternance [le changement] des générations.

◆ **_ 차[차이]** -差[差異] 명 conflit *m* des générations. ¶ ~ 차를 느끼다 ressentir le conflit des générations. ¶ ~ 차이를 극복하다 surmonter le conflit des générations.

◆**구_** 舊- 명 vieille génération *f*.

◆**신_** 新- 명 nouvelle [jeune] génération *f*; génération *f* montante.

◆**차_** 次- 명 génération *f* suivante. ¶ 차~를 이끌다 entraîner la génération suivante.

분류 génération *f*. ¶ 우리 집에는 (조부모를 모시고) 삼 ~가 함께 산다 Chez nous, trois générations vivent sous le même toit [habitent ensemble].

세대[2] **世帶** 명 ménage *m*, foyer *m* (familial), famille *f*. ¶ ~별로 만 원씩 걷다 solliciter [demander] une somme de 10 mille wons à chaque famille ((pour une contribution, pour un don d'argent)).

◆ **_주** -主 명 chef *m* de famille.

분류 ménage *m*, famille *f*. ¶ 이 건물에는 여남은 ~가 살고 있다 Il y a une dizaine de familles dans cet immeuble.

세도 **勢道** 명 prise *f* de pouvoir; puissance *f*, influence *f*, autorité *f*. ¶ ~ 정치 régime politique [gouvernement] autoritaire; autoritarisme. ¶ ~를 부리다 exercer un pouvoir absolu; exercer *sa* puissance sur *qn*; faire parade de *sa* puissance [de *son* autorité].

◆ **_가** -家 명 homme *m* puissant [influent].

세라믹 영{ceramic} 명 céramique *f*.

세레나데 이 명 【음악】 sérénade *f*.

세력 **勢力** 명 ① influence *f*, autorité *f*, empire *m*; ((국가의)) puissance *f*; ((힘)) force *f*; énergie *f*. ¶ ~ 확장 accroissement de *son* autorité. ¶ ~을 불리다 [키우다] accroître *sa* puissance [*son* autorité]. ¶ 막강한 ~을 떨치다 être très puissant(*e*). ¶ 절대적인 ~을 행사하다 exercer un empire absolu (sur *qn*). ¶ 그는 정계에 상당한 ~을 가지고 있다 Il a beaucoup d'influence dans le monde politique. ¶ ~의 판도가 바뀌었다 Le pouvoir a changé de camp. ② 힘을 가진 집단 force *f*, influence *f*, autorité *f*. ¶ 반대 ~ force opposée; influence contraire. ¶ 정치 ~ influence [autorité] politique. ¶ 우리와 경쟁하고 있는 ~ puissance qui rivalise avec nous [qui nous fait concurrence]. ③ 강도 force *f*, violence *f* ((d'un typhon)). ¶ 폭풍이 ~을 더하고 있다 La tempête a redoublé de force. ¶ 태풍의 ~이 약해지고 있다 Le typhon perd de sa force.

◆ **_가** -家 명 homme *m* influent.

◆ **_권** -圈 명 autorité *f*.

◆ **_다툼** 명 rivalité *f* d'influences.

세련 **洗練** 명 raffinement *m* ((de style)); perfectionnement *m* ((d'une technique)).

◆ **_되다** 형 être raffiné(*e*), élégant(*e*), distingué(*e*), chic; être perfectionné(*e*). ¶ ~된 안목[패션 감각, 문체] un goût raffiné [un goût de la mode raffinée, un style vestimentaire raffiné, un style littéraire raffiné]. ¶ 그녀는 매우 ~되어 보인다 Elle a l'air très raffinée [élégante, chic]. ¶ 그는 옷을 참 ~되게 입는다 Il s'habille très chic / Il est chiquement fringué {*fam*}.

◆ **_성** -性 명 élégance *f*.

◆ **_미** -美 명 élégance *f*. ¶ 그녀는 ~미가 넘친다 Elle est très raffinée [élégante]. ¶ 이 조각은 ~미의 극치를 보여 준다 Cette statue est l'élégance même.

세례 **洗禮** 명 ① 【기독】 baptême *m*. ¶ ~ 요한 Jean (le) Baptiste. ¶ ~ 의식 (cérémonie de) baptême. ¶ ~ 증명서 extrait de baptême. ② 잇따른 공격 grêle *f* ((de coups)); salve *f* ((de canons)); (des) tonnes *fpl* de ((bombes)); (des) tas *mpl* de ((choses)). ¶ 질문 ~를 하다 assaillir *qn* de questions, bombarder {*fam*} *qn* de questions. ¶ 달걀 ~를 하다 bombarder *qn* avec des œufs ((lors d'un bizutage)). ◇_(를) **주다** administrer [donner, conférer] le baptême; baptiser ((un nouveau-né)). ¶ 신부님이 내게 ~를 주셨다 Le prêtre m'a baptisé(*e*). ◇_(를) **받다** ① recevoir le baptême; être baptisé(*e*). ¶ 이번 주에 나는 ~를 받는다 Cette semaine, je serai baptisé(*e*). ② être assailli(*e*) de ((questions)); recevoir une grêle de ((coups)). ¶ 그들은 포탄 ~를 심하게 받았다 Ils ont vu les obus pleuvoir sur leur ville / Ils ont reçu une volée impressionnante d'obus / Ils ont reçu le baptême du feu / Ils ont été assaillis d'obus. ◇_(를) **퍼붓다** rouer *qn* ((de coups)); assaillir [bombarder {*fam*}] *qn* de ((questions)); accabler *qn* de ((cadeaux)); harceler *qn* ((de réclamations)). ¶ 그는 그 여자에게 연이어 키스 ~를 퍼부었다 Il l'a assaillie de baisers / Il lui a fait des tas de baisers.

◆ **_명** -名 명 【천주】 nom *m* de baptême. ¶ 내 ~명은 미카엘이다 Mon nom de baptême est Michaël.

◆ **_식** -式 명 (cérémonie *f* de) baptême *m*.

세로[1] 명 hauteur *f*, à la verticale *f*, verticalement; perpendiculairement. ¶ 가로 10미터 ~ 20미터의 넓이 étendue [superficie] de 10 mètres à l'horizontale et de 20 mètres à la verticale. ¶ ~로 놓다 mettre *qc* à la verticale.

◆ **_쓰기** 명 écriture *f* (à la) verticale. ¶ ~쓰기를 하다 écrire à la verticale, écrire verticalement.

◆ **_줄** 명 ligne *f* verticale.

◆ **_축** -築 명 axe *m* vertical.

세로[2] **細路** 명 chemin *m* étroit; sentier *m*.

세론[1] **世論** 명 opinion *f* publique. ¶ ~을 듣다 écouter l'opinion publique. ¶ 그 사건에 대해 ~이 분분하다 L'opinion (publique) est divisée sur la question. ¶ 이 문제에 대해 ~이 좋지 않은 쪽으로 기울고 있다 L'opinion (publique) y est défavorable.

세론[2] **細論** 명 discussion *f* détaillée. ◇_(을) **하다**

avoir une discussion détaillée.

세리 稅吏 명 percepteur *m*; collecteur *m* d'impôts.

세마포 細麻布 명 toile *f* de chanvre très fine.

세말[1] 世末 명 fin *f* du monde.

세말[2] 歲末 명 fin *f* de l'année. ☞ 세밑

세면 洗面 명 toilette *f*. ¶ ~을 마친 다음 이 로션을 발라라 Mets cette crème après t'être lavé(*e*) le visage. ◇_(을) **하다** se laver le visage [la figure]; faire *sa* toilette; se débarbouiller. ¶ 나는 ~하고 나서 아무것도 안 바른다 Je ne mets rien après m'être lavé(*e*) le visage [après m'être débarbouillé(*e*) {*fam*}].

◆_**기[대]** -器[臺] 명 cuvette *f*; lavabo *m*.

◆_**도구** -道具 명 articles *mpl* de toilette.

세모[1] 명 angle *m* [d'un triangle]; triangle *m*.

◆_**지다** 형 être triangulaire.

◆_**꼴** 명 (forme *f*) triangulaire; triangle *m*.

세모[2] 歲暮 명 fin *f* de l'année. ¶ ~를 조용히 보내다 passer tranquillement la fin de l'année.

세모시 細- 명 ramie *f* fine.

세목[1] 細目 명 détail *m*. ¶ ~까지 파고들다 entrer dans les détails.

세목[2] 細木 명 coton *m* très fin.

세목[3] 稅目 명 【법률】 catégorie *f* d'impôt. 細木

세무 稅務 명 fisc *m*; administration *f* fiscale. ¶ ~ 행정 administration fiscale. ¶ ~ 사찰[조사, 감사] inspection [enquête, contrôle] fiscal. ¶ ~ 공무원 un(*e*) fonctionnaire des contributions.

◆_**사** -士 명 agent *m* fiscal.

◆_**서** -署 명 [bureau(*x*) *m* de] perception *f*; contributions *fpl*, centre *m* des impôts.

세미 영{semi-} 어근 ((préfixe nominal)) demi-; semi-. ¶ ~클래식 semi-classique. ¶ ~프로 semi-pro(fessionnel). ¶ ~톤[판] demi-ton *m*. ¶ ~다큐멘터리 semi-documentaire.

◆_**콜론** 명 point-virgule *m*.

세미나 영{seminar} 명 séminaire *m*. ¶ 무엇에 관한 ~ un séminaire sur *qc*. ¶ ~를 열다[개최하다] ouvrir un séminaire. ¶ ~에 가다[참석하다] aller [participer] à un séminaire.

세밀하다 細密- 형 être minutieux(*se*), précis(*e*), méticuleux(*se*). ¶ 세밀한 검사 examen minutieux [méticuleux]. ¶ 세밀한 부분까지 신경을 쓰다 faire les choses très consciencieusement [avec minutie].

◆**세밀히** 부 avec minutie; minutieusement; avec précision. ¶ 이 서류들을 세밀히 검토해 보시오 Examinez attentivement ces documents.

세밑 歲- 명 fin *f* de l'année. ¶ ~에 à la fin de l'année; en fin d'année.

세발 洗髮 명 lavage *m* des cheveux; shampooing *m*, shampoing *m*. ◇_(을) **하다** se laver les cheveux; se faire un shampooing [shampoing], se shampouiner [se shampooiner] les cheveux.

세발자전거 -自轉車 명 tricycle *m* (d'enfant).

세배 歲拜 명 prosternation *f*; présentation *f* des salutations à l'occasion du nouvel an lunaire devant les anciens de la famille pour les saluer et leur souhaiter une bonne année ((attitude de profond respect que l'on manifeste vis-a-vis des anciens de la famille à l'occasion du nouvel an lunaire)). ◇_(를) **하다[드리다, 올리다]** se prosterner à l'occasion du nouvel an lunaire devant les anciens de la famille pour les saluer et leur souhaiter une bonne année. ¶ 부모님께 ~를 하다 se prosterner à l'occasion du nouvel an lunaire devant *ses* parents pour les saluer et leur souhaiter une bonne année. ◇_(를) **받다** recevoir les salutations respectueuses de [être salué(*e*) par] *ses* descendants à l'occasion du nouvel an.

◆_**꾼** 명 visiteur *m* du nouvel an; personne *f* qui vient saluer les anciens de la famille à l'occasion du nouvel an pour lui faire *ses* vœux de nouvel an.

◆_**상** -床 명 table *f* du nouvel an.

◆_**ㅅ돈** 명 argent *m* des vœux du nouvel an; argent *m* d'étrenne. ¶ 손자에게 세뱃돈을 주다 donner l'argent pour les étrennes (du nouvel an) à *ses* petits-enfants.

◆**묵은**_ 명 prosternation *f*, présentation *f* des salutations, tardive.

세법 稅法 명 【법률】 loi *f* fiscale; droit *m* fiscal.

세부 細部 명 détail *m*. ¶ ~ 묘사 description *f* détaillée.

◆_**적** -的 명관 détaillé(*e*). ¶ ~적 사항 règlement détaillé. ¶ ~적으로 따져 들어가면 si on entre dans les détails. ¶ ~적인 부분까지 논의하다 discuter jusqu'aux détails.

세분 細分 명 fractionnement *m*, morcellement *m*; subdivision *f*. ◇_(을) **하다** morceler, fractionner; subdiviser; diviser. ¶ 범주를 더 작게 ~하다 subdiviser un domaine en plusieurs sous-parties. ◇_(이) **되다** se morceler; se fractionner; se diviser; se subdiviser. ¶ 이 분야는 크게 네 범주로 ~된다 Ce domaine se divise grossièrement en quatre parties.

◆_**화** -化 명 fractionnement *m*, morcellement *m*; subdivision *f*. ¶ ~화하다 morceler, fractionner; subdiviser; diviser. ¶ 피부 특성별로 화장품이 ~화되어 있다 Les produits cosmétiques sont subdivisés selon le type de peau.

세비 歲費 명 ① dépense *f* annuelle. ② 【법률】 indemnité *f* parlementaire. ¶ ~를 타다 toucher l'indemnité parlementaire.

세사[1] 世事 명 affaires *fpl* de ce monde, affaires *fpl* mondaines [profanes]. ¶ ~에 정신을 빼앗기다 être pris(*e*) [absorbé(*e*)] par les affaires de ce monde.

세사[2] 細沙 명 sable *m* fin.

세사[3] 細絲 명 fil *m* fin.

세상 世上 명 ① monde *m*, univers *m*; les hommes *mpl*, humanité *f*, genre *m* humain. ¶ ~ 곳곳을 돌아다니다 aller dans tous les coins du monde. ¶ ~ 어디에서나 볼 수 있는 일이다 Cela se voit partout dans

ㅅ

le monde. ¶ 온 ~에 이 소식을 전해야 한다 Il faut faire part de cette nouvelle au monde entier. ¶ ~이 다 안다 Tout le monde le sait. ¶ ~이 다 널 비웃고 있다 Tu es la risée de tout le monde. ② 이승 [ce bas] monde *m*; siècle *m*. ¶ 이[저] ~ monde d'ici-bas [autre monde, outre-tombe]. ③ 마음대로 할 수 있는 환경 *son* monde *m*; ((être dans)) *son* élément (comme un poisson dans l'eau); lieu *m* où l'on se sent libre. ¶ 좋은 ~ 만나다 avoir *son* temps de prospérité; rencontrer une bonne opportunité. ¶ 그는 이제 자기 ~ 만난 듯이 날뛰고 있다 Il exulte comme s'il avait rencontré les beaux jours de sa gloire [son jour de chance]. ¶ 이제는 온 천하가 그의 ~이 되었다 Maintenant, le monde entier lui appartient.

*~**에** Est-ce possible? / Par exemple! / Bon sang!{*fam*} / Merde!{*fam*} / Pas possible. ¶ ~에, 어떻게 그럴 수가 있지? (Bon sang!) Comment cela peut être possible? / Est-ce possible? / Pas possible.

*~**을 등지다** vivre loin du monde; fuir le monde; se retirer du monde.

*~**을 뜨다[떠나다, 하직하다]** quitter ce monde, être décédé(*e*).

◆_**사** -事 명 affaires *fpl* de ce monde. ¶ ~사가 다 그렇지 뭐 Ainsi va le monde.

◆_**만사** -萬事 명 tout *m*; toutes choses *fpl*. ¶ ~만사가 다 뜻대로 될 수는 없다 Tout ne peut pas aller [fonctionner] comme tu veux [comme tu l'entends, comme tu le voudrais]. ¶ ~만사가 다 귀찮다 J'en ai assez de tout.

◆_**살이** 명 vie *f*, train *m* de vie. ¶ ~살이에 나도 지쳤다 Moi aussi, j'en ai assez de ce train de vie [de cette vie].

◆_**일** 명 affaires *fpl* de ce monde; ce qui se passe dans le monde.

세세 世世 명 de génération en génération. ¶ ~에 전하다 transmettre de génération en génération. ¶ ~ 무궁토록 éternellement.

세세하다 細細- 형 être minutieux(*se*), détaillé(*e*). ¶ 세세한 데까지 일일이 신경 쓰다 se préoccuper de tous les détails [du moindre détail].

◆**세세히** 細細- 부 minutieusement, en détail. ¶ 해야 할 일을 세세히 일러주다 tout lui dire ce qu'il faut faire dans les moindres détails.

세속 世俗 명 ce bas monde *m*, humanité *f*, mondanité *f*. ¶ ~ 사회 société laïque. ¶ ~을 떠나다[등지다] être détaché(*e*) de ce monde.

◆_**적** -的 명관 (교회에서) mondain(*e*), ((vie)) laïque, ((musique)) profane; de ce monde, matériel(*le*).

◆_**화** -化 명 sécularisation *f*, laïcisation *f*. ¶ ~화(가) 되다 être sécularisé(*e*), être laïcisé(*e*).

세손 世孫 명 petit-fils (~(*s*)-~) *m* du roi (destiné à régner).

세수[1] 洗手 명 toilette *f*. ◇_(를) **하다** faire *sa* toilette; se laver (les mains et) le visage [la figure]; se débarbouiller. ¶ 찬물로 ~를 하다 faire *sa* toilette avec de l'eau froide.

◆_ㅅ**대야** 명 cuvette *f*. ¶ 세숫대야에 물을 받다 faire couler de l'eau dans [remplir d'eau] une cuvette [une bassine] (pour faire *sa* toilette).

◆_ㅅ**물** 명 eau *f* pour faire sa toilette; eau *f* de la cuvette (du lavabo). ¶ 세숫물을 떠다 주다 aller chercher [puiser] de l'eau pour la toilette de *qn*.

◆_ㅅ**비누** 명 savon *m* de toilette; savonnette *f*.

세수[2] 稅收 명 recettes *fpl* fiscales; produit *m* de l'impôt. ¶ ~를 늘려 잡다 faire augmenter les recettes fiscales [le produit de l'impôt]. ¶ 올해 ~가 작년에 비해 많이 줄었다 Cette année, les recettes fiscales ont beaucoup diminué par rapport à l'année dernière.

세습[1] 世襲 명 hérédité *f* (des biens). ¶ ~ 군주 souverain [prince] héritier; prince héréditaire [successible]. ¶ ~ 재산 biens héréditaires [patrimoniaux], patrimoine. ¶ ~ 체제 système héréditaire. ¶ 왕위 ~ hérédité de la couronne; succession au trône. ◇_(을) **하다** hériter de ((la couronne)); succéder à *qn*. ¶ 왕위를 ~하다 succéder au trône; hériter de la couronne. ◇_(이) **되다** se transmettre de père en fils [de génération en génération]. ¶ 사회적 특권이 ~되고 있다 Les droits sociaux se transmettent de père en fils.

◆_**적** -的 명관 héréditaire, qui se transmet de père en fils. ¶ ~적(인) 지위[신분] titre [rang social] héréditaire.

세습[2] 世習 명 us *mpl* et coutumes *fpl* (du monde); mœurs *mpl* (du monde). ¶ ~을 따르다 respecter les us et coutumes du monde.

세시 歲時 명 ① 설 premier *m* de l'An. ② 계절, 절기에 따른 때 (les) époques *fpl* et (les) saisons *fpl* de l'année.

◆_**풍속** -風俗 명 us *mpl* et coutumes *fpl* du premier de l'An.

세심하다 細心- 형 être méticuleux(*se*), scrupuleux(*se*), minutieux(*se*). ¶ 세심한 배려 soin méticuleux. ¶ 세심한 주의 attention scrupuleuse. ¶ 그는 매우 세심한 성격이다 Il est très méticuleux. ¶ 세심하게 신경 쓰다 se préoccuper avec un soin méticuleux de *qc*.

◆**세심히** 細心- 부 avec un soin méticuleux, scrupuleusement, méticuleusement, minutieusement.

세안[1] 洗顔 명 toilette *f*. ◇_(을) **하다** se laver le visage [la figure]; faire *sa* toilette; se débarbouiller. ¶ 비누로 ~을 하다 se laver le visage avec du savon.

세안[2] 洗眼 명 lavage *m* des yeux. ◇_(을) **하다** se laver les yeux.

세안[3] 細案 명 projet *m* détaillé. ¶ ~을 제시하다 présenter un projet détaillé.

세액 稅額 명 ((fixer le)) montant *m* d'un impôt.

-세요↔-으세요 어미 ((suffixe flexionnel de terminaison phrastique des modes déclaratif, interrogatif et impératif. Les modes sont distingués, dans l'écrit, par la ponctuation dans la langue parlée, par le ton. Si le ton est plat, il indique le déclaratif; s'il est montant, l'interrogatif; s'il est sec et bref, l'impératif. L'adjectif ne pouvant avoir le mode impératif, il peut avoir les modes déclaratif et interrogatif, alors que le verbe peut indiquer tous les modes. -세요 s'ajoute après le radical verbal qui se termine par une voyelle et par la consonne liquide -ㄹ, mais après l'omission de cette dernière; -으세요 après le radical verbal qui se termine par une consonne. Ce suffixe indique les modes déclaratif et interrogatif pour les copules 이다 *être* et 아니다 *ne pas être*. Pour la copule positive 이다, -세요 s'ajoute directement à l'attribut à la suite de l'omission du radical 이. Utilisé entre les adultes mutuellement ou à l'égard d'un interlocuteur supérieur (un enfant à l'égard d'un adulte, parent, maître, supérieur hiérarchique plus âgé),il exprime la politesse et le respect familiers.)) ① ((mode déclaratif)). ¶저 분이 우리 아버지~ C'est mon père. 우리가 만나야 할 분은 교장 선생님이 아니세요. La personne que nous devons rencontrer n'est pas monsieur le proviseur. ¶저의 아버님께서는 내일 일본에 가~ Mon père va demain au Japon. ¶저의 어머니는 키가 크~ Ma mère est grande ② ((mode interrogatif)). 그 분이 변호사가 아니~? Cette personne n'est-elle pas un avocat? ¶ 어디로 가~? Où allez-vous? ¶ 오늘 저녁에 무슨 영화를 보~? Quel film voyez-vous ce soir¶ 할머니께서는 이 집에 사(살다 *vivre*) ~? Madame (une dame âgée), habitez-vous dans cette maison ¶ 배가 고프~Avez-vous faim? ¶머리가 아프~? Avez-vous mal à la tête? ③ ((mode impératif)). ¶계속 말씀하~ Poursuivez / Poursuivez votre exposé [votre discours]. ¶택시를 타~ Prenez un taxi. ¶부산 역에서 내리~ Descendez à la gare de Busan. ¶찬 음식을 먹지 마(말다 verbe auxiliaire de négation de l'impératif) ~ Ne mangez pas de plat froid. ¶교실에서 떠들지 마~ Ne bavardez pas dans la salle de classe.

세우 細雨 명 pluie *f* fine, bruine *f*.

세우다 타 ① dresser, lever, relever. ¶ 허리를 곧추 ~ redresser les hanches. ¶ 외투 깃을 ~ relever le col de *son* manteau. ② ((계획을)) *établir*, mettre au point, dresser, former. ¶ 바캉스 계획을 ~ dresser un projet pour les vacances. ¶ 작전을 ~ mettre au point une stratégie. ③ ((칼날을)) aiguiser, affiler. ¶ 칼날을 ~ aiguiser un couteau. ④ ((질서를)) mettre en place, établir, fixer. ¶ 규율[질서]을 ~ établir une réglementation [l'ordre]. ⑤ 정지시키다 arrêter, éteindre. ¶ 발전기를 ~ éteindre le générateur. ⑥ ((업적을)) établir ((un record)), réaliser ((un exploit)). ¶ 신기록을 ~ établir un nouveau record. ¶ 공을 ~ se distinguer par *ses* exploits. ⑦ ((주름을)) faire un pli. ¶ 바지에 줄을 ~ faire un pli au pantalon. ⑧ ((수직으로)) dresser, mettre, élever. ¶ 도로에 표지판을 ~ dresser des panneaux de signalisation sur la route. ⑨ 처음으로 만들다 fonder, créer. ¶ 학교[고아원]를 ~ fonder une école [un orphelinat]. ⑩ 멈추게 하다 arrêter, stopper. ¶ 도로 가장자리에 차를 ~ arrêter une voiture au beau milieu de la route. ¶ 택시를 불러 ~ héler un taxi. ⑪ ((줄을)) se mettre en rang. ¶ 학생들을 키 순서로 ~ les élèves se sont mis en rang par taille. ⑫ 나타나게 하다 provoquer, causer. ¶ 눈에 핏발을 ~ avoir les yeux congestionnés. ⑬ ((체면을)) sauver ((la face)). ¶ 부하 직원들에게 체면을 ~ sauver la face devant *ses* subalternes. ⑭ 어떤 역할을 하게 하다 nommer, charger de ((un rôle)), citer ((comme témoin)). ¶ 누구를 증인으로 ~ citer quelqu'un comme témoin.

세운 世運 명 chance *f*.

세원 稅源 명 【경제】 source *f* d'impôt.

세월 歲月 명 ① temps *m* (qui passe). ¶ ...하며 ~을 보내다 passer *son* temps à+*inf*. ¶ ~과 더불어 avec le temps. ¶ ~이 지나도 이 일은 잊지 못할 것이다 Même avec le temps, je n'arriverai pas à oublier cela. ¶ 가는 ~은 붙잡아 둘 수가 없다 On ne peut pas arrêter le temps qui passe. ¶ ~ 참 빨리도 간다! Comme le temps passe vite! ② 형편 situation *f* (économique), conjoncture *f*. ¶ ~이 좋다 La conjoncture économique est favorable / Le commerce prospère / Les affaires marchent bien / C'est une bonne période pour l'économie. ¶ 어려운 ~이다 Les temps sont difficiles / Les temps sont durs / Les affaires ne marchent pas / La conjoncture économique est défavorable. ③ 일정한 기간 période *f*, époque *f*, moments *mpl*. ¶ 그 힘들었던 ~이 어떻게 흘러갔는지 모르겠다 Je me demande bien comment j'ai pu traverser ces moments difficiles [de tels moments, cette période difficile, cette époque difficile].

*~**을 만나다** avoir de la chance; avoir *son* temps de prospérité; voir se présenter le moment favorable à la réussite [les beaux jours de *sa* gloire]; rencontrer une bonne opportunité.

*~**이 약이다** Avec le temps, cela ira mieux [tu oublieras] / Avec le temps, on oublie tout [on finit par tout oublier].

*~**이 좀먹나** (Il n')y a pas le feu / Il n'y a pas le feu au lac / Rien ne presse / On a encore largement le temps.

***어느 ~[겨를]에** jamais; Combien de temps devra s'écouler avant que ...?; ne pas être prêt(*e*) [être loin] de+*inf*; le jour est loin où ..., ce n'est pas demain que ..., c(e n)'est pas demain la veille que ... {*fam*}, ce n'est pas pour bientôt, ce n'est pas pour tout de suite, ce n'est pas encore pour demain {*fam*}; *Tu* ne *risques* pas de+*inf* .... de si tôt [((오용)) de sitôt]. ¶ 네가 ~ 겨를에 할 수 있겠니? 그냥 나에게 맡겨 Auras-tu vraiment le temps de faire ça [Auras-tu vraiment du temps pour ça]? ¶ 그렇게 해서야 어느 ~에 일을 끝내겠니? Si tu travailles à ce rythme, je me demande bien quand tu finiras [tu n'es pas prêt(*e*) de finir, tu ne finiras jamais, tu ne termineras pas de si tôt] / Si tu continues à travailler à ce rythme, ce n'est pas demain la veille {*fam*} que tu finiras.

◆**허송**_ 虛送 명 ☞ 허송세월

세율 稅率 명 【법률】 taux *m* de l'impôt, taux *m* d'imposition. ¶ 주류에 대한 ~ L'impôt [Le taux de l'impôt] sur les alcools. ¶ ~을 높이다[낮추다] augmenter [baisser] (le taux de) l'impôt. ¶ ~이 높다[낮다] Le taux de l'impôt est élevé [bas].

세이레 명 【민속】 vingt et unième jour *m* d'un bébé.

세이프 영{safe} 명 【운동】 (au baseball) être sauf(*ve*); arrivée *f* saine et sauve d'un coureur sur une base [un but]; action *f* pour un coureur d'atteindre à temps le coussin d'une base [d'un but] avant d'avoir été éliminé par les joueurs de l'équipe défensive. ¶ ~! ((au baseball)) Sauf! ◇_(가) 되다 ((baseball)) être déclaré(*e*) sauf(*ve*).

세인 世人 명 personne *f* [du monde]; monde *m*; public *m*. ¶ ~의 주목을 받다 attirer l'attention du public, se faire remarquer par le public. ¶ ~들의 입에 오르내리다 prêter aux commérages; être dans toutes les bouches [dans la bouche de tout le monde]; alimenter la rumeur publique; faire l'objet des conversations.

세일 영{sale} 명 soldes *fpl*; promotion *f*; vente *f* au rabais. ¶ 백화점 ~ 기간 période des soldes. ◇_(을) 하다 solder ((des invendus)); démarquer; mettre en solde; vendre en solde; brader, liquider. ¶ 상품을 20% ~하다 faire une remise de 20 % sur *ses* produits [sur des articles]. ¶ ~할 때 구입하다 acheter *qc* pendant les soldes [au moment des soldes, pendant la période des soldes]; acheter *qc* en promotion; faire les soldes. ◇_(이) 되다 être soldé(*e*); être en promotion. ¶ ~된 가격 prix soldé.

◆**바겐**_ 명 soldes *fpl*. ☞ 바겐세일

세일러복 -服 영{sailor-} 명 costume *m* marin; marinière *f*.

세일즈 영{sales} 명 commerce *m*; affaires *fpl*; vente *f* (à domicile); porte-à-porte *m*; démarchage *m*. ◇_(를) 하다 vendre à domicile; faire du colportage; faire du démarchage; faire du porte-à-porte.

◆_**맨** 명 colporteur *m*, représentant(*e*), courtier(*ère*); vendeur(*se*).

세입[1] 歲入 명 【경제】 recette *f* annuelle. ¶ ~과 세출 recettes et dépenses annuelles. ¶ ~이 세출을 초과하고 있다 Les recettes excèdent les dépenses annuelles.

세입[2] 稅入 명 【경제】 recette *f* du fisc.

세입자 貰入者 명 locataire.

세자 世子 명 fils *m* (aîné) du roi; Dauphin *m*; héritier *m* présomptif; prince *m* héritier. ¶ ~를 책봉하다 introniser le prince héritier.

◆_**빈** -嬪 명 Dauphine *f*.

◆**왕**_ 王- 명 prince *m* héritier présomptif de la couronne ☞ 왕세자

세전[1] 世傳 명 transmission *f* de génération en génération. ◇_(을) 하다 transmettre de génération en génération. ¶ 이 이야기는 대대로 ~해 온 유명한 이야기다 C'est une histoire bien connue transmise de génération en génération.

세전[2] 歲前 명 avant le Nouvel An; fin *f* de l'année.

세전[3] 稅前 명 brut(*e*); hors taxes *fpl*. ¶ ~ 가격 prix hors taxes (prix H.T.). ¶ ~ 수익 bénéfice brut; salaire brut.

세정[1] 世情 명 esprit *m* d'une époque; état *m* d'une société; affaires *fpl* du monde. ¶ 그 사람은 ~에 어둡다 Il est ignorant des affaires du monde.

세정[2] 稅政 명 administration *f* fiscale.

세정[3] 洗淨 명 lavage *m*. ¶ ~ 효과 effet du lavage. ◇_(을) 하다 laver. ¶ 식기를 ~하다 laver les couverts [la vaisselle]. ◇_(이) 되다 se laver; être lavable.

◆_**력** -力 명 pouvoir *m* nettoyant.

◆_**액** -液 명 ((설거지)) liquide *f* vaisselle; ((빨래)) lessive *f* liquide (pour le linge); lotion *f*. (médicamenteuse).

◆_**제** -劑 명 produit *m* [poudre *f*] de lavage; ((설거지)) produit *m* pour la vaisselle; liquide *m* vaisselle; ((세탁기)) lessive *f*, nettoyant *m*; détergent *m*; lotion *f* (médicamenteuse).

세제[1] 稅制 명 système *m* fiscal. ¶ ~ 개혁 réforme du système fiscal.

세제[2] 洗劑 명 produit *m* [poudre *f*] de lavage; ((설거지)) produit *m* pour la vaisselle; liquide *m* vaisselle; ((세탁기)) lessive *f*; nettoyant *m*; détergent *m*. ¶ 중성[합성, 천연] ~ détergent neutre [synthétique, naturel]. ¶ 세탁기에 ~를 넣다 mettre de la lessive [de la poudre] dans le lave-linge [la machine à laver].

세제곱 명 【수학】 cube *m* ((d'un nombre)). ¶ ~ 미터[센티미터] mètre [centimètre] cube. ◇_(을) 하다 élever (un nombre) à la puissance trois; élever (un nombre) au cube; cuber ((un nombre, un binôme)). ¶ 2를 ~하면 8이다 Deux (élevé) à la puissance trois font huit / Le cube de 2 est 8.

◆_**근** -根 명 racine *f* cubique.

세존 世尊 명 【불교】 Bouddha *m*.

세종 世宗 명 【인명】 roi *m* Sejong (1397-1450. 4ᵉ roi de la dynastie Joseon. Règne 1418-1450. Inventeur de l'alphabet coréen, le *hangeul* (17 consonnes et 11 voyelles de base; aujourd'hui 14 consonnes et 10 voyelles de base) ou le 'Hunmin jeong-eum' (écriture juste destinée à instruire le peuple) en 1443, et du pluviomètre en 1442 pour la première fois dans le monde. Un grand roi éclairé, humaniste et savant, il a fait compiler également un grand nombre d'ouvrages historique, littéraire, géographique, musical par les savants de l'académie royale, Jiphyeonjeon.).

◆_**대왕** -大王 명 【인명】 le grand roi *m* Sejong.

◆_**실록** -實錄 명 【책명】 Chroniques (annales) *fpl*

du roi Sejong.

세주[1] 細註 명 note *f* détaillée.

세주[2] 歲酒 명 alcool *m* pour (fêter) le Nouvel An.

세째 명 (('셋째'의 잘못)) ☞ 셋째

세차[1] 歲差 명 【천문】 précession *f*.

세차[2] 洗車 명 lavage *m* d'un véhicule [d'une voiture]. ¶ 자동차 ~ lavage d'une voiture. ◇_(를) 하다 laver *sa* voiture.

◆_비 -費 명 prix *m* du lavage d'une voiture.

◆_장 -場 명 station *f* de lavage; portique *m* de lavage automatique.

세차다 형 être violent(*e*), vi*f*(*ve*), intense; être furieu*x*(*se*). ¶ 세찬 비바람 vent violent [orageux, impétueux] et forte pluie. ¶ 세찬 불길 vives flammes; flammes furieuses. ¶ 세찬 저항 une résistance acharnée. ¶ 비가 세차게 몰아치다 pleuvoir à verse, pleuvoir [tomber] des cordes, tomber des trombes d'eau [des hallebardes, des cataractes], pleuvoir comme vache qui pisse {*vulg*}.

세찬 歲饌 명 mets *mpl* [aliments *mpl*] préparés pour les visiteurs du nouvel an.

세척 洗滌 명 lavage *m*, nettoyage *m*, rinçage *m*, détergence *f*. ¶ ~ 기능 fonction lavage. ◇_(을) 하다 laver; nettoyer, déterger; faire des lotions ((sur une plaie)). ¶ 수술 기구를 ~하다 nettoyer les instruments de l'opération. ◇_(이) 되다 se laver; être lavé(*e*). ¶ ~이 된 용기 ustensile lavé.

◆_기 -機 명 machine *f* à laver; irrigateur *m*. ¶ 식기 ~기 machine à laver la vaisselle; lave-vaisselle.

◆_액 -液 명 liquide *m* de détersion; détergent *m*.

◆_제 -劑 명 lotion *f*; détergent *m*.

세초 歲初 명 début *m* [commencement *m*] de l'année.

세출 歲出 명 【경제】 dépense *f* annuelle.

세칙[1] 細則 명 règlement *m* détaillé; clauses *fpl* complémentaires. ¶ 법안의 ~을 마련하다 mettre en place [instaurer] un règlement relatif à l'accomplissement d'une loi.

세칙[2] 稅則 명 règlement *m* fiscal.

세침 細針 명 aiguille *f* fine.

세칭 世稱 명 appellation *f* commune. ¶ 그는 ~ 의로운 도둑이다 On l'appelle communément le brigand *justicier [le voleur au grand cœur]*.

세컨드 영{second} 명 ① 【속어】 maîtresse *f*. ¶ ~를 두다 avoir une maîtresse. ② 【운동】 deuxième base *f*; deuxième but *m*. ¶ ~를 훔치다 ((baseball)) subtiliser la deuxième base, courir de la première à la deuxième base sans que le batteur n'ait frappé dans la balle.

◆_베이스 {-base} 명 ① 【운동】 deuxième base *f*, deuxième but *m*. ② 【음악】 deuxième violon *m*.

세탁 洗濯 명 lessive *f*, lavage *m*, blanchissage *m* (du linge), nettoyage *m*. ¶ 마른 ~ nettoyage à sec. ¶ ~이 간단한 옷 vêtement facile à laver (en machine), vêtement qui passe bien au nettoyage [lavage, en machine]; vêtement qui se lave bien [facilement]. ◇_(을) 하다 faire la lessive, laver le linge; laver, nettoyer ((du linge)); blanchir ((du linge)). ¶ ~할 수 있는 천 tissu lavable. ¶ 이런 천은 ~하기가 까다롭다 Ce genre de tissu ne se lave pas facilement. ¶ 이 옷은 물로 ~하면 안 된다 Il ne faut pas nettoyer ce vêtement avec de l'eau. ◇_(이) 되다 se nettoyer, se laver.

◆_기 -機 명 machine *f* à laver (le linge); lave-linge *m*. ¶ 자동 ~기 lave-linge automatique. ¶ ~기를 돌리다 faire tourner un [le] lave-linge.

◆_물 -物 명 linge *m* (sale). ¶ ~물을 찾아가다 aller chercher *son* linge. ¶ ~물을 세탁소에 맡기다 apporter [donner] *son* linge sale dans une laverie automatique [au pressing, à la teinturerie]; donner ((un costume)) à la teinturerie.

◆_소 -所 명 laverie *f* (automatique); pressing *m*; teinturerie *f*; blanchisserie *f*. ((프레싱 전문 세탁소)) (blanchisserie-) teinturerie *f*, pressing *m*. ¶ ~소에 코트를 맡기다 donner un manteau à nettoyer (au pressing), apporter un manteau au pressing [au nettoyage à sec]; porter un manteau à la teinturerie [chez le(*la*) teinturi*er*(*ère*), à la blanchisserie, chez le(*la*) blanchisseu*r*(*se*)].

◆_실 -室 명 buanderie *f*.

◆돈_ 명 blanchiment *m* ((de l'argent sale, de fonds d'origine frauduleuse)). ¶ 돈~(을) 하다 blanchir de l'argent (sale); blanchir l'argent sale ((de la drogue)).

◆물_ 명 vêtement *m* lavable en machine [qui supporte le lavage (en machine)]. ¶ 물~ 양복 costume lavable en machine.

세태 世態 명 esprit *m* ((d'une génération)), état *m* du monde; choses *fpl* du monde; mœurs *fpl* ((d'une époque)). ¶ 물질만능주의 ~를 비판하다 critiquer le matérialisme [l'idéologie matérialiste].

◆_소설 -小說 명 【문학】 roman *m* qui dépeint la vie du peuple du monde contemporain.

세트 영{set} 명 ① set *m*, ensemble *m*, attirail *m*; série *f*, jeu *m* ((de clefs, de tournevis)). ¶ 오디오 ~를 사다 s'acheter une chaîne hifi. ¶ 장비를 ~로 장만하다 préparer [acheter, se procurer, se munir d'] un attirail. ¶ 이것들이 다 한 ~이다 Cela forme un set. ② 【연영】 plateau(*x*) *m*. ¶ 영화 촬영 ~ un plateau de tournage. ③ 【운동】 set *m*, manche *f*. ¶ 첫 ~는 지고 둘째 ~는 이겼다 On a perdu le premier set [la première manche] mais on gagné le second [la deuxième].

◆_스코어 {-score} 명 【운동】 marque *f* d'un set.

◆_포인트 {-point} 명 【운동】 balle *f* de set.

분류 ① set *m*, ensemble *m; menu m*. ¶ 치즈버거 두 ~ deux menus cheeseburger. ② 【운동】 set *m*, manche *f*. ¶ 5~로 된 테니스 게임 un match [une rencontre] de tennis au meilleur des cinq sets.

세파 世波 명 vicissitudes *fpl* de la vie; état *m* du monde. ¶ ~에 찌든 모습 mine d'une personne usée

ㅅ

[visage usé] par les vicissitudes de la vie. ¶ ~에 시달리다 être fatigué(*e*) par les vicissitudes de la vie.

세편 細片 명 petits morceaux *mpl*; petits fragments *mpl*.

세평 世評 명 ((여론)) opinion *f* publique; ((평판)) réputation *f*; ((소문)) rumeur *f*. ¶ 그는 도무지 ~에 무관심하다 Il est complètement indifférent à l'opinion publique.

세포[1] 細胞 명 ① 【생물】 cellule *f*. ¶ 신경 ~ cellule nerveuse. ② 【사회】 cellule *f* [noyau(*x*) *m*] ((communiste)). ¶ 공산당의 ~ 조직 noyau [cellule] communiste.

◆_막 -膜 명 【생물】 membrane *f* cellulaire.

◆_벽 -壁 명 【생물】 enveloppe *f* qui entoure la membrane cellulaire des végétaux; membrane *m* cellulaire des végétaux.

◆_분열 -分裂 명 【생물】 division *f* cellulaire.

◆_조직 -組織 명 【생물】 tissu *m* cellulaire; organisation *f* en cellules.

◆_질 -質 명 【생물】 cytoplasme *m*.

◆_학 -學 명 【생물】 cytologie *f*.

◆_핵 -核 명 【생물】 noyau *m* cellulaire.

세포[2] 細布 명 ☞ 세마포

세필 細筆 명 pinceau *m* fin, crayon *m* fin; écriture *f* fine [en pattes de mouche]. ¶ ~로 쓰다 écrire tout petit [en pattes de mouche].

세한 歲寒 명 한겨울의 심한 추위 froid *m* glacial [extrême], grand froid *m* ((de la période du nouvel an lunaire)).

섹스 영{sex} 명 ① sexualité *f*; genre *m*, sexe *m*. ② 성행위 sexe *m*; acte *m* sexuel, relations *fpl* sexuelles, ((faire l')) amour *m*; pratiques *fpl* sexuelles. ¶ ~ 상대[파트너] un partenaire sexuel. ¶ ~를 좋아하다 aimer le sexe. ¶ ~에 탐닉하다 s'adonner au sexe; être un(*e*) obsédé(*e*) sexuel(*le*). ◇_(를) 하다 avoir une relation sexuelle avec *qn*, faire l'amour avec *qn*, *baiser* {*vulg*}. ¶ 아내와 ~를 하다 faire l'amour avec *sa* femme.

◆_관광 -觀光 명 tourisme *m* sexuel.

◆_광 -狂 명 obsédé *m* sexuel.

◆_산업 -產業 명 industrie *f* du sexe.

◆_스캔들 {-scandal} 명 scandale *m* sexuel.

◆유니_ 명 unisexe. *m*.

섹시하다 영{sexy-} 형 être sexy. ¶ 섹시한 여자 une fille sexy. ¶ 섹시한 의상 un vêtement sexy.

센물 명 eau(*x*) *f* dure.

센서 영{sensor} 명 détecteur *m*.

센서스 영{census} 명 recensement *m*. ¶ 인구 ~ recensement de la population.

센세이션 영{sensation} 명 ((faire)) sensation *f*; scandale *m*. ¶ ~을 일으키다 faire sensation; troubler (la société).

센스 영{sense} 명 sens *m*. ¶ 그는 ~가 빠르다 Il est très éveillé [vif] / Il a un esprit prompt / Il comprend vite. ◇_(가) 있다 avoir de la présence d'esprit, avoir l'esprit d'à-propos, faire preuve d'un esprit d'à-propos, avoir du tact, agir avec tact, avoir du jugement, être un homme de bon sens [de jugement, judicieux, perspicace], être sensé(*e*), agir avec discernement [à bon escient], avoir de la jugeote {*fam*}, avoir de l'esprit; avoir du nez, avoir du flair, avoir le nez creux [fin], être perspicace, sagace, clairvoyant(*e*), être adroit(*e*). ◇_(가) 없다 manquer (d'esprit) d'à-propos, [de bon sens, de discernement, de jugeote {*fam*}], avoir l'esprit lent, manquer d'à-propos [de tact, de doigté], avoir les sens émoussés.

센치 영{centi-} 분류 ((‘센티’의 잘못)) ((abréviation de *centimeter*)) ☞ 센티미터

센치미터 영{centimeter} 분류 ((‘센티미터’의 잘못)) ☞ 센티미터

센터 영{center} 명 ① 시설 centre *m*. ¶ 문화 ~ un centre culturel. ② 중심 centre *m*. ¶ ~에 있는 선수들이 잘 뛰어 주었다 Les joueurs du centre ont bien joué. ③ 【운동】 (joueur *m*) centre *m*. ¶ 그는 국내 농구 선수 중 최장신 ~다 Il est le plus grand joueur centre de basket-ball du pays.

◆_라인 {-line} 명 【운동】 ligne *f* médiane.

◆_포드 {-forward} 명 【운동】 avant *m* centre.

◆_필더 {-fielder} 명 【운동】 joueur *m* de champ central.

센터링 영{centering} 명 【운동】 passe *f* dans la surface centrale, ((faire un)) centre *m*. ¶ 그 선수는 절묘한 ~으로 득점을 했다 Il a marqué un but en faisant une passe extraordinaire au centre. ◇_(을) 하다 centrer (près des buts), faire un centre, recentrer, renvoyer la balle au centre, renvoyer le ballon vers l'axe du terrain; faire une passe dans la surface centrale.

센트 영{cent} 분류 cent *m*.

센티 영{centi-} 분류 ((abréviation de *centimeter*)) ☞ 센티미터

센티멘털하다 영{sentimental-} 형 être sentiment*al*(*ale*, *aux*); être mélancolique. ¶ 센티멘털한 이야기 une histoire sentimentale. ¶ 가을이 되면 왠지 센티멘털한 마음이 된다 On ne sait pourquoi, on devient mélancolique en automne.

센티멘털리즘 영{sentimentalism} 명 sentimentalisme *m*.

센티미터 영{centimeter} 분류 centimètre *m*. ¶ 30 ~ 자 une règle de 30 centimètres.

셀러리 영{celery} 명 【식물】 céleri *m*.

셀로판 프{cellophane} 명 cellophane *f*.

◆_지 -紙 명 papier *m* cellophane, cellophane *m*.

◆_테이프 명 ruban *m* adhésif de cellophane.

셀룰로이드 영{celluloid} 명 【화학】 celluloïd *m*.

셀프 영{self} 명 ☞ 셀프서비스

셀프서비스 영{self-service} 명 *self-service*(~-~*s*) *m*, libre-service (~*s*-~*s*) *m*. ¶ ~ 식당[주유소, 세차장] un restaurant libre-service [self-service], un self-service(~-~*s*), un self {*fam*} ¶ ~ 주유소[세차장]

une station-service [une station d'essence] libre-service [self-service], une pompe à essence [une station de lavage] self-service. ¶ 음식을 ~로 먹다 manger en libre-service.

셈 명 ① compte *m*, calcul *m*. ¶ ~을 치르다 régler [payer] l'addition [la note]. ¶ ~이 틀리다 Le compte n'est pas bon [n'est pas exact, est faux] / Le compte n'y est pas. ② 분별력 compréhension *f*. ¶ ~이 분명한 사람 quelqu'un de précis [de clair] ((dans ses comptes)). ¶ 그는 ~이 빠르다 Il sait manipuler rapidement une situation à son avantage. ¶ 그는 ~이 흐리다 Il n'est pas clair dans ses comptes. ◇**_(을) 하다** compter, calculer. ¶ 손해와 이익을 ~하다 compter [calculer] les profits et les pertes. ¶ 이해득실을 ~하다 peser le pour et le contre, peser [considérer, examiner] le pour et le contre, discuter des avantages et des inconvénients de *qc*, calculer [estimer, évaluer] les pertes et profits, balancer le pour et le contre [mettre en balance], évaluer les conséquences possibles de *qc*; considérer une chose sous tous ses aspects. ¶ 이 아이는 ~을 아주 잘한다 Cet(*te*) enfant est très fort(*e*) [bon(*ne*), doué(*e*)] en calcul (mental) [pour le calcul mental, pour calculer de tête, pour calculer mentalement] / Cet(*te*) enfant est particulièrement habile [doué(*e*)] en calcul. ◇**_에 넣다** comprendre, inclure; tenir compte de qn/qc. ¶ 이 돈도 ~에 넣었니? As-tu aussi compté cet argent? ¶ 그는 상대의 반응도 ~에 넣고 일을 벌였다 Il a commencé cette affaire en tenant compte aussi de l'éventuelle réaction de l'adversaire.

의명 ((nom dépendant qui s'emploie après les suffixes flexionnels déterminatifs, -ㄴ, -는, -은, -ㄹ, -을)) ① 작정, 의도 intention *f*, dessein *m*, projet *m*, plan *m*. ¶ 나는 돈을 받아낼 ~으로 그 사람을 찾아갔다 Je suis allé(*e*) le voir avec l'intention de lui reprendre de l'argent. ¶ 무슨 꿍꿍이 ~이 있는 것 같다 Il semble qu'il y ait quelque ruse qui nous échappe / Il semble qu'il ait une mauvaise intention / Il semble qu'il ait quelque chose [une idée] derrière la tête / Il semble qu'il nous cache quelque chose / A mon avis, il y a anguille sous roche. ¶ 너 앞으로 어쩔 ~이냐 Qu'est-ce que tu vas faire désormais *[maintenant]*? / *Quelles sont tes* intentions (pour la suite)? / Comment tu vois les choses maintenant? ② ((상황)) situation *f*, état *m* de chose; ((결과)) résultat *m*. ¶ 그 두 사람은 이제 완전히 갈라선 ~이다 On peut dire maintenant que ces deux-là sont séparés définitivement [qu'ils ont définitivement rompu]. ¶ 어찌된 ~인지 알 수가 없다 Je n'arrive pas à cerner la situation / Je n'y comprends rien. ③ 가정 supposition *f*, considération *f*. ¶ 이걸로 점심은 먹은 ~ 치자 Considérons qu'avec ça on a déjeuné / Considérons que cela nous a suffi pour le déjeuner [que cela nous aura servi de déjeuner] / Considérons qu'avec cela nous aurons déjeuné. ¶ 자식 하나 없는 ~ 치면 그만이지 Faisons comme si nous n'avions pas cet(*te*) enfant / Faisons comme si nous avions un enfant en moins.

셋 수 trois *m*. ¶ 학생 ~이 날 찾아왔다 Trois élèves sont venus me voir. ☞ 둘

◆**_째** 수관 troisième *mf*. 3ème.

셋방 貰房 명 chambre *f* à louer [de location, en location]. ¶ 단칸 ~ location d'une petite pièce [chambre]. ¶ ~을 구하다 louer une chambre, trouver une chambre de location.

◆**_살이** 명 vie *f* dans une chambre de location. ¶ ~살이를 하다 habiter [vivre] dans une chambre louée.

셋집 貰- 명 maison *f* à louer [de location, en location].

-셔라 어미 Comme vous ....! / (Mon Dieu), ce que vous pouvez+*inf* ((suffixe flexionnel de terminaison phrastique du mode exclamatif. Utilisé entre les adultes mutuellement ou à l'égard d'un interlocuteur supérieur (parent, maître, supérieur hiérarchique plus âgé), il exprime la politesse et le respect familiers. Il s'emploie en général avec le verbe en 하다.)). ¶ 친절도 하~ Comme vous êtes gentil [aimable]! ¶ 성미도 급하~ Comme vous êtes impatient(*e*)! / (Mon Dieu), ce que vous pouvez être impatient(*e*)!

-셔요 어미 ☞ -세요

셔츠 영{shirt} 명 chemise *f*. ¶ ~를 입다[입고 있다] mettre une chemise, enfiler une chemise [porter une chemise].

◆**와이_** {white-} 명 chemise *f* blanche.

◆**티_** 명 *tee-shirt*(~~s) *m*, *T-shirt*(~~s) *m*; ((폴로 셔츠)) polo *m*.

셔터 영{shutter} 명 ① rideau(*x*) *m* de fer, volet *m* d'obturation, volet *m* roulant, devanture *f* (métallique) d'un magasin. ¶ ~를 내리다[닫다] baisser [fermer] les volets roulants [la devanture d'un magasin], fermer boutique. ¶ ~를 올리다[열다] remonter la devanture métallique (d'un magasin), ouvrir la devanture d'un magasin, ouvrir boutique. ② ((사진기)) obturateur *m* ((d'un appareil photo)). ¶ ~를 누르다 appuyer sur l'obturateur ((d'un appareil photo)).

셔틀버스 영{shuttle bus} 명 navette *f*. ¶ ~ 편으로 en navette. ¶ 어디서 어디까지 ~를 운행하다 assurer un service de navette entre ((l'hôtel et les pistes de ski)); faire la navette entre ((l'hôtel et les pistes de ski)).

셔틀콕 영{shuttlecock} 명 【운동】 volant *m* ((au badminton)).

션찮다 형 ☞ 시원찮다

셧아웃 영{shutout} 명 【운동】 blanchissage *m* ((se dit au baseball lorsqu'un lanceur élimine lors d'une manche tous les batteurs ou frappeurs sans leur laisser marquer le moindre point, sorte de jeu blanc au baseball, «manche blanche»)). ◇_(을) **시키다** réaliser [infliger] un blanchissage [«une manche blanche»] ((éliminer ((lors d'une manche)) tous les batteurs [frappeurs] sans leur laisser marquer le moindre point)). ◇_(이) **되다** ne marquer aucun point lors d'une manche, se voir infliger une «manche blanche».

셰퍼드 영{shepherd} 명 【동물】 chien *m* (de) berger.

소[1] 명 bœuf *m*; ((암소)) vache *f*; ((황소)) taureau(*x*) *m*; ((총칭)) bovins *mpl*; ((물소)) buffle(*sse*); ((들소)) bison *m*; aurochs *m*; zébu *m*. ¶ ~를 키우다 élever des vaches [des bœufs]. ¶ ~처럼 일하다 travailler comme un bœuf [comme une bête de somme, comme une bête {*fam*}, comme un cheval, comme un forcené, comme une brute, comme un malade {*fam*}, comme un fou {*fam*}], s'échiner au travail, s'esquinter à travailler, se crever {*fam*} au travail, s'épuiser à la tâche, travailler à des ouvrages pénibles, se fatiguer beaucoup, galérer {*fam*}.

*~ **닭 보듯 하다** se regarder l'un l'autre de manière indifférente [sans se prêter attention], s'ignorer complètement.

*~**도 비빌 언덕이 있어야 비빈다** On ne peut pas faire de projet en partant de rien [sans l'appui d'une personne, sans avoir de capital, sans avoir de base humaine ou matérielle, sans appui humain ou matériel] / On ne peut pas partir de rien pour arriver à *qc*.

*~ **뒷걸음질 치다 쥐 잡은 격** une aubaine, un profit inattendu. ¶ 기대하지 않은 제품이었는데 이렇게 히트를 쳤으니 ~ 뒷걸음질 치다 쥐 잡은 격이네 Je n'attendais pas grand-chose de ce produit, qui aurait cru que je fasse fortune avec ça? C'est vraiment un coup de chance [un miracle]!

*~ **잃고 외양간 고친다** ☞ 외양간

◆**_가죽** 명 cuir *m* [peau(*x*) *f*] de bœuf. ¶ ~가죽처럼 질기다 être coriace [dur(*e*)] ((en affaires)); être très têtu(*e*) [obstiné(*e*), entêté(*e*), opiniâtre], avoir la tête dure, être têtu(*e*) comme une bourrique [comme un âne, comme une mule, comme un mulet], être une tête de mule [une tête de pioche, une tête de cochon, une tête de lard, une vraie bourrique, une vieille bourrique {*fam*}].

◆**_고기** 명 (viande *f* de) bœuf *m*. ¶ 수입 ~고기 de la viande de bœuf importée. ¶ ~고기 장조림 un *jangjorim* de bœuf <morceaux de bœuf mijotés longtemps dans une sauce de soja>. ¶ ~고기 국 soupe à base de viande de bœuf. ¶ ~고기 1킬로를 사다 acheter un kilo de bœuf.

◆**_달구지** 명 char *m* à bœufs.

◆**_도둑** 명 ① voleur(*se*) de bœuf. [de vache] ② 욕심 많고 능글맞은 사람 personne *f* avide [cupide]; personne *f* trop ambitieuse [trop gourmand(*e*)]. ***바늘 도둑이 ~ 도둑 된다** Qui vole un œuf, vole un bœuf.

◆**_몰이** 명 bouvi*er*(*ère*); conduite *f* des bœufs. ¶ ~몰이를 하다 mener les bœufs [le bétail].

◆**_몰이꾼** 명 bouvi*er*(*ère*).

◆**_젖** 명 lait *m* de vache.

◆**수_** 명 bœuf *m*.

◆**암_** 명 vache *f*.

◆**젖_** 명 vache *f* laitière.

소[2] 명 farce *f*. ¶ 만두에 ~를 넣다 farcir des *mandu*.

소[3] 訴 명 【법률】 procès *m*. ¶ ~를 제기하다[취하하다] porter plainte; retirer une plainte; soutenir [faire, intenter] un procès.

소[4] 沼 명 ① 늪 marais *m*, marécage *m*. ② 【지리】 endroit *m* profond ((d'une rivière)).

-소[5]↔**-으소** 어미 ((suffixe flexionnel de terminaison phrastique des modes interrogatif et impératif. Les modes sont distingués, dans l'écrit, par la ponctuation dans la langue parlée, par le ton. Si le ton est plat, il indique le déclaratif; s'il est montant, l'interrogatif; s'il est sec et bref, l'impératif. L'adjectif ne pouvant avoir le mode impératif, il peut avoir les modes déclaratif et interrogatif, alors que le verbe peut indiquer tous les modes. –소 s'ajoute après le radical verbal quelle que soit sa forme (pour la consonne liquide –ㄹ, mais après son omission), et après les suffixes flexionnels préfinaux –았/-었, -겠 -으소 seulement après le radical du verbe en mode impératif. Utilisé entre les adultes mutuellement, il exprime la politesse et le respect familiers.)) ? ((mode déclaratif)). ¶거기는 내가 가겠~ C'est moi qui irai là-bas [qui m'en chargerai] / Pour cette affaire, c'est moi qui y irai. ¶나는 그 때 그 자리에 있지 않았~ Je n'étais pas en ce lieu à ce moment-là. ¶이것이 더 좋~ Ceci est meilleur. ? ((mode interrogatif)). ¶무슨 일이 있~? Qu'est-ce qui vous arrive? / Qu'avez-vous? / Que vous arrive-t-il donc? ¶한 잔 하시겠~ On prend un verre [un pot {fam}]? / On boit quelque chose? ¶당신이 그렇게 말하지 않았~ N'est-ce pas vous qui avez dit comme ça? ¶그쪽은 물이 맑~? De ce côté-là, est-ce que l'eau est claire? ? ((mode impératif)). ¶어디로 갈 것인지 결정하~ Choisissez où nous allons nous rendre.

-소[6] 所 접미 ((suffixe nominal)) endroit *m*, lieu(*x*) *m*, place *f*. ¶ 강습~ un institut. ¶ 사무~ un bureau. ¶ 연구~ un centre de recherche. ¶ 발전~ une centrale électrique. ¶ 이발[인쇄]~ ((chez)) le coiffeur [l'imprimeur].

소-[7] 小 접두 ((préfixe nominal)) petit(*e*), de petite dimension, de petite taille. ¶ ~규모 de petite dimension. ¶ ~강당 une petite salle de réunion [de conférence], un petit auditorium. ¶ ~극장 un petit théâtre.¶ ~도시 une petite ville. ¶ ~사전 un petit dictionnaire. ¶ ~위원회 un sous-comité, une sous-commission.

소가족 小家族 명 petite *f* famille.

◆_제도 -制度 명 【사회】 système *m* de petites familles.

소가지 명 【속어】 sentiment *m*; nature *f*, caractère *m* {*fam*}. ¶ 못된 ~ une mauvaise nature, un mauvais caractère, un sale caractère {*fam*}. ¶ ~를 부리다[내다] sortir de *ses* gonds, se mettre en colère, se mettre hors de *soi*, se mettre [se foutre] en rogne {*fam*}, piquer une crise {*fam*}, monter sur *ses* grands chevaux.

소각 燒却 명 incinération *f*, destruction *f* par le feu. ◇_(을) 하다 brûler, incinérer. ¶ 쓰레기를 ~하다 brûler des ordures. ◇_(이) 되다 être brûlé(*e*), incinéré(*e*).

◆_로 -爐 명 four *m* d'incinération.

◆_장 -場 명 lieu(*x*) *m* [usine *f*] d'incinération. ¶ 쓰레기 ~장 lieu d'incinération des ordures.

소간 所幹 명 affaire *f*.

소갈 消渴 명 【한의】 soif *f*. ¶ ~이 나다 avoir grand-soif, ((오용)) avoir très soif, mourir de soif, être assoiffé(*e*), avoir la gorge sèche, tirer la langue, avoir la pépie.

◆_증 -症 명 soif *f*.

소갈머리 명 【속어】 sentiment *m*; esprit *m*, nature *f*, caractère *m* {*fam*}. ¶ ~(가) 없다 être irréfléchi(*e*), peu raisonnable, insensé(*e*). ¶ ~ 없이 행동하다 agir à la légère [sans penser]. ¶ 저 녀석 ~도 좁다 Il est complètement borné, ce type / Ce type est étroit d'esprit / Quelle croûte, ce type! / Quel âne, ce type! {*fam*} / Ce qu'il peut être mesquin, ce type! {*fam*}.

소감 所感 명 impression *f*, pensée *f*, idée *f*, opinion *f*, sentiment *m*. ¶ 당선[우승, 합격] ~ sentiment après une réussite électorale [après la victoire à un championnat, après la réussite d'un examen]. ¶ 수상 ~의 피력 discours après la remise d'une médaille [d'un prix]. ¶ ~을 묻다[말하다] demander [donner] *ses* impressions. ¶ 특별한 ~이 없다 ne pas avoir grand-chose à dire.

소강 小康 명 accalmie *f*, intervalle *m* de paix, calme *m* momentané, paix *f* relative, (période *f*, moment *m* d')accalmie *f*, trêve *f*, éclaircie *f* ((dans la situation internationale)). ¶ ~ 상태 (phase d')accalmie, période [moment] d'accalmie, trêve, apaisement, tranquillité. ¶ ~ 국면에 접어들다 *entrer dans une* phase d'accalmie, connaître quelque accalmie. ¶ 전쟁이 일시적인 ~상태에 들어갔다 Le combat s'est calmé momentanément / Il y a une accalmie sur le front.

소개[1] 紹介 명 ① présentation *f*, introduction *f*. ¶ 아프리카 문학에 대한 ~ présentation [introduction] de la littérature africaine. ② ((모르는 사람들을)) présentation *f*; recommandation *f*. ¶ 우리는 친구 ~로 만났다 Nous nous sommes rencontré(*e*)s par l'intermédiaire d'un ami. ¶ 나는 김 선생의 ~로 왔습니다 Monsieur Kim m'a recommandé de venir ici. ¶ 그 여자는 아버지의 ~로 취직했다 Elle a trouvé un travail [obtenu un poste] grâce à l'intervention de son père. ◇_(를) 하다 ① présenter, introduire. ¶ 외국 이론을 국내 학계에 ~하다 présenter [introduire] au niveau national une théorie scientifique d'un pays étranger. ② présenter, recommander. ¶ 자기 자신을 ~하다 se présenter, s'introduire. ¶ 친구를 부모님께 ~하다 présenter un ami à *ses* parents. ¶ 나의 친구 박 씨를 ~해 드리겠습니다 Je vous présente un ami M. Park. ◇_(가) 되다 être présenté(*e*), introduit(*e*); être parrainé(*e*). ¶ 이번 전시회를 통해 그분의 많은 작품이 국내에 ~되었다 Beaucoup de ses ouvrages sont maintenant connus nationalement grâce à cette exposition. ◇_(를) 받다 rencontrer [connaître] *qn* par l'intermédiaire de *qn*. ¶ 능력 있는 사람을 한 명 ~받았다 J'ai rencontré une personne compétente par l'intermédiaire de quelqu'un / On m'a présenté quelqu'un de compétent.

◆_비 -費 명 frais *mpl* intermédiaires. ¶ ~비를 내다 payer des frais intermédiaires.

◆_소 -所 명 agence *f* intermédiaire. ¶ 직업 ~소 une agence [un bureau] de placement.

◆_인[자] -人[者] 명 intermédiaire *mf*, présenta*teur*(*trice*); ((신회원의)) parrain *m*, marraine *f*.

◆_장 -狀 명 lettre *f* de recommandation; ((명함의)) carte *f* d'introduction.

◆_팅 명 【구어】 rencontre *f* arrangée ((où l'on présente un garçon à une fille ou une fille à un garçon)).

소개[2] 疏開 명 évacuation *f*, dispersion *f* ((des troupes)). ◇_(를) 하다[시키다] évacuer [faire évacuer], disperser. ¶ 지진에 대비해서 주민들을 도시에서 ~하다 évacuer la population de la ville [faire évacuer la ville] en avance à cause d'un séisme. ◇_(가) 되다 être évacué(*e*).

◆강제_ 强制- 명 【군사】 évacuation *f* forcée.

소거 消去 명 ① effacement *m*, suppression *f*. ② 【수학】 élimination *f*. ◇_(를) 하다 ① effacer. ¶ 기록을 ~하다 effacer un enregistrement. ② éliminer ¶ 다음 각 식에서 변수 T를 ~하라 Éliminez la variable T dans chaque formule présentée ci-dessous. ◇_(가) 되다 être éliminé(*e*).

◆대입_법 代入-法 명 【수학】 élimination *f* par substitution.

소견 所見 명 opinion *f*, pensée *f*, avis *m*; sentiment *m*, manière *f* de voir, jugement *m*, point *m* de vue. ¶ 그 문제에 대한 ~을 말하다[밝히다] donner *son* opinion sur le sujet [sur la question], présenter [donner] *son* avis [opinion] concernant le problème.

◆_머리 명 【속어】 opinion *f*, pensée *f*, avis *m*, sentiment *m*, manière *f* de voir, jugement *m*, point *m* de vue {*fam*}. ¶ ~머리 없이 그런 말을 하다니 Il dit n'importe quoi! / Il ne sait pas ce qu'il dit!

◆_서 -書 명 lettre *f* d'opinion. ¶ ~서를 제출하다

déposer une lettre d'opinion.

소경 명 aveugle *mf*. ¶ 그 사람은 날 때부터 ~이었다 Il est aveugle de naissance.

*~**이 개천 나무란다** C'est l'hôpital qui se moque de la charité / La pelle se moque du fourgon / On voit la paille dans l'œil du voisin mais on ne voit pas la poutre dans le sien (dans la traduction des Evangiles par Sylvestre de Sacy (1672); Matthieu 7, 5 et Luc 6, 42, 41) / C'est la paille et la poutre.

소계 小計 명 sous-tot*al*(~-~*aux*) *m*, tot*al*(*aux*) *m* partiel(*s*). ¶ ~를 내다 faire le sous-total [le total partiel]. ¶ 지출 ~를 집계하다 faire le total partiel des sorties [des dépenses].

소고[1] 小考 명 étude *f* non structurée [peu rigoureuse].

소고[2] 小鼓 명 【음악】 ① tambourin *m*, petit *m* tambour *m*. ② *sogo m* <petit tambour à manche et à deux peaux>. ¶ ~를 치다 tambouriner; jouer du *sogo*, tambourin *m*, petit *m* tambour. ¶ ~를 치다 tambouriner.

소곡 小曲 명 【음악】 morceau(*x*) *m* ((de musique)).

소곤 어근 ((onomatopée)) en chuchotant, en murmurant, en susurrant, à voix basse.

◆**_거리다**[**대다**] 자 chuchoter ((à l'oreille de *qn*)), susurrer ((des mots doux à l'oreille)), murmurer, glisser un mot à l'oreille de *qn*, souffler *qc* à l'oreille de *qn*, parler à mi-voix [à voix basse]. ¶ 귀에 대고 ~거리다 chuchoter à l'oreille, glisser un mot à l'oreille ((de *qn*)), souffler *qc* à l'oreille ((de *qn*)), murmurer un mot à l'oreille ((de *qn*)), faire des messes basses {*fam*}. ¶ 사랑을 ~거리다 susurrer des mots doux à l'oreille de *qn*, dire des mots tendres à *qn*; faire la cour à *qn*, conter fleurette à *qn*.

◆**_ _** 부 en chuchotant, à voix basse. ¶ ~~ 이야기를 나누다 se parler à l'oreille en chuchotant, faire des messes basses {*fam*}.

소곳하다 형 être approuvé(*e*); être calme.

소과 小科 명 【역사】 examen *m* des fonctionnaires de premier degré au temps de Joseon. ¶ ~에 급제하다 réussir à l'examen des fonctionnaires de premier degré.

소관[1] 所管 명 juridiction *f*; prérogatives *fpl*, responsabilité *f*, compétence *f*. ¶ ~ 업무 une affaire (relevant) de *sa* juridiction [de *ses* compétences, de *ses* prérogatives, de *sa* responsabilité]. ¶ 그 일은 우리 ~이 아니다 Ce travail n'est pas de notre ressort / Cela n'entre pas dans nos compétences / Ce travail ne relève pas de nos compétences.

소관[2] 所關 명 chose *f* en rapport avec *qn*/*qc*. ¶ 내가 그 일을 하든 말든 네가 무슨 ~이 있어 그래? Qu'est-ce que ça peut te faire que je le fasse ou pas?

***팔자** ~(**이다**) On est en proie à son destin.

◆**_사** -事 명 affaire *f* en rapport avec *qn*/*qc*.

소괄호 小括弧 명 petite(*s*) parenthèse(*s*) *f*(*pl*). ¶ 단어에 ~를 치다 mettre un mot entre parenthèses. ¶ ~를 열다[닫다] ouvrir [fermer] la parenthèse.

소국 小國 명 petit pays *m*.

소굴 巢窟 명 repaire *m*, nid *m*. ¶ 도둑의 ~ un repaire de voleurs, un nid de brigands. ¶ 깡패 ~ un repaire de voyous [de vauriens].

소규모 小規模 명 petite dimension *f*; petite envergure *f*, petite échelle *f*. ¶ ~ 공장 une petite usine. ¶ ~의 자본 un petit capital. ¶ ~ 유통업 le commerce de petite distribution, la petite distribution. ¶ ~로 사업을 시작하다 commencer une affaire modestement [prudemment, en étant modeste].

소극[1] 消極 어근 passivité *f*.

◆**_적** -的 명관 négati*f*(*ve*); passi*f*(*ve*); conserva*teur*(*trice*); réticent(*e*), timide. ¶ ~적(인) 태도 une attitude passive; une attitude réticente. ¶ ~적으로 임하다 montrer une attitude réticente [passive].

◆**_성** -性 명 passivité *f*. ¶ ~성을 띠다 montrer [avoir] une tendance à la passivité.

소극[2] 笑劇 명 【연영】 farce *f*.

소근 어근 ☞ 소곤

소극장 小劇場 명 petit *m* théâtre; théâtre *m* de réserve.

소금 명 sel *m*. ¶ 국에 ~을 치다 mettre du sel dans la soupe, saler la soupe. ¶ 달걀을 ~에 찍어 먹다 prendre [manger] un œuf dur avec du sel. ¶ 배추를 ~에 절이다 saumurer des choux chinois ((pour en faire du *gimchi*)).

◆**_구이** 명 ((고기)) cuisson *f* au sel, cuisson *f* en saupoudrant de gros sel. ¶ 새우 ~구이 des crevettes cuites sur un tapis de sel.

◆**_기** -氣 명 goût *m* salé; ((물의)) salinité *f*.

◆**_물** 명 eau *f* salée.

◆**깨_** 명 sésame *m* en poudre.

◆**왕_** 명 gros sel *m*.

소금쟁이 명 【동물】 araignée *f* d'eau.

소급 遡及 명 rétroaction *f*. ◇_(**을**) **하다** rétroagir, agir sur le passé. ¶ 법률을 ~해서 적용하다 appliquer la loi rétroactivement. ¶ 2년 전으로 ~해 올라가다 remonter l'effet rétroactif (d'une loi) jusqu'à deux ans auparavant. ◇_(**이**) **되다** être rétroagi(*e*). ◇_(**을**) **시키다** (faire) rétroagir, (faire) agir sur le passé.

◆**_력** -力 명 rétroaction *f*. ¶ ~력이 있는 rétroacti*f*(*ve*).

◆**_법** -法 명 【법률】 loi *f* rétroactive.

◆**_ 입법** 立法 명 établissement *m* d'une loi rétroactive.

◆**_ 적용** -適用 명 application *f* rétroactive.

◆**불_** 不- 명 non-rétroactivité *f*. ¶ 법률 불~의 원칙 principe de non-rétroactivité des lois.

소기 所期 명 attente *f*, espérance *f*. ¶ ~의 성적을 얻다 obtenir les résultats espérés. ¶ ~의 목적을 달성하다 atteindre le but [l'objectif].

소꿉 어근 dînette *f* (de poupée).

◆**_놀이** 명 jeu *m* de dînette. ¶ ~놀이(를) 하다 jouer

à la dînette.

◆_동무[친구] [親舊] 명 ami(*e*) d'enfance. ¶ 그 사람은 어렸을 적 내 ~동무이다 Il est mon ami d'enfance.

◆_장난 명 jeu(*x*) *m* de dînette. ¶ ~장난(을) 하다 jouer à la dînette.

소나기 명 averse *f*, orage *m*. ¶ ~를 맞다[만나다] essuyer [recevoir, être surpris(*e*) par] une averse, se faire saucer par une averse {*fam*}.

◆_구름 명【지리】nuage *m* d'averse.

소나무 명【식물】pin *m*.

소나타 이 명【음악】sonate *f*. ¶ 피아노 ~ une sonate pour piano. ¶ 베토벤 첼로 ~ 3번 sonate pour violoncelle de Beethoven, n°3. ¶ ~를 연주하다 jouer une sonate.

소낙비 명 ☞ 소나기

소네트 영{sonnet} 명【문학】sonnet *m*.

소녀[1] 少女 명 petite fille *f*, fillette *f*. ¶ ~ 시절 l'enfance ((d'une femme)); l'adolescence ((d'une femme)).

◆_가장 -家長 명 jeune orpheline *f* chef de famille (qui subvient aux besoins de la famille).

소녀[2] 小女 대 je, moi ((mot déférent utilisé par une jeune femme devant son supérieur)).

소년 少年 명 garçon *m*; adolescent *m*, jeunes *mpl*. ¶ ~ 시절 enfance ((d'un homme)); adolescence ((d'un homme)). ¶ ~ 잡지 revue pour les jeunes [pour les adolescents].

◆_가장 -家長 명 jeune orphelin *m* chef de famille (qui subvient aux besoins de la famille).

◆_기 -期 명 enfance *f* ((d'un homme)); adolescence *f* ((d'un homme)).

◆_단 -團 명 scout *m*.

◆_소녀 -少女 명 garçon *m* et fille *f*.

◆_원 -院 명【법률】maison *f* de redressement (pour les jeunes criminels).

◆미_ 美- 명 garçon *m* joli comme une fille.

소농 小農 명 fermier *m* [agriculteur *m*] possédant une petite terre.

소뇌 小腦 명【의학】cervelet *m*.

소다 영{soda} 명【화학】soda *m*.

◆_수 -水 명 soda *m*.

소담 笑談 명 histoire *f* pour rire, histoire *f* comique.

소담스럽다 형 être abondant(*e*); être appétissant(*e*). ¶ 식탁에 차려진 소담스러운 음식들 nourriture appétissante (servie) sur la table. ¶ 그릇에 과일을 소담스럽게 담다 mettre des fruits plein un bol [panier].

소담하다 형 ☞ 소담스럽다

소대 小隊 명【군사】groupe *m* de personne, peloton *m*.

◆_원 -員 명【군사】membre *m* d'un peloton.

◆_장 -長 명【군사】chef *m* de peloton.

소도[1] 小島 명 îlot *m*, petite île *f*.

소도[2] 小刀 명 petit couteau(*x*) *m*.

소도구 小道具 명 accessoire *m* ((de théâtre)). ¶ ~ 담당 un(*e*) chargé(*e*) d'accessoires, un(*e*) accessoiriste.

소도시 小都市 명 petite ville *f*.

소독 消毒 명 désinfection *f*, stérilisation *f*, pasteurisation *f*, asepsie *f*. ¶ 수술 도구의 철저한 ~ asepsie parfaite des outils chirurgicaux. ◇_(을) 하다 désinfecter, stériliser, pasteuriser, aseptiser. ¶ 병실[침구]을 ~하다 désinfecter la chambre d'un patient. ¶ 환자의 상처를 ~하다 désinfecter la plaie d'un patient. ◇_(이) 되다 être désinfecté(*e*), stérilisé(*e*), pasteurisé(*e*), aseptisé(*e*). ¶ ~된 물[주사기] de l'eau [une seringue] stérilisée.

◆_기 -器 명 stérilisateur *m*.

◆_면 -綿 명 ouate *f* stérilisée, coton *m* hydrophile.

◆_법 -法 명 antisepsie *f*.

◆_수[액] -水[液] 명 solution *f* antiseptique.

◆_실 -室 명 chambre *f* de stérilisation.

◆_약[제] -藥[劑] 명【약학】désinfectant *m*, antiseptique *m*.

◆_저 -箸 명 baguettes *fpl* stérilisées.

◆_차 -車 명 camion *m* de désinfection.

◆일광_ 日光- 명 désinfection *f* par exposition au soleil.

소동 騷動 명 tumulte *m*, agitation *f*, trouble *m*, émeute *f*. ¶ ~을 일으키다[벌이다, 부리다, 피우다] causer [provoquer] une agitation, soulever [susciter] le trouble, déchaîner une émeute. ¶ ~을 진압하다 calmer [apaiser] une agitation, étouffer [réprimer] une émeute. ¶ 큰 ~이 났다[벌어졌다] Il s'est passé un grave accident / Il y a eu une grande agitation. ¶ 주연 배우가 사라지는 ~이 일어났다 Il s'est passé un accident pendant lequel l'actrice principale a disparu / L'actrice principale a disparu, ce qui a causé le tumulte.

소두[1] 小斗 명 demi-boisseau(*x*) *m* (9 litres).

소두[2] 小豆 명【식물】haricot *m* rouge.

소득 所得 명 ① revenu *m*, rapport *m*, gain *m*, bénéfice *m*; 보수 rémunération *f*, rétribution *f*, salaire *m*. ¶ 빈부 간의 ~ 격차 décalage du revenu entre riches et pauvres. ¶ 그 마을은 전체적으로 ~ 수준이 높다 Dans ce village, le niveau de vie est plutôt élevé [Les gens vivent aisément] / C'est un village de nantis. ¶ ~의 재분배 répartition des bénéfices. ¶ ~이 많다[적다, 없다] avoir de gros revenus [avoir de faibles revenus, ne pas avoir de revenu]. ② 어떤 일의 결과로 얻은 이익 bénéfice *m*, *gain m*; résultat *m* profitable, élément *m* positif supplémentaire, un plus *m*. ¶ 그 사람을 알게 되어서 얻은 ~이 크다 La rencontre avec cette personne m'a beaucoup apporté [m'a été profitable]. ¶ 아무 ~도 없는 짓을 하다 ne rien faire qui vaille.

◆국내총_ 國內總- 명【경제】revenu *m* intérieur brut; P.I.B *m*.

◆국민총_ 國民總- 명【경제】revenu *m* national brut; P.N.B *m*.

◆_공제 -控除 명【법률】prélèvement *m* [retenue *f*] sur le revenu.

◆_세 -稅 명【법률】impôt *m* sur le revenu.

◆_액 -額 명 【법률】 montant *m* des revenus.

◆_원 -源 명 sources *fpl* de revenus.

소등 消燈 명 extinction *f* (des feux). ¶ ~ 시간 heure d'extinction. ◇_(을) **하다** éteindre ((des feux)). ◇_(이) **되다** s'éteindre.

소라 명 ① 【동물】 conque *f*; *Turbo cornutus* {*nsc*}. ② 【음악】 conque *f*.

◆_게 명 【동물】 bernard-l'(h)ermite *m inv*; pagure *m*.

소란 騷亂 명 troubles *mpl*, turbulence *f*, confusion *f*, perturbation *f*, désordre *m*; émeute *f*, insurrection *f*. ◇_(을) **피우다[떨다]** tapager; troubler; mettre [jeter] la confusion; jeter [porter, semer] le trouble ((dans une famille)).

◆_스럽다 형 être bruyant(*e*), turbulent(*e*). ¶ 교실 안이 ~스럽다 La classe est bruyante.

◆_하다 형 être troublé(*e*); être en désordre. ¶ 누가 왔는지 문밖이 ~하다 Il y a sans doute quelqu'un parce qu'on entend du tapage [du bruit] à la porte d'entrée [sur le palier].

소래기 명 couvercle *m* de jarre.

소략하다 疏略- 형 être négligent(*e*), insouciant(*e*). ¶ 보고서가 소략해 업무 파악이 힘들었다 Le rapport était si mal fait qu'on avait du mal à l'analyser. ¶ 책의 내용을 소략하게 소개하다 résumer le contenu d'un livre [bouquin {*fam*}]; présenter brièvement le contenu d'un livre.

소량 少量 명 petite quantité *f*. ¶ ~의 설탕 un peu de sucre.

소련 蘇聯 명 Union *f* des Républiques Socialistes Soviétiques, Union *f* Soviétique, ((약어 U.R.S.S)).

◆구_ 舊 명 ancienne Russie *f*.

소령 少領 명 【군사】 ((육공군)) commandant *m*; ((해군)) capitaine *m* de corvette. ¶ 육군 ~으로 진급하다 passer [être promu] commandant.

소로 小路 명 sentier *m*; chemin *m* étroit.

소록소록 부 ((onomatopée)) ① 아기가 곱게 자는 모양 ((dormir)) paisiblement, d'un sommeil paisible, d'un doux sommeil, tranquillement, comme un bienheureux {*litt*}. ¶ ~ 잠자는 아기 un bébé qui dort d'un sommeil paisible [d'un doux sommeil, paisiblement]. ② 비나 눈이 보슬보슬 내리는 모양 d'une manière bruineuse; faiblement, légèrement. ¶ 눈이 ~ 내린다 Il neigeote {*fam*} / Il neige faiblement / Il tombe quelques rares flocons (de neige). ¶ ~ 비가 내린다 Il bruine / Il pleuvine / Il pleuvasse / Il pleuvote / Il pleut faiblement [légèrement].

소론[1] 所論 명 opinion *f*, exposé *m*, thèse *f*.

소론[2] 小論 명 petit mémoire *m*; article *m*.

소론[3] 少論 명 【역사】 Soron <une des quatre factions de la dynastie des Yi>.

소름 명 chair *f* de poule; frisson *m*. ¶ 추워서 온몸에 ~이 돋다 frissonner, frémir, avoir le frisson, avoir des frissons, être agité(*e*) de frissons; avoir la chair de poule. ¶ ~이 끼치다 avoir la chair de poule; frémir. ¶ 나는 그 사람의 이름만 들어도 ~이 끼친다 Ça me fait frémir quand j'entends son nom.

소리 명 ① son *m*, bruit *m*, éclat *m*, ton *m*. ¶ 날카로운 [부드러운] ~ son aigu [doux]. ¶ 높은 ~ bruit élevé. ¶ 낮은 ~ son grave. ¶ 천둥[파도, 바람] ~ bruit du tonnerre [des vagues, du vent]. ¶ 기침 ~ toux, toussotement. ¶ 북 ~ (son du) tambour; le bruit ((sourd)) des tambours]. ¶ 새[귀뚜라미] ~ chant de l'oiseau [du grillon]. ¶ 흐느끼는 ~ voix sanglotante. ¶ 심장의 고동 ~ battements du cœur. ¶ 낙엽을 밟는 ~ bruissement des pas dans les feuilles sèches. ¶ '꽝' 하는 ~ claquement; clic-clac. ¶ 라디오 ~를 높이다[낮추다] élever [baisser] le son de la radio. ¶ 무슨 ~를 듣다[들리다] écouter [entendre] un son. ¶ 나는 그 친구가 층계를 올라오는 ~를 들었다 J'ai entendu ses pas qui montaient dans l'escalier. ② 목소리 voix *f*, cri *m*. ¶ 비명 ~ cri. ¶ ~를 내다 crier; pousser un cri; émettre un bruit. ¶ 쉿, 아무 ~ 내지 마 Chut! Tais-toi / Chut! Silence. ¶ ~를 치다[지르다] s'écrier; s'exclamer; crier. ¶ 고래고래 ~를 지르다 crier [hurler] à tue-tête, crier comme un(*e*) fou(folle) [un(*e*) damné(*e*), un putois {*fam*}, un veau {*fam*}, un sourd]; crier comme si on l'écorchait. ¶ 친구가 빨리 오라고 ~친다 Mon ami me crie de venir vite. ¶ 큰 ~로 à haute [pleine] voix. ¶ 작은 ~로 à voix basse. ③ 말 parole *f*; bruit *m*, rumeur *f*, on-dit *m*, bruits *mpl* de couloir. ¶ 터무니없는 ~를 하다 dire des énormités, dire des bêtises [des idioties, des âneries]. ¶ 요즘 너에 대해 이상한 ~가 들린다 Ces jours-ci, il court un bruit étrange sur toi. ¶ 교육제도를 개혁해야 한다는 ~가 높다 L'opinion publique demande à grands cris des innovations dans le système éducatif. ④ 【음악】 chanson *f* folklorique, chant *m* de la Corée. ¶ ~를 하다 chanter (du *pansori*). ¶ ~를 잘하는 사람 personne qui chante bien (le *pansori*). ◇_(가) **나다** ((un bruit)) éclater; entendre [percevoir] un bruit. ¶ 밖에서 무슨 ~가 났다 Un bruit a éclaté dehors.

***우는~를 늘어놓다** ☞ 울다

***죽는~를 하다** ☞ 죽다

***찍~도 못하다** ☞ 찍소리

◆_굽쇠 명 【물리】 diapason *m*.

◆_글자 명 【언어】 écriture *f* phonétique.

◆_꾼 명 【음악】 chanteur(*se*) ((de *pansori*)).

◆목_ 명 voix *f*.

◆말_ 명 voix *f*; parole *f*.

◆잔_ 명 murmure *m*, bourdonnement *m*; paroles *fpl* inutiles. ¶ 누구에게 잔~를 하다 faire de continuelles observations; criticailler [calomnier] *qn*; ne pas arrêter de faire des remarques, harceler [asticoter] *qn* pour qu'il [jusqu'à ce qu'il] fasse *qc*.

◆큰_ 명 vantardise *f*, bluff *m*. ¶ 큰~를 치다 bluffer {*fam*}; faire le fanfaron, fanfaronner {*vx*}; se vanter de *qc*.

◆허튼_ 명 balivernes *fpl*.

ㅅ

◆헛_ 명 ① délire *m*. ② ((débiter, dire des)) balivernes *fpl*, ((raconter, débiter des)) sornettes *fpl*; propos *mpl* incohérents, absurdités *fpl*, âneries *fpl* {*fam*}, bêtises *fpl*, sottises *fpl*, conneries *fpl* {*fam*}. ¶ 헛~ 하지 마라 Ne dis pas de bêtises [d'âneries, d'idioties, de conneries {*fam*}].

소리개 명 【동물】 milan *m* noir; *Milvus migrans* {*nsc*}.

소립자 素粒子 명 【물리】 particule *f* élémentaire [fondamentale].

소만 명 Soman. <une des 24 divisions du calendrier luni-solaire, vers le 21 mai>

소망 所望 명 objet *m* du désir; chose *f* espérée [convoitée]; espoir *m*; espérance *f*, désir *m*, souhait *m*, aspiration *f*; attente *f*. ¶ 간절한 ~ espoir pressant, désir irrésistible. ¶ ~을 품다 conserver un espoir; caresser [entretenir, nourrir] un espoir. ¶ ~을 이루다 réaliser un espoir. ¶ ~을 털어놓다[밝히다] confier à *qn son* espoir, exprimer *ses* désirs. ¶ ~대로 comme on l'espérait, à souhait, selon *son* désir. ¶ 드디어 내 ~이 이루어졌다 J'ai fini par réaliser [accomplir] mon souhait / Mon souhait a fini par se réaliser. ◇_(을) **하다** espérer; attendre; souhaiter. ¶ 평화로운 세상을 ~하다 On espère un monde paisible. ¶ 그 친구는 해외에 나가기를 ~했다 Il souhaite aller à l'étranger.

소매[1] 명 manche *f*. ¶ 긴[짧은, 7부] ~ manches longues [courtes, trois-quarts]. ¶ ~를 걷다 relever *ses* manches. ¶ ~가 있는[없는] avec manches [sans manches].

*~**를 걷어붙이다** se mettre au travail avec ardeur, prendre une part active à *qc*; montrer *sa* ferme résolution, s'avancer avec une ferme résolution. ¶ 그 사람은 ~를 걷어붙이고 내 일을 도와주었다 Il m'a aidé en prenant une part active à mes affaires.

◆_ㅅ**부리** 명 poignet *m*; manchette *f*.

◆_ㅅ**자락** 명 pan *m* de manche.

◆_**통** 명 emmanchure *f*. ¶ ~통이 넓은 옷 vêtement à larges emmanchures.

소매[2] 小賣 명 (vente *f* au) détail *m*; commerce *m* de détail. ¶ ~ 가격 prix de détail. ¶ ~ 시장 marché au détail. ¶ ~로 물건을 팔다 vendre des marchandises au détail. ◇_(를) **하다** vendre *qc* au détail; détailler ((une denrée)); *faire le détail*.

◆_**상(인)** -商(人) 명 marchand(*e*) au détail; détaillant(*e*).

◆_**업** -業 명 commerce *m* de détail.

◆_**점** -店 명 magasin *m* de détail; débit *m* ((de tabac, de boissons)).

소매치기 명 ① ((사람)) *pickpocket m*; voleur(*se*) à la tire; chapardage *m*. ¶ ~에게 지갑[돈]을 도둑맞다 se faire voler *son* portefeuille [*son* argent] par un pickpocket. ② ((행위)) vol *m* à la tire. ◇_(를) **하다** chiper {*pop*}, chaparder {*fam*}, subtiliser ((une montre)); voler ((une montre)) à *qn*. ◇_(를) **당하다** se faire voler, se faire subtiliser. ¶ 길에서 지갑을 ~ 당했다 On m'a chapardé mon portefeuille dans la rue.

소맥 小麥 명 【식물】 blé *m*, froment *m*.

◆_**분** -粉 명 farine *f* (de blé).

소면 素麪 명 nouilles *fpl* de sarrasin ((cuites à l'eau bouillante)); soba.

소멸 消滅 명 disparition *f*; extinction *f* ((d'une race, d'une dette)); effacement *m* ((d'un souvenir)); expiration *f* ((d'un contrat)). ¶ 권리[계약]의 ~ perte [déchéance] d'un droit [cessation d'un contrat]. ◇_(을) **하다** disparaître; éteindre, effacer, cesser. ¶ 오늘부로 이 법률의 효력이 ~한다 Cette loi est nulle et non avenue dès aujourd'hui [à compter d'aujourd'hui]. ¶ 본 조약은 7월 5일부로 ~한다 Ce traité arrive à expiration le cinq juillet. ◇_(이) **되다** s'éteindre, s'effacer, disparaître totalement. ¶ 우리의 전통 풍습들이 ~되어 간다 Nos mœurs traditionnelles disparaissent. ◇_(을) **시키다** faire disparaître [éteindre, effacer].

◆_**시효** -時效 명 【법률】 prescription *f* extinctive [libératoire].

소명 召命 명 ordre *m* royal; vocation *f*. ¶ ~을 받들어 en réponse à l'appel royal; ayant la vocation.

◆_**의식** -意識 명 discernement *m* vocationnel.

소모 消耗 명 consommation *f*; usure *f*, détérioration *f* ((d'un appareil)). ¶ 이 운동은 에너지 ~가 많다 Ce sport demande beaucoup d'énergie. ◇_(를) **하다** consommer ((des provisions, du combustible)); user ((*ses* forces, *sa* santé)); détériorer. ¶ 체력[정력]을 ~하다 user *ses* forces [épuiser *son* énergie]. ¶ 쓸데없는 일에 힘을 ~하다 user *ses* forces pour des choses inutiles; se fatiguer [se donner de la peine] pour rien; travailler pour le roi de Prusse. ¶ 쓸데없는 일에 시간을 ~하다 perdre *son* temps pour des choses inutiles. ◇_(가) **되다** se consommer; se détériorer; s'user. ¶ 이 차는 연료가 많이 ~된다 Cette voiture consomme trop d'essence. ◇_(를) **시키다** affaiblir; miner. ¶ 국력을 ~시키다 miner la puissance nationale.

◆_**량** -量 명 quantité *f* consommée.

◆_**비** -費 명 dépenses *fpl*.

◆_**전** -戰 명 【군사】 guerre *f* d'usure.

◆_**품** -品 명 produit *m* de consommation.

소모사 梳毛絲 명 laine *f* cardée. ¶ ~로 뜬 스웨터 chandail tricoté en laine cardée.

소목 小木 명 menuisier *m*.

◆_**장이** 명 menuisier *m*.

소묘 素描 명 ① 【미술】 croquis *m*; esquisse *f*. ¶ 사실적인 ~ croquis réel. ② 개괄적 이야기 dessein *m*, canevas *m*, plan *m*. ¶ 어떤 사실에 대한 역사적 ~ dessein historique d'une affaire. ◇_(를) **하다** faire un croquis, esquisser; former le dessein de+*inf*.

소문 所聞 명 ① bruit *m*, rumeur *f*, *bruits mpl de couloir*; nouvelle *f*; ouï-dire *m inv*; racontar *m*, ragot *m* {*fam*}, cancan *m* {*fam*}, commérage *m* {*fam*}. ¶ ~을 사실로 믿다 croire à la rumeur; prendre une rumeur pour un fait réel; gober des racontars {*fam*}. ¶ ~을 부인하다 nier la rumeur. ¶ ~을 확인해 보다 confirmer un bruit. ¶ ~대로라면 si l'on en croit [selon] la rumeur publique. ¶ 그 친구에 대한 ~이 사실이냐? C'est vrai ce qu'on dit [raconte] sur lui? ¶ 그 사람이 죽었다는 ~이 나한테까지 들렸다 Le bruit de sa mort est arrivé jusqu'à moi. ¶ 네가 몰래 결혼했다는 ~이 들리더라 J'ai entendu dire [J'ai ouï dire] que tu t'étais marié(*e*) en cachette. ② 세평 réputation *f*; on-dit *m inv*; ((se moquer du)) qu'en-dira-t-on *m inv*. ¶ ~대로 그놈은 나쁜 놈이군 C'est un salaud {*vulg*} comme on dit. ¶ 그 녀석은 구두쇠로 ~이 자자하다 Il est réputé pour être radin / Il a la réputation d'un radin. ◇_**을 내다[퍼뜨리다]** faire courir [circuler, répandre] un bruit; faire courir [colporter] une rumeur. ¶ 그 친구는 사업이 잘된다고 여기저기 ~을 냈다 Il a fait courir partout le bruit que ses affaires vont très bien. ◇_**(이) 나다[돌다]** ((bruit)) courir; se répandre; le bruit court [se répand] que+*ind*; on dit que+*ind* ¶ 그 친구가 곧 승진할 것이라는 ~이 돈다 Le bruit court qu'il va bientôt être promu. ¶ 그놈은 ~난 바람둥이이다 Il a une réputation de Dom Juan [d'un grand séducteur] / On dit de lui que c'est un grand coureur de jupons [un cavaleur de première, un vrai play-boy].

*~**난 잔치에 먹을 것 없다** Beaucoup de bruit pour rien.

◆**헛_** 명 ☞ 헛소문

소문자 小文字 명 (lettre *f*) minuscule *f*. ¶ ~로 쓰다 écrire en minuscules.

소박[1] 素朴 명 sobriété *f*, simplicité *f*, naïveté *f*, modestie *f*.

◆**_하다** 형 être simple, naïf(*ve*), modeste. ¶ 그 여자는 참 ~하다 Elle a un cœur simple / Elle est vraiment modeste. ¶ 그 청년의 꿈은 ~하다 Cet adolescent a un rêve simple. ¶ 옷을 ~하게 입다 s'habiller modestement. ¶ ~하게 웃다 sourire naïvement à *qn*. ¶ ~한 생활을 하다 mener un train de vie modeste.

◆**_성** -性 명 sobriété *f*, simplicité *f*, naïveté *f*.

소박[2] 疏薄 명 mauvais traitement *m* ((infligé à l'épouse)); abandon *m*, renvoi *m*, répudiation *f* ((de l'épouse)) ◇_**(을) 하다** maltraiter ((*sa* femme)); répudier *son* épouse; abandonner [renvoyer] *sa* femme. ¶ 조강지처를 ~하다 maltraiter *son* épouse (qui a partagé les difficultés du ménage). ◇_**(을) 맞다** ((femme)) être abandonnée [répudiée] par *son* mari. ¶ 그 여자는 남편에게 ~을 맞았다 Elle a été abandonnée [répudiée] par son mari.

◆**_데기** 명 femme *f* [épouse *f*] abandonnée [délaissée, répudiée].

소박이 명 *sobagi* <légumes (généralement des concombres) préparés dans une saumure avec des épices, légumes assaisonnés (avec du sel, du piment et de l'ail); salaisons de légumes fortement assaisonnés de piment et d'ail, légumes saumurés [salés] et assaisonnés de piment, de gingembre, etc.; sorte de *gimchi*>. ¶ 오이~ *oisobagi* <*gimchi* de concombres>.

소반 小盤 명 petite table *f*.

소방 消防 명 lutte *f* contre l'incendie. ¶ ~ 시설 poste d'incendie. ¶ ~ 훈련 exercice de sapeur-pompier.

◆**_관[수]** -官[手] 명 pompier *m*, sapeur-pompier *m*.

◆**_대** -隊 명 corps *m* de pompiers.

◆**_대원** -隊員 명 sapeur-pompier *m*.

◆**_복** -服 명 uniforme *m* [tenue *f*] de pompier.

◆**_서** -署 명 caserne *f* de (sapeurs-)pompiers.

◆**_차** -車 명 voiture *f* de pompiers.

◆**_펌프** 명 pompe *f* à incendie.

소변 小便 명 urine *f*; pipi *m* {*fam*}, pisse *f* {*vulg*}. ¶ ~을 보다[누다] uriner; faire pipi {*fam*}; pisser {*vulg*}. ¶ ~이 마렵다 avoir envie d'uriner [de faire pipi].

◆**_검사** -檢査 명 【의학】 analyse *f* d'urine.

◆**_기** -器 명 urinoir *m*, pissoir *m*, pissotière *f* {*fam*}, vespasienne *f*.

소복[1] 素服 명 costume *m* blanc (des femmes en deuil); costume *m* de deuil. ¶ ~을 입다[하다] s'habiller en blanc [en deuil]. ¶ ~을 입은 여인 femme vêtue de blanc [de deuil].

소복[2] 어근 tas *m*, amas *m*; bouffissure *f*.

◆**_하다** 형 ((chose)) être entassé(*e*); être enflé(*e*), bouffi(*e*). ¶ 눈이 ~하게 쌓였다 La neige s'est amoncelée.

◆**_ _** 부 par milliers. ¶ 눈이 마당에 ~~ 쌓이고 있다 Des flocons de neige par milliers se déposent dans la cour.

◆**_이** 부 abondamment, à flots. ¶ 그릇에 밥이 ~이 담겨 있다 Le bol est plein de riz. ¶ 첫눈이 ~이 쌓였다 La première neige s'amoncelait en quantité.

소부대 小部隊 명 petite troupe *f*.

소비 消費 명 consommation *f*, dépense *f*. ¶ 제품의 ~ consommation des produits. ¶ ~를 조장하다 favoriser [faciliter, seconder] la consommation. ◇_**(를) 하다** consommer; consumer, dépenser; passer, perdre ((du temps)). ¶ 많은 돈을 ~하다 dépenser beaucoup d'argent; faire de grosses dépenses. ¶ 막대한 석유를 ~하다 consommer d'énormes quantités de pétrole. ¶ 차를 기다리는 데 많은 시간을 ~하다 passer beaucoup de temps à attendre la voiture. ◇_**(가) 되다** se consommer; se consumer, se dépenser; se passer. ¶ 매년 쓰레기 소각에 엄청난 연료가 ~된다 D'énormes quantités de combustibles sont consumées chaque année pour incinérer des déchets.

◆**_성** -性 명 propension *f* à consommer.

◆**_량** -量 명 (montant *m*, quantité *f* de la) consommation *f*; quantité *f* consommée. ¶ 석유 ~량 consommation du pétrole.

◆**_문화** -文化 명 【사회】 culture *f* de consommation.

◆**_사회** -社會 명 【사회】 société *f* de

consommation.
◆_성향 -性向 명 propension *f* à consommer.
◆_세 -稅 명 impôt *m* [taxe *f*] à la consommation.
◆_수준 -水準 명 niveau *m* de consommation.
◆_액 -額 명 montant *m* de consommation.
◆_자 -者 명 consomma*teur*(*trice*). ¶ ~자 가격지수 indice des prix à la consommation.
◆_재 -財 명 biens *mpl* [produit *m*] de consommation. ¶ 내구 ~재 produit permettant un long usage.
◆_조합 -組合 명 【사회】 société *f* coopérative des consommateurs.
◆과_ 過- 명 surconsommation *f*.
소사[1] 小事 명 petites affaires *fpl*; faits *mpl* sans importance, choses *fpl* secondaires; détails *mpl* insignifiants.
소사[2] 小史 명 petite histoire *f*; histoire *f* abrégée.
소사[3] 小使 명 【고어】 domestique *m*, valet *m*.
소사[4] 掃射 명 【군사】 mitraillade *f*, rafale *f*. ¶ 기총 ~ mitraillage. ¶ ~를 퍼붓다 tirer par rafales. ◇_(를) **하다** mitrailler. ¶ 비행기에서 기총 ~를 하다 mitrailler à partir d'un avion.
소사[5] 燒死 명 mort *f* dans un incendie. ◇_(를) **하다** trouver la mort dans un incendie; être carbonisé(*e*).
소사전 小辭典 명 petit dictionnaire *m*.
소산 所産 명 produit *m*; résultat *m*; fruit *m*. ¶ 오늘의 성공은 오랜 노력의 ~이다 Le succès d'aujourd'hui est le résultat d'un effort persévérant [d'années d'efforts].
◆_물 -物 명 produit *m*; résultat *m*.
소상[1] 小祥 명 premier anniversaire *m* de la mort de *qn*.
소상[2] 塑像 명 【미술】 statue *f* ((de plâtre)).
소상인 小商人 명 petit commerçant *m*.
소상하다 昭詳- 형 être détaillé(*e*); être clair(*e*). ¶ 그 일에 대한 소상한 얘기는 나중에 듣자 Donne plus tard des détails sur cette affaire.
◆소상히 부 en détail; clairement. ¶ 사업 계획을 소상히 설명하다 détailler *son* plan des affaires à *qn*.
소생[1] 小生 대 ((pronom de la première personne, masculin, humble, archaïque)) je, moi, moi-même. ¶ ~이 무엇을 알겠습니까? Qu'est-ce que je peux savoir? / Que sais-je?
소생[2] 所生 명 enfant de *qn*, descendant(*e*). ¶ 전처 ~의 딸[아들] fille [fils] de l'ex-épouse. ¶ 그 노인은 ~이 없다 Ce vieil homme n'a pas d'enfant.
소생[3] 蘇生 명 retour *m* à la vie; résurrection *f*. ¶ 모든 사람은 ~이 불가능하다 Il n'est pas possible de revenir à la vie. ◇_(을) **하다** revenir à la vie; ressusciter. ¶ 시들어 가던 풀이 파랗게 ~했다 Les herbes presque fanées verdissaient encore. ¶ 봄이 오면 만물[자연]이 ~한다 La nature ressuscite à chaque printemps. ◇_(을) **시키다** rappeler [ramener] *qn* à la vie; réanimer, ressusciter.
소서[1] 小暑 명 *soseo* <une des 24 divisions du calendrier luni-solaire, vers le 7 juillet>.
-소서[2]↔-으소서 어미 ((suffixe flexionnel archaïque de terminaison phrastique du mode impératif. Utilisé à l'adresse d'une personne vénérable, d'un roi, d'un seigneur, des esprits ou de Dieu, il exprime une vénération. -소서 s'ajoute après le radical du verbe qui se termine par une voyelle et par la consonne liquide -ㄹ (mais après son omission) -으소서 par une consonne. Utilisé à l'adresse d'un dieu, d'un esprit, d'un roi ou d'un seigneur, il exprime la révérence.)). ¶부디 제게 용기를 주~ Encouragez-moi s'il vous plaît. ¶만수무강 하~ Je vous souhaite (une) longue vie. ¶산신님, 부디 아들을 낳게 해 주~ Maître Esprit de la montagne, veuillez nous donner un fils.
소설[1] 小說 명 【문학】 roman *m*; ((단편)) nouvelle *f*, conte *m*. ¶ 역사 ~ roman historique. ¶ 연애[추리] ~ roman d'amour [policier]. ¶ 실화[경험]를 토대로 한 ~ roman qui s'appuie sur un récit véridique [des expériences]. ¶ ~을 쓰다 écrire [faire, composer] un roman ¶ ~을 읽다 lire un roman.
◆_적 -的 명관 romanesque.
◆_화 -化 명 action de romancer [de présenter sous forme de roman]. ¶ 이 사건은 ~화되었다 On a composé cette affaire en roman / On a romancé cette affaire.
◆_가 -家 명 romanci*er*(*ère*).
◆_론 -論 명 【문학】 théorie *f* du roman.
◆_사 -史 명 【문학】 histoire *f* du roman.
◆_집 -集 명 【문학】 ((단편)) recueil *m* de nouvelles littéraires; ((장편)) compilation *f* de romans.
◆_책 -冊 명 roman *m*.
◆단편_ 短篇- 명 【문학】 nouvelle *f* littéraire.
◆장편_ 長篇- 명 【문학】 grand roman *m*.
◆장편_ 掌篇- 명 【문학】 conte *m*.
소설[2] 小雪 명 Soseol <une des 24 divisions du calendrier luni-solaire, vers le 22 novembre>.
소성[1] 塑性 명 【물리】 plasticité *f*. ¶ ~ 가공[지수, 변형] usinage [indice, déformation] plastique.
소성[2] 素性 명 nature *f* ((d'une personne)); caractère *m*; tempérament *m*.
소소하다[1] 小小- 형 être trivi*al*(*ale*, *aux*), insignifiant(*e*), secondaire; ((détail)) être menu(*e*); ((différence)) être minime, infime. ¶ 소소한 일에 신경을 쓰다 se préoccuper de faits [de choses] sans importance [secondaires]; se préoccuper [s'inquiéter, se faire du souci] pour un rien [à propos d'un rien, pour des détails (sans importance, insignifiants), pour pas grand-chose], s'inquiéter [se préoccuper] de tout.
◆소소히 부 trivialement; menu.
소소하다[2] 蕭蕭- 형 être triste, lugubre; être désert(*e*); ((paysage)) être désolé(*e*). ¶ 소소한 바람 소리 gémissement du vent.
소속 所屬 명 ((속함)) appartenance *f*; ((가입, 단체)) affiliation *f*; ((종속)) dépendance *f*; ((직장)) position

f. ¶ 공화당 ~의 국회의원 membre du Parlement affilié au parti républicain. ¶ 나의 ~은 아직 미정이다 Mon poste n'est pas encore fixé (définitivement). ◇_(을) **하다** appartenir à *qc*; faire partie de *qc*; s'affilier à *qc*. ¶ 나는 여러 단체에 ~하고 있다 Je suis affilié(*e*) à plusieurs groupes [associations]. ◇_(이) **되다** être affilié(*e*). ¶ 그 남자는 특수부대에 ~되어 있다 Il appartient à l'unité spéciale. ¶ 나는 그 어디에도 ~되어 있지 않다 Je n'appartiens à nulle part. ◇_(을) **시키다** attacher, engager. ¶ 그 사람을 우리 당에 ~시켰다 On l'a attaché à notre parti.

◆_**감** -感 명 sentiment *m* d'appartenance. ¶ 자신이 속한 그룹에 ~감을 느끼다 se sentir appartenir à *son* groupe.

◆**무**_ 無- 명 indépendance *f*; ((député, candidat)) indépendant(*e*). ¶ 무~ 국회의원 député indépendant.

소송 訴訟 명 【법률】 procès *m* ((civil, criminel)); procédure *f*; poursuite *f* (en justice); action *f* (judiciaire). ¶ ~ 절차 procédure judiciaire. ¶ ~ 기록 pièce [dossier] d'un procès; acte [minutes] d'un procès. ¶ ~ 취하 désistement d'instance. ¶ ~ 당사자 partie plaidante. ¶ ~ 의뢰인 client(*e*) ((d'un avocat)). ¶ ~ 대리인 avoué. ¶ 변호사에게 ~을 의뢰하다 confier un procès à *son* avocat. ¶ 누구를 상대로 ~을 걸다[제기하다] entreprendre [engager, ouvrir] un procès contre *qn*. ¶ ~에 이기다[지다] gagner [perdre] un procès. ◇_(을) **하다** intenter un procès ((en diffamation)); entreprendre une action judiciaire; engager des poursuites contre *qn*; introduire [engager] une instance. ¶ 손해 배상 ~을 하다 poursuivre *qn* en dommages et intérêts.

◆_**법** -法 명 【법률】 code *m* de procédure.

◆_**비** -費 명 dépenses *fpl* [frais *mpl*] d'un procès.

◆**민사[형사]**_ 民事[刑事]- 명 procédure *f* civile [pénale].

◆**이혼**_ 離婚- 명 instance *f* en divorce.

소수[1] 少數 명 petit nombre *m*; minorité *f*. ¶ ~ 의견 opinion de la minorité. ¶ ~의 사람들 une poignée de personnes.

◆_**당** -黨 명 【정치】 parti *m* minoritaire.

◆_**독점** -獨占 명 【경제】 monopolisation *f* par une minorité.

◆_**민족** -民族 명 【사회】 minorité *f* ethnique.

◆_**인** -人 명 minoritaire.

◆_**파** -派 명 minorité *f*.

소수[2] 小數 명 【수학】 décimale *f*; petit nombre *m*.

◆_**점** -點 명 【수학】 virgule *f* décimale. ¶ ~점 셋째 자리까지 계산하다 calculer jusqu'à la troisième *décimale*.

소수[3] 素數 명 【수학】 nombre *m* premier.

소스[1] 영{sauce} 명 sauce *f*. ¶ 토마토 ~ de la sauce tomate. ¶ ~를 곁들인 스테이크 steak en sauce. ¶ 무엇에 ~를 끼얹다 verser de la sauce sur *qc*

소스[2] 영{source} 명 sources *fpl*. ¶ ~를 주다 indiquer la source. ¶ 기사의 ~를 밝히다[숨기다] citer [cacher] les sources d'un article. ¶ 이 소식은 믿을 만한 ~에서 얻은 것이다 Cette nouvelle est de bonne source [de source sûre].

소스라치다 자 tressaillir, sursauter ((de frayeur, sous l'effet de la surprise)), tressauter, tomber à la renverse (d'étonnement), avoir un bref mouvement de recul; s'effrayer de, être saisi(*e*) ((d'étonnement)), être transi(*e*) de peur; être sidéré(*e*), pétrifié(*e*), stupéfié(*e*), frappé(*e*) de stupeur, abasourdi(*e*). ¶ 문이 쾅 닫히자 그 여자는 소스라쳤다 Le claquement de la porte a fait sursauter [tressauter] cette femme. ¶ 나는 그 광경을 보고 소스라치게 놀랐다 J'ai été saisi(*e*) d'étonnement à la vue de cette scène / Je suis resté(*e*) muet(*te*) de stupeur [stupéfait(*e*), paralysé(*e*), abasourdi(*e*), interdit(*e*), bouche bée] à la vue de cette scène.

소슬 蕭瑟 어근 triste et un peu froid(*e*).

◆_**하다** 형 être triste et un peu froid(*e*). ¶ 가을바람이 ~하다 Il y a un vent d'automne triste et froid.

◆_**바람** 명 vent *m* triste et un peu froid.

소승[1] 小乘 명 【불교】 Petit Véhicule *m*; Hînayâna *m*. ¶ ~적 견지에서 d'un point de vue étroit.

소승[2] 少僧 명 jeune moine *m* bouddhiste, jeune bonze *m*.

소승[3] 小僧 대 l'humble moine *m* que je suis, je, moi ((terme de modestie désignant le locuteur, employé par un moine bouddhiste)).

소시 小時 명 jeunesse *f*; enfance *f*.

◆_ㅅ**적** 명 jeunesse *f*; enfance *f*. ¶ 내 소싯적에 dans mon enfance; quand j'étais jeune. ¶ 그것은 소싯적 이야기이다 C'est une histoire d'enfance.

소시민 小市民 명 petit-bourgeois(~*s*-~) *m*. ¶ ~ 계급 petite bourgeoisie.

◆_**적** -的 명관 relatif aux petits-bourgeois. ¶ ~적 행복[근성] bonheur [nature, caractère] des petits-bourgeois.

소시지 영{sausage} 명 saucisse *f*.

소식[1] 小食 명 frugalité *f*, sobriété *f*, appétit *m* d'oiseau. ◇_(을) **하다** manger (très) peu. ¶ ~을 하는 것이 건강에 좋다 La frugalité est bonne pour la santé

◆_**가** -家 명 personne *f* ayant un petit appétit [un appétit d'oiseau], personne *f* qui mange très peu. ¶ 그 여자는 ~가이다 Elle mange peu / Elle a un appétit d'oiseau [un petit appétit].

소식[2] 消息 명 nouvelle *f*, information *f*. ¶ ~을 주다 donner des nouvelles; donner de *ses* nouvelles; informer *qn*. ¶ ~을 듣다 apprendre une nouvelle. ¶ ~을 받다 recevoir une nouvelle. ¶ ~을 끊다 ne plus du tout contacter *qn*, couper les liens [les ponts] avec *qn*, rompre (toute relation) avec *qn*, cesser *ses* relations avec *qn*. ¶ ~이 끊기다 être sans nouvelles, ne pas avoir la moindre nouvelle [le moindre signe de vie]. ¶ ~이 오다[가다] une nouvelle *me* [*nous*] parvient [une nouvelle parvient à *qn*]. ¶ ~이 있다[없다] avoir des nouvelles [ne pas avoir de nouvelles, être sans nouvelles; n'avoir aucune nouvelle, ne pas avoir la moindre nouvelle]. ¶ 도착하는 대로 ~ 주세요 Donnez des nouvelles [Appelez-nous, Informez-nous] dès votre arrivée. ¶ 나는 전화로 그 ~을 들었다 J'ai appris la nouvelle par téléphone. ¶ 나는 그 여자와는 ~을 끊고 산다 Je vis sans aucune nouvelle d'elle / Nous n'avons plus aucun contact, elle et moi. ¶ 그 여자하고는 한 달째 ~이 끊겼다 Cela fait un mois qu'elle n'a pas donné le moindre signe de vie [qu'on est sans nouvelle d'elle] / Un mois s'est écoulé sans qu'il me soit parvenu aucune nouvelle d'elle. ¶ 어머니한테서 새벽 3시에 도착한다는 ~이 왔다 La nouvelle m'est parvenue que ma mère arriverait à 3 heures du matin. ¶ 그 사람한테도 이미 ~이 갔다 Lui aussi connaît déjà la nouvelle / Lui aussi a déjà été averti. ¶ 무슨 좋은 ~이라도 있니? Tu as de bonnes nouvelles par hasard? ¶ 그 사람한테서 아무런 ~이 없다 On n'a aucune nouvelle de lui. ¶ 너 그 ~ 모르니? Tu ne connais pas la nouvelle? / Tu n'es pas au courant de cette nouvelle? ¶ 그 친구는 일이 잘되어 간다는 ~을 나에게 편지로 전해 왔다 Il m'a annoncé par lettre que tout allait bien pour lui.

*~이 깡통이다 n'avoir aucune nouvelle de *qn*, être sans aucune nouvelle [sans la moindre nouvelle] de *qn*.

◆_란 -欄 명 rubrique *f* annonces; rubrique *f* événements (dans un journal, une revue).

◆_불통 -不通 명 absence *f* de nouvelles.

◆_지 -紙 명 journal *m*; revue *f*; magazine *m*; bulletin *m*.

◆_통 -通 명 source *f* d'informations; canal *m* d'informations.

◆무_ 無- 명 absence *f* de nouvelles. ☞ 무소식

◆희_ 喜- 명 bonnes nouvelles *fpl*. ☞ 희소식

*무~이 희~ Pas de nouvelles, bonnes nouvelles.

소신[1] 所信 명 croyance *f*, conviction *f*, foi *f*, opinion *f*. ¶ 사업에 대한 확고한 ~을 갖다 avoir une foi inébranlable dans *son* entreprise ¶ 사업을 확장하겠다는 ~을 갖다 avoir la conviction de pouvoir développer *ses* affaires. ¶ 자기의 ~을 피력하다 donner [exposer, émettre] *son* opinion; dire *sa* pensée ¶ ~을 굽히지 않다 rester ferme dans *ses* convictions ¶ 어떤 난관에도 계획을 실행하겠다는 ~을 버리지 않다 ne pas abandonner la conviction de pouvoir réaliser *son* projet en dépit de toutes les difficultés. ¶ ~대로 밀고 나가다 aller de l'avant avec conviction ◇_(이) 있다[없다] avoir de la conviction [ne pas avoir de conviction, être sans conviction]. ¶ ~ 있는 사람[발언] une personne [des paroles] de conviction.

◆_껏 부 avec autant de conviction que possible. ¶ ~껏 일하다 travailler avec autant de conviction que possible.

소신[2] 小臣 대 l'humble sujet *m* que je suis, je, moi ((titre porté par le ministre en présence du roi)).

소실[1] 小室 명 concubine *f*. ¶ ~을 들이다[두다] avoir [entretenir] une concubine.

소실[2] 消失 명 extinction *f* ((d'un droit)); disparition *f*, évanouissement *m*. ¶ 문화재의 ~ disparition d'un monument historique. ◇_(이) 되다 s'effacer, s'évanouir, disparaître. ¶ 기록이 모두 ~되었다 Tous les documents ont disparu.

소실[3] 燒失 명 destruction *f* par le feu. ¶ 화재로 인한 건물의 ~ destruction d'un bâtiment par un incendie. ◇_(이) 되다 être brûlé(*e*); brûler; être détruit(*e*) [consumé(*e*)] par le feu; être réduit(*e*) en cendres; être perdu(*e*) dans un incendie. ¶ 그 건물은 전쟁 중에 ~되었다 Ce bâtiment a été réduit en cendres pendant la guerre. ¶ 옛 문헌들이 화재로 대부분 ~되었다 Les anciens documents ont été pour la plupart consumés [détruits] par le feu.

소심 小心 어근 scrupule *m*; étroitesse *f* d'esprit; manque *m* de courage; timidité *f*; pusillanimité *f*; méticulosité *f*.

◆_증 -症 명 timidité *f* maladive; méticulosité *f* maladive; scrupule *m* maladif.

◆_하다 형 être timide, craintif(*ve*), pusillanime. ¶ ~한 사람[성격] personne [nature, caractère] pusillanime [timide]. ¶ ~하게 행동하다 agir avec pusillanimité. ¶ ~하게도 그 남자는 사장에게 항의하기를 주저했다 Il a hésité avec pusillanimité à protester contre son patron.

소아[1] 小兒 명 petit(*e*) enfant; bébé *m*.

◆_과 -科 명 【의학】 pédiatrie *f*. ¶ ~과 의사 pédiatre.

◆_마비 -痲痺 명 【의학】 paralysie *f* infantile. ¶ ~마비를 앓다 être atteint(*e*) de [souffrir de] paralysie infantile.

◆_병 -病 명 【의학】 maladie *f* infantile

◆_병적 -病的 명관 infantile, puéril(*e*) ((relatif au comportement puéril)). ¶ ~병적 발상 une pensée puérile.

◆_성애자 -性愛者 명 pédophile *m*.

소아[2] 小我 명 【철학】 moi *m* superficiel.

소액 少額 명 petite somme *f* (d'argent). ¶ ~ 주주 petits actionnaires.

소야곡 小夜曲 명 【음악】 sérénade *f*.

소양[1] 素養 명 connaissance *f* ((d'une langue étrangère)); formation *f* ((littéraire)); culture *f*. ¶ 문학적 ~을 기르다 cultiver *ses* connaissances littéraires. ¶ 그 사람은 현대미술에 ~이 깊다 Il a une profonde connaissance de la peinture moderne.

소양[2] 少陽 명 【한의】 *soyang* <un des quatre types de constitution physique d'un individu dans la médecine traditionnelle coréenne>.

◆_인 -人 명 *soyangin* <personne du type *soyang*>.

소여 所與 명 【철학】 ce qui m'a été donné.

소연 小宴 명 petit banquet *m* [festin *m*]. ¶ ~을 베풀다 donner [offrir, organiser] un petit banquet.

소연하다[1] 騷然- 형 être tumultueux(*se*), bruyant(*e*). ¶ 교실 안이 ~ La salle de classe est bruyante.

◆소연히 부 bruyamment; dans le tumulte ((des voix)).

ㅅ

소연하다[2] **蕭然**– 혱 être désert(*e*), désolé(*e*), triste, solitaire. ¶ 이곳은 인적도 없이 너무나 ~ Cet endroit, sans même un bruit de pas, est vraiment désert / Cet endroit est des plus sinistres [lugubres, funèbres] sans trace de vie humaine.

◆**소연히** 뷔 en solitaire, solitairement.

소염제 消炎劑 명 【약학】 anti-inflammatoire *m*. ¶ 상처에 ~를 바르다 appliquer un anti-inflammatoire sur la blessure.

소오다 외{soda} 명 soude *f*. ☞ 소다

소외 疏外 명 aliénation *f*, éloignement *m*. ¶ 외로움과 ~ 속에 살다 vivre dans la solitude et l'aliénation. ◇_(가) **되다** être mis(*e*) à l'écart, éloigné(*e*), abandonné(*e*), délaissé(*e*), aliéné(*e*), rejeté(*e*) par les autres. ¶ 그 아이는 별난 성격 때문에 친구들로부터 ~되었다 Ce type est mis à l'écart par ses amis [est rejeté par ses camarades] à cause de son caractère particulier [excentrique] / Ces amis le fuient [l'évitent] à cause de son caractère particulier. ◇_(를) **시키다** mettre *qn* à l'écart; délaisser *qn*; abandonner *qn*. ¶ 그들은 나만 ~시키고 여행을 떠나 버렸다 Ils sont partis en voyage en ne laissant que moi. ◇_(를) **받다[당하다]** être mis(*e*) à l'écart, éloigné(*e*), abandonné(*e*), délaissé(*e*). ¶ 친구들에게 ~를 받다 être mis(*e*) à l'écart [délaissé(*e*)] par des amis. ¶ 회사에서 ~당하다 être mis(*e*) à l'écart au sein d'une entreprise. ¶ 나는 왠지 ~당하고 있다는 느낌을 받았다 Je ne sais pas pourquoi mais j'ai l'impression d'être mis(*e*) à l'écart.

◆**_감** -感 명 sentiment *m* d'abandon, sentiment *m* de délaissement ¶ ~감을 느끼다 éprouver un sentiment d'abandon.

◆**인간_** 人間 명 【사회】 aliénation *f* de l'homme.

소요[1] **所要** 명 nécessaire *m*; besoin *m*. ¶ ~ 경비[예산, 인원] frais [budget, personnel] requis [nécessaire(*s*)]. ¶ ~ 시간 temps nécessaire. ◇_(가) **되다** nécessiter, demander, exiger; avoir besoin de *qc*. ¶ 건물 복구에 많은 자금이 ~되었다 Pour la réparation du bâtiment, il a fallu beaucoup d'argent. ¶ 거기까지는 차로 세 시간쯤 ~된다 Il faut environ trois heures pour se rendre là-bas en voiture. ¶ 수리에 ~되는 비용이 얼마입니까? A combien se monte le budget dont j'ai besoin pour la réparation?

◆**_량** -量 명 quantité *f* nécessaire.

소요[2] **逍遙** 명 flânerie *f*, promenade *f*, errance *f* ◇_(를) **하다** errer ça et là; faire une promenade, *se promener*; flâner. ¶ 호숫가를 ~하다 se promener [flâner] au bord d'un lac.

◆**_학파** -學派 명 【철학】 péripatéticiens *mpl*; école *f* [secte *f*] péripatéticienne.

소요[3] **騷擾** 명 sédition *f*, émeute *f*. ¶ ~ 사태 situation d'émeute [de sédition]. ¶ ~를 일으키다 faire sédition; soulever une émeute. ¶ ~를 진압하다 étouffer une sédition. ¶ 거기에서 ~가 발생했다[일어났다] Une émeute a éclaté là-bas.

◆**_죄** -罪 명 【법률】 (crime *m* de) sédition *f*.

소용 所用 명 utilité *f*, nécessité *f*, usage *m*, emploi *m*, service *m*. ¶ ~이 되다 être utile à *qn/qc*; servir à *qn/qc*. ¶ ~이 닿으면 즉시 알려 주세요 Si c'est nécessaire [En cas de besoin], prévenez-moi tout de suite. ◇_(이) **있다** être utile à *qn/qc*; servir à *qn/qc*. ¶ 이제 와서 후회한들 무슨 ~이 있겠나? A quoi bon avoir du regret maintenant [en ce moment]? ◇_(이) **없다** ne pas être utile; être inutile; ne servir à rien. ¶ 그래 봤자 아무 ~ 없어 Ça ne sert à rien d'agir ainsi.

소용돌이 명 ① ((물)) tourbillon *m*; remous *m*; gouffre *m*. ¶ 물굽이의 ~ tourbillon du coude d'un cours d'eau. ② 사회적 혼란 tourbillon *m*; remous *m*. ¶ 역사의 ~에 휘말리다 être entraîné(*e*) [pris(*e*)] dans le tourbillon de l'histoire. ◇_**치다** ① tourbillonner, tournoyer. ¶ ~치는 물살 courant (de l'eau) en tourbillons. ② 혼란이 발생하다 être mouvementé(*e*), agité(*e*), turbulent(*e*). ¶ 해방 후의 ~치는 정국 situation [conjoncture] politique mouvementée [agitée] après la Libération. ③ ((감정)) s'emballer en *qn*, exploser ((en *son* for intérieur)), gronder. ¶ 내 마음속은 분노로 ~쳤다 La colère s'est emballée en moi [a explosé en mon for intérieur, a explosé comme un coup de tonnerre, a grondé comme un orage, m'a foudroyé(*e*)].

소우주 小宇宙 명 microcosme *m*.

소원[1] **所願** 명 vœu(*x*) *m*, souhait *m*, désir *m*. ¶ 하느님께 자신의 ~을 빌다 faire part de *ses* vœux à Dieu. ¶ 누구의 ~을 들어주다 exaucer le désir de *qn*. ¶ 그 사람은 세계 일주의 ~을 이루었다[성취했다] Il a accompli son souhait de faire le tour du monde. ¶ 그 여인은 잃어버린 자식을 찾으려던 ~을 풀었다 Cette femme a réalisé son désir de retrouver son enfant perdu. ¶ 그 친구를 다시 만나려는 내 오랜 ~이 이루어졌다 Mon souhait de le revoir s'est réalisé. ¶ 그곳에 한 번 가보는 것이 나의 ~이다 Mon désir, c'est d'aller là-bas une fois. ¶ 제발 ~이니 제 부탁을 한 번만 들어주세요 Je vous en prie, pour la dernière fois, acceptez ma requête s'il vous plaît. ¶ 이 일만 성사된다면 더 이상 ~이 없겠다 Que cette affaire se réalise, le reste n'importe pas. ¶ 모든 것이 그 사람의 ~대로 되었다 Tout s'est passé comme il le désirait. ◇_(을) **하다** souhaiter. ¶ 통일을 ~하다 souhaiter la réunification ¶ 꿈이 이루어지게 해 달라고 ~하다 souhaiter que *son* rêve se réalise.

소원[2] **訴願** 명 【법률】 recours *m* (auprès d' une administration compétente); pétition *f*. ¶ 헌법 ~을 제기하다 saisir le Conseil constitutionnel; recourir au Conseil constitutionnel

◆**_인** -人 명 【법률】 pétitionnaire.

◆**_장** -狀 명 【법률】 pétition *f*. ¶ ~장을 제출하다 présenter une pétition.

소원[3] **所員** 명 membre *m* d'un institut. ¶ 우리 연구소의 ~들 l'équipe [les membres] de notre centre

ㅅ

de recherche.

소원하다 疏遠– 형 être peu intime, distant(*e*); rester sur la réserve; garder *ses* distances. ¶ 요즘 그 친구들은 관계가 ~ Ces jours-ci, il y a un froid entre eux [ils sont en froid] / Ces jours-ci, ils ne se parlent presque plus [ils sont très distants]. ¶ 그 언쟁 이후로 그 남자는 친구들과 소원해졌다 Depuis cette dispute, il ne parle presque plus à ses amis [il est très distant avec ses amis, il se montre distant avec ses amis]. ¶ 누구와 소원하게 지내다 être [se montrer] distant(*e*) avec *qn*, garder *ses* distances avec *qn*, rester sur la réserve avec *qn*.

◆**소원히** 부 sans intimité. ¶ 그 사람은 외가 식구들과 소원히 지냈다 Il n'avait pratiquement aucun rapport avec la famille du côté de sa mère [avec sa famille maternelle].

소위¹ 少尉 명 【군사】 《육군, 공군》 sous-lieutenant (~~*s*) *m* ; 《해군》 enseigne *m* de deuxième classe.

소위² 所爲 명 action *f*; comportement *m*; attitude *f*. ¶ 생각할수록 그 남자의 ~가 괘씸하다 Plus je réfléchis, plus je pense que son comportement est insolent.

소위³ 小委 명 《'소위원회'의 준말》 sous-commission *f*; sous-comité *m*. ¶ 인권 ~ la sous-commission des droits de l'homme.

소위⁴ 所謂 부 comme on dit, soi-disant; prétendu(*e*). ¶ ~ 운명이라고 하는 것 ce qu'on appelle soi-disant le destin.

소위원회 명 petit comité *m*; sous-commission *f*; sous-comité *m*.

소유 所有 명 possession *f*; propriété *f*. ¶ 이것들은 모두 내 ~이다 Toutes ces choses sont à moi [sont en ma possession, sont ma propriété, m'appartiennent]. ¶ 이 집은 제 아들의 ~로 되어 있습니다 Cette maison [Cet appartement] est la propriété de mon fils / Cette maison [Cet appartement] appartient à mon fils / Cette maison est au nom de mon fils. ◇_(를) **하다** posséder; avoir; détenir. ¶ 그 사람이 ~하고 있는 재산이 얼마나 됩니까? Quelle est l'estimation des biens personnels qu'il possède? ◇_(가) **되다** devenir la propriété de *qn*. ¶ 그 친구의 차가 빚 때문에 내 ~가 되었다 À cause de ses dettes, je me suis retrouvé(*e*) *[je me retrouve à présent] propriétaire de sa voiture.* ¶ 그 집은 이제 내 ~가 되었다 Cette maison [Cet appartement] est à présent devenu(*e*) la mienne [le mien] / Je suis désormais [maintenant, à présent] propriétaire de cette maison [de cet appartement, de ce logement].

◆**_격** -格 명 【언어】 cas *m* possessif.

◆**_권** -權 명 【법률】 droit *m* de possession; droit *m* de posséder; droit *m* de propriété. ¶ ~권 이전 transfert de propriété. ¶ ~권 분쟁 lutte pour le droit de propriété.

◆**_물** -物 명 propriété *f*; objet *m* [chose *f*] possédé(*e*); possession(*s*) *f* (de *qn*). ¶ 자식은 부모의 ~물이 아니다 Un enfant n'est pas la possession de ses parents.

◆**_욕** -欲 명 désir *m* de possession; avidité *f* de posséder. ¶ 그 남자는 ~욕이 강하다 Il a de très nombreux désirs de possession.

◆**_자** -者 명 propriétaire *m*; possesseur *m*. ¶ 자가용 ~자 propriétaire d'une voiture. ¶ 그 노인은 매우 고결한 인품의 ~자이다 Ce vieillard possède un caractère noble.

◆**_주** -主 명 propriétaire *m*; possesseur *m*. ¶ 이 집의 ~주가 누구지? Qui est (le) propriétaire de cette maison?

◆**_지** -地 명 terres *fpl*; propriété *f* privée; domaine *m*.

소음¹ 騷音 명 grand bruit *m*; vacarme *m*; boucan *m* {*fam*}. ¶ ~ 공해 pollution sonore. ¶ ~ 방지벽 mur [cloison] antibruit. ¶ 이 아파트는 ~이 많이 들린다 Cet appartement est mal insonorisé. ◇_(을) **내다** faire beaucoup de bruit; faire du vacarme ¶ 저 공장은 ~을 많이 낸다 Cette usine fait beaucoup de bruit. ◇_(이) **나다** se produire, se faire entendre (pour un grand bruit). ¶ 엔진에서 ~이 많이 난다 Un grand bruit vient du moteur / Le moteur est très bruyant.

소음² 消音 명 diminution *f* [disparition *f*] d'un bruit. ¶ ~ 장치 silencieux; pot d'échappement. ◇_(을) **하다** atténuer [faire disparaître] un bruit.

◆**_기** -器 명 silencieux *m*; pot *m* d'échappement. ¶ ~기를 단 권총 pistolet à silencieux.

◆**_벽** -壁 명 mur *m* antibruit.

소음³ 小陰 명 【한의】 *soeum* <un des quatre types de constitution physique d'un individu dans la médecine traditionnelle coréenne>.

◆**_인** -人 명 *soeumin* <personne du type *soeum*>.

소읍 小邑 명 petit bourg *m*.

소이 所以 의명 raison *f*, cause *f*. ¶ 우리가 이렇게 할 수밖에 없는 ~가 여기에 있다 Voilà la raison pour laquelle nous ne pouvons pas faire autrement.

소인¹ 小人 명 ① personne *f* petite, petit(*e*); nain(*e*). ¶ ~들이 사는 나라 un pays où vivent des gens petits. ② 어린이 enfant. ¶ 박물관에서 ~은 입장료가 500원이다 L'entrée du musée pour les enfants coûte 500 wons. ③ 소인배 petit esprit *m*; esprit *m* étroit. ¶ ~이 어찌 군자의 큰 뜻을 알겠는가? Comment un petit esprit comme moi peut-il comprendre l'éminente volonté d'un gentilhomme?

◆**_국** -國 명 Lilliput *m*, pays *m* des Lilliputiens; pays *m* de pygmées [d'hommes petits].

◆**_배** -輩 명 petit esprit *m*; esprit *m* étroit.

대 l'humble personne que je suis, je, moi 《en s'adressant à un supérieur, terme de modestie désignant le locuteur》. ¶ ~은 모르는 일입니다 Je ne connais rien à cette affaire.

소인² 消印 명 cachet *m* [oblitération *f*] (de la poste). ¶ ~을 찍다 mettre [apposer] un cachet; oblitérer. ¶ 우체국(의) ~이 없는 편지 lettre sans cachet de poste. ¶ 1월 10일자 파리 ~이 찍힌 편지 une lettre postée de Paris le 10 janvier; une lettre portant le cachet de Paris du 10 janvier.

소인³ 素因 명 ① cause *f*, raison *f*. ¶ 이 회사는 몰락의 ~을 내부적으로 키우고 있었다 Cette compagnie nourrissait dans son sein les causes de son déclin. ② 【의학】 cause *f*, facteur *m*; prédisposition *f* ((à une maladie)). ¶ 이 환자는 선천적으로 폐결핵의 ~을 지니고 있다 Ce(*tte*) patient(*e*) a hérité de la tuberculose pulmonaire de ses parents / Ce(*tte*) patient(*e*) possède par hérédité des prédispositions à la tuberculose pulmonaire.

소인수 素因數 명 【수학】 facteur *m* premier.
◆_분해 -分解 명 décomposition *f* en facteurs premiers; mise *f* en facteurs premiers.

소일 消日 명 passe-temps *m*. ◇_(을) 하다 passer [tuer] le temps. ¶ 요즘 나는 독서로 ~하고 있다 Ces jours-ci, je lis pour passer le temps.
◆_거리 명 divertissement *m*; passe-temps *m*; distraction *f*. ¶ ~거리를 찾다 chercher du divertissement [de la distraction]. ¶ 그 노인은 ~거리 삼아 이 일을 한다 Ce vieil homme fait ce travail pour tuer le temps.

소임 所任 명 devoir *m*, responsabilité *f*, fonction *f*, tâche *f*, charge *f*, mission *f*, rôle *m*. ¶ 막중한 ~을 맡다 se charger d'une mission importante. ¶ 자신의 ~을 다하다 accomplir [remplir, s'acquitter de] *ses* propres devoirs [*sa* propre tâche]. ¶ 특파원의 ~을 띠고 프랑스로 가다 se rendre [aller] en France en tant qu'envoyé spécial.

ㅅ

소자¹ 小子 대 je, moi ((en parlant à *ses* parents)).

소자² 小字 명 petite lettre *f*; petit caractère *m*; minuscule *f*.

소자³ 素子 명 【물리】 dispositif *m* électronique. ¶ 반도체 ~ dispositif à base de semi-conducteurs.

소자본 小資本 명 petit capit*al*(*aux*) *m*, fonds *mpl* peu élevés. ¶ ~ 창업 création d'un commerce à partir d'un petit capital. ¶ ~으로 시작할 수 있는 사업 une affaire qu'on peut lancer [monter] avec un petit capital.

소작¹ 小作 명 affermage *m*. ◇_(을) 하다 affermer; prendre une propriété à ferme. ¶ 토지를 ~하다 affermer un terrain. ◇_(을) 주다 céder *ses* terres pour affermage. ¶ 농토를 전부 남에게 ~ 주다 céder toute *sa* terre cultivée pour affermage.
◆_농 -農 명 agriculture *f* en fermage.
◆_료 -料 명 fermage *m*; loyer *m* d'une ferme. ¶ ~료를 내다[받다] payer [recevoir] un fermage.
◆_인 -人 명 fermier(*ère*).
◆_쟁의 -爭議 명 【역사】 conflit *m* entre les fermiers et les propriétaires.
◆_제 -制 명 【사회】 système *m* de fermage.
◆_지 -地 명 ferme *f*.

소작² 所作 명 trav*ail*(*aux*) *m*; ouvrage *m*, œuvre *f*.

소장¹ 少壯 명 jeunesse *f*.
◆_파 -派 명 groupe *m* de jeunes. ¶ ~파 의원들의 모임 réunion de jeunes députés.

소장² 小腸 명 【의학】 intestin *m* grêle.

소장³ 少將 명 【군사】 ① ((육군, 공군)) génér*al*(*aux*) *m* de division. ② ((해군)) vice-amir*al*(*aux*) *m*.

소장⁴ 所長 명 direc*teur*(*trice*). ¶ 연구소 ~ direc*teur*(*trice*) d'un centre de recherche. ¶ 현장 ~ directeur de chantier. ¶ 누구를 ~으로 임명하다 nommer *qn* direc*teur*(*trice*).

소장⁵ 所藏 명 conservation *f* ((de livres, de tableaux)); collection *f* ((d'antiquités)). ¶ 개인 ~ 유물 relique [vestige] appartenant à une collection privée. ¶ 그 책은 국립도서관 ~ 도서이다 Ce livre est conservé à la Bibliothèque Nationale. ◇_(을) 하다 conserver *qc*, préserver *qc*, garder *qc*. ¶ 이 박물관은 국보급 문화재를 많이 ~하고 있다 Dans ce musée sont conservés beaucoup de biens culturels classés trésors nationaux. ◇_(이) 되다 être conservé(*e*), préservé(*e*).
◆_가 -家 명 collectionneu*r*(*se*). ¶ 골동품[고서] ~가 collectionneu*r*(*se*) d'antiquités [de livres anciens].
◆_본 -本 명 pièce *f* d'une collection. ¶ 국립도서관 ~본 exemplaire d'une collection de la Bibliothèque Nationale.
◆_자 -者 명 collectionneu*r*(*se*); conserva*teur*(*trice*).
◆_처 -處 명 lieu *m* de conservation *f*, collection *f*.
◆_품 -品 명 objet *m* [pièce *f*] faisant partie d'une collection.

소장⁶ 訴狀 명 【법률】 plainte *f*. ¶ 누구를 상대로 ~을 제출하다 déposer une plainte contre *qn*. ¶ ~을 취하하다 retirer une plainte

소재¹ 所在 명 lieu(*x*) où se trouve qn/*qc*, sis(*e*) à. ¶ 파리 ~의 대학들 les universités qui se trouvent à Paris. ¶ 공범의 ~를 숨기다 cacher le lieu où se trouve un complice. ¶ 누구에게 책임의 ~를 묻다 reprocher à *qn* de ne pas avoir le sens des responsabilités. ¶ 그 남자는 아직도 ~ 불명이다 On ignore toujours où il se trouve / Personne ne sait encore où il est. ◇_(를) 하다 se trouver, être, exister. ¶ 그 지역에 ~하는 가장 큰 건물 le plus grand bâtiment du secteur.
◆_지 -地 명 siège *m* ((d'une société, d'un organisme)). ¶ 도청 ~지 chef-lieu(*~s-~x*) de département; préfecture.

소재² 素材 명 matière *f*, matériaux *mpl*. ¶ 첨단 ~를 쓰다 utiliser des matériaux de pointe. ¶ 자연에서 작품의 ~를 얻다 trouver des sujets d'inspiration dans la nature. ¶ 그 에피소드가 내 작품에 ~를 제공해 주었다 Cette anecdote a fourni la matière de mon œuvre. ¶ 농촌 생활을 ~로 한 소설을 쓰다 écrire un roman ayant pour matière la vie rurale.
◆신_ 新 명 matériaux *mpl* nouveaux. ¶ 신~ 개발 développement de matériaux nouveaux.

소재³ 所載 명 insertion *f* (d'un article dans un journal). ¶ 르몽드 2000년 4월 24일자 ~의 기사

l'article qui était inséré dans le journal *Le Monde* du 24 avril 2000.

소저¹ 小姐 대 ((pronom de la première personne, féminine, humble, archaïque)) l'humble jeune femme *f* (fille *f*) que je suis, je, moi ((en s'adressant à un supérieur, terme de modestie désignant la locutrice)).

소전² 小傳 명 petite biographie *f*; biographie *f* abrégée; notice *f* biographique.

소전제 小前提 명 prémisse *f* mineure. ¶ ~를 달다[붙이다] ajouter [mettre] une prémisse mineure (au texte).

소절 小節 명 【음악】 mesure *f* ((en musique)).
분류 【음악】 mesure *f* ((en musique)). ¶ 한 ~씩 선생님을 따라 노래를 부르다 répéter une chanson après le professeur mesure par mesure.

소정 所定 명 fixation *f*, détermination *f*. ¶ ~ 양식의 서류 dossier de forme requise. ¶ ~의 기한 내에 dans le délai fixé [prescrit].

소제¹ 掃除 명 nettoyage *m*. ◇_(를) **하다** nettoyer; balayer. ¶ 방을 ~하다 nettoyer une chambre.

소제² 小題 명 sous-titre *m*. ☞ 소제목

소제³ 小弟 명 le plus jeune frère *m*.

소제목 小題目 명 sous-titre *m*. ¶ 글[문단]에 ~을 달다 ajouter un sous-titre.

소조 塑造 명 【미술】 modelage *m*; moulage *m*.

소주 燒酒 명 *soju m* <eau de vie populaire de basse qualité [tord-boyaux {*fam*}, casse-pattes {*fam*}] très bon marché, souvent à base de farine de patate douce>. ¶ ~ 한 병[잔] une bouteille [un verre] de *soju*. ¶ ~를 마시다 boire du *soju*.

◆**_ㅅ고리** 명 fiole *f* de *soju*.

◆**_방** -房 명 bar *m* à *soju*.

◆**_병** -甁 명 bouteille *f* de *soju*.

◆**_잔** -盞 명 verre *m* à *soju*. ¶ ~잔을 비우다[기울이다] vider un verre de *soju*.

◆**깡_** 명 *soju* servi sans amuse-gueules.

◆**막_** 명 *soju* distillé à la maison.

소주주 小株主 명 petit actionnaire *m*.

소중하다 所重- 형 être important(*e*), essentiel(*le*), fondamen*tal*(*ale*, *aux*); être de grande importance. ¶ 내게는 네가 제일 ~ Pour moi, tu es ce qu'il y a de plus important. ¶ 인간의 생명은 소중한 것이다 La vie *humaine est importante.* ¶ 세상에는 돈보다 소중한 것이 많다 Dans le monde il y a beaucoup de choses plus importantes que l'argent. ¶ 무엇을 소중하게 간직하다 garder *qc* précieusement; conserver *qc* soigneusement.

◆**소중히** 부 précieusement; soigneusement. ¶ 어머니의 유품을 소중히 간직하다 garder précieusement un objet ayant appartenu à *sa* défunte mère. ¶ 나는 돈보다 시간을 더 소중히 여긴다 Je crois [pense] que le temps est plus important que l'argent.

소지¹ 所持 명 possession *f*, détention *f*, port *m* ((d'armes)). ¶ 무기 ~ port d'armes. ◇_(를) **하다** posséder, détenir; porter (sur *soi*); avoir (sur *soi*). ¶ 신분증[여권]을 ~하다 avoir une carte d'identité [un passeport] sur *soi*.

◆**_자** -者 명 porteur(*se*); déten*teur*(*trice*). ¶ 불법 무기 ~자 porteur d'armes dans l'illégalité.

◆**_품** -品 명 affaires *fpl* personnelles de *qn*; *ses* affaires *fpl*; ce qu'on a sur *soi* [dans *ses* poches]. ¶ ~품을 검사하다 examiner [inspecter] les affaires personnelles de *qn*.

소지² 素地 명 possibilité *f*, éventualité *f*, motif *m*; occasion *f*; risque *m*. ¶ 오해의 ~를 제공하다 être source de malentendu, prêter à des malentendus, prêter à équivoque [à confusion]; être susceptible d'être mal interprété(*e*) [entendu(*e*)]. ¶ 의심 받을 ~를 남기지 마라 Ne laisse pas la possibilité de te faire soupçonner [d'attirer les soupçons de quelqu'un] / Ne tolère aucun soupçon possible / Ne souffre pas le moindre doute / Ne laisse planer aucun doute. ◇_**가 있다** Il est possible de+*inf* [possible que+*subj*, probable que+*ind*]; Il y a une possibilité [cette éventualité, le risque] de+*inf*. ◇_**가 없다** Il est impossible de+*inf* [il n'est pas possible que+*subj*, il n'est pas probable que+*subj*]. ¶ ...할 ~가 있다 Il est possible de+*inf* [possible que+*subj*, probable que+*ind*]; Il y a une possibilité [cette éventualité, le risque] de+*inf*. ¶ 이 법은 악용될 ~가 있다 Il est possible que cette loi soit utilisée à mauvais escient [dans un but néfaste]. ¶ 오해의 ~가 없도록 조심해라 Prends garde de ne pas courir le risque d'un quiproquo / Fais attention à ne pas provoquer de malentendu.

소지주 小地主 명 petit(*e*) propriétaire *mf* (foncier(*ère*)).

소진¹ 消盡 명 épuisement *m*; disparition *f* totale; évanouissement *m*; déperdition *f* (de forces); tarissement *m*. ◇_(을) **하다** épuiser [dépenser, dilapider] (*ses* forces), s'épuiser; se miner; se consumer; s'exténuer, se surmener, s'éreinter, se tuer {*fam*}, se vider {*fam*}, se vanner {*fam*}, se crever {*fam*}. ¶ 돌을 나르느라 기운을 다 ~했다 Je me suis épuisé(*e*) [exténué(*e*)] [J'ai épuisé mes forces] à transporter ces pierres [en transportant ces pierres] / Le transport des pierres m'a épuisé(*e*) [m'a laissé(*e*) sans forces] / Je me suis crevé(*e*) à me coltiner ces caillasses {*fam*}. ◇_(이) **되다** être épuisé(*e*), exténué(*e*), miné(*e*), éreinté(*e*), vidé(*e*), vanné(*e*), mort(*e*) {*fam*} (de fatigue), crevé(*e*) {*fam*}, nase {*fam*}, naze {*fam*}, ne plus en pouvoir {*fam*}, être à ramasser à la petite cuillère {*fam*}, être au bout du rouleau {*fam*}, K.-O. {*fam*}, hors service {*fam*}, ((약어)) H.S. {*fam*}, être raplapla {*fam*}, raplati(*e*) {*fam*}, flagada {*fam*}, ramollo {*fam*}, il n'y a plus rien à tirer de *moi* {*fam*}. ¶ 만 미터를 뛰었더니 기력이 다 ~되었다 J'ai couru 10 000 mètres et je me suis complètement épuisé(*e*)] / Après dix kilomètres de course, je n'ai plus aucune force [je suis à bout de forces].

소진[2] **燒盡** 명 réduction *f* en cendres, destruction *f* (totale) par le feu. ◇_(을) **하다** brûler; se consumer; se calciner, se carboniser complètement. ◇_(이) **되다** être complètement brûlé(*e*); être réduit(*e*) en cendres; être détruit(*e*) [calciné(*e*), embrasé(*e*), dévoré(*e*), consumé(*e*)] par le feu. ¶ 전쟁으로 궁궐이 다 ~되었다 Le palais royal a été complètement réduit en cendres [dévoré par les flammes] à cause de la guerre.

소질 素質 명 ① don *m*, talent *m*, étoffe *f*, aptitudes *fpl*, facilités *fpl*; dispositions *fpl* innées [naturelles], prédispositions *fpl*; tendance *f*, ((avoir)) la bosse *f* {*fam*} ((des langues, du commerce, des maths)). ¶ ~을 계발하다 développer [éveiller] le don [les dispositions, le talent] de *qn*; cultiver les dispositions de *qn*. ¶ 문학에 남다른 ~을 보이다 montrer [faire preuve d']un don [un talent] exceptionnel pour la littérature. ¶ 예술적인 ~을 타고나다 être né(*e*) avec un don [avec un talent] artistique. ◇_(이) **있다** avoir du talent [un don, des facilités, des aptitudes, des prédispositions, des dispositions innées] ((pour *qc*)); être doué(*e*), fait(*e*) ((pour *qc*)), avoir ce qu'il faut ((pour *qc*)); avoir la bosse {*fam*} ((des langues, des maths)). ¶ 그 여자는 음악에 ~이 있다 Elle a un don [du talent, des facilités, des prédispositions] pour la musique / Elle est douée [faite] pour la musique. ◇_(이) **없다** ne pas avoir [manquer] de talent [de don, de qualités, de facilités] ((pour *qc*)); n'avoir aucun talent; ne pas être doué(*e*) [être peu doué(*e*)] ((pour *qc*)); n'avoir de dispositions pour rien. ② 【의학】 prédisposition *f* [tendance *f*, disposition *f*, propension *f*] (à une maladie); terrain *m* favorable.

소집 召集 명 ((징병)) appel *m*, mobilisation *f*; rappel *m*; ((의회)) convocation *f* ((d'une assemblée)); levée *f* (en masse). ¶ ~ 명령[영장] un ordre de mobilisation [une convocation ((à l'armée))]; l'appel aux armes; l'appel du contingent [de la classe], l'incorporation (des conscrits dans un régiment). ◇_(을) **하다** ((회의를)) convoquer (une assemblée); assembler (les députés); ((군대를)) appeler (les réservistes sous les drapeaux), lever, mobiliser (les troupes); rassembler (les troupes). ¶ 회의를 ~하다 convoquer une assemblée. ¶ 신입생들을 ~하다 convoquer de nouveaux élèves. ◇_(이) **되다** ((une assemblée)) être convoqué(*e*); être appelé(*e*) ((à l'armée)), se mobiliser ((pour organiser une fête)); être mobilisé(*e*) ((pour une manifestation)). ¶ 군에 ~되다 être appelé(*e*) sous les drapeaux [à l'armée], être convoqué(*e*) [pour faire *son* service militaire], être mobilisé(*e*) (en temps de guerre). ◇_(을) **시키다** faire rassembler; faire convoquer ((une assemblée)).

◆_**령** -令 명 appel *m* [ordre *m*] de mobilisation, appel *m* aux armes. ¶ ~령을 내리다 décréter la mobilisation; envoyer un appel de mobilisation.

◆_**장** -狀 명 convocation *f*, feuille *f* [papier *m*] de convocation [de recrutement].

소집단 小集團 명 petit groupe *m*; petite bande *f*.

소쩍새 명 【동물】 coucou *m*, petit-duc scops *m*, *Otus scops* {*nsc*}, petit hibou *m* d'Europe.

소찬 素饌 명 plats *mpl* sans viande ni poisson; plats *mpl* simples; plats *mpl* végétariens.

소책자 小冊子 명 livret *m*, petit livre *m*, brochure *f*, fascicule *m*, imprimé *m*; opuscule *m*. ¶ 모임을 소개하는 ~를 발간하다 publier un fascicule [une brochure] présentant l'association.

소철 蘇鐵 명 【식물】 cycas *m*, *Cycas circinnalis* {*nsc*} <plante rare ressemblant au palmier, originaire du sud de l'Inde, du Sri Lanka, de Java, du Sumatra, de Taiwan et des Philippines. Sa moelle est consommée en Asie>.

소첩 小妾 대 je, moi ((mot déférent utilisé par une femme ou une jeune concubine devant son mari, archaïque)).

소청[1] **所請** 명 requête *f*, sollicitation *f*, demande *f*, prière *f*; vœux *mpl*. ¶ ~을 들어주다 satisfaire [accéder, acquiescer, consentir] à une requête [à une demande]. ¶ ~을 거절하다 rejeter une requête, rejeter une demande. ◇_(을) **하다** faire une requête ((à *qn*)); requérir ((*qn* de+*inf*)); solliciter ((*qn* de+*inf*)); demander ((à *qn* de+*inf*)); prier *qn* ((de+*inf*) [*que*+*subj*]. ¶ ...해 달라고 상급 기관에 ~하다 faire une requête auprès d'un organisme haut placé pour faire *qc*; requérir d'un établissement ayant du pouvoir de+*inf*; prier la direction d'un service de+*inf* [que+*subj*]; demander à une administration supérieure de+*inf*.

소청[2] **訴請** 명 【법률】 requête *f*, sollicitation *f*, demande *f*, prière *f*; vœux *mpl*. ◇_(을) **하다** faire une requête ((à *qn*)); requérir ((*qn* de+*inf*)), solliciter ((*qn* de+*inf*)), demander ((à *qn* de+*inf*)), prier *qn* ((de+*inf*, *que*+*subj*)).

소총 小銃 명 arme *f* d'épaule [de hanche, de poing]; fusil *m*; carabine *f*; mousqueton *m*; seringue *f* {*fam*}. ¶ ~ 한 정[자루] un fusil; une carabine; un mousqueton. ¶ ~을 쏘다 tirer [envoyer] un coup de fusil [de carabine]; faire cracher *son* feu {*fam*}. ¶ ~을 어깨에 메다 mettre *son* fusil à l'épaule [porter un fusil en bandoulière].

◆_**수** -手 명 tireur *m* au fusil; fusil *m*, fusilier *m*.

◆**자동**_ 自動- 명 fusil *m* d'assaut automatique.

소추 訴追 명 【법률】 poursuite *f* judiciaire; accusation *f*. ◇_(를) **하다** poursuivre *qn* ((en justice, devant le tribunal)); engager [exercer, faire, diriger, intenter] des poursuites contre *qn*. ¶ 대통령의 탄핵을 ~하다 destituer le président de la République. ◇_(를) **받다** être poursuivi(*e*); être attaqué(*e*) en justice. ¶ 형사상의 ~를 받다 être poursuivi(*e*) [être mise en accusation] au pénal.

◆_**권** -權 명 【법률】 droit *m* de mise en accusation;

ㅅ

droit *m* de demande de destitution.

소출 所出 명 récolte *f*; produit *m* [production *f*] ((agricole)); rendement *m*. ¶ 많은 ~을 내다 récolter beaucoup; faire de bonnes récoltes [une ample récolte]; cueillir beaucoup. ¶ 작년에 비해 ~이 늘었다[줄었다] Comparé à l'an passé, cette récolte a été abondante [maigre] / La récolte a augmenté [a diminué] cette année par rapport à l'an dernier. ◇_(을) **하다** récolter. ¶ 전 해보다 더 많은 벼를 ~하다 récolter davantage de blé que l'année dernière. ◇_(이) **되다** être récolté(*e*); être cueilli(*e*); être ramassé(*e*), vendangé(*e*), moissonné(*e*).

소치 所致 의명 résultat *m*; effet *m*; ce qui résulte de *qc*; ce qui est dû à *qc*; ce qui est causé par *qc*. ¶ 그 사람이 그런 짓을 한 것은 무지의 ~이다 Il a agi de cette façon-là par ignorance / C'est à cause de son ignorance qu'il a commis cette erreur. ¶ 그것은 순전히 우연의 ~이다 Ceci est un pur hasard / C'est complètement le fait [le fruit] du hasard. ¶ 이 모든 일이 다 내가 부덕한 ~에서 비롯되었다 Tous ces problèmes sont arrivés à cause de moi / Toute cette affaire vient de mon manque de mérite / Tous ces incidents sont dus à mon manque de discrétion.

소침 小針 명 petite aiguille *f*.

소켓 영{socket} 명 prise *f* (électrique).

소쿠리 명 panier *m* de bambou. ¶ 과일을 ~에 담다 mettre [ramasser] des fruits dans un panier de bambou.

소탈하다 疏脫- 형 être simple et naturel(*le*), sans façon, informel(*le*), décontracté(*e*), cool {*fam*}, spontané(*e*). ¶ 그는 (사람이) ~ C'est une personne simple / Il a un caractère simple et naturel. ¶ 소탈한 성격 un caractère simple et naturel; un caractère ouvert et simple. ¶ 소탈한 옷차림 une tenue simple [sans affectation]; une tenue sobre. ¶ 소탈하게 웃다 rire spontanément [de façon naturelle].

소탐대실 小貪大失 명 grosses pertes *fpl* subies en courant après de petits gains. ◇_(을) **하다** subir de grosses pertes en courant après de petits gains, perdre gros en cherchant à obtenir un petit profit.

소탕 掃蕩 명 nettoyage *m*, élimination *f*, extinction *f* ((d'une position occupée par un ennemi)). ¶ 빨치산 ~ 작전 opération d'élimination des résistants communistes. ◇_(을) **하다** nettoyer ((les positions ennemies, un quartier)), purger ((un quartier)), balayer ((*ses* ennemis)); se débarrasser ((d'un ennemi)); chasser; faire disparaître ((*ses* ennemis)); éliminer ((les crimes)), supprimer; éradiquer ((les opposants)); ratisser la place; faire le vide. ¶ 적을 ~하다 nettoyer [balayer, se débarrasser de, chasser, éradiquer; anéantir] *ses* ennemis. ¶ 범죄를 ~하다 faire disparaître totalement [éradiquer, éliminer, supprimer] les crimes. ◇_(이) **되다** être nettoyé(*e*), balayé(*e*); être chassé(*e*); être arrêté(*e*); être éradiqué(*e*), éliminé(*e*), supprimé(*e*); être purgé(*e*). ¶ 폭력 조직이 모두 ~되었다 Les bandes de malfaiteurs [de voyous] sont toutes arrêtées [éliminées, éradiquées, anéanties].

소태 명 【식물】 sorte de sumac *m*; *Picrasma ailanthoides* {*nsc*}. ¶ ~같이 쓰다 C'est amer comme le fiel / J'ai un goût très amer dans la bouche. ◆**_껍질** 명 écorce *f* de sumac.

소택지 沼澤地 명 terrain *m* marécageux.

소통 疏通 명 ① 잘 전달됨 communication *f*, entente *f* (mutuelle), compréhension *f*. ¶ 원활한 업무 ~ une communication [une coordination] efficace dans le travail. ② 잘 통함 communication *f*, écoulement *m*, flux *m*. ¶ 교통[차량] ~이 원활하다 La circulation [Le trafic] se fait bien [est fluide]. ◇_(을) **하다** communiquer, parler, échanger. ¶ 서로의 마음을 ~하다 se parler franchement [à cœur ouvert]. ◇_(이) **되다** être ouvert(*e*) à la communication; être prêt(*e*) à communiquer; ((교통)) être fluide. ¶ 교통이 원활히 ~되고 있다 La circulation se fait bien [est fluide] / Ça roule bien.

◆**의사_** 意思- 명 communication *f*, entente *f* (mutuelle), compréhension *f*. ¶ 의사~을 하다 communiquer. ¶ 그 친구와 나는 의사~이 잘된다 On s'entend bien lui et moi [tous les deux] / On communique bien [à merveille] / Nous sympathisons bien, lui et moi / Il y a de l'entente entre nous / Lui et moi, on vit en bonne [en parfaite] intelligence.

소파[1] 영{sofa} 명 canapé *m*, divan *m*; sofa *m*. ¶ ~에 앉다[눕다] s'asseoir [s'allonger, s'étendre, se coucher] sur un canapé [sur un divan, sur un sofa].

소파[2] **搔爬** 명 【의학】 curetage *m* [curettage *m*]. ◆**_수술** -手術 명 【의학】 curetage *m* [curettage *m*]. ¶ ~수술을 하다 cureter; faire un curetage, nettoyer avec une curette [avec une cavité]. ¶ ~수술을 받다 se faire faire un curetage, se faire cureter; se faire nettoyer avec une curette.

소포 小包 명 colis *m*, paquet *m*. ¶ ~를 부치다[보내다] expédier [envoyer, poster] un colis [un paquet] (par la poste). ¶ ~를 받다 recevoir [réceptionner] un colis [un paquet]. ¶ 선물을 ~로 부치다 envoyer [expédier] un cadeau dans un paquet; poster un paquet-cadeau. ¶ ~를 열어보다[뜯어보다] ouvrir [défaire, déballer, dépaqueter, déficeler] un colis [un paquet].

소폭 小幅 명 petite largeur *f*, petite étendue *f* [quantité *f*, limite *f*, portée *f*]. ¶ ~의 개각을 단행하다 procéder à un mini-remaniement ministériel, procéder à un remaniement ministériel peu important, remanier légèrement le gouvernement. ¶ 주가가 ~의 오름세[내림세]를 보였다 Le cours des actions [La bourse] est en légère baisse [en légère hausse] / Les actions montent un peu [baissent un peu]. ¶ 급여가 ~으로 올랐다 Les salaires ont légèrement [faiblement] augmenté / Les salaires ont monté légèrement / Les salaires sont en légère hausse. 뿌 légèrement; faiblement; un peu. ¶ 휘발유 값이 ~ 올랐다 Le prix de l'essence a légèrement [un peu] augmenté / Le coût du carburant a un peu grimpé.

소품 小品 명 ① petit objet *m*. ② 【연영】 accessoires *mpl* ⟪au théâtre, au cinéma⟫. ¶ ~ 담당 responsable des accessoires, accessoiriste. ③ 【예술】 petit écrit *m*; libelle *m*; pamphlet *m*; épigramme *m*; diatribe *f*; factum *m*; satire *f*; papier *m*; opuscule *m*; mot *m*; petit sketch *m*; ⟪미술⟫ tableautin *m*; tableau *m* de petite dimension; miniature *f*; petite pièce *f*; ⟪음악⟫ pièce *f* courte (de musique); courte composition *f*. ¶ 쇼팽의 피아노 ~들 les pièces courtes de Chopin pour piano.

소풍 逍風 명 pique-nique(~-~*s*) *m*, déjeuner *m* sur l'herbe, partie *f* de campagne; excursion *f*; promenade *f*; expédition *f*. ¶ 초등학생들의 가을 ~ excursion d'automne des écoliers. ¶ 비 때문에 ~이 취소되었다 Le pique-nique [L'excursion] a été annulé(*e*) à cause de la pluie. ◇_(을) **가다** pique-niquer, saucissonner {*fam*} sur l'herbe, (aller) faire un pique-nique [faire une partie de campagne]; aller en excursion, faire une excursion [excursionner]; aller se promener (dans un parc), aller en promenade. ¶ ~ 가는 날 le jour du pique-nique [de la partie de campagne, de l'excursion]. ¶ 가까운 산으로 ~을 가다 aller pique-niquer dans une montagne du coin; aller faire une excursion [aller en excursion] dans une montagne proche; aller faire un tour (dans une montagne).

소프라노 이 명 【음악】 soprano(~*s*, ~*i*) *m*; ⟪가수⟫ soprano *mf*.

소프트볼 영{softball} 명 【운동】 *softball* *m*, balle-molle *f*. ¶ ~ 경기 une partie [un match] de *softball* [de balle-molle]. ¶ ~을 하다 jouer au [faire du] *softball*, jouer à [faire de] la balle-molle.

소프트웨어 영{software} 명 【컴퓨】 logiciel *m*. ¶ ~ 개발 développement [création] de logiciels. ¶ ~ 저작권 droit d'auteur [copyright] des logiciels. ¶ ~ 회사 un fabriquant de logiciels, une société productrice de logiciels. ¶ 불법 복제 ~ des logiciels copiés illégalement, des logiciels piratés, un CD-ROM piraté. ¶ 인터넷 관련 ~ un logiciel pour Internet. ¶ ~를 개발하다 développer [améliorer] des logiciels. ¶ ~를 깔다[설치하다] installer des logiciels ⟪sous Windows 98, 2000, XP⟫. ¶ 무료 공개 ~를 인터넷에서 내려 받다 télécharger des logiciels gratuits [des freewares] d'un site Internet.

소피 所避 명 urine *f*, pipi *m* {*fam*}, pisse *f* {*vulg*}. ¶ ~를 보다 uriner; faire pipi {*fam*}; pisser {*vulg*}. ¶ ~가 마렵다 avoir envie d'uriner, avoir un besoin (naturel) urgent; avoir envie de pisser [de faire pipi] {*fam*}.

소피스트 영{sophist} 명 【철학】 sophiste *m*, maître *m* de rhétorique et de philosophie; argumentateur *m*; raisonneur *m*; ergoteur *m*.

소하물 小荷物 명 petit bagage *m*; colis *m*. ¶ ~ 보관소 consigne (d'une gare). ¶ ~ 취급소 service des colis. ¶ ~을 찾다 récupérer [chercher, retirer] un colis [un petit bagage, un petit paquet, une petite valise].

소학[1] 小學 명 ① 【고어】 école *f* primaire. ② 【역사】 école *f* primaire (de la Chine ancienne); enseignement *m* primaire (dans la Chine ancienne).

소학[2] 小學 명 【책명】 *Xiao-xue* *m*, la «Petite étude» *f*: livre *m*, écrit par Liu Zicheng à l'époque de la dynastie Sung en Chine, destiné aux enfants dans l'enseignement confucianiste.

소학교 小學校 명 【고어】 petite école *f*, école *f* primaire [élémentaire].

소학생 小學生 명 【고어】 écoli*er*(*ère*) *m*, élève *mf* de l'école primaire.

소한 小寒 명 Sohan <le «petit froid», une des 24 divisions du calendrier luni-solaire, vers le 6 janvier>. ¶ ~ 추위 froid de Sohan; froid de canard.

소행[1] 所行 명 ⟪행위⟫ acte *m*; action *f*; coup *m*; ⟪품행⟫ comportement *m*, conduite *f*; ⟪한 짓⟫ fait *m*. ¶ 면식범의 ~ un acte [un coup] commis par une connaissance. ¶ 그 사람의 ~이 괘씸하다 Ce qu'il a fait est insolent / Son comportement est détestable / Ses agissements sont insupportables. ¶ 누구의 ~인지 꼭 밝혀내고 말겠다 Je vais faire toute la lumière sur ces agissements / Celui qui a fait ça, va être à coup sûr découvert / Je vais déterminer sans faute à qui appartient la responsabilité de cette action / Je vais éclaircir cette affaire.

소행[2] 素行 명 comportement *m*, conduite *f*, agissement *m*. ¶ 이 아이의 ~이 기특하다 La conduite de cet(*te*) enfant est remarquable [admirable, élogieuse, exemplaire, méritoire] / Cet(*te*) enfant a un comportement admirable [remarquable].

소행성 小行星 명 【천문】 petite planète *f*; astéroïde *m*; planétoïde *m*.

소형 小形 명 petit format *m*, petite dimension *f*, petite taille *f*. ¶ ~ 녹음기 un mini-magnétophone. ¶ ~ 냉장고 un petit réfrigérateur, un petit frigo {*fam*}.

◆**_화** -化 명 miniaturisation *f*. ¶ 핸드폰의 ~화 추세 tendance à la miniaturisation [à miniaturiser] des téléphones portables [téléphones mobiles]. ¶ 자동차를 ~화하다 miniaturiser des voitures.

◆**_차** -車 명 petite voiture *f*, voiture *f* légère.

◆**초_** 超 명 hyper petite taille *f*; mini-~. ¶ 초~ 카메라 un ultra mini appareil photo.

소홀 疏忽 명 négligence *f*; inattention *f*; insouciance *f*; indifférence *f*; inadvertance *f*; imprudence *f*. ¶ 감독 ~로 사고가 났다 Par inattention, un accident est survenu.

◆**_하다** 형 être négligent(*e*), insouciant(*e*), indifférent(*e*); être imprudent(*e*). ¶ 감시[경비]가 ~

하다 La surveillance[La garde] est négligente [laxiste]. ¶ 대접이 ~하다 L'accueil est négligent. / La réception est je m'en foutiste {*fam*}. ¶ 손님을 ~하게 접대하다 recevoir [accueillir] négligemment [sans empressement] les invités [les clients]. ¶ 그 일을 준비하는 데에 ~함이 없도록 해라 Pour préparer cet événement, fais en sorte que rien ne soit négligé [qu'il n'y ait pas de négligence] / Pour mettre cette affaire en place, ne laisse rien au hasard.

◆_**히** 부 négligemment; légèrement, à la légère; sans soin; avec insouciance. ¶ 찾아온 손님들을 ~히 대하다 recevoir négligemment les invités qui sont venus; servir avec insouciance *ses* hôtes. ¶ 맡은 일을 ~히 하다 faire négligemment *son* travail; négliger le travail dont on s'occupe; bâcler le travail dont on s'occupe {*fam*}; expédier *son* travail sans en prendre soin; attacher peu d'importance à *son* travail.

소화[1] 消化 명 ① 【의학】 digestion *f*; nutrition *f*. ¶ ~ 기관 appareil digestif. ¶ 부드러운 음식이 ~에 좋다 La nourriture légère est bonne pour la digestion / Les aliments tendres sont faciles à digérer. ② ((지식, 기술)) assimilation *f* ((de connaissances)); intégration *f*. ¶ 외래 문명의 올바른 ~ bonne intégration [intégration positive] des cultures ou civilisations étrangères. ③ 일의 처리 traitement *m*; prise *f* en charge de *qc*. ◇_(를) **하다[시키다]** ① ((음식물을)) digérer ((un repas)), faire la digestion ((de *qc*, des aliments)); assimiler ((les éléments minéraux)). ¶ 음식물을 ~하다 digérer les aliments; faire la digestion d'aliments; assimiler des aliments. ② ((지식, 기술을)) digérer, assimiler, ingurgiter {*fam*}. ¶ 짧은 시간에 많은 내용을 ~해 내다 digérer [assimiler] beaucoup de connaissances en peu de temps [en un rien de temps, en un temps court], avaler [ingurgiter, se taper] tout un savoir {*fam*}. ③ ((일을)) traiter *qc*, prendre en charge *qc*; satisfaire ((des demandes, des commandes)). ¶ 주문량을 다 ~시키지 못하다 ne pas pouvoir traiter [satisfaire, prendre en charge] toutes les commandes, ne pas pouvoir répondre à toutes les demandes. ◇_(가) **되다** être digéré(*e*), *assimilé(e); se digérer, s'assimiler, descendre* {*fam*}. ¶ 나는 ~가 잘 안 된다 Je digère mal / J'ai une mauvaise digestion [une digestion pénible, une digestion difficile] / Le repas me reste sur l'estomac / ¶ 이것은 잘 ~되지 않는다 C'est difficile à digérer / C'est indigeste / Cela a du mal à passer. ¶ 점심 먹은 것이 잘 ~되지 않는다 Je digère mal le [mon] déjeuner / Le déjeuner ne passe pas / Le déjeuner me reste sur l'estomac. ¶ ~가 채 되기도 전에 또 먹었다 Sans avoir bien digéré, j'ai remangé / J'ai encore mangé avant d'avoir bien digéré ce que j'avais pris juste avant.

◆_**불량** -不良 명 【의학】 trouble *m* digestif, indigestion *f*, digestion *f* pénible [difficile, lente, laborieuse]; dyspepsie *f*.

◆_**액** -液 명 【의학】 sucs *mpl* digestifs. ¶ ~액 분비 sécrétion des sucs digestifs.

◆_**제** -劑 명 【약학】 pastille *f* digestive, comprimé *m* pour la digestion, médicament *m* favorisant la digestion.

◆_**효소** -酵素 명 【의학】 enzyme *f* digestive.

소화[2] 消火 명 extinction *f* d'un feu [d'un incendie]. ◇_(를) **하다** éteindre le feu; étouffer un incendie. ◇_(가) **되다** ((le feu)) s'éteindre.

◆_**기** -器 명 extincteur *m*.

◆_**전** -栓 명 poste *m* d'incendie.

소화[3] 小話 명 petite [courte] histoire *f*; historiette *f*; anecdote *f*.

소화[4] 笑話 명 histoire *f* drôle [humoristique], blague *f*, plaisanterie *f*.

소화[5] 燒火 명 【화학】 allumage *m* (d'un poêle), mise *f* à feu. ◇_(를) **하다** brûler ((du papier)); calciner ((la forêt)), embraser ((des bûches)), enflammer ((du papier)). ◇_(가) **되다** être brûlé(*e*), grillé(*e*), calciné(*e*), embrasé(*e*), enflammé(*e*).

소화물 小貨物 명 paquet *m*; colis *m;* petit bagage *m*.

소환[1] 召喚 명 【법률】 assignation *f*, citation *f*, ajournement *m*; convocation *f*. ¶ 증인을 ~하다 assigner [citer, ajourner] un témoin. ¶ 검찰의 ~에 응하다[불응하다] répondre à [refuser] l'assignation [la citation] d'une enquête judiciaire; obtempérer à l'assignation d'une enquête judiciaire. ◇_(을) **하다** assigner [citer] ((un témoin)), ajourner [convoquer, appeler] *qn* (en justice). ◇_(이) **되다** être assigné(*e*), cité(*e*); être convoqué(*e*) [appelé(*e*)] (en justice). ¶ 그 사람은 참고인 자격으로 법원에 ~되었다 Il est cité devant un tribunal comme témoin. ◇_(을) **당하다** être assigné(*e*), cité(*e*); être convoqué(*e*) [appelé(*e*)] (en justice).

◆_**장** -狀 명 【법률】 assignation *f*, cédule *f* de citation; mandat *m* de comparution. ¶ ~장을 보내다 lancer [envoyer, expédier] une assignation; envoyer un mandat de comparution.

소환[2] 召還 명 【법률】 rappel *m*, lettre de récréance *f*. ¶ ~ 명령 ordre de rappel. ◇_(을) **하다** rappeler *qn* (dans *son* pays). ¶ 주미 대사를 본국으로 ~하다 rappeler l'ambassadeur de Corée aux États-Unis dans *son* pays. ◇_(이) **되다** être rappelé(*e*) (dans *son* pays). ¶ 그 사람은 본부로 ~되었다 Il a été rappelé au siège de sa société.

◆_**장** -狀 명 【법률】 lettre *f* de rappel; lettre *f* de récréance.

소회 所懷 명 impression *f*, pensée *f*, idée *f*, sentiment *m*. ¶ 고국에 돌아온 ~를 밝히다 exprimer *ses* sentiments après le retour dans son pays, révéler l'impression que cela fait d'être de retour au pays. ¶ 그 사람을 다시 만났지만 특별한 ~는 없다 En le rencontrant de nouveau, aucune pensée

ㅅ

particulière ne me traverse l'esprit / En le revoyant, je n'ai pas de sentiment particulier.

속[1] 명 ① intérieur *m*; dedans *m*; cœur *m*. ¶ 빵을 ~만 파먹다 ne manger que la mie du pain. ¶ 가시가 살 ~에 깊이 박혔다 Une épine est profondément enfoncée dans la chair. ¶ ~에 뭐가 들었어요? Qu'est-ce qu'il y a à l'intérieur [dedans]? ¶ 주머니 ~에 손을 넣다 mettre [rentrer] *ses* mains dans [à l'intérieur de] *ses* poches. ¶ 숲 ~을 산책하다 se promener [se balader, faire une promenade] dans la forêt [dans un bois]. ¶ 군중 ~의 고독 solitude (ressentie) dans la [au milieu de la] foule. ¶ 가난 ~에서도 용기를 잃지 않다 ne pas se décourager même dans la misère, ne pas perdre courage même dans la pauvreté, même en pleine galère ne pas se laisser aller {*pop*}. ¶ 그건 영화 ~에서나 가능한 일이다 Cette chose est surtout possible au cinéma / C'est une chose qui n'est possible qu'au cinéma. ¶ 적진 ~으로 뛰어들다 se lancer [se jeter, se précipiter] dans le camp ennemi. ¶ 잠 ~으로 빠져들다 tomber dans un profond sommeil, s'enfoncer dans le sommeil, sombrer dans les limbes. ¶ 온 국민을 충격 ~으로 몰아넣은 소식 une nouvelle qui a profondément surpris la population entière; une nouvelle qui a mis toute la population sous le choc. ② 내용물 contenu *m* (d'une boîte); substance *f*; cœur *m*; ((과일)) trognon *m*; noyau(*x*) *m*; ((뼛속)) moelle *f* (des os). ¶ 사과 ~을 도려내다 enlever le cœur de la pomme; ôter la queue et les pépins de la pomme. ③ 뱃속, 위장 estomac *m*; ventre *m*; intestins *mpl*. ¶ ~이 아프다 avoir mal à l'estomac; souffrir de l'estomac; ressentir [éprouver] une douleur au ventre. ¶ ~이 거북하다[메스껍다, 울렁거린다] avoir le cœur [l'estomac] (tout) barbouillé, avoir l'estomac retourné [dérangé], avoir une barre sur l'estomac [avoir mal au cœur, avoir la nausée, avoir des haut-le-cœur]; être pris(*e*) de nausées; être pris(*e*) d'un malaise à l'estomac; avoir envie de vomir [de gerber {*vulg*}, de dégueuler {*vulg*}]. ¶ ~이 꽉 찼다 avoir l'estomac plein [bien rempli], avoir le ventre plein, être repu(*e*), rassasié(*e*), calé(*e*) {*fam*}, leste {*fam*}. ④ 마음, 생각 cœur *m*, âme *f*; esprit *m*; pensée *f*; intention *f*; sentiment *m*. ¶ 혼자 ~으로 상상하다 imaginer *qc* au plus profond de *soi* [tout seul, dans *son* for intérieur, dans le fond de *son* cœur]. ¶ 자신의 ~을 털어놓다 confier à *qn* ce qu'on garde dans *son* cœur [dans *son* esprit]; révéler [dire] *sa* pensée [*son* sentiment]; déballer ce qu'on a sur le cœur {*fam*}; sortir tout {*fam*}. ¶ 엉큼한 ~을 드러내다 révéler [montrer] *ses* pensées sournoises. ¶ ~에 없는 말을 하다 dire des choses sans vraiment les penser. ¶ 그 사람은 도무지 ~을 드러내지 않는다 Il ne montre pas du tout ce qu'il pense / Il ne dit pas du tout ce qu'il ressent [ce qu'il éprouve]. ¶ 그 사람은 도무지 말이 없어서 ~을 알 수가 없다 Comme il ne dit pas un mot, je ne peux pas connaître ses pensées / Comme il ne parle pas du tout, je ne sais pas ce qu'il pense [ce qu'il a dans la tête, ce qu'il a sur le cœur, quel est le fond de sa pensée]. ¶ 남의 ~도 모르고 엉뚱한 소리를 한다 Il ouvre la bouche à tort et à travers sans se préoccuper de ce que je ressens [sans se soucier de mon état d'esprit]. ¶ 그 사람은 ~이 깊은 사람이다 C'est quelqu'un de profond / C'est une personne profonde. ¶ 그 사람은 ~이 넓은 사람이다 Il a l'esprit large / C'est une personne qui a une certaine grandeur d'esprit / C'est quelqu'un avec un grand cœur / C'est un homme au grand cœur / Il a un grand cœur / C'est quelqu'un de généreux / C'est un type généreux / C'est un homme bon. ¶ 일을 끝내고 나니 ~이 시원하다[후련하다] Ayant terminé le travail, je me sens soulagé(*e*) [libéré(*e*), à l'aise] / Ayant terminé le travail, je ressens un grand soulagement [j'ai un (sacré {*fam*}) poids en moins sur la conscience].

*~ 빈 강정 Une belle apparence cache un contenu très pauvre / Sous [Malgré] une apparence [présentation] flatteuse [Sous un masque respectable] le contenu est vide [Seul son aspect physique est intéressant / En dehors de son aspect physique, il n'a rien de positif / Il est beau mais ça s'arrête là {*fam*}].

*~ 빈 깡통이 소리만 요란하다 Moins on en sait plus on en parle / Les gens qui ne savent rien parlent beaucoup / La culture, c'est comme la confiture, moins on en a, plus on l'étale ((traduction littérale:«Les casseroles vides font du bruit»)).

*~에 구렁이가 들어앉아 있다 ☞ 구렁이

*~(을) **긁다** agacer *qn*, offenser *qn*; irriter *qn*, vexer *qn*, contrarier *qn*, ennuyer *qn*, embêter *qn*, emmerder *qn* {*vulg*}. ¶ 남의 ~ 긁는 소리를 하다 dire des choses qui agacent [qui vexent, irritent]; dire des choses agaçantes [irritantes, vexantes].

*~(을) **끓이다**[**썩이다**] se ronger [être rongé(*e*), se ronger [se manger] les sangs {*fam*}, se ronger d'inquiétude, se faire un sang d'encre, se faire du mauvais sang, faire se miner, se consumer, être consumé(*e*), détruit(*e*), miné(*e*), ravagé(*e*), ravagé(*e*). ¶ 자식 문제로 ~을 끓이다 se ronger les sangs [d'inquiétude] à cause des problèmes de *ses* enfants. ¶ 그 여자는 남편의 외도 때문에 ~을 썩이고 있다 Elle souffre moralement [est rongée, est minée, est consumée] par la tromperie [par l'adultère] de son mari [par la conduite infidèle de son mari] / La tromperie de son mari la rend malade [la détruit progressivement] / La conduite de son mari infidèle la ronge [la détruit, la mine].

*~**을 달래다**[**풀다**] se calmer [se décontracter, décompresser].

*~(을) **떠보다** essayer de savoir ce que pense l'autre; tester l'autre. ¶ 넌지시 상대방의 ~을 떠보다 essayer

de savoir discrètement ce que pense l'autre; tester l'autre.

*~(을) **썩이다** faire [donner, causer] du souci à *qn*, donner du tourment à *qn*. ¶ 부모님의 ~을 썩이다 donner du tourment à *ses* parents, faire [donner, causer] du souci à *ses* parents.

*~(을) **차리다** ① 정신 차리다 se comporter raisonnablement [en adulte], recouvrer la raison, devenir raisonnable, devenir adulte, être adulte. ¶ 제발 ~ 좀 차려라 Je t'en prie, deviens raisonnable [deviens adulte, sois adulte, comporte-toi en adulte]! ② 잇속을 챙기다 penser (un peu) à *soi*-même. ¶ 남 좋은 일만 하지 말고 이제는 ~ 좀 차려라 Arrête de ne penser qu'aux autres, pense un peu à toi-même / Sois un peu plus égoïste.

*~(을) **태우다** ① s'inquiéter, se soucier, se tracasser, se tourmenter, se faire du souci [des soucis]; se faire de la bile [du mouron, des cheveux] {*fam*}, se biler {*fam*}, se faire du mauvais sang, se faire un sang d'encre; se préoccuper. ¶ 계속되는 가뭄 때문에 ~ 태우는 농부들 paysans qui s'inquiètent [se font des soucis, se soucient] à cause de la sécheresse qui continue. ② 남의 속을 썩이다 inquiéter *qn*, troubler *qn*, tourmenter *qn*, causer [donner] du souci à *qn*. ¶ 남의 ~만 태우는 사람 une personne qui ne fait qu'inquiéter [troubler, tourmenter] les autres.

*~이 **검다[시커멓다]** être noir(*e*) de l'intérieur [diabolique, malfaisant(*e*)].

*~이 **끓다** être en feu [bouillonner (bouillir) de colère]; être tourmenté(*e*); être sur des charbons ardents.

*~(이) **뒤집히다** être bouleversé(*e*), remué(*e*), troublé(*e*); être révolté(*e*). ¶ 나는 그 사람의 비굴한 태도에 ~이 뒤집혔다 Son comportement servile [obséquieux, abject] m'a révolté(*e*).

*~(이) **(들여다)보이다** On aperçoit l'intention réelle [la pensée la plus profonde] de *qn* / Sa pensée la plus profonde apparaît [se voit, se révèle, se montre] / On aperçoit ce qu'il y a dans le cœur de *qn*. ¶ ~이 훤히 들여다보이는 수작 comportement [attitude, action] sournois(*e*) qui montre bien l'intention réelle de *qn*.

*~이 **떨리다** *trembler*, *frémir*, *bouillir*, haleter. ¶ 분한 마음에 ~이 다 떨렸다 J'ai tremblé [frémi] de colère / J'ai éclaté de rage.

*~(이) **없다** ne pas avoir de position; être *mou*(*molle*); être malléable; être manœuvrable, être influençable; ne pas avoir *son* propre jugement; ne pas s'affirmer; ne pas avoir de volonté; ne pas avoir d'arrière-pensée [d'intention cachée]. ¶ 너는 ~도 없니? 그런 모욕을 당하고도 가만히 있다니 Tu ne te défends même pas [Tu restes comme ça sans réagir]! T(u n)'as rien dans le ventre [dans les tripes {*fam*}] ou quoi? / Même quand on t'humilie, tu ne réagis pas? T(u n)'as pas d'amour-propre [de couilles {*vulg*}] ou quoi? ¶ 그 사람은 ~ 없이 착하기만 하다 Il n'a pas d'arrière-pensée, il est gentil tout simplement.

*~(이) **타다** être dévoré(*e*) [consumé(*e*)] d'angoisse, brûler d'angoisse, se faire un sang d'encre. ¶ 남은 ~이 타는 줄도 모르고 그 사람은 천하태평이다 Sans savoir que les autres brûlent d'angoisse, lui, il reste tranquille [paisible, il ne s'en fait pas].

◆**_싸개** 명 carré de papier *m* de tissu, enveloppe *f* intérieure.

◆**_주머니** 명 poche *f* intérieure.

속[2] **屬** 명 【생물】 ⟪suffixe nominal⟫ genre *m*; famille *f* (de plantes).

속[3] **束** 분류 ⟪classificateur⟫ paquet *m* ⟪d'algues séchées⟫.

속-[4] **續** 접두 ⟪suffixe nominal⟫ suite *f*, continuation *f*. ¶ ~ '바람과 함께 사라지다' la suite [la deuxième partie] de «*Autant en emporte le vent*».

◆**_편** -篇 명 suite *f* ⟪d'un roman⟫.

속간 續刊 명 continuation *f*, reprise *f* ⟪d'une publication⟫. ¶ 폐간되었던 잡지의 ~ la reprise de la publication d'un magazine qui avait été supprimée. ◇_(을) **하다** reprendre [continuer] la publication ⟪d'une revue⟫, continuer à publier ⟪un périodique⟫. ¶ 올해 다시 ~한 시사 전문지 un magazine d'actualité dont on a repris la publication cette année. ◇_(이) **되다** continuer à être publié(*e*). ¶ 이 잡지는 올해 다시 ~되었다 Cette année, ce magazine continue à être publié.

속강 續講 명 action de faire deux cours d'affilée [à la suite] ⟪un cours de deux heures⟫. ◇_(을) **하다** faire deux cours d'affilée ⟪un cours de deux heures⟫. ¶ 두 시간을 ~하다 faire un cours de deux heures.

속개 續開 명 continuation *f*, reprise *f* ⟪d'une séance⟫. ¶ 국회의 ~ reprise des travaux de l'Assemblée nationale. ◇_(를) **하다** reprendre *qc*, continuer *qc*. ¶ 비가 그친 뒤 경기를 ~하다 reprendre un match après la pluie. ¶ 점심 식사 후 회의를 ~하겠습니다 On va reprendre la réunion après le déjeuner. ◇_(가) **되다** continuer, être repris(*e*). ¶ 재판이 곧 ~되었다 Le procès a continué [est repris] tout de suite.

속격 屬格 명 【언어】 cas *m* génitif. ¶ ~ 보어 un complément du nom.

◆**_조사** -助詞 명 【언어】 particule *f* génitive. ¶ ~조사는 여기서 소유 관계를 나타낸다 La particule génitive dénote ici une relation possessive.

속결 速決 명 décision *f* [jugement *m*] rapide. ◇_(을) **하다** décider [juger] *qc* rapidement.

◆속전_ 速戰- 명 action *f* foudroyante; attaque-surprise *f*; guerre *f* éclair, blitzkrieg *m*. ¶ 속전~(을) 하다 attaquer soudainement [par surprise] de manière intensive. ¶ 경기를 속전~로 끝내다 clore une rencontre sportive par une dernière action foudroyante, remporter la victoire par une dernière action foudroyante.

속계 俗界 명 monde *m*; société *f*, vie *f* mondaine; ce (bas) monde *m*; monde d'ici-bas *m*; monde *m* profane. ¶ ~를 떠나다 se retirer du monde; renoncer au monde; vivre en ermite; mener une vie recluse. ¶ ~로 내려오다 descendre dans ce bas monde; retourner au monde terrestre; retrouver la vie mondaine.

속곳 명 habits *mpl* de dessous, dessous *mpl*; sous-vêtement(~-~*s*) *m* de femme.

◆속_ 명 culotte *f* de dessous (pour femme). ¶ 안에 속~을 입다 《une femme》 mettre [porter] une culotte de dessous. ¶ 속~ 차림으로 en (petite) culotte.

속공 速攻 명 attaque *f* [offensive *f*] rapide. ¶ ~ 작전 une stratégie d'attaque rapide; un coup éclair; une guérilla. ¶ ~으로 상대 팀 문전을 위협하다 menacer d'une attaque éclaire les visées de l'équipe adverse. ◇_(을) **하다[펼치다]** attaquer rapidement 《l'équipe adverse》; lancer [mener] une attaque rapide.

속구 速球 명 【운동】 balle *f* rapide. ¶ ~를 던지다 lancer une balle rapide.

◆강_ 强- 명 balle *f* hyper [super] rapide {*fam*}. ¶ 강~ 투수 un lanceur hyper rapide 《au baseball》. ¶ 시속 160킬로의 강~를 던지다 lancer une balle hyper rapide à 160 km heure [à l'heure].

속국 屬國 명 colonie *f*, pays *m* colonisé, pays *m* tributaire; pays *m* placé sous protectorat [mandat] d'un autre pays. ¶ 로마의 ~이 되다 devenir une colonie de Rome; devenir un pays tributaire de Rome; devenir un pays [un territoire] placé sous protectorat [sous mandat] de Rome.

속궁리 -窮理 명 intention *f* (cachée); projet *m*, dessein *m*; arrière-pensée(~-~*s*) *f*; réflexion *f*; considération *f*, délibération *f*. ¶ 그 사람이 저렇게 나오는 걸 보면 무슨 ~가 있는 게 틀림없어 S'il réagit comme ça, c'est certainement qu'il a des arrière-pensées / Vu qu'il agit ainsi, c'est sûr qu'il a quelque chose derrière la tête / Je le vois venir, il a sûrement quelque chose derrière la tête. ◇_(를) **하다** réfléchir, penser; chercher, cogiter, délibérer, méditer; gamberger {*pop*}. ¶ 혼자서만 잘 살 ~를 하다 Il réfléchit à comment vivre heureux seul.

속궁합 -宮合 명 ① 【민속】 compatibilité *f* astrale du couple, compatibilité *f* astrale entre un garçon et une jeune fille 《jugée possible ou non par un devin à partir de leurs dates et heures de naissance》. ② 성적 조화로움 harmonie *f* sexuelle de deux fiancés. ¶ 이 부부는 ~이 좋은[잘 맞는] 것 같다 Leurs thèmes astraux respectifs semblent compatibles / Ce couple paraît bien s'entendre d'après leurs thèmes astraux.

속기[1] 速記 명 《속필》 écriture *f* rapide; prise *f* de note rapide; 《속기술》 sténographie *f*, sténo *f* {*fam*}. ¶ ~ 학원 une école de sténo(graphie)-dactylo. ¶ 그 사람은 모든 강의를 ~로 받아 적었다 A chaque cours, il prend en sténo / Il a pris [écrit] des notes en sténo pour tous les cours / Il a sténographié tous ses cours. ◇_(를) **하다** écrire vite [rapidement] *qc*; prendre vite note de *qc*; prendre rapidement *qc* en note; sténographier (un discours); noter *qc* en sténographie.

◆_록 -錄 명 procès-verbal(~-~*aux*) *m* sténographié 《de séance》; comptes *mpl* rendus sténographiés; notes *fpl* sténographiées. ¶ ~록을 쓰다 dresser un procès-verbal en sténographie. ¶ ~록에 넣다 enregistrer [inscrire, ajouter] *qc* dans un procès-verbal sténographié. ¶ ~록에서 삭제하다 supprimer [enlever] *qc* dans le procès-verbal sténographié.

◆_법 -法 명 sténographie *f*, sténo *f* {*fam*}.

◆_사 -士 명 sténographe *mf*, sténo *f* {*fam*}; sténo-dactylo(graphe) *mf*. ¶ ~사 자격증 diplôme de sténo(graphe).

◆_술 -術 명 sténographie *f*, sténo *f* {*fam*}.

속기[2] 俗氣 명 caractère *m* profane [mondain]; vulgaire *m*. ¶ ~를 벗다 se libérer [se purifier, se vider, se dénuder, se dépouiller] de *ses* attaches dans le monde d'ici-bas; être dépouillé(*e*) de *ses* attachements au monde profane. ¶ ~가 몸에 배었다 être plongé(*e*) dans le monde profane.

속꺼풀 명 couche *f* interne; peau *f* intérieure.

속껍질 명 écorce *f* interne; peau(*x*) *f* intérieure.

속내 명 intention *f* réelle [secrète] (de *qn*); confidences *fpl* (intimes); état *m* réel 《d'une affaire》. ¶ ~를 내비치다[털어놓다] se confier à *qn*; faire une confidence à *qn*. ¶ 그 사람은 도무지 ~를 알 수 없다 C'est impossible de savoir ce que pense réellement cette personne [de connaître le fond de sa pensée] / C'est impossible de savoir ce qu'il a dans son for intérieur.

속내의 -內衣 명 linge *m* (de corps); sous-vêtement (~-~*s*) *m*; (vêtements de) dessous *mpl*, lingerie *f*. ¶ ~를 입다[벗다] porter [enlever] un linge de corps, mettre un sous-vêtement.

속눈썹 명 cils *mpl*. ¶ 가짜 ~을 붙이다 porter de faux cils. ¶ ~이 길다[짙다] avoir de longs cils [foncés].

속눈치 명 mouvement *m* du cœur [de l'esprit] impénétrable.

속다 자 se laisser duper [abuser, leurrer, piéger, prendre (au piège de *qn*), attraper *qn* {*fam*}, avoir *qn* {*fam*}, embobiner *qn* {*fam*}], se faire berner [avoir {*fam*}, rouler {*fam*}, pigeonner {*fam*}, baiser {*vulg*}, entuber {*vulg*}]; tomber [donner] dans le panneau; être trompé(*e*) par *qc*; être la dupe de *qn*. ¶ 잘 속는 사람 une personne facile à duper [à posséder {*fam*}, à manipuler, à mener en bateau {fam}], une personne dupe [crédule, naïve]. ¶ 속았군! Je me suis fait avoir {*fam*} / Il(Elle) m'a bien eu {*fam*} / Je me suis laissé piéger / Je suis tombé(*e*) dans le panneau / Je me suis fait posséder {*fam*}. ¶ 나는 그 사람의 순진한 모습에 속았다 J'ai été trompé(*e*) par son air naïf.

¶ 사람들은 그들의 자존심을 만족시켜 주는 일에는 쉽게 속아 넘어간다 Les hommes sont facilement dupes de ce qui flatte leur orgueil.

속다짐 명 résolution *f* [décision *f*] (qu'on prend au fond du cœur). ◇_(을) **하다** prendre une décision [une résolution] au fond du cœur.

속닥 어근 murmure *m*, chuchotement *m*.

◆_**거리다[대다]** 재타 chuchoter, murmurer, susurrer; parler bas [indistinctement], parler en chuchotant [à voix basse].

◆_ _ 부 en chuchotant; à voix basse. ¶ ~~하다 chuchoter, murmurer, susurrer; parler bas [indistinctement], parler en chuchotant [à voix basse]. ¶ ~~ 대화를 나누다 se parler à voix basse, avoir une conversation à voix basse.

속단 速斷 명 conclusion *f* précipitée; interprétation *f* hâtive. ¶ ~은 금물이다 Il ne faut pas juger rapidement [tirer de conclusion hâtive]. ¶ ~은 이르다 Il serait prématuré de conclure. ◇_(을) **하다[내리다]** tirer une conclusion hâtive [précipitée]; conclure *qc* à la hâte [précipitamment]. ¶ 결과를 ~하지 마라 Ne tire pas de conclusion hâtive [trop vite, de manière trop hâtive] / Ne conclus pas trop hâtivement [trop vite]. ¶ 그 문제에 대해 아직은 ~할 수 없다 Pour ce problème, on ne peut pas encore prendre de décision rapide. ¶ 내가 틀렸다고 함부로 ~하지 마라 Ne me donne pas tort trop rapidement. ¶ 실험이 완전히 실패했다고 ~을 내리기에는 아직 이르다 Il est encore tôt pour juger que l'expérience a complètement échoué.

속달 速達 명 livraison *f* express [en express]; express *m*; envoi *m* rapide. ¶ ~ 요금 tarif express; tarif pour une livraison en express. ¶ ~로 보내다 envoyer ((un colis)) en express; expédier ((un courrier)) par envoi rapide.

◆_**우편** -郵便 명 courrier *m* et colis *m* express.

◆**등기**_ 登記- 명 envoi *m* rapide d'une lettre recommandée.

속담 俗談 명 proverbe *m*; dicton *m*; adage *m*; aphorisme *m*. ¶ ~ 사전 dictionnaire des proverbes et dictons. ¶ ~을 인용하다 citer [rappeler] un proverbe [un dicton]. ¶ 세 살 버릇 여든까지 간다는 ~이 있다 Il y a un proverbe qui dit qu'«une habitude *prise à (l'âge de) trois ans dure jusqu*'à (l'âge de) 80 ans» ((Chassez le naturel, il revient au galop)).

속대 명 cœur *m* ((d'un chou, d'une laitue)).

속대중 명 estimation *f* [évaluation *f*] approximative; hypothèse *f*; présomption *f*; vague idée *f*. ¶ ~으로 짐작하다 pressentir *qc* par hypothèse; deviner *qc* par une estimation approximative. ◇_(을) **하다** estimer *qc*; deviner; présumer; conjecturer. ¶ 이 정도면 되겠지 ~을 하다 Il estime que ça suffit comme ça.

속도 速度 명 vitesse *f*; rapidité *f*; allure *f*; train *m*; vélocité *f*; célérité *f*; ((음악)) tempo *m*. ¶ ~를 올리다[높이다] prendre de la vitesse; accélérer la vitesse [l'allure, le train]. ¶ ~를 낮추다[줄이다] ralentir la vitesse [l'allure, le train], réduire [diminuer] la vitesse. ¶ (일에) ~를 내다 aller plus vite (dans un travail), faire *qc* plus vite, augmenter *sa* vitesse d'exécution, mettre les bouchées doubles, mettre (toute) la gomme {*fam*}; mettre les gaz {*fam*}, employer les grands moyens, redoubler de force [d'ardeur] au travail, se secouer {*fam*} ((au travail)). ¶ 일의[말하는] ~를 조절하다 régler la vitesse du déroulement du travail [la vitesse de la parole, le débit de parole]. ¶ 빠른[일정한] ~로 달리다 rouler [courir] à une vitesse rapide [régulière]; rouler à une vitesse élevée. ¶ 시속 100 킬로의 ~로 달리다 rouler à une vitesse de 100 km heure [à l'heure].

◆_**감** -感 명 ((sentir la)) vitesse *f*. ¶ 차가 느려서 ~감을 느끼지 못하겠다 La voiture roule si lentement que je ne sens pas sa vitesse. ¶ ~감 있게 일을 처리하다 faire *son* travail avec rapidité; s'occuper d'un travail avec célérité [avec hâte, avec promptitude, avec vélocité].

◆_**계** -計 명 compteur *m* [indicateur *m*] de vitesse.

◆_**위반** -違反 명 【법률】 excès *m* de vitesse. ¶ ~위반을 단속하다 contrôler l'excès de vitesse (des automobiles). ¶ ~위반으로 딱지를 떼이다 avoir une contravention pour excès de vitesse.

*~**위반을 하다** consommer [coucher ensemble] avant le mariage. ¶ 그 신혼부부는 ~위반을 하였다 Ce jeune couple a été rapide en besogne [a consommé avant le mariage, a couché ensemble avant le mariage] / Ils ont eu des relations sexuelles avant le mariage.

◆_**전** -戰 명 guerre *f* de vitesse. ¶ ~전을 벌이다 mener une guerre de vitesse.

◆**반응**_ 反應- 명 vitesse *f* de réaction.

◆**제한**_ 制限- 명 【법률】 vitesse *f* limitée. ¶ 이 도로는 제한 ~가 80킬로이다 Sur cette route la vitesse limite est à 80 km / h [la vitesse est limitée à 80 km / h].

속독 速讀 명 lecture *f* rapide. ¶ 책을 ~으로 읽다 lire rapidement des livres; faire une lecture rapide d'un livre; lire en diagonale. ◇_(을) **하다** lire vite [rapidement]; faire une lecture rapide, lire en diagonale. ¶ 이런 책은 ~하지 말고 꼼꼼히 읽어야 한다 Ce genre de livre, il ne faut pas le lire vite, mais le lire soigneusement [lentement].

◆_**법** -法 명 méthode *f* de lecture rapide [en diagonale].

속되다 형 ① 천하다 être vulgaire. ¶ 속된 표현 expression (du registre) vulgaire. ② 세속적이다 être profane. ¶ 속된 마음을 버리고 살다 se détacher des choses terrestres [du monde]; se libérer [détacher] des désirs matérialistes.

속뜻 명 ① 깊은 의미 sens *m* profond; signification *f* réelle. ¶ 글의 ~을 파악하다 saisir le sens profond d'un texte. ② 진의 véritable intention *f*, disposition

ㅅ

f intime. ¶ 나는 그가 그런 말을 하는 ~을 모르겠다 Je n'ai pas compris ce qu'il veut dire au juste.

속락 續落 명 tombée *f*, descente *f* continue(lle). ¶ 쇠고기 가격의 ~ tombée des prix de la viande de bœuf. ◇_(을) **하다** baisser de façon continue.

속량 贖良 명 émancipation *f*; libération *f* ((des esclaves)); expiation *f* ((des péchés)). ◇_(을) **하다** émanciper; libérer ((des esclaves)); affranchir *qn*; expier, racheter ((*ses* péchés)). ¶ 죄를 ~하다 expier [racheter] *ses* péchés ((par la pénitence)); faire pénitence. ¶ 주인이 종을 ~했다 Le propriétaire a affranchi ses esclaves. ◇_(이) **되다** être libéré(*e*), affranchi(*e*); ((péchés)) être expié(*e*), racheté(*e*). ¶ 노예가 ~되었다 Les esclaves ont été libérés. ¶ 그의 죄가 ~되었다 Ses péchés ont été expiés.

속력 速力 명 vitesse *f*. ¶ 차의 ~을 올리다[낮추다] accroître [réduire] *sa* vitesse; aller plus vite, accélérer, appuyer sur le champignon {*fam*} [aller moins vite]. ¶ 기차가 ~을 내기[늦추기] 시작하였다 Le train a commencé à accroître [réduire] sa vitesse.

◆**전_** 명 ((à)) toute vitesse *f*, ((à)) pleine [grande] vitesse *f*, ((à)) toute allure *f*, ((à)) toute pompe *f* {*fam*}, ((rouler)) (à) pleins gaz *mpl* {*fam*}; ((conduire)) plein pot *m* {*fam*}. ¶ 전~을 내다 rouler à toute vitesse [à pleine vitesse, à grande vitesse, à toute allure, à toute pompe {*fam*}, à pleins gaz {*fam*}; conduire plein pot {*fam*}; rouler à toute vapeur; rouler à tombeau ouvert; conduire à fond la caisse {*fam*}; passer la surmultipliée {*fam*}, mettre les bouchées doubles [triples], mettre le turbo. ¶ 전~으로 à toute vitesse, à pleine vitesse, à grande vitesse, à toute allure, à toute pompe {*fam*}, ((rouler)) (à) pleins gaz {*fam*}; ((conduire)) plein pot {*fam*}; à toute vapeur; ((rouler)) à tombeau ouvert; ((conduire)) à fond la caisse {*fam*}; ((passer, filer)) comme un bolide [une flèche, comme un trait].

속령 屬領 명 ① dépendance *f*, possession *f*, territoire *m* ((d'Outre-mer)). ② 보호령 protectorat *m*. ③ 식민지 colonie *f*. ④ 속주 province *f* rattachée à un pays. ¶ 이 섬은 미국의 ~이다 Cette île est un territoire américain.

속류 俗流 명 foule *f*, masse *f*.

◆**_유물론** -唯物論 명 【철학】 matérialisme *m*.

속마음 명 (fond *m* du) cœur *m*; sentiment *m* intime; intérieur(*e*), intime, caché(*e*). ¶ 친구에게 ~을 털어놓다 se confier à un ami; ouvrir *son* cœur à un ami; s'ouvrir à un ami. ¶ 아주 가까운 사람들에게도 자기 ~을 감추다[숨기다] cacher *ses* sentiments intimes même à *ses* proches. ¶ 그 여자를 좋아하는 내 ~을 친구가 알아차렸다 Un ami a compris que j'aimais cette fille. ¶ 내 ~을 들켰다 Ma véritable intention a été découverte. ¶ 무슨 ~으로 그런 말을 하니? Tu dis cela dans quelle intention? ¶ 그 사람의 ~은 그게 아니었다 Ce n'était pas cela son intention. ¶ 네가 그렇게 말하는 ~은 뭐니? Qu'est-ce que tu veux au juste?

속말 명 confidence *f*. ¶ ~을 털어놓다[꺼내다] faire des confidences; se confier à *qn*; parler franchement [à cœur ouvert] à *qn*. ◇_(을) **하다** faire une confidence; confier à *qn* ((ses projets, un souci)).

속명[1] 俗名 명 ① appellation *f* commune ((par opposition au nom scientifique)). ② 【불교】 nom *m* profane, nom *m* porté avant l'entrée en religion.

속명[2] 屬名 명 【생물】 nom *m* générique.

속물 俗物 명 béotien(*ne*); philistin(*e*); snob; personne *f* matérialiste; personne *f* qui s'intéresse uniquement à l'argent, à sa carrière [sa position] et à la gloire. ¶ ~ 근성 philistinisme, snobisme. ¶ 그런 ~과는 상종하기도 싫다 Ça ne m'intéresse pas de fréquenter des personnes de son espèce. ¶ 그는 돈과 지위만을 추구하는 ~이다 C'est un type qui ne s'intéresse qu'à l'argent et à sa situation [carrière].

◆**_적** -的 명관 matérialiste, mondain(*e*). ¶ ~적인 태도 attitude matérialiste.

◆**_화** -化 명 fait de devenir matérialiste.

속바지 명 culotte *f* de dessous (pour femme).

속박 束縛 명 contrainte *f* ((sociale)); joug *m* ((de la loi)); entrave *f* ((à la liberté)); chaîne *f*, liens *mpl*. ¶ 조직 사회의 구속과 ~ les restrictions et contraintes du système hiérarchique de la société. ¶ 신분제도의 ~에서 벗어나다 défier [se rebeller contre] le système des classes sociales; échapper aux contraintes imposées par les règles sociales [par le système des classes sociales]; se libérer [s'affranchir] du système des classes sociales. ◇_(을) **하다** contraindre ((la liberté de *qn*)); imposer un joug à *qn*; entraver ((l'action de *qn*)). ¶ 그를 ~하고 있는 여러 굴레들 les diverses chaînes qui le retiennent; les diverses contraintes qui l'oppressent [l'oppriment]; les diverses contraintes dont il est l'objet. ◇_(이) **되다** subir une contrainte; être enchaîné(*e*), lié(*e*) à *qc*.

속발 續發 명 succession *f*, suite *f* ((d'accidents)). ◇_(을) **하다** se produire successivement [coup sur coup]; survenir l'un(*e*) après l'autre. ¶ 사고가 ~한다 Il y a une série d'accidents. ◇_(이) **되다** se succéder; se produire successivement [coup sur coup]; survenir l'un(*e*) après l'autre.

속방 屬邦 명 【정치】 pays *m* vassal; possession *f*, territoire *m* ((d'outre-mer)).

속배포 명 projet *m* [idée *f*] secr*et*(*ète*). ¶ 나에게도 ~가 있다 Il me cache quelque chose, même à moi. ◇_(를) **하다** avoir un projet [une idée] secret(*ète*). ¶ 절대로 포기하지 않겠다고 나름대로 ~를 하다 ne pas du tout avoir l'intention de céder.

속병 -病 명 ① 뱃속의 병 maladie *f* chronique; ((avoir)) l'estomac embarrassé [tout barbouillé]. ¶ ~을 앓다[얻다] souffrir [être atteint(*e*)] d'une maladie

ㅅ

chronique. ¶ 그 사람은 ~으로 아무것도 먹지 못한다 Il ne peut rien manger [avaler] parce qu'il a l'estomac embarrassé [l'estomac tout barbouillé] / Il ne peut rien avaler parce qu'il a une barre sur l'estomac. ¶ 여러 가지 ~이 겹쳐서 죽다 mourir du cumul de plusieurs maladies chroniques. ¶ 그는 술을 너무 많이 마셔서 ~이 났다 Il a tellement bu qu'il a l'estomac tout barbouillé. ② 마음의 병 maladie *f* d'amour; chagrin *m* d'amour. ¶ 마음의 ~을 앓다 avoir un chagrin d'amour.

속보[1] 速報 명 information *f* de (la) dernière heure; dernières nouvelles *fpl*; flash *m* [bulletin *m*] d'informations. ¶ 뉴스 ~ un flash d'informations; un bulletin d'informations. ¶ ~를 듣다 écouter un flash d'informations. ¶ 방금 들어온 ~를 알려드리겠습니다 Voici le dernier flash d'informations [le dernier bulletin d'informations]. ◇_(를) **하다** annoncer promptement [sans délai, immédiatement] ((une nouvelle)). ¶ 사고의 경위를 전국에 ~하다 donner les détails d'un accident lors d'un bulletin d'informations. ¶ 결정 사항을 사원들에게 ~하다 informer rapidement *ses* coéquipiers [collègues] des décisions prises.

◆**_판** -版 명 panneau(*x*) *m* pour les bulletins [flashs] d'informations; panneau(*x*) *m* annonçant les derniers résultats ((d'une élection)). ¶ 사건을 ~판을 통해 알리다 donner rapidement [sans délai, immédiatement] la nouvelle d'un accident [d'un incident] à l'aide d'un panneau (de bulletins d'informations).

속보[2] 速步 명 ① pas *m* accéléré [rapide]. ¶ ~로 걷다 marcher d'un pas rapide [d'un pas vif, d'un pas agile, d'un pas accéléré, rapidement]. ② ((말의)) trot *m*. ¶ 말을 ~로 몰다 faire trotter un cheval; aller au trot.

속보[3] 續報 명 information *f* complémentaire; supplément *m* d'information. ¶ 이후 ~가 계속되겠습니다 Voici maintenant un supplément d'information. ◇_(를) **하다** donner un supplément d'information. ¶ 사고 소식을 연이어 본국으로 ~하다 donner en continu des informations au poste central sur l'accident. ¶ 개표 상황을 선거 사무실로 계속 ~하다 donner en continu des informations au *bureau des élections sur la situation* du dépouillement des votes. ◇_(가) **되다** ((informations complémentaires)) être transmis(*e*). ¶ 선거 본부로 집계 상황이 연이어 ~되었다 Des statistiques sur le dépouillement des votes [du scrutin] ne cessent d'affluer [d'arriver] au poste central des élections.

속비밀 -秘密 명 secret *m* intime. ¶ ~을 캐다 dévoiler un secret intime; percer un secret.

속사[1] 俗事 명 affaires *fpl* du monde; tâches *fpl* quotidiennes. ¶ 일상의 ~에 시달리다 être accablé(*e*) [submergé(*e*), écrasé(*e*)] par les tâches quotidiennes, peiner sous les tâches quotidiennes.

속사[2] 速射 명 tir *m* rapide. ¶ 권총 ~ 자세 position de tir rapide au pistolet [au revolver]. ◇_(를) **하다** tirer rapidement sur *qc*.

속사연 -事緣 명 ☞ 속사정

속사정 -事情 명 problèmes *mpl* internes; dessous *mpl* d'une affaire; raison *f* personnelle; circonstances *fpl* inconnues, état *m* réel des choses. ¶ ~을 털어놓다 dévoiler à *qn ses* problèmes personnels, se livrer à *qn*, parler à cœur ouvert à *qn* de *ses* problèmes personnels; confier *son* histoire intime à *qn*, discuter à cœur ouvert de *ses* problèmes personnels. ¶ 그 사람은 회사의 ~에 밝다 Il est parfaitement au courant de la situation où se trouve réellement l'entreprise. ¶ 그는 남의 ~도 모르고 마음대로 이야기한다 Il parle à tort et à travers sans se préoccuper de ce que je ressens [sans se soucier de mon état d'esprit]. ◇_(이) **있다**[**없다**] avoir des [ne pas avoir de] raisons personnelles. ¶ 그 사람이 그렇게 행동한 데에는 분명히 ~이 있을 거야 Il a sûrement de bonnes raisons d'avoir agi ainsi. ¶ ~ 없는 사람이 어디 있냐? Tout le monde a ses raisons personnelles.

속사주 -四柱 명 【민속】 (les) quatre piliers *mpl* du thème astral de *qn* ((l'année, le mois, le jour et l'heure de la naissance, qui déterminent le thème astral d'une personne)); compatibilité *f* astrale du couple, compatibilité *f* astrale entre un garçon et une jeune fille ((jugée possible ou non par un devin à partir de leurs dates et heures de naissance)).

속사포 速射砲 명 【군사】 canon *m* à tir rapide. ¶ ~처럼 말하다[떠들다] parler comme un moulin à paroles; être un vrai robinet [un robinet d'eau tiède]; baratiner {*fam*}.

속삭 어근 ((onomatopée)) chuchotement *m*; murmure *m*.

◆**_거리다**[**대다**] 자타 chuchoter *qc*, souffler *qc*; parler [dire] *qc* dans le creux de l'oreille de *qn*; murmurer; parler à voix basse.

◆**_ _** 부 à voix basse, en chuchotant.

속삭이다 타 murmurer, chuchoter, parler à voix basse. ¶ 아이들이 구석에서 자기들끼리 뭔가를 속삭이고 있었다 Les enfants étaient en train de murmurer quelque chose entre eux dans un coin.

◆**속삭임** 명 chuchotement *m*; murmure *m*; chuchoterie *f* {*fam*}, cachotterie *f* {*fam*}.

속산 速算 명 calcul *m* rapide. ◇_(을) **하다** calculer rapidement [promptement].

속살[1] 명 ① chair *f* ((d'un homard)); intérieur *m*. ¶ 게[사과]의 ~ chair de crabe [intérieur d'une pomme]. ¶ 배추의 ~이 여물게 찼다 Les choux chinois sont bien mûrs. ② 옷에 가려진 피부 peau *f* cachée sous les vêtements, partie *f* du corps ordinairement voilée par les vêtements. ¶ ~을 드러내다 se dénuder; exposer *sa* peau au regard; exhiber ((*ses* cuisses, *ses* seins)); ((어깨의)) montrer ((*ses* épaules)) nues; laisser voir, laisser paraître ((*son* nombril)); ((un robe)) dénuder ((les épaules, les bras)); avoir ((les bras, le dos)) nu(*s*). ¶ ~이 희다 avoir la peau blanche. ¶ 저 옷은 ~이 다 비친다 Ce vêtement est transparent. ③ chair *f* à l'intérieur de la gueule du bœuf.

속살² 어근 chuchotement *m*; murmure *m*; chuchoterie *f* {*fam*}, cachotterie *f*.

◆_**거리다[대다]** 자타 chuchoter [murmurer, glisser, souffler] *qc* ((à l'oreille de *qn*)); parler [dire *qc*] à *qn* dans le creux de l'oreille; murmurer, parler à voix basse; faire des cachotteries. ¶ 여학생 몇이 자기들끼리 ~거린다 Des étudiantes [écolières] se disent des cachotteries. ¶ 그는 그만 가자고 내게 계속 ~거렸다 Il me répétait sans cesse à l'oreille son désir de partir / Il me soufflait sans cesse qu'il voulait partir.

◆_ _ 부 à voix basse, en chuchotant.

속상하다 형 être blessé(*e*) moralement, être peiné(*e*), chagriné(*e*), meurtri(*e*), tres affecté(*e*), très contrarié(*e*), très abattu(*e*) avoir le cœur meurtri. ¶ 휴가를 가지 못해서 ~ Je suis meurtri(*e*) [très affecté(*e*)] de ne pas pouvoir partir en vacances. ¶ 속상해 죽겠다 Je suis hyper {*fam*} contrarié(*e*) / Je suis très affecté(*e*) [très meurtri(*e*)]. ¶ 너무 속상해하지 마 Ne sois pas trop peiné(*e*) / Ne sois pas trop affecté(*e*) [contrarié(*e*), abattu(*e*)].

속생각 명 intention *f* cachée [secrète, non avouée], dessein *m* [projet *m*] discret [secret], but *m* [objectif *m*] non avoué [non précisé, non dit], autre objectif *m*, arrière-pensée(~-~*s*) *f*, pensée *f* la plus profonde de *qn*. ¶ ~을 말하다 révéler *ses* intentions cachées. ¶ 누구의 ~을 읽다 lire dans les pensées [dans le cœur] de *qn*.

속설 俗說 명 ① opinion *f* courante. ¶ 근거 없는 ~을 믿다[따르다] suivre des opinions courantes sans fondement [dénuées de fondement]. ② 민간에 전해 오는 말 légende *f* populaire. ¶ 다음과 같은 ~이 전해 내려온다 Cette légende populaire nous a été transmise par nos ancêtres. ¶ ~에 따르면 selon le dicton populaire.

속성¹ 速成 명 formation *f* accélérée ((d'ingénieurs)). ¶ ~ 배양 culture (microbienne, bactérienne) accélérée. ¶ ~ 재배 culture ((d'un végétal)) accélérée. ¶ 외국어를 ~으로 배우다[익히다] apprendre rapidement une langue étrangère.

속성² 屬性 명 attribut *m*; propriété *f*. ¶ 인간의 ~ attributs de l'homme. ¶ 고무는 잘 늘어나는 ~이 있다 Le caoutchouc a une propriété élastique.

속성³ 俗姓 명 【불교】 nom *m* de laïque d'un moine bouddhiste (avant qu'il n'entre en religion), nom *m* (d'un moine bouddhiste) porté dans la vie séculière.

속세 俗世 명 siècle *m*; ce bas monde *m* profane; ((bonheur)) temporel(*le*), ((vie)) laïque, ((littérature)) profane. ¶ ~를 떠나다 vivre loin du monde; fuir le monde; se retirer du monde. ¶ ~와의 인연을 끊다 fuir le monde.

속셈 명 ① 암산 calcul *m* mental. ¶ ~ 학원 institut privé de calcul mental. ¶ ~으로 문제를 풀다 résoudre un problème de tête. ② 의도 intention *f* cachée; raisons *fpl* cachées; arrière-pensée *f*; dessein *m* [projet *m*] discret[secret], but *m* [objectif *m*] non avoué [non précisé, non dit], autre objectif *m*; ruse *f* en sous-main [en dessous]. ¶ 엉큼한 ~을 품다 avoir des pensées sournoises. ¶ 그 사람은 내 몫을 차지려하는 ~을 드러냈다 Il a laissé transparaître ses intentions de me prendre ma part. ¶ 친구의 돈을 가로채려던 그의 ~이 들통이 났다 On a découvert qu'il avait l'intention de voler l'argent de son ami. ¶ 그 녀석은 도무지 무슨 ~인지 알 수가 없다 Je n'arrive pas du tout à savoir ce que ce type veut au juste. ¶ 그는 다른 ~이 있는 듯하다 Il a l'air de cacher autre chose [quelque chose] / Il a l'air d'avoir un autre objectif / J'ai l'impression qu'il cache son jeu / On dirait qu'il a un but [un objectif] non avoué [non précisé, non dit] / On dirait qu'il a quelque chose derrière la tête / Il paraît cacher un objectif non précisé [un autre objectif]. ¶ 무슨 ~으로 그런 짓을 했어? Tu as fait cela dans quelle intention [avec quelle idée derrière la tête]? ◇_**이 있다[없다]** avoir une [ne pas avoir d']arrière-pensée [intention cachée], avoir *qc* derrière la tête, avoir une idée derrière la tête [ne rien avoir derrière la tête], cacher *son* jeu, avoir un but [un objectif] non avoué [non précisé, non dit], avoir un autre objectif. ◇_**(을) 하다** faire du calcul mental; calculer mentalement; faire un calcul de tête.

속속 續續 부 successivement, l'un après l'autre, l'un derrière l'autre, l'un à la suite de l'autre; ((se suivre)) à la file. ¶ 사람들이 ~ 도착하였다 les gens sont arrivés les uns à la suite des autres. ¶ 그의 비리가 ~ 밝혀지고 있다 ses injustices sont révélées les unes après les autres.

속속들이 부 de fond en comble, dans tous les coins (et recoins); de bout en bout; sans omission. ¶ 사건의 진상을 ~ 파헤치다 rechercher toute la vérité d'une affaire.

속수무책 束手無策 명 absence *f* totale de moyens. ¶ ~이다 n'avoir aucun moyen ((de résister)); ne pouvoir absolument rien à *qc*; se trouver totalement désarmé(*e*). ¶ 그의 병에는 의사들도 ~이었다 Devant sa maladie, le médecin lui-même ne put rien faire.

◆_**으로** 부 ne pouvant absolument rien faire, étant totalement désarmé(*e*). ¶ 적의 공격에 ~으로 당하다 se trouver totalement désarmé(*e*) face à l'attaque de l'ennemi. ¶ 병을 ~으로 방치하다 se trouver totalement désarmé(*e*) face à une maladie; ne pouvoir absolument rien faire face à une maladie.

속심 俗心 명 état *m* d'esprit d'une personne qui ne pense qu'aux avantages matériels et aux honneurs.

속악 俗樂 명 【음악】 musique *f* populaire.

◆**_가사** -歌詞 명 【문학】 paroles *fpl* d'une chanson populaire.

속안 俗眼 명 opinion *f* du profane. ¶ ~에 불과하다 Ce n'est que l'opinion d'un profane.

속앓이 명 tourments *mpl*. ◇_(를) **하다** avoir des tourments; se tourmenter; être tourmenté(*e*). ¶ 여러 해 동안 ~를 하다 se tourmenter pendant des années. ¶ 사고뭉치 아들 때문에 ~를 하다 se faire un sang d'encre à cause de *son* fils qui ne cause que de problèmes.

속어 俗語 명 ① 비속어 langue *f* populaire; argot *m*; expression *f* populaire [vulgaire]. ¶ ~를 쓰다 avoir recours à l'argot; s'exprimer en langage populaire [vulgaire]. ② 상말 langage *m* grossier [vulgaire]; grossièreté *f*, vulgarité *f*.

속어림 명 estimation *f* [évaluation *f*] approximative. ¶ 내 ~으로도 그가 꽤 많은 돈을 주었다 A mon avis, il a donné une très grosse somme d'argent / J'ai l'impression qu'il a donné une très grosse somme d'argent. ◇_(을) **하다** estimer, évaluer approximativement. ¶ 그는 5분쯤 뒤에는 그가 들어올 거라고 ~을 했다 Il a estimé qu'il rentrerait environ dans cinq minutes.

속언[1] **俗言** 명 langue populaire; argot; langage *m* populaire [vulgaire].

속언[2] **俗諺** 명 dicton *m* populaire.

속옷 명 linge *m* (de corps); sous-vêtement(~-~*s*) *m*, dessous *mpl*; lingerie *f*; ((être en)) petite tenue *f*, tenue *f* légère. ¶ ~을 갈아입다 changer de linge. ¶ ~ 바람[차림]으로 en sous-vêtements; en petite tenue [tenue légère]. ¶ 깨끗한 ~으로 갈아입다 mettre du linge propre; changer de sous-vêtements.

◆ **가지** 명 linge *m* (de corps); sous-vêtement(~-~*s*) *m*.

속요 俗謠 명 ① chant *m* [chanson *f*] populaire. ② 【문학】 chant *m* folklorique. ¶ 고려 ~ chant folklorique de Goryeo.

속울음 명 pleurs *mpl* intérieurs. ¶ ~을 울다 pleurer intérieurement [au fond du cœur]; sangloter à l'intérieur; pleurnicher [chialer {*fam*}] intérieurement.

속웃음 명 rire *m* intérieur. ¶ ~을 치다 rire intérieurement [à l'intérieur, au fond de *soi*].

속음 俗音 명 prononciation *f* populaire des caractères chinois. ¶ 한자어를 ~으로 읽다 lire des mots écrits en caractères chinois avec la prononciation populaire.

속이다 타 ((forme causative de 속다)) tromper *qn*, mystifier *qn*, leurrer *qn*, duper *qn*, berner *qn*, abuser *qn*, piéger *qn*, avoir *qn* {*fam*}, rouler *qn* {*fam*}, posséder *qn* {*fam*}, pigeonner *qn* {*fam*}, refaire *qn* {*fam*}, baiser *qn* {*vulg*}, entuber *qn* {*vulg*}, embobiner *qn* {*fam*}, faire marcher *qn* {*fam*}, faire courir *qn* {*fam*}, mener *qn* en bateau {*fam*}, monter un bateau à *qn* {*fam*}. ¶ 누구를 감쪽같이 ~ mystifier [tromper] complètement *qn*, tromper qn de façon imparable [avec art, avec adresse]. ¶ 누구에게 자기 신분을 ~ cacher *son* identité à *qn*. ¶ 사람들에게 자기가 영화배우라고 ~ tromper [duper] les gens en disant qu'*on* est ac*teur*(*trice*).

속인 俗人 명 ① 속된 사람 personne *f* vulgaire [inculte]; béotien(*ne*); homme *m* ordinaire de la rue; personne *f* matérialiste. ¶ ~은 그저 눈앞의 이익만 본다 Le commun des hommes ne voit [considère] que le profit immédiat. ② 【종교】 profane *m*, non-initié *m*; laïc *m*; laïque; profane.

속인주의 屬人主義 명 【법률】 droit *m* du sang, principe *m* d'origine. ¶ ~를 따라 부모의 국적을 물려받다 hériter de la nationalité de *ses* parents par le droit du sang.

속임수 명 tromperie *f*, supercherie *f*, tricherie *f* ((au jeu)); fraude *f* ((à l'impôt)); fourberie *f*, camouflage *m*. ¶ 간교한[기막힌] ~ habile supercherie [étonnant camouflage]. ¶ ~를 쓰다 tricher ((au jeu)); tromper *qn*. ¶ ~에 넘어가다[걸리다] se laisser tromper par la supercherie de *qn*. ¶ ~에 능하다 être fort(*e*) en supercherie. ¶ 나한테는 ~가 통하지 않을걸 Ça ne marchera pas avec moi.

속임질 명 tromperie *f*, supercherie *f*, tricherie *f* ((au jeu)); fraude *f* ((à l'impôt)); fourberie *f*. ¶ ~에 능하다 être fort(*e*) en supercherie.

속잎 명 ① feuille *f* intérieure. ¶ 양배추의 ~ feuilles intérieures [cœur] d'un chou chinois. ② 새로 나는 잎 nouvelles feuilles *fpl* à la cime d'un arbre. ¶ ~이 돋았다[났다] De nouvelles feuilles ont poussé (à la cime de l'arbre).

속자 俗字 명 forme *f* populaire [simplifiée] (des caractères chinois). ¶ ~로 쓰다 utiliser les caractères simplifiés; écrire avec les caractères simplifiées; écrire avec la forme simplifiée des caractères.

속장 -張 명 page *f* [feuille *f*] intérieure ((d'un journal)). ¶ 책갈피를 책의 ~에 끼우다 mettre un marque-pages à l'intérieur d'un livre.

속저고리 명 veston *m* intérieur.

속적삼 명 veste *f* [veston *m*] intérieur(*e*) lég*er*(*ère*) (coréen(*ne*)). ¶ ~ 한 벌 une veste intérieure coréenne légère. ¶ ~을 입다 mettre une veste intérieure légère.

속전[1] **贖錢** 명 rançon *f*. ¶ 그는 ~을 바치고 풀려났다 Il a été relâché contre versement d'une rançon / Il a payé sa rançon (pour être libéré).

속전[2] **速戰** 명 action *f* foudroyante; attaque-surprise *f*, guerre *f* éclair, blitzkrieg *m*. ¶ 경기를 ~으로 끝내다 clore une rencontre sportive par une dernière action foudroyante. ◇_(을) **하다** attaquer soudainement [par surprise] de manière intensive.

속절없다 형 *être inutile*, être obligé(*e*) [forcé(*e*)] de renoncer à *qc*. ¶ 지난 일을 후회해 보아야 ~ Il ne sert à rien de ressasser le passé.

◆**속절없이** 부 inutilement, à contrecœur; malgré

ㅅ

soi. ¶ ~ 애를 태우다 se faire du souci malgré soi. ¶ 떠나간 남편을 ~ 기다리다 se résigner à attendre *son* mari qui est parti.

속정 -情 명 ① secret *m* intime. ¶ ~을 들키다 se faire dévoiler *ses* secrets. ② 진실한 정 affection *f* profonde. ¶ ~이 깊은[많은] 사람 personne très affectueuse. ¶ 누구에게 ~을 주다 se montrer très affectueux(*se*) avec *qn*.

속죄 贖罪 명 ① expiation *f* des péchés; expiatoire, propitiatoire. ¶ ~의 눈물 larmes expiatrices. ② 【기독】 Rédemption *f*. ◇_(를) **하다** expier *ses* péchés par la pénitence; expier [racheter] *ses* péchés. ¶ ~하는 마음 envie d'expier *ses* péchés. ¶ 죽음으로 ~하다 expier *ses* péchés en se donnant la mort. ¶ 그는 조국을 배신한 것을 죽음으로 ~했다 Il a expié sa trahison envers la patrie en se donnant la mort. ◇_(가) **되다** être expié(*e*).

◆**_양** -洋 명 bouc *m* émissaire. ¶ 누구를 ~양으로 삼다 considérer *qn* comme bouc émissaire, faire de *qn son* bouc émissaire, prendre *qn* comme bouc émissaire.

속지[1] -紙 명 papier *m* à l'intérieur d'une enveloppe. ¶ ~에 물목을 적다 écrire le montant de *sa* contribution aux frais ((d'un mariage ou d'un enterrement)) avec *son* nom dans une enveloppe.

속지[2] 屬地 명 ① pays *m* de résidence. ② 속국 protectorat *m*; colonie *f*; province *f* rattachée à un pays. ¶ ~로 만들다[삼다] faire d'un pays ou d'une province une colonie [considérer un pays ou une province comme une colonie, comme l'un de *ses* territoires, comme l'une de *ses* possessions]; coloniser une province [un pays]. ¶ 다른 나라의 ~가 되다 devenir la colonie d'un autre pays.

◆**_법** -法 명 【법률】 juridiction *f* [lois *fpl*] du pays de résidence.

◆**_주의** -主義 명 【법률】 droit *m* du sol, principe *m* de territoire. ¶ ~주의를 택하다[적용하다] adopter [appliquer] le droit du sol.

속짐작 명 hypothèse *f* que l'on garde pour *soi*. ¶ ~으로 미루어 생각하다 faire une hypothèse et la garder pour *soi* [et la garder secrète]. ◇_(을) **하다** faire une hypothèse et la garder pour *soi* [et la garder secrète]. ¶ 그 여자의 사정에 대해 ~은 하고 있었지만 내색을 하지 않았다 J'imaginais intérieurement [dans ma tête] ce qu'était son problème mais je le gardais pour moi.

속집 續集 명 série *f*. ¶ ~을 발간하다 publier une série.

속창 명 semelle *f* intérieure. ¶ ~을 깔다 mettre une semelle (intérieure). ¶ ~을 갈다[바꾸다] changer de semelle. ¶ 구두 ~이 닳았다 La semelle (intérieure) de mes chaussures est usée.

속청 명 membrane intérieure ((du bambou, du roseau)). ¶ 대나무[갈대]의 ~ membrane intérieure du bambou [du roseau].

속출 續出 명 apparition *f* successive; suite, succession, série *f* ((d'accidents)). ¶ 파업 사태의 ~ série de grèves. ◇_(을) **하다** se produire successivement [coup sur coup]; survenir l'un(*e*) après l'autre. ¶ 경기 중에 부상 선수가 ~했다 Les athlètes n'ont pas arrêté de se blesser pendant la compétition. ¶ 전염병으로 사망자가 ~했다 Le nombre de décès dus à cette maladie contagieuse n'arrête pas d'augmenter.

속치레 명 décoration *f* intérieure. ◇_(를) **하다** décorer l'intérieur ((d'une maison)).

속치마 명 jupe *f* de dessous; jupon *m*; cotillon *m*. ¶ ~가 비치는 옷 vêtement (transparent) qui laisse voir la jupe de dessous. ¶ ~를 입다 mettre un jupon. ¶ ~ 바람[차림]으로 돌아다니다 se promener en tenue légère ((chez *soi*)).

속치장 -治粧 명 architecture *f* d'intérieur; décoration *f* d'intérieur. ¶ ~에 신경 쓰다 se préoccuper de la décoration de *son* appartement [*sa* maison]. ◇_(을) **하다** décorer *sa* maison [*son* appartement].

속칭 俗稱 명 appellation *f* commune. ¶ ~으로 부르다 appeler ordinairement. ◇_(을) **하다** appeler ordinairement.

속탈 명 indigestion *f*. ¶ ~을 다스리다[고치다] calmer une indigestion [des maux de ventre]. ¶ 술 때문에 ~이 났다 J'ai l'estomac tout barbouillé [l'estomac embarrassé] parce que j'ai bu trop d'alcool.

속편 續編 명 suite *f* ((d'un roman)); volume *m* suivant; deuxième volet *m*. ¶ 영화의 ~ la suite d'un film. ¶ ~을 제작하다[만들다] produire la suite d'un film. ¶ ~을 내놓다[개봉하다] faire paraître [porter] à l'écran la suite d'un film.

속표지 -表紙 명 page *f* de titre; frontispice *m*.

속풀이 명 action *f* d'épancher [de passer, de déverser, de décharger] *sa* colère sur *qn*. ◇_(를) **하다** épancher [passer, déverser, décharger] *sa* colère sur *qn*.

속필 速筆 명 écriture *f* rapide. ¶ 그는 ~이다 Il écrit vite.

속하다 屬- 자 appartenir à *qc*, faire partie de *qc*; dépendre de *qc*, relever de *qc*; compter, se classer parmi *qc*, se ranger. ¶ 상류층에 ~ appartenir à la classe supérieure. ¶ 그는 미남에 속한다 Il compte parmi les beaux hommes.

속학 俗學 명 étude *f* profane.

속행[1] 速行 명 acte *m* [action *f*] prompt(*e*). ◇_(을) **하다** agir promptement; faire vite. ¶ 계획을 ~하기로 결정하다 décider de réaliser au plus vite un projet.

속행[2] 續行 명 continuation *f*. ◇_(을) **하다** ① continuer *qc* [à+*inf*]; poursuivre *qc*; ne pas cesser de+*inf*. ② 재개하다 reprendre ((un voyage, une conversation)); continuer ((un débat)). ¶ 식사 후에 회의를 ~하겠습니다 Nous reprendrons la réunion [Nous continuerons à débattre, Nous continuerons le débat] après le repas. ◇_(이) **되다** recommencer; reprendre. ¶ 비가 그쳐 경기가 ~되었다 La pluie ayant cessé, la compétition [le match, la partie] a recommencé [repris].

속화 俗化 명 vulgarisation *f*, sécularisation *f*. ◇_(를) **하다** vulgariser, séculariser. ◇_(가) **되다** être vulgarisé(*e*), sécularisé(*e*).

속회[1] 續會 명 reprise *f* d'une réunion [d'une délibération, d'une séance, d'un débat]. ◇_(를) **하다** reprendre une réunion [un débat, une séance]. ¶ 두 시간 후에 ~합니다 On reprend la séance [la réunion] dans deux heures. ◇_(가) **되다** recommencer; reprendre.

속히 부 vite, promptement, rapidement. ¶ ~ 대답해라 Réponds vite. ¶ 일이 끝나는 대로 ~ 돌아오겠다 Je reviendrai aussitôt après avoir fini mon travail [dès que j'aurai fini mon travail].

솎다 타 éclaircir ((une planche, un semis)); rendre *qc* clairsemé(*e*).

손[1] 명 ① main *f*. ¶ ~을 씻다 se laver les mains. ¶ ~을 내리다 baisser la main. ¶ ~을 비비다 se frotter les mains. ¶ ~을 다치다 se blesser à la main. ¶ 젖은 ~을 닦다 s'essuyer les mains. ¶ ~을 (내)저으며 사양하다 refuser d'un signe de la main [en agitant la main]. ¶ ~을 흔들어 인사하다 saluer d'un signe de la main. ¶ 두 ~을 줄로 묶다 lier les deux mains de *qn* avec une corde. ¶ 전선에 ~을 대다 toucher aux fils électriques. ¶ 어머니가 아이의 ~을 놓쳤다 La mère a lâché la main de son enfant. ¶ 두 ~ 모아 기도하다 prier les mains jointes. ¶ ~에 상처를 입다 se blesser à la main; avoir une blessure à la main. ¶ ~에 감춘 게 뭐니? Qu'est-ce que tu caches dans tes mains? ¶ ~에 쥐다[잡다] saisir *qn* par la main. ¶ ~으로 잡다 saisir par la main; prendre par la main. ¶ 한 ~으로 잡다 attraper *qc* avec une seule main. ¶ 누구에게 빈 ~으로 인사 가다 rendre visite à *qn* les mains vides. ¶ ~에 ~(을) 잡고 en tenant *qn* par la main. ¶ ~이 곱다 avoir de belles mains. ¶ ~이 거칠다 avoir des mains rugueuses [de travailleur]. ② 손가락 doigt *m* (de la main). ¶ ~을 꼽아 헤아리다 compter sur les doigts de la main. ¶ ~에 반지를 끼다 mettre une bague au doigt. ¶ ~으로 가리키다 montrer du doigt. ③ 일손, 인력 main-d'œuvre *f*, bras *m*. ¶ ~이 모자라다[부족하다] manquer de main-d'œuvre [de bras]. ¶ ~이 많다 avoir beaucoup de main-d'œuvre; avoir beaucoup de bras. ④ 힘, 능력 travail *m*. ¶ 일하던 ~을 잠시 멈추다 s'arrêter momentanément de faire *qc*. ¶ 여러 사람의 ~을 거치다 passer par plusieurs personnes [par de nombreux intermédiaires]. ¶ 내 ~으로 직접 했다 Je l'ai fait de mes propres mains / C'est moi qui l'ai fait. ¶ 나는 할머니 ~에서 자랐다 J'ai été élevé(*e*) par ma grand-mère. ¶ ~이 빠르다[싸다, 재다] régler les choses rapidement; faire *son* travail [travailler] rapidement [efficacement]; être efficace au travail. ¶ ~이 서투르다 être maladroit(*e*). ⑤ 영향력 pouvoir *m*, influence *f*.; ((sous la, dans les, entre les)) main(*s*) *f*(*pl*); possession *f*. ¶ 범인을 경찰의 ~에 넘기다 remettre un coupable aux mains de la justice. ¶ 누구의 ~에 놀아나다 se laisser prendre au jeu de *qn*. ¶ 이 일의 성패 여부는 그의 ~에 달려 있다 Le dénouement de cette affaire est entre ses mains [dépend de lui].

*~**에 걸리다** tomber sur *qn*. ¶ 이 나쁜 자식 내 ~에 걸리면 죽을 줄 알아라 Si je retrouve cette enflure {*vulg*} [cette pourriture {*fam*}, ce connard {*vulg*}], je le tue / Si je retrouve cet enfant de salaud {*vulg*}, il va le payer cher.

*~**(에) 꼽히다** être compté(*e*) au nombre de *qc*; compter parmi les meilleurs. ¶ 한국의 ~ 꼽히는 작가들 les meilleurs écrivains sud-coréens.

*~**에 넣다** prendre en main ((*qc*, le pouvoir)), se saisir, s'emparer ((de *qc*, du pouvoir)). ¶ 귀한 책을 ~에 넣다 avoir en main un livre important. ¶ 권력을 ~에 넣다 se saisir du pouvoir, prendre le pouvoir en main, s'emparer du pouvoir.

*~**에 땀을 쥐다** ((moment)) palpiter; ((spectacle)) saisir. ¶ ~에 땀을 쥐게 하는 경기 compétition palpitante.

*~**에 물 한 방울 묻히지 않고 살다** vivre à l'aise sans jamais s'occuper des tâches ménagères.

*~**에 붙다** commencer à apprendre le métier, se familiariser avec un travail, se faire la main; prendre le pli; faire *ses* classes. ¶ 이제 일이 ~에 붙었다 Maintenant, je me suis fait la main [je commence à avoir du métier].

*~**에 익다** être habitué(*e*) à *qc*/*inf*, être accoutumé(*e*) à *qc*.

*~**에 잡히다** parvenir [arriver] à travailler correctement [à se concentrer sur *son* travail, à se mettre au travail]. ¶ 일이 ~에 잡히지 않는다 Je ne parviens pas à travailler correctement / J'ai du mal à me concentrer [à travailler].

*~**에 잡힐 듯하다** C'est comme si on était à côté; ((entendre)) distinctement ((le bruit d'une conversation)).

*~**에 장을 지지다** en mettre *sa* main au feu; en mettre *sa* tête à couper; le jurer sur la tête de *sa* mère.

*~**(을) 걸다** faire une promesse en se tenant mutuellement par le petit doigt; jurer ((croix de bois, croix de fer)) / Croix de bois, croix de fer, si je mens, je vais en enfer.

*~**(을) 꼽으며 기다리다** compter les heures [les jours]; trouver le temps long; compter le nombre de jours qu'il reste ((avant la retraite, avant *sa* libération)); attendre avec impatience.

*~**(을) 끊다** rompre (une relation) [mettre fin à une relation] avec *qn*; se séparer de *qn*, couper les ponts [les liens] avec *qn*; ne plus du tout contacter *qn*, rompre (toute relation) avec *qn*, cesser *ses* relations avec *qn*, cesser [suspendre] les relations avec *qn*. ¶ 나는 그 사람과 ~을 끊었다 J'ai coupé les ponts [les liens] avec lui / Je ne le contacte plus / Je ne suis plus en contact [en relation(s)] avec lui.

ㅅ

*~을 내밀다 tendre la main [les mains]; demander de l'argent à *qn*. ¶ 아들은 용돈을 달라고 내게 ~을 내밀었다 Les enfants ont tendu leur main pour réclamer de l'argent de poche. ¶ 그는 돈이 떨어지기만 하면 언제나 형제들에게 ~을 내민다 Dès qu'il est à sec, il demande de l'argent à ses frères et sœurs.

*~(을) 놓다 baisser les bras. ¶ 일을 해결을 해야지 ~ 놓고 멍하니 있으면 어떡해 Il faut résoudre ce problème. Il ne faut pas baisser les bras [pas rester comme ça à ne rien faire].

*~(을) 대다 ① se mettre à faire *qc* [au travail]; commencer ((un travail)); se mettre au travail; mettre la main ((à une œuvre)); mettre la main à la pâte. ¶ 그는 ~ 대는 족족 사업에 실패했다 Il a échoué dans toutes les affaires qu'il avait commencées. ② 처리하다 se mettre au travail; commencer ((un travail)); mettre la main ((à une œuvre)); mettre la main à la pâte. ¶ 이 사건은 어디에서부터 ~을 대야 좋을지 도무지 모르겠다 Je ne vois pas par où commencer. ③ 마약, 노름을 시작하다 toucher ((à la drogue)); porter la main à *qc*. ¶ 그는 끝내 마약에 ~을 대고 말았다 Il a fini par toucher à la drogue. ④ 고치다 réparer ((une machine)); corriger ((un texte)). ¶ 그의 글은 어떻게 ~을 대야 할지 모르겠다 Je ne sais pas comment je dois corriger son texte. ⑤ 사람을 해치다 faire du mal à *qn*; toucher à *qn*; frapper *qn*. ¶ 너희들 내 친구에게 ~ 대면 재미없을 줄 알아 Si vous touchez à lui [vous lui faites du mal], vous aurez affaire à moi. ⑥ 훔치다 toucher à *qc*; voler; détourner ((des fonds publics)). ¶ 그는 회사 공금에 ~을 대고 말았다 Il a fini par détourner des fonds publics. ⑦ 여자와 관계를 갖다 se permettre des libertés avec une femme. ¶ 사장이 자기 비서에게 ~을 댔다 Le directeur s'est permis des libertés avec sa secrétaire.

*~(을) 들다 ① 굴복하다 baisser les bras; laisser tomber; s'avouer vaincu(*e*); jeter l'éponge; rendre les armes; renoncer à poursuivre une action. ¶ 적은 끝내 ~을 들지 않았다 L'ennemi a fini par rendre les armes. ¶ 나는 그의 설득에 결국 ~을 들고 말았다 J'ai fini par être convaincu(*e*) par ses arguments / Il a fini par me convaincre. ¶ 많은 사람들이 이 문제에 완전히 ~을 들었다 Beaucoup de gens ont complètement baissé les bras face à ce problème [ont complètement laissé tomber cette question]. ② 지지하다, 찬성하다 soutenir *qn*, appuyer *qn*; prendre parti pour; accorder [donner, prêter] *son* appui à *qn*; approuver *qn*, être d'accord avec *qn*. ¶ 몇 명이 그 사람에게 ~을 들어 주었다 Quelques-uns [Plusieurs personnes] l'ont soutenu./ Quelques-uns lui ont donné raison.

*~(을) 떼다 ① 마무리 짓다 finir, compléter, achever. ② 그만두다 se retirer ((d'une affaire en commun)); abandonner ((un travail d'équipe)). ¶ 사업에서 ~을 떼다 se retirer d'une affaire.

*~(을) 벌리다 demander de l'aide [de l'argent, un secours, une faveur] à *qn*; faire l'aumône; quémander *qc* auprès de *qn*. ¶ 친구들에게 ~ 벌리는 것도 이젠 지겹다 J'en ai assez de demander de l'argent à mes amis.

*~(을) 보다 ① 무엇을 고치다 reprendre ((un travail)), remanier ((un texte)), apporter des modifications à *qc*, modifier *qc*, réparer *qc*. ¶ 고장 난 차를 ~보다 réparer la voiture (tombée en panne). ② 때려서 혼내다 rouer *qn* de coups, battre violemment *qn*, rosser *qn*, tabasser *qn* {*fam*}, passer *qn* à tabac {*fam*}; régler le compte de *qn*; casser la figure [la gueule {*fam*}] à *qn*, arranger le portrait à *qn*. ¶ 누구를 ~봐 주다 rouer *qn* de coups, battre violemment *qn*, rosser *qn*, tabasser *qn* {*fam*}, passer *qn* à tabac {*fam*}; régler le compte de *qn*; casser la figure [la gueule {*fam*}] à *qn*, arranger le portrait à *qn*.

*~을 빼다 se retirer ((d'une affaire)). ¶ 그는 이 일에서 ~을 뺐다 Il s'est retiré de cette affaire.

*~을 뻗치다 étendre *son* marché à *qc*. ¶ 그들은 소규모 유통업에까지 ~을 뻗쳤다 Ils ont étendu leur marché au commerce de petite distribution [à la petite distribution].

*~(을) 쓰다 prendre des mesures [dispositions] pour *qc*; (어떻게든 손을 써서) recourir à tous les expédients; faire l'impossible; faire des pieds et des mains. ¶ 그는 요로에 미리 ~을 써 놓았다 Il a déjà tout essayé.

*~(을) 씻다[털다] se retirer ((d'une affaire)); renoncer définitivement à *qc*, rompre complètement avec *qc*. ¶ 그는 마약 장사에서 ~을 씻었다 Il a définitivement renoncé au trafic de drogue / Il a complètement rompu avec le trafic de drogue.

*~(을) 잡다 coopérer avec *qn*; s'associer avec *qn*. ¶ 그는 다른 조직과 ~을 잡았다 Il s'est associé avec une autre bande.

*~(이) 가다 ① 욕구를 느끼다 ne pas pouvoir s'empêcher de grignoter [de mettre *sa* main ((dans le paquet de chips))], ne pas résister à l'envie de grignoter, avoir sans arrêt envie de grignoter *qc*, avoir tout le temps *sa* main ((dans le paquet de chips)). ¶ 음식에 자꾸 ~이 간다 Je ne résiste pas à l'envie de grignoter / Je ne peux pas m'empêcher de grignoter [de mettre ma main ((dans le paquet de chips))] / Je ne sais pourquoi mais j'ai sans cesse envie de grignoter quelque chose / J'ai tout le temps ma main ((dans le paquet de chips)), c'est plus fort que moi / Je grignote ((les chips)) les unes après les autres, je n'arrive pas à m'arrêter, c'est plus fort que moi. ② 작업을 요하다 demander beaucoup de travail [de temps]. ¶ ~이 많이 가는 음식 un plat qui demande beaucoup de travail [de temps].

*~(이) 닿다 être en *son* pouvoir. ¶~ 닿는 데까지 tout ce qui est en *son* pouvoir, le maximum. ¶~ 닿는 데까지 도와 드릴게요 Je ferai tout ce qui est en mon pouvoir pour vous aider / Je ferai le maximum pour vous aider.

*~(이) 맞다 avoir un bon partenaire pour travailler; bien s'entendre, être fait(*e*)s pour s'entendre, former une bonne équipe. ¶ 우리는 서로 ~이 잘 맞는다 Nous sommes faits pour nous entendre / Nous formons une (très) bonne équipe.

*~이 맵다 frapper fort.

*~(이) 미치다 influencer (fortement); agir (sur), déteindre (sur), entraîner, influer (sur). ¶ 그의 ~이 미치지 않는 곳이 없다 Il est influent partout.

*~이야 발이야 빌다 Je vous en supplie, pardonnez-moi.

*~이 여물다 être extrêmement méticuleu*x*(*se*) dans *son* travail; être scrupuleu*x*(*se*), pointilleu*x*(*se*), minutieu*x*(*se*), consciencieu*x*(*se*), soigneu*x*(*se*), rigoureu*x*(*se*).

*~(이) 작다 être parcimonieu*x*(*se*), mesquin(*e*), radin(*e*) {*fam*}.

*~(이) 크다 être généreu*x*(*se*).

◆_마디 명 articulation *f*; phalange *f* du doigt.

◆_발 명 ☞ 손발

◆_재주 명 dextérité *f* ((d'un prestidigitateur)); adresse *f*, habileté *f* ((d'un artisan)). ¶ 그는 ~재주가 있다[많다] Il est très adroit [habile] / Il fait preuve d'une très grande habileté.

◆왼[오른]_ 명 main *f* gauche [droite] ¶ 왼[오른] ~으로 쓰다 écrire de la main gauche [de la main droite]; être gauch*er*(*ère*) [droiti*er*(*ère*)].

◆조막_ 명 petite main *f*, main *f* d'enfant, menotte *f*.

◆큰_ 명 personnage *m* important; grande figure *f* [personnalité f]. ¶ 증권가의 큰~ un requin du monde de la finance.

손[2] 명 visiteu*r*(*se*); invité(*e*), hôte; client(*e*); acheteu*r*(*se*); clientèle *f*. ¶ ~을 대접하다 servir les invités [un hôte]. ¶ ~을 맞다 recevoir [accueillir] les invités [un hôte]. ◇_(을) 치르다 accueillir un hôte, offrir l'hospitalité.

◆길_ 명 voyageu*r*(*se*), passag*er*(*ère*). ☞ 손님

손[3] 명 【민속】 esprit *m* malfaisant. ¶ ~(이) 없는 날을 잡다 choisir un bon jour (pour un déménagement).

손[4] 孫 명 descendants *mpl*, descendance *f*, petits-enfants *mpl*. ¶ 그 집은 ~이 귀하다 Les enfants sont rares dans cette famille. ¶ 이 댁은 그의 죽음으로 ~이 끊겼다 Avec la mort de cette personne, la lignée de cette famille s'arrête.

손[5] 분류 ((classificateur)) paire *f* de maquereaux. ¶ 고등어 한 ~ une paire de maquereaux.

손가락 명 doigt *m*. ¶ ~ 마디가 굵다 avoir des doigts noueux. ¶ 아기가 ~을 빨고 있다 Le bébé suce son pouce. ¶ ~을 걸고 약속하다 jurer la main levée. ¶ ~에 반지를 끼다 mettre une bague [un anneau, ((결혼반지)) une alliance] à *son* doigt. ¶ ~이 가늘다 [굵다, 길다, 짧다] avoir les doigts fins [gros, longs, petits]. ¶ ~으로 길을 가르쳐 주다 indiquer la route [le chemin] du doigt.

*~도 길고 짧은 게 있다 Personne n'est identique.

*~으로 헤아릴 정도이다 être rare (au point de pouvoir les compter sur les doigts de la main); on les compte sur les doigts de la main [d'une main].

*~(을) 꼽다 ① compter sur *ses* doigts. ¶ ~을 꼽아가며 세다 compter sur *ses* doigts. ② 간절히 기다리다 compter les jours [les minutes], attendre impatiemment. ¶ ~을 꼽으며 출발 날짜를 기다리다 attendre le jour du départ avec impatience, compter les jours avant le départ.

*~(을) 빨다 ne rien avoir à manger [à se mettre sous la dent]; ne pas avoir de quoi se nourrir. ¶ 장사가 안 되어서 ~ 빨게 생겼다 Les affaires vont si mal que je vais bientôt n'avoir plus de quoi me nourrir.

*~ 하나 까딱 않다 ne pas lever [remuer, bouger] le petit doigt, ne pas faire un geste pour, ne rien faire pour, ne pas en ficher une {*fam*} (rame, ramée), ne pas se fatiguer le moins du monde.

*~ 하나 움직이지 못하다 ne pas pouvoir bouger le petit doigt [d'un poil].

*열[다섯] ~ 안에 들다[꼽히다] compter parmi les plus grands ((écrivains)); on les compte sur les doigts de la main [d'une main]. ¶ 열[다섯] ~ 안에 드는 사람 un des (dix [cinq]) meilleurs, un des dix [des cinq] plus grands ((écrivains de son temps)).

◆_장갑 -掌匣 명 gant *m*.

◆새끼_ 명 ☞ 새끼[2]

◆엄지_ 명 ☞ 엄지

손가락질 명 ① geste *m* (indicateur) de la main, indication *f* du doigt. ¶ ~로 먼 산을 가리키다 désigner [montrer] du doigt une montagne lointaine. ② 지탄 dénonciation *f* [action de montrer] du doigt. ◇_(을) 하다 vilipender *qn*, dénoncer *qn*, montrer *qn* du doigt, conspuer *qn*, honnir *qn*. ¶ 누구를 ~하다 vilipender *qn*. ¶ 사기꾼이라고 ~하다 vilipender *qn* comme un escroc. ◇_(을) 받다[당하다] se faire montrer du doigt, se faire vilipender [honnir]. ¶ 패륜아로 ~ 받다 être montré(*e*) du doigt [dénoncé(*e*)] comme un débauché. ¶ 남들에게 ~ 받을 일이다 C'est quelque chose de tout à fait condamnable.

손가방 명 sac *m* à main, sacoche *f*, serviette *f*, cartable *m*, besace *f*, ((남자의)) baise-en-ville *m inv* {*fam*}. ¶ ~에 소지품을 넣다 mettre [ranger] *ses* affaires personnelles dans *son* sac à main. ¶ 그 남자는 ~을 들고 다닌다 Il porte sa sacoche [sa serviette, son baise-en-ville {*fam*}] / Il se promène toujours avec sa sacoche.

손거울 명 miroir *m* de poche, miroir *m* (à main). ¶ ~을 꺼내다 sortir *son* miroir de poche. ¶ ~을 보다 (*se*) regarder dans *son* miroir de poche.

ㅅ

손결 명 peau(*x*) *f* de la main. ¶ 어머니의 따스한 ~ la douce peau des mains de ma mère. ¶ ~이 곱다[부드럽다] avoir de belles mains [des mains douces]. ¶ 그녀는 고된 일 때문에 ~이 거칠다 Ses mains sont devenues rugueuses à force de travail acharné.

손괴 損壞 명 bris *m*, dommage *m*. ◇_(를) 하다 briser, endommager.

◆_죄 -罪 【법률】 délit de bris.

손금 명 lignes *fpl* de la main. ¶ ~이 좋다 avoir de bonnes lignes de la main, avoir des lignes de la main prometteuses [favorables]. ¶ ~이 나쁘다 avoir de mauvaises lignes de la main, avoir des lignes de la main malchanceuses [non favorables]. ¶ ~이 뚜렷하다 avoir les lignes de la main très clairement dessinées [bien visibles, bien marquées]. ¶ ~이 흐리다 avoir les lignes de la main très floues [mal dessinées, peu visibles].

*~을 보다 lire les lignes de la main, prédire l'avenir de *qn* en lui lisant les lignes de sa main.

*~(을) 보듯 하다[환하다] être clair(*e*) comme de l'eau de roche, être limpide, être clair(*e*) comme le jour, être transparent(*e*), être évident(*e*) comme le nez au milieu de la figure [du visage], crever les yeux, tomber sous le sens.

◆_쟁이 명 chiromancien *m*, diseu*r*(*se*) de bonne aventure, voyante *f*.

손길 명 ① toucher *m* de la main. ¶ 아버지의 매운 ~ les mains cinglantes de mon père. ② 손놀림 mouvement *m* [geste *m*] (de la main). ¶ 장인의 세심한 ~ les gestes méticuleux [appliqués] des artisans. ③ 도움 geste *m*, main *f* tendue, aide *f*. ¶ 따뜻한 온정의 ~ une main tendue [une aide] chaleureuse et cordiale. ¶ 의사의 ~이 미치지 않는 곳 là où le médecin n'est d'aucun secours.¶ 사랑의 ~을 베풀다 faire preuve de beaucoup d'amour; faire un geste (plein) d'amour. ¶ 구원의 ~을 뻗치다[베풀다] tendre une main secourable.

손끝 명 bout *m* des doigts. ¶ 돌을 많이 날랐더니 ~이 저린다 J'ai tellement transporté de pierre que j'ai les doigts tout engourdis.

*~에 물도 하나 안 튀기다 ne pas lever le petit doigt (pour les tâches ménagères), ne jamais faire le ménage.

*~ 하나 까딱하지 않다 ne pas lever [bouger, remuer] (même) le petit doigt, ne pas en ficher une (rame, ramée) {*fam*}, ne rien faire pour, ne pas se fatiguer le moins du monde pour.

*~ 하나 못 대다 ne pas toucher *qc*, ne pas poser la main sur *qc*, ne pas commencer *qc*.

손녀 孫女 명 petite-fille *f*. ¶ 손자와 ~ petits-fils et petites-filles.

◆친[외]_ 親[外]- 명 fille *f* de *son* fils [de *sa* fille], petite-fille *f* par *son* fils [par *sa* fille].

손놀림 명 dextérité *f*, doigté *m*, adresse *f* manuelle [des doigts]. ¶ 재빠른 ~ une grande dextérité. ¶ ~이 빠르다[능숙하다] être d'une grande dextérité, être habile de *ses* mains[être très habile de ses mains, posséder un doigté très expert]. ¶ ~이 느리다[더디다, 서툴다] être maladroit(*e*) [gauche, malhabile, gourd(*e*)] de *ses* mains. ¶ 시간에 쫓기자 그의 ~이 더욱 빨라졌다[바빠졌다] Le temps venant à manquer, ses mains se firent plus rapides [pressées].

손님 명 ① 《방문객》 visiteu*r*(*se*); 《초대객》 invité(*e*), hôte *mf*, convive *mf*. ¶ 초대 ~ un(*e*) invité(*e*), un(*e*) hôte, un(*e*) convive. ¶ ~을 대접하다[접대하다, 치르다] accueillir un(*e*) hôte, offrir l'hospitalité à un(*e*) hôte, recevoir du monde 《à la maison》. ¶ ~이 찾아왔다 Quelqu'un est venu en visite [nous faire une visite] / Quelqu'un est venu nous voir. ② 《고객》 client(*e*), chaland *m*, acheteu*r*(*se*); 《단골》 habitué *m*, fidèle *m*; 《집합적》 clientèle *f*; 《극장의》 specta*teur*(*trice*). ¶ ~을 받다 recevoir des clients. ¶ 가게에 ~이 들끓는다 Le magasin attire beaucoup de clients / Il y a un monde fou {*fam*} dans ce magasin / Il y a foule dans ce magasin / Le magasin est bondé de clients / Ça grouille de monde dans ce magasin. ③ 마마 variole *f*, petite vérole *f*. ¶ ~이 다녀가고 몇 명이 죽었다 Une épidémie de variole a éclaté, faisant plusieurs morts.

*귀한 ~도 사흘 묵으면 귀찮다 Un invité, si précieux soit-il, finit toujours par devenir gênant.

◆_맞이 명 hospitalité *f*, accueil *m* d'un invité [d'un client].

◆_치레 명 invitation *f*, soirée *f*, dîner *m*.

◆단골_ 명 habitué(*e*), client(*e*) fidèle, fidèle *m*, régulier *m*.

손도끼 명 hachette *f*, petite hache *f*, herminette *f*. ¶ ~로 내리치다 donner des coups de hachette.

손도장 -圖章 명 empreinte *f* digitale. ¶ ~을 찍다 apposer *son* empreinte. ¶ 손가락을 걸고 ~ 찍다 sceller une promesse 《après s'être croisé les auriculaires, on affronte les deux pouces》, sceller un engagement, se jurer *qc*, se promettre *qc*, se faire une promesse 《tope là {*fam*}》.

손독 명 infection *f* de la main. ¶ 자꾸 긁어서 ~이 올랐다 A force de gratter, ma main s'est infectée.

손동작 -動作 명 mouvement *m* de la main; dextérité *f*, agilité *f* [habileté *f*] de la main. ¶ ~이 빠르다[날래다] être rapide [agile, virtuose, habile] de *ses* mains.

손등 명 dos *m* de la main; revers *m* de la main. ¶ ~을 어루만지다 caresser le dos de la main. ¶ ~에 로션을 바르다 mettre de la crème sur le dos de ses mains. ¶ ~으로 이마의 땀을 닦다 essuyer (la sueur de) *son* front [s'essuyer le front] du dos de la main [avec le dos de la main, d'un revers de la main].

손때 명 ① 더러워진 것 trace *f* de doigt [de main]; traces *fpl* d'un long usage. ¶ 문 손잡이가 ~가 묻어 반들거린다 La poignée de la porte est reluisante, traces d'un long usage. ② 길이 든 것 marque *f*, souvenir *m*, trace *f*. ¶ 어머니의 ~가 묻은 물건 un objet qui porte le souvenir de ma mère. ③ 손에 낀 때 crasse *f* sur le dos de la main; peau morte sur le dos de la main.

손맛 명 ① ((낚시)) toucher *m* (de la canne), sensation *f* (du tiraillement de la canne à pêche). ¶ ~을 보니 월척이다 Au toucher, c'est un carassin. ② ((요리)) don *m* pour la cuisine, capacité *f* à cuisiner. ¶ 그 여자는 ~이 좋다 Elle est naturellement douée pour la cuisine / Cette femme est une bonne cuisinière [un cordon bleu].

손목 명 poignet *m*. ¶ ~을 잡다 prendre [saisir, attraper] le poignet. ¶ ~을 꺾다[비틀다] tordre le poignet. ¶ 남자에게 ~을 잡히다 se faire attraper le poignet par un homme. ¶ ~에 시계를 차다 mettre une montre au poignet. ¶ ~에 수갑을 채우다 passer les menottes (aux poignets). ¶ ~이 굵다[가늘다] avoir les poignets épais [fins].

◆_시계 -時計 명 montre-bracelet(*~s-~s*) *f*, bracelet-montre(*~s-~s*) *m*, montre *f*.

손바느질 명 couture *f* à la main, travail *m* à l'aiguille. ¶ ~로 꿰매다 coudre à la main. ◇_(을) **하다** coudre à la main.

손바닥 명 paume *f*, plat *m* de la main. ¶ ~을 비비다 se frotter les mains. ¶ ~을 펴다 ouvrir la main. ¶ ~을 털다 s'épousseter les mains. ¶ 회초리로 ~을 때리다 donner un coup de baguette sur la paume des mains. ¶ ~에 침을 뱉다 cracher dans *sa* main.

***~에 못이 박이도록 일하다** travailler d'arrache-pied, se tuer au travail {*fam*}.

***~(을) 뒤집는 것보다 쉽다** C'est un jeu d'enfant (pour moi) / C'est enfantin! / C'est d'une simplicité enfantine / C'est l'enfance de l'art / Ça peut se faire les doigts dans le nez {*fam*} / C'est très simple [facile] / C'est simple [facile] comme bonjour / C'est facile comme tout / C'est fastoche {*fam*}.

***~(을) 뒤집듯(이) 하다** changer très souvent; ((의견을)) changer d'avis comme de chemise [constamment]; être versatile. ¶ 약속을 ~ 뒤집듯 바꾸다 changer de rendez-vous très souvent.

***~(을) 들여다보듯 훤하다** être clair(*e*) comme de l'eau de roche, être limpide, être clair(*e*) comme le jour, être transparent(*e*), être évident(*e*) comme le nez *au milieu de la figure [du visage]*, crever les yeux, tomber sous le sens.

손바람 명 geste *m* de la main, balayage *m* de la main; tour *m* de main. ¶ ~으로 파리를 쫓다 chasser une mouche d'un geste de la main.

***~이 나도록 일하다** travailler avec beaucoup d'acharnement, travailler d'arrache-pied.

손발 명 ① pieds *mpl* et mains *mpl*, jambes *fpl* et bras *mpl*, membres *mpl*. ¶ ~을 깨끗이 하다 laver proprement *ses* pieds et *ses* mains. ¶ 누구의 ~을 묶다 lier un criminel par les mains et les pieds; ((비유적)) empêcher *qn* d'agir. ② 마음대로 부리는 사람 homme *m* de peine, laquais *m*, valet *m*, *son* domestique *mf*, *son* esclave *mf*, *son* homme *m* à tout faire, *sa* chose *f*, *son* jouet *m*, *son* pantin *m*. ¶ 누구를 ~처럼 부리다 exploiter *qn* comme un esclave [comme un pantin]. ¶ 편찮으신 어머니의 ~이 되어 드리다 devenir l'aide précieuse de tous les instants de *sa* mère souffrante. ¶ 그는 회장님의 ~이다 Il est l'homme de peine [le laquais] du président.

***~ 벗고 나서다** se donner, se consacrer (complètement, corps et âme) ((à *qc*)); s'investir corps et âme ((dans *qc*)), s'engager [se lancer, se jeter] corps et âme ((dans *qc*)), s'impliquer complètement, se donner à fond ((dans *qc*)); mettre tout en second plan, accorder la priorité absolue ((à *qc*)).

***~(을) 걷다** remettre les membres en position de repos le long du corps [repositionner les membres le long du corps] avant que n'apparaisse la rigidité cadavérique [avant la survenue de la rigidité cadavérique].

***~을 맞추다** se mettre en parfait accord [en parfaite harmonie] avec *qn*.

***~이 닳도록 빌다** supplier *qn* à genoux, se traîner aux pieds de *qn*.

***~이 따로 놀다** manquer d'unité.

***~이 맞다** bien s'entendre avec *qn*, être fait(*e*) pour s'entendre avec *qn*; avoir un bon partenaire pour travailler. ¶ 그 친구와는 ~이 안 맞는다 Je ne m'entends pas bien avec lui / Lui et moi, on n'est pas faits pour s'entendre.

***도둑질도 ~이 맞아야 한다** ☞ 도둑질

손방 명 incapable *mf*. ¶ 나는 그 일에 영 ~이다 Pour ce travail, je suis un véritable incapable.

손버릇 명 tic *m* [habitude *f*, manie *f*] de la main, geste *m* habituel [coutumier] de la main. ¶ ~이 나쁘다[고약하다, 더럽다] être très violent(*e*), être brutal(*e*) avec *qn*, traiter *qn* rudement, frapper n'importe qui; ((도벽)) être kleptomane [cleptomane], avoir la main faucheuse [portée sur le vol], être porté(*e*) [enclin(*e*)] au vol, avoir un penchant [une tendance] à voler, être voleu*r*(*se*) comme une pie, être chipeu*r*(*se*) {*fam*}. ◇_(이) **있다** être très violent(*e*), être brutal(*e*) avec *qn*, traiter *qn* rudement, frapper n'importe qui; ((도벽)) être kleptomane [cleptomane], avoir la main faucheuse [portée sur le vol], être porté(*e*) [enclin(*e*)] au vol, avoir un penchant [une tendance] à voler, être voleu*r*(*se*) comme une pie, être chipeu*r*(*se*) {*fam*}.

손부 孫婦 명 femme *f* [épouse *f*] du petit-fils. ¶ ~를 보다[얻다] voir *son* petit-fils se marier.

손부끄럽다 형 être [se sentir] gêné(*e*), ne pas savoir où se mettre ((à cause d'un refus)). ¶ 그 사람은 손부끄럽게 내 선물을 거절했다 Il a refusé mon présent d'un air gêné [avec gêne], ce qui m'a fait honte.

ㅅ

손비 損費 명 【경제】 frais *mpl* [dépense *f*] d'urgence (pour pallier une perte). ¶ 감가상각비를 ~로 처리하다 traiter les frais d'amortissement comme frais d'urgence.

손빨래 명 lavage *m* à la main. ¶ ~용 옷감 un tissu non lavable en machine. ¶ ~ 전용 세제 détergent pour lavage à la main. ◇_(를) **하다** laver à la main. ¶ 스웨터를 ~하다 laver un pull à la main.

손뼉 명 applaudissement *m*. ◇_(을) **치다** battre des mains, applaudir. ¶ ~을 치며 기뻐하다 se réjouir en battant des mains.

손상 損傷 명 dommage *m*, dégât *m*, avarie *f*, détérioration *f*. ¶ 인명과 재산의 ~ pertes humaines et matérielles. ¶ ~ 부위에 염증이 생겼다 La blessure s'est mise à suppurer [s'est infectée]. ◇_(을) **하다** abîmer *qc*, détériorer *qc*, endommager *qc*, esquinter *qc* {*fam*}; altérer, causer un préjudice à. ¶ 품위를 ~하다 ((행동이나 말)) altérer la prestance de *qn*, causer un préjudice à la prestance de *qn*, altérer la qualité de la présentation de *qn*; noircir [entacher] la réputation de *qn*. ◇_(이) **되다** être endommagé(*e*), abîmé(*e*), détérioré(*e*), esquinté(*e*) {*fam*}. ¶ ~된 제품은 교환해 드립니다 Nous échangeons les produits endommagés. ¶ 체면이 ~되는 일도 아닌데 뭐 그러니 Tant que ça ne porte pas atteinte à ta réputation, ce n'est pas la peine d'en faire toute une histoire. ¶ 내용물이 ~되었다 Le contenu est abîmé. ◇_(을) **시키다** abîmer, endommager, causer du dommage à *qc*, détériorer, esquinter {*fam*}. ◇_(을) **입다** être endommagé(*e*), abîmé(*e*), détérioré(*e*), esquinté(*e*) {*fam*}. ¶ 그렇게 되면 전체 계획이 ~을 입게 된다 Si c'est comme ça, c'est tout le projet qui va en pâtir.
◆**_액** -額 명 montant *m* des dégâts.

손색 遜色 명 infériorité *f*, défaut *m*. ◇_(이) **없다** être sans défaut, n'avoir aucun défaut [pas le moindre défaut], ne pas être inférieur(*e*), n'avoir rien à envier, ne céder en rien à *qn*. ¶ 누구[무엇]와 견주어 전혀 ~이 없다 ne céder en rien à *qn*/*qc*; être égal(*ale*, *aux*) à *qn*/*qc*. ¶ 우리 딸은 어디에 내놓아도 ~이 없다 À tout point de vue, ma fille est parfaite.

손수 부 de *ses* propres mains; *soi*-même, en personne. ¶ ~ 요리를 하다 faire *soi*-même la cuisine.

손수건 -手巾 명 mouchoir *m* (en tissu). ¶ ~을 꺼내다 sortir un mouchoir (en tissu). ¶ ~을 접다[펴다] plier [déplier] un mouchoir (en tissu). ¶ ~으로 눈물을 닦다 essuyer ses larmes avec un mouchoir (en tissu). ¶ ~으로 이마의 땀을 닦다 essuyer la sueur sur son front avec un mouchoir (en tissu).

손수레 명 charrette *f* à bras. ¶ 짐을 잔뜩 실은 ~ une charrette à bras pleine de paquets. ¶ ~를 끌고 가다 tirer une charrette à bras. ¶ 짐을 ~로 나르다 transporter des marchandises dans une charrette à bras.
◆**_꾼** 명 homme *m* tirant une charrette à bras.

손쉽다 형 être facile, simple, aisé(*e*). ¶ 손쉬운 방법을 찾아보자 Cherchons une méthode facile. ¶ 손쉽게 이용할 수 있는 시설 des équipements faciles d'utilisation. ¶ 그건 손쉽게 구할 수 있다 On peut facilement se le procurer.

손실 損失 명 perte *f*, dommage *m*, dégât *m*. ¶ 이번 사고로 경제적 ~이 크다 Suite à cet accident, les pertes économiques sont considérables / Cet accident a provoqué [a entraîné, est à l'origine] de très grandes pertes économiques. ◇_(을) **하다** perdre *qc*, subir des pertes, souffrir [être victime] de pertes. ¶ 병력과 물자를 ~하다 subir des pertes matérielles et militaires. ◇**_을 당하다[입다, 보다]** essuyer [subir] une perte. ¶ 화재로 회사가 큰 ~을 입었다 L'entreprise a subi de lourdes pertes dans l'incendie. ◇**_을 입히다[끼치다]** causer [infliger] une perte à. ◇_(이) **되다** être perdu(*e*); être endommagé(*e*). ¶ 수해로 많은 인명과 재산이 ~되었다 Les inondations sont à l'origine de pertes humaines et de dégâts matériels.

손아귀 명 ① paume *f* de la main, pince *f*; poigne *f*, force *f* du poignet. ¶ 남자의 억센 ~ la ferme poigne des hommes. ¶ ~로 멱살을 잡다 saisir *qn* à la gorge [au collet]. ¶ ~로 목을 조르다 étrangler *qn* de ses mains. ② 나쁜 세력이 미치는 범위 ((tomber aux, dans les, entre les)) mains *fpl* ((de *qn*)), ((tomber sous la)) coupe *f*, ((tomber sous la, se sortir des)) griffe *f* ((de *qn*)), ((tomber au)) pouvoir *m* ((de *qn*)), domination *f*, joug *m*. ¶ 적의 ~에 들어가다 tomber aux [dans les, entre les] mains de l'ennemi [de *ses* ennemis]; tomber sous la griffe de l'ennemi, tomber sous le joug de l'ennemi. ¶ 적의 ~에서 벗어나다 s'affranchir de la domination de l'ennemi, se tirer des griffes de l'ennemi. ¶ 그 남자는 그 여자의 ~에 쥐어 산다 Il est entre ses griffes / Elle le tient à sa merci.

손아래 명 cadet(*te*). ¶ ~ 동서 une belle-sœur cadette. ¶ 그는 나보다 두 살 ~이다 Il a deux ans de moins que moi / Il est plus jeune que moi de deux ans.
◆**_뻘** 명 subalterne *m*, cadet *m*.
◆**_ㅅ사람** 명 subalterne *m*, subordonné(*e*), inférieur(*e*).

손안 명 creux *m* de la main. ¶ 너는 내 ~에 있다 Je te tiens dans le creux de ma main / Tu es à ma merci.
*~**에 넣다** obtenir, acquérir, remporter.
*~**에서 주무르다** tenir *qn* dans le creux de *sa* main, avoir *qn* à *sa* merci.

손위 명 aîné *m*, supérieur *m*. ¶ 나는 ~에[로] 누이가 하나 있다 Au-dessus de moi, j'ai une grande sœur. ¶ 그는 나보다 두 살 ~이다 Il a deux ans de plus que moi.
◆**_ㅅ사람** 명 supérieur *m*; ((연장자)) aîné(*e*).

손익 損益 명 pertes *fpl* et profits *mpl*; avantages *mpl* et désavantages *mpl* [et inconvénients *mpl*], le pour et le contre, profits *mpl* et dommages *mpl*;

le pour et le contre, côtés *mpl* positifs et côtés *mpl* négatifs. ¶ ~ 계산 compte des pertes et profits, compte de résultats. ¶ ~을 따지다[계산하다, 저울질하다] calculer [estimer, évaluer] les pertes et les profits, peser [considérer, examiner] le pour et le contre, discuter des avantages et des inconvénients de *qc*, calculer [estimer, évaluer] les pertes et les profits, balancer le pour et le contre [mettre en balance], évaluer les conséquences possibles de *qc*; considérer une chose sous tous ses aspects.

◆_**계산서** -計算書 명 【경제】 livre *m* de compte de pertes et profits.

◆_**계정** -計定 명 【경제】 solde *m*, balance *f*.

◆_**분기점** -分岐點 명 【경제】 seuil *m* de rentabilité, point *m* mort. ¶~분기점에 이르다[다다르다] atteindre [parvenir à] *son* seuil de rentabilité.

손자 孫子 명 petit-fils(~*s*-~) *m*. ¶ ~를 보다[얻다] voir [connaître, avoir] *ses* petits-fils; ((탄생)) voir naître *son* petit-fils. ¶ ~ 다섯을 두다 avoir cinq petits-fils.

◆**친[외]**_ 親[外]- 명 petits-fils *m* par le fils [par la fille].

◆_**며느리** 명 femme *f* [épouse *f*] du petit-fils. ☞ 손부

손자국 명 empreinte *f* de la main, empreinte *f* palmaire. ¶ 맞아서 얼굴에 ~이 났다 On voit la trace [l'empreinte, la marque] de la main là où j'ai été giflé(*e*). ¶ 거울에 ~이 남아 있다 Il y a une empreinte de main sur le miroir.

손잡이 명 poignée *f* ((d'une porte)); manche *m*, anse *f* ((d'une tasse)); ((문, 서랍 따위의)) bouton *m* (de porte). ¶ 버스의 ~ la poignée du bus. ¶ ~를 꽉 잡다[붙잡다] attraper [saisir] la poignée de toutes *ses* forces, s'agripper à la poignée. ¶ ~를 돌려 문을 열다 ouvrir la porte en tournant la poignée. ¶ 문 ~가 망가졌다 La poignée de la porte est cassée. ¶ ~가 달린 찻잔 une tasse à thé avec (une) anse.

손장난 명 ① jeu(*x*) *m* de main(s). ② 잔꾀로 남의 이득을 가로채는 것 manipulation *f* (frauduleuse). ◇_**(을) 하다[치다]** jouer [s'amuser] avec les mains. ¶ 흙을 가지고 ~하며 놀다 jouer [s'amuser] avec du sable.

손장단 명 action de battre la mesure avec *ses mains*. ¶ ~을 치며 노래 부르다 chanter une chanson en battant la mesure avec *ses* mains. ¶ 음악에 ~을 맞추다 battre la mesure de la musique avec *ses* mains.

손재 損財 명 perte *f*. ◇_**(를) 보다[입다]** essuyer [subir] une perte.

◆_**수** -數 명 malchance *f*, poisse *f*, guigne *f* (de *qn* qui est destiné à subir des pertes). ¶ 그 사람, ~수가 있다더니 도둑을 맞았군 On disait qu'il avait la poisse et de fait il s'est fait cambrioler.

손재봉틀 명 machine *f* à coudre à manivelle [manuelle]. ¶ ~을 돌리다 faire marcher la machine à coudre. ¶ ~로 옷을 박다 coudre un vêtement à la machine.

손전등 -電燈 명 lampe *f* de poche, torche *f* électrique, lampe *f* torche. ¶ 방 안에 ~을 비추다 éclairer la chambre avec une lampe torche. ¶ 구석을 ~으로 비추다 éclairer un coin avec une lampe de poche.

손주 명 ① 손자 (petit-fils) ou 손녀 (petite-fille), petit-enfant(~*s*-~*s*) *m*. ② 손자의 잘못 ¶ ~의 재롱 les facéties de *ses* petits-enfants. ¶ ~를 보다 voir naître [connaître, avoir] *son*[*ses*] petit-enfant(s). ¶ ~ 넷을 두다 avoir quatre petits-enfants.

◆**친[외]**_ 親[外]- 명 petit-enfant(~*s*-~*s*) *m* par le fils [par la fille].

손지갑 명 portefeuille *m*; porte-monnaie *m inv*.

손질 명 entretien *m*, réparation *f*, soin *m*. ¶ ~을 가하다 retoucher *qc*, remanier, soigner; entretenir ((en bon état)), réparer ((une toiture)), apporter des soins à *qc*. ¶ 이 기계는 부분적인 ~만으로는 수리가 안 된다 On ne peut pas réparer cet appareil en partie. ◇_**(을) 하다** soigner; retoucher *qc*; réparer ((une toiture)), raccommoder, rafistoler {*fam*}; entretenir ((en bon état)). ¶ 머리를 ~하다 se (re)coiffer, arranger *sa* coiffure, remettre de l'ordre dans *ses* cheveux. ¶ 조금 ~하면 쓸 만하겠다 En le rafistolant un peu, il pourra encore servir. ◇_**(이) 되다** être réparé(*e*), raccommodé(*e*); être entretenu(*e*), soigné(*e*), rapiécé(*e*), rafistolé(*e*). ¶ 정원이 잘 ~되어 있다 Le jardin est bien entretenu.

손짓 명 geste *m* [signe *m*, sign*al*(*aux*) *m*] (de la main). ¶ 누구를 ~으로 부르다 appeler *qn* (d'un geste) de la main. ¶ 무엇을 ~으로 가리키다 désigner *qc* de la main, montrer *qc* du doigt. ◇_**(을) 하다** faire [lancer] un signe de la main, faire un geste de la main. ¶ 오라고 ~을 하다 faire signe de venir avec la main. ¶ 나는 그에게 저리 가라고 ~했다 Je lui ai signifié d'aller au coin d'un geste de la main.

손찌검 명 coup *m*, tape *f*; ((뺨)) gifle *f*, claque *f*. ¶ 그 사람은 ~이 잦다 Il frappe souvent les autres. ¶ 뭘 잘했다고 ~이야! Qu'est-ce qui te donne le droit de lever la main sur moi [de me frapper]? ◇_**(을) 하다** lever la main sur *qn*, frapper, taper. ¶ 누구한테 ~을 해? Qui est-ce que tu frappes? / Sur qui oses-tu lever la main? ◇_**(을) 당하다** se faire rouer de coups, être roué(*e*) de coups, se faire taper dessus.

손칼국수 명 *kalguksu fpl* (nouilles faites, pétries) à la main.

손톱 명 ongle *m*. ¶ ~을 기르다[깎다] se laisser pousser [se couper] les ongles. ¶ ~ 손질을 하다 se faire les ongles. ¶ ~에 매니큐어를 바르다 mettre du vernis à ongle. ¶ ~으로 할퀴다 griffer avec les ongles. ¶ ~이 길다[짧다] avoir les ongles longs [courts]. *~**도 안 들어가다** être dur(*e*) et insensible, ne pas avoir de cœur, être glacial(*e*) [de glace, de marbre], être imperturbable, être impassible. ¶ 그에게는 ~도 안 들어갈 소리다 C'est peine perdue que de lui dire ce genre de choses.

*~만큼도 pas le moins du monde, nullement, pas le(la) moindre ((bénéfice, intention)); pas l'ombre ((d'un remords, d'un doute)), pas un soupçon de ((vulgarité)). ¶ 그럴 생각은 ~만큼도 없다 Je n'en ai absolument nulle intention / Je n'en ai pas la moindre intention.

*~ 하나 까딱하지 않다 ne pas bouger [remuer, lever] l'ombre d'un doigt, ne rien faire pour+*inf.*

◆_깎이 명 coupe-ongle(~-~*s*) *m*; ciseaux *mpl* à ongle.

손풍금 -風琴 명 accordéon *m.* ¶ ~을 치다[뜯다, 타다] jouer de l'accordéon. ¶ ~ 소리에 맞추어 노래를 부르다 chanter au son de l'accordéon.

손해 損害 명 dommage *m*, préjudice *m*, perte *f*, dégât *m*, avarie *f*, ravage *m.* ¶ ~를 보상[배상]하다 dédommager d'une perte, indemniser d'un dommage, donner une compensation pour un dommage. ¶ 그렇게 하면 너에게 ~다 C'est préjudiciable pour toi d'agir ainsi. ◇_(를) 보다[입다] subir des pertes [un préjudice, des dégâts]. ¶ 욕심을 부리다가 ~만 보았다 A en vouloir trop je n'ai eu que des pertes. ¶ 그는 1,000만 원의 ~를 입었다 Il a subi dix millions de wons de perte. ◇_(를) 입히다 infliger [causer] des pertes [un préjudice]. ¶ 남에게 ~를 입히는 짓은 못 하겠다 Je ne pourrais pas causer un préjudice à quelqu'un. ◇_(가) 나다[가다] subir des pertes [un préjudice, des dégâts]. ¶ 네게 ~ 날 일은 없다 Tu n'as absolument rien à perdre.

◆_배상 -賠償 명 【법률】 dédommagement *m*, indemnité *f*, compensation *f*, dommages et intérêts. ¶ ~배상 청구 une demande d'indemnités [de dommages et intérêts].

◆_보험 -保險 명 【법률】 assurance *f* tous risques.

솔[1] 명 【식물】 pin *m*, sapin *m.* ¶ 푸른 ~ un sapin vert.

◆_가리 명 aiguille *f* de pin.

◆_가지 명 branche *f* de pin.

◆_바람 명 vent *m* (soufflant entre les pins). ¶ ~바람이 분다 Le vent souffle entre les pins.

◆_방울 명 pomme *f* [cône *m*] de pin.

◆_밭 명 forêt *f* de pins, pinède *f.* ¶ 울창한 ~밭 사이를 걷다 traverser une forêt de pins luxuriante.

◆_숲 명 pinède *f.*

◆_잎 명 aiguille *f* de pin. ¶ ~잎 이끼 polytric *m.* ¶ ~잎 차 thé aux aiguilles de pin.

*송충이는 ~잎을 먹어야 한다 ☞ 송충이

솔[2] 명 brosse *f.* ¶ ~로 옷의 털을 고르다 brosser un vêtement. ¶ ~로 먼지를 털다 donner un coup de brosse pour enlever la poussière [pour dépoussiérer, pour épousseter].

◆_질 명 coup *m* de brosse. ¶ 옷에 ~질을 하다 donner [passer] un coup de brosse sur un vêtement, brosser un vêtement.

◆구둣_ 명 brosse *f* à chaussures.

◆칫_ 명 brosse *f* à dents. ¶ 칫~로 이를 닦다 se laver [se nettoyer] les dents avec une brosse à dent, se brosser les dents.

솔[3] 이 명 【음악】 sol *m.* ¶ 피아노로 ~을 치다 jouer un sol au piano.

솔개 명 【동물】 milan *m* noir; *Milvus migrans* {*nsc*}.

*~가 뜨자 병아리 간곳없다 Les souris se terrent quand apparaît le chat.

솔기 명 couture *f.* ¶ ~를 꿰매다 coudre, faire un point de couture. ¶ 옷의 ~가 터졌다[타졌다] Le vêtement est décousu.

솔깃하다 형 prendre intérêt à ((une conversation)), dresser l'oreille à; s'intéresser à *qc*; être tenté(*e*) de+*inf*; céder à une tentation. ¶ 귀가 ~ dresser l'oreille à *qc.* ¶ 친구의 이야기에 귀가 ~ prêter une oreille attentive à ce que dit un(e) ami(e), écouter attentivement [avec beaucoup d'intérêt] ce que dit un(e) ami(e), prendre intérêt à ce que dit un(e) ami(e). ¶ 솔깃해서 이야기를 듣다 écouter *qn* avec intérêt [attentivement, avec attention, d'une oreille attentive, de toutes *ses* oreilles], ouvrir de grandes oreilles, être tout yeux, tout oreilles, être tout ouïe, prêter une oreille attentive à ce que dit *qn.*

솔로 이 명 【음악】 solo *m.* ¶ ~ 곡 solo. ¶ ~ 연주 (une interprétation [un jeu] en) solo. ¶ 피아노[바이올린] ~ piano [violon] solo. ¶ ~로 노래하다 chanter en solo.

솔선 率先 명 initiative *f.* ¶ ~을 보이다 faire preuve d'initiative. ◇_(을) 하다 prendre l'initiative ((de faire *qc*)). ¶ ~해서 청소를 하다 prendre l'initiative de faire le ménage / faire le ménage de *sa* propre initiative.

◆_수범 -垂範 명 exemple *m.* ¶ ~수범하다 donner l'exemple.

솔솔 부 ((mimétisme)) ① 조금씩 새는 모양 en tous petits grains. ¶ 밀가루가 자루 구멍으로 ~ 샌다 La farine est filtrée dans le tamis. ② ((연기)) en filet(s). ¶ 굴뚝에서 연기가 ~ 피어오른다 La fumée s'élève en filets hors des cheminées. ③ ((바람)) légèrement, doucement. ¶ 가을바람이 ~ 분다 Le vent d'automne souffle légèrement. ④ 부드럽게 풀리는 모양 doucement, en douceur, facilement, sans difficulté. ¶ 사업이 ~ 잘 풀린다 Les affaires s'améliorent doucement. ⑤ ((재미)) doucement, petit à petit, imperceptiblement. ¶ 공부하는 재미가 ~ 나다 prendre doucement plaisir à l'étude.

솔직하다 率直- 형 être franc(*che*), sincère; être ouvert(*e*). ¶ 솔직한 표현[말] une expression [une parole] sincère. ¶ 그는 매우 솔직한 성격이다 Il est de nature très franche. ¶ 이것이 나의 솔직한 심정이다 Tels sont mes sentiments les plus sincères. ¶ 솔직하게 털어놓다 épancher [ouvrir] *son* cœur; livrer *ses* états d'âme, se livrer à *qn*, parler à *qn* à cœur ouvert.

◆솔직히 부 franchement, sincèrement, ouvertement; sans ménagement, sans détour, sans ambages, sans réticence; ((parler)) (haut et) clair, clair et net, tout net. ¶ 솔직히 말해서[말하면] pour parler franchement, à parler franc, à franchement parler, franchement, pour être honnête. ¶ 솔직히 대답해라! Réponds franchement [sans détour]!

솜 명 ouate *f*, coton *m*; ((이불의)) couette *f*, duvet *m* de couette ou d'édredon. ¶ ~ 누비옷 un vêtement piqué en coton. ¶ ~을 타다[틀다] ramasser [filer] le coton. ¶ ~을 넣은 겨울 이불 une couette [un édredon] d'hiver (dans sa housse).

◆_먼지 명 poussière *f* de coton.

◆_뭉치 명 balle *f* de coton.

◆_방망이 명 ① torche *f* (à mèche de coton). ② 효과 없는 조처 mesure *f* sans aucun résultat [totalement inefficace, qui ne donne rien].

◆_사탕 명 barbe *f* à papa. ¶ ~사탕 장수 un marchand de barbe à papa. ¶ ~사탕을 먹다 manger de la barbe à papa (avec *ses* doigts). ¶ ~사탕처럼 달콤한 사랑 이야기 une histoire d'amour sucrée comme le miel.

◆_옷 명 vêtement *m* en coton. ¶ 두툼한 ~옷 un épais vêtement en coton.

◆_이불 명 couette *f*, édredon *m*. ¶ ~이불을 짓다 faire une couette [un édredon].

◆_틀 명 machine *f* à filer le coton, jenny *f*. ¶ ~틀로 솜을 틀다 filer le coton sur une machine.

◆소독_ 消毒- 명 【의학】coton *m* [ouate *f*] hydrophile.

솜씨 명 habileté *f*, agilité *f*, dextérité *f*, adresse *f*; capacité *f*, technique *f*. ¶ ~를 다듬다 se faire la main, améliorer *sa* technique. ¶ 설계 부문에서 뛰어난 ~를 발휘하다 révéler une adresse extraordinaire dans le domaine de l'assemblage [du design industriel]. ¶ 익숙한 ~로 일을 처리하다 travailler [accomplir *son* travail] avec dextérité [habilement, avec un certain talent]. ¶ 그는 일 ~가 기가 막히다 Son habileté au travail est époustouflante. ¶ 말하는 ~가 서투르다 ne pas être beau parleur. ¶ 그 여자는 요리 ~가 아주 좋다[뛰어나다] Sa capacité [Son savoir-faire] en cuisine est hors-pair [de toute première classe] / Elle fait très bien la cuisine / Elle est très bonne cuisinière / C'est une très bonne cuisinière [un cordon bleu]. ◇_(가) 있다 *avoir du talent; être habile, adroit(e), doué(e)* ((pour la cuisine)); ((화가)) avoir le coup de patte, avoir de la patte. ◇_(가) 없다 ne pas avoir de talent, ne pas être fait(*e*) pour *qc*; ne pas bien faire ((la cuisine)), ne pas être habile, adroit(*e*), doué(*e*) pour ((la cuisine)). ¶ 그는 요리 ~가 없다 Il n'est pas fait pour la cuisine / Il n'est pas doué pour la cuisine / Il ne fait pas bien la cuisine / Il fait mal la cuisine. ¶ ~ 있게 일을 마무리 짓다 mettre un terme à un travail avec un certain talent.

솜털 명 duvet *m*, plume *f*. ¶ ~이 보송보송한 얼굴 un visage duveteux.

솟구치다 자 ① ((액체 따위가)) jaillir. ¶ 분수가 솟구쳐 오른다 Le jet d'eau marche / L'eau jaillit du jet d'eau. ② ((감정 따위가)) être envahi(*e*) [saisi(*e*)] par ((la colère)). ¶ 분노의 감정이 울컥 솟구쳤다 J'ai été brusquement envahi(*e*) par un sentiment de colère.

솟다 자 ① s'élever, se dresser, s'élancer ((vers le ciel)). ¶ 불길이 솟고 있었다 les flammes se dressent hautes. ② 상승하다 grimper, augmenter. ¶ 물가가 계속 솟는다 les prix ne cessent de grimper. ③ 해나 달이 뜨다 s'élever, poursuivre *son* ascension. ¶ 해가 중천에 솟았다 le soleil a atteint son zénith. ④ 우뚝 서 있다 se dresser, s'élever. ¶ 우뚝 솟은 전봇대 un poteau dressé tout droit. ⑤ ((눈물 따위가)) sourdre, jaillir. ¶ 온몸에서 땀이 솟았다 La sueur jaillit sur tout le corps. ⑥ 액체가 계속 나오다 jaillir, sourdre. ¶ 이곳에서 샘물이 솟는다 Ici, l'eau jaillit d'une source. ⑦ 감정이 생기다 jaillir; déborder. ¶ 그의 말에 용기[힘]가 솟았다 A ses paroles je débordai de courage [d'énergie].

솟대 명 mât *m* dressé à la mémoire des anciens (à l'entrée d'un village). ¶ ~를 세우다 dresser un mât pour les anciens à l'entrée du village.

솟아나다 자 ① jaillir. ¶ 샘물이 콸콸 솟아난다 L'eau de la source jaillit à profusion. ② 돋아나다 pousser, sortir, naître, s'ouvrir, éclore. ¶ 새싹이 솟아난다 Les premiers bougeons éclosent [s'ouvrent, sortent, commencent à sortir] / Les nouvelles pousses sortent de terre. ③ 감정이 생기다 jaillir; déborder; envahir *qn*; être pris(e) ((de panique, d'un accès de colère)), être saisi(*e*) ((d'une grande peur)), surgir en *qn*. ¶ 나는 문득 의심이 솟아났다 Tout à coup, un soupçon m'a saisi(*e*) [un soupçon m'a envahi(e), j'ai été saisi(e) d'un soupçon]. ¶ 노여움이 그의 가슴에서 솟아났다 Il est pris d'un accès de colère. ¶ 나는 그의 말에 힘이 솟아났다 À ses paroles je débordai d'énergie.

솟아오르다 자 ① jaillir, s'élever, s'élancer. ¶ 달이 언덕 위로 솟아올랐다 La lune s'éleva au-dessus de la colline. ② ((감정 따위가)) être gagné(*e*) par *qc*, se remplir de *qc*. ¶ 그 소식을 듣고 그는 기쁨이 솟아올랐다 En entendant cette nouvelle, il fut gagné par la joie[son cœur se remplit de joie].

솟을대문 명 grand portail *m*. ¶ ~이 높게 솟아 있다 Le grand portail se dresse bien droit.

송 宋 명 【역사】(royaume *m* [dynastie *f*] des) Song en Chine.

송가 頌歌 명 cantique *m*, hymne *m*. ¶ 크리스마스 ~ un cantique de Noël. ¶ 환희의 ~ hymne à la joie. ¶ 사랑의 ~를 연인에게 불러 주다 chanter un hymne à l'amour pour *son*(*sa*) bien-aimé(*e*).

송고 送稿 명 envoi *m* d'un manuscrit définitif (prêt à l'édition). ¶ 작가의 ~를 받다 recevoir le manuscrit définitif d'un auteur. ◇_(를) 하다 envoyer un manuscrit définitif. ¶ 기사를 본사로 ~하다 envoyer le manuscrit définitif de *son* article au journal.

송골송골 부 ((mimétisme)) ((suer)) à grosses gouttes.

¶ 이마에 땀이 ~ 난다 Des gouttes de sueur perlent sur mon front.

◆_하다 형 ((땀이)) perler; ((빗물이)) stagner, former des perles ((sur les vitres)), rester en gouttes fines. ¶ 차 유리창에 빗물이 ~ 하다 Les gouttes de pluie stagnent [forment des perles] sur les vitres / Les gouttes de pluie restent en gouttes fines.

송골매 松鶻- 명 【동물】 faucon *m*.

송곳 명 poinçon *m*, pointeau(*x*) *m*, alène *f*; vrille *f*. ¶ ~으로 찌르다 poinçonner, percer avec un poinçon. ¶ ~으로 종이에 구멍을 뚫다 faire un trou dans une feuille de papier à l'aide d'un poinçon. ¶ ~처럼 날카로운 패스를 하다 faire une passe d'une précision chirurgicale. ¶ ~ 같은 질문을 하다 poser une question très précise.

◆_날 명 pointe *f* d'un poinçon.

◆_니 명 canine *f*. ¶ 날카로운 ~니로 물어뜯다 arracher avec *ses* canines pointues.

송구 悚懼 어근 gêne *f*, confusion *f*, embarras *m*.

◆_하다 형 être désolé(*e*), navré(*e*), embarrassé(*e*), gêné(*e*), confus(*e*); être confus(*e*) de+*inf* [que+*subj*]. ¶ 자주 찾아뵙지 못해서 ~합니다 Je suis confus de ne pas venir vous voir plus souvent.

◆_스럽다 형 être désolé(*e*), navré(*e*), gêné(*e*), embarrassé(*e*), confus(*e*). ¶ ~스러운 마음 un cœur désolé [plein d'embarras]. ¶ 심려를 끼치게 되어 ~스럽습니다 Je m'excuse de vous déranger / Je suis vraiment désolé(*e*) de vous déranger. ¶ 과분한 칭찬을 들으니 ~스럽습니다 Je suis embarrassé(*e*) [gêné(*e*), confus(*e*)] par vos louanges [éloges] excessives / Vos louanges excessives [compliments excessifs] me confondent. ¶ ~스럽지만 부탁이 하나 있습니다 Je suis confus(*e*) de vous faire cette demande.

◆_히 부 avec confusion, avec gêne, avec embarras.

송구 送球 명 ① 【운동】 handball *m*. ¶ ~를 하다 faire du handball. ② 공을 보냄 passe *f*, envoi *m* de balle. ◇_(를) **하다** envoyer la balle, faire une passe. ¶ 2루에 ~하다 envoyer la balle au deuxième but [à la deuxième base].

송구영신 送舊迎新 명 période *f* de fin d'année et de début de l'année nouvelle, changement *m* d'année, nouvel an *m*. ◇_(을) **하다** changer d'année, entrer dans la nouvelle année.

송글송글 부 ☞ 송골송골

송금 送金 명 envoi *m* [transfert *m*] d'argent, virement *m*. ¶ ~ 수수료 commission pour les frais de virement [d'envoi d'un mandat postal]. ◇_(을) **하다** faire un virement, envoyer de l'argent [un mandat]. ¶ 온라인으로 부모님께 돈을 ~하다 envoyer de l'argent à *ses* parents par [via] Internet. ◇_(이) **되다** ((un virement)) être accompli(*e*), ((un mandat)) être autorisé(*e*). ◇_(을) **받다** recevoir un virement; recevoir de l'argent; recevoir un mandat (postal).

◆_수표 -手標 명 【경제】 mandat *m* de virement.

◆_인 -人 명 expédi*teur*(*trice*), envoyeur *m*.

◆_환 -換 명 【경제】 lettre *f* de change, traite *f*, billet *m* à ordre.

송기 명 endoderme *m* du pin, écorce *f* interne de pin. ¶ ~를 먹다 manger de la partie interne de l'écorce d'un pin.

◆_떡 명 *tteok m* préparé avec de petits morceaux d'écorce interne de pin.

송년 送年 명 enterrement *m* de l'année (par un banquet). ¶ ~ 모임 réunion pour la fin de l'année. ¶ ~의 밤 réveillon de fin d'année.

◆_호 -號 명 【출판】 numéro *m* spécial de fin d'année.

◆_회 -會 명 assemblée *f* pour la fin de l'année.

송달 送達 명 livraison *f* ((de marchandises)); distribution *f* ((des lettres)); signification *f* [notification *f*] d'un jugement. ¶ 우편물 ~ distribution du courrier. ◇_(을) **하다** livrer; distribuer; signifier ((un jugement à *qn*)). ◇_(이) **되다** être livré(*e*); être distribué(*e*); être notifié(*e*).

송덕 頌德 명 éloge *m* des vertus de *qn*; hommage *m* rendu à *qn*. ¶ ~을 기리다 faire l'éloge de *qn*; admirer les vertus de *qn*.

◆_비 -碑 명 stèle *f* érigée en l'honneur de *qn*. ¶ ~비를 세우다 ériger une stèle en l'honneur de *qn*.

송독 誦讀 명 récitation *f*. ◇_(을) **하다** réciter.

송두리 명 la totalité *f*.

◆_째 부 tout, complètement, en entier, en totalité. ¶ 재산을 ~째 날리다 dilapider toute *sa* fortune.

송료 送料 명 port *m*, frais *mpl* de transport; affranchissement *m*. ¶ ~가 1000원 들었다 J'ai payé 1 000 wons pour les frais de transport.

송림 松林 명 bois *m* de pins; pinède *f*. ¶ 울창한 ~ forêt de pins dense.

송배 送配 명 distribution *f*. ◇_(를) **하다** distribuer.

송백 松柏 명 ① 소나무와 잣나무 pin *m* et sapin *m*; conifère *m*. ② pignons *mpl* enfilés sur une aiguille de pin. ¶ 잔칫날에 ~을 마련하다 préparer des pignons enfilés sur une aiguille de pin pour la fête.

송별 送別 명 adieu(*x*) *m*. ¶ ~ 모임 une réunion [un banquet] d'adieux. ◇_(을) **하다** dire adieu; faire *ses* adieux à *qn*. ¶ 이사 가는 친구를 ~하다 faire *ses* adieux à un ami qui déménage. ◇_(을) **받다** recevoir les adieux de *qn*, se faire dire adieu. ¶ 따뜻한 ~을 받다 recevoir un chaleureux adieu.

◆_사 -辭 명 discours *m* [allocution *f*] d'adieu. ¶ 사장님의 ~사가 끝났다 Le discours d'adieu du patron est terminé.

◆_연[회] -宴[會] 명 banquet *m* d'adieu, réunion *f* [dîner *m*] d'adieu. ¶ ~연[회]를 베풀다[열다] donner un banquet d'adieu.

송부 送付 명 envoi *m*, expédition *f*. ◇_(를) **하다** envoyer, expédier.

송사[1] 訟事 명 【법률】 procès *m*, procédure *f*, poursuite *f* (en justice), action *f* judiciaire. ¶ ~에서 이기다 gagner un procès. ◇_(를) **하다[벌이다]**

intenter un procès[engager des poursuites contre *qn*].

송사[2] **頌辭** 명 éloge *m*, louange *f*, discours *m* de louange. ¶ 송덕비에 ~를 새기다 inscrire un éloge sur une stèle érigée en l'honneur de *qn*.

송사[3] **送辭** 명 discours *m* d'adieu. ¶ 누구의 송별식에서 ~를 읽다 lire un discours lors de la cérémonie d'adieu. ◇_(를) **하다** faire un discours d'adieu.

송사리 명 ① 【동물】 vairon *m*. ¶ ~ 떼 banc de vairons. ② 하찮은 사람 menu fretin *m*. ¶ 그 사람은 ~에 불과하다 Ce n'est qu'un menu fretin.

송송 부 ((mimétisme)) ① 잘게 썬 모양 en petits morceaux *mpl*; ((couper)) fin. ¶ 파를 ~ 썰다 couper des poireaux en petits morceaux. ② ((구멍이)) ((être troué)) en plusieurs endroits. ¶ 구멍을 ~ 뚫다 trouer *qc* en plusieurs endroits. ③ ((물방울 따위가)) ((suer)) à grosses gouttes. ¶ 그의 이마에 땀방울이 ~ 맺혀 있었다 Des gouttes de sueur perlaient sur son front.

송수관 送水管 명 conduite *f*, canalisation *f* d'eau. ¶ ~ 교체 공사 travaux de remplacement des conduites d'eau. ¶ ~을 설치하다 installer une conduite d'eau ¶ ~이 터졌다[파열되었다] La conduite d'eau est crevée.

송수신 送受信 명 transmission *f*, émission *f* et réception *f* (d'ondes). ¶ ~ 상태가 좋다[나쁘다] Les conditions de la transmission sont bonnes [mauvaises] / La qualité de la transmission est bonne [mauvaise] / On capte bien ((la radio)) ici. ◇_(을) **하다** émettre et recevoir des ondes, transmettre des ondes. ◇_(이) **되다** ((la transmission)) être ((bonne, mauvaise)). ¶ 휴대전화가 ~이 잘 안 된다 Ce (téléphone) portable a des problèmes de transmission.

◆**_기** -機 명 transmetteur-émetteur-récepteur *m*, émetteur-récepteur *m*,

송수화기 送受話器 명 combiné *m* (du téléphone). ¶ ~에 대고 말하다 parler au téléphone, l'oreille collée à l'écouteur.

송순 松荀 명 bourgeon *m* de pin.

◆**_주** -酒 명 alcool *m* fait avec des bourgeons de pin.

송시 頌詩 명 poésie *f* [poème *m*] à la louange de *qn*. ¶ ~를 짓다[읊다] *composer*[*réciter*] un poème de louange.

송신 送信 명 émission *f*; transmission *f*. ¶ ~ 장치 appareil de transmission. ◇_(을) **하다** émettre ((des informations)); envoyer ((un message, un courrier électronique)), transmettre ((un message)). ¶ 기사를 본사로 ~하다 transmettre des articles au siège principal. ◇_(이) **되다** être émis(*e*), transmis(*e*), envoyé(*e*). ¶ 중요 기사들은 즉시 전 세계로 ~되었다 Des messages importants ont immédiatement été transmis au monde entier.

◆**_기** -機 명 【통신】 (poste *m*) émetteur *m*, transmetteur *m*.

◆**_소** -所 명 【통신】 poste *m* émetteur.

◆**_자** -者 명 expédi*teur*(*trice*), ((retour à l')) envoyeu*r*(*se*).

◆**_탑** -塔 명 【통신】 tour *f* émettrice.

송실 松實 명 pomme *f* [cône *m*] de pin.

송아지 명 veau(*x*) *m*. ¶ ~를 키우다 élever des veaux. ¶ 소가 ~를 낳는다 La vache met au monde un veau.

*__못된 ~ 엉덩이에 뿔 난다__ A mauvais chien, on ne peut montrer le loup.

송알송알 부 ((mimétisme)) perlant. ¶ 그의 이마에 땀이 ~ 맺혔다 La sueur perlait sur son front.

송어 松魚 명 【동물】 truite *f*. ¶ ~ 구이 truite grillée. ¶ ~를 잡다 pêcher des truites.

송연하다 悚然- 형 frissonner de peur; grelotter [trembler] de peur; frémir.

*__모골이 ~__ trembler [frissonner] de tout *son* corps; grelotter [trembler] de peur, frissonner, frémir, tressaillir.

송영 送迎 명 accueil *m* et adieux *mpl*. ◇_(을) **하다** accueillir et reconduire *qn*.

송유관 送油管 명 pipeline *m*, oléoduc *m*. ¶ ~을 땅속에 설치하다 installer un oléoduc sous la terre. ¶ ~을 통해 석유를 운반하다 transporter du pétrole par oléoduc [par des pipelines]. ¶ ~이 터졌다[파열되었다] L'oléoduc est crevé.

송이[1] **松栮** 명 【식물】 champignon *m* (qui pousse dans une pinède). ¶ ~ 구이 champignon grillé. ¶ 산에서 ~를 캐다 cueillir [ramasser] des champignons à la montagne. ¶ ~로 반찬을 하다 préparer un plat de champignons.

◆**_버섯** 명 【식물】 champignon *m*.

◆**양_** 洋- 명 【식물】 champignon *m* de Paris.

송이[2] 명 ((suffixe nominal)) ((꽃)) fleur *f*; ((포도)) grappe *f* ((de raisin)); ((바나나)) régime *m* ((de bananes)); ((눈)) flocon *m* ((de neige)).

분류 ((classificateur)) tige *f*, fleur *f* ((unité servant à compter les fleurs)); grappe *f* ((de raisin)); régime *m* ((de bananes)); flocon *m* ((de neige)). ¶ 꽃 한 ~ une fleur. ¶ 장미 백 ~를 선물하다 offrir un bouquet de cent roses à *qn*.

송장[1] 명 cadavre *m*, corps *m*. ¶ ~을 땅에 묻다 enterrer un cadavre. ¶ 그 노인은 산 ~이나 다름없다 Ce vieillard est comme mort.

*__~(을) 치다__ faire des funérailles [obsèques] à *qn*. ¶ 집에서 ~ 치게 생겼다 Il se peut qu'il y ait un décès chez nous.

송장[2] **送狀** 명 facture *f*. ¶ 화물 ~ facture de marchandises. ¶ ~을 보내다 envoyer une facture.

송전 送電 명 【전기】 transport *m* du courant électrique; alimentation *f* en électricité. ¶ 두 시간 동안 ~이 중단되었다 Le courant a été coupé pendant deux heures. ◇_(을) **하다** alimenter en électricité. ¶ 북한에 전기를 ~하다 alimenter la Corée du Nord en électricité.

◆**_탑** -塔 명 【전기】 pylône *m* électrique.

송죽 松竹 명 pin *m* et bambou *m*. ¶ ~같이 굳은 절개 fidélité inébranlable.

송죽매 松竹梅 명 pin *m*, bambou *m* et arbre du *Prunus mume* {*nsc*}.

송진 松- 명 résine *f* (de pin); colophane *f*. ¶ ~ 가루 poudre de résine. ¶ ~ 향기 odeur de résine. ¶ 바이올린 활에 ~을 바르다 enduire de résine de pin [colophane] la mèche de crin d'un violon ((pour entraîner les cordes en vibrations)). ¶ 소나무에서 끈적끈적한 ~이 나온다 Une résine gluante coule du pin.

송청 送廳 명 【법률】 remise *f* (d'un coupable) entre les mains de la justice. ◇_(을) **하다** remettre ((un coupable)) entre les mains de la justice. ¶ 범인을 검찰에 ~하다 remettre un coupable entre les mains de la justice. ◇_(이) **되다** être remis(*e*) entre les mains de la justice.

송축 頌祝 명 félicitations *fpl*, compliments *mpl*. ◇_(을) **하다** féliciter, complimenter; présenter des félicitations [compliments].

◆**_가** -歌 명 chant *m* de félicitations.

송출 送出 명 ① 파견 expédition *f*, envoi *m*. ¶ 해외 인력 ~ envoi de main-d'œuvre à l'étranger. ② 전기, 정보의 전달 transmission *f*. ◇_(을) **하다** ① 인력을 파견하다 envoyer. ¶ 기술자들을 외국에 ~한다 On envoie nos techniciens à l'étranger. ② 전기, 정보를 전달하다 transmettre. ¶ 전파를 ~하다 transmettre des ondes. ◇_(이) **되다** ① être envoyé(*e*). ② être transmis(*e*).

송충이 松蟲- 명 【동물】 chenille *f* de pin.

*~**는 솔잎을 먹어야 한다** Chacun doit vivre selon sa condition / A petit oiseau petit nid. / Il ne faut pas viser [pas placer la barre] trop haut / Il ne faut pas avoir les yeux plus gros que le ventre / Il ne faut pas péter plus haut que son cul {*fam*}.

송치[1] **送致** 명 【법률】 envoi *m*, expédition *f*, transfert *m* ((d'un coupable)). ◇_(를) **하다** envoyer, expédier; transférer ((un coupable)). ¶ 피의자를 검찰에 ~하다 transférer un suspect pour une enquête judiciaire. ◇_(가) **되다** être envoyé(*e*); être transféré(*e*).

송치[2] 명 veau *m* dans le ventre de sa mère.

송판 松板 명 planche *f* de pin. ¶ 벽에 ~을 대다 mettre une planche de pin sur le mur. ¶ 톱으로 ~을 자르다 scier une planche de pin.

송편 松- 명 *songpyeon* <pâte de riz cuite à la vapeur [*tteok*] (sur une couche d'aiguilles de pin) que l'on mange à *Chuseok*>. ¶ ~을 빚다 faire des *songpyeon*.

송풍 送風 명 aération *f*.

◆**_관** -管 명 tuyau *m* d'aération.

◆**_기** -機 명 ventilateur *m*; aérateur *m*.

송화[1] **松花** 명 pollen *m* de pin. ¶ ~ 가루가 날린다 Du pollen de pin vole.

◆**_다식** -茶食 명 *dasik* de pollen de pin.

송화[2] **送話** 명 transmission *f* (de la voix).

◆**_기** -機 명 appareil *m* servant à transmettre la voix.

송환 送還 명 renvoi *m* dans *sa* patrie, rapatriement *m*. ¶ 포로 ~ rapatriement de prisonniers. ◇_(을) **하다[시키다]** renvoyer dans *sa* patrie, rapatrier. ¶ 전쟁 포로들을 본국으로 ~하다 rapatrier des prisonniers de guerre. ◇_(이) **되다** être rapatrié(*e*). ¶ 러시아 대사가 본국으로 ~되었다 L'ambassadeur de Russie a été renvoyé dans son pays. ◇_(을) **당하다** être rapatrié(*e*).

◆**_자** -者 명 rapatrié(*e*); personne *f* qui retourne dans *son* pays après une longue absence.

솥 명 marmite *f*, chaudière *f*, chaudron *m*. ¶ ~에 밥을 짓다 cuire du riz dans une marmite.

***한~밥을 먹다** vivre ensemble ☞ 한솥밥

◆**_뚜껑** 명 couvercle *m* de marmite.

◆**가마_** 명 chaudron *m*, chaudière *f*.

쇄골 鎖骨 명 【의학】 clavicule *f*.

쇄국 鎖國 명 【정치】 isolationnisme *m*; politique *f* d'isolement [isolationniste], fermeture du pays. ◇_(을) **하다** appliquer une politique isolationniste.

◆**_정책** -政策 명 【정치】 politique *f* isolationniste.

◆**_주의** -主義 명 【정치】 isolationnisme *m*.

쇄도 殺到 명 ruée *f*, affluence *f*. ¶ 전시회가 관객들의 ~로 성황을 이루었다 L'exposition, qui a attiré de nombreux visiteurs, a remporté [a été] un grand succès. ◇_(를) **하다** se ruer; affluer; arriver en foule. ¶ 주문이 ~하고 있다 Les commandes affluent [arrivent en abondance]. ¶ 문의 전화가 ~하고 있다 Les demandes d'informations téléphoniques affluent / Nous recevons beaucoup d'appels (téléphoniques). ¶ 신문사에 항의 전화가 ~했다 Le journal a reçu de nombreuses protestations par téléphone / Des coups de téléphone de protestation incessants retentissaient au journal.

쇄락 灑落 명 état *m* agréable; rafraîchissement *m*.

◆**_하다** 형 être rafraîchissant(*e*). ¶ 기분이 ~하다 se sentir rafraîchi(*e*).

쇄빙선 碎氷船 명 【해양】 brise-glace(~-~*s*) *m inv*.

쇄신[1] **刷新** 명 rénovation *f*, réforme *f*. ¶ 정치 풍토 ~ réforme du climat politique. ¶ 경영 ~이 절실히 요구된다 La rénovation de la gestion est vraiment nécessaire. ◇_(을) **하다** réformer, rénover. ¶ 회사의 분위기를 ~하다 transformer le climat de l'entreprise. ◇_(이) **되다** être réformé(*e*), rénové(*e*). ¶ 의식이 ~되어야 한다 Il faut changer d'esprit.

쇄신[2] **碎身** 명 dévouement *m* total.

◆**분골_** 粉骨- 명 sacrifice *m* total; tous les efforts *mpl* possibles. ¶ 회사를 위해 분골~하다 se dévouer entièrement pour la compagnie.

쇠[1] 명 ① fer *m*, acier *m*; métal(*aux*) *m*. ¶ ~를 달구다 chauffer du fer. ¶ ~를 녹이다 faire fondre du fer. ¶ ~처럼 단단하다 être dur(*e*) comme l'acier [comme du bois, comme du béton, comme la pierre]. ¶ 그 남자는 몸이 ~로 된 사람처럼 지칠 줄을 모른다 Il n'est jamais fatigué / Il est d'une résistance à toute épreuve / Il est infatigable [increvable {*fam*}] / C'est un travailleur infatigable / C'est un vrai cheval (de labour). ② 열쇠 clef *f*, clé *f*. ¶ 자물쇠 구멍에 ~를 집어넣다 mettre la clé dans la serrure. ③ 자물쇠 serrure *f*. ¶ 문에 ~를 채우다 fermer la porte à clef.

◆_**갈고리** 명 crochet *m* en fer.
◆_**공이** 명 pilon *m* en fer.
◆_**그물** 명 filet *m* en fer.
◆_**꼬챙이** 명 broche *f* en fer.
◆_**도끼** 명 hache *f* en fer.
◆_**망치** 명 marteau *m* en fer.
◆_**못** 명 clou *m* en fer.
◆_**몽둥이** 명 barre *f* de fer.
◆_**문** -門 명 porte *f* en fer.
◆_**뭉치** 명 masse *f* [lingot *m*] de fer.
◆_**북** 명 tambour *m* en fer.
◆_**줄** 명 fil *m* de fer; câble *m*, chaîne *f*.
◆_**파이프** 명 tuyau(*x*) *m* en fer.
◆_ㅅ**가루** 명 poudre *f* de fer.
◆_ㅅ**내** 명 odeur *f* de fer.
◆_ㅅ**덩어리[덩이]** 명 masse *f* de fer.
◆_ㅅ**돌** 명 minerai *m* de fer.
◆_ㅅ**물** 명 tache *f* de rouille.
◆_ㅅ**소리** 명 bruit *m* [son *m*] métallique; voix *f* stridente.
◆_ㅅ**조각** 명 morceau(*x*) *m* de fer.

쇠-[2] 접두 ((préfixe nominal)) petit(*e*). ¶ ~고래 petite baleine. ¶ ~기러기 petite oie sauvage. ¶ ~오리 petit canard.

쇠-[3] 접두 ((préfixe nominal)) bœuf *m*, vache *f*. ¶ ~고기 viande de bœuf ¶ ~기름 suif [graisse] de bœuf.

쇠가죽 명 cuir *m* de bœuf.

쇠갈비 명 travers *m* de bœuf.

쇠고기 명 (viande *f* de) bœuf *f*. ¶ ~국 soupe à base de viande de bœuf. ¶ ~ 1 킬로그램 un kilo de viande de bœuf.

쇠고랑 명 menottes *fpl*. ¶ ~을 차다 avoir les menottes aux mains. ¶ 경찰이 범인들에게 ~을 채웠다 La police a mis les menottes aux coupables.

쇠고집 -固執 명 entêtement *m*, obstination *f*, opiniâtreté *f* extrême. ¶ 그 친구는 알아주는 ~이다 Il est connu pour son entêtement.

쇠귀 명 oreille *f* de bœuf.
*~**에 경 읽기** On a beau lui parler, il fait toujours la sourde oreille / Autant parler à un sourd / C'est comme si on parlait à un sourd [à un mur] / prêcher [crier, parler] dans le désert. ¶ **그 놈은 아무리 야단쳐 봐야 ~에 경 읽기다** À quoi bon raisonner [corriger] ce gaillard [cet énergumène], autant parler à un sourd [autant prêcher dans le désert].

쇠귀신 명 personne *f* entêtée; tête *f* de mule [pioche] {*fam*}. ¶ ~ 같은 놈이다 Quelle tête de mule [pioche]! {*fam*} / Quel cabochard! / Il a la tête dure comme une bûche! / C'est un vrai mulet {*fam*}!

쇠기름 명 suif *m* [graisse *f*] de bœuf.

쇠꼬리 명 queue *f* de bœuf.
*~**보다 닭 대가리가 낫다** Un chien vivant vaut mieux qu'un lion mort.

쇠뇌 명 【역사】 arbalète *f*.

쇠다[1] 자 ① 채소가 뻣뻣해지다 ((des légumes)) devenir dur(*e*), durcir. ② 심각해지다 devenir plus grave; empirer; s'aggraver.

쇠다[2] 타 célébrer, fêter, passer ((une fête)). ¶ 설을 ~ fêter [célébrer] le nouvel an lunaire [chinois]. ¶ 생일을 ~ fêter [célébrer] *son* anniversaire.

쇠달구 명 pilon *m* de fer.

쇠딱지 명 crasse *f* sur la tête des enfants.

쇠똥[1] 명 ① bouse *f* (de vache). ② crasse *f* sur la tête des enfants.
*~**[개똥]도 약에 쓰려면 없다** ☞ 약
***머리에 ~도 안 떨어졌다** être un type [jeune homme] qui a encore le nez qui pisse le lait {fam} ((Si on lui pressait le nez, il en sortirait du lait {*fam*})), paraître trop jeune et inexpérimenté(*e*), être encore jeune et inconsidéré(*e*); être (encore) trop jeune [inexpérimenté(*e*)]; être un (jeune) blanc-bec [un béjaune [bec-jaune] {*vx*}; être un gamin.

쇠똥[2] 명 ferraille *f*; déchets *mpl* de fer.

쇠똥구리 명 【동물】 scarabée *m* au large cou, *Gymnopleurus mopsus* {*nsc*}.

쇠뜨기 명 【식물】 herbe *f* sauvage.

쇠락 衰落 명 vieillissement *m*; déclin *m*; détérioration *f* (avec le temps); dégradation *f*. ¶ ~의 길을 걷다 être sur le déclin; marcher [aller] à la ruine; être au bord de la ruine; courir vers la ruine. ◇_(을) **하다** vieillir; se détériorer; se dégrader progressivement; décliner; péricliter. ¶ ~한 가문 une famille qui décline [dépérit]. ¶ 오래 비워 두어서 집이 많이 ~했다 La maison, ayant longtemps été laissée à l'abandon, s'est beaucoup dégradée.

쇠망 衰亡 명 déclin *m*, chute *f*, décadence *f*. ◇_(을) **하다** décliner; tomber en décadence. ¶ 지도층의 부패로 나라가 ~했다 La corruption de la classe dirigeante a conduit le pays au déclin.

쇠붙이 명 mét*al*(*aux*) *m*; ferraille *f*, articles *mpl* de fonte; ferronnerie *f*.

쇠비름 명 【식물】 pourpier *m*.
◆_**나물** 명 pourpier *m* comestible.

쇠뿔 명 corne *f* (de bœuf).
*~**도 단김에 빼랬다** Il faut battre le fer pendant qu'il est chaud.

쇠사슬 명 ① chaîne *f* en fer. ¶ 죄수들을 ~로 묶다 enchaîner des criminels. ② 억압 ((briser, secouer *ses*)) chaînes *fpl*. ¶ 압제의 ~을 끊다 briser les chaînes de l'oppression. ¶ 독재의 ~에서 벗어나다 se libérer de l'oppression d'un dictateur.

쇠스랑 명 râteau(*x*) *m* en fer. ¶ ~으로 밭을 고르다 ratisser un champ.

쇠약증 衰弱症 명 asthénie *f*. ¶ ~에 걸리다 être

asthénique.

◆**신경_** 神經 명 【의학】 neurasthénie *f*, asthénie *f* psychique.

쇠약하다 衰弱- 형 être faible; être affaibli(*e*) [asthénique]. ¶ 그 여자는 원래 몸이 ~ Elle est d'une santé fragile.

쇠운 衰運 명 déclin *m* (d'un empire); décadence *f*.

◆**_하다** 형 être sur le déclin, être au bord de la ruine; aller [marcher] à la ruine; être en décadence, être décadent(*e*).

쇠잔하다 衰殘- 형 s'affaiblir, s'épuiser, dépérir. ¶ 쇠잔해 가는 저녁 햇살 les rayons d'intensité décroissante du soleil couchant. ¶ 그는 쇠잔한 몸으로 고향을 찾았다 Il est retourné dans son pays natal, (très) affaibli [en mauvaise santé].

쇠전 -錢 명 ① commission *f* pour le courtier dans un marché aux bestiaux. ② (petite [menue]) monnaie *f*; un peu d'argent *m*. ¶ ~ 한 푼도 없는 알거지 un mendiant sans un sou.

쇠죽 명 pâtée *f* (destinée aux bestiaux). ¶ ~을 끓이다 préparer de la pâtée pour bestiaux.

쇠창살 -窓- 명 barreaux *mpl* de fer. ¶ ~ 사이로 보이는 거리 풍경 paysage qu'on voit à travers des barreaux de fer.

*~ **안에 갇히다** se faire emprisonner; être en prison.

쇠코뚜레 명 anneau(*x*) *m* nasal (d'un taureau). ¶ ~를 매다 mettre un anneau dans les naseaux (d'un taureau).

쇠퇴 衰退 명 déclin *m*, décadence *f*. ¶ 문명의 ~ déclin de la civilisation. ◇**_(를) 하다** décliner, se dégrader progressivement; tomber en décadence. être sur le déclin; marcher [aller] à la ruine; être au bord de la ruine; courir vers la ruine; dépérir. ¶ 그도 늙어서 기력이 ~하고 있다 Lui aussi décline [perd sa vitalité, perd son énergie] à cause de son grand âge [à cause de son âge avancé, à cause de l'âge, avec l'âge]. ¶ 제조업이 급격히 ~하고 있다 Les industries manufacturières se sont considérablement affaiblies. ◇**_(가) 되다** décliner; dépérir.

◆**_기** -期 명 période *f* de décadence [de déclin]. ¶ ~기에 접어들다 entrer dans une période de décadence [de déclin].

쇠파리 명 【동물】 hypoderme *m*.

쇠푼 명 (petite [menue]) monnaie *f*; un peu d'argent *m*. ¶ ~ 가지고 벌벌 떨다 avoir peur de (vouloir) dépenser le moindre argent, être toujours anxieux(*se*) devant [face à] la moindre dépense /.rendu anxieux par la moindre dépense; les lâcher avec un élastique {fam}. ¶ ~짜리 옷 하나 사 주고 생색은 요란하게 낸다. Il n'y a pas de quoi se vanter d'avoir acheter un vêtement aussi bon marché.

쇠하다 衰- 자 s'affaiblir, s'épuiser, dépérir; décliner; tomber en décadence; être sur le déclin. ¶ 기력이 ~ décliner; perdre *sa* vitalité [*son* énergie]. ¶ 명성이 ~ perdre *sa* réputation.

쇤네 대 ((pronom de la première personne, humble, avilissant, archaïque, utilisé par un domestique pour désigner soi-même.)) je, moi.

쇼 영{show} 명 ① spectacle *m*. ¶ 리도[라스베가스] ~ le spectacle du Lido [de Las Vegas]. ¶ ~를 공연하다 donner un spectacle. ¶ ~를 구경하다 assister à un spectacle. ② jeu *m*; ((jouer la)) comédie, ((faire du)) cinéma *m*; supercherie *f*, tromperie *f*. ¶ 그 여자는 그 남자의 ~에 완전히 속아 넘어갔다 Elle a été trompée par son jeu. ¶ 그 여자의 눈물은 완전히 ~다 Ses larmes, c'est de la comédie. ◇**_(를) 하다** ① donner un spectacle; jouer. ¶ 오늘 극장에서 ~를 한다 Il paraît qu'on donne un spectacle au théâtre aujourd'hui. ② 꾸며대다 faire semblant de, feindre, jouer la comédie; faire du cinéma; leurrer, tromper, bluffer {*fam*}. ¶ 그 친구는 놀란 척 ~를 했다 Il a fait semblant d'être étonné. ¶ ~하고 있네 Quel comédien!

◆**_꾼** 명 professionnel *m* du monde du spectacle.

◆**_단** -團 명 équipe *f* qui donne des spectacles.

◆**버라이어티_** {variety-} 명 【연영】 spectacle *m* de variétés.

쇼맨십 영{showmanship} 명 action de s'afficher en public [de se donner en spectacle]. ¶ ~을 발휘하다 se montrer en spectacle, se faire remarquer de façon déplacée, faire *son* numéro, s'afficher en public. ¶ 그 녀석은 ~이 있다 Il aime se donner en spectacle [se faire remarquer, faire son numéro] / C'est un boute-en-train / C'est le boute-en-train de la bande / C'est le comique de la troupe / Il sait mettre de l'ambiance / C'est un amuseur / C'est un joyeux drille [un gai luron].

쇼비니즘 영{chauvinism} 명 【사회】 chauvinisme *m*.

쇼윈도 영{show window} 명 vitrine *f*. ¶ ~에 걸려 있는 옷 les vêtements exposés dans la vitrine. ¶ ~를 바라보다 regarder la vitrine.

쇼크 영{shock} 명 ① 【의학】 choc *m*. ¶ 수술로 인한 ~ choc opératoire. ② 충격 choc *m*. ¶ 심리적인 ~ choc psychologique. ¶ 어린 자식을 잃은 ~로 폐인이 되다 être complètement anéanti(*e*) [faire une dépression profonde et prolongée, devenir l'ombre de *soi*-même] suite au choc de la perte d'un enfant en bas âge. ◇**_(를) 받다[먹다]** recevoir un choc, être choqué(*e*); être un choc pour *qn*. ¶ 그 친구는 시험에 떨어져서 ~를 받았다 Cela a été un choc pour lui d'avoir échoué à son examen. ◇**_(를) 주다** donner un choc à *qn*. ¶ 정신적 ~를 주다 donner un choc psychologique.

◆**_사** -死 명 【의학】 mort *f* à la suite d'un choc.

◆**_요법** -療法 명 【의학】 traitement *m* par chocs.

쇼킹하다 영{shocking-} 형 être choquant(*e*); être stupéfiant(*e*), étonnant(*e*), incroyable; être effarant(*e*). ¶ 쇼킹한 소식 une nouvelle stupéfiante.

쇼트 영{short} 명 【전기】 court-circuit *m*. ◇**_(가) 되다** être court-circuité(*e*). ¶ 전선이 ~가 되었다 Les câbles d'électricité ont été court-circuités.

쇼트닝 영{shortening} 명 shortening *m* (d'huile végétale hydrogénée), sorte de graisses *fpl* hydrogénées végétales.

쇼트커트 영{shortcut} 명 ① coupe *f* (de cheveux) courte. ② 【운동】 action de couper la balle. ◇_(를) **하다** ① se faire couper les cheveux très courts. ¶ 그 여자는 일 년 동안 길러왔던 머리를 ~했다 Elle s'est fait couper très courts ses cheveux longs qu'elle avait laissé pousser pendant un an. ② 【운동】 couper la balle.

쇼트트랙 영{short track} 명 【운동】 courte piste *f*; patinage *m* de vitesse sur courte piste.

쇼핑 영{shopping} 명 achat *m*, ((faire des)) emplettes *fpl*, courses *fpl*; shopping *m*, chalandage *m*. ¶ ~을 가다 aller faire des achats [emplettes, courses]. ¶ ~을 즐기다 aimer faire des achats [du shopping]. ¶ 그 여자는 ~이 취미이다 Elle aime faire du shopping [le shopping]. ◇_(을) **하다** faire du shopping [des achats, des emplettes]; faire des [les, *ses*] courses, ((aller)) faire les commissions. ¶ 나는 어머니와 백화점에 ~하러 갔다 Je suis allé(*e*) avec ma mère faire des achats dans un grand magasin.

◆**_가** -街 명 quartier *m* commercial.

◆**_객** -客 명 client(*e*).

◆**_백** 명 sac *m* (de) shopping, sac *m* (d'une boutique); poche *f* [pochette *f*] commerciale. ¶ 양손에 ~백을 든 사람들 des gens avec des sacs (de) shopping dans chaque main.

◆**_센터** 명 centre *m* commercial.

◆**아이_** 명 lèche-vitrine *m*. ¶ 아이~을 하다 faire du lèche-vitrine, lécher [regarder] les vitrines, s'attarder devant les étalages des magasins.

숄 영{shawl} 명 châle *m*. ¶ 밍크 ~ châle de vison. ¶ 어깨에 ~을 두르다 mettre un châle sur les épaules.

숍 영{shop} 명 magasin *m*; boutique *f*.

◆**커피_** {coffee-} 명 café *m*.

수[1] 명 mâle *m*. ¶~놈 mâle. ¶~나귀 âne mâle; baudet ¶ 병아리의 암과 ~를 구별하다 trier [séparer] les poussins mâles des poussins femelles.

수[2] 명 ((nom dépendant ou nom non autonome, exprimant la possibilité. Il s'emploie après un *déterminant démonstratif* (이 *-ci*. 그 *-là*, 저 *-là-bas*), après un suffixe flexionnel déterminatif (-ㄴ/-은, -는, -ㄹ/-을), et après d'autres déterminatifs (모든 *tout*, 어떤 *quel*, 무슨 *quel*). Puisqu'il s'agit d'un nom, il peut avoir les particules (-가, -는, -를, -도, -만) pour devenir le sujet, le complément d'objet direct, mais souvent il est utilisé sans le particule, à la suite de l'omission de ce dernier.)) moyen *m*; procédé *m*; mesure *f*; truc *m* {*fam*}. ¶ 좋은 ~를 생각해 내다 trouver un bon procédé. ¶ 모든 ~를 동원하다 prendre toutes les mesures (pour *qc* / +*inf*). ¶ 갖은[오만] ~를 다 쓰다 utiliser tous les moyens; faire tous les efforts possibles. ¶ 무슨 ~를 써서라도 이기고야 말겠다 Je veux vaincre, par quelque moyen que ce soit. ¶ 그 ~가 좋겠다 Je trouve que c'est un bon moyen / Il me semble que c'est une bonne idée. ¶ 그런 기발한 ~가 있다니 Je ne pensais pas à une si bonne idée! ¶ 그 남자를 설득하려면 이 ~밖에 없다 Il n'y a que ce moyen pour le convaincre. ¶ 애썼지만 별 ~(가) 없었다 On a eu beau faire tous les efforts.

***뾰족한** ~ bon moyen *m* (pour s'en sortir); une solution *f* intelligente. ¶ 뾰족한 ~가 떠오르지 않는다 Aucun bon truc ne me vient à l'esprit. ¶ 무슨 뾰족한 ~라도 있니? Tu n'aurais pas une solution intelligente à me proposer (pour résoudre ce problème), par hasard? / Tu n'aurais pas une bonne idée, par hasard?

의명 capacité *f*, possibilité *f*. ((sous forme de radical verbal + -ㄹ/-을 ~(-가, -는, -도, -만) 있다 pour la possibilité)) ◇_(**가**) **있다** ① 능력 pouvoir+*inf*, être capable de *qc*/*inf*, être à même [en état, en mesure] de+*inf*. ¶ 나도 이 정도 문제는 풀 ~ 있다 Je peux, moi aussi, résoudre un problème de ce niveau. ② 가능 pouvoir+*inf*; il est probable [possible]+*subj*; il se peut que+*subj*; il n'est pas exclu que+*subj*. ¶ 그 친구가 갑자기 돌아올 ~도 있다 Il se peut qu'il revienne soudainement. ¶ 될 ~ 있는 대로 빨리 떠나라 Pars le plus tôt possible. ¶ 살다 보면 그럴 ~도 있다 Dans la vie, tout est possible / On voit des tas de choses dans la vie / On voit des choses bien curieuses dans la vie / La vie nous réserve de temps en temps de belles surprises. ¶ 할 ~ 있는 데까지 해 보겠다 Je ferai tout mon possible [de mon mieux, tout ce que je pourrai, le maximum, tout ce qui est en mon pouvoir] / Je ferai feu [flèche] de tout bois. ◇_(**가**) **없다** ((sous forme de radical verbal + -ㄹ/-을 ~(-가, -는, -도, -만) 없다 pour l'impossibilité)) ① 무능력 être incapable de+*inf*, être dans l'incapacité de+*inf*, il *lui* est impossible de+*inf*.; être dans l'impossibilité de+*inf*. ¶ 그는 아파서 도저히 외출할 ~(가) 없다 Sa maladie l'empêche [ne lui permet pas] de sortir. ¶ 이번에는 나도 어쩔 ~(가) 없다 Je n'y peux rien cette fois-ci. ¶ 그 친구를 만날 ~밖에 없다 Je n'ai pas d'autre moyen que de le voir / Je suis forcé(e) de le voir. ¶ 길을 돌아가는 ~밖에 없다 On est obligés de faire un détour. ¶ 나로서는 이럴 ~도 저럴 ~도 없다 Je suis dans une impasse. ② 불가능 ne pas pouvoir. ¶ 그 사람의 말은 종잡을 ~(가) 없다 On ne comprend rien à ce qu'il dit ¶ 그런 일은 절대 있을 ~ 없다 Une telle chose ne peut absolument pas se produire / On ne peut absolument pas admettre une chose pareille.

수[3] 手 명 【운동】 un coup ((dans le jeu de go)). ¶ 흑이 참 좋은 ~를 두었다 La personne qui a les (pions) noirs a joué un bon coup. ¶ 가만있지 말고 무슨 ~를 내 봐요 Ne reste pas comme ça et trouve un moyen.

◆_읽기 명 【운동】 stratégie *f* du jeu de go [d'échecs]. ¶ ~읽기에 뛰어나다 être habile [excellent(*e*)] en stratégie du jeu de go [des échecs]. ¶ 그 친구는 ~읽기를 잘한다 C'est un bon stratège au jeu de go [aux échecs].

◆무리_ 無理 명 moyen *m* déraisonnable. ¶ 무리~를 두다 utiliser un moyen déraisonnable; aller trop loin.

◆악_ 惡 명 mauvais coup *m*. ¶ 그 사람은 장고 끝에 악~를 두었다 Il a joué un mauvais coup après une longue réflexion.

분류 【운동】 ((jouer)) un coup *m* ((aux échecs, au jeu de *go*)). ¶ 장고 끝에 한 ~를 두다 jouer un coup après une longue réflexion [après mûre réflexion].

수4 **數** 명 ① nombre *m*. ¶ 사람들의 ~를 헤아리다[세다] compter le nombre de personnes ¶ 이 학교는 학생 ~가 적다[많다] Il y a peu [beaucoup] d'étudiants dans cette école. ② 【수학】 nombre *m*. ③ 【언어】 nombre *m*.

◆_없다 형 être innombrable; être nombreu*x*(*se*), être en grand nombre. ¶ 그 사람은 ~없는 고난을 겪으면서 단련되었다 Il est devenu plus fort après avoir vécu d'innombrables difficultés.

◆_없이 부 en très grand nombre, de façon innombrable. ¶ ~없이 많은 별들 d'innombrables étoiles. ¶ 전쟁으로 ~없이 많은 사람들이 죽었다 Un nombre incalculable de personnes sont mortes pendant la guerre.

◆_적 -的 명관 numérique, en nombre. ¶ ~적 우위 supériorité numérique [en nombre].¶ ~ 증가[감소] augmentation [diminution] en nombre. ¶ ~으로 우세하다 être supérieur(*e*) en nombre; être numériquement supérieur(*e*); avoir l'avantage du nombre, avoir l'avantage numérique. ¶ 우리 편이 상대편에 비해 ~적으로 불리하다 Nous sommes désavantagés en nombre par rapport à nos adversaires.

◆_관형사 -冠形詞 명 【언어】 déterminant(s) *m* numér*al*(*aux*); adjectif(s) *m* numér*al*(*aux*).

◆_대명사 -代名詞 명 【언어】 pronom *m* numérique.

◆_명사 -名詞 명 【언어】 nom *m* de nombre, substantif(*s*) *m* [nom(*s*)] numér*al*(*aux*).

◆_사 -詞 명 【언어】 numér*al*(*aux*) *m*.

수5 **數** 명 augure *m*, fortune *f*, chance *f*, divination *f*. ¶ 그 남자는 올해 사고를 당할 ~가 들었다 D'après une divination, il aura un accident cette année.

수6 **壽** 명 ① longue vie *f*; longévité *f*. ¶ ~를 누리다 *vivre longtemps;* jouir d'une longue vieillesse. ¶ ~를 다하다 mourir; arriver à la fin de *ses* jours. ② 연령 âge *m*. ¶ ~가 몇이십니까? Quel âge avez-vous?

◆백_ 百- 명 cent ans.

◆천_ 千- 명 durée *f* de la vie.

수7 **繡** 명 broderie *f*. ¶ ~(를) 놓다 faire de la broderie; broder. ¶ 손수건에 ~ (를) 놓다 broder un mouchoir. ¶ 옷에 꽃무늬를 ~놓다 broder des motifs de fleurs sur un vêtement.

◆_놓다 타 broder; décorer. ¶ 밤하늘을 ~놓은 별들 les étoiles qui paraissent avoir été brodées sur le ciel nocturne; les étoiles qui décorent le ciel nocturne.

◆_틀 명 tambour *m* (de broderie).

수8 **秀** 명 mention *f* très bien, A(+), une très bonne note *f* (comprise entre 90 / 100 et 100 / 100). ¶ 이 아이는 음악에서 ~를 받았다 Cet enfant a obtenu la mention Très Bien [une très bonne note] en musique.

수9 **首** 분류 ((classificateur)) ① pièce *f* en vers, poème *m*. ¶ 시 한 ~ un poème; une poésie. ¶ 한 ~ 읊어 보시지요 Veuillez réciter un poème s'il vous plaît. ② 마리 tête *f* ((unité servant à compter les animaux)). ¶ 닭 30~ 30 poules.

-수10 **手** 접미 ((suffixe employé pour désigner la personne exerçant certaines professions)). ¶ 가~ chanteu*r*(*se*). ¶ 무용~ danseu*r*(*se*). ¶ 소방~ pompier. ¶ 운전~ chauffeur.

-수11 **囚** 접미 ((suffixe nominal prisonni*er*(*ère*), détenu(*e*). ¶ 사형~ condamné(*e*) à mort. ¶ 탈옥~ prisonni*er*(*ère*) évadé(*e*).

수-12 **數** 접두 ((préfixe qui s'ajoute devant un nombre)) plusieurs, de nombreu*x*(*ses*); quelques. ¶ ~년 quelques [plusieurs] années. ¶ ~천 des [quelques, plusieurs] milliers.

수가 酬價 명 indemnité *f*, prime *f*. ¶ 의료보험 ~가 너무 낮다 Les primes d'assurance-maladie sont d'un niveau trop bas [ne sont pas assez élevées].

수간호사 首看護士 명 infirmière *f* en chef.

수간호원 首看護員 명 ☞ 수간호사

수감 收監 명 détention *f*, emprisonnement *m*, incarcération *f*. ¶ ~ 생활을 하다 mener une vie de détenu. ◇_(을) **하다** détenir *qn*, enfermer *qn*, emprisonner *qn*, mettre *qn* sous les verrous, incarcérer ((un prévenu)), écrouer ((un malfaiteur)). ¶ 절도범을 교도소에 ~하다 incarcérer un voleur. ◇_(이) **되다** être détenu(*e*) [incarcéré(*e*), emprisonné(*e*), enfermé(*e*), mis(*e*) sous les verrous]. ¶ 그 남자는 절도죄로 ~되었다 Il a été incarcéré pour vol.

◆_자 -者 명 détenu *m*, incarcéré *m*, emprisonné *m*.

수갑 手匣 명 menottes *fpl*, bracelets *mpl* {*arg*}. ¶ 양손에 ~을 차다 avoir des menottes aux (deux) mains. ¶ 범인에게[를] ~을 채우다 mettre [passer] les menottes à un criminel; menotter un criminel. ¶ ~을 풀다 enlever les menottes ((à *qn*)); ôter les menottes ((à *qn*)).

수강 受講 명 assistance *f* à un cours [une conférence]. ¶ ~ 정원 nombre limite d'inscriptions. ¶ ~ 인원 미달 insuffisance d'effectif inscrit ((à un cours)). ¶ 인터넷 ~ 신청 inscription à un cours sur Internet [par Internet]; demande d'inscription à un cours par Internet. ◇_(을) **하다** prendre [suivre] un cours.

¶ 그 학생은 심리학 강좌를 ~하고 있다 Cet élève suit des cours de psychologie.

◆_료 -料 명 frais *mpl* d'inscription.

◆_생[자] -生[者] 명 audi*teur*(*trice*), étudiant(*e*) inscrit(*e*).

◆_증 -証 명 carte *f* d'inscription ((à un cours)).

수거 收去 명 collecte *f*, collectage *m*, ramassage *m*, récupération *f*. ¶ 재활용품 ~ collecte [récupération, collectage] des déchets recyclables. ◇_(를) 하다 collecter, récupérer. ¶ 쓰레기를 ~하다 collecter les déchets ((ménagers)). ◇_(가) 되다 être collecté(*e*), récupéré(*e*).

◆_료 -料 명 frais *mpl* de collecte.

◆분리_ 分離- 명 tri *m* sélectif. ¶ 빈 병을 분리~하다 trier les bouteilles vides.

수건 手巾 명 serviette *f* de toilette; essuie-main(*s*) *m inv*. ¶ 세수 ~ serviette de toilette. ¶ 마른[젖은] ~ serviette sèche [mouillée]. ¶ ~을 짜다 essorer une serviette mouillée. ¶ ~으로 손을 닦다 s'essuyer les mains avec une serviette.

◆_걸이 명 porte-serviettes *m inv*.

◆손_ 명 mouchoir *m* (de poche).

수검[1] 搜檢 명 inspection *f* à la recherche de produits interdits [illicites]. ◇_(을) 하다 faire une inspection à la recherche de produits interdits [illicites]. ◇_(을) 받다 subir [être soumis(*e*) à] une inspection à la recherche de produits interdits [illicites].

수검[2] 受檢 명 passage *m* d'une inspection. ◇_(을) 하다 être inspecté(*e*), être soumis(*e*) à une inspection, passer une inspection, se faire examiner, subir une inspection ((à la douane)), être fouillé(*e*).

◆_자 -者 명 candidat *m* à une inspection [à un examen, à un contrôle].

수결 手決 명 signature *f*. ◇_(을) 하다 apposer *sa* signature sur ((une pièce, un document)).

수경 水耕 명 culture *f* hydroponique. ¶ 토마토 ~ 재배 culture hydroponique de tomates.

수계[1] 水界 명 hydrosphère *f*.

수계[2] 水系 명 système *m* fluvial. ¶ 한강 ~ système fluvial du fleuve Han.

수고 受苦 명 effort *m*, peine *f*, trav*ail*(*aux*) *m* pénible. ¶ ~의 대가 contrepartie des efforts fournis. ¶ 아내의 ~를 덜어 주다 *épargner de la peine à son épouse*. ¶ 누구의 ~를 치하하다 honorer les efforts de *qn*. ¶ ~에 보답하다 récompenser *qn* d'un service; donner *qc* à *qn* en retour des efforts fournis. ¶ ~에 감사하다 remercier *qn* de s'être donné tant de peine. ¶ 그 사람은 온갖 궂은일에 ~를 아끼지 않았다 Il n'a pas ménagé ses efforts [sa peine] dans toutes sortes de travaux pénibles. ¶ 그 친구는 쓸데없는 일로 내게 사무실에 다시 가게 하는 ~를 끼쳤다 Il m'a fait venir au bureau pour une chose triviale [pour pas grand-chose, inutilement]. ¶ ~가 많으십니다 Vous vous donnez beaucoup de peine / Merci (infiniment) pour tout le mal que vous vous donnez / Merci de vous donner tant de peine / Je vous remercie pour tout ce que vous faites. ¶ 뭐 ~랄 것도 없어요 Non, non, je vous en prie. Cela ne m'a donné aucun mal / Non, non, ce n'est pas la peine de me remercier, je n'ai vraiment rien fait [Je n'ai pas fait grand-chose]. ◇_(를) 하다 se donner du mal [de la peine], peiner, avoir de la peine [du mal]. ¶ ~하셨습니다[~하십니다] Merci de vous être donné(*e*) [de vous donner] tant de peine / Je vous remercie pour tout ce que vous avez fait. ¶ ~한 보람이 있었다 Cela n'a pas été peine perdue / Nous avons travaillé dur mais nos efforts ont été récompensés / Nos efforts ont été fructueux [n'ont pas servi à rien, ont porté leurs fruits] / Ce que j'ai fait n'aura pas servi à rien / Je n'aurai pas fait tout cela pour rien / Nous sommes heureux [satisfaits, récompensés] de nos efforts [de notre travail]. ¶ 그럼 ~ 좀 해 주시겠어요? Je vous prie de bien vouloir effectuer ce travail. ¶ 우리를 위해 ~하는 분이시다 C'est quelqu'un [C'est une personne] qui travaille [qui se donne de la peine, qui se donne du mal] pour nous.

◆_롭다 형 être pénible, fatigant(*e*); se donner la peine; ((tâche)) être lourd(*e*), dur(*e*), difficile, ardu(*e*). ¶ ~롭게 찾아와 주셔서 고맙습니다 Je vous remercie de vous être donné la peine d'être venu(*e*) nous voir [d'avoir fait ce si long chemin pour nous voir].

◆_스럽다 형 être pénible; ((tâche)) être lourd(*e*), dur(*e*), difficile, ardu(*e*). ¶ ~스러운 일 une tâche lourde [dure, difficile, ardue]. ¶ ~스럽(겠)지만 나 대신 거기에 가 줄 수 있니? Excuse-moi de te déranger, mais pourrais-tu y aller à ma place?

◆_로이 부 en se donnant la peine, en se donnant du mal. ¶ 몸도 불편하신데 ~로이 직접 와 주셔서 감사합니다 Je vous remercie de vous être donné la peine d'être venu(*e*) malgré votre état de santé fragile.

◆_스레 부 en se donnant la peine, en se donnant du mal. ¶ ~스레 다시 오실 필요 없습니다 Inutile de vous donner la peine de venir encore une fois.

◆_비 -費 명 argent *m* donné en contrepartie d'un service fourni. ¶ ~비를 받다[주다] recevoir [donner] de l'argent en contrepartie d'un service fourni [rendu]. ¶ ~비로 몇 푼을 쥐어주다 donner quelques sous à *qn* en guise de remerciement pour ses efforts.

◆헛_ 명 ☞ 헛수고

수공[1] 手工 명 trav*ail*(*aux*) *m* manuel. ¶ ~이 많이 드는 일 ouvrage qui demande beaucoup de travail.

◆_업 -業 명 artisanat *m*. ¶ 가내 ~업 artisanat familial.

◆_업자 -者 명 artisan(*e*), ((여자)) artisan *m* femme, femme *f* artisan.

◆_예 -芸 명 artisanat *m*.

◆_품 -品 명 produit *m* artisanal.

수공² 水攻 명 manœuvre *f* d'assiéger un lieu par le contrôle de l'approvisionnement en eau (d'un lieu assiégé); action de couper l'eau ((d'un lieu assiégé)); action de provoquer l'inondation ((d'un lieu assiégé)); action d'attaquer l'ennemi en l'inondant [en lui coupant l'eau, en lui coupant l'approvisionnement en eau, en le privant d'eau]. ◇_(을) **하다[펼치다]** attaquer l'ennemi en l'inondant [en lui coupant l'eau, en lui coupant l'approvisionnement en eau, en le privant d'eau]. ◇_(을) **받다[당하다]** se faire inonder [se faire priver d'eau, se faire couper l'eau, se faire couper l'approvisionnement en eau] par l'ennemi.

수관 水管 명 tuyau *m* d'eau; conduit *m*.

수괴 首魁 명 meneur *m* ((d'une émeute)); chef *m* ((de bandits)). ¶ 반역의 ~를 처단하다 punir le meneur de la révolte.

수교 修交 명 établissement *m* des relations diplomatiques. ¶ 한불~ 120주년 le cent vingtième anniversaire des relations diplomatiques entre la Corée du Sud et la France. ◇_(를) **하다[맺다]** établir [nouer] des relations diplomatiques. ¶ 동유럽 국가들과 ~하다 établir des relations diplomatiques avec les pays de l'Europe de l'est.

◆**_국** -國 명 partenaire *m* diplomatique.

◆**_ 조약** -條約 명 【정치】 traité *m* sur l'établissement des relations diplomatiques. ¶ 한불~ 조약 traité sur l'établissement des relations diplomatiques entre la Corée et la France.

◆**_훈장** -勳章 명 【법률】 décoration *f* pour l'établissement des relations diplomatiques.

수구¹ 水球 명 【운동】 *water-polo m*.

수구² 守旧 명 conservatisme *m*. ¶ ~ 세력 force conservatrice. ◇_(를) **하다** être conserva*teur(trice)*.

◆**_적** -的 명관 conserva*teur(trice)*. ¶ ~적인 인물 personnalité conservatrice. ¶ ~적(인) 사상 idéologie conservatrice.

◆**_파** -派 명 parti *m* conservateur.

수구³ 水口 명 embouchure *f* d'une rivière.

◆**_막이** 명 terre *f* obstruant l'embouchure d'une rivière

수국 水菊 명 【식물】 hortensia *m*.

수군¹ 水軍 명 【역사】 marine *f* nationale (de guerre); armée *f* de mer; forces *fpl* navales.

수군² 어근 ☞ 쑤군

수굿하다¹ 타 baisser, incliner, abaisser. ¶ 고개를 ~ baisser le front.

수굿하다² 형 ① être affaissé(*e*), abaissé(*e*). ¶ 그 친구의 수굿한 어깨가 보였다 On pouvait voir ses épaules tombantes. ② 가라앉다 être atténué(*e*), apaisé(*e*). ¶ 한낮의 뜨거운 열기가 이제는 제법 수굿해졌다 La chaleur torride de la journée s'est beaucoup apaisée maintenant.

수궁 水宮 명 palais *m* sous-marin.

수권 授權 명 autorisation *f*, délégation *f* légale du pouvoir. ¶ ~ 정당 parti délégué. ¶ ~ 태세를 갖추다 s'apprêter à déléguer le pouvoir.

수그러들다 자 ① 숙여지다 s'incliner; baisser, incliner. ¶ 나는 그의 업적에 머리가 수그러든다 Je m'incline devant ses travaux / J'ai beaucoup d'estime [de respect] pour ces travaux [publications]. ② ((기세가)) baisser, diminuer; perdre de *sa* force; s'apaiser, se calmer, s'estomper. ¶ 그의 분노가 수그러들었다 Sa colère s'est apaisée [s'est calmée, s'est estompée]. ¶ 야채 값이 수그러들고 있다 Les prix des légumes sont à la baisse [ont tendance à baisser].

수그러지다 자 ① s'incliner; baisser, incliner. ¶ 나의 질책에 그의 고개가 수그러졌다 Il a baissé la tête devant mes reproches. ② ((기세가)) baisser, diminuer; perdre de *sa* force. ¶ 더위가 수그러졌다 La chaleur a diminué. ¶ 그에 대한 비난 여론이 수그러졌다 Les critiques à son encontre ont perdu de leur force.

수그리다 타 baisser, incliner profondément. ¶ 상체를 ~ s'incliner profondément, baisser le torse.

수금¹ 收金 명 encaissement *m*, perception *f* ((d'argent)), recouvrement *m* ((de l'impôt direct)). ¶ ~ 날짜 date d'encaissement. ¶ ~ 나가다 faire une tournée pour ramasser [encaisser] les recettes [les sommes dues]. ◇_(을) **하다** encaisser ((de l'argent)); recouvrer ((des sommes dues)); percevoir ((un impôt)). ¶ 집집마다 ~하러 다니다 faire une tournée pour percevoir l'argent dû.

◆**_원** -員 명 collecteur *m* ((d'impôt)).

수금² 囚禁 명 détention *f*, incarcération *f*, emprisonnement *m*.

수급 需給 명 【경제】 offre *f* et demande *f*. ¶ ~의 균형 équilibre entre l'offre et la demande. ¶ ~ 조정 contrôle d'équilibre entre l'offre et la demande; ajustement de l'offre et de la demande. ¶ 원자재 ~ 계획 projet de fourniture des matières premières.

수긍 首肯 명 consentement *m*, assentiment *m*, acquiescement *m*, signe *m* d'approbation. ◇_(을) **하다** consentir ((à un arrangement, à+*inf*)), accepter ((une proposition, de+*inf*)), faire un signe d'approbation. ¶ 나는 그 사람의 설명을 ~할 수 없다 Je ne peux pas accepter ses explications. ¶ 그 사람의 날카로운 비판에 모두가 ~했다 Tout le monde était d'accord avec [a accepté] ses critiques sévères [ses vives critiques, ses critiques acerbes, ses critiques pertinentes, ses critiques perspicaces]. ◇_(이) **되다[가다]** consentir, accepter. ¶ 네 말을 듣고 보니 ~이 된다 J'accepte mieux après ton explication. ¶ 나는 그 의견에 ~이 가지 않는다 Je ne peux pas partager son opinion.

수기¹ 手記 명 mémoires *mpl*; cahier *m*; journ*al(aux) m*; souvenirs *mpl*. ¶ 체험 ~ mémoire racontant des expériences vécues.

수기² 手旗 명 petit drapeau(*x*) *m*; fanion *m*. ¶ ~로 신호를 보내다 envoyer des signaux à l'aide d'un petit drapeau.

ㅅ

◆_신호 -信號 명 signalisation *f* au moyen de fanions.
수꽃 명 【식물】 fleur *f* staminée.
수꿩 명 【동물】 faisan *m* mâle.
수나귀 명 【동물】 âne *m* mâle; baudet *m*.
수난 受難 명 souffrance *f*, crucifixion *f*. ¶ ~의 역사[시대] histoire [époque] de souffrance. ¶ 우리 가족에게 뜻하지 않은 ~이 닥쳤다 Un malheur inattendu [imprévisible] nous est tombé dessus [s'est abattu sur notre famille] / Un malheur inattendu [imprévisible] est soudain arrivé à [a soudain frappé, a soudain touché] notre famille. ◇_(을) **당하다[겪다]** subir des souffrances, souffrir ((de lourdes épreuves)). ¶ 야생동물들이 불법 사냥으로 ~을 당하고 있다 Les animaux sauvages souffrent du braconnage [sont les grandes victimes du braconnage].
◆_곡 -曲 명 【음악】 la Passion *f* ((musique)). ¶ 바흐의 마태 ~곡 la Passion selon Saint-Mathieu de Bach.
◆_극 -劇 명 【영연】 (le mystère de) la Passion *f* ((théâtre)).
◆_기 -紀 명 période *f* de persécution; ((예수그리스도)) temps *m* de la Passion.
◆_사 -史 명 histoire *f* de la persécution; ((예수그리스도)) histoire *f* de la Passion. ¶ 중세 민중들의 ~사를 기술하다 décrire l'histoire de la persécution du peuple du Moyen Âge.
◆_일 -日 명 【기독】 Vendredi *m* saint.
수납[1] 收納 명 perception *f*, encaissement *m*, recouvrement *m*. ¶ ~ 기관 institution de recouvrement. ¶ 조세 ~에 차질을 빚다 provoquer des problèmes à la perception des impôts ◇_(을) **하다** recouvrer, encaisser, percevoir ((des impôts)) ¶ 등록금을 ~하다 encaisser les frais d'inscription.
◆_계 -係 명 encaisseur *m*.
◆_부 -部 명 Direction *f* des encaissements.
◆_액 -額 명 montant *m* perçu.
수납[2] 受納 명 ① réception *f*, acceptation *f*; gardiennage *m*. ¶ ~ 창구 guichet de réception. ② 정리 rangement *m*. ¶ ~ 공간 espace de rangement. ¶ ~ 가구 meuble de rangement. ◇_(을) **하다** ① 받다 accepter ((un don)), recevoir ((un cadeau)). ② 정리하다 ranger.
◆_장 -欌 명 espace *m* de rangement.
수냉식 水冷式 명 ((moteur à)) refroidissement *m* par eau. ¶ ~ 기관 chaudière à refroidissement par eau.
수녀 修女 명 【천주】 religieuse *f*, nonne *f*, bonne sœur *f*, sœur *f*. ¶ ~가 되다 prendre le voile; devenir [se faire] religieuse; entrer au couvent.
◆_복 -服 명 vêtement *m* de religieuse.
◆_원 -院 명 【천주】 couvent *m*.
◆_원장 -院長 명 【천주】 abbesse *f*, ((mère *f*)) prieure *f*, supérieure *f*.
◆_회 -會 명 【천주】 congrégation *f* des religieuses.
수년 數年 명 quelques [plusieurs] années *fpl*. ¶ ~ 전부터 depuis quelques années. ¶ ~ 동안 pendant plusieurs années. ¶ ~간의 노력이 결실을 맺었다 Plusieurs années d'efforts ont porté leurs fruits.
수놈 명 mâle *m*. ☞ 수컷
수뇌 首腦 명 chef *m*, leader *m* ((d'un part)); dirigeant *m* ((d'un parti, d'une entreprise)); cadres *mpl* supérieurs.
◆_부 -部 명 état-major *m* ((d'un parti, d'une entreprise, d'un syndicat)). ¶ 군 ~부 état-major de l'armée.
◆_회담 -會談 명 sommet *m*, conférence *f* au plus haut niveau.
수다 명 bavardage *m*, babillage *m*, commérage *m*. ¶ ~를 늘어놓다 papoter, bavarder, caqueter, jaser {*vx*}, babiller; tailler une bavette {*fam*}, discuter le bout [le coup] de gras {*fam*}; converser [parler] de choses et d'autres. ◇_(를) **떨다** bavarder [papoter, causer]. ¶ 동네 아줌마들이 모여서 ~를 떨고 있다 Les commères du quartier se sont réunies pour bavarder [papoter, causer].
◆_스럽다 형 être bavard(*e*), loquace, prolixe, causant(*e*) {*fam*}. ¶ 그 친구는 술이 취하면 ~스러워진다 Il devient bavard quand il est ivre.
◆_꾼[쟁이] 명 bavard(*e*), moulin *m* à paroles, robinet *m* d'eau tiède; ((여자)) commère *f*, vraie concierge *f*.
수다하다 數多– 형 être nombreux(*se*), être en grand nombre. ¶ 수다한 문제들이 생겼다 Il s'est produit un bon nombre de problèmes. ¶ 그 사이에 수다하게 많은 사건들이 있었다 Il y a eu entre-temps bon nombre d'événements.
◆수다히 부 beaucoup, en grand nombre.
수단 手段 명 moyen *m*, ressort *m*; mesure *f*; instrument *m* de propagande; ((편법)) expédient *m*. ¶ 교통[통신, 생산] ~ moyen de transport [de communication, de production]. ¶ 비상 ~을 쓰다 recourir à des moyens extrêmes; employer les grands moyens; mettre le paquet, faire très fort, employer l'artillerie lourde [la grosse artillerie] {*fam*}, passer la surmultipliée {*fam*}. ¶ 위기를 모면할 ~을 찾다 chercher un moyen d'esquiver la difficulté. ¶ 온갖[별별] ~을 다 쓰다 user de [utiliser, employer, faire appel à] tous les moyens (pour obtenir *qc*), faire jouer tous les ressorts, remuer ciel et terre, faire des pieds et des mains, faire feu [flèche] de tout bois, mettre toutes voiles dehors, faire tout ce qui est en *son* pouvoir, faire le maximum; épuiser tous les moyens. ¶ 그 사람은 ~과 방법을 가리지 않고 돈을 모았다 Il a amassé de l'argent par n'importe quel moyen [par tous les moyens]. ¶ 최후의 ~으로 en dernière ressource; en dernier recours. ¶ 그 남자는 결혼을 출세를 위한 ~으로 삼았다 Il s'est servi du mariage pour sa réussite sociale [à des fins sociales, pour sa carrière personnelle] / Il ne s'est servi du mariage que comme tremplin pour parvenir à ses fins / Il a

ㅅ

utilisé le mariage comme moyen de progression sociale.

◆_화 -化 명 instrumentalisation *f*, utilisation *f* de *qc* comme un moyen. ¶ 인간을 ~화하다 utiliser l'homme comme un moyen, instrumentaliser l'être humain.

수달 水獺 명 【동물】 loutre *f*.

수당 手当 명 indemnité *f* ((de déplacement)); prime *f*, allocation *f*, bonus *m*. ¶ 가족[실업] ~ allocations familiales [de chômage]. ¶ 기말[연말] ~ bonus de fin de trimestre [d'année]. ¶ 생명 ~ indemnité de vie. ¶ 퇴직 ~ allocation [pension] de retraite. ¶ 특별 ~을 주다[받다] accorder [recevoir] des allocations spéciales. ¶ 초과근무 ~을 받다 toucher [bénéficier d']une prime pour les heures supplémentaires.

수더분하다 형 être très accommodant(*e*), d'humeur accommodante; être facile à vivre; ne pas être contrariant(*e*); avoir bon caractère, avoir un caractère sociable. ¶ 그 남자는 사람이 참 ~ Il est vraiment facile à vivre.

수도[1] 水道 명 eau(*x*) *f*; eau(*x*) *f* courante (de la ville); aqueduc *m*. ¶ ~ 시설 installation d'eau courante. ¶ ~ 공사 travaux d'adduction d'eau. ¶ ~ 요금 facture d'eau; prix payé pour l'eau de la ville. ¶ ~를 틀다[잠그다] ouvrir [fermer] un robinet. ¶ 집에 ~를 놓다 installer l'eau courante dans la maison. ¶ ~가 잘[안] 나온다 L'eau du robinet coule bien [mal]. ¶ 강추위로 ~가 얼었다 Les conduites d'eau sont gelées à cause du grand froid.

◆_관 -管 명 conduite *f* d'eau. ¶ ~관이 샌다 Il y a des fuites d'eau dans les conduites / Il y a des fuites dans les conduites d'eau / Les conduites d'eau fuient. ¶ ~관이 터졌다 Les conduites d'eau ont éclaté.

◆_꼭지 명 robinet *m*. ¶ ~꼭지를 돌리다 tourner le robinet. ¶ ~꼭지를 잠그다[틀다] ouvrir [fermer] le robinet.

◆_ㅅ물 명 eau *f* du robinet. ¶ 수돗물을 받다 recevoir de l'eau du robinet ((dans une bassine)); remplir une bassine [un récipient] avec l'eau du robinet.

수도[2] 首都 명 capitale *f*, métropole *f*. ¶ 한국의 ~는 서울이다 La capitale de la Corée du Sud est Séoul.

◆_권 -圈 명 région *f* [zone *f*] métropolitaine. ¶ ~권 과밀 현상 phénomène de surpeuplement dans les zones métropolitaines.

수도[3] 修道 명 discipline *f* spirituelle, ascèse *f*. ¶ ~ 생활 vie monastique [religieuse]. ¶ ~의 길로 들어서다 entamer une vie monastique, emprunter le chemin de l'ascèse. ◇_(를) 하다 mener une vie monastique. ¶ 그 사람은 산 속에서 오랫동안 홀로 ~했다 Il a longtemps mené une vie monastique seul dans la montagne.

◆_사 -士 명 【천주】 moine *m*, religieux *m*.

◆_승 -僧 명 【불교】 moine *m*, religieux *m*.

◆_원 -院 명 【천주】 couvent *m*, monastère *m*, abbaye *f*, prieuré *m*. ¶ ~원에 들어가다 entrer au couvent [monastère].

◆_자 -者 명 ascète, personne *f* menant une vie monastique.

◆_회 -會 명 【천주】 congrégation *f* religieuse, ordre *m* religieux. ¶ ~회에 들어가다 entrer dans un ordre religieux; entrer dans les ordres [en religion].

수동[1] 受動 명 ① passif *m*; passivité *f*. ② 【언어】 voix *f* [forme *f*] passive, passif *m*.

◆_적 -的 명관 ① passif(*ve*). ¶ ~적인 자세 attitude passive. ¶ 그 친구는 모든 일에 ~적이다 Dans tout ce qu'il fait, il est passif. ¶ 그 사람은 늘 ~적으로 행동한다 Il agit toujours de façon passive. ② 【언어】 passif(*ve*). ¶ 이 문장에서 동사는 ~적 의미로 쓰였다. Le verbe est employé dans un sens passif dans cette phrase.

◆_성 -性 명 passivité *f*.

◆_구문 -構文 명 【언어】 construction *f* passive.

◆_문 -文 명 【언어】 construction *f* passive; phrase *f* (à la voix) passive.

◆_태 受動態 명 【언어】 voix *f* passive; passif *m*. ¶ 이 문장에서 동사는 ~태로 쓰였다 Le verbe est employé au passif [est à la voix passive] dans cette phrase / Dans cette phrase, le verbe est employé au passif [est à la voix passive]. ¶ 다음 문장을 ~태로 변화시키시오. Mettez les phrases suivantes à la voix passive [au passif].

◆_형 -形 명 【언어】 forme *f* passive.

수동[2] 手動 명 maniement *m*, manipulation *f*. ¶ 이 기계는 ~으로 움직인다 Cette machine fonctionne manuellement.

◆_변속기 -變速器 명 changement *m* de vitesse manuel.

◆_식 -式 명 à main, manuel(*le*). ¶ ~식 전화기 téléphone manuel.

수두 手痘 명 【의학】 varicelle *f*. ¶ ~를 앓다[에 걸리다] souffrir de [attraper] la varicelle.

수두룩하다 형 être abondant(*e*) [innombrable]; être en grand nombre [quantité]. ¶ 값싸고 질 좋은 물건들이 ~ Il y a énormément d'objets bon marché [à bas prix] et de bonne qualité. ¶ 오늘은 할 일이 ~ J'ai beaucoup à faire aujourd'hui. ¶ 물건들이 수두룩하게 쌓여 있다 On trouve entassés en masse des objets / Des objets sont entassés en masse.

수라 명 repas *m* du roi.

◆_상 -床 명 table *f* du roi.

수라장 修羅場 명 pandémonium *m*; confusion *f* [désordre *m*] extrême; tohu-bohu *m*. ¶ 회의장은 순식간에 ~이 되었다 La salle de conférence s'est changée en un vrai champ de bataille.

수락 受諾 명 acceptation *f*, agrément *m*, consentement *m*. ¶ ~ 연설 discours de consentement. ¶ 무엇의 ~을 거절하다 refuser le consentement de *qc*. ◇_(을) 하다 accepter ((une proposition)), agréer ((une demande)), consentir à ((un compromis)), donner *son* agrément [consentement] à ((une proposition)), acquiescer ((aux conditions proposées)). ¶ 회담 제의를 정식으로 ~하다 accepter en bonne et due forme la proposition d'entretien. ¶ 대통령 후보 지명을 ~하다 consentir à la nomination du candidat aux présidentielles. ¶ 선뜻 ~하다 accepter sans aucune hésitation. ◇_(이) **되다** être accepté(*e*) [agréé(*e*)]. ¶ 그 제안은 이의 없이 ~되었다 Sa proposition a été acceptée sans aucune contestation.

수란 水卵 명 œuf *m* poché. ¶ ~을 뜨다 pocher des œufs.

수란관 輸卵管 명【의학】trompe *f* de Fallope (de l'utérus).

수량¹ 水量 명 volume *m* [quantité *f*] d'eau. ¶ 이 지역은 ~이 풍부하다 Cette région est riche en eau. ¶ 저수지의 ~이 늘었다[줄었다] La quantité de l'eau du réservoir a augmenté [diminué].

◆**_계** -計 명 compteur *m* d'eau.

수량² 數量 명 quantité *f*. ¶ ~이 많다[적다] avoir une grande [petite] quantité.

◆**_적** -的 명관 quantitati*f*(*ve*). ¶ ~적으로 표현하다 exprimer en quantité; quantifier.

◆**_화** -化 명 quantification *f*. ¶ ~화(를) 하다 quantifier. ¶ ~화(가) 되다 être quantifié(*e*).

◆**_관형사** -冠形詞 명【언어】déterminant *m* quantitatif [de quantité]; quantificateur *m*.

◆**_명사** -名詞 명【언어】nom *m* quantitatif [de quantité].

◆**_지수** -指數 명【경제】indice *m* de quantité.

수런 어근 chuchotement *m*.

◆**_거리다[대다]** 자 chuchoter, murmurer. ¶ 사람들이 시험장 앞에서 ~거리고 있다 Les gens sont en train de chuchoter devant la salle d'examen.

◆**_~** 부 en chuchotant. ¶ 방에서 ~~ 이야기하는 소리가 들렸다 J'ai entendu qu'on chuchotait dans la chambre.

수렁 명 ① marais *m*; bourbier *m*; marécage *m*; fondrière *f*. ¶ 차가 ~에 빠졌다 La voiture est embourbée [s'est enlisée]. ② 힘든 처지 bourbier *m*; mauvais pas *m*, situation *f* difficile; embarras *m*, merdier *m* {*vulg*}. ¶ ~에서 빠져나오다 se tirer d'un bourbier; se tirer d'un mauvais pas [d'embarras]. ¶ 그 선생님은 아이들을 절망의 ~에서 건져냈다 Ce professeur a sauvé les enfants du désespoir.

수레 명 charrette *f*, carriole *f*, charretin *m*, charreton *m*. ¶ ~로 짐을 나르다 charrier; transporter *qc* en charrette.

◆**_꾼** 명 charreti*er*(*ère*); charrieu*r*(*se*); charroyeur *m*.

◆**_바퀴** 명 roue *f* de la charrette.

◆**_짐** 명 chariot *m*.

수려하다 秀麗- 형 être b*eau*(*elle*, *eaux*); être joli(*e*) [gracieu*x*(*se*), élégant(*e*)]. ¶ 수려한 경치 paysage agréable [magnifique, pittoresque]; belle vue. ¶ 수려한 용모 beau visage. ¶ 그 남자는 이목구비가 ~ Il a de beaux traits du visage / Il a un beau visage [un visage aux traits gracieux, un visage aux traits réguliers, un visage aux traits bien dessinés] / Il a les traits réguliers [fins].

수력 水力 명 énergie *f* [force *f*] hydraulique; houille *f* blanche; ((유수력)) houille *f* verte; ((해수력)) houille *f* bleue. ¶ ~ 기관 machine hydraulique. ¶ ~ 전기 hydro-électricité. ¶ ~ 발전소 usine hydro-électrique.

수련¹ 修鍊 명 entraînement *m*, exercice *m*; ((가톨릭)) noviciat *m*. ¶ ~ 과정 cycle d'entraînement. ¶ 우리는 앞으로 많은 ~이 필요하다 Nous aurons besoin de beaucoup d'entraînement [de formation]. ◇_(을) **하다[쌓다]** s'entraîner, faire [suivre] un stage. ¶ 심신을 ~하다 s'entraîner le corps et l'âme. ¶ 여러 해 동안 ~을 쌓다 s'entraîner pendant plusieurs années; faire *son* apprentissage pendant plusieurs années.

◆**_기** -期 명 période *f* d'entraînement, période *f* stagiaire; ((가톨릭)) noviciat *m*.

◆**_생** -生 명 apprenti(*e*); stagiaire.

◆**_의** -醫 명 interne.

◆**_장** -場 명 champ *m* d'entraînement.

수련² 睡蓮 명【식물】nénuphar *m*.

수렴 收斂 명 ① 의견의 수합 action de recueillir les opinions de plusieurs personnes. ¶ 정부가 개헌에 대한 여론 ~에 들어갔다 Le gouvernement a commencé à recueillir les opinions du peuple à propos de l'amendement de la Constitution. ② 조세를 거둠 collection *f* de fonds; exaction *f*; perception [levée *f*] d'impôts. ③【의학】contraction *f*, astriction *f*. ④【수학】convergence *f*. ◇_(을) **하다** recueillir les opinions de plusieurs personnes. ¶ 국민들의 의견을 적극 ~하다 recueillir activement les opinions du peuple. ◇_(이) **되다** converger. ¶ 조합원들의 의견이 ~되는 대로 결정을 내리자 Prenons la décision dès que les opinions des syndiqués convergent. ¶ 학자들의 견해가 하나로 ~되고 있다 Les opinions des savants sont en train de converger.

◆**_렌즈** 명【물리】lentille *f* convergente.

수렴청정 垂簾聽政 명【역사】régence *f* de la reine mère. ◇_(을) **하다** exercer la régence en tant que reine mère.

수렵 狩獵 명 chasse *f*. ¶ ~ 생활을 하다 mener une vie de chasseur; obtenir par la chasse ce qui est nécessaire pour la vie. ¶ 야생동물의 ~을 금지하다 interdire la chasse des animaux sauvages. ◇_(을) **하다** chasser. ¶ ~하러 가다 aller à la chasse.

◆**_법** -法 명【법률】droit *m* de chasse.

수령¹ 首領 명 chef *m*, meneur *m* ((d'une émeute)).

수령² 受領 명 réception *f*. ¶ 반품 ~ réception de marchandises [d'articles] réexpédié(*e*)s à l'envoyeur. ◇_(을) **하다** réceptionner, recevoir. ¶ 보급품을 ~하다 réceptionner le ravitaillement. ¶

ㅅ

위 금액을 정히 ~함 J'accuse la réception de la somme mentionnée ci-dessus.

◆_인 -人 명 récepteur *m*, receveu*r*(*se*), réceptionnaire.

◆_증 -證 명 récépissé *m*, accusé *m* de réception.

수령[3] 樹齡 명 âge *m* d'un arbre. ¶ 이 나무는 ~이 100년이 넘는다 Cet arbre a plus de cent ans.

수로 水路 명 voie *f* d'eau; voie *f* maritime [fluviale]; ((물의 통로)) can*al*(*aux*) *m*; conduit *m*; ((강, 바다의 뱃길)) chenal *m*, passe *f*. ¶ ~ 측정 hydrographie. ¶ ~를 파다[내다] canaliser.

◆관개_ 灌漑- 명 canal *m* d'irrigation.

◆-부[국] -部[局] 명 Service [département, office] hydrographique [et océanographique de la Marine].

◆-지 -誌 명 ouvrage *m* portant sur les renseignements ou instructions nautiques [hydrographiques] (pour les navires).

수록 收錄 명 ((녹음, 녹화)) enregistrement *m*; ((게재)) insertion *f* ((d'un texte)). ◇_(을) **하다** enregistrer, contenir; insérer ((un texte dans une revue)); rapporter ((un fait dans les chroniques)); rassembler; recueillir. ¶ 이 사전은 고어를 ~하고 있다 Ce dictionnaire contient des mots anciens. ◇_(이) **되다** être contenu(*e*); être inséré(*e*). ¶ 그 논문은 이 책에 ~되어 있다 Cet article est contenu dans [figure dans] ce livre.

ㅅ

수뢰[1] 收賂 명 corruption *f*, acceptation *f* d'un pot-de-vin. ¶ ~ 사실을 부인하다 nier avoir accepté un pot-de-vin. ¶ ~ 혐의로 구속되다 être arrêté(*e*) sous l'inculpation de corruption. ◇_(를) **하다** accepter [toucher] un pot-de-vin.

◆_죄 -罪 명 【법률】 délit *m* de corruption.

수뢰[2] 水雷 명 【군사】 torpille *f*.

수료 修了 명 fin *f* d'études. ¶ ~ 증서 certificat de fin d'études; diplôme (de fin d'études). ◇_(를) **하다** terminer *ses* études. ¶ 석사과정을 ~하다 terminer *son* Master. ¶ 소정의 교육 과정을 ~하다 terminer les études requises.

◆_생[자] -生[者] 명 titulaire *mf* d'un certificat [d'un diplôme]; diplômé(*e*).

◆_식 -式 명 cérémonie *f* de remise des diplômes.

◆_증 -證 명 certificat *m* de fin d'études; diplôme *m* (de fin d'études).

수류탄 手榴彈 명 【군사】 grenade *f*. ¶ ~을 투척하다 [던지다] lancer une grenade. ¶ ~ 파편에 맞다 être touché(*e*) par un éclat de grenade. ¶ ~이 터졌다[폭발했다] La grenade a explosé.

수륙 水陸 명 amphibie. ¶ ~ 양용 장갑차 char blindé amphibie.

수리[1] 修理 명 réparation *f*; dépannage *m*; réfection *f* ((d'une route)). ¶ 자동차 ~ 공장 atelier de réparation de voitures. ¶ 정비소에 자동차 ~를 맡기다 confier la réparation de *sa* voiture au garage [à un garagiste]. ¶ 내 차는 ~ 중이다 Ma voiture est en réparation. ◇_(를) **하다** réparer, dépanner. ¶ 집을 ~하다 réparer une maison. ¶ 고장 난 텔레비전을[차를 ~하다 dépanner [réparer] un téléviseur [une voiture]. ◇_(가) **되다** être réparé(*e*). ¶ 기계 ~가 잘되었다 La machine est [a été] bien réparée.

◆_공 -工 명 répara*teur*(*trice*); mécanicien(*ne*); dépanneu*r*(*se*) ((de machines à laver)).

◆_비 -費 명 frais *mpl* de réparation, coût *m* de réparation.

◆_소 -所 명 atelier *m* de réparation; ((자동차 정비소)) garage *m*.

수리[2] 受理 명 acceptation *f*, consentement *m*. ◇_(를) **하다** accepter, recevoir. ¶ 사표를 ~하다 accepter [recevoir] la démission de *qn*. ◇_(가) **되다** être accepté(*e*), reçu(*e*). ¶ 청원서가 ~되었다 La pétition est acceptée.

수리[3] 명 【동물】 aigle *m*.

수리[4] 數理 명 principe *m* [théorie *f*] mathématique. ¶ ~ 영역 les sciences mathématiques. ¶ ~ 경제학 économie mathématique, économétrie.

◆_적 -的 명관 mathématique. ¶ ~적 사고 raisonnement mathématique.

수리[5] 水利 명 utilisation *f* de l'eau; irrigation *f*.

◆_조합 -組合 명 coopérative *f* pour l'irrigation.

수리수리마수리 감 abracadabra, *surisuri masuri* <formule magique, parole incantatoire>.

수리취 명 【식물】 *Synurus deltoïdes* {*nsc*}, plante *f* appartenant aux composées dont les feuilles jeunes sont comestibles.

◆_떡 명 *tteok m* à base des feuilles de *Synurus Deltoïdes*.

수림 樹林 명 forêt *f*, bois *m*. ¶ ~이 울창하다 La forêt est épaisse / Les bois sont touffus.

수립 樹立 명 établissement *m*; fondation *f*; création *f*. ¶ 신당 ~을 지원하다 aider la création d'un nouveau parti politique. ◇_(을) **하다** établir, fonder, créer. ¶ 정부를 ~하다 établir le gouvernement. ¶ 계획을 ~하다 établir un projet. ¶ 원칙[이론]을 ~하다 fonder un principe [une théorie]. ¶ 제도를 ~하다 créer une institution; établir un système. ◇_(이) **되다** être établi(*e*), fondé(*e*), créé(*e*).

수마[1] 水魔 명 inondation *f* terrible. ¶ ~가 할퀴고 지나간 자리 traces laissées par l'inondation.

수마[2] 睡魔 명 ((avoir)) sommeil *m* terrible; somnolence *f*. ¶ ~와 싸우며 밤새워 공부하다 travailler toute la nuit en luttant contre le sommeil. ¶ ~가 몰려와서 참을 수 없다 avoir une envie irrésistible de dormir; succomber au sommeil.

수만 數萬 수 plusieurs dizaines *fpl* de milliers. ¶ 수천 ~의 관중들이 환호성을 올렸다 Plusieurs dizaines de milliers de spectateurs ont crié de joie.

관 plusieurs dizaines de milliers. ¶ ~ 명의 사람 plusieurs dizaines de milliers de personnes. ¶ ~ 대의 자동차 plusieurs dizaines de milliers de voitures.

수많다 형 être innombrable, très nombreu*x*(*se*). ¶

수많은 관객들 d'innombrables spectateurs. ¶ 수많은 사람들이 피해를 입었다 D'innombrables personnes ont subi des dégâts / Il y a eu beaucoup de victimes. ¶ 수많은 사람들 중 왜 하필 나에게 그런 일을 시키냐? Pourquoi me charges-tu d'un tel travail, alors qu'il y a d'autres personnes?

수매 收買 명 achat *m*. ¶ 추곡 ~ achat de céréales récoltées à l'automne. ◇_(를) **하다** acheter des céréales récoltées à l'automne.

◆_**가** -價 명 prix *m* d'achat.

수맥 水脈 명 nappe *f* d'eau souterraine, source *f*. ¶ ~을 찾다 chercher les nappes d'eau souterraine; chercher une source. ¶ ~이 끊어진 곳에서 지하수가 새나오고 있다 L'eau souterraine fuit à l'endroit où les tuyaux d'eau sont coupés.

수면[1] 水面 명 surface *f* de l'eau. ¶ ~에 떠오르다 émerger à la surface de l'eau; faire surface, revenir en surface. ¶ 모터보트가 ~을 가르고 지나갔다 Une barque à moteur est passée en divisant la surface de l'eau.

수면[2] 睡眠 명 sommeil *m*. ¶ ~ 부족 manque de sommeil. ¶ 충분한 ~을 취하다 dormir suffisamment. ¶ 누구의 ~을 방해하다 troubler [interrompre] le sommeil de *qn*. ◇_(을) **하다** dormir.

◆_**제** -劑 명 【약학】 somnifère *m*, soporifique *m*.

수면[3] 獸面 명 face *f* d'un animal [d'une bête]; visage *m* laid comme la face d'un animal.

수명 壽命 명 ① (durée *f* (moyenne) de la) vie *f*; espérance *f* de vie; longévité *f*. ¶ 평균 ~ durée moyenne de la vie (humaine); espérance de vie. ¶ 인간의 ~을 늘리다[연장하다] allonger l'espérance de vie. ¶ ~이 길다[짧다] vivre longtemps [mourir jeune], avoir une grande [courte] longévité, avoir une courte [longue] espérance de vie. ¶ 의학의 발달로 사람들의 ~이 늘었다 L'espérance de vie est allongée grâce aux progrès de la médecine. ② 사용 기간 durée *f* d'usage ((d'une pile)), durée *f* de vie ((d'un appareil)). ¶ ~이 길다[짧다] durer [ne pas durer] longtemps, avoir une courte [longue] durée de vie. ¶ 이 전지는 ~이 다했다 Cette pile est hors d'usage. ¶ 기구를 그렇게 함부로 다루면 ~이 짧아진다 Si tu ne prends pas soin de l'appareil, sa durée de vie sera raccourcie.

수모 受侮 명 *insulte f*, humiliation *f*, affront *m*, outrage *m*. ¶ ~를 참다 supporter un affront, endurer des insultes. ¶ 평생 잊을 수 없는 ~를 겪다 subir un outrage inoubliable. ◇_(를) **받다[당하다]** subir [essuyer] un affront, être insulté(*e*). ¶ 온갖 ~를 다 받다 subir toutes sortes d'humiliations. ¶ 그 사람은 회의장에서 쫓겨나는 ~를 당했다 Il a subi l'affront d'avoir été chassé de la salle de conférence. ¶ 그곳에서 나는 뜻하지 않은 ~를 당했다 Là-bas, j'ai subi un affront inattendu. ◇_(를) **주다** insulter, humilier, faire un affront à *qn*, faire outrage à *qn*, outrager *qn*, faire une offense à *qn*, offenser *qn*.

수목 樹木 명 arbre *m*. ¶ 각종 ~이 울창하다 Les divers arbres montrent une végétation exubérante [luxuriante].

◆_**원** -園 명 jardin *m* botanique.

수몰 水沒 명 inondé(*e*), dévasté(*e*) par les eaux, ((zone)) sinistrée par une inondation. ¶ ~ 지역[지구] zone sinistrée (par une inondation). ◇_(이) **되다** être inondé(*e*), dévasté(*e*) par les eaux. ¶ 댐이 건설되어 그 지역은 ~되었다 Ce village [quartier] a été inondé à cause de la construction du barrage.

수묵 水墨 명 encre *f* de Chine.

◆_**화** -畵 명 【미술】 peinture *f* à l'encre de Chine.

수문 水門 명 portes *fpl* d'une écluse; écluses *fpl* ((d'un canal)); vanne *f*. ¶ 댐의 ~을 열다 ouvrir [lever, lâcher] les écluses. ¶ 댐의 ~을 닫다 fermer [baisser] les écluses.

◆_**식** -式 명 équipé(*e*) d'écluses. ¶ ~식 운하 canal équipé d'écluses

◆_**지기** 명 éclusi*er*(*ère*), garde-écluse *m*.

수문장 守門將 명 porti*er*(*ère*), garde *m* (d'une porte); ((축구)) gardien *m* de but.

수미 首尾 명 commencement *m* et fin *f*. ¶ ~가 일관되다 être cohérent(*e*) d'un bout à l'autre.

수미하다 秀美- 형 être très b*eau*(*elle*), magnifique, splendide, superbe, admirable, grandiose, ravissant(*e*), majestue*ux*(*se*).

수박 명 【식물】 pastèque *f*, melon *m* d'eau. ¶ ~ 화채 boisson sucrée contenant des morceaux de pastèque. ¶ 씨 없는 ~ pastèque sans pépins. ¶ 잘 익은 ~ 한 덩이 une pastèque bien mûre. ¶ ~을 따다 cueillir [récolter] des pastèques. ¶ ~을 쪼개다[가르다] couper une pastèque en deux.

*~ **겉 핥기** ((étudier)) d'une façon superficielle, superficiellement, de manière superficielle; ((faire un travail)) à la hâte [rapidement] et sans soin [vite et mal] (pour s'en débarrasser); au plus vite, avec précipitation; à la six-quatre-deux {*fam*}; à la va-vite {*fam*}, vite-fait {*fam*}. ¶ ~ 겉 핥기 식 교육 éducation superficielle. ¶ ~ 겉 핥기로 공부하다 étudier superficiellement [d'une façon superficielle]. ¶ ~ 겉 핥기로 일을 처리하다 bâcler [expédier, torcher {*fam*}] *son* travail; faire un travail à la hâte [à la va-vite {*fam*}, vite fait {*fam*}, à la six-quatre-deux {*fam*}]; faire un travail trop vite. ¶ 그렇게 일을 ~ 겉 핥기로 하지 말아라 Tu ne devrais pas bâcler le travail comme ça [faire le travail à moitié, saboter le travail] / Tu aurais dû travailler plus sérieusement.

수반[1] 首班 명 chef *m*. ¶ 내각[행정부의] ~ Premier ministre; chef du cabinet. ¶ ~으로 지명되다 être nommé au poste de Premier ministre.

수반[2] 隨伴 명 accompagnement *m*. ◇_(을) **하다** accompagner. ¶ 정책에 ~하는 문제들 problèmes qui accompagnent une politique. ¶ 통화의 증가는 물가 상승을 ~한다 L'augmentation de la quantité de monnaie en circulation accompagne l'inflation. ◇_(이) **되다** s'accompagner de *qc*. ¶ 권리에는 책임이

ㅅ

~된다 Le droit s'accompagne de la responsabilité.

수발 명 service *m*. ¶ 음식 ~ service de repas. ◇_(을) 하다[들다] être au service de *qn*, s'occuper de *qn*, servir *qn*. ¶ 병든 부모님을 ~들다 s'occuper des parents malades. ¶ 환자들의 식사를 ~하다 s'occuper des repas des malades.

수방 水防 명 prévention *f* contre l'inondation. ¶ ~ 대책 des mesures contre l'inondation.

수배[1] 手配 명 mise *f* en place d'un cordon de police; organisation *f* d'une enquête (pour arrêter *qn*); publication *f* d'un avis de recherche. ¶ ~ 전단을 뿌리다 distribuer un avis de recherche. ¶ 범인은 ~ 중에 있다 L'auteur du crime est recherché par la police. ◇_(를) 하다 rechercher *qn*, poursuivre *qn*; prendre des dispositions (en vue de l'arrestation d'un bandit); donner le signalement ((d'un bandit)). ¶ 용의자의 차량을 ~하다 rechercher le véhicule du suspect. ¶ 팔방으로 ~하여 찾다 se renseigner un peu partout. ¶ 경찰은 전국에 용의자를 ~했다 La police a lancé un avis de recherche du suspect dans tout le pays. ◇_(가) 되다 être recherché(*e*). ¶ ~된 강도를 검거하다 arrêter le cambrioleur recherché. ◇_(를) 받다 faire l'objet de recherches, être recherché(*e*) (par la police). ¶ 그 남자는 몇 년 전부터 경찰의 ~를 받아 왔다 Il est recherché par la police depuis plusieurs années.

◆_범 -犯 명 criminel *m* recherché.

◆_자 -者 명 homme *m* [femme *f*] recherché(*e*).

◆지명_ 指名- 명 【법률】 recherche *f* d'un criminel d'après *son* signalement. ¶ 지명~(를) 하다 faire la recherche d'un criminel d'après *son* signalement; donner le signalement ((d'un criminel)).

◆지명_자 指名-者 명 personne *f* au signalement connu qui fait l'objet de recherches; personne *f* recherchée, homme *m* [femme *f*] recherchée, criminel *m* recherché.

◆현상_ 懸賞- 명 recherche *f* avec mise à prix de la tête de *qn*; mise *f* à prix de la tête de *qn*.

수배[2] 數倍 명 plusieurs fois *fpl*. ¶ 이 기법을 사용하여 전보다 ~의 효과를 얻었다 Cette technique nous a permis de surmultiplier notre productivité. ¶ 손실이 이익의 ~에 달한다 La perte est plusieurs fois [de beaucoup] plus élevée que le profit. ¶ 올해 수출액은 작년의 ~에 달한다 Nos exportations de cette année sont bien plus élevées que celles de l'année dernière.

수백 數百 수 plusieurs centaines *fpl*. 관 plusieurs centaines. ¶ ~ 명의 인파 plusieurs *centaines* de personnes.

수백만 數百萬 수 plusieurs millions *mpl*. ¶ 에이즈 감염자가 ~에 이른다 Le nombre de personnes atteintes par le Sida s'élève à plusieurs millions. 관 plusieurs millions. ¶ ~ 명의 시민 plusieurs millions de citoyens.

수범 垂範 명 modèle *m*, exemplaire *m*; exemplarité *f*. ◇_(이) 되다 être donné(*e*) comme modèle.

◆솔선_ 率先- 명 ((donner)) l'exemple. ¶ ~(을) 하다 donner l'exemple.

수법 手法 명 technique *f*, façon *f*, style *m*, méthode *f*, moyen *m*; habileté *f*, adresse *f*. ¶ 탁월한[유일한] ~ excellent [seul, unique] moyen. ¶ 온갖 ~을 다 동원하다 user de [utiliser, employer, faire appel à] tous les moyens (pour obtenir *qc*), faire jouer tous les ressorts, remuer ciel et terre, faire des pieds et des mains, faire feu [flèche] de tout bois, mettre toutes voiles dehors, faire tout ce qui est en *son* pouvoir, faire le maximum; épuiser tous les moyens. ¶ 범죄 ~이 날로 교묘해지고 있다 Les techniques criminelles deviennent de plus en plus sophistiquées. ¶ 이제는 그런 낡은 ~으로는 안 된다 Désormais des méthodes si démodées ne passent plus. ¶ 그건 그 녀석이 항상 써 먹는 ~이다 C'est la méthode que ce type utilise tout le temps. ¶ 그건 그 사람이 여자를 유혹하는~ 중 하나다 Il s'agit d'une des techniques qu'il utilise pour séduire les femmes.

수병 水兵 명 【군사】 matelot *m*; marin, gars *m* de la marine {*fam*}.

수복[1] 收復 명 recouvrement *m*; reprise *f* ((d'une ville)); récupération *f*. ◇_(을) 하다 recouvrer, récupérer, reprendre. ¶ 잃었던 땅을 ~하다 recouvrer la terre. ◇_(이) 되다 être récupéré(*e*).

◆_민 -民 명 rapatriés *mpl*.

◆_지구 -地區 명 terrain *m* récupéré; terrain *m* repris à l'ennemi.

수복[2] 壽福 명 longévité *f* et bonheur *m*. ¶ ~을 누리다 jouir de la longévité et du bonheur.

수부 水夫 명 marin *m*, matelot *m*. ¶ 견습 ~ apprenti matelot.

수북 어근

◆_하다 형 s'entasser, s'empiler, s'amonceler. ¶ 책상 위에 서류들이 ~하다 Il y a une pile de dossiers sur le bureau / Les dossiers s'empilent sur le bureau. ¶ 의자에 먼지가 ~하게 쌓여 있다 Les chaises sont couvertes de poussière.

◆_이 부 abondamment. ¶ 가구에 먼지가 ~이 쌓였다 Les meubles sont couverts de poussière / Les meubles sont (très) poussiéreux.

◆_ _ 부 abondamment, en abondance. ¶ ~~하게 쌓다 mettre en pile, empiler, entasser, accumuler, mettre ((des choses)) les unes sur les autres, amasser ((des documents)).

수분[1] 水分 명 ① eau(*x*) *f* (contenue dans *qc*); partie *f* aqueuse ((du sang)); jus *m*, humidité *f*. ¶ ~ 제거 élimination de l'eau; déshydratation; dessiccation. ¶ ~을 섭취하다 boire de l'eau. ¶ ~이 많은 야채[과일] légume aqueux [fruit juteux]. ¶ 이 화초는 ~이 부족해서 죽었다 Cette plante est morte par manque d'eau.

수분[2] 受粉 명 【식물】 pollinisation *f*. ◇_(을) 하다 ((plante)) être fécondé(*e*) par pollinisation.

◆인공_ 人工- 명 【식물】 pollinisation *f* artificielle.

수비 守備 명 défense *f*. ¶ ~ 대형 ((se mettre, se disposer en)) formation de défense. ¶ ~ 선수 défenseur. ¶ ~를 강화하다 renforcer la défense. ¶ ~에 임하다[들어가다] se mettre [se disposer] en formation de défense. ¶ 공격보다는 ~에 치중하다 jouer la défense plutôt que l'attaque. ¶ 공격이 곧 최선의 ~이다 La meilleure défense, c'est l'attaque. ◇_(를) **하다[펴다]** défendre, garder, assurer la défense. ¶ 국경을 ~하다 défendre la frontière. ¶ 물 샐 틈 없는 ~를 펴다 rendre la défense impénétrable.

◆_**대** -隊 명 corps *m* de garde. ¶ 국경 ~대 corps de garde des frontières; troupes de couverture.

◆_**력** -力 명 capacité *f* défensive ((d'une équipe)).

◆_**망** -網 명 réseau *m* de défense.

◆_**벽** -壁 명 barrière *f*; barricade *f*. ¶ ~벽을 겹겹이 쌓다 mettre plusieurs barrières.

◆_**병** -兵 명 garde *f*.

◆_**수** -手 명 【운동】 défenseu*r*(*se*).

◆_**진** -陣 명 les défenseurs *mpl*. ¶ ~진을 짜다 organiser la défense. ¶ ~진을 교체하다 changer les défenseurs.

◆_**형** -形 명 défensive *f*; ((se mettre, se disposer en)) formation *f* de défense.

수사¹ 修辭 명 rhétorique *f*; art *m* de bien parler [écrire]. ¶ 현란한 ~를 동원해서[써서] 말하다 parler en s'aidant de toute la rhétorique. ¶ 그 사람은 ~에 능하다 C'est un beau parleur / C'est un fin orateur / Il est habile dans l'art de parler.

◆_**적** -的 명관 rhétorique *f*; rhétorique. ¶ ~적인 표현 expression rhétorique.

◆_**법** -法 명 【문학】 figures *fpl* de rhétorique.

◆_**학** -學 명 rhétorique *f*.

◆_**학자** -學者 명 rhétoricien(*ne*).

수사² 數詞 명 【언어】 numér*al*(*aux*) *m*.

수사³ 修士 명 【천주】 moine *m*, frère *m*, religieux *m*; régulier *m*.

수사⁴ 搜査 명 enquête *f*, investigation *f* de la police, recherche *f*. ¶ ~ 상황 속보 dernières nouvelles de [dépêche sur] l'enquête. ¶ ~의 방향을 바꾸다 changer la direction de l'enquête ¶ ~를 개시하다[에 착수하다] ouvrir une enquête ¶ ~를 중단하다 interrompre l'enquête. ¶ 유괴 사건의 ~를 맡다 être responsable d'une enquête sur [se faire confier, se voir confier] une affaire d'enlèvement [de kidnapping]. ¶ ~에 별 진전이 없다 ne pas progresser dans l'enquête. ¶ ~ 중이다 être en train de mener une enquête. ◇_(를) **하다[벌이다]** mener [conduire] une enquête, enquêter sur *qc*, rechercher. ¶ 실종 사건을 ~하다 mener une enquête sur l'affaire de la disparition de *qn*. ¶ 다각도로 ~를 벌이다 examiner *qc* sous tous ses aspects, examiner tous les aspects de *qc*. ¶ 누가 탈출을 도왔는지 ~하다 interroger *qn* pour savoir qui l'a aidé dans son évasion [à s'évader]. ◇_(가) **되다** ((suspect, affaire)) être examiné(*e*), faire l'objet d'une enquête. ◇_(를) **받다** ((suspect)) être examiné(*e*), faire l'objet d'une enquête.

◆_**과** -科 명 service *m* d'enquête.

◆_**관** -官 명 enquêteu*r*(*se*), policier *m* chargé d'une enquête.

◆_**권** -權 명 ((attribution de la)) responsabilité *f* d'une enquête.

◆_**기관** -機關 명 organisme *m* chargé de l'enquête.

◆_**대** -隊 명 équipe *f* d'enquête

◆_**력** -力 명 force *f* d'enquête. ¶ 모든 ~력을 동원하다 déployer toutes les forces d'enquête.

◆_**망** -網 명 réseau *m* [filet *m*] d'enquête. ¶ ~망을 좁히다 resserrer le filet [les mailles du filet] de l'enquête. ¶ ~망을 빠져나가다 échapper au filet de l'enquête. ¶ ~망에 걸리다 être pris dans le filet de l'enquête.

◆_**반** -班 명 équipe *f* chargée de l'enquête.

◆_**본부** -本部 명 centre *m* d'enquête. ¶ 특별 ~본부를 설치하다 mettre en place le centre spécial d'enquête.

◆_**비** -費 명 frais *mpl* d'enquête.

◆_**진** -陣 명 équipe *f* d'enquête. ¶ 현지에 ~진을 급파하다 envoyer [dépêcher] d'urgence l'équipe d'enquête sur place.

◆**초동**_ 初動- 명 enquête *f* préliminaire; première enquête *f*. ¶ 초동 ~에 만전을 기하다 s'assurer de tout dans l'enquête préliminaire.

수산 水産 명 produit *m* marin [de la mer]. ¶ ~ 시장 marché aux poissons. ¶ ~ 자원 ressources maritimes.

◆_**물** -物 명 produits *mpl* de la mer [marins], poissons *mpl* et fruits *mpl* de mer. ¶ ~물 가공업 industrie des produits de la mer.

◆_**업** -業 명 industrie *f* des produits de la mer. ¶ ~업 협동조합 coopérative des pêcheurs.

◆_**청** -廳 명 【법률】 ministère *m* du Littoral et de la Marine.

수산화 水酸化 명 【화학】 hydratation *f*.

◆_**물** -物 명 【화학】 hydroxyde *m*.

◆**나트륨** 명 【화학】 hydrate *m* de soude.

수삼¹ 水蔘 명 【식물】 ginseng *m* frais.

수삼² 數三 관 deux ou trois; plusieurs. ¶ ~ 개월 deux ou trois mois.

◆_**차** -次 명 plusieurs fois *fpl*, maintes fois *fpl*, plus d'une fois *f*, bien des fois *fpl*, de nombreuses fois *fpl*, des centaines de fois *fpl*, ((à)) plusieurs [maintes, différentes] reprises *fpl*, maintes et maintes fois *fpl*. ¶ ~차에 걸쳐서 à plusieurs reprises. ¶ ~차 이야기를 했건만 또 그런 짓을 저질렀군 Je le lui ai dit à plusieurs reprises [à maintes reprises, maintes et maintes fois, plusieurs fois, des centaines de fois], mais ça ne l'a pas empêché de refaire la même chose.

수상¹ 水上 명 ① surface *f* de l'eau; aquatique; ((ski)) nautique. ¶ ~ 교통 transport par eau. ¶ ~ 스포츠[경기] sport nautique [aquatique]. ¶ ~ 운송 transport de marchandises par eau. ¶ ~ 생활 vie sur l'eau. ¶ ~ 가옥 habitation sur l'eau. ② 흐르는 물의 상류 amont *m*; cours *m* supérieur (d'une rivière).

◆_경찰 -警察 명 police *f* maritime.

◆_버스 명 bateau-autobus *m*.

◆_비행기 -飛行機 명 hydravion *m*.

◆_스키 명 【운동】 ski *m* nautique.

수상[2] 首相 명 Premier ministre *m*; président *m* du Conseil [des ministres]. ¶ ~ 관저 la résidence du Premier ministre. ¶ 전[현] ~ l'ancien [l'ex-]Premier ministre [le Premier ministre actuel]. ¶ 그는 40대에 ~이 되었다 Il est devenu Premier ministre à la quarantaine.

◆_직 -職 명 fonctions *fpl* de Premier ministre.

수상[3] 受賞 명 obtention *f* d'un prix [d'une récompense)]. ¶ ~ 소감 la réaction à l'annonce de l'obtention d'un prix. ¶ 노벨상 ~의 영예를 안다 avoir l'honneur d'obtenir le prix Nobel. ¶ ~의 기쁨을 감출 수 없다 Je ne peux cacher ma joie d'obtenir ce prix. ◇_(을) 하다 recevoir [obtenir] un prix [une récompense]. ¶ 대상을 ~하다 gagner le grand prix. ¶ 그는 최고 점수로 ~했다 Il a obtenu le prix avec la meilleure note.

◆_자 -者 명 lauréat(*e*). ¶ 노벨상 ~자 le(la) lauréat(*e*) du prix Nobel.

◆_작 -作 명 œuvre *f* primée. ¶ ~작을 뽑다 primer une œuvre. ¶ ~작으로 뽑히다 être primé(*e*).

수상[4] 授賞 명 remise *f* d'un prix; distribution *f* des prix. ◇_(을) 하다 décerner [remettre] un prix; récompenser par un prix.

◆_식 -式 명 cérémonie *f* de la remise des prix; (cérémonie *f* de) distribution *f* des prix. ¶ 아카데미상 ~식 la cérémonie de la remise des Oscars.

수상[5] 隨想 명 réflexion *f*, impression *f*.

◆_록 -錄 명 essai *m*; recueil *m* de pensées. ¶ 몽테뉴의 ~록 Les Essais de Montaigne.

수상[6] 手相 명 lignes *fpl* de la main. ¶ ~을 보다 lire dans les lignes de la main; faire de la chiromancie.

수상[7] 殊常 어근 caractère *m* suspect; apparence *f* louche [équivoque]; aspect *m* bizarre; étrangeté *f*.

◆_하다 형 être suspect(*e*), louche, équivoque; être douteu*x*(*se*); être bizarre, extraordinaire, étrange. ¶ ~한 사람 une personne étrange [suspecte], un individu suspect. ¶ ~한 태도 une attitude louche [suspecte]. ¶ 거동이 ~한 사람 une personne au comportement douteux. ¶ 그는 직업이 ~하다 Il a une profession douteuse. ¶ 두 사람 사이가 ~하다 Il y a quelque chose (de louche) entre eux. ¶ 그 친구가 아무 말을 않고 있는 것이 매우 ~하다 C'est très bizarre qu'il ne dise rien. ¶ 날씨가 ~하다 On dirait que le temps va se gâter [qu'il va y avoir de l'orage] / Le temps ne me dit rien qui vaille / Le temps est à l'orage / Le temps est menaçant / C'est un temps qui annonce la pluie [l'orage, un typhon]. ¶ 누구를 ~하게 여기다 trouver *qn* louche.

◆_스럽다[쩍다] 형 être douteu*x*(*se*); être bizarre, extraordinaire, étrange; être suspect(*e*), louche, équivoque. ¶ 그의 행동에 어딘가 ~쩍은 데가 있었다 Il y avait quelque chose de louche dans son comportement.

◆_히 부 étrangement, bizarrement. ¶ 누구를 ~ 여기다 trouver *qn* bizarre [louche, étrange], suspecter *qn*.

수상기 受像機 명 récepteur *m*. ¶ 텔레비전 ~ un téléviseur.

수색 搜索 명 recherche *f*, perquisition *f*, enquête *f*, fouille *f*. ¶ ~ 작전 une opération de recherche. ◇_(을) 하다[벌이다, 펴다] rechercher *qn*/*qc*, faire la recherche ((d'un enfant disparu)); faire des recherches sur *qc*; ((가택의)) perquisitionner chez *qn*, faire une perquisition chez *qn*; fouiller; entreprendre des recherches pour retrouver ((un enfant, un homme)). ¶ 범인을 ~하다 rechercher un criminel; rechercher l'auteur d'un crime; entreprendre des recherches pour retrouver un criminel [l'auteur d'un crime]. ¶ 몸을 ~하다 fouiller *qn*, faire une fouille. ¶ 주변을 샅샅이 ~하다 fouiller tout le quartier [le quartier de fond en comble, le quartier dans les moindres recoins]; passer tout le quartier au peigne fin, retourner toutes les maisons du quartier [maison après maison], retourner tout le quartier. ¶ 대대적인 ~을 벌이다 organiser une grande fouille.

◆_권 -權 명 【법률】 droit *m* de visite [domiciliaire]. ¶ 강제 ~권 droit de perquisition.

◆_대 -隊 명 équipe *f* de secours [de recherche]; ((군사)) patrouille *f*. ¶ ~대를 파견하다 envoyer une équipe de secours.

◆_영장 -令狀 명 【법률】 mandat *m* de perquisition.

◆가택_ 家宅- 명 【법률】 perquisition *f*, visite *f* domiciliaire.

◆몸_ 명 fouille *f* d'une personne. ¶ 몸~을 하다 fouiller *qn*.

수생 水生 명 ((plante)) aquatique; qui croît [vit] dans l'eau; faune)) fluviatile; ((호수)) lacustre; ((바다)) ((faune)) marine. ¶ ~ 식물[동물] plantes aquatiques [animaux aquatiques].

수석[1] 首席 명 ① principal(*aux*) *m*; chef *m*; tête *f*; premi*er*(*ère*), major *mf*, cacique *m*; ((형용사)) principal(*ale*, *aux*), en chef. ¶ ~ 대표 le chef d'une délégation. ¶ ~ 보좌관[비서관] premier conseiller [secrétaire]. ¶ ~ 연구원 responsable d'une équipe de chercheurs. ¶ ~ 판사 juge principal. ② 1등 premi*er*(*ère*). ¶ ~의 영광 l'honneur d'être le(la) premi*er*(*ère*). ¶ ~을 다투다 se battre pour la première place. ¶ ~으로 졸업하다[입학하다, 합격하다] sortir major d'une (grande) école [entrer major dans une (grande) école; être reçu(*e*) major d'un concours]. ¶ 그는 지난번 시험에서 ~이었다 Il était premier à l'examen précédent. ◇_(을) 하다 être

ㅅ

premi*er*(*ère*) ((dans sa classe, à un concours)), être major à un concours, occuper la première place; être le meilleur élève ((d'une classe)). ¶ 입시에서 ~을 하다 être premi*er*(*ère*) au concours d'entrée à l'université. d'une équipe de chercheurs.

수석[2] 壽石 명 pierre *f* précieuse. ¶ ~을 수집하다 collectionner les pierres précieuses.

수선[1] 명 affairement *m*, agitation *f*. ¶ 별일도 아닌데 왜들 이렇게 ~이니? Pourquoi fais-tu tant de bruit [tant de tapage] pour rien [pour si peu]? ◇_(을) **부리다[떨다, 피우다]** s'affairer de façon exagérée, faire beaucoup de bruit; faire du tapage. ¶ 남자가 그만한 일에 왜 그렇게 ~을 피우니? Est-ce qu'un homme fait autant de bruit pour si peu?

◆**_거리다[대다]** 자 s'affairer de façon exagérée; faire beaucoup de bruit; faire du tapage. ¶ 길가의 사람들이 ~거리기 시작했다 Les passants ont commencé à s'affairer [s'agiter].

◆**_스럽다** 형 s'affairer de façon exagérée. ¶ ~스러운 여자 une femme affairée.

수선[2] 修繕 명 réparation *f*, réfection *f*, raccommodage *m*. ¶ ~ 전문 ((magasin)) spécialisé en raccommodage [en réfections]. ¶ 그 옷은 ~ 중이다 Ce vêtement est en réparation. ◇_(을) **하다** réparer, refaire, raccommoder; remettre *qc* en état; ravauder ((des bas)); repriser ((des chaussettes)); rapiécer, recoudre; rafistoler {*fam*}, retaper, rapetasser {*fam*}, arranger, bricoler. ¶ 구두를 ~하다 réparer des chaussures [des souliers], ressemeler des chaussures, rafistoler {*fam*} des chaussures, rapiécer des chaussures. ◇_(이) **되다** être réparé(*e*), raccommodé(*e*); être remis(*e*) en état. ◇_(을) **받다** être réparé(*e*), raccommodé(*e*); être remis(*e*) en état. ◇_(을) **시키다** faire réparer *qc*, faire refaire *qc*, faire retaper *qc* {*fam*}. ¶ 시계를 ~시키다 faire réparer une machine.

◆**_공** -工 명 répara*teur*(*trice*), raccommodeu*r*(*se*); cordonnier *m*. ¶ 구두 ~공 un cordonnier.

◆**_물** -物 명 objet *m* en réparation.

◆**_비** -費 명 frais *mpl* de réparation.

◆**_점** -店 명 atelier *m* de couture, chez un(*e*) couturi*er*(*ère*).

수선화 水仙花 명 【식물】 narcisse *m*.

수성[1] 水星 명 【천문】 Mercure *m*.

수성[2] 水性 명 ① 물의 성질 qualité *f* de l'eau. ② 액체성 liquidité *f*; ((peinture)) à l'eau. ¶ ~ 사인펜 un stylo qui s'efface à l'eau. ¶ ~ 페인트 une peinture à l'eau.

수성[3] 守成 명 maintien *m* [conservation *f*] (de la position), défense *f* du titre. ¶ 챔피언 자리의 ~이 그리 쉽지 않을 것이다 Ce ne sera pas facile de conserver son titre (de champion). ◇_(을) **하다** conserver, défendre ((*son* titre)); rester ((à la première place)), maintenir, perdurer. ¶ 재계 1위의 자리를 계속 ~하다 rester à la première place dans le monde des finances.

수세[1] 守勢 명 défensive *f*, défense *f*. ¶ ~에 몰리다 être poussé(*e*) à la défensive. ¶ ~에서 공세로 전환하다 passer de la défensive à l'offensive.

수세[2] 收稅 명 【법률】 perception *f* des impôts. ◇_(를) **하다** percevoir [lever] un impôt.

수세미 명 ① 【식물】 luffa *m*. ② 그릇을 씻는 스폰지 éponge *f* abrasive. ¶ ~로 그릇을 닦다 frotter un plat [une assiette] avec une éponge abrasive.

수세식 水洗式 명 pourvu(*e*) d'une chasse *f* d'eau. ¶ ~ 변소[화장실] W.C. [vécés {*fam*}, toilettes, waters, cabinets] pourvu(*e*)s d'une chasse d'eau.

수소[1] 명 【동물】 taureau(*x*) *m*.

수소[2] 水素 명 【화학】 hydrogène *m*. ¶ ~ 원자[이온] un atome [un ion] d'hydrogène. ¶ ~ 화합물 un hydrure.

◆**_탄[폭탄]** -彈[爆彈] 명 【군사】 bombe *f* à hydrogène.

◆**중_** 重- 명 【화학】 hydrogène *m* lourd; deutérium *m*.

수소문 搜所聞 명 acte *m* pour chercher des renseignements. ¶ ~ 끝에 그의 주소를 찾았다 On a fini par trouver son adresse après avoir fait des efforts pour obtenir des informations. ◇_(을) **하다** aller chercher des renseignements. ¶ 그의 행방을 ~하다 se renseigner sur sa disparition.

수속 手續 명 formalité *f*, démarche; marche *f* à suivre;; procédure *f*, procédé *m*. ¶ ~상의 문제 une question de formalité. ¶ 입국 ~이 끝났다 Les formalités d'entrée dans le pays sont terminées. ¶ 출국 ~이 대단히 복잡하다 Les formalités de sortie du pays sont très compliquées. ◇_(을) **하다[밟다]** accomplir [remplir] les formalités requises; faire les démarches nécessaires. ¶ 이혼 절차를 ~하다 faire les démarches nécessaires pour un divorce; entamer les procédures nécessaires pour un divorce; entamer une procédure de divorce. ¶ 입국[출국] ~을 하다 remplir les formalités d'entrée dans un pays [de sortie d'un pays]. ¶ 입학 ~을 밟다 remplir les formalités d'entrée dans une école [dans une université].

◆**_금** -金 명 argent *m* nécessaire pour faire une démarche [pour entamer une procédure].

수송 輸送 명 transport *m* ((de marchandises, de voyageurs)). ¶ 육상[철도, 해상, 항공] ~ un transport terrestre [ferroviaire, maritime, aérien]. ¶ 화물[여객] ~ un transport de marchandises [de voyageurs]. ◇_(을) **하다** transporter. ¶ 보급품을 각 부대로 ~하다 approvisionner chaque troupe. ◇_(이) **되다** être transporté(*e*).

◆**_기** -機 명 avion *m* de transport. ¶ 군용 ~기 un avion de transport de l'armée. ¶ 화물 ~기 un avion de transport de marchandises.

◆**_대** -隊 명 【군사】 unité *f* mobile.

◆**_량** -量 명 volume *m* du trafic; ((밀도)) intensité *f* du trafic.

◆**_로** -路 명 itinéraire *m* d'un transport; ((par)) route

ㅅ

f; ((par)) transport *m* routier.

◆_비 -費 명 frais *mpl* de transport.

◆_선 -船 명 【해양】 cargo *m*.

수수¹ 명 【식물】 sorgho *m*; millet *m* africain [indien]; durra; kaoliang.

◆_깡 명 tiges *fpl* de sorgho séchées (dont on se sert pour faire des jeux de construction pour enfants).

◆_부꾸미 명 galette *f* de sorgho.

◆_팥떡 명 *tteok m* aux haricots rouges et au sorgho ((que l'on mange traditionnellement pour le premier anniversaire d'un enfant)).

◆_ㅅ대 명 tige *f* du sorgho.

수수² 收受 명 réception *f*, acquisition *f* ((de pots de vin, d'objets volés)). ¶ 뇌물 ~ 혐의 suspecté(*e*) d'avoir reçu [accepté] des pots de vin. ◇_(를) 하다 recevoir [accepter] ((des pots de vin)). ¶ 장물을 ~하다 acquérir des objets volés.

수수³ 授受 명 action de donner et recevoir. ◇_(를) 하다 donner et recevoir. ¶ 금품을 ~하다 donner et recevoir des pots de vin.

수수께끼 명 ① 놀이 énigme *f*, devinette *f*. ¶ ~를 내다[풀다] proposer [résoudre] une énigme. ② 의문 mystère *m*. ¶ 그의 죽음은 아직도 ~로 남아 있다 Sa mort reste encore mystérieuse.

수수료 手數料 명 【경제】 commission *f*; (droit *m* de) commission *f*; ((은행)) frais *mpl* (de commission) (de la banque). ¶ 등록 ~ commission d'inscription. ¶ 현금 인출 ~료 les frais (de commission) lorsque l'on retire des espèces dans une banque avec une carte bancaire. ¶ ~를 내다 payer une commission [des frais de commission]. ¶ 5퍼센트의 ~를 받다[부과하다] toucher [prendre] une commission de 5 pour cent [donner une commission de 5 pour cent]. ¶ 500원의 ~가 붙는다 Il faut payer 500 wons de frais [de commission].

수수방관 袖手傍觀 명 indifférence *f*. ◇_(을) 하다 être [rester] specta*teur*(*trice*) [indifférent(*e*)] ((devant une affaire, devant une bagarre)); regarder *qc* sans y prendre part. ¶ ~만 하지 말고 좀 적극적으로 나서라 Ne reste pas planté(*e*) comme ça [Ne te contente pas d'être specta*teur*(*trice*)], fais quelque chose [réagis, passe à l'acte, passe à l'action, manifeste-toi, fais quelque chose de concret].

◆_적 -的 명관 specta*teur*(*trice*). ¶ ~적인 태도로 일관하다 persister dans *son* attitude de spectateur.

수수하다 형 être modeste, simple, ordinaire, moyen(*ne*); être sobre. ¶ 옷차림이 ~ être habillé(*e*) simplement [sobrement]. ¶ 수수한 사람 une personne simple [modeste]. ¶ 수수한 색깔 une couleur ordinaire. ¶ 수수한 옷 un vêtement sobre. ¶ 수수하게 차려 입다 être habillé(*e*) sobrement.

수순 手順 명 ordre *m* naturel; suite *f* logique des choses. ¶ 정해진 ~을 따르다[밟다] suivre l'ordre logique des événements.

수술¹ 명 【식물】 étamine *f*. ¶ ~과 암술 étamines et pistil.

수술² 手術 명 ① 【의학】 opération *f*, intervention *f* chirurgicale. ¶ ~ 부위 champ opératoire. ¶ 심장 이식 ~ une greffe [une transplantation] cardiaque [d'un cœur, du cœur]. ¶ 간단한 ~ une opération simple. ¶ 위험한[어려운] ~ une opération dangereuse [difficile]. ¶ ~ 중에 죽다 mourir au cours d'une opération. ② 대대적인 손질 toilettage *m*, lifting *m*. ¶ 이 법률은 대대적인 ~이 필요하다 Cette loi a besoin d'un toilettage [d'un lifting]. ◇_(을) 하다 opérer; faire [pratiquer] une opération à *qn*; soumettre *qn* à une opération; opérer ((une hernie, un cancer)). ¶ 암 환자를 ~하다 opérer un malade atteint d'un cancer. ◇_(을) 받다 subir une opération; être opéré(*e*) ((de l'appendicite)); monter [passer] sur le billard {*fam*}. ¶ 긴급 ~을 받다 être opéré(*e*) d'urgence; subir une opération à chaud. ¶ 장시간 동안 위 ~을 받다 subir une longue opération de l'estomac.

◆_대 -臺 명 table *f* d'opération. ¶ ~대에 오르다 monter [passer] sur le billard {*fam*}.

◆_비 -費 명 coût *m* d'une opération (chirurgicale); honoraires *mpl* d'un chirurgien (pour une opération).

◆_실 -室 명 salle *f* d'opération, bloc *m* opératoire.

◆대_ 大- 명 grave opération *f*. ¶ 대~을 받다 subir une grave opération.

수습¹ 收拾 명 arrangement *m*, règlement *m*, ajustement *m*; mise *f* en ordre. ¶ 정부가 비리 사건의 ~에 나섰다 Le gouvernement est intervenu pour régler [pour mettre bon ordre dans] des affaires de corruption / Le gouvernement est intervenu dans la résolution d'affaires de corruption [dans des affaires de corruption]. ◇_(을) 하다 arranger; régler ((une affaire, un différend)); remettre ((une affaire)) en ordre; mettre bon ordre à une situation; résoudre ((une question)); rétablir [sauver] ((la situation)). ¶ 일을 ~하다 régler une affaire. ¶ 난국을 ~하다 rétablir [sauver] une situation difficile [une situation grave, la situation]; sauver une crise. ◇_(이) 되다 être arrangé(*e*); être réglé(*e*); être remis(*e*) en ordre; être résolu(*e*); être rétabli(*e*), sauvé(*e*). ¶ 사태가 ~될 때까지 기다리다 attendre jusqu'à ce que la situation soit rétablie [jusqu'à ce que cela s'arrange].

◆_방안 -方案 명 plan *m* de résolution. ¶ ~ 방안을 찾다 chercher un plan de résolution.

◆_책 -策 명 mesures *fpl* pour rétablir ((la situation)). ¶ ~책을 내놓다 proposer des mesures pour rétablir ((la situation)).

수습² 修習 명 apprentissage *m*, stage *m*. ¶ ~ 사원 un(*e*) apprenti(*e*), un(*e*) stagiaire [d'une entreprise]. ¶ ~ 기간 une période d'apprentissage [de stage]. ◇_(을) 하다 faire [suivre] un stage; être en apprentissage.

◆_기자 -記者 명 journaliste *mf* apprenti(*e*)

[stagiaire].

수시 隨時 명 n'importe quand; au besoin; à l'occasion; à toute heure. ¶~ 점검 révisions fréquentes. ¶~ 모집 embauches fréquentes. ¶~ 방문 visites fréquentes. ¶~ 평가 évaluations fréquentes.

◆_**로** 부 à l'occasion; à toute heure; souvent. ¶~로 찾아오다 venir souvent chez *qn*, rendre souvent visite à *qn*. ¶~로 점검하다 faire réviser ((*sa* voiture)) à l'occasion.

수식[1] 修飾 명 ① ornement *m*, embellissement *m*. ¶~이 지나치게 많은 문장[문체] une phrase trop ornée[un style trop recherché]. ② 【언어】 détermination *f*, qualification *f*. ◇_(을) **하다** ① orner, décorer, embellir. ② déterminer, qualifier. ¶명사를 ~하는 형용사 un adjectif qualifiant un nom. ◇_(이) **되다** être qualifié(*e*), déterminé(*e*). ◇_(을) **받다** être qualifié(*e*), déterminé(*e*). ¶동사는 부사의 ~을 받는다 Le verbe est qualifié par l'adverbe.

◆_**적** -的 명관 déterminati*f*(*ve*), modificati*f*(*ve*). ¶~적인 표현 une expression déterminative.

◆_**어** -語 【언어】 명 ((terme *m*)) modificatif *m*; épithète *f*, qualificatif *m*; qualitatif *m*; déterminant *m*. ¶명사 ~어 modificatif d'un nom, nom déterminatif.

수식[2] 數式 명 【수학】 formule *f*, équation *f* (mathématique), expression *f*, formule *f* ((algébrique)). ¶~을 세우다 établir une formule ((algébrique)). ¶~으로 표현하다 exprimer *qc* avec [par] une formule algébrique.

수신[1] 受信 명 réception *f* d'une lettre; action de recevoir ((des ondes)). ¶~ 안테나 une antenne de réception. ¶~ 상태가 좋다 La réception est bonne / On capte bien la radio [la télévision] ici. ◇_(을) **하다** recevoir ((une lettre, un message)); capter ((une émission, une radio étrangère)). ¶편지를 ~하다 recevoir une lettre. ¶이상한 신호를 ~하다 capter des signaux étranges. ◇_(이) **되다** se transmettre; être capté(*e*). ¶전파가 잘 ~된다 Les ondes se transmettent bien.

◆_**국** -局 명 【통신】 station *f* réceptrice; poste *m* récepteur.

◆_**기** -機 명 【통신】 poste *m* [appareil *m*] de réception; récepteur *m*.

◆_**료** -料 명 ((텔레비전의)) la redevance *f* pour la télévision, la redevance *f* télé(vision) [TV].

◆_**인** -人 명 destinataire *mf*. ¶봉투에 ~인을 적다 écrire le nom du destinataire sur une enveloppe.

◆_**자** -者 명 destinataire *mf*. ¶~자 부담 à la charge du destinataire.

◆_**탑** -塔 명 【통신】 tour *f* de réception.

수신[2] 修身 명 maîtrise *f* de soi, acquisition *f* d'une certaine sagesse [d'une maturité d'esprit]. ¶~에 힘쓰다 faire des efforts pour acquérir une certaine sagesse [une maturité d'esprit].

◆_**제가** -齊家 명 maîtrise *f* de soi et bonne gestion *f* de la famille.

수신사 修信使 명 【역사】 émissaire *m*. ¶일본에 ~를 보내다 envoyer un émissaire au Japon.

수신호 手信號 명 signaux *mpl* à bras; signe *m* de la main. ¶~를 보내다 envoyer des signaux à bras; faire un signe de la main; faire signe de+*inf*. ¶~로 교통정리를 하다 régler la circulation par des signaux de bras. ◇_(를) **하다** faire des signaux de bras; faire un signe de la main; faire signe de+*inf* [que ((oui, non))]. ¶상황을 대원에게 ~를 해서 알리다 informer *ses* coéquipiers de la situation par un signe de la main, faire part de la situation [faire connaître la situation] à *ses* coéquipiers par un signe de la main. ¶그는 우리에게 뒤로 돌아오라는 ~를 했다 Il nous a fait signe de passer par derrière.

수심[1] 水深 명 profondeur *f* de l'eau. ¶~을 측정하다 mesurer la profondeur de l'eau. ¶~이 깊다[얕다] L'eau est profonde [peu profonde].

수심[2] 愁心 명 mélancolie *f*, inquiétude *f*, chagrin *m*, tristesse *f*, ennui *m*. ¶~에 잠기다[차다] être plein(*e*) d'inquiétude, être marqué(*e*) par l'inquiétude. ¶그는 얼굴이 ~으로 가득하다 Son visage est plein d'inquiétude.

수십 數十 수관 plusieurs dizaines *fpl*. ¶~ 권의 책 plusieurs dizaines de livres. ¶~ 년이 지났다 Plusieurs dizaines d'années se sont écoulées.

수십만 數十萬 수관 quelques centaines *fpl* de milliers *mpl*. ¶~의 인파 une foule immense [innombrable, tumultueuse], une grande foule. ¶~ 명 quelques centaines de milliers d'hommes.

수압 水壓 명 【물리】 pression *f* [poussée *f*] de l'eau. ¶~을 올리다 élever la pression de l'eau. ¶~이 높다[세다] La pression de l'eau est élevée [forte]. ¶관이 ~을 견디지 못하고 터졌다 Le tuyau n'a pas supporté la pression de l'eau et a fini par éclater.

◆_**계** -計 명 【물리】 manomètre *m*.

수액 樹液 명 sève *f*; ((고무나무의)) gomme *f*, latex *m*. ¶고무나무의 ~을 채취하다 inciser un hévéa pour recueillir le latex; saigner un hévéa pour en recueillir le latex; saigner un gommier pour en recueillir la gomme. ¶나무에 ~이 올랐다 La sève est montée dans l'arbre.

수양[1] 收養 명 adoption *f* ((d'un(*e*) enfant)).

◆_**딸[아들]** 명 fille *f* adoptive [fils *m* adoptif]. ¶~딸을 삼다 adopter une fille. ¶남의 집에 ~아들로 가다 être adopté comme fils chez *qn*.

◆_**부모** -父母 명 parents *mpl* adoptifs.

◆_**아버지[어머니]** 명 père *m* adoptif [mère *f* adoptive].

수양[2] 修養 명 culture *f* (de l'esprit); maîtrise *f* de *soi*; formation *f* du caractère. ¶정신 ~ la formation du caractère. ¶~을 쌓다 faire de constants efforts pour rester maître de *soi*. ¶그는 아직 ~이 부족하다 Il manque (de force) de maîtrise de soi. ◇_(을)

ㅅ

하다 se cultiver; apprendre à se dominer. ¶ 심신을 ~하다 fortifier le corps et l'esprit.

수양버들 垂楊- 명 【식물】 saule *m* pleureur.

수억 數億 수관 plusieurs centaines *fpl* de millions *mpl*. ¶ 인구가 ~이나 되는 큰 나라 pays dont la population s'élève à plusieurs centaines de millions. ¶ ~이나 되는 재산 patrimoine [biens] qui s'élève(nt) à plusieurs centaines de millions (de wons). ¶ ~ 개의 뇌세포 plusieurs centaines de millions de cellules nerveuses.

수업[1] 受業 명 cours *m* [leçon *f*] (que l'on suit); formation *f* [que l'on reçoit]. ¶ 학생들이 ~ 중이다 Les élèves sont en cours. ◇_(을) **하다** prendre des leçons; suivre un cours; suivre une formation. ¶ 자동차 정비 기술을 ~하다 suivre une formation sur la technique de réparation des voitures.

수업[2] 授業 명 cours *m* ((de mathématiques)); leçon *f*, classe *f* [que l'on dispenser]. ¶ ~ 시간 une heure de cours [de classe]. ¶ 불어 ~ un cours de français. ¶ 1교시 ~ le premier cours. ¶ 오전[오후] ~ les cours du matin [de l'après-midi]. ¶ 야외 ~ cours en plein air. ¶ ~을 시작하다 commencer un cours. ¶ ~을 끝내다 terminer un cours. ¶ 선생님이 ~ 중이다 L'enseignant [Le professeur] est en train de donner un cours [est en cours, fait sa classe, donne ses cours]. ◇_(을) **하다** donner [faire] un cours; enseigner; faire classe; donner une leçon. ¶ ~을 재미있게 하시는 선생님 un(*e*) enseignant(*e*) qui donne des cours intéressants. ¶ 불어를 ~하다 donner des cours de français. ¶ 외국어로 ~하다 enseigner dans une langue étrangère. ◇_(을) **받다** [**듣다**] suivre un cours; prendre des leçons. ¶ 학생들이 교실에서 ~을 받고 있다 Les élèves suivent un cours dans la classe. ¶ 교양 프랑스어 ~을 듣다 suivre un cours de français principalement destiné aux élèves étrangers au département de français, suivre un cours de français pour «non spécialistes».

◆**_료** -料 명 frais *mpl* de scolarité. ¶ ~료를 내다 payer *ses* frais de scolarité.

◆**_일수** -日數 명 nombre *m* de jours de cours.

◆**과외_** 課外- 명 cours *m* particulier, leçon *f* particulière.

◆**보충_** 補充- 명 cours *m* supplémentaire.

◆**정규_** 定規- 명 cours *m* régulier.

수업[3] 修業 명 ((면학)) étude *f*, poursuite *f* des études. ¶ 작가 ~ études d'écrivain [pour devenir écrivain]. ¶ 신부 ~ études de théologie. ◇_(을) **하다** étudier; faire *ses* études. ¶ 한학[미술]을 ~하다 étudier la littérature chinoise [les beaux-arts].

◆**_연한** -年限 명 durée *f* des études; années *fpl* de scolarité.

◆**_증** -證 명 certificat *m* de fin d'études.

수여 授與 명 distribution *f*, décernement *m*, remise *f*. ¶ 학위[훈장, 장학금] ~ remise des diplômes [de médailles, de bourses]. ◇_(를) **하다** donner; décerner ((un prix)) à *qn*; conférer ((un grade, un titre, une décoration)) à *qn*; remettre ((un prix)) à *qn*. ¶ 프랑스 팀에(게) 우승컵을 ~하다 remettre la coupe de la victoire à l'équipe de France. ◇_(가) **되다** être décerné(*e*) à *qn*; être conféré(*e*) à *qn*, être déféré(*e*) à *qn*; être remis(*e*) à *qn*. ¶ 신임 장관들에게 임명장이 ~되었다 Les postes de ministres ont été déférés / Les nouveaux ministres ont reçu leur nomination.

◆**_식** -式 명 cérémonie *f* de remise ((des prix)). ¶ 학위 ~식 la cérémonie de la remise des diplômes.

수역 水域 명 endroit *m* [espace *m*] déterminé de la mer; parages *mpl*; zone *f* réservée. ¶ 청정 ~ une réserve naturelle marine. ¶ 경제 ~을 지정하다 [선포하다] désigner [proclamer] une zone économique (exclusive).

◆ **배타적 경제 _** 排他的 經濟- 명 zone économique exclusive (Z.E.E., jusqu'à200 miles nautiques, soit 370 km à partir de la côte). ((en anglais)) E.E.Z. (*Exclusive Economic Zone*)

수연 壽宴 명 repas *m* [banquet *m*] d'anniversaire (d'une personne âgée). ¶ 모친의 ~을 베풀다[열다] organiser [donner, offrir] un banquet d'anniversaire en l'honneur de *sa* vieille mère.

수열 數列 명 【수학】 suite *f* [série *f*]; progression *f* (numérique). ¶ 등차[등비, 조화] ~ une progression [une suite] arithmétique [géométrique, harmonique].

수염 鬚髥 명 ① 사람의 수염 ((턱수염)) barbe *f*, ((콧수염)) moustache *f*, ((구레나룻)) favoris *mpl*; mouche *f*; collier *m* (de barbe); bouc *m*, barbiche *f*, (barbe *f* à l')impériale *f*, barbouze *f* {*fam*}. ¶ 카이저 ~ (une barbe à l')impériale. ¶ ~을 기르다 se laisser pousser la barbe [la moustache]; laisser pousser sa barbe [sa moustache]; ((결과 상태)) porter [avoir] la barbe [la moustache], être moustachu(*e*), barbu(*e*); porter un collier de barbe; avoir de la barbe au menton; porter le bouc. ¶ ~을 깎다[밀다] soigner, tailler la barbe à *qn*; se faire la barbe, se raser ((la moustache, la barbe)); se faire faire [se faire raser] la barbe; barbifier {*fam*}. ¶ ~을 매만지다[쓰다듬다] tripoter *sa* barbe; se caresser la moustache [la barbe], caresser *sa* barbe [*sa* moustache]; caresser la barbe [la moustache] de *qn*. ¶ ~을 길게 늘어뜨린 노인 un vieillard avec une longue barbe. ¶ ~ 자리가 거뭇거뭇[파릇파릇]하다 avoir un menton légèrement teinté en noir à cause de la repousse de la barbe [avoir un teint bleuâtre au niveau du menton juste après le rasage]. ¶ ~이 나다[자라다] avoir la barbe qui pousse, avoir de la barbe [de la moustache]. ¶ ~이 빠지다 avoir une barbe qui devient de moins en moins touffue. ¶ ~이 있다[없다] avoir de la barbe, ((콧수염)) avoir de la moustache [ne pas avoir de barbe, ((콧수염)) ne pas avoir de moustache], être [ne pas être] barbu(*e*) [((콧수염)) moustachu(*e*)]. ¶ ~이 덥수룩하다 avoir une barbe drue [épaisse, touffue, fournie, hirsute]. ¶ ~이 부드럽다 [뻣뻣하다] avoir une barbe soyeuse [avoir une barbe dure, avoir une barbe piquante, avoir la barbe dure, avoir la barbe qui pique]. ② 동물의 털 《동물의》 moustaches *fpl*. ¶ 고양이의 ~ moustaches du chat, vibrisse. ③ 식물의 털 barbe *f*, arête *f*. ¶ 옥수수 ~ arête [barbes] du maïs.

*~**이 석 자라도 먹어야 양반이다** Personne n'est éduqué le ventre vide / Il faut avoir un certain niveau financier pour paraître.

◆**_발** 명 longue barbe *f*.

◆**코ㅅ_** 명 moustache *f*.

◆**턱_** 명 barbe *f*.

수영[1] **水泳** 명 【운동】 natation *f*, nage *f*. ¶ ~ 경기 une épreuve de natation, une compétition de natation. ¶ ~ 선수 un(*e*) nageu*r*(*se*) professionnel(*le*). ¶ ~ 코치 un(*e*) entraîneu*r*(*se*) d'une équipe de natation, un(*e*) entraîneu*r*(*se*) d'un nageu*r*(*se*) professionnel(*le*). ¶ ~으로 강을 건너다 traverser une rivière à la nage. ◇_(을) **하다** faire de [pratiquer] la natation, nager. ¶ 그는 ~을 잘한다 Il est bon nageur / C'est un bon nageur / C'est un fin nageur. ¶ 백 미터를 ~하다 nager un cent mètres.

◆**_모** -帽 명 bonnet *m* de bain.

◆**_복** -服 명 maillot *m* (de bain); costume *m* de bain; 《삼각》 slip *m* [《사각》 caleçon *m*] de bain, culotte *f* (de bains), boxer-short *m*; 《여자》 deux-pièces *m*, bikini *m*; (maillot *m*) nageur *m*. ¶ 비키니[원피스] ~복 un deux-pièces, un bikini [un maillot (de bain) une pièce, un (maillot) nageur].

◆**_장** -場 명 piscine *f*.

수영[2] **水營** 명 【역사】 port *m* militaire (de guerre); base *f* navale.

◆**우_** 右- 명 【역사】 la base navale de droite.

◆**좌_** 左- 명 【역사】 la base navale de gauche.

수예 手藝 명 artisanat *m*, travail *m* artisanal, habileté *f* manuelle. ¶ ~ 작품 ouvrages d'agrément, objets artisanaux; un ouvrage de dame(*s*) [à l'aiguille], un article de fantaisie. ¶ ~로 털옷을 만들다[짜다] fabriquer des lainages de manière artisanale.

◆**_점** -店 명 magasin *m* d'artisanat.

◆**_품** -品 명 objets *mpl* artisanaux; ouvrage *m* de dame(s) [à l'aiguille], article *m* de fantaisie; ouvrages *mpl* d'agrément.

수온 水溫 명 température *f* de l'eau. ¶ ~ 상승 élévation de la température de l'eau. ¶ ~을 측정하다 mesurer la température de l'eau. ¶ ~이 높다[낮다] La température de l'eau est élevée [basse]. ¶ ~이 올라갔다[내려갔다] La température de l'eau a augmenté [baissé].

◆**_계** -計 명 thermomètre *m* destiné à mesurer la température de l'eau.

수완 手腕 명 ① 손목 poignet *m*. ② 일의 재간 capacité *f*, talent *m*, pouvoir *m*, habileté *f*. ¶ 탁월한 ~ une habileté prodigieuse. Il est très doué pour la vente. ¶ 고객을 끄는 데 ~을 발휘하다 déployer toute *son* habileté pour attirer les clients. ¶ 문제를 쉽게 해결하는 ~을 부리다 faire preuve d'habileté pour résoudre facilement un problème. ¶ ~이 좋다[나쁘다] être [ne pas être] habile; avoir du talent [ne pas avoir de talent]. ¶ 그는 물건을 파는 ~이 뛰어나다[탁월하다] ◇_(이) **있다[없다]** être [ne pas être] habile; avoir du talent [ne pas avoir de talent]; être [ne pas être] compétent(*e*). ¶ 그 남자는 장사 ~이 있다[없다] Il est [n'est pas] doué [fait] pour le commerce. ¶ 어려운 일을 ~ 있게 처리하다 régler un problème [une affaire] délicat(*e*) [difficile] avec talent, régler habilement une affaire difficile.

◆**_가** -家 명 homme *m* habile [de ressources].

수요 需要 명 demande *f*, besoins *mpl*. ¶ ~와 공급 l'offre et la demande. ¶ ~ 공급의 법칙 la loi de l'offre et de la demande. ¶ 쌀의 ~를 창출하다[예측하다] concevoir [prévoir] la demande de [en] riz. ¶ 주택 ~를 충족시키다 satisfaire à la demande de la résidence. ¶ 석탄(의) ~가 줄어들었다 La demande de [en] charbon a diminué. ¶ 전기 ~가 늘어나고 있다 La demande d'électricité [en électricité] a augmenté.

◆**_곡선** -曲線 명 【경제】 courbe *f* de la demande.

◆**_량** -量 명 quantité *f* de la demande.

◆**_자** -者 명 consomma*teur*(*trice*); client(*e*) [acheteu*r*(*se*)] potentiel(*le*), demandeur *m*.

◆**_층** -層 명 clientèle *f*. ¶ ~층이 두껍다[얇다] La clientèle est importante [faible]. ¶ ~층이 늘어났다[줄어들었다] La clientèle s'est étoffée [s'est amenuisée].

◆**_함수** -函數 명 【경제】 fonction *f* de demande.

수요일 水曜日 명 mercredi *m*. ☞ 금요일

수용[1] **收用** 명 expropriation *f*. ◇_(을) **하다** exproprier. ¶ 농토를 공장 부지로 ~하다 exproprier des terrains cultivables pour en faire une zone industrielle. ◇_(이) **되다** être exproprié(*e*). ¶ 도로 건설로 ~이 된 토지 terrain [bien-fonds] exproprié(s) pour un tracé de route urbaine. ¶ 국가에 ~된 건물 bâtiment exproprié par l'État.

◆**_력** -力 명 pouvoir *m* d'expropriation. ¶ ~력의 한계 limites du pouvoir d'expropriation.

수용[2] **收容** 명 contenance *f*, capacité *f*. ¶ ~ 규모[능력] volume de capacité [possibilité de contenance]. ¶ ~ 인원 3만 명의 체육관 gymnase de trente mille places. ¶ 피난민 ~ 시설 asile [refuge, centre d'accueil] pour réfugiés. ◇_(을) **하다** interner; accueillir; recueillir; regrouper; contenir. ¶ 구호소에 포로[이재민, 부상자]를 ~하다 recueillir des prisonniers [des sinistrés, des blessés] dans un poste de secours. ¶ 이 병원은 마약 중독자들을 ~한다 Cet hôpital accueille des drogués. ¶ 5만 명을 ~할 수 있는 규모의 운동장 stade de cinquante mille places. ◇_(이) **되다** être interné(*e*), recueilli(*e*), regroupé(*e*). ¶ 유치장에 ~되다 être interné(*e*) dans une maison d'arrêt.

◆**_소** -所 명 asile *m*, refuge *m*, centre *m* d'hébergement ¶ 난민 ~소 asile pour réfugiés. ¶

ㅅ

포로 ~소 camp de prisonniers.

수용[3] **受容** 명 acceptation *f*, réception *f*; accueil *m*. ¶ 외래문화 ~ accueil des cultures étrangères. ¶ 전통문화의 현대적 ~ l'adhésion [le respect] de la société contemporaine pour la culture traditionnelle. ◇_(을) **하다** accepter, recevoir, accueillir. ¶ 외국의 이론을 적극적[비판적]으로 ~하다 accepter volontiers [de façon critique] les idées des pays étrangers. ¶ 선진 기술을 ~하다 accepter des techniques avancées [évoluées]. ¶ 핵 사찰을 ~하다 accepter l'inspection [le contrôle] de *ses* installations nucléaires. ◇_(이) **되다** être accepté(*e*), reçu(*e*), accueilli(*e*).

◆_**적** -的 명관 ouvert(*e*); accueillant(*e*). ¶ ~적(인) 태도 attitude d'ouverture.

◆_**성** -性 명 ouverture *f* [nature *f* ouverte]. ¶ ~성이 높다[낮다] être très [peu] ouvert(*e*).

◆_**미학** -美學 명 【문학】 esthétique *f* de la réception.

수용[4] **需用** 명 usage *m* des biens de consommation courante. ◇_(을) **하다** user des biens de consommation courante.

◆_**가** -家 명 【전기】 foyer *m* [lieu *m*] consommateur ((d'énergie électrique)).

◆_**률** -率 명 【전기】 taux *m* de la consommation courante.

◆_**비** -費 명 coût *m* de la consommation courante.

◆_**품** -品 명 produit *m* de consommation courante.

수용[5] **水溶** 어근 hydrosoluble.

◆_**성** -性 명 solubilité *f* dans l'eau. ¶ ~성 비타민[영양소] vitamines [nutriments] hydrosolubles. ¶ ~성 지방 graisse soluble dans l'eau.

◆_**액** -液 명 【화학】 liquide *m* hydrosoluble.

수운 **水運** 명 transport *m* fluvial [maritime]. ¶ ~을 이용하다 utiliser le transport fluvial [maritime]. ¶ ~으로 운반하다 transporter par voie fluviale [maritime].

◆_**회사** -會社 명 compagnie *f* de transport fluvial [maritime].

수원 **水源** 명 source *f* (d'eau). ¶ ~의 고갈 épuisement d'une source. ¶ ~을 개발하다[확보하다, 보호하다] exploiter [détenir, protéger] une source.

◆_**지** -地 명 ① 물의 근원지 (endroit *m* d'une) source *f*. ¶ 하천의 ~지 source d'un cours d'eau. ② 물 저장소 retenue *f* d'eau. ¶ 비가 와서 ~지의 물이 불었다 Les pluies ont gonflé la retenue d'eau.

수월[1] **數月** 명 plusieurs [quelques] mois *mpl*. ¶ ~ 내에 dans les mois qui viennent; d'ici quelques mois.

수월[2] 어근 facilité *f*, aisance *f*.

◆_**하다** 형 être facile, aisé(*e*). ¶ 일하기가 (한결) ~하다 C'est (beaucoup plus) facile pour travailler. ¶ 문제가 생각보다 ~하게 풀렸다 Le problème fut résolu plus facilement qu'on ne le pensait.

◆_**히** 부 facilement [aisément]. ¶ ~히 길을 찾다 trouver facilement [aisément] le chemin.

◆_**찮다** 형 ① 양이 꽤 많다 être assez considérable, important(*e*), notable, important(*e*), ((distance)) être appréciable. ¶ ~찮은 거리를 걷다 beaucoup marcher, marcher sur une distance considérable. ② 쉽지 않다 ne pas être facile, être difficile ((à manier)); ne pas être aisé(*e*), être malaisé(*e*). ¶ 문제의 난이도가 ~찮다 Le degré de difficulté du problème est peu commun. ¶ 밤에 운전하기가 ~찮다 Il n'est pas facile de rouler la nuit.

◆_**찮이** 부 assez, suffisamment. ¶ 숙제가 아직도 ~찮이 남아 있다 Il me reste encore pas mal de devoirs. ¶ 교통비가 ~찮이 든다 Les frais de transport me coûtent assez chers.

◆_**스럽다** 형 être facile, aisé(*e*). ¶ ~스럽게 승낙하다 admettre aisément [facilement].

◆_**스레** 부 facilement, aisément. ¶ ~스레 진실을 털어놓다 confesser facilement la vérité.

◆_ _ 부 très facilement. ¶ 일이 ~~ 잘 풀렸다 L'affaire s'est résolue très facilement. ¶ 그 사람은 어려운 일을 ~~ 하는 편이다 Il fait plutôt les travaux difficiles avec beaucoup de facilité.

수위[1] **首位** 명 premier rang *m*; première place *f*; tête *f*, primauté *f*. ¶ ~ 타자 premier batteur. ¶ ~를 차지하다 occuper la première place. ¶ 조 ~에 오르다 arriver [terminer] en tête [premi*er*(*ère*)] de *son* groupe [de *sa* poule]; arriver en tête [premi*er*(*ère*)] dans *son* groupe [dans *sa* poule] ; terminer en tête [à la première place] de *son* groupe [de *sa* poule] [en terminant première de poule]. ¶ 우리 팀은 B조 ~로 8강에 올랐다 Notre équipe s'est qualifiée pour les quarts de finale en terminant en tête du groupe B [de la poule B].

수위[2] **水位** 명 ① niveau(*x*) *m* d'eau. ¶ 댐의 ~를 조절하다[유지하다] contrôler [maintenir] le niveau d'un barrage. ¶ ~가 높아진다[낮아진다, 올라간다, 내려간다] Le niveau d'eau s'élève [baisse, monte, descend]. ② niveau *m*; taux *m*; degré *m*. ¶ 투쟁 ~ niveau de la lutte. ¶ 발언(의) ~를 높이다[낮추다] monter [baisser] le taux d'agressivité de *ses* propos. ¶ 그 사람의 발언이 위험 ~에 다다랐다 Ses propos ont atteint un niveau dangereux (d'agressivité).

수위[3] **守衛** 명 concierge; gardien(*ne*). ¶ 학교[아파트] ~ concierge d'une école [gardien d'immeuble dans un ensemble résidentiel].

◆_**실** -室 명 conciergerie *f*, loge *f* du gardien [de la gardienne, du concierge, de la concierge].

◆_**장** -長 명 gardien-chef *m*.

수유 **授乳** 명 allaitement *m* ((maternel, artificiel)); ((모유 수유)) tétée *f*. ¶ ~ 기구 biberon. ◇_(를) **하다** allaiter ((un enfant en bas âge, un nourrisson)); donner la tétée [le sein] ((à un enfant en bas âge)), nourrir ((un bébé)) au sein, donner à téter ((à *son* enfant)). ¶ 모유를 ~하다 donner le sein [la tétée] ((à un enfant en bas âge)), nourrir ((un bébé)) au sein, donner à téter ((à *son* enfant)).

◆_**기** -期 명 période *f* d'allaitement.

◆_실 -室 명 chambre *f* d'allaitement.

수육 -肉 명 *suyuk* <plat de viande (souvent de bœuf) cuit à la vapeur>. ¶~ 한 접시[일인분]를 시키다 commander un plat de *suyuk* [commander du *suyuk* pour une personne].

수은 水銀 명 【화학】 mercure *m*; vif-argent *m*; hydrargyre *m*.

◆_화 -化 명 【화학】 transformation *f* en mercure.

◆_건전지[전지] -乾電池[電池] 명 pile *f* au mercure.

◆_기압계 -氣壓計 명 baromètre *m* à mercure

◆_등 -燈 명 lampe *f* à vapeur de mercure

◆_온도계 -溫度計 명 thermomètre *m* à mercure

◆_주 -柱 명 colonne *f* de mercure (d'un thermomètre, d'un baromètre). ¶~가 영하로 떨어졌다 La température est tombée en dessous de zéro [d'un seul coup]. ¶~가 올라갔다 Le mercure est monté dans le thermomètre [baromètre] / La colonne de mercure a monté dans le baromètre. ¶~가 내려갔다 Le mercure est descendu dans le thermomètre [baromètre] / La colonne de mercure a baissé dans le baromètre.

◆_중독 -中毒 명 【의학】 intoxication *f* par le mercure; hydrargyrisme *m*, hydrargie *f*.

수음 手淫 명 masturbation *f*; onanisme *m*. ◇_(을) 하다 se masturber.

수응 酬應 명 acceptation *f* ((d'une demande)). ◇_(을) 하다 accéder à ((une demande)). ¶적의 전술에 (제대로) ~하다 (bien) répondre à la stratégie d'un ennemi.

수의[1] 囚衣 명 uniforme *m* de prisonnier, uniforme *m* des détenus.

수의[2] 壽衣 명 linceul *m*; vêtement *m* funéraire pour le défunt. ¶~를 입히다 habiller *qn* d'un vêtement funéraire; recouvrir *qn* d'un linceul. ¶조부의 ~를 준비하다 préparer un linceul pour le grand-père.

수의[3] 隨意 명 acte *m* volontaire [libre]. ¶~에 맡기다 s'en remettre à *son* bon plaisir. ¶~로 결정하다 se décider librement [à *son* gré].

◆_적 -的 명관 volontaire; libre. ¶~적(인) 규칙[조건] règlement [condition] à l'amiable.

◆_계약 -契約 명 【법률】 contrat *m* à l'amiable. ¶신청사와 ~계약을 체결하다[맺다] passer un contrat à l'amiable avec une compagnie demandeuse.

수의사 獸醫師 명 vétérinaire *mf*; véto *mf* {*fam*}.

수의학 獸醫學 명 art *m* vétérinaire.

◆_과 -科 명 école *f* vétérinaire.

수이하다[1] 秀異- 형 être extraordinaire, remarquable, unique, exceptionnel(*le*), supérieur(*e*), éminent(*e*), transcendant(*e*), de premier ordre; être sans égal(*e*), hors (de) pair, hors ligne, hors concours.

수이하다[2] 殊異- 형 être très particuli*er*(*ère*), singuli*er*(*ère*). ¶이 책은 수이한 사건을 서술하고 있다 Ce livre relate une affaire tout à fait singulière.

수익[1] 收益 명 profit *m*, bénéfice *m*, gain *m*; rapport *m*; rente *f*. ¶판매 ~ bénéfice d'une vente. ◇_(을) 내다[올리다, 얻다] tirer [réaliser, acquérir] des bénéfices. ¶높은 ~을 올리다 réaliser de gros bénéfices. ◇_(이) 나다 rapporter, être rentable. ¶그 사업에서 높은 ~이 났다 Cette affaire a beaucoup rapporté.

◆_성 -性 명 rentabilité *f*. ¶~성이 높다[낮다] rapporter beaucoup [peu]. ¶그 사업은 ~성이 있다[없다] Cette affaire est [n'est pas] rentable.

◆_금 -金 명 bénéfice *m* [profits *mpl*] financier(s). ¶~금을 챙기다 réaliser une bonne opération financière.

◆_률 -率 명 【경제】 taux *m* bénéficiaire. ¶~률이 꽤 높다 Le taux bénéficiaire est passablement élevé.

◆_세 -稅 명 【법률】 impôt *m* sur les bénéfices.

◆_증권 -證券 명 【경제】 certificat *m* de bénéficiaire ((d'une action)).

◆순_ 純- 명 bénéfice *m* net [réel].

◆총_ 總- 명 bénéfice *m* brut.

수익[2] 受益 명 participation *f* à un bénéfice; perception *f* d'un bénéfice.

◆_자 -者 명 bénéficiaire. ¶~자 부담의 원칙 principe de la charge revenant au bénéficiaire.

수인[1] 囚人 명 prisonni*er*(*ère*); détenu(*e*); condamné(*e*). ¶~을 호송하다 conduire un prisonnier sous bonne escorte.

◆_복 -服 명 tenue *f* de prisonnier.

수인[2] 數人 명 plusieurs [quelques] personnes *fpl*. ¶짐꾼 ~을 쓰다 employer plusieurs porteurs.

수인사 修人事 명 salutations *fpl*. ◇_(를) 하다[나누다] se faire [échanger] des salutations. ¶손님에게[과] ~를 하다 adresser des salutations à un invité. ¶동료와 ~를 나누다 échanger des salutations entre collègues.

수일 數日 명 quelques [plusieurs] jours *mpl*. ¶~간 durant quelques jours. ¶~ 전[후] quelques jours avant [après]; il y a quelques jours [quelques jours plus tard]. ¶그 남자가 떠나기 ~ 전 quelques jours avant son départ, quelques jours avant qu'il parte. ¶그 친구가 돌아온 ~ 후 quelques jours après son retour. ¶~을 그냥 보내다[지내다] passer quelques jours à ne rien faire; glander {*fam*} [glandouiller {*fam*}] quelques jours. ¶~ 내에 그 일을 끝내라 Boucle l'affaire en quelques jours! / Finis ce travail d'ici quelques jours. ¶~ 내에 연락할게 Je t'appellerai [Je te contacterai] d'ici quelques jours.

수임 受任 명 acceptation *f* d'une charge [d'un poste, d'une nomination, d'un mandat]. ¶~ 계약서 contrat d'acceptation d'une charge. ¶정권 ~ mandat politique. ◇_(을) 하다[받다] être nommé(*e*) [accéder] à un poste; accepter une charge. ¶사건을 ~하다 prendre en charge une affaire.

◆_료 -料 명 frais *mpl* d'une affaire. ¶변호사 ~료 frais d'avocat.

◆_자 -者 명 chargé(*e*) d'affaire.

수임[1] 受任 명 mission *f* confiée à ((un avocat)), travail *m* confié [affaire *f* confiée] à ((un avocat)). ¶변호사의 ~료 honoraires d'un avocat.

수임[2] 授任 명 remise *f* d'une charge.

ㅅ

수입[1] 收入 명 revenu *m*, rapport *m*, produit *m*; recette *f*, profit *m*, gain *m*, bénéfice *m*. ¶ ~과 지출 recettes et dépenses; entrées et sorties ((d'un budget)); crédit et débit. ¶ 판매[이자] ~ revenu [rapport, produit] d'une vente [de l'intérêt]. ¶ 월[주, 연](간) ~ salaire [revenu] mensuel [hebdomadaire, annuel]. ¶ ~이 있다[없다] gagner de l'argent [ne rien gagner]. ¶ ~이 많다[적다] avoir de gros [faibles, maigres] revenus. ¶ ~이 늘다[줄다] toucher plus [moins] de revenus. ¶ 그 사업으로 그 남자는 높은 ~을 올렸다 Cette affaire lui a rapporté beaucoup d'argent.

◆_**금** -金 명 montant *m* des revenus.

◆_**원** -源 명 source *f* de revenus. ¶ 그 남자의 주된 ~원은 마약 밀매다 Le trafic de drogue [de stupéfiants] est la source principale de ses revenus.

◆_**인지** -印紙 명 【법률】 timbre *m* de quittance, timbre-quittance(~s-~s) *m*; papier *m* timbré; timbre *m* fiscal.

수입[2] 輸入 명 importation *f*. ¶ ~과 수출 import(s)-export(s). ¶ ~ 쌀[자동차] riz [voiture] importé(*e*). ¶ ~ 금지품 article interdit à l'importation ¶ ~ 자유화 libéralisation de l'importation. ¶ ~ 제한 contingentement des importations. ¶ ~ 초과 excédent des importations sur les exportations. ¶ ~ 의존도 degré de dépendance de l'importation. ¶ ~ 대체 산업 industrie de substitution à l'importation ¶ ~ 할당제도[허가제] système de quota à l'importation [de licence d'importation]. ◇_(을) **하다** importer; introduire. ¶ 중동에서 석유를 ~하다 importer du pétrole du Moyen-Orient. ¶ 외국 문화를 ~하다 introduire une culture étrangère. ◇_(이) **되다** être importé(*e*).

◆_**관세** -關稅 명 【법률】 taxe *f* d'importation.

◆_**국** -國 명 pays *m* importateur.

◆_**상** -商 명 importa*teur*(*trice*).

◆_**세** -稅 명 【법률】 taxe *f* à l'importation; droits *mpl* d'entrée.

◆_**액** -額 명 montant *m* de l'importation.

◆_**품** -品 명 article *m* d'importation.

◆_**항** -港 명 port *m* d'importation.

◆**밀_** 密 명 contrebande *f*, importation *f* clandestine.

수자 數字 명 두서너 글자 quelques mots *mpl*. ¶ 한문[한글] ~를 쓰다[적다] écrire quelques idéogrammes chinois [quelques mots coréens].

수자원 水資源 명 ressources *fpl* hydrologiques. ¶ ~ 개발[보호] exploitation [protection] des ressources hydrologiques.

수자직 繻子織 명 【수공】 lissage *m* d'une étoffe.

수작[1] 秀作 명 chef-d'œuvre(~*s*-~) *m*, œuvre *f* de grande qualité. ¶ 영화사에 길이 남을 ~ chef-d'œuvre qui restera longtemps dans l'histoire du cinéma.

수작[2] 酬酌 명 ① échange *m* de propos. ¶ 친구와 ~을 주고받다 échanger des propos avec un ami. ¶ 둘이서 주고받는 ~이 심상치 않다 Il y a quelque chose de louche dans leur conversation[leurs propos]. ② arrière-pensée *f*, ruse *f*. ¶ 허튼[뻔한, 엉뚱한] ~ ruse [stratagème] inutile [évident(*e*), farfelu(*e*)]. ¶ 사기꾼의 ~에 넘어가다[말려들다] se faire avoir [rouler] par un escroc [par un arnaqueur] {*fam*}, se faire arnaquer [estamper] {*fam*}; être la victime [la dupe] d'un escroc [d'un arnaqueur]. ◇_(을) **하다**[**걸다**, **건네다**] s'adresser à *qn* avec une arrière-pensée en vue de le faire réagir; provoquer *qn*; séduire [courtiser] une femme par des moyens sournois, user de moyens sournois pour séduire [courtiser, faire la cour à] une femme, taquiner les femmes sournoisement; draguer *qn*, faire du gringue [du plat {*fam*}, du rentre-dedans {*fam*}] à *qn*. ¶ 지나가는 여자에게 ~을 걸다 draguer [tenter de séduire, faire la cour à] une femme qui passe dans la rue. ¶ 허튼 ~ 하지 마! T(u n)'as pas intérêt à faire de conneries [à déconner, à faire le con] (avec moi) / Ne fais pas le con! {*vulg*} / Tiens-toi tranquille! / T'as intérêt à te tenir à carreaux [à te tenir tranquille] / Ne va pas trop loin / Garde tes distances / Respecte tes limites. ◇_(을) **부리다**[**꾸미다**] manigancer. ¶ 그놈들이 널 해치려고 뭔가 ~을 부리고[꾸미고] 있다 Ils sont en train de manigancer quelque chose pour te nuire.

수작업 手作業 명 travail *m* à la main; travail *m* manuel. ¶ ~으로 개표하다 dépouiller (des scrutins) à la main.

수장[1] 首長 명 chef *m*; responsable; patron(*ne*); boss *m*. ¶ 그분은 교회[조직]의 ~이다 C'est le responsable d'une église [d'une organisation].

수장[2] 水葬 명 immersion *f* ((d'un cadavre)). ◇_(을) **하다**[**시키다**] immerger ((un cadavre)). ¶ 시체를 ~하다 immerger un corps. ¶ 적 함대를 ~시키다 couler la flotte ennemie. ◇_(이) **되다** être immergé(*e*).

수장[3] 收藏 명 collection *f*. ¶ 대학 도서관 ~ 도서 collection de livres de la bibliothèque universitaire. ¶ 국립 미술관 ~ 작품 collection d'œuvres du musée d'art national. ◇_(을) **하다** entreposer; conserver; collectionner ((des tableaux)). ¶ 골동품[고서]을 ~하다 collectionner des antiquités [des livres anciens]. ◇_(이) **되다** être entreposé(*e*), conservé(*e*), entreposé(*e*). ¶ 고흐의 작품이 ~된 미술관 musée où sont conservées les œuvres de Van Gogh.

◆_**품** -品 명 collection *f*.

수재[1] 水災 명 ravages *mpl* d'une inondation; dégâts *mpl* dus aux inondations; dégâts *mpl* (d'eau) [ravages *mpl*] causés [provoqués] par les inondations; dommages *mpl* occasionnés [causés] par les inondations. ¶ ~ 복구 réparation des dégâts causés par les inondations. ¶ ~ 의연금을 내다[모으다] faire un don d'argent [recueillir des fonds] pour les victimes des inondations. ¶ ~로 큰 피해를 보다 subir d'importants dégâts dus aux inondations. ◇_(를) **당하다**[**입다**, **보다**, **겪다**] être dévasté(*e*) par les eaux; être touché(*e*) [affecté(*e*)] par les inondations. ¶ 지난번 비로 마을이 ~를 당했다 Suite aux dernières pluies, le village a été inondé [dévasté par les eaux]. ◇_가 나다[생기다] être inondé(*e*); être dévasté(*e*) par les eaux; être touché(*e*) [affecté(*e*)] par les inondations. ¶ 남부 지방에 ~가 났다 La région sud a été inondée [a été dévastée par les eaux].

◆_민 -民 명 (personnes *fpl*) victimes *fpl* des inondations; sinistrés *mpl* des inondations. ¶ ~민을 돕다 venir en aide aux sinistrés [victimes des inondations].

수재[2] 秀才 명 génie *m*; intelligence *f* supérieure; brillant sujet *m*; sujet *m* d'élite. ¶ 그 사람은 보기 드문 ~이다 C'est un génie hors du commun.

◆_형 -型 명 de génie. ¶ ~형의 학생 un(*e*) élève de génie.

수저 명 couvert *m* ((cuillère et baguettes)); cuillère *f*, cuiller *f*, et baguettes *fpl*. ¶ ~를 놓다 mettre le couvert.

◆_통 -桶 명 coffret *m* à couverts.

수전 水田 명 rizière *f*.

수전노 守錢奴 명 avare; pingre *m*; ladre *m*; rat *m* {*fam*}; radin *m*.

수전증 手顫症 명 tremblement *m* des mains; tremblote *f* {*fam*}. ¶ 그 남자는 ~이 있다 Il a la tremblote {*fam*} / Il est atteint de tremblote {*fam*} / Il tremble des mains / Il sucre les fraises {*fam*}.

수절 守節 명 fidélité *f*; loyauté *f*. ¶ ~ 과부 veuve fidèle. ◇_(을) 하다 rester fidèle (à *qn*).

수정[1] 水晶 명 【광업】 cristal *m* (de roche). ¶ ~ 목걸이 collier de cristal. ¶ ~으로 만든 술잔 coupe de cristal.

수정[2] 受精 명 【생물】 fécondation *f*; insémination *f*; pollinisation *f*. ¶ 인공 ~ insémination artificielle. ¶ ~ 후 2주부터 à compter de la deuxième semaine après la fécondation. ◇_(을) 하다 être fécondé(*e*). ¶ 정자와 난자가 ~한다 L'ovule est fécondée par le spermatozoïde. ◇_(을) 시키다 féconder; ((인공적으로)) inséminer ((artificiellement)); ((물고기)) frayer. ¶ 정자를 난자에 ~시키다 féconder un ovule avec un spermatozoïde. ¶ 인공적으로 ~을 시키다 inséminer artificiellement. ◇_(이) 되다 être fécondé(*e*); ((인공적으로)) être inséminé(*e*) ((artificiellement)); ((물고기)) être frayé(*e*). ¶ 시험관에서 ~된 태아 fœtus fécondé in vitro.

◆_관 -管 명 cordon *m* spermatique.

◆_낭 -囊 명 【생물】 vésicules *fpl* séminales.

◆_란 -卵 명 【생물】 œuf *m* fécondé; ovule *m* fécondé; zygote *m*. ¶ ~란 이식 fécondation par greffe.

◆_막 -膜 명 【의학】 membranes *fpl* fœtales.

수정[3] 修正 명 correction *f*; révision *f*; modification *f*; rectification *f*; retouche *f*. ¶ 계획의 근본적인[전반적인] ~ révision complète [globale] du projet. ◇_(을) 하다 corriger; réviser ((une théorie)); modifier ((un plan)); amender ((un projet de loi)); retoucher ((un tableau ou une photo)). ¶ 계획을 ~하다 modifier un plan [projet]. ¶ 문건의 여러 곳을 ~하다 corriger des documents en plusieurs endroits. ¶ 틀린 내용을 ~하다 rectifier un contenu erroné. ◇_(이) 되다 être corrigé(*e*), rectifié(*e*), modifié(*e*). *궤도를 ~하다 changer d'orbite. ¶ 상황이 바뀌었으니 우리 계획도 궤도를 ~해야 합니다

◆_안 -案 명 sujet *m* amendé.

◆_주의 -主義 명 【정치】 révisionnisme *m*; socialisme *m* réformiste ((pour la politique)).

수정[4] 修訂 명 correction *f* typographique. ◇_(을) 하다 corriger. ¶ 오자[원고]를 ~하다 corriger les erreurs d'impression [un texte]. ¶ 초판본을 ~하여 재판을 내다 rééditer une première édition après correction.

◆_본 -本 명 texte *m* revu et corrigé.

◆_판 -版 명 nouvelle édition *f*. ¶ 사전의 ~판을 내다 rééditer un dictionnaire.

수정[5] 修整 명 【예술】 ((사진)) ajustement *m*; réglage *m*, retouche *f*. ¶ 인물의 부분 ~ retouche partielle d'un portrait. ◇_(을) 하다 ajuster, régler; retoucher ((une photo)).

수정과 水正果 명 *sujeonggwa* <boisson à base de kakis et de cannelle>. ¶ ~를 만들다 préparer une boisson à base de kakis et de cannelle.

수제 手製 명 fabrication *f* artisanale [à la main]. ¶ ~ 폭탄 bombe artisanale. ¶ 이 구두는 ~이다 Ces chaussures sont fait [cousu] main.

◆_품 -品 명 produit *m* artisanal; objets *mpl* fabriqués à la main.

◆_화 -靴 명 chaussures *fpl* fait [cousu] main; chaussures fabriquées [faites] à la main.

수제비 명 *sujebi m* <soupe composée de morceaux de pâte et de légumes>. ¶ ~을 뜨다[만들다] préparer [faire] un *sujebi*.

수제자 首弟子 명 le meilleur disciple *m* (d'un maître). ¶ 공자의 ~ le meilleur disciple de Confucius.

수조 水槽 명 citerne *f*. ¶ ~에 물을 채우다 remplir d'eau une citerne.

수족 手足 명 ① pieds *mpl* et mains *fpl*; membres *mpl*. ¶ ~을 제대로 가누지 못하는 장애인 un(*e*) tétraplégique. ¶ 그 노인은 중풍으로 ~을 못 쓴다 Suite à une hémorragie cérébrale, ce vieil homme a perdu l'usage de ses membres. ② ((사람)) personne *f* totalement dévouée à *qn*. ¶ 두목의 ~처럼 움직이다 se vouer totalement à *son* chef de bande. ¶ 이사진의 개편으로 사장은 ~이 다 잘렸다 A cause du changement du conseil d'administration, le président a perdu tous ses appuis.

*~ 부리듯 하다 employer *qn* comme un bon à tout faire. ¶ 사장은 나를 ~ 부리듯 한다 Le chef d'entreprise m'utilise pour toutes les besognes.

수족관 水族館 명 aquarium *m*.

수종[1] 水腫 명 【의학】 hydropisie *f*.

수종[2] 隨從 명 ① ((사람)) personne *f* qui sert [qui aide]; aide, assistant(*e*); serviteur *m*, servante *f*. ¶ ~을 부리다 avoir *qn* à *son* service. ② 수발 service *m*; aide *f*. ◇_(을) **하다[들다]** servir *qn*; être au service de *qn*. ¶ 할아버지의 ~을 들다 servir *son* grand-père.

◆_**인[자]** -人[者] 명 serviteur *m*, servante *f*.

수종³ 數種 명 quelques [plusieurs] sortes *fpl*, quelques [plusieurs] types *mpl*. ¶ ~의 책 quelques [plusieurs] sortes de livres.

수주 受注 명 obtention *f* d'une commande. ¶ 교량 건설 공사 ~ obtention de la commande de construction d'un pont. ¶ 선박 건조 ~가 늘었다[줄었다] Les obtentions des commandes de construction navale ont augmenté [diminué]. ◇_(를) **하다[따다]** recevoir une commande [obtenir, décrocher un marché]. ¶ 건설 공사를 ~하다 recevoir une commande de construction.

◆_**액** -額 명 montant *m* d'une commande.

수준 水準 명 niveau(*x*) *m*; degré *m*; échelon *m*; portée *f*. ¶ 높은[낮은] 생활[소득, 문화, 의식] ~ niveau de vie [revenus, culture, conscience] élevé [bas]. ¶ 일정한 ~에 미치다[이르다] atteindre le niveau fixé. ¶ 이 박사 논문은 ~ 미달이다 Cette thèse est d'un niveau insuffisant. ¶ ~(이) 있다[없다] être de bon niveau [être nul(*le*)]. ¶ ~ 있는 작품 une œuvre de bon niveau; ((소설)) un bon roman; ((영화)) un bon film. ¶ 완전히 ~ 없는 경기였다 Ce fut un match exécrable / Le niveau de ce match fut exécrable.

◆_**급** -級 명 bon niveau *m*. ¶ ~급의 영어 실력 un bon niveau en anglais. ¶ 그 친구의 연주는 ~급이다 Son interprétation musicale est de bon niveau.

◆_**작** -作 명 œuvre *f* de bon niveau. ¶ 그 소설은 ~작이다 C'est un bon roman. ¶ 칸 영화제에 ~작이 많이 출품되었다 Au festival de Cannes, de bons films ont été présentés.

◆_**점** -點 명 【지리】 indice *m* de niveau.

수줍다 형 être timide, craintif(*ve*). ¶ 수줍은 성격 caractère timide. ¶ 수줍어 어쩔 줄 모르다 être gêné(*e*) par *sa* timidité. ¶ 수줍게 웃다 sourire timidement.

◆**수줍음** 명 timidité *f*. ¶ ~이 많은[적은] 아이 enfant (très) timide [peu timide]. ¶ ~에[으로] 얼굴을 붉히다 rougir de timidité. ¶ ~을 타다 être [se sentir] timide. ¶ 그 친구는 ~을 잘 탄다 Il rougit facilement. ¶ ~이 있다[없다] être timide [audacieux(*se*)].

수중¹ 水中 명 aquatique. ¶ ~ 동물[식물] animaux [plantes] aquatiques. ¶ ~을 탐사하다 faire de la recherche sous-marine.

◆_**발레** 【운동】 명 ballet *m* aquatique.

◆_**카메라** 명 caméra *m* de plongée.

◆_**탐지기** -探知機 명 sonar *m*.

수중² 手中 명 dans la main *f*; en la possession *f* de *qn*; à la disposition *f* de *qn*; sur *soi*. ¶ 나는 ~에 돈이 한 푼도 없다 Je n'ai pas un sou vaillant en poche / Je n'ai pas un sou [un pèse {*fam*}, un rond {*fam*}, un radis {*fam*}, un kopeck {*fam*}] sur moi [en poche] / Je suis complètement à sec [fauché {*fam*}]. ¶ 나는 귀한 책을 우연히 ~에 넣었다 J'ai eu, par hasard, sous la main un livre précieux. ¶ 그 사람의 미래는 내 ~에 달렸다 Son avenir est entre mes mains.

수증기 水蒸氣 명 vapeur *f*; buée *f*. ¶ 주전자에서 ~가 나왔다 La buée s'échappait de la bouilloire. ¶ 창문에 ~가 서렸다[맺혔다] La buée recouvrait [se déposait sur] les vitres. ¶ 목욕탕에 ~가 자욱하다 La salle de bains est embuée / Les vitres de la salle de bains sont embuées.

수지¹ 樹脂 명 【화학】 résine *f*. ¶ 합성[천연] ~ résine synthétique [naturelle].

수지² 收支 명 ① recettes *fpl* et dépenses *fpl*; rentrées *fpl* et sorties *fpl*. ¶ ~의 균형을 맞추다 équilibrer recettes et dépenses; établir l'équilibre budgétaire; joindre les deux bouts {*fam*}; arriver à boucler le budget. ¶ ~가 딱 맞는다 joindre les deux bouts {*fam*}; boucler le budget; arriver tout juste à boucler le budget. ② 상거래 이익 profit *m*; bénéfice *m*. ¶ ~를 보다 tirer profit [bénéfice]. ¶ 집 장사에서 ~를 보다 tirer profit du commerce immobilier. ¶ ~가 맞다 rapporter, être rentable, profitable, payant(*e*), intéressant(*e*), lucratif(*ve*), avantageux(*se*), fructueux(*se*), juteux(*se*) {*fam*}; payer. ¶ ~가 맞는 장사 commerce lucratif [qui rapporte]; affaire rentable.

◆_**타산** -打算 명 ((수익성)) solde *m*, rentabilité *f*, rendement *m* ((d'une opération, d'un placement)); ((수지의 균형)) balance *f*, bilan *m*. ¶ ~타산을 맞추다 équilibrer recettes et dépenses; établir l'équilibre budgétaire, établir la balance, faire le bilan; joindre les deux bouts {*fam*}; arriver à boucler le budget; calculer [évaluer] la rentabilité ((d'une opération)); analyser la rentabilité ((d'un projet)). ¶ 이 장사는 ~타산이 안 맞는다 Cette affaire ne rapporte pas / Cette affaire n'est pas rentable.

◆**국제[무역]**_ 國際[貿易]- 명 【경제】 balance *f* internationale [commerciale]. ¶ 무역 ~가 적자로 돌아섰다 La balance commerciale s'est transformée en déficit.

수지침 手指針 명 【한의】 acupuncture *f* [acupuncture *f*] sur la main. ¶ ~을 놓다 pratiquer l'acupuncture sur la main.

수직¹ 垂直 명 perpendiculaire *f*, verticale *f*, aplomb *m*. ¶ 바닥과 ~을 이루다[이 되다] être perpendiculaire au plancher. ¶ ~ 방향으로 움직이다 se mouvoir perpendiculairement. ¶ ~으로 낙하하다 descendre à la verticale.

◆_**적** -的 명관 perpendiculaire; vertic*al*(*ale*, *aux*). ¶ ~적(인) 관계 relation verticale. ¶ ~적으로 perpendiculairement; à angle droit; verticalement.

◆_**거리** -距離 명 【수학】 distance *f* d'une ligne perpendiculaire.

◆_**면** -面 명 【수학】 plan *m* perpendiculaire [orthogonal, à angle droit].

◆_**선** -線 명 【수학】 ligne *f* perpendiculaire [verticale, orthogonale].

◆_**이착륙기** -離着陸機 명 【항공】 avion *m* à

décollage vertical.

수직[2] 手織 명 【수공】 tissage *m* à la main.

수질 水質 명 qualité *f* de l'eau. ¶ ~ 오염 pollution de l'eau. ¶ 호수의 ~을 검사하다 analyser la qualité de l'eau d'un lac. ¶ 이 물은 ~이 좋다[나쁘다] Cette eau est de bonne [mauvaise] qualité.

수집[1] 收集 명 collectage *m*, ramassage *m*, collecte *f*, récupération *f*. ¶ 재활용품[원료, 폐품] ~ collectage d'objets recyclables [de matières premières, de rebuts]. ◇_(을) **하다** collecter, ramasser. ◇_(이) **되다** être collecté(*e*), ramassé(*e*).

수집[2] 蒐集 명 collection *f*, rassemblement *m*. ¶ 우표 ~ collection de timbres. ◇_(을) **하다** collectionner; rassembler, réunir, recueillir ((des informations)). ¶ 기념주화를 ~하다 collectionner des pièces commémoratives. ¶ 자료[정보]를 ~하다 rassembler [recueillir, réunir] des données [des matériaux, des informations]; se documenter sur *qc*. ◇_(이) **되다** être collectionné(*e*).

◆_**가** -家 명 collectionneu*r*(*se*).

◆_**광** -狂 명 passionné(*e*) ((des timbres)); collectionneu*r*(*se*) fervent(*e*) [fanatique, mordu(*e*) {*fam*}, fondu(*e*) {*fam*}].

◆_**벽** -癖 명 manie *f* de la collection. ¶ 그 노인은 고서 ~벽이 있다 Ce vieillard est un grand collectionneur de livres anciens.

◆_**상** -商 명 antiquaire *mf*.

수차[1] 收差 명 【물리】 aberration *f*.

수차[2] 數次 명 plusieurs fois *fpl*; maintes fois *fpl*, plus d'une fois *f*, bien des fois *fpl*, de nombreuses fois *fpl*, des centaines de fois *fpl* {*fam*}, ((à)) plusieurs [maintes, différentes] reprises *fpl*, maintes et maintes fois *fpl*. ¶ 안건에 대해 ~에 걸쳐 논의하다 discuter du sujet à plusieurs reprises. 부 plusieurs fois *fpl*, maintes fois *fpl*, plus d'une fois *fpl*, bien des fois *fpl*, de nombreuses fois *fpl*, des centaines de fois *fpl* {*fam*}, à plusieurs [maintes, différentes] reprises *fpl*, maintes et maintes fois *fpl*. ¶ 그 친구는 이미 ~ 유럽에 다녀왔다 Il a été en Europe plusieurs fois [plus d'une fois].

수채 명 évier *m*. ¶ ~에 음식 찌꺼기를 버리다 jeter les déchets alimentaires dans l'évier. ¶ ~가 막혔다 L'évier est bouché [obstrué].

◆_**통** -筒 명 tuyau *m* d'écoulement.

◆_ㅅ**구멍** 명 trou *m* d'un évier.

수채화 水彩畵 명 aquarelle *f*. ¶ ~ 물감 peinture à l'eau.

수척하다 瘦瘠- 형 être émacié(*e*); être décharné(*e*), squelettique, efflanqué(*e*), étique, famélique, fluet(*te*), rachitique {*fam*}; être très maigre; être d'une maigreur squelettique. ¶ 수척한 얼굴 visage émacié [rabougri, plissé, très maigre]; visage en lame de couteau. ¶ 수척한 몸 corps émacié [rabougri, très maigre], corps squelettique. ¶ 그 사람은 무척 수척해졌다 Il a beaucoup maigri / Il a le visage très amaigri [défait, émacié, très tiré] / Il a fondu / Il s'est desséché {*fam*}. ¶ 그 남자는 병으로 수척해졌다 La maladie l'a rendu émacié [squelettique].

수천 數千 명 des [quelques, plusieurs] milliers. ¶ 그 사람은 읽은 책이 ~에 이른다 Il a lu des milliers de livres.
관 des [quelques, plusieurs] milliers. ¶ ~ 명의 사람들 des milliers de personnes. ¶ ~ 년의 역사 histoire millénaire.

수천만 數千萬 명 plusieurs [quelques] dizaines de millions *mpl*. ¶ 이 나라는 인구가 ~에 이른다 La population de ce pays s'élève à plusieurs dizaines de millions d'habitants.
관 plusieurs [quelques] dizaines de millions.

수첩 手帖 명 carnet *m*; calepin *m*. ¶ ~에 적다 noter *qc* sur un carnet [un calepin].

수청 守廳 명 【역사】 ① service *m* d'un haut fonctionnaire. ② action de coucher avec un haut fonctionnaire. ¶ 여자에게 ~을 강요하다 forcer une femme à coucher avec un haut fonctionnaire. ◇_(을) **들다** ((courtisane)) coucher avec un haut fonctionnaire.

수초 水草 명 【식물】 plante *f* d'eau.

수축[1] 收縮 명 contraction *f*; rétrécissement *m*. ¶ 근육[동공]의 ~ contraction du muscle [rétrécissement de la pupille]. ◇_(을) **하다** se contracter; (*se*) rétrécir; se resserrer. ¶ 근육이 ~하는 현상 contraction du muscle. ◇_(을) **시키다** contracter, rétrécir. ¶ 담배는 혈관을 ~시킨다 Le tabac [Le tabagisme] contracte les vaisseaux sanguins. ◇_(이) **되다** être contracté(*e*); être rétréci(*e*); être resserré(*e*). ¶ 총통화가 2% ~되었다 La totalité de la monnaie en circulation a diminué de deux pour cent.

◆_**성** -性 명 contractilité *f*. ¶ ~이 높다[뛰어나다] être très souple [élastique]; ((물리)) être très contractile.

◆_**계수** -系數 명 【물리】 coefficient *m* de contraction.

◆_**력** -力 명 force *f* contractile.

◆_**률** -率 명 taux *m* de contraction.

수축[2] 修築 명 réparation *f*; restauration *f*. ◇_(을) **하다** réparer, restaurer. ¶ 낡은 성을 ~하다 restaurer un vieux château. ◇_(이) **되다** être réparé(*e*); être restauré(*e*).

수출 輸出 명 exportation *f*. ¶ ~ 촉진 정책 politique d'encouragement à l'exportation. ¶ ~ 관세 droits d'exportation. ¶ 자동차[노동력] ~ exportation des automobiles [de la main-d'œuvre]. ¶ 반도체 ~이 늘었다[줄었다] Les exportations de semi-conducteurs ont augmenté [diminué]. ◇_(을) **하다** exporter. ¶ 한국에 농산물을 ~하다 exporter des produits agricoles en Corée [vers la Corée]. ◇_(이) **되다** être exporté(*e*). ¶ 한국의 인삼은 전 세계로 ~되고 있다 Le ginseng coréen est exporté dans le monde entier.

ㅅ

◆_국 -國 명 pays *m* exportateur. ¶ 석유 ~국 pays exportateur de pétrole.
◆_면장 -免狀 명 【경제】 permis *m* [licence *f*] d'exportation.
◆_상 -商 명 exporta*teur*(*trice*); commerçant *m* exportateur.
◆_송장 -送狀 명 【경제】 facture *f* pour l'exportation.
◆_액 -額 명 montant *m* des exportations.
◆_업 -業 명 commerce *m* d'exportation; export *m*.
◆_업자 -業者 명 exporta*teur*(*trice*).
◆_업체 -業體 명 société *f* d'exportation.
◆_용 -用 명 destiné(*e*) à l'exportation. ¶ ~용 상품 marchandise destinée à l'exportation.
◆_원가 -原價 명 【경제】 prix *m* à l'exportation.
◆_품 -品 명 article *m* [marchandise *f*] d'exportation.
◆_항 -港 명 port *m* exportateur.

수출입 輸出入 명 importation *f* et exportation *f*, import-export *m*. ¶ ~ 절차 procédure d'importation et d'exportation [d'import-export].

수취[1] 收取 명 acquisition *f*. ◇_(를) **하다** acquérir.

수취[2] 受取 명 réception *f*. ¶ 우편물[물건 대금] ~ réception du courrier [réception de l'argent des prêts des marchandises]. ◇_(를) **하다** recevoir; toucher; réceptionner. ¶ 소포를 ~하다 recevoir un colis [un paquet].

◆_인 -人 명 ((우편물의)) destinataire; ((환, 송금의)) porteur *m*; ((보험금의)) bénéficiaire. ¶ ~인과 발신인 destinataire et expédi*teur*(*trice*). ¶ ~인 불명으로 편지가 되돌아왔다 La lettre m'a été retournée avec la mention «destinataire non identifié».
◆_증서 -證書 명 【법률】 accusé *m* de réception.

수치[1] 羞恥 명 pudeur *f*; honte *f*; affront *m*. ¶ 그 일을 ~로 여기다 avoir honte de+*inf*; éprouver de la honte à+*inf*. ¶ 그 친구는 어머니가 재혼한 것을 ~로 여기고 있다 Il considère le remariage de sa mère comme une honte. ¶ 그 일은 온 집안[학교]의 ~다 Cette affaire fait la honte de toute la famille [toute l'école]. ¶ 가난은 ~가 아니다 La pauvreté n'est pas une honte. ◇_(를) **당하다** subir [essuyer] un affront; souffrir un déshonneur; tomber dans le déshonneur.
◆_스럽다 형 être honteu*x*(*se*); être déshonorant(*e*). ¶ ~스러운 행동 conduite déshonorante [honteuse]. ¶ ~스러운 과거 antécédent déshonorant [honteux]. ¶ 그 실수가 ~스럽다 Cette erreur est honteuse / Cette erreur est une ignominie {*litt*} / Je suis honteu*x*(*se*) de mon erreur. ¶ 친구에게 돈을 꾸는 것이 ~스럽다 Il est honteux d'emprunter de l'argent à un ami / J'ai honte d'emprunter de l'argent à un ami.
◆_감 -感 명 sentiment *m* de honte. ¶ ~감에[으로] 얼굴을 붉히다 rougir par pudeur[de honte].
◆_심 -心 명 pudeur *f*. ¶ ~심을 느끼다 éprouver de la honte; se sentir honteu*x*(*se*). ¶ 그 남자는 ~심으로 얼굴이 상기됐다 Son visage s'est enflammé de honte / Il est devenu tout rouge de honte. ¶ 그 여자는 그 일로 ~심이 일었다 Cela lui a fait honte. ¶ 그 녀석은 ~심도 없다 Ce type ne rougit de rien / Il est impudent [effronté].

수치[2] 數値 명 valeur *f* numérique. ¶ 장부의 ~를 맞추다 faire s'accorder les valeurs numériques sur les livres de comptes.
◆_상 명 en nombre; numérique. ¶ ~상의 증가 accroissement numérique.

수칙 守則 명 règlement *m*; règle *f*; consigne *f*. ¶ ~ 엄수 stricte observation du règlement. ¶ ~ 위반 dérogation au règlement. ¶ 안전 ~ règles de sécurité. ¶ 근무 ~ règlement de service. ¶ 해가 지기 전 복귀해야 하는 ~ règlement [règle] selon lequel [laquelle] il faut rentrer avant le coucher du soleil. ¶ ~을 정하다[세우다] instituer un règlement. ¶ ~을 따르다[지키다] respecter [suivre] un règlement. ¶ ~을 어기다 violer [transgresser, enfreindre] un règlement, faire une entorse au règlement.

수캉아지 명 petit [jeune] chien *m*; chiot *m*. ¶ ~와 암캉아지 jeune chien et jeune chienne.

수캐 명 chien *m*. ¶ ~와 암캐 chien et chienne.

수컷 명 mâle *m*. ¶ ~과 암컷 mâle et femelle.

수코양이 명 【동물】 chat *m*, mâle *m* adulte du chat; matou *m*.

수키와 명 tuile *f* convexe. ¶ ~와 암키와 tuile convexe et tuile concave.

수탁 受託 명 prise *f* en charge. ¶ 소화물(의) ~ enregistrement des bagages. ◇_(을) **하다[받다]** recevoir *qc* en dépôt; prendre *qc* en charge. ¶ 정부로부터 ~받은 연구 un projet de recherche confié par le gouvernement.
◆_금 -金 명 dépôt *m*; argent *m* en dépôt.
◆_물 -物 명 objet *m* en dépôt; objet *m* dont on a la charge.
◆_액 -額 명 somme *f* d'argent en dépôt.
◆_자[인] -者[人] 명 consignataire *m*; dépositaire, commissionné(*e*).
◆_판매 -販賣 명 vente *f* à la commission, vente *f* en consignation. ¶ 상품의 ~판매를 하다 faire la commission de marchandises; vendre des marchandises en consigne.

수탈 收奪 명 exaction *f*, extorsion *f*, exploitation *f* ((capitaliste)). ¶ 가혹한 ~의 대상이 되다 être l'objet d'une exploitation cruelle. ¶ 귀족들의 ~에 시달리다 être accablé(*e*) par l'expropriation des nobles. ◇_(을) **하다** exploiter ((les pauvres, les ouvriers)); pressurer *qn*; extorquer *qc* à *qn*; surexploiter *qn*. ¶ 지주들이 소작인들을 ~한다 Les propriétaires exploitent les fermiers. ◇_(이) **되다** être exploité(*e*).
◆_계급 -階級 명 classe *f* exploitante.
◆_자 -者 명 exploiteu*r*(*se*).

수탉 명 coq *m*. ¶ ~과 암탉 coq et poule. ¶ ~이 울었다 Le coq a fait [a chanté] cocorico / Le coq a poussé un cocorico.

수태 受胎 명 conception *f*. ◇_(를) **하다** concevoir; être enceinte. ¶ 그 여자는 ~했다 Elle est enceinte.

수토끼 명 lapin *m*; lièvre *m*. ¶ ~와 암토끼 lapin et lapine; lièvre et hase.

수통[1] 水桶 명 gourde *f*. ¶ ~ 마개 bouchon d'une gourde. ¶ 물로 ~을 채우다 remplir une gourde d'eau. ¶ ~에 물을 담다 mettre de l'eau dans une gourde. ¶ ~이 샌다 La gourde fuit.

◆**_째** 명 ((boire)) au goulot *m*, à la gourde *f*. ¶ 물을 ~째 마시다 boire au goulot; boire à la gourde.

수통[2] 水筒 명 bidon *m*.

수퇘지 명 verrat *m*. ¶ ~와 암퇘지 verrat et truie.

수틀리다 자 ((l'affaire)) tomber à l'eau; tourner mal, ne pas aller comme on veut, tourner en *sa* défaveur. ¶ 그 남자는 수틀리자 화를 벌컥 냈다 Comme l'affaire est tombée à l'eau, il a piqué une crise [il s'est fâché tout rouge].

수판 數板 명 boulier *m*; abaque *m*.

수평 水平 명 niveau(*x*) *m*; horizon *m*; horizontalité *f*. ¶ ~ 공간 espace horizontal. ¶ ~을 맞추다 mettre *qc* à l'horizontale. ¶ 비행기가 ~을 유지하며 날고 있다 L'avion vole en palier. ◇_(이) **되다** se mettre au niveau de *qc*.

◆**_적** -的 명관 horizont*al*(*ale*, *aux*), latér*al*(*ale*, *aux*). ¶ ~적 사고 pensée latérale.

◆**_면** -面 명 plan *m* horizontal; surface *f* horizontale.

◆**_선** -線 명 horizon *m*; ligne *f* d'horizon. ¶ ~선 위로 해가 뜬다 Le soleil se lève à l'horizon.

수평아리 명 poulet *m* mâle. ¶ ~와 암평아리 poulet mâle et poulet femelle.

수포[1] 水泡 명 ① bulle *f* (d'eau); écume *f*. ¶ 용액에 ~가 생기지[일지] 않도록 해라 Essaie de ne pas faire d'écume [de bulle]. ② 헛수고 peine *f* perdue, efforts *mpl* vains [inutiles]. ¶ 그간의 노력이 ~로 돌아갔다 Tous les efforts que j'ai faits jusqu'ici ont été annihilés [se sont brisés, n'ont servi à rien, n'ont abouti à rien]. ◇_(가) **되다** tomber à l'eau; s'en aller en fumée; s'évanouir en fumée; n'aboutir à rien. ¶ 모든 계획이 ~가 되었다 Tous les projets sont tombés à l'eau [n'ont abouti à rien].

수포[2] 水疱 명 【의학】 dartre *f*; impétigo *m*. ¶ 입가에 ~가 생겼다 J'ai une dartre sur la bouche.

◆**_성** -性 명 【의학】 bulleu*x*(*se*). ¶ ~성 피부병[발진] dermatose [éruption] bulleuse.

수표[1] 手票 명 chèque *m*. ¶ ~를 쓰다[끊다] faire un chèque, remplir un chèque [détacher un chèque d'un chéquier]. ¶ ~를 발행하다 émettre un chèque. ¶ ~를 현금으로 바꾸다 toucher un chèque; encaisser un chèque, remettre un chèque à l'encaissement. ¶ ~로 내다[지불하다] payer par chèque.

◆**_장[책]** -帳[冊] 명 chéquier *m*; carnet *m* de chèque.

◆**당좌_** 當座 명 【경제】 chèque *m*. ¶ 당좌~를 발행하다 émettre un chèque.

◆**보증_** 保證 명 【경제】 chèque *m* certifié.

◆**부도_** 不渡 명 【경제】 chèque *m* sans provision.

◆**자기앞_** 自己- 명 【경제】 chèque *m* au porteur.

수표[2] 水標 명 niveau(*x*) *m* des eaux ((d'un fleuve)).

수풀 명 ((관목의)) buisson *m*; touffe *f*; bouquet *m* d'arbres, ((숲)) (petit) bois *m*, bosquet *m*, boqueteau *m*, massif *m* ((de peupliers)); ((잡목의)) taillis *m*, gaulis *m*; broussaille *f*; ((큰 숲)) forêt *f*. ¶ 우거진[무성한] ~ buisson touffu [épais]. ¶ ~을 가꾸다 entretenir [cultiver] un buisson.

수프 영{soup} 명 soupe *f*; potage *m*; velouté *m* ((d'asperges, de tomates)). ¶ 야채 ~ soupe aux légumes, potage aux légumes, julienne de légumes, velouté de légumes. ¶ ~를 끓이다 faire mijoter une soupe. ¶ ~를 먹다 manger [prendre] de la soupe.

수피 樹皮 명 【식물】 écorce *f* (d'arbre).

수필 隨筆 명 【문학】 essai *m* (littéraire). ¶ ~을 쓰다[읽다] écrire [lire] un essai.

◆**_가** -家 명 essayiste.

◆**_집** -集 명 essais *mpl*.

수하 手下 명 sous-ordre *m inv*; subordonné(*e*), subalterne; inférieur(*e*). ¶ 그는 내 ~에 있다 C'est mon subalterne [mon employé, mon subordonné] / Il travaille sous mes ordres. ¶ 그 사람은 수십 명의 부하들을 ~에 거느리고 있다 Plusieurs dizaines de subalternes sont sous ses ordres.

수하물 手荷物 명 bagage *m* (à main); colis *m*; bagage *m* accompagné. ¶ ~ 보관소 consigne. ¶ ~ 보관증 reçu de bagages [de consigne]. ¶ ~을 발송하다 faire enregistrer des bagages. ¶ ~을 임시 보관하다 mettre [déposer] des bagages à la consigne. ¶ 기차역에 ~을 찾으러 가다 aller chercher *ses* bagages à la gare.

수학[1] 受學 명 études *fpl* ((sous la direction de *qn*)). ◇_(을) **하다** recevoir l'enseignement de *qn*, suivre les cours [les leçons] de *qn*. ¶ 그 사람은 아버지 밑에서[로부터] 한문학을 ~했다 Son père lui a enseigné la littérature classique chinoise.

◆**동문_** 同門 명 ☞ 동문수학하다

수학[2] 修學 명 études *fpl*; étude *f*. ◇_(을) **하다** faire des études; étudier. ¶ 그 친구는 5년간 미국에서 경제학을 ~했다 Il a étudié les sciences économiques aux États-Unis pendant cinq ans.

◆**_능력시험** -能力試驗 명 【교육】 examen *m* préparatoire à l'entrée à l'université ((sorte de baccalauréat coréen)).

◆**_여행** -旅行 명 voyage *m* d'études; voyage *m* scolaire. ¶ ~여행을 가다 partir en voyage scolaire.

◆**_연한** -年限 명 durée *f* des études; scolarité *f*.

수학[3] 數學 명 mathématiques *fpl*. ¶ ~ 문제 problème mathématique. ¶ ~ 공식 formule mathématique. ¶ ~을 가르치다[배우다] enseigner [apprendre] les mathématiques.

◆**_적** -的 명관 mathématique. ¶ ~적(인) 방법 méthode mathématique. ¶ ~적으로 사고하다 avoir une réflexion mathématique.

◆**_과** -科 명 département *m* [U.F.R. *f*] des mathématiques.

◆**_자** -者 명 mathématicien(*ne*).

◆고등_ 高等 명 【수학】 mathématiques *fpl* supérieures.

수합 收合 명 ramassage *m*; collecte *f*; récupération *f*. ◇_(을) **하다** ramasser; faire une collecte de *qc*; récupérer. ¶ 시험지를 ~하다 ramasser les copies. ◇_(이) **되다** être ramassé(*e*); être collecté(*e*); être récupéré(*e*). ¶ 투표함이 모두 ~되었다 Tous les bulletins de vote ont été collectés [récupérés].

수해 水害 명 ravages *mpl* d'une inondation; dégâts *mpl* dus aux inondations; dégâts *mpl* (d'eau) [ravages *mpl*] causés [provoqués] par les inondations; dommages *mpl* occasionnés [causés] par les inondations. ¶ ~ 방지[예방] 대책 mesure contre les inondations [mesure pour la prévention des inondations]. ◇_(를) **당하다[입다]** être dévasté(*e*) par les eaux; être touché(*e*) [affecté(*e*)] par les inondations. ¶ 이 지역은 지난여름에 ~를 입었다 Cette région a été dévastée par les eaux l'été dernier. ◇_(가) **나다** être dévasté(*e*) par les eaux; être touché(*e*) [affecté(*e*)] par les inondations. ¶ 이 지역에 ~가 났다 Cette région a été dévastée par les eaux / Cette région a été affectée [touchée] par les inondations.

수행[1] 修行 명 ① entraînement *m*; pratique *f*, exercice *m*. ¶ 이것은 오로지 오랜 ~의 결과이다 Cela ne s'apprend que par une longue pratique de l'ascèse. ② 【불교】 불도를 닦음 mortification *f*, ascèse *f*, ascétisme *m*. ¶ ~에 전념하다 se livrer à des pratiques ascétiques. ◇_(을) **하다** s'entraîner à *qc*/*inf*; avoir des pratiques ascétiques.

◆_자 -者 명 【불교】 ascète.

수행[2] 遂行 명 exécution *f*; mise *f* en pratique. ¶ 임무[작업] ~ exécution d'une mission [d'un travail]. ◇_(을) **하다** exécuter *qc*; accomplir *qc*. ¶ 임무를 무사히 ~하다 accomplir une mission sans aucun problème [avec succès]. ◇_(이) **되다** être exécuté(*e*); s'accomplir.

◆_동사 -動詞 명 【언어】 verbe *m* performatif.

◆_문 -文 명 【언어】 énoncé *m* performatif; phrase *f* [construction *f*] performative.

◆_부사 -副詞 명 【언어】 adverbe *m* performatif.

수행[3] 隨行 명 suite *f*; escorte *f*; accompagnement *m*. ◇_(을) **하다** accompagner *qn*; escorter *qn*; faire escorte à *qn*. ¶ 장관 여러 명이 대통령을 ~하고 있다 Plusieurs ministres accompagnent le président de la République.

◆_원 -員 명 membre *m* de la suite de *qn*; 《집합적》 suite *f*, escorte *f*. ¶ 국가원수와 그 ~원들 le chef d'État et sa suite.

수험 受驗 명 (action de passer un) examen *m*. ¶ ~ 번호 numéro d'un candidat à un examen. ¶ ~ 공부를 하다 préparer un examen [un concours].

◆_료 -料 명 frais *mpl* [droits *mpl*] d'inscription pour un examen.

◆_생 -生 명 candidat(*e*).

◆_표 -票 명 carte *f* d'inscription pour un examen; convocation *f* pour un examen.

수혈 輸血 명 【의학】 transfusion *f* sanguine [de sang]. ¶ 응급 ~ transfusion sanguine d'urgence. ◇_(을) **하다** transfuser du sang, faire une transfusion sanguine. ¶ 수술 환자에게 ~을 하다 transfuser du sang à un patient pendant son opération.

수협 水協 명 《'수산업 협동조합'의 준말》 coopérative *f* des pêcheurs *mpl*.

수형 受刑 명 action de purger une peine. ¶ ~ 생활 vie en prison. ◇_(을) **하다** purger [subir] une peine. ¶ 그 남자는 교도소에서 3년간 ~했다 Il a passé trois ans dans une maison de redressement.

◆_자 -者 명 condamné(*e*); forçat *m*.

수형도 樹型圖 명 【언어】 représentation *f* en arbre, diagramme *m* arborescent, arbre *m*.

수혜 受惠 명 bénéfice *m*. ¶ 생활 보조금 ~ 대상 bénéficiaire d'une allocation. ◇_(를) **받다** bénéficier de *qc*. ¶ 연금을 ~받다 bénéficier d'une rente. ¶ 정부로부터 주택 보조금을 ~받다 bénéficier d'une allocation de logement du gouvernement.

◆_자 -者 명 bénéficiaire. ¶ 장학금 ~자 étudiant bénéficiaire d'une bourse.

수호[1] 守護 명 protection *f*, patronage *m*; défense *f*. ¶ 전통문화 ~ 운동 mouvement de défense [de promotion] de la culture traditionnelle. ◇_(를) **하다** protéger; garder; patronner; défendre. ¶ 조국을 ~하다 défendre la patrie. ¶ 법을 ~하다 défendre [protéger] les lois. ¶ 주권을 ~하다 protéger [défendre] la souveraineté nationale. ◇_(가) **되다** être protégé(*e*); être défendu(*e*). ¶ 어떤 경우에도 국가의 자주성은 ~되어야 한다 En toute occasion, l'indépendance nationale doit être protégée.

◆_성녀 -聖女 명 【종교】 sainte-patronne *f* (d'une église).

◆_성인 -聖人 명 【종교】 saint-patron *m* (d'une église).

◆_신 -神 명 dieu(*x*) *m* [esprit *m*] tutélaire [protecteur].

◆_자 -者 명 protec*teur*(*trice*). ¶ 그 사람은 정의의 ~자를 자처했다 Il s'est affirmé (comme) protecteur de la justice.

◆_천사 -天使 명 【종교】 ange *m* gardien.

수호[2] 修好 명 amitié *f*, relations *fpl* amicales. ¶ ~ 조약을 맺다[체결하다] conclure un traité d'amitié. ¶ 그 나라와 ~ 관계를 맺다 établir des relations amicales [nouer des liens d'amitié] avec ce pays.

수화 手話 명 langage *m* des sourds-muets, langage *m* des signes; signes *mpl* des sourds-muets, conversation *f* avec les mains. ¶ ~를 배우다[익히다] apprendre [se familiariser avec] le langage des signes. ◇_(를) **하다** pratiquer le langage des signes.

수화기 受話器 명 récepteur *m*, écouteur *m*; 《송수화기》 combiné *m* (du téléphone). ¶ ~를 들다[내려놓다] décrocher (le téléphone) [raccrocher (le combiné du téléphone)]; ôter le combiné de son support [reposer le combiné sur son support]. ¶ ~를 건네다 passer le (combiné du) téléphone à *qn*.

수화물[1] **手貨物** 명 bagage *m* (à main); colis *m*; bagage *m* accompagné.

수화물[2] **水化物** 명 【화학】 hydrate *m*.

수확 收穫 명 ① récolte *f* ((du blé)); cueillette *f* ((des fruits)); ((곡식의)) moisson *f*. ¶ 쌀 ~ moisson du riz ¶ 포도 ~ vendange. ¶ ~의 기쁨을 누리다 jouir de la joie de la moisson.② 성과 fruit *m*. ¶ 이것이 5년간에 걸친 연구의 ~이다 Voici le fruit de cinq années d'études. ◇_(을) **하다** récolter, moissonner ((le blé)); faire la récolte [la moisson, les vendanges]. ¶ 벼를 ~하다 récolter le riz. ◇_(이) **되다** être récolté(*e*), être moissonné(*e*). ◇_**이 있다 [없다]** [ne pas] être fructueux(*se*). ¶ 협상은 ~이 있었다 La négociation a porté ses fruits.

◆_**고** -高 명 production *f* ((d'une terre)); rendement *m* ((d'une terre)). ¶ 밀의 1정보당 ~고 rendement du blé à l'hectare. ¶ 올해는 쌀 ~고가 늘었다[줄었다] Cette année, la production de riz a augmenté [a diminué].

◆_**기** -期 명 saison *f* de la récolte [moisson, vendange]. ¶ 본격적인 ~기에 접어들었다 entrer dans la véritable saison de la récolte.

◆_**량** -量 명 quantité *f* de la moisson [de la récolte, des vendanges]. ¶ ~량이 많다[적다] faire une bonne [mauvaise] récolte.

◆_**물** -物 명 fruits *mpl* d'une récolte.

수회[1] **收賄** ↔**수뢰** 명 【법률】 ① corruption *f*. ② trafic *m* d'influence. ¶ ~ 공무원 fonctionnaire corrompu(*e*). ¶ ~ 혐의 inculpation de corruption. ◇_(를) **하다** toucher [accepter] un pot-de-vin [des pots-de-vin]; se laisser corrompre. ¶ 업체로부터 천만 원을 ~하다 toucher un pot-de-vin de dix millions de wons.

수회[2] **數回** 명 plusieurs fois *fpl*, plus d'une fois *f*, maintes et maintes fois *fpl*, de nombreuses fois *fpl*, bien des fois *fpl*. ¶ ~의 경고[안내] plusieurs avertissements. ¶ ~에 걸쳐 plusieurs fois, à plusieurs [maintes, différentes] reprises, plus d'une fois, maintes et maintes fois, de nombreuses fois, bien des fois.

부 plusieurs fois *fpl*, plus d'une fois *f*, maintes et maintes fois *fpl*, de nombreuses fois *fpl*, bien des fois *fpl*. ¶ 그 사람은 회의에 ~ 불참했다 Il n'a pas assisté aux réunions plusieurs fois [bien des fois].

수효 數爻 명 nombre *m*; chiffre *m*. ¶ 참가자의 ~ le nombre des participants. ¶ 출석자의 ~를 세다[헤아리다] compter le nombre des personnes présentes.

수훈[1] **殊勳** 명 grand mérite *m*; grand exploit *m*; action *f* d'éclat; acte *m* méritoire; ((군인의)) haut fait. ◇_(을) **세우다** s'illustrer par des actions méritoires; faire un acte de mérite sans pareil [inégalable]; se distinguer par *ses* exploits. ¶ 그 사람은 전쟁에서 ~을 세웠다 Il s'est illustré par de hauts exploits de guerre.

◆_**자** -者 명 personne *f* qui a réalisé un exploit.

수훈[2] **首勳** 명 le(la) meilleur(*e*). ¶ 이날의~ 선수 le(la) meilleur(*e*) joueur(*se*) du jour.

수훈[3] **受勳** 명 fait de recevoir une distinction [une médaille] honorifique. ¶ ~의 영광을 누리다 avoir l'honneur d'être décoré(*e*) [de recevoir une distinction]. ◇_(을) **하다** recevoir une distinction [une médaille], être décoré(*e*).

숙고 熟考 명 (mûre) délibération *f*; (mûre) réflexion *f*; méditation *f* profonde; longue considération *f*. ◇_(를) **하다** délibérer [réfléchir] longuement sur *qc*; méditer (sur) *qc*; considérer *qc* sous tous ses aspects. ¶ ~할 시간이 없다 On n'a pas le temps de réfléchir longuement. ¶ 장래 문제를[에 대해] ~하다 réfléchir [délibérer] sur l'avenir. ¶ 김 사장은 사업체를 외국으로 옮기는 것을 ~하고 있다 Monsieur Kim pense sérieusement à délocaliser [déplacer] sa firme à l'étranger.

숙녀 淑女 명 dame *f*; femme *f* (bien élevée). ¶ 신사 ~ 여러분 Mesdames et Messieurs. ¶ 어엿한 ~가 되다 devenir une femme distinguée.

◆_**복** -服 명 vêtement *m* pour femme.

◆_**용** -用 명 ¶ ~용 구두 chaussures pour femme. ¶ ~용 화장실 toilettes pour femmes.

숙다 자 ① 기울어지다 être penché(*e*), être incliné(*e*) ② 기운이 줄다 décliner, dépérir, s'étioler; diminuer, baisser; défaillir. ¶ 그 남자는 체력이 많이 숙었다 Il a perdu beaucoup de force.

숙달 熟達 명 habileté *f* (acquise par une longue expérience); maîtrise *f* ((d'une technique)). ◇_(을) **하다** devenir expérimenté(*e*), se familiariser [s'habituer, s'accoutumer] ((à un travail)), acquérir une certaine expérience, se faire la main, prendre le pli; devenir habile [compétent(*e*)]; atteindre [parvenir à] la perfection, bien intégrer [bien assimiler] ((une technique)); acquérir la maîtrise de *qc*. ¶ 기술을 ~하다 se perfectionner dans une technique, acquérir la maîtrise d'une technique, bien intégrer une technique. ¶ 업무를 ~하다 maîtriser un travail, devenir expérimenté(*e*) dans un travail, se familiariser [s'habituer, s'accoutumer] à un travail, commencer à apprendre le métier, faire *ses* classes, se faire la main, prendre le pli, acquérir une certaine expérience, devenir compétent(*e*), devenir habile, acquérir la maîtrise d'un travail. ¶ 회화에 ~하다 commencer à bien parler. ◇_(이) **되다** ((사람이)) devenir [être] habile [expérimenté(*e*)], être exercé(*e*), être devenu(*e*) expert(*e*); ((기술 따위가)) être bien maîtrisé(*e*), bien possédé(*e*), bien intégré(*e*). ¶ ~된 조수 assistant(*e*) habile [expérimenté(*e*), devenu(*e*) expert [spécialiste] d'une technique]. ¶ ~된 기술 une technique bien maîtrisée [bien possédée, bien intégrée, bien assimilée].

ㅅ

숙덕 어근 ☞ 쑥덕
숙독 熟讀 명 lecture *f* attentive. ◇_(을) **하다** lire *qc* attentivement. ¶ 논문을 ~하다 lire attentivement un article.
숙련 熟練 명 maîtrise *f* (d'une technique); habileté *f*. ¶ ~을 요하는 작업 un travail qui demande une grande maîtrise [beaucoup de pratique]. ◇_(을) **하다** acquérir une grande habileté à faire *qc*; se perfectionner dans *qc*. ¶ 기술을 ~하다 se perfectionner dans une technique. ◇_(이) **되다** être habile, expérimenté(*e*), exercé(*e*). ¶ ~된 솜씨 adresse; coup adroit. ¶ ~된 기술자 un technicien adroit [habile, expérimenté].
◆**_공** -工 명 technicien(*ne*) expert(*e*); ouvri*er*(*ère*) qualifié(*e*). professionnel *m* expérimenté.
숙망 宿望 명 désir *m* chéri (ardent) depuis longtemps; souhait *m* [rêve *m*] caressé depuis longtemps. ¶ ~을 이루다 réaliser un souhait caressé depuis longtemps; réaliser une chose à laquelle on tenait à cœur depuis longtemps.
숙맥 菽麥 명 ① 콩과 보리 soja *m* et orge *f*. ② 어리석은 사람 personne *f* naïve [innocente, crédule, candide, ingénue]; naï*f*(*ve*), gobe-mouche *m* {*fam*}, jobard(*e*) {*fam*}, niais(*e*), poire *f* {*fam*}; simplet(*te*), nunuche *f* {*fam*}. ¶ 이런 ~ 같으니! Pauvre niais! {*fam*} / Quelle niaise! {*fam*} / Ce qu'il peut être naïf! / Quelle cloche! {*fam*} / Quelle godiche!{*fam*} ¶ 그 친구는 ~이다 Ce qu'il peut être naïf! / Il est un peu nunuche {*fam*} / Il est nœud-nœud {*fam*}.
숙면 熟眠 명 profond sommeil *m*; sommeil *m* de plomb [du juste]. ¶ ~에 빠지다 plonger [tomber] dans un sommeil profond; sombrer dans le sommeil. ◇_(을) **하다[취하다]** dormir profondément; dormir comme un enfant [comme un loir]; dormir à poings fermés [du sommeil du juste]. ¶ ~을 했더니 피로가 풀렸다 J'ai bien dormi, maintenant je suis entièrement reposé(*e*) [me voilà entièrement reposé(*e*)]. ¶ 어젯밤에는 꿈도 꾸지 않고 ~을 했다 J'ai dormi profondément cette nuit, je n'ai même pas rêvé.
숙명 宿命 명 fatalité *f*, destinée *f*, destin *m*, sort *m*. ¶ 모든 것을 ~에 맡기다 s'abandonner au destin [à la fatalité]. ¶ 홀로 된 것을 ~으로 여기다[받아들이다] accepter [considérer] le fait d'être devenu(*e*) seul(*e*) comme sa destinée. ¶ 죽는 것은 인간의 ~이다 La mort est une fatalité de l'homme.
◆**_적** -的 명관 fatal(*e*). ¶ ~적인 관계 relation fatale. ¶ 그들의 만남은 ~적이었다 Ils étaient faits pour se rencontrer / Ils étaient faits l'un pour l'autre.
◆**_론** -論 명 【철학】 fatalisme *m*.
◆**_론자** -論者 명 fataliste *mf*.
숙모 叔母 명 tante *f* ((femme d'un frère cadet du père)).
◆**외_** 外- 명 tante *f* maternelle ((femme d'un frère de la mère)).
숙박 宿泊 명 séjour *m* ((à l'hôtel)). ¶ ~ 시설 (équipement d') hébergement, logement (dans un hôtel). ¶ ~ 문제를 해결하다 résoudre le problème de l'hébergement. ◇_(을) **하다** séjourner ((à l'hôtel, chez *qn*)), loger ((dans un hôtel, chez *qn*)); descendre ((à un hôtel, chez *qn*)). ¶ 여관[호텔]에서 며칠 동안 ~하다 loger à l'hôtel pendant quelques jours. ◇_(을) **시키다** loger *qn*, héberger *qn*. ¶ 손님을 집에 ~시키다 loger [héberger] un invité(*e*) chez *soi* [à la maison].
◆**_료[비]** -料[費] 명 frais *mpl* d'hôtel. ¶ ~료를 지불하다 payer *sa* note d'hôtel [*sa* chambre d'hôtel] ¶ ~비가 비싸다 Les frais d'hôtel sont élevés.
◆**_부** -簿 명 registre *m* d'un hôtel [des voyageurs]. ¶ ~부를 쓰다[작성하다] remplir le registre de l'hôtel.
◆**_업** -業 명 industrie *f* hôtelière [de l'hôtellerie]. ¶ ~업에 종사하다 travailler dans l'industrie hôtelière.
◆**_지** -地 명 lieu *m* d'hébergement; ((숙박소)) foyer *m*, maison *f* ((du marin, d'étudiants)), ((avoir un)) pied-à-terre *m inv* ((à Tokyo)).
숙변 宿便 명 excréments *mpl* [fèces *fpl*; matières *fpl* fécales] (contenu(*e*)s longtemps dans l'intestin). ¶ ~을 제거하다 éliminer des excréments contenus longtemps dans l'intestin.
숙부 叔父 명 oncle *m*.
◆**외_** 外- 명 frère *m* de la mère, oncle *f* maternel.
숙성 熟成 명 mûrissement *m*. ¶ ~ 기간 période de mûrissement. ◇_(을) **하다** mûrir. ¶ 이 포도주는 ~하여 먹을 만하다 Ce vin a bien vieilli. ◇_(이) **되다** mûrir. ¶ 이 포도주는 아직 ~이 덜 되었다 Ce vin n'est pas encore vieilli / Ce vin est encore trop jeune. ◇_(을) **시키다** mûrir. ¶ 저온에서 장기간 ~시킨 포도주 vin qui a mûri lentement à basse température.
숙성하다 夙成- 형 être précoce; être mature, être (très) mûr(*e*) pour *son* âge, faire preuve d'une grande maturité [d'une maturité précoce]. ¶ 숙성한 아이 enfant précoce [d'une grande maturité, d'une maturité précoce]; enfant mûr pour son âge. ¶ 그 애는 행동이 ~ Cet enfant est mature / Cet enfant est très mûr pour son âge / Cet enfant fait preuve d'une grande maturité.
숙소 宿所 명 hébergement *m*; logement *m*. ¶ 임시 ~ logement transitoire. ¶ ~를 마련하다[정하다] choisir *son* [un] hébergement. ¶ 파리에서는 ~가 어디십니까? Où demeurez-vous à Paris?
숙식 宿食 명 logement *m* et nourriture *f*; gîte *m* et couvert *m*. ¶ ~을 제공하다 offrir le logement et la nourriture. ¶ ~을 해결하다 résoudre le problème du gîte et du couvert. ¶ ~을 함께하다[같이하다] mener une vie commune; vivre ensemble [sous le même toit]. ¶ ~이 불편하다 être mal logé(*e*) et mal nourri(*e*). ◇_(을) **하다** être logé(*e*) et nourri(*e*). ¶ 기숙사에서 ~하다 être pensionnaire, être interne.
숙어 熟語 명 【언어】 expression *f* [locution *f*] figée

[idiomatique]; tournure *f* idiomatique; idiotisme *m*. ¶ ~를 많이 알다 connaître beaucoup d'expressions idiomatiques. ¶ ~를 쓰다 utiliser des expressions idiomatiques.

◆**_구** -句 명【언어】 locution *f* idiomatique.

◆**_집** -集 명 recueil *m* d'expressions idiomatiques.

숙연하다 肅然- 형 ((ton)) être grave; être calme et recueilli(*e*); être rempli(*e*) de respect; être très respectueux(*se*). ¶ 숙연한 태도 attitude grave [respectueuse] ¶ 그분의 말에 갑자기 분위기가 숙연해졌다 Tout à coup, par ses paroles [propos], l'atmosphère est devenue grave / Ses paroles ont rendu l'atmosphère grave. ¶ 숙연하게 묵념하다 prier en silence avec respect et recueillement.

◆**숙연히** 부 avec respect et recueillement. ¶ 그 남자는숙연히 고개를 숙였다 Il a baissé la tête avec respect et recueillement. ¶ 분위기가 숙연히 가라앉았다 L'atmosphère est devenue lourde et grave. ¶ 의식이 숙연히 거행되었다 La cérémonie s'est déroulée dans le calme et le recueillement.

숙원[1] 宿怨 명 rancune *f* invétérée; vieille haine *f*. ¶ 원수를 갚으려는 ~을 간직하다 nourrir le désir plein de rancune de se venger d'un ennemi.

숙원[2] 宿願 명 désir *m* chéri (ardent) depuis longtemps; vœu(*x*) *m* très cher; souhait *m* [rêve *m*] longtemps caressé, souhait *m* [rêve *m*] caressé depuis longtemps. ¶ ~ 사업 affaire [chose] longuement désirée. ¶ ~을 이루다 réaliser un souhait caressé depuis longtemps; réaliser une chose à laquelle on tenait à cœur depuis longtemps. ¶ 김 사장은 회사를 되찾으려는 ~을 지니고 있다 Monsieur Kim a le vœu très cher de racheter sa compagnie. ¶ 통일은 민족의 ~이다 La réunification du pays est un vœu très cher du peuple.

숙의 熟議 명 mûre [longue] délibération *f*; longue considération *f*. ¶ ~ 끝에 어려운 결정을 내리다 prendre une décision difficile après mûre délibération. ◇_**(를) 하다** délibérer longuement sur *qc*; examiner (ensemble) *qc* à fond; débattre longuement ((une question)). ¶ 대책을 ~하다 prendre des mesures contre *qc*. ¶ 그들은 그 문제에 대해 장시간 ~하였다 Ils ont délibéré longuement sur ce problème. ¶ 앞으로 어떻게 할 것인지를 ~하다 réfléchir sur ce qu'on va faire.

숙이다 타 ① baisser, incliner, abaisser. ¶ 허리를 숙여 인사하다 saluer en s'inclinant. ② 기세 따위를 낮추다 s'abaisser, s'incliner. ¶ 강자 앞에서 자신을 ~ s'abaisser devant plus fort que *soi*.

숙적 宿敵 명 vieil(*le*) ennemi(*e*) (de toujours), rival(*e*) de toujours; ennemi(*e*) juré(*e*); ennemi(*e*) mortel(*le*) [irréconciliable]. ¶ ~을 물리치다 vaincre le vieil ennemi de toujours. ¶ 저 두 사람은 ~ 관계이다 Ils sont des ennemis mortels. ¶ 한국 축구 팀은 ~ 일본을 대파했다 L'équipe coréenne de football a battu à plate(*s*) couture(*s*) [écrasé {*fam*}] l'équipe japonaise, son vieil ennemi de toujours [son rival de toujours].

숙정 肅正 명 assainissement *m*, éradication *f*. ¶ ~을 단행하다 procéder à l'éradication de *qc*. ◇_**(을) 하다** éradiquer, assainir, mettre fin à ((la corruption)). ¶ 부조리를 ~하다 éradiquer [assainir, mettre fin à] la corruption. ◇_**(이) 되다** être éradiqué(*e*), assaini(*e*).

숙제 宿題 명 ① ((faire *ses*)) devoirs *mpl*. ¶ 불어 ~ devoirs de français. ¶ ~ 검사를 하다 vérifier les devoirs. ¶ 학생들에게 ~를 내(주)다 donner des devoirs (à faire) à *ses* élèves. ¶ 오늘은 ~가 많다 Aujourd'hui, on a beaucoup de devoirs. ¶ ~가 아직 남아 있다 Il me reste encore des devoirs à faire. ② 미결의 과제 question *f* pendante; question *f* à résoudre. ¶ 오랜 ~를 해결하다 résoudre une question pendante. ¶ 무엇이 ~로 남다 devenir une question à résoudre. ¶ 실업 문제는 우리 사회가 풀어야 할 커다란 ~이다 L'une des questions qui nous préoccupe le plus [qui préoccupe le plus la société actuelle] est le problème du chômage / Le problème du chômage est une question très importante [un souci très important] à résoudre pour notre société] / Le chômage est l'un des grands problèmes de notre société. ◇_**(를) 하다** faire *ses* devoirs.

◆**방학_** 放學 명 devoirs *mpl* de vacances.

숙주[1] 宿主 명【생물】 hôte *m* ((d'un parasite)). ¶ 무엇을 ~로 삼다 prendre *qc* pour l'hôte intermédiaire.

◆**중간_** 中間 명【생물】 hôte *m* intermédiaire.

숙주[2] 명【식물】 pousses *fpl* [germes *mpl*] de haricots Mungo ((abusivement appelé(*e*)s en France germes de soja)); pousses *fpl* [germes *mpl*] de *Vigna radiata* {*nsc*}.

◆**_나물** 명【식물】 pousses *fpl* [germes *mpl*] de haricots Mungo; pousses *fpl* [germes *mpl*] de *Vigna radiata* {*nsc*}.

숙지 熟知 명 connaissance *f* parfaite. ◇_**(를) 하다** connaître *qc* à fond; connaître [savoir] *qc* sur le bout du doigt [sur le bout des doigts]; savoir *qc* parfaitement; en savoir [connaître] long sur *qc*; être parfaitement au courant de *qc*; être familier(*ère*) avec *qc*. ¶ 그 사람은 주의 사항을 ~하였다 Il connaît à fond les remarques. ◇_**(를) 시키다** faire connaître parfaitement *qc*. ¶ 직원들에게 업무 내용을 ~시키다 faire connaître parfaitement le bilan de travail aux employés. ¶ 직원들에게 재해 예방에 최선을 다할 것을 ~시키다 faire prendre les meilleures précautions contre les cataclysmes aux employés. ¶ 그것은 모두에게 이미 ~되어 있는 사항이다 Tout le monde est déjà au courant de cela.

숙지다 자 décliner, dépérir, s'étioler; diminuer, baisser; défaillir. ¶

숙직 宿直 명 garde *f* [surveillance *f*, service *m*], gardiennage *m* de nuit. ¶ ~ 근무 garde de nuit. ◇_**(을) 하다[서다]** être de garde de nuit; prendre le service [*son* tour de garde] de nuit. ¶ 직원들이 돌아가면서 ~을 했다 Les employés font leur service de garde

ㅅ

de nuit à tour de rôle [chacun leur tour]. ◇_(을) **시키다** faire prendre le service de nuit.

◆_**실** -室 명 salle *f* de garde.

◆_**자** -者 명 garde *m* de nuit.

숙질 叔姪 명 oncle *m* et neveu(*x*) *m* [nièce *f*].

숙청 肅淸 명 purge *f*, épuration *f*. ¶ ~ 대상 인물 personnage visé par l'épuration. ¶ 피의 ~ épuration sanglante. ¶ 대규모 ~을 단행하다 exécuter une purge de grande envergure. ◇_(을) **하다** épurer, purger. ¶ 반대 세력을 ~하다 éliminer les opposants, purger les forces d'opposition. ◇_(을) **당하다**[(이) **되다**] être victime d'une purge[être épuré(*e*)]. ¶ 당에서 ~을 당하다 être éliminé(*e*) du parti. ¶ 많은 반정부 인사가 ~되었다 Beaucoup d'opposants au gouvernement ont été éliminés.

숙취 宿醉 명 gueule *f* de bois. ¶ ~를 풀다[해소하다] se débarrasser de la gueule de bois. ¶ ~가 심하다 avoir une sérieuse gueule de bois. ¶ 좋은 술은 ~가 없다 Le bon alcool [L'alcool de bonne qualité] ne donne pas la gueule de bois. ¶ ~로 머리가 아프다 avoir mal à la tête à cause de la gueule de bois.

숙환 宿患 명 maladie *f* chronique. ¶ 그 친구의 아버지는 지난해에 ~으로 별세했다 Son père est mort l'année dernière à cause de sa maladie chronique.

ㅅ

순[1] 筍 명 pousse *f*; bourgeon *m*; bouton *m*. ¶ 새 ~이 돋았다 Les premiers bourgeons ont poussé. ¶ 나무에 새 ~이 나기 시작한다 Les arbres commencent à bourgeonner.

순[2] 純 관 ((préfixe adjectival)) pur(*e*), net(*te*). ¶ ~ 살코기 viande [chair] sans os. ¶ ~ 우리말 langue purement coréenne; langue autochtone coréenne. ¶ ~ 한국식 음식 nourriture purement [entièrement] coréenne.

부 tout à fait. ¶ 그것은 ~ 거짓말이다 C'est tout à fait un mensonge. ¶ 그 사람은 ~ 도둑놈이다 Il n'est rien d'autre qu'un voleur. ¶ 그 사람은 하라는 일은 안 하고 ~ 엉뚱한 소리만 한다 Au lieu de faire son travail, il ne fait que dire des idioties.

-순[3] 旬 접미 ((suffixe nominal)) ① 열흘 décade *f*; période *f* de dix jours. ¶ 정월 초~에 pendant la première décade de janvier; au début de janvier. ¶ 2월 상[하]~에 pendant la première [dernière] décade de février. ¶ 4월 중~에 à la mi-avril, au milieu du mois d'avril. ② 열 살(60세 이후) décennie *f*, décade *f*. ¶ 어머니께서 육~을 맞으셨다 Ma mère est devenue sexagénaire. ¶ 칠~ 생신 잔치 banquet du soixante-dixième anniversaire de *qn*. ¶ 팔~ 노인 vieillard de 80 ans; octogénaire.

-순[4] 順 접미 ((suffixe nominal)) ordre *m*, tour *m*. ¶ 알파벳~ par ordre alphabétique. ¶ 나이~ par ordre d'âge. ¶ 선착~ par ordre d'arrivée. ¶ 키~ par ordre de taille.

순-[5] 純 접두 ((préfixe adjectival)) pur(*e*), net(*te*); fin(*e*); pur(*e*) et simple. ¶ ~금 or pur. ¶ ~수입 revenu net. ¶ ~이익 bénéfice net. ¶ ~종 race pure.

순간[1] 瞬間 명 moment *m*, instant *m*. ¶ 마지막 ~에 au dernier moment. ¶ 매 ~마다 à chaque instant. ¶ 한 ~의 선택 choix d'un instant. ¶ 한 ~의 잘못으로[실수로] 그 친구는 지금 고생을 한다 Il souffre maintenant à cause d'une faute d'un instant. ¶ 나는 그 ~을 지금도 잊을 수 없다 Je ne peux oublier encore maintenant cet instant. ¶ 결정적인 ~을 잡다[놓치다] saisir [manquer, rater] le moment décisif. ¶ 차를 출발시키려는 ~에 아이가 뛰어들었다 L'enfant est entré dans la voiture au moment même où nous allions partir [nous nous apprêtions à partir]. ¶ 그 남자를 보는 ~ 그 책이 생각났다 Dès que j'ai vu cet homme, j'ai pensé à ce livre.

◆_**적** -的 명관 momentanément, en un instant, en un clin d'œil; instantané(*e*). ¶ ~적 기회 chance d'un instant. ¶ ~적으로 당황하다 être troublé(*e*) brusquement. ¶ ~적으로 벌어진 일 événement qui s'est déroulé [produit] en un instant.

◆_ _ 명 tous les instants *mpl*. ¶ ~~을 열심히 살다 vivre tous les instants [chaque instant] avec ardeur; vivre pleinement chaque instant. 부 chaque instant. ¶ ~~ 변하는 교통 상황 circulation qui varie chaque instant.

◆_**온수기** -溫水機 명 geyser *m*.

◆_**접착제** -接着劑 명 colle *f* forte à fixation instantanée, super glu *f*.

◆_**풍속** -風速 명 【지리】 vitesse *f* maximale du vent. ¶ 태풍으로 ~풍속이 초속 10m를 넘었다 A cause du typhon, la vitesse du vent dépasse 10 mètres par seconde.

부 en un instant. ¶ 나는 ~ 어지럼증을 느꼈다 La tête me tourne soudainement / J'ai la tête qui tourne soudainement.

순간[2] 旬刊 명 publication *f* qui paraît trois fois par mois [tous les dix jours]. ¶ ~ 잡지 magazine qui paraît trois fois par mois.

순견 純絹 명 soie *f* pure; soie *f* cent pour cent. ¶ ~ 넥타이 cravate (en) pure soie.

순결 純潔 명 pureté *f*, chasteté *f*, virginité *f*. ¶ ~을 지키다 garder *sa* virginité. ¶ ~을 잃다 perdre *sa* virginité. ¶ 사랑하는 사람에게 ~을 바치다 vouer *sa* virginité à *son* amoureux(*se*). ¶ 처녀의 ~을 빼앗다 déflorer une jeune fille.

◆_**하다** 형 être pur(*e*), chaste. ¶ ~한 사랑[마음] amour [cœur] pur. ¶ 그 사람은 영혼이 ~하다 Il a une âme pure. ¶ 신앙심을 ~하게 간직하다 Il garde sa foi avec pureté.

◆_**무구하다** -無垢 형 être innocent(*e*). ¶ ~한 아기 얼굴 visage innocent d'un bébé.

◆_**히** 부 avec pureté.

◆_**성** -性 명 pureté *f*. ¶ 혈통의 ~성을 유지하다[지키다] garder la pureté du sang.

◆_**미** -美 명 beauté *f* pure [chaste].

순경 巡警 명 agent *m* de police; policier *m*; flic *m* {*fam*}, poulet *m* {*fam*}, cogne *m* {*fam*}.

◆**교통**_ 명 agent *m* de la circulation.

순경음 脣輕音 명 【언어】 bilabiale *f* constrictive,

bilabiale *f* fricative.

순교 殉教 명 martyre *m*. ¶ ~의 길을 가다 aller au martyre. ◇_(를) **하다** subir [souffrir] le martyre; mourir pour la [*sa*] foi. ¶ 자유를 위해 ~하다 mourir pour la liberté. ¶ 그 신부는 감옥에서 ~했다 Le prêtre est mort pour sa foi en prison.

◆_**자** -者 명 martyr(*e*).

순국 殉國 명 mort *f* pour la patrie. ¶ ~ 선열[열사] héros mort pour la patrie. ◇_(을) **하다** mourir pour la patrie; donner *sa* vie pour *son* pays.

순금 純金 명 or *m* pur [fin]. ¶ ~ 한 돈 or pur d'un *don* (3,7565 grammes). ¶ ~ 반지 anneau(*x*) [bague] en or pur. ¶ ~ 트로피 trophée en or pur. ¶ 이 목걸이는 ~이다 Ce collier est en or pur.

순대 명 *sundae m* <boudin coréen>. ¶ ~ 국밥 riz avec de la soupe de boudin. ¶ ~ 볶음 boudin sauté. ¶ 오징어~ boudin de calamar.

순도 純度 명 (degré *m* de) pureté *f*. ¶ ~ 99퍼센트의 금 or pur à 99 %. ¶ 금의 ~를 높일 수 있는 방법을 개발하다 trouver le moyen d'augmenter la pureté de l'or.

순두부 -豆腐 명 ① pâté *m* de soja, *dubu m* [*tofu m*] mou. ② *sundubu m* <plat à base de *dubu* mou>. ¶ ~로 찌개를 끓이다 faire un ragoût avec du *dubu* mou.

*~**먹다 이 빠졌다** Il est arrivé quelque chose de totalement inattendu (comme de perdre une dent en mâchant de la purée).

◆_**백반** 명 riz (cuit) avec un ragoût de *dubu* (*tofu*) fluide, bol de riz avec un ragoût de tofu fluide et des plats d'accompagnement.

◆_**찌개** 명 ragoût de *dubu* (*tofu*) fluide.

순라 巡邏 명【역사】patrouille *f*; tournée *f* d'inspection; ronde *f*. ¶ ~를 돌다 faire une tournée d'inspection.

◆_**꾼** 명【역사】patrouilleur(*se*).

순례 巡禮 명 pèlerinage *m*. ¶ ~ 행렬 pèlerinage ¶ 국토[성지] ~를 떠나다 aller en pèlerinage au pays [en Terre Sainte]. ◇_(를) **하다** aller en pèlerinage, faire un pèlerinage. ¶ 성지를 ~하다 faire un pèlerinage en Terre Sainte.

◆_**자** -者 명 pèlerin(*e*).

순록 馴鹿 명【동물】renne *m*. ¶ ~이 끄는 썰매 traîneau tiré par des rennes.

순리[1] 順理 명 soumission *f* à la raison; conformité *f* à la raison; raison *f*. ¶ ~를 따지다 raisonner, tirer au clair, vérifier. ¶ ~를[에] 따르다 suivre (les conseils de) la raison. ¶ ~에 어긋나다 ne pas être raisonnable. ¶ 일을 ~대로 처리하다 traiter [arranger] les affaires raisonnablement. ¶ 그렇게 하는 것이 ~이다 Ce comportement est raisonnable.

◆_**적** -的 명관 raisonnable. ¶ ~적으로 해결하다 résoudre raisonnablement.

순리[2] 純利 명 bénéfice *m* [profit *m*] net.

순면 純綿 명 coton *m* pur; coton *m* cent pour cent. ¶ ~ 100 % 100 % coton. ¶ ~ 제품 produit en pur coton. ¶ ~으로 된 옷 vêtement en pur coton. ¶ 이 옷은 ~이다 Ce vêtement est en pur coton.

순모 純毛 명 laine *f* cent pour cent; pure laine *f*. ¶ ~ 코트 manteau(*x*) en pure laine.

순무 명【식물】radis *m* (rose).

순박 淳朴 어근 simplicité *f*, naturel *m*, sobriété *f*, discrétion *f*.

◆_**하다** 형 être simple, naturel(*le*), sobre. ¶ ~한 사람 personne naturelle [simple]. ¶ ~한 웃음을 짓다 sourire naturellement. ¶ 그 사람들의 말과 표정은 ~하기 그지없었다 Leurs propos et leur expression étaient on ne peut plus simples [directs].

◆_**성** -性 명 simplicité *f*, naturel *m*, sobriété *f*, discrétion *f*.

◆_**미** -美 명 beauté *f* de la simplicité [du naturel, de la sobriété, de la discrétion], beauté *f* sobre.

◆_**함** 명 simplicité *f*, naturel *m*, sobriété *f*, discrétion *f*.

순발력 瞬發力 명 réflexe *m*; sens *m* de la repartie, capacité *f* à réagir instantanément. ¶ 그 여자는 ~이 뛰어나다[좋다] Elle a de bons réflexes / Elle a un sens extraordinaire de la repartie. ¶ 그 친구는 ~이 있다 Il a du réflexe. ¶ ~을 기르다[키우다] élever [augmenter] le réflexe. ¶ ~을 발휘하다 montrer du réflexe; faire preuve d'une bonne capacité à réagir.

순방 巡訪 명 tournée *m* de visites. ¶ ~ 외교 tournée de visites diplomatiques. ¶ 대통령의 유럽 ~ tournée de visites diplomatiques du président en Europe. ¶ ~에 나서다 partir en tournée de visites. ◇_(을) **하다** faire une tournée de visites. ¶ 대통령은 동남아 5개국을 ~하였다 Le président a fait une tournée de visites diplomatiques dans cinq pays de l'Asie du Sud-Est.

순배 巡杯 명 partage *m* des verres dans un banquet; verre *m* partagé par les convives ((partager ou faire tourner les verres: coutume coréenne qui consiste dans une soirée à donner son verre à un autre convive)). ¶ ~를 돌리다 partager [faire tourner] les verre.

분류 partage *m* des verres dans un banquet; verre *m* partagé par les convives. ¶ 술이 몇 ~ 돌고 나자 다들 꽤 취했다 Après plusieurs verres [tournées], tout le monde était bien enivré [tous les convives étaient complètement ivres].

순백 純白 명 pure blancheur *f*, blancheur *f* immaculée. ¶ ~의 세계 monde d'une blancheur immaculée. ¶ ~의 눈으로 뒤덮인 산야 terre et montagnes en neige toute blanche.

◆_**하다** 형 être pur(*e*). ¶ ~한 마음 cœur pur.

◆_**색** -色 명 blanc *m* pur, blancheur *f* immaculée.

순번 順番 명 tour *m*, ordre *m*. ¶ ~을 기다리다 attendre *son* tour. ¶ ~을 매기다[정하다, 짜다] numéroter [décider de] l'ordre de *qc*. ¶ ~을 지키다 respecter l'ordre, faire *qc* dans l'ordre. ¶ ~대로 발언하다 parler dans l'ordre.

순보 旬報 명 rapport *m* rédigé tous les dix jours;

publication *f* qui paraît tous les dix jours [trois fois par mois].

순사 巡査 명 【역사】 ☞ 순경

순산 順産 명 accouchement *m* facile. ¶ ~을 기원하다 désirer accoucher facilement. ¶ 초산치고는 ~이었다 Pour un premier accouchement, on peut considérer que l'accouchement s'est bien passé. ◇_(을) **하다** avoir un accouchement facile. ¶ 아들[딸]을 ~하다 accoucher d'un garçon [d'une fille] en bonne santé.

순색 純色 명 couleur *f* pure, couleur *f* franche.

순서 順序 명 ordre *m*; rang *m*. ¶ 회의 ~ ordre du jour (d'une une réunion). ¶ 발언 ~ ordre d'intervention [de parole] ((à une discussion, un colloque)) vont prendre la parole. ¶ 입장 ~ ordre d'entrée. ¶ ~를 정하다[짜다] fixer [déterminer] l'ordre; décider de la numérotation de *qc*. ¶ 자기 ~를 기다리다 attendre *son* tour. ¶ ~를 지키다 respecter l'ordre, attendre *son* tour. ¶ 키 ~로 줄을 서다 se ranger par ordre de taille. ¶ 모든 일에는 ~가 있다 Il y a un ordre pour tout.

순소득 純所得 명 revenu *m* net.

순수 純粹 명 pureté *f*, innocence *f*; naïveté *f*. ¶ 어린아이 같은 ~를 지니다 être naïf(*ve*) comme un enfant. ¶ ~ 문학[예술, 이성] littérature pure [art pur, raison pure]. ¶ ~ 민간 자본만으로 사업을 추진하다 L'entreprise est faite seulement avec des capitaux privés.

◆**_하다** 형 être naïf(*ve*), pur(*e*), innocent(*e*). ¶ ~한 마음 cœur pur [naïf, innocent]. ¶ ~한 혈통을 유지하다 maintenir *sa* lignée. ¶ 그 남자는 보기와는 달리 속은 ~하다 Malgré son apparence, il est naïf au fond. ¶ 그 친구의 의도를 ~하게 볼 수만은 없다 Son intention n'est pas tout à fait innocente.

◆**_히** 부 purement, innocemment, naïvement. ¶ ~히 노력만으로 되는 것은 아니다 Les efforts purs ne sont pas suffisants.

◆**_성** -性 명 pureté *f*. ¶ ~성을 지니다 être doté(*e*) de pureté. ¶ ~성을 상실하다 perdre *sa* pureté.

순순하다 順順- 형 être doux(*ce*), docile; être tranquille, calme; être sage, gentil(*le*).

◆**순순히** 부 docilement, sagement, calmement, gentiment. ¶ 순순히 따르다[듣다, 복종하다] suivre [écouter, obéir à] *qn* docilement. ¶ 순순히 자백하다 avouer docilement. ¶ 나는 그 사람의 제안을 순순히 받아들였다 J'ai accepté sa proposition docilement.

순시 巡視 명 tournée *f* d'inspection; inspection *f*; visite *f* de surveillance. ¶ ~를 나가다 faire une tournée d'inspection; faire une ronde (de surveillance), patrouiller. ◇_(를) **하다[돌다]** faire une tournée d'inspection; faire une ronde (de surveillance); patrouiller, inspecter; être en patrouille. ¶ 경찰이 거리를 ~하고 있었다 Les policiers étaient en patrouille / Les policiers patrouillaient.

◆**_선** -船 명 bateau(*x*) *m* de surveillance.

순식간 瞬息間 명 instant *m*. ¶ ~에 en un instant, en un clin d'œil, en un rien de temps; en un tour de main, en un tournemain {*litt*}. ¶ 물건이 ~에 동이 났다 La marchandise a disparu en un clin d'œil [en un rien de temps]. ¶ 그런 거짓말은 들통나는 것도 ~이다 C'est en peu de temps qu'un pareil mensonge a été découvert.

순애보 純愛報 명 amour *m* innocent.

순양 巡洋 명 croisière *f* ((en Méditerranée)). ◇_(을) **하다** croiser ((au large, sur les côtes)); faire une croisière.

◆**_함** -艦 명 【군사】 croiseur *m*.

순연 順延 명 remise *f* à plus tard. ◇_(을) **하다[시키다]** remettre ((une cérémonie)); modifier. ¶ 일정을 ~시키다 modifier le programme. ◇_(이) **되다** être remis(*e*) (à plus tard), être ajourné(*e*). ¶ 우천으로 경기가 ~되었다 Le match est remis à cause de la pluie.

순연하다 純然- 형 être pur(*e*), clair(*e*), limpide, évident(*e*), manifeste.

◆**순연히** 부 purement, clairement, limpidement, évidemment, manifestement. ¶ 그것은 ~히 너의 잘못이다 C'est évidemment de ta faute.

순열 順列 명 【수학】 permutation *f*.

순위 順位 명 rang *m* ((dans un concours, dans une équipe)); ordre *m* ((de succession)); place *f* ((d'un cheval, d'un coureur)); classement *m* ((des concurrents)). ¶ 최우선 ~로 하다 mettre (*qn/qc*) au premier rang. ¶ ~ 경쟁[다툼]이 치열하다 être en concurrence acharnée. ¶ ~를 매기다[정하다] établir le classement par ordre. ¶ ~가 정해지다 être numéroté(*e*).

◆**영[일]_** 零 명 premier rang *m*.

순은 純銀 명 argent *m* pur. ¶ ~ 목걸이 collier en argent pur.

순음 脣音 명 【언어】 (consonne *f*) labiale *f*.

◆**_화** -化 명 labialisation *f*.

순응 順應 명 adaptation *f*. ¶ 새로운 질서에의 ~ adaptation à un nouvel ordre. ◇_(을) **하다** s'adapter ((à de nouvelles conditions de vie)); se conformer, se plier, se soumettre à *qc*. ¶ 세태[현실, 환경]에 ~하다 s'adapter à un milieu; se conformer aux circonstances. ¶ 자연에 ~하다 se soumettre à la nature.

◆**_적** -的 명관 soumis(*e*), souple. ¶ ~적인 인간 personnage soumis [souple].

◆**_성** -性 명 faculté *f* d'adaptation; souplesse *f*.

◆**_력** -力 명 faculté *f* d'adaptation. ¶ 그 남자는 ~력이 뛰어나다 Il s'adapte très facilement / Il a des facultés d'adaptation étonnantes.

순이익 純利益 명 bénéfice *m* [profit *m*] net. ¶ 이 회사는 한 해 ~만 수십억에 달한다 Le bénéfice net de cette compagnie atteint jusqu'à plusieurs milliards par an.

◆**당기_** 當期 명 【경제】 bénéfice *m* net de ce terme. ¶ 10억의 당기~을 냈다 Le bénéfice net de ce terme est d'un milliard.

순익 純益 명 ☞ 순이익

순일하다 純一- 형 être pur(*e*), uniforme; être sans mélange; être franc(*che*), simple.

순장 殉葬 명 enterrement *m* d'une personne vivante ((avec un roi, avec son mari)). ◇_(을) **하다[시키다]** enterrer [ensevelir] *qn* vivant. ¶ 죽은 남편과 함께 아내를 ~하다 enterrer une femme vivante avec son mari. ◇_(이) **되다** être enterré(*e*) vivant(*e*).

순전하다 純全- 형 être pur(*e*); être parfait(*e*); complet(*ète*). ¶ 순전한 거짓말 un pur mensonge.

◆**순전히** 부 parfaitement, complètement, totalement. ¶ 잘못을 순전히 남의 책임으로 돌리다 attribuer *sa* faute entièrement aux autres. ¶ 그것은 순전히 거짓말이다 C'est un pur mensonge. ¶ 이 일은 순전히 그 녀석의 실수 때문에 생긴 것이다 C'est totalement sa faute.

순절 殉節 명 mort *f* pour la patrie ◇_(을) **하다** mourir [donner *sa* vie] pour la patrie. ¶ 의를 지켜 ~하다 mourir par fidélité à *son* pays.

순접 順接 명【언어】coordination *f*. ¶ ~ 접속사 conjonction de coordination.

순정[1] 純正 어근 pureté *f*, simplicité *f*; franchise *f*, sincérité *f*. ¶ ~ 부품 pièce authentique ((d'une machine)).

순정[2] 純情 명 innocence *f*, candeur *f*; amour *m* pur et fidèle, cœur *m* pur. ¶ 젊은 날의 ~ amour pur et fidèle de la jeunesse. ¶ ~을 바쳐 사랑하다 aimer d'un amour pur et fidèle [d'un cœur innocent].

◆**_적** -的 명관 innocent(*e*), candide, pur(*e*) (et fidèle). ¶ ~적인 태도 attitude d'une personne qui aime d'un amour pur et fidèle.

◆**_물** -物 명 ((멜로드라마)) mélodrame *m*, soap-opéra *m* (~-~*s*), soap *m*, feuilleton *m* mélo [à l'eau de rose]; ((멜로영화)) film *m* mélo [à l'eau de rose].

◆**_파** -派 명 homme *m* qui aime une fille d'un amour pur et fidèle, homme *m* au cœur innocent. ¶ 첫사랑을 그렇게 못 잊는 걸 보니 그 남자는 ~파임에 틀림없다 Il n'arrive pas à oublier son premier amour, il aime d'un amour pur et fidèle [c'est sûrement un homme au cœur innocent].

순조롭다 順調- 형 être normal(*e*), favorable; être régulier(*ère*); être satisfaisant(*e*). ¶ 순조로운 출발을 보이다 bien commencer; prendre un bon départ. ¶ 만사가 비교적 ~ Tout va relativement bien. ¶ 모든 것이 순조롭게 되면 Si tout va bien.

◆**순조로이** 부 normalement, favorablement, régulièrement; sans accroc; sans à-coup; de façon [manière] satisfaisante. ¶ 문제가 순조로이 해결되었다 Le problème a été arrangé de façon satisfaisante.

순종[1] 純種 명 race *f* pure; sang *m* pur. ¶ ~ 진돗개 chien de race Jindo.

순종[2] 順從 명 docilité *f*; obéissance *f*, soumission *f*. ¶ ~이 반드시 미덕은 아니다 La soumission n'est pas obligatoirement une vertu. ◇_(을) **하다** obéir; se soumettre à *qn/qc*; se plier à *qc*. ¶ 부모님께 ~하다 obéir à *ses* parents.

◆**_적** -的 명관 docile, obéissant(*e*), soumis(*e*). ¶ ~적인 태도[사람] attitude [personne] soumise.

순직 殉職 명 mort *f* en service commandé. ◇_(을) **하다** mourir en service commandé [à *son* poste]; tomber victime de *son* devoir; se sacrifier ((pour sauver *ses* élèves)). ¶ 이 공무원은 과로[사고]로 ~하였다 Ce fonctionnaire est mort dans l'exercice de ses fonctions à cause du surmenage [d'un accident].

순직하다 純直- 형 être honnête, sincère, droit(*e*), franc(*che*).

순진 純眞 어근 innocence *f*, naïveté *f*, candeur *f*.

◆**_하다** 형 être naïf(*ve*), candide, innocent(*e*). ¶ ~한 아이 enfant naïf [innocent]. ¶ ~하게 남의 말을 믿다 croire naïvement tout ce que disent les autres [tout ce qu'on lui dit]; gober {*fam*} tout ce qu'on lui dit.

◆**_성** -性 명 innocence *f*, naïveté *f*, pureté *f*. ¶ ~성을 지니다 être innocent(*e*), pur(*e*), naïf(*ve*).

◆**_무구** 純眞無垢 명 pureté *f* et innocence *f*. ¶ 어린 아이의 ~무구한 눈빛 regards innocents des enfants.

순차 順次 명 ordre *m*, tour *m*. ¶ ~대로 자료를 제시하다 présenter des documents l'un après l'autre. ¶ ~로 전개되는 일 événement qui se développe par ordre.

◆**_적** -的 명관 par ordre; l'un après l'autre; à tour de rôle. ¶ ~적인 진행 marche [exécution] par ordre. ¶ ~적으로 공급하다 fournir *qc* par ordre.

순찰 巡察 명 patrouille *f*; tournée *f* d'inspection; visite *f* de surveillance. ¶ 우범 지역에 대한 ~을 강화하다 renforcer les patrouilles dans les quartiers à forte criminalité. ¶ ~(을) 나가다 aller [partir] en patrouille. ◇_(을) **하다[돌다]** faire une patrouille, patrouiller; faire une tournée de surveillance [d'inspection]. ¶ 관할 구역을 ~하다 faire une patrouille dans la zone du ressort de *qn*.

◆**_대** -隊 명 patrouille *f*.

◆**_사** -使 명【역사】patrouilleur(*se*).

◆**_차** -車 명 voiture *f* de patrouille; voiture *f* de police.

◆**_함** -函 명 (bateau(*x*) *m*) patrouilleur *m*.

순채 蓴菜 명【식물】plante *f* aquatique potagère; *Brasenia schreberi* {*nsc*}.

순치[1] 脣齒 명【언어】articulation *f* par l'action combinée de la lèvre inférieure et des dents de la mâchoire supérieure.

◆**_음** -音 명【언어】(consonne *f*) labiodentale *f*.

순치[2] 馴致 명 domestication *f*; apprivoisement *m*. ◇_(가) **되다** se faire dompter; s'apprivoiser; être domestiqué(*e*); être causé(*e*); être provoqué(*e*), être amené(*e*); être entraîné(*e*). ¶ ~된 언론 presse muselée. ¶ 지배 이념에 ~되다 être entraîné(*e*) par l'idéologie dominante. ◇_(를) **시키다** dompter, apprivoiser, domestiquer; provoquer, amener, entraîner.

순탄하다 順坦- 형 être sans difficulté, sans

problème, sans souci, cool (fam), dou*x*(*ce*), calme, paisible, gentil(*le*); être plat(*e*), uni(*e*), ég*al*(*ale*, *aux*). ¶ 순탄한 인생 vie paisible. ¶ 순탄한 길을 걷다 parcourir un chemin nivelé [droit et régulier]. ¶ 그 사람이 걸어온 길은 결코 순탄하지만은 않았다 Il a fait le chemin non sans difficultés. ¶ 우리 사업은 앞으로 순탄하게 진행될 것이다 Nos affaires marcheront bien.

◆순탄히 부 facilement; sans aucun obstacle; sans difficulté; sans problème. ¶ 순탄히 뻗어 있는 길 chemin prolongé sans aucun obstacle. ¶ 사건을 순탄히 해결하다 résoudre facilement une affaire.

순풍 順風 명 ① vent *m* favorable; vent *m* doux; brise *f*. ¶ 배가 ~을 타고 운항 중이다 Le bateau navigue avec le vent en poupe. ② tendance *f* favorable. ¶ 그 친구의 사업이 오랜만에 ~을 만났다 Cela faisait longtemps que ses affaires n'avaient pas marché [prospéré].

*~**에 돛 단 격(듯)** comme un bateau qui a le vent en poupe.

순하다 順- 형 ① ((성질이)) être dou*x*(*ce*), gentil(*le*), aimable; être calme, paisible. ¶ 순한 사람 une personne douce. ¶ 그 남자는 성질이 ~ Il est d'un caractère doux. ② ((맛이)) être dou*x*(*ce*), lég*er*(*ère*). ¶ 순한 담배 tabac léger; cigarettes légères, cigarettes «light». ¶ 이 술은 ~ Ce vin est doux. ③ ((일이)) aller sans heurts [difficultés]. ¶ 일이 순하게 매듭지어졌다 L'affaire s'est conclue sans heurts / Cela s'est bien terminé sans heurts [sans accroc].

순항[1] 順航 명 navigation *f* dans des conditions favorables. ¶ 우주선은 계속 ~ 중이다 Le vaisseau spatial est toujours en navigation dans des conditions favorables. ¶ 협상은 ~이 예상된다 On prévoit le succès des négociations / On prévoit que les négociations s'engageront de façon satisfaisante. ◇_(**을**) **하다** naviguer sans difficultés; aller bien; se passer sans accroc [sans difficultés]. ¶ 모든 일이 ~하길 바랍니다 J'espère que tout ira bien.

순항[2] 巡航 명 croisière *f* ((en Méditerranée)). ¶ ~ 속도 vitesse de croisière. ¶ ~ 일지 journal de bord. ◇_(**을**) **하다** croiser ((au large, sur les côtes)); faire une croisière. ¶ 태평양 연안 국가들을 ~하다 faire une croisière dans les pays de l'Océan Pacifique.

◆_미사일 명 【군사】 missile *m* de croisière.

순행[1] 巡行 명 tour *m*, tournée *f*. ◇_(**을**) **하다** faire un tour [une tournée].

순행[2] 順行 명 marche *f* [exécution *f*] en ordre [l'un après l'autre, tour à tour, à tour de rôle, suivant l'ordre].

◆_동화 -同化 명 【언어】 assimilation *f* progressive [dans l'ordre]. ¶ ~동화의 경우, 'ㄱ, ㅁ, ㅂ, ㅇ' 뒤의 'ㄹ'이 'ㄴ'으로 발음된다. Dans le cas des assimilations progressives, derrière les lettres ㄱ, ㅁ, ㅂ ou ㅇ, la lettre ㄹ se prononce comme la lettre ㄴ / Dans le cas des assimilations progressives, la lettre ㄹ se prononce comme la lettre ㄴ lorsqu'elle est précédée des lettres ㄱ, ㅁ, ㅂ ou ㅇ (consonne finale de la syllabe précédente).

◆_운동 -運動 명 【천문】 cours *m* des astres dans la même direction que celle de la révolution de la Terre.

순화 純化 명 purification *f*, épuration *f*. ¶ 국어 ~ 운동 mouvements d'épuration de la langue coréenne. ¶ 불량 청소년 ~ 교육 édification des jeunes dévoyés. ◇_(**를**) **하다[시키다]** ((품성, 풍속을)) épurer, assainir; purifier; ((청소년들을)) édifier. ¶ 범죄자들을 ~하여 사회에 적응시키다 réinsérer des criminels dans la société en les édifiant. ¶ 예술 작품은 사람의 마음을 ~시킨다 Les œuvres d'art épurent l'âme de l'homme. ◇_(**가**) **되다** s'épurer, être épuré(*e*), purifié(*e*); être édifié(*e*). ¶ ~되지 않은 외래어들 mots d'origine étrangère qui n'ont pas du tout été coréanisés [non transformés].

순환 循環 명 ① 주기적인 반복 ((혈액의)) circulation *f*; ((계절의)) cycle *m*. ¶ ~ 버스 autobus périphérique ((d'une ligne)). ¶ 혈액 ~ circulation du sang. ¶ 경기의[계절의] ~ cycle économique [des saisons]. ② 돈을 운영함 circulation *f*; cycle *m*; roulement *m*. ¶ 자금(의) ~이 원활하다 La circulation [Le roulement] des capitaux est libre. ◇_(**을**) **하다** circuler. ¶ 혈액이 ~하는 현상 phénomène de circulation du sang. ◇_(**을**) **시키다** faire circuler. ¶ 실내 공기를 ~시키다 faire circuler l'air à l'intérieur. ◇_(**이**) **되다** circuler. ¶ 자금이 잘 ~되지 않는다 Les capitaux circulent mal.

◆_적 -的 명관 état *m* circulaire; cyclique. ¶ ~적 정의 définition circulaire.

◆_계 -係 명 【의학】 appareil *m* circulatoire.

◆_계통 -系統 명 【의학】 appareil *m* circulatoire.

◆_기 -期 명 cycle *m*.

◆_기 -器 명 【의학】 appareil *m* circulatoire ((artère, vaisseau, veine; cœur)).

◆_논법 -論法 명 【논리】 syllogisme *m*.

◆_도로 -道路 명 【교통】 périphérique *m*. ¶ 파리의 외곽 ~도로 boulevard périphérique de Paris.

◆_형식 -形式 명 【음악】 forme *f* cyclique.

순회 巡廻 명 tour *m*; tournée *f*. ¶ ~ 강연 tournée de conférences. ¶ ~ 진료 consultation itinérante. ¶ 지방 ~ 공연 tournée en province. ¶ 전국 ~를 떠나다[~에 나서다] partir en tournée nationale, commencer une tournée dans le pays. ◇_(**를**) **하다** faire une tournée. ¶ 전국을 ~하며 공연하다 ((chanteur, troupe)) faire une tournée nationale.

◆_대사 -大使 명 【정치】 ambassadeur *m* itinérant.

◆_재판소 -裁判所 명 【법률】 tribun*al*(*aux*) *m* itinérant.

◆_판사 -判事 명 【법률】 juge *m* itinérant.

숟가락 명 cuiller *f*, cuillère *f*. ¶ ~으로 밥을 떠먹다 prendre [manger] du riz avec une cuillère.

ㅅ

◆_질 명 utilisation *f* de la cuillère. ¶ ~질(을) 하다 utiliser une cuillère.

◆밥_ 명 cuillère *f* à riz cuit.

*밥~을 내려놓다 casser *sa* pipe {*fam*}.

◆차ㅅ_ 명 cuillère *f* à café; petite cuillère *f*. 분류 contenu *m* d'une cuillère, cuillerée *f*, cuillérée *f*. ¶ 밥 한 ~ une cuillère [cuillérée, bouchée] (de riz).

숟갈 명분류 ☞ 숟가락

술[1] 명 alcool *m*; boisson *f* alcoolique [alcoolisée]. ¶ ~ 한 잔 하다 boire [prendre] un verre {*fam*}. ¶ ~을 담그다[빚다] fabriquer [faire, produire] du vin. ¶ ~을 마시다 boire (du vin). ¶ ~을 따르다 servir à boire à *qn*; verser du vin à *qn*. ¶ ~을 잔에 채우다 remplir de vin un verre. ¶ ~을 끊다 s'arrêter de boire. ¶ ~에 취하다 s'enivrer, se griser, se soûler, se saouler. ¶ ~로 세월을 보내다 passer *son* temps à boire. ¶ ~이 깨다 se dégriser, se désenivrer. ¶ ~이 세다[약하다] tenir bien [mal] l'alcool, supporter [ne pas supporter] l'alcool [le vin].

*~에 ~ 탄 듯 물에 물 탄 듯 ((사람)) sans la moindre conviction, avec apathie, plein(*e*) de passivité; ((일)) en faisant du surplace.

◆_값 명 frais *mpl* pour l'alcool, coût *m* pour l'alcool. ¶ 외상 ~값 consommations prises à crédit; ((avoir des)) ardoises. ¶ ~값을 계산하다 régler les frais pour l'alcool; régler les consommations. ¶ ~값은 내가 낼게 Je t'offre un verre / C'est moi qui invite. ¶ 돈이 없어서 ~값을 외상으로 했다 Après avoir bu de l'alcool, faute d'argent, j'ai fait porter le montant sur le cahier des débiteurs.

◆_국 명 soupe *f* [bouillon *m*] qu'on prend en buvant de l'alcool; soupe *f* [bouillon *m*] qui sert d'amuse-gueule. ¶ ~국을 끓이다 faire de la soupe pour la servir avec (de) l'alcool.

◆_기 -氣 명 force *f* de l'alcool; (le) coup *m* de l'ivresse.

◆_내[냄새] 명 haleine *f* vineuse; relents *mpl* d'alcool. ¶ 지독한 ~냄새를 풍기다 avoir l'haleine vineuse; puer l'alcool.

◆_밥 명 riz *m* employé pour la fabrication d'un alcool.

◆_병 -瓶 명 bouteille *f* (de vin).

◆_병 -病 명 maladie *f* causée par l'abus d'alcool. ¶ ~병이 나다 tomber malade à cause de l'abus d'alcool.

술[2] 명 frange *f*; gland *m*. ¶ ~이 많은 커튼 rideau avec beaucoup de franges.

술[3] 분류 ((classificateur)) contenu *m* d'une cuillère, cuillerée *f*, cuillérée *f*. ¶ 밥 한 ~을 뜨다 manger un morceau, faire un petit repas, prendre un repas simple; manger un petit peu, casser la [une] croûte [la graine] {*fam*}. ¶ 한 ~ 더 먹지 그러니 Prends-en un peu plus.

*첫~에 배부르랴? ☞ 첫술

*한~ 더 뜨다 ☞ 한술

-술[4] 術 접미 ((suffixe nominal)) technique *f*; art *m*. ¶ 공격[변신, 최면]~ technique d'attaque [de métamorphose, technique d'hypnotisme]. ¶ 처세~ art de vivre; secret du succès dans la vie; façon de se conduire dans la société. ¶ 화장~ technique['art] du maquillage. ¶ 비행~ technique du vol.

술고래 명 gros(*se*) buveu*r*(*se*); ivrogne, ivrognesse *f*, sac *m* à vin, alcoolique, alcoolo {*fam*}, picoleu*r*(*se*) {*fam*}, pochard(*e*) {*fam*}, poivrot(*e*) {*fam*}, soûlard(*e*) {*fam*}, soûlaud(*e*) {*fam*}. ¶ 그 남자는 ~다 C'est un gros buveur / Il boit comme un trou.

술기운 명 force *f* de l'alcool; (le) coup *m* de l'ivresse [de la boisson]; ((sous)) (l')emprise *f* de l'alcool. ¶ 그 사람은 어지간히 ~이 돌았다 Il a commencé à s'enivrer / Le vin lui est monté à la tête. ¶ 나는 ~을 빌려서 내가 좋아하는 여자에게 고백을 했다 J'ai dit à cette femme que je l'aimais en puisant mon courage dans l'alcool.

술김 명 force *f* de l'alcool; ((sous)) (le) coup *m* de l'ivresse [de la boisson]; ((sous)) (l')emprise *f* de l'alcool. ¶ ~에 나온 말 parole malheureuse laissée échapper sous le coup de la boisson. ¶ 어제 ~에 말실수를 했다 Hier, j'ai laissé échapper une parole malheureuse [j'ai fait une gaffe {*fam*}] sous le coup de la boisson.

술꾼 명 buveu*r*(*se*); ivrogne, ivrognesse *f*, sac *m* à vin, alcoolique, alcoolo {*fam*}, picoleu*r*(*se*) {*fam*}, pochard(*e*) {*fam*}, poivrot(*e*) {*fam*}, soûlard(*e*) {*fam*}, soûlaud(*e*) {*fam*}. ¶ 그 사람은 대단한 ~이다 C'est un gros buveur.

술대접 -待接 명 offre *f* d'un verre; ((payer une)) tournée *f*. ◇_(을) 하다 offrir [payer] un verre. ¶ 친구들에게 ~을 하다 offrir un verre à *ses* amis; payer une tournée à *ses* amis. ◇_(을) 받다 se faire payer un verre.

술도가 -都家 명 distillerie *f*.

술독[1] 명 ① 술 항아리 tonneau *m* (de vin, de bière); pot *m*. ② 술꾼 buveu*r*(*se*).

*~에 빠지다 sombrer dans la boisson, sombrer [tomber] dans l'alcool; devenir un buveur, devenir alcoolique. ¶ ~에 빠져서 지내다 s'adonner à la boisson; sombrer dans la boisson; aimer la bouteille {*fam*}.

술독[2] -毒 명 【한의】 teinte *f* rouge [rougeur *f*] sur le visage causée par l'alcoolisme. ¶ ~이 오르다 avoir le teint rouge à cause de l'alcoolisme.

술래 명 chat *m* ((perché)). ¶ ~를 정하다 choisir *qn* comme chat, choisir le chat. ¶ 이번에는 네가 ~다 C'est toi le chat, cette fois.

◆_잡기 명 ((jouer au)) chat *m* perché; ((안대를 쓰고)) colin-maillard *m*. ¶ ~잡기(를) 하다 jouer au chat perché [à chat perché]; ((안대를 쓰고)) jouer à [au] colin-maillard.

술렁 어근 ((mimétisme)) perturbation *f*; agitation *f*;

ㅅ

trouble *m*.

◆_거리다[대다, 이다] 재 être perturbé(*e*), agité(*e*), troublé(*e*). ¶ 갑자기 교실 안이 ~거렸다 Tout à coup, la classe s'est agitée. ¶ 사회불안으로 민심이 ~인다 Le peuple s'agite à cause du malaise social.

◆_ _ 부 en désordre; dans l'agitation. ¶ 거리가 ~~ 동요하기 시작했다 La rue a commencé à s'agiter. ¶ 무슨 일인지 집 안이 ~~했다 La famille a été agitée pour des raisons inconnues.

술버릇 명 comportement *m* (mauvaises habitudes *fpl*) d'une personne en état d'ivresse [sous l'emprise de l'alcool, sous le coup de la boisson, sous l'effet de l'alcool, sous l'influence de l'alcool]. ¶ ~이 나쁘다 se conduire mal en état d'ivresse [sous l'emprise de l'alcool, après avoir (trop) bu], devenir brutal(*e*) [violent(*e*)] sous l'effet de l'alcool; avoir le vin mauvais, avoir mauvais vin, porter mal *son* vin.

술법 術法 명 sorcellerie *f*, magie *f*. ¶ 기발한 ~ magie extraordinaire.

술부 述部 명 【언어】 groupe *m* verbal; groupe *m* prédicatif; prédicat *m*. ¶ 문장은 주부와 ~로 나뉜다 Une phrase est composée d'un groupe sujet et d'un prédicat.

술상 -床 명 table *f* chargée de boissons alcooliques [alcoolisées] et de mets légers [d'amuse-gueules]; table *f* d'apéritifs. ¶ ~을 보다[차리다] mettre des bouteilles d'alcool et des mets légers sur une table; servir une table d'apéritifs.

술수 術數 명 sorcellerie *f*, magie *f*, artifice *m*, tactique *f*, manœuvre *f*, ruse *f*, combine *f*. ¶ 간교한 ~ 쓰다[부리다] employer une ruse; user de ruses; finasser, manœuvrer. ¶ 누구의 ~에 넘어가다 se laisser duper par la ruse de *qn*; marcher (dans la combine de *qn*); se laisser leurrer; mordre à [gober] l'hameçon.

술술 부 ☞ 솔솔

술시중 명 service *m* pour un buveur. ◇_(을) 하다[들다] servir *qn* qui boit. ¶ 손님들의 ~을 들다 servir des clients qui boivent.

술안주 -按酒 명 mets *mpl* légers qui accompagnent les boissons; amuse-gueule *m inv*. ¶ ~로 과일을 시키다 commander des fruits comme amuse-gueule.

술어[1] 述語 명 【언어】 prédicat *m*. ¶ ~와 논항 prédicat et arguments ¶ ~의 기능을 하다 faire fonction de prédicat; fonctionner comme prédicat; avoir une fonction prédicative; avoir pour fonction celle de prédicat; assumer la fonction de prédicat; assumer une fonction prédicative.

◆_논리 -論理 명 【논리】 logique *f* du prédicat [prédicative].

◆_명사 -名詞 명 【언어】 nom *m* prédicatif, prédicat *m* nominal.

◆_의미론 -意味論 명 【언어】 sémantique *f* du prédicat [prédicative].

술어[2] 術語 명 terme *m* technique; terminologie *f*. ¶ 이 책은 전문적인 ~가 많아서 읽기가 어렵다 Ce livre est difficile à lire parce qu'il y a beaucoup de termes techniques.

술자리 명 réunion *f* où l'on boit; repas *m* bien arrosé, gueuleton *m* {*fam*}, soirée *f* arrosée; bacchanale *f*, fête bachique, beuverie *f*, soûlerie *f* {*fam*}. ¶ ~를 마련하다[벌이다, 열다] faire un pot avec des collègues [avec des amis] {*fam*}. ¶ ~에 참석하다[빠지다] boire [laisser échapper une occasion de boire] un verre avec des amis ou avec des collègues; [refuser de] passer une soirée arrosée avec des amis [avec des collègues].

술잔 -盞 명 coupe *f* (à (de) vin); verre *m* à [d'] alcool. ¶ ~을 들다 lever *son* verre. ¶ ~을 돌리다[주고받다] échanger des verres. ¶ 단번에 ~을 비우다 vider un verre d'un trait; faire [boire] cul sec {*pop*}. ¶ ~에 술을 가득 채우다 remplir d'alcool un verre jusqu'au bord [à ras bord].

*~을 기울이다 boire; prendre un verre. ¶ ~을 기울이며 밤새 이야기를 나누다 discuter en buvant toute la nuit.

*~을 나누다 boire un verre avec *qn*. ¶ 옛 친구와 ~을 나누며 회포를 풀었다 J'ai ouvert mon cœur en buvant avec mon vieil ami / J'ai échangé des propos sur ma vie intime en buvant avec un vieil ami.

술잔치 명 banquet *m*, festin *m*; repas *m* bien arrosé, gueuleton *m* {*fam*}, soirée *f* arrosée; bacchanale *f*, fête bachique, beuverie *f*, soûlerie *f* {*fam*}. ¶ ~를 벌이다 donner un banquet; faire un gueuleton {*fam*}.

술장사 명 commerce *m* [débit *m*] de boissons alcoolisées. ◇_(를) 하다 faire le commerce de boissons alcoolisées; tenir un commerce de boissons alcoolisées.

술좌석 -座席 명 ☞ 술자리

술주전자 -酒煎子 명 bouilloire *f* qui sert à maintenir au chaud des boissons alcoolisées.

술주정 -酒酊 명 mauvaise conduite *f* sous le coup de l'ivresse [sous le coup de la boisson, sous l'emprise de l'alcool, sous l'effet de l'alcool]. ¶ 누구의 ~을 받아 주다 accepter [supporter] que *qn* se conduise mal [brutalement] sous le coup de l'ivresse [sous le coup de la boisson, sous l'emprise de l'alcool, sous l'effet de l'alcool]. ¶ 그 남자는 ~이 심하다 Il se conduit très mal après avoir bu / Il devient violent sous l'effet de l'alcool / Il a le vin violent. ◇_(을) 하다[부리다] se conduire mal après avoir bu.

◆_꾼[뱅이] 명 ivrogne; ivrognesse *f*, sac *m* à vin, alcoolique, alcoolo {*fam*}, picoleur(*se*) {*fam*}, pochard(*e*) {*fam*}, poivrot(*e*) {*fam*}, soûlard(*e*) {*fam*}, soûlaud(*e*) {*fam*}.

술집 명 bar *m*, bistro(t) *m* {*fam*}, troquet *m* {*fam*}, auberge *f*, cabaret *m*; ((호프)) brasserie *f*. ¶ ~에 가다 aller au bar [dans un bar, dans un bistrot {*fam*}, dans un troquet {*fam*}]; aller prendre un verre au bistrot {*fam*} ((du coin)); aller prendre un pot au troquet {*fam*} ((du coin)).

◆_여자 명 hôtesse *f* d'un bar, entraîneuse *f*, taxi-girl *f*; fille *f* [servante *f*] d'auberge; cabaretière *f*.

술책 術策 명 artifice *m*, tactique *f*, manœuvre *f*, ruse *f*. ¶ 누구의 ~을 간파하다 deviner l'artifice de *qn*. ¶ 그런 ~은 우리에게 통하지 않는다 Nous ne sommes pas dupes d'un tel artifice / Nous ne marchons pas dans ce genre de combine / Avec nous, ça ne marche pas (ce genre de combine). **◇_(을) 쓰다[부리다]** employer une ruse, user de ruse [d'artifice], ruser. ¶ 비열한 ~을 쓰다[부리다] employer une ruse infâme. ¶ 그들은 우리를 이간시키려는 ~을 부렸다 Ils ont intrigué pour semer la discorde entre nous.

술친구 -親舊 명 ami(*e*) de libations, ami(*e*) avec qui l'on boit, compagnon[camarade] de beuverie. ¶ 그 사람은 내 ~이다 Il est devenu mon ami en buvant avec moi / C'est un ami avec qui je bois souvent.

술타령 -打令 명 ivrognerie *f*. **◇_(을) 하다** s'adonner à la boisson, aimer la bouteille {*fam*}; sombrer dans la boisson, sombrer [tomber] dans l'alcool; se livrer à la boisson; demander à boire sans arrêt. ¶ 그 사람은 실직한 후 ~만 한다 Il s'adonne à la boisson depuis qu'il a perdu son travail.

술탈 -頉 명 maladie *f* causée par l'abus d'alcool. ¶~이 나다 tomber malade à cause de l'abus d'alcool.

술통 -桶 명 tonneau *m* ((de vin, de bière)); fût *m*. ☞ 술독[1]

술판 명 banquet *m*, festin *m*; un repas *m* bien arrosé, gueuleton *m* {*fam*}, soirée *f* arrosée; bacchanale *f*, fête bachique, beuverie *f*, soûlerie *f* {*fam*}. ¶ ~을 벌이다 faire des libations [de joyeuses libations]; donner un banquet; faire un gueuleton {*fam*}.

술회 述懷 명 confidence *f*. ¶ 누구의 ~를 통해서 당시의 상황을 짐작하다 deviner les circonstances de l'événement par les confidences de *qn*. **◇_(를) 하다** exprimer [manifester, révéler] *ses* sentiments; faire des confidences. ¶ 자신의 과거를 담담하게 ~하다 révéler franchement *son* (propre) passé. ¶ 그 여자는 그분의 부탁을 차마 거절할 수 없었다고 ~하였다 Elle a avoué qu'elle n'avait pu refuser ce qu'il lui demandait.

숨 명 ① 호흡 respiration *f*, haleine *f*, souffle *m*. ¶ ~을 쉬다 respirer ¶ ~을 내쉬다[들이쉬다] expirer, souffler [inspirer, aspirer]. ¶ ~을 몰아쉬다 haleter. ¶ ~을 고르다 reprendre haleine [souffle, des forces], récupérer (*ses* forces), recouvrer *ses* forces, souffler ((un peu, entre deux cours)); prendre un peu de relâche [de repos]. ¶ ~이 차다[가쁘다] être essoufflé(*e*). ¶ 매연 때문에 ~이 막힌다 J'ai de la peine à respirer à cause de la fumée toxique des voitures [à cause du gaz toxique rejeté par les voitures, à cause des gaz d'échappement toxiques des voitures]. ¶ 이 사람은 아직 ~이 붙어 있다 Cette personne respire encore. ¶ 이 사람은 이미 ~이 끊어졌다[끊겼다] Cette personne a déjà expiré [a déjà rendu son dernier soupir]. ② 싱싱한 기운 fraîcheur *f* ((d'un légume)). ¶ ~이 죽다 perdre de *sa* fraîcheur. ¶ 배추에 소금을 뿌리면 ~이 죽는다 Si on sale les choux chinois, ils perdent de leur fraîcheur [ils sont moins fermes].

***~도 쉬지 않고** sans reprendre haleine; sans se reposer; sans un instant de répit, sans trêve. ¶ 그 여자는 ~도 쉬지 않고 떠들어댔다 Elle a bavardé sans cesse.

***~도 (크게, 제대로) 못 쉬다** ne pas respirer à l'aise [librement]. ¶ 그 사람의 눈치가 보여 ~도 제대로 못 쉬겠다 Je ne peux même pas respirer librement à cause de sa mauvaise humeur / Je dois tellement faire attention à son humeur que je n'ose même pas respirer normalement.

***~을 거두다** expirer. ¶ 환자분께서 ~을 거두셨습니다 Le malade a expiré./ Le malade a rendu son dernier souffle. / Le malade est décédé.

***~(을) 돌리다** reprendre haleine; se reposer un peu, souffler un peu; prendre un peu de repos; faire une pause; s'arrêter un moment. ¶ ~ 돌릴 틈도 주지 않고 몰아붙이다 presser [pousser] *qn* sans lui donner un moment de repos. ¶ 잠깐 ~ 좀 돌리고 이야기하죠 Je vous le dirai après une petite pause [après avoir un peu soufflé] / On continuera à parler [notre conversation] après avoir soufflé un peu [un moment]. ¶ 우선 ~이나 돌리고 보자 Faisons une pause d'abord / Reposons-nous un peu d'abord / Soufflons un peu d'abord. ¶ ~ 돌릴[쉴] 틈도 없이 sans un moment de répit, sans aucune trêve. ¶ ~ 돌릴 틈도 없이 일을 시키다 faire travailler *qn* sans lui accorder un moment de repos [un moment de répit].

***~(을) 죽이다** retenir *son* souffle [*sa* respiration]. ¶ 다들 ~을 죽이고 그분의 말을 들었다 Tout le monde l'a écouté(*e*) en retenant son souffle [sa respiration].

***~(이) 넘어가다** expirer; perdre haleine; être pressé(*e*). ¶ 그 사람의 어머니는 ~ 넘어가는 소리로 전화를 해 왔다 Sa mère m'a appelé à perdre haleine. ¶ 천천히 이야기해라, ~ 넘어가겠다 Parle doucement, tu perds haleine / Parle moins vite, tu vas t'étouffer.

***~(이) 막히다** suffoquer, étouffer. ¶ ~ 막히는 접전을 벌이다 se battre dans une lutte très serrée.

***~이 턱에 닿다** être essoufflé(*e*), haletant(*e*); être hors d'haleine, être à bout de souffle. ¶ 얼마나 뛰었는지 ~이 턱에 닿았다 J'ai couru à perdre haleine.

◆_죽다 자 ((불길 따위가)) baisser [diminuer] d'intensité; 활동이 멎다 s'arrêter, cesser, se calmer, se mettre en roue libre; ((더위나 추위 따위가)) ((le plus dur de l'hiver, de la canicule)) être passé(e), être derrière nous; ((채소 따위가)) perdre de sa fraîcheur. ¶ ~죽은 목소리로 흐느끼다 avoir des sanglots dans la voix. ¶ 잠시 ~죽었던 총소리가 월요일 오후에 다시 시작됐다 Les affrontements ont repris lundi en milieu de journée après une brève trêve / Après une brève accalmie, les tirs ont repris lundi en milieu de journée / Après une brève accalmie, les tirs [les affrontements, les combats] ont repris lundi en milieu de journée.

◆_길 명 【의학】 organes *mpl* respiratoires; appareil *m* respiratoire.

◆_소리 명 respiration *f*, souffle *m*. ¶ 거친 ~소리로 말하다 parler en haletant. ¶ 여기는 ~소리도 들리지 않을 정도로 조용하다 Un silence profond [de mort] règne dans cet endroit.

*~소리를 죽이다 retenir *son* souffle [*sa* respiration].

◆_쉬기 명 respiration *f*. ¶ ~쉬기 운동 exercice de respiration.

숨가쁘게 부 ① à (*vous*) couper le souffle, à (*vous*) faire perdre haleine. ¶ ~ 진행되는 장면들 des scènes oppressantes [étouffantes, suffocantes]. ② 쉴새없이 sans un moment de repos, sans avoir eu un instant de répit. ¶ ~ 달려온 지난날을 돌아보다 se rappeler les jours passés sans un moment de repos [sans avoir eu un instant de répit]. ¶ ~ 돌아가는 정국 situation d'asphyxie politique.

숨결 명 ① haleine *f*, respiration *f*, souffle *m*. ¶ 잠자는 아기의 ~을 느끼다 observer la respiration d'un bébé qui dort. ② esprit *m*, souffle *m*. ¶ 이런 문화재를 보면 조상의 ~을 느낄 수 있다 Ces biens culturels nous font sentir [connaître] l'esprit de nos ancêtres.

숨골 명 【의학】 moelle *f* allongée.

숨구멍 명 ☞ 숫구멍

숨기다 타 cacher, dissimuler. ¶ 돈을 깊숙한 곳에 ~ cacher l'argent dans un endroit reculé. ¶ 나무 뒤에 몸을 ~ dissimuler un corps derrière un arbre. ¶ 누구에게 사실을 ~ cacher la vérité à *qn*.

◆숨김없이 부 franchement; sans déguisement. ¶ 진실은 숨김없이 밝혀져야 한다 La vérité doit être entièrement mise [dévoilée] au grand jour.

◆숨김 명 dissimulation *f*. ◇_(이) 없다 ¶ 숨김없는 태도[진술] attitude franche [témoignage sincère]. ¶ 그 친구는 내게 조금도 숨김이 없다 Il ne me cache rien du tout.

숨다 자 ① se cacher. ¶ 은밀한 장소에 ~ se cacher dans un endroit secret. ② 드러나지 않다 être caché(*e*), ignoré(*e*), secr*et*(*ète*). ¶ 숨은 인재를 발굴하다 découvrir un talent ignoré. ¶ 누구의 숨은 의도를 파악하다 saisir l'intention secrète de quelqu'un.

숨바꼭질 명 cache-cache *m inv*. ◇_(을) 하다 jouer à cache-cache. ¶ ~을 하고 놀다 jouer à cache-cache. ¶ ~할 사람 여기 모여라 Que ceux qui veulent jouer à cache-cache viennent par là.

숨어들다 자 pénétrer secrètement, s'introduire en cachette. ¶ 어둠을 빌어 적진에 ~ profiter de l'obscurité pour s'introduire subrepticement dans le camp ennemi.

숨은그림찾기 명 jeu *m* des objets cachés dans un dessin. ¶ ~를 하다 jouer aux objets cachés dans un dessin.

숨지다 자 expirer, mourir; rendre le dernier souffle [soupir].

숨통 명 【의학】 trachée-artère *f*. ¶ 누구의 ~을 조이다 étrangler *qn*, serrer le cou *f*.

*~을 조이다 oppresser *qn*, peser sur *qn*, accabler *qn*, opprimer *qn*. ¶ 그런 조처는 영세상인의 ~을 조이는 것이다 Une telle mesure finit par peser sur les petits commerçants / Prendre une telle mesure revient à couper le souffle aux petits commerçants.

*~을 틔우다 apporter une véritable bouffée d'oxygène à *qn* , permettre à *qn* de respirer. ¶ 그 제품은 소비자들의 엄청난 인기를 모으며 회사에 ~을 틔웠다 Ce produit a remporté un succès extraordinaire auprès des consommateurs et a permis à l'entreprise de respirer [et a apporté une véritable bouffée d'oxygène à l'entreprise].

*~이 트이다 être pour *qn* une (véritable) bouffée d'oxygène, pouvoir enfin [commencer à] respirer.

숫-[1] 접두 ((préfixe adjectival)) pur(*e*); sans mélange; non dilué(*e*); non étendu(*e*). ¶ ~처녀 vierge; pucelle {*fam*}. ¶ ~총각 garçon [homme] vierge; puceau(*x*) {*fam*}.

숫-[2] 접두 ((préfixe adjectival)) mâle. ¶ ~양[염소] bélier [bouc] ☞ 수[12]

숫구멍 명 【의학】 fontanelle *f*.

숫기 -氣 명 absence *f* de timidité; hardiesse *f*. ◇_(가) 없다 être timide, manquer d'assurance. ¶ 그 친구는 ~가 없다 Il est timide.

숫놈 명 mâle *m*.

숫돌 명 pierre *f* à aiguiser. ¶ ~로[에] 칼을 갈다 aiguiser [repasser] un couteau sur une pierre.

숫되다 형 être naï*f*(*ve*), candide; être sans artifice. ¶ 숫된 표정 expression naïve. ¶ 그 사람의 행동거지[차림새]가 ~ Sa conduite [Sa tenue] est sans artifice [simple].

숫자 數字 명 ① 글자 chiffre *m*. ¶ 아라비아 ~ chiffres arabes. ¶ 로마 ~ chiffres romains. ② 수량 nombre *m*. ¶ ~를 세다 compter [évaluer le nombre de] ~. ¶ 참가자의 ~가 얼마니? Combien de participants y a-t-il? ¶ 상당한 ~의 사람들이 오지 못했다 Un grand nombre de personnes n'a pas pu venir. ¶ 온 사람의 ~만큼 접시를 놓아라 Mets autant d'assiettes que de personnes présentes. ¶ 그 친구는 유난히 ~에 밝다[약하다] Il est particulièrement habile en calcul. / Il est très fort en calcul mental [pour calculer de tête].

◆_놀음 명 action d'inonder *qn* avec des chiffres. ¶ ~놀음을 하다 inonder *qn* avec des chiffres. ¶ ~놀음은 그만두고 문제점을 말해 봐라 Arrête de m'inonder avec des chiffres, et dis-moi plutôt de quoi il s'agit.

◆_판 -板 명 tableau(*x*) *m* numérique.

숫제 부 ① 차라리 plutôt. ¶ 나는 고통을 당하기보다는 ~ 죽기를 원한다 Je préfère mourir plutôt que de souffrir. ② 완전히 absolument, complètement. ¶ 그 일에 대해서 나는 ~ 기억도 나지 않는다 Je ne m'en souviens pas du tout / Je n'en ai pas [plus] le moindre souvenir.

숫처녀 명 vierge *f*; pucelle *f* {*fam*}.

숫총각 명 garçon *m* [homme *m*] vierge; puceau(*x*) *m* {*fam*}.

숭고하다 崇高- 형 être noble, distingué(*e*); être sublime, généreu*x*(*se*), magnanime. ¶ 숭고한 희생 정신 esprit noble de sacrifice ¶ 어려운 사람들을 돌보는 그 사람의 마음이 너무 ~ Il est très généreux, lui qui prend soin des personnes dans la gêne.

숭굴숭굴 부 ((mimétisme)) avec un abord avenant [charmant]; avec une humeur accommodante; avec un air aimable.

◆**_하다** 형 ① ((생김새)) avoir un physique avenant, avoir une présentation avenante, avoir l'air aimable. ¶ 그 친구는 얼굴이 ~하게 생겼다 Il a un physique avenant / Il a une présentation avenante. ② ((성질)) être très accommodant(*e*), liant(*e*), sociable, d'humeur accommodante; ne pas être contrariant(*e*); avoir bon caractère, avoir un caractère sociable; être affable, aimable, gentil(*le*), ouvert(*e*), d'un abord charmant.

숭늉 명 *sungnyung m* <eau de cuisson du riz roussi attaché au fond de la casserole>. ¶ ~이 구수하다 Le *sungnyung* a bon goût [est délicieux].

*__우물가에서 ~ 찾는다__ chercher dans les endroits les plus improbables cédant à *son* impatience, céder à *son* impatience.

숭모 崇慕 명 adoration *f*; culte *m*; vénération *f*. ◇_(를) **하다** honorer ((Dieu, un saint)); rendre un culte à ((Dieu, la Sainte Vierge)); adorer ((Dieu, une idole)); vénérer ((un saint, une relique)); respecter [admirer] *qn*.

숭문 崇文 명 adoration *f* [vénération *f*, estime *f*, appréciation *f*] des belles lettres. ¶ ~ 정신 mentalité accordant la primauté aux belles lettres. ◇_(을) **하다** adorer [vénérer, estimer, apprécier] les belles lettres.

숭배 崇拜 명 culte *m*; adoration *f*; vénération *f*. ¶ 우상 ~ idolâtrie. ¶ 조상 ~ culte des ancêtres. ¶ 물질 ~ 사상 matérialisme. ◇_(를) **하다** honorer ((Dieu, un saint)); rendre un culte à ((Dieu, la Sainte Vierge)); adorer ((Dieu, une idole)); vénérer ((un saint, une relique)); respecter [admirer] *qn*. ¶ 이집트에서는 태양을 ~했었다 Les Égyptiens rendaient un culte au soleil. ◇_(를) **받다** être honoré(*e*), adoré(*e*), vénéré(*e*), respecté(*e*), admiré(*e*). ¶ 우리 나라에서 가장 ~받는 문학가 homme [femme] de lettre le [la] plus apprécié(*e*) en Corée.

◆**_자** -者 명 adora*teur*(*trice*).

◆**물신** 物神 명 fétichisme *m*.

숭불 崇佛 명 vénération *f* du Bouddha. ¶ ~ 정책 politique qui encourage le bouddhisme. ◇_(을) **하다** pratiquer [embrasser] le bouddhisme; vénérer Bouddha.

숭상 崇尙 명 adoration *f*, vénération *f*, estime *f*, appréciation *f*. ◇_(을) **하다** adorer *qc*; vénérer *qn*; estimer; apprécier *qc*/*qn*. ¶ 우리 민족은 예로부터 흰색을 ~해 왔다 Le peuple coréen adore la couleur blanche depuis toujours.

숭숭 부 ((mimétisme)) ① 물건을 써는 모양 en tranches épaisses, en gros morceau(*x*). ¶ 무를 ~ 썰다 couper un navet en tranches épaisses. ② 구멍이 난 모양 percé(*e*) de gros trous. ¶ 구멍이 ~ 뚫린 양말 une chaussette trouée. ③ 털 따위가 나는 모양 couvert(*e*) de ((poils)). ¶ 여드름이 ~ 난 얼굴 un visage couvert de boutons.

숭앙 崇仰 명 appréciation *f*, estime *f*. ¶ ~의 대상 objet de l'estime. ◇_(을) **하다** avoir [tenir] une personne en grande estime.

숭어 명 【동물】 mulet *m*.

*__~가 뛰니까 망둥이도 뛴다__ suivre bêtement [aveuglement] les autres [faire bêtement comme les autres, s'empresser de faire une chose simplement pour faire comme les autres] sans tenir compte de *sa* propre condition; avoir un comportement moutonnier, imiter les autres sans discernement, être un véritable mouton de Panurge.

숭엄하다 崇嚴- 형 être solennel(*le*), austère, majestueu*x*(*se*).

숭조 崇祖 명 culte *m* des ancêtres. ¶ ~ 정신 mentalité rattachée au culte des ancêtres. ◇_(를) **하다** rendre un culte aux ancêtres; honorer *ses* ancêtres.

숯 명 charbon *m* (de bois). ¶ ~을 굽다 faire du charbon.

*__~이 검정 나무란다__ C'est l'hôpital qui se moque de la charité / C'est voir une [la] paille dans l'œil du prochain [de *son* prochain, de *son* voisin, de *son* frère] et ne pas voir la poutre (qui est) dans le *sien* / Il ne s'est pas regardé (dans un miroir, devant la glace) {*fam*} / Il devrait se regarder dans la glace [dans un miroir] avant de parler {*fam*}.

◆**_가루** 명 poussière *f* de charbon. ¶ ~가루가 날린다 Des poussières de charbon se soulèvent.

◆**_가마** 명 four *m* servant à faire le charbon de bois.

◆**_검정** 명 suie *f*; noir *m* de fumée. ¶ 그 아이는 얼굴에 ~검정이 묻어 있다 Cet enfant a le visage couvert [barbouillé] de suie.

◆**_내** 명 odeur *f* de gaz (lors de la combustion du charbon de bois).

◆**_덩이** 명 morceau(*x*) *m* de charbon. ¶ 어머니는 자식 걱정에 속이 ~덩이처럼 까맣게 타 버렸다 La mère était morte d'inquiétude au sujet de ses enfants.

◆**_불** 명 charbons *mpl* ardents; braise *f*. ¶ ~불 돼지 갈비 travers de porc cuits sur la braise. ¶ ~불을 피우다 souffler sur la braise. ¶ 고기를 ~불에 굽다 cuire [griller] de la viande sur la braise.

◆_장수 명 charbonnier(ère); marchand(e) de charbon.

숱 명 épaisseur *f* ((de la chevelure)); densité *f*, abondance *f*; quantité *f*. ¶ ~이 많은 머리 cheveux abondants; chevelure abondante.

◆머리_ 명 épaisseur *f* (de la chevelure) ☞ 머리

숱하다 형 être nombreux(se); être abondant(e); être fréquent(e). ¶ 숱한 어려움을 겪다 éprouver [endurer] beaucoup de difficultés. ¶ 숱한 사람들이 그런 말을 내게 했다 Beaucoup de gens me l'ont dit / De nombreuses personnes me l'ont dit. ¶ 나는 그런 일들을 숱하게 겪었다 Cela m'est arrivé(e) plus d'une fois.

숲 명 forêt *f*, bois *m*. ¶ 대나무 ~ forêt de bambous. ¶ 울창한[푸른] ~ forêt épaisse [verdoyante]. ¶ ~ 속의 작은 호수 petit lac dans la forêt. ¶ ~ 속을 산책하다 se promener dans la forêt. ¶ ~이 우거져서 들어갈 수 없다 La forêt est tellement épaisse qu'elle est difficile d'accès.

쉐터 영{sweater} 명 ((‘스웨터’의 잘못)) ☞ 스웨터

쉬[1] 명 œuf *m* de mouche. ¶ ~를 슬다 ((une mouche)) pondre des œufs. ¶ 파리가 생선에 ~를 슬었다 Une mouche a pondu des œufs sur le poisson.

쉬[2] 명 【아어】 pipi *m* {*fam*}. ¶ ~를 하다 [누다, 싸다] faire pipi {*fam*}[pisser {*fam*}]. ¶ ~가 마렵다 avoir envie de faire pipi {*fam*} [de pisser {*fam*}].

쉬[3] 부 ☞ 쉬이

쉬[4] 감 chut! silence! ¶ ~! 조용히 하세요 Chut! Silence! Taisez-vous!

쉬다[1] 자 devenir aigre; aigrir, se gâter; ((lait)) tourner. ¶ 쉰 밥 du riz devenu aigre.

쉬다[2] 자 ((목소리가)) s'enrouer; devenir rauque. ¶ 목이 쉬도록 고함을 지르다 crier jusqu'à devenir enroué. ¶ 쉰 목소리 une voix rauque.

쉬다[3] 자타 ① 피로를 풀다 se reposer, se détendre; faire une pause. ¶ 5분간 쉬었다가 다시 시작하자 Faisons une pause (de) cinq minutes avant de reprendre. ② 잠시 머물다 séjourner, rester ((quelques jours)). ¶ 아들네 집에 며칠 쉬러 가다 rester quelques jours chez *son* fils. ③ 멈추어 서다 s'arrêter. ¶ 기계가 쉬지 않고 돌아간다 La machine tourne[fonctionne] sans s'arrêter. ④ 활동을 잠시 멈추다 interrompre, suspendre. ¶ 훈련을 ~ interrompre un entraînement. ¶ 오늘은 회사가 쉬는 날이다 C'est un jour de congé pour l'entreprise aujourd'hui. ¶ 하루 회사를 쉬고 집에서 시간을 보내다 prendre une journée de congé et rester chez *soi*.

◆쉴 새 명 moment *m* de repos, (instant *m* de) répit *m*, trêve *f*, (moment *m* de) relâche *f*. ¶ 쉴 새가 없다 ne pas avoir un moment de répit, ne pas avoir une minute à *soi*, ne pas avoir une minute tranquille, ne pas avoir le temps de respirer, n'avoir aucun moment de distraction [de détente, de repos], être toujours sous pression, ne pas pouvoir se distraire [se libérer, se dégager] un seul instant. ¶ 쉴 새 없이 sans relâche, sans répit, sans trêve, sans repos ni cesse, sans repos ni trêve, sans arrêt, sans cesse, continuellement, en permanence, jour et nuit, nuit et jour. ¶ 쉴 새 없이 전화가 걸려왔다 Le téléphone a sans cesse sonné.

쉬다[4] 타 ① ((숨을)) respirer. ¶ 숨을 ~ respirer. ② ((한숨을)) souffler. ¶ 한숨을 ~ soupirer, pousser un soupir.

쉬이 부 ① 쉽게 aisément, facilement. ¶ 그날의 일은 ~ 잊혀지지 않을 것 같다 Je ne pense pas que j'oublierai facilement les événements de ce jour-là. ¶ 날씨가 더워서 음식이 ~ 상한다 Comme il fait chaud, la nourriture pourrit facilement. ② 이내 aussitôt, bientôt. ¶ 외출에서 ~ 돌아오다 rentrer aussitôt après être sorti(e).

쉬쉬하다 재타 étouffer ((une affaire)); tenir *qc* secret(ète); taire *qc*. ¶ 쉬쉬하며 이야기하다 raconter *qc* confidentiellement; confier *qc* à *qn* sous le sceau du secret.

쉬엄쉬엄 부 ((mimétisme)) en prenant [en faisant] des pauses fréquentes, par intermittence, de manière intermittente. ¶ ~ 공부하다 étudier en prenant [en faisant] des pauses fréquentes.

쉬파리 명 【동물】 mouche *f* bleue, mouche *f* de la viande. ¶ 동물 시체에 ~들이 꼬였다 Des mouches bleues se sont agglutinées sur le cadavre de l'animal. ¶ ~가 쉬를 슬었다 Une mouche bleue a pondu des œufs.

쉰 수관 cinquante *m*. ☞ 서른

쉰내 명 odeur *f* aigre. ¶ ~가 나다 sentir l'aigre. ¶ 밥에서 ~가 난다 Ce riz sent l'aigre.

쉰밥 명 riz *m* devenu aigre [qui sent l'aigre]; riz *m* qui a piqué.

쉼표 -標 명 ① 【언어】 virgule *f*. ¶ 단어 다음에 ~를 찍다 mettre une virgule après un mot. ② 【음악】 soupir *m*, pause *f*. ¶ 사분 ~ soupir. ¶ 악보에 ~를 그리다[넣다] mettre une pause dans la partition.

쉽다 형 ① être facile, aisé(e), simple. ¶ 쉬운 말로 풀어서 설명하다 expliquer avec des mots faciles [simples]. ¶ 이 문제는 나한테는 ~ Ce problème est facile pour moi. ¶ 그 사람의 글은 이해하기가 ~ Son texte est facile à comprendre. ¶ 말하기는 쉽지만 행하기는 어렵다 C'est [Cela est] plus facile à dire qu'à faire / Facile à dire! / Cela est vite dit / Cela est bientôt dit! ¶ 어렵게 말하지 말고 쉽게 얘기해 봐라 Essaie de dire les choses plus simplement! ¶ 나는 그 사람을 쉽게 알아볼 수 있었다 Je l'ai reconnu facilement [tout de suite]. ② 가능성이 크다 être enclin(e) à+*inf*, avoir tendance à+*inf*; être sujet(te) à+*inf*, être prédisposé(e) à ((une maladie)), avoir une disposition à+*inf*; être probable. ¶ 그런 상황에서는 누구든 그렇게 행동하기 ~ En de telles circonstances, tout le monde [on] a tendance à agir de cette façon. ¶ 그 사람은 안 돌아오기 ~ Il est probable qu'il ne revienne pas.

쉽사리 부 aisément, facilement, sans (la moindre)

difficulté, sans peine. ¶ 문제가 ~ 해결될 것 같지 않다 Il ne semble pas qu'on puisse résoudre ce problème aisément.

쉿 감 chut! silence!

슈터 영{shooter} 명 【운동】 ((basket)) *shooter m*; ((football)) buteur *m*.

슈팅 영{shooting} 명 【운동】 shoot *m*, tir *m*, tir *m* au but. ¶ ~ 기회 occasion de but [de marquer, de tirer au but]. ◇_(을) **하다** shooter, tirer au but, tirer en direction des buts.

슈퍼 영{super} 명 ☞ 슈퍼마켓

슈퍼마켓 영{supermarket} 명 supermarché *m*, supérette *f*.

슈퍼맨 영{superman} 명 *superman m*.

슛 영{shoot} 명 【운동】 shoot *m*, tir *m*; coup *m*, lancer *m*. ¶ ~ 4 개 quatre tirs [lancers]. ◇_(을) **하다** exécuter un shoot [un tir, un lancer]; shooter, tirer.

스낵 영{snack} 명 casse-croûte *m*, collation *f*, en-cas *m*, casse-dalle *m* {*fam*}, casse-graine *m* {*fam*}.
◆_**바** 명 snack(-bar) *m*.

스냅 영{snap} 명 ① 똑딱단추 bouton-pression(~*s*-~) *m* ② ((사진)) photo *f* (d'amateur), instantané *m*. ¶ ~ 사진 une photo (d'amateur); un instantané. ¶ 여행 중에 친구들의 모습을 ~으로 찍었다 J'ai pris une photo de mes amis pendant le voyage. ③ 【운동】 force *f* (du poignet). ¶ 손목의 ~을 사용하다 utiliser la force du poignet. ¶ 공을 칠 때 ~으로 쳐야 한다 Il faut utiliser la force du poignet [frapper avec la force du poignet] quand on tape dans [frappe] la balle.

스노타이어 영{snow tire} 명 pneu *m* neige; pneu *m* clouté [(à) clous]. ¶ 타이어를 ~로 바꾸다[갈아 끼우다] remplacer les pneus habituels [ordinaires] par des pneus neige. ¶ ~를 장착한 차량 un véhicule équipé de pneus neige.

스님 명 【불교】 moine *m* (bouddhiste). ¶ 그 남자는 출가하여 ~이 되었다 Il a quitté sa maison pour devenir moine bouddhiste / Il est devenu moine bouddhiste.

스라소니 명 【동물】 lynx *m*.

스러지다 형 ① 차츰 사라지다 disparaître petit à petit [progressivement], s'en aller, se perdre, s'effacer, s'éclipser, s'évanouir, s'évaporer, s'envoler, se volatiliser, se fondre; se dissiper; partir [s'en aller] en fumée. ¶ 이슬이 아침 햇살에 스러지고 있다 La rosée disparaît sous la lumière du matin. ② 불기운이 꺼져가다 disparaître, s'éteindre, s'affaiblir, mourir (à petit feu), passer, se dissiper, s'effacer, s'évanouir, s'épuiser, tarir. ¶ 불씨가 스러진다 Le feu s'éteint.

-스럽다 접미 ((suffixe qui s'ajoute à un nom pour former un adjectif)). ¶ 사랑[자랑, 수다, 짜증]~ être aimable [fier(fière), bavard(*e*), irritant(*e*)].

스르르 부 doucement; de *soi*-même. ¶ 눈을 ~ 감다 fermer doucement les yeux. ¶ 고통이 ~ 가셨다 La douleur a disparu d'elle-même.

-스름하다 접미 ((suffixe qui s'ajoute au radical d'un adjectif adjectifformer un autre adjectif adjectifdont le sens est plus doux.)) ((rouge))-âtre. ¶ 불그~ être rougeâtre. ¶ 둥그~ être rondelet(*te*), ovale.

스리쿠션 영{three cushions} 명 【운동】 trois bandes *fpl*.

스리쿼터 영{three-quarters} 명 【운동】 trois quarts *mpl*.

스릴 영{thrill} 명 suspense *m*. ¶ ~이 넘치는 모험 aventure pleine de suspense. ¶ ~ 만점의 액션 영화 film à suspense. ¶ ~을 즐기다 aimer [apprécier] le suspense.

스릴러 영{thriller} 명 thriller *m*.
◆_**물** -物 명 【연영】 thriller *m*, film *m* à suspense.

스마일 영{smile} 명 ① sourire *m*. ② smiley *m*, émoticone *m*, émoticône *f*; ((퀘벡어)) frimousse *f*, binette *f*. ¶ ~ 배지 un badge avec un smiley [avec un émoticone].

스마트하다 형 être raffiné, chic.

스멀 어근 ((mimétisme)) démangeaison *f*, picotement *m*.
◆_**거리다**[**대다**] 자 ressentir une démangeaison, avoir [éprouver] des démangeaisons [picotements]; gratter {*fam*}, gratouiller {*fam*}, picoter ((les yeux)); avoir ((les yeux)) qui piquent. ¶ 등이 ~거린다 Mon dos me démange / J'ai des démangeaisons dans le dos.
◆__ 부 en démangeant, en faisant ressentir une démangeaison [éprouver des démangeaisons]. ¶ 등에 벌레가 ~~ 기어가는 것 같다 J'ai l'impression qu'un insecte se promène sur mon dos [me gratouille {*fam*} dans le dos].

스며들다 자 pénétrer, s'infiltrer. ¶ 뼛속까지 스며드는 추위 un froid à vous glacer les os. ¶ 신발 속으로 물이 스며들었다 L'eau s'est infiltrée dans mes chaussures. ¶ 땀이 셔츠에 스며들었다 La chemise est mouillée de sueur.

스모그 영{smog} 명 *smog m*, épais brouillard *m* de pollution (urbain), brouillard *m* de fumée, épais nuage *m* de pollution. ¶ ~ 현상 smog, épais brouillard de pollution (urbain), épais nuage de pollution. ¶ ~ 경보 alerte au smog. ¶ ~가 짙게 끼었다 Il s'est formé un épais brouillard de pollution / Un épais brouillard de pollution recouvre l'horizon [a envahi l'atmosphère] / ((Toute la ville)) est plongée dans un épais brouillard de pollution / Un épais nuage de pollution enveloppe [recouvre, est au-dessus de] ((la ville)). ¶ ~가 걷히고 있다 L'épais brouillard de pollution se dissipe / Le smog se dissipe.

스무 관 ((forme contractée de 스물. C'est elle qui est utilisée avec les classificateurs. vingt.)) ¶ ~ 명의 학생들 vingt étudiants [élèves]. ¶ 나는 ~ 살이다 J'ai ((만으로)) dix-neuf ans [dix-huit ans, ((한국

나이로)) vingt ans]. ¶ ~ 번째 사람 la vingtième personne.

◆_고개 명 jeu *m* des vingt questions (pour trouver un objet ou une personne auxquelles on ne peut répondre que par oui ou non).

◆_남은 명 une vingtaine *f* (de). ¶ ~남은이 될까 말까 한 젊은이 un jeune d'une vingtaine d'années. 관 une vingtaine (de). ¶ 거기에는 ~남은 사람 정도 있다 Il y a là une vingtaine de personnes.

스물 수 vingt *m*.☞ 서른

스미다 자 ① pénétrer, s'infiltrer. ¶ 방 안으로 스며 들어온 가스 du gaz qui s'infiltre dans la chambre. ② 깊이 느껴지다 être ancré(*e*), s'ancrer. ¶ 가슴에 스미는 고독감 un sentiment de solitude profondément ancré. ③ 담기다 s'imprégner. ¶ 한글에는 한민족의 얼이 스며 있다 Le *hangeul*, alphabet coréen, est imprégné de l'esprit du peuple coréen.

스산하다 형 être mauvais(*e*) et triste; être instable et en désordre. ¶ 스산한 날씨 temps mauvais et triste [mélancolique]. ¶ 행인도 없고 찬바람만 부는 스산한 거리 rue vide et triste où il n'y a pas de passants et où il n'y a que du vent. ¶ 마음까지 스산해지는 것 같다 Il semble que même moralement je sois atteint. ¶ 가을바람이 스산하게 분다 Le vent d'automne souffle tristement [de façon plaintive] / Le vent d'automne gémit ((dans les arbres {*litt*})).

스스럼 명 réserve *f*, gêne *f*. ◇_(이) **없다** être sans réserve, sans gêne, sans scrupule; être franc(*che*). ¶ 그 사람은 ~없는 태도로 내게 인사했다 Il m'a salué franchement [sans la moindre gêne, sans aucune réserve].

◆_없이 부 franchement, à cœur ouvert, sans (aucune) réserve, sans se gêner, sans (la moindre) gêne, sans scrupule, librement; en toute simplicité, sans cérémonies. ¶ 그 사람은 ~없이 낯선 사람에게 말을 걸었다 Il s'est adressé à un inconnu sans aucune réserve.

스스럽다 형 être réservé(*e*), gêné(*e*); se sentir gêné(*e*) [embarrassé(*e*), mal à l'aise]; ne pas être à l'aise devant *qn*. ¶ 스스러워 하지들 말고 서로 잘 지내라 Ne soyez pas mal à l'aise [timides, inhibés, coincés] et liez connaissance [amitié].

스스로 명 *soi*-même. ¶ ~를 속이다 s'abuser *soi*-même. 부 ① 제 힘으로 tout(*e*) seul(*e*), *soi*-même. ¶ ~ 할 수 있는 일 quelque chose que l'*on* peut faire *soi*-même. ② 자발적으로 de *son* propre chef, de *soi*-même, tout(*e*) seul(*e*). ¶ 자리에서 ~ 물러나다 se retirer de *soi*-même.

스승 명 maître *m*, professeur *m*. ¶ ~의 날 le jour [la fête] des enseignants. ¶ ~에게 배우다 apprendre d'un professeur. ¶ 나는 그분을 ~으로 모셔 왔다 Je l'ai fait venir ici en tant que professeur.

◆_님 명 maître *m* ((terme honorifique)).

스웨터 영{sweater} 명 pull(-over) *m*, tricot *m*. ¶ 따뜻한[두터운] ~ pull chaud [épais]. ¶ 털실로 ~를 짜다 tricoter un pull en laine.

스위치 영{switch} 명 interrupteur *m*, bouton *m* (électrique), commutateur *m*. ¶ ~를 켜다[올리다] allumer; relever l'interrupteur. ¶ ~를 끄다[내리다] éteindre; abaisser [fermer] l'interrupteur. ¶ ~가 고장 났다 L'interrupteur ne fonctionne plus.

스위퍼 영{sweeper} 명 【운동】 libéro *m*.

스윙 영{swing} 명 ① 【운동】 ((야구)) ((frapper une balle avec un)) swing *m*. ¶ ~아웃 swing sortant. ¶ 정확한 ~ swing précis. ¶ 헛~ mauvais swing. ¶ 저 타자는 항상 ~이 크다 Ce batteur frappe toujours la balle avec un grand swing. ② 【운동】 ((권투)) ((décocher, lancer)) coup *m* de poing. ③ 【음악】 swing *m*, rythme *m*. ¶ 흥겨운 ~에 맞춰 춤을 추다 danser sur une musique [un rythme] entraînant(*e*) [sur une musique rythmée, sur un air rythmé]; danser sur un swing entraînant.

스치다 자타 ① effleurer, frôler, raser; caresser; passer tout près. ¶ 찬바람이 얼굴에[을] 스친다 Un vent froid a caressé ma figure. ¶ 옆 차가 우리 차를 스치고 갔다 La voiture d'à côté est passée en effleurant la nôtre. ② 떠올랐다가 사라지다 passer, venir brusquement. ¶ 그의 입가에 미소가 스쳤다 Un sourire a passé sur ses lèvres. ¶ 불길한 생각이 그의 뇌리를 스쳤다 De funestes pensées lui ont traversé [effleuré] l'esprit. ③ 훑고 지나가다 effleurer du regard. ¶ 그의 시선이 내 얼굴을 스쳤다 Son regard a effleuré mon visage.

스카우트 영{scout} 명 ① scout *m*, boy-scout *m* {*vx*}; éclaireur(*se*), ((18~21세)) compagnon *m*, ((12세미만)) louveteau *m*, (14세~18세) pionnier *m*; ((여자)) guide *m*, ((천주교 여자 스카우트)) jeannette *f*. ¶ ~ 대원 scout, éclaireur(*se*), pionnier, compagnon; guide. ② 발탁 recrutement *m*. ¶ ~ 제의를 받다 recevoir une proposition de recrutement [d'embauche] d'un(*e*) autre ((agence, société, entreprise, club, etc.)). ◇_(를) **하다** recruter ((un joueur dans *son* club)); faire venir une vedette; proposer à ((un passant de devenir mannequin)); découvrir [dénicher] de futurs grands joueurs [de nouveaux talents]. ◇_(가) **되다** être recruté(*e*) ((par une agence, par un nouveau club sportif)). ◇_(를) **당하다** être recruté(*e*) ((par une agence, par un nouveau club sportif)).

스카웃 영{scout} 명 ((‘스카우트’의 잘못)) ☞ 스카우트

스카이다이빙 영{skydiving} 명 【운동】 parachutisme *m* (en chute libre).

스카이라운지 영{sky lounge} 명 bar *m* avec vue panoramique (au dernier étage d'un bâtiment).

스카이라인 영{skyline} 명 ligne *f* d'horizon; ligne *f* des toits; profil *m*, silhouette *f* ((d'un bâtiment)).

스카이웨이 영{skyway} 명 route *f* [voie *f*] aérienne; route *f* surélevée.

스카치위스키 영{Scotch whisky} 명 scotch(-whisky) *m*.

스카치테이프 영{Scotch tape} 명 scotch *m*. ¶ 무엇을 ~로 붙이다 coller *qc* avec du scotch.

스카프 영{scarf} 명 foulard *m*. ¶ 목에 ~를 두르다 mettre [enrouler] un foulard autour du cou.

스캐너 영{scanner} 명 scanner *m*, scanneur *m*. ¶ ~로 그림을 스캔하다 scanner [numériser] une image. ¶ ~로 정보를 긁어오다 scanner toutes les informations.

스캔 영{scan} 명 *scan m*. ◇_(을) **하다** scanner, numériser. ¶ 사진을 ~하다 scanner [numériser] une photo. ◇_(이) **되다** être scanné(*e*), numérisé(*e*).

스캔들 영{scandal} 명 scandale *m* (sentimental), rumeurs *fpl* concernant la vie sentimentale ((d'une star)). ¶ ~에 휘말리다 être impliqué(*e*) [compromis(*e*)] dans un scandale; tremper dans un scandale. ¶ 그 가수에게는 항상 ~이 따라다닌다 Le scandale suit toujours ce chanteur [cette chanteuse] / Il y a toujours des rumeurs sur la vie sentimentale de ce chanteur [cette chanteuse]. ◇_**을 내다** [**일으키다**] faire scandale, causer [entraîner, être à l'origine d'] un scandale. ◇_(**이**) **나다** un scandale éclate.

스커트 영{skirt} 명 jupe *f*. ¶ 미니 ~ mini-jupe. ¶ 롱~ jupe longue. ¶ 타이트[플레어] ~ jupe moulante [évasée].

스컹크 영{skunk} 명 【동물】 mouffette *f*, sconse *m* [skunks *m*].

스케르초 이 명 【음악】 *scherzo m*. ¶ 이 부분은 ~로 연주해야 한다 Il faut jouer ce morceau en scherzo.

스케이트 영{skate} 명 【운동】 patin *m*. ¶ 피겨[스피드] ~ patin artistique [de vitesse]. ¶ 롤러 ~ du patin à roulettes, du roller. ¶ ~를 타다 faire du patin, patiner; faire du roller.

◆**_보드** 명 【운동】 *skate-board*(~-~*s*) *m*, skate *m* {*fam*}, planche *f* à roulettes.

◆**_장** -場 명 piste *f* de patinage; patinoire *f* ((naturelle, artificielle, couverte)).

◆**_화** -靴 명 ((une paire de)) patins *mpl*.

스케이팅 영{skating} 명 【운동】 patinage *m*. ◇_(을) **하다** faire du patin (à glace), patiner.

◆**스피드_** {speed-} 명 【운동】 patinage *m* de vitesse.

◆**피겨_** {figure-} 명 【운동】 patinage *m* artistique.

스케일 영{scale} 명 ① 규모 échelle *f*, envergure *f*, échelon *m*; ((저울 자 등)) graduation *f*, échelle; ((저울 접시)) plateau *m* (de balance); écaille *f*. ¶ ~이 방대한 사업 affaire de grande envergure; affaire à grande échelle. ¶ 이 소설은 ~이 크다 Ce roman a une grande dimension. ② 도량 envergure *f*. ¶ 그 사람은 ~이 참 크다 C'est une personne de grande envergure.

스케일링 영{scaling} 명 détartrage *m* (des dents par ultrasons). ◇_(을) **하다** (se faire) détartrer les dents; enlever le tartre [une plaque dentaire]. ¶ 치과에서 이빨을 ~을 하다[받다] se faire détartrer les dents (par ultrasons) chez le dentiste.

스케줄 영{schedule} 명 programme *m*, plan *m*, horaire *m*, calendrier *m*. ¶ ~을 잡다 retenir un horaire. ¶ ~에 없는 일 affaire qui n'est pas prévue au calendrier. ¶ ~이 빡빡하다[꽉차다] avoir des journées chargées [bien remplies]. ¶ ~이 비는[없는] 날 journée libre.

스케치 영{sketch} 명 dessin *m*, croquis *m*, esquisse *f*. ¶ 간단한 ~ simple croquis, simple esquisse. ¶ ~ 여행 voyage pour le dessin. ◇_(를) **하다** faire un dessin, dessiner; faire un croquis de, croquer ((une silhouette)), crayonner, ébaucher, faire une esquisse, esquisser. ¶ 풍경을 ~하다 dessiner un paysage. ¶ 서민층의 생활을 ~하다 dessiner la vie du peuple.

◆**_북** 명 carnet *m* à croquis [dessins].

스코어 영{score} 명 score *m*, marque *f*, but *m*, point *m*. ¶ ~를 내다[얻다, 기록하다] marquer un point [des points, un but, 농구 un panier] [porter en compte, inscrire des points; compter les points, marquer les points]. ¶ 현재 ~가 어떻게 되지? Quel est le score actuel? ¶ 현재 ~는 1 대 1이다 Le score actuel est d'un à un. ¶ 우리 팀이 큰 ~ 차로 이겼다 Nous avons gagné avec une grande différence de buts [avec un goal-average important] / Nous avons écrasé l'équipe adverse sur un score sans appel / Nous avons battu à plate(*s*) couture(*s*) notre adversaire / Nous avons foutu la [fait prendre une] piquette [branlée, déculottée] {*fam*} à notre adversaire / Nous avons flanqué une raclée à l'adversaire {*fam*}.

◆**_보드** {-board} 명 tableau *m* d'affichage (des scores, des buts, des points).

스쿠버다이빙 영{scuba diving} 명 【운동】 plongée *f* sous-marine (autonome).

스쿠터 영{scooter} 명 *scooter m*. ¶ ~를 타다 faire du scooter. ¶ ~로 이동하다 se déplacer en scooter.

스쿨버스 영{school bus} 명 car *m* de ramassage scolaire, autobus *m* scolaire; service *m* de ramassage scolaire. ¶ ~로 통학하다 utiliser le service de ramassage scolaire pour se rendre à l'école.

스쿼시 영{squash} 명 ① ((레몬)) citronnade *f* [((오렌지)) orangeade *f*] (concentrée). ¶ 레몬 ~ citronnade (concentrée). ② 【운동】 squash *m*. ¶ ~를 치다 faire du squash; jouer au squash.

◆**_장** -場 명 court *m* de squash.

스크랩 영{scrap} 명 ((발췌문)) quelques lignes *fpl*, ((신문 등)) coupures *fpl* de journaux. ◇_(을) **하다** réunir quelques lignes [quelques coupures de journaux]. ¶ 영화에 대한 기사들을 ~하다 réunir quelques articles de journaux sur le cinéma.

◆**_북** 명 album *m* (de coupures de journaux, etc.).

스크럼 영{scrum} 명 ① ((군중들 간에)) bousculade *f*. ¶ ~을 짜다[풀다] former [casser, défaire] une mêlée. ② 【운동】 ((럭비)) mêlée *f*.

스크루 영{screw} 명 【기계】 tournevis *m*.

스크루드라이버 영{screwdriver} 명 ① 기구 tournevis *m*. ② 술 vodka-orange *f*.

ㅅ

스크린 영{screen} 명 ① 화면 écran *m*. ¶ 대형 ~ grand écran. ¶ ~에 비친 세상 monde qui est reflété à l'écran. ¶ ~에 영상을 비추다 projeter des images à l'écran. ② 영화 ((porter un récit à l', mettre une œuvre à l')) écran *m*. ¶ 소설을 ~에[으로] 옮기다 faire un film d'un roman; porter un roman [récit] à l'écran; mettre un roman à l'écran, adapter un roman pour la télévision [au cinéma]; faire une adaptation cinématographique d'un roman.

스키 영{ski} 명 ① 기구 ski *m*. ¶ 알파인 ~ ski alpin. ¶ 노르딕 ~ ski de fond. ② 【운동】 ski *m*.¶ ~ 선수 skieur. ¶ ~를 타다 faire du ski, skier.

◆_복 -服 명 combinaison *f* de ski.

◆_스틱 명 bâton *m* de ski.

◆_장 -場 명 station *f* de ski.

◆_화 -靴 명 chaussures *fpl* de ski.

◆수상_ 水上- 명 ski *m* nautique.

스킨 영{skin} 명 lotion *f* faciale [pour le visage]; lotion *f* pour la peau. ¶ ~을 바르다 appliquer [mettre] une lotion sur le visage.

◆_로션 명 lotion *f* pour la peau; lotion *f* (après-rasage, after-shave). ¶ 면도를 하고 ~로션을 바르다 mettre [appliquer] une lotion after-shave [une lotion après-rasage, de l'after-shave] sur le visage après s'être rasé.

스킨다이빙 영{skin diving} 명 【운동】 plongée *f* sous-marine.

스킨십 영{skin ship} 명 contact *m* physique. ¶ ~을 나누다 se toucher; avoir un contact physique avec *qn*. ¶ 어머니와 아이의 ~이 중요하다 Le contact physique est important entre la mère et l'enfant.

스킨케어 영{skincare} 명 soin *m* de la peau.

스타 영{star} 명 ① ((연예인)) vedette *f*, star *f*, étoile *f*. ¶ ~ 탄생 naissance d'une vedette [star]. ¶ 영화계의 인기 ~ célèbre vedette de cinéma; vedette du cinéma, étoile du cinéma, star (de cinéma). ¶ 국제적인 ~ vedette [star] internationale. ② ((군인)) étoile *f*. ¶ 원[투] ~ général à une [deux] étoile(*s*). ¶ ~를 달다 devenir général.

◆_덤 {-dom} 명 vedettariat *m*, célébrité *f*. ¶ 신인 가수가 하루아침에 ~덤에 올랐다 Le nouveau chanteur (La nouvelle chanteuse) est devenu(*e*) célèbre [est devenu(*e*) une star [une vedette], a atteint la célébrité] en un jour.

◆톱_ {top-} 명 vedette *f* au sommet, superstar *f*.

스타디움 영{stadium} 명 stade *m*. ¶ 잠실 메인 ~ stade principal de *Jamsil*. ¶ ~을 꽉 메운 관중들 spectateurs qui remplissent tout le stade.

스타일 영{style} 명 ① 맵시 style *m* ((vestimentaire)), allure *f*, prestance *f*, classe {*fam*}; genre *m*, look *m*. ¶ 헤어 ~ coiffure. ¶ 최신 유행 ~ style de dernière mode [vague]. ¶ 멋진 ~의 남자 homme élégant [chic, distingué]. ¶ ~이 좋다[나쁘다] avoir un style élégant, [ne pas] être élégant(*e*), avoir de l'allure [de la prestance] [ne pas avoir d'allure, de prestance], avoir de la classe {*fam*}; porter beau. ② 일정한 방식 style *m*. ¶ 그 사람은 매사 자기만의 ~을 고집한다 Pour toutes choses, il a son style particulier [il emploie son style bien à lui]. ③ 【문학】 style *m*. ¶ 그 작가는 꽤 독특한 ~의 소설을 쓴다 Cet écrivain écrit des romans d'un style original. ④ 【예술】 style *m*. ¶ 고딕 ~ style gothique. ¶ 유럽 ~의 실내 장식 décor de style européen.

*~을 구기다 déshonorer, porter atteinte à [entacher, ternir] l'honneur de *qn*, ternir [salir] la réputation de *qn*.

스타카토 이 명 【음악】 *staccato m*. ¶ 이 소절은 ~로 불러야 한다 Il faut que cette mesure soit jouée staccato.

스타카티시모 이 명 【음악】 *staccatissimo m*.

스타킹 영{stocking} 명 bas *m*. ¶ ~ 두 켤레 deux paires de bas. ¶ 나일론[실크] ~ bas (de) nylon [bas de soie]. ¶ ~을 신다 mettre [enfiler] des bas. ¶ ~이 나갔다 Mes bas sont filés.

◆팬티_ {panty-} 명 collant *m*.

스타트 영{start} 명 départ *m*, commencement *m*, début *m*, ouverture *f*, amorce *f*. ¶ ~를 끊다 se mettre au départ. ¶ 쾌조의 ~를 보이다 faire un bon départ; prendre un bon départ [un départ foudroyant]. ¶ 그 선수는 ~가 빠르다[늦다, 좋다, 나쁘다] Cet athlète prend un départ foudroyant [un mauvais départ, un bon départ, un mauvais départ]. ¶ 일의 ~가 좋다[나쁘다] Cette affaire s'amorce bien [mal] / Cette affaire est bien [mal] engagée / Cela commence bien [mal].

◆_라인 {-line} 명 【운동】 ligne *f* de départ. ¶ 선수들이 ~라인에 섰다 Les athlètes sont sur la ligne de départ [dans les starting-blocks].

스태그플레이션 영{stagflation} 명 【경제】 stagflation *f*.

스태미나 영{stamina} 명 énergie *f*, endurance *f*, vigueur *f*, force *f*. ¶ ~를 기르다 développer *son* endurance. ¶ ~가 넘치는 젊은이 jeune plein de vigueur; jeune endurant [résistant, vigoureux].

스태프 영{staff} 명 personnel *m*, équipe *f*, staff *m*. ¶ 영화 ~ équipe d'un film [de tournage]. ¶ 코칭 ~ staff technique (d'une équipe sportive)].

◆_진 -陣 명 troupe *f* ((de théâtre)), équipe *f*. ¶ 이번 연극은 ~진이 탄탄하다 Pour cette pièce de théâtre, nous avons une bonne troupe.

스탠다드 영{standard} 명 norme *f*, critère *m*.

스탠드 영{stand} 명 ① 등 lampe *f* de bureau; lampe *f* de chevet. ¶ 전기 ~ lampe électrique de bureau. ¶ ~를 켜다[끄다] allumer [éteindre] une lampe de bureau. ② 관중석 tribune *f*. ¶ ~를 꽉 메운 관중들 spectateurs qui remplissent toute la tribune. ③ 술집 등의 자리 comptoir *m* (d'un débit de boissons, d'un bar), zinc *m* {*fam*} (d'un bar), bar *m*, radeau *m* {*arg*}. ¶ ~ 쪽으로 앉을까? On s'assoit [s'installe] au comptoir?

◆_바 {-bar} 명 bar *m*, zinc *m* {*fam*}, bistrot *m*

{fam}, troquet m {fam}, rade m {arg}.

스탬프 영{stamp} 명 cachet m, tampon m. ¶ ~를 찍다 apposer le tampon ((sur une lettre)), donner un coup de tampon ((sur un passeport)); appliquer [mettre] un cachet [un tampon], faire tamponner ((une autorisation)). ¶ ~로 찍다 marquer d'un cachet; appliquer [mettre] un cachet [un tampon], faire tamponner ((une autorisation)).

스탭 영{staff} 명 ((‘스태프’의 잘못)) ☞ 스태프

스턴트맨 영{stunt man} 명 cascadeur m.

스테디셀러 영{steady seller} 명 livre m figurant parmi les meilleures ventes régulières.

스테레오 영{stereo} 명 stéréophonie f, stéréo f. ¶ ~ 사운드 son stéréo. ¶ 요즘 영화는 모두 ~로 녹음된다 De nos jours, tous les films sont enregistrés en stéréo.

스테로이드 영{steroid} 명 【화학】 stéroïde m.

◆_제 -劑 명 【화학】 produit m stéroïde.

스테이지 영{stage} 명 scène f. ¶ ~에 오르다 monter sur scène. ¶ 화려한 ~를 마련하다 préparer une scène luxueuse. ¶ 이 가수는 ~에 강하다 Ce(tte) chanteur(se) est fort(e) sur scène [est une bête de scène]. ¶ 다음 ~에는 저 가수가 나온다 Après, c'est au tour de ce chanteur d'entrer en scène.

스테이크 영{steak} 명 steak m. ¶ ~를 먹다[주문하다] manger [commander, demander] un steak.

◆비프_ {beef-} 명 bifteck m, steak m, bif m {fam}.

스테이플러 영{stapler} 명 agrafeuse f. ¶ ~로 문서를 철하다 agrafer les papiers.

스테인드글라스 영{stained glass} 명 verre m coloré, vitraux mpl.

스테인리스 영{stainless} 명 ☞ 스테인리스강

스테인리스강 영{stainless-} 명 【공업】 acier m inoxydable, inox m. ¶ ~ 냄비 casserole en acier inoxydable.

스테인리스스틸 영{stainless steel} 명 ☞ 스테인리스강

스텐 명 ((‘스테인리스강’의 잘못)) ☞ 스테인리스강

스텝 영{step} 명 pas m. ¶ 워킹 ~ (dé)marche de mannequin ((dans les défilés de mode)). ¶ ~을 밟다[익히다] marcher au pas [prendre le pas]. ¶ ~을 따라가다 suivre le pas. ¶ ~이 엉겨서 넘어지다 tomber par terre à cause d'un faux pas.

스토리 영{story} 명 histoire f, intrigue f, scénario m; action f, conte m, légende f, anecdote f, article m, nouvelle f. ¶ 그들의 연애 ~ leur histoire d'amour. ¶ ~ 중심의 전개 déroulement centré sur l'histoire. ¶ 이 작품은 ~가 탄탄하다[좋다, 약하다] L'intrigue de cette œuvre est solide [intéressante, peu intéressante]. ¶ ~가 뻔한 연속극 feuilleton télévisé dont on devine toute l'histoire.

스토브 영{stove} 명 poêle m, fourneau(x) m, réchaud m. ¶ 전기[가스] ~ poêle électrique [au gaz]; réchaud électrique [à gaz].

◆_리그 명 【운동】 échange m [transfert m] monnayé de joueurs hors saison, ((football)) mercato m.

스토어 영{store} 명 magasin m, boutique f.

스토커 영{stalker} 명 désaxé(e) [criminel(le)] qui suit partout une femme [un homme]. ¶ 이 여자는 ~에게 괴롭힘을 당했다 Cette femme a été victime d'un désaxé qui la suivait partout.

스톱 영{stop} 명 stop m, arrêt m. ¶ ~! Stop! ◇_(을) 하다 s'arrêter. ¶ 버스가 ~했다 Le bus s'est arrêté. ◇_(을) 시키다 arrêter. ¶ 기계를 잠시 ~시키다 arrêter un moment la machine.

◆_모션 {-motion} 명 (prise f de vue) image f par image. ¶ ~ 모션으로 선수의 동작을 분석하다 analyser les actions des joueurs image par image.

◆_워치 {-watch} 명 chronomètre m.

◆고_ 명 ☞ 고스톱

스튜디오 영{studio} 명 ① 방송국의 제작실 studios mpl ((de radio, de télévision)). ¶ 방송국 ~ studios ((de télévision, de radio)); station de radio [télévision]. ② 예술가의 작업실 studio m ((de photographe)). ¶ 사진 ~를 차리다[내다] ouvrir un studio photo [un studio de photographe]. ¶ ~에서 녹음을 하다 enregistrer en studio.

스튜어디스 영{stewardess} 명 hôtesse f de l'air.

스트라이커 영{striker} 명 【축구】 buteur m.

스트라이크 영{strike} 명 ① 파업 grève f. ¶ 직공들이 ~를 일으켰다 Les ouvriers ont lancé un ordre de grève [se sont mis en grève]. ② 【운동】 ((야구)) strike m, prise f. ¶ 투 ~ 원 볼 deux prises [deux strikes] et une balle. ¶ ~ 아웃 retirer sur prises ((batteur ou frappeur retiré sur prises)). ¶ 가운데 직구 ~ strike [prise] en plein milieu. ¶ ~를 던지다 faire [réaliser] un strike [une prise]. ③ 【운동】 ((볼링)) strike m. ¶ 그 선수는 연속으로 ~를 쳤다 Il a fait deux strikes de suite [d'affilée].

스트레스 영{stress} 명 stress m, fatigue f nerveuse. ¶ 운동으로 ~를 풀다[해소하다] se débarrasser du stress en faisant du sport. ¶ ~를 주다 donner du stress à qn, stresser qn. ¶ 회사 일로 ~를 받다 être stressé(e) par le travail. ¶ ~가 쌓이다 être stressant(e), être dense en stress, plein(e) de stress; être éprouvant(e).

스트레이트 영{straight} 명 ① 연속 de suite, d'affilée, consécutif(ve). ¶ 그 학생은 ~로 사흘 밤을 샜다 Cet élève a passé trois nuits blanches consécutives. ② 【운동】 ((야구)) lancer m droit ((par opposition à un lancer [à une balle] courbe)). ¶ 그 투수는 ~와 커브를 번갈아 던진다 Ce lanceur lance alternativement un coup droit et un courbe / Ce lanceur alterne les lancers droits et courbes. ③ 【운동】 ((권투)) coup m direct, direct m. ¶ 그는 들어오는 선수를 ~로 받아쳤다 Il a donné des coups directs au boxeur qui s'avançait. ④ ((양주)) sec(sèche), sans eau. ¶ 그 아저씨는 위스키를 ~로 마신다 Il boit le whisky sec [sans eau]. ⑤ 【운동】 ((포커)) quinte f flush. ¶ 그 아저씨는 ~를 잡았다 Il a une quinte flush dans son jeu.

ㅅ

스트레칭 영{stretching} 명 【운동】 *stretching m*, étirements *mpl*.

스트로크 영{stroke} 명 【운동】 《테니스》 coup *m*. ¶ ~를 치다 frapper un coup.

스트리퍼 영{stripper} 명 strip-teaseuse *f*.

스트립쇼 영{strip show} 명 strip-tease *m*, effeuillage *m*. ¶ ~를 보러 가다 aller voir un strip-tease. ◇_(를) **하다** faire un [du] strip-tease.

스티로폴 영{Styrofoam} 명 《'스티로폼'의 잘못》 ☞ 스티로폼

스티로폼 영{Styrofoam} 명 mousse *f* de polystyrène 《isolant》.

스티커 영{sticker} 명 ① papier *m* collant, autocollant *m*. ¶ ~를 붙이다 coller un papier collant. ¶ 이 ~는 너무 강력해 잘 떨어지지 않는다 Ce papier est tellement collant qu'on a du mal à le détacher. ¶ 주차 ~를 발급하다 délivrer [remettre] un autocollant de stationnement 《à coller sur le pare-brise de sa voiture et autorisant le stationnement régulier devant un immeuble (mairie, préfecture, etc.) ou bien dans une cité résidentielle》. ② 교통 딱지 contravention *f*, 《dresser un》 procès-verbal, p.-v. *m*; contredanse *f* {*fam*}, prune *f* {*fam*}; papillon *m* {*fam*}. ¶ 경찰이 속도위반으로 ~를 뗐다 L'agent de police m'a donné [mis, flanqué {*fam*}] une contravention pour excès de vitesse / J'ai eu un procès-verbal pour excès de vitesse / J'ai attrapé une contravention [un p.-v. {*fam*}] pour excès de vitesse. ¶ 신호 위반으로 ~를 받았다 J'ai attrapé une contravention [un p.-v. {*fam*}] pour ne pas avoir respecté un panneau de signalisation [《신호등》 pour avoir brûlé [grillé {*fam*}] un feu].

스틱 영{stick} 명 ① 【운동】 crosse *f* (de hockey). ¶ ~으로 공을 몰고 가다 conduire le palet avec une crosse. ② 기어 levier *m* de (changement de) vitesse; boîte *f* de vitesse manuelle. ¶ 내 차는 오토가 아니고 ~이다 La conduite de ma voiture n'est pas automatique mais manuelle / Ma voiture, ce n'est pas une voiture automatique, je dois changer les vitesses manuellement.

스틸[1] 영{steel} 명 【공업】 acier *m*. ¶ ~과 시멘트로 건물을 짓다 construire un immeuble en acier et en béton.

스틸[2] 영{still} 명 【연영】 photo *f*, plan *m* 《en contraste à un film, à une image en mouvement》.

스팀 영{steam} 명 chauffage *m* 《à vapeur》. ¶ 교실에 ~을 켜다[끄다] mettre [arrêter, éteindre] le chauffage dans la salle de classe.

◆_**난방** -暖房 명 chauffage *m* à vapeur.

◆_**다리미** 명 fer *m* à repasser à vapeur.

스파 영{spa} 명 *spa m*, centre *m* d'hydrothérapie. ◇_(를) **하다** prendre des bains bouillonnants. ¶ 온천에 가서 ~를 했다 J'ai pris des bains bouillonnants dans une station thermale.

스파게티 이 명 *spaghetti mpl*. ¶ ~ 소스 une sauce (à) *spaghetti*. ¶ 해물 ~ des *spaghetti(s)* aux fruits de mer. ¶ 나폴리 ~ des *spaghetti(s)* (à la) napolitaine.

스파링 영{sparring} 명 【운동】 entraînement *m*. ¶ ~ 파트너 un(*e*) partenaire d'entraînement; un *sparring-partner* (~-~*s*) ◇_(을) **하다** s'entraîner. ¶ 누구와 ~을 하다 s'entraîner avec *qn*.

스파이 영{spy} 명 espion(*ne*), agent *m* secret. ¶ 산업 ~ un(*e*) espion(*ne*) industriel(*le*). ¶ ~ 노릇을 하다 espionner, faire de l'espionnage. ¶ 적국에 ~를 보내다 envoyer des espions dans un pays ennemi.

스파이크 영{spike} 명 ① pointe *f*, crampon *m*. ¶ ~가 박힌 축구화[골프화] chaussures de foot [de golf] à crampons. ② 스파이크 슈즈 {spiked shoes} chaussures à crampons [à pointes]. ¶ ~를 신다 mettre des chaussures à crampons. ③ 【운동】 smash *m*. ¶ 강~를 때리다 faire [frapper] un smash violent [puissant].

스파크 영{spark} 명 【물리】 étincelle *f* électrique. ¶ 전선에서 ~가 튄다 Des étincelles crépitent sur le fil électrique.

스패너 영{spanner} 명 【공업】 clé *f* [clef *f*] 《à molette, anglaise》. ¶ ~로 나사를 조이다 serrer une vis avec une clé.

스퍼트 영{spurt} 명 【운동】 sprint *m*. ¶ 막판 ~를 내다 se lancer dans le sprint final.

스펀지 영{sponge} 명 éponge *f*. ¶ ~로 물을 흡수하다 absorber de l'eau avec une éponge, éponger de l'eau. ¶ ~처럼 푹신푹신하다 《un lit, un canapé, un fauteuil》 être moelleux(*se*), être douillet(*te*). ¶ 두 다리가 물먹은 ~처럼 무겁다 avoir les jambes très lourdes.

◆_**케이크** 명 gâteau(*x*) *m* [biscuit *m*] de Savoie.

스페어 영{spare} 명 de secours *m*, de rechange *m*, de réserve *f*, de [en] plus (au cas où ...), disponible. ¶ ~로 하나 더 준비했다 On en a préparé un de rechange [de réserve] / On en a préparé un de plus au cas où.

◆_**타이어** {-tire} 명 pneu *m* de rechange, roue *f* de secours.

스페이드 영{spade} 명 《카드놀이》 pique *m*.

스펙트럼 영{spectrum} 명 【물리】 spectre *m*. ¶ 빛의 ~을 분석하다 analyser un spectre lumineux. ¶ ~처럼 뻗어나가다 rayonner comme un spectre.

스펠링 영{spelling} 명 orthographe *f*. ¶ ~을 외우다 apprendre par cœur l'orthographe d'un mot. ¶ ~을 맞게[틀리게] 쓰다 écrire correctement [écrire incorrectement, se tromper dans] l'orthographe d'un mot.

스포츠 영{sports} 명 sport *m*. ¶ ~ 뉴스 les nouvelles sportives, le journal des sports. ¶ ~를 즐기다 prendre plaisir à pratiquer des activités sportives.

◆_**광** -狂 명 fou(*folle*) [fanatique *mf*, fana *mf* {*fam*}, mordu(*e*) {*fam*}, accro *mf* {*fam*}] de sport.

◆_**맨** {-man} 명 sporti*f*(*ve*). ¶ 그 남자는 만능 ~맨이다 Il pratique tous les sports.

◆_산업 -産業 명 industrie *f* des sports.

◆_센터 {-center} 명 centre *m* sportif. ¶ 그는 건강을 위해 ~센터에 등록했다 Il s'est inscrit dans un centre sportif pour garder la forme.

◆_카 {-car} 명 voiture *f* de sport.

◆_형 -形 명 allure *f* sportive. ¶ 그는 ~형으로 머리를 깎았다 Il s'est fait couper les cheveux très courts.

스포트라이트 영{spotlight} 명 spot *m*, projecteur *m*; cercle *m* de lumière ((qui éclaire un acteur sur scène)). ¶ 무대 위로 ~가 쏟아졌다 On a projeté les spots sur le plateau. ◇_(를) 받다 être éclairé(*e*) par le projecteur. ¶ 극중 햄릿이 ~를 받고 있다 Le personnage de Hamlet est éclairé par le projecteur [est en pleine lumière].

*~를 받다 être sous le feu des projecteurs, devenir une vedette de l'actualité. ¶ 이번 사건으로 그 사람은 온 국민의 ~를 받게 되었다 Suite à cette affaire, il est sous le feu des projecteurs [il est devenu une vedette de l'actualité].

스폰서 영{sponsor} 명 ① dona*teur*(*trice*), protec*teur*(*trice*). ¶ 연주회의 ~를 구하는 중이다 On est en train de chercher un patronage pour ce concert. ¶ 그분은 나의 든든한 ~다 C'est mon protecteur / C'est mon ange gardien. ② 광고주 fournisseu*r*(*se*). ¶ 광고 ~ un fournisseur publicitaire.

스폰지 영{sponge} 명 ((‘스펀지’의 잘못)) ☞ 스펀지

스푼 영{spoon} 명 cuiller *f*, cuillère *f*.

◆티 {tea-} 명 cuillère *f* à café.

분류 cuillerée *f*, cuillérée *f*. ¶ 설탕 한 ~ une cuillerée de sucre.

스프 영{soup} 명 ((‘수프’의 잘못)) ☞ 수프

스프레드시트 영{spreadsheet} 명 【컴퓨】 tableur *m*.

스프레이 영{spray} 명 atomiseur *m*, spray *m*, bombe *f* ((de peinture)); bombe *f* à aérosol, aérosol *m*; vaporisateur *m*, pulvérisateur *m*, brumisateur *m*; ((~식)) ((déodorant)) en bombe *f*, ((eau de toilette)) en spray *m*. ¶ 헤어 ~ de la laque en aérosol, un aérosol de laque. ¶ ~를 뿌리다[하다] faire des pulvérisations, vaporiser ((un parfum)), pulvériser ((du parfum)).

스프링 영{spring} 명 ressort *m*; suspension *f*. ¶ ~ 침대 *un lit (avec sommier)* à ressorts. ¶ 자동차 ~ une suspension de voiture.

스프링클러 영{sprinkler} 명 extincteur *m*, diffuseur *m* ((d'eau)). ¶ 소화용 ~ 시설 un système d'extinction automatique d'incendie. ¶ ~가 터졌다[작동했다] Le diffuseur d'extinction automatique d'incendie s'est mis en marche.

스피드 영{speed} 명 vitesse *f*. ¶ ~ 시대 une époque changeant à grande vitesse. ¶ 작업 ~ vitesse d'exécution, rythme de travail. ¶ 차의 ~를 올리다 accroître *sa* vitesse [accélérer] en voiture, rouler plus vite, prendre de la vitesse en voiture; accélérer la vitesse [l'allure, le train], accroître *sa* vitesse, accélérer, mettre la surmultipliée {*fam*}, mettre le turbo {*fam*}, appuyer sur le champignon {*fam*}, écraser la pédale d'accélérateur, passer la surmultipliée {*fam*}, mettre (toute) la gomme {*fam*}; mettre les gaz. ¶ 차의 ~를 줄이다 ralentir [décélérer] en voiture, réduire [diminuer] *sa* vitesse en voiture, rouler moins vite, ralentir la vitesse [l'allure, le train] en voiture. ◇_(를) 내다 augmenter *sa* vitesse, aller plus vite, accélérer, appuyer sur l'accélérateur [sur le champignon {*fam*}], mettre le turbo {*fam*}, passer la surmultipliée {*fam*}; ((일에)) mettre les bouchées doubles, redoubler de force [d'ardeur] ((au travail)), se secouer {*fam*} ((au travail)).

◆_건 명 pistolet *m* de mesure de la vitesse.

스피츠 영{spitz} 명 【동물】 loulou *m* ((de Poméranie)), *spitz m* ((finlandais, allemand)). ¶ ~를 키우다 élever un loulou.

스피치 영{speech} 명 parler *m*, parole *f*, élocution *f*.

스피커 영{speaker} 명 haut-parleur(~-~*s*) *m*; ((오디오의)) enceinte *f* ((acoustique)), baffles *mpl* ((d'une chaîne stéréo)), présenta*teur*(*trice*) (de télévision), porte-parole *mf*. ¶ 대형[소형] ~ une grande [petite] enceinte. ¶ 오디오의 ~ les enceintes [les baffles] d'une chaîne stéréo.

◆_폰 영{speakerphone} 명 haut-parleur *m* de téléphone.

스핀 영{spin} 명 *spin m*, effet *m* de rotation (qui fait tourner une balle ou un ballon). ¶ 테니스공에 ~을 넣다 donner du spin à une balle de tennis.

스핑크스 영{Sphinx} 명 【동물】 sphinx *m*.

슬겁다 형 ① 너그럽다 être généreu*x*(*se*), bon(*ne*); être sympathique. ¶ 그 사람은 마음 씀씀이가 아주 ~ Il a un cœur d'or. ② 집이 꽤 넓다 ((maison)) être spacieu*x*(*se*).

슬그머니 부 ① 슬며시 secrètement, furtivement, subrepticement, en secret, en cachette. ¶ ~ 사라지다 filer à l'anglaise. ② 은근히 doucement, lentement, peu à peu, progressivement. ¶ 그는 ~ 화가 났다 la colère monta en lui.

슬근 어근 ((onomatopée)) en frottant légèrement, avec un bruit de frottement.

◆_거리다[대다] 자 frotter légèrement.

◆_ _ 부 en frottant légèrement, avec un bruit de frottement. ¶ ~~ 톱질을 하다 scier du bois en faisant un bruit léger.

슬금슬금 부 ((mimétisme)) furtivement, subrepticement, à la dérobée. ¶ ~ 주위 사람들의 눈치를 살피다 surveiller subrepticement les réactions des gens.

슬기 명 intelligence *f*, sagesse *f*. ¶ ~를 발휘하다 montrer [manifester] *son* intelligence. ¶ 우리 모두 ~를 모아야 할 때이다 C'est le moment de rassembler [de faire appel à] toute notre sagesse.

◆_롭다 형 être intelligent(*e*), sage. ¶ 슬기로운 아내

une femme intelligente. ¶ 이 역경을 슬기롭게 극복하자 Sortons intelligemment de cette passe difficile!

슬다[1] 자 ① ((녹이)) se rouiller; se patiner. ¶ 녹이 슨 쇠 du fer rouillé [rongé par la rouille]. ② ((곰팡이가)) moisir. ¶ 곰팡이가 슬기 시작한 빵 du pain qui commence à moisir.

슬다[2] 타 ((un insecte)) pondre ((des œufs)); déposer ((*ses* œufs)). ¶ 벌레가 잎에 알을 슬었다 Un insecte a déposé [a pondu] ses œufs sur une feuille. ¶ 파리가 생선에 쉬를 슬었다 Une mouche a pondu des œufs sur le poisson.

슬다[3] 자 ① 시들어 죽어가다 se flétrir; se dessécher. ② ((boutons, furoncle)) disparaître.

슬라이드 영{slide} 명 diapositive *f*. ¶ ~ 상영 une projection de diapositives. ¶ ~를 비추다 passer [projeter] des diapositives.

슬라이딩 영{sliding} 명 【운동】 glissade *f*. ¶ 그는 ~을 하여 공을 받아냈다 Il a fait une glissade pour attraper le ballon. ¶ 그 주자는 ~으로 홈인했다 Ce coureur a fait une glissade pour atteindre le marbre ((au baseball)).

슬라이스 영{slice} 명 tranche *f*, rondelle *f*. ¶ ~ 치즈 du fromage à [pour] hamburger ((en tranches préemballées)), du fromage fondant en tranches préemballées ((pour les hamburgers)), des tranches de fromage préemballées ((type Toastinette)).

슬럼 영{slum} 명 taudis *m*. ¶ 대도시 외곽의 ~ 지구 une zone [un quartier] pauvre de banlieue.

◆**_화** -化 명 appauvrissement *m* d'un quartier [d'une zone], paupérisation *f* d'un quartier [d'une zone]. ¶ ~화되다 ((un quartier, une zone)) devenir pauvre.

◆**_가** -街 명 quartier *m* pauvre. ¶ 그 사람은 ~가 출신이다 Il est originaire d'un quartier pauvre.

슬럼프 영{slump} 명 ((일, 사업)) mauvaise période *f* [passe *f*], période *f* noire [de perturbation(s)]; ((운동선수)) baisse *f* d'énergie ((chez les sportifs)); ((마음)) dépression *f* (psychologique), déprime *f*, cafard *m* {*fam*}. ¶ ~를 극복하다 surmonter une mauvaise période [une mauvaise passe {*fam*}]. ¶ ~에서 벗어나다 ((일, 사업)) sortir d'une mauvaise période [d'une mauvaise passe {*fam*}, d'une période noire]; ((운동선수)) sortir d'une période de mauvaises performances; ((마음)) sortir d'une période de dépression. ◇**_에 빠지다** ((일, 사업)) traverser une mauvaise passe [une mauvaise période, une période noire, une période de perturbation(s)]; ((운동선수)) entrer dans une période noire pour *ses* performances, faire de moins bonnes performances; ((마음)) sombrer dans une dépression (psychologique), se mettre à déprimer, présenter les premiers signes d'une dépression. ¶ ~에 빠진 선수 un(*e*) joueu*r*(*se*) [un(*e*) athlète] dans une mauvaise période [dans une période noire].

슬레이트 영{slate} 명 【건설】 ardoise *f*, feuille *f* d'ardoise. ¶ ~ 지붕 un toit en ardoises.

슬로건 영{slogan} 명 slogan *m*. ¶ ~을 내걸다 afficher un slogan. ¶ 그들의 ~은 '자연으로 돌아가자'이다 «Retour à la nature» est leur slogan.

슬롯머신 영{slot machine} 명 machine *f* à sous. ¶ 그 남자는 ~으로 돈을 다 잃었다 Il a perdu tout son argent en jouant aux machines à sous / Il a perdu tout son argent dans les machines à sous.

슬리퍼 영{slipper} 명 pantoufle *f*, chausson *m*, charentaise *f*, savate *f*, mule *f*. ¶ ~를 신다 mettre [chausser] *ses* pantoufles, se mettre en pantoufles. ¶ ~를 끌면서 걷다 marcher en traînant [en laissant traîner] *ses* savates.

슬리핑백 영{sleeping bag} 명 sac *m* de couchage. ¶ ~ 속에서 잠을 자다 dormir dans un sac de couchage.

슬립 영{slip} 명 jupon *m*, jupe *f* de dessous.

슬며시 부 ① 넌지시 furtivement, à la dérobée, subrepticement, en secret. ¶ ~ 누구의 손을 잡다 prendre furtivement la main de quelqu'un. ② 천천히 lentement, progressivement, petit à petit. ¶ ~ 눈을 감다 fermer lentement les yeux. ③ 은근히 doucement, lentement, progressivement. ¶ 그 일을 생각하면 ~ 화가 난다 Quand je repense à cette affaire, la colère monte peu à peu en moi.

슬슬 부 ((mimétisme)) ① 슬그머니 secrètement, furtivement, subrepticement, en secret, en cachette. ¶ ~ 주위 눈치를 살피다 surveiller subrepticement les réactions des gens. ② 가볍게 légèrement, un peu. ¶ 옷의 먼지를 ~ 털다 épousseter légèrement *ses* vêtements, frotter [brosser] légèrement *ses* vêtements pour en enlever la poussière, dépoussiérer *ses* vêtements en les secouant légèrement. ③ 천천히 lentement, petit à petit, peu à peu. ¶ 사람들이 ~ 광장에 모여들었다 Les gens se sont peu à peu assemblés sur la place.

슬쩍 부 ① 남몰래 재빠르게 secrètement, en secret, furtivement, subrepticement, à la dérobée, clandestinement. ¶ 남의 물건을 ~ 훔치다 dérober ce qui est à autrui. ② 약간 légèrement, un peu. ¶ 무엇을 ~ 밀다 pousser légèrement quelque chose. ¶ 고기를 ~ 익히다 faire cuire un peu la viande. ③ 표 나지 않게 adroitement, habilement; à l'insu d'autrui, sans qu'on s'en aperçoive. ¶ 누구의 의중을 ~ 떠보다 sonder les intentions de *qn* à son insu. ¶ ~ 말문을 돌리다 détourner habilement la conversation, changer le sujet de conversation sans qu'on s'en aperçoive.

◆**_하다** 타 dérober, subtiliser. ¶ 남의 지갑을 ~하다 dérober le portefeuille d'autrui.

슬퍼하다 자타 s'attrister de *qc*, s'affliger de *qc*; être attristé(*e*), affligé(*e*); avoir du chagrin, éprouver du chagrin, ressentir de la tristesse. ¶ 아들의 죽음을 ~ s'affliger de la mort de *son* fils. ¶ 너무 슬퍼하지 마라 ne sois pas trop triste.

슬프다 형 être triste, attristé(*e*), chagriné(*e*),

mélancolique; ((nouvelle)) être affligeant(*e*), désolant(*e*); ((spectacle)) être attristant(*e*), navrant(*e*), lamentable. ¶ 슬픈 마음 le cœur gros. ¶ 슬픈 얼굴[목소리] un visage [une voix] triste. ¶ 슬픈 이야기 une histoire triste. ¶ 슬픈 광경 une scène désolante. ¶ 친구들과 헤어져야 한다니 정말 ~ Comme je suis triste de devoir quitter mes amis! / Devant quitter mes amis, je suis bien triste! ¶ 그 여자는 퍽 슬퍼 보였다 Elle paraissait bien triste. ¶ 슬프게도 나는 그 친구를 보지 못했다 Malheureusement, je ne l'ai pas vu(*e*) / Je suis triste de ne pas l'avoir vu(*e*) [de n'avoir pu le(la) voir].

◆**슬피** 부 tristement, avec tristesse, avec chagrin, mélancoliquement. ¶ 슬피 울다 pleurer tristement [avec tristesse].

◆**슬픔** 명 tristesse *f*, chagrin *m*, amertume *f*, ((고뇌)) peine *f*, douleur *f*, affliction *f*, désolation *f*, ((애석)) regret *m*. ¶ 깊은 ~에 잠겨 있다 être plongé(*e*) dans la tristesse [dans le chagrin]; être accablé(*e*) de tristesse. ¶ 자식을 잃은 ~을 이겨내다 vaincre la peine d'avoir perdu *son* enfant. ¶ 일에 몰두하여 ~을 잊다[달래다] oublier [adoucir] la tristesse [noyer *son* chagrin] en s'absorbant dans le travail.

슬하 膝下 명 protection *f* [garde *f*] parentale. ¶ 부모 ~에서 자라다 grandir chez *ses* parents. ¶ 부모님의 ~를 떠나다 quitter le foyer parental. ¶ ~에 자녀분이 몇이나 되시는지요? Combien d'enfants avez-vous?

슴벅 어근 ((mimétisme)) en clignotant.

◆**_거리다[대다, 이다]** 자 clignoter; cligner (les yeux).

◆**_ _** 부 en clignotant.

습격 襲擊 명 attaque *f*, assaut *m*, charge *f*, offensive *f*, agression *f*. ◇**_(을) 하다** attaquer, assaillir; lancer un assaut; mener une offensive. ¶ 밤을 틈타 적진을 ~하다 lancer un assaut contre le camp ennemi à la faveur de la nuit. ◇**_(을) 받다[당하다]** subir une attaque. ¶ 적의 ~을 받다 se faire attaquer par l'ennemi, subir une attaque de l'ennemi.

습곡 褶曲 명 【지리】 pli *m*. ¶ ~ 산맥 une chaîne de montagnes stratifiée.

습관 習慣 명 habitude *f*, coutume *f*, pli *m*. ¶ 오랜[좋은, 나쁜] ~ une vieille [une bonne; une mauvaise, une fâcheuse] habitude. ¶ ...하는 ~을 기르다[고치다] prendre [se défaire de, se débarrasser de] l'habitude de+*inf*. ¶ ~이 되다 s'habituer à+*inf*, s'accoutumer à+*inf*. ¶ 아침마다 조깅하는 것이 ~이 되었다 J'ai pris l'habitude de faire du jogging tous les matins. ¶ ~은 제 2의 천성이다 L'habitude est une seconde nature. ◇**_이 있다** avoir l'habitude de+*inf*. ¶ 나는 자꾸 눈을 깜빡이는 ~이 있다 J'ai l'habitude de cligner des paupières.

◆**_적** -的 명관 habituel(*le*). ¶ 그 남자는 실내에서도 ~적으로 담배를 피운다 Il fume à l'intérieur de la maison, comme à l'accoutumée.

◆**_성** -性 명 habitude *f*, accoutumance *f*. ¶ ~성이 있다 ((un médicament)) provoquer une accoutumance. ¶ ~성 탈골 une luxation récidivante.

◆**_화** -化 명 habitude *f*. ¶ ...하는 것이 ~화가 되다 avoir l'habitude de+*inf*.

습기 濕氣 명 humidité *f*, moiteur *f*. ¶ ~를 제거하다 chasser l'humidité. ¶ 장롱에 ~가 많이 차 있다 Il y a trop d'humidité dans l'armoire.

-습니까↔-읍니까 (forme ancienne)↔-ㅂ니까 어미 (suffixe flexionnel de terminaison phrastique interrogative très polie. Utilisé entre les adultes réciproquement et à l'égard d'un interlocuteur supérieur (un enfant à l'égard d'un adulte, parent, maître, supérieur hiérarchique plus âgé), il exprime la politesse et le respect familiers.), il exprime une très grande politesse et le respect stricte et protocolaire. -습니까 et la forme ancienne -읍니까 s'ajoutent après le radical verbal qui se termine par une consonne et après les suffixes flexionnels préfinaux temporo-modaux -았/-었, -겠 -ㅂ니까 s'ajoute après le radical qui se termine par une voyelle ou par la consonne liquide -ㄹ (mais après l'omission de cette consonne), et après le suffixe flexionnel préfinal honorifique -시/-으시. Tel quel, ce suffixe exprime le présent, et dans l'écrit, il est suivi d'un point d'interrogation.)). ¶결혼하셨~? Êtes-vous marié(*e*)? / Vous êtes-vous marié(*e*)? ¶언제 퇴원하셨~? Quand êtes-vous sorti(*e*) de l'hôpital? ¶당신은 지금 무슨 신문을 읽~? Quel journal lisez-vous maintenant? ¶여기서 왼쪽으로 도[돌]~. Ici, est-ce qu'on tourne à gauche? ¶그 지방은 산이 높고 물이 맑~? Dans cette région, est-ce que les montagnes sont hautes, et l'eau est limpide? ¶그 집은 정원이 넓~? Quant à cette maison, (son) jardin est-il vaste?

-습니다↔-습니다 (forme ancienne)↔-ㅂ니다 어미 ((suffixe flexionnel de terminaison phrastique déclarative, très polie. Utilisé entre les adultes réciproquement et à l'égard d'un interlocuteur supérieur (un enfant à l'égard d'un adulte, parent, maître, supérieur hiérarchique plus âgé),il exprime la politesse et le respect familiers.), il exprime une très grande politesse et le respect stricte et protocolaire. -습니다 et la forme ancienne -읍니다 s'ajoutent après le radical verbal qui se termine par une consonne et après les suffixes flexionnels préfinaux temporo-modaux -았/-었, -겠 -ㅂ니다 s'ajoute après le radical qui se termine par une voyelle ou par la consonne liquide -ㄹ (mais après l'omission de cette consonne), et après le suffixe flexionnel préfinal honorifique -시/-으시. Tel quel, ce suffixe exprime le présent.)). ¶저는 오늘 회사에 가지 않~ Aujourd'hui je ne vais pas au bureau. ¶저는 설렁탕을 먹~ Je mange du *seolleongtang* (soupe de viande et de légumes avec du riz). ¶기계가 잘 도[돌]~. La machine tourne bien. ¶어머니, 삼촌께서 오전에 전화를 하셨~Mère, l'oncle a

ㅅ

téléphoné dans la matinée. ¶오늘은 날씨가 춥~ Aujourd'hui, il fait froid. ¶단풍이 빨갛~ Les feuilles d'arbres d'automne sont rouges.

습도 濕度 명 taux d'humidité *f*. ¶ 이 방은 ~가 높다[낮다] Il fait très [peu] humide dans cette pièce / Il y a beaucoup [peu] d'humidité dans cette pièce. ¶~가 80 퍼센트 정도 된다 Le taux d'humidité est d'environ quatre-vingts pour cent.

◆**_계** -計 명 hygromètre *m*, psychromètre *m*.

습득[1] **拾得** 명 ramassage *m* ((d'un objet perdu)). ◇_(을) **하다** ramasser, trouver ((un objet perdu)). ¶ 길에서 지갑을 ~하다 trouver un portefeuille dans la rue. ◇_(이) **되다** être ramassé(*e*), trouvé(*e*).

◆**_물** -物 명 objet *m* trouvé.

습득[2] **習得** 명 acquisition *f*. ¶ 지식의 ~ acquisition de connaissances. ◇_(을) **하다** apprendre ((une langue, une technique)). ¶ 새로운 기술을 ~하다 apprendre une nouvelle technologie. ¶ 언어를 ~하다 apprendre une langue. ◇_(이) **되다** s'apprendre. ◇_(을) **시키다** apprendre *qc* à *qn*. ¶ 지식을 ~시키다 transmettre *son* savoir.

습벽 習癖 명 mauvaise [fâcheuse] habitude *f*. ¶ 기이한 ~ mauvaise habitude singulière. ¶ 돈을 낭비하는 ~ mauvaise [fâcheuse] habitude de gaspiller *son* argent.

습성[1] **習性** 명 habitude *f*; mœurs *fpl*. ¶ 호랑이는 밤에 사냥하는 ~이 있다 Les tigres ont l'habitude de chasser la nuit. ¶ ...하는 ~이 생기다 s'être fait à *qc*, prendre l'habitude de+*inf*.

◆**_화** -化 명 habitude *f*. ¶ ...하는 것이 ~화하다[되다] avoir pris l'habitude de+*inf*.

습성[2] **濕性** 명 humidité *f* de l'air.

습속 習俗 명 mœurs *fpl*, coutume *f*. ¶ 그것은 오랜 옛날부터 이 고장에 내려오는 ~이다 Il s'agit d'une vieille coutume régionale, transmise de génération en génération depuis longtemps.

습습하다[1] 형 être viril(*e*). ¶ 성격이 ~ avoir un caractère viril.

습습하다[2] **習習-** 형 être frais(*aîche*). ¶ 바람이 ~ Le vent est frais.

습윤 濕潤 어근 humidité *f*, moiteur *f*.

◆**_하다** 형 être humide, moite. ¶~한 기후 un climat humide. ¶ 날씨가 ~하다 Le temps est humide.

습자 習字 명 ① 붓글씨 calligraphie *f*, exercices *mpl* d'écriture. ② 붓글씨 연습 exercices *mpl* d'écriture, exercices *mpl* calligraphiques [de calligraphie].

◆**_지** -紙 명 papier *m* d'exercices ((pour la calligraphie)); cahier *m* d'exercices ((pour la calligraphie)). ¶~지에 붓글씨를 쓰다 faire des exercices calligraphiques [de calligraphie] sur du papier [dans un cahier] prévu à cet effet.

습작 習作 명 ① 【문학】 ébauche *f*, essai *m*. ¶ 그 소설은 작가가 젊은 시절에 쓴 ~이다 C'est l'ébauche d'un roman de jeunesse de l'écrivain / C'est l'ébauche d'un roman que l'écrivain a écrit [rédigé] dans sa jeunesse. ② 【미술】 étude *f*, esquisse *f*. ◇_(을) **하다** réaliser une étude.

◆**_품** -品 명 ébauche *f* d'une œuvre.

습전지 濕電池 명 【화학】 pile *f* galvanique.

습지 濕地 명 marécage *m*, marais *m*. ¶~ 식물 plantes marécageuses. ¶ 이 식물은 ~에서만 자란다 Cette plante ne pousse que dans les terrains marécageux.

습진 濕疹 명 【의학】 eczéma *m*. ¶ 손에 ~이 생기다[나다] avoir de l'eczéma sur les mains. ¶~에 걸리다 être atteint(*e*) d'eczéma. ¶~으로 고생하다 souffrir d'eczéma.

◆**주부_** 主婦 명 【의학】 eczéma *m* ((par allergie aux produits ménagers)) des femmes au foyer.

습포 濕布 명 【의학】 pansement *m* humide. ¶ 화상에 ~를 대다 mettre un pansement humide sur une brûlure.

습하다 濕- 형 être humide, moite. ¶ 땅이 ~ Le terrain est humide. ¶ 습한 공기 air humide.

승[1] **僧** 명 ((suffixe nominal)) 【불교】 bonze *m*, moine *m* bouddhiste.

◆**대처_** 帶妻 명 bonze *m* marié.

◆**여_** 女- 명 bonzesse *f*, religieuse *f* bouddhiste.

승[2] **乘** 명 【수학】 multiplication *f*; puissance *f*. ¶ 2의 3~은 8이다 Deux puissance trois fait(font) [égale(nt)] huit / Deux élevé au cube fait huit / Le cube de deux est huit.

승[3] **勝** 의명 ((classificateur)) victoire *f*. ¶ 3~ 1패 trois victoires et une défaite. ¶ 8전 8~ huit victoires sur huit.

승가[1] **僧伽** 명 【불교】 communauté *f* des moines bouddhistes.

승가[2] **僧家** 명 【불교】 ① temple *m* bouddhique. ② moine *m* bouddhiste; communauté *f* des moines bouddhistes.

승강[1] **昇降** 명 montée *f* et descente *f*; ((기온)) variations *fpl* ((de température)). ¶ 이 건물에서는 엘리베이터만이 유일한 ~ 수단이다 L'ascenseur est l'unique moyen de monter et descendre dans cet immeuble. ◇_(을) **하다** monter et descendre. ¶ 에스컬레이터로 ~하다 monter et descendre par l'escalier roulant [par l'escalier mécanique, par l'escalator], emprunter l'escalier roulant [l'escalator].

◆**_기** -機 명 ascenseur *m*; ((짐)) monte-charge *m inv*. ¶~기를 타다 prendre l'ascenseur. ¶~기에서 내리다 descendre de l'ascenseur. ¶~기가 고장 났다 L'ascenseur est en panne.

◆**_이** 명 【속어】 ((실랑이)) dispute *f*, querelle *f*, engueulade *f* {*fam*}, altercation *f*, explication *f*, prise *f* de bec {*fam*}. ¶ 경찰과 가벼운 ~이를 하다 avoir une querelle [une prise de bec {*fam*}] avec un policier. ¶ 서로 자기가 옳다고 ~이를 하다[벌이다] se disputer (âprement, vigoureusement) pour démontrer que l'on a raison.

승강[2] **乘降** 명 montée *f* et descente *f* ((dans une voiture, un avion)).

◆**_구** -口 명 sortie *f*.

◆_장 -場 명 quai *m.* ¶ 버스 ~장 un arrêt d'autobus [de bus].

승객 乘客 명 passag*er*(*ère*) ((d'un avion, d'un paquebot)); voyageu*r*(*se*) ((d'un train, d'un autobus)); ((택시의)) client(*e*) ((d'un taxi)). ¶ ~ 명부 liste des passagers. ¶ 비행기[여객선] ~ un(*e*) passag*er*(*ère*) d'un avion [d'un paquebot] ¶ 버스 ~ un voyageu*r*(*se*) d'un (auto)bus. ¶ ~을 태우다[내리다] prendre [déposer] un passager.

승격 昇格 명 promotion *f*, avancement *m*. ◇_(을) **하다** obtenir un avancement, accéder à une fonction supérieure, être promu(*e*). ¶ 단과대학이 종합대학으로 ~했다 La faculté a été promue au rang d'université. ◇_(이) **되다** être promu(*e*), être élevé(*e*) au rang de *qc*. ¶ 이곳은 읍에서 시로 ~되었다 Le canton a été élevé au rang de ville. ◇_(을) **시키다** promouvoir, élever *qc* à un grade supérieur. ¶ 공사관을 대사관으로 ~시키다 élever une légation au rang d'ambassade.

승경 勝景 명 beau(*x*) paysage(*s*) *m*, paysage *m* splendide [magnifique]. ¶ 이곳의 경치는 소문난 ~이다 Cet endroit constitue un paysage magnifique bien connu.

승계 承繼 명 succession *f*, continuation *f*. ◇_(를) **하다[받다]** succéder à *qn/qc*. ¶ 그분은 아버지의 작위를 ~했다 Il a succédé au titre de noblesse de son père. ◇_(가) **되다** se succéder. ¶ 주주권이 아들에게 ~가 되었다 Le fils a hérité des actions de l'entreprise de son père.

◆_권 -權 명 droit *m* de succession.

◆_자[인] -者[人] 명 successeur *m*.

승급 昇級 명 promotion *f*, montée *f* en grade; ((태권도)) passage *m* de grades ((en *taekwondo*)). ¶ 태권도 ~ 심사 passage de grades en *taekwondo*. ◇_(을) **하다** être promu(*e*); ((태권도)) accéder à un grade supérieur ((en *taekwondo*)). ¶ 부장으로 ~하다 être promu(*e*) chef de section. ◇_(이) **되다** être promu(*e*). ¶ 회사에서 ~이 되다 être promu(*e*) dans *son* entreprise.

승기 勝機 명 avantage *m* ((dans un jeu sportif)). ¶ ~를 잡다 prendre l'avantage.

승낙 承諾 명 permission *f*, consentement *m*, acquiescement *m*, assentiment *m*; approbation *f*. ¶ 그의 ~ 없이는 이 일에 참여할 수 없다 Je ne peux pas participer à ce travail sans sa permission. ◇_(을) **하다** permettre, agréer, accepter, consentir, acquiescer, approuver. ¶ 아들의 결혼을 ~하다 approuver le mariage de *son* fils. ¶ 캠핑에 가도 좋다고 ~하다 permettre à *qn* de partir camper. ◇_(을) **받다** obtenir la permission. ¶ 대회 참가 ~을 받다 obtenir la permission de participer à un concours. ¶ 그 여자는 아버지로부터 외출해도 좋다는 ~을 받았다 Elle a obtenu de son père la permission de sortir.

승냥이 명 【동물】 chacal *m*. ¶ 밤이 되자 ~ 떼가 나타났다 À la tombée de la nuit a surgi une meute de chacals.

승단 昇段 명 【운동】 accès *m* à un *dan* (de degré) supérieur ((en *judo*, en *taekwondo*)). ¶ ~ 시험을 통과하다 réussir *son* passage de dan, passer avec succès au dan suivant supérieur. ◇_(을) **하다** accéder à un dan (de degré) supérieur. ¶ 태권도 ~을 하다 accéder à un dan (de degré) supérieur en *taekwondo*.

승도 僧徒 명 【불교】 moine *m* bouddhiste en exercice de mortification. ¶ 십여 명의 ~ une dizaine de moines bouddhistes en exercice de mortification.

승려 僧侶 명 【불교】 moine *m* bouddhiste, bonze *m*.

승률 勝率 명 pourcentage *m* de victoires. ¶ ~이 좋다[나쁘다] avoir un bon [un mauvais] pourcentage de victoires. ¶ 도박의 ~을 조작하다 faire des calculs de probabilité de gagner aux jeux d'argent.

승리 勝利 명 victoire *f*, triomphe *m*, gain *m* ((d'un procès)). ¶ ~의 기쁨 joie du triomphe [de la victoire]. ¶ 최후의 ~는 우리에게 돌아왔다 La victoire finale est revenue à notre équipe / Nous avons remporté la victoire finale. ¶ ~의 여신은 우리 편이 아니었다 La déesse de la victoire n'était pas de notre côté. ◇_(를) **하다[거두다]** remporter [gagner] la victoire, triompher de, l'emporter sur ((un adversaire)), vaincre ((un rival)). ¶ 우리는 시합에서 ~했다 Nous avons gagné [remporté] le match. ¶ 우리 당은 선거에서 ~를 거두었다 Notre parti a remporté les élections.

◆_감 -感 명 sentiment *m* [sensation *f*] de victoire [d'accomplissement].

◆_자 -者 명 vainqueur *m*, gagnant(*e*).

승마 乘馬 명 【운동】 équitation *f*. ¶ ~ 학교 école d'équitation. ◇_(를) **하다** faire de l'équitation, monter à cheval.

◆_바지 명 culotte *f* d'équitation.

◆_복 -服 명 costume *m* d'équitation.

◆_장 -場 명 terrain *m* d'équitation.

◆_화 -靴 명 bottes *fpl* d'équitation.

승무 僧舞 명 【예술】 danse *f* bouddhique. ¶ ~를 추다 exécuter une danse bouddhique.

승무원 乘務員 명 ((비행기, 선박의)) membre *m* de l'équipage ((d'un avion, d'un navire)); ((비행기)) ((여자)) hôtesse *f* de l'air, *stewardess*, ((남자)) *steward*; ((총칭)) ((비행기, 선박의)) équipage *m* ((d'un avion, d'un navire)), personnel *m* navigant; ((기차)) personnel *m* roulant ((d'un train)); ((버스, 전차의)) équipe *f* de service ((d'un autobus, d'un tramway)). ¶ 기차 ~ le personnel (roulant) d'un train. ¶ 비행기 ~들이 승객들을 안내했다 Les membres de l'équipage ont accueilli les passagers.

승방 僧房 명 【불교】 couvent *m* de moniales bouddhistes.

승병 僧兵 명 troupe *f* de moines volontaires.

승보 勝報 명 nouvelle *f* de la victoire. ¶ ~를 알리다[전

ㅅ

하다] annoncer [transmettre] la nouvelle de la victoire.

승복[1] 承服 명 acceptation *f*, accord *m*, consentement *m*; soumission *f*, obéissance *f*. ◇_(을) **하다** accepter; admettre; obéir à ((l'ordre de *qn*)); se soumettre à ((une décision)). ¶ 나는 이 결정에 ~할 수 없다 Je ne peux pas accepter cette décision. ◇_(을) **당하다** se faire convaincre, se faire persuader. ◇_(을) **시키다** faire accepter, persuader *qn* de *qc*, convaincre *qn* de *qc*/*inf*.

승복[2] 僧服 명 robe *f* de moine; froc *m*. ¶ 그 여자는 출가해서 ~을 입었다 Elle a quitté sa famille et est entrée au temple.

승부 勝負 명 victoire *f* ou défaite *f*, ((경기)) match *m*, rencontre *f* (sportive), partie *f*, ((권투)) combat *m*; issue *f* du match [de la rencontre, ((권투)) du combat]. ¶ 피할 수 없는 ~ une rencontre inévitable. ◇_**를 내다**[**가리다**, **겨루다**] disputer un match [une rencontre; ((권투)) un combat]. ◇_**가 나다** l'issue du match [de la rencontre, ((권투)) du combat] est à présent certaine; on connaît à présent l'issue du match [de la rencontre, ((권투)) du combat], on connaît à présent le vainqueur du match [de la rencontre, ((권투)) du combat]. ¶ 좀처럼 ~가 나지 않는다 La victoire demeure très incertaine / L'issue du combat est incertaine [reste indécise].

◆_**사** -士 명 homme *m* déterminé ((à gagner)). ¶ 그는 ~사적 기질을 타고 났다 Il a un tempérament de gagnant.

◆_**수** -手 명 moyen *m* décisif, coup *m* décisif; *sa* dernière carte *f*. ¶ ~수를 던지다[띄우다] jouer *sa* dernière carte.

◆_**욕** -慾 명 volonté *f* de gagner. ¶ 그는 ~욕이 강하다 Il a une forte volonté de gagner.

◆_**차기** 명 【운동】 les tirs *mpl* au but. ¶ ~차기에서 독일 팀을 5 대 4로 누르다 être victorieux(*se*) de l'Allemagne aux tirs au but (5-4).

◆**정면**_ 正面- 명 ((mener une)) attaque *f* de front [frontale] ((contre la société X)); confrontation *f* [match *m*] où l'on joue le tout pour le tout [où l'on attaque franchement]. ¶ 정면~를 하다 mener une attaque de front [frontale] ((contre la société X)); disputer un match où l'on joue le tout pour le tout [où l'on attaque franchement].

승산 勝算 명 chances *fpl* de succès [de victoire]. ◇_(이) **있다**[**없다**] avoir des chances de gagner [de réussir], avoir des chances de victoire, être gagnable [n'avoir aucune chance de gagner [de réussir], avoir perdu d'avance, être perdu(*e*) d'avance, être sans espoir de victoire, être ingagnable]. ¶ 아직까지는 우리에게 ~이 있다 Nous avons encore des chances de gagner. ¶ ~이 없는 싸움 un match perdu d'avance [sans espoir de victoire]. ¶ ~이 없는 일을 시작하지 마라 Ne t'engage pas [Ne te lance pas] dans une entreprise qui a peu de chances d'aboutir. ¶ 이 경기는 ~이 없다 Nous n'avons aucune chance de remporter ce match / Il est impossible de gagner ce match.

승상 丞相 명 【역사】 Premier ministre *m* [à l'époque de Joseon].

승선 乘船 명 embarquement *m*. ◇_(을) **하다** s'embarquer, monter à bord ((d'un bateau)), monter dans un bateau, prendre le bateau ((à Busan)). ◇_(을) **시키다** embarquer.

◆_**자** -者 명 passag*er*(*ère*) d'un bateau.

승세 勝勢 명 avantage *m* ((dans un match sportif)). ¶ ~를 굳히다 consolider l'avantage. ¶ ~를 잡다[타다] prendre l'avantage.

승소 勝訴 명 【법률】 gain *m* de cause, procès *m* gagné. ¶ 피고가 ~ 판결을 받았다 La défense a gagné le procès. ◇_(를) **하다** gagner un procès, avoir [obtenir] gain de cause. ¶ 재판에서 원고가 ~했다 Dans ce procès, le plaignant a obtenu gain de cause.

승수[1] 勝數 명 somme *f* des victoires. ¶ ~를 쌓다 accumuler les victoires. ¶ 그 팀은 ~가 20승이 된다 Cette équipe a remporté vingt matchs.

승수[2] 乘數 명 【수학】 multiplicateur *m*.

◆_**효과** -效果 명 【경제】 effet *m* multiplicateur.

◆**피**_ 被- 명 【수학】 multiplicande *m*.

승승장구 乘勝長驅 명 accumulation *f* de victoires consécutives. ¶ 그 팀은 ~로 결승까지 올라왔다 Cette équipe a atteint la finale sans perdre une seule fois [sans avoir concédé un seul match, sans une seule défaite]. ◇_(를) **하다** remporter des victoires consécutives. ¶ 전투에서 ~하다 remporter toutes les batailles.

승압 昇壓 명 【전기】 hausse *f* de tension (électrique). ¶ ~ 시설 un poste de transformation. ◇_(을) **하다** augmenter la tension électrique. ¶ 110볼트에서 220볼트로 ~을 하다 changer [faire passer] la tension de cent dix volts en deux cent vingt volts [de 110V à 220V].

◆_**기** -器 명 【전기】 transformateur *m* haute tension. ¶ ~기로 110볼트를 220볼트로 올리다 changer [faire passer] la tension de 110V en 220V.

승용차 乘用車 명 voiture *f*. ¶ ~로 이동하다 se déplacer en voiture.

승원 僧院 명 monastère *m*, couvent *m*, temple *m*.

승은 承恩 명 obtention *f* des faveurs du roi. ¶ ~을 입다 obtenir les faveurs [la grâce] du roi.

승인 承認 명 ① 허가 approbation *f* ((officielle)); consentement *m*, autorisation *f* ((verbal, écrit)), feu *m* vert; assentiment *m*; ratification *f*. ¶ ~을 구하다 demander l'assentiment. ¶ 국회는 그 법안의 ~을 거부했다 L'Assemblée nationale a refusé de donner son assentiment à ce projet de loi. ② 인정 reconnaissance *f*. ¶ 망명 정부에 대한 국제적 ~ reconnaissance internationale du gouvernement en exil. ◇_(을) **하다** approuver; consentir à *qc*, donner *son* assentiment [*son* feu vert]; ratifier. ¶ 국회에서 새 법안을 ~했다 L'Assemblée nationale a consenti à un nouveau projet de loi. ◇_(을) **받다[얻다]** recevoir l'approbation [obtenir l'assentiment]. ¶ 국방부의 ~을 받은 출입증 laisser-passer approuvé par le ministère de la Défense nationale. ◇_(이) **되다** être approuvé(*e*), ratifié(*e*).

◆**_서** -書 명 reconnaissance *f* écrite, accord *m*, approbation *f* ((officielle)); consentement *m* écrit; ratification *f*.

◆**사전[사후]_** 事前[事後]- 명 accord *m* préalable [*a posteriori*].

승자 勝者 명 vainqueur *m*; triompha*teur*(*trice*); gagnant(*e*). ¶ 진정한 ~를 가리다 opter pour le vrai vainqueur. ¶ 최후의 ~가 되다 devenir le dernier vainqueur.

승전 勝戰 명 victoire *f*, triomphe *m*. ◇_(을) **하다** remporter [gagner] la victoire; triompher de *qn*; l'emporter sur ((un adversaire)); vaincre ((un rival)).

◆**_고** -鼓 명 tambour *m* de la victoire. ¶ ~고를 울리다 battre le tambour de la victoire.

◆**_국** -國 명 pays *m* victorieux.

◆**_보** -譜 명 nouvelle *f* d'une victoire. ¶ ~보를 알리다 annoncer la victoire.

◆**_비** -碑 명 monument *m* commémoratif d'une victoire [colonne *f* commémorative d'une victoire].

승점 勝點 명 marque *f*; score *m*; point *m*. ¶ 우리 팀은 B조에서 ~이 5이다 Notre équipe a marqué cinq points dans la poule B / Notre équipe a totalisé cinq points dans la poule [le groupe] B.

승정원 承政院 명 【역사】 Seungjeongwon <secrétariat royal à l'époque de Joseon>.

◆**_일기** -日記 명 【역사】 *Seungjeongwon ilgi* <Journal du Seungjeongwon, secrétariat royal>.

승지 承旨 명 【역사】 secrétaire *m* du roi, officier *m* du Seungjeongwon.

◆**도_** 都- 명 【역사】 premier secrétaire *m* du roi, chef *m* du Seungjeongwon.

◆**우[좌]_** 右[左]- 명 【역사】 second secrétaire *m* du roi.

승직 昇職 명 avancement *m*, promotion *f*. ◇_(을) **하다** obtenir une promotion.

승진 昇進 명 promotion *f* ((au poste de directeur)); avancement *m* ((au mérite, à l'ancienneté)). ¶ ~이 빠르다[늦다] monter rapidement [lentement] en grade. ◇_(을) **하다** avancer; monter ((en grade)); être promu(*e*) ((lieutenant)); obtenir de l'avancement. ¶ 그 사람은 입사 5년 만에 이사로 ~했다 Il a été promu directeur cinq années après être entré dans la compagnie. ◇_(이) **되다** être promu(*e*). ¶ 그 친구는 이번에 부사장으로 ~되었다 Cette fois-ci, il vient d'être promu vice-président. ◇_(을) **시키다** donner de l'avancement; promouvoir *qn*.

승차[1] 乘車 명 montée *f* en voiture. ¶ ~를 거부하다 ((taxi)) passer en voiture sans prendre de client. ◇_(를) **하다** monter dans ((un train, une voiture, un taxi)), monter en ((voiture)). ¶ 손님들께서는 빨리 ~해 주시기 바랍니다 Veuillez monter dans l'autocar rapidement / En voiture, s'il vous plaît.

◆**_감** -感 명 sensation *f* que donne la voiture. ¶ 이 차는 ~감이 좋다 Cette voiture donne une sensation de confort.

◆**_권** -券 명 billet *m* ((de chemin de fer)); ticket *m* ((de métro, d'autobus)). ¶ ~권을 사다[발매하다] acheter [vendre] un billet.

◆**_장** -場 명 gare *f*; quai *m* ((de chemin de fer)); station *f* ((de métro)).

승차[2] 勝差 명 différence *f*, écart *m* (au classement). ¶ 2위 팀과 ~를 벌리다 augmenter l'écart avec la deuxième équipe au classement. ¶ 1위 팀과 ~를 좁히다 réduire l'écart avec la première équipe au classement. ¶ 1위 팀과의 ~가 너무 크다 L'écart est très grand avec la première équipe au classement.

승천 昇天 명 【기독】 ascension *f*. ◇_(을) **하다** monter au ciel.

◆**성모_일** 명 【천주】 (fête *f* de) l'Assomption *f* ((le 15 août)).

승패 勝敗 명 victoire *f* ou défaite *f*; issue *f* d'un match [d'une rencontre]. ¶ 연장전까지 치르고도 두 팀은 결국 ~를 가리지 못했다 Les deux équipes ne sont pas parvenues à [n'ont su] se départager même après (avoir joué [disputé]) les prolongations. ¶ 선수들의 정신력이 ~를 결정할 것이다 C'est la force morale des joueurs qui décidera de la victoire. ¶ 네 역할에 팀의 ~가 달려 있다 C'est de ton rôle que dépend la victoire de l'équipe.

승하 昇遐 명 décès *m* du roi. ◇_(를) **하다** ((roi)) décéder. ¶ 왕이 ~했다 Le roi est décédé.

승하다 勝- 형 être supérieur(*e*), excellent(*e*). ¶ 그 사람은 덕보다 재주가 ~ Il excelle davantage par son talent que par sa vertu.

승합차 乘合車 명 minibus *m*, monospace *m*, véhicule *m* à multiples usages / grande voiture *f* ((pour plus de sept personnes)); ((Renault)) espace *f*; break *m*, camionnette *f*, fourgonnette *f*. ¶ 12인용 ~ minibus pour douze personnes.

승화 昇華 명 ① 【화학】 sublimation *f*. ② 한 단계 높아짐 sublimation *f* {*litt*} ((des instincts)); exaltation *f*; purification *f*. ◇_(를) **하다** ① 【화학】 se sublimer; être sublimé(*e*). ¶ 드라이아이스는 상온에서 ~한다 La carboglace [La neige carbonique] se sublime à température ambiante ((en CO_2)). ② 한 단계 높아지다 se sublimer, s'idéaliser. ◇_(가) **되다** ① 【화학】 se sublimer; être sublimé(*e*). ② se sublimer, s'idéaliser. ¶ 그 화가의 삶의 고통이 예술 작품으로 ~되었다 La douleur de la vie de ce peintre s'est sublimée dans ses œuvres d'art. ◇_(를) **시키다** sublimer ((une passion)), rendre sublime. ¶ 고통을 훌륭한 예술 작품으로 ~시키다 Il a sublimé sa douleur dans son œuvre d'art.

◆**_열** -熱 명 【화학】 chaleur *f* sublimée.

시[1] 市 명 ① ville *f*. ¶ ~의 중심부 centre d'une ville. ¶ 그곳은 ~가 된 지 얼마 안 됐다 Il y a peu de temps que cet endroit est devenu une ville. ② 시청 당국 autorités *fpl* municipales. ¶ ~에서 새로운 교통정책을 내놓았다 Les autorités municipales ont présenté une nouvelle politique de circulation. ¶ ~에서 주차 단속을 나왔다 Les autorités municipales ont exercé un contrôle sur le stationnement.

시² 時 명 출생 시각 l'heure *f* de naissance. ¶ 그 남자는 ~를 잘못 타고났다 Il est né à une heure néfaste. 의명 ((au)) moment *m* ((où)), quand, lorsque. ¶ 규칙을 어겼을 ~에는 벌금을 물어야 한다 Il faut verser une amende quand [lorsqu']on a violé une règle. 분류 ((Bien qu'il soit classificateur sino-coréen, il s'emploie avec les nombres coréens)) heure *f*. ¶ 지금 몇 ~입니까? - 5(다섯)~ 반입니다 Quelle heure est-il? - Il est cinq heures et demie. ¶ 1(한)~ 정각이다 Il est une heure juste [précise, sonnante, tapante, pile {*fam*}, pétante {*fam*}] / Il est exactement [très précisément] une heure. ¶ 아침[저녁] 열 ~에 전화해라 Téléphone-moi à dix heures du matin [du soir]. ¶ 2(두)~ 15분이다 Il est deux heures quinze / Il est deux heures et quart [un quart]. ¶ 3(세)~ 10분 전이다 Il est trois heures moins dix. ¶ 4(네)~ 15분 전이다 Il est quatre heures moins le quart. ¶ 모월 모일 모~에 à telle heure tel jour en tel mois.

시³ 詩 명 【문학】 poésie *f*, poème *m*; ((싯귀)) vers *m*. ¶ 자유[정형, 산문]~ poème à forme libre [à forme fixe, en prose]. ¶ 서사[서정, 극]~ poésie épique [lyrique, dramatique]. ¶ 12음절 ~ poème [poésie] en alexandrins. ¶ ~를 쓰다[짓다] écrire [faire, composer] un poème, faire de la poésie. ¶ ~를 낭송하다[읊다] déclamer [réciter, dire] un poème; dire une poésie. ¶ ~를 감상하다 apprécier un poème.

◆_**적** 명 poétique *f*. ¶ ~적 감흥 sentiment poétique. ¶ ~적인 표현 expression poétique. ¶ ~적으로 표현하다 exprimer poétiquement [de façon poétique].

◆_**작법** -作法 명 【문학】 versification *f*; art *m* poétique.

◆_**집** -集 명 recueil *m* de poèmes; anthologie *f* de la poésie.

◆_**회** -會 명 cercle *m* de poètes; réunion *f* de poètes [d'amateurs de poésie]. ¶ ~회를 열다 tenir un cercle de poètes.

시⁴ 이 명 【음악】 si *m*. ¶ ~ 음을 누르다 taper sur la note si, jouer un si.

시⁵ 감 ☞ 씨⁴

-시-⁶↔-으시 어미 ((suffixe flexionnel préfinal ou suffixe flexionnel préfinal, honorifique. Il s'insère entre le radical verbal et le suffixe flexionnel de terminaison phrastique ou le suffixe flexionnel conjonctif. -시 s'ajoute après le radical de l'adjectif ou du verbe qui se termine par une voyelle ou par la consonne liquide –ㄹ (mais après l'omission de cette consonne); -으시 s'ajoute après le radical verbal qui se termine par une consonne. S'il s'emploie avec d'autres suffixes flexionnels préfinaux temporo-modaux –았/-었, -겠, -던, il se place devant eux. Ce suffixe exprime la politesse et le respect à l'égard de l'interlocuteur ou de la personne dont on parle.)) ¶선생님은 키가 크~다 Mon professeur est de grande taille. ¶아버지께서 나에게 전화를 하~었다. Mon père m'a appelé(*e*). ¶형님게서 다니~던 직장 Lieu (de travail) où mon frère travaillait. ¶이것이 할머니께서 즐겨 보셨(보~었)던 책이에요. Ceci est le livre que grand-mère lisait avec plaisir. ¶장관님께서 내일 대전을 방문하~겠다는 전화 연락이 왔습니다. Il y avait un message téléphonique annonçant que Monsieur le ministre a l'intention de visiter Daejeon (ville) demain.

시-⁷ 접두 ((préfixe verbal)) entièrement, complètement; d'une manière absolue [intégrale], extrêmement; ((être)) tout ((rouge)), ((être rouge)) vif(*ve*) ((préfixe d'intensité placé devant les qualitatifs de couleur)). ¶ ~퍼렇다 être tout(*e*) bleu(*e*); être tout(*e*) vert(*e*) ¶ ~뻘겋다 être tout(*e*) rouge; être rouge vif(*ve*); être carminé(*e*). ¶ ~커멓다 être tout(*e*) noir(*e*); être noir(*e*) comme du charbon.

시-⁸ 媤- 접두 ((préfixe nominal)) beau-((père)), belle-((mère)) ((préfixe renvoyant à la famille du mari, à la belle-famille d'une épouse)). ¶ ~어머니 belle-mère, mère du mari. ¶ ~아버지 beau-père, père du mari. ¶ ~동생 beau-frère, petit frère du mari. ¶ ~누이 belle-sœur, sœur du mari.

시가¹ 市街 명 rue *f*. ¶ ~ 행진 défilé [parade] dans la rue.

◆_**전** -戰 명 combat *m* de rues.

◆_**지** -地 명 ville *f*.

시가² 時價 명 prix *m* courant; cours *m*; prix *m* (moyen) actuel ((d'un produit)). ¶ ~에도 못 미치는 값 prix inférieur au prix courant, prix inférieur au prix moyen actuel, prix moins élevé que son prix actuel. ¶ ~ 천만 원 상당의 보석 bijou d'une valeur d'environ 10 millions de wons.

시가³ 市價 명 prix *m* actuellement pratiqué sur le marché, prix *m* actuel du marché. ¶ ~보다 비싸게 사다 acheter *qc* plus cher qu'au prix actuel du marché [aux prix actuellement pratiqués sur le marché].

시가⁴ 媤家 명 maison *f* des parents de *son* mari, maison *f* des beaux-parents d'une femme; famille *f* de *son* mari, belle-famille *f* d'une femme [de l'épouse]. ¶ ~에 가다 ((une femme)) aller chez *ses* beaux-parents; visiter la famille de *son* mari.

시가⁵ 詩歌 명 【문학】 poème *m*, poésie *f*; poème *m* et chanson *f*.

◆_**집** -集 명 recueil *m* de poèmes; anthologie *f* de la poésie.

시가⁶ 영{cigar} 명 cigare *m*. ¶ 그 사람은 ~를 즐겨 피운다 Il aime fumer le cigare.

시각¹ 時刻 명 heure *f*, moment *m*, instant *m*. ¶ 약속 ~ heure d'un rendez-vous. ¶ 취침 ~ heure du coucher. ¶ 해 뜨는 ~ heure du lever du soleil. ¶

~을 다투는 일 travail très pressant. ¶ ~을 어기다 ne pas respecter l'heure [l'horaire], ne pas être exact(*e*) ((au rendez-vous)), ne pas être ponctuel ((à un rendez-vous)), ne pas être à l'heure, être en retard. ¶ ~을 지체하다 s'attarder, traîner, traînasser, {*fam*}, lambiner {*fam*}. ¶ 제 ~에 나타나다 arriver à l'heure. ¶ 현재 ~이 오전 10시 45분이다 Il est dix heures quarante-cinq du matin. ¶ 기차 도착 ~이 훨씬 지났다 Ce train est très en retard sur l'horaire [sur son horaire]. ¶ 이른 ~에 à l'heure matinale, très tôt, au petit jour.

시각[2] **視覺** 명 【의학】 vue *f*; perception *f* visuelle. ¶ ~ 장애 trouble de la vue. ¶ ~을 상실하다 perdre la vue.

◆**_적** -的 명관 visuel(*le*). ¶ ~적인 효과를 노리다 viser l'effet visuel.

◆**_화** -化 명 visualisation *f*.

◆**_교육** -教育 명 méthode *f* visuelle d'enseignement.

◆**_교재** -教材 명 manuel *m* visuel.

◆**_기관** -器官 명 【의학】 organe *m* visuel.

◆**_신경** -神經 명 【의학】 nerf *m* optique.

◆**_예술** -藝術 명 【예술】 art *m* visuel.

시각[3] **視角** 명 관점 point *m* de vue, avis *m*, opinion *f*. ¶ ~(의) 차이 différence de point de vue. ¶ 사물을 보는 ~ vision des choses.

시간 時間 명 ((durée du temps)) ① temps *m*; heure *f*, moment *m*. ¶ ~을 낭비[허비]하다 gaspiller [perdre] *son* temps. ¶ ~을 늘리다 prolonger *qc*, temporiser. ¶ ~을 때우다 faire passer le temps; tuer le temps. ¶ ~을 벌다 gagner du temps. ¶ ~을 아끼다 économiser *son* temps. ¶ ~을 쪼개어 쓰다 être économe du moindre instant. ¶ ...하면서 ~을 보내다 passer *son* temps à+*inf*. ¶ 짧은 ~에 일을 끝내다 terminer le travail en un temps très court. ¶ 정해진 ~ 안에 일을 끝내다 terminer un travail dans les délais [dans les temps (voulus), dans les délais voulus, dans les délais convenus, dans les délais prévus, dans les délais qui nous ont été impartis, dans le délai fixé]; respecter le planning. ¶ 회의 시작까지는 ~이 남아 있다 Il me reste du temps [Il y a encore du temps] avant le commencement de la conférence. ¶ ~이 모자라다 [부족하다] manquer de temps. ¶ ~이 촉박하다 Le temps presse. ¶ 이것은 ~이 많이 드는 일이다 Ce travail demande beaucoup de temps / Il faut beaucoup de temps pour faire ce travail. ② 시각 heure *f*, moment *m*, instant *m*. ¶ 시계의 ~을 맞추다 régler *sa* montre, mettre *sa* montre à l'heure. ¶ 만날 ~을 정하다 fixer l'heure d'un rendez-vous. ¶ ~을 지키다[엄수하다] respecter l'horaire; être exact(*e*) ((au rendez-vous)), être ponctuel(*le*) ((à un rendez-vous)), être à l'heure. ③ 틈 temps *m*; heure *f*, moment *m*. ¶ ~을 내다 fixer une heure pour *qc*. ¶ 생각할 ~을 갖다 prendre le temps de réfléchir. ¶ ~이 있다 [없다] avoir le temps [du temps (à consacrer à *qn*), du temps disponible, du temps devant *soi*], avoir un moment, être libre, disponible [ne pas avoir le temps, être pris(*e*)]. ¶ ~을 갖고 천천히 해라 Prends ton temps pour faire ça. ¶ 너와 말다툼할 ~ 없다 Je n'ai pas le temps de me disputer avec toi. ¶ 내일 ~ 좀 있니? Est-ce que tu as le temps [du temps à me consacrer, du temps disponible, un moment à me consacrer] demain? / Est-ce que tu es libre [disponible] demain / Est-ce que tu peux m'accorder du temps demain? ¶ 서둘러라, ~이 없다 Dépêche-toi, le temps presse [on n'a pas le temps]. ¶ (귀한) ~을 내 주셔서 감사합니다 Je vous remercie de m'avoir accordé [d'avoir bien voulu m'accorder] de votre (précieux) temps / Je vous remercie de m'avoir donné un peu de votre précieux temps. ¶ ~을 빼앗아서 죄송합니다 Je suis désolé(*e*) de vous avoir pris du temps. ④ 어떤 행동을 하기로 정해진 동안 heures *fpl* ((de visite, de bureau, de cours)); moment *m* ((de détente)); temps *m* ((de parole)). ¶ 근무 ~ heures de travail [de bureau]. ¶ 수업[강의] ~ heures de classe [de cours]. ¶ 면담 ~ les heures de visite. ¶ 쉬는 ~ un moment de relâche, ((se ménager)) des moments de détente [de relaxation], du repos, une pause, ((quelques minutes de)) récréation, ((s'accorder une)) trêve, ((un peu de)) répit; ((학교에서)) un intercours, un interclasse. ¶ 발언 ~을 넘기다[초과하다] dépasser *son* temps de parole. ¶ 지난 수업 ~에 선생님께서 무슨 말씀을 하셨니? Qu'a dit le professeur au dernier cours? ¶ 이 영화는 상영 ~이 두 시간을 넘는다 Ce film dure plus de deux heures. ⑤ 때의 흐름 temps *m*. ¶ ~이 다 해결해 줄 것이다 Le temps résoudra tout. ¶ ...하는 것은 ~ 문제다 ... est une question de temps.

*~**은 돈이다** Le temps, c'est de l'argent.

*~**을 죽이다** tuer le temps.

◆**_적** -的 명관 temporel(*le*). ¶ ~적 여유 temps libre [à *soi*], heures de liberté, heures [moments] de loisir; ((avoir)) des loisirs. ¶ ~적으로 이 일은 해낼 수 없다 Faute de temps, je ne pourrai pas faire ce travail / Je n'ai pas le temps de le faire.

◆_강사 -講師 명 【교육】 chargé *m* de cours, vacataire *m*.

◆**_관념** -觀念 명 notion *f* du temps. ¶ 그 친구는 ~관념이 철저하다[부족하다, 없다] Il est ponctuel [Il lui manque la notion du temps / Il n'a pas la notion du temps].

◆**_대** -帶 명 ((표준시)) fuseau *m* horaire; période *f* de temps. ¶ 같은 ~대에 dans le même laps de temps; à la même période. ¶ 황금 ~대 les heures de grande écoute.

◆**_외** -外 명 en dehors des heures de travail [du temps réglementaire]; ((heures)) supplémentaires. ¶ ~외 노동[수당] heures supplémentaires; heures sup {*fam*} [indemnités payées pour les heures supplémentaires].

◆**_제** -制 명 travail *m* à l'heure. ¶ ~제로 일하다

travailler à l'heure; être payé(*e*) à l'heure.

◆_차 -差 명 décalage *m* horaire; marge *f* de temps. ¶ 약간의 ~차를 두고 떠나다 partir en laissant une petite marge de temps.

◆_표 -表 명 emploi *m* du temps. ¶ 수업 ~표 emploi du temps ((d'un élève)). ¶ ~표를 짜다 aménager *son* emploi du temps.

분류 heure *f*. ¶ 두 ~을 기다리다 attendre deux heures. ¶ 몇 ~ 동안 정전이 되었다 La coupure d'électricité a duré quelques heures / Il y a eu une coupure d'électricité de quelques heures. ¶ 리옹까지 TGV로 몇 ~ 걸립니까? Combien d'heures faut-il pour aller à Lyon en TGV?

시건방지다 형 être prétentieu*x*(*se*), arrogant(*e*); être présomptueu*x*(*se*). ¶ 시건방진 태도[말투] attitude arrogante [paroles présomptueuses, manière de parler présomptueuse, ton arrogant]. ¶ 시건방진 소리 paroles présomptueuses. ¶ 그 녀석 참 ~ Quel présomptueux! / Quel toupet [culot]! {*fam*} / Il ne manque pas d'air {*fam*}!

시경[1] 市警 명 ((‘시경찰청’의 준말)) police *f* municipale

시경[2] 詩經 명 【책명】 le Livre *m* des poésies, *Shi-jing m* ((un des cinq livres du canon confucianiste)).

시계[1] 時計 명 ((손목시계)) montre *f*, ((큰 시계)) horloge *f*; ((괘종)) pendule *f*, pendulette *f*; ((알람)) réveille-matin *m inv*, réveil *m*. ¶ 째깍째깍하는 ~ 소리 tic-tac d'une montre. ¶ ~를 맞추다 régler *sa* montre; mettre *sa* montre à l'heure. ¶ ~를 빨리 가게 하다 avancer une montre. ¶ ~를 차다[풀다] mettre [porter] une montre au poignet [ôter une montre, enlever une montre]. ¶ ~를 보다 regarder [consulter] *sa* montre; regarder l'heure. ¶ ~를 잘못 보다 se tromper d'heure. ¶ 이 ~는 정확하다[틀리다] Cette montre est exacte / Cette montre est à l'heure [Cette montre est fausse / Cette montre n'est pas à l'heure]. ¶ ~가 방금 세 시를 쳤다 L'horloge vient de sonner trois heures. ¶ ~는 지금 열 시를 가리키고 있다 L'horloge marque dix heures maintenant. ¶ 이 ~는 5분 정도 늦다 Cette montre retarde d'environ cinq minutes. ¶ 내 ~는 좀 빠르다 Ma montre avance un peu. ¶ 내 ~로는 지금 3시 10분이다 Il est trois heures dix à ma montre.

*~**가 잔다[죽었다]** La montre [L'horloge] est arrêtée.

◆_바늘 명 aiguilles *fpl* d'une montre.

◆_반대 방향 -反對方向 명 sens *m* inverse des aiguilles d'une montre.

◆_방향 -方向 명 sens *m* des aiguilles d'une montre. ¶ 반 ~ 방향으로 en sens inverse des aiguilles d'une montre.

◆_추 -錘 명 contrepoids *m* d'une horloge; pendule *m* d'une horloge; balancier *m*.

◆_탑 -塔 명 tour *f* d'horloge.

◆_포 -鋪 명 horlogerie *f*.

◆_폭탄 -爆彈 명 bombe *f* à retardement.

◆괘종_ 掛鐘- 명 pendule *f*, pendulette *f*

◆꽃_ 명 massif *m* floral en forme d'horloge.

◆무침_ 無針- 명 montre *f* sans aiguilles

◆방수_ 防水- 명 montre *f* étanche

◆배꼽- 명 l'horloge du ventre (qui signale l'heure de manger), ventre criant famine (aux heures de repas).

◆벽_ 壁- 명 horloge *f*.

◆뻐꾸기_ 명 pendule *f* à coucou; coucou *m*.

◆손목_ 명 montre *f*, montre-bracelet(*~s-~s*) *f*, bracelet-montre(*~s-~s*) *m*.

◆전자_ 電子- 명 horloge *f* électronique; montre *f* électronique.

◆탁상_ 卓上- 명 pendulette *f* de bureau.

시계[2] 視界 명 vue *f*, champ *m* visuel. ¶ ~를 가로막다 boucher la vue. ¶ ~를 벗어나다 disparaître de la vue. ¶ ~가 탁 트였다 Le champ visuel est dégagé. ¶ 안개 때문에 ~가 흐리다 La vue est trouble [mauvaise] à cause du brouillard / On voit trouble [mal] à cause du brouillard. ¶ ~가 넓어진다[좁아진다] La vue s'étend [se rétrécit]. ¶ ~에 들어오다 entrer [être, se trouver] dans le champ visuel.

시고모 媤姑母 명 tante *f* paternelle du mari.

◆_부 -夫 명 mari *m* de la tante du mari.

시골 명 campagne *f*, ((수도에 대하여)) province *f*, ((고향)) pays *m* natal. ¶ ~ 사람 campagnard, provincial, paysan, péquenaud {*fam*}, péquenot {*fam*}, plouc {*fam*}, bouseux {*fam*}, pedzouille {*fam*}. ¶ ~ 인심 affabilité des gens de la campagne. ¶ 그 친구는 ~ 출신이다 Il est d'origine campagnarde. ¶ ~에서 살다[태어나다, 자라다] vivre [naître, grandir] à la campagne. ¶ ~로 내려가다 descendre à la campagne [en province].

*~ **냄새가 나다** Cela sent le rustique; avoir l'air d'un paysan; faire péquenaud {*fam*} [plouc {*fam*}]. ¶ 그 아저씨는 ~ 냄새가 풀풀 난다 Il fait très péquenaud {*fam*} / Il est vraiment plouc! {*fam*}.

◆_구석 명 coin *m* reculé de campagne.

◆_길 명 chemin *m* de campagne.

◆_뜨기 명 campagnard, provincial, paysan, péquenaud {*fam*}, péquenot {*fam*}, plouc {*fam*}, bouseux {*fam*}, pedzouille {*fam*}; rustaud(*e*), rustre {*vx*}.

◆_집 명 maison *f* de campagne.

시공[1] 施工 명 construction *f*. ¶ ~ 회사[업자] entreprise de construction [entrepreneur de construction]. ◇_(을) **하다** construire, bâtir, édifier. ¶ 아파트를 ~ construire [bâtir] un ensemble résidentiel [une cité résidentielle, un grand ensemble]. ◇_(이) **되다** être construit(*e*).

◆_자 -者 명 construc*teur*(*trice*).

시공[2] 時空 명 temps *m* et espace *m*. ¶ ~을 초월한 명작 chef-d'œuvre qui résiste au temps et à l'espace [hors du temps et de l'espace].

시공간 時空間 명 espace-temps *m*, temps *m* et espace *m*.

시구[1] 詩句 명 【문학】 vers *m*; strophe *f*, stance *f*

ㅅ

{*vx*}. ¶ ~를 읊조리다 réciter une strophe[un vers]. ¶ 좋은 ~를 기억하다 se rappeler une bonne strophe[un beau vers].

시구² 始球 명 【운동】 premier lancer *m* effectué par une personnalité au début d'un match de baseball. ¶ 대통령의 ~로 경기가 시작되었다 Le président de la République a effectué le premier lancer pour donner le coup d'envoi du match de baseball / Le match de baseball a commencé par un lancer du président de la République. ◇_(를) **하다** ((une personnalité)) effectuer le premier lancer pour donner le coup d'envoi d'un match de baseball.

시국 時局 명 état *m* des choses; situation *f* actuelle; circonstances *fpl* présentes. ¶ ~ 간담회 entretien sur la situation actuelle. ¶ ~ 현안 question pendante sur l'état des choses. ¶ 비상 ~ situation critique; crise, urgence. ¶ ~을 직시하다 voir la situation telle qu'elle est. ¶ ~을 논하다 discuter une situation actuelle. ¶ 어지러운 ~을 수습하다 rétablir une situation désespérée; dénouer une crise. ¶ ~에 대처하다 faire face à la situation. ¶ ~이 어수선하다 La situation est embrouillée.

◆**_관** -觀 명 façon *f* de voir une situation.

시굴 試掘 명 prospection *f*; sondage *m*, forage *m* ((d'un sol, de prospection)). ¶ 석탄 ~ prospection de houille. ◇_(을) **하다** sonder, forer.

◆**_권** -權 명 droit *m* de prospection.

시궁창 명 ① fossé *m*, égout *m*. ② 안 좋은 환경 lieu *m* malsain [malpropre], merdier *m* {*fam*}, bourbier *m*, sentine *f* {*litt*}, pétrin *m*, cloaque *m*. ¶ ~에 빠지다 s'enfoncer dans un bourbier; s'embourber.

시귀 詩句 명 ((‘시구’의 잘못)) ☞ 시구¹

시그널 영{signal} 명 signal *m* ¶ ~ 뮤직 signal musical. ¶ 시간을 알리는 라디오의 ~이 울렸다 Le signal horaire d'une radio a retenti.

시그마 그 명 sigma *m*.

시근¹ 어근 ((onomatopée)) halètement *m*, essoufflement *m*.

◆**_거리다[대다]** 자 haleter; être essoufflé(*e*). ¶ ~거리며 말하다 parler en haletant.

◆**_ _** 부 en haletant; ((respirer)) bruyamment.

시근² 어근 ((onomatopée)) douleur *f* sourde. ☞ 시큰

◆**_거리다[대다]** 자 ressentir une douleur sourde.

◆**_하다** 형 ressentir une douleur sourde. ¶ 무릎이 ~하다 ressentir une douleur sourde dans les genoux.

◆**_ _** 부 ¶ 뼈마디가 ~~ 아프다[쑤신다] ressentir un mal aigu [une douleur sourde] dans les articulations.

시근덕거리다 자 haleter; être essoufflé(*e*). ¶ 시근덕거리며 말하다 parler en haletant.

시근덕대다 자 ☞ 시근덕거리다

시금떨떨하다 형 ☞ 시금털털하다

시금석 試金石 명 ① pierre *f* de touche. ② 기준 critère *m*. ¶ 이번 일은 그 사람의 능력을 시험하는 ~이다 Ce travail est la pierre de touche de sa compétence. ¶ 지방자치는 민주주의의 ~이다 L'autonomie communale est la pierre de touche de la démocratie.

시금치 명 【식물】 épinards *mpl*.

◆**_나물** 명 épinards *mpl* (bouillis dans l'eau) préparés avec diverses épices.

◆**_ㅅ국** 명 soupe *f* aux épinards.

시금털털하다 형 être acide et âpre; être acidulé(*e*) et âpre. ¶ 음식 맛이 ~ C'est acide et âpre.

시급 時急 명 urgence *f*, imminence *f*. ¶ ~을 다투는 문제 un problème imminent [(vraiment) urgent], une affaire de seconde, une affaire très urgente [pressante].

◆**_하다** 형 être urgent(*e*). ¶ ~한 안건[일] sujet [travail] urgent. ¶ ...하는 것이 ~하다 Il est urgent de+*inf*. ¶ ~하게 해결해야 할 문제 un problème urgent à résoudre.

◆**_히** 부 en urgence, d'urgence. ¶ 이 일에 대해 ~히 조처를 취해야 한다 Il faut prendre des mesures d'urgence à ce sujet.

시기¹ 時期 명 temps *m*; saison *f*, période *f*, époque *f*. ¶ 단풍[결혼] ~ saison des feuilles d'automne [saison du mariage]. ¶ 중대한[적당한] ~ période importante [temps opportun; moment convenable]. ¶ 요즘처럼 경제가 어려운 ~에 en période difficile de crise économique comme ces jours-ci. ¶ ~가 너무 이르다[늦다] Il n'est pas encore temps de+*inf* [Il n'est plus temps de+*inf*]

◆**_적** -的 명관 au point de vue temps. ¶ 그 일은 ~적으로 좀 늦은 감이 있다 Au point de vue temps, ce travail me fait [donne] l'impression d'être un peu en retard.

시기² 時機 명 기회 moment *m* convenable; occasion *f*. ¶ ~를 놓치다 manquer une occasion; laisser échapper une bonne occasion. ¶ ~를 포착하다[잡다] profiter de l'occasion [saisir le bon moment]. ¶ 적절한 ~를 노리다[엿보다, 기다리다] guetter [épier, attendre] le moment [une occasion] favorable. ¶ ~가 좋다[나쁘다] C'est le bon moment [C'est le mauvais moment / Ce n'est pas le bon moment]. ¶ 지금은 거사하기에 ~가 좋지 않다 Ce n'est pas le moment de s'y mettre.

◆**_상조** -尙早 명 prématurité *f*. ¶ 아직은 ~상조다 C'est encore prématuré.

시기³ 猜忌 명 jalousie *f*; envie *f*. ◇_(를) **하다** être jaloux(*se*) ((d'un voisin)); jalouser ((les autres)). ¶ 그 사람은 경쟁자를 너무 ~한다 Il est trop jaloux de son rival [de ses rivaux]. ¶ 그놈은 친구가 갑자기 부자가 된 것을 ~하고 있다 Ce type envie son ami d'avoir fait fortune tout d'un coup [parce qu'il a fait fortune tout d'un coup].

◆**_심** -心 명 jalousie *f*, envie *f*. ¶ ~심이 많은 jaloux(*se*), envieux(*se*). ¶ 경쟁자에게 ~심을 품다 éprouver de la jalousie pour un concurrent; être jaloux(*se*) de *son* concurrent [de *son* rival, de *ses* rivaux]. ¶ 친구가 상을 탄 것에 ~심을 갖다 envier

ㅅ

un ami d'avoir reçu un prix. ¶ ~심에 불타다 être pris(*e*) d'un vif sentiment de jalousie; être torturé(*e*) par la jalousie.

시꺼멓다 형 ① être tout(*e*) noir(*e*); être noir(*e*) comme du charbon [du cirage, un corbeau, l'ébène, de l'encre, (du) jais]; être charbonneux(*se*). ¶ 시꺼먼 흙먼지 poussière toute noire. ¶ 시꺼멓게 칠하다 peindre tout en noir. ② 음흉하다 avoir le cœur mauvais, être mauvais(*e*). ¶ 속이 시꺼먼 사람 personne au cœur mauvais. ③ 노심초사하다 être mort(*e*) d'inquiétude; se faire un sang d'encre. ¶ 너 때문에 내 속은 시꺼멓게 다 탔다 Je me suis fait un sang d'encre pour toi. ④ 매우 많다 être nombreu*x*(*se*). ¶ 적군이 시꺼멓게 몰려온다 Les soldats ennemis attaquent en force.

시끄럽다 형 ① être bruyant(*e*); être criard(*e*); être tapag*eur*(*euse*). ¶ 시끄러운 소리[소음] grand bruit, vacarme (d'enfer, assourdissant), tapage, raffut {*fam*}, boucan {*fam*}, ramdam {*fam*}. ¶ 장내가 너무 ~ La salle est trop bruyante / Il y a trop de bruit dans la salle. ¶ 시끄러워! 조용히 해! Tais-toi! / (Tu fais trop de bruit!) Mets-la en veilleuse! ¶ 시끄럽게 떠들다 faire du bruit, parler fort. ② 혼란스럽다 être ennuy*eux*(*euse*); être embarrassant(*e*). ¶ 시끄러운 일에 휘말리다 se mêler d'une affaire ennuyeuse. ¶ 정치권이 ~ Le monde politique tourne mal. ¶ 괜히 일을 시끄럽게 만들지 마라 Ne complique pas le problème pour rien.

시끌벅적하다 형 être grouillant(*e*) [fourmillant(*e*)] et bruyant(*e*), ((bruit, vacarme, musique)) être assourdissant(*e*); ((une musique, un enfant)) être tapag*eur*(*euse*); ((foule, rue)) être tumultueu*x*(*se*); ((소란스럽다)) être agité(*e*). ¶ 교실이 ~ La classe est très bruyante [agitée] / Quel chahut dans cette classe!

시끌시끌하다 형 être bruyant(*e*), ((bruit, vacarme, musique)) être assourdissant(*e*); ((une musique, un enfant)) être tapag*eur*(*euse*); ((foule, rue)) être tumultueu*x*(*se*); ((voix)) être criard(*e*).

시나리오 이 명 ① 【연영】 scénario *m*. ¶ ~ 작가 scénariste. ¶ ~를 쓰다 écrire un scénario. ② 계획 scénario *m*. ¶ 그들은 사전에 미리 짜둔 ~대로 움직였다 Ils ont agi en complotant selon le scénario préétabli.

시나브로 부 petit à petit, pas à pas, peu à peu (sans qu'on s'en aperçoive), imperceptiblement; graduellement, progressivement. ¶ ~ 어둠이 거리에 깔려 있었다 L'obscurité avait imperceptiblement envahi les rues.

시나위 명 【음악】 *sinawi m* <musique impromptue traditionnelle de la Corée qui est originaire de la province du Honam>.

시내[1] 명 ruisseau(*x*) *m*, rivière *f*, cours *m* d'eau. ¶ ~를 건너다 passer [traverser, franchir] un ruisseau. ¶ 골짜기에 ~가 흐른다 Le ruisseau s'écoule dans la vallée.

◆_ㅅ가 명 bord *m* d'un ruisseau.

◆_ㅅ물 명 eau(*x*) *f* d'un ruisseau. ¶ 시냇물 소리 bruit d'un ruisseau qui coule ¶ 시냇물이 졸졸 흐른다 Le ruisseau coule en mince filet / Le ruisseau murmure.

시내[2] 市內 명 centre-ville *m*; intérieur *m* d'une ville; en ville. ¶ 서울 ~ centre de Séoul. ¶ ~ 교통 사정 état de la circulation au centre-ville. ¶ ~를 관광하다 [산책하다] faire du tourisme [se promener] en ville. ¶ ~를 통과하다 passer par une ville. ¶ ~에 가다 aller en ville. ¶ ~에 들어가다 entrer dans une ville. ¶ 그 친구는 ~에 산다 Il habite en ville. ¶ ~에서 만나 voir *qn* dans une ville.

◆_버스 명 (auto)bus *m*.

◆_통화 -通話 명 communication *f* téléphonique à l'intérieur d'une ville.

시너지 영{synergy} 명 synergie *f*. ¶ ~ 효과 effet synergique.

시네마 프{cinéma} 명 cinéma *m*.

◆_테크 명 【연영】 cinémathèque *f*.

시녀 侍女 명 ① servante *f*, domestique *f* , bonne *f*; demoiselle *f* d'honneur de la cour. ¶ ~를 거느리다 avoir une servante sous *ses* ordres. ② ((비유적)) servante *f* ((du pouvoir)). ¶ 언론이 권력의 ~로 전락했다 La presse en est réduit à être la servante du pouvoir.

시누 명 ☞ 시누이

시누이 媤- 명 belle-sœur *f* ((sœur du mari)). ¶ ~와 올케 사이 lien entre belles-sœurs.

***때리는 시어미보다 말리는 ~가 더 밉다** ☞ 시어미

시늉 명 ① 흉내 imitation *f*, mimique *f*. ¶ 그는 절름발이 ~을 했다 Il a fait semblant de boiter [de boitiller]. ② 몸짓 ((faire)) signe *m* ((de s'asseoir)). ¶ 그 친구는 알았다는 ~으로 나에게 손짓을 했다 Il m'a fait un signe affirmatif de la main. ◇_(을) **하다** ① imiter. ¶ 그 아이는 원숭이 ~을 잘한다 Cet enfant imite bien le singe. ② 몸짓을 하다 faire semblant de+*inf*, feindre. ¶ 아픈 ~을 하다 faire semblant d'avoir mal. ¶ 죽은 ~을 하다 faire le mort. ¶ 그 사람은 알았다는 ~을 했다 Il a fait semblant de savoir.

시니컬하다 영{cynical-} 형 être cynique. ¶ 시니컬한 태도를 보이다 avoir l'air cynique.

시다[1] 형 être aigre, acide; avoir un goût aigre. ¶ 신 과일 un fruit acide. ¶ 신 맛 une saveur [un goût] aigre.

시다[2] 형 ① ((뼈마디, 이가)) avoir une douleur. ¶ 뼈[오른쪽 발목]가 ~ Les os me font mal [La cheville droite me fait mal]. ¶ 이가 ~ avoir la dent sensible; La dent me fait mal. ② ((눈이)) être ébloui(*e*), aveuglé(*e*) ((par la lumière)). ¶ 눈이 시도록 쳐다보다 regarder *qc* jusqu'à en être ébloui(*e*).

***눈꼴이 ~[사납다]** ☞ **눈꼴**

시다[3] 일 명 ① 【속어】 assistant(*e*), adjoint(*e*), aide. ¶ 공장에 ~로 취직하다 trouver un boulot d'assistant ((en *qc*)) dans une usine, entrer en usine en tant qu'assistant(*e*). ② 【속어】 종 esclave *m*, homme

ㅅ

m à tout faire, bon(n)iche *f* {*fam*}. ¶ 그 사람은 내 ~야 Lui, c'est mon homme à tout faire [ma bon(n)iche].

시단 詩壇 명 monde *m* de la poésie. ¶ ~에 등단하다 faire *ses* débuts dans le monde poétique, faire *son* entrée dans le milieu poétique, commencer *sa* carrière poétique, débuter dans la carrière poétique.

시달 示達 명 transmission *f* ((d'instructions, de directives)). ◇_(을) **하다** transmettre ((des directives)); donner ((des instructions, des directives, des ordres)) à *qn*. ¶ 상급자가 하급자에게 주의 사항을 ~하다 Le supérieur donne des indications [des directives] à ses subordonnés. ¶ 일주일 내에 보고서를 올리라고 ~하다 donner l'ordre de présenter le rapport [le compte rendu] dans une semaine au plus tard. ◇_(이) **되다** se transmettre. ¶ 본부에서 명령이 ~되었다 L'ordre vient du quartier général. ¶ 자체 감사 계획을 빨리 짜라고 상부에서 ~이 되었다 L'ordre vient de l'administration supérieure afin de dresser un plan d'enquête [d'inspection] le plus vite possible / L'administration supérieure a ordonné de dresser un plan d'enquête le plus vite possible.

시달리다 자 être tourmenté(*e*), importuné(*e*), ennuyé(*e*), tracassé(*e*); souffrir ((du froid)); être en proie à ((une obsession)). ¶ 아내에게 ~ être agacé par *sa* femme. ¶ 어머니의 잔소리에 ~ être ennuyé(*e*) par les réprimandes de *sa* mère. ¶ 악몽에 ~ être tourmenté(*e*), tracassé(*e*) ((par un cauchemar, un mauvais rêve)), souffrir à cause d'un cauchemar.

시답잖다 형 être ennuyant(*e*); être peu satisfaisant(*e*); être insignifiant(*e*); être médiocre. ¶ 시답잖은 소리 좀 그만해라 Arrête de parler pour ne rien dire! / Tes conneries, ça suffit {*fam*}!

시대 時代 명 époque *f*; période *f*; temps *m*; siècle *m*; ère *f*; âge *m*; génération *f*. ¶ ~ 감각 goût [sensibilité] de l'époque. ¶ ~ 정신 esprit de l'époque [du temps]. ¶ 석기 ~ Âge de la pierre. ¶ 빙하 ~ l'ère glaciaire. ¶ 조선[고려] ~ époque [ère] de Joseon [de Goryeo]. ¶ 정보화 ~ l'Âge de l'informatique. ¶ 국제화[세계화] ~ l'époque [l'ère] de la mondialisation [de l'internationalisation]. ¶ ~의 물결을 타다 suivre le courant (de l'époque). ¶ ~를 반영하는 작품 un chef-d'œuvre de cette époque, un chef-d'œuvre qui reflète cette époque. ¶ ~를 앞서 가다 être en avance sur *son* temps. ¶ ~에 뒤지다[뒤떨어지다] être arriéré(*e*) (attardé(*e*)), être en retard sur *son* temps. ¶ ~에 역행하다 être rétrogradé(*e*). ¶ ~와 동떨어진 발상 une conception éloignée de notre temps.

◆**_적** -的 명관 historique *m*. ¶ ~적 배경 cadre [environnement, milieu] historique. ¶ 문학사조를 ~적으로 구분하다 classer les idées littéraires par époque.

◆**_성** -性 명 caractéristique *f* de l'époque [du temps].

◆**_극** -劇 명 【영연】 pièce *f* (de théâtre) historique.

◆**_물** -物 명 【예술】 œuvre *f* historique.

◆**_별** -別 명 par époque.

◆**_상** -狀 명 environnement *m* [milieu *m*] historique.

◆**_착오적** -錯誤的 명관 anachronisme; anachronique. ¶ 그것은 ~착오적인 발상이다 C'est une conception anachronique.

◆**구_** 舊- 명 ancien temps *m*; temps *m* [période *f*, siècle *m*] passé(*e*); époque *f* ancienne; autrefois. ¶ 구~의 유물을 청산하다 supprimer [remplacer] l'ancien régime.

시댁 媤宅 명 maison *f* des parents de *son* mari, maison *f* des beaux-parents d'une femme; famille *f* de *son* mari, belle-famille *f* d'une femme [de l'épouse]. ¶ ~에 가다 ((une femme)) aller chez *ses* beaux-parents; visiter la famille de *son* mari.

시도[1] 試圖 명 essai *m*, tentative *f* ((d'évasion)). ¶ 여러 차례의 ~가 모두 실패했다 On a essayé plusieurs fois, mais sans succès. ¶ ~는 좋았으나 결과가 기대에 미치지 못했다 C'était une bonne tentative même si nous n'avons pas obtenu [atteint] les résultats escomptés. ◇_(를) **하다** essayer ((de persuader *qn*)); tenter ((une expérience, de convaincre *qn*)). ¶ 탈출을 ~하다 tenter la fuite, essayer de s'évader. ¶ 여러 방안을 ~하다 essayer plusieurs plans. ¶ 그 사람은 갖은 ~를 해 보았지만 성과가 없었다 Il a tout essayé, mais sans résultat. ¶ 나는 그 사람을 설득하고자 ~했다 J'ai essayé de [J'ai cherché à] le persuader / Je voulais le persuader. ¶ 그것은 ~해 볼 만한 일이다 C'est une affaire qui mérite d'être essayée / C'est une affaire qui mérite une tentative [un essai]. ◇_(가) **되다** être essayé(*e*). ¶ 그것은 아직까지 ~된 적이 없는 일이다 C'est quelque chose qui n'a jamais été essayé jusqu'à maintenant.

시도[2] 市道 명 ville *f* et province *f*. ¶ 각 ~의 자치단체장을 뽑는 선거 élection régionale et municipale.

시동 始動 명 démarrage *m*. ¶ ~ 불량 un démarrage pénible. ¶ ~ 키를 넣다 mettre la clé de contact, mettre le contact; démarrer. ¶ 자동차에 ~을 걸다 faire démarrer une voiture, démarrer (une voiture), mettre le contact, mettre le moteur en marche. ¶ 자동차가 ~이 잘 안 걸린다 La voiture démarre difficilement / La voiture ne veut pas démarrer / Pas moyen de faire démarrer cette foutue bagnole [caisse] {*fam*}.

시동생 媤同生 명 petit frère *m* [frère *m* cadet] de *son* mari.

시드 영{seed} 명 classement *m*; (joueu*r*(*se*)) classé(*e*). ¶ ~를 배정하다 donner ((à *qn*)) un classement.

시들다 자 ① se flétrir, se faner. ¶ 꽃이 시들었다 Les fleurs sont fanées. ② 기세가 꺾이다 se refroidir, retomber; diminuer, s'affaiblir, faiblir. ¶ 혁명의 열기가 시들어 버렸다 La frénésie [L'ardeur, L'enthousiasme] révolutionnaire s'était apaisé(e) [calmé(e), refroidi(e)].

시들시들 뮈 ((se flétrir, se faner)) peu à peu. ¶ ~ 죽어가는 나무 un arbre qui se meurt peu à peu [petit à petit].

◆**_하다** 형 ① se flétrir, se faner. ¶ ~한 채소 légumes flétris [fanés]. ② 시큰둥하다 ((ardeur)) se refroidir; faiblir, diminuer. ¶ 요즘 그 두 사람 사이가 ~하다 Récemment, les deux personnes montrent un rapport plus distant / Ces jours-ci, les deux personnes se montrent plus distantes / Récemment, leurs rapports se sont refroidis [ils se parlent moins].

시들하다 형 ① être flétri(*e*), fané(*e*); se flétrir, se faner. ¶ 꽃이 시들해졌다 Les fleurs sont fanées. ¶ 폭염으로 정원의 나무들이 시들해졌다 Le feuillage des arbres du jardin s'est flétri à cause de la canicule. ② 시큰둥하다 ((ardeur)) se refroidir; faiblir, diminuer, s'affaiblir. ¶ 무엇에 대한 관심[열기]이 시들해졌다 ne plus avoir d'intérêt [de passion] pour *qc*, *qc* n'intéresse [ne passionne] plus *qn*, *ma* passion [*mon* ardeur, *mon* enthousiasme, *mon* zèle] pour *qc* s'est refroidi(*e*).

시디[1] **영**{CD} 명 compact disque *m* (numérique), disque *m* compact, compact *m*, ((약어)) CD *m*. ¶ ~를 넣다[꺼내다] introduire [retirer] un compact disque. ¶ ~를 듣다 écouter un compact disque.

*~**를 굽다** graver un compact disque.

◆**공**_ 空 명 CD *m* [disque *m* compact] vierge.

◆**_라이터[리코더]** {CD writer [recorder]} 명 graveur *m* (de CD).

◆**_롬** 명 CD-ROM (*compact disc – read only memory*) *m*; cédérom *m*; disque *m* optique numérique; disque *m* compact pour la lecture seulement.

◆**_플레이어** {-player} 명 lecteur *m* de CD [de disques compacts]; ((휴대용)) baladeur *m* CD (discman); baladisque *m*; lecteur *m* de CD portatif.

시디[2] **영**{CD} 명 【경제】 certificat *m* de dépôt. ¶ 단기 ~를 발행하다 délivrer un certificat de dépôt à court terme.

시뜻하다 형 être peu intéressant(*e*); être ennuyeux(*se*).

시래기 명 feuilles *fpl* séchées (de radis, de chou blanc).

◆**_ㅅ국** 명 soupe *f* de feuilles séchées (de radis, de chou blanc).

시럽 영{sirup} 명 sirop *m* ((de fruits, d'orange, de menthe)); ((약용 시럽, 기침 물약)) sirop *m* ((pharmaceutique, contre la toux)). ¶ 오렌지[레몬, 민트 / 박하] ~ du sirop d'orange [de citron, de menthe]. ¶ ~을 넣어 소스를 완성하다 terminer la sauce en lui ajoutant du sirop. ¶ ~형 감기약 du sirop contre le rhume [contre la grippe]. ¶ 기침 ~ du sirop contre la toux.

◆**_화** -化 명 transformation *f* de *qc* en sirop. ¶ ~화하다 transformer *qc* en sirop.

시렁 명 étagère *f*; rayon *m* ((d'une bibliothèque)). ¶ 책을 ~에 올리다 mettre des livres sur l'étagère.

시력 視力 명 vue *f*. ¶ ~ 검사 mesure de l'acuité visuelle. ¶ 교정 ~ vue corrigée. ¶ ~을 검사하다 mesurer l'acuité visuelle de *qn*. ¶ ~을 잃다 [회복하다] perdre [recouvrer] la vue, devenir aveugle, être frappé(*e*) [atteint(*e*)] de cécité. ¶ ~이 좋다[나쁘다] avoir une bonne [mauvaise] vue. ¶ ~이 좋아지다 [나빠지다, 저하되다] la [*ma*] vue s'améliore, mieux voir [voir moins bien, voir *sa* vue baisser, voir *sa* vue s'affaiblir; la [*ma*] vue baisse, la [*ma*] vue s'affaiblit].

시련 試鍊 명 épreuve *f*. ¶ 모진 ~을 겪다[이겨내다] subir [essuyer, surmonter] de dures [rudes] épreuves. ¶ 참기 힘든 ~이 닥쳐왔다 On nous a soumis à une épreuve insurmontable / On a rencontré une épreuve insurmontable / C'était une épreuve insurmontable.

◆**_기** -期 명 temps *m* [période *f*] des épreuves [des peines].

시론[1] **時論** 명 ① 여론 opinion *f* courante; opinion *f* publique. ② 시사평 commentaire *m* des nouvelles [des informations].

시론[2] **詩論** 명 【문학】 poétique *f*; étude *f* [critique *f*] poétique. ¶ ~을 공부하다 étudier les critiques poétiques, faire des études poétiques.

시론[3] **試論** 명 essai ((philosophique, sur la peinture)). ¶ 이 논문은 하나의 ~에 불과하다 Cette étude n'est qu'un simple essai / Cette étude est tout au plus un essai.

시료 試料 명 【화학】 échantillon *m*.

시루 명 vase *m* en terre percé de trous (servant à cuire *qc* à la vapeur). ¶ ~에 떡을 찌다 faire cuire du *tteok* à la vapeur.

***콩나물~ 같다** être très serré(*e*) ☞ 콩나물

◆**_떡** 명 *sirutteok m* <*tteok* (cuit à la vapeur) fait avec du riz glutineux et recouvert d'un glaçage de haricots rouges>.

시류 時流 명 courant *m* [tendance *f*] de l'époque. ¶ ~를 따르다[좇다] suivre le courant de l'époque. ¶ ~를 타다 être en vogue [à la mode]. ¶ ~를 거스르다 aller contre le courant de l'époque. ¶ ~에 편승하다 [영합하다] suivre le goût de l'époque, se conformer au goût de l'époque.

시름 명 anxiété *f*, inquiétude *f*, préoccupation *f*, souci *m*. ¶ ~에 잠긴[젖은] 표정 air plongé dans l'inquiétude, air inquiet. ¶ ~에 겹다 être dévoré(*e*) [rongé(*e*)] d'inquiétude [de soucis]. ¶ ~을 잊다 oublier *ses* inquiétudes [*ses* soucis]. ¶ ~을 덜다 se débarrasser de *ses* soucis, se délivrer [se libérer] de *ses* soucis, décompresser; éprouver un soulagement; se remettre d'une inquiétude, enlever un poids de la conscience, avoir un poids en moins sur la conscience, se sentir soulagé(*e*) [libéré(*e*)], s'alléger.

***한~(을) 놓다[덜다]** se débarrasser de *ses* soucis ☞

한시름

시름시름 부 ① ((maladie)) traînante. ¶ ~ 앓다 souffrir d'une maladie prolongée [traînante]. ② 눈, 비가 조용히 오는 모양 sans bruit, silencieusement. ¶ 눈이 ~ 내리고 있었다 Il neigeait silencieusement. ③ 활기 없이 avec difficulté, difficilement après une longue période d'hésitation. ¶ ~ 말을 잇다 avoir du mal [des difficultés] à aborder un sujet, aborder (difficilement) un sujet après une longue période d'hésitation, parler avec difficulté d'un sujet, hésiter longuement avant d'aborder un sujet.

시리다 형 ① 신체 부위가 차다 avoir ((les pieds, les mains)) gelé(*e*)s. ¶ 추워서 손[발]이 ~ avoir les mains gelées [les pieds gelés]. ② 찬 것 따위가 닿아 통증이 있다 ressentir une douleur sourde. ¶ 무릎이 ~ ressentir une douleur sourde dans les genoux. ¶ 이가 ~ ressentir une douleur sourde au niveau des dents. ③ ((눈이)) être ébloui(*e*), aveuglé(*e*) ((par la lumière)). ¶ 불빛에 눈이 ~ être ébloui(*e*), aveuglé(*e*) par la lumière. ¶ 눈이 시리도록 푸른 하늘 un ciel tout bleu, un ciel bleu vif, un ciel bleu et rayonnant.

시리즈 영{series} 명 ① 연속물 série *f*, ((roman-))feuilleton *m*. ¶ 007 ~ la série des James-Bond. ¶ 그 소설은 ~로 발간되었다 Ce roman a été publié en feuilleton / C'est un roman-feuilleton. ② 【운동】 série *f* de matchs. ¶ 한국 야구 챔피언 ~ une série de matchs pour désigner la meilleure équipe de baseball de Corée.

◆_물 -物 명 feuilleton *m*; roman-feuilleton(*~s-~s*) *m*; série *f*.

시립 市立 명 munici*pal*(*ale*, *aux*). ¶ ~ 극장 le théâtre municipal. ¶ ~ 대학 l'université municipale. ¶ ~ 도서관 la bibliothèque municipale. ¶ ~ 병원 l'hôpital municipal. ¶ ~ 합창단 la chorale [le chœur] municipal(*e*).

시말 始末 명 les détails *mpl*. ¶ 사건의 ~을 듣다 écouter les détails de l'affaire.

◆_서 -書 명 rapport *m* écrit d'un(*e*) employé(*e*) ayant commis une faute professionnelle grave dans lequel il(elle) précise les conditions [les circonstances] de cette faute. ¶ ~서를 쓰다[제출하다] rédiger [présenter] un rapport écrit dans lequel on reconnaît avoir commis une faute professionnelle grave dont on précise les conditions [les circonstances].

시멘트 영{cement} 명 ciment *m*; béton *m*. ¶ ~ 한 포[부대] un sac de ciment. ¶ ~ 건물 un bâtiment en béton. ¶ ~ 산업[공장] industrie [usine] de ciment. ¶ ~를 바르다 cimenter, bétonner. ¶ ~가 다 굳었다 Le ciment est devenu sec / Le ciment s'est consolidé / Le ciment a pris.

◆_질 명 bétonnage *m*.

시모 媤母 명 ☞ 시어머니

시묘 侍墓 명 deuil *m* (de deux ans) passé auprès du tombeau des parents. ¶ ~를 살다 passer deux ans auprès du tombeau de ((*son* père)).

시무 始務 명 commencement *m* du travail.

◆_식 -式 명 réunion *f* qui précède le travail ((d'une entreprise)). ¶ ~식을 하다 faire une réunion précédant le travail, se réunir pour l'ouverture.

◆_일 -日 명 jour *m* d'ouverture.

시무룩하다 형 être boudeu*r*(*se*), mécontent(*e*), revêche, grognon(*ne*), rechigné(*e*); faire la moue ((de dépit)), faire la lippe {*fam*}; avoir un air renfrogné [maussade]; faire la tête [la gueule {*fam*}], faire grise mine, faire une gueule de six pieds de long {*fam*}, faire une sale tête {*fam*}, avoir [faire] une tête [une gueule {*fam*}] d'enterrement, tirer la [une] gueule à *qn* {*fam*}. ¶ 시무룩한 표정[얼굴] un air [un visage] renfrogné [rechigné], un air [une mine] maussade [fâché(*e*)], une apparence boudeuse. ¶ 저 사람이 오늘따라 왜 저렇게 시무룩하지? Pourquoi est-ce qu'il a un air si renfrogné [l'air de si mauvaise humeur] aujourd'hui? / Pourquoi il fait la tête [la gueule {*fam*}] comme ça aujourd'hui? / Pourquoi tu nous tires la gueule comme ça aujourd'hui? {*fam*}. ¶ 시무룩하게 대답하다 répondre d'un ton renfrogné.

시문 詩文 명 【문학】 poésie *f* et prose *f*.

시문학 詩文學 명 【문학】 littérature *f* poétique.

시뮬레이션 영{simulation} 명 simulation *f*. ¶ 실내에서~으로 운전 연습을 하다 faire de la simulation de conduite, faire de la conduite par simulation. ◇_(을) 하다 simuler, imiter.

시민 市民 명 ① 주민 habitant(*e*) d'une ville. ¶ 서울 ~ un(*e*) Séoulite; les Séoulites. ¶ 파리 ~ un(*e*) Parisien(*ne*). ② 공민권을 가진 국민 citoyen *m*; citoyen(*ne*).

◆_계급 -階級 명 bourgeoisie *f*.

◆_권 -權 명 【법률】 droits *mpl* des citoyens; citoyenneté *f*. ¶ ~권을 얻다[따다, 획득하다] obtenir la citoyenneté; acquérir le droit de cité.

◆_법 -法 명 【법률】 droit *m* civil.

◆_사회 -社會 명 【사회】 société *f* des citoyens; classe moyenne.

◆_운동 -運動 명 【사회】 campagne *f* [mouvement *m*] civil(*e*).

◆_증 -證 명 certificat *m* de citoyen.

◆_층 -層 명 【사회】 bourgeoisie *f*; classe *f* (sociale) bourgeoise.

◆_혁명 -革命 【사회】 명 révolution *f* bourgeoise [populaire].

◆_회관 -會館 명 salle *f* municipale.

◆소_ 小 명 【사회】 ☞ 소시민

시발 始發 명 départ *m*; premier départ *m*. ¶ 어디를[무엇을] ~로 해서 à partir d'un endroit [de *qc*]. ◇_(을) 하다] être dû(due) à *qc*, être causé(*e*) par *qc*. ¶ 그 소동은 지난번 그 일로부터 ~을 했다 Le tumulte est dû à un problème précédent / Le tumulte est dû au [causé par le] problème précédent.

◆_역 -驛 명 gare *f* de départ; tête *f* (d'une ligne).

◆_점 -點 명 point *m* de départ.

시방 時方 명 présent *m*; maintenant. ¶ 결혼해서 ~까지 depuis le mariage jusqu'à maintenant [à aujourd'hui, à ce jour, à présent].
부 maintenant, à présent, aujourd'hui, actuellement. ¶ ~ 사는 곳이 어딘가? Où habites-tu à présent [aujourd'hui, actuellement]?

시범 示範 명 exemple *m*; démonstration *f*. ¶ ~ 사례 un exemple. ¶ 태권도 ~ une démonstration de taekwondo. ¶ ~을 보이다 démontrer; donner l'exemple de *qc*. ¶ ~삼아 à l'essai; pour l'exemple.
◆_적 -的 명관 exemple *m*; exemplaire *m*. ¶ ~적으로 시행하다 procéder à l'essai de *qc*, soumettre *qc* à l'essai.

시베리아 영 {Siberia} 명 【지명】 Sibérie *f*.

시보[1] **時報** 명 표준 시각의 알림 sign*al*(*aux*) *m* qui indique les horaires; indicateur *m* d'horaires. ¶ 9시를 알리는 ~가 울렸다 Il a sonné neuf heures / Neuf heures ont sonné. ¶ 시계를 ~에 맞추다 régler *sa* montre au signal ((de midi)).

시보[2] **試補** 명 apprentissage *m*; stage *m*; apprenti(*e*); stagiaire *mf*; aide *mf*; élève *mf*. ¶ ~ 생활 une vie de stagiaire [d'apprenti]. ¶ 검사 ~로 일하다 faire [effectuer] un stage de procureur, travailler en tant que procureur stagiaire.

시부 媤父 명 ☞ 시아버지

시부렁거리다 자타 【속어】 blablater {*fam*}, tenir des propos sans intérêt, bavarder inutilement [de choses futiles], parler pour ne rien dire, tenir des propos futiles, avoir une conversation sans intérêt (avec des lieux communs), dire des choses banales, jacasser, caqueter, papoter, tailler une bavette {*fam*}, parler [causer, converser] de choses et d'autres, discuter de tout et de rien, faire la causette [une petite causette, un brin de causette, la parlote], discuter le bout de gras {*fam*}.

시부렁대다 자타 ☞ 시부렁거리다

시부모 媤父母 명 parents *mpl* du mari, beaux-parents *mpl* de l'épouse.

시비[1] **是非** 명 ① 잘잘못 bien *m* et mal *m*, le bon *m* et le mauvais *m*; juste *m* et faux *m*. ¶ ~를 논하다 discuter du vrai et du faux. ¶ ~를 가리다[따지다] distinguer [discriminer, discerner] le bien du mal [le bon du mauvais, le vrai du faux]; discuter pour savoir qui a tort et qui a raison; décider, trancher [examiner un fait pour en déterminer la part de vrai et de faux, s'assurer de la vérité d'un fait]. ¶ 누가 옳은지 ~를 가리다 décider qui a raison. ② 말다툼 litige *m*, altercation *f*, dispute *f*, querelle *f*, explication *f*, prise *f* de bec {*fam*}. ◇_(를) **걸다** provoquer *qn*, provoquer la dispute, chercher la bagarre, chercher la dispute, chercher querelle ((à *qn*)), chercher des crosses [(des) noise(s)] ((à *qn*)) {*fam*}, chercher du rif, chercher *qn* {*fam*}. ¶ 불량배들이 괜히 행인들에게 ~를 걸고 있다 Les voyous provoquent sans raison [de façon absurde] les passants. ◇_(가) **붙다** commencer à se disputer avec *qn*. ¶ 표절 ~가 붙다 être plus ou moins considéré(*e*) comme un plagiat; être soupçonné(*e*) d'être un plagiat. ¶ 두 사람 사이에 ~가 붙었다 Il s'est produit une altercation entre les deux personnes.
◆_조 -調 명 ton *m* offensif [bagarreur]. ¶ ~조로 말하다 parler d'un ton offensif.
◆말_ 명 altercation *f*, querelle *f*, dispute *f*, explication *f*, prise *f* de bec {*fam*}.

시비[2] **詩碑** 명 stèle *f* ornée d'un poème. ¶ 계관 시인의 ~를 세우다 ériger une stèle ornée de son poème pour un poète célèbre.

시뻘겋다 형 être tout(*e*) rouge; être rouge vif *inv*; être carminé(*e*), cramoisi(*e*), écarlate, pourpre. ¶ 시뻘건 색깔의 자동차 une voiture rouge vif. ¶ 시뻘겋게 달아오른 쇳덩이 un morceau de fer chauffé au rouge [jusqu'à incandescence]. ¶ 그 사람은 눈이 시뻘겋게 충혈되었다 Il a les yeux injectés de sang / Ses yeux sont injectés de sang.

시뿌옇다 형 être blanchâtre; être flou(*e*), vague. ¶ 시뿌연 연기 une fumée intense.

시쁘다 형 ① n'avoir pas d'intérêt; être sans intérêt. ¶ 시쁜 표정 un air indifférent. ¶ 시쁘게 반응하다 réagir indifféremment. ② ne pas avoir grande valeur.

시쁘둥하다 형 être insatisfait(*e*). ¶ 시쁘둥한 얼굴을 하고 있다 avoir l'air insatisfait.

시사[1] **時事** 명 actualité *f*. ¶ ~ 문제 un problème [une question] d'actualité. ¶ ~ 잡지 une revue d'actualité; un magazine d'actualité. ¶ ~ 용어 termes d'actualités. ¶ ~ 논평 commentaires des actualités. ¶ ~ 평론가 commentateur des actualités.
◆_적 -的 명관 d'actualité. ¶ ~적인 문제 un problème d'actualité.
◆_성 -性 명 actualité *f*. ¶ ~성 있는 기사 un article d'actualité.
◆_물 -物 명 actualités *fpl*; ((방송 프로그램)) émission *f* sur les actualités; ((기사, 글)) article *m* sur les actualités.

시사[2] **示唆** 명 suggestion *f*, insinuation *f*, allusion *f*. ◇_(를) **하다** suggérer; faire allusion à *qc*; laisser entendre *qc*; insinuer *qc* à *qn*. ¶ 이 글은 그 문제에 대해 ~하는 바가 많다 Cet article parle beaucoup de ce problème / Cet article nous fait comprendre beaucoup de choses sur ce problème. ¶ 그 사람은 곧 은퇴할 것을 ~했다 Il a sous-entendu qu'il allait bientôt prendre sa retraite . ◇_(가) **되다** être suggéré(*e*).
◆_적 -的 명관 suggesti*f*(*ve*). ¶ 그 사람의 말은 아주 ~적이었다 Son discours a été très suggestif / Son discours est rempli de suggestions.

시사[3] **詩史** 명 【문학】 histoire *f* de la poésie.

시사회 試寫會 명 avant-première(~-~*s*) *f* (d'un film). ¶ ~를 열다 donner une avant-première. ¶ ~에 초대하다[초대받다] inviter *qn* à l'avant-première de *qc*;

être invité(*e*) à [recevoir une invitation pour] l'avant-première.

시삼촌 媤三寸 명 oncle *m* du mari [de la femme].

시상[1] 施賞 명 remise *f* d'un prix [d'une récompense]; attribution *f* des prix. ◇_(을) **하다** décerner [accorder] un prix; attribuer des prix; donner une récompense. ¶ 그 사람이 입상자에게 트로피를 ~했다 Il a donné un trophée au lauréat.

◆_**식** -式 명 cérémonie *f* d'attribution des prix.

◆_**자** 者 명 personne *f* attribuant des prix.

시상[2] 詩想 명 inspiration *f* poétique; idées *fpl* exprimées dans un poème. ¶ ~이 잘 안 떠오른다 Je n'arrive pas à avoir d'inspiration poétique / Aucune inspiration poétique ne me vient (rapidement) à l'esprit.

시상[3] 時相 명 【언어】 temps *m* et aspect *m*. ¶ ~ 제약 contraintes aspectuo-temporelles.

시새다 타 ((‘시새우다’의 준말)) ☞ 시새우다

시새우다 타 jalouser; envier *qn* ; être envieu*x*(*se*) de *qn*; être jalou*x*(*se*) de *qn*. ¶ 누구의 성공을 ~ jalouser [envier, être envieu*x*(*se*) de, être jalou*x*(*se*) de] la réussite de *qn*, jalouser [envier] les succès de *qn*, être jalou*x*(*se*) [envieu*x*(*se*)] des succès de *qn*.

시샘 명 jalousie *f*; envie *f*. ¶ 그 사람은 ~이 많다 Il a beaucoup de jalousie / Il est très jaloux. ◇_(을) **하다** être jalou*x*(*se*) de *qn*; avoir [concevoir] de la jalousie envers *qn*; jalouser; être envieu*x*(*se*) de *qn*; envier *qn*. ¶ 친구를 ~하다 être jalou*x*(*se*) d'un(*e*) ami(*e*). ¶ 남이 잘되는 것을 ~하다 être envieu*x*(*se*) de la réussite d'autrui.

시생대 始生代 명 【지리】 archéozoïque *m*.

시선[1] 視線 명 ① 눈이 가는 길 regard *m*, œil *m*, yeux *mpl*. ¶ ~ 집중 la convergence des regards. ¶ ~을 다른 데로 돌리다 détourner le [*son*] regard [les yeux]. ¶ 남의 ~을 피하다 se cacher aux yeux d'autrui, éviter le regard d'autrui. ¶ ~이 가다 être attiré(*e*) par *qc*; regarder *qc*. ¶ 그 사람의 ~을 의식하지 않을 수 없었다 Je ne pouvais pas ignorer son regard. ¶ 그 사람과 ~이 마주쳤다 Mon regard a rencontré le sien. ¶ 사람들의 ~이 그 사람에게 집중되었다 Tous les regards se fixèrent sur lui. ② 관심, 주목 regard *m*, attention *f*; avis *m*, jugement *m*, appréciation *f*. ¶ ~을 받다[끌다] attirer l'attention. ¶ 남들의 ~을 너무 많이 의식하지 마라 Ne te préoccupe pas trop du regard [de l'avis, du jugement, de l'appréciation] des autres / Ne te préoccupe pas trop du qu'en-dira-t-on. ¶ 따뜻한 ~으로 바라보다 regarder *qn* d'un air chaleureux. ¶ 차가운 ~을 받다 attirer le regard froid des gens.

시선[2] 詩選 명 recueil *m* de poèmes; florilège *m*. ¶ 괴테 ~ recueil des poèmes de Goethe

시선[3] 詩仙 명 grand poète *m*.

시설 施設 명 établissement *m* ((scolaire)); installation *f*; équipement *m* ((d'un port)). ¶ 군사 ~ une installation militaire. ¶ 교육 ~ un équipement [un établissement] scolaire. ¶ 산업 ~ un équipement industriel; une installation industrielle. ¶ ~을 확충하다[완비하다] développer [agrandir] la capacité d'un établissement, développer l'infrastructure d'un établissement. ¶ ~이 부족하다 avoir un équipement incomplet. ¶ ~이 완비되어 있다 avoir un équipement complet, être très bien [parfaitement] équipé(*e*). ◇_(을) **하다** installer, établir; équiper, munir. ¶ 하수도를 ~하다 installer des égouts.

◆_**물** -物 명 établissement *m* ((scolaire)); installation *f*; équipement *m* ((d'un port)).

◆_**비** -費 명 coût *m* [frais *mpl*] d'installation.

시성 詩聖 명 grand poète *m*.

시세[1] 時勢 명 ① 형세 tendance *f* [courant *m*] d'une époque; situation *f*. ¶ ~가 불리하다 La situation actuelle est défavorable. ¶ ~에 밝다[어둡다] connaître le courant de l'époque, ignorer [ne pas bien connaître] la situation actuelle. ¶ 요즘 ~가 어떻게 돌아가는지 통 모르겠다 Je ne connais pas du tout ce qui s'est passé récemment. ② 【경제】 cours *m* des prix. ¶ 주식[증권] ~ le prix des actions [le montant des valeurs]. ¶ ~를 매기다 fixer le prix de *qc*; évaluer *qc*. ¶ ~를 조종하다 manipuler le cours des prix. ¶ ~가 오르다[내리다, 나아지다, 급락하다] Les cours montent [augmentent, grimpent, sont en hausse] [Les cours baissent, Les cours sont en baisse; Les cours s'améliorent doucement [montent progressivement]; Les cours chutent, Les cours dégringolent]. ¶ 요즘 농산물 ~가 형편없다 Ces jours-ci, les cours des produits agricoles sont très bas.

◆_**차액** -差額 différence *f* entre les prix.

시세[2] 市稅 명 【법률】 impôt *m* municipal; taxe *f* municipale.

시소 영{seesaw} 명 bascule *f*, tapecul *m* {*fam*}, tape-cul(~-~*s*) *m* {*fam*}. ¶ ~를 타다 jouer à la bascule, faire de la bascule [du tape(-)cul].

◆_**게임** 명 jeu *m* de bascule.

시속[1] 時速 명 vitesse *f* horaire; vitesse *f* ((de 80 kilomètres)) à l'heure. ¶ ~ 60킬로미터로 달리다 rouler à 60 (kilomètres) à l'heure, faire du 60 (kilomètres) à l'heure. ¶ ~ 몇 킬로미터로 달렸니? A quelle vitesse as-tu roulé? / Tu as fait du combien ((sur l'autoroute))?

시속[2] 時俗 명 mœurs *fpl*, coutume *f*, usage *m* (d'une époque). ¶ ~을 따르다 suivre les mœurs.

시숙 媤叔 명 beau-frère(~*x*-~*s*) *m* (d'une femme); frère *m* du mari.

시술 施術 명 (application *f* d'une) opération *f*. ◇_(을) **하다** pratiquer une opération sur *qn*, opérer *qn*. ¶ 환자를 ~하다 opérer un(*e*) patient(*e*), pratiquer une opération sur un patient.

시스템 영{system} 명 système *m*. ¶ ~ 설계[디자인] les plans [le design] d'un système. ¶ ~ 엔지니어 ingénieur du système ((électronique, d'alarme)).

¶ 회사 ~ système de l'entreprise.

◆_화 -化 명 systématisation *f*. ¶ 관리 방식을 ~화하다 systématiser le processus de la gestion [de l'administration].

시승 試乘 명 essai *m* ((d'une voiture)). ◇_(을) **하다** essayer ((une voiture)). ¶ 자동차를 ~하다 essayer une voiture.

◆_식 -式 명 inauguration *f* d'une nouvelle voiture; réunion *f* où l'on essaie une nouvelle voiture.

시시각각 時時刻刻 명 d'un moment à l'autre; souvent, fréquemment; à chaque instant, constamment; de temps en temps. ¶ 날씨가 ~으로 변하였다 Le temps a changé constamment. ¶ 형세가 ~으로 달라지고 있다 La situation change constamment.

부 d'un moment à l'autre; souvent, fréquemment; à chaque instant, constamment; de temps en temps. ¶ ~ 변하는 국제정세 situation internationale en changement constant.

시시껄렁하다 형 ((chose, parole)) être insignifiant(*e*), menu(*e*); ((différence)) être minime, infime; ((livre, auteur)) être médiocre; ((histoire)) être sans intérêt, manquer d'intérêt; être banal(*e*); être très quelconque. ¶ 시시껄렁한 이야기 une histoire sans intérêt, des banalités, des bagatelles. ¶ 시시껄렁한 사람 une personne insignifiante [médiocre].

시시덕거리다 자 plaisanter, blaguer {*fam*}, rigoler {*fam*}.

시시덕대다 자 ☞ 시시덕거리다

시시때때로 時時— 부 de temps en temps; de temps à autre; par moments; par intervalles; souvent, fréquemment. ¶ 그 사람은 ~ 생각이 변한다 Cette personne change souvent [tout le temps, facilement] d'avis [d'opinion] / Cette personne est versatile [inconstante, lunatique]. ¶ 지난날에 대한 후회가 ~ 나를 괴롭힌다 Les regrets du passé me font souvent souffrir / Les regrets du passé me causent souvent de la douleur [du chagrin].

시시비비 是是非非 명 tort *m* et raison *f*; bien *m* et mal *m*, le bon *m* et le mauvais *m*; juste *m* et faux *m*. ¶ ~를 가리다 distinguer [discriminer, discerner] le bien du mal [le bon du mauvais, le vrai du faux]; discuter pour savoir qui a tort et qui a raison; décider, trancher [examiner un fait pour en déterminer la part de vrai et de faux, s'assurer de la vérité d'un fait]. ☞ 시비[1]

시시콜콜 부 en détail; jusqu'aux moindres détails; minutieusement. ¶ ~ 캐묻다 poser des questions (très) détaillées [précises] à *qn*, assommer *qn* de questions très détaillées, cuisiner *qn* {*fam*} avec des questions très détaillées, interroger *qn* avec insistance. ¶ 참 ~ 많이도 알고 있군요 Vous en connaissez tous les détails / Vous en êtes bien informé(*e*).

시시하다 형 ((chose, parole)) être insignifiant(*e*), menu(*e*); ((différence)) être minime, infirme; ((livre, auteur)) être médiocre, sans valeur, de peu de valeur; ((histoire)) être sans intérêt; manquer d'intérêt; être banal(*e*); être très quelconque. ¶ 시시한 물건 une marchandise de pacotille, une marchandise de mauvaise qualité. ¶ 시시한 일[이야기] choses sans intérêt, un détail sans importance, un détail insignifiant, une broutille, un rien, des riens, une bagatelle, une affaire sans importance, peu de chose, raisons futiles [une histoire sans intérêt, des banalités, des bagatelles]. ¶ 시시한 일로 화를 내다[싸우다] se fâcher [se disputer, se quereller] pour un rien [pour des riens, pour un détail sans importance, pour un détail insignifiant, pour une broutille, pour des raisons futiles, pour peu de chose, pour pas grand-chose {*fam*}]. ¶ 나는 요즘 만사가 ~ En ce moment, je manque d'intérêt pour tout. ¶ 이 영화는 너무 시시했어 Ce film n'avait pas le moindre intérêt. ¶ 영화가 시시하게 끝났다 La fin du film était décevante [sans intérêt] / La chute du film était décevante. ¶ 시시하게 살아가다 mener une existence banale [monotone]. ¶ 사람이 시시하게 왜 그러지? Pourquoi agit-il avec autant de mesquinerie?

시식 試食 명 dégustation *f* ((d'huîtres)). ◇_(을) **하다** déguster; goûter ((un plat)); essayer ((un plat inconnu)).

◆_코너 명 coin *m* dégustation (dans une grande surface) ((pour encourager la vente de produits alimentaires, pour dynamiser des promotions alimentaires)).

◆_회 -會 명 dégustation *f*.

시신 屍身 명 cadavre *m*. ¶ 물속에서 ~을 인양하다 retirer un cadavre (hors) de l'eau. ¶ 계곡에서 ~ 세 구를 발굴하다 trouver trois cadavres dans la vallée.

시신경 視神經 명 【의학】 nerf *m* optique. ¶ ~을 자극하다 exciter le nerf optique; irriter le nerf optique. ¶ 그 사람은 ~이 죽어 앞을 못 본다 Il ne voit pas car il n'a plus de nerf optique.

시심 詩心 명 sentiment *m* poétique. ¶ ~을 자극하다 encourager [exciter, stimuler] l'instinct poétique.

시아버지 媤— 명 père *m* du mari, beau-père(~*x*-~*s*) *m* de l'épouse.

시아주버니 媤— 명 frère *m* (aîné) du mari.

시안 試案 명 avant-projet(~-~*s*) *m*. ¶ ~을 내놓다[작성하다] présenter [rédiger, dresser] un avant-projet.

시앗 명 concubine *f*. ¶ ~을 보다 avoir [entretenir] une concubine.

시야 視野 명 ① champ *m* visuel; étendue *f* de la vue. ¶ ~가 탁 트인 테라스 une terrasse qui a une vue dégagée. ¶ ~에 들어오다 entrer dans le champ visuel. ¶ ~에서 사라지다 perdre *qc* de vue. ¶ 그 사람이 탄 자동차가 내 ~를 벗어났다 J'ai perdu de vue sa voiture. ② 생각의 범위 esprit *m* ((large, étroit)). ¶ ~가 좁다 avoir des vues étriquées, avoir l'esprit étroit, voir [regarder] par le petit bout de la lorgnette. ¶ 생각하는 ~를 넓히다 élargir *son* esprit [*son* champ de pensée]. ¶ ~가 넓은 사람 une personne à l'esprit large [dont l'ouverture d'esprit est large]. ¶ ~가 좁은 사람 une personne aux vues étriquées [à l'esprit étroit], une personne bornée, une personne qui voit [regarde] par le petit bout de la lorgnette.

시약 試藥 명 【화학】 réactif *m*.

시어 詩語 명 langage *m* poétique. ¶ 적절한 ~의 선택 choix du langage poétique approprié.

시어른 媤- 명 parents *mpl* de *son* mari, beaux-parents *mpl* d'une femme [de l'épouse]. ¶ ~을 모시고 살다 ((une femme)) vivre avec les parents de *son* mari [avec *ses* beaux-parents].

시어머니 媤- 명 belle-mère *m* (d'une femme, de l'épouse).

시어머님 媤- 명 belle-mère *m* d'une femme [de l'épouse] ((registre honorifique)).

시어미 媤- 명 belle-mère *m* d'une femme [de l'épouse].

***때리는 ~보다 말리는 시누이가 더 밉다** Celui qui fait semblant d'être aimable est pire que celui qui montre son mécontentement.

시업식 始業式 명 réunion *f* qui précède le travail ((d'une entreprise)). ¶ ~을 하다 avoir une réunion qui précède le travail; se réunir pour l'ouverture.

시에프 영{CF} 명 film *m* publicitaire. ¶ ~ 촬영 le tournage d'un film publicitaire. ¶ ~ 모델 mannequin pour un film publicitaire.

시엠 영{CM} 명 message *m* publicitaire.

◆**_송** {-song} 명 chanson *f* publicitaire.

시연 試演 명 démonstration *f*; répétition *f* générale ((d'une pièce)). ◇_(을) **하다** faire une démonstration, faire une répétition générale.

시영 市營 명 gestion *f* municipale. ¶ ~ 주차장 un parc de stationnement municipal. ¶ ~ 주택 une habitation appartenant à la municipalité. ¶ ~ 사업 service municipal.

시옷 명 *siot m* <appellation de la septième lettre de l'alphabet coréen>.

◆**사이_** 명 le nom d'une lettre dont le son contribue, lors de la formation d'un mot complexe, à faire la liaison entre les composantes.

시왕전 十王殿 명 【불교】 sanctuaire *m* des dix rois des enfers.

시외 市外 명 banlieue *f*, faubourg *m*, périphérie *f*. ¶ ~ 통화 une communication interurbaine. ¶ ~에서 통학하는 학생 un(*e*) élève externe qui habite en banlieue. ¶ ~에 살다 habiter [vivre] en banlieue. ¶ ~로 이사 가다 déménager en banlieue [à la périphérie].

◆**_버스** 명 autobus *m* de banlieue.

시외삼촌 媤外三寸 명 oncle *m* maternel de *son* mari.

시외조모 媤外祖母 명 grand-mère *f* maternelle de *son* mari.

시외조부 媤外祖父 명 grand-père *m* maternel de *son* mari.

시운 時運 명 chance *f*, fortune *f*. ¶ ~을 잘 타고나다 être né(*e*) sous une bonne étoile; être arrivé(*e*) ((au pouvoir)) au bon moment. ¶ ~이 우리에게 불리하다 Les conditions ne nous sont pas favorables / Les conditions nous sont défavorables.

시운전 試運轉 명 conduite *f*, mise *f* en marche (route) d'une machine (voiture) pour essai, essai *m* ((d'une voiture)). ◇_(을) **하다** essayer ((une machine)); faire l'essai ((d'un prototype d'automobile)). ¶ 새 차를 ~하다 essayer une nouvelle voiture.

시원 始原 명 origine *f*, source *f*, provenance *f*. ¶ 세계[우주]의 ~ origine du monde [de l'univers].

시원섭섭하다 형 être heureux(*se*) et triste [en même temps]; être [se sentir] à la fois soulagé(*e*) et triste. ¶ 오랫동안 하던 일이 끝나서 ~ On se sent à la fois soulagé et triste d'avoir terminé ce long travail.

시원스럽다 형 ① 서늘하다 être rafraîchissant(*e*), fra*is*(*aîche*). ¶ 그 여자의 옷차림이 보기에도 ~ Sa tenue est très rafraîchissante à regarder. ② 마음이 후련하다 se sentir libéré(*e*)[soulagé(*e*)]; se sentir lég*er*(*ère*). ¶ 그 일이 끝나서 속이 다 ~ On se sent vraiment soulagés d'un grand poids [On se sent libérés] d'avoir terminé ce travail. ③ 만족스럽다 être satisfaisant(*e*). ¶ 일이 시원스럽게 마무리되었다 Le travail est achevé clairement [de façon satisfaisante]. ④ ((생김새가)) avoir les traits ((du visage)) réguliers [fins, gracieux, bien dessinés]. ¶ 이목구비가 시원스럽게 생긴 사람 une personne qui a un visage aux traits réguliers [gracieux, bien dessinés], une personne qui a de beaux traits du visage, une personne qui a les traits réguliers [fins]. ⑤ 솔직하고 활달하다 être ouvert(*e*), fran*c*(*che*); ((réponse)) être clair(*e*) (et net(*te*)); être animé(*e*); être plein(*e*) de vie. ¶ 그 사람은 성격이 ~ C'est une personne ouverte [sans équivoque]. ⑥ 시야가 탁 트이다 être dégagé(*e*). ¶ 길이 시원스럽게 뚫렸다 La rue est clairement dégagée.

◆**시원스레** 부 ① 서늘하게 frais; agréablement. ¶ 바람이 시원스레 불어온다 Le vent souffle [(nous) rafraîchit] agréablement / Le vent apporte de la fraîcheur. ② 솔직하게 ouvertement, clairement, nettement, explicitement, manifestement. ¶ 시원스레 대답하다 répondre clairement [ouvertement]; donner une réponse claire et nette. ③ 막힌 데 없이 avec une circulation très fluide. ¶ 시원스레 뚫린 도로 une route (complètement) dégagée [avec une circulation très fluide], une route libre [déserte].

시원시원하다 형 être clair(*e*) et net(te), ouvert(*e*), fran*c*(*che*). ¶ 시원시원한 성격 caractère sans rancune [sans équivoque]. ¶ 그 사람은 업무를 처리하는 방식이 ~ La façon dont il travaille est très claire. ¶ 시원시원하게 대답을 잘하다 répondre clairement [de manière claire et nette] à la question, donner une réponse claire et nette; répondre de bon cœur et de façon claire.

◆**시원시원히** 뭐 franchement, clairement.

시원찮다 형 ① 흡족하지 않다 être peu satisfaisant(*e*); être médiocre; ne pas être habile. ¶ 솜씨[실력]가 영 ~ ne pas être de mesure; ne pas avoir le savoir-faire; être incompétent(*e*). ¶ 대접이 너무 시원찮아서 죄송합니다 On est désolé(*e*)(*s*) de ne pas pouvoir vous accueillir mieux. ¶ 사과를 해도 시원찮을 판에 그 녀석은 오히려 화를 냈다 Ce type s'est mis en colère juste au moment où il devait présenter ses excuses. ¶ 시원찮게 먹었더니 벌써 배가 고프다 J'ai déjà faim car je n'ai pas suffisamment mangé. ② 몸 상태가 좋지 않다 ne pas se porter très bien. ¶ 요즘 그 여자는 몸이 영 ~ En ce moment, elle ne se porte pas très bien.

시원하다 형 ① 서늘하다 être rafraîchissant(*e*), frais(*aîche*). ¶ 시원한 날씨[바람] un climat [un vent] frais. ¶ 시원한 음료수 une boisson rafraîchissante. ¶ 시원한 곳에 보관하다 mettre [garder] *qc* au frais. ② 마음이 후련하다 se sentir libéré(*e*) [soulagé(*e*)]; se sentir lég*er*(*ère*). ¶ 속이 ~ se sentir libéré(*e*) [soulagé(*e*)]; se sentir lég*er*(*ère*); se sentir bien. ¶ 빚을 다 갚고 나니 마음이 ~ Maintenant que j'ai payé mes dettes, je me sens libéré(*e*) [lég*er*(*ère*), soulagé(*e*)]. ③ 솔직하고 활달하다 être ouvert(*e*), fran*c*(*che*); ((réponse)) être clair(*e*) (et net(*te*)); être animé(*e*); être plein(*e*) de vie. ¶ 그 사람은 성격이 ~ C'est une personne ouverte [sans équivoque]. ¶ 그 사람은 일하는 것이 ~ Il est agréable [plaisant] de le voir travailler. ④ 시야가 탁 트이다 être dégagé(*e*). ¶ 앞이 시원한 테라스 une terrasse qui a une vue dégagée. ⑤ 기분 좋게 차거나 뜨겁다 ((boisson fraîche ou chaude)) faire du bien à *qn*, être agréable à *qn*. ¶ 국물이 ~ Ce bouillon (me, nous) fait du bien / Ça me fait du bien de boire ce bouillon / Ce bouillon m'est agréable.

***앓던 이가 빠진 듯이** ~ se sentir extrêmement soulagé(*e*) (comme si on nous avait ôté une épine du pied [un poids de la poitrine], comme si on nous avait débarrassé d'un énorme poids [délivré d'un grand poids]); avoir un poids en moins sur la conscience.

◆**시원히** 뭐 ① 서늘하게 frais; agréablement. ¶ 바닷바람이 시원히 불어온다 Le vent de la mer souffle [nous rafraîchit] agréablement / Le vent de la mer apporte de la fraîcheur. ② 솔직하게 ouvertement, franchement, sans équivoque, clairement, nettement, explicitement, manifestement. ¶ 하고 싶은 말을 시원히 해 보아라 Dis franchement ce que tu as à dire [ce que tu as sur le cœur, ce que tu veux]. ③ 막힌 데 없이 넓게 avec une circulation très fluide.

시월 十月 명 octobre *m*, mois *m* d'octobre. ☞ 구월

시위[1] 명 corde *f* d'un arc. ¶ ~를 당기다 tendre un arc.

◆**활_** 명 flèche *f* de l'arc.

시위[2] 示威 명 ① 과시 démonstration *f* (de puissance). ¶ 무력 ~ démonstration de force. ② 데모 manifestation *f*. ¶ 가두[폭력, 반정부] ~ manifestation dans la rue [manifestation violente, manifestation antigouvernementale]. ¶ ~를 진압하다 réprimer une manifestation. ¶ ~에 가담하다 participer à une manifestation. ◇_(**를**) **하다** ① 과시하다 déployer ((*sa* richesse)); exhiber ((*ses* décorations)); faire ostentation de *qc*. ¶ 너 지금 나한테 네가 부자인 것을 ~하는 거냐? Es-tu en train de me déployer toute ta richesse? ② 데모하다 manifester, faire une manifestation. ¶ 시민들이 대사관 앞에서 ~를 하고 있다 Les citoyens font une manifestation devant l'ambassade. ¶ ~가 벌어졌다 Une manifestation se déroule [a lieu].

◆**_성** -性 명 ((행위)) contestataire, ((geste, acte, comportement)) provoca*teur*(*trice*), pour attirer l'attention, pour réveiller [sensibiliser] l'opinion; ((발언)) menaçant(*e*), provoca*teur*(*trice*), provocant(*e*). ¶ ~성 발언 des propos provocateurs [provocants, menaçants].

◆**_대** -隊 명 manifestants *mpl*.

시유지 市有地 명 terrain *m* appartenant à la municipalité, terrain *m* municipal.

시율 詩律 명 【문학】 rime *f*. ¶ ~을 지키다[맞추다] respecter les rimes [rimer, faire des rimes].

시음 試飮 명 dégustation *f* (de vins). ◇_(**을**) **하다** déguster, goûter, essayer ((un vin)).

◆**_회** -會 명 dégustation *f*. ¶ 새로 출시한 음료수의 ~회 dégustation d'une nouvelle boisson.

시의 時宜 명 opportunité *f*. ¶ ~에 맞게 opportunément, convenablement.

◆**_성** -性 명 opportunité *f*.

◆**_적절하다** -適切- 형 être opportun(*e*), être convenable pour *qc*. ¶ ~적절한 조처 démarche opportune.

시의원 市議員 명 conseill*er*(*ère*) municipal(*e*); député *m* municipal. ¶ ~을 선출하다 élire des députés municipaux. ¶ ~에 당선되다 être élu(*e*) député municipal.

시의회 市議會 명 conseil *m* de la municipalité, conseil *m* municipal.

시인[1] 是認 명 approbation *f*, assentiment *m*. ◇_(**을**) **하다** approuver *qc*; donner *son* approbation; reconnaître ((*sa* faute)); admettre *qc*. ¶ 자기 잘못을 ~하다 reconnaître *sa* faute [*son* erreur]. ¶ 그 사람은 자기가 실수한 것을 ~했다 Il a reconnu avoir commis une faute. ¶ 나는 내가 한 짓이라고 ~했다 J'ai reconnu l'avoir fait.

시인[2] 詩人 명 poète *m*, poétesse *f*.

시일 時日 명 ① 정해진 날짜 date *f*, jour *m*. ¶ ~을 정하다[늦추다] fixer une date [un jour, un délai] [prolonger un délai, proroger un délai; proroger [reporter, différer, reculer] une échéance]. ② 기간 ((un certain)) temps *m*, délai *m*, terme *m*, date *f* butoir, échéance *f*. ¶ 정해진 ~ 안에 ((travail exécuté)) dans le délai fixé. ¶ ~을 맞추다 respecter [tenir] le délai [les délais]; être dans les délais [dans les temps]. ¶ ~을 지키다 respecter [tenir] le délai [les délais]; être dans les délais [dans les temps]. ¶ ~이 경과해야 결과를 알 수 있다 On doit attendre l'échéance pour connaître le(s) résultat(s). ¶ 이 일은 많은 ~이 걸린다[소요된다] Ce travail demande beaucoup de temps. ¶ ~이 얼마 남지 않았다 Il ne reste pas beaucoup de temps / On s'approche de la date limite [de l'échéance] / L'échéance approche / Le temps presse.

시작[1] 詩作 명 composition *f* d'un poème; création *f* poétique. ¶ ~ 활동 (activité de) composition de poèmes, écriture de poèmes. ¶ ~에 몰두하다 s'adonner tout entier à composer des poèmes; s'investir dans la composition de poèmes. ◇_(을) **하다** composer [écrire] un poème.

시작[2] 始作 명 commencement *m*, début *m*, ouverture *f* ((d'une séance)); origine *f* ((du monde)); ((au)) départ *m*. ¶ ~이 좋다 C'est un bon début. ¶ 그 사람은 ~과 끝이 한결같다 Il est constant. ¶ 이 일은 ~부터 잘못되었다 Ce travail a mal commencé / Dès le début, il y avait quelque chose qui n'allait pas [qui clochait {*fam*}]. ¶ 이제 곧 방학이 ~이다 Nous serons bientôt en vacances / Les vacances commencent bientôt / Les vacances approchent à grands pas / Nous sommes à la veille des vacances. ◇_(을) **하다** commencer, débuter, ouvrir ((une séance)); démarrer ((une affaire)). ¶ 새로운 일을 ~하다 commencer [entreprendre] un nouveau travail. ¶ 무엇부터 ~할까요? Par quoi commencer? / Par quoi commence-t-on? / Par où allons-nous commencer? ¶ 불어 강의는 1시 반에 ~한다 Le cours de français commence à une heure et demie. ¶ 먼저 ~하세요 Commencez sans moi. ¶ 그 사람이 오면 ~하자 Commençons lorsqu'il sera là. ¶ 비가 오기 ~했다 Il a commencé à pleuvoir. ¶ 그 남자는 몇 년 전부터 담배를 피우기 ~했다 Il a commencé à fumer il y a quelques années. ¶ 내가 한국어 배우는 것을 ~한 것은 지난달부터다 J'ai commencé à étudier le coréen le mois dernier. ¶ 여름방학은 6월 중순에 ~해서 8월 말에 끝난다 Les vacances d'été commencent à la mi-juin et finissent fin août. ¶ 한강은 여기서 ~해서 서해로 흘러간다 Le fleuve Han prend sa source ici pour se jeter dans la mer Jaune [dans la mer de l'Ouest]. ¶ 그 사람은 3년 전에 이 가게를 ~했다 Il a ouvert ce magasin il y a trois ans. ¶ 나는 지난주에 새 소설을 ~했다 J'ai commencé un nouveau roman la semaine dernière. ◇_(이) **되다** commencer. ¶ 벌써 회의가 ~되었다 La réunion a déjà commencé. ¶ 회의는 의장의 인사로 ~되었다 La séance est ouverte par le discours du président. ¶ 새 학기는 9월에 ~된다 Le nouveau semestre commence en septembre / La rentrée est en septembre.

*~**이 반이다** C'est le premier pas qui compte / A moitié fait qui commence bien / Travail commencé est à moitié fait.

시장[1] 명 faim *f*.

*~**이 반찬이다** Quand on a faim, tout est bon / La faim est le meilleur des cuisiniers ((proverbe alsacien)).

◆**_하다** 형 avoir faim. ¶ 점심을 굶었더니 벌써 ~하다 J'ai déjà faim car je n'ai pas déjeuné.

◆**_기** -氣 명 faim *f*. ¶ ~기를 느끼다 avoir faim.

시장[2] 市場 명 ① marché *m*, halle *f*. ¶ 수산[농수산물, 청과물] ~ marché aux poissons [aux légumes et fruits]. ¶ 도매[소매] ~ marché en gros [marché de détails]. ¶ ~을 보다[에 가다] faire des [les] courses, faire *son* marché, acheter les provisions ((pour la semaine)) [aller au marché]. ¶ ~에 내다 팔다 vendre (des choses) au marché. ¶ ~에서 장사를 하다 travailler dans un marché, vendre au marché [sur les marchés]. ¶ ~에서 물건을 사다 acheter des choses au [sur le] marché. ② 【경제】 marché *m*. ¶ ~ 점유율 part de marché d'un produit, taux d'occupation d'un produit sur le marché. ¶ ~ 조사 étude [analyse, prix] du marché. ¶ 금융[증권, 노동, 자동차] ~ marché financier [des actions, du travail, de l'automobile]. ¶ 국내[해외] ~ marché intérieur [international, à l'étranger]. ¶ ~을 독점하다[지배하다, 확장하다, 구축하다, 획득하다] monopoliser [dominer, élargir, établir, gagner] le marché. ¶ 새로운 ~을 개척하다 acquérir [trouver] un nouveau marché. ¶ 이 상품은 ~이 넓다[좁다] Le marché est ouvert pour ce produit / Il n'y a pas de marché pour ce produit. ¶ 신상품을 ~에 내놓다 présenter [lancer, mettre] un nouveau produit sur le marché.

◆**_성** -性 명 possibilité *f* de commercialisation, viabilité *f* commerciale. ¶ 이 상품은 ~성이 있다[없다] Cette marchandise est [peu] compétitive sur le marché / Ce produit peut[n'a aucune chance de] se faire une place sur le marché.

◆**_가격** -價格 명 prix *m* du marché.

◆**_경제** -經濟 명 économie *f* de marché

◆**_바닥** 명 au marché *m*.

◆**_터[판]** 명 sur le marché *m*.

◆**도깨비_** 명 marché *m* noir.

◆**독점_** 獨占- 명 monopole *m*.

◆**벼룩_** 명 marché *m* aux puces.

◆**야_** 夜- 명 marché *m* de nuit.

◆**어_** 魚- 명 marché *m* aux poissons.

◆**자유_경제** 【경제】 自由-經濟 명 économie *f* de marché libre.

◆**재래_** 在來- 명 marché *f* traditionnel.

시장[3] 市長 명 maire *m*. ¶ ~ 선거 élection du maire. ¶ ~에 당선[선출]되다 être élu(*e*) [nommé(*e*)] maire [à la mairie].

◆**_직** -職 명 fonction *f* [poste *m*] de maire.

시재 詩才 명 talent *m* de poète, talent *m* poétique. ¶ 그 사람은 ~가 있다 Il a un talent de poète / Il a un certain talent pour la poésie.

시절 時節 명 ((때)) temps *m*, moment *m*; époque *f*; ((계절)) saison *f*. ¶ 꽃피는 ~ la floraison. ¶ 살기 힘든 ~ époque difficile à vivre. ¶ 어린 ~을 화상하다 se rappeler [se souvenir de] *son* enfance. ¶ 좋은 ~을 기다리다 attendre [espérer] une belle époque. ¶ 좋은 ~은 다 갔다 La belle époque est presque finie. ¶ 그때 그 ~로 돌아갈 수만 있다면 Si on pouvait retourner à cette époque-là.

◆**학창_** 學窓- 명 ☞ 학창

시점[1] 時點 명 ① un point dans le temps, temps *m* ((donné)), moment *m*. ¶ 이[현] ~에서 dans l'état actuel des choses; à l'heure actuelle; en ce moment. ② 【언어】 point *m* de référence (dans le temps); moment *m* donné (qui sert de référence dans le temps).

시점[2] 視點 명 point *m* de vue; perspective *f*. ¶ 1인칭[3인칭] ~ point de vue du "je"; point de vue de la première [troisième personne]. ¶ 전지적 작가 ~ focalisation interne. ¶ 관찰자 입장 ~ focalisation externe, perceptive d'un observateur externe. ¶ ~에 따라 현상이 다르게 보인다 Un phénomène peut s'interpréter différemment selon le point de vue. ¶ 어린이의 ~에서 바라본 어른들의 세계 le monde des adultes vu par les enfants.

시접 명 ourlet *m*. ¶ ~을 접다[넣다] faire un ourlet.

시정[1] 市井 명 ville *f*, rue *f*. ¶ ~에 떠도는 소문 bruit qui court; rumeur.

◆**_잡배** -雜輩 명 voyou *m*.

시정[2] 是正 명 correction *f*, rectification *f*, redressement *m*. ¶ 잘못된 규정[법규]의 ~을 요구[건의]하다 demander une rectification de la loi. ◇_(을) **하다** corriger *qc*; rectifier ((des erreurs)); redresser ((des abus)). ¶ 잘못[결함]을 ~하다 rectifier une erreur [une faute]. ◇_(이) **되다** être rectifié(*e*). ¶ 여러 번 건의했는데도 잘못이 ~되지 않고 있다 L'erreur n'est pas encore rectifiée malgré la demande répétée.

시정[3] 施政 명 administration *f*, gouvernement *m*. ¶ ~ 연설 discours pour expliquer la politique gouvernementale.

시정[4] 市政 명 administration *f* municipale.

시정[5] 詩情 명 sentiment *m* poétique.

시제[1] 時制 명 【언어】 temps *m*. ¶ ~의 일치 concordance des temps. ¶ 현재[과거, 미래] ~ temps au présent [au passé, au futur]. ¶ 한국어 ~ 체계 système temporel du coréen.

시제[2] 時祭 명 ① 철마다 드리는 종묘의 제사 offrandes *fpl* faites aux quatre saisons au mémorial de la famille royale. ② ((음력 10월의)) culte *m* rendu à la mémoire de *ses* aïeux très anciens (d'au moins la cinquième génération antérieure) ((cérémonie qui a lieu une fois par an au dixième mois lunaire où l'on se rend sur les tombes)). ¶ ~를 지내다[모시다, 드리다] rendre [célébrer] un culte à la mémoire de *ses* aïeux très anciens.

시제[3] 詩題 명 titre *m* d'un poème, thème *m* poétique.

시조[1] 始祖 명 fondateur *m*. ¶ 우리 민족의 ~는 단군이다 Le fondateur de notre peuple est Dangun.

시조[2] 時調 명 【문학】 *sijo* <forme poétique coréenne traditionnelle ordinairement en trois vers ou 45 syllabes rythmés>. ¶ ~ 문학[시인] littérature [poète] de *sijo*.

◆**_집** -集 명 recueil *m* de *sijo*.

시조모 媤祖母 명 mère *f* de la belle-mère de l'épouse, grand-mère *f* maternelle du mari.

시조부 媤祖父 명 père *m* du beau-père de l'épouse, grand-père *m* paternel du mari.

시종[1] 始終 명 commencement *m* et fin *f*. ¶ 우정은 ~이 같아야 한다 L'amitié doit rester constante.

◆**_여일** -如一 부 du début (jusqu')à la fin, d'un bout à l'autre; sans cesse, toujours, constamment. ¶ 그는 ~여일 한 일만 했다 Il s'est limité à une seule activité [à cette seule activité] du début jusqu'à la fin. ¶ ~여일하다 être constant(*e*). ¶ 그는 ~여일하게 창밖만 바라보고 있었다 Il regardait toujours par la fenêtre.

◆**_일관** -一貫 부 constamment, d'un bout à l'autre, du début à la fin; sans cesse, toujours. ¶ 그는 ~일관 그 일에 몰두했다 Il était constamment accaparé [absorbé] par ce travail. ¶ ~일관하다 être constant(*e*), incessant(*e*). ¶ 잡담으로 ~일관한 회의 une réunion d'incessants bavardages.

부 du début à la fin; d'un bout à l'autre; sans cesse; toujours, constamment. ¶ 그는 ~ 침묵으로 일관했다 Il a gardé le silence du début jusqu'à la fin.

시종[2] 侍從 명 valet *m*.

시주 施主 명 【불교】 personne *f* qui fait une offrande aux moines (à un temple); aumône *f*, charité *f*. ¶ ~를 받다 recevoir l'aumône. ◇_(를) **하다** faire l'aumône [la charité].

◆**_승** -僧 명 ((suffixe nominal)) 【불교】 moine *m* mendiant, moine *m* qui fait l'aumône.

시중[1] 명 service *m*; ((prendre)) soin *m* de *qn*. ◇_(을) **하다[들다]** servir *qn*; s'occuper de *qn*. ¶ 환자를 ~하다 s'occuper [prendre soin] d'un malade.

◆**술_** 명 service *m* de l'alcool.

시중[2] 市中 명 (en) ville *f*. ¶ ~에 현찰이 너무 많이 풀렸다 Trop d'argent liquide circule en ville.

◆**_은행** 銀行 명 banque *f* commerciale, banque civile.

시즌 영{season} 명 saison *f*. ¶ 야구[스키] ~이 돌아왔다[되었다] C'est à nouveau la saison du baseball [du ski]. ¶ ~이 끝났다 La saison est finie.

시집[1] 媤- 명 maison *f* des beaux-parents d'une femme; famille *f* de *son* mari, belle-famille *f* (d'une épouse).

* ~(을) **가다[오다]** ((jeune fille)) se marier; épouser *qn*. ¶ 누구에게 ~가다 se marier à *qn*. ¶ 부잣집에 ~가다 épouser le fils d'une famille riche. ¶ 전라도로 ~을 가다 se marier à *qn* de la province de Jeolla.

¶ 그 여자도 이제 ~갈 나이가 되었다 Elle est aussi en âge de se marier. ¶ 누가 나한테 ~오겠어? Qui[Quelle femme] voudrait m'épouser?

*~(을) **보내다** marier (une fille). ¶ 딸을 ~ 보내다 marier *sa* fille.

◆**_살이** 명 vie *f* (d'une femme) avec ses beaux-parents [avec sa belle-famille]. ¶ ~살이를 하다 ((une femme)) vivre avec *sa* belle famille [avec *ses* beaux-parents]. ¶ ~살이가 고되다 La vie avec *sa* belle famille est dure.

*~**살이(를) 하다** ((고생하다)) vivre sous la coupe de *qn*. ¶ 나는 요즘 이 사람들 때문에 ~를 하고 있다 En ce moment, je mène une vie très dure à cause de ces personnes.

시집[2] 詩集 명 recueil *m* de poèmes; anthologie *f* de poésies. ¶ ~을 내다 publier un recueil de poèmes.

시차[1] 時差 명 ① décalage *m* horaire, équation *f* du temps; intervalle *m*. ¶ 앞 사람과 ~를 두고 떠나다 partir à intervalle régulier. ¶ 두 사건 사이에 세 시간의 ~가 있다 Il y a un intervalle de trois heures entre ces deux événements. ② ((세계 표준시 기준으로)) différence *f* d'heure ((entre Séoul et Paris)); décalage *m* horaire. ¶ ~에 적응하다 s'adapter au décalage horaire. ¶ ~를 극복하다 surmonter le décalage horaire. ¶ ~를 계산하다 calculer le décalage horaire. ¶ ~ 때문에 고생하다 souffrir du décalage horaire.

◆**_제** -制 명 système *m* d'échelonnement. ¶ 출근 ~제를 실시하다 commencer [mettre à exécution] le système d'échelonnement des heures de bureau.

시차[2] 視差 명 【천문】 parallaxe *f*.

시찰 視察 명 inspection *f*, visite *f*. ¶ 산업 ~ visite dans des entreprises industrielles ¶ 교육 ~ tournée d'inspection éducative [voyage d'étude]. ◇_(을) **하다[나가다]** inspecter ((une école)); visiter ((une usine)); passer [faire] une inspection; faire l'inspection de *qc*. ¶ 공장[현장, 산업 시설]을 ~하다 inspecter une usine [faire une inspection sur les lieux, un équipement industriel]. ◇_(을) **받다** recevoir [accueillir] une inspection.

◆**_구** -口 명 judas *m* optique, trou *m* de la porte de la prison pour faire l'inspection des prisonniers.

◆**_관[원]** -官[員] 명 inspec*teur*(*trice*).

◆**_단** -團 명 groupe *m* d'inspecteurs.

시책 施策 명 politique *f*, mesure *f*. ¶ 소외 계층을 위한 ~을 펴다 appliquer des mesures pour les couches sociales défavorisées. ¶ 교통 문제 해결을 위한 ~을 발표하다 annoncer des mesures pour résoudre des problèmes de transport.

시첩 侍妾 명 courtisane *f*.

시청[1] 市廳 명 mairie *f*, Hôtel *m* de ville ((de Paris)).

시청[2] 視聽 명 audio-visuel(~-~*le*). ¶ 텔레비전 ~ audience d'une chaîne de télévision. ◇_(을) **하다** regarder ((une émission de télévision)). ¶ 텔레비전을 ~하다 regarder la télévision.

◆**_료** -料 명 redevance *f* télé.

◆**_률** -率 명 audience *f* ((d'une chaîne de télévision)), audimat *m*. ¶ 각 방송사의 ~률 경쟁이 심하다 La concurrence entre les chaînes de télévision est rude [acharnée] en terme d'audimat [par rapport à l'audimat] / Les chaînes de télévision font la course à l'audimat.

◆**_자** -者 명 téléspecta*teur*(*trice*).

시청각 視聽覺 명 audio-visuel (~-~*le*). ¶ ~ 교육 enseignement audio-visuel. ¶ ~ 자료 documents audio-visuels.

◆**_실** -室 명 salle *f* audio-visuelle.

시체 屍體 명 cadavre *m*, corps *m*. ¶ ~ 세 구 trois cadavres. ¶ 조난자들은 ~로 발견되었다 Les rescapés sont retrouvés morts / Les victimes ont été retrouvées mortes / On a retrouvé les cadavres des rescapés. ¶ 군인들은 싸늘한 ~가 되어 돌아왔다 Les corps des soldats ont été rapatriés.

◆**_실** -室 명 morgue *f*.

시쳇말 時體- 명 expression *f* familière à la mode. ¶ ~로 si on utilise une expression familière qui est actuellement à la mode.

시초[1] 始初 명 commencement *m*, début *m*, ((출발점)) départ *m*, ((기원)) origine *f*. ¶ 전쟁[비극]의 ~ le commencement de la guerre [du drame]. ¶ 그 사건을 ~로 하여 à partir de cette affaire. ¶ ~부터 dès le départ.

시초[2] 詩抄 명 【문학】 choix *m* [recueil *m*] de poèmes.

시추 試錐 명 【광업】 forage *m*. ¶ ~ 작업 forage d'exploration. ◇_(를) **하다** forer, faire des forages; se livrer à des forages d'exploration, procéder à un forage. ¶ 석유 탐사를 위해 바다 밑을 ~하다 faire des forages [le fond de la mer] de prospection pétrolière.

◆**_공** -孔 명 【광업】 trou *m* pour faire des forages.

◆**_기** -器 명 【광업】 appareil *m* pour le forage.

◆**_선** -船 명 【해양】 vaisseau *m* pour l'exploitation du pétrole.

시치다 타 faufiler.

시치미 명 cachotterie *f*, innocence *f* [ignorance *f*] feinte; dissimulation *f*. ◇_(를) **떼다** agir avec dissimulation; user de dissimulation; feindre [faire semblant] de ne rien comprendre [de ne pas savoir]; faire l'ignorant(*e*) [l'innocent(*e*)], feindre l'ignorance, faire semblant d'ignorer ou d'avoir oublié une promesse; faire comme si de rien n'était.

시침 時針 명 petite aiguille *f* ((d'une montre)).

시침질 명 faufilage *m*, faufilure *f*. ◇_(을) **하다** faufiler.

시커멓다 형 ① être tout(*e*) noirci(*e*); être taché(*e*) de noir. ¶ 기계를 좀 만졌더니 손이 ~ Après avoir travaillé sur une machine, mes mains sont toutes noircies [sont recouvertes de cambouis] / Mes mains sont toutes noircies d'avoir manipulé [d'avoir travaillé sur] les machines. ¶ 고기가 시커멓게 탔다 La viande est brûlée [carbonisée]. ② 음흉하다 ¶ 그 시커먼 속을 누가 알겠니? Qui peut savoir

ㅅ

ce qu'il mijote dans sa tête? ☞ 시꺼멓다

시큰 어근 (éprouver) une douleur sourde ((aux jointures)).

◆_거리다[대다] 자 éprouver une douleur sourde ((aux jointures)); faire mal à *qc*.

◆_하다 형 éprouver une douleur sourde ((aux jointures)). ¶ 발목이 ~하다 éprouver une douleur sourde à la cheville. ¶ 콧날이 ~하다 avoir la goutte au nez à cause de l'émotion.

◆_ _ 부 avec une douleur sourde. ¶ 삔 곳이 ~~ 아프다 J'ai mal à l'endroit où je me suis fait une entorse.

시큰둥하다 형 être désinvolte; montrer [manifester] un manque d'intérêt. ¶ 시큰둥한 반응을 보이다 montrer [manifester] un manque d'intérêt, se désintéresser ((de *qc*)); ne pas montrer d'intérêt pour *qc*. ¶ 시큰둥한 표정을 짓다 montrer [manifester] un manque d'intérêt. ¶ 시큰둥하게 대꾸하다 répondre sans manifester beaucoup d'intérêt [sans (réelle) conviction, de manière désinvolte, avec désinvolture].

시클라멘 영{cyclamen} 명 【식물】 cyclamen *m*.

시큼하다 형 être acide, aigre, aigrelet(*te*), suret(*te*), acidulé(*e*). ¶ 시큼한 맛[냄새] goût [odeur] acide.

시키다 타 ① faire faire, obliger *qn* à faire *qch*, commander. ¶ 누구에게 청소를 ~ faire faire le ménage à quelqu'un. ¶ 누구에게 나쁜 일을 하라고[하게, 하도록] ~ faire faire quelque chose de mal à quelqu'un. ② 음식 따위를 주문하다 commander. ¶ 중국집에 음식을 ~ commander des plats dans un restaurant chinois. ¶ 종업원에게 맥주를 ~ commander une bière au serveur.

ㅅ

시퉁스럽다 형 ☞ 시퉁하다

시퉁하다 형 être désinvolte; montrer [manifester] un manque d'intérêt. ¶ 시퉁한 태도 attitude désinvolte. ¶ 그 사람의 태도는 시퉁한 면이 있다 Son attitude montre [manifeste] un manque d'intérêt.

시트[1] 영{sheet} 명 drap *m*, drap-housse(~*s*-~*s*) *m*. ¶ 침대에 ~를 씌우다 recouvrir le matelas d'un drap(-housse); mettre un drap(-housse) sur le matelas. ¶ 침대의 ~를 갈다 changer les draps; faire un lit.

시트[2] 영{seat} 명 siège *m*. ¶ 자동차 ~ siège d'une voiture, siège d'automobile.

시트콤 영{sitcom} 명 【연영】 *sitcom m*. ¶ 성인[청춘] ~ sitcom pour adultes [les jeunes].

시틋하다 형 être dégoûté(*e*) de *qc*; être las(*se*) de *qc*; en avoir assez de *qc*; être fatigué(*e*) de *qc*; être peu intéressant(*e*). ¶ 공놀이도 한참 하니 좀 ~ Au bout d'un moment, jouer au ballon ne m'intéresse plus.

시판 市販 명 vente *f* (sur le marché). ¶ 신제품의 ~ 시기 période de lancement de nouveaux produits sur le marché. ◇_(을) 하다 vendre sur le marché; lancer ((un article)) sur le marché. ¶ 신상품을 ~하다 lancer de nouveaux produits sur le marché. ◇_(이) 되다 être mis(*e*) sur le marché, être vendu(*e*) sur le marché. ¶ 이 상품은 더 이상 ~되지 않는다 Ce produit n'est plus distribué sur le marché.

시퍼렇다 형 ① être tout(*e*) bleu(*e*); être vert(*e*). ¶ 시퍼런 바다 une mer toute bleue. ② ((신체 일부가)) être tout(*e*) bleu(*e*) [violet(*te*)] ((sous l'effet du froid, à cause du froid)); être vert(*e*) ((de peur)). ¶ 너무 추워 입술이 ~ À cause du froid, mes lèvres sont devenues toutes bleues [violettes]. ③ 칼날 등이 매우 날카롭다 être acéré(*e*), affilé(*e*). ¶ 시퍼런 칼날 une lame acérée [affilée]. ¶ 날을 시퍼렇게 세우다[갈다] aiguiser la lame d'un couteau. ④ 기세가 등등하다 être plein(*e*) d'hostilité, être hostile et menaçant(*e*). ¶ 그의 눈에는 살기가 시퍼렜다 Il avait les yeux pleins d'hostilité / Il avait un regard hostile et menaçant / Son regard était animé de fureur meurtrière / Son regard était empreint d'hostilité / On sentait dans son regard une haine meurtrière. ¶ 그 여자가 나를 시퍼렇게 노려보았다 Elle me regardait d'un air hostile et menaçant / Elle me regardait agressivement.

***서슬이** ~ ☞ 서슬

시편 詩篇 명 【기독】 psaume *m*; ((책)) Les Psaumes *mpl*.

시평[1] **時評** 명 commentaire *m* des actualités; jugement *m* de l'époque [des contemporains]. ¶ 사회 ~ commentaire des actualités sociales.

◆_란 -欄 명 (commentaire *m* des) actualités *fpl*. ¶ 신문의 ~란을 읽다 lire la rubrique des commentaires d'actualité.

시평[2] **詩評** 명 【문학】 critique *f* poétique.

시풍 詩風 명 【문학】 tendance *f* poétique. ¶ 낭만주의적 ~ tendance poétique du romantisme.

시하 侍下 명 personne *f* qui vit avec ses parents. ¶ ~에서 생활하다 vivre avec *ses* parents.

◆층층_ 層層- 명 ☞ 층층

시학 詩學 명 【문학】 poétique *f*. ¶ 구조주의 ~ poétique structurale.

시한 時限 명 limite *f* (de temps), délai *m*, date *f* butoir. ¶ 약속 ~을 넘기다 dépasser la limite de temps. ¶ 제출 ~을 정하다 fixer la limite de date de dépôt. ¶ 정해진 ~까지 연락을 다오 Donne-moi les nouvelles avant la date fixée.

◆_부 -附 명 ¶ ~부 인생 une vie condamnée. ¶ ~부 파업 grève temporaire.

◆_폭탄 -爆彈 명 bombe *f* à retardement. ¶ ~폭탄을 설치하다 installer une bombe à retardement.

시할머니 媤- 명 mère *f* de la belle-mère de l'épouse, grand-mère *f* du mari.

시할아버지 媤- 명 père *m* du beau-père de l'épouse, grand-père *m* du mari.

시합 試合 명 match(~*s*, ~*es*) *m* ((de football, de boxe)); partie *f* ((de tennis)); rencontre *f* ((de rugby)); épreuve *f* ((finale)); compétition *f* ((sportive)); ((boxe)) combat *m*; jeu(*x*) *m*. ¶ 축구[배구, 농구]

~ match de football [de volley-ball, de basket-ball]. ¶ 일본 팀과의 ~ un match [une rencontre sportive] contre l'équipe (nationale) du Japon [contre le Japon]. ¶ ~을 치르다[갖다] faire [disputer] un match avec *qn*; disputer une rencontre; rencontrer ((*qn*, une équipe)); jouer contre *qn*; ((양자가)) se rencontrer. ¶ ~에 나가다 participer à un match [à une rencontre]. ¶ ~에 이기다[지다] gagner [perdre] le match [la partie, la rencontre]. ◇_(을) **하다** ① faire [disputer] un match avec *qn*; disputer une rencontre; rencontrer ((*qn*, une équipe)); jouer contre *qn*; ((양자가)) se rencontrer. ¶ 달리기 ~을 하다 faire la course ((avec *qn*)). ② 경쟁하다 faire la course avec *qn* ((au sens figuré)). ¶ 누가 먼저 일을 끝내나 ~했다 On a fait la course pour savoir qui allait terminer le plus vite [qui serait le plus rapide].

시해 弑害 명 régicide *m*; assassinat *m* d'un roi. ¶ 대통령 ~ 사건 l'assassinat du président. ◇_(를) **하다** assassiner *qn*. ¶ 반역자들이 왕을 ~했다 Des traîtres ont assassiné le roi.

시행[1] 施行 명 application *f* ((d'une loi)); mise *f* en vigueur [à exécution]. ¶ 개혁의 ~ application de la réforme. ◇_(을) **하다** appliquer ((une loi)); mettre ((une loi)) en vigueur. ¶ 명령대로 무엇을 ~하다 exécuter *qc* selon les ordres. ◇_(이) **되다** entrer en vigueur; être appliqué(*e*). ¶ 새로운 법령이 ~된다 La nouvelle loi entre en vigueur.

◆_**규칙** -規則 명 【법률】 alinéas *mpl*; règlements *mpl* relatifs à l'application d'une loi. ¶ ~규칙에 따르다 appliquer les réglementations.

◆_**령** -令 명 【법률】 décret *m* réglementaire. ¶ ~령을 공포하다 publier le décret réglementaire.

◆_**착오** -錯誤 명 erreur *f*; raté *m*; échec *m*. ¶ 수많은 ~ 착오 끝에 après de nombreux échecs. ¶ ~착오를 거치다[거듭하다] faire [répéter] des erreurs.

시행[2] 詩行 명 【문학】 vers *m*. ¶ ~을 읊다 citer des vers; citer un poème.

시허옇다 형 être tout(*e*) blanc(*che*); être blanc(*che*) comme neige. ¶ 시허연 수염 une barbe toute blanche.

시험 試驗 명 ① 실제로 다루거나 행해 봄 essai *m* ((d'un moteur)); épreuve *f* ((d'une machine)); expérimentation *f*. ¶ ~ 비행 vol d'essai. ¶ ~ 삼아 해 보다 essayer à titre expérimental. ② 평가 examen *m*, test *m*, épreuve *f*; contrôle *m*; évaluation *f*. ¶ ~ 공부 révision; préparation à l'examen. ¶ ~ 문제 sujet d'examen; épreuves d'examen; question (d'un examen). ¶ 중간[기말] ~ un examen partiel [final], un partiel. ¶ 평소 ~ contrôle continu. ¶ 구두[필기, 실기] ~ une épreuve orale [écrite, pratique], un oral, un écrit. ¶ 입학[자격, 면허] ~ un examen d'entrée [d'aptitude; de qualification]. ¶ ~ 공부를 하다 préparer un examen; réviser; bachoter {*fam*}. ¶ ~을 치르다[보다] passer [se présenter à] un examen. ¶ 이 문제가 ~에 나왔다 Cette question était à l'examen. ③ 꼬임, 유혹 tentation *f*; envie *f*; désir *m*. ¶ 사탄의 ~ La tentation de Satan. ¶ ~에 들다[빠지다] céder à la tentation [succomber à la tentation]. ◇_(을) **하다** ① 실험하다 essayer; tester; évaluer. ¶ 나는 자동차의 성능을 ~해 보았다 J'ai testé la qualité de la voiture. ② 평가하다 tester; évaluer. ¶ 누구의 담력을 ~하다 tester le courage de *qn*. ③ 유혹하다 tenter. ¶ 너 왜 사람을 ~하냐? Pourquoi me tentes-tu ainsi?

◆_**적** -的 명관 ((à)) titre *m* d'essai, à titre expérimental. ¶ ~적으로 à titre d'essai.

◆_**관** -官 명 examina*teur*(*trice*). ¶ ~관의 감독하에 시험을 치르다 passer un examen sous la surveillance des examinateurs.

◆_**관** -管 명 【화학】 éprouvette *f*; tube *m* à essai. ¶ ~관에 시약을 따르다 verser du réactif dans une éprouvette. ¶ ~관 아기 un bébé-éprouvette.

◆_**대** -臺 명 ① 실험대 banc *m* d'essai. ② 평가하는 자리 banc *m* d'essai. ¶ 이번 연극은 신인 배우들의 연기력에 대한 ~대가 될 것이다 Cette pièce sera un banc d'essai pour les comédiens en herbe. *~**대에 오르다** mettre au banc d'essai.

◆_**장** -場 명 lieu(*x*) *m* d'examen. ¶ ~장에 늦다 être en retard pour l'examen.

◆_**지** -紙 명 ① questionnaire *m*; copie *f* d'examen. ¶ ~지를 배포하다 distribuer les questionnaires et les feuilles d'examen. ② 【화학】 papier *m* de tournesol.

시현 示現 명 apparition *f*; manifestation *f*; démonstration *f*; présence *f*. ◇_(을) **하다** manifester; montrer, faire montre de, déployer, exprimer, extérioriser, témoigner; présenter; révéler.

시형[1] 詩形 명 【문학】 forme poétique.

시형[2] 媤兄 명 beau-frère(~*x*-~*s*) *m*.

시혜 施惠 명 offrande *f*; don *m*. ◇_(를) **하다[베풀다]** faire (un) don; offrir.

◆_**적** -的 명관 généreu*x*(*se*). ¶ 불법 이민자들에 대한 ~적 조처 une mesure généreuse envers les immigrants clandestins.

◆_**성** -性 명 fausse générosité *f*; faussement [apparemment] généreu*x*(*se*).

시호 諡號 명 nom *m* [titre *m*] posthume. ¶ 누구에게 ~를 내리다 accorder [décerner] un titre posthume à *qn*.

시화[1] 詩話 명 【문학】 récit *m* poétique; récit *m* sur un poète.

시화[2] 詩畫 명 【예술】 poésie *f* et peinture *f*, poème *m* illustré.

◆_**전** -展 명 exposition *f* de textes poétiques accompagnés d'illustrations.

시황 市況 명 【경제】 situation *f* [tendance *f*] du marché *m*; état *m* du commerce. ¶ 주식 ~ situation [tendance] de la Bourse.

◆_**판** -板 명 tableau *m* sur lequel on annonce la situation de *qc* ((du cours de la Bourse)).

시효 時效 명 【법률】 prescription *f*. ¶ ~ 기간 (période

ㅅ

de) prescription. ¶ ~ 중단 interruption de la prescription. ¶ ~ 정지 suspension de la prescription. ¶ 공소 ~가 남아 있다 Cette action publique n'est pas encore prescrite / Cette action publique n'est pas encore arrivée à prescription. ¶ 공소 ~가 지났다 Il y a prescription pour cette affaire publique.

시흥 詩興 명 inspiration *f* poétique. ¶ ~이 일다 avoir une inspiration poétique.

식[1] **式** 명 ((suffixe nominal)) 의식 cérémonie *f*; cérémonial *m*; protocole *m*. ¶ 결혼~ cérémonie nuptiale; cérémonie de mariage. ¶ 입학~ cérémonie d'entrée à l'école. ¶ 장례~ obsèques; funérailles; enterrement. ¶ 졸업~ cérémonie de remise de diplômes. ¶ ~을 거행하다 organiser une cérémonie. ¶ ~을 올리다 tenir une cérémonie. ¶ ~이 끝났다 La cérémonie est terminée.
의명 de cette façon-là; de cette manière. ¶ 그런 ~으로 말하지 마라 Ne parle pas de cette façon-là. ¶ 누구나 실수는 할 수 있다는 ~으로 말하지 마라 Ne te justifie pas en disant que tout le monde peut faire des erreurs.

식[2] **式** 명 ((suffixe nominal)) 공식 formule *f* (mathématique); expression *f* ((algébrique)). ¶ 구조~ une formule structurale. ¶ 분자~ une formule moléculaire. ¶ ~을 풀다 solutionner[résoudre] une formule mathématique. ¶ ~에 대입하다 appliquer une formule. ¶ 정리를 ~으로 나타내다 formuler un théorème.

식[3] 부 ☞ 씩[1]

-식[4] **-式** 접미 ((suffixe nominal)) mode *m*; type *m*; style *m*; genre *m*; à la ((coréenne, française)). ¶ 자동[수동]~ 세탁기 machine à laver automatique [manuelle]. ¶ 고딕~ 건물 architecture gothique; bâtiment gothique. ¶ 한국~ 가옥 maison à la coréenne. ¶ 프랑스~ 요리 cuisine à la française.

식간 食間 명 intervalle *m* entre deux repas; entre deux repas. ¶ ~에 나누는 대화 une conversation avant le repas.

식객 食客 명 parasite *m*; pique-assiette (~-~(*s*)) *m*. ¶ 누구의 ~노릇을 하다 vivre aux dépens de *qn*; parasiter *qn*.

식견 識見 명 connaissances *fpl*, perspicacité *f*, discernement *m*, clairvoyance *f*; bon sens *m*, jugement *m*; finesse *f*; intelligence *f*, sagesse *f*; jugeote *f* {*fam*}. ¶ 높은 ~을 지니다 être perspicace, éclairé(*e*), judicieu*x*(*se*), plein(*e*) de discernement. ¶ ~을 넓히다 développer l'intelligence [le bon sens].
◇_(이) **있다** être perspicace [éclairé(*e*), judicieu*x*(*se*)]; avoir du discernement. ¶ ~ 있는 사람 personne pleine de discernement [qui a de la jugeote {*fam*}]. ◇_(이) **없다** ne pas être perspicace [éclairé(*e*), judicieu*x*(*se*)]; être déraisonnable, dépourvu(*e*) de bon sens; manquer [de discernement, de bon sens, de jugement, de clairvoyance, de jugeote {*fam*}] ¶ ~ 없이 함부로 행동하다 se comporter sans réfléchir; se montrer léger dans *sa* conduite [dans *ses* jugements]; agir à la légère [sans discernement, imprudemment, inconsidérément, étourdiment, n'importe comment, sans réfléchir, de manière irréfléchie, de manière incongrue, en dépit du bon sens].

식곤증 食困症 명 assoupissement *m* après le repas. ¶ ~이 몰려오다 s'assoupir après le repas.

식구 食口 명 (membre *m* d'une) famille *f*, maisonnée *f*. ¶ 댁에 ~가 모두 몇이세요? Vous êtes combien dans votre famille? ¶ 우리는 모두 다섯 ~이다 Nous sommes cinq chez nous. ¶ 우리는 ~가 많다[적다] Nous sommes une famille nombreuse [peu nombreuse]. ¶ 온 ~가 다 모였다 Toute la famille s'est retrouvée. ¶ ~가 하나 더 늘었다 La famille compte un de plus. ¶ 누구와 한 ~처럼 지내다 traiter *qn* comme un membre de la famille.
◆_**수** -數 명 nombre *m* des membres d'une famille.
◆**대**_ 大- 명 grande famille *f*, famille *f* nombreuse. ¶ 우리 집은 대~다 J'ai une grande famille.

식권 食券 명 ticket-restaurant *m*; titre-restaurant *m*; chèque-restaurant *m*; ticket-repas *m*. ¶ ~을 내고 밥을 먹다 payer le repas avec un ticket-restaurant. ¶ ~을 끊다[사다] acheter des tickets-restaurant.

식기 食器 명 ((집합적)) vaisselle *f*; service *m* ((de porcelaine)); 접시)) plat *m*, assiette *f*; ((주발)) bol *m*, écuelle *f*. ¶ ~를 씻다 faire la vaisselle.
◆_ **세척기** -洗滌器 명 machine *f* à laver la vaisselle, lave-vaisselle *m inv*.

식다 자 ① refroidir, devenir froid(*e*); devenir tiède. ¶ 식은 밥 du riz froid[tiède, refroidi]. ¶ 커피가 식었다 le café est refroidi. ② 시들해지다 se refroidir, retomber, s'affaiblir, faiblir. ¶ 일에 대한 열의가 식었다 L'enthousiasme pour le travail est retombé. ¶ 둘 사이의 애정이 식었다 Leur amour a diminué. ③ ((땀이)) cesser de couler. ¶ 땀이 ~ s'arrêter[cesser] de suer.
***식은 죽 먹기** ☞ 죽[3]
***식은 죽 먹듯 하다** ☞ 죽[3]

식단 食單 명 menu *m*. ¶ ~을 짜다 préparer le menu.
◆_**표** -表 명 menu *m*; carte *f*. ¶ ~표대로 selon le menu.

식당 食堂 명 ① ((집)) restaurant *m*, salle *f* à manger; ((학교, 기숙사 등)) réfectoire *m*, cantine *f*. ¶ 기숙사 ~ un réfectoire. ¶ 구내 ~ la cantine d'une entreprise [d'une école], un réfectoire ((d'un hôpital, d'un lycée)), un restaurant d'entreprise [scolaire]; ((대학 구내식당)) un restaurant universitaire, un resto U {*fam*}, ((aller au)) RU {*fam*}. ② 음식점 restaurant *m*; ((역 등의)) buffet *m*. ¶ 고급[비싼] ~ un restaurant luxueux [(de) haute gamme]. ¶ 저렴한 ~ un restaurant bon marché. ¶ 한국[이탈리아] ~ un restaurant coréen [italien]. ¶ ~에 가다 aller au restaurant. ¶ ~에서 저녁을 사 먹다 dîner dans un [au] restaurant.
◆_**차** -車 명 wagon-restaurant *m*.
◆_**칸** 명 wagon-restaurant *m*.

◆간이_ 簡易- 명 petit restaurant *m*, restaurant *m* de quartier, restaurant *m* populaire, auberge *f*, gargote *f*, cafétéria *f*.

식대 食代 명 note *f*; addition *f* (d'un repas). ¶ ~를 카드로 지불하다 payer la note avec une carte bancaire.

식도[1] 食道 명 【의학】 œsophage *m*

◆_암 -癌 명 【의학】 cancer *m* de l'œsophage. ¶ ~암에 걸리다 attraper un cancer de l'œsophage.

◆_염 -炎 명 【의학】 inflammation *f* de l'œsophage, œsophagite *f*.

식도[2] 食刀 명 couteau *m* de cuisine. ¶ ~로 과일을 깎다 peler les fruits avec un couteau de cuisine.

식도락 食道樂 명 gastronomie *f*, gourmandise *f*. ¶ ~을 즐기다 s'adonner à la gastronomie; être un amateur de bonne chère.

◆_가 -家 명 gastronome, (fin) gourmet *m*, amateur *m* de bonne chère, fine gueule *f* {*fam*}.

식량 食糧 명 nourriture *f*, aliment *m*, vivres *mpl*, victuailles *fpl*. ¶ ~ 문제 problème alimentaire; question alimentaire. ¶ 일 년 치 ~ des provisions pour un an. ¶ ~을 공급하다 approvisionner en aliments. ¶ ~이 거의 다 떨어졌다 ne pas avoir suffisamment de provisions alimentaires. ¶ ~ 사정이 좋지 않다 La situation alimentaire s'est dégradée.

◆_난 -難 명 disette *f*, manque *m* d'aliments; problème *m* alimentaire. ¶ 극심한 ~난에 시달리다 souffrir de grave problème alimentaire.

◆유엔_농업기구 명 Organisation *f* des Nations unies pour l'Alimentation et l'Agriculture, *F.A.O.* (*Food and Agriculture Organization of the United Nations*).

식료품 食料品 명 aliments *mpl*, nourriture *f*; produits *mpl* alimentaires [d'alimentation]; denrées *fpl* alimentaires [comestibles]; comestibles *mpl*; vivres *mpl*, provisions *fpl*. ¶ 일주일 치 ~을 사다 faire des courses d'alimentation pour la semaine.

◆_점 -店 명 épicerie *f*; magasin *m* [boutique *f*] d'alimentation; boutique *f* de comestibles.

식모 食母 명 bonne *f*, femme *f* de ménage, employée *f* de maison. ¶ ~를 두다 engager une bonne.

◆_살이 명 travail *m* de bonne. ¶ ~살이하다 faire le travail d'une bonne [d'une cuisinière, d'une femme de ménage].

식목 植木 명 plantation *f* d'arbres. ¶ ~ 사업 travaux de plantation d'arbres.

◆_일 -日 명 jour *m* de la plantation des arbres.

식물 植物 명 végét*al*(*aux*) *m*, plante *f*; ((총칭)) végétation *f*. ¶ ~ 표본 un spécimen botanique. ¶ ~ 채집 herborisation, collection de plantes. ¶ 일년생[다년생] ~ une plante annuelle [vivace]. ¶ 열대[고산] ~ une plante tropicale [alpine]. ¶ ~ 도감 un herbier artificiel. ¶ ~ 세포 une cellule végétale.

◆_성 -性 명 végét*al*(*ale*, *aux*). ¶ ~성 기름 une huile végétale. ¶ ~성 섬유 une fibre végétale. ¶ ~성 플랑크톤 un plancton végétal.

◆_계 -系 명 【식물】 règne *m* végétal.

◆_대 -帶 명 【식물】 répartition *f* géographique des plantes.

◆_원 -園 명 jardin *m* botanique [des plantes].

◆_인간 명 【의학】 personne *f* [malade *mf*] réduit(*e*) à une existence végétative [à l'état végétatif, dans un état végétatif chronique], légume *m* {*pop*}. ¶ 교통사고로 ~인간이 되다 entrer[plonger] dans un état végétatif à la suite d'un accident de voiture.

◆_학 -學 명 botanique *f*.

식민 植民 어근 colonie *f*.

◆_화 -化 명 colonisation *f*, annexion *f*. ¶ 약소국을 ~화하다[시키다] coloniser; annexer les petits pays. ¶ ~화되다 être colonisé(*e*).

◆_사관 -史觀 명 conception *f* colonialiste de l'histoire. ¶ ~ 사관을 극복하다 surmonter la conception colonialiste de l'histoire.

◆_정책 -政策 명 【정치】 politique *f* coloniale.

◆_주의 -主義 명 【정치】 colonialisme *m*. ¶ ~주의 사관 la conception colonialiste de l'histoire.

◆_지 -地 명 colonie *f*. ¶ ~지 교육 l'éducation colonialiste [impérialiste].

◆_통치 -統治 명 【정치】 administration *f* coloniale; gouvernement *m* colonial. ¶ ~ 통치를 받다 être gouverné(*e*) par un régime colonial.

◆신_주의 新-主義 명 【정치】 néocolonialisme *m*.

식별 識別 명 discernement *m* ((de la vérité d'avec l'erreur)); distinction *f* ((du bien et du mal)); discrimination *f* {*litt*}; identification *f*. ¶ 둘 사이에 ~이 어렵다 On a du mal à les distinguer l'un de l'autre / Il est difficile de les distinguer l'un de l'autre / On les confond facilement. ◇_(을) **하다** distinguer; faire la distinction. ¶ 진품과 모조품을 ~하다 distinguer le vrai et le faux. ◇_(이) **되다** être distingué(*e*), cerné(*e*), identifié(*e*). ¶ 이 글자는 잘 ~되지 않는다 On a du mal à identifier [distinguer] ce caractère [cette lettre].

◆_력 -力 명 capacité *f* d'identification; discernement *m*.

식복 食福 명 fortune *f* du ventre, chance *f* de bien tomber au moment du repas. ¶ ~을 타고나다 arriver toujours au moment du repas. ¶ 너는 정말 ~이 있네! 우리 지금 막 식사하려고 했는데 Tu tombes bien [à pic {*fam*}], on allait justement passer à table.

식비 食費 명 frais *mpl* de nourriture; dépenses *fpl* alimentaires; budget *m* alimentaire. ¶ ~를 아끼다 réduire le budget alimentaire. ¶ ~가 많이 든다 Notre budget alimentaire est élevé / L'alimentation coûte cher.

식빵 食- 명 pain *m* de mie. ¶ ~을 굽다 préparer [cuire] un pain de mie. ¶ ~을 먹다 manger du pain de mie.

식사[1] 式辭 명 discours *m*, allocution *f*. ¶ 다음은 회장님의 ~가 있겠습니다 Maintenant, nous allons écouter l'allocution du président.

식사[2] 食事 명 repas *m*; service *m*; festin *m*; plat

m; déjeuner *m*; dîner *m*; petit-déjeuner *m*; collation *f*. ¶ ~ 시간 heure de repas. ¶ 간단한 ~ repas léger; collation; repas frugal. ¶ ~를 준비하다 préparer le repas. ¶ ~를 끝내다 terminer *son* repas. ¶ ~를 거르다 sauter un repas. ¶ 누구를 저녁 ~에 초대하다 inviter *qn* au dîner. ¶ ~ 중이다 être en train de prendre *son* repas [se restaurer, manger]. ◇_(를) 하다 prendre un repas. ¶ 나는 오늘 저녁에 밖에서 ~한다 Ce soir, je mange en ville [dehors].

◆_량 -量 명 quantité *f* moyenne de nourriture que l'on prend à chaque repas.

◆_법 -法 명 art *m* de la table; usages *mpl* de la table. ¶ 나라마다 ~법이 다르다 Selon les pays, l'art de la table est différent.

식산 殖産 명 ① 생산물을 늘림 augmentation *f* de la production. ② 재산을 늘림 augmentation *f* de *sa* fortune.

식상하다 食傷- 형 en avoir assez; en avoir marre; en avoir ras-le-bol {*fam*}. ¶ 그런 상투적인 말에는 이제 식상했다 J'en ai assez de ces clichés. ¶ 이제 너의 그런 아부에는 식상했다 J'en ai assez de tes flatteries.

식생 植生 명 【식물】 végétation *f*.

◆_도 -圖 명 【식물】 [diagramme de la] disposition *f* [zone *f*] de végétation.

◆_학 -學 명 botanique *f*.

식생활 食生活 명 nutrition *f*; alimentation *f*. ¶ 균형 있는 ~ une alimentation équilibrée; un régime alimentaire équilibré. ¶ ~을 개선하다 améliorer le régime nutritionnel. ¶ 그 여자는 ~에 문제가 있다 Elle a des troubles de la nutrition.

식성 食性 명 goût *m* (pour la nourriture); régime *m* alimentaire; habitude *f* alimentaire; appétit *m*; palais *m*. ¶ ~대로 먹다 manger selon *son* goût. ¶ ~에 맞는 음식 plats qui conviennent à *son* goût [à *son* régime alimentaire]. ¶ 그 남자는 ~이 까다롭다 Il est difficile pour la nourriture. ¶ 나는 최근에 ~이 변했다 Récemment j'ai changé d'alimentation.

식세포 食細胞 명 【생물】 phagocyte *m*.

식솔 食率 명 membre *m* d'une famille à charge, maisonnée *f*. ¶ ~을 이끌다[거느리다] avoir la charge de la famille.

식수[1] 植樹 명 plantation *f* d'un arbre. ¶ 기념 ~ plantation d'un arbre en souvenir d'un événement. ◇_(를) 하다 planter un arbre en souvenir d'un événement.

식수[2] 食水 명 eau(*x*) *f* potable. ¶ 약수를 길어다 ~로 쓰다 boire de l'eau de source.

◆_난 -難 명 manque *m* d'eau (potable).

식순 式順 명 programme *m* d'une cérémonie; ordre *m* du jour. ¶ ~을 정하다 arrêter un ordre du jour. ¶ ~에 따라 식을 진행하다 exécuter une cérémonie suivant le programme.

식식 부 ☞ 씩씩

식언 食言 명 manquement *m* à une promesse. ◇_(을) 하다 manquer à *sa* parole; ne pas tenir une promesse. ¶ ~을 밥 먹듯 하다 manquer toujours à *sa* promesse.

식염 食鹽 명 sel *m* de table; sel *m* fin.

◆_수 -水 명 solution *f* saline; sérum *m* physiologique.

◆_주사 -注射 명 injection *f* de sérum physiologique.

식욕 食慾 명 appétit *m*; envie *f*. ¶ ~을 돋우다 renforcer l'appétit. ¶ ~을 잃다 perdre l'appétit. ¶ ~을 떨어뜨리다 couper [ôter] l'appétit. ¶ ~이 왕성하다 avoir bon appétit; manger avec appétit [d'un bon appétit]. ¶ ~이 없다 manquer d'appétit; ((l'appétit)) manquer à *qn*.

◆_부진 -不振 명 【의학】 manque *m* d'appétit; faible appétit *m*.

식용 食用 명 comestible, bon(*ne*) à manger. ¶ ~ 개구리 une grenouille comestible. ¶ ~ 달팽이 un escargot comestible. ¶ ~ 버섯 un champignon comestible.

◆_색소 -色素 명 colorant *m* pour nourriture, colorant *m* alimentaire.

◆_유 -油 명 huile *f* comestible [de table].

식은땀 명 ① sueur *f* (froide). ¶ 그 사람은 감기[열] 때문에 이마에 ~을 흘린다 Il a des gouttes de sueur sur le front [Des gouttes de sueur perlent sur son front] à cause de sa grippe [de la fièvre]. ② ((긴장으로 인한)) vive inquiétude *f*. ¶ 등에 ~이 난다 Cela me donne des sueurs froides / Cela me fait froid dans le dos / Cela m'inquiète vivement / Cela m'angoisse terriblement.

식음 食飮 명 (le) boire *m* et (le) manger *m*. ¶ ~을 전폐하다 s'abstenir totalement de boire et de manger.

식이 食餌 명 aliment *m*; nourriture *f*.

◆_성 -性 명 diète *f*. ¶ ~성 섬유 fibre diététique.

◆_요법 -療法 명 régime *m*; diète *f*. ¶ ~요법으로 병을 고치다 guérir d'une maladie grâce à un régime [grâce à la diététique].

식인 食人 명 anthropophagie *f*, cannibalisme *m*; ogre *m*. ¶ ~ 풍습 pratique des anthropophages.

◆_종 -種 명 anthropophage, cannibale.

식자[1] 植字 명 【출판】 composition *f* typographique; typographie *f*. ◇_(를) 하다 composer ((un texte)).

◆_공 -工 명 typographe.

◆_기 -機 명 【출판】 machine *f* à composer; linotype *m*.

◆_판 -板 명 【출판】 galée *f*.

◆사진_ 寫眞- 명 【출판】 composition *f* photographique.

식자[2] 識者 명 personne *f* cultivée [instruite]; homme *m* de bon sens.

◆_우환 -憂患 명 La connaissance nuit parfois.

◆_층 -層 명 classe *f* des gens cultivés.

식장 式場 명 lieu *m*, hall *m* de cérémonie; lieu(*x*) *m* de la cérémonie. ¶ ~이 사람들로 붐빈다 Le hall grouille de monde.

식전[1] 食前 명 avant le repas; à jeun; de grand matin.

ㅅ

¶ ~부터 무슨 일로 왔느냐 Qu'est-ce qui vous amène ici si tôt le matin? ¶ 아직 ~이다 On est à jeun. ¶ 이 약은 ~에 드십시오 Prenez ce médicament à jeun.

식전² 式前 명 avant la cérémonie. ¶ ~ 행사 une manifestation avant la cérémonie. ¶ ~에 avant la cérémonie.

식전³ 式典 명 cérémonie *f*. ¶ ~에 참석하다 participer à la cérémonie; être présent(*e*) à la cérémonie.

식중독 食中毒 명 【의학】 intoxication *f* alimentaire. ¶ ~에 걸리다 contracter une intoxication alimentaire.

식지 食指 명 index *m*.

식초 食醋 명 vinaigre *m*. ¶ ~ 소스 une sauce vinaigrette. ¶ ~를 몇 방울 치다 ajouter quelques gouttes de vinaigre.

식충 食蟲 명 insectivore *m*; entomophage *m*, personne *f* qui ne fait que manger.

◆**_식물** -植物 명 【식물】 plante *f* carnivore.

◆**_이** 명 glouton(*ne*) {*fam*}, goinfre *mf* {*fam*}, vorace, morfal(*e*) {*fam*}. ¶ ~이처럼 밥만 축내다 s'empiffrer comme un glouton {*fam*}; bâfrer comme un goinfre {*fam*}, se goinfrer {*fam*}.

식칼 食- 명 couteau(*x*) *m* de cuisine.

식탁 食卓 명 table *f* (à manger). ¶ ~을 차리다 mettre la table [le couvert]. ¶ ~을 치우다 débarrasser la table. ¶ ~에 앉다 se mettre à table, s'attabler.

◆**_보** -褓 명 nappe *f* de table.

식탐 食貪 명 gros appétit *m*; gourmandise *f*; gloutonnerie *f*; voracité *f*. ¶ ~이 많다 être très gourmand(*e*); avoir un gros appétit; être vorace, glouton(*ne*). ◇**_(을) 하다** manger avidement [excessivement].

식판 食板 명 plateau-repas(~*x*~) *m*. ¶ ~에 밥을 담다 mettre [servir, disposer] le riz dans un plateau-repas.

식품 食品 명 aliments *mpl*, nourriture *f*, produits *mpl* alimentaires [d'alimentation]; comestibles *mpl*; denrées *fpl* alimentaires [comestibles]; vivres *mpl*, provisions *fpl*. ¶ 가공 ~ plats cuisinés (tout prêts); plats tout préparés. ¶ 불량 ~ aliment insalubre [malsain]. ¶ 완전 ~ aliment complet. ¶ 인스턴트 ~ produits alimentaires instantanés; plats instantanés; les instantanés. ¶ 자연 ~ aliments naturels.

◆**_공업** -工業 명 industrie *f* alimentaire.

◆**_공학** -工學 명 technologie *f* alimentaire.

◆**_군** -群 명 groupe *m* d'aliments.

◆**_위생** -衛生 명 hygiène *f* alimentaire.

◆**_점** -店 명 magasin *m* [boutique *f*] d'alimentation; boutique *f* de comestibles; épicerie *f*.

식혜 食醯 명 *sikhye m* <boisson sucrée de riz fermentée>.

식후 食後 명 après le repas *m*. ¶ ~ 30분에 이 약을 드시오 Prenez le médicament une demi-heure après le repas.

식히다 타 ① refroidir; laisser refroidir; rafraîchir ((du vin)). ¶ 뜨거운 물을 ~ laisser refroidir de l'eau trop chaude. ② ((감정을)) refroidir; décourager; calmer. ¶ 누구의 열정을 ~ refroidir l'ardeur [la passion, le zèle] de *qn*. ¶ 분노를 ~ calmer [apaiser] *sa* colère, laisser *sa* colère s'apaiser. ¶ 그 사건은 음악에 대한 그의 열정을 식혀 버렸다 Cet événement a refroidi sa passion [son goût] pour la musique. ③ ((땀, 열을)) faire baisser [faire tomber] ((la fièvre)). ¶ 땀을 ~ se rafraîchir. ¶ 물놀이로 땀을 ~ oublier les fortes chaleurs en s'amusant dans l'eau. ¶ 머리를 ~ mettre le cerveau au repos; se détendre. ¶ 열을 ~ faire baisser [faire tomber] la fièvre.

신¹ 명 chaussure *f*, soulier *m*; ((끈달린)) bottine *f*; ((장화)) botte *f*; pompe *f* {*pop*}, godasse *f* {*fam*}, grolle *f* {*fam*}. ¶ 아기 ~ chausson[chaussure] pour bébé. ¶ ~을 신다 mettre des [*ses*] chaussures [souliers], se chausser. ¶ ~을 벗다 se déchausser, enlever *ses* chaussures. ¶ 내 ~이 다 떨어졌다[해졌다] Mes chaussures sont tout usées. ¶ 이 ~은 내 발에 너무 크다[작다] Ces chaussures sont trop grandes [petites] pour moi.

◆**_장** -欌 명 range-chaussures *m inv*, meuble *m* à chaussures, étagère *f* de chaussures, étagère *f* pour mettre les souliers. ¶ 신발들을 ~장에 넣다 mettre *ses* souliers sur l'étagère. ¶ 신을 ~장에 정리하다 ranger *ses* souliers sur l'étagère.

◆**_주머니** 명 sac *m* pour les chaussures.

◆**_짝** 명 une chaussure *f* d'une paire de chaussures.

***헌~짝 버리듯 하다** ☞ 헌신짝

◆**_창** 명 신발창 semelle *f*. ¶ 두꺼운 ~창 une semelle épaisse. ¶ ~창이 닳았다 J'ai rajouté des semelles.

◆**가죽_** 명 chaussure *f* de [en] cuir.

◆**고무_** 명 chaussure *f* en caoutchouc.

◆**나막_** 명 sabot *m*.

◆**짚_** 명 sandale *f* en paille.

***짚~도 짝이 있다** N'importe qui peut trouver chaussure à son pied.

신² 명 enthousiasme *m*; ardeur *f*; animation *f*; emportement *m* passager, emballement *m*. ◇**_(이) 나다** s'enthousiasmer, s'emballer, s'exciter; être enthousiasmé(*e*), joyeux(*se*), excité(*e*), transporté(*e*) de joie [d'enthousiasme]. ¶ ~나는 놀이 jeu excitant. ¶ ~이 나서 떠들다 raconter *qc* avec animation. ¶ ~나게 놀다 bien s'amuser. ¶ ~나게 마시다 boire avec férocité [de façon excessive, avec excès, jusqu'à plus soif], picoler {*fam*}, écluser {fam}, boire comme un ivrogne [comme un trou].

◆**_바람** 명 surexcitation *f*, excitation *f*, animation *f*, vive émotion *f*, agitation *f*. ¶ ~바람(이) 나다 s'enthousiasmer, s'emballer, s'exciter; déborder d'enthousiasme; être [se sentir] transporté(*e*) de joie [d'enthousiasme]; être enthousiasmé(*e*), joyeux(*se*), excité(*e*). ¶ ~바람 나게 일하다 avoir de l'ardeur [être plein(*e*) d'ardeur] au travail; travailler avec enthousiasme [ardeur, zèle].

ㅅ

신³ 神 명 ① 【종교】 dieu *m*; l'Éternel *m*, le Seigneur *m*. ¶ 전능한 ~ Dieu tout-puissant. ¶ ~의 섭리[뜻] providence divine; la Providence [volonté divine]. ¶ ~을 믿다 croire en Dieu. ¶ ~의 은총[가호]가 있기를 Que la grâce [protection] de Dieu soit avec toi [vous]. ② 신령한 존재 esprit *m*; divin *m*; divinité *f*; Être *m* suprême; dieu(*x*) *m*. ③ 귀신 démon *m*, diable *m*.

*~(**이**) **내리다**[**들리다**] être possédé(*e*) ((du démon, du diable)).

◆_**적** -的 명관 divin(*e*). ¶ ~적 존재 un être divin.

◆_**성** -性 명 divinité *f*, nature *f* divine.

◆_**격** -格 명 divinité *f*. ¶ ~격을 얻다 être divin(*e*).

◆_**격화** -格化 명 ☞ 신격화

◆**여**_ 女- 명 déesse *f*.

신⁴ 臣 명 신하 sujet *m*, ministre *m*.
대 ((신하가 자신을 가리켜)) votre serviteur *m*.

신⁵ 영{scene} 명 【영연】 scène *f*, passage *m*, épisode *m*, action *f*. ¶ 격투 ~ une scène de combat [de bagarre], une scène violente, un épisode violent. ¶ 정사 ~을 찍다 tourner une scène d'amour. ¶ 로미오와 줄리엣의 발코니 ~ la scène du balcon de «Roméo et Juliett».

신-⁶ 新 접두 ((préfixe adjectival)) néo-, nouv*eau*(*el*, *elle*); moderne, dernier ((modèle, cri)); dernière ((mode)). ¶ ~기술 nouvelle technologie. ¶ ~무기 nouvelle arme. ¶ ~세대 nouvelle génération. ¶ ~제품 nouveauté; dernier modèle.

신간 新刊 명 nouvelle édition *f*, nouvelle publication *f*; livre *m* nouvellement édité [publié], nouveauté *f*. ¶ ~ 서적 livre [ouvrage] nouveau; livre qui vient de paraître [sortir]. ¶ ~ 목록 catalogue des nouvelles publications.

신격화 神格化 명 divinisation *f*, déification *f*, ◇_(**를**) **하다**[**시키다**] diviniser [déifier] *qn*. ◇_(**가**) **되다** être divinisé(*e*), déifié(*e*). ¶ ~된 존재 un être divinisé.

신경 神經 명 ① 【의학】 nerf *m*. ¶ ~ 세포 cellule [fibre] nerveuse. ¶ ~ 조직 tissu nerveux. ¶ ~ 중추 centre nerveux. ¶ 이 환자는 ~을 다쳤다 Ce malade s'est blessé au nerf. ② ((avoir les)) nerfs *mpl* ((solides, fragiles, irritables)). ¶ ~이 둔한[무딘] 사람 personne à l'esprit lent [lourd]; personne peu sensible. ¶ ~에 거슬리는 일[사람] chose [personne] qui énerve [agace, irrite, tape sur les nerfs {*fam*} de] *qn*. ¶ ~을 건드리다 énerver *qn*, agacer *qn*, irriter *qn*; porter [taper] sur les nerfs de *qn* {*fam*}. ¶ ~을 곤두세우다 piquer [faire] une crise de nerfs; s'énerver, s'irriter; être sur les nerfs; avoir les nerfs tendus [à vif, à fleur de peau, en pelote, en boule]; monter sur *ses* grands chevaux. ¶ ~이 날카롭다[예민하다] être très sensible, hypersensible; avoir les nerfs tendus [à vif, à fleur de peau, en pelote {*fam*}, en boule {*fam*}]; être irritable, être à bout de nerfs, être surexcité(*e*).

*~(**을**) **쓰다** ① 걱정하다 s'inquiéter de *qc*, se préoccuper de *qc*, s'en faire, se soucier de *qc*, se tracasser pour *qc*. ¶ 그 일에 너무 ~ 쓰지 마라 Ne t'en fais pas trop pour ça / Ne t'inquiète pas trop pour ça / Ne le prends pas trop au sérieux / Ne te tracasse pas pour ça / Ne te prends pas trop la tête avec cette histoire. ② 주의를 기울이다 être (très) attenti*f*(*ve*) à *qc* / à+*inf*, être aux petits soins pour *qn*, s'occuper de *qc*; s'intéresser à *qc*, se préoccuper de *qc*; prendre soin de *qc*; veiller sur *qc*, être plein(*e*) d'attention pour *qn*. ¶ 내 일에도 ~ 좀 써 주세요 Préoccupez-vous un peu de mon cas [de mon travail], s'il vous plaît / Intéressez-vous un peu à ce que je fais [à mon travail, à mes problèmes].

◆_**성** -性 명 névrotique. ¶ ~성 궤양 ulcère nerveux, ulcère d'origine nerveuse.

◆_**가스** 명 【화학】 gaz *m* neuroplégique.

◆_**계** -系 명 【의학】 système *m* nerveux.

◆_**과민** -過敏 명 【의학】 nervosité *f*, hypersensibilité *f*, surexcitation *f*. ¶ ~과민에 걸리다 être hypersensible, très sensible, surexcité(*e*), trop nerveu*x*(*se*); avoir une hyperesthésie.

◆_**마비** -痲痺 명 【의학】 insensibilité *f* d'un nerf.

◆_**망** -網 명 【생물】 réseau *m* nerveux, système *m* nerveux.

◆_**반응** -反應 명 réaction *f* nerveuse.

◆_**쇠약** -衰弱 명 【의학】 dépression *f* nerveuse, neurasthénie *f*. ¶ ~쇠약에 걸리다 avoir une dépression nerveuse.

◆_**안정제** -安靜劑 명 【약학】 neuroleptique *m*.

◆_**전** -戰 명 guerre *f* des nerfs [psychologique]. ¶ 누구와 ~전을 하다[벌이다] être en guerre des nerfs avec *qn*; avoir une guerre des nerfs avec *qn*.

◆_**전달물질** -傳達物質 명 【화학】 neurotransmetteur *m*.

◆_**증** -症 명 【의학】 névrose *f*; névropathie *f*, neuropathie *f*.

◆_**통** -痛 명 【의학】 névralgie *f* ((faciale, intercostale)). ¶ ~통을 앓다 avoir une névralgie.

◆**뇌**_ 腦- 명 【의학】 nerfs *mpl* crâniens.

◆**시**_ 視- 명 【의학】 nerf *m* optique.

◆**운동**_ 運動- 명 【의학】 nerfs *mpl* moteurs.

◆**척추**_ 脊椎- 명 【의학】 nerf *m* vertébral.

신경제 新經濟 명 nouvelle économie *f*. ¶ ~ 정책 nouvelle politique économique.

신경질 神經質 명 nervosité *f*; tempérament *m* irritable. ◇_**을 부리다**[**내다**] s'irriter ((contre *qn* [de *qc*, de voir *qc*])), s'emporter (contre *qn*), s'énerver (contre *qn*), s'exciter, se mettre en colère (contre *qn*), se fâcher (contre *qn*), se monter (contre *qn*); monter sur *ses* grands chevaux; faire [piquer] une crise de nerfs. ¶ 그 녀석이 괜히 ~을 부린다 Il s'énerve pour rien / Il (nous) fait un caca nerveux {*pop*}.

◆_**적** -的 명관 nerveu*x*(*se*). ¶ ~적인 반응을 보이다 réagir nerveusement; avoir une réaction nerveuse. ¶ ~적으로 소리를 지르다 crier nerveusement.

신경향 新傾向 명 nouvelle tendance *f*.

신고[1] **申告** 명 déclaration *f* ((de revenus, à la douane)), signalement *m* ((d'une disparition, d'enfant en danger)); plainte *f* ((pour vol)). ¶ 출생[사망] ~ déclaration de naissance [de décès]. ¶ 범죄 ~ déclaration d'un délit [d'un vol, d'un crime]. ¶ 소득 ~ déclaration de revenus [d'impôts]. ◇_(를) 하다 déclarer ((la naissance d'un enfant, *ses* revenus)); faire *sa* déclaration ((de revenus, d'impôts)); signaler ((la disparition de *qn*)). ¶ 소득을 ~하다 déclarer *ses* revenus, faire *sa* déclaration de revenus [d'impôts]. ¶ 도둑을 봤다고 경찰에 ~를 하다 déclarer à la police qu'on a vu un voleur. ◇_(가) 되다 être déclaré(*e*), signalé(*e*). ¶ 세관에 ~된 물건 objet déclaré en douane.

◆_서 -書 명 formulaire *m*, déclaration *f* (écrite).

◆_용지 -用紙 명 formulaire *m*, imprimé *m* de déclaration. ¶ ~ 용지를 작성하다 remplir le formulaire de déclaration.

◆_자 -者 명 déclarant(*e*).

신고[2] **辛苦** 명 rude [dure] épreuve *f*, peine *f*. ¶ 갖은 ~를 다 겪다 passer par [essuyer, subir] de dures [rudes] épreuves; en voir de dures [de toutes les couleurs, des vertes et des pas mûres] {*fam*} [avoir connu toutes les difficultés du monde].

신곡[1] **新曲** 명 nouvelle pièce *f* de musique; nouvelle composition *f* musicale; nouvelle chanson *f*. ¶ ~ 발표회 présentation de nouveaux morceaux de musique [d'une nouvelle chanson]. ¶ ~을 내다[발표하다] présenter de nouveaux morceaux de musique [une nouvelle chanson]. ¶ ~을 쓰다[준비하다] composer [préparer] de nouveaux morceaux de musique [une nouvelle chanson].

신곡[2] **神曲** 명 【책명】 *Divine Comédie f* ((de Dante)).

신공 神功 명 ① 신령의 공덕 grâce *f* de Dieu. ② 【가톨릭】 prières *fpl* et actions *fpl* de grâce. ¶ ~을 드리다[올리다] prier pour la grâce de Dieu; prier et faire des actions de grâce.

신관[1] 명 ((appellation honorifique du)) visage *m*. ¶ ~이 편하다 avoir l'esprit tranquille; être sans souci.

신관[2] **信管** 명 【군사】 fusée-détonateur(*~s-~s*) *f*, fusée *f*.

신관[3] **新館** 명 nouveau bâtiment *m*.

신관[4] **新官** 명 fonctionnaire nouvellement nommé(*e*). ¶ ~ 사또가 부임했다 Un nouveau gouverneur [maître, chef, seigneur] est entré en fonctions.

신관[5] **神觀** 명 vision *f* [conception *f*] de Dieu, conception *f* de la divinité.

신관[6] **神官** 명 sacerdoce *m*.

신교 新敎 명 【기독】 protestantisme *m*; religion *f* protestante [réformée].

◆_도 -徒 명 protestant(*e*).

신교육 新教育 명 éducation *f* moderne.

신구 新舊 명 ancien(*ne*) et nouv*eau*(*elle*, *aux*) [moderne]; ((députés)) entrants et sortants. ¶ ~ 세대 간의 갈등 conflit de générations.

신국면 新局面 명 nouvelle situation *f* [phase *f*, tournure *f*]; nouvel aspect *m*. ¶ ~에 접어들다 entrer dans une nouvelle phase; montrer un nouvel aspect; prendre une nouvelle tournure, se présenter sous un aspect nouveau [sous un nouvel angle]. ¶ ~이 전개되다 une nouvelle phase se développe.

신궁[1] **神弓** 명 archer *m* au talent exceptionnel, archer *m* de génie.

신궁[2] **神宮** 명 sanctuaire *m* (divin); palais *m* des dieux.

신권[1] **神權** 명 droit *m* divin, autorité *f* divine.

◆_설 -說 명 【정치】 théorie *f* de la monarchie de droit divin.

◆_정치 -政治 명 【정치】 théocratie *f*.

신권[2] **新券** 명 nouveau billet *m*. ¶ ~을 발행하다 émettre un nouveau billet.

신규 新規 명 nouveau règlement *m*. ¶ ~ 사업 nouvelle entreprise. ¶ 사원들을 ~로 채용하다 recruter du personnel.

신극 新劇 명 【연영】 théâtre *m* nouveau [moderne].

신기[1] **神技** 명 habileté *f* [adresse *f*] surhumaine. ¶ ~에 가깝다 dépasser presque les possibilités humaines.

신기[2] **神器** 명 ① ustensile *m* destiné aux sacrifices. ② 왕위 royauté *f*.

신기다 타 chausser *qn*; mettre ((des chaussettes)) à *qn*. ¶ 아이에게 신을 ~ chausser un enfant; mettre des souliers [des chaussettes] à un enfant.

신기록 新記錄 명 (nouveau) record *m*. ¶ ~ 보유자 déten*teur*(*trice*) du record mondial [du monde]. ¶ 세계 ~을 세우다[수립하다] battre [établir] un (nouveau) record du monde. ¶ ~이 두 개나 나왔다 Il y a même eu deux (nouveaux) records.

신기롭다 神奇- 형 être étrange, curieu*x*(*se*), singuli*er*(*ère*), insolite; être surprenant(*e*), étonnant(*e*); être merveilleu*x*(*se*), magnifique, extraordinaire, miraculeu*x*(*se*), prodigieu*x*(*se*). ¶ 신기로운 현상 phénomène étrange [insolite]. ¶ 신기롭게 보이다 avoir l'air étrange [merveilleux, magnifique].

신기루 蜃氣樓 명 ① mirage *m*, hallucination *f* (visuelle), vision *f*, ((avoir la)) berlue *f*. ¶ ~ 현상 mirage. ¶ ~를 보다 voir un mirage [des mirages]; avoir des hallucinations; avoir la berlue [des visions]. ② 헛된 생각 illusion *f*, utopie *f*, mensonge *m*, chimère *f*, rêve *m*, rêverie *f*, leurre *m*, duperie *f*, tromperie *f*. ¶ 네 희망은 ~에 지나지 않는다 Ton espoir n'est qu'une utopie / Ton espoir n'est qu'un leurre.

신기술 新技術 명 nouvelle technologie *f*. ¶ ~ 개발 développement d'une nouvelle technologie.

신기원 新紀元 명 nouvelle ère *f*. ¶ ~을 열다 ouvrir une nouvelle ère; faire date [époque]. ¶ ~을 이루다 faire date [époque].

신기하다 神奇- 형 être étrange, curieu*x*(*se*), singuli*er*(*ère*), insolite, surprenant(*e*), étonnant(*e*), extraordinaire. ¶ 신기한 일 un mystère, un événement étrange. ¶ 그것 참 신기하게 생겼네 Ça a l'air bien étrange / Ça a une drôle de forme. ¶ 저 사람 참 신기하게 생겼네 Il a une drôle de tête [tronche {*fam*}]. ¶ 신기하게도 drôlement, bizarrement, d'une manière bizarre; étrangement, extraordinairement.

신년 新年 명 nouvelle année *f*; ((날)) (le) nouvel an *m*, jour *m* [premier *m*] de l'An. ¶ ~ 축하 메시지 message de bonne année; vœux du nouvel an.
◆_사 -辭 명 discours *m* du nouvel an.
◆_하례식 -賀禮式 명 cérémonie *f* du nouvel an, fête *f* du nouvel an.

신념 信念 명 conviction *f*, croyance *f*, foi *f*. ¶ 굳은[강한] ~을 가지다[지니다] avoir une ferme conviction; avoir une conviction inébranlable [profonde]; avoir une foi inébranlable; avoir une croyance ferme [inébranlable]. ¶ ~을 버리다 renier *ses* croyances [convictions]; renier *sa* foi; renoncer à *sa* foi. ¶ 그 여자는 남편이 살아 돌아올 것이라는 ~을 갖고 있다 Elle a la conviction que son mari reviendra vivant.

신다 타 mettre, se chausser, enfiler. ¶ 신[양말]을 ~ mettre des souliers [des chaussettes].

신단수 神檀樹 명 【민속】 arbre *m* sacré.

신당[1] 新黨 명 nouveau parti *m*. ¶ ~ 창당 formation d'un nouveau parti.

신당[2] 神堂 명 temple *m*; sanctuaire *m*.

신대륙 新大陸 명 【지리】 Nouveau Continent *m* [Monde *m*]; Amérique(*s*) *f*(*pl*). ¶ ~을 발견하다 découvrir un Nouveau Monde [Continent].

신데렐라 영{Cinderella} 명 ① 【문학】 Cendrillon *f*. ② ((비유적)) jeune fille *f* [jeune femme *f*] promue soudainement au rang de «princesse» [de personne très respectée, de personne très reconnue, de vedette, de star]. ¶ 그 여자는 영화계의 ~로 떠오르고 있다 Cette actrice est en train de percer d'une façon fulgurante comme une très grande vedette / Cette actrice est en train de devenir très rapidement une très grande vedette du cinéma.
◆_ 콤플렉스 {Cinderella Complex} 명 【심리】 complexe *m* de Cendrillon.

신도 信徒 명 【종교】 fidèle, croyant(*e*), adepte ((du bouddhisme)); pratiquant(*e*). ¶ 기독교 ~ chrétien(*ne*) (non catholique). ¶ 불교 ~ bouddhiste. ¶ 개신교 ~ protestant(*e*). ¶ 천주교 ~ catholique.

신도시 新都市 명 nouvelle ville *f* [cité *f*]. ¶ ~를 건설하다 bâtir une nouvelle ville. ¶ ~에서 살다 habiter dans une nouvelle ville.

신동 神童 명 enfant prodige. ¶ ~ 소리를 듣고 자라다 grandir comme un(*e*) enfant prodige. ¶ 이 아이는 ~이다 C'est un enfant prodige.

신딸 神- 명 【민속】 jeune sorcière *f* (appelée à prendre la succession d'une autre).

신라 新羅 명 【역사】 royaume *m* de Silla ((57 av. J.-C., 935 ap. J.-C.)), situé au sud-est de la péninsule coréenne. Il a réunifié la péninsule pour la première fois en 668 pour former le Grand Silla, avec Gyeongju pour capitale.

신랄하다 辛辣- 형 être mordant(*e*), piquant(*e*); ((critique)) être incisif(*ve*), acerbe, violent(*e*), féroce, agressif(*ve*), virulent(*e*), vif(*ve*), acéré(*e*), sarcastique, caustique, corrosif(*ve*), acrimonieux(*se*), sévère; ((mot, ton)) être à l'emporte-pièce. ¶ 신랄한 비평 critique incisive [acerbe, violente, féroce, virulente, mordante, sévère]. ¶ 신랄한 어조로 d'un ton sévère; d'un ton acerbe [mordant, à l'emporte-pièce]; ((répondre)) d'une manière acerbe [mordante]; d'un ton sarcastique [acrimonieux]; d'un ton agressif. ¶ 신랄하게 비평하다 critiquer sévèrement [violemment], adresser de sévères [vives] critiques à *qn*.

신랑 新郞 명 (nouveau) marié *m*, (jeune) marié *m*. ¶ ~ 신부가 입장한다 Le marié et la mariée font leur entrée.
◆_감 명 homme *m* qui a les qualités potentielles d'être un bon mari; mari *m* potentiel; prétendant *m*; futur mari *m* [époux *m*]; mari *m* [époux *m*] souhaitable; un parti *m* possible, un bon parti *m* (pour une femme).
◆새_ 명 nouveau [jeune] marié *m*.

신력 神力 명 pouvoir *m* divin [magique]; force *f* surhumaine, ¶ ~을 발휘하다 montrer [déployer] une force surhumaine.

신령 神靈 명 【민속】 esprit *m*, dieu(*x*) *m*, génie *m*.
◆_스럽다 형 être sacré(*e*); être merveilleux(*se*); être mystérieux(*se*); être spirituel(*le*), immatériel(*le*). ¶ ~스러운 나무 arbre sacré.
◆_하다 형 être sacré(*e*); être merveilleux(*se*), mystérieux(*se*); être spirituel(*le*), immatériel(*le*). ¶ ~한 기운이 느껴진다 On sent le sacré / Il y a quelque chose de sacré dans l'air (on peut le sentir).
◆산_ 山- 명 génie *m* [esprit *m*] de la montagne.

신록 新綠 명 verdure *f* fraîche; feuillage *m* naissant [jeune]. ¶ ~의 계절 saison où les arbres reverdissent. ¶ 5월의 ~ verdure fraîche de mai.

신뢰[1] 信賴 명 confiance *f*, foi *f*. ¶ ~가 가는 사람 homme de confiance; personne digne de foi. ¶ 사람들의 ~를 받다[얻다] gagner [obtenir] la confiance des gens. ¶ 누구의 ~를 저버리다 trahir la confiance de *qn*. ¶ 서로 간에 ~를 쌓다 se fier l'un à l'autre. ¶ 누구의 ~에 보답하다 remercier *qn* pour sa confiance. ◇_(를) **하다** avoir confiance en qn/qc [dans qn/qc], mettre *sa* confiance en [dans] qn/qc, faire confiance à *qn*; avoir foi en *qn*; se fier à *qn*; se confier; prendre *qn* au sérieux. ¶ 나는 그 사람을 전적으로 ~한다 J'ai une confiance absolue [une entière confiance] en lui / Je lui fais une confiance totale.
◆_성 -性 명 crédibilité *f*, fiabilité *f*, sérieux *m*; solidité *f*. ¶ ~성을 회복하다 retrouver *son* sérieux. ¶ 그 사람은 ~성이 좀 떨어진다 Il manque un peu

de sérieux.

◆_감 -感 명 sentiment *m* de confiance. ¶ ~감을 주다 donner un sentiment de confiance.

◆_도 -度 명 crédibilité *f*, fiabilité *f*; degré *m* de confiance. ¶ ~도가 떨어지는 기술 technologie peu fiable [qui manque de fiabilité].

신맛 명 goût *m* [saveur *f*] acide [aigre]; acidité *f*. ¶ ~이 나는 소스 sauce acide [aigre, acidulée].

신망 信望 명 confiance *f*, popularité *f*, crédit *m*, estime *f*. ¶ ~이 두터운 사람 personne qui jouit d'une grande estime (dans le public); homme de confiance; personne digne de foi. ¶ 사람들[국민]의 ~을 받다[얻다] obtenir [gagner] la confiance des gens [du peuple]. ¶ 누구의[로부터] ~을 잃다 perdre la confiance de *qn*.

신명[1] 명 enthousiasme *m*; ardeur *f*; engouement *m*; fougue *f*; zèle *m*; surexcitation *f*; excitation *f*, animation *f*; vive émotion *f*; agitation *f*. ◇_(이) 나다 s'enthousiasmer, s'emballer, s'exciter; être [se sentir] transporté(*e*) d'enthousiasme; être enthousiasmé(*e*), joyeux(*se*), excité(*e*); déborder d'enthousiasme. ¶ 아버지는 아들의 합격 소식에 ~이 절로 났다 Le père s'est réjoui en apprenant que son fils avait réussi l'examen. ◇_(을) 내다 s'enthousiasmer, s'engouer. ¶ ~을 내서 일하다 travailler avec enthousiasme [ardeur, zèle]; avoir de l'ardeur [être plein d'ardeur] au travail.

신명[2] **身命** 명 ((몸과 목숨)) corps *m* et âme *f*; vie *f*. ¶ ~을 다 바쳐 일하다 se donner corps et âme à un [*son*] travail.

신명[3] **神明** 명 dieu(*x*) *m*, esprit *m*, génie *m*.

◆천지_ 天地- 명 ☞ 천지신명

신목 薪木 명 mauvaises herbes *fpl* et arbres *mpl* de diverses espèces; (menu) bois *m*.

신묘하다 神妙- 형 être mystérieux(*se*); être merveilleux(*se*), prodigieux(*se*), extraordinaire; être inexplicable.

신문[1] **訊問** 명 【법률】 interrogatoire *m* (serré) ((d'un accusé)). ¶ 증인 ~ audition des témoins. ◇_(을) 하다 interroger *qn*, questionner *qn*; cuisiner *qn* {*fam*}. ¶ 피의자를 ~하다 interroger [cuisiner] un suspect [un prévenu]. ◇_(을) 받다[당하다] subir un interrogatoire.

신문[2] **新聞** 명 journ*al*(*aux*) *m*; ((일간)) quotidien *m*; ((총칭)) presse *f*. ¶ 오늘 ~ le journal d'aujourd'hui. ¶ 대학 ~ journal universitaire. ¶ 영자 ~ journal en langue anglaise. ¶ 조간[석간] ~ journ*al*(*aux*) du matin [du soir]. ¶ 일간 ~ quotidien. ¶ 주간 ~ journ*al*(*aux*) hebdomadaire(*s*). ¶ 지방 ~ journ*al*(*aux*) loc*al*(*aux*) [région*al*(*aux*)]. ¶ ~ 기사 article de journal. ¶ ~ 광고 publicité [annonce] dans un journal; ((상품)) réclame dans un journal; ((모집)) petites annonces. ¶ ~ 구독료 tarif d'abonnement d'un journal. ¶ ~ 구독자 lec*teur*(*trice*) [abonné(*e*)] d'un journal. ¶ ~을 읽다[보다] lire le journal. ¶ ~을 구독하다 prendre [souscrire] un abonnement à un journal; s'abonner à un journal. ¶ ~을 끊다 se désabonner d'un journal; résilier un abonnement à un journal. ¶ ~을 배달하다 distribuer les journaux. ¶ ~에 투고[기고]하다 écrire dans [collaborer à, envoyer un manuscrit à] un journal. ¶ ~을 통해 그 사람이 살아 있다는 것을 알게 되었다 C'est par le journal que j'ai fini par apprendre qu'il était vivant. ¶ 그 사건이 ~에 났다 Des journaux relatent cette affaire / Cet évènement est paru dans un journal. ¶ 그 사람이 상을 받은 것이 ~에 실렸다 Il est paru dans les journaux qu'il avait reçu un prix.

◆_기자 -記者 명 journaliste. ¶ ~기자석 tribune de la presse.

◆_사 -社 명 société *f* éditrice d'un journal *m*.

◆_지 -紙 명 papier *m* (de) journal.

◆_철 -綴 명 classeur *m* du journal.

◆_팔이 명 vendeu*r*(*se*) de journaux.

신문고 申聞鼓 명 【역사】 *sinmungo* <tambour que le peuple bat pour faire une requête directement au roi>. ¶ ~를 울리다 battre du *sinmungo*.

신문명 新文明 명 nouvelle civilisation *f*. ¶ ~을 접하다 entrer en contact avec une nouvelle civilisation.

신문학 新文學 명 【문학】 nouvelle littérature *f*.

신문화 新文化 명 nouvelle culture *f*.

신물[1] 명 ① aigreurs *fpl* (d'estomac), brûlures *fpl* d'estomac. ¶ ~이 오르다 avoir des aigreurs [brûlures] d'estomac. ② 진절머리 dégoût *m* profond; aversion *f*, répugnance *f*. ◇_(이) 나다 avoir [éprouver] du dégoût pour *qc*; avoir un profond dégoût pour [de] *qc*; avoir *qn*/*qc* en aversion [en horreur], avoir de l'aversion pour *qn*/*qc*; en avoir par-dessus la tête; en avoir assez [marre {*fam*}, ras-le-bol {*fam*}, ras-la-casquette {*fam*}, jusque-là, *sa* claque {*fam*}] (de *qc*). ¶ 이제 공부라면 ~이 난다 Maintenant, j'en ai marre {*fam*} d'étudier / A présent, les études me dégoûtent. ¶ 사과를 ~ 나게 먹었다 J'ai mangé des pommes à m'en dégoûter [écœurer] / J'ai mangé trop de pommes : j'en suis écœuré(*e*).

신물[2] **神物** 명 objet *m* sacré; objet *m* merveilleux et étrange.

신미양요 辛未洋擾 명 【역사】 agression *f* américaine de l'an *Sinmi* [de 1871], *Sinmi yang-yo* <l'invasion de l'île de Ganghwa par 7 navires de guerre américains l'année de Sinmi (1871)>.

신민 臣民 명 sujet *m*. ¶ 충성스런 ~ sujet fidèle [dévoué].

신발 명 chaussure *f*, soulier *m*; ((끈달린)) bottine *f*, ((장화)) botte *f*; pompe *f* {*pop*}, godasse {*fam*}, grolle {*fam*}. ¶ ~을 신다 se chausser; mettre des [*ses*] souliers [chaussures]. ¶ ~을 벗다 enlever *ses* chaussures, se déchausser. ¶ ~ 끈을 조이다 lacer *ses* chaussures [souliers]. ¶ 조심해라! 네 ~ 끈이 풀어졌다 Attention, tes lacets sont défaits!

◆_장 -欌 명 range-chaussures *m inv*, meuble *m*

ㅅ

à chaussures, étagère *f* de chaussures.

신방 新房 명 chambre *f* nuptiale, chambre *f* des nouveaux mariés. ¶ ~을 차리다[꾸미다] meubler [décorer] une chambre nuptiale.

신변 身邊 명 corps *m*. ¶ ~을 보호하다 veiller à la sécurité de *qn*; s'occuper de *qn*. ¶ ~을 정리하다 mettre de l'ordre dans *ses* idées. ¶ ~의 위험을 느끼다 sentir *sa* vie en danger [menacée]; se sentir en danger [menacé(*e*)].

◆**_잡기** -雜記 명 mémoires *mpl*.

신병[1] 身柄 명 personne *f*, corps *m*. ¶ ~을 인도하다 livrer une personne. ¶ 누구의 ~을 확보하다 détenir une personne.

신병[2] 身病 명 maladie *f*, m*al*(*aux*) *m*. ¶ ~을 핑계로 사임하다 démissionner [donner *sa* démission] sous prétexte de maladie.

신병[3] 新兵 명 nouvelle recrue *f*, conscrit *m*. ¶ ~훈련소 camp d'entraînement pour les nouvelles recrues. ¶ ~들을 훈련시키다 instruire les nouvelles recrues.

신보[1] 新譜 명 nouveau disque *m*. ¶ ~는 나온 지 일주일 만에 음반 판매 기록을 깼다 Il y a à peine une semaine que ce nouveau disque a battu [établi] un record de vente.

신보[2] 新報 명 nouvelle *f* (récente), nouvelle revue *f*. ¶ ~를 접하다 apprendre [écouter] ((la nouvelle)). ¶ ~를 창간하다 sortir le premier numéro d'un journal.

신봉 信奉 명 croyance *f*, adhésion *f*. ◇_(을) **하다** adhérer à ((une religion)); croire à *qc* / *qn*. ¶ 의회 민주주의를 ~하다 adhérer à la démocratie parlementaire.

◆**_자** -者 명 partisan *m*. ¶ 자유민주주의의 열렬한 ~자 un partisan enthousiaste [fervent] de la démocratie libérale.

신부[1] 神父 명 【천주】 prêtre *m*, abbé *m*, Père *m*. ¶ ~가 되다 être ordonné prêtre; devenir prêtre.

신부[2] 新婦 명 nouvelle mariée *f*, jeune épouse *f*. ¶ 누구를 ~로 맞이하다 prendre une femme comme épouse.

◆**_ㅅ감** 명 femme *f* qui a les qualités potentielles pour être une bonne épouse; femme *f* susceptible de devenir l'épouse d'un homme, épouse *f* potentielle; future femme *f* [épouse *f*]; femme *m* [épouse *f*] souhaitable; un parti *m* possible, un bon parti *m* (pour un homme).

신분 身分 명 ① 지위 statut, rang *m*, position *f*, situation *f* sociale. ¶ 높은 ~의 사람 une personne de haut rang. ¶ ~에 걸맞은 행동 une action [un comportement] digne de *sa* position. ¶ 학생 ~으로 세미나에 참석하다 assister à un séminaire en tant qu'étudiant. ¶ 그 사람들은 ~이 다르다 Ils sont de différentes situations sociales. ② 신원 identité *f*. ¶ ~을 증명하는 서류 des documents qui puissent prouver *son* identité. ¶ ~을 조사하다 faire une enquête [prendre des renseignements] sur les antécédents [sur l'identité] de *qn*. ③ 자격 titre *m*. ¶ ~을 보장하다 assurer [veiller sur] ((la sécurité)); garantir le titre de *qn*.

◆**_보장** -保障 명 【법률】 sécurité *f*.

◆**_상속** -相續 명 【법률】 hérédité *f* de la position sociale.

◆**_제도** -制度 명 【사회】 système *m* de classes sociales, stratification *f* sociale; caste *f*.

◆**_증** -證 명 pièce *f* d'identité. ¶ ~증이 있으세요? Auriez-vous une pièce d'identité, madame [monsieur]?

신비 神秘 명 mystère *m*. ¶ 생명[우주]의 ~를 밝히다 dévoiler [découvrir] le mystère de la vie [de l'espace]. ¶ ~에 싸인 인물 un personnage mystérieux.

◆**_하다** 형 être mystérieux(*se*). ¶ 곤충들의 ~한 세계 le monde mystérieux des insectes.

◆**_롭다[스럽다]** 형 être mystérieux(*se*), avoir l'air mystérieux. ¶ ~로운 마술 magie mystérieuse. ¶ 인체의 구조는 알면 알수록 ~스럽다 Plus on connaît la structure du corps humain, plus on la trouve mystérieuse.

◆**_적** -的 명관 mystique. ¶ ~적인 분위기 une ambiance mystique.

◆**_성** -性 명 mysticité *f*.

◆**_감** -感 명 sensation *f* mystérieuse.

◆**_신학** -神學 명 【기독】 mystique *f*.

◆**_주의** -主義 명 【철학】 mysticisme *m*.

신비평 新批評 명 【문학】 nouvelle critique *f*.

신빙 信憑 명 confiance *f*, créance *f*, croyance *f*, foi *f*. ◇_(을) **하다** croire; ajouter foi à ((une nouvelle)). ¶ ~할 만하다 ((un témoignage)) être digne de confiance; être crédible, authentique. ¶ ~할 만한 자료 un document authentique [crédible, de référence, légal, officiel(*le*)].

◆**_성** -性 명 authenticité *f* ((d'un document)); véracité *f* ((d'un témoignage)). ¶ ~성 있는 기사 un article authentique [véridique]. ¶ ~성이 떨어지는 기사 un article douteux [inexact]. ¶ 그런 소문은 ~성이 없다 Une telle rumeur est douteuse [n'est pas véridique, n'est pas exacte].

신사[1] 紳士 명 *gentleman* *m*, gentilhomme(*gentilshommes*) *m*; homme *m* bien élevé (comme il faut); homme galant *m*. ¶ ~다운 convenable; comme il faut; bien élevé(*e*); de bon ton. ¶ ~ 숙녀 여러분! Mesdames et Messieurs!

◆**_적** -的 명관 être correct(*e*); être galant(*e*). ¶ ~적인 태도 une attitude distinguée, un air distingué; une tenue convenable. ¶ ~적으로 문제를 해결하다 résoudre loyalement [de bonne foi] un problème.

◆**_복** -服 명 vêtements *mpl* d'homme [pour hommes]; costume complet *m*.

◆**_용** -用 명 pour hommes. ¶ ~용 화장실 toilettes pour hommes.

◆**_협약** -協約 명 accord *m* ((basé sur la confiance mutuelle)).

◆노_ 老- 명 vieux monsieur *m*. ¶ 백발의 노~ un vieux monsieur ((aux cheveux blancs)).

신사[2] 神祠 명 【민속】 lieu(*x*) *m* sacré.

신사[3] 神社 명 temple *m* ((de la religion shintoïste)). ¶ ~ 참배 culte de la religion shintoïste.

신사상 新思想 명 nouvelle pensée *f*, nouvelle idéologie *f*. ¶ ~에 심취하다 s'enthousiasmer pour la nouvelle pensée; se passionner [s'éprendre] pour la nouvelle idéologie.

신사임당 申師任堂 명 【인명】 la mère de Yi Yul-gog, confucianiste de la dynastie des Yi, femme exemplaire comme épouse et comme mère(1504-1551).

신산 辛酸 명 ① goût *m* ((amer et acide)). ② les difficultés *fpl* du quotidien. ¶ ~을 겪다 subir les difficultés du quotidien. ¶ ~에 젖은 얼굴 une figure misérable; un visage de misère.

◆_하다 형 ① ((goût)) être amer et acide. ② 고되고 힘들다 être difficile, pénible, misérable. ¶ ~한 살림 un ménage misérable; une vie de misère.

신상[1] 身上 명 ① situation *f*, destinée. ¶ ~에 무슨 일이 생기다 avoir une mésaventure [un problème, un pépin {*fam*}]. ② 경력 vie *f*, passé *m*.

◆_명세서 -明細書 명 fiche *f* ((détaillée d'identité)).

◆_카드 명 carte *f* d'identité.

신상[2] 神像 명 dessin *m* divin, statue *f* divine. ¶ ~을 안치하다 installer une statue divine au meilleur emplacement.

신상품 新商品 명 nouveau(*x*) produit *m*, nouveauté *f*; ((최신 모델)) dernier modèle *m*, modèle *m* dernier cri; ((voiture)) du dernier cri. ¶ ~을 널리 선전하다 faire beaucoup de publicité [une publicité massive] pour un nouveau produit [pour une nouveauté]. ¶ ~을 시장에 내놓다 présenter [lancer] de nouveaux produits sur le marché. ¶ 이 ~은 주부들에게 큰 인기를 끌고 있다 Ce nouveau produit connaît [remporte, jouit d']un grand [vif] succès auprès des femmes au foyer.

신새벽 新- 명 aube *f*, aurore *f*, point *m* du jour, ((au)) petit jour *m*; naissance *f* du jour. ¶ ~부터 dès l'aube, au point du jour, au petit jour, de grand matin, de très bonne heure, à l'aurore, au chant au coq, dès le potron-minet {*litt*}. ¶ ~에 일을 나가다 aller travailler avant le jour [à l'aube].

신생 新生 명 naissance *f* (récente); résurrection *f*; ((mener une)) vie *f* nouvelle. ¶ ~ 독립국 un nouveau pays indépendant. ¶ ~ 축구 팀 une nouvelle équipe de football.

◆_아 -兒 명 nouveau-né(*~x~s*) *m*. ¶ 생후 일주일의 ~아 un nouveau-né âgé d'une semaine. ¶ ~아실 la salle des nouveaux-nés.

신생대 新生代 명 【지리】 l'ère *f* cénozoïque, le cénozoïque *m*. ¶ ~ 화석 un fossile du cénozoïque.

신서 信書 명 épître *m*, lettre *f*, billet *m*, mot *m*.

신석기 新石器 명 【고적】 le néolithique *m*. ¶ ~ 문화 civilisation néolithique. ¶ ~ 시대 le néolithique; l'âge [l'époque] néolithique; l'âge de la pierre polie. ¶ ~ 유물 vestiges du néolithique.

신선[1] 神仙 명 ermite *m* taoïste (de haute vertu). ¶ ~같이 살다 vivre comme un ermite, vivre librement loin du monde.

*~놀음에 도낏자루 썩는 줄 모른다 ☞ 도끼

신선[2] 新鮮 어근 fraîcheur *f*.

◆_하다 형 ① être fr*ais*(*aîche*). ¶ ~한 과일[야채] fruits [légumes verts] frais. ¶ ~한 공기 air frais. ¶ 과일을 ~하게 보관하다 conserver les fruits au frais. ② 새롭다 être nouv*eau*(*el, elle, eaux*); être origin*al*(*ale, aux*). ¶ ~한 감동을 주다 émouvoir [toucher] et donner une impression de renouveau. ¶ ~한 느낌을 받다 éprouver un sentiment de fraîcheur [de renouveau]. ¶ 이 영화는 촬영 기법이 매우 ~하다 La mise en scène de ce film est très originale.

◆_감 -感 명 sentiment *m* de fraîcheur. ¶ ~감을 주다 [풍기다] donner une image de fraîcheur [de bonne humeur].

◆_도 -度 명 niveau(*x*) *m* de fraîcheur. ¶ ~도가 떨어지는 과일 les fruits de second choix.

◆_미 -美 명 la fraîcheur *f* de la jeunesse. ¶ ~미가 있다[없다] avoir [ne pas avoir] la fraîcheur de la jeunesse.

신선로 神仙爐 명 ① *sinseollo m* <sorte de ragoût: autrefois plat royal du temps de Joseon, plat coloré pour les fêtes long à préparer du fait du nombre élevé de légumes et de viandes, servi dans une marmite avec une cheminée centrale; bouillon de viande, poisson, légumes et tofu cuits dans un brasero posé au milieu de la table>. ② 신선로 냄비 brasero *m* ou réchaud *m* en métal pour y faire cuire le *sinseollo*.

신설[1] 新設 명 fondation *f*, création *f*; nouvelle organisation *f* [installation *f*]. ¶ ~ 학교 une école nouvellement fondée, une nouvelle école, un nouvel établissement scolaire. ¶ 부서의 ~ création d'un service [d'un poste, d'un bureau]. ◇_(을) 하다 créer ((une section, une usine)); fonder, organiser ((une nouvelle compagnie)). ¶ 회사에서 기획 팀을 ~했다 organiser [former] un nouveau bureau de planification. ◇_(이) 되다 être nouvellement fondé(*e*), être nouvellement créé(*e*), nouvellement construit(*e*) [formé(*e*), organisé(*e*)], dernièrement construit(*e*).

신설[2] 新說 명 nouvelle théorie *f*. ¶ 학계의 ~ une nouvelle théorie relative à l'enseignement. ¶ ~을 세우다 bâtir [concevoir] une nouvelle théorie.

신성[1] 神聖 명 caractère *m* sacré; inviolabilité *f* ((d'un serment)); sacré *m*. ¶ ~ 로마제국 le Saint Empire (romain germanique). ¶ ~을 모독하다 commettre un sacrilège.

◆_하다 형 être sacré(*e*), saint(*e*), inviolable. ¶ ~한 성전 une sainte église; un sanctuaire sacré.

◆_성 -性 명 sainteté *f*, inviolabilité *f*. ¶ 혼인의 ~성을

더럽히다 profaner le sacrement du mariage.

◆_동맹 -同盟 명 【역사】 la Sainte-Alliance *f*; ((프랑스)) la (Sainte-)Ligue *f*.

◆_모독 -冒瀆 명 sacrilège *m*; profanation *f*. ¶ ~모독죄 un pêché du sacrilège; un pêché profanateur.

◆_불가침 -不可侵 명 inviolabilité *f*. ¶ ~불가침의 영역 un territoire [un domaine] sacré et inviolable. ¶ 가톨릭에서 교황의 권위는 ~불가침한 것이다 Dans le catholicisme, la Papauté [le droit pontifical] est incontestable et sacré(*e*).

◆_시 -視 명 sanctification *f*. ¶ ~시하다 rendre *qc* sacré; consacrer; sanctifier. ¶ ~시되다 être sanctifié(*e*); sacraliser {*litt*}.

신성² 神性 명 nature *f* divine; divinité *f*. ¶ 예수의 ~을 부정하다 nier la divinité de Jésus.

신성³ 新星 명 nouvelle vedette *f*, nouvelle star *f*; la dernière révélation *f* ((de la scène musicale)). ¶ 가요[영화]계의 ~ une nouvelle vedette de la chanson [du cinéma]; la dernière révélation de la chanson [du cinéma].

신세 身世 명 ① 처지, 형편 sort *m*, condition *f*, circonstances *fpl* ((dans lesquelles se trouve *qn*)). ¶ 가련한 ~ un sort lamentable, un triste sort. ¶ ~를 망치다 gâcher *sa* vie. ¶ 자신의 ~를 한탄하다 se plaindre de *son* (triste) sort, pleurer [se lamenter] sur *son* (triste) sort, raconter *ses* misères. ¶ 이 아이는 부모 없는 딱한 ~가 되었다 Cet enfant est devenu un pauvre orphelin. ¶ 그 사람은 최근에야 ~가 조금 나아졌다 Sa situation matérielle s'est enfin un peu améliorée. ¶ 아이고 내 ~야 Coquin de sort! / Bon sang de bon sort {*fam*}! ② 도움 dette *f*, obligation *f*. ¶ 누구에게 ~를 지다 être redevable, être l'obligé de *qn*; avoir des obligations envers *qn*; devoir beaucoup à *qn*. ¶ 친구 집에 ~를 지다 loger [rester] chez un(*e*) ami(*e*), être entretenu(*e*) par un(*e*) ami(*e*), vivre aux crochets [à la charge] d'un(*e*) ami(*e*). ¶ 누구에게[누구의] ~를 갚다 s'acquitter d'une obligation; rendre à *qn ses* bienfaits. ¶ 이 ~는 꼭 갚겠습니다 Sans faute, je te revaudrai ça / À charge de revanche. ¶ 그동안 ~ 많이 졌습니다 Je vous en suis très redevable.

*~(를) **고치다** changer de statut social grâce au mariage ou au remariage ((une femme qui se marie ou se remarie et qui peut s'enrichir par la même occasion)).

◆_타령 명 rengaine *f* sur *son* triste sort; plainte *f* sur *son* sort [sur *sa* vie], action de se lamenter [pleurer] (sans cesse) sur *son* sort. ¶ ~타령(을) 하다 se plaindre continuellement de *son* sort [de *sa* vie]; raconter sans cesse *ses* misères, se lamenter [pleurer] (sans cesse) sur *son* sort.

신세계 新世界 명 ① nouveau monde *m*. ¶ 멋진 ~ un nouveau monde splendide [superbe, fascinant]. ¶ ~를 꿈꾸다 rêver d'un nouveau monde. ② 【지리】 le Nouveau Monde *m*; Amérique(s) *f(pl)*.

신세기 新世紀 명 nouveau(*x*) siècle *m*. ¶ ~가 시작되었다 Un nouveau siècle a commencé.

신세대 新世代 명 nouvelle génération *f*. ¶ ~ 감각 la sensibilité de la nouvelle génération. ¶ 톡톡 튀는 ~ une jeune génération atypique. ¶ ~와 구세대의 갈등 le conflit des générations, le conflit entre l'ancienne et la nouvelle génération.

신소리 명 repartie *f* [repartie *f*] spirituelle [prompte]; réponse *f* pertinente. ¶ 저 사람은 나이 들면서 ~만 늘어간다 Plus il prend de l'âge, plus il a de la repartie. ◇_(를) **하다** faire une repartie spirituelle; avoir de la repartie; avoir la repartie prompte [facile].

신소설 新小說 명 【문학】 nouveau(*x*) roman *m*.

신소재 新素材 명 nouveaux matériaux *mpl*. ¶ ~의 연구 recherche sur les nouveaux matériaux.

신속 迅速 명 rapidité *f*, promptitude *f*, vivacité *f*, célérité *f*. ¶ ~ 배달 livraison prompte [rapide].

◆_하다 형 être prompt(*e*), rapide. ¶ ~한 조처 mesure prompte; moyen rapide; disposition rapide. ¶ ~하게 대처하다 prendre rapidement des mesures contre *qc*, faire promptement face à *qc*.

◆_히 부 rapidement; avec rapidité; promptement; avec promptitude. ¶ ~히 집에 돌아가거라 rentrer rapidement chez *soi*.

◆_성 -性 명 rapidité *f*, promptitude *f* {*litt*}. ¶ 보도의 ~성 rapidité de l'information. ¶ ~성을 보이다 prouver *sa* rapidité.

신수¹ 身手 명 air *m*, apparence *f*, physionomie *f*, mine *f*. ¶ ~ 좋은 사람 une personne d'apparence noble. ¶ ~가 훤하다 avoir bonne mine. ¶ ~가 말이 아니다 avoir mauvaise mine.

신수² 身數 명 fortune *f*, sort *m*, chance *f*, veine *f* {*fam*}. ¶ 한 해의 ~를 보다[점치다] se faire faire des prédictions pour l'année à venir. ¶ ~가 좋다[사납다] être né(*e*) sous une bonne [mauvaise] étoile.

신술 神術 명 pouvoir *m* surnaturel. ¶ ~을 닦다 exercer un pouvoir surnaturel.

신승 辛勝 명 victoire *f* difficile [non sans difficultés]. ◇_(을) **하다[거두다]** gagner de justesse [non sans difficultés, de très peu], coiffer *qn* sur le poteau [sur le fil] {*fam*}, gagner d'une courte pointe, arracher difficilement la victoire à ((l'équipe adverse)). ¶ 한국이 일본에게 2 대 1로 ~을 거두었다 La Corée l'a emporté de justesse sur [a battu difficilement] le Japon, par deux [sur le score de] buts à un / L'équipe coréenne a arraché difficilement [au dernier moment] la victoire à l'équipe japonaise sur le score de deux buts à un.

신시 新詩 명 【문학】 poésie *f* moderne.

신시가 新市街 명 nouveaux quartiers *mpl*.

◆_지 -地 명 nouveaux quartiers *mpl*; ville *f* nouvelle. ¶ 근교에 ~지가 형성되었다 Dans la proche banlieue s'est formée une ville nouvelle. ¶ 상권이 형성되면서 ~지를 이루었다 Grâce à l'installation [à l'arrivée] d'un centre commercial, un nouveau quartier est né / L'arrivée d'un centre commercial a fait naître un nouveau quartier.

신시대 新時代 명 nouvelle époque *f*, âge *m* moderne. ¶ 화해와 협력의 ~가 열렸다 Une nouvelle époque de réconciliation et de collaboration a commencé.

신식 新式 명 style *m* nouveau; nouvelle méthode *f*. ¶ ~ 무기 une arme moderne. ¶ 그분은 그 연세에도 사고방식이 ~이다 Malgré son âge, son mode de pensée est moderne [jeune].

◆최_ 最 명 dernier modèle *m*; dernière nouveauté *f*, dernier cri *m*. ¶ 그것은 아주 최~이다 C'est un modèle tout récent / C'est très moderne.

신신당부 申申當付 명 demande *f* [prière *f*] pressante [instante, répétitive]. ◇_(를) **하다** demander *qc* à *qn* de façon pressante; demander instamment à *qn* de+*inf*. ¶ 그 사람은 잊지 말고 거기에 참여하라고 내게 ~를 했다 Il m'a demandé instamment de ne pas oublier d'y participer.

신신부탁 申申付託 명 ☞ 신신당부

신실 信實 명 sincérité *f*, honnêteté *f*.

◆_하다 형 être sincère, honnête. ¶ ~한 크리스천 un(*e*) chrétien(*ne*) sincère. ¶ 그 사람은 ~하다 C'est quelqu'un de sincère [d'honnête]. ¶ ~하게 살다 vivre honnêtement.

신심 信心 명 foi *f*, croyance *f*, piété *f*, dévotion *f*. ¶ 그 사람은 ~이 깊다[두텁다] Cet homme est très pieux [dévot]. ¶ 그 사람은 ~이 남다르다 Cet homme a une foi particulièrement profonde [solide].

신안 新案 명 idée *f* nouvelle; nouveau plan *m*; nouveau modèle *m*. ¶ ~을 구상하다 élaborer un nouveau plan.

신앙 信仰 명 foi *f* (religieuse), croyance *f* (religieuse). ¶ ~ 생활 une vie pieuse [religieuse, spirituelle, dans la foi]. ¶ ~의 자유 liberté de religion [de conscience]. ¶ ~을 갖다 croire ((à une religion)); avoir la foi; être croyant(*e*). ¶ ~을 잃다 perdre la foi. ¶ ~이 있다 avoir la foi, être croyant(*e*). ¶ ~이 없는 사람 une personne qui n'a pas la foi, un personne irréligieuse, un(*e*) non-croyant(*e*).

◆_적 -的 명관 religieux(*se*).

◆_고백 -告白 명 profession *f* de foi. ¶ ~고백(을) 하다 faire *sa* profession de foi, faire profession de foi, professer *sa* foi.

◆_심 -心 명 foi *f*. ¶ 그 사람은 ~심이 깊다[돈독하다] Il est très pieux [dévot] / Il a une foi inébranlable. ¶ 그는 ~심이 매우 굳다 Il a une foi inébranlable.

◆_인 -人 명 croyant(*e*), fidèle *mf*, dévot(*e*).

신약[1] 新藥 명 nouveau médicament *m* [remède *m*]. ¶ ~ 개발 recherche de nouveaux médicaments. ¶ 인체 실험을 거친 ~ un nouveau médicament expérimenté sur les hommes; un médicament approuvé.

신약[2] 新約 명 【기독】 le Nouveau Testament *m*, l'Évangile *m*. ¶ ~과 구약 le Nouveau Testament et l'Ancien Testament.

◆_성서 -聖書 명 【기독】 le Nouveau Testament *m*.

신어 新語 명 ☞ 신조어

신여성 新女性 명 femme *f* moderne.

신역[1] 新譯 명 traduction *f* nouvelle. ¶ ~ 서적 une traduction nouvelle; une retraduction. ◇_(을) **하다** traduire à nouveau. ◇_(이) **되다** être retraduit(*e*).

신역[2] 身役 명 trav*ail*(*aux*) *m* dur [pénible], corvée *f*; labeur *m*. ¶ ~을 부과하다 imposer un travail pénible [une corvée] à *qn*.

신역[3] 神域 명 endroit *m* sacré où s'est révélée une divinité.

신열 身熱 명 fièvre *f*. ¶ 아이가 ~이 난다 L'enfant a de la fièvre [de la température] / L'enfant est fiévreux. ¶ 아이가 ~이 심하다 L'enfant a une forte [une grosse] fièvre [une fièvre de cheval] / L'enfant est très fiévreux.

신예 新銳 명 nouvelle élite *f*. ¶ ~ 작가 un jeune écrivain plein de promesses [plein d'avenir, qui promet beaucoup]. ¶ 노장과 ~의 대결 confrontation entre les maîtres et les novices. ¶ ~의 약진이 두드러진다 Le progrès des novices est remarquable.

신용 信用 명 ① 믿음 confiance *f*, foi *f*, crédit *m*, bonne réputation *f*. ¶ 누구의 ~을 잃다 perdre la confiance de *qn*; se discréditer auprès de *qn* ((par *sa* mauvaise conduite)). ¶ ~을 회복하다 regagner la confiance ((de *qn*)); recouvrer *sa* crédibilité. ¶ 그 사람은 이웃들로부터 ~을 받고 있다 Il a du crédit auprès de ses voisins. ② 【경제】 crédit *m*. ¶ ~ 거래 achat et vente à crédit. ¶ ~ 대출 un crédit, un emprunt. ¶ ~으로 물건을 구입하다 acheter à crédit. ◇_(을) **하다** faire [avoir] confiance à [en] *qn*; ajouter foi à ((une nouvelle)); se fier à *qn*/*qc*. ¶ 그 사람은 ~할 수 없는 사람이다 C'est une personne peu sûre [indigne] de foi. ¶ 그 사람의 말은 ~할 수 없다 *Ses* paroles ne sont pas dignes de confiance. ◇_(이) **있다** avoir du crédit auprès de *qn*; avoir [jouir d']une bonne réputation. ¶ 그 사람은 ~이 있는 사람이다 Il est quelqu'un de sûr / On peut lui faire confiance / On peut compter sur lui. ◇_(이) **없다** être peu sûr(*e*); ((nouvelle)) être sujet(*te*) à caution; ((témoignage)) être suspect(*e*). ¶ ~이 없는 상인 un marchand peu sûr, un marchand de soupe.

◆_도 -度 명 capacité *f* de remboursement, crédibilité *f*, solvabilité *f*.

◆_보증 -保證 명 【경제】 garantie *f* de crédit.

◆_장 -狀 명 【경제】 lettre *f* de crédit. ¶ ~장을 개설하다 ouvrir une lettre de crédit.

◆_카드 명 【경제】 carte *f* de crédit, carte *f* bleue. ¶ ~카드를 신청하다 demander une carte de crédit (à la banque). ¶ ~카드를 발급받다 avoir, obtenir une carte de crédit. ¶ ~카드로 지불하다 payer [régler] par carte (de crédit, bancaire). ¶ ~카드 대금을 결제하다 régler *ses* dépenses de carte de crédit. ¶ ~카드 받습니까? Peut-on payer [régler] par carte de crédit? / Acceptez-vous les cartes de crédit?

ㅅ

신원 身元 명 identité *f*; antécédents *mpl*; références *fpl*. ¶ ~ 증명서 extrait de casier judiciaire. ¶ ~ 조사 recherche d'identité sur *qn*. ¶ ~이 확실한 사람 personne au-dessus de tout soupçon. ¶ ~을 확인[증명]하다 vérifier l'identité de *qn*, identifier ((un cadavre, un corps)) [prouver *son* identité]. ¶ 용의자의 ~을 확보하다 identifier le suspect; établir l'identité du suspect. ¶ ~ 불명의 시신을 발견하다 trouver un cadavre non identifié

◆_**보증인** -保證人 명 【법률】 garant(*e*).

신위 神位 명 tablette *f* ancestrale; emplacement *m* symbolique pour les ancêtres de la famille dans un rituel confucianiste. ¶ ~를 모시다 installer les tablettes ancestrales ((dans un rituel confucianiste)). ¶ 학생 부군 ~ écrits destinés aux ancêtres qui n'ont obtenu aucun titre pendant leur vie.

신음 呻吟 명 gémissement *m*, plainte *f*. ¶ ~ 소리를 내다 gémir une plainte. ¶ ~ 소리가 들리다 entendre gémir une plainte. ◇_**(을) 하다** gémir; pousser des gémissements; se lamenter; se plaindre. ¶ 고통으로 ~하다 gémir de douleur. ¶ 독재 정권의 압제 밑에서 ~하다 gémir sous le joug de la tyrannie.

신의 信義 명 loyauté *f*, fidélité *f*, confiance *f*, foi *f*. ¶ ~를 지키다 être fidèle à *qc*; rester fidèle. ¶ ~를 저버리다 faire acte de déloyauté. ¶ ~에 어긋나는 행동은 하지 마라 N'agis pas déloyalement ((envers *qn*)). ◇_**(가) 있다[없다]** être fidèle [infidèle]. ¶ 그 사람은 ~가 있다[없다] Il est fidèle [infidèle]. ¶ ~ 있게 처신해라 Conduis-toi avec loyauté / Agis loyalement ((à l'égard de *qn*))!

신인 新人 명 nouvelle figure *f*, débutant(*e*). ¶ ~ 가수[작가] un chanteur débutant [un débutant dans le milieu [dans le monde]]. ¶ ~ 선수 joueu*r*(*se*) débutant(*e*). ¶ ~들의 등용문 porte du succès [du chemin de la gloire] pour des débutants. ¶ 올해 가요계는 ~들의 활약이 돋보인다 De nombreux nouveaux chanteurs se sont distingués [révélés] cette année. ¶ 이번 영화는 ~들로 주연을 정했다 Dans ce film, les rôles principaux sont tenus par des acteurs débutants.

◆_**상** -賞 명 prix *m* du jeune talent.. ¶ 올해의 ~상 le prix de la révélation de l'année.

◆_**왕** -王 명 champion(*ne*) des joueu*r*(*se*)s débutant(*e*)s.

신임[1] 信任 명 confiance *f*, créance *f*. ¶ 전적인 ~ une confiance totale [aveugle]. ¶ 두터운 ~ une confiance solide. ¶ 국민들의 ~을 묻는 투표 un vote de confiance. ¶ ~을 받다[얻다] obtenir [gagner] la confiance de *qn*. ¶ 의회의 ~을 얻다 obtenir la confiance de l'Assemblée nationale. ¶ 그 사람은 사장의 전적인 ~을 받는다 Il a [obtient] la confiance totale du président [du chef]. ◇_**(을) 하다** faire confiance à *qn*. ¶ 그 사람의 부모님은 그를 ~한다 *Ses* parents lui font confiance.

◆_**도** -度 명 degré *m* de confiance.

◆_**장** -狀 명 【정치】 lettres *fpl* de créance. ¶ ~장을 제출하다 présenter des lettres de créance.

◆**불_** 不- 명 destitution *f*, défiance *f*. ¶ 불~을 받다 mettre en défiance.

◆**불_안** 不-案 명 【정치】 mesure *f* de destitution ((contre le gouvernement)). ¶ 국회에 장관 불~안을 제출하다 présenter à l'Assemblée nationale une motion de censure contre le ministre.

◆**재_** 再- 명 réintégrer *qn* dans *ses* fonctions. ¶ 재~을 받다 être nommé(*e*) [désigné(*e*)] à nouveau; être réintégré(*e*) dans *ses* fonctions.

신임[2] 新任 명 nouvelle nomination *f*, nomination *f* récente. ¶ ~ 교사 enseignant nouvellement accrédité. ¶ ~ 대사[외무부 장관] ambassadeur [ministre des Affaires étrangères] nouvellement accrédité (auprès du gouvernement coréen).

◆_**자** -者 명 personne *f* nommée récemment ((à un emploi)).

신입 新入 명 entrée *f* récente ((dans une école, une entreprise, une communauté)). ¶ ~ 회원 un nouveau membre. ¶ ~ 사원을 모집하다 recruter de nouveaux employés.

◆_**생** -生 명 ((대학)) élève *mf* de première année, bizut(*h*) *m* {*arg*}. ¶ ~생 환영회 bizutage {*arg*}, cérémonie d'initiation pour souhaiter la bienvenue aux élèves de première année.

신자 信者 명 【종교】 croyant(*e*); fidèle *mf*; adepte *mf* pratiquant(*e*) ((d'une religion)). ¶ 기독교[불교, 가톨릭, 개신교] ~ un(*e*) chrétien(*ne*) [un(*e*) bouddhiste, un(*e*) adepte de la religion bouddhique; un(*e*) catholique, un(*e*) protestant(*e*)]. ¶ ~들이 모여서 예배를 드리고 있다 Les croyants rassemblés sont en train de célébrer la messe.

신작 新作 명 œuvre *f* récente [nouvellement parue] ((d'un écrivain)), nouveauté *f*; ((춤)) nouvelle création *f*. ¶ ~ 소설 un roman nouvellement paru [sorti], un nouveau roman. ¶ ~을 발표하다 publier une nouvelle œuvre [un nouveau livre]; donner la première représentation ((d'un ballet)).

신작로 新作路 명 (grande) route *f* ((récemment construite)). ¶ 마을 앞 ~ grande route construite à travers un village.

신장[1] 伸張 명 extension *f*, expansion *f*, développement *m*. ¶ 급격한 수출 ~ extension rapide des exportations. ◇_**(을) 하다** étendre ((*son* influence)). ¶ 국위를 해외에 ~하다 étendre [élever] le prestige d'un pays à l'étranger. ◇_**(이) 되다** s'étendre; s'élever; se développer. ¶ 전에 비해 국력이 ~되었다 La puissance du pays [de la Corée] s'est renforcée par rapport à autrefois.

◆_**세** -勢 명 niveau(*x*) *m* de progression.

◆_**율** -率 명 coefficient *m* de progression. ¶ 매우 높은 수출 ~율을 보이다[기록하다] Les exportations montrent [établissent] une forte progression.

신장[2] 身長 명 taille *f*, stature *f*. ¶ 평균 ~ taille moyenne ((des Coréens)). ¶ ~의 열세를 극복하지 못하다 ne pas pouvoir surmonter *son* complexe de taille, avoir un complexe de taille. ¶ ~의 우위를 살리다 se servir de l'avantage lié à *sa* taille [de la supériorité que lui confère *sa* taille]. ¶ ~을 재다 mesurer *qn* (à la toise). ¶ 그 사람은 ~이 크다[작다] Il est de grande [de petite] taille / Il est grand [petit]. ¶ 그 사람은 ~이 170센티미터이다 Il mesure [fait] un mètre soixante-dix.

신장[3] 腎臟 명 【의학】 rein *m*. ¶ ~ 이식 수술 greffe d'un rein, greffe rénale.

◆_**결석** -結石 명 【의학】 calcul *m* rénal.

◆_**병** -病 명 【의학】 maladie *f* [pathologie *f*, affection *f*] rénale. ¶ ~병에 걸리다 être atteint(*e*) d'une maladie [d'une affection] rénale, présenter une maladie rénale.

◆_**염** -炎 명 【의학】 néphrite *f*.

신장[4] 新裝 명 ((복장)) nouveau vêtement *m* [costume *m*]; ((새로운 장치)) nouvel équipement *m*; nouvelle installation *f*. ◇_(을) **하다** ((새로이)) remettre à neuf; ((개장)) rénover; transformer entièrement. ¶ 이 식당은 오늘 ~한 모양이다 Il paraît qu'aujourd'hui ce restaurant a été redécoré. ◇_(이) **되다** se développer.

◆_**개업** -開業 명 ouverture *f*, inauguration *f* ((d'un magasin)). ¶ ~개업 기념으로 세일을 하다 faire une réduction [faire une remise] pour fêter l'ouverture du magasin. ¶ 그 사람은 시내에 음식점을 ~개업했다 Il a ouvert un restaurant dans la ville.

신전 神殿 명 temple *m*, sanctuaire *m*. ¶ ~에서 제사를 드리다 faire des offrandes au sanctuaire. ¶ ~에 제물을 바치다 offrir [célébrer] un sacrifice sur l'autel.

신접 新接 명 nouveau ménage *m*; nouvelle installation *f*.

◆_**살림** 명 nouveau foyer *m*; débuts *mpl* de la vie de couple [de la vie commune]. ¶ ~ 살림을 차리다 commencer la vie conjugale.

◆_**살이** 명 les premiers temps *mpl* du mariage. ¶ ~살이 재미에 깨가 쏟아진다 jouir (du bonheur) des premiers temps du mariage; être enivré(*e*) du bonheur [être au comble du bonheur] des premiers temps du mariage.

신정 新正 명 nouvel an *m* ((le 1er janvier du calendrier grégorien; par opposition au nouvel an lunaire [de l'année lunaire] célébré le 1er janvier du calendrier lunaire)); début *m* de l'année; premier mois *m* de l'année. ¶ ~ 연휴 les congés du nouvel an. ¶ ~을 쇠다 célébrer le nouvel an.

신정부 新政府 명 nouveau gouvernement *m*. ¶ ~가 출범했다 Le nouveau gouvernement a pris ses fonctions.

신제 新制 명 nouveau système *m*; nouveau régime *m*. ¶ ~ 군복 la tenue militaire du nouveau système.

신제품 新製品 명 (dernière) nouveauté *f*, nouveau produit *m*. ¶ ~을 개발하다 développer un nouveau produit; mettre au point [concevoir, développer] un nouveau type ((de voiture)). ¶ ~을 시장에 내놓다 proposer une nouveauté sur le marché, mettre sur le marché un nouveau produit.

신조 信條 명 credo *m inv*; principes *mpl*; foi *f*; conviction *f*. ¶ 굳은 ~ un credo; une ferme conviction. ¶ 생활 ~ principes de vie. ¶ 무엇을 자신의 ~로 삼다 avoir pour principe de+*inf*. ¶ 이것이 저의 삶의 ~입니다 Voilà les principes sur lesquels je règle ma vie / Voilà mes principes de vie / Voilà mon credo.

신조어 新造語 명 【언어】 néologisme *m*, mot *m* nouveau(*x*). ¶ ~ 사전 dictionnaire des néologismes. ¶ 요즘은 매일 많은 ~들이 생겨나고 있다 De nos jours, beaucoup de néologismes font leur apparition chaque jour.

신종 新種 명 nouveau type *m*. ¶ ~ 범죄[사기수법]. un nouveau type de crime [d'escroquerie]. ¶ ~ 컴퓨터 바이러스 un nouveau type de virus informatique.

신주 神主 명 tablette *f* ancestrale.

◆_ **단지** 명 coffret *m* avec la tablette ancestrale. *~ **단지 모시듯 하다** tenir à *qc* comme à la prunelle de *ses* yeux, considérer *qn/qc* comme précieux.

신중 愼重 명 prudence *f*, circonspection *f*, discrétion *f*, sagesse *f*; réserve *f*, discrétion *f*, délicatesse *f*, tact *m*. ¶ ~에 ~을 거듭하다 redoubler de précaution ((pour *qc*/*inf*)). ¶ ~을 기하다 être prudent(*e*) ((pour/avec *qc*)), circonspect(*e*), réfléchi(*e*), bien pesé(*e*), mûrement réfléchi(*e*), être mesuré(*e*), posé(*e*); être sur *ses* gardes; hésiter beaucoup à faire *qc*; ménager *qn/qc*; prendre des précautions pour *qc*, prendre des gants avec *qn/qc*; traiter *qc* avec précaution. ¶ 그 일에 각별히 ~을 기해라 Prends tout particulièrement des précautions pour ce travail / Soigne particulièrement ce travail. ¶ 일에 차질이 없도록 ~을 기해라 Fais attention [en sorte] qu'il n'y ait pas d'erreur dans ce travail.

◆_**하다** 형 être prudent(*e*), précautionneu*x*(*se*), circonspect(*e*). ¶ ~한 태도를 취하다 prendre une attitude prudente. ¶ 그 사람은 매사에 ~하다 Il est prudent pour tout. ¶ 그 일은 ~하게 처리해야 한다 Il ne faut pas faire cela n'importe comment / Il faut faire cela posément [prudemment, avec prudence, avec précaution, soigneusement].

◆_**히** 부 posément; prudemment; avec prudence, avec précaution, avec circonspection; soigneusement. ¶ ~히 생각하다 réfléchir posément [avec prudence, prudemment]; bien penser [considérer, réfléchir].

◆_**론** -論 명 opinion *f* modérée. ¶ ~론을 펼치다 émettre une opinion modérée.

신진 新進 명 débutant(*e*); débutant(*e*) qui fait *ses* premières armes; nouv*eau*(*elle*), nouv*eau*(*elle*) venu(*e*); jeune *mf* ((écrivain)). ¶ ~ 세력 le dynamisme des jeunes; un nouveau pouvoir. ¶ ~ 작가 un écrivain qui débute, un jeune écrivain. ¶ ~들의 활약을 기대하다 compter sur les jeunes; compter sur le dynamisme des jeunes.

ㅅ

신진대사 新陳代謝 명 【생물】 métabolisme *m* ((de base, basal)); renouvellement *m*; remplacement *m*. ¶ ~를 촉진하다 activer le métabolisme. ¶ 운동을 하면 ~가 원활히 이루어진다 Si l'on fait du sport, le métabolisme se fait harmonieusement [activement].

신착 新着 명 arrivée *f* récente; ((ouvrage)) nouveau qui vient de sortir [qui vient d'être présenté]; nouveauté *f*. ¶ ~ 도서[음반] un ouvrage [un disque] nouveau qui vient de sortir; une nouveauté.

신참 新參 명 nouv*eau*(*elle*) venu(*e*); nouvel(*le*) arrivé(*e*); arrivant(*e*); ((미숙자)) novice *mf*; débutant(*e*); bleu *m*; récemment arrivé(*e*). ¶ ~ 사원 un(*e*) nouv*eau*(*elle*) venu(*e*); un(*e*) nouvel(*elle*) arrivé(*e*) [arrivant(*e*)]; un(*e*) novice *mf*, un(*e*) débutant(*e*). ¶ ~의 군기를 잡다 brimer les bleus [les bizuts]; bizuter {*fam*} les nouveaux.

신천옹 信天翁 명 【동물】 albatros *m*.

신천지 新天地 명 nouveau monde *m*. ¶ ~를 찾아 길을 떠나다 partir à la recherche du nouveau monde. ¶ ~가 펼쳐진다 Le nouveau monde s'étend [prend de l'ampleur].

신첩 臣妾 대 votre humble femme *f* ((autrefois, terme utilisé par une femme, généralement la reine, devant le roi))

신청 申請 명 demande *f*, requête *f*. ¶ 휴가 ~ une demande de congé. ¶ ~을 받다 recevoir une demande. ¶ ~에 응하다 répondre à [accepter] une demande. ¶ ~이 쇄도한다 Les demandes affluent [arrivent en abondance]. ◇_(을) **하다** demander ((un passeport, un permis)); faire [adresser, présenter] une demande de *qc*. ¶ 휴가를 ~하다 demander un congé [des congés]; faire une demande de congés. ¶ 보석을 ~하다 demander la liberté provisoire de *qn* (sous caution). ¶ 특허를 ~하다 demander un brevet d'invention. ¶ 데이트를 ~하다 demander un rendez-vous galant [amoureux] à *qn*, demander de sortir avec *qn*. ¶ 응모 ~을 하다 demander à participer [s'inscrire] à ((un concours)); souscrire à *qc*. ¶ 정부에 허가를 ~하다 demander une autorisation au gouvernement. ¶ 서류를 반환해 줄 것을 ~하다 demander qu'on nous rende des documents.

◆**_곡** -曲 명 chanson *f* qu'on aimerait écouter.

◆**_서** -書 명 demande *f* (écrite). ¶ ~서를 제출하다 déposer une demande (écrite).

◆**_자[인]** -者[人] 명 demandeu*r*(*se*) ((de visa)); requérant(*e*).

신체 身體 명 corps *m*, physique *m*; constitution *f*; ((의)) corporel(*le*), physique. ¶ ~ 건장한 젊은이 les jeunes qui ont une santé de fer. ¶ ~상의 결함 une infirmité; ((타고난)) un vice de conformation; une malformation congénitale; une invalidité *f*, une impotence *f*. ¶ 건강한 ~에 건강한 정신 un esprit sain dans un corps sain.

◆**_적** -的 명관 physique, corporel(*le*). ¶ ~적인 장애 un handicap physique, une impotence, une invalidité.

◆**_검사** -檢查 명 examen *m* [contrôle *m*] médical; visite *f* médicale. ¶ ~검사를 받다 passer un examen médical [une visite médicale].

◆**_장애자** -障碍者 명 handicapé(*e*) physique, infirme *mf*, impotent(*e*).

◆**_충실지수** -充實指數 명 indicateur *m* de mensuration idéale, index *m* de Rohrer.

신체시 新體詩 명 【문학】 poésie *f* d'un style nouveau; poésie *f* nouvelle.

신축[1] 新築 명 construction *f* nouvelle; qui vient d'être construit(*e*). ¶ ~ 공사 travaux de construction. ¶ ~ 중인 건물 un bâtiment en construction. ◇_(을) **하다** construire, bâtir ((une maison)). ¶ 건물을 ~하다 construire un (nouveau) bâtiment. ◇_(이) **되다** être construit(*e*), bâti(*e*). ¶ 새로 ~된 건물 un bâtiment qui vient d'être construit.

신축[2] 伸縮 어근 dilatation *f* et contraction *f*.

◆**_적** -的 명관 élastique; flexible; souple. ¶ ~적인 경제정책 une politique économique flexible.

◆**_성** -性 명 ① élasticité *f*. ¶ 이 천은 ~성이 좋다[있다] Ce tissu est élastique. ② 융통성 flexibilité *f*, souplesse *f*. ¶ ~성을 발휘하다 développer *sa* flexibilité [*sa* souplesse]. ¶ ~성 있는 통화정책 une politique monétaire flexible [souple]. ¶ ~성 있게 상황에 대처하다 s'adapter aux circonstances avec flexibilité [avec souplesse].

◆**_자재** -自在 명 élasticité *f*, flexibilité *f*, souplesse *f* ((de corps)); tonicité *f* ((des muscles)). ¶ ~자재한 행동을 보이다 se montrer flexible; faire preuve de flexibilité; être souple.

신춘 新春 명 début *m* [commencement *m*, premiers jours *mpl*] du printemps; nouvel an *m*, nouvelle année *f*. ¶ ~ 대담 la première conversation de l'année.

◆**_문예** -文藝 명 【문학】 concours *m* littéraire du printemps; concours *m* des jeunes écrivains. ¶ ~문예에 응모하다 se présenter au concours littéraire du printemps [au concours des jeunes écrivains]. ¶ ~문예에 당선되다 être couronné(*e*) au concours littéraire du printemps [au concours des jeunes écrivains].

신출 新出 명 nouv*eau*(*elle*) venu(*e*).

◆**_내기** 명 nouv*eau*(*elle*) venu(*e*); débutant(*e*), novice *mf*, bleu *m*. ¶ ~내기가 여간이 아니다 C'est plutôt bien [pas mal] pour un débutant / Tu te débrouilles bien [plutôt pas mal] pour un débutant.

신출귀몰 神出鬼沒 명 être partout à la fois; être omniprésent(*e*). ◇_(을) **하다** être partout à la fois; être omniprésent(*e*). ¶ ~한 사람 un homme omniprésent.

신탁[1] 信託 명 ① dépôt *m*, remise *f*; consignation *f*. ② 【법률】 fidéicommis *m*. ③ 【정치】 régime *m* de tutelle.

◆**_통치** -統治 명 【정치】 régime *m* de tutelle.

ㅅ

◆**투자_** 投資- 명【경제】gestion *f* de portefeuilles de valeurs mobilières.

신탁[2] 神託 명 oracle *m*; message *m* divin; révélation *f* divine. ¶ ~을 내리다 rendre un oracle. ¶ ~을 받다 avoir une révélation.

신토불이 身土不二 명 préférence *f* pour les [supériorité *f* des] produits du cru [nationaux]], du terroir.

신통 神通 명 pouvoir *m* surnaturel, force *f* surnaturel*le*.

◆**_하다** 형 ① 영험하다 être prodigieu*x*(*se*), merveilleu*x*(*se*), extraordinaire. ¶ 그 약은 아주 ~했다 Ce médicament [remède] était prodigieux. ¶ 점쟁이가 ~하다 Cette diseuse de bonne aventure est prodigieuse. ¶ ~하게도 일이 잘 풀렸다 C'est incroyable, mais cela s'est arrangé [on a trouvé une solution]. ② 대견하다 être digne d'éloge, être admirable, méritoire, exemplaire, prodigieu*x*(*se*), avoir du mérite. ¶ 네가 벌써 부모님 심부름까지 하다니 참 ~하구나 (A ton âge), tu fais déjà les commissions que te demandent tes parents. C'est vraiment admirable [prodigieux]!

◆**_찮다** 형 ① 상태가 나쁘다 être dans un mauvais [piteux] état. ¶ 어깨가 ~찮다 avoir des épaules en mauvais état, avoir mal aux épaules, avoir des épaules douloureuses, avoir [ressentir] des douleurs dans les épaules. ② 만족스럽지 않다 être décevant(*e*). ¶ 반응이 ~찮다 avoir une réaction décevante; réagir à peine ((à une plaisanterie)); décevoir. ③ 좋지 않다 ne pas être bon(*ne*), être mauvais(*e*); ne pas être extraordinaire; ne pas être terrible {*fam*}. ¶ 운전 실력이 ~찮다 ne pas se conduire très bien; ne pas avoir une bonne conduite [une conduite extraordinaire]. ¶ 벌이가 ~찮다 mal gagner *sa* vie; ne pas gagner très bien *sa* vie; ne pas avoir un salaire mirobolant {*fam*}. ¶ 컴퓨터의 성능이 ~찮다 Cet ordinateur n'est pas terrible.

◆**_력** -力 명 pouvoir *m* surnaturel, force *f* surnaturel*le*. ¶ ~력 있는 사람 une personne au pouvoir surnaturel [extraordinaire], une personne qui a une force [un pouvoir] surnaturel(*le*). ¶ ~력을 부리다[보이다] faire preuve d'un pouvoir surnaturel; user d'un pouvoir surnaturel.

◆**_술** -術 명 pouvoir *m* surnaturel. ¶ ~술을 부리다 faire preuve d'un pouvoir surnaturel.

신트림 명 éructation *f*, renvoi *m*, rot *m*. ◇**_(을) 하다** faire [lâcher] un rot, roter {*fam*}; avoir des renvois; éructer {*litt*}.

신파 新派 명 ① nouvelle école *f*. ② 신파극 *sinpa m* ((genre théâtral originaire du Japon, populaire en Corée dans les années 1910-1940)); mélodrame *m*; mélo *m* {*fam*}. ¶ 그것은 유치한 ~에 지나지 않는다 Ce n'est qu'un mélodrame puéril [enfantin]. ¶ 이게 웬 ~냐 Nous voilà en plein mélo!

◆**_극** -劇 명【연영】*sinpa m* ((genre théâtral originaire du Japon, populaire en Corée dans les années 1910-1940)); mélodrame *m*. ¶ ~극을 상연하다 représenter [donner, jouer] un *sinpa*.

◆**_조** -調 명 ton *m* du *sinpa*; ton *m* mélodramatique. ¶ ~조로 대사를 읊조리다 lire des répliques avec le ton du *sinpa* [avec un ton mélodramatique].

신판 新版 명 nouvelle édition *f*, nouvelle publication *f*. ¶ 이 책은 ~이다 C'est une nouvelle édition. ¶ ~이 구판보다 못하다 La nouvelle édition n'est pas meilleure que l'ancienne / La nouvelle édition est moins bonne que l'ancienne.

신품[1] 新品 명 ((vendre du)) neuf *m* ((et de l'occasion)); article *m* neuf. ¶ 부속을 ~으로 교환하다 mettre des composants neufs à la place des anciens; remplacer d'anciens composants par des neufs.

신품[2] 神品 명【천주】ordination *f* d'un prêtre. ¶ ~을 받다 recevoir l'ordination.

신품종 新品種 명 nouveauté *f*; nouveau produit *m*; nouveau type *m*; nouvelle espèce *f*. ¶ ~이 개발되었다 Un nouveau type [Un nouveau produit] a été lancé [conçu, mis au point].

신풍 新風 명 ① (petit) vent *m* frais [rafraîchissant]; (petite) brise *f* rafraîchissante. ¶ 한 줄기 ~이 불었다 Un petit vent frais a soufflé / J'ai senti une petite brise rafraîchissante [un filet d'air]. ② 새로운 풍조 nouvelle tendance *f*; nouveau courant *m* d'idée; nouvelles mœurs *fpl*. ¶ ~을 받아들이다 se mettre au goût du jour, suivre les mœurs de *son* temps, suivre la mode.

신하 臣下 명 sujet *m*, vass*al*(*aux*) *m*; ministre *m*. ¶ ~의 도리를 다하다 assumer parfaitement *son* devoir de ministre. ¶ 왕이 ~들과 국사를 논한다 Le roi s'entretient de l'histoire du pays avec ses ministres.

신학[1] 新學 명 ☞ 신학문

신학[2] 神學 명【종교】théologie *f*. ¶ ~을 연구하다 faire des études de théologie, faire *sa* théologie, faire des recherches en théologie.

◆**_교** -教 명【교육】école *f* de théologie; séminaire *m*.

◆**_대학** -大學 명【교육】faculté *f* de théologie.

◆**_생** -生 명 étudiant(*e*) en théologie; séminariste *m*.

◆**_자** -者 명 théologien(*ne*).

◆**조직_** 組織- 명【종교】théologie *f* scolastique [spéculative].

◆**해방_** 解放- 명【천주】théologie *f* de la libération [libératoire].

신학기 新學期 명 nouveau semestre *m*; rentrée *f* des classes. ¶ ~가 시작되었다 Le nouveau semestre est commencé.

신학문 新學問 명 science *f* nouvelle [moderne]. ¶ ~을 들여오다 faire entrer [introduire] les sciences nouvelles. ¶ ~을 받아들이다 accueillir [recevoir, accepter] les sciences nouvelles. ¶ ~에 대한 관심 les intérêts pour les sciences nouvelles. ¶ ~이 물밀듯이 들어왔다 Les sciences nouvelles sont entrées en masse [ont afflué] dans le pays.

신행 新行 명 【민속】 premier séjour *m* [premier passage *m*] dans la famille du [*de la*] conjoint(*e*) après le mariage. ¶ ~ 행차 un premier séjour [un premier passage] dans la famille du [*de la*] conjoint(*e*) après le mariage. ¶ ~을 가다 faire un premier séjour [un premier passage] dans la famille du [*de la*] conjoint(*e*) après le mariage.

◆**_길** 명 【민속】 chemin *m* du premier séjour [du premier passage] dans la famille du [*de la*]conjoint(*e*) après le mariage. ¶ ~길을 나서다 faire un premier séjour [un premier passage] dans la famille du [*de la*] conjoint(*e*) après le mariage.

신형 新型 명 nouveau modèle *m* [nouveau style *m*]; dernière mode *f*. ¶ ~ 자동차 un nouveau modèle de voiture. ¶ ~ 바이러스가 출현했다 Un nouveau virus est apparu. ¶ 구형에서 ~으로 바꾸다[교체하다] échanger un vieux modèle contre un nouveau [un modèle récent].

신호 信號 명 ① 의사소통을 위한 체계 sign*al*(*aux*) *m*. ¶ ~를 지키다 respecter un signal. ¶ ~를 무시하다 ne pas respecter un signal; brûler [ne pas respecter, griller {*fam*}] un feu (rouge) {*fam*}. ¶ ~를 위반하다 ne pas respecter un signal; brûler [ne pas respecter, griller {*fam*}] un feu (rouge) {*fam*}. ¶ ~를 주고받다 s'envoyer des signaux. ¶ 배가 조난 ~를 보냈다 Le bateau a envoyé un SOS [un signal de détresse]. ¶ ~를 받다 recevoir un signal [des signaux]. ¶ ~가 가다 faire un signal. ¶ ~가 오다 recevoir un signal. ¶ ~가 울려도 전화를 받지 않는다 ne pas répondre au téléphone [ne pas décrocher] alors qu'on entend la sonnerie (du téléphone). ¶ 그것은 빨리 오라는 ~이다 Cela veut dire qu'il faut se dépêcher. ② 징조, 증상 signe *m*. ¶ 몸에 이상이 있다는 ~가 온다 ressentir (le signe, un symptôme) qu'on a un problème physique. ◇**_(를) 하다[보내다]** faire un signe [envoyer un signal, envoyer des signaux]. ¶ 손을 흔들어 ~하다 faire un signe de la main. ¶ 들어오라고 ~를 하다 faire le signe d'entrer.

◆**_기** -機 명 【교통】 feu(*x*) *m* (de circulation, de signalisation); ((원판식)) disque *m*.

◆**_등** -燈 명 【교통】 sign*al*(*aux*) *m* lumineux; feu(*x*) *m* de signalisation [de circulation], feu(*x*) *m* (tricolore), feu *m* rouge. ¶ ~등이 파란불에서 빨간불로 바뀌었다 Le feu est passé (du vert) au rouge.

◆**_음** -音 명 signal *m* sonore.

◆**_탄** -彈 명 fusée *f* (destinée à donner un signal). ¶ ~탄을 쏘다 signaler ((le départ)) à l'aide d'une fusée. ¶ 시작을 알리는 ~탄 une fusée qui annonce [signale] le départ.

◆**교통_** 交通 명 【교통】 feux *mpl* de circulation; feux *mpl* de signalisation, feux *mpl* tricolores. ¶ 교통~를 준수하다 respecter les feux (de signalisation, de circulation, tricolores).

◆**수_** 手 명 signe *m* de la main. ¶ 수~를 보내다 envoyer [faire] des signes de la main.

◆**위험_** 危險 명 【교통】 signal *m* d'alarme.

◆**적_** 赤 명 ① feu *m* rouge. ② signal *m* d'alerte; les feux *mpl* rouges ((de l'économie)).

◆**정지_** 停止- 명 【교통】 ((griller un, ne pas respecter un)) stop *m*.

◆**조난_** 遭難 명 【해양】 signal *m* de détresse en mer; S.O.S.

신혼 新婚 명 début *m* du mariage, commencement *m* du mariage. ¶ ~ 재미가 깨가 쏟아진다 Les jeunes mariés ont de bons rapports [sont en bons termes, s'entendent bien] / Les nouveaux mariés vivent dans l'harmonie les premiers jours de leur mariage. ¶ ~의 달콤함을 만끽하다 jouir pleinement de [savourer] *sa* vie de jeunes mariés.

◆**_부부** -夫婦 명 nouveaux mariés *mpl*, couple *m* récemment marié.

◆**_살림** 명 vie *f* d'un jeune couple (récemment marié).

◆**_여행** -旅行 명 voyage *m* de noces, lune *f* de miel. ¶ ~여행을 가다[다녀오다]. partir en voyage de noces [en lune de miel].

◆**_집** 명 maison *f* [appartement *m*] d'un jeune couple (récemment marié).

신화 神話 명 ① 【문학】 mythe *m* ((de Prométhée)); mythologie *f*. ¶ 그리스 ~ la mythologie grecque. ¶ ~에 나오는 영웅들의 이야기 les histoires des héros mythiques [de la mythologie]. ② ((우주, 민족의)) mythe *m*. 건국 ~ le mythe de la fondation du pays. ③ 신비로운 이야기 mythe *m*. ¶ 한국 축구사에 새로운 ~를 이룩하다 fonder [former, établir] un nouveau mythe dans l'histoire du football coréen. ¶ 칠전팔기의 ~를 일구어 내다 fonder le mythe d'une lutte inlassable [incessante].

◆**_적** -的 명관 ((héros)) mythique; ((divinité)) mythologique. ¶ ~적 인물 un personnage mythique. ¶ 그 남자의 행적은 가히 ~적이다 Son œuvre [Sa vie] est mythique.

◆**_학** -學 명 mythologie *f*.

신흥 新興 명 ascension *f* [apparition *f*] récente; ((classe)) ascendant(*e*), montant(*e*). ¶ ~ 국가 une jeune nation. ¶ ~ 산업 des industries nouvelles. ¶ ~ 종교 une nouvelle secte (religieuse).

싣다 타 ① charger; mettre. ¶ 차에 짐을 ~ mettre des paquets dans la voiture, charger la voiture de paquets. ¶ 물건을 손수레로 실어 나르다 transporter les marchandises sur un chariot. ② 타다 embarquer, monter sur. ¶ 자전거에 몸을 ~ monter sur la bicyclette. ③ 게재하다 publier, faire paraître. ¶ 잡지에 실을 원고 un manuscrit destiné à (être publié dans) un magazine. ¶ 누구의 논문을 학회지에 ~ publier la thèse de quelqu'un dans une revue universitaire. ¶ 르몽드는 그 사건을 특집 기사로 실었다 «Le Monde» a publié un dossier spécial sur cette affaire. ④ 감정을 나타내다 être plein(*e*) de *qc*. ¶ 기쁨을 가득 실은 표정으로 d'un air plein d'allégresse.

실[1] 명 fil *m* ((de coton, de soie)). ¶ 가는 ~ du fil fin. ¶ 바늘에 ~을 꿰다 enfiler une aiguille. ¶ 뜯어진 데를 ~로 꿰매다 recoudre avec du fil; faire des points de suture.

*__바늘 가는 데 ~ 간다__ Le fil suit l'aiguille. ☞ 바늘

◆**_꾸리** 명 rouleau(*x*) *m* [bobine *f*] de fil. ¶ ~꾸리를 감다 enrouler une bobine.

◆**_뜨기** 명 jeu *m* du fil, jeu *m* des nœuds, jeu *m* des croisements du fil. ¶ ~뜨기를 하며 놀다 jouer au jeu du fil.

◆**_밥** 명 ① bouts *mpl* de fil. ¶ ~밥이 뜯어졌다[풀어졌다] Les fils sont partis. ② fils *mpl* (d'une plaie opératoire, d'une suture); point *m* de suture. ¶ 수술 부위의 ~밥을 뽑다 retirer [enlever] les points de suture.

◆**_타래** 명 écheveau(*x*) *m*. ¶ ~타래가 엉켰다 Les fils se sont entremêlés.

◆**_패** 명 ☞ 실패[2]

◆**털_** 명 fil *m* de laine.

실[2] **失** 명 erreur *f*, faute *f*; désavantage *m*, inconvénient *m*, les mauvais côtés *mpl*; perte *f*. ¶ 득과 ~을 저울질하다[따지다] peser [considérer, examiner] le pour et le contre; balancer le pour et le contre; mettre *qc* en balance; évaluer les conséquences possibles de *qc*; considérer une chose sous tous ses aspects. ¶ 득보다 ~이 많다 Il y a plus d'inconvénients que d'avantages.

실[3] **實** 명 ① plein *m*; vérité *f*, réalité *f*; substance *f*; 실리 utilité *f*, profit *m*; gain *m*, avantages *mpl* [biens *mpl*] matériels. ¶ 허와 ~ vide et plein. ¶ 명분보다 ~ 을 취하다 préférer les avantages matériels [les gains] aux devoirs moraux. ② 【수학】 multiplicande *m*, dividende *m*.

실[4] **室** 명 ((classificateur)) pièce *f*, chambre *f*, salle *f*.

분류 pièce *f*, chambre *f*, salle *f*. ¶ 200~ 규모의 호텔 un hôtel de 200 chambres [avec une [d'une] capacité de 200 chambres, contenant 200 chambres].

-실[5] **室** 접미 ((suffixe nominal)) ① 방 pièce *f*, chambre *f*, salle *f*; appartement *m*; ((기차의)) compartiment *m* ((de première classe)). ¶ 경비~ un local de gardien; une conciergerie; une loge de concierge. ¶ 응접~ une salle de réception, un salon de réception; une pièce commune, un salon; un petit salon. ¶ 열차의 일등~ un compartiment de première (classe). ¶ 조종~ une cabine de pilotage. ¶ 화장~ les toilettes, les WC. ② 사무 부서 bureau(*x*) *m*, salle *f*, cabinet *m*; section *f*, service *m*. ¶ 기획~ le bureau [le service] de planification; une section du planning. ¶ 정책~ le cabinet [le service] des mesures politiques. ¶ 홍보~ le bureau de la promotion.

실-[6] 접두 ((préfixe adjectival)) mince et longue. ¶ ~개천 petit ruisseau; ruisselet; filet d'eau. ¶ ~비 (petite) pluie fine; bruine; crachin. ¶ ~눈 yeux entrouverts [à demi ouverts]. ¶ ~핏줄 veines [vaisseaux] capillaires.

실-[7] **實** 접두 ((préfixe adjectival)) vérité *f*, réalité *f*; actualité *f*; sincérité *f*; substance *f*. ¶ ~소득 un revenu net. ¶ ~수요(자) une demande réelle. ¶ ~생활 une vie réelle; une vie pratique; une vie matérielle; une vie quotidienne [de tous les jours, courante].

실각 失脚 명 chute *f* ((d'un ministère)), destitution *f*. ¶ 부패 정부의 ~ la chute d'un gouvernement corrompu. ◇_(을) **하다** perdre *son* poste [*son* rang]; être destitué(*e*). ¶ ~한 정치가 un(*e*) politicien(*ne*) destitué(*e*). ◇_(을) **시키다** destituer ((un politicien(*ne*))).

실감 實感 명 sens *m* du réel; réalisme *m*; impression *f* réelle [vécue]; sensation *f* vécue. ◇_(을) **하다** réaliser ((l'importance d'une situation)); se faire une idée nette de *qc*; prendre conscience de *qc*; se rendre compte de *qc*. ¶ 외국어 교육의 필요성을 ~하다 prendre conscience de la nécessité d'enseigner les langues étrangères. ¶ 이제야 당신이 내 곁에 있다는 것을 ~할 수 있다 C'est maintenant que je réalise que tu es à mes côtés! ◇_(이) **나다** réaliser ((l'importance d'une situation)); se faire une idée nette de *qc*; prendre conscience de *qc*; se rendre compte de *qc*. ¶ ~ 나게 이야기하다 raconter une histoire avec réalisme. ◇_(이) **되다** réaliser. ¶ 비로소 그 사실이 ~되었다 On a enfin commencé à réaliser les faits [à se rendre compte des faits].

실강이 명 ☞ 실랑이

실개천 -開川 명 petit ruisseau *m*; filet *m* d'eau. ¶ ~이 흐르던 자취 les traces d'un petit ruisseau [d'un filet d'eau].

실격 失格 명 non-conformité *f* à un règlement; disqualification *f*; élimination *f*; ((법률)) incapacité *f*. ¶ ~ 처리되다 être disqualifié(*e*); être éliminé(*e*). ¶ 선을 밟으면 ~이다 Si vous marchez sur la bande [vous mordez], vous serez disqualifié(*e*). ◇_(을) **하다[당하다]** être disqualifié(*e*); être éliminé(*e*). ¶ 그 남자는 두 번의 부정 출발로 ~을 했다 Il a été disqualifié pour avoir fait deux mauvais départs [pour deux faux départs]. ¶ 규칙 위반으로 ~당하다 être disqualifié(*e*) pour infraction au règlement. ◇_(이) **되다** être disqualifié(*e*); être éliminé(*e*). ◇_(을) **시키다** disqualifier ((un concurrent)); éliminer *qn*.

◆**_자** -者 명 concurrent(*e*) disqualifié(*e*); personne *f* disqualifiée.

◆**_패** -敗 명 【운동】 disqualification *f*. ¶ ~패(를) 하다 perdre par disqualification.

실경 實景 명 paysage *m* [aspect *m*] réel; nature *f*. ¶ ~ 산수화 un paysage (sur toile, sur papier).

실고추 명 piment *m* rouge coupé en filaments. ¶ 고명으로 음식 위에 ~를 얹다 décorer un plat avec des piments rouges coupés en filaments.

실과[1] **實果** 명 fruits *mpl*.

실과[2] **實科** 명 【교육】 cours *m* pratique, cours *m* pour la vie quotidienne ((école primaire)).

실권[1] **實權** 명 pouvoir *m* réel; autorité *f* réelle; influence *f* réelle [effective]. ¶ ~을 잡다[쥐다] s'emparer du pouvoir; prendre le pouvoir réel.
◆_**자** -者 명 personne *f* au pouvoir. ¶ 사실상의 ~자가 되다 être la personne qui mène [conduit] effectivement la politique.

실권[2] **失權** 명 perte *f* d'un droit; perte *f* du pouvoir. ◇_(을) **하다** perdre *ses* droits; perdre *son* [le] pouvoir [*son* autorité]. ¶ ~한 가문 une famille qui a perdu *son* pouvoir [*son* autorité]. ◇_(이) **되다** perdre *ses* droits; perdre *son* [le] pouvoir [*son* autorité].

실금 명 petite fente *f*; ligne *f* mince. ¶ 벽에 ~이 갔다 Le mur est fissuré.

실기[1] **失機** 명 perte *f* d'une occasion [d'une chance]. ◇_(를) **하다** laisser passer une occasion [une chance]. ¶ 이번에 ~하면 기회가 없다 Si je laisse passer cette occasion cette fois-ci, je n'en aurai plus.

실기[2] **實技** 명 ((이론에 대한 기술)) aptitudes *fpl* pratiques; ((실습)) pratique *f*; exercice *m* ((de gymnastique)); entraînement *m*, préparation *f*. ¶ ~ 시험 des tests d'aptitude; une épreuve pratique; ((운전의)) (l'examen du) permis de conduire, une épreuve pratique du permis de conduire. ¶ ~ 지도 un entraînement, une préparation. ¶ 예능 ~ un exercice pratique pour toutes sortes d'art.

실낱 명 simple fil *m*.
*~ **같은 희망** un très mince espoir.

실내 **室内** 명 intérieur *m* ((d'une chambre, d'une pièce)); ((plantes, scène, photographie)) intérieur(*e*), d'intérieur; ((sports, athlétisme, championnat)) en salle; ((marché, piscine, terrain de tennis)) couvert(*e*); ((musique)) de chambre; à la maison, dans un bureau. ¶ ~ 육상 경기 [운동] un (championnat d') athlétisme en salle [des sports (pratiqués) en salle]. ¶ ~에서는 조용히 해야 한다 Il faut être silencieux à l'intérieur ((de l'hôpital)).
◆_**악** -樂 명 【음악】 musique *f* de chambre.
◆_**용** -用 명 d'intérieur.
◆_**장식** -裝飾 명 décoration *f* intérieure [d'intérieur].
◆_**조명** -照明 명 éclairage *m* intérieur.
◆_**화** -靴 명 pantoufle *f*, chausson *m*, mule *f*. ¶ ~화를 신다 mettre des pantoufles [des chaussons, des mules].

실눈 명 yeux *mpl* entrouverts [à demi ouverts]. ¶ ~을 뜨고 바라보다 avoir les yeux entrouverts [à demi ouverts]; regarder avec les yeux entrouverts [à demi ouverts]. ¶ ~이 되다 ((yeux)) être entrouvert(*s*) [à demi ouverts].

실담 **悉曇** 명 【언어】 alphabet *m* sanscrit. ¶ ~ 문자 une lettre sanscrite.

실랑이 명 dispute *f*, querelle *f*. ¶ 두 사람 사이에 ~가 붙었다 Ils se sont disputés [se sont querellés] (tous les deux). ◇_(를) **하다**[**벌이다**] se disputer, se quereller. ¶ 누구와 ~를 벌이다 se disputer [se quereller] avec *qn*. ¶ 별것도 아닌 일로 ~를 벌이다 se disputer [se quereller] pour un rien [pour des bagatelles, des futilités]. ◇_**가 벌어지다** Une dispute s'élève [éclate] (entre deux personnes). ¶ 두 사람 사이에 ~가 벌어졌다 Une dispute s'est élevée [a éclaté] entre deux personnes.

실력 **實力** 명 ① 능력 capacité *f*, faculté *f*, compétence *f*, adresse *f*, facilité *f*, habileté *f*, adresse *f*, dextérité *f*, technique *f*, virtuosité *f*, brio *m*; talent *m*, mérite *m*; force *f*. ¶ 영어 ~을 테스트하다 tester le niveau d'anglais de *qn*. ¶ ~을 기르다[키우다] développer *ses* capacités; s'améliorer, faire des progrès, progresser. ¶ ~을 발휘하다 montrer *ses* capacités [*ses* talents]; faire *ses* preuves; donner libre essor à *ses* capacités. ¶ 뛰어난 ~을 보이다 manifester [montrer, faire preuve] d'excellentes capacités; montrer *ses* talents de virtuose. ¶ ~이 있다 être compétent(*e*), efficace, talentueu*x*(*se*), doué(*e*), fort(*e*), bo*n*(*ne*); avoir du talent [des aptitudes] pour ((les langues, les maths)); avoir des dons ((de poète)). ¶ ~이 없다 ne pas être compétent(*e*), efficace, talentueu*x*(*se*), doué(*e*), fort(*e*), bo*n*(*ne*); ne pas avoir de talent; être mauvais(*e*), nu*l*(*le*). ¶ 그 남자는 나를 가르칠 만한 ~을 지니고 있다 Il a suffisamment de connaissances [est assez fort] pour m'enseigner. ¶ 그 남자의 ~으로는 그 일을 하기 힘들 것이다 Ce travail est au-dessus de ses compétences / Ce travail dépasse ses compétences / Il n'est pas à la hauteur de ce travail. ¶ 그 남자는 나보다 ~이 떨어진다 Il est moins fort [bon, doué] que moi. ¶ 평소 ~ 대로 avec tes capacités habituelles [ton niveau habituel]. ② 완력 force *f*. ¶ ~을 행사하다 faire appel [avoir recours, recourir] à la force (armée); recourir à l'action directe. ¶ ~ 대결을 하다 mesurer *sa* force. ¶ ~으로 저지하다 entraver [contrecarrer, enrayer] la force.
◆_**자** -者 명 personne *f* influente; notable *m* [personnalité *f*] ((d'une ville)).
◆_**파** -派 명 homme *m* [personne *f*] influent(*e*); homme *m* compétent, personne *f* compétente.

실례[1] **實例** 명 exemple *m*. ¶ ~를 들다 citer un exemple; donner un fait en exemple; apporter des exemples ((à l'appui d'une affirmation)). ¶ ~를 많이 수집하다 réunir beaucoup d'exemples.

실례[2] **失禮** 명 impolitesse *f*, incivilité *f*, manque *m* de politesse[de civilité, d'égards]; discourtoisie *f*; insolence *f*, impertinence *f*; indiscrétion *f*. ¶ ~를 무릅쓰고 si ce n'est pas trop indiscret. ¶ ~가 많습니다 Pardonnez-moi, je vous prie / Je vous prie de m'excuser / Veuillez accepter mes excuses / Je suis sincèrement désolé(*e*). ¶ 그런 ~가 어디 있어 Comment peut-on être aussi mal élevé? / Peut-on faire une chose pareille? / Quel malotru! / Quel manque d'éducation! / Où est-ce qu'il a bien pu être élevé pour faire une chose pareille? ◇_(를) **하다**[**끼치다**, **범하다**, **저지르다**] manquer aux règles de la politesse; être impoli(*e*) envers [avec] *qn*. ◇_(가) **되다** être indiscret(*ète*). ¶ ~가 될지는 모르겠지만 Si ce n'est pas trop indiscret ((pourriez-vous me dire votre âge)).

*~**를 하다** s'excuser, se faire pardonner, faire pipi, pisser {*pop*}, faire *ses* besoins, uriner. ¶ 전봇대[노상]에 ~를 하다 faire pipi [pisser, faire *ses* besoins] sur un poteau [dans la rue].

*~**지만** je vous prie de m'excuser; excusez-moi; veuillez m'excuser; pardonnez-moi de+*inf*; si ce n'est pas trop indiscret.

*~**합니다** je m'excuse; excusez-moi; pardonnez-moi ((de vous déranger)); pardon monsieur [madame]; s'il vous plaît monsieur [madame]; je suis désolé(*e*) ((mais je dois partir)).

실로 實- 副 vraiment, réellement, véritablement. ¶ 그것은 ~ 안타까운 일이다 C'est une histoire vraiment regrettable.

실로폰 英{xylophone} 명 【음악】 xylophone *m*. ¶ ~을 치다 jouer du xylophone.

실록 實錄 명 chronique *f* (authentique) royale, annales *fpl* royales. ¶ 조선 왕조 ~ les chroniques (annales) des rois de Joseon.

◆_**청** -廳 명 【역사】 bureau *m* [office *m*] chargé de compiler des chroniques (annales) royales.

실루엣 프{silhouette} 명 silhouette *f*. ¶ ~이 드러나는 옷 un vêtement décolleté [échancré].

실룩 부 ((onomatopée)) mouvement *m* nerveux; tic *m*; contraction *f* nerveuse; crispation *f*.

◆_**거리다**[**대다**] 재타 (*se*) contracter nerveusement; ((눈)) clignoter; se convulser, se contracter (convulsion); balancer (les fesses). ¶ 입을 ~거리다 contracter nerveusement les lèvres.

◆_ _ 부 ((avoir)) un mouvement nerveux; tic *m*; contraction *f* nerveuse; crispation *f*. ¶ 엉덩이를 ~~ 흔들며 걷다 marcher en balançant les hanches.

실리¹ **實利** 명 utilité *f*, profit *m*; gain *m*, avantages *mpl* [biens *mpl*] matériels. ¶ ~ 위주의 외교 정책 politique étrangère donnant la primauté aux [privilégiant les] avantages matériels. ¶ ~를 취하다 *prendre ses bénéfices*. ¶ 명분 대신 ~를 챙기다 préférer les avantages matériels [les gains] aux devoirs moraux. ¶ 그 사람은 ~에 강하다 Il a l'esprit (très) utilitaire.

◆_**적** -的 명관 ((esprit)) utilitaire, intéressé(*e*), pragmatique, positi*f*(*ve*), matérialiste. ¶ ~적인 태도 attitude matérialiste.

◆_**주의** -主義 명 utilitarisme *m*.

실리² **失利** 명 perte *f* d'intérêts, perte *f* d'argent. ¶ 판매 부진으로 ~를 면치 못했다 Nous n'avons pas pu éviter de perdre de l'argent à cause d'une mévente [d'une baisse des ventes, d'une chute des ventes]. ◇_(를) **하다** perdre des intérêts; perdre de l'argent.

실리다 재 ① être chargé(*e*). ¶ 차의 트렁크에 실린 짐 les paquets chargés dans le coffre de la voiture. ② ((글이)) être publié(*e*), inséré(*e*); faire paraître, (faire) publier. ¶ 그의 글이 잡지에 실렸다 Son texte a été publié dans une revue. ¶ 여행 안내서에 실려 있는 파리 지도 un carte de Paris insérée dans un guide de voyage. ③ 깃들다 être plein(*e*) de *qc*, être chargé(*e*) [empreint(*e*)] de *qc*. ¶ 마음이 실린 선물 un cadeau (venant) du cœur. ¶ 그의 눈에 분노가 실려 있었다 Son regard était chargé [empreint] de colère / Son regard exprimait la colère / Dans son regard se lisait la colère / La fureur se manifestait dans son regard / Il avait un regard furibond.

실린더 英{cylinder} 명 cylindre *m*.

실마리 명 ① 실의 첫머리 bout *f* d'un fil. ② 단서 commencement *m*, point *m* de départ, origine *f*; fil *m* (conducteur); indication *f*; indice *m*. ¶ 문제 해결의 ~ premier pas de la solution d'un problème. ¶ 사건의 ~를 쥐다 trouver [découvrir] la clé de *qc*. ¶ 아무런 ~도 찾지 못하다 ne pas avoir pu trouver [ne pas avoir trouvé] le moindre indice [la moindre indication]. ¶ 그것이 ~가 되어 일이 해결되었다 Cela nous a permis de faire le premier pas vers la solution / Cela (a été le point de départ qui) nous a permis de résoudre le problème.

실망 失望 명 déception *f*, désappointement *m*. ¶ ~의 빛이 역력하다 avoir manifestement une mine [un air] désappointé(*e*). ¶ ~에 빠지다 éprouver [ressentir, avoir, subir] une déception [un désappointement]; sombrer [tomber] dans le désappointement; se désappointer. ¶ 너에 대해 ~이 크다 La déception est grande pour toi / Quelle déception pour toi! / Tu es très déçu(*e*) / Ce que tu dois être déçu(*e*)! / Grande est ta déception. ¶ 기대가 크면 ~도 크다 Quand l'espoir est grand, la déception est d'autant plus grande / Plus l'espoir est grand, plus la déception est grande. ◇_(을) **하다** être déçu(*e*), désappointé(*e*). ¶ 남편은 이번 실패로 크게 ~했다 Mon mari a été très [extrêmement] déçu par cet échec. ¶ 그 사람은 너한테 ~을 했다 Tu l'as déçu / Ton comportement l'a déçu. ¶ 그 친구는 네가 안 온다고 ~을 했다 Il a été déçu quand il a su que tu ne venais pas. ◇_(을) **시키다** décevoir *qn*; désappointer *qn*; désespérer *qn*. ¶ ~시켜 드려 죄송합니다 Je suis désolé(*e*) de vous avoir déçu(*e*). ¶ 그 여자는 그 사람과 결혼하여 부모를 ~시켰다 Elle a déçu ses parents en se mariant avec lui.

◆_**스럽다** 형 être décevant(*e*). ¶ 결과가 ~스럽다 Le résultat est décevant.

◆_**감** -感 명 sentiment *m* de déception. ¶ ~감을 감추지 않다 ne pas cacher *sa* déception.

실명¹ **實名** 명 véritable [vrai] nom *m* [identité *f*]. ¶ ~ 거래 transactions faites sous *son* véritable nom.

¶~ 계좌 compte à *son* véritable nom. ¶~을 거론하다 mettre en doute l'identité de *qn*. ¶~으로 전환하다 changer ((un compte)) à *son* véritable nom (autrefois sous un autre nom).

◆_제 -制 명 【경제】 système *m* nominatif ((pour les banques)). ¶ 금융 ~제 système nominatif de circulation monétaire ((système d'après lequel tout compte doit être inscrit avec le nom réel du titulaire)).

실명[2] 失明 명 perte *f* de la vue; cécité *f*. ¶~의 위기에 처하다 être presque aveugle; être malvoyant(*e*). ◇_(을) 하다 perdre la vue; devenir aveugle. ¶ 그 남자는 한쪽 눈을 완전히 ~했다 Il a totalement perdu la vue d'un œil.

실명[3] 失名 명 anonymat *m*. ¶~ 작품 une œuvre [un ouvrage] anonyme.

실무 實務 명 exercice *m* [pratique *f*] d'un métier [d'une profession]. ¶~ 회담 une réunion de travail. ¶~ 위주의 교육 enseignement pratique. ¶~에 밝다[능하다] être expérimenté(*e*) [versé(*e*)] dans les affaires concrètes; être rompu(*e*) à la pratique du métier; être habile dans *son* métier; avoir le génie [le sens, l'esprit] pour les affaires concrètes. ¶~에 어둡다[서툴다] ne pas avoir le sens des affaires.

◆_적 -的 명관 pratique. ¶~적인 논의 discussion(s) sérieuse(s); débat sérieux.

◆_자 -者 명 personne *f* directement chargée d'un travail; personne *f* habile dans un travail; spécialiste. ¶ 이 문제는 ~자에게 문의하시오 Pour cette question, renseignez-vous auprès de la personne qui s'en occupe.

◆_진 -陳 명 équipe *f* de travail.

실물[1] 實物 명 ① la chose *f* même; l'objet *m* même; origin*al*(*aux*) *m*. ¶ 이 모형은 ~의 10분의 1 크기다 Cette maquette est à l'échelle d'1/10. ¶~과 동일한 크기의 사진 une photo grandeur nature. ¶ 사진보다 ~이 낫다 être mieux en réalité qu'en photo. ② 【경제】 objet *m*; article *m*, marchandise *f*.

◆_거래 -去來 명 【경제】 opération *f* au comptant.

◆_경제 -經濟 명 【경제】 économie *f* de troc.

◆_시장 -市場 명 【경제】 marché *m* au comptant ((par opposition au marché à terme)).

실물[2] 失物 명 perte *f* d'un objet; objet *m* perdu. ¶~을 신고하다 déclarer la perte d'un objet.

실바람 명 brise *f*. ¶~이 불어왔다 La brise a soufflé.

실뱀 명 【동물】 petit serpent *m* mince.

실버들 명 【식물】 saule *m* pleureur. ¶ 강가에 ~이 늘어서 있다 Une rangée de saules pleureurs borde la rivière.

실비[1] 명 (petite) pluie *f* fine; bruine *f*; crachin *m*. ¶~가 내린다 Il y a du crachin.

실비[2] 實費 명 prix *m* coûtant. ¶ 무엇을 ~로 팔다 vendre *qc* au prix coûtant [sans bénéfice]. ¶~에[로] 제공하다 proposer ((un article)) au prix coûtant.

실사[1] 實査 명 inspection *f*; surveillance *f*. ¶ 현장 ~ inspection des lieux. ¶~를 거쳐 après inspection. ¶ 사건에 대해 본격적인 ~에 들어가다 commencer réellement l'enquête d'une affaire. ◇_(를) 하다 inspecter, surveiller. ◇_를 받다 se faire inspecter, surveiller [être inspecté(*e*), surveillé(*e*)].

실사[2] 實辭 명 【언어】 substantif *m*; mot *m* plein [mot *m* lexical] ¶~와 허사 mots pleins et mots vides [grammaticaux].

실사[3] 實事 명 fait *m* (réel).

◆_구시 -求是 명 【철학】 science *f* basée sur des preuves.

실사회 實社會 명 société *f* actuelle; monde *m* réel. ¶ 그런 이론은 ~에서는 통하지 않는다 Dans la société actuelle, une telle théorie ne peut pas être appliquée.

실상[1] 實狀 명 ① 현재 사정 situation *f* actuelle; condition *f* réelle; état *m* actuel ((des choses)); circonstances *fpl* actuelles. ② 실제 사정 situation *f* réelle; état *m* véritable. ¶~은 en fait; en réalité. ¶ 네가 몰라서 그렇지, ~은 그렇지가 않다 C'est parce que tu n'es pas (bien) au courant. La réalité est différente. ¶ 그 아이는 ~은 착한 녀석이다 C'est en fait un gentil garçon / En réalité, c'est un gentil garçon.

부 en réalité; en fait. ¶~ 모든 원인은 그에게 있습니다 En réalité, tout est de sa faute [tous les torts sont contre lui].

실상[2] 實相 명 aspect *m* réel; état *m* réel ((des choses)); réalité *f*. ¶ 현대 사회의 ~ l'état réel de la société contemporaine; la société contemporaine telle qu'elle est. ¶~을 제대로 모르다 ne pas bien connaître la situation actuelle.

실상[3] 實像 명 vrai visage *m*; véritable aspect *m* ((des choses)); véritable image *f*. ¶ 비로소 그 사람의 ~을 알았다 Pour la première fois, j'ai compris qui il était véritablement [quel était son vrai visage] / Pour la première fois, je l'ai découvert sous son vrai jour [sous son vrai visage].

실색 失色 명 blêmissement *m* ((du visage)). ◇_(을) 하다 pâlir; blêmir; devenir livide.

◆아연_ 啞然- 명 ☞ 아연실색

실생활 實生活 명 ((현실의)) vie *f* réelle; ((물질적)) vie *f* pratique; ((일상의)) vie *f* quotidienne [de tous les jours, courante]. ¶~에 긴요한 물건 objets [choses] très utiles dans la vie quotidienne [de tous les jours]. ¶~과 밀접하게 관련되다 être étroitement lié(*e*) à la vie quotidienne.

실성 失性 명 perte *f* de la raison; démence *f*. ◇_(을) 하다 perdre la raison [tête]; devenir fou(*folle*). ¶~한 노인 vieillard sénile. ¶~하지 않고서야 저런 짓을 할 수가 있나? Il faut avoir perdu la raison pour faire une chose pareille.

실세[1] 實勢 명 ① 세력 personne *f* influente, personne *f* qui fait autorité ((dans un domaine)), autorité *f* ((dans un domaine)). ¶ 이 분야의 ~ une (personne qui fait) autorité dans ce domaine. ¶ 강력한 ~를 등에 업다 se faire appuyer [recommander, soutenir, pistonner {*fam*}] par une personne influente; s'appuyer sur une autorité. ② 실제 시세 taux *m* de change réel. ¶ ~ 금리 taux d'intérêt réel.

실세[2] **失勢** 명 perte *f* de pouvoir. ◇_(를) 하다 perdre *son* pouvoir [*son* influence, *son* audience]. ¶ ~한 정권 régime (politique) ayant perdu son pouvoir; régime (politique) affaibli.

실소 失笑 명 éclat *m* de rire. ¶ ~를 금치 못하다 ne pas pouvoir s'empêcher de rire; ne plus pouvoir s'arrêter de rire; avoir le [un] fou rire, être secoué(*e*) d'un rire inextinguible. ◇_(를) 하다 éclater de rire involontairement; pouffer (de rire). ¶ 그 모습을 보고 그만 ~하고 말았다 Voyant cela, il a fini par éclater de rire.

실소득 實所得 명 revenu *m* [gain] *m* net [réel]; bénéfice *m* [profit *m*] net.

실속 實— 명 ① 알맹이 substance *f*; solidité *f*; consistance *f*; contenu *m*; vraie [véritable] valeur *f*. ② 알짜 이익 gain *m*; intérêt *m*. ¶ ~을 차리다[채우다] préférer le fond à la forme; ne retenir que l'essentiel. ◇_(이) 있다 être profond(*e*), riche, important(*e*), considérable; 《affaire》 être gros(*se*); être solide, volumineux(*se*); 《preuve》 être convaincant(*e*); être fondé(*e*); 《argument》 être de poids; être rentable; valoir la peine. ◇_(이) 없다 être peu substantiel, peu solide, léger; être sans substance; être insuffisant(*e*); 《discours, conversation》 être vide, futile, creux(*se*); être peu rentable; rapporter peu.

실수[1] **失手** 명 maladresse *f*, erreur *f*, bêtise *f*, gaffe *f* {*fam*}. ¶ ~ 연발 tissu d'erreurs; plusieurs erreurs consécutives. ¶ ~로 그런 걸 가지고 뭘 그래? Je n'ai pas fait exprès. Pourquoi m'en veux-tu? ¶ ~가 없도록 조심해라 Tâche de ne pas faire d'erreur. ◇_(를) 하다[저지르다] commettre une erreur [maladresse]; faire une bêtise [gaffe {*fam*}]. ¶ 어마어마한 ~를 저지르다 commettre une erreur très grave. ¶ 서두르면 ~한다 Si on fait les choses avec précipitation, on fait des erreurs / La précipitation entraîne des erreurs. ¶ 나는 그 여자의 발을 밟는 ~를 하였다 J'ai commis la maladresse de lui marcher sur les pieds.

실수[2] **實收** 명 ① 실제 수확 récolte *f* réelle [effective]. ¶ ~는 예상보다 나았다 La récolte a dépassé les prévisions. ② 순익 revenu *m* [gain *m*] net; bénéfice *m* [profit *m*] net. ¶ 천만 원의 ~를 올리다 réaliser un bénéfice net de dix millions de wons.

실수[3] **實需** 명 ☞ 실수요

실수[4] **實數** 명 ① nombre *m* exact [réel] 《des manifestants》; effectif *m* 《d'un bataillon》. ② 【수학】 nombre *m* réel. ¶ ~와 허수 nombres réels et (nombres) irréels.

실수요 實需要 명 demande *f* réelle (du marché). ¶ ~를 파악하다 comprendre la demande réelle du marché.

◆**_자** -者 명 utilisateur *m* final.

실수입 實收入 명 revenu *m* [gain] *m* net [réel]; bénéfice *m* [profit *m*] net. ¶ ~이 얼마나 됩니까? Quels sont vos revenus nets?

실습 實習 명 pratique *f* 《d'une technique, de la navigation》; exercice *m* pratique 《de cuisine》; exercices *mpl* [travaux *mpl*] pratiques; 《현장 견습》 stage *m* 《de professeur, d'ingénieur》; apprentissage *m* 《de coiffeur》. ¶ ~ 시간 heures de pratique 《individuelle》; heures d'entraînement. ¶ 현장 ~ stage 《pédagogique, dans une usine》. ¶ ~을 나가다 faire un stage [*son* apprentissage]. ¶ 이론뿐 아니라 ~도 필요하다 La théorie ne suffit pas, il faut aussi de la pratique. ◇_(을) 하다 faire des exercices (pratiques); s'exercer à *qc*; s'entraîner à *qc*; faire [effectuer] un stage. ¶ 무엇에 관한 ~을 하다 faire la pratique de *qc*; s'exercer à *qc*; s'entraîner à *qc*.

◆**_생** -生 명 stagiaire; apprenti(*e*).

◆**_실** -室 명 laboratoire *m* 《de chimie》; labo *m* {*fam*}.

◆**_용** -用 명 pour les travaux *mpl* [manipulations *fpl*] pratiques. ¶ ~용 기구 appareils utilisés pour les travaux [manipulations] pratiques. ¶ ~용으로 사용하다 utiliser 《un appareil》 pour les travaux [manipulations] pratiques. ¶ 그 기계는 ~용이다 On utilise cet appareil pour les travaux pratiques.

실시 實施 명 exécution *f* 《d'un plan》; mise *f* à exécution 《d'un projet》; mise *f* en vigueur 《d'un règlement》. ¶ 제도의 대폭적인 ~ importante mise en vigueur d'un système. ¶ 현재 ~ 중인 제도 système actuellement en vigueur [en place, à l'essai]. ◇_(를) 하다 exécuter 《un plan》; mettre à exécution 《un projet》; mettre en vigueur 《un règlement》; mettre en place. ¶ 금융 실명제를 ~하다 mettre en vigueur le système nominatif de circulation monétaire. ◇_(가) 되다 entrer en vigueur, être mis(*e*) en vigueur; être mis(*e*) à exécution; être exécuté(*e*). ¶ 새로운 정책이 ~되었다 Une nouvelle politique a été mise en vigueur.

실신 失神 명 évanouissement *m*, syncope *f*, défaillance *f*. ¶ ~ 상태에서 깨어나다 reprendre connaissance; revenir d'un évanouissement. ◇_(을) 하다 avoir un évanouissement [une syncope], s'évanouir. perdre connaissance, tomber en syncope, avoir une défaillance, défaillir, tomber dans les pommes {*fam*}. ¶ 충격을 받아 ~하다 s'évanouir à la suite d'un choc.

실실 부 avec des ricanements, avec des petits rires. ¶ 공연히 ~ 웃다 ricaner vainement.

실심 失心 명 découragement *m*; abattement *m*. ◇_(을) 하다 être découragé(*e*), abattu(*e*). ¶ 그 사람은 그 일로 크게 ~했다 Cet événement l'a fortement abattu(*e*).

실어증 失語症 명 【의학】 aphasie *f*. ¶ ~ 환자 aphasique, muet. ¶ ~에 걸리다[빠지다] être pris(*e*) d'une aphasie; devenir muet(*te*).

ㅅ

실언 失言 명 parole *f* malheureuse; mot *m* indiscret; inconvenance *f* (de langage). ¶ 자신의 ~을 사과하다 s'excuser d'une parole malheureuse. ¶ 상대방의 ~으로 감정이 상하다 être froissé(*e*) par une parole malheureuse. ¶ 그것은 저의 ~이었습니다 Cela m'a échappé / J'ai eu une parole malheureuse. ◇_(을) **하다** laisser échapper une parole malheureuse. ¶ 취중에 ~을 하다 laisser échapper une parole malheureuse sous le coup de la boisson.

실업[1] 失業 명 chômage *m*. ¶ ~ 문제 problème du chômage. ¶ ~ 대책 mesures contre le chômage. ¶ ~ 구제 assistance chômage. ¶ 만성적인 ~ chômage chronique. ¶ ~ 기금을 조성하다 créer une caisse de chômage ((pour les sans-emploi)).

◆_**률** -率 명 taux *m* de chômage. ¶ ~률이 증가했다 Le taux de chômage a augmenté.

◆_**보험** -保險 명 【경제】 assurance *f* contre le chômage.

◆_**수당** -手當 명 【사회】 allocation *f* de chômage. ¶ ~수당을 지급받다 recevoir une allocation de chômage.

◆_**자** -者 명 personne *f* sans travail; chômeu*r*(*se*); sans-emploi *inv*. ¶ 잠재적 ~자 chômeu*r*(*se*) non recensé(*e*). ¶ ~자가 늘어나고 있다 Il y a de plus en plus de chômeurs.

실업[2] 實業 명 ① 사업 affaires *fpl*. ② 생산업 industrie *f*.

◆_**가** -家 명 homme *m* d'affaires; industriel *m*.

◆_**계[1]** -系 명 branche *f* [section *f*] professionnelle [technique]. ¶ ~계 고등학교 lycée technique [professionnel].

◆_**계[2]** -界 명 monde *m* des affaires.

◆_**인** -人 명 homme *m* d'affaires; industriel *m*.

실없다 實- 형 ① 미덥지 못하다 être indigne de confiance; être peu sûr(*e*), douteu*x*(*se*); être peu sincère; être sujet(*te*) à caution; être récusable. ¶ 실없는 사람 un homme inconsistant; un homme indigne de confiance. ¶ 실없어 보이다 avoir l'air futile [peu sincère]. ¶ 실없게 굴다 se comporter frivolement [sans réfléchir]; agir de manière irréfléchie. ② 실속 없다 être absurde, bête, idiot(*e*), ridicule; être vain(*e*), futile, frivole, inconstant(*e*), mou(*molle*). ¶ 실없는 말[소리] parole futile [bêtise, non-sens].

◆**실없이** 實- 부 futilement; absurdement, stupidement; d'une façon insensée; de façon frivole, frivolement; vainement, inutilement; irrévérencieusement, cavalièrement; de manière peu sincère, irrévérencieusement, cavalièrement. ¶ 실없이 하는 말 parole futile; bêtise. ¶ 실없이 웃다 rire bêtement.

실연[1] 失戀 명 amour *m* déçu; chagrin *m* d'amour, épreuve *f* d'amour; cœur *m* brisé. ¶ ~의 상처 (blessure d'un) chagrin d'amour. ◇_(을) **하다** éprouver une déception sentimentale; avoir une déception amoureuse. ◇_(을) **당하다** subir un échec amoureux; se voir repousser dans *ses* amours; être plaqué(*e*) par *qn* {*fam*}. ¶ 그 사람은 그 여자에게 ~을 당했다 Elle a rompu avec lui / Elle l'a plaqué {*fam*} / Il s'est fait plaquer {*fam*} / Il a subi un échec amoureux / Son amour a été repoussé.

실연[2] 實演 명 démonstration *f* ((de cuisine, de coiffure)); ((공연)) représentation *f*, spectacle *m* ((de variété, de music-hall)). ◇_(을) **하다** faire une démonstration; donner une représentation.

실오라기 명 (bout *m* de) fil *m*. ¶ ~ 같은 희망 un mince espoir, un espoir infime [ténu].

*~**라도 잡고 싶은 심정이다** être prêt(*e*) à tout [à faire n'importe quoi, à tenter l'impossible, à décrocher la lune] pour *qn*/*qc*; être désespéré(*e*) ((Un homme qui se noie s'accroche même à un brin de paille)).

*~ **하나 걸치지 않다** être nu(*e*) comme un ver [comme une main], être tout(*e*) [complètement] nu(*e*), être dans le costume d'Adam [d'Eve], être dans le plus simple appareil.

실오리 명 (bout *m* de) fil *m*. ☞ 실오라기

실온 室溫 명 température *f* (à l'intérieur) d'une pièce. ¶ ~ 저장 maintien d'une température convenable à l'intérieur d'une pièce. ¶ ~에 보관하다 conserver *qc* à température ambiante (à l'intérieur d'une pièce).

실올 명 (bout *m* de) fil *m*. ☞ 실오라기

실외 室外 명 extérieur *m* ((d'une chambre)); dehors *m*; plein air *m*. ¶ ~ 운동 sport en plein air. ¶ ~로 나가다 aller dehors [à l'extérieur].

◆_**경기** -競技 명 【운동】 compétition *f* sportive en plein air.

실용 實用 명 pratique *f*, usage *m*. ¶ ~ 영어 anglais pratique. ¶ ~ 학문 science pratique.

◆_**적** -的 명관 pratique, fonctionnel(*le*), commode; d'usage courant; qui fait un long usage; pragmatique, utilitaire; appliqué(*e*). ¶ ~적인 학문 science pratique. ¶ 이 제품은 참 ~적이다 Ce produit est vraiment pratique.

◆_**성** -性 명 utilité *f* (pratique); praticabilité *f*. ¶ ~성을 강조한 디자인 design qui met l'accent sur le côté pratique [utile, fonctionnel] de l'objet. ¶ ~성이 높다 être très pratique [utile]; avoir un côté très pratique [utile]. ¶ ~성이 떨어지다 être peu pratique [utile]; être presque inutilisable.

◆_**화** -化 명 mise *f* en pratique. ¶ ~화(를) 하다 mettre *qc* en pratique [en usage]. ¶ ~화(가) 되다 être mis(*e*) en pratique [en usage].

◆_**주의** -主義 명 【철학】 pragmatisme *m*; utilitarisme *m*.

◆_**품** -品 명 article *m* d'usage courant [de consommation courante].

실은 實- 부 en fait, en vérité. ¶ ~ 그의 말이 옳다 En fait, il a raison.

실의 失意 명 déception *f*, désappointement *m*; découragement *m*, démoralisation *f*, abattement *m*. ¶ ~에 빠지다 éprouver [ressentir, avoir, subir] une déception [un désappointement]; se désappointer; être désappointé(*e*), découragé(*e*), démoralisé(*e*); sombrer dans le désespoir; sombrer [tomber] dans le désappointement; être en proie au découragement. ¶ 그 사람의 ~가 이만저만이 아니다 Il est terriblement découragé / Il est extrêmement démoralisé.

실익 實益 명 profit *m*; gain *m*; bénéfice *m* net. ¶ ~을 따지다 calculer le bénéfice net. ¶ ~에만 급급하다 être âpre au gain; être cupide; ne penser qu'au gain [qu'à l'appât du gain].

실인 實印 명 sceau(*x*) *m* enregistré [légalisé]. ¶ ~을 찍다 apposer [mettre] *son* sceau.

실인즉 實- 부 ☞ 실은

실인즉슨 實- 부 ☞ 실은

실잠자리 명【동물】(sorte de) libellule *f*.

실장 室長 명 chef *m* de bureau; chef *m* de service; responsable *m* de section; chef *m* de laboratoire. ¶ ~으로 임명되다 être nommé(*e*) chef de bureau [de service].

실재 實在 명 ① existence *f* réelle. ¶ ~의 인물 personnage réel. ②【철학】réalité *f*. ◇_(를) **하다** exister. ¶ 그 사람은 ~하는 인물이 아니라 가공의 인물이다 Ce n'est pas un personnage réel mais un personnage imaginaire [fictif].

◆**_적** -的 명관 réel(*le*), existant(*e*); historique. ¶ ~적 능력 capacités réelles; réelles capacités. ¶ ~적인 사실 fait réel [fait existant]. ¶ ~적으로 눈에 보이는 현상들 les phénomènes réellement visibles.

◆**_성** -性 명 réalité *f*.

◆**_론** -論 명【철학】réalisme *m*.

실적 實績 명 résultats *mpl* concrets [tangibles]; mérite *m*. ¶ 매출 ~ résultat des ventes. ¶ 수출 ~ rapport officiel des exportations. ¶ 판매 ~ 1위 premier à la vente. ¶ 두드러진 ~을 올리다 obtenir des résultats tangibles. ¶ ~에 따라 보수를 받다 être rétribué(*e*) selon le résultat obtenu [selon *ses* œuvres].

◆**_급** -給 명 degré *m* de mérite.

실전[1] 實戰 명 bataille *f*; combat *m* (réel); match *m* officiel; compétition *f*. ¶ ~과 같은 훈련 entraînement comme dans la compétition. ¶ ~에 강한 선수들 athlètes performants [forts] dans la compétition. ¶ ~에 대비하다 se préparer à un combat [à une bataille]. ¶ ~에 참가하다 prendre part à une bataille; ((시합)) participer à une compétition [à un match officiel]. ¶ 그 사람은 ~ 경험이 전혀 없다 Il n'a aucune expérience [n'a pas la moindre expérience] de la compétition / Il n'a jamais disputé de match officiel.

◆**_적** -的 명관 de bataille *f*, de combat *m*; de compétition *f*.

실전[2] 失傳 명 disparition *f* d'une tradition. ◇_(을) **하다** perdre *sa* tradition. ◇_(이) **되다** voir la tradition se perdre.

실점 失點 명 point *m* de pénalité; retrait *m* (d'un point). ¶ ~을 만회하다 rattraper un point perdu [un point de pénalité]; revenir à la marque [au score]. ◇_(을) **하다** se faire pénaliser d'un point; perdre un point; ((축구 따위)) encaisser un but. ¶ 어이없게 한 점을 ~하고 말았다 C'est incroyable mais ils ont fini par encaisser un but.

실정[1] 失政 명 politique *f* maladroite. ¶ ~을 거듭하다 accumuler les erreurs [maladresses] politiques. ◇_(을) **하다** mal gouverner.

실정[2] 實情 명 situation *f* actuelle; condition *f* réelle; état *m* actuel des choses; circonstances *fpl* actuelles [présentes]; situation *f* exacte; vraie condition *f*; condition *f* exacte ((des paysans)); état *m* véritable; étendue *f* ((d'un désastre)). ¶ ~에 맞지 않는 조치 mesure qui ne convient pas aux circonstances (présentes) [à la situation]. ¶ 현지의 어려운 ~을 파악하다 comprendre l'étendue des difficultés [de la situation] en allant sur le terrain. ¶ 누구에게 힘든 ~을 토로하다 renseigner *qn* sur l'étendue des difficultés. ¶ 그 사람은 이곳 ~을 잘 모른다 Il ne connaît pas bien l'état actuel des choses / Il n'est pas bien renseigné sur la situation actuelle. ¶ 그 사람은 이곳 ~에 어둡다[밝다] Il ne connaît pas bien [connaît bien] l'état actuel des choses. ¶ ~이 여의치 않다 Les circonstances actuelles ne sont pas bonnes. ¶ 능력 있는 기술자가 부족한 ~이다 Nous manquons réellement de techniciens compétents.

실정법 實定法 명【법률】droit *m* positif. ¶ ~상으로는 selon le droit positif.

실제[1] 實際 명 ① réalité *f*; pratique *f*. ¶ 이론과 ~ la théorie et la pratique. ② 실제의 réel(*le*), véritable. ¶ ~ 모습 ((révéler)) la vraie nature [la face cachée] de *qn*; ((se révéler sous *son*)) vrai jour. ¶ ~ 생활 vie pratique. ¶ ~ 상황 condition réelle; situation actuelle; état actuel; circonstances actuelles. ¶ 그 남자는 ~ 나이보다 젊어 보인다 Il fait plus jeune que son âge / Il a l'air plus jeune que son âge.

◆**_적** -的 명관 pratique; véritable. ¶ ~적인 문제 problème pratique. ¶ ~적인 해결책을 모색하다 chercher une solution pratique.

◆**_로** 부 pratiquement; dans la [en] réalité. ¶ ~로 자기가 무엇을 해 보다 essayer *qc soi*-même. ¶ 그것은 ~로 있었던 일이다 C'est effectivement arrivé. ¶ 그것은 ~로는 불가능하다 Pratiquement, c'est impossible.

부 véritablement [réellement]; en fait; en réalité. ¶ 그가 하는 말이 ~ 틀린 말은 아니다 Ce qu'il dit n'est pas véritablement faux.

실조 失調 명 défaillance *f*; déficit *m*. ¶ 수출입의 ~를 막다 remédier au [combler le, lutter contre le] déficit du commerce international [extérieur].

◆**영양_** 營養 명 malnutrition *f* ☞ 영양[2]

실족 失足 명 faux pas *m*. ◇_(을) **하다** ① faire un faux pas; trébucher. ¶ 그 사람은 계단에서 ~했다 Il a manqué une marche. ② 실수하다 commettre un acte imprudent; faire une erreur [un faux pas].

ㅅ

¶ 정계에서는 한 번 ~하면 다시 일어서기가 어렵다 Dans le monde politique, il est difficile de se tirer d'un faux pas [de rattraper une erreur].

◆_사 -死 명 mort *f* suite à un faux pas ((en montagne)).

실존 實存 명 existence *f*. ¶ ~ 인물 un personnage réel. ◇_(을) **하다** exister. ¶ 그 사람은 현재 ~하는 인물이다 C'est une personne qui existe actuellement.

◆_적 -的 명관 existentiel(*le*). ¶ ~적 고민 un souci existentiel. ¶ ~적인 질문으로 가득 찬 책 un livre rempli de questions existentielles.

◆_주의 -主義 명 【철학】 existentialisme *m*.

◆_주의자 -主義者 명 existentialiste.

◆_철학 -哲學 명 【철학】 philosophie *f* existentialiste, existentialisme *m*.

실종 失踪 명 disparition *f*. ¶ ~ 사건 (affaire de) disparition. ¶ ~ 신고를 하다 signaler la disparition de *qn*. ◇_(이) **되다** disparaître. ¶ 조난 사고로 두 명이 ~되었다 Deux personnes ont disparu dans cet accident de montagne.

◆_자 -者 명 disparu(*e*). ¶ ~자를 수색하다 rechercher les disparus.

실증 實證 명 preuve *f* matérielle [tangible, évidente]; démonstration *f* par les faits. ◇_(을) **하다** donner la preuve de *qc*; prouver ((l'existence des atomes)); démontrer *qc* en s'appuyant sur des faits; appuyer *sa* démonstration sur des faits; faire preuve de ((sagesse)). ¶ 그가 범인임을 ~해야 한다 Il faut prouver sa culpabilité [qu'il est coupable]. ◇_(이) **되다** être prouvé(*e*); être démontré(*e*).

◆_적 -的 명관 positi*f*(*ve*).

◆_성 -性 명 positivité *f*.

◆_주의 -主義 명 【철학】 positivisme *m*.

◆_주의자 -主義者 명 positiviste.

◆_철학 -哲學 명 【철학】 philosophie *f* positive.

실지[1] 實地 명 ① 현장 ((sur)) place *f* [les lieux *mpl*]; endroit *m* même. ¶ ~ 조사 inspection sur place [sur les lieux]. ② 있는 그대로의 상태 pratique *f*. ¶ ~ 연습 exercice pratique; pratique. ¶ ~ 경험 exploration. ¶ ~ 행동 comportement habituel.

◆_로 부 en pratique; pratiquement; réellement; sur place, sur les lieux. ¶ ~로 겪다 explorer; expérimenter sur place [sur les lieux].

실지[2] 失地 명 territoire *m* [terrain *m*] perdu. ¶ ~를 회복하다 essayer de regagner le terrain perdu.

실직 失職 명 chômage *m*, perte *f* d'emploi. ¶ ~ 상태 chômage. ¶ ~의 증가 augmentation du chômage. ¶ ~ 수당을 받다 recevoir une allocation de chômage [((프랑스)) le RMI ((Revenu minimum d'insertion))]. ◇_(을) **하다** perdre *son* travail; chômer, être sans travail [sans emploi], être au [en] chômage [se retrouver sans travail, se retrouver au chômage]. ¶ 그 아저씨는 ~을 했다 Il a perdu son travail / Il est au chômage.

◆_자 -者 명 personne *f* sans travail; chômeu*r*(*se*); sans-emploi *inv*; RMiste *mf*.

실질 實質 명 substance *f*; matière *f*; fond *m*; essence *f*; contenu *m*. ¶ ~과 명분 essence et justification. ¶ ~ 소득 revenu réel [nominal]; salaire réel. ¶ ~ 임금과 명목 임금 salaire réel et salaire nominal.

◆_적 -的 명관 substantiel(*le*); réel(*le*); essentiel(*le*); pratique; effecti*f*(*ve*). ¶ ~적 권한 pouvoir effectif. ¶ ~적 소유주 propriétaire réel. ¶ ~적 차이 différence essentielle. ¶ ~적으로 도움을 주다 apporter une aide substantielle à *qn*, aider substantiellement *qn*. ¶ 두 제품이 ~적으로는 차이가 없다 Ces deux produits sont pratiquement les mêmes.

◆_거래 -去來 명 【경제】 transactions *fpl* réelles.

◆_상 -上 명 ((으로)) en substance; substantiellement; réellement; pratiquement; effectivement. ¶ ~상으로는 차이가 많다 Réellement, les différences sont nombreuses.

◆_주의 -主義 명 【철학】 substantialisme *m*.

실쭉 부 ☞ 샐쭉

실착 失錯 명 erreur *f* [maladresse *f*] (magistrale). ◇_(을) **하다** faire une erreur (magistrale); commettre une erreur [une maladresse].

실책 失策 명 erreur *f*, maladresse *f*, bévue *f*, gaffe *f* {*fam*}, bourde {*fam*}} (dans la politique, dans l'administration). ¶ 수비수의 ~ erreur du défenseur. ◇_을 **하다**[**범하다, 저지르다**] commettre une maladresse; commettre [faire] une erreur.

실천 實踐 명 mise *f* en pratique; pratique *f* ((des lois morales)); exercice *m* ((de la vertu)). ¶ 결심한 바를 ~에 옮기다 mettre une décision en pratique. ¶ 계획을 세우기는 쉽지만 ~은 어렵다 Il est facile de dresser un plan mais difficile de le réaliser [de le concrétiser]. ◇_(을) **하다** mettre en pratique ((les leçons de la morale, les conseils d'un maître)); pratiquer ((toutes les vertus)). ¶ 처음에 계획한 대로 ~하다 mettre un projet en pratique selon les premières prévisions. ¶ 이웃 사랑을 ~하다 vivre en bon voisinage. ◇_(이) **되다** se pratiquer, se faire.

◆_적 -的 명관 pratique. ¶ ~적 이념 philosophie pratique [pragmatique]. ¶ ~적 도덕 pratique [observance] ((de la morale)).

◆_성 -性 명 praticabilité *f*.

◆_가 -家 명 homme *m* d'action.

◆_력 -力 명 capacité *f* pratique [pragmatisme *m*]. ¶ 그 사람은 ~력이 부족하다 Il lui manque du pragmatisme.

◆_윤리 -倫理 명 【철학】 éthique *f* [morale *f*] pratique.

◆_이성 -理性 명 【철학】 raison *f* pratique.

◆_자 -者 명 praticien(*ne*).

실체 實體 명 ① 실제의 물체 chose *f* en soi. ② 본모습 contenu *m*, essentiel *m*, nature *f*; substance *f*, essence *f*, entité *f*. ¶ ~를 파악하다 comprendre l'essentiel. ¶ 사건의 ~를 파헤치다 clarifier [expliquer] la nature d'une affaire.

◆_적 -的 명관 substantiel(*le*); essentiel(*le*).

실추 失墜 명 chute *f*; perte *f*. ¶ 명예의 ~ perte de l'honneur. ◇_(를) **하다** se perdre, se déconsidérer. ¶ 그 사건으로 정부의 권위가 ~했다 Cet événement a discrédité l'autorité du gouvernement. ◇_(가) **되다** se perdre, se déconsidérer. ¶ ~된 명예를 회복하다 rétablir la gloire perdue. ◇_(를) **시키다** laisser tomber, déconsidérer, discréditer. ¶ 가문의 명예를 ~시키다 perdre l'honneur de la famille.

실축 失蹴 명 【운동】 passe *f* mal ajustée; tir *m* mal ajusté, tir *m* manqué ((au football)). ◇_(을) **하다** mal ajuster une passe, faire une mauvaise passe ((au football)); mal ajuster un tir, rater un tir. ¶ 그가 ~하는 바람에 우리 팀이 졌다 A cause d'une passe [d'un tir] mal ajusté(*e*), notre équipe a perdu.

실측 實測 명 mesure *f* ((d'une distance)); mesurage *m* ((d'un champ)); arpentage *m* ((d'un terrain)). ¶ ~ 자료 documents d'arpentage. ◇_(을) **하다** mesurer ((une distance, une superficie)); arpenter ((un terrain)); faire l'arpentage ((d'un champ)). ¶ 섬의 위치를 ~하다 calculer [situer] la position de l'île. ◇_(이) **되다** se mesurer.

◆**_도** -圖 명 plan *m* géométr*al*(*aux*); levé *m*; lever *m* ((de terrain)). ¶ ~도를 제작하다 dresser un plan.

실컷 부 ① 한껏 à souhait, à volonté, à satiété. ¶ ~ 먹어라 mange autant que tu veux. ② 심하게 pleinement, vertement, tout *son* soûl; sans aucune réserve. ¶ 누구에게 ~ 얻어맞다 se faire rouer de coups par quelqu'un.

실크 영{silk} 명 soie *f*. ¶ ~ 넥타이[블라우스, 스카프] une cravate [un chemisier, un foulard] en soie.

◆**_로드** {-road}명 【역사】 la route *f* de la soie.

◆**_해트** {-hat} 명 chapeau(*x*) *m* haut-de-forme de soie. ¶ ~해트를 쓰다 porter un chapeau haut-de-forme de soie.

실탄 實彈 명 cartouche *f*; balle *f* réelle; ((대포의)) obus *m*. ¶ ~ 사격 un tir réel, un tir à balles réelles. ¶ ~을 장전하다[재다] charger ((un fusil, un revolver)). ¶ ~을 발사하다[쏘다] tirer une balle réelle.

실태 實態 명 état *m* réel, condition *f* réelle; réalité *f*. ¶ ~ 조사 enquête ((sur les conditions réelles)). ¶ ~를 공개하다 révéler un état. ¶ 학교 폭력의 ~를 조사하다 enquêter sur la violence à l'école. ¶ 현장의 ~가 적나라하게 드러났다 La réalité des faits s'est révélée sur les lieux [sur place].

실토 實吐 명 aveu(*x*) *m*, confession *f*. ¶ ~를 받아내다 arracher un aveu à *qn*. ¶ ~를 유도하다 inciter à la confession. ◇_(를) **하다** avouer; confesser; faire l'aveu de *qc*; faire *son* mea culpa. ¶ 음모 내용을 ~하다 avouer le contenu du complot. ¶ 그 여자는 마침내 그 계획을 자기가 꾸몄다고 ~를 했다 Elle a enfin avoué avoir comploté contre le projet.

실톱 명 scie *f* fine à découper.

실파 명 【식물】 ciboulette *f*.

실팍하다 형 être vigoureu*x*(*se*), robuste, fort(*e*), solide. ¶ 체격이 ~ être d'une bonne [forte, solide] constitution, être solidement [bien] bâti(*e*), avoir une carrure impressionnante [de bûcheron {*fam*}, de déménageur {*fam*}].

실패[1] **失敗** 명 échec *m*; insuccès *m*; revers *m*; bévue *f*; gaffe *f* {*fam*}; ((사업의)) avortement *m* [faillite *f*] ((d'une entreprise)). ¶ 뼈아픈 ~ un échec affligeant. ¶ 완전한 ~ un échec complet. ¶ 경영 미숙이 사업의 ~를 초래했다 L'avortement de l'entreprise a résulté d'un manque d'expérience dans la gestion. ◇_(를) **하다** échouer à *qc*, rater *qc* {*fam*}, louper *qc* {*fam*}, merder {*vulg*}, queuter {*vulg*}, foirer {*vulg*}; manquer *qc*; subir [essuyer] un échec; ((une entreprise)) avorter. ¶ 그 영화는 완전히 ~했다 Ce film a été un véritable échec / Ce film était un navet. ¶ 그 사람은 사업에 ~했다 *Ses* affaires n'ont pas marché / Il a échoué dans *son* entreprise. ¶ 그 사람은 결혼에 ~했다 Son mariage a été un échec [a été malheureux]. ¶ 우리는 그 사람을 설득하는 데 ~했다 Nous n'avons pas réussi à nous assurer *sa* collaboration.

*~**는 성공의 어머니** L'échec est la mère de la réussite / Pour réussir, il faut passer par l'échec.

◆**_담** -談 명 récit *m* de l'échec.

◆**_율** -率 명 taux *m* d'échec.

◆**_자** -者 명 raté(*e*).

◆**_작** -作 명 œuvre *f* ratée; ((그림)) croûte *f*; ((영화)) navet *m*. ¶ 이 영화는 완전한 ~작이다 Ce film est complètement raté / Ce film est un navet / Ce film est déplorable [lamentable, nul (à chier {*vulg*}) {*fam*}, une nullité] / Ce film n'a aucun intérêt.

실패[2] 명 bobine *f* (de fil); ((직기, 재봉틀의)) cannette *f*, canette *f*. ¶ ~에 실을 감다 charger une bobine, bobiner des fils; enrouler le fil sur une bobine [sur une canette].

실핏줄 명 【의학】 veines *fpl* [vaisseaux *mpl*] capillaires.

실하다 實- 형 ① 튼튼하다 être robuste, fort(*e*), solide, costaud (*fam*); être bien portant(*e*). ¶ 몸이 ~ avoir la santé, être bien portant(*e*). ② 굵고 속이 차다 contenu *m* substantiel. ¶ 속이 실한 과일 un fruit substantiel. ¶ 사과나무에 사과들이 실하게 달려 있다 Le pommier est lourdement chargé de fruits. ③ 믿을 만하다 être digne de confiance, fidèle. ¶ 그 사람은 아주 실한 청년입니다 C'est un jeune homme très fidèle.

◆**실히** 實- 부 largement, au moins, au minimum, au bas mot, bien, facilement {*fam*}. ¶ 이곳에서 그곳까지 실히 10km는 될 것이다 La distance d'ici jusque-là devrait mesurer largement [bien, au moins, facilement {*fam*}] 10 km.

실학 實學 명 ① science *f* pratique [appliquée]. ② 【역사】 étude *f* des sciences pratiques ((qui débute au milieu du 18e siècle en Corée)).

◆**_자** -者 명 【역사】 savant(*e*) [chercheu*r*(*se*)] en sciences pratiques.

◆_파 -派 명 【역사】 l'École *f* des sciences pratiques.

실행 實行 명 (mise *f* à) exécution *f* ((d'un projet)); réalisation *f* ((d'une intention)), application *f*, mise *f* en œuvre, en pratique, en application. ¶ ~에 옮기다 mettre *qc* à exécution. ◇_(을) **하다** mettre en pratique; exécuter; réaliser; accomplir; remplir. ¶ 임무를 ~하다 accomplir *un* devoir [une tâche, une mission]. ◇_(이) **되다** se pratiquer, se faire, s'exécuter. ¶ 새로 ~되는 규칙 règles qui se pratiquent à nouveau.

◆_력 -力 명 pouvoir *m* [capacité *f*] d'exécution.

실향 失鄕 명 situation *f* de la personne qui a quitté *sa* région natale [*son* pays natal]. ¶ 전쟁으로 인해 ~의 아픔을 겪었다 A cause de la guerre, on a souffert en quittant notre région natale [pays natal].

◆_민 -民 명 exilé(*e*), transplanté(*e*), réfugié(*e*).

실험 實驗 명 ① 과학적인 관찰과 측정 expérience *f*; expérimentation *f*; essai *m* ((d'un engrais)). ¶ ~ 결과 résultats expérimentaux. ¶ ~ 의학 la médecine expérimentale. ¶ 물리 ~ expérimentation en physique. ¶ 동물 ~ expériences [expérimentation] sur des animaux vivants, expérimentation animale. ¶ 이 연구는 아직 ~ 단계에 머물러 있다 Cette recherche est encore au stade expérimental. ¶ 그것은 이미 ~이 끝났다 On a déjà terminé les essais en la matière. ② 시도, 시험 épreuve *f*, essai *m*; test *m* ((psychologique)). ◇_(을) **하다** ① faire une expérience ((de chimie)). ¶ 약의 효능을 ~하다 expérimenter l'efficacité d'un remède. ② 실제로 해 보다 faire un essai; éprouver. ◇_(이) **되다** être expérimenté(*e*), testé(*e*). ¶ 현재 ~되고 있는 시도 test que l'on est en train d'éprouver.

◆_적 -的 명관 expérimental(*ale*, *aux*); à l'essai; par expérience. ¶ ~적 방법 méthode expérimentale. ¶ ~적 재배 culture expérimentale. ¶ ~적으로 à titre expérimental.

◆_성 -性 명 nature *f* expérimentale.

◆_동물 -動物 명 animal *m* de laboratoire, cobaye *m*.

◆_소설 -小說 명 【문학】 roman *m* expérimental.

◆_실 -室 명 laboratoire *m* ((d'une école, de chimie)).

◆_용 -用 명 expérimental(*ale*, *aux*). ¶ ~용 생쥐 souris pour servir de sujet d'expérience ((de laboratoire)). ¶ ~용으로 쓰이는 동물 animaux destinés aux expériences scientifiques.

◆_음성학 -音聲學 명 【언어】 phonétique *f* expérimentale.

◆_자 -者 명 chercheur(*se*).

◆_장 -場 명 banc *m* d'essai.

◆_정신 -精神 명 esprit *m* expérimental. ¶ ~ 정신이 투철하다 être perspicace et persévérant(*e*).

◆_주의 -主義 명 【철학】 expérimentalisme *m*.

◆임상_ 臨床- 명 【의학】 essai *m* clinique. ¶ 임상 ~을 거치다 procéder à un essai clinique.

실현 實現 명 réalisation *f* ((d'un plan)); exécution *f* ((d'un projet)); accomplissement *m* ((d'un rêve)). ¶ ~ 가능한[불가능한] 계획 un projet réalisable [irréalisable]. ◇_(을) **하다** réaliser ((un idéal, un rêve)); exécuter ((un dessein, un programme)); accomplir ((de grandes choses)). ¶ ~하기 쉬운[어려운] ((projet)) facile [difficile] à réaliser. ¶ 어린 시절의 꿈을 ~하다 réaliser *son* rêve d'enfance. ◇_(이) **되다** se réaliser; s'exécuter; s'accomplir. ¶ ~될 수 없는 이상 idéal qui ne peut pas se réaliser. ¶ 인간의 오랜 꿈이 ~되었다 Le rêve qu'on faisait depuis longtemps est devenu réalité.

◆_성 -性 명 possibilité *f* réelle. ¶ ~성이 희박한 계획 un projet qui a peu de possibilité de se concrétiser.

실형 實刑 명 【법률】 prison *f* ferme. ¶ ~을 선고하다 condamner *qn* à la prison ferme. ¶ 3년 ~을 살다 faire de la prison ferme pendant trois ans.

실화[1] 實話 명 récit *m* (réel); histoire *f* vécue [vraie]. ¶ ~ 같은 거짓말 un mensonge qui ressemble beaucoup à une histoire vraie. ¶ ~를 바탕으로 한 영화 un film qui retrace une histoire vécue, un film qui est tiré d'une histoire vraie. ¶ 이 이야기는 ~다 C'est une histoire vraie.

실화[2] 失火 명 incendie *m* involontaire. ¶ ~로 인한 사고 un accident causé par un incendie involontaire. ◇_(를) **하다** provoquer un incendie involontaire.

실황 實況 명 situation *f* actuelle; condition *f* réelle; état *m* actuel; circonstances *fpl* actuelles; image *f* réelle. ¶ 공연 ~ une image réelle du spectacle.

◆_방송 -放送 명 émission *f* (retransmise) en direct.

◆_중계 -中繼 명 retransmission *f* en direct.

실효 實效 명 effet *m* (réel); efficacité *f*. ¶ 그 정책은 ~를 거두지 못했다 Cette politique n'a pas obtenu d'excellents résultats. ◇_(가) **있다[없다]** être efficace [inefficace]. ¶ 별 ~가 없는 자금 지원 des aides financières qui sont peu efficaces.

◆_성 -性 명 efficace *f*, efficacité *f*. ¶ 그런 규칙이 얼마나 ~성이 있을지 모르겠다 Je ne vois pas comment ces règles pourront être efficaces.

싫다 형 être désagréable, déplaisant(*e*), ennuyeux(*se*), assommant(*e*); ne pas aimer, détester, avoir de l'aversion contre *qn*. ¶ 싫은 내색[얼굴, 표정]을 하다 faire la grimace [moue], se renfrogner, faire mauvaise [grise] mine à *qn*. ¶ 나는 검은색이 ~ Je n'aime pas la couleur noire. ¶ 나는 그 사람이 너무 까다로워서 ~ Je le déteste parce qu'il est trop exigeant [parce qu'il en demande trop]. ¶ 나는 그런 일은 하기(가) ~ Je ne veux [n'aime] pas faire ça / Je n'ai pas envie de faire ça / Je n'ai pas le cœur à faire ça. ¶ 나는 그 노래를 싫도록 들었다 J'ai tellement entendu cette chanson que je ne la supporte plus [que j'en suis dégoûté(*e*)]. ¶ 싫지만 억지로 그 사람의 부탁을 들어주었다 J'ai accepté sa demande par contrainte bien qu'elle me déplaise. ¶ 너 같은 사람은 꼴도 보기 싫어 Je ne veux pas voir ta sale gueule {*vulg*} [ta sale tronche {*fam*}]! / Je ne peux pas te voir [te sentir {*fam*}, t'encadrer {*fam*}, te blairer {*fam*}]. ¶ 싫지 않으시다면 Si cela ne vous déplaît pas / Si cela ne vous ennuie pas / Si vous n'y voyez pas d'inconvénients. ¶ 나는 그 사람이 싫어졌다 Il a fini par me dégoûter / Maintenant je ne l'aime plus. ¶ 같이 갈래? -(아니) 싫어 Tu viens avec nous? -Non, j(e n)'ai pas envie / Non, ça ne me dit rien. ¶ 싫다고 하면 싫은 거지. 왜 자꾸 물어? Si je te dis non, c'est non. Pas la peine d'insister, te dis-je. ¶ 정말 싫으세요? Vous ne voulez vraiment pas? Vous êtes sûr(*e*)?

싫어하다 타 ne pas aimer, détester; haïr. ¶ 개를 ~ détester les chiens. ¶ 지기를 싫어하는 성미 un tempérament qui déteste la défaite. ¶ 그 작가는 사람 만나기를 ~ Cet auteur n'aime pas rencontrer les gens.

싫증 명 dégoût *m*; ennui *m*; répugnance *f*. ¶ ~을 느끼다 avoir [éprouver] du dégoût pour *qc*/*qn*. ◇_(이) **나다** (commencer à) éprouver du dégoût [de la répugnance] pour *qc*, se dégoûter de *qc*, être saturé(*e*) [dégoûté(*e*), las(*se*), écœuré(*e*)] de *qc*, s'ennuyer de *qc*, en avoir assez [marre {*fam*}, *sa* dose {*fam*}] ((de *qc*)), avoir une indigestion de ((télévision)). ¶ 그 사람은 학교 수업에 점점 ~이 나고 있었다 Il aimait de moins en moins *ses* cours à l'école. ¶ 이제는 노는 데도 ~이 났다 A présent, j'en ai assez de m'amuser [de ne rien faire, de paresser]. ◇_(을) **내다** se dégoûter de *qc*, s'ennuyer de *qc*. ¶ 그 아이는 무슨 일에나 쉽게 ~을 낸다 Cet enfant se dégoûte facilement de n'importe quoi.

심[1] 心 명 ① ((상처 구멍에 박는)) mèche *f* ((pour drainage d'une plaie)). ② 새알심 pâte *f*. ③ 나무의 고갱이 moelle *f* ((d'une tige)). ④ ((촛불의)) mèche *f*. ¶ 양초 ~ une mèche de bougie. ⑤ ((연필의)) mine *f*. ¶ 연필 ~ une mine de crayon. ⑥ ((옷의)) triplure *f*. ¶ 깃에 ~을 넣다 mettre une triplure au col.

-심[2] 心 접미 ((suffixe nominal)) cœur *m*; sentiment *m*. ¶ 애국~ sentiment patriotique, patriotisme. ¶ 영웅~ héroïsme. ¶ 자만~ fierté, orgueil, amour-propre. ¶ 충성~ cœur dévoué, fidélité.

심각 深刻 어근 gravité *f* ((d'une situation)).
◆**_하다** 형 être grave, sérieux(*se*); être inquiétant(*e*). ¶ ~한 표정 un air [un visage] grave. ¶ 분위기가 ~하다 L'atmosphère est inquiétante. ¶ 상황이 ~하다 La situation est grave [sérieuse]. ¶ ~하게 생각하다 prendre *qc* au sérieux, voir *qc* en noir.
◆**_히** 부 gravement, sérieusement. ¶ 자신의 장래에 대해 ~히 고민하다 s'inquiéter sérieusement de [pour] *son* avenir.
◆**_성** -性 명 gravité *f*, sévérité *f*. ¶ 사태의 ~성을 깨닫다 comprendre la gravité de la situation.

심경 心境 명 état *m* d'âme; sentiment *m* (intime). ¶ ~의 변화를 일으키다 changer d'état d'âme. ¶ 솔직한 ~을 털어놓다 épancher [ouvrir] *son* cœur; livrer *ses* états d'âme, se livrer à *qn*. ¶ 초조한 ~으로 시험 발표를 기다리다 attendre impatiemment le résultat d'un examen. ¶ 집 나간 아들을 기다리는 ~이 얼마나 괴로울까! Comme c'est pénible d'attendre un fils qui a fait une fugue!

심근 心筋 명 【의학】 myocarde *m*.
◆**_경색** -梗塞 명 【의학】 infarctus *m* du myocarde. ¶ 그 환자는 ~경색으로 사망했다 Ce(*tte*) patient(*e*) est mort(*e*) d'un infarctus du myocarde.

심금 心琴 명 fibre *f* ((du cœur)). ¶ 누구의 ~을 울리다 émouvoir *qn*, toucher *qn*, tirer les larmes à *qn*.

심급 審級 명 【법률】 degré *m* de juridiction. ¶ ~ 관할 ressort d'un domaine de juridiction. ¶ ~ 대리 un bureau d'aide juridictionnelle. ¶ ~ 제도 système du degré de juridiction.

심기 心氣 명 humeur *f*; sentiment *m*. ¶ 그 사람은 지금 너 때문에 ~가 불편하다 Maintenant, il est de mauvaise humeur à cause de toi.

심기다 자 se planter; être planté(*e*). ¶ 가로수가 심긴 거리 une avenue plantée d'arbres. ¶ 튤립이 심긴 화분 un pot (garni) de tulipes, des tulipes plantées dans un pot.

심기일전 心機一轉 명 renouvellement *m* d'ardeur. ¶ ~의 자세로 임하다 rester totalement concentré(*e*). ◇_(을) **하다** changer de peau [de vie], repartir à zéro, remettre le(s) compteur(s) à zéro, repartir sur de nouvelles bases. ¶ ~하여 다시 한 번 해 보자! Recommençons à zéro et essayons une nouvelle fois!

심낭 心囊 명 【의학】 péricarde *m*.

심다 타 ① planter ((un arbre, des fleurs)), semer. ¶ 밭에 사과나무를 ~ planter des pommiers dans un champ. ¶ 옥수수를 심어 놓은 밭 un champ de maïs. ¶ 땅에 나무를 ~ planter un terrain d'arbres, planter en terre des arbres, planter des arbres dans un terrain. ¶ 마을에 포도나무를 ~ planter des vignes autour du village. ② ((생각, 사상을)) implanter ((dans la tête de *qn*)), inculquer; semer (la zizanie); donner [faire] ((bonne impression à *qn*)). ¶ 누구에게 좋은 인상을 심어 주다 donner [faire] bonne impression à *qn*. ¶ 아이의 마음에 용기와 희망을 심어 주다 semer [inculquer] courage et espoir chez les enfants, donner du courage et de l'espoir aux enfants, donner aux enfants des raisons d'espérer et de se battre. ③ ((자기 편 사람을)) implanter [faire entrer] des personnes de *son* bord ((dans une entreprise concurrente)). ¶ 경쟁 회사에 사람을 심어 놓다 faire entrer [implanter] des personnes de *son* bord dans une entreprise concurrente.

심대하다 甚大- 형 être très grand(*e*); être énorme, immense. ¶ 심대한 영향력 une influence énorme, une très grande influence.

심덕 心德 명 cœur *m*; vertu *f*. ¶ ~이 좋은 아주머니 une dame de grande [haute] vertu.

심도 深度 명 ① profondeur *f* ((de l'eau)). ¶ ~를 재다

ㅅ

mesurer la profondeur. ② 추상적 깊이 degré *m* de gravité. ¶ 문제를 ~ 있게 다루다 traiter un problème en profondeur.

심드렁하다 형 ((affaire)) traîner en longueur; ((travail)) ne pas être urgent(*e*) [pressé(*e*)]. ¶ 심드렁한 반응을 보이다 avoir une réaction lente, réagir lentement.

심란하다 心亂– 형 être troublé(*e*), bouleversé(*e*), perturbé(*e*), décontenancé(*e*); être inqui*et*(*ète*), anxieu*x*(*se*); ne pas se sentir bien; être mélancolique, déprimé(*e*), avoir le cafard, ne pas avoir le moral. ¶ 심란한 마음을 달랠 길이 없다 On ne peut pas apaiser son inquiétude. ¶ 내일이 시험 결과가 발표되는 날이라 마음이 ~ Je suis inqui*et*(*ète*) [anxieu*x*(*se*)] parce que les résultats des examens vont sortir demain. ¶ 심란해서 일이 손에 잡히지 않는다 Perturbé(*e*) [Bouleversé(*e*)] comme je le suis, je ne peux pas me concentrer au travail. ¶ (누구를) 심란하게 만들다 inquiéter *qn*, troubler *qn*, bouleverser *qn*, perturber *qn*, décontenancer *qn*, ébranler *qn*, secouer *qn*; saper le moral de *qn* {*fam*}.

심려 心慮 명 inquiétude *f*, préoccupation *f*, souci *m*. ◇_(를) **하다** s'inquiéter, s'en faire, se tracasser, se tourmenter, se faire du mauvais sang [des cheveux {*fam*}, du mouron {*fam*}], se faire de la bile {*fam*}, se biler {*fam*}; se préoccuper de *qc* / *qn*; se faire du souci [des soucis] pour *qn*/*qc*; être inqui*et*(*ète*) de *qc* [pour *qc*, pour *qn*]. ¶ 너무 ~하지 마십시오 Ne vous inquiétez pas trop / Ne vous en faites pas trop. ¶ 아들이 안 돌아와 아버지가 매우 ~를 하고 있다 Le père se préoccupe beaucoup de son fils [est très inquiet pour son fils] parce qu'il n'est pas encore revenu. ◇_(가) **되다** être inquiétant(*e*), alarmant(*e*), effrayant(*e*). ◇_(를) **끼치다** inquiéter *qn*; causer [donner] de l'inquiétude [du souci] ((à *qn*)), susciter [causer] de l'embarras [des ennuis] à *qn*; donner de la peine [des soucis] à *qn*. ¶ ~를 끼쳐 죄송합니다 Je suis désolé(*e*) de vous avoir inquiété(*e*)(*s*) [de vous avoir donné tant de soucis, de vous avoir causé [donné] tant d'embarras].

심령 心靈 명 âme *f*, esprit *m*. ¶ ~ 현상 psyché, phénomènes psychiques. ¶ ~ 사진 photo spirituelle.
◆_**술** -術 명 spiritisme *m*.
◆_**술사** -術師 명 spirite *mf*.
◆_**학** -學 명 psychique *m*.

심리[1] 心理 명 psychologie *f*; mentalité *f*; état *m* d'esprit. ¶ ~ 상태 état d'esprit; mentalité; psychologie. ¶ ~ 묘사 description psychologique. ¶ 묘한 ~를 느끼다 sentir un étrange état d'esprit. ¶ 그 사람은 ~ 상태가 지극히 불안정하다 Il est très instable psychologiquement. ¶ 나는 그런 말을 하는 그 사람의 ~를 모르겠다 Je ne comprends pas dans quel état d'esprit il est en disant de telles choses.
◆_**적** -的 명관 psychologique. ¶ ~적 갈등 conflit psychologique. ¶ ~적 불안 trouble psychologique. ¶ ~적으로 안정되다 conserver *son* calme psychologique. ¶ ~적으로 위축되다 s'atrophier psychologiquement. ¶ ~적으로 타격을 받다 en prendre un coup mentalement.
◆_**검사** -檢査 명 【심리】 psychométrie *f*.
◆_**극** -劇 명 【영연】 psychodrame *m*.
◆_**소설** -小說 명 【문학】 roman *m* psychologique.
◆_**언어학** -言語學 명 【언어】 psycholinguistique *m*.
◆_**요법** -療法 명 【심리】 psychothérapie *f*.
◆_**전** -戰 명 guerre *f* psychologique.
◆_**주의** -主義 명 【철학】 psychologisme *m*.
◆_**형용사** -形容詞 명 【언어】 adjectif *m* psychologique.
◆**군중**_ 群衆- 명 ☞ 군중
◆**아동**_ 兒童- 명 【심리】 psychologie *f* de l'enfant.
◆**이상**_ 異常- 명 【심리】 psychologie *f* anormale.

심리[2] 審理 명 【법률】 instruction *f* ((d'un procès, d'une affaire)). ¶ 그 사건은 현재 ~ 중에 있다 L'instruction concernant cette affaire est en cours. ◇_(를) **하다** procéder à l'instruction ((d'une affaire criminelle)); examiner ((une question)); instruire ((une affaire)). ◇_(가) **되다** être instruit(*e*).

심리학 心理學 명 psychologie *f*. ¶ 사회 ~ psychologie sociale. ¶ 상담 ~ psychologie de consultation, psychologie dans le cadre de consultations. ¶ 신경 ~ neuropsychologie. ¶ 아동 ~ psychologie de l'enfant. ¶ 언어 ~ psychologie du langage. ¶ 인지 ~ psychologie cognitive. ¶ 진화 ~ psychologie évolutionniste.
◆_**적** -的 명관 psychologique. ¶ ~적 분석 une analyse psychologique.
◆_**자** -者 명 psychologue *mf*.

심마니 명 cueilleu*r*(*se*) de ginseng sauvage.

심문 審問 명 interrogatoire *m*, examen *m*. ¶ 대질 ~ avec confrontation de l'accusé avec les témoins. ¶ 증인 ~이 있겠습니다 On va interroger les témoins. ◇_(을) **하다** examiner [interroger] ((un accusé)). ◇_(을) **받다**[**당하다**] subir un interrogatoire. ¶ 그 군인은 적에게 잡혀 ~을 받았다 Ce soldat prisonnier a subi un interrogatoire.
◆_**조서** -調書 명 procès-verbal *m* d'un interrogatoire.
◆**재**_ 再 명 reprise *f* de l'interrogatoire.

심미 審美 명 appréciation *f* de la beauté de *qc*.
◆_**적** -的 명관 esthétique.
◆_**성** -性 명 esthétisme *m*.
◆_**안** -眼 명 sens *m* esthétique. ¶ 높은 ~안을 지니다 avoir le sens esthétique. ¶ 그 사람은 ~안이 있는 편이다 Il a plutôt un sens esthétique.
◆_**주의** -主義 명 【문학】 esthétisme *m*.
◆_**주의자** -主義者 명 esthète *mf*.

심방[1] 心房 명 【의학】 oreillette *f* (du cœur).
◆**우**_ 右- 명 【의학】 oreillette *f* droite.
◆**좌**_ 左- 명 【의학】 oreillette *f* gauche.

심방[2] 尋訪 명 【기독】 visite *f* du pasteur chez de

nouveaux fidèles. ◇_(을) **하다** ((un pasteur)) rendre [faire une] visite à ((de nouveaux croyants, de nouveaux fidèles)); aller voir ((de nouveaux croyants)). ¶ 목사님이 우리 집을 ~했다 Le pasteur nous a rendu visite.

심벌 영{symbol} 명 symbole *m*. ¶ 섹스 ~ un sexe symbole. ¶ 뉴욕은 세계 경제의 ~이다 New York est le symbole de l'économie mondiale.

심벌즈 영{cymbals} 명 【음악】 cymbales *fpl*.

심보 心- 명 disposition *f*, nature *f*, cœur *m*, caractère *m*. ¶ 고약한 ~ un mauvais [sale {*fam*}] caractère. ¶ ~를 나쁘게 쓰다 être odieux(*se*) avec *qn*.

심복 心服 명 admiration *f*, dévotion *f*, attachement *m*; obéissance *f* volontaire; confiance *f* totale. ¶ ~ 부하 un subordonné confiant, le bras droit. ¶ 그 사람은 사장의 ~이다 Le patron met sa confiance en lui.

심부[1] 心府 명 cœur *m*. ¶ 아직도 미움이 ~에 남아 있다 La haine reste encore gravée dans son cœur.

심부[2] 深部 명 profondeur *f*. ¶ 권력의 ~ le cercle du pouvoir.

심부름 명 commission *f*, course *f*, service *m*. ¶ ~을 다니다 faire des courses, faire les commissions de *qn*, rendre des (petits) services à *qn*. ¶ 남동생은 어머니 ~으로 가게에 갔다 Mon petit frère a fait des courses [est allé acheter quelque chose, a fait une commission] pour ma mère. ◇_(을) **하다** rendre (un petit) service à *qn*, faire les commissions de *qn*; servir de messager pour *qn*. ¶ 누구의 ~을 하다 faire les commissions de *qn*; faire les courses pour *qn*, rendre un petit service à *qn*. ◇_(을) **시키다** envoyer *qn* en course, envoyer *qn* faire une course, charger *qn* d'une commission, faire faire *qc* par *qn*, demander un petit service à *qn*, demander à *qn* de lui rendre un petit service. ¶ 선생님이 학생에게 ~을 시켰다 L'instituteur a envoyé un élève en course / L'instituteur a chargé un élève d'une commission.

◆**_꾼** 명 garçon *m* de courses; petit commissionnaire *m*, coursi*er*(*ère*); messag*er*(*ère*).

◆**_센터** 명 centre *m* des services.

심부전 心不全 명 【의학】 insuffisance *f* hépatique [cardiaque].

◆**_증** -症 명 【의학】 symptômes *mpl* de l'insuffisance cardiaque; signe *m* d'insuffisance cardiaque.

심사[1] 心事 명 souci *m*, anxiété; serrement *m* de cœur. ¶ 복잡한 ~를 술로 달래다 se consoler en noyant *ses* soucis dans l'alcool.

심사[2] 心思 명 ① 마음의 작용 disposition *f* d'esprit, mentalité *f*. ¶ ~가 편치 않다 se sentir [se trouver] mal à l'aise; être indisposé(*e*). ¶ 사장은 성질이 못돼서 툭하면 부하 직원들의 ~를 긁어 놓곤 한다 Ayant un très mauvais caractère, le directeur met souvent ses employés subalternes de mauvaise humeur. ¶ 그 사람의 불손한 태도가 내 ~를 흔들어 놓았다 Il m'a fait sortir de mes gonds par son attitude insolente. ② 어깃장을 놓고 싶은 마음 malice *f*; humeur *f* acariâtre. ¶ ~가 나다 avoir [garder] de l'humeur contre *qn*; être mal*in*(*gne*). ¶ ~를 부리다 être en colère contre *qn*, faire des méchancetés; sortir de *ses* gonds, se mettre en colère [en rogne {*fam*}], se foutre en rogne {*fam*}, monter sur *ses* grands chevaux, se mettre hors de *soi*. ¶ 애초부터 너는 시간이나 끌어보자는 ~였어 Je pense que depuis le début, tu essayes de gagner du temps.

*~**가 뒤틀리다** se sentir [se trouver] mal à l'aise; être indisposé(*e*), ne pas être dans *son* assiette {*fam*}; être de mauvaise humeur [de mauvais poil {*fam*}]; se froisser; déplaire à *qn*.

*~**가 사납다** être malveillant(*e*), méchant(*e*), malicieu*x*(*se*); être d'humeur inégale.

심사[3] 審査 명 examen *m*, jugement *m*; inspection *f*; ((논문의)) soutenance *f*. ¶ ~ 기준 critère de jugement. ¶ ~ 소감 impression sur l'examen. ¶ 공정한[편파적인] ~ un examen équitable [partial]. ¶ 자격 ~ examen pour juger de l'aptitude ((de *qn* pour un poste)). ¶ 서류 ~ concours sur titres. ¶ 누구에게 ~를 맡기다 confier le rôle d'examinateur à *qn*, nommer *qn* comme membre du jury. ¶ ~를 통과하다 passer l'examen ((des dossiers)) avec succès; ((논문)) recevoir l'approbation [l'accord] du jury, être accepté(*e*) [retenu(*e*)] par le jury, être présélectionné(*e*). ¶ 이 박사 논문은 ~에 통과되었다 Cette thèse (de doctorat) a été accepté(*e*) par le jury / Le jury a donné son accord pour la soutenance. ¶ 그 사람은 ~ 결과 2등이 되었다 Le jury lui décerna le deuxième prix. ◇_(를) **하다** examiner ((des candidats)); faire passer un examen ((à des candidats)). ¶ 작품을 ~하다 apprécier une œuvre. ¶ 졸업 논문을 ~하다 examiner [juger] un mémoire ((de licence, de fin d'études)). ◇_(를) **받다** être jugé(*e*), examiné(*e*).

◆**_위원** -委員 명 membre *m* d'un jury.

◆**_위원회** -委員會 명 jury *m* ((d'une thèse de doctorat)).

◆**_평** -評 명 critique *f* ((d'un manuscrit)). ¶ 혹독한 ~평 critique défavorable ((d'un manuscrit)).

심사숙고 深思熟考 명 méditation *f* profonde; mûre réflexion *f* [délibération *f*], longue considération *f*, contemplation *f*. ¶ ~ 끝에 après mûre délibération [réflexion], après avoir bien [mûrement] réfléchi, toute réflexion faite, tout bien considéré [pesé]. ¶ ~ 끝에 결심을 하다 se décider après mûre réflexion, se décider après avoir bien [mûrement] réfléchi. ◇_(를) **하다** méditer (sur) *qc*, contempler; réfléchir profondément à *qc*, délibérer longuement sur *qc*, peser *qc* mûrement. ¶ 장래 문제를 ~하다 méditer sur l'avenir. ¶ 그 사람과 함께 갈 것인지를 ~하다 bien réfléchir si je viens ou pas avec lui. ¶ 이것은 ~해서 내린 결정이다 C'est une décision prise après mûre réflexion.

심산¹ 心算 명 ((의도)) intention *f*, dessein *m*, projet *m*, plan *m*, détermination *f*; ((목적)) but *m*, fin *f*, projet *m*, visée *f*; ((계산)) arrière-pensée *f*, calcul *m*, compte *m*, comptabilité *f*, spéculation *f*, supputation *f*; ((동기)) motif *m*, mobile *m*, raison *f*. ¶ 무슨 ~으로 이러는 거냐? Avec quelle intention tu agis ainsi? / Quelles sont tes intentions pour te comporter comme ça? / Dans quel but tu agis comme ça? / Pourquoi tu fais ça? ¶ 도대체 어떻게 할 ~이냐? Franchement, tu fais ça pour quoi? / Enfin, quelle intention as-tu en faisant ça? / Dis donc, tu fais ça dans quelle intention?

심산² 深山 명 montagne *f* profonde [encaissée, reculée]. ¶ 이런 ~에는 사람이 살지 않는다 Dans une montagne si encaissée l'homme ne vit pas / Personne ne vit dans une montagne si profonde / Il n'y a personne qui habite dans une montagne si reculée.

◆**_유곡** -幽谷 명 vallée *f* profonde [encaissée]. ¶ ~유곡에 살다 vivre (en ermite) dans une vallée profonde.

심상¹ 心象 명 image *f* mentale; vision *f*, idée *f*, rêverie *f*, fantasme *m*. ¶ 감각적 ~들이 담긴 시 un poème plein [rempli, saturé, gorgé] d'images sensuelles [voluptueuses].

심상² 心想 명 pensée *f*, idée *f*.

심상하다 尋常- 형 être ordinaire; être habituel(*le*), usuel(*le*); être norm*al*(*ale, aux*); être moyen(*ne*); être ban*al*(*ale, aux*); être médiocre. ¶ ~치 않은 ((état)) anormal(*e*); médiocre; ((conduite)) extraordinaire; étrange; ((mesure)) exceptionnel(*le*), inhabituel(*le*); sérieu*x*(*se*); (situation) alarmant(*e*); grave; critique; important(*e*). ¶ 심상치 않은 조짐이 보인다 présenter des signes hors du commun; montrer des signes étranges [inhabituels]; montrer des symptômes anormaux [graves]. ¶ 일이 심상치 않게 돌아간다 L'affaire prend une tournure grave / L'événement se passe d'une façon étrange / La chose tourne de manière anormale / Ça prend une drôle de tournure {*fam*}.

◆**심상히** 부 d'une façon ordinaire; de manière insignifiante; sans originalité; banalement; bêtement. ¶ 심상히 보아 넘기다 considérer *qc* comme banal(*e*) [ordinaire, peu important(*e*), insignifiant(*e*), anodin(*e*)]; donner peu d'importance à *qc*; banaliser la chose.

심성 心性 명 nature *f* (de *qn*); naturel *m*; caractère *m*; tempérament *m*; disposition *f* naturelle; mentalité *f*, esprit *m*. ¶ 그는 ~이 착하다 Il est d'une nature douce / Il a (un) bon cœur / Il a (un) bon caractère / Il a un tempérament doux / Il est brave {*fam*} / C'est une crème [une bonne pâte, un choux, un ange] {*fam*}.

◆**_검사** -檢査 명 test *m* de caractère, examen *m* de la personnalité.

◆**_론** -論 명 【철학】 pensée philosophique expliquant la nature de l'homme; doctrine portant sur le tempérament humain; système de pensée s'intéressant aux dispositions naturelles de l'être humain.

심술 心術 명 méchanceté *f*; mauvaise volonté *f*; mauvais [vilain, sale] tour *m*; malveillance *f*; malice *f*, vilenie *f*; saleté *f*; vacherie {*fam*}, saloperie {*fam*}. ◇**_(을) 내다[부리다, 피우다]** faire des méchancetés; jouer [faire] de mauvais [sales, vilains] tours; être en colère contre *qn*; se comporter avec entêtement; faire des vacheries (cochonneries, crasses, saloperies) à *qn* {*fam*}. ¶ 공연히 ~을 내다 faire des méchancetés sans raison; faire la tête sans raison. ◇**_(이) 나다** être de mauvaise humeur; être malintentionné(*e*) (envers *qn*); être mécontent(*e*) de *qc*; être contrarié(*e*) par *qc*; être insatisfait(*e*) de *qc*. ¶ 아무것도 아닌 일로 ~이 난다 Je suis fâché pour rien. / Je suis de mauvaise humeur pour une histoire de rien du tout.

◆**_궂다** 형 être méchant(*e*) [malicieu*x*(*se*), malveillant(*e*)]; être hargneu*x*(*se*), acariâtre; être antipathique. ¶ ~궂은 사람 personne méchante; quelqu'un de méchant [de nature mauvaise]; personne têtue. ¶ ~궂은 표정을 짓다 faire une tête méchante; avoir une tête de sale con {*vulg*}. ¶ ~궂게 말하다 parler méchamment [hargneusement]; s'exprimer avec hargne.

◆**_꾸러기[쟁이]** 명 personne *f* méchante de nature, personne *f* malicieuse naturellement; personne *f* malveillante.

심신 心身 명 corps *m* et esprit *m*; corps *m* et âme *f*. ¶ ~ 수련 entraînement du corps et du mental [de l'esprit]; exercices pour le corps et l'esprit. ¶ ~을 단련하다 endurcir le corps et fortifier l'esprit; entraîner le corps et le mental.; former *son* corps et *son* esprit. ¶ 일이 넘쳐서 ~이 피곤하다 A cause d'un trop plein de travail, j'ai le corps et l'esprit fatigués [cassés, vermoulus, à plat {*fam*}] / Débordé(*e*) de travail, je suis fatigué(*e*) [à plat, épuisé(*e*), exténué(*e*), crevé(*e*) {*fam*}] physiquement et moralement / Dépassé(*e*) par le boulot [la besogne] je me sens vidé(*e*) de corps et d'esprit.

심실 心室 명 【의학】 ventricule *m* (du cœur).

◆**우_** 右- 명 【의학】 ventricule *m* droit.

◆**좌_** 左- 명 【의학】 ventricule *m* gauche.

심심산천 深深山川 명 montagnes *fpl* et ruisseaux *mpl* profonds [reculés, lointains, isolés]; fin fond *m* des montagnes.

심심소일 -消日 명 passe-temps *m inv*; distraction *f*, divertissement *m*, amusement *m*; délassement *m*; récréation *f*. ◇**_(을) 하다** tuer [passer] le temps; se divertir, se distraire, se désennuyer {*litt*}, se changer les idées.

심심파적 -破寂 명 passe-temps *m inv*; distraction

f, divertissement *m*, amusement *m*. ¶ 이것은 ~으로 하는 일이다 C'est un travail [un boulot] que je fais pour passer le temps / Ça sert à passer le temps / C'est un job pour meubler le vide {*fam*}.

심심풀이 명 divertissement *m*, passe-temps *m inv*; distraction *f*, amusement *m*. ¶ 노인들이 ~로 장기를 둔다 Les personnes âgées jouent aux échecs orientaux pour tuer [pour passer] le temps [pour se divertir, se distraire]. ◇_(를) **하다** passer [tuer] le temps, vaincre l'ennui; se divertir, se distraire, se désennuyer {*litt*}. ¶ 퍼즐로 ~하다 passer le temps à faire un puzzle, s'amuser à joindre les pièces d'un puzzle.

*~ **땅콩** divertissement *m*, passe-temps *m inv*; distraction *f*, amusement *m*.

심심하다[1] 형 s'ennuyer, ne pas savoir quoi faire; passer le temps d'une façon ennuyeuse; être oisi*f*(*ve*), désœuvré(*e*), inoccupé(*e*), se sentir désœuvré(*e*); s'embêter {*fam*}, s'emmerder {*fam*}, se faire chier {*vulg*}, se faire suer {*fam*}, sécher sur pied (comme une plante), se barber {*fam*}. ¶ 할 일이 없어서 너무 ~ Je meurs d'ennui à ne rien faire / N'ayant rien à faire, je m'ennuie beaucoup [je m'ennuie comme un rat mort, je m'ennuie à cent sous (de) l'heure, je m'ennuie à mourir [à périr], je meurs d'ennui, je crève d'ennui {*fam*}] / Je m'emmerde vachement à ne rien faire {*vulg*} / A (ne) rien foutre, je me fais chier à mort {*vulg*} [un max {*arg*}]. ¶ 혼자서 집을 지키기가 ~ Seul(*e*) à garder la maison, je m'ennuie / En gardant tout(*e*) seul(*e*) la maison, je m'ennuie [m'emmerde {*vulg*}, m'embête {*fam*}] / Je m'emmerde {*vulg*} à garder tout(*e*) seul(*e*) la maison.

***입이** ~ avoir envie de manger *qc*; avoir la dent [les crocs, la dalle] {*fam*}.

◆**심심찮게** 부 aisément, assez bien. ¶ 호수에서 물고기가 심심찮게 잡힌다 Dans le lac les poissons se pêchent [s'attrapent] aisément [assez bien] / Dans le lac, les poissons se prennent sans effort.

◆**심심하면** 부 de temps en temps, de temps à autre. ¶ 그는 심심하면 한 번씩 그 이야기를 꺼낸다 Il ressort de nouveau cette histoire de temps à autre {*fam*} / De temps en temps, il remet ça avec la même histoire {*fam*}.

심심하다[2] 형 짜지 않다 être fade, insipide; ne pas être assez salé(*e*), manquer de sel; être sans goût. ¶ 음식 맛이 ~ Ce plat est fade / Ce plat n'est pas assez salé [manque de sel].

심심하다[3] 甚深- 형 (être) profond(*e*), grand(*e*), intense. ¶ 심심한 조의를 표하다 présenter [exprimer, faire] *ses* profondes condoléances ((à *qn*)).

심안 心眼 명 yeux *mpl* (de l'esprit). ¶ ~을 열다 ouvrir les yeux, s'éveiller.

심야 深夜 명 nuit *f* profonde [avancée]; minuit *m*. ¶ 회의는 ~까지 계속되었다 La réunion a continué [a duré] jusqu'à tard dans la nuit [jusqu'à une heure avancée de la nuit].

◆_**극장** -劇場 명 cinéma *m* de minuit; film *m* de la nuit.

◆_**방송** -放送 명 émission *f* de nuit [de minuit, nocturne].

◆_**영업** -營業 명 service *m* de nuit.

심약하다 心弱- 형 être faible; être indécis(*e*), m*ou*(*molle*), apathique, inerte, crainti*f*(*ve*); être faiblard(*e*) {*fam*}; être peureu*x*(*se*), froussard(*e*); être timide; manquer de caractère; être lâche, pusillanime {*litt*}. ¶ 심약한 기질 un tempérament faible [mou, indécis]; un caractère irrésolu; un être inconsistant. ¶ 그렇게 심약해서 뭐에 쓰겠어? Avec cette mollesse de caractère [Avec cette timidité, Avec cette lâcheté], je me demande comment tu vas t'en sortir [je me demande ce que tu vas devenir].

심연 深淵 명 ① 깊은 못 étang *m* profond; fosse *f* abyssale; gouffre *m* sans fond. ② ((비유적)) gouffre *m*; abîme *m*, abysse *m*; précipice *m*. ¶ 절망의 ~에 빠지다 tomber [plonger, s'enfoncer] dans l'abîme [le gouffre, l'abysse] du désespoir. ¶ 깊은 ~에서 허우적거리다 se débattre [s'agiter] dans un gouffre profond; lutter [se battre en vain] dans un abîme profond.

심열 心熱 명 fièvres *fpl* provoquées par la rage *f* [fureur *f*, colère *f*] refoulée; rancune *f*, rancœur *f*; ressentiment *m*. ¶ ~을 앓다 souffrir de fièvres provoquées par une rage refoulée.

심오하다 深奧- 형 être profond(*e*); être abstrus(*e*), obscur(*e*), abstrait(*e*); être ésotérique. ¶ 심오한 진리[사상] vérité [pensée] profonde. ¶ 책의 내용이 ~ Le contenu de cet ouvrage est profond / Le message de ce livre a un sens profond et mystérieux / Ce livre a une certaine profondeur.

심원하다 深遠- 형 être très profond(*e*); être très grand(*e*). ¶ 심원한 이치 raison profonde.

심의 審議 명 délibération *f*; discussion *f*; examen *m*; débat *m*; réflexion *f*. ¶ 예산 ~ discussion du budget ((à l'Assemblée nationale)); délibération concernant le budget. ¶ 법안 ~ discussion [délibération] d'un projet de loi ((à l'Assemblée nationale)). ¶ 이 법안은 ~ 중이다 Ce projet de loi est à l'étude [en discussion]. ¶ ~를 거친 후에 결정하다 prendre une décision [décider *qc*] après une discussion. ¶ ~에 회부하다 soumettre ((un projet)) à délibération [en discussion, à l'étude, en débat] ((à l'Assemblée)); mettre ((une question)) sur le tapis. ¶ 안건을 ~에 붙이다 mettre une question en délibération; soumettre une question à la discussion; lancer un sujet à débattre (sur le tapis). ◇_(를) **하다** discuter [examiner, débattre] ((un projet de loi)); délibérer sur *qc*; mettre ((une question)) en délibération; prendre ((un projet))

ㅅ

en considération. ¶ 정부가 내놓은 법안을 ~하다 discuter [examiner, débattre] un projet de loi proposé par le gouvernement. ¶ 자금을 지원할지를 ~하다 discuter si oui ou non, on décide de verser des fonds; examiner si on investit ou non des fonds; discuter sur la question de savoir si on accorde ou non de l'argent [une aide financière, une subvention]. ◇_(가) **되다** ((projet)) être mis(*e*) en examen, être mis(*e*) en délibération; être examiné(*e*); être mis(*e*) en discussion.

◆**_권** -權 명 droit *m* de délibération.

◆**_회** -會 명 commission *f* (chargée de délibérer sur une question); conseil *m*.

심이 心耳 명 【의학】 auricule *f* du cœur, oreillette *f* du cœur.

심인 心因 명 cause *f* mentale et psychologique.

◆**_성** -性 명 【의학】 psychologique; ment*al*(*ale*, *aux*); psychique. ¶ ~성 건망증 tendance à l'oubli due à une certaine psychologie; amnésie psychologique. ¶ ~성 반응 réaction psychologique [mentale, psychique]. ¶ ~성 정신병 maladie mentale [psychose] due à la détresse psychologique.

심장 心臟 명 ① 【의학】 cœur *m*. ¶ ~ 수술 opération du cœur. ¶ ~ 수술을 받다 subir une opération du cœur. ¶ ~이 뛴다 Le cœur bat [palpite]. ¶ 그는 ~이 약하다 Il n'a pas un bon cœur / Il a le cœur faible [fragile, fatigué]. ¶ 그는 ~ 하나는 튼튼하다 Il a le cœur robuste [solide]. ¶ ~에 무리가 가는 운동은 하지 마세요 Ne faites pas de sport qui fatigue le cœur / Ne faites pas de sport lourd pour le cœur. ¶ ~이 멎는 듯하다 J'ai l'impression que mon cœur s'arrête / Il semble que mon cœur s'arrête de battre. ② 중심 cœur *m*, centre *m*, milieu *m*. ¶ 도서관은 대학의 ~이다 La bibliothèque est le cœur [le centre] d'une université. ③ 마음 cœur *m*. ¶ 기뻐서 ~이 두근댄다[거린다] Mon cœur bat [palpite] de joie.

*~**이 작다** ne rien avoir dans le ventre, ne pas avoir de tripes {*fam*}, manquer de courage [de cran {*fam*}], être peureu*x*(*se*), crainti*f*(*ve*), timide, pusillanime, apeuré(*e*), timoré(*e*), poltron(*ne*), lâche, pleutre, couard(*e*) {*litt*}, dégonflé(*e*) {*fam*}, trouillard(*e*) {*fam*}, froussard(*e*) {*fam*}, pétochard(*e*) {*fam*}, capon(*ne*) {*vx*}.

*~**이 크다** avoir du cœur au ventre, avoir de l'estomac [des tripes, du cran] {*fam*}; avoir de l'audace; être audacieu*x*(*se*), courageu*x*(*se*), brave, hardi(*e*), *intré*pide, ne pas avoir froid aux yeux, ne pas manquer d'audace [d'air {*fam*}, de culot {*fam*}, de toupet {*fam*}, d'aplomb {*fam*}, de cran {*fam*}], être culotté(*e*) {*fam*}, gonflé(*e*) {*fam*}. ¶ ~이 큰 audacieu*x*(*s*).

◆**_마비** -痲痺 명 【의학】 attaque *f* [crise *f*] cardiaque; paralysie *f* cardiaque; infarctus *m* du myocarde. ¶ ~마비에 걸리다 subir une attaque cardiaque [une paralysie cardiaque]. ¶ ~마비로 쓰러지다 tomber [s'écrouler] d'une attaque [crise] cardiaque; avoir une crise cardiaque.

◆**_병** -病 명 【의학】 maladie *f* de [du] cœur. ¶ ~병 환자 un(*e*) cardiaque; un(*e*) malade du cœur; un(*e*) patient(*e*) [une personne] atteint(*e*) d'une maladie de cœur.

◆**_부** -部 명 cœur *m*, centre *m*. ¶ 서울의 ~부 le cœur [le centre, la partie la plus importante] de Séoul. ¶ 국가 행정의 ~부 le cœur de l'administration de l'État.

◆**_이식** -移植 명 【의학】 transplantation *f* du cœur; greffe *f* du cœur [cardiaque].

◆**_판막** -瓣膜 명 【의학】 valvule *f* cardiaque.

◆**_판막증** -瓣膜症 명 【의학】 cardiopathie *f* valvulaire; valvulopathie *f* (cardiaque). ¶ ~판막증에 걸리다 être atteint(*e*) de valvulopathie; avoir une valvulopathie [une cardiopathie valvulaire].

◆**강_** 强- 명 courageu*x*(*se*), brave *mf*, fort(*e*); intrépide *mf*; audacieu*x*(*se*). ¶ 그는 정말 강~이다 Il est vraiment courageux [brave, fort, intrépide, héroïque, imperturbable, inébranlable].

◆**인공_** 人工- 명 【의학】 cœur *m* artificiel.

심장하다 深長- 형 être profond(*e*).

◆**의미_** 意味- 명 ☞ 의미

심적 心的 명관 psychologique, mental(*e*), psychique. ¶ ~ 고통 douleur psychique; souffrance mentale; souffrance psychologique; souffrance morale. ¶ ~ 변화 changement d'état d'esprit; changement psychologique [psychique]. ¶ ~인 현상 phénomène psychique [mental, psychologique]. ¶ ~으로 부담을 느끼다 se sentir lourd psychiquement [mentalement, moralement, psychologiquement]. ¶ ~인 부담이 가는 일 travail qui pèse moralement [mentalement, psychologiquement].

심전계 心電計 명 【의학】 électrocardiographe *m*.

심전도 心電圖 명 【의학】 électrocardiogramme *m*. ¶ ~ 검사 examen électrocardiographique.

심절하다 深切- 형 être profond(*e*) et sincère. ¶ ~한 뜻을 지니다 avoir un sens profond et de la sincérité.

심정 心情 명 sentiment *m*; sensation *f*; cœur *m*. ¶ 착잡한 ~ sentiment confus [troublé, compliqué]. ¶ 괴로운 ~을 털어놓다 confier [révéler, dire] un sentiment douloureux [pénible, angoissant] ((à *qn*)). ¶ 애인을 떠나보낸 ~을 말로 표현하다 dire ce qu'on ressent après avoir laissé partir *son* partenaire amoureux. ¶ 나도 네 ~을 이해할 수 있다 Moi aussi, je peux comprendre ton sentiment [ce que tu peux ressentir]. ¶ 지금 ~이 어떠십니까? Qu'est-ce que vous ressentez maintenant? / À présent, quel est votre sentiment? / Et là, quelle est votre sensation?

◆**_적** -的 명관 sentiment*al*(*ale*, *aux*). ¶ 나는 ~적으로는 그 남자에게 끌린다 Je suis attirée par lui sentimentalement / Il m'attire sentimentalement.

심줄 명 tendon *m*.

심중 心中 명 fond *m* du cœur; pensée *f* la plus profonde; intention *f* réelle; le vrai motif *m*. ¶ 누구의 ~을 헤아리다 deviner le sentiment de *qn*, entrer [pénétrer] dans le cœur de *qn*, lire l'intention réelle de *qn*; lire dans les pensées de *qn*. ¶ ~에 새기다 ancrer [garder, graver] *qc* dans *sa* mémoire; se souvenir de *qc*. ¶ ~에 품었던 말을 하다 dire ce qu'on a gardé au fond du cœur; parler de ce qu'on a dans *sa* pensée la plus profonde. ¶ ~에도 없는 말을 하다 parler contre *sa* pensée; dire *qc* sans y penser vraiment. ¶ 나는 도대체 그 사람의 ~을 알 수가 없다 Franchement, je n'arrive pas à savoir ce qu'il a dans la tête / Bon sang, je ne peux pas savoir ce qu'il a vraiment au fond du cœur.

심증 心證 명 ① impression *f*, conviction *f* intime. ② 【문학】 conviction *f*. ¶ 그 일은 내 ~을 굳혔다 Cela a raffermi ma conviction. ¶ ~은 있으나 물증이 없다 J'ai une conviction mais pas de pièce à conviction.

심지[1] 心- 명 mèche *f*. ¶ 램프의 ~를 돋우다[올리다] monter [redresser, tirer] la mèche (d'une lampe). ¶ ~를 자르다 couper [pincer] une mèche (de bougie). ¶ ~가 타들어 간다 La mèche est finie [a fini de brûler].

심지[2] 心地 명 nature *f*; tempérament *m*; personnalité *f*. ¶ ~가 곱다 être d'une nature douce; avoir bon cœur [bon caractère], avoir un tempérament doux.

심지[3] 心志 명 volonté *f*. ¶ ~가 굳은 사람 une personne d'une volonté ferme; une personne de caractère [avec du tempérament, d'un tempérament fort].

심지어 부 même, qui plus est, en plus, (et) le pire. ¶ 그는 ~ 내게 욕설까지 했다 Il a même été jusqu'à m'insulter.

심처 深處 명 endroit *m* [lieu(*x*) *m*] profond. ¶ 마음의 ~를 파고들다 entrer dans le [pénétrer le, aller au, toucher au] fond du cœur.

심천 深淺 명 (degré *m* de, niveau(*x*) *m* de) profondeur *f* (pour l'eau). ¶ ~ 측량 mesure de profondeur ((pour l'eau)).

심청 深靑 명 bleu *m* foncé.
◆_**색** -色 명 bleu *m* foncé.

심축 心祝 명 félicitation *f* de tout cœur. ◇_**(을) 하다** féliciter *qn* de *qc* de tout cœur [de grand cœur], complimenter *qn* de bon cœur de [sur, pour] *qc*. ¶ 결혼을 ~합니다 Je vous félicite de tout cœur pour votre mariage.

심취 心醉 명 enthousiasme *m*; emballement *m*; ((일시적)) engouement *m*, entichement *m*; admiration *f*; passion *f*; tocade *f* {*fam*}, toquade *f* {*fam*}. ¶ 독서에의 ~ engouement [enthousiasme] pour la lecture; passion de la lecture. ◇_**(를) 하다** s'enthousiasmer pour *qn/qc*; s'éprendre pour *qn/qc*; être passionné(*e*) par *qc*, se passionner pour *qc*; s'enticher de *qn*; être entiché(*e*) de *qn/qc*; s'engouer de [pour] *qc*; être engoué(*e*) par *qc*. ¶ 음악에 ~하다 être passionné(*e*) par [se passionner pour] la musique, s'enthousiasmer pour la musique; être engoué(*e*) par [s'engouer pour] la musique; admirer la musique. ¶ 나는 어떤 일에 ~가 되면 다른 일에는 관심이 생기지 않는다 Moi, quand je me passionne pour quelque chose, je ne m'intéresse à rien d'autre / Quand je suis engoué(*e*) d'une chose quelconque, rien d'autre ne m'intéresse.

심층 深層 명 couche *f* profonde de *qc*. ¶ ~ 분석 analyse profonde [approfondie, détaillée, fouillée, minutieuse, poussée]. ¶ ~ 구조 structure profonde [sous-jacente]. ¶ ~에 자리잡다 être situé(*e*) en profondeur [dans l'épaisseur de *qc*]; être tapi(*e*) [enfoui(*e*), enraciné(*e*)] dans des strates profondes; se trouver au cœur de *qc*; se situer [être] dans des couches inférieures.
◆_**적** -的 명관 profond(*e*); approfondi(*e*). ¶ ~적인 조명 lumière [projecteur] à longue portée; éclairage profond [à longue portée].

심통 心- 명 méchanceté *f*, malveillance *f*, malice *f*; perversion *f*. ¶ 그는 ~이 사납다 Il a un caractère [tempérament] violent [irascible, bourru, dur, emporté, coléreux, brutal]. ◇_**(을) 부리다** faire des méchancetés; jouer [faire] de mauvais [sales {*fam*}, vilains] tours (à *qn*); être en colère contre *qn*, se fâcher contre *qn*; faire la tête; faire la gueule {*fam*} [une sale gueule {*fam*}]; se comporter avec entêtement; se buter contre *qn/qc*. ◇_**(이) 나다** être mécontent(*e*) de *qc*; être contrarié(*e*) par *qc*; être insatisfait(*e*) de *qc*. ¶ 그는 왠지 ~이 잔뜩 나 있다 Je ne sais pas pourquoi il fait cette figure renfrognée / Sa contrariété est incompréhensible.

심판 審判 명 ① jugement *m*, décision *f*, arbitrage *m*. ¶ 역사 [후세]의 ~ le jugement de l'histoire [de la postérité]. ¶ 불공정한 ~ un jugement [une décision, un arbitrage] injuste [partial(*e*), inéquitable, inégal(*e*)]. ¶ 잘못된 ~ un jugement [mal rendu, erroné]; une décision [mal prise, inadéquate]. ¶ 여론의 ~을 받다 être jugé(*e*) par le public, être soumis(*e*) au jugement de l'opinion publique. ② 【법률】 jugement *m*; décision *f*, sentence *f* ((d'un tribunal)); verdict *m*; sanction *f*. ¶ 사건의 ~ décision [jugement, verdict, sentence] concluant [clôturant, terminant, à propos d']une affaire. ¶ ~에 불복하다 ne pas se soumettre à la décision ((d'un tribunal)). ¶ 범죄자가 법의 ~을 받았다 Un malfaiteur a reçu sa sentence / Un criminel a été jugé par la Justice / Le coupable est passé en jugement. ③ 【운동】 arbitrage *m*; jugement *m*, décision *f*. ¶ ~을 보다 arbitrer ((un match)). ¶ 오늘 경기는 누가 ~을 봅니까? Qui va arbitrer le match d'aujourd'hui? ④ 【운동】 판정인 arbitre *m*, juge *m*. ¶ ~에게 항의하다 protester contre l'arbitre [le juge]; s'en prendre à l'arbitre; contester le jugement de l'arbitre. ¶ 선수들이 ~의 판정에 불복한다 Les

ㅅ

joueurs refusent [ne suivent pas, désobéissent à, se révoltent contre] la décision de l'arbitre. ⑤【기독】Jugement *m*. ¶ ~의 날 le jour du Jugement, le Jour du (grand) jugement dernier. ¶ 최후의 ~ le Jugement dernier. ◇_(을) **하다[내리다]** ① juger; porter un jugement. ¶ 공정한 ~을 하다 rendre un jugement équitable; juger *qc* de manière équitable; porter un jugement impartial. ②【법률】juger ((un accusé, une affaire)); mettre *qn* en accusation; prononcer [rendre] une sentence; arbitrer contre ((des personnes)); rendre la justice. ¶ 배심원이 죄인을 ~한다 Le jury juge [porte un jugement contre] un accusé / Le jury prononce une sentence contre un accusé.

◆_**관** -官 명【법률】juge *m*; inquisiteur *m*; prévôt *m*, viguier *m*; cadi *m*, alcade *m*.

◆_**대** -臺 명 ① cour *f* de justice, tribunal *m*; justice *f*. ¶ 역사의 ~대에 오르다 passer devant le tribunal de l'histoire. ¶ 죄인이 법의 ~대에 올랐다 Le coupable a comparu devant le tribunal [devant le juge, devant la justice]. ②【운동】chaise *f* de l'arbitre.

◆_**부** -部 명【법률】appareil *m* judiciaire, administration *f* judiciaire (au ministère de la Justice).

◆_**원** -員 명【운동】arbitre *m*, juge *m*.

심폐 心肺 명 cœur *m* et poumon *m*. ¶ ~ 기능 fonctionnement cardiaque et pulmonaire. ¶ 그는 ~ 기능이 원활하다 Il a un bon cœur et de bons poumons / Il a le cœur et les poumons qui fonctionnent [marchent] bien / Il a le cœur et les poumons en bon état.

심포니 영{symphony} 명【음악】symphonie *f*.

◆_**오케스트라** {- orchestra} 명【음악】orchestre *m* symphonique.

심포지엄 영{symposium} 명 symposium *m*; colloque *m*; séminaire *m*. ¶ 환경문제 ~ symposium abordant les problèmes d'environnement [environnementaux]; colloque sur les problèmes de l'environnement. ¶ 국제 ~ colloque [symposium] international. ¶ ~을 열다[개최하다] ouvrir [organiser] un symposium [un colloque].

심플하다 영{simple-} 형 être simple. ¶ 심플한 옷차림 une tenue simple [sobre].

심하다 甚- 형 être extrême, excessif(*ve*); ((dégâts)) être lourd(*e*); être violent(*e*), rude; être fort(*e*); être grave, intense, sévère, sérieux(*se*), dur(*e*). ¶ 추위가 ~ Le froid est atroce / Il fait un froid terrible [horrible, atroce, effrayant, de canard {*fam*}] / Il fait extrêmement [très, vachement {*fam*}, horriblement] froid / Le temps est glacial / Ça caille {*fam*} / Ça pèle {*fam*}. ¶ 두통이 ~ Ce mal de tête est atroce / J'ai un mal de tête terrible / J'ai un violent mal de tête / Ce mal de crâne est tuant {*fam*}. ¶ 심한 상처[부상]를 입다 être victime d'une grave blessure, être gravement blessé(*e*). ¶ 아무리 장난이라도 이건 너무 ~ Bien que ce soit une plaisanterie, elle est un peu osée [elle va trop loin] / Même si c'est pour s'amuser, c'est trop quand même. ¶ 심하게 다루다 maltraiter *qn*, malmener *qn*, rudoyer *qn*, brutaliser *qn*, brimer *qn*. ¶ 두 사람은 어제 심하게 다투었다 Hier, ces deux-là se sont violemment [durement] disputés [battus] / Ces deux personnes se sont vachement [terriblement] engueulées hier {*fam*}.

◆**심히** 부 très; beaucoup; profondément; extrêmement; excessivement; terriblement; horriblement; dur; durement, sévèrement; violemment; intensément; grièvement; vachement {*fam*}, fichtrement {*fam*}, bigrement {*fam*}, sacrément {*fam*}. ¶ 나는 그의 병이 심히 걱정된다 Sa maladie m'inquiète terriblement / Sa maladie est très [extrêmement] inquiétante / Je m'inquiète beaucoup de sa santé / Je me fais un sang d'encre à cause de sa santé. ¶ 그의 발언이 심히 불쾌하다 Ses paroles sont vraiment rudes / Son discours est très [extrêmement, vachement] désagréable [déplaisant].

심해 深海 명 grande profondeur *f* (océanique); abîme *m* (marin); abysse *m*. ¶ ~ 어업 pêche en grande profondeur [dans les hauts fonds]. ¶ ~ 잠수정 bathyscaphe, bathysphère. ¶ ~ 퇴적물 sédiments [dépôts] pélagiques, dépôts des fonds marins.

◆_**어** -魚 명 poissons *mpl* pélagiques.

심혈 心血 명 ((de)) toutes ses forces *fpl* [à fond]; ((se donner)) corps *m* et âme *f*. ¶ ~을 기울이다 mettre toute son âme ((dans un ouvrage)); se consacrer entièrement ((à un projet)); s'adonner [se consacrer] entièrement à ((*sa* tâche)).

심호흡 深呼吸 명 respiration *f* profonde; souffle *m* puissant. ◇_(을) **하다** respirer fort [à pleins poumons, à fond, profondément]; prendre l'air à plein poumons; s'oxygéner profondément les bronches. ¶ 그는 크게 ~하고 나서 물로 뛰어들었다 Il a pris une bonne lampée d'air dans ses poumons, puis s'est jeté dans l'eau / Après avoir respiré à fond, il a plongé [s'est lancé] dans l'eau / Il a respiré un grand coup et s'est jeté à l'eau.

심혼 心魂 명 cœur *m* et esprit *m*, âme *f*. ¶ ~을 쏟다 mettre toute *son* âme [tout son cœur] (dans un travail); faire *qc* de tout *son* cœur [de toute *son* âme]; se donner corps et âme ((à un projet)); se donner tout entier ((à *qc*)).

심홍 深紅 명 rouge *m* foncé; cramoisi; rubis *m*. ¶ ~ 빛의 치마 une jupe rouge foncé, une jupe cramoisie.

심화[1] 心火 명 colère *f*, fureur *f*, furie *f*, rage *f*, irritation *f*, rogne *f* {*fam*}. ¶ ~가 나다[끓다] se mettre en colère [en fureur, en furie, en rage], se mettre [se foutre] en rogne {*fam*}; bouillir de colère, bouillonner de rage; brûler de rage. ¶ ~를 끓이다 bouillir de colère, bouillonner de rage; brûler de rage; être tourmenté(*e*), être tracassé(*e*); se tourmenter, se tracasser, se faire du mauvais sang, se faire de la bile; s'inquiéter, s'en faire, se faire du souci. ¶ ~를 가라앉히다[누그러뜨리다] apaiser [calmer, adoucir] *sa* colère [*sa* rage].

심화[2] 深化 명 approfondissement *m* ((de la pensée)); développement *m* ((de la pensée)); enrichissement *m*. ¶ ~ 학습 une étude approfondie. ◇_(**를**) **하다**[**시키다**] approfondir ((un sujet)); développer ((une idée)); enrichir; aggraver. ¶ 지식을 ~하다 approfondir [enrichir] *ses* connaissances; pénétrer plus avant dans une connaissance; entrer [plonger, sonder] profondément un domaine de connaissances. ¶ 내면세계를 더욱 ~시키다 enrichir davantage *son* monde intérieur; rendre plus profond *son* univers intérieur; approfondir *sa* vie intérieure. ◇_(**가**) **되다** s'approfondir; être approfondi(*e*); se creuser, être creusé(*e*); s'aggraver, être aggravé(*e*). ¶ 양국의 갈등이 ~되었다 Le conflit [La tension] entre les deux pays s'est aggravé(*e*).

심회 心懷 명 pensée *f* intime; sentiment *m* intime; cœur *m*. ¶ ~를 달래다 se consoler. se réconforter. se soulager.

십 十 수관 dix *m*. ¶ ~ 리 dix lis; longue distance. ☞ 이십

*~ **년 공부 나무아미타불** (le fait de) se donner beaucoup de mal inutilement [pour rien]; un travail acharné qui ne donne pas le résultat escompté / Tout ce mal pour rien.

*~ **년 묵은 체증이 내리다** ☞ 체증

*~ **년이면 강산도 변한다** En dix ans tout change / Dix ans est la période pendant laquelle tout change.

십각형 十角形 명 【수학】 décagone *m*; décagon*al*(*ale*, *aux*).

십간 十干 명 【민속】 les dix troncs *mpl* célestes (selon le calendrier lunaire); les dix branches *fpl* [rameaux *mpl*, signes *mpl*] terrestres.

◆_**십이지** -十二支 명 【민속】 les douze branches *fpl* [signes *mpl*] terrestres.

십계[1] 十戒 명 【불교】 les dix préceptes *mpl*; les dix enseignements *mpl* [principes *mpl*].

십계[2] 十誡 명 【기독】 ☞ 십계명

십계명 十誡命 명 【기독】 les dix Commandements *mpl*; Décalogue *m*.

십년감수 十年減壽 명 ((avoir)) la peur de *sa* vie. ¶ ~했다 J'ai (vraiment) eu très peur / J'ai eu la peur [la trouille {*fam*}] de ma vie / J'ai bien cru que j'allais y passer / Ce que j'ai eu peur!

십년지기 十年知己 명 une vieille connaissance *f*; un(*e*) ami(*e*) de longue date. ¶ ~ 친구 un(*e*) ami(*e*) de longue date, une vieille connaissance.

십대 十代 명 ① des jeunes *mfpl* qui ont entre 10 et 20 ans; adolescent(*e*), ado {*fam*}; teenager *m*. ¶ 무서운 ~ des jeunes terribles entre 10 et 20 ans; des adolescents terribles [effrayants]. ¶ ~들의 고민을 상담하다 écouter les adolescents [les ados {*fam*}] sur leurs problèmes; être attenti*f*(*ve*) au stress [à l'angoisse] des jeunes. ¶ 그 남자는 아직 ~다 Il n'a pas encore vingt ans / Il est encore adolescent [ado {*fam*}]. ② 열 번째의 대 la dixième génération *f* ((d'une famille)). ¶ ~ 자손 un(*e*) descendant(*e*) de la dixième génération (d'une famille illustre).

십만 十萬 수 cent mille *mpl inv*. ¶ 이 영화는 몇 ~의 관객을 동원하였다 Ce film a attiré plusieurs centaines de milliers de spectateurs.
관 cent mille. ¶ ~ 년 cent mille ans. ¶ ~ 번째 cent millième.

십면체 十面體 명 【수학】 décaèdre *m*.

십분 十分 부 assez; suffisamment; entièrement, totalement; amplement; pleinement. ¶ 능력을 ~ 발휘하다 montrer [déployer] pleinement [totalement] *ses* capacités. ¶ 나는 네 상황을 ~ 이해한다 Je comprends parfaitement votre situation.

십상[1] 명 ce qui convient; ce qui est convenable; juste ce qu'il faut. ◇_**이다** convenir, être convenable; être idé*al*(*ale*, *aux*); approprié(*e*); être adéquat(*e*); être juste. ¶ 이 돌은 주춧돌 감으로는 ~이다 Cette pierre convient [est convenable] pour (en faire) un pilier (d'une maison) / Cette pierre est idéale pour (en faire) un pilier (d'une maison).
부 justement; parfaitement; exactement. ¶ 이 가구는 네 방에 ~ 잘 어울린다 Ce meuble va parfaitement bien dans ta chambre.

십상[2] 十常 명 probabilité *f*. ◇_**이다** être fort probable; Il y a de fortes chances [Il est fort probable] que+*subj*. ¶ 그렇게 꾸물대다가는 지각하기 ~이다 Si tu traînes [Si tu avances lentement] comme ça [À cette allure], tu seras sans doute en retard [il y a de fortes chances que tu sois en retard, je ne vois pas comment tu ne serais pas en retard].

◆_**팔구** -八九 명 très probablement; selon toute probabilité; sans aucun doute; apparemment; selon toute apparence; neuf (chances) sur dix. ¶ ~는 내일 비가 올 것이다 Il est très probable [Il y a de fortes chances] qu'il pleuve demain.

-십시오↔**-으십시오** 어미 ((suffixe flexionnel très poli de terminaison phrastique du mode impératif. -십시오 s'ajoute après le radical du verbe qui se termine par une voyelle ou par la consonne liquide -ㄹ, mais après l'omission de cette dernière; -으십시오 s'ajoute après le radical verbal qui se termine par une consonne. Utilisé entre les adultes mutuellement ou à l'égard d'un interlocuteur supérieur (un enfant à l'égard d'un adulte, parent, maître, supérieur hiérarchique plus âgé), il exprime une très grande politesse et le respect stricte et protocolaire.)) ¶ 여기서 기다리~ Attendez ici. ¶ 담배를 피우지 마~ Veuillez ne pas fumer. ¶ 어서 오~ Bienvenue / Soyez les bienvenus. ¶ 여기서 내리~ Veuillez descendre ici. ¶ 저희 회사 사장님을 만나보~ Je vous prie d'aller voir monsieur le président de notre entreprise. ¶밥을 국에 마(말)~ Veuillez mettre du riz dans la soupe.

십시일반 十匙一飯 명 dix pour un / A dix on en sauve un / Plus il y a de gens qui aident, plus c'est facile d'aider une personne en difficulté / Les petits ruisseaux font les grandes rivières. ¶ 우리는 ~으로 돈을 모아서 그를 도와주었다 Nous avons économisé sou par sou pour l'aider / Nous l'avons aidé en amassant peu à peu de l'argent.

십억 十億 수 un milliard *m*, mille millions *mpl*. 관 un milliard, mille millions. ¶ 중국의 ~ 인구 un milliard d'habitants en Chine; mille millions d'habitants en Chine.

십여 十餘 관 une dizaine de *qc*. ¶ ~ 명 une dizaine de personnes. ¶ ~ 년 une dizaine d'années.

십이궁 十二宮 명 【천문】 les douze signes *mpl* du zodiaque. ¶ 황도 ~ les douze signes du zodiaque.

십이월 十二月 명 décembre *m*, le mois *m* de décembre.

십이음 十二音 명 【음악】 douze sons *mpl*. ¶ ~ 음악 musique dodécaphonique. ¶ ~ 음계 série de douze sons.

십이지 十二支 명 【민속】 douze signes *mpl* de l'horoscope oriental.

◆_**신상** -神像 명 【민속】 sculptures *fpl* [statues *fpl*] animalières représentant les douze signes de l'horoscope oriental disposées souvent autour de certains tumulus [certaines tombes].

십이지장 十二指腸 명 【의학】 duodénum *m*.

◆_**궤양** -潰瘍 명 【의학】 ulcère *m* duodénal [du duodénum].

◆_**염** -炎 명 【의학】 duodénite *f*, inflammation *f* du duodénum.

◆_**충** -蟲 명 【동물】 ankylostome *m*, ver *m* nématode, parasite *m* de l'intestin grêle.

십인십색 十人十色 명 chacun ses goûts. / Des goûts et des couleurs, on ne discute pas. / Vingt têtes vingt avis. / Tant de gens tant de guises [de manières]. ¶ 저마다 생각이 ~이다 Chaque personne a une pensée différente / À chacun a son avis / Autant de gens autant d'opinions.

십일월 十一月 명 novembre *m*, mois *m* de novembre. ☞ 구월

십일조 十一條 명 【기독】 dîme *f*. ¶ ~를 바치다 régler [payer] la dîme.

십자 十字 명 croix *f*. ¶ ~를 긋다 faire le signe de (la) croix, faire un signe de croix; se signer.

◆_ **가** -架 명 ① 【기독】 Croix *f*. ¶ ~가에 못 박힌 예수 Crucifié *m*, Jésus crucifié sur la croix, Jésus cloué [attaché] sur la croix [en croix]. ¶ ~가의 길 Le chemin *m* de la Croix; stations *fpl* de la Croix. ② 기독교의 상징 croix *f*.

*~**가를 지다** se sacrifier pour *qn*. ¶ 친구가 그 사람 대신 ~가를 지게 되었다 Son ami(e) s'est sacrifié(e) pour lui.

◆_**군** -軍 명 【역사】 croisade *f*, l'armée *f* des croisés [des soldats du Christ, de la sainte église catholique]. ¶ ~군 전쟁 Croisade; guerre Sainte; guerre de religion. ¶ ~군에 참가하다 partir pour la croisade, faire croisade, s'engager [s'enrôler] dans une croisade.

◆_**드라이버** 명 tournevis *m* cruciforme.

◆_**로** -路 명 carrefour *m*, croisement *m*. ¶ ~로에서 신호를 기다리다 attendre le feu vert au carrefour, attendre au carrefour que le feu change [que le feu passe au vert].

◆_**성호** -聖號 명 【천주】 signe *m* de la croix.

◆_**수** -繡 명 【수공】 point *m* de croix. ¶ ~수를 놓다 faire du point de croix; coudre au point de croix.

◆_**포화** -砲火 명 【군사】 feux *mpl* croisés.

◆_**표** -表 명 marque *f* de croix.

◆_**형** -形 명 forme *f* de croix. ¶ ~형의 cruciforme.

십장 什長 명 contremaître *m*; agent *m* de maîtrise; porion *m*. ¶ ~의 감독하에 일하다 travailler sous la surveillance du contremaître; bosser {*fam*} sous le contrôle [les ordres] du porion.

십장생 十長生 명 【민속】 *sipjangsaeng* <dix éléments symbolisant la longévité [la longue vie]: le soleil, la montagne, l'eau, la pierre, le pin, la lune ou le nuage, le champignon (ou l'herbe d'immortalité), la tortue, la grue, le cerf (ou le daim)>.

◆_**도** -圖 명 【미술】 *sipjangsaeng-do* <peinture (souvent sur paravent) ayant pour thème dix éléments qui symbolisent la longévité>.

십종경기 十種競技 명 【운동】 décathlon *m*. ¶ ~ 선수 un(*e*) décathlonien(*ne*).

십중팔구 十中八九 명 la plupart (de *qc*/*qn*); la (grande) majorité (de *qc*/*qn*); le plus grand nombre (de *qc*/*qn*)), huit ou neuf sur dix. ¶ 학생들의 ~는 과외를 받는다 La plupart des étudiants suivent [reçoivent] des cours particuliers / La grande majorité des étudiants reçoivent des cours particuliers. ¶ ~는 실망하게 마련이다 Dans la plupart des cas, il est dans la nature des choses qu'on soit déçu(*e*) / En général, c'est normal d'être déçu. ◇_**이다** être probable. ¶ 그렇게 꾸물대면 늦기가 ~이다 À cette allure, c'est sûr qu'on arrivera en retard / Si on traîne ainsi, c'est probable qu'on arrive en retard.

부 très probablement; selon toute probabilité, vraisemblablement; sans aucun doute; apparemment; selon toute apparence; neuf (chances) sur dix. ¶ 그는 ~ 다시 오지 않을 것이다 Il ne va très probablement pas revenir / Il ne va vraisemblablement pas rebrousser chemin. ¶ 그 계획은 ~ 실패할 것이다 Ce projet va probablement échouer / Ce programme va sans doute tomber à l'eau {*fam*}.

십진법 十進法 명 【수학】 numération *f* décimale; système *m* décimal. ¶ ~을 사용하다 appliquer [utiliser] le système décimal [la numération décimale] ((à une mesure)); décimaliser.

십진수 十進數 명 【수학】 chiffre *m* du système décimal.

십팔계 十八界 명 【불교】 dix-huit catégories *fpl* d'existence qui composent l'univers (dont on parle dans le bouddhisme).

십팔금 十八金 명 or *m* à dix-huit carats. ¶ ~ 반지 une bague en or dix-huit carats.

십팔번 十八番 명 air *m* que l'on aime chanter; chanson *f* préférée [favorite]. ¶ 자신의 ~을 부르다 chanter *sa* chanson favorite.

싯- 접두 ((préfixe verbal)) très; foncé(*e*), vi*f*(*ve*). ¶ ~누렇다 être très jaunâtre [jauni(*e*)].

싯가 명 ((ʻ시가ʼ의 잘못)) ☞ 시가[2]

싯구 명 ((ʻ시구ʼ의 잘못)) ☞ 시구[1]

싯귀 명 ((ʻ시구ʼ의 잘못)) ☞ 시구[1]

싯누렇다 형 être très jaunâtre; être (très) jauni(*e*). ¶ 이빨이 ~ avoir les dents (très) jaunies.

싱겁다 형 ① être fade, insipide. ¶ 국이 너무 ~ La soupe est trop fade [insipide] / La soupe manque de sel / La soupe n'est pas assez salée [relevée]. ② ((술, 담배 등이)) être lég*er*(*ère*), ne pas être assez fort(*e*). ¶ 이 담배는 내게는 너무 ~ Ces cigarettes sont trop légères pour moi. ¶ 나는 맥주는 싱거워서 못 마시겠다 Je ne pourrai pas boire cette bière parce qu'elle est vraiment trop légère [trop peu alcoolisée, pas assez forte]. ③ 엉뚱하다 être insipide ((au sens figuré)), fade, ennuyeu*x*(*se*); ne pas être amusant(*e*); manquer d'intérêt. ¶ 별 싱거운 사람 다 보겠다 Ce qu'il peut être ennuyeux [inintéressant] [rasoir {*fam*}] alors! ④ 재미없다 être inintéressant(*e*), ennuyeu*x*(*se*); ne pas être amusant(*e*); ((conversation)) manquer d'intérêt [de sel, de saveur ((au sens figuré))]. ¶ 싸움이 너무 싱겁게 끝나 버렸다 Ce combat s'est terminé sans enthousiasme.

싱그럽다 형 être fr*ais*(*aîche*); être dou*x*(*ce*); être plein(*e*) [pétillant(*e*)] de vie. ¶ 싱그러운 바람 un vent frais. ¶ 싱그러운 아침 햇살 les doux rayons du soleil matinal. ¶ 꽃향기가 ~ Le parfum des fleurs est doux.

싱그레 부 avec un sourire. ¶ ~ 웃다 sourire (doucement).

싱글[1] 영{*single*} 명 ① 일인용 ((*lit*)) *simple*. ¶ 이 침대는~이다 C'est un lit simple. ② 미혼 célibataire *mf*. ¶ 그 남자는 아직 ~이다 Il est encore célibataire.

싱글[2] 부 ((mimétisme)) avec un sourire.

◆ **_거리다[대다]** 자 sourire; avoir le sourire {*fam*}.

◆ **_ _** 부 avec un sourire. ¶ ~~ 웃다 sourire.

싱긋 부 avec un sourire. ¶ ~ 웃다 sourire.

◆ **_거리다[대다, 하다]** 자 sourire.

◆ **_ _** 부 avec un sourire. ¶ ~~ 웃다 sourire.

싱숭생숭하다 형 être tout(*e*) excité(*e*); ne pas tenir en place, être excité(e) [échauffé(e)] ((par le printemps, au moment du printemps)), être dans tous *ses* états ((au moment du printemps, à la saison du printemps)), subir les ardeurs ((du printemps)), ressentir la montée de sève ((du printemps)); avoir besoin de changement au moment ((du printemps)); éprouver du désir [avoir du désir, avoir des désirs, ressentir les désirs] ((au printemps)). ¶ 봄이 오면 마음이 ~ Au printemps, je ne tiens plus en place [je me sens tout excitée, je me sens pleine de désir [pleine d'ardeur], je me sens très tonique, je suis stimulée, je sens la montée du désir].

싱싱하다 형 être fr*ais*(*aîche*); être plein(*e*) de vie, pétillant(*e*) de vie; être animé(*e*). ¶ 싱싱한 달걀 œufs frais. ¶ 야채가 ~ Les légumes sont frais. ¶ 장미가 싱싱해 보인다 Les roses ont l'air très fraîches. ¶ 젊은이들이 잔디밭에서 싱싱한 기운을 발산하고 있었다 Les jeunes sont pétillants de vie sur la pelouse.

싱크대 -臺 영{sink-} 명 évier *m*. ¶ ~에서 설거지하다 faire la vaisselle dans l'évier.

싶다[1] 조형 ① ((verbe auxiliaire de souhait sous forme de radical+-고 싶다)) vouloir+*inf*; avoir envie de+*inf*; espérer+*inf* ((qualitatif auxiliaire exprimant la volonté, le désir)). ¶ 밥을 먹고 싶다 J'aimerais [Je voudrais] manger [prendre mon repas]. ¶ 하고 싶은 말이 있다 J'ai quelque chose à (te) dire. ¶ 울고만 싶은 심정이다 J'ai seulement envie de pleurer. ② ((verbe auxiliaire de souhait sous forme de radical+-면/-으면 싶다)) J'aimerais bien+*inf* [que+*subj*]. ¶ 올 여름에 여행을 떠났으면 ~ J'aimerais bien partir en voyage cet été. ¶ 네가 좀 도와주었으면 ~ J'aimerais bien que tu m'aides [me donnes [me files {*fam*}] un coup de main]. ③ ((verbe auxiliaire de supposition)) penser [imaginer, croire] que+*ind*; espérer que+*ind*; s'attendre à ce que+*subj*; se demander si+*ind*. ¶ 지금쯤이면 다 끝났지 ~ J'imagine [Je pense] que maintenant c'est terminé. ¶ 네가 돌아올까 싶어서 기다리고 있었다 J'attendais parce que je pensais que tu allais revenir [rentrer]. ¶ 그가 어디 아픈 것이 아닌가 ~ J'imagine qu'il a mal quelque part / Je crois qu'il a mal quelque part / Je me demande s'il n'est pas un peu fou. ¶ 그는 언제 울었나 싶게 금방 웃었다 Il a pleuré mais s'est arrêté aussitôt au point que je me demande s'il a pleuré ou non ((Jean qui rit, Jean qui pleure)).

-싶다[2] 접미 ((verbe auxiliaire de semblance sous forme de radical+-ㄹ/-을 성/듯-싶다)) sembler; avoir l'air; paraître; avoir l'impression que+*ind*; on dirait que+*ind*. ¶ 눈이 올 성~ J'ai l'impression [On dirait] qu'il va neiger / Je pense qu'il va neiger. ¶ 폭풍이 몰아칠 듯~ On dirait qu'il va y avoir une tempête [que le temps va se gâter].

ㅆ 명 *ssang siot m* ((une des doubles consonnes de l'alphabet coréen; double *siot* (ㅅ))).

싸가지 명 【속어】 bonnes manières *fpl*; étiquette *f*. ¶ ~(가) 없다 avoir des manières de malotru; être très grossi*er*(*ère*); être cavali*er*(*ère*); être un(*e*)

malotru(*e*), une brute, un rustre. ¶ ~(가) 없이 굴다 se conduire très grossièrement [cavalièrement].

싸개¹ 명 carré *m* de tissu [papier] (pour envelopper *qc*).

◆**발_** 명 carré *m* de tissu pour envelopper les pieds des nouveaux-nés.

싸개² 명 ((suffixe nominal)) enfant *mf* qui ne sait pas faire *ses* besoins seul; enfant *mf* qui n'est pas encore propre.

◆**오줌_** 명 un(*e*) enfant qui ne sait pas encore faire pipi tout(*e*) seul(*e*); un(*e*) enfant qui n'est pas encore propre.

◆**똥_** 명 un(*e*) enfant qui ne sait pas encore faire caca tout(*e*) seul(*e*); un(*e*) enfant qui n'est pas encore propre.

싸고돌다 타 ① 둥글게 돌다 tourner autour de *qc*; graviter ((autour du soleil)). ¶ 산봉우리를 싸고도는 구름 des nuages qui flottent [qui planent] au-dessus d'une cime [d'un sommet]. ② 퍼져 돌다 se répandre [se diffuser, se propager] partout. ¶ 마을을 싸고도는 소문들 les bruits [les rumeurs] qui se répandent [qui se propagent, qui circulent] dans tout le village, les bruits [les rumeurs] qui planent sur tout le village. ③ 두둔하다 favoriser *qn*; appuyer *qn*; défendre [soutenir] (la cause de) *qn*; prendre parti pour *qn*. ¶ 그 사람을 너무 싸고돌지 마세요 N'essayez pas de le défendre.

싸구려 명 bon marché, de mauvaise qualité *f*, de pacotille *f*. ¶ ~ 화장품 des produits de maquillage [du maquillage, des cosmétiques] de mauvaise qualité.

싸그리 부 【속어】 ☞ 싹²

싸느랗다 형 ① ((날씨, 공기가)) être froid(*e*), frisquet(*te*), glacial(*e*). ¶ 싸느란 실내 un intérieur frisquet. ② 쌀쌀맞다 être froid(*e*), glacial(*e*), indifférent(*e*), impassible; être sec(*sèche*). ¶ 싸느란 표정 un air glacial [froid, impassible], une expression glaciale, un visage de marbre, un visage impassible. ¶ 싸느랗게 얼어붙다 ((ambiance)) se glacer; avoir une sueur froide; être transi(*e*) ((de peur)).

싸늘하다 형 ① ((날씨, 공기가)) être froid(*e*), frisquet(*te*). ¶ 바람이 ~ Le vent est froid [frisquet]. ② 쌀쌀맞다 être froid(*e*), glacial(*e*), distant(*e*), indifférent(*e*), impassible; être sec(*sèche*). ¶ 싸늘한 말투 d'un ton froid [glacial, indifférent], d'un ton sec [brusque, bourru], d'un ton cassant, sèchement, d'une façon rude. ¶ 표정이 ~ ((une personne)) avoir l'air froid(*e*) [sec(*sèche*), impassible, indifférent(*e*)]; avoir un air glacial [un visage de marbre, un visage de glace]. ¶ 그 여자에 대한 내 마음은 싸늘하게 식어갔다 Mes sentiments s'étaient refroidis à son égard.

싸다¹ 타 ① envelopper, emballer, empaqueter; mettre *qc* en paquet; couvrir. ¶ 무엇을 종이로 ~ envelopper *qc* avec [dans] du papier. ¶ 외투로 몸을 ~ s'emmitoufler dans un manteau. ¶ 두 손으로 얼굴을 ~ se couvrir le visage des deux mains. ② ((짐을)) emballer, empaqueter; préparer *qc* pour emporter. ¶ 짐을 ~ faire *ses* malles [*sa valise, ses* valises], faire *son* baluchon. ¶ 도시락을 ~ préparer *sa* boîte à lunch [*son* panier-repas]. ③ 둘러싸다 entourer; encercler, environner. ¶ 계곡을 싸고 있는 숲 les forêts qui entourent la vallée. ¶ 구경꾼들이 그를 싸고 빙 둘러서 있다. Les spectateurs font cercle autour de lui [l'entourent].

싸다² 타 ((똥, 오줌을)) faire *ses* besoins (naturels); 【아어】 ((똥을)) faire caca {*fam*}, aller à la selle, déféquer, chier {*vulg*}; 【아어】 ((오줌을)) faire pipi {*fam*}, pisser {*fam*}, uriner. ¶ 바지에 오줌을 ~ faire pipi dans *sa* culotte [dans *son* pantalon], mouiller *sa* culotte [*son* pantalon].

싸다³ 형 ① être bon marché; ne pas être cher(*ère*); être peu coûteux(*se*) [onéreux(*se*)]; ((prix, marché)) être avantageux(*se*), bas(*se*), abordable; ((loyer)) être modéré(*e*); ((salaire)) être maigre. ¶ 값이 싼 제품 un produit bon marché. ¶ 싸게 사다[팔다] acheter *qc* bon marché [vendre *qc* à bon marché, à prix d'ami; faire un bon prix, un prix intéressant, un prix d'ami]. ¶ 이렇게 하는 게 값이 싸게 먹힌다 Cela revient (beaucoup) moins cher de faire comme cela. ② 마땅하다 mériter ((une punition)), bien mériter de, être bien fait pour *qn* [pour la gueule de *qn* {*vulg*}]; l'avoir bien mérité, ne pas avoir volé *qc* {*fam*}; c'est dans l'ordre des choses, n'avoir que ce que l'on mérite ((c'est tout ce qu'il mérite)). ¶ 그 사람은 죽어도 ~ Même la mort ne serait pas assez pour le punir / Cela ne me ferait rien même s'il mourait / Il mérite plus que la mort. ¶ 그 사람은 그런 비판을 받아도 ~ Il mérite ces critiques / Il a bien mérité ces critiques.

***싼 게 비지떡** ce qui est bon marché revient toujours (à) plus cher [est de mauvaise qualité]; le bon marché revient souvent plus cher.

싸다⁴ 형 ne pas savoir garder [tenir] un secret, ne pas savoir tenir *sa* langue, avoir la langue bien pendue. ¶ 그 여자는 입이 ~ Elle ne sait pas tenir un secret [tenir sa langue] / Elle n'est pas capable de garder un secret / Elle a la langue bien pendue / On ne peut rien lui confier.

싸다니다 자타 parcourir; courir [errer] çà et là. ¶ 온종일 거리를 ~ errer toute la journée dans les rues.

싸돌다 타 ☞ 싸고돌다

싸돌아다니다 타 ☞ 싸다니다

싸라기 명 ① 부스러진 쌀알 riz *m* en grains. ¶ ~ 쌀 du riz en grains. ② 싸락눈 grésil *m*.

싸락눈 명 grésil *m*. ¶ ~이 내리고 있다 Il neige à peine [légèrement].

싸롱 프{salon} 명 ((‘살롱’의 잘못)) ☞ 살롱

싸리 명 【식물】 *Lespedeza bicolor turczaninow* {*nsc*}.

◆_나무 명 【식물】 *Lespedeza bicolor turczaninow* {*nsc*}. ¶ ~나무를 엮어 바구니를 만들다 fabriquer un panier en tissant du *Lespedeza bicolor turczaninow*.

◆_비 명 balai *m* de *Lespedeza bicolor turczaninow*. ¶ ~비로 마당을 쓸다 balayer la cour avec un balai de *Lespedeza bicolor turczaninow*.

싸리버섯 명 【식물】 clavaire *f*; *Clavaria botrytis* {*nsc*}.

싸매다 타 attacher autour de *qc*, enrouler, entourer; panser, bander. ¶ 다친 손을 붕대로 ~ panser une main blessée, bander une main blessée avec un pansement.

싸악 부 ☞ 싹²

싸우다 자 ① 다투다 se disputer, se quereller; se chamailler {*fam*}. ¶ 아내와 크게 ~ se disputer très fort avec *sa* femme. ¶ 싸우지 말고 사이좋게 놀아라 jouez ensemble sans vous chamailler. ② 맞서다 affronter, rencontrer. ¶ 내일 한국 축구 팀이 프랑스와 싸운다 Demain, l'équipe de football de Corée rencontre [affronte] la France. ③ 애쓰다 se (dé)battre avec [contre] *qc*, lutter contre *qc*. ¶ 피로 [굶주림]와 ~ lutter contre la fatigue [la faim]. ¶ 죽음과 맞서 ~ se battre contre la mort.

싸움 명 conflit *m*; lutte *f*; combat *m*; guerre *f*; bagarre *f*; controverse *f*; débat *m*; querelle *f*; dispute *f*, prise *f* de bec; brouille *f*; conflit *m*; contestation *f*. ¶ 집안 ~ une scène [une querelle] de famille. ¶ 부부 ~ une scène [une querelle] de ménage. ¶ 살아남기 위한 처절한 ~ une lutte désespérée pour survivre. ¶ 누구에게 ~을 걸다 provoquer *qn* au combat; chercher querelle [noise] à *qn*; chercher des noises [des crosses {*fam*}] à *qn*, chercher la bagarre, provoquer *qn*. ¶ 누구와 ~을 벌이다 se quereller avec *qn*; se disputer avec *qn* ((à propos de *qc*)); se brouiller avec *qn*; avoir un différend avec *qn*; avoir une prise de bec avec *qn* {*fam*}. ¶ ~을 말리다 empêcher un combat d'avoir lieu. ¶ 누구와 누구 사이에 ~을 붙이다 provoquer [être à l'origine d'] une dispute entre deux personnes. ¶ ~에(서) 이기다 gagner un combat, sortir vainqueur d'une lutte [d'un combat], être vainqueur d'un combat. ¶ ~에(서) 지다 perdre un combat; abandonner une lutte; être vaincu(*e*) dans un combat. ¶ 유산을 둘러싸고 형제간에 ~이 났다[벌어졌다] Les frères et sœurs se sont disputés à propos de l'héritage. ◇_(을) 하다 se quereller avec *qn*; se disputer avec *qn* ((à propos de *qc*)); se brouiller avec *qn*; avoir un différend avec *qn*.

*~ **끝에 정(이) 붙는다** A force de se disputer, on finit par s'attacher à la personne.

*~**은 말리고 흥정은 붙이랬다** Le dialogue est le meilleur des compromis.

◆_꾼 명 personne *f* qui cherche la bagarre; querelleu*r*(*se*), bagarreu*r*(*se*), teigneu*x*(*se*), personne *f* agressive, personne *f* à l'esprit belliqueux, belliqueu*x*(*se*); personne *f* à l'esprit combatif. ¶ 그는 동네에서 소문난 ~꾼이다 Dans leur quartier, ils sont connus pour être des bagarreurs.

◆_(박)질 명 querelle *f*, brouille *f*, dispute *f*, prise *f* de bec, engueulade *f* {*fam*}, scène *f*, empoignade *f*. ¶ ~질(을) 하다 se quereller avec *qn*; se disputer avec *qn* ((à propos de *qc*)); se brouiller avec *qn*; avoir une prise de bec {*fam*} [une engueulade {*fam*}, un accrochage, une empoignade, une scène, une explication] avec *qn*; se chamailler avec *qn*.

◆_닭 명 ① coq *m* de combat.

◆_터 명 champ *m* de bataille; champ *m* d'honneur; front *m*; première ligne *f*. ¶ ~터에 나아가다 partir pour le front.

◆_판 명 querelle *f*; dispute *f*. ¶ ~판이 벌어졌다 Une querelle a éclaté [s'est engagée]. ¶ ~판에 끼어들다 s'immiscer [intervenir] dans une dispute.

◆눈_ 명 sorte de jeu *m* de la barbichette ((jeu consistant à se regarder fixement en essayant soit de ne pas cligner des yeux, soit de ne pas rire)). ¶ 눈~을 하다 jouer au jeu de la barbichette.

◆눈_ 명 bataille *f* de boules de neige. ¶ 눈~을 하다 faire une bataille de boules de neige.

싸이다 자 ① être enveloppé(*e*); être emballé(*e*), empaqueté(*e*); être mis(*e*) en paquet. ¶ 종이에 싸인 책 un livre couvert avec du papier, un livre protégé par une couverture de papier. ② 둘러싸이다 être entouré(*e*), cerné(*e*); être encerclé(*e*); être environné(*e*). ¶ 성벽으로 싸인 도시 une ville entourée [cernée] de murailles. ③ 뒤덮이다 être couvert(*e*); être recouvert(*e*); être enveloppé(*e*), enseveli(*e*), plongé(*e*), enfoui(*e*) ((dans les ténèbres)), être noyé(*e*), pris(*e*) ((dans le brouillard)); être entouré(*e*) [assailli(*e*), cerné(*e*)] par ((les flammes)); être submergé(*e*) par ((le brouillard, une vague de désespoir)), être envahi(*e*), englouti(*e*) ((par le brouillard)); être enflammé(*e*) ((par la guerre)). ¶ 화염에 싸인 집 une maison entourée [cernée, assaillie] par les flammes. ¶ 안개에 싸인 도시 une ville submergée [envahie, engloutie] par le brouillard, une ville prise dans le brouillard [dans une nappe de brouillard], une ville noyée dans le brouillard.

*베일에 ~ être nimbé(*e*) d'un voile (de mystère), être voilé(*e*), caché(*e*), dissimulé(*e*), rester enseveli(*e*) sous un mystère [sous un voile], rester obscur(*e*). être entouré(*e*) de mystère, mystérieu*x*(*se*). ¶ 그 사건은 여전히 베일에 싸여 있다 Cette affaire reste toujours entourée [enveloppée] de mystère / Cette affaire reste toujours mystérieuse / La vérité de cette affaire est cachée [dissimulée, voilée] / La vérité de cette affaire reste ensevelie sous un mystère [sous un voile].

싸이렌 영{siren} 명 ((‘사이렌’의 잘못)) ☞ 사이렌

싸이클 영{cycle} 명 ((‘사이클’의 잘못)) ☞ 사이클

ㅅ

싸인 명{sign} 명 ((‘사인’의 잘못)) ☞ 사인[3]
싸잡다 타 ① 한통속으로 몰다 mettre dans le même sac, prendre [mettre] ensemble. ¶ 모든 사람들을 싸잡아 비난하다 critiquer tout le monde ensemble. ② 움켜잡다 saisir. ¶ 지독한 냄새에 코를 ~ avoir le nez saisi par une forte odeur.
싸전 -廛 명 graineterie *f*; magasin *m* de grainetier.
싸지르다[1] 재타 【속어】 ☞ 싸다니다
싸지르다[2] 타 【속어】 ☞ 싸다[2]
싸지르다[3] 타 【속어】 mettre le feu; allumer un incendie; incendier. ¶ 집에 불을 ~ mettre le feu à une maison, faire brûler une maison, incendier une maison.
싸하다 형 ① 차갑다 être glacé(*e*). ¶ 싸한 겨울 공기 l'air glacé d'hiver. ② 아리게 자극적이다 être âcre, piquant(*e*). ¶ 싸한 휘발유 냄새 l'odeur piquante de l'essence. ¶ 연기 때문에 코끝이 ~ La fumée me pique [m'irrite] le nez. ¶ 입안이 싸하게 맵다 J'ai la bouche en feu / Ça emporte la bouche / Ça arrache la gueule {*fam*} / Ça déménage {*fam*}.
싹[1] 명 ① germe *m*; bouton *m*; bourgeon *m*; pousse *f*. ¶ ~이 났다[돋았다] Ça a germé. ¶ ~을 틔우다 faire bourgeonner. ¶ ~이 트다 pousser des bourgeons [des boutons]; bourgeonner. ¶ 나무에 ~이 텄다 Les arbres ont bourgeonné. ¶ 감자가 ~이 텄다 Les pommes de terre ont germé. ② 근원, 시초 origine *f*; germe *m*. ¶ 불평의 ~을 잘라 버리다 supprimer l'origine des protestations. ¶ 문제가 될 만한 ~을 없애다 supprimer tout ce qui est susceptible d'être à l'origine d'un problème.

*~**을 밟다** supprimer à la base, étouffer [tuer] ((une affaire)) dans l'œuf.
*~**이 노랗다** être sans avenir [sans espoir], l'avenir n'est pas rose; craindre le pire pour l'avenir de *qn*; ((반어적으로)) Ça promet (pour *son* avenir).
◆**_트다** 재 germer; naître; ((une affaire)) commencer à se développer. ¶ 불만이 ~트다 Des protestations naissent. ¶ 두 사람 사이에 사랑이 ~텄다 Un amour est né entre eux.
◆**_틔우다** 타 faire naître ((l'amour entre deux personnes)); faire germer ((une ambition)) dans l'esprit de *qn*.
◆**새_** 명 nouveau bourgeon *m*; nouvelle pousse *f*.
싹[2] 부 ① 몽땅, 전부 complètement, totalement, entièrement, en ne laissant rien. ¶ 접시를 ~ 비우다 vider complètement *son* assiette. ¶ 도둑들이 집 안의 물건을 ~ 쓸어갔다 Les cambrioleurs n'ont rien laissé dans la maison [ont tout déménagé]. ② 완전히 정반대로 tout à fait contraire; complètement, totalement. ¶ 그의 태도가 ~ 바뀌었다 Son attitude a radicalement [complètement] changé / Son attitude a changé du tout au tout.
싹[3] 부 ☞ 싹둑
싹둑 부 en morceau(*x*). ¶ 수박을 ~ 자르다 couper une pastèque en morceaux.
◆_ _ 부 par petits morceaux. ¶ 가위로 머리를 ~~ 자르다 couper les cheveux avec des ciseaux.
싹수 명 avenir *m*; pronostic; espoir *m*; présage *m*; augure *m*; auspice *m*. ¶ 그 녀석은 뭘 제대로 할 ~가 보이질 않는다 Il ne fera rien de bien [bon], celui-là. ¶ 그 녀석은 ~가 틀려먹었다 Je crains le pire pour lui [son avenir] / Son avenir n'est pas (très) prometteur / Ça promet pour lui.
*~**가 노랗다** être sans avenir [sans espoir], l'avenir n'est pas rose; craindre le pire pour l'avenir de *qn*; ((반어적으로)) Ça promet (pour *son* avenir). ¶ 하는 짓을 보니 그 녀석은 ~가 노랗다 Vu son comportement, ça promet pour lui [je crains le pire pour lui, pour son avenir].
싹싹 부 ((mimétisme)) ① en frottant. ¶ 손가락으로 테이블을 ~ 문지르다 frotter une table du doigt. ② 간청하는 모습 d'un air [ton] suppliant. ¶ 잘못했다고 ~ 빌다 implorer [supplier] le pardon.
싹싹하다 형 être affable, aimable, courtois(*e*), gentil(*le*), gracieux(*se*). ¶ 싹싹한 성격 un caractère affable. ¶ 그 여자는 누구에게나 ~ Elle est gentille [affable] avec [envers] tout le monde. ¶ 어른들에게 싹싹하게 인사하다 saluer courtoisement les grandes personnes [les adultes].
싹쓸이 명 action de tout prendre [de ne rien laisser], rafle *f*. ◇_(**를**) **하다** tout prendre, tout emporter, tout rafler, ne rien laisser. ¶ 도둑이 물건을 ~해 갔다 Le voleur a volé tout ce qu'il y avait / Le voleur a tout pris [emporté] / Le voleur n'a rien laissé.
싼값 명 prix *m* bon marché; prix *m* avantageux, bon prix *m*, prix *m* d'ami; prix *m* abordable; bas prix *m*; coût *m* peu élevé. ¶ 가구를 ~에 사다 acheter un meuble (à) bon marché [à un bon prix, à bas prix]. ¶ 이 물건은 아주 ~에 드리는 것입니다 Je vous le fais pour vraiment pas cher / C'est presque donné / C'est vraiment un prix d'ami que je vous fais.
쌀 명 riz *m* (cru). ¶ ~ 세 가마[말, 되] trois *gama* [*mal*, *doe*] de riz. ¶ ~가게 boutique d'un marchand de riz. ¶ ~을 씻다 laver du riz [le riz]. ¶ ~을 찧다 blanchir [polir] le riz. ¶ ~을 주식으로 하다 manger du riz comme aliment de base. ¶ ~ 한 톨도 버리지 마라 Ne jette pas le moindre grain de riz.
◆**_가루** 명 poudre *f* de riz.
◆**_가마니** 명 sac *m* en paille tressée pour mettre le riz; sac *m* de riz. ¶ ~가마니를 지다 mettre des sacs de riz sur *son* dos.
◆**_값** [**금**] 명 prix *m* du riz. ¶ ~값이 올랐다[내렸다] Le prix du riz a augmenté [baissé].
◆**_겨** 명 son *m* de riz.
◆**_눈** 명 riz *m* en germe, œil *m* du riz.
◆**_독** 명 jarre *f* de riz. ¶ ~독을 채우다 remplir une jarre de riz. ¶ ~독이 비어 간다 La jarre de riz se vide.
*~**독에 거미줄 치다** être très pauvre; avoir des fins

de mois difficiles; avoir du mal à joindre les deux bouts; tirer le diable par la queue.

*~독에서 인심 난다 C'est dans les vieux pots qu'on fait les bonnes soupes.

◆_뜨물 명 eau *f* dans laquelle on a lavé le riz. ¶ 희뿌연 ~뜨물 l'eau blanchâtre dans laquelle on a lavé le riz.

◆_밥 명 riz *m* (cuit). ¶ 흰 ~밥을 먹다 manger du riz blanc [nature, sans haricots].

◆_벌레 명 【동물】 insecte *m* parasite du riz.

◆_알 명 grain *m* de riz. ¶ ~알 한 톨 un grain de riz.

◆_자루 명 sac *m* de riz.

◆_통 -筒 명 huche *f* à riz.

쌀보리 명 【식물】 orge *f* à deux rangs.

쌀쌀맞다 형 être sec(*sèche*); être froid(*e*), glacial(*e*), distant(*e*), indifférent(*e*), impassible. ¶ 쌀쌀맞은 말투로 d'un ton sec [brusque, bourru], d'un ton cassant, sèchement, d'une façon rude; d'un ton froid [glacial]. ¶ 쌀쌀맞은 남자 un homme froid [distant, impassible, ne manifestant aucune émotion [aucun sentiment]]. ¶ 그 아가씨는 나에게 쌀쌀맞게 군다 Cette jeune fille s'est conduite très froidement avec moi.

쌀쌀하다 형 ① ((날씨가)) être froid(*e*), faire froid [frisquet]. ¶ 쌀쌀한 날씨가 계속되었다 Il n'a pas cessé de faire froid. ¶ 아침저녁으로는 날씨가 제법 ~ Le matin et le soir, il fait plutôt frisquet. ¶ 저녁 바람이 쌀쌀하게 분다 Le vent du soir est frisquet / Il fait frisquet le soir. ② ((성질, 태도가)) être froid(*e*); indifférent(*e*). ¶ 쌀쌀한 태도[표정] une attitude froide [un air froid, un air indifférent]. ¶ 그는 성격이 좀 ~ Il est un peu froid (de caractère). ¶ 쌀쌀하게 대하다 traiter *qn* froidement, témoigner de la froideur à *qn*.

쌈[1] 명 *ssam m* <bouchées de riz enroulées dans des feuilles de salade (verte)>. ¶ 상추~ bouchées de riz enroulées dans des feuilles de salade verte. ¶ ~(을) 싸다 enrouler des bouchées de riz dans des feuilles de salade (verte). ¶ 고기를 상추에 ~을 싸 먹다 manger des bouchées de riz enroulées dans des feuilles de salade.

◆_밥 명 *ssambap m* <mets coréen constitué de bouchées de riz enroulées dans des feuilles de salade>.

◆_장 -醬 명 *ssamjang m* <pâte fermentée que l'on mange avec de la viande enrobée dans une feuille de salade>.

쌈[2] 명 ☞ 싸움

쌈[3] 분류 ((classificateur)) paquet *m* de 24 aiguilles. ¶ 바늘 두 ~ deux paquets de 24 aiguilles.

쌈박하다 형 【속어】 ① 훌륭하다 être élégant(*e*), distingué(*e*), superbe, splendide, magnifique, merveilleux(*se*), ravissant(*e*). chouette, chic. ¶ 이 옷은 색상이 ~ Ce vêtement a une superbe couleur [une couleur somptueuse]. ② 일처리가 시원스럽다 être bien, être comme il faut. ¶ 어려운 일을 쌈박하게 해결하다 régler comme il faut les affaires difficiles.

쌈지 명 petit sac *m*; bourse *f*, blague *f* (à tabac). ¶ ~에서 담배를 꺼내다 sortir du tabac d'une blague à tabac.

◆_ㅅ돈 명 faible somme *f* d'argent *m*; somme argent *m* auquel on tient énormément [comme à la prunelle de *ses* yeux].

*주머닛돈이 ~ㅅ돈 Peu importe avec quel argent on va payer / Peu importe qui va payer / C'est la même bourse [le même argent].

분류 paquet *m*, boîte *f*. ¶ 담배 한 ~ un paquet de cigarettes. ¶ 바늘 한 ~ une boîte à aiguilles.

쌉쌀하다 형 être légèrement am*er*(*ère*).

쌍 雙 명 par deux; ((par)) paire *f*; ((par)) couple *m*; double. ¶ 둘씩 ~을 짓다 former une paire [des paires]. ¶ 커피 잔 두 개가 ~을 이루고 있다 Deux tasses à café forment une paire.

◆_가락지 명 anneaux *mpl* jumelés.

◆_갈래 명 ((se séparer, se diviser)) en deux. ¶ ~갈랫길 une bifurcation; un embranchement. ¶ 머리를 ~갈래로 땋다 se faire une raie dans les cheveux. ¶ 길이 ~갈래가 졌다 Le chemin se divise en deux.

◆_괄호 -括弧 명 double parenthèse *f*.

◆_과부 -寡婦 명 double veuvage *m*. ¶ 시어머니와 며느리가 졸지에 ~과부가 되었다 La belle-mère et sa belle-fille sont toutes les deux veuves.

◆_미닫이 명 double porte *f* [fenêtre *f*] à coulisse [à glissière].

분류 couple *m*. ¶ 토끼 한 ~ un couple de lapins. ¶ 한 ~의 연인 un couple d'amoureux.

쌍곡선 雙曲線 명 【수학】 hyperbole *f*; courbe *f* hyperbolique.

◆희비_ 喜悲 명 joie *f* mêlée de tristesse *f*. ¶ 희비~이 교차되다 éprouver de la joie mêlée de tristesse; passer par des alternances de bons et de mauvais moments.

쌍권총 雙拳銃 명 deux revolvers *mpl*. ¶ ~을 차다 porter deux revolvers.

쌍기역 雙- 명 【언어】 ((nom d'une double consonne de l'alphabet coréen, double *giyeok m*, ㄲ)).

쌍꺼풀 雙- 명 pli *m* sur la paupière. ¶ ~ 수술 opération pour avoir un pli sur la paupière. ¶ 그 여자는 (눈에) ~이 있다[없다] Elle a un pli [n'a pas de pli] sur la paupière. ¶ ~이 지다 avoir un pli sur la paupière. ¶ ~이 진 눈 des yeux avec un pli sur la paupière.

◆속_ 명 pli *m* sur les paupières internes.

쌍날 雙- 명 à deux lames *fpl*; à double lame *f*, à double tranchant. ¶ ~ 면도기 un rasoir à deux lames [à double lame].

쌍년 명 【비어】 garce *f* {*fam*}, salope *f* {*vulg*}, putain *f* {*vulg*}, chienne *f* {*vulg*}.

쌍놈 명 【비어】 salaud *m* {*fam*}; goujat *m* {*fam*}, malappris *m*, rustre *m*, mufle *m*, malotru *m*, brute *f*.

쌍동이 명 (('쌍둥이'의 잘못)) ☞ 쌍둥이

쌍두마차 雙頭馬車 명 ① voiture *f* tirée par deux chevaux. ¶ ~에 타다 monter dans une voiture tirée par deux chevaux. ② 한 분야에서 주축이 되는 두 사람이나 사물 double attelage *m.* ¶ 정계의 ~ le double attelage du monde politique.

쌍둥밤 雙- 명 châtaignes *fpl* jumelles.

쌍둥이 雙- 명 jume*au*(*elle*, *eaux*). ¶ 일란성 ~ ((남자)) de vrais jumeaux; ((여자)) de vraies jumelles. ¶ 이란성 ~ ((남자 둘, 남자와 여자)) de faux jumeaux; ((여자 둘)) de fausses jumelles. ¶ ~ 형제 des frères jumeaux. ¶ ~ 빌딩 des tours jumelles.

◆**_자리** 명 【천문】 ((né sous le signe des)) Gémeaux *mpl.*

쌍디귿 雙- 명 【언어】 ((nom d'une double consonne coréenne, double *digeut m*, ㄸ)).

쌍륙 雙六 명 【민속】 *ssangnyuk m*, double six <jeu de hasard où l'on lance des dés>. ¶ ~을 던지다 lancer les dés lorsqu'on joue au *ssangnyuk*. ¶ ~을 하고 놀다 jouer au *ssangnyuk*.

쌍말 명 mot *m* grossier; gros mots *mpl*; grossièreté *f.* ◇**_(을) 하다** dire des grossièretés [des gros mots]. ¶ 함부로 ~을 해서는 안 된다 Il ne faut pas dire des gros mots.

쌍무 雙務 명 bilatér*al*(*ale*, *aux*), réciproque; dans les deux sens *mpl.*

◆**_적** -的 명관 bilatér*al*(*ale*, *aux*), réciproque. ¶ ~적 관계에 놓여 있다 se trouver [être] dans une relation bilatérale [dans une relation à deux].

◆**_계약** -契約 명 【법률】 contrat *m* bilatéral [dans les deux sens]. ¶ ~계약을 맺다 conclure un contrat bilatéral.

◆**_협정** -協定 명 【법률】 accord *m* bilatéral. ¶ ~협정을 체결하다 conclure un accord bilatéral.

쌍받침 雙 명 【언어】 double consonne *f* finale d'une syllabe.

쌍발 雙發 명 bimoteur *m*; ((fusil à)) double canon *m.* ¶ ~ 비행기 un avion bimoteur.

◆**_기** -機 명 (avion *m*) bimoteur *m.*

◆**_식** -式 명 bimoteur *m*; ((fusil)) à double canon *m.* ¶ ~식 엔진 un bimoteur.

쌍방 雙方 명 les deux côtés *mpl*; les deux parties *fpl*; ((형용사)) commun(*e*), de part et d'autre, des deux côtés, mutuel(*le*). ¶ ~의 양보 une concession mutuelle. ¶ ~이 휴전에 합의했다 L'armistice a été décidé d'un commun accord. ¶ ~ 모두에게 책임이 있다 Ils sont tous les deux responsables.

◆**_적** -的 명관 commun(*e*), mutuel(*le*). ¶ ~적 커뮤니케이션 une communication dans les deux sens.

◆**_심리주의** -審理主義 명 【법률】 instruction *f* commune d'un procès [d'une affaire].

◆**_행위** -行爲 명 【법률】 acte *m* commun.

쌍방향 雙方向 명 les deux directions *fpl.* ¶ ~ 통신 un réseau téléphonique bilatéral.

쌍벌주의 명 【법률】 égalité *f* devant la justice ((dans un cas d'adultère)). ¶ ~에 의거해 양쪽 모두를 처벌하다 répartir avec équité [impartialement] les punitions; faire régner avec équité la justice.

쌍벽 雙璧 명 ① paire *f* de perles. ② 우열을 가리기 어려운 두 대상 deux grands maîtres *mpl* (dans un domaine). ¶ ~을 이루다 être les deux grandes figures [les deux grands piliers] ((de la littérature coréenne, du théâtre classique)). ¶ 라신느와 몰리에르는 프랑스 고전극의 ~이다 Racine et Molière sont les deux grands du théâtre classique.

쌍봉낙타 雙峰駱駝 명 【동물】 cham*eau*(*elle*, *eaux*) [à double bosse].

쌍분 雙墳 명 tombes *fpl* jumelles [côte à côte]. ¶ 부모님의 묘소를 ~으로 하다 s'arranger pour que les tombes de *ses* parents soient côte à côte [pour que *ses* parents soient enterrés côte à côte].

쌍비읍 雙- 명 ((nom d'une consonne coréenne, double *bieup m*, ㅃ)).

쌍생아 雙生兒 명 jumeaux *mpl*, jumelles *fpl.* ☞ 쌍둥이

쌍수 雙手 명 deux mains *fpl*; deux bras *mpl.* ¶ ~를 들어 맞이하다 recevoir *qn* à bras ouverts. ¶ 그것은 ~를 들고 환영할 일이다 C'est un événement qu'il faut accueillir avec enthousiasme.

쌍스럽다 형 ☞ 상스럽다

쌍시옷 명 ((nom d'une consonne coréenne, double *siot m*, ㅆ)).

쌍심지 명 double mèche *f.*

***눈에 ~[불]를 돋우다[세우다, 켜다]** ☞ 눈[1]

쌍쌍 雙雙 명 deux par deux; paire *f*; couple *m.* ¶ ~의 남녀 couples. ¶ ~으로 어울려 다니다 se promener deux par deux.

◆**_이** 부 deux par deux; par paires; par couples. ¶ 남녀 ~이 춤을 추고 있다 Les hommes et les femmes dansent en couple. ¶ 기러기들이 ~이 날고 있었다 Les oies sauvages volent deux par deux.

◆**_파티** 명 fête *f* en couple.

쌍안경 雙眼鏡 명 jumelles *fpl.* ¶ ~으로 보다 regarder avec des jumelles.

쌍알 명 œuf *m* à deux jaunes.

***~을 지르다** faire coïncider [tomber le même jour, se chevaucher] deux événements [deux rencontres].

***~이 지다** avoir deux événements [rencontres] qui tombent en même temps [le même jour, au même moment]; avoir deux événements qui se chevauchent [qui coïncident]; coïncider, se chevaucher, se recouper; ((deux événements, deux rencontres)) tomber en même temps [le même jour].

쌍지읒 명 ((nom d'une consonne coréenne, double *jieut m*, ㅉ)).

쌍지팡이 雙- 명 béquilles *fpl.*

***~를 짚고 나서다** pour mettre des bâtons dans les roues de *qn.* ¶ 그는 내 일이라면 ~를 짚고 나서 반대하다 Pour me mettre des bâtons dans les roues, il ferait n'importe quoi [il serait prêt à faire n'importe quoi].

쌍칼 명 deux poignards *mpl*. ¶ ~을 쓰다 utiliser [se servir de] deux poignards. ¶ ~을 휘두르다 brandir [agiter en ronds] deux poignards.

쌓다 타 ① empiler, entasser, superposer, amonceler, mettre en tas.. ¶ 그는 책상 위에 책들을 쌓아 놓고 공부한다 Il étudie avec ses livres empilés sur son bureau. ② 포개어서 만들다 faire un tas, faire une pile. ¶ 담[둑]을 ~ construire un muret; faire un tas [un amas] de pierre. ③ 든든하게 마련하다 accumuler, amasser; emmagasiner. ¶ 학문의 기초를 ~ accumuler les prolégomènes scientifiques. ④ 축적하다 accumuler, amasser. ¶ 실력[경험]을 ~ accumuler les compétences [les expériences]. ¶ 명성을 ~ se créer une réputation [gagner en renommée].

쌓이다 자 ① s'accumuler, s'amonceler, s'entasser; être entassé(*e*), amoncelé(*e*). ¶ 바닥에 쌓인 먼지 la poussière jonchant le sol. ¶ 창고에 물건들이 쌓여 있다 Les marchandises sont entassées dans l'entrepôt. ② 포개져 만들어지다 être édifié(*e*), bâti(*e*), élevé(*e*). ¶ 담이 쌓였다 Le mur est édifié [bâti] / Le mur a été élevé. ③ ((경험 등이)) être accumulé(*e*). ¶ 오랜 세월에 걸쳐 쌓인 경험 expérience accumulée au fil des années. ¶ 둘 사이에 신뢰가 쌓였다 La confiance s'est accumulée entre eux. ④ 누적되다 être accumulé(*e*). ¶ 일주일의 쌓인 피로 la fatigue accumulée de toute une semaine. ¶ 할 일이 태산같이 쌓였다 avoir une montagne de travail à faire.

쌔근 어근 ☞ 새근

쌕쌕 부 ((onomatopée)) ① 고르게 ((respirer)) paisiblement, doucement, tranquillement, avec calme; ((아기가 잠을)) d'un sommeil paisible, d'un doux sommeil, paisiblement, comme un bienheureux {*litt*}. ② 거칠게 haletant, suffoquant; ((respirer)) bruyamment. ¶ 숨을 ~ 몰아쉬다 haleter. ¶ 아기가 ~ 잠을 잔다 Le nourrisson [Le bébé] dort paisiblement [d'un sommeil paisible, d'un doux sommeil].

◆**_거리다[대다]** 자타 ① respirer paisiblement [avec calme, tranquillement, doucement], avoir une respiration paisible; ((아기가 잠을)) avoir un sommeil paisible, avoir un doux sommeil. ② haleter, s'essouffler, suffoquer, avoir la respiration haletante, respirer bruyamment; être hors d'haleine, essoufflé(*e*). ¶ 열이 나서 숨을 ~거리다 haleter de fièvre.

쌕쌕이 명 【속어】 avion *m* à réaction; scooter *m* des mers; jet-ski *m*.

쌤통 명 【속어】 ((c'est)) bien fait ((pour lui, elle, pour *sa* gueule {*fam*})). ¶ 그 녀석 참 ~이다 C'est bien fait pour lui [pour sa gueule {*fam*}] / Il l'a bien mérité [ne l'a pas volé].

쌩 부 ((onomatopée)) en sifflant. ¶ 바람이 귓가를 ~ 스치고 지나갔다 Le vent a sifflé à mes oreilles. ¶ 화살이 ~ 날아간다 La flèche siffle.

◆**__** 부 en sifflant, bruyamment; avec violence, violemment. ¶ 바람이 ~~ 분다 Le vent siffle / Le vent souffle bruyamment [violemment] / Le vent gémit ((dans les arbres)).

쌩쌩하다 형 être en pleine forme; être plein(*e*) d'énergie, déborder d'énergie. ¶ 그 친구는 밤을 새고도 쌩쌩해 보인다 Il a l'air en pleine forme même après une nuit blanche.

써레 명 herse *f*.

◆**_질** 명 action de couper à la herse. ¶ ~질을 하다 couper à la herse; herser ((un terrain)).

썩 부 ① exceptionnellement, remarquablement; très, beaucoup. ¶ 그는 프랑스어를 ~ 잘한다 Il parle français remarquablement (bien). ¶ 그를 만나기가 왠지 마음에 ~ 내키지 않는다 Je ne sais pas pourquoi mais ça ne me dit vraiment rien de le rencontrer. ② 빨리 à l'instant, aussitôt, sur le champ, sur l'heure, immédiatement, sans délai. ¶ ~ 내 앞에서 사라져라 Disparais (hors) de ma vue immédiatement.

썩다 자 ① 부패하다 pourrir, se corrompre, se putréfier. se décomposer. ¶ 썩은 생선 un poisson pourri. ¶ 이가 여러 개 썩었다 avoir plusieurs dents cariées. ② ((재능 따위가)) croupir, pourrir, moisir, se gâter. ¶ 능력 있는 사람이 시골에서 썩고 있다 On laisse croupir un homme compétent à la campagne. ③ ((도덕)) être pourri(*e*) {*fam*}, corrompu(*e*). ¶ 정치권이 썩었다 Les hommes politiques sont pourris. ④ ((속이)) se tourmenter, se tracasser; se faire du souci. ¶ 자식들 때문에 내 속이 썩는다 se tracasser à cause de *ses* enfants. ⑤ 어떤 곳에 묶여 있다 croupir, moisir, pourrir. ¶ 감옥에서 5년을 ~ croupir 5 ans en prison.

***썩어 나다** avoir en abondance. ¶ 돈이 썩어 나도 너한테는 안 준다 Même si je croulais sous l'or, je ne t'en donnerais pas.

***썩어도 준치** ☞ **준치**

썩이다 타 ① donner du tourment à *qn*, faire [donner, causer] du souci à *qn*. ¶ 부모님의 속을 ~ donner du tourment à *ses* parents; faire [donner, causer] du souci à *ses* parents. ② 괴롭다 se tourmenter, se tracasser; se faire du souci, se ronger [être rongé(*e*), se ronger [se manger] les sangs {*fam*}, se ronger d'inquiétude, se faire un sang d'encre, se faire du mauvais sang, faire se miner, se consumer, être consumé(e), détruit(e), miné(e), ravagé(*e*). ¶ 그 여자는 남편의 외도 때문에 속을 썩이고 있다 Elle souffre moralement [est rongée, est minée, est consumée] par la tromperie [par l'adultère] de son mari [par la conduite infidèle de son mari] / La tromperie de son mari la rend malade [la détruit progressivement] / La conduite de son mari infidèle la ronge [la détruit, la mine].

썩히다 타 ① 부패시키다 laisser pourrir [s'abîmer]. ¶ 과일을 ~ laisser pourrir [laisser s'abîmer] des fruits. ② 버려진 상태에 두다 laisser croupir; laisser *qc* inutilisé(*e*). ¶ 재능을 ~ laisser croupir [dormir] un talent. ¶ 아까운 땅을 ~ laisser avec regret des terrains en friche.

썰다 타 couper en tranches. ¶ 무[떡]를 ~ couper un navet [du *tteok*] en tranches.

썰리다 자 se laisser (dé)couper; être découpé(*e*) en tranches. ¶ 이 칼로는 고기가 잘 썰리지 않는다 La viande ne se laisse pas bien découper avec ce couteau / On a du mal à (dé)couper la viande avec ce couteau.

썰렁하다 형 ① 서늘하다 faire froid, faire frisquet. ¶ 난방이 들어오지 않아 방이 ~ Il fait froid [frisquet] parce qu'on n'a pas mis le chauffage. ② 허전하다 être vide, triste. ¶ 가구를 다 내놓으니 집 안이 ~ Étant donné qu'il n'y a plus aucun meuble, la maison est vraiment vide et triste. ③ 어색하다 ((l'ambiance)) se gâter. ¶ 그 사람이 화를 내자 분위기가 썰렁해졌다 Dès qu'il s'est énervé, l'ambiance s'est gâtée. ④ 【속어】 ((농담)) être plat(*e*), mal venu(*e*); ne faire rire personne. ¶ 썰렁한 농담 une plaisanterie plate [mal venue, qui ne fait rire personne].

썰매 명 traîneau(*x*) *m*; luge *f*. ¶ ~를 몰고 가다 se déplacer en traîneau, faire de la luge. ¶ ~를 타고 얼음을 지치다 faire de la luge sur la glace. ¶ 개가 끄는 ~를 타다 faire du traîneau (traîneau tiré par des chiens).

◆_장 -場 명 piste *f* de luges.

◆개_ 명 traîneau *m* tiré par des chiens.

◆눈_ 명 luge *f*, bob *m* {*fam*}. ¶ 눈~를 타다 faire de la luge, faire du bob {*fam*}.

썰물 명 marée *f* basse, reflux *m*; marée *f* descendante. ¶ 밀물과 ~ marée haute et marée basse, flux et reflux. ¶ ~ 때에 갯벌에서 조개를 줍다 ramasser des coquillages sur la plage à la marée basse. ¶ 관객들이 ~처럼 극장을 빠져나갔다 La salle se vida d'un coup / La salle se vida très vite [très rapidement].

쏘가리 명 【동물】 sorte de poisson *m* d'eau douce; *Siniperca scherzeri* {*nsc*}. ¶ ~ 매운탕 une soupe pimentée de ce poisson d'eau douce.

쏘다 타 ① tirer. ¶ 활을 ~ tirer à l'arc. ¶ 누구에게 총을 ~ tirer un coup de feu sur quelqu'un. ② 매섭게 공격하다 attaquer, lancer ((des paroles piquantes)). ¶ 누구에게 한마디 쏘아 주다 dire des paroles piquantes à quelqu'un. ③ 벌 따위가 찌르다 piquer. ¶ 벌이 내 얼굴을 쏘았다 une abeille m'a piqué au visage. ④ 자극적이다 piquer, brûler. ¶ 술이 혀끝을 쏜다 l'alcool me pique [brûle] le bout de la langue. ⑤ 【구어】 한턱 내다 payer [offrir] *sa* tournée. ¶ 오늘은 내가 쏜다 Aujourd'hui, c'est moi qui paie [c'est ma tournée].

쏘다니다 재타 ☞ 싸다니다

쏘시개 명 amadou *m*.

◆불_ 명 amadou *m*. ¶ 그는 성질이 불~ 같다 Il monte comme une soupe au lait / C'est une soupe au lait / Il est soupe au lait / Il a un tempérament explosif / Il a la tête près du bonnet / Il est très colérique [coléreux, irritable, irascible].

쏘아보다 타 lancer un regard perçant; foudroyer du regard, fusiller du regard.

쏘아붙이다 재타 attaquer (verbalement), lancer (des paroles piquantes, des flèches). ¶ 누구에게 짜증 섞인 말을 ~ lancer à quelqu'un des propos mêlés d'exaspération. ¶ 너나 잘하라고 ~ attaquer quelqu'un en lui disant de s'occuper de ses fesses {*fam*}.

쏘이다[1] 자 être piqué(*e*). ¶ 벌에게 ~ être piqué(*e*) par une abeille.

쏘이다[2] 타 ☞ 쐬다[1]

쏙 부 ☞ 쑥[2]

쏙독새 명 【동물】 engoulevent *m*.

쏜살같다 형 être rapide comme une flèche. ¶ 세월이 ~ Le temps passe très [trop] vite / C'est fou comme le temps passe vite / Que le temps passe vite! ¶ 택시가 하도 쏜살같아서 겁이 난다 Le taxi allait si vite que j'avais très peur.

◆쏜살같이 부 très vite, ((partir)) comme une flèche; comme un bolide; comme une trombe, en trombe; comme un cyclone, en cyclone; comme un boulet de canon; comme un éclair; ((rouler)) à toute vapeur, à toute pompe, à pleins gaz, plein pot, à tombeau ouvert, à fond la caisse {*fam*}; ((filer, partir)) comme un trait. ¶ 쏜살같이 달려가다 passer [filer {*fam*}] en trombe [comme un bolide]; passer comme un éclair; filer comme une flèche [comme un trait, comme un zèbre].

쏟다 타 ① verser; répandre; renverser. ¶ 탁자에 커피를 ~ renverser le café sur la table. ¶ 항아리에 물을 쏟아 붓다 verser de l'eau dans une jarre. ② 마음을 기울이다 mettre ((tout *son* cœur)), prêter ((toute *son* attention à *qc*)).. ¶ 자식들의 교육에 관심[정성]을 ~ s'investir dans l'éducation de *ses* enfants. ③ 감정을 드러내다 déverser, vider ((*son* sac {*fam*})), laisser libre cours à ((*sa* colère)). ¶ 쌓인 울분을 쏟아 내다 déverser toute la rancœur [la colère] accumulée. ¶ 그는 내게 평소의 불만을 쏟아 놓았다 Il m'assaillit de tout son mécontentement ordinaire. ④ 많이 흘리다 verser, faire couler. ¶ 감격의 눈물을 ~ verser des larmes d'émotion. ¶ 그는 과로로 코피를 쏟았다 Son nez se mit à saigner du fait du surmenage. ⑤ 한꺼번에 내리다 se déverser, tomber. ¶ 한바탕 소나기를 쏟더니 하늘이 개었다 Une fois la grosse averse passée, le ciel s'est éclairci.

쏟아지다 자 ① tomber à flot (à verse), être renversé(*e*). ¶ 우유가 사방으로 쏟아졌다 Le lait a été renversé un peu partout / On a renversé du lait un peu partout. ¶ 커피가 쏟아져 치마를 버렸다 Ma jupe est bonne à laver [bonne pour la lessive] parce que je me suis renversé du café [que je me suis aspergé de café] / Je vais devoir me changer parce que j'ai renversé du café sur ma jupe. ② 한꺼번에 내리다 se déverser d'un seul coup; ((비가))

pleuvoir à verse [à seaux, à torrents, à flots], pleuvoir très fort, ((la pluie)) tomber à verse, pleuvoir [tomber] des hallebardes [des cordes], tomber des cataractes, tomber des trombes d'eau, tomber une pluie torrentielle [diluvienne], pleuvoir comme vache qui pisse {*vulg*}. ¶ 비가 쏟아진다 Il pleut à verse [à seaux, à flots, à torrents, des cordes, des hallebardes] / Il tombe des hallebardes [des cataractes, des trombes d'eau] / Il tombe une pluie torrentielle [diluvienne] / C'est le déluge / Il pleut comme vache qui pisse {*vulg*} / Il flotte beaucoup {*fam*}. ¶ 잔디 위로 은은한 달빛이 쏟아져 흐르고 있었다 La lune répandait une faible clarté sur la pelouse. ③ 많이 흐르다 couler abondamment, dégouliner {*fam*}. ¶ 그 소식에 나도 모르게 눈물이 쏟아졌다 Je n'ai pu m'empêcher de verser des larmes à cette nouvelle. ④ 갑자기 많이 생겨나다 ((les nouvelles)) pleuvoir, arriver comme s'il en pleuvait [en grande quantité, en grand nombre, en abondance]; affluer; arriver en abondance [en grand nombre]; arriver [affluer] de toutes parts [de tous les côtés]; foisonner; envahir ((le marché)). ¶ 하품이 쏟아진다 Je n'arrête pas de bâiller / Je bâille sans cesse / Je ne peux m'empêcher de bâiller tout le temps. ¶ 이번 대회에서는 신기록이 쏟아져 나왔다 Lors de cette compétition, on a assisté à une pluie de nouveaux records. ¶ 온 국민의 관심이 그 일에 쏟아지고 있다 Tout le pays a les yeux rivés sur cet événement. ¶ 수입품이 쏟아져 들어온다 Les produits importés envahissent le marché / On subit [On assiste à] une invasion des produits importés. ¶ 기차에서 수많은 관광객들이 쏟아져 나왔다 Le train a déversé [a vomi] des flots de voyageurs.

쏠다 타 ronger, mordiller, grignoter. ¶ 벌레들이 쏠아 먹은 과일 un fruit rongé par les vers. ¶ 쥐가 벽을 쏠아 구멍을 냈다 Les rats ont fini par trouer le mur à force de le ronger / Les rats ont rongé un trou dans le mur.

쏠리다 자 ① 기울다 pencher ((d'un côté)). ¶ 앞쪽으로 ~ pencher en avant. ¶ 벽이 위험스럽게 쏠려 있다 Le mur penche dangereusement. ¶ 배가 한 편으로 쏠린다 Le navire donne de la bande. ② 집중되다 incliner à *qc*; pencher vers *qc*; avoir tendance à *qc*; être disposé(*e*) [enclin(e)] à *qc*; être attiré(*e*) par *qc*/*qn*, avoir un penchant pour *qc*/*qn*. ¶ 사회주의 쪽으로 ~ pencher vers le socialisme, être attiré(*e*) par le socialisme; avoir un penchant pour le socialisme, avoir une orientation socialiste. ¶ 나는 그 여자에게 마음이 쏠린다 Je suis attiré par cette femme / J'ai un penchant pour cette femme. ¶ 사람들의 눈길이 일제히 그 차로 쏠렸다 Tous les regards convergeaient [étaient dirigés] vers cette voiture / Les regard était braqués vers cette voiture.

쏠쏠하다 형 être assez [plutôt] bon(*ne*), convenable, acceptable. ¶ 돈을 버는 재미가 ~ C'est plutôt intéressant [pas mal] de gagner de l'argent. ¶ 쏠쏠하게 돈이 나간다 Ça demande pas mal d'argent.

쐐기[1] 명 coin *m*.

*~를 박다[치다] ① enfoncer le clou, dire *qc* catégoriquement. ¶ 그건 안 된다고 미리 ~를 박아 놓았다 J'ai pris des précautions (à l'avance) parce qu'on m'avait dit que ce n'était pas possible. ② mettre fin [un terme] à *qc*. ¶ 우리 팀의 추가 골이 상대 팀 추격에 쐐기를 박았다 Un dernier but marqué par notre équipe a mis fin aux espoirs de l'équipe adverse.

쐐기[2] 명 【식물】 ortie *f*.

◆_풀 명 des orties.

쐐기[3] 명 【동물】 sorte de chenille *f*.

◆_나방 명 sorte de chenille *f*.

쐬다[1] 타 s'exposer; être exposé(e) ((au soleil)); prendre ((l'air, un bain de soleil, un bol d'air frais, une bouffée d'oxygène)). ¶ 햇볕을 쐬러 정원에 나가다 sortir dans le jardin prendre un bain de soleil. ¶ 찬 공기를 쐬면 정신이 맑아진다 On se sent bien [revigoré] après avoir pris le frais [après avoir pris [respiré] une bouffée d'oxygène]. ¶ 바람을 ~ prendre (un peu) l'air, prendre un bol d'air frais, prendre le frais, sortir un peu, respirer de l'air frais [de l'air pur], prendre une bouffée d'oxygène, s'oxygéner (les poumons).

쐬다[2] 자 ☞ 쏘이다[1]

쑤군 어근 en chuchotant, à voix basse.

◆_거리다[대다] 자타 chuchoter, murmurer ((à l'oreille de *qn*)). ¶ 뭐라고 ~거리는지 알아들을 수가 없다 Je n'arrive pas à comprendre ce qu'il dit tout bas.

◆_ _ 부 en chuchotant; à voix basse. ¶ ~~하다 chuchoter, murmurer ((à l'oreille de *qn*)).

쑤다 타 ((죽을)) préparer ((une bouillie de riz ou de millet)); faire ((de la bouillie)), préparer ((une bouillie)). ¶ 미음을 ~ préparer une bouillie de riz [de millet] très légère [très peu épaisse].

*죽을 ~ ☞ 죽[3]

쑤석 어근 en fouillant ((dans)).

◆_거리다[대다, 이다] ① piquer, fouiller; tisonner. ¶ 서랍 속을 ~ fouiller (dans) un tiroir. ¶ 그 사람은 무엇을 찾는지 가방을 연방 쑤석이고 있었다 Je ne sais pas ce que cette personne cherchait mais elle n'arrêtait pas de fouiller dans son sac. ② 충동질하다 solliciter *qn*. ¶ 친구를 쑤석거려 사업을 시작하다 commencer une affaire en sollicitant un ami.

◆_ 부 en fouillant.

쑤시개 명 cure((-dents)).

◆이_ 명 cure-dents *m inv*.

쑤시다[1] 자 picoter; élancer; cuire; avoir une douleur aiguë; être lancinant(*e*), cuisant(*e*). ¶ 팔이 쑤신다 avoir mal au bras, ressentir une douleur au bras.

쑤시다[2] 타 ① 후비다 piquer; fouiller; tisonner. ¶ 이를 ~ se curer les dents. ¶ 손가락으로 콧구멍을 ~ se mettre les doigts dans le nez. ② 비집다 écarter, séparer. ¶ 사람들 사이를 쑤시고 버스에 올라타다 se frayer un passage entre les gens pour monter dans le bus. ③ 이모저모 조사하다 demander, solliciter. ¶ 돈을 빌리려고 여기저기 쑤시고 다니다 errer à droite à gauche pour emprunter de l'argent.

쑥[1] 명 【식물】 armoise *f.* ¶ ~을 캐다[뜯다] cueillir [récolter] de l'armoise.

◆**_국** 명 soupe *f* d'armoise. ¶ ~국을 끓이다 préparer une soupe (à base) d'armoise.

◆**_떡** 명 pâte *f* de riz préparée avec de l'armoise.

◆**_밭** 명 ☞ 쑥대밭

쑥[2] 부 ① ⦅안, 밖으로⦆ en avant, en saillie, en pointe; ⦅être enfoncé(*e*)⦆ profondément, en creux. ¶ 그는 항상 배를 ~ 내밀고 걷는다 Il se promène toujours le ventre en avant. ¶ 접촉 사고로 차 앞부분이 ~ 들어갔다 À cause d'un accrochage, l'avant de la voiture est profondément enfoncé. ¶ 그 사람은 피곤해서 눈이 ~ 들어갔다 Il a les yeux creusés [cernés, caves {*fam*}] de fatigue. ¶ 입을 ~ 빼물다 prendre une moue boudeuse. ② ⦅깊이, 길게⦆ ⦅tirer, dégainer *son* épée⦆ en un éclair, franchement. ¶ 그는 칼을 ~ 뽑았다 Il dégaina [tira] son épée franchement [sans hésitation, en un éclair]. ③ 빠지거나 터지는 모양 brutalement, d'un seul coup. ¶ 눈물을 ~ 빼다 se faire réprimander sévèrement; se faire enguirlander {*fam*}, se faire engueuler {*fam*}, se faire passer un (sacré) savon {*fam*}, recevoir un bon [sacré {*fam*}] savon [une bonne engueulade] {*fam*}. ¶ 도랑의 물이 ~ 빠졌다 L'eau de la rigole s'est évacuée [a coulé] brutalement. ④ 줄어드는 모양 ⦅maigrir⦆ considérablement. ¶ 힘이 ~ 빠졌다 avoir épuisé *ses* forces, être épuisé(*e*) [exténué(*e*), à bout (de forces), vidé(*e*) {*fam*}, lessivé(*e*) {*fam*}, pompé(*e*) {*fam*}]; ⦅ce travail⦆ *m*'a épuisé(*e*) [*m*'a laissé(*e*) sans forces. ¶ 며칠 고생을 하더니 살이 ~ 빠졌다 Ayant travaillé dur plusieurs jours, j'ai considérablement maigri. ⑤ 제외되거나 참여하지 않는 모양 ⦅se retirer⦆ lâchement, en douce ⦅de la partie, d'une affaire⦆. ¶ 뒤로 ~ 빠지다 se retirer lâchement de la partie [d'une affaire]. ¶ 나만 ~ 빼놓고 자기들만 식사를 하다니 Quand je pense qu'ils mangent tous entre eux et que je suis le(la) seul(*e*) exclu(*e*). ⑥ ⦅때가⦆ ⦅disparaître⦆ net, complètement. ¶ 옷을 삶아서 빨았더니 묵은 때가 ~ 빠졌다 Ayant fait bouillir les vêtements, la tache est complètement partie. ¶ 그 사건을 계기로 정부에 대한 비판이 ~ 들어가 버렸다 Suite à cette affaire, les critiques à l'égard du gouvernement ont disparu net. ⑦ ⦅거리낌 없이⦆ ⦅intervenir⦆ sans gêne, sans scrupule, de manière inconsidérée. ¶ 어른들 말씀하시는 데 ~ 나서서 참견을 한다 Il ose intervenir sans gêne dans la conversation des grandes personnes. ⑧ 미끈한 모양 ⦅몸매⦆ aux formes harmonieuses; ⦅옷차림⦆ ⦅être tiré(*e*)⦆ à quatre épingles, ⦅s'habiller⦆ très chic, avec soin, ⦅être, se mettre, se saper {*fam*}⦆ sur *son* trente et un. ¶ 그 여자는 몸매가 ~ 빠졌다 Elle est bien faite [bien balancée {*fam*}, bien fichue {*fam*}, bien foutue {*fam*}, bien roulée {*fam*}]. ¶ 그는 옷을 ~ 빼입고 외출했다 Il est sorti tiré à quatre épingles [très bien habillé, habillé très chic, sur son trente et un]. ⑨ 갑자기 정신이 확 나가는 모양. ⦅perdre *ses* esprits⦆ complètement. ¶ 정신이 ~ 빠지다 perdre complètement *ses* esprits. ¶ 넋이 ~ 나가다 perdre complètement l'esprit [la raison, la tête], devenir complètement fou(*folle*); ne plus être du tout *soi*-même, être comme un corps sans âme; avoir l'esprit complètement égaré [ailleurs], être complètement dans la lune: être complètement fasciné(*e*) [charmé(*e*), ravi(*e*), captivé(*e*)] par *qc.* ⑩ 갑자기 오르내리는 모양 ⦅progresser, augmenter, baisser⦆ brutalement, de manière brutale, brusquement, soudainement. ¶ 성적이 ~ 올라 모두들 놀랐다 Tout le monde était surpris par l'amélioration rapide de mes résultats [par la progression brutale de mes notes]. ⑪ 앞으로 불쑥 en s'avançant soudainement. ¶ 그가 갑자기 앞으로 ~ 나왔다 Soudain, il s'est avancé [il est sorti des rangs].

쑥[3] 명 sot(*te*); naïf(*ve*); crétin(*e*); idiot(*e*); imbécile *mf*, andouille *f* {*pop*}. ¶ 저 사람은 영 ~이다 Ce type est vraiment stupide / C'est vraiment un crétin, celui-là!

쑥갓 명 【식물】 *ssukkat m* ⦅herbe sauvage ou potagère dont la feuille ressemble un peu à celle de l'armoise⦆; *Chrysanterium coronarium* {*nsc*}. ¶ ~ 나물. plat d'accompagnement à base de l'herbe *ssukkat*.

쑥대머리 명 cheveux *mpl* ébouriffés [mal coiffés]. ¶ 머리를 풀어헤쳐 ~가 되었다 Elle a défait ses cheveux et ils ont l'air tout ébouriffés.

쑥대밭 명 ① 쑥밭 terrain *m* en friche abandonné où pousse à la folie des herbes sauvages comme l'armoise. ② 폐허 ⦅tomber en⦆ ruine. ¶ 도적들이 우리 마을을 ~으로 만들었다 Les bandits avaient mis le village à feu et à sang [sens dessus dessous]. ¶ 전쟁으로 온 나라가 ~이 되었다 Tout le pays était en ruine à cause de la guerre. ¶ 폭격을 받아 마을이 온통 ~이 되었다 Tout le village avait été détruit par les bombardements.

쑥덕 어근 en chuchotant, à voix basse; en secret, secrètement.

◆**_거리다[대다, 이다]** 재타 chuchoter [murmurer] à l'oreille de *qn*; parler bas à *qn*; s'entretenir à voix basse avec *qn*; parler en chuchotant [à voix basse] avec *qn.* ¶ 사람들이 모여서 뭐라고 ~거리고 있다 Les gens s'entretiennent discrètement à voix basse / Les gens réunis délibèrent en secret [secrètement].

◆**_공론** -公論 명 propos *mpl* de commère; commérage *m*; ragot *m* {*fam*}; cancan *m*; clabaudage *m*; ⦅faire des⦆ potins *mpl*; délibération *f* en secret. ¶ ~공론을 벌이다 faire du commérage; commérer; délibérer en secret; papoter {*fam*}; faire des potins; dire [colporter] des cancans sur *qn*.

쑥맥 명 (('숙맥'의 잘못)) ☞ 숙맥

쑥스럽다 형 se sentir (tout) gêné(*e*) [embarrassé(*e*), intimidé(*e*)]; éprouver de la confusion [de la gêne]; être intimidé(*e*), embarrassé(*e*) devant *qn*. ¶ 말을 걸기가 ~ se sentir gêné(*e*) d'engager la conversation avec *qn* [d'aborder *qn*]. ¶ 나는 많은 사람 앞에서 말하기가 ~ Cela m'intimide de parler devant tant de monde / Je me sens gêné(*e*) de devoir parler devant tant de gens. ¶ 해 준 것도 없는데 선물을 받자니 ~ Il m'a offert un cadeau alors que je n'ai rien fait pour lui, c'est gênant / Je n'ai rien fait pour lui, et c'est gênant de recevoir son cadeau. ¶ 그렇게 칭찬하시니 쑥스럽습니다 Je me sens tout gêné(*e*) de recevoir tant d'éloges. ¶ 못내 쑥스러운 듯이 d'un air confus et gêné. ¶ 쑥스럽게 왜 그래? Ça me gêne, ne fais pas ça / ça me gêne, pourquoi tu fais ça?

쓰개 명 *sseugae m* <coiffe serre-tête, bandeau, ruban et autres objets traditionnels servant à maintenir, décorer, ou protéger les cheveux et aussi à distinguer les niveaux sociaux d'une personne>.
◆_**치마** 명 *sseugaechima m* <voile en forme de jupe servant traditionnellement aux femmes pour sortir et couvrant la tête et le haut du corps>. ¶ ~치마를 쓰다 mettre un *sseugaechima*.

쓰다[1] 자 ① utiliser, employer; se servir de *qc*, manier *qc*. ¶ 연장을 ~ manier [utiliser, se servir d'] un outil. ¶ 컴퓨터를 써서 논문을 쓰다 écrire un article sur ordinateur. ② 이용하다 se servir de *qc*. ¶ 테이블을 책상으로 ~ se servir d'une table comme bureau. ¶ 창고를 사무실로 ~ se servir d'un entrepôt comme local professionnel. ③ 사람을 부리다 employer ((un domestique)), utiliser les services de *qn*. ¶ 파출부를 ~ employer [utiliser les services d'] une femme de ménage. ¶ 비서를 ~ employer une secrétaire. ¶ 그 자리에 경험자를 쓰기로 했다 J'ai décidé d'employer [de faire travailler, de prendre, d'utiliser les services d'] une personne expérimentée pour ce poste. ④ 물자를 들이다 consacrer, dépenser. ¶ 아이들의 교육비로 많은 돈을 ~ dépenser beaucoup d'argent pour l'éducation des enfants. ¶ 아르바이트에 많은 시간을 ~ consacrer de nombreuses heures à un emploi à temps partiel [à un petit boulot]. ⑤ 말을 구사하다 parler; employer. ¶ 브라질에서는 포르투칼어를 쓴다 On parle portugais au Brésil. ¶ 그 사람은 속어를 많이 쓴다 Cette personne emploie beaucoup de termes grossiers. ⑥ ((약 등을)) prendre ((un médicament)); mettre, appliquer ((de la pommade)). ¶ 불면증에는 이 약을 쓰면 효과가 있다 Ce médicament est efficace pour les insomnies. ⑦ 몸의 일부를 놀리다 se servir de ((*sa* tête)). ¶ 머리를 써서 일을 해라 Sers-toi de ta tête [de ton intelligence] pour travailler / Réfléchis [Pense un peu] quand tu travailles. ¶ 그는 사고로 왼팔을 쓰지 못한다 Il a perdu l'usage de son bras gauche à la suite d'un accident. ⑧ 빚을 지다 souscrire ((un emprunt)). ¶ 사채를 ~ faire [souscrire] un emprunt dans le privé, emprunter de l'argent dans le privé. ¶ 사정이 급하시면 우선 제 돈을 쓰세요 Si c'est urgent, prenez [acceptez] mon argent dans un premier temps. ⑨ ((힘을)) s'efforcer, faire des efforts; ((마음, 신경을)) s'en faire, s'inquiéter, prêter attention à *qc*, se préoccuper de *qc*, se soucier de *qc*. ¶ 그런 일에 신경을 쓸 시간이 없다 Je n'ai pas le temps de me préoccuper [de me soucier] de ce genre de problèmes [d'affaires]. ¶ 그는 회사를 살리려고 안간힘을 썼다 Il a utilisé tous les moyens en son pouvoir [Il a essayé tous les moyens possibles, Il a fait tout son possible, Il a tout mis en œuvre [Il a pris toutes les mesures possibles, Il a utilisé tous les moyens en son pouvoir, Il a fait des pieds et des mains, Il a fait le maximum, Il a tout essayé] pour sauver l'entreprise. ⑩ ((억지 등을)) insister pour faire *qc*, s'entêter à vouloir faire *qc*, s'obstiner. ¶ 아이가 장난감을 사달라고 떼를 쓴다 L'enfant fait une colère [un caprice, une crise] [L'enfant insiste, L'enfant me casse les pieds {*fam*}, L'enfant pique une crise {*fam*}] pour qu'on lui achète un jouet. ¶ 괜한 억지 쓰지 마세요 Ne t'obstine pas inutilement. ⑪ ((표정 등을)) prendre ((un air renfrogné)). ¶ 인상을 ~ prendre un air [l'air] renfrogné, se renfrogner, faire la grimace, grimacer ((de douleur)). ¶ 과장된 제스처를 ~ gesticuler. ⑫ ((반어적)) être acceptable. ¶ 함부로 쓰레기를 길에 버리면 쓰나 Il est inacceptable de jeter à tort et à travers des ordures dans la rue. ¶ 어른에게 대들면 쓰나 Il est inacceptable [intolérable] de tenir tête aux anciens [aux personnes âgées].

쓰다[2] 타 ① écrire, rédiger. ¶ 숫자를 ~ écrire des chiffres. ¶ 이 단어를 연필로 쓰시오 Ecrivez ce mot au crayon. ¶ 이 아이는 자기 이름을 쓸 줄 안다 Cet(*te*) enfant sait écrire son nom. ② 적다 écrire, noter. ¶ 수첩에 주소를 ~ écrire [noter]une adresse dans un carnet. ¶ 편지에 뭐라고 썼니? Qu'as-tu écrit dans ta lettre? ¶ 나는 아버지에게 보낸 편지에 돈을 보내달라고 썼다 J'ai écrit dans une lettre à mon père qu'il m'envoie de l'argent [de m'envoyer de l'argent]. ③ ((작품을)) écrire ((un roman)), rédiger ((un article)), composer ((des vers, un morceau de musique)). ¶ 희곡을 ~ écrire une pièce de théâtre. ¶ 쇼팽이 쓴 소나타 les sonates composées par Chopin.

쓰다[3] 타 ① 착용하다 mettre [((결과상태)) porter] ((un chapeau, des lunettes, une perruque, un masque)); se couvrir ((d'un manteau)). ¶ 안경[가면]을 ~ mettre [porter] des lunettes [un masque]. ¶ 모자를 ~ mettre [porter] un chapeau [캡모자 une casquette] ¶ 가발을 ~ mettre [porter] une perruque. ② ((우산을))

ㅅ

받다 ouvrir [déployer] ((un parapluie)); s'abriter sous ((un parapluie)). ¶ 우산을 ~ ouvrir [déployer] un [*son*] parapluie; s'abriter sous un parapluie. ¶ 우산을 쓰고 가다 marcher avec [sous] un parapluie. ③ 푹 덮다 se couvrir ((d'une couverture)), s'emmitoufler dans ((un sac de couchage, dans un duvet)), se glisser sous ((une couette)). ¶ 이불을 쓰고 드러눕다 s'allonger [se coucher] sous une couette. ④ ((누명을)) être injustement accusé(*e*), se faire injustement accuser; être l'objet d'une fausse accusation [d'une accusation injuste], être faussement accusé(*e*), être injustement accusé(*e*); porter le chapeau {*fam*}. ¶ 억울한 누명을 ~ acquérir (à tort) une réputation infamante; être injustement accusé(*e*), être l'objet d'une accusation injuste, être injustement accusé(*e*) d'un fait que l'on n'a pas commis, se faire injustement accuser d'une faute que l'on n'a pas commise.

*__감투를__ ~ ☞ 감투[1]

*__바가지를__ ~ ☞ 바가지

쓰다[4] 타 ((무덤을)) ériger, établir; dresser [élever] ((un tombeau)). ¶ 공원묘지에 묘를 ~ ériger une tombe dans un cimetière du style jardin public.

쓰다[5] 형 ① ((맛)) être am*er*(*ère*). ¶ 이 약은 몹시 ~ Ce médicament est très amer / Ce médicament a un goût très amer. ¶ 이 나물은 맛이 ~ Cette herbe sauvage est amère / Cette herbe sauvage a un goût amer. ② 입맛이 없다 manquer d'appétit; ne pas avoir d'appétit; être mécontent(*e*). ¶ 입맛이 ~ ne pas avoir d'appétit. ¶ 입이 써서 아무것도 못 먹겠다 Je n'ai pas d'appétit, je n'arrive à rien manger [je ne pourrai rien avaler]. ③ 마음이 괴롭다 être am*er*(*ère*), en peine, triste, peiné(*e*); avoir de l'amertume. ¶ 쓴 웃음 un sourire amer [jaune]. ¶ 그 사람은 친구의 반응에 입맛이 썼다 Il n'a pas apprécié la réaction de son ami / Il a été amer face à la réaction de son ami.

*__달다 ~ 말이 없다__ rester sans la moindre réaction.

*__달면 삼키고 쓰면 뱉는다__ Il ne pense qu'à son propre intérêt sans aucun scrupule.

*__쓴잔을 마시다__ faire une expérience amère [douloureuse]; passer par de rudes [dures] épreuves [des épreuves pénibles].

*__좋은 약은 입에__ ~ ☞ 약[1]/입

◆**쓰디쓰다** 형 ① être très am*er*(*ère*); être am*er*(*ère*) comme chicotin. ¶ 쓰디쓴 약 un médicament [un remède] très amer. ② 매우 괴롭다 être très am*er*(*ère*), blessant(*e*), dur(*e*), mordant(*e*), plein(*e*) de ressentiment. ¶ 쓰디쓴 패배를 맛보다 faire l'expérience d'une défaite amère.

쓰다듬다 타 passer [promener] la main ((sur *son* front)); se frotter ((le menton)); caresser, flatter ((un chien)); calmer, apaiser. ¶ 아이의 머리를 ~ caresser la tête d'un enfant. ¶ 누구의 아픈 마음을 쓰다듬어 주다 calmer la douleur [apaiser la peine] de *qn*.

쓰라리다 형 ① ((상처가)) ((une peine)) être cuisant(*e*). ¶ 칼에 벤 손가락이 ~ Cette coupure au doigt me fait mal. ② ((마음이)) être douloureu*x*(*se*); être am*er*(*ère*). ¶ 이별의 쓰라린 상처 une blessure amère d'une rupture [séparation] avec *qn*; ((avoir une)) plaie vive au cœur à cause d'une séparation.

◆**쓰라림** 명 douleur *f*, souffrance *f*, peine *f*. ¶ 쓰라림을 겪다 faire [avoir] une expérience amère; connaître des adversités; subir de dures épreuves; passer par de rudes [dures] épreuves [des épreuves pénibles].

쓰러뜨리다 타 ① faire tomber, renverser; abattre ((un arbre)), démolir ((un bâtiment)). ¶ 누구를 바닥에 ~ faire tomber *qn* à terre. ¶ 바람이 가로수들을 쓰러뜨렸다 Le vent a renversé les réverbères. ② ((기업, 국가 따위를)) renverser, abattre. ¶ 독재 정권을 ~ renverser la dictature.

쓰러지다 자 ① 넘어지다 tomber, se renverser, s'abattre. ¶ 총에 맞아 ~ être abattu(*e*) par un coup de fusil. ② 몸져 눕다 s'évanouir, perdre conscience [connaissance]. ¶ 과로[노환]로 ~ s'évanouir à cause du surmenage [((un vieillard)) perdre conscience]. ③ ((기업 따위가)) faire faillite. ¶ 많은 회사들이 부도로 쓰러졌다 Beaucoup d'entreprises ont fait faillite.

쓰레기 명 ① déchets *mpl*; ordures *fpl*; immondices *fpl*; balayures *fpl*; détritus *mpl*. ¶ 골목의 ~를 치우다 enlever ((quotidiennement)) les ordures dans les ruelles; nettoyer [entretenir] les ruelles [voies publiques]; balayer les ordures dans les ruelles. ¶ ~를 아무 데나 버리다 jeter les ordures n'importe où. ② 부패한 사람, 대상 lie *f*, rebut *m*, racaille *f*; personne *f* corrompue, ordure *f* {*vulg*}, enflure *f* {*vulg*}, salaud *m* {*vulg*}, salopard *m* {*vulg*}, pourriture *f* {*vulg*}, fumier *m* {*vulg*}. ¶ 이 ~ 같은 놈! Espèce d'ordure! {*vulg*} / Cette ordure! {*vulg*} / Ce salaud [salopard]! {*vulg*} / ((C'est)) un moins que rien [de la racaille] / C'est un beau fumier! {*vulg*} / Vendu! {*vulg*} / Pourri! {*vulg*}. ¶ 그 사람들은 이 사회의 ~들이다 Ces types-là, c'est la lie de la société [le rebut de la société, de la racaille]. ¶ 그 사람이 쓴 글들은 한낱 ~에 지나지 않는다 Ce qu'il a écrit, c'est vraiment de la merde {*vulg*}.

◆**_장** -場 명 décharge *f* ((publique)); dépôt *m* d'ordures; dépotoir *m*.

◆**_차** -車 명 benne *f* à ordures.

◆**_통** -桶 명 poubelle *f*; boîte *f* à ordures.

쓰레받기 명 pelle *f* à poussière; ramasse-poussière *m* (*inv*).

쓰레질 명 balayage *m*. ◇_(을) **하다** balayer. ¶ 방을 ~하다 balayer une pièce [une chambre].

쓰르라미 명 【동물】 sorte de cigale *f*; *Tanna japonensis* {*nsc*}. ¶ 가을이 되니 ~가 운다 En automne, les cigales chantent.

쓰리 일 명 【속어】 vol *m* à la tire. ◇_(를) **하다** voler à la tire. ¶ 관광객의 돈을 ~하다 voler à la tire l'argent des touristes. ◇_(를) **당하다**[**맞다**] être victime d'un vol à la tire. ☞ 소매치기

◆_꾼 명 voleur(se) à la tire.

쓰리다 형 ① ((상처가)) être douloureux(se); être cuisant(e). ¶ 상처가 ~ avoir une blessure cuisante [douloureuse]. ② ((뱃속이)) avoir des brûlures. ¶ 속이 ~ J'ai l'estomac qui me brûle / L'estomac me brûle / J'ai des brûlures d'estomac. ③ ((마음이)) être douloureux(se); être amer(ère). ¶ 마음이 쓰리고 아프다 avoir une plaie vive au cœur; cela me fait mal [pitié].

쓰이다[1] 재 ① être utilisé(e), employé(e). ¶ 젊은이들 사이에 널리 쓰이는 은어 un terme largement employé par les jeunes entre eux. ¶ 요즘은 많은 일에 컴퓨터가 쓰인다 De nos jours, on utilise l'ordinateur pour beaucoup de choses. ¶ 그 나라에서는 영어가 공용어로 쓰인다 Dans ce pays, l'anglais est employé comme langue officielle. ② 소비되다 être dépensé(e). ¶ 교육에 많은 돈이 쓰인다 On dépense beaucoup pour l'éducation. ③ 마음이 쏠리다 s'inquiéter de *qc* [pour *qc*]. ¶ 누구에게[무엇에] 신경이 ~ s'inquiéter pour *qn/qc*.

쓰이다[2] 재 ① ((글씨, 글자)) s'écrire; être écrit(e) [inscrit(e), marqué(e) ((au tableau))]; ((un stylo)) écrire, marcher ((bien, mal)). ¶ 칠판에 쓰인 글씨가 너무 작아 잘 안 보인다 Je ne vois pas ce qui est inscrit [marqué] au tableau, tellement c'est écrit petit / Je ne vois pas ce qui est écrit au tableau tellement les caractères sont petits. ¶ 이 만년필은 글씨가 잘 쓰인다 Ce stylo à encre écrit bien [marche bien]. ② ((내용)) être écrit(e); figurer. ¶ 이 책에는 그 음식을 만드는 방법이 자세히 쓰여 있다 Dans ce livre figure en détail la recette de ce plat. ¶ 그 문제에 대해 신문에 뭐라고 쓰여 있니? Qu'y a-t-il (d'écrit) [Que dit-on, Que peut-on lire] dans les journaux à ce sujet? ③ ((작품)) être écrit(e); être rédigé(e). ¶ 한글로 쓰인 최초의 소설 le tout premier roman écrit en *hangeul.* ¶ 논문이 잘 쓰이지 않아 괴롭다 Ça me désole [me déprime] de ne pas arriver à rédiger un article.

쓰이다[3] 타 ① faire écrire *qc* à *qn.* ¶ 그는 아들에게 편지를 쓰였다 Il a fait écrire une lettre par son fils.

쓰이다[4] 재 ① être mis(e); être porté(e), se porter. ¶ 모자가 작아 내 머리에 잘 쓰이지 않는다 Je n'arrive pas à mettre ce chapeau parce qu'il est trop petit.

쓰임 명 dépenses *fpl*; frais *mpl*.

◆_ _ 명 dépenses *fpl*; frais *mpl*. ¶ ~~이 크다 faire beaucoup de dépenses; ne pas regarder à la dépense; jeter l'argent par les fenêtres; gaspiller; être dépensier(ère); ne pas être économe.

쓰임새 명 emploi *m*; usage *m*; application *f*; utilité *f*. ¶ ~에 따라 selon les usages. ¶ 이 물건은 ~가 많다 Cet objet sert à différents usages [de nombreuses applications] / Cet objet est d'une grande utilité / Cet objet est très utile. ¶ ~를 찾다 chercher l'utilité [l'application, l'usage] de *qc*; chercher à quoi sert *qc*; chercher quel emploi on peut faire de *qc*.

쓱 부 ((mimétisme)) ① 슬그머니 silencieusement; furtivement. ¶ 칼을 ~ 뽑아 들다 tirer silencieusement *son* épée hors de *son* fourreau. ¶ 문을 ~ 열다 ouvrir tout doucement la porte. ② 슬쩍 furtivement, secrètement, en secret, en cachette. ¶ ~ 사라지다 filer à l'anglaise. ③ 문지르는 모양 en frottant; en se frictionnant. ¶ 얼굴의 땀을 ~ 닦다 essuyer la sueur de *son* visage.

◆_ _ 부 ① 문지르는 모양 en frottant; en se frictionnant. ¶ 수건으로 ~~ 얼굴을 닦다 se frotter le visage avec une serviette. ¶ 손을 바지에 ~~ 문지르다 se frotter les mains sur *son* pantalon. ② 거침없이 손쉽게 sans difficulté, sans peine, aisément, facilement, avec facilité. ¶ 그는 모든 일을 힘들이지 않고 ~~ 해 낸다 Il réussit tout sans peine avec grande facilité. ③ 톱질소리 ((onomatopée évoquant le bruit produit par une scie)). ¶ 나무를 ~~ 톱질을 하다 scier du bois.

쓱싹하다 재 ① 착복하다 s'approprier ((le bien d'autrui)); s'emparer de *qc*; détourner ((des fonds)). ¶ 공금을 ~하다 détourner des fonds. ② 대충 넘기다 étouffer ((un scandale, une affaire)); dissimuler [camoufler] ((*ses* erreurs)). ¶ 그 직원은 자신의 실수를 대충 쓱싹해서 넘어가려 했다 Cet employé a essayé de dissimuler ses erreurs.

쓴맛 명 goût *m* amer; amertume *f*, épreuve *f* pénible [douloureuse]; rudes [dures] épreuves *fpl*. ¶ 인생의 ~ le goût amer de la vie, l'amertume de la vie; la vie amère.

*~ **단맛 다 보다** avoir connu tous les plaisirs et les peines de la vie, avoir tout connu dans la [*sa*] vie: le meilleur comme le pire [les bons comme les mauvais moments, les expériences pénibles comme les moments heureux]. ¶ 그는 쓴맛 단맛 다 본 사람이다 C'est un homme qui en a vu de toutes les couleurs.

*~**을 보다** avoir [faire] une expérience amère; passer par de rudes [dures] épreuves [des épreuves pénibles]; subir de dures épreuves; connaître des adversités.

쓴웃음 명 sourire *m* amer [jaune]. ¶ ~을 짓다 avoir un rire amer [jaune]; sourire amèrement [jaune].

쓸개 명 【의학】 vésicule *f* biliaire.

*~**(가) 없는 사람** une personne qui manque de résolution; une personne indécise [hésitante].

*~ **빠진 놈** Espèce de dégonflé! {*fam*} / Espèce de faiblard! / espèce de mauviette! {*fam*} / Espèce de molasse! {*fam*} / Espèce de chiffe molle! {*fam*}

***간에 붙었다 ~에 붙었다 하다** être inconsistant(e); être infidèle ((en amitié)); être fourbe; être double.

◆_즙 -汁 명 【의학】 bile *f*, fiel *m*. ¶ ~즙이 분비되는 현상 le phénomène de sécrétion de la bile.

쓸다[1] 타 ① balayer. ¶ 방을 ~ balayer *sa* chambre. ¶ 쓰레기를 쓸어 담다 balayer les déchets et les ramasser. ② 가볍게 문지르다 frictionner, caresser, frotter. ¶ 손가락으로 머리카락을 ~ passer *ses* doigts dans *ses* cheveux [entre *ses* cheveux]. ¶ 배탈 난 아이의 배를 쓸어 주다 frictionner le ventre d'un enfant souffrant d'indigestion. ③ 휩쓸다 dévaster. ¶ 전염병[태풍]이 쓸고 간 마을 un village dévasté par une épidémie [un typhon]. ④ 모조리 모으다 remporter, rafler {*fam*}, ratiboiser {*fam*}. ¶ 판돈을 ~ ratisser [rafler] toutes les mises. ¶ 무엇을 눈에 보이는 대로 전부 쓸어 담다 rafler tout ce qui tombe sous *son* regard.

쓸다² 타 râper, limer. ¶ 나무토막을 윤내기 전에 줄로 ~ râper un morceau de bois avant de le polir.

쓸데없다 형 être inutile, superflu(*e*); n'être bon(*ne*) à rien; ne servir à rien; n'avoir plus aucune utilité; avoir beau+*inf*. ¶ 쓸데없는 소리를 하다 bavarder de façon oiseuse; dire des absurdités [bêtises, sottises, âneries, niaiseries]; parler pour ne rien dire. ¶ 쓸데없는 걱정일랑 하지 마라 Ne t'inquiète pas sans raison / Ne te fais pas de souci pour rien / Ne t'en fais pas pour rien [pour si peu].

◆쓸데없이 부 inutilement, pour rien, sans raison, vainement, en vain, pour des prunes, pour des clopinettes {*fam*}, pour des clous {*fam*}. ¶ 쓸데없이 걱정하다 s'inquiéter pour rien; s'inquiéter [se faire du souci, se faire de la bille, se faire des cheveux blancs, se faire du mouron] sans raison. ¶ 쓸데없이 남의 일에 참견하다 se mêler inutilement des affaires des autres; fourrer inutilement *son* nez dans les affaires d'autrui; s'immiscer à tort et à travers, inutilement dans les affaires d'autrui.

쓸리다¹ 자 한쪽으로 기울어지다 être incliné(*e*), penché(*e*); pencher ((d'un côté)). ¶ 액자가 한쪽으로 좀 쓸리었다 Le cadre est légèrement incliné d'un côté [penche légèrement d'un côté, n'est pas tout à fait droit].

쓸리다² 자 ① être balayé(*e*). ¶ 부엌 바닥은 깨끗이 쓸려 있었다 Le sol de la cuisine était balayé proprement. ② 바닥에 끌리다 traîner par terre, balayer le sol. ¶ 바지가 길어서 자꾸 바닥에 쓸린다 Mon pantalon, étant trop long, traîne sans arrêt par terre [balaye continuellement le sol]. ③ 떠내려 가다 être emporté(e). ¶ 홍수에 집이 쓸려 가고 말았다 Les maisons ont été emportées par l'inondation. ④ 몰려들다 s'engouffrer, se ruer en masse. ¶ 비를 피해 사람들이 지하철역으로 쓸려 들어왔다 Les gens se sont engouffrés [rués] en masse dans le métro pour s'abriter de la pluie.

쓸리다³ 자 se râper ((la peau)). ¶ 바위에 살갗이 쓸려 아프다 J'ai mal car je me suis râpé la peau sur un rocher.

쓸모 명 utilité *f*; usage *m*; emploi *m*; application *f*. ¶ 이 연장은 ~가 많다 Cet outil est d'une grande utilité / Cet outil est très utile / Cet outil sert à de nombreuses applications [de nombreux usages, à divers usages]. ◇**_가 있다** ¶ ~ 있는 일에 이 돈을 써라 Dépense cet argent là où tu en as besoin / Dépense cet argent pour des choses utiles. ◇**_가 없다** être inutile; n'être bon(*ne*) à rien; ne servir à rien; ne plus avoir aucune utilité. ¶ ~ 없는 고물 une antiquité (qui ne sert plus à rien). ¶ 이 책은 이제 ~ 없게 되었다 Je n'ai plus besoin de ce livre maintenant / Je ne m'intéresse plus maintenant à ce livre / Ce livre ne sert plus à rien maintenant / Ce livre n'a plus aucune utilité.

쓸쓸하다 형 ① être [se sentir] seul(*e*), esseulé(*e*); être solitaire; être triste, déprimé(*e*); être désert(*e*), mort(*e*), être désolé(*e*). ¶ 친구들이 모두 가고 나니 참 ~ Sans mes ami(*e*)s, je me trouve bien seul(*e*) [je me sens bien triste] / Tous mes amis partis, je me sens vraiment seul(*e*). ¶ 쓸쓸한 만년을 보내다 avoir une triste vieillesse, passer une vieillesse solitaire, passer solitairement *sa* vieillesse. ¶ 쓸쓸하게 혼자 지내다 mener une vie solitaire. ② 음산하다 être sombre, lugubre, triste, morose, maussade, mélancolique.

◆쓸쓸히 부 tristement, avec tristesse; (tout(*e*)) seul(*e*). ¶ 쓸쓸히 홀로 생활하다 mener une vie solitaire.

씀바귀 명 【식물】 *Ixeris dentata* {*nsc*} ((plante à tiges très fines qui couvre le sol servant à l'alimentation)).

씀씀이 명 ① dépenses *fpl*, frais *mpl*. ¶ 그 사람은 돈 ~가 크다[헤프다] Il fait beaucoup de dépenses / Il ne regarde pas à la dépense / Il jette l'argent par les fenêtres / Il est dépensier / Il n'est pas économe / C'est un panier percé. ② 생각, 관심의 정도 attentions *fpl*, prévenance *f*, considération *f*. ¶ 마음 ~가 착한 여자 une fille prévenante [soucieuse des autres, pleine d'attentions [de prévenances], attentionnée, aimable, empressée]; une gentille fille; une fille sympa(thique); une fille qui a bon cœur.

씁쓰레하다 형 ① être un peu am*er*(*ère*), âcre, âpre. ¶ 맛이 ~ avoir un goût un peu amer [âcre, âpre]. ② 달갑지 않다 être un peu am*er*(*ère*) [âcre, âpre]. ¶ 마음이 ~ avoir un peu d'amertume. ¶ 씁쓰레한 미소를 띠다 sourire amèrement; avoir un sourire amer [jaune].

씁쓰름하다 형 ☞ 씁쓰레하다

씁쓸하다 형 ① être un peu am*er*(*ère*), âcre, âpre. ¶ 맛이 ~ avoir un goût un peu amer [âcre, âpre]. ② 달갑지 않다 être un peu am*er*(*ère*) [âcre, âpre]. ¶ 기분이 ~ avoir un peu d'amertume.

◆씁쓸히 부 amèrement, avec amertume. ¶ 씁쓸히 웃다 sourire amèrement; avoir un sourire amer [jaune].

씌다¹ 자 '쓰이다²'의 준말 ☞ 쓰이다²

씌다² 자 être envoûté(*e*), ensorcelé(*e*); être pris(*e*), enchaîné(*e*); être en proie à *qc*. ¶ 귀신에 ~ être ensorcelé(*e*). ¶ 무엇에 씐 듯 정신이 혼몽해지다 avoir l'esprit embrumé [confus] comme si on avait été envoûté par *qc*.

씌우개 명 housse *f*; enveloppe *f*.

씌우다 타 ① mettre, enfiler, coiffer. ¶ 아이에게 모자를 ~ mettre un chapeau[un bonnet] à un enfant. ¶ 환자에게 산소마스크를 ~ passer un masque respiratoire à un patient. ¶ 그가 내게 우산을 씌워 주었다 il m'a offert un coin de son parapluie. ② ((누명 따위를)) imputer *qc* à *qn*; charger *qn*; faire porter ((la responsabilité de *qc* à *qn*)). ¶ 누구에게 책임[혐의]을 ~ faire porter toute la responsabilité à *qn*, faire porter tous les soupçons sur *qn*.

씨[1] 명 ① 종자 semence *f*; graine *f*; pépin *m* ((de raisin, d'orange, de pastèque)); noyau(*x*) *mpl* ((de pêche, d'abricot)); amande *f*. ¶ ~ 없는 수박 une pastèque sans pépins. ¶ 밭에 ~를 뿌리다 semer des graines dans un champ; ensemencer un champ de ((blé)); emblaver un champ. ② 혈통 race *f*; sang *m*; enfant *mf*; progéniture *f*. ¶ ~가 다른 형제 un frère utérin; un demi-frère. ¶ 누구의 ~를 배다 être enceinte de *qn* [des œuvres de *qn* {*litt*}], porter l'enfant de *qn*. ③ 근원 sujet *m*; cause *f*; semence *f*; origine *f*. ¶ 말이 ~가 되는 법이다 Il ne faut jamais dire «(si) jamais» / Ne dis pas n'importe quoi, car ce que tu dis peut se réaliser [devenir réalité].

*~**가 마르다** disparaître complètement; s'épuiser, tirer à *sa* fin; être épuisé(*e*); ((la lignée)) s'éteindre, disparaître totalement; être anéanti(e). ¶ 강에 고기들이 ~가 말랐다 Il n'y a plus un poisson dans la rivière. ¶ 이 집안은 ~가 말랐다 Cette famille n'a plus de descendance [de lignée, de postérité] / La lignée va s'éteindre.

*~**가[씨알이] 먹히다** ☞ 씨알

*~**도둑은 못한다** On ne peut pas tromper [cacher] sa filiation [ses liens de parenté, sa parenté, les traits physiques qui nous viennent de nos parents] / On ne peut pas renier ses ascendants [sa famille, ses gènes].

*~**도 없다** disparaître complètement; s'épuiser; tirer à *sa* fin; être épuisé(*e*); ((la lignée)) s'éteindre, disparaître totalement. ¶ 이 집에 남자라고는 ~도 없다 Il n'y a plus un seul homme [de descendant mâle] dans cette famille ((le nom va se perdre)) / La lignée va s'éteindre / Cette famille n'a plus de descendance [de lignée, de postérité].

*~**를 말리다** tout enlever [rafler {*fam*}]; ne pas en laisser un seul. ¶ 적들을 ~를 말려야 한다 Il faut pas laisser un seul ennemi vivant / Il faut exterminer les ennemis jusqu'au dernier.

씨[2] 명 trame *f*. ¶ ~와 날 trame et chaîne.

◆**_실** 명 fil *m* de la trame.

◆**_줄** 명 ☞ 씨줄

씨[3] 명 【언어】 partie *f* du discours. ¶ 이름~ les noms; les substantifs. ¶ 움직~ les verbes.

씨[4] 감 merde {*fam*}, putain {*vulg*}. ¶ ~! 시동이 안 걸리네. Putain! le moteur ne démarre pas.

-씨[5] 氏 접미 ((suffixe honorifique)) monsieur (*messieurs*) *m*(*pl*); madame (*mesdames*); mademoiselle (*mesdemoiselles*) *f*(*pl*) *f*(*pl*). ¶ 김~ 가문 la famille Kim. ¶ 뒤랑 ~, 전화 받으세요 Monsieur Durand, (veuillez répondre au) téléphone / Monsieur Durand, téléphone pour vous.

-씨[6] 접미 ((suffixe nominal)) manière *f*, façon *f*. ¶ 마음~ cœur; nature. ¶ 말~ manière de parler; expression.

씨근 어근 ☞ 시근[1]

씨근덕거리다 자 ☞ 시근덕거리다

씨근덕대다 자 ☞ 시근덕거리다

씨감자 명 pomme *f* de terre de semence.

씨눈 명 embryon *m*; germe *m* ((d'une graine)).

씨디[1] 영{CD} 명 ('시디'의 잘못)) ☞ 시디[1]

씨디[2] 영{CD} 명 ('시디'의 잘못)) ☞ 시디[2]

씨름 명 ① 【운동】 lutte *f*, match *m* de lutte; *ssireum m* <lutte traditionnelle coréenne>. ¶ ~ 한 판을 벌이다 faire un combat de lutte; faire un match de *ssireum*. ② 노력 combat *m* dur, effort *m* ardu [dur, difficile]. ◇_(을) **하다** ① faire de la lutte; faire du *ssireum*. ¶ 그 사람은 나와 ~을 해서 이겼다 Il m'a battu à la lutte [au *ssireum*] ② se battre ((pour une cause)), lutter. ¶ 책과 ~을 하다 se battre avec un livre. ¶ 괜한 일로 ~하다 se battre pour une cause inutile.

◆**_꾼** 명 lutteur *m*.

◆**_판** 명 combat de lutte [de *ssireum*], match *m* de *ssireum* [de lutte]. ¶ ~판을 벌이다 faire un combat de lutte; faire un match de *ssireum*. ¶ ~판이 벌어졌다 On a assisté à un combat de lutte [à un match de *ssireum*].

◆**입_** 명 dispute *f*; querelle *f*; altercation *f*; heurt *m*; démêlé *m*; explication *f*; accrochage *m*; engueulade *f* {*fam*}; prise *f* de bec {*fam*}. ¶ 누구와 입~을 벌이다 avoir une altercation [une explication, une engueulade {*fam*}, une prise de bec] avec *qn*.

씨받이 명 mère *f* porteuse.

씨부렁거리다 자타 ☞ 시부렁거리다

씨부렁대다 자타 ☞ 시부렁거리다

씨아 명 égreneuse *f* de coton. ¶ ~로 목화씨를 뽑다 égrener du coton avec une égreneuse.

씨알 명 ① 종자 œufs *mpl* ((de poisson)) de semence. ¶ 물고기 ~이 제법 굵다 Les œufs de poisson sont plutôt gros. ② 곡식의 낟알 semence *f*; graine *f*.

*~**도 없이 잡아 없애다** tout enlever [rafler {*fam*}]; ne pas en laisser un seul.

*~(**이**)[**씨가**] **먹히다** être conforme à la raison, rationnel(*le*), sensé(*e*), cohérent(*e*), logique, tenir debout. ¶ ~도 안 먹힐 소리를 하다 tenir des propos insensés [sans queue ni tête, qui ne tiennent pas debout], dire des absurdités [des énormités].

씨암탉 명 la meilleure poule *f* pondeuse, poule *f* de référence, poule *f* pondeuse de concours. ¶ 사위를 위해 ~을 잡다 attraper [tuer] la meilleure poule pondeuse pour recevoir chaleureusement *son* gendre.

씨앗 명 ① 종자 semence *f*; graine *f*. ¶ ~을 뿌리다 semer des graines; ensemencer ((un champ de blé)). ¶ ~을 심다 planter des graines. ② 근원 sujet *m*; cause *f*, semence *f*, origine *f*. ¶ 희망의 ~ une graine d'espoir. ¶ 불행의 ~이 되다 devenir [être] la cause d'un malheur.

씨족 氏族 명 【사회】 clan *m*; famille *f*. ¶ ~ 회의 réunion des membres du même clan; réunion entre clans. ¶ ~ 사회[국가] une société [une nation] tribale. ¶ ~ 제도 un système social basé sur la famille.

◆_**공동체** -共同體 명 【사회】 communauté *f* appartenant à la même famille.

씨줄 trame *f*. ¶ ~과 날줄 trame et chaîne. ¶ 부부는 서로 ~과 날줄이 되어야 한다 Dans un couple, l'homme et la femme doivent devenir la trame et la chaîne / Dans un couple, on doit toujours se soutenir.

씩[1] 부 ((mimétisme)) avec un sourire. ¶ ~ 웃다 sourire.

-씩[2] 접미 ((suffixe nominal)) ① chaque. ¶ 하나~ un par un, un(*e*) après l'autre. ¶ 한 번에 하나~ à chaque fois, un ((comprimé)). ¶ 조금~ petit à petit; peu à peu; progressivement. ¶ 일 년에 한 번~ une fois par an. ② 강조 accentuation d'un fait ou d'une action. ¶ 가난한데 둘~이나 대학에 보내! Vous envoyez jusqu'à vos deux enfants à l'université, alors que vous n'avez pas le sou. ¶ 그 사람은 공부~이나 한다고 잘난 체한다 Il fait le fier parce qu'il fait des études.

씩씩 부 ((mimétisme)) haletant, suffoquant; bruyamment.

◆_**거리다[대다]** 재타 haleter, s'essouffler, suffoquer, avoir la respiration haletante, respirer bruyamment; être hors d'haleine, essoufflé(*e*). ¶ 화가 나서 (숨을) ~거리다 suffoquer de colère.

씩씩하다 형 être viril(*e*), énergique, vigoureux(*se*), puissant(*e*); être vaillant(*e*), courageux(*se*), brave. ¶ 씩씩한 군인 un soldat vaillant [courageux]. ¶ 씩씩한 기상 un tempérament courageux; un cœur vaillant. ¶ 씩씩한 행동 un comportement courageux. ¶ 씩씩하게 걷다 marcher virilement.

씰그러뜨리다 타 froncer; *se* renfrogner, prendre un air [l'air] renfrogné; contracter. ¶ 얼굴을 ~ *se* renfrogner, prendre un air [l'air] renfrogné, faire la grimace, grimacer ((de douleur)). ¶ 입을 씰그러뜨리며 웃다 sourire en grimaçant [en serrant les lèvres].

씰룩 어근 ((mimétisme)) ((idéophone du [qui évoque le] clignement des yeux ou d'une crispation d'une partie du corps)).

◆_**거리다[대다]** 재타 (*se*) contracter nerveusement; se crisper nerveusement; clignoter, cligner, ciller ((des yeux)). ¶ 입[눈]을 ~거리다 contracter nerveusement la bouche [cligner des yeux, ciller des yeux]. ¶ 얼굴을 ~거리다 se crisper [contracter] nerveusement. ¶ 엉덩이를 ~대며 걷다 marcher en serrant les fesses.

◆_ _ 부 ((idéophone du [qui évoque le] clignement des yeux ou d'une crispation d'une partie du corps)). ¶ 내 말에 그 사람의 볼이 ~~ 움직였다 À mes propos, ses joues se sont (nerveusement) crispées.

씹 명 【속어】 ① con *m* {*vulg*}; vagin *m*; vulve *f*; chatte *f* {*vulg*}. ② 성교 acte *m* sexuel; sexe *m*; coït *m*. ◇_(을) **하다** avoir une relation sexuelle avec *qn*; faire l'amour; baiser {*vulg*}; niquer {*vulg*}; enculer {*vulg*}; enfiler {*vulg*}; tringler {*vulg*}; se faire [se payer {*fam*}, se farcir {*vulg*}, se taper {*vulg*}, s'envoyer {*vulg*}]; s'envoyer en l'air {*vulg*}.

씹다 타 ① mâcher, mâchonner. ¶ 껌을 ~ mâcher un chewing-gum. ¶ 고기를 ~ mâcher la viande. ② 참다 ravaler ((*ses* larmes)). ¶ 울음을 씹어 삼키다 ravaler *ses* sanglots. ③ ((생각)) ressasser, remâcher. ¶ 누구의 말을 곰곰이 씹어 보다 remâcher les paroles de *qn*. ④ 【속어】 비난하다 traiter {*fam*}, casser *qn* {*fam*}, conchier {*vulg*}, chier dessus *qn* {*vulg*}.

씹히다 재 ① se mâcher; être mâché(*e*), mâchonné(*e*). ¶ 잘 씹히지 않다 être dur(*e*) à mâcher. ② 【속어】 faire [être] l'objet de critiques (de la part de *qn*). ¶ 그 일로 그 사람은 친구들에게 엄청나게 씹혀야 했다 Suite à cet événement, il a été la victime de sévères critiques de ses camarades [il a été la cible des insultes de ses camarades, il s'est fait méchamment [violemment] critiqué par ses camarades] / Suite à cet événement, il en a pris plein la gueule de la part de ses camardes {*vulg*}.

씻기다[1] 타 laver, nettoyer. ¶ 아이[아이의 손]를 ~ laver un enfant [les mains à un enfant].

씻기다[2] 재 être lavé(*e*), nettoyé(*e*). ¶ 가로수의 흙먼지들이 비에 씻겨 내려갔다 la pluie a lavé la poussière des arbres plantés au bord de la route. ¶ 그의 위로에 모든 피로가 한꺼번에 씻겨 나가는 느낌이었다 Grâce à son réconfort, j'ai eu le sentiment d'être débarrassé(*e*) d'un coup de toute ma fatigue.

씻김굿 명 【민속】 *ssitkimgut m* <cérémonie chamanique originaire de la région de Jeolla pour guider l'âme du défunt vers l'autre monde>.

씻나락 명 graine *f* de semence de riz.

*귀신 ~ **까먹는 소리를 하다** dire des bêtises [des idioties, des âneries, des niaiseries]; dire des choses insensées [des choses qui n'ont ni queue ni tête, des énormités, des absurdités, des sottises, des âneries, des extravagances], tenir des propos incohérents [aberrants, insensés], dire des absurdités [des bêtises, des balivernes, des imbécillités, des conneries {*vulg*}], débiter des inepties.

씻다 타 ① (*se*) laver, nettoyer. ¶ 손[얼굴]을 ~ se laver les mains [la figure]. ¶ 소독약으로 상처를 ~ nettoyer une plaie avec du désinfectant. ② ((비유적)) laver ((une injure)), se défaire d'((une accusation)). ¶ 의혹을 ~ être lavé(*e*) de tout soupçon. ¶ 누명을 ~ prouver *son* innocence. ③ 안 좋은 상태에서 벗어나다 se libérer; se débarrasser. ¶ 음악을 들으며 하루의 피로를 ~ se débarrasser de la fatigue de la journée en écoutant de la musique. ¶ 오랜 부진을 씻고 재기하다 se sortir d'une longue période de stagnation.

***씻은 듯이** complètement, parfaitement. ¶ 그의 병이 씻은 듯이 나았다 Il est complètement rétabli de sa maladie.

씽 부 ☞ 쌩

씽긋 부 ☞ 싱긋

씽씽하다 형 ① être fr*ais*(*aîche*). ¶ 채소가 ~ Les légumes sont frais. ② 원기왕성하다 être plein(*e*) de vie [de vitalité], pétillant(*e*) de vie; être animé(*e*), péter de [la] santé {*fam*}. ¶ 그 사람은 언제 보아도 ~ Cette homme est toujours pétillant de vie [plein de vitalité] / Cet homme pète toujours de santé [la santé] {*fam*}. ☞ 싱싱하다

ㅇ 명 *ieung m* ((8e lettre consonantique de l'alphabet coréen. Comme initiale dans une syllabe, ce signe n'est qu'un élément décoratif ou une consonne "vide", n'ayant aucune valeur phonétique, tandis qu'en finale dans une syllabe, il a la valeur phonétique d'une occlusive nasale sonore vélaire [ŋ])).

아[1] 감 ① ((감탄, 놀라움)) Ah!; Oh! ¶ ~, 그래요? Ah, bon? / Ah, oui? / Oh, vraiment? / Non, c'est vrai? ¶ ~, 어제 전화한 게 너였구나! Ah! c'est toi qui m'as appelé(*e*) [téléphoné, passé un coup de fil {*fam*}] hier! ② ((슬픔, 두려움, 고통, 후회)) Ah!; Oh!; Hélas! ¶ ~, 괴롭구나 Oh, comme c'est dur! / Ah, ça me fait mal! / Ah, ça me fait de la peine!

-아[2] 兒 접미 ((suffixe nominal)) ① enfant *m*; bébé *m*. ¶ 기형~ un enfant [un bébé] présentant des malformations néonatales, un enfant anormal. ¶ 정상~ un enfant [un bébé] normal [sain, bien portant]. ¶ 미숙~ un enfant [un bébé] prématuré [avant terme]. ¶ 신생~ un nouveau-né, un nourrisson. ¶ 자폐~ un enfant autiste, un autistique. ¶ 장애~ un enfant handicapé [infirme, invalide]. ¶ 저능~ un enfant retardé [demeuré, arriéré, débile]. ② homme *m*. ¶ 풍운~ le héros d'une période troublée. ¶ 행운~ un homme chanceux [chançard {*fam*}, fortuné, favorisé du sort, né sous une bonne étoile, né coiffé, veinard {*fam*}, verni {*fam*}], un homme ayant du pot {*fam*}.

-아[3]**↔어** 어미 ((suffixe flexionnel de terminaison phrastique conclusive. L'emploi de ce suffixe, ainsi que d'autres suffixes et suffixes flexionnels préfinaux commençant -아/-어 tels que –아요/-어요, -았/-었, a un rapport direct avec l'harmonie vocalique ou l'harmonie des voyelles, un phénomène linguistique qui consiste en ce que les voyelles fortes ou positives, -ㅏ, -ㅗ, -ㅑ s'harmonisent entre elles, et les voyelles faibles ou négatives, c'est-à-dire toutes les autres voyelles, s'harmonisent entre elles. Ce phénomène se manifeste, en coréen, dans l'ajout des suffixes flexionnels (conjugaison) du verbe, et dans les onomatopées. En matière de conjugaison des verbes, –아 s'ajoute après le radical verbal dont la voyelle de la dernière syllabe est ㅏ, ㅗ ou ㅑ; 잡-아, 보-아, 얇아 ; -어 s'ajoute au radical verbal dont la voyelle de la dernière syllabe est autre que ㅏ, ㅗ ou ㅑ, c'est-à-dire après toutes les autres voyelles telles que ㅓ, ㅕ, ㅗ, ㅜ, ㅡ, ㅣ, ㅐ, ㅚ, ㅔ..., après le suffixe flexionnel préfinal honorifique -시/-으시, et après les suffixes flexionnels préfinaux temporels -았/-었 ou -겠 : 먹어, 캐어, 죽어, 잡어, 긁어, 괴어, 꿰어, 앍으사어, 보-았-어. L'ajout de –아/-어 entraîne la modification du radical, c'est-à-dire l'irrégularité dans la conjugaison de certains verbes. Sur le plan modal, il marque le déclaratif, l'interrogatif, l'impératif, l'exhortatif. Dans la langue parlée, le déclaratif est exprimé par un ton neutre et plat, l'interrogatif par un ton montant, l'impératif et l'exhortatif par un ton bref et sec. Dans l'écrit, ces modes sont distingués par la ponctuation. Utilisé à l'égard d'un interlocuteur égal (entre les enfants et entre les amis adultes intimes) ou inférieur (à l'égard d'un enfant de la part d'un adulte, fils, fille, élève, jeune employé), il exprime l'intimité, l'égalité ou l'infériorité. Tel quel il exprime le présent.)) ((déclaratif)) ¶지금 나는 지금 학교에 가 (forme contractée de 가-아). Maintenant, je vais à l'école. ¶밖에 비가 많이 와(오-아). Dehors, il pleut beaucoup. ¶나도 알~ Moi aussi, je sais [je suis au courant]. ¶나는 상드라가 좋~ J'aime bien Sandra. ¶여기는 물이 맑~ Ici, l'eau est claire. ¶나는 너하고는 달라 Toi et moi, on est différents / Moi, je suis différent(*e*) de toi. ((interrogatif)) ¶오늘 누구를 만나 (forme contractée de 만나-아)? Aujourd'hui, qui rencontres-tu ? ¶너도 알~? Toi aussi, tu es au courant? ¶대전 광역시는 인구가 많~? Est-ce que la mégalopole de Daejeon a une population importante (nombreuse)? ((impératif)) ¶빨리 밖으로 나와(나오-아). ¶놀지만 말고 공부도 좀 해 (forme contractée de 하-아) Arrête de ne faire que t'amuser, fais les études aussi.

-아[4]**↔어** 어미 ① ((suffixe flexionnel conjonctif très complexe, servant notamment à exprimer la consécutivité de deux événements, la manière, une relation de cause à effet ou encore le maintien de l'état résultant de subordination. -아 s'ajoute après le radical verbal dont la voyelle de la dernière syllabe est ㅏ, ㅗ ou ㅑ; -어 s'ajoute au radical verbal dont la voyelle de la dernière syllabe est autre que ㅏ, ㅗ ou ㅑ, c'est-à-dire après toutes les autres voyelles telles que ㅓ, ㅕ, ㅛ, ㅜ, ㅡ, ㅣ, ㅐ, ㅚ, ㅔ, ㅢ..., et après le suffixe flexionnel préfinal honorifique -시/-으시. L'ajout de -아/-어 entraîne la modification du radical, c'est-à-dire l'irrégularité dans la conjugaison de certains verbes.)) et, puis, une fois+*p.p.*, pour+*inf*; ((수단, 방법)) en+V-ant; ((인과관계)) V-ant ((*p.pr.*)), comme, car, parce que; ((결과상태지속)) *p.p.* ¶그는 내 손을 잡~ 자기 손 위에 얹었다 Il a attrapé ma main et [puis] l'a posée [pour la poser] sur sa main [sur la sienne]. ¶빨~ 먹는 비타민 C des comprimés de vitamine C à sucer. ¶아이를 안~ 일으키다 prendre un enfant dans les bras puis le soulever. ¶할 일이 많~ 못 가겠다 Ayant trop à faire, je ne pourrai être des vôtres [être présent(*e*)] ((ce jour-là)) / Je ne pourrai pas y aller car j'ai trop (de choses) à faire [car j'ai un travail monstre {*fam*}].¶하루 종일 앉~ 일하다 travailler toute la journée assis(*e*). ② ((suffixe flexionnel conjonctif, servant à lier le verbe principal à certains verbes auxiliaires.)) ((sous forme de radical d'un verbe+-아/-어 내다 *finir par* inf)) ¶외침을 막~ 내다 repousser l'attaque de l'ennemi, s'opposer à l'invasion de l'ennemi, défendre sa patrie contre l'ennemi. ¶어려움을 참~ 내다 finir par endurer des difficultés. ¶범인을 잡~ 내다 finir par arrêter le criminel. ((sous forme de radical d'un adjectif +-아/-어 지다, qui sert à transformer l'adjectif en verbe)) ¶좋~지다 ((상태가)) aller mieux; progresser; se perfectionner; s'améliorer; devenir meilleur(*e*)¶작~지다 devenir petit(*e*) ¶밝~지다 s'éclaircir, devenir clair. ¶많~지다 devenir nombreux, (le nombre) s'accroître.

-아[5]↔야[2] 조 ((호격조사)) mon (*ma*) petit(*e*) [ch*er*(*ère*)] ((suffixe vocatif, utilisé lorsqu'on appelle un enfant ou un adolescent, il exprime une affection. -아 s'ajoute après un prénom qui se termine par une consonne; -야 après un prénom qui se termine par une voyelle.)) ¶순실~, 이리 와! Viens ici, ma petite [chère] Sun-sil! / Amène-toi, Sun-sil ma petite! ¶기철~, 너 나랑 놀지 않을래? Gi-cheol, ne veux-tu pas jouer avec moi?

아-[6] 亞- 접두 ((préfixe nominal)) sub-; hyp(o)-; infra-; sous- ((préfixe qui exprime une position inférieure dans l'espace ou l'insuffisance, l'infériorité, la subordination et la dépendance)). ¶~열대 la zone subtropicale. ¶~황산 l'acide sulfurique.

아가 명 ① ((호격형)) mon(*ma*) petit(*e*), mon bébé *m*, mon bout *m* de chou, mon(*ma*) biquet(*te*), mon(*ma*) chéri(*e*), mon lapin *m*, mon poussin *m*, mon canard *m*, ma puce *f*, mon amour, mon ange *m*, mon cœur *m*. ¶~, 이리 오렴[온] Viens ici, mon(*ma*) petit(*e*). ¶잘 자라, 우리 ~ Dors bien [fais dodo {*fam*}], mon(*ma*) petit(*e*). ② 아기 bébé *m*. ¶~가 잠들었다 Le bébé dort [s'est endormi]. ③ 며느리의 애칭 ((appellatif d'affection pour la belle-fille)).

아가리 명 ① ((동물)) gueule *f*; bouche *f*; bec *m* ((d'un oiseau)); ((곤충)) suçoir *m*; trompe *f* ((d'un insecte)). ② ((사물)) gueule *f* ((d'un canon)); bouche *f* ((d'un volcan)); orifice *m* ((d'un puits)); goulot *m* ((d'une bouteille); ouverture *f* ((d'un four)). ¶병(의) ~가 너무 좁아서 손을 집어넣을 수가 없다 Comme le goulot de la bouteille est trop étroit, je ne peux pas y glisser [faire entrer] ma main. ③ 【비어】 ((사람)) gueule *f* {*fam*}; ((une clope au, clouer le)) bec *m* {*fam*}; avaloire *f* {*fam*}; goule *f* {*fam*}; goulot *m* {*fam*}; margoulette *f* {*fam*}. ¶~ 닥쳐 Ta gueule! {*vulg*} / Ferme ta gueule! {*vulg*} / La ferme! {*vulg*} / Ferme[Boucle]-la! {*fam*} / Ferme ton clapet! {*fam*} / Mets-la en veilleuse! {*fam*} / Écrase! {*fam*}. ¶~를 벌리다 ouvrir la gueule [*sa* grande gueule].

***~를 잘못[함부로] 놀리다** ne pas surveiller *son* langage, parler à tort et à travers [sans discernement, en dépit du bon sens, n'importe comment]; être une mauvaise langue.

아가미 명 branchies *fpl*, ouïes *fpl*. ¶물고기는 ~로 숨을 쉰다 Les poissons respirent par leurs branchies [par les ouïes].

◆**_젓** 명 branchies *fpl*. saumurées.

아가씨 명 ① 젊은 여자 (jeune) fille *f* non mariée; demoiselle *f*, célibataire *mf*. ¶어떤 ~가 당신을 찾던데요 Une jeune fille vous a cherché [demandé]. ② ((호칭)) mademoiselle *f*. ¶~, 저 좀 보세요 Mademoiselle, venez voir / S'il vous plaît, mademoiselle. ③ 시누이에 대한 호칭 ((appellatif pour la sœur cadette du mari)).

아가페 그 명 *agapè f*, amour *m* chrétien, amour *m* altruiste; amour *m* désintéressé; amour *m* de Dieu pour les hommes.

◆**_적** -的 명 altruiste, désintéressé(*e*), pieux(*se*). ¶~적 사랑 un amour désintéressé; un amour pieux.

아교 阿膠 명 gélatine *f* ((colle faite à base d'os et de cuir animal)). ¶~를 녹이다 faire fondre de la gélatine.

◆**_풀** 명 gélatine *f*. ☞ 갖풀

아구 명 【비어】 gueule *f* {*pop*}. ¶더 까불면 ~를 돌려버릴 거야 Si tu ne te tiens pas tranquille, je vais te casser la gueule [je vais te casser la figure, tu vas voir de quel bois je me chauffe]{*pop*}.

아군 我軍 명 notre troupe *f*, notre armée *f*; nos forces *fpl* (militaires); *ses* alliés *mpl*.¶~과 적군 notre troupe [notre armée, nos forces militaires, nos combattants] et la troupe ennemie [et l'armée ennemie, et les forces hostiles, et nos adversaires]; (nos) alliés et (nos) ennemis, (les) troupes alliées et (les) troupes ennemies, les forces alliées et ennemies.

아궁이 명 foyer *m*, fourneau(*x*) *m*; cheminée *f*, âtre *m*; *agungi m* <orifice ou bouche à feu situé(*e*) à l'entrée d'un foyer qui se trouve à ras du sol d'une cuisine traditionnelle coréenne et dans lequel ou laquelle on insère du bois ou de la paille>. ¶ ~에 불을 때다[지피다] faire du feu dans un foyer [dans une cheminée, dans un âtre].

아귀[1] 명 【동물】 lotte *f*.

◆**_찜** 명 plat *m* de lotte cuit à l'étouffée (avec des pousses de soja).

아귀[2] 명 ① 갈라진 곳 fourche *f*; angle *m*; commissure *f* ((des lèvres)); jonction *f*. ② ((두루마기나 속곳의)) fente *f* sur le côté. ③ ((씨의)) fente *f* d'une graine (par où sort le germe).

◆**손_** 명 ① paume *f* de la main, pince *f*. ② poigne *f*, force *f* du poignet. ③ ((tomber aux, dans les, entre les)) mains *fpl* ((de *qn*)), ((tomber sous la)) coupe *f*, ((tomber sous la, se sortir des)) griffe(*s*) *f*(*fpl*) ((de *qn*)), ((succomber au)) pouvoir *m* ((de *qn*)), domination *f*, joug *m*. ¶ 그는 반 아이들을 손~에 틀어쥐고 있다 Il a pris en main les élèves de la classe.

***손~에 넣다** prendre *qn* sous *sa* griffe, mettre *qn* sous *sa* coupe, faire obéir *qn* au doigt et à l'œil, mener *qn* par le bout du nez, dominer *qn*, diriger *qn*.

***손~에서 놀다** être sous la griffe de *qn*, être au service de *qn*, obéir au doigt et à l'œil, être à la merci de *qn*, être l'esclave de *qn*, se faire mener par le bout du nez, être sous la domination [sous la coupe, sous l'emprise] de *qn*, être dépendant(*e*) de *qn*, être le disciple de *qn*.

◆**입_** 명 commissure *f* des lèvres.

아귀다툼 명 querelle *f*, dispute *f*; chamaillerie *f* {*fam*}; engueulade *f* {*fam*}; bagarre *f*; altercation *f*, accrochage *m*, démêlé *m*, heurt *m*, algarade *f*, explication *f*, prise *f* de bec {*fam*}, bisbille *f* {*fam*}. ¶ 난민들이 구호품을 먼저 받으려고 ~을 벌였다 Les réfugiés se sont engueulés [se sont querellés, se sont disputés, se sont chamaillés] pour recevoir des provisions de secours avant les autres. ◇_(을) **하다** se quereller avec *qn*; avoir une querelle avec *qn*; se disputer avec *qn*; être en bisbille avec *qn* {*fam*}, avoir un accrochage [une prise de bec] avec *qn*; s'engueuler avec *qn* {*fam*}, avoir une engueulade avec *qn* {*fam*}; se bagarrer ((à propos de *qc*).

아그작아그작 부 bruyamment ((onomatopée imitant l'aspect de celui qui mange bruyamment)). ¶ ~ 씹다 mâcher [mâchonner, mâchouiller, mastiquer] ((des chewing-gums)) bruyamment.

아금받다 형 être perspicace, astucieux(*se*), habile. ¶ 그 친구는 성격이 ~ Il a un caractère astucieux.

아기 명 ((어린아이)) bébé *m*; baby *m*; très jeune enfant *m*; petit *m*; petiot *m* {*fam*}; ((젖먹이)) nourrisson *m*; ((신생아)) nouveau-né(*e*) *m*; ((통통한 아기)) poupon *m*, moutard *m* {*fam*}, mioche *mf* {*fam*}; mouflet *m* {*fam*}, lardon *m* {*fam*}, poupard *m*; petit salé *m* {*fam*}. ¶ ~에게 젖을 먹이다 allaiter un bébé [un nourrisson, un petit], donner le sein à *son* bébé [à *son* nourrisson, à *son* petit], nourrir de *son* lait un nourrisson [un bébé, un petit], donner la tétée à un nouveau-né.

아기씨 명 ((appellatif respectueux pour interpeller [pour s'adresser à] une fille ou une belle-fille)).

아기자기하다 형 ① être harmonieux(*se*); être sympa; être délicieux(*se*); être agréable; être charmant(*e*); être exquis(*e*); être coquet(*te*). ¶ 이야기의 전개가 ~ Cette histoire est bien ficelée [combinée, racontée]. ¶ 그 신혼부부는 아기자기하게 살고 있다 Ce jeune couple vit un bonheur parfait [sans nuage] / Ils sont faits l'un pour l'autre / Ils sont comme cul et chemise {*fam*} / Ils roucoulent comme deux tourtereaux. ¶ 아기자기하게 꾸며진 방 une chambre arrangée [décorée] avec goût [avec soin, avec délicatesse, harmonieusement]. ② ((이야기 따위가)) être très intéressant(*e*); être sympathique, amical(*e*); être amusant(*e*); être joyeux(*se*); être savoureux(*se*), charmant(*e*). ¶ 아기자기한 얘기 un récit savoureux [charmant]. ¶ 아기자기한 모임 une réunion sympathique [amicale].

아까 부 il y a un moment [un instant], tout à l'heure; à l'instant, il n'y a pas longtemps [juste une minute]. ¶ ~ 누가 너를 찾아왔었다 Quelqu'un est venu te chercher tout à l'heure.

명 il y a un moment [un instant], tout à l'heure; à l'instant, il n'y a pas longtemps [juste une minute]. ¶ 누가 ~부터 너를 기다리고 있다 Quelqu'un t'attend depuis tout à l'heure [depuis un instant, depuis un moment, depuis pas longtemps]. ¶ 너는 ~와는 말이 다르다 Tu ne dis pas la même chose [Tu ne tiens pas le même discours] que tout à l'heure [qu'il y a un instant] / C'est différent de ce que tu disais tout à l'heure / Tout à l'heure, tu disais autre chose / Ce n'est pas pareil que ce que tu as dit il y a juste un moment / C'est tout autre chose que ce que tu viens de dire.

아까워하다 타 ① considérer *qc* comme précieux(*se*) [de valeur]; regretter de faire des frais inconsidérés; plaindre ((l'argent qu'on dépense)); regarder ((à la dépense)); hésiter à dépenser; compter ((*ses* sous)). ¶ 책을 사는 데 돈을 아까워해서는 안 된다 Il ne faut pas regarder [hésiter] à la dépense pour acheter un livre / Il ne faut pas compter l'argent [les sous] qu'on dépense pour acheter un livre / On ne doit pas hésiter à dépenser de l'argent pour acheter un livre / Il ne faut pas être près de ses sous [de son fric {*fam*}] pour acheter un livre. ② regretter, déplorer, pleurer, s'affliger de ((la mort de *qn*)), trouver *qc* dommage. ¶ 그들은 목숨을 아까워하지 않고 전쟁터에 나갔다 Ils sont partis pour [Ils sont allés à] la guerre en se donnant corps et âme [sans économiser leur souffle, sans économiser leur peine] / Ils sont allés à la guerre sans peur [sans crainte] de risquer leur vie.

아깝다 형 ① 소중하다 être précieu*x*(*se*), cher(*ère*) ((à *qn*)); être estimable, avoir de la valeur; avoir du prix. ¶ 이 물건은 버리기 ~ C'est une perte de jeter cet objet / Cet objet est trop bon pour être jeté / Cet objet est trop précieux pour être abandonné / C'est dommage de foutre en l'air cet objet {*fam*}. ¶ 그런 일에 쓰기에는 그의 재주가 ~ Il gâche son talent dans ce genre de travail [de boulot, de job] / Il a trop de talent pour ce genre de travail [boulot] / Il est trop talentueux pour ce genre de travail. C'est dommage d'utiliser son talent dans ce genre d'activité / Ce travail n'est pas à la hauteur de son talent / Il fout en l'air tout son talent en le mettant dans ce job {*fam*}. ¶ 이런 일을 하고 있자니 시간이 ~ On perd son temps en faisant ce genre de travail / C'est dommage de devoir passer son temps à faire ce genre de travail / C'est avec ce genre de travail qu'on perd son temps [qu'on fout son temps en l'air {*fam*}]. ¶ 참 아까운 사람이 죽었다 Sa mort est une grande perte ((pour nous)) / Quel dommage que l'on ait perdu une personne si précieuse [de telle valeur]! / C'est con qu'il ait crevé! {*fam*} / Quelle connerie qu'il soit mort [qu'il ait claqué]! {*fam*} / Quel dommage qu'il ait cassé sa pipe! {*fam*}. ¶ 요즘 젊은 애들은 돈 아까운 줄을 모른다 Les jeunes d'aujourd'hui ne savent pas que l'argent est précieux / Les jeunes d'aujourd'hui ne savent pas économiser l'argent / De nos jours, les jeunes ignorent ce que c'est que l'argent / Ces temps-ci les jeunes se foutent pas mal d'économiser le fric {*fam*}. ② 애석하다 être regrettable, dommage, douloureu*x*(*se*), triste ((de+*inf*/que+*ind*)); il est [c'est] regrettable [déplorable, dommage] de+*inf*/que+*subj*. ¶ 아깝게 rageusement, malencontreusement, malheureusement, fâcheusement, déplorablement; de justesse, de très peu, à quelques points près; ((se faire coiffer)) sur le fil, sur le poteau, au poteau. ¶ 결승에서 (누구에게, 상대편에) 아깝게 지다 être vaincu(*e*) [battu(*e*)] en finale de justesse [de très peu, sur le fil], perdre une finale très disputée, perdre la finale de très peu [à quelques points près, regrettablement, de justesse], essuyer [concéder, connaître] une défaite rageante en finale, subir [essuyer, concéder] une défaite en finale avec très peu d'écart, se faire devancer d'une courte tête [d'un poil {*fam*}] en finale, se faire coiffer [être coiffé(*e*)] sur le poteau [sur le fil, au poteau] en finale. ¶ 누구에 이어 아깝게 2등이 되다 finir bon second derrière *qn*. ¶ 아깝게 떨어지다[탈락하다, 지다] rater [échouer, louper] malencontreusement ((un examen)); perdre malencontreusement ((un match)); échouer pour pas grand-chose [de très peu]. ¶ 한국 팀은 일본 팀에게 2 대 1로 아깝게 패했다 Malheureusement, l'équipe coréenne a dû s'incliner face à l'équipe japonaise sur le score (fâcheux) de deux à un / L'équipe coréenne a été malencontreusement [malheureusement, fâcheusement, déplorablement, rageusement] battue deux à un par l'équipe japonaise / C'est rageant que l'équipe coréenne ait été battue par l'équipe japonaise sur le score fâcheux de deux à un. ¶ 그가 죽은 것은 참 아까운 일이다 Il est vraiment regrettable [dommage] qu'il soit mort.

아끼다 타 ① 절약하여 쓰다 ménager *qc*; économiser, épargner, compter ((*son* argent)); dépenser *qc* avec mesure; être économe [parcimonieu*x*(*se*), avare] de *qc* ((de *son* temps, de *ses* louanges)); se restreindre ((dans *ses* dépenses)). ¶ 돈을 ~ économiser [ménager, épargner] l'argent; dépenser de l'argent avec mesure; mettre de l'argent de côté, mettre de l'argent à gauche {*fam*}; se restreindre dans *ses* dépenses, compter l'argent que l'on dépense, regarder à la dépense, être regardant(*e*), être économe; lésiner, mégoter {*fam*} sur l'argent; garder une poire pour la soif. ¶ 전기를 아껴 쓰다 consommer l'électricité avec mesure [avec modération], économiser l'électricité, diminuer *sa* consommation d'électricité. ¶ 시간을 아껴야 한다 Il faut [On doit] ménager [économiser, épargner] son temps. ¶ 누구에 대해 찬사를 아끼지 않다 ne pas tarir d'éloges sur *qn*, prodiguer des louanges à *qn*, louer *qn* sans mesure. ② 소중히 여기다 tenir à *qc*/*qn*; estimer [distinguer, favoriser] *qn*, faire grand cas de *qn*; porter de l'affection à *qn*; avoir beaucoup d'affection pour *qn*/*qc*; aimer *qn*/*qc*; regarder [considérer] *qc* comme précieu*x*(*se*); aduler ((un artiste)); chérir *qc*/*qn*. ¶ 선생님은 그의 재능[재주]을 매우 아껴 주셨다 Ce professeur a pris énormément soin de ses talents [de son adresse, de ses capacités]. ¶ 그 선생님은 제자들을 무척 아끼신다 Ce professeur porte énormément d'affection à ses élèves [à ses étudiants]. ¶ 우리는 문화재를 아끼고 보존해야 한다 Nous devons chérir notre patrimoine culturel et le conserver / Notre patrimoine culturel doit être précieusement protégé.

아낌없다 형 être sans réserve, sans mesure; ne pas être avare de *qc*, ne pas tarir de *qc*. ¶ 모두가 그에게 아낌없는 성원[찬사]을 보냈다 Tout le monde l'a accueilli sans mesurer les applaudissements / Personne n'a économisé les applaudissements / On l'a applaudi sans réserve / Tout le monde lui a fait des compliments sans restriction.

아낌없이 부 sans réserve, sans restriction; pleinement, entièrement, sans mesure, sans être avare de *qc*; généreusement, ((dépenser)) sans compter, sans y regarder. ¶ 돈을 ~ 쓰다 dépenser sans compter [sans y regarder], ne pas regarder à la dépense, ne pas être regardant(*e*). ¶ 무엇을 ~ 베풀다[주다] offrir [donner] *qc* sans réserve [sans restriction]. ¶ 널 위해서라면 이 돈을 ~ 쓰겠다 Si c'est pour toi, je dépenserai tout [jusqu'au dernier sou] sans réserve [sans restriction].

아나운서 영{announcer} 명 présenta*teur*(*trice*) (des nouvelles à la télévision ou à la radio).

아나키스트 영{anarchist} 명 anarchiste *m*.

아낙 명 ① 부인용 안방, 규방 ((내실)) gynécée *m*, chambre *f* de femme, boudoir *m*, alcôve *f*, salon *m*, cabinet *m*. ② femme *f* mariée ((diminutif de 아낙네)). ☞ 아낙네

◆ **_군수** 명 un homme casanier, un sédentaire, un pantouflard {*fam*}.

아낙네 명 femme *f* mariée. ¶ 우물가에서 ~들이 빨래를 하고 있다 Au bord d'un puits, des femmes font la lessive.

아날로그 영{analogue} 명 analogique *m*. ((par opposition au numérique)). ¶ ~ 신호 signal analogique. ¶ 디지털과 ~의 결합 la combinaison [l'association, le couplage] analogique-numérique. ¶ ~ 시대는 이미 지났다 L'époque de l'analogique est révolue.

아내 명 *sa* femme *f*, *son* épouse *f*, *sa* compagne *f*, *sa* légitime *f* {*pop*}, *sa* bourgeoise *f* {*pop*}, *sa* régulière *f* {*pop*}, *sa* moitié *f* {*fam*}. ¶ ~를 버리다 délaisser [abandonner] *sa* femme. ¶ 누구를 ~로 맞이하다 prendre *qn* pour épouse [pour femme], se marier avec *qn*, épouser *qn*. ¶ ~와 사별하다 perdre *sa* femme [*son* épouse].

아냐 감 ☞ 아니야

아네모네 이 {*anemone*} 명 anémone *f*.

아녀자 兒女子 명 【속어】 ① 어린아이와 여자 enfant *m* et femme *f*. ② ((여자를 낮추어)) femme *f*, nana *f* {*fam*}, meuf *f* {*fam*}, gonzesse *f* {*fam*}.

아노미 프{anomie} 명 【사회】 anomie *f*. ¶ 이 사회는 도덕적 ~ 상태에 놓여 있다 Cette société a perdu ses valeurs morales / Cette société se trouve dans un état d'anomie morale.

아늑하다 형 être tranquille, agréable et confortable, douillet(*te*); être doux(*ce*) et tendre. ¶ 고향은 역시 어머니 품처럼 ~ Être au pays natal c'est aussi doux et tendre qu'être dans les bras de sa mère. ¶ 방을 아늑하게 꾸며 놓다 avoir une chambre décorée de façon agréable, avoir une chambre douillette. ¶ 아늑한 방 une chambre [une salle, une pièce] agréable et confortable, une chambre douillette. ¶ 아늑한 분위기 une ambiance [une atmosphère] tranquille et agréable, une atmosphère douillette.

아는체하다 재타 faire semblant [faire mine, feindre, affecter] de savoir *qc* [de connaître *qn*, d'être au courant de *qc*]; prétendre tout connaître, se donner des airs de connaisseur. ¶ 그 일[사건]을 ~ faire semblant de connaître cette histoire [cette affaire, cet évènement, cet accident]. ¶ 그가 갑자기 나를 아는체했다 Soudain il a fait semblant [a fait mine] de me connaître / Soudain il a feint [affecté] de me connaître. ¶ 아는체하는 사람 un(*e*) pédant(*e*), un cuistre {*litt*}, un savantasse {*fam*}. ¶ 그는 무슨 일에든지 아는체하는 사람이다 C'est une personne qui prétend tout savoir sur n'importe quoi / Il est monsieur je-sais-tout / C'est quelqu'un qui croit tout savoir sur tout.

아니[1] 감 tiens!; dis donc!; Non!; C'est pas vrai!; eh, hein!; eh, bien!; quoi!; Bon Dieu!; oh!, ah!; mais. ¶ ~, 자네 누군가? Mais (toi), qui es-tu? ¶ ~, 얘가 벌써 이렇게 컸나? Dis donc! ce gamin [ce gosse] a déjà grandi [poussé] comme ça? / Ben dis donc! ce môme, qu'est-ce qu'il a poussé! ¶ ~, 그게 무슨 소린가? Quoi! qu'est-ce que tu racontes? / Quoi! qu'est-ce que c'est que cette histoire? / Non! qu'est-ce que tu dis [tu racontes] là!

아니[2] 감 non. ¶ 너도 가니? -~, 나는 안 가 Toi aussi tu y vas? -Non, moi je n'y vais pas.
부 ne ...pas; non. ¶ 선생님이 ~ 계시니 이걸 어쩌지? Le professeur n'est pas là [Le professeur est absent], qu'est-ce qu'on fait? ¶ 그분은 우리나라, ~ 전 세계의 보물과 같은 존재이다 C'est un personnage considéré comme un trésor de notre pays, non du monde entier / Chez nous, non dans le monde entier, c'est une personne aussi précieuse qu'un trésor.
*~ **땐 굴뚝에 연기 나랴** ☞ 연기[2]/굴뚝

아니꼽다 형 ① 속이 메스껍다 avoir mal au cœur, avoir des nausées. ¶ 속이 ~ J'ai mal au cœur / J'ai des nausées. ② 불쾌하다 être désagréable, déplaisant(*e*), détestable; être écœurant(*e*), dégoûtant(*e*), répugnant(*e*); être répulsi*f*(*ve*); être nauséabond(*e*). ¶ 그의 그런 태도가 아주 아니꼬웠다 Son attitude m'a été très déplaisante [désagréable, gênante, repoussante] / Son attitude m'a énormément irrité(*e*) [crispé(*e*)]. ¶ 그의 교만한 꼴을 보면 아니꼬워진다 Son arrogance me dégoûte [me soulève le cœur]. ¶ 어린 사람 밑에서 일하려니 아니꼬운 일이 많다 Quand je travaille sous la direction d'un plus jeune que moi, je suis soumis à beaucoup de choses désagréables, [déplaisantes, révoltantes] / Quand je travaille sous la direction d'un plus jeune que moi, c'est souvent insupportable.

아니다 형 ((copule négative. Elle doit avoir, devant elle, un attribut qui est marqué par la particule attributive ou spéciale -가/-이, -도, -만.)) ne pas être. ¶ 그것을 본 것은 내가 아니고 내 동생이었다 Ce n'est pas moi qui ai vu ça, c'est mon petit frère [ma petite sœur]. ¶ 죄지은 사람은 내가 ~ Ce n'est pas moi qui suis coupable. ¶ 그게 아니라, 이것이다 Ce n'est pas celui-là [celle-là], mais celui-ci [celle-ci]. ¶ 꼭 내가 아니라도, 누군가가 그 말을 했어야 했다 Même si je ne l'avais pas dit, quelqu'un d'autre aurait dû le faire. ¶ 그리 추운 날도 아닌데, 웬 옷을 그렇게 끼어 입었니? Il ne fait pas si froid (aujourd'hui), pourquoi tu t'es couvert(*e*) autant [tu t'es autant habillé(*e*), tu t'es habillé(*e*) si chaudement]? ¶ 그것은 딴 이유 때문이 아닌가 싶다 On se demande [Je me demande] si ce n'est pas pour une autre raison. ¶ 내가 나가려는 데, 그가 나를 가로막고 서는 게 아닌가 Je voulais sortir, mais il m'a barré le chemin! / Je voulais sortir, mais il m'a empêché de sortir! ¶ 그게 아니라면, 무슨 이유이지요? Si ce n'est pas ça, c'est pour quelle raison? [c'est pourquoi?, c'est à cause de quoi?]. ¶ 그 친구의 아이디어는 영 아니더라 Son idée n'était pas bonne du tout! / Je n'ai rien pu en tirer de son idée! / Son idée n'était pas valable [utilisable] du tout.

***(무엇이) 말이** ~ être dans un état misérable [piteux, pitoyable].

***아니나 다를까** comme (on l'avait) prévu, comme on s'y attendait, comme on s'en doutait, comme on s'en était douté; effectivement; immanquablement; sans faute; à coup sûr, infailliblement; sûrement; en effet, justement. ¶ 그가 잘못하지나 않을까 걱정했는데 ~ 결국 일을 저질렀다 On s'est inquiétés de ce qu'il ait commis une erreur [une faute] et comme on s'en était douté [et effectivement], il a fini par faire une bêtise [une gaffe, une stupidité, une connerie {*fam*}]. ¶~ 문제가 매우 어려웠다 En effet [Comme on s'y attendait], le sujet était très difficile.

***얼굴[꼴, 꼬락서니]이 말이** ~ avoir [faire] une sale mine [gueule] {*fam*}. ¶ 요즈음 네 얼굴이 영 말이 ~ Tu as une (sale) mine [gueule] ces temps-ci! / Tu as une mine [un air, une gueule {*fam*}] de déterré ces temps-ci / Tu es dans un piteux état [un état misérable, pitoyable] ces jours-ci / Tu en as une (sale) mine ces temps-ci.

***아닌게 아니라** en effet, effectivement, de fait justement; réellement; vraiment; certainement, bien sûr. ¶ ~ 그가 어제 오기는 왔었다 En effet [Effectivement], il est venu hier. ¶ ~ 네 말이 맞다 En effet [Effectivement], tu as raison / C'est vrai, tu as raison.

***아닌 밤중에** en plein milieu de la nuit; à un moment imprévu [inattendu]. ¶ 아닌 밤중에 웬 조깅이냐? En plein milieu de la nuit, du jogging? / En pleine nuit tu fais du jogging?

***아닌 밤중에 홍두깨** un coup de tonnerre dans un ciel bleu [serein]; un événement brutal et imprévu; une idée extravagante, une bizarrerie. ¶ 아닌 밤중에 홍두깨 격으로 de manière inattendue, tout à coup, brusquement.

***재정이 말이** ~ avoir du mal à joindre les deux bouts, tirer le diable par la queue, avoir des fins de mois difficiles. ¶ 그는 요즈음 재정이 말이 ~ Il a du mal à joindre les deux bouts ces temps-ci.

***형편이 말이** ~ être pauvre, être dans une situation financièrement difficile, avoir une situation familiale précaire, vivre dans la précarité, avoir du mal à joindre les deux bouts, avoir des fins de mois difficiles, tirer le diable par la queue, avoir des revenus tout juste [à peine] suffisants pour subvenir à *ses* besoins, avoir peine à vivre avec de maigres ressources, avoir juste [à peine] de quoi vivre [de quoi subvenir à *ses* besoins], vivoter péniblement, survivre péniblement, vivre chichement [petitement, au jour le jour], vivre dans la misère; ne pas avoir de quoi manger [de quoi vivre], subsister [vivoter] tant bien que mal, subsister difficilement [avec peine, péniblement], végéter.

아니야 감 non, ce n'est pas ça ((forme conjuguée du verbe 아니다 *ne pas être*)). ¶ ~, 신은 없어 Non, Dieu n'existe pas.

아니오 감 non. ¶ 예 ~로 답하다 répondre par oui ou non. ¶ 너희들 싸웠니? - ~, 그런 일 없었습니다 Vous vous êtes battus? - Non, nous ne nous sommes pas battus [Non, il n'y a rien eu / Non, il ne s'est rien passé].

아니하다↔않다 조동 ne pas+V. ① ne pas + *adjectif* / *verbe* ((verbe auxiliaire de négation. Il s'emploie avec -지, suffixe flexionnel conjonctif, qui s'ajoute au radical du verbe principal, comme les autres verbes auxiliaires de négation, sous forme de -지 않다 *ne pas + in* ; -지 아니하다 *ne pas + inf*; -지 못하다 *ne (pas) pouvoir + inf*; -지 말다 *ne pas + impératif.*)) ¶ 먹지 ~ ne pas manger. 조형 ne pas être+Adj. ¶ 그 새색시는 곱지 ~ Cette jeune mariée n'est pas jolie [belle]. ☞ 않다

◆아니할 말로 부 à franchement parler; franchement; pour parler franc et net, pour parler sans détour; pour tout dire. ¶ 아니할 말로 그 사람이 잘한 게 뭐가 있니? Franchement, qu'est-ce qu'il a fait de bien?

-아다가↔어다가 어미 et, puis, pour+*inf* ((suffixe flexionnel conjonctif servant à marquer une action qui est suivie d'une autre. -아다가 s'ajoute au radical verbal dont la voyelle de la dernière syllabe est autre que ㅏ, ㅗ ou ㅑ, -어다가 s'ajoute au radical verbal dont la voyelle de la dernière syllabe est autre que ㅏ, ㅗ ou ㅑ, c'est-à-dire après toutes les autres voyelles telles que ㅓ, ㅕ, ㅗ, ㅜ, ㅡ, ㅣ, ㅐ, ㅚ, ㅔ, ㅢ.... L'ajout de ce suffixe entraîne la modification du radical, c'est-à-dire l'irrégularité dans la conjugaison de certains verbes.)) ¶ 그 녀석 잡~ 혼 좀 내야겠다 Je vais l'attraper et lui faire la leçon / Je vais l'attraper et lui passer un savon {*fam*} / Je vais attraper

ㅇ

ce type et lui faire la peau {*fam*}.

아다지오 외 명 adagio *m*. ¶ 2악장은 ~로 연주해야 한다 Il faut jouer le deuxième mouvement en adagio [dans le tempo adagio].

아담 외 명 Adam. ¶ ~과 이브 Adam et Ève.

*~**의 사과** la pomme d'Adam; le fruit de la connaissance du bien et du mal.

아담하다 雅淡– 형 ① être petit(*e*) et mignon(*ne*) [joli(*e*)]. ¶ 그 여자는 체구가 ~ Elle n'est pas très grande, mais adorable. ¶ 집이 너무 크지도 않고 아담해서 좋다 Cette maison n'est pas trop grande, mais charmante, c'est bien ainsi / Cette maison n'est pas très grande, mais adorable. ② 단아하다 être charmant(*e*); être de bon goût; être bien tenu(*e*) [soigné(*e*), rangé(*e*)]; être gracieux(*se*), élégant(*e*). ¶ 집을 아담하게 꾸며놓다 avoir une maison décorée avec goût [avec charme].

-아도↔어도 어미 même si, mais, bien que+*subj*, encore que+*subj*, quoique+*subj* ((suffixe flexionnel conjonctif exprimant la concession. -아도 s'ajoute au radical verbal dont la voyelle de la dernière syllabe est autre que ㅏ, ㅗ ou ㅑ; -어도 s'ajoute au radical verbal dont la voyelle de la dernière syllabe est autre que ㅏ, ㅗ ou ㅑ, c'est-à-dire après toutes les autres voyelles telles que ㅓ, ㅕ, ㅛ, ㅜ, ㅡ, ㅣ, ㅐ, ㅚ, ㅔ..., après le suffixe flexionnel préfinal honorifique -시/-으시, et après les suffixes flexionnels préfinaux temporels -았/-었. L'ajout de ce suffixe entraîne la modification du radical, c'est-à-dire l'irrégularité dans la conjugaison de certains verbes.)) ¶나는 이런 책은 보~ 모른다 Même si je lis ce genre de livre, je n'y comprends rien. ¶이 기계는 작~ 성능은 좋아요. Cette machine est petite, mais sa performance est bonne. / Quoique cette machine soit petite, sa performance est bonne. ¶아무리 빨리 가도(가~) 약속 시간에 늦겠습니다. Même si nous allons vite, nous serions en retard au rendez-vous. ((suffixe flexionnel qui s'emploie avec les verbes auxiliaires d'autorisation, sous forme de radical + -아도/-어도 되다, 괜찮다, 관계없다, 상관없다)) pouvoir, il est permis de inf,ilestautorisédeinf.¶들어가도(가~) 되겠습니까 ? Puis-je entrer ? ¶거기 앉~ 괜찮습니다. Vous pouvez vous asseoir là. / Il vous est permis de vous y asseoir.

아동 兒童 명 ① enfant *m*. ¶ ~ 복지 시설 établissements chargés de la protection de la petite enfance. ¶ 미취학 ~ un(*e*) enfant préscolaire, un(*e*) enfant pas encore scolarisé(*e*). ② 초등학생 écolier(*ère*) de l'école maternelle et primaire. ¶ ~(용) 도서 livres d'enfants [pour enfants].

◆**_교육** -敎育 명 éducation *f* des enfants.

◆**_극** -劇 명 théâtre *m* pour enfants.

◆**_기** -期 명 période *f* de la préadolescence.

◆**_문학** -文學 명 littérature pour enfants [enfantine, junior].

◆**_복** -服 명 vêtement *m* pour enfants.

아둔하다 형 être stupide, idiot(*e*), sot(*te*), imbécile, bête, con(*ne*) {*fam*}, abruti(*e*) {*fam*}, crétin(*e*), niais(*e*), simple, simple d'esprit; inepte; inintelligent(*e*); abêti(*e*), ramolli(*e*) {*fam*}. ¶ 그는 퍽 ~ Il est très stupide [sot, con, bête] / Il n'a rien dans le ciboulot {*fam*} [dans la cervelle {*fam*}]. ¶ 그렇게 아둔한 머리로 그 사람이 무슨 일을 하겠나? Qu'est-ce qu'un type comme lui va bien pouvoir faire avec une tête pareille? / Il ne pourra rien faire avec une tête comme la sienne / Qu'est-ce qu'il pourrait bien faire avec une tête si ramollie? / Il est si stupide, qu'est-ce qu'il pourrait bien faire? / Qu'est ce qu'il pourrait bien foutre avec une caboche pareille? {*fam*}. ¶ 그 녀석이 아둔하게 군다 Ce type se comporte [agit] de façon stupide [comme un imbécile, comme un idiot].

아둥바둥 부 (('아등바등'의 잘못)) ☞ 아등바등.

아드님 명 ((forme contractée de 아들-님, suffixe honorifique)) votre ((son)) fils *m*; votre ((son)) héritier *m*. ¶ ~은 뭘 하십니까? Votre fils, qu'est-ce qu'il fait dans la vie?

아드득 부 ((onomatopée)) croc, crac, craque, krak ((onomatopée)). ¶ ~ 깨물다 croquer [craquer] *qc*; casser [broyer] *qc* avec les dents. ¶ 이를 ~ 갈다 grincer [crisser] des dents.

◆**_거리다** 자 crisser; grincer; craquer. ¶ 이를 ~거리다 grincer [crisser] des dents.

아드레날린 영{adrenalin} 명 adrénaline *f*.

아득바득 부 ((mimétisme)) obstinément, avec acharnement, opiniâtrement, avec entêtement; farouchement. ¶ ~ 우기다 insister [persister, imposer, enfoncer le clou, répéter] obstinément [avec acharnement, opiniâtrement, avec entêtement, farouchement].

아득하다 형 ① ((거리가)) être loin, à perte de vue; être très loin, éloigné(*e*), lointain(*e*); être aux antipodes; être au bout du monde. ¶ 학교 운동장이 아득하게 보인다 On aperçoit de très loin la cour de l'école. ② ((시간이)) être très loin, éloigné(*e*), lointain(*e*), remonter bien loin dans le temps. ¶ 내가 언제 그런 자리에 올라갈 수 있을지 ~ Ce n'est pas encore demain que je pourrai atteindre cette position / Ce n'est pas demain la veille que je pourrais atteindre cette position {*fam*} / Il me faut du temps pour atteindre cette position. ¶ 아득한 옛날에 dans la nuit des temps, il y a une éternité, en des temps immémoriaux, dans les temps les plus lointains, aux temps héroïques [fabuleux], autrefois. ③ ((정신이)) être loin dans la mémoire de *qn*; être dans le vague, être confus(*e*); être absent(*e*). ¶ 그 일이 언제였는지 기억이 ~ Ça me paraît si loin dans ma mémoire. Quand est-ce que ça s'est passé? C'est si loin.

◆**아득히** 부 loin; au loin, dans le lointain; au

lointain. ¶ 아득히 먼 옛날 il y a très longtemps, en des temps immémoriaux, dans une époque ancienne.

아들 명 fils *m*, garçon *m*, petit *m* {*fam*}, fiston *m* {*fam*}, gars *m* {*fam*}, rejeton *m* {*fam*}; héritier *m*. ¶ 우리 ~은 아직 학교에 안 들어갔습니다 Notre fils ne va pas encore à l'école. ¶ 우리 ~은 유치원(을) 다녀요 Mon fils va à l'école maternelle. ¶ ~ 노릇을 하다 aimer *ses* parents, pratiquer la piété filiale; ((남에게)) servir de fils à *qn*.

***그 아버지에 그 ~(이다)** ☞ 아버지

◆_아이[애] 명 【구어】 fils *m* (encore enfant ou adolescent).

◆_자식 -子息 명 *son* fils *m*, *son* garçon *m*, *son* petit *m*, *son* fiston *m* {*fam*}; *son* héritier *m*.

◆외_ 명 fils *m* unique.

◆큰_ 명 fils *m* aîné.

아들딸 명 fils *m* et fille *f*, enfants *mpl*; garçon *m* et fille *f*; fils *m* et fille *f* petit *m* et petite *f*. ¶ 슬하에 ~이 몇이나 되십니까? Chez vous, il y a combien d'enfants? / Vous avez combien d'enfants? / Vous avez combien de garçons et filles dans votre famille?

아등바등 부 ((mimétisme)) avec acharnement; avec opiniâtreté, avec obstination, avec ténacité; obstinément; péniblement; laborieusement; durement; difficilement. ¶ 이렇게 ~ 살고 싶지는 않다 Je ne veux pas vivre de façon pénible / Je ne veux pas vivre comme ça, aussi laborieusement / Je ne veux pas vivre ma vie aussi péniblement.

◆_하다[거리다, 대다] 자 s'obstiner ((à+*inf*)), s'acharner ((à+*inf*)), s'entêter ((à+*inf*)), persister ((à+*inf*)) s'opiniâtrer ((à+*inf*)); se heurter ((à+*inf*)). ¶ 아들이 선반 위의 물건을 잡으려고 발끝을 세우고 ~하고 있다 Mon fils s'obstine sur la pointe des pieds à vouloir attraper un objet sur une étagère. ¶ 도시에서 ~하며 사느니 고향으로 가는 게 낫다 Il vaut mieux aller vivre dans sa campagne natale que de s'obstiner à rester en ville.

아따 감 oh!, dis donc! / Mon Dieu! / Bon Dieu! / Nom de Dieu! qu'est-ce que ..., comme ... ¶ ~, 녀석 말도 많군 Dis donc! [Bon Dieu!] comme il est bavard! [qu'est-ce qu'il est bavard!] / Ben, dis donc il n'a pas la langue dans sa poche! {*fam*}.

아뜩하다 형 être pris(*e*) de vertige; être étourdi(*e*); avoir le vertige, avoir la tête qui tourne, avoir le tournis {*fam*}; voir tout tourner. ¶ 나는 그 소식에 정신이 아뜩했다 A cette nouvelle, j'ai été pris(*e*) de vertige / Quand j'ai appris ça, j'ai failli tomber raide [tomber dans les pommes] {*fam*}.

-아라↔-어라[2] 어미 ① 명령 ((suffixe flexionnel impératif de terminaison phrastique conclusive d'égalité et d'infériorité. -아라 s'ajoute après le radical verbal dont la voyelle de la dernière syllabe est ㅏ, ㅗ ou ㅑ; -어라 s'ajoute au radical verbal dont la voyelle de la dernière syllabe est autre que ㅏ, ㅗ ou ㅑ, c'est-à-dire après toutes les autres voyelles telles que ㅓ, ㅕ, ㅛ, ㅜ, ㅡ, ㅣ, ㅐ, ㅚ, ㅔ... -아 dans -아라peut s'omettre si le radical se termine par 아, ou se contracter avec le radical si ce dernier se termine par 오. L'ajout de ce suffixe entraîne la modification du radical, c'est-à-dire l'irrégularité dans la conjugaison de certains verbes. Utilisé entre les enfants, entre les amis intimes adultes, et à l'égard d'un interlocuteur égal (fils, fils, élève, jeune employé), il exprime l'intimité, l'égalité ou l'infériorité. Tel quel il exprime le présent.)) ¶여기 앉~ Assieds-toi ici. ¶그 프랑스 영화를 꼭 보~ Regarde absolument ce film français. ¶내가 네게 주는 선물이다. 받~ C'est un cadeau que je t'offre. Prends cela. ¶이 줄을 꼭 잡~ Serre bien cette corde / Empoigne bien cette corde / Tiens fort cette corde. ② 감탄 que c'est+*Adj* ((suffixe adjectival exclamatif de terminaison phrastique)). ¶아이 좋~ Que c'est bon / Que c'est bien / Que ça fait du bien / C'est chouette {*fam*}!/C'estcool{*fam*}! ☞ -라[5], -여라[1]

아라비아 아 명 Arabie *f*.

아라비아숫자 -數字 영{Arabia-} 명 chiffres *mpl*. arabes.

아람 명 ① ((열매)) cupule *f* ((du gland, de la noisette, de la farine)), ((밤)) cupule *f* [enveloppe *f*] épineuse, bogue *f* (de châtaigne). ¶ 밤 ~을 줍다 ramasser des bogues (de châtaigne). ② ((익은 상태)) état *m* mûr [maturation *f*] ((d'une châtaigne ou d'un gland qui est sur le point de tomber)); châtaigne *f* bien mûre. ¶ 가을이 깊어가면서 밤이 ~이 벌어졌다 A mesure que l'automne s'est avancé, les bogues de châtaigne se sont ouvertes.

아랍 아 명 arabe. ¶~ 문화 la culture arabe. ¶~ 음식 la cuisine arabe.

◆_권 -圈 명 (l'ensemble *m* des) pays *mpl* arabes ((l'Afrique du Nord, le Moyen-Orient et l'Arabie Saoudite)); zone *f* (culturelle) arabe.

◆_식 -式 명관 (à) la manière *f* arabe, arabe. ¶ ~식 정원 un jardin arabe ((typique des pays arabes)).

◆_어 -語 명 la langue *f* arabe, l'arabe *m*.

◆_어권 -語圈 명 ((pays)) arabophone.

아랑곳없다 형 ne pas [sans] prêter attention, être indifférent(*e*). ¶ 그 사람은 내가 나가건 말건 아랑곳없다는 듯 자기 일만 계속했다 Il s'est contenté de poursuivre son travail sans même prêter attention si je sortais ou pas.

◆아랑곳없이 부 sans regarder [considérer] *qc*; sans faire attention ((à *qc*/*qn*/+*inf*)); sans se soucier ((de *qc*/*qn*/+*inf*, sans se préoccuper ((de *qc*/*qn*/+*inf*)); sans s'intéresser ((à *qc*)). ¶ 그는 주위의 시선에는 아랑곳없이 하던 일을 계속했다 Il a continué le travail sans se soucier [sans se préoccuper] du regard de son entourage.

아랑곳하다 재타 se mêler ((de *qc*)), s'ingérer, s'immiscer ((dans les affaires d'autrui));

mettre[fourrer] son nez ((dans les affaires d'autrui)) {*fam*}; s'intégrer dans *qc*; entrer dans la danse {*fam*}. ¶ 그 남자는 사람들의 반응 따위에는 아랑곳하지 않았다 Il était indifférent [il ne prêtait aucune attention] à la réaction des gens. ¶ 그는 남의 시선을[에] 아랑곳하지 않는다 Il se moque [se fout {*fam*}, se fiche, se contrefiche {*fam*}, se contrefout {*fam*}] du regard des autres / Le regard des autres lui est totalement égal [indifférent]. ¶ 그는 내 행동을 아랑곳하지 않는다 Il se fout [se moque, se fiche, se contrefout {*fam*}, se contrefiche {*fam*}] de mon comportement [de mon attitude, de ce que je fais] / Mon comportement lui est égal [indifférent]. ¶ 그는 남의 말에[충고를] 아랑곳하지 않았다 Il s'est moqué [s'est foutu, s'est fiché] de ce que disent les autres [du qu'en-dira-t-on, du conseil des autres]. ¶ 남들이야 어떻게 생각하든 그는 아랑곳하지 않는다 Il se fout [se moque, se fiche] de ce que pensent les autres. ¶ 내가 무슨 일을 하건 네가 아랑곳할 바가 아니다 Mêle-toi [Occupe-toi] de tes affaires [de ce qui te regarde] / Mêle-toi [Occupe-toi] de tes oignons {*fam*} / Ce n'est pas ton affaire / Ce ne sont pas tes oignons {*fam*} / Ça ne te regarde pas.

아래 명 ① ((낮은 곳)) bas *m*. dessous *m*. ¶ ~를 내려다보세요 Regardez plus bas / Regardez en bas. ② ((밑)) dessous *m*. ¶ ~에 sous, dessous, en dessous, au-dessous de; ci-dessous. ¶ 육교 ~를[로] 지나가다 passer sous une passerelle. ¶ 치마가 무릎 ~까지 내려온다 Cette jupe descend au-dessous des genoux. ¶ 가로등 ~에 서 있다 rester debout sous un réverbère. ¶ 나무 ~(에)서 쉬다 se reposer [se détendre, faire une pause] sous un arbre. ③ ((신분, 연령 등)) infériorité *f*. ¶ 평균보다 ~의 성적 une note au-dessous de [inférieur à] la moyenne. ¶ 그는 나보다 세 살 ~이다 Il est plus jeune que moi de trois ans / Il a trois ans de moins que moi.

아래위 명 ① haut *m* et bas *m*. ¶ ~로 흔들다 secouer [agiter, ébranler] *qc* de haut en bas [de bas en haut, dans le sens vertical]. ¶ 사람을 ~로 훑어보다 examiner *qn* de la tête aux pieds. ② ((서열)) supérieur et inférieur, hiérarchie *f*. ¶ 요즘 아이들은 ~도 모른다 Les jeunes d'aujourd'hui n'ont plus de notion de [ne connaissent plus, ne respectent plus, ne tiennent plus compte de] la hiérarchie. ¶ 요즘 젊은이들은 ~로 두 살 정도는 친구처럼 지낸다 Les jeunes d'aujourd'hui ont des relations amicales [sont amis] avec des personnes qui ont deux ans de plus ou de moins qu'eux. ¶ 너는 ~도 없니[모르니]? Tu n'as donc aucun respect envers les gens plus âgés que toi?

***찬물도 ~[위아래]가 있다** Les jeunes doivent céder le pas aux personnes âgées / Même les petites choses doivent être faites par ordre d'ancienneté. ☞ 위아래

아래쪽 명 dessous *m*; bas *m*. ¶ ~ 가지 branches inférieures. ¶ 저 ~에 là-bas; en (contre)bas. ¶ 페이지의 ~ bas de page. ¶ ~에 도로가 보인다 On aperçoit [voit] une route en contrebas. ¶ 그 책은 책장 ~에 있을 거야 Ce livre doit se trouver en bas dans la bibliothèque.

아래채 명 *araechae m* <bâtiment mitoyen du bâtiment principal d'une maison coréenne traditionnelle>. ¶ ~에 머물다 loger [demeurer, séjourner] dans le *araechae*.

아래층 -層 명 étage *m* au-dessous, étage *m* inférieur, étages *m* du dessous; rez-de-chaussée *m inv*. ¶ ~에서 기다리다 attendre *qn* en bas [au rez-de-chaussée]. ¶ ~으로 내려가다 descendre à l'étage au-dessous [à l'étage inférieur, à l'étage du dessous, en bas]. ¶ 그는 ~에 살고 있다 Il habite à l'étage au-dessous [à l'étage inférieur, à l'étage du dessous, en bas, au rez-de-chaussée].

아래턱 명 mâchoire *f* inférieure; menton *m*. ¶ ~을 움직이다 bouger la mâchoire inférieure.

아래편 명 dessous *m*, bas *m*. ¶ 저 ~으로 샛길이 나 있다 Il y a un raccourci en bas. ¶ 그 남자는 언덕 ~을 바라보고 있었다 Il regardait en bas de la colline.

아랫것 명 ((하인)) domestique *mf*; serviteur *m*; servante *f*, bonne *f*, bonniche *f*; larbin *m*; gens *mpl*; soubrette *f*; valet *m*; valetaille *f*; ((부하)) inférieur(*e*), subalterne *mf*, subordonné(*e*). ¶ ~들이 실수한 것 같습니다 Il semble [On dirait] que mes domestiques ont commis [fait] une erreur.

아랫길 명 ① chemin *m* d'en bas. ¶ 저기 ~로 가시면 우체국이 있을 겁니다 Si vous prenez ce chemin plus bas, vous verrez [trouverez] la poste. ② ((열등 비교)) cadet(*te*) ((d'un an)). ¶ 그 친구는 나보다 두 살 ~이다 Il est mon cadet de deux ans / Il a deux ans de moins que moi. ③ 저급 de qualité inférieure [de moins bonne qualité]. ¶ 이 상품은 저것보다 ~이다 Ce produit est de moins bonne qualité (que celui-là).

아랫니 명 dents *fpl*. du maxillaire inférieur [du bas]. ¶ 윗니와 ~ les dents du maxillaire supérieur [du haut] et les dents du maxillaire inférieur [du bas]. ¶ ~가 빠졌다 Une dent du maxillaire inférieur est tombée.

아랫도리 명 ① ((신체)) bas *m* du corps, partie *f* inférieure du corps; partie *f* du corps située sous la ceinture. ¶ ~가 허전하다 se sentir nu(*e*) en bas du corps, se sentir cul nu [à poil] {*fam*}. ¶ 내복 바지를 안 입어서 ~가 춥다 Comme je n'ai pas mis de collants, j'ai froid aux jambes. ② ((의복)) vêtement *m* pour la partie inférieure du corps; bas *m* d'un jogging [d'un survêtement, d'un tailleur]; pantalon *m*, short *m*, jupe *f* ((tout vêtement *m* couvrant la partie inférieure du corps à l'exception des sous-vêtements)). ¶ ~를 두둑히 입다 mettre un vêtement chaud [s'habiller chaudement] pour la partie inférieure du corps. ¶ 엄마가 아이의 ~를 벗겼다 La maman a enlevé le pantalon que portait son enfant.

아랫돌 명 pierre *f* inférieure. ¶ 축대의 ~이 금이 났다 La pierre inférieure du terrassement est lézardée. *~을 빼어 윗돌로 괴다 colmater les brèches (provisoirement), limiter les dégâts (par des mesures provisoires d'urgence).

아랫동네 명 village *m* d'en bas.

아랫마을 명 village *m* [hameau(*x*) *m*] juste au-dessous; village *m* [hameau(*x*) *m*] d'en-bas.

아랫목 명 ((온돌)) partie *f* la plus chaude de la pièce ((chauffage par le sol, chambre à *ondol* (온돌))). ¶ ~을 차지하다 occuper [accaparer, s'emparer de] la partie chaude [la meilleure place] de la pièce. ¶ 따뜻한 ~에 앉히다 faire asseoir *qn* dans la partie chaude d'un *ondol* [dans la partie la plus chaude de la pièce], donner la meilleure place à *qn*.

아랫방 -房 명 ① chambre *f*. voisine du foyer d'un *ondol*. ② ((아래채의)) chambre *f* dans une dépendance d'un bâtiment mitoyen du bâtiment principal d'une maison coréenne traditionnelle. ¶ ~ 하숙생 un(*e*) étudiant(*e*) locataire chez l'habitant d'une chambre située dans une dépendance de la maison ou de l'appartement.

아랫배 명 bas-ventre *m*; abdomen *m*; estomac *m*; intestin *m*; ventre *m*, bide *m* {*fam*}, bidon *m* {*fam*}, panse *f* {*fam*}; hypogastre *m*. ¶ ~와 윗배 le ventre et le bas ventre. ¶ 요즘 들어 ~가 나온다 Ces jours-ci, je prends du (bas-)ventre [de la brioche {*fam*}, du bide {*fam*}] / J'ai le ventre [le bide, le bidon] qui grossit ces jours-ci.

아랫사람 명 ① 손아래 inférieur(*e*) *m*; personne *f* plus jeune. ② 부하 inférieur(*e*); subalterne *mf*, subordonné(*e*). ¶ 그는 ~을 잘 다룬다 Il traite bien ses subalternes [ses subordonnés].

아랫입술 명 lèvre *f* inférieure.

아랫집 명 maison *f* au-dessous, maison *f* d'en bas. ¶ 윗집 ~ 사이에 왕래가 없다 On ne se fréquente pas [Il n'y a pas de fréquentation] entre la maison du dessous et la maison du dessus / Il n'y a pas de visite de voisins entre la maison du dessous et la maison du dessus.

아량 雅量 명 générosité *f*, indulgence *f*, tolérance *f*; grandeur *f* d'âme, grand cœur *m*; magnanimité *f*; noblesse *f*; bonté *f*. ¶ 그렇듯 ~을 베풀어 주신 선생님께 다시 한 번 감사드립니다 Je vous remercie encore une fois d'avoir eu une si grande générosité [indulgence] envers moi / Je vous remercie encore d'avoir été si généreux envers moi. ¶ 넓은 ~으로 용서해 주시길 바랍니다 J'espère [Je souhaite] que vous me pardonnerez généreusement [avec indulgence]. ◇_(이) 있다[없다] être généreu*x*(*se*), indulgent(*e*), tolérant(*e*), large d'esprit, compréhensi*f*(*ve*), magnanime, charitable [être intolérant(*e*); être étroit(*e*) d'esprit, borné(*e*), incompréhensi*f*(*ve*); être intransigeant(*e*), sectaire; être fermé(*e*); être rigide, sévère].

아련하다 형 ((idée, souvenir)) être vague, confus(*e*), flou(*e*); être obscur(*e*); être brumeu*x*(*se*); ((image)) être trouble, indécis(*e*), incertain(*e*). ¶ 그 사람의 모습이 눈앞에 ~ Son image [Son visage] apparaît vaguement devant moi. ¶ 그때 일이 기억 속에 ~ J'ai un souvenir vague [brumeux, trouble] de cet événement / Je me souviens obscurément de cette affaire / Cette chose me revient confusément à l'esprit. ¶ 회색 형체가 아련하게 보인다 On aperçoit très vaguement [indistinctement, confusément] une forme grise.

◆**아련히** 부 vaguement; confusément, indistinctement; obscurément. ¶ 그때의 일이 아련히 떠올랐다 Je me rappelle vaguement [me souviens vaguement de] cette affaire / L'affaire de cette époque me revient vaguement à l'esprit.

아령 啞鈴 명 haltère *m*. ¶ ~을 들다 soulever des haltères.

아로새기다 타 ① graver *qc* avec soin; sculpter *qc*; buriner *qc*. ¶ 그는 배지에 글자를 아로새겼다 Il a gravé des caractères sur un badge. ¶ 대리석에 아로새긴 아름다운 부조 un beau bas-relief sculpté dans un bloc de marbre. ② ((마음에)) graver [imprimer, fixer, inscrire] *qc* dans *sa* mémoire [dans *son* cœur]. ¶ 그는 부모님의 말씀을 가슴에 깊게 아로새겼다 Il a gravé profondément les paroles de ses parents dans son cœur. ¶ 마음[기억] 속에 아로새겨진 추억 un souvenir gravé dans le cœur [dans la mémoire].

아롱거리다 자 ① scintiller faiblement; vaciller; briller; clignoter; trembler; trembloter. ¶ 멀리 보이는 불빛이 그의 눈에 아롱거렸다 Les lumières lointaines vacillaient [tremblaient] devant ses yeux. ② 눈에 자꾸 보이는 느낌이 들다 hanter; habiter, peupler, obséder. ¶ 누구의 얼굴[모습, 모양]이 눈(앞)에 아롱거린다 Le visage [la silhouette] de quelqu'un me hante [m'obsède, me poursuit]. ¶ 그녀의 웃는 모습이 자꾸 눈앞에 아롱거린다 Le visage hilare de cette femme me poursuit sans cesse.

***별이** ~ (en) voir trente-six chandelles. ¶ 머리를 벽에 부딪치자 눈앞에 한참 동안 별이 아롱거렸다 Après m'être cogné la tête contre le mur, j'ai vu trente-six étoiles clignoter [scintiller] devant mes yeux.

아롱대다 자 ☞ 아롱거리다

아롱아롱 부 ((mimétisme)) ① par instant devant *ses* yeux, de façon vacillante, ((revoir encore *qc*/*qn*)) par instant; ((희미하게)) ((apparaître)) vaguement, confusément, de façon peu précise, comme dans un songe. ¶ 아이의 모습이 눈앞에 ~ 어른거린다 L'image de mon enfant surgit par instant devant mes yeux. ② ((adverbe de forme indiquant quelque chose de petit et nombreux comme des gouttelettes ou des paillettes)) ¶ 꽃잎에 아침 이슬이 ~ 맺혀 있다 La rosée du matin saupoudre [paillette, constelle, émaille, parsème de paillettes] les pétales des fleurs.

◆_하다[거리다, 대다] 재 scintiller faiblement; vaciller, chanceler; briller; clignoter, étinceler; trembler; trembloter; apercevoir *qc* indistinctement; apparaître de manière confuse, revoir [se rappeler] vaguement; apparaître de façon peu précise, comme dans un songe. ¶ 그의 모습이 아직도 두 눈에 ~한다 Son image vacille [chancelle] encore devant mes yeux / Par moments, je revois encore vaguement son image [sa silhouette, son visage] / Je vois encore en esprit son image [son visage].

아롱지다 형 être de toutes les couleurs, multicolore; être panaché(*e*), moucheté(*e*) de couleurs différentes, bigarré(*e*), bariolé(*e*), chamarré(*e*), chiné(*e*), diapré(*e*), jaspé(*e*).

아뢰다 타 faire savoir [faire connaître] à un supérieur *qc*/que+*ind*; apprendre [dire] à un supérieur *qc*/+*inf*/que+*ind*; annoncer *qc* à un supérieur; informer un supérieur de *qc*/que+*ind*; mettre [tenir] un supérieur au courant de *qc*; rapporter [dire] à un supérieur *qc*/que+*ind*; prévenir [aviser, avertir] un supérieur de *qc*/que+*ind*. ¶ 그는 이 사실을 왕께 아뢰었다 Il a appris [a fait savoir] ce fait [cette vérité] au roi / Il a informé le roi de ce fait [cette vérité]. ¶ 나는 무사히 도착했음을 선생님께 아뢰었다 J'ai annoncé à mon professeur que j'étais bien arrivé(*e*). ¶ 우리는 아무 일도 없었다고 할아버지께 아뢰었다 Nous avons fait savoir à notre grand-père que rien ne s'était passé. ¶ 아뢸 말씀이 없습니다 Je n'ai rien à vous signaler [rapporter, annoncer] / (Je suis désolé(*e*), je ne peux rien vous dire.)

아류 亞流 명 imita*teur*(*trice*), épigone *m*; plagiaire *mf*, frelon *m*, pasticheu*r*(*se*); faussaire *mf*, contrefacteur *m*; ((모방 물건)) mauvaise imitation *f*, pastiche *m*, copie *f*, plagiat *m*. ¶ 그 작품이 성공을 거두자 많은 ~가 생겨났다 Aussitôt que cette œuvre a eu du succès, de nombreuses imitations [pastiches] ont été faites. ¶ 그는 피카소의 ~에 지나지 않는다 Il n'est qu'un imitateur de Picasso.

아르 라 분류 are *m* ((100 m²)). ¶ 밭 10 ~ 10 ares de champs.

아르곤 독 명 argon *m*. ¶ ~ 가스 l'argon.

아르바이트 독 명 travail *m* à temps partiel; travail *m* temporaire [occasionnel]; petit boulot *m*, (petit) job *m* {*fam*}. ¶ ~로 가계를 돕다 améliorer le budget familial [arrondir les fins de mois] par un petit boulot. ◇_(를) 하다 faire un travail à temps partiel, travailler à temps partiel, faire un petit boulot, avoir un petit boulot [un job]. ¶ 그 학생은 식당에서 ~를 하여 학비를 벌었다 Cet étudiant a gagné de quoi payer ses frais de scolarité en faisant un petit boulot dans un restaurant / Cet étudiant a payé ses frais de scolarité en travaillant à temps partiel dans un restaurant.

◆_생 -生 명 étudiant(*e*) travaillant à temps partiel.

아른거리다 재 ① vaciller; chanceler; se voir d'une façon indistincte ((dans le lointain)). ¶ 불빛이 아른거린다 La lumière vacille [chancelle]. ② 눈에 자꾸 보이는 느낌이 들다 hanter, habiter, peupler, obséder *qn*. ¶ 그녀의 얼굴이 눈앞에 아른거려서 일이 손에 잡히지 않는다 Je n'arrive pas à travailler parce que le visage de cette femme me hante. ¶ 떠올리기도 싫은 옛날 일이 눈앞에 아른거렸다 Cette vieille histoire dont je ne veux même pas me souvenir me revient perpétuellement à la mémoire.

아른대다 재 ☞ 아른거리다

아른아른 부 ((mimétisme)) de façon vacillante; de façon indirecte. ¶ 그의 웃는 얼굴이 내 눈앞에 ~ 보인다 Son visage souriant me revient par instants devant les yeux. ¶ 봄 아지랑이가 ~ 피어오른다 Une bouffée d'air printanier monte en vacillant ((de la terre)).

◆_하다 형 vaciller; chanceler; apparaître vaguement. ¶ 그게 언제 일이었는지 기억이 ~하다 Je me souviens vaguement du temps où ça s'est passé / Le moment où ça s'est passé n'est plus clair dans ma mémoire.

아름 분류 brassée *f*. ¶ 꽃을 한 ~ 안겨 주다 offrir une gerbe de fleurs ((à *qn*)). ¶ 둘레가 한 ~이나 되는 나무 un tronc d'arbre qu'on peut à peine entourer des deux bras.

◆_드리 어근 ☞ 아름드리

아름다움 명 beauté *f*; grâce *f*; élégance *f*. splendeur *f*; charme *m*; majesté *f*; joliesse *f* {*litt*}. ¶ 내면의 ~ beauté intérieure, élégance de l'esprit. ¶ 표면[외피]적인 ~ beauté de l'apparence extérieure. ¶ 정신의 ~ beauté spirituelle [de l'esprit]. ¶ 이 르네상스 조각은 ~의 극치를 보여준다 La sculpture de la Renaissance représente le summum [le comble] de la beauté. ¶ ~을 추구하는 것은 인간의 본성이다 La recherche de la beauté, c'est une des tendances de l'être humain. ¶ 미인 대회 참가자들이 ~을 서로 뽐내고 있다 Les participantes du concours de Miss beauté se vantent de leur beauté. ¶ 그녀는 그녀만의 독특한 ~을 갖고[간직하고] 있다 Cette femme a sa propre beauté [son propre charme].

아름답다 형 être beau(belle), charmant(*e*), élégant(*e*), ravissant(*e*), éblouissant(*e*), raffiné(*e*). ¶ 경치가 ~ Le paysage est beau [magnifique, superbe, splendide, merveilleux, formidable]. ¶ 그 여자는 마음이 ~ Elle a bon cœur / Elle est généreuse [gentille, indulgente]. ¶ 정원에 꽃들이 아름답게 피어 있다 Les fleurs embellissent le jardin. ¶ 아름다운 전경 un beau paysage, une belle vue, un bel environnement. ¶ 아름다운 이야기 une belle histoire. ¶ 아름다운 모습을 뽐내다 montrer avec fierté une belle image de *soi*, se vanter de *son* apparence.

아름드리 어근 brassée *f*; circonférence *f* d'un arbre ((environ un mètre cinquante)). ¶ ~ 나무 un assez gros arbre ((de plus d'un mètre cinquante de circonférence)).

아름아름 부 ((mimétisme)) à petits pas ((idéophone)). ¶ 농부가 들판 저쪽에서 ~ 다가왔다 Un paysan approche à petits pas, venant de l'autre côté de la plaine.

◆_하다 재 ((pensée)) devenir vague [trouble, imprécis(*e*); équivoque, ambigu(*ë*)], se troubler. ¶ 그 사람의 이름이 생각날 듯 말 듯 ~해 J'ai son nom sur le bout de la langue / Son nom m'échappe mais je l'ai sur le bout de la langue.

아리다 형 ① être âpre, râpeu*x*(*se*); être pimenté(*e*), fort(*e*), piquant(*e*), relevé(*e*). ¶ 이 감자는 아린 맛이 있다 Ces pommes de terre sont âpres. ② ((상처나 살갗이)) être cuisant(*e*), brûlant(*e*), douloureu*x*(*se*). ¶ 연기 때문에 눈이 ~ À cause de la fumée ça me pique les yeux. ③ ((마음이)) être douloureu*x*(*se*), en peine. ¶ 마음이 ~ être triste, mélancolique, malheureu*x*(*se*), blessé(*e*), peiné(*e*). ¶ 고아를 보니 마음이 아렸다 En voyant des orphelins, j'ai eu mal au cœur [j'ai été triste, peiné(*e*)].

아리땁다 형 être joli(*e*), charmant(*e*), élégant(*e*), désirable, séduisant(*e*), b*eau*(*belle*); bon(*ne*). ¶ 아리따운 소녀 une petite fille charmante [mignonne]. ¶ 아리따운 마음씨 bon cœur; bon tempérament; bon caractère.

아리랑 명 【음악】 *arirang* ((la plus populaire des chansons folkloriques coréennes)). ¶ ~을 부르다 chanter *arirang*.

아리송하다 형 être obscur(*e*); être ambigu(*ë*), équivoque; être incompréhensible; être inexplicable, énigmatique; être vague, imprécis(*e*), indistinct(*e*), incertain(*e*), flou(*e*); être évasi*f*(*ve*). ¶ 답이 무엇인지(가) ~ Je ne suis pas certain(*e*) de la réponse / La réponse n'est pas évidente / La réponse ne va pas de soi. ¶ 아리송하게 대답을 하다 répondre de façon évasive [obscure, ambiguë, équivoque]. ¶ 아리송한 태도를 취하다 prendre [avoir] une attitude équivoque [ambiguë, évasive].

아릿아릿하다 형 ☞ 아릿하다

아릿하다 형 avoir une sensation de brûlure sur le bout de la langue; avoir des picotements [une irritation]; être cuisant(*e*); brûlant(*e*), douloureu*x*(*se*). ¶ 목구멍이 ~ avoir des picotements [une irritation] dans la gorge. ¶ 혀가 ~ avoir la langue qui brûle, avoir la langue en feu [qui *nous* cuit]. ¶ 마음이 ~ avoir le cœur lourd, être triste [peiné(*e*), mélancolique], en avoir gros sur le cœur [sur la patate].

아마[1] 亞麻 명 lin *m*.

◆_유 -油 명 huile *f* de lin.

◆_포 -布 명 toile *f* [tissu *m*] de lin.

아마[2] 부 peut-être, probablement, vraisemblablement; sans doute. ¶ ~ 지금쯤 그는 서울에 도착했을 것이다 Peut-être [que] maintenant il est arrivé à Séoul / À présent, il est probablement arrivé à Séoul. ¶ ~ 그는 다시는 돌아오지 않을걸 Il ne va sans doute pas revenir / Il est bien probable qu'il ne revienne pas. ¶ ~도 당분간 경기가 좋지 않을 거야 Probablement que la conjoncture économique ne va pas s'améliorer de si tôt / Il est probable que les affaires ne vont pas marcher ces temps-ci.

아마추어 영 {amateur} 명 amateur *m*. ¶ ~ 연주자 un(*e*) musicien(*ne*) [instrumentiste] amateur. ¶ 무선 ~ 동호인 un(*e*) radiotéléphoniste amateur.

아마추어리즘 영 {amateurism} 명 amateurisme *m*, dilettantisme *m*.

아말감 프 {amalgame} 명 amalgame *m*.

아메바 라 명 *Ameba* {*nsc*}, *Amoebas* {*nsc*}, *Amoebae* {*nsc*}, amibe *f*.

◆_형 -形 명 forme *f* d'amibe.

아멘 히 명 amen *m inv*.

아명 兒名 명 prénom *m* ((porté pendant l'enfance)).

아몬드 영 {almond} 명 amande *f*.

아무 관 ① ((부정칭, adjectif invariable indéfini)) n'importe. ¶ ~ 책이나 보아도 된다 Tu peux lire n'importe quel livre. ¶ ~ 때나 오시오 Venez n'importe quand [à n'importe quelle heure, à n'importe quel moment, quand bon vous semblera, quand il vous plaira]. ② ((부정문)) aucun(*e*); nul(*le*). ¶ ~ 말도 하지 않았다 Je n'ai rien dit / Je n'ai pas ouvert la bouche / Je suis resté muet(*te*) / Je suis resté(*e*) sans rien dire / Je n'ai pas pipé mot {*fam*}. ¶ ~ 문제 없다 Il n'y a aucun problème / Pas de problème / Il n'y a vraiment rien. ¶ 그의 말은 내게 ~ 도움도 안 된다 Ce qu'il me dit ne m'apporte aucune aide / Ses paroles ne me servent à rien / Pour moi, tout ce qu'il peut dire ne m'apporte rien. ¶ ~ 소용 없다 Ça ne sert à rien / Ça n'a aucune utilité / Ce n'est bon à rien / Ce n'est pas du tout utile. ¶ ~ 일 없이 돌아다닌다 On flâne [rôde, erre, traîne, traînasse] sans avoir rien à faire. ¶ 그는 ~ 데도 보이지 않았다 On ne l'a vu nulle part / Il n'a été vu nulle part.

대 ① personne. ¶ ~도 오지 않았다 Personne n'est venu. ② ((Si 아무 est marqué par la particule spéciale -나, il désigne une personne indéfinie avec différents cas grammaticaux : sujet, complément d'objet direct, ...)) n'importe qui; qui que ce soit; quiconque ((sujet)) ¶ ~나 와도 된다 N'importe qui peut venir. ((complément d'objet directe)) ¶ ~나 만나고 다니면 안 된다 Il ne faut pas fréquenter [rencontrer] n'importe qui. ((complément d'objet indirecte)) ¶ ~에게나 물어보시오 Demandez à n'importe qui.

아무개 명 un(*e*) tel(*le*); machin *m*, bidule *m*, truc *m*. ¶ ~ 선생님 Monsieur un tel, Monsieur machin [bidule, truc]. ¶ 김 ~ Kim machin [bidule, truc] ((expression française: "Pierre machin", "machin" servant généralement à l'élision ou à la recherche du patronyme particulier, alors qu'en coréen,

ㅇ

amugae vient principalement à la place du prénom recherché qui suit le patronyme)).

아무것 대 ① ((부정칭, Ce pronom indéfini, désignant un objet, s'emploie avec les particules spéciales -이나, -도)) n'importe quel(*le*) objet [chose], n'importe quoi, quelque objet que ce soit. ¶ ~이나 가져오너라 Apporte-moi n'importe quoi. ② ((부정문)) nul, nulle chose, rien. ¶ 하루 종일 ~도 먹지 못했다 Je n'ai rien pu manger de toute la journée. ¶ 너 때문에 ~도 못하고 시간만 보냈다 À cause de toi, j'ai perdu [gaspillé] mon temps sans rien faire. ¶ 벌을 받고도 그 사람은 변한 게 ~도 없다 Même après avoir été puni(*e*), il [elle] n'a rien changé à son comportement / Sa correction ne l'a pas fait changer le moins du monde [n'a rien fait changer à son comportement] / Son comportement ne s'est aucunement modifié même après sa correction. ③ 하찮은 것[사람] chose *f* [être *m*] sans importance; nul *m*, zéro *m*, pauvre type *m*. ¶ ~도 아닌 걸 갖고 왜 그러니? Pourquoi t'énerves-tu pour une si petite chose [pour si peu]? / Pourquoi tu dramatises (pour si peu)? / Pourquoi en fais-tu une montagne? ¶ 너같이 ~도 아닌 건 가만히 있어 Un pauvre type comme toi a intérêt à se tenir tranquille [à se tenir à carreau {*fam*}]. ¶ 그 사람에 비하면 나는 ~도 아니다 Par rapport à lui [elle], je ne suis rien [je suis un(*e*) nul(*le*), je suis un moins que rien, je suis un zéro] / Par rapport à lui, je ne vaux pas grand-chose.

아무데 대 ① ((부정칭, Ce pronom indéfini de lieu s'emploie avec les particules spéciales -나, -도)). n'importe quel endroit *m*, n'importe où, quelque endroit *m* que ce soit, partout. ¶ ~나 앉지 마라 Ne t'asseois pas n'importe où. ② ((부정문)) nulle part. ¶ 날 받아 주는 곳은 ~도 없다 Je ne suis accepté nulle part.

아무래도 부 ① en tout cas; de toute façon. ¶ ~ 그 일은 힘들 것 같다 En tout cas [De toute façon] ce travail semble difficile. ¶ ~ 나는 이만 떠나야 할 것 같다 En tout cas, moi, je dois partir maintenant. ② ((결코 ... ...이 아닌)) dans aucun cas; en aucune façon; aucunement; nullement; pas du tout; sous aucun prétexte; en aucune manière; pour rien au monde. ¶ 이런 계획은 ~ 나는 허가할 수 없다 Dans aucun cas, je ne peux accepter un tel projet. ③ ((무관심)) peu importe; cela m'est égal. ¶ ~ 좋다 Peu importe / Cela n'a pas d'importance / Tout m'est égal. ¶ 그 사람이 오든 안 오든 ~ 좋다 Peu importe [Il m'est indifférent] qu'il vienne ou ne vienne pas / Qu'il vienne ou non, je m'en fiche [fou] {*fam*}.

아무러나 부 (('아무려나'의 잘못)) ☞ 아무려나

아무러면 부 vraiment. ¶ ~ 그가 그렇게까지 말했을까? Vraiment, il a dit ça? / C'est lui qui a dit ça? / Il a été jusqu'à dire ça? / Il a parlé de cette façon-là? ¶ ~ 그 친구가 오기야 하겠어? Et avec ça, tu crois qu'il viendra? / par-dessus le marché, tu t'imagines qu'il pourrait venir?

아무런 관 ((Cet adjectif invariable indéfini s'emploie dans un énoncé négatif)) aucun(*e*), nul(*le*). ¶ 그는 ~ 말도 없이 방으로 들어갔다 Il est entré dans la chambre sans rien [mot] dire / Sans même ouvrir la bouche, il a pénétré dans sa chambre. ¶ 그렇게 해도 ~ 지장이 없다 Ça ne pose aucun problème, même si je fais ça / Même si je fais n'importe quoi, ça ne dérange pas.

아무렇거나 부 en tout cas; de toute façon; quoi qu'il arrive. ¶ ~ 꼭 돌아오겠다 De toute façon, je reviendrai sans faute. ¶ ~ 시험은 꼭 치겠다 Je passerai l'examen quoi qu'il arrive.

아무렇게나 부 sans soin; indifféremment; avec indifférence, avec insouciance; sans réfléchir; négligemment, n'importe comment; sans effort. ¶ 일을 ~ 처리하다 régler [arranger] les affaires sans réfléchir. ¶ ~ 말하지 마라 Ne dis pas n'importe quoi! ¶ ~ 박사가 된 것은 아니다 Je ne suis pas devenu(*e*) docteur sans effort / Je n'ai pas eu ma thèse comme ça.

아무렇다 형 être dans tel ou tel état. ¶ 아무렇지(도) 않다 ((태연하다)) être insouciant(*e*); être indifférent(*e*), sans inquiétude; ((무사하다)) ne rien avoir, être indemne. ¶ 높은 곳에서 떨어졌는데도 아무렇지도 않다 On est tombés de haut mais on n'a rien eu. ¶ 그 사람은 아무렇지도 않게 말했다 Il a parlé comme si de rien n'était.

아무려나 부 de quelque manière que ce soit, n'importe comment, quoi qu'il en soit, quoi qu'il arrive, quoi qu'il advienne. ¶ ~ 좋다 N'importe comment, c'est bon. ¶ ~, 그 사람 하자는 대로 내버려 둬라 Quoi qu'il en soit, laisse-le faire.

아무려면 감 Allons donc. ¶ ~ 그런 것도 못할까 Allons donc! Comment pourrait-on croire qu'il n'en est pas capable?

아무렴 감 ① certainement, sûrement; naturellement; eh oui!; ah ça! ¶ ~, 그가 누군데 Ah ça! Je m'en doutais! ¶ ~, 그렇지 그렇고말고 Eh oui! Je vous le disais bien / Eh oui! Je (vous) l'avais (bien) dit. ② (('아무려면'의 준말)) ☞ 아무려면

아무리 부 quelque ...que; si ...que; tout(*e*) ...que; avoir beau+*inf*, quoique+*subj*. ¶ ~ 기다려도 그 친구는 오지 않았다 J'ai eu beau attendre, il n'est pas venu. ¶ 돈이 ~ 많아도 건강을 해치면 소용없다 Quelque argent qui abonde, cela ne vaut rien, si l'on détruit sa santé. ¶ ~ 잘못했기로서니 그 사람에게 그렇게 모질게 대할 수 있니? Aussi grave sa faute soit-elle, comment peux-tu être aussi dur(*e*) avec lui?

*~ **바빠도 바늘허리 매어 못 쓴다** Si pressé qu'on soit [Aussi pressé soit-on], il y a toujours un ordre à respecter.

아무아무 관 tel(*le*) et tel(*le*); quelques-uns. ¶ ~ 번호로 전화하면 된다 Tu peux téléphoner à tel et tel numéros. ¶ ~ 사람들에게 연락하라고 했다 J'ai dit de prendre contact avec un tel ou un tel. 대 tel(*le*) et[ou] tel(*le*); un tel. ¶ ~에게 부탁해라 Demande à un tel.

아무짝 명 ((Il s'emploie dans un énoncé négatif.)) ((n'être d')) aucune utilité *f*. ¶ ~에도 쓸모없다[못 쓴다] n'être utile en rien; ne servir à rien; n'être bon(*ne*) à rien.

아무쪼록 부 autant qu'il est possible, autant que possible, dans la mesure du possible; surtout. ¶ ~ 빨리 돌아오기 바란다 Je vous prie de rentrer aussitôt que possible. ¶ ~ 몸조심하십시오 Surtout, soignez-vous bien [ayez soin de votre santé]! ¶ ~ 소원 성취 하십시오 Je vous souhaite de réaliser tous vos vœux [désirs].

아무튼 부 en tout cas, de toute façon, de toute manière, d'une manière ou d'une autre, de quelque manière que ce soit, quoi qu'il en soit, quoi qu'il arrive, quoi qu'il advienne, quelle que soit la situation, n'importe comment, dans tous les cas, en tout état de cause; tout de même, pourtant. ¶ ~ 나는 거기에 꼭 가겠다 J'irai de toutes les façons. ¶ ~ 그 일은 내게 맡겨라 En tout cas, confie-moi cette tâche [ce travail].

아물거리다 재 ① être à peine perceptible; être vague, faible, vacillant(*e*), indécis(*e*). ¶ 배 한 척이 멀리서 아물거리고 있다 On aperçoit vaguement un bateau au loin. ¶ 얼굴[모습, 모양]이 눈(앞)에 ~ apercevoir vaguement la figure [la silhouette]. ¶ 그의 모습이 눈앞에 아물거렸다 J'ai aperçu vaguement sa silhouette. ¶ 아물거리는 불빛 faible lumière [lueur indécise]. ② 눈이나 정신이 희미해지다 ((idée, esprit)) être vague; ((souvenir)) être confus(*e*); ((image)) être flou(*e*); ((contour)) être indécis(*e*), imprécis(*e*). ¶ 눈이 ~ avoir la vue trouble. ¶ 아물거리는 정신을 겨우 가다듬고 일어섰다 Je me suis levé(*e*) avec des vertiges. ¶ 기억[추억]이 아물거린다 Le souvenir est vague [s'est estompé]. ③ 꾸물거리다 se comporter nonchalamment.

아물다 재 se cicatriser; apaiser; guérir. ¶ 상처가 다 아물었다 La plaie s'est cicatrisée / La plaie a guéri. ¶ 마음의 상처는 세월이 가면 아물게 마련이다 Les blessures de cœur se cicatrisent avec le temps.

아물대다 재 ☞ 아물거리다

아물아물 부 vaguement; faiblement.

아뭏든 부 (('아무튼'의 잘못)) ☞ 아무튼

아미 蛾眉 명 sourcils *mpl* d'une jolie femme. ¶ 여인의 고운 ~ les jolis sourcils d'une belle femme.

아미노산 -酸 프{amino-} 명 acide *m* aminé.

아미타불 阿彌陀佛 명 【불교】 Bouddha Amithaba, bouddha *m* Amida (阿彌陀佛 Āmítuó fó en chinois, Amitabul en coréen, 阿弥陀如来 Amida Nyorai ou Amidabutsu en japonais, A-di-đà Phật en vietnamien), mais aussi «Bouddha de la lumière infinie» (無量光佛), ou «Bouddha de la vie infinie» (無量壽佛 Amitāyus) ((Amitābha (en sanskrit *Lumière infinie*), bouddha très populaire incarnant la compassion et accessoirement la longévité, est la déité centrale de l'école bouddhiste de la Terre pure, forme de mahayanisme très répandue dans le monde chinois, en Corée, au Japon et au Vietnam)).

아방궁 阿房宮 명 【역사】 ((Chine)) palais *m* Afang ((de l'empereur chinois Shiji des Qin)); palais *m* somptueux. ¶ 그 사람은 ~ 같은 집에 산다 Il vit dans une maison somptueuse. ¶ 우리 집에 비하면 이 집은 ~이다 Cette maison est un (véritable) palace par rapport à la nôtre.

아버님 명 ① ((아버지의 존칭, forme contractée de 아버지+님 suffixe honorifique)) père *m*. ② ((시아버지, 장인)) beau-père(~*x*~*s*) *m*. ¶ ~, 진지 잡수세요 Père, le repas est prêt.

아버지 명 ① père *m*, papa *m* {*fam*}. ¶ ~의 사랑 l'affection paternelle; l'amour du père. ¶ ~를 잃다 perdre *son* père. ¶ ~를 닮다 ressembler à *son* père. ¶ ~ 없이 자란 아이 enfant élevé sans père; enfant orphelin de père. ② 시조 père *m*, fondateur *m*, créateur *m*. ¶ 근대 음악의 ~ le père [créateur] de la musique moderne. ③ ((기독교)) Dieu *m*, le Père *m*. ¶ 하늘에 계신 우리 ~ Notre Père qui es aux cieux.

***그 ~에 그 아들(이다)** Tel père, tel fils / Il tient bien de son père / Bon sang ne peut mentir.

아범 명 ① ((시부모가 며느리에게 남편인 아들을 지칭할 때)) ton mari *m*; ((며느리가 시부모에게 남편을 지칭할 때)) mon mari *m*. ¶ ~은 어디 갔니? Où est-il passé, ton mari? ② ((하인)) domestique *m* (âgé).

아베크 프{avec} 명 couple *m*, amoureux *mpl*. ¶ ~ 한 쌍이 길을 걷고 있다 Un couple d'amoureux marche dans la rue.

◆ **_족 -族** 명 amoureux *mpl* ((qui se promènent dans un lieu public)).

아부 阿附 명 flatterie *f*, adulation *f*; lèche *f* {*fam*}. ¶ ~ 근성 un flatteur [un lèche-botte {*fam*}, un lèche-cul {*vulg*}]. ◇ **_(를) 하다** flatter ((bassement, servilement)) *qn*; flagorner *qn*; encenser *qn*, aduler *qn*, lécher les bottes {*fam*} [le cul {*vulg*}] à *qn*, cirer les bottes à *qn*, faire de la lèche {*fam*} [du plat {*fam*}, des courbettes {*fam*}] à *qn*, passer de la pommade à *qn*, s'aplatir comme une carpette {*fam*}. ¶ 그 직원은 윗사람에게 ~를 잘한다 Il a le don de flatter ses supérieurs.

아비 명 ① 【고어】 père *m*. ¶ 아들은 ~를 닮게 마련이다 Il est naturel que le fils ressemble à son père. ¶ ~ 없는 후레자식 enfant naturel, bâtard; rustre, manant. ② ((시부모가 며느리에게 남편인 아들을 지칭할 때)) ton mari *m*; ((며느리가 시부모에게 남편을 지칭할 때)) mon mari *m*.

아비규환 阿鼻叫喚 명 horreurs *fpl* des enfers; pandémonium *m*; cris *mpl* de douleur. ¶ ~의 참상 scène abominable [atroce], un spectacle infernal; un paysage apocalyptique. ¶ ~ 속을 뚫고 나오다

traverser un pandémonium. ¶ 비행기가 추락한 현장은 ~ 그 자체였다 Le lieu où s'est écrasé l'avion était un vrai pandémonium.

아빠 명 【구어】 papa *m* {*fam*}. ¶ 우리 ~ mon papa. ¶ 아이들이 ~ 엄마 앞에서 재롱을 부리고 있다 Les enfants font des facéties devant leur papa et leur maman.

아뿔싸 감 zut! {*fam*}, mince alors! {*fam*}; merde! {*vul*}; purée {*fam*}. ¶ ~, 그 생각을 미처 못 했군! Merde! Je n'y ai pas pensé. ¶ ~, 또 졌구나! Zut! J'ai encore perdu.

아사 餓死 명 mort *f* de faim [d'inanition]. ¶ 살아남은 자들도 대개는 ~ 직전이었다 Mêmes les survivants étaient sur le point de mourir d'inanition. ¶ 식량난으로 주민들이 ~ 위기에 빠져 있다 Le manque de vivres menace la population de famine. ◇_(를) **하다** mourir de faim [d'inanition], tomber d'inanition.

◆**_자** -者 명 morts *mpl* de faim [d'inanition]; personnes *fpl* mortes de faim. ¶ 아프리카에서 ~자의 수가 늘고 있다 Les victimes de la famine augmentent en Afrique.

아삭거리다 자 craquer [croquer] sous la dent, faire crac, croustiller; être croustillant(*e*), croquant(*e*), craquant(*e*). ¶ 사과가 아삭거린다 Cette pomme est croquante. ¶ 입속에서 아삭거리는 과자 des biscuits qui croustillent [croustillants, croquants, craquants].

아삭아삭 부 ((onomatopée)). de manière croustillante. ¶ 과자를 ~ 깨물어 먹다 croquer des biscuits.

◆**_하다** 형 être croustillant(*e*), croquant(*e*), craquant(*e*).

-아서↔-어서 어미 ((suffixe flexionnel conjonctif exprimant la consécutivité de deux événements ou bien la manière ou encore une relation de cause à effet. -아서 s'ajoute au radical verbal dont la voyelle de la dernière syllabe est autre que ㅏ, ㅗ ou ㅑ; -어서 s'ajoute au radical verbal dont la voyelle de la dernière syllabe est autre que ㅏ, ㅗ ou ㅑ, c'est-à-dire après toutes les autres voyelles telles que ㅓ, ㅕ, ㅗ, ㅜ, ㅡ, ㅣ, ㅐ, ㅚ, ㅔ..., après le suffixe flexionnel préfinal honorifique -시/-으시. L'ajout de ce suffixe entraîne la modification du radical, c'est-à-dire l'irrégularité dans la conjugaison de certains verbes.)) ¶친구가 우리 집에 오~ 같이 놀았어요. Comme un ami est venue à la maison, j'ai joué avec lui. ¶높은 산에 오르니까 공기가 맑~ 참 좋네요. Comme on est monté sur une haute montagne, l'air est pur, et cela me plaît beaucoup (c'est très agréable). ¶눈이 많이 오~ 밖에 나가지 않아요. Puisqu'il a beaucoup neigé, je ne sors pas dehors. ¶공을 잡~ 멀리 던졌다. J'ai attrapé un ballon et l'ai lancé loin. ¶책상에 앉~ 공부해요. J'étudie assis devant le bureau.

아서라 감 oh non!; arrête! ¶ ~ 네가 나설 일이 아니다 Oh non! Cela ne te regarde pas [Tu n'as pas à t'en mêler]. ¶ ~ 다칠라 Arrête! Tu vas [risques de] te faire mal.

아성 牙城 명 ((성루)) tour *f* central ((d'une forteresse)); ((성)) forteresse *f*, place *f* forte; redoute *f*, citadelle *f*, retranchement *m*, bastion *m*; centre *m*. ¶ 그 대학은 자유주의 경제 사상의 ~이다 Cette université est le bastion de l'économie libérale.

아수라 阿修羅 명 【불교】 ((bouddhisme, sanskrit)) *Asura*, démon *m*; ((아수라장)) pandémonium *m*; désordres *mpl* extrêmes, (vrai) champ *m* de bataille, pagaille *f* {*fam*}, chienlit *f*, arène *f*, confusion *f* [désordre *m*] extrême; *tohu-bohu m*.

아수라장 阿修羅場 명 confusion *f* [désordre *m*] extrême; *tohu-bohu m*; pagaille *f* {*fam*}, chienlit *f*, arène *f*, un véritable champ *m* de bataille {*fam*}. ¶ 회의장은 삽시간에 ~이 되었다 En un instant, la salle de conférence s'est changée en arène [un véritable champ de bataille].

아쉬워하다 자타 regretter *qc*; regretter l'absence de *qn*; s'ennuyer de *qn*; éprouver un manque. ¶ 나는 떠나버린 친구를 아쉬워한다 Je regrette mon ami absent / Mon ami me manque. ¶ 그들은 서로 아쉬워할 것이다 Ils se manqueront l'un l'autre. ¶ 잃어버린 [놓친] 기회를 ~ regretter une occasion perdue. ¶ 우리는 그 사람이 없음을 아쉬워한다 Nous regrettons son absence.

아쉽다 형 ① 섭섭하다 regretter; être regrettable. ¶ 이렇게 일찍 헤어지게 되어서 너무 ~ Il est regrettable qu'on se quitte si tôt / C'est dommage de se quitter si tôt. ¶ 아쉽게도 우승 문턱에서 좌절을 맛보았다 La victoire m'est passée sous le nez. ¶ 아쉬운 마음으로 돌아서다 se retourner avec regret (sur *son* passé). ② 필요함을 느끼다 éprouver un sentiment de manque [besoin]. ¶ 일 분 일 초가 ~ Il n'y a pas une minute à perdre. ¶ 요즘 돈이 ~ Ces jours-ci, je suis à court d'argent. ¶ 아쉬운 소리(를) 하다 demander une faveur; faire une demande.

아스라하다 형 être lointain(*e*); être vague, flou(*e*). ¶ 하늘 저편에 무지개가 ~ L'arc-en-ciel se prolonge jusqu'à l'horizon. ¶ 지평선 끝에 시가지가 아스라하게 보인다 On distingue vaguement la ville à l'horizon.

◆**아스라이** 부 vaguement; de loin; faiblement, obscurément. ¶ 멀리 수평선 위에 아스라이 구름이 떠 있다 Au loin, les nuages flottent sur l'horizon. ¶ ~ 떠오르는 옛 추억 un vieux souvenir qui remonte confusément à l'esprit. ¶ 배가 수평선 너머로 ~ 멀어져 간다 Le bateau s'éloigne, hors de l'horizon.

아스팔트 독 명 asphalte *m*, bitume *m*, goudron *m*. ¶ ~를 깔다 asphalter. ¶ ~로 (길을) 포장하다 paver le chemin d'asphalte.

아스피린 독 명 aspirine *f*.

아슬아슬 부 ((mimétisme)). de façon dangereuse ((comme un équilibriste sur un fil)), difficilement, non sans peine [sans mal], laborieusement; tout juste, de justesse, *in extremis,* ((c'était)) limite [moins une {*fam*}, ric-rac {*fam*}], ((éviter, il s'en est fallu)) de peu; ((arriver)) bien juste, au tout dernier moment; ((être coiffé)) sur le fil ((idéophone de mouvement ou d'aspect)). ¶ 트럭이 비탈길을 ~ 지나갔다 Le camion a péniblement franchi cette [la] côte / Le camion a franchi non sans peine la côte.

아슬아슬하다 형 ① 위태롭다 être risqué(*e*), hasardeu*x*(*se*), dangereu*x*(*se*), périlleu*x*(*se*); critique; palpitant(*e*), tendu(*e*). ¶ 그 사람의 행동은 늘 ~ Il prend toujours des risques. ¶ 아슬아슬한 고비를 넘기다 l'échapper belle; échapper belle à *qc/qn*. ¶ 아슬아슬한 절벽 un précipice dangereux. ② 차이가 근소하다 être étroit(*e*), serré(*e*). ¶ 한국 팀이 일본 팀에게 아슬아슬하게 이겼다 L'équipe coréenne a gagné de justesse contre l'équipe japonaise. ¶ 나는 이 시험을 아슬아슬하게 통과했다 J'ai réussi de justesse [laborieusement] (à) cet examen / Il s'en est fallu de peu que j'échoue à [je rate] cet examen / J'ai eu tout juste la moyenne à cet examen. ¶ 아슬아슬한 경기 un match tendu.

아시아 영{Asia} 명 Asie *f*. ¶ ~ 문화 la culture asiatique.

◆_ **대륙** -大陸 명 continent *m* asiatique, Asie *f*.

◆**동[서, 남]**_ 東[西, 南]- 명 Asie *f* orientale [occidentale, méridionale].

◆**동북[동남, 서남]**_ 東北[東南, 西南]- 명 le Nord-Est *m* asiatique ou l'Asie du Nord-Est [l'Asie du Sud-Est ou Sud-Est asiatique, le Sud-Ouest asiatique].

아시아개발은행 -開發銀行 명 Banque *f* du Développement asiatique ((*the Asian Development Bank*, ((약어)) ADB)).

아시아인 -人 영{Asia-} 명 Asiatique.

아씨 명 【비어】 ((호칭)) Madame, Mademoiselle.

아아 감 Ah! ¶ ~, 내가 정말 잘못했구나 Ah! c'est vraiment ma faute!

아악 雅樂 명 【음악】 ((음악)) musique *f* de cour, musique *f* à la Cour [de Corée].

◆_**곡** -曲 명 musique *f* de cour (coréenne traditionnelle).

◆_**기** -器 명 instrument *m* de musique de cour (coréenne traditionnelle).

아야[1] 감 aïe!, ouille! ((onomatopée exprimant la peine, la douleur)) ¶ ~, 아프다 Aïe! cela me fait mal! / Aïe! ça fait mal!

-아야[2]**↔-어야** 어미 il faut + *inf* pour+*inf*, il faut que…pour que+*subj*, même si ((suffixe flexionnel conjonctif exprimant la condition obligatoire préliminaire pour que l'action exprimée par le verbe de la proposition suivante ait lieu. Il exprime l'impossibilité absolue dans la proposition négative. –아야 s'ajoute au radical verbal dont la voyelle de la dernière syllabe est autre que ㅏ, ㅗ ou ㅑ; -어야 s'ajoute au radical verbal dont la voyelle de la dernière syllabe est autre que ㅏ, ㅗ ou ㅑ, c'est-à-dire après toutes les autres voyelles telles que ㅓ, ㅕ, ㅗ, ㅜ, ㅡ, ㅣ, ㅐ, ㅚ, ㅔ…, après le suffixe flexionnel préfinal honorifique -시/-으시. L'ajout de ce suffixe entraîne la modification du radical, c'est-à-dire l'irrégularité dans la conjugaison de certains verbes.)) ¶먹어 보~ 맛을 안다 Il faut goûter pour connaître [apprécier]. ¶높은 자리에 앉~ 좋은 대우를 받아요 Il faut occuper un poste élevé pour recevoir un bon traitement. ¶아무리 졸라 보~ 소용이 없다 Il est inutile d'insister / Tu as beau insister, cela ne sert à rien / Cela ne sert à rien d'insister. ¶이 옷가 아무리 좋~ 너에게는 너무 커. Même si ce vêtement est tellement bien, il est trop grand pour toi. ¶지금부터라도 열심히 공부-해/하여(하-아)-야 좋은 대학에 가지. Même dès maintenant, il faut étudier ardemment pour entrer dans une bonne université.

-아야지↔-어야지 어미 ((suffixe flexionnel de terminaison phrastique qui exprime la détermination s'il est utilisé au locuteur soi-même; le devoir ou l'obligation s'il est utilisé à l'égard de l'interlocuteur ou de la personne dont on parle. -아야지 s'ajoute au radical verbal dont la voyelle de la dernière syllabe est autre que ㅏ, ㅗ ou ㅑ; -어야지 s'ajoute au radical verbal dont la voyelle de la dernière syllabe est autre que ㅏ, ㅗ ou ㅑ, c'est-à-dire après toutes les autres voyelles telles que ㅓ, ㅕ, ㅗ, ㅜ, ㅡ, ㅣ, ㅐ, ㅚ, ㅔ…, après le suffixe flexionnel préfinal honorifique -시/-으시, et les suffixes flexionnels préfinaux temporels -았/-었. L'ajout de ce suffixe entraîne la modification du radical, c'est-à-dire l'irrégularité dans la conjugaison de certains verbes. Utilisé à l'égard de soi-même ou d'un interlocuteur égal (entre les enfants et entre les amis adultes intimes) ou inférieur (à l'égard d'un enfant de la part d'un adulte, fils, fille, élève, jeune employé), il exprime l'intimité, l'égalité ou l'infériorité. Tel quel il exprime le présent.)) ¶내일은 그를 꼭 만나(아)야지 Il faut absolument que je le voie demain. ¶거기는 네가 가(아)야지 Il faut que tu ailles là. ¶그 일은 그이가 해/하여(하-아)야지. C'est lui qui doit faire ce travail.

아양 명 coquetterie *f*, ((faire du)) charme *m*. ◇_(을) **떨다[부리다, 피우다]** faire du charme; essayer d'attirer l'attention de *qn*. ¶ 그 여자는 남자들에게 ~을 잘 떤다 Elle ne peut s'empêcher d'attirer l'attention des hommes.

아역 兒役 명 rôle *m* d'enfant (au théâtre).

◆_ **배우** -俳優 명 ac*teur*(*trice*) enfant.

아연 亞鉛 명 【광업】 ((광물)) zinc *m*. ¶ ~을 씌운 zingué, galvanisé.

◆_**광** -鑛 명 【광업】 mine *f* de zinc.

ㅇ

◆_도금 -鍍金 명 galvanisation *f*, zingage *m*, zingage *m*.

아연실색 啞然失色 명 stupéfaction *f*, stupeur *f*, étonnement *f*. ◇_(을) **하다** stupéfaire, stupéfier; sidérer. ¶ 나는 그 말을 듣고 ~했다 Ces mots m'ont sidéré.

아연하다 啞然- 형 rester bouche bée; perdre *sa* parole; demeurer [rester] sans voix; être totalement interloqué(*e*); rester totalement muet(*te*) ((d'étonnement, de stupeur)) être stupéfait(*e*), stupéfié(*e*) de *qc*; être frappé(*e*) de stupeur, être interdit(*e*), pantois(*e*), interloqué(*e*), médusé(*e*), ahuri(*e*), sidéré(*e*), suffoqué(*e*), éberlué(*e*), abasourdi(*e*), ébaubi(*e*); tomber des nues; en rester sur les fesses [le cul] {*fam*}, en rester coi(*te*) [muet(*te*), baba {*fam*}]; ne pas en revenir; en être comme deux ronds de flan; en perdre la parole; être estomaqué(*e*) {*fam*}, époustouflé(*e*) {*fam*}, soufflé(*e*) {*fam*}, scié(*e*) {*fam*}. ¶ 그 사람의 갑작스런 행동에 아연하여 우리는 한동안 멍하니 있었다 Nous sommes restés un moment pantois [interdits] devant la soudaineté de son geste / La soudaineté de son geste nous a laissés un moment pantois [interdits]. ¶ 그들은 이 뜻밖의 재난에 아연할 뿐이었다 Ils étaient stupéfiés de cette catastrophe.

아열대 亞熱帶 명 【지리】 zone *f* subtropicale. ¶~ 식물 plante subtropicale. ¶~ 기후 climat subtropical.

◆_성 -性 명 subtropic*al*(*ale*, *aux*).

아예 부 ① 처음부터 dès le commencement[le début]; d'abord, à l'origine. ¶ 그것은 ~ 빼 버려라 Enlève cela dès le début! ¶ 그렇게 할 생각은 ~ 마라 Ne songe surtout pas à le faire! ② 차라리 plutôt; de préférence. ¶ 그 친구한테 ~ 그 일을 다 맡겨라 Confie plutôt ce travail à ton ami!

아옹 감 ((mimétisme)) ***눈 가리고 ~ 하지 마!** Mon œil! / C'est un peu gros ce que tu me dis là! / N'essaie pas de mentir, je ne suis pas dupe [crédule, naï*f*(*ve*)] / On ne me la fait pas à moi! / C'est vrai ton mensonge? / C'est trop gros ton mensonge! / Il est un peu trop gros ton mensonge! tu ne crois pas? / Je te vois venir (avec tes gros sabots)! / Tu n'espères tout de même pas que je vais te croire? / Quel mensonge! / Je ne suis pas si crédule [naï*f*(*ve*)] que j'en ai l'air! / Je trouve ça (un peu) gros / C'est (un peu) gros (ton mensonge) / C'est gros comme une maison / N'essaie pas de mentir / Je sais que tu mens.

아옹거리다 자 ① grommeler, grogner, grognonner, murmurer. ② 다투다 se quereller, se chamailler, se bagarrer, se disputer; s'engueuler (*fam*); être toujours en bisbille {*fam*}. ¶ 아옹거리며 서로 다툰다 On se chamaille.

아옹다옹 부 ((onomatopée)) ¶ 그 두 사람은 밤낮 ~ 다툰다 Ces deux hommes sont en bisbille jour et nuit / Ces deux hommes n'arrêtent pas de se disputer.

◆_하다 자 se quereller, se chamailler, se disputer, se bagarrer. ¶ 그 둘은 만나기만 하면 ~한다 Les deux se disputent chaque fois qu'ils se rencontrent.

-아요↔-어요 어미 ((suffixe flexionnel conclusif de terminaison phrastique. L'emploi de ce suffixe a un rapport direct avec l'harmonie vocalique ou l'harmonie des voyelles. –아요 s'ajoute au radical verbal dont la voyelle de la dernière syllabe est ㅏ, ㅗ ou ㅑ: 받-아요, 좋-아요, 얇아요 ; -어요s'ajoute après toutes les autres voyelles (ㅓ, ㅕ, ㅗ, ㅜ, ㅡ, ㅣ, ㅐ, ㅚ, ㅔ, ...), après le suffixe flexionnel préfinal honorifique -시/-으시, et après les suffixes flexionnels préfinaux temporels -았/-었 ou –겠 : 꺾-어요, 개-어요, 굵-어요, 갚-어요, 그-어요, 과-어요, 꿰어요, 보-시-어요, 보-았-어요, 먹-으시-겠-어요. L'ajout de ce suffixe entraîne la modification du radical, c'est-à-dire l'irrégularité dans la conjugaison de certains verbes. Sur le plan modal, il marque le déclaratif, l'interrogatif, l'impératif, l'exhortatif. Dans la langue parlée, le déclaratif est exprimé par un ton neutre et plat, l'interrogatif par un ton montant, l'impératif et l'exhortatif par un ton bref et sec. L'adjectif ne peut marquer ni l'impératif ni l'exhortatif. Dans l'écrit, ces modes sont distingués par la ponctuation. Utilisé à l'égard d'un interlocuteur égal (entre les adultes mutuellement) ou supérieur (enfant à l'égard d'un adulte, parents, personne plus âgée ou supérieure hiérarchique), il exprime une politesse et un respect familiers. Tel quel, il marque le présent.)) ((déclaratif)) ¶저는 2시에 친구를 만나러 가요(가-아요) Je vais rencontre un ami à 2 heures. ¶저는 밤 11시경에 자(자-아)요 Je me couche (dors) vers 11 heures du soir. ¶백두산은 참 높~ Le mont Baekdu est très élevé. ¶고속 전철(KTX, KoreaTrainExpress)은 대단히 빨라요 Le train à grande vitesse (KTX, *Korea Train Express*) est extrêmement rapide. ¶지금 나는 사진을 찍- Maintenant, je prends une photo. ¶이 소설은 대단히 재미았~ Ce roman est très intéressant. 시간이 있어서 약속 시간보다 일찍 왔어요(오-았~) Comme j'avais le temps, je suis venu plutôt que l'heure du rendez-vous. ((interrogatif)) 회장님께서 어제 세상을 떠나셨어요(떠나-시-었~) Monsieur le président a quitté ce monde hier. ((interrogatif)) 불어는 어려워요 (어렵~)? Le français est-il difficile ? 누구를 기다려(리어)요? Qui attendez-vous ? ((impératif)) ¶이 책을 읽어 봐(보-아)요 Lisez ce livre (pour savoir ce qu'il donne). ¶어서 나가요. Sortez vite. ¶빨리 문을 열~ Ouvrez vite la porte. ((exhortatif)) 벽보를 같이 붙여요(붙아~) Collons les affiches ensemble. ¶선생님께서 저희에게 좋은 말씀을 많이 해 주셨어요(주사-어요) Notre maître (professeur) nous a prodigué beaucoup de bonnes paroles (choses édifiantes).

아우 명 frère *m* cadet; sœur *f* cadette, petite sœur *f*. ¶ 형과 ~가 의좋게 지낸다 Il s'entend très bien avec son frère cadet [petit frère].
*~(를) 보다 avoir un frère cadet [un petit frère]; avoir une sœur cadette [un petite sœur].
*~(를) 타다 maigrir à cause de la naissance d'un petit frère ou d'une petite sœur.
◆_님 명 ((appelatif honorifique qu'on utilise pour s'adresser à *qn* de plus jeune (que *soi*) essentiellement [le plus souvent] quand on lui fait une demande)).

아우르다 타 mettre ensemble; unir; ajouter ((une remarque)). ¶ 이번에 출판된 총서는 동양과 서양의 고전을 모두 아울렀다 La collection publiée récemment a réuni les classiques orientaux et occidentaux. ¶ 그 사람은 견해가 다른 사람들까지도 아우르는 포용력을 지녔다 L'esprit ouvert et le cœur généreux, il met d'accord les différents partis.

아우성 -聲 명 cri *m*, hurlement *m*, vocifération *f*. ◇_(을) 치다 crier ((à tue-tête)); hurler; pousser des cris [hurlements, vociférations]. ¶ 그들은 먼저 나오려고 ~쳤다 Ils ont hurlé pour sortir avant (les autres). ◇_이다 vociférer; pousser des cris. ¶ 다들 힘들다고 ~이다 Tout le monde hurle en disant que le travail est pénible.

아욱 명 【식물】 mauve *f* verticillée, mauve *f* crépue, mauve *f* frisée, *Malva verticillata* {*nsc*}.
◆_국 명 soupe *f* aux mauves verticillées.

아울러 부 ① 함께 합하여 et; avec; ensemble; à la même occasion, en même temps. ¶ ~ 일컬음 appellation d'ensemble. ¶ 모든 징조를 ~ 고찰하다 examiner tous les indices ensemble. ② 겉들여, 함께 et; outre; de plus, en plus, de surcroît; avec. ¶ 참석해 주신 분들께 감사드리며, ~ 한 가지 부탁드리겠습니다 Tout en vous remerciant d'être présents ici, je voudrais encore vous demander une autre faveur. ¶ 성공을 기원하며 ~ 건강을 빕니다 Je vous souhaite une bonne réussite et une excellente santé.

아웃 영{out} 명 【운동】 retrait *m*. ¶ 투 ~ deux retraits. ¶ 주심이 ~을 선언하다 L'arbitre déclare que le frappeur est retiré (du jeu). ◇_(이) 되다 être retiré(*e*), sorti(*e*); se faire sortir. ◇_(을) 시키다 retirer ((le frappeur, le coureur)). ◇_(을) 당하다 se faire retirer (du jeu). ¶ 투수 앞 땅볼로 ~을 당했다 Le frappeur s'est fait sortir parce que le lanceur avait saisi la balle tombée juste devant lui.

아웃사이더 영{outsider} 명 étranger *m*, profane *m*; intrus *m*. ¶ ~처럼 행동하지 말고 적극적으로 일에 참여해라 N'agis pas comme si ça ne te concernait pas, investis-toi dans ton travail!

아음 牙音 명 【언어】 son *m* vélaire, vélaire *f*. ¶ ㄱ은 ~이다 Le *giyeok* (la première consonne de l'alphabet coréen) est une vélaire.

아이 명 ① 어린이 enfant; petit(*e*); gamin(*e*), gosse {*fam*}, môme *m*; ((남자)) garçon *m*; ((여자)) fillette *f*. ¶ ~들의 웃음소리 rire des enfants. ¶ ~처럼 투정을 부리다 se plaindre (sans cesse) comme un enfant; faire des caprices. ② 자식 ((아들)) fils *m*; ((딸)) fille *f*; petit(*e*). ¶ 우리 큰 ~는 이제 겨우 5살이다 Mon premier enfant n'a que 5 ans. ¶ 그 부부는 ~가 없다 Ce couple n'a pas d'enfant.
*~ 말도 귀 여겨 들으랬다 La vérité sort de la bouche des enfants.
*~ 보는 데서는 찬물도 못 마신다 Il faut bien surveiller son comportement en présence des enfants / On ne peut pas faire n'importe quoi devant les enfants.
*~ 싸움이 어른 싸움 된다 Bagarre d'enfants devient bagarre entre parents ((se dit pour qualifier le comportement des parents qui aiment prendre la défense de leurs enfants)).

아이고 감 ((onomatopée)). Oh! mon Dieu!, oh là là! / hélas! ¶ ~ 맙소사, 또 접시를 깼구나 Mon Dieu, tu as encore cassé des assiettes. ¶ ~, 가엾어라 Oh! mon Dieu! Quel malheur! ¶ ~, 창피해라 Oh là là, qu'est-ce que j'ai honte!

아이구 감 ((onomatopée)). ☞ 아이고

아이디어 영{idea} 명 idée *f*. ¶ 신입 사원이 참신한 ~를 내 놓았다. Le nouvel employé a présenté une idée originale.
◆_맨 명 homme *m* à idées. ¶ 그 남자는 항상 기발한 착상을 하는 ~맨이다 C'est un homme d'idées qui propose toujours des trouvailles remarquables.

아이라이너 영{eyeliner} 명 eye-liner(~-~*s*) *m*, crayon *m* à yeux.

아이라인 영{eyeline} 명 contour *m* des yeux au crayon. ¶ 눈가에 ~을 긋다[하다] se dessiner le contour des yeux au crayon, souligner le bord de *ses* paupières avec du eye-liner; se mettre du eye-liner autour des yeux [sur le bord des paupières].

아이러니 영{irony} 명 ironie *f*. ¶ 승자와 패자가 뒤바뀌는 역사의 ~ L'ironie de l'histoire qui fait d'un vainqueur un perdant.

아이리스 영{iris} 명 【식물】 iris *m*.

아이비 영{ivy} 명 【식물】 lierre *m*.
◆_리그 영{Ivy League} 명 ((Ivy league)) les huit grandes universités privées du nord-est des États-Unis, ensemble *m* des universités les plus prestigieuses des États-Unis.

아이섀도 영{eyeshadow} 명 fard *m* pour les yeux, fard *m* [ombre *f*] à paupières; khôl *m*. ¶ 아이섀도를 칠한 눈 des yeux bordés de khôl. ¶ ~를 하다 se mettre du fard à paupières [du khôl].

아이스박스 영{icebox} 명 glacière *f*. ¶ ~에 음료수가 가득 들었다 La glacière est pleine de boissons.

아이스쇼 영{ice show} 명 spectacle *m* sur glace.

아이스크림 영{icecream} 명 glace *f*, crème *f* glacée.

아이스하키 영{ice hockey} 명 hockey *m* sur glace.

아이젠 독 명 ((등산용)) crampons *mpl*. ¶ ~을 차다[신다] mettre des crampons (sous *ses* chaussures).

아이콘 영{icon} 명 【컴퓨】 icône *f*, icone *f*.

아이큐 영{IQ} 명 quotient *m* intellectuel, Q.I. *m*.

¶ 그는 ~가 높다[낮다] Il a un Q.I. élevé [peu élevé]. ¶ 누구의 ~를 재다[측정하다] mesurer [calculer] le quotient intellectuel [le Q.I.] de *qn*.

아이템 영 {item} 명 article *m*. ¶ 다양한 수출 상품 ~ divers articles d'exportation, articles d'exportation de toutes sortes, toutes [divers] sortes d'articles à exporter.

아작아작 부 ((onomatopée)). en croquant; de manière croustillante. ¶ 오이를 ~ 씹다 croquer un concombre.

◆_**하다**[**대다**] 재타 craquer [croquer] sous la dent, croustiller; faire crac; être croquant(*e*), craquant(*e*), croustillant(*e*).

아장거리다 재 trottiner, marcher à petits pas [à pas chancelants]. ¶ 아기가 아장거리며 엄마에게 왔다 Le petit est venu vers sa mère à pas chancelants.

아장아장 부 ((mimétisme)). à petits pas, à pas chancelants, maladroitement. ¶ 아기가 ~ 걷는다 Le petit trottine à pas chancelants [maladroitement].

아쟁 명 【음악】 *ajaeng m* <instrument à sept cordes utilisé dans la musique de cour traditionnelle, instrument proche de la cithare, sorte de cithare cintrée à sept cordes>.

아저씨 명 ① ((친족)) oncle *m*. ¶ 저분은 나의 먼 친척 ~이다 C'est un parent éloigné. ② ((일반 호칭, un homme d'un certain âge dans la rue)) monsieur *m*. ¶ ~, 말씀 좀 여쭙겠습니다 Pardon, monsieur, je voudrais vous demander quelque chose.

아전 衙前 명 【역사】 bureaucrate; fonctionnaire subalterne.

아전인수 我田引水 명 tourner toutes les choses à *son* avantage. ¶ 그 사람은 이 일을 ~ 격으로 해석했다 Il a interprété cette affaire à son avantage.

아주 부 ① 매우, 썩 très, tout; vraiment, réellement, véritablement; tout à fait; extrêmement, entièrement; terriblement; remarquablement. ¶ ~ 싼[예쁜, 더운, 큰] très bon marché [beau(belle), chaud(*e*), grand(*e*)]. ¶ ~ 멀리[빨리, 조금, 많이] très loin [vite, peu, beaucoup]. ¶ ~ 기분이 좋다 se sentir très bien; être très content(*e*) [heureux(*se*)]. ¶ 날씨가 ~ 춥다 Il fait très [terriblement] froid / Il fait un froid de canard / ça caille [pèle] {*fam*}. ¶ 그 사람은 ~ 영리한 사람이다 Il est remarquablement intelligent. ¶ 이 약은 그 병에 ~ 잘 듣는다 Ce remède est véritablement efficace contre une telle maladie. ② 영영 pour toujours; vraiment. ¶ 그 남자는 ~가 버렸다 Il est parti pour toujours. ¶ 우리 사이가 이제는 ~ 끝난 것인가? Alors est-ce que c'est vraiment fini entre nous?

감 finalement; tiens. ¶ ~! 제법인데? Finalement, tu te débrouilles bien!

아주까리 명 【식물】 ricin *m*; *Ricinus communis* {*nsc*}.

◆_**기름** 명 huile *f* de ricin.

아주머니 명 ① ((친족)) tante *f*. ② ((일반 호칭, une femme d'un certain âge dans la rue)) madame *f*. ¶ ~, 안녕하세요? Bonjour, Madame!

아주버니 명 frère *m* aîné du mari.

아줌마 명 ☞ 아주머니

아즐아즐 부 à pas chancelants en remuant la queue. ¶ 강아지가 ~ 댄다 Tout content, le chiot remue la queue.

아지[1] 일 명 【생선】 maquereau *m*.

-아지[2] 접미 petit(*e*). ¶**강**_ chiot. ¶**망**_ ((수컷)) poulain *m*, ((암컷)) poulaine *f*, pouliche *f*. ¶**송**_ veau *m*.

아지랑이 명 brume *f* (printanière de chaleur). ¶ ~가 피어오르다 L'air frémit de chaleur.

아지트 영 명 ① cache *f*, lieu *m* secret ((de réunion pour fomenter des complots)), cachette *f*, planque *f* {*fam*}. ¶ 비밀 단체의 ~ la cache d'une société secrète. ¶ 범죄 단체의 ~를 급습하다 investir la planque {*fam*} d'une organisation criminelle. ② petit coin *m* secret ((pour des amoureux)). ¶ 여기는 우리 둘만의 ~야 Ici, c'est notre petit coin secret rien qu'à nous [qu'à tous les deux].

아직 부 encore, toujours. ¶ 나는 ~도 그 책을 가지고 있다 J'ai encore ce livre. ¶ 나는 ~까지 외국에 나가 본 일이 없다 Je n'ai pas encore voyagé à l'étranger. ¶ ~ 아홉 시가 안 되었다 Il n'est pas encore 9 heures. ¶ 그는 ~ 도착하지 않았다 Il n'est pas encore arrivé. ¶ 그 일을 ~ 반도 끝내지 못했다 Je n'ai même pas fini la moitié de ce travail. ¶ ~ 할 일이 많다 J'ai encore beaucoup de choses à faire. ¶ 그는 ~ 서울에 살고 있다 Il habite toujours à Séoul. ¶ 그 녀석이 나를 쫓아오려면 ~ 멀었다 Il est encore loin derrière moi.

아집 我執 명 attachement *m* égoïste; entêtement *m*; obstination *f*, opiniâtreté *f*. ¶ ~을 버리지 못하다 ne pas se défaire de *son*(*ses*) idée(*s*). ¶ ~에 사로잡히다 être obsédé(*e*); avoir des idées fixes. ¶ 그 남자는 ~이 세다 Il est très obstiné.

아찔아찔하다 형 ☞ 아찔하다

아찔하다 형 avoir des vertiges; être étourdi(*e*). ¶ 그 소식을 듣고 나는 눈앞[정신]이 아찔했다 J'étais étourdi(*e*) par ces nouvelles. ¶ 사고가 날 수도 있었다는 생각에 아찔했다 J'ai pris peur en pensant qu'un accident pouvait arriver. ¶ 정말 아찔한 순간이었다 C'était un moment vertigineux.

아차 감 mince {*fam*} [zut {*fam*}] (alors)!, flûte!{*fam*}, bon sang! {*fam*}, merde! {*vulg*}, oh mon Dieu!, oh là là!, ça, par exemple! ¶ ~ 그걸 잊고 있었군 Mince alors! j'avais oublié! / Zut [Oh mon Dieu, Oh là là], j'oubliais [j'allais oublier].

아참 감 eh bien, eh ben {*fam*} (se rappelant d'une chose oubliée), ah (ben) voilà. ¶ ~, 그렇지 Ah ben voilà! c'est ça! ¶ ~, 내 정신 좀 봐 Voilà [Regarde] comme je suis distrait! / Eh ben, regarde où j'ai la tête! / Mais où ai-je [avais-je] l'esprit [la tête]? / Zut [Mince]! j'ai (encore) oublié ça! / Mince! ce que je peux être distrait [étourdi, tête en l'air]! / Regarde quel étourdi je suis!

아첨 阿諂 명 flatterie *f*, adulation *f*; lèche *f* {*fam*}. ◇_(을) **하다** flatter ((bassement, servilement)) *qn*; flagorner *qn*; encenser *qn*, aduler *qn*, lécher les bottes {*fam*} [le cul {*vulg*}] à *qn*, cirer les bottes à *qn*, faire de la lèche {*fam*} [du plat {*fam*}, des courbettes {*fam*}] à *qn*, passer de la pommade à *qn*, s'aplatir comme une carpette {*fam*}. ¶ 윗사람에게 ~하다 flatter (servilement, bassement) un supérieur [*ses* supérieurs]; faire de la lèche à *ses* supérieurs {*fam*}. ¶ ~하는 말을 믿다 croire celui qui flatte l'oreille.

◆_**꾼** 명 flatteur(*se*), adula*teur*(*trice*); lécheur *m*; lèche-cul {*vulg*}; lèche-botte {*fam*}.

아취 雅趣 명 élégance *f*, raffinement *m*; bon goût *m*. ¶ ~가 없다 ((사람이)) manquer de goût, avoir mauvais goût; ((무엇이)) être de mauvais goût. ¶ ~가 있다 être élégant(*e*), raffiné(*e*); avoir du goût. ¶ ~ 있는 사람 personne raffinée; personne qui a du goût. ¶ ~ 있는 생활을 하다 mener une vie raffinée.

아치 영{arch} 명 arche *f*; arc *m*; cintre *m*; voûte *f*. ¶ ~교 pont en arc. ¶ 공이 ~를 그리며 담장을 넘어갔다 La balle a franchi le mur en décrivant une courbe.

◆_**형** -形 명 forme *f* d'arche. ¶ ~형 천장 plafond voûté; plafond en forme d'arche. ¶ ~형 지붕 voûte en plein cintre.

아침 명 ① matin *m*; matinée *f*. ¶ ~ 일찍 일어나다 se lever de bonne heure; se lever de grand [bon] matin; être matinal(*e*). ¶ ~부터 저녁까지 du matin (jusqu')au soir. ¶ 어느 날 ~ un matin. ¶ 오늘 ~ ce matin. ¶ 어제 ~ 9시에 hier matin, à 9 heures. ¶ 다음날 ~ le lendemain matin. ¶ 5월 1일 ~ le premier mai au matin; au matin du premier mai. ¶ 월요일 ~ lundi matin. ¶ ~ 내내 비가 왔다 Il a plu dans la matinée. ¶ ~이 되었다 C'est le matin / Le jour s'est levé. ¶ 어느 상쾌한 가을날 ~에 par une fraîche journée d'automne. ② 아침밥 petit déjeuner *m*. ¶ ~을 먹다 prendre le petit déjeuner. ¶ ~을 거르다 sauter le petit déjeuner.

◆_**거리** 명 nourriture *f* [provisions *fpl*] pour le petit déjeuner. ¶ ~거리도 없다 On n'a rien à manger pour le petit déjeuner.

◆_**결** 명 matinée *f*. ¶ 그 사람은 ~결에 길을 떠났다 Il a pris la route dans la matinée!

◆_**나절** 명 matinée *f*, matin *m*.

◆_ **내** 명 matinée *f*; matin *m*.

◆_ **녘** 명 ((dans la)) matinée *f*. ¶ 그 남자는 어제 ~ 녘에 부산으로 떠났다 Il est parti pour Busan hier dans la matinée.

◆_ **이슬** 명 rosée *f* matinale [du matin].

◆_**잠** 명 grasse matinée *f*.

◆_**저녁** 명 matin *m* et soir *m*. ¶ 부모님께 ~저녁으로 문안을 드리다 saluer les parents le matin et le soir.

아카데미 그 명 ① 학술원 académie *f*. ¶ ~ 프랑세즈 l'Académie française. ② 대학 académisme *m*. ¶ ~를 벗어나서 현실을 바로 보아라 Regarde la réalité en face et sors de l'académisme!

◆_**적** -的 명 académique.

아카데미상 -賞 명 oscar *m*. ¶ ~을 받다[수상하다] recevoir un oscar.

아카시아 영{acacia} 명 【식물】 acacia *m*; robinier *m*.

◆_ **꽃** 명 fleur *f* d'acacia.

◆_ **꿀** 명 miel *m* d'acacia.

◆_ **향** -香 명 parfum *m* de l'acacia.

아코디언 영{accordion} 명 【음악】 accordéon *m*. ¶ ~을 연주하다 jouer de l'accordéon.

아퀴 명 finissage *m*, finition *f*. ◇_(를) **짓다** mettre la dernière touche à ((une œuvre)).

아크릴 영{acrylic} 명 【화학】 acryl *m*. ¶ ~ 섬유 fibre acrylique. ¶ ~ 유리 verre acrylique.

아킬레스건 -腱 명 ① tendon d'Achille *m*, talon d'Achille *m*. ¶ ~을 다치다 se blesser au talon d'Achille. ② 약점 point *m* vulnérable; défaut *m*, faiblesse *f*, imperfection *f*. ¶ 상대방의 ~을 건드리다 toucher un point vulnérable de l'adversaire.

아태 亞太 어근 ((‘아시아태평양’의 준말)) Asie-Pacifique.

◆_ **영화제** -映畵祭 명 festival *m* du cinéma d'Asie-Pacifique.

◆_**평화 기구** -平和機構 명 organisation *f* pacifiste d'Asie-Pacifique.

아틀리에 프{atelier} 명 atelier *m*.

아파트 영{appartement} 명 ① appartement *m*., appart {*fam*} ¶ ~를 분양 받다 être doté(*e*) d'un appartement, voir *sa* promesse d'achat (d'un appartement en construction) acceptée[retenue]. ¶ ~ 단지 un groupe [un ensemble] d'immeubles d'habitation [de tours résidentielles], un ensemble résidentiel, un grand ensemble, une cité résidentielle; ((groupe d'immeubles résidentiels assez luxueux)) la résidence X. ¶ 고층 ~ grands immeubles d'habitation, grandes tours résidentielles; un ensemble de grands immeubles d'habitation, un ensemble de grandes tours résidentielles (plus de 20 étages). ② 아파트 단지 groupe *m* [ensemble *m*] d'immeubles d'habitation [de tours résidentielles], ensemble *m* résidentiel, grand ensemble *m*, cité *f* résidentielle; ((groupe d'immeubles résidentiels assez luxueux)) résidence *f X*; ((주공 아파트)) cité *f* H.L.M. ¶ 저는 현대 ~에 삽니다.J'habite dans une cité Hyundae.

아편 阿片 명 ((약품)) opium *m*. ¶ ~을 피우다 fumer de l'opium. ¶ ~에 중독되다 s'intoxiquer par l'opium; être intoxiqué(*e*) à l'opium.

◆_**굴** -窟 명 fumerie *f* (d'opium).

◆_**쟁이** 명 opiophage, opiomane.

◆_**전쟁** -戰爭 명 guerre *f* de l'opium.

◆_**중독** -中毒 명 opiomanie *f*, toxicomanie *f*, thébaïsme *m*; intoxication *f* par l'opium.

◆_ **중독자** -中毒者 명 fumeur(*se*) d'opium;

ㅇ

opiomane.

아포리즘 영{aphorism} 명 aphorisme *m*.

아프다 형 ① ((몸이)) avoir mal ((à la tête, aux dents)); souffrir ((de la tête, des dents, d'un mal de gorge, de violents maux de tête, d'un mal de ventre)); être malade. ¶ 아픈 몸으로 일을 하다 travailler en étant souffrant [en mauvaise forme]; travailler alors qu'on est souffrant(*e*) [malade]. ¶ 과음했더니 머리가[속이] ~ J'ai mal à la tête [J'ai l'estomac tout barbouillé, J'ai l'estomac dérangé [retourné], J'ai une barre sur l'estomac] parce que j'ai trop bu. ¶ 이가 ~ avoir mal aux dents; avoir un mal de dents; souffrir d'un mal de dents. ¶ 왼쪽 귀가 ~ avoir mal à l'oreille gauche; souffrir de l'oreille gauche. ¶ 오른손 엄지손가락이 몹시 ~ avoir très mal au pouce droit. ¶ 어디 아프세요? Vous ne vous sentez pas bien? ¶ 어디가 아프세요? Où avez-vous mal? ¶ 그 아이는 (몸이) 아파서 오지 못했다 Cet enfant n'est pas venu parce qu'il est malade. ¶ 그 사람은 많이 아파 보였다 Il avait l'air très malade. ¶ 오래 서 있었더니 다리가 아파 온다 Comme je me suis tenu(*e*) longtemps debout, je commence à avoir mal aux jambes. ② ((마음이)) souffrir; avoir le cœur gros. ¶ 그 광경을 보고 나는 마음이 몹시 아팠다 J'ai eu le cœur gros en voyant cela. ¶ 그 여자는 내 마음을 아프게 한다[만든다] Cette femme me brise le cœur [me fait souffrir]. ¶ 너무 마음 아파하지 말아요 Ne soyez pas trop triste! ¶ 아픈 마음을 술로 달래다 noyer son chagrin dans l'alcool. ¶ 사람마다 아픈 기억이 있다 Chacun ses blessures.

아프리카 영{Africa} 명 Afrique *f*.

◆_**대륙** -大陸 명 continent *m* africain, Afrique *f*.

아한대 亞寒帶 명 【지리】 ((북반구)) zone *f* subarctique; ((남반구)) zone *f* subantarctique.

아호 雅號 명 pseudonyme *m*; nom *m* de plume.

아홉 수관 neuf *m*. ☞ 둘

◆_**째** 수관 neuvième, 9ème.

아황산 亞黃酸 명 【화학】 acide *m* sulfureux.

◆_**가스** 명 bioxyde *m* sulfureux.

◆_**염** -鹽 명 sulfite *m*.

아흐레 명 ① ((nombre de jours coréen)) neuvième jour *m* ((du mois)). ② ((아홉날)) neuf jours *mpl*. ¶ 그 여자는 약속한 날보다 ~가 지나서 나타났다 Elle a réapparu neuf jours après le rendez-vous.

아흔 수관 quatre-vingt-dix *m*. ☞ 서른

악[1] 명 모질게 쓰는 기운 effort *m* désespéré; ((노한 감정)) fureur *f*; acharnement *m*. ¶ 아이는 아빠를 따라가겠다고 ~을 바락바락 썼다 Le petit a hurlé de rage pour suivre son père. ¶ 그 여자는 ~에 받쳐 소리를 질렀다 Elle a crié comme une forcenée. ¶ 그 남자는 사업 실패로 이제 ~만 남았다 Il est à bout suite aux échecs de ses affaires.

악[2] 惡 명 m*al*(m*aux*) *m*; méchanceté *f*, vice *m*. ¶ 선과 ~ le bien et le mal. ¶ 이곳은 ~의 소굴이다 Ici, c'est un foyer de vices / Ici, c'est une sentine. ¶ ~의 구렁텅이에 빠지다 se laisser aller au vice.

◆_**하다** 형 être mauvais(*e*); ((action, pensée)) être méchant(*e*); ((homme, habitude, machination)) être pervers(*e*); ((individu, idée)) être malfaisant(*e*). ¶ ~하게 살지 않도록 해라 Ne mène pas une vie qui nuirait aux autres! / Fais en sorte de ne pas nuire aux autres! ¶ 태어날 때부터 ~한 사람은 없다 Personne n'est méchant de naissance.

◆_**감정** -感情 명 malveillance *f*, animosité *f*; ressentiment *m*. ¶ 누구에게 ~감정을 품다 avoir [éprouver] de l'animosité contre *qn*; avoir des sentiments peu bienveillants envers *qn*; en vouloir à *qn*. ¶ 그 녀석은 내게 무슨 ~감정이 있는지 내 욕을 하고 다닌다 Je ne sais ce qu'il a contre moi, partout il dit du mal de moi.

◆_**순환** -循環 명 cercle *m* vicieux. ¶ 폭력이 또 다른 폭력을 부르는 ~순환의 고리를 끊어야 한다 Il faut couper le cercle vicieux qui répond à la violence par la violence.

◆_**영향** -影響 명 mauvaise influence *f*. ¶ 폭력 영화는 청소년들에게 ~영향을 미친다[끼친다] Le cinéma violent a de mauvaises influences sur les jeunes.

◆_**조건** -條件 명 condition *f* défavorable; mauvaise condition *f*; désavantage *m*, handicap *m*. ¶ 그 사람은 ~조건 속에서도 열심히 일했다 Il a travaillé dur dans des conditions défavorables.

◆_**취미** -趣味 명 mauvais goût *m*, mauvaise habitude *f*, habitude *f* fâcheuse, manie *f* perverse. ¶ 그 사람은 남을 골탕 먹이는 ~취미를 갖고 있다 Il a la mauvaise habitude de jouer de mauvais tours aux gens.

악곡 樂曲 명 musique *f* ((d'un opéra)); air *m*, mélodie *f*; morceau(*x*) *m* ((de piano)); pièce *f* ((vocale, instrumentale)). ¶ ~을 고르다 choisir la musique.

악골 顎骨 명 【의학】 maxillaire *m*, mâchoire *f*.

악공 樂工 명 musicien(*ne*). ¶ ~의 연주를 감상하다 écouter de la musique exécutée par un musicien.

악관절 顎關節 명 【의학】 articulation *f* maxillaire.

악귀 惡鬼 명 diable *m*, démon *m*; mauvais esprit *m*. ¶ ~를 물리치는[쫓는] 의식 cérémonie pour chasser les mauvais esprits ((exorcisme)). ¶ ~가 들리다 être possédé(*e*) par un démon [mauvais esprit].

악극 樂劇 명 opéra *m*, opérette *f*; drame *m* musical. ¶ ~을 관람하다 assister à la représentation d'une pièce d'opéra.

◆_**단** -團 명 troupe *f* d'opéra.

악기 樂器 명 instrument *m* de musique. ¶ ~를 연주하다[다루다] jouer d'un instrument (de musique). ¶ ~를 제조하다 fabriquer un instrument de musique.

◆_**점** -店 명 magasin *m* d'instruments de musique.

악녀 惡女 명 femme *f* perverse, femme *f* au caractère méchant.

악다구니 명 altercation *f*, querelle *f*, dispute *f*. ◇_**(를) 하다**[**부리다**, **쓰다**, **퍼붓다**] vociférer des injures, invectiver; piquer une colère. ¶ ~를 퍼붓다 invectiver *qn*, se répandre en invectives contre *qn*. ¶ 차에 먼저 타려고 ~를 쓰다 piquer une colère pour monter le premier en voiture. ¶ 그 여자는 그 남자에게 ~를 퍼부었다 Elle l'a traité de tous les noms.

악단 樂團 명 ensemble *m* instrumental.

◆**교향_ 交響-** 명 orchestre *m* symphonique.

악담 惡談 명 injure *f*, insulte *f*, invective *f*, médisance *f*, cancans *mpl*; rosserie *f* {*fam*}; calomnie *f*, diffamation *f*. ¶ ~을 퍼붓다 se répandre en invectives contre *qn*, invectiver *qn*, traiter *qn* de tous les noms. ¶ 그의 ~에 나는 모골이 송연해졌다 J'ai tremblé en entendant ses injures [ses invectives]. ◇_(을) **하다** injurier, invectiver; médire de *qn*, dire du mal de *qn*, calomnier *qn*, diffamer, cancaner. ¶ 그는 어디 잘 되나 두고 보자며 내게 ~을 했다 Il m'a injurié en me disant «attends un peu pour voir».

악당 惡黨 명 bande *f* de malfaiteurs; malfaiteur *m*, bandit *m*, truand *m*.

악대 樂隊 명 fanfare *f*.

◆**군_ 軍-** 명 fanfare *f* militaire.

악독 惡毒 어근 nocivité *f*, atrocité *f*.

◆**_하다** 형 être vicieux(*se*), pervers(*e*), méchant(*e*). ¶ 악독하게 굴다 malmener, traiter abominablement, faire montre de perversité. ¶ 악독한 인간 un être pervers [vicieux, abominable]. ¶ 악독한 짓을 하다[저지르다, 자행하다] faire [commettre, exécuter] *qc* d'horrible [d'atroce, de pervers].

악동 惡童 명 (petit) vaurien *m*, (petite) canaille *f*.

악랄하다 惡辣- 형 être odieux(*se*); être exécrable. ¶ 정적을 악랄하게 탄압하다 opprimer odieusement *ses* ennemis politiques. ¶ 악랄한 짓을 하다 commettre un geste odieux. ¶ 이기기 위해서 악랄한 수단을 쓰다 utiliser un moyen exécrable pour l'emporter.

악력 握力 명 poigne *f*. ¶ 그는 손이 커서 ~도 세다 Ses grandes mains lui donnent une bonne poigne.

◆**_계 -計** 명 dynamomètre *m* servant à mesurer la force de la main.

악령 惡靈 명 esprit *m* malfaisant.

악마 惡魔 명 diable *m*, démon *m*; ((기독교의)) Satan *m*, le Malin *m*. ¶ ~ 같은 démoniaque, diabolique. ¶ ~를 물리치다 repousser le démon.

◆**_적 -的** 명관 diabolique, satanique.

◆**_주의 -主義** 명 satanisme *m*.

악머구리 명【동물】grenouille *f* *Rana nigromaculata* {*nsc*}.

*~ **끓듯 하다** faire du vacarme [du raffut {*fam*}].

악명 惡名 명 mauvaise réputation *f*. ¶ 그는 잔혹한 독재자로 ~을 떨쳤다 Il avait la réputation d'être un tyran cruel. ¶ 그는 부하들을 혹독히 다루는 것으로 ~이 높다[자자하다] Il a la réputation de [Il est connu pour] traiter ses subordonnés avec cruauté.

악몽 惡夢 명 mauvais rêve *m*, rêve *m* désagréable [pénible], cauchemar *m*; terreurs *fpl* nocturnes. ¶ 끔찍한 ~ un affreux [horrible] cauchemar, un cauchemar terrible. ¶ ~을 꾸다 faire un cauchemar [un mauvais rêve, un rêve désagréable], faire des cauchemars, cauchemarder. ¶ 어젯밤 ~을 꾸었다 Cette nuit, j'ai fait un cauchemar [un mauvais rêve, un rêve désagréable, un rêve pénible]. ¶ ~에서 깨어나다 se réveiller d'un cauchemar. ¶ ~에 시달리다 être en proie à un cauchemar, être tourmenté(*e*) par un cauchemar. ¶ ~ 같은 일이 실제로 일어났다 En réalité, il est survenu quelque chose de cauchemardesque / Il s'est passé quelque chose de cauchemardesque.

악물다 타 serrer (les dents). ¶ 이를 ~ serrer les dents. ¶ 이를 악물어 보세요 Serrez les dents, s'il vous plaît.

***이를** ~ faire *qc* avec détermination, être déterminé(*e*) à+*inf*, serrer les dents. ¶ 그는 반드시 성공하고야 말겠다고 이를 악물었다 Il a résolu de réussir coûte que coûte / Il était bien déterminé à réussir. ¶ 이를 악물고 참아내다 supporter avec détermination.

악바리 惡- 명【속어】personne *f* dure et opiniâtre. ¶ ~처럼 일하다 travailler avec opiniâtreté [avec acharnement, avec persévérance, avec ténacité, avec une détermination farouche, avec une ferme résolution, d'arrache-pied, sans repos].

악법 惡法 명 loi *f* malfaisante [malveillante]. ¶ 반민주적 ~ une loi anti-démocratique. ¶ ~도 법이다 Une loi malveillante reste une loi.

악보 樂譜 명 musique *f*; ((책으로 철한 것)) cahier *m* de musique, livre *m* de musique; ((총보)) partition *f*. ¶ ~를 읽다 lire une partition, lire la musique. ¶ ~를 보면서 연주하다 jouer *qc* avec la partition.

◆**_대 -臺** 명 pupitre *m*.

◆**_집 -集** 명 recueil *m* de partitions, livre *m* de musique.

악사 樂士 명 musicien(*ne*). ¶ 거리의 ~ un(*e*) musicien(*ne*) de rue.

악상 樂想 명 thème *m* musical, motif *m*. ¶ ~을 원고에 옮기다 reporter le motif sur le papier. ¶ ~이 떠올랐다 Une phrase mélodique lui est venue à l'esprit.

악성[1] 樂聖 명 musicien *m* illustre, grand maître *m* de musique. ¶ ~ 베토벤 le grand Beethoven.

악성[2] 惡性 어근 pernicieux(*se*), malveillant(*e*).

◆~ **루머** 명 rumeur *f* pernicieuse, rumeur *f* malveillante.

◆~ **바이러스** 명 virus *m* pernicieux.

악세사리 영{accessory} 명 ((액세서리의 일본식 용어)) ☞ 액세서리

악센트 영{accent} 명 ① 【언어】accent *m*. ¶ 강세 ~ un accent tonique [d'intensité]. ¶ 강조 ~ un accent d'insistance [emphatique]. ¶ 영어에는 제1, 제2 ~가 있다 L'anglais a un premier accent et un deuxième accent. ¶ 이 단어는 제1음절에 ~가 있다[놓인다] L'accent tombe [est] sur la première syllabe du mot. ¶ 프랑스어의 ~는 한 리듬 그룹에서 발음되는 마지막 음절을 장음화하는 것이다 L'accent en français est d'allonger la dernière syllabe prononcée dans un groupe rythmique. ② ((어투)) accent *m*. ¶ 외국인 ~가 있는 불어를 하다 parler français avec un accent étranger. ¶ 그 남자는 외국인 ~를 가지고 있다 Il a un accent étranger. ③ 강조점 point *m* d'insistance; accent *m*. ④ 【음악】 accent *m*. ¶ 마지막 소절에 ~를 넣다 accentuer la dernière mesure. ◇_**를 주다[두다]** mettre l'accent sur. ¶ 이 옷은 허리선에 ~를 준 것이 특징이다 Pour ce vêtement, on a mis l'accent [on a insisté] sur la ligne de la taille. ¶ 검정색 옷에 노란색 스카프로 ~를 주다 rehausser le costume noir d'une écharpe jaune.

악수 握手 명 poignée *f* de main. ¶ 그는 손님에게 ~를 청했다 Il a tendu la main à son hôte. ◇_**(를) 하다[나누다]** partager une poignée de main, se serrer la main. ¶ 상대편 선수들과 ~하다 échanger une poignée de main avec les joueurs de l'équipe adverse. ¶ 그들은 서로 반갑게 ~를 했다[나누었다] Ils se sont serré la main avec joie.

악스럽다 惡- 형 être malin(*gne*), diabolique, horrible, démoniaque, satanique, infect(*e*), exécrable, abominable, détestable; être néfaste, nuisible; être fort(*e*), déterminé(*e*). ¶ 악스럽게 살아가다 vivre avec détermination ¶ 악스러운 마음을 품다 nourrir un sentiment abominable à l'égard de *qn*.

악습 惡習 명 mauvaise habitude *f*, vice *m*; pratique *f* déplorable. ¶ ~에 물들다[젖다] être sous l'influence [contracter] de mauvaises habitudes.

악식 惡食 명 mauvaise nourriture *f*. ¶ 그 사람은 ~을 마다하지 않는다 Une mauvaise nourriture ne le dérange pas. ◇_**(을) 하다** manger mal, manger de la mauvaise nourriture.

악신 惡神 명 démon *m*. ¶ 이 모든 재앙은 ~의 장난이다 Toutes ces catastrophes sont l'œuvre du démon.

악심 惡心 명 malveillance *f*, mauvaise intention *f*, méchanceté *f*. ¶ 그는 나에게 ~을 품고[먹고] 있다 Il est malintentionné à mon égard.

악쓰다 자 pousser des cris, crier, hurler, vociférer, tempêter. ¶ 악쓰며 싸우다 se battre en poussant des cris. ¶ 악쓰며 우는 아이를 달래다 consoler un enfant qui pleure à grands cris. ¶ 악쓰는 소리 cri de fureur.

악악거리다 자 pester. ¶ 시장에서 상인들끼리 악악거리며 싸우고 있다 Les commerçants sur le marché se chamaillent en pestant les uns contre les autres.

악어 鰐魚 명 【동물】 crocodile *m*, alligator *m*, caïman *m*, gavial *m*. ¶ ~ 가죽으로 만든 핸드백 un sac à main (en peau de) crocodile [croco].

악업 惡業 명 【불교】 mauvais karma *m*, mauvaise action *f*. ¶ ~에서 헤어나다 se sortir d'un mauvais karma, se libérer d'une série de mauvaises actions (qui mettaient en péril le bien-être de la prochaine réincarnation).

악역 惡役 명 rôle *m* du méchant, du traître; le mauvais rôle *m*. ¶ ~ 배우 un(*e*) acteur(*trice*) qui joue les méchants [les traîtres]. ¶ 그는 해고를 통보하는 ~을 떠맡게 되었다 On lui a confié le mauvais rôle d'annoncer le licenciement.

악연 惡緣 명 lien *m* malheureux, relation *f* néfaste. ¶ 질긴 ~ une relation malheureuse mais tenace. ¶ 너와 내가 만난 것은 ~이었다 Ma rencontre avec toi était fatale.

악용 惡用 명 mauvais usage *m*, emploi *m* abusif. ◇_**(을) 하다** abuser de *qc*, faire mauvais emploi de *qc*, utiliser *qc* à mauvais escient, utiliser *qc* dans un but néfaste. ¶ 자신의 지위[권력]를 ~하다 abuser de *sa* position [de *son* pouvoir]. ◇_**(이) 되다** être utilisé(*e*) à mauvais escient. ¶ 이 기술은 나쁜 목적으로 ~되고 있다 Cette technique est utilisée à mauvais escient / Cette technique est utilisée dans un but néfaste.

악운 惡運 명 mauvaise fortune *f*, malchance *f*, guigne *f* {*fam*}, déveine *f* {*fam*}. ¶ 오늘은 하루 종일 ~의 연속이었다 Aujourd'hui les malchances se sont enchaînées / Aujourd'hui ce n'était qu'une série de malchances.

악의 惡意 명 malveillance *f*, méchanceté *f*, intention *f* malveillante. ¶ 그는 나를 해치려는 ~를 품고[갖고] 있다 Il veut me faire du mal. ¶ ~에 찬 비난 une critique pleine de méchanceté [de mauvaises intentions], une critique malintentionnée. ¶ 그는 내 말을 ~로 받아들였다[해석했다] Il a mal pris [interprété] mes paroles. ¶ ~로 par méchanceté. ¶ ~있는 malveillant(*e*). ¶ 그의 말은 ~ 없는 충고였다 Ses conseils étaient sans aucune mauvaise intention. ¶ 네게 무슨 ~가 있었던 것은 아니다 Je n'avais aucune mauvaise intention à ton égard. ◆_**적** -的 명관 malveillant(*e*). ¶ ~적인 행위 un acte malintentionné. ¶ 그가 그녀를 ~적으로 깎아 내리려던 것은 아니었다 Ce n'est pas par méchanceté [volontairement] qu'il l'a dénigré(*e*).

악인 惡人 명 homme *m* méchant, scélérat *m*, malfaiteur *m*. ¶ 날 때부터 ~인 사람은 없다 Personne ne naît méchant.

악장[1] 樂長 명 【음악】 chef *m* de pupitre, premier violon *m* d'un orchestre. ¶ 단원들이 ~의 지시를 잘 따르지 않는다 Les membres de l'orchestre ne suivent pas les directives du chef de pupitre.

악장[2] 樂章 명 【음악】 mouvement *m*. ¶ 피아노 소나타 제 2 ~ le deuxième mouvement d'une sonate pour piano.

악재 惡材 명 facteur *m* nuisible. ¶ 정국 불안이 ~로 작용하여 주가가 떨어졌다 L'instabilité politique a joué un rôle nuisible et a fait tomber la valeur des actions.

악전고투 惡戰苦鬪 명 lutte *f* désespérée [serrée], partie *f* [match *m*] très disputé(*e*). ¶ ~ 끝에 승리하다 triompher au terme d'une lutte désespérée, remporter la victoire après un match serré [très disputé]. ◇_**(를) 하다** lutter farouchement, se battre désespérément, combattre le dos au mur. ¶ 역경에서 ~하다 se battre farouchement dans l'adversité. ¶ 선수들이 빗속에서 ~하고 있다 Les joueurs se sont affrontés avec rage sous la pluie.

악정 惡政 명 mauvais gouvernement *m*, mauvaise administration *f*. ¶ 백성들이 ~에 시달리고 있다 Le peuple est sous le joug d'un mauvais gouvernement / Le peuple est mal gouverné.

악종 惡種 명 être *m* démoniaque. ¶ 그 녀석은 아주 ~이다 c'est un type absolument démoniaque.

악질 惡質 명 nature *f* mauvaise, vicieuse, perversité *f*. ¶ 그 상인은 정말 ~이다 Ce marchand est profondément mauvais.

◆**_적** -的 명관 vicieu*x*(*se*), pervers(*e*), pernicieu*x*(*se*). ¶ ~적인 범죄[사기] un crime [une arnaque, une fraude] vicieu*x*(*se*).

악착 齷齪 명 ① ((일을 해 나가는 태도)) acharnement *m*, ténacité *f*, persévérance *f*. ② ((도량)) étroitesse *f* d'esprit. ◇**_(을) 떨다[부리다]** travailler avec acharnement.

◆**_같다** 형 être acharné(*e*), persévérant(*e*), opiniâtre, tenace. ¶ ~같은 여자 une femme résolue [opiniâtre]. ¶ 동생은 공부에 있어서만큼은 ~같다 Mon frère est très persévérant pour ce qui est d'étudier.

◆**_같이** 부 avec acharnement, avec ténacité, opiniâtrement, avec opiniâtreté, avec persévérance, avec ténacité, avec une détermination farouche, avec une ferme résolution, d'arrache-pied, sans repos. ¶ ~같이 일하다 travailler avec acharnement.

◆**_스럽다** 형 être acharné(*e*), tenace, opiniâtre, persévérant(*e*). ¶ 그는 오기가 많고 성격도 ~스러웠다 Il avait l'esprit de compétition et un caractère tenace.

악처 惡妻 명 mauvaise épouse *f*. ¶ 소크라테스의 아내는 소문난 ~였다. La femme de Socrate a la réputation d'avoir été [est connue pour avoir été] une mauvaise épouse.

***효자보다 ~가 낫다** Mieux vaut une mauvaise épouse qu'un bon fils / Rien ne vaut sa propre épouse.

악천후 惡天候 명 intempérie *f*, mauvais temps *m*. ¶ 그 사람은 ~를 무릅쓰고 등반을 강행하였다 En dépit du mauvais temps, il a persévéré dans son ascension.

악취 惡臭 명 puanteur *f*, mauvaise odeur *f*, odeur *f* fétide [infecte, nauséabonde, exécrable]. ¶ 오래된 생선이 ~를 풍긴다 Un vieux poisson exhale une odeur infecte / Un vieux poisson empeste / De ce vieux poisson se dégage une puanteur insupportable. ¶ ~를 제거하는 약 un produit qui supprime les mauvaises odeurs; un désodorisant. ¶ ~가 나는[풍기는] puant(*e*), malodorant(*e*), nauséabond(*e*). ¶ ~가 코를 찌른다 Une puanteur [Une odeur nauséabonde ((d'excréments))] (*me*) prend au nez [assaille mes narines, *m*'envahit le nez, *me* pique le nez] / Ça sent ((les égouts)) à plein nez / Ça pue à plein nez {*fam*}. ¶ 하수구에서 ~가 난다 Une odeur exécrable émane des égouts.

악평 惡評 명 critique *f* sévère [défavorable]. ¶ ~을 듣다 recevoir une critique sévère [un blâme]. ¶ 그 영화는 대다수의 평론가들로부터 ~을 들었다 Ce film a été très attaqué par la grande majorité des critiques. ◇**_(을) 하다** critiquer sévèrement [méchamment].

악폐 惡弊 명 abus *m*, usage *m* pernicieux. ¶ ~를 일소하다 supprimer les abus. ¶ 그들은 사회의 ~를 바로잡으려고 했다 Ils entendaient corriger les vices de la société.

악플 명 commentaire *m* malveillant [méchant, injurieux, insultant, diffamatoire]. ¶ 너무 심한 ~을 달면 처벌 받을 수 있다, On peut être poursuivi si on écrit des commentaires trop injurieux [diffamatoires]. ¶ ~로 마음고생이 심하다 souffrir à cause des commentaires injurieux (laissés sur le net).

악필 惡筆 명 vilaine écriture *f*, écriture détestable, écriture *f* de cochon {*fam*}; écriture *f* illisible [difficile à lire, difficile à déchiffrer, quasi(ment) indéchiffrable]. ¶ 그는 ~이다 Il a une vilaine écriture / Il a une écriture détestable [de cochon {*fam*}] / Il a une écriture illisible [difficile à lire, difficile à déchiffrer, quasi(ment) indéchiffrable].

악한 惡漢 명 malfaiteur *m*, scélérat *m*, bandit *m*.

악행 惡行 명 méfait *m*, m*al*(m*aux*) *m*, méchanceté *f*, mauvaise action *f*, crime *m*. ◇**_을 저지르다[하다]** commettre un méfait. ¶ 온갖[갖은] ~을 다 저지르다 Il a commis toutes sortes de crimes [de méfaits].

악형 惡刑 명 peine *f* sévère, punition *f* sévère [cruelle]. ¶ 그는 적에게 사로잡혀 온갖 ~을 받았다 Attrapé par l'ennemi, il a subi toutes sortes de châtiments cruels. ¶ 반역자에게 ~을 과하다 Châtier sévèrement le traître / Infliger une punition sévère au traître.

악화¹ 惡化 명 aggravation *f*, détérioration *f*, dépravation *f*. ¶ 병세의 ~는 전혀 예상치 못한 것이었다 L'aggravation de son état était tout à fait inattendue / Rien ne laissait prévoir que son état s'aggraverait. ◇**_(가) 되다** s'aggraver, empirer, se détériorer. ¶ 병세가 ~되고 있다 Son état empire. ¶ 정세가 ~되고 있다 La situation politique se dégrade. ¶ 상황이 더욱 ~되었다 La situation s'est encore détériorée / La situation a encore empiré. ¶ 그 사건으로 양국 관계가 급속도로 ~되었다 Cette affaire a rapidement détérioré les relations entre les deux pays. ◇**_(를) 시키다** aggraver. ¶ 그런 임시방편은 사태를 더욱 ~시킬 뿐이다 Ce genre de mesure temporaire ne fait qu'aggraver la situation.

◆**_일로** -一路 명 aggravation *f* constante. ¶ 노사분규가 전국적으로 확산되면서 ~일로를 치닫고 있다 Le conflit entre les ouvriers et le patronat, en gagnant l'ensemble du pays, va en s'aggravant. ¶ 식량 사정

ㅇ

이 ~일로를 걷고 있다[~일로에 있다] La situation alimentaire ne fait que s'aggraver / La situation alimentaire va de mal en pis.

악화² 惡貨 명 mauvaise monnaie *f*. ¶ ~는 양화를 구축한다 La mauvaise monnaie chasse la bonne.

안¹ 명 ① intérieur *m*, dedans *m*; ((내실)) intérieur *m* (d'un bâtiment), pièce *f*, chambre *f*. ¶ 나라 ~ 사정이 복잡하다 La situation intérieure du pays est compliquée. ¶ ~을 들여다보다 jeter un coup d'œil à l'intérieur. ¶ 서류는 서랍 ~에 있다 Les documents sont dans le tiroir. ¶ 상자 ~에 무엇이 들어 있니? Qu'y a-t-il à l'intérieur de la boîte? ¶ 가방 ~에는 아무것도 없다 Il n'y a rien dans le sac. ¶ 이 물건을 그 ~에 넣어 두어라 Mets cet objet dedans! ¶ ~에 아무도 안 계십니까? N'y a-t-il personne à l'intérieur? ¶ 어머니는 ~에 계십니다 Mère est-elle dans sa chambre? ¶ ~에서 무슨 소리가 들린다 Un bruit vient de l'intérieur / J'entends un bruit venir de l'intérieur [qui vient de l'intérieur]. ¶ 괄호 ~에 알맞은 말을 넣어라 Mets entre parenthèses la bonne réponse! ¶ 극장 ~으로 들어가다 rentrer dans le théâtre, rentrer à l'intérieur du théâtre. ¶ ~으로 들어가십시다 Rentrons! ¶ 그 방은 밖에서 볼 때에는 비좁아 보였는데 ~은 넓었다 Vue de l'extérieur, cette chambre paraissait très étroite mais elle est en fait très grande. ¶ 방 ~이 엉망이다 La chambre est en désordre; la chambre est un vrai bordel {*fam*}. ② ((이내)) dans, en moins de, d'ici (à), au plus tard dans [pour]. ¶ 일주일 ~에 일을 끝내라 Tu as [Je te donne] une semaine pour terminer / Tu dois terminer ton travail d'ici une semaine [au plus tard pour la semaine prochaine]. ¶ 열흘 ~에 잔금을 지불하다 payer *ses* dettes dans les dix jours. ¶ 한 시간 ~에 그곳에 도착할 수 있을까? Pourra-t-on arriver là-bas en moins d'une heure? ¶ 성적이 10 등 ~에 들다 figurer parmi les dix premiers (de la classe). ¶ 안전선 ~에 머물러 있어라 Reste à l'abri / Mets-toi à l'abri! ③ ((옷의)) doublure *f*, envers *m*. ¶ 명주로 ~을 대다 doubler de soie un vêtement.

◆**_방** -房 명 chambre *f* des femmes; chambre *f* des parents [des maîtres de maison].

◆**_사돈** -査頓 명 belle-mère *f* du fils (ou de la fille).

◆**_사람** 명 épouse *f*, femme *f*.

◆**_주인** -主人 명 maîtresse *f* de maison.

◆**_채** 명 bâtiment *m* principal [aile *f* principale] d'une maison traditionnelle coréenne ((bâtiment en principe réservé aux femmes)).

◆**집_** 명 ① 가족 famille *f* (des propriétaires, des maîtres de maison). ¶ 그는 집~ 형편이 어려워 학교를 그만두었다 Il a arrêté l'école [ses études] en raison des difficultés de sa situation familiale [en raison de sa situation familiale précaire, en raison de la précarité de sa situation familiale]. ¶ 집~을 잘 다스려야 한다 Il faut bien diriger sa famille. ② 가문 ((일가)) foyer *m*, clan *m* (familial), famille *f*. ¶ 그는 어느 집~ 사람이냐? De quelle famille est-il?

안² 부 ne pas+V. ¶ ~ 먹다 ne pas manger. ¶ 돈을 ~ 쓰다 ne pas dépenser d'argent. ¶ 그 아이는 ~ 예쁘다 Cet(*te*) enfant n'est pas joli(*e*). ¶ 너 아직도 ~ 일어났니? Tu n'es pas encore levé(*e*)? ☞ 아니²

안³ 案 명 proposition *f*, suggestion *f*, plan *m*, dessein *m*, projet *m*. ¶ 결의~ une résolution. ¶ 기획~ un plan, un projet, un programme. ¶ 예산~ un projet budgétaire. ¶ ~을 내다 faire une suggestion, proposer un plan. ¶ 좋은 ~이 있다 avoir une bonne idée. ¶ 뭐 좋은 ~ 없니? Tu n'as pas une idée? / Tu n'as rien à suggérer?

안가 安家 명 endroit *m* sûr [protégé]. ¶ 증인을 ~에 보호하다 protéger un témoin dans un endroit sûr; garder un témoin sous protection [dans un endroit protégé].

안간힘 명 contrôle *m* des émotions, action de refréner *ses* émotions. ◇**_을 쓰다** refréner [contenir, comprimer] *ses* émotions. ¶ 울지 않으려고 ~을 쓰다 contenir [réprimer] *ses* larmes, se retenir de pleurer. ◇**_을 다하다** mettre tous *ses* efforts pour refréner *ses* émotions. ¶ 그는 ~을 다하여 정신을 가다듬었다 Il s'est ressaisi au terme d'un grand effort sur lui-même.

안개 명 brouillard *m*, brume *f*. ¶ ~ 정국 un état de confusion politique. ¶ ~ 주의보 un avis de brouillard. ¶ ~ 속을 더듬는 것처럼 전망이 보이지 않는다 On ne peut rien prévoir, c'est comme si on tâtonnait dans le brouillard. ¶ 도시 전체가 ~에 싸여 있다 La ville entière est prise dans le brouillard [dans une nappe de brouillard] / La ville entière est submergée [envahie] par le brouillard. ¶ 짙은 [엷은] ~가 끼었다 Une nappe de brouillard s'est formée / Un brouillard épais [léger] recouvre l'horizon [a envahi l'atmosphère] / Une nappe de brouillard recouvre l'horizon / Il est tombé un brouillard épais [une nappe de brouillard] [Il est tombé un brouillard léger]. ¶ ~가 자욱하다 Le brouillard est dense [épais] / Il y a un épais brouillard [un brouillard à couper au couteau]. ¶ ~가 걷히고 있다 Le brouillard se dissipe [disparaît].

◆**_구름** 명 stratus *m*.

◆**_꽃** 명 gypsophila *f* elegans, plante *f* de la famille des caryophyllacées.

◆**_등** -燈 명 feux *mpl* de brouillard. ¶ 차의 ~등을 켜다 allumer [mettre] *ses* feux de brouillard.

◆**_비** 명 bruine *f*, crachin *m*.

◆**_ㅅ길** 명 chemin *m* brumeux. ¶ 안갯길에 조심해서 운전해라 Par temps brumeux, conduis avec prudence!

안거 安居 명 vie *f* tranquille et paisible. ◇**_(를) 하다** mener une vie paisible, vivre tranquillement.

안건 案件 명 sujet *m* de discussion, matière *f* à débat. ¶ ~을 상정하다 proposer un sujet à débattre.

안겨주다 자 donner, confier. ¶ 그 소식은 우리에게

희망을 안겨주었다 Cette nouvelle nous a donné espoir. ¶ 부모의 기대가 그에게 큰 부담을 안겨주었다 L'attente de ses parents lui pesait lourdement. ¶ 단 한 번의 실수가 그에게 패배를 안겨주었다 Une simple erreur a provoqué [causé, entraîné] sa défaite.

안경 眼鏡 명 lunettes *fpl*. ¶ ~을 쓰다[벗다] mettre [retirer] *ses* lunettes. ¶ 저기 ~ 쓴 사람이 우리 형이다 La personne qui porte des lunettes là-bas, c'est mon grand frère. ¶ 그는 ~ 너머로 우리를 쳐다보았다 Il nous a regardé par-dessus ses lunettes.

◆**_다리** 명 branche *f* de lunettes. ¶ ~다리가 부러졌다 La branche de mes lunettes est cassée.

◆**_알** 명 verre *m* de ((de lunettes)).

◆**_쟁이** 명 binoclard(*e*) {*fam*}.

◆**_점** -店 명 magasin *m* de lunettes, ((chez l')) opticien *m*. ¶ ~점에서 안경을 맞추다 se faire faire des lunettes chez l'opticien.

◆**_집** 명 étui *m* à lunettes.

◆**_테** 명 monture *f* ((de lunettes)).

◆**색_** 色- 명 lunettes *fpl* à verres teintés, lunettes *fpl* de soleil.

*__색~을 끼고 보다__ regarder *qc* avec des idées préconçues [avec une opinion toute faite, avec des préjugés].

안고름 명 nœud *m* [cordon *m*] intérieur ((d'une veste traditionnelle coréenne)). ¶ 저고리의 ~을 풀다 dénouer le nœud intérieur d'une veste traditionnelle coréenne.

안과 眼科 명 【의학】 ① ((학문)) ophtalmologie *f*. ¶ ~를 전공하다 suivre des études d'ophtalmologie, se spécialiser en ophtalmologie. ② ((의원)) chez un(*e*) ophtalmologiste *mf*, ophtalmologue *mf*. ¶ 눈병을 치료하러 ~에 가다 aller chez l'ophtalmologiste pour se faire soigner les yeux.

◆**_의사** -醫師 명 ophtalmologiste *mf*, ophtalmologue *mf*, oculiste *mf*.

안광 眼光 명 éclat *m* des yeux, qualité *f* des yeux [de la vue]. ¶ 그는 ~이 날카롭다 Il a un regard pénétrant, perçant / Il a des yeux d'aigle.

*__~이 지배를 철하다__ avoir un regard imposant [intimidant].

안구 眼球 명 【의학】 globe *m* oculaire, globe *m de l'œil*. ¶ ~ *건조증 la xérophtalmie*.

안기다 자 être embrassé(*e*); se jeter [se réfugier] dans les bras de *qn*. ¶ 아기가 엄마에게 폭 안겼다 Le bébé est (blotti) dans les bras de sa mère. ¶ 아기[어린애]가 엄마 품에 안겨서 잔다 Le bébé dort (blotti) dans les bras de sa mère [sur le sein de sa mère]. ¶ 그는 고국의 품에 안겼다 Il s'est retrouvé au cœur de son pays natal [dans sa patrie]. 타 confier *qc/qn* entre les bras de *qn*. ¶ 아이를 유모에게 안기다 confier un enfant à sa nourrice. ¶ 그는 아이들에게 선물을 안겨 주었다 Il a donné des cadeaux aux enfants.

안기부 安企部 명 (('안전기획부'의 준말, '국가 정보원'의 전 이름)) ((ancienne appellation du)) Office *m* des Renseignements généraux sud-coréen, ((ancien nom donné aux)) services *mpl* secrets sud-coréens [au service de sécurité intérieure sud-coréen].

안내 案內 명 accueil *m*, service *m* d'information, direction *f*, conduite *f*, conseil *m*, indication *f*. ¶ 점원의 ~로 sous les conseils du vendeur. ◇_(를) **하다** guider, conduire, mener, informer, renseigner, indiquer. ¶ 외국 관광객에게 길을 ~해 주다 indiquer le chemin à un touriste étranger. ¶ 손님을 응접실로 ~하다 conduire un visiteur au salon. ◇_(가) **되다** être introduit(*e*). ¶ 조용한 방으로 ~되어 들어가다 être introduit(*e*) dans une chambre silencieuse. ◇_(를) **받다** être conduit(*e*), guidé(*e*), mené(*e*), informé(*e*). ¶ 집주인의 ~를 받다 être conduit(*e*) par le propriétaire.

◆**_문** -文 명 renseignements *mpl* écrits.

◆**_서** -書 명 guide *m*, dépliant *m* touristique, horaire *m*.

◆**_소** -所 명 bureau(*x*) *m* de renseignements, syndicat *m* d'initiative.

◆**_양[원]** -孃[員] 명 guide *m*; hôtesse d'accueil; ((극장의)) ouvreuse *f* [ouvreur *m*].

◆**_인[자]** -人[者] 명 guide *m*.

◆**_장** -帳 명 carte *f* d'invitation, carton *m* d'invitation; note *f*, avis *m*.

◆**_판** -板 명 panneau(*x*) *m* d'information.

안녕 安寧 명 paix *f*, sécurité *f*, bien-être *m*. ¶ 그는 고향에 계시는 부모님들의 ~을 빌었다 Il pria pour le bien-être de ses parents demeurés au pays. ¶ 사회의 ~과 질서를 유지하다 préserver la sécurité et l'ordre de la société.

감 ((만날 때)) bonjour, salut; ((헤어질 때)) salut, tchao, ciao, à plus {*fam*}, à la prochaine {*fam*}, à un de ces quatre {*fam*}. ¶ ~! 잘 가 Salut [Ciao, Tchao], à bientôt [à plus, à la prochaine, à un de ces quatre]! {*fam*}. ¶ ~, 잘 있었니? Salut, ça va? {*fam*}.

◆**_하다** 형 être en paix [l'esprit tranquille]; se porter bien, aller bien. ¶ ~하세요? Bonjour (monsieur [madame, mademoiselle]). ¶ ~하십니까? Bonjour, comment allez-vous? / Bonjour monsieur [madame, mademoiselle]. ¶ 아버지께서는 ~하시냐? - 예, ~하십니다 Votre père va bien [se porte bien]? - Oui, il va bien.

◆**_히** 부 en paix, l'esprit tranquille; en bonne forme, en bonne santé. ¶ ~히 가십시오 Au revoir, (rentrez bien) ((à la personne qui part)) / Partez en paix. ¶ ~히 계십시오 Au revoir, (et portez-vous bien) ((à la personne qui reste)) / Soyez [Restez] en paix / La paix soit avec vous. ¶ ~히 다녀오십시오 Passe(z) une bonne journée! / A tout à l'heure / (Faites) bonne route / Faites un bon voyage.

안다 타 ① 보듬다 prendre, serrer *qn/qc* dans *ses* bras, embrasser, étreindre. ¶ 어머니가 아기를 품에

～ La mère tient son bébé dans les bras. ¶ 아기가 하루 종일 엄마에게 안아 달라고 했다 Toute la journée, le bébé n'a pas arrêté de demander à ce qu'on le prenne dans les bras. ¶ 꽃다발을 안고 있는 소녀 la jeune fille qui tient un bouquet de fleurs. ② 책임이나 의무를 지다 avoir, embrasser, porter ((une responsabilité)). ¶ 우리는 무거운 책임을 안고 있다 Nous avons une lourde [grosse] responsabilité. ¶ 꼭 이겨야 한다는 부담을 안고 경기를 치르다 jouer une rencontre [une partie, un match] avec l'obligation pesante d'une victoire. ¶ 빚을 안고 가게를 인수하다 acheter un magasin y compris les dettes [son passif]. ③ 마주하다 faire face à *qc*, affronter de face. ¶ 바람을 안고 가다 aller contre le vent.

안단테 이 명 【음악】 andante *f*.

안달 명 agitation *f*, impatience *f*, anxiété *f*, inquiétude *f*. ◇_**이다**[(을) **하다**] être impatient(*e*), s'impatienter, brûler d'impatience, avoir hâte de+*inf*, mourir d'envie de+*inf*; s'en faire, se tracasser, se tourmenter, s'inquiéter, se faire du souci [du tracas, des cheveux, du mouron {*fam*}], se faire du mauvais sang, se biler {*fam*}, se faire de la bile {*fam*}. ¶ 그는 함께 가고 싶어서 ～이다 Il meurt d'envie de partir avec nous / Il a hâte de partir avec nous. ¶ 그는 약속 시간에 늦을까 봐 ～이다 Il s'inquiète d'être en retard à son rendez-vous. ¶ 그렇게 ～하지 마라 Ne te tracasse pas tant! / Ne te fais pas tant de souci! / Ne sois pas si impatient(*e*)! ◇_(**이**) **나다** être gagné(*e*) par l'impatience. ¶ 그는 우리와 함께 가고 싶어서 ～이 났다 Il meurt d'envie de partir avec nous / Il a hâte de partir avec nous.

안달복달 명부 vive agitation *f*, grande impatience *f* [anxiété *f*]; impatiemment. ◇_(**을**) **하다** être en proie à une vive agitation [à une grande anxiété], se ronger les sangs, se faire un sang d'encre, être très anxieu*x*(*se*) [nerveu*x*(*se*)], être sur des charbons ardents, être sur le gril {*fam*}. ¶ 시험에 떨어질까 봐 ～하다 se ronger les sangs [se faire un sang d'encre, être terriblement anxieu*x*(*se*), être très nerveu*x*(*se*), être sur le gril {*fam*}] à l'idée d'échouer à l'examen [de ne pas avoir *son* examen].

안대 眼帶 명 bandeau(*x*) *m* pour les yeux. ¶ ～을 하다[벗다] mettre un bandeau [retirer *son* bandeau]. ¶ 눈병이 나서 ～를 했다 Il a mis un bandeau sur son œil infecté [enflammé].

안도 安堵 명 soulagement *m*. ¶ ～의 한숨을 내쉬다 pousser un soupir de soulagement, soupirer d'aise, éprouver un grand soulagement. ◇_(**를**) **하다** être [se sentir] soulagé(*e*) [rassuré(*e*)], respirer.

◆_**감** -感 명 sentiment *m* de soulagement. ¶ ～감이 들다 se sentir soulagé(*e*) [rassuré(*e*)].

안동 김씨 安東 金氏 명 les Kim du clan[de la branche] de Andong.

안동포 安東布 명 tissu *m* [toile *f*] de chanvre (produit(*e*) dans la région) de Andong.

안되다 형 ((verbe négatif)) ne pas marcher, ne pas fonctionner, ne pas aller, ¶약속에 늦게 오시면 안돼요. Si vous arrivez en retard au rendez-vous, ce ne serait pas bon. / Il ne faut pas être en retard au rendez-vous. ¶거기 들러가면 안됩니다. Il ne faut entrer là. / Si vous entrez là, ça ne va pas. ((유감)) être regrettable; être dommage; faire pitié, faire peine à voir ((Le (*La*) pauvre!)).¶젊은 나이에 그런 몹쓸 병에 걸리다니 참 안됐다 C'est vraiment malheureux d'attraper une une si méchante [vilaine] maladie à un si jeune âge. ¶그는 요즘 고생을 많이 해서 그런지 얼굴이 참 안됐다[안돼 보인다] Je ne sais pas si c'est à cause de toute la peine qu'il se donne ces jours-ci, mais il n'a vraiment pas bonne mine [il n'a vraiment pas l'air bien, il a vraiment une sale mine {*fam*},il a vraiment une mine de déterré].

안뜰 명 cour *f* intérieure, jardin *m* intérieur. ¶ ～로 들어서다 pénétrer dans la cour. ¶ ～에 내려서다 descendre dans la cour.

안락 安樂 어근 aise *f*, confort *m*.

◆_**하다** 형 être à l'aise, confortable. ¶ ～하게 살다 vivre dans l'aisance, être à *son* aise. ¶ ～한 집[의자, 삶] une maison [un appartement] confortable [une chaise confortable; une vie aisée].

◆_**사** -死 명 euthanasie *f*. ¶ ～사를 법으로 인정하다 légaliser l'euthanasie.

◆_**의자** -依子 명 fauteuil *m*; dormeuse *f*.

안료 顏料 명 couleur *f*, matière *f* [substance *f*] colorante, pigment *m*, colorant *m*. ¶ ～를 섞다 préparer *ses* couleurs.

안마 按摩 명 massage *m*. ◇_(**를**) **하다** masser. ¶ 아버지 다리를 ～해 드리다 masser les jambes de *son* père. ◇_(**를**) **받다** se faire masser, recevoir un massage. ¶ 어디 시원하게 ～ 좀 받을 데 없을까? Où pourrait-on avoir un massage relaxant [reconstituant]?

◆_**사** -師 명 masseu*r*(*se*).

◆_ **시술소** 施術所 명 salon *m* de massage, institut *m* de massage.

안마당 명 cour *f* intérieure.

***남의 ～까지 들어가다** se montrer sans gêne, manquer de retenue, dépasser les bornes de la politesse.

안면[1] 安眠 명 sommeil *m* paisible [calme, tranquille]. ¶ ～ 방해 tapage nocturne. ¶ ～을 방해하다 troubler le sommeil [le repos] de *qn*. ◇_(**을**) **하다** dormir paisiblement [profondément]. ¶ ～을 못 하다 avoir un sommeil agité [trouble, inquiet].

안면[2] 顔面 명 ① 얼굴 figure *f*, face *f*, visage *m*. ¶ ～의 표정 l'expression du visage. ¶ ～ 근육이 마비되어 있다 avoir les muscles du visage paralysés. ¶ ～에 상처를 입다[입었다] se faire une blessure [se faire blesser] au visage, se blesser au visage [le visage] [être victime d'une blessure au visage, être blessé(*e*) au visage, avoir une blessure au

ㅇ

niveau du visage, avoir le visage blessé]. ¶ ~이 일그러지다 avoir le visage crispé [grimaçant]. ② 관계 connaissance *f*, relation *f*. ¶ ~을 트다 lier [faire] connaissance. ¶ ~이 넓다 avoir beaucoup de relations, avoir des relations, connaître beaucoup de gens; ((유력 인사들을 많이 알다)) avoir le bras long. ¶ 나는 그 사람과는 ~이 있다 Je le connais (de vue) / On s'est déjà vu(*e*)s.

*~**을 바꾸다** faire semblant de [prétendre] ne pas reconnaître *qn*.

안목 眼目 명 vision *f*, point *m* de vue, façon *f* de voir les choses; perspicacité *f*. ¶ ~을 기르다 développer *sa* perspicacité. ¶ 그 문제는 긴 ~으로 볼 필요가 있다 Cela demande d'être considéré à long terme. ¶ ~이 있다[좋다] avoir bon goût. ¶ 그는 옷 고르는 ~이 있다 Il a l'œil pour choisir les vêtements / Il choisit ses vêtements avec beaucoup de goût. ¶ ~이 없다[나쁘다] avoir mauvais goût. ¶ ~이 높다 avoir des goûts raffinés.

안무 按舞 명 chorégraphie *f*. ¶ 이 뮤지컬의 ~는 그가 맡았다 C'est à lui qu'on a confié la chorégraphie de cette comédie musicale. ◇_**(를) 하다** faire [composer, monter] une chorégraphie, mettre en scène une danse.

◆_**가** -家 명 chorégraphe *mf*.

안민 安民 명 paix *f* et sécurité du peuple [de la population]. ¶ ~을 목표로 한 국정 politique ayant pour but la paix et la sécurité du peuple [de la population], politique ayant pour but la sécurité de la population et la paix.

안방 -房 명 ① chambre *f* du propriétaire ((la plus confortable, la mieux chauffée, la plus spacieuse; la plupart du temps la chambre des parents)), chambre *f* des parents. ¶ ~에 들어가다 entrer dans la chambre. ② 안주인이 거처하는 방 chambre *f* réservée à la maîtresse de maison; chambre *f* des femmes. ¶ ~ 마님 la maîtresse de maison.

*~**을 차지하다** devenir la nouvelle maîtresse de maison.

◆_ **극장** -劇場 명 le téléviseur, le poste de télévision.

안배 按排 명 arrangement *m*, disposition *f*, distribution *f*, répartition *f*. ◇_**(를) 하다** arranger, disposer, distribuer, organiser, répartir. ¶ 그룹별로 남녀를 ~하다 *répartir en groupes*, garçons et filles. ¶ 시간을 잘 ~해서 문제를 풀어라 Réponds aux questions en gérant [en organisant] bien ton temps! ◇_**(가) 되다** être arrangé(*e*), réparti(*e*).

안보 安保 명 sécurité *f* (de l'État, nationale). ¶ ~ 교육 éducation sur la sécurité. ¶ 국가 ~ sécurité nationale. ¶ 총력 ~ sécurité générale.

안보리 安保理 명 (('안전보장이사회'의 준말)) Conseil *m* de sécurité. ¶ 유엔 ~ 상임이사국 (pays) membre permanent du Conseil de sécurité des Nations Unies. ¶ 국가 간 분쟁을 ~에 상정하다 porter devant le Conseil de sécurité un conflit entre États.

안부 安否 명 sécurité *f*; santé *f*; nouvelles *fpl*. ¶ ~ 인사 salutations de politesse. ¶ ~ 편지 une lettre de salutations. ¶ 그냥 ~차 잠시 들렀습니다 Je suis juste passé(*e*) pour vous saluer [pour m'enquérir de vous, pour prendre de vos nouvelles]. ¶ 누구의 ~를 묻다[걱정하다, 궁금해하다] s'enquérir au sujet de [s'inquiéter de, s'intéresser à] *qn*, prendre [demander] des nouvelles de *qn*, s'enquérir au sujet [s'informer, s'inquiéter] de la santé [de l'état, de la situation, du sort] de *qn*. ¶ 누구에게 ~를 전하다 transmettre *ses* meilleurs vœux à *qn*, passer [transmettre, souhaiter] le bonjour à *qn*. ¶ 부인에게 [아버님께] ~ 전해 주십시오 Transmettez mes meilleurs vœux à votre épouse [à votre père] / Mes meilleures amitiés à votre épouse [à votre père] / Mon bon souvenir à votre épouse [à votre père] / Passez le bonjour à votre épouse [à votre père] / Bien le bonjour à votre épouse [à votre père] {*pop*}.

안분지족 安分知足 명 autosatisfaction *f*.

안빈 安貧 명 sobriété *f*.

◆_**하다** 자 être sobre.

안빈낙도 安貧樂道 명 réjouissance *f* et contentement *m* même dans la pauvreté. ◇_**(를) 하다** être satisfait(*e*) [éprouver de la joie] même au milieu de la pauvreté.

안사돈 -査頓 명 belle-mère *f* du fils [de la fille].

안사람 명 【구어】 (ma) femme *f*, (mon) épouse *f*. ¶ 제 ~입니다 C'est ma femme / Je vous présente ma femme [mon épouse].

안산 案山 명 colline *f* [montagne *f*] derrière le village. ¶ ~의 묘터 la tombe sur la colline derrière le village.

안살림 명 ménage *m*, gestion *f* du foyer, vie *f* familiale; vie *f* interne. ¶ 집안의 ~을 도맡아 하다 s'occuper de l'ensemble des tâches ménagères et familiales. ¶ 회사의 ~을 맡다 se charger de la vie interne d'une entreprise. ◇_**(을) 하다** s'occuper de la maison, gérer les affaires de la maison, gérer le ménage.

안상주 -喪主 명 maîtresse *f* d'une maison en deuil.

안색 顔色 명 teint *m*, carnation *f*, couleur *f* du visage. ¶ 그는 얘기하면서 나의 ~을 살폈다 Tout en parlant, il scrutait l'expression de mon visage. ¶ 그는 내 말을 듣더니 갑자기 ~이 달라졌다 Son visage a changé tout à coup de couleur en écoutant mes paroles [à l'énoncé de mes paroles]. ¶ ~이 좋다[나쁘다] avoir bonne [mauvaise] mine; avoir des couleurs.

안성마춤 安城- 명 (('안성맞춤'의 잘못)) ☞ 안성맞춤

안성맞춤 安城- 명 objet *m* [personne *f*] tout(*e*) désigné(*e*) [idéal(*e*)] pour *qc*, objet *m* [personne *f*] qui convient aussi bien qu'un gant à une main; objet *m* de confection parfaite. ◇_**이다** 형 être idéal(*e*), être exactement ce qu'il faut; être du sur mesure, être absolument parfait(*e*), impeccable {*fam*}, faire parfaitement l'affaire. ¶ 이곳은 잠시 산책하기에 ~ Cet endroit est idéal pour une petite promenade. ¶ 이거 국그릇으로 딱 ~이네 Ce bol est parfait [idéal] pour servir la soupe! ¶ 이곳은 캠핑하기에 ~이다 C'est l'endroit idéal [rêvé] pour camper. ¶ ~인 사람 la personne toute désignée [idéale] pour *qc*, l'homme de la situation.

안섶 명 laize *f* rentrée. ¶ ~을 여미다 faire un ourlet rentré.

안손님 명 visiteuse *f*.

안수 按手 명 imposition *f* des mains ((pour conférer certains sacrements, etc.)).

◆ **_기도** -祈禱 명 prière *f* effectuée avec imposition des mains, prière *f* de confirmation. ¶ ~(기도)를 하다[받다] bénir en imposant les mains [recevoir une bénédiction par imposition des mains sur la tête].

안스럽다 형 ((‘안쓰럽다’의 잘못)) ☞ 안쓰럽다

안식[1] 安息 명 repos *m*. ¶ ~을 취하다 prendre du repos.

◆ **_년** -年 명 année *f* sabbatique.

◆ **_일** -日 명 repos *m* dominical.

◆ **_처** -處 명 lieu(*x*) *m* de repos.

안식[2] 眼識 명 discernement *m*, clairvoyance *f*, jugement *m*. ◇ **_(이) 있다** avoir du discernement, avoir de la clairvoyance [du bon sens, de la jugeote {*fam*}]. ¶ 그렇게 행동하다니 도대체 네가 ~이 있는 사람이냐? As-tu toute ta tête pour agir de la sorte? ◇ **_(이) 없다** manquer de discernement.

안식구 -食口 명 femme *f* (d'une famille); (ma) femme *f*, (mon) épouse *f*. ¶ 제 ~는 직장에 다닙니다 Ma femme travaille.

안심[1] 安心 명 tranquillité *f* (de l'âme), apaisement *m* (du cœur), paix *f* (de l'esprit); ((불교)) recueillement *m*, apaisement *m* de l'esprit par la contemplation. ◇ **_(을) 하다** être rassuré(*e*), tranquillisé(*e*), être en paix; ((불교)) se recueillir. ¶ 이제 우리가 왔으니 ~해라 Rassure-toi maintenant que nous sommes là. ¶ 일이 다 끝날 때까지 한시도 ~해서는 안 된다 Il ne faut pas relâcher l'attention un seul instant avant que ce travail soit complètement achevé. ¶ 일이 다 잘되었으니 이제 ~해도 좋다 On peut être tranquille maintenant que tout est arrangé. ¶ 환자는 지금 ~할 수 없는 상태입니다 Il est encore trop tôt pour se tranquilliser sur l'état du patient / Le patient n'est pas encore tiré d'affaire. ¶ ~하고 자다 dormir en paix [paisiblement, en toute tranquillité, sur *ses* deux oreilles]. ¶ ~하고 사도 좋은 물건 un produit que l'on peut acheter les yeux fermés [en toute tranquillité]. ¶ 그 나라는 ~하고 여행할 수 있는 곳인가? Peut-on voyager dans ce pays sans inquiétude [en toute sécurité]? ¶ 저 사람은 ~ 할 수가 없다 On ne peut pas être tranquille avec lui. ◇ **_(이) 되다** être tranquillisé(*e*), rassuré(*e*); se rassurer, se tranquilliser. ¶ 그를 보냈더니 영 ~이 안 된다 Je ne suis vraiment pas tranquille depuis que je l'ai envoyé. ◇ **_(을) 시키다** rassurer, tranquilliser. ¶ 부모님을 ~시키다 rassurer les parents. ◇ **_이다** être tranquille, rassuré(*e*), être en paix. ¶ 모든 게 끝났다니 이제 ~이다 Je me sens rassuré(*e*) maintenant qu'on me dit que tout est terminé.

안심[2] 명 entrecôte *f* de bœuf. ¶ 등심보다 ~이 더 비싸다 L'entrecôte coûte plus cher que l'aloyau.

◆ **_스테이크** 명 bifteck *m* (dans l'entrecôte).

안쓰럽다 형 faire (de la) peine à voir, attrister, faire pitié, être pitoyable, misérable. ¶ 매일같이 늦도록 일하는 남편을 보니 ~ J'ai mal au cœur en voyant son mari qui travaille tard presque tous les soirs. ¶ 피곤에 지쳐 자고 있는 그가 안쓰럽게 보인다 Il me fait mal au cœur quand il s'écroule de fatigue.

안약 眼藥 명 collyre *m*. ¶ 눈에 ~을 넣다 instiller un collyre dans l'œil.

안연고 眼軟膏 명 pommade *f* [onguent *m*] pour les yeux.

안온 安穩 명사 paix *f*, calme *m*, quiétude *f*, sérénité *f*. ¶ ~을 기원하다 aspirer au calme, souhaiter la paix.

◆ **_하다** 형 être tranquille, calme, paisible. ¶ 이 방은 분위기가 ~하다 Cette chambre est calme / C'est une chambre calme. ¶ 별 탈 없이 ~하게 지내다 passer le temps dans la quiétude sans problème particulier. ¶ ~한 분위기 une atmosphère paisible.

안위 安危 명 sécurité *f*, sûreté *f*. ¶ 그것은 조국의 ~가 달려 있는 중대한 문제이다 C'est une question cruciale pour [dont dépend] la sécurité de la patrie.

안이 安易 어근 facilité *f*, aise *f*; relâchement *m*, décontraction *f*; tranquillité *f*, paix *f*.

◆ **_하다** 형 ① 쉽게 être facile, aisé(*e*); être décontracté(*e*). ¶ 그렇게 ~하게 생각을 하다니 C'est étonnant de prendre les choses aussi à la légère. ¶ 위기 상황에 ~하게 대처하다 faire face à la situation de crise de façon décontractée. ② 편하게 être tranquille, facile. ¶ 결혼은 그리 ~한 도피처가 아니다 Le mariage n'est pas un refuge facile.

안일 安逸 명 oisiveté *f*. ¶ ~에 빠지다 sombrer dans l'oisiveté.

◆ **_하다** 형 être oisi*f*(*ve*). ¶ 일을 ~하게 처리하다 s'acquitter d'une tâche avec nonchalance. ¶ ~한 태도[생각] une attitude [une pensée] oisive.

◆ **무사_주의** 無事主義 명 je-m'en-foutisme *m* {*pop*}.

안장[1] 安葬 명 enterrement *m*, inhumation *f*. ◇ **_(을) 하다** enterrer, inhumer. ¶ 시신을 국립묘지에 ~하다 inhumer le corps au cimetière national [militaire]. ◇ **_(이) 되다** être enterré(*e*), être inhumé(*e*).

안장[2] 鞍裝 명 selle *f*. ¶ ~을 풀다 ôter la selle. ¶ 말에 ~을 얹다 seller un cheval. ¶ 자전거의 ~을 고치다 réparer la selle d'un vélo [d'une bicyclette].

안전[1] 安全 명 sécurité *f*, sûreté *f*. ¶ ~ 장치 un dispositif de sécurité. ¶ ~ 검사 un contrôle de sécurité. ¶ ~ 대책을 강구하다 délibérer sur les mesures de sécurité. ¶ 근로자들의 ~을 최우선시하다 considérer la sécurité des travailleurs comme la première des priorités.

◆_**하다** 형 être sûr(*e*). ¶ 이곳은 모든 위험으로부터 ~하다 Cet endroit est à l'abri de tout danger. ¶ 목적지까지 ~하게 모시겠습니다 Je vais vous conduire à destination en toute sécurité. ¶ ~한 길[방법]을 선택하다 choisir une voie [méthode] sûre.
◆_**히** 부 en sécurité. ¶ 승객을 목적지까지 ~히 모시다 conduire le client avec soin jusqu'à sa destination.
◆_**거리** -距離 명 distance *f* de sécurité. ¶ ~거리를 확보하다[지키다] maintenir [garder, respecter] une distance de sécurité ((avec le véhicule précédent)). ¶ 앞차와의 ~거리를 60미터로 확보하다 garder [maintenir, respecter] une distance de sécurité de 60m avec le véhicule précédent [qui précède, qui se trouve devant].
◆_**도** -度 명 degré *m* [taux *m*] de sécurité.
◆_**띠[벨트]** 명 ceinture *f* de sécurité. ¶ ~띠를 매다 mettre [accrocher] *sa* ceinture de sécurité. ¶ ~벨트를 풀다 défaire *sa* ceinture de sécurité.
◆_**보장이사회** -保障理事會 명 Conseil *m* de sécurité.
◆_**사고** -事故 명 accident *m* de chantier, accident *m* par manque de vigilance.
◆_**성** -性 명 sécurité *f*, caractère *m* sécurisant.
◆_**장치** -裝置 명 dispositif *m* de sécurité [de sûreté].
◆_**지대** -地帶 명 zone *f* de sécurité; îlot *m* de sécurité.
◆_**판** -板 명 valve *f* de sécurité.
◆_**핀** 명 épingle *f* de sûreté, épingle *f* de [à] nourrice. ¶ ~핀을 끼우다[뽑다] attacher [ôter] une épingle de sûreté.

안전² 眼前 명 sous les yeux, sous le nez (de *qn*); ((형용사)) imminent(*e*). ¶ ~의 이익 un profit à portée de la main. ¶ 새 천 년이 ~에 도래했다 Nous venons de franchir un nouveau millénaire. ¶ 감히 어느 ~이라고 그런 무례한 짓을 하는가! Devant qui croyez-vous vous trouver pour vous conduire de la sorte!

안전감 安全感 명 sentiment *m* de sécurité, sécurité *f*, assurance *f*. ¶ ~을 느끼다 se sentir en sécurité.

안절부절 명부 agitation *f*, nervosité *f*, affolement *m*; de façon nerveuse. ◇_(을) **못하다** s'agiter; être agité(*e*), nerveux(*se*), soucieux(*se*), anxieux(*se*), dévoré(*e*) d'inquiétude; ne pas (pouvoir) tenir en place, s'impatienter, être sur des charbons ardents, être sur le gril {*fam*}, brûler d'impatience. ¶ 너는 왜 그 사람만 보면 ~못하니? Pourquoi est-ce que tu t'agites dès que tu le(la) vois? ¶ 시험을 앞두고 ~못하다 être nerveux(*se*) avant l'examen. ¶ 거짓말이 탄로 날까 봐 ~못했다 J'étais très nerveux(*se*) [fébrile] de peur qu'on découvre le pot aux roses.

안정¹ 安靜 명 tranquillité *f*, calme *m*, repos *m*, paix *f*. ¶ ~을 취하다 prendre du repos. ¶ 이 환자는 절대 ~을 요한다 Ce patient a besoin d'un repos complet. ◇_(을) **하다** être tranquille, calme, détendu(*e*), serein(*e*). ¶ 우선 ~하고 제 말씀 좀 들어 보세요 Dans un premier temps, détendez-vous et écoutez un peu ce que j'ai à dire.
◆_**제** -劑 명 calmant *m*, tranquillisant *m*, sédatif *m*; neuroleptique *m*. anxiolytique *m*. ¶ 신경 ~제를 먹다 prendre un calmant [un tranquillisant].

안정² 安定 명 stabilité *f*, équilibre *m*. ¶ 정치적 ~ stabilité politique. ¶ 생활의 ~을 얻다 parvenir à un niveau de vie stable. ◇_(이) **되다** se stabiliser, s'équilibrer. ¶ 그는 요즘 매우 ~된 생활을 하고 있다 Son niveau de vie s'est beaucoup stabilisé ces derniers temps. ¶ 환율이 좀처럼 ~될 기미를 보이지 않고 있다 Le taux de change ne semble pas (vouloir) montrer de signes de stabilisation. ◇_(을) **시키다** stabiliser, équilibrer. ¶ 물가를 ~시키는 것이 급선무이다 Stabiliser les prix [l'inflation] est une tâche prioritaire.
◆_**적** -的 명관 stabilisa*teur*(*trice*). ¶ ~적인 방법 une méthode stabilisatrice. ¶ ~적으로 de manière stable.
◆_**성** -性 명 stabilité *f*. ¶ 이 받침대는 ~성이 없다 Ce support [socle] n'a aucune stabilité.
◆_**화** -化 명 stabilisation *f*. ¶ ~화시키다 faire en sorte de retrouver la stabilité.
◆_**감** -感 명 impression *f* de stabilité [d'équilibre]. ¶ ~감이 있다[없다] avoir une impression de stabilité [de déséquilibre].
◆_**기** -期 명 période *f* de stabilité. ¶ ~기에 접어들다 entrer dans une période de stabilité.
◆_**도** -度 명 degré *m* de sécurité.
◆_**세** -勢 명 cours *m* [tendance *f*] stable. ¶ 주식 시장이 ~세를 유지하고 있다 Le marché des actions [La bourse] maintient un cours stable.
◆_**장치** -裝置 명 【항공】 stabilisateur *m*.
◆_**책** -策 명 mesure *f* stabilisatrice. ¶ 경제가 불안해지자 정부가 특단의 ~책을 강구 중이다 Comme l'économie montre un signe d'instabilité, le gouvernement est en train d'élaborer une mesure spéciale destinée à la stabiliser.

안주¹ 安住 명 stabilité *f*, satisfaction *f* (de l'existence); établissement *m*, vie *f* tranquille et retirée. ◇_(를) **하다** s'établir; se stabiliser. ¶ 고향에 ~하다 revenir s'établir sur *sa* terre natale. ¶ 요즘 젊은이들은 현실에 너무 쉽게 ~하는 경향이 있다 De nos jours, les jeunes ont tendance à vouloir mener une vie tranquille [ne pas avoir un esprit audacieux].

안주² 按酒 명 amuse-gueule(~-~(*s*)) *m*, amuse-bouche(~-~(*s*)) *m*, biscuits *mpl* (pour l') apéritif. ¶ 술은 안 마시고 ~만 먹다 ne manger que des amuse-gueules sans boire une goutte. ¶ ~로 땅콩과 오징어를 시키다 commander des cacahuètes et du calamar séché comme amuse-gueule. ¶ ~로 무엇을 드시겠습니까? Qu'est-ce que je vous sers (à manger, à grignoter, comme amuse-gueule) avec l'alcool? ¶ ~도 없이 술을 마시다 boire de l'alcool sans amuse-gueule [sans le moindre amuse-gueule].
◆_**발** 명 【속어】 ¶ 그는 ~발만 세운다 Il reste le nez dans les assiettes d'amuse-gueules.

안주머니 [명] poche *f* intérieure. ¶ 돈을 ~에 집어넣다 mettre de l'argent dans une poche intérieure.

안주인 -主人 [명] maîtresse *f* de maison.

안중 眼中 [명] en tête, à l'esprit. ¶ ~에 두지 않다 ne tenir aucun compte de, ne faire aucun cas de, ne pas se mettre martel en tête pour *qc*.
*~**에(도) 없다** se trouver hors de vue, ne faire aucun cas de, négliger *qc*/*qn*, être le cadet de *ses* soucis, se moquer éperdument [totalement, royalement {*fam*}] de *qc*, se contreficher de {*fam*}. ¶ 그 여자는 ~에도 없다 Il ne fait aucun cas d'elle. ¶ 그는 돈 버는 것은 ~에도 없다 Il ne s'inquiète guère de gagner de l'argent. ¶ 그 여자는 사랑 이외의 것은 ~에 없다 Elle n'a rien d'autre en tête que l'amour.

안질 眼疾 [명] affection *f* des yeux. ¶ ~을 앓다 souffrir des yeux. ¶ ~이 나서 안대를 하다 porter un bandeau à cause d'une irritation de l'œil [des yeux].

안집 [명] ① *anjib m* <bâtiment principal (d'une maison coréenne)>, corps *m* de logis ☞ 안채 ② maître(*sse*) du logis, fée *f* du logis. ¶ 나는 열쇠를 ~ 아주머니에게 맡겼다 J'ai confié les clés à la maîtresse du logis.

안짝 [의명] en moins de, à moins de. ¶ 아무리 많아 봐야 10만 원 ~이다 Aussi cher que cela soit, cela ne dépasse pas 100 000 wons. ¶ 10만 원 ~에서 해결해야 한다 Il faut trouver une solution à moins de 100 000 wons.

안짱다리 [명] jambe *f* arquée. ¶ ~로 걷다 marcher avec les jambes arquées. ¶ 그는 태어나면서부터 ~이다 Il a les jambes arquées de naissance.

안쪽 [명] ① intérieur *m*, face *f* intérieure. ¶ ~으로 들어가다 entrer [pénétrer] (à l'intérieur). ¶ 문이 ~으로[에서] 잠겨 있다 La porte est fermée de l'intérieur. ② ((이내)) moins de, pas plus de, au maximum. ¶ 두 집 사이의 거리는 100미터 ~이다 Il y a moins de 100 mètres (de distance) entre les deux maisons.

안차다 [형] être audacieux(*se*), courageux(*se*), intrépide, hardi(*e*), énergique, fort(*e*). ¶ 그 여자는 성격이 매우 ~ Elle a un caractère audacieux.

안착 安着 [명] arrivée *f* [atterrissage *m*] sans encombre [sans incident]. ◇_(을) **하다** arriver [atterrir] sans encombre; s'installer sans problème. ¶ 비행기가 활주로에 ~을 했다 L'avion est arrivé [a atterri] sur la piste sans encombre. ¶ 그는 귀국하여 서울에 ~했다 Il est rentré et s'est installé sans problème à Séoul.

안창 [명] semelle *f* (intérieure). ¶ 구두 ~을 갈다 mettre des semelles dans [à l'intérieur de] *ses* chaussures.
◆_**갈이** [명] ressemelage *m* (de l'intérieur). ¶ ~갈이를 하다 ressemeler (de l'intérieur).

안채 [명] *anchae m* <bâtiment principal [aile *f* principale] d'une maison traditionnelle coréenne ((bâtiment en principe réservé aux femmes))>. ¶ 그 여자는 뜰을 가로질러 ~로 들어갔다 Elle a traversé la cour et s'est rendue dans l'aile principale.

안치 安置 [명] dépôt *m* en lieu sûr; pose *f* ((d'une statue)); inhumation *f* d'un corps; garde *f* à vue. ◇_(를) **하다** enchâsser *qc* dans *qc*; mettre (une statue dans un temple); enterrer, ensevelir, inhumer ((un mort)). ◇_(가) **되다** être enchâssé(*e*) dans *qc*; être posé(*e*) ((une statue)); être enterré(*e*), être enseveli(*e*), être inhumé(*e*) ((un corps)). ¶ 불상이 ~되어 있는 방 la pièce avec une statue de Bouddha.
◆_**소** -所 [명] ① lieu(*x*) de dépôt sûr. ② ((시체)) morgue *f*.

안치다 [타] mettre ((du riz)) à cuire. ¶ 솥에 밥을 ~ mettre le riz à cuire dans une marmite. ¶ 시루에 쌀[떡]을 ~ mettre le riz [le *tteok*] à cuire dans un *siru*.

안타 安打 [명] 【운동】 coup *m* sûr ((qui permet au batteur d'atteindre une base ou un but)). ¶ 적시 ~ un coup sûr opportun. ¶ 깨끗한 ~ un beau coup sûr. ¶ 행운의 ~ un coup chanceux. ¶ 좌중간 ~ un coup sûr entre le champ gauche et le champ centre. ¶ ~를 치다 frapper un coup sûr.

안타까움 [명] peine *f*, tristesse *f*, regret *m*. ¶ 그 남자는 아들의 실패에 ~을 드러냈다 Il est peiné de l'échec de son fils / L'échec de son fils l'a peiné.

안타까이 [부] avec impatience, avec inquiétude, désespérément. ¶ 구호의 손길을 ~ 기다리다 attendre désespérément du secours.

안타깝다 [형] ① 딱하다 être regrettable, pitoyable; être dommage. ¶ 그 광경은 정말 안타까웠다 Ce spectacle était vraiment poignant. ¶ 그 사람의 처지는 참 안타까웠다 Sa situation était vraiment pitoyable. ¶ 안타깝게도 그는 시험에 또 떨어졌다 Malheureusement, il a encore échoué à l'examen. ② 애가 타다 être inqui*et*(*ète*), angoissé(*e*); s'inquiéter pour, se faire du souci [du tracas, des cheveux, du mouron {*fam*}, de la bile {*fam*}] pour, se faire du mauvais sang pour. ¶ (내가) 어려운 상황의 친구를 도와 줄 수 없어서 몹시 ~ Comme je ne pouvais pas aider mon ami dans la situation difficile où il se trouvait, je me suis fait beaucoup de soucis. ¶ 아들 소식을 안타깝게 기다리다 attendre des nouvelles de *son* fils en se faisant du mauvais sang.

안테나 [라] [명] antenne *f*. ¶ 실내 ~ antenne intérieure. ¶ 옥외 ~ antenne extérieure. ¶ 텔레비전에 ~를 달다 mettre une antenne à la télévision. ¶ ~를 뽑다[높이다] sortir [rehausser] l'antenne. ¶ ~를 집어넣다 rentrer l'antenne.

안티 [영]{anti} [명] anti. ¶ ~를 걸다 se prononcer contre.

안팎 [명] ① intérieur *m* et extérieur *m*, dedans *m* et dehors *m*. ¶ ~의 정세 situation intérieure et extérieure. ¶ 집 ~을 청소하다 nettoyer l'intérieur et l'extérieur de la maison. ¶ 사람들이 강당 ~을 가득 메웠다 Les gens remplissaient l'auditorium et débordaient jusque dans les couloirs. ¶ 그는 ~이 다른 위선자다 C'est un hypocrite aux multiples visages. ② 가량 plus ou moins, environ, à peu près, approximativement. ¶ 50세 ~의 남자 un homme d'environ cinquante ans, un homme d'une cinquantaine d'années [qui a dans les cinquante ans].

안팎곱사등이 명 bossu(*e*) dont le dos et la poitrine sont difformes; deux pieds *m* gauches.

안하무인 眼下無人 명 fatuité *f*, arrogance *f* démesurée, mépris *m* pour tout le monde, prétention *f* (d'une personne qui se croit supérieure à tous). ¶ 그는 ~ 격으로 행동한다 Il se conduit comme s'il était au-dessus de [supérieur à] tout le monde / Il a un complexe de supériorité / Il se croit supérieur à tout le monde / Il se croit sorti de la cuisse de Jupiter / Il ne se prend pas pour de la merde {*fam*}. ¶ 그는 ~이다 Il se croit supérieur à tout le monde / La terre n'est pas digne de le porter.

안해 명 épouse *f*, femme *m*. ☞ 아내

앉다 자 ① ((의자 따위에)) s'asseoir ((sur un siège)). ¶ 의자에 ~ s'asseoir sur une chaise. ¶ 소파에 ~ s'asseoir sur un canapé [((일인용)) sur un fauteuil]. ¶ 침대 위에 ~ s'asseoir sur un lit. ¶ (방)바닥에 ~ s'asseoir par terre (dans une pièce). ¶ 식탁에 ~ se mettre à table. ¶ 피아노 앞에 ~ s'asseoir [se mettre] au piano. ¶ 바로 ~ s'asseoir correctement [en se tenant droit]; se dresser sur *son* séant. ¶ 무릎을 꿇고 ~ s'agenouiller. ¶ 털썩 ~ choir, se laisser tomber sur le derrière. ¶ 여기 가만히[얌전히] 앉아 있어라 Reste assis tranquillement [gentiment] ici. ¶ 앉으세요 Veuillez vous asseoir [prendre place, (re)gagner vos places, retourner à vos places] / Asseyez-vous! ¶ 여기 앉아도 될까요? Puis-je m'asseoir ici? ¶ 편안히 앉으세요 Asseyez-vous confortablement. Mettez-vous à votre aise. ¶ 앉아서 이야기하자 Asseyons-nous pour discuter. ¶ 이 식탁은 여섯 명밖에 앉지 못한다 On ne peut s'asseoir qu'à six à cette table. ② ((먼지, 새 따위가)) se poser, s'installer, recouvrir, se percher. ¶ 집을 오래 비웠더니 가구에 먼지가 많이 앉았다 La maison étant restée longtemps inoccupée, les meubles sont couverts de poussière. ¶ 새들이 전깃줄[전깃줄 위]에 앉아 있다 Les oiseaux sont perchés sur les fils électriques. ¶ 나비가 꽃에 앉았다. Le papillon s'est posé sur une fleur. ¶ 그도 어느덧 머리에 서리가 앉았다 Lui aussi, ses cheveux ont blanchi d'un coup. ¶ 옛 학교 자리에 공장이 앉았다 Une usine a été construite sur l'emplacement de la vieille école. ③ ((지위에)) occuper, prendre ((un poste)). ¶ 높은 자리에 ~ occuper un poste élevé. ¶ 그는 부서를 옮긴 뒤 더 좋은 자리에 앉게 되었다 Il occupe un meilleur poste depuis qu'il a été muté. ④ ((딱지 따위가)) cicatriser, former une croûte, se refermer. ¶ 딱지가 앉은 걸 보니 상처가 아물었나 보다 À en juger par la croûte qui s'est formée, la blessure semble s'être refermée.
***돈방석에** ~ coucher [dormir] sur un matelas de billets [sur un matelas cousu d'or], rouler sur l'or. ¶ 그는 땅장사로 돈방석에 앉았다 Il est couché [il dort] sur un matelas de billets [il dort sur un matelas cousu d'or, il est (tout) cousu d'or, il roule sur l'or, il est riche comme Crésus, il a amassé une somme considérable, il est plein aux as {*fam*}] depuis qu'il vend des terrains.
***앉으나 서나** jour et nuit ¶ 그 여자는 앉으나 서나 당신 생각뿐이다 Elle ne pense qu'à vous jour et nuit.
***(그는) 앉은 자리에 풀도 안 날 사람이다** Rien ne repousse derrière lui / Il détruit tout ce qu'il fait / C'est quelqu'un de terriblement dévastateur.
◆앉아서 부 ((rester)) les bras croisés, sans rien faire, sans agir, sans se fatiguer. ¶ 앉아서 당할 수만은 없다 On ne peut tout de même pas se laisser faire et garder [rester] les bras croisés. ¶ 환율 급등으로 그는 앉아서 돈벼락을 맞았다 Il est subitement devenu riche [Il est devenu riche tout d'un coup] sans rien faire [sans travailler, en gardant les bras croisés] grâce à la hausse subite des taux de change.
◆앉은걸음 명 marche *f* sur les genoux [à genoux]. ¶ 앉은걸음(을) 하다[으로 걷다] marcher sur *ses* genoux [à genoux].

앉은뱅이 명 cul-de-jatte(~*s*-~-~) *mf*.
◆_저울 명 (balance *f* à) bascule *f*.

앉은자리 명 sur-le-champ; immédiatement, sur place, séance tenante. ¶ ~에서 즉각 거절하다[승낙하다, 계약을 맺다] refuser [consentir, signer un contrat] sur-le-champ. ¶ ~에서 연설하다 faire un discours improvisé. ¶ ~에서 맥주 다섯 병을 마시다 boire cinq bouteilles de bière d'affilée [de suite].

앉은키 명 taille *f* (d'une personne) assise. ¶ 그는 ~가 크다 Il est long du buste.

앉히다 타 ① asseoir, faire s'asseoir *qn*; placer *qn*; ((누워 있는 사람을)) mettre *qn* sur *son* séant. ¶ 어린애를 높은 의자에 ~ asseoir [installer] un enfant sur une chaise haute. ¶ 학생들을 자리에 ~ faire asseoir les élèves à leurs places. ② 임명하다 nommer, désigner (à un poste). ¶ 그는 측근들을 고위직에 앉혔다 Il a nommé ses proches à des postes élevés. ¶ 누구를 왕위에 ~ placer *qn* sur le trône. ③ 위치시키다 placer *qc*. ¶ 수리공은 비데를 변기 옆에 앉혔다 Le plombier a placé le bidet à côté de la cuvette des toilettes.

않다 조동 ((verbe auxiliaire de négation. Il s'emploie avec -지, suffixe flexionnel conjonctif, qui s'ajoute au radical du verbe principal, comme les autres verbes auxiliaires de négation, sous forme de -지 않다 *ne pas + inf* ; -지 아니하다 *ne pas + inf*; -지 못하다 *ne (pas) pouvoir + inf*; -지 말다 *ne pas + impératif*.)) ne pas+V. ¶ 나는 밤새도록 자지 않았다 Je n'ai pas dormi [Je n'ai pas fermé l'œil] de la nuit / J'ai passé une nuit blanche. ¶ 이 아이는 (거의) 아무것도 먹지 않았다 Cet enfant n'a (presque) rien mangé. ¶지금은 바람이 불지 않아요 Maintenant, le vent ne souffle pas. ¶ 내 눈으로 직접 보지 않았다면 나는 그것을 믿지 못할 것이다

ㅇ

Je ne pourrais pas le croire si je ne l'avais vu de mes propres yeux. ¶ 그는 그 일에 대해 더 이상 말하지 않으려고 한다 Il ne veut plus en parler. ¶ 그 친구가 중도에 포기하지 않게[않도록] 격려해라 Encourage-le pour qu'il n'abandonne pas en milieu de parcours! ¶ 나는 이상하게도 그 말에 화가 나지 않았다 Étrangement, ces mots ne m'ont pas mis en colère. ¶ 너 거기 가지 않기를 잘했다 Tu as bien fait de ne pas y aller / Heureusement que tu n'y es pas allé(*e*) / Tu n'as rien manqué. ¶ 뭐, 만나지 않기는, 자기가 먼저 전화 걸어 만나자 하고서 Quoi? Que signifie ce refus de me voir après m'avoir téléphoné pour qu'on se rencontre?

[조형] ne pas être+Adj. ¶사과는 배보다 비싸지 않습니다. La pomme n'est pas chère par rapport à la pêche. ¶한국어는 어렵지 않습니까? Le coréen n'est-il pas difficile? ¶ 나는 그 사람에게 말하고 싶지 않다 Je ne veux pas lui parler. ¶ 그렇게 멀지는 않다 Ce n'est pas si loin. ¶ 그것은 절대로 옳지 않다 Ce n'est absolument pas correct. ¶ 그건 전혀 그렇지가 않다 Il n'en est rien. ¶ 사실은 그렇지 않을지도 모른다 En fait, cela ne sera peut-être pas le cas. ¶ 그 식당은 겉보기에는 신통치 않지만 음식은 좋다 Ce restaurant ne paie pas de mine, mais on y mange bien. ¶ 그는 착하지도 공정하지도 않다 Il n'est ni bon ni juste. ¶ 나는 그래도 그 말이 싫지가 않았다 Malgré tout, ce qu'il(elle) a dit ne m'a pas déplu [ne me déplaisait pas].

알[1] 명 ① **(**조류, 어류 등**)** œuf *m*. ¶ 새가 ~을 낳다[품다] Les oiseaux pondent [couvent] (des œufs). ¶ 새끼가 ~을 까고 나온다 Les petits sortent en brisant leur coquille. ② ((열매, 곡식)) grain *m*, graine *f*, pépin *m*. ¶ 이 포도는 ~이 작다[굵다] Les grains de cette grappe de raisins sont petits [gros].

*(**다리에**) ~**이 배다** avoir des courbatures (dans les jambes).

***꿩 먹고** ~ **먹고** faire d'une pierre deux coups, faire coup double, avoir le beurre et l'argent du beurre; la cerise sur le gâteau.

◆_**사탕** -砂糖 명 bonbon *m*.

◆_**약** -藥 명 comprimé *m*, pilule *f*, gélule *f*. [분류] ((약)) comprimé *m*; pilule *f*. ((연질 캡슐)) gélule *f* ((unité qui sert à compter des objets ronds)). ¶ 일회에 두 ~[정]씩 드십시오 Prenez deux comprimés [deux gélules] à chaque fois. ¶ 사탕 두 ~ deux bonbons. ¶ 구슬 세 ~ trois perles. ¶ 밤[대추] 몇 ~ quelques marrons [jujubes].

알-[2] [접두] ((préfixe nominal)) ① dénudé(*e*), nu(*e*). ¶ ~몸 ☞ 알몸 ② vrai(*e*) ¶ ~거지 ☞ 알거지

알갱이 명 granule *m*, petit grain *m*. ¶ 물 위에 작은 ~들이 떠 있다 Des petits grains flottent à la surface de l'eau.

알거지 명 (vrai(*e*)) clochard(*e*), S.D.F. *m*, clodo *m* {*fam*}, sans-le-sou *m inv*; indigent(*e*), nécessiteux(*se*), va-nu-pieds *mf inv*. ¶ 그는 지금 ~ 신세다 Maintenant, c'est un vrai clochard. ¶ 도박으로 재산을 탕진하고 ~가 되다 se retrouver dans la rue (sans le sou) après avoir gaspillé *sa* fortune au jeu.

알겨먹다 타 extorquer, escroquer, soutirer *qc* à *qn* de faible. ¶ 어린아이의 돈을 ~ soutirer de l'argent à un enfant.

알곡 -穀 명 grain *m*, graine *f*. ¶ 껍질을 벗긴 ~이 창고에 그득하다 Les céréales égrenées remplissent le dépôt.

알다 타 ① savoir, connaître. ¶ 세상을 ~ savoir ce qu'est le monde, connaître la vie, avoir vécu. ¶ 어떤 소식을 풍문[라디오, 친구]을 통해 ~ apprendre une nouvelle par la rumeur publique [par la radio, par un(*e*) ami(*e*), de la bouche d'un(*e*) ami(*e*)]. ¶ 알고 싶어하다 vouloir savoir. ¶ 나는 그 사람에 대해 많은 것을 안다 Je sais beaucoup de choses sur lui(elle). ¶ 나는 그 사람을[그 사람이 어떤 사람인지] 잘 안다 Je le(la) connais bien / Je sais bien quel genre de personne il(elle) est / Je sais bien à qui j'ai affaire avec lui(elle). ¶ 나와 아내는 서로를 너무 잘[훤히] 안다 Ma femme et moi, nous nous connaissons très bien [à fond]. ¶ 이 외국인은 세종대왕을 안다 Cet étranger connaît le roi Sejong. ¶ 그 당시 사람들도 벌써 전기를 알았다 Les gens de cette époque connaissaient déjà l'électricité. ¶ 나는 그 지방이라면 잘 안다 Si c'est de cette région qu'il s'agit, je la connais bien / Je connais bien cette région. ¶ 나는 대전은 잘 알지 못한다 Je ne connais pas très bien (la ville de) Daejeon. ¶ 이 근처에 내가 잘 아는 식당이 있다 Il y a un restaurant que je connais bien près d'ici. ¶ 나는 그 일에 대해서는 아무것도 알지 못한다 Je n'y connais rien. ¶ 너 자신을 알라 Apprends à te connaître toi-même. ¶ 그는 그 사실을 알고 있습니까? Est-ce qu'il est au courant? / Est-il au courant? ¶ 남들이 알지 못하는 것을 알게 되다 finir par apprendre ce que les autres ignorent. ¶ 그의 태도를 보면 그가 뭘 생각하는지 알 수 있다 On voit bien ce qu'il pense de son attitude. ¶ 나는 그 상황에서 무엇을 해야 할지 잘 알지 못했다 Je n'ai pas su que faire en pareille circonstance. ¶ 그가 언제 떠나는지[어디로 가는지] 나도 알지 못한다 Je ne sais pas du tout quand il part [où il va]. ¶ 나는 그 사람이 정직한지 어떤지 알지 못한다 Je ne sais pas s'il est honnête ou pas. ¶ 나는 그 친구가 어제 도착했다는 것을 알고 있다 Je sais qu'il est arrivé hier. ¶ 이 아이는 엄마가 죽었다고[죽은 것으로] 알고 있다 Cet enfant croit que sa mère est morte. ¶ 텍스트를 외어서 알고 있다 connaître un texte par cœur. ¶ 나는 이 기계의 사용법을 안다 Je sais me servir de cet appareil / Je sais comment utiliser cet appareil. ¶ 그는 컴퓨터를 잘 안다 Il est fort en informatique / Il s'y connaît en ordinateur [en informatique]. ¶ 그는 멋을 안다 Il s'y connaît en matière d'élégance. ¶ 그 사건의 진상은 알 만한 사람은 다 안다 Tous ceux qui sont concernés, connaissent bien la vérité sur cette affaire. ② 능력

이 있다 savoir+*inf*, pouvoir+*inf*, être capable de+*inf*; connaître+N ¶ 그는 불어를[불어를 할 줄] 안다 Il sait parler français. ¶ 이 아이는 자기 방을 스스로 치울 줄 안다 Cet enfant peut [est capable de] ranger sa chambre tout seul. ¶ 너 술 마실 줄 알지? Toi, tu supportes bien l'alcool, non? / Toi, tu tiens bien le coup quand tu bois de l'alcool, non? / Toi, tu peux boire beaucoup d'alcool (sans être malade), non? ¶ 김치를 먹을 줄 아세요? Pouvez-vous manger du *gimchi*? ¶ 너도 재주를 부릴 줄 아는구나 Eh bien, dis-moi, tu es plein de talents! ③ 이해하다 comprendre, entendre, saisir, sentir. ¶ 아시겠어요? Vous (m') avez compris? / Vous comprenez? ¶ (잘) 알겠다[알았어, 알겠습니다] J'ai (bien) compris [c'est entendu]. ¶ 사정을 잘 알기 때문에 en connaissance de cause. ¶ 그 사람 마음을 내가 어떻게 알겠니? Comment pourrais-je savoir ce qu'il pense [ce qu'il a dans la tête]? ¶ 나는 어머니의 표정으로 아버지에게 무슨 일이 생겼음을 알았다 J'ai su ce qu'il était arrivé à mon père à la mine de ma mère. ④ 바르게 의식하다, 식별하다 reconnaître, discerner, distinguer. ¶ 나는 그녀를 뒷모습만 보아도 안다 Je la reconnais, même de dos. ¶ 가스는 냄새로 알 수 있다 Le gaz se reconnaît à son odeur. ¶ 자기 주제를 알아야지 Il faut savoir rester à sa place! ¶ 창피한 줄 알아야지 Tu devrais avoir honte! ¶ 네가 알아서 처리해라 C'est à toi de te débrouiller. ¶ 그도 이젠 여자를 알 만한 나이가 되었다 Lui aussi est en âge de connaître les femmes maintenant. ¶ 알 만한 사람이 그러면 쓰나 Tu n'as pas l'air bête, alors pourquoi te comportes-tu ainsi? ⑤ 안면이 있다 connaître *qn*, rencontrer *qn*; fréquenter *qn*. ¶ 나는 그 친구를 통해[그 일로] 민서를 알게 되었다 J'ai connu Minseo par son intermédiaire [à cette occasion]. ¶ 나는 내 남편을 파티에서 처음 알게 되었다 J'ai rencontré mon mari pour la première fois au cours d'une réception. ¶ 그 친구는 내가 좀 알지 Je connais un peu le personnage. ¶ 파리에 있을 때 그와 알고 지냈다 Nous nous fréquentions lorsque j'habitais à Paris. ¶ 이 분야에 아는 친구가 있니? As-tu des amis dans ce domaine? ¶ 그 친구와 나는 서로 안다 Lui et moi, nous nous connaissons. ⑥ 여기다 prendre pour, considérer comme; croire, estimer. ¶ 그는 나를 바보로 안다 Il me prend pour un(*e*) idiot(*e*) [pour un(*e*) con(*ne*) {*fam*}]. ¶ 너는 나를 뭐로 알고 그런 말을 하니? Pour qui me prends-tu pour me parler comme cela? ¶ 그는 성실과 근면을 제일로 안다 Pour lui, tout ce qui compte c'est l'honnêteté et l'assiduité. ¶ 네가 농담하는 줄 알았지 J'ai cru que tu plaisantais. ¶ 나는 저 사람이 선생님인 줄 (잘못) 알았다 J'ai cru (à tort) que c'était le professeur. ¶ 나는 꼭 익사하는 줄로만 알았다 J'ai bien cru que j'allais me noyer. ¶ 이거라도 주는 걸 고맙게 알아라 Estime-toi heureux de ce que je te donne, ne serait-ce que cela. ⑦ 소중히 여기다 apprécier, ne connaître que, ne penser qu'à *qc/qn*, ne vivre que pour *qc/qn*. ¶ 그 여자의 남편은 돈만 안다 Son mari ne pense qu'à l'argent / Son mari ne vit que pour l'argent. ¶ 그는 자기만 안다 Il ne pense qu'à lui / Il est égoïste. ⑧ 상관하다 être concerné(*e*), regarder *qn*. ¶ 내가 알 바 아니다. 내가 알 게 뭐야 Je n'ai pas à le savoir [Cela ne me regarde pas / Ce ne sont pas mes affaires / Je ne suis pas concerné(*e*)]. Qu'est-ce que j'en sais? ¶ 너는 알 것 없어 Tu n'as pas besoin de le savoir / Tu n'as pas à le savoir / Cela ne te regarde pas / Ce ne sont pas tes affaires [tes oignons {*fam*}] / Mêle-toi de ce qui te regarde [de tes affaires]. ⑨ ((Radical verbal+-ㄹ 지/을 줄 알다)) savoir+*inf* ¶저는 불어를 할 줄 알아요. Je sais parler français. ¶제 여동생은 피아노를 칠 줄 압니다 Ma sœur cadette sait jouer au piano. ¶당신은 자동차 운전을 할 줄 압니까? Savez-vous conduire la voiture? ⑩ ((Radical verbal+-ㄹ 지/을지 알다)) savoir le fait que ¶나는 그이가 언제 올지 알아요. Je sais quand il revient.

***아는 길도 물어 가라** Ne te laisse pas dissiper par la facilité.

***알게 모르게** sans vraiment le savoir.

***알다가도 모를 일** ne plus s'y retrouver.

***알아서 모시다** faire bien attention à *qn*; agir avant même que l'on ait demandé de le faire. ¶ 앞으로는 알아 모시도록 하지 Désormais [D'ores et déjà, À partir de maintenant, Dès maintenant, À l'avenir], je te respecterai.

***알아서 하다** se débrouiller (tout(*e*) seul(*e*)), se charger de *qc* (sans qu'on ait besoin de nous expliquer quoi que ce soit). ¶ 그건 네가 알아서 해. Débrouille-toi tout(*e*) seul(*e*)!

알데히드 명{aldehyde} 명 aldéhyde *m*.

◆아세트_ 명{acetaldehyde} 명 aldéhyde *m* acétique.

알딸딸하다 형 être gris(*e*), gai(*e*), un peu ivre, à moitié ivre [soûl(*e*)], pompette {*fam*}, éméché(*e*) {*fam*}, se sentir partir, être étourdi(*e*), avoir la tête qui tourne, être entre deux vins, avoir le vin gai. ¶ 술을 몇 잔 마셨더니 좀 ~ J'ai pris quelques verres et voilà que je me sens un peu partir [et je suis déjà un peu pompette].

알뜰 어근 économe, frug*al*(*ale*, *aux*), sobre. ¶ ~주부 une femme au foyer[ménagère] économe.

◆_하다 형 ① être frugal(*e*), économe, parcimonieu*x*(*se*), regardant(*e*); regarder à la dépense. ¶ 그 여자는 살림살이가 매우 ~하다 C'est une ménagère très économe. ¶ ~하게 살아가다 mener une vie frugale. ② 아끼다 être attenti*f*(*ve*), solidaire. ¶ 이 부부는 서로에게 매우 ~하다 Ce couple est très attentif l'un envers l'autre.

◆_살뜰 부 avec frugalité, de façon économe [frugale]. ¶ ~살뜰 살아가다 vivre avec frugalité. ¶ ~살뜰하다 être économe, frug*al*(*ale*, *aux*).

◆_히 부 ① avec frugalité, de façon économe [frugale]; méticuleusement, soigneusement, minutieusement. ¶ 밥을 마지막 한 톨까지 ~히 긁어 먹다 manger du riz méticuleusement jusqu'au dernier grain (en grattant le fond de *son* bol). ② 정성스럽게 avec beaucoup de soin, en mettant beaucoup de cœur. ¶ 그 여자는 남편을 ~히 위한다 Elle s'occupe de son mari avec beaucoup de soin / Elle est aux petits soins pour son mari.

알랑거리다 자 faire des ronds de jambe à *qn*, chercher à gagner la faveur de *qn*, chercher à amadouer *qn*, flatter bassement [servilement] *qn* ((pour obtenir *qc*)), flagorner *qn*, aduler *qn*, encenser *qn*, faire des platitudes à *qn*, lécher [cirer] les bottes de *qn* {*fam*}, faire de la lèche, passer de la pommade à *qn*, caresser *qn* dans le sens du poil, faire des courbettes à [devant] *qn*, s'aplatir comme une carpette devant *qn*, se mettre à plat ventre devant *qn*, être à la botte de *qn*, être aux pieds de *qn* [à *ses* pieds], ramper ((devant des supérieurs)). ¶ 상사에게 잘 보이려고 ~ faire de ronds jambes à *ses* supérieurs pour être bien vu(*e*); ramper [se mettre à plat ventre] devant *ses* supérieurs pour être bien vu(*e*). ¶ 그는 상관 비위를 맞추려고 알랑거린다 Il tourne autour de [Il rampe devant, Il se met à plat ventre devant, Il s'aplatit comme une carpette devant] son supérieur pour lui plaire. ¶ 내 눈앞에서 알랑거리지 말고 멀리 사라져라 Cesse de faire des ronds de jambe devant moi et fiche-moi le camp loin d'ici!

알랑대다 자 ☞ 알랑거리다

알랑방귀 명 flatterie *f*, flagornerie *f*, courbettes *fpl*. ***누구에게 ~를 뀌다** faire des ronds de jambe à *qn*, être à la botte de *qn*, être aux pieds de *qn* [à *ses* pieds], cirer [lécher] les bottes de *qn*, faire de la lèche, faire des platitudes à *qn*, passer de la pommade à *qn*, caresser *qn* dans le sens du poil, faire des courbettes à [devant] *qn*, s'aplatir comme une carpette devant *qn*, se mettre à plat ventre devant *qn*, ramper ((devant des supérieurs)).

알량하다 형 être sans intérêt; être vulgaire. ¶ 그 알량한 자존심이 어디 가겠어? Encore ce maudit orgueil de quatre sous!

알레그로 이 명 *allegro m*.

알레르기 독 명 allergie *f*. ¶ ~ 반응 une réaction allergique. ¶ 너는 그 이야기만 나오면 ~를 일으키는구나 Tu nous fais une maladie dès qu'on en parle. ¶ 그는 복숭아 ~가 있다 Il est allergique à la pêche. ¶ 나는 꽃가루 ~가 있다 Je suis allergique au pollen / J'ai le rhume des foins.

◆_성 -性 명 allergène *m*, allergisant *m*, caractère *m* allergique. ¶ ~성 비염[식중독, 피부염, 질환, 체질] une sinusite [une intoxication alimentaire, une dermatose, une affection, une constitution] de nature allergique.

알려지다 자 ① venir [être porté(*e*)] à la connaissance de *qn*, se faire connaître. ¶ 그 비밀은 결국 알려지고 말겠지 Ce secret finira par être connu. ¶ 그건 모두에게 이미 알려진[아직 알려지지 않은] 사실이다 C'est un fait connu [encore inconnu] de tous. ② 유명해지다 être [devenir] célèbre. ¶ 그는 이 분야의 전문가로 알려져 있다 Il est connu comme spécialiste dans le domaine. ¶ 노벨상 수상으로 그의 이름은 전 세계에 알려졌다 Le prix Nobel a permis qu'il soit connu dans le monde entier.

알력 軋轢 명 friction *f*, conflit *m*, désaccord *m*; discorde *f*, mésentente *f*; querelle *f*. ¶ 누구와 누구 사이에 ~이 심하다 Le désaccord entre *qn* et *qn* est très sérieux [fort, grave, profond] / Il y a un sérieux désaccord entre *qn* et *qn*. ¶ ~이 있다[생기다] il y a un désaccord [un conflit] entre A et B [un conflit s'élève [éclate] entre A et B, il se produit des conflits [des tensions] entre A et B], y avoir un conflit [un conflit naît] entre A et B; la discorde règne ((entre les deux partis)); A se trouve en désaccord avec B [A entre en conflit avec B].

알로에 라 명 【식물】 aloès *m*.

알록달록 부 ((mimétisme)) de plusieurs couleurs, multicolore, polychromie; bariolage, bigarrure, panache. ¶ 피부에 ~ 반점이 생기다 avoir des tâches bariolées sur la peau.

◆_하다 형 de plusieurs couleurs, multicolore, polychrome; bariolé(*e*); diapré(*e*); panaché(*e*). ¶ ~한 옷을 입다 être habillé(*e*) [s'habiller] multicolore; porter un vêtement multicolore.

알루미늄 네 명 aluminium *m*.

◆_ 섀시 명 châssis *m* en aluminium.

알리다 타 ① 알게 하다 faire savoir [connaître] *qc* à *qn*; apprendre [annoncer] *qc* à *qn*; informer *qn* de *qc*; faire part de *qc* à *qn*; mettre *qn* au courant de *qc*; prévenir [aviser, avertir] *qn* de *qc*; faire [lancer] une campagne de *qc*. ¶ 결혼을 ~ annoncer *son* mariage, faire part de *son* mariage. ¶ 그 사람은 전보로 내게 도착을 알려 주었다 Il m'a informé(*e*) par télégramme de *son* arrivée. ¶ 경찰에 ~ prévenir la police; signaler *qn* à la police. ¶ 회사는 신제품을 널리 알리기 위해 많은 돈을 들였다 La société [La compagnie] a dépensé beaucoup d'argent pour faire connaître partout [pour la campagne publicitaire de] son nouveau produit. ¶ 제가 1월 11일 파리에 도착한다는 것을 알려 드립니다 Je vous avertis [apprends, annonce] que je serai à Paris le 11 janvier. ¶ 나는 그 사람이 왜 우리 제안을 거부하는지를 그 여자에게 알렸다 Je lui ai appris pourquoi il refusait notre proposition. ¶ 아무에게도 알리지 않고 떠나다 partir sans prévenir personne. ¶ 나는 그 사람에게 그것을 알렸다 Je l'en ai averti(*e*). ¶ 좋은 소식 있으면 내게 알려 다오 Fais-moi savoir [Préviens-moi] s'il y a de bonnes nouvelles / Mets-moi au courant des bonnes nouvelles. ¶ 그 사람은 무사히 도착했다고 알려 왔다 Il m'a annoncé [fait savoir, informé(*e*)] qu'il était arrivé sans accident [sans incident, sans problème]. ② indiquer, montrer, désigner, signaler. ¶ 사이렌이 정오를 알렸다 La sirène a sonné midi. ¶ 입구를 알리는 표시가 안 보인다 On ne peut pas voir le signal d'entrée / Le signal d'entrée ne se voit pas.

알리바이 라 명 alibi *m*. ¶ ~를 입증하다 confirmer un alibi. ¶ ~가 있다 avoir un alibi.

알림판 -板 명 panneau(*x*) *m* d'affichage, tableau(*x*) *m* d'annonces, panneau-réclame(*~x~s*) *m*; ⟪인터넷 게시판⟫ tableau(*x*) *m* [panneau(*x*) *m*] d'affichage électronique; service *m* des petites annonces. ¶ ~을 만들다[설치하다] fabriquer [installer] un panneau d'affichage [un tableau d'annonces]. ¶ PC 통신에 ~을 개설하다 installer [créer] un forum informatique [un panneau d'affichage électronique].

알맞다 형 être adéquat(*e*), approprié(*e*), juste; convenir. ¶ 너는 그 일을 맡기에 ~ Tu as les qualités appropriées [idéales] pour faire ce travail / Tu es idéal(*e*) pour assumer ce travail / Tu es l'homme qu'il faut [l'homme idéal] pour ce travail / Tu es fait(*e*) pour ce travail / Tu es l'homme de la situation. ¶ 비가 알맞게 내린다 Il pleut juste ce qu'il faut. ¶ 간을 알맞게 하다 saler *qc* à point [comme il faut]; ajouter du sel [de la sauce de soja] à la convenance de *qn* [convenablement à *son* goût]. ¶ 목욕하기에 알맞은 온도 une bonne température pour le bain, une température idéale pour le bain. ¶ 그것은 이 경우에 꼭 알맞은 표현이다 C'est une juste expression de la situation / C'est l'expression exacte pour cela.

알맹이 명 ① noyau(*x*) *m*, amande *f*, cœur *m*, chair *f*. ¶ 껍질을 까서 ~를 먹다 prendre la chair après avoir écorcé ⟪des fruits ou des légumes⟫. ② contenu *m*, fond *m*; message *m*. ¶ ~ 없는 이야기 une histoire sans contenu [sans message, qui n'apporte rien de profond, qui n'aborde pas de sujet essentiel, creuse, vide de sens]. ¶ ~ 없는 논문 un article [⟪박사 논문⟫ une thèse] qui n'apporte rien [sans contenu, peu consistant, peu intéressant, sans intérêt]. ¶ 이번 행사는 겉보기만 거창했지 ~가 없었다 Cet événement était purement médiatique / Cet événement a tout misé sur le spectacle, mais il n'y avait pas de véritable message / Ce n'était que de l'esbroufe {*fam*}.

알몸 명 ① nu *m*; corps *m* nu, dans le [*son*] plus simple appareil, nudité *f*. ¶ 여배우의 ~ 연기 interprétation d'une actrice qui joue (toute) nue, interprétation d'une actrice dans son plus simple appareil. ¶ ~을 드러내다 se mettre à [se montrer (à)] nu. ¶ ~으로 돌아다니다 se promener nu [à poil]. ② ⟪비유⟫ personne sans ressources *fpl*, pauvre *mf*; ⟪알몸으로⟫ sans le sou, sans aucune ressource, sans aucune aide, sans aucun capital, en partant de rien. ¶ 그 사람은 ~으로 시작하여 거부가 되었다 Parti de rien, cela ne l'a pas empêché de devenir très riche [d'amasser une grosse fortune] / Parti de rien, il a amassé une grosse fortune. ☞ 맨몸, 맨손

알몸뚱이 명 ① ⟪나신⟫ corps *m* nu, nu *m*. ② ⟪비유⟫ sans aucune ressource, sans aucune aide. ¶ 나도 어려울 때는 ~ 하나로 버텼다 Il me fallait aussi résister à [surmonter] la pire situation tout seul sans aucune ressource / J'ai vécu, seul(*e*) et sans aucune aide, des situations difficiles.

알미늄 네 명 aluminium *m*. ☞ 알루미늄

알밤 명 ① châtaigne *f*, marron *m*. ¶ ~을 굽다 griller des châtaignes. ② 머리를 때리는 것 petit coup *f* (avec les phalanges) (sur la tête de *qn*). ¶ 누구에게 ~을 주다[먹이다] donner un petit coup (avec les phalanges) sur la tête de *qn*. ☞ 꿀밤

알부자 -富者 명 riche *mf* en substance; grande fortune *f*. ¶ 저 사람은 현찰이 많은 ~다 Il a une grande fortune.

알사탕 -砂糖 명 bonbon *m*.

알선 斡旋 명 entremise *f*; (bons) offices *mpl*. ¶ ~수뢰 혐의로 구속되다 être inculpé(*e*) pour corruption [pour acceptation de pots-de-vin, pour avoir accepté [touché] des pots-de-vin], être arrêté(*e*) sous l'inculpation de corruption (et de pot-de-vin). ¶ 무엇의 ~을 부탁하다 recourir aux bons offices de *qn* pour *qc*, demander à *qn* de servir d'intermédiaire dans *qc*. ¶ 누구의 ~으로 par l'entremise de *qn*; grâce aux bons offices de *qn*; par l'intermédiaire de *qn*. ◇_(을) **하다** offrir [prêter] *ses* bons offices à *qn*, offrir *son* aide à *qn*, aider *qn*. ¶ 취직을 ~해 주다 procurer un emploi [du travail] à *qn*.

◆_**책** -責 명 intermédiaire *mf*, média*teur*(*trice*); entremetteu*r*(*se*).

알싸하다 형 être piquant(*e*), épicé(*e*), fort(*e*), relevé(*e*). ¶ 이 소스는 맛이 ~ Cette sauce est piquante [épicée, forte, relevée].

알쏭달쏭하다 형 être vague, ambigu(*ë*), incertain(*e*), indécis(*e*), confus(*e*). ¶ 그쪽의 설명은 너무 ~ Vos explications sont trop vagues [trop peu précises]. ¶ 문제가 알쏭달쏭해서 답하기가 어렵다 Cette question est tellement vague qu'on ne peut y répondre / Il est difficile de répondre à cette question si confuse. ¶ 그 사람의 말은 찬성인지 반대인지 알쏭달쏭했다 Il était tellement confus que l'on ne pouvait pas comprendre s'il était pour ou contre / Ses propos étaient tellement confus qu'on ne pouvait pas savoir s'il était d'accord ou pas.

알아내다 타 trouver, découvrir; discerner. ¶ 문제의 해답을 ~ trouver la solution d'un problème. ¶ 범인[비밀]을 ~ découvrir le criminel [un secret, la vérité]; réaliser qui est le criminel. ¶ ...하는 비결을 ~ trouver le secret pour+*inf*. ¶ 그 사람이 어떤 사람인지 꼭 알아내고야 말겠다 Je finirai bien par découvrir qui il est réellement / Je finirai bien par le démasquer.

ㅇ

알아듣다 타 ① 깨닫다 comprendre, saisir, se rendre compte de *qc*; s'apercevoir de *qc*. ¶ (당신은) 내 의도를 잘못 알아들었습니다 Vous vous êtes trompé(*e*) [mépris(*e*)] sur [Vous n'avez pas bien compris] mes intentions. ¶ 내가 무슨 말을 하는지 아직 못 알아듣겠니? Tu ne comprends donc toujours pas ce que je (te) dis? ¶ 그 사람은 내가 무엇을 원하는지를 알아들은 것 같았다 Il m'a semblé avoir compris ce que je voulais / Il avait l'air de comprendre ce que je voulais. ¶ 나는 약속을 열 시로 알아들었다 Je croyais qu'on devait se voir à 10 heures / J'avais compris que notre rendez-vous était à 10 heures. ¶ 그 사람은 내 말을 자기의 제안에 대한 거부로 알아들었다 Il a considéré ma réponse comme un refus à sa proposition. ¶ 잘 알아듣도록 아이를 타일러라 Explique la situation aux enfants pour qu'ils la comprennent bien. ¶ 알아듣게 설명하다 expliquer clairement [bien, de manière facile à comprendre]. ② 소리를 분간하다 reconnaître ((la voix de *qn*)). ¶ 아이는 아빠 목소리를 알아듣고 얼른 문을 열었다 Reconnaissant la voix de son papa, l'enfant a tout de suite ouvert la porte. ¶ 그 사람의 말은 우물거려서 도대체 알아들을 수가 없다 Il marmonne de telle façon qu'il est incompréhensible [qu'on n'arrive pas à le comprendre] / Comme il parle dans sa barbe [Comme il ne parle pas distinctement], on ne comprend rien à ce qu'il dit [ses propos sont incompréhensibles [inintelligibles]].

알아맞히다 타 deviner [tomber] juste; donner [trouver] une bonne réponse; reconnaître; identifier. ¶ 미래를 ~ deviner l'avenir. ¶ 그 사람은 목소리만으로도 내가 누군지 단번에 알아맞혔다 Il m'a reconnu(*e*) [identifié(*e*)] tout de suite uniquement par ma voix. ¶ 그 사람은 그 여자가 어디에 사는지를 알아맞혔다 Il a deviné l'endroit où elle habitait. ¶ 어디 한번 알아맞혀 보세요 Devinez! / Je vous le donne en mille {*fam*}!

알아먹다 타 comprendre, capter {*fam*}; reconnaître; déchiffrer, décoder. ¶ 그 남자의 발음은 도무지 알아먹을 수 없다 On ne peut absolument pas comprendre sa prononciation. ¶ 무슨 얘긴지 알아먹을 수가 없군 Il est impossible de comprendre de quoi il s'agit. ¶ 흘려 쓴 글씨라 알아먹기 힘들다 Comme il s'agit d'une écriture cursive, il est difficile de la lire.

알아보다 타 ① reconnaître; identifier; discerner, distinguer; savoir. ¶ 나는 그 사람을 한눈에 알아보았다 Je l'ai reconnu tout de suite [à (la) première vue]. ¶ 이 글씨는 너무 흐려서 잘 알아볼 수가 없다 Cette écriture est tellement peu claire [peu lisible] qu'elle est indéchiffrable / Cette écriture est illisible [indéchiffrable]. ¶ 문체로 어떤 작가라는 것을 ~ reconnaître [identifier] un écrivain à son style. ¶ 그 사람은 알아볼 수 없을 만큼 자랐다 Il a tellement grandi qu'on ne peut le reconnaître [qu'il est méconnaissable]. ¶ 이 사진 속의 인물이 누구인지 알아볼 수 있겠니? Pourrais-tu reconnaître [identifier] cette personne sur cette photo? ¶ 그 사람은 나를 자기 친구인 줄 잘못 알아보고 어깨를 툭 쳤다 Il m'a frappé légèrement sur l'épaule en me prenant pour l'un de ses amis [en pensant que j'étais l'un de ses amis]. ¶ 나는 그 사람이 큰 인물이 될 줄 진즉에 알아봤다 J'ai toujours su qu'il deviendrait un personnage [quelqu'un d'] important. ¶ 이제 사람 알아봤으면 대접이나 잘하시오 Maintenant que vous savez qui je suis, vous n'avez qu'à bien me servir! ② 조사하다 s'enquérir, s'informer, consulter *qn*; examiner en détail; étudier ((une question)). ¶ 이 상품의 가격을 알아보시오 Informez-vous du [Renseignez-vous sur le, Demandez le, Faites-vous préciser le] prix de cet article. ¶ 그 사람은 기차 시간표를 알아보려고 역에 나갔다 Il est allé voir les horaires de train à la gare / Il s'est présenté à la gare pour connaître les horaires de train. ¶ 그 사람은 직장을 알아보러 나갔다 Il est sorti pour chercher du travail. ¶ 어떤 상황인지 일단 알아보고 나서 대책을 세웁시다 Comprenons bien d'abord la situation avant de prendre des mesures / Informons-nous [Renseignons-nous] d'abord sur la situation avant de prendre des mesures. ¶ 그 사람이 도착했는지 알아보시오 Allez voir [Informez-vous] s'il est bien arrivé.

알아주다 타 ① 인정하다 reconnaître, apprécier; admettre. ¶ 그 사람은 아무도 자기를 알아주지 않는 게 늘 불만이었다 Il se plaignait tout le temps que personne ne l'appréciait. ¶ 그 사람은 이 분야에서는 꽤 알아주는 학자이다 C'est un savant très apprécié [très réputé, bien reconnu] [C'est une autorité reconnue] dans ce domaine. ② 이해하다 comprendre ((les difficultés de *qn*)). ¶ 내 쓰린 속을 누가 알아주겠니? Qui peut comprendre ma peine [ma souffrance]? / Qui peut apprécier mon chagrin [mesurer la profondeur de ma souffrance]? ¶ 과부 사정은 과부가 안다 Ceux qui connaissent [Les gens qui ont connu] les mêmes malheurs sympathisent entre eux [se comprennent bien] ((littéralement «Les veuves sympathisent entre elles [se comprennent bien entre elles]»)).

알아차리다 타 comprendre; découvrir; se rendre compte de *qc*; s'apercevoir de *qc*; lire. ¶ 나는 그때서야 지갑이 없어진 것을 알아차렸다 C'est seulement à ce moment-là que j'ai compris [que je me suis rendu(*e*) compte] que j'avais perdu mon portefeuille. ¶ 나는 어머니의 어두운 표정에서 집안에 무슨 일이 생겼음을 알아차렸다 J'ai lu dans le visage triste de ma mère qu'il s'était passé quelque chose de grave dans la famille. ☞ 알아채다

알아채다 타 comprendre; s'apercevoir de; se rendre compte de; avoir conscience de; sentir, percevoir. ¶ 그 사람은 네 속셈을 알아챘다 Il s'est aperçu de tes intentions. ¶ 그 사람은 남이 알아채지 못하게 집을 몰래 빠져나갔다 Il est sorti de la maison discrètement [en cachette, en catimini, en douce {*fam*}, sans bruit] sans qu(e l)'on s'en rende compte [à l'insu de tout le monde].

알알 명 grain après grain ((idéophone d'une succession de petits objets sphériques)). ¶ 붉게 익어가는 사과 ~들 chaque pomme qui mûrit.

◆**_이** 부 ① 한 알 한 알 l'un(*e*) après l'autre. ¶ ~이 잘 익은 포도송이 une grappe de raisins bien mûrs, grain après grain. ② 일일이, 자세히 l'un(*e*) après l'autre, en détail, minutieusement. ¶ 지난 일을 ~이 기록하다 noter les choses du passé les unes après les autres.

알알하다 형 être cuisant(*e*); avoir des picotements. ¶ 연기 때문에 눈이 ~ avoir des picotements dans les yeux à cause de la fumée, avoir les yeux qui piquent à cause de la fumée, avoir des yeux irrités à cause de la fumée.

알약 -藥 명 comprimé *m*, ((오용)) cachet *m* ((d'aspirine)). ¶ ~을 삼키다[먹다] avaler [prendre] un comprimé.

알음 명 connaissance *f*.

알음알음 명 petits bouts *mpl* de connaissance.

◆**_으로** 부 par une série de relations. ¶ ~으로 그 남자를 만나게 되었다 J'ai été amené à le rencontrer par une série de relations.

알젓 명 œufs *mpl* de poissons salés; salaison *f* d'œufs de poissons.

알집 명 【생물】 ovaire *m*.

알짜 명 essence *f*, quintessence *f*; essentiel *m*; principal *m*; fond *m*; meilleur *m*, le dessus *m* du panier {*fam*}, la crème *f* {*fam*} ((des hommes)), personnes *fpl* triées sur le volet. ¶ 여기는 ~들만 모였다 On ne voit ici que les meilleurs / Il n'y a que les meilleurs (rassemblés) ici / Il n'y a que la crème [le dessus du panier] ici {*fam*}. ¶ 물건 중에 ~만 골라 가지다 ne prendre que [prendre seulement] ce qu'il y a de meilleur, ne prendre que du tout premier choix [des articles de première qualité, des produits de (tout) premier choix].

◆**_배기** 명 essence *f* même; essentiel *m* même; principal *m* même; meilleur *m*; crème *f* {*fam*}, le dessus *m* du panier; *qn/qc* d'essentiel; *qn/qc* de principal; *qn/qc* de premi*er*(*ère*) importance. ¶ ~배기는 다 빠졌다 Il manque l'essentiel / Tout ce qui est de première importance est exclu / ((사람)) Ceux qui devaient vraiment venir sont tous absents / Il manque les principaux intéressés [ceux qu'on attendait] / Il manque les personnes les plus intéressées. ¶ 이게 진짜 ~배기다 C'est vraiment ce qu'il y a de meilleur! / Il n'y a rien de mieux! / C'est le nec plus ultra. ☞ 핵심

알짱거리다 자 ① se montrer obséquieu*x*(*se*) par hypocrisie. ② rôder ((autour de)), flâner, traîner; faire des va-et-vient incessants; agacer. ¶ 여기서 알짱거리지 말고 집에 들어가거라 Arrête de traîner [de flâner] par ici, rentre chez toi!

알짱알짱 부 ((mimétisme)) en traînant de-ci, de-là.

◆**_거리다** 자타 agacer; coller *qn*, être après *qn* pour l'importuner, être pendu(*e*) [suspendu(*e*)] aux basques {*fam*} de *qn*, être toujours aux basques {*fam*} de *qn*, être toujours collé(*e*) [tout le temps accroché(*e*)] aux basques de *qn* {*fam*}, être toujours sur le dos [sur les talons] de *qn*; traîner de-ci de-là [par-ci par-là], rôder ((autour de)), flâner, traîner; faire des va-et-vient incessants. ¶ 내 앞에서 [을] ~ être après moi (pour m'importuner); m'agacer; être pendu(*e*) [suspendu(*e*)] à mes basques {*fam*}, être toujours à mes basques {*fam*}, être toujours collé(*e*) [tout le temps accroché(*e*)] à mes basques {*fam*}.

알차다 형 être compl*et*(*ète*), bien rempli(*e*); être bon; être pratique; être efficace. ¶ 이 책은 내용이 ~ Ce livre est complet. ¶ 그 사람은 사람이 ~ C'est quelqu'un d'efficace. ¶ 이번 학술 대회는 알차고 실속이 있었다 Le colloque a été cette fois-ci complet et substantiel. ¶ 시간[방학]을 알차게 보내다 bien occuper *son* temps, occuper *son* temps de façon intéressante [enrichissante] [avoir des vacances bien remplies, avoir des vacances enrichissantes]. ¶ (나는) 방학을 알차게 보냈다 J'ai passé des vacances avec des occupations intéressantes [enrichissantes] / J'ai fait des tas de choses intéressantes pendant les vacances {*fam*}.

알카리 독 명 alcali *m*. ☞ 알칼리

알칼리 독 명 alcali *m*, base *f*, substance *f* basique. ¶ ~는 산을 중화시킨다 La base [L'alcali] neutralise l'acide.

◆**_성** -性 명 basicité *f*, alcalescence *f*; alcalinité *f*. ¶ ~성 식품 un aliment alcalescent [alcalin].

◆**_계** -系 명 groupe *m* [famille *f*] des alcalins. ¶ ~계 약품 un médicament alcalin.

알코올 프{alcool} 명 ① alcool *m*. ¶ ~ 램프 lampe à alcool ¶ ~ 솜 coton hydrophile. ② 술 alcool *m*. ¶ ~ 중독(자) un alcoolique. ¶ ~ 기운이 온몸에 퍼지는 것 같다 J'ai l'impression que l'ivresse se répand dans tout mon corps.

◆**_성** -性 명 propriété alcoolique.

◆**_화** -化 명 alcoolisation *f*. ¶ 과일 농축액이 ~화되었다 Le concentré de fruit s'est alcoolisé.

알콜 프{alcool} 명 ('알코올'의 잘못) ☞ 알코올

알타이조어 -祖語 명 【언어】 proto-altaïque *f*.

알타이어족 -語族 명 【언어】 (famille *f* [groupe *m*] des) langues *fpl* altaïques.

알탕 -湯 명 *altang m* <soupe piquante aux œufs de poissons>.

알토 이 명 【음악】 alto *m*.

알토란 -土卵 명 ① racine *f* de colocase (débarrassée de son écorce et des radicelles). ② ((비유적)) *qn/qc* d'essentiel [de précieux], objet *m* précieux.

◆**_ 같다** 형 être précieu*x*(*se*). ¶ ~ 같은 재산 une

fortune précieuse. ¶ ~ 같은 돈 de l'argent précieux [indispensable, dont on ne peut se passer].

알통 명 muscles *mpl*, biceps *mpl*. biscoteaux *mpl* {*fam*}. ¶ ~이 나오다 avoir des muscles [du muscle, de gros biceps, des biceps {*fam*}, des (gros) biscoteaux {*fam*}]; être tout en muscle.

알파 그 명 ① 광선 alpha *m*. ¶ ~ 광선[파장] rayon [fréquence] alpha. ② 처음 alpha *m*, commencement *m*, début *m*. ¶ 나는 ~이자 ~이니라 Je suis l'alpha des alphas [l'as des as]. ¶ 기술은 기업의 ~이자 오메가이다 La technologie est l'alpha et l'oméga [le début et la fin] d'une entreprise. ③ 추가 un alpha *m* ((de plus)), un zeste *m* ((d'humour)) en plus; plus alpha. ¶ 그 남자에게는 매력 이외의 플러스 ~가 있다 En plus de son charme, il a un je ne sais quoi de plus [quelque chose en plus] / Cet homme a du charme et même en sus quelque chose que les autres n'ont pas.

알파벳 영{alphabet} 명 alphabet *m*. ¶ ~ 문자 une lettre alphabétique [syllabique].

◆_**순** -順 명 ordre *m* alphabétique. ¶ ~순으로 이름을 적다 écrire des noms par ordre [dans l'ordre] alphabétique.

알현 謁見 명 audience *f*. ¶ 누구의 ~을 요청하다 demander [solliciter] une audience avec *qn*. ◇_(을) **하다** être reçu(*e*) en audience par *qn*. ¶ 임금님을 ~하다 être reçu(*e*) en audience par le roi.

앎 명 savoir *m*; connaissances *fpl*.

앓다 재타 ① ((병을)) être malade, tomber malade, avoir mal à, faire mal à *qn*; avoir [être atteint(*e*) d'] ((une maladie)), souffrir ((d'une maladie)). ¶ 심장병을 ~ avoir une maladie [une insuffisance] cardiaque, être malade du cœur; ((의학)) avoir une cardiopathie. ¶ 주민들 상당수가 알 수 없는 전염병을 앓고 있다 De nombreux habitants souffrent d'une épidémie inconnue. ¶ 나는 독감[몸살]으로 밤새 끙끙 앓았다 J'ai beaucoup souffert de la grippe pendant toute la nuit. ¶ 그 사람은 앓던 이를 병원에서 뽑았다 Il s'est fait arracher une dent très douloureuse [qui lui faisait mal] chez le dentiste. ② ((골치를)) avoir des soucis; être accablé(*e*) [rongé(*e*), tourmenté(*e*)] par les soucis; se faire du souci pour *qn/qc*; se ronger les sangs. ¶ 그 사람은 자식 문제로 혼자 끙끙 (골치를) 앓고 있다 Il est très soucieux à cause de son enfant sans pouvoir en parler / Il se ronge les sangs pour son enfant sans pouvoir en discuter.

*__앓느니 죽지__ ((속이 터져)) Ton comportement m'exaspère [m'horripile, me désespère, me rend dingue, m'énerve au plus haut point]! / Tu me rends vraiment dingue [malade]! / Arrête, tu m'énerves!

*__앓던 이가 빠진 듯이 시원하다__ ☞ 시원하다

◆**앓는 소리** 명 gémissement *m*; plainte *f*, lamentations *fpl*. ¶ 옆 병실에서는 밤새 앓는 소리가 났다 On a entendu des gémissements de douleur venant de la salle d'à côté pendant toute la nuit / On a gémi [poussé des gémissements] dans la salle d'à côté pendant toute la nuit. ◇_(를) **하다** pousser des gémissements, gémir; se plaindre ((de *qc*)), se lamenter ((sur *qc*)). ◇_**이다** pousser des gémissements, gémir; se plaindre, se lamenter. ¶ 네가 뭐 한 게 있다고 앓는 소리냐? Je trouve que tu es mal placé(*e*) pour te plaindre. ¶ 그 사람은 잘 지내면서도 늘 앓는 소리다 Il se plaint tout le temps [Il se plaint à longueur de journée, Il est toujours à se plaindre] alors qu'il a une vie sans souci [sans problème].

앓아눕다 재 tomber malade et se coucher, être malade [souffrir] de *qc*; être éreinté(*e*) [harassé(*e*), épuisé(*e*) (de fatigue), fourbu(*e*), moulu(*e*), rompue(*e*), recru(*e*) {*litt*}, usé(*e*), exténué(*e*), à bout de forces, sur les genoux, sur les rotules, hors service {*fam*}, H.S. {*fam*}, K.O. {*fam*}, nase {*fam*}, naze {*fam*}, crevé(*e*) {*fam*}, claqué(*e*) {*fam*}, vanné(*e*) {*fam*}, vidé(*e*) {*fam*}, être au bout du rouleau {*fam*}, être à ramasser à la petite cuillère {*fam*}, ne plus en pouvoir. ¶ 그 사람은 어제 무리를 해서 오늘은 완전히 앓아누웠다 Il a tellement travaillé hier qu'il est complètement exténué [à bout de forces, hors service {*fam*}] aujourd'hui / Il a tellement travaillé hier qu'il n'est plus bon à rien [qu'il est inefficace] aujourd'hui.

암[1] 감 bien sûr, naturellement, certainement! ¶ ~, 그렇고말고[그래야지] Bien sûr que oui [C'est bien naturel]!

암[2] 癌 명 ① 【의학】 cancer *m*. ¶ ~을 퇴치하다 éradiquer un cancer. ¶ ~에 걸리다 avoir un cancer, être atteint(*e*) [victime] d'un cancer, souffrir d'un cancer, présenter un cancer. ¶ ~으로 죽다 mourir d'un cancer. ② ((비유)) ((화근)) origine *f* d'un mal, (véritable) cancer *m*, gangrène *f*, poison *m*, entrave *f*, cause *f* principale du mauvais fonctionnement de *qc*; ((폐단)) m*al*(*aux*) *m* [abus *m*] difficile à supprimer. ¶ 밀수는 국가 경제 발전의 ~이다 La contrebande est un véritable cancer [la gangrène] du développement et de l'économie nationale.

◆_**적** -的 명관 cancéreu*x*(*se*); toxique. ¶ 사회의 ~적 존재 une personne très toxique pour la société, un poison pour la société.

◆_**세포** -細胞 명 cancer *m*; tumeur *f* cancéreuse.

◆**간**_ 肝- 명 cancer *m* du foie.

◆**구강**_ 口腔- 명 cancer *m* de la bouche [de la cavité buccale].

◆**식도**_ 食道- 명 cancer *m* de l'œsophage.

◆**위**_ 胃- 명 cancer *m* de l'estomac.

◆**유방**_ 乳房- 명 cancer *m* du sein.

◆**자궁**_ 子宮- 명 cancer *m* de l'utérus.

◆**전립선**_ 前立腺- 명 cancer *m* de la prostate.

◆**직장**_ 直腸- 명 cancer *m* du rectum.

◆**폐**_ 肺- 명 cancer *m* du poumon.

◆**피부**_ 皮膚- 명 cancer *m* de la peau.

◆후두_ 喉頭 명 cancer *m* du larynx.

-암³ 巖 접미 ((suffixe nominal)) roche *f*, roc *m*, pierre *f*. ¶ 석화~ roches calcaires; du calcaire. ¶ 퇴적~ roches sédimentaires. ¶ 현무~ roches basaltiques; du basalte. ¶ 화강~ roches granitiques; du granit, du granite.

-암⁴ 庵 접미 ((suffixe nominal)) 【불교】 ermitage *m* (bouddhique). ¶ 석굴~ («grotte» de) Seokguram ((pseudo-grotte de pierres artificielles faite de granit —caverne taillée par l'homme dans du granit blanc avec un Bouddha assis et 38 autres Bodhisattvas sur les murs— située sur la pente ouest du Mt Tohamsan (à 745m du niveau de la mer), connue pour avoir été construite en même temps que le temple Bulguksa (불국사) au VIIIᵉ siècle pour accueillir une statue de Bouddha géante (qui est classée patrimoine mondiale par l'UNESCO depuis 1995). C'est un chef-d'œuvre de l'art bouddhique d'Extrême-Orient, l'un des plus célèbres monuments de Corée)).

암-⁵ 접두 ((préfixe nominal)) femelle *f*. ¶ ~소 une vache. ¶ ~말 une jument. ¶ ~놈 une femelle. ¶ ~나사 un écrou.

암-⁶ 접두 ((préfixe nominal)) secret, occulte ¶~거래 transactions secrètes. ¶~매장 inhumation secrète.

암각화 巖覺畵 명 image *f* gravée sur un rocher.

암갈색 暗褐色 명 brun [marron] foncé.

암거래 暗去來 명 marché *m* noir, trafic *m* [commerce *m*] clandestin. ¶ ~ (행위를) 단속하다 réprimer le marché noir [le trafic clandestin]. ¶ ~가 성행하다 Le marché noir se développe partout. ◇_(를) 하다 trafiquer, faire du marché noir, faire du commerce illégal; acheter [vendre] ((des marchandises)) au marché noir. ¶ 달러를 ~하다 acheter [vendre] des dollars au marché noir.

◆_상 -商 명 marchand(*e*) au marché noir.

◆_ 시장 -市場 명 marché *m* noir.

암고양이 명 chatte *f*.

암굴 暗窟 명 grotte *f*.

암기 暗記 명 mémorisation *f*, apprentissage *m* par cœur. ◇_(를) 하다 apprendre par cœur; mémoriser. ¶ 그 사람은 친구들 전화번호를 모두 ~하고 있다 Il connaît tous les numéros de téléphone de ses amis par cœur.

◆_과목 -科目 명 matière *f* [leçon *f*] à apprendre par cœur.

◆_력 -力 명 mémoire *f*, faculté *f* [capacité *f*, aptitude *f*] de retenir [de mémoriser, de mettre en mémoire]. ¶~력 테스트 test de (la) mémoire. ¶~력이 좋다[나쁘다, 뛰어나다] avoir une bonne [une mauvaise, une excellente] mémoire, avoir une mémoire d'éléphant.

암나사 -螺絲 명 écrou *m*.

암내 명 ① ((동물)) rut *m*, ((être en)) chaleur *f*. ¶ 수사슴이 암컷의 ~를 맡고 발정을 했다 Le cerf est entré en rut à l'odeur de la biche en chaleur. ② odeur *f* des aisselles [sous les bras]. ¶ 그 사람은 겨드랑이에서 ~가 많이 난다 Il sent mauvais (au niveau) des aisselles [sous les bras]. ¶ 그 사람은 유달리 ~가 심하다 Il sent exceptionnellement [tout particulièrement] mauvais aux aisselles [sous les bras] / Il cocotte {*fam*} sous les bras. ¶ 그 사람의 ~가 온 방 안에 풍겼다 Son odeur (des aisselles) s'est propagée [s'est répandue, a imprégné, s'est diffusé] dans toute la pièce.

암놈 명 femelle *f*. ¶ 우리 집 개는 ~이다 Notre chien, c'est une femelle / Nous avons une chienne.

암달러상 暗-商 영{-dollar-} 명 marchand(*e*) de dollars au marché noir.

암담하다 暗澹- 형 être noir(*e*), sombre, obscur(*e*), sinistre, inquiétant(*e*); être sans espoir, menaçant(*e*); être désespéré(*e*). ¶ 한국 경제의 앞날이 ~ L'avenir de l'économie coréenne est sombre [inquiétant, compromis] / L'avenir de l'économie coréenne se présente mal. ¶ 암담한 전도[미래] un avenir sombre [menaçant, sinistre]. ¶ 암담한 처지 une situation désespérée. ¶ 암담한 기분 un état d'âme sans espoir; des idées noires; ((broyer)) du noir. ¶ 암담한 생각에 젖어들다 s'abîmer dans de sombres réflexions.

암만 부 【구어】 tant; tellement; si ((avoir beau+*inf*)). ¶~ 애를 써보았자 헛수고다 Tu auras beau te fatiguer, ça ne donnera rien [ça n'aboutira pas, tu n'auras pas de résultat] / Inutile de te fatiguer pour rien / Tu feras des efforts en vain / Tous tes efforts seront vains. ☞ 아무리

암만해도 부 【구어】 malgré tous *ses* efforts; quoi qu'on fasse, de quelque façon que ce soit, ((avoir beau+*inf*)). ¶ ~ 그 여자를 설득할 수 없었다 J'ai tout essayé en vain pour la convaincre / Elle n'est pas convaincue malgré tous mes efforts. ¶ ~ 안 되겠다 Quoi qu'on fasse, c'est impossible [irréalisable].

암말¹ 명 ((sans dire)) un mot. ¶ 그 사람은 ~ 않고 앉아만 있다 Il se maintient assis sans (dire) un mot [sans protester]. ¶ ~ 없이 받아들이다[수락하다] admettre [accepter] *qc*/*qn* sans rien dire [sans protester].

암말² 명 jument *f*.

암매장 暗埋葬 명 enterrement *m* [ensevelissement *m*; inhumation *f*] secr*et*(*ète*) [sans permis, sans autorisation, clandestin(*e*)]. ◇_(을) 하다 enterrer *qn* en secret [sans permis; dans un lieu illégal; n'importe où].

암면 巖綿 명 coton *m* industriel; coton *m* pierreux.

암모니아 라 명 (gaz *m*) ammoniac *m* (NH3); ((액체)) ammoniaque *f*, alcali *m*. ¶ ~ 가스 (gaz) ammoniac.

암묵적 暗默的 명 tacite; implicite. ¶ ~ 동의 consentement [approbation] tacite. ¶ ~ 합의 un accord (mutuel) tacite.

암반 巖盤 명 roc *m*; fondement *m* solide.

◆_수 -水 명 eau *f* de roche.

◆_층 -層 명 strate *f* rocheuse. ¶ 단단한 ~층 une strate rocheuse résistante [solide].

암벽 巖壁 명 falaise *f*, escarpement *m*. ¶ ~ 등반[타기] escalade. ¶ ~을 타다 escalader; faire l'escalade de *qc*.

암산 暗算 명 calcul *m* mental; calcul *m* de tête. ¶ 그 사람은 어려운 계산도 ~으로 잘한다 Il calcule bien [correctement] de tête même [Il est très fort en calcul mental même pour] des opérations complexes. ◇_(을) **하다** calculer de tête [dans *sa* tête].

암살 暗殺 명 assassinat *m*, homicide *m*. ¶ ~ 기도 une tentative d'assassinat. ¶ ~ 미수 une tentative (infructueuse) d'assassinat. ¶ ~ 사건 une affaire d'assassinat. ◇_(을) **하다** assassiner, commettre un assassinat. ◇_(을) **당하다**[_(이) **되다**] être assassiné(*e*) par *qn*.

◆_범 -犯 명 assassin(*e*); tueu*r*(*se*); meurtri*er*(*ère*).

◆_자 -者 명 assassin(*e*); tueu*r*(*se*); meurtri*er*(*ère*).

암상 명 jalousie *f*, envie *f*. ◇_(을) **내다**[**떨다**, **부리다**] montrer [manifester] de la jalousie. ◇_(이) **나다** se montrer jalou*x*(*se*).

암석 巖石 명 rocher *m*, roc *m*; pierre *f*.

암소 명 vache *f*.

암송 暗誦 명 récitation *f*; mémorisation *f*. ◇_(을) **하다** réciter. ¶ 시를 ~하다 réciter une poésie.

암수 명 mâle *m* et femelle *f*. ¶ 사슴 ~ 한 쌍 un couple de cerf; un cerf et une biche.

◆_한몸 명 【생물】 hermaphrodite *m*.

암술 명 【식물】 pistil *m*, gynécée *m*.

암시 暗示 명 allusion *f*; suggestion *f*; insinuation *f*. ¶ ~ 요법 (psycho)thérapie par suggestion. ◇_(를) **하다**[**주다**] faire une allusion à *qc*; suggérer; sous-entendre; laisser entendre; insinuer; faire penser à *qc*. ¶ 그 사람의 그런 행동은 뭔가 불만이 있음을 ~한다 Ses réactions font penser qu'il est mécontent [traduisent son mécontentement, suggèrent de sa part un mécontentement] / On voit, d'après ses réactions, qu'il est mécontent / De telles actes de sa part sous-entendent un mécontentement. ¶ 무언으로써 승낙한다는 ~를 주었다 On pourrait interpréter son silence comme une permission [comme une autorisation] / Son silence traduisait [faisait penser à, équivalait à] une autorisation / Par son silence, il leur a signifié son acquiescement [son accord] / Il leur a signifié sa permission [son accord] en ne disant rien. ◇_(가) **되다** être suggéré(*e*); être insinué(*e*); être sous-entendu(*e*). ¶ 극의 이 부분에서 결말이 ~된다 Cette partie annonce [fait prévoir] la fin de la pièce / On peut prévoir la fin de la pièce dans cette partie. ◇_(를) **받다**[**얻다**] être suggéré(*e*); avoir potentiellement une réponse positive. ¶ 그 사람은 친구로부터 그 사업에 참여하겠다는 ~를 받았다 Un ami lui a donné des signes sur son intention de participer à cette entreprise [de prendre des parts dans cette entreprise] / Un ami a fait allusion à son désir de participer à l'affaire / Un ami lui a signifié qu'il souhaitait participer à l'affaire [travailler avec l'entreprise].

◆_적 -的 명관 allusi*f*(*ve*). ¶ ~적 태도 une attitude allusive.

◆_력 -力 명 aptitude *f* d'allusion.

◆자기_ 自己- 명 autoallusion *f*.

암시장 暗市場 명 marché *m* noir.

암실 暗室 명 chambre *f* noire.

암암리 暗暗裡 명 tacitement; en secret; implicitement.

◆_에 부 tacitement; en secret, en cachette, clandestinement, secrètement, à l'insu de tout le monde; implicitement. ¶ ~에 적과 내통하다 entretenir [avoir] des rapports secrets avec l'ennemi. ¶ ~에 거부 의사를 표시하다 exprimer implicitement l'intention de refuser.

암약 명 action *f* secrète, menées *fpl* secrètes; manœuvre *f* secrète [clandestine, sourde]; intrigue *f*. ◇_(을) **하다** agir secrètement [d'une façon clandestine]; intriguer, manœuvrer sourdement, agir dans les coulisses [en secret]. ¶ 전쟁의 혼란기를 틈타 스파이들이 ~하고 있다 Il y a des espions qui agissent clandestinement en cette période de guerre [instable].

암염 巖鹽 명 【광업】 sel *m* gemme.

암운 暗雲 명 ① 먹구름 nuages *mpl* noirs [sombres, obscurs]. ¶ 갑자기 ~이 일더니 폭우가 쏟아졌다 Soudain, il est apparu des nuages noirs et il a plu à verse [violemment, fortement]. ② 좋지 않은 낌새 mauvaise ambiance *f*, ambiance *f* peu rassurante [lourde, inquiétante, orageuse, menaçante]. ¶ 평온하던 도시에 전쟁의 ~이 감돌았다 On sentait des menaces de guerre planant sur toute la ville jusqu'alors en paix. ¶ 그 사람의 삶에 드리워졌던 ~이 걷혔다 Les nuages noirs qui assombrissaient sa vie se sont dissipés.

암울하다 暗鬱― 형 être sombre, obscur(*e*); être sans espoir. ¶ 암울하고 숨 막히는 세상[시대] un monde [une époque] insupportable [étouffant(*e*)] et sans espoir [sombre].

암자 庵子 명 ermitage *m*.

암자색 暗紫色 명 violet *m* foncé.

암장 暗葬 명 enterrement *m* secret. ◇_(을) **하다** enterrer *qn* en secret [sans permis; dans un lieu illégal]. ¶ 시신을 ~하다 enterrer un corps en secret dans un lieu illégal.

암전 暗轉 명 【연영】 changement *m* de décor dans l'obscurité. ◇_(을) **시키다** faire changer de décor dans l'obscurité; éteindre la lumière pour le changement de décor. ◇_(이) **되다** La lumière est éteinte pour le changement de décor.

암죽 명 bouillie *f* de riz. ¶ ~을 끓이다 faire de la bouillie de riz.

암중모색 暗中摸索 명 tâtonnement *m* dans le noir

[en aveugle]. ¶ 지금까지의 방법은 ~에 불과했다. Notre méthode n'est que tâtonnements. ◇_(을) **하다** tâtonner dans le noir; avancer à tâtons. ¶ 우리도 뭔가 해 보려고 ~하고 있다 On est en train de tenter quelque chose par tâtonnements.

암청색 暗靑色 명 couleur *f* bleu pâle.

암초 暗礁 명 récif *m*, écueil *m*; obstacle *m*. ¶ 배가 ~에 걸렸다 Un navire s'est échoué [abîmé] sur un écueil. ¶ 계획이 ~에 걸리다[부딪히다] Le projet est arrivé dans une impasse / Le projet a rencontré un obstacle.

암치질 -痔疾 명 【의학】 hémorroïdes *fpl* internes.

암캉아지 명 jeune chienne *f*.

암캐 명 chienne *f*.

암컷 명 femelle *f*.

암케 명 crabe *m* femelle.

암코양이 명 chatte *f*. ☞ 암고양이

암키와 명 tuile *f* plate.

암탉 명 poule *f*.

암퇘지 명 truie *f*.

암투 暗鬪 명 lutte *f* secrète; conflit *m* sous-jacent [masqué, caché, invisible, secret]; inimitié *f* voilée; désaccord *m* secret. ¶ ~가 벌어진다 Un conflit sous-jacent [masqué, caché, invisible, secret] éclate [naît]. ¶ 그 사람들 사이에는 끊임없는 ~가 벌어지고 있다 Il y a toujours un conflit sous-jacent [masqué, caché, invisible] entre eux. ◇_**를 벌이다** [**하다**] lutter secrètement; être en désaccord secret [invisible, implicite].

암튼 부 (('아무튼'의 준말)) ☞ 아무튼

암팡지다 형 être ramassé(*e*), trapu(*e*); être solide, être sûr(*e*) de *soi*; être assuré(*e*), confiant(*e*), certain(*e*), être décidé(*e*); être hardi(*e*), effronté(*e*), audacieu*x*(*se*). ¶ 암팡지고 쌀쌀맞은 성격 un caractère froid et bien trempé, un caractère froid et bien assuré. ¶ 암팡지게 대꾸하다 répondre [répliquer] avec sûreté [avec confiance en *soi*, avec hardiesse, avec audace]. ¶ 암팡지게 생기다 avoir l'air décidé. ¶ 암팡진 얼굴 un visage assuré [énergique, décidé, fort].

암평아리 명 poussin *m* femelle; poulette *f*.

암표 暗票 명 billet *m* [ticket *m*] vendu au marché noir, billet *m* vendu à la sauvette [en catimini]. ¶ ~는 팔지도 사지도 맙시다 Ne pas acheter, ni vendre nos billets au marché noir [à la sauvette, en catimini] / N'achetez pas et ne vendez pas nos billets en catimini.

◆_**상** -商 명 vendeu*r*(*se*) de billets au marché noir [à la sauvette, en catimini].

암행 暗行 명 voyage *m* secret; voyage *m incognito*.

◆_**어사** -御使 명 【역사】 envoyé *m* royal secret; inspecteur *m* royal voyageant *incognito*. ¶ ~어사 출두요! Voici venir Monsieur l'inspecteur du Roi!

암향 暗香 명 parfum *m* discret.

암호 暗號 명 code *m* secret; langage *m* codé [crypté]; cryptogramme *m*; mot *m* de passe. ¶ ~를 대다[말하다] donner [dire] le mot de passe. ¶ ~를 풀다 déchiffrer un code secret. ¶ 남들이 알지 못하게 ~를 쓰다[사용하다] utiliser [employer] un code secret pour que les autres ne puissent pas le connaître. ¶ 인터넷에 접속하기 위해 ~를 입력하다 entrer *son* mot de passe pour se connecter sur Internet. ¶ 암호! Mot de passe!

◆_**문** -文 명 cryptogramme *m*.

◆_**장** -帳 명 livre *m* de codes.

암흑 暗黑 명 ténèbres *mpl inv*; obscurité *f*. ¶ 어둠이 내려 온 세상이 ~ 속에 잠겼다 L'obscurité tombant, le monde plongea dans les ténèbres / L'obscurité descendit et engloutit le monde dans le noir.

◆_**가** -街 명 quartier *m* louche; milieu *m* (mafia); bas-fonds *mpl* de la société. ¶ ~가의 대부 un parrain du milieu; le chef du milieu; un chef d'une organisation criminelle.

◆_**기** -期 명 période *f* d'obscurantisme. ¶ 중세의 ~기 l'obscurantisme du Moyen Âge.

압권 壓卷 명 meilleure partie *f*; meilleure œuvre *f*; meilleur livre *m*; le clou *m* ((du spectacle)). ¶ 이 작품이 이번 신춘문예에 응모한 작품들 중 ~으로 평가되었다 Cette œuvre a été jugée la meilleure parmi les textes présentés cette année au concours des jeunes écrivains. ¶ 그 사건은 그날 밤 파티의 ~이었다 Cet incident fut le clou de cette soirée-là. ¶ 끝 부분의 묘사가 그 소설의 ~이다 La description à la fin du livre est la meilleure partie de ce roman.

압도 壓倒 명 supériorité *f*; domination *f*. ◇_(**를**) **하다** surpasser *qn*, écraser *qn*; triompher de *qn*/*qc*; vaincre *qn*, dominer *qn*, devancer *qn*; en imposer à *qn*. ¶ 품질 면에서 외제품을 ~하는 국산품이 많아지고 있다 Il y a de plus en plus de produits domestiques qui l'emportent en qualité sur les produits d'importation. ◇_**당하다**[**되다**] être écrasé(*e*), intimidé(*e*). ¶ 그 사람의 기세에 ~되어 말 한마디 꺼내 보지 못했다 Paralysé(e) par l'assurance de cette personne, je n'ai pas pu lui dire un seul mot [je n'ai pas pu lui adresser la parole].

◆_**적** -的 명관 écrasant(*e*). ¶ ~적 승리 une victoire écrasante. ¶ ~적 다수로 당선되다 être élu(*e*) à une majorité écrasante. ¶ 우리 제품의 판매량이 ~적인 우위를 지키고 있다 Notre produit se place très largement en tête des ventes. ¶ 우리의 국력이 ~적으로 우세하다 Notre pays est infiniment plus puissant.

압력 壓力 명 ① 물리적 압력 (force *f* de) pression *f*; poussée *f*. ¶ 대기의 ~ la pression atmosphérique. ¶ 이 소재는 1평방 센티미터 당 10kg의 ~을 견딘다 Ce matériau supporte une pression de 10 kg par centimètre carré. ¶ ~이 높다[낮다] La pression est haute [basse]. ② 정신적 압력 contrainte *f*, pression *f*. ◇_**을 받다** recevoir des pressions; être pressé(*e*), être contraint(*e*). ¶ 나는 상사로부터 휴직을 하라는 ~을 받았다 Mes supérieurs m'ont pressé(*e*) de partir en congé. ◇_**을 주다**[**가하다**] donner[appliquer] une pression; faire pression sur ((le peuple)). ¶ 이 물체에

ㅇ

일정한 ~을 가하면 열이 발생한다 Ce corps s'échauffe quand on lui applique une pression déterminée. ¶ 그 사람들은 나에게 일을 빨리 해결하라고 ~을 가했다 Ils m'ont pressé(*e*) pour que je termine rapidement. ◇_이 **가해지다** être pressé(*e*), pressurisé(*e*), gonflé(*e*). ¶ 이 타이어에는 5 킬로그램의 ~이 가해진다 Ce pneu est gonflé à cinq kilogrammes de pression. ¶ 사표를 내라는 무언의 ~이 몇몇 직원들에게 가해졌다 On a tacitement poussé certains employés à démissionner.

◆_**계** -計 명 manomètre *m*; indicateur *m* de pression.

◆_**단체** -團體 명 groupe *m* de pression.

◆_**솥** 명 autocuiseur *m*; cocotte-minute *f*.

◆_ **시험** -試驗 명 épreuve *f* de pression.

◆**절대**_ 絶對- 명 pression *f* absolue[maximum].

◆**최대**_ 最大- 명 pression *f* maximale.

압록강 鴨綠江 명 【지명】 fleuve *m* Amnok[Yalu] ((servant de frontière naturelle entre la Corée et la Chine, qui se jette dans la mer Jaune)).

압류 押留 명 【법률】 arrêt *m*; saisie *f*; saisie-arrêt *f*; mainmise *f* ((sur les biens)); contrainte *f* par saisie de biens; confiscation *f*. ¶ 채무자의 예금 ~를 신청하다 déposer une demande de saisie sur le compte en banque d'un débiteur. ¶ ~를 해제하다 lever une saisie. ◇_(를) **하다** saisir ((des biens)); opérer la saisie; confisquer ((des marchandises)) à *qn*. ¶ 물품을 ~하다 saisir [opérer une saisie sur, confisquer] des marchandises. ◇_(를) **당하다** être l'objet d'une saisie. ¶ 재산을 ~당하다 être l'objet d'une saisie de biens; se faire confisquer des biens. ◇_(가) **되다** être saisi(*e*), confisqué(*e*). ¶ ~된 재산은 일체 반환하지 않는다 Les biens confisqués ne sont aucunement restitués / On ne rend pas du tout les biens confisqués.

◆_ **영장** -令狀 명 【법률】 mandat *m* de saisie.

◆_**인** -人 명 【법률】 saisissant(*e*).

◆_ **집행** -執行 명 【법률】 exécution *f* de saisie.

◆_**품** -品 명 【법률】 marchandise *f* saisie.

◆**가**_ 假 명 【법률】 saisie *f* provisionnelle [par provision].

◆**저당물** _ 抵當物- 명 【법률】 saisie *f* d'une hypothèque.

압박 壓迫 명 oppression *f*; opposition *f*; accablement *m*; tyrannie *f*; coercition *f*; contrainte *f*. ¶ 생활의 ~ des contraintes de la vie. ¶ 독재의 ~에 시달리는 불쌍한 백성들 le malheureux peuple victime de la tyrannie de son dirigeant; le peuple opprimé souffrant de la tyrannie de son dirigeant. ◇_(을) **하다**[**가하다**] exercer une pression sur *qn*; oppresser *qn*, opprimer *qn*; accabler *qn*. ¶ 언론의 자유를 ~하다 entraver la liberté de la presse. ¶ 가난하고 약한 사람을 ~하다 opprimer le pauvre et le faible [les gens pauvres et faibles]. ◇_(을) **당하다**[**받다**] être opprimé(*e*), accablé(*e*), soumis(*e*) à une pression.

◆_**감** -感 명 sentiment *m* d'oppression. ¶ ~감에 사로잡히다 être en proie à un sentiment d'oppression. ¶ 그 사람은 심한 ~감에 시달리고 있었다 Il était dominé [Il est tourmenté] par un terrible sentiment d'oppression.

◆_**붕대** -繃帶 명 compresse *f*.

◆_**자** -者 명 oppresseu*r*(*se*).

압사 壓死 명 mort *f* par écrasement((sous *qc* de très lourd)). ◇_(를) **하다** mourir écrasé(*e*) ((sous *qc* de très lourd)). ¶ 기계에 깔려 ~하다 mourir écrasé(*e*) sous une machine.

압살 壓殺 명 action de faire mourir par écrasement. ◇_(을) **하다** faire mourir *qn* en l'écrasant ((avec *qc* de très lourd)).

압송 押送 명 transfert *m* d'un criminel. ◇_(을) **하다** transférer un criminel; amener un criminel. ¶ 죄인을 ~하다 transférer un criminel; amener un criminel ((de Taegu à Séoul)). ◇_(이) **되다** être transféré(*e*), déporté(*e*). ¶ 유태인들이 강제수용소로 ~되었다 Les Juifs furent déportés vers les camps de concentration.

압수 押收 명 confiscation *f*; saisie *f*; mainmise *f*. ◇_(를) **하다** saisir *qc*, confisquer *qc*. ¶ 서류를 ~하다 confisquer des documents. ◇_(가) **되다** être confisqué(*e*), être saisi(*e*). ¶ ~된 자료는 반환이 불가능하다 Il n'est pas possible de rendre les documents confisqués. ◇_(를) **당하다** être l'objet d'une saisie; se faire confisquer *qc*. ¶ 책을 ~당하다 se voir [se faire] confisquer *ses* livres.

압승 壓勝 명 victoire *f* écrasante. ¶ 시합 결과는 우리 팀의 ~이었다 Le match s'est terminé par notre victoire écrasante. ◇_(을) **하다**[**거두다**] remporter une victoire écrasante.

압연 壓延 명 【공업】 laminage *m*. ◇_(을) **하다** laminer ((des métaux)).

◆_ **공장** -工場 명 usine *f* de laminage.

◆_**기** -機 명 laminoir *m*.

압운 押韻 명 【문학】 rime *f*; versification *f*; allitération *f*. ◇_(을) **하다** rimer; faire des vers.

◆_**법** -法 명 【문학】 règle *f* de versification.

압정[1] **押釘** 명 punaise *f*. ¶ 벽에 메모지를 ~으로 고정시키다 fixer un petit mot sur le mur avec une punaise; punaiser un mot sur le mur.

압정[2] **壓政** 명 tyrannie *f*, despotisme *m*. ¶ ~에 신음하다 gémir [souffrir] sous la tyrannie. ¶ 독재자의 ~에 항거하다 se révolter contre le despotisme du tyran.

압제 壓制 명 oppression *f*, tyrannie *f*. ¶ ~에 신음하는 민중들 le peuple qui gémit [souffre] sous l'oppression [sous la tyrannie]. ¶ 제국주의의 ~에서 벗어나다 s'affranchir de la tyrannie de l'impérialisme.

◆_**적** -的 명 oppressi*f*(*ve*), tyrannique, despotique. ¶ ~적 정치 상황 une situation politique tyrannique.

◆_**자** -者 명 oppresseur *m*; tyran *m*; despote *m*.

◆_**정치** -政治 명 despotisme *m*.

압지 壓紙 명 (papier *m*) buvard *m*. ¶ ~로 종이의 잉크를 빨아들이다 sécher l'encre sur le papier à

ㅇ

l'aide d'un buvard.

압착 壓搾 명 pression *f*; compression *f*; pressurage *m* [foulage *m*] ((des raisins)). ◇_(을) **하다** presser; soumettre à une pression; pressurer *qc*.

◆**_공기** -空氣 명 air *m* comprimé.

◆**_기** -機 명 pressoir *m*; presse *f*.

압축 壓縮 명 ① ((부피)) compression *f*, condensation *f*. ¶ ~ 공기 l'air comprimé. ② ((비유)) concision *f*. ¶ 이 시는 ~의 묘미를 잘 살리고 있다 La concision du style est bien rendue dans ce poème / Ce poème exprime bien le style dépouillé [lapidaire, dense]. ◇_(을) **하다** ① ((부피)) compresser *qc*, comprimer *qc*, condenser *qc*. ¶ 천연가스를 ~하다 comprimer le gaz naturel. ② ((비유)) rendre *qc* concis(*e*). ◇_(이) **되다** ① ((부피)) être comprimé(*e*), condensé(*e*), compressé(*e*). ② ((비유)) être concis(*e*).

◆**_가스** 명 gaz *m* comprimé.

◆**_기** -機 명 compresseur *m*.

◆**_펌프** 명 pompe *f* foulante.

압출 壓出 명 pression *f* et extraction *f*. ◇_(을) **하다** presser et extraire. ¶ 강판을 ~하다 presser une plaque d'acier. ◇_(이) **되다** être pressé(*e*) et extrait(*e*).

앗 감 ((interjection)) ah, oh, ben. ¶ ~, 이럴 수가 Ben, ça alors!

앗다 타 ôter, enlever; emporter; détruire, anéantir ¶ 그 폭발 사고는 순식간에 100여 명의 목숨을 앗아 버렸다 Cette explosion accidentelle a emporté une centaine de vies en un instant.

앗아가다 타 enlever *qc* brusquement; arracher *qc* à *qn*. ¶ 화마가 그 사람의 모든 재산을 앗아갔다 L'incendie lui a soudain ôté toute sa fortune [tous ses biens]. ¶ 불의의 사고가 그 여자의 모든 희망을 앗아갔다 Un accident imprévu lui a retiré tout espoir [l'a brusquement privée de tout espoir].

-았-↔-었- 어미 ((suffixe flexionnel préfinal du passé, qui s'insère entre le radical verbal et le suffixe de terminaison phrastique. S'il s'emploie avec le suffixe flexionnel préfinal honorifique –시/-으시, il se place après ce dernier : -시었/-셨, mais devant le suffixe flexionnel préfinal de supposition 겠. –았- s'ajoute au radical verbal dont la voyelle de la dernière syllabe est ㅏ, ㅗ ou ㅑ; -었- après toutes les autres voyelles (ㅓ, ㅕ, ㅗ, ㅜ, ㅡ, ㅣ, ㅐ, ㅚ, ㅔ, ㅢ, … L'harmonie vocalique ne s'appliquant pas après –았/-었, on met 어요 aussi bien après –았 qu'après -었.)) ¶그 사람들은 마침내 항구에 닿~다 Ils sont enfin arrivés au port. ¶저는 어제 일찍 일어났(일어나~)습니다. Hier, je me suis levé tôt. ¶지난 주말에는 프랑스 영화를 보~습니다. Le week-end dernier, j'ai vu un film français. ¶주민들은 구청의 조치에 강하게 반발-하였/했(하-았)-어요 Les habitants ont réagi violemment à la mesure de la mairie d'arrondissement. ¶지금쯤은 모두들 떠났(떠나-았)겠어요. Maintenant, ils seraient tous partis. ¶이 교수님의 강연은 참 좋~어요. La conférence du professeur Yi était vraiment bien. ¶끈이 너무 짧~습니다. La ficelle était trop courte.

-았었-↔-었었- 어미 ((suffixe flexionnel préfinal du passé, qui s'insère entre le radical verbal et le suffixe de terminaison phrastique. S'il s'emploie avec le suffixe flexionnel préfinal honorifique –시/-으시, il se place après ce dernier : -시었/-셨. –았었- s'ajoute au radical verbal dont la voyelle de la dernière syllabe est ㅏ, ㅗ ou ㅑ; -었었- après toutes les autres voyelles (ㅓ, ㅕ, ㅗ, ㅜ, ㅡ, ㅣ, ㅐ, ㅚ, ㅔ, ㅢ, …)) ¶젊었을 때 그 여자는 한국에 살~다. Dans sa jeunesse, cette femme a vécu en Corée. ¶그날 저녁은 달이 유난히도 밝~지요. Ce soir là, la lune avait été exceptionnellement claire.

앙 부 ((onomatopée)) ((pleurer en poussant des)) oin! oin! ((onomatopée du braillement d'un enfant, cris d'enfant, pleurs d'enfant)). ¶ 아이가 ~ 하고 울기 시작했다 L'enfant se mit à pleurer en poussant des cris [des oin oin] [à brailler {*fam*}, à pleurnicher, à chouiner {*fam*}].

앙가슴 명 gorge *f*, (milieu(*x*) *m* de la) poitrine *f*; entre-sein *m*.

앙감질 명 saut *m* sur un pied. ◇_(을) **하다** sautiller à cloche-pied.

앙갚음 명 vengeance *f*, revanche *f*, représailles *fpl*. ◇_(을) **하다** se venger sur *qn*; tirer vengeance de *qn*; user de représailles contre *qn*; payer de retour; rendre la pareille à *qn*; appliquer à *qn* la loi du talion œil pour œil, dent pour dent. ¶그 사람에게 ~하겠다 Je le lui ferai payer cher / Je ne vais pas le(la) rater {*fam*} / Il ne paie rien pour attendre {*fam*} / Il ne va pas s'en sortir comme ça {*fam*}.

앙금 명 ① ((액체)) dépôt *m*; résidu *m*. ¶ 컵 바닥에 ~이 남았다 Il reste des résidus dans le fond du verre. ② ((감정)) restes *mpl* de sentiments. ¶ 내 마음 속에 그 사람에 대한 감정의 ~이 아직 남아 있다 Au fond de moi, j'ai encore des sentiments pour cette personne.

앙꼬 일 ((mot japonais)) *anko* 명 pâte *f* de haricots rouges (à l'intérieur d'un petit pain).

◆**_빵** 명 petit pain *m* fourré à la pâte de haricots rouges.

앙다물다 타 serrer les dents. ¶ 아이는 입을 앙다물고 고개를 저었다 Il a refusé de la tête en serrant les dents [en gardant les dents serrées].

앙등 昻騰 명 ascension *f* (soudaine); augmentation *f*, hausse *f*, saut *m* ((des prix)); bond *m*. ¶ 집세의 ~ l'augmentation des loyers. ¶ 원료 값의 ~ l'augmentation du prix des matières premières. ◇_(을) **하다** ((prix)) monter, hausser; augmenter.

앙망 仰望 명 espérance *f*, espoir *m* ((en la bonté d'un supérieur)); désir *m*. ◇_(을) **하다** solliciter une faveur de *qn*; prier [supplier] *qn* de faire *qc*; désirer

ㅇ

que+*subj*, souhaiter que+*subj*, espérer que+*ind*. ¶ (저는 당신에게) 곧 답장해 주시기를 ~합니다 Veuillez me faire l'honneur de me répondre aussitôt.

앙상블 프{ensemble} 명 ① 조화 harmonie *f*, groupe *m*, ensemble *m*. ¶ 그 둘은 ~을 이루어 일을 잘 처리했다 Ces deux-là ont bien achevé le travail en formant un groupe. ¶ 이 두 색은 ~이 안 맞다 Ces deux couleurs s'harmonisent mal [ne s'assortissent pas bien, s'assortissent mal, ne se marient pas (bien), se marient mal]. ② 실내악단 orchestre *m* de chambre. ¶ 비엔나 챔버 ~ l'orchestre de chambre de Vienne. ③ 한 벌의 여성 옷 ensemble *m* (jupe-veste), tailleur *m*. ¶ 흰색 ~을 걸친 여인 une femme vêtue d'un tailleur blanc.

앙상하다 형 être décharné(*e*), maigre; être étique; être dépouillé(*e*), dégarni(*e*). ¶ 너무 말라서 뼈만 ~ Il n'a que la peau sur les os. ¶ 광대뼈가 앙상하게 드러난 얼굴 Un visage hâve [émacié] aux pommettes saillantes. ¶ 나뭇잎은 다 떨어지고 가지만 앙상하게 남았다 Les feuilles étaient toutes tombées et il ne restait que les branches squelettiques. ¶ 앙상한 나뭇가지 une branche dépouillée [dégarnie].

◆**앙상히** 부 d'une manière à paraître maigre, décharné. ¶ ~ 마른 다리 des jambes extrêmement maigres, des jambes comme deux bouts de bois d'allumette. ¶ ~ 드러난 건물 골조 l'ossature découverte d'un bâtiment, la carcasse à nue d'une bâtisse.

앙숙 怏宿 명 inimitié *f* entre deux personnes; antipathie *f*, haine *f*. ¶ 그 두 사람은 서로 ~이다[관계이다] Ces deux personnes se haïssent [se détestent] / Ces deux personnes sont en mauvais termes.

앙심 怏心 명 rancune *f*; inimitié *f*; ressentiment *m*. ◇_(을) **품다[먹다]** nourrir du ressentiment [de la rancune]; éprouver du ressentiment [de la rancune]. ¶ 그 사람은 자기를 모욕한 여자에게 ~을 품었다 Il a éprouvé de la rancune contre une femme qui l'a humilié. ◇_**이 나다** concevoir du ressentiment [de la rancune]. ¶ 그 사람이 비웃는 것을 보고 나는 ~이 났다 Je lui en ai voulu de s'être moqué. ◇_**을 사다** s'attirer la haine [l'inimitié] (de *qn*); encourir la haine [l'inimitié] (de *qn*). ¶ 이웃들에게 ~을 사다 s'attirer la haine de *ses* voisins.

앙앙 부 ((onomatopée)) en gémissant, en geignant. ¶ 눈물을 흘리며 ~ 울다 pleurer à grosses larmes en geignant.

◆_**거리다[대다]** 자 pleurer en geignant, pleurnicher. ¶ 아이가 ~거리며 엄마를 보챘다 Le bébé réclame sa mère à grands cris. ¶ 애가 ~거리며 보채는 통에 정신이 없다 ne pas savoir où donner de la tête à cause des pleurs du bébé.

앙양 昂揚 명 élévation *f*, promotion *f*, développement *m*; incitation *f*, encouragement *m*. ¶ 민족 문화의 ~ le développement [la promotion] de la culture nationale. ◇_(을) **하다** élever; promouvoir; développer. ¶ 사원들의 사기를 ~하다 redresser le moral des employés [des troupes]. ◇_(이) **되다** être promu(*e*); s'élever, se développer.

◆_**책** -策 명 mesure *f* d'incitation. ¶ 사기 ~책을 쓰다 appliquer une mesure d'incitation.

앙증맞다 형 être petit(*e*) mais délicat(*e*). ¶ 아기가 앙증맞게 웃는다 Le bébé rit d'un petit rire entier. ¶ 작고 앙증맞은 손 une petite main raffinée.

앙증스럽다 형 être petit(*e*) et mignon(*ne*). ¶ 그 여자는 웃는 모습이 ~ Quand elle rit, elle paraît très mignonne. ¶ 이 차는 앙증스럽게 생겼다 C'est une belle petite voiture. ¶ 앙증스러운 강아지 un chiot adorable [mignon].

앙짜 명 ① ((사람)) personne *f* extrêmement difficile; personne *f* extrêmement jalouse. ② ((태도)) action de jouer les importants; affectation *f* de noblesse. ◇_(를) **부리다[쓰다]** se donner des grands airs; se donner des airs de gentilhomme; jouer les importants.

앙천대소 仰天大笑 명 grand éclat *m* de rire. ◇_(를) **하다** rire aux éclats. ¶ 농담을 듣고 ~하다 éclater de rire à une plaisanterie.

앙칼스럽다 형 être opiniâtre, obstiné(*e*); être véhément(*e*), féroce, impétueu*x*(*se*), fougueu*x*(*se*); être intrépide. ¶ 이 여자아이는 성격이 ~ Cette fille a un caractère très intrépide. ¶ 그 여인은 남편에게 앙칼스럽게 대꾸를 했다 Cette femme a rétorqué à son mari avec véhémence.

앙칼지다 형 être féroce, tenace, intrépide, opiniâtre, coriace; être tranchant(*e*), caustique, mordant(*e*), piquant(*e*). ¶ 그 여자는 성질이 ~ Elle est coriace [agressive, combative, mordante]. ¶ 앙칼지게 따지다[대들다] tenir tête avec ténacité, se montrer coriace; répliquer d'une façon mordante, lancer une réplique piquante. ¶ 앙칼진 목소리 une voix aiguë et féroce.

앙케트 프{enquête} 명 enquête *f* ((d'opinion publique, publicitaire, statistique, sociologique)), sondage *m*, micro-tottoir *m*. ¶ ~ 결과를 보면 selon les résultats de l'enquête. ◇_(를) **하다** faire une enquête [un sondage] sur *qc*.

앙코르 프{encore} 명 ① ((호평 받은 연극, 영화의 재공연)) prolongation *f*, représentation *f* supplémentaire. ¶ ~ 공연 représentation (supplémentaire) à la demande du public. ② ((음악회 등에서 하는 재청)) bis *m*, rappel *m*. ¶ ~! bis! ¶ ~를 요청하다 bisser ((une chanson, un acteur, un musicien)). ¶ ~에 응하다 répondre à la demande de rappel. ¶ ~ 곡을 부르다 chanter une chanson en rappel.

앙큼스럽다 형 être insidieu*x*(*se*); être rusé(*e*), mali*n*(*gne*); être sournois(*e*), être roublard(*e*) {*fam*}; avoir des visées sournoises. ¶ 그 여자는 시치미 떼는 모습이 ~ Elle joue à la maligne en faisant semblant de ne pas le savoir. ¶ 앙큼스러운

생각[속셈] une pensée insidieuse; une intention sournoise; un dessein sournois.

앙큼하다 형 être insidieux(*se*); être rusé(*e*), malin(*gne*); être sournois(*e*), être roublard(*e*) {*fam*}; avoir des visées sournoises. ¶ 그 여자는 하는 짓이 ~ Le comportement de cette femme est sournois. ¶ 앙큼하게 속마음을 숨기다 cacher *ses* intentions réelles avec ruse [sournoisement]. ¶ 앙큼한 속셈 une intention sournoise; une pensée insidieuse; dessein sournois. ¶ 저 여자는 정말 앙큼한 여자다 C'est une femme vraiment maligne[rusée, sournoise]. ¶ 그 아이는 좀 앙큼한 데가 있다 Cet enfant a quelque chose de malin [rusé].

앙탈 명 action de se plaindre pour rien. ◇_(을) **하다[부리다]** n'en faire qu'à *sa* tête, n'écouter que *soi*; essayer d'échapper à *qc*; essayer de ne pas faire *qc*, tenter de se dérober à *qc*; prétexter *qc* pour ne pas faire *qc* ¶ 그 여자는 그 일을 하지 않으려고 ~을 부렸다 Pour ne pas faire ce travail, elle n'en a fait qu'à sa tête / Elle a fait tout ce qu'elle a pu pour éviter ce travail. ¶ 공연히 ~을 하다 faire un tas d'histoires pour rien; se plaindre pour rien.

앙판 秧板 명 【농업】 semis *m* (de riz).

앙화 殃禍 명 calamité *f*; malheur *m*; désastre *m*. ¶ ~를 자초하다 s'attirer la punition [les foudres] du Ciel. ◇_**를 입다[받다]** être maudit(*e*).

앞 명 ① 전방; 전면 l'avant; le devant. ¶ 나는 그 사람의 ~을 막았다 je lui ai bloqué[barré] la route. ¶ ~에 en face de; vis-à-vis de; avant; devant. ¶ 10킬로미터 ~에 à 10 kilomètres en avant. ¶ 집 ~에 en face de la maison; devant la maison. ¶ 곧장 ~으로 가다 aller tout droit. ¶ 눈발이 더욱 굵어져 ~이 잘 보이지 않는다 Les flocons de neige se faisant plus épais nous empêchent de bien voir devant nous. ② 앞머리 avant, devant, tête, proue, face. ¶ 배는 ~이 가라앉아 있었다 La proue du navire s'était enfoncée dans l'eau. ¶ 그 물건은 ~이 뾰족하게 만들어져 있다 Le devant de cet objet est réalisé [part] en pointe. ③ 공간적 순위 avant, devant, ((en)) tête. ¶ ~ 페이지에 à la page précédente, à la page d'avant. ¶ 버스 ~ 부분은 비어 있었다 L'avant de l'autobus était vide. ¶ ~을 달리다 courir en avant; marcher en tête. ¶ 1등차는 ~에서 세 번째 차량이다 Le wagon de première classe est le troisième à partir de la tête du train. ¶ 남을 제치고 ~에 나서다 se détacher des autres et prendre la tête. ④ 시간이나 차례의 먼저; 시간적 순위 antériorité *f*. ¶ ~의 antérieur(*e*); précédent(*e*). ¶ ~의 이야기에서 사람은 정직해야 한다는 교훈을 얻을 수 있다 On peut tirer de cette histoire la morale suivante : il faut être honnête. ⑤ (상대의) 맞은 편; 면전 présence *f*, face *f*. ¶ ~에서 en présence de; en face de *qn*. ¶ 사람들 ~에서 en [présence du] public. ¶ 사고는 내 눈 ~에서 일어났다 L'accident a eu lieu sous mes yeux. ¶ 나는 사람들 ~에서 얘기하는 데 익숙하지 않다 Je n'ai pas l'habitude de parler en public. ¶ 그 여자는 우리들 ~에서 감정을 억제하려고 했다 Elle a fait des efforts pour dominer ses sentiments en notre présence. ¶ 사람들 ~에서 그런 말을 하는 것이 아니다 Il ne faut pas dire des choses pareilles devant tout le monde. ¶ 그 사람은 사람들 ~에 나가는 것을 싫어한다 Il n'aime pas se présenter en public. ¶ 가수는 여러 사람들 ~에 나서야 하는 직업이다 Le métier de chanteur implique qu'on se montre en face de nombreuses personnes. ¶ 아무리 오라비 ~이지만 그래도 남자 ~인데 조심할 건 조심해라 Il a beau être ton frère, c'est un homme et il y a des choses auxquelles il faut faire attention en présence d'un homme. ¶ 우리 ~이라고 어렵게 생각하지 말고 속 시원히 얘기하렴 Ne te tracasse pas la tête et parle devant nous sans scrupule. ⑥ (주로 '앞에(서)'의 꼴로 쓰여) 처한 환경이나 조건 face à, en face de. ¶ 때때로 정치적인 현실 ~에 우리의 자유 정신은 좌절을 느끼게 된다 Parfois, face à la réalité politique, on est amené à fléchir notre esprit de liberté / Parfois, face à la réalité politique, on est conduit à faire des concessions en ce qui concerne l'idée de liberté. ¶ 우리의 많은 애국지사들은 일본 경찰과 헌병의 총칼 ~에 쓰러져 갔다 Nombre de patriotes coréens sont tombés sous les armes de la police et de l'armée japonaises / Nombre de patriotes coréens sont tombés sous les coups de baïonnettes de la police et de l'armée japonaises. ⑦ 눈앞 vue *f*. ¶ 심 봉사는 ~을 못 보는 자신의 신세를 한탄하였다 L'aveugle Shim se lamenta de sa condition de non-voyant. ¶ 한참 일하면 ~이 침침하다 Après avoir travaillé longtemps, j'ai les yeux fatigués. ¶ 노인은 갑자기 ~이 깜깜하여 엎어졌다 Le vieil homme vit soudain sa vue s'obscurcir et tomba par terre. ⑧ 다가올 장래나 희망 avenir *m*; futur *m*; temps *m* à venir. ¶ ~을 내다보다 voir loin dans l'avenir. ¶ ~을 생각하다 prévoir les choses. ¶ 한 치 ~을 못 보는 더러운 이기심이 이 나라를 망쳤다 La cupidité qui ne voit pas plus loin que le bout de *son* nez a détruit ce pays. ¶ 한 치 ~도 못 내다보는 오리무중 같은 시국이다 C'est une situation semblable à un épais brouillard dans lequel on ne voit pas plus loin que le bout de *son* nez. ¶ 그 사람은 내 ~을 막는 장애물이었다 Il était pour moi un obstacle. ¶ ~을 내다보고 참고 견디는 자는 결국 승자가 된다 Celui qui regarde devant lui en endurant et en supportant tout deviendra en fin de compte victorieux. ¶ ~으로 dans l'avenir; à l'avenir; dorénavant; désormais. ¶ ~으로의 futur; qui vient. ¶ ~으로 10년 후 dans 10 ans. ¶ 나는 ~으로 그런 일은 다시 안 하겠다 A l'avenir, je ne ferai plus jamais une chose pareille. ¶ ~으로 더 잘하라는 채찍질로 생각하고 더욱 열심히 노력하겠습니다 À l'avenir, je ferai encore plus d'efforts pour faire mieux. ¶ 이 회사는 ~으로 전망이 좋은 편입니다 Les perspectives futures de cette entreprise sont plutôt bonnes / Cette compagnie a un avenir plutôt prometteur. ¶ 그 사람은 ~에 닥친 생활에 허덕이면서 하루하루 살아가고 있다 Il est accablé par sa vie présente et vit au jour le jour. ⑨ [주로 '앞에'의 꼴로 쓰여] 마다; 당; 몫 par, chacun, à. ¶ 그 사람은 제 ~만 가린다 Il ne s'intéresse qu'à lui-même. ¶ ~으로 par ((personne)); chacun ((100 euros)), à. ¶ 그 사람은 우리 한 사람 ~에 1유로씩 주었다 Il nous a donné à chacun un euro. ¶ 그 사람의 재산의 대부분이 맏아들 ~으로 갔다 La plus grande partie de sa fortune est allée à son fils aîné. ¶ 우리는 한 사람 ~에 만 원씩 나누어 가졌다 Nous avons réparti l'argent à 10 000 wons par personne. ¶ 한 사람 ~에 두 번씩 기회가 있다 À tout individu il est donné deux chances / Tout individu a droit à une seconde chance. ⑩ (편지) 등에서 수신인을 나타냄 (한국어에서는 주로 손아랫사람에게) à (*qn*), à l'attention de *qn*; pour *qn*. ¶ 시장님 ~ à Monsieur le Maire, à l'attention de Monsieur le Maire. ¶ 누구 ~으로 보내는 편지 une lettre adressée à *qn*. ¶ 여기 당신 ~으로 온 편지가 있소 Il y a une lettre [un courrier] pour vous. ⑪ (수표나 어음 처리시)소유권자 표시 à, à l'ordre de *qn*, pour. ¶ 누구 ~으로 된 (어음, 수표) (un chèque) à l'ordre de *qn*. ¶ 누구 ~으로 수표를 발행하다 émettre un chèque à l'ordre de Monsieur ((Kim)) [de *qn*]. ◇_(에) **두다[놓다]** à l'approche de *qc*, quelques temps avant *qc*, juste avant *qc*. ¶ 결혼을 ~에 두고 그런 일이 벌어지다니 Et dire qu'un tel événement s'est produit à quelques temps du mariage, c'est incroyable!

*~**이 깜깜하다** ((암담한 기분)) ☞ 깜깜하다

◆_**당기다** 재 ☞ 앞당기다

◆_**서다** 재 ☞ 앞서다

◆_**세우다** 타 être précédé(*e*) par *qn*/*qc*, faire passer *qn* devant. ¶ 악대를 ~세우고 précédé(*e*) par une fanfare.

◆_**지르다** 타 dépasser *qn*; devancer *qn*; surpasser *qn*; l'emporter sur *qn*; passer devant *qn*.

◆_**가림** 명 ☞ 앞가림

◆_**가슴** 명 ☞ 앞가슴

◆_**날** 명 ☞ 앞날

◆_**다리[바퀴]** 명 patte *f* [pneu *m*] de devant; patte *f* [pneu *m*] antérieur(*e*).

◆_**뒤** 명 avant *m* et arrière *m*; devant et derrière; ordre *m*; cohérence *f*. ¶ ~뒤에서 사람들이 몰려가고 있었다 Les gens se rassemblaient devant et derrière. ¶ 그 사람은 ~뒤도 구분 못 한다 Il ne sait pas faire la différence entre l'avant et l'arrière.

◆_**머리** 명 front *m*; cheveux *mpl* sur le front.

◆_**면** -面 명 recto *m*, face *f*, façade *f*.

◆_**문** -門 명 porte *f* de devant; porte *f* d'entrée.

◆_**세대** -世代 명 génération *f* passée [antérieure, précédente].

◆_**일** 명 ☞ 앞일

◆_**잡이** 명 ☞ 앞잡이

◆_**장** 명 ☞ 앞장

◆_**줄[자리, 쪽, 자락]** 명 premier rang *m*; rang *m* de devant.

◆_**집[산, 바다, 뜰, 마당, 길]**. 명 maison *f* [montagne *f*, mer *f*, pré *m*, jardin *m*, chemin *m*] en face.

◆_**치마** 명 tablier *m*. ¶ ~치마를 두르다 mettre [passer, enfiler] un tablier.

앞가림 명 prise *f* en charge de *soi-même*. ◇_(을) **하다** se prendre en charge; s'occuper de *soi-même*; prendre la responsabilité de *soi*. ¶ 제 ~도 못 하면서 웬 참견이냐? Tu n'es même pas capable de t'occuper de toi-même, et tu t'en mêles? ¶ 제 ~도 못 하는 주제에! C'est un incapable! ☞ 앞

앞가슴 명 ① poitrine *f*; torse *m*; thorax *m*. ¶ ~이 떡 벌어진 사내 Un homme au torse bombé. ② 옷섶 corsage *m* ((d'un habit coréen)). ¶ 나는 쪽지를 ~에 숨겼다 Le petit mot est dissimulé dans mon corsage.

앞길 명 ① route *f* de devant. ¶ 마을 ~ la route *f* devant le village. ② 남은 여정 trajet *m* [itinéraire *m*] restant. ¶ 우리는 ~이 아직 멀다 Il nous reste encore beaucoup de chemin à faire. ③ 미래 avenir *m*; futur *m*. ¶ 각자 자신의 ~을 개척해야 한다 Chacun doit défricher *son* propre chemin. ¶ 친구의 ~을 축복해 주다 souhaiter tout le bonheur possible pour l'avenir d'un ami. ¶ ~이 창창하다 avoir (toute) la vie [*son* avenir, l'avenir] devant *soi*, être très jeune. ¶ ~이 유망한 청년 un jeune homme avec un bel avenir devant lui [promis(*e*) au plus brillant [bel, grand] avenir, qui a le chemin ouvert devant lui, qui a un futur déjà tout tracé {*fam*}, avec un bel avenir devant lui [en perspective], qui a de l'avenir, avec [qui a] un avenir prometteur [brillant, tout tracé {*fam*}], qui promet beaucoup, à qui toutes les routes sont ouvertes].

*~**이 구만리 같다** avoir (toute) la vie [*son* avenir, l'avenir] devant *soi*, être très jeune. ☞ 구만리

앞날 명 avenir *m*; futur *m*. ¶ ~을 설계하다[계획하다] établir des plans pour le futur. ¶ 게으른 아들의 ~을 걱정하다 s'inquiéter de l'avenir de *son* fils paresseux. ¶ 자신의 ~을 위해 열심히 일하다 travailler dur pour *son* propre avenir. ¶ 아버지가 돌아가시자 그 사람은 ~이 캄캄했다 Au moment où son père est décédé, il a pensé qu'il n'aurait plus d'avenir [que son avenir se fermait, que son avenir s'effondrait] / Au moment où son père est décédé, il lui sembla que le ciel allait s'effondrer [le sol sembla se dérober sous ses pieds]. ¶ ~이 창창한 젊은이 un(*e*) jeune à l'avenir prometteur, un(*e*) jeune plein(*e*) d'avenir. ¶ 그 사람은 이제 ~이 없다 À présent il n'a plus d'avenir.

앞다투다 재 se bousculer [se disputer] pour être devant, se précipiter; (*se*) disputer ((la première place, un poste à des rivaux)), se battre pour obtenir ((la première place)); ((des animaux)) se disputer ((une proie)). ¶ 아이들은 앞다투어 밖으로 뛰어나갔다 Les enfants ont couru vers l'extérieur en se bousculant. ¶ 저 팀은 작년 우승 팀과 선두 자리를 놓고 앞다투고 있다 Cette équipe dispute la première place à l'équipe victorieuse de l'année dernière.

앞당기다 타 avancer (une date); faire *qc* plus tôt. ¶ 약속(시간)을 두 시에서 한 시로 ~ avancer l'heure du rendez-vous de deux heures à une heure. ¶ 기일을 사흘 ~ avancer une date de trois jours. ¶ 로마 제국의 종말을 앞당긴 역사적 사건 un événement historique qui a accéléré la fin de l'empire romain.

앞두다 타 être à (trois jours, trois kilomètres, etc.). ¶ 목적지를 5킬로 앞두고 차가 고장이 났다 La voiture est en panne à cinq kilomètres de sa destination. ¶ 우리는 시험을 이틀 앞두고 있다 Nous sommes à deux jours de l'examen. ¶ 결혼을 앞둔 처녀 une jeune femme à marier, une jeune femme nubile.

앞뜰 명 cour *f* [jardin *m*] de devant.

앞마당 명 cour *f* [jardin *m*] de devant.

앞바다 명 (la) mer *f* en face.

앞발 명 ① ((동물)) pattes *fpl* de devant. ¶ 개가 ~을 들고 일어섰다 Le chien s'est levé sur ses pattes de devant. ② ((사람)) jambes *fpl*; pieds *mpl*. ¶ 그 사람은 ~로 모래를 차올렸다 Il a soulevé le sable avec son pied.

앞서 부 avant; déjà; auparavant, préalablement; au préalable; d'avance; avant; à l'avance; précédemment. ¶ ~ 말씀드린 대로 comme je l'ai dit [mentionné, précisé] auparavant [plus haut]. ¶ 무엇보다[그보다] ~ 이 일부터 먼저 처리합시다 Traitons cette affaire en priorité [en premier, avant toute autre chose]. ¶ 그 사람은 나보다 ~ 간다 Il marche devant moi. ¶ ~ 살펴본 바와 같다 C'est comme on l'a vu précédemment [comme mentionné plus haut].

앞서가다 재타 ① précéder; marcher en avant; ouvrir la marche. ¶ 그는 나보다 댓 걸음 앞서갔다 Il avait cinq longueurs d'avance sur moi. ② 뛰어나다 primer, passer avant *qc*; prendre la tête, exceller; l'emporter sur *qn*; surpasser *qn*. ¶ 기술 면에서 앞서가는 회사 une entreprise qui surpasse nettement les autres [qui émerge du lot de l'ensemble des entreprises, qui est nettement au-dessus du niveau] sur le plan technique. ¶ 상대 팀은 우리 팀을 세 골 앞서가고[뒤지고] 있다 L'équipe adverse a trois buts de plus [de moins] que nous.

앞서다 재타 précéder; marcher en avant; primer, passer avant *qc*; prendre la tête, exceller; l'emporter sur *qn*; surpasser *qn*. ¶ 경기에서 (상대방을) ~ l'emporter sur l'adversaire dans une compétition; prendre la tête dans une compétition. ¶ 그 사람의 차가 내 차보다 앞서서 갔다 Sa voiture a précédé la mienne. ¶ 청동기 시대가 철기 시대보다 앞선다 L'âge de bronze précède celui du fer. ¶ 공동 사회에서는 개인의 이해보다 공익이 앞선다 L'intérêt public prime [doit passer avant, passe avant] sur l'intérêt privé [sur l'intérêt des particuliers] dans une communauté. ¶ 남을 원망하기에 앞서 스스로를 반성하다 réfléchir sur *ses* propres responsabilités avant de faire des reproches à l'autre. ¶ 꾸짖기에 앞서서 타이르다 persuader [dialoguer, conseiller, expliquer] avant de sévir [de sanctionner].

***앞서거니 뒤서거니** l'un à la suite de l'autre; quasiment en même temps. ¶ 그 사람들은 앞서거니 뒤서거니 회의장에 도착했다 Ils sont arrivés à la salle de réunion pratiquement en même temps.

앞섶 명 col *m* (de devant), collerette *f*. ¶ 윗도리의 ~을 여미다 ajuster le col de *sa* veste.

앞세우다 타 mettre en avant; donner la priorité à *qc*, faire passer *qc* avant *qc*, mettre *qc* au-dessus de *qc*; se faire précéder par *qn*. ¶ 경제보다 인권을 ~ donner la priorité aux droits de l'homme plutôt qu'à l'économie (nationale); insister sur les droits de l'homme plutôt que sur l'économie. ¶ 개인의 이익보다 공동선을 ~ faire passer l'intérêt général avant l'intérêt personnel [particulier], mettre l'intérêt public [général] au-dessus de l'intérêt privé [personnel]. ¶ 개인의 이익을 전체의 이익에 ~ faire passer *son* intérêt personnel avant l'intérêt général. ¶ 탱크를 앞세우고 진격하다 attaquer (l'ennemi) [marcher sur une ville] en se faisant précéder de chars d'assaut. ¶ 개발이라는 이유를 앞세워 pour la cause du développement; sous prétexte de développer.

***말만** ~ parler beaucoup mais ne rien faire [mais faire peu de choses] ((il parle beaucoup mais il agit peu)).

앞일 명 avenir *m*; temps *m* à venir, chose *f*, événement *m* à venir. ¶ ~을 예언하다 prédire l'avenir; prophétiser. ¶ 사업에 실패한 친구의 ~을 걱정하다 se soucier de l'avenir d'un ami en faillite. ¶ 나라의 ~을 생각하면 한심하다 Quand je pense à l'avenir du pays, c'est peu encourageant. ¶ ~은 아무도 모른다 Personne ne sait ce qui arrivera dans l'avenir. ¶ ~에 대비하다 se préparer pour l'avenir. ¶ 가장이 무능해서 집안의 ~이 걱정이다 L'avenir (de la famille) est précaire parce que le chef de famille manque de compétences.

앞자락 명 pan *m* (de devant). ¶ 옷 ~ un pan de vêtement ¶ 차일의 ~ un pan de store.

앞잡이 명 ((경멸적)) indicateur *m* de la police, indic *m* {*fam*}; agent *m*; instrument *m*, suppôt *m* ((d'un dictateur)), serviteur *m*; âme *f* damnée {*fam*}; personne *f* à la solde de *qn*; mouchard(*e*) {*fam*}. ¶ 불량배들을 ~로 쓰다 utiliser les services de voyous. ¶ 경찰의 ~가 되다 être un indicateur [un indic {*fam*}] de la police.

앞장 명 guide *m*; pionnier *m*; avant-garde(*s*) *f*. ◇_(을) **서다** conduire; être à la tête; être le premier; prendre l'initiative. ¶ 아들이 ~을 서고 아버지가 뒤를 따라간다 Le père suit le fils qui marche en avant. ¶ 내가 ~을 설게요 J'irai le premier. ¶ 환경 운동에 ~을 서다 conduire le [être un pionnier du]

ㅇ

mouvement de la protection de l'environnement. ◆_**세우다** 타 mettre *qn* à la tête. ¶ 그 남자는 자식들을 ~세워 몇 년 전에 서울로 올라왔다 Il est venu à Séoul conduit par ses enfants. ¶ 그 사람은 힘든 일에는 꼭 나를 ~세운다 Il me met en avant [Il propose ma candidature] chaque fois qu'il y a un problème difficile à régler.

앞장서다 재 ① devancer, se mettre en tête; conduire, guider. ¶ 네가 앞장서라 Mets-toi devant / Passe devant / Marche devant. ¶ 그 녀석은 나보다 두어 발걸음 앞장서서 걸어갔다 Il avait deux longueurs d'avance sur moi / Il marchait avec deux pas d'avance sur moi. ② ((어떤 일에)) se mettre en avant; conduire, guider. ¶ 이런 일에 앞장서고 싶지 않다 Je ne veux pas me mettre en avant pour ce genre de chose / Je préfère rester en retrait pour ce genre de chose. ¶ 그 친구는 누구보다 앞장서서 일을 주도했다 Il a dirigé l'affaire en se mettant (toujours) en avant [au premier plan]. ¶ 앞장서서 어려운 사람들을 돕다 être un précurseur pour secourir les pauvres [pour venir en aide aux indigents], être un pionnier pour l'assistance aux personnes en détresse [aux pauvres].

앞지르다 타 dépasser *qn* (à la course); devancer *qn*; l'emporter sur *qn*. ¶ 그 친구는 지난 학기부터 수학에서 나를 앞질렀다 Il m'a dépassé(*e*) [Il me domine] en mathématiques depuis le semestre dernier. ¶ 구급차가 우리 차를 앞질러 나아갔다 L'ambulance a dépassé notre voiture. ¶ 그 선수는 곧 상대 선수를 앞지르기 시작했다 Il a commencé à devancer son adversaire peu après.

앞쪽 명 ① 머리부분 avant *m*, côté *m* avant, partie *f* avant. ¶ 배의 ~ la proue, la partie avant d'un navire. ② 전방 devant *m*, face *f* (frontale). ¶ 그 사람이 내 ~으로 다가왔다 Il s'est approché face à moi. ¶ 방 ~에 나무가 한 그루 있다 Il y a un (pied d')arbre devant la chambre. ③ 앞면 côté *m* [face *f*] supérieur(*e*). ¶ 나뭇잎의 ~ la face supérieure d'une feuille d'arbre.

애[1] 명 souci *m*, tracas *m*, tracasserie *f*; sollicitude *f*; anxiété *f*, désagrément *m*, chagrin *m*, ennui *m*; ((고생)) peine *f*; ((수고)) effort *m*. ◇_**(가) 타다** ☞ 애타다 ◇_**(가) 달다** ☞ 애달다 ◇_**(를) 태우다** ((자기)) s'inquiéter, se tourmenter, se tracasser, se faire du souci [du tracas, de la bile {*fam*}, du mouron {*fam*}, des cheveux], se soucier, se biler {*fam*}, se faire du mauvais sang, se casser la tête {*fam*}; être anxieu*x*(*se*) de *qc*, être préoccupé(*e*) par *qc*; ((남을)) donner du souci à *qn*, inquiéter *qn*, turlupiner *qn*, travailler *qn* {*fam*}, tracasser *qn*, tourmenter *qn*, obséder *qn*, préoccuper *qn*. ¶ 그 남자는 그 문제로 ~태우고 있다 Il est tourmenté [tracassé] par cette affaire / Cette affaire le travaille [le tracasse, lui donne du souci, le préoccupe, le rend anxieux]. ◇_**(를) 먹다** ☞ 애먹다 ◇_**(를) 먹이다** ☞ 애먹이다 ◇_**(를) 쓰다** ☞ 애쓰다

애[2] 명 enfant *mf*, gosse *m* {*fam*}, gamin(*e*) {*fam*}, môme *mf* {*fam*}, mioche *mf* {*fam*}, moutard *m* {*fam*}, mouflet(*te*) {*fam*}. ¶ ~ 밴 여인 une femme enceinte. ¶ ~를 업고 있다 porter un enfant sur le dos. ¶ 저는 ~ 볼 사람이 필요해요 J'ai besoin d'une nounou [d'une garde d'enfants, d'une nourrice]. ¶ 그 여자는 병원에 가서 ~를 떼었다 Elle s'est fait avorter à l'hôpital. ¶ 부모님은 아직도 나를 ~ 취급한다 Mes parents me traitent [me considèrent] encore [toujours] comme un enfant / Mes parents me traitent toujours en enfant. ¶ 너무 놀라서 ~ 떨어지는 줄 알았어요 J'ai eu la peur de ma vie! / Je n'ai jamais eu si peur! / J'ai eu une peur bleue! / J'ai eu une de ces trouilles {*fam*}! ((j'en ai encore le cœur qui bat)) / Tu m'as fait une de ces peurs [une peur bleue]! ¶ 그 부부는 아직 ~가 없다 Ce couple est encore sans enfant.

***처녀가 ~를 낳아도 할 말이 있다** Quelle que soit la faute qu'on ait commise [Aussi coupable soit-on], on a toujours quelque chose à dire pour sa défense. ◆_**어머니** 명 mère *f*. ¶ ~어머니가 되다 devenir (une) mère.

애-[3] 접두 ((préfixe nominal)) enfant, jeune. ¶ ~벌레 larve *f* (d'insecte); chenille *f*. ¶ ~호박 courgette *f*; potiron *m* vert.

애가 哀歌 명 élégie *f*; hymne *m* [chant *m*] funèbre; chant *m* triste.

애간장 -肝腸 명 tourment *m*; souci *m*. ◇_**이 타다[녹다]** se tourmenter, se tracasser, se turlupiner, se ronger d'inquiétude, se ronger les sangs, se faire du mauvais sang, se faire un sang d'encre; être dévoré(*e*) [rongé(*e*)] d'inquiétude, être tourmenté(*e*), anxieu*x*(*se*), angoissé(*e*), nerveu*x*(*se*). ¶ 그 남자는 집 나간 아이 걱정에 ~이 다 탈 지경이었다 Il a beaucoup souffert en pensant à son enfant qui a quitté la maison. ◇_**을 끓이다[태우다]** se faire du souci; s'inquiéter. ¶ 나는 ~을 끓이며 그 사람의 전화를 기다렸다 J'attendais impatiemment son appel en me faisant énormément de souci. ◇_**을 녹이다** ① être anxieu*x*(*se*), très nerveu*x*(*se*); ((몹시 애타게 하다)) donner [causer] beaucoup de soucis à *qn*, tourmenter *qn*, tracasser *qn*, turlupiner *qn* {*fam*}; mettre en peine *qn*; jouer avec les nerfs de *qn*; torturer *qn*. ¶ 혹시 아내가 자기를 알아볼까 봐 그 남자는 ~을 다 녹였다 Il avait peur que sa femme ne l'aperçoive [d'être découvert par sa femme] / Il était très nerveux de peur d'être découvert par sa femme. ② 환심을 사다 faire succomber *qn*, faire fondre *qn*, faire craquer *qn* {*fam*}, attendrir *qn*, désarmer *qn*, conquérir *qn*. ¶ 그 여자의 아름다운 노래 소리는 사람들의 ~을 녹인다 Son chant merveilleux [Sa voix admirable] envoûte les gens / Sa voix envoûtante touche les gens.

애개개 감 (('애개개'의 잘못)) ☞ 애개개

애개 감 ((interjection)) quoi! si peu! par exemple!

¶~, 겨우 이것뿐이야? Quoi! c'est tout ce qu'il y a [il n'y a que ça, il n'y a pas plus que ça]!

애걔걔 감 ((interjection)) peuh ((interjection exprimant l'insuffisance, le mépris ou le mécontentement)). ¶~, 이것도 작품이라고 Peuh, tu appelles ça une œuvre!

애걸 哀乞 명 prière *f*, supplication *f*, imploration *f*. ◇_(을) **하다** implorer; prier; supplier. ¶그 여자는 그 남자에게 가지 말라고 ~했다 Elle l'a supplié [conjurée] de ne pas la quitter. ¶그 남자는 ~하듯 목숨만 살려달라고 빌었다 Il l'a supplié de lui épargner la vie.

◆_**조** -調 명 ton *m* suppliant [d'imploration, de supplication]. ¶그 사람이 내게 ~조로 말했다 Il m'a parlé avec un ton suppliant.

애걸복걸 哀乞伏乞 명 supplication *f*. ◇_(을) **하다** supplier; implorer. ¶~을 해서 겨우 그거 하나 얻었다 Je n'ai obtenu cela qu'après de multiples supplications [qu'après avoir beaucoup insisté] / Il a fallu beaucoup insister pour obtenir cela. ¶지금 와서 그렇게 ~ 해도 소용없어 Inutile maintenant de continuer à implorer.

애견 愛犬 명 chien(*ne*) favori(*te*).

◆_**가** -家 명 amoureux(*se*) des chiens; cynophile *mf*.

애고 감 (('아이고'의 준말)) ((onomatopée)) ☞ 아이고

애교 愛嬌 명 charme *m*; attrait *m*; amabilité *f*, minauderie *f*. ¶그 여자는 ~가 넘쳐흐른다 Elle a un charme fou. ◇_(를) **부리다[떨다]** faire des coquetteries, faire des mines, faire *sa* coquette; prodiguer des amabilités [des sourires] (à tout le monde), affecter l'amabilité, minauder; faire du charme à *qn*. ¶그 여자는 항상 모든 남자들에게 ~를 떤다 Elle fait du charme à tous les hommes. ◇_(가) **있다** être charmant(*e*), séduisant(*e*), attrayant(*e*); être agréable; être adorable, aimable. ¶~ 있는 coquet(*te*), charmant(*e*), séduisant(*e*), attrayant(*e*); agréable; adorable, aimable. ¶~ 있는 눈 yeux séduisants [charmants, séducteurs]. ◇_(가) **없다** être peu attrayant(*e*); être sans attrait; être peu séduisant(*e*); être peu sympathique. ¶~ 없는 peu attrayant(*e*); sans attrait; peu séduisant(*e*); peu sympathique.

◆_ㅅ**덩어리** 명 personne *f* adorable [plein(*e*) de charme]. ¶딸애는 애굣덩어리이다 Ma fille est adorable [est pleine de charme] / Ma fille n'est que charme.

애교심 愛校心 명 attachement *m* [attendrissement *m*] à l'école où l'on étudie; amour *m* de l'école. ¶모두 ~을 발휘하여 학교를 빛내 봅시다 Notre école va acquérir une réputation grâce à l'amour que nous lui portons. ¶졸업을 한 지 10년이 지났는데도 모두들 ~이 넘친다 On garde toujours un attachement [un attendrissement] à son école [de la nostalgie pour son école] même dix ans après la fin de ses études.

애국 愛國 명 patriotisme *m*; amour *m* de la patrie. ◇_(을) **하다** aimer *sa* patrie. ¶우리 모두 ~합시다! Soyons tous de bons patriotes! / Aimons tous notre pays!

◆_**적** -的 명관 patriote; patriotique.

◆_**단체** -團體 명 organisation *f* [société *f*, groupe *m*] patriotique.

◆_**부인회** -婦人會 명 association *f* des femmes patriotes.

◆_**선열** -先烈 명 ceux qui sont morts [qui ont donné leur vie] pour la patrie, héros *m* mort pour la patrie, héros *m* national.

◆_**심** -心 명 patriotisme *m*; sentiment *m* patriotique. ¶~심을 고취하다 inspirer le patriotisme (à *son* peuple). ¶그 남자는 불타는 ~심으로 대한 독립 만세를 큰 소리로 외쳤다 Il a crié fort avec un patriotisme enflammé:«Vive la République de Corée!». ¶~심이 있다 être patriote; aimer *sa* patrie.

◆_**운동** -運動 명 mouvement *m* patriotique.

◆_**자** -者 명 patriote *mf*.

◆_**지사** -志士 명 patriote *mf*.

애국가 愛國歌 명 hymne *m* national de la République de Corée [la Corée du Sud]. ¶~를 부르다 chanter l'hymne national coréen.

애긍 哀矜 명 ① ((연민)) compassion *f*, pitié *f*. ② 【천주】 ((헌금, 헌납)) aumône *f*, quête *f*. ◇_(을) **하다** avoir pitié de *qn*; faire l'aumône.

애기[1] 명 bébé *m*. ¶이웃집 ~가 많이 운다 Le bébé des voisins pleure sans arrêt.

애기[2] **愛機** 명 avion *m* auquel un pilote est très attaché.

애꾸눈 명 borgne *mf*. ¶그는 교통사고 이후로 ~이 되었다 Il est devenu borgne après un accident de voiture.

◆_**이** 명 borgne *mf*.

애꿎다 형 ① 아무 상관이 없다 être innocent(*e*); ne pas être responsable. ¶애꿎은 나만 벌을 받았다 J'ai été le(la) seul(*e*) à être puni(*e*) alors que j'étais innocent(*e*). ¶사고로 애꿎은 아이들이 다쳤다 À cause de l'accident, des enfants innocents ont été blessés. ¶그 남자는 사랑 고백은 하지도 못하고 애꿎은 담배만 피웠다 Il n'arrivait pas à lui avouer son amour et fumait cigarette sur cigarette / Il fumait cigarette sur cigarette n'arrivant pas à lui exprimer son amour. ② 억울하다 être puni(*e*) [condamné(*e*)] à tort [injustement]; être injuste, immérité(*e*). ¶잘하려다가 애꿎게 꾸중만 듣다 se faire rabrouer injustement alors que l'on faisait *son* maximum [tous les efforts] pour faire au mieux. ¶애꿎게도 아무 상관없는 나만 야단을 맞았다 J'ai été à tort le(la) seul(*e*) à m'être fait gronder alors que j'étais innocent(*e*).

애끊다 자 être déchiré(*e*) (de douleur); être extrêmement triste; être accablé(*e*), être très triste, pitoyable, mélancolique, avoir le cœur déchiré [brisé], être tourmenté(*e*); être accablant(*e*), déchirant(*e*). ¶ 애끓는 슬픔 un chagrin accablant.

애끓다 자 se tourmenter, se faire du souci [du tracas, du mouron {*fam*}], s'inquiéter, se ronger les sangs, se faire du mauvais sang, se faire un sang d'encre, se turlupiner; être tourmenté(*e*); être très inqui*et*(*ète*). ¶ 애끓어 병이 나다 être tourmenté(*e*) au point de tomber malade. ¶ 애끓는 심정 cœur brisé; douleur.

애늙은이 명 enfant *mf* qui a un comportement d'adulte [qui se comporte comme un adulte], enfant *mf* très mature [très mûr(*e*)]. ¶ 그 학생은 하는 짓이 ~ 같다 Cet élève semble se comporter comme un adulte [semble être très mature, témoigne d'une maturité étonnante].

애니메이션 영{animation} 명 animation *f*. ¶ ~ 영화 un dessin animé; un film d'animation; le cinéma d'animation.

애니미즘 영{animism} 명 animisme *m*.

애달다 자 être impatient(*e*) et très inquiet(*ète*) [anxieu*x*(*se*)], être sur des charbons ardents, être sur le gril {*fam*}. ¶ 아들이 집에 들어오지 않자 어머니는 애달아서 어쩔 줄을 몰라 했다 Son fils ne rentrant pas à la maison, sa mère était sur le gril [très inquiète, sur des charbons ardents].

애달프다 형 être tout(*e*) triste, douloureu*x*(*se*); avoir le cœur *m* déchiré; être tourmenté(*e*); ((소식)) être déchirant(*e*), navrant(*e*), affligeant(*e*), fendre l'âme [le cœur]. ¶ 애달픈 신세를 한탄하다 se lamenter (tristement) sur *son* sort.

애닯다 형 être triste, pitoyable, mélancolique. ☞ 애달프다

애당초 -當初 부 au début; dès le début; à l'origine; au commencement. ¶ 실행하기 힘든 계획은 ~ 세우지를 마라 Ne commence pas par te lancer [Ne te lance pas dès le début] dans un projet impossible [difficile à réaliser, difficilement réalisable]. ¶ ~ 내게 말했으면 이런 일이 없었을 텐데 Cela ne serait pas arrivé si tu me l'avais dit [si tu m'en avais parlé] dès le début. ¶ 이런 일이 생길 줄 내 ~ 알고 있었다 Je savais [pressentais] dès le départ que cela arriverait.

애도 哀悼 명 condoléances *fpl*; chagrin *m*; tristesse *f*; regret *m*; lamentation *f* (à la mort de *qn*). ¶ ~의 뜻을 표하여 en témoignage de sympathie (à la mort de *qn*). ¶ ~의 뜻을 표하다 exprimer *sa* sympathie [*ses* condoléances] à la mort de *qn*. ¶ (유족에게) ~의 뜻을 표하다 présenter *ses* condoléances (à la famille du défunt). ◇_(를) **하다** pleurer *qn*; souffrir de la mort de *qn*, être très affecté(*e*) par la mort de *qn*.

애독 愛讀 명 lecture *f* préférée [favorite]. ◇_(을) **하다** lire avec plaisir; aimer (à) lire; avoir pour lecture favorite; avoir pour auteur favori [préféré, de prédilection]. ¶ 그 사람은 까뮈를 ~한다 Camus est son auteur préféré. ¶ 이 책은 중학생들이 ~하고 있다 Ce livre est très lu [très apprécié] par les collégiens / Ce livre est à la mode [est très populaire] parmi les collégiens.

◆**_자** -者 명 lec*teur*(*trice*) (fidèle); abonné(*e*). ¶ 이 책은 ~자가 많다 Ce livre est très lu / Ce livre est très populaire [est à la mode]. ¶ ~자가 되다 devenir un(*e*) lec*teur*(*trice*) fidèle.

◆**_서** -書 명 livre *m* préféré [favori], livre *m* de chevet; lecture *f* favorite.

애드벌룬 영{adballoon} 명 grand ballon *m* pour une campagne de publicité ((de l'anglais *ad*(*vertising*) *balloon*)). ¶ ~을 띄우다 lancer [envoyer] un ballon de pub(licité) [un ballon publicitaire] dans le ciel, faire voler un ballon publicitaire dans le ciel.

애련 愛憐 명 pitié *f*; compassion *f*. ¶ ~의 정을 금치 못하다 être pris(*e*) de pitié pour *qn*.

◆**_하다** 형 être pitoyable; faire pitié. ¶ 그 여자의 모습은 오늘따라 더 ~해 보인다 Aujourd'hui, elle est particulièrement pitoyable [elle est encore plus pitoyable que d'habitude]. ¶ 밤의 풍경 소리가 ~하게 들려왔다 On a entendu dans la nuit le tintement pitoyable d'une clochette.

애로 隘路 명 ① 힘든 점 difficulté *f*; obstacle *m*. ¶ ~를 타개하다 surmonter [combattre, résoudre, vaincre, venir à bout d']une difficulté, franchir un obstacle. ¶ 정부는 생산의 ~를 타개하려 한다 Le gouvernement s'efforce de surmonter les difficultés présentées par le secteur de la production (industrielle). ¶ 그 일을 하는 데에는 몇 가지 ~가 뒤따른다 On a quelques difficultés pour faire [pour venir à bout de] ce travail. ② 좁은 길 sentier *m* étroit; défilé *m*, gorge *f*. ◇_**가 있다** y avoir des difficultés [des obstacles] (à surmonter). ¶ 이 계획에는 많은 ~가 있다 Il y a beaucoup de difficultés à surmonter pour réaliser ce projet.

◆**_점** -點 명 difficulté *f*.

◆**_ 사항** -事項 명 problème *m*; difficulté *f*.

애마 愛馬 명 cheva*l*(*aux*) *m* auquel on est très attaché.

애매성 曖昧性 명 ambiguïté *f*, équivoque *f*. ¶ 자연 언어의 ~ ambiguïté du langage naturel.

애매하다[1] 曖昧- 형 être ambigu(*ë*), équivoque, évasi*f*(*ve*). ¶ 이 문장은 뜻이 ~ Le sens de cette phrase est ambigu [obscur]. ¶ 애매하게 대답하다 répondre évasivement [en termes ambigus], donner une réponse équivoque [évasive], donner une réponse de Normand. ¶ 그 법률은 애매한 점이 많다 Cette loi est pleine d'ambiguïtés. ¶ 애매한 대답 une réponse équivoque [évasive, en termes ambigus], une réponse de Normand. ¶ 애매한 표정 une expression énigmatique [difficile à cerner] du visage. ¶ 애매한 태도 une attitude ambiguë.

애매하다[2] 형 être accusé(*e*) à tort. ¶ 애매하게 죄를 뒤집어쓰다 être accusé(*e*) [condamné(*e*)] injustement [à tort]. ¶ 애매한 사람을 벌하다 punir quelqu'un qui est accusé à tort [qui est innocent].

애먹다 자 être très inquiet(ète); avoir des difficultés [de la peine] à+*inf*; avoir du mal *m* à+*inf*; avoir des ennuis [des soucis, des pépins {*fam*}]; se donner du mal [de la peine] pour *qc/qn*, peiner, se fatiguer pour *qc/qn*. ¶ 우리는 어제 그 고물차 때문에 몹시 애먹었다 Cette vieille voiture nous a causé beaucoup de soucis [de problèmes] / Cette vieille caisse {*fam*} nous a valu des tas d'ennuis. ¶ 그 사람의 화를 가라앉히느라 애먹었다 On a eu du mal à calmer [à apaiser] sa colère.

애먹이다 타 contrarier *qn*; chagriner *qn*; tourmenter *qn*, tracasser *qn*, ennuyer *qn*, embarrasser *qn*; embêter {*fam*}; causer [créer] des ennuis à *qn*, donner du souci à *qn*; coûter des efforts [de la peine]; ((일)) être pénible. ¶ 아이가 칭얼대며 엄마를 애먹이고 있다 L'enfant contrarie sa mère en pleurnichant. ¶ 잦은 고장으로 애먹이는 차 une voiture qui donne du souci à cause de ses pannes fréquentes, une voiture qui cause beaucoup d'ennuis [qui entraîne de multiples problèmes] en raison de ses pannes fréquentes.

애모 愛慕 명 affection *f*; amour *m* pour *qn*; attachement *m* à [pour] *qc/qn*. ¶ ~의 정 sentiment amoureux [d'amour]; affection. ◇_(를) **하다** s'attacher à *qn*, éprouver de l'affection pour *qn*; aimer *qn/qc*; être (très) attaché(*e*) à; soupirer {*vx*}; adorer. ◇_(를) **받다** être aimé(*e*) de *qn*. ¶ 학생들에게 ~를 받다 être aimé(*e*) de *ses* élèves; être l'idole de *ses* élèves.

애무 愛撫 명 caresse *f*. ¶ 그 여자는 그 남자의 ~를 순순히 받아들였다 Elle s'est docilement laissée caresser par lui. ◇_(를) **하다** choyer; caresser; câliner.

애물 –物 명 ① cause *f* de souci. ¶ 자식은 ~이라더니 그 말이 맞다 Je suis d'accord quand on dit que les enfants sont des causes de souci. ② (부모 입장에서) 어려서 죽은 자식 enfant *mf* mort(*e*) en bas âge (alors que *ses* parents sont vivants).

◆**_단지** 명 cause *f* de souci, source *f* d'ennui, casse-tête *m*, souci *m*, tracas *m*. ¶ ~단지로 여기다[취급하다] considérer *qn* comme la cause de *ses* ennuis [comme la raison de *ses* soucis, comme la source [l'origine] de *ses* ennuis, le responsable de *ses* ennuis]. ¶ 그 아이는 항상 말썽만 일으키는 ~단지이다 C'est un enfant qui crée toujours des soucis [qui occasionne beaucoup de soucis] / Cet enfant cause toujours des ennuis! / Cet enfant est toujours source d'ennuis [est une source permanente d'ennuis, est une source d'ennuis permanents] / On n'a que des ennuis avec cet enfant / C'est un faiseur d'histoires, cet enfant.

애벌 명 ((faire)) une première fois; en gros, grossièrement. ¶ ~(로) 빤 옷들을 세탁기에 넣다 mettre dans la machine (à laver) du linge prélavé. ¶ ~(로) 매다 désherber grossièrement.

◆**_갈이** 명 **【농업】** labourage *m* premier et sommaire.

◆**_빨래** 명 prélavage *m*.

애벌레 명 larve *f* (d'insecte).

애비 명 père *m*, papa *m*. ¶ ~ 없는 자식 un(*e*) enfant sans père. ¶ ~는 아직 안 들어왔나? ((les grands-parents à leur belle-fille)) Le père [Ton mari], n'est-il pas encore rentré?

애사[1] 哀事 명 événement *m* triste, malheur *m*; tragédie *f*. ¶ 그 친구는 집안에 ~가 있었다 Il s'est produit un événement triste, chez lui / Il y a eu un malheur dans sa famille.

애사[2] 哀詞 명 discours *m* de condoléances, oraison *f* funèbre. ¶ ~로 된 기사 article écrit sous la forme d'une oraison funèbre.

애사[3] 愛社 어근 amour *m* de l'entreprise. ¶ ~ 정신 dévouement pour son entreprise. ¶ 열심히 일함으로써 그 남자는 ~ 정신을 보였다 Par son travail acharné, il a montré son dévouement pour son entreprise.

◆**_적** -的 명 par amour pour l'entreprise. ¶ ~적 차원에서 건의를 하다 faire une pétition par amour pour l'entreprise.

애상 哀傷 명 chagrin *m*; tristesse *f*; lamentation *f*. ¶ ~의 곡 un chant de tristesse; une élégie. ¶ 그 여자는 ~에 젖어 밤 풍경을 바라보았다 Elle a regardé avec mélancolie [mélancoliquement, tristement] le paysage de la nuit [le paysage nocturne].

애석 哀惜 명 tristesse *f*, regret *m*. ¶ ~의 정 sentiment de tristesse.

◆**_하다** 형 être pitoyable, attristant(*e*). ¶ 정말 ~하구나 C'est vraiment dommage! / Quel dommage! ¶ 그 남자의 때 이른 죽음을 모두들 ~해한다 Tout le monde regrette sa mort prématurée. ¶ 애석하게도 그 친구는 시험에 합격하지 못했다 Il est regrettable qu'il(elle) n'ait pas réussi. ¶ ~하게 여기다[생각하다] regretter, éprouver du regret. ¶ ~한 일이다 C'est pitoyable [dommage]. ¶ ~한 마음이 들다 éprouver du regret [de la peine].

◆**_히** 부 avec regret. ¶ ~히 여기다[생각하다] regretter, éprouver du regret.

애송 愛誦 명 récitation *f* de poèmes. ◇_(을) **하다** aimer à réciter (un poème). ◇_(이) **되다** être aimé(*e*) [agréable] à réciter; être populaire pour la récitation]. ¶ 학생들에게 널리 ~되는 시 un poème que beaucoup d'élèves aiment réciter.

◆**_시** -詩 명 poème *m* que l'on aime réciter.

애송이 명 ① ((c'est encore un(*e*))) enfant *mf*, gamin(*e*). ¶ 아직 스무 살밖에 안 된 ~ un jeune qui n'a encore que vingt ans. ¶ 누구를 ~(로) 취급하다 traiter *qn* en enfant, considérer *qn* comme un(*e*) enfant [comme(*e*) un gamin(*e*)], infantiliser *qn*. ② 초보자 personne *f* inexpérimentée, apprenti(*e*), novice *mf*; blanc-bec *m* {*fam*}, bleu *m* {*pop*}. ¶ ~ 의사 un médecin débutant [inexpérimenté, encore jeune]. ¶ 그 형사는 아직 ~ 티를 못 벗었다 Cet inspecteur [Cet officier de police] est encore inexpérimenté [novice, débutant].

애수 哀愁 명 chagrin *m*; tristesse *f*, mélancolie *f*, spleen *m*; douleur *f*. ¶ ~ 어린 곡조 un air (de musique) [une mélodie] triste [mélancolique]. ¶ ~를 자아내다 inspirer la tristesse. ¶ ~를 느끼다 se sentir triste [mélancolique]. ¶ ~에 잠기다 être triste [mélancolique]. ¶ ~에 젖은 유행가 une chanson populaire mélancolique.

애숭이 명 (('애송이'의 잘못)) ☞ 애송이

애쓰다 자 faire des efforts, s'efforcer de+*inf*, tâcher de+*inf*, chercher à+*inf*, faire *son* possible pour+*inf*; peiner, se donner de la peine [du mal], se fatiguer, se casser (le cul) {*vulg*}, se fouler {*fam*}, s'évertuer, s'échiner, se décarcasser {*fam*}, se démener, se démancher, se dépenser, se remuer; ((가진 애를)) faire de *son* mieux; essayer de+*inf*. ¶ 그 누나는 우는 아이를 달래려고 애썼다 La grande sœur s'est donnée du mal pour calmer [pour consoler, pour réconforter] l'enfant qui pleurait. ¶ 그 사람은 문제를 해결하려고 무진 애썼다 Il a fait tout son possible pour résoudre le problème. ¶ 애써 보았자 헛일이다 Tous les efforts sont vains [inutiles] / Il [Ça] ne sert à rien [Inutile] de se fatiguer pour cela. ¶ 되지도 않을 일이었는데 괜히 나만 혼자 애썼잖아 Je suis le(la) seul(*e*) à m'être donné du mal pour rien, pour un travail qui était infaisable [irréalisable] [pour un travail impossible à réaliser].

애어른 명 enfant *mf* précoce. ¶ 그 아이는 너무 조숙해서 ~ 같다 L'enfant est tellement précoce qu'il a l'air d'un adulte [qu'il a un comportement adulte, qu'il se comporte comme un adulte].

애엄마 명 mère *f* de famille, maman *f*.

애연가 愛煙家 명 grand(*e*) fumeu*r*(*se*).

애오라지 부 ① ☞ 오로지 ¶ 그 학생은 ~ 공부만 한다. Cet étudiant ne fait que travailler. ② ☞ 겨우 ¶ 주머니엔 ~ 동전 두 닢뿐이다. n'avoir que deux sous en poche.

애완 愛玩 명 amour *m*, affection *f* (pour les animaux). ¶ 이 금붕어는 ~을 목적으로 산 것이다. Ce poisson rouge ne vit que pour être choyé.

◆ **_견** -犬 명 chien *m* de compagnie, chien *m* domestique.

◆ **_동물** -動物 명 anim*al*(*aux*) *m* domestique [de compagnie]. ¶ 집에서 ~동물을 기르다 élever chez *soi* un animal domestique [de compagnie]. ¶ 그 남자는 도마뱀을 ~동물로 기른다 Il a comme animal de compagnie un lézard.

◆ **_용** -用 명 domestication *f*. ¶ 개를 ~용으로 기르다 élever un chien comme un animal de compagnie.

애욕 愛慾 명 désir *m* (charnel, sexuel); passion *f*, amour *m* sensuel, concupiscence *f*. ¶ ~의 세월 temps du désir. ¶ ~으로 얼룩진 시간들 moments [instants] chargés de [marqués par le] désir charnel. ¶ ~과 집착으로부터 벗어나다 se libérer [se détacher] des désirs charnels et de l'attachement [de l'attraction, de la dépendance (psychologique)].

애용 愛用 명 emploi *m* [usage *m*] habituel [régulier]. ◇_(을) **하다** employer habituellement; se servir habituellement; faire un usage habituel; fréquenter. ¶ 국산품을 ~하다 employer habituellement les produits nationaux. ¶ 저희 회사 제품을 ~해 주셔서 대단히 고맙습니다 Merci beaucoup d'utiliser nos produits [les produits de notre compagnie]. ¶ 그 남자는 이 가게를 ~한다 C'est un habitué de cette boutique / C'est un client régulier [fidèle] de cette boutique. ◇_(이) **되다** être employé(*e*) habituellement. ¶ 이 은어는 요즈음 젊은이들 사이에서 ~되는 말이다 Cette expression argotique est couramment employée par les jeunes d'aujourd'hui.

애원 哀願 명 appel *m* pressant; supplication *f*, prière *f*. ◇_(을) **하다** implorer, supplier; faire appel à *qn* de façon pressante. ¶ ~하듯이 d'un air [d'un ton] suppliant. ¶ 그 사람은 용서해 달라고 내게 ~을 했다 Il m'a prié de le pardonner.

애인 愛人 명 petit(*e*) ami(*e*), copain *m* {*fam*}, copine *f* {*fam*}, dulcinée *f*, bien-aimé(*e*), amoureu*x*(*se*), *sa* chère et tendre; ((정부)) amant *m*, maîtresse *m*. ¶ 그 학생은 하숙집 딸을 ~으로 삼았다 Cet étudiant a pris comme petite amie la fille de la propriétaire de la pension où il vivait. ¶ 그 남자의 ~은 여대생이다 Sa petite amie est une étudiante.

애절하다 哀切- 형 être très triste; être émouvant(*e*), touchant(*e*), pathétique. ¶ 애절한 사랑 이야기 une histoire d'amour émouvante; une histoire d'amour pathétique. ¶ 애절하게 울다 pleurer avec beaucoup de tristesse, pleurer tristement, pleurer de manière émouvante [touchante, pathétique].

애정 愛情 명 amour *m*; affection *f*; tendresse *f*; attachement *m*. ¶ ~ 문제 un problème d'amour. ¶ ~의 표시로 en témoignage de tendresse. ¶ ~ 어린 눈길 un regard affectueux. ¶ ~(이) 넘치는 affectueu*x*(*se*), tendre. ¶ ~을 표시하다 prouver *son* affection; donner des preuves d'affection. ¶ 누구에게 ~을 갖다[느끼다] avoir [éprouver] une affection pour [envers] *qn*. ¶ 우리 모두는 그 사람에게 깊은[한없는] ~을 느끼고 있다 Nous, tous, avons une grande affection pour lui. ¶ 아이들에게는 부모의 ~이 필요하다 Les enfants ont besoin de l'affection de leurs parents. ¶ 아직도 그녀에게는 전 남편에 대한 ~이 얼마간 남아 있었다 Il lui restait toujours un peu d'affection pour son ex-mari. ◇_(이) **있다**[**없다**] avoir une affection [n'avoir pas d'affection]; aimer [ne pas aimer]. ¶ ~ 없이 하는 일이 제대로 될 리가 없다 Le travail ne marchera jamais si on le fait sans amour. ¶ 그 남자는 ~ 없는 결혼을 했다 Ce n'est pas par amour qu'il s'est marié / Il ne s'est pas marié par amour / Il n'a pas fait un mariage d'amour.

◆ **_사** -事 명 aventure *f* amoureuse, histoire *f* d'amour. ¶ 그 남자는 남녀 간의 ~사에 관심이 많다

ㅇ

Il s'intéresse beaucoup aux histoires d'amour [aux aventures amoureuses, aux liaisons amoureuses].

애제자 愛弟子 명 élève *mf* préféré(*e*); chouchou(*te*) {*fam*}. ¶ 제일 성실한 학생을 ~로 삼다 prendre comme chouchou l'élève [choisir comme élève préféré] le plus studieux [diligent, travailleur, sérieux]. ¶ 그 학생은 김 교수의 ~이다 Il(Elle) est le(la) chouchou(*te*) du professeur Kim.

애조 哀調 명 ton *m* mélancolique [plaintif, triste]. ¶ 이 노래는 ~를 띠고 있다 Cette chanson est triste [mélancolique].

애족 愛族 명 amour *m* de *ses* compatriotes. ¶ 애국과 ~을 부르짖다 crier *son* amour de la patrie et de *ses* compatriotes.

◆**_적** -的 명관 patriotique.

◆**애국_** 愛國- 명 amour *m* de la patrie et de *ses* compatriotes. ¶ 애국~하다 aimer *sa* patrie et *ses* compatriotes.

애주 愛酒 명 penchant *m* pour la boisson, amour *m* de l'alcool. ¶ 그는 ~의 정도를 넘어 늘 폭주한다. Son amour pour la boisson dépasse le simple penchant.

◆**_가** -家 명 personne *f* qui aime boire [qui boit beaucoup, qui aime la bouteille {*fam*}], personne *f* portée sur la boisson, buveu*r*(*se*) excessi*f*(*ve*), amoureux *m* de la bouteille {*fam*}.

애증 愛憎 명 amour *m* et haine *f*; sympathie *f* et aversion *f*. ¶ 그 사람에 대한 나의 감정은 ~이 교차한다 Mon sentiment pour lui est un mélange d'amour et de haine.

애지중지 愛之重之 부 avec affection; précieusement; (aimer) à la folie. ¶ 김 씨 부부는 뒤늦게 얻은 아이를 ~ 길렀다 M. et Mme Kim ont élevé avec beaucoup d'affection un enfant né tardivement [sur le tard]. ¶ ~ 아껴왔던 접시가 깨졌다 Une assiette, à laquelle je tenais beaucoup, s'est cassée.

◆**_하다** 타 adorer; aimer à la folie; chérir; estimer beaucoup, faire grand cas de; tenir beaucoup à *qn/qc*, tenir à *qc* comme à la prunelle de *ses* yeux, garder soigneusement [précieusement] *qc*. ¶ 아버지가 ~하시는 도자기를 깨뜨렸다 J'ai cassé une poterie précieuse que mon père adorait [que mon père appréciait beaucoup]. ¶ 아이를 너무 ~하다 보니 버릇이 나빠졌다 L'enfant a tellement été gâté {*fam*} [((경멸적)) pourri, idolâtré] par ses parents qu'il est mal élevé.

애착 愛着 명 attachement *m*; affection *f*, amour *m*. ¶ 무엇[누구]에 ~을 느끼다 s'attacher à *qc/qn*; montrer de l'attachement à [pour] *qn*, garder un grand attachement pour *qn*. ¶ 이곳이 고향은 아니지만 오래 살다 보니 ~이 생겼다 Je ne suis pas d'ici, c'est-à-dire de cette ville, mais j'y suis très attaché. ◇**_을 갖다** être passionné(*e*) pour *qc/qn*; avoir une affection. ¶ 그 사람은 이 문제에 강한[큰] ~을 갖고 있다 Il est très passionné par cette question. ◇**_이 있다[많다]** être attaché(*e*) à; s'attacher à; se prendre d'affection pour *qc/qn*.

◆**_심** -心 명 attachement *m*; affection *f*. ¶ 그 여자는 자식들에게 강한 ~심을 보였다 Elle montre un grand attachement pour ses enfants.

애창 愛唱 명 amour *m* des chants. ◇**_(을) 하다** aimer chanter. ¶ 모두가 ~하는 노래 une chanson qui est sur les lèvres de tout le monde. ◇**_(이) 되다** être chanté (par *qn*) avec amour.

◆**_곡** -曲 명 chanson *f* qui est sur les lèvres de toute le monde [sur toutes les lèvres]; ((개인)) la chanson *f* préférée [favorite] ((de *qn*)), chanson *f* que l'on aime chanter souvent [dont on a tout le temps l'air dans la tête]. ¶ 이 노래는 강 선생님의 ~곡이다 Cette chanson est la chanson préférée du professeur Kang.

애처가 愛妻家 명 mari *m* qui aime tendrement [beaucoup] sa femme. ¶ ~ 기질 caractère du mari qui aime beaucoup sa femme. ¶ 그 남자는 공처가라기보다 ~이다 C'est un mari qui aime tendrement sa femme et non un mari qui en a peur [et non un mari dont la femme porte la culotte] {*fam*}.

애처로움 명 tristesse *f*, chagrin *m*; pitié *f*, compassion *f*, miséricorde *f*. ¶ 누구[무엇]에 ~을 느끼다[갖다] avoir pitié de *qn*, ressentir de la pitié envers[pour] *qn*; compatir à *qc*, avoir de la compassion ((pour une souffrance)); être compatissant(*e*) avec *qn*; s'apitoyer sur ((le sort de *qn*)).

애처로이 부 tristement, avec compassion. ¶ ~ 울다 pleurer tristement.

애처롭다 형 être triste, pitoyable, compatissant(*e*), miséricordieu*x*(*se*). ¶ 애처롭게도 그 사람은 홀홀단신이다 Il est pitoyablement seul. ¶ 고아의 애처로운 모습 l'apparence pitoyable d'un orphelin.

애첩 愛妾 명 concubine *f* [maîtresse *f*] qui a les faveurs de *qn*. ¶ ~을 두다 avoir une maîtresse.

애청 愛聽 명 passion *f* pour l'écoute [amour *m* de l'écoute] (des émissions radiophoniques). ¶ ~ 프로그램 programme de radio [de télé(vision)] préféré. ◇**_(을) 하다** aimer écouter. ¶ 나는 매일 이 프로그램을 ~한다 J'aime écouter ce programme tous les jours.

◆**_자** -者 명 audit*eur*(*trice*).

애초 -初 명 commencement *m*, début *m*, origine *f*. ¶ ~의 계획은 그렇지 않았다 Le projet [Le plan] d'origine [Le projet de départ, Le projet initial, Le premier projet] était différent. ¶ 이 일은 ~부터 방향이 잘못돼 있었다 Dès le début, ce travail était mal orienté. ¶ 그런 불온한 세력은 ~에 싹을 잘라 버려야 한다 Un tel pouvoir subversif doit être éradiqué [écarté, déraciné] dès le départ. ¶ ~에는 그 남자를 만날 생각이 없었다 Au début, je n'avais pas l'intention de le rencontrer [de le voir].

애칭 愛稱 명 surnom *m* affectueux; diminutif *m* affectueux. ¶ 우리 집 식구들은 꼭 나를 ~으로 부른다 Chez nous, on m'appelle toujours par mon surnom

ㅇ

[par mon diminutif] affectueux. ¶ 잠꾸러기는 그 사람의 ~이다 *Jamkkureogi* ((«grand dormeur»)) est son surnom affectueux.

애타다 재 s'impatienter, s'énerver, s'irriter. ¶ 애타게 누구를 기다리다[찾다] attendre *qn* avec impatience, faire le pied de grue [chercher impatiemment *qn*].

애틋하다 형 ① être affligé(*e*), être en proie à l'inquiétude, être inqui*et*(*ète*), anxieu*x*(*se*), tourmenté(*e*), angoissé(*e*); s'inquiéter pour, se faire du souci [du tracas, des cheveux, du mouron {*fam*}, de la bile {*fam*}] pour, se faire du mauvais sang pour. ¶ 떨어진 가족 때문에 내 마음이 ~ Je suis en proie à l'inquiétude à cause d'un parent [d'un membre de la famille] qui vit loin de chez nous. ② 깊은 정을 느끼다 être passionné(*e*). ¶ 저렇듯 애틋한 사랑은 처음 본다 C'est la première fois que je vois un amour si passionné.

애프터서비스 영{after service} 명 service *m* après-vente. ¶ 중소기업 제품은 ~가 좋지 않다 Le service après-vente des marchandises des petites et moyennes entreprises [des P.M.E] n'est pas bon [laisse à désirer]. ◇_**를 하다[받다]** fournir [procurer] un service après-vente [bénéficier d'un service après-vente]. ¶ TV가 고장 나서 ~를 받았다 On a fait appel au service après-vente du téléviseur en panne.

애향 愛鄕 명 amour *m* de *son* village [de *sa* ville] natal(*e*), attachement *m* à *son* pays natal. ¶ ~ 운동을 일으키다 initier un mouvement pour l'amour de *sa* terre natale.

◆_**심** -心 명 amour *m* du pays natal; attachement *m* au pays natal. ¶ ~심에 호소하다 faire appel à l'amour du pays natal [de *son* enfance], essayer de stimuler les gens en leur faisant miroiter [en faisant appel à] leurs souvenirs du pays natal [leurs souvenirs d'enfance], rappeler aux gens leur pays natal.

애호 愛好 명 goût *m*, amour *m*, prédilection *f*, penchant *m*.

◆_**(를) 하다** aimer, avoir du goût pour *qc*. ¶ 그 사람은 고전음악을 ~한다 Il a un penchant pour la musique classique. ¶ 우리는 평화를 ~하는 국민이다 Nous sommes un peuple qui aime la paix.

◆_**가** -家 명 amateur *m*. ¶ 음악 ~가 un amateur de musique.

애호박 명 potiron *m* vert, courgette *f*.

애환 哀歡 명 tristesse *f*. ¶ 서민들의 ~이 서린[담겨 있는] 작품 une œuvre qui fait sentir la tristesse des gens du peuple.

액[1] 厄 명 malheur *m*, désastre *m*, infortune *f*, mauvaise fortune *f*, malchance *f*, adversité *f*. ¶ ~을 막다[물리치다] prévenir un désastre. ¶ ~을 면하다 éviter un malheur. ¶ ~이 끼다 porter un malheur.

◆_**땜** 명 ☞ 액땜

◆_**막이** 명 prévention *f* des malheurs; exorcisme *m*; exorcisation *f* {*litt*}. ¶ ~막이 부적 un talisman; une amulette; un porte-bonheur (qui prévient des malheurs).

액[2] 液 명 liquide *m*, jus *m* (de fruit), suc *m*, sève *f*. ¶ 나무껍질에서 찐득찐득한 ~이 흘러나온다 Une sève visqueuse coule de l'écorce de l'arbre.

액땜 명 moindre m*al*(*aux*) *m* ((considéré comme écartant un grand malheur)); prévention *f* d'un malheur. ◇_**(을) 하다** ¶ ~ 했다 생각하고 물건 잃어버린 것은 그만 생각해라 Ne pense plus à la perte de cet objet, dis-toi que ça t'évitera un plus grand malheur!

액면 額面 명 【경제】 valeur *f* nominale; valeur *f* au pair. ¶ ~ 이상[이하]이다 être au-dessus [en dessous] du pair [de la valeur nominale], être à prime [en perte].

***누구의 말을 ~ 그대로 받아들이다** prendre les paroles de *qn* au pied de la lettre [à la lettre, au sérieux], prendre les paroles de *qn* pour argent comptant.

◆_**가** -價 명 【경제】 valeur *f* nominale; valeur *f* au pair. ¶ 채권을 ~가보다 낮은 가격에 팔다 vendre une obligation en dessous de sa valeur nominale.

◆_**상환** -償還 명 【경제】 remboursement *m* au pair.

액상 液狀 명 état *m* liquide. ¶ ~ 과즙 une purée liquide de fruits.

액세서리 영{accessory} 명 ① 장신구 accessoire *m*; bijou(*x*) *m* fantaisie. ¶ ~를 달다[차다] mettre [porter] des accessoires. ② 보조품 accessoires *mpl* ((d'automobiles)). ¶ 카메라의 ~ accessoires d'un appareil photo.

액센트 영{accent} 명 ☞ 악센트

액셀러레이터 영{accelerator} 명 accélérateur *m*. ¶ ~를 밟다 appuyer sur (la pédale de) l'accélérateur [sur le champignon {*fam*}], accélérer, mettre le turbo {*fam*} [la gomme {*fam*}, toute la gomme {*fam*}], passer la surmultipliée {*fam*}]. ¶ 그 남자는 ~에서 발을 떼지 않는다 Il ne lève pas le pied de l'accélérateur / Il a toujours le pied sur l'accélérateur.

액션 영{action} 명 ① 행위 action *f*. ¶ ((영화 촬영)) ~! ② 폭력, 무협 ((film *m* d'))action *f*, ((histoire, roman, film)) de cape *f* et d'épée *f*, ((œuvre, film)) teinté(*e*) de violence. ◇_**을 취하다[하다]** faire [commettre] une action; agir. ¶ 그 녀석은 자꾸 과장된 ~을 취한다 Ses actions sont exagérées.

◆_**물** -物 명 œuvre *f* teintée de violence, film *m* d'action [de cape et d'épée].

◆_ **배우** -俳優 명 ac*teur*(*trice*) de film d'action.

◆_ **영화** -映畫 명 film *m* d'action [de cape et d'épée].

액수 額數 명 montant *m*, somme *f*, tot*al*(*aux*) *m*. ¶ ~의 많고 적음을 따지지 않고 sans discuter le prix. ¶ ~를 부풀리다 exagérer le montant. ¶ 인부의 임금 ~를 줄이다 réduire le (coût de) salaire des ouvriers. ¶ ~에 구애받지 말고 얘기해 보아라 Propose une somme, peu importe le montant! ¶ 돈의 ~가 너무 많다[크다] Le montant est trop élevé. ¶ 총 ~가 무려 5억 원에 달한다 Le montant total s'élève à

500 millions de wons. ¶ ~가 남는다 Il en reste (une certaine somme).

액운 厄運 명 calamité *f*, catastrophe *f*, désastre *m*; malchance *f*, infortune *f*, mauvais sort *m*, malheur *m*, adversité *f*, désolation *f*. ¶ ~을 당하다[겪다] tomber dans l'adversité; connaître l'infortune; avoir la malchance de+*inf*. ¶ ~을 떨쳐 보내다 conjurer le mauvais sort [le malheur, un péril]; écarter une catastrophe. ¶ ~을 면하다 éviter une catastrophe; l'échapper belle. ¶ ~을 예방하다 se prévenir contre le malheur [une catastrophe]. ¶ ~이 거듭되다 les catastrophes se perpétuent; avoir une série de malchances. ¶ ~이 닥치다 un malheur frappe *qn*. ¶ ~이 따라다니다 être poursuivi(*e*) par le malheur [la malchance]; la malchance poursuit *qn*.

액자 額子 명 cadre *m*, encadrement *m*. ¶ 그림을 ~에 넣다 mettre une peinture dans un cadre; encadrer une peinture, faire encadrer un tableau. ¶ ~에서 사진만 빼내다 enlever seulement la photo de son cadre.

◆_**소설** -小說 명 roman *m* (à structure) en abyme.

액정 液晶 명 cristaux *mpl* liquides (L.C.D.). ¶ ~ TV téléviseur (à écran) à cristaux liquides; téléviseur LCD. ¶ ~ 화면 écran à cristaux liquides.

액체 液體 명 liquide *m*. ¶ ~ 상태 état liquide. ¶ ~의 비중을 재다 mesurer le poids du liquide. ¶ 이 ~에 열을 가하면 가스가 발생한다 Quand on chauffe le liquide, un gaz se produit. ¶ 통에서 이상한 ~가 흘러나온다 Un liquide bizarre coule de la bonbonne.

◆_**연료** -燃料 명 combustibles *mpl* liquides.

액화 液化 명 liquéfaction *f*. ¶ ~ 천연가스 gaz naturel liquéfié. ◇_**(를) 시키다** liquéfier ((un gaz)). ◇_**(가) 되다** se liquéfier.

앨범 영{album} 명 ① 사진첩 album *m* de photos, album *m* photo. ¶ ~을 정리하다 ranger les albums photo. ¶ 사진을 ~에 끼워 넣다 mettre [ranger] les photos dans un album (photo). ② 음반 album *m*. ¶ ~을 내다 sortir un album. ¶ 이 가수의 두 번째 독집 ~이다 C'est le deuxième album de ce chanteur / C'est son deuxième album.

앰뷸런스 영{ambulance} 명 ambulance *f*. ¶ ~를 부르다 appeler une ambulance; appeler le SAMU. ¶ ~에 실려 가다 être transporté(*e*) en ambulance ((à l'hôpital)).

앰프 영{amplifier} 명 amplificateur *m*, ampli *m* {*fam*} ((d'une chaîne)). ¶ 스피커를 ~에 연결하다 brancher les haut-parleurs sur l'ampli. ¶ ~가 좋아야 소리가 잘 나온다 Il faut un bon ampli pour obtenir un bon son.

앳되다 형 être enfantin(*e*); sembler très jeune. ¶ 앳돼 보이는 여자 une jeune fille qui a encore l'air d'une enfant. ¶ 앳된 모습 une apparence enfantine, ((avoir)) l'air d'un(*e*) enfant.

앵 부 bzz; pin-pon(pin-pon) ((onomatopée qui exprime soit le vrombissement d'un moustique ou le bourdonnement d'une abeille, soit celui des avertisseurs à deux tons des voitures de pompiers ou des ambulances)). ¶ 모기가 ~ 소리를 냈다 Un moustique a vrombi. ¶ 소방차가 ~ 하며 달려갔다 Le camion de pompiers roulait avec la sirène hurlante [en faisant pin-pon pin-pon].

앵글 영{angle} 명 ① 각도 angle *m* ((de champ d'un objectif)). ¶ 카메라 ~ angle de champ d'un objectif (d'un appareil photo). ¶ ~을 잡다 choisir [prendre] un angle. ¶ ~이 좋다 C'est un bon angle. ② 쇠로 만든 선반 étagère *f* en fer préfabriquée. ¶ ~을 짜다 confectionner des étagères en fer.

앵돌아지다 자 se vexer, bouder, faire la tête[la moue]. ¶ 꼬마가 뭣 때문인지 앵돌아져 있다 On ne sait pourquoi le gamin s'est mis à bouder.

앵두 명 【식물】 prunelle *f* rouge; *Prunus tomentosa* {*nsc*}. ¶ ~를 따다 cueillir des prunelles rouges. ¶ ~ 같은 입술 lèvres aussi rouges que des cerises.

◆_**나무** 명 【식물】 prunellier *m*.

앵무새 鸚鵡- 명 【동물】 perroquet *m*, perruche *f*. ¶ ~처럼 같은 말을 반복하다 répéter comme un perroquet.

앵앵 부 ((onomatopée)) pin-pon pin-pon, avec la sirène hurlante; oin oin; bruyamment ((onomatopée qui exprime soit le vrombissement d'un moustique ou le bourdonnement d'une abeille, soit celui des avertisseurs à deux tons des voitures de pompiers ou des ambulances ou encore les pleurs d'un bébé)). ¶ 아기가 ~ 운다 Le bébé pleure en poussant des cris [des oin oin, des hurlements] / Le bébé braille {*fam*} [hurle, chigne {*fam*}] / Le bébé piaille en pleurnichant. ¶ 경찰차가 ~ 사이렌을 울리며 출동했다[달려갔다] Les voitures de police sont parties [roulaient] avec la sirène hurlante [en faisant pin-pon pin-pon].

◆_**거리다[대다]** 자타 ((아기가)) pleurnicher, chouiner {*fam*}, chigner {*fam*}, brailler {*fam*}, pleurer en poussant des cris [des hurlements, des oin oin], pleurer bruyamment, chialer {*fam*}, sangloter, pousser des gémissements, dire *qc* [se plaindre] en pleurnichant, geindre, larmoyer, grogner, grognonner; ((mouches)) vrombir, ((abeilles, guêpes)) bourdonner, bruire, fredonner, froufrouter, ronronner; ((les sirènes)) retentir pin-pon pin-pon. ¶ 모기가 ~거리며 날아다닌다 Les moustiques vrombissent. ¶ 그렇게 ~거리지 말고 밖에 나가 놀아라 Va jouer dehors, au lieu de pleurnicher [brailler {*fam*}, chouiner {*fam*}] comme ça.

앵커 영{anchor} 명 présenta*teur*(*trice*) (du journal) ((à la radio, à la télévision)). ¶ 9시 뉴스의 ~ présentateur du journal de 21 heures.

◆_**맨** 명 présentateur *m* du journal (télévisé); présentateur *m* des infos {*fam*}.

야¹ 감 ① ((놀라서, interjection d'étonnement)) oh!,

ah!, tiens!, mon Dieu!, ciel!, ô ciel!, juste ciel! cieux! ② ((부를 때, interjection d'appel)) hé!, holà!, hein!, eh!, dis [dites] donc! ¶ ~, 이리 와 봐 Hé! toi, là-bas, viens par ici!

야² 野 명 parti(*s*) *m*(*pl*) de l'opposition [opposant], opposition *f*. ¶ 여와 ~가 협상을 벌이다 Le parti au pouvoir et celui de l'opposition sont en négociation.

야간 夜間 명 soir *m*; nuit *f*; pendant la nuit, de nuit, de [en] soirée, en nocturne. ¶ ~ 교실 école du soir; cours du soir. ¶ ~ 강좌 cours du soir. ¶ ~ 근무 service [travail] de nuit. ¶ ~ 비행 vol de nuit. ¶ ~ 상연 représentation (donnée) en soirée; séance du soir. ¶ ~ 시합 match(*s, es*) disputé(*s*) en soirée. ¶ ~ 운행 service de nuit. ¶ ~ 작업 travail [opération] de nuit. ¶ ~을 이용하여 작업을 하다 travailler la nuit [pendant la nuit, de nuit]. ¶ ~에 운전할 때는 조심해야 한다 Il faut être prudent au volant la nuit / Il faut être vigilant quand on conduit le soir.

야경 夜景 명 vue *f* de nuit [nocturne]; panorama *m* nocturne; spectacle de nuit *m*. ¶ 이 도시는 ~이 아름답다 Cette ville est particulièrement belle de nuit [très jolie de nuit] / De nuit, cette ville présente un spectacle magnifique.

야경꾼 夜警- 명 veilleur *m* [gardien *m*] de nuit; garde *m* de nuit.

야광 夜光 명 phosphorescence *f*. ¶ ~ 시계 montre à cadran lumineux. ¶ ~ 페인트 peinture phosphorescente.

◆**_충** -蟲 명 【동물】 (lampyre *m*) noctiluque *f*, ver *m* luisant.

야구 野球 명 【운동】 baseball *m*. ¶ ~ 시합[경기] un match [une rencontre] de baseball. ¶ ~ 글러브[배트] un gant (de baseball) [une batte (de baseball)].

◆**_공** 명 balle *f* de baseball. ¶ ~을 던지다 lancer la balle. ¶ 날아온 ~에 머리를 맞다 être frappé(*e*) à la tête par une balle (de baseball).

◆**_광[팬]** -狂 명 grand(*e*) ama*teur*(*trice*) [fanatique, fana {*fam*}, fan, fo*u*(*folle*), mordu(*e*) {*fam*}] de baseball. ¶ 그 남자는 ~광이다 C'est un grand amateur de baseball.

◆**_부** -部 명 club *m* de baseball. ¶ ~부에 가입하다 adhérer à un club de baseball.

◆**_ 선수** -選手 명 joueu*r*(*se*) de baseball. ¶ ~ 선수가 되다 devenir joueur de baseball.

◆**_장** -場 명 stade *m* [terrain *m*] de baseball. ¶ ~장에 구경 가다 aller voir [assister à] un match de baseball.

◆**고교 _** 高校- 명 baseball *m* lycéen.

◆**아마 _** baseball *m* amateur. 명

◆**프로_** 명 baseball *m* professionnel.

야권 野圈 명 ((여당권)) (camp *m* de l') opposition *f*; partisans *mpl* de l'opposition; parti(*s*) *m*(*pl*) de l'opposition. ¶ ~ 통합 coalition des partis de l'opposition. ¶ ~에서는 이 법안을 반대하고 있다 Le camp de l'opposition est contre ce projet de loi.

야근 夜勤 명 service *m* de nuit; travail *m* de nuit. ¶ ~ 수당 prime [indemnité] (pour le travail) de nuit. ◇**_(을) 하다** travailler de nuit, travailler la nuit, faire le service de nuit; être de nuit. ¶ 우리는 3일에 한 번 ~을 한다 Nous travaillons de nuit, une fois tous les trois jours.

◆**_반** -班 명 équipe *f* de nuit.

야금야금 부 petit à petit, peu à peu, ((gagner du terrain)) progressivement, graduellement; insensiblement. ¶ 돈을 ~ 다 쓰다 dépenser petit à petit tout *son* argent; dissiper [dilapider, dépenser, prodiguer] petit à petit *ses* économies [*sa* fortune, *son* argent]. ¶ 남의 땅을 ~ 먹어 들어가다 s'accaparer du terrain d'autrui petit à petit.

야기 惹起 명 provocation *f*, soulèvement *m*. ◇**_(를) 하다[시키다]** causer, produire, entraîner, occasionner, provoquer. ¶ 불행을 ~하다 causer un malheur; être à l'origine d'un malheur. ¶ 중대한 결과를 ~하다 entraîner de graves conséquences. ¶ 그 방법은 불필요한 문제를 ~할 우려가 있다 Cette méthode risque d'engendrer des problèmes inutiles. ◇**_(가) 되다** être provoqué(*e*), occasionné(*e*); se produire. ¶ 중동에 긴장이 ~되고 있다 La tension monte au Moyen-orient.

야뇨증 夜尿症 명 【의학】 énurésie *f* nocturne.

야누스 라 명 Janus *m*. ¶ ~의 두 얼굴 deux faces de Janus. ¶ ~ 같은 존재 un Janus, un être pareil à Janus.

야단 惹端 명 ① 꾸중 reproche *m*; gronderie *f*, réprimande *f*. ② 큰일 chose *f* grave, catastrophe *f*. ③ 소란 bruit *m*, tumulte *m*, tapage *m*, vacarme *m*, chahut *m*, charivari *m*, boucan *m* {*fam*}, chambard *m*, tohu-bohu *m*, brouhaha *m*, tintamarre *m*. ◇**_(을) 치다** gronder [réprimander] sévèrement. ¶ 아버지는 학교에 가지 않았다고 아들을 호되게 ~쳤다 Le père a grondé sévèrement son fils d'avoir manqué l'école. ¶ 선생님이 시험에서 부정행위한 학생을 ~친다 Le professeur gronde un élève qui a copié à l'examen. ◇**_(을) 맞다** se faire gronder [réprimander, reprocher]. ¶ 아버지께 ~을 맞다 être grondé(*e*) [se faire gronder] par *son* père. ◇**_(이) 나다** être catastrophique, grave, très embêtant(*e*); c'est un grave [gros] problème; cela m'ennuie de+*inf*; Quel pétrin! / Nous voilà bien [propres, dans de beaux draps, frais]!; quelle calamité! ¶ 이렇게 늦잠을 잤으니 정말 ~났다 C'est vraiment grave [catastrophique] qu'on se soit réveillés si tard / On s'est réveillés beaucoup trop tard! Nous voilà bien maintenant [On n'est pas dans la merde maintenant] {*fam*}! ◇**_이다** faire du bruit [beaucoup de bruit], faire du chahut, faire du tapage, faire du chambard, faire du tintamarre; être en agitation, troublé(*e*). ¶ 별일 아닌 걸로 왜들 그렇게 ~이지? Pourquoi tant de bruit pour rien [pour pas grand-chose, pour si peu]? ¶ 온 나라가

~이다 Tout le pays est en agitation / C'est une époque troublée.

◆_스럽다 형 ((ambiance)) être tumultueux(se), tapageur(se). ¶ ~스러운 잔치 fête tumultueuse.

◆_법석 -法席 명 tumulte m, vacarme m. ¶ 명절이 되어 다들 고향에 간다고 ~법석이다 Tout le monde est très agité pendant la période des fêtes pour rentrer au pays.

야담 野談 명 histoire f affabulée [scabreuse]. ¶ 민간에 떠도는 ~을 채록하다 recueillir les histoires scabreuses racontées par le peuple.

야당 野黨 명 parti m de l'opposition. ¶ ~ 당수 chef du parti de l'opposition. ¶ 여당과 ~ le parti au pouvoir et le parti de l'opposition. ¶ 그 사람은 ~에 표를 던졌다 Il a voté pour le parti de l'opposition. ¶ ~이 선거에서 이겼다 Le parti de l'opposition a remporté cette élection.

야대 野大 어근 (parti m de l')opposition f majoritaire.

◆여소_ 與小- 명 parti m au pouvoir minoritaire. ¶ 여소~ 정국[국회] situation politique [Assemblée] où le parti au pouvoir est minoritaire.

야드 영{yard} 분류 yard m. ¶ 100 ~의 거리 la distance de 100 yards.

◆_법 -法 명 mesure f métrique du yard.

야료 惹鬧 명 obstacle m; troubles mpl. ¶ 선정 과정에 무슨 ~가 있었다 Il y a eu des interventions douteuses pendant l'élection. ◇_(를) 부리다 importuner qn, enquiquiner qn {fam}, mettre des bâtons dans les roues à qn, entraver ((la carrière de qn)); ((트집을 잡다)) chercher des histoires à qn, chercher matière à dispute [à critiques], criticailler qn {fam}, chercher la petite bête {fam}, critiquer sans raison; avoir [trouver] redire à qn; trouver redire à tout; reprendre qn. ¶ 직속상관이 ~를 부려 그 직원은 승진하지 못했다 Son supérieur hiérarchique (direct) a fait échouer sa promotion / Cet employé n'a pas obtenu [eu] sa promotion car son supérieur hiérarchique (direct) lui a mis des bâtons dans les roues.

야릇하다 형 être étrange, bizarre, drôle, insolite, singulier(ère), curieux(se), extravagant(e). ¶ 야릇한 분위기 une ambiance [une atmosphère] étrange [insolite], une drôle d'ambiance. ¶ 야릇한 기분이 들다 être d'une humeur singulière. ¶ 나는 그 여자에게 야릇한 감정을 느낀다 J'éprouve un sentiment étrange [singulier, troublant] pour elle [à son égard] / J'ai une réaction étrange à son égard / Je suis troublé par elle [à son contact].

야만 野蠻 명 barbarie f, sauvagerie f. ¶ 문명과 ~의 차이 différence entre la civilisation et un monde barbare.

◆_스럽다 형 être barbare, sauvage. ¶ 개를 먹는 것을 ~스럽게 생각하는 사람들도 있다 Il y a des gens qui pensent que manger du chien est de la barbarie [est un acte de barbarie, constitue un acte de barbarie].

◆_적 -的 명관 barbare, sauvage. ¶ ~적인 행동[처사, 범죄] action [comportement, crime] sauvage [barbare].

◆_성 -性 명 barbarie f, sauvagerie f. ¶ ~성을 드러내다 montrer son caractère sauvage, faire preuve de son caractère indompté.

◆_인 -人 명 barbare, sauvage, primitif(ve); brute f, personne f inculte, ignare, ignorant(e). ¶ 요즘은 컴퓨터를 모르면 ~인 취급을 받는다 Si on ne connaît pas l'informatique, aujourd'hui, on est traité d'inculte [d'ignare, d'ignorant].

◆_족 -族 명 peuple m sauvage, sauvages mpl, barbares mpl, primitifs mpl; tribu f (sauvage, barbare).

-야말로 조 alors, dis donc, eh bien, justement. ¶ 이거~ 큰일이군 Alors, ça, c'est grave. ¶ 너~ 좋겠다 Toi, tu devrais être content. ☞ 이야말로

야망 野望 명 ambition f, aspiration f. ¶ 원대한 ~ grande ambition. ¶ ~에 불타다 brûler d'ambition; être dévoré(e) d'ambition, être très ambitieux(se). ◇_을 품다[갖다] caresser [avoir] l'ambition de+inf, avoir de l'ambition, être ambitieux(se), avoir de grandes visées. ¶ 세계 챔피언이 되겠다는 ~을 품다 caresser l'ambition de devenir le champion du monde. ◇_이 있다 avoir de l'ambition, être ambitieux(se), avoir de grandes visées. ¶ ~이 있는[없는] 사람 un(e) ambitieux(se) [personne sans ambition]. ¶ 그 남자에게는 사장이 되겠다는 ~이 있다 Il a l'ambition de devenir (un jour) P.-d.g.. [de devenir (un jour) chef d'entreprise, de monter un jour sa propre boîte {fam}].

야맹증 夜盲症 명 【의학】 héméralopie f. ¶ ~ 환자 héméralope. ¶ ~에 걸리다 être atteint d'héméralopie.

야멸차다 형 être glacial(e), froid(e), insensible. ¶ 그 여자는 야멸차게 거절을 했다 Il a refusé froidement. ¶ 그 남자는 야멸찬 목소리로 짧게 대답했다 Il a répondu brièvement d'un ton glacial.

야무지다 형 ① ((생김새)) être solide, robuste, vigoureux(se), costaud(e). ¶ 그 남자는 체격이 ~ Il a une corpulence solide / Il a un gabarit robuste / Cet homme a une carrure impressionnante [de bûcheron, de déménageur] / C'est une armoire à glace {fam}. ② ((말이나 행동)) être ferme, déterminé(e), opiniâtre. ¶ 그 친구는 똑똑하고 ~ Il est intelligent et déterminé. ¶ 일을 야무지게 하다 travailler avec détermination. ¶ 성격이 야무진 사람 un homme déterminé.

야물다 형 ① être solide, dur(e). ¶ 박달나무는 아주 ~ Le bouleau est très dur. ② ((사람됨이나 씀씀이가)) 야무지다 être ferme. ¶ 그의 아내는 살림을 야물게 잘한다 Sa femme s'occupe de leur foyer avec fermeté.

*손끝이 ~ être ferme, déterminé(e), sûr(e).

야바위 명 tricherie f, escroquerie f, entourloupe(tte) f {fam}; ((속임수)) supercherie f, machination f, manœuvre *f.* ◇_(를) 치다 escroquer *qn*, tricher ((au jeu)), duper *qn*, rouler {*fam*} *qn*, avoir *qn* {*fam*}, posséder *qn*, entuber *qn* {*fam*}, baiser *qn* {*vulg*}, couillonner *qn* {*fam*}; jouer un tour [un mauvais tour] à *qn*, user de supercherie, faire une entourloupe(*tte*) {*fam*} à *qn*.

◆_꾼 명 tricheur *m*, escroc *m*, canaille *m* {*fam*}, crapule *f* {*fam*}. ¶ ~꾼에게 속아 돈을 날리다 se faire escroquer de l'argent par une crapule {*fam*}.

야박스럽다 형 ☞ 야박하다

야박하다 형 être froid(*e*), sans pitié, impitoyable, sans cœur, insensible, manquer de cœur. ¶ 이 동네는 인심이 ~ Les gens de ce quartier manquent de cœur. ¶ 거지를 야박하게 내쫓다 chasser froidement un mendiant. ¶ 야박하게도 그 사람은 나를 모른 체했다 Avec la plus grande indifférence, il a feint de ne pas me (re)connaître.

야반 夜半 명 milieu *m* de la nuit, pleine nuit *f*. ¶ ~에 어딜 그리 돌아다니니? Où est-ce que tu te promènes comme ça en pleine nuit?

◆_도주 -逃走 명 fuite *f* en pleine nuit. ¶ ~도주를 하다 prendre la fuite au milieu de la nuit.

야밤 夜- 명 nuit *f* avancée, en pleine nuit. ¶ ~을 틈타[이용하여] 죄수들이 탈옥했다 Les prisonniers se sont évadés à la faveur de la nuit. ¶ ~에 돌아다니다 errer dans la nuit.

◆_중 -中 명 dans la nuit avancée, dans la nuit profonde, en pleine nuit, au milieu de la nuit. ¶ 이 ~중에 웬 운동이니? Quelle idée de faire du sport en plein milieu de la nuit?

야사 野史 명 histoire *f* parallèle, histoire *f* officieuse; petite histoire *f*. ¶ 정사에는 없고 ~에만 있는 이야기 histoire qui ne fait pas partie de l'histoire officielle, mais de l'histoire parallèle. ¶ 그 이야기는 ~에 속한다 Cela fait partie de l'histoire officieuse.

야산 野山 명 colline *f*, coteau(*x*) *m*; monticule *m*, éminence *f*, butte *f*, hauteur *f*. ¶ 나지막한 ~ colline. ¶ ~을 개간하다 défricher une colline. ¶ ~을 깎아 평지를 만들다 niveler une colline pour en faire une plaine.

야상곡 夜想曲 명 【음악】 nocturne *m*. ¶ 쇼팽의 ~ 제2번 nocturne numéro 2 de Chopin.

야생 野生 명 état *m* sauvage; nature *f*. ¶ ~의 본능 instinct naturel. ¶ ~ 상태 그대로 보존되고 있다 être conservé(*e*) à l'état sauvage.

◆_동물 -動物 명 animal *m* sauvage, fauve *m*. ¶ ~동물 보호 구역 zone de protection des animaux sauvages.

◆_마 -馬 명 cheval(*aux*) *m* sauvage. ¶ ~마처럼 날뛰다 s'agiter comme un cheval sauvage.

◆_식물 -植物 명 plante *f* sauvage, flore *f*.

◆_화 -花 명 fleur *f* sauvage.

야성 野性 명 charme *m* sauvage; sauvagerie *f*, rudesse *f*, nature *f* indomptable; nature *f* indisciplinée.

◆_적 -的 명 sauvage, rude, indompté(*e*). ¶ ~적인 매력 charme sauvage [à l'état brut, d'un fauve]. ¶ 그 남자는 대단히 ~적이다 Il est très sauvage [félin].

◆_미 -美 명 beauté *f* sauvage [rebelle]. ¶ ~미가 넘치는 사람 personne qui déborde d'une beauté sauvage; personne à la beauté féline, ((여자의 경우)) une tigresse.

야수[1] 野獸 명 fauve *m*; faune *f*; sauvage, bête *f*. ¶ 미녀와 ~ la belle et la bête. ¶ 그 남자는 얌전하다가도 술만 마시면 ~로 돌변한다 Lui, qui est si réservé, devient une brute [très brutal] sous l'emprise de l'alcool.

◆_파 -派 명 【미술】 fauvisme *m*, les Fauves *mpl*.

야수[2] 野手 명 【운동】 joueur *m* des champs ((intérieurs ou extérieurs)). ¶ ~들이 수비를 잘해서 승리했다 La victoire est due aux exploits de la défense des joueurs des champs / On a gagné grâce à la bonne défense des joueurs des champs.

◆내_ 內 명 【운동】 joueurs *mpl* des champs intérieurs.

◆외_ 外 명 【운동】 joueurs *mpl* des champs extérieurs.

야시장 夜市場 명 marché *m* nocturne. ¶ ~이 열린다 Le marché nocturne se tient.

야식 夜食 명 collation *f* du soir [tardive, nocturne], souper *m*, repas *m* léger du soir. ¶ ~을 먹다 prendre une collation le soir [une collation tardive, une collation nocturne]; souper ((après le spectacle)). ¶ 날마다 ~을 해 가지고 오다 apporter une collation tous les soirs. ¶ 오늘 ~은 무엇이냐? Qu'est-ce que c'est la collation de ce soir? / Qu'est-ce qu'il y a au souper ce soir?

◆_거리 명 menu *m* de la collation du soir; menu *m* du souper.

야심 野心 명 ambition *f*, aspiration *f*, ((음모)) ((nourrir de)) noirs desseins *mpl*. ¶ 원대한 ~ grande ambition; ambition sans bornes. ¶ ~을 펼쳐 보이다 exposer *son* ambition. ◇_을 품다[갖다] caresser [avoir] l'ambition de+*inf*, avoir de l'ambition, être ambitieu*x*(*se*), avoir de grandes visées; nourrir [fomenter, méditer] de noirs desseins. ¶ 그는 정권을 장악하려는 ~을 갖고 있다 Il a l'ambition de s'accaparer le pouvoir.

◆_만만하다 -滿滿 형 être plein(*e*) d'ambition, être ambitieu*x*(*se*).

◆_차다 형 être ambitieu*x*(*se*).

◆_적 -的 명 ambitieu*x*(*se*); présomptueu*x*(*se*).

야영 野營 명 camping *m*, cantonnement *m*, campement *m*, bivouac *m*. ¶ ~ 시설 installation pour le camping. ◇_(을) 하다 faire du camping, camper, bivouaquer. ¶ 강가에서 ~하다 camper au bord de l'eau.

◆_장 -場 명 terrain *m* de camping.

야옹 부 ((onomatopée)) miaou ((onomatopée imitant le miaulement du chat)).

◆_야옹 부 miaou-miaou.

야외 野外 명 en plein air, au grand air. ¶ ~ 경기[공연, 수업, 촬영] match [représentation, classe, tournage] en plein air. ¶ ~ 극장[강당, 공연장, 무대, 결혼식] théâtre [amphithéâtre, concert, scène, cérémonie nuptiale] en plein air. ¶ ~에서 식을 올리다 avoir [organiser] une cérémonie ((nuptiale)) en plein air. ¶ 오늘은 날씨도 좋으니 ~로 야유회를 나가자 Comme il fait beau aujourd'hui, on va aller en pique-nique [aller pique-niquer].

야욕 野慾 명 désir *m* ardent [exaspéré]. ¶ 헛된 ~ vain désir, vaine ambition. ¶ ~을 버리다 renoncer au désir (de+*inf*). ¶ 적군의 ~을 분쇄하다 anéantir l'ambition des ennemis. ¶ 영토 확장의 ~을 드러내다 montrer le désir d'étendre le territoire. ¶ ~에 불타다 être en proie au désir ardent de+*inf*, brûler du désir de+*inf*.

야위다 자 être maigre, maigrir, s'émacier, perdre du poids [des kilos]; se dessécher. ¶ 그 사람이 얼굴이 야위었다 Il a le visage émacié [décharné, hâve, amaigri]. ¶ 그는 몇 달 못 본 사이에 많이 야위었다 En l'espace de quelques mois (pendant lesquels je ne l'ai pas vu), il a beaucoup maigri. ¶ 그 사람은 병이 나서 3킬로나 야위었다 Il a maigri de [a perdu] trois kilos depuis sa maladie / Sa maladie lui a fait perdre trois kilos. ¶ 이 노파는 아들을 잃어버리고 나서 무척 야위었다 Cette vieille femme a beaucoup maigri depuis qu'elle a perdu son fils. ¶ 그 노인은 피골이 상접하도록 야위었다 Ce vieillard n'a plus que la peau sur les os. ¶ 야윈 사람 personne maigre [émaciée].

야유 揶揄 명 moquerie *f*, raillerie *f*, sarcasme *m*, persiflage *m*; huée *f*. ◇_(를) **하다[보내다, 던지다]** se moquer de *qn*, de *qc*, persifler, railler, ridiculiser, taquiner, bafouer; huer ((un acteur, un orateur, une pièce, un spectacle)), siffler ((un acteur)), conspuer ((un orateur)). ¶ 선수들의 거친 플레이에 관중들이 ~를 보냈다 Les spectateurs ont sifflé [hué] l'agressivité du jeu [l'agressivité des joueurs, la violence du match]. ◇_(를) **받다** se faire huer [siffler], être hué(*e*), sifflé(*e*). ¶ 그 피아니스트는 청중들로부터 ~를 받았다 Le pianiste a été sifflé par son auditoire [par le public] / Le pianiste s'est fait huer [s'est fait siffler, a été hué] par son auditoire [par le public].

야유회 野遊會 명 pique-nique *m*, partie *f* de campagne. ¶ ~를 열다[갖다] organiser un pique-nique [faire un pique-nique, pique-niquer, saucissonner sur l'herbe {*fam*}]. ¶ 서울 근교로 ~를 가다 aller en pique-nique dans les environs de Séoul. ¶ 너 이번 회사 ~에 갈래? Tu veux venir au pique-nique de la boîte?

야음 夜陰 명 nuit *f* (noire), ténèbres *fpl*, obscurité *f*. ¶ 죄수들이 ~을 (틈)타고[서] 도주했다 Les prisonniers se sont enfuis à la faveur de la nuit.

야인 野人 명 ① 시골 사람 campagnard(*e*), rustre, rustaud(*e*), péquenaud(*e*), péquenot *m*, bouseux(*se*) {*fam*}. ② 교양 없는 사람 rustre, inculte, pignouf(*e*) {*fam*}, personne *f* qui manque d'éducation. ③ 벼슬 없는 사람 lettré *m* sans fonction publique. ¶ ~으로 돌아가다 retourner à la vie d'ermite; vivre retiré(*e*) du monde; s'enfermer dans *son* cocon. ¶ 그 남자는 평생을 ~으로 살았다 Il a vécu en ermite toute sa vie. ④ 야만인 sauvage, barbare; ermite, ours(*e*) {*fam*}. ⑤ 여진족 barbare *m* mandchou.

야자 椰子 명 【식물】 noix de coco *f*. ¶ ~ 열매 noix de coco. ¶ ~ 껍질 ((grosse)) coque ((fibreuse)) de la noix de coco.

◆_**나무[수]** -[樹] 명 【식물】 cocotier *m*.

◆_**유** -油 명 huile *f* de coco.

야적장 野積場 명 lieu *m* de déchargement, entrepôt *m* en plein air. ¶ ~에 쌓아두다 décharger [ranger] dans un entrepôt en plein air.

야전 野戰 명 combat *m* en rase campagne. ¶ ~ 병원 hôpital de campagne, hôpital d'évacuation; ambulance militaire. ¶ ~ 사령관 commandant d'un combat en rase campagne. ¶ ~ 잠바[침대] blouson militaire [lit de camp].

◆_**군** -軍 명 armée *f* en opération militaire.

야채 野菜 명 légume *m*. ¶ ~ 샐러드 salade de légumes.

야코 명 【속어】 moral *m*, force *f*. ◇_(를) **죽이다** saper le moral de *qn*; décourager [briser le moral de] *qn*, déstabiliser *qn*. ¶ 다른 사람들의 ~를 죽이다 saper le moral des autres; décourager les autres; briser le moral des autres. ◇_(가) **죽다** avoir le moral très bas [à zéro], se sentir abattu(*e*), être découragé(*e*); se déstabiliser, être déstabilisé(*e*). ¶ 그 선수는 상대 선수의 기세에 ~가 죽었다 Il a été déstabilisé par l'assurance [la très forte assurance] de son adversaire.

야포 野砲 명 【군사】 canon *m* de campagne, artillerie *f* de campagne.

야하다 冶- 형 être osé(*e*), érotique, libre, scabreux(*se*), cru(*e*), indécent(*e*), obscène. ¶ 야한 이야기[농담, 그림] une histoire osée, une histoire crue, une histoire scabreuse [une plaisanterie osée, une plaisanterie scabreuse, une plaisanterie crue; une photo osée]. ¶ 옷을 야하게 입다 s'habiller de manière osée [provocante, indécente], mettre des vêtements osés.

야학 夜學 명 cours *m* du soir. ¶ ~에 나가다[다니다] aller aux cours du soir. ¶ ~에서 공부하다 suivre les cours du soir. ◇_(을) **하다** animer les cours du soir, donner des cours du soir.

◆_**당** -堂 명 école *f* du soir.

야합 野合 명 collusion *f*, connivence *f*, complicité *f*. ¶ ~의 정치 politique de collusion. ¶ 돈과 권력의 ~ collusion entre l'argent et le pouvoir. ◇_(을) **하다** pratiquer la collusion, agir de connivence avec *qn*. ¶ 여당과 야당이 ~을 해서 법안을 통과시켰다 Le parti au pouvoir a fait passer la loi en collusion avec le parti de l'opposition.

야행 夜行 명 ① voyage *m* nocturne [de nuit]; trajet *m* de nuit. ② fait de vivre la nuit [d'être nocturne].

¶~ 열차 un train de nuit. ◇_(을) 하다 ① voyager de nuit. ② vivre la nuit.

◆_성 -性 명 (caractère *m*) nocturne, de nuit. ¶ ~성 동물 animaux nocturnes.

야행성 夜行性 명 nocturne, de nuit. ¶~ 동물 animaux nocturnes. ¶그 남자는 ~이라 주로 밤에 일한다 Étant plus efficace la nuit[Étant un couche-tard], il travaille surtout la nuit.

야호 감 ((onomatopée)) youpi, hourra ((cri que l'on pousse dans les montagnes pour exprimer la joie)).

야화 夜話 명 ① histoire *f* au coin du feu, conte *m* nocturne. ② conte *m*, récit *m*.

◆천일_ 千一- 명 ((아라비안나이트)) «les Mille et Une Nuits» ((recueil de contes arabes)).

약¹ 藥 명 ① 치료제 médicament *m*; remède *m* ((contre la grippe)); préparation *f* [produit *m*] pharmaceutique, produit *m* médicamenteux; pommade *f*, crème *f* (dermique), onguent *m*. ¶ 공복에 ~을 들다 prendre un médicament à jeun. ¶ 식후 30분에 ~을 먹다 prendre un médicament une demi-heure après le repas. ¶~을 팔에 바르다 mettre [appliquer, étendre] de la pommade sur le bras. ¶ 약국에서 3일치 ~을 사다 acheter dans une pharmacie des médicaments prescrits pour 3 jours. ¶~을 독하게 쓰다 administrer [prescrire] un médicament très puissant. ¶ 약사가 ~을 3봉 지어 주었다 Le pharmacien m'a préparé trois sachets de médicaments. ¶ 나는 감기로 ~을 지어 먹었다 J'ai pris les médicaments préparés par mon pharmacien contre la grippe. ¶ 이 ~은 독감에 잘 안 듣는다 Ce médicament n'est pas efficace contre la grippe. ¶ 이 ~은 너무 세다[약하다] Ce médicament est trop fort [inefficace]. ¶ 이런 병에는 ~이 없다 Il n'y a pas de remède contre cette maladie. ② 구충제 pesticide *m*. ③ 농약 insecticide *m*. ¶ 해충을 잡으려고 작물에 ~을 치다 pulvériser de l'insecticide pour protéger la récolte des insectes. ¶~을 물에 풀다[희석시키다] diluer les insecticides dans l'eau. ④ 에너지 batterie *f*, pile *f*. ¶ 라디오의 ~을 갈다 changer la pile du poste de radio. ¶ 건전지의 ~이 다 떨어졌다 Les piles sont mortes [usées, déchargées].

*개똥도 ~에 쓰려면 없다[개똥도 ~에 쓰려니 귀하다] Même l'objet le plus banal[le plus courant], dès qu'on en a besoin, on ne le trouve plus. ¶ 가위가 또 어디 갔지? 개똥도 ~에 쓰려니[쓰려면] 귀하다[개똥도 약에 쓰려면 없다] Où sont encore passés les ciseaux? Evidemment, quand on a en besoin, on ne les trouve plus.

*백~이 무효다 ☞ 백약

*병 주고 ~ 준다 passer le mal et les remèdes, mettre le feu puis apporter de l'eau ((se dit d'une personne qui provoque un dégât auquel elle apporte elle-même la solution)).

*좋은 ~은 입에 쓰다 Un bon remède est amer / Ce qui est amer est bon pour la santé / Il faut savoir avaler la pilule si cela est bénéfique / Une mesure efficace coûte (comme une pilule est parfois dure à avaler) / On doit suivre un conseil même s'il est dur..

◆_값 명 prix *m* d'un médicament, frais *mpl* pour les médicaments. ¶ 아버지는 지병으로 ~값이 많이 든다 La maladie de mon père nécessite [entraîne] beaucoup de frais en médicaments / La maladie de mon père coûte cher en médicaments.

◆_발 명 【속어】 efficacité *f* d'un médicament. ¶ 이 ~은 ~발이 세다[오래간다] Ce médicament est très efficace [reste actif longtemps].

◆_방 -房 명 pharmacie *f*.

*~방의 감초 personne qu'on retrouve partout; une personne indispensable [irremplaçable], un oiseau rare {*fam*}; touche-à-tout *m*, mêle-tout *m*.

◆_방문 -方文 명 ordonnance *f* médicale, prescription *f* du médecin; formule *f* pharmaceutique, recette *f* d'un médicament.

*사후 ~방문 ☞ 사후[1]

◆_병 -瓶 명 flacon *m*; fiole *f*.

◆_봉지 -封紙 명 sachet *m* de médicament.

◆_손 명 annulaire *m*; main *m* qui guérit [thaumaturge].

◆_술[주] -[酒] 명 ① 약이 되는 술 alcool *m* [liqueur *f*] à vertu curative. ② 술 ((청주)) alcool *m* de riz clair; saké *m*.

◆_용 -用 명 médicin*al*(*ale*, *aux*), officin*al*(*ale*, *aux*), thérapeutique; à des fins thérapeutiques; "pour usage médical". ¶~용 식물 plante médicinale [officinale].

◆_장 -欌 명 armoire *m* à pharmacie.

◆_학 -學 명 pharmacologie *f*.

◆_통[상자] -桶[箱子] 명 boîte *f* à pharmacie.

◆가루_ 명 médicament *m* en poudre.

◆간장_ 肝腸- 명 médicament *m* pour le foie.

◆감기_ 感氣- 명 médicament *m* contre le rhume

◆내복_ 內服- 명 médicament *m* à usage interne.

◆농_ 農- 명 insecticide *m*.

◆비상[상비]_ 非常[常備]- 명 médicaments *mpl* de premier secours.

◆심장_ 心臟- 명 médicament *m* pour le soin cardio-vasculaire.

◆알_ 명 comprimé *m*, cachet *m*; pastille *f*; pilule *f*.

◆위장_ 胃臟- 명 médicament *m* pour l'estomac.

◆쥐_ 명 raticide *m*, mort-aux-rats *f inv*. ¶ 쥐를 잡으려고 구석에 쥐~을 놓았다 J'ai mis du raticide [de la mort-aux-rats] dans les coins pour nous débarrasser des souris [rats].

◆파리_ 명 bombe *f* aérosol contre les mouches.

◆피임_ 避妊- 명 pilule *f* contraceptive.

◆한_ 漢- 명 médicament *m* chinois.

◆환_ 丸- 명 pastille *f*, bol *m*.

약² 명 agacement *m*, énervement *m*, exaspération *f*, irritation *f*. ◇_(이) 오르다 se fâcher, s'irriter, s'énerver, s'exaspérer, se vexer de *qc*, s'irriter de *qc* contre *qn*, s'énerver; être exaspéré(*e*), énervé(*e*), agacé(*e*), vexé(*e*). ¶ 남이 잘되면 괜히 ~이 오른다 Le succès des autres énerve / Le succès des autres nous énerve bêtement. ¶ ~ 오르지? Tu es énervé(*e*) [agacé(*e*)], hein? / Ça t'énerve [t'agace], hein? / C'est vexant [agaçant], n'est-ce pas? ¶ 아이, ~ 올라! Que cela m'énerve [m'agace]! ◇_(을) **올리다** agacer *qn*, énerver *qn*, fâcher *qn*, irriter *qn*, horripiler *qn*, crisper *qn*, exaspérer *qn*, vexer *qn*, embêter *qn*, excéder *qn*, taper sur les nerfs de *qn* {*fam*}; taquiner *qn*; provoquer *qn*, exciter *qn*. ¶ ~ 올리지 말고 조용히 있어라 Ne m'énerve pas, tiens-toi tranquille!

약[3] 約 관 ((préfixe nominal)) environ, presque, à peu près; quelque. ¶ ~ 300명의 사람들이 참석했다 Environ 300 personnes y ont assisté.

약간 若干 명 un peu, quelque peu; ((의)) une certaine quantité *f* de ((sucre)), un(*e*) certain(*e*) ((distance)); ((quelque)) retard; un peu de ((sel)); ((수)) un certain nombre de ((gens)); quelques ((personnes)). ¶ 그 친구는 ~의 재산을 물려받았다 Il a hérité d'une petite fortune.
부 légèrement. ¶ 그 노인은 다리를 ~ 전다 Ce vieillard boîte légèrement.

약골 弱骨 명 ((약한 골격)) faible constitution *f*, constitution *f* débile; ((약한 사람)) personne *f* d'une santé fragile [délicate, déficiente]; personne faible [fragile, débile, chétive, souffreteuse]. ¶ 그 남자는 어릴 때 병을 앓아서 ~이다 Comme il a souvent été malade petit, il a une santé fragile [délicate].

약과[1] 藥果 명 ((쉬운 일)) trava*il*(*aux*) *m* facile; ((par rapport à ....,)) ce n'est rien du tout [tu peux t'estimer heureu*x*(*se*)]. ¶ 내가 당한 거에 비하면 이건 ~다 Par rapport à ce que j'ai subi [à ce qui m'est arrivé], ce n'est rien (du tout) / Ce n'est rien à côté de ce qui m'est arrivé / Tes ennuis ne sont pas graves à côté [en comparaison] des miens.

약과[2] 藥果 명 *yakkwa* <gâteau au miel frit dans l'huile>. ¶ ~를 들다[먹다] prendre [manger] un *yakkwa*.

약관[1] 約款 명 【법률】 stipulation *f*, convention *f*, acte *m*, clause *f*, clauses *fpl* [conditions *fpl*, articles *mpl*, stipulations *fpl*] ((d'un traité, d'un contrat)). ¶ 계약의 ~을 고치다 modifier les clauses d'un contrat.

약관[2] 弱冠 명 ① (l'âge de) 20 ans ((pour un homme)). ② 어린 나이 jeune homme *m*; adolescent *m*. ¶ 그 사람은 ~의 나이에 큰 상을 받았다 Il a reçu un prix d'une grande importance alors qu'il est encore très jeune.

약국 藥局 명 pharmacie *f*; ((양약국)) pharmacie occidentale, ((한약국)) pharmacie orientale, herboristerie *f*. ¶ ~에 가다 aller dans une pharmacie.

약다 형 être intelligent(*e*), rusé(*e*), futé(*e*), mali*n*(*gne*). ¶ 약은 놈! Le malin! / Le futé! / Le rusé! / La fine mouche {*fam*}! ¶ 약은 수작 부리지 마 Arrête ta magouille [tes magouilles, tes combines] {*fam*}! / Arrête de jouer à la fine mouche! {*fam*} / Arrête de manigancer!

약대 藥大 명 département *m* de pharmacologie d'une faculté de médecine; faculté *f* de pharmacologie.

약도 略圖 명 plan *m*. ¶ ~를 그리다 faire [dessiner] un plan. ¶ ~를 보고 친구 집을 찾아가다 chercher la maison d'un ami à l'aide d'un plan. ¶ ~가 정확하다 Le plan est précis. ¶ ~가 틀렸다 Le plan n'est pas correct.

약동 躍動 명 saut *m*, élan *m*, mouvement *m* vivace. ◇_(을) **하다** s'élancer, se mouvoir avec vitalité, agir avec vivacité, s'éveiller, remuer, prendre de l'élan, bouger. ¶ 5월은 만물이 약동하는 계절이다 Au mois de mai, tout s'éveille.

약력 略歷 명 un court C.V. *m* [*curriculum vitae m*]; résumé *m* de la carrière professionnelle de *qn*; notice *f* biographique ((d'un auteur)); ((죽은 사람의)) mémoires *mpl*. ¶ 작가의 ~을 찾아보다 chercher la notice biographique de l'auteur. ¶ 그 친구는 ~이 화려하다 Il a un CV extraordinaire. ¶ 그 사람은 ~이 초라하다 Il a un CV peu intéressant.

약령시 藥令市 명 marché *m*[foire *f*] aux herbes médicinales [aux médicaments orientaux].

약물 藥物 명 produit *m* pharmaceutique, drogue *f*. ¶ ~ 중독 pharmacodépendance, toxicomanie.

약밥 藥- 명 *yakbap* <riz glutineux cuit avec châtaignes, pignes de pin, kakis séchés, jujubes, miel, etc>.

약분 約分 명 【수학】 réduction *f* de fractions. ◇_(을) **하다** fractionner. ¶ 분수를 ~하다 réduire une fraction. ¶ 200분의 10을 ~을 하면 20분의 1이 된다 Si l'on réduit la fraction de dix deux centièmes, on obtient un vingtième. ◇_(이) **되다** être réductible. ¶ 이 분수는 ~이 되지 않는다. Cette fraction n'est pas réductible [est irréductible].

약빠르다 형 être agile, véloce, preste, alerte, lég*er*(*ère*), leste; être sagace, intelligent(*e*), perspicace, savoir se débrouiller. ¶ 그 사람은 약빠르고 꾀가 많다 Il est intelligent et a plus d'un tour dans son sac. ¶ 그 친구는 약빠르게 그 자리를 피했다 Il a quitté le lieu prestement.

약사[1] 藥師 명 pharmacien(*ne*); apothicaire *m*; potard *m* {*fam*}. ¶ ~ 자격증 certificat d'aptitude à exercer la profession de pharmacien, diplôme de pharmacien. 양~ pharmacien occidental, 한~ pharmacien oriental, herboriste.

약사[2] 略史 명 condensé *m* [abrégé *m*] historique; résumé *m* chronologique. ¶ 회사의 ~를 쓰다 rédiger [écrire] un bref historique d'une compagnie [d'une société].

약삭빠르다 형 être futé(*e*), mali*n*(*gne*), rusé(*e*); être vi*f*(*ve*), astucieu*x*(*se*), adroit(*e*), habile, dégourdi(*e*); être débrouillard(*e*) {*fam*}, démerdard(*e*) {*fam*}, démerde {*fam*}. ¶ 그 사람은

ㅇ

약삭빠르게 혼자 달아났다 Il s'est sauvé [s'est enfui, a foutu le camp {*fam*}, a pris la tangente {*fam*}, s'est esquivé {*fam*}, a filé {*fam*}, a déguerpi {*fam*}] tout seul sans demander son reste [à l'indienne, sans se faire remarquer, à l'anglaise].

약산 弱酸 명 acide *m* à faible électrolyte.

약세 弱勢 명 faiblesse *f*, baisse *f*; chute *f*. ¶ 금융 관련 주가 강세에서 ~로 돌아섰다 Après une période de hausse, les valeurs bancaires se sont mises à rebaisser [ont rechuté]. ◇_**이다** être à la baisse [en baisse]. ¶ 주식 시세가 계속 ~이다 Les cours de la Bourse sont continuellement à la baisse / Les cours de la Bourse continuent à baisser / La tendance à la baisse se confirme [persiste]. ◇_**를 보이다** être affiché(*e*) à la baisse. ¶ 금주에 들어 장시가 ~를 보이고 있다 Depuis le début de la semaine les cours de la Bourse affichent une baisse des valeurs / Depuis le début de la semaine la Bourse a baissé [les cours de la Bourse sont en baisse].
 ◆_**장** -場 명 【경제】 marché *m* à la baisse.

약소 弱小 어근 faiblesse *f* et petitesse *f*.
 ◆_**하다** 형 être faible, minime, petit(*e*).
 ◆_**국** -國 명 pays *m* faible, petite nation *f*.

약소하다 略少— 형 être peu, minime, faible, sobre. ¶ 약소하지만 받아 주세요 C'est peu, mais veuillez l'accepter / Ce n'est pas grand-chose mais veuillez l'accepter. ¶ 약소하게 식을 올리다 célébrer sommairement une cérémonie.

약속 約束 명 ① ((행위)) promesse *f*; parole *f*; engagement *m*; serment *m*. ¶ 굳은 ~ promesse [engagement] solide [ferme]; parole d'honneur. ¶ ~을 지키는 사람 homme de parole; homme d'honneur. ¶ ~을 지키다[이행하다] tenir [respecter, exécuter] *sa* promesse; tenir (*sa*) parole; être fidèle à *sa* promesse; respecter [tenir, remplir, faire honneur à] *ses* engagements. ¶ ~을 취소하다 reprendre *sa* parole: se rétracter, se dédire; reprendre [annuler] *ses* engagements. ¶ ~을 어기다[깨(뜨리)다, 저버리다] manquer à [révoquer, violer] *sa* promesse [*sa* parole, *ses* engagements]; ne pas tenir *sa* parole, se dédire d'une promesse [d'un engagement]. ¶ 누구로부터 ...하겠다는 ~을 받(아내)다[얻(어내)다] arracher [prendre, obtenir] à *qn* une promesse de+*inf*. ¶ ~대로 내가 돈을 냈다 Comme je l'ai promis, c'est moi qui ai payé [qui ai réglé] / Comme promis [convenu], j'ai payé / Pour tenir ma parole c'est moi qui ai payé. ② ((만날 약속)) rendez-vous *m*, rancard *m* {*fam*}. ¶ ~ 시간 l'heure du rendez-vous. ¶ ~ 장소 le lieu du rendez-vous. ¶ 다음에 만날 ~을 정하다 fixer le prochain rendez-vous [la prochaine rencontre]. ¶ ~을 취소하다 annuler un rendez-vous. ¶ ~(시간)을 미루다 reporter [remettre] l'heure d'un rendez-vous à plus tard. ¶ ~(시간)을 앞당기다 avancer l'heure d'un rendez-vous. ¶ ~에 늦다 être en retard au rendez-vous. ¶ ~에 가다 aller [se rendre] au rendez-vous. ¶ 나는 오늘 저녁 종로에서 ~이 있다 J'ai (un) rendez-vous ce soir à Jongno. ¶ 네 시에 학교에서 만나기로 그 사람과 ~이 되었다 J'ai rendez-vous avec lui à l'école à quatre heures (de l'après-midi) / Je lui ai donné [fixé] (un) rendez-vous à l'école à quatre heures (de l'après-midi). ¶ 오늘 ~이 내일로 연기되었다 Le rendez-vous d'aujourd'hui a été reporté pour demain / On a remis le rendez-vous [la réunion] d'aujourd'hui à demain. ¶ 우리는 서로 ~이 어긋났다 Nous nous sommes trompés [On s'est trompés] mutuellement ((de lieu ou de l'heure)) du rendez-vous. ◇_**(을) 하다** promettre (à *qn*) *qc* [de+*inf*; que+*ind*]; s'engager à *qc*/+*inf*; donner ((à *qn*)) *sa* parole (que+*ind*); faire une promesse; prendre l'engagement de+*inf*.; être d'accord ((avec *qn*)). ¶ 장래를 ~한 사이 deux personnes qui se sont fiancées; deux personnes qui se sont fait une promesse de mariage; deux personnes qui se sont engagées à se marier. ¶ 담배를 끊겠다고 아내에게 ~하다 promettre [faire une promesse] à *sa* femme d'arrêter de fumer; donner à *sa* femme *sa* parole d'arrêter de fumer; jurer à *sa* femme de ne plus fumer. ¶ 그 사람은 다시는 지각하지 않기로 선생님과 ~을 했다 Il a promis à son professeur de ne plus jamais être en retard à l'école. ¶ 끝까지 도와주기로 서로 굳게 ~하다 se promettre fermement de s'entraider jusqu'au bout. ¶ 새끼손가락 걸고 ~하다 se faire une promesse; se jurer. ¶ ~한 장소에 제 시간에 나타나다 apparaître [se montrer, arriver] à l'heure au lieu de rendez-vous. ◇_**(이) 되다** être promis(*e*), convenu(*e*); être prévu(*e*); être dit(*e*); être juré(*e*). ¶ 그렇게 하기로 서로 ~이 되어 있다 Ils se sont promis de faire comme ça / Ils se sont mis d'accord de faire ainsi. ¶ ~된 날짜에 à la date prévue, à la date fixée, à la date convenue. ¶ ~된 돈을 받다 recevoir [toucher] la somme d'argent convenue [prévue].
 ◆_**문** -文 명 【언어】 phrase *f* de "promesse" (예: -하마, -함세).
 ◆_**어음** 명 billet *m* à ordre; traite *f*, lettre *f* de change, effet *m* de commerce.

약손가락 藥— 명 annulaire *m*.

약솜 藥— 명 coton *m* (hydrophile) à usage médical.

약수 藥水 명 eau(*x*) *f* de source (censée avoir des propriétés médicinales), eau(*x*) *f* pure; eau(*x*) *f* minérale [médicinale]. ¶ ~를 뜨러 가다 aller puiser [chercher] de l'eau de source. ¶ ~를 마시다 boire de l'eau de source.
 ◆_**터** 명 source *f* d'eau minérale.

약술 略述 명 résumé *m*; bref *m* abrégé *m*, condensé *m*; récapitulation *f*, synthèse *f*. ◇_**(을) 하다** exposer [présenter] brièvement; résumer; dire en quelques mots [en peu de mots]; exposer sommairement. ¶ 그동안의 경과를 ~하면 다음과 같다 Pour résumer ce qui vient de se passer pendant cette période, nous allons dire ce qui suit / Voilà brièvement ce qui s'est passé jusqu'ici / Présentons brièvement [Résumons] ce qui s'est passé jusqu'ici. ¶ 다음 사항들을 ~하시오 Résumez le texte suivant. ◇_(이) 되다 être résumé(*e*), abrégé(*e*), condensé(*e*), être récapitulé(*e*). ¶ 위에 ~된 내용을 참조하시오 Voir le résumé ci-dessus / Reportez-vous à la synthèse ci-dessus.

약시 弱視 명 amblyopie *f*; vue *f* faible.

약식[1] 藥食 명 ☞ 약밥

약식[2] 略式 명 forme *f* [formule *f*, cérémonie *f*] simplifiée [minimale]. ¶ ~으로 행사를 치르다 célébrer une cérémonie simplifiée.

약아빠지다 형 être extrêmement rusé(*e*), habile, malin(*gne*), débrouillard(*e*), madré(*e*). ¶ 그 사람은 약아빠졌다 Il est extrêmement rusé [malin] / C'est un fin renard. ¶ 약아빠지게 그 친구 혼자 달아났다 Intelligemment, il s'est enfui seul.

약어 略語 명 【언어】 abréviation *f*; abrégement *m* [abrègement *m*] d'un mot; forme *f* abrégée d'un mot. ¶ ~로 ((mot écrit)) en abrégé; par abréviation.

약육강식 弱肉强食 명 les plus forts mangent les faibles; la loi de la jungle; la loi du plus fort. ¶ ~의 법칙 la loi de la jungle; la loi du plus fort.

약자[1] 弱者 명 faible *m*, personne *f* faible (et sans influence).

약자[2] 略字 명 ① 간결체 caractère *m* (sino-coréen) simplifié. ② sigle *m*. ¶ IMF는 국제통화기금의 ~이다 Le F.M.I. est le sigle du Fonds Monétaire International.

약장수 藥− 명 marchand *m* [vendeur *m*] d'orviétan, charlatan *m*. ¶ 그 친구는 ~처럼 말이 많다 Il est bavard comme une concierge [une pie (borgne) {*fam*}, une pipelette {*fam*}] / C'est une vraie pie [une vraie pipelette, une vraie concierge, un vrai robinet] {*fam*} / C'est un moulin à paroles {*fam*} / C'est un robinet d'eau tiède {*fam*}.

약재 藥材 명 matière *f*, ingrédient *m* ((entrant dans la composition d'un médicament)), produit *m* pour la fabrication des médicaments.

약전 藥典 명 pharmacopée *f*, codex *m*.

약점 弱點 명 faiblesse *f*, défaut *m*, point *m* [côté] faible [vulnérable, sensible], imperfection *f*, talon *m* d'Achille. ¶ ~을 보완하다 suppléer [pallier à, remédier à] un défaut [un manque]. ¶ ~을 보이다[드러내다] montrer [laisser voir, dévoiler, révéler] le défaut [la faiblesse, le point faible] ((de *qn*/*qc*)). ¶ 무엇[누구]의 ~을 찾아내다 trouver le défaut [le point faible] de *qn*/*qc*. ¶ 나는 그 사람의 ~을 찾았다 J'ai trouvé le défaut de sa cuirasse / J'ai trouvé son talon d'Achille. ¶ ~을 찌르다[공략하다, 노리다] attaquer [prendre, s'en prendre à] *ses* défauts [à *son* point faible]. ¶ 무엇[누구]의 ~을 파악하다 saisir [déceler, trouver] le défaut de *qn*/*qc*. ¶ 논거가 빈약한 것이 이 박사 논문의 ~이다 La pauvreté des arguments est le point faible de cette thèse / Le peu d'argumentation de cette recherche est le point faible de cette thèse. ¶ 그 사람에게도 ~이 있을 거야 Lui aussi il doit avoir ses défauts [ses faiblesses]. ¶ ~이 노출되다 Un défaut se dévoile [s'expose]. ◇_을 잡다 prendre *qn* sur son point faible. ¶ 남의 ~을 잡으려 들다 chercher à pointer [déceler, étaler au grand jour] les faiblesses des autres. ◇_을[이] 잡히다 se faire prendre à défaut sur *ses* faiblesses [sur *son* point faible]. ¶ 그 사람에게 ~을 잡히면 안 된다 Il ne faut pas qu'il nous prenne à défaut sur nos points faibles.

약정 約定 명 convention *f*; accord *m*; contrat *m*; pacte *m*; promesse *f*, engagement *m*; entente *f*; marché *m*; traité *m*. ¶ ~을 준수하다[이행하다] respecter les traités [un accord]; exécuter [remplir, réaliser] un contrat [des engagements]; respecter [tenir] *ses* engagements ((envers *qn*)). ¶ ~을 마련하다 établir [constituer, dresser] un contrat. ¶ 누구와 무엇을 하기로 ~을 맺다 établir un contrat avec *qn* pour faire *qc*; passer un accord avec *qn* pour faire *qc*; conclure [passer] un marché avec *qn* pour faire *qc*. ¶ ~에 따라 suivant les conventions (internationales); en application d'un accord; par contrat, par convention. ◇_(을) 하다 se mettre d'accord [être d'accord avec *qn*] ((pour+*inf*)); promettre à *qn* de+*inf*; s'engager (par contrat) à+*inf*, contracter *qc*; prendre l'engagement de+*inf*; stipuler *qc*/+*inf*/que+*ind*]; convenir de *qc*/+*inf*]. ¶ 두 나라는 관세 장벽을 없애기로 ~을 했다 Les deux pays se sont mis d'accord pour [se sont engagés à] supprimer les barrières douanières.

◆**_서** -書 명 contrat *m* (écrit); accord *m* (écrit), acte *m*, traité *m*. ¶ ~서를 교환하다 échanger des contrats.

약제 藥劑 명 ① 의약제 médicament *m*, remède *m*, préparation *f* pharmaceutique. ② 살충제 insecticide *m*. ¶ ~를 살포하다 vaporiser de l'insecticide.

약주 藥酒 명 alcool *m* ((terme honorifique)). ¶ 할아버지께서 ~를 잡수시고 계신다. Grand-père boit de l'alcool. ¶ ~가 너무 과하셨군요. Vous avez trop bu.

약조 約條 명 promesse *f*, engagement *m*, règle *f*. ◇_(를) 하다 promettre, s'engager ¶ 그 사람은 3일 안에 돌아오겠다고 내게 ~했다 Il m'a promis de revenir d'ici trois jours.

약지 藥指 명 ☞ 약손가락

약진 躍進 명 essor *m*, bond *m* [saut *m*, marche *f*] en avant, développement *m* hardi et fécond; progrès *m* [progression *f* croissance *f*] rapide; une grande expansion *f*. ¶ 이번 선거에서는 중소 정당들의 ~이 돋보였다 À cette élection la progression des petits partis (politiques) a été remarquable / À cette élection le bond [le progrès, le saut] en avant des petits partis a été remarquable. ◇_(을) 하다 prendre son essor; être en plein essor; faire un grand progrès (rapide); faire un bond en avant; progresser subitement de façon notable. ¶ 최근 몇 년 간 우리나라의 과학 기술은 눈부시게 ~했다 Ces dernières années, les technologies de notre pays ont pris un essor remarquable [un essor prodigieux] / Ces dernières années, les technologies ont fait chez nous un progrès [un bond] étonnant / Ces dernières années, les technologies de notre pays se sont considérablement développées / Au cours de ces dernières années, notre pays a vu l'essor de ses technologies.

◆대_ 大- 명 un grand [plein] essor *m*; un grand progrès *m* [développement *m*], un grand bond *m* [saut *m*] en avant, une expansion *f*, un accroissement *m*; un perfectionnement *m*, un envol *m*, une envolée *f*. ¶ 대~ 운동 Le grand bond en avant (chinois de 1958).

약체 弱體 명 ① ((사람)) corps *m* faible, faible constitution *f*, santé *f* fragile[délicate]. ¶ 아이가 ~라서 걱정이다 Je m'inquiète parce que le bébé a une faible constitution. ② ((조직)) organisation *f* faible, régime *m* faible. ¶ 대표팀이 ~라는 평을 받았다 L'organisation de l'équipe nationale a été qualifiée de faible [d'insuffisante].

약초 藥草 명 plante *f* [herbe *f*] médicinale. ¶ ~를 캐다 cueillir des plantes médicinales.

약칭 略稱 명 appellation *f* abrégée, abréviation *f*. ¶ FO는 Forces Ouvrières의 ~이다 FO est l'abréviation de Forces Ouvrières.

약탈 掠奪 명 pillage *m*, sac *m*, saccage *m*, spoliation *f*, dépravation *f*, dévastation *f*, déprédation *f*, rapine *f*, razzia *f*, ravage *m*, vandalisme *m*. ¶ 일본군에 의한 한국 문화재 ~ la spoliation [le pillage, le saccage] du patrimoine culturel coréen par les armées japonaises. ¶ ~을 일삼다[자행하다] se livrer au pillage; commettre des vols et des actes de vandalisme; saccager; ravager. ◇_(을) **하다** piller ((une ville)), saccager ((un village)), mettre à sac ((une ville), faire la razzia ((sur le bétail)), ravager ((une région)), dévaster ((une ville)), dépouiller ((*qn* de *qc*)), spolier ((*qn* de *qc*)) rapiner ((un village)); écumer ((les côtes)). ¶ 식량을 ~해 가다 piller [razzier, voler] des provisions [des vivres, des victuailles, la nourriture]. ◇_(을) **당하다** être pillé(*e*), saccagé(*e*), mis(*e*) à sac, ravagé(*e*), dévasté(*e*), dépouillé(*e*), spolié(*e*); se faire piller, se faire saccager, se faire ravager, se faire dévaster. ¶ 귀중한 문화유산을 외적에게 ~당했다 On s'est fait piller [saccager] des biens culturels précieux par les envahisseurs [l'ennemi] / De nombreux biens culturels précieux ont été pillés [saccagés, mis à sac] par les envahisseurs.

약탕기 藥湯器 명 bouilloire *f* pour médicaments (orientaux).

약품 藥品 명 médicament *m*, produit *m* pharmaceutique.

약하다[1] 弱- 형 ① 힘이 세지 않다 être faible, fragile; avoir *qc* ((신체의 일부)) de faible, fragile: être délicat(*e*). ¶ 그 사람은 주먹이 ~ Il a les poings faibles. ② 튼튼하지 못하다 être faible, fragile, délicat(*e*), maladi*f*(*ve*), chéti*f*(*ve*), frêle; être désarmé(*e*), impuissant(*e*); être mou(*molle*), apathique, indécis(*e*), inerte. ¶ 이 아이는 몸[체력]이 ~ Cet enfant a une faible [fragile] constitution / Cet enfant a une santé fragile [délicate] / Cet enfant est physiquement fragile [chétif, faible, frêle]. ¶ 그 사람은 의지[정신력]가 ~ Il a une volonté [une force de caractère] faible [fragile, hésitante] / Il n'a pas de volonté / C'est quelqu'un de faible / C'est un faible [faiblard {*fam*}]. ¶ 그 사람은 저 선수를 상대하기에는 좀 ~ Il est un peu faible pour s'opposer à [pour résister à, pour faire front à] ce joueur-là. ③ 물, 불, 소리 따위의 기운이 덜하다 être faible, être bas(*se*). ¶ 라디오 소리를 좀 약하게 해라 Baisse [Diminue] un peu (le son de, le volume de, l'intensité du son de) la radio! / Mets le son de la radio un peu moins fort! / Mets la radio un peu moins fort, s'il te plaît! ¶ 오븐의 불을 좀 약하게 해라 Baisse un peu le four / Mets le four à feu plus doux / Diminue le feu du four. ④ 견디어 내는 힘이 적다 être fragile, faible; supporter mal *qc*; avoir un faible pour *qn*. ¶ 이 옷은 습기에 매우 ~ Ce vêtement craint beaucoup [est très sensible à] l'humidité. ¶ 나는 술에 ~ Je supporte mal l'alcool. ¶ 나는 그 여자에 ~ J'ai un faible pour cette femme.

약하다[2] 略- 타 ① 줄이다 abréger ((un discours)), raccourcir ((un texte de plusieurs phrases)), réduire ((un texte)), écourter ((un exposé)); résumer, récapituler ((un discours)); exposer brièvement. ¶ 약해서 쓰다 écrire *qc* en abrégé; écrire *qc* avec des abréviations. ¶ 약해서 이야기하다 raconter ((une histoire)) dans ses grandes lignes, raconter un résumé ((de l'histoire)), raconter ((une histoire)) brièvement. ② 생략하다 supprimer, éliminer, enlever, ôter, omettre, retirer, retrancher ((une partie d'un texte)); faire abstraction de *qc*; passer sous silence; passer sur *qc*. ¶ 자세한 설명은 약하고 말씀하세요 Racontez [Expliquez] en passant sur les détails / Parlez-en sans entrer dans le détail / Dites-le rapidement / Omettez [Passez, Épargnez-nous] les détails / Faites abstraction des détails / Ne vous étendez pas / Écoutez les explications! / Faites-moi une synthèse [un résumé] en faisant abstraction des détails [en supprimant les détails]. ¶ 서론은 약하고 본론만 말씀하세요 Faites abstraction de l'introduction et entrez dans le vif du sujet / Omettez l'introduction et parlez seulement du sujet principal / Sautez l'introduction et parlez directement du sujet!

약호 略號 명 signe *m* abréviatif, abréviation *f*, code

ㅇ

m.

약혼 約婚 명 fiançailles *fpl*, promesse *f* de mariage, accordailles *fpl* {*vx*}. ¶ 박 씨 딸과의 ~ les fiançailles [la promesse de mariage] avec la fille de monsieur Park. ◇_(을) **하다** se fiancer ((avec [à] *qn*)); ((복수주어)) se fiancer. ¶ 그 남자는 교제하던 여자와 지난주에 ~을 했다 Il s'est fiancé la semaine dernière avec la fille qu'il fréquentait / La semaine dernière, il a demandé sa main à la fille qu'il fréquentait. ¶ 그들은 어제 ~을 했다 Ils se sont fiancés hier. ◇_(을) **시키다** fiancer. ¶ 그들은 아들을 그 여자와 ~을 시켰다 Ils ont fiancé leur fils avec cette jeune fille.

◆**_녀** -女 명 fiancée *f*, future *f*, prétendue *f*, promise *f*, accordée *f* {*vx*}.

◆**_반지** -班指, -半指 명 bague *f* [anneau(*x*)] de fiançailles.

◆**_ 선물** -膳物 명 cadeau(*x*) *m* de fiançailles.

◆**_식** -式 명 cérémonie *f* de fiançailles. ¶ 그는 그 여자와 ~식을 올렸다 Il a célébré ses fiançailles avec elle.

◆**_자** -者 명 fiancé *m*; futur *m*, prétendu *m*, promis *m*, accordé *m* {*vx*}.

약화 弱化 명 affaiblissement *m*; abaissement *m*; baisse *f*, diminution *f*; faiblesse *f*, abattement *m*. ¶ 영향력의 ~ affaiblissement de l'influence [de la force, de la puissance, de l'autorité, de l'emprise, de l'empire, du règne]. ¶ 전력의 ~ baisse de la tension électrique. ◇_(를) **시키다** affaiblir, fragiliser, rendre faible *qc*, abattre; débiliter, miner ((la santé de *qn*)); diminuer; adoucir; amollir; atténuer. ¶ 계속된 스트레스가 그 사람의 소화 기능을 ~시켰다 Son stress permanent a affaibli [a rendu faible] sa digestion / Son stress chronique a fragilisé sa digestion. ◇_(가) **되다** s'affaiblir, diminuer; être affaibli(*e*). ¶ 태풍의 세력이 ~되었다 La force [la puissance] du typhon s'est affaiblie [a diminué]. ¶ ~된 시력 vue affaiblie.

약효 藥效 명 pouvoir *m* [effet *m*, efficacité *f*, vertu *f*, force *f*] d'un médicament [médicinal(*e*)]. ¶ 암에 대한 인삼의 ~ le pouvoir médicinal [la vertu médicinale] du ginseng contre le cancer. ¶ ~가 떨어져서 약을 다시 먹어야겠다 Je dois reprendre des médicaments, puisque leur effet a diminué / Comme leur effet n'est plus efficace, je dois reprendre de ces médicaments. ¶ 그 약은 ~가 오래 지속된다 Ce médicament a des effets qui durent longtemps / Le pouvoir [L'effet] de ce médicament dure longtemps. ¶ 그 약은 신경통에 ~가 있다 Ce médicament a de l'effet sur les névralgies.

얄궂다 형 être bizarre, étrange, singuli*er*(*ère*), extravagant(*e*), excentrique. ¶ 오늘은 날씨가 ~ Aujourd'hui, il fait un vilain [sale {*fam*}] temps. ¶ 얄궂게도 그 사람과는 잘 만날 수가 없다 Aussi bizarre que cela puisse paraître, je ne le rencontre pas souvent. ¶ 얄궂은 운명으로 à cause d'un étrange destin [d'un destin singulier].

얄밉다 형 être déplaisant(*e*), mesquin(*e*) et haïssable, détestable, odieu*x*(*se*), irritant(*e*), désagréable, saumâtre, insupportable, exécrable, rebutant(*e*); être provocant(*e*), mali*n*(*gne*), malicieu*x*(*se*). ¶ 그 사람은 하는 짓이 ~ Ce qu'il fait est déplaisant [mesquin (et haïssable)]. ¶ 얄밉게 굴지 마라 Ne m'irrite pas / Ne te conduis pas de façon odieuse. ¶ 얄미운 사람 une personne déplaisante [agaçante, mesquine et haïssable], une tête à claques {*fam*}; un vilain oiseau {*fam*}.

얄팍하다 형 ① ((두께)) être plutôt mince. ¶ 얄팍한 책 un livre (plutôt) mince. ¶ 지갑이 ~ avoir un portefeuille dégarni [peu garni]. ② ((생각이나 마음)) être lég*er*(*ère*), irréfléchi(*e*), superficiel(*le*), imprudent(*e*); être maladroit(*e*), grossi*er*(*ère*). ¶ 얄팍한[얕은] 사고의 산물 résultat d'une pensée légère [peu profonde]; résultat d'une réflexion rapide [imprudente]. ¶ 그의 문학 지식은 ~ Ses connaissances en littérature sont superficielles. ¶ 얄팍한 수를 쓰다 recourir à des moyens maladroits [grossiers, peu astucieux]. ¶ 얄팍한 계략 un stratagème maladroit [grossier, peu astucieux, qui se voit], un piège grossier, une ruse [un piège] mal camouflé(*e*).

얇다 형 ① ((두께)) être mince, peu épais(*se*), fin(*e*), ((vêtement, tenue)) lég*er*(*ère*). ¶ 얇은 이불 une couverture peu épaisse. ¶ 얇은 입술 des lèvres minces [peu épaisses]. ② 천박하다 être superficiel(*le*), lég*er*(*ère*), frivole, irréfléchie. ③ ((층이)) être faible. ¶ 수요층이 ~ La clientèle est faible. ¶ 그 후보는 지지층이 ~ Ce candidat a [dispose d']une étroite assise électorale. ¶ 독자층이 ~ avoir peu de lecteurs.

*** 그 친구는 귀가** ~ Il croit tout [n'importe quoi] / Il gobe tout ce qu'on lui dit [n'importe quoi] {*fam*}.

얌전 명 docilité *f*, calme *m*. ◇_(을) **떨다[부리다]** se comporter avec calme et docilité. ¶ ~ 그만 떨어라 Arrête d'être trop sage.

◆**_하다** 형 ① être sage, calme, docile. ¶ 어른 앞에 ~하게 앉아 있다 être assis(*e*) respectueusement devant un ancien. ¶ ~한 아이 un(*e*) enfant sage. ② 모양이 좋다 être élégant(*e*), attenti*f*(*ve*), minutieu*x*(*se*), soigné(*e*). ¶ 그 친구는 글씨가 ~하다 Son écriture est soignée / Il a une écriture soignée. ¶ ~한 바느질 솜씨 une maîtrise minutieuse de la couture.

◆**_히** 부 ① sagement, docilement, calmement. ¶ 아이가 ~히 앉아 있다 L'enfant est assis sagement. ② avec soin. ¶ 옷을 ~히 개어놓다 plier des vêtements avec soin. ③ sagement. ¶ 쓸데없는 생각 말고 ~히 집에 들어가라 Au lieu de te perdre dans tes idées [de divaguer, de délirer], rentre sagement à la maison.

얌체 명 (personne *f*) égoïste [égocentrique], personne *f* qui ne pense [qui ne s'intéresse] qu'à *elle*-même [qui ne se préoccupe que d'*elle*-même, qui ne pense qu'à *son* nombril {*fam*}, qui se regarde le nombril {*fam*}], (personne *f*) nombriliste *mf* {*fam*}; malpoli(*e*) {*fam*}, malappris(*e*) {*fam*}, malotru(*e*) {*fam*}, goujat {*fam*}. ¶ 그 사람은 (완전히) ~다 Il ne pense vraiment qu'à lui-même [qu'à son nombril {*fam*}] / C'est un égocentrique né / Il ne se préoccupe vraiment que de lui-même. ¶ ~같이 끼어 들지 마! Tu pourrais faire la queue comme tout le monde, tu ne crois pas?

◆_**짓** 명 acte *m* effronté. ¶ ~ 짓을 하다 se comporter comme un malappris.

양¹ 羊 명 mouton *m*; ((수양)) bélier *m*; ((암양)) brebis *f*; ((어린 양)) agneau(*x*) *m*, agnelet *m*.

*~**의 탈을 쓴 늑대** un loup qui se fait passer pour un agneau; un loup déguisé en brebis; une main de fer dans un gant de velours; *sa* douceur cache une grande fermeté.

◆_**가죽** 명 cuir *m* de mouton, basane *f*.

◆_**고기** 명 viande *f* de mouton [d'agneau], (du) mouton *m*, (de l')agneau *m*.

◆_**치기** 명 berg*er*(*ère*), pâtre *m*, pasteur *m*; ((어린 양치기)) pastoureau(*x*) *m*, pastourelle *f*.

◆_**털** 명 toisons *fpl* [fourrure *f*] de moutons; laine *f* ((de mouton mérinos)).

◆_**피** -皮 명 peau *f* [cuir *m*] de mouton.

양² 量 명 quantité *f*; dose *f*; volume *m*; portion *f*; ration *f*. ¶ 물의 ~을 재다 mesurer [doser] la quantité [le niveau, le volume] d'eau. ¶ ~보다 질을 따지다 plutôt que la quantité la qualité est à prendre en compte; considérer la qualité plutôt que la quantité. ¶ 술의 ~이 모자란다[남는다] La quantité d'alcool est insuffisante / Il manque [reste] de l'alcool / Il y a un manque d'alcool.

*~**에 차다** manger (jusqu')à satiété [à *sa* faim], bien manger, se remplir l'estomac [le ventre, la panse], se caler l'estomac [les joues] {*fam*}, s'en mettre plein la panse [la lampe, la tirelire, le cornet, le gésier, le buffet] {*fam*}.

◆_**적** -的 명관 quantitati*f*(*ve*). ¶ ~적 증가 une augmentation quantitative. ¶ 교육이 ~적으로는 많이 성장했다 L'éducation a fait beaucoup de progrès sur le plan quantitatif.

양³ 陽 명 【철학】 *yang m* ((ciel, lumière, chaleur, surface, sécheresse, soleil auquel s'assimile le principe mâle)); positif *m*. ¶ 음과 ~ le *yin* et le *yang*; le négatif et le positif; la femelle et le mâle; le moins et le plus.

***음으로 ~으로 (돕다)** (aider) de toutes les manières.

양⁴ 의명 ((nom dépendant ou non autonome, qui s'emploie après la forme déterminante d'un verbe ou de l'adjectif, marquée par -ㄴ, -는, -은, -ㄹ, -을, -던.)) ① 모양, 모습 comportement *m*, attitude *f*, manière *f*. ¶ 그 사람은 아내가 하는 ~을 그저 바라보고만 있었다 Il a observé le comportement [l'attitude] de sa femme en train de faire quelque chose. ② 처럼 comme si. ¶ 그 사람은 마치 자기가 사장인 ~ 우쭐거리며 말한다 Il parle avec prétention, comme s'il était président. ③ 의도, 생각 dans l'idée de+*inf*, avec l'intention de+*inf*. ¶ 그 사람은 그저 돈푼이나 얻을 ~으로 나를 찾아왔다 Il est venu me voir avec l'intention [dans l'idée] de toucher [d'obtenir] un peu d'argent. ④ 상황, 지경 chaque fois que. ¶ 우연히 나와 마주칠 ~이면 그 여자는 자리를 피하곤 했다 Elle s'esquivait justement à chaque fois qu'elle me croisait.

양⁵ 孃 의명 ((suffixe nominal honorifique)) mademoiselle *f*. ¶ 조 ~ mademoiselle Jo. ¶ 조민아 ~ mademoiselle Jo Mina.

양⁶ 兩 관 deux ((côtés, faces, bouts)). ¶ ~ 측면에서 적진을 돌파하다 prendre l'ennemi en tenailles, affronter l'ennemi des deux côtés. ¶ ~ 대륙에 걸쳐 à travers les deux continents.

◆_**자** -者 명 tous les deux. ¶ ~자가 다 잘못했다 Tous deux ont mal fait / Ils ont tort tous les deux.

-양⁷ 洋 접미 ((suffixe nominal)) océan *m*; mer *f*.

◆**남**_ 南- 명 mer *f* du sud.

◆**대서**_ 大西- 명 océan *m* Atlantique.

◆**북**_ 北- 명 mer *f* du nord.

◆**태평**_ 太平- 명 océan *m* Pacifique.

양-⁸ 洋- 접두 ((préfixe nominal)) occiden*tal*(*ale*, *aux*). ¶ ~담배 des cigarettes (occidentales). ¶ ~배추 chou(*x*) ((occidental par opposition au chou chinois)). ¶ ~상추 salade verte, laitue. ¶ ~악기 instrument de musique occidental.

양-⁹ 養- 접두 ((préfixe nominal)) adopti*f*(*ve*). ¶ ~부모 parents adoptifs. ¶ ~아들 fils adoptif. ¶ ~딸 fille adoptive.

양-¹⁰ 兩- 접두 ((préfixe nominal)) deux, double. ¶ ~손을 다 쓰다 utiliser *ses* deux mains.

양가 良家 명 bonne famille *f*. ¶ 그 여자는 ~ 출신이다 Elle est issue d'une bonne famille / Elle est de bonne famille.

양각 陽刻 명 relief *m*. ¶ ~으로 새기다 graver en relief [en ronde-bosse], repousser. ◇_(을) **하다** graver; emboutir; frapper; buriner. ¶ 도장은 보통 나무를 ~해서 만든다 On fait un sceau en général en gravant du bois.

◆_**세공** -細工 명 trava*il*(*aux*) *m* en relief minutieux; ciselure *f*.

양갈보 洋- 명 【비어】 prostituée *f* recevant des Occidentaux ((notamment les soldats américains)), pute *f* pour Occidentaux {*vulg*}.

양감 量感 명 ① ((부피나 무게의)) impression *f* de volume, volume *m*, masse *f*. ¶ 이 정물화는 ~이 잘 드러나 있다 Cette nature morte rend bien l'impression de volume. ② ((일이나 현상의)) lourdeur *f*. ¶ 시대의 변화가 엄청난 ~으로 가슴에 다가온다 Le changement d'époque se fait sentir très lourdement.

양갓집 良家- 명 bonne famille *f*, famille *f* noble. ¶ ~ 딸 fille d'une bonne famille.

ㅇ

양계¹ 養鷄 명 élevage *m* de poulets; aviculture *f*. ◇_(를) **하다** élever des poulets.
◆_**장** -場 명 basse-cour *f*.
양계² 兩系 명 ① deux branches *fpl*. ¶ 이 나라의 국민은 라틴계와 게르만계 ~로 구성되어 있다 La population de ce pays est composée de deux branches, latine et germanique. ② 아버지와 어머니 혈통 double parenté *f*, lien *m* sanguin du père et de la mère. ¶ ~ 친족 제도 le système familial de double parenté.
양곡 糧穀 명 céréale *f*. ¶ ~ 창고 un entrepôt de céréales.
양공주 洋公主 명 ☞ 양갈보
양광 陽光 명 rayons *mpl* du soleil, lumière *f* solaire; rayons *mpl* de soleil. ¶ 여름 낮의 강렬한 ~ la lumière ardente du soleil d'été.
양교 兩校 명 deux établissements *mpl* scolaires, deux écoles *fpl* [universités *fpl*]. ¶ 부산대와 이화여대 ~는 휴업 중이다 Deux établissements, l'Université nationale de Busan et l'Université féminine d'Ewha, sont en congé.
양국 兩國 명 deux pays *mpl*. ¶ 한미 ~ 간의 교섭 les négociations entre les deux pays, la Corée et les États-Unis.
양궁 洋弓 명 arc *m* (occidental); tir *m* à l'arc. ¶ ~과 국궁 arc occidental et arc coréen. ¶ 우리나라 ~ 선수들이 금메달을 다 땄다 Nos tireurs à l'arc ont raflé {*fam*} toutes les médailles d'or.
양귀비 楊貴妃 명 fleur *f* de pavot. 명 【인명】 Yang Gui-fei [Kuei-fei] (719-756) ((concubine de l'empereur Xuan Zang de la Chine des Tang dont la beauté légendaire est devenue emblématique)); une beauté *f* sans pareille.
양극¹ 陽極 명 【전기】 pôle *m* positif, anode *f*. ¶ ~과 음극 pôles positif et négatif, anode et cathode.
양극² 兩極 명 ① 양극과 음극 【전기】 (les) deux pôles *mpl*, pôles *mpl* positif et négatif [cathode *f* et anode *f*]. ② 대립 deux extrémités *fpl*. ¶ 두 진영의 입장이 ~으로 치닫고 있다 Les positions des deux camps sont en train de déboucher sur des extrêmes.
◆_**성** -性 명 dualité *f*, dichotomie *f*.
◆_**화** -化 명 bipolarisation *f*. ¶ ~화 현상 phénomène de bipolarisation. ◇_**화(가) 되다** se bi-polariser.
양극단 兩極端 명 (les) deux extrémités *fpl*; (les) deux électrodes *fpl*. ¶ 두 사람의 견해는 ~으로 치달았다 Les opinions des deux personnes ont débouché sur des extrêmes.
양금 洋琴 명 【음악】 xylophone *m*.
양기 陽氣 명 ① 햇볕의 기운 force *f* du soleil [de la lumière solaire]. ② 몸 안의 양의 기운 énergie *f yang* (masculine, virile, solaire). ¶ ~와 음기 énergies *yin* et *yang*, énergies virile et féminine, énergies masculine et féminine. ③ 남자의 성적 능력 force *f* virile, virilité *f*, énergie *f* vitale. ¶ ~를 북돋아 주다[보충하다] donner de la virilité à, viriliser. ¶ 남편이 ~가 떨어진 것 같다 Il semble que mon mari manque de virilité.
양기와집 洋- 명 maison *f* en tuiles occidentales.
양껏 量- 부 à satiété, pleinement, comme il faut, à souhait, à volonté. ¶ 점심을 ~ 먹었더니 여태 배가 고프지 않다 Comme j'ai mangé à satiété à midi, je n'ai pas encore faim.
양녀 養女 명 fille *f* adoptive. ¶ ~를 들이다 adopter une fille. ¶ 누구를 ~로 삼다[받아들이다] prendre ((une fille)) comme fille adoptive; adopter une fille.
양념 명 ① assaisonnement *m*; épices *mpl*; condiment *m*. ¶ ~을 많이 쓴 음식 un plat qui a nécessité beaucoup d'épices [de condiments]. ② ((avoir du)) piquant *m*, piment *m*, ((plaisanterie pleine de)) sel *m*, esprit *m*, finesse *f*, gaieté *f*, saveur *f*. ¶ ~ 삼아 옛날 얘기를 하다 raconter un conte pour égayer l'ambiance.
◆_**장** -醬 명 sauce *f* de soja assaisonnée. ¶ ~장을 넣다 mettre de la sauce de soja assaisonnée.
양놈 洋- 명 【비어】 sale {*fam*} Occidental *m*; Yankee *m* {*fam*}, sale Ricain(*e*) {*fam*}.
양다리 兩- 명 deux jambes *f*, pieds *mpl*.
*~**를 걸치다** ((양쪽에서 이익을 얻기 위해 두 편에 다 관계를 가지다)) miser sur deux choses à la fois, courir deux lièvres à la fois; ((남녀 관계)) avoir deux relations amoureuses en même temps, avoir une double relation amoureuse, sortir avec deux filles [garçons] en même temps.
양단¹ 兩斷 명 partage *m* [division *f*, coupure *f*] en deux, scission *f*. ◇_(을) **하다** couper [diviser] *qc* en deux parties. ¶ 결국 이데올로기가 한반도를 ~했다 Finalement, c'est l'idéologie qui a divisé la péninsule coréenne en deux parties. ◇_(이) **되다** être divisé(*e*) [coupé(*e*), partagé(*e*)] en deux. ¶ 이데올로기 때문에 국토가 남과 북으로 ~되었다 C'est pour des raisons idéologiques que le pays a été divisé entre nord et sud. ¶ 배는 ~되어 버렸다 Le navire s'est cassé [fendu, séparé] en deux.
◆**일도**_ 一刀 명 résolution *f* rapide. ¶ 일도~(을) 하다 résoudre instantanément un problème; couper [trancher] le nœud gordien [un problème].
양단² 兩端 명 ① (les) deux extrémités *fpl*, (les) deux bouts *mpl*. ¶ 밧줄의 ~을 나무에 묶다 nouer à l'arbre les deux extrémités d'une corde. ② (les) deux. ¶ 이것과 저것 ~ 사이에 하나를 택해라 Choisis-en un entre les deux, celui-ci ou celui-là?
◆_**간** -間 명 de toute manière, de toute façon, d'une manière ou d'une autre, en tout cas, dans tous les cas, quoi qu'il en soit, quoi qu'il arrive, quoi qu'il advienne, n'importe comment, en tout état de cause, quelle que soit la situation. ¶ ~간에 결정을 하자 En tout cas, prenons une décision. ¶ ~간 결정이 나겠지 De toutes les façons, il y aura bien une décision de prise [qui sera prise]. ¶ ~간에 결판이 나겠지 Quoi qu'il en soit on aura le résultat / De toute façon la décision sera prise.

ㅇ

양달 陽- 명 endroit *m* ensoleillé, côté *m* exposé au soleil. ¶ ~과 응달 endroit ensoleillé et endroit ombragé.

양담배 洋- 표 명 cigarettes *fpl* étrangères.

양당 兩黨 명 (les) deux partis *mpl*.

양대 兩大 어근 deux grands. ¶ 학자들은 이 문제에 관한 한 ~ 진영으로 입장이 나뉘어져 있다 S'agissant de cette question, les savants sont divisés en deux grands groupes.

양도 讓渡 명 cession *f*; concession *f*; aliénation *f*; transfert *m*; transmission *f*. ¶ 채권자에 대한, 채무자 재산의 ~ cession de *ses* biens par un débiteur à *son* créancier. ¶ 소유자에 대한 토지의 ~ concession de *ses* terres par un propriétaire. ◇_(를) **하다** céder; concéder; aliéner; transférer; transmettre; verser. ¶ 권리[채권, 토지]를 타인에게 ~하다 céder *ses* droits [une obligation, *ses* biens, *ses* terres] à *qn*. ¶ ~할 수 있는 cessible, aliénable; négociable; transférable; transmissible; monnayable. ¶ ~할 수 없는 incessible, inaliénable.

◆**_성** -性 명 caractère de ce qui est cessible. ¶ ~성 채권 obligation cessible.

◆**_(소득)세** -(所得)稅 명 【경제】 taxe *f* sur les revenus fonciers.

◆**_인** -人 명 cédant(*e*).

◆**_증서** -證書 명 acte *m* de cession.

◆**피_인** 被人 명 【법률】 cessionnaire *mf*, acquéreur *m*, bénéficiaire *mf*, acheteu*r*(*se*).

양돈 養豚 명 élevage *m* de porcs. ¶ ~ 농가 ferme d'élevage de porcs

◆**_장** -場 명 porcherie *f*.

양동이 洋- 명 seau(*x*) *m* en métal, grand récipient *m* métallique. ¶ ~에 물을 담다 mettre de l'eau dans un seau en métal.

분류 ((classificateur servant à compter les seaux)). ¶ 한 ~의 물 un seau d'eau

양동작전 陽動作戰 명 ((군사)) manœuvre *f* de diversion. ¶ 바다와 육지를 통한 ~ opération de diversion par mer et par terre. ¶ 적을 교란시키기 위해서 아군은 두 지역에서 동시에 ~을 폈다 Nos forces ont opéré simultanément une manœuvre de diversion dans deux zones pour disperser l'ennemi.

양딸 養- 명 fille *f* adoptive.

양력 陽曆 명 calendrier *m* solaire [grégorien]. ¶ ~ 설 le nouvel an solaire; le 1er janvier du calendrier solaire. ¶ 설을 ~으로 쇠다 célébrer le Nouvel an solaire (au lieu du Nouvel an lunaire). ¶ 오늘은 ~으로 3월 1일이다 Aujourd'hui, c'est le 1er mars (du calendrier solaire).

양로원 養老院 명 maison *f* de retraite, foyer *m* de personnes âgées, hospice *m* [asile *m*] pour personnes âgées. ¶ ~에 들어가다 entrer dans une maison de retraite.

양론 兩論 명 (les) deux théories *fpl*, (les) deux idées *fpl* opposées. ¶ 그 문제에 관해 ~이 벌어졌다 Deux idées ont été développées sur cette question.

양립 兩立 명 coexistence *f*; compatibilité *f*; corrélation *f*. ¶ 성장과 안정의 ~ corrélation entre progrès et paix. ◇_(을) **시키다** concilier, faire coexister; faire s'accorder; rendre compatible; rendre conciliable; mettre en corrélation avec *qc*. ¶ 그 여자는 직장 일과 가사 일을 ~시키고 있다 Elle concilie son activité professionnelle avec ses travaux d'intérieur. ◇_(을) **하다**[(이) **되다**] coexister; s'accorder, être compatible. ¶ 두 개념은 ~할 수 없다 Ces deux concepts sont incompatibles. ¶ 그 여자는 일이 가정생활과 충분히 ~될 수 있다고 믿고 있다 Elle croit que son activité professionnelle peut s'accorder avec sa vie privée / Elle croit pouvoir bien concilier son travail et sa vie privée.

◆**_적** -的 명관 compatible, conciliable, accordable.

양말 洋襪 명 chaussette *f*. ¶ 등산 ~ des chaussettes de montagne. ¶ ~을 신다[벗다] mettre [ôter, enlever] des chaussettes. ¶ 아이의 ~을 벗기다[벗겨주다] ôter les chaussettes d'un enfant.

양면 兩面 명 ① 앞면과 뒷면 (les) deux côtés *mpl* ((d'une feuille de papier)), ((종이의)) recto *m* et verso *m*; face *f* et pile *f*; envers *m* et revers *m*. ¶ 종이의 ~ les deux côtés d'une feuille de papier; le recto et le verso (d'une feuille de papier). ② 양쪽 면 (les) deux côtés *mpl*, (les) deux faces *fpl*, (les) deux facettes *fpl*, (les) deux aspects *mpl*. ¶ 이 방은 ~ 벽이 책으로 가득하다 Les deux murs de cette chambre sont tapissés de livres. ③ 두 방면 (les) deux directions *fpl*, (les) deux côtés *mpl*, (les) deux aspects *mpl*. ¶ 육체와 정신 ~으로 고통을 받다 souffrir à la fois physiquement et moralement [sur les plans physique et moral].

◆**_성** -性 명 dualité *f*; dichotomie *f*; dualisme *m*. ¶ 선인과 악한의 ~성을 보이다[갖다] montrer [posséder] un aspect double de saint homme et de monstre.

◆**_ 대립** -對立 명 opposition *f* des deux côtés. ◇_(을) **하다**[**보이다**] s'opposer l'un à l'autre.

양명[1] 揚名 명 réputation *f*, renom *m*, célébrité *f*, renommée *f*. ◇_(을) **하다** se rendre célèbre, se faire un nom, édifier [étendre] sa renommée, se faire une célébrité, acquérir du renom [de la réputation].

◆**입신_** 立身- 명 réussite *m* sociale et célébrité *m*; advenue *f* à la célébrité [la gloire, la renommée]. ¶ 입신~을 하다 réussir dans le monde [dans la vie, dans la société] et se faire un nom; faire une belle carrière et se faire un nom, s'élever [arriver] à une haute situation et se faire un nom.

양명[2] 陽明 명 lumière *f*, perspicacité *f*, clarté *f*. ¶ 새 시대의 ~이 비로소 비추이고 있다 Enfin, la lumière de l'ère nouvelle nous éclaire.

◆**_하다** 형 être brillant(*e*), être clair(*e*).

양모 羊毛 명 ① 양털 laine *f* (de mouton). ¶ ~를 깎다 enlever la laine des moutons, tondre la toison d'un mouton. ¶ 100 % ~로 된 천 tissu en pur laine

ㅇ

(100 %). ② 천 laine *f*. ¶ ~는 비단만큼 비싸다 La laine est aussi chère que la soie.

양모음 陽母音 명 【언어】 voyelle *f* positive, masculine (아, 야, 오) ≪claire≫ [du *yang*] ((avec une connotation positive)).

양민 良民 명 ① 착한 백성 bon peuple *m*, population *f* civile innocente. ¶ ~을 학살하다 massacrer la population civile innocente. ② 사회계급 【역사】 *yangmin m*, gens *mpl* du commun, roturier *m*.

양반 兩班 명 ① 사회계급 【역사】 *yangban m* <lettrés nobles, classe supérieure et dominante au temps du royaume de Joseon>. ¶ ~ 출신 issue d'une famille de l'aristocratie. ② 점잖은 사람 personne *f* digne. ¶ 저이는 참 ~이다 C'est une personne très digne / C'est un vrai seigneur. ③ 남편 mari *m*. ¶ 우리 집 ~은 외출 중이시다 Mon mari est sorti. ④ 남자를 범상히 부르는 말 personne *f*, type *m* {*fam*}, énergumène *m*, individu *m*. ¶ 아니, 이 ~이 왜 이래 Qu'est-ce qu'il a ce type [celui-là]? / Qu'est-ce qu'il lui prend, à celui-là? / Il est [Vous êtes] malade ou quoi? / Qu'est-ce que vous avez aujourd'hui? / Qu'est-ce qu'il me veut ce type? *~**이다** être mieux, digne, noble. ¶ 김치 냄새는 치즈 냄새에 비하면 ~이다 L'odeur du *gimchi* est beaucoup plus agréable que celle du fromage.

◆_**집** 명 famille *f* [maison *f*] de noble.

◆_**층** -層 명 couche *f* des lettrés nobles, aristocratie *f*.

양배추 洋- 명 chou(*x*) *m* (occidental) ((par opposition au chou chinois)). ¶ ~를 삶다 bouillir du chou.

양변 兩邊 명 ① (les) deux bords *mpl*. ¶ 도로 ~에 심어진 가로수 arbres plantés de part et d'autre de la route. ② 【수학】 membre *m* ((d'une équation)). ¶ 등식의 ~ le premier et le second membre de l'équation.

양변기 兩便器 명 cuvette *f* des toilettes.

양보 讓步 명 concession *f*. ¶ ~의 미덕 vertu [mérite] de la concession. ¶ ~ 운전 conduite (automobile) fair-play [civile, courtoise, polie]. ◇_(를) **하다** céder, concéder. ¶ 노인에게 자리를 ~하다 céder *sa* place à une personne âgée. ¶ 네가 형이니까 동생에게 ~해라 Cède à ton frère puisque tu es l'aîné! ¶ 여기서 한 발짝도 ~할 수 없다 Je ne peux reculer [céder] d'un pas. ◇_**를 얻다[받아내다]** bénéficier d'une concession [d'un avantage, d'un droit]; accepter une proposition de concession de la part de *qn*, obtenir que quelqu'un cède *qc*. ¶ 그 사람에게서 ~를 받아내기는 쉬운 일이 아니다 Ce n'est pas facile d'obtenir qu'il cède. ◇_**(가) 없다** ne pas céder; il n'y a pas de concession à faire. ¶ 그 사람은 원래 ~가 없다 En général, il ne cède pas. ¶ 한 치의 ~도 없는 경쟁 une concurrence sans la moindre concession, une concurrence acharnée.

◆_**심** -心 명 tempérament *m* conciliant [complaisant, accommodant, arrangeant, obligeant, coulant]. ¶ ~심을 발휘하다 mettre en pratique une tendance accommodante; être porté(*e*) à faire des concessions.

양복 洋服 명 costume *m* occidental ((veste et pantalon)). ¶ ~ 윗도리 veste (d'un costume). ¶ ~ 바지 pantalon (d'un costume). ¶ ~을 입다 mettre [porter] un costume. ¶ ~을 벗다 enlever [ôter] un costume. ¶ ~을 맞추다 faire faire un costume sur mesure. ¶ ~을 다리다 repasser un costume (avec un fer). ¶ ~을 옷장에 걸다 accrocher un costume dans l'armoire.

◆_**장** -欌 명 armoire *f* à vêtements.

◆_**쟁이** 명 homme *m* en costume-cravate, homme *m* cravaté.

◆_**점** -店 명 tailleur *m*, magasin *m* de costumes.

◆_**지** -地 명 tissu *m* de costume. ¶ ~지를 끊다[사다] acheter du tissu pour un costume.

양봉 養蜂 명 apiculture *f*. ¶ ~ 사업 activité [affaire] apicole. ◇_(을) **하다** pratiquer l'apiculture, élever des abeilles.

◆_**가** -家 명 apicul*teur*(*trice*).

◆_**장** -場 명 rucher *m*, champ *m* de ruches ((pour l'élevage des abeilles)).

양부 養父 명 père *m* adoptif.

양부모 養父母 명 parents *mpl* adoptifs. ¶ ~를 두다 avoir des parents adoptifs.

양분 兩分 명 partage *m* [division *f*] en deux, bissection *f*. ¶ 이익[재산]의 ~ partage en deux parties égales du profit [des gains, d'une fortune, des biens]. ◇_(을) **하다** partager [diviser] en deux (parties égales); dédoubler. ¶ 이익을 ~하다 partager [diviser] le profit en deux parties égales. ¶ 우리는 할 일을 반반으로 ~했다 Nous avons divisé équitablement les tâches à faire [à réaliser] / Nous avons divisé [partagé] en deux parties égales les tâches à faire. ¶ 재산을 ~하다 se partager l'héritage; diviser l'héritage. ◇_(이) **되다** être divisé(*e*) [partagé(*e*)] en deux. ¶ 당이 보수파와 개혁파로 ~되었다 Le parti est divisé entre réformateurs et conservateurs. ¶ 의견이 둘로 ~되었다 Les opinions [Les avis] se répartissent en deux camps.

◆_**법** -法 명 【수학】 ((수학)) opération *f* de division.

양산¹ 陽傘 명 ombrelle *f*, parasol *m*. ¶ 햇빛이 강해서 부인은 ~을 펴 들었다[썼다] Elle a ouvert [déployé] son ombrelle car les rayons du soleil étaient trop violents [car le soleil tapait trop fort, car le soleil devenait insupportable].

양산² 量産 명 production *f* [fabrication *f*, confection *f*] massive. ¶ 그 회사는 마침내 비누의 ~ 체제를 갖추었다 Cette compagnie a enfin ouvert une chaîne de production de savons. ¶ 자동차 부품의 ~ production massive d'accessoires automobiles. ¶ 실업자의 ~ licenciements massifs. ◇_(을) **하다** produire [fabriquer, confectionner, manufacturer] en masse. ¶ 경제 위기가 많은 실업자들을 ~했다 La crise économique a produit un grand nombre de chômeurs. ¶ 요즘 문학지는 활발하게 신인들을 ~하고 있다 Ces jours-ci les magazines littéraires participent activement à faire connaître de jeunes auteurs. ◇_(이) **되다** être produit(*e*), fabriqué(*e*), créé(*e*), confectionné(*e*). ¶ 대졸 실업자가 ~되고 있다 Le nombre des chômeurs diplômés est en train d'augmenter. ¶ 반도체가 대규모로 ~되고 있다 Les semi-conducteurs sont produits massivement.

양상 樣相 명 tournure *f*; aspect *m*; allure *f*; air *m*; modalité *f*; phase *f*. ¶ 일[사건]의 ~ la tournure des événements [de la situation]. ¶ 사건의 전개 ~ la tournure qu'est en train de prendre cet événement. ¶ 그 사건의 전개는 불안한 ~을 보여 주고 있다 Le déroulement de cette affaire présente [montre, laisse voir] des aspects [côtés] inquiétants [alarmants, angoissants, effrayants]. ¶ 여야의 대립은 정치판에 이상한 ~을 나타내고 있다 L'affrontement politique entre le parti au pouvoir et celui de l'opposition prend une allure étrange [se présente sous un jour curieux]. ¶ 사건의 ~이 지난번과 비슷하다 Cette affaire prend presque la même tournure que celle de la dernière fois / La tournure que prennent les événements ressemble à [est analogue à] ce qui s'est passé la dernière fois. ¶ 그 스캔들 때문에 야당 쪽으로 표가 몰리는 의외의 ~이 나타나고 있다 À cause de ce scandale, toutes les voix se sont reportées d'une façon inattendue sur le parti au pouvoir / En raison de cette affaire scandaleuse, un phénomène inattendu est survenu, celui du report des voix sur le parti au pouvoir. ◇_**을 띠다** prendre [avoir] une tournure [un aspect]. ¶ 그 사건은 이상한 ~을 띠며 확대되고 있다 En prenant une tournure étrange, cette affaire prend de l'ampleur [s'étend].

양상군자 梁上君子 명 malandrin *m* {*litt*}, larron *m*, escamoteur *m*.

양상추 洋- 명 【식물】 salade *f* verte, laitue *f*.

양색시 洋- 명 ☞ 양갈보

양생 養生 명 régime *m* (sain), bonne alimentation *f*, alimentation *f* saine. ¶ ~에 좋다 être bon pour la santé. ◇_(을) **하다** s'occuper de *sa* santé; faire un régime; avoir une bonne alimentation, bien s'alimenter.

양서[1] 良書 명 bon livre *m*, bon bouquin *m* {*fam*}. ¶ ~를 읽다 lire un bon livre.

양서[2] 洋書 명 livre *m* occidental.

양서류 兩棲類 명 【생물】 amphibie *f*, amphibiens *mpl*.

양성[1] 陽性 명 ① 병의 감염 caractère *m* positif, *qc* de positif. ¶ 투베르클린 ~ 반응 réaction positive à la tuberculine. ② 적극적 성질 tempérament *m* [caractère *m*, nature *f*] positi*f*(*ve*) [acti*f*(*ve*), entreprenant(*e*), dynamique, ouvert(*e*), extraverti(*e*)].

◆_**적** -的 명관 positi*f*(*ve*), affirmati*f*(*ve*). ¶ ~적 문화 culture positive.

◆_**화** -化 명 légalisation *f*. ¶ ~화하다 légaliser. ¶ 정치자금을 ~화하다 légaliser des fonds secrets [un capital utilisé à des fins politiques par des partis].

양성[2] 養成 명 formation *f*; éducation *f*; instruction *f*; développement *m*. ¶ 인재의 ~ formation [instruction] des élites [des individus les meilleurs]. ◇_(을) **하다** former; éduquer; préparer; élever; instruire. ¶ 인재[후계자, 제자, 간부]를 ~하다 former des hommes compétents [des élèves, des cadres]. ¶ 군대를 ~하다 former [entraîner] une armée. ◇_(이) **되다** être formé(*e*), préparé(*e*), éduqué(*e*). ¶ 그 학교에서는 많은 인재가 ~되고 있다 Dans cette école, de nombreux hommes d'élite sont formés [sont éduqués].

◆_**소** -所 명 centre *m* de formation; établissement *m* pour la formation; école *f* professionnelle. ¶ 기술자[간호사, 교원] ~소 établissement pour la formation de techniciens [d'infirmières, de professeurs].

양성모음 陽性母音 명 ☞ 양모음

양속 良俗 명 bonnes mœurs *fpl*. ¶ ~을 유지하다 maintenir les bonnes mœurs. ¶ ~에 어긋나다 être contraire aux bonnes mœurs.

◆**미풍_** 美風- 명 bonnes traditions *fpl* et bonnes mœurs *fpl*.

양손 兩- 명 (les) deux mains *fpl*. ¶ ~을 무릎 위에 올려놓다 poser les deux mains sur *ses* genoux.

양수[1] 羊水 명 liquide *m* amniotique, ((poche des, perdre les)) eaux *fpl*. ¶ (출산 전에) ~가 터지다 perdre les eaux (juste avant l'accouchement); ((les membranes entourant la cavité amniotique se déchirent pour)) libérer le liquide amniotique. ¶ 그 산모는 방금 ~가 터졌습니다 Elle vient de perdre les eaux.

양수[2] 陽數 명 【수학】 nombre *m* [numéral *m*] positif. ¶ ~와 음수 nombre positif et nombre négatif.

양수[3] 兩手 명 (les) deux mains *fpl*. ¶ ~를 들고 환영하다 accueillir [recevoir] ((*qn*, un ami)) à bras ouverts, accueillir [recevoir] ((*qn*, un ami)) chaleureusement [avec effusion].

양수[4] 揚水 명 pompage *m* [drainage *m*] de l'eau. ¶ ~ 장치 équipement de pompage. ◇_(를) **하다** pomper [drainer] de l'eau. ¶ 논에 ~를 하다 drainer [pomper] de l'eau dans une rizière.

◆_**기** -機 명 pompe *f* à eau.

◆_**장** -場 명 station *f* de pompage.

양수[5] 讓受 명 acquisition *f*. ¶ 사업체의 ~ acquisition d'une entreprise. ◇_(를) **하다** acquérir *qc*, hériter ((d'un immeuble, d'une immense fortune)). ¶ 누구로부터 가게를 ~하다 hériter de *qn* d'une boutique.

◆_**인** -人 명 acquéreur *m*, héritier(*ère*) ((d'une grande fortune, d'une propriété)), légataire, successeur *m*, ayant cause *m*.

◆_**증** -證 명 attestation *f* d'acquisition.

양수사 量數詞 명 【언어】 quantificateur *m*,

quantifieur *m*; mot *m* [terme *m*, déterminant *m*] quantitatif.

양순 良順 명 (caractère) docilité. ¶~하다 être débonnaire, doux, docile.

양순음 兩脣音 명 【언어】 (consonne *f*) bilabiale *f*.

양식[1] 良識 명 bon sens *m*; raison *f*, sagesse *f*, jugeote *f* {*fam*}, discernement *m*. ¶ 판단은 각자의 양심과 ~에 맡기겠다 Je laisse à chacun le soin de prendre une décision selon sa conscience et son bon sens / Je compte sur la conscience et le bon sens de chacun pour prendre une décision / Que chacun décide en son âme et conscience de la décision à prendre / Chacun doit décider selon sa raison et son bon sens. ◇_(이) 있다 avoir du bon sens, avoir du discernement, avoir de la jugeote {*fam*}; être sensé(*e*), raisonnable, sage. ◇_(이) 없다 ne pas avoir de bon sens, manquer de bon sens, être dénué(*e*) [dépourvu(*e*)] de bon sens, manquer de jugement [de discernement, de jugeote {*fam*}]; être insensé(*e*), dépourvu(*e*) de sens, ne pas avoir de sens. ¶ 그 사람이 최소한의 ~도 없는 줄 미처 몰랐다 J'ignorais jusqu'ici qu'il n'avait pas le moindre bon sens [qu'il n'avait pas un grain [un gramme, un atome, un sou, une once] de bon sens, qu'il manquait totalement de bon sens, qu'il n'avait pas pour deux sous de jugeote {*fam*}, qu'il n'avait pas le moindre fond de bon sens] / Je n'avais pas la moindre idée de son absence de bon sens.

양식[2] 樣式 명 style *m* ((gothique)); mode *m* ((de vie)); manière *f* ((de vivre)); formulaire *m*. ¶ 로마네스크 건축 ~ style d'architecture romane. ¶ 서류 ~ formulaire.

◆**_화** -化 명 stylisation *f*.

양식[3] 糧食 명 provisions *fpl*, vivres *mpl*; denrées *fpl*, victuailles *fpl*; aliment *f*, nourriture *f*; ((할당된)) ration *f* ((de pain)). ¶ 마음의 ~ nourriture de l'esprit [de l'âme]. ¶ 이제 ~ 걱정은 안 해도 된다 Plus la peine de s'inquiéter pour les provisions / On n'est plus obligés de s'en faire pour la nourriture / On ne se fait plus de souci pour les vivres [le ravitaillement] / On ne s'inquiète [se tracasse] plus pour les provisions [les victuailles, la nourriture]. ¶~이 다 떨어졌다 Les provisions sont toutes épuisées [finies, consommées] / Il n'y a plus de vivres [provisions, nourriture, victuailles].

양식[4] 洋式 명 style *m* occidental; mode *f* occidentale. ¶ ~ 가옥 maison [villa, pavillon, résidence] de style occidental.

양식[5] 洋食 명 cuisine *f* occidentale; plat *m* [repas *m*, nourriture *f*] occidental(*e*). ¶ 나는 중식보다 ~이 더 좋다 Je préfère la cuisine occidentale à la cuisine chinoise / J'aime mieux la cuisine occidentale que la cuisine chinoise / Plutôt que la cuisine chinoise, je préfère la cuisine occidentale.

양식[6] 養殖 명 élevage *m*, culture *f*. ¶ ~ 진주[굴, 물고기] perles de culture [huîtres d'élevage, poissons d'élevage]. ¶ 굴[물고기, 달팽이, 누에, 홍합] ~ ostréiculture [pisciculture, héliciculture, sériciculture, mytiliculture]. ◇_(을) 하다 élever, cultiver; faire l'élevage de ((un animal)). ¶ 조개[물고기]를 ~하다 faire l'élevage de coquillages [de poissons]. ◇_(이) 되다 être élevé(*e*), cultivé(*e*).

◆**_장** -場 명 parc *m* ((à huîtres, mytilicole)), établissement *m* d'élevage.

양실 洋室 명 chambre *f* de style occidental. ¶ 호텔의 ~ 하나를 예약하다 réserver une chambre de style occidental dans un hôtel.

양심 良心 명 conscience *f*, honnêteté *f*. ¶ ~의 가책을 받다 être pris(*e*) de remords; avoir mauvaise conscience, avoir un poids [une faute, *qc*] sur la conscience, ne pas avoir la conscience [l'esprit] tranquille [en paix], avoir *qc* à se reprocher, avoir des repentirs, avoir des scrupules, avoir des problèmes de conscience; avoir le sentiment pénible d'avoir mal agi. ¶ 그래도 털끝만 한 ~은 있나 보지 Il a tout de même un minimum d'honnêteté / Il n'est pas si malhonnête que ça [qu'il en a l'air]. ¶ 그 사람은 최소한의 ~도 없다 Il n'a [Il n'éprouve] pas le moindre scrupule ((à+*inf*)) / Il n'y a pas un gramme d'honnêteté chez lui / Il n'y a pas plus malhonnête que lui / Il est on ne peut plus malhonnête / On ne peut pas être plus malhonnête que lui / C'est la malhonnêteté personnifiée.

◆**_적** -的 명관 consciencieu*x*(*se*); honnête.

◆**_범[수]** -犯[囚] 명 détenu(*e*) [prisonni*er*(*ère*)] politique [de conscience].

◆**_선언** -宣言 명 déclaration *f* sur l'honneur. ¶ ~선언을 하다 faire une déclaration sur l'honneur.

양아버지 養- 명 père *m* adoptif.

양아치 명 【속어】 racaille *f*, canaille *f*, chiffonni*er*(*ère*); biffin *m* {*arg*}; vagabond *m*; bon à rien *m*; voyou *m*.

양악 洋樂 명 musique *f* occidentale. ¶ 국악과 ~의 조화 harmonie entre musique occidentale et musique coréenne.

양약[1] 良藥 명 bon médicament *m*, bon remède *m*. *~**은 입에 쓴 법이다** Ce qui est amer est bon pour la santé / Un bon remède est amer / Il faut savoir avaler la pilule si cela est bénéfique / On doit suivre un conseil même s'il est dur.

양약[2] 洋藥 명 médicament *m* occidental. ¶~을 복용하다 prendre un médicament occidental.

양양하다[1] 揚揚- 형 être triomphant(*e*), victorieu*x*(*se*). ¶ 의기가 ~ être [avoir un air] triomphant(*e*), victorieu*x*(*se*); être exultant(*e*); être content(*e*). ¶ 그 사람은 의기가 양양하게 돌아왔다 Il est revenu avec un air triomphant [triomphalement, victorieusement, fièrement].

양양하다[2] 洋洋- 형 être immense, vaste; être sans bornes; être incommensurable; être infini(*e*); ((앞

날이)) être prometteur(*se*), encourageant(*e*), brillant(*e*). ¶ 그 사람은 전도가 ~ Il a devant lui un bel avenir / Il a un avenir prometteur / Il a un avenir brillant / Toutes les routes lui sont ouvertes. ¶ 양양한 바다 vaste océan [mer immense], mer [océan] qui s'étend à perte de vue.

양어장 養魚場 명 établissement *m* piscicole.

양여 讓與 명 concession *f*; cession *f*; aliénation *f*; transfert *m*; transmission *f*. ¶ 토지의 ~ concession de la terre [de la propriété]. ◇_(를) **하다** céder; concéder; aliéner; transférer, transmettre. ¶ 땅을 형제에게 ~하다 concéder *ses* terres à *ses* frères et sœurs.

양옆 兩- 명 (les) deux côtés *mpl*. ¶ 구경꾼들이 길 ~에 늘어서 있었다[모여 있었다] Les badauds étaient alignés [attroupés] des deux côtés de la rue.

양옥 洋屋 명 maison *f* [villa *f*] de style occidental [européen].

◆_**집** 명 maison *f* de style occidental.

양원 兩院 명 【정치】 bicamérisme *m*, (les) deux chambres *fpl* ((chambre haute, sénat; chambre basse, chambre des représentants; assemblée nationale)). ¶ 상하 ~ les deux chambres, haute et basse. ¶ 법안이 ~을 통과했다 Le projet de loi est passé [a été adopté] par les deux chambres.

◆_**제** -制 명 système *m* bicaméral, bicamérisme *m*.

양위 讓位 명 abdication *f*. ◇_(를) **하다** abdiquer. ¶ 왕은 왕세자에게 왕위를 ~했다 Le roi a abdiqué en faveur de son héritier / Le roi a renoncé à la couronne en faveur du dauphin.

양육 養育 명 éducation *f* ((d'un enfant)); élevage *m* ((des animaux)); dressage *m* ((des animaux)). ¶ 자녀 ~의 문제 problème de l'éducation des enfants. ◇_(을) **하다** élever, éduquer; nourrir. ¶ 고아를 데려다 ~하다 élever [éduquer] un orphelin. ◇_(이) **되다** être élevé(*e*), éduqué(*e*).

◆_**권** -權 명 droit *m* de garde ((de l'enfant)); tutelle *f* légale.

◆_**비** -費 명 frais *mpl* d'éducation.

양은 洋銀 명 maillechort *m* [melchior *m*], argentan *m* [argenton *m*]. ¶ ~ 냄비 casserole en argentan.

양의[1] 洋醫 명 médecin *m* [docteur *m*] (pratiquant la médecine occidentale). ¶ ~의 진찰을 받다 avoir une consultation avec [se faire examiner par] un médecin qui pratique la médecine occidentale.

양의[2] 兩儀 명 ((동양 철학)) (les) deux éléments *mpl* fondamentaux. ¶ 음과 양의 ~가 일치한다 Les deux éléments, le *yin* et le *yang*, se correspondent.

양이[1] 洋夷 명 【역사】 barbare *m* occidental. ¶ ~의 침범을 물리치다 repousser [chasser] les barbares occidentaux.

양이[2] 攘夷 명 【역사】 action de repousser [chasser] les barbares occidentaux.

◆_**론** -論 명 théorie *f* [thèse *f*] appelant au rejet des barbares occidentaux.

양인 兩人 명 (les) deux personnes *fpl* [parties *fpl*]. ¶ ~의 합의하에 en accord avec ces deux personnes [avec les deux parties]. ¶ 그들 ~이 모두 tous les deux; les deux parties.

양일 兩日 명 deux jours *mpl*. ¶ ~간 pendant deux jours *mpl*. ¶ ~간의 매상액 le chiffre de ventes de ces deux jours. ¶ ~ 중 하루를 선택하다 choisir un de ces deux jours. ¶ 이번 행사는 5월 5일과 6일 ~에 걸쳐 거행된다 Cet événement se tient sur deux jours, les 5 et 6 mai. ¶ 이 대회는 8월 10일과 11일 ~간 열린다 Ce congrès aura lieu [se tiendra (sur deux jours)] les 10 et 11 août.

양자[1] 量子 명 【물리】 quantum(ta) *m*.

◆_**값** 명 【물리】 valeur *f* du quantum.

양자[2] 兩者 명 tous [toutes] (les) deux; deux personnes; l'un(*e*) et l'autre. ¶ ~ 간의 문제 problème entre deux personnes. ¶ 회사와 노동자 ~ 간의 갈등이 심하다 Le conflit entre les deux parties, dirigeants [patrons] d'entreprises et ouvriers [direction et ouvriers, patronat et ouvriers], est devenu grave / Entre dirigeants d'entreprises et ouvriers [direction et ouvriers, ouvriers et patrons], la situation s'aggrave / Le conflit entre la direction et les ouvriers [entre les travailleurs et la direction, entre les ouvriers et le patronat] s'aggrave.

◆_**택일** -擇一 명 choix *m* entre deux personnes [choses]. ¶ ~택일하다 faire un choix entre deux personnes [choses]; choisir l'une des deux personnes.

양자강 揚子江 명 【지리】 fleuve *m* Yangzi ((en Chine, long de 5 800 km, il se jette dans la mer Jaune)).

양잠 養蠶 명 【농업】 élevage *m* des vers à soie; sériciculture *f*, magnanerie *f*. ◇_(을) **하다** élever des vers à soie.

◆_**업** -業 명 【농업】 sériciculture *f*, magnanerie *f*.

양장[1] 洋裝 명 costume *m* [vêtement *m*, tenue *f*] de style occidental. ¶ 일반 여성들의 외출복이 차차 ~으로 바뀌었다 Le costume de ville des femmes s'est changé peu à peu en costume de style occidental / La tenue de sortie des femmes a peu à peu rejoint la tenue occidentale. ◇_(을) **하다** s'habiller à l'occidentale; porter un costume (occidental).

◆_**점** -店 명 maison *f* de couture, couturier *m*. ¶ 그 사람은 시내에서 ~점을 한다 Il tient une maison de couture en ville.

양장[2] 洋裝 명 ((제본)) reliure *f* (à l'européenne, de style occidental); reliure *f* pleine ((dos et plats en cuir)). ◇_(을) **하다** relier ((un livre)); faire la reliure d'un livre. ¶ ~한 책 livre relié.

◆_**본** -本 명 livre *m* relié à l'occidentale.

양재 洋裁 명 couture *f*, coupe *f* (des costumes à l'occidentale). ¶ ~ 학원 école [institut] de couture. ¶ ~를 배우다 apprendre la couture.

양재기 洋- 명 ustensile *m* en métal émaillé. ¶ ~에

밥을 담다 mettre du riz cuit dans un ustensile en métal.

양잿물 洋- 명 soude *f* caustique. ¶ ~에 빨래를 삶다 faire bouillir le linge dans l'eau additionnée de soude caustique.

***공짜라면 ~도 마다 않는다** prendre *qc* d'inutile [dont on n'a pas besoin] dans la mesure où c'est gratuit **¶그 녀석은 공짜라면 양잿물도 마실 놈이다** Il(Elle) serait prêt(*e*) à avaler de la soude caustique si elle était gratuite / Il(Elle) irait jusqu'à avaler un poison [jusqu'à s'empoisonner] dans la mesure où c'est gratuit / Il(Elle) aime tellement ce qui est gratuit qu'il(elle) irait jusqu'à s'empoisonner / Il(Elle) aime trop ce qui est gratuit.

양전기 陽電氣 명 【물리】 électricité *f* positive. ¶ ~를 띠다 avoir une charge électrique positive.

양전자 陽電子 명 【물리】 positon *m*, positron *m*.

양정 量定 명 évaluation *f* quantitative, appréciation *f*. ¶ 형의 ~이 부당하다 L'évaluation quantitative faite par mon grand frère est injuste.

양조 釀造 명 ((맥주의)) brassage *m*; ((증류 위스키의)) distillation *f*. ¶ ~ 간장 sauce de soja produite par fermentation. ¶ ~ 회사 compagnie de distillation; entreprise de brassage ((de la bière)). ◇_(를) **하다** brasser ((la bière)); distiller ((des fruits pour obtenir de l'alcool)).

◆_**장** -場 명 fabrique *f* ((de bière, de vinaigre, de sauce de soja)), industrie *f* de fabrication ((de la bière)); usine *f* de distillerie.

양주[1] 洋酒 명 vins *mpl* et spiritueux *mpl* (occidentaux); liqueurs *fpl* fortes ((vodka, whisky, etc.)). ¶ 값비싼 ~를 마시다 boire un alcool occidental coûteux [hors de prix].

◆ ㅅ**병** 명 bouteille *f* de liqueur forte (occidentale).

양주[2] 兩主 명 couple *m*, époux *m* et épouse *f*. ¶ 내 동생네는 ~ 간의 금슬이 좋다 Le couple que forment mon petit frère et sa femme est un couple bien uni [en parfaite harmonie] / Dans le couple que forment mon petit frère et sa femme, ils mènent une vie conjugale heureuse / Dans le couple que forment mon petit frère et sa femme, ils s'entendent comme deux tourtereaux.

양지 陽地 명 endroit *m* ensoleillé [exposé au soleil]. ¶ ~에서 자라는 식물 plante qui pousse dans un endroit bien [très] ensoleillé. ¶ ~로 나가다 aller dans un endroit (bien) ensoleillé; aller se mettre au soleil. ¶ 빨래를 ~에서 말리다 faire sécher le linge dans un endroit bien ensoleillé.

***~가 음지 되고 음지가 ~ 된다** Même une personne malchanceuse connaîtra un jour heureux / Il n'y a pas de montagne sans vallée / Dans la vie il y a des hauts et des bas / S'il est des jours amers, il en est de si doux / Il n'y a chance qui ne change / Tel qui rit vendredi, dimanche pleurera

양지머리 명 poitrine *f* de bœuf, côte *f* de bœuf, entrecôte *f*; versoir *m* (de la charrue).

양지바르다 陽地- 형 être ensoleillé(*e*); être exposé(*e*) au rayon du soleil. ¶ 양지바른 곳 endroit ensoleillé, lieu(*x*) exposé au rayon du soleil.

양지하다 諒知- 타 comprendre *qc*; savoir *qc*; se rendre compte de *qc*; réaliser *qc*. ¶ 직원들은 다음 사항들을 양지하고 있어야 한다 Il faut que les employés comprennent ces choses. ¶ ...임을 양지해 주시기 바랍니다 Je voudrais que vous sachiez que ... / Je souhaiterais que vous compreniez que ...

양질 良質 명 bonne qualité *f*. ¶ ~의 재료로 음식을 만들다 cuisiner avec des ingrédients de bonne qualité.

양쪽 兩- 명 ① deux côtés *mpl*, deux parties *fpl*. ¶ ~ 손 les deux mains. ¶ 긴 탁자의 ~ 끝에 의자가 놓여 있었다 Aux deux extrémités de la longue table se trouvaient des chaises. ¶ 길을 건널 때는 ~을 잘 살펴야 한다 Quand on traverse la rue, il faut bien regarder des deux côtés. ¶ ~ 다 좋다 Tous les deux sont bons. ② deux parties *fpl*, deux côtés *mpl*. ¶ ~의 의견이 다르다 Les deux parties ont des opinions différentes. ¶ ~ 모두 만족하다 Les deux côtés sont satisfaits.

양철 洋鐵 명 fer *m* blanc, tôle *f* (galvanisée). ¶ ~ 지붕 toit en tôle. ¶ ~집 maison à toit en tôle. ¶ ~통 bidon en fer blanc.

양측 兩側 명 ① (les) deux côtés *mpl*, (les) deux parties *fpl*. ¶ 길 ~에 늘어선 시민들이 선수단을 환영했다 Les citoyens, alignés des deux côtés de la rue, ont acclamé les athlètes. ② (les) deux parties *fpl*, (les) deux côtés *mpl*. ¶ ~의 의견을 듣다 écouter les avis [opinions] des deux parties. ¶ ~의 대표자들이 서로 만났다 Les représentants des deux parties se sont rencontrés.

양치 養齒 명 brossage *m* [nettoiement *m*] des dents; rinçage *m* de la bouche, gargarisme *m*. ◇_(를) **하다** se brosser [se nettoyer, se laver] les dents; se rincer la bouche, (*se*) gargariser. ¶ 아침저녁으로 ~하다 se brosser [se laver] les dents matin et soir.

◆_**질** 명 brossage *m* des dents; gargarisme *m*. ¶ ~질(을) 하다 se brosser [se laver] les dents; (*se*) gargariser.

양친 兩親 명 les (deux) parents *mpl*. ¶ ~ 슬하에 자식이 셋 있습니다 Mes parents ont trois enfants. ¶ 그 사람은 ~이 모두 안 계시다 Il n'a pas de parent / Il n'a ni père ni mère / Il a perdu ses deux parents.

양켠 兩- 명 (les) deux côtés *mpl*. ¶ 상자들을 복도 ~에 쌓아 두다 laisser les boîtes empilées des deux côtés du couloir.

양키 영{Yankee} 명 ① Yankee {*fam*}. ② 【속어】 Amerloque {*fam*}, Ricain(*e*) {*fam*}. ¶ ~ 스타일 le style amerloque [ricain] {*fam*}.

양탄자 洋- 명 tapis *m*. ¶ 거실에 ~를 깔다 mettre [installer, étendre] un tapis dans le salon; étendre un tapis sur le parquet du salon.

양태 樣態 명 ① aspect *m*; apparence *f*; mode *m*; manière *f*; tournure *f*; état *m*; modalité *f*. ¶ 독특한 ~를 보이다 laisser voir des aspects particuliers. ② 【언어】 modalité *f*. ¶ 논리적 ~ modalité logique.
◆_부사 -副詞 명 【언어】 adverbe *m* modal [de modalité].

양파 洋- 명 oignon *m*. ¶ ~를 까다 éplucher des oignons.

양팔 兩- 명 deux bras *mpl*. ¶ ~을 벌리다 ouvrir les bras.

양편 兩便 명 ① (les) deux côtés *mpl*, (les) deux parties *fpl*. ¶ 길 ~으로 늘어선 음식점들 Les restaurants qui sont alignés des deux côtés de la rue. ② (les) deux parties *fpl*, (les) deux côtés *mpl*. ¶ 당사자 ~의 의견을 듣다 écouter les opinions [les avis] des deux parties concernées. ¶ ~이 모두 그르다 Ils ont tous les deux tort.

양푼 명 ustensile *m* en métal émaillé. ¶ ~에 물을 받다 remplir d'eau un ustensile [un récipient] en métal; faire couler de l'eau ((dans un récipient en métal)).

양품점 洋品店 명 mercerie *f* [magasin *m*, boutique *f*] de produits occidentaux ((vêtements, accessoires, etc.)).

양하다 조동 faire semblant de+*inf*, faire mine de+*inf*, feindre *qc* [de+*inf*], affecter *qc* [de+*inf*]. ¶ 그 사람은 자기가 그 일을 잘 아는 양했다 Il fait semblant [fait mine, feint] de bien connaître cette affaire / Il feint d'être bien au courant de cette histoire. ¶ 그 여자는 사람들에게 내 친구인 양했다 Cette femme fait semblant d'être mon amie devant les gens.

양학 洋學 명 science *f* occidentale. ¶ ~의 도입 introduction des sciences occidentales. ¶ ~을 배우다 apprendre [assimiler] les sciences occidentales.
◆_자 -者 명 spécialiste des sciences occidentales.

양해 諒解 명 compréhension *f*; indulgence *f*; tolérance *f*; consentement *m*, approbation *f*, acquiescement *m*, accord *m*; permission *f*, autorisation *f*, admission *f*, acceptation *f*. ¶ 누구에게 ~를 구하다 demander le consentement [l'approbation] de *qn*; demander la permission [l'autorisation, l'admission] de *qn*. ¶ 그 사람은 내 ~ 없이 행동하였다 Il a agi sans mon consentement [sans mon approbation]. ◇_(를) 하다 comprendre *qc*/*qn*; tolérer *qc*; pardonner *qc*, excuser *qc*/*qn*; consentir à *qc*/*qn*. ¶ 주최 측에서도 우리의 사정을 ~해 주었다 Même les organisateurs ont compris notre situation. ¶ 그 정도 잘못은 네가 너그럽게 ~해 주어야지 Tu devrais pardonner cette erreur avec indulgence. ¶ 그것은 ~할 수 없는 일이다 Ça, ce n'est pas acceptable / Ce n'est pas admissible / Ça, c'est inadmissible / Ce n'est pas tolérable. ◇_를 받다[얻다] avoir [obtenir] l'approbation [le consentement] de *qn*; avoir [obtenir] la permission [l'autorisation, l'admission] de *qn*. ¶ 한 달 더 살기로 집주인의 ~를 얻었다 J'ai obtenu le consentement du propriétaire de la maison pour y rester un mois de plus. ◇_(가) 되다 être approuvé(*e*); être permis(*e*), autorisé(*e*), admis(*e*). ¶ 그것은 이미 ~된 일이다 C'est une affaire déjà entendue [admise, permise].
◆_각서 -覺書 명 【법률】 protocole *m* d'entente, protocole *m* d'accord, mémoire *m* d'entente, entente *f* de principe.

양형 量刑 명 jugement *m* d'une affaire, examen *m* d'un cas; verdict *m*, sentence *f*; jugement *m* de la culpabilité de; question *f* juridique. ¶ 재판관마다 ~이 다르다 Le verdict est différent suivant qui est le juge / Le jugement dépend de la personnalité du juge / Le jugement est subjectif / Le jugement est entaché de subjectivité. ¶ ~은 재판장이 결정한다 Les questions juridiques sont pour les juges [sont l'affaire des juges].
◆_제도 -制度 명 système *m* qui définit la lourdeur des peines en fonction des fautes commises.

양호 養護 어근 protection *f*; soins *mpl* (médicaux); soins *mpl* préventifs ((dans une école)). ¶ ~ 선생님 infirmière [aide soignante] de soins préventifs.
◆_실 -室 명 infirmerie *f* de soins préventifs.

양호하다 良好- 형 être bon(*ne*), bien; être satisfaisant(*e*); être excellent(*e*), favorable; pouvoir s'estimer heureux(*se*), ne pas avoir à se plaindre. ¶ 건강 상태가[성적이] ~ être en bonne santé, être en bonne forme [avoir de bonnes notes, avoir un bon bulletin]. ¶ 뭐가 불평이야? 나에 비해 그 정도면 양호하지 De quoi tu te plains? Par rapport à moi [À côté de ce que j'ai subi], tu peux t'estimer heureux, non? [Tes ennuis ne sont rien à côté des [comparés aux] miens].

양화 良貨 명 monnaie *f* forte [solide]. ¶ 악화가 ~를 구축한다 La mauvaise monnaie chasse la bonne.

양화사 量化詞 명 【언어】 quantificateur *m*, quantifieur *m*.

양화점 洋靴店 명 magasin *m* de chaussures (occidentales).

양회 洋灰 명 ciment *m*. ¶ ~ 한 포 un sac de ciment. ¶ ~로 벽을 바르다 appliquer du ciment sur un mur, recouvrir un mur de ciment.

얕다 형 ① ((깊이)) être peu profond(*e*). ¶ 물이 보기보다 ~ L'eau est moins profonde que ce qu'elle paraît. ¶ 얕은 물에서 사는 물고기 poisson vivant dans les eaux peu profondes. ② ((생각, 지식)) être peu profond(*e*); être superficiel(*le*); frivole. ¶ 식견[생각]이 ~ avoir des connaissances [des idées, des pensées] superficielles. ¶ 얕은 꾀 une ruse, un artifice, une astuce, un subterfuge. ③ ((정도, 높이)) être bas(*se*), peu élevé(*e*); être lég*er*(*ère*); ((키)) être petit(*e*). ¶ 천장이 얕은 방 chambre basse de plafond. ¶ 얕은 잠 sommeil léger.
◆얕디_ 형 être très peu profond(*e*). ¶ 개울이 얕디~ Le cours d'eau [Le ruisseau] est très peu profond. ¶ 그 사람은 생각이 얕디~ Sa pensée est très

superficielle.

얕보다 타 mépriser *qn/qc*, dédaigner *qn*, regarder de haut *qn*; déprécier *qn*, sous-estimer *qn/qc*, dépriser *qc*, ne pas apprécier *qn/qc* à *sa* juste valeur; méconnaître *qn*, méjuger de *qn*. ¶ 애를 어리다고 얕보았다간 큰코다친다 Si tu méprises cet enfant, parce qu'il est jeune, tu auras des problèmes / Si tu sous-estimes ce gosse, à cause de sa jeunesse, tu vas le payer cher [tu t'en repentiras]. ¶ 상대 선수의 실력을 ~ sous-estimer [méjuger] le niveau de *son* adversaire.

얕잡아보다 타 mépriser *qn*, dédaigner *qn*, faire peu de cas [ne faire aucun cas] de *qn*, regarder de haut *qn*; déprécier *qn*, sous-estimer *qn*, dépriser *qn*, ne pas apprécier *qn* à sa juste valeur; minimiser *qc*, minorer *qc*; méconnaître *qn*, méjuger de *qn*. ¶ 그 일을 하루에 끝낸다고 얕잡아보았다가 너무 고생했다 J'ai sous-estimé ce travail en pensant le finir dans la journée, mais j'ai eu beaucoup de mal [j'ai beaucoup souffert, j'ai eu beaucoup de problèmes]. ¶ 그 말은 너를 얕잡아보고 하는 소리지 Il a dit ça parce qu'il te méprise. ¶ 얕잡아볼 일이 아니다 Cette affaire n'est pas à sous-estimer.

얕추 부 ① 낮추어 avec mépris; négligemment. ¶ 나를 ~ 보지 않고서야 어찌 이런 일을 벌일까 Comment aurait-il pu me faire ça, s'il ne m'avait pas considéré avec mépris? ② 얕게 en superficie, près de la surface. ¶ 꽃을 너무 ~ 심지 마라 Ne plante pas de fleurs trop superficiellement [trop près de la surface].

얘 대 ① 이 아이 【구어】 cet(*te*) enfant *mf*; ce(*tte*) gamin(*e*), ce gosse *m* {*fam*}, ce môme *m* {*fam*}; ce garçon *m*, ce moutard *m* {*fam*}; cette fille *f*, ce marmot *m*, ce(*tte*) mouflet(*te*) [mioche] {*fam*}. ¶ ~는 저녁이면 매일 텔레비전 앞에만 붙어 있다 Tous les soirs, ce(*tte*) gamin(*e*) se colle devant la télé. ② 【구어】 celui-là, celle-là, ce type *m*, ce gars *m* {*fam*}. ¶ ~는 내 친구 성한이야 Lui, c'est mon ami Seong-han. ¶ ~는 제대로 하는 일이 하나도 없다 Ce type n'est pas capable de faire la moindre chose correctement / Ce type n'est pas foutu de faire la moindre chose correctement {*fam*} / Ce type ne fait rien correctement de ses dix doigts.

감 【구어】 ((호칭)) Toi! / Hé! ¶ ~, 수학 선생님이 오신다 Hé, le prof de maths arrive / Hé, v'là le prof de maths {*fam*}. ¶ ~, 왜 이래? Hé! qu'est-ce que tu as? / Hé! qu'est-ce qui t'arrive [qu'est-ce qui ne va pas]? ¶ ~, 잠깐 기다려 Hé, attends-moi un instant! / Hé, une minute, s'il te plaît {*fam*}! ¶ ~, 어디 가니? Et toi, où vas-tu?

◆_는 감 【구어】 eh, toi! ¶ ~는, 그게 무슨 소리니? Eh, toi, qu'est-ce que tu racontes?

얘기 명 ☞ 이야기

어[1] 감 ((interjection)) ① 놀라움 Eh!, Oh!, Tiens!, Tenez! ¶ ~, 여기 있던 책이 어디 갔지? Tiens, où est le livre qui était là? ¶ ~, 뭔가 이상한데! Tiens! il y a quelque chose d'étrange. ② ((말을 시작할 때)) voyons; eh bien. ¶ ~, 그러니까 내가 뭘 잘못한 거지? Voyons donc, quelle faute ai-je commise? ¶ ~, 지금 나갈게 Eh bien, je sors tout de suite. ③ 감동의 느낌 ah. ¶ ~, 시원하다 Ah, ça fait du bien!

-어[2] 語 접미 ((suffixe nominal)) ① ((언어)) langue *f*. ¶ 한국~ la langue coréenne, le coréen. ¶ 프랑스~ la langue française, le français. ¶ 굴절~ une langue flexionnelle. ¶ 외국~ une langue étrangère. ② ((단어)) terme *m*; expression *f*. ¶ 속~ une expression populaire [familière]. ¶ 복합~ un mot construit, un mot composé. ¶ 전문~ termes [mots] techniques; langage [terminologie, vocabulaire] technique; terminologie ((de la médecine)). ¶ 외래~ un mot d'origine étrangère, un emprunt.

-어[3] ☞ -아

어-[4] 御- 접두 ((préfixe nominal)) roy*al*(*ale*, *aux*), impéri*al*(*ale*, *aux*). ¶ ~좌 siège [trône] royal.

어가[1] 御駕 명 palanquin *m* royal.

어가[2] 漁歌 명 chant *m* des pêcheurs.

어간[1] 명 ((시간적)) durée *f* de temps, laps *m* [espace *m*, intervalle *m*, bout *m*] de temps, ((deux fois)) en l'espace ((d'un an)), plage *f* ((musicale d'une heure à la radio, horaire)), tranche *f* ((horaire)); ((거리)) distance *f*. ¶ 2, 3년 ~에 en l'espace de deux ou trois ans. ¶ 백 미터쯤 ~을 두고 à une distance d'une centaine de mètres.

어간[2] 語幹 명 【언어】 radical *m*; racine *f*. (d'un mot). ¶ 동사의 ~과 어미 le radical du verbe et son suffixe flexionnel. ¶ ~이 'ㄹ'로 끝나는 동사 verbes dont le radical se termine par 'ㄹ'.

◆_ 말음 -末音 명 【언어】 son *m* final du radical.

어간마루 명 parquet *m* ouvert sur l'extérieur entre deux pièces ((dans les maisons traditionnelles coréennes)).

어감 語感 명 nuance *f* (d'un mot); impression *f* que donne un mot, sentiment *m* qu'inspire un mot. ¶ 그 말은 ~이 별로 좋지 않다 Je ne sens pas ce mot [cette expression, ce slogan] ((on ferait mieux d'en prendre [choisir] un(*e*) autre)). ¶ 뜻은 비슷하지만 ~이 미묘하게 다르다 Ce sont des mots dont le sens est similaire [Ce sont des synonymes] mais qui se différencient par des nuances subtiles.

어거지 명 【속어】 obstination *f*, opiniâtreté *f*, entêtement *m*. ☞ 억지

어구[1] 명 (('어귀'의 잘못)) ☞ 어귀

어구[2] 語句 명 expression *f*, locution *f*, formule *f*. ¶ ~의 뜻을 풀이하다 expliquer le sens de l'expression [de la locution]. ¶ 상투적인 ~를 쓰다 employer des clichés.

어구[3] 漁具 명 équipement *m* de pêche. ¶ ~를 정리하다 mettre de l'ordre dans *son* équipement de pêche.

어군 語群 명 【언어】 groupe *m* de mots.

어귀 명 alentours *mpl*; entrée *f*, embouchure *f* ((d'une rivière)). ¶ 마을 ~에 이르다 arriver aux alentours du village. ¶ 강 ~에 나루터가 있다 Il y a un embarcadère à l'embouchure de la rivière.

어그러뜨리다 타 déformer, dénaturer, altérer, défigurer, distordre. ¶ 깡통을 ~ écraser une boîte métallique [une boîte de fer blanc, une boîte (de conserve), une canette. ¶ 계획을 ~ altérer [gâcher] un projet.

어그러지다 자 ① se disloquer ((l'épaule)), se démettre, se déboîter, se faire une luxation ((de l'épaule, à l'épaule gauche, du pouce, du coude)); se tordre ((la cheville)), se faire une entorse ((de la cheville, à la cheville)). ¶ 그는 사고로 발목이 어그러졌다 Il s'est tordu la cheville [Il s'est fait une entorse de [à] la cheville lors d'un accident]. ② ((계획)) tomber à l'eau, échouer, ne pas réussir, ne pas aboutir, faire chou blanc. ¶ 그 일로 계획이 다 어그러져 버렸다 Cela a fait voler en éclats le projet tout entier. ③ ((기준에서)) aller à l'encontre de, être contraire à. ¶ 예의에 어그러지는 일인 줄 잘 압니다 J'ai conscience que cela va à l'encontre de l'étiquette [des bonnes manières, du protocole].

어근 語根 명 【언어】 radical *m*, racine *f* (d'un mot). ¶ ~에 접두사가 붙어 생겨난 파생어들 mots dérivés par ajout de préfixes aux radicaux

어금니 명 molaire *f*. ¶ ~를 빼다 se faire arracher une molaire. ¶ ~로 음식을 씹다 broyer avec *ses* molaires. ¶ ~가 썩었다 avoir des molaires cariées.

*~**를 꽉 물다** serrer les dents; ((다짐)) manifester une ferme volonté de contrer *qn/qc*.

어금닛소리 명 ☞ 아음

어긋나다 자 ① se disloquer, se démettre, se déboîter. ¶ 그는 턱뼈가 어긋나서 씹지를 못한다 Il ne peut pas mastiquer parce que ses mâchoires sont disloquées. ② ((길이)) se manquer, se croiser sans se rencontrer. ¶ 우리는 서로 길[약속]이 어긋나서 만나지 못했다 Nous ne nous sommes pas rencontrés, car chacun a suivi son propre chemin [un chemin différent].③ ((일정한 기준에서)) différer; être contraire à [en désaccord avec] *qc*; aller à l'encontre de ((la loi)). ¶ 정도에서 ~ dévier du droit chemin. ¶ 양식에 ~ heurter le bon sens. ④ ((기대에)) ne pas être à la hauteur de [ne pas répondre à] ((une attente)); être désappointé(*e*), déçu(*e*). ¶ 경기 결과가 기대에 어긋나서 실망이다 Le résultat du match n'étant pas à la hauteur de mon attente [n'ayant pas comblé mon attente], je suis (profondément) déçu(*e*) [j'éprouve une profonde déception] / Je suis déçu(*e*) de constater que le résultat de la rencontre ne répond pas à mon attente / Le résultat du match m'a déçu(*e*).

어기 語基 명 【언어】 base *f* (d'un mot).

어기다 타 transgresser; violer; enfreindre; désobéir à, aller à l'encontre de, être contraire à, aller contre; choquer, heurter, outrager, déroger à ((la loi)). ¶ 규칙[법, 명령]을 ~ transgresser la loi, déroger à la loi, aller à l'encontre de la loi, violer la loi. ¶ 약속을 ~ ne pas tenir parole [*sa* parole, *sa* promesse]; manquer à *sa* parole.

어기여차 감 ((interjection)) ho hisse! / han! ¶ ~, 노를 저어라 ho hisse! Ramez!

어기적 어근 ((mimétisme)) en chancelant, en se traînant.

◆**_거리다** 자 chanceler; tituber; traîner, traînasser {*fam*}, lambiner, lanterner, s'attarder. ¶ ~거리며 걷다 marcher en se traînant; marcher en chancelant. ¶ 그렇게 ~거리지 말고 빨리 와라 Ne traîne pas comme ça, viens vite! / Dépêche-toi! Ne traîne pas! / Arrête de lambiner, grouille-toi [magne-toi, accélère le train] {*fam*}.

◆**_ _** 부 d'un pas chancelant. ¶ ~~ 걷다 marcher d'un pas chancelant, marcher en titubant.

어기차다 형 être courageux(*se*), ferme, déterminé(*e*). ¶ 그 남자[그 여자]의 행동은 ~ Son comportement est déterminé. ¶ 어기차게 달려들다 foncer avec détermination. ¶ 어기차게 반대하다 s'opposer avec fermeté; être [se montrer] récalcitrant(*e*). ¶ 어기찬 결심 une détermination courageuse.

어김없다 형 être infaillible, sûr; ne pas manquer *son* coup. ¶ 이 일을 어김없이 수행하시오 Ne manquez pas de faire ce travail. ¶ 내가 그곳에 가기만 하면 어김없이 그 친구가 나타난다 Chaque fois que [Quand] je suis là-bas, il apparaît systématiquement.

어깃장 명 ((faire un)) caprice *m*, ((faire une)) colère *f*. ◇**_(을) 부리다[놓다]** être [se montrer] récalcitrant(*e*), désobéissant(*e*); ((억지를 부리다)) insister d'une façon enfantine; ((생떼를 부리다)) ((enfant)) faire une colère [un caprice, des caprices], ((enfant)) faire une colère [importuner *qn*, casser les pieds à *qn*] pour obtenir *qc*; insister pour faire *qc*; s'entêter à vouloir faire *qc*.

어깨 명 épaule *f*. ¶ 누구의 ~를 잡다 prendre *qn* par l'épaule. ¶ 아버지의 ~를 주물러 주다 masser les épaules de *son* père. ¶ 누구와 ~를 걸고 걷다 marcher côte à côte la main sur l'épaule de l'autre. ¶ ~가 결리다 avoir mal aux épaules.

***누구와 ~를 나란히 하다** être égal(*e*) avec *qn*, être du même niveau que *qn*; être de taille avec *qn*; faire le poids face à *qn*.

◆**_너머** 명 par-dessus l'épaule. ¶ 그 사람의 ~너머를 쳐다보다 regarder par-dessus son épaule

◆**_너머로** 부 sur le tas. ¶ ~너머로 일을 배우다 apprendre un métier sur le tas. ¶ ~너머로 익힌 지식 connaissances acquises sur le tas.

◆**_동무** 명 ① ami(*e*) intime, camarade [ami(*e*)] d'enfance. ¶ 나는 그 친구와 ~동무로 자랐다 Lui et moi avons grandi ensemble / C'est un(*e*) ami(*e*) d'enfance. ② action de mettre la main sur l'épaule de l'autre [de se mettre la main sur l'épaule]. ¶ 아이들이 ~동무를 하고 지나갔다 Les enfants sont passés, épaule contre épaule[en se tenant par les épaules].

◆_뼈 명 omoplate *f*, clavicule *f*.
◆_춤¹ 명 action de danser en roulant les épaules. ¶ ~춤을 추다 danser en roulant les épaules.
◆_춤² 명 épaules *mpl* ((d'une veste d'un costume)). ¶ 그 아저씨의 양복저고리 ~춤에 얼룩이 묻어 있었다 Il y avait une tache sur les épaules de sa veste / Les épaules de sa veste étaient tachées.
◆_ㅅ죽지 명 articulation *f* de l'épaule. ¶ 어깻죽지를 펴다 étirer [tirer sur] les articulations des épaules.

어나운서 명{announcer} 명 (('아나운서'의 잘못)) ☞ 아나운서

어눌하다 語訥– 형 parler de façon maladroite. ¶ 어눌하게 말하다 parler de façon maladroite. ¶ 어눌한 말투 un ton maladroit.

어느 관 ① ((adjectif invariable (déterminant) interrogatif, exprimant l'interrogation sur le choix parmi plusieurs choses)) quel; lequel(laquelle, lesquels, lesquelles). ¶ ~ 것을 먹을래? Qu'est-ce que tu prends? / Lequel prends-tu? ¶ ~ 나라에서 오셨습니까? De quel pays êtes-vous? ¶ ~ 시간이 좋을까? Quelle heure conviendrait? ② ((il est adjectif invariable (déterminant) indéfini dans l'énoncé non interrogatif)) un(*e*), certain(*e*); quelque. ¶ ~ 정도(는) dans une certaine mesure. ¶ ~ 날 그에게서 편지가 왔다 L'autre jour, j'ai reçu sa lettre. ③ ((adjectif invariable (déterminant) indéfini du libre choix sous forme de : 어느 + nom + particules spéciales-고/-이고, -나/-이나, -든/-이든, -든지/-이든지, -이/라도, ㄴ들/인들)) lequel(laquelle, lesquels, lesquelles). ¶ 둘 중에서 ~ 쪽이 더 큽니까 Quel est le plus grand des deux? / Lequel des deux est le plus grand? ¶ 이 아이들 중에서 ~ 아이가 당신 자제입니까? Lequel de ces garçons est votre fils? ¶ ~ 것이든 상관없다 Ceci ou cela, ça m'est égal. ¶ ~ 것이나 다 그렇다 Tout cela, c'est du pareil au même. ④ ((adjectif invariable (déterminant) indéfini dans un énoncé négatif, sous forme de 어느 + nom + -거나, -도, -에도 ... + négation)) n'importe ((qui, quoi, où)). ¶ 이 세상 ~ 누구도 Personne ne ... ¶ ~ 때건 n'importe quand. ¶ ~ 모로 보나 vu sous tous les angles. ¶ ~ 누가 거부를 할 수 있겠어요? Qui oserait refuser? ¶ 그는 ~ 누구보다도 근면하다 Il est plus travailleur que tout le monde. ¶ ~ 누구라도 그것을 할 수 있다 N'importe qui peut le faire. ¶ 그는 ~ 것 하나 잘하는 일이 없다 Il est nul en tout / il ne se montre guère compétent dans tout ce qu'il fait.
*~ 세월[겨를]에 ☞ 세월
*~ 틈에[틈엔가] en si peu de temps; en un court instant; sans se faire remarquer.
◆_덧 부 sans s'en apercevoir [s'en rendre compte]; rapidement, vite. ¶ ~덧 그는 백발노인이 되었다 Il a déjà les cheveux blancs.
◆_새 부 sans qu'on s'en aperçoive, très rapidement, en un rien de temps, à notre insu, sans s'en rendre compte. ¶ 그는 ~새 일을 다 해 놓았다 Il a fini son travail en très peu de temps. ¶ ~새 잠이 들었다 Il s'est déjà endormi.

–어다 어미 ☞ -어다가

–어다가 어미 ((suffixe verbal conjonctif exprimant la succession de deux actions)). ¶ 밥을 자~ 드리다 faire cuire du riz pour *qn*. ¶ 약을 달아~ 드리다 préparer une décoction médicamenteuse [faire infuser des herbes médicinales] pour *qn*. ☞ -아다가

–어도 어미 ☞ -아도

어두 語頭 명 ① début *m* d'un mot [d'une phrase, d'un propos]. ¶ 그 사람은 그렇게 ~를 꺼냈다 C'est ainsi qu'il a commencé son propos [son discours]. ②【언어】position *f* initiale d'un mot.
◆_음 -音 명【언어】son *m* initial d'un mot.
◆_자음군 -子音群 명【언어】groupe *m* consonantique initial.

어두움 명 obscurité *f*, ténèbres *fpl*. ¶ ~이 짙어 가다 L'obscurité s'avance / Il fait de plus en plus sombre. ☞ 어둠

어두육미 魚頭肉尾 명 Le meilleur du poisson c'est la tête, et le meilleur de la viande la queue / Pour le poisson, c'est la tête qui est la meilleure partie et pour la viande [et pour les autres animaux], c'est la queue.

어두침침하다 형 être sombre, obscur(*e*), noir(*e*). ¶ 요즘은 눈이 ~ Ces jours-ci, ma vue a baissé [ma vue s'est affaiblie]. ¶ 이 카페는 왜 이리 조명을 어두침침하게 했을까? Pourquoi est-ce que ce café est mal éclairé? ¶ 어두침침한 불빛 lumière obscure [sombre].

어두컴컴하다 형 être sombre, obscur(*e*), noir(*e*). ¶ 방 안은 어두컴컴하였다 Il faisait sombre dans la chambre. ¶ 해가 지자 주위가 어두컴컴해졌다 Le soleil disparu à l'horizon, tout s'assombrit autour de moi. ¶ 어두컴컴한 하늘 un ciel sombre [noir].

어둑어둑하다 형 être sombre, mal éclairé(*e*). ¶ 해가 지고 갑자기 어둑어둑해졌다 Après le coucher du soleil, c'est devenu sombre rapidement [la nuit est tombée d'un seul coup]. ¶ 어둑어둑한 골목길 une petite ruelle mal éclairée.

어둠 명 obscurité *f*; ténèbres *fpl*, nuit *f*. ¶ ~의 세상 le monde des ténèbres. ¶ ~ 속을 더듬어 가다 avancer à tâtons [à l'aveuglette] dans le noir, se diriger en tâtonnant dans l'obscurité. ¶ 부엉이는 ~ 속에서 잘 본다 Le hibou voit bien la nuit. ¶ 독재의 ~ 속에서 벗어나다 se libérer de la période sombre de la tyrannie. ¶ ~을 타고 도망가다 échapper [s'échapper, prendre la fuite] à la faveur de l'obscurité, profiter de l'obscurité pour s'enfuir. ¶ ~에 눈이 익숙해진다 Les yeux se font [s'habituent] à l'obscurité.
◆_살 명 obscurité *f*, ténèbres *fpl*. ¶ 마당에 ~살이 깔리기 시작했다 L'obscurité commença à se répandre dans la cour.

어둡다 형 ① être sombre, obscur(*e*), ténébreux(*se*). ¶ 이 골목길은 왜 이리 어둡지? Pourquoi cette ruelle est-elle si mal éclairée? ¶ 어둡게 불은 왜 끄고 난리야? Pourquoi as-tu éteint la lumière? C(e n)'est vraiment pas malin! ((Tu l'as fait exprès pour nous embêter ou quoi?)) / Pourquoi nous as-tu ennuyés en éteignant la lumière [en nous plongeant dans l'obscurité]? ¶ 어두운 곳 un endroit sombre [obscur]. ② ((색깔이)) être foncé(e), sombre. ¶ 어두운 갈색 marron foncé. ③ ((물정에)) être très faible; être ignorant(*e*), mal informé(*e*); ne pas connaître *qc*, ne pas s'y connaître en *qc*, ne presque rien savoir de *qc*, être béotien(*ne*) [profane] en la matière, être ignorant(*e*), ignare, ignorer *qc*, ne pas être au courant, ne pas être bien renseigné(*e*) sur *qc*, manquer de connaissances sur *qc*. ¶ 세상일에 ~ ignorer les choses pratiques de la vie. ¶ 그는 경제에 너무 ~ Il a de faibles connaissances en économie / Il ne sait presque rien de l'économie. ¶ 나는 이 근처[지역, 동네]의 지리에 ~ Je ne connais pas bien ce quartier / Je connais mal ce quartier [le coin {*fam*}]. ④ ((미래가)) être sombre, ((les perspectives)) ne pas être bon(*ne*). ¶ 어두운 전망 des prévisions pessimistes. ¶ 어두운 앞날 un sombre avenir. ⑤ 우울하다 être sombre, triste, ne pas être gai(*e*), être morne, ((idée)) noir(*e*). ¶ 표정이 ~ avoir le visage sombre. ¶ 그의 마음에 어두운 그늘이 드리워져 있는 듯했다 Il avait l'air d'avoir le cœur triste. ¶ 어두운 성격 un caractère pessimiste. ⑥ ((눈, 귀가)) être faible de ((la vue, l'ouïe)). ¶ 나이가 드니가 귀가 어두워진다 Avec l'âge on devient dur d'oreille [de la feuille{*fam*}].

어드메 대 à quel endroit, où. ¶ 내 고향이 ~뇨? Où est mon pays natal?

어디[1] 부 ① ((pronom interrogatif de lieu)) quel endroit, où? ¶ ~(에) 사십니까? Où habitez-vous? / Où demeurez-vous? ¶ 내가 ~에 가든 partout où je vais, où que j'aille. ¶ 나는 ~에도 안 갑니다 Je n'irai nulle part. ¶ 나는 ~에 가나 그것을 잊지 않을 거요 Où que j'aille, je m'en souviendrai / J'emporterai partout ce souvenir. ¶ ~(로[를]) 가십니까 Où allez-vous? ¶ 나는 ~로[를] 가야 할지 모르겠다 Je ne sais où aller. ¶ ~서[에서] 오셨습니까[오셨어요]? D'où venez-vous? ¶ ~(에서)부터 읽을까? On va lire à partir de quelle page? ¶ 여기가 ~입니까? Comment s'appelle cet endroit? / Où sommes-nous? ② ((pronom de lieu indéfini avec le particules –엔가, -론가)) quelque part, ((dans)) un certain endroit, (je ne sais) où. ¶ 그는 ~론가 사라졌다 Il a disparu je ne sais où. ¶ 프랑스 ~엔가 quelque part en France. ¶ 그는 내가 ~에선가 본 사람이다 C'est un homme que j'ai déjà vu quelque part. ¶ 그는 이 근처 ~엔가 살고 있다 Il habite quelque part près d'ici. ¶ ~선가 노래 소리가 들려왔다 On entendait une musique qui venait on ne sait d'où [sans savoir d'où elle venait]. ③ ((pronom indéfini de lieu du libre choix s'il est marqué par les particules spéciales -고, 나, 든, 든지, 라도, ㄴ들/인들)) quel que soit l'endroit, n'importe où. ¶ ~든 떠나고 싶다 J'ai envie de partir n'importe où. ¶ ~든지 가도 돼요 Vous pouvez aller où vous voudrez. ④ ((pronom indéfini de lieu dans un énoncé négatif, avec les particules spéciales, 도, -에도 ... + négation)) nulle part. ¶ ~에도 네가 찾는 것은 없다 Tu ne trouveras nulle part ce que tu cherches / Ce que tu cherches n'existe nulle part (ailleurs). ⑤ ((quelque chose d'exceptionnel sur un ton ironique)) On n'a pas à se plaindre / C'est déjà (très) bien [pas mal], non, tu ne crois pas? / Tu peux déjà t'estimer heureux(*se*), tu ne crois pas? / Où crois-tu être? / C'est incroyable. ¶ 야, 그게 ~냐?[이 정도 건진 것도 ~냐?] Tu peux déjà t'estimer heureux(*se*), tu ne crois pas? / C'est déjà (très) bien, non? / Tu n'as pas à te plaindre. ¶ 지갑 안에 신용카드만 달랑 남아 있더라. 그래도 그게 ~냐? Il ne restait que ma carte de crédit dans mon portefeuille. Mais c'est déjà pas mal quand même [je n'ai pas à me plaindre, ça aurait pu être bien pire]! ⑥ ((누구)) qui. ¶ ~라고 전해드릴까요? C'est de la part de qui? / Vous êtes Madame [Monsieur] ... ¶ ~세요? Qui êtes-vous? / Qui est à l'appareil?

***그 사람이 ~가 어때서[어떻다고] 그럽니까?** Pourquoi ne l'acceptez-vous pas, lui qui n'a pas de défauts particuliers? / Pourquoi ne le reconnaissez-vous pas, lui qui est un homme intègre?

어디[2] 부 ① ((의문문, 감탄문)) 반문, 부정의 강조 comment oses-tu [te permets-tu] de+*inf* ...? ¶ ~ 어른 앞에서 담배를 피워? Comment oses-tu [te permets-tu] de fumer devant une personne âgée [un ancien]? ¶ 형과 누나가 아무리 잘해 준다 한들 ~ 부모님과 같을까? Quoique ton frère et ta sœur s'occupent bien de toi, ils ne pourront pas remplacer tes parents / Même très dévoués pour toi, ton frère et ta sœur ne pourront pas faire ce que tes parents auraient pu faire pour toi. ¶ 그게 ~ 마음대로 되는 일인가? Ce n'est pas aussi facile qu'on le croyait. ② (벼르거나 다짐하여) 과연 어떤 것인지의 뜻 eh bien, alors. ¶ ~ 그 잘난 얘기나 한번 들어봅시다 Bon, racontez cette sacrée [fameuse] histoire. ③ (남의 주의를 끄는 말) eh bien; voyons. ¶ ~, 한번 보자 Eh bien, essaie un peu pour voir!

어딘 ((forme contractée de 어디-는)) quel endroit, quelque part (thème ou sujet d'une proposition ou d'une phrase)

어딜 ((forme contractée de 어디-를)) quel endroit, quelque part (complément d'objet direct dans une proposition ou une phrase)

어따 감 ((interjection)) oh!, oh là là!, eh!, ben ça alors! ¶ ~, 그 녀석 참 많이 컸구나! Ben ça alors! il a vraiment beaucoup grandi! ¶ ~ 웬일로 나를 찾아왔지? Eh, quelle surprise que tu sois venu(*e*) me voir! / Ben ça alors! toi ici? Quelle surprise!

어떠하다 형 ① ((미지칭)) être comment? ¶ 너는 이

ㅇ

문제에 대해 어떠한 생각을 가지고 있니? Comment vois-tu ce problème? / Quel est ton point de vue là-dessus [sur la question]? / Qu'en penses-tu? ¶ 그는 내 의견이 어떠한지를 물었다 Il m'a demandé ce que je [j'en] pensais [quel était mon point de vue, quelle était ma manière de voir les choses]. ② ((부정칭)) il arrive que. ¶ 어떠한 상태에서는 기계가 잘 돌아가지 않을 수 있다 Il arrive que la machine ne puisse pas fonctionner dans certaines conditions. ③ ((자유선택)) être comment. ¶ 어떠한 일이든 나에게 상의해 다오 Quel que soit ton problème, n'hésite pas à en discuter avec moi. ④ ((부정극어)) quoique. ¶ 어떠한 일이 있어도 quoiqu'il arrive.

어떡하다 뿐 ((어떠하게 하다가)) comment, de quelle manière, en faisant comment, en *s*'y prenant de quelle manière; d'une certaine manière. ¶ ~ 그렇게 되었니? Comment as-tu fait pour en arriver là? / Comment en es-tu arrivé(*e*) là? ¶ ~ 보니 이렇게 되었다 Je ne sais pas [Je ne comprends pas] comment j'en suis arrivé(*e*) là.

어떤 관 ① ((adjectif invariable (déterminant) interrogatif, exprimant l'interrogation sur l'aspect, le caractère et la nature)) quel(*le*) (sorte de), quelque. ¶ 그 여자의 옷은 ~ 색깔인가? De quelle couleur est sa robe? ¶ 그는~ 사람이지? Quel homme est-ce? ¶ 너는 ~ 책을 읽었니? Tu as lu quel livre? ¶ 너는 ~ 여자가 좋으니? Quel type de femme te plaît? ② ((il est adjectif invariable (déterminant) indéfini dans l'énoncé non interrogatif)) chacun, quelqu'un; chaque, quelque; un certain, une certaine. ¶ ~ 사람은 ... 또 ~ 사람은 l'un ... l'autre. ¶ ~ 사람이 너를 찾아왔었다 Quelqu'un est venu te chercher. ¶ ~ 사람들은 그렇게 생각하기도 한다 Certains le pensent. ¶ ~ 때에는 그 친구의 말이 옳았다고도 생각된다 Parfois je pense qu'il a raison [qu'il n'a pas tort]. ③ ((adjectif invariable (déterminant) indéfini du libre choix, sous forme de 어떤 + nom + particules spéciales -고/-이고, -나/-이나, -든/-이든, -든지/-이든지, -이/라도, ㄴ들/인들)) n'importe quel(*le*); quelque soit. ¶ ~ 질문이든 괜찮다 J'accepte n'importe quelle question. ¶ ~ 사람이든 성실하기만 하면 이 일을 맡기겠다 Peu importe à qui je confie ce travail, à condition qu'il soit sérieux. ¶ ~ 잘못을 했더라도 다 용서하겠다 Je vais te pardonner toutes les fautes que tu as commises. ¶ ~ 사람도 결점은 있다 Chacun [Tout le monde] a ses défauts. ④ ((adjectif invariable (déterminant) indéfini dans un énoncé négatif, sous forme de 어떤 + nom + -거나, -도, -에도 ... + négation)) quel(*le*) que, quoi que. ¶ ~ 일이 있더라도 quoi qu'il arrive, à tout prix, coûte que coûte. ¶ ~ 사정이 있더라도 quelles que soient [dans toutes] les circonstances; quoi qu'il en soit. ¶ ~ 실수도 용납하지 않겠다 Je n'accepterai pas la moindre faute.

어떻게 뿐 ① ((방법)) comment; de quelle manière *f* [façon *f*]. ¶ 이 어려운 상황을 ~ 해결했니? Comment est-ce que tu t'es sorti(*e*) de cette situation difficile? / Qu'as-tu fait pour te sortir de cette situation difficile [périlleuse]? ¶ 너는 그 사실을 ~ 알았니? Comment l'as-tu appris? / De quelle manière l'as-tu appris? ② ((모양, 형편)) comment. ¶ 그동안 ~ 지냈니? Comment vas-tu? / Tu vas bien? ③ ((이유, 용무)) pour quelle raison, pourquoi. ¶ ~ 오셨습니까? Qu'est-ce qui vous amène ici? / Pour quelle raison êtes-vous là? / Quel est la raison [le motif] de votre visite [de votre venue]? ¶ 이 늦은 밤에 ~ 찾아왔니? Qu'est-ce qui t'a fait venir à cette heure-là [si tard dans la nuit]? ④ ((수사의문)) comment est-ce possible? ¶ 사람이 ~ 그럴 수가 있지? Comment aurait-on pu faire cela? / Comment un homme pourrait-il faire cela? ⑤ ((부정칭)) quelle que soit la manière. ¶ ~~ 해서 이 지경에 이르게 되었다 On en est arrivés là par la force des choses. ⑥ ((자유선택)) quelle que soit la manière; peu importent les moyens [la manière dont on s'y prend], par tous les moyens possibles. ¶ ~ 해서든 이 문제를 해결해야 한다 Il faut résoudre ce problème par tous les moyens possibles. ⑦ ((얼마나)) à quel point; autant. ¶ 줄을 ~ 단단히 묶었는지 풀 수가 없다 A quel point ce nœud a-t-il été serré pour qu'on ne puisse le défaire?

어떻다 형 ☞ 어떠하다

어라[1] 감 ((interjection d'étonnement)) 놀라움 Oh là là!, Quoi! ¶ ~, 그게 무슨 소리냐? Oh là là, qu'est-ce que c'est que cette histoire?

-어라[2] ☞ -아라

-어라고 어미 ((suffixe flexionnel conjonctif exprimant une exagération. Il s'ajoute au radical verbal dont la voyelle de la dernière syllabe est autre que ㅏ, ㅗ ou ㅑ, c'est-à-dire après toutes les autres voyelles telles que ㅓ, ㅕ, ㅜ, ㅜ, ㅡ, ㅣ, ㅐ, ㅚ, ㅔ....)) au point de. ¶ 죽~ 뛰다[일하다] courir à perdre haleine [se tuer au travail, travailler comme un forcené].

어레미 명 tamis *m* (à grands trous).

◆_**질** 명 tamisage *m*. ¶ ~질을 하다 passer au tamis, tamiser.

어려움 명 difficulté *f*, complexité *f*, subtilité *f*. ¶ ~을 극복하다 vaincre les difficultés; surmonter une situation difficile. ¶ 남의 ~을 이해해 주다 comprendre les difficultés des autres; comprendre une personne en difficulté. ¶ ...하는 데 ~을 겪다 avoir des difficultés [du mal] à+*inf*, éprouver des difficultés [de la difficulté] à+*inf*. ¶ 이 일의 ~은 말로 설명할 수 없을 정도다 Il est presque impossible d'expliquer les difficultés de ce travail. ¶ 그 환자는 아직까지 식사하는 데에 ~이 많다 Jusqu'à présent, le(la) malade éprouve des difficultés [a du mal] à prendre ses repas. ¶ 별 ~ 없이 그곳을 찾으실 수 있을 것입니다 Vous pourrez trouver l'endroit sans grande difficulté.

어려워하다 타 ① avoir [éprouver] de la difficulté [des difficultés]. ¶ 그는 수학을 매우 어려워한다 Il éprouve beaucoup de difficulté(*s*) en mathématiques / Il galère en maths {*fam*}. ② se sentir mal à l'aise [gêné(*e*)]; être gêné(*e*), timide; témoigner de la déférence [du respect] à [envers, à l'égard de] *qn*; montrer du respect à *qn*. ¶ 어른 앞에서 ~ témoigner du respect [de la déférence, un profond respect] devant les personnes plus âgées, être [se montrer] déférent à l'égard d'[envers] une personne âgée [un ancien].

어련하다 형 être sûr, certain(*e*); ne pas douter. ¶ 그쪽이 하신 일이니 어련하겠어요? J'ai tout à fait confiance en vous / J'approuve tout à fait et sans aucune hésitation ce que vous avez fait / Comment pourrais-je douter (une seconde) de votre travail?

◆어련히 부 d'une manière sûre; d'une façon certaine. ¶ 제가 어련히 잘 알아서 할까 걱정이세요? Ne vous en faites pas, je m'en charge / Inutile de vous tracasser, je prends les choses en main [je m'en occupe].

어렴풋하다 형 être flou(*e*), vague, indistinct(*e*), confus(*e*), imprécis(*e*), faible, à peine visible [perceptible]. ¶ 하도 오래된 일이라 그 여자의 얼굴조차 ~ Il y a si longtemps que je ne l'ai vue que je ne me souviens pas bien de son visage. ¶ 어렴풋하게나마 그의 이름을 기억하고 있다 Je me souviens vaguement de son nom. ¶ 어렴풋한 기억 un souvenir vague [flou], un vague souvenir.

◆어렴풋이 부 d'une manière vague, vaguement, confusément, indistinctement. ¶ 그 친구의 이름[그때의 일]이 어렴풋이 기억났다 Je me suis vaguement souvenu(*e*) de son nom [de ce qui s'était passé ce jour-là, de cette scène].

어렵다 형 ① 이해가 쉽지 않다 être difficile, dur(*e*), pénible, laborieux(*se*), ardu(*e*), ne pas être évident(*e*); ((미묘)) être délicat(*e*), subtile. ¶ 시험 문제가 ~ Dans cet examen il y a des questions difficiles [ardues, dures] / Le sujet de l'examen est difficile [ardu]. ¶ 대답하기 어려운 질문 une question à laquelle il est difficile [il n'est pas évident] de répondre, une question ardue; ((미묘한)) une question délicate. ¶ 이해하기 어려운 책 un livre difficile à comprendre. ② 사정이 좋지 않다 être difficile, pénible; ((복잡)) être compliqué(*e*), complexe, délicat(*e*). ¶ 살림[집안]이 ~ gagner péniblement *sa* vie, mener une vie difficile, tirer le diable par la queue. ¶ 그는 요즘 매우 어렵다고 한다 On dit que, ces derniers temps, il est dans une situation très difficile [délicate, épineuse, inquiétante]. ¶ 어려운 세상 un monde difficile à vivre [où il est difficile de vivre]. ¶ 어려운 형편에 무슨 잔치냐? Quel festin tu offres, toi qui es dans une situation difficile! ¶ 그에게는 밝히지 못할 어려운 사정이 있다 Il a des problèmes difficiles à expliquer. ¶ 자금 사정이 어려운 기업들에게 대출을 해 주다 On prête de l'argent à des entreprises en difficulté financière. ③ 가능성이 적다 être difficile. ¶ 그는 좀처럼 만나기가 ~ Il est très difficile d'avoir un rendez-vous avec lui. ¶ 그가 이 글을 썼다고 보기 ~ Il est difficile de constater [d'être certain, de croire] qu'il est l'auteur de ce texte.

***어려운 걸음(을) 하다** avoir l'obligeance de se déplacer. ¶ 바쁘신 와중에 어려운 걸음을 해 주셔서 감사합니다 Je vous remercie [Merci] d'avoir pris le temps de venir jusqu'à nous malgré votre emploi du temps surchargé [malgré vos multiples occupations].

◆어려이 부 difficilement, péniblement, laborieusement.

◆어렵사리 부 avec beaucoup de difficultés, très difficilement.

어로 漁撈 명 【수산】 pêche *f*. ¶ ~ 금지 구역 une zone d'interdiction de pêcher; une réserve de pêche. ¶ ~ 협정 négociations pour la pêche.

어록 語錄 명 ana *m*; recueil *m* de pensées; recueil *m* de bons mots. ¶ 모택동 ~ l'ana de Mao. ¶ ~을 남기다 laisser derrière *soi* un recueil de bons mots.

어뢰 魚雷 명 【군사】 torpille *m*. ¶ ~를 발사하다 lancer des torpilles. ¶ ~를 맞다 être touché(*e*) par une torpille, être torpillé(*e*). ¶ ~로 적함을 공격하다 torpiller un navire ennemi.

◆_발사관 -發射管 명 【군사】 lance-torpilles *m*.

◆_정 -艇 명 【군사】 torpilleur *m*.

어루러기 명 【의학】 leucomélanodermie *f*, vitiligo *m*, *Leucoderma* {*nsc*}. ¶ 피부에 ~가 났다 présenter un vitiligo, avoir des plaques de vitiligo ((sur les mains)).

어루만지다 타 ① 가볍게 쓰다듬다 caresser ((un enfant, un animal)), cajoler ((un enfant)), câliner ((un enfant)); flatter ((un chien)); (*se*) passer [promener] la main sur ((le front)); effleurer ((les joues de *qn*)). ¶ 어린애의 머리를 ~ caresser la tête d'un enfant. ¶ 자신의 턱을 ~ se frotter le menton, se passer la main sur le menton. ¶ (자신의) 이마를 ~ se passer [promener] la main sur le front. ¶ 누구의 뺨을 ~ effleurer les joues de *qn*. ¶ 아기를 ~ caresser un bébé. ¶ 개[고양이]를 ~ caresser un chien [un chat]. ¶ 산들바람이 나의 얼굴을 어루만진다 La brise caresse mes joues. ② 위로하다 consoler *qn*; faire oublier un chagrin. ¶ 그는 실의에 빠진 수재민들의 마음을 어루만져 주었다 Il a réconforté les [Il a remonté le moral des] victimes des inondations qui sombraient dans le désespoir [qui avaient perdu tout espoir, qui n'avaient pas le moral]. ¶ 그분의 말씀이 고통받는 이들의 영혼을 어루만져 주었다 Ses paroles ont consolé la douleur de ceux qui souffraient.

어류 魚類 명 poisson *m*. ¶ 고래는 ~에 속하지 않는다 Les cétacés ne font pas partie de [n'appartiennent pas à, n'entrent pas dans] la famille des poissons

/ Les cétacés ne se classent pas [n'entrent pas] dans la catégorie des poissons.

◆_학 -學 명 【해양】 ichtyologie *f*.

◆_학자 -學者 명 【해양】 ichtyologiste *mf*.

어르다 타 câliner, cajoler, pouponner, chouchouter {*fam*}, choyer, dorloter; amadouer. ¶ 우는 아이를 ~ calmer [consoler, réconforter] un enfant qui pleure. ¶ 어린아이를 ~ cajoler [câliner] un enfant. ¶ 그를 어르기도 하고 달래기도 하고 별 방법을 다 써 보았다 On l'a choyé, on l'a dorloté, et on a tout fait pour l'apaiser.

어르신 명 ① 남의 아버지 votre père. ¶ ~께서는 댁에 계신가? Votre père est-il à la maison? ② 어른 ((존칭)) monsieur; vous. ¶ ~께서 이곳에 웬일이십니까? Qu'est-ce que vous faites ici, monsieur? / Qu'est-ce qui vous amène ici, monsieur? / Quelle est la raison [le motif] de votre visite [de votre venue], monsieur?

◆_네 명 ((어르신의 본말)) votre père; monsieur; vous.

어른 명 ① 성인 adulte *m*, grande personne *f*. ¶ ~티를 내다[~가 나다] se donner des airs de grande personne, se comporter [se conduire] comme un adulte, avoir un comportement adulte [avoir l'air d'un adulte, avoir des manières d'adulte; ((un enfant)) être précoce]. ¶ 꼬마가 ~ 흉내를 낸다 Le petit garçon imite les adultes. ¶ 그 여자도 이제 어린아이가 아니고 ~이다 Elle n'est plus une enfant mais une femme. ¶ 그 남자는 ~이 되면 비행사가 되겠다고 한다 Il dit qu'il deviendra pilote d'avion quand il sera grand. ¶ 너는 ~이 되려면 아직 멀었다 Tu n'es pas prêt(*e*) d'être adulte / Je me demande bien quand tu grandiras / Quand est-ce que tu te mettras un peu de plomb dans la cervelle? {*fam*} / Ce que tu peux être gamin(*e*) {*fam*}! ② 윗사람 supérieur(*e*), chef; personne *f* plus âgée, aîné(*e*), ancien *m*. ¶ ~을 공경해야 한다 Il faut respecter les personnes plus âgées [ses aînés, les anciens]. ¶ ~ 앞에서 그런 말을 하면 못 쓴다 On ne dit pas ça devant des personnes âgées [devant ses aînés] / Il faut surveiller son langage devant ses aînés. ¶ 이분은 집안의 ~이시다 C'est le chef de la famille. ¶ 그 사람이 너보다 ~이라는 점을 명심해라 Rappelle-toi bien qu'il est plus âgé que toi!

*~ **아이 할 것 없이** tout le monde sans distinction d'âge ((les vieux comme les jeunes)).

◆_답다 형 se comporter comme un adulte, se conduire en adulte, avoir un comportement adulte [digne d'un adulte], être digne d'un adulte. ¶ ~답지 않은 태도 un comportement indigne d'un adulte [immature, infantile, puéril].

◆_스럽다 형 【avoir un comportement adulte, se conduire [se comporter] comme un adulte. ¶ 그는 나이에 비해 ~스러워 보인다 Il paraît [fait] plus vieux que son âge. ¶ ~스럽게 굴다[말하다] se conduire [parler] à la manière d'une grande personne.

◆_노릇 명 comportement *m* (digne d'un) adulte. ¶ ~ 노릇 하려면 똑바로 하시오 Si vous voulez vous comporter comme un adulte, surveillez [corrigez] votre comportement [il faut modifier [contrôler] votre comportement] / Ayez un comportement plus adulte!

어른거리다 자 ① trembloter, vaciller, osciller, trembler; luire par intermittence; revoir, se rappeler vaguement; apparaître de façon peu précise, comme dans un songe. ¶ 그 여자의 모습이 자꾸 눈앞에 어른거린다 Je revois souvent son visage. ¶ 그 처참한 광경이 눈앞에 어른거렸다 Cette scène déchirante repassait devant mes yeux. ② 희미하게 보이다 miroiter; se refléter; se réfléchir. ¶ 촛불이 어른거린다 La flamme de la bougie vacille. ¶ 어른거리는 빛 une lumière vacillante. ¶ 물결 위에 어른거리는 햇빛 les rayons du soleil qui miroitent sur l'eau.

어른어른 부 par instant devant *ses* yeux, de façon vacillante, ((revoir encore *qc/qn*)) par instant; ((희미하게)) ((apparaître)) vaguement, confusément, de façon peu précise, comme dans un songe. ¶ 뿌연 유리창 너머로 뭔가 ~ 움직이는 게 보였다 On a cru voir, par la fenêtre embuée, quelque chose bouger.

◆_하다 자 apercevoir *qc* indistinctement; apparaître de manière confuse, revoir, se rappeler vaguement; apparaître de façon peu précise, comme dans un songe. ¶ 밖에 뭔가가 ~한다 Quelque chose d'indistinct passe et repasse dehors. ¶ 아직도 그 사람의 모습이 눈에 ~한다 Par moments, son visage me traverse encore l'esprit / Par moments, j'entrevois encore son visage / Par moments, son visage [sa silhouette, son image, son personnage] me revient encore à l'esprit / Je le(la) revois en esprit encore par moments / Par moments, je revois encore vaguement son visage.

어름 명 ① 맞닿는 자리 espace *m* ((entre deux objets)); point *m* de contact. ¶ 그는 눈두덩과 광대뼈 ~에 상처가 있다 Il a une blessure entre l'orbite et la pommette. ② 어떠한 장소의 경계 부근 ((aux)) alentours *mpl* ((de *qp*)), ((dans les)) parages *mpl*, ((dans le)) coin *m* {*fam*}, voisinage *m*, proximité *f*. ¶ 우리 마을 ~에 교회가 하나 있다 Il y a une église près du village. ③ 어떠한 시간의 부근 ((어름에)) vers, aux environs de, aux alentours de ((six heures)). ¶ 오후 4시 ~에 찾아뵙겠습니다 Je vais passer chez vous vers [aux environs de, aux alentours de] 4 heures.

어름어름 부 de manière équivoque [ambiguë, lente et hésitante], paresseusement ((idéophone de mouvement d'hésitation)). ¶ 그 사람이 ~ 의자에서 몸을 일으켰다 Il se leva de sa chaise de manière lente et hésitante. ¶ 그 여자는 내 질문에 ~ 말을 얼버무렸다 Elle a bredouillé quelque chose de manière équivoque en réponse à ma question.

어리광 명 câlinerie *f*, comportement *m* enjôleur (d'un enfant qui cherche à attirer l'attention). ◇_(을) **부리다[피우다]** faire l'enfant; se conduire comme un enfant [d'une manière enfantine, infantile]. ¶ 이 애는 ~만 부려 야단이다 Cet enfant ne cesse de chercher à se faire cajoler, c'est un grand problème. ¶ 소녀는 어머니께 ~ 부려서 인형을 샀다 Après maintes sollicitations cajoleuses auprès de sa mère [À force de câlineries], la petite fille a pu acheter une poupée. ¶ 너도 이제 ~ 파울 나이는 지났다 Tu n'es plus à l'âge où l'on se fait cajoler.
◆ **_조** -調 명 ton *m* câlin [cajoleur, enjôleur]. ¶ ~조로 말하다 parler d'un ton câlin [cajoleur, enjôleur].

어리굴젓 명 huîtres *fpl* saumurées. ¶ ~을 담그다 saumurer des huîtres.

어리다[1] 형 ① être petit(*e*), tout(*e*) jeune, être en bas âge. ¶ 그는 아직 어려서 세상을 모른다 Il est encore trop jeune pour connaître la vie. ¶ 어리다고 얕잡아보면 안 된다 Même s'il est jeune, il ne faut pas le prendre à la légère. ¶ 어린 나이 le jeune âge. ② 유치하다 être infantile, puéril(*e*), enfantin(*e*). ¶ 그렇게 어리게 굴지 마라 N'agis pas de cette manière infantile!/ Ne te conduis pas comme un enfant [comme un gamin {*fam*}]! / Comporte-toi en adulte! / Ne sois pas si puéril(*e*) [infantile]! / Tâche d'avoir un comportement plus adulte!

어리다[2] 자 avoir les larmes ⦅aux yeux⦆, avoir ⦅les yeux⦆ voilés de larmes. ¶ 그의 눈에 눈물이 어린다 Il a les larmes aux yeux / Les larmes lui montent aux yeux. ¶ 그의 얼굴에는 후회의 빛이 어려 있었다 Son visage trahissait le regret. ¶ 눈물 어린 눈 les yeux voilés de larmes, les yeux mouillés.

어리둥절 부 d'un air perplexe [gêné, embarrassé]. ¶ 그 사람은 ~ 주변을 둘러보았다 Il jeta un regard d'un air perplexe aux alentours.
◆ **_하다** 형 ⦅사람이⦆ être perplexe, gêné(*e*), embarrassé(*e*), déconcerté(*e*), confus(*e*), confondu(*e*), troublé(*e*), perturbé(*e*), décontenancé(*e*), désorienté(*e*), dérouté(*e*), déstabilisé(*e*), désarçonné(*e*); être stupéfait(*e*), interdit(*e*), hébété(*e*); ⦅소식 따위가⦆ être déconcertant(*e*), embarrassant(*e*), déstabilisant(*e*), troublant(*e*), perturbant(*e*), déroutant(*e*). ¶ 무슨 일이 났는지 영문을 몰라 ~했다 J'étais perplexe ne sachant ce qui s'est passé. ¶ ~한 소식 une nouvelle déconcertante. ¶ 그 사람은 ~한 표정으로 방을 나갔다 Il est sorti de la chambre d'un air embarrassé. ¶ 그는 우리 모두를 ~하게 만들었다 Il nous a tous rendus perplexes.

어리벙벙하다 형 être désorienté(*e*), déconcerté(*e*), confus(*e*), confondu(*e*), troublé(*e*), perturbé(*e*), décontenancé(*e*), désorienté(*e*), dérouté(*e*), déstabilisé(*e*), désarçonné(*e*); être stupéfait(*e*), interdit(*e*), hébété(*e*); être perdu(*e*); être absent(*e*). ¶ 그는 행동하는 게 좀 어리벙벙해 보인다 Il a l'air hébété. ¶ 어리벙벙하게 굴지 마라 N'agis pas de manière stupide! ¶ 어리벙벙한 얼굴을 하다 avoir l'air absent.

어리석다 형 être stupide, sot(*te*), bête, niais(*e*). ¶ 어리석게도 자기 꾀에 스스로 넘어갔다 Bêtement, il est tombé dans son propre piège. ¶ 그건 참 어리석은 생각[짓]이다 Mais vraiment quelle idée stupide [saugrenue]! [C'est vraiment idiot de faire une chose pareille]. ¶ 저 사람은 정말 어리석은 사람이야 Il est d'une bêtise rare [d'une stupidité incroyable], celui-là! / Il est vraiment con comme ses pieds, celui-là! {*fam*} / Quel triple sot [Quelle (triple) buse], celui-là! {*fam*} / C'est une vraie buse!

어리숙하다 형 être naïf(*ve*), stupide; avoir l'air stupide [bête]. ¶ 저 사람은 어리숙해서 남한테 속기 쉽다 Il est naïf et se laisse tromper facilement. ¶ 내가 너무 어리숙하게 굴었다 Je me suis conduit trop bêtement. ¶ 그 사람들에게 어리숙하게 보이면 안 된다 Ne te montre pas naïf! ☞ 어수룩하다

어리어리하다 형 ① 야물지 못하다 manquer de fermeté [de caractère]; être m*ou*(m*olle*). ¶ 그는 사람이 좀 ~ Il est un peu mou. ② 멍하다, 어지럽다 être ébloui(*e*); être étourdi(*e*), déconcerté(*e*), décontenancé(*e*), hébété(*e*), désorienté(*e*), perplexe; être confus(*e*), rêveu*r*(*se*), absent(*e*). ¶ 갑자기 밖에 나오니 좀 ~ Comme je suis sorti(*e*) brusquement, je suis un peu ébloui(*e*). ③ (시야, 눈) 희미하다 être vague, indistinct(*e*), incertain(*e*). ¶ 앞이 ~ Je vois mal.

어린것 명 petit(*e*) enfant. ☞ 어린아이

어린아이 명 enfant(*e*); gosse *mf* {*fam*}; gamin(*e*); ⦅남아⦆ (petit) garçon *m*; ⦅여아⦆ fillette *f*. ¶ 만 네 살 먹은 ~ un(*e*) enfant de quatre ans. ¶ ~ 같은 행동을 하다 se comporter comme un enfant. ¶ ~다운 생각이다 C'est une idée puérile [infantile]. ¶ 그 애는 ~다운 데가 없다 Cet enfant n'a rien d'un enfant [n'a pas du tout l'air d'un enfant]. ¶ ~ 취급을 하다 traiter *qn* comme un enfant [comme un gamin, en enfant]. ¶ 그것은 ~ 장난이다 C'est une plaisanterie d'enfant / C'est un enfant qui a fait cela pour plaisanter. ¶ 그 여자는 선물을 받고 ~처럼 기뻐했다 En recevant son cadeau, elle s'est réjouie comme une enfant. ¶ 그 녀석은 덩치만 컸지 아직 ~입니다 Il a l'air d'un gaillard mais c'est encore un enfant / Il a seulement l'apparence d'un adulte, mais c'est encore un enfant. ¶ 그런 건 세 살 먹은 ~도 안다 Tout le monde le sait / Tout le monde sait cela (même un enfant de trois ans).
*~ **보는 데선 찬물도 못 마신다** Il faut bien surveiller son comportement en présence des enfants / On ne peut pas faire n'importe quoi devant les enfants.

어린애 명 ☞ 어린아이

어린이 명 enfant(*e*); gosse *mf* {*fam*}; gamin(*e*); ⦅남아⦆ (petit) garçon *m*; ⦅여아⦆ fillette *f*. ¶ ~ 보호 차량 un véhicule transportant des enfants. ¶ ~는

ㅇ

어른의 거울이다 Les enfants sont le miroir des adultes.

◆_ **공원** -公園 명 parc *m* pour les enfants.

◆_**날** 명 le jour *m* [la fête *f*] des enfants ((le 5 mai)).

◆_**시간** -時間 명 l'heure *f* des enfants.

◆_**신문** -新聞 명 journal *m* pour enfants.

◆_ **옷** 명 vêtement *m* pour enfants.

◆_ **책** -冊 명 livre(*s*) *m*(*pl*) d'enfants, livre(*s*) *m*(*pl*) pour enfants.

◆_**헌장** -憲章 명 Statut *m* pour la protection de l'enfance.

어림 명 estimation *f* approximative. ¶ 계산이 얼마나 될지 ~도 가지 않는다 Je n'ai pas la moindre idée de ce que cela va coûter. ◇_(을) **잡다[하다, 치다]** supposer *qc*[que+*ind*, que+*subj*]; estimer[évaluer, compter] *qc* de façon approximative [en gros]. ¶ 어림잡아 대답하다 répondre approximativement. ¶ 관광객은 ~잡아 10만 정도다 Le nombre des touristes est estimé à peu près à 100 000.

*~ **반 푼어치도 없는 소리** des absurdités, des propos insensés [aberrants, extravagants], des énormités, des extravagances.

*~**도 없다** (Il n'en est) pas question! / C'est hors de question! / Jamais de la vie! / (Il n'en est) pas question que+*subj*. ¶ 내가 그 사람의 제안에 동의한다니 ~도 없다 Il n'est pas question que j'accepte sa proposition / Je suis loin de consentir à sa proposition.

◆_**수** -數 명 nombre *m* [chiffre *m*] approximatif.

어림없다 형 ① 부조리하다, 말이 안 되다 être déraisonnable, absurde, insensé(*e*), aberrant(*e*), extravagant(*e*). ¶ 어림없는 소리 하지 마라 Ne dis pas d'absurdités [d'énormités, de bêtises, d'âneries, de conneries {*fam*}, d'extravagances]! ② ((불가능하다)) être impossible; ((벅차다, 많이 부족하다)) être au-dessus de la capacité [des forces] de *qn*, ne pas être qualifié(*e*), ne pas faire le poids, ne pas être à la hauteur de *qc*. ¶ 그것은 내 힘으로는 ~ C'est totalement au-dessus de mes forces. ¶ 그 사람은 아직 이 일을 맡기에 ~ Il n'a pas le niveau pour qu'on lui confie ce travail / On ne peut pas encore lui confier ce travail. ¶ 수학 실력에 있어서 나는 그 친구에게 ~ En mathématiques, je suis très inférieur(*e*) à lui(elle) / En mathématiques, je suis loin [je ne suis pas prêt(*e*)] d'avoir son niveau / En mathématiques, je ne lui arrive pas à la cheville.

어림짐작 명 estimation *f* approximative; conjecture *f*; supposition *f*. ¶ ~으로 말하다[계산하다] hasarder une hypothèse ((sur la marche probable des événements)).

어릿거리다 자 ① être apathique (sans énergie); être hébété(*e*). ¶ 어릿거리지 말고 정신 차려 일해라 Remue-toi donc, reprends tes esprits et mets-toi au travail [au boulot {*fam*}]! ② revoir *qc*/*qn*, se rappeler vaguement [confusément] de *qc*/*qn*; se souvenir vaguement de *qc*/*qn*; avoir vaguement *qc* à l'esprit. ¶ 그의 슬픈 표정이 자꾸만 눈에 어릿거린다 Sans arrêt, je revois [j'ai encore (présent) à l'esprit] encore son triste visage [sa triste mine].

어릿광대 명 ① (서커스 따위의) 광대 clown *m*, polichinelle *m*, histrion *m*, bouffon(*ne*), guignol *m*. ② 익살꾼 bouffon *m*, ((faire le)) clown *m*; ((faire)) le zouave *m* [le pitre *m*, l'imbécile *m*, le polichinelle *m*, le guignol]. ¶ 그가 또 ~ 노릇을 했다 Il a encore fait le clown [le zouave, le pitre, l'imbécile, le guignol].

◆_**짓** 명 clownerie *f*.

어릿어릿 부 vaguement [faiblement] au loin. ¶ 나무들 사이로 ~ 집 한 채가 보인다 Une maison apparaît vaguement au loin entre les arbres. ¶ 그 여자의 얼굴이 ~ 떠올랐다 Son visage me revenait vaguement / Je me suis vaguement souvenu(*e*) de son visage.

어마 감 oh! ah! oh là là! tiens! mon Dieu! ¶ ~ 깜짝이야! Eh, tu m'as surpris(*e*)! ¶ ~, 이게 누구야 Ah! te voilà. ¶ ~, 참 많이 컸구나 Mon Dieu, qu'il a grandi!

어마나 감 ☞ 어마

어마어마하다 형 être coloss*al*(*ale*, *aux*), immense; être magnifique, grandiose, luxueu*x*(*se*), astronomique. ¶ 그의 집은 ~ Sa maison est luxueuse [un vrai palais]. ¶ 그는 어마어마하게 잘산다 Il mène grand train / Il a un train de vie princier [royal] / Il est extrêmement riche / Il vit dans l'opulence et dans le luxe / Il est très à l'aise (financièrement) / Il roule sur l'or. ¶ 어마어마한 부자 une personne extrêmement riche. ¶ 어마어마한 숫자 un chiffre astronomique. ¶ 어마어마한 광경 un spectacle grandiose.

어말 語末 명 【언어】 fin *f* d'un mot.

◆_**어미** -語尾 명 【언어】 suffixe *m* flexionnel final.

◆_**음** -音 명 【언어】 son *m* final d'une fin de phrase.

어망 魚網 명 filet *m* de pêche. ¶ 배에 ~을 싣다 charger un filet de pêche dans un bateau. ¶ ~을 펼치다 étendre un filet de pêche. ¶ ~을 손질하다 réparer un filet de pêche.

어머 감 ☞ 어마

어머나 감 ☞ 어마

어머니 명 ① mère *f*. ¶ ~의 사랑 l'amour maternel. ¶ ~ 쪽 친척 la famille [les parents] du côté maternel. ¶ ~를 대신하다 servir de mère à *qn*. ¶ ~가 없는 아이 un(*e*) orphelin(*e*) de mère. ¶ ~께서는 집에 계시니? Ta mère est là? ¶ 그 여자는 이제 삼남매의 ~가 되었다 Elle est maintenant mère de trois enfants. ② 근원 source *f*, origine *f*, cause *f*; mère *f*. ¶ 필요는 발명의 ~이다 La nécessité est mère de l'invention / Nécessité est mère d'industrie

◆_**날** 명 la fête *f* des mères.

◆_**회** -會 명 association *f* des mères.

◆**양**_ 養 명 mère *f* adoptive.

ㅇ

◆친_ 親 명 sa vraie [propre] mère *f*; mère *f* biologique.

어머님 명 ☞ 어머니

어멈 명 ① 어머니를 낮추어 이르는 말 mère; maman *f*. ¶ 내일 모레면 너도 애 ~이 된다 Après-demain, tu deviendras toi aussi (à ton tour) maman. ② 윗사람이 자식 있는 아랫사람을 부르는 말 maman *f*. ¶ ~과 아범이 내일 다니러 온단다 Ton père et ta mère viennent demain. ③ 남의 집에서 심부름 하는 부인 bonne *f* (à tout faire); domestique *f*, servante *f*; femme *f* de chambre.

◆행랑_ 行廊- 명 bonne *f*; domestique *f*, servante *f*; femme *f* de chambre.

어명 御命 명 mandat *m* royal; ordre *m* du roi. ¶ 이것은 임금께서 내리신 ~이다 C'est l'ordre du [décrété par le] roi. ¶ 죄인이 ~을 받았다 Le criminel a reçu un ordre du roi.

어묵 魚- 명 *eomuk m* <pâte de poisson pilée et étuvée>.

어문 語文 어근 parole *f* et écriture *f*. ¶ ~ 교육[정책] pédagogie [politique] de la parole et de l'écriture.

어문학 語文學 명 langue *f* et littérature *f*.

◆_과 -科 명 départements *mpl* de langue et littérature.

어물 魚物 명 poissons *mpl*; poissons *mpl* séchés, stockfisch *m inv*. ¶ ~ 가게 poissonnerie; boutique de poissons séchés.

◆_전 -廛 명 poissonnerie *f*; boutique *f* de poissons séchés.

*~전 망신은 꼴뚜기가 다 시킨다 Il ne faut qu'une brebis galeuse pour infecter le troupeau. Les petits poulpes font la honte de toute la poissonnerie.

어물거리다 자타 hésiter (à parler); être indécis(*e*), irrésolu(*e*); avoir une attitude ambiguë; tergiverser. ¶ 묻는 말에 대답을 ~ hésiter à répondre; répondre évasivement [en termes ambigus]; donner une réponse évasive [une réponse ambiguë, une réponse de Normand]. ¶ 지금은 어물거리고 있을 때가 아니다 Ce n'est pas le moment d'hésiter [de tergiverser] / On n'a pas de temps à perdre. ¶ 그는 어물거리다가 기회를 놓쳤다 À force d'hésiter, il a fini par rater l'occasion.

어물대다 자타 ☞ 어물거리다

어물어물 부 ((mimétisme)) lentement, paresseusement; avec hésitation; vaguement, évasivement. ¶ 이것은 ~ 넘어갈 문제가 아니다 Ce n'est pas un problème sur lequel on peut passer comme ça.

◆_하다 자 hésiter, tergiverser; tarder, lambiner, traînasser {*fam*}, traînailler {*fam*}. ¶ 여기서 ~하다가는 경찰에 붙잡힐 수 있다 Si tu ne te dépêches pas, on a toutes les chances de se faire prendre par la police.

어물쩍 부 discrètement, subrepticement, subtilement, sournoisement. ¶ 비서는 ~ 서류를 책상 위에 올려놓았다 La secrétaire a discrètement posé le dossier sur le bureau.

어물쩍거리다 자 ① ((말)) user de termes ambigus [équivoques], user de subterfuges dans la discussion; finasser; tergiverser, rester dans le vague; ((대답하다)) répondre en termes ambigus, répondre évasivement. ② ((행동)) exécuter *qc* sans soin [sans égard, de façon désinvolte], faire *qc* par-dessus la jambe [sans soin, à la va-vite {*fam*}, de manière expéditive], expédier [bâcler {*fam*}, saboter {*fam*}, bousiller {*fam*}, torcher {*vulg*}] ((un travail)). ¶ 어물쩍거리지 말고 대답하시오 Répondez sans ambiguïté [sans équivoque]! ¶ 아무런 해명도 없이 어물쩍거리고만 있다 Il reste dans le vague [Il ne répond qu'en termes ambigus] sans donner aucune explication [sans apporter aucun éclaircissement].

어물쩡 부 subrepticement, discrètement, subtilement, sournoisement. ¶ 그 사람이 ~ 집 안으로 들어왔다 Il a pénétré dans la maison subrepticement.

어미[1] 명 ① 어머니의 낮춤말 mère *f*, maman *f*. ¶ ~는 늘 자식을 먼저 생각하게 마련이다 Une mère pense toujours d'abord à ses enfants (avant de penser à elle) [fait toujours passer ses enfants en premier]. ¶ 네 ~는 어디에 갔니? Où est (passée) ta mère? / Ta mère [maman] n'est pas là? / Ta mère est sortie? ② 동물의 어미 femelle *f*. ¶ ~ 고양이 [새] une chatte [un oiseau] qui a des petits. ¶ ~는 늘 자기 새끼를 보호한다 Une femelle protège toujours ses petits.

어미[2] **語尾** 명 【언어】 suffixe *m* flexionnel (lié soit à un verbe soit à un adjectif); terminaison *f*; désinence *f*. ¶ ~ 탈락 une apocope. ¶ 프랑스어의 ~ 변화 les conjugaisons [les déclinaisons] du verbe français; conjugaison du verbe français. ¶ 한국어에서는 ~를 통해 문의 유형에 관한 정보를 제공한다. En coréen, le suffixe flexionnel fournit des renseignements [donne des informations] sur le type de phrase.

◆_구조체 -構造體 명 【언어】 corps *m* structurel d'un suffixe flexionnel.

어민 漁民 명 pêcheur *m*.

◆_조합 -組合 명 coopérative *f* de pêcheurs.

어버이 명 parents *mpl*; père *m* et mère *f*. ¶ ~ 은혜 la reconnaissance que l'on doit à *ses* parents, la gratitude que l'on doit à ses parents, la dette que l'on a envers *ses* parents, ce que l'on doit à *ses* parents. ¶ ~의 사랑 l'amour des parents pour leurs enfants. ¶ ~를 섬기다[공경하다] s'occuper avec cœur [avec piété filiale] de *ses* (vieux) parents; respecter *ses* parents. ¶ ~를 여의다 perdre *ses* parents. ¶ ~에게 효도하다[불효하다] s'occuper avec cœur [avec piété filiale] de *ses* (vieux) parents [manquer à *ses* devoirs filiaux, être ingrat(*e*) envers *ses* parents].

◆_날 명 le jour *m* [la fête *f*] des parents.

어벌쩡하다 형 user de termes ambigus [équivoques]; user de subterfuges ((dans la discussion)); finasser. ¶ 어벌쩡하게 남을 속이려 하다 user d'artifices pour essayer de tromper *qn*.

어법 語法 명 【언어】 grammaire *f*, syntaxe *f*. ¶ 프랑스어의 ~ grammaire du français. ¶ ~에 맞는 표현 une expression grammaticale. ¶ 그 문장은 ~에 어긋난다 Cette phrase est agrammaticale.

어부 漁夫 명 pêcheur *m*.

◆**_지리** -之利 명 profit *m* tiré d'une situation confuse. *~**지리를 얻다** tirer profit d'une situation confuse.

어부바 감 allez hop (là)! sur mon dos ((ce que l'on dit à un enfant pour lui demander de monter sur *son* dos)). ◇_(**를**) **하다** porter ((un enfant)) sur *son* dos. ¶ 아이가 ~를 하자고 보챈다 L'enfant demande avec insistance à être porté sur le dos.

어불성설 語不成說 명 illogisme *m*; manque *m* de logisme; absurdité *f*. ¶ 그것은 ~이다 C'est absurde [illogique] / Ça n'a pas de sens / Cela ne tient pas debout.

어빡자빡 부 ((mimétisme)) d'une façon irrégulière [déréglée]; irrégulièrement; en désordre; sans méthode; pêle-mêle. ¶ 물건이 ~ 쌓여 있다 Les affaires sont entassées en désordre [pêle-mêle].

어사 御史 명 【역사】 inspecteur *m* royal; émissaire *m* du roi.

◆**_화** -花 명 fleurs *fpl* en papier offertes par le roi du royaume de Joseon aux candidats ayant réussi l'examen de sélection des fonctionnaires.

◆**암행_** 暗行- 명 【역사】 inspecteur *m* royal; émissaire *m* du roi.

어색하다 語塞- 형 ① 불편하다 être mal à l'aise. ¶ 분위기가 ~ L'ambiance est lourde [pesante, un peu contractée] / Il y a une drôle d'ambiance / On est [Les gens sont] mal à l'aise / Les gens sont un peu tendus. ¶ 어색한 느낌이 들다 trouver que ça ne sonne pas juste; trouver que *qc* n'est pas naturel. ② (모양, 태도 등이) 이상하다 être bizarre, ne pas sonner juste; être maladroit(*e*). ¶ 동작이 ~ Sa façon de se comporter n'est pas naturelle.

어서 부 ① 빨리 vite, rapidement, promptement; sans délai. ¶ ~ 일을 마쳐라 Finis vite ce travail!. ¶ ~ 가 보자 Dépêchons-nous!/ Allons-y [Partons] vite! ② 환영 s'il vous plaît; je vous en prie. ¶ ~ 들어오세요 Entrez, s'il vous plaît!

*~**오십시오** Soyez le(*s*) bienvenu(*s*)! / Entrez messieurs dames!

◆**_ _** 부 vite, sans tarder, tôt, rapidement, prestement, hâtivement, précipitamment. ¶ 지체하지 말고 ~~ 갑시다 Partons vite sans tarder.

-어서 ☞ -아서

어석거리다 자 croquer. ¶ 사과가 어석거린다 La pomme est croquante.

어선 漁船 명 bateau(*x*) *m* de pêche; bateau(*x*) *m* pêcheur *m*.

어설프다 형 ① 서툴다 ne pas être habile, être maladroit(*e*), gauche, inhabile. ¶ 견습 기사의 손놀림이 ~ l'apprenti technicien n'est pas très doué [pas très habile]. ② 엉성하다 être négligé(*e*), peu soigné(*e*), peu satisfaisant(*e*), insuffisant(*e*), grossi*er*(*ère*), manquer de soin. ¶ 그 소설은 짜임새가 ~ C'est un roman mal charpenté. ¶ 어설프게 뜬 그물 un filet de pêche à grosses mailles.

◆**어설피** 부 sans soin, à la va-vite {*fam*}, négligemment, sans égard, de façon désinvolte, par-dessus la jambe. ¶ 어설피 굴다가는 손해 본다 Si l'on travaille sans soin [Si l'on ne fait pas bien attention], on finit par le payer.

어수룩하다 형 être naï*f*(*ve*), simple, simplet(*te*); être niais(*e*), bête, crédule. ¶ 그 여자는 어수룩하기는 하지만 진실하다 Elle est naïve mais (elle est) sincère. ¶ 어수룩하게 행동하다 se comporter naïvement. ¶ 어수룩한 사람[생각, 행동] une personne naïve, une personne simplette, une personne crédule [une pensée naïve, un acte naïf].

어수선하다 형 ① être en désordre [un bordel {*fam*}], désordonné(*e*), sens dessus dessous [pêle-mêle]; être troublé(*e*), confus(*e*), chaotique. ¶ 방 안이 ~ La chambre est en désordre [sens dessus dessous]. Même une chienne n'y retrouverait pas ses petits [Même une poule n'y retrouverait pas ses poussins] / C'est le bordel [le souk] dans cette chambre / Tout est pêle-mêle dans cette chambre / Quel foutoir [pagaille {*fam*}, chantier {*fam*}, bazar {*fam*}, binz {*fam*}, fouillis {*fam*}, souk {*fam*}; bordel {*fam*}, boxon {*vulg*}, foutoir, merdier {*vulg*}] dans cette chambre! / Sa chambre est un bordel / Cette chambre est un vrai chantier / Sa chambre est une vraie porcherie. ¶ 어수선한 머리를 한 채 avec les cheveux défaits [ébouriffés, en bataille]. ② être troublé(*e*), tourmenté(*e*), agité(*e*). ¶ 분위기가 ~ L'ambiance est mauvaise / Il y a une sale [une très] ambiance {*fam*} / L'ambiance est à l'orage / L'ambiance est orageuse. 마음이 안정되지 못하다 ¶ 마음이 ~ avoir l'esprit troublé [tourmenté]; être troublé(*e*), tourmenté(*e*).

어순 語順 명 【언어】 (l')ordre *m* des mots (dans la phrase). ¶ 기본 ~ ordre des mots canoniques. ¶ SOV ~ ordre des mots SOV. ¶ 한국어의 ~은 영어와는 달리 주어, 목적어, 서술어의 순서로 구성된다 Contrairement à l'anglais, en coréen, les mots se disposent dans l'ordre sujet, complément d'objet et prédicat (S.O.V.).

어숭그러하다 형 ① (일이) 잘 진행되다 être plutôt satisfaisant(*e*); marcher assez bien, marcher [aller] comme sur des roulettes. ¶ 일의 진행이 ~ Tout marche à souhait / Tout marche comme sur des roulettes / Tout fonctionne comme prévu. ② (사람이) 편하다 ne pas être difficile [pointilleu*x*(*se*)]. ¶ 그는[그 여자는] 사람이 ~ Il(Elle) n'est pas difficile.

어스러지다 자 ① (말, 행동이) 보통과 다르다 être

anormal(ale, aux), excentrique, bizarre, étrange. ¶ 그의 말이나 행동은 항상 어스러진다 Il est toujours bizarre / Il se comporte toujours bizarrement. ¶ 그 사람은 좀 어스러진 성품이다 Il a un caractère excentrique [bizarre]. ② 닳다 s'effilocher, s'émousser. ¶ 칼날[도끼날]이 어스러졌다 Le tranchant de l'épée [de la hache] est émoussé.

어스럭송아지 명 grand veau(x) m; bouvillon m, taurillon m, génisse f.

어스레하다 형 être sombre; être peu [mal] éclairé(e). ¶ 날이 저물어 사방이 ~ Il commence à faire sombre. ¶ 어스레하게 동이 튼다 Le jour commence à poindre [à paraître] / L'aube blanchit / L'horizon pâlit vers l'est. ¶ 어스레한 새벽[달밤]에 au petit jour, à l'aube [au clair de lune]. ¶ 어스레한 조명 un éclairage insuffisant, un mauvais éclairage, un éclairage faible [une faible luminosité]; un faux jour.

어스름 명 (('으스름'의 잘못)) ☞ 으스름

어슬렁거리다 재 rôder, flâner; se promener sans but; errer sans but dans les rues; flâner [aller, faire un tour] dans les rues. ¶ 호랑이가 먹을 것을 찾아 어슬렁거리고 있다 Un tigre rôde en quête de proie. ¶ 그는 몇 시간 동안 거리를 어슬렁거렸다 Il a flâné pendant plusieurs heures dans les rues. ¶ 이 밤중에 어디를 어슬렁거리며 돌아다니냐? Où est-ce que tu vas rôder à cette heure de la nuit? ¶ 수상한 사람이 그 집 주위를 어슬렁거리는 것이 보였다 Un individu louche [à l'apparence suspecte] rôdait aux alentours de la maison.

어슬렁어슬렁 부 ((mimétisme)) pas à pas, lentement, doucement, avec précaution. ¶ 호랑이가 우리에서 ~ 돌아다니고 있다 Le tigre rôde autour de nous. **◆_하다[대다, 거리다]** 재타 rôder, flâner; se promener sans but; errer sans but dans les rues; flâner[aller, faire un tour] dans les rues. ¶ 젊은이 몇이 골목길에서 ~거리고 있다 Quelques jeunes [Des jeunes] flânent dans les petites rues.

어슬어슬 부 ((mimétisme)) lentement, à pas lent, peu à peu, petit à petit ((idéophone de mouvement lent)). ¶ ~ 추위를 느끼다 sentir peu à peu le froid *nous* pénétrer; sentir progressivement le froid; ressentir la pénétration progressive du froid. ¶ 날씨가 ~ 추워진다 Le temps se rafraîchit progressivement / Progressivement, le temps se rafraîchit / Il fait de plus en plus froid.

어슴새벽 명 l'aube f, ((au)) petit jour m, ((au)) petit matin m; ((à)) la pointe f du jour; ((dès)) potron-minet. ¶ ~에 일어나다 se réveiller au petit jour [au petit matin]. ¶ ~부터 일하다 travailler dès *l'aube*.

어슴푸레 부 vaguement (dans l'obscurité), faiblement. ¶ 불빛이 ~ 방을 밝히고 있었다 La lumière éclairait faiblement la pièce. ¶ 멀리서 ~ 노랫소리가 들려온다 On perçoit [entend] faiblement au loin une chanson. ¶ ~ 옛 기억이 되살아난다 Des souvenirs du passé me reviennent vaguement à l'esprit [à la mémoire]. **◆_하다** 형 ① 어스레하다 être sombre, obscur(e); être mal [peu] éclairé(e). ¶ 달빛에 ~한 방 안 chambre mal éclairée par la lune. ② 희미하다 être vague, indistinct(e), imprécis(e), difficile à distinguer. ¶ 기억이 ~하여 가물거리다 avoir de vagues souvenirs, se rappeler vaguement [confusément] *qc/qn*, se souvenir vaguement de *qc/qn*. ¶ ~하게 옛일이 생각난다 Je me rappelle vaguement [J'ai vaguement à l'esprit] ces vieilles histoires [faits passés] / Je me souviens vaguement du temps passé. ¶ 건물들의 ~한 윤곽 contours flous des édifices [des bâtiments].

어슴프레 부 (('어슴푸레'의 잘못)) ☞ 어슴푸레

어슷거리다 재 marcher d'un pas indécis [traînant]. ¶ 노인들이 거리에서 어슷거린다 Les personnes âgées marchent d'un pas indécis.

어슷비슷하다 형 ① 비슷비슷하다 être semblable, analogue; être presque pareil(le). ¶ 두 사람의 생김새가 ~ Ils se ressemblent. ¶ 어슷비슷한 상점들이 늘어서 있다 Il y a beaucoup de magasins semblables. ② 거의 대등하다 se valoir. ¶ 그들은 생활 정도가 ~ Ils ont à peu près le même niveau de vie. ¶ 어슷비슷한 경력의 소유자들 personnes qui ont à peu près la même expérience professionnelle [les mêmes antécédents]; personnes qui se valent sur le plan professionnel.

어슷어슷 부 d'un pas indécis [traînant], pas à pas, lentement. ¶ 환자가 병원 복도를 ~ 다니고 있다 Les malades marchent d'un pas indécis dans le couloir.

어시스트 영{assist} 명 【운동】 passe f décisive, action f qui aide un coéquipier à marquer un point [un but ((au football)), un panier ((au basket))]. ¶ 동료 선수의 ~를 득점으로 연결하다 transformer [concrétiser] en but la passe décisive d'un coéquipier. ◇_(를) **하다** faire une passe décisive, aider un coéquipier à marquer un point.

어시장 魚市場 명 marché m [halle f] au poisson.

어안 명

*~**이 벙벙하다** être frappé(e) de stupeur [d'étonnement]; être abasourdi(e), ébahi(e), effaré(e), ahuri(e), confondu(e); rester muet(te) de stupeur, ne pas en revenir, tomber des nues. ¶ ~이 벙벙하여 어찌할 바를 모르다 ne pas savoir que faire [à quel saint se vouer]. ¶ 뜻밖의 소식에 그는 ~이 벙벙해졌다 A cette surprenante nouvelle, il est resté muet de stupeur. ¶ ~이 벙벙한 표정을 짓다 prendre un air effaré [ahuri].

어안렌즈 魚眼- 영{-lens} 명 grand-angulaire m; objectif m à grand angle.

-어야 ☞ -아야

-어야지 ☞ -아야지

어어 감 oh! ah! ((interjection exprimant la surprise)).

어언간 於焉間 부 sans voir le temps passer, sans s'en rendre compte [s'en apercevoir]; à son insu. ¶ 서울에 온 지도 ~ 십 년이 흘렀다 Dix ans déjà se sont écoulés depuis que je suis arrivé à Séoul.

어업 漁業 명 pêche *f*. ¶ 그들은 ~에 종사한다 Ils pratiquent la pêche / Ils sont pêcheurs.

◆_**권** -權 명 droit *m* de pêche; pêche *f*. ¶ 공동 ~권 pêche commune.

◆_ **전관 수역** -專管水域 명 【해양】 zone *f* de pêche exclusive (de deux cents milles au large des côtes).

◆_**조합** -組合 명 coopérative *f* de pêche; syndicat *m* des patrons-pêcheurs.

◆_ **허가증** -許可證 명 droit *m* de pêche.

◆_**협정** -協定 명 accord *m* en matière de pêche; traité *m* de pêche.

◆**근해**_ 近海- 명 petite pêche *f*.

◆**연안**_ 沿岸- 명 pêche *f* côtière [littorale].

◆**원양**_ 遠洋- 명 grande pêche *f* au large.

어여쁘다 형 être b*eau*(*belle*, b*eaux*, b*elles*), joli(*e*) ((forme archaïque de 예쁘다)). ¶ 그 여자는 뒷모습이 ~ Elle est belle de dos. ¶ 어여쁜 마음에 그는 딸의 청을 받아 주었다 Il a accepté la demande de sa fille de bon cœur.

◆**어여삐** 부 joliment, de façon charmante. ¶ 어여삐 여기다[생각하다] bien considérer.

어여차 감 ((interjection)) ohé! oh hisse! / han!

어연번듯하다 형 être respectable, honorable, convenable. ¶ 어연번듯하게 차려입다 s'habiller convenablement [comme il faut]. ¶ 어연번듯한 집안의 자손 fils d'une famille respectable.

◆**어연번듯이** 부 dignement, convenablement.

어엿하다 형 être respectable, honorable, digne, honnête. ¶ 걸음걸이가 당당하고 ~ Sa démarche est pleine de dignité. ¶ 어엿하게 자기의 할 말을 하다 dire honnêtement ce que l'on a à dire. ¶ 그도 이제 어엿한 성인[가장]이다 C'est maintenant lui aussi un homme [un chef de famille, un père de famille] respectable.

◆**어엿이** 부 dignement, avec dignité, honnêtement.

어영부영 부 ((mimétisme)) sans but précis, nonchalamment, bon gré mal gré. ¶ ~ 시간을 보내다 passer le temps sans but précis; perdre *son* temps à des riens; ne rien faire; tuer le temps, s'attarder, flâner, muser, musarder, traîner, traînasser {*fam*}, traînailler {*fam*}, lanterner, lambiner, glander {*fam*}, glandouiller {*fam*}.

◆_**하다** 자 faire *qc* nonchalamment.

-어요 ☞ **-아요**

어용 御用 명 service *m* du gouvernement [de l'administration]. ¶ 그 교수는 ~이다 C'est un professeur à la solde du [vendu au] gouvernement.

◆_**기사[신문, 지]** -記事[新聞, 紙] 명 article *m* pro-gouvernemental [journ*al*(*aux*) *m* pro-gouvernement*al*(*aux*)].

◆_**기자[학자]** -記者[學者] 명 journaliste *mf* [savant(*e*)]à la solde du gouvernement; savant *m* à la solde du gouvernement.

◆_**조합** -組合 명 association *f* [coopérative *f*, syndicat *m*] gouvernemental(*e*).

어우러지다 자 se mêler, se mélanger, s'harmoniser.

어우르다 타 unir ((deux choses)), joindre, réunir ((plusieurs choses en une seule)); allier, harmoniser. ¶ 힘을 ~ mettre *ses* forces en commun, unir *ses* efforts; joindre *ses* efforts à ceux des autres. ¶ 술자리를 ~ boire un verre [prendre un pot] (à plusieurs) ((avec des collègues, avec des amis)).

어울리다 자 ① 함께 잘 있다 se mêler, aller bien ensemble, s'entendre bien avec *qn*. ¶ 잔치에 어울려 놀다 s'amuser bien avec les autres à une fête. ¶ 그 친구는 모르는 사람과도 잘 어울린다 Il s'entend bien même avec des inconnus / Il a de bons rapports même [y compris] avec des inconnus. ② 사귀다 fréquenter *qn*, frayer avec *qn*, avoir des échanges amicaux avec. ¶ 나쁜 친구들과 어울리면 안 된다 Il ne faut pas avoir de mauvaises fréquentations. ③ 조화되다 aller bien avec ((un vêtement)); s'harmoniser, s'accorder avec *qc*, être bien assorti(*e*); être en harmonie [en accord]. ¶ 이 옷에는 저 구두가 어울린다 Ces chaussures-ci vont bien avec ce vêtement-là. ¶ 서로 잘 어울리는 색깔들 des couleurs qui s'harmonisent.

어울림 명 fait de bien aller à *qn* [d'être séant(*e*), seyant(*e*)]; harmonie *f*, accord *m*, adéquation *f*, affinité *f*, association *f*. ¶ 이 옷은 색상의 ~이 참 좋다 Les couleurs de ce vêtement sont très harmonieuses / L'association des couleurs de ce vêtement est vraiment bonne.

어원 語源 명 【언어】 origine *f* ((d'un mot)); étymologie *f* ((populaire)). ¶ 이 단어는 ~ 미상이다 L'étymologie de ce mot est inconnue [obscure]. ¶ ~을 밝히다[조사하다] trouver [révéler, déceler; rechercher] l'étymologie [l'origine] d'un mot. ¶ 그 낱말의 ~은 라틴어이다 Ce mot dérive [vient] du latin. ¶ 이 두 말은 ~이 같다 Ces deux mots ont la même étymologie.

◆_**학** -學 명 étymologie *f*.

◆_**학자** -學者 명 étymologiste *mf*.

어유 감 ((interjection)) pff(t), pfut.

어육 魚肉 명 ① 생선 chair *f* de poisson, poisson *m*. ¶ ~을 가공하다 préparer du poisson pour un produit industriel. ② 생선과 짐승의 고기 poisson *m* et viande *f*.

어음[1] 명 effet *m* (de commerce), traite *f*; lettre *f* de change, billet *m* à ordre. ¶ ~을 발행하다[끊다] tirer une traite. ¶ ~을 지불하다[결제하다] payer une traite; honorer une traite [un effet]. ¶ ~을 할인받다[하다] faire l'escompte; escompter une traite; escompter une lettre de change; faire un escompte de ((10 %)), escompter ((un billet)). ¶ ~을 인수하다 accepter une lettre de change. ¶ ~이 부도가 났다 L'effet [La traite] que j'ai reçu(*e*) a été impayé(*e*) [refusé(*e*)].

◆**단기[장기]**_ 短期[長期]- 명 traite *f* [effet *m*] à courte [longue] échéance.

◆부도_ 不渡 명 effet *m* impayé; traite *f* refusée.
◆약속_ 約束- 명 billet *m* à ordre; traite *f*.
◆환_ 換 명 lettre *f* de change; traite *f*.
◆_교환 -交換 명 compensation *f* de lettres de change.
◆_교환소 -交換所 명 chambre *f* de compensation.
◆_발행인 -發行人 명 tireur(*se*), émetteur(*trice*) d'une traite.
◆_수취인 -受取人 명 bénéficiaire *mf* d'une traite.
◆_중개인 -仲介人 명 intermédiaire *m* [courtier(*ère*)].
◆_할인 -割引 명 escompte *m* d'une lettre de change.

어음[2] 語音 명 【언어】 prononciation *f* d'un mot.

어의 語義 명 【언어】 sens *m* [signification *f*, acception *f*] d'un mot. ¶ 일반적인 ~로는 dans le sens ordinaire du mot; dans l'acception commune du mot, dans l'acception la plus large du mot, dans son acception la plus large. ¶ ~를 밝히다 définir le sens d'un mot.

어이[1] 명 chose *f* ou personne *f* terriblement grande. ◇_(가) 없다 ne plus savoir que faire [à quel saint se vouer]; être dans une grande perplexité [un grand embarras]; ((projet, espoir)) être insensé(*e*), absurde, déraisonnable, ((demande)) être démesuré(*e*), fou(*folle*); être fabuleux(*se*), incroyable, fantastique, extraordinaire, ((idée, prétention)) être extravagant(*e*); ((faute)) être énorme; être stupéfait(*e*), ahuri(*e*), abasourdi(*e*), tomber des nues; être frappé [rester muet(*te*)] de stupeur. ¶ ~(가) 없는 표정을 짓다 avoir l'air stupéfait(*e*); prendre un air stupéfait(*e*) [ahuri].

어이[2] 부 comment, pourquoi. ¶ 당신이 모르는데 내가 ~ 알리오? Comment voulez-vous que je sache cela, si vous ne le savez pas?
◆_하다 재타 faire comment. ¶ 내가 ~할까? Comment puis-je faire? / Qu'est-ce que je peux bien faire? ¶ 그 일을 ~할까? Comment faire? ¶ ~하여 아직껏 그러고 있을까? Comment se fait-il qu'on fasse toujours ainsi?
◆_되다 재 être arrivé(*e*) comment. ¶ 이것이 ~된 일인지 모르겠다 Je ne sais pas comment cela est arrivé.

어이구 감 ((interjection)) ah! oh! mon Dieu! ((interjection exprimant le regret)). ¶ ~, 큰 실수를 했다 Oh! mon Dieu! j'ai fait une grosse erreur [une grosse gaffe {*fam*}, une grosse connerie {*fam*}].

어이어이 감 ((onomatopée)) hou, hou! ((onomatopée imitant les pleurs)). ¶ ~ 울다 sangloter. ¶ 초상집에서 ~ 하는 곡소리가 난다 On entend les lamentations dans la famille du défunt.

어이없다 형 être désemparé, abasourdi, ne plus savoir que faire [à quel saint se vouer]; être dans une grande perplexité [un grand embarras]; ((projet, espoir)) être insensé(*e*), absurde, déraisonnable, ((demande)) être démesuré(*e*), fou(*folle*); être fabuleux(*se*), incroyable, fantastique, extraordinaire, ((idée, prétention)) être extravagant(*e*); ((faute)) être énorme; être stupéfait(*e*), ahuri(*e*), abasourdi(*e*), tomber des nues; être frappé [rester muet(*te*)] de stupeur. ¶ 어이없어 말도 안 나온다 rester muet(*te*) de stupeur.
*어이없는 수작 des sottises, des absurdités, des énormités, des propos aberrants [insensés, extravagants], des extravagances.
◆어이없이 부 de façon insensée [absurde], d'une manière insensée [illogique, absurde], avec perplexité; ((perdre)) bêtement. ¶ 어이없이 당하다 être victime d'une manière absurde. ¶ 그 여자는 정말 어이없이 죽었다 Elle est morte d'une manière absurde. ¶ 어이없이 경기에 지다 se faire bêtement battre dans un match.

어이쿠 감 ((interjection)) oh! ah! aïe! ¶ ~, 이 일을 어떻게 하나? Aïe! Comment faire?

어인 관 quel(quels, quelle, quelles). ¶ ~ 일로 저를 찾아 오셨습니까? Qu'est-ce qui vous amène ici? / Quelle est la raison de votre venue [visite, présence]?

어장 漁場 명 【수산】 pêcherie *f*; lieu *m* [zone *f*] de pêche.
◆황금_ 黃金- 명 lieu *m* de pêche rêvé [idéal]; l'endroit *m* rêvé pour pêcher (tel ou tel poisson). ¶ 동해는 오징어의 황금~이다 La mer de l'Est [La mer du Japon] est l'endroit rêvé pour pêcher le calmar.

어저께 명부 ¶ ~ 개를 만났다 Hier, je l'ai rencontré(*e*) / Hier, j'ai rencontré ce type {*fam*}. ☞ 어제

어적거리다 재타 croquer ((une pomme)); mordre ((dans une pomme)) à pleines dents. ¶ 그 여자는 생밤을 어적거리며 씹어 먹었다 Elle a croqué des châtaignes crues.

어적대다 재타 croquer ((une pomme)); mordre ((dans une pomme)) à pleines dents. ¶ 어적대면서 먹지 마라 Ne la croque pas! ☞ 어적거리다

어적어적 부 ((onomatopée)) ((mordre dans une pomme, déchiqueter de la viande)) à belles dents. ¶ 그는 무 한 조각을 ~ 씹어 먹었다 Il a croqué un morceau de navet chinois [((일어)) de *daikon*, de gros radis blanc].

어전[1] 御前 명 devant le roi *m*. ¶ ~에 머리를 조아리다 se prosterner la tête baissée devant le roi

어전[2] 御殿 명 résidence *f* royale. ¶ 그 사람의 저택은 ~보다 더 화려하다 Sa villa est plus somptueuse qu'un palais royal.

어절 語節 명 【언어】 *eojeol* ((unité agglutinée (comprise entre deux espaces blancs) (par exemple, en coréen, substantif+suffixe fonctionnel); unité syntagmatique ou lexicale (comprise entre deux espaces blancs) que forment les mots avec les particules, les affixes ou des éléments radicaux (noms ou prédicats composés)). ¶ 문장을 ~ 단위로 나누다 diviser une phrase en unités agglutinées [en unités syntagmatiques, en *eojeol*].

어정거리다 재타 rôder ((ça et là, autour de *qn*)); traîner ((dans les rues)); flâner ((sur les boulevards)). ¶ 하는 일도 없이 학교에서[를] ~ se promener dans l'école sans rien faire.

어정대다 재타 ☞ 어정거리다

어정뱅이 명 ① 벼락부자 parvenu(*e*); nouveau riche *m*. ¶ 갑자기 땅값이 올라 그는 졸지에 ~가 되었다 Suite à une élévation brutale du prix des terres, il est devenu du jour au lendemain un nouveau riche. ② 게으름뱅이 paresseux(*se*), fainéant(*e*), flemmard(*e*) {*fam*}; personne *f* nonchalante. ¶ ~에게는 일거리를 주지 마라 Ne donne pas de travail à un paresseux (comme lui)! ③ 무능력자 incapable *mf*, bon(*ne*) à rien.

어정버정 부 ((mimétisme)) ① 할 일 없이 ((aller et venir)) sans rien faire. ¶ ~ 돌아다니지 말고 일이나 도와 다오 Arrête de faire des allers et retours sans rien faire, viens plutôt nous aider! ② 어색하게 l'air gêné [embarrassé]. ¶ 그는 내 쪽으로 ~ 다가왔다 Il est venu vers moi [Il s'est approché de moi] l'air gêné [embarrassé].

◆**_하다** 재 être gêné(*e*). ¶ 사람들은 헤어지기 서운한 듯 ~하며 서로를 바라보고 있었다 Les gens se regardaient gênés, l'air triste de se quitter.

어정어정 부 ((mimétisme)) ((aller et venir)) sans rien faire. ¶ 그는 마당을 ~ 걷고 있었다 Il marchait dans la cour sans rien faire / Il errait dans la cour.

어정쩡하다 형 ① 어중간하다 être à moitié, partiel(*le*); être incertain(*e*), peu sûr(*e*), être sujet(*te*) à caution; ((애매하다)) être vague, ambigu(ë), évasi*f*(*ve*), équivoque. ¶ 그는 태도가 ~ Son attitude est indécise. ¶ 일을 어정쩡하게 처리하다 ne faire les choses qu'à moitié; faire les choses imparfaitement [à moitié, à demi]. ¶ 어정쩡한 대답 une réponse évasive [équivoque, ambiguë]. ② 난처하다 être embarrassant(*e*). ¶ 나는 이러지도 저러지도 못하고 입장이 ~ Je suis indécis(*e*). ¶ 아무도 아는 사람이 없어서 그는 어정쩡하게 서 있었다 Ne connaissant personne, il était [se sentait] mal à l'aise [il n'était pas à son aise].

어제 명 hier. ¶ ~ 아침[저녁] hier matin [soir]. ¶ ~ 오후 세 시에 hier après-midi à trois heures. ¶ ~ 신문 le journal d'hier. ¶ 나는 그 일을 ~ 일처럼 기억하고 있다 Je m'en souviens comme si c'était hier. ¶ ~부터 날씨가 추워졌다 Depuis hier, le temps s'est rafraîchi. ¶ 그를 만난 지 ~로 꼭 100일이 되었다 Hier, cela faisait exactement 100 jours que je le connaissais. ¶ ~가 바로 어머니의 생신이었다 Hier, c'était justement l'anniversaire de maman.
부 hier. ¶ 나는 ~ 하루 종일 집에 있었다 Je suis resté hier toute la journée à la maison. ¶ 사건은 ~ 발생했다 L'événement a eu lieu hier.

◆**_오늘** 명 cette nuit. ¶ 환경오염 문제는 ~오늘의 일이 아니다 Le problème de la pollution ne date pas d'hier.

◆**_ㅅ밤** 명 la nuit *f* dernière, cette nuit *f*; hier soir.

어조 語調 명 【언어】 ton *m*, accent *m*. ¶ ~를 바꾸다 changer le ton de *sa* voix. ¶ 퉁명스런 ~로 d'un ton cassant, sèchement, d'une façon rude. ¶ 빠른 ~로 ((parler)) rapidement. ¶ 부드러운[격렬한] ~로 말하다 parler d'un ton doux, d'une voix douce [parler avec véhémence, avec impétuosité]. ¶ 아니꼬운 ~로 말하다 parler d'un ton vexant [désobligeant, désagréable].

어조사 語助辭 명 【언어】 caractère *m* vide ((caractère chinois dépourvu de sens mais nécessaire pour le sens d'une proposition dans le chinois classique)). ¶ 한문에는 ~가 많다 Dans les textes écrits en chinois classique, on trouve beaucoup de caractères vides.

어족[1] 語族 명 【언어】 famille *f* de langues; groupe *m* de langues (ayant une origine commune). ¶ 우랄알타이[인도유럽] ~ langues ouralo-altaïques [indo-européennes]. ¶ 독일어는 영어와 같은 ~에 속한다 L'allemand et l'anglais appartiennent à la même famille de langues / L'allemand appartient à la même famille de langues que l'anglais. ¶ 한국어와 중국어는 ~이 다르다 Le coréen et le chinois n'appartiennent pas à la même famille de langues.

어족[2] 魚族 명 【수산】 poissons *mpl*. ¶ 이 해역에는 ~이 풍부하다 Les poissons sont abondants dans cette région maritime.

어줍다 형 ① 서툴다 être inexpérimenté(*e*), maladroit(*e*), malhabile, gauche; manquer d'expérience. ¶ 손놀림이 ~ être maladroit(*e*) [gauche, malhabile, gourd(*e*)] de *ses* mains. ¶ 외국인이 어줍은 발음으로 우리말을 한다 Les étrangers prononcent mal notre langue[le coréen]. ② 부자연스럽다 ((어색하다)) être peu naturel(*le*); être vague, équivoque, évasi*f*(*ve*), ambigu(*ë*), obscur(*e*); être indécis(*e*), irrésolu(*e*), hésitant(*e*), tiède. ¶ 어줍게 미소를 짓다 sourire l'air embarrassé [d'une manière peu naturelle]; sourire timidement, ne pas sourire d'une manière franche; sourire d'une manière nonchalante [indifférente]. ¶ 어줍은 표정으로 인사하다 saluer l'air gêné [l'air embarrassé, d'une manière peu naturelle]; saluer d'une manière nonchalante ou indifférente [sans ardeur].

어줍잖다 형 (('어쭙잖다'의 잘못)) ☞ 어쭙잖다

어중 語中 명 【언어】 position *f* médiane d'un mot.

어중간하다 於中間- 형 être imparfait(*e*), partiel(*le*); ((attitude, réponse)) être indécis(*e*), évasi*f*(*ve*), ambigu(*ë*); être difficile d'en juger [décider]. ¶ 재혼하기에는 그는 나이가 ~ Son âge n'est pas convenable pour se remarier [refaire sa vie]. ¶ 일을 어중간하게 처리하다 faire les choses à moitié; laisser un travail inachevé. ¶ 어중간한 대답을 하다 donner une réponse évasive.

◆**어중간히** 於中間 부 à moitié. ¶ 일을 어중간히 하려면 일찌감치 그만두는 편이 낫다 Plutôt que de faire le travail à moitié, autant s'arrêter [abandonner] tout de suite.

어중되다 於中- 형 être trop grand(*e*) ((pour *qc*)) et trop petit(*e*) ((pour autre chose)); ne pas convenir, ne pas faire l'affaire; être inopportun(*e*), indu(*e*), peu approprié(*e*), inconvenant(*e*), inadapté(*e*), être impropre [inadéquat(*e*)] pour l'un et l'autre, ne pas être tout à fait convenable. ¶ 어중된 시간에 약속 장소에 도착하다 arriver à la mauvaise heure à un rendez-vous.

어중이떠중이 명 toutes sortes de gens, une foule *f* de gens; les masses *fpl*, la foule *f*, le peuple *m*; la populace *f* {*fam*}, la racaille *f* {*fam*}; gens *mpl* insignifiants; badauds *mpl*. ¶ 지원자로 ~들이 다 모였다 Il y a [On trouve] vraiment un peu tout le monde [n'importe qui] ici comme candidats.

어지간하다 형 ① 보통이다 être suffisant(*e*), satisfaisant(*e*); ((salaire)) être convenable; ((travail)) être passable, acceptable, admissible, tolérable, moyen(*ne*), supportable, potable {*fam*}. ¶ 인물은 그만하면 어지간한 셈이다 Il a un caractère tout à fait convenable. ¶ 어지간한 사람은 이 일을 할 수 없다 Les gens ordinaires ne sont pas appropriés pour ce travail. ② 무던하다 être généreu*x*(*se*), bon(*ne*). ¶ 그런 모욕을 참다니 너도 참 ~ Tu arrives à supporter une telle insulte! Tu es trop bon(*ne*)! ③ 상당하다 être considérable, remarquable, appréciable, respectable. ¶ 그 아이의 고집도 참 ~ Cet enfant est très entêté [têtu] / Une vraie bourrique, ce gamin {*fam*}!

◆**어지간히** 부 assez, suffisamment, passablement, sensiblement, beaucoup; ((boire)) raisonnablement, modérément. ¶ 어지간히 마셔라, 몸 상한다 Ne bois pas trop, c'est mauvais pour la santé / Bois raisonnablement [modérément], l'alcool, c'est mauvais pour la santé. ¶ 성질도 어지간히 급하구나 Il a un tempérament plutôt vif, on dirait / Il est plutôt impatient, on dirait. ¶ 그 남자는 그 여자에게는 어지간히 똑똑한 사람이다 Il est bien assez intelligent pour elle.

어지러이 부 en désordre, de façon désordonnée, pêle-mêle. ¶ 방 안에 책들이 ~ 쌓여 있다 Des livres se trouvent entassés en désordre dans la chambre.

어지럼 명 vertige *m*, étourdissement *m*, tournis *m* {*fam*}; éblouissement *m*; perte *f* d'équilibre. ¶ ~을 느끼다 avoir [éprouver] un vertige [des vertiges], avoir le vertige [tournis {*fam*}]; avoir la tête qui tourne, avoir un étourdissement. ◇_(을) **타다** être sujet(*te*) aux vertiges [aux étourdissements].

◆**_증** -症 명 vertige *m*, étourdissement *m*, tournis *m* {*fam*}; éblouissement *m*; perte *f* d'équilibre. ¶ ~을 느끼다[이 있다] avoir [éprouver] un vertige [des vertiges], avoir le vertige [tournis {*fam*}]; avoir la tête qui tourne, avoir un étourdissement.

어지럽다 형 ① 정신이 흐리다 avoir [éprouver] un [des] vertige(*s*), avoir le vertige [le tournis {*fam*}], avoir la tête qui tourne, avoir un étourdissement; ((고소공포증)) avoir le vertige, avoir peur du vide [de tomber dans le vide]. ¶ 밑을 내려다보니 ~ J'ai le vertige quand je regarde en bas. ¶ 열이 나고 어지러워서 자리에 누웠다 Je me suis allongé(*e*) parce que j'avais de la fièvre et des vertiges [parce que j'étais fiévreu*x*(*se*) et que j'avais la tête qui tournait]. ② 어수선하다 être désordonné(*e*), confus(*e*); être en désordre. ¶ 그 아이의 방에는 항상 책이 여기저기 놓여 있어 ~ Sa chambre est toujours en désordre avec ses livres qui traînent partout. ¶ 사소한 걱정들로 마음이 ~ Des petits problèmes me font perdre la tête. ¶ 책상 위에 서류들이 어지럽게 널려 있다 Le bureau est encombré de dossiers. ¶ 어지러운 세상 époque [période] troublée.

◆**어지럽히다** 타 mettre *qc* en désordre; mettre [jeter] le désordre [la confusion] dans *qc*; troubler ((l'ordre de la société)); jeter ((des objets)) pêle-mêle; éparpiller; encombrer ((une table de livres, de dossiers)); mettre [foutre {*vulg*}] du désordre [le bordel {*fam*}, la pagaille {*fam*}, le foutoir {*fam*}]; mettre sens dessus dessous. ¶ 방을 어지럽히다 mettre la chambre en désordre; mettre du désordre [le foutoir {*fam*}] dans la chambre.

어지르다 타 mettre *qc* en désordre; mettre [jeter] le désordre dans *qc*; jeter ((des objets)) pêle-mêle; éparpiller; encombrer ((une table de livres, de dossiers)); mettre [foutre {*vulg*}] du désordre [le bordel {*fam*}, la pagaille {*fam*}, le foutoir {*fam*}]; mettre sens dessus dessous. ¶ 어질러 놓다 laisser traîner partout *qc*. ¶ 바람이 불어와 온 방에 서류를 어질러 놓았다 Le vent a éparpillé les dossiers dans toute la pièce. ¶ 그 사람의 집은 언제나 장난감들로 어질러져 있다 Chez lui, c'est toujours en désordre [la sacrée pagaille, le foutoir {*fam*}] avec ces jouets qui traînent partout / Sa maison est toujours en désordre [Chez lui, c'est toujours le souk {*fam*}] avec tous ces [des tas de] jouets qui traînent (un peu) partout.

어질다 형 être gentil(*le*), aimable; être indulgent(*e*), généreu*x*(*se*); être tendre; être dou*x*(*ce*); être affectueu*x*(*se*). ¶ 그 사람은 천성이 ~ Il est généreux de nature. ¶ 사람이 어질어서 누구나 그 사람을 좋아한다 Il est aimé de tout le monde parce qu'il est plein de gentillesse. ¶ 어진 아내 tendre [douce] épouse.

어질어질하다 형 avoir le vertige [le tournis {*fam*}], avoir la tête qui tourne, avoir un étourdissement; se sentir mal. ¶ 며칠 굶었더니 ~ J'ai le vertige parce que je n'ai rien mangé depuis plusieurs jours. ¶ 현란한 조명이 눈앞을 어질어질하게 했다[만들었다] L'éclairage éblouissant m'a donné le vertige.

어질증 -症 명 【한의】 vertige *m*, éblouissement *m*, étourdissement *m*; tournis *m* {*fam*}. ¶ 빈혈이 심하면 ~이 난다 Si l'anémie est grave, on a des vertiges.

어째 부 ① 무엇 때문에, 왜 pour quelle raison,

pourquoi. ¶ ~ 이렇게 빨리 왔니? Qu'est-ce qui vous a fait venir si tôt? ② pourquoi, comment se fait-il que. ¶ ~ 사람이 그 모양이니? Pourquoi est-il comme ça? ③ 어쩐지 sans savoir pourquoi; pour une raison ou pour une autre; je ne sais pourquoi. ¶ ~ 분위기가 이상하다 Je ne sais pourquoi mais l'ambiance ne me dit rien qui vaille.

어째서 부 pour quelle raison, pourquoi; comment se fait-il que. ¶ ~ 이렇게 빨리 왔니? Qu'est-ce qui vous a fait venir si tôt? ¶ ~ 사람이 그 모양이니? Pourquoi est-il comme ça?

어쨌든 부 de toute façon, de toute manière, d'une manière ou d'une autre, n'importe comment, en tout cas, dans tous les cas, quelque soit la situation, quoi qu'il arrive, quoi qu'il advienne, quoi qu'il en soit, quoi qu'on en dise. ¶ ~ 그 일은 끝난 일이다 De toute façon, l'affaire est close. ¶ 너는 ~ 행복한 사람이다 Quoi qu'on en dise, tu es un homme heureux. ¶ 성격이야 ~ 그 여자는 아름답다 J'ignore [Je ne connais pas] son caractère mais physiquement elle est bien [mais elle est bien physiquement].

어쨌든지 부 ☞ 어쨌든

어쩌고저쩌고 부 en disant ceci et cela, en disant beaucoup de choses. ¶ 그 여자는 ~ 불평이 많았다 Elle n'arrêtait pas de se plaindre / Elle trouvait toujours à redire.

어쩌다 부 par hasard. ¶ ~ 그 남자와 마주쳤다 Par hasard, je suis tombé(*e*) nez à nez avec lui. ¶ ~ 일이 그렇게 되고 말았다 Je ne sais comment on en est arrivés là.

어쩌다가 부 ① 가끔 de temps en temps, quelquefois, parfois; à certains moments, rarement, exceptionnellement. ¶ 저 손님은 ~ 온다 Ce client vient de temps en temps [rarement]. ② 우연히 par hasard, d'aventure; inopinément, fortuitement, accidentellement. ¶ 그 아저씨는 ~ 도박에 빠졌다 C'est par hasard qu'il s'est pris au jeu. ¶ (내가) ~ 실수를 저질렀다 J'ai commis une erreur sans le vouloir.

어쩌면 부 ① 추측 peut-être, il se peut [il est possible, il est probable] que+*subj*; si ça se trouve; j'ai le pressentiment [l'impression] que+*ind*. ¶ ~ 그 사람이 올지도 몰라 Il est probable [est possible, se peut] qu'il vienne / Peut-être viendra-t-il! / Peut-être qu'il viendra. ¶ ~ 잘된 일일 수도 있다 Si ça se trouve, c'est peut-être pour le mieux. ② 감탄 comment; quel(*le*); que, combien, comme. ¶ ~ 사람이 그럴 수가 있니? Comment peux-tu me faire ça? / Comment peut-on faire ça?

어쩐 관 quel(*le*). ¶ ~ 일로 그 사람이 왔을까? Pour quelle affaire serait-il venu? ¶ ~ 영문인지도 모른 채 나는 그 사람을 따라 나섰다 Je l'ai suivi sans trop savoir pour quelle raison.

어쩐지 부 ① 웬일인지 Ah j'ai compris! / Ah, je vois [comprends] maintenant pourquoi ... / Ah, cela s'explique maintenant! ¶ ~ 네가 날 칭찬하더니, 그걸 부탁하려고 그랬군 Ah j'ai compris! Si, soudainement tu me fais ce compliment, c'est parce que tu as quelque chose à me demander / Ah, je vois [comprends] maintenant pourquoi tu m'as fait ce compliment! C'est parce que tu avais quelque chose à me demander, n'est-ce pas? ② 그래서 c'est pourquoi [pour cela]; Ah, c'est pour cela que ...; Ah, maintenant, je comprends [vois] pourquoi ... ¶ 창문이 열려 있네. ~ 춥더라 Les fenêtres sont ouvertes. Ah, c'est pour cela qu'il fait si froid [Ah, maintenant, je comprends pourquoi il faisait si froid].

어쩜[1] 부 ☞ 어쩌면

어쩜[2] 감 que ((c'est beau!)); comment. ¶ ~, 예쁘기도 해라 Que c'est joli! ¶ 세상에, ~ 이럴 수가 있니? Mon Dieu! Comment est-ce possible? ☞ 어쩌면

어쭈 감 ((étonnement)) eh, euh. ☞ 아주

어줍잖다 형 ① 대수롭지 않다 être ridicule, dérisoire, risible, méprisable; prêter à rire. ¶ 어줍잖은 지식 [일] connaissance superficielle [dérisoire] [événement sans importance]. ② 건방지다 être impertinent(*e*), insolent(*e*), effronté(*e*), éhonté(*e*). ¶ 상대방의 태도를 어줍잖게 생각하다 être indifférent(*e*) aux attitudes de l'autre partie. ¶ 어줍잖은 말투 ton insolent [impertinent]. ¶ 감히 내게 도전하다니 어줍잖은 놈이다 Il ose me défier! Eh ben dis donc, il n'a pas froid aux yeux, celui-là!

◆**어줍잖이** 부 ridiculement, risiblement, dérisoirement; mal à propos. ¶ 어줍잖이 나서다 intervenir [s'immiscer] mal à propos ((dans une conversation, une affaire)); mettre [mêler, ajouter] *son* grain de sel. ¶ 어줍잖이 참견해 봐야 득 볼 것 없다 À quoi bon se mêler des affaires des autres?

어찌 부 ① 이유 pourquoi; pour quelle raison. ¶ 연락도 없이 ~ 갑자기 왔니? Pourquoi tu es venu(*e*) sans prévenir? ② 수사의문문 comment. ¶ 당신이 ~ 나한테 그럴 수 있습니까? Comment tu peux me faire ça! ③ 방법 comment, de quelle manière [façon]. ¶ ~ 그 먼 길을 갈까? Comment puis-je me rendre si loin? / Comment puis-je aller là-bas alors que c'est si loin? ④ 정도 quel(*le*); comme, que, combien, à quel point. ¶ ~ 바람이 세던지 날아갈 뻔했다 Le vent était si fort que j'ai failli m'envoler.

◆**_하다** 재타 faire [s'y prendre] comment [de quelle manière]. ¶ ~하다가 일이 이렇게 됐니? Comment en est-on arrivé là? ¶ 대체 자네는 ~하여 그런 엉뚱한 일을 꾸몄나? Comment as-tu pu inventer une histoire pareille?

◆**_되다** 재 comment devient, où en est ((la situation)). ¶ 상황이 ~됐는지 좀 설명해 보아라 Explique-moi où en est la situation.

◆**_나** 부 excessivement; tellement [si] ... que. ¶ 물건 값이 ~나 비싼지 살 엄두가 나지 않았다 Quand j'ai vu le prix, je n'avais plus envie de l'acheter.

어찔어찔하다 형 ☞ 어질어질하다

ㅇ

어찔하다 형 éprouver [avoir] soudainement un vertige [un étourdissement]; avoir la tête qui tourne [le tournis {*fam*}]. ¶ 정신이 어찔하여 넘어질 뻔했다 Pris d'un vertige, j'ai failli tomber. ¶ 눈앞이 어찔하더니 그 다음은 기억나지 않는다 J'ai été saisi(*e*) de vertiges et après cela je ne me souviens plus de rien.

어차피 於此彼 부 de toute façon, de toute manière, en tout cas, dans tous les cas; ((결국)) après tout, au fond, enfin, à la fin, finalement, au bout du [en fin de] compte, en somme. ¶ ~ 다 끝난 일이다 De toute façon, c'est fini [du passé] maintenant.

어처구니 명 extravagance *f*. ◇_(**가**) **없다** être stupéfiant(*e*), ahurissant(*e*), absurde, déraisonnable étonnant(*e*), grave, surprenant(*e*); ne plus savoir que faire [à quel saint se vouer]; être dans une grande perplexité [un grand embarras]; ((projet, espoir)) être insensé(*e*), absurde, déraisonnable, ((demande)) être démesuré(*e*), fou(*folle*); être fabuleu*x*(*se*), incroyable, fantastique, extraordinaire, ((idée, prétention)) être extravagant(*e*); ((faute)) être énorme; être stupéfait(*e*), ahuri(*e*), abasourdi(*e*), tomber des nues; être frappé(*e*) [rester muet(*te*)] de stupeur. ¶ 상인은 ~없다는 표정으로 그 사람을 쳐다보았다 Le marchand le regardait d'un air stupéfait. ¶ ~없군 Je n'en reviens pas / C'est trop fort! / Ah! ça, par exemple! / Je tombe des nues! / Ça me sidère! ¶ ...하다니 ~없는 일이다 C'est absurde [insensé] de+*inf*; c'est (pure) folie de+*inf*. ¶ ~없는 잘못을 저지르다 commettre une grossière erreur. ¶ ~없는 요구를 하다 demander l'impossible.

◆**_없이** 부 excessivement, horriblement, incroyablement, extrêmement, terriblement, extraordinairement. ¶ ~없이 비싸다 Cela coûte les yeux de la tête! / C'est horriblement cher! / Ça coûte la peau des fesses [du cul] {*fam*}! / C'est hors de prix!

어촌 漁村 명 village *m* [hameau(*x*) *m*] de pêcheurs. ¶ ~ 문학 la littérature traitant de la vie des pêcheurs. ¶ 한적하고 외딴 ~ village de pêcheurs calme et isolé. ¶ 바닷가에는 자연히 ~이 형성된다 Le village de pêcheurs est naturellement construit au bord de la mer.

어치[1] 명 【동물】 geai *m*.

-어치[2] 접미 ((suffixe nominal exprimant la valeur pour une quantité)) pour (un montant de). ¶ 과일을 만 원~ 사다 acheter pour dix mille wons de fruits.

◆**값_** 명 valeur *f*, prix *m*; mérite *m*. ¶ 인플레이션일 때는 돈의 값~가 떨어진다 L'argent perd de sa valeur en période d'inflation. ¶ 아무런 값~도 없다 n'avoir aucune valeur; ne rien valoir. ¶ 그것은 한번 볼 만한 값~가 있다 Cela mérite [vaut la peine] d'être vu.

어투 語套 명 manière *f* [façon *f*] de parler, ton *m*. ¶ 성난[부드러운] ~ ton irrité [façon de parler douce]. ¶ 그 사람의 ~로 보아서는 화가 난 것 같다 À sa façon de parler, on croirait qu'il est en colère. ¶ 그 사람은 ~가 사납다 Il a une manière de parler farouche / Il parle farouchement.

어패류 魚貝類 명 【수산】 crustacés *mpl*.

어폐 語弊 명 emploi *m* abusif [erroné] d'un mot; expression *f* susceptible d'être mal interprétée. ◇_**가 있다** être erroné(*e*), abusi*f*(*ve*); être susceptible d'être mal interprété(*e*). ¶ 그 말에는 ~가 있다 L'emploi de ce mot [cette expression] est abusi*f*(*ve*) / Cette expression est susceptible d'être mal interprétée. ¶ 이렇게 말하면 ~가 있을지 모르지만 ... Le terme n'est peut-être pas très exact ... / L'expression vous choquera peut-être, mais ...

어포 魚脯 명 (tranche *f* de) poisson *m* séché.

어필 영{appeal} 명 engouement *m*, attirance *f*, emballement *m*, enthousiasme *m*, tocade *f*, admiration *f*. ¶ 그 작가 소설의 대중적 ~ l'engouement populaire pour son roman. ◇_(**을**) **하다** attirer, emballer, enthousiasmer. ¶ 그 작가의 소설은 청소년들에게 크게 ~했다 Son roman a attiré[emballé, enthousiasmé] les adolescents.

어학 語學 명 【언어】 étude *f* des langues; linguistique *f*. ¶ 그 사람은 ~에 소질[재능]이 있다 Il a le don des langues / Il est doué pour les langues.

◆**_적** -的 명관 linguistique.

◆**_ 교사** -教師 명 professeur(*e*) de langue (étrangère).

◆**_ 교육[교재]** -教育[教材] 명 formation *f* linguistique.

◆**_ (능)력** -(能)力 명 capacité *f* linguistique.

◆**_도** -徒 명 élève étudiant en langues.

◆**_원** -院 명 institut *m* (privé) de langues.

◆**_자** -者 명 linguiste.

◆**_ 지식** -知識 명 connaissance *f* des langues.

어항[1] **魚缸** 명 boc*al*(*aux*) *m* (à poisson); aquarium *m*. ¶ 냇물 바닥에 ~을 놓아 물고기를 잡다 mettre un bocal dans la rivière pour attraper des poissons; attraper des poissons en mettant un bocal dans la rivière. ¶ ~ 속에 금붕어가 놀고 있다 Les poissons rouges bougent dans l'aquarium.

어항[2] **漁港** 명 port *m* de pêche. ¶ 그 배는 조그만 ~에 정박 중이다 Ce bateau est amarré [ancré, à l'ancre, en rade] dans un petit port / Ce bateau relâche dans un petit port.

어허 감 ah! oh! mon Dieu! hélas! ¶ ~ 그렇군요 Ah! je vois [comprends] / Oui, c'est vrai / Effectivement / Vous avez raison. ¶ ~ 아직도 그 녀석이 오지 않다니 야단이군! Ah! C'est catastrophique qu'il ne soit toujours pas là! / Comment? Il n'est pas encore là! mais c'est très embêtant, ça!

어험 감 hem!

어혈 瘀血 명 hématome *m*, ecchymose *f*, bleu *m*; sang *m* caillé dans un(*les*) vaisseau(*x*) sanguin(*s*); caillot *m* de sang. ¶ ~을 풀다 activer [accélérer] la résorption de l'hématome. ¶ 부딪힌 곳에 ~이

져서 멍이 들었다 À l'endroit du choc [Au point d'impact], s'est constitué [s'est formé, est apparu] un hématome [un bleu {*fam*}].

어형 語形 명【언어】forme *f* des mots. ¶ ~ 분석 l'analyse des formes des mots.

◆_ **변화** -變化 명【언어】① paradigme *m*. ② changement *m* morphologique diachronique (d'un mot).

◆_**론** -論 명【언어】morphologie *f*.

어획 漁獲 명 pêche *f* ((abondante)). ¶ 올해는 ~이 많이 늘었다 Cette année, la pêche est abondante [bien meilleure que l'année dernière]. ¶ 올해는 ~이 부진하다 Cette année, la pêche est mauvaise. ◇_(을) **하다** pêcher. ¶ 고래를 ~하다 pêcher la baleine.

◆_**고** -高 명 quantité *f* de poissons pêchés.

◆_**기** -期 명 saison *f* de la pêche.

◆_**량** -量 명 quantité *f* de poissons pêchés.

◆_**물** -物 명 poissons *mpl* pêchés.

어휘 語彙 명【언어】mot *m*; ((어휘집)) vocabulaire *m*, lexique *m*, glossaire *m*. ¶ ~ 조사 statistique lexicale. ¶ ~ 분석 analyse lexicale. ¶ 기본 ~ vocabulaire fondamental [de base, élémentaire]; lexique de base. ¶ 풍부한 ~를 구사하다[~를 풍부하게 구사하다] employer comme il faut un vocabulaire riche [avoir un vocabulaire riche [étendu], avoir beaucoup de vocabulaire]. ¶ ~를 늘리다 enrichir *son* vocabulaire. ¶ ~를 학습하다 apprendre le vocabulaire. ¶ 이 사전은 ~가 풍부하다 Ce dictionnaire contient beaucoup de mots / Il y a beaucoup d'entrées dans ce dictionnaire.

◆_**화** -化 명【언어】lexicalisation *f*. ¶ 이 표현은 ~화 과정에 있다. Cette expression est en voie [en cours] de lexicalisation. ¶ ~화(를) 하다 se lexicaliser.

◆_**력** -力 명 compétence *f* lexicale [vocabulaire].

◆_**론** -論 명【언어】lexicologie *f*.

◆_**부** -部 명【언어】lexique *m*. ¶ 머릿속 ~ lexique mental.

◆_ **빈도** -頻度 명【언어】fréquence *f* (d'emploi) d'un mot.

◆_**소** -素 명【언어】lexème *m*.

◆_ **의미** -意味 명【언어】sens *m* lexical. ¶ ~ 의미와 문맥 의미 sens lexical et sens contextuel.

◆_**의미론** -意味論 명【언어】sémantique *f* lexicale.

◆_**장** -場 명【언어】champ *m* lexical. ¶ 이 어휘들은 동일 ~장에 속한다. Ces mots appartiennent au même champ lexical.

◆_**집** -集 명 vocabulaire *m*, lexique *m*, glossaire *m*.

◆_(**적)형태소** -形態素 명【언어】morphème *m* lexical; lexème *m*.

어휴 감 pfiou!, ouf! ah! oh! ¶ ~, 힘들어! Pfiou! C'est dur! / Oh, (que) c'est dur! / Oh! c'est vraiment très fatigant [dur]! ¶ ~, 저 느림보! Ah, quel lambin! / Ah, quelle tortue! / Ah, quel escargot! / Ah, quelle limace!

억 億 수 cent millions *mpl*. ¶ 일~ 원을 횡령하다 détourner cent millions de wons.

◆_**만** -萬 명 nombre *m* infini; infinité *f*. ¶ ~만 년이 지났다 Un temps infini a passé [s'est écoulé] / Une éternité s'est écoulée.

◆_**만금** -萬金 명 somme *m* incalculable d'argent. ¶ 사랑은 ~만금을 주고도 살 수 없다 On ne peut pas acheter l'amour même avec beaucoup d'argent.

◆_**만장자** -萬長者 명 milliardaire.

억겁 億劫 명【불교】*kalpa m*, ère *f* cosmique; temps *m* incalculable, éternité *f*. ¶ ~의 인연 un lien (fatal) infini. ¶ ~의 세월이 지난다 해도 le temps peut bien s'écouler à l'infini.

억견 臆見 명 avis *m* personnel; interprétation *f* personnelle. ¶ 제 ~일지 모르지만 Il se peut que ce ne soit que mon avis personnel mais ...; à ce que je comprends [à mon avis], mais je me trompe peut-être, ...

억누르다 타 ① 억압하다 maîtriser ((un fou)); maintenir, immobiliser *qn* à terre; brider ((*qn*, la presse, la conduite de *qn*)); en imposer à *qn*; tenir la bride haute [courte, serrée] à *qn*; exercer un empire absolu sur *qn*; faire pression sur ((*qn*, l'opinion publique)), opprimer ((la liberté)), bâillonner [opprimer] ((la presse)); maîtriser, maintenir, réprimer ((l'opposition)), étouffer ((l'opinion publique)). ¶ 반란을 ~ réprimer [étouffer] une révolte. ¶ 약자를 ~ opprimer les faibles. ¶ 민주 세력을 ~ faire pression sur la force démocratique. ② 억제하다 réprimer, résister, freiner [mettre un frein à] ((*ses* désirs)), contrôler, brider, refréner ((*ses* passions)); refouler, contenir ((*sa* colère)); modérer, retenir ((*son* rire, *ses* larmes)). ¶ 욕망을[욕구를] ~ freiner [mettre un frein à, refouler] *ses* désirs. ¶ 담배를 피우고 싶은 것을 ~ refréner *son* envie de fumer. ¶ 억누를 수 없는 정염 passion irrésistible. ¶ 억누를 수 없는 질투심[노여움]에 사로잡혀 en proie à une jalousie [indignation] impossible à contenir.

억눌리다 자 être opprimé(*e*), asservi(*e*), assujetti(*e*), dominé(*e*), écrasé(*e*), soumis(*e*). ¶ 누구의 위엄에 ~ être écrasé(*e*) [dominé(*e*)] par le prestige de *qn*. ¶ 독재자의 횡포에 억눌린 민중들의 고통 souffrance du peuple opprimé par les exactions du dictateur.

억류 抑留 명 détention *f*, internement *m*, emprisonnement *m*; ((선박)) embargo *m*. ¶ ~ 상태[생활] état de détention; [((*sa*)) vie de détenu]. ◇_(를) **하다** détenir *qn*; mettre l'embargo sur ((un navire)), frapper d'embargo ((un navire)). ¶ 적국의 선박을 ~하다 mettre l'embargo sur les bateaux ennemis; frapper d'embargo les navires ennemis. ◇_(가) **되다** être détenu(*e*), emprisonné(*e*). ¶ 그들은 전쟁 중에 수용소에 ~되어 있었다 Ils étaient détenus dans un camp de concentration pendant la guerre.

◆_**민** -民 명 peuple *m* détenu.

ㅇ

◆_자 -者 명 détenu(*e*).

억매[1] **抑賣** 명 vente *f* (contrainte et) forcée. ◇_(를) 하다 vendre *qc* de force [contre son gré].

억매[2] **抑買** 명 achat *m* forcé. ◇_(를) 하다 acheter de force [contre son gré].

억불 抑佛 명 【역사】 suppression *f* du bouddhisme. ¶ ~을 주장하다 réclamer la suppression du bouddhisme.

◆_정책 -政策 명 politique *f* de suppression du bouddhisme.

억새 명 【식물】 eulalia; *Miscanthus purpurascens* {*nsc*}.

억설 臆說 명 conjecture *f*, présomption *f*, supposition *f*, hypothèse *f*, opinion *f* sans fondement; théorie *f* peu fondée. ¶ 그것은 ~에 불과하다 Ce n'est qu'une simple supposition. ¶ 항간에 그 일의 전말에 관한 ~이 분분하다 Des bruits (sans fondement) courent dans toute la ville sur les détails de cette histoire.

억세다 형 ((강하다)) être fort(*e*), solide, vigoureux(*se*), robuste, musclé(*e*); ((세차다, 딱딱하다, 뻣뻣하다)) être dur(*e*), raide, rigide, inflexible, tenace, coriace; ((volonté)) être ferme, ((foi)) être inébranlable. ¶ 그 남자는 성격이 ~ C'est un homme d'un caractère inébranlable. ¶ 억센 사투리로 말하다 parler (un dialecte, un patois) avec un accent très prononcé. ¶ 그 사람은 억세게 운이 좋다 Il a vraiment de la chance / Il est vraiment chanceux / Il est toujours favorisé par la fortune. ¶ 억센 끈 un cordon rigide. ¶ 억센 머리카락[수염] cheveux qui piquent [piquants] [barbe dure, barbe piquante, barbe qui pique]. ¶ 억센 의지로 헤쳐 나가다 surmonter avec une ferme volonté.

억수 명 pluies *fpl* torrentielles [diluviennes], déluge *m*, grosse pluie *f*. ¶ 비가 ~로 쏟아진다 Il pleut à torrent [à verse, à seaux] / Il pleut [tombe] des cordes [hallebardes] / Il pleut comme vache qui pisse {*fam*} / La pluie tombe à torrents [à verse] / Il tombe des cataractes [des cordes] / Des pluies torrentielles [diluviennes] s'abattent ((sur la région)). ¶ 소나기가 ~ 같이 온다 Il tombe une averse torrentielle.

◆_장마 명 grosse pluie *f*, déluge *m*, pluies *fpl* torrentielles [diluviennes] (qui durent plusieurs jours). ¶ ~장마가 들다 pleuvoir durant plusieurs jours.

억압 抑壓 명 oppression *f*, pression *f*. ¶ 아들은 성공한 아버지 때문에 심리적 ~을 많이 받았다 Il s'est senti psychologiquement très oppressé à cause d'un succès de son père. ¶ 일제의 ~에서 벗어나다 être *libéré*(*e*) de l'oppression japonaise. ¶ ~이 심해질수록 저항도 강해지는 법이다 L'oppression plus forte appelle une résistance plus violente. ◇_(을) 하다 faire pression sur *qn*; opprimer ((la liberté)); brider, bâillonner [opprimer] ((la presse)). ◇_(을) 당하다 être opprimé(*e*). ¶ 민중의 권리가 ~당하고 있다 Le droit du peuple est opprimé.

◆_적 -的 명관 oppressi*f*(*ve*), opprimant(*e*). ¶ 그 사람의 그런 말투는 매우 ~적으로 들렸다 Sa manière de parler semblait très opprimante.

억양 抑揚 명 ① inflexion *f* ((de la voix)); intonation *f*, accent *m*; modulation *f*. ¶ ~을 높이다[낮추다] hausser [baisser] (le ton de) la voix. ¶ ~이 없는 목소리로 말하다 parler d'une voix monotone. ② 억압과 찬양 oppression *f* et encouragement *m*. ③ 【언어】 intonation *f*. ¶ 문미에서 ~을 올리다 faire monter l'intonation en fin de phrase.

억울하다 抑鬱– 형 avoir le sentiment d'être opprimé(*e*), se sentir opprimé(*e*); être mécontent(*e*) (après une injustice dont on a été l'objet). ¶ 억울해서 못 살겠다 Je trouve cela trop injuste / C'est vraiment trop injuste! / Une injustice pareille, ça me révolte. ¶ 공연히 누명을 씌워 멀쩡한 사람을 억울하게 만들지 마라 C'est injuste d'accuser à tort un innocent! / Ne va pas accuser à tort un parfait innocent. ¶ 억울한 누명 fausse accusation. ¶ 억울한 표정 l'air mécontent. ¶ 그 사람은 이번에 억울한 일을 당했다 Cette fois, il est [a été] victime d'une injustice criante. ¶ 그 책임을 나한테로 돌린 것은 너무 억울한 일이다 Il est trop injuste [Je trouve cela trop injuste] qu'on me fasse porter le chapeau.

억장 億丈 명 cœur *m*, poitrine *f*. ☞ 가슴

*~이 막히다 avoir le cœur serré.

*~이 무너지다 tomber dans un grand [dans le plus] profond désespoir, tomber dans une détresse accablante.

억제 抑制 명 maîtrise *f* ((d'une émotion)); contrôle *m* ((de la volonté)). ◇_(를) 하다 réprimer ((*ses* passions)), contenir, refouler ((*ses* larmes, *ses* désirs)), maîtriser ((*sa* colère, *ses* désirs)), refréner ((*ses* envies, *ses* passions)), faire taire, dompter, gouverner, étouffer, maîtriser ((*ses* sentiments)); mettre un frein à [freiner] ((*ses* désirs)). ¶ 불필요한 지출을 ~하다 restreindre les dépenses inutiles. ¶ 그 사람은 자신을 최대한 ~하면서 차분히 입장을 밝혔다 Il a défini sa position en essayant de se dominer [se contenir, se maîtriser] au maximum. ¶ ~할 수 없는 분노 une colère irrépressible. ¶ 그 사람은 끓어오르는 감정을 ~할 수 없었다 Il ne pouvait pas maîtriser [refréner, dompter, réprimer, faire taire, contrôler, étouffer] ses sentiments. ◇_(가) 되다 être maîtrisé(*e*). ¶ 감정 ~가 되면 날 찾아오시오 Venez me chercher quand vous serez calmé(*e*)!

◆_력 -力 명 patience *f*. ¶ ~력을 발휘하다 faire montre de patience, montrer *sa* patience.

◆_선 -線 명 seuil *m*, plafond *m*, ligne *f* à ne pas franchir. ¶ 물가가 연간 ~선을 넘어섰다 Les prix ont franchi le plafond fixé pour l'année.

억조 億兆 수 ① cent millions *mpl* et billion *m*. ② ((다수)) infinité *f*, nombre *m* infini.

◆_창생 -蒼生 명 humanité *f*.

억지 명 ((고집)) obstination *f*, opiniâtreté *f*,

ㅇ

entêtement *m.* ¶ 내게 ~가 통할 거라고 생각하지 마라 Ne crois pas que ça va marcher avec moi / Ne crois pas que je vais marcher. ◇_(를) **부리다[쓰다, 세우다]** ((고집부리다)) s'entêter, s'obstiner. ¶ ~(를) 세운다고 해결될 문제가 아니다 L'entêtement ne va rien changer (à ce problème) / Tu auras beau t'entêter, cela ne changera rien au problème.

◆**_로** 부 ① 애써 hypocritement, de façon peu franche; avec réticence, à contrecœur; ((rire, sourire, parler, répondre, approuver)) du bout des lèvres; ((accepter)) du bout des dents. ¶ ~로 미소를 짓다 faire un sourire forcé [contraint, affecté]; sourire hypocritement, sourire du bout des lèvres. ② 강제로 par la [de] force, contre *sa* volonté [*son* gré], par contrainte, malgré *soi*. ¶ 그 사람은 ~로 나를 붙잡았다 Il m'a retenu(*e*) malgré moi. ¶ 누구를 ~로 데려오다 amener *qn* de force. ¶ 누구에게 ~로 무엇을 시키다 contraindre *qn* à ((une démarche, à faire *qc*)). ¶ 그 아이가 먹고 싶어 하지 않으면 ~로 먹이지 마시오 Si cet enfant ne veut pas manger, ne le forcez pas!

◆**_스럽다** 형 être obstiné(*e*), entêté(*e*), têtu(*e*), buté(*e*), indocile, réti*f*(*ve*), récalcitrant(*e*). ¶ 그 여자는 매사에 ~스러운 데가 있다 Elle est toujours rétive.

◆**_미소** -微笑 명 sourire *m* hypocrite [contraint, affecté]. ¶ ~미소를 짓다 sourire hypocritement; faire un sourire forcé [contraint, affecté]; sourire du bout des lèvres.

◆**_춘향(이)** -春香 명 trava*il*(*aux*) *m* réalisé envers et contre tout. ¶ ~춘향이 노릇을 하다 faire *qc* contre *sa* volonté. ¶ ~춘향이 되다 obéir à *qn* par la [de] force, contre *sa* volonté.

억척 명 attitude *f* ferme et tenace. ◇_(을) **떨다[부리다]** faire tous *ses* efforts pour+*inf*; mettre toute *son* énergie [tout *son* zèle] à *qc*/+*inf*; se donner corps et âme [tout entier] à ((un travail)); se démener pour+*inf*, faire des pieds et des mains pour obtenir *qc*, remuer ciel et terre pour+*inf*, employer tous les moyens pour+*inf*; se donner beaucoup de peine, se donner beaucoup de mal [un mal de chien, un mal fou, un mal du diable, un mal d'enfer {*fam*}], se décarcasser {*fam*}, se casser le cul {*vulg*}, se démancher {*fam*}, se mettre en quatre, se battre, se bagarrer pour obtenir *qc*, monter au créneau; ne pas se laisser faire; se défoncer {*fam*}. ¶ 돈을 벌려고 ~을 떨다 se démener pour gagner de l'argent.

◆**_같이** 부 avec acharnement; sans relâche; avec persévérance; ((travailler)) comme un bœuf, d'arrache-pied. ¶ ~같이 공부하다 étudier [travailler] avec acharnement; persévérer dans l'étude, étudier d'arrache-pied [sans trêve ni repos], bûcher {*fam*} (ferme), piocher {*fam*} (comme un enragé).

◆**_스럽다** 형 être ferme, opiniâtre, tenace; être énergique, acharné(*e*).

◆**_꾸러기** 명 entêté(*e*); personne *f* tenace [opiniâtre], tête de mule [pioche] {*fam*}, cabochard(*e*).

억측 臆測 명 supposition *f* (gratuite); présomption *f* (gratuite); conjecture *f*, hypothèse *f*. ¶ 그것은 근거 없는 ~에 지나지 않는다 Ce n'est qu'une supposition purement gratuite / Ce n'est qu'une simple supposition. ¶ 그 일에 관한 무수한 ~이 난무하고 있다 À propos de cette affaire, les hypothèses non fondées sont légion. ◇_(을) **하다** faire des suppositions gratuites; conjecturer, présumer, supposer, soupçonner, juger par conjecture.

억패듯 부 d'un air menaçant; impitoyablement; sans pitié; durement. ¶ 어진 사람을 ~ 부려먹다 malmener un homme bon [un brave type {*fam*}] sans pitié; exploiter sans pitié un brave type {*fam*}.

언감생심 焉敢生心 명 comment (oser). ¶ 그런 좋은 일은 ~에 바라지도 않는다 Je n'ose te souhaiter une chance pareille. ¶ 어찌 네가 ~에 그런 말을 할 수 있단 말인가? Comment oses-tu dire une chose pareille? ¶ 네가 바라는 것은 ~이다 Comment oses-tu espérer une chose pareille? ¶ ~이지, 제 놈이 어딜 넘봐? Comment oses-tu?

언감히 焉敢- 부 comment oser. ¶ 네가 ~ 그런 무례한 말을 할 수 있느냐 Comment oses-tu parler avec une telle insolence?

언걸 명 ((손해)) dommage *m* (encouru à cause d'autrui); ((고생)) grande souffrance *f* [peine *f*]. ¶ ~ 당하다[입다] subir un grand dommage à cause d'autrui; subir une grande souffrance à cause d'autrui.

언급 言及 명 mention *f*. ¶ 그 사건에 대해 ~을 자제하다[회피하다] éviter de se prononcer [de faire connaître *son* avis] sur cette affaire [à ce sujet, là-dessus]; passer cette affaire sous silence. ◇_(을) **하다** mentionner; en venir à parler de *qc*/*qn*; toucher, traiter ((une question)). ¶ 그는 그 일에 대해선 단 한마디도 ~을 안 했다 Il n'a pas mentionné un seul mot à ce sujet [là-dessus]. ¶ 앞에서 ~한 것처럼 comme je l'ai [nous l'avons] mentionné précédemment; comme nous l'avons dit [mentionné] plus haut. ◇_(이) **되다** être mentionné(*e*).

언니 명 ① 자매 sœur *f* aînée; grande sœur *f*. ¶ 사촌 ~ cousine aînée. ② 손위 ((pour une femme, appellation intime d'une femme plus âgée que *soi*)). ¶ 주인 ~는 나갔다 Ma patronne est sortie.

언더그라운드 영{underground} 명 underground *m*; ((films, bande *f* dessinée)) underground. ¶ ~ 가수 un(*e*) chanteu*r*(*se*) underground.

언더라인 영{underline} 명 soulignement *m*. ¶ 문장에 ~을 긋다 souligner une phrase.

언덕 명 ① colline *f*, coteau(*x*) *m*; hauteur *f*, tertre *m*, éminence *f*, butte *f*. ② 경사진 곳 pente *f*, côte *f*, montée *f*.

◆**_길** 명 (route *f* en) pente *f*, côte *f*, montée *f*;

chemin *m* en pente raide, raidillon *m*.

◆_**바지** 명 sommet *m* d'une colline; butte *f*, monticule *m*, tertre *m*, motte *f*, dune *f*, talus *m*.

◆_**배기** 명 sommet *m* d'une colline; butte *f*, monticule *m*, tertre *m*, motte *f*, dune *f*, talus *m*.

언도 言渡 명 【법률】 prononciation *f* ((d'une sentence)); sentence *f*. ¶ 사형 ~ condamnation à mort; sentence de mort. ◇_(를) **하다** prononcer ((une sentence, un arrêt)), prononcer [rendre] ((un jugement, une sentence)); condamner *qn* ((à une peine, à payer une amende)). ¶ 피고에게 무죄를 ~하다 acquitter le prévenu; déclarer le prévenu innocent. ◇_(를) **받다** être condamné à *qc*. ¶ 피고인은 3년 징역형을 ~받았다 L'accusé est condamné à trois ans de prison [à une peine de trois ans (de prison)].

언동 言動 명 paroles *fpl* et actes *mpl*; conduite *f*. ¶ 어른 앞에서 ~을 삼가다 être prudent(*e*) dans *ses* actes et *ses* paroles en présence d'un supérieur. ¶ 그 사람의 ~에는 무게가 실려 있다 On peut se fier à ses actes et paroles / Sa conduite est digne de confiance [est pleine de dignité] / Sa conduite est calme et réfléchie / On peut (toujours) lui faire confiance.

언뜻 부 d'une manière fugitive, à peine, presque pas, très peu, tout juste, vaguement, faiblement; un instant; un moment; une seconde; en un clin d'œil. ¶ ~ 그 사람의 모습이 보였다 On l'a [Je l'ai] juste [seulement] entrevu / On l'a (juste) entraperçu. ¶ 좋은 생각이 ~ 떠올랐다 Soudain, j'ai eu une bonne idée / Soudain une bonne idée m'a effleuré [m'est venue à, m'a traversé] l'esprit.

◆_ _ 부 à de vagues intervalles réguliers, de temps en temps vaguement. ¶ 창밖으로 ~~ 그 여자의 모습이 비쳤다 Par la fenêtre, on voyait de temps en temps passer sa silhouette. ¶ ~~ 옛 추억이 떠올랐다 De temps à autre, des souvenirs du passé me revenaient vaguement à l'esprit [à la mémoire].

언로 言路 명 canal *m* par lequel s'exprime l'opinion publique. ¶ 독재 정권은 국민의 ~를 막았다 Le gouvernement autoritaire a bâillonné l'opinion publique. ¶ 이제 정부 각 부처 사이에 ~가 트였다 Maintenant, la voie est ouverte au dialogue entre chaque ministère du gouvernement.

언론 言論 명 presse *f*. ¶ 공정한 ~ la presse impartiale. ¶ 선정적인 ~ une presse provocante. ¶ ~기관 organe de l'opinion publique. ¶ ~ 매체 masse média. ¶ ~중재 arbitrage de la presse. ¶ ~ 통제 contrôle de la presse, censure. ¶ ~(의) 자유 la liberté d'expression. ¶ 그 남자는 ~에서 일한다 Il travaille dans la presse.

◆_**계** -界 명 (monde *m* de la) presse *f*.

◆_**사** -社 명 société *f* éditrice d'un journal, société *f* de presse, médias *mpl*.

◆_**인** -人 명 journaliste *mf*.

언명 言明 명 déclaration *f*, affirmation *f*. ¶ 환율 동이 없을 거라는 재무장관의 ~이 있었다 Le ministre des Finances a déclaré que la modification du taux de change n'aurait pas lieu. ◇_(을) **하다** déclarer, affirmer. ¶ 대통령이 ~한 바에 따르면 selon la déclaration du président. ◇_(이) **되다** être déclaré(*e*), être affirmé(*e*).

언문[1] **諺文** 명 *eonmun* <ancienne appellation familière du *hangeul*, alphabet coréen; appellation familière du *hangeul* [du *Hunminjeongeum*]>. ¶ 한글을 예전에는 ~이라고 했다 À l'origine, l'alphabet coréen s'appelait *eonmun*.

언문[2] **言文** 명 langue *f* parlée et langue *f* écrite. ¶ ~ 일치 accord entre la langue parlée et la langue écrite.

언변 言辯 명 facilité *f* d'expression [de parole]; manière *f* de parler [de s'exprimer]; expression *f*, parler *m*, élocution *f*. ¶ 그 사람은 ~이 좋다[있다, 뛰어나다] Il parle [s'exprime] avec facilité [aisance] / Il a la parole facile / Il a une élocution aisée / Il a le don de la parole / Il est éloquent / Il a de l'éloquence / Il a une grande facilité d'élocution / Il est disert {*litt*} / Il a de la tchatche {*fam*} / C'est un brillant causeur [un bon orateur, un orateur éloquent, un orateur disert {*litt*}]. ¶ 그 사람은 ~이 없다[나쁘다, 별로다] Il n'a pas la parole facile / Il s'exprime avec difficulté / Il s'exprime mal / Il est peu éloquent.

언사 言辭 명 langage *m*, paroles *fpl*, propos *mpl*. ¶ 외교적 ~를 쓰다 tenir des propos très polis; employer un langage de diplomate. ¶ 불손한 ~를 쓰다 tenir des propos subversifs. ¶ ~가 지나치다 aller trop loin dans *ses* paroles.

언성 言聲 명 voix *f*, ton *m*; accent *m*. ¶ ~을 낮추다[높이다] baisser le ton [la voix] [hausser le ton, hurler, vociférer]. ¶ 그 사람은 나를 보자 ~부터 높였다 Il a crié [hurlé] dès qu'il m'a vu(*e*).

언술 言述 명 【언어】 technique *f* [art *m*] oratoire. ¶ ~ 행위 이론 théorie de l'art oratoire. ☞ 언표

언약 言約 명 promesse *f* verbale, engagement *m* oral. ¶ ~을 지키다 tenir *sa* parole [*sa* promesse]; honorer *son* engagement; tenir [remplir, faire honneur à] *ses* engagements. ¶ ~을 저버리다[어기다] ne pas tenir *sa* parole [manquer à *sa* promesse, manquer à *ses* engagements]. ¶ 그 사람들은 부부의 ~을 맺었다 Ils se sont mariés [fiancés]. ◇_(을) **하다** faire une promesse; promettre de faire *qc*; s'engager à faire *qc*; faire vœu de faire *qc*. ¶ 그 두 사람은 결혼하기로 ~을 했다 Ces deux personnes se sont engagées à se marier. / Ces deux personnes ont fait vœu de mariage. / ◇_(을) **받다[받아내다]** se faire promettre *qc*. ¶ 나는 그로부터 한 달 내 빚 상환을 ~ 받았다 Il m'a promis de me rembourser ses dettes d'ici un mois.

◆_**식** -式 명 (cérémonie *f* de) fiançailles *fpl*.

언어 言語 명 langue *f*; langage *m*; parole *f*.

◆_**적** -的 명관 ((expression)) langagi*er*(*ère*), du

langage; linguistique; ((expression)) verbale.
◆_기호 -記號 명 【언어】 signe *m* linguistique.
◆_능력 -能力 명 【언어】 compétence *f* linguistique.
◆_단위 -單位 명 【언어】 unité *f* linguistique.
◆_분류 -分類 명 【언어】 classification *f* [typologie *f*] des langues; typologie *f* linguistique.
◆_분석 -分析 명 【언어】 analyse *f* linguistique.
◆_수행 -修行 명 actes *mpl* de parole; performance *f* linguistique.
◆_사 -史 명 histoire *f* des langues.
◆_사회 -社會 명 【언어】 société *f* linguistique.
◆_사회학 -社會學 명 【언어】 sociolinguistique *f*.
◆_연대학 -年代學 명 【언어】 science *f* de la solidarité linguistique.
◆_유형론 -類型論 명 【언어】 typologie *f* linguistique.
◆_장애 -障碍 명 troubles *mpl* du langage; aphasie *f*, surdité *f* verbale; dyslexie *f*, cécité *f* verbale.
◆_정책 -政策 명 【언어】 politique *f* linguistique.
◆_조사 -調査 명 【언어】 enquête *f* linguistique.
◆_지도 -地圖 명 【언어】 carte *f* des langues.
◆_지리학 -地理學 명 【언어】 géographie *f* linguistique.
◆_학 -學 명 【언어】 linguistique *f*, sciences *fpl* du langage, philologie *f*.
◆_학과 -學科 명 département *m* [UFR *m*] de linguistique [des sciences *fpl* du langage].
◆_학자 -學者 명 linguiste *mf*.
◆자연_ 自然- 명 langage *m* naturel.
◆인공_ 人工- 명 langage *m* artificiel.

언어도단 言語道斷 명 ((어처구니없는)) absurde, ((용납할 수 없는)) impardonnable, monstrueux(*se*), scandaleux(*se*), abominable. ¶ 자식이 부모를 업신여기다니 ~이다 Qu'un enfant ne respecte pas ses parents, c'est scandaleux! / Qu'un enfant méprise ses parents, c'est affreux! ¶ ~도 유분수지, 어떻게 그런 말을 할 수가 있나? C'est déjà assez scandaleux comme ça, alors comment peut-on aller jusqu'à dire des choses pareilles?

언언사사 言言事事 명 les paroles *fpl* et les faits *mpl*. ¶ 남의 ~에 간섭하다 intervenir dans les faits et paroles d'autrui; se mêler des affaires des autres.

언재 言才 명 don *m* de la parole; éloquence *f*. ¶ 그 사람은 ~를 타고났다 Il est doué pour parler / Il a le don de la parole / Chez lui, l'éloquence est innée. ☞ 언변

언쟁 言爭 명 discussion *f*, dispute *f*, altercation *f*, démêlé *m*; controverse *f*, prise *f* de bec, empoignade *f*, explication *f*, chamaillerie *f*, chamaille *f* {*fam*}; engueulade *f* {*fam*}; coup *m* de torchon; accrochage *m* {*fam*}, bisbille *f* {*fam*}, zizanie *f* {*fam*}. ¶ 누구와 ~을 벌이다 se disputer avec *qn*; avoir une altercation [une discussion, des mots] avec *qn*; avoir une engueulade avec *qn* {*fam*}. ¶ ~에 휘말리다 être mêlé(*e*) à une dispute [à une altercation]. ¶ ~이 벌어지다 avoir une discussion [une altercation, une empoignade] avec *qn*. ◇_(을) 하다 se disputer avec *qn*; avoir une altercation [une discussion, des mots] avec *qn*; avoir une engueulade avec *qn* {*fam*}; avoir une empoignade avec *qn*; se frit(t)er avec *qn* {*fam*}. ¶ 그 사람들은 사소한 일로 심한 ~을 했다 Il ont eu une sévère altercation pour des raisons futiles.

언저리 명 bord *m* ((d'une rivière, d'un verre)); bordure *f* ((d'un chapeau)); lisière *f* ((d'une forêt)): bout *m* ((d'un bois)); extrémité *f* ((de la ville)); ((주변)) voisinage *m*, proximité *f*, parages *mpl*, alentours *mpl*, environs *mpl*; abord *m*; tour *m* ((des yeux)); pourtour *m*; contour *m* ((d'une place)); périphérie *f* ((de Paris)). ¶ 강 ~를 거닐다 se promener le long d'une rivière, se balader au bord d'une rivière. ¶ 그 사람은 늘 ~만 맴돈다 Il tourne toujours autour du pot. ¶ 눈 ~에 멍이 들었다 avoir une ecchymose à l'œil; avoir un œil au beurre noir {*fam*}. ¶ 입 ~에 미소를 띠다 avoir le sourire aux lèvres [sur les lèvres, aux coins des lèvres].

언제 부 ① 어느 때에 quand, à quel moment. ¶ 그 사람이 ~ 떠났니? Quand est-il parti? ② 일간에 un jour; un de ces jours; un de ces quatre {*fam*}; prochainement. ¶ ~ 한번 만납시다 Il faudra qu'on se voie un de ces quatre {*fam*} [un de ces jours] / Revoyons-nous un de ces jours. ③ 늘 toujours, n'importe quand. ¶ 바다는 ~ 보아도 좋다 J'aime la mer n'importe quand / Que c'est bien de voir la mer quelque soit le moment.
◆_까지 부 jusqu'à quand. ¶ ~까지 서울에 머무실 생각입니까? Jusqu'à quand pensez-vous rester à Séoul?
◆_고 부 tôt ou tard; un jour ou l'autre; quand vous voudrez [voulez]; au moment qui vous conviendra; le jour où ça vous arrange; n'importe quand. ¶ ~고 필요하면 찾아오세요 N'hésitez pas à venir me voir quand vous voudrez (si vous en avez besoin) / Venez me voir un jour [quand vous en avez envie, quand vous voudrez, n'importe quand] (si vous en avez [si vous en éprouvez le] besoin).
◆_나 부 toujours; constamment; sans cesse; invariablement; ordinairement; habituellement.
◆_든지 부 à n'importe quel moment; n'importe quand; toujours; constamment; invariablement; quand vous voudrez.
◆_부터 부 depuis quand; depuis combien de temps; à partir de quand; à partir de quelle heure.

언젠 ((forme contractée de 언제는)) quel moment, quand (thème ou sujet d'une proposition ou d'une phrase)

언젠가 부 ① 미래 tôt ou tard; un jour ou l'autre; un jour; un de ces jours [de ces quatre {*fam*}]; un autre jour; une autre fois. ¶ 당신은 ~ 후회할 것이다 Vous vous en repentirez tôt ou tard [un jour ou l'autre] / (Un jour ou l'autre,) Vous finirez par le regretter. ¶ 이 문제는 ~ 해결될 것이다 Le temps résoudra ce problème / Un jour, ce problème devrait être résolu. ② 과거 l'autre jour. ¶ 이곳은 ~ 한번 와 본 적이 있다 Je suis déjà venu(*e*) (une fois) ici l'autre jour.

언죽번죽 부 impudemment; effrontément; audacieusement, hardiment; avec aplomb. ¶ 그 처녀는 부끄러움 없이 ~ 말을 내뱉었다 La jeune fille a dit ça avec un tel aplomb.

◆**_하다** 형 être impudent(*e*); être effronté(*e*), éhonté(*e*); avoir de l'aplomb; avoir du culot {*fam*}[du toupet {*fam*}]; ne pas manquer d'air.

언중 言衆 명 masse *f* populaire, société *f*, population *f*. ¶ ~이 신조어를 받아들인다 La masse populaire [La société, La population] accepte [admet] les néologismes.

언중유골 言中有骨 명 sous-entendu(*s*) *mpl* dans les propos de *qn*; anguille *f* sous roche. ¶ 그 사람의 말은 언제나 ~이다 Il y a toujours quelque sous-entendu dans ce qu'il dit.

언중유언 言中有言 명 sous-entendu *m*.

언질 言質 명 ① parole *f*, promesse *f*, engagement *m*. ② un argument des autres dont on se sert. ¶ 그 사람의 ~에 따라 나는 생각을 바꿨다 J'ai changé d'opinion après l'avoir écouté. ◇**_(을) 하다[주다]** donner [engager] *sa* parole; s'engager formellement; promettre, faire une promesse; s'engager à *qc*/*inf*, prendre l'engagement de+*inf*. ¶ 그 사람은 참석하겠다는 ~을 내게 주었다 Il m'a promis qu'il serait des nôtres. ◇**_(을) 받다** avoir la parole de *qn*. ¶ 친구로부터 도와주겠다는 ~을 받았다 Mon ami m'a promis qu'il m'aiderait. ¶ 그 문제에 관해서는 확실한[분명한] ~을 드릴 수 없다 Je ne peux rien vous promettre (de sûr) quant à cette question [à propos de ce problème]. ◇**_이 있다[없다]** s'engager à *qc* [ne s'engager à rien; se tenir sur *sa* réserve; rester sur *sa* réserve]. ¶ 아직까지 대통령으로부터 그 조치와 관련된 어떤 ~도 없다 Jusqu'à présent, le président de la République ne s'est engagé à rien [demeure sur *sa* réserve, se tient sur *sa* réserve] quant à cette mesure [sur cette mesure].

언짢다 형 être de mauvaise humeur [de mauvais poil {*fam*}]; être mécontent(*e*); ((nouvelle, augure)) être mauvais(*e*); ((pressentiment)) être funeste; être néfaste; ((conditions)) être défavorable. ¶ 기분이 ~ trouver désagréable la situation dans laquelle on est, prendre mal *qc*, prendre *qc* en mauvaise part, trouver mauvais que+*subj*, la trouver saumâtre [mauvaise] {*fam*}, l'avoir mauvaise {*fam*}; se sentir [se trouver] mal à l'aise; être indisposé(*e*); ne pas être dans *son* assiette; être de mauvaise humeur [de mauvais poil {*fam*}]; se froisser; ne pas être en train. ¶ 너무 언짢아하지 마십시오 Ne m'en veuillez pas!/ Ne vous froissez pas trop. ¶ 내 말을 언짢게 듣지 마라 Ne prends pas mal ce que je t'ai dit (et réfléchis bien)! / Ne le prends pas mal! / Ne m'en veux pas pour ce que je dis. ¶ 언짢은 얼굴[표정] une grimace, un air maussade [une mine triste, un air mécontent]. ¶ 언짢은 일 une mauvaise nouvelle; un événement malheureux; un malheur.

언책 言責 명 reproche *m*, blâme *m*, semonce *f*, réprimande *f*, remontrance *f*. ¶ 상관에게[으로부터] 심한 ~을 듣다[받다] se faire sermonner [se faire critiquer, se faire remonter les bretelles] durement [sévèrement] par *ses* supérieurs.

언청이 명 bec-de-lièvre *m*.

언치 명 tapis *m* de selle. ¶ 소의 등에 ~를 덮다[놓다] couvrir un bœuf d'un tapis de selle [mettre un tapis de selle sur le dos d'une vache.

언턱 명 saillie *f*; éperon *m*, avancée *f*, bosse *f*, bosselure *f*; éminence *f* protubérance *f*; gradin *m*. ¶ 새로 사온 물건에 ~이 져 있다 Il y a une bosselure sur un objet qu'on vient d'acheter.

언표 言表 명 【언어】 énoncé *m*.

◆**_행위** 명 énonciation *f*. ¶ ~ 상황 situation d'énonciation.

◆**_내적 행위** -內的 行爲 명 【언어】 acte *m* illocutoire.

◆**_내적 효력** -內的 效力 명 【언어】 force *f* illocutoire.

◆**_적 행위** -的 行爲 명 【언어】 acte *m* locutoire.

언필칭 言必稱 부 comme un refrain; ((répéter)) sans cesse [sans arrêt]. ¶ ~ 지도자라는 사람이 그럴 수 있나? Comment quelqu'un qui s'est toujours dit un leader [un dirigeant] peut-il faire des choses pareilles?

언해 諺解 명 ((번역하는 일)) traduction *f* du chinois classique en coréen; ((번역된 것)) livre *m* traduit en coréen ((du chinois classique)). ¶ 불경 ~ des traductions en coréen d'écritures bouddhiques. ¶ 두시 ~ des traductions coréennes de poèmes de *Dufu* 杜甫 ((abréviation de 分類杜工部詩諺解)). ◇**_(를) 하다** traduire en coréen du chinois classique. ◇**_(가) 되다** être traduit(*e*) en coréen du chinois classique.

◆**_문[본]** -文本 명 traduction *f* du chinois classique en coréen.

언행 言行 명 parole *f* et action *f*; conduite *f*. ¶ ~ 일치 la conformité entre les paroles et les actes. ¶ ~을 삼가다[조심하다] faire attention à *ses* actes et paroles [à *ses* faits et gestes]. ¶ ~을 일치시키다 conformer *ses* actes à *ses* paroles; faire ce que l'on dit. ¶ 그 사람의 ~은 사람들에게 호감을 준다 On s'intéresse à ses actes et à ses paroles / Ses actes et ses paroles nous donnent un bonne impression.

◆**_록** -錄 명 mémoires *mpl* (de la vie de *qn*).

얹다 타 ① 놓다 mettre [poser] *qc* sur *qc*. ¶ 탁자 위에 화병을 ~ mettre [poser] un vase sur une table. ¶ 선반 위에 물건을 ~ mettre un objet sur une étagère. ¶ 지붕에 기와를 ~ couvrir un toit de tuiles. ¶ 그 여자는 쟁반 위에 찻잔을 두 개 얹어서 가져왔다 Elle

ㅇ

a apporté deux tasses de thé sur un plateau. ¶ 그 사람은 친구의 어깨에 손을 얹었다 Il a posé la main sur l'épaule de son ami. ② 더하다 ajouter *qc* à *qc*. ¶ 그 사람은 팁을 얹어서 술값으로 10만원을 지불했다 Il a payé cent mille wons, l'alcool et le service compris.

얹히다 재 ① 놓이다 être mis(*e*) [posé(*e*)] sur *qc*. ¶ 바구니가 시렁 위에 얹혀 있다 Le panier est posé sur l'étagère. ¶ 짐이 장롱 위에 얹혀 있다 Les bagages sont posés sur l'armoire. ② 체하다 avoir une indigestion *f*. ¶ 나는 먹은 것이 얹혔다 Mon repas m'est resté sur l'estomac. ¶ 너무 급하게 먹으면 얹히는 수가 있다 Si on mange trop vite, on peut faire une indigestion.

얻다 타 ① 획득하다 obtenir, avoir. ¶ 돈을 ~ recevoir de l'argent, obtenir de l'argent. ¶ 자리[직업]를 ~ obtenir un poste [trouver un travail]. ¶ 부[부귀영화]를~ devenir riche [devenir riche et célèbre]. ¶ 명예[명성]를~ se faire connaître; se faire un nom; acquérir un nom [la célébrité]. ¶ 동정을 ~ conquérir la sympathie (de *qn*). ¶ 마음[우정]을 ~ gagner [conquérir] le cœur (de *qn*). ¶ 신용을 ~ obtenir [gagner] la confiance (de *qn*). ¶ 크게 성과를 ~ obtenir d'excellents résultats; avoir [donner] de bons résultats; aboutir à un bon résultat. ¶ 중요한 증거를 ~ découvrir une preuve importante. ¶ 사흘간의 휴가를 ~ prendre [obtenir, avoir] trois jours de congé. ¶ 지식을 ~ acquérir [amasser] des connaissances; s'instruire. ¶ 권리를 ~ acquérir un droit. ¶ 무엇에서 교훈을 ~ tirer une leçon [une morale] de *qc*. ¶ 누구에게 도움을 ~ recevoir l'aide de *qn*; se faire aider. ¶ 허락[승낙]을 ~ obtenir la permission de+*inf*; obtenir le consentement [l'assentiment *m*] (de *qn* pour *qc*); obtenir l'agrément (de *qn*). ¶ 나는 친구에게서 중고차를 얻었다 J'ai reçu [obtenu] la voiture d'occasion de mon ami. ¶ 나는 어머니에게 용돈으로 겨우 천 원을 얻었다 J'ai reçu à peine mille wons d'argent de poche de ma mère / Ma mère m'a seulement donné mille wons d'argent de poche. ¶ 이 자료는 내가 우연히 얻은 것이다 Ces documents me sont tombés par hasard entre les mains [sous la main]. ¶ 나는 이 책을 읽고 크게 얻은 바가 있었다 J'ai beaucoup appris de ce livre. ¶ 열심히 공부했지만 그 수업에서 얻은 바가 전혀 없다 J'ai beaucoup étudié mais je n'ai rien tiré de ce cours. ¶ 투표에서 과반수[3분의 2]를 얻어 회장으로 당선되다 être élu(*e*) comme président(*e*) [aux présidentielles] à la majorité [aux deux tiers] des voix. ② 사람을 얻다 prendre ((femme)); se faire ((un ami)). ¶ 아내를 ~ prendre femme; se marier. ¶ 첩을 ~ prendre une concubine [une maîtresse]. ¶ 친구[자식]를 ~ se faire un ami [avoir un enfant]. ③ 병에 걸리다 être atteint(*e*) de (une maladie); contracter (une maladie). ¶ 그 사람은 과로로 병을 얻어 자리에 누웠다 Il s'est alité parce qu'il est tombé malade à cause d'un surmenage.

얻어걸리다 재 【속어】 tomber, arriver. ¶ 우연한 기회에 번역 일이 얻어걸렸다 J'ai été amené(*e*), je ne sais pourquoi [comment], à faire un travail de traduction.

얻어듣다 타 entendre dire *qc*; apprendre *qc* par (hasard); avoir vent de *qc*. ¶ 나는 이 이야기를 할머니로부터 얻어들었다 J'ai appris cette histoire par ma grand-mère. ¶ 얻어들은 사실[지식] une chose apprise ((au cours d'une conversation)). ¶ 내가 얻어들은 바로는 그 사람의 말은 사실이다 D'après ce que j'ai entendu dire, il dit la vérité. ¶ 이 노래는 내가 얻어들은 적이 있다 Je connais cette chanson pour l'avoir entendue. ¶ 얻어들은 바로는 ...이다 on dit que+*ind*; on m'a appris que+*ind*; j'ai entendu dire que+*ind*.

***얻어들은 풍월** par ouï-dire. ¶ 그 사람은 얻어들은 풍월이 많은 사람이다 Il est au courant de beaucoup de choses.

얻어맞다 타 être battu(*e*) [frappé(*e*)] par *qn*, recevoir des coups (de poing) de *qn*; être frappé(*e*) par un objet. ¶ 볼기를 ~ recevoir une fessée; être fessé(*e*). ¶ 주먹으로 턱을 ~ recevoir un coup de poing au menton. ¶ 뺨[뺨따귀, 따귀]을 ~ recevoir une gifle. ¶ 그 사람은 어머니께 회초리로 종아리를 얻어맞았다 Il a reçu des coups de baguette [de trique] sur les mollets par sa maman. ¶ 그 사람은 선생님께 몽둥이로 엉덩이를 얻어맞았다 Il a reçu des coups de bâton aux fesses [au derrière] par son maître. ¶ 그 사람은 돌에 머리를 얻어맞았다 Il a reçu une pierre à la tête. ¶ 야구방망이로 누구에게 ~ être frappé(*e*) par une batte de baseball. ¶ 호되게 ~ être rossé(*e*); recevoir une rossée; être roué(*e*) de coups; être passé(*e*) à tabac {*pop*}; être tabassé(*e*) {*pop*}. ¶ 느닷없이 ~ recevoir un coup imprévu.

얻어먹다 타 ① 공으로[공짜로] 먹다 se faire payer ((un dîner)), se faire inviter ((à dîner)). ¶ 한턱 ~ se faire payer une tournée {*fam*} [un verre, un coup]. ¶ 요즘 나는 그에게 자주 밥을 얻어먹는다 Il m'a souvent invité(*e*) à manger ces jours-ci. ¶ 오늘 점심은 그에게 얻어먹었다 Aujourd'hui, il m'a invité(*e*) au déjeuner. ¶ 나는 어제 저녁 그 사람으로부터 술 한 잔을 얻어먹었다 Je me suis fait payer un verre par lui hier soir / Il m'a payé un verre hier soir / Il m'a invité(*e*) à boire un verre hier soir. ¶ 얻어먹는 신세가 되다 être réduit(*e*) à la mendicité [à mendier]. ¶ 얻어먹는 것 좋아하다 큰코 다친다 Si on ne pense qu'à se faire inviter, cela pourrait nous occasionner des ennuis. ② 빌어먹다 mendier; demander la charité [l'aumône]; solliciter une aumône; tendre la main dans les rues. ¶ 얻어먹는 신세가 처량하기 짝이 없다 Sa mendicité est vraiment déplorable.

***욕을** ~ ☞ 욕[1]

얻어터지다 재 【속어】 être battu(*e*) [roué(*e*)] de

ㅇ

coups, être battu(*e*) violemment, être rossé(*e*), se faire battre, se faire rouer de coups. ☞ 얻어맞다

얼[1] 명 défaut *m*, imperfection *f*, tâche *f*. ¶ ~이 있는 물건 un objet ayant un défaut [une malfaçon]. ¶ 도자기에 ~이 갔다 Il a y un défaut sur la céramique.

얼[2] 명 esprit *m*; âme *f*. ¶ 한국의 ~ l'âme coréenne; l'esprit coréen. ¶ 어머니는 자식의 주검 앞에서 ~이 빠졌다 La mère a perdu la tête en voyant le cadavre [le corps] de son enfant / La mère a perdu ses esprits devant le cadavre de son enfant.

얼-[3] 접두 ((préfixe nominal)) pas encore mûr(*e*), inexpérimenté(*e*), sot(*te*), idiot(*e*). ¶ ~치기 ☞ 얼치기 ¶ ~뜨다 ☞ 얼뜨다 ¶ ~비치다 apparaître vaguement.

얼간 명 légère salaison *f* ((du poisson, des viandes)). ¶ ~ 고등어 [자반] un maquereau légèrement salé. ◇_(을) **하다** saler légèrement *qc* pour le conserver. ◆_**구이** 명 poisson *m* grillé légèrement salé.

얼간이 명 imbécile *mf*, idiot(*e*), sot(*te*), lourdaud(*e*), crétin(*e*) (des Alpes); nigaud(*e*), bêta(*sse*) {*fam*}. ¶ ~처럼 서 있지만 말고 좋은 묘안을 내라 Ne reste pas là comme ça à ne rien faire, propose quelque chose d'intelligent / Ne reste pas là comme un(*e*) idiot(*e*), tâche de proposer une bonne idée. ¶ 그런 바보 같은 짓을 하다니, 이런 ~ 같으니라고 Il faut vraiment être stupide pour faire de telles âneries.

얼갈이 명 ① 겨울에 논밭을 대강 갈아엎는 일 hivernage *m*. ¶ ~로 삽질해 놓은 밭 un champ labouré pour les semences en hiver. ② 채소를 겨울에 심는 일, 또는 그 채소 culture *f* de légumes en hiver; légume *m* cultivé en hiver. ¶ ~ 배추로 김치를 담다 faire du *gimchi* avec des choux chinois cultivés en hiver. ◇_(를) **하다** cultiver des légumes en hiver.

얼개 명 composition *f*, arrangement *m* de *qc*; structure *f* ((d'une société)); mécanisme *m*; conformation *f* ((du squelette)); organisation *f* ((économique de la société)); structure *f* ((d'un roman)). ¶ 기계의 ~ le mécanisme d'une machine. ¶ 소설의 ~ la structure d'un roman.

얼결에 부 dans un moment de confusion, dans l'embarras, dans la perplexité, dans la confusion du moment, sous l'impulsion du moment, dans la précipitation, sur le coup, sans réfléchir. ¶ 나는 ~ 승낙하고 말았다 Dans la confusion du moment, j'ai fini par accepter sa proposition. ¶ 그 사람은 놀라서 ~ 벌떡 일어났다 Surpris, il s'est levé brutalement [d'un seul coup]. ¶ 나는 ~ 그 사람의 비밀을 누설하고 말았다 J'ai fini par dévoiler [par divulguer] son secret sous l'impulsion du moment. ¶ 그는 입장이 난처해지자 ~ 내 제안을 받아들였다 Sa position devenant délicate, il accepta ma proposition dans la précipitation / Comme sa situation devenait délicate, il accepta ma proposition dans la confusion du moment. ☞ 얼떨결에

얼굴 명 ① 안면 visage *m*. ¶ 창백한 ~ un visage pâle [blême, livide, blafard]. ¶ 그 사람 ~ 정도는 안다 Je le connais de vue seulement. ¶ 그 사람은 ~에 병색이 짙다 Il a l'air malade [souffrant, maladif, souffreteux]. ¶ 그 남자는 ~이 창백하다 Il a le visage pâle [livide, blafard, blême] / Il a le teint blême. ② 표정 expression *f*, air *m*, mine *f*. ¶ 침울한[밝은] ~을 하다 avoir un air maussade, avoir une mine d'enterrement, faire une mine de dix pieds de long [avoir un visage radieux; avoir le sourire]. ¶ 어둡던 그 사람의 ~이 내 말에 활짝 펴졌다 À mes propos, il a retrouvé le sourire [il s'est déridé, son visage s'est détendu, son visage s'est épanoui]. ③ 모습 apparition *f*. ¶ 방송에 ~을 내비치다 faire une apparition à la télévision. ¶ ~ 한번 보자 Tâchons de nous voir une fois. ④ 체면 face *f*, honneur *f*, dignité *f*. ¶ 내가 무슨 ~로 그 사람을 만나겠니? Comment vais-je oser le regarder en face? / Comment est-ce que je peux le voir avec cette tête-là {*fam*}? ⑤ 사람 personne *f*. ¶ 모르는 ~이 많다 Il y a beaucoup de gens [personnes] que je ne connais pas.

*~**을 깎다** déshonorer, porter atteinte à l'honneur de *qn*, entacher l'honneur de *qn*.

*~**을 내밀다** se montrer.

*~**을 들 수 없다**[**못 들다**, **들기 어렵다**] ne plus pouvoir se montrer en public.

*~**에 먹칠**[**똥칠**](**을**) **하다** ☞ **칠**[2]

*~**을 익히다** se familiariser avec *qn*.

*~**에 쓰여 있다** être écrit sur *son* front [sur *son* visage]; c'est évident.

*~**에 철판을 깔다** ☞ **철판**

*~**이 간지럽다** être [se sentir] gêné(*e*) [embarrassé(*e*)].

*~**이 두껍다** avoir du culot [toupet]; être culotté(*e*) {*fam*}; être éhonté(*e*), effronté(*e*), impudent(*e*); ne pas manquer d'air [de toupet, d'aplomb].

*~**이 팔리다** être bien connu(*e*).

*~**이 피다** avoir une bonne mine, avoir l'air en forme.

*~**이 홍당무가 되다** ☞ **홍당무**

◆_**값** 명 comportement en conformité avec *son* apparence. ¶ 그 여자는 ~값을 한다 Elle se comporte en conformité avec son apparence / Elle est d'autant plus immorale qu'elle a l'air séduisante.

◆_**빛** 명 teint *m*; couleur *f* du visage; mine *f*. ¶ ~빛이 변하다 changer de couleur; perdre *ses* couleurs, pâlir, blanchir, blêmir, devenir pâle [blême, blafard(*e*), livide]. ¶ ~빛이 붉으락푸르락하다 rougir.

◆_**색** -色 명 couleur *f* (du visage); teint *m*, mine *f*. ¶ 갑자기 ~색이 변하다 changer soudainement de couleur; pâlir [blêmir, devenir pâle] soudainement.

얼근하다 형 ① ((맛)) être épicé(*e*), pimenté(*e*), piquant(*e*), fort(*e*). ¶ 얼근하게 양념하다 épicer ((un plat)) fortement. ② ((취기)) être un peu gris(*e*) [gai(*e*), pompette], éméché(*e*); être entre deux vins;

avoir le vin gai. ¶ 그 남자는 술이 얼근하게 오른 모양이다 Il a l'air un peu pompette.

◆**얼근히** 부 de manière épicé(*e*) [pimentée]; d'un air pompette. ¶ 얼근히 끓인 해장국 un *haejangguk* chauffé avec des épices, une soupe de tripes épicée. ¶ 아버지는 술이 얼근히 오르셨다 Papa est un peu ivre [gris, pompette {*fam*}] / Mon père a le vin gai.

얼기설기 부 d'une manière inextricable; de façon désordonnée. ¶ 판자를 ~ 엮어 만든 집 une baraque en planche fabriquée n'importe comment. ¶ 나와 그 사람과의 관계는 ~ 얽혀 있다 Nos relations sont très complexes.

◆**_하다** 형 être enchevêtré(*e*), emmêlé(*e*), embrouillé(*e*). ¶ 잡목들이 ~하게 자라 있어 그 사이로 지나기가 힘들다 Les arbustes sont si mal plantés qu'il est difficile de passer. ¶ 장작을 워낙 ~하게 쌓아놓아서 꺼내기가 어렵다 Le bois est si mal rangé [entassé] qu'il est difficile de le retirer.

얼김에 부 par hasard, sans y penser, sans le vouloir, inconsciemment, à *son* insu; dans la précipitation; sous l'impulsion du moment, par la force des choses, par contrecoup. ¶ ~ 실수하다 commettre une faute [une bévue] par inadvertance [par inattention]. ¶ 그 사람은 넘어지면서 ~ 앞 사람과 부딪혔다 En tombant, il s'est cogné, sans le vouloir, à la personne de devant.

얼다 자 ① 물체가 딱딱해지다 geler, se glacer; s'engourdir de froid; être transi(*e*) de froid. ¶ 얼음이 ~ se geler [se glacer]. ¶ 추워서 땅[강]이 얼었다 Le sol [La rivière] a gelé de froid. ¶ 기온이 급강하해서 호수가 꽁꽁 얼었다 Suite à une chute brutale de la température, le lac est complètement gelé. ② 몸이 얼다 mourir de froid, avoir très froid, s'engourdir, être gelé(*e*); cailler {*fam*}, peler {*fam*} (de froid), se les geler {*fam*}. ¶ 교실이 추워서 학생들은 몸이 꽁꽁 얼었다 Les élèves meurent de froid tellement la salle de classe est peu chauffée. ¶ 얼어 죽다 mourir de froid. ¶ 언 손[발] les mains [les pieds] engourdi(*e*)s par le froid. ③ 긴장하다, 기가 죽다 être réduit(*e*) au silence; être tendu(*e*). ¶ 면접시험에서 그 사람은 얼어서 말을 잘하지 못했다 Il était tellement tendu pendant l'entrevue qu'il n'a pu pas bien s'exprimer.

***언 발에 오줌 누기** Le gain du pauvre, ce n'est qu'un peu de rosée au soleil.

얼떨결에 부 dans un moment de confusion, dans l'embarras, dans la perplexité, dans la confusion du moment, sous l'impulsion du moment, dans la précipitation, sur le coup, sans réfléchir. ¶ ~ 대답하다 répondre dans la confusion du moment. ¶ ~ 승낙하다 accepter *qc* sur le coup [sans réfléchir]. ¶ ~ 그 제안을 받아들였다 J'ai accepté cette proposition dans la confusion du moment [sans réfléchir, sur le coup]. ¶ 내가 다그치자 그는 ~ "네." 라고 대답했다 Je l'ai tellement harcelé de questions [Je l'ai tellement poussé à répondre] qu'il a répondu «oui» dans la confusion du moment.

얼떨떨하다 형 perdre contenance; être confus(*e*), bouleversé(*e*), déconcerté(*e*); être très embarrassé(*e*); être gêné(*e*), troublé(*e*); ne plus savoir que faire; être dans une grande perplexité. ¶ (나는) 그 사람이 하도 친절하게 대해서 좀 ~ Je suis vraiment confus(*e*) [gêné(*e*), perplexe] tellement il a été gentil avec moi.

얼뜨다 형 être imbécile, niais(*e*), sot(*te*), idiot(*e*), crétin(*e*), nigaud(*e*), bête, abruti(*e*), bêta(*sse*) {*fam*}. ¶ 얼뜬 짓 des bêtises, des sottises, des âneries, des idioties, des niaiseries, des imbécillités.

얼라리꼴라리 【아어】 Hou, la honte! ¶ ~ ~ Hou, hou, la honte! ¶ ~ 얼굴 빨개졌대요. Hou, la honte, il est tout rouge!

얼러대다 타 choyer, dorloter, bichonner, cajoler, câliner. ¶ 아기를 안고 ~ dorloter *son* enfant. ¶ 어미 개가 새끼를 얼러대고 있다 Une chienne cajole ses petits.

얼렁뚱땅 부 à la hâte, en vitesse, en quatrième vitesse, sans soin, à la six-quatre-deux; au hasard, au petit bonheur. ¶ ~ 둘러대다 se créer des excuses à la hâte (pour se tirer d'affaires). ¶ 그렇게 ~ 넘어가려 하지 마라 N'essaie pas de m'amadouer / N'essaie pas de t'en tirer comme ça (par des paroles artificieuses). ¶ ~ 해치우다 travailler à la hâte [sans soin]; expédier [bâcler {*fam*}] un travail [une besogne]; torcher {*vulg*} un travail; saboter un travail.

◆**_하다** 자 user de subterfuges pour sortir d'une situation; s'en tirer par des paroles artificieuses. ¶ 그 사람은 그 문제를 ~하려 한다 Il aimerait expédier [bazarder {*fam*}] cette question. ¶ 이번 일은 ~해서 넘어갈 일이 아니다 Je ne me laisserai pas duper (par tes perversités) cette fois-ci.

얼레 명 ① dévidoir *m*. ② ((낚시)) moulinet *m*; ((물레의)) rouet *m*. ¶ 어머니는 밤새 ~를 감았다 Maman a filé à son rouet toute la nuit.

얼룩 명 tache *f* ((d'encre)); moucheture *f*, macule *f* {*anc*}; pâté *m*, éclaboussure *f*. ¶ 흰 바탕에 검은 ~ 점이 있는 개 un chien blanc [à robe blanche] tacheté de noir. ¶ 천[옷]에서 ~을 빼다 enlever [ôter] une tache d'un tissu [d'un vêtement]; détacher un tissu [un vêtement]. ¶ ~이 생기다 se tacher, se couvrir de taches; être taché(*e*), moucheté(*e*), tacheté(*e*), maculé(*e*), marqué(*e*), mouillé(*e*).

◆**_지다** 자 ① se tacher, se couvrir de taches; être taché(*e*), moucheté(*e*), tacheté(*e*), maculé(*e*), marqué(*e*), mouillé(*e*). ¶ 공책에 잉크가 ~져 있다 Le cahier est tacheté d'encre. ¶ 눈물로 ~진 편지 une lettre mouillée par les larmes, une lettre tachée de larmes. ¶ 눈물로 ~진 얼굴 un visage mouillé de larmes. ② être marqué(*e*) par [de], être chargé(*e*) de. ¶ 사랑과 증오, 그리고 배신으로 ~진 이야기 une histoire marquée par l'amour, la haine et la trahison. ¶ 증오와 회한으로 ~진 인생 une vie marquée de haines et de remords. ¶ 사건과 사고로 ~진 해 une année entachée par les affaires et les incidents. ¶ 애욕으로 ~진 시간들 moments [instants] chargés de [marqués par le] désir charnel.

◆_말 명 zèbre *m*.

◆_무늬 명 zébré(*e*); ((chemise)) à rayures, ((chemise)) rayée, ((chemise)) avec des imprimés de rayures de zèbre.

◆_소 명 bœuf *m* [vache *f*] moucheté(*e*) [tacheté(*e*)].

얼룩덜룩 부 avec des taches ici et là. ¶ ~ 때가 묻은 옷 un vêtement taché de partout, un vêtement maculé de taches. ¶ 아이가 ~ 칠을 한 그림 un dessin qu'un enfant a bariolé de tons criards. ¶ 그 여자의 얼굴에는 눈물 자국이 ~ 남아 있었다 Il reste des traces de larmes sur son visage.

◆_하다 형 être tacheté(*e*), moucheté(*e*), tiqueté(*e*), bariolé(*e*). ¶ 빗물에 새 천장이 ~하다 Le nouveau plafond est tacheté d'eau de pluie [de gouttes de pluie]. ¶ 기름이 묻어 셔츠가 ~하다 Le T-shirt [Le tee-shirt] est bariolé de taches de graisse.

얼르다 타 (('어르다'의 잘못)) ☞ 어르다

얼른 부 vite, rapidement; promptement; avec célérité; sans perdre une minute [un instant]; aussitôt; à l'instant; sur l'heure; immédiatement; tout de suite; sans délai; sur le champ; sur le coup; bientôt; dans un instant [moment]; tout à l'heure; séance tenante. ¶ 질문에 ~ 대답을 하다 répondre à une question sans tarder [rapidement, tout de suite]. ¶ 꾸물거리지 말고 ~ 갔다 오너라 Dépêche-toi de faire l'aller-retour sans tarder! ¶ 식기 전에 ~ 먹어라 Mange tout de suite avant que ça refroidisse! ¶ 나는 ~ 말이 나오지 않았다 Je n'ai pas pu répondre immédiatement. ¶ 나는 그 여자가 누구인지 ~ 생각이 떠오르지 않았다 Je ne me suis pas tout de suite rappelé qui cette fille était / Je ne me suis pas souvenu(*e*) sur le coup qui était cette fille.

얼른거리다 재타 ① 돌아다니다, 배회하다 se promener sans but précis, flâner, errer, vagabonder. ¶ 할 일 없이 거리를 ~ flâner dans la rue. ② 희미하게 비치다 se refléter [apparaître] vaguement; apparaître et disparaître (vaguement) à intervalles réguliers. ¶ 창밖으로 이상한 그림자가 얼른거린다 Au travers de la fenêtre, on voit passer de temps en temps une silhouette étrange. ¶ 눈앞에 얼른거리는 그 사람의 얼굴 son visage qui apparaît vaguement devant mes yeux.

얼른대다 재타 ☞ 얼른거리다

얼리다[1] 타 geler *qc*, glacer *qc*; congeler ((de la viande pour la conserver)); réfrigérer ((des fruits)); frigorifier ((du poisson)). ¶ 물[고기]을 ~ congeler de l'eau [de la viande]. ¶ 얼린 식료품 des produits alimentaires congelés; des aliments congelés.

얼리다[2] 타 ☞ 어울리다

얼마 대 ① ((미지칭)) combien; quel(*le*) (prix, longueur ...). ¶ 그걸 ~(를) 주고 샀습니까? Combien avez-vous acheté [payé] cela? ¶ 그것을 ~에 팔았니? Tu l'as vendu(*e*) pour combien [à quel prix]? ¶ 임대료는 ~로 하셨습니까? Combien avez-vous payé pour cette location? ¶ (값이) ~입니까? Combien ça coûte? / C'est combien? / Quel est le prix? / Combien vous dois-je? / Cela fait combien? / ((택시요금을 낼 때)) C'est combien la course? ¶ 이 아이는 키[몸무게]가 ~입니까? Combien mesure (pèse) cet enfant? ¶ 길이가 ~나 됩니까? Quelle est la longueur? ¶ 그 사람은 돈이 ~가 모였는지도 모른다 Il ne sait pas combien il a réuni d'argent. ② ((부정칭)) un(*e*) certain(*e*) (distance, somme d'argent ...). ¶ ~만큼(은) dans une certaine mesure; jusqu'à un certain point. ¶ 가수 아무개는 ~를 벌었고 배우 아무개는 ~를 벌었다더라 On dit que le chanteur X a gagné tant et que l'acteur Y a gagné tant. ¶ ~ 멀지 않은 곳에 à un endroit peu éloigné. ¶ ~ 있으면[뒤에] un peu plus tard; dans peu de temps, quelque temps après. ¶ ~ 안 있어서[지나] bientôt; sous [avant, d'ici] peu; dans peu de temps; ((과거)) peu de temps après, peu après; au bout de quelque temps. ¶ ~ 안 있으면 밤이다 Il va bientôt faire nuit. ¶ ~ 안 있으면 여름방학이다 Ce sera bientôt les grandes vacances (d'été). ¶ ~ 안 있어 그 사람은 올 게다 Il ne tardera pas à venir / Il ne va pas tarder à arriver / Il va venir bientôt ¶ ~ 안 있으면 우리가 헤어져야 할 때가 온다 Bientôt le moment approche où il faudra nous quitter [nous séparer]. ¶ 그 사람은 ~ 안 있어 서른 살이 된다 Il va avoir trente ans sous peu / Il va sur ses trente ans. ¶ 나는 파리에 온 지 ~ 되지 않는다 [밖에 안 된다] Il y a peu de temps que je suis à Paris / Ça fait peu de temps que je suis arrivé(*e*) à Paris. ¶ 그것은 이제 ~ 남지 않았다 Il n'en reste plus guère. ③ ((소량)) un peu, une partie (de l'argent ...) ¶ 다만 ~라도 빚을 갚아라 Rembourse tes dettes, ne serait-ce qu'une partie. ④ ((자유 선택)) n'importe quel(*le*) (prix, distance ...) ¶ 그런 물건은 ~라도 주고 사겠다 Ce genre de chose, je l'aurai acheté à n'importe quel prix.

얼마간 대 quelque(*s*), un peu de, un(*e*) certain(*e*) ((distance, somme d'argent)). ¶ ~의 식량[휴식, 시간, 거리]. quelques vivres [un peu de repos, quelque temps, une certaine distance].

부 un peu; jusqu'à un certain point. ¶ ~ 더 가자 그 사람이 말한 건물이 나타났다 Un peu plus loin, on a aperçu le bâtiment dont il avait parlé. ¶ 그것은 ~ 나에게 위안이 된다 Cela me console jusqu'à un certain point. ¶ 시간이 ~ 걸리겠다 Cela prendra un certain temps.

얼마나 부 ① ((미지칭)) combien (de temps), quel(*le*). ¶ 여기서 거기까지 거리가 ~ 됩니까? À quelle distance sommes-nous d'ici à là-bas? ¶ 일을 끝내기까지 ~ 걸릴까? Combien de temps faudra-t-il pour

ㅇ

venir à bout de ce travail? ② ((강조)) combien ((il est grand, il parle bien)), à quel point; de quelle façon; comme. ¶ 그 사람은 ~ 말을 잘하던지 Tu verrais comme il parle bien! / Qu'est-ce qu'il parlait bien! ¶ 그 사람은 ~ 당황했는지 아무 말도 못했다 Il était si [tellement] troublé qu'il ne pouvait rien dire / Il était trop troublé pour dire quoi que ce soit. ¶ 그 사람은 기억력이 ~ 좋은지 한 번 들은 것은 잊지 않는다 Il suffit de lui dire les choses une fois pour qu'il les retienne / Il a une si bonne mémoire qu'il n'oublie pas ce qu'il a entendu ne serait-ce qu'une seule fois.

얼마든지 뮈 ① ((수량)) autant qu'il faudra, à n'importe quel ((prix)). ¶ 그런 일을 할 수 있는 사람이라면 보수는 ~ 주겠다 Je suis prêt(*e*) à payer n'importe quel prix pour quelqu'un qui peut faire ce travail / Je suis prêt(*e*) à payer le prix qu'il faudra pour une personne qui peut venir à bout de ce travail. ② 기꺼이 avec plaisir. ¶ 그런 일이라면 ~ 해 드리죠 C'est avec plaisir que je ferai ce genre de travail.

얼마라도 뮈 n'importe quelle quantité [somme], n'importe quel nombre. ¶ ~ 돈이 있으면 좀 빌려 주십시오 Si vous avez de l'argent, prêtez-m'en quel qu'en soit le montant [peu importe le montant].

얼마만큼 뮈 à une certaine quantité [somme], à un certain degré [nombre]. ¶ 나는 ~ 아이가 자라면 다시 직장을 알아 볼 생각이다 Quand mon enfant sera assez grand, j'ai l'intention de chercher de nouveau un travail. ¶ ~ 걸은 후 그 사람은 뒤를 돌아보았다 Après (avoir fait) quelques pas, il se retourna pour regarder derrière lui.

얼만큼 대 ① ((미지칭)) combien (environ), quel(*le*) ((prix, somme d'argent)). ¶ 너는~이나 낼 수 있니? Tu peux payer combien environ? ☞ 얼마만큼 ② ((부정칭)) une certaine somme *f* ((d'argent)). ¶ ~의 돈을 내다 payer [verser] une certaine somme d'argent.

뮈 ① ((미지칭)) combien (environ), quel(*le*) ((prix, quantité)). ¶ 쌀을 ~ 샀니? Tu as acheté environ quelle quantité de riz? ② ((부정칭)) quelque peu, plus ou moins, à un certain degré; un peu, tant soit peu, dans une certaine mesure. ¶ 그 사람은 불어를 ~ 한다 Il parle un peu le français / Il se débrouille en français. ¶ 나는 그 남자를 ~은 알고 있다 Je le connais un peu.

얼버무리다 재타 ① ((말)) parler en termes ambigus [vagues]; s'exprimer d'une façon équivoque; chercher à se dérober; mêler [mélanger] n'importe comment; bâcler ((un travail)), expédier ((un travail)). ¶ 내 질문에 그 사람은 대답을 얼버무렸다 Il m'a donné une réponse évasive / Il m'a répondu en Normand / Il m'a fait une réponse de Normand. ¶ 일을 대충대충 ~ expédier un travail; bâcler [torcher {*fam*}] un travail; saboter un travail. ② ((양념)) mélanger sans soin. ¶ 무와 양념을 얼버무리다 mélanger le navet à la sauce. ③ avaler [déglutir] les aliments sans bien mâcher.

얼빠지다 재 être distrait(*e*), absent(*e*), rêveu*r*(*se*); être hébété(*e*). ¶ 얼빠진 사람 un(*e*) imbécile, un(*e*) idiot(*e*), un(*e*) niais(*e*), un(*e*) crétin(*e*), un(*e*) nigaud(*e*). ¶ 얼빠진 짓[모습] des sottises, des âneries [l'air ahuri, l'air niais]. ¶ 얼빠진 얼굴을 하고 바라보다 regarder d'un air niais.

얼시구 갑 (('얼씨구'의 잘못)) ☞ 얼씨구

얼싸안다 타 étreindre [serrer] *qn* sur *son* cœur; étreindre [serrer] *qn* dans *ses* bras; porter *qn/qc* dans *ses* bras; embrasser *qn*. ¶ 너무 기뻐서 어머니를 얼싸안았다 J'ai pris ma mère dans mes bras tellement j'étais heureu*x*(*se*). ¶ 그 사람은 두 팔로 그녀를 얼싸안았다 Il l'a serrée très fort dans ses bras. ¶ 그 사람들은 서로 얼싸안고 감격의 눈물을 흘렸다 Ils ont pleuré chaudement dans les bras l'un de l'autre.

얼씨구 갑 ① 흥겨움 bravo! ¶ ~, 좋다[잘한다]! Quel bonheur! / Chic alors! / Super! / C'est chouette! ② 조소 ((반어적으로)) bien joué!; du joli travail; ((반어적으로)) chapeau! {*fam*}; c'est du joli [beau, propre]! ((par antiphrase)). ¶ ~, 잘한다! ((반어적으로)) (Alors là) bien joué! / (Alors là) chapeau! / C'est du joli [du beau, du propre]! ¶ ~, 이젠 남의 집 안방까지 달라는군! Ben, dis donc, à présent, il va jusqu'à nous demander notre propre chambre! / Ça alors, et maintenant, il nous demande jusqu'à notre chemise.

얼씬 어근 action de se présenter [se montrer] devant *qn* [dans un endroit]. ◇_(도) (하지) 않다[못하다] ne pas oser se présenter [se montrer] devant *qn* [dans un endroit]. ¶ 그 사람은 여기에 ~도 않는다 Il n'ose plus se présenter ici. ¶ 그 녀석 다시는 이 근처에 ~도 못하게 해라 Fais en sorte qu'il ne remette plus les pieds ici! ¶ 앞으로 그런 곳에는 ~도 하지 마라 Désormais, ne fréquente plus ce genre d'endroit!

◆_거리다 재타 rôder autour de *qn*; se présenter devant *qn*. ¶ 요즘 이상한 녀석들이 근처에 ~거린다 Ces jours-ci, de drôles de types rôdent dans le coin.

◆_하다 재타 se présenter, se montrer devant *qn*, paraître devant *qn*; rôder, traîner. ¶ 이 근처에 아무도 ~하지 못하게 해라 Fais en sorte que personne ne s'approche d'ici! ¶ 너 내 집 근처에 ~했다가는 큰일 날 줄 알아! Tu n'as pas intérêt à remettre les pieds dans les parages!

얼어붙다 재 ① ((동결)) geler; se glacer; se congeler. ¶ 강추위로 강이 꽁꽁 얼어붙었다 La rivière est toute gelée à cause du froid intense. ¶ 밤새 내린 눈이 길에[밤새 내린 눈으로 길이] 얼어붙었다 Le chemin est verglacé à cause de la neige qui est tombée toute la nuit. ② ((위축)) se geler, être gelé(*e*). ¶ 불황의 여파로 금융 시장이 얼어붙었다 Suite à la récession, le marché des finances est gelé. ③ ((긴장)) avoir le sang glacé; être tendu(*e*). ¶ 나는 선생님

ㅇ

앞에만 가면 몸[입]이 얼어붙는다 Je suis trop tendu(*e*) chaque fois que je suis avec le professeur.

얼얼하다 형 ① ((상처, 신체부위가)) être cuisant(*e*), brûlant(*e*); avoir les joues en feu. ¶ 한 대 맞았더니 뺨이 ~ J'ai pris une claque, j'en ai encore la joue en feu. ¶ 너무 매워서 입안이 ~ C'est tellement pimenté que j'ai la bouche en feu. ② ((맛이)) être piquant(*e*), âcre; être épicé(*e*), pimenté(*e*), fort(*e*). ③ ((입안이)) avoir la bouche en feu. ¶ 이 국물은 입안이 얼얼하게 맵다 Ce bouillon trop fort [pimenté] met la bouche en feu / Ce bouillon trop fort emporte la bouche / Avec ce bouillon, j'ai la bouche en feu. ④ ((음식이)) emporter la bouche [la gueule {*fam*}].

얼음 명 glace *f*; glaçon *m*; morceau(*x*) *m* de glace, cube *f* de glace. ¶ ~을 얼리다 faire des glaçons. ¶ ~을 녹이다 faire fondre des glaçons. ¶ 아이들이 ~을 타며 놀고 있다 Les enfants s'amusent sur la glace. ¶ ~을 띄운 위스키 한 잔 un verre de whisky avec des glaçons. ¶ 고기를 ~에 재다 mettre de la viande [des morceaux de viande] dans de la glace. ¶ ~에 미끄러지다 glisser sur la glace. ¶ ~이 녹는다 La glace fond. ¶ ~이 언다 Il gèle. ¶ 물이 얼어서 ~이 되었다 L'eau s'est transformée en glace.

***~같이 차(갑)다** ((마음이)) avoir un cœur de pierre [de glace]; ((방이)) faire un froid de canard [un froid glacial].

◆_과자 -菓子 명 glace *f* [gâteaux *mpl* glacés].

◆_낚시 명 pêche *f* sur la glace.

◆_덩이 명 glaçon *m*; morceau(*x*) *m* de glace.

◆_물 명 eau *f* glacée [gelée].

◆_장 명 bloc *m* de glace, grand pain *m* de glace. ¶ ~장같이 차(갑)다 ((마음이)) avoir un cœur de glace [de pierre]; ((방 안이)) faire très froid, geler. ¶ 이 방은 ~장같이 차(갑)다 Cette chambre est une glacière [un frigo] / Cette pièce réfrigère.

◆_주머니 명 sac *m* à glace, sac *m* de glace.

◆_집 명 igloo *m*; ((얼음 판매하는 곳)) boutique *f* de vente de glace.

◆_찜질 명 compresse *f* glacée. ¶ 상처에 ~찜질을 하다 recouvrir une plaie d'une compresse glacée.

◆_판 -板 명 surface *f* glacée, glace *f*. ¶ ~판같이 미끄럽다 être extrêmement glissant(*e*) comme de la glace.

◆살_ 명 mince couche *f* de glace.

◆살_판 -板 명 ① mince couche *f* de glace. ② ((비유적)) terrain *m* glissant; sujet *m* délicat [scabreux].

얼쩡 어근 rôder.

◆_거리다[대다] 재 rôder, vagabonder; flâner, errer. ¶ 가게 앞에서 ~거리다 rôder devant les magasins.

◆__ 부 tourner en rond. ¶ 그렇게 ~~ 서성이지 말고 이리 앉아라 Arrête de tourner en rond, assieds-toi plutôt ici!

얼찐거리다 재 se montrer flatteu*r*(*se*) (envers *qn*); cajoler *qn*; essayer de gagner les bonnes grâces de *qn*; enjôler *qn*. ¶ 그 사람은 내 눈앞에서 자꾸 얼찐거렸다 Il essayait sans cesse de gagner mes bonnes grâces.

얼추 부 environ; approximativement; en gros; grosso modo; à peu près; quasiment {*fam*}. ¶ 그 정도면 ~ 목표를 달성한 셈이다 On a presque atteint notre but. ¶ 지금쯤이면 ~ 도착할 시간이 되었을 것이다 Il devrait bientôt arriver.

얼치기 명 ① 얼뜬 사람 personne *f* incapable, incompétente; personne *f* inexpérimentée. ¶ 너희 같은 ~는 쓸 수 없다 On n'a pas besoin d'incapables comme vous. ② 이것도 저것도 아닌 것 chose *f* faite à moitié [n'importe comment, sans soin, négligemment, par-dessus la jambe]; travail *m* fait à la hâte; travail *m* bâclé {*fam*}. ¶ 일을 ~로 처리하다 faire les choses à moitié [à demi]; faire un travail sans soin [négligemment, à la hâte]; bâcler [expédier] un [le] travail; saboter un travail.

얼크러뜨리다 재 compliquer, embrouiller, obscurcir, emmêler, brouiller, alambiquer, entortiller. ¶ 그는 일을 묘하게 얼크러뜨렸다 Il a drôlement embrouillé l'affaire.

얼크러지다 재 s'enchevêtrer; s'emmêler; ((사건 따위가)) se compliquer. ¶ 실타래가 얼크러졌다 Les fils se sont emmêlés. ¶ 얼크러진 사건을 해결하다 résoudre [venir à bout d'] un problème compliqué.

얼큰하다 형 ① ((맛)) être piquant(*e*); être épicé(*e*), pimenté(*e*); être fort(*e*). ¶ 찌개가 ~ Le ragoût (de bœuf) est pimenté. ¶ 찌개를 얼큰하게 끓이다 préparer un ragoût pimenté. ¶ 얼큰한 해장국[매운탕] une soupe *haejang* [au poisson] pimentée, un ragoût de tripes pimenté. ② ((술)) être un peu ivre [un peu gris(*e*), gai(*e*), pompette], être éméché(*e*). ¶ 술이 ~ être un peu ivre [un peu gris(*e*), gai(*e*), pompette], en avoir un coup dans le nez {*fam*}, être éméché(*e*); être entre deux vins; avoir le vin gai. ¶ 얼큰하게 취하다 être un peu gris(*e*) [gai(*e*), pompette], éméché(*e*); être entre deux vins; avoir le vin gai; être à moitié ivre.

얼키다 재 (('얽히다'의 잘못)) ☞ 얽히다

얼키설키 부 d'une façon inextricable [d'une façon compliquée]. ¶ 여러 상황이 ~ 얽혀 있다 Plusieurs situations se sont mêlées d'une façon inextricable / Plusieurs évènements se sont entremêlés d'une manière inextricable. ¶ 판자를 ~ 엮어서 오두막을 짓다 fabriquer une baraque un peu n'importe comment en utilisant des planches de bois.

얼토당토않다 형 ① 가당찮다 être déraisonnable, insensé(*e*), extravagant(*e*); être absurde, grotesque, aberrant(*e*). ¶ 그 사람이 그런 말을 하다니 ~ C'est insensé ce qu'il dit / C'est insensé [aberrant] qu'il ait dit ça / Il a dit ça, c'est aberrant [insensé]. ¶ 얼토당토않은 소리[말] des propos incohérents [aberrants]; des énormités; des extravagances. ② 관계없다 être sans rapport avec *qc*; n'avoir aucun rapport avec *qc*; n'avoir rien à voir avec *qc*. ¶

그가 말하는 것은 그 주제와는 얼토당토않은 것이다 Ce qu'il dit, ça n'a rien à voir avec le sujet.

얼핏 부 à peine; rapidement; en un clin d'œil; soudainement. ¶ 문 앞에서 그 사람의 모습을~ 본 것 같다 Il me semble l'avoir aperçu devant la porte. ¶ 그 이름이 ~ 생각나는 것 같다 J'ai son nom sur le bout de la langue.

얽다[1] 타 ① 묶다 lier *qc* en ensemble; mettre *qc* en botte; botteler ((en foin)); tresser ((une natte)), natter [lier, tisser] ((des pailles)) ¶ 잔가지를 얽어 만든 비 un balai fait de brindilles [de brandes, de brins]. ② 꾸미다 inventer ((une histoire)); forger ((une fausse accusation contre *qn*)). ¶ 무고한 이를 감옥에 얽어 넣다 inventer une histoire pour mettre un(*e*) innocent(*e*) en prison.

얽다[2] 자 ① ((얼굴)) être variolé(*e*); être marqué(*e*) de la variole; ((visage)) être grêlé(*e*); ((흠)) être marqué(*e*) de meurtrissures. ¶ 그 사람은 어릴 때 마마를 앓아서 얼굴이 좀 얽었다 Il a le visage grêlé parce qu'il a eu la variole dans son enfance. ② ((물건의 표면)) être inég*al*(*aux*), irréguli*er*(*ère*); être poreu*x*(*se*), granulé(*e*), granuleu*x*(*se*), granité(*e*); être rugueu*x*(*se*), raboteu*x*(*se*). ¶ 이 화병은 겉이 얽었다 Ce vase a une surface granuleuse.

얽매다 타 ① (끈이나 줄 등으로) 매다 attacher, lier, ligoter, joindre, amarrer, ancrer, atteler, enchaîner, encorder, lacer, ficeler, nouer, ligaturer, sangler. ¶ 개를 기둥에 얽매어 두다 attacher le chien à un poteau [un pilier]. ② (자유를) 구속하다 astreindre, emprisonner, forcer, contraindre. ¶ 나를 얽매고 있는 일상의 삶 la vie quotidienne qui m'emprisonne.

얽매이다 자 ((묶이다)) être lié(*e*), attaché(*e*), ficelé(*e*); ((속박 받다)) être contraint(*e*), entravé(*e*), lié(*e*) ((par un contrat)); subir une contrainte [le joug de *qn*]; être esclave de *qn/qc*, être prisonni*er*(*ère*) de *qn/qc*. ¶ 감정에 ~ être mené(*e*) par les sentiments, se laisser gagner par les sentiments. ¶ 인정에 ~ se laisser gagner par la pitié; se laisser aspirer par la sympathie. ¶ 인습[미신]에 ~ être l'esclave des coutumes [être prisonni*er*(*ère*) de la superstition]. ¶ 시간에 ~ ne pas être maître de *son* temps, être prisonni*er*(*ère*) du temps. ¶ 일에 ~ être esclave de *son* travail, être prisonni*er*(*ère*) de son travail. ¶ 형식에 ~ s'attacher (scrupuleusement) aux formes. ¶ 규칙에 얽매이지 않고 융통성 있게 일을 처리하다 faire *son* travail sans s'attacher aux règles [sans s'attacher au règlement, librement, sans aucune contrainte]. ¶ 집안일[가사]에 얽매여서 살고 싶지는 않다 Je ne veux pas vivre en ayant toujours à penser aux [préoccupé sans cesse par les] travaux ménagers. ¶ 아무 데도 얽매이지 않고 자유롭게 행동하다 avoir les coudées franches; être libre de *ses* actions; se conduire librement sans contraintes d'aucune sorte.

얽어매다 타 lier *qc* ((avec une corde, avec une ficelle)); attacher *qc* à *qc*; ligoter ((les mains d'un prisonnier)); ficeler ((un paquet)). ¶ 밧줄을 말뚝에 ~ attacher une corde à un piquet. ¶ 규칙으로 누구를 ~ astreindre [assujettir] *qn* à un règlement.

얽히다 자 ① ((실 따위)) s'enchevêtrer, s'emmêler, s'embrouiller. ¶ 실이 얽혀서 풀어지지 않는다 Je n'arrive pas à démêler les fils tellement ils sont emmêlés / Les fils sont tellement emmêlés que je n'arrive pas à les démêler. ② ((감정, 사건)) se brouiller avec *qn*; ((사건이)) se compliquer. ¶ 애증이 얽혀 있는 감정 un sentiment mêlé de haine et d'amour. ¶ 이 사건에는 여러 사정이 얽혀 있다 L'affaire est compliquée [embrouillée] / Plusieurs situations sont brouillées dans cette affaire. ¶ 얽힌 것을 풀다 débrouiller ((les fils, *ses* idées)); démêler ((une affaire délicate)); éclaircir ((une question embrouillée)); faire cesser [mettre fin] à une brouille. ¶ 나는 이 집에 얽힌 사연이 많다 Je suis beaucoup mêlé(*e*) [lié(*e*)] à cette famille / J'ai beaucoup de souvenirs liés à cette maison.

◆**얽히고설키다** 자 être très compliqué(*e*), embrouillé(*e*). ¶ 이해관계가 ~ avoir des conflits d'intérêts. ¶ 여러 가지 복잡한 사정들이 얽히고설켜 있다 C'est une affaire bien complexe [compliquée] / Plusieurs choses compliquées se trouvent emmêlées (dans cette affaire).

엄격하다 嚴格- 형 être sévère, strict(*e*); être rigoureu*x*(*se*); être rigide, inflexible; être draconien(*ne*). ¶ 여기는 규율이 ~ Ici, le règlement est strict [sévère, inflexible]. ¶ 엄격한 규칙 une règle rigoureuse [stricte, sévère]. ¶ 자식에 대해 아주 엄격한 어머니 une mère très stricte [sévère] avec ses enfants.

◆**엄격히** 嚴格- 부 rigoureusement; sévèrement; inflexiblement; avec sévérité [avec dureté]. ¶ 규칙을 엄격히 적용하다 appliquer strictement un règlement. ¶ 엄격히 심사하다 être sévère dans *son* jugement; juger sévèrement *qn/qc*. ¶ 출입을 엄격히 통제하다 contrôler rigoureusement [strictement, sévèrement] les entrées et les sorties.

엄금 嚴禁 명 interdiction *f* formelle [stricte], défense *f* formelle [rigoureuse], prohibition *f* stricte. ¶ 화기 ~ l'interdiction absolue [stricte] d'utiliser des matières inflammables. ¶ 관계자 외 출입 ~ Défense formelle d'entrer [Entrée strictement interdite] à toute personne extérieure [étrangère] au service / Entrée strictement réservée au personnel / Entrée formellement interdite aux visiteurs / (Passage) strictement réservé au personnel de [du] service / Strictement interdit au public / Passage strictement interdit. ◇_(을) **하다** interdire sévèrement [absolument, rigoureusement, strictement à *qn/qc* [de+*inf*]. ¶ 의사는 그 사람에게 음주를 ~했다 Le médecin lui a absolument [strictement] interdit l'alcool. ¶ 한국에서는 민간인의 무기 소지를 ~하고 있다 En Corée, le port d'armes

ㅇ

est strictement interdit pour les civils. ◇_(이) **되다** être formellement [rigoureusement, strictement] interdit(*e*) [défendu(*e*), prohibé(*e*)]. ¶ ...하는 것은 ~되어 있다 Il est formellement [strictement] interdit [défendu] de+*inf*.

엄단 嚴斷 명 punition *f* sévère. ◇_(을) **하다** punir sévèrement [fermement] *qn/qc*. ¶ 검찰에서는 마약 밀매 사범을 ~할 방침이다 Le parquet a l'intention de punir sévèrement le trafic de stupéfiants.

엄동설한 嚴冬雪寒 명 la saison *f* des grands froids; hiver *m* rigoureux. ¶ ~에 길거리로 내쫓기다 être renvoyé(*e*) à la rue au cœur [au plus fort] de l'hiver.

엄두 명 idée *f* (de faire *qc*). ◇_**를 내다** concevoir *qc*. ¶ ...할 ~도 못 내다 ne même pas pouvoir concevoir l'idée de faire *qc*; être impensable; être bien au-dessus des capacités de *qn*. ◇_**가 나다** penser faire *qc*, songer à faire *qc*; oser faire *qc*. ¶ 당신은 그것을 할 ~가 납니까? Est-ce que vous pensez être vraiment capable de faire cela? ¶ 그 사람에게 말을 걸 ~가 나지 않는다 Je n'ose pas m'adresser à lui.

엄마 명 maman *f*. ¶ 아기가 ~를 찾다 L'enfant cherche sa maman. ¶ ~ 없이 자라다 grandir sans *sa* maman. ¶ ~ 아빠와 함께 avec papa et maman.

엄명 嚴命 명 ordre *m* [commandement *m*] strict [formel, sévère, impérieux]. ¶ 누구의 ~에 따라 ((agir)) sur l'ordre strict [formel] de *qn*. ◇_(을) **하다[내리다]** donner un ordre formel à *qn*; ordonner d'un ton sévère. ¶ 절대 비밀을 지킬 것을 ~하다 exiger le secret. ¶ 왕은 신하들에게 그 문제를 다시 논하지 말라고 ~을 내렸다 Le roi a ordonné à ses sujets de ne plus jamais reparler de cette affaire. ◇_**이 떨어졌다** Un ordre strict est tombé. ¶ 이곳에 아무도 들어오지 못하게 하라는 ~이 떨어졌다 On a reçu l' ordre strict de ne faire entrer personne ici.

엄밀하다 嚴密- 형 être minutieux(*se*); être précis(*e*); être exact(*e*); être strict(*e*), rigoureux(*se*). ¶ 엄밀한 검토를 거쳐서 après un examen minutieux [rigoureux]. ¶ 과학의 생명은 엄밀함이다 Les sciences exigent de la précision.

◆**엄밀히 嚴密-** 부 minutieusement, précisément, exactement, strictement, rigoureusement, scrupuleusement. ¶ 엄밀히 말하면 si on veut être précis; plus précisément. ¶ 엄밀히 조사하다 faire une enquête minutieuse; enquêter minutieusement.

엄벌 嚴罰 명 punition *f* sévère [rigoureuse], châtiment *m* sévère [cruel]. ◇_(을) **하다** punir sévèrement [rigoureusement] *qn*; châtier durement *qn*. ◇_**에 처하다** punir sévèrement [rigoureusement] *qn*; châtier durement *qn*. ¶ 그런 파렴치범은 ~에 처해야 한다 Il faut punir sévèrement [châtier durement] ce criminel infâme [ignoble, honteux]. ◇_**을 받다** être sévèrement puni(*e*); être durement châtié(*e*). ¶ 그런 놈은 ~을 받아 마땅하다 Ce genre de type mérite une telle punition [d'être durement châtié] / Des types comme lui [de son espèce] méritent d'être sévèrement punis.

엄벙덤벙 부 sans discernement [sans réflexion]; à la légère; inconsidérément. ¶ ~ 일을 하다 ne pas travailler comme il faut; faire les choses à la légère.

엄부 嚴父 명 père *m* sévère.

엄살 명 exagération *f*; simulation *f* de la douleur [de la peine]. ◇_(을) **부리다[떨다, 피우다]** faire semblant [feindre] d'avoir mal; simuler la douleur [la peine]; exagérer. ¶ ~ 부리지 마시오 Ne faites pas tant de manières! / Ne faites pas semblant d'avoir mal! ◇_**이다** exagérer; en faire un plat [toute une histoire, un fromage, un drame]. ¶ 그 사람은 별것 아닌 일에도 늘 ~이다 Il en fait toujours un plat (pour pas grand-chose) {*fam*} / Il exagère toujours.

◆_**꾸러기** 명 personne *f* qui fait toujours semblant d'avoir mal; personne *f* qui joue toujours la comédie; comédien(*ne*).

엄선 嚴選 명 choix *m* minutieux [rigoureux], sélection *f* soigneuse. ¶ 이들은 ~에 ~을 거쳐 선발된 사람들이다 Ces personnes ont été choisies dans le plus grand soin [ont été triées sur le volet] / Le recrutement a été très sélectif. ◇_(을) **하다** procéder à un choix minutieux [rigoureux]; trier soigneusement (sur le volet); passer au tamis [au crible, au peigne fin {*fam*}]. ¶ 전문가들이 ~한 작품들 les œuvres que les spécialistes ont passées au crible[au peigne fin {*fam*}]. ◇_(이) **되다** être passé(*e*) au tamis [au crible].

엄수 嚴守 명 observation *f* stricte ((d'une règle)), (respect rigoureux ((des normes)). ¶ 차선 ~ le respect rigoureux des voies ((sur une autoroute)). ◇_(를) **하다** observer strictement [rigoureusement] ((un règlement)); respecter impérativement ((les règles)), se conformer strictement ((à la prescription médicale)), suivre strictement ((les indications mentionnées)). ¶ 시간을 ~하다 être ponctuel(*le*) [exact(*e*)] ((à un rendez-vous)); respecter rigoureusement les horaires (établis). ¶ 기일을 ~해서 논문을 제출해 주시기 바랍니다 Veuillez remettre votre manuscrit [votre article] dans les délais [en respectant impérativement les délais]. ¶ 규칙을 ~하다 observer strictement le règlement; respecter rigoureusement les règles. ◇_(가) **되다** être strictement observé(*e*) [impérativement respecté(*e*)].

엄숙 嚴肅 명 solennité *f*, austérité *f*. ¶ 방 안의 분위기는 ~ 그 자체였다. L'ambiance [L'atmosphère] de la pièce était très austère [solennelle].

◆_**하다** 형 être grave [austère, solennel(*le*)]. ¶ 식은 ~하게 거행되었다 La cérémonie s'est déroulée avec solennité. ¶ ~한 태도 une attitude grave [solennelle]. ¶ ~한 분위기 속에서 dans une ambiance austère.

ㅇ

◆_히 부 avec solennité; solennellement; gravement. ¶ 성경에 손을 얹고 ~히 맹세하다 jurer solennellement *qc* sur la Bible.

엄습 掩襲 명 attaque *f* par surprise. ◇_(을) **하다** surprendre ((l'ennemi)); attaquer ((une ville)) par surprise [à l'improviste]; ((병 따위가)) frapper. ¶ 갑자기 원인 모를 공포가 나를 ~해 왔다 Une peur dont j'ignore la cause m'a envahi(*e*) tout à coup. ◇_을 **받다** être attaqué(*e*) par surprise; être surpris(*e*). ¶ 우리는 폭풍우의 ~을 받았다 Nous avons été surpris(*es*) par la tempête.

엄연하다 儼然- 형 être évident(*e*), indéniable, incontestable. ¶ 엄연한 현실[사실] une réalité [un fait] évident(*e*) [indéniable, indiscutable].

◆**엄연히** 儼然- 부 évidemment, incontestablement, indéniablement, indiscutablement. ¶ 내가 엄연히 이 집의 가장인데 Je suis manifestement le chef de famille / C'est moi qui suis incontestablement le chef de famille.

엄정 嚴正 명 rigueur *f*, justesse *f* rigoureuse. ¶ 일에 ~을 기하다 appliquer de la rigueur au travail.

◆_**하다** 형 être juste, impartial(*e*), rigoureux(*se*). ¶ 일을 ~하게 처리하다 accomplir rigoureusement une tâche, s'occuper strictement d'une affaire. ¶ ~하게 중립을 지키다 garder une neutralité absolue, rester strictement neutre. ¶ 검찰의 ~한 수사를 촉구하다 demander de façon urgente une requête [une enquête] rigoureuse du parquet [du tribunal].

◆_히 부 rigoureusement; strictement; impartialement, de façon impartiale. ¶ ~히 심사를 하다 faire un examen méticuleux; passer au peigne fin {*fam*}; juger *qn*/*qc* de façon impartiale [impartialement].

엄존하다 儼存- 자 exister indubitablement. ¶ 법규가 엄존하고 있는데 그럴 수는 없다 Il existe une loi, on ne peut pas agir comme on veut.

엄중 嚴重 명 sévérité *f*, rigueur *f*. ¶ 관계자를 ~ 문책하다 réprimander sévèrement les personnes concernées [le(la) responsable] ¶ ~ 항의하다 protester énergiquement [fermement].

◆_**하다** 형 être sévère, rigoureux(*se*), strict(*e*); être implacable, intransigeant(*e*). ¶ ~하게 경고하다 donner un avertissement strict. ¶ ~한 조치를 취하다 prendre des mesures drastiques [draconiennes].

◆_히 부 rigoureusement, strictement, sévèrement; durement, fermement, énergiquement.

엄지 명 ((손가락)) pouce *m*; ((발가락)) gros orteil *m*. ¶ ~를 깨물어 피를 내다 se ronger le pouce jusqu'au sang.

◆_**발가락** 명 gros orteil *m*.

◆_**손가락** 명 pouce *m*.

엄청 부 lourdement; énormément, beaucoup; avec excès, excessivement, extrêmement, très, trop; prodigieusement. ¶ ~ 많이 énormément. ¶ 술을 ~ 마시다 boire énormément d'alcool.

엄청나다 형 être exorbitant(*e*), exagéré(*e*), excessif(*ve*); être insensé(*e*); être déraisonnable; être démesuré(*e*); être énorme; être prodigieux(*se*), extraordinaire, fantastique; ((소리)) être épouvantable, terrible. ¶ 엄청나게 énormément, excessivement, exorbitamment, extrêmement, extraordinairement, prodigieusement, terriblement, immensément. ¶ 그 사람의 재산은 ~ Ses biens sont énormes [incalculables]. ¶ 홍수[지진, 태풍] 피해가 ~ Les dégâts des inondations [du tremblement de terre, du typhon] sont colossales [terribles, épouvantables, dépassent l'imagination]. ¶ 엄청나게 많은 양 une quantité énorme [prodigieuse]. ¶ 엄청나게 비싸다[크다] être extrêmement [énormément, excessivement] cher(*ère*) [grand(*e*)]. ¶ 엄청난 값 un prix exorbitant [excessif, incroyable, exagéré]. ¶ 엄청난 양의 정보 une tonne d'informations. ¶ 엄청난 짓을 하다 faire des choses incroyables; avoir un comportement déraisonnable [insensé, démesuré]. ¶ 엄청난 일이 벌어졌다 Une catastrophe est arrivée [survenue].

엄친 嚴親 명 père *m* (sévère). ¶ 그 사람은 ~께서 아직 살아 계신다 Son père est encore vivant.

엄폐 掩蔽 명 dissimulation *f*, cachotterie *f* {*fam*}; occultation *f* ((d'une étoile par la lune)). ◇_(를) **하다** couvrir ((les évènements)), cacher ((un secret)), dissimuler ((un secret)). ¶ 범죄 사실을 ~할 수 없다 On ne peut pas cacher un crime. ¶ 그 사람은 자신의 병을 철저히 ~해 왔다 Il a (avait) complètement caché sa maladie. ◇_(가) **되다** être caché(*e*), dissimulé(*e*).

◆_**물** -物 명 objet *m* dissimulé [caché].

엄포 명 menace *f*, intimidation *f*; ((공갈)) chantage *m*. ◇_**를 놓다** menacer *qn*; user d'intimidation; ((공갈하다)) faire du chantage; faire chanter *qn*. ¶ 그 사람은 나를 가만두지 않겠다고 ~를 놓았다 Il m'a intimidé en me disant qu'il ne me laisserait pas tranquille. ¶ ~도 놓아보고 달래도 보면서 tantôt en menaçant, tantôt en flattant.

엄하다 嚴- 형 être sévère, rigoureux(*se*), dur(*e*), strict(*e*). ¶ 규칙이 ~ Le règlement est strict [sévère, inflexible]. ¶ 감시가 ~ La surveillance est étroite. ¶ 자식들에 대해서 ~ être sévère [strict(*e*), autoritaire] avec [pour] *ses* enfants. ¶ 엄하게 꾸짖다 gronder vertement *qn*; réprimander sévèrement *qn*; admonester *qn*; sermonner *qn*; passer un savon à *qn*; fustiger *qn*; remonter les bretelles de *qn*; faire des réprimandes à *qn*; passer une engueulade {*fam*} à *qn*; gourmander *qn*; tancer *qn* {*litt*}; tirer les oreilles à *qn*; secouer les puces à *qn*; sonner les cloches à *qn*; incendier *qn* {*fam*}. ¶ 자식에게 엄한 부모 les parents sévères [stricts, durs] avec leurs enfants.

◆**엄히** 嚴- 부 rigoureusement, avec rigueur; sévèrement. ¶ 엄히 다루다 traiter rigoureusement [avec rigueur].

엄호 掩護 명 protection *f* ((contre une attaque)).

◇_(를) 하다 protéger *qn*; couvrir *qn*. ¶ 측면을 ~하다 couvrir le flanc ((d'une troupe)). ¶ 내가 먼저 나갈 테니 뒤에서 ~해 주기 바란다 C'est moi qui vais sortir en premier, alors couvrez-moi! ◇_를 받다 être protégé(*e*), couvert(*e*). ¶ 소대원들의 ~를 받으며 건물 안으로 이동하다 entrer [se diriger] à l'intérieur du bâtiment, couvert par les soldats du bataillon.

◆_대 -隊 명 【군사】 troupe *f* de couverture.

◆_사격 -射擊 명 【군사】 tir *m* de protection.

업¹ 業 명 métier *m*, profession *f*, travail(*aux*) *m*, emploi *m*; carrière *f*; occupation *f*. ¶ 평생의 ~ un métier [une profession] à vie. ¶ 무엇을 ~으로 하다[삼다] exercer [pratiquer] un métier [une profession] de *qc* ((d'enseignant)).

업² 業 명 *karma m*; *karman m*. ¶ 전생의 ~ l'effet de la loi du karma; l'effet [la conséquence] des choses réalisées dans la vie antérieure.

-업³ -業 접미 ((suffixe nominal)) entreprise *f*; industrie *f*. ¶ 제조~ l'industrie de fabrication; manufacture. ¶ 운수~ une entreprise de transports; l'industrie des transports.

업계 業界 명 milieu(*x*) *m* des affaires, monde *m* ((du business)), industrie *f* ((informatique)). ¶ 자동차[가전, 컴퓨터] ~ le monde de l'automobile [de l'électroménager, de l'informatique]. ¶ 섬유 ~에 진출하다 entrer dans le monde du textile. ¶ 그 사람은 ~에 잘 알려진 인물이다 Il est bien connu dans le milieu des affaires.

업다 타 ① mettre *qn* sur *son* dos. ¶ 아이를 등에 ~ mettre un enfant sur *son* dos. ② 배경 endosser. *누구를[무엇을] 등에 ~ ☞ 등¹

업무 業務 명 travail(*aux*) *m*, affaires *fpl*, emploi *m*; tâche *f*, besogne *f*, service *m*, fonction *f*, office *m*, devoir *m*. ¶ ~ 수행 능력 capacité d'accomplissement d'un travail [d'une tâche]. ¶ ~ 시간 des heures de travail; des horaires de travail. ¶ 수출입 ~ (faire de l') import-export. ¶ ~를 처리하다 exécuter un travail; accomplir *sa* tâche. ¶ ~를 태만히 하다 négliger *son* devoir; manquer à *son* devoir. ¶ ~를 파악하다 comprendre ce qu'il faut faire dans *son* travail; comprendre en quoi consiste un travail [une tâche, une besogne]. ¶ ~를 인수인계하다 remplacer *qn* dans *ses* fonctions. ¶ 과다한 ~에 쫓기다 être débordé(*e*) [surchargé(*e*)] de travail. ¶ ~에 차질을 빚다 commettre une faute professionnelle; provoquer des problèmes [créer des ennuis, causer des empêchements] dans le travail. ¶ ~가 많다[폭주하다] avoir beaucoup de travail, avoir du pain sur la planche {*fam*}, avoir fort à faire [trop de travail, un travail fou {*fam*}, un travail monstre]; être débordé(*e*) de travail; avoir des tas de choses à faire, être débordé(*e*), être surchargé(*e*) de travail, être dépassé(*e*) par l'ampleur d'un travail, être noyé(*e*) sous le travail; avoir une montagne de travail [de choses à faire]; avoir une tonne de travail à faire {*pop*}; avoir des tonnes de choses à faire {*pop*}; avoir un tas de choses à faire {*fam*} ◇_를 보다 accomplir [exécuter] un travail [*sa* tâche].

◆_량 -量 명 quantité *f* de travail.

◆_방해 -妨害 명 entrave *f* au travail professionnel.

◆_상 -上 명 du travail; professionnel(*le*). ¶ ~상 과실치사죄 un (délit d') homicide pour négligence professionnelle. ¶ ~상 횡령 un détournement de fonds par négligence professionnelle. ¶ ~상(의) 사고 un accident du travail. ¶ ~상(의) 과실 une faute professionnelle.

◆_용 -用 명 à usage professionnel.

업보 業報 명 【불교】 effet *m* de la loi du karma. ¶ 전생의 ~ l'effet de la loi du karma; l'effet [la conséquence] des choses réalisées dans la vie antérieure.

업소 業所 명 lieu *m* des affaires, business *m*, commerce *m*, établissement *m* commercial; boutique *f*, magasin *m*. ¶ 이번 태풍으로 이 마을의 모든 ~들이 폐쇄되었다 À cause du typhon, tous les commerces [tous les établissements commerciaux] du village sont fermés.

◆유흥_ 遊興- 명 bars *mpl* (de nuit), salon *m* de divertissement offrant de l'alcool.

업신여기다 타 mépriser *qn*, dédaigner *qn*, faire peu cas de *qn*; manquer d'égards pour [envers] *qn*. ¶ 가난한 사람을 업신여기면 안 된다 Il ne faut pas mépriser [manquer d'égards envers] les pauvres. ¶ 업신여길 만한 사람 une personne méprisable. ¶ 업신여기는 태도[말투]로 말하다 parler d'un air [d'un ton] méprisant [dédaigneux]. ¶ 업신여기는 눈으로 바라보다 regarder *qn* avec mépris [avec dédain].

업자 業者 명 marchand(*e*), commerçant(*e*); homme *m* d'affaires; entrepreneu*r*(*se*). ¶ 부동산 ~ agent immobili*er*(*ère*); entrepreneu*r*(*se*) d'une agence immobilière. ¶ 고리대금 ~ un escompteur qui fait des prêts à un taux élevé. ¶ 일을 ~에게 맡기다 confier un travail à des entrepreneurs.

업적 業績 명 travail(*aux*) *m*; œuvre *f*; ((결과)) résultat *m*; ((공헌)) contribution *f*. ¶ 훌륭한 ~을 남기다[내다] apporter de grandes contributions à *qc* [obtenir des résultats remarquables; réaliser une œuvre majeure]. ¶ ~을 평가하다 estimer [juger] un travail [le travail de *qn*]. ¶ ~에 따라 이익금을 차등 분배하다 répartir les sommes dues en fonction du travail fourni. ¶ ~이 크다 avoir fait d'importants travaux; avoir beaucoup contribué à *qc*.

◆_주의 -主義 명 pragmatisme *m*.

업종 業種 명 section *f* d'industrie [d'entreprise]; branche *f* du commerce [commerciale]; branche *f* industrielle. ¶ ~을 전환하다 changer de branche.

업주 業主 명 propriétaire *mf*, patron(*ne*); chef *m* d'entreprise.

업체 業体 명 entreprise *f*, société *f*. ¶ 공식 후원 ~ une entreprise qui subventionne [commandite] officiellement *qc*; une entreprise commanditaire officielle.

◆**민간** _ 民間- 명 entreprise *f* [société *f*] civile.
◆**부실** _ 不實- 명 entreprise *f* [société *f*] insolvable.
◆**수입[수출]** _ 輸入[輸出]- 명 entreprise *f* [société *f*] d'importation [d'exportation].
◆**수출입** _ 輸出入 명 entreprise *f* [société *f*] d'import-export.

업히다 자타 ① ((피동형)) se faire mettre [se faire porter] sur le dos de *qn*. ¶ 아기가 어머니 등에 업혀서 자고 있다 Le bébé dort sur le dos de sa mère. ② ((사동형)) mettre ((un enfant)) sur le dos de *sa* mère. ¶ 엄마에게 아이를 ~ mettre un enfant sur le dos de sa mère.

없다 형 ① ((존재)) ((verbe d'absence)) ne pas exister; ne pas y avoir; ne pas se trouver. ¶ 하늘에 구름 한 점 ~ Il n'y a pas un seul nuage dans le ciel. ¶ 귀신은 ~ Les fantômes [Les esprits mauvais] n'existent pas. ¶ 겨울에는 우리나라에 제비가 ~ En hiver, il n'y a pas d'hirondelles en Corée. ¶ 빈자리가 ~ Il n'y a pas de place libre / Il n'y a pas de poste libre. ¶ 냉장고에 먹을 것이 (아무것도) ~ Il n'y a rien à manger dans le frigo [dans le réfrigérateur]. ¶ 세상에 그런 효자는 ~ Il n'y a pas d'enfant qui respecte autant ses parents que lui [qui soit aussi respectueux envers ses parents]. ¶ **그는 안 가본 데가** ~ Il n'y a pas d'endroit où il ne soit pas allé. ② ((소유, 귀속)) ne pas avoir, ne rien posséder. ¶ 그 사람은 집[재산, 가진 것]이 ~ Il n'a pas de maison [Il n'a pas de biens, il ne possède rien]. ¶ 그 부부는 자식이 ~ Ce couple n'a pas d'enfant. ¶ 그 집에는 쓸 만한 살림이 ~ Chez eux, il n'y a aucun confort de vie. ¶ 나는 시간이 ~ Je n'ai pas le temps / Je suis pressé(*e*). ¶ 이제 나에게 시간이 얼마 ~ Maintenant, il ne me reste plus beaucoup de temps. ③ ((속성)) ne pas avoir. ¶ 그 학생은 실력이 ~ Cet(*te*) élève [étudiant(*e*)] n'est pas bon(*ne*) [brillant(*e*)] / Cet(*te*) étudiant(*e*) n'a pas de capacité / Cet(*te*) étudiant(*e*) n'est pas doué(*e*). ¶ 그 사람은 용기가 ~ Il n'est pas courageux / Il n'a pas de courage / Il n'a pas de couilles {*vulg*}. ¶ 이 책은 재미가 ~ Ce livre n'est pas intéressant / Ce livre est inintéressant [nul {*fam*}]. ¶ 그 사람은 직업이 ~ Il est sans profession [sans emploi] / Il n'a pas de travail [de boulot {*fam*}, de job {*fam*}] / Il est au chômage. ¶ 그건 쓸 데가 ~ Cette chose ne sert à rien. ¶ 그럴 리가 ~ C'est impossible! / C'est incroyable! ¶ 그렇게 예쁠 수가 없다 C'est vraiment magnifique! / Je n'ai jamais rien vu de plus beau! ¶ 그 사람이 하는 말은 종잡을 수 가 없다 Je ne comprends pas du tout ce qu'il veut dire. ④ ((부속)) ne pas avoir; ne pas y avoir. ¶ 신발에 끈이 ~ Ces chaussures n'ont pas de lacets. ¶ 차에 기름이 ~ Il n'y a plus d'essence dans la voiture. ⑤ ((사건)) ne pas avoir lieu. ¶ 오늘은 수업이 ~ Aujourd'hui, je n'ai pas de cours / Aujourd'hui, il n'y a pas de cours. ¶ 어제는 교통사고가 한 건도 없었다 Hier, il n'y a pas eu un seul accident de la route.

***없는 것이** ~ avoir tout. ¶ 그는 없는 것이 ~ Il a tout / Il n'y a rien qu'il n'ait.
***온데간데~** ¶ 그 사람은 온데간데 ~ Il n'est nulle part / Il a disparu.
***한 번만 더 거짓말하면 없어** Tu n'as pas intérêt à mentir de nouveau.
***할 말이** ~ Je ne sais pas quoi dire / Cela se passe de commentaire.

◆**없이** 부 sans. ¶ 없이 살다 vivre pauvrement, dans la pauvreté ¶ 돈 한 푼 없이 길을 떠나다 partir sans (avoir) un seul sou en poche. ¶ 친구도 없이 혼자 지내다 être [vivre] tout seul(*e*) sans ami. ¶ 여유 없이 살다 보니 자주 찾아뵙지를 못했어요 Comme on mène un train de vie aussi fatigant, je n'ai pas pu venir vous voir souvent. ¶ 두서없이 말씀드리게 되어 죄송합니다 Je suis désolé(*e*) d'avoir tenu des propos si incohérents [des propos insensés, des propos sans queue ni tête]. ¶ 정처 없이 돌아다니다 errer [tourner en rond] sans but. ¶ 시험을 무리 없이 통과하다 réussir (à) un examen sans problème [haut la main]. ¶ 축구 경기를 정신없이 바라보다 être absorbé(*e*) par un match de football. ¶ 주책없이 남의 일에 끼어들다 se mêler à tort et à travers des affaires d'autrui; mettre [fourrer] *son* nez partout [dans les affaires d'autrui].

***-고 자시고 할 것 없이** ce n'est pas la peine de faire *qc*.
***-고 나발이고 할 것 없이** ((Un ordinateur)) ou autre chose, tu peux toujours courir [tu peux faire une croix dessus] / ((Les études)) ou autre chose, c(e n)'est pas la peine, va! [laisse tomber; oublie, va]! ¶ 그따위로 하려면 공부고 나발이고 할 것 없이 다 때려치워라 Si tu travailles comme ça, les études, c(e n)'est pas la peine [laisse tomber], va!
***그럴 것 없이** ¶ 그럴 것 없이 나랑 같이 가지 그래 Arrête ça, viens plutôt avec moi.
***더할 나위 없이** ☞ 나위
***이것저것 가릴 것 없이** sans aucune distinction.
***할 수 없이** à contrecœur; contre *son* gré; malgré *soi*.

없애다 타 ① 제거하다 faire disparaître *qc*; enlever *qc*, ôter *qc*, supprimer *qc*, éliminer *qc*. ¶ 장애물을 ~ ôter [lever, faire disparaître] un obstacle. ¶ 분쟁의 화근을 ~ éliminer un différend; couper la source du mal [du conflit]. ¶ 사회에서 인종적 편견을 ~ débarrasser la société de préjugés raciaux. ¶ 악법을 ~ supprimer une loi malfaisante [malveillante]; supprimer les lois malveillantes [les mauvaises lois]. ¶ 불편을 ~ faire disparaître les plaintes; annuler [supprimer] les inconvénients. ¶ 어려움을 ~ éliminer les difficultés. ② 다 써버리다 gaspiller *qc*, dissiper *qc*, dilapider ((*sa* fortune)); tuer ((le temps)). ¶ 돈을 마구 써 ~ jeter l'argent par les

ㅇ

fenêtres. ¶ 별 볼일 없는 일에 시간을 ~ tromper [tuer] le temps. ③ 죽이다 faire disparaître *qn*; éliminer *qn*, supprimer *qn*, se débarrasser de *qn* ((d'un témoin gênant)); liquider *qn* {*fam*}. ¶ 적의 지도자를 ~ faire disparaître [éliminer, liquider {*fam*}, supprimer] le chef des ennemis.

없어지다 자 ① 분실되다 être perdu(*e*); disparaître; être égaré(*e*); s'égarer, se perdre. ¶ 책이 없어졌다 J'ai égaré [perdu] mes livres / Mes livres ont disparu. ② 다하다 s'épuiser; tirer à *sa* fin; être épuisé(*e*). ¶ 생활필수품이 없어져 간다 Les provisions touchent [tirent] à leur fin. ③ 소멸하다 s'éteindre, s'effacer, s'estomper; ((희망 따위가)) s'évanouir, s'anéantir. ¶ 열이 없어졌다 La fièvre est tombée [s'est estompée]. ¶ 반대가 자연히 없어졌다 Cette objection a disparu d'elle-même. ¶ 인종차별이 없어졌다 la discrimination raciale [La discrimination entre les races] a disparu.

엇 감 Oh! / Ah! / Tiens! ¶ ~, 이게 뭐야 Oh, qu'est-ce que c'est? / Tiens, qu'est-ce que c'est que ça?

엇- 접두 ((préfixe nominal)) obliquement, diagonalement; de travers; de biais.

◆ **_각** -角 명 【수학】 diagonale *f*.

◆ **_박자** -拍子 명 【음악】 temps *m* [mesure *f*, rythme *m*, cadence *f*] décalé(*e*).

엇가다 자 agir contrairement à; tenir tête à; résister à ((*son* père, la volonté de *qn*)); s'opposer à, désobéir à ((un supérieur, un ordre)); ne pas suivre ((le conseil de *qn*)). ¶ 부모 말에 뭐든지 엇가는 아이 un enfant très désobéissant (envers ses parents).

엇갈다 타 alterner, relayer, échanger. ¶ 서로 엇갈아 쉬다 se reposer en alternance [à tour de rôle, tour à tour, alternativement]; se relayer pour se reposer. ¶ 빨간색을 노란색과 엇갈아 배열하다 distribuer [aligner] en alternant le rouge et le jaune.

엇갈리다 자 ① se croiser ((en chemin)). ¶ 두 기차가 이 지점에서 엇갈린다 Les deux trains se croisent à cette intersection [à cet endroit]. ② ((생각이나 주장)) être en désaccord avec *qn*; diverger ((sur un point)); se contredire. ¶ 의견이 ~ être [se trouver] en désaccord avec *qn* sur *qc*; se contredire. ¶ 그 사람들의 해석은 이 점에서 엇갈리고 있다 Leurs interprétations divergent sur ce point.

*__길이__ ~ se louper (sur le chemin); ne pas pouvoir se croiser (sur la route).

*__희비가__ ~ passer par des hauts et des bas; passer par des alternances de bons et de mauvais moments; avoir des hauts et des bas.

엇걸다 타 accrocher l'un(*e*) sur l'autre. ¶ 총을 ~ mettre les fusils en croix.

엇걸리다 자 être accroché(*e*) l'un(*e*) sur l'autre. ¶ 옷들이 옷걸이에서 엇걸려 있다 Les vêtements sont accrochés les uns sur les autres sur un cintre.

엇구수하다 형 ① 맛있다 être (un peu) suave; être agréable au goût, doux au goût. ¶ 음식의 맛이 ~ Ce plat a un goût suave. ② 그럴 듯하다 être plausible, acceptable. ¶ 엇구수한 이야기 une histoire plausible. ③ 편안하고 친근감이 있다 être familier(*ère*) et agréable. ¶ 인상이 좋은 그 여자에게 엇구수한 정을 느낀다 avoir des sentiments [de l'affection] à l'égard de cette fille qui fait bonne impression.

엇나가다 자 ① dévier ((de *son* chemin)); se détourner; être détourné(*e*) ((de *sa* direction, de *sa* voie)); aller de travers. ¶ 나는 하는 일마다 모두 엇나갔다 Tout ce que j'ai fait allait de travers. ¶ 나는 얘기가 내 뜻과는 자꾸 엇나가기만 해서 아예 입을 다물어 버렸다 Je me suis tu(*e*) parce que l'on a toujours mal compris mes intentions [mes propos]. ② ((언행)) désobéir à ((des supérieurs, un ordre)). ¶ 저 자식은 매사에 엇나간다 Ce gamin tourne mal [désobéit à tout].

엇대다 타 ① 어긋나게 대다 mettre [poser, appliquer] *qc* de biais [de travers]. ¶ 옷에 헝겊을 ~ coudre un morceau de tissu [d'étoffe] de biais sur un vêtement. ② 비꼬다 ironiser sur *qn*/*qc*; se moquer de *qn*; tourner *qn* en ridicule; ridiculiser *qn*; railler *qn*. ¶ 저이는 항상 엇대어 말하는 버릇이 있다 Il a l'habitude de toujours railler.

엇먹다 타 scier *qc* de biais. ¶ 톱날이 엇먹는다 Cette scie coupe de travers [de biais].

엇메다 타 mettre [porter] *qc* en bandoulière [à la bretelle]; jeter ((un manteau)) par derrière l'épaule. ¶ 가방을 ~ mettre [porter] un sac en bandoulière [à la bretelle].

엇물리다 자 s'engrener mal; mal s'engager; être mal ajusté(*e*). ¶ 톱니바퀴가 엇물려 돌아간다 Les roues ne s'engrènent pas bien.

엇바꾸다 타 ① 바꾸다 échanger *qc* contre *qc*; faire un échange de *qc* contre *qc*; faire le troc d'une chose contre une autre [de deux choses]; troquer *qc* contre *qc*. ¶ 물건을 서로 ~ échanger une marchandise contre une autre; faire le troc d'une chose [de deux choses] contre une autre, troquer une marchandise contre une autre. ② 교차시키다 alterner deux choses. ¶ 두 가지 무늬를 서로 엇바꾸어 그려 넣다 orner (*qc*) de deux motifs alternés.

엇바뀌다 자 ① 바뀌다 être inversé(*e*), interverti(*e*), échangé(*e*), transposé(*e*); s'inverser, s'invertir, s'échanger, se transposer. ¶ 그 사람의 것과 나의 것이 서로 엇바뀌었다 Le sien et le mien ont été intervertis. ¶ 일의 순서가 엇바뀌었다 L'ordre des tâches a été interverti. ② 교차하다 se croiser, s'entrecroiser, s'entrelacer. ¶ 붉은빛과 푸른빛이 서로 엇바뀌며 조화를 이루었다 En s'entrecroisant, les lumières rouges et bleues créaient une harmonie.

엇베다 타 couper *qc* de biais. ¶ 나무토막을 ~ couper de biais un morceau [un tronçon] de bois.

엇비슷하다 형 ① 거의 비슷하다 être presque pareil(*le*); être à peu près semblable, assez ressemblant(*e*); être analogue, similaire; être presque [à peu près] égal(*ale, aux*); être presque [à peu près] identique; être approchant(*e*), voisin(*e*); ressembler à *qc*. ¶ 두 나무는 키가 ~ Ces deux arbres ont presque la même hauteur. ¶ 그 친구와 나는 키가 ~ Lui et moi, nous sommes presque de même taille / Nous faisons presque la même taille. ¶ 엇비슷한 예 exemple similaire [semblable]. ¶ 엇비슷한 거리를 두고 심은 나무들 arbres plantés à intervalles presque égaux. ② 약간 비스듬하다 être plus ou moins [un petit peu, légèrement] penché(*e*) [oblique, de travers, de biais]. ¶ 그림이 엇비슷하게 걸려 있다 Le tableau est accroché légèrement de travers [un petit peu de travers] / Le tableau penche légèrement [penche un petit peu, n'est pas tout à fait droit, est légèrement de travers].

◆엇비슷이 부 presque, à peu près, grossièrement, en gros, grosso modo, sans entrer dans le détail. ¶ 답이 ~ 맞다 La réponse est à peu près correcte.

엇서다 재 s'opposer [faire opposition] à *qn*; résister à *qn*; soutenir *son* opinion avec ténacité. ¶ 몇몇 학생은 선생님께 엇서려고 했다 Quelques étudiants [élèves] ont voulu s'opposer au professeur.

엇셈 명 compensation *f*, compte *m* (de deux personnes qui ont des dettes réciproques). ◇_(을) **하다** ((deux personnes qui ont des dettes réciproques)) faire les comptes; compenser; trouver l'équilibre.

엇시조 명 【문학】 *sijo m* aux deux premiers versets libres, forme *f* de *sijo* qui n'a pas de limites sur la longueur des deux premiers versets. ¶ 시조의 종류에는 평시조와 ~ 그리고 사설시조가 있다 Il y a trois types de *sijo* : *pyeongsijo* ((forme basique du *sijo*)), *otsijo* et *saseolsijo* ((forme du *sijo* dont la longueur du deuxième verset n'est pas limitée)).

-었- ☞ -았-

-었었- ☞ -았었-

엉거주춤 부 ① moitié assis(*e*), moitié debout. ② de manière indécise, avec hésitation, en hésitant. ¶ ~ 서 있다 être moitié assis(*e*), moitié debout.

◆_하다 재 se pencher à moitié sur le côté, s'accroupir à demi; rester sans savoir que faire; vaciller, chanceler, balancer, hésiter entre deux partis, se tâter {*fam*}, tortiller {*fam*}; être indécis(*e*), irrésolu(*e*). ¶ 이러지도 저러지도 못하고 ~하게 있다 Il hésite entre faire ceci et faire cela / Il est indécis / Il se tâte {*fam*} / Il reste sans savoir que faire.

◆_히 부 dans une posture incomplète; moitié assis(*e*), moitié debout; penché(*e*) en avant [sur le côté]; de guingois {*fam*}. ¶ 한쪽에 ~히 앉다 s'asseoir de guingois {*fam*} [sur un quart de fesse {*fam*}].

엉겁결에 부 inconsciemment, à son insu, involontairement, ((rire)) sans le vouloir; ((se lever)) d'un mouvement spontané, inopinément, sans que l'on s'y attende; dans un moment de confusion, dans l'embarras, dans la perplexité, dans la confusion du moment, sous l'impulsion du moment, dans la précipitation, sur le coup, sans réfléchir. ¶ 나는 ~ 승낙을 해 버렸다 J'ai donné mon consentement dans un moment de confusion.

엉겅퀴 명 【식물】 chardon *m*.

엉금엉금 부 d'un pas traînant, d'un pas de tortue; à pas lents; très lentement, comme une tortue [un escargot]; ((se traîner)) comme une limace, avec peine, difficilement. ¶ ~ 기어가다 ramper [marcher à quatre pattes] très lentement; marcher d'un pas de tortue, avancer comme une tortue [très lentement], aller [avancer] comme un escargot; se traîner (comme une limace); se traîner avec peine [difficilement]. ¶ 거북이가 ~ 기어가고 있다 La tortue avance lentement [à pas lents].

엉기다 재 ① 서로 얽혀 있다 ((피, 기름 따위가)) se figer; ((우유, 피 따위가)) se coaguler, se cailler; ((젤리 따위가)) prendre, durcir; ((농축하다)) se condenser. ¶ 피가 검붉게 엉겨 있었다 Le sang rouge foncé restait coagulé. ¶ 바닥에 기름이 엉기어 있다 Le sol est maculé d'huile. ¶ 창틀에 흙먼지가 엉겨 있다 Le châssis de la fenêtre est couvert de poussière. ¶ 엉긴 피 sang coagulé; caillot de sang. ② (여럿이 떼지어) 달라붙다 se cramponner [s'accrocher] à *qn*; s'accrocher [être pendu(*e*), être suspendu(*e*)] aux basques de *qn*, être toujours sur le dos [sur les talons, dans les pattes {*fam*}] de *qn*; s'entrelacer, s'enlacer. ¶ 아이들이 나에게 엉겨 떨어질 줄 모른다 Les enfants restent toujours pendus à mes basques {*fam*} / Les enfants sont toujours sur mon dos [sont toujours dans mes pattes] {*fam*} / Les enfants ne me lâchent pas d'une semelle [une seconde]. ¶ 둘이 함께 엉겨 싸움을 했다 Ils combattaient corps à corps. ③ 한데 뒤얽이다 s'encombrer de *qc*. ¶ 교차로에 차들이 엉겨 있다 Le carrefour est encombré de voitures.

◆엉겨 붙다 재 se cramponner [s'accrocher] à *qn*; s'accrocher [être pendu(*e*), être suspendu(*e*)] aux basques de *qn*, être toujours sur le dos [sur les talons, dans les pattes {*fam*}] de *qn*. ¶ 그 녀석은 나한테 엉겨 붙어 이익을 보려 한다 Il se cramponne à moi uniquement dans le but de satisfaire ses propres intérêts [uniquement à des fins personnelles].

엉덩방아 명 chute *f* sur le derrière. ¶ ~를 찧다 tomber [chuter] sur le derrière [sur les fesses, sur l'arrière-train {*fam*}, sur le postérieur {*fam*}]; tomber sur *son* postérieur; tomber sur le coccyx; se retrouver sur les fesses.

엉덩이 명 fesses *fpl*, derrière *m* {*fam*}, cul *m* {*fam*}, arrière-train *m* {*fam*}, ((botter le)) train *m* {*fam*}, postérieur *m* {*fam*}, miches *fpl* {*fam*}, fessier *m*; ((말 따위의)) croupe *f*; ((바지의)) fond *m* ((d'une culotte)). ¶ ~를 걷어차다 donner (à *qn*) un coup

ㅇ

de pied aux fesses [au derrière, au cul, dans l'arrière-train] {*fam*}; mettre [appliquer, flanquer] (à *qn*) *son* pied aux fesses {*fam*}; botter le derrière [les fesses] à *qn* [de *qn*]; donner des coups de pied au cul [dans le cul] {*fam*}; allonger (à *qn*) un coup de pied dans les miches {*fam*}; botter le train {*fam*} (à *qn*). ¶ ~를 (가볍게) 두들기다 ((애정의 표시)) tapoter les fesses ((d'un enfant)). ¶ 무희가 ~를 흔들며 춤춘다 La danseuse danse en roulant des hanches. ¶ ~가 크다 avoir de grosses fesses [un gros derrière {*fam*}]; être fort(*e*) de l'arrière-train {*fam*}. ¶ ~가 펑퍼짐하다 avoir des fesses plates.

*~**를 붙이다** poser *ses* fesses *qp*, s'asseoir *qp*.

*~**가 가볍다** avoir la bougeotte {*fam*}; ne pas tenir [rester] en place, être toujours en mouvement, bouger sans cesse, aimer le mouvement, être sans cesse en mouvement, être acti*f*(*ve*), remuant(*e*).

*~**가 근질근질하다** avoir une démangeaison de+*inf* {*fam*}, ça démange *qn* de+*inf* {*fam*}, mourir d'envie de+*inf*, avoir une envie irrépressible de+*inf*; ce n'est pas l'envie qui m'en manque.

*~**가 무겁다** ne pas savoir s'en aller (quand on est chez *qn*); ne pas vouloir se lever de *son* siège, être paresseu*x*(*se*), ne pas vouloir travailler, avoir les bras à la retourne {*fam*}, les avoir à la retourne {*fam*}; avoir le cul collé à *son* siège {*fam*}, rester planté(*e*) comme un poireau; être lent(*e*) à réagir, être dur(*e*) à la détente; rester longtemps au même endroit, s'enraciner, prendre racine; avoir le cul {*fam*} bien planté.

◆**_뼈** 명 articulation *f* coxofémorale [de la hanche].

◆**_춤** 명 danse *f* des hanches.

엉덩짝 명 【속어】 derrière *m* {*fam*}, cul *m* {*fam*}, arrière-train *m* {*fam*}, ((botter le)) train *m* {*fam*}, postérieur *m* {*fam*}, miches *fpl* {*fam*}, popotin *m* {*fam*}. ¶ 나는 형에게 ~을 차였다 Mon grand frère m'a botté le train [m'a flanqué {*fam*} son pied dans l'arrière-train]. ☞ 엉덩이

엉덩판 명 【속어】 région *f* fessière; fesses *fpl*, fessier *m*. ☞ 엉덩이

엉뚱스럽다 형 être singuli*er*(*ère*), saugrenu(*e*), étrange, bizarre, inhabituel(*le*), hors du commun. ¶ 그 사람의 행동은 늘 ~ Il se conduit [se comporte] toujours bizarrement / Il a toujours un comportement étrange. ¶ 엉뚱스럽게도 그 사람은 나를 탓했다 Étrangement, il m'a accusé [il m'a fait porter le chapeau].

엉뚱하다 형 ((생각이나 행동 따위가)) être fantasque, extravagant(*e*), loufoque, déraisonnable, insolite, saugrenu(*e*), farfelu(*e*), bizarre, ((procédé)) être insolite; être singuli*er*(*ère*), inhabituel(*le*), hors du commun; ((관계없다)) être hors de propos, non pertinent(*e*), être sans rapport avec *qc*, ne rien à voir avec *qc*, n'avoir aucun rapport avec *qc*; être inattendu(*e*), imprévisible, imprévu(*e*); ((remarque, plaisanterie)) être déplacé(*e*), malencontreu*x*(*se*); ((장소나 답 따위가)) être fau*x*(*sse*), mauvais(*e*), incorrect(*e*). ¶ 그런 발상은 ~ C'est une idée bizarre [extravagante, loufoque] / C'est une drôle d'idée. ¶ 엉뚱한 생각 une idée extravagante [saugrenue, farfelue]. ¶ 엉뚱한 사람 homme fantasque [bizarre], un individu bizarre; un drôle de personnage [d'énergumène, d'individu, de type, de coco {*fam*}, de pistolet {*fam*}, de zèbre {*fam*}, de zig {*fam*}, de zigoto {*fam*}), de moineau {*fam*}, de numéro {*fam*}, d'oiseau {*fam*}, de phénomène {*fam*}]. ¶ 엉뚱한 말을 하다 dire des bizarreries [extravagances, idioties], tenir des propos saugrenus [déraisonnables, insolites], dire n'importe quoi; parler mal à propos [sottement, à tort et à travers]. ¶ 엉뚱한 짓을 하다 faire des extravagances [folies], avoir un comportement extravagant; agir mal à propos [sottement, à tort et à travers].

엉망 명 pagaille *f* {*fam*}, fouillis *m*, désordre *m*; saleté *f*, gâchis *m*; confusion *f*. ◇**_을[으로] 만들다** mettre (tout) en désordre [sens dessus dessous]; bouleverser, chambarder {*fam*}, chambouler {*fam*}; mettre le désordre [la pagaille] dans *qc*, mettre [jeter] le désordre [la confusion] dans *qc*; troubler ((l'ordre de la société)); jeter ((des objets)) pêle-mêle; éparpiller; encombrer ((une table de livres, de dossiers)); mettre [foutre {*vulg*}] du désordre [le bordel {*fam*} [la pagaille {*fam*}, le foutoir {*fam*}]; gâter ((les affaires, le plaisir)); mettre *qc* hors d'usage; détériorer; gâcher ((une occasion)); ruiner ((une réputation)). ¶ 그 녀석이 내 계획을 ~으로 만들었다 Ce type a gâché [ruiné, fait chambouler {*fam*}] mon projet. ◇**_이다** être en désordre [pagaille], être en désordre [en bordel {*fam*}], désordonné(*e*), sens dessus dessous [pêle-mêle]; être troublé(*e*), confus(*e*), chaotique; c'est le foutoir [la pagaille {*fam*}, le chantier {*fam*}, le bazar {*fam*}, le binz {*fam*}, le fouillis {*fam*}, le souk {*fam*}, le bordel {*vulg*}, le boxon {*vulg*}, le foutoir {*vulg*}, le merdier {*vulg*}]. ¶ 어머니가 안 계시니 집안 꼴이 ~이다 Notre mère étant absente, la maison est dans un désordre total [dans une sacrée pagaille {*fam*}] / Comme notre mère n'est pas là, tout est en désordre chez nous [c'est vraiment le souk {*fam*} [le foutoir {*vulg*}, le bordel {*vulg*}] chez nous].

◆**_진창** 명 pêle-mêle *m*, désordre *m* complet; foutoir *m* {*fam*}, pagaille *f* {*fam*}, chantier *m* {*fam*}, bazar *m* {*fam*}, binz *m* {*fam*}, fouillis *m* {*fam*}, souk *m* {*fam*}, bordel *m* {*vulg*}, boxon *m* {*vulg*}, foutoir *m* {*vulg*}, merdier *m* {*vulg*}. ¶ 방 안이 ~진창이다 Tout est en pagaille dans la chambre / La chambre est dans un désordre épouvantable / C'est le souk dans cette chambre! {*fam*} / Quel bordel, cette chambre! {*fam*} / On ne s'y retrouve plus

ㅇ

dans cette chambre (tellement c'est le bordel) {*fam*} / La chambre est en désordre [sens dessus dessous] / Quel foutoir [pagaille {*fam*}, chantier {*fam*}, bazar {*fam*}, binz {*fam*}, fouillis {*fam*}, boxon {*vulg*}, foutoir {*vulg*}, merdier {*vulg*}] dans cette chambre!

엉성하다 형 ① 성기다 être peu serré(*e*), être clairsemé(*e*). ¶ 엉성하게 짜다 tisser d'une façon peu serrée. ¶ 엉성한 머리카락 cheveux clairsemés. ② 짜임새가 없다 être peu structuré(*e*), sans ordre. ¶ 작품 구성이 ~ Cette œuvre est peu structurée. ¶ (내 생각에는) 저 사람이 하는 짓은 엉성해 Je ne suis pas content(*e*) [Je suis mécontent(*e*)] de sa manière de faire. ③ 마르다 être très maigre, maigre comme un clou, décharné(*e*), hâve, squelettique, n'avoir que la peau sur les os; ((figure, personne)) être émacié(*e*). ¶ 겨울나무가 가지만 엉성하게 남아 있다 En hiver, les branches des arbres sont nues [dépouillées de leur feuillage] / Les arbres sont dépouillés de leur feuillage en hiver.

◆**엉성히** 부 sans serrer, lâchement, librement, vaguement.

엉엉 부 bruyamment, en sanglotant, à chaudes larmes; avec des sanglots dans la voix; en poussant des gémissements. ¶ ~ 울다 pleurer à chaudes larmes [bruyamment, comme une Madeleine, comme une vache, comme un veau, comme une fontaine], sangloter.

◆**_거리다[대다]** 자 ((울다)) pleurer à chaudes larmes [bruyamment], sangloter; pousser des gémissements; ((하소연하다)) se plaindre de *qc*, se lamenter sur *son* sort.

엉클어뜨리다 타 emmêler, brouiller, embroussailler, rendre alambiqué(*e*), compliquer, entortiller. ¶ 두 손으로 머리를 ~ se décoiffer avec les deux mains. ¶ 머리가 엉클어뜨려졌다 Mes cheveux sont embroussaillés [en broussaille, tout emmêlés, en désordre, en bataille, (complètement) défaits, hirsutes, ébouriffés, broussailleux] / J'ai les cheveux en bataille [tout emmêlés, complètement défaits, ébouriffés] / Je me suis coiffé(*e*) en coup de vent / Je suis décoiffé(*e*).

엉클어지다 자 ① ((실 따위가)) s'enchevêtrer, s'embrouiller, s'emmêler. ¶ 엉클어진 줄을 풀다 démêler une ligne [des fils]. ¶ 엉클어진 실타래를 풀다 débrouiller les fils d'un écheveau. ② ((일, 문제 따위가)) se compliquer, s'embrouiller. ¶ 일이 엉클어졌다 L'affaire s'est embrouillée [compliquée]. ¶ 시국이 난마처럼 엉클어져 있다 La situation du pays est chaotique.

엉금성큼 부 à grands pas, à grandes enjambées. ¶ ~ 걷다 marcher à grands pas [à grandes enjambées].

엉큼스럽다 형 avoir l'air sournois(*e*); ne pas avoir l'air franc(*che*). ¶ 그 사람은 생각이 ~ Il a des pensées sournoises [perfides]. ¶ 엉큼스럽게 혼자 떠나려 하다 vouloir partir tout(*e*) seul(*e*) sournoisement sans rien dire à personne.

엉큼하다 형 être sournois(*e*), dissimulé(*e*), perfide, insidieux(*se*), malin(*gne*), retors(*e*), rusé(*e*), astucieux(*se*), futé(*e*). ¶ 저이는 하는 짓이 ~ Il fait souvent des sournoiseries / Il agit souvent sournoisement. ¶ 엉큼하게 굴다 se comporter d'une façon sournoise; agir sournoisement [en dessous, insidieusement].

엉키다 자 s'enchevêtrer, s'embrouiller, s'emmêler. ¶ 그 여자는 엉킨 머리카락들을 훑어 내렸다 Elle a passé les doigts dans ses cheveux emmêlés.

엉터리 명 fanfaron(*ne*); personne *f* [chose *f*] d'apparence trompeuse; duperie *f*, tromperie *f*, comédie *f*, imposture *f*; faux *m*, contrefaçon *f*, falsification *f*; bibelot *m*, babiole *f*. ¶ ~ 약장수 marchand [vendeur] d'orviétan, charlatan. ¶ ~ 물건 pacotille, camelote. ¶ ~ 영어 l'anglais de pacotille, un simulacre[une parodie] d'anglais. ◇**_이다** être faux(sse); ne pas être aussi bon(*ne*) qu'il(elle) paraît, être (du) n'importe quoi {*fam*}. ¶ 그 사람은 ~이다 C'est un fanfaron / C'est une personne à qui on ne peut pas se fier. ¶ 그 사람은 하는 일마다 ~이다 Tout ce qu'il fait c'est (du) n'importe quoi.

◆**_없다** 형 être déraisonnable, aberrant(*e*), insensé(*e*). ¶ ~없는 고집을 부리다 manifester un entêtement déraisonnable. ¶ ~없게도 그 사람은 자격 미달자였다 Comble d'aberration, il était quelqu'un de non qualifié.

엊그저께 명 il y a deux ou trois jours, il y a quelques jours, l'autre jour. ¶ ~까지는 일이 없었다 Rien ne s'est passé jusqu'à l'autre jour.

부 il y a deux ou trois jours, il y a quelques jours, l'autre jour. ¶ 저분은 내가 ~ 만난 사람이다 C'est la personne que j'ai rencontrée il y a quelques jours [l'autre jour].

엊그제 명 ☞ 엊그저께

엊저녁 명 hier soir, hier au soir. ¶ ~에 hier (au) soir.

엎다 타 ① 뒤집다 renverser ((une chaise; un vase)); retourner, chavirer, mettre. ¶ 잔을 엎어 놓다 mettre [poser] les verres à l'envers [retournés]. ¶ 트럼프 패를 엎어서 내놓다 poser les cartes à l'envers [retournées, face contre terre]. ② 쏟다 renverser; répandre. ¶ 재떨이를 ~ renverser un cendrier. ¶ 그 사람은 실수로 국그릇을 엎었다 Il a renversé un [son] bol de soupe par inadvertance [sans le vouloir]. ③ 집어치우다 abandonner, lâcher, laisser tomber. ¶ 아빠는 성이 치밀어서 하던 일을 엎어 버렸다 Fou de rage, mon père a laissé tomber ce qu'il était en train de faire. ④ (어떤 체제나 질서 따위를) 바꾸기 위해 없애다 renverser; saper, ébranler. ¶ 독재 정권을 엎어 버리다 renverser le régime dictatorial.

엎드러지다 자 tomber en avant. ¶ 실종되었던 그 남자는 눈 밭 한가운데 엎드러져 있었다 L'homme qui avait disparu était étendu par terre au milieu des champs enneigés.

엎드려뻗쳐 감 【군사】 ((commandement militaire obligeant les destinataires à se (main)tenir cambré les mains et les pieds au sol [à se tenir bras et jambes tendues, le dos cambré et immobile] pendant un temps prolongé)).

엎드리다 재타 se mettre à plat ventre; se prosterner ((devant *qn*, aux pieds de *qn*)); se jeter ((aux pieds de *qn*, aux genoux de *qn*)). ¶ 몸을 ~ se mettre à plat ventre [face contre terre]. ¶ 땅에 ~ s'allonger par terre à plat ventre [face contre terre]. ¶ 엎드려 자다 dormir (couché(*e*)) sur le ventre [à plat ventre, face contre terre].

엎디다 재타 se mettre [se coucher] à plat ventre, se prosterner ((devant *qn*)), se jeter ((aux pieds de *qn*, aux genoux de *qn*)), s'accroupir. ¶ 바닥에 몸을 ~ se mettre [se coucher] à plat ventre sur le sol. ¶ 그 여자는 밭에 엎디어 풀을 뽑고 있었다 Accroupie dans le champ, cette femme était en train de désherber.

엎어지다 재 tomber à plat ventre [face contre terre]. ¶ 문턱에 걸려 ~ tomber à plat ventre [face contre terre] en butant le seuil [pas] de la porte.

***엎어지면[엎드리면, 엎드러지면] 코 닿을 데 있다** ☞코[1]

엎지르다 타 répandre ((du potage sur une nappe)); renverser ((du vin)). ¶ 물을 ~ renverser de l'eau.

***이미 엎지른 물이다** Ce qui est fait est fait / À chose faite, point de remède.

ㅇ

엎질러지다 재 se renverser, être renversé(*e*). ¶ 술잔이 엎질러졌다 Le verre d'alcool s'est renversé. ¶ 커피가 엎질러져 옷을 버렸다 J'ai sali mes vêtements en renversant du café [en m'aspergeant de café].

엎치다 재타 ① 배를 바닥 쪽으로 깔다 se retourner sur le ventre. ¶ 애가 벌써 엎치기 시작했다 Mon bébé a déjà commencé à se retourner sur le ventre. ② ((‘엎다’의 강조)) renverser avec force [énergiquement, vigoureusement]. ¶ 밥상을 ~ renverser d'un coup la table du dîner.

***엎친 데 덮친 격으로[덮치기로]** ☞ 덮치다

엎치락뒤치락 부명 tantôt dessus tantôt dessous. ¶ 야구 경기에서 두 팀이 ~ 역전을 거듭했다 Les deux équipes [formations] de baseball se sont livrées (à) un véritable chassé-croisé (au tableau d'affichage) [un duel acharné tout au long de cette partie, un combat acharné tout au long de cette partie] / L'issue du match est restée longtemps indécise / On a assisté à un match très serré [à une lutte très serrée, une partie très serrée] / Les deux équipes de baseball ont disputé une partie très serrée / Ce fut une partie de baseball chaudement disputée. ◇_(을) **하다** être tantôt dessus tantôt dessous; avoir le dessus à certains moments et le dessous à d'autres; se montrer tantôt favorable, tantôt défavorable; ((잠자리에서)) se tourner et se retourner ((dans *son* lit)), se tourner dans tous les sens, s'agiter dans *son* sommeil; ((마음이)) être capricieux(*se*), inconstant(*e*).

-에 조 ① ((시간)) à, dans, en, pendant. ¶ 8시~ à huit heures. ¶ 제시간~ ((arriver)) à l'heure. ¶ 아침~ ce matin, en début de matinée. ¶ 오전 중~ dans la matinée. ¶ 일요일~ (ce) dimanche. ¶ 그 일을 하루~ 다 하기는 무리다 Ce n'est pas possible de terminer ce travail en un (seul) jour. ② ((공간, 방향)) à, en, sur, dans. ¶ 오른[왼쪽]~ à droite [gauche]; du côté droit [gauche]; à [sur] votre droite [gauche]. ¶ 담 벽~ 기대다 s'appuyer [s'adosser] contre un mur. ¶ 의재[땅바닥]~ 앉다 s'asseoir sur une chaise [par terre]. ¶ 입~ 물고 있다 tenir ((un cigare)) dans la bouche [entre les dents]; avoir ((une cigarette)) à la bouche [en bouche]; ((동물이)) tenir ((un bâton)) dans *sa* gueule. ¶ 종이~ 서명을 하다 apposer *sa* signature sur un papier. ¶ 그 학생은 학교 근방~ 산다 Cet élève habite près [à proximité, à quelques pas, à deux pas] de l'école. ③ ((도착점)) à, vers, en. ¶ 서울[프랑스, 캐나다]~ 도착하다 arriver à Séoul [en France, au Canada]. ¶ 집~ 돌아오다 rentrer [retourner] chez *soi*. ¶ 세종로~ 가다 aller à l'avenue Sejong; se diriger vers l'avenue Sejong. ④ ((원인)) à, pour, par, de. ¶ 추위~ 떨다 trembler de froid. ¶ 더위~ 지치다 être accablé(*e*) par la chaleur [par la chaleur caniculaire]. ¶ 두려움~ 떨다 trembler de peur. ¶ 바람~ 나부끼다 flotter au vent. ¶ 공부하기~ 바쁘다 être très occupé(*e*) [pris(*e*)] par le travail. ¶ 기차마저도 폭풍우~ 연착했다 Même le train a été retardé par l'orage. ⑤ ((방편, 도구)) avec, à, par ((*qn*)). ¶ 칼~ 손을 베다 se couper la main avec un couteau. ¶ 빨래를 햇볕~ 말리다 étendre le linge à sécher au soleil. ¶ 나는 그 소포를 인편~ 보냈다 J'ai fait remettre [porter] ce paquet par quelqu'un. ⑥ ((대상)) à, pour ((la santé)). ¶ 공부~ 취미를 붙이다 prendre goût au travail [aux études]. ¶ 우유는 건강~ 좋은 음식이다 Le lait est bon pour la santé. ¶ 취미~ 맞다 convenir au goût de *qn*. ⑦ ((재료)) de. ¶ 방 안이 꽃향기~ 가득 차 있다 La pièce embaume le parfum des fleurs. ⑧ ((기준)) par, sur. ¶ 한 사람~ par tête. ¶ 일주일~ 두 번 deux fois par semaine. ¶ 한 해~ 몇 번 quelques [plusieurs] fois l'an [par an]. ¶ 십 분~ 한 번 toutes les dix minutes. ¶ 두 번~ 한 번 une fois sur deux. ¶ 천 원~ 팔다 vendre *qc* (pour) 1000 wons. ¶ 한 다스~ 무엇을 팔다 vendre *qc* à la douzaine. ¶ 1 킬로~ 2 유로 deux euros le kilo. ¶ 도의~ 어긋남이 없다 ne pas être contre la moralité; ne pas être contraire à la moralité. ⑨ ((배정)) 춘향이(역)~ 윤정희 Yoon Jeong-hee dans le rôle de Chunhyang

***그 아버지~ 그 아들(이다)** ☞ 아버지

-에게 조 ① 대상 ((le complément d'objet indirect)) à. ¶ 아이~ 책을 주다 donner un livre à un enfant ¶ 나를 그 여자~ 소개해 주지 않겠습니까? Voulez-vous me présenter à cette femme? ¶ 언니~

물어보다 demander à ma sœur aînée. ¶ 아이~ 밥을 먹이다 faire manger un enfant; donner à manger à un enfant; nourrir un enfant; ((갓난아기에게)) donner la becquée à un nourrisson. ② 동작주 par, de. ¶ 누구~ 살해당하다 être tué(*e*) [assassiné(*e*)] par *qn*. ¶ 그 아이는 어른들~ 귀여움을 독차지하고 있다 Cet enfant est aimé de tous les adultes. ¶ 도둑이 주인~ 들켰다 Le voleur s'est fait surprendre [a été surpris (en flagrant délit)] par le(la) propriétaire de la maison.

*__호랑이~ 물려가도 정신만 차리면 된다__ ☞ 호랑이

-에게다 조 ((particule de complément d'objet indirect, de direction)) à, envers, à l'égard de *qn*, en direction de *qn*, auprès de *qn* . ☞ -에게

-에게다가 조 ((particule de complément d'objet indirect, de direction)) à, envers, à l'égard de *qn*, en direction de *qn*, auprès de *qn* . ☞ -에게

-에게로 조 ((particule de direction)) à, vers. ¶ 모든 사람의 눈길이 그 사람~ 쏠렸다 Tous les regards sont tournés vers lui. ¶ 그 책임이 그 사람~ 돌아갔다 La responsabilité lui en est incombée.

-에게서 조 ((particule de provenance)) de, à. ¶ 누구~ 무엇을 빌리다 emprunter *qc* à *qn*. ¶ 누구~ 무엇을 빼앗다[훔치다] enlever [prendre, voler] *qc* à *qn*.

에고이즘 영{egoism} 명 égoïsme *m*.

에구구 감 ((interjection)) oh là là, eh bien; merde {*fam*}, zut {*fam*}, mince ((expression de déception)). ¶ ~, 또 실수를 했네 Oh là là! [Merde! {*fam*}, Zut! {*fam*}, Mince!] j'ai encore fait une bêtise [gaffe {*fam*}] / Oh là là! j'ai encore commis une erreur.

에구머니 감 ((interjection)) oh là là, eh bien ((expression de déception)). ¶ ~! 이게 웬일이야? Oh là là, qu'est-ce qui se passe?

에구에구 감 ((interjection)) oh, oh là là, (oh) mon Dieu!, bon sang (de bonsoir)! ¶ ~, 이 일을 어떻게 하나? Mon Dieu! Qu'est-ce que je vais faire?

에그 감 ((interjection)) ① 징그러움 berk!, beurk!, pouah! {*vx*}. ¶ ~, 징그러워라! Berk! c'est dégoûtant! ② 가엾음 oh mon Dieu! ¶ ~, 가엾어라! Mon Dieu! Quel malheur! / Mon Dieu! Cela fait pitié! / Mon Dieu! C'est triste à voir! ③ 무서움 Oh! Mon Dieu! ¶ ~, 무서워라! Oh! Mon Dieu! Cela fait peur!

에끼 감 ((interjection)) pouah!; honni sois-tu!; diable!; nom de nom! {*fam*}; zut! {*fam*}. ¶ ~, 이 고약한 놈! Diable! Ce sale type! / Diable! Quel voyou! / Diable! Quel type odieux!

에나멜 영{enamel} 명 émail *m*, vernis *m*.

에너지 영{energy} 명 énergie *f*. ¶ ~ 보존의 법칙 principe de la conservation de l'énergie. ¶ 인간의 창조적 ~ énergie créative de l'homme. ¶ 대체 ~를 개발하다 développer des énergies de substitution [de remplacement]. ¶ ~를 아껴 쓰다[절약하다] faire des économies d'énergie. ¶ ~가 고갈될 우려가 있다 Il est à craindre que les énergies s'épuisent un jour totalement.

◆**_원** -原 명 sources *fpl* d'énergie.

◆**_위기** -危機 명 crise *f* de l'énergie.

◆**열_** 熱- 명 énergie *f* calorifique [thermique].

◆**전기_** 電氣- 명 énergie *f* électrique.

에네르기 독 명 énergie *f*. ☞ 에너지

에누리 명 ① ((월가, 비싸게)) annonce *f* d'un prix surfait (avant marchandage), surfacture *f*, prix *m* exagéré [surfait] (que l'on demande avant de marchander); ((싸게)) rabais *m*, réduction *f*, remise *f*, ristourne *f*; marchandage *m*. ② ((과장)) exagération *f*. ◇**_(를) 하다** ((비싸게)) surfaire, surfacturer ((un objet)), faire payer le prix fort, faire payer cher (*qc* à *qn*); ((싸게)) réduire ((le prix)); exagérer *qc*; grossir ((les qualités de *qn*)); amplifier *qc*; marchander, débattre le prix. ¶ 그 부인은 물건 값 ~를 잘한다 Cette dame aime marchander / Cette dame est une vraie marchandeuse. ◇**_(가) 없다** ne pas être exagéré(*e*). ¶ ~ 없이 sans exagération [exagérer]; franchement. ¶ ~ 없는 장사는 없다 On peut marchander sur tout / Quand il s'agit de commerce, il y a forcément une différence entre le prix marchand et le prix consommateur. ¶ 그 사람의 말은 한 푼 ~ 없는 진심이다 Il a dit la vérité sans aucune exagération / Il est on ne peut plus sincère.

-에는 조 ((particule de temps)) à, pour. ¶ 일요일~ 쉬다 ((사람이)) se reposer [ne pas travailler] le dimanche; ((가게 등이)) être fermé(*e*) [ne pas être ouvert(*e*)] le dimanche. ¶ 내가 한창 때~ 100kg을 들었다 J'ai soulevé jusqu'à 100 kilos dans ma jeunesse. ¶ 당신 생각~ 어떻게 일이 잘되겠습니까? À votre avis [D'après vous], comment faut-il faire pour que ça aille mieux?

에다[1] 타 enlever ((un morceau)), découper, arracher; enlever en grattant [raclant]; creuser, percer; ((froid)) mordre; ((마음을 몹시 아프게 하다)) fendre ((le cœur)), être déchirant(*e*), poignant(*e*), lancinant(*e*). ¶ 살을 에는 듯한 추위 froid mordant. ¶ 가슴을 에는 듯한 비애 chagrin [douleur] qui fend le cœur de *qn*.

-에다[2] 조 ((particule de lieu)) à, dans, sur, avec. ¶ 종이~ 쓰다 écrire sur du papier. ¶ 벽~ 그림을 걸다 fixer un tableau sur un mur; accrocher [pendre] un tableau au mur. ¶ 책상 위~ 꽃병을 놓다 poser un vase sur une table. ¶ 블랙커피~ 설탕을 넣다 mettre du sucre dans un café noir. ¶ 둘~ 셋을 더하면 다섯이다 Deux et trois font cinq / Deux plus trois égalent cinq. ¶ 당신은 그것을 무엇~ 씁니까? Pour quoi vous en servez-vous? / Quel usage en faites-vous?

에돌다 타 ① (바로 가지 않고) 돌아서 가다 contourner, tourner. ¶ 길을 에돌아 가다 contourner la route, faire un détour. ② (직접 나서지 않고) 슬슬 피하다 éviter, éluder, détourner, dévier. ¶ 그 남자는 한 마디 말도 못한 채 그 여자의 주변만 에돌았다 Sans dire un mot, il ne faisait que tourner autour d'elle.

-에다가 조 ((particule de lieu)) à, dans, sur, avec. ¶ 술~ 물을 타다 mettre de l'eau dans *son* vin. ¶ 빵~ 잼을 바르다 mettre [étaler] de la confiture sur *son* pain.

에델바이스 독 명 edelweiss *m*.

-에도 조 même à [en, dans, sur]; et à [en, dans, sur]. ¶ 낮~ 밤~ ((travailler)) jour et nuit. ¶ 한밤중~ 잠을 자지 못하다 ne pas pouvoir dormir même en pleine nuit. ¶ 저 사람은 여름~ 겨울~ 같은 옷만 입는다 Il porte toujours les mêmes vêtements été comme hiver. ¶ 그 아이는 집~ 학교~ 없다 Cet enfant ne se trouve [n'est] ni chez lui, ni à l'école. ¶ 그 학생은 일요일~ 도서관에 간다 Cet étudiant va à la bibliothèque même le dimanche. ¶ 이곳에는 오월~ 눈이 쌓인다 Ici, il neige même en mai. ¶ 나는 겨울~ 내복[내의]를 입지 않는다 Je ne mets [porte] ni collants, ni maillot de corps même en hiver.

에두르다 타 ① 둘러 막다 entourer ((un jardin d'un mur)); clore, enclore, clôturer ((un terrain)). ② 암시하다 procéder par insinuation; insinuer à *qn* que+*ind*. ③ 둘러서 말하다 user de périphrases [détours] ((pour annoncer une mauvaise nouvelle)); tergiverser; faire des circonlocutions; parler par [en usant de] circonlocutions; prendre des détours pour dire *qc*; tourner autour du pot; détourner ((la conversation)); se mettre à parler d'autre chose; changer de sujet; parler par périphrases [circonlocutions], périphraser. ¶ 그렇게 에두르지 말고 핵심을 이야기해 보아라 Venez-en à l'essentiel! / Cessez de tourner autour du pot!

에라 감 eh bien!, enfin, ah! oh!, pff! ¶ ~, 인젠 될 대로 돼라! Advienne que pourra! / Pff! Maintenant peu importe ce qui m'arrivera, au point où j'en suis!

-에라야 조 ((particule de complément circonstanciel de temps ou de lieu, à une condition obligatoire)). ① ((시간을 나타내는 말과 함께)) seulement après [à, dans, lorsque, quand]. ¶ 일이 끝난 후~ 그 사람을 만날 수 있다 Il ne sera possible de le rencontrer qu'une fois le travail terminé. ② ((장소를 나타내는 표현과 함께)) seulement à [dans]. ¶ 완벽한 시설을 갖춘 공장~ 이 제품의 생산을 의뢰할 수 있다 On peut confier la production de ce produit seulement à une usine munie d'un équipement complet.

에로스 그 명 ① 신화 Éros *m*. ② 성적인 사랑 éros *m*, amour *m* charnel [libidinal], érotisme *m*. ¶ 아가페의 사랑과 ~의 사랑 l'amour d'Agape et l'amour d'Éros.

에로티시즘 영{eroticism} 명 érotisme *m*.

에메랄드 영{emerald} 명 émeraude *f*.

에미 명 mère *f*, maman *f* ((terme d'abaissement, quand la mère se désigne elle-même)). ☞ 어미[1]

에밀레종 -鐘 명 cloche *f Emille*, cloche *f* du temple Bongdeok <la plus grosse cloche de Corée, fondue en 771. Aujourd'hui, elle est conservée au musée national de Gyeongju>.

에비 감 ((어린애를 무섭게 할 때)) Attention!; Ne touche pas!; hou!; le loup vient! ¶ ~, 만지지 마라! Hou [Attention]! ne touche pas!

-에서 조 ① 장소 ((lieu où on fait un mouvement)) à, dans, sur, en. ¶ 서울~ à Séoul. ¶ 정거장[대합실, 플랫폼]~ à la gare [dans la salle d'attente, sur le quai]. ¶ 집~ à la maison, chez *soi*. ¶ 제과점~ chez le boulanger; à la boulangerie. ¶ 교실~ dans la classe; en classe. ¶ 한국[프랑스, 미국]~ en Corée [en France, aux États-Unis]. ¶ 아시아~ en Asie. ¶ 제주도~ dans [sur] l'île de Jeju. ¶ 시골[도시]~ 살다 vivre à la campagne [dans une grande ville]. ¶ 우리 반~ 내가 제일 크다 Je suis le(la) plus grand(*e*) dans ma classe. ¶ 어제 꿈~ 돌아가신 아버지를 보았다 Cette nuit, j'ai rêvé de mon défunt père. ¶ 그 아저씨는 증권~ 재미를 보았다 Il a gagné de l'argent [fait des bénéfices] à la Bourse. ¶ 조용한 분위기~ 회의가 진행되었다 La réunion s'est déroulée dans une atmosphère tranquille. ② 시발점 ((point de départ ou provenance)) de, depuis; à partir de; par. ¶ (오후) 두 시~ 세 시 사이에 de deux à trois heures (de l'après-midi); entre quatorze heures et quinze heures. ¶ 서울~ 파리까지 de [depuis] Séoul à Paris. ¶ 서른 살~ 마흔 살까지의 남자 homme de trente à quarante ans. ¶ 학교~ 돌아오다 rentrer de l'école. ¶ 기차[자동차]~ 내리다 descendre du train [de voiture]. ¶ 말[지붕, 계단]~ 떨어지다 tomber de cheval [d'un toit, dans l'escalier]. ¶ 창문[오층]~ 뛰어내리다 sauter [se jeter] par la fenêtre [du quatrième étage]. ¶ 직장~ 쫓겨나다 être chassé(*e*) de *son* lieu de travail; être renvoyé(*e*) [congédié(*e*), mis(*e*) à la porte, mis(*e*) dehors, remercié(*e*)]. ¶ 프랑스[일본]~ 오다 venir de France [du Japon]. ¶ 태양은 동쪽~ 뜬다 Le soleil se lève à l'est. ¶ 열~ 둘을 빼다 soustraire deux de dix. ¶ 원본~ 몇 가지 예문을 인용하다 citer quelques exemples du texte originel. ¶ 운동선수는 십대~ 이십대까지가 전성기이다 En général, un sportif [athlète] est à l'apogée [au sommet] de sa carrière entre son adolescence et ses trente ans. ③ 비교 ((comparaison)) (plus) ... que. ¶ 아~ 어찌 더 기쁘겠는가? Comment peut-on être plus heureux(*se*) que cela [que tu ne l'es maintenant]? ④ 근거 par, pour; à cause de; à la suite de. ¶ 호기심~ par curiosité. ¶ 과로~ 온 병 maladie due à la fatigue [au surmenage]. ¶ 모든 일이 시기심~ 비롯되었다 La jalousie est à l'origine de tout cela. ¶ 사랑하는 마음~ 그 여자를 도왔다 Je l'ai aidée par amour. ⑤ 주어 ((particule sujet)). ¶ 심사위원회~ 그 소설에 상을 주었다 Le jury a couronné [décerné le prix à] ce roman. ¶ 농구 대회는 우리 학교~ 우승했다 Notre école a remporté le championnat de basket-ball. ¶ 우리의 활동을 여러 단체~ 후원해 주었다 Plusieurs organisations ont parrainé [patronné] notre activité.

-에서라야 조 ((particule de temps ou de lieu, indiquant une condition obligatoire)) seulement, s'il s'agit de *qc*, si c'est ☞ -에서

-에서부터 조 ((particule de point de départ ou de provenance)) de, depuis, à partir de, dès ((particule de complément circonstanciel, indiquant la provenance, l'origine ou bien le point de départ)). ¶ 서울~ 연락이 왔다 Quelqu'un a appelé de Séoul. ¶ 학교~ 집까지 걸어왔다 Je suis venu(*e*) à pied de l'école à chez moi. ¶ 그 사람의 불행은 거기~ 비롯되었다 C'est cela qui est à l'origine de son malheur. ¶ 머리~ 발끝까지 화려하게 치장을 하다 se parer de façon somptueuse de la tête aux pieds. ¶ 20세기 초엽~ 지금까지 depuis le début du XXᵉ siècle jusqu'à maintenant. ☞ -에서

-에서야 조 ((particule de temps ou de lieu, à une condition obligatoire)) seulement à, lorsque, quand, dans. ¶ 나는 동틀 녘~ 잠이 들었다 Je me suis endormi(*e*) seulement vers la pointe du jour. ¶ 나의 설명을 듣고 난 후~ 그 친구가 입을 열었다 Ce n'est qu'après avoir écouté mon explication qu'il s'est mis à parler [il a ouvert la bouche].

-에서야말로 조 ((particule emphatique de temps ou de lieu, à une condition obligatoire)) s'il s'agit de, si c'est. ¶ 이 학교~ 진정한 교육이 이루어지고 있다 C'est seulement dans cette école que se donne une véritable éducation.

-에서처럼 조 ((particule de lieu ou de ressemblance)) comme, pareillement. ¶ 그 영화~ 애절한 사랑을 하고 싶다 J'ai envie de connaître un amour passionné comme dans ce film. ¶ 그 남자는 자기 집~ 편안하게 있었다 Il était à l'aise comme (s'il était) chez lui / Il était sans gêne comme chez lui.

에세이 영{essay} 명 essai *m*. ¶ ~를 쓰다 écrire un essai. ¶ 짤막한 ~들을 모아 책을 만들다 faire un livre en compilant de courts essais.

에센스 영{essence} 명 huile *f* essentielle.

에스컬레이터 영{escalator} 명 escalier *m* mécanique ((des grands magasins)), escalier *m* roulant {*vx*}, escalator *m*.

에스코트 영{escort} 명 escorte *f*, cortège *m*. ¶ 그 여배우는 경호원들의 ~하에 식장에 들어섰다 Cette actrice est entrée dans la salle de cérémonie avec une escorte de gardes du corps. ◇_(를) **하다** escorter. ¶ 아내를 ~를 하다 escorter *sa* femme. ◇_(를) **받다** être escorté(*e*). ¶ 그 여자는 남편의 ~를 받으며 홀로 들어왔다 Elle est entrée dans le hall, escortée par son mari.

에스키모 영{Eskimo} 명 esquimau(*de*), eskimo *mf*.

에스프레소 이 명 express(o) *m*. ¶ ~ 한 잔 주세요 (Donnez-moi) un express(o), s'il vous plaît.

에스프리 프{esprit} 명 【문학】 esprit *m*.

-에야 조 ① ((particule de raison)) comme, puisque, étant donné que, vu que, compte tenu que . ¶ 그것이 우리의 현실임~ 군말 없이 받아들여야 한다 Comme cela est notre réalité, il faut l'accepter telle quelle, sans broncher. ¶ 이미 사실이 드러났음~ 모든 일을 숨김없이 말해야 한다 Puisque le fait est déjà connu, il faut tout dire sans ne rien dissimuler. ② plutôt que, plutôt que de+*inf* ((particule de complément circonstanciel de concession)). ¶ 그 사람과 함께 일할 바~ 차라리 혼자 하겠다 Plutôt que de travailler avec lui, je préfère travailler seul(*e*). ¶ 기왕에 그만 둘 바~ 지금 그만 두는 게 낫다 Plutôt que d'abandonner le projet plus tard, mieux vaut le faire dès maintenant / Il vaut mieux abandonner le projet tout de suite / Autant abandonner le projet tout de suite. ③ (~ 딴에야의 꼴로) ~로서는의 뜻 en tant que, pour ((particule modale indiquant les cas grammaticaux ou bien la qualité)). ¶ 자기 딴~ 최선을 다하고 있다 Pour sa part, il fait de son mieux. ④ 에의 강조형 seulement à [dans, vers] ((particule de complément circonstanciel emphatique de temps ou de lieu)). ¶ 새벽 2시경~ 일이 끝났다 Le travail s'est terminé seulement vers 2 heures du matin. ¶ 그 사람이 떠난 후~ 진실을 알게 되었다 C'est seulement après son départ que j'ai su la vérité.

-에야말로 조 ((particule emphatique de temps ou de lieu, exprimant une détermination)) vraiment à [dans, pour, vers]. ¶ 이번~ 그 사람에게 모든 사실을 말하겠다 Vraiment cette fois-ci, je lui dirai toute la vérité. ¶ 이 고아원~ 후원자들의 도움이 절실히 요청된다 C'est dans cet orphelinat qu'une aide est véritablement nécessaire.

에어로빅 영{aerobic} 명 aérobic *m*. ¶ ~을 배우다 apprendre l'aérobic. ◇_(을) **하다** faire de l'aérobic.

에어백 영{air bag} 명 airbag *m*. ¶ 차에 ~을 달다 installer des airbags dans la voiture. ¶ ~이 터지지 않아서 사람이 다쳤다 Il y a (eu) des blessés puisque les airbags ne se sont pas déclenchés [n'ont pas fonctionné].

에어쇼 영{air show} 명 spectacle *m* [show *m*] aérien, parade *f* aérienne ((à l'occasion d'une cérémonie militaire)).

에어컨 영{air conditioner} 명 climatiseur *m*, conditionneur *m*; climatisation *f*, clim *m* {*fam*}. ¶ ~을 들여놓다[설치하다] installer un climatiseur; installer la climatisation [la clim {*fam*}]. ¶ ~을 켜다 allumer le climatiseur; allumer [mettre en route] la clim {*fam*}. ¶ ~을 끄다 éteindre le climatiseur [la clim {*fam*}].

-에요 어미 ((suffixe flexionnel de terminaison phrastique, qui s'ajoute à l'attribut se terminant par une voyelle, à la suite de l'omission du radical 이de la copule 이다. Utilisé entre les adultes mutuellement ou à l'égard d'un interlocuteur supérieur (un enfant à l'égard d'un adulte, parent, maître, supérieur hiérarchique plus âgé), il exprime la politesse et le respect familiers)). ¶ 제가 사는

곳은 여기가 아니 ~ Ce n'est pas ici que je vis.

에우다 타 ① 빙두르다 entourer, encercler. ¶ 말들을 울안에 에워 넣다 pousser les chevaux vers le corral. ② 다른 길로 돌리다 faire changer de route, faire faire un détour; dévier, détourner, dérouter; contourner. ¶ 도로 공사로 길을 에워서 가다 contourner une route à cause des travaux. ③ ((대신하다)) substituer *qc* à *qc*, remplacer *qc* par *qc*. ¶ 빵 한 조각으로 점심을 ~ ne manger qu'[se contenter d']un morceau de pain au déjeuner.

에워싸다 타 entourer *qc/qn*; encercler ((un lieu)); cerner ((une troupe)); envelopper ((l'armée ennemie)); assiéger ((une place forte)); investir ((une ville)). ¶ 산이 그 도시를 에워싸고 있다 Cette ville est entourée de plusieurs montagnes.

에워싸이다 재 être entouré(*e*); ((장소가)) être encerclé(*e*); ((une troupe)) être cerné(*e*); ((l'armée ennemie)) être enveloppé(*e*); ((une place forte)) être assiégé(*e*); ((une ville)) être investi(*e*). ¶ 군중들로 에워싸인 연설대 l'estrade cernée par la foule d'où l'on fait un discours, tribune [estrade] du haut de laquelle on prononce un discours ((politique)) cernée par la foule.

에이 감 hé, hé bien, bof. ¶ ~, 시시해 Hé bien, ce n'est pas génial! / Bof, ça n'a rien d'intéressant [c'est sans intérêt]!

에이그 감 hé, hé bien, et alors. ¶ ~, 그러게 내가 뭐랬니? Hé alors, qu'est-ce que je viens de te dire!

에이급 -級 **영**{A-} 명 de premier rang, de haut niveau. ¶ ~ 선수 joueur de premier rang.

에이다 타 ① ((‘에다’의 피동형)) être déchirant(*e*), poignant(*e*), lancinant(*e*). ¶ 가슴이 에이는 듯 아프다 avoir le cœur brisé. ② 칼 따위로 도려내듯 베다 ☞ ((‘에다’의 오용)) 에다[1]

에이스 **영**{ace} 명 ① ((카드)) as *m* ((de pique, de trèfle, de cœur, de carreau)). ② ((운동선수)) le(*la*) meilleur(*e*); le(*la*) principal(*e*). ¶ 그 투수는 팀의 ~ 투수이다 Il est le principal lanceur de l'équipe. ③ ((테니스)) ((faire un)) ace *m* ((au tennis)).

에이엠 **영**{A.M.} 명 A.M; du matin. ¶ ~ 9시 9 heures du matin.

에이즈 **영**{AIDS} 명 【의학】 SIDA *m* (Syndrome d'Immunodéficience Acquise). ¶ ~ 보균자 porteur(*se*) du virus du SIDA. ¶ ~ 감염자 malade du SIDA, sidéen(*ne*), sidatique, sidaïque. ¶ ~를 퇴치하다 éradiquer le SIDA. ¶ ~에 걸리다 être atteint du SIDA; être séropositi*f*(*ve*).

◆ **_균[바이러스]** -菌 명 【생물】 virus *m* du SIDA, V.I.H. *m inv*, H.I.V. *m inv*, LAV *m inv*.

에이커 **영**{acre} 분류 demi-hectare *m*, arpent *m*, acre *f*. ¶ 몇 ~ 안 되는 땅 champ de quelques hectares.

에잇 감 nom de Dieu!, nom de nom! {*fam*}, merde! {*fam*}, putain {*fam*}, purée!, bon sang (de bonsoir)!, diable!, diantre!, que diable! sacrebleu!, zut!, mince!, crotte!, flûte! ¶ ~, 이놈을! Diable! Gare à toi! ¶ ~, 이젠 될 대로 돼라 Advienne que pourra! / Merde! après tout, maintenant peu importe ce qui m'arrive(ra), au point où j'en suis!

에취 감 atchoum.

에쿠 감 oh! mon Dieu!

에탄올 **영**{ethanol} 명 【화학】 alcool *m* éthylique; éthanol *m*.

에테르 **독** 명 ① 【물리】 éther *m*. ② 【화학】 éther *m*. ¶ ~에 중독되다 être intoxiqué(*e*) par l'éther. ¶ ~로 마취시키다 anesthésier avec de l'éther.

에티켓 **프**{étiquette} 명 étiquette *f*, convenances *fpl*, bienséances *fpl*, protocole *m*, usage *m*, bonnes manières *fpl*. ¶ ~을 지키다 respecter l'étiquette; respecter les bienséances. ◇_**(이) 있다** être bien élevé(*e*) [éduqué(*e*)]; connaître les bonnes manières; convenir à l'étiquette. ◇_**(이) 없다** manquer à l'étiquette; manquer de civilité; manquer d'usage [de savoir-vivre, d'éducation]; être sans éducation; être grossi*er*(*ère*).

에틸렌 **프**{éthylène} 명 【화학】 éthylène *m*.

에페 **프**{épée} 명 épée *f* de salle d'armes ((à l'escrime)), épée *f* (d'escrime).

에펠 **프**{Eiffel} 명 Eiffel G. (Gustave). ¶ ~ 탑 la Tour Eiffel.

에피소드 **영**{episode} 명 épisode *m*, anecdote *f*.

에필로그 **영**{epilogue} 명 épilogue *m*. ¶ ~를 쓰다 rédiger l'épilogue. ¶ ~를 멋진 말로 장식하다 rédiger élégamment un (bel) épilogue.

에헤 감 oh! ça, par exemple!, holà!

에헤야 감 c'est bien!

에헴 감 hem! ◇_**하다** tousser [toussoter] (pour avertir *qn*).

엑기스 **표** 명 essence *f*, extrait *m* concentré (de certaines substances); élixir *m* {*vx*}, quintessence *f* {*vx*}; ((수지)) résine *f*, ((초목의)) sève *f*, ((짜내는 영양분)) suc *m*, jus *m*; nectar *m*. ¶ 인삼 ~를 추출하다 recueillir un extrait concentré de ginseng. ☞ 진액

엑셀 **영**{accelerator} 명 accélérateur *m*. ☞ 액셀러레이터

엑스레이 **영**{X-ray} 명 【의학】 rayons *mpl*; radiographie *f*, radio *f*. ¶ ~를 찍다 se faire radiographier; passer une radio; passer à la radio {*fam*}.

◆ **_필름** 명 film *m* radiographique.

엑스터시 **영**{ecstasy} 명 ① 황홀감 extase *f*, ravissement *m*. ¶ ~를 맛보다 ressentir l'extase, goûter à l'extase. ② 마약 ecstasy *f*, ecsta *f* {*fam*}.

엑스트라 **영**{extra} 명 figurant(*e*). ¶ 그 남자는 그 영화에 ~로 출연했다 Il a joué un rôle de figurant dans ce film.

엑스포 **영**{expo} 명 exposition *f* ((scientifique)). ¶ 과학 ~ exposition *f* scientifique.

엔간하다 형 être passable; n'être ni bon(*ne*) ni mauvais(*e*); être acceptable, satisfaisant(*e*), suffisant(*e*), admissible, honnête, correct(*e*), moyen(*ne*), supportable, raisonnable; être potable {*fam*}, pas terrible {*fam*}. ¶ 그 사람은 엔간해서는

화를 내지 않는다 Il ne se fâche pas facilement / Il ne se fâche que pour des choses graves. ¶ 엔간한 성격 caractère supportable. ¶ 엔간한 성적 une assez bonne note; une note moyenne; des notes acceptables; des résultats honnêtes [satisfaisants, moyens]. ¶ 그는 이름만 대면 엔간한 사람은 다 아는 유명 인사이다 C'est une personne tellement célèbre, que le premier venu connaît son nom [tout le monde le connaît].

◆**엔간히** 부 assez, pas mal, passablement; ni bien ni mal; moyennement, suffisamment, de façon acceptable, honnêtement, correctement. ¶ 그 남자는 이제 엔간히 먹고살 만한 모양이다 Il semble qu'aujourd'hui, il gagne correctement [honnêtement] sa vie.

엔돌핀 영{endorphin} 명 endorphine *f*, endomorphine *f*. ¶ ~이 나오다 de l'endorphine est sécrétée.

-엔들 조 ⟪particule emphatique de lieu⟫ même en [à]. ¶ 그걸 꿈~ 생각했으랴 Je n'avais jamais songé [pensé] à cela même en rêve.

엔지 영{NG} 명 chutes *fpl* de film; prise *f* coupée au montage, séquences *fpl* rejetées; prise *f* manquée [ratée]. ¶ ~를 내다 rater son apparition [sa réplique]; se tromper dans sa réplique; faire rater une scène. ¶ 그 배우는 ~를 냈다 Cet acteur a manqué [raté] sa réplique / Cet acteur a fait rater la scène / Cet acteur s'est trompé dans sa réplique / À cause d'une bévue de cet acteur [Cet acteur ayant raté sa réplique], il faut tourner de nouveau la même scène [faire une nouvelle prise]. ¶ ~가 자주 나서 같은 장면을 여러 번 찍어야 했다 On a dû tourner la même scène à plusieurs reprises, parce que les acteurs ont souvent raté leurs répliques [se sont souvent trompés (dans leurs répliques), ont souvent bafouillé].

엔지니어 명 ingénieur *m*.

엔진 명 moteur *mf*. ¶ 자동차 ~ un moteur de voiture. ¶ ~이 과열되었다 Le moteur chauffe trop [surchauffe]. ¶ ~이 고장 났다 Le moteur est hors d'usage [est en panne].

◆_**오일** 명 huile *f* de moteur.

◆**검색**_ 檢索 명【컴퓨】moteur *m* de recherche.

엔트로피 명【물리】entropie *f*. ¶ ~의 증가 augmentation de l'entropie.

엔트리 영{entry} 명 entrée *f*. ¶ 최종 ~를 확정 짓다 déterminer [fixer] définitivement les entrées finales.

엔화 円 명 yen *m*.

엘리베이터 명 ascenseur *m*; ⟪화물용⟫ monte-charge *m*, élévateur *m*; monte-sac *m*. ¶ ~(의) 문 porte de l'ascenseur. ¶ ~를 타다 prendre l'ascenseur. ¶ ~에 오르다 monter dans l'ascenseur. ¶ ~에서 내리다 descendre de l'ascenseur. ¶ ~로 올라가다 monter avec l'ascenseur [en empruntant l'ascenseur]. ¶ ~가 고장 났다 L'ascenseur est en panne.

엘리트 명 élite *f*, homme *m* d'élite. ¶ ~ 사원 un(*e*) employé(*e*) hors pair [modèle]. ¶ ~ 집단 élite.

◆_**의식[주의]** -意識[主義] 명 élitisme *m*. ¶ ~ 의식을 갖다 se croire une élite [un homme d'élite].

엠시 영{MC} 명 anima*teur*(*trice*), maître *m* de cérémonie. ¶ 쇼 프로그램의 ~를 보다 animer une émission (de variétés) (à la radio ou à la télévision).

여변칙활용 -變則活用 명【언어】conjugaison irrégulière en 여.

-여[1] 조 ⟪particule exclamative utilisée pour s'adresser poliment à *qn*, sorte de vocatif⟫. ¶ 그대~, 내 사랑의 마음을 알아주시오 Mon amour, comprenez que je vous aime [soyez sûr(*e*)] que je vous aime].

여-[2] 女- 접두 ⟪préfixe nominal⟫ femme, féminin. ¶ ~가수 chanteuse. ¶ ~교사 enseignante; femme professeur des écoles, institutrice, maîtresse. ¶ ~교수[의사, 사장] femme professeur des universités [femme médecin, présidente]. ¶ ~배우 actrice. ¶ ~기자 une (femme) journaliste. ¶ ~학생 ⟪초등학교⟫ une écolière; ⟪중학교⟫ une collégienne; ⟪고등학교⟫ une lycéenne; ⟪대학교⟫ une étudiante. ¶ ~사원 employée de bureau. ¶ ~사장 femme P.-d.g..

-여라[1] 어미 ⟪Suffixe flexionnel impératif de terminaison phrastique. Il s'ajoute au radical 하 des verbes en 하다 : 공부하다 *étudier*, 일하다 *travailler*, 말하다 *parler*. Utilisé à l'égard d'un interlocuteur égal (entre les enfants et entre les amis adultes intimes) ou inférieur (à l'égard d'un enfant de la part d'un adulte, fils, fille, élève, jeune employé), il exprime l'intimité, l'égalité ou l'infériorité.⟫ forme *f* impérative familière. ¶ 집에 일찍 들어오도록 하~ Tâche de rentrer tôt à la maison.

-여라[2] 어미 ⟪Suffixe flexionnel interjectif de terminaison phrastique neutre. Il s'ajoute au radical 하 des adjectifs 하다 : 장하다 *être remarquable*. Utilisé à l'égard de l'interlocuteur soi-même ou dans un texte destiné à tout le monde⟫. forme *f* exclamative. ¶ 참으로 웅장하~, 알프스의 위용은! Que les Alpes peuvent être majestueuses!

여가 餘暇 명 temps *m* libre; loisir *m*. ¶ ~ 생활 temps libre; (moments de) loisir. ¶ ~ 시간에 pendant *ses* heures [moments] de loisir; à *ses* heures [à *ses* moments] perdu(*e*)s. ¶ ~를 이용하다 profiter de *ses* loisirs pour+*inf*. ¶ ~를 즐기다 jouir de *ses* loisirs. ¶ ~를 독서로 보내다 consacrer *ses* loisirs à la lecture. ¶ 잠시 ~를 내서 고향에 다녀왔다 J'ai pris le temps d'aller dans ma ville natale. ¶ 너와 노닥거릴 ~가 없다 Je n'ai pas le temps de bavarder [de causer] avec toi.

여간 如干 부 ordinairement, communément, moyennement ⟪qui s'emploie toujours avec un terme de négation⟫. ¶ 시험이 ~ 어렵지 않았다 L'examen était très [extrêmement, on ne peut plus] difficile. ¶ 날씨가 ~ 더워야지! Il fait extrêmement [très, terriblement, horriblement] chaud! / Il fait une de ces chaleurs! ¶ 그를 만나기는 ~ 어려운 일이 아니다 Il est très difficile de le rencontrer / Il est quasiment impossible de le rencontrer. ◇_(이) **아니다** ((보통이 아니다)) être peu commun(*e*); être remarquable, exceptionnel(*le*), rare, distingué(*e*); sortir de l'ordinaire. ¶ 그 사람 ~(이) 아니다 C'est une personne au-dessus du commun [qui sort de l'ordinaire] / C'est quelqu'un. ¶ 그 사람은 고집이 ~(이) 아니다 Il(Elle) est têtu(*e*) [entêté(*e*)] comme une mule [comme une bourrique, comme un mulet, comme un âne] / Quelle tête de mule [de pioche] {*fam*}! / Quel cabochard {*fam*}! / Ce qu'il(elle) peut avoir la tête dure!

◆**_하다** 형 ① être ordinaire ((qui s'emploie toujours avec un terme de négation)). ¶ ~한 사람이 아니면 그 일을 감당할 수 없다 C'est une personne au-dessus du commun pour être capable de ce travail. ② être rare, difficile. ¶ 그는 ~해서 화를 내지 않는다 Il se met très rarement en colère. ¶ ~해서는 그를 만날 수 없다 Il est vraiment difficile de le rencontrer. ¶ ~해선 그렇게 하기 힘들다 Il est vraiment difficile de faire cela. ¶ ~해선 해결할 수 없는 문제 un problème vraiment difficile à résoudre.

◆**_내기** 명 personne *f* ordinaire. ¶ 그 사람은 ~내기가 아니다 C'est une personne au-dessus du commun [qui sort de l'ordinaire] / C'est vraiment quelqu'un.

여객 旅客 명 voyageu*r*(*se*) ((d'un train, d'un autobus)); ((배, 비행기의)) passag*er*(*ère*) ((d'un navire, d'un avion)). ¶ ~을 수송하다 transporter des voyageurs.

◆**_기** -機 명 avion *m* de ligne [de transport].

◆**_선** -船 명 paquebot *m*. ¶ 태풍으로 ~선의 운항이 중지되었다 Le service des paquebots [Le transport maritime des passagers] a été interrompu à cause d'un typhon.

◆**_ 안내소** -案內所 명 bureau(*x*) *m* [service *m*] de renseignements (touristiques).

◆**_열차** -列車 명 train *m* de voyageurs.

◆**_ 운임** -運賃 명 prix *m* du billet ((de train, d'avion, de bateau)).

여건 與件 명 conditions *fpl* données; circonstances *fpl*. ¶ 경제적 ~ les circonstances économiques. ¶ ...할 (수 있는) ~을 마련하다[갖추다] s'arranger pour être dans des conditions favorables pour+*inf*. ¶ ~을 봐가면서 일을 추진하자 Faisons ce travail en analysant bien les conditions de départ. ¶ 어려운 ~ 속에서도 열심히 공부하다 travailler avec ardeur [avec acharnement] dans des conditions difficiles. ¶ ~이 좋지 않다 Les conditions de départ ne sont pas favorables / On n'est pas dans de bonnes conditions pour+*inf*.

여걸 女傑 명 héroïne *f*; ((유능한 여자)) maîtresse femme *f*; virago *f*.

여겨듣다 타 écouter attentivement [avec attention], prêter une oreille attentive, écouter de toutes *ses* oreilles, être tout ouïe, être tout yeux, tout oreilles.

여겨보다 타 regarder *qn/qc* fixement; fixer (les yeux sur); avoir l'œil sur *qn/qc*; observer *qn/qc*. ¶ 그 사람이 하는 행동을 자세히 여겨보고 본받도록 해라 Regarde bien ce qu'il fait, prend exemple sur lui.

◆**눈_** 타 regarder *qn/qc* fixement; fixer (les yeux sur); avoir l'œil sur *qn/qc*.

여겨지다 자 être considéré(*e*) comme. ¶ ...하다고 여겨져서[여겨지므로] étant donné qu'il est considéré comme ...

여격 與格 명 【언어】 datif *m*, ((cas *m* grammatical du complément d'objet indirect))

◆**_ 보어** -補語 명 complément d'attribution. ¶ 한국어에서 ~ 보어는 조사 '에게'로 표시된다. Le complément d'attribution est marqué en coréen par la particule -'*ege*'.

◆**_ 조사** -助詞 명 【언어】 particule *f* dative; particule *f* de complément d'objet indirect.

여경 女警 명 femme *f* agent.

여고 女高 명 lycée *m* de jeunes filles.

여고생 女高生 명 lycéenne *f*, élève *f* au lycée [de lycée].

여공 女工 명 ouvrière *f*.

여과 濾過 명 ① ((이물질)) filtrage *m*, filtration *f*. ¶ 새로운 ~ 방식 un nouveau procédé de filtrage. ② ((잘못)) filtrage *m* ((des nouvelles, des informations)); tri *m*; sélection *f*; censure *f*. ¶ ~를 통해 유익한 정보만을 받아들이다 ne garder [ne prendre] que les informations utiles. ◇_(를) **하다[시키다]** ① ((이물질)) filtrer. ¶ 수돗물을 (음용하기 위해) ~하다 filtrer l'eau du robinet (pour la rendre potable). ¶ 하수를 ~시키다 épurer les eaux usées. ② ((잘못)) filtrer, censurer, faire un tri [une sélection]. ¶ 잔인한 장면을 ~한 후 방송을 내보내다 diffuser une émission après avoir censuré les scènes de violence. ¶ 나는 그의 말을 ~시켜 그녀에게 전달했다 Je lui ai transmis ses propos après les avoir filtrés / J'ai sélectionné les propos que je lui ai transmis / J'ai sélectionné ses propos avant de les lui transmettre. ◇_(가) **되다** être filtré(*e*); être censuré(*e*); être trié(*e*), sélectionné(*e*).

◆**_기** -器 명 filtre *m*; passoire *f*; ((소스)) chinois *m*.

◆**_지** -紙 명 papier-filtre *m*, filtre *m* en papier.

여관 旅館 명 petit hôtel *m* simple ou modeste et bon marché, petit hôtel *m* bas de gamme ((ayant souvent la réputation d'hôtel de passe)). ¶ ~을 잡다 réserver une chambre dans un petit hôtel. ¶ ~에 묵다 descendre [loger] dans un petit hôtel; passer la nuit [coucher] dans un petit hôtel.

◆**_방** -房 명 chambre *f* dans un petit hôtel.

여교사 女教師 명 enseignante *f*.

여군 女軍 명 ① ((군대)) troupe *f* composée de femmes. ¶ 그 여자는 ~에 자원했다 Elle s'est engagée dans une troupe militaire pour femmes. ② ((군인)) femme *f* soldat; soldate *f* {*fam*}.

여권[1] 旅券 명 passeport *m.* ¶ ~을 신청하다 demander un passeport. ¶ ~을 교부하다 délivrer un passeport. ¶ ~을 맡기다 laisser *son* passeport. ¶ ~을 내보이다 présenter *son* passeport. ¶ ~을 위조하다 fabriquer un faux passeport. ¶ ~에 사증을 받다 faire viser *son* passeport; obtenir un visa.
◆**위조**_ 僞造- 명 faux passeport *m.*

여권[2] 女權 명 droits *mpl* de la femme.
◆_**신장** -伸張 명 extension *f* des droits de la femme.
◆_**론자** -論者 명 féministe *mf.*
◆_**운동** -運動 명 mouvements *mpl* pour les droits de la femme.

여권[3] 與圈 명 ((여당권)) partisans *mpl* de la majorité.

여급 女給 명 serveuse *f*; barmaid *f.*

여기 대 ① ((장소)) cet endroit(-ci); ce lieu(-ci); ce point(-ci); ici. ¶ ~에 책이 한 권 있다 Voici un livre. ¶ 내일 ~(에) 다시 모여 이야기하자 Demain, réunissons-nous à nouveau ici pour discuter. ¶ 나는 그대로 ~서 살고 싶다 J'aimerais habiter ici tel que c'est. ¶ 시청부터 ~까지 de l'hôtel de ville à ici. ¶ ~서 서울까지 얼마나 걸리니? Ça met combien de temps pour aller d'ici à Séoul? ¶ ~서 바라본 경치 la vue qu'on a d'ici. ¶ ~(로) 좀 와 봐 Viens un peu par ici. ¶ ~가 어딥니까? Où sommes-nous? ② 화자 가까이 있는 물건 ici. ¶ 그때 우리가 했던 말들이 ~(에) 다 적혀 있다 Tout ce que nous avons dit à ce moment-là est écrit ici. ¶ ~(에)다 전화번호를 적어라 Note [Écris] ton numéro de téléphone ici. ③ 앞에서 한 말의 내용 ici. ¶ 오늘 강의는 ~까지입니다 Arrêtons-nous ici pour aujourd'hui. ¶ 생각이 ~에 미치자 울분이 치밀어 올랐다 Quand j'ai pensé à cela, j'ai senti la colère monter. ¶ ~에서 다시 앞으로 돌아가 보자 Revenons à notre sujet précédent / Revenons à nos moutons. ¶ ~서 꼭 하나 덧붙여 두고 싶은 것이 있다 J'aimerais absolument ajouter quelque chose ici.

여기다 타 considérer *qn/qc* comme; tenir *qn/qc* pour; trouver *qn/qc*+Adj ¶ 나는 그 일을 귀찮게 여겼다 J'ai trouvé ce travail ennuyeux. ¶ 그는 나를 바보로 [처럼] 여기고 있었다 Il me prenait pour un idiot [pour un imbécile, pour un abruti, pour un demeuré {*fam*}, pour un con {*fam*}]. ¶ 이 불쌍한 아이를 제발 가엾이 여겨 주십시오 S'il vous plaît, ayez pitié de ce pauvre enfant! ¶ 그를 함부로 여겨서는 안 된다 Il ne faut pas le dédaigner [le mésestimer, le prendre pour n'importe qui]. ¶ 그렇게 여기는 까닭은 la raison pour laquelle je pense ainsi.

여기자 女記者 명 (femme *f*) journaliste *f.*

여기저기 명 ici et là, à gauche et à droite; çà et là; par-ci par-là; de côté et d'autre; en divers endroits. ¶ ~에서 오다 arriver de toutes parts [de tous côtés, d'un peu partout, de tous horizons]. ¶ 꽃이 ~에 피었다 Il y a des fleurs un peu partout. 부 (un peu) partout, en divers endroits; par endroits. ¶ ~ 알아보다 se renseigner ici et là [un peu partout, à gauche et à droite]. ¶ 어제는 ~ 돌아다녔다 Hier, je me suis promené(*e*) un peu partout.

여긴 ((forme contractée de 여기-는)) cet endroit-ci, ce lieu-ci, ici (thème ou sujet d'une proposition ou d'une phrase)

여길 ((forme contractée de 여기-를)) cet endroit-ci, ce lieu-ci, ici (complément d'objet direct dans une proposition ou une phrase)

여뀌 명 【식물】 persicaire *f*, *persicaria Hydropiper vulgaris* {*nsc*}.

여나믄 명관 (('여남은'의 잘못)) ☞ 여남은

여남은 수관 une bonne dizaine *f*; dix et quelques. ¶ 멤버들 가운데 ~밖에 오지 않았다 Seulement une douzaine de membres sont venus. ¶ ~ 살쯤 된 여자 아이 une fillette d'une dizaine d'années. ¶ 주위에 ~ 사람이 있다 Il y a bien une dizaine de personnes autour de moi.

여념 餘念 명 distraction *f*; autre pensée *f*. ◇_(이) **없다** être plongé(*e*) [absorbé(*e*)] dans *qc*; s'appliquer avec ardeur à *qc*. ¶ 저녁 식사를 장만하느라[하는 데에] ~이 없다 s'appliquer avec ardeur à la préparation du dîner. ¶ 공부에 ~이 없다 s'appliquer avec ardeur à l'étude.

여느 관 ① 예사로운 ordinaire, commun(*e*). ¶ ~ 때와 마찬가지로 comme d'habitude, comme à l'accoutumée, comme toujours. ② 그 밖의 다른 autre. ¶ ~ 회사들과 달리 différemment des autres entreprises.

여늬 관 ('여늬'의 잘못) ☞ 여느

여단 旅團 명 brigade *f.* ¶ 기갑 ~ une brigade blindée.
◆_**장** -將 명 général *m* de brigade.

여닫다 타 ouvrir et fermer. ¶ 문을 ~ ouvrir et fermer une porte.

여닫이 명 ouverture *f* et fermeture *f* ((d'une porte)); cloison *f* [porte *f*] à glissière. ¶ ~를 열다 ouvrir une porte à glissière.

여닫히다 자 s'ouvrir et se fermer. ¶ 문이 잘 여닫히지 않는다 La porte s'ouvre et se ferme mal.

여담 餘談 명 digression *f*, parenthèse *f.* ¶ ~을 늘어놓다 faire des digressions, digresser; faire une parenthèse. ¶ ~이지만[으로 하는 이야기지만] Je fais une brève parenthèse pour vous dire ... / Je me permets de faire une digression ...

여당 與黨 명 le parti *m* au pouvoir; la majorité *f* au pouvoir, la majorité *f* politique. ¶ ~과 야당 le parti au pouvoir et (les partis de) l'opposition; la majorité présidentielle et l'opposition; gouvernants et opposants; la bipolarisation.
◆_**적** -的 명관 de la majorité au pouvoir, de la majorité politique.

여대 女大 명 université *f* de jeunes filles.

여대생 女大生 명 étudiante *f* d'université [à l'université], étudiante *f.*

여덟 수관 huit *m.* ☞ 둘
◆_**째** 수관 huitième, 8ème.

여독[1] 旅毒 명 fatigue *f* du voyage. ¶ 목욕으로 ~을 풀다 se remettre des fatigues du voyage en prenant un bain. ¶ ~이 아직 남아 있어서 피곤하다 Je suis encore un peu fatigué(*e*) à cause du voyage.

여독² 餘毒 ㊔ reste *m* d'un poison; séquelles *fpl*, suites *fpl* [complications *fpl*] 《d'une maladie, d'un accident》. ¶ 산후 ~으로 고생하다 souffrir de complications après l'accouchement. ¶ 그는 고문의 ~으로 죽었다 Il est mort des suites de ses tortures.

여동생 女同生 ㊔ petite sœur *f*, sœur *f* cadette.

여드레 ㊔ huit jours *mpl*; le huit *m* (du mois).

◆_**스날** ㊔ le huit *m* (du mois).

여드름 ㊔ bouton *m*, bourgeon *m*; bouton *m* d'acné *f* (juvénile). ¶ ~ 약 un médicament [une crème] contre l'acné. ¶ ~을 짜다 se percer des boutons (d'acné). ¶ 얼굴에 ~이 나다 avoir des boutons sur le visage, avoir un visage boutonneux, bourgeonner.

◆_**성** -性 ㊔ nature boutonneuse; boutonneu*x*(*se*). ¶ ~성 피부 《avoir une》 peau de nature boutonneuse.

여든 ㊕㊀ quatre-vingts. ¶ ~까지 살다 vivre jusqu'à quatre-vingts ans. ¶ 할아버지는 ~이 넘었는데도 아직 정정하다 Grand-père a plus de quatre-vingts ans, mais il reste très vigoureux [il est encore très vigoureux]. ☞ 서른

*__세 살 버릇 ~까지 간다__ Chassez le naturel, il revient au galop / Les habitudes sont d'autant plus difficiles à corriger qu'on les a contractées tôt.

여래 如來 ㊔ 【종교】 Bouddha *m*; Tathâgata *m*.

◆**석가_** 釋迦- ㊔ (le Bouddha Siddharta Gautama) Çâkyamuni (fondateur du bouddhisme).

여러 ㊀ plusieurs. ¶ ~ 날 plusieurs jours. ¶ ~ 번 plusieurs fois. ¶ ~ 사람 plusieurs (personnes). ¶ ~ 어른들 plusieurs adultes.

◆~ **가지** ㊔ plusieurs sortes; plusieurs; de différentes espèces; de diverses sortes; de toutes sortes. ¶ ~ 가지로 도와주다 aider *qn* de différentes manières [par différents moyens]. ¶ 등산화도 ~ 가지가 있다 Pour les chaussures de marche aussi, il en existe de toutes sortes. ¶ 너에게 말할 게 ~ 가지 있다 J'ai beaucoup de choses à te dire.

*__~가지 하다__ utiliser tous les moyens possibles [toutes sortes de combines, toutes sortes de moyens] 《pour parvenir à *ses* fins》. ¶ 보자 보자 하니 참 ~ 가지 한다 Là, tu en fais trop [c'est trop, tu exagères]!

㊀ multiples; nombreu*x*(*ses*); beaucoup de+N; divers(*es*)+N; varié(*e*)s, différent(*e*)s. ¶ ~ 가지 음식을 준비하다 préparer des plats variés. ¶ ~ 가지 일이 한꺼번에 닥쳤다 Beaucoup de choses m'arrivent en même temps [d'un seul coup]. ¶ ~ 가지 방법을 시도하다 essayer de différentes manières [par différents moyens]; essayer différents procédés.

여러모로 ㊜ 여러 측면에서 sous divers angles; sur différents points. ¶ ~ 도와주다 aider *qn* de différentes manières. ¶ ~ 쓸모가 있다 servir à divers usages. ¶ ~ 생각을 해 보다 essayer de penser à différents aspects d'une question. ¶ ~ 바쁘실 텐데 찾아 주셔서 감사합니다 Je vous remercie d'être venus malgré vos diverses occupations. ¶ 오늘은 그냥 가는 것이 ~ 나을 것 같다 Aujourd'hui, je pense qu'il serait préférable de partir sans rien faire pour diverses raisons.

여러분 ㊖ plusieurs personnes *fpl*; mesdames, mesdemoiselles et messieurs; mes amis; vous tous; tout le monde. ¶ 신사 숙녀 ~ Mesdames, mesdemoiselles et messieurs. ¶ ~께 선물을 나누어 드립니다 Je vais vous distribuer des cadeaux. ¶ ~의 의견에 따르겠습니다 Je suivrai votre opinion. ¶ ~은 어떻게 생각하십니까? Qu'en pensez-vous?

여럿 ㊔ plusieurs (personnes *fpl*); beaucoup (de monde *m*, de gens); un grand nombre de+N. ¶ 아이를 ~ 두다 avoir beaucoup d'enfants. ¶ 손님이 ~ 다녀갔다 Beaucoup de clients sont déjà venus. ¶ 학생 ~이 비슷한 문제를 문의해 왔다 Plusieurs étudiants ont déjà posé des questions semblables. ¶ ~이 함께 à plusieurs. ¶ 낙제한 학생도 ~ 된다 Les candidats recalés sont également nombreux. ¶ 이 일을 기꺼이 하겠다고 할 사람이 ~이다. Il y en a plusieurs qui accepteraient ce travail volontairement

여력 餘力 ㊔ réserve *f* [reste *m*] d'énergie; 《엔진의》 réserve de puissance 《d'un moteur》. ¶ 아직 ...할 ~이 남아 있다 avoir encore la force de+*inf*. ◇_**(이) 있다** avoir encore la force de+*inf*. ¶ ~이 있으면 이 일까지 네가 처리해라 Si tu en as encore la force, occupe-toi également de ce travail. ◇_**(이) 없다** ne plus avoir la force de+*inf*. ¶ 나는 지금 그 일에 참여할 ~이 없다 Maintenant, je n'ai plus la force de participer à ce travail.

여로 旅路 ㊔ trajet *m*; itinéraire *m*; parcours *m*. ¶ ~에서 만난 사람 personne rencontrée pendant le trajet. ¶ ~에 오르다 partir pour; partir en voyage; se mettre en route.

◆**인생_** 人生- ㊔ parcours *m*.

여론 輿論 ㊔ opinion *f* (publique, de la population); voix *f* du peuple; vox populi *f*. ¶ 개헌 반대 ~ opinion publique opposée à la réforme de la Constitution. ¶ ~을 수렴하다 tenir compte de [prendre en compte] l'opinion publique. ¶ ~을 무시하다 braver l'opinion; ne pas tenir compte [ne tenir aucun compte] de l'opinion publique. ¶ ~을 의식하다 tenir compte de l'opinion publique; se soucier de l'opinion publique. ¶ ~을 읽다 chercher à connaître les tendances de l'opinion publique. ¶ ~을 자극하다 soulever l'opinion. ¶ ~의 향배를 주시하다 observer attentivement les courants de l'opinion. ¶ ...에 관해 ~을 조사하다 faire un sondage d'opinion sur .... ¶ ~에 호소하다 en appeler à l'opinion publique. ¶ ~에 못 이겨 sous le poids de l'opinion (publique). ¶ ~에 반하여 행동하다 agir contrairement à l'opinion publique. ¶ ...해야 한다는 ~이 들끓다[비

등하다] L'opinion publique est en pleine ébullition [en pleine effervescence].

◆_화 -化 명 ¶ 소수 의견을 ~화하기 위해 애쓰다 faire des efforts pour que les opinions (au départ) minoritaires deviennent majoritaires, faire des efforts pour que les opinions minoritaires convainquent [se répandent dans, se diffusent progressivement dans] l'ensemble de la population.

◆_조사 -調査 명 sondage *m* d'opinion. ¶ ~조사 기관 un institut de sondage. ¶ ~조사를 하다 sonder l'opinion publique; faire un sondage d'opinion.

여류 女流 명 femme *f*. ¶ ~ 작가 une femme auteur [écrivain]. ¶ ~ 시인 une femme poète, une poétesse. ¶ ~ 화가 une femme peintre.

여름 명 été *m*. ¶ ~ 휴가 congé d'été. ¶ 올[금년, 이번] ~ cet été. ¶ 지난[작년] ~ l'été dernier. ¶ 다가올 ~ l'été prochain. ¶ 무더운 ~ un été lourd. ¶ ~을 시골에서 보내다 passer l'été à la campagne. ¶ ~에는 비가 많이 온다 Il pleut beaucoup en été. ¶ 벌써 ~이다 C'est déjà l'été. ¶ ~도 다 지나갔다 L'été est déjà fini. ◇_(을) 타다 être très sensible à la chaleur (de l'été); être incommodé(*e*) par la chaleur; supporter mal la chaleur (de l'été); souffrir de la chaleur [des chaleurs d'été].

◆_날 명 jour *m* d'été.

◆_내 부 pendant [durant] tout l'été, tout l'été. ¶ ~내 바닷가에서 머물다 séjourner au bord de la mer pendant tout l'été.

◆_밤 명 nuit *f* d'été. ¶ 짧은 ~밤을 책을 읽으며 보내다 passer les courtes nuits d'été à lire des livres.

◆_방학 -放學 명 vacances *fpl* d'été; grandes vacances *fpl* (d'été). ¶ ~방학을 손꼽아 기다리다 attendre impatiemment les vacances d'été.

◆_옷 명 vêtements *mpl* d'été; vêtements *mpl* estivaux; tenue *f* d'été [estivale]. ¶ ~옷으로 갈아입다 passer aux vêtements d'été.

◆_용 -用 명 pour l'été *m*. ¶ 이 침구는 ~용이다 Cette literie est pour l'été.

◆_철 명 été *m*. ¶ ~철에 en été.

◆늦_ 명 fin *f* de l'été.

◆초_ 初 명 commencement *m* [début *m*] de l'été.

◆한 명 plein été *m*. ¶ 한~의 무더운 날씨 le temps lourd et humide d'un plein été.

여리다 형 être tendre, doux(*ce*), mou(*molle*); être faible, frêle, fragile; être insuffisant(*e*). ¶ 여린 가지 [새싹] une branche cassante [un bourgeon tendre]. ¶ 그는 마음이 ~ Il a le cœur sensible / Il est faible [frêle, fragile]. ¶ 이 부분에서는 여리게 연주해야 한다 Ce passage doit être joué piano [avec douceur, doucement].

여망 輿望 명 confiance *f* du peuple; espérance *f* [attente *f*] du peuple. ¶ 사회적 ~을 저버리다 décevoir les attentes sociales [les besoins sociaux] de la population. ¶ 그는 국민들의 ~에 보답했다 Il a répondu aux espérances que le peuple avait placées en lui. ◇_(을) 하다 attendre, espérer. ¶ 통일을 ~하다 attendre [espérer] la réunification.

여명 黎明 명 ① 새벽 aube *f*; point *m* [naissance *f*] du jour. ¶ ~의 빛[하늘] la lumière du point du jour. ② 초창기 aube *f*.

◆_기 -期 명 aube *f* ((d'un âge nouveau, d'une nouvelle civilisation)). ¶ 신문학의 ~기 l'aube [la naissance] de la nouvelle littérature.

여물 명 foin *m*; fourrage *m* sec; paille *f*. ¶ 소에게 ~을 주다 donner du foin aux vaches.

◆_죽 명 fourrage *m* cuit à l'eau. ¶ ~죽을 끓이다 faire cuire le fourrage.

여물다 자 (열매가) 익다 mûrir. ¶ 알알이 여문 곡식 céréales dont tous les grains sont bien mûrs. ¶ 벼가 잘 여물었다 Le riz est bien mûr.
형 (사람이나 씀씀이가) 옹골차다 être sérieux(*se*); savoir ce que l'on veut; être ferme, solide. ¶ 그는 사람이 참 ~ Il est sérieux / Il sait ce qu'il veut. ¶ 여물게 살다 avoir une vie [une existence] bien remplie.

여미다 타 rajuster, remettre de l'ordre dans ((*ses* vêtements)). ¶ 옷깃[옷자락]을 ~ rajuster le col ((de *sa* chemise)); arranger [remettre de l'ordre dans] *ses* vêtements. ¶ 그의 숭고한 희생정신에 저절로 옷깃을 여미게 된다 prendre une attitude grave [solennelle] devant la noblesse de son sacrifice.

여반장 如反掌 명 grande facilité *f* ((d'un travail)); facilité *f*. ¶ 그러한 일은 ~이다 C'est un jeu d'enfants / C'est simple comme bonjour / C'est du gâteau [de la tarte] {*fam*} / C'est une formalité / C'est l'enfance de l'art / C'est élémentaire.

여배우 女俳優 명 actrice *f*, comédienne *f*. ¶ 유명[인기] ~ une actrice célèbre, une vedette du cinéma, une étoile du cinéma, une star du cinéma [une actrice en vogue, une actrice à succès].

여백 餘白 명 marge *f*, blanc *m*. ¶ 시험지의 ~ marge d'une copie d'examen. ¶ ~의 미학 esthétique d'une marge. ¶ ~에 기입하다[써넣다] écrire ((une remarque)) dans la marge; noter *qc* en marge. ¶ 줄과 줄 사이에 ~을 두다[남기다] laisser un espace entre deux lignes ((pour d'éventuelles corrections)).

여벌 餘_ 명 surplus *m*; excès *m*; réserve *f*; ((형용사)) superflu(*e*), de trop, de réserve. ¶ ~로 옷을 하나 더 준비하다 préparer un vêtement de rechange. ¶ ~이 있으면 나에게 하나 다오 Si tu en as un de trop, donne-m'en un.

여보 감 ① ((부부간)) ((interjection servant à appeler le conjoint entre le couple)) (mon) chéri! (ma) chérie!; mon amour. ② 부름말 ohé!; hé! eh!; dis donc! dites donc! s'il te plaît.

여보게 감 ((interjection servant à appeler un adulte moins âgée, avec un respect léger.)) eh! hé! dis [dites] (donc)! ¶ ~ 젊은이, 나 좀 도와주게나 Eh! toi, là-bas, tu peux m'aider s'il te plaît?

여보세요 감 ① ((전화 통화에서)) ((interjection servant

à appeler l'interlocuteur au téléphone.)) allô! ¶ ~, 김 선생님이십니까? Allô! C'est bien monsieur Kim? ¶ ~, 안 선생님 좀 바꿔 주세요 Allô, passez-moi monsieur Ahn, s'il vous plaît. ② ((가까이 있는 사람을 부를 때)) Pardon, excusez-moi. ¶ ~, 말 좀 묻겠습니다. Excusez-moi, je voudrais vous demander quelque chose.

여보쇼 감 ((interjection servant à appeler un adulte moins âgée, avec un ton un peu menaçant.)) allô; s'il te plaît ((다른 사람을 낮추어 부르는 형태)). ☞ 여보십시오

여보슈 감 ('여보쇼'의 잘못) ((Forme erronée de 여보쇼)) ☞ 여보쇼

여보시게 감 ((interjection servant à appeler un adulte moins âgée, avec un respect léger)). s'il te plaît, excuse-moi, pardon ((친구나 아랫사람을 대접하여 부르는 형태)) ☞ 여보십시오

여보시오 감 ((interjection servant à appeler un adulte moins âgée, avec un respect léger.)) s'il vous plaît, excusez-moi, pardon ((상대방을 보통으로 높여 부르는 형태)) ☞ 여보십시오 ¶ ~, 길 좀 물읍시다. Excusez-moi, pourriez-vous m'indiquer le chemin, s'il vous plaît.

여보십시오 감 ((interjection servant à appeler un interlocuteur avec un respect correct.)) s'il vous plaît, excusez-moi, pardon ((상대방을 높여 부르는 형태)). ¶ ~, 이게 뭡니까? S'il vous plaît, qu'est-ce que c'est?

여복 女福 명 chance *f* avec les femmes; succès *m* en amour; veine *f* de trouver une femme bien {*fam*}. ◇_(**이**) **있다**[**없다**] avoir de la [ne pas avoir de] chance avec les femmes; avoir du [ne pas avoir de] succès auprès des femmes. ¶ 자네는 ~이 있는가 보네 On dirait [J'ai l'impression] que tu as de la chance avec les femmes [du succès auprès des femmes].

여봐라 감 ((interjection archaïque servant à appeler un subalterne, autrefois.)) hé!; eh!; ohé! ¶ ~, 저 죄인을 하옥하라! Eh! jette en prison ce criminel! ¶ ~, 게 아무도 없느냐? Ohé! (il n')y a personne ici?

여봐란듯이 부 남에게 뽐내며 자랑스럽게 avec ostentation; ostensiblement. ¶ ~ 거리를 활보하다 se promener dans les rues avec ostentation; s'afficher dans la rue. ¶ 그는 출세해서 ~ 잘 살고 싶었다 Il voulait afficher sa réussite sociale. ¶ 그는 새 옷을 입고 ~ 돌아다닌다 Il se pavane dans son habit neuf / Il se pavane pour faire voir son habit neuf.

여부 與否 명 le pour *m* et le contre *m*; existence *f* ou absence *f* de *qc*; oui ou non. ¶ 그가 한 말의 사실 ~를 확인하다 vérifier s'il dit oui ou non la vérité. ¶ 그림의 진위 ~를 놓고 설전을 벌이다 engager une joute oratoire ((avec *qn*)) pour savoir si c'est un vrai ou un faux. ¶ 찬성인지 반대인지 ~를 묻다[확인하다] demander [vérifier] si *qn* est pour ou contre. ¶ 그가 ...할지 안 할지 ~를 묻다 demander s'il le fera oui ou non ... ¶ 그 일은 성공 ~가 불확실하다 Le succès de ce travail n'est pas certain. ◇_(**가**) **없다** être certain(*e*), sûr(*e*). ¶ 그가 오는 것은 ~(가) 없는 일이다 Il viendra à coup sûr / Il est évident [certain] qu'il viendra.

*~**가 있나**[**있겠습니까**]? c'est évident, non? / évidemment; bien sûr; cela va de soi.

여북 부 오죽 très, extraordinairement; sans aucun doute. ¶ ~ 피곤했으면 그랬을까? Il devait être terriblement fatigué pour faire ce qu'il a fait. ¶ ~ 배가 고팠으면 도둑질을 했을까? Il devait avoir horriblement faim pour en arriver à voler / Il a été obligé de voler, tant il avait faim.

◆_**하다** 형 avoir de bonnes raisons pour ...; être très grave. ¶ ~하면 제 발로 떠났을까? Il devait avoir de bonnes raisons pour partir / Je crois qu'il avait de bonnes raisons pour partir. ¶ ~했으면 점잖은 그분이 화를 내셨을까? Ça a dû être très grave pour que cet homme si bien élevé se mette dans un état pareil. ¶ ~하면 제가 이런 말을 하겠습니까? Est-ce avec gaieté de cœur que je vous parle ainsi?

여분 餘分 명 surplus *m*; excès *m*; superflu *m*; excès; excédent *m*; reste *m*, restant *m*. ¶ ~의 돈을 모두 주다 donner tout l'argent qu'on a en trop. ¶ 그는 ~으로 속옷 몇 벌을 더 가방에 넣었다 Il a mis dans son sac quelques sous-vêtements de rechange. ◇_(**이**) **있다**[**없다**] [ne pas] avoir *qc* en trop. ¶ 돈의 ~이 있다 avoir de l'argent en trop. ¶ 상품을 다 팔아서 ~이 없다 ne plus avoir de marchandises en stock parce qu'on les a toutes vendues.

여비 旅費 명 frais *mpl* de voyage; frais *mpl* [indemnité *f*] de déplacement. ¶ ~로 10만 원을 주다 donner cent mille wons pour les frais de déplacement. ¶ ~로 만 원을 쓰다 dépenser dix mille wons pour les frais de déplacement. ¶ 이거 얼마 안 되지만 ~에 보태라 Voilà un petit supplément pour tes (frais de) déplacement(*s*). ¶ ~가 많이 들다 demander des frais de déplacement élevés; demander de grands frais de déplacement.

여비서 女秘書 명 secrétaire *f*. ¶ ~를 채용하다[쓰다] engager [embaucher] une secrétaire. ¶ ~에게 타이핑을 시키다 faire taper *qc* à sa secrétaire.

여사 女史 명 Madame. ¶ 김 ~ Madame Kim.

여사무원 女事務員 명 employée *f* de bureau. ¶ ~을 고용하다 embaucher une employée de bureau.

여상 女商 명 lycée *m* professionnel [commercial] pour filles; établissement *m* secondaire [lycée *m*] d'enseignement commercial pour filles. ¶ ~을 나오다[졸업하다] sortir d'un lycée professionnel pour filles. ¶ ~에 들어가다 entrer dans un lycée professionnel pour filles. ¶ ~ 출신이 취직이 잘된다. Quand on sort d'un lycée professionnel pour filles, on trouve facilement du travail.

여색 女色 명 ((아름다움)) beauté *f* féminine, jolie femme *f*; charmes *mpl* féminins; ((난봉)) aventures *fpl* amoureuses [galantes, sentimentales]; intrigue *f* galante; ((성교)) relation *f* sexuelle [rapports *mpl* sexuels] avec une femme; ((색욕)) concupiscence *f*, appétit *m* [désir *m*] charnel, luxure *f*. ¶ ~을 밝히다 ((un homme)) être enclin [porté] aux plaisirs amoureux, être obsédé par le sexe. ¶ ~에 빠지다 ((un homme)) être plongé dans la luxure.

여생 餘生 명 reste *m* de *sa* vie; *ses* derniers [*ses* vieux] jours *mpl*. ¶ ~을 보내다 passer *ses* vieux jours. ¶ ~을 마치다 finir *ses* vieux jours. ¶ ...에 ~을 바치다 consacrer le reste de *sa* vie à ((la recherche)).

-여서 어미 ((suffixe flexionnel conjonctif exprimant souvent la consécution (de deux événements), la cause ou la manière, le moyen. Il s'ajoute au radical 하 des verbes en 하다)). ¶ 그렇게 하~ de cette manière. ☞ -아(서), -어(서)

여선생 女先生 명 maîtresse *f* d'école, institutrice *f*; (femme) professeur *m*.

여섯 수관 six *m*. ☞ 둘

◆_째 수 sixième *mf*, 6ème.

여성 女性 명 ① femme *f*, le sexe *m* féminin [faible], le beau sexe *m*; nature *f* féminine. ¶ ~ 전용 pour dames, pour femmes. ¶ ~ 해방 l'émancipation de la femme. ¶ ~ 우위 사회 une société dominée par les femmes. ¶ ~의 취업난 les difficultés des femmes pour trouver du travail. ¶ ~의 권리신장 l'extension des droits de la femme dans la société. ¶ ~의 권리를 주장하다 revendiquer les droits de la femme. ② 【언어】 féminin *m*. ¶ ~ 명사 un nom féminin.

◆_적 -的 명관 féminin(*e*), efféminé(*e*). ¶ ~적인 외모 un physique féminin, une apparence physique féminine.

◆_화 -化 명 féminisation *f* ((d'une profession)).

◆_계 -界 명 (les) milieux *mpl* féminins [des femmes]. ¶ 그 계획은 ~계의 호응을 얻었다 Ce projet a obtenu la faveur des milieux féminins.

◆_관 -觀 명 vision *f* sur la femme. ¶ 젊은이들에게 올바른 ~관을 가르치다 enseigner aux jeunes une vision juste sur [de] la femme.

◆_운 -韻 명 【문학】 rime *f* féminine.

◆_운동 -運動 명 mouvement *m* féministe.

◆_지 -紙 명 magazine *m* [revue *f*] pour femmes.

◆_학 -學 명 féminologie *f*; étude *f* de la condition et des droits de la femme; étude *f* de la condition féminine.

◆_호르몬 명 hormones *fpl* femelles.

여성부[1] 女聲部 명 chœur *m* de femmes, chorale *f* féminine; voix *fpl* féminines [de femmes] ((d'un chœur)). ¶ 이 합창곡은 ~가 남성부보다 더 중요하다 Dans ce chœur, les voix de femmes [les voix féminines] sont majoritaires / Dans ce chœur, les voix féminines sont plus importantes que les voix masculines / Dans ce chœur, la partie pour (voix de) femmes est plus importante que celle pour hommes.

여성부[2] 女性部 명 ministère *m* de la Condition féminine, ministère *m* de la Condition de la Femme (et de l'Égalité des Sexes). ¶ ~ 장관 le ministre de la Condition féminine, le ministre de la Condition de la Femme (et de l'Égalité des Sexes).

여세 餘勢 명 réserve *f* d'énergie. ¶ ~를 몰아 승부를 역전시키다 renverser la situation grâce à la réserve d'énergie libérée par le but égalisateur [au moment du but égalisateur].

여소야대 與小野大 명 parti *m* au pouvoir minoritaire. ¶ ~ 정국[국회] situation *f* politique [Assemblée] où le parti au pouvoir est minoritaire.

여송연 呂宋煙 명 cigare *m*. ¶ ~을 피우다 fumer un cigare. ¶ ~을 꺼내 입에 물다 sortir un cigare puis le mettre en bouche.

여수 旅愁 명 dépaysement *m* du voyageur; mal *m* du pays, nostalgie *f* (du voyageur). ¶ ~를 느끼다 éprouver un sentiment de nostalgie; se sentir dépaysé(*e*) pendant le voyage. ¶ ~에 젖다[잠기다] être pris(*e*) d'un sentiment de nostalgie; être dévoré(*e*) par la nostalgie.

여승 女僧 명 moniale *f* [religieuse *f*] bouddhiste; bonzesse *f*.

여식 女息 명 fille *f*.

여신[1] 女神 명 déesse *f*. ¶ 행운[승리]의 ~ la déesse de la chance [de la victoire].

◆_상 -像 명 statue *f* d'une déesse. ¶ 자유의 ~상 statue de la déesse de la liberté. ¶ 뉴욕의 자유의 ~상 Statue de la Liberté à New York.

여신[2] 與信 명 【경제】 prêt *m*, emprunt *m*; crédit *m*. ¶ ~을 늘리다 accroître [augmenter] *son* emprunt en capital. ¶ 대기업에 대한 무분별한 ~을 규제하다 contrôler les fonds inconsidérés versés aux grandes entreprises.

여실하다 如實_ 형 être conforme à la réalité, être vivant(*e*). ¶ 그 여자는 후회하는 눈치가 여실했다 On voyait clairement qu'elle regrettait / Ses regrets étaient manifestes [évidents]. ¶ 실상[문제]을 여실하게 드러내다[보여 주다] dépeindre les réalités de la vie telles qu'elles sont; montrer l'état actuel des choses [montrer avec réalisme quels sont les problèmes; décrire les problèmes tels qu'ils sont].

◆**여실히** 부 sur le vif; tel quel; d'une manière frappante; avec réalisme; fidèlement; avec exactitude. ¶ 인생을 여실히 그리다 dépeindre la vie telle qu'elle est [avec réalisme]; reproduire fidèlement la vie ((des gens de l'époque)).

여아 女兒 명 (petite) fille *f*.

여야[1] 與野 명 parti *m* au pouvoir et parti *m* de l'opposition; la majorité *f* et l'opposition *f*. ¶ ~ 관계 relations entre la majorité et l'opposition. ¶ ~가 합의에 도달했다 La majorité et l'opposition ont trouvé un compromis.

-여야[2] 어미 ((suffixe *m* flexionnel conjonctif qui exprime l'obligation. Il s'ajoute au radical 하 des verbes en 하다)). ¶ 그렇게 하~ 한다 Il faut faire ainsi ((pour+*inf* [pour que+*subj*])).

여염 閭閻 명 bourg *m*, village *m*, quartier *m*; rue *f*.

◆_**집** 명 maison *f* particulière; famille *f* respectable, honnête famille *f*. ¶ ~집(의) 아낙[처녀] femme [jeune fille] d'une honnête famille.

여왕 女王 명 reine *f*, souveraine *f*. ¶ ~ 폐하 Sa gracieuse majesté la reine ((d'Angleterre)). ¶ ~의 즉위 l'avènement de la reine. ¶ 가요계[사교계]의 ~ la reine de la chanson [une femme experte en relations sociales].

◆_**벌** 명 reine *f* (d'une ruche).

여우[1] 명 ① renard *m*; (암컷) renarde *f*, renardeau(*x*) *m*. ¶ ~ 사냥 chasse au renard. ¶ ~ 털 fourrure de renard. ② 약은 사람 personne *f* sournoise [fourbe], (fin) renard *m*; rusée *f*, fine mouche *f*. ¶ 아유, 저 ~ 같은 것! Quelle rusée! / Quelle fine mouche! ¶ 그 ~가 속을 리가 있니? On ne peut pas tromper [faire marcher] une fille aussi rusée qu'elle.

◆_**비** 명 pluie *f* passagère lorsqu'il y a du soleil.

여우[2] **女優** 명 actrice *f*, comédienne *f*. ¶ 인기 ~ vedette *f* ((du cinéma, de la scène)); (영화) star *f*. ¶ 아카데미 ~ 주연상 oscar de la meilleure actrice.

여운 餘韻 명 résonance *f*, écho *m*, répercussion *f*. ¶ 씁쓸한 ~을 남기며 이야기를 마치다 terminer *son* discours [histoire] en laissant un goût d'amertume. ¶ 감동의 ~이 가시지 않는다 Je reste toujours ému(*e*) / L'émotion subsiste encore. ¶ 종소리의 ~이 은은하다 La cloche de l'église résonne longuement.

여울 명 gué *m*; haut-fond(~*s*-~*s*) *m*, bas-fond(~-~*s*) *m*; rapide *m*. ¶ ~을 건너다 traverser les rapides; passer à gué.

◆_**지다** 자 déferler. ¶ ~져 흐르는 강물 eau d'une rivière qui déferle.

◆_**목** 명 col *m* des rapides.

여위다 자 être maigre, maigrir; s'amaigrir; perdre du poids. ¶ 여윈 얼굴[손] visage amaigri [décharné]; visage émacié; visage hâve [doigts décharnés]. ¶ 그동안 많이 여위었구나 C'est fou ce que tu as pu maigrir ces derniers temps! ¶ 그는 너무 여위어서 뼈만 남았다[앙상하다] Il ne lui reste plus que la peau sur les os / Il n'a plus que la peau et les os / Il est squelettique [d'une maigreur squelettique] / C'est un squelette ambulant{*fam*} / On lui voit les os [les côtes] / C'est un sac d'os [un paquet d'os] {*fam*} / Il est trop maigre / Il est devenu étique / Il est maigre comme un clou [comme un coucou, comme un hareng saur] / Il est bien maigrichon {*fam*} [maigrelet].

여유 餘裕 명 ① ((잉여)) surplus *m* (de marchandises); ((여지)) place *f* libre , place *f* disponible; ((시간의)) temps *m* libre [disponible]; marge *f*, ((돈의)) argent *f* disponible. ¶ 시간적[정신적] ~ temps libre [disponibilité d'esprit]. ¶ 사흘쯤 ~를 줄 테니까 잘 생각해 보아라 Je te donne environ trois jours, alors prends le temps d'y réfléchir. ¶ 예산에 ~를 두다 prévoir une marge de sécurité dans un budget. ② ((마음의)) ((여력)) réserve *f* (d'énergie); ((자신)) aisance *f* (dans l'attitude); assurance *f*; aplomb *m*; facilité *f* (de la vie). ¶ 마음의 ~를 잃다 perdre patience; perdre *son* calme. ¶ 마음의 ~를 되찾다 retrouver *son* calme. ◇_(를) **부리다** prendre *son* temps; faire *qc* sans se presser. ¶ 지금 ~(를) 부릴 때가 아니다 Maintenant, ce n'est pas le moment de prendre son temps. ◇_(가) **있다** avoir de la marge; avoir encore ((de l'argent)) de réserve; avoir ((du temps)) devant *soi*. ¶ 아직 돈[자금]이 ~(가) 있다 avoir encore de l'argent [des fonds] de réserve. ¶ 방에 책상을 들여놓을 ~는 있다 Il a encore de la place pour mettre un bureau dans la chambre. ¶ 생활이 ~(가) 있다 vivre aisément; vivre dans l'aisance; être à *son* aise. ¶ ~ 있는 생활 vie aisée. ¶ 마음에 ~가 있다 garder *son* aplomb. ¶ 음식을 ~ 있게 준비하다 préparer en prévoyant largement les quantités [en prévoyant large {*fam*}] un repas. ◇_(가) **없다** ne pas avoir de marge. ¶ 생활이 ~가 없다 avoir du mal à joindre les deux bouts; avoir juste ce qu'il faut pour vivre; avoir à peine de quoi vivre; tirer le diable par la queue; gagner difficilement *son* pain. ¶ ~(가) 없이 바쁘게 살다 mener un train de vie fatigant; avoir une vie très occupé(*e*).

◆_**롭다** 형 être cool {*fam*}, relax {*fam*}, décontracté(*e*), tranquille, paisible. ¶ ~로운 마음씨 tranquillité. ¶ 그는 인상이 퍽이나 ~롭다 Il a l'air très cool {*fam*}[tranquille, décontracté, relax {*fam*}].

◆_**만만** 명 tranquillité *f*. ¶ 그는 항상 ~만만이다 Il fait toujours les choses tranquillement.

◆_**만만하다** 형 être en avance. ¶ 그는 모든 일에 항상 ~만만하다 Il fait tout tranquillement [sans se presser] / Il prend son temps pour tout ce qu'il entreprend. ¶ ~만만하게 일을 처리하다 faire les choses [un travail] tranquillement [sans se presser].

◆_**작작하다** 형 être insouciant(*e*), calme, tranquille; être m*ou*(m*olle*), nonchalant(*e*); être lambin(*e*). ¶ ~작작한 소리 하고 있네 Tu ne vois pas que je suis occupé(*e*)? Tu ne pourrais pas te dépêcher un peu? ¶ 그렇게 ~작작하게 일할 시간 없어! On ne peut plus prendre son temps pour faire ce travail / On n'a plus de temps à perdre maintenant.

◆_**자적하다** 형 être insouciant(*e*), calme, tranquille. ¶ 그는 어떤 일이 닥쳐도 ~자적한 사람이다 Il est calme dans toutes les circonstances / C'est une personne tranquille quelque soit la situation.

여의다 타 ① 사별하다 perdre *qn*; être séparé(*e*) de *qn* par la mort. ¶ 부모를 ~ perdre *ses* parents. ② 시집보내다 donner ((une fille)) en mariage à *qn*; marier *sa* fille; envoyer ((un fils)) au loin. ¶ 딸을 ~ donner *sa* fille en mariage à *qn*; marier *sa* fille.

여의사 女醫師 명 femme *f* médecin, docteur *m* ((드물

게 doctoresse *f*)).

여의주 如意珠 명 perle *f* magique ((rendant omnipotent celui qui la possède)). ¶ 용이 ~를 물고 하늘로 올라간다 Le dragon monte dans le ciel, une perle magique entre ses mâchoires.

여의하다 如意- 형

***여의치 않다[못하다]** ne pas être convenable [opportun], ne pas être favorable; ne pas répondre à l'attente de *qn*. ¶ 상황이 여의치 못하다 La situation est fâcheuse / La situation devient difficile / La situation n'est pas favorable. ¶ 그는 공부를 계속하고 싶었지만 사정이 여의치 않았다 Il aurait voulu poursuivre ses études mais la situation ne lui fut pas favorable [l'en empêcha, en décida autrement]. ¶ 여의치 못하다 싶으면 계획을 포기해라 Si la situation t'est défavorable [Si tu penses que ce n'est pas faisable [possible]], abandonne [ne continue pas].

여인 女人 명 femme *f*. ¶ ~ 천하 le règne des femmes.

◆**_네** 명 femme *f*. ¶ 옛 ~네들의 생활상 la vie des femmes d'autrefois.

◆**_상** -像 명 image *f* de la femme. ¶ 이 소설은 현대적인 ~상을 그리고 있다 Ce roman décrit l'image de la femme moderne.

여인숙 旅人宿 명 auberge *f*, hôtellerie *f*. ¶ 허름한[싸구려] ~ auberge (à deux sous). ¶ ~에 묵다[들다] passer une nuit dans une auberge [à l'hôtel].

여자 女子 명 femme *f*, sexe *m* féminin [faible], beau [deuxième] sexe *m*. ¶ ~ 가수 une chanteuse. ¶ 한국 ~ fille coréenne; femme coréenne; une Coréenne.

◆**_고등학교** -高等學校 명 lycée *m* de jeunes filles.

◆**_대학(교)** -大學(校) 명 université *f* de jeunes filles.

◆**_부** -部 명 chez les femmes *fpl* {*fam*}, équipe *f* féminine. ¶ ~부에서 우승하다 On a gagné chez les femmes {*fam*}, l'équipe féminine ((de basket)) a remporté la victoire.

◆**_중학교** -中學校 명 collège *m* de jeunes filles.

◆**_친구** -親舊 명 petite amie *f*, *son* amie *f*, *sa* copine {*fam*}.

여자답다 형 être féminin(*e*); ((homme)) être efféminé(*e*). ¶ 여자다운 성격 caractère efféminé. ¶ 여자답게 보이다 ((une fille)) être féminine.

여장[1] 旅裝 명 vêtement *m* [costume *m*, tenue *f*] pour le voyage. ¶ ~을 풀다 se déshabiller au retour d'un voyage, ôter *sa* tenue de route[de voyage]. ¶ ~을 꾸리다 préparer *sa* tenue de voyage.

여장[2] 女裝 명 déguisement *m* féminin. ◇**_(을) 하다** se déguiser en femme; se travestir (en femme). ¶ ~한 남자 un homme déguisé [travesti (en femme)]; un travelo {*fam*}, un drag(-queen).

여장부 女丈夫 명 virago *m*, dragon *m*, maîtresse *f* femme; femme *f* solide [robuste]. ¶ 그녀는 남자들 못지않은 ~이다 C'est un virago qui ne cède en rien aux hommes.

여전하다 如前_ 형 être constant(*e*), inchangé(*e*); être habituel(*le*), accoutumé(*e*); être toujours pareil(*le*); ne pas avoir changé. ¶ 그의 버릇은 ~ Il a toujours les mêmes habitudes / Il est toujours le même / Il n'a pas changé. ¶ 사업은 어떠세요? - 여전합니다 Comment vont les affaires? - Cela peut aller [Rien de particulier].

◆**여전히** 부 comme par le passé; toujours, encore; comme d'habitude, à l'ordinaire. ¶ 그들은 여전히 거기 산다 Ils habitent toujours là-bas.

여점원 女店員 명 vendeuse *f*, employée *f* d'un magasin.

여정 旅程 명 ① 도정 trajet *m*, itinéraire *m*. ¶ 사흘간의 ~ un voyage de trois jours. ¶ ~을 짜다 tracer un itinéraire (pour un voyage). ¶ ~을 따라 여행하다 respecter un itinéraire pour un voyage. ② 일정 programme *m* de voyage. ¶ 바쁜 ~을 끝내다 arriver au bout d'un programme chargé.

여종 女_ 명 servante *f*, bonne *f*; esclave *f*.

여죄 餘罪 명 crime *m* secondaire; autres crimes *mpl*. ¶ ~를 묻다[추궁하다] demander à *qn* [presser *qn* de questions pour savoir] s'il n'a pas commis d'autres crimes. ¶ ~를 털어놓다 avouer avoir commis d'autres crimes.

여주인 女主人 명 ① 여자 주인 patronne *f*. ¶ 카페(의) ~ la patronne d'un café. ② 안주인 fn hôtesse *f*, maîtresse *f* de maison.

여주인공 女主人公 명 héroïne *f*.

여중 女中 명 collège *m* de jeunes filles. ¶ 그의 딸은 ~에 다닌다 Sa fille fréquente un collège de jeunes filles.

◆**_생** -生 명 élève *f* d'un collège de jeunes filles.

여지 餘地 명 ① ((공간)) place *f* (libre); place *f* disponible; espace *f* libre. ¶ 공원을 만들 수 있는 ~를 남겨 두다 laisser la place nécessaire à la construction d'un parc. ② ((가능성)) marge *f*; possibilité *f*; (il y a encore de l')espoir *m*. ¶ 그가 끼어들 ~를 남기지 말아야 한다 Il ne faut pas lui laisser la possibilité d'intervenir. ¶ 이 주변은 앞으로 개발의 ~가 많다 Il y a encore de fortes chances pour que cette région soit développée. ¶ 아직 우리가 개입할 ~가 남아 있다 Nous pouvons encore intervenir. ◇**_를 주다** laisser *qn* faire *qc*. ¶ 변명의 ~를 주다 laisser *qn* s'expliquer[se justifier]. ¶ 그는 나에게 변명할 ~도 주지 않았다 Il ne m'a pas laissé(e) me justifier. ◇**_를 두다** laisser à *qn* la possibilité de+*inf*. ¶ 결정을 번복할 ~를 두다 laisser à *qn* la possibilité de changer sa décision. ◇**_가 있다** être encore possible; on peut encore+*inf*. ¶ 타협[개선, 토론]의 ~가 있다 Je crois encore à la possibilité d'un compromis [On peut encore faire mieux / On peut encore en discuter]. ◇**_(가) 없다** il va sans dire que+*ind*. ¶ 변명[의문]의 ~가 없다 n'avoir aucune excuse [ne pas y avoir l'ombre d'un doute / ne faire aucun doute]. ¶ 위생이 요리의 기본이라는 것은 설명의 ~가 없다 Il va sans dire que l'hygiène est très importante quand on fait la cuisine.

*입추의 ~가[도] 없다 ((la salle)) être plein(*e*) ☞ 입추[2]
◆_없이 부 sans surprise; comme on s'y attendait; comme de bien entendu. ¶ 기대가 ~없이 무너졌다 On n'a plus aucun espoir. ¶ ~없이 그의 주먹이 날아왔다 Évidemment, il m'a frappé(e) / (Ce n'est) pas étonnant qu'il m'ait frappé(e) / Comme à son habitude il m'a frappé(e). ¶ 그 사람은 ~없이 나의 부탁을 거절했다 Il a refusé sans hésitation ma demande.
◆_없다 형 être sans hésitation, sans faille, sûr(*e*), certain(*e*), indiscutable. ¶ 그 아이는 ~없는 철부지이다 Cet enfant manque indiscutablement de maturité. ¶ 이 나라는 ~없는 후진국이다 Il est indiscutable que ce pays est un pays sous-développé.
여지껏 부 아직까지 jusqu'à maintenant; encore maintenant. ¶ ~ 네가 한 일이 무엇이냐? Qu'est-ce que tu as fait jusqu'à maintenant? ¶ ~ 그 사람을 잊지 못하고 있니? Tu ne l'as toujours pas oublié? / Tu penses encore à lui-même maintenant? ¶ 그는 ~ 한 번도 사고를 낸 적이 없다 Il n'a eu aucun accident jusqu'à aujourd'hui.
여직원 女職員 명 employée *f*.
여진[1] 餘震 명 ① 【지리】 réplique *f* (sismique), nouvelle secousse *f* sismique (succédant à un important séisme). ¶ ~의 공포에 떨다 avoir peur d'une autre secousse. ¶ ~이 계속되고 있다 Les secousses continuent. ¶ 큰 지진 이후에 ~이 왔다 Après un grand tremblement de terre [Après un important séisme], une réplique a suivi / Cet important séisme a été suivi d'une (forte) réplique. ¶ 몇 분간 ~이 계속되었다 La réplique a duré quelques minutes. ② 여파 contrecoup *m*, ricochet *m*, effet *m* secondaire, retentissement *m*, répercussion *f*. ¶ 그 사건의 ~이 아직 가시지 않고 있다 Cette affaire n'a pas encore eu de répercussions.
여진[2] 餘塵 명 poussière *f* résiduelle, trace *f* résiduelle. ¶ 거리에 아직 최루탄 ~이 남아 있다 La trace résiduelle des bombes lacrymogènes est encore visible sur la route.
여쭈다 타 ① 말씀을 올리다 ((verbe humble)) parler de *qc* à ((un supérieur)); informer ((un supérieur)) de *qc*. ¶ 인사[안부]를 ~ saluer ((un supérieur)). ¶ 어른께 말씀을 ~ parler à un adulte; informer un aîné. ¶ 여쭐 것이 있습니다 J'ai quelque chose à vous dire. ② 질문을 하다 demander *qc* à ((un supérieur)). ¶ 한 가지만 더 여쭈어 보겠습니다 Je me permettrai de vous poser une dernière question.
여쭙다 타 ☞ 여쭈다
여차여차하다 如此如此_ 형 être de telle ou telle façon. ¶ 여차여차한 이유로 pour telle ou telle raison. ¶ 여차여차해서 일이 이렇게 되었다 C'est pour telle et telle raisons qu'on en est arrivés là.
여차저차하다 如此_此_ 형 être de telle ou telle façon. ¶ 여차저차한 이유[사정]로 pour telle ou telle raison [dans ces circonstances, dans de pareilles circonstances, en pareil cas].
여차하면 如此_ 부 s'il en est ainsi; étant donné(es) (les circonstances); le cas échéant; s'il arrive *qc*; si la nécessité se présente [se fait sentir]; si nécessaire; s'il le faut. ¶ 우리는 ~ 달아날 태세를 갖추었다 Nous sommes prêts à nous enfuir s'il le faut [si la nécessité se fait sentir]. ¶ ~ 즉시 경찰에 신고해라 S'il arrive quelque chose, appelle immédiatement la police!
여체 女體 명 corps *m* de femme, corps *m* féminin. ¶ ~의 신비 le mystère du corps féminin.
여치 명 【동물】 sauterelle *f*, *Gampsocleis ussuriensis* {*nsc*}.
여타 餘他 명 reste *m*, restant *m*. ¶ 서울에는 2명을 배치하고 ~ 지역에는 1명씩 배치하다 mettre en place deux personnes à Séoul, et pour les autres régions une seule.
여탕 女湯 명 bains *mpl* publics pour dames.
여태 부 아직까지 jusqu'à maintenant, jusqu'à présent; (jusqu')au jour d'aujourd'hui, jusqu'à aujourd'hui. ¶ ~ 출발하지 않고 뭐했어? Comment? tu n'es pas encore parti(*e*)? Qu'as-tu fait jusqu'à maintenant? ¶ ~ 그걸 몰랐어? Tu ne savais pas ça jusqu'à maintenant? / Tu viens de l'apprendre maintenant? ¶ 그가 ~ 살아있었다니 믿기지 않는다 Tu dis qu'il était encore vivant, je n'arrive pas y croire.
◆_까지 부 jusqu'à maintenant, jusqu'à présent, jusqu'ici; encore.
◆_껏 부 jusqu'au jour d'aujourd'hui; jusqu'à maintenant, jusqu'à présent, jusqu'ici; encore. ¶ 그는 ~껏 집 한 채 없다 Il n'a pas encore de maison. ¶ 그가 양복을 입은 모습을 ~껏 본 적이 없다 Je ne l'ai encore jamais vu dans un costume.
여파 餘波 명 contrecoup *m*, ricochet *m*, effet *m* secondaire, retentissement *m*, répercussion *f*. ¶ 태풍의 ~로 파도가 높다 Les vagues sont hautes à cause du typhon. ¶ 뉴욕 증시의 ~가 한국에까지 영향을 주고 있다 Le marché boursier de New York a des répercussions jusqu'en Corée.
여편네 女便_ 명 ((낮추어 부르는 표현, terme avilissant)) femme *f* de *qn*; ma femme *f*.
여필종부 女必從夫 명 devoir *m* de soumission de la femme à son mari.
여하 如何 명 n'importe qui; n'importe comment; quoi que+*subj*, quel(*le*) que soit. ¶ 사정 ~에 따라 en fonction de [suivant] la situation. ¶ 수입 ~에 따라 지출을 조절하다 moduler les dépenses en fonctions des recettes. ¶ 모든 건 노력 ~에 달려 있다 Tout dépend de vos efforts.
여하간 如何間 부 en tout cas, dans tous les cas; de toute façon; après tout; à tout prix, coûte que coûte. ¶ ~ 나는 여기서 더 기다려 보겠다 En tout cas, moi je vais attendre ici un peu plus. ¶ ~ 약속 시간에 그곳으로 나오세요 De toute façon, soyez là à l'heure.

ㅇ

◆_에 ㊫ en tout cas, dans tous les cas; de toute façon; après tout; à tout prix, coûte que coûte. ¶ ~에 나는 가겠습니다 En tout cas, moi j'y vais.

여하튼 如何_ ㊫ à tout prix, coûte que coûte; en tout cas, de toute façon; quoi qu'il en soit. ¶ ~ 일이 어렵게 됐다 Quoi qu'il en soit, l'affaire s'est compliquée. ¶ ~ 나는 거기에 가야 한다 De toute façon, il me faut aller là-bas. ¶ ~ 오늘 밤까지는 돌아오겠다 Quoi qu'il arrive, je rentrerai avant la nuit.

◆_ 간에 ㊫ quoi qu'il arrive; coûte que coûte; quoi qu'il en soit; de toute façon, en tout cas; dans tous les cas. ¶ ~ 간에 한번 만납시다 En tout cas, tâchons de nous rencontrer.

여하하다 如何_ ㊫ quoi que; qui que ((ce soit)), n'importe qui; aussi ((fort, riche)) soit-il. ¶ 여하한 일이 있어도 quoi qu'il arrive, coûte que coûte, à tout prix. ¶ 여하한 이유로도 quelle que soit la raison. ¶ 여하한 사람도 qui que ce soit. ¶ 여하한 부자라도 aussi riche soit-il. ¶ 여하한 경우에도 en tout cas; dans tous les cas.

◆여하히 ㊫ en fonction de *qc*. ¶ 우리가 ~ 행동하느냐에 따라 상황은 달라질 수 있다 La situation peut changer selon notre comportement.

여학교 女學校 ㊔ école *f* [collège *m*, lycée *m*, université *f*] de jeunes filles.

여학생 女學生 ㊔ élève *f*; écolière *f*; collégienne *f*; lycéenne *f*; étudiante *f*.

여한 餘恨 ㊔ ressentiment *m*; rancune *f*, rancœur *f*. ¶ ~을 풀다 assouvir *sa* rancune. ◇_(이) 없다 ne pas avoir de rancœur [rancune]. ¶ 널 만났으니 이제 나는 ~이 없다 Maintenant que je t'ai rencontré(*e*), je n'ai plus aucun autre désir. ¶ 나는 지금 죽어도 ~이 없다 Même si je mourais maintenant, je n'aurais aucun regret.

여행 旅行 ㊔ voyage *m*; ((관광)) tourisme *m*. ¶ 그리스 ~ voyage en Grèce. ¶ ~ 중에 만난 친구 ami(*e*) rencontré(*e*) lors d'un voyage. ¶ ~에서 돌아오다 rentrer d'un voyage [d'une excursion]. ¶ ~ 잘 다녀오세요 Passez un bon séjour là-bas. ¶ 중국 ~은 어땠습니까? Comment s'est passé votre voyage en Chine? / C'était bien votre voyage en Chine? ◇_(을) 하다 voyager; faire un voyage; visiter. ¶ 한국을 ~하다 visiter la Corée. ¶ 아프리카를 ~하다 faire un voyage en Afrique; visiter l'Afrique. ¶ 세계 일주 ~을 하다 faire un voyage autour du monde, faire un tour du monde. ¶ ~ 잘하셨습니까? Comment s'est passé votre séjour là-bas? / Vous avez aimé votre séjour là-bas? ◇_(을) 가다[떠나다] partir en voyage. ¶ 그는 유럽으로 ~을 갔다 Il est parti pour l'Europe / Il est parti faire un voyage en Europe. ◇_(을) 다니다 voyager.

◆_ 가방 ㊔ sac *m* de voyage; valise *f*. ¶ ~ 가방을 꾸리다 faire *ses* valises.

◆_객 -客 ㊔ voyageu*r*(*se*). ¶ 기차는 ~객들로 가득했다 Le train est rempli de voyageurs.

◆_기 -記 ㊔ récit *m* de voyage; journ*al*(*aux*) *m* de voyage.

◆_길 ㊔ ((lors d'))un voyage; chemin *m* du voyage. ¶ ~길에 만난 사람들 personnes rencontrées lors d'un voyage. ¶ 나는 아무 계획도 없이 긴 ~길에 올랐다 Je suis parti à l'improviste pour un long voyage.

◆_담 -談 ㊔ récit *m* de voyage.

◆_사 -社 ㊔ agence *f* de voyages; office *m* [bureau(*x*) *m*] de tourisme; agence *f* de tourisme.

◆_안내 -案內 ㊔ guide *m* touristique.

◆_안내소 -案內所 ㊔ office *m* [bureau(*x*) *m*] de tourisme; agence *f* de tourisme; syndicat *m* d'initiative.

◆_용 -用 ㊔㊂ ((sac)) de voyage *m*. ¶ ~용 비누 savon de voyage. ¶ ~용 손가방 sac de voyage.

◆_일정 -日程 ㊔ itinéraire *m*; programme *m* de voyage. ¶ ~일정을 확인하다 vérifier l'itinéraire avant de partir en voyage.

◆_자 -者 ㊔ touriste *mf*; voyageu*r*(*se*).

◆_자 수표 -者 手票 ㊔ traveller's chèque [check] *m*; traveller *m*; chèque *m* de voyage. ¶ ~자 수표를 사용하다 utiliser des traveller's chèques [des chèques de voyage, des travellers]. ¶ ~자 수표에 서명하다 signer un traveller's chèque [traveller's check, traveller, chèque de voyage].

◆_지 -地 ㊔ destination *f* d'un voyage; lieu *m* de séjour.

◆관광_ 觀光- ㊔ tourisme *m*. ¶ 관광 ~을 하다 faire du tourisme.

◆계절_ 季節- ㊔ voyage *m* saisonnier.

◆기차[선박, 도보]_ 汽車[船舶, 徒步] ㊔ voyage *m* en train [voyage *m* en bateau, excursion *f* pédestre]. ¶ 기차 ~을 떠나다 faire un voyage en train.

◆단체_ 團體 ㊔ voyage *m* organisé.

◆배낭_ 背囊 ㊔ voyage *m* individuel; excursion *f*.

◆신혼_ 新婚 ㊔ voyage *m* de noces.

여호와 ㊐ ㊔【기독】Jéhovah *m*, Yahvé *m*.

◆_의 증인 證人 ㊔【종교】témoin *m* de Jéhovah.

여흥 餘興 ㊔ divertissement *m*, attraction *f*; séance *f* récréative. ¶ ~ 시간을 갖다 avoir une séance récréative. ¶ ~을 즐기다 apprécier les divertissements. ¶ 식을 간단히 끝내고 ~으로 들어갔다 Après une courte cérémonie, on est passés à des divertissements.

역¹ 譯 의명 traduction *f*. ¶ 불경의 한국어 ~ traduction coréenne d'un sûtra. ¶ 김 아무개 ~ traduction de monsieur Kim ((sur la couverture)). ☞ 번역

역² 驛 ㊔ (기차) gare *f*, (전철) station *f*. ¶ ~(의) 대합실 salle d'attente dans une gare. ¶ 서울~ la gare de Séoul. ¶ ~에[으로] 마중 나가다 aller chercher *qn* à la gare. ¶ 기차가 ~에[으로] 들어온다 Le train entre en gare. ¶ 그 기차는 생라자르 ~에서 출발한다 Ce train part de la gare Saint-Lazare. ¶ 거기에 가려면 리옹 ~에서 타야 한다 Pour se rendre là-bas, il faut prendre le train à la gare de Lyon. ¶ 이

기차는 그 ~에 서지 않는다 Ce train ne s'arrête pas à cette gare / Ce train ne dessert pas cette gare. ¶ 나는 다음 ~에서 내린다 Je descends à la prochaine ((기차)) gare, ((전철)) station. ¶ 다음다음 ~은 어디지? Où arrive-t-on dans deux stations? ¶ 다음 ~이 종점이다 La prochaine station est le terminus.

◆_사 -舍 명 bâtiment *m* de la gare.

◆_장 -長 명 chef *m* de gare.

◆_전 -前 명 devant *m* d'une gare; esplanade *f* d'une gare, place *f* de la gare. ¶ ~전 광장 la place (située) devant la gare, la place de la gare.

◆간이_ 簡易- 명 toute petite gare *f*.

◆기차_ 汽車- 명 gare *f*.

◆시발_ 始發- 명 tête *f* (de ligne).

◆전철_ 電鐵- 명 station *f* (de métro).

◆종착_ 終着- 명 terminus *m*, gare *f* [station *f*] terminus.

역³ 役 명 rôle *m*. ¶ 춘향 ~을 맡다 assumer le rôle de Chun-hyang. ¶ 햄릿 ~을 맡기다 donner le rôle de Hamlet à *qn*. ¶ 1인 2~을 하다 jouer deux rôles dans la même pièce. ¶ 이번에는 아주 힘든 ~을 맡았다 J'ai un rôle très difficile à jouer cette fois-ci. ¶ 이 ~은 누가 맡는 것이 좋을까? À qui conviendrait ce rôle? / À qui pourrait bien convenir ce rôle?

◆배_ 配- 명 distribution *f* (des rôles).

◆악_ 惡- 명 rôle *m* de méchant [d'un méchant].

◆의미_ 意味- 명 【언어】 rôle *m* sémantique.

역⁴ 逆 명 ① 반대 contraire *m*, opposé *m*, inverse *m*, contre-pied *m*; (의) contraire, inverse, opposé(*e*). ¶ ~으로 à l'opposé; au contraire; en sens contraire; par contre, en revanche. ② 【논리】 réciproque *f*. ¶ 그 ~이 반드시 진리는 아니다 La réciproque n'est pas toujours vraie.

접두 contraire *m*, opposé *m*, inverse *m*, contre-pied *m*. ¶ ~이용 ☞ 역이용 ¶ ~기능 effet *m* inverse. ¶~방향 direction *f* opposée. ¶~함수 fonction *f* inverse. ¶~효과 effet *m* inverse.

역겹다 逆_ 형 ① 구역질이 나다 être nauséabond(*e*). ¶ 역겨운 냄새 une odeur nauséabonde. ② ((기분이)) être irritant(*e*), contrariant(*e*), vexant(*e*). ¶ 나는 그의 행동이 역겨웠다 Son comportement me révulsait [m'écœurait]. ¶ 나는 그 사람이 역겹게 느껴진다 Il m'écœure / Cette personne me dégoûte [m'écœure].

◆역겨움 명 dégoût *m*, aversion *f*, répugnance *f*, écœurement *m*, répulsion *f*, horreur *f*. ¶ 나는 그 사람의 태도에 역겨움을 느꼈다 Son attitude me dégoûte / J'éprouve du dégoût à l'égard de son attitude.

역경 逆境 명 adversité *f*, infortune *f*; difficulté *f*; situation *f* [passe *f*] difficile. ¶ ~을 극복하다[이기다, 헤쳐 나가다, 딛고 일어서다] sortir d'une passe difficile. ¶ ~과 싸우다 lutter contre l'adversité. ¶ ~에 대처하다 faire face à l'adversité [aux difficultés, à une situation difficile]. ¶ ~에 처하다 [빠지다] être dans l'adversité.

역공 逆攻 명 contre-attaque(~-~*s*) *f*, contre-offensive(~-~*s*) *f*; riposte *f*. ¶ 불시의 ~ contre-attaque surprise. ◇_(을) **하다** contre-attaquer; se rebiffer {*fam*}, riposter. ◇_(을) **당하다** se faire contre-attaquer.

역관¹ 譯官 명 【역사】 traducteur-interprète *m*, fonctionnaire *m* traducteur. ¶ 대대로 ~을 지낸 집안 une famille d'interprètes officiels de génération en génération.

역관² 驛館 명 【역사】 auberge *f* officielle de relais, poste *m* de relais *m*. ¶ 하룻밤을 ~에 머무르다 passer une nuit dans un poste de relais.

역광 逆光 명 contre-jour(~-~*s*) *m*. ¶ 피사체가 ~을 받으면 사진이 잘 나오지 않는다 Si le sujet est à contre-jour, la photo ne sera pas réussie [bonne].

역교배 逆交配 명 【생물】 croisement *m* en retour; rétrocroisement *m*.

역군 役軍 명 ① personne *f* capable; homme entreprenant [actif]; personnage *m* important. ¶ 산업 ~ un industriel entreprenant. ② 인부 ouvrier *m*, travailleur *m*; manœuvre *m* (d'un chantier); homme *m* de peine.

역기 力器 명 haltères *mpl*. ¶ ~를 들다 soulever des haltères.

역기능 逆機能 명 effet *m* inverse. ¶ 과도한 약물 사용은 ~을 낳을 수 있다 L'usage excessif d'un médicament peut provoquer des effets (secondaires) inverses.

역내 驛內 명 intérieur *m* d'une gare; dans la gare. ¶ 기차의 도착을 알리는 ~ 안내 방송이 나왔다 On a entendu l'annonce dans la gare de l'arrivée des trains.

역단층 逆斷層 명 【지리】 faille *f*, cassure *f* ((de l'écorce terrestre)).

역대 歷代 명 générations *fpl* successives; plusieurs générations *fpl*. ¶ ~(의) 기록을 살펴보다 regarder le palmarès ((d'une compétition sportive)). ¶ ~(의) 장관들 les ministres successifs.

역도 力道 명 【운동】 poids *mpl* et haltères *mpl* {*vx*}; haltérophilie *f* ◇_(를) **하다** soulever des poids et haltères.

◆_경기 -競技 명 compétition *f* d'haltérophilie.

◆_선수 -選手 명 haltérophile.

역동 力動 명 dynamisme *m*. ◇_(을) **하다** être dynamique. ¶ ~하는 젊음 les jeunes dynamiques.

◆_성 -性 명 dynamisme *m*.

◆_적 -的 명관 dynamique. ¶ ~적인 삶 une vie dynamique. ¶ 그 조각상은 ~적으로 느껴진다 On ressent beaucoup de dynamisme dans cette sculpture.

역량 力量 명 compétence *f*, force *f*; capacités *fpl*, aptitude *f*, talent *m*. ¶ ~을 기르다 développer une [*des*, *ses*] compétence(*s*). ¶ ~을 과시하다 faire étalage de [montrer] *sa*(*ses*) force(*s*) [compétences]. ¶ ~을 시험하다 mettre les forces [compétences] de *qn* à l'épreuve. ¶ ~을 의심하다 douter de la capacité [de la compétence] de *qn*.

¶ ~이 부족하다[모자라다] manquer de compétence. ◇_을 펼치다[발휘하다] déployer [manifester de la, faire preuve de] compétence. ◇_(이) 있다 avoir de la compétence, avoir du talent; être compétent(*e*); avoir la compétence pour+*inf*, avoir la capacité de+*inf*, être capable de+*inf*. ¶ ~있는 지도자 chef [leader, dirigeant] de grand talent. ¶ 그 사람은 이 역할을 맡을 만한 ~이 있다 Il a la capacité d'assumer [la compétence pour assumer] ce rôle.

역력하다 歷歷_ 형 être évident(*e*), clair(*e*), net(*te*), manifeste, incontestable, indubitable, indéniable. ¶ 그 여자는 나를 싫어하는 눈치가 역력했다 Il paraissait évident qu'elle ne m'aimait pas. ¶ 그들은 피곤해하는 기색을 역력하게 드러냈다 Ils ont manifesté de nets signes de fatigue.

◆**역력히** 歷歷_ 부 manifestement, clairement, bien, nettement, à l'évidence. ¶ 전쟁의 흔적이 역력히 남아 있다 Il reste encore d'évidentes traces de la guerre.

역류 逆流 명 contre-courant(~~*s*) *m*; ((전류)) courant *m* inverse. ¶ ~를 거슬러 올라가는 배 bateau qui remonte le courant. ◇_(를) 하다 couler en sens inverse; refluer; remonter le courant ((d'un fleuve)). ¶ 강물이 ~한다 Les eaux de la rivière refluent. ¶ 피가 ~하는 것 같았다 J'ai eu [J'avais] l'impression que le sang refluait. ¶ 시대의 흐름에 ~하는 정책 politiques qui vont contre le courant de l'époque [à contre courant de l'époque].

역리 疫痢 명 【의학】 dysenterie *f* infantile.

역마 驛馬 명 cheval *m* de poste.

역마살 驛馬煞 명 bougeotte *f* ◇_이 끼다[있다] avoir la bougeotte ¶ 그는 ~이 끼어서 한 곳에 정착하지 못하다 Il ne peut pas rester dans un même endroit parce qu'il a la bougeotte.

역마차 驛馬車 명 diligence *f*. ¶ ~를 타다 monter dans [prendre] une diligence.

역모 逆謀 명 conspiration *f*, complot *m*. ¶ ~를 꾸미다 [꾀하다] faire [ourdir] un complot; conspirer; tramer [fomenter] une conspiration contre *qn*. ¶ ~가 탄로 났다 Une tentative de complot a été révélée [divulguée, découverte]. ◇_(를) 하다 faire [ourdir] un complot; conspirer; tramer [fomenter] une conspiration contre *qn*.

◆**_자** -者 명 conspira*teur*(*trice*).

역무원 驛務員 명 personnel *m* de gare.

역반응 逆反應 명 réaction *f* inverse.

역법 曆法 명 calendrier *m* ((ordre des jours et des saisons)). ¶ ~을 정리하다 faire le calendrier. ¶ ~을 고치다 corriger le calendrier.

역병 疫病 명 épidémie *f*. ¶ ~이 발생했다 Une épidémie a éclaté. ¶ ~이 유행하고 있다 Une épidémie se répand.

역부족 力不足 명 manque *m* de compétence. ¶ 최선을 다했으나 ~으로 실패했다 J'ai fait le maximum [J'ai donné le meilleur de moi-même] mais j'ai échoué faute de compétence [par incompétence, ce travail étant au-dessus de mes forces]. ◇_이다 ne pas être à la hauteur ((d'un travail)); être au-dessus de la capacité [des forces] de *qn*, être hors de la portée de *qn*; ne pas être qualifié(*e*) ((pour un travail)); ne pas faire le poids face à *qn*. ¶ 우리 팀은 상대 팀에 ~이다 Notre équipe ne peut concurrencer l'adversaire / Notre équipe ne fait pas le poids face à l'équipe adverse. ¶ 그 일을 하기에 나는 ~이었다 Ce travail a dépassé mes capacités / Ce travail était hors de ma portée.

역사[1] 力士 명 personne *f* de grande force physique, homme *m* fort, hercule *m*. ☞ 장사[3]

역사[2] 役事 명 travaux *mpl*. ¶ 바다를 메우는 큰 ~를 벌이다 entreprendre de grands travaux pour gagner sur la mer.

◆**대_** 大- 명 travaux *mpl* de grande envergure.

역사[3] 歷史 명 histoire *f*. ¶ 긴[오랜] ~ une longue histoire. ¶ ~의 교훈 ce que l'histoire nous enseigne, l'enseignement de l'histoire. ¶ ~의 흐름 le cours [la marche] de l'histoire. ¶ 프랑스(의) ~ l'histoire de France. ¶ 지구의 ~ l'histoire de la planète terre [de notre planète]. ¶ ~ 속의 인물 un personnage historique, une figure de l'Histoire. ¶ ~를 공부하다 étudier l'histoire. ¶ ~를 기록하다[쓰다] écrire l'histoire. ¶ ~를 바로 보다 porter un regard objectif sur l'histoire. ¶ ~를 왜곡하다 falsifier l'histoire. ¶ ~를 통해 보면 sur le plan historique, historiquement. ¶ ~에 이름을 남기다 entrer dans l'histoire; laisser *son* nom dans l'histoire. ¶ ~에 길이 남다 laisser *son* empreinte [*sa* trace] dans l'Histoire. ¶ 이 대학은 ~가 짧다 Cette université a une histoire courte [n'existe pas depuis longtemps]. ¶ ~가 오래된 대학 université qui a une longue histoire. ◇_(가) 있다 avoir une tradition. ¶ ~ 있는 학교 école qui a une tradition.

◆**_적** -的 명관 historique. ¶ ~적인 사건 un événement historique. ¶ ~적 고찰 une étude historique. ¶ 그 사람은 ~으로 아주 중요한 인물이다 C'est un homme historiquement très important / C'est un homme d'une grande importance historique. ¶ 그곳은 ~적인 장소이다 C'est un site historique.

◆**_성** -性 명 historicité *f*.

◆**_가** -家 명 historien(*ne*).

◆**_관** -觀 명 point *m* de vue historique.

◆**_상** 관 historiquement, sur le plan historique. ¶ ~상 유례가 없는 일이다 C'est un événement sans précédent (connu) dans l'Histoire / C'est un exemple unique dans l'Histoire.

◆**_서** -書 명 ouvrage *m* historique.

◆**_소설** -小說 명 roman *m* historique.

◆**_의식** -意識 명 conscience *f* historique.

◆**_주의** -主義 명 historicisme *m*, historisme *m*.

◆**_책** -冊 명 livre *m* d'histoire.

◆**_학** -學 명 histoire *f*, science *f* historique.

◆신_학파 新學派 명 école *f* de la nouvelle histoire.

역사⁴ 驛舍 명 gare *f.* ¶ 새 ~를 짓다 construire une nouvelle gare.

역산 逆算 명 opérations *fpl* inverses, compte *m* à rebours. ◇_(을) **하다** faire un compte en sens inverse, compter à rebours.

역서¹ 易書 명 livre *m* de divination.

역서² 譯書 명 traduction *f*, ouvrage *m* traduit. ¶ ~를 내다[출간하다] publier une traduction.

역서³ 曆書 명 almanach *m*.

역선전 逆宣傳 명 contre-propagande(~-~*s*) *f.* ◇_(을) **하다** faire de la contre-propagande. ¶ 광고가 오히려 ~하는 결과를 낳았다 La publicité a eu un résultat paradoxal de contre-propagande.

역설¹ 力說 명 insistance *f.* ◇_(을) **하다** insister sur *qc*; appuyer sur *qc*; souligner; revenir sur *qc* avec insistance; mettre l'accent sur *qc*. ¶ 사건의 중요성을[에 대하여] ~하다 souligner l'importance d'un événement. ¶ ...할 것을 ~하다 insister pour+*inf*, insister pour que+*subj*. ¶ ...해야 한다고 ~하다 insister sur [souligner] la nécessité de faire *qc*.

역설² 逆說 명 paradoxe *m*.

◆_적 -的 명관 paradox*al*(*ale, aux*). ¶ 그 말은 ~적으로 들렸다 Ces paroles m'ont semblé paradoxales. ¶ 그의 논리는 ~적이었다 Sa logique était paradoxale. ¶ ~적이게도 노력하면 할수록 상황이 더욱 악화되어 갔다 Paradoxalement, plus on faisait des efforts, plus la situation se détériorait.

역성 명 préférence *f* pour *qn*; partialité *f* ((pour *qn*)); favoritisme *m*; parti *m* pris. ◇_(을) **들다** être de parti pris pour *qn*. ¶ 너무 그 사람의 ~만 들지 마라 Ne sois pas trop partial(*e*) pour lui / Ne sois pas trop de parti pris pour lui.

역성파생 逆成派生 명【언어】dérivation *f* régressive [rétrograde], par suppression de suffixe ((*oubli* de *oublier*; cf. déverbal)).

역성혁명 易姓革命 명 mise *f* à bas d'un régime corrompu et fondation *f* d'une nouvelle dynastie saine; changement *m* de dynastie ((dans la Chine antique, fondation par un homme de vertu d'une nouvelle dynastie après avoir défait un mauvais roi)).

역수 逆數 명【수학】nombre *m* inverse.

역수입 易輸入 명 réimportation *f.* ◇_(을) **하다** réimporter *qc*. ◇_(이) **되다** être réimporté(*e*).

역수출 易輸出 명 réexportation *f.* ◇_(을) **하다** réexporter *qc*. ◇_(이) **되다** être réexporté(*e*).

역순 逆順 명 ordre *m* inverse. ¶ ~으로 세다 compter à *rebours*; compter dans l'ordre inverse.

◆_사전 -辭典 명 dictionnaire *m* inversé.

역술¹ 曆術 명 divination *f*, mantique *f*.

◆_가 -家 명 devin(*eresse*).

역술² 譯述 명 traduction *f.* ◇_(을) **하다** traduire. ¶ 그는 외국 작품을 여러 편 ~하였다 Il a traduit plusieurs œuvres étrangères. ◇_(이) **되다** être traduit(*e*).

역습 逆襲 명 contre-attaque (~-~*s*) *f*, contre-offensive(~-~*s*) *f*; riposte *f.* ¶ ~의 기회를 노리다 attendre l'occasion favorable pour contre-attaquer. ◇_(을) **하다** riposter à *qc*; contre-attaquer; faire une contre-attaque; déclencher une contre-offensive. ◇_(을) **당하다** subir une contre-attaque. ¶ 잠시 방심한 사이에 ~을 당했다 Il a essuyé une contre-attaque pendant un moment de distraction.

역시¹ 亦是 부 ① 또한 aussi, également. ¶ 나 ~ 만족한다 Moi aussi je suis content(*e*). ¶ 그 사람 ~ 피해자이다 Lui aussi est une victime. ¶ 나 ~ 그렇게 생각한다 Je le pense aussi. ② 아무래도 après tout. ¶ ~ 어릴 적 친구가 최고야 Après tout, les meilleurs amis sont les amis d'enfance. ¶ 휴식은 ~ 자는 게 제일이지 Après tout, rien de meilleur que de dormir pour se reposer. ③ 예상한 바대로 effectivement, en effet. ¶ ~ 그는 대단한 체력의 소유자야 Il s'avère être effectivement en excellente forme physique. ¶ 그는 ~ 예전에 하던 대로 하는군 Il se comporte en effet comme autrefois.

역시² 譯詩 명 poème *m* traduit.

역신 疫神 명【민속】variole *f*.

역어 譯語 명 (terme *m* traduit) équivalent *m*, traduction *f.* ¶ 이 말에 적당한 한국어 ~가 없다 En coréen, il n'y a pas de terme qui traduise ceci de façon équivalente / En coréen il n'y pas de terme équivalent. ¶ 성공이라는 ~는 적당하지 않다 (Le terme) *seonggong* (réussite) n'est pas le bon équivalent [n'est pas approprié ici].

역연하다 歷然- 형 être clair(*e*), évident(*e*), net(*te*), distinct(*e*). ¶ 그 사람의 얼굴에는 놀란 기색이 ~ Un air d'étonnement est clairement visible sur son visage. ¶ 그 사람이 내심 당황하고 있음이 ~ Il est évident qu'il est perplexe même s'il essaie de le cacher.

◆**역연히** 歷然- 부 clairement, évidemment, nettement, distinctement. ¶ 그 여자의 얼굴에 실망의 빛이 역연히 떠올랐다 Un air de déception est apparu clairement sur son visage.

역이용 逆利用 명 utilisation *f* de la force de l'adversaire, action de tirer profit de [de se servir de, d'utiliser] la force de l'adversaire, action de retourner la force [le coup] de l'adversaire contre lui, action de retourner l'attaque de l'adversaire contre lui. ◇_(을) **하다** tirer parti de [tirer profit de, utiliser, se servir de] ((la force)) de l'adversaire, retourner ((la force, le coup)) de l'adversaire contre lui, retourner ((l'attaque)) de l'adversaire contre lui. ¶ 상대방의 공격을 ~ tirer parti de [tirer profit de, utiliser, se servir de] la force de l'adversaire, retourner la force [le coup] de l'adversaire contre lui, retourner l'attaque de l'adversaire contre lui. ◇_(이) **되다**[**당하다**] ((une attaque)) se retourner contre *son* auteur.

역임 歷任 명 carrière *f* dans la haute fonction publique

[dans la haute administration] ((hautes responsabilités)). ◇_(을) **하다** occuper successivement. ¶ 요직을 두루 ~하다 assumer successivement d'importantes responsabilités.

역자 譯者 명 traduc*teur*(*trice*). ¶ ~ 서문 préface [l'avant-propos] du(de la) traduc*teur*(*trice*).

역작 力作 명 chef-d'œuvre *m* (~*s*-~). ¶ 10년에 걸쳐 완성한 ~ chef-d'œuvre accompli en 10 ans. ¶ 이 작품이 그의 대표 ~이다 C'est son chef-d'œuvre le plus représentatif.

역장 驛長 명 chef *m* de gare.

역저 力著 명 ouvrage *m* de grand labeur; chef-d'œuvre *m* littéraire. ¶ 평생의 ~ l'ouvrage de toute une vie.

역적 逆賊 명 rebelle *mf*, traître(*sse*). ¶ 반란이 성공하면 충신, 실패하면 ~이 된다 Quand une révolte réussit, on devient un sujet fidèle, sinon, un rebelle.

◆**_모의** -謀議 명 conspiration *f*, complot *m*. ¶ ~ 모의를 하다 fomenter un complot de traîtres.

◆**_질** 명 rébellion *f*, sédition *f*. ¶ ~질을 하다 entrer en sédition, se rebeller.

역전[1] 逆轉 명 renversement *m*, retournement *m*, revirement *m*. ¶ 상황의 ~ retournement [revirement] de la situation. ¶ ~의 위기에 몰리다 risquer de perdre par renversement de la situation. ¶ ~의 기회를 잡다 saisir l'opportunité pour renverser la situation. ¶ ~에 성공하다 réussir à renverser la situation. ¶ ~에 ~을 거듭하다 renverser successivement les scores. ◇_(을) **하다**[(이) **되다**] renverser [être renversé(*e*)]. ¶ 형세가 ~되었다 La situation est entièrement renversée. ◇_(을) **시키다** renverser (la situation). ¶ 질 뻔했던 게임을 ~시키다 renverser le cours du jeu d'un match qui semblait perdu.

◆**_극** -劇 명 renversement *m* [retournement *m*] spectaculaire [époustouflant, ahurissant] de la situation, renversement *m* [retournement *m*] de situation spectaculaire [époustouflante]. ¶ 숨 막히는 ~극이 연출되었다 Il s'est produit un renversement [un retournement] de situation spectaculaire [époustouflante].

◆**_승** -勝 명 victoire *f* par un ultime renversement de situation. ¶ ~승을 하다[거두다] remporter une victoire par un ultime renversement.

◆**_패** -敗 명 défaite *f* par renversement de situation. ¶ ~패(를) 하다[당하다] perdre par renversement de situation.

역전[2] 力戰 명 combat *m* acharné.

◆**_분투** -奮鬪 명 lutte *f* acharnée. ◇_(를) **하다** ¶ 적을 맞아 ~분투하다 se battre avec acharnement face à l'ennemi.

역전[3] 驛前 명 devant la gare; en face de la gare. ¶ ~ 광장 la place (située) devant la gare, la place de la gare. ¶ ~ 시계탑 앞에서 정오에 만나다 se retrouver à midi devant la tour de l'horloge en face de la gare.

역전[4] 歷戰 명 expérience *f* de guerre. ¶ ~의 용사 un soldat [un militaire] expérimenté [chevronné]; ((비유적)) un vétéran, un homme d'expérience [expérimenté, pourvu d'une longue expérience, plein d'expérience, vieux dans le métier], un vieux de la vieille, un vieux routier, un vieux loup de mer, un vieux briscard {*fam*}, un ancien.

역점 力点 명 accent *m*, importance *f*. ¶ ~ 사업 branche (industrielle) à laquelle on accorde une importance particulière. ◇_(을) **두다** accorder une importance particulière [de l'importance] à *qc*. ¶ 일의 형식보다 내용에 ~을 두다 accorder plus d'importance au contenu d'un travail qu'à sa forme.

역정[1] 逆情 명 colère *f*, emportement *m*, rogne *f* {*fam*}. ◇_(을) **내다[부리다]** décharger *sa* colère sur *qn*, déverser *sa* bile sur *qn*; s'emporter, se mettre en colère, se fâcher, se mettre [se foutre] en rogne {*fam*}, monter sur *ses* grands chevaux. ◇_(을) **사다** attirer la colère de *qn*; mettre *qn* en colère [hors de *soi*], rendre *qn* furieu*x*(*se*), fâcher *qn*, mettre [foutre] *qn* en rogne {*fam*}, agacer *qn*, énerver *qn*, crisper *qn*, irriter *qn*. ¶ 어쩌다가 아버지의 ~을 샀니? Qu'as-tu fait pour mettre ton père dans une telle colère? ◇_(이) **나다** être transporté(*e*) de colère, être fâché(*e*), furieu*x*(*se*), hors de *soi*. ¶ ~난 목소리로 대꾸하다 répliquer d'une voix furieuse.

◆**_스럽다** 형 être marqué(*e*) par la colère, imprégné(*e*) de colère, plein(*e*) de colère.

역정[2] 驛程 명 parcours *m*. ¶ 인생 ~ parcours de la vie. ¶ ~의 세월을 지나오다 traverser toutes sortes d'épreuves.

역조[1] 逆調 명 condition *f* défavorable [peu propice]. ¶ 무역 ~ une balance commerciale déficitaire.

역조[2] 逆潮 명 marée *f* descendante, reflux *m*. ¶ ~ 때문에 배가 잘 나아가지 못한다 Le bateau n'avance pas bien à cause de la marée descendante.

역주[1] 力走 명 course *f* à toutes jambes [de toutes *ses* forces]. ◇_(를) **하다** courir à toutes jambes [de toutes *ses* forces]. ¶ 마라톤 전 구간을 ~하다 courir le marathon entier de toutes *ses* forces.

역주[2] 譯註 명 note *f* du traducteur (NdT); note *f* explicative; commentaire *m* ((du traducteur)). ¶ 난해한 구절에 ~를 달다 commenter les paragraphes difficiles d'une traduction, annoter une traduction. ◇_(를) **하다** annoter une traduction; commenter une traduction; traduire et ajouter des notes explicatives.

역참 驛站 명 【역사】 poste *m* de relais. ¶ ~에서 말을 바꿔 타다 changer de cheval au poste de relais.

역투[1] 力投 명 lancer *m* (de toutes *ses* forces). ¶ 그는 ~ 끝에 완봉승을 거두었다 Au terme de ses lancers, il a remporté la victoire tout en empêchant l'adversaire de marquer un seul point ((au baseball)). ◇_(를) **하다** lancer de toutes *ses* forces. ¶ 그 투수는 8회까지 ~(를) 했다 Ce lanceur a employé toutes ses forces jusqu'au huitième tour de batte.

역투² 力鬪 명 combat *m* acharné. ◇_(를) **하다** combattre de toutes *ses* forces [avec acharnement]. ☞ 역전²

역풍 逆風 명 vents *mpl* contraires; contre-courant(~~s) *m*. ¶ 배가 ~을 맞아 위험에 빠졌다 La bateau s'est trouvé en danger face aux vents contraires. ¶ 호조를 보이던 수출이 반덤핑 판정의 ~을 만났다 Le développement de l'exportation s'est heurté à une décision d'antidumping. ¶ ~이 분다 Il souffle des vents contraires. ¶ 개혁 과정에서 수구 세력의 반발이라는 ~이 불고 있다 En pleine période de réforme, l'opposition conservatrice s'est mise à souffler des vents contraires.

역하다¹ 逆- 자 s'opposer à *qc/qn*; faire *qc* contre le gré de *qn*. ¶ 부모의 뜻에 역하는 결정 décision qui a été prise contre le gré des parents. ¶ 상관의 명령에 역하는 행위 action qui s'oppose à l'ordre du chef.

역하다² 逆- 형 ① ((냄새)) être nauséabond(*e*), dégoûtant(*e*), écœurant(*e*). ¶ 역한 냄새 odeur dégoûtante [écœurante, nauséabonde]. ¶ 생선 비린내가 ~ L'odeur de poisson est nauséabonde. ② 마음에 거슬리다 être vexant(*e*), contrariant(*e*). dégoûtant(*e*), écœurant(*e*), répugnant(*e*). ¶ 나는 그의 자화자찬이 역하게 느껴졌다 J'ai été dégoûté(*e*) par l'éloge qu'il a fait de lui-même.

역학¹ 力學 명 【물리】 mécanique *f*, dynamique *f*.

◆_**적** -的 명관 mécanique.

◆**양자_** 量子- 명 mécanique *f* quantique.

◆**열_** 熱- 명 mécanique *f* thermique.

◆**응용_** 應用- 명 mécanique *f* appliquée.

역학² 易學 명 art *m* [science *f*] de la divination.

역학³ 曆學 명 astrologie *f*.

역할 役割 명 rôle *m*. ¶ 여성의 사회적 ~ le rôle social de la femme. ¶ 아주 중요한 ~을 맡다 avoir un rôle très important, être chargé(*e*) [investi(*e*)] d'un rôle très important. ¶ ~을 분담하다 se partager les rôles. ¶ 자기 ~을 훌륭히 수행하다 assumer [tenir] *son* rôle correctement. ¶ 아버지의 ~을 잠시 잊다 oublier un instant *son* rôle de père. ¶ 그는 자신의 ~에 충실했다 Il a fidèlement joué son rôle. ¶ 이 연극에서 그의 ~은 군인이다 Il joue un rôle de soldat dans cette pièce. ◇_(을) **하다** jouer un rôle. ¶ 그는 이 모임에서 회장 ~을 한다 Il tient le rôle de président dans cette réunion.

◆_**놀이** 명 jeu(*x*) *m* de rôle.

◆_**분담** -分擔 명 distribution *f* [répartition *f*] des rôles.

역해 譯解 명 explicitation *f*, explication *f*. ◇_(를) **하다** expliciter, expliquer. ¶ 어려운 한문 텍스트를 ~하다 expliciter un texte difficile rédigé en caractères chinois. ◇_(가) **되다** être explicité(*e*).

역행¹ 逆行 명 ① 퇴행 mouvement *m* rétrograde ((en sens inverse)). ② 【천문】 rétrogradation *f* ((des planètes)), mouvement *m* rétrograde. ◇_(을) **하다** rétrograder; aller à l'encontre de ((l'opinion commune)), aller à contre-courant de *qc*, aller contre ((les tendances de l'époque)), s'opposer à ((la tendance générale)), agir contre [contrairement à] ((la volonté de *ses* parents)), froisser *qn*, agacer *qn*, contrarier *qn*; désobéir à ((*ses* parents)), ne pas suivre ((la tendance générale)), contrevenir à ((un ordre)). ¶ 시대의 흐름에 ~하다 aller à l'encontre du courant de l'époque. ¶ 대세에 ~하다 aller à contre-courant de la tendance générale, s'opposer à la tendance générale. ¶ 냉전시대로 ~하는 정책 une politique qui ranime [qui réveille] la guerre froide. ◇_(이) **되다** contrecarrer; aller à l'encontre de ((l'opinion commune)), aller à contre-courant de *qc*, aller contre ((les tendances de l'époque)), s'opposer à ((la tendance générale)), agir contre [contrairement à] ((la volonté de *ses* parents)), froisser *qn*, agacer *qn*, contrarier *qn*; désobéir à ((*ses* parents)), ne pas suivre ((la tendance générale)), contrevenir à ((un ordre)).

◆_**적** -的 명관 rétrograde, régressi*f*(*ve*). ¶ 시대에 ~적인 정책 politiques rétrogrades.

◆_**궤도** -軌道 명 orbite *f* rétrograde.

◆_**동화** -同化 명 【언어】 assimilation *f* régressive. ¶ 'ㅣ'모음 ~ assimilation régressive de la voyelle 'ㅣ'. ¶ ~동화의 경우, 첫 자음이 이어 오는 둘째 자음에 동화된다. Une assimilation est dite régressive lorsque la première consonne s'assimile à la seconde qui la suit / Une assimilation est dite régressive lorsque le premier phonème s'assimile au second qui le suit [lorsque le premier phonème subit une modification au contact du second (phonème) qui le suit].

◆_**운동** -運動 명 mouvement *m* rétrograde. ¶ 목성의 ~운동 le mouvement rétrograde de Jupiter.

역행² 力行 명 action *f* entreprise avec des efforts considérables. ◇_(을) **하다** faire *qc* avec des efforts considérables.

역효과 逆效果 명 effet *m* [résultat *m*] contraire. ◇_(를) **낳다**[**내다**, **부르다**] produire [avoir] un effet contraire. ¶ 좋은 약도 과용하면 ~를 낳는다 Même un bon médicament [remède] peut produire des effets contraires en cas d'abus. ¶ 위로한다고 했던 말이 오히려 ~를 냈다 Mes consolations ont eu un effet contraire. ◇_(가) **나다**[**생기다**] Il se produit l'effet contraire.

엮다 타 ① 묶다, 짜다 natter *qc*, tresser *qc*; tricoter. ¶ 짚으로 자리를 ~ tresser une natte en paille. ¶ 갈대로 엮은 발 un store en roseaux. ② 편집하다 éditer, recueillir, compiler. ¶ 논문들을 모아 책으로 ~ recueillir des articles et [pour] en faire un livre. ¶ 옛날이야기들을 엮어서 만든 동화책 un recueil de contes anciens.

엮은이 명 éditeur *m*. ¶ 그 책의 ~ l'éditeur de ce livre.

엮이다 자 ① être lié(*e*), attaché(*e*), ficelé(*e*), relié(*e*), ligoté(*e*). ¶ 굴비가 새끼줄에 엮여 있다 Les ombrines séchées sont liées par une corde de paille ② ((이야기가)) se composer, se correspondre, concorder. ¶ 두 이야기가 서로 잘 엮이지 않는다 Ces deux récits ne se correspondent pas bien. ③ 관련되다 être lié(*e*), impliqué(*e*). ¶ 나는 그 일에 엮이기 싫다 Je n'ai pas envie d'être impliqué(e) dans cette affaire.

연[1] 鉛 명 plomb *m*. ☞ 납

연[2] 鳶 명 cerf-volant *m* (~*s*~*s*). ¶ ~을 만들다 fabriquer un cerf-volant. ¶ 강변에서 ~을 날리다 lancer un cerf-volant depuis la rive. ¶ ~을 띄우다 faire voler un cerf-volant.

◆**_날리기** 명 lancer *m* de cerf-volant. ¶ ~날리기를 하다 jouer au cerf-volant.

◆**_싸움** 명 combat *m* de cerfs-volants.

◆**_줄** 명 ficelle *f* du cerf-volant.

연[3] 緣 명 relations *fpl*, liens *mpl*, rapports *mpl*. ¶ 누구와 ~을 끊다 se couper de *qn*, rompre les relations [les rapports] avec *qn*. ¶ 누구와 ~이 닿다 être lié(*e*) à *qn* par un heureux hasard. ¶ 그와는 전생의 ~이 깊은가 보다 Il semble que mon existence fut étroitement liée à la sienne dans une vie antérieure.

연[4] 蓮 명 lotus *m*.

◆**_근** -根 명 rhizome *m* de lotus.

◆**_꽃** 명 lotus *m*; fleur *f* de lotus.

◆**_뿌리** 명 racine *f* de lotus.

◆**_ 잎사귀** 명 feuille *f* de lotus.

연[5] 年 명관 *m*, année *f*. ¶ ~ 1회 une fois par an. ¶ ~ 1할의 이자 10 % d'intérêt annuel.

연[6] 延 관 total *m*. ¶ ~ 백만 명의 관중 un million de spectateurs au total. ¶ ~ 2천명의 노동자가 동원되었다 Le nombre total d'ouvriers mobilisé pour ces travaux s'élève à 2 000.

◆**_건평** -建坪 명 surface totale habitable d'une construction [d'un bâtiment, d'un building], surface totale habitable sur deux ou plusieurs étages.

연[7] 連 분류 rame *f* (de papier). ¶ 양지 2 ~ ② rames de papier industriel. ¶ 모조지 두 ~ ② rames de papier vélin.

연-[8] 連 접두 consécuti*f*(*ve*), de suite, d'affilée. ¶ ~이틀 deux jours consécutifs. ¶ ~사흘 trois jours de suite.

연가 戀歌 명 chanson *f* d'amour, poésie *f* galante. ¶ ~를 부르다 chanter une chanson d'amour.

연간[1] 年間 명 ① pendant un an; annuel(*le*). ¶ ~ 계획 projet annuel. ¶ ~ 10억 원의 매출 un milliard de wons de marchandise vendu pendant un an. ¶ 두 나라 간의 ~ 교역량 somme des échanges commerciaux entre deux pays pendant un an. ② 왕의 통치 기간 règne *m*. ¶ 세종 ~의 크고 작은 사건들 événements de diverse importance sous le règne du roi Sejong.

◆**_ 매출액** -賣出額 명 vente *f* annuelle.

◆**_ 소득** -所得 명 revenu *m* annuel.

연간[2] 年刊 명 publication *f* annuelle. ¶ ~ 잡지 revue annuelle. ¶ 이 잡지는 ~이다 C'est une publication annuelle.

◆**반_** 半- 명 publication *f* semestrielle.

연감[1] 軟- 명 【식물】 plaquemine *f* [kaki *m*] bien mûr(*e*). ☞ 홍시

연감[2] 年鑑 명 annuaire *m*. ¶ 국어학 ~ annuaire de la linguistique coréenne. ¶ 2000년도 ~ annuaire de l'an 2000.

◆**교육_** 教育- 명 annuaire *m* de l'Éducation nationale.

◆**시사_** 時事- 명 répertoire *m* des actualités de l'année.

연갑 年甲 명 personne *f* (à peu près) du même âge. ¶ 그는 내 ~이다 Il a (à peu près) le même âge que moi.

연거푸 連- 부 successivement, consécutivement, à la file, coup sur coup, de suite, d'affilée, l'un(*e*) après l'autre, sans interruption. ¶ ~ 담배 두 대를 피우다 fumer deux cigarettes successivement [l'une après l'autre]. ¶ ~ 실패하다 échouer deux fois de suite [coup sur coup].

연결 連結 명 connexion *f*, liaison *f*. ◇_(을) **하다[시키다]** lier, atteler, coupler, attacher, raccorder. ¶ 열차에 식당차를 ~하다 attacher un wagon-bar aux wagons voyageurs. ¶ 호스를 수도꼭지에 ~하다 raccorder un tuyau au robinet. ¶ 기술자들이 파손된 통신망을 ~하고 있다 Les techniciens réparent le réseau de communication. ¶ 그는 나를 담당자에게 ~시켜 주었다 Il m'a introduit auprès du [m'a présenté au] responsable. ◇_(이) **되다** se connecter, se lier, se raccorder, avoir un accès direct, être directement accessible. ¶ 이음새가 ~이 잘되었다 Les joints sont étanches. ¶ 전 세계로 ~되는 항공로 liaison aérienne qui relie une ville au reste du monde. ¶ 이 건물은 지하철과 바로 ~되어 있다 Ce bâtiment est directement accessible depuis le métro.

◆**_ 고리** 명 lien *m*, ce qui sert de lien entre deux choses ou deux personnes.

◆**_ 도로** -道路 명 bretelle *f* de raccordement.

◆**_로** -路 명 bretelle *f* de raccordement.

◆**_부** -部 명 joints *mpl*, jointure *f*, raccord *m*.

◆**_어미** -語尾 명 【언어】 suffixe *m* flexionnel conjonctif [de jonction]; forme *f* de jonction flexionnelle.

◆**_형** -型 명 【언어】 forme *f* conjonctive. ¶ ~형 어미 suffixe flexionnel de forme conjonctive, suffixe flexionnel conjonctif.

◆**전화_** 電話 명 liaison *f* téléphonique, communication *f*. ¶ 요즘은 외국과의 전화 ~이 쉬워졌다 Il est facile maintenant de téléphoner à l'étranger.

연결짓다 連結- 타 lier, connecter; accrocher; mettre en contact[en communication]. ¶ 이 일과 그 일을 서로 연결짓지 마라 Ne lie pas cette affaire à celle-là.

연계 連繫 명 contact *m*, connexion *f*, liaison *f*, lien *m*, collaboration *f*, relation *f*. ¶ 각 부서들이 서로 긴밀한 ~를 갖고 있다 Tous les services ont des liaisons étroites. ◇_(를) **하다** lier, connecter. ◇_(를) **시키다** lier ((*qc* à *qc*)), faire correspondre ((*qc* à *qc*)). ◇_(가) **되다** être lié(*e*), connecté(*e*).

◆_**성** -性 명 liaison *f*, connexion *f*, lien *m*. ¶ 수학은 물리학과 ~성이 높다 Les mathématiques ont un lien fort avec la physique.

연고[1] 軟膏 명 【약학】 pommade *f*, crème *f* (dermique), onguent *m*. ¶ 데인 곳에 ~를 바르다 appliquer [mettre] une pommade sur une brûlure.

◆_**제** -劑 명 produits *mpl* sous forme de pommade.

연고[2] 緣故 명 ① 까닭 raison *f*, cause *f*, motif *m*. ¶ 무슨 ~로 여기 왔느냐? Pour quel motif es-tu venu(*e*) ici? / Quelle est la raison de ta visite [de ta venue]? / Que puis-je faire pour toi? / En quoi puis-je t'être utile? ¶ 그가 밤중에 찾아오다니 필시 무슨 ~가 있을 거야 Pour venir nous voir si tard, il doit avoir une bonne raison. ② 관계 lien *m*, relations *fpl*, rapports *mpl*. ¶ 우리들은 서로 아무런 ~가 없다 Il n'y a aucun lien particulier entre nous. ③ 연고자 parenté *f*, parent *m*. ¶ 그는 서울에 아무 ~가 없다 Il n'a ni parent ni ami à Séoul.

◆_**자** -者 명 parent *m*; personne *f* avec laquelle on a [entretient] un lien particulier. ¶ 사고로 죽은 사람의 ~자를 찾다 rechercher un parent [une connaissance] de la personne décédée dans l'accident.

◆_**지** -地 명 foyer *m* d'origine de la famille d'une personne; lieu(*x*) *m* où l'on a des connaissances. ¶ 프로 축구 팀의 ~지 ville qui subventionne [sponsorise] une équipe de football.

연골 軟骨 명 ① 【의학】 cartilage *m*. ¶ 넘어지는 바람에 ~이 상했다 Je me suis abîmé un cartilage [un ménisque] en tombant. ② 의지나 태도가 연약한 사람 personne *f* sans expérience, bleu *m*, novice, jeunot(*te*) {*fam*}.

◆_**막** -膜 명 【의학】 périchondre *m*.

◆_**어류** -魚類 명 poisson *m* cartilagineux, chondrichtyen *m*.

◆_**조직** -組織 명 tissu *m* cartilagineux.

연공 年功 명 ancienneté *f* (de service). ¶ ~에 따르다 suivre l'ancienneté.

◆_ **서열** 序列 명 ordre *m* suivant l'ancienneté.

연관[1] 聯關 명 rapport *m*, relation *f*, connexion *f*. ¶ 범죄 조직과 ~을 맺다 nouer des relations avec une organisation criminelle. ¶ 나는 그 도시와 ~이 깊다 J'ai des liens profonds avec cette ville. ◇_(을) **하다[시키다, 짓다]** mettre en relation A et B, établir un lien [une relation] entre A et B, relier ((une chose à une autre, deux choses)). ¶ 교육 문제를 경제 문제와 ~하여 생각하다 relier les problèmes pédagogiques et économiques [aux problèmes économiques], considérer à la fois les problèmes [les aspects] pédagogiques et économiques. ◇_(이) **되다** avoir des relations [un rapport, un lien, des liens] avec *qc*, être lié(*e*) à *qc*; être impliqué(*e*) [compromis(*e*)] dans ((une affaire)), être mêlé(*e*) à ((une affaire)); être mouillé(*e*), trempé(*e*) ((dams une sale affaire)). ¶ 이 사건에는 범죄 조직이 ~되어 있다 Une bande de criminels est impliquée dans cette affaire. ◇_(이) **있다** y avoir un rapport [un lien], être lié(*e*) à *qc*. ¶ 그 두 현상 사이에는 밀접한 ~이 있다 Il y a un rapport étroit entre ces deux phénomènes.

◆_**성** -性 명 corrélation *f*. ¶ 두 사건 사이의 ~성을 밝혀내다 éclairer [élucider] la relation entre les deux évènements.

연관[2] 鉛管 명 tuyau(*x*) *m* de plomb.

◆_**공** -工 명 plombier *m*.

◆_ **공사** -工事 명 plomberie *f*.

연구 硏究 명 étude *f*, recherche *f*. ¶ ~ 결과[성과] le résultat [le fruit] d'une recherche [d'une étude]. ¶ ~ 활동 activités de recherche; travail de recherche. ¶ ~의 대상 un objet de recherche [d'étude]. ¶ ~를 계속하다[중단하다] continuer[interrompre] la recherche. ¶ ~에 몰두하다 se livrer à la recherche. ◇_(를) **하다** étudier *qc*, faire l'étude de *qc*; faire de la recherche sur *qc*; approfondir (une étude, une recherche). ¶ 수학을 깊게 ~하다 approfondir les mathématiques [*ses* connaissances mathématiques]. ◇_(를) **시키다** donner un sujet de recherche [d'étude]; faire faire une étude. ◇_(가) **되다** être en recherche [à l'étude]. ¶ 그 병의 치료법은 이미 오래 전부터 ~되어 왔다 Il y a déjà longtemps que la thérapeutique de cette maladie était à l'étude.

◆_ **논문** -論文 명 article *m*; ((학위논문)) ((박사논문)) thèse *f* (de doctorat), ((졸업논문, 석사논문)) mémoire *m* ((de licence, de fin d'études, de master)); ((전공논문)) étude *f*, monographie *f*.

◆_ **대상** -對象 명 objet *m* de recherche [d'étude]. ¶ 그는 행동이 특이해서 ~ 대상이다 La singularité de ses actes mérite l'objet d'une étude.

◆_**발표회** -發表會 명 colloque *m*, conférence *f*.

◆_**방법** -方法 명 méthode *f* d'étude [de recherche].

◆_**비** -費 명 fonds *mpl* d'étude; budget *m* d'étude; allocations *fpl* de recherche. ¶ ~비를 지원하다 soutenir financièrement la recherche. ¶ 그 계획에는 막대한 ~비가 소요된다 Ce projet demande d'énormes fonds d'étude.

◆_**서** -書 명 ouvrage *m* de recherches.

◆_**생** -生 명 chercheur(*se*) étudiant(*e*), laborantin(*e*).

◆_**소** -所 명 institut *m* ((de langue, de géographie)); laboratoire *m* ((de chimie, de médecine)); centre *m* de recherche [d'études]; ((기업 내의)) bureau(*x*) *m* d'étude.

◆_**수업** -授業 명 inspection *f* de cours.

◆_**실** -室 명 bureau(*x*) *m* (d'étude) ((d'un professeur)); laboratoire *m*. ¶ 교수 ~실 le bureau d'un professeur.

◆_심 -心 명 esprit *m* de recherche. ¶ 그는 ~심이 강한 사람이다 C'est un chercheur acharné.

◆_열 -熱 명 passion *f* de [pour] la recherche.

◆_원 -員 명 chercheu*r*(*se*).

◆_자 -者 명 chercheur *m*.

◆_회[협의회] -會[協議會] 명 cercle *m* d'étude [association *f* de recherche].

◆공동_ 共同- 명 recherche *f* [étude *f*] collective.

◆학술_ 學術- 명 recherche *f* [étude *f*] scientifique.

연구개 軟口蓋 명 【의학】 voile *m* du palais.

◆_음 -音 명 【언어】 vélaire *f*.

◆_음화 -音化 명 【언어】 vélarisation *f*.

연극 演劇 명 ① 무대 예술 pièce *f* de théâtre, théâtre *m*. ¶ ~ 공연 une représentation (d'une pièce), un spectacle. ¶ ~ 대본 le texte d'une pièce de théâtre. ¶ ~을 보러 가다 aller voir une pièce de théâtre, aller au théâtre. ¶ ~을 공연하다[무대에 올리다] mettre en scène [monter] une pièce de théâtre. ② 꾸며대는 말이나 행동 jouer ((la comédie)), ((faire du)) cinéma, simulation *f*, bluff *m*; frime *f*. ¶ ~을 꾸미다 jouer la comédie, faire du cinéma {*fam*}, faire du bluff {*fam*}, bluffer {*fam*}, leurrer *qn*, tromper *qn*. ¶ 그는 친구들의 ~에 감쪽같이 속아 넘어갔다 Il s'est laissé complètement avoir par ses amis. ◇_(을) 하다 ① faire du théâtre, mettre une pièce en scène. ¶ 내 동생은 ~을 한다 Mon frère cadet fait du théâtre. ¶ 이번 학예회에서 그들은 ~을 하기로 했다 Ils ont décidé de mettre une pièce en scène pour la fête de l'école. ② jouer la comédie, faire du cinéma {*fam*}, faire du bluff {*fam*}, bluffer {*fam*}. leurrer *qn*, tromper *qn*. ¶ 그는 지금 우리를 속이기 위해 ~을 하고 있다 Maintenant, il essaie de nous tromper [de nous leurrer] en jouant la comédie [en faisant du cinéma].

◆_적 -的 명관 théâtr*al*(*ale*, *aux*).

◆_화 -化 명 adaptation *f* théâtrale. ¶ 소설을 ~화하다 adapter un roman pour le théâtre.

◆_계 -界 명 le monde *m* du théâtre.

◆_론 -論 명 dramaturgie *f*.

◆_반 -班 명 groupe *m* de théâtre.

◆_배우 -俳優 명 artiste *mf* dramatique.

◆_사 -史 명 histoire *f* du théâtre.

◆_예술 -藝術 명 art *m* du théâtre.

◆_인 -人 명 comédien(*ne*).

◆_제 -際 명 festival *m* de théâtre.

◆_학 -學 명 étude *f* théâtrale [de théâtre, sur le théâtre].

◆_활동 -活動 명 activité *f* théâtrale.

연근 蓮根 명 【식물】 racine *f* de lotus, rhizome *m* de nélombo.

연금¹ 年金 명 rente *f* [pension *f*] annuelle. ¶ 높은 ~을 받다[타다] obtenir [toucher] une forte pension. ¶ ~으로 생활하다 vivre de *sa* pension.

◆_생활자 -生活者 명 retraité(*e*) pensionnaire *mf*.

◆_수령자 -受領者 명 bénéficiaire *mf* d'une retraite, pensionné(*e*). ¶ 종신 ~ 수령자 un(*e*) renti*er*(*ère*) viag*er*(*ère*).

◆종신_ 終身- 명 rente *f* viagère.

◆퇴직_ 退職- 명 (pension *f* de) retraite *f*.

연금² 軟禁 명 résidence *f* surveillée. ¶ 어제부터 그에 대한 ~이 해제되었다 Depuis hier, sa résidence surveillée a été levée. ◇_(을) 하다[시키다] tenir [placer] *qn* en résidence surveillée. ¶ 왕을 침실에 ~하다 mettre le roi en résidence surveillée dans sa chambre. ◇_(을) 당하다[(이) 되다] être (placé(*e*)) en résidence surveillée. ¶ 그는 자신의 집에 ~되어 있다 Il est maintenu chez lui en résidence surveillée.

◆_상태 -狀態 명 état *m* de résidence surveillée.

◆_해제 -解除 명 levée *f* [annulation *f*] de la résidence surveillée.

◆가택_ 家宅- 명 résidence *f* surveillée à domicile.

연금술 鍊金術 명 alchimie *f*.

◆_사 -師 명 alchimiste *mf*.

연급 年給 명 salaire *m* annuel; traitement *m* annuel, indemnité *f* annuelle, appointements *mpl* annuels. ☞ 연봉

연기¹ 延期 명 ajournement *m*, renvoi *m*, délai *m*, remise *f*. ¶ 무기한 ~ renvoi sine die. ¶ 지급 ~ 신청 une demande d'ajournement de paiement. ◇_(를) 하다[시키다] ajourner ((un rendez-vous, un procès)); retarder ((*son* départ)); remettre ((à plus tard de+*inf*)), renvoyer ((une affaire à plus tard, à une date ultérieure)), repousser ((un rendez-vous)); reporter ((une décision)); différer, reculer ((une date)); surseoir ((un jugement)). ¶ 집회를 7일로 ~하다 ajourner une réunion jusqu'au 7 du mois. ¶ 지불[재판]을 일주일 ~하다 différer un paiement à huitaine [surseoir un jugement à huitaine]. ¶ 오늘 모임은 내일로 ~합시다 Renvoyons [Repoussons] la réunion d'aujourd'hui à demain. ◇_(가) 되다 être ajourné(*e*), retardé(*e*), remis(*e*), reporté(*e*), repoussé(*e*), différé(*e*), reculé(*e*). ¶ 결정이 다음 날로 ~ 되었다 La décision a été renvoyée [reportée] au lendemain. ¶ 시험이 한 달 ~되었다 L'examen a été reculé [repoussé] d'un mois.

연기² 煙氣 명 fumée *f*. ¶ 기차가 ~를 내뿜으며 달리고 있다 Le train roule en crachant sa fumée. ¶ 방 안에 담배 ~가 자욱하다 La chambre est remplie de fumée de cigarettes / La pièce est envahie par la fumée de cigarettes / (L'atmosphère de) la pièce est (totalement) enfumée / Il y a trop de fumée de cigarettes dans cette pièce. ¶ 굴뚝에서 ~가 피어오르고 있다 La fumée s'échappe de la cheminée. ◇_(를) 내다[피우다] faire de la fumée. ◇_(가) 나다 fumer. ¶ 벽난로에서 ~가 몹시 난다 La cheminée fume énormément.

*~처럼 사라지다 s'évanouir comme la fumée, partir [s'en aller] en fumée, n'aboutir à rien.

*아니 땐 굴뚝에 ~ 날까? Il n'y a pas [point] de fumée sans feu / Point d'effet sans cause.

ㅇ

연기[3] 演技 명 jeu(*x*) *m* (d'acteur), interprétation *f*; ((체조 경기 따위)) exécution *f*. ¶ 내면 ~ l'expression d'un état d'âme. ¶ 목소리[표정] ~ jeu avec la voix [expressions faciales, expressions du visage]. ¶ 과장된 ~ un jeu [une interprétation] forcé(*e*). ¶ 노련한 ~ une bonne interprétation, une bonne prestation, une interprétation [une prestation] remarquable. ¶ ~의 폭을 넓히다 déployer un large éventail de rôles. ¶ ~를 지도하다 diriger l'interprétation. ◇_(를) **하다** jouer, interpréter. ¶ 그는 노인 역을 훌륭히 ~했다 Il a été parfait dans le rôle du vieillard / Il a joué remarquablement [avec brio] le rôle du vieillard / Sa prestation du vieillard était parfaite.

◆**_력** -力 명 capacité *f* d'interprétation [d'expression]. ¶ ~력이 뛰어나다 jouer merveilleusement [brillamment, remarquablement], interpréter ((un rôle)) magnifiquement [avec brio].

◆**_인** -人 명 interprète *mf* de théâtre [de cinéma, de la télévision].

◆**_자** -者 명 ac*teur*(*trice*), comédien(*ne*).

◆**_파** -派 명 bête *f* de théâtre [de scène, de cinéma]. ¶ ~파 배우 un(*e*) bon(*ne*) ac*teur*(*trice*), un(*e*) ac*teur*(*trice*) accompli(*e*) [parfait(*e*)].

연기[4] 緣起 명 【종교】 production *f* conditionnée (par le principe karmique).

◆**_론[설]** -論[說] 명 【종교】 théorie *f* de la production conditionnée.

연기[5] 年期 명 terme *m*, durée *f*.

연기[6] 年紀 명 chronologie *f*.

연내 年內 명 courant *m* de l'année; avant la fin de l'année. ¶ 계획을 ~에 실현시키다 réaliser un projet avant [d'ici] la fin de l'année [dans le courant de l'année].

연년[1] 年年 명 d'année en année, tous les ans, chaque année, annuellement.

◆**_생** -生 명 (enfants) né(*e*)s à un an d'intervalle. ¶ 나와 누이는 ~생이다 Je suis né un an après ma sœur.

◆**_세세** -歲歲 명 d'année en année, d'une année à l'autre. ¶ ~세세토록 au fil des ans [des années].

연년[2] 連年 명 années *fpl* successives.

연놈 명 un mec *m* et une [*sa*] gonzesse *f* [meuf *f*, nana *f*, nénette] {*fam*}; ces deux-là. ¶ ~이 눈이 맞아 달아났다 Ces deux-là se sont épris l'un de l'autre et ont pris la fuite / S'étant attirés l'un l'autre (par un sentiment amoureux), ces deux-là ont pris la fuite. ¶ 죽일 ~들! Maudite race! / Soyez maudits!

연단 演壇 명 tribune *f*, estrade *f*. ¶ ~에 오르다[서다] monter [se tenir] sur l'estrade. ¶ ~에서[을] 내려오다 descendre de l'estrade.

연달다 連- 자 se suivre, se succéder; être contiguë à *qc*, être voisin de *qc*. ¶ 육지와 연달아 있는 지역 une région contiguë au continent.

연달아 連- 부 continuellement, sans cesse, sans interruption, sans discontinuer, sans arrêt, d'affilée, de suite, à la file, à la suite de, consécutivement, successivement; l'un(*e*) après l'autre, les un(*e*)s après les autres; coup sur coup. ¶ ~ 담배를 두 대 피우다 fumer deux cigarettes [clopes {*fam*}] de suite [d'affilée], s'en fumer deux de suite [coup sur coup]. ¶ ~ 석 잔을 마시다 boire [s'enfiler {*fam*}, siffler {*fam*}] 3 verres à la suite [d'affilée, coup sur coup]. ¶ 대형 트럭들이 ~ 지나갔다 De gros camions se suivaient sans interruption [à la file, les uns (derrière) les autres, en file indienne, en file, à la queue leu leu, à la douzaine] / De gros camions formaient une file. ¶ ~ 사건이 발생했다 Les événements se succédèrent les uns aux autres / Les événements arrivèrent [se produisirent, sont survenus] coup sur coup [successivement].

연당 蓮堂 명 pavillon *m* au bord d'un étang.

연대[1] 年代 명 ère *f*, époque *f*, âge *m*, période *f*. ¶ 제작 ~ l'année de fabrication. ¶ 물질의 생성 ~를 측정하다 sonder l'année de formation de la matière. ¶ 이 책들은 ~가 오래되었다 Ces livres sont datés d'il y a longtemps. Il est mort au début des années 80.

◆**_기** -記 명 chronique *f*, annales *fpl*.

◆**_순** -順 명 ordre *m* chronologique. ¶ 사건들을 ~순으로 기술하다 relater des événements par ordre chronologique.

◆**_측정법** -測定法 명 méthode *f* de mesure du temps.

◆**_표** -表 명 chronologie *f*.

◆**_학** -學 명 chronologie *f*.

연대[2] 連帶 명 solidarité *f*, union *f*. ¶ 국제적인 ~ la solidarité internationale. ¶ 시민 단체 간의 ~ fédération [regroupement] d'associations (de citoyens) [d'associations non lucratives]. ¶ ~로 돈을 빌리다 faire un emprunt en commun. ◇_(를) **하다** se solidariser avec *qn*, être solidaire de *qn*. ¶ 시민 단체와 ~하여 시위를 벌이다 faire une manifestation par solidarité avec les groupes civiques. ¶ 단체들이 서로 ~하였다 Des associations se sont solidarisées.

◆**_적** -的 명관 solidaire. ¶ ~적인 관계 rapports solidaires.

◆**_성** -性 명 solidarité *f*.

◆**_감** -感 명 sentiment *m* de solidarité. ¶ 누구와 ~감을 느끼다 ressentir de la solidarité avec *qn*, se sentir solidaire de *qn*.

◆**_보증** -保證 명 【경제】 caution *f* solidaire.

◆**_서명** -書名 명 signature *f* commune.

◆**_의식** -意識 명 sentiment *m* de solidarité, sens *m* de la solidarité.

◆**_채무** -債務 명 【경제】 dette *f* commune.

◆**_책임** -責任 명 coresponsabilité *f*, responsabilité *f* collective [partagée], solidarité *f* (légale).

◆**_투쟁** -鬪爭 명 lutte *f* de solidarité.

연대[3] 聯隊 명 【군사】 régiment *m*. ¶ 그는 제 2~ 소속

ㅇ

이다 Il est dans le deuxième régiment.

◆_기 -旗 명 drapeau(*x*) *m* d'un régiment.

◆_본부 -本部 명 état-major(~*s*~*s*) *m* d'un régiment.

◆_장 -長 명 commandant *m* d'un régiment.

연도[1] 年度 명 ((학년도)) année *f* scolaire, ((대학)) année *f* universitaire; ((회계상의)) exercice *m* [année *f*] budgétaire; année *f* fiscale. ¶ 제작 ~ l'année de fabrication. ¶ 대학 졸업 ~ l'année de fin d'études universitaires. ¶ ~ 초[말]에 au début [à la fin] de l'année (de l'exercice).

◆_별 -別 명 par année.

◆기준_ 基準 명 exercice *m* [année *f*] standard [type].

◆회계_ 會計- 명 exercice *m* [année *f*] budgétaire. ¶ 회계~의 수지보고 le bilan en fin d'exercice.

연도[2] 連禱 명 【종교】 prière *f* pour les morts.

연도[3] 沿道 명 bord *m* d'une route [d'une chaussée], bordure *f* de route. ¶ ~를 가득 메운 사람들 les gens agglutinés sur les bords de la route, une foule répartie [rassemblée, amassée] sur les bords de la route. ¶ ~에 줄지어 선[늘어선] 가로수들 une rangée d'arbres au bord de la route [de la chaussée], des arbres en bordure de route.

연돌 煙突 명 cheminée *f*, tuyau(*x*) *m* de poêle. ☞ 굴뚝

연동[1] 連動 명 ① mouvements *mpl* en chaîne, mouvements *mpl* successifs. ¶ 기계의 모든 부분이 서로 ~을 한다 Tous les mouvements des parties de la machine s'enchaînent. ② corrélation *f*, interdépendance *f*. ¶ 세율이 물가 상승률과 서로 ~이 되어 조정된다 Le taux d'imposition est proportionnellement lié à celui de l'augmentation des prix. ◇_(을) 하다[(이) 되다] se lier, se mouvoir en chaîne. ◇_(을) 시키다 lier ((*qc* à *qc*)).

연동[2] 蠕動 명 péristaltisme *m*. ¶ 위장의 ~ 운동 mouvement péristaltique de l'estomac.

연두[1] 軟豆 명 vert *m* clair [tendre], vert *m* amande.

◆_빛 명 teinte *f* vert clair [vert tendre].

◆_색 -色 명 couleur *f* vert clair [vert amande].

연두[2] 年頭 명 début *m* [commencement *m*] de l'année. ¶ 대통령의 ~ 기자 회견 la conférence de presse du Nouvel an [pour la nouvelle année] du président de la République; la cérémonie des vœux du président de la République.

◆_교서 -教書 명 le message *m* du Nouvel an du président de la République [du chef de l'État] à la Nation, le message *m* du Nouvel an du président de la République, les vœux *mpl* du président (de la République) pour la nouvelle année.

◆_순시 -巡視 명 tournée *f* d'inspection de début d'année.

연등회 燃灯會 명 【종교】 cérémonie *f* des lanternes ((pour célébrer l'anniversaire de la naissance de Bouddha)). ¶ 사월 초파일에 절에서 ~를 갖다 tenir une cérémonie dans un temple à l'occasion du jour de la naissance de Bouddha.

연락[1] 連絡 명 ① communication *f*, information *f*; rappel *m*. ¶ 전화 ~ appel téléphonique. ¶ 일이 있으면 ~ 바랍니다 Je vous prie de m'appeler s'il arrive quelque chose. ② 서로 관련을 가짐 liaison *f*, relation *f*. ¶ 누구와 ~을 유지하다 garder [maintenir] le contact avec *qn*, rester en contact avec *qn*. ¶ 누구와 ~을 끊다 couper [rompre] une relation, cesser [suspendre] les relations avec *qn*, couper les liens [les ponts] avec *qn*, rompre avec *qn*, ne plus donner de *ses* nouvelles à *qn*, ne plus être en contact avec *qn*, se brouiller définitivement avec *qn*. ¶ 외부와의 ~을 단절하다 couper toute relation avec l'extérieur. ¶ ~이 두절되었다 La relation [La liaison] est interrompue. ¶ ~이 뜸하다 Les relations s'espacent. ◇_(을) 하다[주다, 취하다] ① prévenir; appeler. ¶ 다음에 또 ~하겠습니다 Je vous rappellerai ultérieurement. ¶ 회원들에게 모임 장소를 ~하다 informer les membres de l'association du lieu de la réunion. ¶ 누구에게 ...하라고 ~하다 prévenir *qn* de faire *qc*. ¶ 아파서 학교 못 나간다고 그 친구에게 ~했다 Je l'ai prévenu(*e*) que, malade, je ne pouvais aller à l'école. ¶ 그 여자는 즉시 만날 일이 있다고 집으로 ~해 왔다 Elle m'a appelé(*e*) à la maison pour me dire qu'elle voulait me voir tout de suite. ¶ ~할 일이 있으면 전화하세요 Téléphonez-moi si vous avez un problème [si vous en éprouvez le besoin, en cas de besoin]. ② relier, faire la liaison avec *qc*; être en liaison avec, correspondre avec *qn*. ¶ 그들은 수시로 ~하면서 우의를 다져 왔다 Au cours de contacts occasionnels, ils ont approfondi leur amitié. ¶ 두 섬을 ~하는 배 un bateau qui assure une liaison [qui fait la navette] entre deux îles. ◇_(이) 되다 être informé(*e*), prévenu(*e*), contacté(*e*). ¶ 그 사람에게 제대로 ~이 되었는지 확인해라 Vérifie s'il en a bien été informé. ¶ 그 친구와 오랜만에 ~이 되었다 Cela fait longtemps qu'il m'a contacté(*e*). ◇_(이) 가다 être contacté(*e*), informé(*e*), prévenu(*e*). ¶ 너에게도 곧 ~이 갈 거야 Tu vas bientôt toi aussi être contacté(*e*) / On va bientôt te contacter toi aussi / Ils vont bientôt t'appeler toi aussi. ◇_(이) 닿다 nouer (contact) avec *qn*, prendre contact avec *qn*, entrer en contact avec *qn*, contacter *qn*. ¶ 오랜 친구와 ~이 닿았다 J'ai repris contact [J'ai renoué] avec un(*e*) vieil(*le*) ami(*e*). ◇_(이) 오다 être contacté(*e*), informé(*e*), prévenu(*e*). ¶ 그 친구에게서 못 온다고 ~이 왔다 Il nous a prévenus [fait savoir] qu'il ne pourrait pas venir.

◆_망 -網 명 réseau(*x*) *m* de liaisons. ¶ 비상 ~망을 구축하다 établir un réseau de liaisons en cas d'urgence.

◆_병 -兵 명 【군사】 estafette *f*.

◆_선 -船 명 ferry-boat(~-~*s*) *m*. ¶ 그 섬에는 ~선이 하루에 두 번 운행한다 Le ferry-boat assure deux fois par jour la liaison avec le continent.

◆_소 -所 명 office *m*, bureau *m* de liaison.

ㅇ

◆_원 -員 명 agent *m* de liaison.

◆_장교 -將校 명 【군사】 officier *m* de liaison.

◆_책 -責 명 responsable de liaison, contact.

◆_처 -處 명 lieu(*x*) *m* de contact; coordonnées *fpl*. ¶ ~처를 정하다 fixer le lieu de contact. ¶ ~처를 남기시면 전해드리겠습니다 Si vous (me) laissez vos coordonnées, je vais les lui transmettre [je les lui transmettrai, je lui transmettrai votre message].

연락² 宴樂 명 réjouissances *fpl*, divertissement *m*, festivité *f*, fête *f*.

연래 年來 명 vieille [longue] date *f*. ¶ ~의 꿈[과제] un rêve caressé [un projet nourri] depuis longtemps, un vieux rêve.

연령 年齡 명 âge *m*. ¶ 이 학급의 평균 ~은 15세이다 L'âge moyen de cette classe est de quinze ans. ¶ 두 사람 사이의 ~(의) 차를 극복하다 surmonter la différence d'âge de deux personnes. ¶ 입사 지원에 ~ 제한을 두다 limiter l'âge des candidats à l'entrée dans une entreprise.

◆_별 -別 명 d'après l'âge. ¶ ~별 인구 구성 la pyramide des âges d'une population. ¶ ~별로 분류하다 classer d'après l'âge.

◆_층 -層 명 classe *f* d'âge. ¶ 그 소설가의 독자들은 ~층이 다양하다 Les lecteurs de ce(*tte*) romancier(*ère*) appartiennent à toutes les classes d'âge. ¶ 모든 ~층의 사람들이 초대되었다 Des gens de tous âges ont été invités. ¶ 그 여자의 팬들은 ~층이 높다 Ses admirateurs sont d'un certain âge.

◆정신_ 精神 명 âge *m* mental. ¶ 그는 정신~이 낮다 Il a l'âge mental d'un enfant ((d'un garçon de 12 ans)) / Il a une mentalité de gamin {*fam*}. ☞ 나이

연례 年例 명 coutume *f* annuelle.

◆_적 -的 명관 annuel(*le*). ¶ ~적인 행사 un événement annuel, une fête annuelle.

◆_보고 -報告 명 rapport *m* annuel.

◆_총회 -總會 명 assemblée *f* annuelle.

◆_행사 -行事 명 fête *f* [cérémonie *f*, manifestation *f*] annuelle; ((비유적)) événement *m* qui revient chaque année.

연로하다 年老_ 형 être âgé(*e*), vi*eux*(vi*eille*), avancé(*e*) en âge. ¶ 연로하신 나이 un grand âge, un âge avancé; ((퀘벡)) âge d'or. ¶ 부모님이 연로하셔서 잠시도 집을 비울 수 없다 Mes parents étant âgés, je ne peux m'absenter de la maison même [ne serait-ce qu']un instant.

연료 燃料 명 combustible *m*; ((내연기관의)) carburant *m*. ¶ 공장에 ~를 공급[보급]하다 fournir[ravitailler] une usine en combustible. ¶ 쓰레기를 ~로 쓰다 utiliser les ordures comme combustible. ¶ 차에 ~가 떨어졌다 Il n'y a plus de carburant [d'essence] dans la voiture / La voiture est (presque) à sec [est en panne d'essence] / La voiture est en panne sèche.

◆_비 -費 명 frais *mpl* de combustible. ¶ 그 차는 ~비가 많이 든다 La consommation de ce véhicule a un coût élevé [est très coûteuse, correspond à un coup élevé].

◆액체_ 液體 명 combustible *m* liquide.

◆가스_ 명 combustible *m* gazeux.

연루 連累 명 implication *f*, compromission *f*. ¶ 그는 폭력 사건 ~ 혐의를 부인하였다 Il a nié toute implication [son implication] dans une affaire de violence. ◇_(가) 되다 être compromis(*e*) ((dans une affaire)), être impliqué(*e*) ((dans une affaire, dans un scandale financier)), être mêlé(*e*) à ((une affaire louche)), être trempé(*e*) {*fam*} dans ((une sale affaire)); se compromettre ((dans une sale affaire)). ¶ 이 사건에 ~된 사람들 les personnes compromises [impliquées, ((경멸)) trempées {*fam*}] dans cette affaire. ¶ 그는 각종 비리에 ~되어 3년간 도피 생활을 했다 Impliqué dans plusieurs affaires de corruption, il a pris la fuite pendant trois ans. ◇_(를) 시키다 impliquer *qn* dans ((une affaire)), mêler *qn* à ((une affaire)). ¶ 나를 이 사건에 ~시키지 말라 Ne m'implique pas dans cette affaire / Je ne veux pas être mêlé(*e*) à ça.

◆_자 -者 명 personne *f* impliquée; complice *mf*, associé(*e*); ((경멸적)) acolyte *m*. ¶ 그는 이 사건의 ~자로 몰렸다 Il a été accusé de complicité dans cette affaire.

연륜 年輪 명 ① 경험에 의한 숙련도 maîtrise *f*, habileté *f* (acquise par une longue expérience). ¶ 오랜 ~을 쌓다 accumuler les années de pratique, pratiquer longuement. ¶ ~을 자랑하다 se vanter [se flatter, se prévaloir] d'une longue expérience. ¶ ~이 부족하다[짧다] manquer d'expérience. ¶ ~이 깊다 être expert(*e*) en *qc* [à+*inf*], avoir une longue pratique [expérience] de *qc*, être versé(*e*) dans *qc*. ② (나무 등의) 나이테 cerne *m* (d'un tronc d'arbre). ¶ ~의 수로 수령을 알 수 있다 On peut connaître l'âge d'un arbre au nombre de ses cernes. ◇_(이) 있다 avoir de l'expérience.

연리 年利 명 【경제】 intérêt *m* annuel. ¶ ~ 8퍼센트의 이율 huit pour cent d'intérêt par an, ((au)) taux (annuel) de 8 pour cent. ¶ ~로 계산해서 이자가 얼마에요? Quel est le taux de l'intérêt annuel?

연립 聯立 명 ① 연합 coalition *f*. ¶ 사회당과 녹색당의 ~에 의해 세워진 정부 le gouvernement de coalition du Parti Socialiste et des Verts. ② 연립주택 lotissement *m*, cité *f*. ¶ ~에서 살다 habiter dans un lotissement [dans une cité]. ◇_(을) 하다 se coaliser. ¶ 두 정당이 ~하여 내각을 구성했다 Les deux partis coalisés ont constitué le Cabinet.

◆_내각 -內閣 명 cabinet *m* de coalition.

◆_방정식 -方程式 명 【수학】 équations *fpl* simultanées.

◆_정부 -政府 명 gouvernement *m* de coalition. ¶ 사회당과 공산당의 ~정부 le gouvernement de coalition P.S. / P.C.

◆_주택 -住宅 명 lotissement *m*, cité *f*, résidence

f.

연마[1] 硏磨 명 polissage *m*, rodage *m*. ◇_(를) **하다** polir, meuler. ¶ 다이아몬드를 ~하다 polir des diamants.

◆_**가공** -加功 명 trav*ail*(*aux*) *m* de polissage.

◆_**공** -工 명 polisseu*r*(*se*).

◆_**기** -器 명 meule *f*, polisseuse *f*, polissoir *m*.

◆_**석** -石 명 pierre *f* utilisée pour le meulage.

◆_**장** -場 명 lieu(*x*) *m* où l'on meule [polit].

◆_**재** -材 명 matière *f* à polir.

◆_**제[포]** -劑[布] 명 toile *f* (d')émeri, papier *m* de verre.

연마[2] 鍊磨 명 exercice *m*, entraînement *m*. ¶ 기술 ~에 힘쓰다 s'efforcer de polir *sa* technique, se perfectionner dans *son* art. ◇_(를) **하다** s'exercer, s'entraîner; se perfectionner; perfectionner, parfaire, lécher, policer, fignoler, peaufiner {*fam*}. ¶ 심신을 ~하다 s'entraîner physiquement et intellectuellement. ¶ 그동안 ~한 실력을 발휘하다 déployer des compétences développées jusqu'à présent. ¶ 대학은 학문을 ~하는 곳이다 L'université est un lieu où l'on fait de la recherche [où l'on développe son savoir]. ◇_(가) **되다** être perfectionné(*e*), léché(*e*), fignolé(*e*).

연막 煙幕 명 ① 연기로 뒤덮임 rideau(*x*) *m* de fumée. ¶ ~을 피우다 dresser [faire] un rideau de fumée. ¶ ~에 휩싸이다 être envahi(*e*) [cerné(*e*)] de fumée. ¶ ~이 걷혔다 Le rideau de fumée a disparu [s'est évanoui]. ② 위장 écran *m* de fumée.

*~(을) **치다** émettre [jeter] un écran de fumée.

◆_**작전** -作戰 명 opération *f* de diversion. ¶ ~작전을 펴다 lancer une opération de diversion.

◆_**전술** -戰術 명 stratégie *f* [tactique *f*] de diversion. ¶ ~전술을 펴다 mettre la lumière sous le boisseau; cacher *son* jeu. ¶ ~전술에 넘어가다 se laisser prendre par une tactique de diversion.

◆_**탄** -彈 명 grenade *f* [obus *m*] fumigène, fumigène *m*. ¶ ~탄을 터뜨리다 lancer une grenade fumigène [un fumigène].

연말 年末 명 fin *f* de l'année [d'année]. ¶ ~ 경기가 안 좋다 La conjoncture de fin d'année n'est pas bonne. ¶ 올 ~에는 à la fin de cette année, en fin d'année. ¶ 어느덧 ~이 되었다 La fin de l'année est bien vite là [arrivée] / On est [Nous sommes] déjà à la fin de l'année.

◆_**연시** -年始 명 début *m* et fin *f* d'année.

◆_**결산** -決算 명 【경제】 résultat *m* de l'exercice budgétaire (de fin d'année).

연맹 聯盟 명 union *f*, ligue *f*, fédération *f*, alliance *f*, coalition *f*. ¶ 세계 축구 ~ la FIFA. ◇_(을) **하다[맺다]** former une union, s'unir, s'allier. ¶ 이웃 나라와 ~을 맺다 s'allier avec les pays [États] voisins.

◆_**전** -戰 【운동】 명 matchs *mpl* de la ligue; tournoi *m* de la ligue.

◆**국제**_ 國際 명 【역사】 la Société *f* des Nations.

◆**총**_ 總 명 confédération *f* générale. ¶ 노동자 총~ la Confédération Générale des Travailleurs, ((생략)) la CGT.

연면히 連綿- 부 continuellement, sans interruption, sans discontinuité. ¶ ~ 이어져 내려오는 전통 une tradition qui se transmet sans discontinuité.

연명[1] 延命 명 survie *f*. ◇_(을) **하다** survivre, subsister avec peine, subsister [vivoter] péniblement, végéter, vivre au jour le jour. ¶ 간신히 ~하다 subsister difficilement, vivoter péniblement. ¶ 보조금으로 근근이 ~하다 survivre [vivoter] péniblement avec une allocation.

연명[2] 連名 명 signature *f* commune. ¶ ~으로 진정서를 내다 adresser [présenter] une requête commune. ◇_(을) **하다** cosigner. ¶ ~하여 시국 선언서를 발표하다 déclarer en commun l'état de crise.

연모[1] 명 instrument *m*, outil *m*; matériau(*x*) *m*, matière *f*.

연모[2] 戀慕 명 amour *m*. ¶ 누구에게 ~의 정을 품다 avoir de l'amour pour *qn*. ◇_(를) **하다** soupirer après *qn*. ¶ 그 여자는 내가 십 년이나 ~해 온 여자다 C'est une femme après laquelle je soupire depuis dix ans au moins / C'est une femme dont je suis amoureux depuis une bonne dizaine d'années.

연목구어 緣木求魚 명 vouloir décrocher la lune, désirer quelque chose d'impossible, demander l'impossible. ¶ 타락한 사회에서 개인의 행복을 바라는 것은 ~와 같다 C'est pratiquement impossible de pouvoir trouver le bonheur dans une société corrompue / C'est vouloir décrocher la lune que de souhaiter le bonheur dans une société pervertie.

연못 蓮_ 명 pièce *f* d'eau couverte de nénuphars; étang *m*; marécage *m*; marais *m*; mare *f*; bassin *m*.

◆_**가** 명 bord *m* d'un étang. ¶ ~가에 핀 백합 한 송이 un lis fleuri au bord de l'étang.

연무 煙霧 명 ① 연기와 안개 brouillard *m* et fumée *f*. ¶ ~가 짙어서 지척을 분간할 수 없다 Le brouillard est si épais qu'on ne voit pas à deux pas devant soi. ② (매연으로 인한) 대기의 혼탁 épais brouillard *m* de pollution (urbain), épais nuage *m* de pollution, smog *m*. ¶ 짙은 ~가 끼었다 Il s'est formé un épais brouillard de pollution / Un épais brouillard de pollution recouvre l'horizon [a envahi l'atmosphère] / ((Toute la ville)) est plongée dans un épais brouillard de pollution / Un épais nuage de pollution enveloppe [recouvre, est au-dessus de] ((la ville)).

연미복 燕尾服 명 habit *m*. masculin de cérémonie, noir, à basques en queue de morue, queue-de-pie(~*s*-~-~) *f*, frac *m*. ¶ ~을 입은 신사 un homme (habillé, vêtu) en queue-de-pie.

연민 憐憫 명 pitié *f*, compassion *f*, apitoiement *m*; commisération *f*. ¶ 누구에게 ~의 정을 느끼다 avoir pitié de *qn*, ressentir de la pitié envers *qn*, plaindre *qn*; avoir de la compassion pour *qn*; éprouver de la pitié pour *qn*; s'apitoyer sur *qn*; compatir ((à la douleur de *qn*)). ¶ ~을 자아내다 inspirer [susciter, provoquer] de la compassion; faire pitié; éveiller un sentiment de compassion.

◆**자기_** 自己- 명 apitoiement *m* sur *son* propre sort. ¶ 자기 ~에 빠지다 s'apitoyer sur *soi*-même [sur *son* sort].

연발 連發 명 ① (총, 대포 따위를) 잇따라 쏨 rafale *f*, décharge *f* ((de coups de feu)), volée *f*, salve *f*. ¶ 권총을 세 방 ~로 쏘다 tirer d'affilée [à la file, sans discontinuer, à la suite, successivement, coup sur coup] trois coups de revolver. ② 연이어 일어남 succession *f* [enchaînement *m*, suite *f*, série *f*] (des événements qui se suivent). ¶ 아침부터 사고 ~이다 Aujourd'hui, tout va de travers [rien ne marche, rien ne va] depuis ce matin. ◇_(을) **하다** arriver [se produire] coup sur coup [successivement]; tirer plusieurs coups de suite. ¶ 어둠 속에서 총성이 ~했다 Des coups de feu ont été tirés coup sur coup dans l'obscurité. ¶ 자동소총을 ~하다 tirer une rafale de mitraillette. ¶ 실수를 ~하다 accumuler les erreurs. ¶ 사람들은 그 사람의 묘기에 감탄사를 ~했다 Les gens ont poussé une salve d'exclamations pour ses acrobaties. ◇_(이) **되다** arriver [se produire] coup sur coup [successivement]; s'accumuler.

연방 聯邦 명 【정치】 État *m* fédéral; fédération *f*, union *f*, groupement *m*, confédération *f*. ¶ 영 ~ le Commonwealth britannique.

◆**_국가** -國家 명 État *m* fédéral.

◆**_의회** -議會 명 parlement *m* fédéral.

◆**_정부** -政府 명 gouvernement *m* fédéral.

◆**_제** -制 명 système *m* fédéral; fédéralisme *m*.

연배 年輩 명 même âge *m*; personne *f* du même âge. ¶ 같은 ~의 사람들 les gens du même âge. ¶ 그는 나와 비슷한 ~이다 Il a à peu près le même âge que moi. ¶ ~는 다르지만 그들은 친구이다 Leur âge est différent, mais ils sont amis / Ils sont amis, même s'ils n'ont pas le même âge / Ils sont amis, même s'ils ont une différence d'âge.

연변[1] 延邊 명 【지리】 Yenben ((département situé à l'est de la région Jilin, en Chine, où un nombre important de résidents coréens sont installés)). ¶ ~에서 온 교포 un(*e*) résident(*e*) coréen(*ne*) venu(*e*) de Yenben.

연변[2] 沿邊 명 zone *f* [espace *m*] limitrophe ((longeant une frontière, une rivière ou une voie ferrée)). ¶ 도로 ~에 늘어선 인파 une foule répartie [rassemblée, amassée] sur les bords de la route, les gens agglutinés sur les bords de la route. ¶ 강 ~의 마을들 des villages longeant la rivière.

연병장 練兵場 명 terrain *m* de manœuvres militaires, terrain *m* d'exercices militaires, terrain *m* d'entraînement militaire.

연보[1] 年報 명 rapport *m* [bulletin *m*] annuel. ¶ ~를 내다[발간하다] publier [éditer, faire paraître] un rapport [un bulletin] annuel.

연보[2] 年譜 명 sommaire *m* biographique; notice *f* biographique ((d'un individu)); histoire *f* chronologique ((d'une compagnie ou d'une association)). ¶ 고인의 ~를 작성하다 rédiger le sommaire biographique du défunt. ¶ 책 말미에 작가(의) ~를 달다 attacher le sommaire [la notice] biographique de l'auteur en fin de livre.

연보[3] 捐補 명 ① don *m*; aumône *f*, offrande *f*, bienfait *m*; charité *f*, obole *f*. ② ((교회에서)) offrande *f*; quête *f*, collecte *f*. ◇_(를) **하다** offrir [donner] de l'argent; faire un don ((à *qn*/*qc*)); faire l'aumône à *qn*, faire une libéralité ((à *qn*)), faire la charité ((à *qn*)); faire une offrande. ¶ 교회에 ~를 하다 faire la quête à l'église.

연보라 軟- 명 violet clair *inv*. ¶ ~색 (la couleur) violet clair.

연봉 年俸 명 salaire *m* [traitement *m*, paye *f*, rémunération *f*, rétribution *f*] annuel(*le*); appointements *mpl* [émoluments *mpl*] annuels. ¶ ~ 계약 un contrat pour un salaire annuel. ¶ ~을 깎다[삭감하다] baisser [diminuer, réduire] des appointements annuels. ¶ ~ 2천만 원을 받다 recevoir un salaire annuel de vingt millions de wons, toucher un traitement annuel [des appointements annuels] de vingt millions de wons. ¶ 회사와 ~ 3천만 원에 계약하다 signer un contrat avec une compagnie pour un salaire annuel de trente millions de wons.

◆**_제** -制 명 système *m* d'appointements annuels. ¶ ~제를 실시하다 pratiquer le système de rémunération annuelle.

연분 緣分 명 destin *m*; prédestination *f*; lien *m*, relation *f*, rapport *m*; affinité *f*, prédestiné(*e*). ¶ 그 집안과는 영원히 ~을 끊었다 J'ai rompu définitivement avec cette famille / J'ai définitivement rompu avec ces gens / J'ai définitivement coupé les ponts avec eux. ◇_을 **맺다[쌓다]** nouer une relation ((avec *qn*)); avoir un lien ((avec *qn*)). ¶ 박씨 집안과 두터운 ~을 쌓다 nouer des liens très étroits avec la famille Park. ¶ 이 신혼부부는 친구 소개로 ~을 맺게 되었다 Ces jeunes mariés se sont rencontrés grâce à des amis / Ce jeune couple s'est formé par l'intermédiaire d'amis. ◇_이 **닿다** nouer une relation avec *qn*. ¶ 어쩌다 그와 ~이 닿아 많은 도움을 받았다 La relation que j'ai nouée par hasard avec lui m'a beaucoup apporté / Ma relation avec lui m'a été d'une aide précieuse. ◇_이 **아니다[없다]** ((un homme et une femme)) ne pas être faits [prédestinés] l'un pour l'autre, ne pas être faits pour se rencontrer. ¶ 나는 그 남자와 ~이 아니라고 생각한다 Je pense que nous n'étions pas faits [prédestinés] l'un pour l'autre / Je pense que nous n'étions pas faits pour nous rencontrer / Je pense que les dieux ne souhaitaient pas notre union.

◆**천생_** 天生- 명 lien *m* prédestiné; personnes *fpl* faites l'une pour l'autre. ¶ 우리는 천생~이야 Nous

ㅇ

étions faits l'un pour l'autre / Nous étions faits pour nous rencontrer / Nous étions prédestinés à nous aimer / Les dieux souhaitaient notre union [notre rencontre] / La fatalité a voulu que nous nous rencontrions. ¶ 그 두 사람은 천생~이다 Ces deux personnes sont unies par la destinée [par un lien providentiel].

연분홍 軟粉紅 명 rose *m* clair. ¶ ~ 치마 une robe rose clair.

◆**_색** -色 명 (couleur *f*) rose clair *inv*.

연비 燃比 명 rendement *m* de consommation d'un véhicule. ¶ ~를 고려하여 차를 사다 acheter une voiture en tenant compte de sa consommation. ¶ 이 차는 ~가 높다[낮다] Cette voiture a un bon [mauvais] rendement de consommation / Cette voiture consomme peu [beaucoup] de carburant.

연사 演士 명 conférenci*er*(*ère*); ora*teur*(*trice*); intervenant(*e*). ¶ 오늘 강연회의 ~ le(*la*) conférenci*er*(*ère*) du débat [du colloque] d'aujourd'hui. ¶ 유명 작가를 ~로 초빙하다 inviter un écrivain célèbre [renommé, connu] en tant que [comme] conférencier.

연산 演算 명 arithmétique *f*, calcul *m*. ◇**_(을) 하다** faire des calculs, calculer.

◆**_기** -器 명 calculatrice *f*, machine *f* à calculer.

◆**_자** -者 명 opérateur *m* ((de l'addition, de la soustraction, de la multiplication et de la division)).

◆**사칙_** 四則- 명 algorithme *m* à quatre opérations fondamentales ((l'addition, la soustraction, la multiplication et la division)).

연상[1] 年上 명 aîné(*e*); plus âgé(*e*). ¶ ~의 여인 une femme plus âgée. ¶ ~을 좋아하다 aimer [apprécier] quelqu'un de plus âgé. ¶ 그는 3살 ~의 여자와 결혼했다 Il s'est marié avec une femme de trois ans plus âgée que lui / Il s'est marié avec une femme plus âgée de trois ans / Cet homme s'est marié avec une femme qui a trois ans de plus que lui. ◇**_이다** être l'aîné(*e*) ((d'un ou deux ans)); être plus âgé(*e*) ((que *qn*)). ¶ 그는 당신보다 세 살 ~이다 Par rapport à vous, il a trois ans de plus / Il est plus âgé que vous de trois ans / Il a trois ans de plus que vous / Il est votre aîné de trois ans.

연상[2] 聯想 명 association *f* (des idées); évocation *f*; rapprochement *m*, suggestion *f*; rappel *m*; représentation *f*. ¶ ~ 법칙 loi associative. ◇**_(을) 하다** penser ((à *qc*)); se rappeler ((*qc*)), se souvenir ((de *qn*/*qc*)); associer ((*qc* à/avec *qc*)). ◇**_(을) 시키다** rappeler ((*qc* à *qn*)), faire penser à ((*qn*/*qc* à faire)); évoquer ((*qc* à *qn*)); suggérer ((*qc* à *qn*)). ¶ 벚꽃은 봄을 ~시킨다 Les fleurs de cerisier japonais font penser au printemps / Les fleurs de cerisier japonais rappellent le printemps. ◇**_(이) 되다** venir [apparaître] à l'esprit. ¶ 그 친구를 보면 원숭이가 ~된다 En le voyant, je pense à un singe / Il me fait penser à un singe / Dès que je le vois, l'image d'un singe me vient à l'esprit.

◆**_물** -物 명 【심리】 objet *m* évocateur.

◆**_심리학** -心理學 명 associationnisme *m*.

◆**_작용** -作用 명 effet *m* associatif [évocateur]; ((심리학)) association *f* d'idées. ¶ ~ 작용을 일으키다 produire un effet associatif [évocateur].

연서[1] 連署 명 signature *f* en commun. ¶ 보증인의 ~ signature des cosignataires garants [répondants]. ◇**_(를) 하다** signer ((un contrat)) ensemble [en commun]; apposer une signature en commun [ensemble]; signer ((un contrat)) conjointement ((avec *qn*)).

연서[2] 戀書 명 lettre *f* d'amour; billet *m* doux. ¶ 그 여자는 한 통의 ~를 받았다 Elle a reçu une lettre d'amour.

연설 演說 명 discours *m*; allocution *f*; ((짧은 연설)) speech *m*, topo *m* {*fam*}, laïus *m* {*fam*}; ((경멸적)) tartine *f* {*fam*}, palabres *fpl*; baratin *m* {*fam*}, blablabla *m* {*fam*}; déclamation *f*. ¶ 기조~ le discours-programme ((d'un parti)). ¶ 대중 ~ un discours adressé à la population. ¶ 대통령 취임 ~ discours présidentiel prononcé lors de la cérémonie de prise de [d'entrée en] fonction. ¶ 즉흥 ~ un discours impromptu [à l'improviste]. ¶ 추도[추모] ~ une oraison funèbre [un discours commémoratif]. ¶ 지루한[장황한] ~ un discours ennuyeux [long]; du baratin {*fam*} soporifique; une diarrhée verbale {*fam*}. ¶ 웅변조의 ~ un discours éloquent [oratoire, déclamatoire], une verve oratoire. ¶ ~을 듣다[경청하다] écouter attentivement; boire [absorber] un discours. ◇**_(을) 하다** faire [prononcer, lire] un discours [une harangue]; haranguer ((*qn*)); ((짧은 연설)) faire un speech [un laïus]. ¶ 가두 ~을 하다 faire [prononcer] un discours dans la rue; haranguer la foule dans la rue. ¶ 국회 본회의에서 ~하다 faire [prononcer] un discours [faire une déclaration ministérielle] à l'assemblée plénière.

◆**_가** -家 명 ora*teur*(*trice*); conférenci*er*(*ère*); discoureu*r*(*se*); tribun *m*; harangueu*r*(*se*).

◆**_문** -文 명 texte *m* [écrit *m*] du discours. ¶ ~문을 낭독하다 réciter [lire à haute voix, déclamer] un discours. ¶ ~문을 작성하다 rédiger [écrire] un discours.

◆**_회** -會 명 réunion *f* où l'on expose un sujet, assemblée *f* d'orateurs; joutes *fpl* oratoires. ¶ 대통령 후보자 합동 ~회 réunion où chacun des candidats à la présidentielle fait un discours pour définir [pour préciser] son programme.

◆**명_** 名- 명 discours *m* excellent [remarquable].

연성 軟性 명 ① ((물체)) mollesse *f*, apathie *f*, atonie *f*. ¶ 그 물체는 ~이다 Cet objet est mou. ② ((사람)) personne *f* molle sans énergie [apathique et endormie, nonchalante, inerte], mollasson(*ne*), chiffe molle *f*, mollusque *m* {*fam*}, lavette *f* {*fam*}. ¶ 그 사람은 ~이다 Cette personne est molle / C'est une (vraie) chiffe molle [une lavette {*fam*}, un

ㅇ

gros mollasson].

연세 年歲 명 âge *m* ((registre honorifique)). ¶ ~를 묻다 demander *son* âge ((à un aîné)). ¶ ~가 많다 être âgé(*e*), être avancé(*e*) en âge, être d'âge avancé [d'un âge avancé]. ¶ ~가 들다 avancer en âge; prendre de l'âge. ¶ ~가 어떻게 되시죠? Quel âge avez-vous?

연소[1] 年少 어근 jeunesse *f*; jeune âge *m*; âge *m* tendre; juvénilité *f*.

◆ **_하다** 형 être jeune; ((enfant)) être en bas âge; être mineur(*e*). ¶ ~한 나이에 시험에 합격하다 réussir (à) un examen de façon précoce, réussir très jeune à un examen.

◆ **_자** -者 명 jeune *mf*, enfant *mf*; adolescent(*e*); mineur(*e*); impubère *mf*. ¶ ~자 우선 원칙 principe du droit de priorité accordé aux jeunes [aux enfants, aux mineurs].

◆**최_** 最 명 le(*la*) plus jeune *mf*. ¶ 최~ 합격자 le(*la*) plus jeune candidat(*e*) admis(*e*).

◆**최_자** 最者 명 personne *f* la plus jeune [la moins âgée]. ¶ 그가 우리 반에서 최~자이다 Il est le plus jeune de notre classe.

연소[2] 燃燒 명 combustion *f*, calcination *f*; ignition *f*; brûlage *m*; crémation *f*. ¶ 완전 ~ une combustion parfaite. ¶ 불완전 ~ une combustion imparfaite. ◇_(를) **하다**[_(가) **되다**] brûler; prendre feu; se consumer; s'enflammer; s'embraser; flamber. ¶ 산소가 없으면 어떤 물질도 ~되지 않는다 Aucune matière ne peut brûler sans oxygène / S'il n'y a pas d'oxygène, rien ne peut prendre feu. ◇_(를) **시키다** brûler ((*qc*)), mettre le feu ((à *qc*)), incendier, enflammer; consumer, calciner, embraser, cramer {*fam*}. ¶ 쓰레기를 ~시키다 brûler des ordures, mettre le feu aux ordures; incinérer des déchets.

◆ **_물** -物 명 matière *f* combustible [inflammable].

연속 連續 명 ① 계속 continuation *f*; continuité *f*; continu *m*; suite *f*; série *f*; enchaînement *m*; succession *f*, consécution *f*. ¶ ~ 동작 un mouvement continu [permanent, continuel, incessant, ininterrompu, successif]. ¶ ~ 상영 la projection en continu [sans interruption] ((d'un film)). ¶ 3일 ~으로 trois jours consécutifs, trois jours de suite [d'affilée]. ② 연장 poursuite *f*.; prolongement *m*.; prolongation *f*. ¶ 실전은 훈련의 ~일 뿐이다 Le match réel n'est qu'une suite de l'entraînement. ◇_(을) **하다** continuer *qc*, faire suivre *qc*; poursuivre *qc*. ¶ 2주 ~해서 지각하다 être en retard pendant deux semaines consécutives. ◇_(이) **되다** continuer, se continuer; se suivre; durer; se poursuivre; se prolonger. ¶ 좋은 일들이 ~된다 D'heureux [De bons] événements continuent de survenir / D'heureux événements arrivent [se produisent, surviennent] coup sur coup, [successivement, consécutivement, continuellement].

◆ **_적** -的 명관 continu(*e*), continuel(*le*); constant(*e*); incessant(*e*), ininterrompu(*e*); suivi(*e*); successi*f*(*ve*) consécuti*f*(*ve*). ¶ ~적인 과정 un processus continu. ¶ 사고가 ~적으로 발생했다 On a assisté à des accidents en série / On a assisté à toute une série d'accidents / Une série d'accidents est survenue / Plusieurs accidents se sont succédés.

◆ **_성** -性 명 continuité *f*, constance *f*, permanence *f*. ¶ 외교 정책의 ~성 la continuité de la politique diplomatique.

◆ **_극** -劇 명 feuilleton *m* (télévisé), série *f* (télévisée). ☞ 드라마

◆ **_선상** -線上 명 en continuité. ¶ 그것도 이 일의 ~선상에서 파악해야 한다 On doit saisir cela en continuité avec ceci / On doit unir les choses dans leur continuité.

연쇄 連鎖 명 chaîne *f*, suite *f*, succession *f*, série *f*; enchaînement *m*; continuité *f*. ¶ 자동차 ~ 추돌 사고 un carambolage. ¶ 3개국 정상을 ~ 접촉하다 rencontrer [contacter] à la suite [successivement, l'un après l'autre, consécutivement] les sommités de trois pays.

◆ **_적** -的 명관 successi*f*(*ve*); consécuti*f*(*ve*). ¶ 일련의 사건들이 ~적으로 일어난다 Une série d'événements se produit [a lieu, s'enchaîne] / Des événements arrivent [se produisent] coup sur coup [successivement] / Des événements se succèdent coup sur coup.

◆ **_반응** -反應 명 réaction *f* en chaîne. ¶ ~반응이 일어났다 Des réactions en chaîne se sont produites.

◆ **_점** -點 명 magasin *m* à succursales multiples.

연수[1] 年數 명 ((nombre d')) années *fpl*. ¶ 재직 ~ le nombre d'années de service [de travail]. ¶ 근속 ~가 30년에 다다르다 avoir [compter] trente ans de service.

연수[2] 研修 명 stage *m*. ¶ ~ 기간 une période de stage. ¶ ~를 마치다 finir [terminer] un stage. ◇_(를) **하다**[**받다**] faire [suivre] un stage. ¶ 신입 사원들은 컴퓨터 ~를 한다 Les nouveaux employés font [suivent] un stage d'informatique [en informatique]. ¶ 교육기관에서 ~를 받다 suivre un stage dans un centre de formation [un établissement scolaire]. ◇_(를) **시키다** envoyer [*qn*] en stage; faire faire un stage [à *qn*].

◆ **_생** -生 명 stagiaire *mf*.

◆ **_원** -院 명 centre *m* de formation [d'apprentissage].

◆**어학_** 語學 명 stage *m* linguistique.

◆**해외_** 海外 명 stage *m* dans un pays étranger.

연습[1] 練習 명 되풀이하여 익힘 exercice *m*; ((운동)) entraînement *m*, training *m*; ((연극, 음악)) répétition *f*. ¶ ~ 부족 manque d'entraînement [d'exercice]. ¶ 발성 ~ de la vocalise, des exercices de vocalisation; un entraînement vocal; de la diction; de la mise en voix. ¶ 비행 ~ un exercice de pilotage. ¶ 운전 ~ un exercice de conduite; une séance d'apprentissage de la conduite, une leçon de conduite. ¶ 합창 ~ répétition d'une chorale. ◇_(을)

하다 faire des exercices ((au piano)), s'exercer [à *qc*/+*inf*]; s'entraîner ((pour le championnat)); faire des répétitions ((pour une pièce de théâtre)), répéter ((un rôle)). ¶ 피아노를 ~하다 faire des exercices au piano. ¶ 끊임없이 ~을 해야 적을 이길 수 있다 On doit s'entraîner sans arrêt pour pouvoir gagner contre l'ennemi / Pour pouvoir combattre l'ennemi, il faut s'entraîner sans cesse / On doit faire continuellement des exercices et on peut combattre l'ennemi. ◇_(을) **시키다** entraîner *qn*, exercer [former] *qn* à *qc*, faire s'entraîner *qn*. ¶ 선수들을 ~시키다 entraîner des athlètes [des joueurs]; faire faire des exercices aux joueurs. ¶ 아이에게 영어 회화를 ~시키다 faire travailler [faire étudier] la conversation anglaise à un(*e*) enfant.

◆**_곡** -曲 명 【음악】 études *fpl*, exercices *mpl*.

◆**_실** -室 명 ((운동)) salle *f*. d'entraînement [d'exercice]; ((연극, 음악)) salle *f* de répétition.

◆**_장** -場 명 terrain *m* d'exercice [d'entraînement].

◆**_장** -帳 명 cahier *m* d'exercices. ¶ ~장에 수학 문제를 풀다 résoudre des exercices de mathématiques dans un cahier (d'exercices).

◆**_문제** -問題 명 exercices *mpl*. ¶ ~ 문제를 풀다 résoudre des exercices ((de mathématiques)).

연습[2] **演習** 명 ① 실제처럼 하면서 익힘 exercice *m*; entraînement *m*; ((연극, 음악)) répétition *f*. ② ((군대)) manœuvres *fpl*. ¶ ~ 삼아 comme pour faire un exercice. ¶ 실전을 방불케 하는 ~ un exercice [une manœuvre] semblable [ressemblant] à une vraie bataille. ◇_(을) **하다** faire l'exercice; s'exercer, s'entraîner. ¶ 실제로 하기 전에 먼저 ~을 해 보다 répéter préalablement (un spectacle) [faire une répétition] avant de jouer pour de vrai.

◆**예행_** 豫行- 명 répétition *f* (d'une cérémonie).

연승 **連勝** 명 victoires *fpl*. successives [consécutives], série *f* de victoires, victoires *fpl*. d'affilée. ¶ 최다 ~ 기록 le plus grand record d'une série de victoires. ¶ ~ 행진을 계속하다 continuer [poursuivre] sur la lancée de victoires successives [consécutives]. ◇_(을) **하다**[**거두다**] remporter une série de victoires [des victoires successives, des victoires consécutives], remporter [gagner] victoire sur victoire, gagner des matches successivement. ¶ 상대 팀에 3~을 하다 gagner successivement trois matchs contre l'équipe adverse, gagner trois matchs d'affilée[de suite] contre l'équipe adverse, remporter trois victoires successives [consécutives] contre l'équipe adverse.

◆**_가도** -街道 명 parcours *m* de victoires successives. ¶ ~ 가도를 달리다 enchaîner les victoires.

◆**연전_** 連戰- 명 série *f* [succession *f*] de victoires ((au cours de matchs ou de batailles)). ¶ 연전~(을) 하다 remporter des victoires successives ((dans tous les matchs ou toutes les batailles)); courir [voler] de victoire en victoire, remporter victoire sur victoire.

연시 **軟柹** 명 plaquemine *f* rouge molle; *kaki m* rouge mou.

연시조 **聯詩調** 명 【문학】 *yeonsijo* ((forme de poème traditionnel composé d'une succession de petits poèmes adoptant la forme du *sijo*)).

연식 **軟式** 명 type *m* de jeu de balle ressemblant au baseball où on se sert d'une balle souple.

◆**_정구** -庭球 명 tennis *m* à balle souple.

연신 부 sans cesse, sans arrêt; constamment, continuellement; à tout moment, en non-stop. ¶ ~ 이마의 땀을 닦다 essuyer sans cesse [constamment] la sueur de *son* front.

연안 **沿岸** 명 bord *m*; côte *f*, littor*al*(*aux*) *m*; rivage *m*. ¶ 태평양 ~의 도시들 villes côtières de l'Océan Pacifique. ¶ ~을 항해하다 naviguer le long des côtes; faire du cabotage, caboter (de port en port).

◆**_부두** -埠頭 명 quai *m* littor*al*(*aux*).

◆**_어업** -漁業 명 pêche *f* côtière, petite pêche *f*.

◆**_항로** -航路 명 ligne *f* de navigation côtière [de cabotage].

◆**_해역** -海域 명 zone *f* maritime littorale [côtière].

연애 **戀愛** 명 amour *m*. ¶ ~ 감정 sentiment d'amour [amoureux]. ¶ ~ 상대 partenaire en amour; amoureu*x*(*se*), amant(*e*), petit(*e*) ami(*e*), cop*ain*(*ine*) {*fam*}. ¶ 누구와 ~에 빠지다 tomber amoureu*x*(*se*) de *qn*. ◇_(를) **하다** aimer *qn*, être amoureu*x*(*se*) de *qn*; fréquenter *qn*; flirter. ¶ 누구와 ~를 하다 aimer *qn*, être amoureu*x*(*se*) de *qn*; fréquenter *qn*; flirter avec *qn*. ◇_(를) **걸다** faire la cour ((à une femme)), courtiser ((une femme)), faire du plat ((à une fille ou un garçon)); draguer ((une fille ou un garçon)), racoler *qn*. ¶ 누구에게 ~를 걸다 faire la cour à *qn*, courtiser *qn*; draguer *qn*; racoler *qn*.

◆**_결혼** 結婚 명 mariage *m*. d'amour. ¶ 우리는 ~결혼을 했다 Nous avons fait un mariage d'amour / Nous nous sommes mariés par amour.

◆**_소설** -小說 명 roman *m* d'amour; roman *m* à l'eau de rose.

◆**_편지** -便紙 명 lettre *f* d'amour. ¶ 누구에게 ~편지를 쓰다 écrire une lettre d'amour à *qn*.

◆**동성_** 同性- 명 amour *m* homosexuel; homosexualité *f*; ((남자의)) pédérastie *f*, sodomie *f*, uranisme *m*; ((여자의)) lesbianisme *m*, saphisme *m*.

◆**동성_자** 同性-者 명 ((남자)) homo(sexuel) *m*, gay *m*., pédéraste *m*, sodomite *m*, inverti *m*, uraniste *m*, pédé *m* {*fam*}, ((경멸)) pédale *f* {*fam*}; tante *f* {*fam*}, tata *f* {*fam*}, tantouse *f* {*fam*}, tapette *f*.{*fam*}, folle *f* {*fam*}; ((여자)) homosexuelle *f*, lesbienne *f*, invertie *f*, ((경멸)) gouine *f* {*fam*}.

◆**양성_** 兩性- 명 bisexualité *f*.

◆**양성_자** 兩性-者 명 bisexuel(*le*), bi *mf* {*fam*}, personne *f* à voile et à vapeur [bique et bouc, à poil et à plume].

◆이성_ 異性- 명 hétérosexualité *f.*

◆이성_자 異性者 명 hétérosexuel(*le*), hétéro *mf* {*fam*}.

연약하다 軟弱_ 형 être faible, fragile; être chétif(*ve*); être débile; être frêle; être grêle; être vulnérable. ¶ 연약한 지반 un sol peu ferme [meuble]. ¶ 연약한 몸 un corps faible [fragile, chétif]; ((une personne)) de santé fragile [de santé frêle]. ¶ 연약한 여인 une femme fragile [faible, chétive]; une femme désarmée [impuissante]. ¶ 연약하게 보이다 paraître faible [chétif(*ve*)]; se montrer fragile.

연어[1] 鰱魚 명 saumon *m.* ¶ ~ 요리 un plat de saumon. ¶ 훈제 ~ du saumon fumé.

연어[2] 連語 명 【언어】 collocation *f.*

연역 演繹 명 déduction *f.* ¶ ~ 추론[추리] un raisonnement déductif [par inférence]. ◇_(을) **하다** déduire *qc* de *qc*. ◇_(이) **되다** se déduire de *qc*; découler de *qc*; résulter de *qc*.

◆_적 -的 명관 déductif(*ve*). ¶ ~인 방법에 의한 논증 argumentation par la méthode déductive; démonstration par la déduction.

◆_법 -法 명 déduction *f*; méthode *f* déductive.

연연하다 戀戀_ 자 être profondément [ardemment] attaché(*e*) à *qn*/*qc*/+*inf*; avoir de l'attachement pour *qn*/*qc*; s'accrocher à *qn*/*qc*. ¶ 과거에 ~ être profondément attaché(*e*) au passé. ¶ 현재의 지위에 ~ être trop attaché(*e*) au poste qu'on occupe actuellement; avoir trop d'attachement pour le poste qu'on occupe à présent. ¶ 여자[남자]에 연연할 필요 없다 Il n'est pas nécessaire d'être trop attaché à une femme [à un homme] / Ce n'est pas la peine d'avoir trop d'attachement pour une femme [pour un homme]. ¶ 그 일에 너무 연연해하지 마 Ne t'en fais pas trop pour ça / N'y pense pas trop.

형 애틋하게 그립다 manquer à *qn*. ¶ 옛 연인에 대해 연연한 마음을 품다 penser avec regret [avec nostalgie] à *son* ancien(*ne*) ami(*e*).

연연히 連延- 부 continuellement, sans interruption, sans discontinuité. ¶ ~ 흐르다 couler continuellement.

연예 演藝 명 ① arts *mpl* du spectacle. ② représentation *f* des arts du spectacle. ¶ ~ 활동 activités artistiques et spectacles [théâtrale, musicale]; activités du show-biz. ¶ ~ 오락 프로그램 un programme de spectacles de variétés.

◆_계 -界 명 le monde *m* du spectacle [du show-business, du show-biz {*fam*}]. ¶ 그는 ~계에 몸담고 있다 Il est dans le monde du spectacle / Il travaille dans le monde du show-business.

◆_란 -欄 명 rubrique *f* des arts et du spectacle; rubrique *f* du show-business. ¶ 주간지의 ~란 la rubrique des spectacles dans un magazine hebdomadaire.

◆_인 -人 명 artiste *mf*; artiste *mf* de variétés. ¶ 유명 ~인 un artiste (de variétés) célèbre; une star, une vedette.

연옥 煉獄 명 【종교】 purgatoire *m.*

연원 淵源 명 origine *f*, source *f*, racine *f*, fondement *m.* ¶ ~을 밝히다 tirer au clair l'origine de *qc*; mettre au grand jour l'origine de *qc*; faire la lumière sur *qc*; révéler l'origine (d'un mensonge). ¶ ~을 캐다[따지다, 묻다] examiner [vérifier, s'interroger sur, demander] l'origine [la source] de *qc*. ¶ ~을 알 수 없을 만큼 오래된 관습 une vieille coutume dont on ne connaît plus l'origine; une vieille coutume dont l'origine est inconnue, une coutume si vieille qu'on ne connaît plus son origine, une vieille coutume telle que son origine est inconnue. ¶ ~이 깊다[오래되다] avoir une origine très lointaine.

◆_하다 자 trouver [avoir] *son* origine [*sa* source] dans *qc*; provenir [venir] de *qc*; dériver de *qc*. ¶ 이 풍습은 고대 문화에서 ~하였다 Cette coutume tire son origine de l'antiquité.

연월일 年月日 명 date *f* ((de naissance)); jour *m*, mois *m* et année *f*. ¶ 서류에 ~을 기입하다 inscrire [enregistrer, écrire] la date dans un document.

연유[1] 緣由 명 ① 유래 origine *f*, source *f*, racine *f*. ② 사유 raison *f*; cause *f*; motif *m*; mobile *m*; pourquoi *m*. ¶ 찾아온 ~를 묻다[말하다] demander [dire] pourquoi on est venu, demander [dire] pour quelle raison on est venu trouver *qn*, demander [dire] la raison pour laquelle on est venu. ¶ 나는 그가 돌아오게 된 ~를 잘 알고 있다 Je sais bien [Je suis au courant] pourquoi il est revenu / Je connais la raison qui l'amène / Je connais [Je suis au courant de] la raison pour laquelle il est revenu. ¶ 무슨 ~로 이제야 왔지? Pour quelle raison est-il venu maintenant? / Pourquoi est-il arrivé seulement maintenant? ¶ 나를 찾아온 ~가 무엇일까? Pour quelle raison est-on venu me voir? / Pourquoi est-on venu me trouver? / Quelle est la raison pour laquelle on est venu me chercher?

◆_하다 자 tirer *son* origine de *qc*; avoir *son* origine dans *qc*; venir de *qc*; provenir de *qc*; dériver de *qc*; avoir pour cause *qc*. ¶ 이 일은 그의 무관심에서 ~했다 Cette affaire [Cet accident] a pour cause son indifférence.

연유[2] 煉乳 명 ((무당연유)) lait *m* concentré; ((가당연유, 당유)) lait *m* concentré sucré. ¶ 팥빙수 얼음 위에 ~를 뿌리다 verser sur la glace pilée du lait concentré sucré.

연음 連音 【언어】 명 liaison *f*.

◆_법칙 -法則 명 【언어】 règle *f* de la liaison.

연이율 年利律 명 taux *m* d'intérêt annuel. ¶ ~ 10퍼센트 un taux d'intérêt annuel à 10 %.

연인 戀人 명 deux personnes *fpl* qui s'aiment, amoureux *mpl*, tourtereaux *mpl*. {*fam*}; deux amants *mpl*; ((남자)) amoureux *m*, petit ami *m*; copain *m*, amant *m*; ((여자)) amoureuse *f*, petite amie *f*; copine *f*, amante *f*. ¶ 다정한 ~들 amoureux affectueux [aimants, tendres]. ¶ 만인의 ~ l'amant(*e*) de tout le monde. ¶ 두 사람 사이가 ~ 관계로 발전했다 La relation entre ces deux personnes s'est changée en une relation amoureuse / La relation de ces deux personnes est devenue plus proche / Ces deux personnes ont une relation qui est devenue plus intime.

연인원 延人員 명 nombre *m* de personnes correspondant à tant de journées de travail. ¶ ~ 3천 명이 동원된 공사 les travaux qui ont mobilisé au total trois mille personnes, les travaux pour lesquels trois mille personnes ont été nécessaires. ¶ ~ 2만 명이 대회에 참석했다 Au total, vingt mille personnes ont participé à la compétition [à l'assemblée générale].

연일 連日 부 tous les jours; chaque jour; journellement; quotidiennement. ¶ 불볕더위가 ~ 계속되고 있다 La canicule continue tous les jours / Il fait un temps caniculaire tous les jours / La canicule persiste.

연임 連任 명 renouvellement *m* du mandat ((d'un fonctionnaire)); réélection *f* (à la présidence). ¶ ~ 금지 조항 article de [relatif à, concernant] l'interdiction de renouvellement de mandat. ◇_(을) **하다** renouveler ((*son* mandat à la présidence)). ¶ 그는 국회의장 직을 ~했다 Il a renouvelé son mandat à la présidence de l'Assemblée nationale / Il a été réélu à la présidence de l'Assemblée nationale. ◇_(**이**) **되다** être réélu(*e*) (à une fonction).

연잇다 자 continuer; se succéder; se suivre ((l'un après l'autre)); se poursuivre; se prolonger; s'enchaîner. ¶ 연이어(서) de suite, immédiatement, directement; sans discontinuer; sans arrêt, sans interruption, d'affilée; à la file; consécutivement, successivement. ¶ 연이은 불행[사고] une suite de malheurs [d'accidents]; des malheurs [des accidents] successifs; un enchaînement de malchances. ¶ 5년간 연이어서 cinq années consécutives [successives, d'affilée, de suite, sans discontinuer]. ¶ 그 팀은 연이어 세 번을 우승했다 Cette équipe a remporté trois victoires de suite [d'affilée, successives] / Cette équipe a remporté une série de trois victoires. ¶ 그는 연이어서 교통사고를 두 번 당했다 Il a eu deux accidents de la route [de la circulation, de voiture] coup sur coup. ¶ 연이어 폐회식을 거행하겠습니다 Nous passons tout de suite à la séance de clôture / Nous passons directement à la cérémonie de clôture / Nous clôturons immédiatement la séance.

연작[1] 聯作 명 ouvrage *m* cyclique. ¶ ~ 소설 un roman cyclique. ¶ ~ 가곡집 un cycle. ¶ 여럿이 함께 쓴 ~ 소설 un roman cyclique écrit par plusieurs écrivains.

연작[2] 連作 명 monoculture *f* ((du riz)). ¶ ~은 토질을 떨어뜨린다 La monoculture détériore la qualité d'une terre [du sol].

연장[1] 명 outil *m*; instrument *m*; outillage *m*, matériel *m*, équipement *m*; ustensile *m*. ¶ ~을 챙기다 préparer *ses* outils [*son* outillage, *son* matériel]. ¶ ~ 일습을 갖추다 avoir une série d'outils, être équipé(*e*) d'une panoplie d'ustensiles.

***솜씨 없는 장인이 ~ 나무란다[탓한다]** À méchant ouvrier, pont de bon outil / À mauvais ouvrier, point de bons outils. ((littéralement «l'artisan maladroit impute sa maladresse à ses outils»)).

연장[2] 延長 명 ① ((시간)) prolongation *f*; poursuite *f*; continuation *f*; prorogation *f*; allongement *m*; renouvellement *m*; augmentation *f*. ¶ ~ 공연 un spectacle prolongé; la prolongation d'un spectacle. ¶ ~ 근무 allongement des horaires de service [de travail]; accroissement de la durée du temps de travail. ② ((길이)) prolongement *m*; extension *f*; allongement *m*. ¶ ~ 400킬로미터의 도로 une route prolongée de 400 km. ③ 계속 prolongement *m*, continuation *f*. ¶ 소풍도 수업의 ~이다 Le pique-nique est un prolongement du cours. ◇_(을) **하다[시키다]** prolonger ((une séance)), proroger ((l'échéance de *qc*)), reporter, allonger ((*ses* vacances)); faire durer ((la vie de *qn*); rallonger; continuer ((une route)); étendre ((une route)). ¶ 기한을 3일 ~하다 proroger l'échéance (d'un paiement) de trois jours, reporter le délai (d'un paiement) de trois jours. ¶ 산소 호흡기로 생명을 ~시키다 prolonger la vie à l'aide d'un masque à oxygène. ◇_(**이**) **되다** se prolonger; se proroger, s'allonger; être prolongé(*e*), prorogé(*e*); continuer, s'étendre. ¶ 수명이 ~되고 있다 L'espérance de vie s'allonge [s'accroît]. ¶ 운행 노선이 ~된다 Les lignes de service (d'autocars) se prolongent.

◆_**선** -線 명 ligne *f* prolongée.

◆_**전** -戰 명 prolongation *f*, match *m*. de prolongation. ¶ ~전을 벌이다 jouer [disputer] une prolongation [un match de prolongation].

◆**총**_ 總 명 longueur *f* totale.

연장자 年長者 명 personne *f* âgée; aîné(*e*). ¶ ~ 순으로 좌석을 주다 donner une place en fonction de l'âge.

연재 連載 명 sortie *f* par épisode; parution *f* en feuilleton. ◇_(를) **하다** publier [éditer, sortir, faire paraître, écrire] régulièrement [périodiquement] (un article ou un fragment d'un roman dans un journal). ¶ 잡지에 칼럼을 ~하다 publier [écrire] régulièrement une chronique dans une revue; tenir quelques colonnes dans un périodique. ◇_(**가**) **되다** être publié régulièrement; paraître [sortir] comme feuilleton [comme un chronique].

◆_**만화** -漫畫 명 bande *f* dessinée [dessin *m*, cartoon *m*, vignette *f*] paraissant régulièrement dans un quotidien ou un hebdomadaire.

◆_**물** -物 명 texte *m*. [manuscrit *m*, tapuscrit *m*, papier *m*.] à paraître par épisodes.

◆_**소설** -小說 명 roman-feuilleton *m*. ¶ 신문 ~소설 le roman-feuilleton d'un journal.

ㅇ

연적¹ 硯滴 명 céladon *m* [porcelaine *f*, céramique *f*] creux à deux orifices contenant de l'eau destinée à fondre des bâtonnets d'encre de Chine. ¶ 청자 ~ un récipient à eau en porcelaine céladon.

연적² 戀敵 명 riv*al*(*ale*, *aux*) [jaloux *m*] (en amour). ¶ 그 둘은 ~ 관계이다 Ces deux hommes sont des rivaux en amour / Ces deux personnes ont une relation conflictuelle en amour. ¶ 한 여자를 두고 그 둘은 ~이 되었다 Ces deux hommes sont devenus rivaux pour l'amour d'une fille.

연전¹ 年前 명 quelques années auparavant [avant, plus tôt]. ¶ ~에 il y a quelques années; quelques années auparavant [avant, plus tôt].

연전² 連戰 접미 batailles *fpl* successives [combats *mpl* successifs, matchs *mpl* successifs]. ¶ 3~ trois matchs [trois combats] successifs [d'affilée, de suite, à la suite].

연전연승 連戰連勝 명 une succession *f* [une série *f*, une suite *f*] de victoires; victoires *fpl* successives [en série, à la suite]. ◇_(을) **하다**[**거두다**] remporter une série de victoires, remporter victoire sur victoire; remporter des victoires consécutives [en chaîne, à la chaîne].

연전연패 連戰連敗 명 une succession *f* [une série *f*, une suite *f*] de défaites; défaites *fpl*. successives [en série, à la suite]. ◇_(를) **하다**[**당하다**] avoir une succession de défaites; perdre [échouer, ne pas réussir] successivement (des matchs), perdre match sur match [rencontre sur rencontre].

연접 連接 명 connexion *f*, jonction *f*, liaison *f*, attelage *m* ((de voitures)), contact *m*. ◇_(을) **하다** relier, lier, connecter, joindre. ¶ A와 B를 서로 ~을 하다 lier A à B. ¶ 둘이 ~하다 Les deux choses sont en jonction. ◇_(이) **되다** être relié(*e*), lié(*e*), connecté(*e*), joint(*e*).

연정¹ 戀情 명 amour *m*; passion *f*; sentiment *m* passionné; attachement *m*. ¶ 누구에게 ~을 느끼다 ressentir de la passion [un amour passionné] pour *qn*. ◇_**을 품다** conserver un sentiment amoureux envers *qn*; éprouver [avoir] de la passion pour *qn*; être tendrement [profondément] attaché(*e*) à *qn*. ¶ 이웃집 여자에게 ~을 품다 conserver un sentiment amoureux envers *sa* voisine, être tendrement [profondément] attaché à *sa* voisine, chérir un sentiment de tendre attachement pour *sa* voisine, être passionnément amoureux de *sa* voisine.

연정² 聯政 명 gouvernement *m* de coalition. ¶ ~을 수립하다 former [organiser, mettre sur pied {*fam*}] un gouvernement de coalition.

연제 演題 명 thème *m*. ((d'un discours)); sujet *m*; titre *m*. ¶ "현대 사회와 여성의 권리"를 ~로 강연하다 faire une conférence ayant pour sujet: les droits des femmes et [dans] la société d'aujourd'hui.

연좌 連坐 명 être assis(*e*). ¶ ~ 농성[데모] un sit-in.

연좌제 緣坐制 명 mesure *f* judiciaire condamnant les membres de toute une famille; condamnation *f* légale de tous les membres d'une famille; sacrifice *f* d'individus appartenant à une même famille à plusieurs degrés de filiation. ¶ ~에 걸려 처벌받다 être condamné(*e*) d'après la mesure judiciaire accusant tous les membres d'une même parenté.

연주 演奏 명 exécution *f*, interprétation *f* ((d'une œuvre musicale)). ¶ 피아노 ~ interprétation [exécution] d'un morceau de musique [d'une œuvre musicale] au piano. ¶ 즉흥 ~ interprétation improvisée ((d'une œuvre musicale)). ◇_(를) **하다** jouer ((d'un instrument de musique)); exécuter ((une partition musicale)); interpréter ((une symphonie)). ¶ 어려운 곡을 ~하다 jouer une partition difficile. ¶ 피아노를 ~하다 jouer du piano. ¶ 바흐를 ~하다 jouer du Bach. ◇_(가) **되다** être joué(*e*), interprété(*e*), donné(*e*). ¶ 자주 ~되는 곡 une partition fréquemment jouée [interprétée].

◆_**가[자]** -家[者] 명 interprète *mf*, exécutant(*e*); musicien(*ne*).

◆_**곡** -曲 명 pièce *f* musicale.

◆_**회** -會 명 concert *m*., récital *m*.

◆_**회장** -會場 명 salle *f* de concert.

연줄 緣_ 명 relations *fpl*, connaissances *fpl*, liens *mpl*, contacts *mpl*, rapports *mpl*. connexions *fpl*. ¶ ~을 이용하여 승진하다 être promu(*e*) par relations [grâce à *ses* connexions]; obtenir une promotion par piston {*fam*}. ¶ 그는 ~로 입사했다 Il a été embauché grâce à ses connaissances [ses contacts]. ¶ 그 사람은 내가 ~로 아는 사람이야 C'est un homme que je connais par mes relations [par mes contacts]. ◇_(을) **대다** se mettre en relation avec *qn* de haut placé, prendre contact avec *qn* de haut placé. ¶ 고위 관료에게 ~을 대다 se mettre en relation avec des hauts fonctionnaires. ◇_(이) **닿다** être en contact avec des personnes haut placées, avoir des connaissances bien placées, avoir des relations parmi les personnes haut placées; avoir du piston {*fam*}; avoir le bras long. ¶ 고위직에 ~이 닿다 être en contact avec des hauts fonctionnaires. ◇_(이) **있다**[**없다**] ne pas avoir de contacts [de connexions]; avoir des contacts [des connexions]. ¶ ~ 없는 사람은 성공하기 힘든 사회 une société dans laquelle il est difficile de percer [de réussir] sans relations sociales [sans piston {*fam*}].

연중 年中 명 toute l'année *f*. ¶ ~ 행사 une manifestation [cérémonie] annuelle; les manifestations de l'année. ¶ ~에 수시로 열리다 avoir lieu souvent dans l'année.

◆_**무휴** -無休 명 ouvert toute l'année; ouvert en toutes saisons. ¶ ~로 일하다[영업하다] travailler [faire des affaires, faire du commerce] toute l'année.

◆_**행사** -行事 명 cérémonie *f* annuelle; événement *m* annuel. ¶ 이 지역은 ~로 홍수를 겪는다 L'inondation est l'événement annuel de la région

/ Dans cette région l'inondation est pratiquement annuelle / Dans cette région l'inondation est rituelle une fois par an. ¶ 5월 축제는 우리 학교의 ~이다 La fête de mai est l'événement annuel (marquant) de notre établissement.

연지 臙脂 명 maquillage *m* de couleur rouge, rouge *m* à joues [à lèvres]. ¶ 볼에 ~를 찍다 (*se*) mettre du rouge aux joues.

◆**_곤지** 명 rond *m* rouge [pastille *f* de rouge] sur les joues et le front.

연차 年次 명 annuel, par an. ¶ ~ 총회 assemblée générale; assemblée [convention, rencontre] annuelle. ¶ ~ 휴가 congés annuels.

◆**_적** -的 명관 fractionné(*e*) [réparti(*e*), étalé(*e*)] sur plusieurs années; ⟪연차적으로⟫ l'un(*e*) après l'autre, en série, successivement. ¶ ~으로 유적을 발굴하다 découvrir en série des vestiges historiques. ¶ 너무 큰일이라 올 한해에 다 마칠 수는 없고 앞으로 3년에 걸쳐 ~적으로 진행하겠습니다 Le travail est d'une telle ampleur que je ne peux le terminer cette année et que je vais devoir le répartir [l'étaler] sur trois ans.

연착 延着 명 retard *m*, délai *m* ⟪d'un avion, d'un train⟫. ¶ 기차의 ~으로 약속에 늦다 être en retard à un rendez-vous à cause du retard du train. ◇**_(을) 하다**[**_(이) 되다**] arriver en retard; être en retard. ¶ 비행기[기차]가 10분 ~한다 L'avion [Le train] est en retard de 10 minutes [a un retard de 10 minutes].

연철¹ 軟鐵 명 fer *m* doux.

연철² 連綴 명 【언어】 *yeoncheol* ⟪méthode qui consiste à remettre la consonne finale d'une syllabe à la place initiale de la syllabe suivante, dans l'écriture de l'alphabet coréen⟫.

연체 延滯 명 retard *m* dans un paiement ou dans un règlement. ¶ ~ 이자 intérêts à cause d'un retard de règlement. ◇**_(를) 하다** être en retard pour le paiement de *qc*. ¶ 이자를 두 달 ~하다 être en retard de deux mois dans le règlement de *ses* intérêts. ◇**_(가) 되다** avoir dépassé les délais, être en retard pour le paiement. ¶ (신용)카드가 ~됐다 Je suis en retard pour couvrir un découvert autorisé sur ma carte de crédit. ¶ 전기 요금이 ~됐다 Je suis en retard dans le paiement de la facture d'électricité.

◆**_금** -金 명 somme *f* à rembourser pour retard de paiement.

◆**_료** -料 명 amende *f* pour retard de paiement.

연체동물 軟体動物 명 mollusque(*s*) *m*(*pl*).

연초 年初 명 commencement *m* [début *m*] de l'année. ¶ ~에 au début de l'année.

연초록 軟草綠 명 vert *m* clair léger.

연출 演出 명 ① mise *f* en scène. ¶ 연극에서 ~을 맡다 assumer la fonction de metteur en scène d'une pièce de théâtre. ② ⟪비유적⟫ action de produire un événement ou un état. ◇**_(을) 하다** ① mettre ⟪une pièce⟫ en scène, représenter ⟪une pièce⟫. ¶ 창작극을 ~하다 mettre en scène une pièce d'une nouvelle création. ② être à l'origine de *qc*, provoquer *qc*, engendrer *qc*, produire *qc*. ¶ 이변을 ~하다 produire un événement anormal [inattendu]; monter un coup inattendu; créer la surprise. ¶ 그 사람의 발언은 살벌한 분위기를 ~했다 Ses propos ont rendu l'ambiance orageuse [empoisonnée, détestable] / À cause de ses propos, règne une très mauvaise ambiance [une ambiance détestable, une sale ambiance {*fam*}] / À cause de ses propos, l'ambiance est à l'orage. ◇**_(이) 되다** être provoqué(*e*), engendré(*e*). ¶ 그의 이상한 행동으로 예상치 못한 상황이 ~되었다 Son comportement inhabituel a provoqué [a engendré, est à l'origine d'] une situation inattendue.

◆**_가** -家 명 metteur *m* en scène.

◆**_력** -力 명 qualité *f* de la mise en scène. ¶ 뛰어난 ~력을 자랑하다 faire preuve d'une excellente mise en scène [d'une mise en scène remarquable], avoir une mise en scène de très bonne qualité.

◆**_자** -者 명 personne *f* qui monte un coup [une scène]. ¶ 그가 이 희대의 사기극의 ~자이다 Il a monté cette escroquerie du siècle / Il est l'auteur de cette escroquerie du siècle.

연타 連打 명 coups *mpl* successifs. ◇**_(를) 하다** donner des coups successifs. ¶ 상대 선수의 안면을 ~하다 donner des coups de poing successifs sur le visage de l'adversaire.

연탄 煉炭 명 briquette *f* de charbon. ¶ ~ 배달 livraison des briquettes de charbon. ¶ ~ 장수 un vendeur de briquettes de charbon. ¶ ~을 때다 brûler [allumer] des briquettes de charbon.

◆**_가스** 명 oxyde *m* de carbone. ¶ ~가스 중독 intoxication à l'oxyde de carbone.

◆**_난로** -煖爐 명 poêle *m* à charbon, poêle *m* à briquettes.

◆**_아궁이** 명 four *m* à charbon.

연통 煙筒 명 tuyau(*x*) *m* (de poêle); cheminée *f* ⟪de bateau à vapeur⟫. ¶ 난로의 ~ un tuyau de poêle.

연파 連破 명 victoires *mpl* successives, série *f* de victoires. ◇**_(를) 하다** gagner successivement, remporter une série de victoires; gagner [remporter] plusieurs match(*e*)s [rencontres] de suite, battre plusieurs adversaires successivement. ¶ 강팀들을 ~하고 결승에 오르다 arriver en finale [se qualifier pour la finale] après avoir successivement battu les (plus) grandes équipes.

연판장 連判狀 명 pétition *f*. ¶ ~을 돌리다 faire circuler une pétition.

연패¹ 連敗 명 défaites *fpl* consécutives, série *f* de défaites. ¶ 3~ trois défaites consécutives, trois matchs perdus de suite. ◇**_(를) 하다**[**당하다**] perdre des match(*e*)s successivement, perdre plusieurs match(*e*)s [rencontres] de suite, essuyer une série de défaites. ¶ 일본과 중국에 ~하다 perdre deux matchs de suite contre le Japon et la Chine.

연패² 連覇 명 victoires *fpl* successives. ¶ 5~의 위업을 달성하다 gagner[remporter] un championnat cinq ans de suite; réaliser cinq victoires successives. ◇_(를) **하다** gagner successivement.

연평균 年平均 명 moyenne *f* annuelle. ¶ ~ 기온 température moyenne annuelle. ¶ ~ 강수량 précipitations en moyenne annuelle. ¶ ~ 물가 상승률 taux de hausse des prix annuels.

연표 年表 명 bilan *m* annuel; tableau(*x*) *m* chronologique; chronologie *f*. ¶ 역사 ~ tableau chronologique de l'histoire. ¶ ~를 작성하다 établir [dresser] un tableau chronologique.

연필 鉛筆 명 crayon *m* (de papier). ¶ ~을 깎다 tailler [aiguiser la mine d']un crayon. ¶ ~로 쓰다[그리다] écrire [dessiner] avec un [au] crayon, crayonner ((des notes, un croquis)). ¶ 선생님, 답안지를 ~로 써도 됩니까? Monsieur (Madame), est-ce qu'on peut écrire au crayon sur la copie? ¶ ~이 다 닳았다 Ce crayon est (complètement) usé / La mine de ce crayon est complètement usée.

◆**_깎이** 명 taille-crayon(~-~*s*) *m*.

◆**_심** -心 명 mine *f* de crayon.

◆**몽당_** 명 bout *m* de crayon.

◆**색_** 色- 명 crayon *m* de couleur.

연하¹ 年下 명 ((personne)) moins âgé(*e*). ¶ 2년 ~의 남자와 결혼하다 se marier avec un homme moins âgé de deux ans. ¶ 나는 ~의 남자와 사랑에 빠졌다 Je suis tombée amoureuse d'un garçon plus jeune que moi.

연하² 年賀 명 vœux *mpl* [souhaits *mpl*] de bonne année [pour la nouvelle année].

◆**_우편** -郵便 명 courrier *m* du nouvel an.

◆**_장** -狀 명 carte *f* de vœux (pour la nouvelle année).

연하다¹ 軟_ 형 ① 부드럽다 être tendre, m*ou*(m*olle*), dou*x*(*ce*). ¶ 연한 음식[고기, 부위, 살] nourriture [viande, morceau, chaire] tendre. ¶ 고기가 ~ La viande est tendre. ② ((빛깔, 색깔이)) être clair(*e*), peu foncé(*e*), pâle; ((화장이)) être lég*er*(*ère*). ¶ 연한 빛깔 une couleur claire, une couleur pâle, une couleur pastel. ¶ 연한 분홍색 rose pâle. ¶ 연한 화장 un maquillage discret, un maquillage léger. ¶ 연하게 칠하다 colorer d'une couleur claire [discrète, pastel]; colorier avec des couleurs discrètes [atténuées]; peindre avec des couleurs pastel. ③ ((맛)) être lég*er*(*ère*), dou*x*(*ce*). ¶ 연한 담배[차, 커피] des cigarettes légères; du tabac doux [un thé léger; un café léger, un café peu serré, un café peu concentré, un café peu dosé]. ¶ 커피를 좀 연하게 타 주세요 Faites-moi un café léger [un café pas trop fort, un café pas trop serré].

연하다² 連_ 형 être voisin(*e*), mitoyen(*ne*), contigu(*ë*), adjacent(*e*), avoisinant(*e*), attenant(*e*), accolé(*e*); se toucher, avoisiner. ¶ 이 두 집은 서로 연하여 있다 Ces deux maisons se touchent [sont contiguës, sont mitoyennes]. ¶ 초인종 소리가 연하여 울린다 La sonnerie ne s'arrête pas [s'éternise, dure].

◆**연해** 부 ① 연속적으로 successivement, l'un(*e*) après l'autre; consécutivement; continuellement; sans interruption, sans cesse, sans arrêt; en série, de suite, coup sur coup. ¶ 그는 이마의 땀을 ~ 닦으면서 상황을 설명했다 Il a expliqué la situation en s'essuyant sans cesse le front. ② 이어서 immédiatement après, juste après. ¶ 그 남자가 나가고 ~ 그 여자가 들어왔다 Elle est entrée juste après qu'il soit parti.

연하다³ 沿_ 형 être [se situer, se trouver, être situé(*e*)] au bord de. ¶ 그 마을은 강에 연해 있다 Ce village se situe au bord de la rivière.

-연하다⁴ -然_ 접미 척하다, 체하다 faire semblant de+*inf*; faire [se conduire] comme si+*ind*; feindre; se donner l'apparence de, prendre [se donner] des airs de, jouer à ((l'artiste)). ¶ 학자연한 사람 un homme prétendument savant. ¶ 그는 학자연한다 Il se prend pour un savant / Il se donne [Il prend] des airs de savant.

연한 年限 명 temps *m*, période *f*, durée *f*; terme *m*. ¶ 병역 의무 ~을 마치다 finir [accomplir] *son* temps de service militaire. ¶ ~이 차다 arriver à terme. ¶ 3년의 ~이 지났다 Le terme de trois ans est dépassé / Le délai de trois ans est expiré.

연합 聯合 명 association *f*, union *f*; alliance *f*, coalition *f*, confédération *f*. ¶ 국제 ~ l'Organisation des Nations Unies, ((약어)) l'O.N.U. ◇_(을) **하다** s'associer, s'unir, s'allier ((contre un ennemi commun)), se coaliser; se concerter. ¶ 미국과 영국이 ~하였다 Les États-Unis et la Grande Bretagne se sont alliés. ◇_(이) **되다** être allié(*e*).

◆**_국** -國 명 ① pays *mpl* alliés. ② 【역사】 l'Organisation *f* des Nations Unies, ((약어)) l'O.N.U.

◆**_군** -軍 명 les forces *fpl* alliées.

◆**_체** -体 명 corps *m* aggloméré [coagulé, composé, associé].

◆**_회** -會 명 association *f*, fédération *f*, confédération *f*.

연해² 沿海 명 ① 바다 mer *f* littorale. ¶ ~ 무역 cabotage. ② 육지 litto*ral*(*aux*) *m*, côte *f*, litto*ral*(*ale*, *aux*), côti*er*(*ère*). ¶ ~ 지방 le litto*ral*(*aux*); une région côtière; la côte.

연행 連行 명 ◇_(을) **하다** emmener *qn*, conduire *qn*, amener *qn*, embarquer *qn*. ¶ 경찰이 그 사람을 ~해 갔다 La police l'a emmené [embarqué] / Il a été emmené [embarqué] par la police / Il a été conduit [amené] au poste (de police) [au commissariat]. ◇_(이) **되다** être conduit(*e*), emmené(*e*), amené(*e*) ((au commissariat, au poste (de police))). ¶ 범인이 경찰서에 ~되었다 Le coupable [Le criminel] a été emmené [conduit, amené] au commissariat [au poste (de police)].

◆**_자** -者 명 suspect *m* ((emmené par un policier)).

연혁 沿革 명 historique *m*; développement *m*

historique; histoire *f.* ¶ 회사의 ~ historique de l'entreprise.

연호[1] 年号 명 nom *m* d'une ère [période].

연호[2] 連呼 명 hourras *mpl* successifs [à répétition], cri *f* de joie, acclamation *f.* ¶ 관중들의 ~ le hurrah des spectateurs. ◇_(를) **하다** pousser des hourras ¶ 관중들이 그 사람의 이름을 ~를 한다 Les spectateurs scandent son nom.

연회 宴会 명 banquet *m*; festin *m.* ¶ ~를 열다[벌이다, 개최하다] donner [organiser] un banquet ((en l'honneur de *qn*)).

◆_**장[실]** -場[室] 명 salle *f* [lieu(*x*) *m*] de banquet.

연회색 軟灰色 명 (couleur *f*) gris clair *inv.*

연후 然後 의명 ((Nom dépendant ou nom non autonome qui s'emploie après le radical verbal + -ㄴ/-은.)) après ((avoir *pp*)); plus tard; ensuite; dans [par] la suite. ¶ 그는 한 잔 하고 난 ~에야 기분이 풀렸다 Ce n'est qu'après avoir bu qu'il a retrouvé la bonne humeur [qu'il s'est déridé]. ¶ 그는 선생님이 수업을 시작한 ~에 들어왔다 Il n'est entré qu'après le commencement de la classe.

◆_**로** 부 à l'avenir, désormais; dorénavant. ¶ 그가 한국에 돌아온 ~로 après [depuis] son retour en Corée (du Sud). ¶ ~로 이런 일이 또 있으면[그 녀석이 또 그러면] 가만있지 않겠다 Il n'a pas intérêt à ce que cela se reproduise / Il n'a pas intérêt à recommencer / Si cela se reproduit [S'il recommence], je vais lui montrer de quel bois je me chauffe [il lui arrivera des histoires, il aura de mes nouvelles, il entendra parler de moi, il aura affaire à moi].

연휴 連休 명 jours *mpl* fériés [jours *mpl* de congé] consécutifs [successifs]. ¶ 명절 ~ les congés des fêtes traditionnelles ((notamment ceux de Chuseok et ceux du nouvel an lunaire)). ¶ ~ 기간 동안 휴진합니다 Pas de consultation pendant les jours fériés. ¶ ~를 이용해서 여행을 가다 faire un voyage pendant un congé de fête; profiter d'un long congé de fête pour voyager. ¶ 설 ~ 중에는 민족 대이동이 일어난다 Durant les congés du nouvel an lunaire, il y a d'immenses déplacements au niveau national. ¶ ~라서 좌석을 구하지 못하고 입석을 타고 갔다 Je n'ai pas pu me procurer de place assise car c'était un long week-end prolongé avec (un) pont [parce qu'il s'agissait d'un pont ((avec possibilités de courtes vacances))], et j'ai voyagé debout.

연희 演戱 명 farce *f*; jeu(*x*) *m*; divertissement *m.* ◇_(를) **하다** jouer la farce; divertir ((le public)).

열[1] 수관 dix *m.* ¶ ~까지 세고 눈을 떠라 Ouvre les yeux après avoir compté jusqu'à dix. ☞ 둘

*~ **길 물속은 알아도 한 길 사람 속은 모른다** Il est quasiment impossible [très difficile] de lire dans les pensées d'un homme [de connaître un homme] / Il est difficile de connaître le fond de la pensée de quelqu'un.

*~ **번 찍어 안 넘어가는 나무 없다** ☞ 나무

*~ **손가락 깨물어 안 아픈 손가락 없다** «Oh l'amour d'une mère, ... chacun en a sa part, et tous l'ont tout en entier» (Victor HUGO) / Tout enfant est précieux pour ses parents.

*~**에 아홉** presque à l'unanimité, quasiment à l'unanimité, presque tous. ¶ 우리들 중 ~에 아홉은 찬성이다 Nous sommes presque tous d'accord sur ce projet / Nous adhérons presque tous à ce projet.

*~ **일 제쳐 두고** tout laisser de côté. ¶ 그 친구는 ~ 일 제쳐 두고 나를 도와주었다 Il a tout laissé de côté pour m'aider.

***입이 ~이라도[~ 개라도] 할 말이 없다** ☞ 입

***하나를 가르치니 ~을 알다[하나를 듣고 ~을 이해하다]** comprendre à demi-mot.

***하나에서[부터] ~까지** depuis A jusqu'à Z, de A à Z, du commencement à la fin, entièrement. ¶ 하나에서 ~까지 제대로 된 것이 하나도 없다 Rien n'est fait comme il faut, de A à Z.

◆_**째** 수관 dixième, 9ème.

열[2] 列 명 rang *m*; ligne *f*; file *f*; colonne *f.* ¶ 극장의 첫째 ~에 앉다 s'asseoir [se placer, se mettre] au premier rang au théâtre [au cinéma]. ¶ ~의 선두에 서다 se placer en tête de colonne. ¶ ~ 밖으로 나가다 sortir du rang [hors des rangs]. ◇_(을) **짓다** faire une queue, former une file. ¶ 나란히 ~을 지어 걷다 marcher [défiler] en files [en cortège]; marcher en file indienne [à la suite les uns des autres, les uns derrière les autres, à la queue leu leu, l'un derrière l'autre, l'un après l'autre], se suivre à la file [à la queue leu leu].

분류 rang *m.* ¶ 3~ 횡대로 걷다 avancer sur trois rangs.

열[3] 熱 명 ① chaleur *f*, énergie *f.* ¶ ~을 가하다 chauffer *qc.* ¶ ~이 발생하다 chauffer. ② 몸의 열 température *f*, fièvre *f.* ¶ ~을 재다 prendre [mesurer] la température. ¶ ~을 내리게 하다 faire tomber la fièvre. ¶ ~이 높다 avoir une forte fièvre. ¶ ~이 많이 올랐다 La fièvre est beaucoup montée. ¶ ~이 좀 내렸다[떨어졌다] La fièvre est un peu tombée. ¶ 아이가 ~이 39도나 된다 La température de l'enfant est d'environ 39 degrés / L'enfant a environ 39 (degrés) de température. ③ 열성, 열광 ardeur *f*, enthousiasme *m*, zèle *m*, passion *f.* ¶ ~과 성을 다하다 y mettre tout *son* zèle [tout *son* énergie], consacrer toute *son* énergie à *qc*, y consacrer toutes *ses* forces, se dévouer [se donner] corps et âme à *qc*, s'engager corps et âme. ¶ 내 사랑도 이제는 ~이 식었다 À présent, même mon amour pour lui(elle) s'est refroidi. ④ 흥분한 상태 excitation *f*; ((화)) colère *f.* ¶ 그는 ~이 올라서 참을 수 없었다 Furieux, il n'arrivait pas à se calmer [à se contrôler, à garder son calme]. ◇_(을) **받다** ① chauffer. ¶ 엔진이 ~을 받았다 Le moteur a chauffé. ② s'échauffer, s'énerver, s'irriter, s'emporter, s'irriter, se mettre hors de *soi*, se mettre en colère; être à bout (de nerfs) [à cran], être sur le point d'exploser

ㅇ

[de péter les plombs] {fam}, la moutarde lui monte au nez. ¶ 그 사람은 ~ 받으면 물불 가리지 않는다 Quand il est en colère, il est capable de tout [il est prêt à tout]. ¶ ~ 받아 Oh, ce que ça peut m'énerver! / Oh, ça m'énerve! ¶ ~ 받아 죽겠다 Je suis furax *{fam}* / Je suis hors de moi / Je suis sur le point de péter les plombs [d'exploser] / Je sens que je vais péter les plombs *{fam}* / Je suis à bout (de nerfs) [à cran] / Je vais exploser. ◇_(을) **띠다** ((une rencontre sportive, un débat)) s'enflammer, s'échauffer. ¶ 경기가 점점 ~을 띠어 갔다 Le match s'enflamme petit à petit. ◇_(이) **나다** ① être fiévreu*x*(*se*), avoir de la fièvre. ¶ 온몸에 ~이 난다 être fiévreu*x*(*se*), avoir de la température [de la fièvre]. ¶ 너 아직도 ~나니? As-tu encore de la fièvre? ② se fâcher, s'emporter, s'irriter, se mettre en colère, se vexer, sortir de *ses* gonds, se mettre [se foutre] en rogne *{fam}*; être furieu*x*(*se*), hors de *soi*. ¶ 나는 그 사람을 보기만 해도 ~이 난다 Le seul fait de le voir me fâche / Sa seule présence me met en colère [me met hors de moi] / Sa seule présence suffit à m'énerver. ¶ 그 일을 듣고 보니 ~나네 Cette histoire me rend furieu*x*(*se*). ③ s'acharner à *qc*, faire *qc* avec ténacité, se passionner pour *qc*, s'engouer. ¶ ~나게 찾아다니다 chercher ça et là avec passion. ¶ ~나게 일을 하다 travailler avec acharnement [avec ardeur, ardemment, avec zèle, dur]. ◇_(이) **있다[없다]** être[ne pas être] fiévreu*x*(*se*), avoir[ne pas avoir de fièvre] de la fièvre. ¶ 이마에 ~이 있다 avoir le front brûlant de fièvre, avoir le front fiévreux, avoir le front bouillant [brûlant].

*~(을) **내다[올리다]** s'acharner [s'adonner] à *qc*, se consacrer (entièrement) à *qc*, se dévouer (corps et âme)] à *qc*, se vouer entièrement à *qc*. ¶ 공부에 ~을 내다 s'acharner [s'adonner] à l'étude, se consacrer (entièrement) [se dévouer (corps et âme)] aux études. ¶ 컴퓨터 게임에 ~을 올리다 se passionner [s'enthousiasmer] pour les jeux électroniques. ¶ ~을 올리며 말하다 parler d'un ton excité, parler avec enthousiasme.

*~**에 받히다** s'échauffer, s'énerver, s'irriter, s'emporter, s'irriter, se mettre hors de *soi*, se mettre en colère.

◆**_기관** -機關 명 moteur *m* thermique.

◆**_효율** -效率 명 rendement *m* thermique.

◆**고_** 高 명 (une) forte fièvre *f*.

◆**미_** 微 명 fièvre *f* légère.

◆**태양_** 太陽 명 chaleur *f* [énergie *f*] solaire.

접미 ardeur *f*, enthousiasme *m*, zèle *m*, passion *f*. ¶ 축구~ l'engouement pour le football. ¶ 도박~ l'engouement pour le jeu, l'engouement pour les jeux de hasard.

열강 列强 명 grandes puissances *fpl*; grands états *mpl* puissants. ¶ 제국주의 ~들의 침탈을 받다 être pillé(*e*) par les grands puissants impériaux.

열거 列擧 명 énumération *f*. ◇_(를) **하다** énumérer, faire l'énumération de, exposer [présenter] les choses une à une. ¶ 구체적인 사례들을 ~하다 énumérer des exemples concrets; présenter [exposer] les cas un à un; faire une liste d'exemples concrets. ◇_(가) **되다** être énuméré(*e*).

◆**_격** -格 명 【언어】 cas *m* cité d'énumération.

열광 熱狂 명 enthousiasme *m*, ardeur *f*, engouement *m*, exaltation *f*. ¶ ~의 도가니로 몰아넣다 ((une rencontre sportive)) enthousiasmer [exalter] ((la foule, les spectateurs)). ◇_(을) **하다** s'enthousiasmer [se passionner, s'engouer] pour *qc/qn*; s'exalter. ¶ 관중들이 경기에 ~했다 Le match a exalté [enthousiasmé] les spectateurs / Les spectateurs ont été enthousiasmés par le match.

◆**_적** -的 명관 frénétique, enthousiaste, passionnant(*e*), ardent(*e*). ¶ ~적인 환영을 받다 recevoir un accueil très chaleureux, être chaleureusement accueilli(*e*), être accueilli(*e*) à bras ouverts. ¶ ~적으로 박수를 치다 applaudir *qn* avec enthousiasme [avec frénésie, chaleureusement].

열국 列国 명 puissances *fpl*, nations *fpl*, tous les pays *mpl*.

열기 熱氣 명 ① chaleur *f*, air *m* chaud. ¶ ~를 뿜다 émettre [dégager] de la chaleur. ¶ 난로의 ~가 아직 남아 있다 Le poêle est encore chaud / La chaleur du poêle persiste / Il se dégage du poêle une chaleur résiduelle. ② ((비유적)) fièvre *f* ((d'une fête)), ambiance *f* enflammée. ¶ 축제의 ~가 대단하다 L'ambiance de la fête est enflammée / La fête bat son plein. ③ 몸의 열 fièvre *f*. ¶ 이마에 ~가 있다 avoir le front bouillant [brûlant], avoir le front brûlant de fièvre, avoir le front fiévreux.

열녀 烈女 명 femme *f* fidèle [dévouée, vertueuse]. ¶ ~를 포상하다 récompenser une femme dévouée.

◆**_각** -閣 명 pavillon *m* en honneur d'une femme dévouée.

◆**_문** -門 명 porte *f* en honneur d'une femme dévouée.

◆**_비** -碑 명 stèle *f* en honneur d'une femme dévouée.

열다[1] 타 ① ouvrir. ¶ (열쇠로) 문을 ~ ouvrir la porte (avec une clé). ¶ 냄비 뚜껑을 ~ soulever le couvercle d'une marmite. ¶ 그 여자는 가방을 열고 지갑을 꺼냈다 Elle a ouvert le sac et a sorti son portefeuille. ¶ 은행은 아홉 시에 (문을) 연다 La banque ouvre à neuf heures. ② ((가게를)) ouvrir ((un magasin)). ¶ 그는 종로에 상점을 새로 열었다 Il a ouvert un nouveau magasin [une nouvelle boutique] à Jongno. ③ 개최하다 ouvrir ((une commission d'enquête)), tenir ((une conférence)), organiser ((une réunion)). ¶ 공청회를 ~ tenir [organiser] une réunion [une conférence] d'experts des affaires publiques. ¶ 청문회를 ~ ouvrir une commission d'enquête. ④ ((속내를)) ouvrir ((à *qn son* âme, *sa*

pensée, (le fond de) *son* cœur)). ¶ 우리들은 마음을 열고 서로를 이해하려고 노력했다 Nous avons essayé de nous comprendre de façon très franche [ouverte] [sans rien nous cacher, en disant le fond de notre pensée]. ⑤ 개척하다 ouvrir [frayer] un chemin [une voie]. ¶ 새 시대[장]를 ~ ouvrir une ère nouvelle [un nouveau chapitre ((de l'Histoire))]. ¶ 그는 후진을 위해 길을 열어 주었다 Il a frayé la voie pour les générations suivantes. ¶ 이 장학금이 그에게 대학에 갈 수 있는 길을 열어 주었다 Cette bourse lui a permis de poursuivre des études supérieures.
***입을** ~ ☞ 입

열다² 자 avoir, porter, se former. ¶ 나무에 열매가 잔뜩 열었다 Cet arbre porte beaucoup de fruits / Cet arbre est lourdement chargé de fruits / Cet arbre croule sous les fruits. ¶ 열매가 많이 여는 나무 un arbre aux fruits abondants; un arbre (lourdement) chargé de fruits, un arbre croulant sous les fruits.

열대 熱帶 명 【지리】 les tropiques *mpl*, zone *f* [région *f*] tropicale [torride]; ((형용사)) tropic*al*(*ale*, *aux*), ((과일)) exotique. ¶ ~ 과일 fruits *mpl* exotiques.

◆**_성** -性 명 tropic*al*(*ale*, *aux*). ¶ ~성 저기압 un cyclone tropical; une dépression tropicale.

◆**_기후** -氣候 명 climat tropical.

◆**_병** -病 명 maladie *f* tropicale.

◆**_식물** -植物 명 plante [une végétation] tropicale.

◆**_야** -夜 명 chaleur *f* nocturne tropicale, chaleur *f* torride des nuits d'été. ¶ 어젯밤에 ~야 때문에 잠을 한숨도 못 잤다 Hier, je n'ai (pas) pu fermer l'œil de la nuit à cause de la chaleur nocturne tropicale.

◆**_어** -魚 명 poisson *m* tropical.

◆**아** 亞- 명 zone *f* subtropicale.

열댓 명관 quinzaine *f*. ¶ ~ 명의 학생들 une quinzaine d'étudiants.

열도 列島 명 archipel *m*. ¶ 일본~ l'Archipel japonais.

열독 熱讀 명 lecture *f* passionnée. ◇**_(을) 하다** lire avec passion.

열등 劣等 어근 infériorité *f*.

◆**_하다** 형 être inférieur(*e*) ((à)). ¶ 남들보다 성적이 ~한 학생 un élève dont les résultats sont inférieurs à ceux des autres.

◆**_감** -感 명 complexe *m* [sentiment *m*] d'infériorité. ¶ 나는 키가 작은 것에 ~감을 갖고 있다 J'ai un complexe d'infériorité par rapport à ma petite taille. ¶ 그는 ~감에 시달리고 있다 Il est victime de son complexe d'infériorité / Il supporte mal [Il vit mal] son complexe d'infériorité. ¶ 그 여자는 외모에 대한 ~감에 사로잡혀 있다 Elle est complexée par son physique / Elle est inhibée par son physique.

◆**_생** -生 명 élève *mf* attardé(*e*).

◆**_의식** -意識 명 sentiment *m* d'infériorité.

열띠다 熱_ 형 être enthousiasmé(*e*), ardent(*e*), excité(*e*), fervent(*e*), enflammé(*e*), chaleureu*x*(*se*). ¶ 열띤 강연 une conférence bien animée. ¶ 열띤 경쟁 une concurrence [une compétition] acharnée [vive, farouche, enflammée, ardente, redoutable, violente, âpre, sévère, rude, terrible], une lutte serrée. ¶ 열띤 응원 encouragements enthousiastes. ¶ 열띤 토론 une discussion très animée, un débat passionné. ¶ 열띤 환호 hourras chaleureux.

열람 閱覽 명 lecture *f*. ◇**_(을) 하다** lire ((pour se documenter)), consulter ((des livres)). ¶ 도서관에서 책을 ~하다 lire [consulter] des livres à la bibliothèque.

◆**_대** -臺 명 table *f*, socle *m*, piédestal *m*, support *m*, lutrin *m*.

◆**_실** -室 명 salle *f* de lecture.

열량 熱量 명 quantité *f* de chaleur, calorie *f*. ¶ 충분한 ~을 섭취하다 prendre suffisamment de calories. ¶ ~이 높은 음식물 nourriture riche en calories.

열렬하다 熱烈_ 형 être passionné(*e*), ardent(*e*), chaleureu*x*(*se*). ¶ 열렬한 사랑 un amour passionné [ardent]. ¶ 열렬한 지지[성원] soutiens [encouragements] chaleureux.

◆**열렬히** 부 passionnément, ardemment. ¶ 서로 열렬히 사랑하다 s'aimer beaucoup [passionnément].

열리다¹ 자 ① s'ouvrir; ((열려 있다)) être ouvert(*e*). ¶ 창문이 열려 있다 Les fenêtres sont ouvertes. ¶ 이윽고 문이 열리고 그 사람이 들어왔다 Enfin la porte s'est ouverte et il est entré. ¶ 하도 정신이 없어 가방이 열린 줄도 몰랐다 Tellement distrait(*e*), je n'avais même pas remarqué que mon sac était ouvert. ② 개최하다 s'ouvrir, se tenir, se dérouler, avoir lieu. ¶ 그 대회[그 전시회]는 1월 10일에 열린다 Le congrès [Cette exposition] se tiendra [aura lieu] le 10 janvier. ¶ 이 마을은 목요일마다 장이 열린다 Dans ce village, le marché se tient le jeudi. ③ 도래하다 s'ouvrir, être ouvert(*e*). ¶ 인공지능 로봇의 시대가 곧 열릴 것이다 L'époque des robots à intelligence artificielle va bientôt s'ouvrir / Le temps des robots à intelligence artificielle va bientôt commencer / Nous allons bientôt entrer dans l'époque des robots à intelligence artificielle. ¶ 이번 신약의 발명으로 현대 의학에 새로운 장이 열렸다 La découverte de ce médicament a ouvert une nouvelle voie à la médecine moderne. ④ ((방법)) ouvrir un chemin [une voie]. ¶ 그들에게도 정계에 진출할 수 있는 길이 열렸다 L'accès au monde politique est ouvert pour eux. ⑤ ((관계)) entrer en relation. ¶ 두 나라 사이에 국교가 열렸다 Les deux pays sont entrés en relations diplomatiques. ⑥ ((마음)) se comprendre l'un l'autre avec un cœur ouvert. ¶ 그런다고 그 남자 마음이 열릴까? Ouvrira-t-il son cœur pour autant?

◆**열린 교육** -敎育 명 éducation *f* ouverte.

◆**열린사회** -社會 명 société *f* ouverte.

열리다² donner [porter] des fruits. ¶ 과일이 주렁주렁 열린 나무 un arbre lourdement chargé de fruits, un arbre croulant sous les fruits.

ㅇ

열림 명 ouverture *f*. ¶ ~과 닫힘 ouverture et fermeture.

열망 熱望 명 désir *m* ardent, envie *f* brûlante. ¶ 합격에 대한 ~ désir de réussite aux examens. ◇_(을) **하다** désirer *qc* ardemment, vouloir *qc* à tout prix. ¶ 그 여자는 미국에 가기를 ~했다 Elle désirait vivement aller aux États-Unis.

열매 명 ① 과일 fruit *m*. ¶ ~를 따다 cueillir des fruits. ¶ 나무에 ~가 열렸다 Les arbres ont donné des [portent des, sont chargés de] fruits / Des fruits se sont formées sur les arbres. ② 결과 résultat *m*, fruit *m*. ¶ 오랫동안의 노력이 마침내 ~를 맺었다 Nos longs efforts ont enfin donné [porté] des fruits / Nos longs efforts ont enfin été couronnés de succès / Nos longs efforts ont enfin été récompensés / Nous avons enfin été récompensés de nos longs efforts.

열무 명 navet *m* à longues tiges; jeune navet *m*. ¶ ~ 김치 *gimchi* de jeunes navets. ¶ ~를 솎다 couper de jeunes navets.

열반 涅槃 명 ① 【종교】 *nirvâna m*. ¶ ~의 경지 état de sérénité suprême, nirvâna. ② 죽음 *Nirvâna m*. ¶ ~에 들다 entrer dans le *Nirvâna*.

◆**_경** -經 명 【불교】 (Mahâ-)parinirvâna sûtra *m*, (grand) *sûtra m* du *Nirvâna* complet.

열변 熱辯 명 ① 연설 discours *m* enflammé [véhément]. ② 웅변 éloquence *f* véhémente. ¶ ...하자고 ~을 토하다 insister avec véhémence pour *qc+inf*, s'enflammer pour ((une cause, une idée, un projet)), s'animer, s'exalter. ◇_(을) **하다** parler avec véhémence [avec feu, avec flamme, avec passion].

열병[1] 熱病 명 maladie *f* fébrile, fièvre *f*; ((의학)) pyrexie *f*; ((장티푸스)) typhoïde *f*. ¶ 사랑의 ~ la maladie d'amour. ¶ ~을 앓다 souffrir d'une maladie fébrile. ¶ ~에 걸리다 contracter une forte fièvre. ¶ 이 유행이 청소년들 사이에 ~처럼 번져 갔다 Cette mode a fait fureur chez les adolescents.

열병[2] 閱兵 명 revue *f* [inspection *f*] des troupes. ◇_(을) **하다** passer des troupes en revue.

열부 烈婦 명 femme *f* dévouée [fidèle] à *son* mari. ☞ 열녀

열분해 熱分解 명 【화학】 pyrolyse *f*.

열불 명 énervement *m*, irritation *f*. ◇_(을) **내다** s'échauffer, s'énerver (très fort), s'irriter, s'emporter, se mettre hors de *soi*, piquer une [*sa*] crise {*fam*}, prendre la mouche, faire un caca nerveux {*vulg*}, rager, sortir de *ses* gonds, décharger *sa* bile, bouillonner de rage, s'abandonner à la colère, exploser {*fam*}, péter les plombs {*fam*}. ¶ 그는 모든 게 내 탓이라고 ~을 냈다 Il a fait tout un caca nerveux en disant que tout était de ma faute. ◇_(이) **나다** être très [super {*fam*}, hyper {*fam*}] énervé(*e*), irrité(*e*), être à bout (de nerfs), être à cran, avoir les nerfs {*pop*}, être furieux(*se*), furax {*fam*}, hors de *soi*, être sur le point de péter les plombs [d'exploser] {*fam*}. ¶ 그는 가방을 잃어버려 ~이 나 있다 Il est super énervé {*fam*} [Il est hors de lui] parce qu'il a perdu son sac.

열비 劣比 명 【수학】 raison *f* mineure.

열사 烈士 명 héro *m* national, martyr(*e*) de la nation. ¶ ~의 죽음을 애도하다 pleurer la mort d'un grand patriote [d'un héro national, d'un martyr de la nation]. ¶ ~를 추모하다 célébrer le souvenir des morts pour la patrie.

◆**순국_** 殉國- 명 héros *m* qui a donné *sa* vie pour la patrie, martyr(*e*) de la nation [de la patrie].

열사병 熱射病 명 【의학】 indisposition *f* due à la chaleur, insolation *f*; coup *m* de chaleur. ¶ ~에 걸리다 souffrir d'une indisposition due à la chaleur [d'une insolation], être victime d'une insolation, attraper une insolation {*fam*}; ((의학)) présenter une insolation. ¶ ~으로 쓰러져 의식을 잃다 s'effondrer à la suite d'une insolation et perdre connaissance, perdre connaissance [faire un malaise] à la suite d'une insolation; être victime d'un coup de chaleur.

열선 熱線 명 rayon *m* [radiation *f*] calorifique. ☞ 적외선

열성[1] 熱誠 명 dévouement *m*, enthousiasme *m*, ardeur *f*, zèle *m*. ¶ ~을 다해 친구를 돕다 aider des amis de tout cœur.

◆**_껏** 부 avec ardeur; avec zèle; de tout cœur. ¶ 맡은 일을 ~껏 하다 accomplir *son* travail avec zèle.

◆**_적** -的 명관 ardent(*e*), enthousiaste, dévoué(*e*). ¶ ~적인 활동 activités pleines d'enthousiasme. ¶ ~적으로 일하다 travailler avec ardeur [ardemment, avec zèle, avec enthousiasme].

열성[2] 劣性 명 【생물】 récessivité *f*. ¶ 우성과 ~을 가리다 distinguer le caractère [le trait] dominant du trait [du caractère] récessif.

◆**_유전** -遺傳 명 hérédité *f* récessive.

◆**_인자** -因子 명 gène *m* récessif.

◆**_형질** -形質 명 caractère *m* (héréditaire) récessif.

열세 劣勢 명 infériorité *f* ((en nombre, en terme de force)). ¶ ~를 만회하다 renverser la situation à *son* avantage, reprendre l'avantage [le dessus]. ◇_**를 보이다**[**드러내다**] montrer une infériorité ((numérique)). ¶ 적군은 수에 있어 ~를 보이고 있다 L'armée ennemie se présente avec une infériorité numérique [apparaît en infériorité numérique]. ◇_**이다** être dans une position d'infériorité. ¶ 전력상 우리가 ~이다 Nous sommes dans une position d'infériorité en termes de force.

열쇠 명 ① clé *f*, clef *f*. ¶ 자동차 ~ la clé de la voiture, les clés de (la) voiture. ¶ 현관 ~ les clés de la porte d'entrée. ¶ ~를 복사하다 faire une copie d'une clé. ¶ ~를 자물쇠 구멍에 끼우다 mettre une clé dans une serrure. ¶ ~로 무엇을 열다 ouvrir *qc* avec une clé. ¶ ~로 잠그다 fermer à clé, donner un tour de clé. ¶ 그 여자는 문에 ~를 꽂아둔 채로

ㅇ

나왔다 Elle a laissé la clé sur la porte [dans la serrure] en sortant. ¶ ~가 구멍에 잘 안 맞는다 La clé n'entre pas bien dans la serrure / La clé pénètre mal dans la serrure / Il est difficile d'introduire [d'enfoncer] la clé dans la serrure. ② 비결 clé *f* ((d'une énigme, de la réussite)). ¶ 수수께끼를 푸는 ~ la clé d'une énigme [d'un mystère]. ¶ 성공의 ~는 바로 끈기이다 La clé de la réussite, c'est la ténacité / La ténacité est la clé de la réussite. ¶ 그가 사건의 ~를 쥐고 있다 C'est lui qui détient la clé de l'affaire.

◆_**고리** 명 porte-clés *m inv*.

◆_**구멍** 명 trou *m* de serrure.

◆_**꾸러미** 명 trousseau(*x*) de clés.

◆**만능**_ 萬能 명 passe *m*; passe-partout *m inv*.

열심 熱心 명 zèle *m*, ardeur *f*, diligence *f*, assiduité *f*. ¶ ~으로 공부하다 étudier avec zèle [avec ardeur, avec acharnement]. ◇_**이다** être enthousiaste, passionné(*e*). ¶ 그 여자는 춤에 ~이다 Elle est passionnée pour la danse. ¶ 그는 명예를 얻으려고 ~이다 Il est assoiffé [avide] d'avoir une bonne réputation.

◆_**히** 부 avec ardeur. ¶ ~히 일하다 travailler dur [d'arrache-pied], travailler avec ardeur [ardemment, avec zèle, intensément, avec application, avec sérieux, sérieusement, assidûment, avec assiduité, avec (beaucoup d')acharnement, avec frénésie], s'échiner à *son* travail, beaucoup travailler. ¶ ~히 기도하다 faire une prière fervente.

열십자 ─十字 명 croix *f*. ¶ ~로 살을 째다 inciser [pratiquer une incision] en forme de croix.

열쌔다 형 être rapide, expéditi*f*(*ve*). ¶ 동작이 ~ agir rapidement.

열악하다 劣惡− 형 être de mauvaise qualité; être pauvre. ¶ 열악한 교육시설 matériel d'enseignement de mauvaise qualité; équipement éducatif très pauvre. ¶ 이 지역은 살기에 환경이 너무 ~ Les conditions de vie de ce quartier sont très mauvaises.

열애 熱愛 명 amour *m* passionné; passion *f*. ¶ 누구와 ~에 빠지다 tomber amoureux(*se*) de *qn*. ¶ 누구와 ~ 중이다 aimer *qn* passionnément. ◇_(**를**) **하다** aimer *qn* follement.

◆_**설** -說 명 *rumeur f d'un amour passionné*.

열어젖뜨리다 타 ouvrir violemment ((une porte)). ¶ 문을 ~ ouvrir violemment la porte.

열어젖히다 타 ouvrir violemment ((une porte)). ¶ 창문을 ~ ouvrir la fenêtre violemment. ¶ 가슴을 ~ se découvrir la poitrine largement.

열어제치다 타 (('열어젖히다'의 잘못)) ☞ 열어젖히다

열없다 형 se sentir gêné(*e*) [embarrassé(*e*)]. ¶ 열없게 웃다 sourire d'un air embarrassé; sourire timidement.

◆**열없이** 부 d'un air embarrassé [gêné]; timidement.

열연 熱演 명 jeu(*x*) *m* ((d'artiste)) enflammé, prestation *f* [interprétation *f* ((d'un rôle))] enflammée [enthousiasmante], prestation *f* ((d'un(*e*) ac*teur*(*trice*))) [interprétation *f* ((d'un rôle))] remarquable. ◇_(**을**) **하다**[**보이다**] jouer ((un rôle)) avec ardeur [de tout *son* cœur], jouer avec passion, jouer avec fougue, brûler les planches. ¶ 그 여자는 이 영화에서 ~했다 Elle a joué avec passion dans ce film / Sa prestation [Son interprétation] fut remarquable dans ce film / Elle a très bien joué dans ce film.

열외 列外 명 ① hors du rang *m*. ¶ 그 사람은 ~로 나와 있다 Il se trouve hors du rang. ② exception *f*. ¶ 아픈 사람만 ~로 하고 모두 나가라 Exceptées les[À l'exception des] personnes malades, que tout le monde sorte.

열용량 熱容量 명 【물리】 quantité *f* de l'énergie; capacité *f* calorifique; capacité *f* thermique.

열원 熱源 명 【물리】 source *f* d'énergie [de chaleur]; réservoir *m* [source *f*] thermique. ¶ 천연가스를 ~으로 하다 utiliser le gaz naturel comme source d'énergie.

열위 劣位 명 position *f* [situation *f*] inférieure; infériorité *f*, rang *m* inférieur. ¶ 우위에 있지 못하면 ~에 서게 된다 Si on ne se place pas au rang supérieur, on devient inférieur.

열의 熱意 명 ardeur *f*, zèle *m*, enthousiasme *m*, volonté *f*. ¶ 경제 개발에 대한 국민적 ~ ardeur nationale pour le développement économique. ¶ 그는 일에 대한 ~를 잃었다 Son ardeur au travail s'est refroidie. ¶ ~에 찬 사람 une personne dont l'ardeur s'est refroidie. ◇_**를 보이다** montrer de l'ardeur [du zèle], faire preuve d'ardeur [de zèle]. ¶ 그는 이 일에 ~를 보였다 Il a montré de l'ardeur pour ce travail. ◇_(**가**) **있다**[**없다**] être ardent(*e*) ((à *qc*)); avoir beaucoup de volonté ((de+*inf*)); avoir une forte envie ((de *qc*/+*inf*)) [manquer de zèle [d'ardeur]. ¶ 그는 문제를 해결하려는 ~가 있다[없다] Il a l'enthousiasme [l'énergie, le zèle] qu'il faut pour résoudre le problème [Il manque de zèle pour résoudre le problème]. ¶ ~ 없이 일하다 travailler sans ardeur.

열적다 형 (('열없다'의 잘못)) ☞ 열없다

열전[1] 熱戰 명 combat *m* acharné [lutte *f* acharnée]; ((스포츠)) match *m* (très) serré [disputé]. ¶ ~을 벌이다 mener un combat acharné; ((스포츠)) avoir un match très disputé [serré], disputer un match très serré, participer à un match très disputé, jouer avec acharnement un match très disputé. ¶ 올림픽 ~ 보름간의 막이 올랐다 La compétition acharnée des Jeux olympiques a commencé pour une durée de quinze jours.

열전[2] 列傳 명 série *f* de biographies. ¶ 삼국사기 ~ biographies des héros de l'histoire des Trois Royaumes.

◆**영웅**_ 英雄 명 biographies *fpl* des héros.

열전기 熱電氣 명 【전기】 thermoélectricité *f*.

열전도 熱傳導 명 【물리】 conduction *f*

ㅇ

[transmission *f*] de la chaleur.

◆_율 -率 명 conductivité *f*.

열정 熱情 명 passion *f*, ardeur *f*, amour *m* passionné. ¶ 예술에 ~을 쏟다 s'adonner (tout(*e*) enti*er*(*ère*)) à l'art; mettre toute *sa* passion dans l'art. ¶ 그는 중국어 공부에 ~을 기울였다 Il s'est adonné à l'étude du chinois / Il s'est passionné pour le chinois.

◆_적 -的 명관 passionné(*e*); passionnant(*e*), ardent(*e*). ¶ ~적인 사랑 un amour passionné. ¶ ~적으로 일하다 travailler avec ardeur.

열중 熱中 명 enthousiasme *m*, ferveur *f*, ardeur *f*. ◇_(을) 하다 s'enthousiasmer ((pour *qc*)); s'absorber, se plonger ((dans *qc*)); s'adonner ((à *qc*)). ¶ 공부[독서, 스포츠]에 ~하다 s'appliquer [s'adonner] aux études[à la lecture, au sport]. ◇_이다 s'absorber, se plonger ((dans *qc*)); s'adonner, s'appliquer ((à *qc*)), se vouer (entièrement) à *qc*, se donner tout enti*er*(*ère*) à *qc*, se donner corps et âme à *qc*. ¶ 그는 요즘 장사에 ~이다 Ces jours-ci, il s'adonne [se consacre] (exclusivement) [il passe tout son temps] à son commerce.

열중쉬어 列中- 감 Repos! ¶ ~ 자세를 취하다 se tenir au repos.

열증 熱症 명 【의학】 fièvre *f*; maladie *f* fébrile. ☞ 열병[1]

열차 列車 명 train *m*, rame *f*, chemin *m* de fer, rail *m*, matériel *m* roulant. ¶ ~ 승무원 contrôleu*r*(*se*) à bord de train; conduc*teur*(*trice*) de train; employé(*e*) de chemin de fer. ¶ ~를 갈아타다 changer de train. ¶ 서울발 부산행 ~를 타다 prendre le train en provenance de Séoul pour Busan. ¶ 광주행 ~로 갈아타다 changer de train pour Gwangju. ¶ ~에 오르다 monter dans le train. ¶ ~에서 내리다 descendre du train. ¶ 그 ~는 이미 떠났다 Le train en question est déjà parti. ¶ ~가 대전역에 도착했다 Le train est arrivé à la gare [en gare] de Daejeon. ¶ ~가 어느 시골 역에 잠시 섰다 Le train s'est arrêté un moment dans une petite gare de province. ¶ ~가 투르 역을 잠시 전에 통과했다 Le train vient de passer la gare de Tours. ¶ ~가 탈선했다 Le train a déraillé. ¶ 오전 10시에 출발하는 ~를 예매하다 réserver un billet de train qui part à 10 heures du matin. ¶ 휴가철이라 모든 ~가 매진이다 Tous les billets sont vendus parce que c'est les vacances.

◆_사고 -事故 명 accident *m* de chemin de fer; accident *m* de train. ¶ ~ 사고가 났다 Il y a eu un accident de train.

◆관광_ 觀光- 명 voyage en train.

◆급행_ 急行- 명 train *m* express.

◆상행[하행]_ 上行[下行]- 명 train *m* aller [retour].

◆야간_ 夜間- 명 train *m* de nuit.

◆완행_ 緩行- 명 omnibus *m*.

◆유람_ 遊覽- 명 train *m* touristique.

◆임시_ 臨時- 명 train *m* [rame *f*] supplémentaire [spécial(*e*)].

◆특급_ 特級- 명 train *m* rapide; express *m*.

◆화물_ 貨物- 명 train *m* de marchandises, convoi *m* de marchandises.

열탕 熱湯 명 ① 음식의 물 또는 국 eau *f* bouillante ou soupe *f* bouillante. ¶ ~에 손을 데다 se brûler les mains avec de l'eau bouillante, s'ébouillanter les mains. ② 끓는 물 eau *f* bouillante. ¶ 젖병을 ~에 소독하다 stériliser les biberons à l'eau bouillante. ③ 목욕탕 bassin *m* d'eau chaude. ¶ ~과 냉탕을 번갈아 들어가다 se tremper successivement dans le bassin d'eau chaude puis dans celui d'eau froide.

◆_소독 -消毒 명 stérilisation *f* à l'eau bouillante.

열퉁적다 형 être grossi*er*(*ère*); être vulgaire. ¶ 열퉁적게 말하다 parler de façon grossière [vulgaire].

열파 熱波 명 ① 【물리】 onde *f* calorifique. ② vague *f* de chaleur.

열풍 熱風 명 vent *m* chaud [brûlant]. ¶ 사막의 ~ le simoun, le sirocco.

열학[1] 熱瘧 명 【한의】 fièvre *f* paludéenne; paludisme *m*; malaria *f*.

열학[2] 熱學 명 【물리】 science *f* thermique.

열혈 熱血 명 sang *m* chaud.

◆_남아[청년] -男兒[靑年] 명 jeune garçon *m* [homme *m*] impétueux; jeune garçon *m* [homme *m*] qui a le sang chaud; jeune garçon *m* [homme *m*] au tempérament fougueux.

열호 劣弧 명 【수학】 arc *m* mineur.

열화[1] 烈火 명 flamme *f*, fournaise *f*, incendie *m*. ¶ 구조대원들이 ~ 속으로 과감히 뛰어들었다 Les secouristes [pompiers] se sont jetés avec détermination dans le feu.

열화[2] 熱火 명 ① passion *f*, ardeur *f*, impétuosité *f*, emportement *m*; fougue *f*, véhémence *f*. ¶ ~와 같은 관중들의 성원 속에 그 선수가 등장했다 Ce joueur est apparu acclamé par la foule. ② 화 violente colère *f*, fureur *f*, furie *f*. ¶ ~가 치밀다[나다] sentir la colère monter, sentir la moutarde monter au nez {*fam*}, la moutarde lui monte au nez, la colère le gagne [laisser exploser *sa* colère, décharger *sa* bile ((sur *qn*)), entrer dans une rage folle [une colère terrible, une colère noire], sortir de *ses* gonds, étouffer de rage, écumer de rage, fulminer, être furieu*x*(*se*), hors de *soi*, fumer {*fam*}].

열흘 명 ① ((기간)) dix jours. ¶ ~ 동안 pendant dix jours. ¶ ~도 못 되어 그 일을 끝냈다 Ce travail n'a même pas pris dix jours / J'ai mis moins de dix jours pour finir ce travail / Il m'a fallu moins de dix jours pour venir à bout de ce travail. ¶ ...하는 데 ~이 걸렸다 Dix jours (m')ont été nécessaires pour faire ... / ... a pris dix jours / Il (m')a fallu. dix jours pour faire ... ② 제10일 le dix (du mois). ¶ 5월 ~ le 10 mai.

옅다 형 ① (빛깔, 농도, 밀도가) 짙지 않다 être clai*r*(*e*), peu foncé(*e*); être pâle; être lég*er*(*ère*), peu dense.

¶ 엷은 색 couleur claire. ¶ 엷은 화장 maquillage léger. ¶ 립스틱을 엷게 바르다 appliquer une couche légère de rouge à lèvres. ② 있는 듯 없는 듯 가볍다 être lég*er*(*ère*), dou*x*(*ce*), superficiel(*le*), frivole, inconsistant, insignifiant(*e*), irréfléchi(*e*). ¶ 엷은 미소[한숨] sourire doux [soupir léger].

염[1] 炎 접미 【의학】 inflammation *f*; infection *f*. ¶ 기관지~ une bronchite. ¶ 늑막~ une pleurésie, un épanchement pleural. ¶ 폐~ une pneumopathie, une broncho-pneumonie, une pneumonie. ¶ 위~ une gastrite. ¶ 장~ une entérite. ¶ 간~ une hépatite. ¶ 중이~ une otite.

염[2] 殮 명 nettoyage *m* et ensevelissement *m* du corps. ◇_(을) **하다** nettoyer et ensevelir le corps. ¶ ~을 한 후에 입관하다 nettoyer et ensevelir le corps avant de le mettre en bière. ☞ 염습

염가 廉價 명 prix bas *m*; prix *m* bon marché; prix *m* au rabais. ¶ ~ 대매출 une grande vente au rabais; les soldes; une braderie. ¶ ~로[에] 팔다[판매하다] vendre à bas prix [à vil prix, au rabais, pour une bouchée de pain {*fam*}], brader *qc*, solder ((des invendus)), liquider ((le stock)), écouler ((un article)) à bas prix, sacrifier ((un article)).

◆**_판매** -販賣 명 grande vente *f* au rabais; soldes *fpl*; braderie *f*.

◆**_품** -品 명 marchandise *f* bradée [soldée].

염기 鹽基 명 【화학】 base *f*; alcalin *m* ((nom générique des bases et, plus spécialement, des sels basiques)). ¶ 산 ~ 중화 반응 réaction de neutralisation d'un acide par une base.

◆**_성** -性 명 【화학】 alcalinité *f*; alcalin(*e*).

염두 念頭 명 esprit *m*; pensée *f*; attention *f*; cœur *m*. ◇_**에 두다** garder dans *son* cœur; tenir compte de *qc*; avoir toujours *qc* à l'esprit. ¶ 이 점을 항상 ~에 두어야 한다 Il faut toujours penser à cela. ¶ 그 사람은 나를 ~에 두고 그런 말을 했다 Je crois qu'il a dit cela en pensant à moi. ◇_**에 없다** ne prêter aucune attention à *qc*, ne pas penser à *qc*, ne pas tenir compte de *qc*. ¶ 그 사람은 이런 일 따위는 ~에도 없다 Il ne prête aucune attention à ce genre de choses.

염라국 閻羅國 명 enfer *m*; autre monde *m*.

염라대왕 閻羅大王 명 le roi *m* des enfers. ¶ 저승사자가 죽은 자를 ~ 앞으로 끌고 간다 Le messager de l'autre monde traîne un corps pour le déposer devant le roi des enfers.

염려 念慮 명 bienveillance *f*, attention *f*, inquiétude *f*, souci *m*, préoccupation *f*, angoisse *f*; crainte *f*, anxiété *f*, peur *f*. ¶ (선생님의) ~ 덕분에 잘 지내고 있습니다 Grâce à votre bienveillance, je vais bien. ◇_(를) **하다** s'inquiéter de *qc*, se préoccuper de *qc*, se tourmenter, se tracasser, se soucier de *qc*, se faire du souci [du tracas, des cheveux, du mouron {*fam*}, de la bile {*fam*}], se biler {*fam*}, se turlupiner; s'enquérir de; avoir peur de. ¶ 누구의 안부를 ~하다 s'inquiéter [se préoccuper] de la santé [de l'état, de la situation] de *qn*. ¶ 그가 혹 쓰러지지나 않을까 ~하는 사람이 많다 Beaucoup de gens craignent que cette personne ne tombe malade. ◇_(가) **되다** tracasser *qn*, inquiéter *qn*, préoccuper *qn*, travailler *qn*, tourmenter *qn*, turlupiner *qn*. ¶ 아기가 자꾸 기침을 하는 것이 ~된다 Mon bébé tousse sans cesse, cela m'inquiète. ¶ 그가 늦지나 않을까 ~된다 Je crains bien qu'il n'arrive trop tard. ◇_**를 끼치다** causer du souci à *qn*; inquiéter *qn*; déranger *qn*. ¶ 어른들께 이번 일로 ~를 끼쳐 드려서 죄송합니다 Je suis désolé(*e*) d'avoir ainsi [par cet incident] inquiété les personnes âgées [les anciens]. ◇_(를) **놓다** se rassurer; être rassuré(*e*) de. ¶ 아, 글쎄 그 문제라면 ~ 놓으시라니까요 Je vous ai déjà dit que pour ce problème, (il n'y a) aucun souci [il n'y a pas de souci] à se faire. ◇_**가 있다[없다]** Il y a des risques de [(il n'y a) pas de souci à se faire pour *qc*]. ¶ 한동안 돈이 모자랄 ~는 없다 Il n'y a pas de souci à se faire pour l'argent.

◆**_스럽다** 형 être soucieu*x*(*se*), inqui*et*(*ète*); être crainti*f*(*ve*). ¶ 그는 타지에 혼자 살고 있는 아들이 항상 ~스러웠다 Il se faisait toujours des soucis pour son fils qui vivait seul à l'étranger. ¶ 그가 제 시간에 못 오지 않을까 ~스럽다 Je crains qu'il ne puisse arriver à temps. ¶ ~스러운 눈으로 쳐다보다 porter un regard inquiet.

*~ **붙들어 매다** dissiper totalement des inquiétudes.

염력 念力 명 force *f* surnaturelle; volonté *f* spirituelle. ¶ ~으로 숟가락을 휘다 plier [tordre] une cuillère simplement avec la volonté spirituelle ((sans la toucher)).

염료 染料 명 colorant *m*, pigment *m*; matière *f* colorante; teinture *f*. ¶ 알칼리성 ~ un colorant alcalin; un pigment alcalin.

◆**천연_** 天然- 명 colorant *m* naturel; pigment *m* naturel.

염문 艶聞 명 scandale *m*; rumeur *f*, éclat *m*; affaire *f*. ¶ ~이 자자하다 Le scandale est révélé au grand jour. ◇_**을 뿌리다** provoquer un scandale. ¶ 그는 대학 시절부터 숱한 ~을 뿌리고 다닌 바람둥이였다 C'était un grand coureur de jupon par qui les scandales arrivaient toujours.

염병 染病 명 (fièvre *f*) typhoïde *f*. ¶ 그 사람은 ~을 앓았다 Il a eu la typhoïde. ¶ ~에 걸리다 attraper [contracter] la typhoïde.

*~(을) **떨다** mettre la confusion dans; agiter; créer des ennuis.

◆**_할** 감 Merde! {*fam*} / Putain! {*fam*} / ((사람)) Salaud! {*fam*} / Enfoiré(e) {*vulg*} / Enculé(e) {*vulg*}. ¶ ~ 놈아 Salaud! / Enfoiré! / Enculé! / Que le diable t'emporte! ¶ (이런) ~, 되는 일이 없군 Merde! [Putain!] il n'y a rien qui marche.

염복 艶福 명 succès *m* en amour. ¶ ~이 있다[없다, 많다] avoir du succès auprès des femmes, avoir de la chance avec les femmes [n'avoir pas de chance avec les femmes; avoir toujours un grand succès auprès des femmes, avoir beaucoup de chance avec les femmes].

◆_가 -家 명 homme *m* qui a de la chance avec les femmes; chanceux *m* en amour [avec les filles]; veinard {*fam*} *m* en amour; homme *m* qui a du succès auprès des femmes. ☞ 여복

염분 鹽分 명 sel *m*; salinité *f*, salure *f*. ¶ 모래에서 ~을 없애다 extraire le sel du sable. ¶ ~을 많이[다량으로] 함유하고 있는 riche en sel [qui contient du sel en grande quantité]. ¶ 이 물에는 ~이 많다 Cette eau est très salée.

염불 念佛 명 lecture *f* de textes bouddhiques; récitation *f* bouddhique; invocation *f* bouddhique [à Bouddha, à Amida]. ◇_(을) **하다[외다]** lire à haute voix [réciter] les textes bouddhiques, prier Bouddha, réciter des invocations à Bouddha [à Amida]. ¶ 불당에서 스님들이 ~을 하고 있다 Les moines sont en train de réciter des textes bouddhiques dans un temple.

◆_소리 명 voix *f* récitante de textes bouddhiques.

염산 鹽酸 명 【화학】 acide *m* chlorhydrique.

염색 染色 명 teinture *f*; coloration *f*; décoloration *f*; pigmentation *f*. ◇_(을) **하다** teinter, teindre ((une étoffe)), colorer; ((머리를)) se (faire) teindre [se colorer] les cheveux. ¶ 머리를 ~하다 se (faire) teindre [colorer] les cheveux. ¶ 노란색 옷을 빨강색으로 ~하다 teinter une robe jaune en rouge. ◇_(이) **되다** être teinté(*e*) en.

◆_약 -藥 명 colorant *m*; teinture *f*.

염색체 染色體 명 【생물】 chromosome *m*. ¶ ~ 검사 ((réaliser)) l'examen du caryotype, un caryotype, une étude des chromosomes ((pour tenter de diagnostiquer une anomalie chromosomique)).

◆X[Y]_ 명 chromosome X [Y].

염세 厭世 명 pessimisme *m*; défaitisme *m*; alarmisme *m*; catastrophisme *m*. ¶ ~에 빠지다 tomber dans le pessimisme.

◆_적 -的 명관 pessimiste. ¶ 그의 작품 전편에는 ~적인 분위기가 흐르고 있다 De ses œuvres, émane un pessimisme.

◆_철학 -哲學 명 philosophie *f* pessimiste.

염소[1] 명 ((수컷)) bouc *m*; ((암컷)) chèvre *f*; ((새끼)) chevreau *m*; chevrette *f*. ¶ ~를 키우다[치다] élever [garder] des chèvres. ¶ ~가 "매애" 하고 운다 La chèvre bêle [béguète, chevrote].

◆_가죽 명 cuir *f* de chèvre.

◆수_ 명 bouc *m*.

◆암_ 명 chèvre *f*; ((새끼)) chevrette *f*.

◆흑_ 黑 명 ((수)) bouc *m* noir; ((암)) chèvre *f* noire. ¶ 흑~를 고아 먹다 manger en soupe une chèvre noire.

염소[2] **鹽素** 명 【화학】 chlore *m*.

◆_가스 명 chlore *m*.

◆_살균 -殺菌 명 désinfection *f* au chlore.

◆_처리 -處理 명 traitement *m* au chlore.

◆액체_ 液體 명 désinfectant *m*; antiseptique *m* du chlore; eau *f* de Javel.

염습 殮襲 명 nettoyage *m* et ensevelissement *m* du corps. ☞ 염[2]

염원 念願 명 souhait *m*; aspiration *f*; vœu(*x*) *m*; espérance *f*, désir *m*; rêve *m*. ¶ 오랜 ~이 이루어졌다 Son vieux souhait est exaucé [s'est réalisé]. ¶ 고향 땅에 묻히는 것은 그의 오랜 ~이었다 Son vieux souhait était de se faire enterrer dans son pays natal. ◇_(을) **하다** faire [former] des vœux. ¶ 조국의 통일을 ~하다 faire [former] des vœux pour la réunification de *sa* patrie. ¶ 헤어진 부모님을 다시 만나길 ~하다 faire des vœux pour retrouver *ses* parents.

염장 명 irritation *f*; agacement *m*; colère *f*; énervement *m*. ◇_(을) **지르다** irriter *qn*, énerver *qn*, vexer *qn*, contrarier *qn*, exaspérer *qn*, indigner *qn*; courroucer litt}; provoquer la colère. ¶ 저 녀석 남의 속도 모르고 ~을 지르는군 Il m'a irrité [contrarié] sans même s'en rendre compte.

염전 鹽田 명 marais *m* salant.

염주 念珠 명 chapelet *m* bouddhique. ¶ 손목에 ~를 하다[걸다] mettre [glisser] *son* chapelet au poignet.

◆_알 명 grain *m* de chapelet.

염증[1] **厭症** 명 dégoût *m*, écœurement *m*, répugnance *f*, aversion *f*, répulsion *f*, ennui *m*. ¶ 국민들은 정치인들의 행태에 ~을 느끼고 있다 Le peuple ressent un dégoût profond pour les hommes politiques. ◇_(을) **내다** être dégoûté(*e*), écœuré(*e*); être blasé(*e*), saturé(*e*) de *qc*; être las(*se*) de *qc*, fatigué(*e*) de *qc*, en avoir assez [marre {*fam*}] de *qc*; être déçu(*e*). ¶ 반복되는 일상에 ~을 내다 être las(*se*) du train-train quotidien [de la routine]. ◇_(이) **나다** être dégoûté(*e*), écœuré(*e*); être blasé(*e*), saturé(*e*) de *qc*; être las(*se*) de *qc*, fatigué(*e*) de *qc*, en avoir assez [marre {*fam*}] de *qc*; être déçu(*e*). ¶ 나는 이제 이런 생활에 ~이 난다 À présent [Maintenant], je suis totalement dégoûté(*e*) de ce style de vie [de cette façon de vivre].

염증[2] **炎症** 명 inflammation *f*, irritation *f*. ¶ 심한[가벼운] ~ une inflammation grave [légère, bénigne]. ¶ 상처에 ~이 생겼다 La plaie est enflammée ((souvent secondaire à une infection)).

염치 廉恥 명 pudeur *f*, honte *f*, décence *f*, modestie *f*, discrétion *f*, retenue *f*, bienséance *f*. ¶ 사람이 ~를 모르면 짐승과 다를 바가 없다 Si l'homme ne connaît pas la honte, il est pareil aux animaux. ◇_**가 있다[없다]** avoir honte; être discr*et*(*ète*), modeste, réservé(*e*) [ne pas éprouver de honte; ne pas connaître de bienséance; être impudent(*e*), éhonté(*e*), effronté(*e*)]. ¶ ~가 있어야지, 그런 것까지 요구하다니 Comment peux-tu demander des choses pareilles? Il faut avoir un peu de pudeur. ¶ ~ 없는 부탁인 줄 압니다만 Je suis conscient(*e*) de la démesure [de l'importance] du service que je sollicite de votre part [que je vous demande]

...

◆_ **없이** 부 sans honte; sans modestie; sans pudeur; oubliant la décence. ¶ ~ 없이 또 들렀습니다 Excusez-moi pour mes fréquentes visites.

염탐 廉探 명 espionnage *m*, guet *m*; surveillance *f*; renseignement *m*. ◇_(을) **하다** espionner; surveiller ((*sa* femme)), guetter, observer secrètement. ¶ 적의 동정을 ~하다 surveiller les ennemis. ¶ 상황이 어떻게 돌아가나 ~하다 surveiller la tournure de la situation. ¶ 비밀을 ~하다 essayer de découvrir [de dévoiler] un secret.

◆_ **꾼** 명 espion(*ne*).

염통 명 cœur *m*.

염화 鹽化 어근 【화학】 chlorure *m*. ¶ ~수소 chlorure d'hydrogène. ¶ ~나트륨 chlorure de sodium. ¶ ~칼슘 chlorure de calcium.

엽기 獵奇 명 bizarrerie *f*, étrangeté *f*, excentricité *f*, extravagance *f*, singularité *f*. ¶ ~ 행각 une conduite extravagante.

◆_ **적** -的 명관 bizarre, grotesque, saugrenu(*e*); biscornu(*e*); de cruauté, de barbarie. ¶ ~적인 살인 사건 un meurtre d'extrême cruauté, un meurtre barbare.

엽록소 葉綠素 명 【생물】 chlorophylle *f*.

엽록체 葉綠體 명 【생물】 corps *m* chlorophyllien.

엽서 葉書 명 carte *f* (postale). ¶ 누구에게 ~를 쓰다 écrire une carte (postale) à *qn*. ¶ 누구에게 ~를 보내다 envoyer une carte (postale) à *qn*. ¶ 누구로부터 ~가 (날아)오다 recevoir une carte (postale) de *qn*.

◆**관제_** 官製- 명 carte *f* postale officielle.

◆**그림_** 명 carte *f* postale illustrée.

◆**봉함_** 封函- 명 carte-lettre(*~s-~s*) *f*.

◆**항공_** 航空- 명 aérogramme *m*.

엽전 葉錢 명 ancienne pièce *f* de monnaie. ¶ ~ 한 닢 une ancienne pièce de monnaie.

엽차 葉茶 명 thé *m* fait avec des feuilles de thé cueillies jeunes. ¶ ~ 한 잔 une tasse de thé fait avec des feuilles cueillies jeunes. ¶ ~를 마시다[들다] boire [prendre] du thé fait avec des feuilles cueillies jeunes. ¶ ~를 타다 préparer du thé avec des feuilles cueillies jeunes. ¶ ~를 내오다 proposer un thé fait avec des feuilles cueillies jeunes.

엽총 獵銃 명 fusil *m* de chasse. ¶ ~으로 사냥하다 chasser avec un fusil de chasse.

◆**속사_** 速射- 명 fusil *m* de chasse à tir rapide.

엿[1] 관 six. ¶ 쌀 ~ 말[되] six *mal* [*doe*] de riz.

엿[2] 명 *yeot m* <sucrerie gélatineuse faite avec du riz ou de l'orge, de la courgette ou encore du gingembre; sorte de nougat coréen>. ¶ ~을 먹다 manger du *yeot*. ¶ ~을 고다 confectionner du *yeot*; cuire longuement les ingrédients nécessaires pour confectionner du *yeot*.

*~ **먹다** 【속어】 ((속아 넘어가다)) se faire avoir {*fam*} [posséder {*fam*}, rouler {*fam*}, berner, arnaquer {*fam*}, estamper {*fam*}, filouter {*fam*}, couillonner {*fam*}, entuber {*fam*}, baiser {*vulg*}], être la victime [la dupe] de *qn*, se laisser duper [manœuvrer, tromper] par *qn*, donner [tomber] dans le panneau {*fam*}; ((애먹다, 골탕먹다)) en avoir de dures {*fam*}, en baver (des ronds de chapeau) {*fam*}, en roter {*fam*}, en chier {*vulg*}. ¶ ~ 먹어라! Va te faire (voir)! {*vulg*}.

*~(을) **먹이다** 【속어】 ((속이다)) faire marcher *qn*, tromper *qn*, berner *qn*, posséder *qn* {*fam*}, avoir *qn* {*fam*}, mener *qn* en bateau, mettre [fourrer, ficher] *qn* dedans {*fam*}, gruger *qn*; jouer un vilain [sale] tour à *qn*, couillonner *qn* {*fam*}; ((애먹이다)) causer des ennuis à *qn*.

◆_**가락[가래]** 명 bâtonnet *m* de *yeot*. ¶ ~가락처럼 휘어지다 se plier comme du caoutchouc; être très flexible.

◆_**기름** 명 malt *m*.

◆_**장수** 명 marchand *m* de *yeot*.

*~**장수 마음대로** à *son* gré, à *sa* guise.

◆_**치기** 명 jeu(*x*) *m* qui consiste à attraper le plus gros morceau de *yeot* en tirant au hasard.

엿-[3] 접두 secrètement, en secret, en biais. ¶ ~보다 regarder en biais, épier. ¶ ~듣다 écouter en secret.

엿듣다 타 écouter aux portes, écouter en cachette, être aux écoutes ((derrière la porte)); surprendre une conversation. ¶ 방 안에서 하는 이야기를 ~ écouter [épier] aux portes (ce qui se dit à l'intérieur). ¶ 나는 그들이 공모하는 것을 엿듣게 되었다 J'ai surpris leur complot. ¶ 문밖에 엿듣는 사람이 있다 Quelqu'un est à la porte en train de nous épier [écouter].

엿보다 타 ① 몰래 보다 guetter, épier; jeter un regard furtif à; regarder *qc* à la dérobée [furtivement], observer secrètement. ¶ 문틈으로 방 안을 ~ épier la chambre par la fente d'une porte, regarder par une porte entrebâillée. ¶ 적의 동정을 ~ épier les mouvements des ennemis. ¶ 남의 눈치를 ~ guetter les réactions de *qn* (par qui on se sent surveiller). ¶ 그는 그 여자가 옷 갈아입는 것을 엿보았다 Il l'a regardée en cachette quand elle s'est changée. ② 헤아려 알다 deviner; découvrir; entrevoir; soupçonner; pressentir; comprendre. ¶ 이 대목에서 작가의 의도를 엿볼 수 있다 Dans ce passage, on peut deviner l'intention de l'auteur. ③ 노리다 guetter, attendre, cibler, viser, lorgner, envier. ¶ 왕위를 ~ viser [envier, lorgner] le trône. ¶ 기회를 ~ guetter une occasion favorable. ¶ 그는 도망갈 기회만 엿보고 있다 Il ne cherche qu'à s'en échapper.

엿보이다 자 laisser paraître, montrer, trahir, accuser. ¶ 그 여자의 얼굴에서 이상한 기색이 엿보였다 Son visage laissait paraître une expression curieuse.

엿새 명 ① six jours *mpl*. ¶ ~ 동안 (pendant) six jours, six jours durant. ② 제6일 le sixième jour *m*. ¶ 12월 ~ le 6 décembre.

-였- 어미 ☞ -었-

영[1] **令** 명 ordre *m*; commandement *m*; volonté *f*; consigne *f*; directive *f*; instruction *f*; prescription *f*, ⟪법령⟫ décret *m*; ordonnance *f*, arrêté *m*. ¶ 대통령 ~ un décret présidentiel. ¶ 교육부~ un arrêté du Ministère de l'Éducation nationale. ¶ 추기경의 ~을 따르다[받들다] exécuter [respecter] l'ordre du cardinal. ¶ 누구의 ~을 거역하다[거스르다] ne pas obéir à l'ordre de *qn*, s'opposer à l'ordre de *qn*, se révolter contre l'ordre de *qn*, aller à l'encontre de l'ordre de *qn*, désobéir à *qn*. ◇_**을 내리다** donner l'ordre de+*inf*; décréter, publier un décret. ¶ 반역자들을 잡아들이라는 ~을 내리다 donner l'ordre de capturer les traîtres. ◇_**을 받다** recevoir l'ordre de *qn*. ¶ 왕의 ~을 받고 내려온 밀사 un émissaire royal.

영² 부 ① 도무지 pas du tout, point (du tout) {*litt*}, complètement, nullement, aucunement, pas le moins du monde. ¶ 그는 이 일에 ~ 자신 없어 한다 Il ne se sent pas du tout à la hauteur de ce travail. ¶ ~ 이해할 수 없는 일들뿐이다 Il se passe des choses auxquelles je ne comprends vraiment rien [rien du tout, que dalle {*fam*}]. ¶ 이 문제는 ~ 모르겠다 Cette question m'est totalement étrange. ¶ 그건 ~ 아냐 Ça, c'est nul [c'est sans aucun intérêt, ça n'a vraiment aucun intérêt] / C'est nul à chier {*fam*}. ② 완전히 complètement, totalement, entièrement, absolument, radicalement. ¶ 일이 ~ 엉망이 되고 말았다 Les choses se sont complètement gâtées [envenimées]. ¶ ~ 딴판이다 être complètement différent(*e*), être totalement contraire [différent(*e*)], être totalement [complètement, radicalement, diamétralement] opposé(*e*); être tout autre. ¶ 상황이 들은 것과는 ~ 딴판이다[다르다] La situation est totalement différente de ce qui m'avait été raconté [de ce qui m'avait été décrit]. ¶ 고향에 돌아가기는 ~ 글렀다 Il est devenu complètement impossible de retourner dans mon village natal.

영³ 零 수관 zéro *m*. ¶ 3 대 ~으로 이기다 gagner par [sur le score de] trois à zéro. ¶ ~부터 10까지 세다 compter de zéro à dix. ¶ 기온이 ~ 도로 내려갔다 La température est en dessous de zéro degré. ¶ ~ 점을 받다[맞다] avoir la note zéro, attraper un zéro, avoir zéro ⟪en histoire⟫, avoir une bulle {*fam*} ⟪en maths⟫. ¶ ~시 30분 zéro heure trente. ¶ 난 수학이라면 ~점이야 Je suis (vraiment) nul(*le*) en maths / Les maths et moi, ça fait deux / Je ne suis vraiment pas fait(*e*) pour les maths.

영⁴ 靈 명 esprit *m*; âme *f*. ¶ ~과 육 âme et corps.
◆_**적** -的 명관 spirituel(*le*). ¶ ~적인 문제 un problème spirituel.

영⁵ 부 toujours, pour toujours, à jamais, éternellement. ☞ 영영

영가 靈歌 명 【음악】 chant *m* spirituel [religieux]. ¶ 흑인 ~ le chant religieux des noirs; le gospel.

영감¹ 令監 명 ① 노인 vieux *m*, vieillard *m*, vioque *m* [vioc *m*] {*fam*}, croulant *m* {*fam*}, vieux croûton *m* {*fam*}. ¶ 복덕방 ~ le vieux de l'agence immobilière. ② 늙은 남편 vieux mari *m*; ⟪호칭⟫ mon bon vieux mari. ¶ ~, 나 등 좀 긁어 주시려오? Mon bon vieux mari, tu veux bien me gratter le dos? ③ 높은 관직에 있는 사람 monsieur *m*; haut fonctionnaire *m*. ¶ 검사 ~ votre honneur ⟪expression française d'un titre usité (au vocatif) en Corée pour marquer son respect aux magistrats⟫.
◆_**쟁이** 명 【속어】 vieillard *m*, papy *m* [papi *m*], pépé *m*.
◆_**태기** 명 【속어】 pépé *m*.
◆_**탱이** 명 【속어】 vieux *m*; vioque *m* [vioc *m*] {*fam*}.

영감² 靈感 명 inspiration *f*; veine *f*; influence *f*; égérie *f*. ¶ 무엇에서 ~을 얻다 trouver l'inspiration dans *qc*. ¶ 이 작품은 그분한테서 ~을 얻은 것입니다 Cette œuvre, c'est lui qui m'en a donné l'idée [qui me l'a inspiré] / C'est lui qui m'a inspiré(*e*) cette œuvre. ¶ 시적[예술적, 음악적] ~이 떠오르다 avoir l'inspiration poétique [artistique, musicale].

영겁 永劫 명 【불교】 éternité *f*. ¶ 부처의 ~을 믿다 croire en l'éternité du Bouddha ¶ ~의 세월 une éternité.

영결 永訣 명 dernier(*s*) adieux(*x*) *m*; séparation *f* définitive. ◇_(을) **하다** se séparer [être séparé(*e*)s] par la mort.
◆_**식** -式 명 funérailles *fpl*, obsèques *fpl*, dernier adieu(*x*) *m*, levée du corps *f*. ¶ 누구의 ~식을 거행하다 organiser les funérailles [les obsèques] de *qn*. ¶ 대통령의 ~식이 2006년 5월 24일 거행될 것이다 Les obsèques du président (de la République) auront lieu le 24 mai 2006.

영계¹ _鷄 명 ① 병아리보다 조금 큰 닭 jeune poulet *m*. ¶ ~나 한 마리 고아 먹어야겠다 Je vais me faire un poulet en soupe. ② (속된말) 젊고 어린 여자 【속어】 ⟪남⟫ (petit) jeunot *m* {*fam*}; ⟪여⟫ jeunotte *f* {*fam*}, poulette *f* {*fam*}. ¶ ~를 찾다 ⟪여자 영계⟫ essayer de dénicher une jeunotte; ⟪남자 영계⟫ essayer de dénicher un jeunot.
◆_**백숙** -白熟 명 *baeksuk m* de jeune poulet <un jeune poulet farci de riz glutineux, et aromatisé de gousses d'ail; gruau de jeune poulet>.

영계² 靈界 명 royaume *m* des morts; monde *m* spirituel. ¶ 많은 사람이 사람은 죽으면 ~로 간다고 생각한다 Beaucoup de gens pensent qu'après la mort, ils gagnent le royaume des morts.

영공 領空 명 ciel *m*; espace *m* aérien. ¶ ~을 지키다[수호하다] surveiller [garder] le ciel. ¶ 남의 나라 ~을 침범하다 envahir l'espace aérien d'un pays.

영관 領官 명 소령, 중령, 대령 officier *m* supérieur; commandant *m*; lieutenant-colonel *m*; colonel *m*.
◆_**급** -級 명 grade *m* des officiers supérieurs. ¶ ~급 장교 officier supérieur; commandant; lieutenant-colonel; colonel.

영광 榮光 명 honneur *m*; gloire *f*; renommée *f*; réputation *f*; prestige *m*; hommage *m*. ¶ 수석[우승]

ㅇ

의 ~을 차지하다 avoir la grande joie de remporter le premier prix [le championnat]. ¶ ...을 ~으로 여기다[생각하다] se sentir [être] très honoré(*e*) de ... ¶ 오늘의 이 큰 ~을 부모님께 돌립니다 Je suis redevable à mes parents du grand honneur qui m'est fait aujourd'hui / Je suis très reconnaissant(*e*) à mes parents [J'éprouve pour mes parents beaucoup de gratitude] pour le grand honneur que l'on me fait aujourd'hui / C'est à mes parents que je dois d'être honoré(*e*) aujourd'hui / C'est grâce à mes parents que je suis honoré(*e*) aujourd'hui. ◇_**이다** être [se sentir] très honoré(*e*) de+*inf*; c'est un grand honneur (pour moi) de ... ¶ 뵙게 돼서 ~입니다 C'est un grand honneur pour moi de vous rencontrer / Je suis très honoré(*e*) de faire votre connaissance.

◆_**되다** 형 être fi*er*(*ère*), digne; être glorieu*x*(*se*), illustre, magnifique, fameu*x*(*se*), brillant(*e*). ¶ ~된 통일 조국 la patrie réunifiée glorieuse.

◆_**스럽다** 형 être fi*er*(*ère*), digne; être glorieu*x*(*se*), illustre, mémorable, magnifique, fameu*x*(*se*), brillant(*e*). ¶ ~스러운 일 une action glorieuse [mémorable, admirable, illustre, éclatante, remarquable, spectaculaire, exceptionnelle, exemplaire, dont on peut être fier], un fait glorieux [mémorable]. ¶ ~스럽게 생각하다 se sentir fi*er*(*ère*); trouver *qc* magnifique [glorieu*x*(*se*)].

영구 永久 명 éternité *f*, perpétuité *f*; immortalité *f*, pérennité *f*. ¶ ~ 보존 ((traitement de)) conservation de très longue durée [d'une durée illimitée]. ¶ ~ 귀국하다 rentrer définitivement dans *son* pays natal [dans son pays d'origine].

◆_**적** -的 명관 éternel(*le*), sempiternel(*le*), perpétuel(*le*), immortel(*le*), durable; définiti*f*(*ve*), permanent(*e*). ¶ ~적인 해결책을 모색하다 chercher une solution définitive [radicale, durable, de longue durée]. ¶ 부패를 ~적으로 추방하다 mettre définitivement fin à la corruption, éradiquer la corruption.

◆_**성** -性 명 éternité *f*, immortalité *f*, perpétuité *f*, pérennité *f*.

◆_**히** 부 éternellement; toujours; indéfiniment; interminablement; sempiternellement; pour toujours; à jamais; perpétuellement. ¶ 불멸의 업적으로 ~히 남다 rester à jamais comme des travaux majeurs [remarquables].

◆_**불변** -不變 명 éternité *f*, perpétuité *f*, immortalité *f*, pérennité *f*. ¶ ~불변의 진리 une vérité éternelle. ¶ ~불변하다 rester éternel(*le*); rester sempiternel(*le*); rester immortel(*le*); rester impérissable; rester identique.

◆_**치** -齒 명 【생물】 dents *fpl* définitives [permanentes]; dentition *f* définitive.

◆**반_적** 半_的 명 quasi éternel, presque éternel, inusable. ¶ 이 제품은 반~적입니다 Ce produit est inusable.

영구차 靈柩車 명 corbillard *m*, fourgon *m* funèbre.

영국 英國 명 Angleterre *f*; Grande-Bretagne *f*; Royaume-Uni *m*.

영글다 자 mûrir. ¶ 과일[곡식]이 영그는 계절 la saison où les fruits [céréales] mûrissent. ¶ 둘 사이에 사랑이 영글었다 Entre eux, l'amour a mûri.

영기[1] **靈氣** 명 esprit *m*, spiritualité *f*, intelligence *f*.

영기[2] **令旗** 명 drapeau *m* de messager ((chargé de transmettre un ordre)).

영남 嶺南 명 sud-est *m* de la péninsule coréenne. ¶ ~(지방)에 눈이 많이 왔다 Il a beaucoup neigé dans la région sud-est de la Corée du Sud.

영내 營內 명 intérieur *m* d'une caserne [d'un camp, d'un campement]. ¶ ~ 생활 la vie de caserne. ¶ ~에 거주하다 résider en caserne.

영농 營農 명 agriculture *f*; culture *f*; élevage *m*. ¶ 과학 ~ agriculture rationalisée.

◆_**자금** -資金 명 fonds *m* d'aide aux agriculteurs; subvention *f* aux agriculteurs.

◆_**후계자** -後繼者 명 jeunes agriculteurs *mpl*; jeune génération *f* de cultivateurs.

영달 榮達 명 accession *f* à une haute fonction, ascension *f* sociale. ¶ 개인의 ~을 추구[도모]하다 poursuivre [rechercher] l'ascension sociale. ◇_(**을**) **하다** connaître l'ascension sociale.

영도 領導 명 direction *f*; égide *f*; houlette *f*; commandement *m*; instigation *f*. ¶ 누구의 ~하에 sous l'égide de *qn*, sous la houlette de *qn*, sous la baguette de *qn*. ◇_(**를**) **하다** guider, mener, diriger, commander. ¶ 국가를 ~하다 diriger un pays [un État].

◆_**적** -的 명관 ((rôle)) de leader, de guide. ¶ ~적인 역할을 하다 jouer un rôle de leader [de guide].

◆_**력** -力 명 compétence *f* de directeur. ¶ 뛰어난 ~력을 발휘하다 faire preuve d'une grande capacité de diriger.

◆_**자** -者 명 dirigeant(*e*); direc*teur*(*trice*); gérant(*e*). ¶ 민족의 위대한 ~자 le grand leader de la Nation.

영동 嶺東 명 est *m* de la péninsule coréenne. ¶ ~(지방)은 겨울에 따뜻한 편이다 Du côté est, on dirait que l'hiver est plutôt doux.

영락 零落 명 déclin *m*, chute *f*, déchéance *f*, décadence *f*, disgrâce *f*. ¶ ~의 길을 걷다 marcher à la ruine [à *sa* perte], aller [courir, travailler] à *sa* ruine [à la ruine], aller à la ruine [à *sa* ruine, à *sa* fin], emprunter [prendre] le chemin de la décadence, courir à *sa* perte [à *sa* ruine], tomber [entrer] en décadence; tomber dans la misère; tomber en ruine; aller à la ruine [à sa ruine, à *sa* fin], être en perdition, être dans *son* déclin; ((un commerce, une affaire)) péricliter, décliner, dépérir, dégringoler, courir vers la ruine [à la catastrophe], être acculé(*e*) à la ruine, être au bord de la ruine. ◇_(**을**) **하다** chuter, décliner, s'affaiblir, décroître; ((un commerce, une affaire)) péricliter, décliner, dépérir, dégringoler. ¶ 형편없이 ~한 집안 une famille tombée dans la ruine [tombée dans la misère, tombée bien bas], une famille ruinée.

영락대왕 永樂大王 명【인명】grand roi *m* Yeongnak ((375-413, règne 380-413, du Royaume de Goguryeo)).

영락없다 零落_ 형 être infaillible, inévitable, certain(*e*), sûr(*e*), assuré(*e*), obligatoire {*fam*}, fatal(*e*), obligé(*e*) {*fam*}, forcé(*e*) {*fam*}, évident(*e*) {*fam*}; être strictement exact(*e*). ¶ 그는 영락없는 거지꼴이었다 Il était pareil à un mendiant / On aurait vraiment dit un mendiant. ¶ 이놈은 영락없는 사기꾼이다 C'est un véritable escroc, celui-là!

◆**영락없이** 부 sans aucun doute, assurément, à coup sûr, infailliblement, inévitablement, fatalement, nécessairement, sûrement, obligatoirement, forcément, très probablement. ¶ 영락없이 제 아빠를 닮았구나 C'est la copie conforme [le sosie] de son père / Cet(*te*) enfant est tout le portrait [le portrait vivant, l'image vivante, le portrait (craché {*fam*})] de son père / C'est tout le portrait de son père / C'est son père tout craché {*fam*} / Cet(*te*) enfant ressemble parfaitement à son père / C'est tout à fait son père / Cet(*te*) enfant ressemble à son père sous toutes les coutures [en tous points, d'une manière frappante, comme deux gouttes d'eau] / Son père ne peut le(la) renier / Cet(*te*) enfant a (vraiment) tout de son père / Cet(*te*) enfant tient vraiment de son père. ¶ 그 회사는 영락없이 망하게 생겼다 Cette entreprise va inévitablement [fatalement, sans aucun doute, très probablement] faire faillite / Cette société ne peut que faire faillite / Je ne vois pas comment [Je vois mal comment] cette entreprise ne fermerait pas ses portes [ne ferait pas faillite] / Je ne vois pas ce qui pourrait empêcher cette entreprise de faire faillite [de déposer le bilan] / Cette entreprise va fermer, c'est évident {*fam*} [obligé {*fam*}, fatal {*fam*}, inévitable] [ça ne fait pas l'ombre d'un doute].

영령 英靈 명 âme *f* (d'un héros mort au champ d'honneur). ¶ 나라를 위해 희생한 ~들 mort(*e*)s [sacrifié(*e*)s] pour la Nation, héros de la Nation.

◆**순국**_ 殉國- 명 mort(*e*) pour la Nation, héros *m* de la Nation.

◆**호국**_ 護國- 명 mort(*e*) pour la Nation, héros *m* de la Nation.

영롱하다 玲瓏_ 형 être clair(*e*), lég*er*(*ère*), limpide, pur(*e*). ¶ 영롱한 이슬 la rosée claire du matin. ¶ 영롱한 목소리 une voix claire. ¶ 영롱한 눈동자 prunelles claires. ¶ 아침 이슬이 햇살에 영롱하게 빛난다 La rosée du matin scintille sous le soleil.

영리 營利 명 gain *m*, profit *m*, bénéfice *m*, lucre *m*. ¶ ~를 추구하다 rechercher des profits, s'intéresser aux bénéfices, chercher à tirer des bénéfices. ¶ ~를 목적으로 pour le bénéfice de, au profit de. ¶ ~에만 급급하다 ne penser qu'à obtenir des bénéfices, être âpre au gain, être avide de gain, être cupide.

◆_**적** -的 명관 lucrati*f*(*ve*), commerci*al*(*ale*, *aux*). ¶ ~적인 목적으로 dans un but lucratif.

◆_**단체** -團體 명 association *f* à but lucratif.

◆_**사업** -事業 명 entreprise *f* lucrative. ¶ ~사업을 하다[벌이다] lancer une entreprise lucrative.

◆_**주의** -主義 명 mercantilisme *m*, esprit *m* mercantile, âpreté *f* au gain.

◆**비_단체** 非-團體 명 association *f* à but non lucratif.

◆**비_법인** 非-法人 명 personne *f* juridique à but non lucratif.

영리하다 怜悧- 형 être intelligent(*e*), habile, malicieu*x*(*ce*), brillant(*e*), sagace, ingénieu*x*(*se*), mal*in*(*gne*). ¶ 영리한 아이[사람, 개] un(*e*) enfant [une personne, un chien] intelligent(*e*). ¶ 그의 누이 동생이 훨씬 더 ~ Sa sœur est beaucoup plus intelligente que lui. ¶ 영리하게 행동하다 se comporter intelligemment. ¶ 영리하게도 그 아이는 이 책을 모두 이해했다 Intelligent(*e*), cet(*te*) enfant a déjà compris tout le contenu du livre.

영매 靈媒 명 médium *m*; spirite *mf*.

영문[1] 명 ((이유)) cause *f*, raison *f*; motif *m*. ¶ 무슨 ~인지 궁금하다 Je me demande bien pourquoi. ¶ 그 친구가 왜 그러는지 ~을 모르겠다 Je ne comprends pas pourquoi il est comme ça / Je n'arrive pas à expliquer sa conduite. ¶ 나는 ~도 모르고[모른 채] 그 친구를 따라갔다 Sans savoir pourquoi, je l'ai suivi.

영문[2] 英文 명 texte *m* (en) anglais; anglais *m*. ¶ ~ 편지 une lettre en anglais. ¶ ~ 해석 연습 un exercice de traduction d'un texte anglais. ¶ ~으로 씌어진 글 un texte rédigé en anglais. ¶ 이 회사의 서류는 모두 ~으로 작성된다 Dans cette entreprise, tous les documents sont rédigés en anglais.

영문과 英文科 명 département *m* de la littérature anglaise.

영문법 英文法 명 grammaire *f* anglaise.

영문자 英文字 명 lettres *fpl* romaines [latines]. ¶ 한글 ~ 표기법 système de transcription en lettres latines du *hangeul*, système de romanisation du *hangeul*.

영문학 英文學 명 littérature *f* anglaise. ¶ 대학에서 ~을 전공하다 faire des études de littérature anglaise [étudier la littérature anglaise] à l'université.

◆_**사** -史 명 histoire *f* de la littérature anglaise.

◆_**자** -者 명 spécialiste *mf* de la littérature anglaise.

영물 靈物 명 objet *m* sacré; anim*al*(*aux*) *m* sacré. ¶ 호랑이는 예전부터 ~로 간주되었다 Le tigre a été traité depuis des lustres comme un animal sacré. ¶ 여우는 보통 ~이 아니다 Le renard, loin d'être un animal quelconque, est un animal sacré.

◆_**스럽다** 형 être sacré(*e*); relever du sacré.

영민하다 英敏_ 형 être intelligent(*e*), perspicace, rusé(*e*).

영봉[1] 靈峰 명 mont *m* sacré; pic *m* [sommet *m*] d'une montagne sacrée ((sensé être muni d'un pouvoir surnaturel)). ¶ 제주도 사람들은 한라산을 ~이라고 여긴다 Les habitants de l'île de *Jeju* considèrent le mont *Halla* comme une montagne sacrée.

영봉[2] 零封 명 【운동】 ((퀘벡)) blanchissage *m* ((action de battre l'adversaire sans lui avoir permis de marquer un seul point [le moindre point])). ¶ 강타선을 ~으로 막다 se défendre en ne concédant aucun point à l'attaquant.

영부인 令夫人 명 la première dame *f* ((d'un pays, de France)), l'épouse *f* ((du chef d'État)). ¶ 대통령 ~ l'épouse du chef d'État, la première dame d'un pays.

영불[1] 靈佛 명 bouddha *m* aux pouvoirs surnaturels.

영불[2] 英佛 어근 l'Angleterre *f* [la Grande-Bretagne *f*, le Royaume-Uni *m*] et la France *f*. ¶ ~ 전쟁 guerre anglo-française; guerre napoléonienne (contre l'Angleterre).

영빈관 迎賓館 명 maison *f* d'hôtes.

영사[1] 映寫 명 projection *f* ((d'une image, d'un film)). ◇_(를) **하다** projeter ((un film)).
◆_**기** -機 명 projecteur *m*.
◆_**기사** -技士 명 projectionniste *mf*.
◆_**막** -幕 명 écran *m*.
◆_**실** -室 명 salle *f* de projection.

영사[2] 領事 명 consul *m*. ¶ 주한 미국 ~ le consul des États-Unis d'Amérique en Corée du Sud.
◆_**관** -館 명 consulat *m*.
◆**총** 總 명 consul *m* général.

영산 靈山 명 montagne *f* sacrée, mont *m* sacré.

영산홍 映山紅 명 azalée *f* rouge, azalée des Indes, rhododendron indien, *Azalea indica* {*nsc*} ((espèce originaire des régions de l'Himalaya, de l'Inde et de la Chine appartenant à la grande famille des rhododendrons)).

영상[1] 零上 명 au-dessus de zéro (degré). ¶ ~의 기온 une température au-dessus de zéro. ¶ 기온이 ~으로 올라갔다 La température est montée au-dessus de zéro.

영상[2] 領相 명 【역사】 le plus élevé dans la hiérarchie des trois Premiers ministres *mpl* (au temps du royaume de Joseon) ((Au temps du royaume de Joseon, il y avait à la tête du gouvernement trois Premiers ministres en même temps dont l'un était prépondérant sur les deux autres)). ☞ 영의정

영상[3] 映像 명 ① 화면에 나타난 모습 image *f*, photogramme *m*, cliché *m*; ((거울, 수면에 비친)) reflet *m*. ¶ ~ 미학 esthétique de l'image. ¶ ~ 매체 les médias visuels. ¶ 거울에 비친 ~ l'image reflétée par le miroir. ¶ 영화는 ~과 소리로 이루어진다 Le cinéma se compose de l'image et du son. ② 머리 속 이미지 image *f*. ¶ 돌아가신 부모님의 ~ le souvenir [l'image] des parents défunts.
◆_**물** -物 명 productions *fpl* télévisées et cinématographiques, ensemble *m* des productions [émissions] télévisées et films. ¶ ~물 심의위원회 la Commission d'arbitrage et de contrôle des médias visuels ((dont l'équivalent en France est le Conseil national de l'audiovisuel (약어 CNA))).
◆_**미** -美 명 beauté *f* de l'image. ¶ 그 영화는 ~미가 뛰어나다 Ce film a des images d'une beauté remarquable [exceptionnelle] / La beauté des images de ce film est remarquable.

영생 永生 명 vie *f* éternelle, immortalité *f*. ¶ 믿음으로 ~을 얻다 avoir la vie éternelle par la foi. ¶ ~을 갈구하다 espérer la vie éternelle [l'immortalité]. ◇_(을) **하다** vivre éternellement, être immortel(*le*), éternel(*le*).

영서 嶺西 명 Yeongseo ((ouest de la chaîne de montagne Taebaek)).

영세[1] 零細 명 petit(*e*), chéti*f*(*ve*). ¶ ~ 기업 une entreprise artisanale. ¶ ~ 사업장 une petite entreprise, une entreprise artisanale. ¶ ~ 상인 un petit commerçant. ¶ ~ 업소 un petit endroit commercial. ¶ ~ 자본 petits capitaux.
◆_**하다** 형 être petit(*e*), chéti*f*(*ve*). ¶ ~한 기업 une petite entreprise avec un faible chiffre d'affaires.
◆_**성** -性 명 modicité *f*, petitesse *f* ((d'un commerce)). ¶ ~성을 면치 못하다 ne pouvoir échapper à la modicité ((pour un commerce)).
◆_**민** -民 명 pauvres *mpl*, indigents *mpl*, nécessiteux *mpl*.

영세[2] 永世 명 éternité *f*, permanence *f*. ¶ ~ 중립 neutralité perpétuelle. ¶ ~ 중립국 État perpétuellement neutre.

영세[3] 領洗 명 【종교】 (réception *f* du) baptême *m*. ◇_(를) **하다[받다]** recevoir le baptême.

영속 永續 명 perpétuité *f*, permanence *f*, pérennité *f*, durabilité. ◇_**하다[되다]** être permanent(*e*), perpétuel(*le*); être durable, persistant(*e*).
◆_**적** -的 명관 perpétuel(*le*), permanent(*e*); durable, persistant(*e*). ¶ ~적인 관계 des relations durables. ¶ ~적으로 perpétuellement, à perpétuité; durablement.
◆_**성** -性 명 durabilité *f*, pérennité *f*, persistance *f*, permanence *f*.

영수[1] 領受 명 réception *f*. ◇_(를) **하다** recevoir *qc*. ¶ 상기 금액을 연회비로 정히 ~함 Je reçois exactement le montant fixé pour la cotisation annuelle.
◆_**인** -人 명 réceptionnaire *mf*.
◆_**인** -印 명 sceau(*x*) *m* [tampon *m*] de réception. ¶ ~인이 찍혀 있다 Le tampon de réception est apposé.
◆_**증** -證 명 reçu *m*, récépissé *m*, quittance *f*, acquit *m*. ¶ ~증을 발급하다 délivrer [donner, remettre] un reçu. ¶ ~증을 조작하다 manipuler [trafiquer] le reçu. ¶ 그 사람한테 ~증을 떼어 와라 Va lui demander le reçu.

영수[2] 領袖 명 chef *m*, leader *m* ((d'un parti politique)).

¶ 여야 ~ 회담 conférence entre les chefs des partis au pouvoir et de l'opposition.

영시 英詩 명 poème *m* [poésie *f*] anglais[e]; poème *m* en anglais. ¶ ~ 강독 lecture(*s*) d'un poème anglais.

영식 令息 명 ((terme honorifique)) *votre* [*son*] fils *m*. ¶ 사장님 ~이 결혼을 한다 Le fils du patron va se marier.

영신 迎新 명 action *f* d'accueillir une nouveauté.
◆송구_ 送旧- 명 ☞ 송구영신

영아 嬰兒 명 (enfant *m*) nouveau-né(*e*)(~*x*-~*s*), nourrisson *m*, bébé *m*. ¶ ~ 살해(범) un infanticide. ¶ ~ 유기 abandon d'enfant.

영악스럽다 靈惡- 형 être malin(*gne*), débrouillard(*e*), malicieux(*se*).

영악하다 형 être malin(*gne*), intelligent(*e*), astucieux(*se*), rusé(*e*). ¶ 요즘 아이들은 아주 ~ ((좋은 뜻)) Les enfants d'aujourd'hui sont très intelligents / ((나쁜 뜻)) Les enfants d'aujourd'hui sont très rusés [astucieux]. ¶ 영악한 것 같으니라고 ((좋은 뜻)) Comme tu es malin(*gne*)! / ((나쁜 뜻)) Comme tu es rusé(*e*) [astucieux(*se*)]!

영안실 靈安室 명 morgue *f*, chapelle *f* [chambre *f*] mortuaire. ¶ 시신을 ~로 옮기다 transporter le cadavre [le corps] à la morgue.

영애 令愛 명 ((terme honorifique)) *votre* [*sa*] fille *f*. ¶ 대통령의 ~ la fille du président.

영약 靈藥 명 remède *m* miraculeux. ¶ 불치병도 고치는 ~ un remède miraculeux qui guérit même les maladies incurables.

영양[1] 羚羊 명 chamois *m*, antilope *f*, gazelle *f*.

영양[2] 營養 명 élément *m* nutritif; nutrition *f*. ¶ ~ 상태 état nutritif. ¶ ~ 주사를 맞다 recevoir un fortifiant par injection intraveineuse.
◆_가 -價 명 valeur *f* nutritive. ¶ ~가 있다[없다, 높다, 적다] être [ne pas être, être très, être peu] nutriti*f*(*ve*) [nourrissant(*e*), substantiel(*le*)]. ¶ ~가 있는 음식 des mets nutritifs.
◆_분 -分 명 élément *m* nutritif. ¶ ~을 섭취하다 prendre des éléments nutritifs.
◆_사 -士 명 diététicien(*ne*), nutritionniste *mf*. ¶ 그 여자는 ~사 자격증을 가지고 있다 Elle est diététicienne diplômée / Elle a un certificat de diététicienne.
◆_소 -素 명 substance *f* nutritive, nutriment *m*. ¶ 갖가지 ~소가 골고루 들어 있는 음식 un mets qui contient toutes sortes de nutriments. ¶ 너무 익히면 ~소가 파괴된다 Les nutriments [Les vitamines] sont détruit(*e*)s [dégradé(*e*)s] si l'on cuit trop les *aliments*.
◆_식 -食 명 aliment *m* nutritif. ¶ 환자는 ~식으로 체력을 회복했다 Le malade a retrouvé ses forces grâce aux aliments nutritifs.
◆_실조 -失調 명 sous-alimentation *f*, dénutrition *f*, malnutrition *f*, mauvaise nutrition *f*; ((유아의)) cachexie *f* du nourrisson, ((의학)) athrepsie *f*. ¶ ~실조로 쓰러지다 s'évanouir [s'effondrer] de dénutrition, faire un malaise à cause de la dénutrition.
◆_장애 -障碍 명 trouble *m* de la nutrition, dénutrition *f*.
◆_제 -劑 명 fortifiant *m*. ¶ ~제를 먹다 prendre un fortifiant.

영어[1] 英語 명 la langue *f* anglaise, l'anglais *m*. ¶ 영국 ~ l'anglais britannique. ¶ 미국 ~ l'anglais américain, l'anglo-américain. ¶ ~를 (말)하다 parler [mal] (l')anglais. ¶ ~로 말하다 parler en anglais. ¶ 서투른 ~로 en mauvais anglais. ¶ 완벽한 ~로 질문하다 poser une question dans un anglais parfait. ¶ ~로 번역하다 traduire en anglais. ¶ ~가 서투르다[~를 잘 못하다] être mauvais(*e*) en anglais, parler mal (l')anglais.. ¶ ~에서 들어온 말[차용어] un mot emprunté à l'anglais, un anglicisme.
◆_권 -圈 명 monde *m* anglophone.
◆_학 -學 명 linguistique *f* anglaise.
◆_학자 -學者 명 spécialiste *mf* en langue anglaise; angliciste *mf*.
◆_회화 -會話 명 conversation *f* anglaise.
◆시사_ 時事- 명 anglais *m* courant.
◆실용_ 實用- 명 l'anglais *m* pratique.

영어[2] 囹圄 명 prison *f*, pénitencier *m*. ¶ ~의 몸이 되다 être emprisonné(*e*), être mis(*e*) en prison.

영업 營業 명 commerce *m*, affaires *fpl*; exploitation *f* [opération *f*] commerciale. ¶ ~ 사원 un(*e*) commerçant(*e*). ¶ ~ 담당 이사 chef de service commercial. ¶ ~을 담당하다[맡다] se voir [se faire] confier une opération commerciale. ¶ ~을 시작하다 ouvrir un commerce [un magasin, une boutique]. ¶ 요즘 ~이 잘된다[안된다] Ces temps-ci, les affaires vont [marchent] bien [mal]. ◇_(을) **하다** faire du commerce, faire des affaires; ((가게를 하다)) tenir un commerce [un magasin, une boutique]; ((상점이)) être ouvert(*e*). ¶ 이 업소는 심야에도 ~을 한다 Ce commerce est même ouvert [toute] la nuit. ¶ 이 가게는 오전 10시부터 저녁 8시까지 ~을 한다 Ce magasin est ouvert de 10h du matin jusqu'à 8h du soir.
◆_부 -部 명 direction *f* commerciale.
◆_소 -所 명 service *m* commercial; service *m* de vente.
◆_용 -用 명 à but commercial, professionnel(*le*). ¶ ~용 자동차 un véhicule professionnel; une voiture de service; un véhicule utilitaire, un utilitaire.
◆_부장 -部長 명 directeur *m* [administratif *m*] commercial.
◆_시간 -時間 명 heures *fpl* d'ouverture.
◆_정지 -停止 명 【법률】 suspension *f* de l'exploitation d'une affaire.

영역[1] 英譯 명 traduction *f* anglaise [en anglais]. ◇_(을) **하다** traduire en anglais. ¶ 한국 소설을 ~하다 traduire un roman coréen en anglais. ◇_(이) **되다** être traduit(*e*) en anglais. ¶ 이 작품은 이미 작년에 ~이 되었다 Cette œuvre a déjà été traduite en anglais l'année dernière.

◆_본 -本 명 traduction *f* anglaise.

영역[2] 領域 명 ① 영토 territoire *m* ((d'un pays)). ¶ 로마의 지배 ~ un territoire romain. ② 범위 domaine *m*, champ *m*, sphère *f*. ¶ 인간 지식의 ~ la sphère des connaissances humaines. ¶ 제한된 ~ un domaine limité. ③ ((전문)) spécialité *f*, domaine *m*. ¶ ~을 넘나들다 se spécialiser dans des domaines variés. ¶ 그는 모든 ~에서 재능을 발휘하고 있다 Il exerce ses talents dans tous les domaines.

영영 永永 부 pour toujours, éternellement, à (tout) jamais. ¶ 이번이 아니면 ~ 기회가 오지 않을 것이다 C'est l'occasion ou jamais. ¶ 그는 ~ 돌아오지 못했다 Il n'est jamais revenu / Il est parti à tout jamais.

영영무궁하다 永永無窮- 형 être éternel(*le*), immortel(*le*), perpétuel(*le*); durer pour l'éternité. ¶ 시간의 흐름은 ~ Le temps s'écoule sans fin.

영예 榮譽 명 honneur *m* insigne, gloire *f*. ¶ 수상의 ~를 누리다 avoir l'honneur d'être décoré(*e*) [de recevoir une distinction]. ¶ 우승의 ~를 차지하다 obtenir [avoir] l'honneur de la victoire. ¶ 수상을 ~로 생각하다[여기다] C'est pour moi un honneur de recevoir ce prix [cette distinction].

◆_롭다[스럽다] 형 être glorieux(*se*). ¶ ~로운 죽음 une mort glorieuse. ¶ ~스러운 순간 un instant de gloire.

◆_로이 부 honorablement, avec honneur; glorieusement. ¶ ~로이 죽다 mourir glorieusement. ¶ ~로이 여기다 considérer *qc* comme un honneur.

영외 營外 명 lieu *m* hors d'un camp militaire. ¶ ~로 나가다 sortir hors d'un camp militaire. ¶ ~에서 생활하다 vivre en dehors des camps militaires.

영욕 榮辱 명 gloire *f* et humiliation *f*, honneur *m* et déshonneur *m*. ¶ ~의 세월 le temps de la gloire et de l'humiliation. ¶ ~을 번갈아 맛보다 goûter tour à tour à la gloire et au déshonneur. ¶ ~이 엇갈리다[교차하다] honneur et déshonneur se croisent.

영웅 英雄 명 héros *m*; ((여자)) héroïne *f*. ¶ 전 국민의 ~ le héros de tout le peuple. ¶ ~ 대접을 받다 être reçu [accueilli, traité] comme un héros.

◆_답다 형 être héroïque. ¶ ~답게 행동하다 agir en héros [héroïquement].

◆_적 -的 명관 héroïque. ¶ ~적인 인물 un personnage héroïque. ¶ ~적 행위 une action héroïque. ¶ ~적으로 죽다 mourir en héros.

◆_담 -譚 명 épopée *f*.

◆_소설 -小說 명 【문학】 roman *m* héroïque, roman *m* picaresque.

◆_숭배 -崇拜 명 culte *m* des héros.

◆_시대 -時代 명 temps *m* mythique, époque *f* des héros.

◆_신화 -神話 명 mythologie *f* des héros.

◆_심 -心 명 héroïsme *m*, esprit *m* héroïque. ¶ ~심에 빠지다 être pris(*e*) d'héroïsme. ¶ 그는 ~심이 강하다 Il a un esprit héroïque très développé.

◆_전 -傳 명 histoire *f* [biographie *f*] des héros.

◆_주의 -主義 명 héroïsme *m*.

◆_호걸 -豪傑 명 héros *m*; ((여자)) héroïne *f*.

영원 永遠 명 éternité *f*, perpétuité *f*; ((불멸)) immortalité *f*.

◆_하다 형 être éternel(*le*), perpétuel(*le*), immortel(*le*), impérissable; être durable. ¶ ~한 이별 une séparation définitive [à tout jamais]. ¶ ~한 평화를 확립하다 établir une paix durable.

◆_히 부 éternellement, pour l'éternité, pour toujours, à (tout) jamais, à perpétuité. ¶ 이름을 ~히 남기다 s'immortaliser, immortaliser son nom[sa mémoire], perpétuer sa mémoire, laisser son nom à la postérité.

◆_성 -性 명 éternité *f*, perpétuité *f*.

◆_불멸 -不滅 명 immortalité *f*. ¶ ~불멸을 꿈꾸다 rêver d'immortalité.

영위[1] 營爲 명 administration *f* ((d'une entreprise, d'un pays)); direction *f* ((d'une usine)); gestion *f* ((d'affaires)). ◇_(를) 하다 administrer, diriger, gérer ((une compagnie, une société)); mener ((une vie difficile)). ¶ 풍족한 생활을 ~하다 vivre dans l'abondance. ¶ 현재 상태를 ~할 수 있는 수준의 경제력은 있다 Il a la capacité économique nécessaire pour gérer la situation actuelle.

영위[2] 榮位 명 position *f* éminente, poste *m* important [élevé], haut rang *m*, dignité *f*. ¶ ~에 오르다 arriver aux plus hautes dignités.

영유 領有 명 possession *f*, propriété *f*. ◇_(를) 하다 posséder *qc*, avoir *qc* en (*sa*) possession, être en possession de *qc*, être propriétaire de *qc*, jouir ((d'une fortune, d'un droit)).

◆_권 -權 명 【법률】 droit *m* (d'un État) sur un territoire. ¶ ~권 분쟁 un conflit territorial. ¶ 무인도에 대한 ~권을 주장하다 réclamer le droit sur une île déserte.

영육 靈肉 명 corps *m* et âme *f*. ¶ ~의 일치 unité de l'âme et du corps.

영의정 領議政 명 【역사】 *yeonguijeong m* <le plus élevé dans la hiérarchie des trois Premiers ministres *mpl* (au temps du royaume de Joseon) ((Au temps du royaume de Joseon, il y avait à la tête du gouvernement trois Premiers ministres en même temps dont l'un était prépondérant sur les deux autres))>.

영인 影印 명 fac-similé(~-~*s*) *m*. ◇_(을) 하다 tirer ((un livre ancien)) en fac-similé. ¶ 고서를 ~하다 tirer un livre ancien en fac-similé.

◆_본 -本 명 édition *f* en fac-similé.

영일 寧日 명 jour *m* de tranquillité, jour *m* tranquille [calme, paisible]. ¶ ~이 없다 ne pas avoir un seul jour de tranquillité; mener une vie très mouvementée [agitée].

영입 迎入 명 recrutement *m*. ¶ 인재 ~ recrutement d'une personne talentueuse. ◇_(을) 하다[시키다] recruter *qn*. ◇_(이) 되다 être recruté(*e*).

영자 英字 명 ((en)) anglais *m*; ((journal de)) langue

f anglaise. ¶ ~로 된 문서 un document en anglais.

◆_신문 -新聞 명 journal *m* en anglais.

영작 英作 명 composition *f* en anglais, rédaction *f* anglaise. ◇_(을) **하다** rédiger en anglais.

영장[1] 令狀 명 mandat *m* ((d'arrêt)); acte *m* judiciaire; ordre *m* ((de mobilisation)). ¶ ~을 발부하다 lancer un mandat ((d'arrêt)) contre *qn*. ¶ ~을 집행하다 exécuter un mandat ((d'arrêt)). ¶ 입대 ~을 받다 recevoir *son* ordre d'incorporation. ¶ ~을 보여 주시오 Montrez-moi votre mandat. ¶ ~도 없이 수색하다 perquisitionner sans mandat.

◆구속_ 拘束- 명 mandat *m* d'arrêt.

◆수색_ 搜索- 명 mandat *m* de perquisition.

영장[2] 永葬 명 enterrement *m*, inhumation *f*. ☞ 안장[1]

영장[3] 靈長 명 roi *m* (de toute la création), maître *m* (de toutes les créatures). ¶ 인간[사람]은 만물의 ~이다 L'homme est le roi de toute la création.

◆_류 -類 명 primates *mpl*.

영재 英材 명 ① 재주 talent *m* remarquable [extraordinaire, merveilleux], génie *m*. ② ((사람)) (homme *m* de) génie *m*, homme *m* de (grand) talent, talent *m*; enfant *mf* surdoué(*e*) [précoce]. ¶ ~를 발굴하다 révéler [découvrir] un génie.

◆_교육 -教育 명 éducation *f* pour les enfants surdoués.

영전[1] 榮轉 명 promotion *f*, avancement *m*. ¶ ~을 축하합니다 Félicitations pour votre avancement [pour votre promotion]. ◇_(을) **하다** bénéficier d'une promotion, être promu(*e*), avoir de l'avancement, être muté(*e*) à un poste supérieur. ¶ 더 좋은 보직으로 ~하다 être promu(*e*) à un meilleur poste. ◇_(을) **시키다** muter *qn* à un poste supérieur, promouvoir *qn*, donner de l'avancement à *qn*.

영전[2] 靈前 명 devant l'autel ((dressé à la mémoire) d'un défunt); devant l'autel d'un esprit. ¶ ~에 꽃을 바치다 déposer des fleurs en offrande devant un autel. ¶ ~에 향을 피우다 brûler de l'encens devant l'autel.

영절스럽다 형 être plausible, vraisemblable. ¶ 녀석의 말은 영절스럽지만 더 두고 보아야지 À l'entendre, cela paraît plausible mais il faut attendre encore un peu.

영점 零點 명 ① ((온도)) zéro degré *m*. ② ((점수)) zéro *m*, bulle *f* {*arg*}. ¶ 수학에서 ~을 받다 avoir (un) zéro en mathématiques [en maths {*fam*}], avoir une bulle en maths {*arg*}. ¶ 이 작품은 ~이다 Cette œuvre est nulle [ne vaut pas un clou {*fam*}, ne vaut pas un pet de lapin {*fam*}, est bonne à mettre à la poubelle {*fam*}, est bonne à jeter]. ¶ 그 사람은 동료로서는 훌륭하지만 친구로서는 ~이다 C'est un très bon collègue mais un bien piètre ami.

영접 迎接 명 accueil *m*, réception *f*. ◇_(을) **하다** accueillir, recevoir *qn*. ¶ 방문객을 ~하다 accueillir [recevoir] des visiteurs. ¶ 누구를 ~하러 비행장에 나가다 venir accueillir *qn* à l'aéroport. ◇_(을) **받다** être accueilli(*e*) en hôte.

영정 影幀 명 portrait *m* [photographie *f*] d'un défunt. ¶ X의 ~을 모시다 s'occuper, avec soin, de la photographie de feu X.

영존하다 永存- 형 être éternel(*le*), permanent(*e*), durable.

영주[1] 永住 명 résidence *f* permanente. ◇_(를) **하다** résider en permanence; s'établir définitivement [de façon permanente]. ¶ 프랑스에 ~하다 résider en permanence en France

◆_권 -權 명 droit *m* de résidence permanente. ¶ ~권을 신청하다 demander le droit de résidence permanente. ¶ 미국 ~권을 받다 obtenir le droit de résidence permanente aux États-Unis.

◆_권자 -權者 명 résident(*e*) permanent(*e*).

◆_지 -地 명 lieu(*x*) *m* de résidence permanente.

영주[2] 領主 명 【역사】 seigneur *m* (féodal). ¶ 봉건 사회의 ~ un seigneur de la société féodale.

영준하다 英俊- 형 être talentueu*x*(*se*), surdoué(*e*), brillant(*e*), avoir [posséder] un grand talent. ¶ 저 아이는 다른 아이들보다 ~ Cet(*te*) enfant est plus brillant(*e*) que les autres / Cet(*te*) enfant est [se détache] au-dessus du lot / Cet(*te*) enfant surpasse [est bien meilleur(*e*) que] les autres.

영지[1] 領地 명 ((영토)) territoire *m*; ((봉건 귀족의)) seigneurie *f*, domaine *m*; ((봉토)) fief *m*. ¶ 부르고뉴 공작의 ~ le domaine du duc de Bourgogne.

영지[2] 靈芝 명 【식물】 ganoderme *m* [polypore *m*] luisant, ((일어)) reishi *m*, ((중국어)) Ling Chi[Ling Zhi] *Ganoderma lucidum* {*nsc*}.

◆_버섯 명 ganoderme *m* [polypore *m*] luisant, ((일어)) *reishi m*, ((중국어)) *lingzhi*, *Ganoderma lucidum* {*nsc*}.

영지[3] 英智 명 intelligence *f*, perspicacité *f*, sagesse *f*.

영진 榮進 명 promotion *f*, avancement *m*. ¶ ~의 길이 막히다 ne pas pouvoir obtenir d'avancement ((à cause de *son* passé)). ¶ ~이 빠르다[늦다] avancer rapidement [lentement]. ◇_(을) **하다** avancer, monter (en grade), être promu(*e*), avoir de l'avancement. ¶ 그는 장관으로 ~했다 Il a été promu ministre.

영차 감 oh! hisse! ((cri qu'on pousse quand on tire la corde ou qu'on soulève quelque chose de lourd)).

영창[1] 映窓 명 fenêtre *f* coulissante à deux battants (servant à éclairer une chambre). ¶ ~으로 비치는 달빛 le clair de lune qui scintille par la fenêtre.

영창[2] 營倉 명 【군사】 loc*al*(*aux*) *m* disciplinaire, salle *f* de police [d'arrêt], prison *f* (militaire). ¶ ~에 갇히다 être mis(*e*) aux arrêts [en local disciplinaire]. ¶ ~에 가다 aller en prison (dans la caserne). ¶ 누구를 ~에 보내다[집어넣다] mettre [enfermer] un soldat en prison, emprisonner un soldat en prison. ¶ ~ 신세 sort d'un soldat aux arrêts.

영채 映彩 명 couleur *f* brillante [vive]. ¶ 눈에 ~가

ㅇ

돌다 avoir le regard brillant [vif, lumineux], avoir des yeux brillants.

영천 靈泉 명 ① 신기한 약효가 있는 샘 source *f* sacrée, fontaine *f* miraculeuse. ② 온천 source [eau(*x*) *f*] thermale. ¶ ~에 몸을 담그다 se baigner [se plonger] dans une source thermale.

영체 靈体 명 【천주】 Être *m* sacré ((Dieu)).

영치금 領置金 명 argent *m* en dépôt à la prison ((qu'un détenu a déposé à la prison pour l'achat de petites nécessités)). ¶ ~을 넣어주다 déposer une certaine somme d'argent à la prison au bénéfice d'un détenu.

영탄 詠嘆 명 ① 읊음 récitation *f*, déclamation *f*. ② 감탄 admiration *f*, exclamation *f*. ◇_(을) **하다** réciter, déclamer ((un poème)); s'émerveiller de *qc*; être saisi(*e*) d'admiration, s'exclamer d'admiration.

◆_**곡** -曲 명 mélodie *f* déclamative.

◆_**법** -法 명 (mode *m* de l')exclamation *f* [interjection *f*]; mode *m* déclamatoire.

◆_**조** -調 명 ton *m* déclamatoire.

영토 領土 명 territoire *m*, domaine *m*, possession *f* territoriale. ¶ ~ 분쟁 une querelle [une dispute] territoriale. ¶ ~ 확장 expansion territoriale [du territoire]. ¶ ~를 보존하다 garantir l'intégrité territoriale. ¶ ~를 확장하다[넓히다] étendre *son* territoire. ¶ ~를 잃다 perdre *son* territoire.

◆_**권** -權 명 droit *m* territorial.

◆_**주권** -主權 명 souveraineté *f* territoriale.

영특하다 英特- 형 être intelligent(*e*), sagace, perspicace. ¶ 영특한 아이[두뇌] un(*e*) enfant intelligent(*e*) [une intelligence vive, un cerveau puissant]. ¶ 어떻게 그런 영특한 생각을 했을까? Comment peut-il faire preuve d'une telle perspicacité? ¶ 저 아이는 보통 영특하지 않아! Que cet(*te*) enfant est intelligent(*e*)! ¶ 아이를 영특하게 키우다 élever un enfant intelligemment.

영파생 零派生 명 【언어】 dérivation *f* impropre.

영판 부 tout à fait ((semblable)), complètement, parfaitement. ¶ ~ 같다 ((사물)) être très ressemblant(*e*); ((사람)) être le portrait vivant [tout le portrait, le portrait (craché {*fam*}), l'image vivante, la copie conforme, le sosie] de *qn*; ressembler parfaitement [comme deux gouttes d'eau, d'une manière frappante, sous toutes les coutures, en tous points] à *qn*. ¶ 그들은 형제인데도 ~ 다르다 Ils ont beau être frères [Bien que frères], ils sont tout à fait différents.

영패 零敗 명 défaite *f* sans marquer le moindre point[but]; défaite *f* totale[complète, écrasante, humiliante, cuisante, magistrale, sévère]. ¶ ~의 수모를 당하다 subir l'humiliation d'une défaite totale, essuyer une raclée {*fam*}, (*se*) prendre une (sacrée) déculottée {*fam*}. ¶ 종료 직전의 골로 ~를 모면했다 On a échappé à la défaite totale grâce à un but juste avant la fin / On a sauvé l'honneur en marquant un but juste avant la fin du match. ◇_(를) **하다**[**당하다**] être battu(*e*) [perdre un match] sans avoir marqué aucun point[but]; subir [essuyer] une défaite totale [écrasante], être battu(*e*) à plate(*s*) couture(*s*) {*fam*}.

영하 零下 명 au-dessous de zéro. ¶ ~의 기온 température au-dessous de zéro. ¶ ~의 추위 un froid de canard [de loup]. ¶ 기온이 ~ 5도로 내려갔다[떨어졌다] La température est tombée à 5 degrés au-dessous de zéro.

영하다 靈- 형 être miraculeux(*se*), providentiel(*le*). ¶ 영한 약[의사] un remède miraculeux [un médecin providentiel, un grand médecin, un praticien illustre].

영한 英韓 명 Angleterre *f* et Corée *f*, anglais-coréen, anglo-coréen. ¶ ~ 기계 번역 traduction automatique anglais-coréen.

◆_**사전** -辭典 명 dictionnaire *m* anglais-coréen.

영합 迎合 명 ① 아첨 flatterie *f*, adulation *f*, flagornerie *f*. ② 합의 accord *m*, harmonie *f*. ◇_(을) **하다** ① flatter, aduler, encenser. ② s'accorder, se mettre d'accord; suivre, se conformer à ((une opinion)). ¶ 누구의 의견에 ~하다 épouser [suivre] l'opinion de *qn*. ¶ 시세[시류, 대세]에 ~하다 se conformer au goût de l'époque, suivre le mouvement {*fam*}.

영해 領海 명 【법률】 eaux *fpl* territoriales, territoire *m* maritime; ((국제법)) mer *f* fermée. ¶ 한국의 ~ 안[밖]에서 dans les [hors des] eaux territoriales de la Corée. ¶ ~를 침범하다 envahir les eaux territoriales. ¶ ~ 상에 괴선박이 나타났다 Un étrange navire est apparu dans les eaux territoriales.

영향 影響 명 influence *f*, action *f*, ((avoir de l')) ascendant *m* ((sur *qn*)), empire *m*, emprise *f*, impact *m*, effet *m*. ¶ 누구[무엇]의 ~으로 sous l'action [sous l'influence] de *qn* [de *qc*]. ◇_(을) **주다**[**끼치다**, **미치다**] influencer *qn*, influer sur *qc/qn*; avoir des répercussions sur *qc/qn*. ¶ 정치적 위기는 경제에 직접적인 ~을 준다 La crise politique influe directement sur l'économie. ¶ 그 결정은 회사에 중대한[나쁜] ~을 끼쳤다 Cette décision a exercé une grande [mauvaise] influence sur la société. ¶ 그의 조언이 이 일을 성사시키는 데 결정적인 ~을 끼쳤다 Ses conseils ont eu une influence déterminante dans la réalisation de cette affaire. ◇_(을) **받다** se laisser influencer par *qn/qc*, subir l'influence de *qn/qc*. ¶ 그는 아버지로부터 많은 ~을 받았다 Il a été beaucoup influencé par son père.

◆_**권** -權 명 sphère *f* [zone *f*] d'influence. ¶ 누구의 ~권 안에 있다 se trouver sous l'influence de, sous la tutelle de, sous l'emprise de *qn*. ¶ 태풍의 ~권에 들어가다 entrer dans la zone où le typhon sévit[la zone d'activité du typhon].

◆_**력** -力 명 influence *f*, force *f* d'impact, empire *m*, emprise *f*, ascendant *m*. ¶ 의사 결정에 ~력을 행사하다 user de *son* influence dans la prise de décision. ¶ ~력이 크다 avoir beaucoup d'influence, être très influent(*e*). ¶ 누구에 대해 큰 ~력을 가지다 avoir du pouvoir sur *qn*, avoir de l'autorité sur *qn*, avoir beaucoup d'influence sur *qn*, jouir d'une grande influence auprès de *qn*.

◆**악_** 惡 명 mauvaise influence *f*. ¶ 무엇에[누구에게] 악~을 미치다 avoir [exercer] une mauvaise influence sur *qc* [sur *qn*].

영험 靈驗 명 ① faveur *f* divine, secours *m* providentiel, aide *f* du ciel. ② 신기한 효험 effet *m* miraculeux ((d'un médicament)). ◇**_(이) 있다** avoir un effet providentiel. ¶ 치료에 ~이 있다 avoir un effet thérapeutique providentiel. ¶ ~ 있는 약 un remède miraculeux [miracle].

◆**_하다** 형 être providentiel(*le*), miraculeux(*se*), prodigieux(*se*).

영혼 靈魂 명 ① esprit *m*, âme *f*. ¶ ~과 육체 corps et âme. ¶ ~의 안식처 abri de l'âme. ¶ ~의 양식 nourriture de l'esprit. ② 죽은 사람의 넋 âme *f* (d'un défunt), mânes *mpl*. ¶ ~ 결혼식 un mariage posthume. ¶ ~ 불멸론 la théorie de l'immortalité de l'âme. ¶ 조상의 ~을 받들다 prier pour (le repos de) l'âme des ancêtres. ¶ 망자의 ~을 달래다 consoler l'âme d'un défunt.

영화[1] 榮華 명 splendeur *f*, prospérité *f*, magnificence *f*; opulence *f*, luxe *m*. ¶ ~를 누리며 살다 mener une vie glorieuse.

◆**_롭다** 형 être glorieux(*se*), illustre.

◆**부귀_** 富貴 명 richesse *f* et prospérité *f*. ¶ 부귀~를 누리다 jouir d'une vie opulente et honorable.

영화[2] 映畵 명 ① cinéma *m*, cinématographe *m*. ② ((작품)) film *m*. ¶ ~ 음악 une musique de film. ¶ ~를 개봉하다 sortir [projeter] en salle un nouveau film. ¶ ~ 구경을 가다 aller au cinéma, aller voir un film. ¶ 극장에 가서 ~를 보다[관람하다] voir un film au cinéma. ¶ 텔레비전에서 ~를 보다 regarder un film à la télévision. ¶ ~를 만들다 faire un film. ¶ ~를 감독하다 réaliser un film. ¶ ~를 찍다[촬영하다] tourner un film. ¶ ~를 틀다[돌리다] projeter [passer] un film. ¶ ~에 출연하다[나오다] jouer dans un film. ¶ 무엇을 ~에서 보다 voir *qc* dans un film. ¶ 나는 ~를 좋아한다 J'aime bien le cinéma. ¶ ~는 전형적 종합예술이다 Le cinéma est typiquement un art composite.

◆**_화** -化 명 adaptation *f* cinématographique. ¶ 소설을 ~화하다 adapter un roman au cinéma.

◆**_감독** -監督 명 metteur *m* en scène, réalisa*teur*(*trice*), cinéaste *mf*.

◆**_계** -界 명 monde *m* [milieu(*x*) *m*] cinématographique, monde *m* du cinéma, univers *m* filmique.

◆**_관** -館 명 (salle *f* de) cinéma *m*.

◆**_광** -狂 명 cinéphile *mf*.

◆**_미학** -美學 명 esthétique *f* du cinéma.

◆**_배우** -俳優 명 ac*teur*(*trice*) de cinéma.

◆**_평론** -評論 명 critique *f* cinématographique.

◆**_평론가** -評論家 명 critique *f* de cinéma.

◆**_사** -史 명 histoire *f* du cinéma.

◆**_인** -人 명 cinéaste.

◆**_제** -祭 명 festival *m* du film [du cinéma]. ¶ 칸 ~제 le festival de Cannes.

◆**_판** 명 cinéma *m*. ¶ ~판에 뛰어들다 commencer une carrière au cinéma.

◆**기록_** 記錄 명 film *m* documentaire.

◆**무성_** 無聲 명 cinéma *m* [film *m*] muet.

◆**심야_** 深夜- 명 film *m* projeté en pleine nuit.

◆**입체_** 立體 명 cinéma *m* [film *m*] en relief [en trois dimensions, en 3 D].

◆**천연색_** 天然色- 명 film *m* en couleur [technicolor].

◆**흑백_** 黑白- 명 film *m* en noir et blanc.

옅다 형 être lég*er*(*ère*), pâle, délavée, tendre, dou*x*(*ce*). ¶ 옅은 하늘색 bleu ciel léger. ¶ 향이 옅은 로션 une lotion au doux parfum. ¶ 옅은 안개가 끼었다 Un brouillard léger recouvre l'horizon [a envahi l'atmosphère] / Il est tombé un brouillard léger. ¶ 이 부분에서 배경 음악을 옅게 깔아 주세요 Pour cette partie, mettez une musique de fond à faible volume.

옆 명 côté *m*; flanc *m*. ¶ ~에[에서, 으로] à côté. ¶ 누구[무엇]의 ~에[에서] à côté de; auprès de. ¶ 내 ~에 à mes côtés. ¶ ~을 살피다 regarder sur le côté. ¶ ~으로 눕다 se coucher sur le côté [sur le flanc]. ¶ ~에 와서 앉으세요 Venez vous asseoir à côté de *moi* [à *mes* côtés]. ¶ 책을 ~으로 치워 놓다 mettre un livre de côté [à part]. ¶ 머리를 ~으로 젖히다 incliner la tête sur le côté. ¶ ~에서 맞장구를 치다 soutenir l'avis de *qn*; partager l'avis de *qn*. ¶ 눈이 ~으로 찢어지다 avoir les yeux bridés.

◆**_길** 명 contre-allée *f*, route *f* secondaire. ¶ 차가 ~길로 들어섰다 La voiture s'est engagée dans la contre-allée.

*~**길로 빠지다** faire des digressions; sortir de *son* sujet.

***이야기가 ~길로 샜다** La discussion a dévié (du sujet initial) / Nous sommes sortis [Nous nous sommes écartés, Nous nous sommes égarés] du sujet / La conversation a dérapé / La conversation [La discussion] a dévié vers un autre sujet / La conversation [La discussion] s'est portée vers un autre sujet / La conversation a roulé [tourné] sur un autre sujet / La discussion a dérivé sur [vers] ((tel autre sujet)).

◆**_면** -面 명 côté *m*; profil *m*; flanc *m*.

◆**_모습** 명 profil *m*. ¶ ~모습이 아름답다 avoir un joli [un beau] profil.

◆**_문** -門 명 entrée *f* secondaire; porte *f* de côté.

◆**_방** -房 명 chambre *f* d'à côté; chambre *f* voisine.

◆**_얼굴** 명 profil *m*. ¶ ~얼굴이 아름답다 *Son* visage présente un joli [beau] profil.

◆**_집** 명 maison *f* d'à côté; maison *f* voisine. ¶ ~집에 사는 친구 un(*e*) ami(*e*) qui habite la maison d'à côté. ¶ ~집 사람 voisin(*e*). ¶ 그 사람의 집은 우리 집 ~이다 Sa maison est à côté de la nôtre.

◆_**쪽** 명 côté *m*; flanc *m*. ¶ ~쪽에 앉다 s'asseoir à côté de *qn*[auprès de *qn*].

◆_**차기** 명 coup *m* de pied dirigé sur un côté ((au *taekwondo*)).

옆구리 명 côté *m*; flanc *m*. ¶ ~가 아프다 avoir mal au côté [au flanc]. ¶ ~가 결리다 avoir un point de côté; avoir mal au flanc.

*~ **찔러 [엎드려] 절 받기** Il faut toujours que je [qu'on] te dise tout (sinon tu ne le f(er)ais pas)/Il faut toujours que je sois derrière toi pour te le rappeler (sinon tu ne le ferais pas)/Tu fais toujours les choses sur commande, il faut vraiment que je te dise tout, rien ne vient de toi/Tu ne l'aurais pas fait si je ne te l'avais pas dit [soufflé].

예¹ 명 temps *m* jadis; temps passé *m*; bon vieux temps *m*; ancien temps *m*; passé *m*. ¶ ~로부터 depuis longtemps; depuis des siècles; dès l'antiquité; il y a une éternité. ¶ 그 사람은 하는 행동이 ~나 지금이나 똑같다 Il n'a jamais changé de comportement / Son comportement n'a jamais changé.

예² 감 oui; comment?; quoi?; vous dites? ¶ ~, 알겠습니다 Oui, d'accord, très bien. ¶ ~, 그렇습니다 Oui, c'est ça. ¶ ~, 물론이죠 Oui, bien sûr. ¶ ~, 맞아요[정말 그래요]. Oui, c'est vrai [juste] / Oui, c'est tout à fait ça / Oui, tout à fait / Oui, absolument [effectivement] / ¶ 잘 좀 봐 주세요, ~? Soyez bienveillant(*e*), d'accord? / Soyez gentil(*le*), s'il vous plaît. ¶ 다음 문제에 '~, 아니오'로 답하시오 Répondez par oui ou par non à la question suivante. ¶ 그 사람은 내게 "~."라고 말했다 Il m'a dit "oui". ¶ ~? 뭐라고 하셨죠? Pardon? [hein?, comment?, quoi?] Qu'est-ce que vous avez dit?

◆**~아니오 질문** -質問 명 ((question portant sur le oui ou le non)) ☞ 판정

예³ 명 ☞ 여기

예⁴ 例 명 ① 이전 사실 exemple *m*, modèle *m*, précédent *m*; cas *m*. ¶ 과거에도 그런 ~는 있었다 Il y a eu des précédents / Dans le passé aussi, il y a eu des cas semblables. ② 보기 exemple *m*. ¶ 전형적인 ~ un exemple typique. ¶ ~를 보이다 montrer l'exemple. ¶ 그 여자의 삶은 우리에게 좋은 ~가 된다 La vie de cette femme est pour nous un bon exemple. ③ 늘 하던 버릇 habitude *f*. ¶ 그 여자는 ~의 히스테리를 또 일으켰다 Elle est encore retombée dans son hystérie habituelle. ◇_**를 들다** prendre un exemple, citer un exemple; apporter des exemples. ◇…**을 _로 들다** donner *qc* en [pour, comme] exemple.

예⁵ 禮 명 ① 도리 politesse *f*, bienséance *f*, étiquette *f*. ¶ 사람이라면 마땅히 ~를 지켜야 한다 Il y a une certaine politesse à respecter pour être un homme / Il y a une certaine étiquette à suivre en tant qu'être humain. ② 예법 politesse *f*; convenances *fpl*; règle *f*. ¶ 신하는 왕에게 깍듯이 ~를 갖추어야 한다 Les sujets se doivent de maîtriser parfaitement les convenances devant le roi. ¶ 모든 일에는 지켜야 하는 ~가 있는 법이다 Tout travail comprend *son* lot de règles à respecter. ③ 예식 cérémonie *f*; cérémonial *m*. ¶ 그 사람들은 부모님과 친지들을 모시고 ~를 올렸다 Ils ont organisé une cérémonie avec leurs parents et leurs plus proches amis.

예각 銳角 명 angle *m* aigu.

◆_**삼각형** -三角形 명 triangle *m* aigu.

예감 豫感 명 pressentiment *m*; impression *f*; intuition *f*; prémonition *f*. ¶ 왠지 ~이 좋지 않다 J'ai un mauvais pressentiment. ¶ 내 ~이 맞았다[적중했다] Mes pressentiments se sont avérés justes. ¶ 내 ~은 틀린 적이 없다 Mes intuitions ne m'ont jamais trompé(*e*). ◇_(**을**) **하다** pressentir *qc*; avoir le pressentiment de *qc*; avoir l'impression que+*ind*. ¶ 위기를 ~하다 avoir le pressentiment d'une crise. ¶ 사업의 성공을 ~하다 pressentir [deviner] le succès d'une entreprise. ¶ 오래 전부터 나는 심상치 않은 일이 일어나리라고 ~했다 Cela fait longtemps que je savais [je pressentais] qu'il se passerait quelque chose d'anormal / J'ai pressenti depuis longtemps qu'il se passerait quelque chose de louche. ¶ ~했던 대로 그는 오지 않았다 Comme je m'y attendais, il n'est pas venu.

예견 豫見 명 prédiction *f*, prémonition *f*. ¶ 그 사람의 ~은 늘 적중했다 Ses prédictions se sont toujours réalisées. ◇_(**을**) **하다** prévoir *qc*, prédire *qc*. ¶ 미래를 ~하다 prédire l'avenir. ¶ 그 사람이 돌아올 거라는 걸 충분히 ~할 수 있었다 Il était tout à fait prévisible qu'il rentrerait / On pouvait prévoir d'avance qu'il reviendrait. ◇_(**이**) **되다** être su(*e*) d'avance, être prévu(*e*). ¶ 이 사건은 이미 ~된 일이었다 Cela devait se produire [Cela devait arriver] un jour ou l'autre. ¶ 이 환자가 곧 죽을 거라는 건 모두에게 ~된 일이었다 Tout le monde savait déjà que ce patient ne tarderait pas à mourir.

예고¹ 豫告 명 préavis *m*; annonce *f*; avertissement *m*; avis *m* préalable. ¶ ~대로 모든 일이 진행되고 있다 Tout se déroule comme prévu. ◇_(**를**) **하다** prévenir *qn* de *qc*/que+*ind*, avertir *qn* de *qc*, annoncer par avance à *qn* *qc*/+*inf*/que+*ind*. ¶ 사장은 연설을 통해 감원을 ~했다 Le directeur a annoncé dans son discours qu'il y aurait des réductions de personnel. ¶ 그 사람은 모든 걸 정리하겠다고 ~했다 Il avait dit [annoncé] qu'il mettrait tout en ordre. ◇_(**가**) **되다** être déjà connu(*e*); être déjà annoncé(*e*). ¶ 그 일은 ~된 일이다 C'est une histoire déjà connue. ◇_(**가**) **없다** ne pas être prévisible, être imprévisible, arriver sans prévenir [subitement, brutalement]. ¶ 사고는 ~가 없다 Un accident n'est jamais prévisible. ¶ 그 일은 ~(도) 없이 닥쳐왔다 Cette histoire est arrivée subitement [brutalement].

◆_**장** -狀 명 lettre *f* de préavis; notification *f*

ㅇ

préalable, préavis *m*. ¶ ~장을 받다[보내다] recevoir [envoyer] une lettre de préavis.

◆입법_ 立法 명 notification *f* préalable d'adoption d'un projet de loi. ¶ 법안을 입법~하다 notifier préalablement l'adoption d'un projet de loi.

예고² 藝高 명 lycée *m* des arts.

예과 豫科 명 propédeutique *f*, propé *f* {*fam*}.

예금 預金 명 dépôt *m* (d'argent). ◇_(을) **하다** déposer de l'argent (à la banque); mettre de l'argent en dépôt, mettre de l'argent de côté dans une banque. ¶ 10만 원을 ~하다 déposer 100 000 wons sur *son* compte. ◇_(이) **되다** être mis(*e*) en dépôt, être déposé(*e*).

◆_계좌 -計座 명 compte *m* en banque.

◆_액 -額 명 montant *m* d'un dépôt.

◆_이자 -利子 명 rémunération *f* de l'épargne; intérêts *mpl*.

◆_주 -主 명 titulaire *m* d'un compte en banque.

◆_통장 -通帳 명 livret *m* de banque.

◆당좌_ 當座- 명 compte *m* courant.

◆보통_ 普通- 명 compte *m* régulier.

◆저축_ 貯蓄- 명 compte *m* d'épargne.

◆정기_ 定期- 명 dépôt *m* à terme.

예기¹ 銳氣 명 vigueur *f*; énergie *f*, dynamisme *m*; vivacité *f*; ardeur *f*; esprit *m*. ¶ ~를 기르다 faire provision d'énergie; rassembler *ses* forces; concentrer *son* énergie [*ses* forces énergétiques]. ¶ ~를 꺾다 déprimer [démoraliser] *qn*, atteindre [entamer, saper {*fam*}, casser {*fam*}] le moral de *qn*; abattre le courage de *qn*. ◇_(가) **있다** être énergique[vigoureux, dynamique]. ¶ ~ 있는 젊은이 un jeune homme énergique[vigoureux, dynamique].

예기² 豫期 명 attente *f*; espérance *f*; prévision *f*. ◇_(를) **하다** prévoir *qc*; s'attendre à *qc*; espérer *qc*; escompter *qc*. ¶ ~치 못한 일이 벌어졌다 Il s'est passé quelque chose d'inattendu [d'imprévu]. ◇_(가) **되다** être attendu(*e*), escompté(*e*). ¶ 그 사람의 귀환은 이미 ~된 일이다 Son retour est déjà attendu.

예기³ 芸妓 명 courtisane *f* [*gisaeng f*] (particulièrement) versée dans les arts. ☞ 기생¹

예끼 감 ((interjection)) Ça suffit! / Arrête! / Qu'est-ce que tu fais là? / Qu'est-ce que c'est que ce comportement! / Te rends-tu compte de ce que tu fais? / C'est [Ton comportement est, Ta conduite est] inadmissible! / Ton comportement n'est pas admissible! / Tu exagères! / Tu vas trop loin! / Trop c'est trop! / (Il) y a des limites tout de *même*! ¶ ~, 이놈! 어머니께 그게 무슨 말버릇이냐? Ça suffit! [Arrête!, Qu'est-ce que c'est que ce comportement! Te rends-tu compte de ce que tu fais?, C'est inadmissible!, Tu vas trop loin!, Trop c'est trop!] Comment peux-tu parler ainsi à ta mère [parler à ta mère sur ce ton]? ¶ ~, 이 사람! 오늘은 내가 내겠네 Tu exagères [(Il n')y a pas de raison, Il n'en est pas question cette fois-ci!, Remballe tes sous! {*fam*}] C'est à moi de payer aujourd'hui [Aujourd'hui, c'est moi qui paie [qui t'invite].

예년 例年 명 année *f* normale, année *f* ordinaire. ¶ ~과 마찬가지로 comme chaque année. ¶ 올 여름은 ~에 없이 더웠다 Cet été, il a fait particulièrement chaud.

예능 藝能 명 les arts *mpl*.

◆_과목 -科目 명 cours *m* artistique; UV *f* artistique.

◆_교육 -教育 명 éducation *f* artistique.

◆_인 -人 명 artiste *mf*, professionnel *m* du spectacle.

예닐곱 명관 six ou sept. ¶ 그 사람에게는 ~ 살 난 아이가 있다 Il a un fils de six ou sept ans. ¶ 그 모임에는 ~이 참석했다 Six ou sept personnes ont assisté à la réunion.

예단¹ 禮緞 명 présents *mpl* [cadeaux *mpl*] que fait la fiancée à *ses* futurs beaux-parents avant le mariage. ¶ 시댁에 ~을 보내다 envoyer des présents à *sa* future belle-famille.

예단² 豫斷 명 pronostic *m*; jugement *m* à l'avance; prédiction *f*, prévision *f*, prophétie *f*. ◇_(을) **하다[내리다]** estimer *qc*; prédire *qc*; pronostiquer *qc*; établir un pronostic de *qc*. ¶ 섣불리 결과를 ~하지 마라 Ne juge pas du résultat trop vite. ¶ 그 사람은 우리가 실패할 거라고 ~했다 Il avait prédit que nous échouerions.

예리하다 銳利_. 형 ① ((물건이)) être aigu(*ë*), pointu(*e*), acéré(*e*). ¶ 예리한 칼[칼날, 송곳] un couteau [une lame, un poinçon] acéré(*e*), un couteau [une lame] tranchant(*e*). ② ((감각, 관찰, 판단 등이)) être perspicace, clairvoyant(*e*), pénétrant(*e*), fin(*e*). ¶ 예리한 판단력[관찰력] un don d'appréciation[d'observation] aigu, un jugement pénétrant [une observation d'une rare acuité]. ¶ 그 사람의 판단은 예리했다 Son jugement était pénétrant. ¶ 그 사람은 핵심을 찾아 예리하게 비판하였다 Il a critiqué vivement en dégageant l'essentiel. ③ ((소리나 세기가)) être vi*f*(*ve*), aigu(*ë*). ¶ 귀청을 찢는 듯한 예리한 쇳소리 un son métallique aigu à crever les tympans [à faire mal aux oreilles].

예매¹ 豫買 명 réservation *f* ((d'un billet)). ¶ 비행기표 ~ la réservation d'un billet d'avion. ◇_(를) **하다** réserver ((un billet)) à l'avance. ¶ 나는 미리 극장표를 ~해 두었다 J'ai réservé à l'avance les tickets de cinéma.

예매² 豫賣 명 vente *f* à l'avance; vente *f* par souscription. ◇_(를) **하다** vendre *qc* à l'avance; vendre *qc* par souscription; lancer une souscription. ¶ 오늘부터 휴가철 기차표를 ~한다 Les billets de train pour la période des vacances sont d'ores et déjà mis en vente.

◆_권 -券 명 ticket *m*[billet *m*] vendu à l'avance; bon *m* de souscription.

◆_창구 -窓口 명 guichet *m* de vente à l'avance.

◆_처 -處 명 bureau *m* de souscription[de vente à l'avance].

예명 藝名 명 nom *m* d'artiste[de scène]; pseudonyme *m*. ¶ 많은 연예인들이 본명보다는 ~을 사용한다 Beaucoup de célébrités utilisent de préférence un nom d'artiste [de scène].

예문 例文 명 texte *m* d'exemple *m*; phrase *f* d'exemple, phrase *f* d'illustration. ¶ ~을 들다 prendre un exemple; citer une phrase en exemple. ¶ 고전에서 ~을 인용하다 utiliser des exemples tirés des classiques. ¶ ~을 찾다 chercher un exemple [une phrase d'exemple, une phrase d'illustration].

예물 禮物 명 ① 고마움에 대한 선물 présent *m* [cadeau(*x*) *m*] de remerciement. ② ((결혼)) cadeau *m* de mariage. ¶ ~ 반지[시계] une bague [une montre] offerte à l'occasion du mariage. ¶ 신랑 신부가 ~을 교환한다 Le fiancé et la fiancée échangent les cadeaux de mariage.

예민하다 銳敏_ 형 être sensible, fin(*e*); être sensiti*f*(*ve*); être susceptible; être émoti*f*(*ve*). ¶ 예민한 감각 une sensibilité vive; une hypersensibilité. ¶ 예민한 문제[사안] une question délicate[une affaire judiciaire délicate]. ¶ 신경이 ~ avoir des nerfs à vif [à fleur de peau]. ¶ 스트레스를 많이 받아 예민해져 있다 avoir des nerfs à vif à cause du stress; devenir sensible à cause du stress. ¶ 너는 그 이야기에 왜 그렇게 예민하니? Pourquoi es-tu si sensible à cette histoire? ¶ 예민하게 반응하다 réagir d'une façon susceptible [d'une façon sensitive].

예방[1] 豫防 명 prévention *f*; précaution *f*. ¶ 산불 ~ 강조 기간 une période de prévention accrue contre les feux [l'incendie] de montagne. ¶ ~이 치료보다 낫다 Mieux vaut prévenir que guérir. ◇_(을) **하다** prévenir *qc*; prendre des précautions contre *qc*; se prémunir contre ((la contagion)). ¶ 전염병을 ~하다 se prémunir contre une maladie contagieuse. ¶ 범죄를 ~하다 prévenir la criminalité, prendre des mesures préventives contre les crimes [contre les activités criminelles]. ◇_(이) **되다** être vacciné(*e*), être prémuni(*e*) contre *qc*.

◆**_적** -的 명관 préventi*f*(*ve*); prophylactique. ¶ ~적인 성격의 조처 une mesure à caractère préventif.

◆**_법** -法 명 méthode *f* de prévention. ¶ 감기 ~법 méthode pour prévenir un rhume.

◆**_책** -策 명 mesure *f* préventive, mesures *fpl* prophylactiques. ¶ ~책을 세우다 prendre des mesures préventives[de précaution, prophylactiques].

◆**_약** -藥 명 médicament *m* préventif.

◆**_의학** -醫學 명 médecine *f* préventive.

◆**_접종** -接種 명 vaccination *f*. ¶ ~접종을 하다 vacciner *qn*; inoculer un vaccin à *qn*.

◆**_주사** -注射 명 vaccination *f*; piqûre *f* de vaccin. ¶ ~주사를 맞다[놓다] se faire vacciner [vacciner, inoculer un vaccin] contre ((une maladie)).

예방[2] 禮訪 명 visite *f* de courtoisie. ◇_(을) **하다** faire [rendre, payer] une visite de courtoisie. ¶ 대통령을 ~하다 faire [rendre, payer] une visite de courtoisie au président de la République.

예배 禮拜 명 culte *m*; office *m*. ¶ 저녁[성탄] ~ l'office du soir [de Noël]. ¶ ~를 주관하다 présider le culte. ¶ 아침 ~에 나가다[참석하다] assister [aller] à l'office [au culte] du matin. ◇_(를) **하다[보다, 드리다]** louer [adorer, rendre] un culte à Dieu. ¶ 교회에서 ~를 보다 prier à l'église; louer le Seigneur à l'église. ¶ 사람들이 ~를 드리고 있다 Les gens assistent à l'office [à la messe] / Les gens suivent la messe.

◆**_당** -堂 명 église *f* (protestante), temple *m*; chapelle *f*, lieu *m* de culte [de prière]. ¶ ~당에 가다 se rendre [aller] à l'église [au temple].

◆**_시간** -時間 명 heure *f* d'un office.

◆**_실** -室 명 salle *f* [lieu(*x*) *m*] de culte.

예법 禮法 명 étiquette *f*; bonnes manières *fpl*; règles *fpl* de la politesse [de la bienséance]. ¶ 전통 ~ des règles de la politesse traditionnelle. ¶ ~을 따르다[지키다] respecter les règles de la bienséance [de la politesse]. ¶ ~을 알다 connaître les bonnes manières. ¶ ~에 어긋난 행동 un comportement qui va à l'encontre des règles de la bienséance [de la politesse].

예보 豫報 명 prévision *f*; bulletin *m* de prévision. ◇_(를) **하다** prédire *qc*; prévoir *qc*; annoncer à *qn qc*/que+*ind*, faire des prévisions sur *qc* ¶ 기상대에서 내일 비가 온다고 ~를 했다 Le service météorologique a annoncé qu'il pleuvrait demain. ◇_(가) **되다** être annoncé(*e*), prédit(*e*).

◆**일기_** 日氣- 명 bulletin *m* météorologique; météo *f*, prévisions *fpl* météorologiques. ¶ 라디오에서 주간 일기~를 듣다 écouter la météo de la semaine à la radio. ¶ 일기~가 맞았다[틀렸다] La météo a vu juste[s'est trompée] / La météo a donné une prévision correcte [a commis une erreur]. ¶ 일기~에 따르면 오늘 오후에 비가 올 것이다 Si l'on en croit la météo, cet après-midi il va pleuvoir / D'après la météo, il va pleuvoir cet après-midi. ¶ 요즘은 일기~가 많이 정확해졌다 De nos jours, la météo est devenue beaucoup plus précise.

예복 禮服 명 habit *m* de cérémonie; ((남성용)) habit *m*, jaquette *f*, tenue *f* de cérémonie[de soirée]; ((여성용)) robe *f* du soir[de soirée]. ¶ 결혼 ~ une robe de mariée; un costume de marié. ¶ ~을 맞추다[빌려 입다] se faire tailler un costume de cérémonie sur mesure [louer un costume]. ¶ ~을 입다[착용하다] porter un habit de cérémonie. ¶ ~을 착용할 것 La tenue de soirée de rigueur / L'habit est obligatoire.

예봉 銳鋒 명 ① 날카로운 칼끝 pointe *f* (d'un crayon) fine, bout *m* pointu. ② 날카롭게 공격하는 기세 assaut *m*; attaque *f* vive vigoureuse [intense, poussée, inouïe, puissante, violente]. ③ 날카로운 논조 critique *f* incisive. ¶ ~을 꺾다 repousser [refouler] une attaque vive [vigoureuse, intense, poussée, inouïe, puissante, violente]; repousser un assaut vigoureux [intense]. ¶ 적의 ~을 피하다 fuir les attaques vigoureuses [intenses] de l'ennemi.

예불 禮佛 명 【불교】 prière *f* au Bouddha. ◇_(을) **드리다** adresser une prière au Bouddha.

예비 豫備 명 préparation *f*; réserve *f*. ¶ ~ 신랑[신부, 대학생] un fiancé; un futur marié [une fiancée, une future mariée; un(*e*) futur(*e*) étudiant(*e*) d'université]. ◇_(를) **하다** préparer *qc*; réserver *qc* pour *qn/qc/inf*, prévoir *qc* pour *qn/qc*. ¶ 내일을 ~하다 préparer l'avenir [demain]. ◇_(가) **되다** être en réserve, être préparé(*e*) à l'avance; être prévu(*e*) d'avance, fixé(*e*), décidé(*e*). ¶ 운명은 ~되어 있다 Tout est déjà écrit (dans le livre du Destin).

◆_**적** -的 명 préalable, préliminaire, préparatoire. ¶ 무엇에 대한 ~적 고찰 un examen préalable pour *qc*; une étude préliminaire pour *qc*.

◆_**군** -軍 명 soldat *m* de réserve; réserviste *m*; armée *f* de réserve. ¶ ~군 훈련 périodes d'entraînements pour les réservistes ((jusqu'à l'âge de 32 ans)).

◆_**비** -費 명 fonds *mpl* de réserve. ¶ ~비로 10억을 책정하다 décider de garder un milliard en réserve.

◆_**역** -役 명 soldat *m* de réserve; réserviste *m*; armée *f* de réserve. ¶ ~역 장성[장교] un général [un officier] de réserve.

◆_**판사** 判事 명 juge *m* stagiaire.

예쁘다 형 ① ((외모)) être joli(*e*), mignon(*ne*), beau(belle). ¶ 예쁜 집[소녀, 옷]. une jolie maison [une jolie petite fille, un joli vêtement]. ¶ 그 여자는 더 예뻐졌다 Elle a encore embelli / Elle est devenue plus belle. ¶ 이 꼬마 참 예쁘게 생겼네 Cet(*te*) enfant est vraiment très mignon(*ne*) / Ce(*tte*) gosse est vraiment très joli(e) [très mignon]. ¶ 예쁘게 차려 입다 s'habiller joliment [merveilleusement bien]. ② ((감정)) être aimable, plaisant(*e*), adorable, charmant(*e*). ¶ 그렇잖아도 예쁜 아이가 예쁜 짓만 골라 한다 De toutes les manières, les bons enfants ne font que de bonnes choses. ¶ 행실[마음]이 ~ *Son* comportement est aimable [Il a bon cœur] / Son attitude est gracieuse / Son attitude est adorable.

***딸이 예쁘면 사위도 예쁜 법이다** Si l'on aime *sa* fille, on aimera *son* gendre.

예쁘장하다 형 être assez[plutôt] joli(*e*), gentil(*le*), mignon(*ne*), beau(belle). ¶ 남자 아이가 예쁘장하게 생겼다 Ce petit garçon a l'air mignon comme tout.

예사 例事 명 chose *f* courante; affaire *f* ordinaire. *¶ ~ 솜씨가 아니다 Ce n'est pas un talent* banal. ¶ ~ 물건[사람]이 아니다 Ce n'est pas un objet [une personne] ordinaire. ¶ ~로 여기다[보아 넘기다] considérer *qc* comme sans grande importance [comme quelque chose d'ordinaire, comme quelque chose de banal, comme quelque chose d'habituel]. ◇_**이다** être courant(*e*), ordinaire, fréquent(*e*), habituel(*le*). ¶ 요즈음 나는 밤새우는 게 ~다 Ces temps-ci, c'est monnaie courante pour moi de passer des nuits blanches [de rester debout toute la nuit].

◆_**롭다** 형 être ordinaire, commun(*e*), fréquent(*e*), habituel(*le*). ¶ ~로운 일이 아니다 ne pas être monnaie courante, ne pas être fréquent(*e*); ne pas être habituel(*le*). ¶ ~롭게 생각하다 considérer *qc* comme ordinaire [comme quelque chose d'ordinaire, comme quelque chose de banal, comme quelque chose d'habituel].

◆_**로이** 부 ordinairement, communément, fréquemment, habituellement. ¶ ~로이 보아 넘기다 considérer comme ordinaire[sans importance particulière].

◆_**내기** 명 personne ordinaire. ¶ ~내기가 아니다 Ce n'est pas une personne ordinaire.

◆_**말** 명 mot neutre.

◆_**ㅅ일** 명 chose *f* ordinaire, chose *f* courante [fréquente, habituelle, banale]. ¶ 예삿일이 아니다 Ce n'est pas une chose ordinaire [fréquente, habituelle, banale].

예산 豫算 명 budget *m*. ¶ ~을 초과하다 excéder le budget; dépasser *son* budget. ¶ ~을 각 부서에 할당하다[배분하다] assigner [distribuer] les crédits à chaque service. ¶ ~에 넣다 intégrer *qc* dans le budget; inscrire ((une dépense)) au budget. ¶ 지출을 ~에 맞추다 ajuster les dépenses selon *son* budget. ¶ ~이 부족하다 manquer de crédits, manquer de budget. ¶ ~이 넉넉하다 Les crédits sont suffisants / Le budget est suffisant / On a assez de budget / On a un budget suffisant. ¶ 이 계획에는 많은 ~이 필요하다 La réalisation de ce projet exige d'importants crédits / Pour ce projet, on a besoin d'un budget considérable [important]. ¶ 그에 대한 ~이 없다 Il n'y a pas de crédit[budget] pour cela. ◇_(을) **세우다[짜다, 편성하다]** dresser [préparer, établir] le budget. ¶ 국가 ~을 짜다 établir le budget de l'État.

◆_**심의** -審議 명 délibération *f* du budget.

◆_**안** -案 명 projet *m* budgétaire. ¶ ~안을 국회에 제출하다 présenter un projet de budget à l'Assemblée Nationale. ¶ ~안을 가결[부결]하다 voter [refuser] le budget. ¶ ~안을 심의하다 considérer le budget, examiner [débattre sur] le [un] budget.

◆_**액** -額 명 somme *f* [montant *m*] du budget.

◆_**연도** -年度 명 année *f* budgétaire.

◆_**위원회** -委員會 명 comité *m* budgétaire.

◆_**집행** -執行 명 application *f* budgétaire.

◆_**초과** -超過 명 dépassement *m* du budget.

◆_**편성** -編成 명 établissement *m* du budget.

◆**국가**_ 國家- 명 budget *m* national.

◆**수정**_ 修正- 명 révision *f* du budget.

◆**적자**_ 赤字- 명 déficit *m* budgétaire.

◆**추가경정**_ 追加更正- 명 budget *m* additionnel.

◆**특별**_ 特別- 명 budget *m* extraordinaire; budget

m spécial.

예상 豫想 명 prévision *f*; attente *f*; pronostic *m*. ¶ ~을 뒤엎다[깨다] bouleverser un pronostic [renverser le pronostic]. ¶ ~대로 되었다 Ça s'est passé comme prévu [comme on l'a prévu]. ¶ ~외로 contre toute attente, contrairement à ce que nous espérions. ¶ ~과 달리 contrairement à ce qui avait été prévu. ¶ 그 사람이 돌아올 거라는 내 ~이 들어맞았다[적중했다] J'avais bien dit [J'avais bien prévu] qu'il reviendrait. ¶ ~이 빗나갔다 Les prévisions se sont avérées fausses. ◇_(을) 하다 prévoir *qc*; s'attendre à *qc*. ¶ 전혀 ~치 못한 결과 un résultat totalement inattendu [imprévisible]. ¶ 나는 이런 결과를 ~하고 있었다 Je m'attendais à un résultat de ce genre [à un résultat de ce type]. ¶ 나는 그 사람이 이 제안을 거부할 거라고 ~했었다 J'avais prévu qu'il refuserait cette proposition. ◇_(이) 되다 être estimé(*e*), attendu(*e*), prévu(*e*). ¶ 올해는 수출이 많이 줄어들 것으로 ~된다 On estime que les exportations vont beaucoup baisser cette année.

예서[1] 隷書 명 style *m* d'écriture simplifiée des caractères chinois en carré.

예서[2] 禮書 명 livre *m* des rites.

예서[3] 명 à cet endroit-ci ☞ 여기

예서제 予婿制 명 【역사】 système *m* d'adoption du gendre (par les beaux-parents).

예선 豫選 명 épreuve *f* éliminatoire; les éliminatoires *mpl*. ¶ 1차[2차] ~ le premier tour [le deuxième tour] éliminatoire. ¶ ~을 거치다 passer par les éliminatoires. ¶ ~을 통과하다 franchir le cap des éliminatoires; se qualifier pour la phase finale. ¶ ~에서 탈락하다[떨어지다] échouer aux éliminatoires; être éliminé(*e*) au premier tour.

◆_경기 -競技 명 match *m* éliminatoire.

◆_전 -戰 명 match *m*[épreuve *f*] éliminatoire. ¶ ~전을 치르다 jouer un match éliminatoire.

예속 隷屬 명 sujétion *f*, soumission *f*, servitude *f*. ¶ ~ 상태 un état de servitude[de sujétion]. ¶ 일체의 ~에서 해방되다[벗어나다] se libérer[sortir] de toute servitude. ◇_(을) 하다[시키다] soumettre *qn*, assujettir *qn*, mettre en servitude *qn*. ◇_(이) 되다[(을) 당하다] être soumis(*e*), réduit(*e*) en sujétion, mis(*e*) en servitude, être assujetti(*e*).

예수 외 명 Jésus. ¶ ~와 그의 열두 제자 Jésus et ses douze apôtres. ¶ ~의 부활 la résurrection du Christ. ¶ ~의 수난 la Passion du Christ.

◆_교 -教 명 christianisme *m*.

◆_그리스도 명 Jésus-Christ.

◆_쟁이 명 【속어】 bigot(*te*); grenouille *m* de bénitier.

예순 명관 soixante *m*. ¶ ~을 넘긴 나이 âgé de plus de soixante ans. ☞ 서른

예술 藝術 명 art *m*. ¶ ~의 전당 le palais des arts. ¶ ~에 대한 열정 la passion pour les arts. ◇_(을) 하다 pratiquer un art. ¶ ~ 하는 사람들의 특성 la particularité des personnes qui s'adonnent à l'art.

*~은 길고 인생은 짧다 L'Art est long et la vie est courte.

◆_적 -的 명관 artistique. ¶ ~적 감각[취향] une sensibilité [un goût] artistique. ¶ 그 장면은 무척 ~적이었다 Cette scène était vraiment très artistique.

◆_성 -性 명 côté *m* [aspect *m*, caractère *m*] artistique. ¶ ~성이 있는 작품 une œuvre très artistique.

◆_가 -家 명 artiste *mf*.

◆_관 -館 명 bâtiment *m* destiné aux arts, centre *m*[établissement *m*] artistique.

◆_계 -界 명 monde *m*[milieu *m*] des arts, milieu *m* artistique. ¶ 한국의 ~계를 대표하는 인물들 les figures représentatives du milieu des arts coréens.

◆_단 -団 명 troupe *f* d'artistes.

◆_론 -論 명 théorie *f* de l'art.

◆_인 -人 명 artiste *mf*.

◆_미 -美 명 beauté *f* artistique.

◆_제 -祭 명 festival *m* d'art.

◆_품 -品 명 œuvre *f* d'art. ¶ ~품을 감상하다 apprécier [contempler] une œuvre d'art.

◆_작품 -作品 명 œuvre *f* d'art.

◆_지상주의 -至上主意義 명 théorie *f* de l'art pour l'art.

◆대중_ 大衆- 명 art *m* populaire, art *m* grand public.

◆순수_ 純粹- 명 art *m* pur.

예스럽다 형 être archaïque, ancien(*ne*), antique, antédiluvien(*ne*) {*fam*}; être désu*et*(*ète*); être vi*eux*(vi*eille*), vieillot(*te*). ¶ 예스러운 물건 une chose ancienne[antique, archaïque, désuète]. ¶ 예스러운 말투 une façon de parler démodée [dépassée, vieillotte]. ¶ 예스러운 문장 une phrase archaïque. ¶ 예스러운 분위기 une atmosphère désuète; une atmosphère ancienne [archaïque, antique]. ¶ 거실을 좀 예스럽게 꾸미고 싶습니다 J'ai envie de décorer le salon à l'ancienne.

예습 豫習 명 préparation *f* d'une leçon. ¶ 복습보다 ~이 더 중요하다 Il est plus important de préparer *ses* leçons à l'avance que de les réviser. ◇_(을) 하다 préparer une leçon à l'avance. ¶ ~을 철저히 하다 préparer la leçon dans *ses* moindres détails, préparer parfaitement la leçon. ¶ 다음 날 배울 과목을 ~하다 travailler les cours du lendemain. ◇_(이) 되다 être préparé(*e*).

예시 例示 명 présentation *f* d'un exemple; illustration *f*. ¶ 구체적인 ~가 없어서 이해하기가 어렵다 C'est difficile à comprendre sans un exemple précis [concret]. ◇_(를) 하다 donner un exemple; illustrer d'un exemple. ◇_(가) 되다 être illustré(*e*) d'un exemple; être donné(*e*) pour exemple. ¶ ~된 것들을 다 검토하다 examiner tous les exemples donnés.

예식 禮式 명 cérémonie *f*, rite *m*. ¶ 1시 ~ une cérémonie qui commence à une heure. ¶ 혼인 ~ une cérémonie de mariage. ¶ ~을 거행하다 célébrer un rite [une cérémonie].

◆_장 -場 명 salle *f* [lieu *m*] de cérémonie. ¶ ~장에서 결혼식을 하다 célébrer un mariage dans la salle de mariage.

예심 豫審 명 ① présélection *f*; audience *f* préliminaire. ¶ ~을 통과하다 franchir [passer] le cap des présélections. ¶ ~을 거쳐 올라온 작품들 les œuvres qui ont franchi le cap des présélections. ② 【법률】 instruction *f* (criminelle).

◆_ **법정** -法庭 명 salle *f* d'audience (préliminaire).

◆_ **조서** -調書 명 dossier *m* d'instruction.

◆_ **종결** 終結 명 fin *f* de l'instruction.

◆_ **판사** -判事 명 juge *m* d'instruction.

예약 豫約 명 réservation *f*. ¶ 호텔 ~ réservation d'un hôtel. ¶ ~을 취소하다 annuler une réservation. ◇_(을) **하다** réserver *qc*; faire une réservation; retenir ((des places)) au préalable. ¶ 호텔에 방을 ~하다 réserver [retenir] une chambre à l'hôtel. ¶ 식당에 자리를 ~하다 faire une réservation dans un restaurant, réserver une table dans un restaurant. ¶ 비행기 좌석을 ~하다 réserver une place d'avion. ◇_(이) **되다** être réservé(*e*), ((place)) être retenu(*e*) au préalable. ¶ 이 방은 ~이 되어 있다 Cette chambre est réservée. ¶ 김 박사는 오늘 오전에 환자들이 ~되어 있다 Le docteur Kim a des rendez-vous (avec des patients) ce matin.

◆_ **금** -金 명 arrhes *fpl*; acompte *m*. ¶ ~금을 내다[걸다] verser des arrhes.

◆_ **석** -席 명 siège *m* [place *f*] réservé(*e*).

예언 豫言 명 prophétie *f*; prédiction *f*. ¶ 그 사람의 ~대로 되었다 Ça s'est passé comme il l'avait prédit [prophétisé, annoncé]. ¶ 그 사람의 ~이 적중했다[빗나갔다] Ses prédictions se sont avérées exactes [fausses]. ◇_(을) **하다** prédire *qc*; prophétiser *qc*. ¶ 앞일을 ~하다 prédire l'avenir. ¶ 전쟁이 언제 끝날지를 ~하다 prédire quand finira la guerre. ◇_(이) **되다** être prédit(*e*).

◆_ **서** -書 명 livre *m* de prophéties.

◆_ **자** -者 명 prophète *mf*; devin(*eresse*).

예열 予熱 명 préchauffage *m*. ◇_(을) **하다[시키다, 가하다]** préchauffer ((un aliment, un lit)), faire un chauffage préalable, chauffer préalablement ((une habitation)).

예외 例外 명 exception *f*, dérogation *f*. ¶ ~를 인정하다 reconnaître [admettre] une exception. ◇_**로 하다[치다]** considérer *qn*/*qc* comme une exception. ◇_(가) **있다[없다]** y avoir une [ne pas y avoir d']exception. ¶ 이 규칙에는 한 가지 ~가 있다 Cette règle connaît une exception. ¶ ~ 없는 법칙은 없다 Il n'y a pas de règle sans exception / C'est l'exception qui confirme la règle.

◆_ **없이** 부 sans exception, sans dérogation, sans restriction. ¶ 여기 오는 사람은 ~ 없이 이 시험을 치러야 한다 Toutes les personnes présentes doivent passer cet examen sans exception [sans dérogation, sans restriction].

◆_ **적** -的 명관 exceptionnel(*le*); inhabituel(*le*). ¶ ~적인 용법 un emploi exceptionnel. ¶ 여기서는 그런 사람이 오히려 ~적이다 Ici, une telle personne est au contraire exceptionnelle.

◆_ **조항** -條項 명 clause *f* d'exception.

예우 禮遇 명 traitement *m* dans les règles[dans les formes]; accueil *m* cordial. ◇_(를) **하다** recevoir *qn* avec les honneurs; traiter *qn* cordialement. ¶ 전직 대통령을 ~하다 accorder tous les honneurs à l'ex-président de la République. ◇_(를) **받다** recevoir les honneurs; être reçu(*e*) cordialement. ¶ 지위에 합당한 ~을 받다 être reçu(*e*) selon *son* grade [selon *sa* position].

예의 禮儀 명 courtoisie *f*; politesse *f*; civilité *f*; bienséance *f*; bonnes manières *fpl*. ¶ 웃어른에 대한 ~ le respect dû [la politesse due] aux aînés. ¶ 친한 친구 사이에도 ~를 지켜야 한다 Même entre amis, il y a des choses à ne pas faire [des choses à respecter, des règles élémentaires de savoir-vivre à respecter]. ¶ ~에서 벗어난 짓 un geste [une action] impoli(*e*). ◇_(를) **차리다[갖추다]** se comporter en respectant les règles de la politesse [les bonnes manières]. ¶ ~ 차리지 말고 많이 먹게 Ne fais pas de manières [Pas tant de chichis!, Reste naturel(*le*), Reste simple, Sois naturel(*le*)!, N'en fais pas trop!, Ne fais pas la [ta] chochotte! {*fam*}], mange à ta faim [mange autant que tu en as envie]. ◇_(가) **있다[바르다]** être bien élevé(*e*), poli(*e*) [être correct(*e*), être courtois(*e*), révérencieu*x*(*se*)]. ¶ 그는 어른들에게 아주 ~ 바르다 Il est très poli envers [vis à vis de] ses aînés. ◇_(가) **없다** être impoli(*e*), mal élevé(*e*), malpoli(*e*) {*pop*}, irrévérencieu*x*(*se*), grossi*er*(*ère*), cavali*er*(*ère*), rustre, mufle, malotru(*e*). ¶ 그 사람은 ~가 없다 Il est impoli [mal élevé, grossier]. ¶ ~ 없는 행동 une conduite grossière [cavalière].

*~**를 알다[모르다]** être bien élevé(*e*), poli(*e*), correct(*e*), être courtois(*e*), révérencieu*x*(*se*) [être impoli(*e*), mal élevé(*e*), malpoli(*e*), irrévérencieu*x*(*se*), grossi*er*(*ère*), cavali*er*(*ère*), rustre, mufle, malotru(*e*)]. ¶ ~도 모르는 놈 같으니! Espèce de mufle! / Quel mufle! / Quel goujat! / Quel rustre! / Grossier personnage!

◆_ **상** -上 부 selon [suivant] les bonnes manières, conformément aux bonne manières [aux règles de la politesse, aux règles de savoir-vivre]. ¶ ~상 한 번 거절해 본 것이다 J'ai refusé une fois par politesse. ¶ ~상 그럴 수는 없다 Ce n'est pas possible selon les règles de la politesse / La politesse [La bienséance] l'interdit.

◆_ **범절** -凡節 명 bonnes manières *fpl*; convenances *fpl*; étiquette *f*; décorum *m*.

예의주시하다 銳意注視_ 타 regarder [observer] très attentivement. ¶ 많은 사람들이 우리를 예의주시하고 있다 Ils sont nombreux à observer nos moindres faits et gestes.

예인 曳引 명 remorquage *m* ((d'un bateau)). ◇_(을) **하다** remorquer ((un bateau)). ¶ 좌초된 유조선을 ~하다 remorquer un pétrolier naufragé. ◇_(이) **되다**

ㅇ

être remorqué(*e*).

◆_선 -船 명 (bateau *m*) remorqueur *m*; toueur *m*.

예입 預入 명 dépôt *m*; consignation *f*; versement *m*. ◇_(을) **하다** verser; déposer; faire un dépôt [un versement]. ¶ 은행 계좌에 100만원을 ~하다 déposer un million de wons sur un compte à la banque. ◇_(이) **되다** être déposé(*e*), versé(*e*), consigné(*e*).

예전 명 autrefois *m*; jadis *m*; temps *m* reculé, passé *m*; avant, il y a longtemps. ¶ ~ 상태로 돌아가다 revenir à [retrouver] *son* état antérieur; redevenir comme avant. ¶ 그는 ~ 모습이 아직도 남아 있다 Il reste des traces de ce qu'il était avant / *Son* ancienne apparence n'a pas totalement disparu. ¶ 그 사람은 ~의 그가 아니다 Il n'est plus le même / Il n'est plus ce qu'il était. ¶ ~에 비하면 많이 나아졌다 s'être beaucoup amélioré(*e*) par rapport à autrefois [avant]. ¶ ~에도 그랬다 Il en était déjà ainsi par le passé / C'était la même chose avant. ¶ ~에는 여기에 공원이 있었다 Jadis, [auparavant] il y avait un jardin ici / Il y a longtemps, il y avait un parc [un jardin public] dans cet endroit. ¶ ~부터 죽 그래 왔다 Il en a toujours été ainsi. ¶ ~처럼[대로] comme avant.

예절 禮節 명 bonnes manières *fpl*; convenances *fpl*; étiquette *f*; décorum *m*. ¶ ~ 교육 l'éducation des bonnes manières. ¶ ~을 지키다 respecter les convenances [l'étiquette]. ¶ 요즘 아이들은 ~을 모른다 Les enfants d'aujourd'hui ne connaissent pas les bonnes manières. ¶ ~(이) 바르다 être bien élevé(*e*), être poli(*e*), être correct(*e*), être courtois(*e*), révérencieu*x*(*se*).

예정[1] 豫定 명 projet *m*, plan *m*, programme *m*. ¶ 출발 ~ 시각 l'heure prévue du départ. ¶ ~보다 (하루) 일찍[늦게] (un jour) plus tôt [plus tard] que prévu. ¶ ~대로 출발하다 partir à l'heure prévue. ¶ 그는 ~을 앞당겨[늦추어] 떠났다 Il est parti avec de l'avance [avec du retard] sur l'horaire. ¶ 일주일 머물 ~으로 파리에 가다 aller à Paris en prévoyant d'y passer [séjourner] une semaine. ¶ ~대로라면 그 사람은 오늘 도착했어야 한다 D'après ce qui avait été prévu, il aurait dû arriver aujourd'hui. ◇_(을) **하다** arranger au préalable, former un projet, projeter, dresser [tracer] un plan, arrêter ((une date)). ¶ 출발 시간과 장소를 ~하다 prévoir [fixer] l'heure et le lieu du départ. ◇_(이) **되다** être arrangé(*e*), prévu(*e*), projeté(*e*), désigné(*e*). ¶ ~된 날짜에 à la date désignée [prévue]. ¶ ~된 각본대로 움직이다 agir d'après le scénario [d'après le plan]. ¶ 그 정치가는 ~되어 있던 일정을 취소하고 급히 돌아왔다 Ce politicien a annulé son programme primitif [son programme initial, le programme initialement prévu] pour rentrer précipitamment. ¶ 그 친구는 내일 돌아오기로 ~되어 있다 Il est prévu qu'il rentre demain. ◇_**이다** avoir l'intention de; avoir le projet de. ¶ 우리는 내일 떠날 ~이다 Nous pensons partir demain. ¶ 그 친구는 내일 서울에 도착할 ~이다 Il devrait arriver à Séoul demain.

◆_일 -日 명 jour *m* [date *f*] prévu(*e*). ¶ 출산[입주] ~일 date prévue pour un accouchement [emménagement].

◆_설 -說 명 【기독】 doctrine *f* [théorie *f*] de la prédestination, prédestination *f*. ¶ 칼뱅의 ~ la doctrine calviniste de la prédestination, la doctrine de la prédestination de Calvin.

◆_자 -者 명 futur(*e*) ((candidat)). ¶ 대통령 선거 출마 ~자 le candidat déclaré [désigné, annoncé] [le futur candidat] aux présidentielles, le candidat déclaré [désigné] pour les présidentielles.

◆_지 -地 명 destination *f*. ¶ 방문 ~지 étape d'une visite (officielle), étape du circuit [de la tournée] ((officielle d'un chef d'État)). ¶ 한국 대통령의 다음 방문 ~지는 파리다 La prochaine étape de la visite du chef d'État sud-coréen est Paris.

예정[2] 豫程 명 programme *m* arrêté [arrangé, prévu], plan *m*. ¶ ~을 바꾸다[변경하다] changer [modifier] le programme. ¶ ~에 없던 일이 생겼다 Il s'est passé quelque chose qui n'était pas prévu (au programme). ¶ 모든 일이 ~대로 착착 진행되었다 Tout s'est passé exactement comme prévu.

예제 例題 명 exemple *m*; exercice *m*. ¶ ~를 풀어 보다 résoudre un exercice. ¶ 이 책은 ~가 풍부하다 Ce livre regorge d'exemples.

예증 例證 명 exemple *m*, illustration *f*, preuve *f*, démonstration *f*. ◇_(을) **하다** illustrer, démontrer [expliquer] par des exemples. ¶ 여러 가지 사실들이 그의 주장을 ~하고 있다 Plusieurs vérités viennent illustrer [prouver, appuyer] sa thèse. ◇_**을 들다** donner des exemples pour illustrer [pour appuyer, pour soutenir, pour étayer] ((*sa* thèse)). ◇_(이) **되다** être illustré(*e*) [soutenu(*e*), étayé(*e*), appuyé(*e*)] par des exemples.

예지[1] 叡智 명 sagesse *f*, sagacité *f*, intelligence *f*. ¶ 신의 ~ la sagesse de Dieu.

예지[2] 豫知 명 prescience *f*, double vision *f*, prémonition *f*, pressentiment *m*. ¶ 미래에 대한 ~ prémonition de l'avenir, prescience du futur. ◇_(를) **하다** prévoir, pressentir, avoir le pressentiment de *qc*.

예찬 禮讚 명 admiration *f*, éloge *m*, glorification *f*, panégyrique *m*; adoration *f*, culte *m*. ¶ 미의 ~ culte de la beauté. ◇_(을) **하다** admirer, glorifier, adorer; faire l'éloge de *qn*; chanter [célébrer] les louanges de *qn*. ¶ 자연을 ~하는 시 un poème qui célèbre la Nature. ¶ 한복을 선이 아름다운 옷이라고 ~하다 On loue le [On fait l'éloge du] *hanbok* pour ses belles lignes. ◇_(을) **받다** recevoir des louanges. ◇_(이) **되다** être célébré(*e*), glorifié(*e*), adoré(*e*), adulé(*e*), admiré(*e*); faire l'objet d'une admiration.

◆_론 -論 명 culte *m*. ¶ 자연 ~론을 펴다 prôner un culte à la Nature.

◆_자 -者 명 adora*teur*(*trice*), admira*teur*(*trice*).

예체능 藝體能 명 arts *mpl* et sports *mpl*. ¶ ~ 계열

ㅇ

branche des arts et des sports.

예총 藝聰 명 (('예술인총연합'의 준말)) Fédération *f* des Artistes ((coréens)).

예측 豫測 명 prévision *f*, présupposition *f*. ¶ 미래에 대한 ~ prévision sur l'avenir. ¶ ~이 (들어)맞았다 Les prévisions se sont avérées vraies. ¶ ~이 빗나갔다[어긋났다] Les prévisions se sont avérées fausses. ◇_(을) **하다** prévoir, présupposer. ¶ ~했던 대로 되었다 Cela s'est passé comme prévu [comme je l'avais imaginé]. ¶ 결과[승패]를 ~하기 어렵다 Il est difficile de dire qui va gagner / Il est difficile de présupposer de la victoire [de la défaite]. ¶ 당장 내일 일도 ~할 수 없다 Pour l'heure je ne peux pas prévoir ce qui se passera demain. ¶ 아무도 ~하지 못한 일이 일어났다 Quelque chose que personne n'avait prévu s'est produit. ¶ 경기가 좋아질 것이라고 ~하다 prévoir une amélioration de la situation économique. ◇_(이) **되다** être prévu(*e*). ¶ 어려움이 ~되는 상황 une situation dont on a prévu les difficultés. ¶ 이번 주말까지 비가 계속 올 것으로 ~된다 On prévoit qu'il continuera de pleuvoir jusqu'au week-end.

◆**_불허** -不許 명 imprévisibilité *f*; caractère *m* imprévisible. ¶ ~ 불허의 경기 un match [une rencontre (sportive)] à l'issue incertaine.

예치 預置 명 dépôt *m*. ◇_(를) **하다** déposer, faire un dépôt ((à la banque)). ¶ 은행에 돈을 ~하다 déposer de l'argent à la banque. ◇_(가) **되다** être déposé(*e*).

◆**_금** -金 명 dépôt *m*; somme *f* déposée.

예컨대 例_ 부 par exemple, si l'on prend un exemple. ¶ ~ 모차르트 같은 사람이 신동이다 Mozart, par exemple, était un enfant prodige.

예탁 預託 명 dépôt *m*. ◇_(을) **하다** faire un dépôt, déposer ((à la banque)). ¶ 투자신탁회사에 돈을 ~하다 déposer de l'argent dans une société d'investissement. ◇_(이) **되다** être déposé(*e*).

◆**_금** -金 명 dépôt *m*; somme *f* déposée.

◆**_저금** -貯金 명 dépôt *m* d'épargne.

◆**_증권** -證券 명 titres *mpl* en dépôt.

◆**_증서** -證書 명 certificat *m* de dépôt.

예편 豫編 명 action de passer ou de faire passer *qn* dans l'armée de réserve; retraite *f* militaire. ¶ 그 남자는 ~을 앞두고 있다 Il ne va pas tarder à prendre sa retraite de l'armée. ◇_(을) **하다** quitter l'armée active, intégrer l'armée de réserve. ¶ 대령으로 ~하다 quitter l'armée au grade de colonel. ◇_(이) **되다** être retraité du service actif de l'armée.

예포 禮砲 명 salve *f* (de canons, de fusils). ¶ 21발의 ~를 쏘다 tirer une salve de 21 coups (de canon).

예행 豫行 명 répétition *f* (d'une cérémonie, d'un concert).

◆**_연습** -演習 명 répétition *f* ((en costume, générale)). ¶ 졸업식 ~연습 répétition de la cérémonie de remise de diplôme. ◇_(을) **하다** répéter, faire une répétition. ¶ 사전에 ~연습을 하다 répéter à l'avance.

예화 例話 명 histoire *f* que l'on cite à titre d'exemple. ¶ ~를 들다 citer une histoire à titre d'exemple.

예후 豫後 명 pronostic *m*. ¶ ~가 좋다 Le pronostic est bon [favorable]. ¶ ~가 나쁘다 Le pronostic est mauvais [défavorable].

옛 관 vie*ux*(vie*ille*, vieux); ancien(*ne*). ¶ ~ 친구 un(*e*) vieil(*le*) ami(*e*).

◆**_것** 명 chose *f* ancienne [passée, d'autrefois]; vieillerie *f*.

◆**_날** 명 passé *m*, jadis, autrefois, naguère; vieux jours *mpl*, ancien temps *m*.

◆**_말** 명 archaïsme *m*, mot *m* archaïque; (vieux) dicton *m*, proverbe *m* (ancien). ¶ ~말에 이르기를 Les anciens disaient ... / Un vieux proverbe dit ...

◆**_이야기** 명 vieille histoire *f*, histoire *f* ancienne. ¶ 우리의 사랑도 이젠 모두 ~이야기가 되고 말았다 Même notre amour n'est désormais plus qu'une vieille histoire.

◆**_일** 명 passé *m*, histoire *f* passée, événement *m* du passé. ¶ ~일을 회상하다 revenir sur *son* passé, se souvenir de *son* passé. ¶ ~일을 자꾸 들추어서 어쩌겠다는 거니? Pourquoi est-ce que tu ressors sans cesse ces histoires du passé? / Qu'est-ce que tu comptes faire avec toutes ces vieilles histoires que tu ne cesses de ressortir? ¶ 이젠 그것도 ~일이 되었다 À présent, même ça appartient au passé.

◆**_적** 명 l'ancien temps *m*. ¶ 옛날 ~적에 Il y a fort fort longtemps ... / Il était une fois ...

◆**_집** 명 maison *f* ancienne, maison *f* où l'on vivait autrefois, ancienne demeure *f*.

◆**_터** 명 vestige *m*; lieu *m* ancien ((où jadis se dressait un monument, où se produisit un événement historique, etc.)).

옛날 명 passé *m*, autrefois, jadis, naguère; ancien temps *m*. ¶ ~ 사람들 les gens d'autrefois. ¶ ~ 풍습 une vieille [une ancienne] coutume. ¶ 지금은 ~과 많이 달라졌다 Les choses ont beaucoup changé depuis jadis. ¶ ~과 오늘날의 교육제도를 비교하다 comparer les systèmes d'éducation d'hier et d'aujourd'hui. ¶ ~에는 여기에 탑이 하나 있었다 Jadis il y avait une tour ici. ¶ ~부터 depuis longtemps, depuis l'antiquité.

◆**_이야기** 명 conte *m* de fée, vieux conte *m*, vieille histoire *f*. ¶ 할머니가 들려주신 ~이야기 les histoires que racontait grand-mère. ¶ 아이가 ~이야기를 해 달라고 졸랐다 L'enfant a demandé qu'on lui raconte une vieille histoire et s'est endormi.

◆**_옛적** 명 l'ancien temps *m*, l'aube *m* des temps. ¶ ~ 옛적에 한 마을에 노부부가 살고 있었습니다 Il était une fois un vieux couple qui vivait dans un village.

옛다 감 (('옜다'의 잘못)) ☞ 옜다

옛스럽다 형 archaïque, ancien(*ne*), démodé(*e*), désu*et*(*ète*). ☞ 예스럽다

옜다 감 ((interjection)) eh ho ((avec force)). ¶ ~, 받아라 Eh, attrape cela!
옜소 감 le(*la*, *les*) voici. ¶ ~, 잔돈 받으시오 Tenez, voici votre monnaie.
오[1] 五 명관 cinq *m*. ¶ ~ 더하기 이는 칠이다 Cinq et [plus] deux font [égale(nt)] sept. ¶ ~ 분 cinq minutes. ¶ ~ 미터 cinq mètres.
오[2] 감 ((interjection)) oh! ah!; oui; bon! ¶ ~, 이제 알겠다 Ah, j'ai compris maintenant! ¶ ~, 이런 가엾은 녀석! Oh, le pauvre! ¶ ~, 맙소사! Oh, mon Dieu! / Seigneur! / Ciel! / Oh, mon Dieu! (Non,) c'est pas vrai!
-오[3] 어미 ((suffixe flexionnel de terminaison phrastique des modes interrogatif et impératif. Les modes sont distingués, dans l'écrit, par la ponctuation ; dans la langue parlée, par le ton. Si le ton est plat, il indique le déclaratif; s'il est montant, l'interrogatif; s'il est sec et bref, l'impératif. L'adjectif ne pouvant avoir le mode impératif, il peut avoir les modes déclaratif et interrogatif, alors que le verbe peut indiquer tous les modes. –오 s'ajoute après le radical verbal qui se termine par une voyelle ; -으소 seulement après le radical du verbe en mode impératif. Utilisé entre les adultes mutuellement, il exprime la politesse et le respect familiers)). ① ((mode déclaratif)) ((dans une phrase déclarative)). ¶ 나는 이만 가~ Je m'en vais à présent. ¶ 그 여자를 보고 싶은 생각이 간절하~ Elle me manque irrésistiblement. ② ((interrogatif)). ¶ 어디 불편하사~? Quelque chose ne va pas? ¶ 당신은 어디까지 가~? Où allez-vous? ③ ((impératif)). ¶ 다음 물음에 답하사~ Répondez à la question suivante.
-오-[4] 어미 ((suffixe flexionnel préfinal honorifique)). ¶ 주님께 비~니 우리의 소원을 들어 주소서 Seigneur, nous Vous prions d'entendre nos prières.
오가다 재타 ① ((거리나 길 등에서)) aller et venir, circuler. ¶ 거리에는 수많은 사람들이 오가고 있다 Une foule de gens vont et viennent dans la rue. ¶ 이곳을 오가다가 그 여자를 만났다 C'est en fréquentant cet endroit que je l'ai rencontrée. ② 일정한 곳을 오고 가다 circuler, fréquenter. ¶ 그 아저씨는 매일 직장과 집을 오가는 생활을 반복하고 있다 Sa vie n'est que la répétition quotidienne du trajet entre son travail et sa maison. ¶ 이 버스는 그곳을 하루에 두 번씩 오가는 순환 버스이다 Ce bus est un autobus périphérique qui passe ici deux fois par jour. ③ ((소식이나 물건이)) circuler, aller et venir, s'échanger. ¶ 그 두 사람 사이에 한동안 편지가 오갔다 Pendant un temps, ils se sont échangé des lettres. ¶ 몇 번이나 전화가 오간 다음에 약속이 잡혔다 On s'est donné rendez-vous après plusieurs coups de téléphone. ¶ 오랜 말다툼 끝에 주먹이 오가는 싸움이 벌어졌다 La longue dispute s'est finalement transformée en échange de coups de poing / La longue dispute a finalement dégénéré en rixe / Au terme d'une longue dispute, ils en sont finalement venus aux mains [aux poings]. ④ ((친분이나 관계가 있는 사람들끼리)) se fréquenter. ¶ 우리 집은 이웃집과 서로 오가며 허물없이 지내고 있다 Nos voisins et nous nous fréquentons les uns les autres et vivons en parfaite entente / Nous avons des relations de bon voisinage. ¶ 성한이는 동희와 서로 오가며 사이좋게 지낸다 Seonghan et Donghui se voient souvent et s'entendent bien.
***오갈 데 없다** n'avoir nulle part où aller. ¶ 주위를 둘러보면 오갈 데 없이 외롭게 지내는 사람들이 많다 Il y a beaucoup de personnes seules et qui n'ont nulle part où aller autour de nous.
오각형 五角形 명 pentagone *m*, polygone *m* à cinq côtés. ¶ ~을 그리다 dessiner un pentagone. ¶ 그 건물은 ~이다 Ce bâtiment a cinq côtés.
오감 五感 명 les cinq sens *mpl*. ¶ 인간은 ~을 통해 사물을 지각한다 Les êtres humains perçoivent les choses à travers leurs cinq sens.
오거리 五_ 명 intersection *f* à cinq voies, croisement *m* à cinq voies, carrefour *m* où se croisent cinq voies.
오경 五経 명 les cinq classiques *mpl* (du confucianisme).
오곡 五穀 명 ① 다섯 가지 곡식 les cinq céréales *fpl*. ② 모든 곡식 les céréales *fpl*, toutes les céréales *fpl*. ¶ ~이 결실을 맺는 가을 l'automne qui se termine par la maturation des céréales.
◆**_밥** 명 *ogokbap m* <riz aux quatre céréales, 5 céréales dont le riz; du riz bouilli avec quatre céréales différentes: le haricot, le haricot rouge et deux genres de millet. La coutume veut que l'on mange le *ogokbap* le 15 janvier du calendrier lunaire>. ¶ 정월 대보름날에 ~밥을 짓다[먹다] préparer [manger] du *ogokbap* le 15 janvier du calendrier lunaire.
◆**_백과** -百果 명 fruits *mpl* et céréales *mpl*. ¶ ~백과가 풍성한 계절 une saison abondante en fruits et en céréales.
오골계 烏骨鷄 명 poule *f* d'Indochine.
오그라들다 재 ① se rétrécir, se rétracter, se contracter. ¶ 다리가~ Les jambes se rétractent. ② ((형편이)) se dégrader. ¶ 오그라든 살림살이 une situation familiale (financière) dégradée.
오그라뜨리다 타 ① bosseler; cabosser; déformer. ¶ 맥주 깡통을 ~ déformer une canette de bière. ② ((몸을)) courber, replier. ¶ 추위에 사람들은 어깨를 오그라뜨리고 있었다 Les gens courbaient les épaules face au froid.
오그라지다 재 ① 휘어지다 être bosselé(*e*), cabossé(*e*), déformé(*e*). ¶ 주전자가 안으로 오그라졌다 L'intérieur de la bouilloire était bosselé. ¶ 오징어를 불에 구우니 오그라졌다 Le cal(a)mar se bossela quand on le grilla. ② 줄어지다 se dessécher, se flétrir, se ratatiner. ¶ 가뭄에 나뭇잎이 오그라졌다

Les feuilles ont été flétries par la sécheresse. ③ ((형세나 형편 따위가)) se détériorer, être détérioré(*e*). ¶ 오그라진 형편을 추스리다 remettre en ordre une situation catastrophique.

오그리다 타 ① se recroqueviller; se blottir, se faire tout(*e*) petit(*e*); se tapir. ¶ 몸을 오그리고 자다 dormir le corps recroquevillé. ¶ 그 여자는 잔뜩 오그렸던 몸을 꼿꼿이 폈다 Elle étendit tout droit son corps complètement recroquevillé. ② ((물체를)) courber; recourber; plier; arquer; cintrer. ¶ 철사 끝을 ~ arquer l'extrémité d'un fil de fer. ¶ 그 남자는 깡통을 한 손으로 오그렸다 Il a écrasé une canette de la main.

오글거리다 자 ① ((끓다)) bouillonner, bouillir à gros bouillons. ¶ 된장찌개가 오글거리면서 끓는다 Le ragoût de pâte de soja bout à gros bouillons. ② ((벌레 따위가)) fourmiller; grouiller; pulluler. ¶ 개미 떼가 그릇 안에서 오글거리고 있었다 Des fourmis grouillaient dans le récipient. ③ ((사람들이)) grouiller, fourmiller, foisonner, abonder, être grouillant(*e*) [fourmillant(*e*)] (de monde); être entassé(*e*)s. ¶ 좁은 대합실에 사람들이 오글거리고 있다 L'étroite salle d'attente regorge [déborde] de monde.

오글오글 부 ① grouillement, fourmillement, foisonnement, pullulement. ¶ 벌레들이 ~ 모여 있다 Les insectes grouillent / ça grouille d'insectes. ② ((주름)) de façon serrée. ¶ 입가에 주름이 ~ 잡혀 있다 Des rides se sont formées de façon serrée au bord des lèvres.

오글쪼글 부 avec beaucoup de rides. ¶ 눈가에 잔주름이 ~ 많이 생겼다 J'ai pris beaucoup de rides autour des yeux.

◆**_하다** 형 être ridé(*e*), fripé(*e*), flétri(*e*), plissé(*e*). ¶ 얼굴이 ~한 노파 une vieille femme au visage couvert de rides. ¶ 사과가 말라서 ~하다 La pomme est toute sèche et fripée. ¶ ~하게 주름이 잡힌 종이 un papier tout froissé.

오금 명 jarret *m*. ¶ ~을 펴다 déplier la jambe.

***~을 못 펴다[쓰다]** être incapable de se mouvoir; ((비유적)) être très intimidé(*e*); être sous la domination [sous la coupe] de *qn*, être dominé(*e*) par *qn*. ¶ 그 남자는 마누라 앞에서 ~을 못 편다[쓴다] Il est sous la coupe de sa femme / Il est dominé par sa femme.

***~(을) 박다** porter la contradiction (à *qn* qui agit en contradiction avec ses paroles); imposer silence à *qn*; clouer [clore] le bec {*fam*} à *qn*, couper le sifflet à *qn*, rabattre le caquet à *qn*, river *son clou à qn*. ¶ 나는 내일까지는 돈을 꼭 갚으라고 그에게 ~을 박았다 Je lui ai cloué le bec en lui disant de me rembourser jusqu'à demain.

***~이 쑤시다** avoir des élancements aux genoux; ((비유적)) ne pas pouvoir se retenir (de faire *qc* qu'on meurt d'envie de faire).

***~이 얼어붙다** avoir les jambes [les articulations] rouillées {*fam*}.

***~이 저리다** trembler, trembler des jambes, sentir *ses* jambes trembler. ¶ 그때 생각만 해도 ~이 저린다 Rien que d'y repenser, j'en ai les jambes qui tremblent.

오기[1] **傲氣** 명 arrogance *f*, hauteur *f*, morgue *f*; tempérament *m* orgueilleux; caractère *m* prétentieux; prétention *f*. ¶ ~로 버티다 persévérer [s'accrocher] par orgueil. ◇_(를) **부리다** ne pas céder. ¶ 그 사람은 기어이 가겠다고 ~를 부렸다 Jusqu'au bout il s'est entêté à partir. ¶ 괜한 ~ 부리지 말고 내 말 들어라 Ne t'obstine pas vainement et écoute-moi bien. ◇_**가 나다[생기다]** être gagné(*e*) par une prétention opiniâtre; être encore plus motivé(*e*) pour se battre, être stimulé(*e*) par *son* amour-propre (pour se battre encore davantage). ¶ 나는 ~가 생겼다 Cela a augmenté encore plus mon envie de me battre / Cela a stimulé mon envie de me battre / Cela a stimulé mon ardeur [ma combativité]. ¶ 나는 오히려 ~가 나서 물러서지 않고 대들었다 Gagné(*e*) par un orgueil exacerbé, je n'ai pas reculé et leur ai au contraire tenu tête. ◇_(가) **있다[없다]** avoir beaucoup d'orgueil, avoir de l'amour propre [ne pas avoir d'orgueil]. ¶ ~가 있지, 너는 어떻게 그런 놈한테 무릎을 꿇니? N'as-tu donc aucun amour-propre pour te mettre à genoux devant un type pareil?

오기[2] **誤記** 명 erreur *f* [faute *f*] d'écriture [d'orthographe]; lapsus *m* calami; inscription *f* erronée. ¶ 이 글자는 명백한 ~이다 Il y a une faute d'orthographe évidente dans ce mot. ◇_(를) **하다** faire une erreur d'écriture [une faute d'orthographe]. ◇_(가) **되다** être mal orthographié(*e*).

오나가나 부 toujours; tout le temps; partout. ¶ 저 애는 ~ 말썽이다 Cet enfant cause toujours des ennuis! / Cet enfant est toujours source d'ennuis [est une source permanente d'ennuis, est une source d'ennuis permanents] / On n'a que des ennuis avec cet enfant / C'est un faiseur d'histoires, cet enfant / C'est un enfant qui crée toujours des soucis [qui occasionne beaucoup de soucis].

오냐 감 ((interjection)) ① 긍정 oui; bien; entendu ((formule employée en parlant à des enfants)). ¶ ~, 알았다 Oui, je comprends. ¶ ~, 그렇게 해라 Bon! je te permets de le faire. ¶ ~~, 울지 마라 Bon! bon! ne pleure pas! ② 다짐 Soit. ¶ ~, 어디 네 말대로 해 봐라 Soit, fais comme tu dis. ¶ ~, 두고 보자 On verra!

◆**_ _하다** 자 acquiescer [céder] à tous les caprices d'un enfant. ¶ ~ ~ 했더니 너무 버릇이 없다 À force d'avoir été trop laxiste, il est très mal élevé. ¶ 아이를 너무 ~~ 하면서 키우면 안 된다 On n'élève pas un enfant en cédant à tous ses caprices.

오너 영{owner} 명 ① ((사주)) propriétaire *m* [patron *m*] d'une compagnie. ¶ 기업의 ~ le patron d'une entreprise. ② ((자가운전자)) propriétaire *m* [possesseur *mf*] d'une voiture. ¶ 그 친구도 드디어 자가용을 사서 ~가 되었다 Lui aussi s'est finalement acheté une voiture à lui.

◆_드라이버 명 conducteur *m* propriétaire de *son* véhicule.

오누이 명 frère *m* et sœur *f*. ¶ 저 두 사람은 ~ 사이이다 Ils sont frère et sœur.

오뉴월 五六月 명 ① 오월, 유월 cinquième et sixième mois, mai-juin. ¶ 작년 ~경에 autour de mai-juin de l'année dernière. ② 더운 때 période *f* [saison *f*] chaude, été *m*. ¶ ~ 긴긴 해 les longs jours de l'été.

*여자가 한을 품으면 ~에도 서리가 내린다 Le ressentiment d'une femme dure longtemps; la femme est rancunière.

오늘 명 ① 금일 aujourd'hui; ce jour. ¶ ~ 중에[으로] avant la fin de la journée; dans la journée. ¶ ~부터 사흘간 trois jours à compter d'aujourd'hui. ¶ ~부터 수요일까지 à partir d'aujourd'hui et jusqu'à mercredi. ¶ ~까지 jusqu'à ce jour. ¶ ~ 아침[저녁, 밤] ce matin [ce soir, cette nuit]. ¶ ~이 며칠[무슨 요일]이지? Aujourd'hui, nous sommes le combien [quel jour]? ¶ ~은 8월 5일[수요일]이다 Aujourd'hui, nous sommes le 5 août [nous sommes mercredi]. ¶ ~에 와서야 그런 말을 하면 무슨 소용 있나? À quoi ça sert de dire des choses pareilles à présent? / À quoi bon dire des choses pareilles à présent? ② 현재 aujourd'hui, notre temps *m*, notre époque *f*. ¶ ~의 세계 le monde d'aujourd'hui. ¶ ~을 사는 우리의 지혜 la sagesse de notre temps.

◆_따라 부 aujourd'hui entre tous les jours [plus qu'un autre jour], aujourd'hui tout particulièrement. ¶ ~따라 유난히 하늘이 파랗다 Aujourd'hui le ciel est particulièrement bleu.

부 aujourd'hui. ¶ 그 친구는 ~ 도착했다 Il est arrivé aujourd'hui. ¶ ~ 할 일을 내일로 미루지 말라 Il ne faut pas [jamais] remettre au lendemain [à demain] ce qu(e l)'on peut faire le jour même.

오늘날 명 ce jour-ci; de nos jours. ¶ ~의 한국 la Corée de nos jours. ¶ ~의 그 사람이 있기까지는 많은 어려움이 있었다 Il lui a fallu passer par de nombreuses difficultés pour en arriver là où il est aujourd'hui / C'est après maintes difficultés qu'il en est arrivé là. ¶ ~은 생존경쟁이 무척 심한 시대이다 Nous vivons une époque où la lutte pour la survie est très dure.

부 de nos jours. ¶ ~ 그런 식으로 생각하는 사람은 없다 De nos jours, plus personne ne pense de cette façon. ¶ ~ 정보 산업의 중요성이 날로 증대되고 있다 De nos jours, l'importance de l'industrie de communication ne cesse d'augmenter.

오늘내일 부명 aujourd'hui ou demain; très bientôt. ¶ ~ 곧 좋은 소식이 있을 것이다 Il y aura de bonnes nouvelles très bientôt.

◆_내일하다 자 n'avoir (plus) que quelques jours à vivre, *ses* jours lui sont comptés. ¶ 할아버지가 위독하셔서 ~내일하신다 Mon grand-père est dans un état critique [très gravement malade, dans un état très grave, dans un état désespéré, très mal en point {*fam*}, mourant] et n'en a plus que pour quelques jours / Mon grand-père étant mourant, ses jours lui sont comptés.

오다 자타 ① ((장소 이동)) venir, arriver, apparaître. ¶ 이리 오너라 Viens par ici. ¶ 버스가 온다 ((시내버스)) Voici l'autobus [Le bus] / ((시외버스)) Voici l'autocar [le car]! ¶ 기차가 온다 Voici le train! ¶ ...을 하러 ~ venir (pour)+*inf*. ¶ 무슨 일인지 보고 오시오 Allez voir ce qui se passe. ¶ 나는 역에까지 갔다 왔다 J'ai fait l'aller-retour à la gare. ¶ 프랑스에서 온 사람 une personne venue de France. ¶ 기차가 올 때까지 jusqu'à l'arrivée du train. ¶ 그 사람은 모임에 오지 않았다 Il(Elle) n'est pas venu(*e*) à la réunion. ¶ 먼 길을 오시느라 수고 많으셨습니다 Je vous remercie de vous être donné tant de mal pour venir de si loin. ② ((소식, 기회)) arriver, se présenter. ¶ 전화[전보, 편지, 소포]가 왔다 recevoir un coup de téléphone [un télégramme, une lettre, un colis]. ¶ 너한테 전화가 왔다 On te demande au téléphone. ¶ 회사에서 연락이 왔다 L'entreprise a cherché à te joindre. ¶ 좋은 기회가 왔다 Une bonne occasion se présente. ¶ 내 차례가 왔다 Ton tour est arrivé / C'est ton tour maintenant. ③ ((직위, 조직 이동)) arriver. ¶ 그 직원은 지난달에 우리 부서로 왔다 Il(Elle) est arrivé(*e*) le mois dernier dans notre service. ¶ 우리 반에 전학을 온 학생이 한 명 있다 Il y a un élève arrivé en cours d'année dans notre classe. ④ ((상황)) parvenir, arriver. ¶ 여기까지 온 것만도 스스로 대견하게 여겨진다 Je trouve déjà très satisfaisant d'être arrivé jusque-là. ¶ 어쩌다가 이 지경까지 오게 됐지? Comment a-t-on fait pour en arriver là? ¶ 지금 와서 다른 말을 하면 어떡하니? Et si on parlait d'autre chose à présent? ⑤ ((기상 현상)) tomber. ¶ 비가 온다 Il pleut [La pluie tombe]. ¶ 눈이 온다 Il neige [La neige tombe]. ¶ 서리가 왔다 Il gèle. ¶ 곳에 따라 소나기가 오겠습니다 Il y aura des averses en certains points du territoire. ⑥ ((시간)) approcher, arriver. ¶ 겨울이 온다 L'hiver approche. ¶ 기다리던 여름방학이 왔다 Les vacances d'été tant attendues sont arrivées. ¶ 오는 일요일에 dimanche qui vient, ce dimanche. ⑦ ((유래)) venir de; dériver de; être importé(*e*) de; être causé(*e*) par. ¶ 영어에서 온 말 un mot dérivé de l'anglais. ¶ 스트레스에서 오는 병 les maladies liées au stress. ¶ 사고는 부주의에서 오게 마련이다 Il est évident que cet accident a été provoqué par une faute de négligence. ⑧ ((변화)) se produire. ¶ 유행에도 변화가 온다 Même la mode connaît des transformations. ¶ 몸에 무리가 오는 운동은 삼가야 한다 Il faut éviter les sports qui sollicitent trop le corps [qui mettent le corps à trop rude épreuve, qui fatiguent trop, trop fatigants]. ⑨ ((정도)) arriver jusque [à hauteur de]. ¶ 물이 허벅지까지 왔다 L'eau m'arrivait à hauteur des cuisses. ⑩ ((생리 현상, 느낌)) être gagné(*e*) par; ressentir. ¶ 졸음이 오다 avoir sommeil, être somnolent(*e*), somnoler. ¶ 잠이 오다 avoir sommeil, avoir envie de dormir, être gagné(*e*) par le sommeil. ¶ 아무런 느낌도 오지 않았다 Je n'ai absolument rien senti. ¶ 팔에 마비가 왔다 Mon bras est paralysé. ¶ 감이 ~ avoir une intuition. va ① ((지속)) faire avec continuité; continuer à+*inf.* ¶ 10년 동안 이 일을 해 왔다 Ça fait dix ans que je fais ce travail / Je fais ce travail depuis dix ans. ② ((진행)) devenir; se mettre à; commencer à+*inf.* ¶ 날이 밝아 온다 Le jour [L'aube] commence à poindre / Le jour point / Le jour se lève. ¶ 목적지가 가까워 온다 On approche de notre destination / On est bientôt arrivés. ③ 느낌이 생기다 ((느낌)) ressentir. ¶ 무릎이 시려 왔다 J'ai eu soudain froid aux genoux. ④ ((방향)) adresser à, en direction de *soi*. ¶ 그 친구가 나에게 전화를 걸어 왔다 Il m'a passé un coup de téléphone. ¶ 그 사람이 나에게 여러 가지를 물어 왔다 Il m'a adressé plusieurs questions.

***가는 말이 고와야 오는 말도 곱다** ☞ 말¹

***어서 오십시오** Soyez le(*s*) bienvenu(*s*)! / Entrez messieurs dames!

***오는 날이 장날이다** être le moment idéal [le bon moment]; tomber à pic [à point nommé]; ((반어적으로)) n'avoir vraiment pas de chance [pot {*fam*}] / C'est bien notre veine {*fam*} aujourd'hui (le jour où l'on se décide enfin à se rendre quelque part, on tombe sur un jour de fermeture).

***오도 가도 못하다** ne pouvoir aller nulle part; être coincé(*e*) [bloqué(*e*), paralysé(*e*)], ne rien pouvoir faire.

***오라 가라 하다** dire [commander] de faire ci et ça; donner des ordres à tue-tête. ¶ 당신이 뭔데 사람을 오라 가라 합니까? Qui êtes-vous pour (me) donner des ordres comme ça [pour me dire ce que j'ai à faire]?

***온다 간다 말없이** sans prévenir; sans rien dire. ¶ 그는 온다 간다 말없이 사라졌다 Il est disparu sans rien dire.

오다가다 부 occasionnellement, de temps en temps, parfois. ¶ 같은 학교에 다니는 두 사람은 ~ 자주 만난다 Comme ils fréquentent la même école, ils ont souvent l'occasion de se voir. ¶ ~ 생각나면 한 번 들르세요 À l'occasion passez me voir si l'envie vous prend. ¶ ~ 만난 사이도 아닌데 당신들이 쉽사리 헤어질 수 있을까? Ce n'est pas comme si vous ne vous fréquentiez que de manière occasionnelle; alors comment pouvez-vous vous quitter si facilement?

오달지다 형 être ferme, déterminé(*e*), coriace, solide. ¶ 그 남자는 행동이 아주 ~ Il est très ferme dans son action. ¶ 오달지게 생기다 avoir l'air déterminé.

오답 誤答 명 mauvaise réponse *f.* ¶ 정답과 ~ la bonne et la mauvaise réponses. ¶ ~을 정정하다 corriger [rectifier] les mauvaises réponses.

오대양 五大洋 명 les cinq océans *mpl.* ¶ ~에 진출한 원양 어선 un bateau de pêche au long cours ayant traversé tous les océans. ¶ ~ 육대주를 누비다 traverser les cinq océans et les six continents.

오더 영{order} 명 ① ((주문)) commande *f.* ② ((명령)) ordre *m.* ◇**_를 내리다** ① passer commande. ② donner un ordre. ¶ ~만 내려 주시면 즉시 실행에 옮기겠습니다 Il suffit que vous nous en donniez l'ordre et nous passerons aussitôt à la phase d'exécution. ◇**_를 받다** ① recevoir une commande. ¶ ~를 받아서 생산하다 produire [fabriquer] sur commande. ② recevoir un ordre. ◇**_가 떨어지다** un ordre tombe.

오뎅 일 명 ① *eomuk m* <pâte de poisson pilée et étuvée>. ☞ 어묵 ② ((일어)) *oden m* <bouillon de pâte de poisson pilée avec du navet chinois et du tofu frit>. ¶ 포장마차에서 ~ 한 그릇을 사 먹다 manger une assiette d'*oden* dans une gargote.

◆**_ 국물** 명 bouillon *m* de pâte de poisson.

◆**_ 백반** -白飯 명 repas *m* à base de pâte de poisson.

오도 誤導 명 mauvais enseignement *m.* ◇**_(를) 하다** induire *qn* en erreur; entraîner *qn* dans [sur] une mauvaise voie. ¶ 젊은이들을 사악한 길로 ~하다 entraîner les jeunes sur un chemin pernicieux [le mauvais chemin]. ◇**_(가) 되다** être mal rapporté(*e*), déformé(*e*), mésinterprété(*e*). ¶ ~된 여론 une opinion publique déformée [détournée].

오도독 부 ((onomatopée)) avec un craquement. ¶ 사탕을 ~ 깨물다 croquer un bonbon.

오도방정 명 action *f* frivole [irréfléchie]; étourderie *f*; frivolité *f.* ¶ 어른 앞에서 웬 ~이냐! Comment te permets-tu d'être aussi frivole [désinvolte] devant un adulte! ◇**_(을) 떨다** agir avec frivolité; se conduire d'une manière étourdie. ¶ 그 여자는 큰일이라도 난 듯이 ~을 떨었다 Elle s'est conduite de manière irréfléchie comme s'il s'était passé quelque chose de grave.

오도카니 부 d'un air absent, vaguement. ¶ ~ 서 있다 être debout d'un air absent. ☞ 우두커니

오독 誤讀 명 lecture *f* [interprétation *f*] erronée. ◇**_(을) 하다** mal lire, mal interpréter. ¶ 암호 전보를 ~하다 mal interpréter un télégramme chiffré. ¶ 'N'을 'H'로 ~하다 lire un H pour un N. ◇**_(이) 되다** être mal lu(*e*) [mal interprété(*e*)].

오돌오돌 부 ① ((mimétique de son, d'une sensation de petites bulles caoutchouteuses qui glissent entre les dents)). ¶ 이 음식은 ~ 씹는 맛이 있다 Ce plat croustille sous la dent, c'est un vrai plaisir. ② un peu dur. ¶ 근육이 ~ 뭉쳤다 Le muscle s'est raidi. ¶ 추위로 ~ 떨다 frissonner de froid.

오돌토돌 부 avec des boutons ((mimétique de l'aspect d'une surface créée par de petites bulles)).

¶ 네 얼굴에 ~ 뭐가 많이 났다 Tu as beaucoup de petits boutons sur le visage.

오동 梧桐 명 【식물】 paulownia *m*.

◆_**나무** 명paulownia *m*.

오동통하다 형 être dodu(*e*), replet(*ète*), petit(*e*) et gros(*se*), courtaud(*e*), grassouillet(*te*), potelé(*e*), bien en chair. ¶ 오동통한 아이[얼굴] un enfant dodu, un enfant bien en chair [un visage joufflu]. ¶ 새우가 오동통하게 살이 올랐다 La crevette a pris une forme replète.

오두막 -幕 명 hutte *f*, cabane *f*, baraque *f*. ¶ ~을 짓다 construire une cabane.

◆_**집** 명 hutte *f*, cabane *f*, baraque *f*, masure *f*.

오들오들 부 en tremblant, en grelottant, en frissonnant. ¶ 추워서 온몸이 ~ 떨린다 Tout mon corps grelotte de froid. ¶ 그 여자는 공포에 싸여 ~ 떨었다 Elle trembla de peur.

오디 명 mûre *f*.

오디션 영{audition} 명 audition *f*. ¶ ~을 거쳐 선발된 배우들 les acteurs retenus sur audition. ◇_(을) **보다[치르다]** passer [donner] une audition ((devant un metteur en scène)), auditionner.

◆_**장** -場 명 endroit *m* où se passe [où a lieu] une audition, lieu(*x*) *m* d'audition.

오디오 영{audio} 명 ① (라디오, 전축 등의) 소리 audio *m*. ② 전축 chaîne *f* (stéréo); chaîne *f* hifi.

오똑 부 de toute *sa* hauteur, bien droit [haut]. ¶ 코가 ~ 솟은 얼굴 un visage avec un grand nez bien droit. ¶ 산꼭대기에 ~ 서 있는 정자 un pavillon dressé au sommet de la montagne.

◆_**하다** 형 être saillant(*e*), haut(*e*), élevé(*e*). ¶ 그녀는 콧날이 ~하다 L'arête de son nez est saillante.

오똑이 명 (('오뚝이'의 잘못)) ☞ 오뚝이

오뚜기 명 (('오뚝이'의 잘못)) ☞ 오뚝이

오뚝이 명 culbuto *m*, poussah *m*; bilboquet *m* {*vx*}. ¶ ~ 인형 un culbuto. ¶ ~처럼 넘어져도 또 일어나다 se relever de *sa* chute tel un culbuto.

오라 명 corde *f* (rouge) (utilisée pour ligoter les criminels). ¶ 죄인은 ~를 받으라 Qu'on ligote [attache] le criminel! ¶ 죄인을 ~로 묶다 ligoter [attacher] un criminel; arrêter [saisir] un suspect.

◆_**스줄** 명 corde *f* (rouge) (utilisée pour ligoter les criminels).

오라기 분류 morceau(*x*) *m* (de fil, d'étoffe). ¶ 실 한 ~ 걸치지 않은 몸 (un corps) en tenue d'Adam (et Ève).

오라버니 명 frère *m* aîné (d'une fille).

오라버님 명 frère *m* aîné (d'une fille). ¶ 저는 위로 ~이 두 분 계십니다 J'ai deux grands frères / J'ai deux frères aînés.

오라비 명 frère *m* aîné, grand frère *m* ((terme familier, utilisé par la sœur cadette)). ☞ 오라버니

오라지게 부 【속어】 vachement {*fam*}, sacrément {*fam*}, bougrement {*fam*}, diablement {*fam*}, foutrement {*vulg*}, bigrement {*fam*}, drôlement {*fam*}, fichtrement {*fam*}, rudement {*fam*}, hyper {*fam*}. ¶ 오늘은 ~ 춥다 Il fait vachement [drôlement, rudement, sacrément, hyper] froid aujourd'hui {*fam*}! / (Putain,) ça caille [pèle] aujourd'hui {*fam*}! / (Putain,) on se les gèle [caille, pèle] aujourd'hui {*vulg*}!

오라지다 재 ((les bras)) être ligoté [attaché] par derrière. ¶ 오라진 죄인 un criminel dont les bras sont ligotés [attachés] par derrière.

오라질 감 【속어】 putain {*vulg*}; merde; bordel de merde {*vulg*}. ¶ 이런 ~ 놈아! ((면전에서)) Sale type! / Salopard! {*fam*}/ Enculé!{*vulg*} / Enfoiré! {*vulg*}. ¶ 이런 ~ 놈 같으니! ((혼잣말)) Le sale type! / Le salopard!{*fam*}/L'enculé!{*vulg*} / L'enfoiré! {*vulg*}. ¶ 저런 ~ 놈아! ((제3자를 가리키며)) Ce sale type! / Ce salopard! {*fam*} / Cet enfoiré! {*vulg*}.

오락 娛樂 명 amusement *m*, divertissement *m*, distraction *f*, plaisir *m*, loisirs *mpl*. ¶ 연예 ~ 프로그램 une émission de variétés. ¶ 그들은 ~ 시간을 가졌다 Ils se sont pris du temps pour se distraire. ¶ 이 도시에는 ~ 시설이 별로 없다 Il n'y a pratiquement rien pour les loisirs dans cette ville.

◆_**물** -物 명 jouet *m*, jeu *m*; ((영화의)) divertissement *m*.

◆_**실** -室 명 salle *f* de jeux.

◆_**장** -場 명 lieu(*x*) *m* de loisirs [récréation].

◆**전자_** 電子- 명 jeu(*x*) *m* vidéo.

◆**전자_실** 電子-室 명 arcades *fpl* [salle *f*] de jeux vidéo.

오락가락 부 ① avec hésitation ((onomatopée de mouvement de va-et-vient)). ¶ ~ 거닐다 flâner en faisant des va-et-vient. ② ((정신이)) en ayant [avec] l'esprit embrumé. ¶ 정신이 ~ 영 정상이 아니다 Ce n'est pas du tout normal qu'il ait l'esprit aussi embrumé. ③ ((비나 눈이)) par intermittence. ¶ 비가 하루 종일 ~ 내린다 Il pleut toute la journée par intermittence.

◆_**하다** 재 ① tomber de façon intermittente. ¶ 온종일 비가 ~한다 Toute la journée est traversée d'averses intermittentes. ② perdre [avoir du mal à garder] le fil de *ses* idées. ¶ 이 노인은 정신이 ~한다 Ce vieillard a du mal à garder le fil de ses idées. ¶ 담당자의 말도 자꾸 ~한다 Même les paroles du préposé ne cessent de dire une chose et son contraire.

오랑캐 명 barbare *m*, sauvage *m*.

오랑캐꽃 명 violette *f*.

오래 부 longtemps. ¶ ~ 살다 vivre longtemps [vieux]. ¶ ~ 끌다 traîner en longueur. ¶ ~ 걸리다 prendre du temps. ¶ ~ 머무르다 rester [séjourner] longtemps. ¶ ~ 살고 볼 일이다 C'est quelque chose d'incroyable [d'inimaginable (de notre temps)]. ¶ ~ 사귄 친구 un(*e*) ami(*e*) de longue date.

◆_**되다** 형 être vieux(*vieil*, *vieille*), ancien(*ne*). ¶ 그 사람은 학교를 졸업한 지 꽤 ~되었다 Cela fait un bon bout de temps déjà qu'il a quitté l'école [qu'il a terminé sa scolarité].

◆_전 -前 명 il y a longtemps. ¶ ~전 이야기를 하다 raconter une vieille histoire (du passé). ¶ 그 친구는 ~전부터 컴퓨터를 사용해 왔다 Cela fait longtemps déjà qu'il(elle) utilise [manipule] les ordinateurs.

오래가다 자 durer [tenir] longtemps; vivre longtemps. ¶ 이 회사 건전지는 값도 싸고 오래간다 Les piles de cette marque sont bon marché et durent longtemps [ont une longue durée d'action]. ¶ 둘의 사랑은 상당히 오래갔다 Leur amour a duré très longtemps. ¶ 그 유행은 그리 오래가지 않을 것이다 Cette mode ne durera pas longtemps. ¶ 생각 밖으로 그들의 불화는 오래가지 않았다 Contrairement à ce que je pensais, leur dispute n'a pas duré longtemps.

오래간만 명 après (fort) longtemps, après une longue absence. ¶ 우리가 영화를 본 건 참 ~의 일이다 Ça fait vraiment longtemps [une éternité, un bail {*fam*}, une paye {*fam*}] qu'on n'était pas allés au cinéma. ◇_**이다** ça fait longtemps; ça fait un bail {*fam*} [une paye {*fam*}, un bon bout de temps {*fam*}, des lustres, un bon bout de temps {*fam*}]. ¶ 참 ~입니다 Ça fait vraiment longtemps! / Ça fait une éternité {*fam*} (qu'on (ne) s'est pas vus)! ¶ 그 친구를 본 건 참 ~이다 Je ne l'ai pas vu(e) depuis des lustres / Ça fait une éternité [un bail {*fam*}, des siècles, des lustres, un bon bout de temps {*fam*}] que je ne l'ai pas vu(*e*) / Ça fait [Il y a] très [vraiment] longtemps que je ne l'ai pas vu(e).

◆_**에** 부 pour la première fois depuis longtemps. ¶ ~에 영화를 보다 aller au cinéma [voir un film] pour la première fois depuis longtemps. ¶ 친구한테서 ~에 편지가 왔다 J'ai reçu une lettre de mon ami(*e*) après un long silence.

오래다 형 être long(*ue*); être vi*eux*(vi*eil*, vi*eille*), ancien(*ne*); ((세월이)) faire longtemps, durer depuis longtemps; il y a longtemps que+*ind*. ¶ 오랜 습관 une vieille coutume, une coutume ancestrale. ¶ 오랜 전통 une longue tradition. ¶ 집을 떠난 지 오랜 세월이 지났다 Cela fait longtemps qu'il est parti [qu'il a quitté la maison] / Voilà longtemps qu'il a quitté la maison. ¶ 그가 떠난 지 ~ Il est parti depuis longtemps / Cela fait longtemps qu'il est parti.

오래도록 부 (pendant) longtemps. ¶ ~ 참아온 눈물이 쏟아졌다 Les larmes que j'avais si longtemps retenues [qui m'avaient si longtemps noué la gorge] finirent par éclater / Les larmes longtemps retenues se sont mises à couler.

오랜 관 long(*ue*), vi*eux*(vi*eil*, vi*eille*), ancien(*ne*). ¶ ~ 역사 une longue histoire. ¶ ~ 단골 un client de longue date; client fidèle, habitué(*e*). ¶ ~ 시간 longtemps; de longues heures.

오랜만 명 ☞ 오래간만

오랫동안 명 un bon moment *m*; long terme *m*. ¶ 연구원들은 ~의 연구 끝에 결국 실험에 성공했다 Au terme d'une longue étude, les chercheurs ont enfin réussi l'expérience.

부 (pendant) longtemps [un bon moment], longuement. ¶ ~ 기다리셨습니다 Je suis sincèrement désolé(*e*) de vous avoir fait attendre si longtemps.

오렌지 영{orange} 명 orange *f*.

◆_**나무** 명 oranger *m*.

◆_**색** -色 명 (couleur) orange *m*, orangé *m*.

◆_**주스** 명 jus *m* d'orange.

오려내다 타 découper, couper; retrancher. ¶ 잡지에서 그림을 ~ découper des images dans une revue.

오려붙이기 명 ((미술)) collage *m*. ¶ ~ 놀이 jeu de collage. ◇_(**를**) **하다** faire du collage.

오례송편 명 올벼로 만든 송편 *songpyeon* du Nouvel an ((préparé avant le nouvel an lunaire et généralement servi pour le nouvel an)).

오로라 영{aurora} 명 aurore *f* (polaire).

오로지 부 seulement, uniquement; exclusivement. ¶ 그 사람은 ~ 돈벌이만을 생각한다 Il ne pense qu'à gagner de l'argent. ¶ ~ 너만 믿는다 Je compte uniquement sur toi. ¶ 내게 친구라고는 ~ 너뿐이다 Je n'ai que toi comme ami / Tu es mon seul ami.

오롯하다 형 모자라는 것이 없이 온전하다 être compl*et*(*ète*), parfait(*e*). ¶ 부모님의 오롯한 사랑 l'amour total des parents. ¶ 그때의 기억이 지금도 오롯하게 되살아난다 Encore maintenant, je me souviens parfaitement [j'ai des souvenirs très précis] de ce temps-là.

◆오롯이 부 ① complètement, parfaitement. ② 홀로 뚜렷하게 seul(*e*) et nettement [et clairement]. ¶ 하늘에 별 하나가 오롯이 빛나고 있다 Seule une étoile brille très clairement dans le ciel.

오류 명 ① 잘못이나 실수 erreur *f*, faute *f*. ¶ ~를 범하다[저지르다] commettre une erreur; faire une faute. ¶ ~를 깨닫다 se rendre compte de *son* erreur. ¶ ~를 시정하다 réparer [rectifier] une erreur, corriger une faute. ¶ ~에 빠지다 tomber dans l'erreur. ② 【논리】 바르지 못한 추리 cognition *f* fausse. ¶ 성급한 일반화의 ~ cognition fausse de la généralisation rapide.

오륙 五六 관 quelques, cinq ou six. ¶ ~ 년[일] cinq ou six ans [jours]. ¶ 우리들 중 ~ 명만 그 시험에 통과했다 Seules cinq ou six personnes (d'entre nous) ont passé avec succès [réussi] l'examen / Seules cinq ou six personnes (parmi nous) ont été reçues à l'examen.

오륙십 五六十 관 cinquantaine *f*.

오륜[1] 五倫 명 les cinq règles *fpl* morales du confucianisme ((l'amour parents-enfant, la loyauté envers son suzerain, la fidélité du couple, le respect de la hiérarchie et la loyauté en amitié)).

◆_**행실도** -行實図 명 tableau *m* illustrant les actes édifiants suivant les cinq grands préceptes du confucianisme ((piété entre père et fils, loyauté entre roi et sujet, séparation entre homme et femme, ordre entre vieux et jeunes, amitié entre amis)).

◆**삼강**_ 三綱 명 trois principes *mpl* et cinq préceptes *mpl* moraux.

오륜[2] **五輪** 명 올림픽의 상징 cinq anneaux *mpl* olympiques entrelacés ((inaugurés sur le drapeau olympique au XXème anniversaire du CIO en 1914 symbolisant l'union des 5 continents, la primauté de l'esprit mondial sur les nationalismes)).

◆_**기** -旗 명 drapeau(*x*) *m* olympique.

오르가슴 영{orgasm} 명 orgasme *m*. ¶ ~을 느끼다 ressentir [avoir] un orgasme. ¶ ~에 다다르다[도달하다] atteindre l'orgasme.

오르가즘 명 ((' 오르가슴' 의 잘못)) ☞ 오르가슴

오르간 명 orgue *m*. ¶ ~을 치다 jouer de l'orgue.

◆_**곡** -曲 명 morceau(*x*) *m* d'orgue.

◆_**주자** -奏者 명 organiste, joueu*r*(*se*) d'orgue.

오르내리다 재 ① monter et descendre. ¶ 층계를 ~ monter et descendre (les marches d')un escalier. ② ((짐 따위를)) monter et descendre ((des charges)); charger et décharger. ¶ 인부들은 트럭에 짐을 오르내리느라 하루 종일 일했다 Les manœuvres ont travaillé toute la journée pour charger et décharger un camion. ③ ((기준을)) osciller, fluctuer; être fluctuant(*e*). ¶ 물가가 오르내린다 Les prix sont fluctuants. ¶ 영하 10도를 오르내리는 날씨 température qui oscille autour de 10 degrés au-dessous de zéro. ④ ((입이나 신문에)) être sur les lèvres de tout le monde; être dans toutes les bouches [dans la bouche de tout le monde]; faire l'objet des commérages [des conversations], prêter aux commérages, être l'objet des ragots [de la rumeur]; provoquer les médisances [du bruit autour de *soi*, le scandale]; alimenter la rumeur publique. ¶ 그 여자는 행실이 좋지 않아 남의 입에 오르내렸다 Elle a fait parler d'elle à cause de sa mauvaise conduite. ¶ 그 사람의 이름이 요즘 신문에 자주 오르내린다 Ces jours-ci, son nom est souvent rapporté dans le journal. ⑤ 먹은 음식이 걸려 속이 거북하다 rester sur l'estomac. ¶ 속[먹은 것]이 ~ souffrir d'indigestion.

오르다 재타 ① monter, gravir, grimper; faire l'ascension de *qc*; escalader. ¶ 산에[을] ~ escalader [faire l'ascension d'] une montagne. ¶ 층계[계단]를 ~ monter [gravir] les marches [monter un escalier, monter l'escalier, grimper un escalier ((quatre à quatre))]. ¶ 비탈길을 ~ grimper un chemin en pente. ¶ 정상으로 오르는 길 chemin par lequel on atteint un sommet. ¶ 옥상으로 오르는 길 chemin qui nous mène au toit. ② ((탈것에)) monter à bord d'((un véhicule)), monter dans ((une voiture)), monter sur ((un bateau)); monter ((à cheval)). ¶ 차[기차, 배]에 ~ monter en [dans une] voiture [monter dans un train, monter sur un bateau, monter à bord]. ¶ 말에 ~ monter à cheval. ③ 길에 나서다 prendre[emprunter] un chemin; prendre un nouveau départ; partir. ¶ 여행길에 ~ partir pour un voyage [sur le chemin du voyage]. ¶ 장도에 ~ partir pour accomplir une mission importante; partir pour le combat. ¶ 귀성길에 ~ retourner au pays natal; rentrer chez *ses* parents. ④ ((일정 수준에)) être ((en bonne voie)); mettre sur ((les rails)). ¶ 궤도에 ~ mettre sur la bonne voie [sur les rails], être en bonne voie. ⑤ ((지위에)) atteindre ((une haute position sociale)); monter sur ((le trône)). ¶ 높은 지위[자리]에 ~ atteindre une haute position sociale. ¶ 왕좌[왕위]에 ~ monter sur le trône. ⑥ ((등수에)) monter en ((rang, grade)); atteindre, se qualifier pour ((les quarts de finale)). ¶ 순위에 ~ monter en rang [grade]. ¶ 결승[4강]에 ~ aller en finale, atteindre la finale [aller en demi-finale, atteindre les demi-finales]. ⑦ 거론되다 être sur les lèvres de tout le monde; être dans toutes les bouches [dans la bouche de tout le monde]; faire l'objet des commérages [des conversations], prêter aux commérages, être l'objet des ragots [de la rumeur]; provoquer les médisances [du bruit autour de *soi*, le scandale]; alimenter [nourrir] la rumeur publique [les conversations]. ¶ 화제에 ~ faire l'objet des commérages [des conversations], prêter aux commérages, être l'objet des ragots [de la rumeur]; provoquer les médisances [du bruit autour de *soi*, le scandale]; alimenter [nourrir] la rumeur publique [les conversations]. ¶ 용의선상에 ~ faire l'objet de graves soupçons. ⑧ 기록되다 être enregistré(*e*), inscrit(*e*). ¶ 학적부에 ~ être enregistré(*e*) [inscrit(*e*), mis(*e*)] dans le registre scolaire. ¶ 호적[명단]에 이름이 올랐다 Le nom est inscrit à l'état civil [dans la liste]. ¶ 법안이 의제에 올랐다 Le projet de loi a été porté à l'ordre du jour de l'Assemblée. ⑨ 음식이)) servir ((un plat)). ¶ 오랜만에 밥상에 고기가 올랐다 Pour la première fois depuis longtemps, on sert du poisson à table / Cela faisait très longtemps [une éternité, un bail {*fam*}] qu'on n'avait pas servi de poisson à table. ⑩ ((성과나 효과가)) obtenir de meilleurs résultats. ¶ 단기간에 성과[능률]가 올랐다 On a eu [obtenu] d'excellents résultats en très peu de temps / On a amélioré nos résultats en très peu de temps [On a vu notre rendement s'accroître en très peu de temps / On a vu un accroissement de la productivité [du rendement] en très peu de temps / On a obtenu un meilleur rendement en très peu de temps / On a amélioré notre rendement [productivité] en très peu de temps]. ¶ 매상이 조금 올랐다 La recette du jour a un peu augmenté. ⑪ ((기운이)) ((le vin)) monter ((à la tête)). ¶ 술[취기]이 ~ Le vin (lui) monte à la tête. ¶ 약이 ~ se mettre en colère; se fâcher, s'irriter. ¶ 술 몇 잔에 그들은 흥이 올랐다 Avec quelques verres d'alcool, leur intérêt s'est éveillé. ⑫ 살이 찌다 prendre du poids [des kilos, de l'embonpoint], grossir. ¶ 살이 ~ prendre de

ㅇ

l'embonpoint [du poids, des kilos]; grossir, engraisser. ⑬ ((온도나 열이)) 높아지다 ((la température, la fièvre)) monter. ¶ 열이 ~ La fièvre monte. ¶ 혈압이 ~ La tension monte. ⑭ ((봉급, 가격, 계급 따위가)) avoir une augmentation; augmenter, monter, grimper. ¶ 월급이 올랐다 On a été augmentés / On a obtenu une augmentation de salaire. ¶ 가격[물가]이 올랐다 Les prix ont augmenté [monté, grimpé]. ¶ 세금이 올랐다 On a augmenté les impôts / Il y a eu une hausse des impôts. ¶ 주가가 올랐다 Les cours des actions [de la Bourse] sont (re)montés / Le cours des actions est monté / La Bourse est en hausse. ¶ 계급이 ~ monter en grade. ⑮ ((기세가)) ((사기가)) remonter; s'animer, s'enthousiasmer. ¶ 사기[기세]가 ~ le moral remonte [s'animer, s'enthousiasmer].

*끗발이 ~ avoir de la chance aux cartes [au jeu], être en veine; avoir de bonnes cartes; avoir un bon jeu [du jeu] ((dans une partie de cartes)); marquer [faire] beaucoup de points.

*도마 (위)에 ~ ☞ 도마

*독이 ~ se prendre en main pour avancer, se décider à s'appliquer [à faire consciencieusement les choses, à avancer], être vraiment motivé(*e*) à faire les choses à fond ((Maintenant, je vais faire les choses à fond / Maintenant, je vais vraiment m'y mettre / Maintenant, je vais vraiment faire le maximum)).

*막이 ~ ☞ 막

*물이 ~ ☞ 물

*입에 ~ ☞ 입

*주가가 ~ ((cote ou indice de popularité)) la cote ((d'un acteur)) est en hausse; avoir la cote auprès de *qn*, avoir une cote d'enfer {*fam*}, être très apprécié(*e*) ((du public, des jeunes)); ((peintre)) être (très) coté(*e*). ¶ 그 여배우는 요즘 한창 주가가 올라서 매우 바쁘게 활동한다 Comme cette actrice a actuellement une cote d'enfer [Comme cette actrice a acquis une grande popularité], elle est actuellement très occupée [surbookée {*fam*}].

오르락내리락하다 재타 ① monter et descendre (à plusieurs reprises) [continuellement]. ¶ 층계를 ~ monter et descendre à plusieurs reprises [continuellement] l'escalier. ② ((값, 수치, 온도, 성적이)) (ne cesser de) fluctuer, osciller; être fluctuant(*e*). ¶ 기온이[가격이] 오르락내리락했다 La température n'a [Les prix n'ont] cessé de fluctuer.

오르막 명 montée *f*, route *f* en pente, pente *f*, côte *f*, rampe *f*, raidillon *m*. ¶ ~에서는 가속을 해야 한다 Il faut accélérer dans une côte [une pente, une montée]. ¶ 길이 약간 ~이다 Le chemin [La route] est un peu en pente.

*~이 있으면 내리막도 있게 마련이다 Dans la vie, il y a des hauts et des bas / S'il est des jours amers, il en est de si doux / Il n'y a chance qui ne change / Tel qui rit vendredi, dimanche pleurera / Toute joie comporte une peine / Il n'y a pas de rose(*s*) sans épine(*s*).

◆_길 명 montée *f*, route *f* en pente, pente *f*, côte *f*, rampe *f*, raidillon *m*.

오른 관 droit(*e*).

오른발 명 pied *m* droit.

오른손 명 main *f* droite.

◆_잡이 명 droiti*er*(*ère*).

오른쪽 명 côté *m* droit. ¶ 그의 ~에 à sa droite. ¶ ~ 첫 번째 골목으로 가세요 Prenez la première ruelle à droite. ¶ ~으로 가세요 Allez à droite. ¶ 모퉁이 ~으로 돌아가세요 Tournez à droite au coin de la rue.

오른팔 명 ① bras *m* droit. ¶ 그 남자는 전쟁에서 ~을 잃었다 Pendant la guerre, il a perdu son bras droit. ② 중요한 역할을 맡아서 도와주는 사람 bras *m* droit. ¶ 이 사람은 나의 ~이다 Cet homme est mon bras droit.

오른편 명 côté *m* droit. ☞ 오른쪽

오름세 명 hausse *f* ((de *qc*, du prix de *qc*)); augmentation *f* ((du prix de *qc*)); renchérissement *m*; enchérissement *m* ((des denrées)); élévation *f* ((du coût de la vie)). ¶ 주가가 ~를 유지하고[타고] 있다 Les actions montent [sont en hausse]. ¶ 주가의 ~가 한풀 꺾였다 Les actions sont en légère baisse / Le cours des actions [La bourse] est en légère baisse / Les actions baissent un peu.

오름차순 -次順 명 ordre *m* croissant. ¶ 숫자를 ~으로 배열하다 ranger les chiffres par [en] ordre croissant.

오름폭 명 l'ampleur *f* de la hausse ((des prix, des indices boursiers)). ¶ 주가의 ~이 크다 La hausse du cours des actions est importante [forte].

오리 명 canard *m*. ¶ ~ 구이 rôti de canard. ¶ 야생 ~ canard sauvage.

◆_걸음 명 marche *f* en canard. ¶ ~걸음으로[을] 걷다 marcher en canard.

◆_궁둥이 명 fesses *fpl* rondes [rebondies] et protubérantes (comme celles d'un canard), fesses *fpl* [cul {*fam*}] en arrière, croupion *m* pareil à celui d'un canard.

◆_알 명 œuf *m* de canard.

◆집_ 명 canard *m* domestique.

◆청둥_ 명 canard *m* colvert [maillard, ainette, enette]; *Anas platyrhynchos* {*nsc*}.

-오리까↔-으오리까 어미 ((suffixe flexionnel de terminaison phrastique à valeur interrogative, archaïque. –오리까 s'ajoute après le radical verbal qui se termine par une voyelle ; –으오리까 seulement après le radical du verbe en mode impératif. Utilisé à l'égard d'un interlocuteur vénérable, il exprime la révérence.)). ¶ 제가 함께 가~? Aurais-je pu venir avec vous? ¶ 내 무엇을 하~? Qu'aurais-je pu y faire? ¶ 이제 저는 어찌 해야 하~? Maintenant, que pourrais-je faire?

오리나무 명 aune *m*, aulne *m*.

오리너구리 명 ornithorynque *m*.

오리다[1] 타 découper, couper, retrancher. ¶ 색종이를 가위로 ~ découper du papier de couleur avec des ciseaux. ¶ 신문에서 기사를 ~ découper des articles dans le journal.

-오리다[2]↔**-으오리다** 어미 ((합쇼체의 평서형 종결 어미)) ((suffixe flexionnel déclaratif de terminaison phrastique, archaïque. -오리다 s'ajoute après le radical verbal qui se termine par une voyelle ; -으오리다 seulement après le radical du verbe en mode impératif. Utilisé à l'égard d'un interlocuteur vénérable, il exprime la révérence.)) ¶ 제가 곧 가~ Je vais bientôt arrivé.

오리무중 五里霧中 명 épais brouillard *m*; brouillard *m* dense [à couper au couteau]; ((비유적으로)) ((être)) dans le brouillard [le cirage {*fam*}, le coaltar {*fam*}]; pot *m* au noir {*arg*}. ¶ 수사가 ~에 빠졌다 On a perdu le fil de l'enquête / On est totalement perdus dans cette enquête / On ne comprend plus rien dans cette enquête. ◇**_이다** être dans le brouillard; ne pas savoir où l'on en est; être totalement perdu(*e*); ne plus y être du tout; être (tout) désorienté(*e*), ne pas avoir les idées claires, ne plus rien comprendre, être dans le cirage [dans le coaltar] {*fam*}; ne plus rien voir; être incapable de réagir, de raisonner normalement. ¶ 그 강도의 행방이 ~이다 On n'a pas la moindre idée où le brigand s'est caché.

오리발 명 ① palmure *f*; pied *m* palmé; main *f* syndactyle. ② ((잠수)) palmes *fpl* ((de plongée)). ¶ ~을 신다 mettre des palmes (de plongée). *~**을 내밀다** feindre l'innocence, faire l'innocent(*e*), faire celui qui ne sait rien, faire comme si de rien n'était.

오리엔탈리즘 영{orientalism} 명 orientalisme *m*.

오리엔테이션 영{orientation} 명 orientation *f* (pour les élèves de première année); accueil *m* des étudiants de première année. ¶ 신입생 ~에 참가하다 assister à la séance d'orientation pour les élèves de première année; assister à la séance d'accueil des élèves [étudiants] de première année. ◇**_(을) 하다[시키다]** accueillir ((les étudiants de première année)); organiser la séance d'orientation pour les élèves de première année. ◇**_(을) 받다** assister à la séance d'orientation pour les élèves de première année; assister à la séance d'accueil des élèves [étudiants] de première année.

오리엔트 영{Orient} 명 Orient *m*; orient*al*(*ale*, *aux*). ¶ ~ 문명 civilisations orientales.

오리지널 영{original} 명 origin*al*(*ale*, *aux*), authentique, vrai(*e*). ¶ 모조품이 아닌 ~을 사다 acheter un original qui n'est pas une imitation. ¶ 이 옷은 ~ 이태리제야 C'est un authentique vêtement italien.

오막살이 명 chaumière *f*; vie *f* de chaumière, vie *f* pauvre.

오만[1] **傲慢** 명 orgueil *m*, arrogance *f*, morgue *f*, hauteur *f*, insolence *f*; attitude *f* prétentieuse. ◆**_하다** 형 être orgueilleu*x*(*se*), arrogant(*e*), hautain(*e*), insolent(*e*). ¶ 태도가 ~하다 avoir une attitude orgueilleuse [hautaine]. ¶ 누구를 ~하게 대하다 être[se montrer] arrogant(*e*) envers *qn*. ¶ 손아랫사람에게 ~하게 굴다 se montrer arrogant(*e*) envers *ses* subalternes.

◆**_무도** -無道 명 brutalité *f* [inhumanité *f*, cruauté *f*] arrogante. ¶ ~무도하다 être inhumain(*e*) et arrogant(*e*).

◆**_무례** -無禮 명 impolitesse *f* [incongruité *f*] arrogante; insolence *f* [impertinence *f*] arrogante. ¶ ~무례하다 être impoli(*e*) et arrogant(*e*). ¶ 그 학생은 선생님에게 너무 ~무례하게 행동한다 Cet élève agit avec arrogance et impolitesse devant son professeur.

◆**_불손** -不遜 명 arrogance *f* hautaine, insolence *f* hautaine. ¶ ~불손하다 être arrogant(*e*) et hautain(*e*), être insolent(*e*) et hautain(*e*).

오만[2] **五萬** 명관 cinquante mille; toutes sortes de *qc*; très nombreu*x*(*ses*); tous(toutes). ¶ ~ 명의 군중 une foule de cinquante mille personnes.

◆**_가지** 명 de toutes sortes, de toute nature. ¶ ~ 가지 생각이 다 들었다 Des idées de toutes sortes me sont venues (dans la tête) [m'ont traversé l'esprit]. ¶ ~ 가지 이야기를 다 하다 raconter toutes sortes d'histoires.

오만상 명 visage *m* grimaçant. ¶ 그 친구는 ~을 찌푸리며 신경질을 냈다 Il s'est énervé en faisant la grimace.

오매 감 ho, oh là là. ¶ ~, 반가운 것 Oh là là, que je suis ravi(*e*)!

오매불망 寤寐不忘 명 pensée *f* continuelle. ¶ ~ 그리던 고향 pays natal auquel [patrie à laquelle] on pense sans arrêt. ¶ 그 노인은 고향에 두고 온 가족들을 ~ 그리워했다 Ce vieil homme [vieillard] pensait constamment [sans cesse, nuit et jour] à sa famille qu'il avait laissée dans son pays natal.

◆**_하다** penser jour et nuit [sans cesse, constamment] à *qc*. ¶ 잃어버린 자식을 ~하다 penser jour et nuit à *son* enfant perdu. ¶ 그 여자는 남편이 돌아오기를 ~하였다 Elle a attendu jour et nuit que son mari revienne.

오메가 그 명 oméga *m* ((Ω, ω)); ((사물의 맨끝)) le derni*er*(*ère*) élément d'une série; ((전기)) symbole *m* du ohm ((Ω)). ¶ 나는 알파요 ~니라 «Je suis l'Alpha et l'Oméga, le premier et le dernier, le commencement [le Principe] et la fin.» ((Apocalypse 1, 8 mais voir aussi 21, 6 et 22, 13)).

◆**_산** -酸 명 acides *mpl* gras oméga-3, oméga-3 *mpl*, acides gras n-3 *mpl*, acides *mpl* gras polyinsaturés oméga-3, acides gras polyinsaturés n-3 *mpl*, AGPI n-3 *mpl*, ((생략)) AG oméga-3 *mpl*.

오명 汚名 명 ① 부끄럽게 된 이름이나 평판 infamie *f*, déshonneur *m*, honte *f*, ignominie *f*. ¶ 역사에 ~을 남기다 laisser un nom disgracié dans l'histoire.

¶ 그 사람은 이 과오로 ~을 남기게 되었다 Cette faute a déshonoré [sali] son nom / À cause de cette faute, son nom a été déshonoré. ② 억울하게 뒤집어쓴 불명예 mauvaise réputation *f*, réputation *f* flétrie [ternie]; réputation *f* infamante (faussement attribuée). ◇_을 입다 être (à tort) l'objet d'une réputation infamante; être faussement accusé(*e*). ◇_을 씻다[벗다] se réhabiliter, prouver son innocence.

오목 어근

◆_하다 형 être concave, un peu enfoncé(*e*) (renfoncé(*e*)); être creux(*se*).

◆_거울 명 miroir *m* concave.

◆_렌즈 명 lentille *f* [verre *m*] concave.

◆_ 부 de petits creux par-ci par-là [par endroits].

◆_하다 형 avoir de petits creux par-ci par-là. ¶ 벽에 ~하게 파 놓은 구멍들 trous [creux] dans un mur par endroits.

오묘 奧妙 명 mystère *m*, profondeur *f*, caractère *m* abstrus. ¶ ~와 신비의 세계 un monde de mystères et de merveilles.

◆_하다 형 être profond(*e*), abstrus(*e*), mystérieux(*se*). ¶ 맛이 ~하다 Le goût est délicat [fin, raffiné]. ¶ ~한 신의 섭리 providence mystérieuse de Dieu [divine]. ¶ 그 바위는 참 ~하게 생겼다 Ce rocher a une forme bien mystérieuse.

오무리다 타 (('오므리다'의 잘못)) ☞ 오므리다

오물 汚物 명 ordure *f*, saleté *f*, détritus *m*, déchet *m*. ¶ ~ 수거 le ramassage des déchets [des ordures]. ¶ ~을 버리다 jeter [déposer] des ordures. ¶ ~을 치우다 se débarrasser des ordures.

오물거리다 재타 ① ((벌레가)) pulluler, grouiller, fourmiller, foisonner, abonder. ¶ 썩은 음식에 구더기가 오물거렸다 Des vers [asticots] grouillaient partout dans les aliments pourris / Les vers pullulaient dans les aliments pourris. ② ((음식을)) mâchonner ((un chewing-gum)), mâchouiller {*fam*}, mastiquer ((du pain, un chewing-gum, un morceau de viande)). ¶ 잇몸으로 ~ mâchonner [mâchouiller {*fam*}] avec les gencives. ¶ 그 애는 껌을 오물거리고 있다 Cet enfant mastique un chewing-gum. ¶ 그 여자는 음식을 입에 넣고 오물거렸다 Elle a mis de la nourriture dans sa bouche et l'a mastiquée. ③ ((입술, 근육이)) ramener les bords de *qc* vers l'intérieur; replier. ¶ 입을 오물거리다 (avancer et) resserrer les lèvres. ④ ((말을)) marmonner [parler, dire *qc*] entre les dents, marmonner des paroles inintelligibles, marmotter, mâchonner ((des bouts de phrase)), bredouiller, *parler dans sa barbe*. ¶ 말을 오물거리지 말고 똑똑히 좀 해 봐라 Ne marmonne pas entre tes dents, parle clairement! / Articule quand tu parles!

오물대다 재타 ☞ 오물거리다

오물오물 부 action de mâchonner [mâchouiller {*fam*}, mastiquer]. ¶ 오징어를 ~ 씹다 mastiquer du calmar séché. ¶ 그 여자는 입을 ~ 움직이면서 무언가를 씹고 있었다 Elle était en train de mâchonner [mastiquer, mâchouiller {*fam*}] quelque chose.

◆_하다 재타 mâchonner, mâchouiller {*fam*}, mastiquer.

오므라들다 재 ① se crisper; se contracter, se rétrécir, se dessécher, se flétrir; ((팔다리가)) s'atrophier; ((볼이)) se creuser. ¶ 꽃이 시들어서 오므라들었다 Les fleurs (ont fané et) se sont flétries. ¶ 그 사람은 병에 걸려 팔다리가 점점 오므라들었다 Ses membres s'atrophient petit à petit à cause de sa maladie / Une maladie est à l'origine de l'atrophie progressive de ses membres. ¶ 우리 할머니는 이가 다 빠져 볼이 오므라들었다 Comme ma grand-mère a perdu toutes ses dents, ses joues sont devenues creuses [se sont creusées]. ② ((마음이나 태도가)) se méfier; se sentir rétracté(*e*), se faire tout(*e*) petit(*e*), se sentir intimidé(*e*). ¶ 거짓말이 탄로 날까 두려워 그 사람은 자꾸만 오므라들었다 Comme il avait peur que son mensonge ne soit dévoilé, il était constamment sur ses gardes.

오므라지다 재 se refermer; se rétrécir; se crisper; se faner; se flétrir; se racornir. ¶ 추위 때문에 손이 오므라져서 펴지질 않았다 À cause du froid, mes mains ne se décrispaient pas [restaient contractées, restaient serrées]. ¶ 꽃봉오리가 오므라졌다 Le bouton de fleur s'est refermé ((à cause du froid)).

오므리다 타 ramener les bords de *qc* vers l'intérieur, replier; fermer; ((몸을)) se faire tout(*e*) petit(*e*), se ramasser, se blottir, se pelotonner, se replier, se recroqueviller; rétracter ((ses cornes)). ¶ 입[손, 다리]을 ~ avancer et resserrer les lèvres, avoir la bouche en cul de poule [replier les mains, replier les jambes]. ¶ 그 아이는 추위 때문에 몸을 오므리고 잤다 À cause du froid, il a dormi en chien de fusil.

오믈렛 영{omelette} 명 omelette *f*.

오미자 五味子 명 *Schisandra chinensis* ((arbustre grimpant)). ¶ ~ 차 *omija cha*, "infusion aux cinq saveurs" <infusion légère très parfumée aux reflets orangers à base de fruits de *Schisandra chinensis*, un arbuste grimpant, son nom signifie les cinq saveurs car il est tout à la fois sucré, acide, amer, salé et pimenté>.

◆_나무 명 *Schisandra chinensis* {*nsc*} ((arbustre grimpant))

오밀조밀 부 ① ((s'entasser)) les unes sur les autres, serré(*e*)s les un(*e*)s contre les autres; ((se mettre)) *en colonnes serrées* [rangs serrés]. ¶ 길가에 집들이 ~ 모여 있다 Les maisons s'entassent les unes sur les autres [sont collées les unes aux autres]. ② ((솜씨나 재간이)) habilement, adroitement, minutieusement, avec minutie; avec goût; avec soin, avec délicatesse; harmonieusement. ¶ 집안을 ~ 꾸미다 décorer habilement l'intérieur de la maison; décorer [arranger] avec goût [avec soin,

ㅇ

avec délicatesse, harmonieusement] l'intérieur de la maison.

◆_하다 형 ① 세밀하고 교묘하다 être fin(*e*) et mystérieu*x*(*se*); être adroit(*e*) [habile, ingénieu*x*(*se*)]; être soigneu*x*(*se*), délicat(*e*), méticuleu*x*(*se*), minutieu*x*(*se*). ¶ 방 안을 ~하게 꾸미다 décorer [arranger] avec goût [avec soin, avec délicatesse, harmonieusement] la chambre. ¶ 그 사람은 ~하게 생겼다 Il a les traits fins [délicats, réguliers] / Il a le visage d'un dessin très pur, aux traits réguliers / Il a un profil [une tête] de médaille. ② 자상하고 꼼꼼하다 être détaillé(*e*); être minutieu*x*(*se*), méticuleu*x*(*se*). ¶ 그 사람은 자기 고향에 대해서 ~하게 이야기해 주었다 Il m'a parlé de son pays natal avec beaucoup de minutie [de détails].

오발 誤發 명 ① ((총)) coup *m* de feu involontaire, tir *m* accidentel. ¶ ~ 사고 accident causé par un coup de feu involontaire [par une balle perdue]. ② ((말)) parole *f* dite par inadvertance [par mégarde]; lapsus *m*; parole *f* malheureuse [indiscrète]; mot *m* indiscret; inconvenance *f* (de langage); parole *f* laissée échappée par mégarde, bévue *f*, gourde *f* {*fam*}. ◇_(을) **하다** tirer un coup de feu involontaire, tirer un coup de feu par accident[inadvertance]. ◇_(이) **되다** ((un coup de feu)) être involontairement tiré(*e*).

◆_탄 -彈 명 balle *f* perdue.

오밤중 -中 명 minuit *m*; milieu(*x*) *m* de la nuit. ¶ ~에 전화가 왔다 Le téléphone a sonné en pleine nuit [au milieu de la nuit].

오버[1] 영{over} 명 excédent *m*, surplus *m*. ◇_(를) **하다** excéder; dépasser ((la somme prévue, les limites du budget)). ¶ 지출이 예산을 ~했다 Les dépenses excèdent [dépassent] les recettes. ◇_(가) **되다** être excédé(*e*), dépassé(*e*). ¶ 금액이 ~되었다 La somme est dépassée.

감 ((무선, 통신)) *over*, terminé (à vous). ¶ 알았다, ~ J'ai compris, *over*.

오버[2] 영{over} 명 pardessus *m*, manteau *m*. ¶ ~를 입다[벗다] mettre [enfiler] *son* manteau [enlever *son* manteau]. ¶ ~(의) 깃을 세우다 redresser le col de *son* manteau.

◆_코트 명 *pardessus m, manteau m.*

오버랩 영{overlap} 명 ① 【영화】 fondu *m* enchaîné; surimpression *f*. ¶ ~ 기법 technique du fondu enchaîné. ② 겹치기 surimpression *f*; chevauchement *m*. ◇_(이) **되다** se superposer, se chevaucher ((une image [une scène] en évoque une autre)). ¶ 그를 보니 그의 아버지 얼굴이 ~되었다 En le voyant, le visage de son père est venu se superposer / Lorsqu'il l'a vu, le visage de son père lui est apparu [il a vu l'image de son père] / La vue de cet homme [de cet individu] lui a rappelé [évoqué] (l'image de) son père. ◇_(을) **시키다** superposer, faire se chevaucher.

오보 誤報 명 compte rendu *m* erroné [information *f* fausse, renseignement *m* faux [erroné], reportage *m* erroné, faux bruit *m*] colporté(*e*) [transmis(*e*), répandu(*e*)] par les médias. ¶ ~를 내보내다[내다] ((les médias)) faire courir un faux bruit, faire un compte-rendu erroné; donner de fausses informations; faire un reportage erroné. ¶ ~로 판명되다[밝혀지다] ((une information)) se révéler mensongère[erronée]. ◇_(를) **하다** ((les médias, la presse)) faire courir un faux bruit, faire un compte-rendu erroné; donner une fausse information; faire un reportage erroné. ¶ 대통령이 죽었다고 ~하다 ((les médias, la presse)) faire courir le faux bruit du décès du président de la République.

오보에 영{oboe} 명 hautbois *m*.

오복 五福 명 (les) cinq bonheurs *mpl* ((longévité, richesse, santé, amour de la vertu, mort paisible)). ¶ 치아는 ~ 중의 하나이다 Les dents sont un des éléments des cinq bonheurs.

오불관언 吾不關焉 명 détachement *m* hautain, indifférence *f* égoïste; égocentrisme *m*. ◇_(을) **하다** faire preuve d'une indifférence égoïste[d'une superbe indifférence], se désintéresser complètement de *qc*, se foutre royalement de *qc* {*fam*}. ¶ 그 사람은 그 일에 관해서 ~했다 Il se révélait d'une parfaite indifférence devant cette affaire. ◇_**이다** être parfaitement indifférent(*e*), se foutre royalement de *qc* {*fam*}. ¶ 그 사람은 남의 사정에는 ~이다 Il se fout royalement de la situation des autres gens {*fam*} / La situation des autres l'indiffère complètement.

오붓하다 형 ① (적은 수의 사람들끼리 서로) 가깝고 정답다 être dans l'intimité, être dans le confort de l'intimité; être intime, confortable, cosy {*fam*}, douillet(*te*), confortable, peinard(*e*) {*fam*}, pépère {*fam*}, (bien) au chaud {*fam*}. ¶ 분위기가 ~ L'ambiance est intime [cosy {*fam*}]. ¶ 오붓한 시간을 갖다 passer [avoir] ensemble des moments d'intimité. ¶ 부부의 오붓한 정 amour [affection] intime d'un couple; amour conjugal. ¶ 모처럼 둘이서 오붓하게 놀아 보자 Accordons-nous pour la première fois depuis longtemps [Pour une fois, accordons-nous] un moment agréable tous les deux [un temps agréable en tête-à-tête] / Pour une fois qu'on le peut, accordons-nous un moment agréable tous les deux. ② (수입이) 실속있고 만족스럽다 être substantiel(*le*), suffisant(*e*); être rentable. ¶ 이 장사는 수입이 오붓하여 만족스럽다 C'est un commerce tout à fait satisfaisant puisque ses revenus sont substantiels / C'est un commerce rentable, donc qui en vaut la peine.

오븐 영{oven} 명 four *m*. ¶ ~에 파이를 굽다 cuire une tarte au four.

오비이락 烏飛梨落 명 coïncidence *f* (curieuse, étonnante, fâcheuse); ((par un)) heureux [malheureux] concours *m* de circonstances; (une) pure coïncidence *f.* ¶ 그 자리를 빠져나오려는데, ~으로 그 사람과 딱 마주쳤다 Quand on a voulu s'en aller, mauvaise surprise, par malchance on est [nous sommes] tombés juste sur lui. (Quelle fâcheuse coïncidence!)

오빠 명 ① frère *m* aîné (d'une femme). ¶ ~와 누이동생 un frère aîné et une sœur cadette. ② ((appellation intime d'un homme plus âgé pour une femme)).

오산 誤算 명 faux calcul *m*, calcul *m* erroné; mécompte *m*; erreur *f* de calcul. ◇_(을) **하다** faire une erreur dans un compte [de calcul]; faire un mécompte; mésestimer [sous-estimer] ((la capacité de *son* adversaire)). ¶ 더하기를 빼기로 ~하다 faire une erreur dans un compte [de calcul] en faisant une soustraction au lieu d'une addition. ¶ 우리가 그 문제에 대해 ~하고 있었다 Nous nous méprenions sur la question. ◇_**이다** se tromper, se gourer {*fam*}, se planter {*fam*}, se mettre le doigt dans l'œil, se faire des illusions, ne pas y être. ¶ 그렇게 생각했다면 그것은 너의 ~이다 Si tu pensais ainsi, tu te méprenais [tu te trompais, tu te mettais le doigt dans l'œil {*fam*}]. ¶ 그렇게 생각하는 것은 큰 ~이다 Si tu penses ainsi, tu te trompes complètement [tu n'y es pas du tout].

오색 五色 명 (les) cinq couleurs *fpl* fondamentales ((bleu, jaune, rouge, blanc, noir)); couleurs *fpl* variées.

◆_**실** 명 ① fil des cinq couleurs fondamentales ② 여러 가지 빛깔의 실 fil de couleurs variées.

◆_**찬란[영롱]하다** 형 être éclatant(*e*) de couleurs; être de toutes les couleurs, très coloré(*e*), multicolore, bigarré(*e*), chamarré(*e*), bariolé(*e*).

오선지 五線紙 명 【음악】 papier *m* à musique. ¶ 악상을 ~에 적다 noter le thème musical sur le papier à musique.

오성 悟性 명 【철학】 entendement *m*, intellect *m*, compréhension *f*, intelligence *f*.

오소리 명 【동물】 blaireau(*x*) *m*; grisard *m*.

오손 汚損 명 tache *f*, souillure *f*, dommage *m*, dégât *m*. ◇_(을) **하다[시키다]** souiller; gâter, endommager, abîmer; tacher, salir. ¶ 기물을 ~하다 briser le mobilier de *qn*. ◇_(이) **되다** être souillé(*e*), être gâté(*e*), endommagé(*e*), abîmé(*e*), taché(*e*), sali(*e*). ¶ 기계 문명에 ~된 자연 nature abîmée par la civilisation mécanique.

오손도손 부 ((‘오순도순’의 잘못)) ☞ 오순도순

오솔길 명 sentier *m*. ¶ ~을 산책하다 se promener sur un sentier. ¶ ~로 가다 prendre [emprunter] un sentier.

오수[1] 午睡 명 sieste *f*, méridienne *f* {*vx, litt*}; (petit) somme *m*, roupillon *m* {*fam*}. ¶ ~를 즐기다 adorer faire la sieste, apprécier les siestes. ¶ ~에 빠지다 faire une sieste impromptue; piquer un roupillon {*fam*}. ☞ 낮잠

오수[2] 汚水 명 eaux *fpl* d'égout; eaux *fpl* ménagères; eaux *fpl* usées, eaux *fpl* sales. ¶ ~를 정화하다 purifier [épurer, purger] les eaux usées. ¶ ~를 하수구로 버리다 évacuer les eaux usées [sales] vers l'égout.

◆_**관** -管 명 tuyau(*x*) *m* d'égout.

◆_ **처리** -處理 명 traitement *m* des eaux d'égout.

◆_ **처리장** -處理場 명 station *f* d'épuration (des eaux usées).

오순도순 부 en bonne [parfaite] entente, en harmonie, en osmose, en paix, en (parfait) accord; gentiment, amicalement. ¶ 가족들과 함께 ~ 살다 vivre en parfaite [bonne] entente avec les membres de *sa* famille; vivre heureux en famille; vivre en parfait accord avec *sa* famille. ¶ 이웃들과 ~ 지내다 avoir des relations de bon voisinage; vivre [être] en bon voisinage; vivre en parfaite entente avec *ses* voisins; bien s'entendre avec *ses* voisins. ¶ 형제들끼리 ~ 이야기를 나누다 se parler amicalement entre frères (et sœurs).

오순절 五旬節 명 【기독】 Pentecôte *f*.

오스스 부 ((onomatopée de petits tremblements, de manière frissonnante)). ¶ ~ 몸이 떨린다 Mon corps frissonne de haut en bas. ¶ ~ 소름이 돋다 avoir la chaire de poule. ☞ 으스스

오스카 영{Oscar} 명 oscar *m*. ¶ ~ 상 un oscar, une récompense aux oscars.

오스트리아 독 명 Autriche *f*.

오슬오슬 부 ((le temps se refroidit)) d'un coup; ((trembler)) de froid, de peur. ¶ 온몸이 ~ 떨린다 Il tremble de tout son corps / Un grand frisson traverse le corps (des pieds à la tête). ¶ 온몸에 ~ 한기가 온다 Je sens le froid dans tout le corps / Je suis transi(*e*) de froid / J'ai froid jusqu'à la moelle des os.

◆_**하다** 형 être saisi(*e*) d'un léger frisson, être [se sentir] frissonnant(*e*); être fiévreux(*se*), se sentir frémissant(*e*) de fièvre; avoir froid. ¶ ~한 날씨 temps froid. ¶ 열이 나면서 몸이 ~해 온다 J'ai des frissons de fièvre / Je suis [me sens] fiévreux et frissonnant.

오시 午時 명 midi *m*. ¶ 나는 ~에 태어났다 Je suis né(*e*) à midi.

오식 誤植 명 faute *f* typographique; faute *f* d'impression; faute *f* de frappe [saisie]; coquille *f*, bourdon *m*, doublon *m*, mastic *m*. ¶ ~을 잡아내다[교정하다] repérer [corriger] une faute d'impression; repérer [corriger] une coquille. ¶ ~이 많다[수두룩하다] être plein(*e*) [bourré(*e*) {*fam*}, truffé(*e*) {*fam*}, émaillé(*e*)] de fautes d'impression [coquilles]; fourmiller [déborder] de fautes d'impression. ◇_(을) **하다** faire une faute d'impression [de frappe, de saisie], faire une coquille; faire un mastic.

오신 誤信 명 croyance *f* fausse; opinion *f* erronée. ¶ ~에 빠지다 tomber dans une fausse croyance. ◇_(을) **하다** avoir une fausse croyance; avoir des opinions erronées; se méprendre. ¶ 사람들은 그 사람을 구세주로 ~했다 Les gens pensaient à tort que c'était le Messie.

오심 誤審 명 jugement *m* erroné; estimation *f* fausse; méprise *f*. ¶ 심판의 ~에 항의하다 contester le jugement erroné de l'arbitre. ◇_(을) **하다** faire un jugement erroné. ¶ 판사는 무고한 사람을 범인으로 ~하였다 Le juge a prononcé une sentence injuste envers un innocent.

오십 五十 주관 cinquante. *m. inv.* ☞ 이십

◆**_대** 代 명 cinquantaine *f*.

◆**_보백보** -步百步 명 Il y a peu de différence entre les deux / Ils se valent / Il n'y en a pas un qui vaut mieux que l'autre / C'est pratiquement la même chose! / Au fond, c'est pareil [cela revient au même]! / C'est kif-kif (bourricot) {*fam*}. ¶ 서로 잘났다고 우겨 봤자 ~보백보다 Bien qu'ils se donnent des airs, (il n')y en pas un qui vaut mieux que l'autre.

오싹 부 ((idéophone évoquant un tremblement, un frissonnement sec et bref)). ¶ 한기에~ 소름이 끼쳤다 Le froid m'a donné soudainement la chair de poule. ¶ 온몸에 ~ 전율이 일었다 J'ai ressenti un frisson me traverser tout le corps / J'ai ressenti un frisson partout dans le corps.

◆**_하다** 형 avoir des sueurs froides, être transi(*e*) de peur; avoir des sueurs froides; être saisi(*e*) d'un (léger) frisson; frissonner (de peur); frémir [trembler] de froid [de peur]; avoir la chair de poule; avoir le sang glacé. ¶ 너무 어두워서~한 기분이 들다 frissonner de peur tellement il fait noir. ¶~하게 추위가 느껴졌다 J'ai été saisi(*e*) d'un léger frisson parce qu'il faisait froid [parce que j'ai eu froid].

*__등골이__ ~**하다** avoir des sueurs froides, être transi(*e*) de peur; être saisi(*e*) d'un (léger) frisson; frissonner de peur; frémir [trembler] de peur; avoir la chair de poule; être [se sentir] frissonnant(*e*); avoir le sang glacé.

오아시스 영{oasis} 명 ① oasis *f*. ¶ 사막의 ~ une oasis dans le désert. ② oasis *f*. ¶ 그 공원은 서울 시민의 ~ 역할을 한다 Ce parc joue le rôle d'oasis pour les citoyens de Séoul.

오야붕 일 명 chef *m*, leader *m*. ☞ 왕초

오언절구 五言絶句 명 【문학】 quatrain *m* de vers de cinq caractères (chinois). ¶ ~의 한시 poésie chinoise [poème chinois] en quatrain de vers de cinq caractères.

오역 誤譯 명 mauvaise traduction *f*; traduction *f* inexacte [fausse]; erreur *f* de traduction; contresens *m*. ¶ ~을 발견하다[수정하다] découvrir [corriger] une erreur de traduction. ¶ 이 번역은 ~투성이다 Cette traduction est pleine [est bourrée {*fam*}, est truffée {*fam*}, est criblée, est émaillée, déborde, fourmille] de fautes. ◇_(을) **하다** mal traduire; interpréter ((une phrase)) à contresens; traduire inexactement, faire une mauvaise interprétation. ¶ 원문을 ~하다 mal interpréter [mal traduire] le texte original [le texte-source]. ¶ 원문을 ~하다 mal interpréter le texte de départ. ¶ A를 B로 ~하다 mal traduire A par B. ◇_(이) **되다** être mal traduit(*e*), être interprété(*e*) à contresens.

오열 嗚咽 명 sanglot *m*; pleurs *mpl*; crise *f* de larmes. ¶ ~을 삼키다 contenir [étouffer] *ses* sanglots. ¶ ~을 터뜨리다 éclater en sanglots. ¶ 유족들의 ~ 속에 장례를 치르다 célébrer les funérailles [obsèques] dans les sanglots de la famille d'un défunt. ¶ ~이 터지다 pousser des sanglots; éclater en sanglots. ◇_(을) **하다** pousser des sanglots, sangloter. ¶ 그 여자는 남편의 시신을 부여잡고 ~했다 Elle a poussé des sanglots, en s'agrippant au cadavre de son mari.

오염 汚染 명 pollution *f*, viciation *f* {*vx*}, contamination *f*, souillure *f*. ¶ ~을 방지하다 prévenir la pollution. ◇_(을) **하다[시키다]** polluer; vicier {*vx*}. ¶ 자동차의 매연이 환경을 ~시켰다 La fumée épaisse des voitures a pollué l'environnement. ◇_(이) **되다** être contaminé(*e*), corrompu(*e*); être souillé(*e*), pollué(*e*), vicié(*e*). ¶ 폐수에 ~된 강물 eau d'un fleuve [d'une rivière] polluée par les eaux d'égout.

◆**_도** -度 명 degré *m* de pollution.

◆**_물** -物 명 agent *m* polluant. ¶ ~물 처리 시설 installation du traitement des polluants.

◆**_원** -源 명 agents *mpl* polluants.

◆**공기_** 空氣- 명 pollution *f* de l'air.

◆**대기_** 大氣- 명 pollution *f* de l'atmosphère; pollution *f* atmosphérique.

◆**환경_** 環境- 명 pollution *f* de l'environnement.

오옴 독 분류 ohm *m* ((unité de mesure de résistance électrique)). ☞ 옴[2]

오욕 汚辱 명 déshonneur *m*, affront *m*, humiliation *f*, indignité *f*, ignominie *f*, honte *f*; infamie *f*; mortification *f*, opprobre *m*. ¶ ~을 입다 être déshonoré(*e*), humilié(*e*); essuyer un affront. ¶ ~을 씻다 effacer une humiliation, laver un affront [un outrage], venger un affront ¶ 그 시대는 한민족에게 ~의 세월이었다 Cette époque fut une période d'humiliation pour le peuple coréen.

오용 誤用 명 abus *m*; mauvais usage *m* [emploi *m*]; emploi *m* abusif; mauvaise application *f*; mésusage *m*. ¶ 약물 ~을 막다[방지하다] empêcher [prévenir] la consommation abusive de médicaments; prévenir le mésusage des médicaments. ◇_(을) **하다** abuser de *qc*; faire un mauvais usage; employer abusivement; se servir de *qc* dans un mauvais but. ¶ 약물을 ~하다 abuser des médicaments. ¶ 단어를 ~하다 employer abusivement un mot, faire un mauvais usage d'un mot. ◇_(이) **되다** être abusé(*e*). ¶ 강장제가 치료제로 ~되는 사례 un cas où un fortifiant est abusivement utilisé comme un médicament.

오월 五月 명 mai *m*, mois *m* de mai. ¶ 계절의 여왕 ~ Le mois de mai [(Le printemps) le mois des fleurs] la reine des saisons. ¶ ~은 장미의 계절이다 Le mois de mai, c'est la période des roses. ☞ 구월

오월동주 吳越同舟 명 fait de se retrouver dans la même situation et ensemble avec son ennemi; situation *f* dans laquelle les ennemis se retrouvent ensemble, situation *f* des Wu et des Yue dans un même bateau ((dicton provenant de l'épisode historique chinois dans lequel les soldats ennemis des Wu et des Yue (en Chine) se retrouvèrent contraints de traverser une rivière dans la même barque)). ¶ 꼭 ~ 격이다 être semblable à la situation des Wu et des Yue qui se sont retrouvés sur le même bateau.

오음 五音 명 cinq notes *fpl*. ¶ 국악의 음계는 ~으로 되어 있다 La gamme de la musique traditionnelle coréenne est constituée de cinq notes / La musique traditionnelle coréenne est représentée par la gamme pentatonique.

◆**_계** -階 명 gamme *f* de cinq notes, gamme *f* pentatonique.

오이 명 【식물】 concombre *m*.

◆**_김치** 명 *gimchi m* de concombre.

◆**_냉국** 명 soupe *f* froide au concombre et à l'ail.

◆**_소박이** 명 *sobagi m* de concombre <concombres préparés dans une saumure avec des épices, légumes assaisonnés (avec du sel, du piment et de l'ail); concombres saumurés [salés] et assaisonnés de piment, de gingembre, etc.; sorte de *gimchi* de concombre>.

◆**_씨** 명 pépin *m* de concombre.

◆**_지** 명 cornichon *m* coréen.

오인[1] 吾人 명 {*vx*} moi; nous. ¶ ~은 자주민이다 Nous sommes un peuple indépendant.

오인[2] 誤認 명 erreur *f* sur l'identité; méconnaissance *f*, méprise *f*, quiproquo *m*; malentendu *m*. ◇_(을) **하다** se tromper (sur l'identité de *qn*); méconnaître *qn*; concevoir par erreur (une fausse ou mauvaise identité); se méprendre sur *qc*. ¶ 형을 동생으로 ~하다 prendre le frère aîné pour le cadet (par erreur). ◇_(이) **되다** être pris(*e*) par erreur pour un autre. ◇_(을) **받다** être pris(*e*) par erreur pour un autre. ¶ 도둑으로 ~받다 être pris(*e*) par erreur pour un voleur.

오일 五日 명 ① 제 5일 le trois. ② 닷새 trois jours *mpl*. ¶ 주 ~ 근무제 une semaine de cinq jours ouvrés. ☞ 삼일

◆**_장** -場 명 marché *m* qui se tient tous les cinq jours. ¶ ~장이 선다 Le marché se tient tous les cinq jours / On tient le marché tous les cinq jours.

오일륙군사정변 五一六軍事革命 명 【역사】 coup *m* d'État militaire du 16 mai (1961).

오입 誤入 명 rapports *mpl* sexuels hors du mariage, adultère *m*, fornication *f*, débauche *f*, libertinage *m*. ◇_(을) **하다** avoir des relations extra-maritales; ne pas être fidèle à *sa* femme; fréquenter les prostituées; courir les filles {*fam*} [le jupon, le cotillon {*vx*}, la gueuse {*vx*}, le guilledou {*vx*}, la prétentaine], aimer le cotillon {*vx*}, forniquer. ¶ 그 남자는 어떤 여인과 ~을 했다 Il a eu des rapports (sexuels) avec une autre femme.

◆**_쟁이** 명 coureur *m* (de jupons, de filles), don Juan *m*, trousseur *m* de jupons {*vx*}; noceu*r*(*se*), bambocheu*r*(*se*), fêtard(*e*), cavaleu*r*(*se*), débauché(*e*), libertin(*e*); fornicateur *m*.

◆**_질** 명 rapports *mpl* sexuels hors du mariage, fornication *f*.

오자 誤字 명 faute *f* de frappe [de saisie]; faute *f* d'impression, coquille *f*, faute *f* typographique; coquille *f*, bourdon *m*, doublon *m*, mastic *m*. ¶ ~를 바로잡다[수정하다] corriger une faute de frappe [une coquille]. ¶ 이 책은 ~투성이다 Ce livre est rempli [plein] de fautes d'impression / Ce livre est plein [bourré {*fam*}, truffé {*fam*}, émaillé] de fautes d'impression [coquilles] / Ce livre fourmille [déborde] de fautes d'impression.

오작 烏鵲 명 corbeau(*x*) *m* et pie(*s*) *f*. ☞ 까막까치

◆**_교** -橋 명 pont *m* des corbeaux et des pies, pont *m* formé par les corbeaux et les pies ((dans le conte populaire de Gyeonu et Jiknyeo)).

오장 五臟 명 【한의】 (les) cinq viscères *fpl* (des mammifères) ((cœur *m*, foie *m*, rate *f*, poumon *m* et rein *m*)).

*~**을 긁다** énerver *qn* à l'extrême, irriter *qn*, exaspérer *qn*.

*~**이 뒤집히다** être énervé(*e*) à l'extrême, être exaspéré(*e*).

오장육부 五臟六腑 명 (les) cinq viscères *mpl* et (les) six organes *mpl* ((le gros intestin, l'intestin grêle, l'estomac, la vésicule biliaire, la vessie et *samcho* (삼초, les trois parties); division sémiologique en médecine orientale)). ¶ ~가 멀쩡한 놈이 놀기만 한다 Cet individu en parfaite santé ne fiche strictement rien! {*fam*}.

*~**가 뒤집히다** être énervé(*e*) à l'extrême, être exaspéré(*e*). ¶ 저놈만 보면 ~가 다 뒤집힌다 Rien que de le voir me met hors de moi[ça me donne des boutons {*fam*}]! / Sa seule présence suffit à m'irriter [à m'énerver].

오전[1] 午前 명 matinée *f*, matin *m*. ¶ ~ 세 시에 à trois heures du matin. ¶ 내일 ~ 아홉 시에 demain matin à neuf heures, demain à neuf heures du matin. ¶ 오늘 ~에 ce matin. ¶ 그 사람은 ~에는 집에 있다 Le matin [Pendant la matinée], il est chez lui. ¶ 월요일 ~ (중에) lundi avant midi, lundi dans la matinée. ¶ 매일 ~에 tous les matins. ¶ 오늘 ~ 중으로 avant ce midi. ¶ 이 일을 ~ 중으로 마쳐라 Finis ce travail avant midi [dans la matinée, d'ici midi]. ¶ 내일 ~까지 쉬어라 Repose-toi jusqu'à demain matin.

ㅇ

◆_반 -班 명 classes *fpl* du matin.

오전² 誤傳 명 erreur *f* de transmission; compte rendu *m* erroné, information *f* fausse [erronée]; renseignement *m* faux. ¶ 그 낭보는 ~이었다 Cette bonne nouvelle était en réalité erronée[une information erronée].

오점 汚點 명 ① 얼룩 tache *f*, éclaboussure *f*, souillure *f*; barbouillage *m*, pâté *m* {*fam*}. ② 불명예 déshonneur *m*; honte *f*; tache *f*, tare *f*. ¶ 지울 수 없는 ~ une souillure indélébile [ineffaçable]; une erreur inoubliable [ineffaçable]. ¶ 한 번의 실수로 일생일대의 ~을 남기다 ternir *sa* vie par une seule erreur. ¶ 이 일은 그 사람의 경력에 커다란 ~으로 남게 될 것이다 Cette affaire restera comme une tache dans sa carrière.

*~을 찍다 tacher ((le nom de *qn*)), entacher ((l'honneur de *qn*)), souiller ((la mémoire de *qn*)); ternir [nuire à, salir, noircir] la réputation de *qn*; déshonorer *qn*; porter atteinte à l'honneur de *qn*; souiller [ternir] le nom [l'honneur, la réputation] de *qn*.

오정 午正 명 midi *m*, heure *f* méridienne. ☞ 정오[1]

오존 영{ozone} 명【화학】ozone *m*.

◆_발생기 -發生器 명 machine *f* qui produit de l'ozone.

◆_주의보 -主意報 명 alerte *f* au trou d'ozone [à la perte d'ozone].

◆_층 -層 명 couche *f* d'ozone. ¶ ~층의 파괴 destruction de la couche d'ozone.

오종종하다 형 ① ((de petits objets ronds)) être entassé(*e*), serré(*e*). ¶ 작은 집들이 간격도 없이 오종종하게 모여 있다 De petites maisons sont serrées sans espace entre elles. ② 작고 볼품없게 생기다 être petit(*e*) et modeste [mesquin(*e*)]; manquer d'apparence. ¶ 오종종한 얼굴 un visage aux traits médiocres. ¶ (얼굴이) 오종종하게 생기다 avoir des traits un peu mesquins.

오죽¹ 부 très, vraiment, extrêmement ((en portant une interrogation à son plus haut degré de considération)). ¶ 집안도 이렇게 추운데 밖은 ~ 추울까? S'il fait un tel froid à l'intérieur, quel froid fera-t-il donc dehors? ¶ ~ 화가 나면 그런 말을 했을까? Il devait être extrêmement vexé pour avoir dit cela. ¶ 사흘을 굶었으니 그 아이가 ~ 배가 고플까? Cet enfant n'ayant pas mangé depuis trois jours, comme il doit avoir faim! ¶ 내 말대로 하니 ~ 좋아? Tu vois comme c'est bien d'avoir fait comme j'avais dit, n'est-ce pas!

◆_하다 형 on peut imaginer dans quel état doit être [comment doit être] ..., vous pensez bien comme ..., on peut aisément imaginer ... ((mais, ici, *-hada* n'apparaît jamais seul, il est toujours inclus dans une forme interrogative ou de supposition en portant une interrogation à son plus haut degré de considération)). ¶ 아들이 죽었으니 부모 심정이 ~하겠어요? Ils ont perdu leur fils, alors vous pensez bien ce qu'ils doivent ressentir! / On peut aisément imaginer, n'est-ce pas, ce que ressentent des parents qui viennent de perdre leur fils. ¶ 내 형편이 이런데 그 사람이야 ~할까? Vue (comment est) ma situation, vous imaginez comment doit être la sienne! / Même comparée à ma situation, la sienne ne peut être que pire! ¶ ~하면 내가 그런 생각을 다 했겠어요? Comment voulez-vous, étant donnée ma situation je ne pouvais réagir que comme cela!

◆_이나 부 très; combien; à quel point; comme. ¶ 그걸 보고 그 사람이 ~이나 놀랐겠어요? Quelle surprise il a dû avoir en voyant cela? ¶ 그 소식을 들으면 네 아버지가 ~이나 좋아하시겠니? Comme ton père sera content d'apprendre la nouvelle!

오죽² 烏竹 명【식물】bambou *m* noir.

오죽잖다 형 être pauvre; être médiocre; être de peu de valeur, insignifiant(*e*), sans valeur, très commun(*e*). ¶ 솜씨가 ~ être maladroit(*e*); ne pas avoir une belle technique. ¶ 오죽잖게 생각하다 considérer *qc* comme peu important [insignifiant]; être peu intéressé(*e*) par *qc*.

오줌 명 urine *f*; pipi *m* {*fam*}; pisse *f* {*vulg*}. ¶ ~(을) 누다[싸다] uriner; faire pipi {*fam*}; pisser {*vulg*}. ¶ ~을 참다 retenir une envie d'uriner. ¶ ~(이) 마렵다 avoir envie d'uriner [de faire pipi].

◆_발 명 jet *m* d'urine. ¶ ~발이 세다 uriner très fort.

◆_보 명 vessie *f*.

◆_소태 명 maladie *f* urinaire; cystite *f*.【의학】

◆_싸개 명 enfant qui mouille son lit très souvent ((énurésie)); enfant incontinent(*e*).

◆_통 -桶 명 ① vessie *f*. ② pot *m* de chambre.

오지 奧地 명 lieu *m* [endroit *m*] éloigné [reculé]. ¶ ~로 떠나다 partir vers un lieu reculé.

오지그릇 명 poterie *f*, faïence *f*, céramique *f*, récipient *m* en terre cuite. ¶ ~에 반찬을 담다 remplir de *banchan* des récipients en céramique [en terre cuite].

오지다 형 être ferme, déterminé(*e*), coriace, solide. ¶ 오지게 sévèrement; de façon insurmontable; fermement, avec détermination; de façon coriace. ¶ 오지게 혼나다 être grondé(*e*) [réprimandé(*e*)] sévèrement. ¶ 이번에는 오지게 걸렸다 Cette fois, je suis pris(*e*) dans une situation difficile à surmonter. ☞ 오달지다

오지랖 명 devant *m* ((d'une veste)). ¶ ~을 여미다 ajuster [fermer] le devant d'une veste.

*~(이) 넓다 fourrer *son* nez dans les affaires d'autrui {*fam*}, interférer dans les affaires d'autrui, se mêler de ce qui ne *le* regarde pas.

오지직 부 ((brûler)) avec un crépitement; avec un grésillement; avec un craquement, en craquant sèchement, en faisant un bruit sec. ¶ 나뭇가지가 ~ 소리를 내며 부러졌다 La branche s'est brisée en craquant sèchement [dans un bruit sec].

◆_거리다[대다] 자 craquer, crépiter; faire un bruit sec.

오직 부 ① 다만 seulement; uniquement. ¶ 나에게 친구라고는 ~ 너뿐이다 Je n'ai que toi comme ami / Tu es le seul ami que j'ai / Tu es mon seul ami. ¶ ~ 그 한 가지 이유 때문에 그 사람은 용서를 받았다 Il a été pardonné seulement pour cette raison-là. ② 전적으로 entièrement; complètement. ¶ ~ 너만 믿는다 Tu es la seule personne en qui j'aie entièrement confiance. ¶ ~ 공부에만 몰두하다 ne se donner entièrement qu'aux études; (ne) se consacrer entièrement (qu')aux études.

오진 誤診 명 diagnostic *m* erroné [faux]; erreur *f* de diagnostic. ¶ 그 환자는 의사의 ~으로 사망했다 Ce patient est mort à cause d'une erreur de diagnostic. ◇_(을) 하다 se tromper dans un [le, *son*] diagnostic, mal diagnostiquer, établir un mauvais diagnostic; faire [commettre] une erreur de diagnostic. ¶ 환자의 병을 ~하다 se tromper dans le diagnostic d'un patient [d'un malade]. ¶ 폐렴을 감기로 ~하다 commettre une erreur de diagnostic en prenant une pneumonie pour une grippe.

오징어 명 cal(a)mar *m*, encornet *m*. ¶ ~ 한 축[마리] un lot de calamars ((10 calamars)) [un calamar].

◆_구이 명 calamars *mpl* grillés.

◆_젓 명 calamars *mpl* saumurés.

◆_포 -脯 명 calamars *mpl* séchés en lamelles.

◆_회 -膾 명 calamar *m* cru; sashimi *m* de calamar.

오차 誤差 명 ① ((계산)) différence *f* (venant d'une erreur). ¶ ~를 줄이다 réduire les différences. ② ((실수)) erreur *f* de compte. ◇_(가) 나다[생기다] y avoir des différences [des différences paraissent, naissent. ¶ ~가 난다[생겼다] Il y a des différences [Des différences paraissent, naissent]. ◇_(가) 없다 ne pas y avoir de différence. ¶ 대차대조표가 ~ 없이 맞아떨어졌다 On ne trouve pas de différences dans les comptes. ¶ 그 계획은 한 치의 ~도 없이 진행되었다 Le projet a été réalisé dans une coïncidence parfaite avec les prévisions théoriques / Il n'y eut aucune différence entre les prévisions initiales et la réalisation pratique du projet.

오찬 午餐 명 déjeuner *m* (officiel), lunch *m*. ¶ ~ 간담회 réunion [entretien] au cours de laquelle [duquel] on sert un déjeuner officiel. ¶ ~을 들다 prendre part à un déjeuner officiel. ¶ ~에 초대하다 convier [inviter] *qn* à un déjeuner officiel [à un lunch].

오촌 五寸 명 parenté *f* de 5ᵉ degré; fils *m* [fille *f*] du cousin. ¶ ~ 당숙 le frère du cousin du père.

오케스트라 영{orchestra} 명 orchestre *m*.

오케이 영{OK} 명 d'accord, O.K., *okay*, parfait, très bien; ça va; ((donner)) *son* accord *m*. ¶ ~ 사인 signe O.K. de la main signifiant qu'on est d'accord [qu'on accepte, que ça marche, que ça nous convient]. ¶ 나는 ~ 다 Moi, je suis d'accord / Pour moi, ça va [c'est O.K., ça marche]. ¶ 만사 ~다 Tout est O.K. / Tout va bien. ◇_(를) 하다 approuver *qc*, accepter *qc*, donner *son* accord [*son* assentiment, *son* consentement] à *qn*, donner le feu vert à *qn*, dire oui à *qn*. ◇_(를) 받다 recevoir l'accord [l'assentiment] de *qn*, recevoir le feu vert ((de *qn*)).

오크 영{oak} 명 chêne *m*.

오타 誤打 명 ☞ 오자

오토바이 영{auto bicycle} 명 moto *f*, motocyclette *f*. ¶ 경주용 ~ moto de course. ¶ ~로 가다 aller en[à] moto. ¶ ~ 타고 갈게 Je viendrai en[à] moto. ¶ …의 ~를 타고 sur la moto de *qn*. ☞ 자전거

오톨도톨 부 qui présente des granulations ((idéophone exprimant une surface semée de petits boutons ou des points saillis, exprimant l'aspect grenu d'une peau)). ¶ 살갗에 좁쌀 같은 것이 ~ 돋았다 J'ai la peau couverte de boutons (d'acné) / J'ai la peau comme du papier de verre.

◆_하다 형 être rugueu*x*(*se*), raboteu*x*(*se*), rêche, rude, râpeu*x*(*se*); inég*al*(*ale*, *aux*), accidenté(*e*), couvert(*e*) d'aspérités; être grené(*e*), grenu(*e*), granulé(*e*), grumeleu*x*(*se*).

오트밀 영{oatmeal} 명 flocons *mpl* d'avoine; ((죽으로 쑨)) bouillie *f* d'avoine, porridge *m*.

오판 誤判 명 jugement *m* erroné [faux]; mauvaise évaluation *f*, appréciation *f* erronée, erreur *f* de calcul, mauvais calcul *m*; erreur *f* judiciaire. ¶ 조종사의 ~으로 사고가 났다 Un accident est survenu suite à une erreur du pilote / Une erreur du pilote est à l'origine de l'accident / C'est une erreur du pilote qui est à l'origine de l'accident. ◇_(을) 하다 mal juger; commettre une erreur de jugement; se méprendre sur le compte de *qn*, méjuger; mal évaluer. ¶ 상황을 ~하다 mal comprendre [juger, évaluer] la situation. ¶ 경찰은 그 여자를 범인으로 ~했다 La police l'a prise par erreur pour une criminelle. ¶ 축구 심판이 골인인데도 아니라고 ~했다 L'arbitre a invalidé [refusé] un but pourtant évident.

오퍼 영{offer} 명 offre *f*, ordre *m* d'achat. ¶ ~를 팩스로 받다 recevoir une offre par fax. ¶ ~가 밀려들었다 Des offres sont arrivées en grand nombre.

◆_상 -商 명 petit entrepreneur *m* d'importation et d'exportation. ¶ ~상을 하다 avoir [posséder] une petite compagnie d'import-export.

오퍼레이터 영{operator} 명 opéra*teur*(*trice*).

오페라 이 명 opéra *m*. ¶ ~ 구경을 가다 aller voir un opéra.

◆_단 -団 명 troupe *f* d'opéra.

오페레타 이 명 opérette *f*.

오프너 영{opener} 명 ouvre-bouteille(~-~*s*) *m*, décapsuleur *m*; ((오용)) tire-bouchon *m*. ¶ 맥주(병) ~ un décapsuleur pour (bouteille de) bière.

오프라인 영{off-line} 명 hors ligne, hors connexion. ¶ ~ 상태에서 일하다 travailler hors connexion [hors ligne, sans être connecté(*e*) au réseau].

오픈 영{open} 명 ouverture *f*, inauguration *f*. ¶ 가게

의 ~일 le jour de l'ouverture [de l'inauguration] d'un magasin. ◇_(을) **하다** ouvrir, inaugurer ((un magasin)). ¶ 가게를 ~하다 ouvrir [inaugurer] un magasin.

오피스텔 명{office hotel} 명 bureau *m* (de travail) équipé du nécessaire pour y dormir; (petit) studio *m* ((terme issu de la combinaison de l'anglais 'office' (bureau) et 'hôtel')).

오한 惡寒 명 frisson *m*. ¶ ~을 느끼다 ressentir des frissons; être pris(*e*) [saisi(*e*), agité(*e*)] de frissons, être pris(*e*) [saisi(*e*)] d'un frisson. ¶ ~이 가시다 ne plus sentir de frissons. ◇_(이) **나다[들다]** avoir des frissons; avoir le frisson; être pris(*e*) [saisi(*e*), agité(*e*)] de frissons, être pris(*e*) [saisi(*e*)] d'un frisson; frissonner.

◆_**증** -症 명 refroidissement *m*, (symptôme *m* de) frissons *fpl*.

오합지졸 烏合之卒 명 troupe *f* [populace *f*] indisciplinée; foule *f* en désordre, cohue *f*.

오해 誤解 명 malentendu *m*; quiproquo *m*; méprise *f*, confusion *f*, mésentente *f*, interprétation *f* fausse. ¶ ~를 자초하다 susciter de *soi*-même un malentendu, provoquer un quiproquo. ¶ ~의 소지[여지]가 있다[없다] [ne pas] prêter à des malentendus, [ne pas] prêter à équivoque [confusion]; [ne pas] être susceptible d'être mal interprété(*e*) [entendu(*e*)], [ne pas] être source de malentendus. ¶ ~ 마세요 Ne faites pas de mauvaise interprétation! / Ne vous méprenez pas! / Pas de malentendu! ¶ 이 싸움은 ~에서 생겨났다[비롯되었다] Cette querelle est venue d'un [a été causée par] un malentendu / Un malentendu a suscité cette querelle. ◇_(를) **하다** mal comprendre, comprendre *qc* de travers; mal interpréter *qc*; défigurer, falsifier, fausser [altérer, dénaturer] ((les paroles de *qn*)); se méprendre sur ((*qc*/*qn*, les intentions de *qn*)), se méprendre sur le compte de *qn*; se tromper, penser [croire] à tort. ¶ 당신은 나를 ~하고 있다 Vous me comprenez mal. ¶ 말소리만 들으면 그 사람을 외국인으로 ~할 만도 하다 À l'entendre parler, on pourrait presque le prendre pour un étranger. ¶ 그 남자는 내가 자신을 싫어한다고 ~하고 있다 Il croit à tort que je le déteste. ◇_(가) **되다** être mal compris(*e*); être mal interprété(*e*). ¶ 부정행위로 ~될 만한 행위는 하지 마시오 Ne faites rien qui pourrait être interprété (à tort) comme (quelque chose d')illicite! ◇_(를) **받다[사다]** être mal compris(*e*); faire l'objet d'un quiproquo[d'un malentendu], être mal interprété(*e*), susciter un malentendu. ¶ 범인으로 ~받다[범인이라는 ~를 사다] être pris(*e*) à tort pour un criminel, être inculpé(*e*) à tort. ◇_(를) **부르다[낳다]** susciter, causer [provoquer] un malentendu; conduire à des malentendus, être à l'origine d'un malentendu. ◇_(를) **풀다** dissiper [faire cesser, éliminer] un malentendu, démêler [éclaircir] un malentendu. ¶ 대화로 ~를 풉시다 Parlons ensemble [Dialoguons, Discutons, Ayons un entretien] pour dissiper ce malentendu. ◇_(가) **풀리다** le malentendu est dissipé [éclairci]. ¶ 이제 두 사람 사이의 ~가 풀렸다 Le malentendu entre ces deux personnes est à présent dissipé / À présent, il n'y a plus de malentendu entre eux deux. ◇_**이다** mal comprendre, se méprendre sur *qc*/*qn*, comprendre *qc* de travers, mal interpréter *qc*, faire une mauvaise interprétation de *qc*. ¶ 그건 ~입니다 C'est vous qui avez mal compris / C'est un malentendu.

오행 五行 명【철학】(les) cinq éléments *mpl* ((le fer, le bois, l'eau, le feu, la terre)); cinq pratiques *fpl* fondamentales ((de l'ascèse bouddhique)).

◆_**설** -說 명 théorie *f* des cinq éléments.

오형[1] 五刑 명【역사】cinq (sortes de) châtiments *mpl* ((coup de fouet, coup de planche, emprisonnement de 3 à 5 ans, envoi en exil, peine capitale)).

오형[2] 吾兄 명 mon frère *m* ((mot utilisé pour désigner un ami intime)).

오호 嗚呼 감 hélas! ¶ ~, 그 여자는 이제 가고 없구나 Hélas! Elle n'est plus ici. ¶ ~, 애재[통재]라! Hélas / Hélas, trois fois hélas!

오호호 감 ha, ha, ha! ¶ 여자들이 ~ 웃음을 터뜨렸다 Les femmes ont éclaté de rire.

오후 午後 명 après-midi *m*, *f inv*. ¶ ~ 세 시에 à trois heures de l'après-midi. ¶ 오늘 ~에 cet(*te*) après-midi. ¶ 내일 ~ 아홉 시에 demain après-midi à neuf heures, demain à neuf heures de l'après-midi. ¶ 매일 ~에 tou(*te*)s les après-midi. ¶ 오늘 ~ 뉴스 들었니 As-tu écouté les informations cet(*te*) après-midi? ¶ 그 사람은 ~에는 집에 있다 L'après-midi [Pendant l'après-midi], il est chez lui. ¶ 월요일 ~ (중에) lundi après-midi, lundi dans l'après-midi. ¶ 오늘 ~ 중으로 avant cet après-midi. ¶ 내일 ~까지 쉬어라 Repose-toi jusqu'à demain après-midi,

◆_**반** -班 명 classes *fpl* de l'après-midi.

오히려 부 ① 차라리 plutôt; de préférence; bien plus. ¶ 나는 저것보다는 ~ 이걸 갖고 싶다 Je voudrais ceci plutôt que cela / Je préfère ceci à cela. ¶ 항복하느니 ~ 죽는 게 낫다 Plutôt mourir que de se rendre! ② 도리어 au contraire; en revanche; encore davantage; à plus forte raison. ¶ 잘못은 네가 해 놓고 ~ 큰소리구나 C'est toi qui es en tort, mais c'est toi qui cries après moi [m'agresses]! / Tu pourrais au moins pu avoir la décence de te taire après ce que tu as fait! ¶ 도로가 막혀서 차로 가는 게 ~ 시간이 더 걸린다 À cause des embouteillages, on mettra encore plus de temps pour y arriver en voiture. ¶ 결점 때문에 싫어지기는 커녕 ~ 나는 그 남자가 더 좋아졌다 Loin de le détester à cause de ses défauts, j'ai commencé à l'aimer davantage.

ㅇ

옥[1] 玉 명 ① jade *m*, néphrite *f*; jadéite *f*. ② pierre *f* précieuse, bijou(*x*) *m*, joyau(*x*) *m*, trésor *m*; gemme *f*. ¶ ~ 같은 살결 peau blanche [satinée]; peau nacrée [d'une blancheur éclatante].

*~에도 티가 있다 Personne [Nul] n'est parfait.

*~의 티 le seul défaut de *qn*; Personne [Nul] n'est parfait / Chacun ses défauts / Tout le monde a ses défauts [ses points faibles]. ¶ 그 사람은 키가 작은 것이 ~의 티다 Sa petite taille est son seul défaut.

◆_가락지 명 anneau(*x*) *m* de [en] jade.

◆_구슬 명 bille *f* de jade. ¶ 은 쟁반에 ~구슬 굴러가는 듯한 목소리 voix claire [cristalline, argentine] évoquant le roulement d'une bille de jade sur un plateau d'argent.

옥[2] 獄 명 prison *f*, maison *f* d'arrêt [centrale]; cellule *f*, cachot *m*; geôle *f*, taule *f* [tôle *f*] {*arg*}, cabane *f* {*fam*}. ¶ ~에 가두다 mettre [jeter] *qn* en prison; emprisonner *qn*; coffrer {*fam*} *qn*, boucler {*fam*} *qn*; mettre *qn* à l'ombre {*fam*} [en cabane {*fam*}, au trou {*fam*}, sous les verrous]. ¶ ~에서 풀려나다 être libéré(*e*) (de prison); sortir de prison.

◆_바라지 명 action de s'occuper [prendre soin] de *qn* en prison. ¶ 그 여자는 남편의 ~바라지에 평생을 보냈다 Elle a passé sa vie à s'occuper de son mari en prison.

◆_문 -門 명 porte *f* de la prison.

◆_살이 명 emprisonnement *m*, existence *f* en prison. ¶ 그 사람은 ~살이로 반평생을 보냈다 Il a passé la moitié de sa vie en prison. ¶ ~살이하다 être en prison [en taule {*arg*}, en cabane {*fam*}, au bloc {*fam*}, au gnouf {*fam*}, à l'ombre {*fam*}, au placard {*fam*}, au trou {*fam*}]; faire de la prison [de la taule {*fam*}].

-옥[3] 屋 접미 bâtiment *m* (d'un restaurant) ((suffixe thématique)). ¶ 개성~ (restaurant) *Gaeseongok*. ¶ 서울~ (restaurant) *Seoulok*.

옥-[4] 접두 vers l'intérieur. ¶ ~니 dent poussée vers l'intérieur. ¶ ~죄다 serrer une partie du corps.

옥고[1] 玉稿 명 *votre* [*son*] manuscrit *m*; *votre* [*son*] article *m* ((terme honorifique)). ¶ 우리 잡지에 ~를 내 주셔서 감사합니다 Merci d'avoir fait paraître votre manuscrit dans notre revue.

옥고[2] 獄苦 명 vie *f* (dure) [souffrance *f*] en prison. ¶ ~를 겪다[치르다] souffrir un certain temps en prison.

옥내 屋内 명 intérieur *m* ((d'un bâtiment)). ¶ ~ 수영장 une piscine couverte. ¶ ~에서는 금연입니다 Il est *interdit de fumer* à l'intérieur. ¶ 화분을 ~로 옮겨 놓아라 Rentre le(*s*) pot(*s*) (de fleurs) [les plantes (en pot)] à l'intérieur, s'il te plaît.

옥니 명 dent *f* qui rentre à l'intérieur de la bouche, dent *f* rentrante. ¶ 그 아이는 ~다 Cet enfant a les dents rentrantes.

◆_박이 명 personne *f* qui a des dents rentrantes.

옥대 玉帶 명 ceinture *f* de jade.

옥돔 玉_ 명 dorade *f* (lumineuse) ((poisson pêché dans les eaux de Jeju)). ¶ ~ 구이 une dorade grillée.

옥동 玉童 명 bel enfant *m* adorable ((utilisé pour désigner le fils d'un autre)).

옥동자 玉童子 명 beau [trésor *m* de] bébé *m*; fils *m* adorable ((terme utilisé à la naissance)). ¶ ~를 낳다[순산하다] accoucher d'un beau (petit) garçon [accoucher d'un beau garçon en bonne santé] ((formule utilisée à la naissance)).

옥루몽 玉樓夢 명 【문학】 Rêve dans un pavillon de jade ((roman coréen écrit par Nam Ik-hun au 17e siècle)).

옥리 屋裏 명 【불교】 ((집안)) partie *f* arrière d'une maison; ((우리의 신체를 비유해)) (notre) enveloppe *f* corporelle.

옥사 獄死 명 mort *f* en prison. ◇_(를) 하다 mourir dans une prison, mourir en prison. ¶ 모진 고문으로 ~하다 mourir en prison suite à des tortures extrêmes.

옥상 屋上 명 toit *m* en terrasse. ¶ ~으로 올라가다 monter sur un toit en terrasse. ¶ ~에 물건을 쌓아 두다 entasser des objets sur le toit.

옥새 玉璽 명 sceau(*x*) *m* royal.

옥색 玉色 명 couleur *f* de jade. ¶ ~ 치마 une jupe de couleur de jade.

옥석 玉石 명 le bon *m* et le mauvais *m*. ¶ ~을 가리다[구별하다] distinguer le bon du mauvais.

옥수수 명 maïs *m*.

◆_밭 명 champ *m* de maïs.

옥신각신 부명 bruyamment en se bousculant ((onomatopée de bruit et de mouvement)). ¶ ~ 싸움을 하다 se disputer [se quereller] en poussant des cris et en se bousculant.

◆_하다 자 se disputer, se quereller; se chamailler; se chicaner. ¶ 서로 상대방의 잘못이라고 ~하다 se disputer en s'accusant l'un l'autre. ¶ 그 사람은 세입자들과 수리비 문제로 ~하고 있다 Il est en train de se disputer avec les locataires à propos des frais de réparation.

옥양목 玉洋木 명 calicot *m*.

옥외 屋外 명 extérieur *m* ((d'un bâtiment)).

◆_경기 -競技 명 jeu(*x*) *m* au grand air [en plein air].

◆_경기장 -競技場 명 stade *m* découvert.

◆_집회 -集會 명 assemblée *f* [réunion *f*] en plein air.

◆_행사 行事 명 événement *m* en plein air.

옥좌 玉座 명 trône *m* (royal). ¶ ~에 오르다 monter sur le trône, accéder à la couronne, devenir roi. ¶ ~에 앉아 있는 왕 roi assis sur le trône.

옥죄다 타 serrer; presser; contraindre; harceler; persécuter. ¶ 가슴을 옥죄는 죄책감 sentiment de culpabilité qui *me* serre le cœur. ¶ 그리움이 전신을 옥죄어 왔다 La souffrance causée par son absence m'oppressait.

옥죄이다 자 ① ((물체나 물건)) se sentir à l'étroit;

être trop serré(*e*) ((dans un vêtement)); ((vêtement)) être étroit(*e*), serrer (trop), brider {*vx*}, gêner, boudiner {*fam*}, ((chaussures neuves)) être trop petit(*e*), serrer (le pied), faire mal. ¶ 저고리 겨드랑이가 옥죄인다 Ma veste me serre aux entournures. ¶ 신발이 옥죄어서 발가락이 아프다 J'ai mal aux orteils à cause de chaussures qui me serrent. ② ((심리)) sentir son cœur se serrer, avoir le cœur serré. ¶ 나는 그때 생각만 하면 가슴이 옥죄어 온다 Chaque fois que je pense à ce moment, je sens mon cœur se serrer.

옥중 獄中 명 ① intérieur *m* d'une prison. ② 옥살이 ((pendant *son*)) séjour *m* en prison, emprisonnement *m*. ¶ ~에서 단식투쟁을 하다 faire la grève de la faim en prison.

◆_**수기** -手記 명 journal *m* écrit en prison.

옥타브 영{octave} 명 octave *f*. ¶ 노래를 한 ~ 올려서 [높여서] 부르다 chanter à une octave supérieure.

옥토 沃土 명 terre *f* fertile [féconde, riche].

옥토끼 玉- 명 ① 달 속에 산다는 전설상의 토끼 lapin *m* de jade <animal légendaire qui vivrait sur la lun>. ② 털이 흰 토끼 lapin *m* blanc, lapine *f* albinos.

옥편 玉篇 명 dictionnaire *m* de caractères chinois. ¶ ~을 찾아보다[뒤지다] consulter un dictionnaire *m* de caractères chinois.

옥황상제 玉皇上帝 명 Empereur *m* de Jade ((Empereur gouvernant le ciel apparaissant dans des contes traditionnels chinois et coréens)).

온-[1] 접두 tout(*toute, tous toutes*); intégr*al*(*ale, aux*), enti*er*(*ère*), compl*et*(*ète*), tot*al*(*ale, aux*).

◆_**누리** 명 monde *m* (tout) entier.

◆_**몸** 명 ☞ 온몸

◆_**음** -音 명 【음악】 intervalle *m* de seconde dans la gamme majeure.

◆_**종일** -終日 명부 ☞ 온종일

온[2] 관 tout(*toute, tous toutes*); intégr*al*(*ale, aux*), enti*er*(*ère*), compl*et*(*ète*), tot*al*(*ale, aux*). ¶ 이름이 ~ 나라에 알려지다 devenir célèbre dans tout le pays. ¶ 그 사건으로 ~ 서울이 떠들썩했다 Tout Séoul était agité par cette affaire. ¶ ~ 세상이 무너지는 것 같았다 C'était comme si le ciel me tombait sur la tête. ¶ 월드컵 축구 대회는 ~ 국민을 흥분시켰다 La Coupe du Monde (de football) a excité [enthousiasmé, passionné] le pays tout entier [toute la nation]. ¶ ~ 집안이 그 사람을 자랑스러워한다 Toute la famille est fière de lui / On est tous fiers de lui dans la famille.

◆_ **힘** 명 toutes les forces *fpl*, toute l'énergie *f*. ¶ ~ 힘을 다하다 agir de toutes *ses* forces.

온갖 관 toutes sortes de *qc*; tous(*toutes*) les *qc*; tout(*toute*, *tous*, *toutes*). ¶ ~ 수단을 강구하다 essayer tous les moyens possibles [en *son* pouvoir], utiliser tous les moyens en *son* pouvoir, tout essayer, prendre toutes les mesures possibles, mettre tout en œuvre pour+*inf*, faire tout *son* possible, faire le maximum, faire tout ce qui est en *son* pouvoir; faire flèche [feu] de tout bois. ¶ ~ 지혜를 다 짜내다 se creuser la tête [la cervelle {*fam*}, l'esprit, le cerveau], se creuser {*fam*}, se creuser [se torturer] les méninges ((pour trouver une solution)), se mettre l'esprit à la torture, se presser le citron {*fam*}, réfléchir intensément. ¶ ~ 물건들을 다 모으다 collectionner toutes sortes d'objets. ¶ 그 여자는 아들에게 ~ 정성을 기울였다 Elle s'est dévouée à son fils / Elle s'est donnée toute entière à son fils.

온건 穩健 명 modération *f* ((dans les opinions)); mesure *f*, retenue *f*. ¶ ~ 개혁파 tendance [aile] réformatrice modérée; ((개혁주의자)) réforma*teur*(*trice*) modéré(*e*).

◆_**하다** 형 être modéré(*e*), mesuré(*e*) ((dans *ses* paroles)), sage, raisonnable. ¶ 그 사람의 생각은 ~하다 Il est modéré / Ses idées sont modérées. ¶ 그 사람은 좌파 정치인들 중에서는 ~한 편이다 Parmi les hommes de gauche il fait figure de modéré. ¶ 그 사람은 비교적 ~하게 발언을 했다 Il a parlé plutôt modérément / Son discours a été relativement modéré.

◆_**히** 부 modérément, avec modération.

◆_**파** -派 명 parti *m* modéré; (les) modérés *mpl*, modéré(*e*). ¶ ~파와 급진파 parti modéré et parti radical; les modérés et les radicaux.

온고지신 溫故知新 명 tirer les leçons du passé. ¶ 우리는 항상 ~의 자세를 가져야 한다 Nous devons conserver présent à l'esprit qu'il nous faut toujours tirer les leçons du passé.

온기 溫氣 명 ① chaleur *f*, tiédeur *f*, air *m* chaud; air *m* tiède. ¶ 난로에 아직 ~가 남아 있다 Il reste encore un peu de chaleur dans le poêle [radiateur]. ¶ 보일러를 틀었더니 방 안에 ~가 돈다 Ayant mis en route la chaudière, on commence à sentir [on sent] la chaleur dans la pièce. ② ((비유)) chaleur *f* (humaine), générosité *f*, bon cœur *m*. ¶ 그의 미소에서 사람의 ~ 같은 것이 느껴진다 On peut lire son bon cœur [sa générosité] dans son sourire / Il a un sourire extrêmement chaleureux [très humain].

온난 溫暖 명 chaleur *f*, tiédeur *f*, douceur *f*.

◆_**하다** 형 être dou*x*(*ce*), tempéré(*e*); être chaud(*e*). ¶ 날씨가 ~하다 Il fait doux / Il fait bon.

◆_**성** -性 명 douceur *f* ((du climat)), caractère *m* tempéré.

◆_**화** -化 명 réchauffement *m*.

◆_**기류** -氣流 명 courant *m* atmosphérique chaud.

◆_**다습** -多濕 명 chaleur *f* et beaucoup d'humidité *f*.

◆_**전선** -前線 명 front *m* chaud; limite *f* d'expansion d'un front chaud ((frontière créée par la rencontre des zones de hautes pressions et de basses pressions)).

온달 溫達 명 【인물】 Ondal (?-590) ((personnage du Royaume de Goguryeo, qui a épousé la princesse Pyeonggang)).

◆_설화 -說話 명 la légende *f* d'Ondal.

온당하다 穩當_ 형 être convenable, juste; être bienséant(*e*), raisonnable. ¶ 온당한 처사[조처] mesure raisonnable. ¶ 그 사람을 즉각 석방하는 것이 ~ Il serait raisonnable de le libérer sur le champ.

온대 溫帶 명 zone *f* tempérée.

◆_성 -性 명 de la zone tempérée. ¶ ~성 식물 la plante [flore] de la zone tempérée.

◆_기후 -氣候 명 climat *m* tempéré.

◆_지방 -地方 명 zone *f* tempérée.

온데간데없다 형 avoir disparu(*e*); être sans trace. ¶ 조금 전에 여기 두었던 책이 ~ Les livres que je venais de poser ont disparu.

◆온데간데없이 부 sans laisser de trace. ¶ 온데간데없이 사라지다 disparaître sans laisser de trace.

온도 溫度 명 température *f*. ¶ ~를 재다[측정하다] mesurer [vérifier] la température de *qc*. ¶ (실내) ~를 조절하다 régler la température (de l'intérieur). ¶ ~를 높이다 élever la température; chauffer ((une pièce)). ¶ ~를 낮추다 baisser la température. ¶ ~가 30도이다 La température est de 30 degrés (Celsius). ¶ ~가 높다[적당하다] La température est haute [élevée] [Il fait bon / Il y a une bonne température / ((물)) La température de l'eau est bonne [agréable, plaisante]]. ¶ ~가 5도 올라간다[내려간다] La température monte [descend] de 5 degrés.

◆_계 -計 명 thermomètre *m*.

◆실내_ 室內- 명 thermomètre *m* intérieur.

온돌 溫突 명 *ondol m* <hypocauste coréen; parquet chauffant, système de chauffage par le sol>.

◆_방 -房 명 pièce *f* chauffée par le sol. ¶ 뜨끈뜨끈한 ~방에 누워 등을 지지다 se chauffer le dos en s'allongeant sur le parquet chauffant.

온라인 영{on-line} 명 ((être)) connecté(*e*) au réseau informatique. ¶ ~으로 송금[입금]하다 faire un virement (bancaire) sur le Web [en ligne] [effectuer [faire effectuer] un dépôt [versement] d'argent sur le Web, verser une somme d'argent dans un compte d'épargne sur le Web]. ¶ ~으로 물건을 사다 acheter [faire des achats] en ligne (sur le Net [sur l'Internet, sur la Toile]); faire du shopping sur l'Internet.

◆_게임 영{on-line game} 명 jeu(*x*) *m* vidéo en ligne sur Internet.

◆_뱅킹 영{on-line banking} 명 opérations *fpl* bancaires en ligne [sur Internet].

온몸 명 le corps *m* entier, tout le corps *m*. ¶ ~에 한기가 온다 Je sens le froid dans tout le corps / Je suis *transi(e)* de froid / J'ai froid jusqu'à la moelle des os. ¶ 그 사람의 ~에서 땀기가 느껴졌다 Il suait de tout son corps / Tout son corps était imprégné de sueur / Tout son corps était en sueur / Tout son corps était couvert [ruisselait] de sueur / La sueur ruisselait de tout son corps / Il avait tout le corps moite / Il était tout trempé de sueur / Il se sentait tout moite / Il était tout en nage [en sueur]. ¶ ~이 다 아프다 avoir mal partout.

*~을 던지다 s'adonner à *qc*, se donner corps et âme [tout enti*er*(*ère*)] à *qc*, se consacrer corps et âme à *qc*, se consacrer [se vouer] entièrement à *qc*; être entièrement dévoué(*e*) à ((une cause)).

온상 溫床 명 ① 묘목 등의 배양처 pépinière *f* sous serre; serre *f*. ¶ ~에서 꽃이 자란다 Les fleurs poussent sous serre. ② 사물이나 사상의 발생 환경 foyer *m* ((de corruption)). ¶ 범죄[마약]의 ~ foyer de criminalité [foyer de drogue].

온수 溫水 명 eau(*x*) *f* chaude. ¶ ~가 잘 [안] 나온다 Le robinet d'eau chaude marche bien [ne marche pas bien] / Le robinet d'eau chaude a un bon [mauvais] débit.

온순하다 溫順- 형 être dou*x*(*ce*), docile, sage, obéissant(*e*), soumis(*e*). ¶ 양처럼 ~ dou*x*(*ce*) comme un agneau. ¶ 온순한 성격 caractère doux. ¶ 온순하게 다루다 traiter *qn* avec indulgence [doucement]. ¶ 온순하게 말하다 parler d'un ton doux [avec douceur].

온실 溫室 명 serre *f*. ¶ 이 꽃은 ~에서 재배한 것이다 Cette fleur est cultivée en serre. ¶ 요즘 애들은 ~ 속의 화초처럼 너무 유약하다 Les enfants de nos jours sont fragiles comme des plantes de serre.

온유 溫柔 명 douceur *f*, amabilité *f*, bonté *f*, délicatesse *f*, aménité *f*. ¶ ~와 절제를 미덕으로 삼다 prendre pour vertus la bonté et la modération.

◆_하다 형 être dou*x*(*ce*), docile, tendre. ¶ 그 사람은 성품이 ~하다 Son caractère est doux [tendre] / Il est doux [tendre]. ¶ ~한 사람 personne douce, homme doux [tendre] [femme douce, femme tendre].

온전하다 穩全- 형 être sain(*e*), intact(*e*); intégr*al*(*ale*, *aux*). ¶ 온전한 잔이 하나도 없다 Il n'y a pas une tasse qui soit intacte. ¶ 몸과 마음이 온전한 사람 personne saine de corps et d'esprit. ¶ 세찬 폭풍우에도 그 집만은 온전했다 Cette maison était la seule qui fût intacte après la violente tempête. ¶ 전통 가옥을 온전하게 보존하다 conserver à la maison traditionnelle son aspect d'origine.

◆온전히 부 ① 본래 그대로 en tant que tel; intact(*e*). ¶ 이 건물은 옛날 모습이 온전히 남아 있다 Cet immeuble conserve intact son aspect d'origine. ② 완전하게 totalement; parfaitement; vraiment, véritablement. ¶ 나는 이번 겨울방학에 단 하루도 온전히 쉬지 못했다 Je n'ai pas vraiment pu me reposer une seule journée pendant ces vacances d'hiver.

온정 溫情 명 cordialité *f*, chaleur *f* (humaine); bonté *f*; grâce *f*. ¶ ~의 손길 bienveillance, générosité. ¶ ~을 베풀다 montrer de la bonté à *qn*; apporter une aide bienveillante. ¶ ~이 넘치는 말 paroles pleines de chaleur [de bonté].

◆_적 -的 명관 indulgent(*e*); sentiment*al*(*ale*, *aux*). ¶ ~적(인) 태도 attitude fondée sur les sentiments; attitude indulgente.

◆_주의 -主義 명 indulgence *f*.

온존 溫存 명 préservation *f* (respectueuse), conservation *f*, maintien *m* (respectueux), respect *m* (continu). ¶ 옛 전통의 ~ préservation[conservation] des vieilles traditions. ◇_(을) 하다 형 subsister, persister. ¶ 정치판에는 아직도 구시대적 작태가 온존하고 있다 Il reste encore de vilains aspects des temps anciens dans la politique.

온종일 명 toute la journée, tout au long de la journée, tout le jour. ¶ ~을 빈둥빈둥 보내다 paresser [glander {*fam*}, glandouiller {*fam*}, traîner, traînasser {*fam*}, traînailler {*fam*}, flemmarder] toute la journée, passer toute la journée à ne rien faire [sans rien faire, à glander {*fam*}, à traînasser], rester [traîner] toute la journée sans rien faire. 부 toute la journée; tout le jour. ¶ ~ 기다리다 attendre (pendant) toute la journée. ¶ ~ 돌아다니다 flâner [aller ici et là] toute la journée. ¶ 그 사람은 ~ 아무것도 하지 않고 있다 Il ne fait rien de la journée.

온천 溫泉 명 ((지질)) source *f* d'eau chaude; source *f* thermale; eaux *fpl* thermales, ((prendre les, aller aux)) eaux *fpl*; station *f* thermale.
◆_물[수] -[水] 명 eau *f* de source thermale.
◆_욕 -浴 명 bain *m* thermal.
◆_장 -場 명 station *f* thermale, établissement *m* thermal.

온탕 溫湯 명 eau(*x*) *f* chaude; eau(*x*) *f* thermale; bain *m* chaud. ¶ ~에 들어가다 entrer dans un bain chaud.

온통 부 ① 전부 entièrement, complètement, totalement, tout; tout (entier). ¶ 교실 바닥이 ~ 흙투성이다 Dans la salle de classe, il y a partout des traces de boue. ¶ 집안이 ~ 웃음소리로 가득하다 La maison est pleine de rires joyeux. ② 아주 très; vraiment; tout. ¶ 아들을 보자 아버지는 ~ 가슴이 뿌듯했다 En voyant son fils, le père s'est senti tout fier de lui.

온화하다 溫和- 형 ① ((기후가)) être doux(*ce*), tiède. ¶ 이 지방은 기후가 ~ Il fait doux dans cette région. ② ((마음, 미소, 태도가)) être doux(*ce*), calme, paisible, tempéré(*e*), tranquille. ¶ 그 사람은 성품이 ~ Il est doux (de caractère). ¶ 온화한 미소를 지어 보이다 afficher un doux sourire. ¶ 온화하게 말을 하다 parler doucement.

올[1] 명 brin *m*, fil *m* (de corde, de laine). ¶ ~이 고운[성긴, 가는] 천 une étoffe d'un tissu serré [lâche, léger]. 분류 cheveu(*x*) *m*. ¶ 머리카락 한 ~ un cheveu.
◆_이 부 à chaque brin, brin par brin.

올[2] 명 cette année *f*. ¶ ~ 안에[으로] dans le courant de l'année, avant la fin de cette année. ¶ ~부터는 à partir [à compter] de cette année. ☞ 올해 관 ce(*cet, cette, ces*). ¶ ~ 봄[여름, 가을, 겨울] ce printemps [cet été, cet automne, cet hiver].

올-[3] 접두 précoce, hâti*f*(*ve*); prématuré(*e*). ¶ ~콩 haricots précoces. ¶ ~벼 riz précoce.

올가미 명 lacet *m*, lacs *m*, collet *m*, coulant *m*, lasso *m*, piège *m*, rets *m*. ¶ ~를 씌우다 prendre [attraper] ((un lièvre)) au lacet [au collet, au lacs]; attraper ((un animal)) au lasso; prendre *qn* au piège; piéger *qn*. ¶ ~를 놓다 poser des rets [un piège]. ¶ ~를 쓰다[~에 걸리다] être pris(*e*) au piège; tomber dans le piège; se laisser prendre au piège.

올가을 명 cet automne *m*.

올겨울 명 cet hiver *m*.

올곧다 형 être droit(*e*), intègre, honnête, probe. ¶ 마음이 대쪽처럼 ~ être d'une intégrité [honnêteté] absolue [irréprochable]. ¶ 올곧게 살아가다 mener une vie droite, vivre dans la rectitude.

올되다 형 être précoce, hâti*f*(*ve*), prématuré(*e*). ¶ 올된 벼[아이] du riz [un(*e*) enfant] précoce.

올라가다 재타 ① ((장소에[로])) monter, grimper, escalader, gravir ((une montagne)). ¶ 지붕에[으로] ~ monter sur le toit. ¶ 산에[으로, 을] ~ gravir une montagne, faire l'ascension d'une montagne; escalader une montagne. ¶ 계단을 ~ monter un escalier, monter [gravir, grimper] l'escalier [les escaliers ((quatre à quatre, en quatrième vitesse {*fam*}))]. ¶ 숲길[산길]을 ~ gravir un chemin forestier [un sentier de montagne]. ¶ 그는 잠을 자러 이층으로 올라갔다 Il est monté au premier étage pour dormir. ② ((아래에서 위로)) s'élever, monter, se lever. ¶ 연기가 하늘로 올라간다 La fumée s'élève vers le ciel. ¶ 물방울이 수면으로 올라간다 Des bulles d'eau montent à la surface. ¶ 막이 올라갔다 Le rideau s'est levé. ¶ 깃발이 올라갔다 On a hissé le drapeau. ③ ((옷이)) être remonté(*e*), retroussé(*e*). ¶ 바지[치마, 소매]가 조금 올라갔다 Le pantalon est légèrement remonté [La jupe est légèrement remontée, Les manches sont légèrement raccourcies]. ④ (건물 따위가) 세워지다 être construit(*e*); s'élever, se dresser. ¶ 건물[벽, 담]이 높이 올라갔다 L'immeuble [Le mur] se dressait très haut. ⑤ (차 따위에) 타다 monter (dans une voiture); prendre (le train, l'avion, etc). ¶ 차[버스]에[로] ~ monter dans une voiture [dans un bus]. ⑥ 지방에서 중앙으로 혹은 남쪽에서 북쪽으로 가다 monter [aller] vers. ¶ 그는 친구를 만나러 서울에 올라갔다 Il est monté à Séoul voir un(*e*) ami(*e*). ¶ 북으로 ~ monter [aller] vers le nord. ⑦ ((상급 기관으로)) remonter. ¶ 보고가 인사과에[로] 올라갔다 Le rapport est remonté au bureau du personnel. ¶ 결재 서류가 사장에게 올라갔다 Les dossiers à signer sont remontés au chef de l'entreprise. ⑧ ((온도, 압력이)) monter, remonter. ¶ 기온이 3도[다소, 약간] 올라갔다 La température a monté de trois degrés [légèrement, un peu]. ¶ 체온이 40도까지 올라갔다 La température du corps a monté jusqu'à 40 degrés. ¶ 수위가 1m 올라갔다 Le niveau de l'eau a monté d'un mètre. ¶ 혈압이 조금 올라간 것 같다 La tension artérielle semble être un peu remontée. ⑨ ((가치, 지위 등이)) monter, augmenter, hausser, renchérir; devenir plus ch*er*(*ère*); être promu(*e*) ((à un grade plus élevé)), recevoir [obtenir] de l'avancement, monter en grade; obtenir une augmentation de salaire. ¶ 달러에 대한 원의 환율이 올라갔다 Le taux (de change) du won a monté par rapport au dollar. ¶ 주가가 1000 포인트로 올라갔다 Les cours ont monté jusqu'à l'indice 1 000. ¶ 그는 높은 지위[자리]에[로] 올라갔다 Il a été promu à un grade [à un poste] plus élevé. ¶ 그는 (계급이) 대령으로 올라갔다 Il a accédé au grade de colonel. ¶ 아이의 성적이 올라갔다 L'enfant a obtenu de meilleures notes [un meilleur bulletin]. ¶ 그는 수학에서 성적이 올라갔다 Il a obtenu de meilleures notes en mathématiques [en maths {*fam*}]. ¶ 그 학생은 학년이 올라갔다 Cet(*te*) élève est passé(*e*) dans la classe supérieure. ¶ 우리 아들이 고학년에[으로] 올라갔다 Mon fils est passé dans la classe supérieure. ¶ 그 아이는 중학교에[로] 올라갔다 Cet(*te*) enfant est entré(*e*) au collège. ⑩ ((인기, 사기)) augmenter, monter, grimper, s'accroître. ¶ 그의 인기[명성, 사기, 기세]가 올라갔다 Sa cote (de popularité) a monté [Il a gagné en célébrité / Son moral a grimpé / Il a été gagné par l'enthousiasme]. ⑪ ((생산성)) augmenter, s'accroître. ¶ 생산성이 (10 %) 올라갔다 La productivité a augmenté [s'est accrue] (de 10 %). ¶ 에너지 효율이 (5 %) 올라갔다 Le rendement énergétique a augmenté (de 5 %). ⑫ 등재되다 être porté sur (le registre); être enregistré(*e*), inscrit(*e*). ¶ 그 사람은 회원 명부에 이름이 올라갔다 Son nom a été enregistré sur la liste des membres. ¶ 그 내용이 보고서에 올라갈 것이다 Ce contenu sera inclus dans le rapport. ⑬ 신체 부위가 뻗쳐지다 lever ((la main)). ¶ 찬성하는 사람들의 손이 올라갔다 Ceux qui étaient d'accord ont levé la main. ¶ 그는 눈꼬리가 올라갔다 Il a levé un sourcil [ses sourcils]. ⑭ 어떤 국면에 다다르다 arriver à, parvenir à, aboutir à. ¶ 본선에 ~ arriver en première ligne. ¶ 결승에 ~ arriver en finale, se qualifier pour la finale, gagner *sa* place en finale, gagner *son* billet pour la finale.

***손[주먹, 팔]이** ~ lever la main [le poing] sur *qn* (pour le battre, le frapper); donner [asséner] un coup de poing, cogner. ¶ 그는 툭하면 주먹이 올라간다 Il cogne au moindre prétexte.

***주가가** ~ devenir célèbre [populaire], avoir acquis une grande popularité; ((cote ou indice de popularité)) la cote ((d'un acteur)) est en hausse; être en pleine vogue; avoir la cote auprès de *qn*, avoir une cote d'enfer {*fam*}, être très apprécié(*e*) ((du public, des jeunes)); ((peintre)) être (très) coté(*e*). ¶ 그 배우는 지금 한창 주가가 올라가고 있다 Actuellement, la cote de cet acteur est en pleine hausse [cet acteur a une cote d'enfer {*fam*}, cet acteur est au sommet de sa gloire].

올라서다 재 ① monter sur, grimper sur. ¶ 담 위에[산꼭대기에, 언덕 위에] ~ monter sur un mur [(jusqu')au sommet d'une montagne, sur une colline], grimper sur un mur [jusqu'au sommet d'une montagne, jusqu'au sommet d'une colline], escalader un mur [une montagne, un colline]. ¶ 우리가 산등성이에 올라서자 기막힌 경치가 눈앞에 펼쳐졌다 Parvenus sur la crête, une vue magnifique s'étendait devant [sous] nos yeux. ② 딛고 서다 être [se tenir] debout sur. ¶ 단상에 [댓돌에] 올라서다 être debout sur une estrade (à la tribune) [sur le seuil (d'une maison)]. ¶ 그는 의자 위에 올라서서 전구를 갈아 끼웠다 Il est monté sur une chaise et a changé l'ampoule. ③ ((등급이나 지위)) arriver ((1er, 2e à une course)). ¶ 3위로 ~ arriver troisième. ¶ 두 팀이 공동으로 선두에 올라섰다 Les deux équipes sont arrivées premières ex aequo. ④ 도달하다 arriver ((au but, à ses fins)), atteindre ((le but)). ¶ 열심히 노력한 결과 사업이 본궤도에 올라섰다 Conséquence des efforts qui ont été faits, les affaires sont en bonne voie. ¶ 우리의 기술이 드디어 세계적인 수준으로 올라섰다 Nos technologies ont enfin atteint un niveau mondial. ⑤ 군림하다 dominer, régner sur. ¶ 그는 오로지 상대를 딛고 올라설 궁리만 한다 Il ne pense qu'à dominer l'adversaire.

올라앉다 재 ① (aller) s'asseoir sur; ((새나, 곤충)) se poser sur. ¶ 바위 위에 ~ (aller) s'asseoir sur un rocher. ¶ 누구의 무릎에 ~ (aller) s'asseoir sur les genoux de *qn*. ¶ 나비가 꽃 위에 사뿐 올라앉았다 Le papillon s'est posé avec légèreté sur une fleur. ② ((탈것 등에)) monter; se mettre ((au volant)), prendre ((le volant)). ¶ 말의 등에[인력거에] 올라앉다 monter sur (le dos d')un cheval, monter à cheval [monter dans un pousse-pousse]. ③ 높은 데에 놓이다 être mis(*e*) [posé(*e*)] sur. ¶ 선반 위에 꿀단지가 하나 올라앉아 있다 Sur un rayon, il y a un pot de miel. ④ ((지위나 직급이)) être promu(*e*); accéder à, parvenir à. ¶ 1등으로 ~ accéder à la première place. ¶ 그는 드디어 사장 자리에 올라앉았다 Il est enfin parvenu au poste de directeur.

올라오다 재 ① monter ((pour) rejoindre *qn*), passer de bas en haut. ¶ 그 친구는 나를 만나러 3층으로 올라왔다 Il est monté au deuxième étage pour me voir. ¶ 해녀들은 수면 위로 올라왔다가는 또 잠수하기를 반복했다 Les pêcheuses en apnée remontaient à la surface et replongeaient sans arrêt. ② 흐름을 거슬러 위쪽으로 오다 remonter. ¶ 숭어는 어릴 때 민물로 올라와서 성장한다 Les jeunes muges grandissent en remontant les cours d'eau. ¶ 그들은 강의 상류 지역으로 올라왔다 Ils ont remonté vers une région en amont du fleuve. ③ 지방에서 서울 따위의 중앙으로 오다 monter (à la capitale). ¶ 그는 서울에 올라와 산다 Il est monté à Séoul pour y vivre. ¶ 도청으로 올라오라는 전갈이 있었다 On m'a transmis un message me demandant de me présenter à la préfecture. ¶ 정부에 항의하러 지방에

ㅇ

서도 많은 조합원들이 올라왔다 Même de la province, de nombreux syndicalistes sont montés à la capitale pour protester contre le [auprès du] gouvernement. ④ ⦅지위가⦆ être promu(*e*); accéder à, parvenir à. ¶ 결승에 ~ arriver en finale, se qualifier pour la finale, gagner *sa* place en finale, gagner son billet pour la finale. ¶ 2학년에 올라오다 passer en deuxième année, monter en deuxième année. ⑤ ⦅물에서 뭍으로⦆ sortir de l'eau et arriver sur la terre ferme. ¶ 거북이는 뭍에 올라와 알을 낳는다 La tortue marine pond ses œufs sur terre. ⑥ ⦅위로⦆ monter, atteindre ⦅tel ou tel niveau⦆. ¶ 강물이 위험 수위에 올라와 있다 Le fleuve a atteint un niveau dangereux / Le fleuve a atteint sa [la] cote d'alerte. ⑦ 상에 음식 따위가 차려져 있다 être sur la table ⦅pour les plats⦆. ¶ 우리가 앉은 상에 올라온 음식이라고는 밥과 김치뿐이었다 Il n'y avait que du riz et du *gimchi* sur notre table / Seuls du riz et du *gimchi* étaient disposés sur notre table. ⑧ 상급 기관으로 제출되다 être transmis(*e*) ⦅pour un dossier d'un inférieur à un supérieur⦆. ¶ 세 건의 민원이 올라와 있다 Trois pétitions sont transmises. ¶ 우리 부서로 올라오는 서류는 모두 비밀 문서이다 Les dossiers transmis à notre section sont tous des pièces confidentielles. ⑨ ⦅먹은 음식이⦆ avoir des régurgitations, avoir des remontées alimentaires [d'aliments en petite quantité], avoir des remontées gastriques; avoir des renvois ⦅pour la nourriture⦆, des renvois remontent; ⦅신물⦆ avoir des remontées acides, avoir des aigreurs [brûlures] (gastriques), avoir des brûlures d'estomac. ¶ 신물이 ~ avoir des remontées [des régurgitations, des renvois] acides, avoir des aigreurs [brûlures] (gastriques), avoir des brûlures d'estomac, ressentir des sensations de brûlure le long de l'œsophage et des remontées acides dans le pharynx ⦅(의학) pyrosis⦆. ¶ 약 먹은 것이 도로 올라오는지 입안이 씁쓸하였다 Je ne sais pas si c'était à cause des remontées gastriques que provoquait en moi le médicament que j'avais pris, mais j'avais la bouche amère. ⑩ ⦅생각이나 감정이⦆ extérioriser ⦅pour des idées ou des pensées ressassées⦆; ⦅눈물이⦆ monter aux yeux. ¶ 하고 싶은 말이 목구멍까지 올라왔다 Ce que je voulais dire me resta dans la gorge. ¶ 울음이 북받쳐 올라오는 것을 참을 수 없었다 Je n'ai pu contenir [retenir] les larmes qui me montaient aux yeux. ☞ 오르다

올라타다 자 ① ⦅탈것에⦆ monter sur [dans] (un moyen de transport). ¶ 말 잔등에 ~ monter sur le dos d'un cheval, monter sur un cheval. ¶ 자동차[비행기]에 ~ monter dans la voiture[dans l'avion]. ¶ 나는 배에 올라타고 항구를 바라보았다 Depuis le bateau, je regardais le port. ② 위에 오르다 monter sur *qc*. ¶ 손자가 할아버지 등에 올라탔다 Le petit fils est monté sur le dos de son grand-père. ¶ 그는 나무 가지에 올라탔다 Il est monté sur les branches.

올려놓다 타 ☞ 올리다

올려다보다 타 ① 아래서 위를 쳐다보다 regarder d'en bas [vers le haut], lever les yeux. ¶ 지붕 위를 ~ lever les yeux vers le toit. ¶ 그는 하늘을 올려다보았다 Il leva les yeux vers le ciel. ② 남을 우러르다 ⦅비유적⦆ vénérer, regarder avec respect, estimer, admirer. ¶ 삼촌은 많은 사람이 올려다보는 지위에 있다 Mon oncle a une position que beaucoup de gens admirent / Les gens admirent la position de mon oncle.

올록볼록 부 grêlé(*e*), bosselé(*e*), non uni(*e*), non lisse. ¶ 창유리의 표면이 ~ 튀어나와 있다 La surface de la baie vitrée n'est pas lisse.

◆**_하다** 형 présenter des aspérités, être grêlé(*e*), bosselé(*e*), ne pas être lisse. ¶ 기포가 생겨서 표면이 ~하다 La surface est grêlée par la formation de cloques. ¶ 표면을 ~하게 만들다 rendre une surface inégale.

올리다 타 ① monter *qc*; soulever ⦅un poids⦆; dresser, relever, redresser, hausser, hisser, arborer ⦅un drapeau⦆. ¶ 짐을 이층으로 ~ monter les bagages au premier étage. ¶ 막[블라인드]을 ~ lever le rideau [le store]. ¶ 깃발을 ~ hisser un drapeau. ¶ 닻을 ~ lever l'ancre. ② 신체 부위를 올라가게 하다 lever ⦅les yeux⦆; relever, redresser ⦅la tête⦆. ¶ 팔[손]을 (위로) ~ lever le bras [la main]. ¶ 발을 책상 위에 ~ mettre *ses* pieds sur le bureau. ¶ 눈꼬리를 ~ lever les sourcils. ③ 올려놓다 déposer sur ⦅une table⦆, mettre *qc* sur ⦅la table⦆. ¶ 음식을 상에 ~ mettre les plats sur la table, garnir la table de mets. ④ 옷 따위를 걷다 retrousser. ¶ 바지[치마]를 ~ rouler le bas de *son* pantalon [de *sa* jupe], retrousser *son* pantalon [*sa* jupe]. ¶ 소매를 ~ relever [retrousser] *ses* manches. ¶ 깃을 ~ relever [remonter, rajuster] *son* col. ⑤ 올려 세우다 construire, bâtir. ¶ 건물[빌딩]을 ~ construire un immeuble [un bâtiment]. ¶ 건물에 2층을 ~ construire le premier étage. ¶ 건물을 10층으로 ~ construire un immeuble de neuf étages. ¶ 이층에 살림집을 ~ construire un appartement au premier étage. ¶ 벽[담]을 30센티미터 더 ~ surélever un mur de 30 cm. ¶ 기와[짚, 양철](으)로 지붕을 ~ couvrir de tuiles [de chaume, de tôle] un toit. ¶ 지붕에 기와를 ~ couvrir de tuiles un toit. ⑥ 상관이나 상급 기관으로 가다 faire remonter *qc* ⦅à un supérieur⦆. ¶ 보고서를 인사과에[로] ~ remettre un rapport au bureau du personnel. ¶ 결재 서류를 사장에게 ~ remettre pour approbation un dossier au président. ⑦ ⦅온도를⦆ (re)monter (la température). ¶ 온도를 100도로 ~ porter la température à 100 degrés. ¶ 온도를 2도 ~ monter la température de deux degrés. ⑧ ⦅월급, 가치, 속력을⦆ augmenter, relever, hausser. ¶ 봉급[임금]을 (100만 원으로) ~ relever [augmenter] les salaires (à hauteur d'un million). ¶ 상품 가격을 ~ relever [hausser, augmenter] le prix des marchandises. ¶ 유로 환율을 ~ relever le cours de l'euro. ¶ 주가를 ~ faire remonter le cours d'une action (de la Bourse). ¶ 성적[점수]을 ~ ((학생이 공부를 열심히 해서)) améliorer *ses* notes [*ses* résultats], obtenir [avoir] de meilleures notes [un meilleur bulletin]; ((선생님이 올려주다)) relever [rehausser, remonter] la note ((d'un(*e*) élève)). ¶ 속도를[속력을] ~ augmenter la vitesse, accélérer, mettre le turbo [la gomme] {*fam*}, passer la surmultipliée {*fam*}, mettre les bouchées doubles. ⑨ ((인기, 사기를)) remonter, relever, regonfler, redonner ((le moral de *qn*)). ¶ 사기[기세]를 ~ remonter [relever, redonner, regonfler] le moral ((de *qn*, à *qn*)), réconforter *qn* encourager *qn*. ⑩ 향상시키다 améliorer, accroître, hausser. ¶ 생산성을 10 % ~ accroître la productivité de dix pour cent. ¶ 효율[수준]을 ~ améliorer [accroître] le rendement [améliorer le niveau, hausser le niveau]. ¶ 실력을 비슷한 수준으로 ~ élever *ses* capacités à un niveau équivalent. ⑪ 등재시키다 enregistrer, inscrire ((*qn* sur une liste)); porter ((*qn* sur une liste, un nom sur un registre)). ¶ 이름을 호적[족보, 명부, 수첩]에 ~ inscrire à l'état civil [porter sur un livret de famille, porter sur un registre, porter sur un carnet [sur un calepin {*fam*}]]. ¶ 매상을 장부에 ~ inscrire *ses* ventes sur un livre de compte. ¶ 연구 결과를 보고서에 ~ enregistrer le résultat de *ses* recherches dans un rapport. ⑫ ((화제에)) aborder ((un thème, un sujet, un problème)), soulever ((une question)). ¶ 경제문제를 화제에[로] ~ amener la conversation sur [mettre sur le tapis] les problèmes économiques. ⑬ 드리다, 바치다 offrir, faire un cadeau ((à un supérieur)). ¶ 말씀을 ~ dire *qc* ((à un supérieur)). ¶ 소개를 ~ présenter *qn* ((à un supérieur)). ¶ 편지를 ~ adresser [faire parvenir] une lettre ((à un supérieur)). ¶ 인사[경례, 절]를 ~ saluer ((un supérieur)); dire [souhaiter le] bonjour à ((un supérieur)); présenter [faire] *ses* civilités ((à un supérieur)). ¶ 예배[미사]를 ~ rendre un culte[célébrer la messe]. ¶ 기도를 ~ faire [dire, réciter] *ses* prières, prier. ¶ 술잔[식사]을 ~ offrir un verre[un repas]. ¶ 제사[제물]를 ~ rendre un culte aux ancêtres [faire une offrande]. ⑭ 이룩하다 accomplir, achever, réaliser. ¶ 성과[실적]를 ~ réaliser [obtenir] de bons résultats[des résultats tangibles]. ¶ 개가를 ~ remporter une victoire. ¶ 득점을 ~ marquer des points. ¶ 수익을 ~ tirer un bénéfice. ¶ 고소득을 ~ réaliser de gros profits. ⑮ 거행하다 célébrer. ¶ 결혼식을 ~ célébrer un mariage. ⑯ 토하다 vomir, rendre. ¶ 약을 ~ vomir un médicament. ⑰ 칠하다 peindre. ¶ 단청을 ~ décorer de peintures l'extérieur d'un temple bouddhique.

***귀싸대기[따귀, 뺨]를** ~ donner une baffe {*fam*} [un soufflet, une gifle], gifler, décocher [flanquer {*fam*}] une gifle, coller une baffe à *qn* {*fam*}, en coller une à *qn* {*fam*}. ¶ 나는 그 녀석의 귀싸대기를 올리고 싶었다 J'avais envie de lui donner une baffe {*fam*} [de lui en coller une {*fam*}].

***끗발을** ~ avoir de la chance aux cartes [au jeu], être en veine; avoir de bonnes cartes; avoir un bon jeu [du jeu] ((dans une partie de cartes)); marquer [faire] beaucoup de points.

***닻을** ~ ☞ 닻

***도마 (위)에** ~ ((사건, 문제 따위를)) mettre ((une affaire, une question)) sur le tapis, ((화제를)) mettre ((un sujet)) à l'ordre du jour; ((사람을)) mettre [placer, tenir] *qn* sur la sellette. ¶ 우리는 그를 도마(위)에 올렸다 Nous l'avons mis sur la sellette.

***막을** ~ lever le rideau, ouvrir *ses* portes, démarrer. ¶ 축제가 막을 올린다 Le festival ouvre ses portes [lève le rideau].

***머리를** ~ se faire un chignon. ¶ 그 여자는 어린 나이에 머리를 올렸다 Malgré son jeune âge, elle s'est faite un chignon.

***목청을** ~ hausser le ton.

***무대에** ~ mettre en scène.

***열을** ~ ☞ 열[3]

***입[입끝, 입밖]에** ~ parler, dire.

***핏대를** ~ ☞ 핏대

올리브 영{olive} 명 olive *f*.

◆**_유[기름]** -油 명 huile *f* d'olive.

◆**_나무** 명 olivier *m*.

올림 명 【수학】 arrondissement *m* au chiffre supérieur.

◆**반_** -半 명 arrondissement *m* du chiffre soit à l'inférieur soit au supérieur. ¶ 반~을 하다 arrondir un chiffre.

올림픽 영{Olympic} 명 Jeux *mpl* olympiques, ((생략)) JO *mpl*, Olympiades *fpl*. ¶ 88 서울 ~ les Jeux olympiques de Séoul en 1988. ¶ 국제 ~ 위원회 le Comité International Olympique, ((생략)) le CIO.

◆**_ 기록** -記錄 명 record *m* olympique.

◆**동계_** 冬季 명 Jeux *mpl* olympiques d'hiver.

올망졸망 부 par [en] petits groupes ((d'enfants de même taille)), en petits tas, en petits pâtés ((de même taille)). ¶ 길가에 작은 집들이 ~ 늘어서 있다 Les maisonnettes sont regroupées au bord de la rue. ¶ 그는 아이들을 ~ 데리고 왔다 Il est venu avec une bande de petits enfants.

◆**_하다** 형 ((petits objets, enfants presque de même taille)) se trouver réunis(*es*) [groupés(*es*)]. ¶ 그 부부는 ~한 애들이 여럿이다 Ce couple a plusieurs enfants qui sont presque de la même taille.

올무 명 lacet *m*, lacs *m*, collet *m*, rets *m*. ¶ ~에 걸려들다 être pris(*e*) au piège, tomber dans un piège, se laisser prendre au piège. ¶ ~에서 벗어나다 s'échapper d'un piège.

올바르다 형 être juste, exact(*e*), correct(*e*); être honnête, intègre; être sain(*e*), droit(*e*). ¶ 올바른 생각을 갖다 avoir une pensée droite. ¶ 네가 그 돈을

ㅇ

돌려주는 것이 ~ Il est juste que tu rendes cet argent. ¶ 올바르게 살다 mener une vie droite.

◆올바로 부 exactement, avec exactitude; honnêtement, droitement, avec droiture; correctement, justement, sainement. ¶ ~ 처신하다 se conduire avec droiture, agir droitement, se conduire honnêtement. ¶ 가치관을 ~ 세우다 établir [créer] une vision correcte des valeurs. ¶ 정신이 ~ 박힌 사람이라면 그런 짓은 하지 않는다 Un homme à l'esprit droit n'agirait pas ainsi. ¶ ~ 알지도 못하면서 함부로 말하지 말아요 Ne parlez pas à tort et à travers sans savoir exactement de quoi il retourne.

올빼미 명 hibou *m*, chouette *f*. ¶ ~가 운다 Le hibou (h)ulule [hue]. ¶ ~처럼 밤에 잠을 안 자다 telle une chouette [comme un hibou], ne pas dormir la nuit; rester éveillé(*e*) toute la nuit comme un oiseau nocturne [de nuit].

-올시다 어미 ⦅suffixe flexionnel de terminaison phrastique⦆. ¶ 글쎄~ Eh bien ... ¶ 나는 이 아이 아비 되는 사람이~ Moi, je suis le père de cet enfant.

올시즌 명{all season} 명 【운동】 toute la saison *f*.

올챙이 명 têtard *m*.

*개구리 ~ 적 생각 못한다 On oublie souvent ce qu'on a été jadis [son état antérieur] / Ceux qui sont arrivés aux honneurs oublient facilement le temps passé / Il ne faut pas oublier ses débuts difficiles / Plus tard, on ne se souvient plus des moments difficiles / Une belle-mère oublie qu'elle a aussi été un jour une belle-fille ⦅littéralement, la grenouille oublie qu'elle a été têtard⦆.

올케 명 belle-sœur *f* (d'une femme mariée), sœur *f* de *son* mari.

올콩 명 soja *m* [soya *m*; pois *m*, haricot *m*, fève *f*] précoce.

올해 명 cette année *f*, année *f* en cours. ¶ ~에는 계획한 일들을 다 이루어야지 Cette année, il va falloir réaliser tout ce qui a été prévu [tous nos projets]. ¶ 별로 한 일도 없이 ~가 다 갔다 L'année s'achève sans que j'aie fait grand-chose.
부 cette année. ¶ 내 동생은 ~ 고등학교를 졸업한다 Cette année, mon petit frère [ma petite sœur] termine ses études secondaires [fait sa dernière année au lycée, est en dernière année de lycée, est en terminale].

옭다 타 ① 실이나 노끈 따위로 단단히 감다 lier *qc* (avec une corde), ligoter, garrotter. ¶ 죄수의 손과 발을 옭아서 꽁꽁 묶어 두다 garrotter [lier] solidement les mains et les pieds du prisonnier, garrotter solidement un prisonnier, ligoter solidement un prisonnier. ② 올가미를 씌워 홀치다 attacher (solidement); piéger ⦅un animal⦆. ¶ 끈으로 개의 목을 옭다 attacher un chien avec une corde. ③ 함정에 빠뜨리다 piéger *qn* [faire tomber *qn* dans un piège] par ruse. ¶ 그놈을 어떻게 옭아 묶을 수 있을까? Comment pourrait-on piéger ce type?

옭아매다 타 ① 꼭 매다 nouer, lier (avec une corde), attacher, ficeler (un paquet). ¶ 끈으로 상자들을 ~ attacher des boîtes avec une ficelle. ¶ 나는 운동화 끈을 옭아맸다 J'ai solidement noué les lacets de mes baskets [de mes tennis]. ② (죄 등을) 전가시키다 imputer à tort, rejeter une faute (sur autrui), faire porter le chapeau à *qn* {*fam*}. ¶ 죄 없는 사람을 사기죄로 옭아매다 imputer [attribuer] une escroquerie à un innocent. ☞ 옭다

옮겨가다 자 ① ⦅위치를⦆ changer de place, se déplacer. ¶ 그는 옆자리로 옮겨갔다 Il a pris la place d'à-côté [la place voisine] / Il s'est décalé d'une place. ② ⦅관심이나 시선 따위를⦆ changer d'intérêt; changer la direction de *son* regard. ¶ 그 여자의 시선이 그 남자를 따라 조용히 옮겨갔다 Elle le suivait doucement du regard [des yeux].
타 ① ⦅위치를⦆ déplacer, transporter, transférer, transvaser, transplanter. ¶ 환자를 더 큰 병원으로 옮겨갔다 Le malade a été transféré dans un hôpital plus grand. ② ⦅발걸음을⦆ avancer pas à pas, diriger *ses* pas (vers). ¶ 그는 단골 술집으로 발걸음을 옮겨갔다 Il dirigea ses pas vers son bistro(t) [vers son troquet] habituel. ☞ 옮기다

옮겨다니다 자타 changer de place, se déplacer. ¶ 여기저기 정처 없이 ~ se déplacer çà et là sans but, errer ici et là (sans but). ¶ 그는 숙소를 자주 옮겨다닌다 Il change souvent de domicile [de crèche {*fam*}].

옮겨앉다 타 changer de place (assise), aller[venir] s'asseoir. ¶ 이쪽으로 자리를 옮겨앉으세요 Venez vous asseoir ici.

옮겨오다 자타 ① emménager; venir (pour) installer *qc*. ¶ 우리는 윗동네에서 아랫동네로 옮겨왔다 Nous avons quitté le quartier d'en haut pour emménager dans le quartier d'en bas / Nous sommes passés du quartier d'en haut au quartier d'en bas. ¶ 회사가 사무실을 이리로 옮겨왔다 Mon entreprise [Ma société, Ma compagnie] a transféré [a délocalisé] son bureau ici. ② ⦅질병 따위가⦆ être contaminé(*e*) [atteint(*e*) de *qc*], contracter. ¶ 전염병이 우리 마을로 옮겨오기 전에 미리 대비해야 한다 Il faut se prémunir contre l'épidémie avant qu'elle n'atteigne notre village.

옮기다 타 ① déplacer *qn/qc*, transférer, transvaser, transporter. ¶ 짐을 ~ transporter un bagage. ¶ 사과 상자를 집안으로~ rentrer le cageot de pommes à l'intérieur de la maison. ¶ 환자를 병원으로 ~ transporter un malade à l'hôpital. ¶ 이 물건을 좀 옮겨 주십시오 Déplacez cela s'il vous plaît. ② 사람이나 법적 소유권 등의 위치를 이동하다 changer ⦅de statut⦆. ¶ 주소를 ~ changer d'adresse. ¶ 학교를 ~ changer d'école. ¶ 수도를 (다른 곳으로)~ transférer la capitale vers un autre site. ¶ 건물의 소유권을 아들 앞으로 옮겼다 Il a transféré le droit de propriété de l'immeuble à son fils. ③ ⦅발걸음을⦆ avancer pas à pas, diriger *ses* pas. ¶ 발걸음을 집으로 ~ diriger *ses* pas vers la maison. ④ ⦅관심이나

시선 따위를》 changer d'intérêt; changer la direction de *son* regard. ¶ 그는 시선을 다른 데로 옮겼다 Son regard s'est porté ailleurs. ⑤ 《다른 언어나 형태로》 transcrire; traduire. ¶ 생각을 글로 ~ mettre par écrit *sa* pensée. ¶ 그는 역사적인 사건을 그림으로 옮기는 작업을 하고 있다 Il est en train de mettre en peinture un événement historique. ¶ 소월의 시를 영어로 ~ traduire des poèmes de Sowol en anglais. ⑥ 어떠한 일을 다음 단계로 진행시키다 passer à (l'étape suivante); mettre 《en pratique, à exécution》, réaliser 《un projet》. ¶ 그들은 계획을 실행에 옮겼다 Ils ont mis leur plan [leur projet] à exécution [en pratique] / Ils ont réalisé leur projet. ¶ 오랜 구상을 행동으로 옮길 때가 왔다 Le temps est venu de mettre à exécution [de réaliser] nos vieux projets. ⑦ (식물 따위의 토양을) 바꾸어주다 transplanter, repiquer. ¶ 모종을 화단으로 ~ repiquer les plants dans un parterre. ⑧ 《말을》 rapporter 《les paroles d'autrui》; répandre, semer, colporter, propager. ¶ 친구에게 들은 말을 그대로 누구에게 ~ rapporter telles quelles [sans les modifier, fidèlement]à un(*e*) ami(*e*) des paroles entendues. ¶ 남의 말을 함부로 여기저기 옮기지 마라 Ne rapporte pas çà et là les paroles des autres sans réfléchir! ⑨ 《병을》 passer [communiquer, refiler {*fam*}] 《une maladie à *qn*》, transmettre, communiquer, contagionner. ¶ 주위 사람들에게 감기를 옮기다 passer [refiler {*fam*}] *son* rhume [*sa* grippe, *sa* crève {*fam*}] à *ses* proches [à *son* entourage]. ¶ 전염병을 옮기는 병균 un microbe qui est le vecteur [l'agent] d'une maladie contagieuse. ¶ 모기가 말라리아를 옮긴다 Les moustiques transmettent le paludisme.

옮다 재 ① 《자리를》 changer de place, être muté(*e*). ¶ 그는 경리과에서 인사과로 옮아 앉았다 Il a été muté du service économique à celui du personnel. ② 《불길이나 소문 따위가》 《un incendie, une rumeur》 se répandre, se propager, se diffuser. ¶ 심한 바람으로 불길이 이웃집에 옮아 붙었다 Porté par un vent violent, le feu a gagné la maison voisine. ③ 《사상이나 버릇이》 subir une influence, être influencé(*e*). ¶ 아이가 친구들한테서 나쁜 말버릇이 옮은 것 같다 L'enfant semble avoir pris le mauvais langage de ses amis / Le mauvais langage de ses amis semble avoir déteint sur l'enfant. ④ 《병이》 être contaminé(*e*), atteint(*e*) de *qc*.; contracter (une maladie); 《une maladie》 se transmettre, se communiquer. ¶ 옻이 ~ être intoxiqué(*e*) par la laque. ¶ 그 친구에게서 감기가 옮았다 *Il m'a passé [refilé {fam}]* son rhume [sa grippe, sa crève {*fam*}]. ¶ 이 병은 옮기 쉽다 Cette maladie est très contagieuse [se transmet facilement]. ⑤ 물이 들다 déteindre (sur *qc*). ¶ 녹물이 옷에 옮았다 Le vêtement a des taches de rouille.

옮아가다 재 ① 위치를 옮기다 changer de place, déménager, se déplacer. ¶ 공장들이 도심에서 변두리로 옮아갔다 Les usines se sont déplacées du centre-ville à la banlieue. ② 《불이나 질병 따위가》 《le feu, une maladie》 se propager, se répandre, gagner. ¶ 불이 옆집으로 옮아갔다 Le feu a gagné [s'est propagé à] la maison voisine. ¶ 통증이 허리에서 어깨로 옮아갔다 La douleur s'est déplacée des reins aux épaules. ③ 《화제가》 changer (de sujet); 《la discussion, la conversation》 dévier vers (un autre sujet), se porter vers (un autre sujet), dévier (du sujet initial), rouler [tourner] sur un autre sujet, sortir (du sujet), s'écarter (du sujet), s'égarer (du sujet), 《la conversation》 déraper. ¶ 이야기가 다른 주제로 옮아갔다 La conversation [La discussion] a dévié vers un autre sujet / La conversation [La discussion] s'est portée vers un autre sujet / La conversation a roulé [tourné] sur un autre sujet / La discussion a dérivé sur [vers] 《tel autre sujet》 / La discussion a dévié (du sujet initial) / Nous sommes sortis [Nous nous sommes écartés, Nous nous sommes égarés] du sujet / La conversation a dérapé. ¶ 토론이 국내 문제에서 국제 문제로 옮아갔다 Des problèmes intérieurs, le débat s'est orienté vers les problèmes extérieurs / Le débat s'est déplacé des problèmes intérieurs vers les problèmes internationaux / Le débat est passé des problèmes intérieurs aux problèmes internationaux.

옮아오다 재 ① 자리잡아 오다 (venir) emménager, venir d'ailleurs. ¶ 그는 서울에서 시골로 옮아왔다 Il a déménagé de Séoul à la campagne. ¶ 그의 관심은 역사에서 철학으로 옮아왔다 Son intérêt s'est déplacé de l'histoire à la philosophie. ② (불이나 질병 따위가) 번져 오다 《le feu, une maladie》 se propager. ¶ 불길이 짚단으로 옮아왔다 Le feu s'est propagé aux bottes de paille.

옳거니 감 très bien; bravo; voilà; ça y est!; à la bonne heure; oui, ma foi! ¶ ~, 그 방법이 좋겠다 Très bien! Ce sera une bonne solution!

옳다 형 être vrai(*e*), juste, équitable; 《정확하다》 être exact(*e*), correct(*e*); 《올바르다》 être droit(*e*), honnête, intègre; avoir raison. ¶ 옳은 일에 발 벗고 나서다 se démener pour une cause juste. ¶ 네[네 말]가 ~ Tu as raison / Ce que tu dis est juste. ¶ 네 판단이 옳다 Ton jugement est correct. ¶ 옳고 그름을 판단하다 juger de la véracité d'un fait. ¶ 옳게 듣다 comprendre correctement. ¶ 일을 옳게 처리하다 arranger une affaire comme il faut.

옳소 감 bien; d'accord! ¶ ~, 나도 그 의견에 찬성이오 D'accord! Moi aussi, je suis de cet avis.

옳지 감 Bien!, C'est ça, O.K!, D'accord!; Bon!; Parfait!; Très bien!; Ça va; Bravo!; Ça y est; Oui, ma foi!; Oui, c'est bien ça; À la bonne heure! ¶ ~, 너 잘 걸렸다. 지난번에 꿔 간 돈 다 갚아 Ça y est, tu es pris(*e*) [tu es piégé(*e*), je te tiens pour de bon, tu ne m'échapperas pas] cette fois-ci! Rembourse-moi l'argent que tu m'as emprunté [taxé {*fam*}] l'autre jour! / Parfait! tu tombes à pic [tu ne pouvais pas tomber mieux], tu vas pouvoir me rembourser la somme que tu m'as empruntée l'autre jour. ¶ ~, 진작 그렇게 할 것이지 Très bien, c'est comme ça qu'il fallait faire!

옴[1] 명 gale *f*. ¶ ~이 옮다[오르다] avoir [attraper] la gale, être atteint(*e*) de la gale.

◆**_쟁이** 명 un(*e*) galeu*x*(*se*).

옴[2] 명 분류 ohm *m* ((unité de mesure de résistance électrique)).

옴싹달싹 부 (('옴짝달싹'의 잘못)) ☞ 옴짝달싹

옴지락거리다 자타 bouger un petit peu, faire de petits mouvements. ¶ 손가락을 ~ bouger un petit peu les doigts. ¶ 발가락이 ~ les doigts de pied bougent un petit peu.

옴짝달싹 부 en bougeant un petit peu. ¶ 몸을 ~ 못하다 ne pas être capable de faire le moindre mouvement; ne pas même pouvoir bouger le petit doigt [d'un pouce]; être coincé(*e*), bloqué(*e*), paralysé(*e*).

◆**_하다** 자타 bouger un petit peu, faire de petits mouvements ((le plus souvent employé à la forme négative dans le sens de ne pas pouvoir bouger du tout, d'être coincé(*e*), paralysé(*e*))). ¶ 손발을 ~하지 못하다 ne pas pouvoir bouger, être bloqué(*e*), coincé(*e*). ¶ 너무 무서워서 발이 ~하지 않았다 Je suis paralysé(*e*) par la peur. ¶ 아내는 아기 때문에 ~할 수 없다 Ma femme est coincée [est paralysée, est bloquée, ne peut rien faire, ne peut pas bouger d'un pouce] à cause du bébé / Avec le bébé, ma femme est complètement paralysée [coincée] [ne peut vraiment pas bouger, ne peut vraiment rien faire].

옴쭉달싹 부 (('옴짝달싹'의 잘못)) ☞ 옴짝달싹

옴츠리다 타 rétrécir, contracter, accroupir. ¶ 몸을 ~ s'accroupir, se tenir accroupi [à croupetons].

옴폭 부 de manière affaissée [enfoncée, creuse, évidée, ravinée]. ¶ 잠을 못 자서 눈이 ~ 들어가다 avoir les yeux enfoncés [caves, creux] par manque de sommeil. ¶ 땅이 ~ 패었다 La terre est ravinée. ¶ ~ 팬 양 볼에 핏기 없는 얼굴 un visage pâle aux joues creuses. ☞ 움푹

◆**_하다** 형 s'affaisser; être affaissé(*e*), enfoncé(*e*), creu*x*(*se*), cave, rentré(*e*), caverneu*x*(*se*), évidé(*e*), raviné(*e*). ¶ 그는 ~한 눈으로 나를 쳐다보았다 Il m'a regardé de ses yeux enfoncés [caves]. ¶ 길 한복판이 ~하게 패었다 Le milieu de la rue s'est affaissé.

-옵- 어미 ((suffixe flexionnel préfinal d'extrême déférence, marquant une extrême humilité)). ¶ 그렇게 하~소서 Veuillez accepter de faire ainsi. ¶ 새해에는 만사가 잘 되길 바~니다 Je souhaite que tout aille pour le mieux pour vous en cette nouvelle année.

옵서버 영{observer} 명 observa*teur*(*trice*), specta*teur*(*trice*). ¶ ~ 국가 pays observateur. ¶ ~ 자격으로 참가하다 participer en qualité d'observateur.

옵션 영{option} 명 ① 선택 option *f*, choix *m*. ¶ ~이 많다 Il y a beaucoup de choix (possibles). ② 상거래 option *f*. ¶ ~ 거래 transaction *f* par options.

옷 명 vêtement *m*, habit *m*, effets *mpl*. ¶ 가벼운[두꺼운] ~ un vêtement léger[chaud]. ¶ ~ 한 벌 un ensemble, un complet. ¶ ~을 입다[착용하다] mettre *ses* habits, se vêtir, s'habiller, se saper {*fam*}, se nipper {*fam*}. ¶ ~을 벗다 enlever [ôter] *ses* vêtements, se dévêtir, se déshabiller. ¶ ~을 갈아입다 changer de vêtement, se changer. ¶ 아이에게 ~을 입히다 vêtir [revêtir, habiller] un(*e*) enfant. ¶ ~을 수선하다 raccommoder [repriser, rapiécer, ravauder {*vx*}, réparer, recoudre] un vêtement. ¶ 이 ~은 손님에게 아주 잘 어울립니다 Ce vêtement vous va très bien [vous sied à merveille, vous va à ravir] / On dirait que ce vêtement a été fait pour vous.

*~**을 벗다** quitter *son* poste, démissionner (de *son* poste), donner *sa* démission. ¶ 대령은 불미한 사건으로 ~을 벗었다 Le colonel a quitté son poste à cause d'une vilaine affaire.

*~**이 날개다** ☞ 날개

◆**_가게** 명 boutique *f* [magasin *m*] de vêtements.

◆**_가지** 명 effets *mpl*, habits *mpl*, vêtements *mpl*, habillement *m*. ¶ 그 여자는 ~가지를 주섬주섬 쌌다 Elle a emballé ses habits l'un après l'autre.

◆**_감** 명 étoffe *f*, tissu *m*, drap *m*. ¶ ~감을 사다 acheter du tissu.

◆**_걸이** 명 portemanteau(*x*) *m*; cintre *m*; patère *f*; ((진열용)) portant *m*; penderie *f*. ¶ ~걸이에 옷과 모자를 걸어 두다 accrocher *son* vêtement et *son* chapeau au portemanteau.

◆**_고름** 명 nœud *m* de vêtement.

◆**_깃** 명 col *m*, revers *m*.

*~**깃만 스쳐도 인연이다** ☞ 인연

◆**_매무새** 명 manière *f* de s'habiller, tenue *f*. ¶ ~매무새를 단정히 하다 soigner [arranger] *sa* tenue, vérifier *sa* tenue (avant de sortir), se rajuster [rajuster *ses* vêtements, rajuster *sa* tenue, rajuster *son* col de chemise] avant de sortir; réarranger *sa* tenue; se rajuster; remettre de l'ordre dans *ses* vêtements [dans *sa* tenue]; se reboutonner, reboutonner *ses* vêtements; réparer le désordre de *sa* toilette {*vx*}, jeter un dernier coup d'œil à *sa* tenue ((devant la glace)).

◆**_소매** 명 manche *f* de vêtement.

◆**_솔** 명 brosse *f* à habits.

◆**_자락** 명 pan *m* (d'un habit); frange *f*; bord *m*; bas *m* (d'une robe).

◆**_장** -欌 명 armoire *f* (à habits), garde-robe(~-~*s*) *f*, penderie *f*. ¶ ~장 속에 옷을 가지런히 정리하다 bien ranger des vêtements dans une armoire.

◆**_차림** 명 tenue *f*; ((경멸적)) accoutrement *m*, affublement *m*, déguisement *m*, défroque *f*, fagotage *m*. ¶ 그런 ~차림으로 어딜 가려고 하느냐? Où comptes-tu aller dans [avec] une tenue pareille [dans une telle tenue, dans un accoutrement pareil {*fam*}, déguisé(*e*) de la sorte]? / Où comptes-tu aller habillé(*e*) [accoutré(*e*), fagoté(*e*), affublé(*e*), harnaché(*e*)] comme tu es?

◆**겉_** 명 vêtement *m* de dessus, manteau(*x*) *m*, veste *f*.

◆**비_** 명 vêtement *m* [manteau(*x*) *m*] de pluie, imperméable *m*, imper *m* {*fam*}, ciré *m*, k-way *m*, caoutchouc *m*, gabardine *f*, mackintosh *m*, trench-coat *m*.

◆**속_** 명 linge *m* (de corps), sous-vêtement *m* (~-~*s*), lingerie *f* (fine).

옷핀 명 épingle *f* de [(오용) à] nourrice [de sûreté], épingle *f* double, épingle *f* anglaise.

옹 翁 의명 vieux monsieur *m*. ¶ 김 ~ le vieux monsieur Kim.

옹고집 壅固執 명 entêtement *m*, obstination *f*, opiniâtreté *f*. ¶ 그 사람이 ~을 부려서 문제다 Son entêtement pose problème. ¶ 저 영감은 엄청난 ~이다 Ce vieux monsieur-là est très entêté [est une vieille bourrique {*fam*}, est têtu comme une bourrique [comme une mule, comme un âne, comme un mulet] / Ce vieillard n'en fait qu'à sa tête / Ce vieillard, c'est vraiment une tête de mule [une tête de pioche {*fam*}] / Quelle telle de mule, ce vieillard!

옹골지다 형 ① (곡식, 과일, 채소) être ferme, compact(*e*); être bien rempli(*e*), substantiel(*le*). ¶ 배추가 ~ Les choux chinois sont bien fermes. ② (사람, 태도) être solide, avoir du poids, avoir de la substance. ¶ 그는 사람이 옹골진 맛이 없다 C'est un homme sans substance.

옹골차다 형 ① (곡식, 과일, 채소) être bien rempli(*e*). ¶ 벼가 ~ Le riz est bien mûr. ② (사람, 태도) être vigoureux(*se*). ¶ 아이답지 않게 ~ être bien mûr(*e*) pour *son* jeune âge. ¶ 옹골찬 말 parole bien ferme. ¶ 옹골차게 연구에 매진하다 étudier avec détermination.

옹관 甕棺 명 cercueil *m* en terre cuite.

◆**_묘 -墓** 명 tombeau *m* renfermant un cercueil en terre cuite.

옹글다 형 ① 온전하다 être parfait(*e*), total(*e*). ¶ 모양이 ~ La forme est parfaite. ② 우렁차다 être fort(*e*), ferme. ¶ 그놈 참 울음소리가 옹글구나! Ce bébé pleure très fort. ③ 전부 être compl*et*(*ète*), intègre, enti*er*(*ère*). ¶ 주말을 옹글게 바쳐야만 그 일을 마칠 수 있다 Il faut sacrifier un week-end entier pour pouvoir terminer ce travail.

옹기 甕器 명 vase *m* d'argile; pot *m* de terre; poterie *f*.

◆**_장수** 명 marchand(*e*) de poterie.

◆**_장이** 명 poti*er*(*ère*).

◆**_전 -廛** 명 magasin *m* de poterie. ¶ ~전에서 기념품을 사다 acheter des souvenirs dans un magasin de poterie.

옹기종기 부 par petits groupes. ¶ ~ 모여앉다 s'asseoir en groupe (autour de *qc/qn*).

옹달샘 명 petite fontaine *f*. ¶ 사슴이 ~에서 물을 먹고 있다 Un cerf [Une biche] boit de l'eau dans une petite fontaine.

옹동고라지다 자 se contracter, rétrécir, rapetisser, diminuer; se replier sur *soi*-même, se faire tout(*e*) petit(*e*), se rétrécir, se recroqueviller, se blottir, se tapir, se replier, se pelotonner, se ramasser, se rabougrir, se ratatiner, se rétracter, se racornir, ratatiner. ¶ 몸이 추위에 ~ se contracter [se replier sur *soi*-même] à cause du froid.

옹동이 甕- 명 vase *m* de terre cuite à deux anses. ¶ ~에 물을 담다 verser de l'eau dans un vase de terre cuite à deux anses.

옹두리 명 broussin *m*. ¶ ~가 많은 나무 arbre plein de broussins.

옹립 擁立 명 intronisation *f*, installation *f*. ◇_(을) **하다** introniser *qn*.

옹배기 명 vase *m* de terre évasé. ¶ ~에 푸성귀를 담다 mettre des légumes verts dans un vase de terre évasé.

옹생원 -生員 명 esprit *m* borné [étroit, rigide]. ¶ 저 남자는 툭하면 토라지는 ~이다 C'est un esprit borné [rigide, étroit], il boude tout le temps [il fait tout le temps sa mauvaise tête, il est tout le temps de mauvaise humeur] (dès que l'on ne va pas dans son sens, dès qu'il est contrarié).

옹송그리다 자타 se ramasser, se replier sur *soi*-même, se faire tout(*e*) petit(*e*), se recroqueviller, se blottir, se tapir, se replier, se pelotonner, se ramasser, se rabougrir, se rétrécir, se ratatiner, se rétracter, se contracter, se racornir. ¶ 추워서 몸을 ~ se recroqueviller à cause du froid. ¶ 구석에 옹송그리고 앉다 se tapir dans un coin.

옹알거리다 자타 ① gazouiller, babiller. ¶ 옹알거리는 아기 enfant qui gazouille. ② 입속말로 똑똑하지 않게 중얼대다 grommeler, marmonner, marmotter; grommeler [murmurer, parler, marmotter, dire *qc*] entre *ses* dents; parler dans *sa* barbe; bredouiller, mâchonner, mâchouiller. ¶ 알아들을 수 없는 말을 ~ marmonner [bredouiller, murmurer] des paroles inintelligibles [incompréhensibles].

옹알대다 타 ☞ 옹알거리다

옹알옹알 부 de petits murmures (onomatopée). ¶ ~ 하며 웃다 rire en poussant de petits cris

◆**_하다** 자 pousser de petits cris.

옹알이 명 gazouillis *m*, babillage *m*, lallation *f*. ◇_(를) **하다** gazouiller, babiller.

옹위 擁衛 명 escorte *f*. ¶ 수행원의 ~를 받다 bénéficier d'une escorte; être escorté(*e*) par les membres de *sa* suite. ◇_(를) **하다** escorter.

옹이 명 ① 나무의 혹 nœud *m*, broussin *m*. ¶ ~투성이의 나무 un arbre plein de broussins, un arbre très noueux. ② 굳은살 cal *m*, callosité *f*, durillon *m*; cor *m*, (발가락 사이에 있는) œil-de-perdrix(~*s*-~-~) *m*; nodosité *f*, nodule *f*, nouure *f*. ¶ ~가 박힌 거칠고

투박한 손 de grosses mains calleuses, de grosses mains de travailleur (manuel). ◇_(가) 지다 ① être noueux(se). ¶ ~ 진 나뭇가지 des branches noueuses. ¶ 어머니의 ~ 진 손마디 les doigts noueux de ma mère. ② 언짢은 감정이 있다 être d'une humeur grincheuse; être mécontent(e), contrarié(e). ¶ ~ 진 마음이 풀리다 retrouver la bonne humeur; se dérider.

옹주 翁主 명 princesse *f* d'un second lit ((fille d'un roi et de sa concubine)).

옹크리다 재타 s'accroupir; se blottir, se tapir; se ramasser [se plier] sur *soi*-même, se pelotonner. ¶ 고양이가 부엌 바닥에 (몸을) 옹크리고 있다 Le chat s'est tapi sur le sol de la cuisine.

옹호 擁護 명 protection *f*, défense *f*; soutien *m*; aide *m*, secours *m*. ¶ 서민의 권익 ~에 발벗고 나서다 se jeter [se lancer] corps et âme dans la protection des intérêts des citoyens. ◇_(를) 하다 protéger; défendre; soutenir; aider, secourir. ◇_(가) 되다 être protégé(e), se faire protéger; être soutenu(e).

◆_자 -者 명 protecteur(trice), défenseur *m*; tuteur *m*.

◆_론 -論 명 soutien *m*, (thèse *f* de) défense *f* ((de la pornographie)).

옻 명 ① ((칠)) laque *f*. ¶ ~을 입힌 목판 planche *f* de bois laquée. ② ((독)) intoxication *f* due à la laque. ¶ ~이 옮다[오르다] souffrir à cause de l'intoxication due à la laque.

◆_나무 명 arbre *m* à laque, laquier *m*, sumac *m*.

◆_칠 -漆 명 laque *f*. ¶ ~칠을 한 소반 plateau laqué.

와[1] 부 ① 여럿이 한꺼번에 지르는 소리 à haute voix; à grands cris; en foule. ¶ ~ 웃다 rire aux éclats, éclater de rire, partir d'un grand éclat de rire [d'un gros rire]. ¶ ~ 떠들다 bavarder à haute voix. ② 여럿이 한꺼번에 움직이는 모양 en groupe, en foule, tous ensemble. ¶ 사람들이 우리 집으로 ~ 몰려왔다 Ils sont venus en groupe [tous ensemble] chez nous.

와[2] 감 Ouah! / Bravo! / Eh ben! {*fam*} / Oh là là! ¶ ~, 그 여자 키가 정말 크다 Ouah! elle est hyper {*fam*} grande, cette fille! ¶ ~, 정말 대단하다 Ouah! [Eh ben!, Oh là là!] c'est impressionnant [c'est extraordinaire, ça m'impressionne]! / Ouah!, ça [*il, elle*] *m'épate* [*vous m'épatez*]! / Ouah! [Bravo!] c'est incroyable [super, formidable, extra(ordinaire)]! / Ouah! vous [il, elle] est très fort(e)!

-와[3] 조 ① ((particule de liaison des mots)) 열거(접속) et. ¶ 너~ 나 toi et moi. ¶ 우유~ 빵 du lait et du pain. ¶ 아버지~ 아들 le père et son fils. ② ((함께)) ((particule exprimant l'accompagnement)) avec. ¶ 친구~ 놀다 ((어린이)) jouer [s'amuser] avec un(e) ami(e) [avec des amis]; s'amuser [passer du bon temps, passer de bons moments, passer un bon moment] avec un(e) ami(e) [avec des amis]. ¶ 어머니~ (함께) 가다 partir avec *sa* mère, accompagner *sa* mère. ¶ 나는 애완견 한 마리~ 같이 산다 J'habite [Je vis] seul(e) avec mon chien. ③ 대칭 ((particule exprimant l'opposition, la coopération ou la séparation)) ((se battre)) contre ((le froid, l'ennemi)); ((se marier)) avec *qn*, à *qn*, ((se séparer)) d'avec *qn*, de *qn*. ¶ 친구~ 다투다 se disputer avec un(e) ami(e). ¶ 추위[적, 원수]~ 싸우다 se battre contre le froid [contre l'ennemi]. ¶ 아내~ 별거하다 se séparer de [d'avec] *sa* femme. ¶ 부자~ 결혼하다 se marier avec [à] un homme [une femme] riche. ¶ 친구~ 헤어지다 quitter un(e) ami(e), quitter *ses* [des] amis. ④ 관계 avec. ¶ 친구~ 협력하다 collaborer avec *son* ami(e). ¶ 그 친구는 나~ 가장 친했다 J'étais son [sa] meilleur(e) ami(e). ¶ 독서는 글쓰기~ 밀접한 관련이 있다 La lecture a un lien étroit avec l'écriture. ⑤ 접촉 ((prendre contact)) avec *qn*. ¶ 누구~ 연락을 취하다 prendre contact avec *qn*, contacter *qn*. ⑥ 비교(기준) ((particule de comparaison)) comme. ¶ 이~ 같이 comme cela, de cette manière. ¶ 이~(는) 달리 contrairement à cela. ¶ 그~ 비슷한 예 exemple similaire. ¶ 여느 때~ 같이 comme d'habitude, comme à son habitude, comme d'ordinaire. ¶ 언니~ 닮은 동생 une fille qui ressemble beaucoup à sa sœur (aînée). ¶ 나는 그 친구~ 성격이 잘 맞지 않는다 Lui et moi, nous ne nous entendons pas très bien / Lui et moi, nous ne sommes pas faits pour nous entendre.

와가 瓦家 명 maison *f* couverte de tuiles.

와각거리다 재 s'entrechoquer avec fracas; cahoter bruyamment. ¶ 짐을 잔뜩 실은 수레가 와각거리며 지나갔다 Un chariot très chargé [surchargé, plein à ras bord(*s*)] est passé en cahotant bruyamment.

와그르르 부 ① 물건이 무너지는 소리 en (mille) petits morceaux ((onomatopée de bruit ou de mouvement de *qc* qui s'écroule)). ¶ ~ 쏟아지다 s'éparpiller. ¶ ~ 무너지다 s'effondrer [s'écrouler] en mille morceaux. ② 웃는 소리 à grands cris. ¶ ~ 웃어 대다 rire à gorge déployée.

와글거리다 재 faire du brouhaha, s'agiter. ¶ 사람들이 장내에 와글거린다 La salle est agitée [bruyante]. ¶ 대합실이 승객들로 와글거린다 La salle d'attente est bondée de voyageurs.

와글대다 재 ☞ 와글거리다

와글와글 부 dans un grand brouhaha, en foule. ¶ 그것을 사려고 사람들이 ~ 몰려갔다 On s'est précipité en foule pour acheter cela. ¶ ~ 떠들어대는 아이들을 밖으로 내쫓다 faire sortir des enfants bruyants.

◆_하다[대다, 거리다] 재 être animé(e), bruyant(e). ¶ 복도에는 대기자들이 ~했다 Le couloir était plein de candidats.

와다닥 부 soudain, tout d'un coup, brusquement. ¶ ~ 달아나다 s'enfuir brusquement. ¶ 문을 ~ 열다 ouvrir la porte brutalement.

◆_하다[거리다, 대다] 재 faire des bruits de battement ((de porte)).

ㅇ

◆_ _ 부 avec précipitation. ¶ 학생들이 교실에서 ~~ 뛰쳐나갔다 Les élèves sortent de la salle avec précipitation.

와당 瓦当 명 caractère *m* [dessin *m*] gravé sur la face ou l'envers d'une tuile.

와당탕 부 avec fracas, avec un grand bruit. ¶ ~ 바닥에 떨어지다 tomber par terre avec fracas.

◆**_거리다[대다]** 자 faire de grands bruits. ¶ 아이들이 ~거리며 층계를 뛰어 내려갔다 Les enfants descendent l'escalier en courant [quatre à quatre] en faisant beaucoup de bruit.

와드득 부 en petits morceaux, à grand bruit sourd ((onomatopée du bruit de *qc* qui s'écroule)). ¶ 무엇을 ~ 씹어 먹다 mâcher *qc* en faisant du bruit.

와들와들 부 ((trembler)) de tout *son* corps. ¶ 추워서 [무서워서] ~ 떨다 trembler de froid, grelotter, claquer des dents à cause du froid [trembler de peur, grelotter de peur]. ¶ 손이 ~ 떨리다 trembler des mains, avoir les mains qui tremblent.

◆**_하다** 재타 trembler de tout *son* corps, grelotter.

와락 부 brusquement, soudainement, tout d'un coup. ¶ ~ 껴안다 embrasser [serrer] *qn* brusquement. ¶ ~ 덮치다[달려들다] se jeter [se précipiter, se ruer] sur *qn*. ¶ 그 남자는 나를 ~ 잡아당겼다 Il m'a tiré à lui brusquement. ¶ ~ 문을 열어젖히다 ouvrir la porte brutalement. ¶ ~ 화를 내다 laisser brutalement exploser *sa* colère, exploser brutalement de colère, sortir brutalement de *ses* gonds. ¶ ~ 눈물이 솟구쳤다 avoir une crise de larmes, fondre en larmes. ¶ ~ 무서운 기분이 들었다 Tout à coup j'ai eu peur / J'ai été pris(*e*) de peur brutalement / J'ai ressenti brutalement une grande peur / Soudain, la peur m'a envahi(*e*) [submergé(*e*)].

와류 渦流 명 tourbillon *m*. ¶ ~에 휩쓸리다 être entraîné(*e*) dans un tourbillon.

와르르 부 ① 무너지는 소리 à flots, à torrents, avec fracas. ¶ 담이 ~ 무너졌다 Le mur s'est effondré. ¶ 물구나무를 서자 주머니 속의 동전들이 ~ 쏟아졌다 En faisant le poirier, la monnaie est tombée [sortie] de ma poche [les pièces de monnaie sont tombées de ma poche]. ¶ 자루 속의 물건을 ~ 쏟아 놓다 vider les affaires dans le sac. ¶ 진동 때문에 선반 위의 물건들이 ~ 떤다 À cause de la vibration, les affaires sur l'étagère tremblent. ¶ 천장이 ~ 무너져 내렸다 Le plafond s'est effondré avec fracas. ② 몰려가거나 몰려오는 소리 en groupe, en foule, tous ensemble. ¶ 한꺼번에 ~ 몰려가다 s'en aller en groupe. ¶ 사람들이 ~ 극장에서 몰려나왔다 Les gens sont sortis en foule du cinéma.

와병 臥病 명 alitement *m*. ¶ 그의 아버지는 고령으로 ~ 중이다 Son père est alité [grabataire {*litt*}] à cause de son grand âge [à cause de son âge avancé].

와사 瓦斯 명 gaz *m*.

◆**_등** -燈 명 lampe *f* à gaz.

와사비 일 명 *wasabi m*, sort de raifort *m* vert japonais.

와삭 부 en poussière, petits morceaux, à grand bruit sourd ((onomatopée de bruit ou de mouvement de *qc* qui s'écroule)). ☞ 와삭와삭

와삭거리다 자 bruire, produire un bruissement, froufrouter. ¶ 낙엽이 바람에 와삭거렸다 Les feuilles mortes bruissent au vent.

와삭대다 자 ☞ 와삭거리다

와삭와삭 부 ((onomatopée qui évoque un craquement répété)). ¶ 걸을 때마다 발밑에서 낙엽들이 ~ 소리를 낸다 On entend des craquement de feuilles sèches sous les pieds. ¶ 무를 ~ 씹어 먹다 croquer dans un navet.

◆**_하다** 자 être craquant(*e*), croquant(*e*). ¶ 얼음을 입안에 넣고 씹자 ~하는 소리가 났다 Lorsque j'ai mordu les glaçons que j'avais mis dans ma [la] bouche, ça a fait [produit, provoqué] des craquements [on a entendu des craquements].

와신상담 臥薪嘗胆 명 persévérance *f*, ténacité *f*; extrêmes privations *fpl* ((en attendant le moment propice pour se venger)). ¶ 그는 ~ 4년 후에 사법시험에 합격했다 Au terme de quatre années de dur labeur[de persévérance], il a passé l'examen du barreau. ¶ ~ 설욕의 기회를 노리다 supporter mille privations en guettant[attendre avec une grande persévérance] l'occasion de se venger d'une humiliation. ◇**_(을) 하다** endurer des privations et des difficultés ((pour l'accomplissement d'une vengeance)).

와이셔츠 영{white shirt} 명 chemise *f*.

와인 영{wine} 명 vin *m*.

와일드 영{wild} 어근 brutalité *f*, méchanceté *f*. rudesse *f*

◆**_하다** 형 ((거칠다, 사납다, 난폭하다)) être brut*al*(*ale*, *aux*), féroce, méchant(*e*), violent(*e*), rude, brusque. ¶ 그는 성격이 ~하다 Il a un caractère [tempérament] violent [irascible, bourru, dur, emporté, coléreux, brutal] / Il est brutal [violent] / C'est une brute. ¶ ~하게 태클을 걸다 tacler brutalement, faire un tacle brutal.

와작 부 à grande bouche. ¶ 무를 ~ 베어 물다 croquer dans un navet.

◆**_거리다[대다]** 자 mâcher à grande bouche; croquer. ¶ 얼음을 ~대며 씹어 먹다 croquer des glaçons.

◆_ _ 부 à grande bouche. ¶ ~~ 씹다 mâcher à grande bouche.

와전 訛傳 명 transmission *f*[présentation *f*] erronée d'un propos; fausse nouvelle *f*, canard *m* {*fam*}, bobard *m* {*fam*}. ◇**_(이) 되다** ((un propos)) être transmis(*e*) de façon dénaturée.

와중 渦中 명 tourbillon *m*, remous *m*. ¶ 전란의 ~에 가족을 잃다 perdre de la famille dans le tourbillon de la guerre. ¶ 바쁜 ~에도 틈을 내어 글을 쓰다 profiter du temps libre pour écrire malgré *ses* horaires chargés.

와지끈 부 patatras! ((onomatopée exprimant une chute)). ¶ 돌풍에 나뭇가지가 ~ 부러졌다 La branche d'arbre s'est brisé durement à cause de la bourrasque [de la rafale]. ¶ 돛대가 ~ 부러졌다 Le mât s'est cassé violemment.

◆_하다[거리다, 대다] 자 tomber [s'effondrer] violemment [brusquement], se fracasser. ¶ 기둥이 ~하고 넘어갔다 Le poteau s'est effondré [s'est écrasé, est tombé] avec un grand bruit. ¶ 태풍에 가로수가 ~하고 쓰러졌다 Les arbres en bordure de la rue sont tombés violemment à cause de la tempête.

◆_뚝딱 부 avec fracas, avec un grand bruit. ¶ 나뭇가지가 ~뚝딱 부러졌다 La branche s'est brisée avec fracas.

와자직 부 avec un grand bruit, avec fracas. ¶ 기둥이 ~ 무너져 내렸다 Le poteau s'est effondré avec un grand bruit [s'est écrasé, est tombé] avec un grand bruit.

◆_하다[거리다, 대다] 자 tomber [s'effondrer] avec un grand bruit.

와짝 부 갑자기 많이 늘거나 줄어드는 모양 avec force, vigoureusement, soudainement, d'un seul coup. ¶ 벼가 ~ 자랐다 Le riz a beaucoup poussé ces derniers temps. ¶ 주가가 ~ 올랐다 La Bourse a fait un bond [s'est envolée subitement] / La Bourse a brutalement monté. ¶ 요즘 손님이 ~ 늘어났다 Le nombre des clients a beaucoup augmenté ces derniers temps / La clientèle a augmenté rapidement ces derniers temps.

◆_ _ 부 d'un seul coup, soudainement, brusquement. ¶ 사람이 많으니 음식이 ~~ 줄어든다 Les victuailles [Nos réserves, Nos provisions] diminuent rapidement parce que nous sommes nombreux [en raison du nombre de convives, en raison du nombre de gens présents]. ¶ 성미가 급해 일을 ~~ 해치우다 se dépêcher [se hâter] de terminer le travail à cause de *son* tempérament.

와트 영{watt} 분류 watt *m*. ¶ 20 ~짜리 전구 une ampoule de 20 watts.

와해 瓦解 명 effondrement *m*, écroulement *m*, démantèlement *m* ((d'un édifice, d'un empire)); éboulement *m* ((d'une colline)); culbute *f* ((d'un ministère)); débâcle *f*, décomposition *f*, déconfiture *f*. ◇_(가) 되다[(을) 하다] être décomposé(*e*); être démantelé(*e*); être détruit(*e*); être renversé(*e*). ¶ 조직이 ~가 되었다 L'organisation a été démantelée. ◇_(를) 시키다[(을) 하다] anéantir, raser ((un bâtiment)), renverser ((un gouvernement)); décomposer; démanteler.

왁스 영{wax} 명 vernis *m*. ¶ ~를 칠하다 appliquer du vernis, vernir.

왁자그르르 부 ((partir)) d'un grand éclat de rire, bruyamment; en grand nombre, en foule. ¶ ~ 웃음이 터지다 rire aux éclats, partir d'un grand éclat de rire [d'un gros rire]. ¶ 시장에 사람들이 ~ 몰려 있다 La foule s'entasse au marché.

왁자지껄 부 à grand bruit, bruyamment. ¶ 골목이 사람들로 ~ 소란스러웠다 Les ruelles sont grouillantes de monde / Les ruelles, grouillantes de monde, sont bruyantes.

◆_하다 형 être bruyant(*e*), faire du tapage [du vacarme, du boucan {*fam*}]. ¶ 이상한 소문으로 동네 전체가 ~했다 Des rumeurs bizarres[Des rumeurs étranges, De fausses rumeurs] circulent[se sont répandues] dans tout le quartier. ¶ 이웃집에서 ~하고 떠드는 소리가 들린다 On entend un vacarme effrayant [un vacarme désagréable, un bruit pénible] [un boucan pas possible {*fam*}] chez les voisins. ¶ 상인들이 ~하게 모여 물건을 판다 Les marchands vendent leurs articles à grand bruit au marché.

완강하다 頑强- 형 être ferme, tenace, intransigeant(*e*), coriace, dur(*e*), immuable, solide. ¶ 저항이 ~ La résistance est tenace. ¶ 완강하게 거부하다 refuser de façon ferme.

◆완강히 頑强- 부 fermement, immuablement, solidement. ¶ 완강히 거부하다 refuser de façon ferme.

완결 完結 명 fin *f*, conclusion *f* (finale), accomplissement *m*, achèvement *m*. ¶ ~을 보다 mettre fin, achever, finir ¶ ~을 맺다 mettre un terme, conclure, achever. ◇_(을) 하다[시키다] mettre un terme, conclure, achever; accomplir (complètement) ◇_(이) 되다 s'achever; s'accomplir.

완공 完工 명 fin *f* (des travaux de construction), réalisation *f* complète, accomplissement *m*, achèvement *m*. ¶ 미술관 ~을 눈앞에 두고 있다 La fin des travaux de construction du musée est imminente / La construction du musée touche à sa fin / La construction du musée sera très prochainement achevée. ◇_(을) 하다[시키다] achever, accomplir, terminer ((des travaux)). ◇_(이) 되다 s'achever, s'accomplir, se terminer.

완구 玩具 명 jouet *m*; 【아어】 joujou(*x*) *m*. ¶ ~ 산업 industrie des jouets. ¶ 봉제 ~ un jouet [un animal] en peluche, une peluche. ¶ 조립 ~ un jouet démontable.

◆_점 -店 명 magasin *m* [boutique *f*] de jouets.

완급 緩急 명 lenteur *f* et rapidité *f*; urgence *f*. ¶ ~을 조절하다 régler le cheminement [la vitesse du cheminement] d'une action ou d'un travail, régler la façon de faire *qc*.

완두 豌豆 명 【식물】 (petit) pois *m*.

◆_콩 명 petit pois *m*.

완력 腕力 명 ① 팔의 힘 force *f* du bras. ¶ 그 여자는 그 남자의 ~에 못 당했다 Elle ne pouvait pas se mesurer à la force de son bras. ② 육체적으로 억누르는 힘 force *f* (physique). ¶ ~을 쓰다 exercer *sa* force.

완료 完了 명 fin *f*, conclusion *f* (finale), accomplissement *m*, achèvement *m*. ¶ 사업의 ~ achèvement d'une affaire commerciale. ◇_(를) 하

대[시키다] accomplir, achever, finir. ◇_(가) 되다 s'accomplir, s'achever.

◆_상 -相 명 【언어】 ((문법상)) aspect *m* accompli; ((어휘상)) aspect *m* perfectif.

완만하다 緩慢– 형 être doux(*ce*), facile. ¶ 완만한 경사[언덕길] une pente douce. ¶ 완만하게 꺾인 커브길 un virage doux, un virage facile (à prendre).

완벽 完璧 명 perfection *f*; état *m* parfait, irréprochable, impeccable. ¶ ~에 가깝다 être presque parfait(*e*). ¶ ~을 기하다 rechercher la perfection.

◆_하다 형 être parfait(*e*), irréprochable, impeccable. ¶ 그 사람의 기술은 ~하다 Sa technique est parfaite.

◆_히 부 parfaitement, impeccablement, admirablement, remarquablement. ¶ 일을 ~히 하다 faire un travail parfaitement.

◆_성 -性 명 nature *f* [caractère *m*] parfait(*e*), irréprochable, impeccable.

◆_주의 -主義 명 perfectionnisme *m*. ¶ ~주의자 un(*e*) perfectionniste.

◆_주의적 -主義的 명관 perfectionniste.

완본 完本 명 texte *m* intégral. ¶ 이 고서는 ~ 상태로 보존되어 있다 Ce document ancien est conservé dans son texte intégral.

완봉승 完封勝 명 【운동】 victoire *f* totale [parfaite] ((sans avoir permis à l'adversaire de marquer un seul point)). ¶ ~을 거두다 remporter une victoire totale [parfaite].

완불 完拂 명 paiement *m* complet. ◇_(을) 하다 payer complètement. ◇_(이) 되다 être payé(*e*) complètement.

완비 完備 명 équipement *m* complet; perfection *f*. ¶ 시설의 ~ équipement complet ◇_(를) 하다 se munir d'un équipement complet; s'équiper, compléter. ◇_(가) 되다 être muni(*e*) d'un équipement complet; être équipé(*e*).

완성 完成 명 achèvement *m*, réalisation *f* complète, accomplissement *m*. ¶ 자아의 ~ l'accomplissement de *son* moi[l'ego]. ◇_(을) 하다 achever ((une œuvre)); terminer, finir ((un travail)); parachever ((un ouvrage)). ◇_(이) 되다 être achevé(*e*), accompli(*e*); s'achever, se terminer, se réaliser. ◇_(을) 시키다 achever ((une œuvre)); terminer, finir ((un travail)); parachever ((un ouvrage)).

◆_도 -度 명 degré *m* de perfection.

◆_품 -品 명 produit *m* fini.

완수 完遂 명 accomplissement *m*, achèvement *m*. ¶ 혁명 과업의 ~ achèvement des tâches révolutionnaires. ◇_(를) 하다 accomplir ((son devoir)); satisfaire ((à une obligation)); achever ((un travail)); remplir ((une mission)); exécuter ((une tâche)), finir, terminer. ¶ 맡은 바 소임을 ~하다 s'acquitter de la tâche dont on est chargée

완숙 完熟 명 ① 완전히 익다 pleine maturité *f*, maturité *f* complète; plénitude *f*. ¶ 계란을 ~으로 삶다 bouillir l'œuf jusqu'à ce qu'il soit dur. ② 성숙하다 (pleine) maturité *f*. ¶ ~의 단계에 이르다 arriver au stade de la maturité. ◇_(을) 하다 être complètement mûr(*e*).

◆_하다 형 être complètement mûr(*e*).

◆_계란 -鷄卵 명 œuf *m* dur.

완승 完勝 명 【운동】 victoire *f* complète [pleine, indiscutable, indubitable, éclatante]. ¶ ~을 거두다 remporter une victoire complète [indiscutable].

완연하다 형 être évident(*e*), incontestable, clair(*e*). ¶ 이젠 봄빛이 ~ C'est incontestablement le printemps maintenant / Le printemps est incontestablement là [est bien arrivé, est solidement là, est bien installé] maintenant. ¶ 그는 피로의 기색이 ~ Ça se voit qu'il [elle] est fatigué(*e*). ¶ 패색이 ~ La défaite est inévitable [certaine, connue d'avance] / Il est évident qu'on va perdre / On ne peut que perdre. ¶ 그 남자의 얼굴에는 실망하는 빛이 완연했다 Sur son visage se lisait clairement sa déception.

◆완연히 부 avec évidence, distinctement, de façon évidente. ¶ 얼굴에 병치레의 흔적이 완연히 남아 있다 On voit encore nettement [de façon évidente] sur son visage des traces de sa maladie / Des traces de sa maladie sont toujours nettement visibles sur son visage.

완자[1] 명 *wanja m* <boulettes de viande hachée>.

◆_탕 -湯 명 soupe *f* aux boulettes de viande hachée.

완자[2] 卍字 명 svastika *m*, swastika *m*, croix gammée *f* (nazie). ¶ ~ 무늬가 들어간 고가구 meuble ancien gravé d'un motif de swastika.

◆_창 -窓 명 fenêtre *f* à croisillons en forme de swastika.

완장 腕章 명 brassard *m*. ¶ 팔에 ~을 차다[두르다, 달다] porter un brassard.

완전 完全 명 perfection *f*. ¶ ~에 가깝다 être proche de la perfection.

◆_하다 형 être parfait(*e*), compl*et*(*ète*). ¶ ~한 독립을 이루다 parvenir à une indépendance complète. ¶ 그 사람은 ~한 사기꾼이다 C'est un parfait escroc.

◆_히 부 parfaitement, complètement. ¶ 이것은 ~히 사기다 C'est une vraie escroquerie.

◆_성 -性 명 nature *f* [caractère *m*] parfait(*e*), irréprochable, impeccable.

◆_고용 -雇用 명 plein(-)emploi *m*.

◆_무결 -無欠 명 parfait(*e*) et sans défaut. ¶ ~무결하다 être sans défaut [parfait(*e*)].

◆_범죄 -犯罪 명 crime *m* parfait.

◆_주의 -主義 명 perfectionnisme *m*.

완제품 完製品 명 produit *m* fini.

완주 完走 명 course *f* complète, parcours *m* complet. ◇_(를) 하다 faire la totalité du parcours, faire une course complète, aller jusqu'au bout. ¶ 마라톤 풀코스를 ~하다 courir la totalité du parcours du marathon, faire un marathon complet.

완충 緩衝 명 amortissement *m* (d'un choc). ¶ ~ 지대

zone neutre, zone tampon. ¶ ~ 작용 amortissement.

◆_기 -器 명 amortisseur *m*, tampon *m* d'un wagon.

완치 完治 명 guérison *f* complète. ¶ 이 병은 ~가 어렵다 Il est difficile de guérir (complètement) de cette maladie. ◇_(를) **하다[시키다]** guérir complètement, se rétablir complètement. ¶ 병을 ~하다 guérir complètement. ¶ 환자를 ~시키다 guérir complètement un malade [un(*e*) patient(*e*)]. ◇_(가) **되다** guérir de *qc*. ¶ 그 사람의 고질병이 드디어 ~되었다 Il a finalement guéri de sa maladie chronique. ¶ 그 남자는 3개월 만에 ~되었다 Il s'est rétabli au bout de trois mois.

완쾌 完快 명 rétablissement *m* complet, guérison *f* complète ((de *qn*, d'une maladie)). ¶ (병의) ~를 빌다 souhaiter un rapide [prompte] rétablissement à *qn*. ◇_(를) **하다**[(가) **되다**] guérir [se rétablir] complètement. ¶ 몸이 ~하여 퇴원하다 sortir de l'hôpital car complètement guéri(*e*) [rétabli(*e*)]. ¶ 병이 ~되다 guérir d'une maladie. ¶ 그는 아직 ~되지 않았다 Il n'est pas encore complètement rétabli.

완파 完破 명 victoire *f* complète [pleine, entière, écrasante, indiscutable, indubitable, foudroyante, éclatante]. ◇_(를) **하다** remporter une victoire complète [indiscutable, foudroyante, éclatante], écraser ((*son* adversaire)). ¶ 숙적 일본을 3 대 0으로 ~하다 remporter une victoire éclatante [écrasante, foudroyante] 3 à 0 sur le Japon, le vieil ennemi [le rival de toujours], écraser 3 à 0 le Japon, le vieil ennemi [le rival de toujours] {*fam*}.

완패 完敗 명 ((accepter)) une entière défaite; échec complet [cuisant], défaite *f* complète [écrasante, magistrale, cuisante, sévère, humiliante], grande [grosse, dure, grave, lourde] défaite, ((prendre une)) déculottée *f* {*fam*}, fessée *f* {*fam*}, ((prendre une)) (belle) raclée *f* {*fam*}, ((prendre une)) branlée *f* {*fam*}, ((recevoir une)) pile *f* {*fam*}, ((faire prendre la)) piquette *f* {*fam*}, ((recevoir, prendre)) une dérouillée [la dérouillée] {*fam*}, ((prendre une)) tannée *f* {*fam*}. ◇_(를) **하다[당하다]** subir [essuyer] une défaite totale [écrasante], être battu(*e*) à plate(*s*) couture(*s*) {*fam*}, se faire écraser {*fam*}, recevoir une pile {*fam*}, prendre une branlée [une tannée, une (belle) raclée, une déculottée, une fessée ((au tennis))] {*fam*}, recevoir [prendre] une [la] dérouillée {*fam*}. ¶ 그 팀은 우리 팀에 ~했다 Cette équipe a été battue à plate(*s*) couture(*s*) par la nôtre / Cette équipe a pris une branlée [une belle raclée] face à la nôtre {*fam*} / Notre équipe a massacré la leur [leur a foutu la branlée, leur a mis une belle raclée] {*fam*}.

완행 緩行 명 (train *m*) omnibus *m*. ¶ ~을 타다 prendre un omnibus.

◆_버스[열차] -[列車] 명 omnibus *m* [train *m* omnibus].

완화 緩和 명 adoucissement *m*, allégement *m*, atténuation *f*. ¶ 남북 간의 긴장 ~ relâchement de la tension entre les deux Corée. ◇_(를) **하다**[(를) **시키다**] adoucir, atténuer; ((충격을)) amortir ((un choc)). ¶ 고통을 ~하다 adoucir [atténuer] une douleur. ¶ 충격을 ~하다 amortir un choc. ¶ 교통 혼잡을 ~하다 décongestionner ((le centre de la ville)). ¶ 주택난을 ~하다 atténuer la crise du logement. ¶ 각종 규제를 ~하다 adoucir des lois restrictives. ◇_(가) **되다** s'atténuer; ((긴장이)) se relâcher; être adouci(*e*), atténué(*e*). ¶ 자격 요건이 ~되다 alléger des conditions préalables. ¶ 환자의 증세가 ~되었다 L'état (de santé) du malade s'est amélioré. ¶ 긴장 상태가 ~되었다 La tension s'est un peu relâchée [atténuée].

왈가닥 명 garçon *m* manqué.

왈가왈부 명 discussion *f* animée. ◇_(를) **하다** discuter sur *qc*, débattre ((une question)), se disputer, se quereller, s'énerver ((à propos d'une question)). ¶ 너는 이 문제에 대해 ~할 자격이 없다 Tu n'as pas le droit de dire quoi que soit à ce sujet. ¶ 이미 지나간 일을 가지고 ~해 봤자 아무 소용이 없다 Il est inutile de [Ça ne sert à rien de, À quoi bon] s'énerver [s'exciter, discuter] sur quelque chose qui est passé [sur quelque chose qui est fait] [sur un événement qui est clos].

왈츠 영{waltz} 명 valse *f*. ¶ ~를 추다 danser une valse.

◆_곡 -曲 명 valse *f* ((de Chopin)).

왈칵 부 soudain, d'un coup, subitement, brusquement. ¶ ~ 겁이 나다 avoir subitement peur, être envahi(*e*) par la peur. ¶ 눈물이 ~ 솟았다 Soudain, j'ai fondu en larmes [en pleurs] [j'ai été envahi(*e*) par les larmes, je me suis mis(*e*) à pleurer, les larmes me sont montées aux yeux]. / Des larmes m'ont envahi(*e*) d'un coup. ¶ 분노가 ~ 치밀어 올랐다 Soudain une grande colère a jailli en moi / Une fureur a surgi en moi / J'ai soudain eu un accès de colère [de rage] / J'ai soudain senti la colère m'envahir / Je me suis enflammé(*e*) de colère / Soudain, la rage m'est montée à la tête. / Soudain, j'ai suffoqué de colère / Soudain, la fureur m'est montée jusqu'aux yeux / Soudain, j'ai senti la moutarde me monter au nez {*fam*}. ¶ 그 일로 온 집안이 ~ 뒤집혔다 Cette affaire a complètement remué toute la famille. ¶ 그 남자는 갑자기 나를 ~ 끌어안았다 Soudain [Subitement], il m'a pris [étreint, enlacé] dans ses bras. ¶ 그 사람이 방문을 ~ 열고 들어왔다 Tout d'un coup, il est entré en poussant violemment la porte.

◆_하다[거리다, 대다] 재 ((화)) laisser exploser [éclater] *sa* colère, exploser {*fam*} (de rage); ((눈물)) fondre en larmes, éclater en sanglots, se mettre à pleurer brutalement.

◆_ _ 부 ((en ouvrant)) brutalement ((la porte)).

왈패 曰牌 명 ((남자)) voyou *m*, gredin *m* ((여자)), garçon *m* manqué, gamine *f*.

왔다 명 【속어】 on n'a pas à se plaindre, ((c'est))

ㅇ

déjà super {fam} [pas mal, (très) bien], pourvoir s'estimer heureux(se). ¶ 그 정도면 ~야 On n'a pas à se plaindre / De quoi tu te plains? [Tu n'as pas à te plaindre] On aurait pu tomber sur bien pire [C'est déjà pas mal [très bien], non?]! / Avec ça, tu peux t'estimer heureux(se), non? / Avec ça, c'est déjà (très) bien [tu devrais déjà être comblé(e)].

왔다갔다하다 재타 ① 자주 오가는 모양 faire le va-et-vient. ¶ 선생님이 복도를 왔다갔다하신다 Le professeur fait le va-et-vient dans le couloir. ¶ 시계추가 왔다 갔다 한다 Le pendule fait le mouvement du va et vient. ② (정신이나 진술이) 오락가락하다. hésiter; être incohérent(e), ne pas être cohérent(e). ¶ 그 남자는 요즘 정신이 왔다갔다하는 모양이야 Il a l'air de perdre la tête en ce moment. ¶ 증인의 진술 내용이 왔다갔다한다 Le témoignage de ce témoin n'est pas cohérent. ③ 목숨이 경각에 달린 모양 dépendre de. ¶ 그 사람의 말 한마디에 우리 목숨이 왔다갔다한다 Notre vie dépend d'un seul mot de sa part.

왕[1] 王 명 ① 임금 roi m, monarque m. ¶ ~과 신하 le roi et ses sujets. ¶ 누구를 ~으로 세우다 mettre qn sur le trône. ¶ ~을 폐하다 destituer un roi. ¶ ~으로 등극하다 monter sur le trône. ¶ ~이 되다 devenir roi. ¶ 그 ~은 10년 동안 재위했다 Il a été roi pendant dix ans. ② 일인자 le roi m des ((imbéciles, animaux)), la première personne, le(la) meilleur(e). ¶ 홈런 ~ le roi des *home runs*. ¶연예계의 ~으로 군림하다 Il régnait sur le monde du show-business. ¶ 사자는 동물의 ~이다 Le lion est le roi des animaux.

왕-[2] 王 접두 grand(e), géant(e); hyper, giga {fam}. ¶ ~개미 une fourmi géante. ¶ ~거미 araignée f géante.

◆_**짜증** 명 【속어】 énervement m au plus haut point, hyper irritation f, irritabilité f majeure [maximale]. ¶ 재 정말 ~짜증이다 Il me court [me tape, me porte] sur le système [Il me tape sur les nerfs], celui-là! / Il m'énerve vraiment [à un point] celui-là! / Il est chiant, ce type! {fam} / Il me fait chier [m'emmerde], celui-là {vulg}!

◆_**재수** 명 【속어】 quelle plaie! {fam}. ¶ 저 인간은 정말 ~재수야 Ce type m'exaspère au plus haut point / Ce type m'écœure / Je (ne) peux pas le voir en peinture!{fam} / Je ne peux pas supporter ce type! / Il est parfaitement insupportable, ce type! / Quelle plaie, ce type!{fam} / Ce type est un vrai connard! {vulg} / Il a une tête qui ne me revient pas, ce type! / Il m'énerve à un point, celui-là!

왕가 王家 명 famille f royale. ¶ 부르봉 ~ la maison des Bourbon, les Bourbon. ¶ ~의 대를 잇다 assumer la succession de la famille royale. ¶ 그 남자는 몰락한 ~ 출신이다 Il est issu de la famille royale ruinée.

왕개미 명 une fourmi géante.

왕거미 명 araignée f géante.

왕건 王建 명 【인명】 Wang Geon ((877-943, règne 918-943) fondateur du royaume de Goryeo (918-1392))).

왕골 명 jonc m.

왕관 王冠 명 couronne f royale; diadème m. ¶ ~을 쓰다 être couronné(e). ¶ 미스코리아 진에게 ~을 씌워 주다 coiffer la (tête de la) nouvelle Miss Corée de son diadème [d'un diadème, avec son diadème]. ¶ 승리의 ~을 거머쥐다 remporter la couronne de la victoire.

왕국 王國 명 royaume m; monarchie f. ¶ 고대 이집트 ~의 유적 ruines du royaume d'Égypte ancienne. ¶ 미국은 자동차 ~이다 Les États-Unis sont le royaume des voitures.

왕궁 王宮 명 palais m royal.

왕권 王權 명 pouvoir m royal, trône m. ¶ ~을 잡다 monter sur le trône. ¶ ~을 강화하다 affermir le pouvoir royal. ¶ ~이 쇠퇴하다 Le pouvoir royal décline.

◆_**신수설** -神授說 명 théorie f affirmant que le pouvoir royal est de droit divin.

왕녀 王女 명 princesse f.

왕년 往年 명 passé m; autrefois, jadis. ¶ ~의 스타[챔피언] une star du passé [un(e) champion(ne) d'autrefois]. ¶ ~에 수재 소리 한 번 안 들어 본 사람 있나? Alors, qui n'a pas entendu parler de cet excellent élève dans le passé? ¶ ~에 나도 잘나갔다 Autrefois, moi aussi j'avais la cote, j'étais très connu(e) [j'étais très estimé(e), j'avais une bonne renommée, on parlait de moi].

왕눈이 王- 명 【속어】 «gros yeux» ((surnom ou sobriquet pour désigner d'une façon familière une personne qui a de très grands yeux)).

왕당파 王黨派 명 parti m royaliste, royalistes mpl. ¶ ~와 공화파의 대립 opposition entre les royalistes et les républicains. ¶ 그 사람은 ~에 속한다 Il appartient au parti royaliste.

왕도[1] 王道 명 ① 나라를 다스리는 올바른 도리 gouvernement m fondé sur la justice, politique f vertueuse. ¶ ~를 지키다[펼치다] gouverner selon la justice. ② 어려운 일을 하기 위한 쉬운 방법 raccourci m, meilleure solution f, meilleur moyen m, meilleure façon f de s'y prendre pour+inf. ¶ 외국어 학습에는 꾸준한 노력 이외에 ~가 없다 Il n'y a pas de meilleure méthode que de faire des efforts constants pour apprendre une langue étrangère.

◆_ **정치** -政治 명 règne m juste. ¶ ~ 정치와 패도 정치 règne de la justice et règne de l'injustice.

왕도[2] 王都 명 capitale f d'un royaume.

왕따 명 ((행위)) mise f à l'écart [exclusion f, rejet m] et persécutions fpl [et brimades fpl] ((d'un enfant, d'un camarade de classe)); ((사람)) personne f exclue [rejetée, mise à l'écart] et persécutée ((par ses camarades)), pestiféré(e), personne f qu'on évite

ㅇ

à tout prix, souffre-douleur *m*. ¶ 쟤는 우리 반 ~야 Lui, c'est l'exclu [le rejeté, le pestiféré, le mal-aimé] de la classe / On le traite comme un pestiféré / Il est traité comme un pestiféré. / Il est rejeté par tous les autres / C'est le souffre-douleur de la classe. ¶ ~ 문제가 심각하다 Les brimades que s'infligent les enfants entre eux sont [représentent] un problème social grave / Le problème des souffre-douleur dans les groupes d'enfants correspond à [représente] un problème social grave. ◇_(를) **놓다** exclure *qn* [rejeter *qn*, mettre à l'écart *qn*] et le brimer [et le persécuter, et lui infliger des brimades, et le soumettre à des brimades], traiter *qn* comme un(*e*) pestiféré(*e*). ◇_(를) **당하다** être exclu(*e*) [rejeté(*e*)] d'une communauté, être détesté(*e*) de tout le monde, être rejeté(*e*) de tout le monde, être mis(*e*) à l'écart et persécuté(*e*) [et subir des brimades], être la cible de persécutions [de brimades] ((à l'école)), être le souffre-douleur ((de *ses* camarades)), être traité(*e*) comme un(*e*) pestiféré(*e*).

왕래 往來 명 ① 이동 va-et-vient *m*, circulation *f* ((de voiture)), passage *m*. ¶ 이 시간에는 (사람들의) ~가 끊긴다 Il n'y a plus de passants[passage] à cette heure / La rue est déserte à cette heure. ¶ ~가 많은 길 ((사람들이)) une rue passante [fréquentée]; ((차들이)) une rue où il y a beaucoup de circulation; une route à circulation intense. ¶ 이 커피숍은 사람들의 ~가 아주 잦다[빈번하다] Ce café est très fréquenté. ¶ 이 길은 (사람들의) ~가 없다 Cette rue est déserte / Il n'y a plus de passage [de passants] dans cette rue. ② 가까운 관계 ((avoir des)) relations *fpl*. ¶ 누구와 ~를 끊다 rompre [cesser] (toutes relations) avec *qn*. ¶ 요즘도 가끔 그 집과 ~가 있습니까? Vous vous voyez de temps à autre avec la famille X? ◇_(를) **하다** ① 오가다 aller et venir, circuler. ¶ 거리에는 밤늦은 시간에도 많은 사람들이 ~한다 Il y a encore pas mal de passages [beaucoup de gens] dans la rue à cette heure tardive. ¶ 서울과 부산 (사이)를 ~하다 faire l'aller et retour entre Séoul et Busan. ② 소식을 주고받다 échanger, faire un échange. ¶ 요즘도 그 사람하고는 가끔 서신 ~를 한다 Encore maintenant, je continue à correspondre avec lui [à lui écrire] de temps à autre.

왕릉 王陵 명 tombeau(*x*) *m* roy*al*(*aux*).

왕림 枉臨 명 【문어】 venue *f*. ◇_(을) **하다** venir, honorer de *sa* présence. ¶ 이렇게 ~해 주셔서 감사합니다 Je vous remercie d'avoir bien voulu nous honorer de votre présence ((à cette réunion)).

왕립 王立 명 roy*al*(*ale*, *aux*). ¶ ~ 음악 학교 conservatoire royal de musique.

왕만두 王饅頭 명 des *mandu* géants.

왕명 王命 명 ordre *m* du roi; injonction *f* royale. ¶ ~을 내리다 ((le roi)) donner l'ordre de ... ¶ ~을[~에] 거역하다 se révolter contre l'ordre du roi. ¶ ~을 받들어 중국으로 가다 aller en Chine sur ordre du roi.

왕모래 王- 명 gros sable *m*; sable *m* grossier.

왕밤 王- 명 grosse châtaigne *f*; gros marron *m*.

왕방울 王- 명 grosse clochette *f*. ¶ 눈이 ~처럼 크다[~만 하다] avoir de grands yeux.

왕복 往復 명 aller et retour *m*, aller-retour(*~s-~s*) *m*; va-et-vient *m inv* ((entre deux endroits)). ¶ 진주행 ~ 표를 사다 prendre un aller et retour pour Jinju. ¶ ~ 운행하다 faire le va-et-vient [la navette] ((entre deux endroits)), faire [assurer] le service. ¶ 여기서 거기까지 ~ 세 시간 걸린다 Il faut trois heures pour faire l'aller-retour [l'aller et le retour]. ◇_(을) **하다** aller et revenir, faire l'aller et retour; ((마을버스가)) faire le va-et-vient [la navette] ((entre deux endroits)). ¶ 서울과 부산을 ~하다 faire l'aller-retour entre Séoul et Busan.

◆_**권** -券 명 (billet *m* d') aller (et) retour *m*, aller-retour(*~s-~s*) *m*.

◆_**운동** -運動 명 【물리】 va-et-vient *m inv* ((d'un piston)), balancement *m* ((d'un pendule)); la course *f* ((de la pédale de frein)).

왕비 王妃 명 reine *f*. ¶ ~를 맞다 épouser une reine. ¶ ~로 책봉하다 conférer l'investiture à une reine.

왕생하다 往生- 자 renaître au paradis de l'Ouest, mourir. ¶ 극락정토에 왕생하기를 기원하다 prier pour une renaissance au Paradis de l'Ouest.

왕성 王城 명 capitale *f* (d'un royaume).

왕성하다 형 être plein(*e*) de vigueur [d'énergie]. ¶ 식욕이 ~ avoir bon [grand] appétit, avoir un appétit d'ogre. ¶ 원기[혈기]가 왕성한 청년 jeune, plein de vigueur [de vie]. ¶ 우리 병사들의 사기가 ~ Le moral de nos soldats est excellent.

왕세손 王世孫 명 fils *m* aîné du prince héritier; petit-fils *m* aîné du roi.

왕세자 王世子 명 prince *m* héritier présomptif de la couronne; ((프랑스 왕가)) Dauphin *m*. ¶ ~로 책봉하다 proclamer [déclarer] *qn* prince héritier.

◆_**비** -妃 명 femme *f* [épouse *f*] du prince héritier, princesse *f* royale; ((프랑스 왕가)) Dauphine *f*.

왕손 王孫 명 petit-fils *m* du roi; descendant *m* royal; ((집합적)) descendance *f* [postérité *f*, lignée *f*] royale.

왕실 王室 명 famille *f* [maison *f*] royale. ¶ 영국 ~ la famille royale britannique [d'Angleterre].

왕오천축국전 往五天竺國伝 명 【책명】 récit *m* de voyage du moine de Silla (57 av. J-C - 918), Hye Cho (704-787), en Inde. ((Le rouleau de texte en chinois classique, correspondant aux 2e et 3e parties du récit, a été découvert à Tunhwang en Chine en 1908 par l'orientaliste français Paul Pelliot. Il est conservé à la Bibliothèque Nationale de France.))

왕왕 往往 부 가끔 parfois, quelquefois, de temps en temps, de temps à autre; occasionnellement, des fois {*pop*}, tantôt. ¶ 그는 ~ 내게 이런 말을

ㅇ

하곤 했다 Il me disait parfois ceci / Il avait l'habitude de répéter ces mots / Il me l'a dit plusieurs fois. ¶ 그런 일은 학생들 사이에 ~ 있는 일이다 Cela arrive parfois [de temps en temps] aux élèves / Aux élèves, ça arrive de temps en temps.

왕왕거리다 자 bourdonner, ronronner, vrombir. ¶ 스피커 소리가 온 동네에 왕왕거렸다 Le bruit provenant d'un haut-parleur a bourdonné dans tout le village.

왕왕대다 자 ☞ 왕왕거리다

왕위 王位 명 trône *m*, couronne *f* (royale), royauté *f*. ¶ ~ 세습 succession *f* au trône, hérédité *f* de la couronne. ¶ ~를 물려주다 abdiquer [renoncer à] la couronne; abdiquer (en faveur de *son* fils). ¶ ~를 잇다[계승하다] succéder au roi, hériter du trône. ¶ ~를 다투다 se disputer le trône [la couronne]. ¶ ~를 빼앗다[찬탈하다] usurper [s'arroger, s'attribuer, s'approprier] le trône, s'emparer de la couronne. ¶ ~에 오르다 monter sur le trône, devenir roi. ¶ ~에서 물러나다 abdiquer la couronne; abdiquer (en faveur de *son* fils); se retirer du trône, quitter le trône; renoncer au trône [à la royauté].

왕자[1] 王子 명 prince *m* (royal). ¶ 백마 탄 ~를 꿈꾸다 rêver au prince charmant.

◆_**병** -病 명 complexe *m* de supériorité, suffisance *f*, fatuité *f*, mal *m* [complexe *m*] du petit roi [du prince, de l'héritier, du sang bleu, du fils unique, princier]; ((자아도취, 자기도취, 자화자찬)) narcissisme *m*, «complexe *m* du prince»((se dit d'un homme qui se comporte comme s'il était le plus bel homme de la terre)). ¶ 그 남자는 완전히 ~병 환자야 «Cet homme se prend pour un prince» / Cet homme se comporte comme s'il était le plus bel homme de la terre / Il croit [Il s'imagine] que toutes les filles sont folles de lui [s'intéressent à lui, sont à ses pieds] / Il se croit sorti de la cuisse de Jupiter / Ce gars ne se prend pas pour de la merde {*fam*}.

왕자[2] 王者 명 ((임금)) roi *m*; prince *m* ((통치자)) souverain *m*, monarque *m*; ((제일인자)) champion *m*, as *m*. ¶ 밀림의 ~ 표범 léopard, roi de la jungle. ¶ 테니스계의 ~로 군림하다 régner en monarque absolu sur le monde du tennis.

왕정 王政 명 monarchie *f*, régime *m* monarchique, royauté *f*. ¶ ~을 폐지하다 abolir la monarchie [la royauté]. ¶ 그 나라는 아직도 ~하에 있다 Ce pays est encore sous le régime monarchique / Ce pays est toujours une royauté.

◆_**복고** -復古 명 【역사】 Restauration *f*.

왕조 王朝 명 dynastie *f*. ¶ 부르봉 ~ la lignée des Bourbon, la famille des Bourbon; la maison des Bourbon. ¶ 조선 ~ 500년의 역사 500 ans d'histoire du royaume de Joseon. ¶ 새 ~를 세우다 fonder [édifier] une nouvelle dynastie.

◆_**사** -史 명 histoire *f* de la dynastie ((des Yi)).

◆_**시대** -時代 명 époque *f* [temps *m*] de la dynastie ((des Yi)); époque *f* dynastique; sous la dynastie ((des Yi)). ¶ ~시대의 유물 vestiges de l'époque dynastique.

왕족 王族 명 famille *f* royale, lignée *f* royale, maison *f* royale.

왕좌 王座 명 trône *m*, siège *m* royal; ((수위)) première place *f*. ¶ ~를 차지하다 occuper [remporter] la première place, gagner ((le championnat du monde)), être premi*er*(*ère*) [leader] mondial(*e*). ¶ ~에 오르다[앉다] monter [s'asseoir] sur le trône; ((비유적)) accéder au rang de premier. ¶ ~에서 물러나다 abdiquer la couronne, céder *son* trône; renoncer au trône; ((비유적)) céder *sa* place de premier [de leader].

왕진 往診 명 visite *f* [consultation *f*] à domicile ((du médecin)). ¶ ~ 가방 une trousse de médecin, une trousse médicale. ¶ 의사 선생님은 ~ 중이시다 Le docteur est en visite (à domicile) / Le toubib fait sa visite [sa tournée] {*fam*}. ¶ ~ 좀 부탁드릴 수 있을까요? Est-ce que je peux vous demander de faire votre consultation à domicile? / Pourriez-vous venir chez moi pour une consultation (médicale)? ◇_(을) **하다**[**가다**] visiter (un patient), faire une consultation à domicile. ¶ 위급 환자를 ~하다 faire une visite à domicile pour une urgence; visiter un cas d'urgence; consulter en urgence un malade à domicile.

◆_**료** -料 명 tarif *m* de consultation pour une visite à domicile.

왕창 부 énormément, beaucoup; abondamment, à flots; à profusion, profusément, considérablement, copieusement, à gogo {*fam*}. ¶ 돈을 ~ 벌다 gagner énormément d'argent [beaucoup d'argent]; gagner de l'argent à profusion [à gogo, à flot]. ¶ 충돌 사고로 내 차가 ~ 부서졌다 Ma voiture a été sérieusement [sacrément {*fam*}] endommagée [abîmée, détériorée] dans une collision. ¶ 그는 술에 ~ 취했다 Il est complètement soûl / Il est ivre mort / Il est plein comme une bourrique [comme un boudin, comme un œuf, comme une outre] {*fam*} / Il est totalement cuit {*fam*} / Il est complètement bourré [beurré, pété, parti, schlass, rond, plein] {*fam*}.

◆_ _ 부 énormément, vraiment beaucoup; très abondamment, à torrents; à profusion, à gogo. ¶ 돈을 ~~ 쓰다 dépenser sans compter, ne pas regarder à la dépense, jeter l'argent par les fenêtres, dépenser de l'argent à gogo; être très dépensi*er*(*ère*).

왕초 王- 명 chef *m* [leader *m*, caïd *m*] (d'une bande de mendiants, de clochards ou de voyous); boss *m*. ¶ 뒷골목의 ~ un caïd des bas-fonds. ¶ 그 아이는 반에서 ~ 노릇을 한다 Cet enfant fait le [joue au] chef dans notre classe.

왕후[1] 王侯 명 roi *m* et seigneurs *mpl*, roi et nobles

ㅇ

mpl de la cour.

◆_장상 -將相 명 le roi *m* et les seigneurs *mpl* à la tête du royaume; les (grands) princes *mpl*. ¶ ~장상이 부럽지 않은 호사를 누리다 jouir d'une vie qui n'a rien à envier à celle des princes.

왕후[2] 王后 명 reine *f*, souveraine *f*.

왜[1] 倭 명 ((일본)) (le) Japon *m*; ((일본인)) sale Japonais(*e*), Jap *m* {*fam*}.

왜[2] 부 pourquoi, pour quelle raison, dans quelle intention. ¶ 바닷물은 ~ 짤까? Pourquoi l'eau de mer est-elle salée? ¶ ~ 그렇게 생각하십니까? Pourquoi pensez-vous ainsi? / Pourquoi vous pensez comme ça? / Pourquoi est-ce que vous pensez ça? ¶ 나는 그 사람이 ~ 우는지 모르겠다 Je ne saurais dire pourquoi il pleure / Je ne sais pas pourquoi il pleure. ¶ 너 ~ 학교에 안 왔니? Pourquoi est-ce que tu n'es pas venu(*e*) à l'école? / Comment se fait-il que tu ne sois pas venu(*e*) à l'école? ¶ ~ 왔니? Pourquoi tu es venu(*e*)? / Pourquoi tu es là? ¶ ~ 그럴까? Pourquoi c'est comme ça? / Pourquoi ça? / C'est à cause de quoi? 감 tu sais (bien); pourquoi? qu'est-ce qui ne va pas? / qu'est-ce qui cloche {*fam*}? ¶ ~, 저번에 집 앞에서 만났던 사람 있잖아? Tu sais bien, le type qu'on a croisé devant la maison la dernière fois ... / Tu (ne) te rappelles (pas), la personne qu'on a croisée l'autre jour devant la maison? ¶ 그 옷도 괜찮은데, ~? Pourquoi? [Qu'est-ce qui ne va pas?] Il est très bien, ce vêtement / Cette tenue aussi n'est pas mal, pourquoi tu fais cette tête?

왜-[3] 倭 접두 japonais(*e*).

왜가리 명 héron *m*.

왜간장 倭-醬 명 sauce *f* de soja japonaise.

왜경 倭警 명 police *f* nippone.

왜곡 歪曲 명 déformation *f*, altération *f*, falsification *f*, dénaturation *f*, défiguration *f*; déviation *f*. ¶ ~ 보도 fausses informations, nouvelles déformées [altérées]. ¶ 역사 ~ falsification [déformation] de l'histoire, révisionnisme. ◇_(을) 하다[시키다] déformer ((une nouvelle)); altérer, défigurer ((la vérité)), dénaturer, falsifier, fausser ((la pensée de *qn*)), travestir ((les faits)). ¶ 남의 말을 ~하여 듣다 mal interpréter les paroles d'autrui. ¶ 진실[역사]을 ~하다 altérer [déformer, défigurer, falsifier] la vérité [l'histoire]. ¶ 글의 본래 취지를 ~해서 전달하다 communiquer le texte en en déformant le sens. ◇_(이) 되다 être déformé(*e*), altéré(*e*) défiguré(*e*); être dénaturé(*e*), falsifié(*e*). ¶ ~된 시각을 바로잡다 rétablir les perceptions [les points de vue] déformées [défigurés].

왜관 倭館 명 【역사】 bureau *m* des échanges commerciaux avec les Japonais (sous le royaume de Joseon).

왜구 倭寇 명 【역사】 pirate *m* japonais. ¶ ~의 침입 une incursion [une invasion, une attaque] des pirates japonais.

왜국 倭國 명 【역사】 Japon *m*.

왜군 倭軍 명 troupe *f* [horde *f*, armée *f*] japonaise.

왜냐면 부 et cela parce que. ☞ 왜냐하면

왜냐하면 부 parce que, car, puisque; c'est que, c'est parce que; en effet. ¶ 저는 갈 수 없어요. ~ 할 일이 있거든요. Je ne peux pas y aller. En effet, j'ai des choses à faire.

왜놈 倭- 명 【속어】 sale Japonais, Jap *m* {*fam*}. ¶ ~의 앞잡이 espion(*ne*) [indicateur *m*, délateur *m*, balance *f* {*fam*}, mouchard *m* {*fam*}] (à la solde) des Japonais.

왜된장 倭-醬 명 pâte *f* de soja fermentée japonaise.

왜란 倭亂 명 【역사】 invasion *f* japonaise ((notamment celle de 1592)); troubles *mpl* causés par les Japonais.

왜병 倭兵 명 soldat *m* [militaire *m*] japonais.

왜색 倭色 명 style *m* japonais; mode *f* japonaise. ¶ ~ 문화 la culture japonaise. ¶ 그 노래는 ~이 짙다 Cette chanson a un air très japonais.

왜선 倭船 명 【역사】 navire *m* nippon.

왜소하다 형 ① être petit(*e*) et mince; être menu(*e*); être minuscule. ¶ 그는 체격이 ~ Il est petit et mince / Il est menu / Il a une faible constitution. ② être minuscule. ¶ 국가 권력 앞에서 한 개인은 너무나 왜소한 존재이다 Un seul individu est bien trop petit face à l'autorité de l'État.

왜식 倭式 명 style *m* japonais; mode *f* japonaise.

◆_집 명 maison *f* de style japonais.

왜왕 倭王 명 【역사】 roi *m* nippon ((l'empereur du Japon)).

왜인 倭人 명 sale Japonais(*e*); Jap *m* {*fam*}.

왜장 倭將 명 général(*aux*) *m* japonais; commandant *m* japonais.

왜적 倭敵 명 envahisseur *m* japonais; Japonais(*e*). ¶ ~을 무찌르다[물리치다] battre [repousser, refouler] les envahisseurs japonais.

왜정 倭政 명 occupation *f* [domination *f*] japonaise.

◆_시대 -時代 명 époque *f* de l'occupation [de la colonisation] japonaise, époque *f* coloniale japonaise.

왠 관 (('웬'의 잘못)) ☞ 웬

왠지 부 pour une certaine raison, pour une raison x; sans (trop) savoir pourquoi. ¶ ~ 불안하다 être inquiet(*ète*) sans savoir pourquoi [sans en connaître la raison]

왱왱 부 avec un sifflement; avec un bourdonnement, en susurrant ((onomatopée exprimant un sifflement, un bourdonnement, un susurrement)). ¶ 바람이 ~ 분다 Le vent siffle [mugit, hurle]. ¶ 바람이 심해서 전깃줄이 ~ 소리를 낸다 À cause d'un vent fort, les fils électriques sifflent [émettent un son aigu] / Comme le vent est très fort, les lignes électriques émettent un sifflement aigu. ¶ 모기가 ~ 날아다닌다 Les moustiques volent en susurrant / Les moustiques vrombissent. ¶ 소방차

가 ~ 경적을 울리며 달린다 Les camions de pompiers roulent en mettant leur pin-pon / Les camions de pompiers passent avec leur sirène allumée [en marche] / Les (camions de) pompiers roulent avec des hurlements de sirènes.

◆_거리다[대다] 자 bourdonner, siffler, susurrer. ¶ 벌이 ~거린다 Une abeille [Une guêpe] bourdonne. ¶ 귀에서 자꾸 ~거리는 소리가 난다 Les oreilles me bourdonnent [sifflent, tintent] d'une façon répétée.

외[1] 명 concombre *m*. ☞ 오이

외[2] **外** 의명 ((게다가)) en dehors de, outre; indépendamment; en plus de; au delà de; autrement; ((이외에)) à part, excepté, à l'exception de; à l'exclusion de; hors; hormis; sauf; abstraction faite de; à telle chose près; non compris. ¶ 그 아이 ~에도 아들 셋이 더 있다 En plus de cet enfant, il y a trois autres garçons / À part [Hormis] cet enfant, il y a trois fils / Excepté ce petit, il y a encore trois autres garçons. ¶ 생각 ~로 문제가 어렵다 La question [Le problème] est plus difficile que l'on pense. ¶ 예상 ~로 그 친구가 나타났다 Il est apparu de la manière la plus inattendue. ¶ 그 ~에는 아무것도 없다 A part cela [ça], il n'y a rien d'autre. ¶ 그 ~ 기타 등등 *et caetera, et cetera*, etc. ¶ 그는 먹고 자는 것 ~에는 관심이 없다 Il ne s'occupe de rien d'autre que de manger et de dormir / Il ne s'intéresse à rien d'autre qu'à manger et à dormir / Manger et dormir, c'est tout ce qu'il sait faire. ¶ 그 사람이 안 온 것 ~에는 모든 게 정상이다 En dehors du fait qu'il n'est pas venu, tout est en ordre / Mis à part son absence, tout est normal.

외-[3] 접두 mono-, uni-, unique, seul(*e*). ¶ ~눈박이 un borgne; un cyclope. ¶ ~팔이 un(*e*) manchot(*te*). ¶ ~다리 un(*e*) unijambiste. ¶ ~아들 un fils unique.

외-[4] **外** 접두 du côté *m* maternel, maternel(*le*) ((préfixe indiquant la famille du côté maternel)). ¶ ~할아버지 grand-père maternel. ¶ ~할머니 grand-mère maternelle. ¶ ~손자 fils de *sa* fille.

외가 外家 명 maison *f* [famille *f*] de la mère; côté *m* maternel. ¶ ~에 가서 방학을 보내다 passer *ses* vacances dans la famille de *sa* mère.

◆_댁 -宅 명 la maison *f* de *sa* mère; chez *ses* grands parents maternels.

◆_ㅅ집 명 maison *f* [famille] de *sa* femme. ¶ ~에 가다 aller dans la maison [dans la famille] de *sa* femme, aller chez les parents de *sa* femme; ((un homme)) aller dans *sa* belle-famille, aller rendre visite à *ses* beaux-parents.

외가닥 명 fil *m* unique; branche *f* unique.

외간남자 外間男子 명 homme *m* qui n'est pas de la famille, étranger *m*. ¶ ~와 정을 통하다 devenir intime avec un homme qui n'est pas de la famille, se lier avec un autre homme, nouer des liens avec un homme étranger à la famille. ¶ ~와 놀아나다 mener une vie dissolue avec un autre homme, faire *sa* vie avec un homme de l'extérieur, fricoter hors du domicile conjugal.

외갈래 명 embranchement *m* [ramification *f*, ligne *f*] unique. ¶ 긴 머리를 ~로 땋다[묶다] tresser [attacher, nouer] *ses* cheveux longs en une seule natte.

◆_ㅅ길 명 chemin *m* [route *f*] sans ramification [sans bifurcation].

외견상 外見上 명 apparence *f* (extérieure); forme *f*, dehors *m*, (aspect *m*) extérieur *m*. ¶ ~으로는 아무 이상이 없는 것 같다 En apparence, il n'y a rien d'anormal / Visiblement, ça a l'air d'aller / Extérieurement il semble n'y avoir aucun problème / À vue de nez, il n'y a aucun problème. 부 en apparence, visiblement, apparemment, extérieurement, vu(*e*) de l'extérieur; à vue de nez. ¶ 그런 옷차림은 ~ 안 좋다 Ce genre de tenue n'est pas présentable [présente mal] / Ce genre de vêtement peut paraître indécent / Cet accoutrement n'est pas acceptable [admissible]. ¶ ~ 복잡해 보이지만 전혀 어려운 문제가 아니다 En apparence ça a l'air [ça paraît] compliqué, mais ce n'est pas du tout un problème difficile [mais ce n'est pas du tout difficile, mais ça n'a rien de difficile, mais ça n'a rien de (très) sorcier, mais ce n'est pas bien sorcier].

외경 畏敬 명 révérence *f*, déférence *f*, vénération *f*, respect *m*, égards *mpl*. ¶ 생명에 대한 ~ respect de la vie.

◆_심 -心 명 (sentiment *m* de) révérence *f* [déférence *f*, vénération *f*, respect *m*]; sentiments *mpl* respectueux. ¶ ~심을 갖다 avoir de la révérence, vénérer, respecter. ¶ 자연에 대한 ~을 갖다 avoir un respect mêlé de crainte pour la nature, avoir une admiration craintive envers la nature, être saisi(*e*) d'une crainte respectueuse envers la nature.

외계 外界 명 ① 바깥세계 monde *m* extérieur; extérieur *m*. ¶ ~의 현상을 지각하다 percevoir [sentir] les phénomènes du monde extérieur, ressentir ce qui se passe dans le monde extérieur. ¶ ~와 단절된 감옥 생활 vie de pénitencier [prison] coupée du monde extérieur [de l'extérieur]. ② 지구 바깥 monde *m* extérieur (à la Terre), univers *m*, autre planète *f* [galaxie *f*]. ¶ ~의 생명체와 교신하다 communiquer avec des êtres vivants de l'univers.

◆_인 -人 명 extraterrestre *mf* [((생략)) ET], martien(*ne*), être venu(e) d'ailleurs.

외고집 -固執 명 obstination *f*, opiniâtreté *f*, ténacité *f*, entêtement *m*, persistance *f*, acharnement *m*. ¶ ~으로 학문에만 전념하다 se concentrer uniquement à *ses* études avec obstination [avec ténacité, avec opiniâtreté]. ◇_을 세우다[피우다] avoir de l'obstination, se montrer obstiné(*e*), faire montre d'opiniâtreté, faire la démonstration de *son* acharnement, avoir la tête dure {*fam*}.

◆_쟁이 명 personne *f* très entêtée [entêtée comme une mule], personne *f* têtue comme une mule [comme un mulet, comme un âne, comme une bourrique], entêté(*e*), tête *f* de mule [de cochon, de lard, de pioche] {*fam*}, cabochard(*e*) {*fam*}, vieille bourrique *f* {*fam*}.

외골수 -手 명 personne *f* obstinée, tête *f* de mule [de cochon, de lard, de pioche] {*fam*}, cabochard(*e*) {*fam*}, entêté(*e*).

외곬 명 voie *f* [sens *m*, chemin *m*] unique.

◆_**으로** 부 uniquement, seulement; exclusivement, simplement; avec persistance; obstinément, opiniâtrement, avec entêtement; ((맹목적으로)) aveuglément. ¶ 그는 30년 동안 ~으로 그림만 그려 왔다 Pendant 30 ans, il s'est acharné [obstiné] à peindre / Il s'est dévoué corps et âme [tout entier] à la peinture pendant 30 ans / Il s'est consacré entièrement à la peinture pendant trente ans.

외과 外科 명 chirurgie *f*; ((형용사)) chirurgic*al*(*ale*, *aux*). ¶ ~ 의사[전문의] un chirurgien(*ne*). ¶ ~ 치료[수술]를 받다 subir un traitement [une opération, une intervention] chirurgical(*e*).

◆_**적** -的 명관 chirurgic*al*(*ale*, *aux*). ¶ ~적인 치료 un traitement chirurgical [une opération chirurgicale].

◆_**의** -医 명 médecin *mf* chirurgien(*ne*), chirurgien(*ne*).

◆_**학** -學 명 chirurgie *f*.

◆**성형**_ 成形- 명 chirurgie esthétique

◆**정형**_ 整形- 명 chirurgie réparatrice [plastique].

외곽 外廓 명 périphérie *f*, extérieur *m*, contour *m* (d'une ville), bord *m*, circonférence *f*, pourtour *m*; environs *mpl*, alentours *mpl*; banlieue *f*. ¶ 대도시의 ~ 순환도로 (boulevard) périphérique d'une grande ville. ¶ 도시 ~에 성을 쌓다 élever des murailles [des remparts, des fortifications] à la périphérie [autour] de la ville. ¶ 도심에서 ~으로 공장을 이전하다 déménager [déplacer] des usines du centre ville vers la banlieue [vers la périphérie].

◆_**단체** -團體 명 organisme *m* auxiliaire, organisation *f* [corps *m*, association *f*] extragouvernemental(*e*) [départemental(*e*)], organisation *f* [association *f*] affiliée; agence *f* paragouvernementale.

외관 外觀 명 apparence *f*, allure *f*, extérieur *m*, air *m*, aspect *m*, forme *f*, look *m* {*fam*}; gueule *f* {*fam*}; aspect *m* extérieur. ¶ 도시 ~을 정비하다 aménager l'aspect extérieur de la ville; organiser un plan d'aménagement urbain; mettre en place un projet d'urbanisme; adapter l'habitat urbain. ¶ 집의 ~을 보기 좋게 꾸미다 décorer joliment l'extérieur de la maison; embellir l'apparence (extérieure) de la maison; décorer les murs extérieurs de la maison. ¶ 사람을 ~으로 판단하다 juger *qn* sur *ses* apparences [sur *sa* gueule {*pop*}].

◆_**상** -上 명 apparent(*e*), extérieur(*e*), superficiel(*le*). ¶ ~상의 문제 un problème apparent [superficiel]. ¶ ~상으로는 다친 데가 없다 En apparence, il n'a aucune blessure [il n'est pas blessé] / Apparemment, il n'a rien.

부 en apparence, apparemment, extérieurement. ¶ 그런 옷차림은 ~상 흉하다[좋지 않다] Ce genre de tenue présente mal [n'est pas présentable] / Cet accoutrement n'est pas acceptable [admissible] / Ce genre de vêtement peut paraître indécent.

외교 外交 명 ((외교술)) diplomatie *f*; ((정책)) politique *f* étrangère; relations *fpl* diplomatiques [internationales]. ◇_(**를**) **하다** s'occuper de (la) politique étrangère [extérieure]; avoir des relations diplomatiques (avec un pays). ¶ 능란하게 ~를 하다 user de diplomatie, être bon diplomate, s'occuper habilement de politique étrangère, établir adroitement des relations diplomatiques.

◆_**적** -的 명관 diplomatique. ¶ ~적 고립 isolement diplomatique. ¶ ~적 발언 discours [propos] diplomatique. ¶ ~적 수완을 발휘하다 mettre en œuvre [déployer] *son* habileté diplomatique. ¶ ~적인 경로 la voie diplomatique. ¶ ~적으로 해결하다 résoudre diplomatiquement [avec diplomatie] (un problème).

◆_**관** -官 명 diplomate *m*, agent *m* diplomatique; personnel *m* de la diplomatie. ¶ ~관이 되다 entrer [faire carrière] dans la diplomatie, embrasser une carrière diplomatique, devenir diplomate.

◆_ **관계** -關係 명 relations *fpl* diplomatiques. ¶ 어떤 나라와 ~ 관계를 맺다[수립하다] établir des relations diplomatiques avec un pays. ¶ 어떤 나라와 ~ 관계를 단절하다 rompre ses relations diplomatiques avec un pays. ¶ 어떤 나라와 ~ 관계를 재개하다[정상화하다] renouer[normaliser] des relations diplomatiques avec un pays.

◆_**교섭** -交涉 명 négociations *fpl* diplomatiques.

◆_**문서** -文書 명 dossier *m* diplomatique.

◆_ **문제** -問題 명 affaire *f* [problème *m*] diplomatique.

◆_ **백서** -白書 명 livre *m* blanc sur la politique étrangère.

◆_**사절** -使節 명 corps *m* diplomatique; délégation *f* diplomatique.

◆_**사절단** -使節團 명 mission *f* diplomatique.

◆_**수단** -手段 명 moyens *mpl* diplomatiques.

◆_**술** -術 명 diplomatie *f*, talent *m* diplomatique.

◆_**정책** -政策 명 politique *f* étrangère [extérieure] (d'un pays).

◆_**통** -通 명 expert *m* [spécialiste *mf*, connaisseur *m*] de la politique étrangère.

◆_**특권** -特權 명 immunité *f* diplomatique.

◆**공개[비밀]**_ 公開[秘密]- 명 diplomatie *f* ouverte [secrète].

◆**민간**_ 民間- 명 diplomatie *f* officieuse.

◆**정상**_ 頂上- 명 diplomatie *f* au sommet; diplomatie *f* dans les hautes sphères.

외국 外國 명 (pays *m*) étranger *m*; extérieur *m*. ¶ ~ 사람 un(*e*) étranger(*ère*). ¶ ~ 문화 une culture étrangère. ¶ ~ 여행 un voyage à l'étranger. ¶ ~

ㅇ

자본 des capitaux [des fonds] étrangers. ¶ ~의 침략을 받다 être envahi(*e*) par un pays étranger. ¶ ~에 가다 aller [se rendre] dans un pays étranger. ¶ 그는 ~에서 태어났다 Il est né dans un pays étranger [à l'étranger]. ¶ ~에서 수입하다 importer *qc* d'un pays étranger [de l'étranger]. ¶ ~으로 이민[유학]을 가다 émigrer [aller faire des études] dans un pays étranger.

◆_군 -軍 명 armée *f* étrangère; forces *fpl* étrangères.

◆_법인 -法人 명 【법률】 personne *f* juridique [morale] étrangère [de l'étranger].

◆_사절 -使節 명 envoyé *m* [délégué *m*] d'un pays étranger.

◆_산 -產 명 fabriqué(*e*) à l'étranger; d'origine étrangère. ¶ ~산 제품 un produit fabriqué à l'étranger; un produit d'origine étrangère. ¶ 이 자동차는 ~산이다 Cette voiture est fabriquée à l'étranger.

◆_어 -語 명 langue *f* étrangère. ¶ ~어 학교 une école de langues étrangères; un centre d'études de langues étrangères. ¶ ~어 교육 l'enseignement des langues étrangères. ¶ ~어를 배우다 apprendre une langue étrangère. ¶ ~어로 자기 생각을 표현하기란 쉬운 일이 아니다. Ce n'est pas chose facile que d'exprimer ses idées en langue étrangère / Il n'est pas facile de s'exprimer en langue étrangère / Dire ce qu'on pense dans une autre langue, ce n'est pas facile.

◆_인 -人 명 étrang*er*(*ère*). ¶ ~인 학교[회사] une école [une entreprise] étrangère. ¶ ~인 관광객[노동자] un(*e*) touriste [un(*e*) ouvri*er*(*ère*)] étrang*er*(*ère*).

◆_제 -製 명 produit *m* étranger, produit *m* de fabrication étrangère.

◆_환 -換 명 【경제】 devises *fpl*. ¶ ~환 거래[관리] opération [contrôle] des changes.

외근 外勤 명 service *m* extérieur. ¶ ~ 사원[직원] un(*e*) employé(*e*) [un agent, le personnel] du service extérieur; ((외판원)) un(*e*) voyageu*r*(*se*) de commerce; un commis-voyageur; un(*e*) représentant(*e*); un(*e*) courti*er*(*ère*). ¶ ~ 기자 un(*e*) envoyé(*e*) spécial; un(*e*) reporter. ¶ 이번 달에는 ~이 많다 Ce mois-ci je suis surtout de service à l'extérieur / Ce mois-ci j'ai beaucoup de travail à l'extérieur. ◇_(을) **하다** faire du service à l'extérieur; travailler à l'extérieur. ¶ 오늘은 ~하고 바로 퇴근하겠습니다 Aujourd'hui, je rentre directement chez moi juste après mon service extérieur sans repasser par le bureau. ◇_(을) **나가다** aller faire du service à l'extérieur, travailler à l'extérieur.

외기러기 명 oie *f* sauvage solitaire. ¶ ~ 신세 la solitude. ¶ ~ 짝사랑 un amour non partagé [sans retour, à sens unique].

외길 명 ① voie *f* unique, chemin *m* unique. ¶ ~ 낭떠러지 chemin unique formant un précipice. ② 한 가지 방향에만 전념하는 태도 extrême précarité *f*. ¶ ~ 인생 une vie extrêmement précaire

외눈 명 ① 한쪽 눈 un seul œil *m*, œil *m* unique. ¶ ~으로 쳐다보다 regarder [voir] d'un seul œil. ② 애꾸눈이 borgne. ¶ 그 친구는 ~이다 Il est borgne. *~ **하나 깜짝** (**안**) **하다** (ne pas) broncher, (ne pas) sourciller, sans broncher, sans sourciller, sans s'émouvoir le moins du monde, ne pas ciller, (ne pas) tiquer; rester imperturbable [immuable], ne pas avoir la moindre réaction.

외다[1] 타 ((암기하다)) apprendre par cœur, mémoriser ((des connaissances)); ((암송하다)) réciter ((un poème)); psalmodier ((une phrase du Coran)); prononcer ((des formules magiques)). ☞ 외우다

-외다[2] 어미 ((suffixe flexionnel déclaratif de terminaison phrastique, archaïque. Exprimant une déférence, il s'emploie avec la copule 이다 *être*.)). ¶ 안 될 말씀이~ Ce que vous dites n'est pas possible / Ce n'est pas plausible, ce que vous dites. ¶ 나는 본래 그런 사람이~ Je ne suis pas ce genre de personne / Ce n'est pas mon genre d'être comme ça.

외도 外道 명 ① 옳지 않은 길이나 노릇 mauvaise conduite *f*, inconduite *f*, dévergondage *m*. ¶ ~를 걷지 말고 정도를 따라야 한다 Il faut suivre le droit chemin sans suivre un chemin détourné. ② 본업을 떠나 다른 일에 손을 댐 dérogation *f*, écart *m*, entorse *f*, irrégularité *f*, exception *f*, modification *f*, variation *f*. ¶ 학자인 그가 대중 연설을 자주 하는 것은 일종의 ~이다 Le fait qu'il fasse souvent des discours en public, c'est une sorte de dérogation à sa position de savant / Pour un chercheur comme lui, faire des discours publics est une entorse à sa position. ③ 배우자가 아닌 사람과 성관계를 맺음 libertinage *m*, dévergondage *m*, débauche *f*, infidélité *f*, cocuage *m*, inconstance *f*, adultère *m*. ¶ 내 남편의 ~를 용서할 수 없다 Je ne peux pas pardonner l'infidélité [l'inconstance] de mon mari. ◇_(를) **하다** faire des infidélités ((à *sa* femme, à *son* mari)), être infidèle à ((*sa* femme, à *son* mari)), tromper ((*sa* femme, *son* mari)), cocufier [faire cocu(*e*), rendre cocu(*e*)] ((*sa* femme, *son* mari)). ¶ ~한 남편과 이혼하다 divorcer d'avec *son* mari infidèle [adultère, qui l'a trompée].

외동 명 enfant unique, fils *m* [fille *f*] unique.

◆_딸 명 fille *f* unique.

◆_아들 명 fils *m* unique.

외등 外燈 명 lampe *f* extérieure. ¶ ~을 켜다[끄다] allumer [éteindre] la lampe extérieure.

외따로 부 isolément; à part, séparément. ¶ 언덕 위에 조그만 집 한 채가 ~ 있다 Sur la colline il y a une petite maison isolée. ¶ 그는 다른 아이들과 떨어져서 ~ 논다 Il joue tout seul, à l'écart des autres enfants.

외딴 관 isolé(*e*), reculé(*e*), écarté(*e*), perdu(*e*), retiré(*e*); éloigné(*e*); solitaire; paumé(*e*) {*pop*}. ¶

~ 마을 village *m* reculé [isolé, perdu, retiré, paumé {*fam*}], bled *m* [patelin *m*] perdu [paumé] {*fam*}, trou *m* {*fam*}. ¶ ~ 곳에서 살다 vivre dans un endroit isolé [reculé, perdu, retiré, paumé {*pop*}], vivre [habiter] dans un trou {*fam*} [dans un bled paumé {*fam*}, dans un patelin perdu {*fam*}].

◆_길 명 chemin *m* désert et isolé [et à l'écart]. ¶ ~길로 접어들다 pénétrer [s'introduire dans] un chemin désert et à l'écart.

◆_섬 명 île *f* isolée [lointaine, retirée].

◆_집 명 maison *f* isolée [reculée, solitaire, paumée {*pop*}].

외딸 명 fille *f* unique.

외떨어지다 형 être éloigné(*e*) [loin] ((de *qc*)); être à l'écart de *qc*. ¶ 동네에서 외떨어진 곳에서 혼자 살다 vivre tout(*e*) seul(*e*) dans un endroit éloigné [à l'écart, loin] du village.

외람되다 형 ((행동)) être présomptueux(*se*), prétentieux(*se*), orgueilleux(*se*); être audacieux(*se*), insolent(*e*), impertinent(*e*); être imprudent(*e*). ¶ 외람된 말씀입니다만 Je me permets de vous dire ... / Permettez-moi de vous dire ... / J'oserai vous dire ... / Je n'irai pas par quatre chemins pour vous dire ... / Laissez-moi vous dire que ... ¶ 외람되지만 제 생각은 이렇습니다 Je me permets de vous dire ce que je pense ... / Excusez-moi, mais voici ma pensée / Permettez que je donne mon avis.

◆외람되이 부 avec présomption, présomptueusement, d'une manière prétentieuse, prétentieusement.

외래 外來 명 ① ((d'))origine *f* étrangère. ¶ ~ 사상 une philosophie [une pensée] venant de l'étranger. ②【의학】병원에 입원하지 않고 치료받는 일 ((consultation)) externe. ¶ ~ 환자 un patient [malade] en consultation externe.

◆_객 -客 명 visiteur *m* étranger.

◆_어 -語 명【언어】mot *m* d'origine étrangère.

◆_어 표기법 -語表記法 명【언어】règle *f* de transcription des mots étrangers en *hangeul* [alphabet coréen].

외로움 명 solitude *f*: isolement *m*. ¶ ~을 느끼다 se sentir seul(*e*), se sentir isolé(*e*), se sentir à l'écart. ¶ ~을 달래다 apaiser un sentiment de solitude ((chez *qn*)), alléger la solitude ((de *qn*)). ¶ ~을 (많이) 타다 souffrir (beaucoup) de (la) solitude, être dévoré(*e*) de solitude.

외롭다 형 être seul(*e*), esseulé(*e*), solitaire, isolé(*e*); se sentir seul(*e*). ¶ 외로운 생활을 하다 vivre seul(*e*) [isolé(*e*), dans la solitude]; mener une vie solitaire [de solitude, esseulée]; avoir une existence solitaire. ¶ 그는 외로운 사람이다 Lui, c'est quelqu'un de solitaire. ¶ 당신이 없어서 나는 외롭습니다 Sans vous, je me sens (très) seul(*e*).

◆외로이 부 seul(*e*), solitairement, en solitaire; dans la solitude. ¶ 이국땅에서 외로이 죽다 mourir seul(*e*) dans un pays étranger; crever seul(*e*) à l'étranger {*fam*}. ¶ 한 소녀가 외로이 앉아 있다 Une fille est assise toute seule, bien solitairement. ¶ 언덕 위에 늙은 소나무가 외로이 서 있다 En haut de la colline se trouve un vieux pin solitaire. ¶ 그는 외로이 지낸다 Il vit solitairement / Il mène une vie solitaire.

외마디 명 une (seule) pièce *f*, une section *f* (isolée) ((de bambou)); un seul cri *m*, cri *m* aigu. ¶ ~ 비명을 지르다 pousser un cri aigu.

외면[1] 外面 명 apparence *f* extérieure; extérieur *m*, dehors *m*; espace *m* extérieur; surface *f*. ¶ ~만 보고 사람을 판단하다 juger les gens sur leur seule apparence extérieure [sur leur seule mine, seulement d'après leur physique].

◆_적 -的 명관 d'apparence extérieure, ayant l'apparence de, qui donne l'impression [l'apparence] de; ((외면적으로)) en apparence, apparemment, extérieurement. ¶ 전쟁 중에도 ~적으로는 온 나라가 평온해 보였다 Même pendant la guerre, tout le pays donnait l'apparence [donnait l'impression] d'être en paix [avait une apparence paisible].

외면[2] 外面 명 indifférence *f*, dédain *m*, mépris *m*, négligence *f*. ¶ 사업주의 ~으로 노동자들의 요구는 무산되었다 Les revendications des ouvriers sont restées lettre morte face à l'indifférence du patron. ◇_(을) 하다 se détourner; détourner la tête [les yeux, les regards]; éviter les regards, tourner le dos (à *qn/qc*); ((무시하다)) mépriser ((*qn*, le danger)), ne pas tenir compte ((d'une objection)), ne faire aucun cas ((de l'opinion publique)); se désintéresser ((de *son* travail)); faire fi ((des conseils)); se ficher ((de la loi)) {*fam*}. ¶ 그는 내 얼굴을 ~하고 다른 데를 쳐다보았다 Il s'est détourné de mon visage en fixant une autre direction / Il a regardé ailleurs en détournant ses regards. ¶ 나는 그와 마주쳤으나 그냥 ~하고 지나갔다 Je l'ai croisé mais je suis passé comme ça, en tournant la tête / Je l'ai croisé mais je suis passé en ne lui prêtant aucun regard. ¶ 친구의 딱한 사정을 ~할 수 없었다 Je n'ai pas pu tourner le dos à la situation pitoyable d'un ami / Il m'a été impossible d'ignorer la situation déplorable de cet ami. ◇_(을) 당하다[받다] être délaissé(*e*), être abandonné(*e*); être méprisé(*e*); se faire délaisser (par *qn*), se faire abandonner (par *qn*); se faire mépriser (par *qn*). ¶ 그는 친구들한테마저 ~당했다 Il est délaissé même par ses amis / Même ses amis lui ont tourné le dos. ¶ 그의 이론은 당대에는 ~을 받았다 À son époque, sa théorie a été méprisée [ignorée] / De son vivant, ses théories étaient irrecevables / Sa théorie était inacceptable de son temps.

외모 外貌 명 aspect *m* extérieur; apparence *f* physique. ¶ 그 남자는 ~가 뛰어나다 Il est d'une beauté (physique) extraordinaire / Il est extrêmement beau.

외무 外務 명 ① affaires *fpl* extérieures [étrangères]. ¶ 그 사람은 한 나라의 ~를 책임지는 사람이다 C'est un homme responsable des affaires étrangères d'un pays. ② 밖에서 보는 사무 service *m* extérieur. ¶ ~ 사원 employé travaillant à l'extérieur ((non au bureau)).

◆ **_부** -部 명 ministère *m* des Affaires étrangères.

외무성 外務省 명 ministère *m* des Affaires étrangères.

외박 外泊 명 nuit *f* à l'extérieur. ¶ 일주일간의 ~을 허가받다 obtenir une permission [une perme {*fam*}] d'une semaine. ¶ ~을 허가받은 병사 un permissionnaire, un soldat en permission. ◇ **_(을) 하다** ne pas coucher chez *soi*, découcher, coucher à l'extérieur [dehors]; passer la nuit à la belle étoile. ¶ 그는 어제 ~했다 Hier, il a passé la nuit dehors / Hier, il a découché. ◇ **_(을) 나가다[나오다]** partir[sortir] en permission. ¶ 김 일병은 ~(을) 나가서 부대에 없다 Le soldat Kim n'est pas au camp car il est (parti) en permission.

외벽 外壁 명 mur *m* extérieur.

외부 外部 명 extérieur *m*, partie *f* extérieure. ¶ ~ 인사 personne externe [extérieure ((à la société))]. ¶ 이 글은 ~로 유출되면 절대 안 된다 Ce texte ne doit jamais être révélé à l'extérieur / Il ne faut absolument pas que ce texte soit divulgué à l'extérieur.

◆ **_적** -的 명관 extérieur(*e*), étrang*er*(*ère*). ¶ ~적 요인 un facteur extérieur.

◆ **_인** -人 명 étranger *m*, personne *f* étrangère.

외산 外産 명 fabriqué(*e*) à l'étranger.

외상[1] 명 ((à)) crédit *m*, ((à)) tempérament. ¶ ~ 술값 une dette [une ardoise] due à une consommation d'alcool à crédit. ¶ ~ 사절 Pas d'achat à crédit / Défense [Interdiction] d'acheter à crédit. ¶ 누구에게 무엇을 ~으로 팔다 vendre *qc* à crédit [à tempérament] à *qn*; faire crédit à *qn*. ¶ 무엇을 ~으로 사다 acheter *qc* à crédit [à tempérament]. ¶ ~으로 달아놓다 ajouter *qc* à l'ardoise (d'un client), mettre [porter] sur le compte (d'un client). ¶ 나는 그 술집에 ~이 10만 원 있다 Je me suis endetté de 100 000 wons dans ce bar / J'ai une ardoise de 100 000 wons dans ce bar. ◇ **_(을) 주다** donner [vendre] *qc* à crédit.

*~**을 긋다** faire quelque chose à crédit.

*~**이라면 소도 잡아먹는다** Le crédit peut mener les gens à leur perte / Le crédit est un système qui peut s'avérer très dangereux.

◆ **_값** 명 dette *f* (due à un achat ou à une vente à crédit). ¶ ~값을 받다 se faire régler [rembourser] le prix d'une marchandise achetée à crédit.

◆ **_장부** -帳簿 명 livre *m* de compte des crédits.

외상[2] 外傷 명 blessure *f* (externe). ¶ ~을 치료하다 soigner [panser] une blessure (à *qn*). ◇ **_을 입다** recevoir une blessure ((mortelle, fatale, au combat, au cou, au cœur)); se faire une blessure, se faire blesser ((au visage)), se blesser ((au visage, le visage)), être victime d'une blessure ((au visage)), être blessé(*e*) ((au visage)), avoir une blessure ((au niveau du visage)), avoir ((le visage, la main)) blessé(*e*). ¶ 다리에 심한[가벼운] ~을 입다 se (faire) blesser gravement [grièvement] [de manière bénigne, légèrement] à la jambe, se faire [avoir, être victime d']une blessure grave [légère, superficielle] à la jambe [au niveau de la jambe], être gravement [grièvement] blessé(*e*) [être légèrement blessé(*e*)] à la jambe, avoir la jambe grièvement [légèrement] blessée.

외설 猥褻 명 obscénité *f*, perversité *f*, indécence *f*, impudicité *f*. ¶ ~ 문학 la littérature obscène[scabreuse].

◆ **_적** -的 명관 obscène, pervers(*e*), scabreu*x*(*se*), impudique, indécent(*e*).

외세 外勢 명 force *f* [puissance *f*] étrangère. ¶ ~를 배격하다 repousser la force étrangère. ¶ ~에 의존하다 dépendre des forces étrangères.

외손 外孫 명 petits-enfants *mpl* (du côté de sa fille), enfants *mpl* de *sa* fille.

외손자 外孫子 명 petit-fils *m* (du côté de sa fille), fils *m* de sa fille. ¶ ~를 귀여워하다 choyer son petit-fils (du côté de sa fille); choyer son petit-fils (du côté de sa fille) [le fils de sa fille]. ¶ ~를 보다 avoir un petit-fils (du côté de sa fille).

외숙 外叔 명 frère *m* de la mère.

외식 外食 명 repas *m* à l'extérieur [au restaurant], sortie *f* (au restaurant). ◇ **_(을) 하다** prendre un repas en ville [au restaurant, à l'extérieur]; manger [sortir] au restaurant. ¶ 오랜만에 가족들과 ~하다 sortir au restaurant avec *sa* famille pour la première fois depuis longtemps, après des lustres, se faire un restaurant en famille {*fam*}, après un bail [après une paye] aller au resto avec *sa* smala [*sa* tribu] {*fam*}.

◆ **_비** -費 명 frais *mpl* de sorties en restaurant, frais *mpl* de restauration.

◆ **_산업** -產業 명 industrie *f* de la restauration.

◆ **_업** -業 명 service *m* de restauration.

외신 外信 명 nouvelles *fpl* [informations *fpl*] étrangères, nouvelles *fpl* de l'étranger. ¶ ~을 통한 보도 annonce d'après les nouvelles étrangères. ¶ ~에 의하면 d'après les nouvelles de l'étranger.

◆ **_부** -部 명 direction *f* des nouvelles étrangères ((dans une société de média)).

외양 外樣 명 aspect *m* extérieur, façade *f*, apparence *f*, air *m*, allure *f*, mine *f*. ¶ ~만 따지다 ne tenir compte que de l'apparence (extérieure).

외양간 -間 명 étable *f*.

***소 잃고 ~ 고친다** ne réparer les portes de l'écurie qu'après l'évasion des chevaux; fermer les portes de l'écurie, lorsque les chevaux sont (déjà) dehors, régler un problème après la catastrophe ; prendre des précautions [des dispositions] quand le mal est arrivé [quand il n'est plus temps de l'éviter], prendre des dispositions trop tard, entreprendre une action lorsqu'elle ne peut plus être utile, s'affairer [faire les choses] quand il est trop tard [lorsque cela n'est plus nécessaire] / Il est trop tard de [pour] fermer l'écurie lorsque les chevaux sont déjà dehors [quand le cheval s'est sauvé] / Après la mort, le médecin.

외연 外延 명 【언어】 extension *f*; dénotation *f*. ¶ ~이란 하위어의 모든 요소들의 목록화하는 것이다. L'extension consiste à [est le fait d'] établir la liste de tous les éléments hyponymes qui peuvent appartenir à un ensemble / L'extension consiste à [est le fait d'] énumérer tous les éléments hyponymes qui peuvent appartenir à un ensemble.

◆**_적** -的 명관 extensionnel(*le*); par extension. ¶ ~적 정의 définition par extension ((définition par compréhension)).

외용 外用 명 usage *m* externe. ◇_(을) **하다** prendre un médicament à usage externe; prendre un topique.

◆ **약** -藥 명 médicament *m* à usage externe; médicament *m* topique, topique *m*.

외우다 타 ① 암기 apprendre ((*sa* leçon)) par cœur, mémoriser ((des connaissances)). ¶ 구구단을 ~ apprendre les tables de multiplication par cœur. ¶ 친구의 전화번호를 ~ mémoriser les numéros de téléphone de *ses* amis. ¶ 책 내용을 달달[통째로] ~ apprendre par cœur tout (le contenu d')un livre. ¶ 이 과목은 외울 것이 많다 Il y a beaucoup de choses à apprendre par cœur dans cette matière. ② 암송 réciter ((des vers)), dire ((un poème)) par cœur; psalmodier. ¶ 시[주문, 염불, 주기도문]를 ~ réciter un poème [des formules magiques, des prières, un texte bouddhique]; psalmodier une prière.

외유 外遊 명 voyage *m* [tour *m*, visite *f*] à l'étranger. ¶ ~를 떠나다 partir en voyage à l'étranger. ¶ ~ 중이다 être en voyage [en visite] à l'étranger. ¶ ~에서 돌아오다 rentrer [retourner] d'un voyage à l'étranger. ◇_(를) **하다[가다]** voyager à l'étranger, faire un voyage à l'étranger, visiter des pays étrangers.

외유내강 外柔內剛 명 une main de fer dans un gant de velours / une autorité très ferme sous une apparence de douceur / une volonté de fer sous des dehors très doux.

외음부 外陰部 명 【의학】 organes *mpl* génitaux externes. ¶ ~ 질환 maladie vénérienne, maladie sexuellement transmissible (M.S.T.). ¶ ~ 질염 maladie vénérienne, M.S.T.

외인 外人 명 ① 외국인 étrang*er*(*ère*). ② 외부인 personne *f* extérieure. ¶ ~ 출입 금지 interdit aux personnes étrangères (au service). ¶ 이 일은 ~이 알아서는 안 된다 Les personnes étrangères (au service) ne doivent pas être au courant de cette affaire.

◆**_묘지** -墓地 명 cimetière *m* des étrangers

◆**_부대** -部隊 명 légion *f* étrangère.

◆**_주택** -住宅 명 logement *m* pour étrangers.

외자[1] 外字 명 langue *f* [écriture *f*] étrangère.

◆**_신문** -新聞 명 journal *m* en langue étrangère.

외자[2] 外資 명 【경제】 capit*al*(*aux*) *m* étranger. ¶ ~ 유입 introduction des capitaux étrangers. ¶ ~를 도입하다 introduire des capitaux étrangers. ¶ 기업에 ~를 조달하다 apporter des capitaux étrangers à une entreprise. ¶ ~가 투입되었다 Les capitaux ont été injectés.

외적[1] 外敵 명 ennemi *m* extérieur ¶ ~의 침입을 받다 subir l'invasion des ennemis extérieurs.

외적[2] 外的 명 extérieur(*e*), apparent(*e*). ¶ ~ 조건 des conditions extérieures ¶ ~ 세계 le monde extérieur ¶ ~ 증거 une preuve apparente.

외제 外製 명 production *f* étrangère, produit *m* [marchandise *f*] étrang*er*(*ère*).

◆**_차** -車 명 voiture *f* étrangère.

◆**_품** -品 명 produit *m* [marchandise *f*] étrang*er*(*ère*).

외조 外助 명 aide *f* [assistance *f*, soutien *m*] de *son* mari. ¶ 그 여자는 남편의 ~ 덕에 성공했다 Cette femme a réussi dans la société [a fait carrière] grâce à l'aide [au soutien, aux soins] de son mari / Cette femme doit sa réussite à l'aide de son mari. ◇_(를) **하다** ((un homme)) aider [soutenir, épauler] *sa* femme. ¶ 일하는 아내를 ~하다 aider *sa* femme qui travaille. ◇_(를) **받다[입다]** ((une femme)) être aidée [soutenue] par *son* mari.

외조모 外祖母 명 grand-mère *f* maternelle.

외조부 外祖父 명 grand-père *m* paternel.

외주 外注 명 commande *f*; sous-traitance *f*. ¶ ~를 맡다 recevoir [prendre] une commande; sous-traiter (une affaire). ◇_(를) **하다[주다]** faire [passer] une commande (à l'extérieur); faire un appel à un sous-traitant, sous-traiter ((une affaire à une autre société)). ¶ 이 사업은 ~하기로 결정했다 Pour cette affaire on a décidé de faire une commande à l'extérieur / Pour cette affaire on a décidé de faire appel à un sous-traitant. ¶ 업체에 ~를 주다 passer une commande à une société; sous-traiter une affaire à une société. ◇_(를) **받다** recevoir une commande. ¶ 이 회사는 주로 관공서에서 ~를 받아 일을 한다 Cette société travaille principalement en recevant les commandes du service public.

외줄 명 corde *f* unique, une (seule) corde *f*.

◆**_타기** 명 équilibrisme *m* sur un fil de fer, marche *f* sur une corde raide [un fil], jeu *m* d'équilibre sur une corde; numéro *m* de funambule [fildefériste, danseur de corde].

외줄기 명 un (seul) trait *m*; branche *f* [tige *f*] unique. ¶ ~ 섬광 같은 외침이 들렸다 On entendit un cri (strident) traverser l'espace comme un éclair. ¶ ~ 섬광이 번쩍했다 Un éclair déchira le ciel.

외지¹ 外地 명 pays *m* [contrée *f*] étrang*er*(*ère*), lieu *m* inconnu. ¶ 이 도시에는 외지 사람들이 많다 Il y a beaucoup d'étrangers dans cette ville. ¶ ~로 가다 aller dans un pays étranger [inconnu].

◆_**근무** 勤務 명 《다른 고장, 외국》 travail *m* dans un pays étranger. ¶ ~ 근무에 부임하다 prendre *ses* fonctions dans un pays étranger

◆_**수당** -手當 명 indemnité *f* de travail dans un pays étranger.

◆_**인** -人 명 étrang*er*(*ère*); personne *f* inconnue.

외지² 外紙 명 journal *m* étranger, presse *f* étrangère. ¶ 그 선수의 근황이 ~에 소개되었다 Des nouvelles récentes sur cet athlète ont été présentées dans un journal étranger.

외지다 형 être isolé(*e*), retiré(*e*), écarté(*e*), perdu(*e*), paumé(*e*) {*fam*}; être lointain(*e*), éloigné(*e*). ¶ 외진 산길 un sentier de montagne isolé. ¶ 외진 동네[곳] un quartier [un endroit] isolé.

외채 外債 명 dette *f* extérieure, emprunt *m* extérieur. ¶ ~를 많이 빌려 쓰다 emprunter beaucoup d'argent à l'étranger; recourir massivement aux emprunts extérieurs. ¶ ~를 상환하다 rembourser la dette extérieure [l'emprunt étranger].

◆_**상환 기금** -償還基金 명 fonds *mpl* pour le remboursement des dettes.

외척 外戚 명 clan *m* familial de l'épouse. ¶ ~이 정치에 개입했다 Le clan familial de l'épouse (du roi) est intervenu dans la politique.

외출 外出 명 sortie *f*; balade *f*; promenade *f*. ¶ ~ 준비를 하다 se préparer pour une sortie; préparer une sortie; s'apprêter à faire une virée {*fam*}. ¶ 그는 (시내에) ~ 중이다 Il est de sortie [en ville] en ce moment. ¶ ~을 삼가다 éviter les sorties. ¶ 일 주일 동안 ~을 금지하다 interdire (à *qn*) de sortir pendant une semaine, priver *qn* de sortie pendant une semaine. ¶ 그는 ~을 싫어한다 Il est casanier [pantouflard {*fam*}] / Il n'aime pas sortir. ◇_(을) **하다** sortir; faire un tour dehors; mettre le nez dehors {*fam*}. ¶ 오랜만에 ~을 했다 Ça faisait longtemps qu'on n'était pas sortis / Ça fait du bien de pouvoir enfin sortir.

◆_**금지** -禁止 명 interdiction *f* de sortir; consigne *f*.

◆_**복** -服 명 tenue *f* [costume *m*] de ville; tenue *f* de sortie {*fam*}. ¶ ~복으로 갈아입다 se changer en costume de ville [en tenue de sortie {*fam*}].

◆_**시간** -時間 명 heure *f* de (la) sortie.

◆_**증** -證 명 permis *m* de sortie; 《군인의》 permission *f* de sortie. ¶ ~증을 끊다 avoir une permission de sortie.

외측 外側 명 côté *m* extérieur, groupe *m* extérieur.

외치 外置 명 【언어】 extraposition *f*. ¶ ~ 구문 un constituant extraposé; une construction en extraposition.

외치다 자타 ① crier, pousser (des cris), s'écrier, s'exclamer, hurler, rugir, s'égosiller, s'époumoner. ¶ 큰 소리로 ~ crier [s'écrier] fort [d'une voix forte]; hurler, rugir, gronder. ¶ 구령[구호]을 ~ crier des ordres [des slogans, des mots d'ordre]. ¶ 그 여자는 우리에게 살려 달라고 외쳤다 Elle nous a crié au secours / Elle nous a appelé à l'aide à grands cris. ¶ "불이야!"라고 ~ crier au feu. ¶ 도망치라고 ~ crier à *qn* de se sauver[de s'enfuir]. ② (의견이나 요구를) 강력하게 주장하다 affirmer, assurer; exiger, revendiquer; protester à haute voix, se récrier. ¶ 조국 통일[국가 개혁]을 ~ revendiquer une réunification de la patrie [une réforme du pays]. ¶ 신탁통치 반대를 ~ se récrier contre un régime de tutelle; s'opposer au protectorat. ¶ 나는 모두에게 열심히 노력하자고 외쳤다 J'ai hurlé à tout le monde de faire des efforts / J'ai crié à tous de faire de leur mieux.

◆**외침** 명 cri *m*, clameur *m*, appel *m*; hurlement *m*, rugissement *m*. ¶ 통일을 향한[위한] 우리의 외침 cris pour notre réunification.

외탁 外- 명 ressemblance *f* du côté maternel. ◇_(을) **하다** tenir de *sa* mère; être du côté de *sa* mère. ¶ 그 아이는 성격이 ~을 했다 Cet enfant tient son caractère de sa mère / Question caractère, cet enfant est le portrait tout craché de sa mère {*fam*} / Question caractère, sa mère ne peut le dénier.

외토리 명 personne *f* seule [isolée].

외톨 명 ① 《밤송이》 graine *f* unique. ② 《사람》 personne *f* isolée [esseulée, délaissée, seule, solitaire]. ¶ 그는 친구 하나 없이 ~로 지낸다 Il mène une vie solitaire sans avoir d'ami / Il vit tout seul sans même un ami.

◆_**박이** 명 《마늘》 ail *m* à gousse unique; 《밤》 châtaigne *f* unique dans une bogue.

◆_**이** 명 personne *f* isolée [esseulée, délaissée, seule, solitaire]; solitaire *mf*.

외투 外套 명 manteau(*x*) *m*; 《신사용》 pardessus *m*; 《군인용》 capote *f*; 《벙거지가 붙은》 capuchon *m*; paletot *m*, pèlerine *f*. ¶ 두꺼운 겨울 ~ un épais manteau d'hiver. ¶ ~를 입다[걸치다] endosser [mettre, passer, se couvrir d'] un manteau.

◆_**막** -膜 명 【생물】 manteau(*x*) *m*.

외판 外販 명 démarchage *m*; colportage *m*; vente *f* à domicile. ¶ ~ 업무 colportage porte-à-porte, démarchage; vente à domicile. ◇_(을) **하다[나가다]** faire du colportage [de la vente à domicile]. ¶ 그 사람은 지금 ~ 나갔다 Il est parti faire du colportage.

◆_**원** -員 명 colporteur(*se*); représentant(*e*).

외풍 外風 명 ① courant *m* d'air; vent *m* coulis; filet *m* d'air. ¶ 문풍지로 ~을 막다 calfeutrer une fenêtre [une porte] avec une bande de papier, pour éviter les courants d'air; boucher les fentes d'une fenêtre avec du papier [une bande de papier] pour empêcher l'air de pénétrer [pour arrêter les courants d'air]. ¶ 이 집은 ~이 세대[심하다] Dans cette maison, il y a beaucoup de courants d'air. ② 외부의 압력 mœurs *fpl* [coutumes *fpl*] venues de l'étranger. ¶ 결정 과정에 작용할 수도 있는 ~을 차단해야 한다 Il faut s'opposer à l'entrée des mœurs étrangères qui peuvent influer sur les prises de décisions / Il faut interdire l'influence des mœurs étrangères dans les processus [les modes] de prise de décisions. ◇_**이 있다** Il y a un courant d'air.

외피 外皮 명 ① 피부 épiderme *m*. ② 과일의 겉껍질 peau *f* ((de fruit ou de légume)); épicarpe *m*; pelure *f*. ¶ ~를 벗기다 enlever la peau ((d'un fruit)), éplucher, peler. ③ 식물 écorce *f*; coque *f*.

외항[1] 外港 명 ① 항구에 들어오기 전에 임시로 정박하는 바다 rade *f* (d'un port). ② 항구의 방파제 바깥쪽 해역 port *m* extérieur. ¶ 대형 선박들은 지금 ~에 정박해 있다 Les grands navires sont maintenant (amarrés) à quai / Les grands navires sont maintenant ancrés [à l'ancre, en rade] dans le port.

외항[2] 外項 명 extrême *m*. ¶ a:b=c:d에서 a와 d는 ~이고, b와 c는 내항이다 Dans la proportion algébrique a:b=c:d, a et d sont les extrêmes, b et c les moyens.

외항선 外航船 명 navire *m* à destination des pays étrangers. ¶ ~을 타다 prendre [emprunter] un navire à destination des pays étrangers.

외향적 外向的 명 extraverti(*e*). ¶ ~인 성격 caractère extraverti [communicatif]. ¶ 그 남자는 ~ 사고를 지닌 사람이다 Il est d'un naturel extraverti / Il est très communicatif. ¶ 그 아이는 ~이다 Cet enfant est extraverti [très communicatif].

외형 外形 명 forme *f* (extérieure); figure *f*; apparence *f*; contour *m*; enveloppe *f*. ¶ 사물의 ~ forme [apparence] d'un objet. ¶ 수정된 계획도 단지 ~만 달라졌을 뿐이다 La modification n'a changé le projet qu'en apparence.

◆_**적** -的 명관 extérieur(*e*). ¶ ~적인 변화 changement extérieur [d'apparence]. ¶ ~적인 조건만으로 배우자를 선택하다 choisir *son* conjoint [*sa* conjointe] uniquement sur des critères physiques [pour son physique]. ¶ ~적으로는 우리 사회도 많은 변화를 보이고 있다 Vue de l'extérieur, notre société aussi a beaucoup évolué.

◆_**상** -上 명 de l'extérieur *m*; (으로는) en apparence, extérieurement; apparemment. ¶ ~상으로는 아무 문제가 없어 보인다 Apparemment, il n'y a aucun problème.

외화[1] 外貨 명 ① 돈 monnaie *f* étrangère; devises *fpl*. ¶ ~ 밀반출 transport illégal de devises étrangères. ¶ ~를 벌다[획득하다] faire rentrer des devises étrangères. ¶ ~로 환전하다 changer de l'argent en devise étrangère. ② 상품 marchandise importée *f* [en transit]. ¶ ~ 상점 boutique de produits [marchandises] importé(*e*)s.

◆_**벌이** 명 rentrée *f* des devises.

◆_**보유** -保有 명 réserve *f* de devises étrangères.

◆_**유출** -流出 명 sortie *f* de devises.

◆_**채권** -債權 명 obligation *f* en devises étrangères.

외화[2] 外畵 명 film *m* étranger. ¶ ~를 방영하다 passer un film étranger à la télévision. ¶ ~를 보다 regarder un film étranger.

외환[1] 外換 명 (opérations *fpl* de) change *m*; devises *fpl* étrangères. ¶ ~ 거래 opérations de change; transactions.

◆_**거래소** -去來所 명 bureau *m* des changes; change *m*.

◆_**관리** -管理 명 contrôle *m* des changes; réglementation *f* des changes.

◆_**관리법** -管理法 명 droit *m* cambiaire [cambial]; législation *f* cambiaire.

◆_**보유고** -保有高 명 réserves *fpl* de devises étrangères; réserves *fpl* de changes.

◆_**시세** -市勢 명 cote *f* [cours *m*] des changes.

◆_**시장** -市場 명 marché *m* des changes.

◆_**위기** -危機 명 crise *f* des changes.

◆_**은행** -銀行 명 banque *f* autorisée à s'occuper d'opérations de change; banque *f* agréée.

외환[2] 外患 명 ① 외적의 침범에 대한 근심 souci *m* constant (provoqué par) des invasions militaires (répétées). ② 외적의 침입으로 인한 재앙 troubles *mpl* causés par une invasion. ¶ ~에 시달리다 souffrir des difficultés provoquées par (toute sorte) d'invasion.

◆**내우**_ 內憂- 명 ☞ 내우외환

왼발 명 pied *m* gauche. ¶ ~ 슛팅 tir du pied gauche.

왼손 명 main *f* gauche. ¶ ~에 à (main) gauche. ¶ ~으로 글씨를 쓰다 écrire de la main gauche.

◆_**잡이** 명 gauch*er*(*ère*). ¶ ~잡이 투수 lanceur gaucher.

왼종일 명 (('온종일'의 잘못)) ☞ 온종일

왼쪽 명 côté *m* gauche; (de) gauche. ¶ 사고로 ~ 다리를 다치다 se blesser à la jambe gauche dans un accident. ¶ ~ 두 번째 길로 가세요 Prenez la deuxième rue à gauche. ¶ 사진에서 네 ~ 사람은 누구냐? Qui est la personne à ta gauche sur la photo? ¶ 누구의 ~에 앉다 s'asseoir à gauche de *qn*. ¶ ~으로 통행하다 tenir sa gauche; conduire à gauche. ¶ 모퉁이에서 ~으로 꺾어지다 tourner à gauche au coin de la rue. ¶ ~으로 돌다 tourner à gauche. ¶ ~을 바라보다 regarder à gauche [sur *sa* gauche]. ¶ ~에서 오른쪽으로 쓰다 écrire de gauche à droite. ¶ 계단은 들어가서 ~입니다 L'escalier est à gauche de l'entrée.

왼통 명부 (('온통'의 잘못)) ☞ 온통

왼팔 명 bras *m* gauche. ¶ ~을 들어 보세요 Levez le bras gauche! ¶ 그 두 사람은 나의 오른팔과 ~입니다 Ces deux personnes sont mes collaborateurs les plus proches.

왼편 명 côté *m* gauche. ¶ ~으로 비켜서다 se ranger sur la gauche; tenir *sa* gauche. ¶ 누구의 ~에 서다 se mettre à gauche de *qn*. ¶ ~ 가슴에 상처가 있다 avoir une blessure au côté gauche.

요¹ 要 명 point *m* important [capital, essentiel]; ce qui est essentiel ◇**_는** ¶ ~는 누가 그 일을 먼저 하는가이다 L'important [l'essentiel], c'est de savoir qui le fera en premier.

◆**_하다** 타 exiger, demander, réclamer; nécessiter. ¶ 이 박사 논문은 많은 연구를 ~했다 Cette thèse a exigé de nombreuses recherches. ¶ 그 일은 세심한 주의를 ~하는 일이다 C'est un travail qui demande une attention minutieuse.

◆**_컨대** 부 bref, en un mot; après tout, en somme, somme toute.

요² 관 ce (*cet, cette, ces*). ¶ ~ 앞에서 잠깐만 기다려라 Attends-moi là-devant un instant! ¶ ~ 녀석아, 일을 이렇게 하면 어떡하니? Espèce de gros bêta si tu t'y prends comme ça, qu'est-ce qu'on pourra bien faire de toi? ☞ 이[6]

요³ 명 *yo* <matelas de coton peu épais (de type futon) de la literie traditionnelle coréenne placé directement sur le sol>. ¶ ~를 깔다 étaler [étendre] son *yo* (pour dormir). ¶ ~를 개다 replier son *yo*.

-요⁴ 조 ① 해체의 종결어미에 붙음 ((particule placée derrière un suffixe flexionnel de terminaison phrastique)). ¶ 돈이 없어~ Je n'ai pas d'argent. ¶ 이 일은 나중에 끝내자~ Ce travail, terminons-le plus tard. ¶ 그 사람은 나중에 만날래~ Lui, je préfère le rencontrer une autre fois. ② 독립적인 구 성분 뒤에 붙음 ((particule placée derrière une unité syntagmatique indépendante)). ¶ 빨리~, 빨리 Dépêchez-vous, vite! ¶ 저는~, 집에 갈래요 Pour ma part, je préfèrerais rentrer chez moi. ¶ 어제~, 학교에 갔었어요 Hier, je suis allé(*e*) à l'école. ¶ 저를~? Moi? ¶ 누가~? Qui? ¶ 뭐라고~? Pardon? / Qu'est-ce que vous avez dit? / Qu'avez-vous dit? ¶ 언제~? Quand? ¶ 어떻다고~? Quoi? / Comment? ¶ 왜~? Pourquoi?

-요⁵ 어미 ① 나열 ((suffixe flexionnel conjonctif de simple juxtaposition, il s'emploie avec la copule 이다 *être*.)). ¶ 그 사람은 언론인이~ 문인이었다 C'était un journaliste et un écrivain. ¶ 이것은 소~, 저것은 말이다 Ça, c'est une vache et, là-bas, c'est un cheval. ② 종결 ((suffixe flexionnel de terminaison phrastique)). ¶ 그것이 바로 아버지 된 의무~ C'est là le devoir d'un père.

요-⁶ 要 접두 nécessaire; qu'il faut; à+*inf*. ¶ ~시찰 인물 personne à surveiller [placée sous haute surveillance]. ¶ ~주의 qui nécessite une attention spéciale [particulière]; qui nécessite une surveillance spéciale.

요가 명 *yoga m*. ◇**_(를) 하다** faire du [pratiquer le] yoga.

요강¹ 要綱 명 points *mpl* essentiels [importants]; principes *mpl* généraux; grandes lignes *fpl*; ((취지서)) guide *m*. ¶ 대학 입시 ~ fascicule [cahier] des conditions requises pour l'entrée à l'université.

◆**모집_** 募集 명 principes *mpl* d'admission; fascicule *m* des conditions générales d'admission.

요강² 명 vase *m* de nuit; pot *m* de chambre. ¶ ~을 비우다 vider le pot de chambre. ¶ ~에 소변을 보다 uriner [faire pipi] dans un pot de chambre.

요거 대 ☞ 이거[1]

요건 要件 명 ① condition *f* nécessaire [requise]. ¶ 자격 ~ qualification requise, compétences requises [nécessaires], qualités et aptitudes requises; diplômes [certificats] exigés, titres exigés. ¶ ~을 갖추다[만족시키다] satisfaire aux conditions requises. ② affaire *f* importante.

요것 대 ☞ 이것

요게 대 ☞ 이것

요격 邀擊 명 interception *f*. ◇**_(을) 하다** intercepter, affronter ((l'ennemi)); faire face [front] ((à l'ennemi)). ¶ 적기를 ~하다 intercepter un avion ennemi.

◆**_기** -機 명 intercepteur *m*.

◆**_용** -用 명 antimissile. ¶ ~용 미사일 missile antimissile.

요결 要訣 명 ① clé *f* [moyen *m*, secret *m*] du succès [de la réussite]. ② sens *m* clé, sens *m* nodal.

요괴 妖怪 명 fantôme *m*, spectre *m*, monstre *m*

◆**_스럽다** 형 être monstrueux(*se*), étrange, surnaturel(*le*).

요구 要求 명 demande *f*; revendication *f*; réclamation *f*; exigence *f*. ¶ ~ 조건[사항] revendications [détail des revendications]. ¶ 정당한[부당한] ~ demande légitime [exigence excessive]. ¶ 자신의 ~를 관철시키다 réussir à faire accepter *ses* revendications. ¶ 누구의 ~를 따르다[들어주다] satisfaire [répondre] aux exigences de *qn* [accepter les demandes de *qn*]. ¶ 회사 측은 노조의 ~에 응하기로 결정했다 La direction a décidé de satisfaire aux revendications des syndicats. ¶ 우리는 고용주의 ~를 충족시키기 위해 노력했다 Nous nous sommes efforcés de satisfaire aux exigences de la direction. ¶ 그 사람의 ~가 너무 지나치다 Ses exigences sont excessives. ◇**_(를) 하다** demander; revendiquer; réclamer; exiger. ¶ 가해자에게 피해 보상을 ~하다 réclamer à l'agresseur des dédommagements [indemnités] pour les préjudices subis. ¶ 정부에 실업 대책을 세워 달라고 ~하다 demander au gouvernement de prendre des mesures contre le chômage. ◇**_(가) 되다** se faire réclamer [attendre]; être demandé(*e*) [exigé(*e*), réclamé(*e*), attendu(*e*)]. ¶ 산업 구조 조정이 ~되고 있다 La restructuration des industries est demandée. ¶ 정부의 결단이 ~되고 있다 une décision du gouvernement est attendue.

◆**_불** -拂 명 【경제】 paiement *m* sur demande.

◆**_서** -書 명 demande *f* écrite.

◆**_액** -額 명 somme *f* réclamée.

요구르트 독 명 yaourt *m*, yogourt *m*.

요금 料金 명 prix *m*; tarif *m*. ¶ 우편[철도] ~ prix [tarif] postal [des chemins de fer]. ¶ 전기[전화, 수도, 가스] ~을 내다[납부하다, 치르다] payer [régler] *sa* facture [note] d'électricité [de téléphone,

ㅇ

d'eau, de gaz]. ¶ 무엇의 ~을 올리다[내리다] augmenter [baisser] le prix de *qc*.

◆_표 -表 명 tarif *m*.

◆공공_ 公共- 명 tarif *m* public. ¶ 공공~이 인상되었다 Les tarifs publics ont augmenté.

◆할인_ 割引- 명 tarif *m* réduit. ¶ 학생 ~ tarif réduit pour étudiants.

요기[1] **療飢** 명 casse-croûte *m*, en-cas *m*, collation *f*. ◇_(를) 하다 manger (un petit) quelque chose pour tromper *sa* faim; tromper la faim; calmer *sa* faim. ¶ 라면으로 ~하다 manger des *ramyeon* pour calmer *sa* faim. ¶ 우리 가볍게 ~나 하자 Mangeons légèrement pour calmer notre faim. ◇_(가) 되다 servir d'en-cas; calmer *sa* faim. ¶ 이것이면 ~가 되겠다 Avec ça, ma faim sera calmée / Cela calmera ma faim.

◆_ㅅ거리 명 casse-croûte *m*, collation *f*, en-cas *m*. ¶ 점심을 때울 만한 요깃거리 없을까? Il n'y aurait pas un petit quelque chose à manger qui pourrait faire office de déjeuner, par hasard? / N'y aurait-il pas quelque chose à manger en guise de déjeuner, par hasard?

요기[2] **妖氣** 명 air *m* fourbe [d'une séduction inquiétante, inquiétant]. ¶ 눈에 ~를 띠다 avoir un regard inquiétant. ¶ 그 여자의 눈에 ~가 번득였다 Une lueur inquiétante a traversé son regard.

요긴하다 要緊- 형 être très important(*e*), essentiel(*le*), indispensable. ¶ 생활에 요긴한 물품 produits de première nécessité. ¶ 그 사람은 우리 회사에 매우 요긴한 사람이다 Cette personne nous est indispensable / Cette personne est un des piliers de notre société. ¶ 네게 빌린 돈은 요긴하게 잘 썼다 J'ai utilement employé l'argent que je t'avais emprunté.

요다음 명 prochain(*e*); suivant(*e*). ¶ ~ 일요일 dimanche prochain [qui vient]. ¶ ~에 la prochaine fois; une autre fois. ¶ 이것은 ~으로 합시다 Ce sera pour une autre fois. ¶ ~은 누구 차례야? À qui est-ce le tour? ☞ 이다음

요담 要談 명 conversation *f* importante, affaire *f* importante [quelque chose d'important] à discuter [à régler]. ◇_(을) 하다[나누다] discuter d'une affaire importante avec *qn*, traiter une affaire importante avec *qn*, avoir une conversation importante avec *qn*, avoir quelque chose d'important à discuter [à régler].

요도 尿道 명 urètre *m*.

요동 搖動 명 balancement *m*; ébranlement *m*; oscillation *f*. ◇_(을) 하다[치다] (*se*) balancer; osciller; s'ébranler; ((배)) rouler, tanguer. ¶ 갑자기 배가 ~을 쳤다 Soudain, le bateau s'est mis à rouler et à tanguer.

요동군 遼東郡 명 【지명】 district *m* de Liaotung ((Chine)).

요동반도 遼東半島 명 【지명】 presqu'île *f* de Liaotung ((Chine)).

요동정벌 遼東征伐 명 【역사】 conquête *f* de Liaotung ((Chine)).

요드 영{iodine} 명 iode *m*.

요란 擾亂 명 ① 시끄럽고 떠들썩함 bruit *m*, tapage *m*, cri *m*, excès *m*. ② 어수선함 tumulte *m*, confusion *f*; trouble *f*. ◇_(을) 떨다 provoquer un tumulte [une confusion, un trouble]. ¶ 그렇게 ~ 떨 것 없다 Il n'y a pas de raison pour faire un tel tumulte. ¶ 쓸데없이 ~을 떨다 provoquer inutilement un grand tumulte [une telle confusion, un tel trouble].

◆_하다 형 être bruyant(*e*), assourdissant(*e*), être tumultueux(*se*), agité(*e*), turbulent(*e*); être tapageur(*se*). ¶ 엔진 소리가 ~하다 Le moteur est bruyant / Le bruit du moteur est assourdissant. ¶ ~한 몸짓 des tas de gestes [de nombreux gestes] pour se faire comprendre. ¶ 옷차림이 너무 ~하군 Ta tenue est tapageuse [voyante]. ¶ ~하게 코를 골다 ronfler bruyamment.

◆_히 부 bruyamment. tapageusement, ostensiblement. ¶ 전화가 ~히 울린다 Le téléphone sonne bruyamment. ¶ ~히 차려입고 나타나다 apparaître habillé(*e*) tapageusement.

◆_스럽다 형 être bruyant(*e*), assourdissant(*e*), fort(*e*), braillard(*e*), tapageur(*se*). ¶ 매미들이 ~스럽게 운다 Les cigales chantent bruyamment.

◆_스레 부 bruyamment, tapageusement, tumultueusement. ¶ 총소리가 ~스레 울렸다 Le coup de feu a retenti bruyamment.

요람[1] **要覽** 명 résumé *m*, sommaire *m*; abrégé *m*, ((안내서)) dépliant *m*. ¶ 신입생 ~ *vade*(-)*mecum* du lycéen [de l'étudiant] (commençant leur cycle d'études).

요람[2] **搖籃** 명 ① berceau *m*. ¶ ~을 흔들어 아기를 재우다 endormir un enfant en le berçant. ② 발생지나 근원 berceau *m*. ¶ 인류 문명의 ~ berceau de la civilisation humaine.

*~에서 무덤까지 du berceau à la tombe.

◆_기 -期 명 début *m*, commencement *m*. ¶ 중세의 과학은 아직 ~기에 있었다 Au Moyen Âge, la science en était encore à ses premiers débuts.

요량 料量 명 prévision *f*; intention *f*, dessein *m*; jugement *m*. ¶ 이번엔 그 사람을 꼭 만날 ~으로 그 사람의 집에 갔다 Cette fois-ci, je suis allé(*e*) chez lui dans la ferme intention de le rencontrer. ◇_(을) 하다 prévoir *qc*; deviner *qc*; dans l'intention de+*inf*. ¶ 가진 돈을 ~해 보고 물건을 사라 On doit savoir ce que l'on possède avant de se lancer dans des achats. ◇_이다 avoir l'intention de+*inf*. ¶ 이럴 ~이면 차라리 공부를 그만두어라 Si c'est dans cette intention [dans ce but], autant laisser tomber [autant arrêter] tes études [mieux vaut laisser tomber les études]. ¶ 그 남자는 무엇이든지 해 볼 ~이었다 Il était prêt à essayer n'importe quoi. ◇_(이) 있다 réfléchir de manière approfondie, envisager toutes les situations [toutes les solutions, toutes les hypothèses], réfléchir de manière approfondie [sérieusement, mûrement]. ◇_(이) 없다 réfléchir superficiellement, ne pas réfléchir sérieusement [profondément] ¶ ~ 없이 직장에 사표를 내다 donner *sa* démission [démissionner] sans réflexion sérieuse [sans réflexion approfondie, sans réfléchir profondément, trop rapidement].

요렇게 부 comme ceci, ainsi; si. ¶ 눈이랑 입술이랑 어쩌면 ~ 닮았니? C'est fou ce que tes yeux et tes lèvres ressemblent aux siens!

요령[1] **要領** 명 ① 경험으로부터 얻은 이치 manière *f*; savoir-faire *m inv*; secret *m*; tour *m* de main; ficelles *fpl* ((du métier)); trucs *mpl* {*fam*}, recette *f*, bonne technique *f*. ¶ 논문 작성 ~ la recette [la bonne technique] pour écrire un article [((학위논문)) un mémoire de master, une thèse de doctorat]. ¶ 견습생은 일의 ~을 배워야[터득해야] 한다 L'apprenti doit s'approprier les tours de mains du métier. ¶ ~이 늘다 apprendre le tour de main; améliorer *son* tour de main. ② 잔꾀 finesse *f*, ruse *f*. ◇_(을) 부리다[쓰다, 피우다] user de finesse [ruse], finasser, recourir à la ruse; paresser, fainéanter. ¶ ~ 부리지 말고 제대로 일해라 Au lieu de finasser [fainéanter], tu ferais mieux de travailler correctement! ◇_(이) 있다[없다] avoir du [ne pas avoir de] savoir-faire. ¶ 그 사람은 일을 ~ 있게 잘한다 Son savoir-faire professionnel est remarquable. ¶ 그 사람은 ~이 없다 Cette personne n'a pas [manque] de savoir-faire / ((고지식하다, 우직하다)) Cette personne est naïve. ¶ ~ 없이 일하니 힘만 들지 En t'y prenant sans aucun savoir-faire, quoi d'étonnant à ce que tu n'arrives à rien!

◆_껏 부 ((faire)) en tirant le meilleur de *ses* moyens. ¶ ~껏 알아서 처리해라 Débrouille toi et fais du mieux que tu peux!

요령[2] **搖鈴** 명 sonnette *f*, clochette *f*. ¶ 두부 장수가 ~을 흔들어댄다 Le vendeur de tofu agite sa clochette.

요로[1] **要路** 명 route *f* importante; artère *f* ((de la ville)); position *f* importante; poste *m* important; ((당국)) autorités *fpl*. ¶ ~를 통해 이미 손을 써 놓았다 J'ai déjà agi pour que des mesures soient prises par les personnes occupant des postes de responsabilité. ¶ 터미널까지 ~마다 경찰이 배치되었다 Des agents de police ont été placés dans toutes les artères de la ville, et jusqu'aux gares routières.

요로[2] **尿路** 명 urètre *m*.

◆_결석 -結石 【의학】 명 calcul *m* [lithiase *f*] urinaire.

요리[1] **料理** 명 ① 음식 만들기 cuisine *f*. ¶ ~ 솜씨가 좋다[나쁘다] être [ne pas être] doué(*e*) pour la cuisine, être bon(*ne*) cuisinier(*ère*) [mauvais(*e*) cuisinier(*ère*)]. ¶ 저는 ~가 서툽니다 Je ne fais pas très bien la cuisine / Je ne suis pas très doué(*e*) pour la cuisine / Je ne suis pas très bon cuisinier [bonne cuisinière]. ② 만든 음식 plat *m*, mets *m*; cuisine *f* ((coréenne, chinoise, française)). ¶ 중국 ~ cuisine chinoise. ¶ 오늘의 특별 ~ le plat spécial du jour. ¶ ~를 만들다 faire la cuisine, cuisiner, préparer [mijoter, concocter] un plat. ¶ ~를 들다[먹다] manger un plat. ¶ 비싼 ~를 시키다 commander des plats chers. ¶ 저녁 식사로 생선 ~를 준비하다 faire du poisson pour le dîner. ③ 솜씨 있게 다루는 것 manipulation *f* [traitement *m*, manœuvre *f*]. ◇_(를) 하다 ① faire la cuisine; cuisiner; accommoder, préparer un plat [mets]. ¶ 그 남자는 ~를 잘한다 Il fait bien la cuisine / C'est un bon cuisinier [cordon bleu]. ¶ 즉석에서 ~한 매운탕 une soupe de poisson pimentée préparée sur place [préparée sur la table du repas] au moment de manger. ② manœuvrer; manipuler; se servir de *qn*. ¶ 그 사람은 사람을 능숙하게 자기 뜻대로 ~한다 Il est très doué pour manipuler les autres. ◇_(가) 되다 être manœuvré(*e*); être manipulé(*e*).

◆_사 -師 명 cuisini*er*(*ère*).

◆_책 -冊 명 livre *m* de cuisine [recettes].

◆_ㅅ집 명 restaurant *m*.

◆_학교[학원] -學校[學院] 명 école *f* de cuisine.

요리[2] 명 vers ici; (par) ici [là]; dans cette direction. ¶ ~로 곧장 가거라 Va tout droit par là [dans cette direction]! ☞ 이리[3]

요리조리 부 ici et là; par-ci par-là; d'une manière ou d'une autre; de tous côtés, partout; habilement. ¶ 그 사람은 내 주먹을 ~ 용케도 피했다 Il a habilement esquivé mes coups de poing. ¶ 노인은 그 남자를 안경 너머로 ~ 뜯어보았다 Le vieux monsieur l'a observé par-dessus ses lunettes. ¶ 그 사람은 법망을 ~ 잘도 빠져나갔다 Il s'est habilement dérobé [soustrait] à la loi.

요만큼 명 ① 적은 양 un peu; quelque peu; pas plus que cela. ¶ 설탕을 ~만 넣어 주세요 Ne mettez pas plus de sucre que cela! ② ((부정문)) pas le moindre; pas le plus petit; pas l'ombre de *qc*. ¶ ~도 의심할 여지가 없다 Il n'y a pas l'ombre d'un doute / Il n'y a pas le plus petit doute. ¶ 그 여자는 그 남자를 ~도 사랑하지 않는다 Elle n'a pas le moindre sentiment pour lui. ☞ 이만큼

요망[1] **妖妄** 명 étourderie *f*, manque *m* de sérieux; frivolité *f*, inconstance *f*.

◆_하다 형 manquer de sérieux; être lég*er*(*ère*); être peu réfléchi(*e*); être frivole; être volage. ¶ ~한 여자 같으니라고 Espèce de femme volage!

◆_스럽다 형 manquer de sérieux; être lég*er*(*ère*); être peu réfléchi(*e*); être frivole; être volage. ¶ 하는 짓이 ~스럽다 Tu agis toujours à la légère [de manière inconsidérée].

◆_스레 부 à la légère, de manière inconsidérée.

요망[2] **要望** 명 demande *f*, désir *m*, souhait *m*, vœu(*x*) *m*. ¶ 전 국민적 ~ désir [souhait, vœu] de l'ensemble de la nation. ¶ 국민들의 ~에 따라 selon les désirs des citoyens [du peuple], conformément aux vœux des citoyens. ¶ 시대의 ~에 응하다 répondre aux exigences [nécessités] de l'époque. ¶ '전화 ~'이라

고 메모를 남기다 laisser un mot demandant de rappeler. ◇_(을) **하다** désirer; espérer; demander *qc* à *qn*. ¶ 조속한 답변을 ~합니다 Nous vous demandons une réponse rapide / Nous vous prions de répondre rapidement / Nous vous demandons [Prière de] répondre par retour du courrier ((courrier administratif)). ¶ 이번 모임에 참석해 주시기를 ~합니다 Nous vous prions d'assister à cette réunion. ◇_(이) **되다** être demandé(*e*), attendu(*e*). ¶ 지식인들의 각성이 ~된다 Le public attend des intellectuels qu'ils ouvrent les yeux.

◆**_사항** -事項 명 ce que l'on demande; objet *m* d'une demande. ¶ 요컨대, ~ 사항이 뭐요? Bref, que demandez-vous? / Quel est l'objet de votre demande? ¶ 내 처지에 새 차 구입은 그저 ~ 사항일 뿐이다 Étant donné ma situation actuelle, l'achat d'une nouvelle voiture relève du pur désir.

요모조모 부 ((envisager *qc*)) sous tous ses aspects; ((examiner la situation)) sous toutes ses faces. ¶ 그 남자는 ~ 따져본 뒤 중고차를 사기로 결정했다 Il a décidé d'acheter une voiture d'occasion après avoir examiné la question sous tous ses aspects. ¶ ~ 잘 살펴보고 판단해라 Juge après un examen approfondi des aspects de la question / Prononce-toi sur la question après avoir bien examiné tous ses aspects. ☞ 이모저모

요목 要目 명 ① 중요 항목 item *m* important ② 교수요목 programme *m* (d'étude); plan *m* de cours. ¶ 교수~ plan de cours.

요물 妖物 명 ① fantôme *m*, spectre *m*; monstre *m*. ② personne *f* perverse, monstre *m*.

요번 명 cette fois-ci. ☞ 이번

요법 療法 명 【의학】 moyen *m* [procédé *m*] thérapeutique; cure *f*.

◆**대증_** 對症- 명 allopathie *f*; traitement *m* allopathique; thérapeutique *f* symptomatique.

◆**민간_** 民間- 명 pratiques *fpl* thérapeutiques populaires traditionnelles; remède *m* de bonne femme. ¶ 민간~을 쓰다 avoir recours aux pratiques thérapeutiques populaires traditionnelles.

요부 妖婦 명 femme *f* fatale, vamp *f*.

요사 妖邪 명 artifices *mpl* pour séduire. ◇_(를) **떨다** [**부리다**] user d'artifice(*s*) pour séduire *qn*. ¶ 누구를 유혹하기 위해 온갖 ~를 다 떨다 employer toutes sortes d'artifices pour séduire *qn*.

◆**_스럽다** 형 être rusé(*e*), artificieux(*se*), retors(*e*), trompeur(*se*), insidieux(*se*), sournois(*e*); être perfide, être malicieux(*se*). ¶ ~스럽게 웃다 sourire malicieusement.

◆**_스레** 부 sournoisement, malicieusement, perfidement, avec perfidie, avec malice, d'une manière perfide.

요사이 명, 부 ☞ 요새[1]

요산 尿酸 명 【화학】 acide *m* urique.

요새[1] 명 aujourd'hui, de nos jours. ¶ ~도 그 사람 만나요? Est-ce que tu le rencontres [vois] encore ces temps-ci? ¶ ~는 통 입맛이 없다 Ces jours-ci, je n'ai vraiment pas d'appétit [j'ai perdu l'appétit]. ¶ ~ 젊은이들은 버릇이 없다 Les jeunes gens d'aujourd'hui ignorent les bonnes manières [n'ont pas de façons]. ¶ ~ 돈으로 치면 1억이 넘는 큰 돈이다 Au cours actuel, c'est une grosse somme qui dépasse les cent millions de wons.

부 récemment, dernièrement; depuis peu; ces temps-ci, ces jours-ci; ces derniers jours [temps]. ¶ ~ 그 여자가 보이지 않는다 Ces jours-ci, on ne la voit plus. ¶ 그 아이는 ~ 날마다 외출한다 Ces temps-ci, cet enfant sort tous les jours ¶ 그렇게 정직한 사람은 ~ 보기 드물다 À notre époque, on voit rarement des gens aussi honnêtes que lui.

요새[2] 要塞 명 forteresse *f*; place *f* forte; (château *m*) fort *m*; fortin *m*; citadelle *f*; fortifications *fpl*. ¶ 난공불락의 ~ forteresse [citadelle] inexpugnable [imprenable]. ¶ 천연의 ~ fortifications naturelles. ¶ ~를 구축하다 construire une forteresse. ¶ ~를 사수하다 défendre une forteresse jusqu'au bout.

◆**_화** -化 명 fortification *f*. ¶ 도시 전체를 ~화하다 fortifier entièrement une ville.

◆**_전** -戰 명 【군사】 attaque *f* [siège *m*] d'une place forte.

요설 饒舌 명 bavardage *m*; faconde *f*; bagou(t) *m* {*fam*}. ¶ ~을 늘어놓다 trop parler, parler sans mesure; discourir.

◆**_가** -家 명 bavard *m*; phraseur *m*; discoureur *m*; beau *m* parleur; personne *f* loquace; baratineur *m* {*fam*}, moulin *m* (à paroles) {*fam*}, robinet *m* (d'eau tiède) {*fam*}; ((여자)) femme *f* bavarde; commère *f*; une vraie concierge *f*.

요소[1] 要素 명 élément *m* (constitutif); facteur *m*. ¶ 민주주의의 핵심~ un facteur fondamental de [capital de] la démocratie. ¶ 연극의 삼~ les trois éléments fondamentaux du théâtre ((la scène, les acteurs et le public)). ¶ 생명체의 구성 ~ éléments constitutifs des êtres vivants. ¶ 건강은 행복의 필수 ~이다 La santé est un facteur indispensable du bonheur.

요소[2] 要所 명 point *m* important; centre *m* [point *m*] névralgique; point *m* stratégique. ¶ ~를 지키다 défendre les points stratégiques.

◆ 명 tous les points *mpl* importants [stratégiques]. ¶ 거리의 ~~에 경찰관을 배치하다 placer des policiers à tous les points importants de la ville.

요소[3] 尿素 명 【화학】 urée *f*.

◆**_비료** -肥料 명 engrais *mpl* azotés.

요술 妖術 명 sorcellerie *f*, sortilège *m*; sort *m*; magie *f*, enchantement *m*; prestidigitation *f*; tour *m* de passe-passe. ¶ ~ 방망이 une baguette magique. ¶ 신기한 ~의 세계 le monde fascinant [merveilleux] de la magie. ¶ ~로 눈을 속이다 tromper les gens par un tour de magie [par un tour de passe-passe]. ◇_(을) **부리다** pratiquer la magie [sorcellerie]. ¶

그 사람은 마치 ~을 부리기라도 한 것처럼 순식간에 모든 걸 해치웠다 Il a tout réglé en un tour de main comme par magie [comme par enchantement]. ◇_(을) **걸다** jeter un sort à [sur] *qn*; ensorceler *qn*; enchanter *qn* au moyen de sortilèges [de formules magiques]. ¶ 마법사는 공주에게 ~을 걸었다 Le(*La*) sorcier(*ère*) a jeté un sort à la princesse. ◇_**에 걸리다** se faire ensorceler; avoir reçu un sort, être ensorcelé(*e*).

◆_**쟁이** 명 sorcier(*ère*); magicien(*ne*); prestidigitateur(*trice*); illusionniste.

요승 妖僧 명 bonze *m* [moine *m*] vicieux [pervers, dépravé].

요시찰 要視察 명 ((personne)) placé(*e*) sous la surveillance de la police; à surveiller. ¶ ~ 인물[대상] personne à surveiller, personne sous surveillance policière.

◆_**인** 要視察人 명 【법률】 personne *f* à surveiller. ¶ ~인으로 낙인찍히다 être étiqueté(*e*) comme une personne à surveiller.

◆_**인 명부** -人名簿 명 liste *f* noire. ¶ ~인 명부에 오르다 être sur la liste noire.

요식 要式 명 forme *f*, formalité *f*. ¶ 서류상의 ~을 갖추다 être muni(*e*) des documents utiles aux formalités (administratives).

◆_**계약** -契約 명 【법률】 contrat *m* en bonne et due forme.

◆_**절차** -節次 명 formalités *fpl* nécessaires [requises]. ¶ ~ 절차를 밟다 suivre les procédures de formalité.

◆_**행위** -行爲 명 【법률】 acte *m* en bonne et due forme.

요식업 料食業 명 restauration *f*; métier *m* de restaurateur. ¶ ~에 종사하다 travailler [être] dans la restauration.

◆_**자** -者 명 restaurateur *m*.

요약 要約 명 résumé *m*, sommaire *m*, abrégé *m*. ¶ 영화 줄거리 ~ le résumé d'un film. ◇_(을) **하다** résumer, faire un résumé; donner un aperçu de *qc*. ¶ 연설 내용을 ~ 하다 résumer [faire le résumé d'] un discours. ¶ 전체 내용을 한두 문장으로 ~하다 résumer le tout en une ou deux phrases. ¶ ~하자면 en résumé, (en) bref, pour être bref, en un mot. ◇_(이) **되다** se résumer. ¶ ~이 잘된 보고서 rapport [compte-rendu] bien résumé. ¶ 그 사람의 주장은 다음 두 가지로 ~된다 Les deux points suivants résument ce en quoi tient son opinion.

◆_**문** -文 명 phrase *f* qui résume; résumé *m*.

◆_**설** -說 【생물】 명 *loi f* biogénétique fondamentale (de Ernst Haeckel) (1868) ((l'ontogénie d'un être répète de façon abrégée la succession des formes de ses ancêtres)); principe *m* de récapitulation; principe *m* biogénétique.

◆_**자** -者 명 【법률】 *reus stipulandi m*.

요양 療養 명 traitement *m*; cure *f* (thermale). ¶ 그는 ~이 필요하다 Il a besoin d'une cure. ¶ 그 사람은 지금 제주도에서 ~ 중이다 Il est en cure sur l'île de Jeju. ◇_(을) **하다** suivre un traitement; se soigner; faire une cure. ¶ 공기 좋은 곳에서 몇 달 ~하다 faire une cure de quelques mois dans un endroit où l'air est bon [pur]. ◇_(을) **가다** aller faire une cure. ¶ 온천으로 ~ 가다 aller faire une cure dans une station thermale.

◆_**소[원]** -所[院] 명 établissement *m* de soins.

요언 妖言 명 ① propos *m* pervers. ② paroles *fpl* séductrices [magiques]; formule *f* séductrice [magique]. ¶ ~에 현혹되다 être envoûté(*e*) par des incantations (magiques).

요업 窯業 명 poterie *f*, céramique *f*.

◆_**가** -家 명 potier(*ère*); céramiste.

요염하다 妖艶- 형 avoir un charme séducteur; être fascinant(*e*), ensorcelant(*e*); voluptueux(*se*), sensuel(*le*); enchanteur(*eresse*). ¶ 요염한 여인 femme ensorcelante [sensuelle, voluptueuse]. ¶ 요염한 눈매 regard séducteur [sensuel]. ¶ 요염한 자태[모습] attitude voluptueuse [sensuelle, séductrice, érotique]; allure sensuelle. ¶ ~하게 앉아 있는 여자 femme assise dans une position érotique.

요원 燎原 명 plaine *f* en feu. ¶ ~의 불길처럼 번지다[퍼지다] se répandre [propager] à très grande vitesse [comme une traînée de poudre].

요원하다 遼遠- 형 être loin, éloigné(*e*), lointain(*e*), distant(*e*). ¶ 세계 평화의 달성은 ~ La réalisation de paix dans le monde reste quelque chose de lointain [n'est pas pour demain]. ¶ 요원한 미래의 일 fait [événement] relevant du futur lointain. ¶ 무엇이 요원하게 느껴지다 ressentir *qc* comme très lointain.

요율 料率 명 taux *m*, indice *m*. ¶ 기본 ~보다 높은 보험료를 내다 payer une prestation d'assurance plus élevée que le taux de base.

요의 要義 명 essentiel *m*. ¶ ~를 파악하다 saisir l'essentiel.

요인[1] 要人 명 personne *f* importante; haut responsable *m*. ¶ 재계의 ~을 암살하다 assassiner un magnat [une personnalité du monde] des affaires. ¶ 정부 ~을 경호하다 escorter un haut responsable du gouvernement.

◆**삼부**_ 三府 명 (les) trois plus hauts responsables *mpl* du gouvernement; (les) hauts représentants *mpl* des trois pouvoirs.

요인[2] 要因 명 cause *f* principale; facteur *m* important. ¶ 성공[실패](의) ~ cause principale d'un succès [d'un échec]. ¶ 정치 혼란이 경제 불안의 ~으로 작용하였다 L'agitation politique a provoqué un malaise économique / L'agitation politique a fonctionné comme source principale de l'instabilité économique.

요일 曜日 명 jour *m* de la semaine. ¶ ~마다 담당자가 바뀐다 On change de responsable tous les jours de la semaine / On a [Il y a] un responsable différent tous les jours de la semaine. ¶ ~별로 해야 할 일

ce que l'on doit faire jour par jour au cours d'une semaine. ¶ 오늘이 무슨 ~이죠? Quel jour sommes-nous aujourd'hui?

◆**월[화, 수, 목, 금, 토, 일]**_ 月[火, 水, 木, 金, 土, 日]- 명 lundi *m* [mardi *m*, mercredi *m*, jeudi *m*, vendredi *m*, samedi *m*, dimanche *m*]. ¶ 이번 금~에 ce vendredi-ci ¶ 다음 월~에 lundi prochain. ¶ 지난 수~에 mercredi dernier. ¶ 그 사람이 여행을 떠난 그 다음 일~ le dimanche qui a suivi son départ en voyage. ¶ 목~마다 chaque jeudi, le jeudi, tous les jeudis. ¶ 언제 토~에 만납시다 On se verra un samedi. ¶ 오늘은 금~이다 Nous sommes vendredi / Aujourd'hui c'est vendredi. ¶ 4월 24일 화~이었다 C'était le mardi 24 avril. ¶ 올해 크리스마스는 일~이다 Noël tombe un dimanche cette année.

요임 要任 명 mission *f* [charge *f*, tâche *f*] importante. ¶ ~을 맡다 se charger [être chargé(*e*)] d'une mission importante. ¶ ~을 띠고 떠나다 partir chargé(*e*) de responsabilités importantes; partir investi(*e*) d'une mission importante. ☞ 중임

요절[1] 夭折 명 mort *f* prématurée. ¶ ~ 가수[시인] chanteur [poète] mort jeune [prématurément]. ¶ 모두들 천재의 ~을 아쉬워했다 Tout le monde regrettait la mort prématurée du génie. ◇_**(을) 하다** mourir jeune [à la fleur de l'âge]. ¶ 젊은[한창] 나이에 ~(을) 하다 mourir à la fleur de l'âge.

요절[2] 撓折 명 destruction *f*, démolissage *m*, mise *f* en pièces. ◇_**(을) 내다** ① 깨거나 망가지게 하다 briser, détruire, dévaster, mettre *qc* en pièces, écraser, démolir, pulvériser. ¶ 홧김에 거울을 ~냈다 De colère, il a brisé le miroir. ② 사람을 없애거나 혼을 내다 le faire payer cher à *qn*; massacrer {*fam*} *qn*, tuer *qn*, faire la peau, abîmer le portrait, arranger, casser la figure [la gueule] {*fam*}, rentrer dedans. ¶ 내가 그놈들을 ~낼 거야 Ils me le paieront! / Je vais les massacrer [les tuer, leur faire la peau] / Je vais leur casser la gueule [leur arranger le portrait{*fam*}] ◇_**(이) 나다** ① 깨지다 se casser, se briser; s'écrouler. ¶ 꽃병이 떨어져 ~났다 En tombant par terre, le vase s'est brisé en mille morceaux. ② 실패하다 avorter, échouer. ¶ 사업[계획]이 ~났다 Notre projet a avorté [échoué]. ③ se faire vertement gronder, se faire passer un tabac {*fam*}; le payer cher, se faire arranger le portrait {*fam*}. ¶ 넌 ~날 거야 ((너 끝장이야)) C'en est fini pour toi! / Il t'en cuira!{*vx*} / Tu vas le payer cher! / Tu vas mourir! / Je vais te faire passer un sale quart d'heure {*fam*}.

요절복통 腰折腹痛 명 des crampes *fpl* [le souffle *m* coupé, mal au ventre] à force de rire. ◇_**(을) 하다** avoir des crampes *fpl* [le souffle *m* coupé, mal au ventre] à force de rire. ¶ 그건 ~할 일이다 C'est à mourir de rire! / C'est une histoire tordante {*fam*} / C'est bidonnant [poilant, tordant] / C'est à pisser de rire [à pisser dans sa culotte, à se pisser dessus] {*fam*}! ¶ 그 사람의 행동에 ~할 뻔했다 J'ai (bien) failli mourir de rire à cause de lui / Son comportement m'a rendu(*e*) hilare / À cause de lui, j'étais plié(*e*) en deux.

요절하다 腰折- 자 se tordre (de rire); se tenir les côtes (de rire), être plié(*e*) en deux {*fam*}, être plié(*e*) de rire {*fam*}, rire aux larmes, rire à en pleurer, rire comme un bossu [comme une baleine] {*fam*}, se dilater la rate, se fendre la pipe {*fam*}, se désopiler, se bidonner {*fam*}, se poiler {*fam*}, se boyauter {*fam*}, se gondoler {*fam*}, rire à en faire pipi dans *sa* culotte {*fam*}, pisser de rire {*vulg*}. ¶ 요절할 일이다 On ne peut s'empêcher de rire / C'est à rire aux larmes! / C'est à se plier en deux! ¶ 요절하겠군 C'est une histoire tordante {*fam*} / Il y a de quoi rire [se tordre] / C'est à se tordre / Vous me faites rire! / En voilà une bien bonne! {*fam*} / Je meurs de rire!

요점 要點 명 point *m* essentiel [capital, important]; essentiel *m*, essence *f*, sujet *m*. ¶ ~을 정리하다[간추리다] récapituler, faire un résumé, résumer. ¶ ~을 파악하다 saisir l'essentiel du discours. ¶ 토론이 ~을 벗어나고 있다 Le débat s'éloigne du sujet. ¶ ~만 간단히 말하다 en venir au fait [à l'essentiel], se borner à l'essentiel, épargner les détails, aller droit au point essentiel; cesser de tourner autour du pot {*fam*}. ¶ 네 말의 ~이 뭐냐? Qu'est-ce que tu veux dire? / Résume-moi ce que tu veux dire, en deux mots! ¶ 그 사람 말의 ~은 이렇다 C'est ce qu'il voulait dire. ¶ 그 사람의 이야기는 ~이 없다 Il n'y a aucun sujet dans son propos / Son propos n'a aucun sujet.

요정[1] 了定 명 ① 결정 décision *f*, résolution *f*, détermination *f*. ② 결말 règlement *m*, solution *f*, dénouement *m*. ◇_**(을) 내다[짓다]** finir, terminer; mettre fin à *qc*; en finir avec *qc*; régler, conclure ((une affaire)); décider (de faire *qc*), se décider à faire *qc*, se résoudre à+*inf*, prendre une décision. ¶ 더 이상 미루지 말고 어떻게든 ~을 내야겠다 Il faut absolument en finir avec ça sans remettre à plus tard. ◇_**(이) 나다** finir, se terminer; être décidé(*e*), déterminé(*e*), fixé(*e*), arrêté(*e*). ¶ 이미 ~이 난 일 ce qui est déjà fini [achevé].

요정[2] 妖精 명 fée *f*; nymphe *f*. ¶ 숲의 ~ dryade; nymphe protectrice des forêts; fée des bois. ¶ ~ 이야기 conte de fée.

요정[3] 料亭 명 *yojeong m* <restaurant de cuisine coréenne très chic, très luxueux; établissement de *gisaeng* (기생)>. ¶ ~에 출입하다 aller souvent à un *yojeong*; fréquenter un *yojeong*.

요조숙녀 窈窕淑女 명 femme *f* modeste et vertueuse.

요주의 要注意 명 (quelque chose) qui nécessite de l'attention, (quelqu'un) dont on doit se méfier. ¶ 그 남자는 ~ 인물이다 C'est une personne dont il faut particulièrement se méfier.

요즈막 명 ces derniers temps, ces temps derniers, ces temps-ci, ces jours-ci. ¶ ~에는 그 사람을 통

ㅇ

보지 못했다 Je ne l'ai pas du tout vu ces jours-ci. ¶ ~에 들어 그 사람의 결석이 잦다 Il est souvent absent ces derniers temps.
부 récemment, dernièrement, nouvellement, depuis peu; en ce moment. ¶ ~ 비가 자주 온다 Ces jours-ci, il pleut souvent.

요즈음 명부 ☞ 요즘

요즘 명 aujourd'hui, maintenant. ¶ ~ 젊은이들은 힘든 일을 싫어한다 Les jeunes d'aujourd'hui n'aiment pas travailler dur. ¶ ~의 그 사람의 행동은 어딘가 이상하다 Il se comporte bizarrement ces temps-ci. ¶ ~은 그를 볼 수가 없다 Il est invisible ces jours-ci / En ce moment, on ne peut pas le rencontrer. ¶ ~도 바쁘세요? Êtes-vous également très pris(*e*) ces jours-ci? ¶ ~ 들어 그의 표정이 어둡다 En ce moment, il a l'air sombre [triste] / Ces jours-ci, il a l'air triste. ¶ 포도는 ~이 제철이다 La bonne saison pour les raisins, c'est maintenant.
부 ces jours-ci, ces temps-ci, ces derniers temps, ces temps derniers, en ce moment, de nos jours. ¶ ~ 감기가 유행이다 La grippe se répand vite en ce moment.

요지[1] 要地 명 point *m* [place *f*] important(*e*), centre *m* [point *m*] névralgique ((du réseau ferroviaire)), nœud *m* ((routier)), artère *f* ((de la circulation)); ((전략상의)) position *f* stratégique, point *m* stratégique, point *m* clef [clé, central]; position(-)clé *f*, poste-clé *m*, poste *m* stratégique. ¶ 교통의 ~ nœud de circulation, nœud routier; artère de la circulation. ¶ 군사상의 ~ point stratégique militaire.

요지[2] 要旨 명 ① 핵심 (point *m*) essentiel *m*; résumé *m*, sommaire *m*; substance *f*. ② 취지 intention *f*, dessein *m*; idée *f*, sens *m*. ¶ 연설의 ~를 파악하다 comprendre [saisir] l'essentiel d'un discours. ¶ 박사 논문의 ~를 발표하다 exposer [présenter] les points essentiels de *sa* thèse, résumer *sa* thèse. ¶ 그 사람이 한 증언의 ~는 다음과 같다 L'essentiel de son témoignage se présente comme suit.

요지경 瑤池鏡 명 ① caléidoscope *m*. ② 알쏭달쏭 이해할 수 없는 형편 kaléidoscope *m* ((de la vie, d'activités)). ¶ 세상은 정말 ~이다 Le monde est comme un grand kaléidoscope.

요지부동 搖之不動 명 fermeté *f*, constance *f*, inflexibilité *f*, immuabilité *f*. ¶ ~의 자세로 버티다 rester ferme devant [face à] *qc/qn*. ◇_**이다** être ferme. ¶ 그 사람의 결심은 ~이다 Il est ferme dans ses résolutions.

요직 要職 명 *position f importante*, position(-)clé *f*; poste *m* élevé [important], poste clé *m*, poste *m* stratégique; haute fonction *f*. ¶ ~을 두루 거치다 occuper successivement plusieurs postes clés. ¶ ~에 발탁되다 être nommé(*e*) à un post clé [à un poste important]. ¶ ~에 오르다 être promu(*e*) à un poste clé. ¶ 그 사람은 정부의 ~에 있다 Il occupe un poste clef dans le gouvernement. ¶ 그 자리는 ~ 중의 ~이다 C'est le poste le plus important [une position(-)clé, la position la plus importante, le sommet de la hiérarchie].

요처 要處 명 ① point *m* [place *f*] important(*e*), centre *m* [point *m*] névralgique ((du réseau ferroviaire)), nœud *m* ((routier)), artère *f* ((de la circulation)). ② ((전략상의)) position *f* stratégique, point *m* stratégique, point clef [clé, central]; position(-)clé *f*, poste-clé *m*, poste *m* stratégique. ¶ 그 사람은 정부 ~에 근무하고 있다 Il occupe un poste important [un poste-clé] dans le gouvernement. ☞ 요소[2]

요철 凹凸 명 aspérités *fpl*, inégalités *fpl*; accidents *mpl* ((du terrain)); dénivellations *fpl*. ¶ ~을 없애다 faire disparaître les aspérités. ¶ ~이 심한 도로 route accidentée; route [chaussée] défoncée. ¶ ~이 많은 해안 côte accidentée.

요청 要請 명 demande *f*, requête *f*; sollicitation *f*; ((간청)) instances *fpl*. ¶ 구조 ~ 신호를 받다 recevoir un signal de SOS; recevoir un appel au secours. ¶ 강연 ~을 받아들이다[수락하다] accepter l'invitation à faire [donner] une conférence. ¶ 지원 ~을 거절하다 refuser une demande de soutien. ¶ 수많은 ~을 다 들어주다 répondre à toutes les demandes. ¶ 그 사람의 ~에 따라[의하여] sur [à] sa demande; à sa requête; sur ses instances. ¶ 시대의 ~에 부응하다 répondre aux exigences [technologiques] de l'époque. ¶ 도와 달라는 ~이 들어왔다[많다, 쇄도한다] Nous avons reçu des [de nombreuses] demandes d'aide [Les demandes d'aide affluent, arrivent en abondance]. ◇_(**을**) **하다** demander ((de l'aide, du secours)); solliciter, prier, adresser [présenter] une demande à *qn*; faire une demande de *qc*. ¶ 누구에게 도움을 ~하다 demander [aller chercher] du secours[demander de l'aide] à *qn*. ¶ 살려 달라고 ~하다 appeler [crier] au secours; supplier quelqu'un qu'il (vous) accorde la vie. ◇_(**이**) **되다** demander, exiger; être demandé(*e*), exigé(*e*). ¶ 교과 내용 개편이 시급히 ~되고 있다 La situation exige que les programmes scolaires soient rapidement réformés. ◇_(**을**) **받다** se faire solliciter, être sollicité(*e*).

요체 要諦 명 essence *f*, point *m* essentiel; secret *m* ((du succès)), clef *f* ((d'un système)). ¶ 민주주의의 ~ l'essence de la démocratie. ¶ 그 사람의 주장의 ~가 뭐죠? Quel est le point essentiel de ce qu'il propose? / Quel est le point essentiel de sa démonstration [de son argumentation]?

요충[1] 要衝 명 ☞ 요충지

요충[2] 蟯虫 명 【동물】 oxyure *m* vermiculaire.
◆_**약** -藥 명 vermifuge *m*.

요충지 要衝地 명 point *m* [place *f*] important(*e*), centre *m* [point *m*] névralgique ((du réseau ferroviaire)), nœud *m* ((routier)), artère *m* ((de la circulation)); ((전략상의)) lieu(*x*) *m* [position(*s*) *f*] stratégique(*s*), point *m* stratégique, point *m* clef [clé, central]; position(-)clé *f*, poste-clé *m*, poste *m* stratégique. ¶ 교통의 ~ nœud routier, nœud de circulation; artère de la circulation. ¶ 전략적 ~ point stratégique, lieu stratégique, position stratégique, poste stratégique. ¶ 지브롤터 해협은 지중해의 ~이다 Le détroit de Gibraltar est une position(-)clé [stratégique] en Méditerranée.

요컨대 要- 부 (en) bref, en résumé, en un mot; après tout, en somme, somme toute; enfin; c'est-à-dire, à savoir. ¶ ~ 그는 망상가이다 En somme [En un mot], c'est un visionnaire. ¶ ~ 그것은 언어상의 문제이다 Bref, c'est un problème linguistique / Après tout, c'est une question de langue. ¶ ~ 학생으로서의 본분을 지키라는 것이다 Bref, cela pour dire qu'il faut remplir ton rôle d'étudiant.

요쿠르트 명 (('요구르트'의 잘못)) ☞ 요구르트

요통 腰痛 명 douleur *f* lombaire; mal *m* aux reins, lumbago *m*, tour *m* de reins {*fam*}. ¶~을 앓다 avoir mal aux reins; avoir [ressentir] des douleurs lombaires, avoir des douleurs dans les lombes; souffrir d'un lumbago, avoir un lumbago [des lumbagos]. ¶ 그 사람은 심한 ~으로 고생하고 있다 Il souffre beaucoup d'un lumbago.

요트 영{yacht} 명 yacht *m*.

요판 凹版 명 【출판】 intaille *f*; gravure *f* en creux.

요하다 要- 타 ((사람이 주어)) avoir besoin de *qc*/+*inf*; ((사물이 주어)) exiger; demander; réclamer, nécessiter. ¶ 이 환자는 휴식을 요한다 Ce malade a besoin de repos. ¶ 장기간의 치료를 요하는 병 maladie qui demande un long traitement. ¶ 세심한 주의[많은 시간, 특별한 기술]를 요하는 일 travail exigeant [demandant] une attention minutieuse [travail prenant beaucoup de temps, travail (très) prenant; travail qui demande une technique spéciale]. ¶ 긴급을 요하는 상황 circonstances exigeant une action immédiate.

요항¹ 要項 명 ① points *mpl* essentiels [importants]; principes *mpl*. ② 개요 aperçu *m*; grandes lignes *fpl* ((d'un projet)). ¶ ~을 적어두다 noter les points essentiels.

요항² 要港 명 port *m* d'importance stratégique. ¶ 해군의 ~ port stratégique de la marine. ¶ 지중해 항로상의 ~ port stratégique de la Méditerranée.

요해 要害 명 ☞ 요해처

요해처 要害處 명 ① position *f* stratégique, position(-)clé *f*. ② 급소 partie *f* vitale (du corps).

요행 僥倖 명 occasion *f* [chance *f*] inespérée, chance *f* extraordinaire; aubaine *f*; hasard *m* heureux, bonne fortune *f*, bonheur *m*; veine *f* {*fam*}, pot *m* {*fam*}, bol *m* {*fam*}, cul {*fam*}. ¶ ~을 바라다[기대하다] compter sur *sa* chance; s'en remettre au hasard. ¶ 그는 ~으로 입학시험에 합격했다 C'est par un coup de chance qu'il a réussi au concours d'entrée. ¶ 그 지갑을 찾은 것은 정말 ~이었다 C'est tout à fait par hasard qu'il a retrouvé son portefeuille / Il a vraiment eu de la chance de retrouver son portefeuille / C'est un coup de chance qu'il ait retrouvé son portefeuille.

◆**_히** 부 par chance [bonheur], par (un heureux) hasard, heureusement. ¶ ~히 그 사람을 찾아냈다 Heureusement, on a fini par le retrouver.

◆**_수** -手 명 coup *m* de chance, coup *m* de veine {*fam*} [pot {*fam*}] extraordinaire, veine *f* {*fam*} incroyable [de cocu, de pendu]{*fam*}, chance *f* insolente, hasard *m* extraordinaire. ¶~수를 바라다 [기대하다] compter sur un coup de chance; s'en remettre au hasard.

요혈 尿血 명 【의학】 hématurie *f*; présence *f* du sang dans l'urine; pissement *m* de sang.

요형 凹型 명 concavité *f*.

욕¹ 辱 명 ① 욕설 gros mot *m*, grossièretés *fpl*, injure *f*, insultes *fpl*; médisance *f*, méchanceté *f*, invective *f*. ¶ 거지가 행인에게 심한[험한] ~을 내뱉었다 Le mendiant a jeté une grossièreté à [a injurié] un(*e*) passant(*e*). ¶ 프랑스어로 merde는 ~이다 Le mot merde est une grossièreté en français. ② 비난, 치욕 critique *f*, blâme *m*, reproche *m*; ((치욕)) humiliation *f*, honte *f*, affront *m*, calomnie *f*; ((불명예)) déshonneur *m*, infamie *f*. ¶ 그 사람은 이 계획에 대한 비판을 자신에 대한 ~으로 받아들였다 Il a pris les critiques contre le projet pour des insultes personnelles. ◇**_(을) 하다** ① injurier *qn*, insulter (grossièrement) *qn*; dire [débiter] des grossièretés, dire des gros mots {*fam*}; traiter *qn* de tous les noms; dire [adresser, proférer] des injures [des insultes]. ¶ 그 사람은 이유도 없이 나에게 ~을 했다 Il m'a injurié(*e*) sans raison. ¶ 아이가 어디서 ~하는 걸 배워 왔다 L'enfant a appris des grossièretés quelque part. ② 비난한다 critiquer *qn*, blâmer *qn*, calomnier *qn*, diffamer, faire des reproches à *qn*, reprocher *qc* à *qn*, médire de *qn*, dire du mal de *qn*. ¶ 없는 데서 남을~하다 dire du mal [médire] de *qn* en *son* absence, casser du sucre sur le dos de *qn* {*fam*}, taper sur *qn* {*fam*}. ¶ 서로 ~하다 se critiquer réciproquement, se faire des reproches réciproquement. ◇**_(을) 먹다[얻어먹다]** se faire critiquer; encourir [s'attirer] le blâme [la réprobation] de *qn*; s'attirer [essuyer] des reproches; s'exposer à la censure ((du public)); se faire gronder [réprimander]; être injurié(*e*), calomnié(*e*). ¶ 그 사람은 열심히 일을 하고도 ~을 먹었다 Il s'est fait (sévèrement) critiquer bien qu'il ait beaucoup travaillé. ¶ 사람들에게 ~ 먹을 짓은 하지 마라 Ne fais rien qui pourrait te faire honte!/ Ne fais rien dont tu aurais honte!/ Ne fais rien de scandaleux [de honteux, de déshonorant]! / Pas de scandale! ¶ 부모님께[를] ~ 먹이는 짓은 하지 마라 Ne fais rien dont tes parents auraient honte. ◇**_(을) 당하다** 치욕을 당하다 essuyer une honte, être submergé(*e*) de honte; essuyer un affront, être humilié(*e*), se faire calomnier. ◇**_(을) 보다**

수고하다 peiner (à la tâche); se donner de la peine [du mal] pour+*inf*; avoir de la difficulté [de la peine, du mal] à+*inf*. ¶ 더운데 일하시느라 ~ 보셨습니다 Je vous complimente [félicite] d'avoir travaillé malgré cette chaleur. ◇_(을) **보이다** ① 치욕을 주다 faire honte à *qn*, couvrir *qn* de honte; faire un affront à *qn*; humilier *qn*; insulter *qn*; déshonorer *qn*. ¶ 그건 부모님을 ~ 보이는 짓이다 Cela va faire honte à *ses* parents, ② 괴롭히다 créer [causer] des ennuis à *qn*; donner du souci [tracas] à *qn*. ③ 여자를 능욕하다 violer, violenter ((une jeune fille)). ¶ 병사가 어떤 아녀자를 ~보였다 Le soldat a violé une femme.

*~**을 먹고 살아야 오래 산다** Dans la vie, il faut savoir endosser les critiques ((réflexion que se fait un individu qui vient d'essuyer de sévères critiques pour apaiser sa souffrance morale, pour mieux digérer l'affront, pour se remonter le moral)).

*~**을 벌다** ((욕먹을 일을 하다)) faire *qc* de honteux [de scandaleux, de déshonorant, de répréhensible], commettre un acte déshonorant [répréhensible, justifiant des sanctions, justifiant des critiques].

◆**_되다** 형 être humilié(*e*), insulté(*e*); essuyer un affront [une humiliation]; être honteux(*se*), humiliant(*e*). ¶ 가문을 ~되게 하다 faire honte à la famille; déshonorer [souiller] le nom de sa famille; faire la honte de *sa* famille.

◆**_되이** 부 honteusement. ¶ 이렇게 ~되이 사느니 차라리 죽는 게 낫다 Plutôt mourir que de vivre ainsi [si honteusement] / Plutôt mourir que de vivre ainsi dans la honte [dans des conditions honteuses, dans une telle honte].

◆**_쟁이** 명 grossier personnage *m*, malotru *m*, butor *m*, mufle *m*, personne *f* grossière (abusant de grossièretés), personne *f* qui a toujours des injures à la bouche.

-욕² 慾 접미 désir *m*, cupidité *f*, soif *f* ((de l'or, de vengeance, de liberté)), avidité *f*, convoitise *f*, ambition *f*. ¶ 권력~ soif de pouvoir. ¶ 명예~ soif d'honneur. ¶ 지식~ soif de connaissances.

욕구 欲求 명 besoin *m* ((d'affection)); désir *m*, envie *f*; appétit *m* ((charnel)), soif *f* ((de tendresse)). ¶ 생리적[신체적] ~ besoins naturels [désir physique, désir (sexuel), désirs charnels, appétits charnels, instinct charnel, appétit sexuel, appétit charnel]. ¶ 경제적[물질적] ~ appétit des richesses [besoins matériels]. ¶ ~를 채우다[만족시키다] satisfaire *son* appétit; contenter [satisfaire, réaliser, assouvir] un désir [*ses* désirs]. ¶ 성적 ~를 느끼다 ressentir un *désir* (sexuel), avoir de l'appétit sexuel [charnel], avoir des désirs [des appétits, un instinct] charnel(*s*). ¶ 그는 지적 ~가 크다 Il a un grand désir de savoir [un grand appétit intellectuel, une grande curiosité intellectuelle] / Il est avide d'apprendre [de connaître].

◆**_불만** -不滿 명 (sentiment *m* de) frustration *f*, désir *m* insatisfait. ¶ 그 사람은 언제나 ~불만이다 Il se sent toujours très frustré / C'est un éternel insatisfait.

욕망 慾望 명 désir *m*; envie *f*; ambition *f*. ¶ ~을 억제하다 réprimer [freiner] *ses* désirs; refouler *son* désir [*ses* désirs]; contenir *ses* désirs, contenir [refréner, réprimer] *son* envie; brider *ses* désirs. ¶ ~을 자극하다 aiguiser [stimuler] le désir, exciter un désir [une envie]. ¶ ~을 채우다 contenter *son* appétit [*son* envie], satisfaire *ses* envies, satisfaire [contenter, assouvir, réaliser, accomplir] *ses* désirs. ¶ ~을 불러일으키다 éveiller le désir; exciter [aviver, (r)éveiller] les convoitises. ¶ ~에 사로잡히다 être dévoré(*e*) par le désir. ¶ 성공하고 싶은 ~이 일어나다 [생기다] éprouver [ressentir, être animé(*e*) par] l'envie de réussir. ◇_(을) **하다** éprouver une envie; avoir une ambition.

욕설 辱說 명 injures *fpl*, insultes *fpl*, grossièretés *fpl*, invectives *fpl*. médisance *f*. ◇_(을) **하다** dire [proférer, adresser] des injures [insultes], injurier, insulter; invectiver; calomnier, diffamer, blâmer, reprocher; médire de *qn*, dire du mal de *qn*. ◇_**을 퍼붓다** accabler *qn* d'injures; couvrir *qn* d'injures ((flot d'injures)); proférer des injures; invectiver contre *qn*, se répandre en invectives contre *qn*; engueuler *qn* (comme du poisson pourri) {*vulg*}, cracher sur *qn* {*fam*}.

욕실 浴室 명 salle *f* de bains. ¶ ~에서 샤워를 하다 prendre une douche [se doucher] dans la salle de bains.

욕심 慾心 명 ① 탐욕 cupidité *f*, convoitise *f*, avidité *f*, soif *f*. ② 욕망 désir *m*; envie *f*; intérêt *m* (personnel). ¶ 그 남자는 사업을 확장하려는 ~을 갖고 있다 Il a envie de développer ses affaires. ¶ 그 사람은 ~이 많다[적다] Il est très [extrêmement] avide [il est [très] peu avide]. ¶ ~ 같아서는 이 집을 사고 싶다 Si je pouvais, j'aimerais bien acheter [acquérir] cet appartement [cette maison] / J'aurais bien voulu acheter cet appartement [cette maison] mais ... / Ce n'est pas l'envie qui me manque d'acheter cet appartement [cette maison] mais ... ◇_(을) **부리다[내다]** vouloir trop, désirer trop; être avide, cupide, âpre ((au gain)), convoiter *qc*, désirer *qc* avec avidité. ¶ 남의 물건에 ~을 내다 convoiter les biens d'autrui. ¶ ~부리지 마라 Ne sois pas trop gourmand(*e*) [ambitieux(*se*)] / Tu es (beaucoup) trop gourmand(*e*) / N'en fais pas trop! / N'aie pas trop de désirs / Tu en veux (beaucoup) trop! / Tu as trop de désirs! ◇_(을) **버리다** renoncer à une envie. ¶ 나는 널 이기려는 ~을 버렸다 J'ai abandonné l'envie de te surpasser [l'emporter sur toi]. ◇_(이) **나다** faire envie. ¶ 그 골동품 가게에는 ~나는 물건들이 많다 Dans ce magasin d'antiquités, beaucoup d'objets me font envie. ◇_**이다** avoir envie de *qc*/+*inf*, vouloir *qc*/ +*inf*, désirer *qc*/+*inf*. ¶ 시험에 합격하기를 바라는 건 그의 지나친 ~이다

Réussir (à) l'examen est pour lui une ambition excessive [est au-dessus de ses possibilités, est au-dessus de ses capacités, correspond à une ambition démesurée [impossible]]. ◇_(이) **있다[없다]** être intéressé(*e*) par *qc*, être avide de *qc* [de+*inf*], avoir soif de *qc*, avoir de l'appétence {*litt*} [ne pas être intéressé(*e*) par, ne pas s'intéresser à *qc*, ne pas avoir d'appétence]. ¶ 그는 오로지 명예에 대한 ~이 있을 뿐이다 Il ne vit que pour la gloire [que pour les honneurs]. ¶ 그 여자는 돈 ~이 없다 Elle n'est pas intéressée par l'argent / L'argent ne l'intéresse pas / Elle n'a pas d'appétence pour l'argent.

***~에 눈이 멀다** être aveuglé(*e*) par le désir de réussir en tout [de tout posséder], être obsédé(*e*) par l'envie de tout avoir.

*~(이) **사납다** vouloir tout avoir: les honneurs, le bonheur et l'argent, en vouloir trop, être trop gourmand(*e*) [ambitieux(*se*)], avoir trop de désirs.

◆**_껏** 부 autant qu'on veut; selon les désirs les plus chers.

◆**_꾸러기** 명 rapace *m*, requin *m* {*fam*}, vautour *m* {*fam*}.

욕심쟁이 명 personne *f* cupide [(extrêmement) avide, intéressée, rapace, trop ambitieuse, âpre au gain, trop gourmand(*e*)], jeune loup *m* (aux dents longues), personne *f* aux dents longues {*fam*}, un vrai rapace *m*, requin *m* {*fam*}, vautour *m* {*fam*}.

욕정 欲情 명 ① désir *m*, envie *f*, convoitise *f*, passion *f*. ② 색욕 concupiscence *f*, désir *m* sexuel [charnel], appétit *m* charnel, instinct charnel; luxure *f*. ¶ ~을 채우다 assouvir *son* désir. ¶ ~에 시달리다 être esclave de *son* désir charnel [de *sa* libido]. ¶ ~에 빠지다 céder à *son* désir [à *ses* passions].

욕조 浴槽 명 baignoire *f*. ¶ ~에 들어가다 entrer dans *sa* baignoire. ¶ ~에 물을 받다 faire couler un bain.

욕지거리 명 injure *f*, insulte *f*, grossièretés *fpl*, gros mots *mpl*, méchancetés *fpl*, vacheries *fpl* {*fam*}; invectives *fpl*; médisance *f*, calomnie *f*, diffamation *f*. ◇_(를) **하다[퍼붓다]** accabler *qn* d'injures, agonir *qn* d'injures; adresser des insultes à *qn*, proférer des injures; invectiver contre *qn*, se répandre en invectives contre *qn*; engueuler *qn* (comme du poisson pourri){*vulg*}, cracher sur *qn* {*fam*}.

욕지기 명 nausée *f*, haut-le-cœur *m inv*; écœurement *m*, dégoût *m*. ¶ ~를 느끼다 avoir la nausée [des nausées, des haut-le-cœur]. ◇_(를) **하다** avoir la nausée [des nausées]; avoir mal au cœur; être pris(*e*) d'une nausée. ¶ 입덧으로 ~를 하다 avoir des nausées pour cause de grossesse; avoir des nausées de femme enceinte. ◇_(가) **나다[솟다]** avoir la nausée [des nausées], avoir mal au cœur; être pris(*e*) d'une nausée; avoir mal au cœur; être écœuré(*e*), dégoûté(*e*). ¶ 그 사람의 추한 행동에 ~가 난다 Je suis dégoûté(*e*) par son comportement [sa conduite] / Son comportement me dégoûte [m'écœure] / Sa conduite est dégoûtante [écœurante, répugnante].

욕창 蓐瘡 명 escarre *f*. ¶ ~으로 고생하다 souffrir d'escarres. ¶ ~이 나다 avoir des escarres.

욕탕 浴湯 명 salle *f* de bains, bain *m*. ¶ ~에 들어가다 [몸을 담그다] entrer dans *son* bain. ¶ ~에서 나오다 sortir du bain.

용[1] 茸 명 【한의】 andouiller *m* tendre, bois *mpl* de cerf ((utilisé abondamment dans la médecine orientale)). ¶ 몸이 허약한 아이에게는 ~을 먹여야 한다 Il est conseillé de faire manger du bois de cerf aux enfants fragiles. ☞ 녹용

용[2] 龍 명 dragon *m*.

***개천에서 ~ 났다** il(elle) n'avait pas grand-chose au départ, mais il(elle) est allé(*e*) vraiment très loin / Parti(*e*) de peu, il(elle) a connu un succès exceptionnel.

*~(이) **되다** s'être amélioré(*e*) (nettement), devenir exceptionnel(*le*). ¶ 그놈이 서울에 가더니 진짜 ~ 됐다 Depuis qu'il est à Séoul ce type s'est bien amélioré!

◆**_꿈** 명 rêve *m* de dragon, rêve *m* [songe *m*] magnifique, rêve *m* de bon augure. ¶ ~꿈을 꾸다 voir un dragon en rêve; faire un rêve (prémonitoire) de bon augure.

-용[3] 用 접미 à l'usage de *qc*; pour ((hommes, femmes)); destiné à *qc*. ¶ 신사~ pour hommes. ¶ 숙녀[부인]~ pour femmes. ¶ 교사~ 지도서 guide pédagogique ¶ 자가~ 비행기[승용차] avion [voiture] privé(*e*). ¶ 선전~ de propagande. ¶ 실험~ 동물 animaux de laboratoire.

용[4] 명 une très grande force concentrée.

***~빼는 재주** moyen miraculeux.

***~을 쓰다[빼다]** mettre tous *ses* efforts pour+*inf*; se donner beaucoup de peine [mal] pour+*inf*; se casser le cul {*vulg*}, se mettre en quatre {*fam*}, se remuer {*fam*}, se démancher.

용감 勇敢 어근 courage *m*, bravoure *f*, vaillance *f*, héroïsme *m*.

◆**_하다** 형 être brave, courageux(*se*), intrépide, vaillant(*e*), hardi(*e*), héroïque. ¶ ~한 행동[성격] acte héroïque, action courageuse, conduite courageuse [tempérament courageux]. ¶ ~한 사람 homme brave, personne brave [courageuse, vaillante]. ¶ ~하게 싸우다 se battre avec bravoure [courageusement, avec courage, bravement, vaillamment, avec hardiesse].

◆**_히** 부 avec courage, ((se comporter, se battre)) avec bravoure, ((répondre)) avec hardiesse, courageusement, bravement, vaillamment, hardiment.

◆**_무쌍하다** -無雙 형 avoir un courage de lion, être intrépide.

◆**_성** -性 명 bravoure *f*, courage *m*, vaillance *f*, hardiesse *f*.

용건 用件 명 affaire *f*, problème *m* à traiter. ¶ ~을

밝히다 préciser le motif [la cause, la raison] de *sa* venue [de *sa* présence]. ¶ 날 찾아온 ~만 간단히 말해 봐라 Dis-moi en deux mots ce que tu veux (de moi)! ¶ 그 사람은 급한 ~으로 부산에 갔다 Il est allé à Busan pour une affaire urgente. ¶ 무슨 ~으로 왔니? Quel est le motif de ta venue? / Que puis-je faire pour toi? / En quoi puis-je t'être utile? / Qu'est-ce qui t'amène ici? {*fam*}. ¶ 도대체 ~이 뭐야? Que veux-tu donc au juste? / Quel est donc au juste le motif de ta venue [de ta visite]? ◇_(이) **있다** avoir une affaire [un problème (à régler)]; avoir une demande [une requête]; avoir quelque chose à dire à *qn*. ¶ 나는 너에게 ~이 있다 J'ai un problème à régler avec toi / J'ai une demande [une requête] à te faire / J'ai quelque chose à te dire / Il faut que je te parle. ¶ 그 친구는 다른 ~이 있어서 못 왔다 Il n'est pas venu avec moi car il avait une autre affaire.

용골 龍骨 명 ① 배의 뼈대 quille *f*. ② 화석 os *m* [fossile *m*] d'un mastodonte.

용공 容共 명 pro-communiste.

◆_ **분자** -分子 명 partisan *m* du communisme.

◆_ **세력** -勢力 명 force *f* pro-communiste.

용광로 鎔鑛爐 명 haut(*s*) fourneau(*x*) *m*, fourneau(*x*) *m* de fusion de métaux.

용구 用具 명 ① 공구, 도구 outil *m*; instrument *m*; ustensile *m* ((de cuisine)). ② 장비 matériel *m* ((de bureau, de camping)); équipement *m* ((de ski)), nécessaire *m* ((de toilette)). ¶ 가사 ~ appareils ménagers. ¶ 스포츠 ~ articles de sports; équipement sportif. ¶ 작업이 끝나면 ~를 챙겨라 Rangez les appareils après les avoir utilisés!

◆_ **함** -函 명 caisse *f* [trousse *f*] à outils.

용궁 龍宮 명 palais *m* du roi dragon.

용기[1] 勇氣 명 courage *m*, hardiesse *f*, vaillance *f*, bravoure *f*; cœur *m*. ¶ ~를 기르다 prendre *son* courage à deux mains ((pour réaliser *qc* de difficile)). ¶ ~를 꺾다 abattre le courage de *qn*, décourager *qn*, démonter *qn*, démoraliser *qn*. ¶ ~를 보이다 faire preuve de courage [de hardiesse]; montrer de la hardiesse, montrer du courage ((devant un danger)); se montrer courageu*x*(*se*). ¶ ~를 얻다 retirer du courage de *qc*, puiser du courage dans *qc*; être encouragé(*e*), se faire donner du courage, se faire remonter le moral ((ça m'a redonné du courage, ça m'a remonté le moral)). ¶ 그 사람은 난관을 헤쳐 나갈 ~가 부족하다 Il manque de courage pour se confronter aux difficultés [pour aborder et résoudre les difficultés]. ◇_(를) **내다** prendre *son* courage à deux mains, rassembler (tout) *son* courage, s'armer de courage pour faire *qc*, faire appel à tout *son* courage, s'enhardir, prendre de l'assurance. ¶ ~ 내! (Bon) courage! / Prends de l'assurance! / Montre-toi courageu*x*(*se*)! ¶ ~를 내어 다시 해 봐라 Prends ton courage (à deux mains) et recommence! ◇_(가) **나다** avoir le courage de+*inf*, oser+*inf*. ¶ 그는 진실을 말할 ~가 나지 않았다 Il n'a pas eu le courage de dire la vérité. ◇_(가) **있다[없다]** avoir du courage, avoir le courage de+*inf*, oser+*inf* [ne pas avoir de courage, ne pas avoir le courage de+*inf*, ne pas oser+*inf*, avoir peu de courage, manquer de courage]; être courageu*x*(*se*), brave, vaillant(*e*), hardi(*e*) [être sans courage, lâche, crainti*f*(*ve*), poltron(*ne*), couard(*e*), pusillanime]. ¶ 그 사람은 ~ 있게 어려움을 헤쳐 나갔다 Il s'est confronté aux difficultés avec courage / Il a abordé et résolu les difficultés avec courage. ¶ ~ 없는 사람 personne sans courage [craintive, peureuse], lâche, poltron(*ne*), peureu*x*(*se*), pleutre {*litt*}, froussard(*e*) {*fam*}, trouillard(*e*) {*fam*}, poule mouillée {*fam*}, dégonflé(*e*) {*fam*}. ¶ 나는 그에게 맞설 ~가 없다 Je n'ai pas osé lui tenir tête.

용기[2] 容器 명 récipient *m*. ¶ ~에 담다 mettre [recueillir] *qc* dans un récipient; remplir un récipient. ¶ ~가 너무 작아서 다 담을 수 없다 Le récipient est trop petit pour tout contenir.

용납 容納 명 autorisation *f*, permission *f*, acceptation *f*. ◇_(을) **하다** autoriser, permettre; laisser faire; admettre, accepter; approuver; tolérer, souffrir; pardonner. ¶ 나는 이런 종류의 행동을 결코 ~할 수 없다 Je ne peux vraiment pas admettre ce genre de comportement [une telle conduite] / Jamais je n'approuverai une telle conduite. ¶ 그 사람이 마음대로 행동하는 것을 ~할 수 없다 Je ne l'autorise pas à faire n'importe quoi. ◇_(이) **되다** être autorisé(*e*), permis(*e*), admis(*e*); être accepté(*e*), toléré(*e*). ¶ 프랑스 사회에서 그런 행동은 ~되지 않는다 Ce genre de comportement n'est pas accepté [toléré] par la société française / La société française n'admet pas [ne tolère pas, n'accepte pas] ce genre de comportement.

용단 勇斷 명 résolution *f*. ¶ 대통령의 ~이 필요하다 Il faut que le président de la République prenne une décision / Il faut que le président de la République tranche. ◇_(을) **내리다[내다]** prendre la résolution de+*inf*; se résoudre à+*inf*. ¶ 그는 해직 사원들을 복직시키는 ~을 내렸다 Il s'est résolu à [Il a pris la décision de] réintégrer [rétablir] dans leurs fonctions les employés qui avaient été licenciés.

용달 用達 명 (service *m* de) livraison *f*, service *m* de transport; camionnette *f* de livraison, voiture *f* de livraison. ¶ 이 짐을 다 옮기려면 ~을 하나 불러야 겠다 Pour transporter toutes ces affaires, il faut faire appel à un service de livraison.

◆_ **차** -車 명 camionnette *f* de livraison, voiture *f* de livraison. ¶ 짐을 ~차로 운반하다 transporter les marchandises en camionnette de livraison.

용도 用途 명 emploi *m*; usage *m*; destination *f*. ¶ 토지의 ~를 변경하다 changer la destination d'un terrain. ¶ 이 돈을 어떤 ~로 쓸 거니? À quel usage vas-tu destiner cet argent? ¶ ~에 맞는 연장을 고르다 choisir l'outil le mieux adapté à la situation, choisir l'outil qu'il faut [l'outil approprié]. ¶ ~가 다양하다[넓다] avoir des usages multiples, pouvoir servir à divers usages; avoir beaucoup d'emplois; servir à divers usages.

◆_변경 -變更 명 changement *m* d'utilisation [d'emploi].

용돈 用- 명 argent *m* de poche. ¶ ~을 주다 donner de l'argent de poche à *qn*. ¶ ~을 타다[받다] recevoir son argent de poche. ¶ ~을 아껴 쓰다 faire attention à ses dépenses d'argent de poche. ¶ ~을 헤프게 쓰다 dépenser son argent de poche sans compter. ¶ 아르바이트를 해서 ~을 벌다[모으다] gagner de l'argent de poche en travaillant à temps partiel [en faisant un petit boulot {*fam*}]. ¶ ~이 떨어지다 ne plus avoir d'argent de poche. ¶ 나는 한 달 ~이 10만 원이다 J'ai 100 000 wons d'argent de poche par mois.

용두 龍頭 명 remontoir *m*. ¶ 시계의 ~를 돌려 태엽을 감다 remonter une montre; tourner le remontoir d'une montre.

용두사미 龍頭蛇尾 명 commencement *m* prometteur et fin *f* décevante. ¶ ~로 끝나다 bien commencer [commencer de façon prometteuse] et finir [se terminer] en queue de poisson[de façon décevante] [et mal finir], mal finir après un bon début, finir mal ce qu'on avait bien commencé, finir mal malgré un bon début, bien commencer et se terminer [s'en aller] en eau de boudin. ¶ 떠들썩하게 시작하더니 결국은 ~이다 Cela a commencé en grande fanfare et s'est terminé en eau de boudin.

용량[1] 容量 명 capacité *f*, contenance *f*. ¶ ~을 초과하다 dépasser *sa* propre capacité (de contenance). ¶ ~을 늘리다 augmenter la capacité. ¶ 500리터 ~의 냉장고 un réfrigérateur d'une capacité de 500 litres. ¶ ~이 크다[작다] être d'une grande [petite] contenance; avoir une grande [petite] capacité.

용량[2] 用量 명 dose *f*, dosage *m*. ¶ (약의) 복용 ~을 늘리다[줄이다] augmenter[diminuer] la dose. ¶ 지시된 ~대로 복용하십시오 Prenez ce médicament aux doses prescrites!

용렬하다 庸劣- 형 être médiocre. ¶ 용렬한 사람 un être médiocre. ¶ 너는 하는 짓이 왜 그리 용렬하냐? Pourquoi te comportes-tu si médiocrement? ¶ 용렬하게(도) 그는 다른 사람에게 책임을 돌리려 한다 Il attribue lâchement la responsabilité de son échec aux autres.

용례 用例 명 exemple *m*. ¶ ~를 검토하다 examiner un exemple. ¶ ~를 뽑다[추출하다] tirer des exemples. ¶ ~를 제시하다 proposer un exemple. ¶ ~를 인용하다 citer un exemple. ¶ 풍부한 ~를 수록하다 contenir d'abondants exemples.

용마 龍馬 명 cheval *m* rapide.

용마루 명 faîte *m*; faîtage *m*.

용매 溶媒 명 【화학】 solvant *m*, dissolvant *m*. ¶ 금속을 ~에 담가서 녹이다 dissoudre des métaux au moyen d'un solvant.

용맹 명 vaillance *f*, bravoure *f*. ◇_을 떨치다 faire preuve de vaillance.

◆_하다[스럽다] 형 être vaillant(*e*), courageux(*se*), brave. ¶ ~스럽게 싸우다 se battre avec bravoure [courageusement, avec courage, bravement, vaillamment, avec hardiesse].

◆_무쌍하다 -無雙 형 avoir un courage de lion, être intrépide.

◆_성 -性 명 vaillance *f*, intrépidité *f*.

용모 容貌 명 physionomie *f*; visage *m*; figure *f*; apparence *f*; air *m*. ¶ ~가 단정하다 avoir une physionomie convenable, être présentable. ¶ ~로 사람을 판단하다 juger les gens sur l'apparence. ¶ ~가 단정하다 avoir une belle apparence, être d'une belle apparence. ¶ ~가 준수하다[뛰어나다] avoir une physionomie [un visage] très avenant(*e*) [très agréable], avoir une physionomie remarquable, avoir un très beau visage.

용무 用務 명 ① 사무 travail *m*, affaires *fpl*. ¶ ~를 끝내다 finir *son* travail [*ses* affaires, de travailler]. ¶ 나를 찾아온 ~가 뭔가? Quel est le motif de votre visite? / Que puis-je faire pour vous? / En quoi puis-je vous être utile? ② 용변 【구어】 défécation *f*, besoins *mpl*. ◇_(를) 보다 ① travailler, être en service. ¶ 그는 ~를 보는 중이다 Il est en service / Il travaille. ② 【구어】 faire *ses* besoins, satisfaire des besoins pressants. ¶ 그는 화장실에서 ~를 보고 있다 Il est en train de faire ses besoins aux toilettes. ◇_(가) 있다[없다] avoir une [ne pas avoir d']affaire (à régler). ¶ 급한 ~가 있어서 왔습니다 Je suis venu(*e*) pour une affaire urgente. ¶ 특별한 ~가 없으면 그에게 전화하지 마라 Si tu n'as rien d'urgent, ne lui téléphone pas! / Téléphone-lui seulement en cas d'urgence!

용법 用法 명 ① 사용 패턴 emploi *m*. ¶ 이 동사의 특수한 ~ emploi particulier de ce verbe. ¶ 이 단어는 ~이 다양하다 Ce mot a divers emplois [diverses acceptions]. ② 사용법 mode *m* d'emploi ((d'un appareil, d'une machine)). ¶ 기계의 ~을 설명하다 expliquer le mode d'emploi d'une machine, expliquer comment se servir d'une machine.

용병[1] 用兵 명 tactique *f* [stratégie *f*] (militaire). ¶ ~에 능하다 exceller en tactique. ◇_(을) 하다 faire manœuvrer des troupes.

◆_술 -術 명 tactique *f*, stratégie *f*, art *m* de la guerre. ¶ 그 남자는 ~술의 귀재이다 C'est un génie de la tactique / C'est un tacticien de génie / C'est un stratège redoutable.

용병[2] 傭兵 명 mercenaire *m*, soldat *m* professionnel, soldat *m* de profession.

용비어천가 龍飛御天歌 명 【역사】 Chant *m* des dragons montant vers le ciel ((poème lyrique composé sous le règne du roi Sejong au XVe siècle pour louer les œuvres des ancêtres du roi fondateur du royaume de Joseon. C'est un des premiers ouvrages écrits en *hangeul*.))

용사 勇士 명 homme *m* de courage, brave *m*, personne *f* courageuse; soldat *m* professionnel [vaillant, courageux]. ¶ 역전의 ~ soldat expérimenté [vétéran].

◆무명_ 無名- 명 soldat *m* inconnu.

◆무명_비 無名-碑 명 monument *m* au soldat inconnu; monuments *mpl* aux soldats inconnus.

용상 龍床 명 trône *m* (royal).

용서 容恕 명 pardon *m*, excuse *f*. ¶ 제발 ~를 바랍니다 Veuillez m'excuser. ¶ ~를 빌다 demander pardon. ◇_(를) **하다** pardonner (*qc*) à *qn*, excuser *qn*, passer sur ((les fautes de *qn*)), oublier ((une faute, une injure)), passer l'éponge sur *qc*, fermer les yeux sur *qc*, absoudre. ¶ 누구를 ~하다 pardonner à *qn*, excuser *qn*. ¶ 누구의 잘못을 ~하다 pardonner la faute de *qn*, passer sur les fautes de *qn*. ¶ ~해 주세요 Je vous prie de me pardonner. ¶ 나는 너의 모든 것을 ~한다 Je te pardonne tout. ¶ 가지 못한 것을 ~ 하세요 Pardonnez-moi de n'avoir pu y aller. ¶ 제가 늦게 온 것을 ~하세요 Pardonnez-moi d'être en retard / Veuillez excuser mon retard. ◇_(를) **받다** se faire pardonner. ¶ 아버지한테 ~를 받았다 Mon père a accepté mes excuses. ◇_(가) **없다** être sans merci [sans pitié, sans indulgence], impitoyable, implacable; ne pas pardonner. ¶ 내 말대로 하지 않으면 ~ 없어! Si tu ne fais pas ce que je te dis, je ne te pardonnerai pas.

용설란 龍舌蘭 명 【식물】 agave *m*, agavé *m*.

용솟음치다 湧- 자 jaillir, surgir (avec un mouvement violent). ¶ 물이 파이프에서 용솟음치며 나온다 L'eau jaillit du tuyau violemment. ¶ 네 말에 기운이 용솟음친다 Tes paroles me font déborder d'énergie.

용수 用水 명 eau *f* d'utilisation; eau *f* destinée à différents usages. ¶ ~를 공급하다[대다] approvisionner [alimenter, fournir] en eau. ¶ ~가 부족하다 manquer d'eau.

◆공업_ 工業- 명 eaux *fpl* industrielles.

◆관개[농업]_ 灌漑[農業]- 명 eaux *fpl* pour l'irrigation [eaux *fpl* à usage agricole].

용수철 龍鬚鐵 명 ressort *m*. ¶ ~처럼 튀어오르다 bondir comme un ressort.

용신 容身 명 remuement *m*, mouvement *m* du corps. ◇_(을) **하다** bouger, remuer. ¶ 방이 좁아서 ~할 수도 없다 Comme la chambre est exiguë, je ne peux faire le moindre mouvement / La chambre est si étroite que je ne peux même pas bouger.

용쓰다 자 concentrer (tous) *ses* efforts ((pour atteindre un but)), faire un grand effort sur *soi*-même, se démener; peiner ((pour faire *qc*)); fournir un gros effort, s'efforcer ((de faire *qc*)). ¶ 그 친구는 턱걸이를 한 번이라도 더 하려고 용쓰고 있다 Il déploie tous ses efforts pour faire ne serait-ce qu'une traction de plus à la barre fixe.

용안 龍顔 명 face *f* [figure *f*] du roi. ¶ ~을 뵙다[알현하다] obtenir une audience royale, être reçu(*e*) en audience royale.

용암 鎔巖 명 lave *f*. ¶ 화산에서 ~이 흘러나온다[분출한다] La lave [est éjectée] coule du cratère du volcan. ¶ ~이 굳다 La coulée de lave se fige.

◆_대 -帶 명 【지리】 zone *f* volcanique.

용액 溶液 명 solution *f*. ¶ 염화나트륨 ~ une solution liquide de chlorure de sodium.

용어 用語 명 mot *m*; terme *m*. ¶ 축구 ~ terme de football. ¶ 전산 ~ terme d'informatique. ¶ 부적절한 ~를 쓰다[사용하다] ne pas utiliser le terme approprié [qu'il faut, précis, exact].

◆일상_ 日常- 명 terme *m* du langage courant.

◆전문_ 專門- 명 terme *m* technique.

용언 用言 명 【언어】 prédicat *m*, verbe *m* et verbe *m* de qualité ou adjectif *m* qualificatif; mot *m* fléchi.

용역 用役 명 (industrie de) service *m*. ¶ ~을 의뢰하다[맡기다] demander un service ((à *qn*)), confier un service ((à *qn*)), charger *qn* d'un service, s'en remettre aux services de *qn*. ◇_(을) **주다** rendre un service ((à *qn*)).

◆_업체[회사] -業體[會社] 명 entreprise *f* [société *f*] de services.

용왕 龍王 명 ((민속)) roi *m* des dragons ((maître des pluies)); ((불교)) roi *m* dragon ((un des huit dragons protecteurs de la loi du bouddhisme)).

◆_제[굿] -祭 명 cérémonie *f* organisée par les marins et les pêcheurs pour de bonnes conditions de navigation (et de pêche) ((célébrée en général le 15 janvier du calendrier lunaire)).

용용 감 tralalaire, nanananaire ((expression utilisée pour irriter *qn*)); ça t'énerve [t'agace], hein? ¶ 그는 나를 한 대 때리고는 ~ 죽겠지 하면서 달아나 버렸다 Après m'avoir donné un coup, il est parti en courant en disant, ça t'énerve [t'agace], hein? ¶ 나는 여자친구 있는데 너는 없지 ~ 죽겠지 Moi, j'ai une petite amie et pas toi, tralalalaire [nanananaire] ...

용의 用意 명 intention *f*. ¶ 사퇴(할) ~를 밝히다[표명하다] révéler *son* intention de prendre *sa* retraite [de démissionner, de donner *sa* démission]. ◇_(가) **있다[없다]** avoir l'intention de+*inf* [n'avoir nullement l'intention de+*inf*, ne jamais avoir l'intention de+*inf*]. ¶ 나는 그를 만나 볼 ~가 있다[없다] J'ai [Je n'ai pas, Je n'ai nullement] l'intention de le rencontrer.

◆_주도하다 用意周到- 형 être circonspect(*e*), prudent(*e*), avisé(*e*), méticuleux(*se*). ¶ 그는 성격이 ~주도하다 C'est un homme avisé [prévoyant]. ¶ 그는 ~주도하게 일을 추진해 나갔다 Il a poursuivi le travail avec circonspection.

용의자 容疑者 명 suspect *m*. ¶ 유력한 ~ le principal suspect; homme qui est l'objet de graves soupçons. ¶ 현장에서 ~를 체포하다 arrêter un suspect sur les lieux du crime.

용이하다 容易– 형 être facile. ¶ 이 의자는 접기가 아주 ~ Cette chaise est très facile à plier / Cette chaise se plie très facilement. ¶ 저 산을 오르는 것은 그리 용이하지 않다 La montagne n'est pas aussi facile à escalader [grimper]. ¶ 보관하기가 용이한 장비 équipement facile à garder.

용인 容認 명 tolérance *f*, indulgence *f*, clémence *f*, longanimité *f* {*litt*}, magnanimité *f*. ◇_(을) **하다** tolérer. ¶ 그 사람은 상황을 ~한 채 불평 한마디 없다 Il a toléré la situation, et n'a pas dit un mot de mécontentement.

용장 勇將 명 général *m* plein de bravoure, général *m* courageux.

용재 用材 명 matériaux *mpl*.

용적 容積 명 capacité *f*; contenance *f*; volume *m*. ¶ ~ 200리터의 물탱크 un réservoir pouvant contenir 200 litres d'eau, un réservoir d'une contenance [d'une capacité] de 200 litres d'eau. ¶ ~이 크다[작다] être d'une grande [petite] contenance; être d'une grande [petite] capacité.

◆**_률** -率 명 coefficient *m* d'occupation des sols.

용접 鎔接 명 soudure *f*. ◇_(을) **하다** faire une soudure, souder.

◆**_공** -工 명 soudeur *m*.

◆**_기** -器 명 machine *f* à souder, soudeuse *f*.

◆**_봉** -棒 명 bâtonnet *m* de soudure.

◆**가스_** 명 gaz *m* pour la soudure.

◆**전기_** 電氣 명 soudure *f* électrique, électrosoudure *f*, soudure *f* à l'arc.

용지[1] 用紙 명 papier *m*; bulletin *m*.

◆**신문_** 新聞- 명 papier *m* journal.

◆**신청_** 申請- 명 formulaire *m*.

◆**투표_** 投票- 명 bulletin *m* de vote.

용지[2] 用地 명 emplacement *m*; terrain *m*. ¶ 건축 ~ terrain à bâtir. ¶ 도로 ~ terrain réservé aux routes. ¶ ~를 변경하다 changer l'utilisation [la destination] d'un terrain ((par exemple transformer un terrain cultivable en terrain constructible)), changer [fixer] les conditions et les servitudes relatives à l'utilisation des sols.

용질 溶質 명 【화학】 soluté *m*.

용태 容態 명 état *m* de la maladie, état *m* de santé. ¶ 그분의 ~가 좀처럼 나아지지 않는다 Son état de santé ne s'améliore pas facilement.

용트림 龍– 명 éructation *f* [renvoi *m*, rot *m*] (volontaire). ◇_(을) **하다** éructer [roter] avec ostentation.

용품 用品 명 produit *m*; ustensile *m* ((de ménage)); article *m* ((de voyage)); fournitures *fpl* ((scolaires)); équipement ((de camping)); nécessaire *m* ((de voyage)). ¶ 생활 ~ produits courants. ¶ 여성[유아] ~ articles pour femmes [pour enfants].

용하다 형 ① 재주가 뛰어나다 être habile, ingénieux(*se*). ¶ 아무리 용한 의사라도 그 병은 고칠 수 없다 Cette maladie est incurable quelles que soient les compétences du médecin / Aucun médecin, aussi habile soit-il, ne peut venir à bout de cette maladie [ne saurait guérir cette maladie]. ② 기특하고 대단하다 être admirable, merveilleux(*se*), génial(*e*). ¶ 그렇게 놀면서도 공부를 잘하니 그 녀석 참 ~ Cet enfant est admirable de travailler si bien tout en jouant autant.

◆**용케(도)** 부 heureusement. ¶ 그는 그 난리통 속에서도 용케 살아남았다 Il a heureusement survécu à cette catastrophe. ¶ 지금까지는 용케도 요리조리 빠져나갔지만 이제는 어림없다 Il s'en est bien sorti jusqu'à présent, mais maintenant c'est fini.

용해[1] 溶解 명 【화학】 fusion *f*, solution *f*, dissolution *f*. ◇_(를) **하다[시키다]** ① 물질을 액체에 녹게 하다 (faire) fondre; (faire) dissoudre ((une substance dans un liquide)). ¶ 우리는 소금을 물에 ~시키는 실험을 했다 Nous avons fait dissoudre du sel dans l'eau. ② (어떤 대상을 다른 것에) 녹아들게 하다 fusionner; mélanger. ◇_(가) **되다** ① 물질이 액체에 녹다 se fondre; se dissoudre. ¶ 그 물질은 알콜에 ~된다 La substance fond dans l'alcool. ② 녹아들다 s'incorporer; fusionner. ¶ 전혀 낯선 분위기에 ~되기란 매우 어렵다 Il est très difficile de s'incorporer à un milieu totalement étranger.

◆**_성** -性 명 solubilité *f*.

◆**_도** -度 명 coefficient *m* de solubilité.

용해[2] 鎔解 명 【화학】 금속이 열에 녹아 액체 상태로 된 것 fusion *f*, fonte *f*. ◇_(를) **하다[시키다]** (faire) fondre. ◇_(가) **되다** fondre.

◆**_점** -點 명 point *m* de fusion.

용호상박 龍虎相搏 명 combat *m* de titans, combat *m* [lutte *f*] à force égale; ((faire)) jeu *m* égal; rencontre *f* [match *m*, partie *f*] équilibré(*e*); match *m* serré. ¶ 두 팀의 전력이 비슷했기 때문에 그날의 경기는 ~의 대결이었다 Ce jour-là, les deux équipes, étant à peu près du même niveau, ont fait jeu égal [ont disputé une rencontre très équilibrée] / Nous avons assisté à une rencontre [un match] très équilibré(*e*) [un match très serré] ce jour-là, les équipes étant à peu près de force égale [du même niveau]. ¶ 그 두 팀은 만나면 항상 ~이었다 Ces deux équipes ont toujours fait jeu égal.

우[1] 부 여럿이 한꺼번에 몰리는 모양 en foule. ¶ ~ 몰려오다 arriver en foule. ¶ 한곳으로 ~ 몰리다 se presser en foule à un endroit.

우[2] 優 명 bonne note *f*, B(ien) *m*.¶ 그는 수학에서 ~를 받았다 Il a eu une bonne note en mathématiques [en maths {*fam*}]. ¶ 성적표를 보니 그는 ~가 다섯이나 된다 D'après son bulletin, il a obtenu cinq bonnes notes [des bonnes notes dans cinq matières].

우[3] 右 명 droite *f*. ¶ 우향 ~! Tournez à droite! ¶ ~로 봐! Regarde à droite!

우[4] 감 야유나 비아냥거리는 소리 huées *fpl*. ¶ 심판의 불공정한 판정에 관중들은 ~ 하고 야유를 보냈다 Les spectateurs ont hué [ont poussé des huées à] l'arbitre à cause de son jugement peu équitable [injuste].

–우⁵ 어미 ((suffixe flexionnel de terminaison phrastique des modes déclaratif, interrogatif, impératif. Il s'ajoute après le radical 이de la copule 이다 *être*, après les suffixe flexionnel préfinal honorifique –시 et après les suffixes flexionnels préfinaux temporo-modaux –었 et –겠. Utilisé entre les adultes mutuellement, il exprime la politesse et le respect familiers)). ① 평서 ((dans les phrases déclaratives)). ¶ 말은 그럴듯하~ Cela paraît assez vraisemblable. ¶ 정말 미안하~ Je suis vraiment désolé(*e*) [navré(*e*)]. ② 의문 ((dans les phrases interrogatives)). ¶ 고향은 어디~? Où êtes-vous né(*e*)? ¶ 어디 문제가 그뿐이~? Pensez-vous que c'est le seul problème? / Croyez-vous qu'il ne reste que ce problème? ③ 감탄 ((dans les phrases exclamatives)). ¶ 댁은 참말로 복도 많으시~ Vous êtes très chanceux(*se*)! / Vous avez vraiment beaucoup de chance! ④ 명령이나 권고 ((dans les phrases exhortatives, à l'impératif)). ¶ 잘 다녀오시~ Au revoir! / Bon voyage! / Faites attention à vous!

–우–⁶ 접미 사동 ((l'un des six suffixes flexionnels du causatif ou semi-causatif (이, 히, 기, 리, 우, 구, 추); augmentation d'une valence)). ¶ 깨~다 réveiller *qn*. ¶ 채~다 remplir *qc*. ¶ 태~다 brûler *qc*.

우거지 명 ① 푸성귀에서 뜯어낸 겉대 feuilles *fpl* externes ((du chou chinois ou d'autres légumes)). ② 김장이나 새우젓 따위의 맨 윗 부분 couche *f* supérieure ((d'une salaison de crevettes)). ¶ ~를 넣고 끓인 된장국 soupe à base de pâte de soja fermentée bouillie avec les feuilles externes des choux chinois.

◆**_ㅅ국[탕]** -[湯] 명 *ugeojiguk m* <soupe aux feuilles externes de choux chinois>.

우거지다 자 ((herbes)) pousser de façon touffue, pousser dru(*e*); être luxuriant(*e*), exubérant(*e*), touffu(*e*); pousser dru(*e*). ¶ 잡초들만 욱은 무덤가 un tombeau où de mauvaises herbes ont poussé de façon touffue. ¶ 잡초만 우거진 폐허 ruines envahies par les herbes. ¶ 수풀이 우거져 길이 보이지 않았다 La végétation était si luxuriante que l'on avait peine à reconnaître les allées.

우거지상 –相 명 air *m* maussade; mine *f* renfrognée; visage *m* rechigné. ◇**_(을) 하다[짓다]** avoir une mine renfrognée. ◇**_이다** avoir une mine renfrognée [maussade]. ¶ 그 아이는 항상 ~이다 L'enfant a toujours une mine maussade / L'enfant boude tout *le temps* / *C'est* un enfant boudeur.

우격다짐 명 contrainte *f*, coercition *f*. ◇**_(을) 하다[벌이다]** forcer *qn* ((à faire *qc*)); contraindre *qn* à *qc*.

◆**_으로** 부 de force, par force. ¶ 그는 씩씩거리면서 ~으로 덤벼들었다 Il s'est élancé tête bêche en haletant (de rage[d'excitation]). ¶ 그는 입구를 막은 사람들을 헤치고 ~으로 들어갔다 Il est entré de force en se frayant un chemin entre les gens qui bouchaient [bloquaient] l'entrée.

우경 **右傾** 명 (partie *f*) droite *f*. ¶ ~ 세력과 좌경 세력 partisans de la droite et partisans de la gauche.

◆**_화** -化 명 conversion *f* à la droite; évolution *f* vers la droite. ¶ 우리 사회가 ~화로 치닫는다 La société se dirige [s'oriente] rapidement vers la droite. ¶ 우리 사회가 ~화의 길로 접어들었다 Notre société se rapproche de la droite. ¶ 사회 분위기가 극단적으로 ~화되었다 La société est maintenant très à droite.

우국 **憂國** 명 patriotisme *m*. ¶ 나라가 위기에 처하자 ~의 열정으로 전국에서 의병이 봉기했다 Aussitôt que le pays est tombé en danger, se sont soulevées partout, par patriotisme, des milices populaires. ◇**_(을) 하다** faire preuve de patriotisme, se faire du souci à propos de *son* pays. ¶ 말로만 ~한다고 하지 말고 행동으로 실천해라 Il ne suffit pas de dire qu'on est patriote, il faut aussi le vivre [le montrer, être acteur].

◆**_지사** -之士 명 patriote.

◆**_충정** -衷情 명 patriotisme *m*. ¶ ~충정에[으로] 불타는 애국자 un ardent patriote. ¶ ~충정에서 나온 말 paroles *f* patriotiques.

우군 **友軍** 명 allié *m*. ¶ ~과 적군 alliés et ennemis. ¶ ~의 지원을 요청하다 demander l'aide de ses alliés. ¶ 그는 나의 영원한 ~이다 Il est mon éternel allié.

우그러들다 자 ① ((물체가)) être cabossé(*e*), bosselé(*e*), bossué(*e*), déformé(*e*). ¶ 모자가 우그러들었다 Le chapeau est cabossé [déformé]. ② ((얼굴, 표정 따위가)) se renfrogner. ¶ 그 소식에 그 사람의 표정이 우그러들었다 À cette nouvelle, sa mine s'est renfrognée.

우그러뜨리다 타 힘을 주어 우그러지게 하다 écraser, aplatir, cabosser, bosseler, bossuer, déformer. ¶ 깡통을 ~ écraser une boîte (de conserve) [aplatir une canette]. ¶ 철판을 망치로 ~ aplatir une tôle [une plaque de fer] à coups de marteau.

우그러지다 자 ① ((물체가)) se renfoncer, se bosseler, se cabosser, se bossuer, se déformer. ¶ 자동차 옆이 우그러졌다 L'aile de la voiture est un peu cabossée. ② ((얼굴, 표정 따위가)) se renfrogner. ¶ 그 소식에 그의 표정이 우그러졌다 À cette nouvelle, sa mine s'est renfrognée.

우그리다 타 ① ((물체를)) bosser, cabosser, bosseler, bossuer, déformer. ¶ 깡통[숟가락]을 ~ écraser une boîte métallique [une boîte de fer blanc, une boîte (de conserve), une canette] [déformer une cuillère]. ② ((얼굴을)) faire la grimace, grimacer. ¶ 그 말에 그가 얼굴을 우그렸다 À ses paroles, il a fait la grimace.

우글거리다 자 pulluler, grouiller, fourmiller. ¶ 그 방에 벌레가 우글거린다 Les vers pullulent dans cette chambre. ¶ 군중들이 광장에 우글거린다 La foule grouille sur la place. ¶ 이 거리는 거지들로 우글거린다 Cette rue grouille de clochards / Il y a beaucoup de clochards dans cette rue.

ㅇ

우글우글 閉 ① en foule, en grande quantité. ¶ 사람들이 광장에 ~ 모여 있었다 Les gens grouillaient sur la place. ② tout(*e*) froissé(*e*) et plié(*e*). ¶ 그 사람은 한 손으로 깡통을 ~ 우그러뜨렸다 Il a écrasé la boîte (de conserve) [la canette] avec une seule main [d'une seule main].

◆**_하다[거리다, 대다]** 형 s'agiter en très grand nombre; grouiller ((de pucerons, de monde)); fourmiller, pulluler, foisonner, abonder, regorger, surabonder. ¶ 썩은 음식에 구더기가 ~했다 Des vers fourmillaient partout dans les aliments pourris. ¶ 그 사람 주변에는 아첨꾼들만 ~했다 Il n'y avait que des flatteurs qui fourmillaient autour de lui. ¶ 의회에는 부패 정치인들이 ~하다 L'Assemblée nationale grouille de politiciens pourris.

우글쭈글 閉 sillonné(*e*) de rides, tout(*e*) ridé(*e*). ¶ 그 노인의 얼굴에는 주름살이 ~ 잡혀 있었다 Le visage du vieil homme était sillonné de rides.

◆**_하다** 형 être ridé(*e*), fripé(*e*). ¶ ~한 손 main sillonnée de rides. ¶ 그 여자의 곱던 얼굴이 이제는 ~하다 Son beau visage est maintenant sillonné de rides. ¶ ~하게 구겨진 셔츠 chemise fripée.

우기[1] **雨氣** 명 signe *m* (annonciateur) de pluie. ¶ ~를 머금은 하늘 ciel pluvieux.

우기[2] **雨期** 명 saison *f* des pluies. ¶ 기후가 ~로 접어들었다 On est arrivé à la saison des pluies / La saison des pluies a déjà commencé. ¶ 다음주부터 ~가 시작된다 La saison des pluies commence à partir de la semaine prochaine.

우기다 타 soutenir ((une opinion)) envers et contre tout; insister, persister, s'obstiner. ¶ 우겨서 내 요구를 관철시켰다 J'ai insisté pour faire accepter mes revendications. ¶ 그는 끝까지 자기가 옳다고 우겼다 Il a prétendu jusqu'au dernier moment qu'il avait raison (envers et contre tout). ¶ 그가 혼자 가겠다는 것을 내가 우겨서 동행했다 J'ai persisté pour l'accompagner, malgré sa volonté de partir seul.

우단 羽緞 명 velours *m*.

우담바라 명 fleur *f* légendaire bouddhique qui s'épanouirait tous les 1000 ou 3000 ans, incarnant le Bouddha.

우당탕 閉 ① 떨어지거나 부닥치는 소리 avec un bruit sourd, avec fracas, avec vacarme. ¶ 계단 밑으로 ~ 굴러 떨어지다 tomber en bas de l'escalier en faisant un grand bruit. ¶ 갑자기 ~ 소리가 났다 Soudain, il y a eu un bruit violent et retentissant. ② 요란스럽게 뛰어다닐 때 나는 소리 bruyamment, rudement, sauvagement. ¶ 위층에서 아이들이 ~ 뛰어다니면서 놀았다 Les enfants ont joué rudement en sautant au premier étage.

◆**_하다[거리다, 대다]** 자 faire du bruit. ¶ 천장에서 쥐들이 ~거린다 On entend les souris trottiner dans le plafond.

우당탕퉁탕 閉 avec fracas, avec vacarme. ¶ 방 안에서 무얼 하는지 ~ 소리가 끊이지 않았다 Il y a eu un long bruit violent dans la chambre.

◆**_하다** 자 faire un bruit violent [retentissant]; faire du vacarme [boucan {*fam*}, chahut, tintamarre, raffut, ramdam {*fam*}, un raffut de diable {*fam*}]; tomber avec fracas. ¶ 아이들이 마루에서 ~하며 한바탕 소란을 피운다 Les enfants font un grand bruit dans le salon. ¶ 부엌에서 뭐가 떨어졌는지 ~하는 소리가 들렸다 On a entendu un bruit fracassant dans la cuisine.

우대 優待 명 traitement *m* de faveur. ¶ 우수 고객 ~서비스 traitement de faveur pour les très bons clients [pour les clients fidèles, pour les clients de marque, pour des clients sélectionnés]. ◇**_(를) 하다** traiter *qn* de façon spéciale; accorder un traitement de faveur à *qn*. ¶ 그 임금은 학자들을 특히 ~하였다 Le roi a accordé un traitement de faveur aux savants. ◇**_(를) 받다** recevoir [jouir d']un traitement de faveur. ¶ 단골을 ~하다 accorder un traitement de faveur aux clients fidèles [aux bons clients]. ¶ 전문가가 ~받는 사회 société où les professionnels jouissent d'un traitement de faveur. ◇**_(가) 되다** se faire accorder un traitement de faveur.

◆**_권 -券** 명 billet *m* de faveur; carte *f* de priorité.

우동 명 *udong* <nouilles japonaises>.

◆**_집** 명 restaurant *m* de nouilles japonaises.

우두 牛痘 명 【의학】 vaccine *f*, variole *f* des vaches. ◇**_(를) 놓다** vacciner *qn* contre la variole. ¶ 어린아이에게 ~를 놓다 vacciner un enfant contre la variole (des vaches). ◇**_(를) 맞다** être vacciné(*e*) contre la variole. ¶ ~를 맞은 자국 traces d'un vaccin antivariolique.

우두둑 閉 crac ((onomatopée d'un craquement)). ¶ 우박이 창에 ~ 떨어진다 La grêle frappe les vitres à grands coups. ¶ 그는 사탕을 ~ 깨물어 먹었다 Il a croqué le bonbon. ¶ 그는 손가락 마디를 ~ 꺾으면서 험상궂은 표정을 지었다 En faisant craquer ses doigts, il a fait une mine farouche [féroce, effrayante].

◆**_하다[거리다, 대다]** 자 craquer. ¶ 몸을 일으키니 뼈마디가 ~거린다 Lorsqu'on s'étire, les os craquent.

◆**_ _** 閉 à grands coups. ¶ 창문에 ~~ 빗방울 치는 소리가 들린다 On entend la pluie frapper les vitres à grands coups.

우두머리 명 tête *f*, chef *m*. ¶ 조직의 ~가 되다 prendre la tête d'une organisation. ¶ 누가 이곳의 ~냐 Qui c'est le chef ici?

우두커니 閉 d'un air absent [distrait]. ¶ ~ 서 있다 rester debout d'un air distrait. ¶ 그는 먼 산만 ~ 바라볼 뿐이었다 Il a regardé d'un air distrait dans le lointain. ¶ 너 또 아무것도 하지 않고 ~ 있구나 Tu es encore à rêvasser sans rien faire!

우둔하다 愚鈍- 형 être stupide, lent(*e*) d'esprit, dur(*e*) à la détente; être peu dégourdi(*e*). ¶ 우둔한 머리 stupide, imbécile, sot(*te*), idiot(*e*). ¶ 그는 아주 우둔해 보였다 Il avait l'air très stupide / Il n'avait pas l'air très fute-fute {*fam*}.

우둥퉁하다 형 être grand(*e*) et robuste. ¶ 그는 몸집이 우둥퉁했다 Il était grand et robuste.

우들우들 부 agla ... alga ...; Brrr! ((onomatopée accompagnée de tremblements convulsifs à peine perceptibles ainsi que de légers claquements de dents; balbutiements de peur ou de froid)). ¶ 추워서 ~ 떨다 trembler [frémir] de froid; frissonner; grelotter de froid; claquer des dents.

우등 優等 명 rang *m* excellent; qualité *f* remarquable; mention *f* honorable; premières places *fpl* ((d'un classement, d'un concours)). ¶ 수학에서 ~을 받다 obtenir une très bonne note en mathématiques [en maths {*fam*}]. ¶ 그는 3년 ~으로 고등학교를 졸업했다 C'était l'un des meilleurs de sa classe [un brillant élève] pendant ses trois années de lycée. ◇_(을) **하다** être dans les premiers ((à un concours, à un classement)); avoir un bon classement, être bien classé(*e*), être classé(*e*) parmi les premiers; avoir une bonne place ((en histoire)); être ((reçu à un concours)) dans les premières places [dans les premiers]; être dans le peloton de tête ((dans un concours)); occuper les premières places ((d'un classement, d'un concours)); être dans les premiers rangs ((d'un concours)). ¶ 반에서 ~을 하다 être dans les (tout) premiers de la classe, faire partie des meilleurs (élèves) de la classe, être classé(*e*) parmi les meilleurs (élèves) de la classe.

◆**_하다** 형 ((élève)) être brillant(*e*). ¶ ~한 학생과 열등한 학생 élèves brillants et mauvais élèves; les premiers et les derniers de la classe.

◆**_상** -賞 명 prix *m* d'excellence.

◆**_생** -生 명 excellent(*e*) élève *mf*, élève *mf* brillant(*e*); élève *mf* bien classé(*e*).

◆**_열차** -列車 명 train *m* de première catégorie.

우뚝 부 ① 두드러지게 높이 솟은 모양 ((s'élever)) haut. ¶ 고층 빌딩들이 ~ 솟아 있었다 Les gratte-ciel pointent vers le ciel. ¶ ~ 선 그의 코가 무척이나 인상적이었다 Son nez pointu m'a beaucoup impressionné(*e*) / J'ai été impressionné(*e*) par son nez pointu. ② 갑자기 멈추는 모양 brusquement, d'un coup. ¶ 그는 갑자기 걸음을 ~ 멈추었다 Il s'est arrêté brusquement. ③ 남보다 뛰어난 모양 ((s'élever)) haut. ¶ 그는 세계를 제패하고 정상에 ~ 섰다 Il est devenu le champion du monde.

◆**_하다** 형 être haut(*e*), être élevé(*e*). ¶ ~한 콧날 un nez saillant.

◆**_서다** 자 se dresser tout droit, s'élever haut(*e*), se tenir debout haut(*e*); avoir un rang [une position] élevé(*e*) [remarquable]. ¶ 세계 일류 국가로[대학으로] ~서다 s'élever au rang de première puissance [université] mondiale.

◆**_이** 부 haut, de manière haute. ¶ 그 남자는 제자리에 ~이 서 있었다 Il se tenait debout à sa place de façon impressionnante.

◆**_ _** 부 ((s'élever)) haut, en haut ¶ 고층 아파트들이 신도시에 ~~ 들어서 있었다 Des grandes tours résidentielles s'élevaient très haut dans les nouvelles villes. ¶ 험준한 산봉우리들이 ~~ 솟아 있었다 Des montagnes escarpées s'élevaient à pic.

우라늄 명 【화학】 uranium *m*. ¶ 농축 ~ uranium enrichi.

◆**_광** -鑛 명 uranium *m* ore.

우라지다 자 être salaud {*fam*}; ((‘우라질’의 형태로)) ((ce, cette, ces)) sale, putain {*vulg*} de, maudit(*e*), satané(*e*), damné(*e*), sacré(*e*), foutu, fichu(*e*) ((camion, voiture, bagnole)). ¶ 이런 우라질 놈이 다 있나! Quel salaud [salopard]! {*fam*} ¶ 이런 우라질 놈의 세상 같으니라고! Quel putain de monde! {*vulg*} ¶ 날씨가 우라지게 춥다 (Quel temps!) Il fait un froid de canard [de loup, de gueux]! / Ça caille [pèle] {*fam*} / On se les gèle ici {*fam*}.

우라질 감 【비어】 merde, putain {*vulg*}; ¶ ~, 또 기차를 놓쳤네 Merde, j'ai encore raté le train ☞ 우라지다

우락부락하다 형 être rude, fruste, grossi*er*(*ère*). ¶ 우락부락한 태도 attitude rude. ¶ 그는 얼굴이 우락부락하게 생겼다 Il a un visage bourru.

우랄어족 러 -語族 명 【언어】 famille *f* linguistique altaïque.

우람스럽다 형 ☞ 우람하다

우람차다 형 ☞ 우람하다

우람하다 형 être grandiose, imposant(*e*), majestueu*x*(*se*); être massi*f*(*ve*). ¶ 그는 몸집이 ~ Il est massif / C'est un homme massif. ¶ 육중하고 우람한 정문 porte [entrée] grandiose et massive.

우량 優良 명 supériorité *f*, excellence *f*.

◆**_하다** 형 être supérieu*r*(*e*), excellent(*e*). ¶ ~한 기업 une entreprise saine et fructueuse [dégageant de bons bénéfices, dégageant de bons rapports].

◆**_도서** -圖書 명 de bons [beaux] livres *mpl*.

◆**_아** -兒 명 enfant en très bonne santé, bébé *m* costaud, fils *m* [fille *f*] bien en chair, solide gaillard *m*.

◆**_종** -種 명 espèce *f* de qualité supérieure.

◆**_주** -株 명 actions *fpl* de priorité.

◆**_품** -品 명 article *m* de qualité supérieure.

우량계 雨量計 명 pluviomètre *m*.

우러나다 자 ① ((빛깔이나 맛이)) dégorger, infuser; macérer. ¶ 이 차는 잘 우러났다 Il est bien infusé, ce thé. ¶ 맛[빛깔]이 우러났다 Le goût [La couleur] est infusé(*e*). ¶ 국물이 우러났다 La viande a macéré dans le bouillon / La viande a dégorgé. ② ((진실한 감정이)) venir du fond du cœur, être sincère. ¶ 감사의 마음이 ~ remercier *qn* du fond du cœur. ¶ 동정심이 ~ éprouver [ressentir] de la pitié.

우러나오다 자 ① ((빛깔이나 맛이)) (laisser) infuser. ¶ 맛[빛깔]이 ~ le goût [la couleur] est infusé(*e*). ¶ 국물이 ~ laisser infuser la viande. ② 좋은 성질이나 체험이 나타나다 venir ((d'une expérience)). ¶ 삶에서 우러나온 지혜 sagesse qui vient de la vie. ③ ((진실한 감정이)) venir du fond du cœur; être sincère. ¶ 마음속에서 존경심이 ~ Son respect vient du fond du cœur. ¶ 진심에서 우러나온 감사 des remerciements sincères.

우러러보다 타 ① 올려다보다 regarder en haut, lever les yeux (vers le haut). ¶ 푸른 하늘을 ~ regarder en haut le ciel bleu. ② 존경하는 마음을 가지다 admirer. ¶ 누구를 ~ admirer *qn*, avoir de l'admiration pour *qn*, tenir [avoir] *qn* en haute estime, avoir de l'estime pour *qn*.

우러러보이다 자 존경하는 마음으로 대하다 traiter *qn* avec beaucoup d'égards. ¶ 그는 형이 항상 우러러 보였다 Il avait [tenait] toujours son frère en grande [haute] estime.

우러르다 타 ① 올려다보다 lever les yeux. ¶ 하늘[태양]을 ~ lever les yeux pour regarder le ciel [le soleil]. ② 존경하는 마음을 가지다 regarder avec respect; estimer. ¶ 누구의 인품을 ~ avoir [témoigner] du respect pour [à, envers] *qn*. ¶ 우러를 만한 훌륭한 인물 un grand homme [personnage] qui mérite du respect.

우렁우렁 부 avec fracas. ¶ 대형 강의실에 강사의 목소리만 ~ 울렸다 La grande salle ne retentissait que de la voix du professeur / On n'entendait que la voix du professeur.

◆ **_하다** 형 être résonant(*e*), retentissant(*e*); tonner, gronder. ¶ 강당에는 그의 목소리만이 ~하게 울렸다 La salle de conférences ne retentissait que de sa voix.

우렁이 명 paludine *f*.

◆ **_ㅅ속** 명 ① 내용이 복잡하여 헤아리기 어려운 일 affaire *f* énigmatique; pensée *f* insondable. ¶ 상황이 복잡하게 얽혀서 우렁잇속같이 되어 버렸다 La situation est devenue inextricable et insondable. ② 의뭉스러운 속마음 intentions *fpl* insondables. ¶ 그 사람의 속마음은 우렁잇속 같아서 아무도 알 수가 없었다 Personne ne pouvait deviner les intentions de cet homme si énigmatique.

우렁차다 형 être retentissant(*e*), résonant(*e*); résonner. ¶ 그는 목소리가 ~ Il a une voix retentissante. ¶ 학생들의 대답이 우렁차게 들렸다 On a entendu les élèves répondre avec une voix retentissante.

우레 명 pipeau *m*, pipée *f*; appeau *m*. ¶ ~를 불다 souffler dans un pipeau. ¶ ~로 암꿩을 부르다 attirer les faisans avec un pipeau.

우레탄 영{urethane} 명 ① uréthan(n)e *m*. ② ⟪우레탄 고무⟫ polyuréthan(n)e *m*. ¶ ~ 재질의 시곗줄 bracelet polyuréthane. ¶ 트랙에 ~을 깔다 recouvrir une piste d'athlétisme d'un revêtement synthétique polyuréthane, recouvrir une piste d'athlétisme (d'un mélange de caoutchouc synthétique et) de polyuréthane, procéder au coulage de la piste (appelé *retoping*) en polyuréthane.

우려 憂慮 명 inquiétude *f*, anxiété *f*, souci *m*. ¶ 경제에 대한 ~를 표시하다[나타내다] manifester *son* inquiétude au sujet de l'économie. ◇**_(를) 하다** s'inquiéter de *qc*, être inqui*et*(*ète*) de *qc*; éprouver de l'anxiété; se faire du souci. ¶ 그는 아버지의 건강을 ~하고 있다 Il s'inquiète de la santé de son père. ¶ 정부는 이번 일로 민심이 동요하지 않을까 ~하고 있다 Le gouvernement s'inquiète que le public soit troublé par cet événement. ¶ ~할 만한 상황 situation[circonstances, état] inquiétant(*e*)(*s*). ◇**_(가) 되다** se faire du souci; être inquiétant(*e*). ¶ 그는 너무 과로하여 건강이 ~된다 Il s'est surmené à tel point que sa santé m'inquiétait. ¶ 결과가 좋지 않을까 ~된다 Je m'inquiète que le résultat ne soit pas bon. ◇**_가 있다[없다]** avoir du souci [ne pas avoir de souci]. ¶ 그렇게 공부하다가는 실패할 ~가 있다 Il risque d'échouer s'il continue à travailler ainsi. ¶ 그럴 ~는 전혀 없습니다 Il n'y a aucun risque.

우려내다 타 ① ⟪빛깔이나 맛을⟫ faire infuser; faire macérer; faire dégorger ⟪des escargots⟫. ¶ 알맞게 우려낸 차 une tasse de thé bien infusé. ② 위협하여 돈을 뜯어내다 extorquer, soutirer. ¶ 누구에게서[로부터] 돈을 ~ extorquer de l'argent à *qn*.

우려먹다 타 ① 위협하여 돈을 뜯어내다 extorquer, soutirer. ¶ 누구를 ~ extorquer à *qn*. ¶ 누구의 돈을 ~ extorquer de l'argent à *qn*. ② 이미 썼던 내용을 다시 이용하다 ressasser. ¶ 이야기를 ~ ressasser la même histoire. ¶ 나는 이 구절을 많은 글에서 우려먹었다 J'ai déjà cité ce passage dans beaucoup de textes.

우롱 愚弄 명 moquerie *f*, dérision *f*, raillerie *f*. ◇**_(을) 하다** se moquer de *qn*; railler *qn*, ridiculiser *qn*, bafouer *qn*; tourner *qn* en ridicule [dérision]. ¶ 소비자들을 ~하다 se moquer des consommateurs. ◇**_(을) 당하다[받다]** faire l'objet de railleries; se faire bafouer [ridiculiser]; se voir bafoué(*e*), raillé(*e*), être en butte aux moqueries de *qn*. ¶ 그 사람한테 ~당한 기분이다 J'ai l'impression qu'il s'est moqué de moi.

우뢰 명 ⟪'우레'의 잘못⟫ ☞ 우레

우루루 부 ⟪'우르르'의 잘못⟫ ☞ 우르르

우르르 부 ⟪idéophone de mouvement d'une foule qui afflue ou onomatopée du bruit du tonnerre⟫ ① 한꺼번에 급하게 몰려다니는 모양 en foule, en grand nombre. ¶ 사람들이 그 주위로 ~ 몰려들었다 La foule s'est serrée autour de lui. ② 무너져 내리는 모양이나 소리 d'un coup, brusquement. ¶ 쌓아 놓은 책들이 ~ 무너져 내렸다 Les livres entassés se sont écroulés d'un coup. ③ 폭포수나 천둥이 내는 소리 avec fracas. ¶ 폭포수가 ~ 콸콸 쏟아져 내리다 La cataracte tombe rapidement avec un grand fracas. ¶ 천둥소리가 ~ 쾅쾅 요란하게 났다 On a entendu le tonnerre gronder / On a entendu le grondement [roulement] de tonnerre.

우르릉 부 ⟪onomatopée de grand bruit assourdissant comme celui du grondement de tonnerre⟫. ¶ 천둥이 ~ 쳤다 Le tonnerre a grondé d'un grand bruit assourdissant.

우리[1] 명 cage *f*. ¶ ~를 두르다[치다] faire une cage, mettre en cage. ¶ 호랑이를 ~에 가둬 놓다 enfermer

ㅇ

un tigre dans une cage. ¶ 그는 ~ 안의 호랑이에 불과하다 Il n'est qu'un tigre en cage.

◆**돼지**_ 명 porcherie *f*. ¶ 이거 집 안이 완전히 돼지~구먼 Quelle porcherie, cette maison! / Cette maison, c'est une vraie écurie!

우리² 대 ① nous; on ((pronom de la première personne au pluriel, neutre)). ¶ ~의 임무는 다음과 같다 Notre devoir est le suivant. ¶ 그는 ~를 믿지 않는다 Il ne nous croit pas. ¶ 그는 ~를 위해 최선을 다했다 Il a fait de son mieux pour nous aider. ¶ 그는 ~에게 그 이야기를 했다 Il nous a parlé de cette histoire. ¶ 그들은 ~보다 부자다 Ils sont plus riches que nous. ¶ ~는 그를 만났다 Nous l'avons rencontré(*e*). ¶ ~ 한국 사람들은 일반적으로 친절하다. Nous, les Coréens sommes en général gentils. ② notre, mon(ma, mes). ¶ ~ 회사[학교] notre entreprise [école]. ¶ ~ 식구들 notre [ma] famille.

◆**_나라** 명 notre [mon] pays; la Corée.

◆**_네** 대 nous. ¶ ~네 형편에 자가용을 굴리는 것은 무리다 Dans notre situation, il ne serait pas raisonnable d'avoir une voiture / Avec nos moyens, nous ne pouvons nous permettre d'avoir une voiture.

◆**_말** 명 langue *f* coréenne, coréen *m*.

우리다 타 ① 맛을 빼내다 [faire] tremper; mettre à tremper; [faire] macérer; faire dégorger ((des escargots)). ¶ 멸치를 우려 국물을 만들다 faire macérer les anchois secs dans l'eau bouillante. ② 남을 위협하여 돈을 뜯어내다 extorquer, soutirer. ¶ 사람들을 우려 돈을 뜯어내다 extorquer de l'argent aux gens.

우린 ((forme contractée de 우리-는)) nous (thème ou sujet d'une proposition ou d'une phrase)

우릴 ((forme contractée de 우리-를)) nous (complément d'objet direct dans une proposition ou une phrase)

우마 牛馬 명 vache *f* et cheval *m*, animaux *mpl* domestiques. ¶ ~처럼 혹사하다 traiter *qn* comme un chien [animal].

◆**_차**-車 명 chariot *m*. charrette *f*, char *m* à bœufs. ¶ ~차 통행 금지 Route interdite aux chars à bœufs.

우매하다 愚昧- 형 être stupide, idiot(*e*). ¶ 우매한 소비자 consommateurs stupides. ¶ 우매하게도 그들은 자신들이 무슨 짓을 하고 있는지 모른다 Ils sont trop stupides pour savoir ce qu'ils font.

우무 명 gélatine *f*.

우묵 부 avec des creux. ¶ 볼이 ~ 패었다 avoir les joues creuses.

◆**_하다** 형 être creux(*se*), ((œil)) être cave {*litt*}, concave; être vide. ¶ 그는 볼이 ~하다 Il a les joues creuses.

◆**_ _** 부 inégalement, avec plein de trous. ¶ 길이 여기저기가 ~~ 패었다 La rue est pleine de trous par ci par là.

◆**_ _하다** 형 être raboteu*x*(*se*), inégal(*e*); être plein(*e*) de trous.

우문현답 愚問賢答 명 une réponse *f* sage à une question stupide [bête]. ¶ 그의 대답은 그야말로 ~이다 Il a donné une réponse vraiment sage à une question si stupide. ◇_(을) **하다** donner une réponse sage à une question stupide.

우물 명 puits *m*. ¶ 깊은 ~ un puits profond. ¶ ~을 파다 creuser un puits. ¶ ~에서 물을 긷다 puiser de l'eau dans un puits.

*~**안 개구리** ☞ 개구리

***목마른 놈이 ~ 판다** La personne qui est la plus dans le besoin est la première motivée [la plus motivée] pour résoudre le problème / On n'est jamais mieux servi que par *soi-même*.

***한 ~을 파다** ne se consacrer qu'à une seule chose.

◆**_가** 명 bord *m* d'un puits.

*~**가에서 숭늉 찾는다** ☞ 숭늉

*~**가에 애 보낸 것 같다** être très inqui*et*(*ète*) d'avoir chargé *qn* d'une tâche à laquelle il n'est pas habitué.

◆**_물** 명 eau(*x*) *f* de puits. ¶ ~물을 긷다 tirer [puiser] de l'eau au puits.

우물거리다 자타 ① ((말이나 행동)) marmonner, bredouiller, marmotter, murmurer, parler [dire *qc*] entre *ses* dents; mâcher (*ses* mots); hésiter, tergiverser, balancer, rester indécis(*e*); bafouiller, chercher *ses* mots; être lent(*e*). ¶ 그는 항상 우물거린다 Il bredouille tout le temps / Il bafouille tout le temps / Il cherche tout le temps ses mots. ¶ 알아들을 수 없는 말을 ~ mâcher *ses* mots, prononcer des mots inintelligibles. ② ((음식물)) mâcher, mâchonner, mastiquer. ¶ 고기 한 점을 입에 넣고 ~ mastiquer un morceau de viande. ¶ 빵 껍질을[껌을] 우물거리며 씹다 mâchonner des croûtes de pain [un chewing-gum].

우물우물 부 ((onomatopée d'aspect d'hésitation, de mouvement de mâcher *qc*, de parler d'un ton peu clair)). ¶ ~ 씹다 mâcher (*qc* dans la bouche), mâchonner, mâchouiller {*fam*}, mastiquer. ¶ ~ 말하다 grommeler, marmonner, bredouiller, murmurer, marmotter, mâchonner, parler [dire, marmonner] *qc* entre *ses* dents.

우물쩍 부 d'une manière évasive [élusive], furtivement. ¶ 그는 그 문제를 ~ 넘기려고 했다 Il a essayé d'éluder le problème.

◆**_하다[거리다, 대다]** 자 tergiverser, se comporter [se conduire] évasivement, chercher un faux-fuyant. ¶ 그 사람의 ~하는 태도가 마음에 안 든다 Son attitude évasive ne me plaît pas. ¶ ~거리지만 말고 말을 해라 Explique clairement sans tergiverser! ¶ 그렇게 ~대다가는 기회를 놓치고 만다 À trop tergiverser, tu perdras des occasions.

우물쭈물 부 d'une manière hésitante [incertaine, indécise], avec hésitation. ¶ 그들은 어찌할 바를 몰라 ~ 서 있었다 Ne sachant que faire, ils restaient debout tout hésitants.

◆**_하다** 자 hésiter à+*inf*, balancer, être indécis(*e*), hésitant(*e*). ¶ 결단을 내리지 못하고 ~하다 rester indécis(*e*). ¶ 그는 매사에 ~한다 Il est hésitant dans tout ce qu'il doit faire. ¶ 그는 ~하면서 말을 제대로 못 한다 Il s'exprime d'une manière maladroite et hésitante / Il bafouille. ¶ ~할 시간이 없다 On n'a pas de temps à perdre / Ce n'est pas le moment de tergiverser [de se poser des questions, d'hésiter] / Il n'y a pas à hésiter.

우뭇가사리 명 agar-agar *m*, gélose *f*.

우므러들다 자 se dégonfler. ¶ 바람이 빠져서 공이 우므러들었다 Le ballon s'est dégonflé.

우므러뜨리다 타 écraser; cabosser, bosseler, bossuer; abîmer. ¶ 모자를 ~ cabosser un chapeau. ¶ 아이가 탁구공을 밟아 우므러뜨렸다 L'enfant a écrasé une balle de ping-pong sous son pied.

우므리다 타 refermer ((la main, les yeux)); pincer, serrer ((les lèvres)).

우민 愚民 어근 peuple *m* ignorant. ¶ ~ 정책 mesures politiques obscurantistes. ¶ ~ 정치 politique gouvernementale obscurantiste.

◆**_화** -化 명 appauvrissement *m* intellectuel du peuple. ¶ ~화 교육 éducation obscurantiste. ¶ 백성을 ~화하다 rendre les gens incultes.

우박 명 grêle *f*. ¶ ~이 온다[내린다, 떨어진다] Il grêle / Il tombe de la grêle.

우발 偶發 어근 ce qui arrive par hasard [accidentellement]; accidentel(*le*), imprévu(*e*), fortuit(*e*), inattendu(*e*). ¶ ~ 범죄 un crime fortuit. ¶ ~ 사고 un cas fortuit, un accident.

◆**_적** -的 명관 accidentel(*le*), imprévu(*e*), fortuit(*e*), inattendu(*e*). ¶ ~적 행동 une action imprévue [inattendue]. ¶ 그것은 ~적이 아닌 계획적 범행이었다 Il s'agissait d'un crime prémédité, non pas accidentel. ¶ ~적으로 저지른 범죄 crime commis accidentellement, crime involontaire.

우방 友邦 명 nation *f* amie, pays *m* allié.

◆**_국** -國 명 nation *f* amie, pays *m* allié, les alliés *mpl*.

우범 虞犯 명 possibilité de commettre un crime. ¶ ~ 지대 zone de forte criminalité. ¶ ~ 지역 quartier aux prises avec une forte criminalité. ¶ ~청소년 adolescent(*e*) à tendance criminelle.

◆**_자** -者 명 personne *f* à tendance criminelle.

우변 右邊 명 ① côté *m* droit ((du damier du jeu de go)). ¶ ~ 화점에 돌을 놓다 ② 【수학】 poser une pierre [un pion] sur une «étoile» du côté droit. ¶ 방정식의 좌변과 ~ les deux termes d'une équation.

우비 雨備 명 imperméable *m*, imper *m* {*fam*}, vêtement *m* de pluie, manteau(*x*) *m* de pluie; ciré *m*; poncho *m*, gabardine *f*, k-way *m*. ¶ ~를 입다[걸치다] mettre [enfiler] un imperméable.

우비다 타 ① 긁어 파다 racler, curer. ¶ 호박 속을 우벼내다 racler le fond d'une citrouille. ② 속에 붙은 것을 긁어내다 (se) curer ((les oreilles)), se mettre le doigt dans ((le nez)). ¶ 귀를[코를] ~ se curer les oreilles, se nettoyer les oreilles [se curer le nez, fourrer [mettre] ses doigts dans son nez [dans le nez], se mettre les doigts dans le nez].

우산 雨傘 명 parapluie *m*, pébroque *m* {*fam*}, pépin *m* {*fam*}, riflard *m* {*fam*}. ¶ ~을 펴다[펼치다] ouvrir [déployer] *son* parapluie. ¶ ~을 접다 fermer [replier] *son* parapluie. ¶ ~을 쓰다 déployer un [*son*] parapluie, s'abriter sous un parapluie. ¶ ~을 쓰고 가다 marcher avec [sous] un parapluie. ¶ ~ 가져왔니? T'as (pris) un parapluie? ¶ 바람이 세게 불어서 ~이 뒤집혔어 Le vent était si fort que mon parapluie s'est retourné.

◆**_꽂이** 명 porte-parapluies *m inv*.

우상¹ 偶像 명 idole *f*. ¶ ~ 숭배 culte des idoles, idolâtrie. ¶ 청춘[젊은이들]의 ~ une idole de jeunesse[des jeunes]. ¶ ~을 숭배하다[섬기다] honorer [adorer] des idoles. ¶ 당신은 저의 ~입니다 Vous êtes mon idole.

◆**_화** -化 명 idolâtrie *f*. ¶ 누구를 ~화하다 ((자신의 우상으로 삼다)) faire de *qn son* idole, idolâtrer *qn*; ((다른 사람에게 (조작을 통해) 우상으로 받들게 하다)) amener [pousser] *qn* à idolâtrer *qn*.

우상² 右相 명 【역사】 le troisième [le moins élevé] dans la hiérarchie des trois Premiers ministres *mpl* d'État ((au temps du royaume de Joseon)). ☞ 우의정

우생학 優生學 명 eugénique *f*, eugénisme *m*.

◆**_적** -的 명관 eugénique. ¶ ~적 견지에서 dans une perspective eugénique. ¶ ~적으로 볼 때 d'un point de vue eugénique, sur le plan de l'eugénisme.

◆**_자** -者 명 eugéniste *mf*.

우선¹ 于先 부 (tout) d'abord, de prime abord, avant tout, pour commencer, premièrement, en premier lieu. ¶ ~ 그 사람의 의견을 들어 봅시다 D'abord, écoutons son opinion [son point de vue]. ¶ ~ 저녁부터 먹자 Prenons le dîner d'abord / Commençons par prendre le dîner.

*~ **먹기는 곶감이 달다** Ce qui semble juste à première vue peut se révéler source de désagréments.

우선² 優先 명 priorité *f*, primauté *f*. ¶ 안전 운행을 ~으로 하다 donner la priorité [la primauté] à la sécurité routière. ◇**_하다** passer avant, avoir la priorité, primer. ¶ 인권이 그 무엇보다 ~한다 Les droits de l'homme passent avant tout. ◇**_(이) 되다** primer, avoir priorité sur *qc*. ¶ 사회 안전이 무엇보다 ~되어야 한다 La sécurité publique doit primer avant tout. ◇**_(을) 시키다** accorder [donner] la priorité à *qc*; faire primer *qc*. ¶ 자국의 이익을 ~시키는 정책 politique fondée sur la primauté de l'intérêt national. ◇**_이다** être la priorité, être prioritaire; primer, passer avant tout. ¶ 무엇보다 건강이 ~이다 La santé, c'est la priorité / Le plus important, c'est la santé / La santé prime / Il n'y a rien de plus important [de plus précieux] que la santé.

◆**_적** -的 명관 prioritaire. ¶ 새 정부의 ~적인 과제 중의 하나 une des priorités du nouveau gouvernement. ¶ 그것이 바로 나의 ~적인 목표이다 C'est mon objectif prioritaire. ¶ 그 일을 ~적으로

ㅇ

다루어야 한다 Il faut traiter de cette affaire prioritairement.

◆_권 -權 명 priorité *f*, droit *m* de priorité. ¶ 누구에게 ~권을 주다 donner le droit de priorité à *qn/qc*, laisser la priorité à *qn*. ¶ ~권을 가지다 avoir priorité sur *qc*.

◆_배당 -配當 명 【경제】 dividende *m* prioritaire.

◆_변제 -辨濟 명 【경제】 remboursement *m* prioritaire.

◆_사항 -事項 명 question *f* prioritaire.

◆_순위 -順位 명 ordre *m* prioritaire. ¶ ~순위를 정하다 établir un ordre de priorité, fixer un ordre prioritaire.

◆_주 -株 명 【경제】 action *f* prioritaire, action *f* privilégiée.

우선[3] 郵船 명 bateau(*x*) *m* postal. ¶ ~으로 편지를 보내다 envoyer une lettre par bateau.

우성[1] 優性 명 【생물】 gènes *mpl* dominants.

◆_유전 -遺傳 명 transmission *f* du gène dominant.

◆_인자 -因子 명 gène *m* dominant.

◆_형질 -形質 명 caractéristique *f* d'un gène dominant.

우성[2] 偶性 명 【철학[논리]】 contingence *f*; éventualité *f*.

우세[1] 명 ridicule *m*. ¶ 식구끼리 싸우면 ~밖에 안 된다 Toute querelle familiale s'expose au ridicule. ◇_(를) 하다[당하다, 사다] se faire ridiculiser.

◆_스럽다 형 être ridicule, risible. ¶ ~스러워 고개를 들 수가 없다 Je crains trop le ridicule pour redresser la tête.

◆_ㅅ거리 명 l'objet *m* d'une moquerie [d'une raillerie], la risée *f*, l'objet *m* de risée, l'objet *m* de dérision, le sujet de moquerie, la fable *f* de ((*ses* amis)). ¶ 우셋거리가 되다 être ridiculisé(*e*), faire l'objet d'une moquerie [d'une raillerie]; être tourné(*e*) en ridicule, être la risée [l'objet de risée [l'objet de dérision, le sujet de moquerie, la fable] de ((*ses* amis)).

우세[2] 優勢 명 supériorité *f*, prédominance *f*. ¶ 수적 ~ supériorité numérique. ¶ ~를 유지하다[지키다] garder [maintenir] une supériorité, garder l'avantage. ¶ ~를 확보하다 assurer la prédominance. ¶ 한일 축구 경기에서 한국이 시종 ~를 보였다 L'équipe coréenne de football a eu le dessus pendant tout le match contre les Japonais. ¶ ~가 예상되다 prévoir la domination de *qn/qc*.

◆_하다 형 être supérieur(*e*); ((의견, 경향)) être (pré)dominant(*e*); avoir l'avantage [le dessus]; dominer; ((수)) être supérieur(*e*) en nombre, avoir *l'avantage numérique*. ¶ 이 팀이 저 팀보다 ~하다 Cette équipe est plus forte que l'autre. ¶ 처음에는 그 사람의 의견이 내 의견보다 ~했다 Au début, son avis a été mieux accueilli que le mien.

◆_승 -勝 명 victoire *f* aux points [par décision d'arbitrage].

우송 郵送 명 envoi *m*, expédition *f* ((d'une lettre, d'un colis)). ¶ ~ 요금 frais d'envoi, taxe postale, port. ◇_(을) 하다 envoyer, expédier. ¶ 돈을 우편환으로 ~ 하다 envoyer de l'argent par mandat postal.

◆_료[비] -料[費] 명 frais *m* d'envoi, taxe *f* postale, port *m*. ¶ 소포의 ~료로 5유로를 지불했다 On a payé 5 euros pour envoyer un paquet.

◆_물 -物 명 courrier *m*; envoi *m*.

우수[1] 優秀 명 supériorité *f*, suprématie *f*, excellence *f*. ¶ ~ 사원 un employé hors pair [exceptionnel]. ¶ ~ 상품 un produit de qualité supérieure.

◆_하다 優秀 형 être supérieur(*e*); être excellent(*e*); être doué(*e*); être performant(*e*). ¶ 질적으로 ~하다 être de qualité supérieure. ¶ 그 자동차는 가격에 비해 성능이 ~하다 Cette voiture offre un bon rapport qualité / prix. ¶ ~한 성적으로 졸업하다 finir *ses* études avec la mention très bien [avec une très bonne note].

◆_성 -性 명 supériorité *f*, suprématie *f*, excellence *f*. ¶ 기술의 ~성 supériorité technologique.

우수[2] 雨水 명 ① eau *f* de pluie. ② Usu <une des 24 divisions du calendrier luni-solaire, vers le 19 février>.

우수[3] 偶數 명 nombre *m* pair. ¶ ~와 기수 nombres pairs et nombres impairs.

우수[4] 憂愁 명 souci *m*; tristesse *f*, mélancolie *f*. ¶ ~에 잠기다[젖다] être plongé(*e*) [nager] dans la mélancolie. ¶ 여인은 ~에 가득 찬 눈으로 허공을 바라보았다 Elle a regardé dans le vague, les yeux pleins de tristesse.

우수리 명 ① 거스름돈 monnaie *f*. ¶ ~를 내주다 rendre la monnaie. ② 남은 수량 restant *m*, reste *m*; solde *m*. ¶ ~를 떼다[없애다] arrondir une somme.

우수수 부 massivement, abondamment. ¶ 낙엽이 ~ 떨어진다 Les feuilles tombent abondamment.

우스개 명 plaisanterie *f*, blague *f*. ¶ 그냥 ~로 한 말에 그녀는 화를 냈다 Elle s'est fâchée à cause d'une simple plaisanterie.

◆_ㅅ거리 명 objet *m* de plaisanterie, matière *f* à plaisanter. ¶ 우스갯거리가 되다 devenir un objet de moquerie pour les autres, faire l'objet de railleries, être en butte aux moqueries de *qn*, se ridiculiser, se rendre ridicule, être un objet de risée, être la risée de ...; être la fable ((d'un groupe, d'une collectivité)).

◆_ㅅ소리 명 ((dire une)) plaisanterie *f*, blague *f*. ¶ 우스갯소리를 하다 plaisanter, faire une plaisanterie.

◆_ㅅ짓 명 geste *m* [comportement *m*, conduite *m*] qui fait rire, drôlerie *f*, bouffonnerie *f*.

우스꽝스럽다 형 être ridicule, drôle, grotesque; prêter à rire. ¶ 네 차림이 ~ Ta tenue [Ton accoutrement] est grotesque / Tu es drôlement accoutré(*e*) {*fam*} / Tu es déguisé(*e*). ¶ 그 남자가 잘난 체하는 것이 참 ~ C'est vraiment drôle de le voir se vanter. ¶ 그건 우스꽝스러운 일이다 C'est ridicule [grotesque]. ¶ 누구의 행동을 우스꽝스럽게

생각하다 trouver ridicule [grotesque] le comportement de *qn*.

우습다 형 être amusant(*e*), être comique, être drôle; être risible; être méprisable. ¶ 우스운 이야기 une histoire drôle, une drôle d'histoire.

***우습게 보다[여기다, 생각하다]** mésestimer, sous-estimer; prendre *qn* pour un idiot. ¶ 나를 우습게 보지[여기지] 마라 Ne me mésestime pas! / Ne me prends pas pour un idiot! ¶ 컴퓨터 다루는 것을 우습게 여기다 sous-estimer la difficulté de l'informatique.

***우습지도 않다** être tellement incroyable qu'on n'a pas du tout envie de rire [que ça nous coupe toute envie de rire, que ça nous supprime [ça nous enlève] toute envie de rire].

우승 優勝 명 victoire *f*, succès *m* final. ¶ ~ 후보 vainqueur potentiel(*le*), éventuel(*le*) gagnant(*e*), champion(*ne*) potentiel(*le*); favori(*te*). ¶ ~을 노리다 ambitionner de [viser à] remporter la victoire. ¶ ~을 다투다 disputer le titre de champion, disputer la finale, concourir dans un championnat. ¶ ~을 차지하다 remporter le championnat [la victoire], gagner le championnat ((du monde, de tennis)). ¶ ~의 행방을 예측하기 어렵다 On ne saurait prévoir [dire] à qui reviendra la victoire / On peut difficilement dire [On ne peut pas dire] qui va l'emporter [qui va gagner] / Il est difficile de se prononcer sur un éventuel vainqueur. ◇_(을) **하다** [거두다] remporter la victoire, gagner ((le championnat)), triompher. ¶ 월드컵에서 ~하다 remporter la Coupe du Monde.

◆**_기** -旗 명 drapeau(*x*) *m* du vainqueur.

◆**_마** -馬 명 cheva*l*(*aux*) *m* gagnant(*s*).

◆**_자** -者 명 vainqueur *mf*, gagnant(*e*), champion(*ne*) ((d'une compétition sportive)).

◆**_컵** 명 coupe *f*.

◆**_팀** 명 équipe *f* gagnante [victorieuse].

◆**준_** 准- 명 deuxième place *f* ((dans une compétition)).

우시장 牛市場 명 marché *m* bovin. ¶ 소를 ~에 내다 팔다 vendre un bœuf au marché bovin.

우아하다 優雅- 형 être élégant(*e*), gracieu*x*(*se*). ¶ 우아한 자세 une allure gracieuse, une attitude élégante. ¶ 우아한 복장 une tenue élégante. ¶ 우아하게 웃다 sourire élégamment [gracieusement].

◆**우아함** 명 élégance *f*, grâce *f*. ¶ ~을 뽐내다 manifester *son* élégance, se faire remarquer par *son* élégance.

우악스럽다 愚惡- 형 être bruta*l*(*ale*, *aux*), violent(*e*), rude, dur(*e*), fruste. ¶ 그 사람은 말씨가 ~ Il parle rudement / Il a un ton rude. ¶ 우악스럽게 생기다 avoir un visage dur, avoir les traits durs.

우애 友愛 명 amitié *f*; amour *m* fraternel; amitié *f* fraternelle; fraternité *f*. ¶ 그들은 ~가 깊다[돈독하다] Ils sont liés par une amitié profonde / Leur amitié est profonde [sincère]. ◇_(**가**) **있다[없다]** avoir de l'amitié [ne pas avoir d'amitié]. ¶ 형제간에 ~가 있다 Les frères ont une vive amitié les uns pour les autres.

◆**_롭다** 형 être amica*l*(*ale*, *aux*), fraternel(*le*); s'aimer l'un l'autre. ¶ ~로운 자매 sœurs qui s'aiment bien l'une l'autre. ¶ ~로운 관계를 유지하다 maintenir [cultiver] des relations amicales. ¶ 두 형제가 ~롭게 지낸다 Les deux frères ont une relation fraternelle.

◆**_로이** 부 amicalement, fraternellement. ¶ 누구와 ~로이 지내다 entretenir des relations amicales avec *qn*.

우양 牛羊 명 bœuf *m* et mouton *m*; bétail *m*.

우언 寓言 명 fable *f*, allégorie *f*.

◆**_소설** -小說 명 roman *m* allégorique.

우엉 명 【식물】 bardane *f*, glouteron *m*.

우여곡절 迂餘曲折 명 sinuosités *fpl*, méandres *mpl*; péripétie *f*, situation *f* difficile et imprévue. ¶ 인생의 ~ les vicissitudes de la vie, les divers accidents de l'existence. ¶ ~ 끝에 합의에 도달하다 parvenir à *ses* fins après bien des péripéties. ¶ ~을 겪다[거치다] connaître bien des péripéties. ¶ 그가 성공하기까지는 많은 ~이 있었다 Sa réussite a été acquise au prix de bien des situations difficiles.

우연 偶然 명 hasard *m*; coïncidence *f*. ¶ ~의 일치 une coïncidence. ¶ 자신의 성공을 ~으로 돌리다 attribuer *sa* réussite à un heureux hasard. ◇_**이다** être un (heureux) hasard, une coïncidence. ¶ 내가 이것을 발견한 것은 순전한 ~이다 C'est par un pur hasard que j'ai fait cette découverte. ¶ 그가 그렇게 어려운 시험에 합격한 것은 ~이 아니다 Ce n'est pas un hasard s'il a réussi un concours si difficile.

◆**_하다** 형 être accidentel(*le*), fortuit(*e*), imprévu(*e*), contingent(*e*). ¶ ~한 사건[상봉] un événement fortuit[une retrouvaille fortuite]. ¶ 그 사람의 성공은 결코 ~한 일이 아니다 Sa réussite n'est pas le fruit du hasard.

◆**_히** 부 par hasard, par accident, fortuitement, accidentellement, d'aventure. ¶ ~히 누구를 만나다 [무엇을 발견하다] rencontrer *qn* [découvrir *qc*] par hasard. ¶ 나는 당신이 파리에 있다는 것을 ~히 알았다 C'est par hasard que j'ai appris votre présence à Paris. ¶ ~히도 우리는 이탈리아에서 만났다 Le hasard a voulu que nous nous rencontrions en Italie.

◆**_적** -的 명관 éventuel(*le*); imprévu(*e*), accidentel(*le*). ¶ ~적 사실 fait accidentel. ¶ ~적인 것과 본질적인 것을 구별하다 distinguer le nécessaire du contingent.

◆**_성** -性 명 contingence *f*; éventualité *f*.

◆**_찮다** être accidentel(*le*), fortuit(*e*), imprévu(*e*), contingent(*e*), être un hasard. ¶ ~찮은 기회에 그를 만났다 C'est par hasard que je l'ai rencontré.

우열 優劣 명 supériorité *f* et infériorité *f*, qualité *f* ((supérieure ou inférieure)); degrés *mpl* [niveau(*x*) *m*] de compétence. ¶ 실력의 ~ niveaux de compétence, différence de niveau. ¶ ~을 매기다

classer par ordre de compétence. ¶ 누구와 ~을 다투다[겨루다] rivaliser avec *qn*, être rivaux dans une compétition; disputer *qc* à *qn*. ¶ 두 사람의 영어 실력은 ~을 가리기가 힘들다 Il n'est pas facile de savoir lequel des deux parle (l')anglais mieux que l'autre.

◆**_반** -班 명 classes *fpl* d'étudiants selon le niveau *m* d'excellence ((supérieur ou inférieur)).

우왕좌왕 右往左往 부 à droite et à gauche; de droite et de gauche. ¶ ~ 갈피를 잡지 못하다 être embarrassé(*e*), être [rester] perplexe; ne savoir que faire.

◆**_하다** 자 aller et venir à droite et à gauche {*fig*}, ne savoir que faire; rester perplexe; rester indécis(*e*), ne pas pouvoir trancher. ¶ 결정을 못 내리고 ~하다 être dans l'incapacité de prendre une décision [de trancher], ne pas pouvoir trancher. ¶ ~하는 사이에 pendant le moment où on ne sait quoi faire.

우우 감 hou! hou! bouh! ((onomatopée de cri d'une foule, de huées)). ¶ 학생들이 ~ 야유를 보냈다 Les étudiants ont poussé des huées.

부 en grand nombre, en foule ((idéophone de mouvement de masse)). ¶ ~ 몰려가다[몰려오다] affluer nombreux [en grand nombre]. ¶ ~ 도망치다 s'enfuir nombreux [en grand nombre, en foule].

우울 憂鬱 명 mélancolie *f*, tristesse *f*, chagrin *m*, spleen *m*, abattement *m*, langueur *f*, flip {*fam*}. ¶ 나는 뭔지 모를 ~에 깊이 빠졌다 Je suis plongé(e) dans je ne sais quelle mélancolie.

◆**_하다** 형 être mélancolique, triste, abattu(*e*), déprimé(*e*), démoralisé(*e*); avoir le cafard [le bourdon {*fam*}, le spleen, le blues {*fam*}], avoir le moral à zéro, ne pas avoir le moral, avoir des idées noires, avoir un coup de déprime [de blues, de spleen], avoir une dépression (nerveuse). ¶ 왠지 기분이 ~하다 Je ne sais pourquoi mais je me sens mélancolique [j'ai le cafard, j'ai le blues, j'ai le spleen]. ¶ ~하게 지내다 déprimer; broyer du noir; avoir le cafard [le bourdon {*fam*}, le spleen {*fam*}, le blues {*fam*}]; ne pas avoir le moral; être déprimé(e). ¶ ~한 날씨 un temps triste.

우울증 憂鬱症 명 dépression *f*, déprime *f*, mélancolie *f*, hypocondrie *f*. ¶ ~ 환자 patient(*e*) dépressi*f*(*ve*), personne atteinte de dépression, hypocondre. ¶ ~에 걸리다[빠지다] être plongé(*e*) dans une dépression, tomber dans la mélancolie.

◆**주부_** 主婦 명 dépression *f* de la femme au foyer.

우울하다 憂鬱— 형 être triste, mélancolique, morne, *lugubre; être déprimé*(*e*), découragé(*e*), abattu(*e*), démoralisé(*e*), cafardeu*x*(*se*), avoir le moral (très) bas, avoir le moral à zéro, ne pas avoir le moral, avoir le cafard [un coup de cafard, le bourdon {*fam*}, le blues {*fam*}, un coup de blues, le spleen], broyer du noir, avoir des idées noires; cafarder. ¶ 기분이 ~ être d'humeur mélancolique, être triste, mélancolique; être déprimé(*e*), découragé(*e*), abattu(*e*), démoralisé(*e*), cafardeu*x*(*se*), avoir le moral (très) bas, avoir le moral à zéro, ne pas avoir le moral, avoir le cafard [un coup de cafard, le bourdon {*fam*}, le blues {*fam*}, un coup de blues, le spleen], broyer du noir, avoir des idées noires; cafarder. ¶ 난 오늘 너무 ~ Je n'ai vraiment pas le moral aujourd'hui / J'ai le moral à zéro [au plus bas] aujourd'hui. ¶ 기분이 우울해서 en raison de *son* humeur triste [mélancolique]. ¶ 우울한 얼굴을 하다 avoir un air mélancolique. ¶ 우울하게 지내다 vivre dans la mélancolie. ¶ 이 소식은 그를 우울하게 했다[만들었다] Cette nouvelle l'a rendu(*e*) triste.

우월 優越 명 supériorité *f*, suprématie *f*; prépondérance *f*, prédominance *f*, primauté *f*, primat *m*. ¶ 경제적[사회적] ~ supériorité économique [sociale]. ¶ 수적 ~ supériorité numérique [du nombre]. ¶ 신체적인 ~ supériorité physique.

◆**_하다** 형 être supérieur(*e*), prééminent(*e*), prépondérant(*e*), être plus fort(*e*) [meilleur(*e*)] en *qc*. ¶ 그 친구는 나보다 수학 실력이 ~하다 Cet ami est plus fort que moi en mathématiques. ¶ 남들보다 ~한 지위에 있다 avoir une situation supérieure à celle des autres, être plus élevé(*e*) dans la hiérarchie que les autres, avoir une position supérieure aux autres [un poste plus élevé que les autres, un meilleur poste que les autres, un statut plus élevé que les autres, un meilleur statut que les autres.

◆**_적** -的 명관 supérieur(*e*). ¶ ~적 지위 un statut supérieur, un rang prééminent [supérieur].

◆**_성** -性 명 supériorité *f*. ¶ 민족적 ~성 supériorité du peuple. ¶ 지적 ~성을 과시하다 montrer ouvertement *sa* supériorité intellectuelle.

◆**_감** -感 명 sentiment *m* de supériorité. ¶ 문화적 ~감 le sentiment [l'impression] d'être supérieur(*e*) sur le plan culturel. ¶ ~감을 가지다 se sentir [se croire] supérieur(*e*), avoir un sentiment de supériorité. ¶ ~감에 빠지다[젖다] être convaincu(*e*) de *sa* supériorité. ¶ 남들보다 아는 것이 많다는 사실에 ~감을 느끼다 éprouver un sentiment de supériorité réalisant que ses connaissances sont plus étendues que celles des autres.

◆**_의식** -意識 명 conscience *f* de supériorité.

◆**_주의** -主義 명 doctrine *f* de supériorité ¶ 남성 ~주의 machisme, phallocratie, phallocentrisme.

우위 優位 명 prééminence *f*, supériorité *f*, primauté *f*. ¶ 경제적 ~ supériorité économique. ¶ ~를 지속하다[지키다] garder [maintenir] *sa* supériorité. ¶ ~를 차지하다 prendre [avoir] le dessus (sur *qn* [dans *qc*]). ¶ 그는 가정의 행복을 무엇보다 ~에 두고 있다 Pour lui, le bonheur familial est ce qu'il y a de plus important / Pour lui, le bonheur familial passe avant tout. ¶ 그는 바둑에서 항상 나보다 ~에 있다 Il est toujours plus fort que moi au jeu de go.

¶ 그 사람의 ~가 두드러진다 Sa supériorité est évidente / Sa supériorité saute aux yeux. ◇_를 보이다[나타내다] être plus fort(*e*) [plus doué(*e*), meilleur(*e*), plus calé {*fam*}, plus balèze {*fam*}] en *qc*. ¶ 그가 수학에서 나보다 ~를 보인다 Il est plus fort [plus doué, meilleur, plus balèze {*fam*}, plus calé {*fam*}] que moi en mathématiques [en maths {*fam*}].

◆비교_ 比較- 명 supériorité *f* relative.

우유 牛乳 명 lait *m* (de vache). ¶ ~를 짜다 traire une vache. ¶ ~ 한 잔을 마시다 boire un verre de lait. ¶ 아침마다 ~를 배달하다 livrer le lait à domicile chaque matin. ¶ ~를 몇 방울 타다 verser quelques gouttes de lait.

◆_배달인 -配達人 명 laiti*er*(*ère*).

◆_병 -瓶 명 ((젖병)) biberon *m*; bouteille *f* à lait.

◆_팩 명 berlingot *m*, brique *f* de lait.

◆_ㅅ빛 명 couleur *f* de lait, couleur *f* laiteuse. ¶ 우윳빛의 뽀얀 피부 peau blanche de couleur laiteuse.

◆분말_ 粉末- 명 lait *m* en poudre.

◆살균_ 殺菌- 명 lait *m* pasteurisé.

◆전지_ 全脂- 명 lait *m* entier.

◆탈지_ 脫脂- 명 lait *m* écrémé.

우유부단 명 indécision *f*, irrésolution *f*, manque *m* de résolution [de fermeté].

◆_하다 형 être indécis(*e*), irrésolu(*e*), indéterminé(*e*), évasi*f*(*ve*), hésitant(*e*), vacillant(*e*), être entre le zist et le zest {*fam*}, être lent(*e*) à se décider, manquer de fermeté. ¶ 그는 (성격이) ~ Il est de nature indécise / Il manque de résolution / Il a toujours du mal à trancher [à prendre des décisions]. ¶ ~한 태도 une attitude indécise [irrésolue, évasive]. ¶ ~한 사람들 des gens indécis [qui manquent de fermeté, qui ne savent pas prendre une décision, qui ne savent pas trancher, qui ne savent pas se décider, qui hésitent, hésitants]. ¶ 무엇을 ~하게 처리하다 régler [arranger] *qc* avec indécision.

우육 牛肉 명 ☞ 쇠고기

우의¹ 友誼 명 amitié *f*, fraternité *f*. ¶ 국가 간의 ~ relation amicale entre pays. ¶ ~를 깨뜨리다 rompre *ses* relations d'amitié avec *qn*. ¶ ~를 다지다[돈독히 하다] entretenir [consolider] *son* amitié. ¶ 누구와 ~를 맺다[쌓다] se lier d'amitié avec *qn*, nouer une amitié avec *qn*, se prendre d'amitié pour *qn*, entrer en relations amicales avec *qn*. ¶ ~를 저버리다 trahir *son* amitié. ¶ 그들은 ~가 깊다[돈독하다, 두텁다] Leur amitié est profonde [sincère] / Ils sont liés par une amitié profonde.

우의² 雨衣 명 imperméable *m*, imper *m*, manteau(*x*) *m* de pluie, gabardine *f*. ¶ ~를 입다 porter un imperméable.

우의³ 寓意 명 allégorie *f*.

◆_적 -的 명관 allégorique.

우의정 右議政 명 【역사】 *u-uijeong m* <le troisième [le moins élevé] dans la hiérarchie des trois Premiers ministres d'État (au temps du royaume de Joseon) ((Au temps du royaume de Joseon, il y avait à la tête du gouvernement trois Premiers ministres en même temps dont l'un était prépondérant sur les deux autres))>.

우이독경 牛耳讀經 명 parler en vain, parler pour rien; prêcher [crier, parler] dans le désert. ◇_이다 parler en vain, parler pour rien; prêcher [crier, parler] dans le désert. ¶ 내 모든 충고가 그 사람에게는 ~이었다 Tous mes conseils ne lui ont servi à rien.

우익¹ 右翼 명 ① aile *f* droite. ¶ 비행기의 ~ aile droite de l'avion. ¶ 적의 ~으로 돌진하다 s'élancer sur l'aile droite du camp ennemi. ② 우파 droite *f* ((politique)); personne *f* de droite. ¶ ~과 좌익의 대립 opposition entre la droite et la gauche. ¶ ~ 학생 운동 mouvement des étudiants de droite. ③ 【운동】 ¶ ~ 공격수 ((축구)) un ailier droit.

◆_계 -系 명 groupe *m* [faction *f*] de droite.

◆_단체 -團體 명 groupe *m* [association *f*] de droite.

◆_세력 -勢力 명 force *f* de droite.

◆_수 -手 명 ((야구)) joueu*r*(*se*) au champ droit.

◆_인사 -人士 명 personnalité *f* de droite.

◆_정당 -政堂 명 parti *m* (politique) de droite.

우익² 羽翼 명 ① 새의 날개 aile(*s*) *f* (de l'oiseau). ② 보좌하는 일 또는 사람 aide *mf*, assistant(*e*).

우자 愚者 형, 명 idiot(*e*), personne *f* stupide.

우장 雨裝 명 vêtement *m* de protection contre la pluie, imperméable *m*, imper *m* {*fam*}. ¶ ~을 갖추다 porter des vêtements de pluie.

우적우적 부 bruyamment, en faisant du bruit ((onomatopée du bruit produit lorsqu'on mâche un légume consistant ou un fruit dur)). ¶ ~ 씹어 먹다 manger bruyamment [en faisant du bruit]; faire du bruit en mangeant.

우전 右前 어근 【운동】 aile *f* droite. ¶ ~ 적시타를 치다 frapper [réussir] un coup idéal sur l'aile droite.

우정 友情 명 amitié *f*, camaraderie *f*, fraternité *f*. ¶ 참다운 ~ une vraie amitié; une amitié sincère. ¶ 변치 않는 ~을 맹세하다 (*se*) jurer une amitié pour toujours. ¶ 누구와 ~을 나누다[쌓다] partager [développer] *son* amitié avec *qn*. ¶ 그 두 사람은 ~이 돈독하다 Ces deux personnes ont une solide amitié / Leur amitié est solide.

◆_어리다 형 être amic*al*(*ale*, *aux*), fraternel(*le*). ¶ ~어린 충고 un conseil amical. ¶ ~어린 선물 un cadeau plein d'amitié

우주 宇宙 명 univers *m*, cosmos *m*, espace *m* cosmique, espace *m* interstellaire. ¶ ~ 개발 계획 projet d'exploration de l'espace cosmique. ¶ ~ 공간을 유영하다 nager dans l'espace cosmique. ¶ ~ 여행을 하다 faire un voyage dans l'espace.

◆_적 -的 명관 universe*l*(*le*), cosmique.

◆_국 -局 명 【천문】 centre *m* spatial.

◆_관 -觀 명 【철학】 vision *f* cosmologique de

l'univers.

◆_기지 -基地 명 【항공】 station *f* spatiale.

◆_로켓 명 【항공】 fusée *f*.

◆_론 -論 명 【철학】 cosmologie *f*.

◆_복 -服 명 costume *m* d'astronaute, combinaison *f* de cosmonaute.

◆_비행사 -飛行士 명 astronaute *mf*, cosmonaute *mf*.

◆_선 -船 명 vaisseau(*x*) *m* spati*al*(*aux*), navette *f* spatiale, engin *m* spatial. ¶ 화성 탐사 ~선 vaisseau spatial destiné à l'exploration de la planète Mars. ¶ ~선을 발사하다 lancer une fusée [un vaisseau spatial] dans l'espace. ¶ ~선을 타고 화성에 가다 aller sur Mars en vaisseau spatial.

◆_속도 -速度 명 【물리】 vitesse *f* de satellisation.

◆_인 -人 명 astronaute *mf*, cosmonaute *mf*; extraterrestre *mf*. ¶ 외계에서 온 ~인 un(*e*) extraterrestre.

우줄우줄 부 d'un pas lourd, d'un pas traînant ((idéophone de mouvement traînant, qui s'applique spécifiquement aux animaux lourds et aux humains de grande taille)). ¶ 곡마단에서 ~ 춤을 추는 곰들 des ours qui dansent d'un pas lourd au cirque. ¶ ~ 걷다 marcher d'un pas traînant. ¶ 그 남자는 ~ 그 여자에게로 다가갔다 Il s'est approché d'elle d'un pas traînant.

우중 雨中 명 (sous) la pluie *f*. ¶ ~에 우산도 없이 집을 나서다 sortir sous la pluie sans parapluie.

우중충하다 형 être sombre, obscur(*e*); être triste, morne. ¶ 날씨가 ~ Il fait sombre. ¶ 우중충한 색깔 une couleur sombre. ¶ 몹시 우중충한 방 une chambre très sombre.

우지 牛脂 명 suif *m* [graisse *f*] de bœuf.

우지끈 부 crac! ((onomatopée qui imite un bruit sec (choc, rupture))). ¶ 큰 나뭇가지가 ~ 부러졌다 Une grosse branche s'est brisée en faisant un bruit sec [avec fracas].

우지직 부 crac! ((onomatopée qui imite un bruit sec (choc, rupture))). ¶ 갑자기 기둥이 ~ 내려앉았다 Crac! Un pilier s'est effondré tout d'un coup.

우직스럽다 愚直- 형 ☞ 우직하다

우직하다 愚直- 형 être naï*f*(*ve*) [simple, crédule, honnête] mais persévérant(*e*) [résolu(*e*)]. ¶ 그는 사람이 ~ Il est naïf mais persévérant. ¶ 맡은 일을 우직하게 처리하다 parachever avec persévérance [consciencieusement] le travail confié.

우짖다 자 ((les oiseaux)) chanter; ((un hibou, une chouette, un chat-huant)) (h)ululer, huer; ((un loup)) hurler. ¶ 새들이 우짖는다 Les oiseaux chantent.

우쭐 부 ① 크게 움직이는 모양 ((remuer)) fortement; en remuant des [les] épaules, en roulant les épaules. ¶ 어깨를 ~ 흔들다 remuer fortement les épaules. ② 뽐내는 모양 (en) se donnant de grands airs, (en) se pavanant, en se haussant [se poussant] du col, en roulant les mécaniques *{fam}*, en relevant les épaules, en bombant le torse, en prenant [en affectant de grands airs, en paradant, en faisant l'important, fièrement.

◆_하다[거리다, 대다] 자 ① remuer fortement ((les épaules)). ¶ 어깨를 ~거리며 춤을 추다 danser en secouant fortement [en remuant (fortement)] les épaules. ② se vanter, crâner *{fam}*, frimer, se la jouer *{fam}*, se la péter *{fam}*, se la ramener *{fam}*, rouler les mécaniques *{fam}*, jouer les vedettes, attraper la grosse tête *{fam}*, ne plus se sentir *{fam}*, se croire sorti(*e*) de la cuisse de Jupiter *{fam}*, se croire *qn* *{fam}*, ne pas se prendre pour une merde *{fam}*; se pavaner (comme un paon), se donner des grands airs [des airs importants], prendre [affecter] de grands airs, faire l'important [((남자)) le grand seigneur, ((여자)) *sa* duchesse, la duchesse], se hausser [se pousser] du col, bomber du torse, s'enorgueillir. ¶ 그는 칭찬을 듣자 ~하며 좋아했다 Après ces éloges, il a attrapé la grosse tête [il ne se sent plus *{fam}*]. ¶ ~한 기분을 맛보다 éprouver [connaître] un sentiment de fierté. ¶ 그 녀석 ~거리는 꼴이 가관이다 Ce que ce type a l'air ridicule lorsqu'il se la joue [se donne de grands airs]! ¶ 시험 잘 봤다고 너무 ~거리지 마라 Ne te vante pas [Ne t'enorgueillis pas] trop d'avoir réussi ton examen.

◆_ _ 부 ① 크게 움직이는 모양 ((remuer)) très fortement; en remuant des [les] épaules, en roulant les épaules. ¶ ~~ 춤을 추다 danser en remuant très fortement les épaules. ② 뽐내는 모양 (en) se donnant de grands airs, (en) se pavanant, en se haussant [se poussant] du col, en roulant les mécaniques *{fam}*, en relevant les épaules, en bombant le torse, en prenant [en affectant de grands airs, en paradant, en faisant l'important, fièrement. ¶ ~~ 으스대다 se vanter, crâner *{fam}*, frimer, se la jouer *{fam}*, se la péter *{fam}*, se la ramener *{fam}*, rouler les mécaniques *{fam}*, jouer les vedettes, attraper la grosse tête *{fam}*, ne plus se sentir *{fam}*, se croire sorti(*e*) de la cuisse de Jupiter *{fam}*, se croire *qn* *{fam}*, ne pas se prendre pour une merde *{fam}*; se pavaner (comme un paon), se donner des grands airs [des airs importants], prendre [affecter] de grands airs, faire l'important [((남자)) le grand seigneur, ((여자)) *sa* duchesse, la duchesse], se hausser [se pousser] du col, bomber du torse, s'enorgueillir.

◆_ _하다 자 ① remuer fortement les épaules; les épaules ondulent [bougent]. ¶ 음악을 듣자 나는 어깨가 절로 ~~했다 Lorsque j'entendis la musique, mes épaules se mirent à onduler [à bouger]. ② se vanter, crâner *{fam}*, frimer, se la jouer *{fam}*, se la péter *{fam}*, se la ramener *{fam}*, rouler les mécaniques *{fam}*, jouer les vedettes, attraper la grosse tête *{fam}*, ne plus se sentir *{fam}*, se croire sorti(*e*) de la cuisse de Jupiter *{fam}*, se croire *qn* *{fam}*, ne pas se prendre pour une merde {*fam*}; se pavaner, se donner de grands airs [des airs importants], prendre [affecter] de grands airs, faire l'important [《남자》 le grand seigneur, 《여자》 *sa* duchesse, la duchesse], se hausser [se pousser] du col, bomber du torse, s'enorgueillir. ¶ 칭찬 좀 들었다고 너무 ~~하는 거 아니니? Ne le trouves-tu pas un peu trop arrogant depuis qu'on lui a fait ce compliment? / Ne trouves-tu pas qu'il a attrapé la grosse tête depuis qu'on lui a fait ce compliment {*fam*}?

우차 牛車 명 char *m* à bœufs.

우천 雨天 명 temps *m* pluvieux, temps *m* de pluie. ¶ ~으로 행사가 취소되었다 La cérémonie a été annulée à cause de la pluie.

우체국 郵遞局 명 (bureau(*x*) *m* de) poste *f*. ¶ ~사서함 boîte postale. ¶ ~에 들러 소포를 부치다 passer à la poste [au bureau de poste] pour envoyer un colis. ¶ 가까운 ~이 어디 있는지 아세요? S'il vous plaît, pourriez-vous me dire où est la poste la [où est le bureau de poste le] plus proche d'ici?

우체부 郵遞夫 명 fac*teur*(*trice*), préposé(*e*). ¶ 오늘은 ~가 벌써 왔다[다녀] 갔어요 Aujourd'hui, le facteur est déjà passé.

우체통 郵遞筒 명 boîte *f* aux [à] lettres. ¶ 편지를 ~에 넣다 glisser une lettre [un courrier] dans une boîte aux lettres.

우측 右側 명 côté *m* droit, droite *f*. ¶ 서류의 ~ 상단 La colonne supérieure à droite de ce document. ¶ 나는 그의 ~에 앉았다 Je me suis assis(*e*) à sa droite. ¶ 차가 ~으로 방향을 틀었다 La voiture a tourné à droite.

◆**_통행** -通行 명 passage *m* à droite. ¶ ~통행(을) 하다 passer à droite, circuler [rouler] à droite.

우툴두툴하다 형 être inég*al*(*ale*, *aux*), raboteu*x*(*se*). ¶ 벽 표면이 ~ La surface est couverte d'aspérités.

우파 右派 명 【정치】 droite *f*. ¶ ~ 정당[세력] parti de droite [la droite]. ¶ ~에 표를 던지다 voter à droite.

우편[1] 右便 명 côté *m* droit, droite *f*. ¶ 단상(의) ~에 앉다 s'asseoir à (la) droite de l'estrade.

우편[2] 郵便 명 ① poste *f*. ¶ ~ 업무 le service postal [des postes]. ¶ ~으로 받다[보내다] envoyer [recevoir] par la poste. ② 우편물 courrier *m*. ¶ ~을 받다 recevoir un courrier. ¶ ~이 왔다[배달되었다] Un courrier est arrivé.

◆**_국** -局 명 bureau *m* de poste.

◆**_물** -物 명 courrier *m*. ¶ 등기 ~물 une lettre recommandée. ¶ ~물을 받다[배달하다] recevoir [livrer] du courrier. ¶ ~물을 발송하다[수령하다] expédier [recevoir] un courrier. ¶ ~물이 왔다 Du[Un] courrier est arrivé.

◆**_배달부** -配達夫 명 fac*teur*(*trice*).

◆**_번호** -番號 명 code *m* postal. ¶ 편지 겉봉에 ~번호를 적다 écrire le code postal sur l'enveloppe.

◆**_엽서** -葉書 명 carte *f* postale.

◆**_요금** -料金 명 tarif *m* postal.

◆**_함** -函 명 boîte *f* aux lettres. ¶ ~함을 확인하다 vérifier la boîte aux lettres. ¶ ~함에서 우편물을 꺼내다 récupérer *son* courrier dans la boîte aux lettres.

◆**_행낭** -行囊 명 sac *m* postal.

◆**_환** -換 명 mandat *m* postal, mandat(*s*)-poste. ¶ ~환으로 송금하다 envoyer par mandat postal.

◆**국내_** 國內- 명 courrier intérieur.

◆**국제_** 國際- 명 courrier *m* international.

◆**등기_** 登記- 명 courrier *m* [lettre *f*] recommandé(*e*). ¶ 편지를 등기~으로 보내다 envoyer par lettre recommandée.

◆**빠른_** 명 courrier *m* [lettre *f*] exprès. ¶ 서류를 빠른~으로 보내다 envoyer le dossier par exprès. ¶ 빠른~으로 해 주세요 Par envoi exprès, s'il vous plaît.

◆**특급_** 特急- 명 chronoposte *f*.

◆**항공_** 航空- 명 poste *f* aérienne. ¶ 서적을 항공~으로 보내다 envoyer des livres par avion.

우표 郵票 명 timbre *m*, timbre-poste (~*s*-~). ¶ ~를 수집하다 collectionner les timbres. ¶ 편지 봉투에 ~를 붙이다 affranchir une enveloppe; mettre un timbre sur l'enveloppe. ¶ 150원짜리 ~ 두 장을 사다 acheter deux timbres à 150 wons. ¶ ~ 한 장 주세요 (Donnez-moi) un timbre, s'il vous plaît.

◆**기념_** 紀念- 명 timbre *m* commémoratif. ¶ 올림픽 기념~를 발행하다 publier des timbres de collection des Jeux olympiques.

우현 右舷 명 【해양】 tribord *m*. ¶ 선체가 ~으로 기운다 Le bateau penche à tribord.

우호 友好 명 amitié *f*. ¶ 민간 차원에서 양국 간의 ~를 증진하다 contribuer au progrès de l'amitié entre deux pays dans les secteurs non officiels.

◆**_적** -的 명관 amic*al*(*ale*, *aux*). ¶ ~적인 분위기 une ambiance amicale. ¶ 회담 분위기는 매우 ~적이었다 L'atmosphère de la réunion était très amicale. ¶ 그들은 우리를 ~적으로 대했다 Ils nous ont reçu d'une manière amicale.

◆**_관계** -關係 명 relations *fpl* amicales. ¶ 우리나라는 프랑스와 ~ 관계를 유지하고 있다 Notre pays entretient des relations amicales avec la France.

◆**_조약** -條約 명 traité *m* d'amitié. ¶ 우리 정부는 프랑스와 ~조약을 체결했다 Notre pays a signé un traité d'amitié avec la France.

우화 寓話 명 fable *f*, allégorie *f*, parabole *f*. ¶ 이솝 ~ fable d'Ésope.

◆**_적** -的 명관 allégorique. ¶ 세태를 ~적으로 표현하다 expliquer un fait par allégorie.

◆**_집** -集 명 recueil *m* de fables.

우환 憂患 명 sujet *m* d'inquiétude, souci *m* anxiété *f*; mésaventure *f*, malheur *m*, infortune *f*. ¶ ~이 생기다 avoir des soucis [des sujets d'inquiétude]. ¶ 집안에 ~이 있다 avoir des soucis familiaux, avoir un malade chez *soi* / Il y a quelqu'un de malade dans la famille / La famille passe des moments difficiles. ◇**_을 당하다** connaître une mésaventure.

우회 迂迴 명 détour *m*, déviation *f*. ◇_(를) **하다** faire un détour. ¶ 공사 중이어서 다른 길로 ~하다 faire un détour à cause des travaux. ¶ 북쪽으로 ~하다 faire un détour vers le nord. ¶ 먼 길을 ~하여 가다 faire un long détour. ¶ 10킬로미터를 ~하다 faire un détour de 10 kilomètres. ¶ 이 길로 가면 ~하게 된다 Si on prend cette rue, on risque de faire un long détour. ◇_(를) **시키다** faire faire un détour à *qn*, faire passer ((un véhicule par une autre route)), faire prendre ((à un véhicule une autre route)). ¶ 차량들을 다른 길로 ~시키다 faire passer les véhicules par une autre route, faire prendre aux véhicules une autre route, faire faire un détour [faire prendre une déviation] aux véhicules, obliger les véhicules à prendre une déviation [à faire un détour].

◆**_적** -的 명관 d'une façon détournée, allusi*f*(*ve*), indirect(*e*). ¶ ~적인 설명 une explication allusive. ¶ ~적인 방법 un moyen indirect. ¶ ~적인 접근 une approche indirecte. ¶ ~적 표현 une expression indirecte. ¶ 그 말은 우리를 ~적으로 비난한 것이다 Ces propos sont une critique indirecte à notre égard.

◆**_도로** -道路 명 détour *m*, déviation *f*; voie *f* détournée.

◆**_작전[전술]** -作戰[戰術] 명 opération *f* [stratégie *f*] de détour.

우후죽순 雨後竹筍 명 pousses *fpl* de bambou après la pluie, champignons *mpl* profitant de la pluie pour se multiplier. ¶ 벤처 기업들이 ~으로[~처럼] 생겨나고 있다 Les start-up poussent comme des champignons ces derniers temps.

욱 부 ① ((구역질)) ((être)) soudain pris(*e*) d'une envie de vomir. ¶ ~ 토하다 vomir d'un coup (ce qu'on a mangé). ② ((격한 마음)) tout d'un coup, avec emportement; ((la rage *m*'envahit)) soudain(ement), d'un coup, subitement ((aspect répété d'un mouvement qui remonte du fond de façon continue ou par intermittence)). ¶ 가슴 속에서 분노가 ~ 하고 치밀었다 Il fut tout d'un coup gagné par une forte colère [envahi par un sentiment de colère] / La colère [La rage] l'envahit [le souleva] soudainement / Il sentit soudainement la colère monter [la moutarde lui monter au nez {*fam*}] / La moutarde lui monta soudainement au nez {*fam*}.

◆**_하다** 자 s'emporter, fulminer, éclater, exploser (de colère). ¶ ~하는 성미 un tempérament coléreux [*colérique, explosif, irascible*], un caractère coléreux; ((avoir)) la tête près du bonnet, ((être, monter comme une)) soupe au lait. ¶ 그는 ~해서 그만 일을 저지르고 말았다 Dans un excès de colère, il a fini par commettre une bêtise.

욱다 se défoncer, s'enfoncer, se déformer, se courber; être défoncé(*e*), enfoncé(*e*), déformé(*e*), courbé(*e*). ¶ 충격으로 자동차의 차체가 욱었다 La carrosserie de la voiture est défoncée à cause d'un choc.

욱박지르다 타 ((`'윽박지르다'의 잘못`)) ☞ 윽박지르다

욱신거리다 자 ① 쑤시는 듯이 아파 오다 éprouver une vive douleur [une douleur cuisante]; cuire *qn*, picoter *qn*. ¶ 상처 부위가 욱신거린다 éprouver une vive douleur au niveau d'une blessure. ② 한데 뒤섞여 들끓다 grouiller, fourmiller, foisonner, abonder.

욱신대다 자 ☞ 욱신거리다

욱신욱신 부 avec des picotements, avec des fourmillements. ¶ 어깨가[무릎이] ~ 쑤신다 avoir des élancements aux épaules [aux genoux].

◆**_하다** 자 avoir des picotements [des fourmillements].

욱여넣다 타 gaver, bourrer. ¶ 많은 책들을 가방에 ~ bourrer de livres *son* cartable. ¶ 밥을 입속에 ~ se gaver de nourriture, s'empiffrer {*fam*}, bâfrer {*fam*}.

욱이다 타 rembourrer, pousser vers l'intérieur, matelasser, capitonner, bourrer.

욱일승천 旭日昇天 명 soleil *m* levant, astre *m* montant, étoile *f* montante. ¶ ~의 기세 vigueur [force] de l'ascension (au pouvoir). ◇_**하다** gagner (en pouvoir), être en pleine ascension.

운[1] 運 명 fortune *f*, sort *m*, destin *m*, destinée *f*; hasard *m*; chance *f*, veine *f* {*fam*}, bol *m* {*fam*}, cul {*fam*}. ¶ ~을 (잘) 타고나다 être né(*e*) sous une bonne étoile. ¶ ~을 잘못 만나다 ne pas avoir de chance ¶ 실력은 없으면서 ~만 믿다 ne compter que sur *sa* chance sans avoir de véritables capacités. ¶ ~에 맡기다 s'en remettre au hasard, se confier à *son* destin; courir *sa* chance, tenter *sa* chance. ¶ ~ 좋게[나쁘게] par chance, par bonheur, heureusement [par malchance, par malheur, malheureusement]. ¶ ~이 다하다 en avoir fini avec la chance. ¶ ~이 트인다 La chance commence à me sourire. ¶ 그것도 다 ~이다 Tout cela était dû au hasard.

◆**_좋다[나쁘다]** 형 être chanceu*x*(*se*), heureu*x*(*se*), avoir de la chance, veinard(*e*) {*fam*} [ne pas avoir de chance, ne pas être chanceu*x*(*se*), être malchanceu*x*(*se*), avoir de la déveine]. ¶ 그 친구는 참 ~ 좋았다 Il a vraiment eu de la chance / Il a eu un sacré bol {*fam*} [un sacré pot {*fam*}, un sacré cul {*fam*}, un cul monstre {*fam*}, une sacrée veine {*fam*}, une chance dingue {*fam*}, une chance inouïe]. ¶ ~ 좋으면 복권에 당첨될 수도 있다 Si on a de la chance, il est possible de gagner à la loterie. ¶ ~ 좋게도 기차를 놓치지 않고 탔다 Heureusement, j'ai réussi à prendre le train. ¶ 어제는 정말로 ~ 좋은 날이었다 Hier, c'était vraiment un jour chanceux [de chance].

운[2] 韻 명 【문학】 rime *f*. ¶ ~을 맞추다 chercher les rimes, faire rimer.

*~**을 떼다** ouvrir la bouche, commencer à rimer

[à chanter, à raconter]. ¶ 그 사람은 마지못해 운을 떼기 시작했다 Finalement, il a commencé à chanter [à raconter des choses]. ¶그는 친구들의 재촉에 비로소 ~을 떼었다 Il a fini par ouvrir la bouche sous l'insistance des amis.

◆각_ 脚- 명 rime *f*. ¶ 완전[불완전] 각~ une rime riche [pauvre].

◆교차_ 交叉- 명 rime *f* croisée.

◆남성_ 男性_ 명 rime *f* masculine.

◆압_ 押- 명 rime *f*, versification *f*. ¶ 모음[자음] 압~ une assonance [une allitération].

◆여성_ 女性_ 명 rime *f* féminine.

◆연속_ 連續_ 명 rime *f* suivie.

운구 運柩 명 cortège *m* funèbre, convoi *m*. ¶ ~ 행렬 cortège funèbre. ¶~가 시작되었다 On a commencé à porter le cercueil. ◇_(를) 하다 porter le cercueil. ¶ 상여를 장지로 ~하다 transporter le cercueil au tombeau.

◆_차 -車 명 corbillard *m*. ¶~차 행렬 le cortège funèbre de voitures.

운동 運動 명 ① exercice *m* (physique), sport *m*, athlétisme *m*. ¶~ 시설 un équipement sportif. ¶ 격한 ~ un sport violent. ¶ 그는 ~에 소질이 있다 Il est doué pour le sport. ¶ 적당한 ~은 건강에 좋다 Un peu d'exercice physique est recommandé pour la santé. ¶~이 부족하다 manquer d'exercice (physique), ne pas faire assez de sport [d'exercice (physique)]. ② 어떤 목표를 이루려고 힘쓰는 활동 mouvement *m*, campagne *f*, démarche *f*. ¶ 반대 ~ une campagne contre *qc* [anti-*qc*]. ¶ 모금 ~ une campagne de collecte de fonds. ¶ 법안 통과를 반대하는 ~ une campagne contre un projet de loi. ¶ 환경 보존 ~에 참여하다 participer à une campagne de sauvegarde de l'environnement. ③ ((물리)) mouvement *m*. ¶~(의) 법칙 le principe du mouvement. ¶~(의) 지각 la perception du mouvement. ¶ 규칙 ~ un mouvement régulier. ¶ 자유 낙하 ~ un mouvement de chute libre. ¶ 천체 ~ le mouvement des astres. ◇_(을) 하다 ① faire du sport, faire de l'exercice (physique), prendre un peu d'exercice; faire un entraînement physique; ((체조)) faire de la gymnastique, faire de la gym {*fam*}. ¶~을 해서 살을 빼다 perdre du poids [perdre *des kilos, maigrir] en faisant du sport*. ¶ 아침에 ~을 하다 faire du sport [du jogging, du footing] le matin. ② militer, faire campagne ((pour, contre *qc*)), mener [lancer] une campagne ((pour, contre *qc/qn*)), se mettre en campagne; faire des démarches ((auprès de *qn*, pour *qn*, en faveur de *qn*)), entreprendre les démarches pour+*inf*. ¶ 난민 돕기 ~을 하다 faire campagne [mener une campagne] pour aider [pour soutenir] les sinistrés. ¶ 법안을 통과시키려고 ~을 하다 militer pour faire passer une loi. ③ se mouvoir, circuler, se déplacer, bouger. ¶ 전자는 둘 또는 그 이상의 핵 주위를 ~할 수 있다 L'électron est capable de circuler autour de deux ou plusieurs nucléons. ◇_을 벌이다 militer, faire campagne ((pour, contre *qc*)), mener [lancer] une campagne ((pour, contre *qc/qn*)), se mettre en campagne; faire des démarches ((auprès de *qn*, pour *qn*, en faveur de *qn*)), entreprendre les démarches pour+*inf*. ¶ 여성 단체는 낙태 반대 ~을 벌였다 Une association féministe a fait campagne contre l'avortement.

◆_성 -性 명 mobilité *f*.

◆_가[1] -家 명 activiste *mf*, militant(*e*). ¶ 독립 ~가 un(*e*) (pro-)indépendantiste. ¶ 여성 ~가 une militante féministe. ¶ 사회 ~가 une personne engagée dans une action sociale.

◆_가[2] -歌 명 chant *m* militant (dans une manifestation). ¶~가를 부르다 entonner un chant militant.

◆_경기 -競技 명 match *m*, rencontre *f* sportive.

◆_권 -圈 명 cercle *m* [milieu(*x*) *m*] activiste (pour une réforme sociale).

◆_기구 -器具 명 équipement *m* sportif; matériel *m* sportif, affaires *fpl* de sport.

◆_량 -量 명 dépense *f* d'énergie, degré *m* d'activité physique [sportive]; ((물리)) moment *m* (des quantités de mouvement), quantité *f* de mouvement. ¶~량을 조절하다 contrôler *sa* dépense d'énergie. ¶~량을 많이 요구하는 경기 un sport qui demande beaucoup d'énergie. ¶~량이 부족하면 금방 살이 찐다 Si on ne dépense pas assez d'énergie, on prend facilement des kilos superflus.

◆_복 -服 명 tenue *f* de sport, survêtement *m*, jogging *m*. ¶~복을 입다 mettre un survêtement, enfiler un jogging. ¶ 가벼운 ~복 차림으로 조깅을 하다 faire du jogging en tenue de sport légère.

◆_부 -部 명 association *f* sportive. ¶~부에 들다[가입하다] s'inscrire à une association sportive.

◆_부족 -不足 명 manque *m* d'exercice [de sport].

◆_사 -史 명 histoire *f* d'un mouvement [d'une campagne] (sociale, politique). ¶ 독립 ~사 l'histoire du mouvement pour l'indépendance du pays. ¶ 사회 ~사 l'histoire du mouvement pour la réforme sociale.

◆_선수 -選手 명 joueu*r*(*se*) (professionnel(*le*)) athlète *mf*, sporti*f*(*ve*) (de haut niveau).

◆_신경 -神經 명 nerf *m* moteur. ¶~신경이 둔하다[좋다] ne pas avoir de bons réflexes, avoir des réflexes émoussés [avoir des réflexes bien coordonnés, avoir de bons réflexes].

◆_원 -員 명 agent *m* élector*al*(*aux*).

◆_장 -場 명 ((학교의)) cours *f* (de récréation); terrain *m* sportif [de jeu], stade *m*. ¶~장을 세 바퀴 돌다 faire trois fois le tour du stade, faire trois tours de stade.

◆_장애 -障碍 명 handicap *m* moteur.

◆_중추 -中樞 명 centre *m* moteur.

◆_화 -靴 명 chaussures *fpl* de sport, (chaussures *fpl* de) baskets *fpl*, (chaussures *fpl* de) tennis

ㅇ

mpl(*fpl*).

◆_회 -會 명 rencontre *f* d'athlétisme, concours *m* sportif (de gymnastique), fête *f* sportive.

◆노동_ 勞動- 명 mouvement *m* ouvrier.

◆독립_ 獨立- 명 mouvement pour l'indépendance (du pays).

◆선거_ 選擧 명 campagne *f* électorale. ¶ 선거~을 벌이다 mener une campagne électorale.

◆학생_ 學生- 명 mouvement *m* étudiant.

◆환경_ 環境 명 mouvement *m* pour (la protection de) l'environnement.

운명¹ 殞命 명 mort *f*, décès *m* (registre honorifique). ¶ 형은 아버지의 ~을 보지 못했다 Mon frère aîné n'a (pas) pu assister mon père dans ses derniers moments / Mon grand frère n'était pas auprès de mon père quand il est décédé [quand il s'est éteint, quand il a rendu son dernier souffle, quand il a été rappelé à Dieu, quand il a quitté ce monde]. ◇_(을) **하다** décéder, mourir, expirer, rendre l'âme [l'esprit, le dernier soupir, le dernier souffle], s'éteindre, trépasser, être rappelé(*e*) à Dieu, quitter ce monde. ¶ 아버지께서 80세를 일기로 어제 ~하셨습니다 Mon père est décédé [s'est éteint, nous a quittés, a quitté ce monde] hier à l'âge de 80 ans.

운명² 運命 명 ① destin *m*, destinée *f*, fatalité *f*, sort *m*, fortune *f*. ¶ ~의 신[여신] dieu de la Providence, le Destin [mère [déesse] Fortune]. ¶ ~의 장난 le caprice du destin, l'ironie du sort. ¶ ~에 맡기다 remettre *son* sort au destin. ¶ 피할 수 없는 ~에 부딪히다 se trouver face à *son* destin. ¶ 그는 딸의 죽음을 ~으로 받아들였다 Il s'est résigné à son sort en acceptant la mort de sa fille. ¶ 그는 모든 것이 ~에 달려 있다고 생각하는 사람이다 C'est quelqu'un qui croit que tout dépend du destin. ¶ 사람이 늙어서 죽는 것은 피할 수 없는 ~이다 C'est une loi de la nature que l'homme meure de vieillesse. ② 앞으로의 생사나 존망에 관한 처지 sort *m*, destin *m*, destinée *f*, fortune *f*. ¶ 누구와 ~을 같이하다 partager le sort de *qn*. ¶ 조국의 ~을 걸머지다 prendre en main la destinée de *sa* patrie. ¶ 그때 그 일이 그의 ~을 결정했다 À cette époque, cet événement a décidé de son sort.

◆_적 -的 명관 fatal(*e*), prédéterminé(*e*); fatidique. ¶ ~적인 만남 rencontre du destin [fatidique]. ¶ ~적인 사랑 un amour fatal [écrit, décidé dans les cieux]. ¶ ~적으로 이루어질 수 없는 사랑 un amour qui ne peut (pas) se réaliser à cause du destin [de la fatalité].

◆_론 -論 명 fatalisme *m*.

◆_론자 -論者 명 fataliste *mf*.

운모 명 【광업】 mica *m*.

운무 雲霧 명 nuage *m* et brouillard *m*. ¶ ~가 자욱하다 Il y a beaucoup de nuages et de brouillard. ¶ ~가 끼었다 Il y a des nuages et un épais brouillard / Des nuages et un épais brouillard se sont formés / Des nuages et un épais brouillard recouvrent l'horizon [ont envahi l'atmosphère].

운문 韻文 명 vers *mpl*, poésie *f* rimée. ¶ ~을 쓰다 écrire des poèmes [des vers].

◆_소설 -小說 명 roman *m* en vers.

운반 運搬 명 transport *m*. ¶ 이삿짐 ~ transport des cartons de déménagement, transport de *ses* affaires et de *ses* meubles, transport de *ses* effets personnels et des meubles à l'occasion d'un déménagement, déménagement de *ses* effets personnels et de *ses* meubles. ◇_(을) **하다** transporter. ¶ 짐을 ~하다 transporter des affaires. ¶ 자동차로 ~하다 transporter en voiture. ¶ 그는 동료의 짐을 집까지 ~해 주었다 Il a transporté les affaires de son collègue chez lui. ◇_(이) **되다** être transporté(*e*). ¶ 목재가 인접한 제재소로 ~되었다 Le bois est transporté à la scierie des environs.

◆_비 -費 명 frais *mpl* de transport.

◆_선 -船 명 (navire *m*) transporteur *m*, cargo *m*.

◆_업 -業 명 entreprise *f* de transport.

◆_작용 -作用 명 transport *m*.

◆_차 -車 명 voiture *f* [véhicule *m*] de transport.

◆_책 -策 명 solution *f* pour le transport.

운석 隕石 명 【천문】 aérolit(h)e *m*, météorite *mf*. ¶ ~이 떨어졌다 Un aérolite [Une météorite] est tombé[e].

운소 韻素 명 【언어】 prosodème *m*.

운송 運送 명 messagerie *f*, transport *m* (de marchandises). ¶ ~ 수단 un moyen de transport. ¶ 물자 ~ 차량 un camion de marchandises. ¶ 여객 ~ transport de voyageurs [de passagers]. ¶ 해상 ~ transport maritime. ◇_(을) **하다** transporter. ¶ 트럭으로 ~하다 transporter par camion. ¶ 항공편[철도편]으로 화물을 ~하다 transporter des marchandises [une cargaison] par avion[par train]. ◇_(이) **되다** être transporté(*e*). ¶ 부두로 ~된 화물 les marchandises transportées sur le quai.

◆_료 -料 명 frais *mpl* [tarifs *mpl*] de transport [d'expédition, d'envoi].

◆_부 -部 명 bureau *m* des messageries, service *m* des transports.

◆_비 -費 명 frais *mpl* de transport.

◆_선 -船 명 bateau(*x*) *m* de transport (de cargaison), cargo *m*, (navire *m*) transporteur *m*.

◆_세 -稅 명 taxe *f* de transport.

◆_업 -業 명 entreprise *f* de transport.

◆_업자 -業者 명 transporteur *m*, entrepreneur *m* de transport [de messageries].

◆_품 -品 명 marchandise *f* transportée.

◆_회사 -會社 명 compagnie *f* de transport, entreprise *f* de messageries.

운수¹ 運數 명 sort *m*, destin *m*; hasard *m*; chance *f*, veine *f* {*fam*}, bol *m* {*fam*}, cul *m* {*fam*}. ¶ 새해 ~를 보다 consulter l'horoscope de la nouvelle année. ¶ ~ 탓으로 돌리다 imputer *qc* au hasard, mettre un problème sur le compte du hasard. ¶ ~에 맡기고 한번 해 보다 tenter *sa* chance, courir la chance. ¶ ~(가) 좋은[나쁜] 날 un jour de chance, un bon jour [un jour de malchance, un mauvais jour, un jour de guigne {*fam*}, un jour de poisse {*fam*}]. ¶ ~(가) 사납다 ne vraiment pas avoir de chance [de veine {*fam*}]. ¶ ~(가) 대통하다 avoir beaucoup de chance [beaucoup de veine {*fam*}, un sacré bol {*fam*}, un bol monstre {*fam*}, un sacré cul {*fam*}, un cul monstre {*fam*}].

운수[2] **運輸** 명 transport *m*, messagerie *f*.

◆_**업** -業 명 entreprise *f* de transport. ¶ ~업을 하다 diriger une entreprise de transport.

◆_**회사** -會社 명 compagnie *f* de transport.

운신 運身 명 ① ((몸)) mouvement *m* (du corps), geste *m*. ¶ 그는 허리를 다쳐 ~을 하지 못한다 Il ne peut pas bouger à cause de son mal de reins. ② ((일이나 행동)) aisance *f*, liberté *f*, désinvolture *f*. ¶ ~의 폭이 좁다[제한되다] n'avoir pas grande [beaucoup de] liberté (pour faire *qc*). ¶ ~이 어렵다 ne pas pouvoir jouir d'une pleine liberté d'action. ◇_(을) **하다** se remuer, bouger, se déplacer. ¶ 환자는 혼자 ~할 수 있을 정도로 회복되었다 Le patient s'est rétabli au point de pouvoir se déplacer tout seul. ¶ 그는 교통사고로 ~하기가 어렵다 À cause de son accident de voiture, il n'est pas entièrement libre de ses mouvements.

운영 運營 명 administration *f*, direction *f*, conduite *f*, gestion *f*. ¶ ~ 방식 système de direction. ¶ ~ 회의 réunion de direction. ¶ 대학의 학사 ~ gestion du système de licence universitaire. ¶ 기업 ~ gestion d'entreprise. ¶ 우리 회사는 요즘 자금난으로 ~이 어렵다 La gestion de notre entreprise est devenue difficile à cause de difficultés financières. ◇_(을) **하다** administrer, gérer, diriger, conduire. ¶ 기업[회사]을 ~하다 tenir [diriger, gérer, conduire] une entreprise [une société]. ¶ 이처럼 큰일을 그 사람 혼자서 ~할 수는 없다 Il est incapable de diriger à lui seul une affaire aussi importante. ◇_(이) **되다** être tenu(*e*). ¶ 기업이 건실하게 ~되다 Cette entreprise est tenue solidement. ¶ 이 단체는 많은 사람들의 성금으로 ~되고 있다 Cette association est tenue par les dons.

◆_**난** -難 명 difficulté *f* de direction. ¶ ~난을 겪다 rencontrer des difficultés de direction, avoir des difficultés à diriger ((une entreprise)).

◆_**비**[**자금**] -費[資金] 명 fonds *mpl* de roulement.

◆_**예산** -豫算 명 budget *m* de roulement.

◆_**위원** -委員 명 membre *m* du comité de direction.

◆_**위원회** -委員會 명 comité *m* directeur [de direction].

◆_**자** -者 명 directeur *m* général.

◆_**체제** -體制 명 système *m* d'administration [de gestion].

운용 運用 명 application *f* ((d'une loi)); placement *m* ((de fonds)); mise *f* en valeur ((d'un capital)). ¶ 자본의 ~ placement (de fonds), mise en valeur du capital. ¶ 법[규칙]의 ~을 멋대로 하다 appliquer la loi [la règle] selon *son* bon vouloir [à *sa* guise]. ◇_(을) **하다** appliquer ((une règle, une loi)), placer ((de l'argent, des fonds)). ¶ 자금을 ~하다 employer (faire valoir, placer) des fonds. ¶ 법을 ~하다 appliquer une loi. ¶ 자원을 효율적으로 ~하다 utiliser les matières premières avec une grande efficacité. ¶ 규칙을 탄력적으로[융통성 있게] ~하다 appliquer le règlement avec souplesse. ◇_(이) **되다** être appliqué(*e*), placé(*e*).

◆_**술** -術 명 technique *f* d'application.

◆_**체계** -體系 명 système *m* d'application.

운운 云云 명 action de parler de *qc*.

◆_**하다** 타 parler dans tel ou tel sens; mentionner [évoquer, traiter] *qc/qn* à *sa* guise. ¶ 그가 나보고 배신자 운운하는 것은 말도 안 된다 Ça n'a pas de sens qu'il me traite de traître.

운위하다 云謂- 타 oser parler. ¶ 그가 감히 예술을 운위하다니 Comment ose-t-il [peut-il] parler d'art (lui qui n'y connaît rien)!

운율 韻律 명 mètre *m*, mesure *f*, rythme *m* (poétique).

◆_**론** -論 명 métrique *f*, prosodie *f*, théorie *f* du rythme[du mètre].

운임 運賃 명 frais *mpl* de transport; (frais *mpl* de) port *m*, fret *m*. ¶ ~을 내다[받다] payer [recevoir] les frais de (trans)port. ¶ ~을 인상하다 augmenter les frais de (trans)port. ¶ 배보다 트럭이 ~이 더 비싸다 Le transport par camion est plus cher que par bateau.

◆_**보험** -保險 명 assurance *f* transport.

◆_**표** -表 명 tarif *m*.

◆**여객**_ 旅客 명 prix *m* du billet.

◆**소하물**_ 小荷物 명 petit bagage *m*, colis *m*.

운전 運轉 명 conduite *f*, manœuvre *f*. ¶ 자동차 ~ conduite de voiture. ¶ ~을 가르치다 apprendre à *qn* à conduire. ¶ ~을 배우다 apprendre à conduire. ¶ ~ 미숙으로 사고를 일으키다 provoquer un accident à cause de *son* inexpérience au volant [parce que l'on est un(*e*) jeune conduc*teur*(*trice*) inexpérimenté(*e*)]. ¶ ~을 방해하다 bloquer le passage, empêcher [déranger] une manœuvre; déranger la conduite de *qn*. ◇_(을) **하다** conduire; manœuvrer, faire marcher. ¶ 자가용을 ~하다 conduire une [*sa*] voiture. ¶ 그는 ~을 잘한다[잘 못한다] Il conduit bien [mal].

◆_**기사** -技士 명 chauffeur *m*, conducteur *m*.

◆_**대** -臺 명 volant *m*. ¶ ~대를 잡다 prendre le volant, se mettre au volant; conduire, être au volant, être le chauffeur.

◆_**면허** -免許 명 permis *m* de conduire. ¶ ~면허를 따다 obtenir le permis de conduire. ¶ ~면허를 취소당하다 se faire retirer *son* permis de conduire.

◆_**면허증** -免許證 명 permis *m* de conduire. ¶ ~면허증을 제시하다 présenter *son* permis de conduire.

◆_**사**[**수**] -士[手] 명 chauffeur *m*, conduc*teur*(*trice*), automobiliste *mf*; ((트럭의)) camionneu*r*(*se*). ¶ 트

럭 ~사 un(*e*) camionneu*r*(*se*). ¶ 술 취한 ~사가 사고를 냈다 Un automobiliste saoul a provoqué un accident.

◆_석 -席 명 place *f* du chauffeur. ¶ ~석에 앉다 prendre la place du chauffeur, se mettre au volant.

◆_실 -室 명 salle *f* des machines.

◆_학원 -學院 명 auto-école(~-~*s*) *f*, école *f* de conduite.

◆_자 -者 명 conduc*teur*(*trice*). ¶ 초보 ~자 un(*e*) jeune conduc*teur*(*trice*) encore inexpérimenté(*e*), un(*e*) conduc*teur*(*trice*) débutant(*e*), un(*e*) conduc*teur*(*trice*) apprenti(*e*). ¶ 자가 ~자 un(*e*) conduc*teur*(*trice*) propriétaire (de *son* véhicule).

◆시_ 試- 명 ☞ 시운전

운집하다 雲集- 자 se rassembler [s'assembler, venir] (en foule). ¶ 경기장에 운집한 10만 관중 cent mille personnes qui se sont rassemblées au stade.

운치 韻致 명 goût *m*, raffinement *m*, élégance *f*, grâce *f*, charme *m*. ¶ ~를 모르는 사람과는 대화하기 싫소 Je n'aime pas discuter avec des gens qui n'ont pas de goût [qui ne connaissent rien à l'élégance]. ◇_(가) 있다[없다] être[ne pas être] de bon goût, être[ne pas être] élégant(*e*), gracieu*x*(*se*). ¶ 이 마을은 그윽한 ~가 있다 Ce village a un charme particulier. ¶ 시골에 비해 도시는 ~가 없다 La (grande) ville n'a pas de charme par rapport à la province [par rapport à la campagne].

운하 運河 명 can*al*(*aux*) *m*. ¶ 수에즈 ~ le canal de Suez. ¶ ~를 파다[만들다, 건설하다] creuser [construire] un canal. ¶ ~를 통과하다 passer dans [traverser] un canal. ¶ ~로 통행하다 passer par le canal.

◆_세 -稅 명 droit *m* de passage dans un canal.

운항 運航 명 navigation *f*, service *m* ((maritime, aérien)). ¶ 항공 ~ service aérien. ¶ 폭풍으로 배의 ~이 정지되었다 À cause d'une tempête, le départ au large [l'appareillage] du bateau a été annulé. ◇_(을) 하다 faire le service ((entre A et B)), faire la navette ((entre A et B)). ¶ 안개 낀 날에는 여객기들이 ~하지 않는다 Les vols (de passagers) ne sont pas assurés les jours de brouillard. ¶ 부산과 제주도 사이를 ~하는 비행기[배] le vol [le bateau, le paquebot] qui fait le service entre Busan et l'île de Jeju.

운해 雲海 명 mer *f* de nuages.

운행 運行 명 ① ((차량의)) service *m*. ¶ ~ 구간 section de service ((d'une voie ferrée, d'un parcours d'autobus)). ¶ 열차 ~ 시간표 indicateur des chemins de fer. ¶ 버스 ~ 노선 itinéraire des bus. ¶ 시내버스의 ~ 간격 horaires (de service) des (auto)bus. ¶ 열차의 ~이 중단되다 Le service du train [La circulation ferroviaire] a été interrompu(*e*). ② ((천문의)) mouvement *m*, cours *m*, révolution *f*. ¶ 천체의 ~ le mouvement des astres. ¶ 태양의 주위를 ~하는 행성들 les planètes qui tournent autour du soleil. ◇_(을) 하다 desservir, assurer un service; tourner autour ((du soleil)), décrire[parcourir] une[son] orbite autour ((de la Terre)). ¶ 궤도를 ~하다 parcourir une route [un trajet]. ¶ 이 버스는 시청에서 시립 도서관까지 ~한다 Le bus dessert des stations depuis la mairie jusqu'à la bibliothèque municipale / Le bus assure le service entre la mairie et la bibliothèque municipale. ◇_(이) 되다 suivre un itinéraire. ¶ 열차가 1분 간격으로 ~된다 Le train passe chaque minute / Il y a un train toutes les minutes.

◆_량 -量 명 fréquence *f* du service ((d'un bus, d'un train)).

◆_증 -證 명 permis *m* de mise en service [en circulation]. ¶ ~증을 발급하다[떼다] délivrer le permis de mise en service.

울[1] 영{wool} 명 laine *f*. ¶ ~ 스웨터 pull(-over) en laine.

울[2] 명 clôture *f*, palissade *f*, haie *f*, mur *m* d'enclos. ¶ ~ 너머로 집 안을 기웃거리다 épier la maison à travers la haie. ¶ ~ 밑에 화단을 만들다 construire une plate(-)bande sous la clôture. ☞ 울타리

울고불고 부 à grands sanglots; ((se lamenter)) sans cesse. ¶ 그녀는 큰일이라도 난 듯이 ~ 난리다 Elle pleurniche en se lamentant sur son sort comme s'il lui était arrivé un grand malheur.

◆_하다 자 se désoler, gémir, se plaindre; pleurer, pleurnicher, se lamenter (sur *son* sort), se plaindre et sangloter bruyamment; pleurer à chaudes larmes; sangloter à grands sanglots. ¶ 사소한 일에 ~하지 마라 Inutile de dramatiser pour si peu / N'en fais pas tout un drame [tout un plat, une montagne, un monde].

울긋불긋 부 de toutes (les) couleurs. ¶ 예쁜 꽃들이 ~ 피었다 De jolies fleurs de toutes les couleurs ont fleuri.

◆_하다 형 être de toutes les couleurs, être multicolore; être bariolé(*e*), chamarré(*e*), bigarré(*e*), chiné(*e*), diapré(*e*), jaspé(*e*), panaché(*e*). ¶ 산에 단풍이 ~하다 La montagne a revêtu son habit [son feuillage, sa parure] d'automne / La montagne a recouvré ses couleurs d'automne.

울다[1] 자 ① ((사람)) pleurer. ¶ 슬퍼서[분해서, 기뻐서] ~ pleurer de chagrin [colère, joie]. ¶ 목 놓아 ~ pleurer comme une Madeleine [une vache {*fam*}, une fontaine]; sangloter à grands sanglots. ② ((짐승)) ((새들이)) chanter; crier; ((고양이들이)) miauler; ((여우들이)) glapir; ((소들이)) beugler, meugler, mugir; ((사자들이)) rugir; ((개구리들이)) coasser; ((까마귀들이)) croasser. ¶ 새가 운다 Les oiseaux chantent. ¶ 논에서 개구리들이 개굴개굴 운다 Les grenouilles coassent dans les rizières / On entend le coassement des grenouilles dans les rizières. ¶ 숲 속에서 짐승들이 우는 소리가 들려왔다 On entendait les (cris des) animaux dans la forêt. ③ (바람을 받아) 소리가 나다 faire du bruit ((au vent)); chanter. ¶ 바람에 전깃줄이 운다 Le vent fait chanter les fils électriques.

***우는 아이 떡 하나 더 준다** On porte plus d'attention à quelqu'un qui se plaint / Plus on déteste quelqu'un, mieux on le traite / Moins on l'aime et plus on lui donne.

***울며 겨자 먹기** ne pouvant faire autrement; la mort dans l'âme.

◆**우는 소리** 명 une voix gémissante ¶ 우는 소리(를) 하다[늘어놓다] parler d'une voix gémissante, venir pleurer dans le gilet de *qn*.

울다² 자 faire des bosses et des plis, être boursouflé(*e*) [cloqué(*e*)], avoir des cloques. ¶ 장판이[벽지가] 운다 Le linoléum [Le papier peint] est boursouflé [cloqué] / Le linoléum [Le papier peint] fait des bosses et des plis parce qu'il est mal collé au sol [au mur] / Le linoléum [Le papier peint] est mal collé au sol [au mur]. ¶ 이 옷은 소매가 운다 La manche de ce vêtement fait des faux plis / Ce vêtement n'est pas correctement cousu au niveau des manches / Ce vêtement fait des faux plis au niveau des manches.

울대 명 syrinx *f*. ☞ 목청

울렁거리다 자 ① ((속이)) avoir des nausées, avoir envie de vomir [rendre], avoir des haut-le-cœur, avoir mal au cœur, avoir le cœur au bord des lèvres, avoir l'estomac tout barbouillé [le cœur barbouillé] {*fam*}, avoir l'estomac retourné [dérangé, embarrassé], être dérangé(*e*) {*fam*}, avoir une barre sur l'estomac. ¶ 속이 울렁거리고 토할 것만 같다 J'ai mal au cœur et j'ai envie de vomir / J'ai des nausées / J'ai le cœur au bord des lèvres / J'ai envie de gerber {*fam*} / J'ai la gerbe, je crois que je vais dégueuler {*vulg*}. ② ((가슴이)) palpiter, battre très fort, battre la chamade; ¶ 설렘에 가슴이 울렁거린다 Mon cœur bat très fort à cause du trac / Je suis énervé(*e*) [excité(*e*)] et mon cœur bat très fort. ③ 흔들리다 ((mer, vagues)) être agité(*e*); être houleux(*se*).

울렁울렁 어근 ((가슴)) (en) palpitant, (en) battant très fort; ((속이)) le cœur au bord des lèvres, l'estomac tout barbouillé, le cœur barbouillé {*fam*}, l'estomac retourné [dérangé, embarrassé].

◆**_하다[대다, 거리다]** 자 ① ((가슴)) palpiter très fort, ((le cœur de *qn*)) battre très fort, battre la chamade, battre à tout rompre. ② ((속)) avoir des nausées, avoir envie de vomir [rendre], avoir des haut-le-cœur, avoir mal au cœur, avoir le cœur au bord des lèvres, avoir l'estomac tout barbouillé [le cœur barbouillé] {*fam*}, avoir l'estomac retourné [dérangé, embarrassé], être dérangé(*e*) {*fam*}, avoir une barre sur l'estomac.

울렁이다 자 ① ((가슴이)) palpiter, ((le cœur)) battre très fort, battre la chamade, battre à tout rompre. ¶ 가슴이 울렁인다 Mon cœur palpite [bat très fort, bat la chamade] / Je suis tout excité à l'idée de ... / Je suis tout troublé(*e*) / Je suis dans un grand émoi. ② ((속이)) avoir des nausées, avoir envie de vomir [rendre], avoir des haut-le-cœur, avoir mal au cœur, avoir le cœur au bord des lèvres, avoir l'estomac tout barbouillé [le cœur barbouillé] {*fam*}, avoir l'estomac retourné [dérangé, embarrassé], être dérangé(*e*) {*fam*}, avoir une barre sur l'estomac. ¶ 속이 울렁인다 J'ai des haut-le-cœur / J'ai la nausée / J'ai mal au cœur / J'ai envie de vomir / J'ai l'estomac barbouillé / Je ne me sens pas bien / J'ai la gerbe {*vulg*}.

울려퍼지다 자 résonner (de loin); se propager, se répandre, gagner. ¶ 음악 소리가 온 교내에 울려퍼졌다 (Le son de) la musique s'est propagé(*e*) dans toute l'école. ¶ 승리 소식이 전국에 울려퍼졌다 La nouvelle de la victoire s'est propagée [s'est répandue] dans tout le pays.

울룩불룩 부 avec des creux et des bosses. ¶ ~ 솟아오르다 présenter des creux et des bosses [des aspérités].

◆**_하다** 형 être raboteux(*se*), rugueux(*se*); présenter des creux et des bosses [des aspérités]; ((surface)) être inégal(*ale*, *aux*); être accidenté(*e*), bosselé(*e*).

울릉도 鬱陵島 명 【지명】 l'île *f* Ulleungdo ((située à 137 km à l'est de la côte est de la péninsule coréenne, dans la mer de l'Est)).

울리다 타 ① 울게 하다 faire pleurer. ¶ 여동생을 ~ faire pleurer *sa* petite sœur. ② 소리를 내다 (faire) sonner, tinter. ¶ 종을 ~ sonner [tinter] une cloche. ¶ 벨을 울려서 가정부를 부르다 appeler *sa* bonne en faisant tinter une cloche.

***경종을** ~ donner [sonner] l'alarme ☞ 경종

***심금을** ~ émouvoir *qn* ☞ 심금

자 ① 소리를 내다 sonner. ¶ 종이 울린다 La cloche sonne. ¶ 전화벨이 울린다 Le téléphone sonne / On entend la sonnerie du téléphone. ② 소리가 반사되어 퍼지다 résonner. ¶ 이 방은 소리가 너무 울린다 Cette chambre résonne trop.

울림 명 écho *m*, résonance *f*, répercussion *f*, vibration *f*. ¶ 성대의 ~을 이용한 창법 art du chant [technique de chanter] utilisant les vibrations des cordes vocales. ¶ 지진의 영향으로 강한 ~이 있었다 Il y avait une forte vibration sous l'effet du séisme [tremblement de terre]. ¶ 그 시인의 시에는 독특한 ~이 있다 Il y a une tonalité particulière dans sa poésie / Sa poésie a une musicalité particulière.

◆**_막대** 명 bâton *m* de résonance.

◆**_상자** -箱子 명 boîte *f* de résonance.

◆**_소리** 명 résonance *f*, bruit *m* d'écho.

◆**산_** 山_ 명 écho *m*.

울먹거리다 자 être au bord des larmes; avoir les larmes aux yeux; avoir des sanglots [larmes] dans la voix; pleurnicher. ¶ 울먹거리며 이야기하다 avoir des sanglots [des larmes] dans la voix; parler en pleurnichant [avec des larmes dans la voix]; dire *qc* d'une [avec une] voix larmoyante [avec des

ㅇ

larmes dans la voix].

울먹울먹 부 en pleurnichant ((onomatopée de bruits de pleurs étouffés)).

◆ **_하다** 자 être au bord des larmes; avoir les larmes aux yeux; avoir des sanglots [larmes] dans la voix; pleurnicher, dire *qc* d'une [avec une] voix larmoyante [avec des larmes dans la voix]. ¶ 그 여자는 ~하며 말을 잇지 못했다 Pleurnichant, elle n'a pu continuer à parler. ¶ 아이가 ~하며 엄마를 찾고 있다 Un enfant cherche sa maman, les larmes aux yeux.

울먹이다 자 ☞ 울먹거리다

울며불며 부 se plaindre et sangloter bruyamment. ¶ ~ 사정하다 supplier [implorer] *qn* en sanglotant [avec les larmes aux yeux] (de+*inf*). ☞ 울고불고

울보 명 pleurnicheu*r*(*se*).

울부짖다 자 pleurer; brailler, crier, hurler. ¶ 살려달라고 ~ appeler à l'aide en hurlant. ¶ 고통으로 울부짖는 사람들 les gens qui crient de douleur.

울분 鬱憤 명 rancune *f*, ressentiment *m*; colère *f* sourde. ¶ ~을 달래다[풀다] apaiser [assouvir] *sa* colère [*sa* rancune]. ¶ 그는 ~을 참지 못하고 소리쳤다 Il a crié, emporté par la colère. ¶ 그의 ~이 폭발하고 말았다 Il a fini par éclater de colère / Sa colère a fini par éclater.

울상 -相 명 air *m* pleurnicheur [larmoyant]. ¶ 야단을 맞자 아이의 얼굴은 ~이 되었다 L'enfant avait les larmes aux yeux après s'être fait réprimander. ¶ 그의 얼굴이 ~으로 일그러졌다 Son visage s'est renfrogné, avec un air pleurnicheur. ◇ **_(을) 하다[짓다]** avoir un air larmoyant; avoir les larmes aux yeux; être au bord des larmes. ◇ **_이다** avoir l'air larmoyant. ¶ 농부들은 애써 지어 놓은 농사를 망치게 되어 ~이다 Les paysans sont déçus de ne pas avoir été récompensés par leur travail [sont déçus du peu de résultat de leur travail, d'avoir eu de mauvaises récoltes] après leur longue vie de labeur.

울음 명 pleurs *mpl*, larmes *fpl*, sanglots *mpl* ¶ ~을 그치다 cesser de pleurer. ¶ ~을 참다 (avoir du mal à) retenir *ses* larmes; contenir *ses* larmes [*ses* sanglots]; réprimer un sanglot; refouler *ses* larmes. ¶ ~을 울다 pleurer; crier; se mettre à sangloter. ¶ 그녀는 슬픔에 북받쳐 ~을 터뜨렸다 Elle a éclaté [fondu] en larmes. ¶ 그녀는 갑자기 ~ 섞인 목소리로 하소연했다 Elle protesta soudain d'une voix larmoyante.

*~**을 삼키다** retenir *ses* larmes; contenir *ses* larmes [*ses* sanglots]; réprimer un sanglot; refouler[ravaler] *ses* larmes.

◆ **_기** 명 ((une voix)) larmoyante, pleurnicharde. ¶ 그 여자는 ~기가 섞인 목소리로 말을 이어갔다 Elle continua d'une voix larmoyante / Elle reprit d'une voix larmoyante.

◆ **_바다** 명 océan *m* de larmes; fleuve *m* de larmes; champ *m* de larmes. ¶ ~바다가 되었다 Tout le monde pleurait. ¶ 그 비극은 공연장을 온통 ~바다로 만들었다 Cette tragédie a rendu [mis] tout le théâtre [tous les spectateurs] en larmes.

◆ **_보[보따리]** 명 ((fondre en)) larmes *fpl*, ((éclater en)) sanglots. ¶ 그 여자는 참았던 ~보를 터뜨렸다 Elle finit par laisser éclater les larmes qu'elle retenait [qu'elle avait retenues] / Elle finit par laisser éclater les sanglots qui lui nouaient la gorge / Les sanglots qui lui nouaient la gorge finirent par éclater. ¶ ~보가 터지다 éclater [fondre] en larmes.

◆ **_소리** 명 cri *m*; chant *m*. ¶ 산새의 ~소리 le chant des oiseaux.

◆ **_통** 명 ((éclater en)) sanglots *mpl*. ¶ ~통을 터뜨리다[~통이 터지다] éclater en sanglots; fondre en larmes.

울적하다 鬱寂- 형 être triste, inqui*et*(*ète*), mélancolique. ¶ 울적해서 술을 마시다 boire *se* sentant seul(*e*) et triste; noyer *sa* tristesse dans l'alcool. ¶ 울적한 기분이 들다 se sentir mélancolique, être gagné(*e*) par la mélancolie [par un sentiment de mélancolie]. ¶ 나는 마음이 ~ Je me sens seul(*e*) et triste.

울창하다 형 être touffu(*e*), épais(*se*), exubérant(*e*), luxuriant(*e*), dense. ¶ 숲이 ~ Le bois est touffu / La forêt est épaisse. ¶ 울창한 나무들 des arbres touffus. ¶ 울창한 삼림 une forêt épaisse [luxuriante].

울컥 부 ① ((구역질)) ((être)) soudain pris(*e*) d'une envie de vomir. ¶ 음식을 ~ 토하다 vomir d'un coup ce qu'on a mangé. ¶ 나는 ~ 구역질이 났다 J'ai soudain eu [été pris(e) d'] une envie de vomir. ② ((감정이나 눈물)) soudain(ement), d'un coup, subitement. ¶ 그 광경을 보자 분노가 ~ 치밀었다 Devant cette scène, la rage *m*'a soudain envahi(e). ¶ 눈물이 ~ 쏟아지려고 했다 J'allais fondre en larmes.

◆ **_하다** 자 exploser; être impulsi*f*(*ve*), emporté(*e*), irréfléchi(*e*). ¶ 너는 ~하는 성미를 고쳐야 한다 Il faut que tu corriges ton caractère impulsif. ¶ 그의 뻔뻔한 태도에 ~하고 무엇인가가 치밀었다 Devant son attitude arrogante, ma colère s'est muée en fureur.

◆ **_거리다[대다]** 자 avoir des nausées; avoir envie de vomir [rendre]. ¶ 뱃멀미로 속이 ~거렸다 J'avais envie de vomir à cause du mal de mer.

◆ **_ _** 부 ((la rage m'envahit)) soudain(ement), d'un coup, subitement ((aspect répété d'un mouvement qui remonte du fond de façon continue ou par intermittence)). ¶ 못난 나 자신을 돌아보면 ~~ 화가 치밀었다 Quand j'ai réalisé mon incompétence, la colère m'a soudainement envahi. ¶ 참았던 눈물이 ~~ 목을 타고 솟아났다 Les sanglots qui me nouaient la gorge éclatèrent soudainement [finirent par éclater] / J'ai soudainement éclaté en sanglots [fondu en larmes, fondu en pleurs].

울타리 명 haie *f*, clôture *f*, palissade *f*, mur *m* d'enclos. ¶ 나무 ~ haie en bois. ¶ ~를 뛰어넘다 sauter la haie. ¶ 화단에 ~를 치다 bâtir une haie autour de la platebande; entourer la platebande d'une haie. ¶ 이 정원은 관목 ~로 둘러싸여 있다 Ce jardin est entouré d'une haie en arbrisseaux.

울퉁불퉁 부 qui présente de grandes inégalités [de larges trous]; avec des creux et des bosses. ¶ 도로가 ~ 패어 있다 La route est très inégale / La route est parsemée de nids-de-poule / La route [chaussée] est défoncée.

◆**_하다** 형 être raboteux(*se*), rugueux(*se*), inég*al*(*ale*, *aux*), accidenté(*e*); ((길이)) être défoncé(*e*). ¶ 길이 ~하다 La route [chaussée] est défoncée / Le chemin est défoncé.

울화 鬱火 명 emportement *m*, irritation *f*, colère *f*, hargne *f*, rage *f*, courroux *m*. ¶ 그 사람 때문에 ~가 치밀었다 Je suis très en colère à cause de lui.

◆**_병** -病 명 maladie *f* causée par la colère.

◆**_통** 명 colère *f*, hargne *f*, rage *f*, courroux *m*. ¶ ~통이 터질 노릇이다 J'ai du mal à retenir ma colère.

움[1] 명 bourgeon *m*, germe *m*, pousse *f*. ¶ ~을 틔우다 faire bourgeonner. ¶ ~이 트다 bourgeonner.

움[2] 명 excavation *f* ((servant de logis, ou de dépôt pour les légumes, les fruits, etc. en hiver)). ¶ ~을 파다 excaver [creuser] un trou pour conserver les légumes, les fruits, etc. en hiver.

움라우트 독 명【언어】tréma *m*.

움막 명 excavation *f* servant d'abri (toute couverte de paille ou de peau).

◆**_집** 명 hutte *f*, cabane *f*, cabanon *m*, chaumière *f*, masure *f*.

움실거리다 자 grouiller, fourmiller, pulluler. ¶ 이 치즈에는 벌레가 움실거린다 Les vers grouillent dans ce fromage.

움실대다 자 ☞ 움실거리다

움직거리다 재타 bouger, remuer. ¶ 몸을 ~ remuer le corps.

움직대다 재타 ☞ 움직거리다

움직씨 명【언어】verbe *m*.

움직이다 재타 ① 이동하다 bouger, se déplacer. ¶ 기차가 서서히 움직였다 Le train roulait lentement. ② ((신체 부위)) bouger; remuer; faire un mouvement. ¶ 그는 사고로 하반신을 움직일 수 없다 Il a perdu l'usage de ses jambes dans un accident. ¶ 그는 손가락 하나 움직이려고 하지 않았다 Il ne voulait même pas bouger le petit doigt [d'un pouce / Il ne voulait pas faire le moindre effort / Il ne voulait pas se remuer.]. ③ ((사물)) déplacer. ¶ 의자들을 움직이지 마라 Ne déplacez pas les chaises. ④ 부추기다 bouger; inciter; animer; pousser; séduire. ¶ 어떠한 유혹으로도 그를 움직일 수 없었다 On ne pouvait pas lui faire changer d'avis en aucun moyen. ⑤ 생각이 바뀌다 bouger; ((마음)) ébranler; chanceler. ¶ 유권자들의 마음이 움직였다 Le cœur des électeurs a bougé. ¶ 그의 결심은 움직일 수 없다 On [Rien] ne peut ébranler sa résolution. ¶ 어머니의 설득에 그녀의 마음이 조금씩 움직이는 듯했다 Elle semblait peu à peu se laisser convaincre par le discours persuasif de sa mère. ⑥ 행동, 활동하다 bouger; agir. ¶ 사고 수습을 위해 일사불란하게 ~ agir de façon bien ordonnée [coordonnée] pour rétablir (efficacement) la situation après un accident. ⑦ 가동, 운영하다 faire marcher, faire tourner; conduire; diriger. ¶ 자동차는 가솔린으로 움직인다 La voiture marche à l'essence. ¶ 회사의 부도로 공장의 기계들을 움직이지 못하고 있다 Les machines sont arrêtées [ne tournent plus, ne marchent plus] dans l'usine à cause de la banqueroute de l'entreprise. ¶ 그 사람이 실질적으로 회사를 움직이고 있는 사람이다 C'est lui qui dirige [conduit] réellement l'entreprise. ¶ 뒤에서 사람들을 움직이는 인물이 있다 Il y a quelqu'un qui tire les ficelles derrière les gens. ⑧ ((변화)) changer; faire changer. ¶ 하루가 다르게 움직이는 국제 정세 la situation internationale qui change de jour en jour [d'un jour à l'autre, de moment en moment]. ¶ 상황이 우리에게 불리한 쪽으로 움직이기 시작했다 La situation a commencé à tourner contre nous. ⑨ 바꾸거나 고치다 changer. ¶ 지구가 둥글다는 것은 움직일 수 없는 진리이다 Le fait que la terre soit ronde est une vérité invariable [qui ne change pas].

◆**움직임** 명 mouvement *m*, agitation *f*. ¶ 여론의 ~이 있다 Il y a un mouvement dans l'opinion publique. ¶ 재야의 ~이 심상치 않다 Le mouvement de l'opposition des citoyens montre des signes inhabituels. ¶ 대학 개혁의 ~이 일고[활발해지고] 있다 Le mouvement pour la réforme universitaire s'active.

움집 명 caverne *f*, excavation *f*.

움찔 부 몸을 움츠리는 모양 en sursaut; avec un tressaillement. ¶ 그의 얼굴 근육이 ~ 움직였다 Les muscles de son visage se contractèrent. ¶ 내가 그의 이름을 부르자 그는 ~ 놀라는 표정이었다 Quand je l'ai appelé par son nom, il a sursauté.

◆**_하다** 재타 se rétracter, se recroqueviller (de peur, d'effroi, de surprise); reculer; se contracter, se crisper; grimacer (de douleur), tressaillir (sous l'effet de la douleur), tressauter. ¶ 어깨를 ~하다 contracter les épaules. ¶ 선생님의 야단에 학생들은 ~했다 Les élèves se sont figés sous la réprimande du maître.

◆**_거리다[대다]** 재타 se rétracter, se recroqueviller de peur [d'effroi, de surprise]; avoir un mouvement de recul; se contracter, se crisper; grimacer (de douleur), tressaillir (sous l'effet de la douleur), tressauter. ¶ 몸을 ~거리다 se rétracter, se crisper; se recroqueviller.

◆**_ _** 부 en sursaut, avec un tressaillement [tressautement, frémissement]. ¶ 아이는 침을 놓을 때마다 ~~ 놀랐다 L'enfant se crispait [se figeait, grimaçait de douleur] chaque fois qu'on lui mettait

ㅇ

des aiguilles (d'acupuncture). ¶ ~~하다 grimacer (de douleur), tressaillir (sous l'effet de la douleur); se crisper; tressauter, sursauter, frémir, avoir un haut-le-corps.

움츠러들다 자 ① 몸이 작아지다 se faire tout(*e*) petit(*e*); (*se*) rétrécir, se recroqueviller; se blottir, se tapir, se replier, se pelotonner, se ramasser. ¶ 그는 죄책감에 어깨가 움츠러들었다 Il a rentré la tête dans les épaules parce qu'il se sentait fautif. ② 주눅이 들다 être découragé(*e*); être intimidé(*e*), être mal à l'aise, être tout(*e*) rétracté(*e*) en la présence de *qn*. ¶ 나는 그 남자를 만나면 이유 없이 자꾸만 움츠러들곤 했다 Je ne sais pas pourquoi mais je me sentais toute petite en sa présence. ¶ 상대 팀은 우리 팀의 기세에도 움츠러들지 않았다 L'adversaire ne s'est pas laissé intimider par l'énergie et l'enthousiasme de notre équipe.

움츠러지다 자 ① 몸이 작아지다 rapetisser, se rétrécir, se recroqueviller, se ratatiner, se rétracter se contracter; se blottir, se tapir, se replier, se pelotonner, se ramasser, se rabougrir, se racornir, se ratatiner; ((꽃, 식물)) se faner, se rabougrir, s'étioler. ¶ 추운 날씨에 몸이 자꾸만 움츠러진다 La morsure du froid [Le froid] nous force de plus en plus à nous recroqueviller. ② 주눅이 들다 se rétracter; être rétréci(*e*), recroquevillé(*e*); être blotti(*e*); être intimidé(*e*), mal à l'aise, découragé(*e*); être tout(*e*) rétracté(*e*) en la présence de *qn*. ¶ 어떠한 상황에서도 움츠러지지 말고 당당하게 살아야겠다 Quelle que soit la situation, j'affronterai la vie sans jamais me décourager.

움츠리다 자타 ① rétracter, rentrer ((la tête dans les épaules, dans *sa* coquille)). ¶ 몸을 ~ se faire tout petit(*e*), se rétracter, se recroqueviller, se blottir, se tapir, se replier, se pelotonner, se ramasser. ¶ 그는 목[고개]를 잔뜩 움츠리고 있었다 Il avait la tête (complètement) rentrée [le cou engoncé] dans les épaules. ¶ 움츠린 가슴을 펴다 bomber la poitrine [le torse]; se redresser. ② 기가 꺾이거나 풀이 죽다 avoir un mouvement de recul; se mettre sur la réserve; se faire tout(*e*) petit(*e*), se recroqueviller, se blottir, se tapir, se replier, se pelotonner, se ramasser; être intimidé(*e*) [mal à l'aise] en la présence de *qn*. ¶ 나는 선생님 앞에만 서면 움츠리게 된다 J'ai tendance à me faire tout(*e*) petit(*e*) devant le professeur / Je suis toute intimidé(*e*) en présence du professeur.

움치다 타 se faire tout(*e*) petit(*e*); se recroqueviller; se blottir, se tapir; se sentir intimidé(*e*). ¶ 나는 그 상황에서 어떻게 움치고 뛸 재간이 없었다 Je n'étais pas en situation de faire quoi que ce soit. ☞ 움츠리다

움칫 부 en sursaut; avec un tressaillement. ¶ 그가 ~ 놀라며 일어섰다 Il se leva en sursaut. ¶ 그는 걸음을 ~ 멈추었다 Il s'arrêta brusquement de marcher.

◆**_하다** 자 tressaillir, tressauter, sursauter; se crisper; frémir; faire un petit mouvement. ¶ 그가 무엇에 놀랐는지 ~했다 Il eut un bref mouvement de recul [Il tressaillit, Il sursauta], sans doute surpris par quelque chose [par je ne sais quoi].

◆**_거리다[대다]** 자 tressaillir, tressauter, sursauter; frémir; faire un petit mouvement; ((자동차)) cahoter. ¶ 차가 ~거리더니 그만 서 버렸다 La voiture s'est totalement [finalement] immobilisée après un dernier sursaut / La voiture a cahoté une dernière fois avant de s'immobiliser (totalement).

◆**_ _** 부 en sursaut; avec un tressaillement. ¶ ~~망설이다 avoir un mouvement de recul; hésiter avec un mouvement de recul; tressaillir, tressauter.

움켜잡다 타 agripper, empoigner; saisir; serrer; prendre [tenir] *qc* avec force [fermement]. ¶ 소매를 ~ agripper *qn* par la manche. ¶ 새를 두 손으로 ~ prendre [saisir] un oiseau à deux mains. ¶ 배를 움켜잡고 웃다 se tordre de rire; rire à en pleurer, pisser de rire {*fam*}. ¶ 그는 테이블 위에 있는 권총을 움켜잡았다 Il a saisi [pris] le revolver qui était sur la table.

움켜쥐다 타 ① 손으로 꽉 잡다 agripper, empoigner; serrer; prendre [tenir] *qc* avec force [fermement]. ¶ 멱살을 ~ empoigner [prendre] *qn* au collet. ¶ 그 아이는 사과를 잔뜩 움켜쥐고 있다 Cet enfant tient précieusement une pomme dans sa main. ② ((주먹을)) serrer les poings. ¶ 그는 두 주먹을 움켜쥐었다 Il a serré fermement les deux poings. ③ ((권력을)) posséder à *lui* seul. ¶ 그는 권력을 혼자 움켜쥐고 있다 Il possède [prend, tient] le pouvoir à lui seul.

움큼 분류 poignée *f*. ¶ 한 ~의 쌀 une poignée de riz. ¶ 사탕을 한 ~ 집어 들다 prendre une poignée de bonbons.

움키다 타 ① ((사람이)) saisir [serrer] avec force [fermeté]. ¶ 그는 샘물을 움켜 마셨다 Il a puisé de l'eau de source dans ses mains et en a bu. ② ((새나 짐승이)) saisir fermement. ¶ 독수리가 병아리를 움켰다 Un aigle a emporté [saisi fermement] un poussin dans ses griffes.

움트다 자 ① ((싹이나 어린줄기가)) pousser; bourgeonner. ¶ 새싹이 움튼다 Les bourgeons poussent[sortent] / Les arbres bourgeonnent. ② ((생각이나 일이)) bourgeonner; pousser. ¶ 그들 사이에 사랑이 움트기 시작했다 L'amour commença à bourgeonner entre eux / Ils venaient de tomber amoureux (l'un de l'autre).

움푹 부 enfoncé(*e*); renfoncé(*e*); creusé(*e*); profond(*e*). ¶ 그는 피로해서 눈이 ~ 들어갔다 Ses yeux étaient renfoncés par la fatigue. ¶ 진창에 발자국이 ~ 패어 있다 On voit [Il y a] des empreintes [traces, marques] de pas profondes dans la boue.

◆**_하다** 형 être enfoncé(*e*), renfoncé(*e*), creusé(*e*), profond(*e*); ((길이)) être défoncé(*e*) ((route, chaussée)). ¶ ~한 구덩이 nid-de-poule. ¶ ~한 눈

yeux renfoncés; yeux caves. ¶ 길이 여기저기 ~하게 패어 있다 La route [chaussée] est défoncée / La route est parsemée de nid(*s*)-de-poule.

◆_ _ 뮈 qui présente de grandes inégalités [de larges trous]; avec des creux et des bosses. ¶ 길이 ~~하게 꺼져 있다 La chaussée est défoncée.

웃- 접두 sur, au-dessus (de), supérieur(*e*); de dessus. ☞ 윗

웃기다 자타 ① 웃게 하다 faire rire; causer [soulever] le rire; être amusant(*e*), rigolo(*te*) {*fam*}. ¶ 사람들을 ~ faire rire les gens [l'assistance]; amuser la galerie. ¶ 웃기지 마시오 Arrêtez de me faire rire! / Vous me faites rire! / Laissez-moi rire! ¶ 그 이야기 참 웃기네! Qu('est-ce que) c'est amusant [rigolo {*fam*}, drôle {*fam*}], cette histoire! ② 한심하거나 어이가 없다 être ridicule, absurde. ¶ 웃기는 사람이군 Il est ridicule, cet homme-là! / C'est un marrant, lui!{*fam*} ¶ 웃기는 세상이다 Comme ce monde est ridicule [absurde]!

웃다 자타 ① rire; sourire. ¶ 빙그레 ~ sourire. ¶ 크게 ~ rire aux éclats. ¶ 실컷 ~ rire franchement [de bon cœur]. ¶ 너털웃음을 ~ rire aux éclats [à gorge déployée]. ¶ 씁쓸한 웃음을 ~ rire d'un rire amer. ¶ 만족스런 웃음을 ~ rire de satisfaction. ¶ 눈물이 나도록 ~ rire aux larmes; rire à en pleurer. ¶ 허리가 끊어지도록 ~ se tenir les côtes (de rire); se tordre de rire; se fendre la pipe [la pêche, la gueule, la poire] {*fam*}; se dilater la rate {*fam*}; rire comme un bossu [comme une baleine]; rire à en pleurer [aux larmes]; rire à en faire pipi dans *sa* culotte {*vulg*}; se poiler {*fam*}, se bidonner {*fam*}, se gondoler {*fam*}; se boyauter {*fam*}. ¶ 껄껄 ~ rire aux éclats [à gorge déployée]. ¶ 배를 잡고 ~ se tenir les côtes (de rire); se tordre de rire; se dilater la rate; rire comme un bossu [comme une baleine]; rire à en pleurer [aux larmes]; rire à en faire pipi dans *sa* culotte {*vulg*}. ¶ 그 광경을 보면 누구라도 웃지 않을 수 없다 On ne peut s'empêcher de rire devant cette scène. ② 비웃다 se moquer de *qn*; rire de *qn/qc*. ¶ 그런 행동을 하면 남들이 웃는다 Quand on agit de cette façon-là, les autres rient [se moquent] de nous. ¶ 저런 사람이 선생이라니 지나가던 개가 다 웃겠다 Personne ne croira qu'il est professeur.

***웃는 낯에 침 뱉으랴 [못 뱉는다]** On ne peut pas se mettre en colère contre quelqu'un qui sourit.

웃돌다 타 surpasser; être au-dessus de *qc*; être plus nombreux que *qn/qc*. ¶ 기온이 섭씨 30도를 웃돈다 La température est au-dessus de 30 degrés. ¶ 남학생의 수가 여학생의 수에 웃돈다 Les étudiants sont plus nombreux que les étudiantes / Il y a plus d'étudiants que d'étudiantes. ¶ 비용이 예상보다 웃돈다 Cela demande plus de frais qu'on avait prévu / On a plus de frais que ce qu'on avait prévu.

웃음 명 rire *m*, sourire *m*. ¶ ~을 파는 직업 métier de prostituée, prostitution. ¶ ~을 머금다 avoir un visage souriant ¶ ~을 자아내다 faire rire ((les gens, les spectateurs)); provoquer [déchaîner] l'hilarité (générale). ¶ ~을 참다 retenir *son* rire, se retenir [s'empêcher] de rire, réprimer un fou rire. ¶ 입가에 ~을 띠다 avoir le sourire aux lèvres [au coin des lèvres]. ¶ ~을 사다 s'exposer à la risée du public, se faire ridiculiser [bafouer], se ridiculiser, se rendre ridicule, être [faire] l'objet de railleries, se voir bafoué(*e*) [raillé(*e*)], être en butte aux moqueries de *qn*. ¶ ~을 살 만한 일은 아예 하지 마라 Ne fais jamais une chose qui risque de te rendre ridicule [te ridiculiser]. ¶ ~을 팔다 vendre *ses* charmes, faire commerce de *ses* attraits, se prostituer. ¶ ~이 터지다 éclater de rire. ◇**_(을) 짓다** afficher un sourire, faire [adresser] un sourire à *qn*, sourire à *qn*. ¶ 그 사람은 나만 보면 빙그레 ~ 짓는다 Chaque fois qu'il me voit, il sourit gentiment.

◆**_거리** 명 matière *f* à [objet *m* de] moquerie, objet *m* de railleries, objet *m* de risée, ((être la)) risée *f*, fable *f* ((du quartier)). ¶ 남의 ~거리가 되다 faire l'objet de railleries, être en butte aux moqueries de *qn*, se ridiculiser, se rendre ridicule, être un objet de risée, être la risée de *qn*; être la fable ((d'un groupe, d'une collectivité)).

◆**_기** -氣 명 signe *m* de sourire. ¶ ~기 없는 얼굴 un visage fermé, un visage sans signe de sourire.

◆**_꽃** 명 ambiance *f* heureuse et joyeuse. ¶ 집안에 ~꽃이 피었다 La famille est baignée dans une ambiance heureuse et joyeuse.

◆ **_소리** 명 rire *m*, bruit *m* de rire. ¶ 좌중에 ~소리가 높아졌다 Un (bruit de) rire s'est élevé dans l'assistance.

◆**너털_** 명 rire *m* à grands éclats [à gorge déployée, à ventre déboutonné, sans retenue], grands éclats *mpl* de rire.

◆**쓴_** 명 rire *m* jaune, rire *m* cynique de déception.

웃자라다 자 pousser en excès [surplus]; grandir trop. ¶ 벼가 웃자랐다 Le riz a trop poussé [a poussé en excès]. ¶ 웃자란 가지들을 쳐 주다 ébrancher un arbre; élaguer les branches d'un arbre.

웃통 명 ① 사람 몸의 허리 윗부분 le haut *m* du corps, la partie *f* supérieure du corps, buste *m*, torse *m*. ② 웃옷 vêtement *m* pour le haut [pour la partie supérieure] du corps; haut *m* ((de survêtement, d'une robe)); t-shirt *m*, chemise *f*, ((여자)) chemisier *m*, pull(-over) *m*; veste *f*; veston *m*; ((군복 따위의)) vareuse *f*; ((학생복, 군인의)) tunique *f*; ((여자의)) blouse *f* ((tout vêtement *m* couvrant la partie supérieure du corps à l'exception des sous-vêtements)). ¶ ~을 벗다 enlever *sa* veste.

웅거하다 雄據- 자 défendre un territoire. ¶ 그곳은 예부터 우리 민족이 웅거해 살던 곳이다 C'est le territoire que notre peuple habitait et défendait depuis très longtemps.

웅담 熊膽 명 fiel *m* d'ours.

웅대하다 雄大- 형 être grand(*e*), grandiose, magnifique, ambitieux(*se*). ¶ 웅대한 구상[계획] grands desseins; plan[projet] ambitieux. ¶ 웅대한 경치 paysage grandiose[magnifique].
웅덩이 명 flaque *f* d'eau. ¶ ~에 물이 고였다 On voit de l'eau retenue dans la flaque. ¶ 비 온 뒤에 커다란 ~가 생겼다 La pluie a laissé une grosse flaque d'eau / On a trouvé une grande flaque d'eau après la pluie.
웅변 雄辯 명 éloquence *f*, art *m* de l'éloquence, art *m* oratoire. ¶ ~을 토하다 faire [prononcer] un discours éloquent [déclamateur]; faire une harangue, haranguer avec verve [feu, véhémence].
◆_**적** -的 명관 éloquent(*e*). ¶ ~적인 어조 un ton éloquent
◆_**가** -家 명 orateur *m*, femme *f* orateur [oratrice *f*]. ¶ 그 사람은 드물게 보는 ~가다 C'est un orateur au talent rare.
웅비 雄飛 명 grand élan *m*, grande activité *f*, grand développement *m*, grand bond *m*. ◇_(를) **하다** faire un grand bond, prendre de l'envergure, élargir *son* activité. ¶ 세계로 ~하다 faire un grand développement tourné vers le monde. ¶ 그 회사는 세계적인 기업으로 ~하고 있다 La société est en train de s'agrandir et de prendre une dimension mondiale.
웅성거리다 자 bavarder en groupe, chahuter; faire du chahut. ¶ 사람들이 복도에서 웅성거리고 있다 Des gens bavardent bruyamment dans le couloir.
웅성대다 자 ☞ 웅성거리다
웅성웅성 부 ((se parler)) bruyamment, dans le chahut. ¶ 사람들이 모여서 ~ 떠들고 있다 Il y a des gens rassemblés en foule se parlant les uns aux autres dans le plus grand chahut.
◆_**하다**[**거리다, 대다**] 자 bavarder en groupe, se parler les uns aux autres, chahuter, faire du chahut. ¶ 사람들이 ~하고 있다 Les gens bavardent en groupe.
웅숭그리다 타 se blottir, s'accroupir, se recroqueviller, se tapir. ¶ 어깨를 ~ rentrer la tête dans les épaules.
웅얼거리다 자타 marmonner, marmotter; grommeler [murmurer, dire *qc*] entre *ses* dents; parler dans *sa* barbe. ¶ 알아들을 수 없는 말을 ~ marmonner des paroles inintelligibles. ¶ 노랫가락을 ~ fredonner une mélodie; chantonner (une chanson). ¶ 입속에서 웅얼대지만 말고 말을 분명하게 해 봐 Arrête de parler entre tes dents [dans ta barbe] *et essaye de parler clairement!*
웅얼대다 자타 ☞ 웅얼거리다
웅얼웅얼 부 en murmurant.
◆_**하다**[**거리다, 대다**] 자 marmonner, marmotter; grommeler [murmurer, dire *qc*] entre *ses* dents; parler dans *sa* barbe. ¶ 그가 ~하는 소리는 전혀 알아들을 수 없다 On ne peut rien comprendre de ce qu'il dit, il parle dans sa barbe. ¶ 속으로만 ~하지 말고 속 시원히 털어놓아라 Arrête de marmonner tout seul dans ta barbe et crache le morceau! {*fam*}
웅웅 부 ① ((machines)) bourdonnant, (en) ronflant, (en) ronronnant *m*, (en) vrombissant. ¶ 벌이 ~ 날아다닌다 Les abeilles bourdonnent ¶ 세찬 바람이 ~ 기승을 부린다 Le vent souffle très fort. ¶ 기계가 ~ 돌아가는 소리가 들린다 On entend le bourdonnement des machines qui tournent / On entend ronronner les machines / Les machines font du bruit en tournant. ② 귀가 울리는 소리 ((oreilles)) bourdonnant. ¶ 저쪽 방에서 그들의 말소리가 ~ 들린다 Quand ils parlent, on entend comme un bourdonnement dans la pièce d'à côté. ¶ 귀속에서 ~ 소리가 난다 J'entends un bourdonnement dans mes oreilles / J'ai les oreilles qui bourdonnent.
◆_**거리다**[**대다**] 자 bourdonner, ((moteur)) vrombir, ((moteur)) ronfler, ((moteur, auto, avion)) ronronner. ¶ 세탁기가 ~거린다 Le lave-linge fait du bruit [ronronne]. ¶ 벌이 ~대며 날아다닌다 Les abeilles bourdonnent.
웅장하다 雄壯- 형 être grand(*e*), grandiose, magnifique, splendide. ¶ 웅장한 궁전 un palais magnifique[splendide]. ¶ 웅장한 광경 un spectacle grandiose. ¶ 산자락이 웅장하게 모습을 드러내고 있었다 Il s'y trouvait une magnifique chaîne de montagnes.
웅지 雄志 명 grande ambition *f*. ¶ ~를 품다 avoir de l'ambition; avoir une grande ambition. ¶ ~를 펴다[펼치다] réaliser *ses* ambitions.
웅크리다 자타 se blottir, s'accroupir, se recroqueviller. ¶ 몸을 ~ se blottir, s'accroupir, se recroqueviller, se faire tout(*e*) petit(*e*), se rétracter, se tapir, se replier, se pelotonner, se ramasser.
웅혼하다 雄渾- 형 être (d'une énergie) grandiose, raffiné(*e*). ¶ 이 조각상에서는 웅혼한 기상이 느껴진다 On sent de la grandeur et du raffinement dans cette sculpture.
워 감 eh; oh; allez. ¶ ~, ~, 이놈의 말아, 멈춰라 Eh, eh, arrête, cet imbécile de cheval!
워낙 부 ① 본디부터 dès le début; dès [depuis] l'origine; né. ¶ 그는 ~ 수다스럽다 Il est né bavard. ② 아주, 너무 très; trop; tant; si; tellement. ¶ ~ 바쁘다 être très occupé(*e*); avoir beaucoup de choses à faire. ¶ ~ 급한 일이라 뒤로 미룰 수 없다 Cette affaire est trop urgente pour être reportée. ¶ ~ 길이 나빠서 가기가 힘들다 Le chemin est si mauvais qu'il est difficile de le suivre.
◆_**이** 부 ① 너무 tellement, trop, si. ¶ 거기는 ~이 멀어서 사흘 만에 가기 어렵다 C'est tellement loin qu'il est difficile d'y arriver en trois jours. ② 본디부터 dès l'origine, originellement, de nature. ¶ 그 여자는 ~이 수다스럽다 Elle est bavarde de nature.
워드 영{word} 명 ☞ 워드프로세서
워드프로세서 영{word processor} 명 traitement *m* de texte. ¶ 이 문서는 ~로 작성한 것이다 Ce document

[papier] est rédigé avec un traitement de texte.
워밍업 영{warming-up} 명 ((exercices d'))échauffement *m*. ¶~ 단계 période d'échauffement. ◇_(을) **하다[시키다]** s'échauffer, faire des exercices d'échauffement, faire des exercices d'assouplissement, se dégourdir; se préparer, se mettre en train; faire chauffer ((un moteur)). ¶ 자동차를 ~하다 faire chauffer le moteur de la voiture.
워커 영{walker} 명 bottes *fpl* militaires. ¶~를 신다 mettre des bottes militaires.
워크숍 영{workshop} 명 conférence *f*; workshop *m*. ¶~을 열다[개최하다] organiser une conférence. ¶~에 참가하다 participer à une conférence.
워크스테이션 영{workstation} 명 station *f* de travail ((ordinateur doté d'une grande puissance de calcul et de fortes capacités graphiques, utilisé seul ou en réseau, qui est destiné généralement à des professionnels pour un travail très spécifique)).
원[1] 圓 명 cercle *m*; rond *m*. ¶~을 그리다 dessiner [faire] un cercle. ¶~을 그리며 날다[돌다, 걷다] voler [tourner, marcher] en rond.
◆_運動 명 mouvement *m* circulaire.
원[2] 감 oh! bah! baste! hélas! ¶~, 그럴 수가 있나 Ah, non, ce n'est pas possible! / Hélas! est-ce possible? ¶~, 별걸 다 걱정하십니다 Oh, vous vous inquiétez vraiment pour un rien!
원[3] 의명 ((화폐단위)) won *m*. ¶ 백[천] ~ cent [mille] wons.
-원[4] -元 접미 ① élément *m*. ¶2~ 3차 방정식 une équation de deux éléments du second degré. ② 물건이 제조되는 곳 lieu *m* de fabrication. ¶ 발매~ mise en vente par *qn* ((telle ou telle entreprise)). ¶ 제조~ produit [fabriqué] par *qn* ((telle ou telle entreprise)).
-원[5] -圓 접미 사람 homme *m* (chargé de telle ou telle obligation). ¶ 보조~ assistant(*e*). ¶ 수행~ escorte, membre d'une suite. ¶ 회사~ salarié(*e*). ¶ 은행~ banqui*er*(*ère*).
-원[6] -院 접미 공공기관이나 시설 établissement *m*. ¶ 고아~ orphelinat. ¶ 보육~ crèche, pouponnière, garderie. ¶ 의료~ hôpital; centre médical; clinique. ¶ 학술~ académie des sciences.
-원[7] -源 접미 근원 source *f*. ¶ 동력~ source (de force) motrice. ¶ 자금~ source financière. ¶ 취재~ source d'enquête.
-원[8] 園 접미 놀이 시설 parc *m*, établissement *m*. ¶ 동물~ zoo. ¶ 유치~ école maternelle.
-원[9] -願 접미 원하는 바를 알리는 문서 papier *m*; dossier *m*. ¶ 사직~ démission. ¶ 휴직~ (papier d')arrêt de travail.
원-[10] 元 접두 본디, 처음 originel(*le*), d'origine, origin*al*(*ale*, *aux*). ¶~주인 le propriétaire originel.
◆_문 -文 명 texte *m* original, origin*al*(*aux*) *m*.
◆_본 -本 명 document *m* original, origin*al*(*aux*) *m*.
원-[11] 元 접두 origin*al*(*ale*, *aux*), ancien(*ne*), d'origine, primiti*f*(*ve*). ¶~저자 auteur d'origine. ¶~주소 adresse d'origine.
원가 原價 명 prix *m* de revient, prix *m* coûtant. ¶ 제조~ prix coûtant de fabrication. ¶~를 계산하다 établir le prix de revient. ¶~에 팔다[넘기다] vendre [passer] au prix de revient. ¶~에도 못 미치는 값으로 팔다 vendre à perte. ¶ 이 값으로는 ~도 안 나온다 Ce prix n'atteint même pas le prix de revient.
원간본 原刊本 명 édition *f* originale.
원거리 遠距離 명 grande [longue] distance *f*. ¶~ 이동 déplacement sur une longue distance. ¶ 이 폭탄은 ~에서 격발이 가능하다 Cette bombe peut être déclenchée par un système de commande à (une) longue distance.
원격 遠隔 명 à distance *f*. ¶~ 조종 commande à distance. ¶~ 화상 회의 vidéoconférence.
◆_교육 -教育 명 enseignement *m* à distance. ¶~ 교육 시스템을 구축하다 élaborer [construire] un système d'enseignement à distance.
원경 遠景 명 lointain *m*; paysage *m* vu de loin ¶ 이곳은 ~이 근경보다 낫다 Ce paysage est plus beau de loin que de près.
원고[1] 原告 명 partie *f* plaignante; plaignant(*e*); demand*eur*(demand*eresse*). ¶~와 피고 partie plaignante et partie de la défense; le plaignant et le défendeur.
원고[2] 原稿 명 manuscrit *m*, tapuscrit *m*. ¶~를 작성하다 rédiger un manuscrit. ¶~를 출판사에 보내다 envoyer un manuscrit à une maison d'édition.
◆_료 -料 명 rémunération *f* [honoraires *mpl*] pour un manuscrit.
◆_지 -紙 명 papier *m* [pour manuscrit]; feuille *f* blanche, feuille *f* vierge. ¶ 이번 리포트는 ~지 백 장 내외로 작성해라 Pour ce devoir, vous écrirez une centaine de pages. ¶~지를 채우다 remplir des feuilles blanches à la main. ¶~지에 쓰다 écrire sur du papier vierge.
원광 圓光 명 halo *m*; auréole *f*; nimbe *m*.
원구 圓球 명 sphère *f*.
원군 援軍 명 renfort *m* (de troupes); troupe *f* de renfort. ¶~이 도착했다 Les renforts sont arrivés. ¶ 너의 격려로 천 명의 ~을 얻은 듯하다 Tes encouragements m'ont fait énormément de bien.
원귀 冤鬼 명 spectre *m*, revenant *m*, fantôme *m*. ¶~의 한을 풀어 주다 libérer un fantôme de la rancœur qui le retient. ¶ 억울하게 죽은 처녀가 ~가 되어 나타났다 Le fantôme de cette fille injustement morte est revenu.
원근 遠近 명 éloignement *m* et proximité *f*, distance *f*. ¶ 한쪽 눈으로는 ~을 잘 구별할 수 없다 On ne peut pas bien évaluer les distances avec un seul œil.
◆_법 -法 명 perspective *f*.
원금 元金 명 capit*al*(*aux*) *m*; fonds *m*; principal *m*. ¶~을 갚다 rembourser le capital. ¶~을 까먹다[날

리다] épuiser le capital. ¶ ~을 회수하다 récupérer le principal.

◆_상환 -償還 명 remboursement *m* [amortissement *m*] du capital.

원기 元氣 명 énergie *f*, force *f*, vitalité *f*, dynamisme *m*, vigueur *f*, vivacité *f*, tonus *m*, punch *m*, pep *m* {*fam*}, mordant *m*, ((avoir la)) frite {*fam*}, pêche *f* {*fam*}. ¶ ~를 회복하다 recouvrer [récupérer, refaire] *ses* forces; se redonner du punch {*fam*} [du pep(*s*) {*fam*}, du tonus]. ¶ 요즘 다이어트를 해서인지 ~가 쇠퇴하고 있다 Peut-être est-ce à cause du régime que je fais en ce moment, mais mon énergie s'étiole [j'ai de moins en moins de tonus].

◆_왕성 -旺盛 어근 plein(*e*) d'énergie [de force, de vitalité]. ¶ 그 남자는 언제나 ~왕성하다 Il déborde toujours d'énergie. ¶ ~왕성하게 avec énergie, énergiquement.

원기둥 圓- 명 【수학】 cylindre *m*. ¶ ~의 단면을 자르다 faire la coupe (transversale) d'un cylindre. ¶ ~의 부피를 계산하다 calculer le volume d'un cylindre. ¶ ~을 세우다 fabriquer [redresser] un cylindre; mettre un cylindre droit.

원내 院內 명 intérieur *m* d'une Assemblée nationale. ¶ ~에 진출하다 faire *son* entrée dans l'hémicycle.

◆_교섭단체 -交涉團體 명 groupe *m* parlementaire. ¶ ~교섭단체를 구성하다 former un groupe parlementaire.

◆_총무 -總務 명 président *m* parlementaire; président *m* de l'Assemblée (nationale).

◆_투쟁 -鬪爭 명 bataille *f* parlementaire.

◆_활동 -活動 명 activité *f* parlementaire.

원년 元年 명 première année *f* (d'un règne). ¶ 대한민국 ~ la première année de la République de Corée. ¶ 올해를 흑자의 ~으로 삼다 se fixer cette année pour commencer à être excédentaire. ¶ 우루과이는 월드컵 ~ 우승국이다 L'Uruguay a été le vainqueur de la toute première Coupe du monde.

원님 員- 명 【역사】 chef *m* du district.

*~ **행차 뒤에 나팔 불기** entreprendre une action lorsqu'elle ne peut plus être utile, s'affairer [faire les choses] quand il est trop tard [lorsque cela n'est plus nécessaire], arriver après la bataille, lancer des confetti quand la fête est finie.

*~ **덕에 나팔 불기** tirer profit des actions des autres; recevoir un accueil extraordinaire grâce à *qn*.

원단[1] 元旦 명 jour *m* de l'an. ¶ ~에 세배 다니다 faire la tournée des parents pour la nouvelle année.

원단[2] 原緞 명 tissu *m*, étoffe *f*. ¶ 고급 ~ l'étoffe *de luxe*. ¶ 수입 ~ *le tissu d'importation*. ¶ ~을 끊어와서 옷을 만들다 acheter du tissu pour en faire un vêtement.

원당 原糖 명 sucre *m* brut.

원대 原隊 명 unité *f*. ¶ ~에 복귀하다 réintégrer *son* unité.

◆_복귀 -復歸 명 retour à la base (à la fin d'une permission). ¶ 1년간 해외 근무를 마치고 ~ 복귀(를)하다 réintégrer *son* unité un an après avoir travaillé à l'étranger.

원대하다 遠大- 형 ((projet)) être grandiose, ambitieu*x*(*se*). ¶ 원대한 계획을 세우다 faire un projet de grande envergure; faire de vastes projets. ¶ 원대한 뜻[포부]을 품다 avoir une grande ambition. ¶ 원대한 구상을 하다 élaborer un vaste projet. ¶ 꿈은 원대하게 가져야 한다 Il faut voir grand / Il faut avoir de grandes ambitions.

◆**원대히** 부 grandement, de façon grandiose.

원도 原圖 명 tableau(*x*) *m* origin*al*(*aux*), origin*al*(*aux*) *m*.

원동[1] 原動 어근 source *f* d'énergie, puissance *f* motrice.

◆_기 -機 명 moteur *m*.

원동[2] 遠東 명 Extrême-Orient *m*.

원동력 原動力 명 force *f* [puissance *f*] motrice. ¶ 일의 ~ le moteur du travail. ¶ 생활[삶]의 ~ le moteur de la vie. ¶ 물의 낙차로[석탄에서] ~력을 얻다 tirer l'énergie des chutes d'eau [de la houille]. ¶ 회사가 빠르게 성장한 ~력은 기술력에 있었다 C'est de sa puissance technique que cette entreprise a tiré la force de se développer aussi rapidement. ¶ 그의 도움이 사태 반전의 결정적인 ~이 됐다 Son aide a été un moteur déterminant dans le développement de cet événement.

원두 原豆 명 grain *m* ((de café)). ¶ ~커피 café en grains.

원두막 園頭幕 명 cabane *f*. ¶ ~에서 낮잠을 자다 faire la sieste dans une cabane.

원둘레 圓- 명 【수학】 circonférence *f*. ☞ 원주[2]

원뜻 명 sens *m* initial [premier], sens *m* d'origine. ¶ 원문의 ~을 살린 번역 une traduction fidèle au texte d'origine. ¶ 그 단어의 ~이 뭔지 모르겠다 Je ne connais pas le sens initial de ce mot.

원래 元來 명부 originairement, originellement, à l'origine, au départ, au début, au commencement. ¶ ~는 그것이 아니었는데 어쩌다 보니 그렇게 되었다 Au début ce n'était pas ainsi, mais au bout du compte cela l'est devenu. ¶ ~의 모양을 유지하다 entretenir [préserver] *son* apparence d'origine. ¶ ~대로 되돌리다 revenir à *son* état d'origine. ¶ 내가 ~부터 이렇게 게을렀던 것은 아니다 Je n'ai pas toujours été paresseu*x*(*se*) comme ça. ¶ 그는 ~ 수다쟁이이다 Il est bavard par nature. ¶ ~ 인간은 고독하게 살도록 만들어지지 않았다 En principe les hommes ne sont pas faits pour vivre seuls. ¶ 그는 ~ 영어 교사였다 Il était professeur d'anglais de profession à l'origine [au début, au départ]. ¶ 그 사람이 ~ 그렇게 나쁜 사람은 아니었다 À l'origine, ce n'était pas quelqu'un de si méchant.

원력 原力 명 force *f* initiale.

원령 怨靈 명 spectre *m*; revenant *m*.

원로 元老 명 personne *f* émérite. ¶ ~ 배우 l'ac*teur*(*trice*) émérite. ¶ ~ 예술인 le vieil artiste *m* émérite [distingué]. ¶ 정계의 ~ un vétéran de

ㅇ

la politique. ¶ 학계의 ~ un membre éminent des milieux académiques. ¶ ~에 대한 예우를 다하다 traiter *qn* avec tout le respect dû à une personne émérite.

◆_급 -級 명 personne *f* éminente; sommité *f*.

◆_원 -院 명 Sénat *m*.

원론 原論 명 principes *mpl*. ¶ 경제학 ~ principes de l'économie. ¶ 철학 ~ principes de la philosophie. ¶ ~을 따르다 se conformer aux principes. ¶ ~에 충실하다 être fidèle aux principes. ¶ ~에 어긋나다 faillir aux principes.

◆_적 -的 명관 théorique. ¶ ~적인 논의에 머무르다 s'attacher à une discussion trop générale. ¶ ~적으로 théoriquement, par principe.

원료 原料 명 matière *f* première [brute]. ¶ 공업 ~가 부족한 나라 un pays pauvre en matières premières industrielles. ¶ 콩은 두부의 ~로 쓰인다 Le soja est l'ingrédient de base du tofu.

◆_비 -費 명 【경제】 coût *m* des matières premières. ¶ ~비를 절감하다 réduire les coûts des matières premières.

원류 原流 명 ① ((물)) source *f* (d'une rivière). ¶ 한강의 ~ la source du fleuve Han. ② ((사물이나 현상)) origine *f*, source *f*. ¶ 사건의 ~로 거슬러 올라가다 remonter à la source [à l'origine] d'une affaire.

원리[1] 元利 명 【경제】 capit*al*(*aux*) *m* [principal *m*] et intérêt *m*.

◆_금 -金 명 montant *m* du capital et des intérêts. ¶ ~금을 상환하다 rembourser le montant total du capital et des intérêts. ¶ ~금 분할상환 amortissement [remboursement échelonné] du principal [du capital] et des intérêts.

◆_합계 _合計 명 montant *m* total du capital avec les intérêts.

원리[2] 原理 명 ① 이치 principe *m*. ¶ 기하학의 ~ principe de géométrie. ¶ 상대성 ~ le principe de la relativité. ¶ 아르키메데스의 ~ le principe d'Archimède. ¶ 냉장고의 ~ principe du réfrigérateur. ② 규범 principe *m*, règle *f* fondamentale, fondement *m*. ¶ 민주주의의 ~ le fondement de la démocratie. ¶ 힘의 ~가 지배하는 사회 une société réglée par la force. ¶ ~에 충실하다 être fidèle à un principe.

◆_적 -的 명관 basique, fondament*al*(*ale*, *aux*). ¶ ~적인 수준에 머물다 s'arrêter à un niveau basique. ¶ ~적으로 불가능하다 être fondamentalement impossible.

◆_원칙 -原則 명 règle *f* fondamentale. ¶ ~ 원칙을 지키다 respecter les règles fondamentales. ¶ 그는 ~ 원칙에 충실하다 Il est fidèle aux principes fondamentaux.

원만하다 圓滿- 형 être harmonieux(*se*), uni(*e*), amic*al*(*ale*, *aux*), cordi*al*(*ale*, *aux*); ((성격)) être accommodant(*e*), conciliant(*e*), coulant {*fam*}. ¶ 원만한 사이 relations amicales; rapports cordiaux [harmonieux]. ¶ 원만한 성격 un caractère accommodant. ¶ 원만한 인격 une personnalité conciliante [accomodante]. ¶ 그는 원만한 성격의 소유자이다 Il possède un caractère conciliant [accommodant] / Il est de nature conciliante [accommodante]. ¶ 이 가정은 아주 ~ Cette famille est très harmonieuse / C'est une famille très unie / Une parfaite harmonie règne dans cette famille. ¶ 그는 인간관계가 원만하지 못하다 Il n'est pas amical [cordial] dans ses rapports avec les gens. ¶ 원만하게 살다 vivre en parfaite harmonie; faire bon ménage ((avec *qn*)). ② 흡족한 être satisfaisant(*e*). ¶ 원만한 해결 un arrangement à l'amiable; une conclusion satisfaisante. ¶ 사태를 원만하게 마무리 짓다 donner une issue satisfaisante à une situation.

◆원만히 부 paisiblement, cordialement, harmonieusement, à l'amiable. ¶ 파업을 원만히 해결하다 mettre fin à une grève sans heurt. ¶ 국제 대회를 원만히 마치다 clôturer une rencontre internationale cordialement.

원망 怨望 명 rancune *f*, rancœur *f*, ressentiment *m*; haine *f*. ¶ 그녀의 표정은 ~과 분노로 일그러졌다 Son visage était défiguré par la colère et la haine. ¶ ~ 섞인 눈으로 쳐다보다 fixer *qn* d'un regard où se mêle la rancœur. ◇_(을) 하다 en vouloir à *qn*, en avoir à [contre, après] *qn* {*fam*}, avoir [éprouver] du ressentiment [de la rancune, de la rancœur] contre *qn*, garder [tenir] rancune à *qn* de *qc*, ne pas pardonner *qc* à *qn*, avoir des griefs contre *qn*, garder à *qn* un chien de *sa* chienne {*fam*}, garder une dent contre *qn*. ¶ 누구를 많이 ~하다 en vouloir mortellement à *qn*, en vouloir à mort à *qn*, être fâché(*e*) à mort contre *qn*. ¶ 나를 ~하지 마시오 Ne m'en voulez pas! / Ne m'en veuillez pas! / Ne m'en tenez pas rigueur! / N'en ayez pas après moi! ¶ 그는 날 ~하고 있다 Il m'en veut / Il en a après [contre] moi {*fam*}. ¶ 그는 자기만 빼놨다며 모두를 ~했다 Il en voulait à tout le monde sauf à lui-même. ¶ 스스로를 ~하다 s'en vouloir à *soi*-même, se reprocher *qc*, s'en vouloir de *qc*/+*inf*, se reprocher *qc* [de+*inf*], faire *son* mea-culpa, battre *sa* coulpe.

◆_스럽다 형 en vouloir à *qn*, avoir des griefs contre *qn*; tenir rigueur à *qn* de *qc*. ¶ 네가 ~스럽다 Je t'en veux. ¶ 네가 도와주지 않은 게 ~스럽다 Je t'en veux de ne pas m'avoir aidé.

원매자 願買者 명 vendeur *m* initial. ¶ ~를 찾다 rechercher le vendeur initial.

원면 原綿 명 coton *m*.

원명 原名 명 nom *m* d'origine, vrai nom *m*.

원모 原毛 명 laine *f* crue [brute].

원목 原木 명 bois *m* non travaillé, bois *m* naturel. ¶ ~ 가구 un meuble en bois naturel. ¶ 수입 ~ un bois naturel d'importation. ¶ ~을 가공하다 travailler du bois brut.

원무 圓舞 명 ronde *f*. ¶ ~를 추다 faire une ronde,

danser la ronde.

◆_곡 -曲 명【음악】 valse *f.*

원무과 院務課 명 service *m* des affaires générales.

원문 原文 명 (texte(*s*) *m*) origin*al*(*aux*) *m.* ¶ 번역문을 ~과 대조하다 comparer la traduction avec l'original [le texte original]. ¶ ~에 충실하게 번역하다 traduire en restant fidèle au texte original [à l'original, au texte d'origine]. ¶ 호메로스를 ~으로 읽다 lire Homère dans le texte. ¶ ~대로 표기하다 retranscrire conformément à l'original.

원반 原盤 명 disque *m.*

◆_던지기 명【운동】 lancer *m* de disque. ¶ ~던지기 선수 un(*e*) lanceu*r*(*se*) de disque.

원병 援兵 명 troupe *f* de renfort, renforts *mpl.* ¶ ~을 보내다[요청하다] envoyer [demander] des renforts.

원본 原本 명 ① origin*al*(*aux*) *m* (d'un document, d'un écrit). ¶ ~을 베끼다[무단 복사하다] copier, transcrire [copier sans autorisation] un document original. ¶ 마르크스를 번역본이 아닌 ~으로 읽다 lire non pas une traduction de Marx mais le texte original. ②【법률】 origin*al*(*aux*) *m.* ¶ 주민등록 ~ l'original du registre d'état civil.

원부[1] 原簿 명 registre *m*; grand-livre *m.* ¶ 호적 ~ registre de l'état civil.

원부[2] 怨婦 명 femme *f* rancunière.

원불교 圓佛敎 명【종교】 ((religion d'origine coréenne)) bouddhisme *m won,* bouddhisme *m* du Cercle, Wonbulgyo

원뿔 圓- 명 cône *m.* ¶ ~ 모양의 정원수 un arbre taillé en forme de cône.

◆_형 -形 명 forme *f* conique, forme *f* de cône.

◆_곡선 -曲線 명【기하】 section *f* conique.

◆_굴절 -屈折 명【물리】 cône *m* de lumière.

◆_도법 -圖法 명【지질】 projection *f* conique.

원사 原絲 명 fil *m* à tisser.

원산 原産 명 produit *m* originaire d'une région. ¶ 보르네오 ~ 목재 du bois (originaire) de Bornéo. ¶ 터키 ~ 양탄자 un tapis (originaire) de Turquie.

◆_물 -物 명 produit *m* originaire ((d'Afrique)).

◆_지 -地 명 lieu(*x*) *m* [pays *m*] de provenance (d'un produit). ¶ ~지 증명 un certificat d'origine.

원상 原狀 명 état *m* primitif [premier, initial, originel, de départ]. ¶ ~을[으로] 회복하다 restaurer; rendre *sa* forme originelle à *qc*, remettre *qc* dans son état initial [originel].

원상태 原狀態 명 état *m* originel, état *m* d'origine. ¶ ~를 유지하다 maintenir l'état originel. ¶ ~로 회복하다 retrouver l'état d'origine.

원색 原色 명 ① couleurs *fpl*; couleurs *fpl* vives. ¶ ~ 식물 도감 un herbier (artificiel) en couleurs. ¶ ~의 요란한 옷차림 une tenue aux couleurs excentriques. ②【미술】 couleurs *fpl* primaires [fondamentales]. ¶ 삼~ les trois couleurs primaires [fondamentales].

◆_적 -的 명관 coloré; acerbe, rude, cru(*e*). ¶ 그의 그림은 ~적이고 강렬하다 Son dessin est très coloré et intense. ¶ ~적인 욕설 rudes invectives. ¶ 경쟁자를 ~적으로 비난하다 critiquer vertement *ses* concurrents.

◆_판 -版 명【인쇄】 impression *f* en couleurs.

원생 原生 명 primiti*f*(*ve*).

◆_대 -代 명【지질】 protérozoïque *m.*

◆_동물 -動物 명【생물】 protozoaire *m.*

◆_생물 -生物 명【생물】 protiste *m.*

◆_세포 -細胞 명【생물】 cellule *f* primordiale.

원서[1] 原書 명 texte *m* original; origin*al*(*aux*) *m.* ¶ 프랑스어 ~ 강독 lectures de textes en français. ¶ 데카르트를 ~로 읽다 lire Descartes dans le texte.

원서[2] 願書 명 demande *f* écrite. ¶ 입학[입사] ~를 작성하다 rédiger une demande d'admission dans une école [dans une entreprise]. ¶ ~를 내다[제출하다] présenter [déposer] une demande écrite.

원석 原石 명 pierre *f* brute. ¶ 다이아몬드 ~ diamant brut.

원성 怨聲 명 plainte *f*, grief *m.* ◇_**을 듣다[사다]** écouter [s'attirer, encourir] les plaintes [les doléances] ¶ 국민들의 ~을 듣다[사다] écouter [s'attirer, encourir] les plaintes [les doléances] du peuple. ◇_**이 높다[자자하다]** les griefs ((contre *qn*)) sont grands [nombreux]. ¶ 왕에 대한 ~이 높다[자자하다] Les griefs contre le roi sont grands [nombreux].

원소 元素 명【철학·화학】 élément *m* (chimique); corps *m* simple. ¶ 우주의 4대 ~ les quatre éléments de l'univers.

◆_기호 -記號 명 symbole *m* chimique.

◆_분석 -分析 명 analyse *f* (chimique) élémentaire.

원수[1] 元首 명 chef *m* d'État; souverain(*e*). ¶ 국가 ~ chef d'État.

원수[2] 元帥 명【군사】 ((육군)) maréch*al*(*aux*) *m*; ((해군)) amir*al*(*aux*) *m* (commandant en chef).

원수[3] 怨讐 명 ennemi(*e*), adversaire *mf*; riv*al*(*ale, aux*). ¶ 철천지[불구대천의] ~ un [*son*] ennemi mortel [juré], *son* pire ennemi. ¶ 은혜를 ~로 갚다 rendre le mal pour le bien; payer d'ingratitude. ◇_**를 갚다** venger *qn.* ¶ 아버지의 ~를 갚다 venger *son* père. ◇_**가 되다** devenir ennemis. ¶ 두 사람이 ~가 되었다 Ils sont devenus ennemis. ◇_**다** être source de tous les maux. ¶ 돈이 ~다 L'argent est source de tous les maux.

*~**는 외나무 다리에서 만난다** On n'échappe jamais à ses ennemis / Tôt ou tard on finit toujours par faire face à ses ennemis.

◆_지다 자 devenir ennemi(*s*); devenir l'ennemi ((de *qn*)). ¶ 당신 나하고 ~지기 싫으면 조심하시오 Faites attention si vous ne voulez pas devenir mon ennemi.

원숙 圓熟 어근 maturité *f*, perfection *f.*

◆_하다 형 ① 매우 익숙하다 être arrivé(*e*) à maturité [à *sa* perfection], être parfait(*e*), toucher à la perfection. ¶ ~한 연기 un jeu ((d'un acteur)) qui touche à la perfection. ¶ ~한 문체 un style parfait.

ㅇ

② (인격이나 지식이) 깊고 원만하다 être mûr(*e*), être arrivé(*e*) à maturité. ¶ 그는 철학이 ~한 경지에 이르렀다 Sa philosophie arrive à pleine maturité. ¶ 나이를 먹음에 따라 인격이 ~해진다 La personnalité trouve sa maturité avec l'âge. ¶ 그 사람은 일을 원숙하게 처리했다 Il a réglé cette affaire avec grande maturité.

◆_성 -性 명 maturité *f*, perfection *f*.

◆_미 -美 명 maturité *f*, perfection *f*.

원순모음 圓脣母音 명 【언어】 voyelle *f* arrondie.

원순화 圓脣化 명 【언어】 arrondissement *m* d'une voyelle (예: 믈→물).

원숭이 명 【동물】 singe *m*.

*~도 나무에서 떨어진다 L'erreur est humaine / Personne n'est parfait / Nul n'est parfait.

◆_띠 명 signe *m* du singe.

◆_해 명 année *f* du singe.

원시[1] 原始 명 origine *f*, genèse *f*; état *m* primitif. ¶ ~ 신앙 une croyance primitive. ¶ ~ 부족[사회, -생활, 시대] une tribu [une société, une vie] primitive [un âge primitif]. ¶ ~ 상태에 가까운 비참한 생활 une vie misérable proche de l'état de nature.

◆_적 -的 명관 primiti*f*(*ve*). ¶ ~적 수공업 un artisanat primitif. ¶ ~적인 방법을 쓰다 utiliser une méthode primitive.

◆_공동체 -共同體 명 communauté *f* primitive.

◆_림 -林 명 forêt *f* vierge.

◆_언어 -言語 【정보】 langue *f* primitive.

◆_인 -人 명 primitif *m*.

◆_종교 -宗教 명 religion *f* primitive.

원시[2] 遠視 명 【의학】 hypermétropie *f*. ¶ ~ 안경을 쓰다 porter des lunettes d'hypermétrope. ¶ 나는 (눈이) ~이다 Je suis hypermétrope.

◆_안 -眼 명 œil(*yeux*) *m* atteint d'hypermétropie.

원심[1] 怨心 명 rancune *f*, animosité *f*; inimitié *f*, rancœur *f*. ¶ 상사에게 ~을 품다 garder de la rancœur contre un supérieur.

원심[2] 遠心 어근 ((mouvement, force)) centrifuge.

◆_력 -力分 명 【물리】 force *f* centrifuge.

◆_분리기 -分離器 명 【물리】 centrifugeuse *f*.

◆_운동 -運動 명 【물리】 mouvement *m* centrifuge.

원아 園兒 명 élève *mf* d'une école maternelle, élève *mf* de maternelle. ¶ 고아원[유치원]의 ~들 les élèves de l'orphelinat [de l'école maternelle].

원안 原案 명 plan *m* (original); projet *m* (primitif); projet *m* de loi. ¶ ~을 수정하다 modifier [apporter des modifications à] un projet de loi. ¶ 법안을 ~대로 가결하다[통과시키다] adopter [faire passer] un projet de loi tel quel [sans modification].

원앙 鴛鴦 명 【동물】 canard *m* mandarin. ¶ 이 부부는 ~처럼 다정하게 산다 Ce jeune couple vit un bonheur parfait [sans nuage] / Ils sont faits l'un pour l'autre / Ils sont comme cul et chemise {*fam*} / Ils roucoulent [s'entendent] comme deux tourtereaux / C'est un couple bien uni [en parfaite harmonie] / Ils vivent le parfait amour / C'est un couple harmonieux / Dans ce couple, ils mènent une vie conjugale heureuse / Ce couple est parfaitement assorti / Ils forment un couple parfait.

◆_금침 _衾枕 명 couverture *f* de lit sur laquelle on a brodé un couple de canards mandarins.

원앙새 鴛鴦_ 명 canard *m* mandarin.

원양 遠洋 명 【해양】 océan *m*; mer *f* lointaine, (la) haute mer *f*, pleine mer *f*, ((gagner)) le (grand) large *m*, le plain *m* de l'eau {*vx*}. ¶ ~으로 나가다 gagner le large, s'aventurer en pleine mer.

◆_어 -漁 명 poisson *m* de haute mer.

◆_어선 -漁船 명 navire *m* [bateau(*x*) *m*] de pêche en haute mer [au large]. ¶ ~어선을 타다 embarquer sur un navire de pêche en haute mer.

◆_어업 -漁業 명 grande pêche *f* (au large).

원어 原語 명 langue *f* originelle. ¶ ~ 강의 le cours de langue donné dans la langue correspondante. ¶ 외국 지명이 ~로 표기되어 있다 Les noms de lieux étrangers sont indiqués dans leur langue originelle.

◆_민 -民 명 locu*teur*(*trice*) nati*f*(*ve*). ¶ ~민 영어 강사 professeur d'anglais natif d'un pays anglophone.

원예 園藝 명 horticulture *f*, jardinage *m*. ¶ ~ 농가 une ferme horticole.

◆_가 -家 명 horticulteur *m*; jardini*er*(*ère*); maraîcher *m*.

◆_식물 -植物 명 plante *f* jardinière, plante *f* de jardin.

◆_업 -業 명 industrie *f* maraîchère.

원외[1] 員外 명 surnombre *m*. ¶ 모임에 ~로 참석하다 assister à une réunion en auditeur libre.

원외[2] 院外 명 extérieur *m* [dehors *m*] de l'Assemblée nationale; ((형용사)) ((activité)) extra-parlementaire. ¶ 국회의원들의 ~ 활동[투쟁] activité [querelle] des députés à l'extérieur [en dehors] de l'hémicycle, activité extra-parlementaire. ¶ 문제를 ~로 끌고 가다 tirer le problème hors de l'Assemblée nationale.

원용 援用 명 citation *f*, invocation *f*. ◇_(을) 하다 citer. ¶ 법 조항을 ~하다 citer une clause de la loi.

원위치 原位置 명 place *f* initiale. ¶ ~로 돌아가다 retourner à *sa* place (d'origine).

원유 原油 명 pétrole *m* naturel [brut], naphte *m*. ¶ ~ 생산량 production pétrolière. ¶ ~ 파동 crise du pétrole. ¶ ~를 수입하다[정제하다] importer [raffiner] du pétrole brut.

◆_가 -價 명 prix *m* du pétrole brut.

원음 原音 명 ① 【언어】 prononciation *f* originale. ¶ 외국어를 ~에 가깝게 발음하다 parler une langue étrangère presque sans accent [presque comme un locuteur natif]. ② 【음악】 ton *m* fondamental.

원의[1] 原義 명 intention *f* [signification *f*] première. ¶ ~를 파악하다 saisir la signification originelle.

원의[2] 院議 명 【정치】 débat *m*, discussion *f*, délibération *f* ((de l'Assemblée nationale)); décision *f*, résolution *f*. ¶ ~를 존중하다 respecter l'avis de l'Assemblée nationale. ¶ ~에 부치다 soumettre *qc* à (la délibération de) l'Assemblée nationale. ¶ ~에 복종하다 se soumettre à la décision de l'Assemblée nationale.

원인[1] 原人 명 homme *m* primitif.

◆**직립_** 直立- 명 *homo m erectus.*

원인[2] 原因 명 cause *f*, raison *f*, motif *m*, source *f*, origine *f*; sujet *m* ((de dispute)). ¶ 직접적인 ~과 간접적인 ~ cause directe et cause indirecte. ¶ ~으로 거슬러 올라가다 remonter à la cause [à la source]. ¶ ~은 잘 모릅니다 On n'en connaît pas la cause. ¶ 어떤 ~으로 이런 결과가 나왔을까? Comment sommes-nous arrivés à un tel résultat? ¶ 사태의 ~을 캐다[따지다] examiner [sonder] les origines d'une situation. ¶ 모든 일에는 ~이 있게 마련이다 Toute chose a une cause. ¶ 이 일은 둘 간의 작은 오해가 ~이 되었다 Tout est parti d'un léger malentendu entre eux deux.

원일 元日 명 jour *m* de l'an. ☞ 신정

원일점 遠日點 명 【천문】 aphélie *m*, apside *f* supérieure.

원자[1] 原子 명 【물리】 atome *m*; ((형용사)) atomique, nucléaire. ¶ ~로 분해하다 décomposer en atomes; atomiser. ¶ 물체는 ~로 이루어져 있다 La matière est composée d'atomes.

◆**_화** -化 명 désocialisation *f*, atomisation *f* (sociale).

◆**_가** -價 명 valeur *f* atomique.

◆**_량** -量 명 poids *m* atomique.

◆**_력** -力 명 ☞ 원자력

◆**_로** -爐 명 réacteur *m* nucléaire.

◆**_론** -論 명 atomisme *m*.

◆**_론자** -論者 명 atomiste *mf*.

◆**_물리학** -物理學 명 physique *f* nucléaire.

◆**_물리학자** -物理學 명 physicien(*ne*) de l'atome [atomiste], atomiste *mf*.

◆**_번호** -番號 명 nombre *m* [numéro *m*] atomique.

◆**_병 환자** -病患者 명 malade *mf* contaminé(*e*) par radioactivité.

◆**_분열** -分裂 명 fission *f* atomique [nucléaire].

◆**_설** -說 명 théorie *f* atomique.

◆**_시계** -時計 명 horloge *f* atomique.

◆**_열** -熱 명 chaleur *f* atomique.

◆**_탄** -彈 명 bombe *f* atomique.

◆**_폭탄** -爆彈 명 bombe *f* atomique.

◆**_학** -學 명 nucléonique *f*.

◆**_핵** -核 명 noyau(*x*) *m* atomique.

원자[2] 元子 명 【고제】 prince *m* héritier (avant d'être reconnu officiellement comme dauphin). ¶ ~를 세자로 책봉하다 désigner le prince héritier comme dauphin.

원자력 原子力 명 【물리】 énergie *f* nucléaire. ¶ ~을 평화적 목적으로 이용하다 utiliser l'énergie nucléaire dans un but pacifique. ¶ ~을 에너지원으로 이용하다 utiliser l'énergie nucléaire comme source d'énergie.

◆**_발전** -發電 명 production *f* d'électricité d'origine nucléaire.

◆**_발전소** -發電所 명 centrale *f* nucléaire.

◆**_잠수함** -潛水艦 명 sous-marin(~-~*s*) *m* nucléaire.

◆**국제_기구** 國際-機構 명 Agence *f* Internationale de L'Énergie Atomique(AIEA).

원자재 原資材 명 matériau(*x*) *m* brut.

원작 原作 명 œuvre *f* originale; origin*al*(*aux*) *m*. ¶ ~에 충실하게 각색하다 adapter *qc* avec peu de changement [d'une façon proche de l'original]. ¶ ~을 영화화하다 faire une adaptation cinématographique d'une œuvre originale.

◆**_자** -者 명 auteur *m*.

원장[1] 園長 명 chef *m*, direc*teur*(*trice*). ¶ 동물원 ~ un(*e*) administra*teur*(*trice*) [direc*teur*(*trice*)] de zoo. ¶ 유치원 ~ le(*la*) direc*teur*(*trice*) d'un jardin d'enfants [d'une maternelle].

원장[2] 院長 명 direc*teur*(*trice*). ¶ 학원 ~ le(*la*) direc*teur*(*trice*) d'un institut. ¶ 병원 ~ le(*la*) direc*teur*(*trice*) d'un hôpital. ¶ 대학원 ~ le(*la*) direc*teur*(*trice*) du troisième cycle [de maîtrise et de doctorat].

원장[3] 元帳 명 【경제】 grand-livre(~*s*-~*s*) *m* (des comptes); registre *m*. ¶ ~에 기입[기장]하다 inscrire [porter] sur le grand-livre. ¶ ~과 대조하다 comparer avec le grand-livre.

◆**총계정_** 總計定- 명 grand-livre général des comptes.

원재료 原材料 명 matière *f* première.

원저 原著 명 œuvre *f* originale; origin*al*(*aux*) *m*.

◆**_자** -者 명 auteur *m*.

원적[1] 怨敵 명 (*son*) ennemi(*e*) mortel(*le*) [juré(*e*)], *son*(*sa*) pire ennemi(*e*). ¶ ~을 사로잡다 capturer [prendre vivant] un ennemi mortel. ¶ ~을 추적하다 poursuivre un ennemi mortel [juré].

원적[2] 原籍 명 【법률】 commune *f* de rattachement de naissance. ¶ 내 ~은 서울이다 Ma commune de rattachement de naissance est Séoul.

◆**_지** -地 명 commune *f* de rattachement de naissance.

원전 原典 명 texte *m* original; origin*al*(*aux*) *m*. ¶ 라틴어 ~ le texte original latin. ☞ 원서¹

원점 原點 명 ① point *m* de départ. ¶ ~에서 다시 시작하다 recommencer à zéro. ¶ ~으로 돌아가다 retourner au point de départ. ② 【수학】 기준점 l'origine *f* (sur l'axe des coordonnées).

원정[1] 遠征 명 ① expédition *f*, campagne *f*. ¶ 나폴레옹의 이집트 ~ l'expédition [la campagne] de Bonaparte en Égypte. ② 【운동】 tournée *f* sportive. ¶ 축구 대표 팀이 유럽 ~을 갔다 L'équipe de football sélectionnée est partie en Europe pour une tournée sportive[de matchs]. ◇_(을) **하다**[**가다**] faire une tournée (sportive, de matchs). ¶ 탐험대가 아프리카를 ~갔다 L'équipe d'explorateurs est allée faire une tournée de matchs en Afrique. ◇_**에 나서다** partir en expédition.

원정[2] **遠程** 명 long trajet *m*; longue distance *f*. ¶ ~에서 돌아오다 revenir d'un long voyage. ¶ ~을 마치다 achever un long voyage.

원제 原題 명 titre *m* original, titre *m* d'origine. ¶ 이 책의 ~가 무엇입니까? Quel est le titre original de ce livre?

원조[1] **元祖** 명 (premier) ancêtre *m*; fonda*teur*(*trice*), créa*teur*(*trice*); initia*teur*(*trice*); pionnier *m*; origine *f*. ¶ 외국 연구의 ~ le pionnier (dans le domaine) des études étrangères. ¶ ~를 밝히다 révéler l'origine. ¶ 서로 ~임을 주장하다[내세우다] revendiquer chacun la paternité (de *qc*).

원조[2] **援助** 명 aide *f*, assistance *f*, secours *m*, soutien *m*, appui *m*. ¶ 자금 ~ une aide financière. ◇ **_(를) 하다** aider, assister, secourir, soutenir, accorder *son* appui à *qn*. ¶ 그는 조건 없이 우리 팀을 ~했다 Il a accordé un soutien inconditionnel à notre équipe. ¶ 식량을 ~하다 faire de l'assistance alimentaire. ◇ **_에 나서다** s'engager dans l'assistance.

◆ **_교제** -交際 명 rapports *mpl* intéressés ((entre jeunes en quête d'argent et personnes plus âgées)); rapports *mpl* sexuels avec un mineur, liaison *f* entre un homme mûr et une adolescente.

원종 原種 명 espèce *f* initiale [d'origine].

원죄 原罪 명 péché *m* originel.

◆ **_의식** -意識 명 conscience *f* du péché originel.

원주[1] **圓柱** 명 colonne *f* cylindrique, pilier *m* rond; cylindre *m*.

◆ **_면** -面 명 surface *f* d'un cylindre.

원주[2] **圓周** 명 【수학】 circonférence *f*.

◆ **_율** -率 명 rapport *m* de la circonférence au diamètre, ratio *m* de la circonférence d'un cercle par rapport au diamètre.

원주민 原住民 명 aborigène *mf*, autochtone *mf*, indigène *mf*.

원지 遠地 명 pays *m* [région *f*] lointain(*e*); province *f* éloignée de la capitale. ¶ ~에서 돌아오다 venir d'une région lointaine. ¶ 누구를 ~에 유배시키다 exiler *qn* dans une région lointaine.

원천 源泉 명 source *f*, origine *f*. ¶ 생명의 ~ l'origine de la vie. ¶ 그는 그 격언을 지식의 ~으로 삼고 있다 Il considère cette maxime comme la source de son savoir.

◆ **_적** -的 명관 fondament*al*(*ale*, *aux*), fonci*er*(*ère*). ¶ 그런 일은 ~적으로 불가능하다. Ce genre d'affaire est foncièrement impossible.

◆ **_봉쇄** -封鎖 명 blocus *m* absolu. ¶ ~ 봉쇄(를) 하다 faire le blocus absolu. ¶ 학생들의 시위를 ~ 봉쇄하다 étouffer dès le départ une manifestation d'étudiants.

◆ **_징수** -徵收 명 retenue *f* [prélèvement *m*] (sur le salaire). ¶ 소득세 ~징수 prélèvement de l'impôt sur le revenu. ¶ ~징수하다 prélever [retenir] (sur le salaire).

원체 元體 부 à l'origine, dès le départ, par nature. ¶ 그는 ~ 성격이 좋아서 화내는 법이 별로 없다 Il a si bon caractère par nature qu'il se met rarement en colère. ¶ 그는 ~ 말이 없다 Par nature, il ne dit rien / Il est peu loquace par nature.

원초 原初 명 origine *f*, début *m*, commencement *m*.

◆ **_적** -的 명관 originel(*le*), instincti*f*(*ve*), primiti*f*(*ve*). ¶ ~적 요소 un élément primitif. ¶ ~적 욕망 un désir instinctif. ¶ 그 사람은 ~적으로 나쁜 사람이다 C'est fondamentalement un homme mauvais. ◇ **_적이다** être primiti*f*(*ve*).

원추 圓錐 명 cône *m*.

◆ **_형** -型 명 forme *f* conique.

원추리 명 hémérocalle *f*, lis *m* jaune, belle-d'un-jour(~*s*-~-~) *f*.

원칙 原則 명 principe *m*, règle *f* fondamentale. ¶ 몇 가지 ~을 세우다 établir quelques principes. ¶ 정해진 ~을 따르다 suivre les principes établis. ¶ …하는 것을 기본 ~으로 하다 avoir comme principe de base de+*inf*. ¶ ~에 어긋나다 contrevenir [s'opposer] à un principe. ¶ ~ 없이 일을 처리하다 régler des affaires sans aucun principe. ◇ **_이다** c'est la règle; il est de règle de+*inf*. ¶ 어른을 만나면 인사부터 하는 것이 ~이다 En principe, quand on rencontre une grande personne, il faut d'abord la saluer.

◆ **_적** -的 명관 de principe, de règle. ¶ ~적으로 en règle générale, en principe.

◆ **_론** -論 명 position *f* d'après laquelle il faut respecter les principes. ¶ ~론만 반복하다 ne faire que répéter le(*s*) principe(*s*).

◆ **_주의** -主義 명 légalisme *m*, rigorisme *m*.

◆ **_주의자** -主義者 명 homme *m* de principe, légaliste *mf*, rigoriste *mf*.

◆ **대** 大- 명 principe *m* dominant [primordial]. ¶ 투자의 대~ principe dominant de l'investissement.

원칭 遠稱 명 【언어】 démonstratif *m* servant à désigner ce qui est éloigné du locuteur et de l'interlocuteur.

원컨대 願― 부 je vous (en) prie; de grâce! ¶ ~ 자비를 베풀어 주십시오 De grâce, soyez bon!

원탁 圓卓 명 table *f* ronde. ¶ ~에 둘러앉다 s'asseoir autour d'une table ronde.

◆ **_회의** -會議 명 réunion *f*, assemblée *f*, table *f* ronde.

원터치 영{one touch} 명 ((écran)) tactile. ¶ ~ 스크린 un écran tactile.

원통 圓筒 명 cylindre *m*, boîte *f* ronde, boîte *f* de forme cylindrique.

◆ **_형** -型 명 forme *f* cylindrique.

원통하다 冤痛― 형 être am*er*(*ère*), être déçu(*e*), éprouver du dépit, regretter *qc* [que+*subj*], s'attrister de *qc*/+*inf*, se lamenter sur *qc*. ¶ 그것은 너무나 원통한 일이었다 Il s'agissait d'une affaire trop amère. ¶ 원통해서 발을 동동 구르다 trépigner de dépit. ¶ 세상에 이렇게 원통할 데가 어디 있겠어요 Peut-on trouver au monde une chose aussi amère? ¶ 그는 떠나지 못한 것을 몹시 원통해했다 Il a été très déçu de ne pouvoir partir.

원판¹ 原版 명 origin*al*(*aux*) *m*; édition *f* originale, premier tirage *m*.

원판² 原板 명 【사진】 négatif *m*, cliché *m*. ¶ 사진 ~ le négatif (d'une photo).

원폭 原爆 명 bombe *f* atomique. ¶ ~ 실험 un essai atomique. ¶ ~ 피해자 une victime de la bombe atomique. ¶ ~을 투하하다 lancer [larguer] une bombe atomique.

원풀이¹ 怨- 명 acte *m* de vengeance; assouvissement *m* d'une vengeance. ◇_(를) **하다** se venger, tirer vengeance, assouvir *sa* vengeance. ¶ 한바탕 ~라도 하려는 듯이 날뛰다 courir comme s'il voulait se venger.

원풀이² 願- 명 réalisation *f* d'un vœu. ◇_(를) **하다** réaliser *ses* vœux. ¶ 이번 시험에서 1등을 하다니 ~를 한 셈이군 En étant premier à cet examen, il a donc réalisé son vœu!

원피 原皮 명 peau *f* brute.

원피스 영{one-piece} 명 robe *f*. ¶ ~를 한 벌 사 입다 s'acheter une robe.

원하다 願- 타 vouloir, désirer; espérer. ¶ 원하지 않는 일을 하다 faire ce qu'on ne veut pas. ¶ 내가 원하던 바가 바로 그것이다 C'est exactement ce que je voulais faire. ¶ 나는 정당한 보수를 원했었다 Je voulais une juste rétribution. ¶ 네가 원하는 것은 무엇이냐? Qu'est-ce que tu veux? ¶ 네가 원하는 것은 뭐든지 다 들어주겠다 Je ferai tout ce que tu veux. ¶ 나는 네가 빨리 돌아오기를 원한다 Je veux que tu reviennes [rentres] vite.

원한 怨恨 명 ressentiment *m*, rancune *f*, rancœur *f*, haine *f*, dépit *m*. ¶ ~에 의한 살인 assassinat par rancune. ¶ ~이 사무치다 être pénétré(*e*) [plein(*e*)] de ressentiments. ◇_(을)**갖다[품다]** avoir de la rancœur ((pour *qn*, contre *qn*)), avoir de la rancune contre *qn*, avoir des ressentiments ((à l'égard de *qn*)), éprouver du ressentiment [de la rancune, de la rancœur, de la haine, du dépit], en vouloir ((à *qn*)), ne pas pardonner ((à *qn*)), garder rancune ((à *qn* de *qc*)), garder ((à *qn*)) un chien de *sa* chienne {*fam*}, garder une dent ((contre *qn*)). ◇_(을)**사다** s'attirer le ressentiment de *qn*. ¶ 그는 그 일로 많은 사람에게 ~을 샀다 Dans cette affaire, il s'est attiré le ressentiment de bien des gens. ◇_(을) **풀다** assouvir *sa* vengeance, se venger ((d'un affront)), *laver ((une injure))*. ◇_**이 있다[없다]** ¶ 그는 나한테 무슨 ~이라도 있는 사람처럼 군다 Il agit comme quelqu'un qui aurait des ressentiments à mon égard.

◆_**관계** -關係 명 relation *f* haineuse [rancunière].

원해 遠海 명 haute mer, pleine mer *f*, (le) large *m*, grand large *m*.

원형¹ 原形 명 forme *f* originelle; état *m* premier. ¶ ~을 보존하다 préserver [garder] *sa* forme originelle. ¶ ~을 복원하다 restituer la forme originelle. ¶ ~을 잃다 perdre *son* état premier. ¶ ~대로 남아 있다 rester dans *son* état premier [dans *sa* forme originelle].

원형² 原型 명 ① 본바탕 type *m*, modèle *m*, origin*al*(*aux*) *m*, prototype *m*, archétype *m*; ((야금의)) moulage *m*. ¶ 주물을 뜨기 위한 ~ prototype pour moulage. ② 집단 무의식을 구성하는 보편적 상징 archétype *m*. ¶ 신화와 ~ mythologie et archétype. ¶ 인간 무의식 속에 남아 있는 ~ archétype restant dans le subconscient de l'homme.

◆_**적** -的 명관 origin*al*(*ale*, *aux*); originel(*le*); typique.

◆_**비평** -批評 명 critique *f* archétypale.

원형³ 圓形 명 cercle *m*, rond *m*, forme *f* circulaire. ¶ ~ 극장[경기장] un amphithéâtre [un stade circulaire].

◆_**동물** -動物 명 némathelminthes *mpl*.

원형질 原形質 명 【생물】 protoplasme *m*.

원호 援護 명 assistance *f*, secours *m*. ¶ ~ 활동 assistanat, secourisme. ◇_(를) **하다** assister, secourir.

◆_**기금** -基金 명 fonds *mpl* d'assistance [de secours].

◆_**대상자** -對象者 명 ayant droit *m* à l'assistance [au secours].

원혼 冤魂 명 esprit *m* [âme *f*] d'un mort innocent. ¶ 누구의 ~을 위로하다[달래다] apaiser l'esprit de quelqu'un qui est mort de façon injuste.

원화 -貨 명 won *m*, monnaie *f* coréenne, argent *m* coréen. ¶ ~가 평가절상[평가절하]되다 Le won est en hausse [se dévalue]. ¶ ~의 가치가 상승[하락]했다 Le won a pris de la valeur [a perdu de sa valeur] ((par rapport au [vis-à-vis du, face au] dollar (américain))). ¶ ~의 환율이 올랐다[내렸다] Le taux de change du won a monté [est descendu, a baissé]. ¶ ~를 달러화로 바꾸다 changer de l'argent coréen en dollars.

원활 圓滑 명 harmonie *f*, régularité *f*, normalité *f*, aspect *m* lisse; ((비유)) déroulement *m* sans accrochage.

◆_**하다** 형 être fluide, sans problème, sans accrochage. ¶ ~한 교통 소통 circulation fluide du trafic. ¶ 자금 조달이 ~하다 La mobilisation des fonds s'effectue sans problème. ¶ 만사가 ~하게 되어 간다 Tout marche sans problème / Tout marche [va, se passe] comme sur des roulettes {*fam*}.

◆_**히** 부 sans problème, sans incident, normalement. ¶ 일이 ~히 진행되고 있다 L'affaire avance sans problème / Tout va [marche, se passe] comme sur des roulettes {*fam*} / Tout se passe à merveille. ¶ 회의가 ~히 진행되었다 La réunion s'est déroulée normalement [sans le moindre incident].

원흉 元兇 명 principal coupable *m*, instiga*teur*(*trice*), (principal(*e*)) fomenta*teur*(*trice*). ¶ 나라를 팔아넘긴 ~ fomentateur coupable de trahison de la patrie.

ㅇ

월[1] 月 명 mois *m*. ¶ ~ 1회 une fois par mois. ¶ 방세가 ~ 20만 원이다 Le loyer s'élève à 200 000 wons par mois.

◆**_수입** -收入 명 revenu *m* mensuel.

분류 mois *m*. ¶ 11~ (le mois de) novembre. ¶ 1~ (le mois de) janvier.

월[2] 月 명 월요일 lundi *m*. ¶ 나는 ~, 수, 금에는 시간이 없다 Je ne suis pas libre les lundis, les mercredis et les vendredis.

월간[1] 月刊 명 publication *f* mensuelle. ¶ 소식지를 ~으로 내다 sortir un journal chaque mois.

◆**_(잡)지** -(雜)誌 명 revue *f* mensuelle, mensuel *m*.

월간[2] 月間 명 (한 달 동안) un mois; mensuel ¶ ~ 경제 동향 perspectives économiques pour le mois.

월경[1] 月經 명 règles *fpl*, menstrues *fpl*, menstruation *f*; ménorrhée *f*. ¶ ~이 있는 날 le jour où on a ses règles. ◇_(을) **하다** avoir *ses* règles.

◆**_곤란증** -困難症 명 dysménorrhée *f*, menstruations *fpl* difficiles et douloureuses.

◆**_불순** -不順 명 irrégularité *f* du flux menstruel, règles *fpl* irrégulières, menstrues *fpl* irrégulières.

◆**_통** -痛 명 douleurs *fpl* menstruelles, dysménorrhée *f*.

월경[2] 越境 명 franchissement *m* d'une frontière. ◇_(을) **하다** franchir [passer] une frontière [une limite, des bornes]. ¶ 그 죄수는 ~을 하였다 Le prisonnier a franchi la frontière.

월계관 月桂冠 명 couronne *f* de laurier. ¶ 승자에게 ~을 씌워 주다 couronner de lauriers le vainqueur.

월계수 月桂樹 명 laurier *m*.

월광 月光 명 clair *m* de lune. ¶ ~ 속에 au clair de (la) lune.

◆**_ 소나타** 명 sonate *f* au Clair de Lune.

월권 越權 명 abus *m* de pouvoir. ¶ ~ 행위를 하다 commettre un abus de pouvoir. ◇_(을) **하다** outrepasser *ses* droits [*ses* pouvoirs], abuser de *son* pouvoir [de *son* autorité]. ¶ 그가 ~을 한 것은 아니다 Il n'a pas outrepassé ses droits / Il n'a pas abusé de son pouvoir [de son autorité]. ◇_**이다** être un abus de pouvoir. ¶ 그건 ~이다 C'est un abus de pouvoir.

◆**_행위** -行爲 명 (acte *m* d')abus *m* de pouvoir.

월급 月給 명 salaire *m* [traitement *m*] mensuel; mensualité *f*. ¶ 쥐꼬리만 한 ~ un salaire minable [ridicule, de misère]. ¶ 매달 ~으로 천오백 유로를 받다 toucher chaque mois un salaire [toucher un salaire mensuel] de 1 500 euros. ¶ ~을 받다[타다] toucher un salaire. ¶ ~을 올려주다 augmenter un salaire. ¶ ~이 오르다[깎이다] voir *son* salaire augmenter [diminuer].

◆**_날** 명 jour *m* de paie [de paye].

◆**_쟁이** 명 salarié(*e*), travailleur *m* salarié.

◆**_제** -制 명 système *m* salarial [de mensualisation].

월남[1] 越南 명 passage *m* de la Corée du Nord en Corée du Sud. ◇_(을) **하다** passer de la Corée du Nord en Corée du Sud. ¶ 해방 직후 ~한 사람 une personne passée de Corée du Nord en Corée du Sud tout de suite après la Libération. ¶ 가족들을 북에 두고 ~하다 passer en Corée du Sud en laissant *sa* famille au Nord.

월남[2] 越南 명 Viêt-nam *m*, Vietnam *m*. ¶ ~ 국수 nouilles vietnamiennes.

월내 月內 명 dans le mois, au cours du mois, avant la fin du mois, d'ici la fin du mois. ¶ ~에 지불하다 payer dans le mois [d'ici la fin du mois].

월동 越冬 명 action de passer l'hiver, hivernage *m*. ¶ ~ 준비 préparatifs en prévision de l'hiver. ¶ ~ 장비 équipement pour l'hiver. ◇_(을) **하다** passer l'hiver.

월드컵 영{World Cup} 명 championnat *m* du monde, coupe *f* du monde, coupe *f* mondiale ((de football)), le Mondial *m*.

월등 越等 부 largement, très au-dessus ((de *qn*/*qc*)), de beaucoup. ¶ 이 학생의 실력이 저 학생보다는 ~ 낫다 La capacité [La compétence] de cet étudiant-ci est largement [de beaucoup] supérieure à celle de cet étudiant-là.

◆**_하다** 형 se détacher (nettement) [émerger, être nettement au-dessus du, sortir] du lot, se distinguer, exceller; être nettement [bien] supérieur(*e*), être bien meilleur(*e*) ((que les autres)), être à cent pieds au-dessus des autres. ¶ ~한 실력 차이 une énorme différence de capacité. ¶ 그 사람은 남들보다 ~하다 Il est au-dessus du lot / Il se détache du lot / Il est bien supérieur aux autres / Il est à cent pieds au-dessus des autres / Il ne joue pas dans la même catégorie {*fam*}. ¶ 그는 다른 선수들보다 실력이 ~하다 Il est nettement supérieur aux autres joueurs. ¶ 이 아이는 기억력이 ~하게 좋다 Cet enfant a une excellente mémoire.

◆**_히** 부 excellemment, très bien, remarquablement. ¶ 시험 성적이 ~히 뛰어나다 Ses notes d'examens sont tout à fait remarquables.

월례 月例 어근 mensuel(*le*). ¶ ~ 발표회 une représentation publique mensuelle, un exposé mensuel. ¶ ~ 회의 une réunion mensuelle.

월말 月末 명 fin *f* de mois. ¶ ~ 결산 le bilan de fin de mois.

월반 越班- 명 【교육】 action de sauter une classe. ◇_(을) **하다** sauter une classe. ¶ 그 여자는 뛰어난 지적 능력을 인정받아 ~을 했다 Au vu de son intelligence [Au vu de ses capacités intellectuelles remarquables], elle a sauté une classe.

월별 月別 명 répartition *f* par mois. ¶ ~ 출석 상황 taux d'absentéisme mensuel. ¶ ~ 실적 un résultat mensuel tangible. ¶ 진행 상황을 ~로 보고해 주십시오 Rapportez mensuellement l'état d'avancement (du travail).

월보 月報 명 rapport *m* mensuel.

월봉 月俸 명 salaire *m* [traitement *m*, appointements *mpl*, émolument *m*] mensuel(*s*).

ㅇ

월부 月賦 명 versement *m* mensuel, mensualité *f*. ¶ ~로 사다 acheter par versements mensuels. ¶ 24개월 ~로 자동차를 사다 payer une voiture en 24 mensualités.

◆ **_금** -金 명 mensualité *f*. ¶ ~금을 붓다 verser une mensualité; payer par mensualité. ¶ ~금을 물다 acquitter une mensualité.

◆ **_판매** -販賣 명 vente *f* par échéance mensuelle.

월북 越北 명 passage *m* de la Corée du Sud en Corée du Nord. ◇ **_(을) 하다** passer de la Corée du Sud en Corée du Nord. ¶ 6·25 때 ~한 작가들 écrivains qui sont passés du Sud au Nord pendant la guerre de Corée.

◆ **_자** -者 명 personne *f* qui est passée de la Corée du Sud en Corée du Nord.

월사금 月謝金 명 frais *mpl* mensuels de scolarité.

월세 月貰 명 loyer *m* mensuel; location *f* mensuelle. ¶ 그 집은 ~ 200유로에 나와 있다 Cette maison est mise en location pour un loyer (mensuel) de deux cents euros. ¶ ~로 300유로를 내다 payer un loyer mensuel de trois cents euros. ¶ ~를 내다 payer *son* loyer mensuel. ¶ ~를 받다 recevoir un loyer. ¶ ~가 두 달 밀렸다 être en retard de deux mois pour le versement de son loyer.

◆ **_방** -房 명 studio *m* à loyer mensuel.

월수 月收 명 revenu *m* mensuel ou dette *f* [emprunt *m*] remboursable par mensualités. ¶ ~가 얼마나 되니? Combien gagnes-tu par mois? ¶ ~ 300만 원이면 넉넉하게 살 수 있겠다 On peut vivre à l'aise avec trois millions de wons de revenu mensuel.

월식 月蝕 명 éclipse *f* de lune.

◆**개기_** 皆旣- 명 éclipse *f* totale de lune.

◆**부분_** 部分- 명 éclipse *f* partielle de lune.

월요 月曜 어근 lundi *m*. ¶ ~ 극장 le théâtre du lundi.

◆ **_병** -病 명 flémingite *f* du lundi {*pop*}, fatigue *f* [paresse *f*] du début de semaine, état *m* de fatigue du lundi des salariés ayant passé le week-end sans se reposer.

◆ **_회** -會 명 réunion *f* du lundi.

월요일 月曜日 명 lundi *m*. ☞ 금요일

월전 月前 명 il y a un mois; un mois plus tôt. ¶ 그 사람은 ~에 전직을 당했다 Il a été limogé il y a un mois.

월정 月定 명 par mensualité *f*, tous les mois *mpl*, au mois *m*; ((형용사)) mensuel(*le*). ¶ ~ 할부제 paiement par mensualité [mensuel]; mensualité.

◆ **_액** -額 명 montant *m* mensuel.

월차 月次 명 chaque mois *m*, tous les mois *mpl*. ¶ ~ *휴가 droit à prendre de courts congés mensuels* ((un à deux jours)).

월척 越尺 명 (gros) poisson *m* pêché (d'un peu plus de 30 cm); belle prise *f*, ((비유적)) gros poisson *m*, ((faire)) une belle prise *f*, une belle capture *f*; ((réussir)) un beau coup *m* de filet; ((gagner)) le gros lot *m*; ((trouver, dénicher {*fam*})) la perle *f* rare, un phénix *m*; ((découvrir, dégoter, dénicher {*fam*})) l'oiseau *m* rare. ¶ ~을 낚다 prendre [pêcher] un gros poisson, prendre un poisson d'un peu plus de 30 cm; ((비유적)) pêcher un gros poisson, ((les douaniers)) faire une belle prise [une belle capture]; réussir un beau coup de filet; gagner le gros lot; trouver [dénicher {*fam*}] la perle rare [un phénix]; découvrir [dégoter, dénicher {*fam*}] l'oiseau rare. ¶ 우와, ~이네! Oh, quel gros poisson! / Oh, quelle belle prise [capture]! / Oh, quel beau coup de filet! ☞ 대어

월초 月初 명 début *m* de mois. ¶ ~에 en début de mois, au début du mois.

월평 月評 명 critique *f* mensuelle.

웨딩 영{wedding} 어근 mariage *m*.

◆ **_드레스** 명 robe *f* de mariage [de mariée].

◆ **_마치** 명 marche *f* nuptiale.

◆ **_홀** 명 salle *f* de mariage.

웨이브 영{wave} 명 ondulations *fpl*, cran *m*. ¶ 머리에 ~를 넣다 onduler *ses* cheveux; ((coiffeur)) onduler les cheveux de *qn*, faire des crans ((à la chevelure)), ((coiffeur)) faire un cran à *qn*, cranter ((une mèche de cheveux)).

웨이터 영{waiter} 명 garçon *m* (d'un restaurant). ¶ ~를 부르다 appeler le garçon.

웨이트리스 영{waitress} 명 serveuse *f*.

◆ **_복** -服 명 tenue *f* de serveuse.

웨이트트레이닝 영{weight training} 명 poids *mpl* et haltères *fpl*, haltérophilie *f*. ¶ ~으로 체력을 단련하다 se muscler en soulevant des poids et des haltères; sculpter *son* corps en soulevant des poids et des haltères.

웬 관 ① ((미지칭)) quel(*quelle, quels, quelles*); pourquoi, comment. ¶ ~ 말이 그렇게 많아? Pourquoi est-ce que tu parles tant? ¶ ~ 비가 이렇게 많이 온담 Quelles trombes d'eau! / Qu'est-ce qu'il tombe! ② ((부정칭)) qu'est-ce que c'est que ce(cette) ..., il y a un(*e*) ... ¶ 이게 ~ 책이니? C'est quoi, ce livre? ¶ ~ 학생이 널 한참 찾더라 Il y a un élève qui t'a longtemps cherché!

***이게 ~ 떡이냐?** Quelle (bonne) aubaine!

웬걸 감 Eh ben, ça alors, tu parles! / J'ai du mal à le croire! / C'est incroyable! / Je n'en reviens pas! / J'en tombe des nues! ¶ ~, 우리 편이 이기더라니까 Ben ça alors, et dire qu'on a gagné! ¶ ~, 3일도 안 돼서 그가 돌아왔다니까 Et dire qu'il est revenu au bout de trois jours à peine, j'ai du mal à le croire.

웬만큼 부 convenablement; dans une certaine mesure; avec modération, sans excès. ¶ 불어[중국어]를 ~ 하다 parler (le) français [(le) chinois] assez bien [passablement]. ¶ ~ 일했으니 이제 좀 쉬자 Nous avons assez travaillé, maintenant, reposons-nous un peu. ¶ ~ 되었으면 마무리를 하게 Si tu en es à ce point-là [Si tu en es arrivé(*e*) là], termine (ce que tu as commencé). ¶ ~ 해 둬라 Ça ira comme ça / Ça suffit. ¶ 요즘은 하루 수입이

~ 된다 Ces temps-ci, mes recettes quotidiennes sont convenables / Ces jours-ci, le chiffre d'affaires quotidien [la recette quotidienne] est convenable. ¶ ~ 바쁘지 않으면 만나보겠는데 Si je n'étais pas trop pris(*e*) [si occupé(*e*)], je pourrais le(la) rencontrer.

웬만하다 형 être passable, acceptable, supportable, raisonnable, ordinaire, juste à la limite. ¶ 웬만한 사람은 엄두도 못 낼 일이다 Voilà une chose qu'un homme ordinaire n'aurait même pas l'idée de faire. ¶ 웬만한 실력으로는 도전해 볼 수도 없다 C'est impossible de relever le défi avec des moyens ordinaires. ¶ 그 정도면 ~ À ce degré, ça passe [c'est faisable].

◆**웬만하면** 부 si vous pouviez, si [autant que] possible. ¶ 웬만하면 그쯤 해 둬라 Fais au moins ça, si ça ne te dérange pas trop. ¶ 웬만하면 아무 말 안 하려고 했는데, 도저히 그냥 넘어갈 수 없다 En d'autres occasions, je n'aurais rien dit, mais là, je ne peux absolument pas laisser passer cela.

◆**웬만해서는** Pour autant que c'est possible. ¶ 그는 웬만해서는 그런 말 안 한다 Dans la mesure du possible, il ne tient pas de tels propos.

웬일 명 ① ((미지칭)) comment se fait-il que; quelle raison, quelle chose. ¶ ~로 네가 나를 찾아왔느냐? Comment se fait-il que tu viennes me voir? / Pour quelle raison est-ce que tu viens me voir? ¶ 네가 그런 말을 다 하고 ~이냐? Comment se fait-il que tu parles ainsi? / Qu'est-ce qui t'arrive de dire ce genre de choses [des choses pareilles]? / Ce n'est pourtant pas dans tes habitudes de tenir de tels propos! Qu'est-ce qui t'arrive? ② ((부정칭)) (pour) quelle raison, pourquoi, comment. ¶ ~인지 마음이 울적하다 Je ne sais pas pourquoi, mais je suis triste [je suis mélancolique, j'ai le cafard {*fam*}, je n'ai pas le moral, j'ai le spleen {*fam*}, j'ai un coup de cafard {*fam*}, j'ai un coup de déprime {*fam*}].

웹 영{web} 명 【컴퓨】 web ¶ ~ 사이트 site web

위[1] 명 ① 상부 dessus *m*, haut *m*. ¶ ~에서 둘째 줄 la deuxième ligne à partir du haut. ¶ 산 ~로 올라가다 monter [grimper] au sommet d'une montagne, gravir une montagne, faire l'ascension d'une montagne. ¶ 머리 ~를 올려다보다 lever la tête pour regarder, regarder en haut. ② ((표면)) surface *f*, dessus. ¶ 나뭇잎 ~에 맺힌 이슬 gouttes *fpl* de rosée (déposées) sur une feuille. ③ ((지위)) classe *f* supérieure; grade *m* plus élevé. ¶ 그는 나보다 10살 ~이다 Il a dix ans de plus que moi. ¶ ~에서 시킨 일이다 C'est un ordre qui vient d'en haut. ¶ ~로 거슬러 올라가다 remonter vers le haut.

의명 sur. ¶ 그러한 바탕 ~에서 sur cette base-là.

위[2] **位** 의명 순위 rang *m*, position *f*, situation *f*. ¶ 1~가 되다 se classer premi*er*(*ère*), terminer [arriver] premi*er*(*ère*). ¶ 제 3~를 차지하다 occuper le troisième rang [la troisième place].

분류 défunt(*e*) ((classificateur pour compter les défunts à qui l'on fait des offrandes)). ¶ 순국선열 10 ~를 모신 사당 sanctuaire dédié aux dix défunts morts pour la patrie.

위[3] **胃** 명 estomac *m*. ¶ ~가 튼튼하다[약하다] avoir un bon [un mauvais] estomac, avoir un estomac solide [fragile]. ¶ ~가 아프다 avoir mal à l'estomac.

◆**_경련** -痙攣 명 crampe *f* d'estomac, crampe *f* abdominale; ((의학)) coliques *fpl* intestinales [abdominales].

◆**_궤양** -潰瘍 명 ulcère *m* de l'estomac.

◆**_병** -病 명 ☞ 위병[1]

◆**_암** -癌 명 ☞ 위암

◆**_염** -炎 명 gastrite *f*.

◆**_장** -腸 명 appareil *m* digestif.

◆**_장염** -腸炎 명 gastro-entérite *f*.

위계 位階 명 rang *m*, hiérarchie *f*. ◇**_를 세우다[잡다]** organiser [fixer] l'ordre hiérarchique.

◆**_질서** -秩序 명 ordre *m* hiérarchique. ¶ ~질서를 어지럽히다 troubler l'ordre hiérarchique.

위관 尉官 명 【군사】 officier *m* subalterne ((de rang de sous-lieutenant, lieutenant ou capitaine)).

◆**_급** -級 명 rang *m* d'officier subalterne ((sous-lieutenant, de lieutenant ou de capitaine)). ¶ ~급 장교 officier de rang subalterne ((sous-lieutenant, lieutenant ou capitaine)).

위광 威光 명 prestige *m*, puissance *f*, dignité *f*, autorité *f*. ¶ 장관인 아버지의 ~을 내세우다 se vanter [se glorifier] du titre de ministre de *son* père, se faire valoir au travers du titre de ministre de *son* père.

위급 危急 명 urgence *f*; circonstance *f* critique, danger *m* imminent [pressant]. ¶ ~ 신호 un signal d'urgence. ¶ ~을 알리다 avertir d'un danger imminent. ¶ ~에 대비하다 prévenir un danger pressant. ¶ ~에 처하다 faire face à l'urgence; faire face à une circonstance critique.

◆**_하다** 형 être dans une situation critique; être dans un état alarmant. ¶ ~한 환자 malade dans un état critique. ¶ ~한 경우에는 en cas de danger. ¶ ~한 상황에 처하다 se trouver dans une situation critique. ¶ 사태가 매우 ~하다 La situation est très alarmante.

◆**_성** -性 명 situation *f* critique [alarmante], état *m* critique; caractère *m* critique [alarmant].

위기 危機 명 crise *f*, moment *m* critique, situation *f* critique, mauvaise passe *f*. ¶ ~ 상황 une situation [un état] de crise. ¶ 회사가 무너질 ~에 처하다[직면하다] La société est en passe de s'écrouler [est face à une situation critique]. ◇**_를 벗어나다** se sortir d'une crise [d'une mauvaise passe], se tirer d'une mauvaise passe. ¶ 그는 ~를 잘 벗어났다 Il s'est bien sorti d'une crise [d'une mauvaise passe]. ◇**_에 있다** être dans une situation critique [dans un moment critique, dans une mauvaise passe]. ¶ 건물이 붕괴될 ~에 있다 Le bâtiment menace de

ㅇ

s'effondrer. ◇_가 다가오다 la crise menace [est imminente]. ¶ 코앞에 다가온 ~를 어떻게 해결할 것인가? Comment va-t-on résoudre [surmonter] la crise qui nous menace [qui est imminente]?

◆_감 -感 명 sens *m* du danger.

◆_일발 -一髮 명 crise *f* imminente, danger *m* imminent. ¶ ~일발에서 생명을 건지다 échapper de justesse à la mort.

◆_의식 -意識 명 conscience *f* du danger. ¶ ~의식이 고조되고 있다 La conscience du danger s'intensifie.

◆_관리 -管理 명 gestion *f* des crises.

위난 危難 명 péril *m*, danger *m*, crise *f*, détresse *f*. ¶ ~을 당하다 se trouver dans une situation périlleuse ¶ 그들은 겨우 ~을 모면했다 Ils l'ont échappé belle / Ils se sont tirés d'une situation périlleuse.

위대 偉大 어근 grandeur *f*, éminence *f*, excellence *f*.

◆_하다 형 être grand(*e*), éminent(*e*), excellent(*e*). ¶ ~한 업적[인물] un exploit éminent, un haut fait [un grand personnage].

◆_성 -性 명 grandeur *f*, éminence *f*, excellence *f*.

위도 緯度 명 latitude *f*, parallèle *m*. ¶ ~ 38도 경도 135도 38 degrés de latitude, 135 degrés de longitude. ¶ 이 도시는 ~가 높지만 난류의 영향으로 따뜻하다 Malgré sa haute latitude, il ne fait pas froid dans cette ville à cause de l'influence d'un courant marin chaud.

◆고_ 高 명 haute latitude. ¶ 고~ 지방 régions dans les hautes latitudes.

◆저_ 低 명 basse latitude *f*.

위독 危篤 명 état *m* critique ((d'un malade)), extrême gravité *f* ((d'une maladie)). ¶ 모친 ~ 즉시 귀가 Rentrer immédiatement. Mère gravement malade. ¶ 아버지의 ~ 연락을 받다 apprendre que *son* père est dans un état critique.

◆_하다 형 ((malade)) être dans un état critique [dans un état très grave, dans un état désespéré, mourant(*e*), très mal en point {*fam*}], être très gravement malade, *sa* vie est en danger; ((maladie)) être grave. ¶ ~한 환자 un malade dans un état critique [désespéré, très grave], un malade mourant. ¶ 병세가 ~하다 Le mal [La maladie] est grave. ¶ 그는 어머니가 ~하시다는 연락을 받았다 On l'a prévenu que sa mère était gravement malade [dans un état critique, mourante, très mal en point {*fam*}].

위락 慰樂 어근 loisirs *mpl*, distraction *f*. ¶ ~ 산업 l'industrie des loisirs.

◆_시설 -施設 명 équipements *mpl* de loisirs.

위력 威力 명 pouvoir *m*, puissance *f*, force *f*, influence *f*, autorité *f*, dignité *f*. ¶ 돈의 ~ le pouvoir de l'argent. ¶ 이 무기는 ~이 대단하다 Ce sont des armes très puissantes / Ces armes ont une grande puissance. ¶ ~을 발휘하다 déployer *sa* puissance [*sa* force]. ¶ ~을 실감하다 se rendre compte de la puissance [de l'influence] de *qn*/*qc*. ¶ 정계에 ~을 행사하다 exercer une grande influence dans les milieux politiques. ◇_을 갖다[지니다] être d'une grande puissance [d'une grande force], être d'une puissance redoutable [incroyable], avoir une grande force [une force redoutable]. ¶ 핵무기는 커다란 ~을 갖고 있다 Les armes nucléaires ont une puissance dévastatrice.

◆_적 -的 명관 puissant(*e*), fort(*e*); violent(*e*); profond(*e*).

위령제 慰靈祭 명 messe *f* de souvenir; cérémonie *f* [rite *m*] pour le repos de l'âme d'un défunt. ¶ ~를 지내다[올리다] célébrer une messe de souvenir.

위로 慰勞 명 consolation *f*, réconfort *m*, adoucissement *m*, apaisement *m*. ¶ ~의 말을 하다 dire [adresser] des mots de consolation [des paroles de consolation, des paroles consolatrices, des paroles réconfortantes] ((à *qn*)). ◇_(를) 하다 consoler *qn*, réconforter *qn*; encourager *qn*. ¶ 시험에 떨어진 친구를 ~하다 consoler [réconforter] un ami qui a échoué à un examen. ¶ 그는 너무 걱정하지 말라고 나를 ~했다 Il m'a encouragé à ne pas trop m'inquiéter. ◇_(를) 받다 recevoir une consolation, être consolé(*e*) [réconforté(*e*)] ((par *qn*)), se faire consoler [réconforter] ((par *qn*)). ¶ 그 여자는 아들의 장례식에서 친지들의[로부터] ~를 받았다 Elle s'est fait réconforter [consoler] [Elle a été réconfortée, Elle a été consolée] par ses proches lors des funérailles [lors des obsèques] de son fils. ◇_(가) 되다 trouver du réconfort dans *qc*, puiser du réconfort dans *qc*; être réconforté(*e*), consolé(*e*). ¶ 비록 졌으나 최선을 다한 게 ~가 되었다 Même si nous avons perdu le match, nous nous sommes consolé(*e*)s d'avoir fait de notre mieux.

◆_금 -金 명 lot *m* de consolation.

◆_주 -酒 명 verre *m* [pot *m*] en guise de [à titre de] consolation. ¶ ~주를 한 잔 사다 offrir un verre en guise de [à titre de] consolation.

위무[1] 威武 명 puissance *f* militaire; dignité *f*, puissance *f*, allure *f* martiale. ¶ ~를 떨치다 se faire connaître pour *sa* puissance. ¶ ~(도) 당당한 d'une allure martiale.

위무[2] 慰撫 명 consolation *f*. ◇_(를) 하다 consoler. ¶ 슬픔을 ~하다 consoler la tristesse.

위문 慰問 명 visite *f* ((à un malade, à un prisonnier, à des soldats)). ◇_(을) 하다 rendre visite ((à un malade, à un prisonnier, à un soldat)) pour le réconforter [pour le soutenir, pour lui apporter du soutien]. ¶ 장병들을 ~하다 se rendre aux camps militaires pour encourager les soldats. ◇_(을) 받다 ((un malade, un prisonnier, un soldat)) recevoir une visite de réconfort [de soutien]. ¶ 병사들은 영화배우들로부터 ~을 받았다 Les soldats ont reçu la visite d'acteurs de cinéma pour les soutenir.

◆_공연 -公演 명 spectacle *m* d'encouragement.
◆_대[단] -隊[團] 명 troupe *f* d'acteurs pour encourager les soldats.
◆_편지 -便紙 명 lettre *f* pour encourager les soldats, lettre *f* de consolation.
◆_품 -品 명 cadeau(*x*) *m* envoyé aux soldats (au front).

위반 違反 명 opposition *f*, violation *f*, transgression *f*; manquement *m*; infraction *f*, contravention *f*. ¶ 선거법 ~ 사례 un exemple de violation des lois électorales. ◇_(을) 하다 être opposé(*e*), être en opposition; violer, transgresser, enfreindre; contrevenir à; manquer à. ¶ 교통 법규를 ~하다 violer la réglementation concernant la circulation. ¶ 규칙을 ~하다 contrevenir aux règlements.
◆_자 -者 명 contrevenant(*e*), délinquant(*e*), viola*teur*(*trice*).
◆_행위 -行爲 명 délit *m*, infraction *f*.
◆속도_ 速度 명 ① excès *m* de vitesse. ¶ 그는 속도~으로 딱지를 떼었다 Il a attrapé une contravention pour excès de vitesse / Il a eu un procès-verbal [un P.-V. {*fam*}] pour excès de vitesse / Il a été verbalisé pour excès de vitesse. ② 비유적【속어】 (fait de) coucher ensemble [consommer, avoir des relations sexuelles] avant le mariage. ¶ 그의 첫째 딸은 속도~으로 태어났다 Sa fille aînée a été conçue avant le mariage.
◆주차_ 駐車- 명 stationnement *m* illicite [interdit]; violation *f* du règlement de stationnement.

위배 違背 명 opposition *f*, violation *f*, transgression *f*; manquement *m*; infraction *f*, contravention *f*. ◇_(를) 하다 désobéir; violer, contrevenir à. ¶ 규칙을~하다 contrevenir aux règlements. ◇_(가) 되다 être opposé(*e*), être en opposition. ¶ 법질서에 ~된 행위 un acte commis contre la loi.

위법 違法 명 violation *f* de la loi. ◇_을 하다 commettre une illégalité.
◆_적 -的 명관 illég*al*(*ale*, *aux*), violant la loi, enfreignant la loi.
◆_성 -性 명 illégalité *f*.
◆_자 -者 명 viola*teur*(*trice*) des lois, personne *f* qui enfreint la loi.
◆_행위 -行爲 명 acte *m* illégal, illégalité *f*.

위병[1] 胃病 명 ennuis *mpl* [troubles *mpl*] gastriques, douleurs *mpl* [brûlures *fpl*] gastriques, troubles *mpl* [lourdeurs *fpl*] d'estomac, maladie *f* gastrique, dyspepsie *f*, maux *mpl* d'estomac. ¶ 신경성 ~ troubles gastriques psychosomatiques. ¶ ~을 앓다 souffrir de maux d'estomac. ¶ 그는 ~이 도졌다 Il fait une récidive de sa dyspepsie. ◇_이 나다[에 걸리다] avoir des ennuis [des troubles] gastriques, avoir des douleurs [des brûlures] gastriques, avoir des troubles [des lourdeurs] d'estomac, avoir des maux d'estomac; avoir [attraper] une maladie gastrique, avoir une dyspepsie.

위병[2] 衛兵 명 garde *f*, sentinelle *f*. ¶ ~을 서다 monter la garde; être en sentinelle, être en faction. ¶ ~을 세우다 poster une garde [une sentinelle].
◆_소 -所 명 poste *m* de garde.
◆_장교 -將校 명 officier *m* de garde.

위산 胃酸 명 acide *m* gastrique. ¶ ~이 나온다[분비된다] L'acide gastrique est sécrété. ¶ ~이 과다하게 나와서 속이 쓰리다 La sécrétion excessive d'acide gastrique me brûle l'estomac.
◆_과다증 -過多症 명 hyperacidité *f* gastrique.

위상 位相 명 ① rang *m*, statut *m*. ¶ 군개혁으로 군의 사회적 ~을 제고하다 améliorer l'image sociale de l'armée par une réforme militaire, améliorer l'image sociale des militaires par une réforme de l'armée. ¶ 자신의 ~에 걸맞은 대우를 요구하다 demander à être traité(*e*) selon *son* rang. ②【물리】 주기적으로 되풀이되는 운동 중에 나타나는 상태나 위치의 변수 phase *f*.
◆_차 -差 명 déphasage *m*. ¶ ~차 현미경 un microscope utilisant le déphasage.
◆_각 -角 명 angle *m* de phase.
◆_공간 -空間 명 espace *m* topologique.
◆_기하학 -幾何學 명 topologie *f*.

위생 衛生 명 hygiène *f*, salubrité *f*. ¶ ~을 지키다 entretenir l'hygiène. ¶ ~에 해롭다 nuire à l'hygiène. ¶ ~에 신경 쓰다 faire attention à l'hygiène.
◆_적 -的 명관 hygiénique, salubre, sain(*e*). ¶ ~적인 주방 une cuisine salubre. ¶ ~적인 식품 une nourriture saine, des aliments sains.
◆_국 -局 명 services *mpl* de l'hygiène.
◆_반 -班 명 équipe *f* d'hygiène.
◆_법 -法 명 loi *f* relative à l'hygiène.
◆_병 -兵 명【군사】 infirmier *m* de l'armée.
◆_비 -費 명 dépenses *fpl* sanitaires.
◆_상 -上 명관 sur le plan de l'hygiène, pour des raisons d'hygiène. ¶ 손을 자주 씻는 게 ~상으로 좋다 Il est bon de se laver souvent les mains pour des raisons d'hygiène.
◆_실 -室 명 cabinet *m* médic*al*(*aux*).
◆_학 -學 명 hygiène *f*.
◆_사업 -事業 명 travaux *mpl* d'hygiène.
◆_설비 -設備 명 matériel *m* sanitaire, installation *f* sanitaire. ¶ ~ 설비를 갖추다 se doter de matériel sanitaire.
◆_시설 -施設 명 (installations *fpl*) sanitaires *mpl*. ¶ ~시설을 세우다 établir des installations sanitaires.
◆공중_ 公衆- 명 hygiène *f* publique. ¶ 공중~의 개념이 희박하다 ne pas avoir le sens de l'hygiène publique.
◆비_적 非的 명관 insalubre.
◆식품_법 食品法 명 loi *f* relative à l'hygiène des aliments. ¶ 식품~법을 위반하다 contrevenir à la loi relative à l'hygiène des aliments.

위서 僞書 명 écriture *f* fausse, écriture *f* falsifiée.

위선 僞善 명 hypocrisie *f*. ¶ ~의 눈물을 흘리다 verser des larmes hypocrites, verser des larmes [des pleurs] de crocodile. ¶ 정치인들의 ~을 풍자하다

se moquer de l'hypocrisie des hommes politiques. ◇_(을) **하다** faire l'hypocrite.

◆**_적** -的 명관 hypocrite. ¶ ~적인 사람 un(*e*) hypocrite. ¶ ~적인 행위 une hypocrisie. ¶ ~적인 태도 un comportement hypocrite.

◆**_자** -者 명 hypocrite *mf.* ¶ 이런 ~자 같으니 Quel hypocrite!

위성 衛星 명 【천문】 ① ((천체)) satellite *m* ((d'une planète)). ¶ 달은 지구의 ~이다 La Lune est un satellite de la Terre. ② 인공위성 satellite *m.* ¶ ~을 발사하다[쏘아 올리다] lancer un satellite.

◆**_국가** -國家 명 pays *m* satellite.

◆**_도시** -都市 명 ville *f* satellite, cité *f* satellite. ¶ 대도시 주변에 ~도시를 건립하다 construire des villes satellites autour d'une mégapole.

◆**_중계** -中繼 명 diffusion *f* par satellite. ¶ 월드컵 경기를 ~중계로 보다 regarder les matchs de foot de la Coupe du Monde diffusés par satellite.

◆**기상_** 氣象- 명 satellite *m* météorologique.

◆**무인_** 無人- 명 satellite *m* inhabité.

◆**유인_** 有人- 명 satellite *m* habité.

◆**인공_** 人工- 명 satellite *m* artificiel.

◆**정찰_** 偵察- 명 satellite *m* de reconnaissance.

◆**통신_** 通信- 명 satellite *m* de télécommunications, satellite-relais(~*s*-~) *m.*

위세 威勢 명 pouvoir *m*, autorité *f.* ¶ ~에 굴복하다 se soumettre à l'autorité de *qn.* ◇_(를) **떨치다** faire étalage de *son* autorité. ◇_(를) **부리다** exercer une influence. ◇_(가) **당당하다** être plein(*e*) de dignité, majestueu*x*(*se*), plein(*e*) de majesté. ¶ ~ 당당한 태도 allure[attitude] pleine de majesté. ¶ ~ 당당하게 개선문을 통과하다 passer sous l'Arc de Triomphe avec une allure pleine de majesté.

위수 衛戍 어근 【군사】 envoi *m* d'un corps de troupe pour rétablir l'ordre dans une région où il y a de sérieux troubles.

◆**_령** -令 명 décret *m* pour envoyer des troupes dans une région qui a été le siège de troubles sévères.

◆**_지** -地 명 siège *m* d'un détachement militaire envoyé pour rétablir l'ordre dans une région où il y a de sérieux troubles.

◆**_사령관** -司令官 명 commandant *m* du détachement militaire envoyé pour rétablir l'ordre dans une région où il y a de sérieux troubles.

위스키 영{whisky} 명 whisky *m.*

위시 爲始 명 début *m*, commencement *m, tête f.* ¶ 그를 ~로 우리 모두는 거리로 뛰어나갔다 Comme lui [À sa suite, En suivant *son* exemple], nous nous sommes tous précipités dans la rue [nous avons tous déferlé dans la rue]. ◇_(를) **하다** commencer par, débuter par. ¶ 부모님을 ~하여 가족 모두가 휴가를 간다 À commencer par mes parents, toute la famille part en vacances / Toute ma famille y compris mes parents, part en vacances. ¶ 할아버지를 ~한 가족 모두가 그의 결혼을 반대한다 Toute sa famille s'oppose à son mariage, à commencer par son grand-père.

위신 威信 명 prestige *m*, dignité *f.* ¶ ~을 되찾다 récupérer le prestige (perdu). ¶ ~을 손상하다 blesser l'autorité de *qn.* ◇_(을) **세우다** avoir une conduite digne [respectable], se comporter avec dignité [dignement]. ◇**_을 떨어뜨리다** porter atteinte au prestige de *qn*, détruire le prestige de *qn.* ◇_(을) **잃다** perdre *son* autorité, perdre *sa* dignité. ◇**_을 지키다** garder *son* prestige, conserver *sa* dignité.

위아래 명 ① haut *m* et bas *m.* ¶ 옷의 ~ le haut et le bas d'un costume. ¶ ~를 훑어보다 regarder *qn* de haut en bas. ¶ 그림의 ~가 뒤바뀌었다 Le tableau est accroché à l'envers. ¶ ~로 움직이는 동작 ¶ un mouvement vertical. ② 계급 hiérarchie *f*, ordre *m* d'ancienneté.

* ~**도 모르다**[~**가 없다**] n'avoir aucun respect pour *ses* aînés. ¶ 너는 ~도 모르니[없니]? Tu n'as donc aucun respect envers les gens plus âgés que toi?

***찬물도 ~가 있다** Les jeunes doivent céder le pas aux personnes âgées / Même les petites choses doivent être faites par ordre d'ancienneté.

위아랫물지다 자 두 액체가 섞이지 않다 ((deux liquides)) ne pas se mélanger. ¶ 물과 기름은 위아랫물진다 L'eau et l'huile ne se mélangent pas.

위안 慰安 명 consolation *f*, réconfort *m.* ◇_(을) **주다** donner [apporter] du réconfort à *qn*, réconforter *qn*, consoler *qn.* ¶ 친구에게 ~을 주다 donner [apporter] du réconfort à un(*e*) ami(*e*), réconforter [consoler] un(*e*) ami(*e*). ◇**_을 구하다** chercher du réconfort. ¶ 그는 날 만나는 것을 ~으로 삼았다 Il a trouvé du réconfort à me voir. ◇_(이) **되다**[(을) **받다**] être un réconfort pour *qn.* ¶ 말씀만으로도 큰 ~이 됩니다 Juste une parole de votre part est pour moi un grand réconfort.

◆(**종군)_부** (從軍)-婦 명 femme *f* contrainte à l'esclavage sexuel (au profit des soldats pendant la guerre).

위암 胃癌 명 【의학】 cancer *m* de l'estomac. ¶ ~ 진단을 받다 se faire [se voir] diagnostiquer un cancer de l'estomac. ¶ ~에 걸리다 avoir [présenter, être atteint(*e*) d']un cancer de l'estomac. ¶ ~으로 죽다 mourir d'un cancer de l'estomac.

위압 威壓 명 contrainte *f*, coercition *f*, pression *f.* ◇_(을) **하다**[**주다**] inspirer un respect mêlé de crainte à *qn.* ◇_(을) **받다**[**당하다**] être intimidé(*e*) par *qn.* ◇_(이) **되다** être intimidé(*e*). ¶ 우리는 그의 큰 체격에 ~되었다 Nous avons été intimidé(*e*)s de voir qu'il est costaud.

◆**_적** -的 명관 coerciti*f*(*ve*), domina*teur*(*trice*), autoritaire. ¶ ~적인 태도 une attitude autoritaire. ¶ ~적인 어조 un ton autoritaire. ¶ ~적으로 복종시키다 faire obéir *qn* avec autorité.

◆**_감** -感 명 sensation *f* d'oppression, sensation *f* de poids [de domination]. ¶ 관청의 높은 건물이

ㅇ

~감을 준다 Les hauts bâtiments administratifs m'oppressent.

위액 胃液 명 【의학】 suc *m* gastrique. ¶ ~이 과다 분비되어 속이 쓰리다 L'excès de sucs gastriques me brûle l'estomac.

위약 違約 명 défaillance *f*, dédit *m*, manquement *m* (à un engagement). ¶ ~의 경우에는 en cas de défaillance. ◇_(을) **하다** manquer à *ses* engagements, faillir à *ses* engagements.

◆ **_금** -金 명 pénalité *f*, dédit *m*. ¶ ~금을 물다 payer une pénalité.

◆ **_자** -者 명 personne *f* qui rompt le contrat; défaillant(*e*), débi*teur*(*trice*).

위약하다 胃弱- 형 être dyspeptique, dyspepsique, être atteint(*e*) de dyspepsie, souffrir de l'estomac. ¶ 위약한 사람 un(*e*) dyspeptique, un(*e*) dyspepsique.

위엄 威嚴 명 majesté *f*, dignité *f*, prestance *f*, autorité *f*. ¶ 그런 짓을 하면 당신의 ~이 떨어진다 Vous vous abaisseriez en faisant une chose pareille. ◇_**을 보이다** déployer *sa* majesté. ◇_(을) **부리다** prendre de grands airs. ◇_**을 지키다** conserver *sa* dignité. ◇_(이) **있다[없다]** avoir de la prestance; avoir une autorité naturelle [manquer de prestance; manquer d'autorité]. ¶ 그는 행동거지에 ~이 있다 Il se comporte avec dignité.

위업 偉業 명 exploit *m*; accomplissement *m* extraordinaire; grande réussite *f*; prouesse *f*; grande œuvre *f*. ¶ 부친의 ~을 계승하다 succéder à *son* père dans l'accomplissement de prouesses. ¶ 마침내 삼국 통일의 ~을 이루다[성취하다] réaliser enfin l'exploit de la réunification des Trois Royaumes.

위여 감 ((사람에 대해)) ouste!, ((동물에 대해)) pschtt! ¶~, 저리 가거라 Pschtt! Va-t'en!

위용 偉容 명 majesté *f*, dignité *f*, air *m* imposant [majestueux]. ¶ 기갑부대의 ~ l'allure impressionnante [imposante, majestueuse] des blindés. ◇_**을 갖추다** prendre un air imposant [très digne]. ◇_**을 보이다** déployer *sa* majesté. ¶ 거대한 성은 언덕 위에 ~을 자랑하며 서 있었다 Un grand château se dressait majestueusement sur la colline.

위원 委員 명 membre *m* d'un comité. ¶ ~을 임명[지명]하다 nommer [désigner] des membres du comité. ¶ ~으로 선출되다 être élu(*e*) comme membre du comité.

◆ **_단** -團 명 groupe *m* [équipe *f*] de commissaires.

◆ **_장** -長 명 président *m* du comité.

◆ **국무_** 國務- 명 ministre *m*, membre du Conseil des ministres.

◆ **상임_** 常任- 명 membre *m* permanent du comité.

◆ **집행_** 執行- 명 membre *m* exécutif du comité.

위원회 委員會 명 commission *f*, comité *m*. ¶ ~를 만들다[조직하다] former [organiser] une commission. ¶ ~를 소집하다 convoquer une réunion du comité. ¶ ~를 열다 ouvrir une commission. ¶ ~를 해산하다 dissoudre une commission. ¶ ~에 참석하다 assister à la commission. ¶ 법안을 ~에 회부하다 présenter un projet de loi à la commission.

◆ **소_** 小- 명 sous-comité *m*, sous-commission *f*.

◆ **교육_** 教育- 명 comité *m* d'éducation.

◆ **운영_** 運營- 명 comité *m* directeur.

◆ **자문_** 諮問- 명 comité *m* consultatif.

◆ **조사_** 調査- 명 commission *f* d'enquête.

◆ **집행_** 執行- 명 comité *m* exécutif.

위의 威儀 명 (port *m* plein de) dignité *f*, attitude *f* imposante. ¶ ~를 갖추다 avoir de la dignité. ◇_(가) **있다** être plein(*e*) de dignité, être digne, avoir de la dignité, avoir une attitude imposante. ¶ ~ 있는 plein(*e*) de dignité, digne.

위인¹ 偉人 명 grand homme *m*. ¶ 불세출의 ~ le plus grand homme qui ait jamais vécu. ¶ ~들의 동상을 세우다 ériger des statues de grands hommes.

◆ **_전** -傳 명 vie *f* d'un grand homme.

위인² 爲人 명 caractère *m*, tempérament *m*; genre *m*. ¶ 그는 거짓말할 ~이 아니다 Ce n'est pas le genre d'homme à dire des mensonges / Il n'est pas homme à dire des mensonges. ¶ 그의 문체에는 그 ~됨이 나타나 있다 Son style (d'écriture) montre son caractère. ¶ 나는 그런 ~이다 C'est comme ça que je suis (fait).

위임 委任 명 mandat *m*; délégation *f*. ◇_(을) **하다** confier *qc* à *qn*; accorder un mandat, donner un pouvoir [une mission] à *qn*. ¶ 전권을 ~하다 déléguer à *qn* tout pouvoir, donner [laisser] carte blanche à *qn*. ¶ 사장은 나에게 모든 권한을 ~하였다 Le directeur m'a délégué tout pouvoir. ◇_(을) **받다** recevoir un mandat. ¶ 나는 중책을 ~받았다 Une grande mission m'a été confiée.

◆ **_권** -權 명 procuration *f*.

◆ **_장** -狀 명 (lettre *f* de) procuration *f*.

◆ **_제도** -制度 명 système *m* des mandats.

위임통치 委任統治 명 mandat *m* (international). ◇_(를) **하다** exercer *son* mandat (sur un pays) ◇_(를) **받다** être sous mandat [sous tutelle].

◆ **_국** -國 명 pays *m* [État *m*] mandataire.

◆ **_령** -令 명 territoire *m* sous mandat; un mandat *m* sur un territoire. ¶ ~령을 내리다 accorder un mandat sur un territoire.

위자료 慰藉料 명 【법률】 prestation *f* compensatoire (à l'issue d'un divorce), compensation *f*, dommages-intérêts *mpl*. ¶ ~를 청구[요구]하다 réclamer une prestation compensatoire [demander une compensation]. ¶ ~로 십억을 받다 obtenir un milliard de wons à titre de dommages et intérêts. ¶ ~를 노리고 고소하다 accuser *qn* en vue d'obtenir une compensation.

위작 僞作 명 œuvre *f* plagiée, plagiat *m*, contrefaçon *f*. ¶ ~의 plagié(*e*). ¶ 이 작품은 ~으로 판명되었다 Cette œuvre a été reconnue comme un plagiat.

위장¹ 胃腸 명 estomac *m* et intestins *mpl*, appareil *m* digestif [gastro-intestinal]. ¶ ~을 해치다 nuire

ㅇ

au système gastro-intestinal. ¶ ~을 상하다 affecter le système gastro-intestinal. ¶ ~이 튼튼하다 avoir un bon appareil gastro-intestinal. ¶ ~이 약하다 avoir un mauvais appareil gastro-intestinal.

◆_병 -病 명 trouble *m* gastro-intestinal.

◆_약 -藥 명 remède *m* contre les troubles gastro-intestinaux.

◆_염 -炎 명 gastroentérite *f*.

위장² 僞裝 명 camouflage *m*, déguisement *m*, travestissement *m*; simulacre *m* ((de vente)). ¶ ~ 전술 tactique *f* de camouflage. ◇_(을) **하다** se camoufler, se travestir en, se déguiser en. ¶ 거지로 ~한 경찰 un policier déguisé en mendiant.

◆_망 -網 명 filet *m* de camouflage.

◆_매출 -賣出 명 simulacre *m* de vente *f*.

◆_복 -服 명 tenue *f* de camouflage.

◆_수출 -輸出 명 fraude *f* à l'exportation.

◆_이혼[결혼] -離婚[結婚] 명 simulacre *m* de divorce [de mariage].

◆_증여 -贈與 명 donation *f* déguisée.

위정자 爲政者 명 administra*teur*(*trice*), gouvernant *m*, dirigeant *m*, homme d'État *m*. ¶ 부패한 ~ un dirigeant corrompu [véreux].

위조 僞造 명 contrefaçon *f*, falsification *f*. ¶ 공문서 ~ contrefaçon [falsification] de documents officiels. ◇_(를) **하다** contrefaire, faire un faux de, falsifier. ¶ 신분증을 ~하다 faire une fausse carte d'identité. ◇_(가) **되다** être falsifié(*e*).

◆_문서 -文書 명 faux document *m*, document *m* contrefait [falsifié].

◆_죄 -罪 명 délit *m* de plagiat. ¶ ~죄에 걸리다 être pris en flagrant délit de plagiat

◆_지폐 -紙幣 명 faux billet *m*, billet *m* contrefait.

위주 爲主 명 considération *f* première [principale], primauté *f*, première importance *f*. ¶ 성장[안정] ~의 경제 정책 une politique économique axée [centrée] principalement sur la croissance [sur la stabilisation]. ◇_**로** en mettant l'accent sur *qc*, en donnant la primauté à *qc*. ¶ 수학을 ~로 공부하다 étudier en mettant l'accent sur les mathématiques [sur les maths {*fam*}].

위중 危重 명 gravité *f* ((d'une maladie)). ¶ 아버지 병의 ~으로 집 분위기가 침울하다 L'ambiance dans la maison est sinistre à cause de la gravité de la maladie du père.

◆_하다 형 ((환자)) être très gravement malade [dans un état très grave, dans un état désespéré, dans un état critique, très mal en point {*fam*}], *sa* vie est en danger; ((maladie)) être grave. ¶ ~한 환자 *un malade* dans un état très grave [critique, désespéré]. ¶ 아버지의 병환이 ~하다 Mon père est très gravement malade / Mon père est dans un état critique / Mon père est mourant / Mon père est très mal en point {*fam*}.

위증 僞證 명 faux serment *m*, faux témoignage *m*, parjure *m*. ¶ 누구를 ~ 혐의로 고발하다 accuser *qn* de faux témoignage. ◇_(을) **하다** se parjurer; faire un faux témoignage. ¶ 피고에게 유리하게 ~을 하다 faire un faux témoignage au profit de l'accusé.

◆_죄 -罪 명 crime *m* de faux témoignage. ¶ 그는 ~죄로 구속되었다 Il a été arrêté [incarcéré] pour faux témoignage.

위쪽 명 ① 위 방향 haut *m*. ¶ ~으로 올라가다 aller vers le haut. ② 상부 haut *m* (de la hiérarchie). ¶ ~에서 지시가 내려왔다 Les ordres sont venus d'en haut. ¶ ~의 눈치를 보다 craindre de ne pas plaire à *ses* supérieurs.

위채 명 maison *f* [bâtiment *m*, appartement *m*] d'en haut. ¶ ~에서 할아버지가 내려오셨다 Le grand-père est descendu de la maison d'en haut.

위촉 委囑 명 commission *f*, mandat *m*. ◇_(을) **하다** charger *qn* de *qc*, confier *qc* à *qn*; mandater. ¶ 누구를 위원으로 ~하다 nommer *qn* membre du comité. ¶ 이 문제는 전문가에게 ~해야 한다 Ce problème devrait être confié à un spécialiste. ◇_(이) **되다** être chargé(*e*) de. ◇_(을) **받다** recevoir un mandat [une charge, une tâche].

◆_장 -狀 명 (contrat *m* de) commission *f*, mandat *m*.

위축 萎縮 명 recul *m*, rétrécissement *m*, contraction *f*, flétrissement *m*, dessèchement *m*. ◇_(이) **되다**[-(을) **하다**] reculer; se contracter. ¶ 경기가 ~되고 있다 L'activité économique recule. ¶ 심리적으로 ~되다 être intimidé(*e*), être impressionné(*e*), être terrorisé(*e*). ◇_(을) **시키다** rétrécir, contracter, faire reculer; intimider, terroriser, impressionner.

◆_감 -感 명 ¶ 선생님 앞에서는 뭔지 모를 ~감이 느껴진다 Je ne sais pourquoi, mais j'ai l'impression d'être tout(*e*) petit(*e*) devant mon professeur / Je me sens, je ne sais pourquoi, tout(*e*) intimidé(*e*) devant mon professeur.

위층 -層 명 étage *m* du dessus. ¶ ~에는 자리가 많습니다 Il y a beaucoup de place à l'étage du dessus.

위치 位置 명 ① ((공간)) situation *f*, emplacement *m*, localité *f*, endroit *m*. ¶ 정확한 ~ un endroit [un emplacement] exact. ¶ 그곳 ~가 정확히 어디쯤 됩니까? Où ça se trouve exactement? ¶ ~가 좋다[나쁘다] être bien [mal] situé(*e*). ¶ 지금 네 ~를 알려 다오 Dis-moi où tu te trouves [où tu es] maintenant. ¶ 가구의 ~를 바꾸다 changer la disposition des meubles. ¶ 문장 속에서 낱말의 ~ la place d'un mot dans une phrase. ¶ 이 항구는 교역에 유리한 ~에 있다 Ce port jouit d'une situation [d'un emplacement] privilégié(*e*) pour le commerce [pour les échanges commerciaux]. ¶ 그는 몸을 숨기기에 유리한 ~에 있다 Il occupe un endroit bien situé pour se cacher. ¶ 위치로! ((군대)) À vos postes! ② ((지위, 상태, 조건)) place *f*, position *f*, poste *m*, situation *f*. ¶ 그는 자기에게 유리한 ~를 차지했다 Il a occupé une position qui lui était favorable. ¶ 매우 중요한 ~를 차지하다 occuper un poste très important. ¶ 나는 그걸 결정할 ~에 있지 않다 Je

ㅇ

ne suis pas en bonne position pour prendre cette décision / Je ne suis pas bien placé(*e*) pour prendre cette décision. ◇_(를) **하다** se trouver, se situer, être situé(*e*). ¶ 서울 근교에 ~한 공장 usines situées dans les environs [aux alentours, dans la proche banlieue] de Séoul.

위탁 委託 명 consignation *f*, commission *f*. ¶ ~ 교육 formation par contrat de commission. ¶ ~ 판매 vente en consignation [à la commission]. ◇_(을) **하다** confier *qn*, remettre *qc*/*qn* à la garde de *qn*, mettre *qc* en dépôt chez *qn*. ¶ 외국 학생들을 ~받아 교육하다 former les étudiants étrangers par contrat. ◇_(이) **되다** être confié(*e*), remis(*e*) à la garde de *qn*; être mis(*e*) en dépôt.

◆_**자** -者 명 déposant(*e*).

위태 危殆 어근 ◆_**하다[롭다]** 형 être en danger, en mauvaise posture, en péril. ¶ 지금 그의 생명이 ~롭다 Sa vie est en danger [est menacée] / Sa vie ne tient qu'à un fil. ¶ 큰 짐을 싣고 가는 자전거가 아주 ~롭게 보인다 Le vélo chargé d'un grand paquet menace de se renverser d'un moment à l'autre. ¶ 상황이 ~로운 지경에 이르렀다 La situation est devenue grave [critique, désespérée].

◆_**위태** -危殆 어근 ¶ 그의 결혼생활은 늘 ~위태했다 Son mariage a toujours été menacé.

위통 胃痛 명 douleurs *fpl* [maux *mpl*] d'estomac, troubles *mpl* gastriques, ((의학)) gastralgie *f*.

위트 영{wit} 명 esprit *m*, intelligence *f*. ¶ 번득이는 ~ un esprit fulgurant [pétillant]. ◇_(가) **있다[없다]** [ne pas] avoir de l'esprit. ◇_(가) **넘치다** être plein(*e*) d'esprit. ¶ 그의 말은 항상 ~가 넘친다 C'est un homme d'esprit / Ses propos sont toujours pleins d'esprit.

위패 位牌 명 plaque *f* commémorative, tablettes *fpl* funéraires. ¶ 조상의 ~를 모신 사당 un sanctuaire où sont abritées les tablettes des ancêtres.

위폐 僞幣 명 faux billet *m*, billet contrefait *m*.

위풍 威風 명 prestige *m*, dignité *f*, air *m* majestueux, (belle) prestance *f*. ¶ 그 사람의 ~에 압도되었다 Je suis intimidé(*e*) par sa prestance.

위풍당당하다 威風堂堂- 형 être majestueux(*se*), avoir de la majesté, être de belle prestance. ¶ 위풍당당한 모습 une allure pleine de majesté. ¶ 위풍당당하게 행진하다 défiler d'un air martial [*majestueusement*].

위하다 爲- 타 ① 어떤 목적을 이루려고 하다 faire *qc* pour [en faveur de] *qc*; être fait(*e*) pour. ¶ 목적을 달성하기 위한 수단 un moyen pour atteindre le but. ¶ 수출을 늘리기 위한 방안 mesures prises pour augmenter l'exportation. ¶ 건강을 위해 운동을 하다 faire du sport [de l'exercice (physique)] pour la santé. ② 이롭게 하거나 돕다 faire *qc* pour *qn*/*qc* ¶ 국민들을 위해 봉사하다 servir le peuple, travailler pour le peuple. ¶ 정의를 위해 싸우다 lutter pour la (cause de) la justice. ¶ 조국을 위해 목숨을 바치다 mourir [donner *sa* vie] pour *son* pays [pour *sa* patrie]. ¶ 공익을 위하여 pour le bien [l'intérêt] public. ¶ 이기주의자는 자기만을 위해 산다 L'égoïste ne vit que pour lui-même. ③ 소중하게 여기다 bien s'occuper de *qn*, traiter avec soin. ¶ 아내를[이웃을] ~ bien s'occuper de *sa* femme [des autres].

위하수 胃下垂 명 【의학】 ptôse *f* gastrique, descente *f* de l'estomac.

◆_**증** -症 명 ptôse *f* gastrique.

위해 危害 명 m*al*(*aux*) *m*. ◇_(를) **하다[를 가하다]** faire du mal à, nuire à, endommager.

위헌 違憲 명 inconstitutionnalité *f*. ¶ ~ 심판 청구 소송 recours pour l'inconstitutionnalité d'un jugement devant le Conseil constitutionnel.

위험 危險 명 danger *m*, péril *m*, risque *m*. ¶ ~을 무릅쓰고 도전하다 courir le risque de faire *qc*. ¶ ~을 벗어나다 éviter [fuir] un danger. ◇_**에 빠지다[처하다]** faire face à un danger [être en danger]. ◇_**이 있다[없다]** y avoir un risque [ne pas y avoir de risque, n'y avoir aucun risque], être [ne pas être] risqué, dangereux(*se*). ¶ 잘못하면 실패할 ~이 있다 Il y a risque d'échec si on ne fait pas attention.

◆_**하다[스럽다]** 형 être dangereux(*se*), périlleux(*se*), risqué(*e*). ¶ ~한 짓[생각, 발상, 사람] une entreprise [une idée, une conception, une personne] dangereuse. ¶ 차도를 무단 횡단하는 것은 ~하다 Il est dangereux de traverser la chaussée en dehors des passages cloutés [des clous]. ¶ ~하게 차도 위로 걷지 마라 C'est dangereux de marcher sur la chaussée.

◆_**성** -性 명 risques *mpl*, aléas *m*, péril *m*, dangerosité *f*. ¶ ~성이 큰 작업 un travail dangereux [risqué, périlleux].

◆_**도** -度 명 (taux *m* de) risque *m*. ¶ ~도가 높은 노동 un travail à haut risque.

◆_**천만** -千萬 명 (très) grand danger *m*. ¶ 술을 마시고 운전하는 것은 ~천만이다 C'est très dangereux de conduire en état d'ivresse [d'ébriété]. ¶ ~천만한 일 une affaire très risquée.

위협 威脅 명 menace *f*, intimidation *f*; chantage *m*. ◇_(을) **하다** menacer *qn*. ¶ 칼로 행인을 ~해서 돈을 빼앗다 soutirer de l'argent à un passant en le menaçant d'un couteau. ◇_(을) **받다[당하다]** être menacé(*e*), être sous la menace de *qc*. ¶ 한국의 반도체 산업이 ~받고 있다 L'industrie coréenne du semi-conducteur est menacée. ◇_(이) **되다** devenir menaçant(*e*), être une menace. ¶ 트럭은 소형차에게 ~이 된다 Les camions sont une menace pour les petites voitures sur la route.

◆_**적** -的 명관 menaçant(*e*). ¶ ~적인 공격을 가하다 lancer une attaque très menaçante. ¶ ~적인 슛을 날리다 effectuer un tir (au but) menaçant. ¶ 그의 태도가 ~적으로 느껴졌다 Son attitude me semblait menaçante.

위화감 違和感 명 (sentiment *m* de) discorde *f*, désaccord *m*. ¶ 국민들 사이에 ~을 조성하다 semer [fomenter] la discorde parmi le peuple. ¶ 멤버들 사이의 ~을 없애다 faire disparaître le désaccord entre les membres.

윈도 영{Windows} 명 【컴퓨터】 (MS) Windows *m*; fenêtre *f*. ¶ ~ 운영체제 système (MS) Windows *m*. ¶ 내 컴퓨터의 ~가 문제가 많아서 다시 깔았다 J'ai réinstallé (MS) Windows parce qu'il y avait beaucoup de problèmes dans mon ordinateur. ¶ 새로운 ~를 열어서 작업하다 travailler en ouvrant une nouvelle fenêtre.

윈도우 영{Windows} 명 ☞ 윈도

윈드서핑 영{windsurfing} 명 planche *f* à voile. ¶ 오늘은 바람이 많이 불어 ~을 하기에 좋은 날이다 Aujourd'hui, c'est une journée idéale pour la planche à voile parce qu'il y a beaucoup de vent.

윗니 명 dent *f* du haut.

윗대 -代 명 générations *fpl* antérieures; ancêtres *mpl*. ¶ ~에서부터 내려오는 가풍 une tradition familiale transmise depuis des générations.

윗도리 명 ① 상체 buste *m*, torse *m*. ¶ 상대 선수의 ~를 발로 차다 donner un coup de pied dans le torse [dans la poitrine] de l'adversaire, porter un coup de pied à la poitrine [au torse] de l'adversaire. ② 윗옷 ☞ 윗옷

윗목 명 partie *f* supérieure de la chambre à *ondol* [chauffée par le sol], partie *f* de la pièce la plus éloignée du point de chauff(ag)e. ¶ ~에 앉다 s'asseoir à la partie supérieure dans une chambre à *ondol* [à l'endroit le moins bien chauffé de la pièce].

윗몸 명 buste *m*, torse *m*. ¶ ~을 일으키다 se redresser.

◆**_일으키기** 명 relevé *m* du buste.

윗물 명 ① 강 amont *m* ② 고인물 surface *f*.

***~이 맑아야 아랫물이 맑다** Les bons maîtres font les bons valets.

***아랫물을 보면 ~을 알 수 있다** Si l'on regarde l'aval, on peut imaginer l'amont.

윗방 -房 명 chambre *f* du haut.

윗배 명 ☞ 아랫배

윗사람 명 ((연장자)) aîné(*e*), ancien *m*; ((지위가 높은 사람)) supérieur *m*. ¶ 그 사람은 ~에게 아주 깍듯하다 Il est tout juste poli avec son supérieur.

윗옷 명 vêtement *m* pour le haut [pour la partie supérieure] du corps; haut *m* ((de survêtement, d'une robe)); t-shirt *m*, chemise *f*, ((여자)) chemisier *m*, pull(-over) *m*; veste *f*, veston *m*; ((군복 따위의)) vareuse *f*; ((학생복, 군인의)) tunique *f*; ((여자의)) blouse *f* ((tout vêtement *m* couvrant la partie supérieure du corps à l'exception des sous-vêtements)). ¶ ~을 걸치다 enfiler [mettre, passer] une veste [une chemise, un pull-over, un *t-shirt*].

윗자리 명 ① 상석 place *f* d'honneur, place *f* supérieure. ¶ ~에 앉다 s'asseoir à la place d'honneur. ¶ 선생님께서 ~에 앉으셔야죠 Vous, monsieur le professeur, vous devez prendre la place d'honneur. ② 높은 지위 또는 사람 poste *m* supérieur, rang *m* élevé; supérieur *m* (hiérarchique). ¶ 이 문제는 ~에서 처리할 문제다 Ce problème doit être réglé par nos supérieurs.

윙윙 부 ((벌레)) en bourdonnant, avec un bourdonnement; ((바람)) en sifflant, avec un sifflement; ((기계)) en ronflant, avec un ronflement, en vrombissant. ¶ 바람이 ~ 분다 Le vent souffle (avec un sifflement).

◆**_거리다[대다]** 자 bourdonner; souffler, siffler; ronfler, vrombir. ¶ 대형 선풍기가 ~거리며 돌아가고 있다 Un grand ventilateur tourne en ronflant.

윙크 영{wink} 명 clin d'œil *m*, œillade *f*. ◇**_(를) 하다** faire un clin d'œil; lancer [jeter, décocher] une œillade à *qn*, faire des œillades à *qn*, faire de l'œil, faire les yeux doux à *qn*, jouer de la prunelle.

유[1] 類 명 ((무리)) groupe *m*, foule *f*; ((종류)) genre *m*, type *m*, sorte *f*, espèce *f*, ((경멸)) ((de cet, du même)) acabit *m*, ((de la même)) farine *f*, ((분류단위)) espèce *f*, genre *m*. ¶ 너 같은 ~의 사람이 많다 Il y a beaucoup de gens de ton espèce [de ton acabit] / Il y en a beaucoup des comme toi {*fam*}. ¶ 어디에서도 그 ~를 찾아보기 힘든 걸작 un vrai chef-d'œuvre qu'on ne peut trouver nulle part. ¶ 이 물건은 저런 것과 ~가 다르다 Cet objet n'est pas du même type que celui-là. ¶ 너도 그 사람과 똑같은 ~에 속한다 Toi, tu es de la même espèce [du même acabit] que lui / Vous êtes de la même farine, tous les deux / Vous ne valez pas mieux l'un que l'autre. ◇**_가 아니다** ne pas être du même genre [de la même espèce], être difficilement comparable, être incomparable, ne pas avoir d'égal. ¶ 그 회사의 복지는 우리 회사의 ~가 아니다 Le bien-être de cette compagnie est incomparable au nôtre.

◆**_개념** -概念 명 genre *m*.

유[2] 有 명 ((존재함)) existence *f*, être *m*; ((실재)) réalité *f*. ¶ 무에서 ~를 창조하다 créer [faire] quelque chose (à partir) de rien.

◆**_무** -無 명 existence *f* et non-existence *f*; être *m* et néant *m*. ¶ 자격증 ~무에 관계없이 사람을 뽑을 수는 없다 On ne peut pas recruter de personnel sans tenir compte des diplômes.

-유[3] 油 접미 huile *f*, pétrole *m*, essence *f*. ¶ 휘발~ essence. ¶ 식용~ huile ((alimentaire)). ¶ 피마자~ huile de ricin.

유-[4] 有 접두 possession *f*. ¶ ~경력자 une personne ayant une carrière. ¶ ~경험자 une personne expérimentée. ¶ ~자격자 un(*e*) licencié(*e*); un(*e*) diplômé(*e*).

유가[1] 儒家 명 ((유교)) confucianisme *m*; ((사람)) confucianiste *mf*. ¶ ~의 전통 la tradition confucianiste.

유가[2] 油價 명 prix *m* du pétrole (brut). ¶ ~ 인상 augmentation [hausse] des prix du pétrole (brut). ¶ ~가 많이 올랐다 Le prix du pétrole a beaucoup augmenté [s'est envolé]. ¶ ~가 많이 내렸다 Le prix du pétrole a beaucoup baissé [a chuté]. ¶ ~를 동결하다 fixer les prix du pétrole.

◆고[저]_ 高[低]- 명 prix *m* haut [bas] du pétrole. ¶ 고[저]~ 시대 période de prix élevé [bas] du pétrole.

유가족 遺家族 명 famille *f* d'un défunt. ¶ ~에게 위로의 말을 하다 exprimer *sa* sympathie à la famille du défunt. ¶ ~에게 충분한 보상을 하다 indemniser amplement la famille d'un défunt de *ses* frais. ¶ ~을 돌보다 veiller sur [s'occuper de] la famille d'un défunt.

유가증권 有價證券 명 valeur *f*; valeurs *fpl* mobilières.

유감 遺憾 명 regret *m*, ⦅c'est⦆ dommage *m*; reproche *m*. ◇_(을)갖다 en vouloir à *qn*, en avoir après [contre] *qn*, avoir *qc* à reprocher à *qn*. ¶ 그는 그 일로 너한테 ~을 갖고 있는 것 같다 Il a l'air de t'en vouloir [d'en avoir après toi] à cause de cette histoire. ¶ 나는 그 일에 아무 상관없으니 나한테 ~ 갖지 마라 Je n'ai rien à voir avec cette affaire [avec cette histoire], alors inutile d'en avoir après moi [de m'en vouloir] / Je n'y suis pour rien dans cette histoire, alors ne m'en veux pas! ◇_(이) 있다 [없다] en vouloir à *qn*, en avoir après [contre] *qn*, avoir *qc* à reprocher à *qn* [ne pas en vouloir à *qn*, ne pas en avoir après *qn*, ne rien avoir à reprocher à *qn*]. ¶ 그 사람이 너한테 무슨 ~이라도 있는 것 같더라 On dirait qu'il t'en veut de quelque chose. ¶ 그 친구가 누구에게 ~이 있는지를 나는 알지 못한다 Je ne sais contre [après] qui il en a. ¶ 나는 너한테 아무 ~이 없다 Je n'ai rien à te reprocher. ◇_이다 il est regrettable [déplorable, fâcheux] de+*inf* [que+*subj*]; c'est (bien) dommage de+*inf* [que+*subj*]. ¶ 네가 시험에 떨어져서 ~이다 Il est regrettable que tu sois refusé(*e*) à l'examen. ¶ 우리는 여러분을 만나지 못해서 대단히 ~입니다 Nous sommes inconsolables de vous avoir ratés. ¶ 거참 ~이군요 C'est vraiment dommage.

◆_스럽다 형 être regrettable, déplorable, fâcheux(*se*). ¶ 매우 ~스러운 사고 un incident déplorable. ¶ ...하는 것은 매우 ~스러운 일이다 Il est déplorable [regrettable, fâcheux] de+*inf* [que+*subj*] / C'est bien dommage que+*subj*. / Quel dommage de+*inf* [que+*subj*]! ¶ 그가 오지 않은 것은 ~스러운 일이다 Il est fâcheux qu'il ne vienne pas / C'est bien dommage qu'il ne vienne pas / Quel dommage qu'il ne vienne pas. ¶ 그것 참 ~스러운 일이다 C'est vraiment bien déplorable. ¶ ~스럽게도 그 사람은 오지 못했다 Il n'est pas venu à mon (grand) regret.

◆_없이 부 sans regret, comme il faut, pleinement. ¶ ~없이 재주를 발휘하다 démontrer pleinement tout *son* talent

유개 有蓋 어근 couvert(*e*). ¶ ~ 화차 un wagon couvert.

유격 遊擊 명 【군대】 incursion *f*; attaque *f* (d'une unité) mobile. ¶ ~ 훈련 un exercice d'attaque mobile.

◆_대 -隊 명 troupe *f* [unité *f*] mobile.

◆_수 -手 명 【야구】 *shortstop m*, bloqueur *m*.

유고[1] 有故 명 accident *m*, incident *m*; ennui *m*. ¶ 대통령 ~ 시에는 en cas d'accident du président.

유고[2] 遺稿 명 manuscrit *m* posthume. ¶ ~를 남기다 laisser un manuscrit posthume. ¶ ~를 발견하다 trouver un manuscrit posthume. ¶ ~를 정리하다 mettre en ordre un manuscrit posthume. ¶ ~를 책으로 묶다 rassembler un manuscrit pour (en faire) un livre.

◆_집 -集 명 œuvres *fpl* posthumes.

유고[3] 명 ☞ 유고슬라비아

유고슬라비아 명 Yougoslavie *f*.

◆_연방 -聯邦 명 Fédération *f* yougoslave.

유곡 幽谷 명 vallée *f* profonde [sauvage], fin *m* fond de la montagne.

◆심산_ 深山- 명 fin fond *m* de la montagne, pleine montagne *f*. ¶ 심산~에 처박히다 se cloîtrer en pleine montagne, vivre en ermite [comme un ermite].

유골 遺骨 명 cendres *fpl*, restes *mpl*. ¶ ~을 안치하다 [봉안하다] déposer les cendres de *qn*. ¶ ~을 함[단지]에 담다 recueillir les cendres de *qn* dans une urne.

유공 有功 명 mérite *m*, exploit *m*.

유공자 有功者 명 personne *f* méritante, personne *f* qui a rendu des services méritoires, ⦅국가⦆ personne *f* qui a rendu de grands services (à la patrie), personne *f* qui a bien servi (la patrie), bon serviteur *m* de l'État. ¶ 독립 ~ une personne qui a œuvré activement pour l'indépendance. ¶ ~를 포상하다 donner un prix [une récompense] à une personne méritante.

유과 油菓 명 *yugwa m* <gâteau(*x*) de riz ou biscuit cuit à l'huile et sucré avec du miel, confiserie traditionnelle coréenne>. ¶ ~를 만들다 faire des *yugwa*. ☞ 한과

유곽 遊廓 명 (quartier *m* de) maison *fpl* closes [de prostitution, de passe]. ¶ ~에 출입하다 fréquenter les maisons de prostitution.

유관 有關 어근 en rapport, en relation; concerné(*e*), associé(*e*). ¶ ~ 단체[기관] groupe [institution] associé(*e*) [concerné(*e*)].

◆_하다 형 être concerné(*e*), associé(*e*), connexe; être [se trouver] en rapport [en relation] avec *qc*. ¶ 그 사건도 이 일과 ~하다 Cette affaire aussi a des rapports avec ceci.

유관순 명 【인명】 Yu Gwan-sun (1904-1920) ⦅a participé activement au mouvement d'indépendance du 1er mars 1919. Arrêtée et torturée par la police japonaise, condamnée à 7 ans de prison, elle décéda dans sa cellule à l'âge de 16 ans.⦆

유괴 誘拐 명 rapt *m*, enlèvement *m*; kidnapping *m* [kidnappage *m*]. ◇_(를) 하다 enlever, kidnapper. ¶ 어린이를 ~하다 kidnapper [enlever] un enfant.

◇_(를) **당하다**[(가) **되다**] se faire kidnapper, être victime d'un enlèvement. ¶ ~당한 아이 un(*e*) enfant kidnappé(*e*).

◆_**범** -犯 명 auteur *m* du rapt; kidnappeu*r*(*se*); ravisseu*r*(*se*). ¶ 어린이 ~범 un(*e*) ravisseu*r*(*se*) d'enfant.

◆_**죄** -罪 명 enlèvement *m*, rapt *m*.

유교 儒教 명 confucianisme *m*. ¶ ~ 사상 la pensée [la philosophie] confucianiste. ¶ ~ 문화권 aire [zone] culturelle du confucianisme.

◆_**적** -的 명관 confucéen(*ne*), confucianiste. ¶ ~적 윤리 la morale [l'éthique] confucéenne [confucianiste].

◆_**화** -化 명 imprégnation *f* par le confucianisme.

◆_**교육** -教育 명 enseignement *m* confucéen.

◆_**국가** -國家 명 pays *m* confucianiste.

유구무언 有口無言 명 silence *m*, mutisme *m*. ◇_**이다** être sans excuse, n'avoir aucune excuse à présenter, s'enfermer dans le mutisme, en être [se voir] réduit(*e*) au silence, n'avoir [ne trouver] rien à dire. ¶ 나 때문에 일이 이렇게 되어서 정말 ~이다 Vous avez de tels ennuis à cause de moi que je ne sais vraiment pas quoi dire [que je ne trouve vraiment rien à vous dire].

유구하다 悠久- 형 être très ancien(*ne*). ¶ 유구한 역사 une histoire très ancienne. ¶ 유구한 세월 un temps immémorial.

유권 有權 어근 【법률】 droit *m*, autorité *f*.

◆_**해석** -解釋 명 interprétation *f* autorisée [faisant foi, faisant autorité]. ¶ 선관위에 ~을 의뢰하다 demander l'interprétation officielle à la commission du contrôle électoral. ◇_(을) **하다**[**내리다**] rendre [déclarer] une interprétation digne de foi [faisant autorité]. ¶ 이 집회는 당국에 따르면 불법이라고 ~이 내려져 있다 On déclare que ce rassemblement est illégal selon l'interprétation des autorités.

유권자 有權者 명 élec*teur*(*trice*); votant(*e*). ¶ ~들 상당수가 기권을 했다 La plupart des électeurs se sont abstenus. ¶ ~들의 심판을 받다 être jugé(*e*) [estimé(*e*)] par des électeurs.

◆_**명부** -名簿 명 liste *f* électorale.

유급[1] **有給** 명 ((travail)) salarié(*e*), appointé(*e*), rémunéré(*e*); ((congé)) payé(*e*). ¶ ~ 직원 employé(*e*) rétribué(*e*); personnel salarié.

◆_**휴가** -休暇 명 congés *mpl* payés.

유급[2] **留級** 명 redoublement *m*. ◇_(을) **하다** redoubler ((une classe)). ¶ 2년을 ~하다 redoubler deux ans *(de suite), tripler* ((*une classe*)). ◇_(을) **당하다**[(이) **되다**] redoubler. ¶ 성적 불량으로 ~당하다 redoubler à cause d'une mauvaise note. ◇_(을) **시키다** faire redoubler *qn*.

◆_**생** -生 명 redoublant(*e*).

유기[1] **有期** 어근 ((emprunt)) à terme; limité(*e*); temporaire, pour une durée limitée.

◆_**정학** -停學 명 renvoi *m* temporaire ((d'un étudiant)).

◆_**형** -刑 명 condamnation *f* pour une durée limitée.

유기[2] **有機** 어근 organique. ¶ ~ 비료 un engrais organique. ¶ ~ 화합물 un composé organique.

◆_**적** -的 명관 organique, organisé(*e*). ¶ ~적인 시스템 un système organisé. ¶ ~적으로 협력하다 collaborer organiquement.

◆_**성** -性 명 nature *f* organique.

◆_**물** -物 명 matière *f* organique.

◆_**질** -質 명 substance *f* organique.

◆_**체** -體 명 organisme *m*; corps *m* organique.

◆_**화학** -化學 명 chimie *f* organique.

유기[3] **遺棄** 명 abandon *m*, délaissement *m*; désertion *f*. ¶ 시체 ~ un cadavre abandonné [laissé ((par l'ennemi))]. ¶ 직무 ~ un abandon de poste [de service]. ◇_(를) **하다** abandonner, délaisser, déserter. ¶ 직무를 ~하다 abandonner [quitter, s'en aller de, déserter] *son* poste. ◇_(가) **되다** être abandonné(*e*).

유기[4] **鍮器** 명 chaudron *m* (de cuivre jaune [de laiton]); cuivres *mpl*. ¶ ~ 공장 une chaudronnerie, une dinanderie.

유기음 有氣音 명 【언어】 (consonne *f*) aspirée *f*.

◆_**화** -化 명 【언어】 aspiration *f*.

유난 명 rareté *f*, étrangeté *f*. ◇_(을) **떨다** agir [se comporter] de façon étrange; agir [se conduire] d'une manière fastidieuse; faire le(la) difficile. ¶ 별것도 아닌 일에 ~을 떨다 faire beaucoup de bruit pour rien.

◆_**하다** 형 être peu commun(*e*), rare, étrange, exceptionnel(*le*), inhabituel(*le*), particuli*er*(*ère*); être délicat(*e*). ¶ ~한 성격 un caractère délicat. ¶ 그 사람은 성격이 ~하다 Il est délicat.

◆_**스럽다** 형 être [se montrer] difficile; être délicat(*e*). ¶ 그 사람은 식성이 ~스럽다 Il est difficile pour la nourriture. ¶ 그 여자는 ~스럽게 입덧이 심했다 Elle a eu de fortes nausées pendant sa grossesse [a été très indisposée par [pendant, au cours de] sa grossesse].

◆_**스레**[**히**] 부 spécialement, exceptionnellement, particulièrement, inhabituellement. ¶ ~스레 추웠던 어느 겨울날 un jour d'hiver exceptionnellement froid. ¶ 그 여자는 얼굴이 ~스레 희다 Son visage est particulièrement blanc. ¶ 형제 중에 ~히 키가 크다 Il est particulièrement grand par rapport à ses frères et sœurs / Il est exceptionnellement grand dans sa famille. ¶ 올 겨울은 ~히도 춥다 Cet hiver, il fait exceptionnellement froid. ¶ 작년 겨울에 ~히 눈이 많이 왔다 L'hiver dernier, il a exceptionnellement beaucoup neigé [il a neigé beaucoup plus que d'habitude].

유네스코 영{UNESCO} 명 l'U.N.E.S.C.O (l'Unesco, *United Nations Educational, Scientific and Cultural Organization*), l'Organisation des Nations Unies pour l'éducation, la science et la culture.

유녀 遊女 명 【고어】 prostituée *f*, péripatéticienne *f*.

유년 幼年 명 (première) enfance *f*, bas âge *m*. ¶ ~ 시절 *son* enfance, *sa* première enfance.

◆**_기** -期 명 (première) enfance *f*, bas âge *m*. ¶ 시골에서 ~기를 보내다 avoir [passer] *son* enfance à la campagne.

유념 留念 명 attention *f*; considération *f*, garde *f*. ◇**_(을) 하다** faire [prêter] attention à *qc*/*qn*; apporter de la considération à *qc*; prendre garde à *qc*/*qn*. ¶ 이 점을 특히 ~해 주세요 Faites attention surtout sur ce point! ¶ 부모님의 말씀을 ~해 듣다 prêter une oreille attentive à *ses* parents. ¶ 건강에 ~하다 prendre soin de *sa* santé. ¶ 모임에 늦지 않도록 ~하다 prendre garde à ne pas être en retard à la réunion.

유능하다 有能- 형 être capable, habile ((dans *son* métier)), être compétent(*e*). ¶ 유능한 인재 un homme compétent, un homme de talent [de valeur].

유니버시아드 영{Universiade} 명 Universiades *fpl*. ¶ ~ 대회 les Universiades.

유니세프 영{UNICEF} 명 ((국제 연합 아동 기금)) l'UNICEF, le Fond des Nations Unies pour l'enfance.

유니크하다 영{unique-} 형 être unique, origin*al*(*ale*, *aux*). ¶ 유니크한 스타일 un style unique. ¶ 그 사람의 작품은 아주 ~ Son œuvre est très originale.

유니폼 영{uniform} 명 uniforme *m*. ¶ ~을 입다[착용하다] porter l'uniforme.

유다르다 형 être très rare, étrange, exceptionnel(*le*), inhabituel(*le*), particuli*er*(*ère*), peu commun(*e*). ¶ 그 감독의 영화는 늘 유다른 감동을 준다 Les films de ce réalisateur nous donnent toujours des impressions singulières. ¶ 형제 중에서 그만 유다르게 머리가 좋다 C'est lui le plus exceptionnellement intelligent dans sa famille.

◆**유달리** 부 exceptionnellement, particulièrement, spécialement; étrangement. ¶ 유달리 눈에 띄다 se faire remarquer, sauter aux yeux. ¶ 그 사람은 유달리 손이 크다 Ses mains sont particulièrement grandes.

유단자 有段者 명 titulaire *mf* d'un *dan*; ((무술)) ceinture *f* noire. ¶ 태권도 ~ une ceinture noire de *taekwondo*.

유대 紐帶 명 relations *fpl* mutuelles; liens *mpl*; attaches *fpl*. ¶ 회원들 간의 ~를 강화하다 consolider les relations entre les membres. ◇**_(를) 맺다** nouer des relations avec *qn*. ¶ 외국의 시민 단체들과 ~를 맺다 nouer des relations avec les groupes civiques d'un pays étranger.

◆**_감** -感 명 sentiment *m* d'attache. ¶ 직원들 사이에 ~감이 형성되었다 Il s'est formé des relations mutuelles entre les employés.

◆**_관계** -關係 명 relations *fpl* mutuelles; liens *mpl*; attaches *fpl*. ¶ 돈독한 ~ 관계를 이어가다 conserver des liens étroits avec *qn*.

유대교 -敎 명 【종교】 religion *f* juive, judaïsme *m*.

유대류 有袋類 명 【생물】 marsupiaux *mpl*; *Marsupialia* {*nsc*}.

유대인 -人 명 Jui*f*(*ve*).

유덕¹ 遺德 명 vertu *f* d'une personne décédée. ¶ 고인의 ~을 추모하다 se souvenir des vertus[mérites] du défunt.

유덕² 有德 명 vertu *f*, largesse *f*, magnanimité *f*, gentillesse *f*, charité *f*, générosité *f*.

◆**_하다** 형 être vertueu*x*(*se*). ¶ ~한 사람 une personne généreuse[vertueuse].

유도¹ 柔道 명 judo *m*. ¶ ~ 3단 troisième *dan* de judo. ¶ ~ 고단자 un grand *judoka* (titulaire de plusieurs *dan*). ¶ ~ 사범 un maître de judo. ¶ ~를 하다 pratiquer le judo, faire du judo. ¶ ~를 배우다 apprendre le judo.

◆**_복** -服 명 tenue *f* de judo, kimono *m*.

◆**_부** -部 명 équipe *f* de judo.

◆**_장** -場 명 salle *f* (d'entraînement) de judo, ((일어)) *dojo m*.

유도² 誘導 명 ① 【물리】 ((전기)) induction *f*; ((수학, 화학)) dérivation *f*; ((항공)) guidage *m*. ¶ 원격 ~ 장치 un système de guidage par télécommande. ¶ ~ 회로 un circuit inducteur [induit]. ¶ ~ 전류 un courant induit. ② 이끌다 exhortation *f*, incitation *f*, instigation *f*. ¶ 중국의 개방을 위한 국제 사회의 ~ les efforts des sociétés internationales pour l'ouverture de la Chine. ③ 꾀다 leurre *m*, appât *m*; incitation *f*. ¶ 상대방의 ~에 넘어가다 se laisser prendre au leurre de l'adversaire. ◇**_(를) 하다** conduire, mener ((des voyageurs à la gare)), guider, diriger ((un avion par radio)); induire, inciter [exhorter] *qn* à *qc*/+*inf*; provoquer, déclencher ((un accouchement)); persuader *qn*, convaincre *qn*. ¶ 문제 청소년들을 좋은 방향으로 ~하다 conduire [remettre] les jeunes délinquants dans une bonne direction [sur la bonne voie]. ¶ 공장들이 도심 밖으로 이전하도록 ~하다 convaincre les usines d'aller s'installer dans la banlieue. ¶ 분만을 ~하다 provoquer [déclencher] un accouchement. ◇**_(가) 되다** être conduit(*e*); être guidé(*e*), dirigé(*e*).

◆**_성** -性 명관 incitation *f*. ¶ ~성 발언 paroles incitatives.

◆**_분만** -分娩 명 accouchement *m* provoqué [déclenché].

◆**_신문** -訊問 명 interrogatoire *m* orienté. ¶ ~심문에 넘어가다 se laisser attraper aux questions pièges ((du procureur)).

◆**_탄** -彈 명 missile *m* [engin *m*] sol-air [sol-sol]. ¶ 요격~탄 un missile antimissile.

유독¹ 有毒 어근 toxicité *f*. ¶ ~ 가스 un gaz délétère [toxique]. ¶ ~ 물질 une substance toxique.

◆**_하다** 형 être toxique, intoxicant(*e*), vénéneu*x*(*se*), venimeu*x*(*se*).

◆**_성** -性 명 toxicité *f*.

유독² 惟獨 부 seulement, simplement, uniquement;

ㅇ

surtout; seul(*e*). ¶ 다 같이 일했는데 왜 너만 ~ 피곤하다고 하니? Nous avons travaillé ensemble, mais pourquoi dis-tu qu'il n'y a que toi qui sois fatigué(*e*)? ¶ ~ 그 사람만이 반대했다 Lui seul s'y est opposé / Il était le seul à s'y opposer.

◆_히 뷔 particulièrement, notamment, en particulier, spécialement. ¶ ~히 나만 미워하는 이유가 뭐니? Pourquoi me détestez vous tellement[moi plus que les autres]?

유동 流動 어근 ((흐름)) écoulement *m*; ((변동)) fluctuation *f*, flottement *m*.

◆_적 -的 명관 flottant(*e*); ((prix)) fluctuant(*e*); fluide, changeant(*e*), mouvant(*e*), variable; flou(*e*), incertain(*e*), indécis(*e*). ¶ 개최 시기는 아직 ~적이다 La période d'ouverture est encore flottante.

◆_성 -性 명 fluidité *f*, liquidité *f*.

◆_식 -食 명 aliment *m* [alimentation *f*] liquide. ¶ 산모에게는 ~식이 좋다 L'alimentation liquide est bonne pour l'accouchée.

◆_자본 -資本 명 capitaux *mpl* circulants.

◆_자산 -資産 명 fonds *mpl* disponibles, actif *m* disponible; capitaux *mpl* flottants.

유두 乳頭 명 mamelon *m*, tétin *m* {*vx*}.

유들유들 뷔 ((onomatopée d'aspect ou d'expression moqueuse)). ¶ 그 남자는 ~ 웃으며 말했다 Il a parlé avec un sourire moqueur.

◆_하다 형 être effronté(*e*), impertinent(*e*), impudent(*e*), éhonté(*e*). ¶ 그 사람은 성격이 ~하다 Il a un caractère impudent. ¶ ~하게 말을 하다 dire [parler] effrontément. ¶ ~하게 생기다 faire figure d'effronté.

유라시아 영{Eurasia} 명 Eurasie *f*.

유람 遊覽 명 tourisme *m*; excursion *f*; voyage *m* d'agrément. ¶ 단체 ~ tourisme de masse. ¶ 해외 ~을 떠나다 partir en voyage touristique [en excursion] à l'étranger. ◇_(을) 하다 faire du tourisme; faire une excursion. ¶ 전 세계를 ~하다 faire une excursion dans le monde entier.

◆_객 -客 명 touriste *mf*.

◆_기 -記 명 récit *m* de voyage; journ*al*(*aux*) *m* de voyage. ¶ 금강산 ~기 récit de voyage au mont de Geumgang.

◆_선 -船 명 bateau(*x*) *m* de plaisance; ((센강의)) bateau-mouche(*~x-~s*) *m*.

◆_지 -地 명 site *m* touristique.

유랑 流浪 명 vagabondage *m*. ¶ ~ 생활 vie vagabonde [errante]; nomadisme. ¶ ~의 길을 떠나다 partir pour vagabonder. ◇_(을) 하다 errer, vagabonder. ¶ 이곳 저곳(을) ~하다 vagabonder partout.

◆_극단 -劇團 명 troupe *f* (de théâtre) itinérante.

◆_민 -民 명 tribu *f* errante; nomade *mf*.

유래 由來 명 ((기원)) origine *f* ((d'un mot, d'une légende)), source *f*; ((내력)) histoire *f*. ¶ 이 지명의 ~를 아세요? Est-ce que vous connaissez l'histoire de cet endroit? ◇_(를) 하다[(가) 되다] tirer *son* origine de; avoir *son* origine [*sa* source] dans; provenir de *qc*. ¶ 이 속담은 옛 풍속에서 ~한다 Ce proverbe tire son origine de vieilles mœurs. ¶ 고대 그리스에서 ~된 건축 양식 un style architectural venu de la civilisation grecque antique.

유럽 영{Europe} 명 Europe *f*. ¶ ~ 여행 un voyage en Europe. ¶ ~으로 배낭여행을 가다 voyager en Europe avec un sac au dos, voyager sac au dos en Europe.

◆_적 -的 명관 européen(*ne*). ¶ ~적인 풍경 un paysage européen.

◆_화 -化 명 européanisation *f*.

◆_연합 -聯合 명 Union *f* de l'Europe.

◆_의회 -議會 명 Parlement européen.

◆_인 -人 명 Européen(*ne*).

◆북[남]_ 北[南]- 명 nord *m* [sud *m*] de l'Europe.

◆서[동]_ 西[東]- 명 ouest *m* [est *m*] de l'Europe.

◆중부_ 中部- 명 Europe *f* centrale.

유려 流麗 어근 élégance *f*.

◆_하다 형 être élégant(*e*), coulant(*e*). ¶ ~한 문체 un style élégant [coulant]. ¶ 그 소설가의 문장은 아주 ~하다 Le style de ce romancier est très élégant.

◆_미 -美 명 élégance *f*.

유력 有力 어근 ① 권력이 있는 puissant(*e*), fort(*e*), influent(*e*), important(*e*). ¶ ~ 인사 une personne influente, un personnage important. ¶ ~ 일간지 un journal influent. ② 유망한 influent(*e*), convaincant(*e*).

◆_하다 형 être puissant(*e*), important(*e*); être influent(*e*), convaincant(*e*). ¶ ~한 단서[증거]를 잡다 saisir une preuve convaincante. ¶ ~한 용의자[후보] une personne fortement soupçonnée [un candidat sérieux]. ¶ 외무부 장관으로는 차 대사가 ~하다 C'est l'ambassadeur Cha qui est le candidat le plus probable pour être le prochain ministre des Affaires étrangères. ¶ 그 후보의 당선이 ~하다 Il est presque certain que ce candidat remporte la victoire.

◆_시 -視 어근 air *m* puissant [fort]; air *m* influent [important]. ¶ 현재 김 후보의 당선이 ~시되고 있다 Maintenant, le candidat Kim semble avoir toutes les chances d'être élu.

◆_자 -者 명 personne *f* puissante; personnage *m* important.

유령 幽靈 명 fantôme *m*, spectre *m*, revenant *m*. ¶ ~ 단체 une association simulée. ¶ ~ 회사 une compagnie fantôme. ¶ ~처럼 사라지다 disparaître corps et bien. ¶ 이 집은 으스스해서 마치 ~이 나타날 것 같다 Il semble qu'un revenant hante cette maison car on y éprouve une peur irraisonnée.

◆_선 -船 명 vaisseau(*x*) *m* fantôme.

유례 類例 명 exemple *m* (analogue); précédent *m*. ¶ ~를 찾아보기 힘든 일 une affaire dont il est très difficile de trouver un exemple, une affaire quasi sans précédent. ◇_(가) 없다 être sans précédent. ¶ 이런 일은 일찍이 그 ~가 없다 On ne peut pas trouver de précédent à cette histoire. ¶ 사상 ~가

없는 가뭄 une sécheresse sans précédent dans l'histoire. ¶ ~ 없이 sans exemple, sans précédent.

유로 의명 ((화폐단위)) euro *m*. ¶ 오백~ 지폐 un billet de cinq cents euros.

유료 有料 명 ((billet)) payant(*e*); ((통행이)) ((pont)) à péage. ¶ ~ 고속도로 une autoroute payante, une autoroute à péage. ¶ ~ 주차장 un parking [un parc de stationnement] payant. ¶ ~ 화장실 des toilettes payantes.

유류 油類 명 pétrole *m*. ¶ ~ 제품 un produit dérivé du pétrole.

유류품 遺留品 명 objet *m* oublié, objet *m* laissé (derrière), objet *m* perdu. ¶ 사고 현장에서 ~을 수습하다 ramasser les objets laissés là à l'endroit d'un accident.

유리[1] 遊離 명 ((화학)) isolation *f*, isolement *m*; ((헤어짐)) séparation *f*, éloignement *m*. ¶ 현실로부터의 ~ séparation du [d'avec le] réel. ◇_(가) 되다 se séparer, être coupé(*e*) de; s'isoler. ¶ 현실과[에서] ~된 학문 une science coupée du réel. ¶ 민중의 현실로부터 ~된 정치 이념 un concept politique coupé de la réalité du peuple. ◇_(를) 시키다 séparer, éloigner.

유리[2] 琉璃 명 verre *m*; ((창문의)) vitre *f*, carreau(*x*) *m*; ((차창의)) glace *f*. ¶ ~ 제품 articles de verre, cristaux; verrerie, verroterie. ¶ ~ 공장 verrerie; ((판유리, 거울의)) glacerie.

◆_관 -管 명 tuyau(*x*) *m* [tube *m*] en verre.

◆_구슬 명 bille *f* de verre.

◆_그릇 명 vaisselle *f* en verre.

◆_문 -門 명 porte *f* [fenêtre *f*] vitrée.

◆_벽 -壁 명 mur *m* en verre.

◆_병 -甁 명 bouteille *f* en verre.

◆_섬유 -纖維 명 fibre *f* de verre.

◆_알 명 boule *f* de verre.

◆_잔 -盞 명 verre *m*.

◆_창 -窓 명 vitre *f* [carreau(*x*) *m*]; ((자동차)) glace *f*. ¶ ~창을 깨다 briser une vitre.

◆_컵 명 verre *m*.

◆_판 -板 명 plaque *f* de verre.

◆색_ 色- 명 verre *m* de couleur.

유리수 有理數 명 【수학】 nombre *m* rationnel.

유리하다 有利- 형 être favorable, avantageu*x*(*se*), bon(*ne*); ((affaire)) être lucrati*f*(*ve*), profitable. ¶ 유리한 점 un point avantageux. ¶ 유리한 조건에서 협상을 하다 négocier aux conditions favorables. ¶ 누구보다 유리한 위치에 있다[서다] avoir un avantage [la supériorité, le dessus] sur *qn*. ¶ 유리한 위치를 선점하다 prendre une position avantageuse. ¶ 피고에게 유리한 증언을 하다 témoigner en faveur de l'accusé. ¶ 그렇게 하는 것이 우리에게 ~ Il nous est profitable de faire comme ça / C'est avantageux pour nous de faire comme ça.

유린 蹂躪 명 ((국토 등의)) envahissement *m*, ravage *m*; ((권리 등의)) violation *f*, outrage *m*; atteinte *f* ((au droit de *qn*)). ¶ 인권 ~ violation des [atteinte aux] droits de l'homme. ◇_(을) 하다 envahir ((un pays)); ravager ((une province)); fouler aux pieds ((les lois, les droits de *qn*)); violer ((les droits de *qn*)); outrager ((la morale)); porter atteinte à ((la constitution)). ¶ 이웃 나라를 ~하다 envahir le pays voisin. ¶ 정조를 ~하다 déshonorer [violer] une femme. ¶ 헌정 질서를 ~하다 porter atteinte à l'ordre constitutionnel. ◇_(을) 당하다[(이) 되다] être envahi(*e*); être violé(*e*); être outragé(*e*). ¶ 국민으로서의 권리를 ~당했다 Les droits du citoyen [des citoyens] sont violés.

유림 儒林 명 lettré *m* confucianiste; confucianiste.

유만부동 類萬不同 명 différence *f* (des choses les unes des autres), non-ressemblance *f*, diversité *f*; exagération *f*. ¶ 억지를 써도 ~이지, 그 사람의 주장은 도저히 받아들일 수 없다 Même dans l'entêtement, il y a des limites. On ne peut absolument pas accepter son affirmation.

유망 有望 어근 prospérité *f*, (brillant) avenir *m*. ¶ ~ 기업 une entreprise qui prospère.

◆_하다 형 promettre (beaucoup); donner de belles [de grandes] espérances; être plein(*e*) d'avenir, prometteu*r*(*se*). ¶ 장래가 ~한 청년 jeune homme plein d'avenir. ¶ 이 사업은 매우 ~하다 Cette entreprise promet beaucoup.

◆_주 -株 ① action *f* [valeur *f*] active. ¶ 최근 정보통신 관련 주가 ~주로 떠오르고 있다 Ces jours-ci, on relève les actions en rapport avec la télématique comme les valeurs les plus actives. ② 장래가 촉망되는 사람 espoir *m*, personne *f* pleine d'avenir [prometteuse]. ¶ 그 사람은 한국 축구의 ~주이다 Il est l'espoir du football coréen.

유머 영{humor} 명 humour *m*. ¶ ~가 풍부한[없는] 사람 une personne qui a de l'humour, une personne qui a beaucoup d'humour [qui manque d'humour].

◆_감각 -感覺 명 humour *m*, sens *m* de l'humour. ¶ 그 사람은 ~ 감각이 있다[뛰어나다] Il a le sens de l'humour [Il a beaucoup d'humour].

유머러스하다 형 être comique, drôle, marrant(*e*) {*fam*}, humoristique, humoriste. ¶ 유머러스한 남자 un homme plein d'humour, un (homme) comique. ¶ 그 사람은 매우 ~ Il est vraiment drôle [humoriste]. ¶ 그 사람은 질문을 유머러스하게 받아넘긴다 Il n'hésite pas à répondre avec beaucoup d'humour aux questions.

유명[1] 幽明 명 ombre *f* et lumière *f*; ((이승과 저승)) ce (bas) monde *m* et l'au-delà *m*. ◇_을 달리하다 passer dans l'autre monde; mourir, décéder.

유명[2] 有名 어근 renommée *f*, célébrité *f*, renom *m*. ¶ ~ 작가[인사] un auteur [une personne] célèbre, un écrivain illustre. ¶ ~ 브랜드[회사] une marque [une société] renommée.

◆_하다 형 être célèbre, connu(*e*), renommé(*e*), fameu*x*(*se*), illustre, réputé(*e*); être notoire. ¶ ~한 인물[작가, 사건, 식당, 치과의사] un personnage [un écrivain, un événement, un restaurant, un dentiste] célèbre. ¶ ~한 거짓말쟁이 un menteur notoire. ¶ 그 사람은 인색하기로 ~하다 C'est un radin notoire. ¶ 이 지방은 포도가 많이 나기로 ~하다 Cette région est fameuse pour ses récoltes abondantes de raisins. ¶ ~해지다 devenir [se rendre] célèbre; se faire connaître; se faire un nom; acquérir une réputation.

◆_세 -稅 명 la rançon *f* de la gloire. ¶ ~세를 톡톡히 치르다 payer la rançon de *sa* grandeur.

◆_인 -人 명 célébrité *f*. ¶ ~인 대열에 끼다[오르다] atteindre [parvenir à] la célébrité.

◆_무실하다 -無實- 형 être (purement) nomin*al*(*ale*, *aux*), n'exister que de nom. ¶ ~무실한 지도자 un directeur nominal. ¶ 이 제도는 이제 사실상 ~무실하게 되었다 En effet, ce système n'existe plus que de nom, maintenant.

유모 乳母 명 nourrice *f*. ¶ 아이를 ~에게 맡기다 confier le bébé à une nourrice.

◆_차 -車 명 voiture *f* d'enfant, poussette *f*, landau *m*. ¶ ~차를 밀고 가다 pousser la voiture d'enfant; pousser une poussette [un landau]. ¶ 아기를 ~차에 태우다 mettre le bébé dans la poussette.

유목 遊牧 명 nomadisme *m*. ¶ ~ 민족 un peuple nomade, des nomades. ¶ ~ 생활을 하다 mener une vie nomade.

◆_민 -民 명 peuple *m* nomade, nomade.

유물 唯物 어근 matérialiste.

◆_론 -論 명 matérialisme *m*. ¶ 변증법적 ~ matérialisme dialectique. ¶ 사적 ~ matérialisme historique.

◆_론적 -論的 명관 matérialiste.

◆_론자 -論者 명 matérialiste *mf*.

◆_변증법 -辨證法 명 matérialisme *m* dialectique.

◆_사관 -史觀 명 conception *f* matérialiste de l'histoire. ¶ ~사관에 입각해서 쓰인 역사서 histoire écrite avec une conception matérialiste.

◆_주의 -主義 명 【철학】 matérialisme *m*. ¶ 마르크스의 ~주의 marxisme, matérialisme marxiste.

유미주의 唯美主義 명 esthétisme *m*. ¶ ~ 운동 mouvement de l'esthétisme.

유민 流民 명 population *f* errante, réfugié(*e*). ¶ 백제 ~ réfugiés de Baekje (37 av. J-C - 660).

유발 誘發 명 induction *f*, provocation *f*, déclenchement *m* (provoqué). ¶ 공해 ~ 업소 une usine polluante. ◇_(을) 하다[시키다] induire; provoquer, amener, causer, être à l'origine de. ¶ 전쟁을 ~하다 provoquer la guerre. ¶ 교통 체증을 ~하다 provoquer des embouteillages. ¶ 흡연은 암을 ~시킬 수 있다 Fumer peut provoquer un cancer. ◇_(이) 되다 provoquer, amener, causer. ¶ 나의 분노는 그 사람의 비열한 태도에서 ~되었다 Sa bassesse a causé ma colère.

유방 乳房 명 sein *m*, poitrine *f*, mamelle *f*. ¶ 처진 ~ poitrine pendante [tombante]. ¶ ~이 크다[작다] avoir de gros [de petits] seins; avoir une forte poitrine [une poitrine plate].

◆_암 -癌 명 cancer *m* du sein.

◆_절제(술) -切除(術) 명 (opération *f* d')ablation *f* du sein.

유배 流配 명 exil *m*, déportation *f*, bannissement *m*, relégation *f*, expulsion *f*, expatriation *f*. ¶ ~ 생활 une vie d'exil [d'exilé, d'expatrié]. ◇_(를) 가다 aller [partir, être envoyé(*e*)] en exil. ◇_(를) 당하다[(가) 되다] être exilé(*e*), déporté(*e*), banni(*e*), expulsé(*e*); être condamné(*e*) à l'exil [à la déportation]. ¶ 외딴 섬에[으로] ~당하다 être exilé(*e*) sur une île isolée [éloignée, reculée, écartée]. ◇_(를) 보내다 envoyer ((un criminel politique)) en exil [en déportation].

◆_지 -地 명 terre *f* [lieu *m*] d'exil.

유백색 乳白色 명 blanc *m* laiteux.

유별 有別 명 séparation *f*, distinction *f*, différence *f*.

◆_하다 형 être distingué(*e*), distinct(*e*). ¶ 부부가 ~하다 Le mari et la femme ont chacun leur rôle dans la maison.

유별나다 有別- 형 ((기묘하다)) être particuli*er*(*ère*), singuli*er*(*ère*); être spécial(*e*), original(*e*), hors norme, inaccoutumé(*e*), atypique; être excentrique, bizarre, curieu*x*(*se*), déconcertant(*e*), fantaisiste. ((보통이 아니다)) être extraordinaire, fabuleu*x*(*se*), prodigieu*x*(*se*) exceptionnel(*le*); être peu commun, hors du commun; être un être d'exception, ¶ 유별난 사람 une personne particulière [singulière, bizarre]; un individu exigeant [difficile, scrupuleux, sourcilleux, tatillon, strict]; procéduri*er*(*ère*). ¶ 그는 취향이 ~ Il a un goût particulier [spécial, bizarre, excentrique]. ¶ 그는 식성이 ~ Il est difficile pour la nourriture. ¶ 그는 좀 유별나게 생겼다 Il a une tête un peu bizarre [particulière] / Il a l'air un peu difficile / On dirait qu'il n'est pas très facile. ¶ 유별나게 굴다 agir [se comporter, se conduire] singulièrement, se comporter différemment [de manière différente] (des autres).

유보 留保 명 ① 보류 réserve *f*, suspension *f*, remise *f* à plus tard, sursis *m*. ② 제한 réserve *f*, restriction *f*. ¶ ~ 조항 réserve. ¶ 무엇을 아무런 ~(도) 없이 받아들이다 accepter *qc* sans réserve [sans restriction]. ◇_(를) 하다[시키다] différer, ajourner, remettre [reporter, repousser] ((une décision)) à plus tard; renvoyer ((une affaire)); réserver ((*son* jugement)); suspendre ((un jugement)); surseoir ((à l'exécution)). ¶ 결정[판단]을 ~하다 réserver [suspendre, surseoir à] *sa* décision [*son* jugement], remettre *sa* décision [*son* jugement] à plus tard. ◇_(가) 되다 être remis(*e*) [repoussé(*e*)] à plus tard, être différé(*e*), suspendu(*e*) ¶ 법안 상정이 ~된 상태이다 La déposition du projet de loi est suspendue [remise, rapportée à plus tard].

유복자 遺腹子 명 enfant sans père, enfant né(*e*) après la mort de son père. ¶ 그 남자는 ~로 태어났다 Il est né après la mort de son père.

ㅇ

유복하다 裕福- 형 être riche, aisé(e); ((경멸적)) être nanti(e); être un rupin, un richard {*fam*}; être plein aux as {*pop*}, avoir de l'oseille {*fam*}. ¶ 그는 유복한 집안에서 자랐다[태어났다]. Il a grandi [est né] dans une famille riche [aisée]. ¶ 유복하게 살다 vivre dans l'abondance [aisément, confortablement].

유부 油腐 명 *tofu m* (pâté m de soja) frit.

◆_**국수** 명 nouilles *fpl* servies dans un bouillon avec des tranches de tofu frit.

◆_**초밥** -醋 명 *yubuchobap* <tranche de tofu sucré frit enrobant une boulette de riz vinaigré>.

유부남 有婦男 명 homme *m* marié. ¶ ~과 놀아나다 ((une femme)) se livrer à des jeux amoureux avec un homme marié.

유부녀 有夫女 명 femme *f* mariée. ¶ ~를 사귀다 fréquenter [avoir une relation avec] une femme mariée.

유분수 有分數 명 limites *fpl* [bornes *fpl*] (à ne pas dépasser). ◇_**이다** avoir des limites, ne pas dépasser les bornes, savoir se tenir à *sa* place. ¶ 농담도 ~지 Il y a des limites à la plaisanterie / Il ne faut pas pousser trop loin la plaisanterie / Il y a des bornes à ne pas dépasser, même en plaisanterie.

유비 類比 명 【철학】 analogie *f*, raisonnement *m* par induction. ¶ ~ 추리 (raisonnement par) induction. ◇_(**를**) **하다** induire.

유비무환 有備無患 명 Il vaut mieux prévenir que guérir / Il ne faut pas s'embarquer sans biscuits / Quand on prévoit, on évite les ennuis.

유사[1] 類似 어근 ressemblance *f*, similitude *f*, analogie *f*; affinité *f*. ¶ ~ 상표에 주의하세요 Faites attention aux marques similaires / Prenez garde aux produits ressemblants.

◆_**하다** 형 ressembler à *qc*, être semblable [pareil(*le*), similaire, analogue] à *qc*. ¶ 이 그림은 피카소의 작품과 ~하다 Cette toile ressemble à une œuvre de Picasso / On dirait un tableau de Picasso.

◆_**성** -性 명 similitude *f*, similarité *f*, ressemblance *f*, analogie *f*; concordance *f*, équivalence *f*. ¶ 둘 사이에는 ~성이 있다 Il y a une ressemblance [similitude, similarité] entre les deux.

◆_**점** -點 명 points *mpl* [traits *mpl*] communs, *ressemblances fpl, similitudes fpl*. ¶ 둘 사이에 아무런 ~도 발견할 수 없다. On n'a pu trouver aucun point commun [aucun trait commun, aucune ressemblance, aucune similitude] entre eux deux.

◆_**품** -品 명 produit *m* similaire; reproduction *f*, réplique *f*; imitation *f*, copie *f*; double *m*.

유사[2] 有史 명 histoire *f*. ¶ ~ 이래 이런 일은 없었다 Dans toute l'histoire, il n'y a jamais eu d'événement de ce genre / Depuis la nuit des temps, aucun événement de ce genre ne s'est produit.

유사시 有事時 명 cas *m* d'urgence, circonstance *f* critique. ¶ ~에는 en cas d'urgence. ¶ ~에 대비하다 prévenir [se préparer pour] des circonstances critiques.

유산[1] 有産 어근 possession *f* des richesses [du bien].

◆_**자** -者 명 bourgeois(*e*); possédant(*e*), riche, fortuné(*e*); ((경멸적)) nanti(*e*), ((경멸적)) richard(*e*) {*fam*}; nabab *m* {*pop*}; capitaliste.

◆_**계급** -階級 명 bourgeoisie *f*, classe *f* bourgeoise; classe *f* possédante.

유산[2] 流産 명 ① ((태아)) fausse couche *f*, avortement *m*, interruption *f* de grossesse. ¶ 그 여자는 한 번의 ~ 경험이 있다 Elle a déjà fait une fausse couche (une fois). ② ((일)) avortement *m*, échec *m*, insuccès *m*, faillite *f*. ¶ 개혁 입법의 ~ avortement d'un projet de réforme législative. ◇_(**을**) **하다** faire une fausse couche, avorter. ◇_(**이**) **되다** avoir avorté(*e*), échouer à ((un projet)); rater, foirer {*fam*}, merder {*pop*}. ¶ 그 계획은 ~되었다 Ce projet a avorté [raté, foiré {*fam*}]. ◇_(**을**) **시키다** faire avorter [échouer, rater, foiré {*fam*}].

유산[3] 遺産 명 héritage *m*, biens *mpl*, patrimoine *m*, legs *m*. ¶ 손자들에게 ~을 남기다 laisser [donner, léguer] à *ses* petits-enfants un bien pour [en] héritage, transmettre un bien en héritage à *ses* petits-enfants. ¶ 외할머니의[로부터] ~을 상속하다 [상속받다] recevoir un héritage de *sa* grand-mère maternelle, recevoir la succession de *sa* grand-mère maternelle, entrer en possession de l'héritage de *sa* grand-mère. ¶ ~을 놓고 서로 다투다 se disputer un héritage, se battre pour un héritage, s'étriper pour des questions d'héritage {*fam*}. ¶ 누구에게 ~으로 집을 물려주다[물려받다]. léguer une maison à *qn* en héritage, transmettre une maison à *qn*. ¶ ~으로 집을 물려받다 recevoir une maison en héritage. ¶ 문화 ~을 보존하다 préserver [conserver] un patrimoine culturel, prendre soin des biens culturels, sauvegarder les biens du patrimoine.

◆_**상속** -相續 명 succession *f* [legs *m*] d'un héritage, transmission *f* du patrimoine.

유산균 乳酸菌 명 【생물】 ferments *mpl* lactiques. ¶ ~이 많은 요구르트 le yaourt riche en ferments lactiques.

유산소운동 有酸素運動 명 (exercices *mpl* d')aérobic *m*. ¶ 건강을 위해서는 ~이 좋다 L'aérobic est bon pour la santé.

유상 有償 명 compensation *f*, contrepartie *f*. ¶ ~으로 취득하다 acquérir ((un bien)) en payant le prix. ¶ ~으로 분배하다 distribuer *qc* comme compensation [en contrepartie].

◆_**계약** -契約 명 contrat *m* d'acquisition contre un paiement, contrat *m* à titre onéreux.

◆_**몰수** -沒收 명 confiscation *f* avec compensation.

◆_**원조** -援助 명 aide *f* contre un paiement.

◆_**행위** -行爲 명 acte *m* d'acquisition contre un paiement.

유색 有色 명 personne *f* de couleur.

◆_**인종** -人種 명 race *f* de couleur, race *f* non blanche.

¶ ~인종을 차별하다 discriminer [avoir des préjugés contre] les gens de couleur.

유생 儒生 명 élève [étudiant(*e*)] confucianiste, confucianiste.

유서[1] 遺書 명 testament *m*, acte *m* de *ses* dernières volontés. ¶ ~를 쓰다 faire [rédiger] un testament. ¶ ~를 남기지 않고 죽다 mourir sans laisser de testament [d'acte de *ses* dernières volontés], décéder sans testament; ((법)) mourir [décéder] *ab intestat*.

유서[2] 類書 명 livres *mpl* du même genre [de la même sorte], livres *mpl* similaires. ¶ ~들 가운데 모범적인 저작 œuvre exemplaire parmi des livres du même genre, ouvrage modèle au milieu de livres similaire.

유선[1] 有線 명 câble *m*; ((à)) fil *m*; ligne *f* ((téléphonique)).

◆_**방송** -放送 명 (émission *f* de) télévision *f* par câble.

◆_**전화** -電話 명 téléphone *m* à fil.

유선[2] 乳腺 명 glande *f* mammaire.

유선형 流線型 명관 profil *m* aérodynamique. ¶ ~(의) 자동차 automobile [voiture] carénée. ¶ ~(의) 차체 carrosserie aérodynamique. ¶ 자동차를 ~으로 만들다 fabriquer une voiture de forme aérodynamique, caréner la carrosserie d'une automobile.

유성[1] 流星 명 【천문】 étoile *f* filante, météore *m*, météorite, aérolite *m*. ¶ ~이 떨어진다 Une étoile filante[Une météorite] tombe.

◆_**우** -雨 명 pluie *f* d'étoiles.

유성[2] 遊星 명 【천문】 planète *f*, astre *m*. ¶ ~ 간의 공간 [여행]. espace [voyage] entre les planètes [interplanétaire].

◆**대**_ 大- 명 planète *f* majeure.

◆**소**_ 小- 명 petite planète *f*, astéroïde *m*, planétoïde *m*.

유성[3] 有聲 명 【음성】 sonorisation *f*.

◆_**화** -化 명 【언어】 sonorisation *f*. ¶ 무성자음을 ~화하다 sonoriser [rendre sonore] une consonne sourde.

◆_**영화** -映畵 명 film *m* parlant [sonore].

◆_**음** -音 명 【언어】 (consonne *f*) sonore *f*.

◆_**음화** -音化 명 sonorisation *f*.

◆_**자음** -子音 명 consonne *f* sonore.

유성[4] 有性 어근 【생물】 sexué(*e*).

◆_**생식** -生殖 명 reproduction *f* sexuée.

유성기 留聲機 명 phonographe *m*, phono *m* {*fam*}, gramophone *m*, électrophone *m*. ¶ ~ 바늘 l'aiguille de phonographe. ¶ ~ 판 le disque, le trente-trois tours. ¶ ~를 틀다 allumer le phonographe [l'électrophone].

유세[1] 有勢 명 vantardise *f*, crânerie *f*, ((se donner, prendre des)) airs *mpl*. ◇_(**이**)**다** se vanter, crâner {*fam*}, frimer, se la jouer {*fam*}, se la péter {*fam*}, se la ramener {*fam*}, rouler les mécaniques {*fam*}, jouer les vedettes, attraper la grosse tête {*fam*}, ne plus se sentir {*fam*}, se croire sorti(*e*) de la cuisse de Jupiter {*fam*}, se croire *qn* {*fam*}, ne pas se prendre pour une merde {*fam*}; se pavaner (comme un paon), se donner des grands airs [des airs importants], prendre [affecter] de grands airs, faire l'important [((남자)) le grand seigneur, ((여자)) *sa* duchesse, la duchesse], se hausser [se pousser] du col, s'enorgueillir, se flatter, se faire valoir. ¶ 네가 얼마나 잘 났다고 ~냐? Qu'est-ce que tu as à te vanter comme ça? / Pour qui tu te prends pour te donner de tels airs? ◇_(**를**) **하다**[**떨다**,**부리다**]. impressionner, subjuguer, éblouir. ¶ 그 사람 돈 좀 있다고 얼마나 ~를 하는지 몰라 Tu n'imagines pas tout le foin qu'il fait sous prétexte qu'il a un peu d'argent! ¶ 좋은 자리에 있다고 너무 ~하지[떨지] 말라 Ne prends pas tes grands airs avec nous parce que tu as une bonne situation / N'essaie pas de nous éblouir avec ta place / Pas la peine de vouloir nous impressionner avec ton poste.

유세[2] 遊說 명 campagne *f* (électorale), tournée *f* (électorale); propagande *f*. ¶ 그 후보는 매일 거리에서 ~ 중이다 Ce candidat fait campagne tous les jours dans la rue. ◇_(**를**) **하다** faire campagne pour *qc*/*qn*; faire de la propagande pour *qc*.

◆_**장** -場 명 lieu *m* de réunion [meeting] électoral(*e*).

유소년 幼少年 명 petit garçons *mpl* et petites filles *fpl*. ¶ ~기가 아이의 성격 형성에 가장 중요한 시기이다 L'enfance est la période la plus importante pour le développement du caractère.

유속[1] 流速 명 vitesse *f* de l'eau courante. ¶ 조류의 ~이 매우 빠르다 La marée arrive à grande vitesse / Les courants de la marée sont très rapides. ¶ 하천의 ~을 재다 mesurer la vitesse du courant d'une rivière.

◆_**계** -計 명 compteur *m* de la vitesse des courants d'eau.

유속[2] 遺俗 명 coutume *f*, habitudes *fpl*, usage *m*, mœurs *fpl*, tradition *f*.

유수[1] 有數 명 caractère *m* remarquable [d'excellence]. ¶ 프랑스 ~의 상업 도시 une des plus grandes villes commerciales de France.

◆_**하다** 형 être remarquable, premi*er*(*ère*), meilleur(*e*), important(*e*), distingué(*e*), excellent(*e*). ¶ 한국은 세계에서 ~한 철강 생산국 중 하나이다 La Corée est un des plus grands pays producteurs d'acier dans le monde.

유수[2] 流水 명 eau(*x*) *fpl* courante(*s*). ¶ 세월은 ~와 같다 Le temps passe comme une flèche. ¶ ~는 썩지 않는다 L'eau courante ne pourrit pas.

유수지 遊水池 명 【지리】 réservoir *m*, retenue *f* d'eau, plan *m* d'eau; lac *m* artificiel. ¶ ~에 물을 저장하다 conserver de l'eau dans un réservoir [plan d'eau].

유숙 留宿 명 séjour *m*, logement *m*, hébergement *m*; passage *m*. ¶ 하룻밤 정도의 ~이라면 이 여관도 괜찮겠다 Si c'est juste pour une nuit, ce petit hôtel

ㅇ

fera l'affaire / Si c'est pour une journée, cette auberge peut aller. ¶ 식사를 제공할 수는 있지만 ~은 안 됩니다 On peut vous offrir un repas, mais vous ne pouvez pas rester / On peut vous servir un repas, mais on ne peut pas vous loger [héberger] / Pour le repas c'est possible, mais pas pour l'hébergement. ◇_(을) **하다** loger ((chez *qn*, à l'hôtel)); séjourner, s'arrêter, stopper, descendre ((dans un hôtel)); villégiaturer, camper {*pop*}, crécher {*pop*}. ¶ 여행 중에 산장에서 ~하다 s'arrêter [loger] dans un chalet de montagne pendant *son* voyage.

유순 柔順 어근 douceur *f* (de caractère); flexibilité *f*, malléabilité *f*; complaisance *f*; gentillesse *f*, amabilité *f*, docilité *f*.

◆**_하다** 형 être dou*x*(*ce*), tendre; être docile, obéissant(*e*). ¶ 유순한 성격 un caractère doux [tendre, calme, tranquille; docile, obéissant]. ¶ 유순하게 굴다 se comporter [se conduire, agir] sagement [docilement, avec docilité], se conduire avec douceur [gentiment, tranquillement].

유스호스텔 영{youth hostel} 명 auberge *f* de jeunesse. ¶ ~은 가격이 저렴하여 인기가 좋다 Les auberges de jeunesse ont beaucoup de succès parce qu'elles sont très peu chères.

유습 遺習 명 vieille tradition *f*, coutume *f* héréditaire. ¶ 이곳엔 아직 인육을 먹는 ~이 있다 À cet endroit, il existe encore de vieilles traditions cannibales.

유시[1] **酉時** 명 【민속】 heure *f* du coq ((de cinq à sept heures de l'après-midi)).

유시[2] **幼時** 명 enfance *f*, âge *m* tendre [innocent], le premier âge *m*, l'âge *m* du biberon, le bas âge *m*; l'aube *m* [le seuil *m*] de la vie, le jeune âge *m*. ¶ ~(적)부터 depuis l'enfance, dès l'âge le plus tendre, à partir du plus jeune âge. ¶ ~의 기억 des souvenirs d'enfance.

유시[3] **諭示** 명 message *m*, déclaration *f*, adresse *f*, instruction *f*. ¶ 대통령의 연두 ~ message adressé par le président au nouvel an / adresse du chef de l'État au nouvel an.

유식[1] **有識** 명 érudition *f*, culture *f*, connaissance *f*, instruction *f*; bagage *m* {*fam*}.

◆**_하다** 형 être instruit(*e*), cultivé(*e*), érudit(*e*), savant(*e*), docte, lettré(*e*), calé(*e*); être une grosse tête, être un puits de science. ¶ ~한 체하다 faire semblant [feindre] d'être instruit(*e*) [cultivé(*e*), érudit(*e*), savant(*e*)]. ¶ ~한 사람 un(*e*) intellectuel(*le*), intello {*fam*}, personne instruite [cultivée, érudite, savante, docte]; une grosse tête {*fam*}.

◆**_자** -者 명 personne *f* érudite, intellectuel(*le*), intello *m* {*fam*}, érudit(*e*), savant *m*, docte *m*; lettré(*e*); une grosse tête; un puits de science.

◆**_계급** -階級 명 classe *f* des intellectuels [des intello {*fam*}], intelligentsia *f*, les mandarins *mpl*.

유식[2] **遊食** 명 vie *f* oisive [paresseuse, inactive, désœuvrée, fainéante, croupissante]. ◇_(을) **하다** mener une vie oisive [paresseuse, inactive, désœuvrée, fainéante]. ¶ 그는 평생을 ~하며 살았다 Il a mené une vie oisive [paresseuse] pendant toute sa vie / Il a vécu toute sa vie dans le désœuvrement. / Il est resté inactif [oisif] toute sa vie.

◆**_자** -者 명 personne *f* qui vit sans rien faire, paresseu*x*(*se*), fainéant(*e*), oisif *m*, flemmard(*e*) {*fam*}; cagnard *m*, cossard *m* {*fam*}.

유신 維新 명 ((한국의)) Yusin *m*; réforme *f*, rénovation *f*, restauration *f*, renouvellement *m*, renouveau *m*. ¶ ~을 단행하다 effectuer [accomplir, réaliser, mettre en place] des réformes (sociales et politiques). ¶ ~에 참여하다 participer [collaborer, coopérer, prendre part, s'associer, contribuer] aux réformes (politiques).

◆**시월_** 十月- 명 le Yusin *m*, réforme *f* d'octobre <réformes politiques et sociales et amendement de la Constitution exécutés par le président Park Jeong-hui en octobre 1972 en vue d'un prolongement indéfini de son manda>.

◆**_체제** -體制 명 régime *m* Yusin, système *m* Yusin, ordre *m* Yusin; Constitution *f* de Yusin.

◆**명치_** 明治- 명 Restauration *f* Meiji.

◆**_헌법** -憲法 명 Constitution *f* adoptée sous le régime Yusin.

유신론 有神論 명 【철학】 déisme *m*, théisme *m*, théorie *f* théiste [déiste].

◆**_자** -者 명 théiste, déiste, croyant(*e*).

유실[1] **遺失** 명 perte *f* ((d'un bien)); privation *f* ((de la propriété)). ◇_(을) **하다** perdre, égarer. ¶ 난리[전쟁통]에 가보를 ~했다 Nous avons perdu notre trésor de famille pendant les troubles [la guerre]. ◇_(이) **되다** être perdu(*e*), s'égarer, se paumer {*fam*}.

◆**_물** -物 명 objets *mpl* perdus [égarés], objets *mpl* trouvés.

유실[2] **流失** 명 perte *f* ((par les eaux, par une inondation)). ◇_(이) **되다** être emporté(*e*) [entraîné(*e*), balayé(*e*)] ((par l'eau, l'inondation, le courant, le torrent)). ¶ 홍수로 다리가 ~되었다 Le pont a été emporté par l'inondation / L'inondation a emporté le pont.

유실물 遺失物 명 objets *mpl* perdus [égarés], objets *mpl* trouvés. ¶ ~ 은닉 le recel d'objets perdus [de choses perdues]. ¶ ~을 관리하다 s'occuper [se charger de, garder] des objets perdus. ¶ ~을 보관하다 garder [conserver, détenir] des objets trouvés. ¶ ~을 찾다 trouver [découvrir, mettre la main sur] un objet perdu.

◆**_취급소** -取扱所 명 bureau *m* des objets trouvés.

유실수 有實樹 명 arbre *m* fruitier.

유심론 唯心論 명 【철학】 spiritualisme *m*, idéalisme *m*, platonisme *m*, immatérialisme *m*.

◆**_자** -者 명 spiritualiste, idéaliste.

유심히 有心- 부 minutieusement, méticuleusement,

précisément, soigneusement, en détail, avec attention. ¶ 얼굴을 ~ 살피다 dévisager *qn*. ¶ ~ 보다 regarder minutieusement [avec attention]. ¶ ~ 듣다 écouter avec attention.

유아[1] 幼兒 명 petit(*e*) enfant, bébé *m*, bambin(*e*), poupon *m*, gamin(*e*) {*fam*}, gosse {*fam*}, môme, enfant préscolaire. ¶ ~ 사망률 mortalité infantile.

◆_**적** -的 명 enfantin(*e*), infantile, puéril(*e*). ¶ ~적 발상 des idées enfantines [infantiles, puériles]. ¶ ~적 행동 un comportement infantile, une conduite puérile. ¶ 그는 하는 짓이 ~적이다 Ses faits et gestes ont tout d'un enfant / Il se comporte comme un enfant / Ce qu'il fait est infantile.

유아[2] 乳兒 명 nourrisson *m*, enfant au sein, enfant élevé(*e*), nourri(*e*) au sein, bébé *m*, nouveau-né *m*, têtard *m* {*pop*}.

◆_**기** -期 명 période *f* d'allaitement [de lactation, de sevrage au sein].

◆_**용** -用 명 à l'usage des nourrissons [des nouveau-nés], pour nourrisson [bébé]. ¶ ~용 의류 vêtements de [pour] nourrisson, habit pour bébé [nouveau-né], layette.

◆_**원** -園 명 crèche *f*, pouponnière *f*, garderie *f*, jardin *m* d'enfants.

유아독존 唯我獨尊 명 infatuation *f*, fatuité *f*, complaisance *f* [contentement *m*] de *soi*, autosatisfaction *f*; vanité *f*, prétention *f*, orgueil *m*, suffisance *f*. ¶ ~식 사고를 가진 사람 personne infatuée d'elle-même, personne suffisante [prétentieuse, orgueilleuse]. ◇_**이다** être infatué(*e*) de *soi*-même, être suffisant(*e*), prétentieu*x*(*se*), orgueilleu*x*(*se*). ¶ 그는 상대를 배려하지 않고 늘 ~이다 Il est toujours très prétentieux sans considération pour son interlocuteur.

유안 硫安 명 【화학】 sulfate *m* d'ammonium.

유암 乳癌 명 【의학】 cancer *m* du sein.

유압 油壓 명 pression *f* d'huile. ¶ ~ 탱크 réservoir à pression d'huile ¶ ~ 프레스 presse à pression d'huile

◆_**계** -計 명 jauge *f* de pression d'huile.

◆_**식** -式 명 à pression *f* d'huile. ¶ ~식 브레이크 frein à pression d'huile, frein hydraulique

유야무야 有耶無耶 명 de façon indécise [évasive, indéfinie] ¶ 이건 ~로 넘어갈 일이 아니다 Ce n'est pas quelque chose à passer sous silence. ¶ 이번 일은 그렇게 ~로 끝내지 마십시오 Cette fois-ci, ne finissez pas cette affaire dans l'indécision / Mettez un point final et ne restez pas dans le vague. ◇_(**를**) **하다** rester dans le vague, agir d'une façon indécise. ¶ 그 일은 ~하게 되었다 Cette affaire est devenue très imprécise. ◇_(**가**) **되다** finir en fumée, se terminer en queue de poisson. ¶ 그 계획은 ~가 되었다 Ce projet a tourné court / Ce projet a fini en fumée.

유약[1] 幼弱 어근 ◆_**하다** 형 être jeune et fragile, faible, chéti*f*(*ve*), faiblard(*e*) {*fam*}, être d'une santé délicate [faible, fragile]. ¶ ~한 체질 une constitution fragile [faible, chétive], un tempérament [une nature] délicat(*e*). ¶ ~한 아이 un enfant fragile [chétif, faible, malingre, frêle, délicat].

유약[2] 柔弱- 어근 ◆_**하다** 형 être dou*x*(*ce*) et fragile, être m*ou*(*molle*); être efféminé(*e*). ¶ 그 사람처럼 ~한 인물은 지도자가 될 수 없다 Une personne faible comme lui ne peut pas devenir un leader[un dirigeant]. ¶ 그는 성품이 ~하여 거절을 하지 못한다 Comme il a un tempérament mou, il ne peut pas refuser.

◆_**성** -性 명 faiblesse *f* [mollesse *f*] ((de caractère)). ¶ 성격의 ~성 faiblesse [mollesse] de caractère.

유약[3] 泑藥 명 enduit *m*; glaçure *f*, émail *m*; vernis *m*; lustre *m*. ¶ ~을 칠하다 vernir ((une poterie)); émailler ((une faïence)); enduire.

유어 類語 명 synonyme *m*, terme *m* analogue, équivalent *m*. ¶ ~ 사전 un dictionnaire des synonymes.

유언 遺言 명 testament *m*, dernières volontés *fpl*. ¶ 전 재산을 사회에 기탁하라는 그의 ~이 있었다 Il y avait un testament dans lequel il léguait toute sa fortune [ses biens] à la société. ¶ ~을 남기다 laisser un testament. ¶ ~으로 재산을 학교에 기증하다 donner [faire don de] *ses* biens à l'école par testament. ◇_(**을**) **하다** faire *son* testament, laisser *ses* dernières volontés. ¶ ~도 하지 못하고 죽다 mourir [décéder] sans testament [*ab intestat*].

◆_**자** -者 명 testa*teur*(*trice*).

◆_**장** -狀 명 testament *m*, acte *m* de *ses* dernières volontés. ¶ 생전에 ~장을 만들어 놓다 rédiger [établir] *son* testament de *son* vivant.

유언비어 流言蜚語 명 rumeur *m* sans fondement, faux bruit *m*, fausse nouvelle *f*, canard *m* {*fam*}, canular *m* {*fam*}. ¶ ~를 퍼뜨리다 faire circuler [répandre] de faux bruits, faire courir des rumeurs; lancer des canulars {*fam*}. ¶ ~에 현혹되다 se laisser fasciner [se laisser captiver] par une fausse nouvelle. ¶ 대통령에 관한 ~가 나돌고 있다 Une rumeur est en train de circuler à propos du président / Un faux bruit sur le chef de l'État court

유업 遺業 명 travail *m* [œuvre *f*] laissé(*e*) (par *qn*), entreprise *f* transmise (à un héritier) ¶ 부친의 ~을 잇다 poursuivre l'œuvre de *son* père, reprendre l'entreprise de *son* père. ¶ 조상의 ~을 물려받다 hériter des œuvres [productions] de *ses* ancêtres, reprendre le travail de *ses* aïeux.

유에프오 영{UFO} 명 ovni *m*, objet *m* volant non identifié. ¶ 이 지역에서는 ~가 자주 목격되었다 On a souvent aperçu des ovni dans cette région.

유엔 영{UN} 명 Nations *fpl* unies, O.N.U. (Organisation des Nations unies). ¶ ~의 결의에 따라 suivant la résolution des Nations unies. ¶ 남북한이 동시에 ~에 가입했다 La Corée du Nord et la Corée du Sud ont adhéré simultanément aux

Nations unies.

◆_군 -軍 명 armée *f* des Nations unies, armée *f* de l'ONU, (armée *f* des) casques *mpl* bleus.

◆_총회 -總會 명 assemblée *f* générale des Nations unies.

유역 流域 명 【지리】 bassin *m*, vallée *f*, lit *m*. ¶ 한강 ~ le lit du fleuve Han. ¶ 강 ~의 평야 les plaines du bassin d'un fleuve, les rives [les berges, le rivage] du lit d'un fleuve.

유연[1] 柔軟 어근 assouplissement *m*, adoucissement *m* ((d'une matière)). ¶ ~ 체조 exercices d'assouplissement [d'échauffement].

◆_하다 형 être doux(*ce*); être souple, élastique, flexible; être malléable. ¶ ~한 허리 les reins souples [élastiques]. ¶ ~하게 걷다 marcher avec élasticité [avec souplesse, avec grâce]. ¶ 이 체조는 몸을 ~하게 만들어 준다 Ces exercices de gymnastique assouplissent le corps / Ces exercices de gymnastique rendent le corps plus souple. ¶ 상황에 ~하게 대처하다 ne pas traiter toutes les affaires de la même façon [manière]; avoir une faculté d'adaptation, pouvoir s'adapter à différentes situations, faire preuve de flexibilité, montrer un esprit souple, faire preuve de souplesse d'esprit [de caractère], se montrer accommodant(*e*) [compréhensi*f*(*ve*)].

◆_성 -性 명 douceur *f* ((de la soie)); soyeux *m* ((de la chair)); souplesse *f* [élasticité *f*] ((des muscles)); moelleux *m* ((des épaules)); plasticité *f* ((du caractère)); flexibilité *f* ((d'une langue)); malléabilité *f* ((d'un esprit)). ¶ 전략적 ~성을 보이다 [발휘하다] montrer de la [faire preuve de] souplesse [flexibilité] dans la stratégie. ¶ 몸의 ~성을 기르다 assouplir le corps.

◆_히 부 ((s'adapter)) avec souplesse, facilement, sans difficulté, aisément, sans peine. ¶ 변화에 ~히 대응하다 s'adapter facilement [sans difficulté, sans peine, avec souplesse] au changement.

유연[2] 悠然 어근 calme *m*, tranquillité *f*, paix *m*, sérénité *f*.

◆_하다 형 être calme, tranquille, serein(*e*); être paisible; être posé(*e*); être maître de *soi*; être imperturbable. ¶ 난국에 처해서도 그는 ~한 태도를 잃지 않았다 Il est resté imperturbable même dans des circonstances critiques / Il n'a pas perdu son calme [son sang froid] malgré la gravité de la situation. ¶ 난관에 ~하게 대처하다 faire face à des difficultés avec calme [sereinement], tenter de résoudre une crise avec sang froid, essayer de surmonter les difficultés [les obstacles] en restant maître de soi.

◆_성 -性 명 침착성 calme *m*, tranquillité *f*, paix *m*, sérénité *f*.

유연[3] 有緣 어근 ① 【불교】 ((un homme et une femme)) fait d'être prédestinés [faits] l'un pour l'autre. ② 【언어】 ((rapport)) motivé.

◆_성 -性 명 【언어】 motivation *f*.

유연탄 有煉炭 명 【광물】 charbon *m*, houille *f*, anthracite *m*.

유연히 油然- 부 abondamment, énormément, profusément, amplement, copieusement, à profusion, beaucoup, à torrents, à verse, à flots, à foison, à gogo. ¶ ~ 피어 오르다 s'élever en s'épanouissant[en un épais nuage], éclore en nuée. ¶ 파란 새싹을 보면 삶의 의욕이 ~ 솟아난다 Quand on voit des bourgeons verts, la volonté de vivre jaillit à flots / À la vue de jeunes pouces, un désir de vivre surgit violemment.

유열 愉悅 명 joie *f* suprême, joie *f* indescriptible. ¶ ~을 느끼다 ressentir une joie extrême.

유영 遊泳 명 natation *f*, nage *f*. ¶ 그는 ~에 익숙하다 Il est bon [doué, fort] en natation.

◆_술 -術 명 (technique *f* de la) natation *f*. ¶ 그는 ~술을 잘 터득하고 있다 Il a une bonne technique de natation / Il sait bien nager (comme un poisson) / C'est un bon nageur.

◆우주_ 宇宙- 명 marche *f* dans l'espace. ¶ 우주~을 하다 marcher dans l'espace.

유예 猶豫 명 délai *m*, remise *f* à plus tard, prolongation *f*, répit *m*, ajournement *m*, surséance *f*; ((법)) sursis *m* ((à l'exécution d'une peine)), grâce *f*; ((망설임)) hésitation *f*. ◇_(를) **하다** retarder [remettre, renvoyer] *qc* ((à plus tard, à un autre jour)), donner [accorder] un délai, différer, ajourner, reporter; reculer, suspendre ((un paiement)). ¶ 농민들에게 재산세 납부를 3년간 ~하다 accorder un délai de 3 ans aux paysans pour payer l'impôt foncier. ◇_(를) **주다** donner [accorder] un délai [un sursis] ((à *qn*)). ¶ 이틀간의 ~를 줄 테니 잘 생각해 봐라 Je te laisse deux jours de délai, alors réfléchis bien / Je te laisse deux jours de réflexion, profites-en. ¶ 채무자에게 ~를 주다 accorder un délai à un débiteur. ◇_(를) **받다[얻다]** se voir accorder [obtenir, bénéficier d']un délai [un sursis]. ¶ 재난으로 세금 납부를 1년간 ~받다 obtenir un délai d'un an pour payer les taxes [impôts] du(*e*)s [liés, secondaires] à la catastrophe. ¶ 일주일의 ~를 얻다 obtenir un délai d'une semaine, gagner une semaine de prolongation, décrocher une semaine de sursis.

◆_기간 -期間 명 période *f* de délai [répit], délai *m* de grâce, sursis *m*.

◆지급_ 支給- 명 sursis *m* au paiement, délai *m* de paiement, grâce *f* de paiement, moratorium(*a*) *m*(*pl*).

◆집행_ 執行- 명 sursis *m*. ¶ 집행~로 풀려나다 être libéré(*e*) [mis(*e*) en liberté, relâché(*e*)] en sursis. ¶ 누구에게 집행~를 선고하다 condamner [juger] *qn* avec sursis, prononcer un sursis.

◆징집_ 徵集- 명 sursis *m* d'appel [d'incorporation].

유용[1] 有用 어근 ◆_하다 형 être utile (à *qc*/*qn*), bon(*ne*) (à *qc*/*qn*); être pratique; être profitable, salutaire, propice, efficace; être indispensable, nécessaire. ¶ 국가에 ~한 인재 un (homme de) talent utile [précieux, nécessaire] au pays. ¶ 소는 인간에게 ~한 동물이다 La vache [le bœuf] est un animal utile à l'homme / Pour l'être humain, la vache est un animal précieux. ¶ 그 방법은 다른 문제 해결에도 ~하다 Cette méthode est aussi utile à la résolution d'autres problèmes / Ce procédé est aussi valable pour résoudre d'autres questions. ¶ 돈을 ~하게 쓰다 bien dépenser de l'argent, utiliser l'argent à bon escient.

◆_성 -性 명 utilité *f*. ¶ 중요한 것은 실제 ~성이다 Ce qui compte [est important], c'est l'utilité réelle / Le plus important, c'est l'usage réel.

◆_식물 -植物 명 plante *f* [végétal *m*] utile. ¶ 담배는 ~식물 중의 하나이다 Le tabac est une des plantes utiles / Le tabac fait partie des plantes utiles / Le tabac compte parmi les plantes utiles.

유용² 流用 명 détournement *m* ((de fonds)); usage *m* pour un but différent, détournement *m* d'utilisation. ◇_(을) **하다** employer *qc* à un autre usage, affecter *qc* à une autre destination, détourner. ¶ 개발비를 식비로 ~하다 affecter un budget destiné au développement aux frais de nourriture [aux frais alimentaires]. ◇_(이) **되다** être employé(*e*) à un autre usage, être détourné(*e*). ¶ 연구비의 상당수가 다른 목적으로 ~되었다 Une grosse partie des crédits de recherche ont été employés à un autre usage.

◆공금_ 公金 명 détournement *m* des fonds publics.

유원 悠遠 어근 longue durée *f*.

◆_하다 형 être lointain(*e*); être ancien(*ne*); être vi*eux*(*vieille*); être antique. ¶ ~한 역사와 전통 une très longue histoire et tradition.

유원지 遊園地 명 parc *m* d'attractions; parc public, jardin *m* d'agrément. ¶ ~에 가다 aller [se rendre] au parc d'attractions.

유월 六月 명 juin *m*, mois *m* de juin. ¶ 신록의 ~ juin de pleine verdure [verdissant, verdoyant]. ☞ 구월

유월절 踰越節 명 Pâque *f* (juive).

유유낙낙 唯唯諾諾 명 acquiescement *m*, approbation *f*, consentement *m*; soumission *f*, obéissance *f*. ◇_(을) **하다** toujours acquiescer, accepter sans condition, consentir avec plaisir, approuver sans restriction, donner *son* consentement; se soumettre [s'incliner] sans problème, obéir sans mot dire. ¶ ~한 생활을 즐기다 prendre plaisir à une vie de soumission [d'obéissance], être heureux d'une vie de résignation. ¶ 그렇게 ~하지만 말고 무슨 대책을 강구해 봐 Ne t'incline pas ainsi sans dire un mot et prends des mesures / Arrête de seulement obéir et prends une décision. ◇_**이다** obéir sans mot dire [sans protester, docilement, facilement]; être toujours d'accord (pour tout). ¶ 그는 매사에 ~이다 Il obéit toujours docilement [sans mot dire].

유유상종 類類相從 명 Qui se ressemble s'assemble. ◇_**하다** ne fréquenter que les gens de *sa* classe[de *son* groupe, de *sa* bande]. ¶ 친구는 서로 ~한다고 한다 Les amis disent qu'ils se fréquentent parce qu'ils se ressemblent.

유유자적 悠悠自適 명 vie *f* tranquille, existence *f* recluse. ◇_(을) **하다** vivre tranquillement loin du monde, mener une vie tranquille dans la réclusion, vivre paisiblement [tranquillement] dans la réclusion, mener une existence recluse, vivre retiré(*e*) [cloîtré(*e*)], avoir une vie de bonze [d'ermite]. ¶ 자연을 벗 삼아 ~하다 vivre paisiblement en harmonie avec la nature, vivre en accord avec la nature, être en relation étroite avec la nature. ¶ ~한 생활을 즐기다 jouir d'une vie paisible dans la réclusion, prendre plaisir à une vie tranquille dans la réclusion, être heureux du calme d'une existence recluse, profiter de la tranquillité d'une vie retirée. ◇_**이다** être tranquille, calme; être paisible; être en paix. ¶ 그는 어떤 상황에도 ~이다 Il est calme dans n'importe quelle situation / Quelque soient les circonstances, il est toujours serein.

유유하다 悠悠- 형 ① 아득하게 멀다 être lointain(*e*); être immense, vaste. ¶ 끝없이 유유하게 펼쳐진 길 une route qui s'étend à perte de vue et sans fin, une route qui s'étire sans fin dans le lointain. ② 태연하고 느긋하다 être calme, tranquille; être posé(*e*), rassis(*e*); être placide, paisible, imperturbable. ¶ 그는 매사에 유유한 사람이다 Il est calme en toutes circonstances. ¶ 마음이 ~ se sentir paisible [à l'aise]. ③ 움직임이 느릿느릿하다. être lent(*e*) et paisible. ¶ 강물은 오늘도 유유하게 흐르고 있다 Le fleuve coule, aujourd'hui encore, lentement et paisiblement / Aujourd'hui encore, les eaux du fleuve s'écoulent tranquillement.

◆_히 부 ((침착하게)) calmement, tranquillement; ((찬찬하게)) sans se presser, lentement; ((쉽게)) sans difficulté, facilement, aisément, sans peine; ((편안히)) à l'aise, dans l'aisance. ¶ ~ 사라지다 disparaître lentement; s'en aller [fuir, partir] tranquillement; s'éclipser [s'esquiver] sans difficulté [sans peine, facilement]. ¶ 그는 사람들 앞을 ~ 지나 밖으로 나갔다 Il est passé tranquillement devant les gens et est sorti / Il est passé calmement devant tout le monde pour sortir / Il est sorti avec calme en passant devant tout le monde. ¶ 삼엄한 경계를 ~ 빠져나가다 s'évader [s'enfuir, s'échapper] facilement [sans peine, sans difficulté] du quartier de haute surveillance; se faire la belle [se tirer] du quartier de haute surveillance à l'aise {*fam*}. ¶ 강물이 ~ 흘러간다 Le fleuve coule paisiblement / Les eaux du fleuve s'écoulent [tranquillement, mollement, paisiblement].

유음 流音 명 【언어】 (consonne *f*) liquide *f*.

◆_화 -化 명 assimilation de ㄴ à ㄹ dans les contextes phonétiques ㄴ+ㄹ ou ㄹ+ㄴ

유의 留意 명 attention *f*, soin *m*, considération *f*. ◇_(를) **하다** faire [prêter] attention à *qc/qn*, noter *qc*, faire gaffe à *qc/qn* {*fam*}, prendre soin de *qc/qn*, prendre garde à *qc/qn*, tenir compte de *qc*, apporter de la considération à *qc/qn*, s'intéresser à *qc/qn*, prendre *qc* en considération. ¶ 건강에 ~하다 faire attention à *sa* santé, prendre soin de soi [de *sa* santé], faire gaffe à *sa* santé {*fam*}. ¶ 그 아이가 아직도 어리다는 사실에 ~해야 한다 Il faut tenir compte du fait qu'il est encore jeune / À vrai dire, c'est encore un enfant, il ne faut pas l'oublier. ¶ 선생님의 강의를 ~해서 잘 들어라 Suis bien attentivement les cours du professeur! / Ecoute bien le cours! / Intéresse-toi à ce qui se dit en cours! ¶ 다음 사항에 ~해 주세요 Faites attention aux choses suivantes! / Prêtez votre attention à ce qui suit!

◆_점 -點 명 points *mpl* à noter.

유의범 有意犯 명 【법률】 crime *m* prémédité, délit *m* intentionnel; criminel(*le*) avec préméditation.

유의어 類義語 명 ☞ 유어

유익 有益 명 intérêt *m*, avantage *m*, bénéfice *m*, profit *m*, bien *m*. ¶ 네 숙제를 내가 대신하면 무슨 ~이 있겠니? Qu'est-ce que ça t'apporterait que je fasse tes devoirs à ta place?/Si je faisais tes devoirs à ta place, quel bien est-ce que ça te ferait?

◆_하다 형 être utile; être avantageu*x*(*se*), profitable, propice; être intéressant(*e*). ¶ 유익한 충고 bon conseil, conseil salutaire [utile]. ¶ 유익한 경험 bonne expérience, expérience instructive. ¶ 인간에게 유익한 곤충 insectes utiles aux hommes. ¶ 이것은 정말 유익한 책이다 C'est un livre vraiment utile. ¶ 나에게는 이 여행이 매우 유익하였다 Ce voyage a été très utile [propice] pour moi / Pour moi, ce voyage a été une très bonne expérience. ¶ 무엇을 유익하게 쓰다 se servir utilement de *qc*, bien employer *qc*, profiter de *qc*.

유인[1] 幽人 명 ermite *m*, reclus(*e*).

◆_생활 -生活 명 vie *f* d'ermite, vie *f* retirée, existence *f* recluse. ¶ ~ 생활을 하다 se retirer (du monde), vivre loin du monde, mener une vie retirée, vivre dans la réclusion, mener une existence recluse.

유인[2] 誘引 명 tentation *f*, attirance *f*, séduction *f*, incitation *f*, sollicitation *f*, allèchement *m*. ◇_(을) **하다** attirer *qn/qc*, allécher *qn*, affriander ((les touristes)); appâter ((les passants)); séduire *qn*, tenter *qn* de faire *qc*, inciter *qn* à faire *qc*, induire *qn* à faire *qc*. ¶ 경비를 ~하다 attirer (l'attention d') un surveillant [un gardien]. ¶ 누구를 어두운 곳으로 ~하다 attirer quelqu'un dans un endroit sombre. ¶ 누구를 함정에 빠지도록 ~하다 attirer quelqu'un pour le faire tomber dans un piège, séduire quelqu'un pour le prendre au piège. ◇_(이) **되다**[**당하다**] être séduit(*e*) [attiré(*e*)]; se laisser attirer [séduire, appâter] par *qn/qc*; être pris(*e*) au piège.

유인[3] 誘因 명 cause *f*, motif *m*, source *f*, raison *f*. ¶ 불면증의 ~ cause de l'insomnie.

유인물 油印物 명 (document) imprimé *m*. ¶ 광고용 ~ un tract[prospectus] publicitaire. ¶ ~을 만들다 faire des imprimés [des tracts, des prospectus]. ¶ ~을 배포하다[돌리다]. distribuer [diffuser] des imprimés [des tracts, des réclames]. ¶ 시위대가 ~을 뿌렸다 Les manifestants ont jeté [ont distribué] des tracts à la volée.

유인성 柔靭性 명 élasticité *f*, plasticité *f*, caractère *m* de souplesse et de dureté. ¶ ~이 있는 souple, flexible, élastique.

유인원 類人猿 명 【동물】 anthropoïde *m*.

유일 唯一 어근 unicité *f*. ¶ 잠이 나에게는 ~의 피난처이다 Le sommeil est l'unique refuge pour moi.

◆_하다 형 être unique, seul(*e*). ¶ ~한 생존자 unique survivant(*e*), seul(*e*) rescapé(*e*). ¶ ~한 친구 seul(*e*) ami(*e*). ¶ ~한 희망 seul[unique] espoir. ¶ 독서가 그의 ~한 취미다 La lecture est son unique distraction [plaisir, hobby, passe-temps]. ¶ 그만 ~하게 살아남았다 Il est le seul survivant [rescapé] / Il n'y a que lui qui a survécu.

◆_신 -神 명 dieu *m* unique.

◆_신교 -神教 명 monothéisme *m*.

유일무이 唯一無二 명 unicité *f* (absolue).

◆_하다 형 être (un et) unique. ¶ 이런 기회는 ~하다 Une telle occasion est unique [n'arrive pas deux fois, ne se présentera pas deux fois]. ¶ 너는 나의 ~한 친구다 Tu es mon seul et unique ami.

유임 留任 명 maintien *m* en fonction, conservation *f* de *son* poste. ¶ 시장에게 ~을 권고했다 On a conseillé au maire de rester en fonction / On a exhorté le maire à poursuivre son mandat. ◇_(을) **하다** se maintenir en fonction, conserver son poste; garder sa charge. ¶ 사장은 ~하기로 했다 Le P.-d.g.. a décidé de rester à son poste. ◇_(이) **되다** être nommé(*e*) dans la même fonction; rester dans la même fonction. ◇_(을) **시키다** nommer quelqu'un au même poste, investir quelqu'un de la même charge.

유입 流入 명 afflux *m*, introduction *f*, arrivée *f*, déferlement *m*, flux *m*, rentrée *f*. ¶ 폐수 ~을 차단하다 intercepter [arrêter] le flot des eaux usées [eaux d'égout]. ◇_(을) **하다**[**시키다**] ((물))affluer, se jeter, se verser (dans un autre cours d'eau); ((자본))faire venir, introduire ((les capitaux)). ¶ 외자를 ~하다 faire affluer les capitaux étrangers, introduire des capitaux étrangers. ◇_(이) **되다** être introduit(*e*), être versé(*e*), être jeté(*e*). ¶ 폐수가 강에 ~되었다 Les eaux usées sont jetées [ont afflué] dans le fleuve.

◆_량 -量 명 quantité *f* d'entrées.

유자 柚子 명 【식물】 citron *m* d'Extrême-Orient, *Citrus junos Tanaka* {*nsc*} ((proche de l'orange amère, appelée aussi bigarade)).

◆_나무 명 citronnier *m*, *Citrus junos Tanaka* {*nsc*}.

◆_차 -茶 명 *yujacha m* <infusion *f* de *Citrus junos Tanaka*, infusion *f* faite avec les écorces d'une sorte d'orange amère (merveilleusement parfumée)>.

유자격자 有資格者 명 personne *f* qualifiée [compétente, éligible]. ¶ 교원 ~ professeur certifié.

유자녀 遺子女 명 enfant(*s*) *m*(*pl*) d'un défunt, orphelin(*e*) ((de père, de mère)). ¶ 군경 ~ un(*e*) orphelin(*e*) de militaire. ¶ 김 선생의 ~들 les orphelins(*es*) du professeur Kim.

유작 遺作 명 œuvre *f* posthume. ¶ 대소설가의 ~을 발굴하다 exhumer un roman posthume d'un grand écrivain. ¶ 그 화가의 ~이 최근에 발견되었다 Des œuvres posthumes de ce peintre ont été découvertes récemment.

유장 悠長 어근 longueur *f* ((d'une période)); tranquillité *f*.

◆_하다 형 ① 길고 오래다 être long(*ue*). ¶ ~한 세월 une longue période. ¶ ~한 역사 une longue histoire. ② 여유 있다 être tranquille; être cool {*fam*}. ¶ 그 사람은 성미가 ~하여 허둥대는 법이 없다 C'est une personne tranquille qui ne se presse jamais. ¶ ~하게 흐르는 곡조 une mélodie qui s'allonge.

유저 遺著 명 œuvre *f* posthume. ¶ 고인의 ~를 출판하다 publier une œuvre posthume.

유적 遺蹟 명 ruines *mpl*, vestiges *mpl* (de l'antiquité). ¶ 역사 ~ ruines historiques. ¶ 로마의 ~ ruines romaines. ¶ ~을 찾아가다 aller à la recherche de ruines. ¶ ~을 파헤치다 fouiller des ruines. ¶ 이집트 ~을 발굴하다 fouiller des ruines égyptiennes.

◆_지 -地 명 site *m* archéologique.

◆_탐방 -探訪 명 expédition *f* archéologique à la recherches de vestiges.

유전[1] 遺傳 명 héritage *m*. ◇_(을) 하다 hériter. ¶ 매독은 ~한다 La syphilis se transmet. ◇_(이) 되다 hériter. ¶ 이것은 나의 아버지로부터 ~된 것이다 J'ai hérité cela de mon père. ◇_이다 être héréditaire [atavique]. ¶ 그 사람의 머리는 ~이다 Son intelligence est héréditaire.

◆_적 -的 명관 héréditaire, atavique.

◆_성 -性 명 nature *f* héréditaire.

◆_자 -子 명 facteur *m* [élément *m*] héréditaire.

◆_학 -學 명 génétique *f*.

◆_병 -病 명 maladie *f* héréditaire [génétique].

◆_인자 -因子 명 facteur *m* [élément *m*] héréditaire [génétique].

◆_현상 -現象 명 phénomène *m* héréditaire [génétique].

◆_형질 -形質 명 caractère *m* héréditaire.

◆열성_ 劣性 명 facteur *m* [trait *m*] héréditaire récessif; caractère *m* (héréditaire) récessif [à transmission récessive]. ¶ 열성~자 un gène récessif. ¶ 이런 현상은 열성~의 한 형태이다 Ce phénomène est la manifestation incomplète [atténuée] d'une maladie héréditaire récessive à l'état hétérozygote.

◆우성_ 優性 명 facteur *m* [trait *m*] héréditaire dominante; caractère *m* héréditaire dominant [à transmission dominante]. ¶ 우성~자 un gène dominant.

유전[2] 油田 명 bassin *m* [gisement *m*, site *m*] pétrolifère. ¶ ~을 발견하다 découvrir un bassin pétrolifère. ¶ ~을 개발하다 aménager un bassin [un site] pétrolifère pour l'exploiter [pour l'exploitation], mettre un bassin [un gisement] pétrolifère en exploitation. ¶ ~을 탐사하다 prospecter une région à la recherche de sites pétrolifères.

유전[3] 流轉 명 ① 유랑 vagabondage *m*, errance *f*, vie *f* de bohémien. ② 변전 changement *m*, métamorphose *f*; vicissitudes *fpl* ((de la vie)). ¶ 인생~ les vicissitudes de la vie. ③ 윤회 【불교】 transmigration *f* (des âmes), métempsychose *f*. ◇_(을) 하다 ① vagabonder. ¶ 그 사람은 ~하며 떠돌아다닌다 Il traîne partout comme un bohémien. ② changer, se transformer. ¶ 만물은 ~한다 Tout change dans la nature. ③ ((l'âme)) transmigrer. ◇_(이) 되다 avoir une autre vie après la mort. ¶ 그의 사상은 세상에 이미 ~되고 있다 Ses pensées se ressuscitaient dans le monde entier.

유전체 誘電體 명 【물리】 diélectrique *m*.

유정[1] 有情 어근 sympathie *f*.

◆_명사 -名詞 명 nom animé.

◆_물 -物 명 objet *m* animé.

유정[2] 油井 명 puits *m* de pétrole. ¶ ~을 뚫다[파다] creuser un puits de pétrole.

유제[1] 乳劑 명 【약학】 émulsion *f*.

유제[2] 油劑 명 【약학】 médicament *m* en solution huileuse.

유제품 乳製品 명 laitage *m*; produits *mpl* laitiers.

유조선 油槽船 명 pétrolier *m*; tanker *m*; navire *m* citerne.

유조차 油槽車 명 camion *m* citerne. ¶ ~에 기름을 싣다 remplir le camion citerne.

유족 遺族 명 famille *f* d'un défunt. ¶ 누구의 ~을 돕다 aider la famille d'un disparu. ¶ 고인의 ~으로는 미망인과 아들이 있다 Le disparu a laissé sa femme et son fils.

유종[1] 有終 명 fin *f*. ¶ ~의 미를 거두다 avoir une fin significative.

유종[2] 乳腫 명 【의학】 mastite *f*. ¶ 가슴에 ~이 생기다 avoir une inflammation des seins [une mastite].

유죄 有罪 명 culpabilité *f*. ¶ 피고의 ~를 입증하다 établir [prouver] la culpabilité d'un accusé. ¶ ~로[를] 선고하다 déclarer *qn* coupable. ¶ ~로[가] 인정되다 être reconnu(*e*) coupable.

◆_판결 -判決 명 déclaration *f* juridique.

◆_평결 -評決 명 déclaration *f* juridique commune.

유지[1] 遺志 명 dernières *fpl* volontés. ¶ 아버지의 ~를 이루다 réaliser les dernières volontés de *son* père.

¶ 그는 선친의 ~를 따라 이 일을 한다 Il a choisi ce travail selon les dernières volontés de son père. ¶ 그 어른의 ~를 받들어 나가겠다 Il respectera les dernières volontés de son aïeul.

유지² 維持 명 maintenance *f*. ¶ 현 상태의 ~를 위해 힘쓰다 s'efforcer de sauvegarder [de maintenir] la situation actuelle. ◇_(를) **하다** sauvegarder [maintenir]; entretenir ((la santé, une voiture)). ¶ 건강을 ~하다 entretenir la [*sa*] santé. ¶ 균형을 ~하다 entretenir [maintenir] l'équilibre. ¶ 우리는 10년 동안이나 좋은 관계를 ~했다 Nous avons entretenu de bonnes relations pendant dix ans. ¶ 앞차와의 안전거리를 60미터로 ~하다 garder [maintenir, respecter] une distance de sécurité de 60 mètres avec le véhicule précédent [qui précède, qui se trouve devant]. ◇_(가) **되다** se maintenir. ◇_(를) **시키다** sauvegarder, entretenir.

◆**_비** -費 명 frais *mpl* d'entretien. ¶ 이 차는 중고차라 ~비가 많이 든다 Cette voiture revient chère [est coûteuse] à cause des frais d'entretien [Cette voiture a des frais d'entretien élevés [coûteux]] car c'est une voiture d'occasion.

유지³ 有志 명 personnage *m* influent [personnalité *f* influente] dans une région . ¶ 그 사람은 그 고장의 ~이다 C'est un personnage influent [une personnalité influente] de [dans] la région.

유지방 乳脂肪 명 crème *f*; matière *f* grasse (du lait). ¶ ~이 제거된 우유 lait écrémé.

유착 癒着 명 ① adhésion *f*; ((의학)) adhérence *f* ((pleurale)). ¶ 늑막 ~ adhérence pleurale. ¶ 난관 ~ adhérence [rétrécissement] des oviductes des trompes de Fallope, [des trompes utérines]. ② rencontre *f* d'un obstacle. ¶ 정경 ~ corruption politico-économique. ¶ ~ 관계 relation. ◇_(을) **하다** adhérer à *qc*. ◇_(이) **되다** devenir adhérent(*e*).

유찰 流札 명 échec *m* d'une adjudication. ¶ 계약의 ~ cassation d'un contrat. ◇_(이) **되다** perdre une adjudication. ¶ 입찰이 ~되다 perdre une adjudication. ◇_(을) **시키다** faire échouer une adjudication.

유창하다 流暢– 형 être courant(*e*); avoir un langage parfait, s'exprimer parfaitement. ¶ 그 사람은 유창한 중국어로 자기 소개를 했다 Il s'est présenté dans un chinois parfait. ¶ 그 사람은 프랑스어를 유창하게 구사한다 Il parle couramment français.

유채 油菜 명【식물】colza *m*.

유채색 有彩色 명 couleur *f* chromatique. ¶ ~을 많이 쓴 그림 une peinture avec des couleurs chromatiques abondantes [avec abondance de couleurs chromatiques].

유채화 油彩畵 명 peinture *f* à l'huile, huile *f*.

유체¹ 遺體 명 ① 부모가 남겨 준 자신의 몸 corps *m* hérité de *ses* parents. ② 시체 cadavre *m*; dépouille *f*. ¶ ~의 일부가 훼손되었다 Une partie du corps a été altérée.

유체² 流體 명【물리학】fluide *m*. ¶ ~ 역학 hydrodynamique.

유추 類推 명 analogie *f*, déduction *f*. ¶ 그런 ~도 가능하다 Cette déduction est possible. ◇_(를) **하다** raisonner par analogie, déduire. ¶ 근거 없이 함부로 ~하지 마라 Ne te lance pas dans des déductions aberrantes. ¶ 그 사실을 ~하는 것은 아주 쉽다 Il est très facile d'arriver à cette déduction. ¶ 그 사람이 완전히 틀렸다고 ~하지 마라 Ne déduis pas qu'il a complètement tort. ¶ ~해 보건대 selon ma déduction ...., j'en déduis que .... ◇_(가) **되다** se déduire; être déduit(*e*). ¶ 그렇게 ~되는 당연하다 Cette déduction est nécessaire.

유출 流出 명 sortie *f*, fuite *f* ((de capitaux, des cerveaux)); exode *m* ((des cerveaux)); indiscrétion *f* ((financière)), délit *m* d'initié. ¶ 자본의 해외 ~ fuite de(*s*) capitaux vers l'étranger. ¶ 두뇌의 ~ fuite des cerveaux à l'étranger. ◇_(을) **하다** faire sortir. ¶ 폐수를 몰래 ~하다 faire discrètement évacuer l'eau polluée. ¶ 문서를 외부로 ~하다 faire circuler à l'extérieur un document confidentiel [secret]. ◇_(이) **되다** être dévoilé(*e*); y avoir une fuite, constater une fuite. ¶ 시험지가 ~되었다 Les sujets (d'examen) ont filtrés. ◇_(을) **시키다** faire sortir, faire connaître. ¶ 기밀을 ~시키다 divulguer un secret.

유충 幼蟲 명 larve *f* parasite.

유치¹ 幼稚 어근 ◆**_하다** 형 être infantile, puéril(*e*), immature, enfantin(*e*); être bête, naïf(*ve*), primitif(*ve*), niais(*e*). ¶ ~한 사람 une personne infantile [immature, puéril(*e*)], ((c'est encore)) un(*e*) enfant, une gamin(*e*) {*fam*}. ¶ ~한 소리 그만 해라 Arrête tes propos infantiles! / Arrête de parler comme un (petit) enfant! / Arrête ces enfantillages [ces gamineries]! ¶ 그것은 ~한 말장난에 불과하다 Ce ne sont que des propos infantiles [des enfantillages, des gamineries]. ¶ 그 나라의 기술력은 ~한 수준에 머물러 있다 La technologie de ce pays reste à un niveau primitif. ¶ 너무 ~해 C'est trop infantile [puéril, débile {*fam*}]! / C'est on ne peut plus puéril! / Ce que tu peux être puéril(*e*)! / Quel gamin tu fais {*fam*}! ¶ 그 사람이 억지를 부리는 것은 너무나 ~하다 Il insiste d'une façon enfantine.

◆**_찬란** 幼稚燦爛 명 ¶ ~찬란하다 être enfantin(*e*), puéril(*e*), infantile, immature. ¶ 그 사람의 말과 행동은 너무 ~찬란하다 Ses paroles et ses actes sont trop puérils.

유치² 誘致 명 accueil *m*; sollicitation *f*; action d'attirer ((la clientèle)). ¶ 외자 ~ sollicitation pour l'investissement de capitaux étrangers. ¶ 박람회의 ~ accueil de l'organisation d'une exposition. ◇_(를) **하다** accueillir ((l'organisation d'un événement)); attirer, faire venir ((la clientèle)); solliciter ((l'investissement de capitaux étranger)). ¶ 올림픽을 ~하다 accueillir les Jeux olympiques. ¶ 관광객을 ~하다 attirer [faire

ㅇ

venir] les touristes. ◇_(가) **되다** être accueilli(*e*). ¶ 우리 고장에 자동차 공장이 ~되었다 Une usine d'automobile a été accueillie dans notre région.

유치³ 留置 명 ① dépôt *m*. ¶ 예금 ~ dépôt d'économie [d'argent]. ② détention *f*. ◇_(를) **하다** ① déposer *qc*. ¶ 거액의 예금을 ~하다 déposer une grosse somme à la banque. ② maintenir [garder, mettre, placer] ((*qn*)) en détention, incarcérer, mettre *qn* en prison, mettre *qn* sous les verrous {*fam*}. ¶ 용의자를 감옥에 ~하다 maintenir [garder, mettre, placer, incarcérer] le suspect en détention provisoire. ◇_(가) **되다** être incarcéré, détenu(*e*), mis(*e*) en prison.

◆_**장** -場 명 maison *f* de détention [d'arrêt], dépôt *m*; ((passer la nuit au)) poste *m*, violon *m* {*fam*}. ¶ ~장에 들어가다 entrer dans la maison d'arrêt, être incarcéré(*e*), être mis(*e*) en détention [mis(*e*) sous les verrous {*fam*}]. ¶ ~장에서 밤을 새우다 passer une [la] nuit au poste [au violon {*fam*}].

유치³ 乳齒 명 dent *m* de lait. ¶ ~가 빠지다 perdre *ses* dents de lait.

유치원 幼稚園 명 école *f* maternelle; jardin *m* d'enfants. ¶ 아이를 ~에 보내다 mettre *son* enfant à l'école maternelle. ¶ 우리 아들은 ~(을) 다녀요 Mon fils va à l'école maternelle.

◆_**생** -生 명 élève de l'école maternelle [du jardin d'enfants].

유쾌하다 愉快- 형 être plaisant(*e*), amusant(*e*), agréable, gai(*e*), jovi*al*(*ale*, *aux*), joyeu*x*(*se*), plein(*e*) de gaieté, enjoué(*e*), badin(*e*). ¶ 만나면 유쾌한 사람 une personne agréable à rencontrer, une personne plaisante [gaie, joviale, pleine de gaieté], une personne toujours gaie et de bonne humeur. ¶ 그 사람들은 정말 유쾌한 것 같다 Ces gens ont vraiment l'air plaisant [sympathiques]. ¶ 유쾌하게 지내다 passer un temps agréable, vivre agréablement.

◆**유쾌히** 부 plaisamment, avec plaisir, avec joie. ¶ 그 사람은 부탁을 ~ 수락했다 Il a accepté ce service avec plaisir.

유탄¹ 榴彈 명 obus *m*; shrapnel(l) *m*. ¶ ~ 발사기 un lance-grenade.

유탄² 流彈 명 balle *f* perdue. ¶ ~에 맞다 être atteint(*e*) [touché(*e*)] par une balle perdue.

유택 幽宅 명 tombe *f*; , caveau(*x*) *m*..

유턴 영{U-turn} 명 demi-tour. ◇_(을) **하다** faire (un) demi-tour.

유토피아 영{utopia} 명 utopie *f*. ¶ ~를 꿈꾸다 rêver *autour d'une* utopie. ¶ ~를 만들다 construire une utopie.

유통 流通 명 circulation *f*. ¶ 위조지폐의 ~ circulation de faux billets. ¶ 농산물 ~ 구조 le système de distribution des produits agricoles. ¶ 자금의 ~이 원활하지 못하다 La circulation des capitaux n'est pas fluide [simple, facile] / Les transferts de capitaux ne sont pas faciles. ◇_(을) **하다** circuler. ◇_(이) **되다** circuler. ¶ 유로화가 본격적으로 ~되고 있다 L'euro a réellement commencé à circuler. ◇_(을) **시키다** faire circuler. ¶ 위조지폐를 ~시키다 faire circuler les faux billets.

◆_**업** -業 명 transport *m* des marchandises.

유파 流派 명 école *f*; secte *f*. ¶ 새로운 ~를 형성하다 former une nouvelle école.

유폐 幽閉 명 emprisonnement *m*, isolement *m*. ◇_(를) **하다**[**시키다**] enfermer *qn*/*qc*, isoler *qn*. ¶ 왕을 섬에 ~하다 maintenir prisonnier [isoler] le roi sur une île. ◇_(가) **되다**[(를) **당하다**] être enfermé(*e*), isolé(*e*).

유포 流布 명 diffusion *f*; circulation *f*; dissémination *f* ((des idées)). ◇_(를) **하다**[**시키다**] ((des idées)) circuler; ((소문을)) courir, se répandre, se propager; être diffusé(*e*); faire circuler [courir] ((un bruit)), diffuser, ébruiter ((une nouvelle)); distribuer *qc*. ¶ 음란물을 ~하다 faire circuler des articles [des objets] pornographiques [érotiques]. ◇_(가) **되다** ((des idées)) circuler; ((소문이)) courir, se répandre, se propager, courir; se faire connaître; être diffusé(*e*). ¶ 자유주의 사상이 ~되었다 L'esprit de la liberté s'est fait connaître.

유표¹ 有標 어근 spécificité *f*.

◆_**적** -的 명관 spécifique, particuli*er*(*ère*); 【언어】 ((trait)) marqué(*e*).

◆_**성** -性 명 【언어】 trait *m* marqué.

유표² 有表 명 【언어】 marqué(*e*). ¶ ~적 용법 emploi marqué. ¶ ~항 terme marqué. ¶ 명사의 ~형 forme marquée du substantif.

유품 遺品 명 objets *mpl* laissés par le défunt; dépouilles *fpl*. ¶ 그 사람은 아버지의 안경을 ~으로 간직하고 있다 Il garde précieusement [avec respect] les lunettes de son père disparu [défunt, décédé].

유풍 遺風 명 vieille coutume *f*. ¶ 우리 선조들의 ~ coutume qui nous a été léguée par les ancêtres; coutumes des ancêtres.

유하다 柔- 형 être moelleu*x*(*se*), dou*x*(*ce*); être souple, soyeu*x*(*se*). ¶ 그 사람은 성격이 유한 사람이다 Il est d'un caractère doux. ¶ 그분은 원래 유하게 말씀하시는 분이다 Cette personne parle toujours de façon agréable.

유학¹ 留學 명 ((faire *ses*)) études *fpl* à l'étranger. ◇_(을) **가다** aller étudier [faire *ses* études] à l'étranger. ¶ 외국에 ~ 가다 aller étudier à l'étranger. ◇_(을) **하다** étudier à l'étranger, faire *ses* études à l'étranger. ◇_(을) **시키다** faire étudier *qn* à l'étranger. ¶ 자식을 외국에 ~시키다 envoyer *ses* enfants [*son* fils, *sa* fille] faire des [leurs] études à l'étranger.

◆_**생** -生 명 étudiant(*e*) ((coréen(*ne*))) (séjournant) à l'étranger; ((한국에 와서 유학하는 외국인)) étudiant(*e*) étrang*er*(*ère*) en Corée.

◆_ **생활** -生活 명 la vie *f* d'étudiant à l'étranger.

유학² 遊學 명 ((faire *ses*)) études *fpl* dans une autre région. ¶ 그 사람은 아이들을 서울로 ~보냈다 Il a

ㅇ

envoyé ses enfants à Séoul pour la poursuite de leurs études / Il a envoyé ses enfants à Séoul faire leurs études. ¶ 그 사람은 고등학교 때부터 서울에 ~왔다 Il est venu étudier à Séoul à partir du lycée. ◇_(을) **하다** aller étudier [aller faire *ses* études, faire *ses* études] dans une autre région, quitter *son* pays natal pour aller faire des études [pour poursuivre *ses* études].

◆_**생** -生 명 étudiant(*e*) venu(*e*) d'une autre région.

유학[3] 儒學 명 confucianisme *m*.

◆_**자** -者 명 confucianiste *mf*.

유한 有限 어근 limite *f*, borne *f*; ((espace)) limité(*e*), fini(*e*).

◆_**하다** 형 être limité(*e*), borné(*e*).

◆_**적** -的 명관 limité(*e*), borné(*e*).

◆_**성** -性 명 nature *f* limitée.

◆_**실수** -實數 명 【수학】 nombre *m* (entier) fini.

◆_**회사** -會社 명 【법률】 société *f* à responsabilité limitée.

유한계급 有閑階級 명 de riches *fpl* oisifs, riches *mpl* désœuvrés, désœuvrés *mpl*.

유한마담 有閑- 명 bourgeoise *f* désoeuvrée

유해[1] 遺骸 명 corps *m*, restes *mpl*, dépouille *f* (mortelle); cadavre *m*; relique *f*. ¶ ~를 안치하다 garder le corps [la dépouille]. ¶ ~를 수습하다 s'occuper du corps [de la dépouille] du disparu [du défunt].

유해[2] 有害 명 nuisibilité *f*; insalubrité *f*. ¶ ~식품 aliments nuisibles.

◆_**하다** 형 être nuisible, noci*f*(*ve*), mauvais(*e*), néfaste, dangereu*x*(*se*), défavorable, dommageable, funeste, toxique, malfaisant(*e*), pernicieu*x*(*se*); ((가스)) être délétère; porter atteinte à, causer un préjudice à. ¶ 담배는 건강에 ~하다 Le tabac nuit à [est mauvais pour] la santé / Fumer nuit à la santé.

◆_**성** -性 명 nature *f* nuisible.

◆_**가스** 명 gaz *m* délétère.

◆_**식물** 명 plante *f* vireuse.

유행 流行 명 ① mode *f*. ¶ 최신 ~의 드레스 robe de la dernière mode. ¶ ~의 첨단을 걷다 être de la dernière mode, être chic. ¶ ~을 따르다[좇다] suivre les dernières modes. ¶ 이것은 ~에 떨어진[뒤진] 것이다 C'est démodé / C'est passé de mode. ¶ ~을 타지 않다 ne pas risquer de se démoder, être indémodable, être classique. ¶ 요즈음 이 노래가 ~이다 Aujourd'hui cette chanson est à la mode. ¶ 올 가을에는 이 색깔이 ~이다 Cette couleur n'est pas à la mode cet automne. ¶ 독감이 ~이다 Il y a une épidémie de grippe. ◇_**하다**[**되다**] être à la mode [en vogue]. ¶ 그 사람은 최근 ~하는 패션을 따른다 Il suit les toutes dernières modes.

◆_**성** -性 명 nature *f* contagieuse. ¶ ~성 감기 un syndrome grippal, un refroidissement, une grippe.

◆_**가** -歌 명 chanson *f* à la mode.

◆_**병** -病 명 maladie *f* contagieuse. ¶ 원인을 알 수 없는 ~병이 돌았다 une maladie contagieuse inconnue. ¶ ~병처럼 번지다 se répandre comme une maladie contagieuse.

◆_**어** -語 명 expression *f* à la mode.

유향 幽香 명 doux parfum *m*.

유현[1] 儒賢 명 sage *m* confucianiste.

유현[2] 幽玄 명 profondeur *f* et douceur *f*.

◆_**하다** 형 être profond(*e*) et dou*x*(*ce*). ¶ 신선처럼 ~한 자태로 서 있다 se tenir debout dans une posture paisible comme un être féerique.

유혈 流血 명 effusion *f* de sang. ¶ 혁명은 ~ 충돌 없이 이루어졌다 La révolution s'est faite sans effusion de sang. ¶ ~의 참사 accident meurtrier. ¶ 살인 현장에는 ~이 낭자했다 Il y a des traces de sang partout / Le lieu du crime était ensanglanté.

◆_**극** -劇 명 conflit *m* ensanglanté. ¶ 시위대와 경찰의 충돌로 ~이 벌어졌다 Les manifestants et les policiers [forces de l'ordre] ont eu des heurts ensanglantés.

유형[1] 有形 명 forme *f*. ¶ ~ 문화재 objet du patrimoine culturel, héritage culturel. ¶ ~ 재산 biens corporels. ¶ ~무형의 혜택을 입다 recevoir des aides visibles et invisibles.

◆_**적** -的 명관 corporel(*le*), formel(*le*), matériel(*le*). ¶ ~적인 문화 자료 pièces culturelles corporelles.

유형[2] 類型 명 type *m*, catégorie *f*. ¶ 여러 ~의 문제를 풀다 résoudre plusieurs types de problèmes.

◆_**적** -的 명관 typique, catégoriel(*le*), caractéristique. ¶ ~적 특성 caractéristique.

◆_**화** -化 명 catégorisation *f*, caractérisation *f*

◆_**론** -論 명 typologie *f*.

유형[3] 流刑 명 exil *m*, déportation *f*. ¶ 강제 노동 수용소로 ~을 보내다 déporter dans un camp de travaux forcés.

◆_**수** -囚 명 exilé(*e*), déporté(*e*).

◆_**지** -地 명 lieu *m* d'exil.

유혹 誘惑 명 tentation *f*. ¶ ~과 싸우다 résister à la [une] tentation. ¶ ~을 이기다 surmonter une tentation. ¶ 함께 달아나자는 ~을 물리치다 résister à la tentation de fuir ensemble. ¶ ~에 지다 se laisser aller à la tentation, succomber [ne pas résister] à la [une] tentation. ¶ ~에 넘어가다 ne pas résister à la [une] tentation. ¶ ~에 빠지다 succomber à la [une] tentation. ¶ ~에서 벗어나다 éviter une tentation, échapper à une tentation, résister à une [à la] tentation. ◇_(을) **하다** séduire. ¶ 누구를 돈으로 ~하다 séduire *qn* avec de l'argent. ◇_(이) **되다**(을) **당하다**] être séduit(*e*), se faire séduire. ¶ 그 사람은 그 여자의 미모에 ~되었다 Il a été séduit par sa beauté. ¶ 그 사람은 그깟 돈 몇 푼에 ~당할 사람이 아니다 Il n'est pas une personne que l'on peut séduire avec si peu d'argent.

◆_**적** -的 명관 séduisant(*e*). ¶ ~적 자태 comportement séduisant. ¶ 그 여자는 매우 ~적이었다 Elle est très séduisante. ¶ 그 사람의 말은 매우 ~적으로 들렸다 Ses paroles m'ont paru très

ㅇ

séduisantes.

유화¹ 油畵 명 【미술】 peinture *f* à l'huile, huile *f*. ¶ ~를 그리다 peindre un tableau à l'huile.

유화² 宥和 명 apaisement *m*, assouplissement *m*
◆_ **정책** 政策 명 politique *f* d'apaisement. ¶ ~ 정책을 쓰다 appliquer une politique d'apaisement.

유황 硫黃 명 【화학】 soufre *m*.
◆_ **불** 명 feu *m* de soufre. ¶ ~불이 타는 지옥 l'enfer où brûle un feu de soufre
◆_ **천** -泉 명 source *f* riche en soufre.

유회 流會 명 annulation *f* ((d'une assemblée)). ¶ ~를 선언하다 déclarer l'annulation d'une assemblée. ◇_(가) **되다** ((une assemblée)) être annulé(*e*). ¶ 그 회의는 결국 ~되고 말았다 Finalement la réunion a été annulée.

유효¹ 有效 명 validité *f*. ¶ 이 표는 ~ 기간이 언제까지입니까? Quelle est la durée de validité de ce billet?
◆_ **하다** 형 être valable, en cours de validité, recevable. ¶ 이 계약이 아직도 ~합니까? Ce contrat est-il encore valable?
◆_ **적절하다** -適切- 형 être approprié(*e*) et adéquat(*e*), congruent(*e*), convenable. ¶ ~적절한 수단을 취하다 prendre une mesure congruente.
◆_ **성** -性 명 validité *f*. ¶ 상품의 ~성을 증명하다 certifier la validité d'un produit.

유효² 有效 명 【운동】 ((le judo)) *yuko m*.

유효적절하다 有效適切- 형 être adéquat(*e*), parfait(*e*); convenir parfaitement, arriver à point nommé [à propos], tomber à pic {*fam*}. ¶ 그것은 매우 유효적절한 조치였다 Ce fut une mesure tout à fait adéquate. ¶ 그 순간 그 사람의 발언은 유효적절했다 À ce moment-là, son intervention a été parfaite.

유휴 遊休 어근 inactivité *f*, chômage *m*. ¶ ~ 노동력 main-d'œuvre inactive; chômeurs. ¶ ~ 시설 installations inoccupées [vacantes].
◆_ **지** -地 명 terre *f* en repos, jachère *f*. ¶ ~지를 개간하다 exploiter [mettre en valeur] la jachère.

유흥 遊興 명 plaisir *m*, amusement *m*, distraction *f*. ¶ ~ 시설 installations de loisirs. ¶ ~에 빠지다 mener une vie de plaisir, tomber dans une vie dévoyée. ◇_(을) **하다** s'amuser, se divertir, se distraire, se récréer, passer du bon temps.
◆_ **가** -街 명 quartier *m* des plaisirs, quartier *m* des prostituées [de prostitution], quartier *m* chaud.
◆_ **비** -費 명 dépenses *fpl* pour les loisirs.
◆_ **업** -業 명 industrie *f* de divertissement offrant de l'alcool ((bars de nuit, salons de divertissement offrant de l'alcool)). ¶ ~업에 종사하다 travailler dans un bar de nuit.
◆_ **업소** -業所 명 bars *mpl* de nuit, salons *mpl* de divertissement offrant de l'alcool.

유희 遊戲 명 ((놀이)) jeu(*x*) *m* ((d'enfant)); ((오락)) amusement *m*, jeu(*x*) *m*, passe-temps *m inv*. ¶ ~를 즐기다 profiter du jeu [du plaisir]. ◇_(를) **하다** jouer, s'amuser, se divertir.

◆_ **적** -的 명관 amusant(*e*).
◆_ **장** -場 명 salle *f* de récréation [de jeux].

육¹ 六 주관 six. ¶ ~ 더하기 일은 칠이다 Six et un font sept. ¶ ~ 분 six minutes. ¶ ~ 미터 six mètres.

-육² -肉 접미 viande *f*, carne *f*. ¶ 냉동~ de la viande congelée. ¶ 돈~ de la viande de porc, du porc. ¶ 수입~ de la viande importée. ¶ 포장~ de la viande préemballée.

육각형 六角形 명 hexagone *m*. ¶ ~을 그리다 dessiner un hexagone.

육감¹ 六感 명 sixième sens *m*, intuition *f*. ¶ ~으로 알다 reconnaître *qc* par intuition. ¶ ~이 좋다[뛰어나다] avoir un sens aigu de *qc*. ¶ ~이 맞아떨어지다 avoir une bonne intuition; avoir une intuition qui se révèle vraie.
◆_ **적** -的 명관 intuiti*f*(*ve*). ¶ ~적인 판단 un jugement intuitif ¶ ~적으로 깨우치다 comprendre *qc* par intuition.

육감² 肉感 명 sensualité *f*. ¶ ~을 풍기다 être sensuel(*le*).
◆_ **적** -的 명관 sensuel(*le*), excitant(*e*), charnel(*le*), corporel(*le*), sexuel(*le*), érotique ¶ ~적인 몸매 un physique sensuel, un corps aux lignes sensuelles.

육갑 六甲 명 ① 육십갑자 sexagénaire *mf*. ② 【민속】 le cycle *m* sexagésimal (formé par la combinaison des 10 troncs célestes avec les 12 rameaux terrestres) ((Les 12 rameaux terrestres, combinés avec les 10 troncs célestes, forment les 60 éléments du cycle sexagésimal qui sert à désigner les années, les mois, les jours dans le calendrier lunaire traditionnel)). ◇_(을) **하다[떨다]** jouer au con {*fam*}, faire le couillon {*fam*}, avoir un comportement anormal, faire n'importe quoi, faire l'imbécile [le con {*fam*}], faire l'andouille, faire des conneries; se comporter d'une façon insensée [vulgaire], ne pas aller bien; déraisonner, déjanter {*fam*}, délirer, disjoncter {*fam*}, débloquer {*fam*}, yoyoter de la touffe {*fam*}, divaguer, dérailler. ¶ 병신 ~하고 있네 Tu as encore fait le couillon! {*fam*} / Tu as encore fait une couillonnade [des conneries]! {*fam*} / Le con! Il joue à l'imbécile / Il (ne) va pas bien! / Il débloque [déraille, disjoncte, déjante] complètement / Il divague / Ça (ne) va pas la tête! / Il est complètement zinzin [marteau, maboul, siphonné(*e*), fêlé(*e*)]! ¶ ~하고 자빠졌네 Il fait l'imbécile grave {*fam*} / Il[Elle] est fou(*folle*) [barjo {*fam*}, complètement siphonné(*e*) {*fam*}] / Il[Elle] est cinglé(*e*) / Il[Elle] est pas bien [net(*te*)] / Il[Elle] déraille [délire, débloque {*fam*}, disjoncte {*fam*}, déjante {*fam*}] complètement / Il[Elle] a un grain / Ça va pas la tête! / Il[Elle] a (complètement) déjanté / Il yoyote de la touffe {*fam*} / Il[Elle] a perdu la tête [la boule {*fam*}].

육개장 肉- 명 *yukkaejang m* <ragoût piquant de bœuf avec des légumes (oignons blancs) accompagné d'un bol de riz>. ¶ ~을 끓이다 préparer un *yukkaejang*.

육교 陸橋 명 passerelle *f* (au-dessus d'une route). ¶ ~를 건너다[지나다] franchir [passer par] une passerelle.

육군 陸軍 명 【군사】 armée *f* de terre. ¶ ~ 소령 commandant de l'armée de terre. ¶ ~ 참모총장 chef d'état-major de l'armée de terre. ¶ ~에 입대하다 entrer dans l'armée de terre (pour *son* service militaire).

육두문자 肉頭文字 명 mot *m* [propos *m*] grossier, grossièreté *f*, gros mots *mpl*, juron *m*, injure *f*. ¶ ~를 사용하다 dire des mots grossiers [des gros mots]; dire [débiter] des grossièretés; parler d'un ton grossier.

육로 陸路 명 route *f* [voie *f*] terrestre. ¶ ~를 이용하다 emprunter la voie terrestre.

육류 肉類 명 viande *f*. ¶ ~ 소비 consommation de viande.

육면체 六面體 명 hexaèdre *m*. ¶ 입방체는 정~이다 Le cube est un hexaèdre régulier.

육미[1] 肉味 명 plat *m* de viande; goût *m* de la viande. ¶ ~를 먹다 manger un plat de viande.

육미[2] 六味 명 ① (les) six goûts *mpl*, (les) six saveurs *fpl* ((amer, acide, sucré, piquant, salé, insipide [fade])). ¶ ~를 느끼다 ressentir toutes les (six) saveurs; avoir de très bonnes papilles gustatives. ② 육미지황탕((médecine orientale)) tisane *f* de six plantes.

육박 肉薄 명 fait de presser *qc/qn*. ◇_(을) **하다** ① 어떤 수준에 가까이 다가가다 arriver à *qc*; s'approcher de *qc*; atteindre *qc*, avoisiner. ¶ 5만 명에 ~하는 인파 une foule qui atteint presque [qui approche les, qui avoisine les] cinquante mille personnes. ¶ 우리의 기술은 세계 수준에 ~하고 있다 Notre technologie s'approche du niveau mondial. ② 바싹 쳐들어가다 suivre *qn* de très près, serrer de près ((l'ennemi)), talonner, presser ((l'ennemi)). ¶ 적진에 ~해 들어가다 presser l'ennemi dans son territoire.

◆**_전** -戰 명 close-combat(~~*s*) *m*, combat *m* corps à corps. ¶ ~전을 벌이다 combattre [lutter] corps à corps.

육본 陸本 명 군사 état-major *m* de l'armée de terre.

육부 六腑 명 ((médecine orientale)) "six" intestins *mpl* (gros intestin, petit intestin, estomac, bile, vessie, trois poitrines - supérieure, médiane, inférieure), entrailles *fpl*.

◆**오장_** 五臟 명 ((médecine orientale)) viscères *mpl*; cinq viscères *mpl* (cœur, foie, rate, poumon; rein) et six intestins *mpl*.

육사 陸士 명 école *f* militaire, école *f* de guerre. ¶ ~ 생도 élève officier. ¶ ~ 출신 장교 un officier sorti d'une [formé dans une] école militaire. ¶ ~에 들어가다[입학하다] entrer à l'école militaire.

육상 陸上 명 ① 육지 terre *f*; sur terre, par voie terrestre, terrestre, routi*er*(*ère*). ¶ ~ 수송 transport terrestre [routier]. ¶ ~ 근무 travail sur terre. ¶ ~ 운송 수단 moyen de transport routier. ② 뜀뛰기 【운동】 athlétisme *m*. ¶ ~ 경기 une compétition d'athlétisme; jeux athlétiques. ¶ ~ 선수 un(*e*) athlète. ¶ ~에서 금메달을 따다 remporter une médaille d'or [être médaillé(*e*) d'or] en athlétisme.

육성[1] 育成 명 formation *f*, culture *f*. ◇_(을) **하다[시키다]** former ((un successeur)); développer ((une entreprise)); éduquer; cultiver *qc*. ¶ 중소기업을 ~하다 développer les petites et moyennes entreprises. ¶ 첨단 산업을 ~하다 développer les industries de pointe. ◇_(이) **되다** se former, se développer; être formé(*e*).

◆**_책** -策 명 projet *m* de développement. ¶ 중소기업 ~책을 발표하다 déclarer les projets de développement des petites et moyennes entreprises.

◆**_회** -會 명 conseil *m* pour le développement. ¶ 학교 ~회 association des parents d'élèves.

◆**_회비** -會費 명 contribution *f* apportée par les parents d'élèves pour le développement de l'école.

육성[2] 肉聲 명 voix *f*. ¶ 누구의 ~을 직접 듣다 écouter directement la voix de *qn*. ¶ ~으로 연설하다 faire [déclamer, prononcer] un discours sans haut-parleur [sans micro, sans amplificateur de la voix].

육손이 六- 명 personne *f* à six doigts.

육수[1] 肉水 명 bouillon *m* obtenu à partir du jus *m* de viande. ¶ 냉면에 ~를 붓다 mettre [verser] du bouillon de jus de viande dans le *naengmyeon*.

◆**_ㅅ물** 명 bouillon *m* obtenu à partir du jus de viande.

육수[2] 陸水 명 육지의 물 eau *f* douce. ¶ ~의 양이 감소하고 있다 Les réserves en eau douce diminuent.

육수[3] 陸輸 명 육상 수송 transport *f* routier. ¶ ~에 이용되는 고속도로 autoroute utilisée pour le transport routier.

육순 六旬 명 soixante ans. ¶ ~ 노인 un(*e*) *vieux*(*vieille*) de soixante ans, un(*e*) sexagénaire. ¶ ~ 잔치 fête donnée à l'occasion de *ses* soixante ans, banquet donné pour célébrer [donné à l'occasion de] *ses* soixante ans.

육식 肉食 명 action de manger de la viande; ((animal)) carnivore, carnassi*er*(*ère*). ¶ 지나친 ~은 몸에 해롭다 (Manger) trop de viande nuit à la santé. ◇_(을) **하다** consommer [manger] de la viande, se nourrir de viande.

◆**_동물** -動物 명 (anim*al*(*aux*) *m*) carnivore *m*; animaux *mpl* carnassiers.

육신 肉身 명 corps *m*. ¶ ~은 죽으면 썩어 없어진다 Le corps de l'homme disparaît après la mort. ¶ ~의 안락을 추구하다 demander le repos du corps.

육십 六十 수관 soixante. *m. inv*. ☞ 이십

◆**_갑자** -甲子 명 sexagénaire *mf*.

◆**_대** 代 명 soixantaine *f*.

◆**_진법** -進法 명 système *m* sexagésimal.

육십만세운동 六十萬歲運動 명 【역사】 mouvement *m* d'indépendance de la Corée du 10 juin 1926.

육아 育兒 명 puériculture *f*, éducation *f* des tout-petits. ¶ ~ 문제 problèmes d'éducation des enfants en bas âge. ◇_(를) **하다** élever [nourrir, s'occuper d']un enfant; s'occuper de l'éducation des tout-petits. ¶ 시어머니께서 ~를 해 주신다 Ma belle-mère s'occupe de mes enfants.

◆**_법** -法 명 puériculture *f*.

육안 肉眼 명 ((visible à)) l'œil *m* nu. ¶ ~으로 식별이 되다 être repérable à l'œil nu. ¶ ~으로 보이다 être visible à l'œil nu.

육영 育英 어근 éducation *f*, formation *f*, enseignement *m*. ¶ ~ 사업 service d'éducation.

◆**_재단** -財團 명 fondation pour l'éducation.

육욕 肉慾 명 appétits *mpl* [désirs *mpl*] charnels [sensuels]; plaisirs *mpl* sensuels [charnels, de la chair]. ¶ ~을 이기지 못하다 ne pas résister aux plaisirs sensuels. ◇_**에 빠지다** succomber aux plaisirs sensuels, se livrer aux plaisirs de la chair.

육우 肉牛 명 bœuf *m* pour la viande. ¶ ~ 가공업 traitement de la viande de bœuf.

육운 陸運 명 육상 운송 transport *m* routier. ¶ ~으로 화물을 운송하다 transporter des marchandises par la route.

육이오 六二五 명 【역사】 la guerre *f* de Corée ((qui a éclaté le 25 juin 1950 par la descente de l'armée nord-coréenne vers le sud)). ¶ ~ 동란 la guerre de Corée ((qui a éclaté le 25 juin 1950 par la descente de l'armée nord-coréenne vers le sud)).

육자배기 六字- 명 【음악】 *yukjabaegi* <sorte de chanson populaire traditionnelle, chantée dans les régions du sud de la Corée>.

육정 六情 명 six sentiments *mpl*, six émotions *fpl* ((joie, colère, tristesse, plaisir, amour, haine)). ¶ ~을 떨치다 exprimer *ses* sentiments.

육조 六曹 명 【역사】 six ministères *mpl* du gouvernement (de l'ancien régime de la Corée) ((ministères de la Fonction publique, des Affaires sociales, des Rites, de l'Armée, de la Justice et de l'Artisanat)).

육종 育種 명 sélection *f* des espèces. ¶ ~ 기술 technologie de sélection. ◇_(을) **하다** améliorer une espèce animale.

육중하다 肉重- 형 être lourd(*e*); être massif(*ve*); être pesant(*e*). ¶ 육중한 몸집 un corps massif. ¶ 육중한 철문 une porte en fer massif. ¶ 그 사람의 목소리가 육중하게 울렸다 Sa voix s'est faite entendre lourdement.

육즙 肉汁 명 jus *m* de viande. ¶ 쇠고기 ~ jus de viande de bœuf.

육지 陸地 명 terre *f*. ¶ ~에 오르다 débarquer, descendre à terre.

육질 肉質 명 qualité *f* de la viande. ¶ ~이 좋은 고기 une viande de bonne qualité.

육체 肉體 명 corps *m*, chair *f*. ¶ ~와 정신 corps et esprit.

◆**_적** -的 명관 corporel(*le*), charnel(*le*), physique. ¶ ~적으로 힘든 일 travail dur physiquement [corporellement]. ¶ ~적 쾌락 plaisirs charnels [de la chair]. ¶ ~적 관계 relation sexuelle; rapport sexuel. ¶ ~적 건강 santé physique.

◆**_노동** -勞動 명 trava*il*(*aux*) *mpl* manuel(*s*).

◆**_노동자** -勞動者 명 travailleu*r*(*se*) *mf* manuel(*le*).

◆**_미** -美 명 beauté *f* corporelle [physique].

◆**_파** -派 명 glamoureu*x*(*se*). ¶ ~파 배우 actrice glamoureuse [charmeuse, séduisante].

육촌 六寸 명 cousins *mpl* issus de germains, cousins *mpl* au deuxième degré. ¶ ~ 동생 cousins issus de germains, cousins au deuxième degré.

육친 肉親 명 (membre *m* d'une) famille *f*, les *siens* *mpl*. ¶ 그의 ~ les siens. ¶ ~의 정을 이기다 étouffer la voix du sang.

육탄 肉彈 명 bombe *f* humaine. ¶ ~ 공격[공세] attaque [assaut] corps à corps. ¶ ~으로 돌격하다 faire un assaut corps à corps. ¶ ~으로 저지하다 arrêter [les mouvements de l'ennemi] corps à corps.

◆**_전** -戰 명 combat *m* corps à corps. ¶ ~전을 벌이다 combattre corps à corps.

육포 肉脯 명 tranche *f* de viande séchée.

육필 肉筆 명 autographe *m*. ¶ ~ 원고 un manuscrit. ☞ 자필, 친필

육해공군 陸海空軍 명 armées *fpl* de terre, de mer, de l'air; forces *fpl* terrestres, navales et aériennes.

육해군 陸海軍 명 armée *f* de terre et marine *f*.

육회 肉膾 명 *yukhoe m* <sorte de steak tartare à la coréenne, plat de bœuf cru finement haché avec de l'huile de sésame, des pignons et du jaune d'œuf>.

윤[1] 潤 명 éclat *m*, brillant *m*, poli *m*, lustre *m*, miroitement *m*. ◇_(**이**) **나다** briller, avoir du lustre [de l'éclat]. ¶ ~이 나도록 닦다 nettoyer pour donner du lustre; polir; faire briller ((un plancher)). ◇_(**을**) **내다** faire briller, lustrer, polir, donner de l'éclat. ¶ 가구에 ~을 내다 faire briller [lustrer] les meubles.

윤-[2] 閏 접두 intercalaire. ¶ ~년 année bissextile. ¶ ~달 mois (lunaire) intercalaire. ¶ ~이월 mois de février (lunaire) intercalaire.

윤간 輪姦 명 viol *m* collectif ((par plusieurs hommes à tour de rôle)). ◇_(**을**) **하다** violer à tour de rôle. ¶ 여자를 ~하다 violer une femme à tour de rôle. ◇_(**을**) **당하다** ((une femme)) être violée à tour de rôle. ¶ 불량배들에게 ~을 당하다 ((une femme)) être violée par des voyous à tour de rôle.

윤곽 輪郭 명 ① 테두리 contour *m*, linéament *m*. ¶ 물체의 ~ contour des choses. ¶ 그 남자는 얼굴 ~이 뚜렷하다 Le contour de son visage est très net / Il a une silhouette nette. ② 줄거리 les grandes lignes *fpl*. ¶ 몇 번의 토의를 해 보니 ~이 그려진다[보인다] Après discussions, on peut saisir les grandes lignes ((du projet)). ¶ 사건의 ~이 드러났다 Le contour de l'affaire est précisé. ¶ 사업의 ~이 제대로 잡히지 않는다 On n'a pas bien saisi la perspective de ces affaires. ◇_(을) **잡다** ① dessiner [tracer] les contours. ¶ 먼저 인물의 ~을 잡고 색을 칠해라 Commence par dessiner [Dessine d'abord] les contours du personnage, puis colorie-le. ② saisir l'idée générale ((de *qc*)); comprendre grosso modo, voir le tableau, piger grosso modo {*fam*}; saisir les contours ((d'une affaire)). ¶ 일의 ~을 잡다 saisir les contours de l'affaire, saisir l'idée générale ((de *qc*)). ◇_(이) **잡히다** ((l'idée générale)) être saisie. ¶ 네 설명을 들으니 이 계획의 ~이 대충 잡힌다 Grâce à tes explications, j'ai saisi l'idée générale du projet.

◆_**선** -線 명 contour *m*, linéament *m*. ¶ 대상의 ~선을 그리다 dessiner le contour de l'objet.

윤기 潤氣 명 éclat *m*, brillant *m*, poli *m*, lustre *m*, miroitement *m*. ¶ 머리카락[얼굴]에 ~가 흐르다 Les cheveux [Les visages] sont luisants [lisses]. ◇_(가) **있다[없다]** être lustré(*e*), poli(*e*), brillant(*e*), luisant(*e*), éclatant(*e*) [être terne, sans éclat]. ¶ ~없는 얼굴 teint mat [pâle, blafard].

윤년 閏年 명 année *f* bissextile.

윤달 閏- 명 lune *f* [mois *m* lunaire] intercalaire.

윤독 輪讀 명 lecture *f* faite à tour de rôle. ◇_(을) **하다** lire ((un livre)) à tour de rôle. ¶ 여럿이 책을 ~하다 On lit le livre à tour de rôle.

윤락 淪落 명 vagabondage *m*, déchéance *f* (morale); perversion *f*, prostitution *f*. ¶ ~ 행위 prostitution. ¶ ~을 알선하다 arranger [entremettre] une prostitution.

◆_**녀** -女 명 femme *f* dévoyée; fille *f* perdue; prostituée *f*.

윤리 倫理 명 morale *f*, éthique *f*. ¶ 인간으로서의 ~ morale en tant qu'humain. ¶ ~의 타락 corruption [avilissement, dépravation, déchéance] moral(*e*). ¶ 요즘은 ~가 땅에 떨어졌다 À notre époque, l'éthique n'est plus une valeur respectée.

◆_**적** -的 명관 mor*al*(*ale, aux*), éthique. ¶ ~적인 문제 un problème éthique. ¶ ~적으로 물의를 일으키다 causer [faire] un scandale moral. ¶ ~적 가치 une valeur morale [éthique]. ¶ ~적 관점 point de vue moral [éthique].

◆_**성** -性 명 nature *f* morale.

◆_**관** -觀 명 conception *f* morale. ¶ ~관의 변화 changement de la conception morale.

◆_**학** -學 명 éthique *f*, morale *f*.

◆_**학자** -學者 명 moraliste *mf*.

윤번 輪番 명 (chacun *son*) tour *m*; roulement *m*. ¶ ~으로 야근하다 travailler de nuit à tour de rôle [par roulement].

◆_**제** -制 명 roulement *m*. ¶ 그들은 ~제로 일한다 Ils travaillent par roulement.

윤상 倫常 명 morale *f* des hommes. ¶ ~을 해치다 enfreindre la morale humaine.

윤색 潤色 명 embellissement *m*, polissage *m*. ◇_(을) **하다** embellir *qc*; polir. ¶ 원작을 ~하다 embellir l'œuvre originale. ◇_(이) **되다** être embelli(*e*).

윤작 輪作 명 【농업】 assolement *m*; rotation *f* des cultures. ◇_(을) **하다** assoler; alterner les cultures.

윤전기 輪轉機 명 rotative *f* (à grande vitesse). ¶ ~를 돌리다 (faire) tourner la rotative. ¶ ~가 돌아가고 있다 La rotative tourne.

윤택 潤澤 명 ① 반들거림 luisance *f*, luxuriance *f*, luminance *f*, brillance *f*, luminescence *f*. ② 생활이 넉넉하고 풍요로움 abondance *f*, surabondance *f*, richesse *f*, exubérance *f*, affluence *f*. ◇_(을) **내다** faire briller, rendre luisant(*e*). ¶ 가구에 칠을 해서 ~을 내다 faire briller un meuble en appliquant du vernis. ◇_(이) **나다** luire, briller ¶ 책상에서 ~이 난다 Le bureau brille [luit].

◆_**하다** 형 être abondant(*e*), riche; être brillant(*e*), luisant(*e*), éclatant(*e*). ¶ ~한 가정 une famille riche. ¶ ~한 생활을 하다 vivre dans l'abondance [dans l'aisance, dans l'opulence], vivre dans le luxe et l'opulence, nager dans l'opulence, mener une vie aisée, péter dans la soie {*fam*}. ¶ 그들은 ~하게 살고 있다 Ils vivent dans l'abondance [dans l'aisance, dans le luxe et l'opulence] / Ils mènent une vie aisée / Ils nagent dans l'opulence. ¶ 피부를 ~하게 만드는 화장품 produit de beauté qui rend la peau éclatante.

윤허 允許 명 permission *f* [sanction *f*] royale. ¶ 임금님의 ~가 없이는 이곳에 들어갈 수 없다 On ne peut pas y entrer sans l'autorisation du roi. ◇_(를) **하다[내리다]** sanctionner, permettre, autoriser. ◇_(를) **받다** être sanctionné(*e*); être permis(*e*), autorisé(*e*). ¶ 임금의 ~를 받다 être autorisé(*e*) par le roi; acquérir l'autorisation du roi. ◇_**가 내려지다[떨어지다]** être sanctionné(*e*); être permis(*e*), autorisé(*e*). ¶ 죄인들을 당장 잡아들이라는 임금님의 ~가 떨어졌다 Le roi a permis d'arrêter les criminels immédiatement.

윤활유 潤滑油 명 lubrifiant *m*. ¶ 기계[엔진]에 ~를 치다 graisser une machine [le moteur]. ¶ 엔진의 ~를 교환하다 faire la vidange du lubrifiant du moteur. ¶ 조직에서 ~ 역할을 하다 être celui qui met de l'huile dans les rouages pour améliorer l'organisation.

윤회 輪廻 명 rotation *f*, roulement *m*, 【불교】 (transmigration *f* des âmes; métempsychose *f*. ◇_(를) **하다** transmigrer.

◆_**설** -說 명 théorie *f* de la transmigration.

율[1] 律 어근 ((운율)) mètre *m*, rythme *m*.

◆_**시** -詩 명 un des styles *mpl* de la poésie chinoise.

-율[2] 律 접미 ((법, 규칙)) loi *f*, règle *f*, commandement *m*; discipline *f*. ¶ 불문~ loi non écrite; droit coutumier (non écrit); tradition. ¶ 성문~ droit écrit; législation écrite. ¶ 인과~ loi de la causalité. ☞ -률[1]

-율[3] 率 접미 taux *m*; pourcentage *m*; module *m*; coefficient *m*; constante *f*. ¶ 백분~ pourcentage. ¶ 사고~ taux d'accident. ¶ 생존~ taux de survivance. ¶ 실패~ taux d'échec. ¶ 치사~ taux de mort. ☞ -률[2]

율격 律格 명 norme *f* ((de fabrication)); type *m* ((de production)); standard *m*. ¶ 시의 ~ règle de versification; prosodie.

◆_**휴지** -休止 명 【문학】 pause *f* du rythme poétique, césure *f*.

율독 律讀 명 【문학】 lecture *f* rythmique, lecture *f* en rythme, scansion *f*. ◇_(을) **하다** lire ((un poème)) avec rythme, déclamer[scander] ((un poème)).

율동 律動 명 rythme *m*. ◇_(을) **하다** bouger en rythme. ¶ 음악[노래]에 맞추어 ~하다 danser au rythme de la musique [du chant].

◆_**적** -的 명관 ((mouvement)) rythmique. ¶ ~적인 춤 danse rythmique. ¶ ~적으로 몸을 움직이다 bouger le corps de façon rythmique.

◆_**감** -感 명 sens *m* du rythme. ¶ ~감이 있다 avoir le sens du rythme.

율령 律令 명 【고어】 ((droit)) loi *f*, décret *m*. ¶ ~을 내리다[반포하다] décréter [promulguer] une loi [un décret].

율리우스력-曆 라 명 【천문】 calendrier *m* julien.

율무 명 larme-de-Job(~*s*-~-~) *f*, larme-du-Christ(~*s*-~-~) *f*, *Coix lacryma-jobi* [*ma-yuen*] {*nsc*}.

◆_**차** -茶 명 *yulmucha m* <nourrissante boisson épaisse et laiteuse faite avec les graines du *Coix lacryma-jobi* [*ma-yuen*] {*nsc*}, appelé aussi larmes-de-Job, une herbe qui combat les rhumatismes. Elle est souvent servie avec des pignons de pins et noix broyées>.

ㅇ

율법 律法 명 loi *f*; règle *f*; précepte *m*. ¶ 신의 ~ commandement; loi de Dieu [de l'Église], lois bibliques. ¶ ~을 지키다[따르다] respecter [suivre] les lois bibliques [les commandements]. ¶ ~을 깨뜨리다 violer [transgresser] les lois [les règles].

◆_**주의** -主義 명 légalisme *m*.

율시 律詩 명 un des styles *mpl* de la poésie chinoise. ¶ 중국의 오언 ~ poésie chinoise de cinq caractères.

율조 律調 명 mélodie *f*.

융 絨 명 flanelle *f* de coton.

융기 隆起 명 élévation *f* ((de terrain)), soulèvement *m* ((de l'écorce terrestre)). ◇_(를) **하다** se soulever. ¶ 화산 폭발로 ~해서 만들어진 산 une montagne d'origine volcanique. ◇_(가) **되다** être soulevé(*e*).

융단 絨緞 명 tapis *m*; moquette *f*, carpette *f*. ¶ 마루에 ~을 깔다 recouvrir le parquet d'un tapis.

◆_**폭격** -爆擊 명 tapis *m* de bombes, bombardement *m* intensif. ¶ ~폭격을 하다[퍼붓다, 가하다] faire [déverser, lâcher] un [des] tapis de bombes, faire (subir) un bombardement intensif.

융성 隆盛 명 prospérité *f*, essor *m*.

◆_**하다** 자 être prospère, florissant(*e*). ¶ 고려 시대에는 불교가 크게 ~하였다 À l'époque de Goryeo, le bouddhisme était très prospère.

융숭하다 隆崇- 형 avoir un profond respect envers *qn*. ¶ 융숭한 대접을 받다 recevoir un accueil respectueux [plein de déférence]. ¶ 융숭하게 대접하다 traiter *qn* avec de grands égards. ¶ 융숭하게 맞아들이다 faire à *qn* un accueil respectueux.

◆**융숭히** 부 avec grand respect. ¶ 융숭히 대우하다 traiter *qn* avec respect.

융자 融資 명 financement *m*. ◇_(를) **하다** financer; mettre des fonds à disposition; soutenir de *ses* capitaux. ¶ 주택 자금을 ~해 주다 soutenir une maison financièrement. ◇_(를) **받다** être financé(*e*). ¶ 은행에서 천만 원을 ~받았다 être financé(*e*) par la banque pour une somme de dix millions de wons.

◆_**금** -金 명 emprunt *m*; prêt *m*. ¶ 저리의 ~금을 받다 emprunter de l'argent à un faible intérêt.

융점 融點 명 【물리】 point *m* [température *f*] de fusion. ¶ ~이 높아진다[낮아진다] La température de fusion s'élève [s'abaisse].

융통 融通 명 circulation *f* (de l'argent); prêt *m*; financement *m*. ◇_(을) **하다** prêter ((une somme d'argent)) à *qn*; mettre ((une somme d'argent)) à la disposition de *qn*; financer. ¶ ~할 수 있는 돈 argent disponible. ¶ 사업 자금을 ~하다 financer une entreprise. ¶ 1000만 원을 한 달만 ~해 주게 Prête-moi dix millions de wons pour une durée d'un mois maximum [pour une durée limitée à un mois]!

융통성 融通性 명 faculté *f* d'adaptation; souplesse *f* d'esprit [de caractère]; esprit *m* souple. ¶ 어느 정도의 ~을 발휘하다[보이다] montrer un esprit plus ou moins souple, faire preuve de souplesse d'esprit [de caractère], se montrer plutôt accommodant(*e*) [compréhensi*f*(*ve*)]. ◇_(이) **있다** avoir un caractère accommodant, prendre les choses comme elles viennent [les gens comme ils sont], s'accommoder de tout, savoir s'adapter aux circonstances, être capable de s'adapter ((à *son* milieu)); être souple, flexible; être compréhensi*f*(*ve*). ◇_(이) **없다** avoir un esprit étroit [borné, obstiné, peu compréhensif]; être incompréhensi*f*(*ve*); être borné(*e*), bouché(*e*); manquer de souplesse; ((règle)) être inflexible. ¶ 그 남자는 ~이 없는 사람이다 C'est un homme étroit d'esprit / C'est un homme peu compréhensif. ◇_**을 보이다[발휘하다]** montrer de la [faire preuve de] souplesse (d'esprit) [flexibilité], montrer un esprit souple, faire preuve de souplesse d'esprit [de caractère], se montrer accommodant(*e*) [compréhensi*f*(*ve*)].

융합 融合 명 fusion *f*, union *f*. ◇_(을) **하다** se fondre en un seul; s'unir, fusionner. ¶ 이 건축은 여러 양식들이 ~하여 빚어낸 결과이다 Ce bâtiment est créé à partir d'une fusion de plusieurs modes. ◇_(이) **되다** être uni(*e*). ¶ 그 두 민족은 결국 ~되었다 Ces deux peuples se sont finalement unis. ◇_(을) **시키다** unir, associer, relier. ¶ 적대적인 두 세력을 ~시키다 unir [relier, associer] deux forces opposées [antagonistes].

◆핵_ 核 명 fusion *f* nucléaire. ¶~융합 기술 technique de fusion nucléaire.

융해 融解 명 fusion *f*, fonte *f*. ¶ 금속의 ~ la fusion d'un métal. ◇**_(를) 하다**[**시키다**] fusionner, fondre. ◇**_(가) 되다** (*se*) fusionner, fondre.

융화 融和 명 bonne entente *f*; harmonie *f*. ¶ 회원들 사이의 ~를 도모하다 viser à plus d'harmonie entre les membres (d'une association). ◇**_(를) 하다** s'harmoniser; vivre en harmonie; bien s'entendre. ¶ 가족끼리 ~하다 s'harmoniser [bien s'entendre] entre les membres d'une famille. ◇**_(가) 되다** être harmonisé(*e*), être en harmonie avec *qn*/*qc*. ¶ 고유 문화가 외래문화에 ~되어 가고 있다 La culture originelle se fond dans la culture de l'étranger.

윷 명 ① (jeu(*x*) *m* de) *yut m* (joué avec quatre bâtonnets de bois). ¶~을 던지다 lancer le *yut*. ② 도, 개, 걸, 윷, 모 중의 윷 ⟪faire un⟫ *yut m* <une des combinaisons possibles du jeu de *yut* permettant à son pion d'avancer de 4 cases, les autres combinaisons à savoir le *do*, le *gae*, le *geol* et le *mo* permettant respectivement d'avancer de une, deux, trois et cinq cases>. ¶~이 나왔다 C'est un *yut* / J'ai fait un *yut*.

◆_가락 명 bâtonnet *m* de *yut* ⟪quatre bâtonnets de bois⟫.

◆_놀이 명 (jeu(*x*) *m* de) *yut m*.

◆_판 -板 명 tableau(*x*) *m* formé de cases où l'on fait avancer les pions des joueurs de *yut*. ¶~판을 벌이다 jouer au (jeu de) *yut*.

윷놀이 명 (jeu(*x*) *m* de) *yut m* <jeu traditionnel coréen où chaque joueur fait avancer un pion sur un tableau formé de cases selon le coup (de *yut*) effectué en lançant quatre bâtonnets de bois. Le gagnant est celui qui arrive le premier au bout ⟪comme dans le jeu de l'oie⟫>. ◇**_(를) 하다** jouer au (jeu de) *yut*.

으 감 Oh! / Tiens! ¶~, 이런! Oh là là! / Sapristi! / Tiens! / Zut {*fam*}! / Merde {*vulg*}! / Purée {*fam*}!

으 변칙활용 變則活用 명【언어】conjugaison irrégulière en 으 ¶~ 형용사 adjectif [qualitatif] irrégulier en 으 ¶~ 동사에서는 어간의 모음 '으'가 모음 '어' 앞에서 탈락한다. Pour les verbes irréguliers en 으, la voyelle 으 du radical disparaît [tombe, {*fam*} saute] devant la voyelle 어.

으깨다 타 écraser, presser ⟪des fruits⟫; broyer. ¶ 감자를 삶아서 으깬 요리 une purée de pommes de terre. ¶ 호두를 껍질째 으깨다 écraser des noix avec leur [dans leur] coquille.

-으나 어미 ☞ -나[3]

-으나마 어미 ☞ -나마[1]

-으나마나 어미 ☞ -나마나

-으나이까 어미 ☞ -나이까

-으냐 어미 ☞ -냐[2]

-으냐고 어미 ☞ -냐고[2]

-으니[1] 어미 ☞ -니[4]

-으니[2] 어미 ☞ -니[5]

-으니까 어미 ☞ -니까

-으되 어미 ☞ -되

으드득 감부 ① ⟪이 가는 소리⟫ ⟪onomatopée du son produit par le grincement des dents⟫. ② ⟪뼈⟫ ⟪onomatopée du craquement des os⟫. ◇**_하다** ① grincer des dents. ② ⟪깨무는 소리⟫ croquer; ⟪뼈가⟫ craquer. ¶~하며 밤을 깨물어 먹다 croquer des châtaignes.

으뜸 명 ① 첫째 le(*la*) premi*er*(*ère*); chef *m*, tête *f*. ¶~으로 꼽다 considérer *qn*/*qc* comme le(*la*) premi*er*(*ère*). ② 기본 base *f*, fondement *m*, principe *m*, source *f*. ¶ 사랑이 모든 덕의 ~이다 L'amour est la source [le fondement, la base] de toutes les vertus. ◇**_이다** être le(*la*) premi*er*(*ère*) ⟪de la classe⟫. ¶ 우리 반에서 노래 실력은 그 남자가 ~이다 Il est premier en chant. ◇**_가다** être le(*la*) meilleur(*e*). ¶ 이 동네에서 ~가는 치과의사 le meilleur dentiste du quartier [du coin {*fam*}].

으뜸꼴 명【언어】언어의 기본형, 원형 forme *f* infinitive; forme *f* originelle. ¶ '내디뎌'의 ~은 '내디디다'이다 La forme originelle du verbe "*naedidyo*" est "*naedidida*".

-으라 어미 ☞ -라[6]

-으라고 어미 ☞ -라고[7]

-으라나 어미 ☞ -라나[2]

-으라네 어미 ☞ -라네[2]

-으라느냐 어미 ☞ -라느냐

-으라는 어미 ☞ -라는[1]

-으라니 어미 ☞ -라느니[2], -라니[3]

-으라니까 어미 ☞ -라니까[3]

-으라든지 어미 ☞ -라든지[3]

-으라며 어미 ☞ -라며[3]

-으라면 어미 ☞ -라면[3]

-으라면서 어미 ☞ -라면서[3]

-으라오 어미 ☞ -라오[3]

-으라지 어미 ☞ -라지[3]

-으라지만 어미 ☞ -라지만[2]

-으락 어미 ☞ -락

-으란다 어미 ☞ -란다[3]

-으랄까 어미 ☞ -랄까[2]

-으랄지 어미 ☞ -랄지[2]

-으랍니까 어미 ☞ -랍니까[2]

-으랍니다 어미 ☞ -랍니다[2]

-으랴 어미 ☞ -랴

-으랴마는 어미 ☞ -랴마는

-으래 어미 ☞ -래

-으래서 어미 ☞ -래서

-으래서야 어미 ☞ -래서야

-으래요 어미 ☞ -래요[2]

-으랴 어미 ☞ -랴

-으러 어미 ☞ -러

-으려 어미 ☞ -려

-으려거든 어미 ☞ -려거든

-으려고 어미 ☞ -려고

-으려나 어미 ☞ -려나
-으려네 어미 ☞ -려네
-으려느냐 어미 ☞ -려느냐
-으려는 어미 ☞ -려는
-으려는데 어미 ☞ -려는데
-으려는지 어미 ☞ -려는지
-으려니 어미 ☞ -려니
-으려니와 어미 ☞ -려니와
-으려다가 어미 ☞ -려다가
-으려면 어미 ☞ -려면
-으려무나 어미 ☞ -려무나
-으려야 어미 ☞ -려야
-으련 어미 ☞ -련
-으련다 어미 ☞ -련다
-으련마는 어미 ☞ -련마는
-으련만 어미 ☞ -련만
-으렴 어미 ☞ -렴
-으렵니까 어미 ☞ -렵니까
-으렵니다 어미 ☞ -렵니다
-으렷다 어미 ☞ -렷다
으레 부 ordinairement, habituellement; toujours, à coup sûr. ¶ 그 학생은 방학을 하면 ~ 고향으로 내려가곤 했다 Cet(*te*) élève a coutume de retourner dans son pays natal [au pays] pendant les vacances. ¶ 장미에는 ~ 가시가 있는 법이다 Il n'est point de roses sans épines / (Il n'y a) pas de rose(*s*) sans épine(*s*) / Toute rose cache des épines / Toute médaille a son revers / Toute chose a ses inconvénients / Toute joie comporte ses peines / Il n'y a chance qui ne change. ¶ 재들은 ~ 그러려니 한다 Ils le sont toujours / Ils le font habituellement.
-으례 부 ((‘으레’의 잘못)) ☞ 으레
-으로 어미 ☞ -로[2]
-으로부터 조 ☞ -로부터
-으로서 어미 ☞ -로서
-으로서는 조 ☞ -로서는
-으로써 어미 ☞ -로써
으르다 타 menacer, intimider. ¶ 약한 사람을 을러서 돈을 빼앗다 dérober de l'argent aux faibles en les menaçant. ¶ 너희가 아무리 을러대도 그 사람은 입을 열지 않을 것이다 Vous avez beau le menacer, il ne dira rien.
으르렁 부 grrr ((onomatopée évoquant le grondement d'un fauve ou le grognement du chien qui sert à exprimer l'agressivité, la hargne)).
◆**_거리다[대다]** 자 ① ((짐승 소리)) ((개가)) gronder, grogner (en montrant les dents), ((사자가)) rugir; montrer les dents ((à *qn*)), montrer [découvrir] *ses crocs, menacer qn.* ¶ 대문을 열자 커다란 개가 ~거렸다 À l'ouverture du portail, un gros chien grondait [grognait]. ② 사나운 말로 다투다 se quereller bruyamment, se chamailler, se disputer bruyamment, s'engueuler {*fam*}. ¶ 그들은 만나기만 하면 서로 ~거린다 Ils ne peuvent pas se rencontrer sans se disputer / (À) chaque fois qu'il se rencontrent, c'est pour se disputer / Chaque rencontre est synonyme de dispute / Ils s'engueulent toujours {*fam*}.
으름장 명 intimidation *f*, menace *f*. ◇_(을) **놓다** intimider *qn*, menacer *qn*, user de menaces, effrayer *qn*. ¶ 그 범인은 인질을 죽이겠다고 ~을 놓았다 Le malfaiteur [Le preneur d'otages] a menacé d'exécuter les otages.
-으리 어미 ☞ -리[4]
-으리까 어미 ☞ -리까
-으리니 어미 ☞ -리니
-으리다 어미 ☞ -리다
-으리라 어미 ☞ -리라
-으리만치 어미 ☞ -리만치
-으리만큼 어미 ☞ -리만큼
-으리오 어미 ☞ -리오
으리으리하다 형 être magnifique, somptueux(*se*), majestueux(*se*). ¶ 그 저택은 정말로 으리으리하다 La maison est vraiment magnifique [somptueuse, majestueuse]. ¶ 그 사람은 으리으리하게 산다 Il mène une vie de grand seigneur / Il vit [nage] dans l'opulence / Il mène grand train.
-으마 어미 ☞ -마[7]
-으면 어미 ☞ -면[5]
-으면서 어미 ☞ -면서
-으므로 어미 ☞ -므로
으스대다 자 se dresser; prendre de grands airs; se donner un air important, prendre un air fanfaron, fanfaronner se vanter [se faire gloire, se rengorger] ((de *sa* beauté)); se pavaner, parader, plastronner [poser] (pour la galerie); se la jouer {*fam*}, se la péter {*fam*}, frimer {*fam*}, crâner {*fam*}; être hautain(*e*), se montrer hautain(*e*), être très fi*er*(*ère*) de ((*sa* fortune, *sa* beauté)), montrer *qc* avec (une extrême) fierté, montrer [manifester] *qc* avec fierté [avec orgueil], se montrer prétentieu*x*(*se*). ¶ 부자라고 ~ se vanter [se faire gloire] de *sa* fortune. ¶ 성공했다고 ~ se vanter de *son* succès [d'avoir réussi].
으스러뜨리다 타 écraser *qc*, aplatir *qc*. ¶ 그 인간의 일격은 상대의 갈비뼈를 으스러뜨렸다 Son coup a entraîné une fracture costale [de côte] de l'adversaire. ¶ 애인을 으스러뜨릴 듯 껴안다[끌어안다] étreindre vigoureusement [serrer très fort, serrer de toutes *ses* forces] *son* petit ami [*sa* petite amie, *sa* bien aimée, *sa* dulcinée] dans *ses* bras.
으스러지다 자 s'écraser; être écrasé(*e*).
으스름 명 demi-jour *m* inv, pénombre *f*, brune *f* {*vx*}; ((새벽)) le petit jour *m* [matin *m*], l'aube *f*, la pointe *f* du jour, ((dès)) potron-minet; ((저녁)) le crépuscule *m*. ¶ ~달 lune voilée. ¶ ~ 달밤 nuit avec la lune voilée par les nuages. ¶ 저녁 ~이 깔리기 시작했다 Le soleil commença à se coucher [à se voiler].
으스스 부 gla gla; brrr! brr ((onomatopée accompagnée de tremblements convulsifs peine perceptibles ainsi que de légers claquements de

dents; balbutiements de peur ou de froid)). ¶ 그 사람은 몸이 ~ 떨리며 오한이 났다 Il a eu des frissons.

◆_하다 형 ① 추운 느낌 ((사람이)) avoir froid, ((날씨가)) faire froid [frisquet]; avoir des frissons (de froid); trembler [grelotter, frissonner] de froid, claquer des dents (de froid). ¶ ~한 바람 un vent frisquet. ¶ 방은 온기라고는 하나도 없이 ~했다 La chambre était très froide sans aucune chaleur. ¶ 날씨가 ~해진다 Il commence à faire frisquet / Le temps s'est bien rafraîchi. ② 두려운 느낌 trembler [grelotter, frissonner] de peur, claquer des dents (de peur), avoir la chair de poule. ¶ 등줄기로 ~한 기운이 느껴졌다 J'ai eu des frissons (de peur) / J'ai eu la chair de poule. ¶ 그 남자의 모습은 참으로 ~하게 느껴졌다 Cet homme me donnait des frissons [la chair de poule] / Il avait l'air effrayant / Cet homme me faisait très peur.

으슥하다 형 être retiré(*e*), solitaire, désert(*e*), isolé(*e*); être peu fréquenté(*e*). ¶ 그 남자는 나를 으슥한 곳으로 끌고 갔다 Il m'a emmené(*e*) [entraîné(*e*)] de force dans un endroit isolé [retiré, solitaire, désert].

으슬으슬 부 gla gla; brrr! brr ((onomatopée accompagnée de tremblements convulsifs à peine perceptibles ainsi que de légers claquements de dents; balbutiements de froid)). ¶ 감기가 들려는지 몸이 ~ 추웠다 J'avais des frissons comme si j'avais pris froid [comme si j'étais grippé(*e*)]. ¶ 몸이 ~ 떨렸다 Mon corps a frissonné (comme si je m'étais enrhumé(*e*)).

◆_하다 형 avoir froid; avoir des frissons (de froid); trembler [grelotter, frissonner] de froid, claquer des dents (de froid).

으시대다 자 (('으스대다'의 잘못)) ☞ 으스대다

으시시 부 (('으스스'의 잘못)) ☞ 으스스

으쓱 부 d'un air fanfaron. ¶ 칭찬에 나는 어깨가 ~ 올라갔다 Le compliment me fit me redresser / J'ai pris un air fanfaron au compliment.

◆_거리다[대다] 자타 prendre de grands airs, se donner un air important, prendre un air fanfaron, fanfaronner, plastronner [poser] (pour la galerie); se redresser (de toute *sa* hauteur), redresser les épaules. ¶ 그 남자는 추운지 어깨를 ~댔다 Il a haussé les épaules, comme s'il avait froid. ¶ 그 남자는 ~대며 잘난 체했다 Il se donnait de grands airs.

◆_하다 자타 hausser les épaules, redresser les épaules, se redresser (de toute *sa* hauteur); prendre de grands airs, se donner un air important, prendre un air fanfaron, fanfaronner, plastronner [poser] (pour la galerie). ¶ 그 남자는 어깨를 ~해 보이고는 사라졌다 Il a disparu après avoir haussé les épaules. ¶ 아들이 성공하자 아버지는 어깨가 ~해졌다 Au succès de son fils, le père a pris de grands airs.

으악 감 hou.

으앙 부 (어린아이가 우는 소리) ouin(-ouin). ¶ 어린아이가 ~하고 울음을 터뜨렸다. L'enfant s'est mis à pleurer en hurlant.

-으오[1] 어미 ☞ -오[3]

-으오-[2] 어미 ☞ -오[4]

-으옵- 어미 ☞ -옵-

으으 감 Au secours! ((onomatopée exprimant un gémissement)). ¶ ~, 사람 살려! Au secours!

-으이 어미 ((suffixe flexionnel déclaratif de terminaison phrastique, archaïque. Il s'ajoute au radical de quelques verbes, lequel se termine par une consonne. Utilisé à l'égard d'un interlocuteur adulte moins âgé, il exprime la politesse et le respect familiers)). ¶ 너무 피곤해 일어나기도 싫~ Je suis trop fatigué(*e*) pour me lever.

으흐흐 감 ((rire)) avec fourberie ((onomatopée exprimant un rire perfide [fourbe])). ¶ ~ 웃다 rire avec fourberie.

윽박다 타 intimider, opprimer; brutaliser, brusquer; menacer; fulminer, tonner, rabrouer, rudoyer, secouer. ¶ 잘못한 아이를 ~ rudoyer l'enfant fautif.

윽박지르다 타 intimider, opprimer, brutaliser, brusquer. ¶ 그 아빠는 아들이 공부를 안 한다고 윽박질렀다 Il a grondé [sermonné] son fils parce qu'il ne travaillait pas assez. ¶ 그 남자는 나에게 돈을 달라고 윽박질렀다 Il m'a menacé [intimidé] pour que je lui donne de l'argent.

은[1] 銀 명 ((광물)) argent *m*.

◆_메달 명 médaille *f* d'argent.

◆_박 -箔 명 argenté(*e*).

◆_박지 -箔紙 명 feuille *f* d'étain; papier *m* d'étain.

◆_반 -盤 명 ① 은쟁반 plateau(*x*) *m* [plat *m*] d'argent. ② 빙상경기장의 링크 patinoire *f*. ¶ ~ 위의 요정 excellente patineuse.

◆_백색 -白色 명 blanc *m* argenté.

◆_붙이 명 objet *m* en argent.

◆_빛 명 couleur *f* d'argent.

◆_사 -絲 명 fil *m* d'argent.

◆_상 -賞 명 médaille *f* d'argent.

◆_색 -色 명 couleur *f* argentée, couleur *f* argent. ¶ ~색을 띠다 avoir une couleur argent [argentée].

◆_세계 -世界 명 paysage *m* sous la neige.

◆_수저 명 couvert *m* en argent.

◆_실 명 fil *m* d'argent.

◆_장 -裝 명 orfèvre *mf*.

◆_장도 -粧刀 명 canif *m* en argent.

◆_전 -錢 명 pièce *f* d'argent; monnaie *f* d'argent.

◆_제 -製 명 (fabriqué(*e*)) en argent; argenterie *f*.

◆_종이 명 feuille *f* [papier *m*] d'étain; papier *m* argenté.

◆_팔찌 명 bracelet *m* en argent.

◆_화 -貨 명 pièce *f* d'argent.

-은[2] 어미 ☞ -ㄴ/-는

-은[3] 조 ☞ -는

-은가 어미 ☞ -ㄴ가/-는가

-은걸 어미 ☞ -ㄴ걸[2]/-은걸

-은고 어미 ☞ -ㄴ고/-는고

은거 隱居 명 retraite *f*; éloignement *m* du monde.

¶ ~ 생활 une vie solitaire [d'ermite, de reclus, recluse], une existence recluse, une vie érémitique {*litt*}. ◇_(를) **하다** se retirer du monde, vivre loin du monde, mener une vie solitaire [d'ermite]; vivre retiré(*e*) du monde [reclus(*e*), loin du monde, dans la solitude, à l'écart du monde], vivre en ermite [comme un ermite, en recluse, comme un reclus], mener une existence recluse, mener une vie érémitique {*litt*}. ¶ 시골에 ~하다 se retirer du monde en allant vivre dans la campagne, se retirer dans la campagne.

은결 隱結 명 association *f* secrète.

은공 恩功 명 mérite *m*; faveur *f*; grâce *f*; bienfait *m*. ¶ 부모의 ~을 갚다 manifester *sa* gratitude envers *ses* parents. ¶ 부모의 ~을 모르다 ne pas être reconnaissant(*e*) envers *ses* parents, être ingrat(*e*) envers *ses* parents.

은근 慇懃 명 courtoisie *f*, politesse *f*, intimité *f*, discrétion *f*, volonté *f* implicite. ¶ ~과 끈기로 노력하다 faire des efforts persévérants.

◆_**하다** 형 ① 《정취》 être agréable, charmant(*e*). ¶ 그 카페의 ~한 분위기가 마음에 들었다 L'ambiance agréable [charmante, conviviale] de ce café m'a plu. ② 《행동》 faire *qc* de façon indirecte [occulte, implicite]. ¶ 그 사람의 말에 나는 ~한 기대를 가지게 되었다 À l'écoute de ses paroles, je me suis mis(*e*) à espérer quelque peu [à avoir un peu d'espoir] / À l'écoute de ses paroles, j'ai eu une lueur d'espoir. ¶ 그들은 ~한 협박으로 나를 위협했다 Ils m'ont menacé(*e*) de façon indirecte [de façon hypocrite, sans me montrer ouvertement, de façon occulte]. ③ 《소리》 être dou*x*(*ce*), mielleu*x*(*se*); être intime; être aimable; être courtois(*e*), poli(*e*). ¶ 그 남자의 말투는 무척 부드럽고 ~했다 Il a parlé mielleusement / Ses paroles étaient très mielleuses. ¶ 그 남자는 ~하게 말했다 Il a parlé intimement {*litt*} [d'un ton intime, dans l'intimité]. ④ 《정》 avoir une affection intime [profonde], être très lié(*e*) à *qn* [intime avec *qn*, attaché(*e*) à *qn*]. ¶ 그 사람의 ~한 정에 모두들 고마워했다 On l'a remercié de son affection profonde.

◆_**히** 부 ① secrètement, intimement, avec courtoisie, courtoisement. ¶ 그 남자는 슬쩍 다가와서 나에게 ~ 말을 걸었다 Il m'a approché secrètement et m'a parlé en toute intimité [intimement]. ② discrètement, sans en avoir l'air, mine de rien, sans avoir l'air de rien, sans avoir l'air d'y toucher. ¶ 그 남자는 ~ 반려를 기대하며 사표를 던졌다 Il a donné sa démission, en espérant au fond de lui-même qu'elle serait refusée. ¶ 이 가게 옷들은 ~ 비싸 Dans cette boutique, les vêtements, mine de rien [sans en avoir l'air] sont chers. ¶ 이 시험은 쉬운 것 같으면도 ~ 어렵다 Cet examen tout en ayant l'air facile est mine de rien difficile.

은근슬쩍 부 secrètement. ¶ 그 사람은 그 사실을 나에게 ~ 귀띔해 주었다 Il m'en a prévenu secrètement.

은닉 隱匿 명 dissimulation *f*; 《범인 따위의》 recel *m*. ¶ 장물의 ~ recel d'objets volés. ◇_(을) **하다**[**시키다**] dissimuler *qc*, cacher *qc*/*qn*; donner asile à 《un malfaiteur》, receler 《des malfaiteurs, des espions, des objets volés, le produit d'un cambriolage》. ¶ 범죄자를[장물을] ~하다 donner asile à un criminel [malfaiteur], receler un criminel, receler un malfaiteur [receler des objets volés]. ¶ 훔친 물건을 ~한 장소 endroit où l'on recèle des objets volés. ◇_(이) **되다** être recelé(*e*). ¶ 도난당한 보석들이 ~되어 있는 장소 endroit où sont recelés les bijoux.

◆_**죄** -罪 명 《장물》 recel *m* 《d'objets volés》.

은덕[1] 恩德 명 faveur *f*, grâce *f*, bienfait *m*. ¶ 누구의 ~을 입다 recevoir les faveurs de *qn*.

은덕[2] 隱德 명 vertu *f* cachée; charité *f* accomplie en secret; grâce *f* en secret. ¶ 조상들의 ~ grâces en secret des aïeux.

-은데 ☞ -ㄴ데

은둔 隱遁 명 retraite *f*; éloignement *m* du monde. ¶ ~ 생활을 하다 se retirer du monde, vivre loin du monde, mener une vie solitaire [d'ermite]; vivre retiré(*e*) du monde [reclus(*e*), loin du monde, dans la solitude, à l'écart du monde], vivre en ermite [comme un ermite, en recluse, comme un reclus], mener une existence recluse, mener une vie érémitique {*litt*}. ◇_(을) **하다** se retirer du monde, vivre loin du monde, mener une vie solitaire [d'ermite]. ¶ 시골에 ~해 살다 se retirer à la campagne. ¶ 그 남자는 고향 마을로 내려가 ~했다 Il s'est retiré dans son pays natal.

◆_**자** -者 명 ermite *m*; retraité(*e*); personne *f* menant une vie solitaire.

◆_**처** -處 명 retraite *f*; ermitage *m*.

-은들 어미 ☞ -ㄴ들/-는들

은막 銀幕 명 ① 영사막 écran *m* (de projection). ② 영화계 monde *m* du cinéma. ¶ 그 여배우는 한때 ~의 스타였다 Autrefois, elle fut une star du cinéma.

-은만치 어미 ☞ -ㄴ만치/-는만치/-ㄹ만치/-을만치

-은만큼 어미 ☞ -ㄴ만큼/-는만큼/-ㄹ만큼/-을만큼

은밀하다 隱密- 형 être secr*et*(*ète*), caché(*e*), confidentiel(*le*). ¶ 은밀한 이야기를 나누다 échanger des propos confidentiels. ¶ 은밀한 목소리로 말하다 parler sur le ton de la confidence. ¶ 모의는 아주 은밀하게 이루어졌다 Le complot s'ourdît dans le plus grand secret.

◆ **은밀히** 부 secrètement, en secret, en cachette, en catimini, en tapinois, discrètement en douce {*fam*}; confidentiellement; tacitement. ¶ 누구를 ~ 만나다 rencontrer *qn* en cachette [secrètement, discrètement]. ¶ ~ 알려주다 informer discrètement.

-은바 어미 ☞ -ㄴ바/-는바

은방울 銀- 명 clochette *f* en argent [argentée]. ¶ 은방울 같은 목소리 une voix argentine [cristalline]; une voix de cristal [claire, pure, fraîche, légère]; une voix de rossignol.

은방울꽃 명 【식물】 muguet *m*.
은배 銀杯 명 coupe *f* d'argent, second prix *m*.
은사[1] 恩師 명 maître *m* (vénéré); vieux maître *m*. ¶ 우리는 해마다 고교 ~를 찾아뵙는다 Chaque année, nous rendons visite à notre vieux professeur du lycée.
은사[2] 隱士 명 ermite *m*; anachorète *mf*. ¶ 그 남자는 세상에 나타나지 않고 평생을 ~로 살았다 Il passa sa vie en ermite loin du monde.
은성 殷盛 어근 prospérité *f*.
◆ **_하다** 형 être prospère, florissant(*e*); prospérer.
은신 隱身 명 dérobade *f*; fuite *f*. ◇ **_(을) 하다** se cacher, se dérober, se terrer, se réfugier. ¶ 그 남자는 경찰을 피해 친구 집에 ~하였다 Fuyant la police, il trouva refuge chez un ami. ◇ **_(을) 시키다** cacher *qn*, offrir un asile [un abri, une cachette, une planque] à *qn*. ¶ 그 남자는 탈주범을 자기 집에 ~시켰다 Il cacha chez lui un évadé.
◆ **_처** -處 명 cachette *f*; asile *m*; abri *m*; planque *f* {*fam*}; refuge *m*. ¶ ~처를 찾다[얻다] chercher [trouver] (un) asile [une cachette, une planque]. ¶ 누구에게 ~처를 제공하다 offrir un asile [un abri, une cachette, une planque] à *qn*.
은어[1] 銀魚 명 【동물】 «poisson *m* parfumé», ((일어)) (saumon *m* ou truite *f*) *ayu m*, *Plecoglossus altivelis* {*nsc*} <poisson de rivière appelé, en coréen, «poisson d'argent» et en chinois le «poisson parfumé», poisson joliment surnommé le «roi des rivières limpides». Sa chair est très appréciée à Taiwan, en Corée et au Japon; ordre des salmoniformes, sous-ordre salmonidés)>.
은어[2] 隱語 명 argot *m*; jargon *m*.
은연중 隱然中 명 en secret, secrètement; discrètement. ¶ 그는 ~에 자신의 속뜻을 내비치고 있었다 Il a exprimé discrètement sa volonté foncière.
은유 隱喩 명 métaphore *f*.
◆ **_법** -法 명 【문학】 style *m* métaphorique.
은은하다 隱隱- 형 ① être à peine perceptible. ¶ 은은한 조명 lumière faible [tamisée]. ¶ 달빛이 창가에 은은하게 비추고 있었다 La lune éclairait faiblement le bord de la fenêtre. ¶ 교회의 종소리가 은은하게 울려 퍼졌다 Le son de la cloche de l'église était à peine audible. ② 향기[맛]가 그윽하다 être lég*er*(*ère*), délicat(*e*). ¶ 은은한 맛 goût délicat. ¶ 향기가 ~ C'est un parfum léger.
◆ **_히** 부 imperceptiblement, légèrement; délicatement.
은인 恩人 명 bienfai*teur*(*trice*). ¶ 그 사람은 내 생명의 ~이다 Je lui dois la vie / C'est mon sauveur.
은인자중하다 隱忍自重 명 ◇ **_(을) 하다** se maîtriser; rester maître de *soi*. ¶ ~하면서 다음 기회를 기다려 봅시다 Patientons et attendons la prochaine occasion!
은자 隱者 명 ermite *m*; anachorète *mf*.
-은즉 어미 ☞ -ㄴ즉
-은즉슨 어미 ☞ -ㄴ즉슨
-은지 어미 ☞ -ㄴ지/-는지
-은지고 어미 ☞ -ㄴ지고/-는지고
-은지라[1] 어미 ☞ -ㄴ지라[1]
-은지라[2] 어미 ☞ -ㄴ지라[2]
-은지요 어미 ((suffixe flexionnel conjonctif exprimant un questionnement)).
은진미륵 恩津彌勒 명 【불교】 statue *f* de *Maitreya* du canton d'Eunjin ((district de Nonsan dans la province du Chungcheong du Sud; construite en 968, elle est la plus haute statue bouddhique en Extrême-Orient)).
은총 恩寵 명 faveur *f* (royale); grâce *f* ((de Dieu)); bienfait *m*; don *m*. ¶ 신의 ~ la grâce de Dieu. ¶ 이 아이에게 신의 ~이 내렸다 Dieu a doté de grâce cet enfant. ◇ **_(을) 받다[입다]** recevoir [obtenir] une grâce. ¶ 하느님의 ~을 받은[입은] 민족 peuple béni de Dieu.
-은커녕 어미 ☞ -ㄴ커녕/-는커녕
은퇴 隱退 명 retraite *f*, arrêt *m* de *son* activité professionnelle; ((운동선수)) retrait *m* de la compétition. ¶ ~를 결심하다 décider de prendre *sa* retraite [de se retirer ((du monde de la politique, des compétitions)); ((운동선수)) de mettre un terme [de mettre fin] à *sa* carrière sportive (de haut niveau), d'arrêter *ses* activités ((sportives)), d'arrêter la compétition, d'arrêter les compétitions sportives]. ◇ **_(를) 하다** prendre *sa* retraite; se retirer ((de la vie publique, à la campagne, de la politique, des affaires, des compétitions)); ((운동선수)) mettre un terme [mettre fin] à sa carrière sportive (de haut niveau), arrêter la compétition [les compétitions sportives]. ¶ ~한 공무원 un fonctionnaire retraité. ¶ 그 남자는 정계에서 ~했다 Il s'est retiré de la politique.
◆ **_식** -式 명 cérémonie *f* organisée pour la retraite ((sportive, politique)).
◆ **_자** -者 명 personne *f* à la retraite, personne retraitée; retraité(*e*).
은폐 隱蔽 명 dissimulation *f*. ¶ 사실의 ~ dissimulation de la réalité. ◇ **_(를) 하다** dissimuler, cacher; couvrir. ¶ 진실을 ~하다 dissimuler la vérité. ◇ **_(가) 되다** être caché(*e*), dissimulé(*e*). ¶ 오랫동안 ~되어 있던 정계 비리가 드러났다 Les magouilles politiques longtemps dissimulées ont paru au grand jour.
◆ **_물** -物 명 objet *m* caché [dissimulé].
은하 銀河 명 【천문】 la Voie *f* lactée; (notre) galaxie *f*, la Galaxie *f*.
◆ **_계** -界 명 galaxie *f*.
◆ **_수** -水 명 la Voie *f* lactée; (notre) galaxie *f*, la Galaxie *f*.
은행[1] 銀行 명 banque *f*. ¶ ~ 강도 cambrioleur de banque. ¶ ~에 가다 aller [se rendre] à la banque. ¶ ~에 예금하다 déposer de l'argent [faire un dépôt d'argent] à la banque. ¶ ~에서 돈을 찾다 (aller)

chercher [retirer] de l'argent à la banque.
◆_가 -家 명 banquier(*ère*).
◆_권 -券 명 billet *m* de banque.
◆_원 -員 명 employé(*e*) de banque.
◆_장 -長 명 P.-d.g. d'une banque.

은행2 **銀杏** 명 ① 열매 fruit *m* du *ginkgo*. ¶ ~을 구워 먹다 griller des graines *ginkgo* et les manger. ② 나무 *ginkgo m*, arbre *m* aux écus. ¶ ~을 한 그루 심다 plante un *ginkgo*.
◆_나무 명 【식물】 *ginkgo m*, arbre *m* aux écus.
◆_잎 명 feuille *f* de *ginkgo*.

은혜 **恩惠** 명 gratitude *f*, faveur *f*; grâce *f*; bienfait *m*; honneur *m*. ¶ 스승의 ~ la gratitude exprimée au maître pour les bienfaits qu'il nous a accordés [pour les bienfaits rendus]. ¶ 제게 베풀어 주신 ~에 감사드립니다 Merci pour vos bienfaits! ¶ 누구에게서[의] ~를 입다 recevoir une faveur de *qn*. ¶ 누구에게 ~를 갚다 rendre un bienfait. ¶ ~를 잊다[저버리다] oublier un bienfait; être ingrat(*e*). ¶ 누구의 ~에 보답하다 rendre un bienfait à *qn*. ¶ ~를 원수로 갚다 rendre un mal pour un bien.
◆_롭다 형 être gracieu*x*(*se*), gratuit(*e*). ¶ 대자연은 하느님이 인간에게 내려주신 ~로운 선물이다 La Nature est un don gracieux que Dieu a accordé aux hommes.

은혼식 명 noces *fpl* d'argent.

을1 **乙** 명 ① ((십간의)) *eul m* <la deuxième des 10 divisions du ciel>. ② ((순서의)) B *m*; second(*e*), le(la) deuxième; ((l'un(*e*)) ...l'autre. ¶ 갑과 ~ 두 사람이 있다고 하자 Supposons deux personnes: A et B. ☞ 갑1

-을2 조 ☞ -를1

-을3 어미 ☞ -ㄹ3~-ㄹ9

-을거나 어미 ☞ -ㄹ거나

-을걸 어미 ☞ -ㄹ걸

-을게 어미 ☞ -ㄹ게

-을까 어미 ☞ -ㄹ까

-을까마는 어미 ☞ -ㄹ까마는

-을깝쇼 어미 ☞ -ㄹ깝쇼

-을꼬 어미 ☞ -ㄹ꼬

-을는지 어미 ☞ -ㄹ는지

-을데라니 어미 ☞ -ㄹ데라니

-을라 어미 ☞ -ㄹ라

-을라고 어미 ☞ -ㄹ라고

-을라치면 어미 ☞ -ㄹ라치면

-을락 어미 ☞ -ㄹ락

-을란다 어미 ☞ -ㄹ란다

-을랍니다 어미 ☞ -ㄹ랍니다

-을랑 조 ☞ -ㄹ랑

-을래 어미 ☞ -ㄹ래

을러대다 타 menacer *qn*; faire peur à *qn*; intimider *qn*. ¶ 사장은 당장 해고시키겠다고 직원들을 을러댔다 Le patron a menacé les employés de les mettre à pied sur l'heure. ¶ 그 사람은 돈을 요구하며 주먹을 을러댔다 Il a demandé de l'argent en brandissant le poing.

을러메다 타 intimider; brutaliser, brusquer; menacer; fulminer, tonner, rabrouer, rudoyer, secouer. ¶ 주먹을 ~ menacer avec le poing, menacer du poing. ¶ 그 사람은 동네 사람들을 을러멨다 Il a rabroué son voisinage.

-을런가 어미 ☞ -ㄹ런가

-을런고 어미 ☞ -ㄹ런고

-을망정 어미 ☞ -ㄹ망정

-을밖에 어미 ☞ -ㄹ밖에

-을뿐더러 어미 ☞ -ㄹ뿐더러

-을사 어미 ☞ -ㄹ사

을사오적 **乙巳五賊** 명 【역사】 (les) cinq traîtres *mpl* du traité d'*Eulsa* ((qui ont signé le traité de protectorat avec le Japon en 1905 (l'année *Eulsa*)).

을사조약 **乙巳條約** 명 【역사】 traité *m* d'*Eulsa*, traité *m* de protectorat ((imposé à la Corée par le Japon en 1905 (l'année *Eulsa*)).

-을세 어미 ☞ -ㄹ세

-을세라 어미 ☞ -ㄹ세라

-을수록 어미 ☞ -ㄹ수록

-을시고 어미 ☞ -ㄹ시고

-을쏘냐 어미 ☞ -ㄹ쏘냐

-을쏜가 ☞ -ㄹ쏜가

을씨년스럽다 형 paraître [être] misérable [malheureu*x*(*se*), désolé(*e*), minable, triste, sinistre]. ¶ 날씨가 ~ Il fait un temps bien triste [maussade]. ¶ 철 지난 바다의 풍경이 ~ La mer en fin de saison paraît bien sinistre.

-을작시면 어미 ☞ -ㄹ작시면

-을지 어미 ☞ -ㄹ지

-을지나 어미 ☞ -ㄹ지나

-을지니 어미 ☞ -ㄹ지니

-을지니라 어미 ☞ -ㄹ지니라

-을지라 어미 (☞ -ㄹ지라

-을지라도 ☞ -ㄹ지라도

-을지로다 어미 ☞ -ㄹ지로다

-을지며 어미 ☞ -ㄹ지며

을지문덕 **乙支文德** 명 【인명】 Euljimundeok (((7e siècle), général du royaume de Goguryeo)).

-을지어다 어미 ☞ -ㄹ지어다

-을지언정 어미 ☞ -ㄹ지언정

읊다 타 ① 시를 낭송하다 réciter [déclamer] un poème. ¶ 그는 시 한 편을 읊었다 Il a récité un poème. ② 시를 짓다 composer [écrire] un poème. ¶ 시인은 자신의 감정을 시로 읊는다 Les poètes traduisent en vers leurs sentiments.

-을진대 어미 ☞ -ㄹ진대

읊조리다 타 réciter ((un poème)). ¶ 시(시구)를 ~ dire un poème [quelques vers] à voix basse.

음1 **音** 명 ① 소리 son *m*. ¶ 그 글자는 ~이 두 가지로 읽힌다 Cette lettre-là se prononce de deux façons. ② 【음악】 ton *m*. ¶ 연주할 때는 ~을 정확하게 표현해야 한다 Quand on joue, il faut clairement exprimer les sons.
◆_가 -價 명 valeur *f* phonétique.
◆_감 -感 명 sens *m* auditif. ¶ 그 남자는 ~감이 좋다

Il a l'oreille juste / Il a de l'oreille.

◆_계 -階 명 gamme *f*.

◆_고 -高 명 hauteur *f* du son; ton *m* de la voix.

◆_곡 -曲 명 ((musique)) mélodie *f*, air *m*.

◆_독 -讀 명 prononciation *f* des caractères chinois; lecture *f* à haute voix.

◆_렬 -列 명 【음악】 suite *f* (des douze demi-tons de la gamme chromatique) ((utilisée comme unité dans la musique dodécaphonique[sérielle])). ¶ 12~렬 série de douze sons, série dodécaphonique.

음² 陰 명 principe *m* femelle; élément *m* négatif. *~으로 양으로 (돕다) (aider) de toutes les manières.

음³ 감 euh; heu; ben. ¶ ~, 생각을 좀 해 봐야겠네 Heu! Ça demande réflexion.

-음⁴ 어미 ☞ -ㅁ²

-음⁵ 접미 ☞ -ㅁ³

음가 音價 명 【언어】 valeur *f* phonétique.

음각 陰刻 명 gravure *f*, ciselure *f*. ¶ ~ 도장 un sceau [un cachet] en creux. ◇_(을) 하다 graver, ciseler (sur bois).

음경 陰莖 명 pénis *m*, verge *f*; phallus *m*.

음관 蔭官 명 fonctionnaire *m* (de l'ancien régime de Corée) ((nommé par mérite spécial ou par hérédité, et dispensé du concours d'entrée dans la fonction publique du royaume de Joseon)). ¶ ~으로 벼슬길에 오르다 faire carrière de fonctionnaire sans passer par le concours *gwageo*[en compensation d'un mérite spécial; en héritant de la charge de *son* parent].

음극 陰極 명 cathode *f*; pôle *m* négatif.

음기 陰氣 명 force *f* de l'élément femelle. ¶ 그 여자는 ~가 너무 세다 Cette femme a du chien {*fam*}.

음낭 陰囊 명 bourses *fpl*; scrotum *m*.

음담 淫談 명 histoire *f* [propos *mpl*] obscène(*s*) [pornographique(*s*)]. ¶ ~을 늘어놓다 s'étendre en propos obscènes.

음담패설 淫談悖說 명 ragots *mpl* [potins *mpl*] obscènes. ◇_(을) 하다 colporter [faire circuler] des ragots [des histoires] obscènes [des propos indécents, des propos scandaleux].

음대 音大 명 faculté *f* de musique.

음덕 陰德 명 vertu *f* cachée; charité *f* discrète. ¶ ~을 쌓다 faire du bien en secret. ¶ 조상의 ~을 입다 bénéficier des vertus cachées des ancêtres.

음독 飮毒 명 absorption *f* d'un poison. ◇_(을) 하다 absorber un poison; s'empoisonner.

◆_자살 -自殺 명 suicide *m* par empoisonnement. ¶ ~자살을 기도하다 tenter de s'empoisonner. ¶ 그 남자는 ~자살하였다 Il s'est empoisonné.

음란 淫亂 명 impudicité *f*, débauche *f*, libertinage *m*, dévergondage *m*, luxure *f*, lubricité *f*, lascivité *f*, lasciveté *f*. ¶ ~ 잡지 un magazine pornographique [érotique, indécent, obscène].

◆_하다 형 être débauché(*e*), dévergondé(*e*), impur(*e*), impudique, obscène, luxurieux(*se*), indécent(*e*). ¶ ~한 생활 une vie de débauche. ¶ ~한 여재[남재] une débauchée [un débauché]. ¶ ~한 영화 un film pornographique [porno, X, cochon {*fam*}, de cul {*fam*}]. ¶ ~한 짓을 하다 commettre un acte impur. ¶ 음란하게 굴다 se débaucher, se dévergonder.

◆_물 -物 명 ((영화)) film *m* pornographique [porno, X, cochon {*fam*}, de cul {*fam*}]; ((도서, 잡지)) magazine *m* pornographique [du cul {*fam*}].

음랭하다 陰冷― 형 être sombre et froid. ¶ 음랭한 겨울 날씨 un temps d'hiver sombre et froid. ¶ 음랭한 동굴 속 l'intérieur d'une grotte sombre et froide.

음량 音量 명 volume *m* sonore. ¶ 라디오의 ~을 조절하다[줄이다] régler le volume de la radio [baisser le volume de la radio, baisser (le son de, l'intensité du son de) la radio, mettre la radio moins fort]. ¶ ~을 크게[작게] 하다 augmenter [réduire] le son [le volume], mettre plus [moins] fort. ¶ ~을 최대로 하다 régler le son au maximum [à fond {*fam*}].

음력 陰曆 명 calendrier *m* lunaire. ¶ ~ 팔월 십오일 le 15 du huitième mois lunaire. ¶ 생일을 ~으로 쇠다 fêter *son* anniversaire selon le calendrier lunaire. ¶ 오늘이 ~으로 며칠이니? Aujourd'hui, quel jour sommes-nous sur le calendrier lunaire?

음료 飮料 명 breuvage *m*; boisson *f*. ¶ ~를 마시다 boire une boisson.

◆무[비]알콜_ 無[非]- 명 boisson *f* non alcoolisée [sans alcool].

◆이온_ 명 boisson *f* ionisée.

◆청량_ 淸涼- 명 boisson *f* rafraîchissante; rafraîchissement *m*.

◆탄산_ 명 boisson *f* gazeuse [pétillante].

음료수 飮料水 명 ((식수)) eau *f* potable; ((마실 것, 음료)) boisson *f*, breuvage *m*. ¶ 이 물은 ~로 적합하지 않다 Cette eau n'est pas potable. ¶ 빗물을 받아 ~로 쓰다 utiliser l'eau de pluie comme eau potable. ¶ ~를 제공하다 servir une boisson.

음률 音律 명 mélodie *f*; air *m*; rythme *m*. ¶ 맑은 ~ une mélodie pure. ¶ ~에 젖다 s'imprégner d'une mélodie.

음매 감 meuh! ¶ 소가 ~ 운다 La vache pleure [beugle, meugle, mugit].

음메 부 meuh ((onomatopée du meuglement [beuglement] du veau)). ☞ 음매

음모¹ 陰毛 명 poil *m* du pubis. ¶ ~가 나는 나이 l'âge où poussent les poils du pubis.

음모² 陰謀 명 complot *m*, conspiration *f*, intrigue *f*. Ils ont fomenté le complot pour assassiner un ministre. ¶ ~에 가담하다[개입하다] participer à un complot [tremper {*fam*} dans un complot]. ¶ ~를 발견하다 découvrir un complot. ¶ ~를 막다[좌절시키다] déjouer un complot [faire avorter un complot]. ◇_(를) 하다[꾸미다, 짜다] comploter; conspirer; intriguer; former [machiner, nouer, tramer, ourdir] un complot [une conspiration, une intrigue]. ¶ 장성들이 쿠데타를 ~하였다 Les généraux ont fomenté un coup d'état. ¶ 그들은 장관

을 암살하려고 ~를 꾸몄다[짰다]
◆_단 -團 명 groupe *m* [cellule *f*] de conspirateurs.
◆_자 -者 명 comploteur(*se*), conspira*teur*(*trice*).

음모음 陰母音 명 【언어】 "voyelle *f* du yin" (avec une connotation négative, par opposition à "voyelle du yang" dont la connotation est positive).

음문 陰門 명 【해부】 vulve *f*.

음미 吟味 명 appréciation *f*. ◇_(를) 하다 apprécier. ¶ 시를 ~하다 apprécier un poème. ¶ 이 작품은 ~해 볼 만한 가치가 있다 Cette œuvre est appréciable [estimable] / Cette œuvre vaut la peine d'être appréciée. ¶ 포도주의 맛과 향을 ~하며 마시다 boire du vin en le dégustant [en appréciant son goût et son bouquet].

음반 音盤 명 disque *m*. ¶ ~ 판매 수익 bénéfice de la vente de disques. ¶ ~을 사다[구입하다] (s')acheter [se procurer] des disques. ¶ ~을 내다 sortir un disque [un album]. ¶ 그 가수의 새 ~이 나왔습니까? Ce(*tte*) chanteu*r*(*se*) a-t-il(elle) sorti un nouvel album?

음보 音譜 명 【음악】 partition *f*. ☞ 악보

음복 飮福 명 action de boire le vin offert aux ancêtres ((lors d'un culte aux ancêtres)). ◇_(을) 하다 boire le vin offert aux ancêtres.

음부[1] 音符 명 note *f*. ¶ ~를 읽다 déchiffrer [lire] des notes.

음부[2] 陰部 명 【해부】 parties *fpl* génitales [sexuelles]; sexe *m*.

음부[3] 淫婦 명 débauchée *f*, dévergondée *f*.

음사 陰事 명 ① affaire *f* secrète [confidentielle]; complot *m*. ¶ ~를 꾸미다 monter une affaire secrète [un complot], comploter. ② rapport *m* sexuel, relation *f* sexuelle.

음산하다 陰散- 형 être sombre et triste [morne et froid]. ¶ 음산한 풍경 un paysage morne. ¶ 음산한 날씨 un temps sombre et triste. ¶ 음산한 묘지 une tombe sinistre. ¶ 분위기가 ~ L'atmosphère est sinistre. ¶ 갑자기 분위기가 음산하게 변했다 L'atmosphère est devenue soudainement sinistre / L'atmosphère s'est soudainement assombrie [alourdie].

음상 音相 명 timbre *m*.

음색 音色 명 timbre *m* de la voix; tonalité *f*. ¶ 독특한 ~ un timbre de voix unique [singulier, particulier, spécial]. ¶ 바이올린과 첼로는 ~이 다르다 Le violon et le violoncelle n'ont pas le même timbre. ¶ ~이 좋다 C'est un bon timbre de voix.

음서 淫書 명 écrit *m* [texte *m*, livre *m*, revue *f*] porno(graphique) [obscène, cochon(*ne*) {*fam*}]. ¶ ~를 읽다 lire des livres [des revues] porno(graphique)s [cochon(*ne*)s {*fam*}].

음성[1] 音聲 명 ① voix *f*. ¶ 부드러운[날카로운, 낭랑한] ~ une voix douce [aiguë, claire]. 우렁찬 ~ une voix forte [puissante, retentissante], une grosse voix]. ¶ ~을 낮추다[높이다] baisser [élever] la voix. ¶ 그 남자는 ~이 좋다[나쁘다] Il a une belle voix [Il n'a pas une belle voix]. ¶ 나는 나이 들어 ~이 변했다 En prenant de l'âge, ma voix a mué. ② 【언어】 사람의 발음기관에서 나오는 구체적이고 물리적인 소리 son *m*, voix *f*.
◆_기관 -器官 명 organe *m* de la phonation.
◆_기호 -記號 명 code *m* phonétique.
◆_사서함 -私書函 명 【통신】 boîte *f* vocale.
◆_상징 -象徵 명 【언어】 symbolisme *m* phonétique.
◆_신호 -信號 명 signal *m* sonore.
◆_인식 -認識 명 reconnaissance *f* vocale [de la parole].
◆_표기 -表記 명 【언어】 transcription *f* phonétique.
◆_학 -學 명 phonétique *f*. ¶ 구조주의 ~학 phonétique structurale. ¶ 기능주의 ~학 phonétique fonctionnelle.
◆_합성 -合成 명 synthèse *f* vocale [de la parole].

음성[2] 陰性 명 ① 【전기】 négativité *f*. ② 【의학】 병독의 반응이 나타나지 않는 상태 absence *f* de réaction. ¶ ~의 négati*f*(*ve*). ¶ 투베르쿨린 반응이 ~이다 La réaction à la tuberculine est négative. ③ 밖으로 드러나지 않는 성질
◆_적 -的 명관 secr*et*(*ète*); tacite. ¶ 이러한 일은 이미 ~적으로 행해지고 있었다 Une telle affaire s'était déjà réalisée en secret.
◆_모음 -母音 명 voyelle *f* du yin ((avec une connotation péjorative)). ☞ 음모음
◆_반응 -反應 명 réaction *f* négative.

음소 音素 명 【언어】 phonème *m*. ¶ ~의 변별자질 trait distinctif d'un phonème.
◆_론 -論 명 phonétique *f*.
◆_문자 -文字 명 【언어】 écriture *f* [alphabet *m*] phonétique.
◆_배열제약 -配列制約 명 【언어】 contraintes *fpl* distributionnelles des phonèmes [phonétiques].
◆_변화 -變化 명 changement *m* de phonème.
◆_적 표기법 -的 表記法 명 【언어】 représentation *f* phonologique [phonématique].
◆_체계 -體系 명 système *m* phonématique.
◆원_ 原- 명 archiphonème *m*, phonème *m* de base.

음속 音速 명 【물리】 vitesse *f* du son. ¶ ~을 돌파하다 percer le mur du son. ¶ ~으로 날다 voler à la vitesse du son.
◆초_ 超- 명 vitesse *f* supersonique.

음송 吟誦 명 récitation *f*. ◇_(을) 하다 réciter (un poème). ¶ 말라르메의 시를 ~하다 réciter un poème de Mallarmé.

음수 陰數 명 【수학】 nombre *m* négatif; quantité *f* négative. ¶ ~와 양수 nombres négatifs et nombres positifs.

음순 陰脣 명 【해부】 lèvres *fpl* (de la vulve).
◆대_ 大- 명 grandes lèvres *fpl*.
◆소_ 小- 명 petites lèvres *fpl*; nymphes *fpl*.

음습하다 陰濕- 형 être sombre [obscur(*e*)] et humide. ¶ 음습한 땅 une terre noire et humide. ¶ 음습한 골짜기 une vallée sombre et humide.

음식 飮食 명 nourriture *f*; aliment *m*; mets *m*; vivres *mpl*. ¶ ~ 문화 mode de vie alimentaire. ¶ 명절 ~ plats de fête. ¶ 따뜻한[데운, 뜨거운] ~ un plat tiède [réchauffé, chaud]. ¶ 차가운[찬] ~ un plat froid. ¶ 상하기 쉬운 ~ un aliment difficile à conserver. ¶ 영양분이 풍부한 ~ un aliment nutritif [nourrissant]. ¶ ~을 가리다 être difficile en matière de nourriture. ¶ ~을 먹다[섭취하다, 삼키다] manger [prendre, absorber] de la nourriture; s'alimenter, se nourrir, avaler. ¶ ~을 토하다[뱉다] vomir; rendre ((*son* déjeuner)). ¶ ~을 대접하다 inviter à un repas. ¶ ~을 만들다[조리하다] faire la cuisine; cuisiner, accommoder (des plats). ¶ ~을 사 먹다 s'acheter *qc* à manger; ((외식)) aller au restaurant. ¶ ~을 얻어먹다 être invité(*e*) [se faire inviter] au restaurant. ¶ ~을 주다 donner de la nourriture. ¶ ~을 준비하다 préparer un plat. ¶ ~을 차리다 apprêter un repas. ¶ 이 식당은 ~이 좋다 On mange bien dans ce restaurant. ¶ ~이 맛있다 C'est bon [délicieux] / La cuisine est bonne / On mange bien ((dans ce restaurant)).

◆_**량** -量 명 quantité *f* de nourriture.
◆_**물** -物 명 aliment *m*; produit *m* alimentaire.
◆_**상** -床 명 table *f* de repas, table *f* des mets. ¶ ~상을 차리다 préparer la table; mettre [installer] les plats sur la table.
◆_**점** -店 명 restaurant *m*.

음심 淫心 명 inclination *f* à la luxure. ◇_(을) **품다** entretenir des pensées de luxure.

음악 音樂 명 musique *f*. ¶ ~ 애호가 l'amateur de musique; un(*e*) mélomane. ¶ ~을 가르치다 enseigner la musique. ¶ ~을 배우다 apprendre la musique. ¶ ~을 연주하다 jouer [exécuter, interpréter] un morceau de musique. ¶ 흘러나오는 ~에 맞추어 춤을 추다 danser au rythme de la musique. ¶ ~ 좀 틀어라 Mets un peu de musique!

◆_**적** -的 명관 music*al*(*ale*, *aux*). ¶ ~적 효과 un effet musical.
◆_**성** -性 명 musicalité *f*.
◆_**가** -家 명 musicien(*ne*) (professionnel(*le*)).
◆_ **감독** -監督 명 direc*teur*(*trice*) musical(*e*).
◆_**감상** -鑑賞 명 écoute *f* de la musique. ¶ ~ 감상을 하다 goûter la musique, aimer beaucoup écouter de la musique, apprécier beaucoup la musique. ¶ ~ 감상실 une salle d'audition musicale.
◆_**계** -界 명 milieux *mpl* musicaux, monde *m* de la musique. ¶ 그 사람은 ~계에 크게 공헌했다 Il a grandement contribué au monde de la musique.
◆_**당** -堂 명 salle *f* de concert.
◆_**대** -隊 명 fanfare *f*.
◆_**실** -室 명 salle *f* de musique.
◆_**인** -人 명 musicien(*ne*).
◆_**제** -祭 명 festival(*s*) *m*(*pl*) music*al*(*aux*).
◆_**학** -學 명 musicologie *f*.
◆_**학교** -學校 명 école *f* [conservatoire *m*] de musique.
◆_**효과** -效果 명 effet *m* musical.
◆_**회** -會 명 concert *m*; récital *m* ((de piano, de violon)).
◆**경**_ 輕- 명 musique *f* légère.
◆**고전**_ 古典- 명 musique *f* classique.
◆**교회**_ 教會- 명 musique *f* religieuse [d'église].
◆**대중**_ 大衆- 명 musique *f* pop(ulaire).
◆**순수**_ 純粹- 명 musique *f* pure.
◆**실내**_ 室內- 명 musique *f* de chambre.
◆**실용**_ 實用- 명 musique *f* utilitaire [variétés].
◆**영화**_ 映畫- 명 musique *f* de film.
◆**전통**_ 傳統- 명 musique *f* traditionnelle.
◆**종교**_ 宗教- 명 musique *f* religieuse.
◆**최신**_ 最新- 명 musique *f* dernier cri.
◆**표제**_ 表題- 명 musique *f* à programme; musique *f* descriptive.

음액 陰液 명 ((생물학)) semence *f*, sperme *m*.

음양 陰陽 명 ① 남녀의 성에 관한 이치 genres *mpl*[sexes *mpl*] masculin et féminin. ② 만물의 근원이 되는 상반된 두 성질 principe *m* mâle et principe femelle; élément *m* positif et élément négatif; ombre *f* et lumière *f*; yin *m* et yang *m*. ¶ ~의 원리 principes mâle et femelle. ¶ ~의 조화 harmonie entre les principes mâle et femelle. ③ 여러 방면 divers moyens *mpl*, différentes manières *fpl* [façons *fpl*]. ((음양으로)) ¶ 불우한 이웃을 ~으로 돕다 aider les nécessiteux de différentes façons.

음양오행 陰陽五行 명 ((philosophie orientale)) les principes *mpl* négatif [yin] et positif [yang] et les cinq éléments *mpl* ((métal, bois, eau, feu, terre)). ¶ ~ 사상 philosophie (taoïste) des principes yin et yang et des cinq éléments.

음역[1] 音域 명 registre *m* [étendue *f*] musical(*e*). ¶ ~이 넓은 악기 un instrument à vaste registre musical.

음역[2] 音譯 명 translittération *f*, transcription *f* phonétique. ◇_(을) **하다** transcrire (des sons) dans une autre langue.

음영[1] 吟詠 명 récitation *f* d'un poème. ¶ ~ 시인 un ménestrel, un troubadour, un poète ((lyrique)). ◇_(을) **하다** réciter. ¶ 시를 ~하다 réciter un poème.

음영[2] 陰影 명 ① 그림자 ombre *f*. ¶ 촛불이 흔들리면서 이상한 ~이 생긴다 La flamme de la bougie projette d'étranges ombres. ¶ 그림에 ~을 넣다 introduire les obscurs et les clairs dans un tableau. ② 얼굴의 어두운 그늘 assombrissement *m* du visage. ¶ 아들이 아파서 그의 얼굴에는 짙은 ~이 드리워져 있었다 La maladie de son fils assombrissait son visage.

음욕 淫慾 명 désirs *mpl* impurs [charnels, sexuels], appétit *m* charnel [sexuel]. ¶ ~을 채우다 satisfaire *ses* désirs impurs [charnels, sexuels], satisfaire [assouvir] *son* appétit sexuel [charnel]. ¶ ~을 억제하다 contenir [refouler, maîtriser] *ses* désirs impurs [charnels]. ¶ ~에 빠지다[탐닉하다] succomber aux désirs impurs [charnels], se laisser aller à *son* appétit charnel.

음용 飮用 명 emploi *m* pour la boisson. ¶ ~에 적합하다 être potable. ◇_(을) **하다** boire. ¶ 약수를 ~하다 boire de l'eau de source (censée avoir des propriétés médicinales).
◆_**수** -水 명 eau *f* potable.

음운 音韻 명 【언어】 phonème *m*; son *m* vocal.
◆_**과정** -過程 명 【언어】 processus *m* phonologique.
◆_**교체** -交替 명 【언어】 alternance *f* phonémique.
◆_**규칙** -規則 명 【언어】 règle *f* phonologique.
◆_**기호** -記號 명 signe *m* phonologique.
◆_**대응** -對應 명 【언어】 correspondance *f* phonémique.
◆_**도치** -倒置 명 inversion *f* phonologique.
◆_**동화** -同化 명 assimilation *f* phonologique.
◆_**론** -論 명 phonologie *f*.
◆_**변화** -變化 명 changement *m* phonologique. ¶ 이 단어는 많은 ~변화를 겪었다. Ce mot a connu [a fait l'objet] de nombreux changements phonologiques.
◆_**법칙** -法則 명 loi *f* phonologique.
◆_**부** -部 명 【언어】 partie *f* phonologique.
◆_**분석** -分析 명 analyse *f* phonémique.
◆_**사** -史 명 【언어】 histoire *f* phonologique [phonétique].
◆_**첨가** -添加 명 ajout *m* [addition *f*, adjonction *f*] phonologique.
◆_**체계** -體系 명 【언어】 système *m* phonologique.
◆_**학자** -學者 명 phonologue *mf*.
◆_**현상** -現象 명 phénomène *m* phonologique.

음울하다 陰鬱- 형 ① ((날씨)) être triste, maussade, morose, morne, sombre. ¶ 음울한 하늘 un ciel triste, un ciel morose [maussade]. ② ((분위기, 기분)) être triste, maussade, morose, morne, sombre. ¶ 음울한 사나이 un homme sombre, un homme sinistre; un triste sire. ¶ 음울한 분위기 une ambiance maussade [morose]. ¶ 그는 노래를 음울하게 불렀다 Il a chanté tristement [de façon mélancolique].

음유 吟遊 명 vagabondage *m* de poète, errance *f* de troubadour; fait *m* d'errer sur les routes en faisant de la poésie. ◇_**하다** errer[vagabonder] en récitant des vers, mener une existence de ménestrel.
◆_**시인** -詩人 명 aède *m*; troubadour *m*, trouvère *m*; ménestrel *m*, poète *m* itinérant[ambulant, lyrique].

음자 音字 명 【언어】 caractère *m* phonétique.

음장 音長 명 【언어】 chronème *m* (longueur *f* d'un son).
◆_**언어** -言語 명 【언어】 langue *f* chronémique.

음전기 音電氣 명 【물리】 électricité *f* négative.

음전하다 형 être mesuré(*e*) et réservé(*e*). ¶ 음전한 행동 une conduite mesurée et réservée. ¶ 그 여자는 말씨가 ~ Elle parle avec mesure et réserve. ¶ 그녀는 행동거지가 아주 ~ Son comportement est très posé.
◆**음전히** 부 avec mesure et réserve.

음절 音節 명 【언어】 syllabe *f*; mesure *f*. ¶ 강세가 있는 ~ syllabe accentuée [accentuelle]. ¶ 단어를 ~ 단위로 끊다 détacher chaque syllabe d'un mot. ¶ 프랑스어은 발음되는 마지막 음절에 강세가 주어진다. En français, l'accent tonique porte sur la dernière syllabe (prononcée).
◆_**교체형** -交替形 명 type *m* d'alternance syllabique.
◆_**구조** 構造 명 structure *fpl* syllabique.
◆_**구조제약** -構造制約 명 contraintes *fpl* structurelles d'une syllabe.
◆_**말음** -末音 명 finale *f* [son *m* final] d'une syllabe.
◆_**문자** -文字 명 écriture *f* syllabique; syllabisme *m*.
◆_**초두음** -初頭音 명 initiale *f* [son *m* initial] d'une syllabe.
◆**개[폐]**_ 開[閉]- 명 syllabe *f* ouverte [fermée].
◆**다**_ 多- 명 polysyllabe *f*.
◆**단**_ 單- 명 monosyllabe *f*.

음정 音程 명 【음악】 intervalle *m* ((de tierce)). ¶ ~이 바르지 않다 chanter faux. ¶ ~이 맞다[틀리다] chanter juste [faux].

음조 音調 명 ① 【음악】 ton *m*; tonalité *f*; hauteur *f*. ¶ ~를 바꾸다 changer de tonalité; moduler ((sur tous les tons)). ¶ ~를 높이다 aller du grave à l'aigu; passer du grave à l'aigu; passer à une tonalité plus aiguë; prendre des tons aigus [une voix de tête]. ¶ 이 피아노는 ~가 틀리다 Ce piano a besoin d'être accordé / Ce piano a une mauvaise tonalité. ② 【언어】 ton *m* [hauteur *f*] d'une syllabe.

음주 飮酒 명 consommation *f* de boissons alcooliques [alcoolisées {*pop*}]. ¶ ~ 문화 la culture de l'alcool; la valeur socioculturelle de l'alcool; le vécu socioculturel de l'alcool. ¶ ~를 일삼다 s'adonner à la boisson; être porté(*e*) sur la boisson; être alcoolique; aimer la bouteille {*fam*}. ¶ ~를 삼가다 éviter de boire. ¶ 다시 ~를 시작하다 se remettre à boire. ¶ ~로 패가망신하다 se ruiner (la santé) à force de boire. ◇_(**를**) **하다** boire (de l'alcool), consommer de l'alcool [des boissons alcooliques, des boissons alcoolisées {*pop*}].
◆_**가** -家 명 buveu*r*(*se*).
◆_**벽** -癖 명 habitude *f* de boire.
◆_ **운전** -運轉 명 conduite *f* en état d'ivresse [d'ébriété].
◆_ **측정기** -測程器 명 alcootest *m*.

음지 陰地 명 lieu *m* ombragé; ombre *f*. ¶ ~와 양지 endroit ombragé et endroit ensoleillé.
***양지가 ~되고 ~가 양지 된다** ☞ 양지
◆_**식물** -植物 명 plante *f* qui pousse dans des lieux ombragés.

음질 音質 명 qualité *f* du son, sonorité *f*. ¶ ~이 좋다[나쁘다] La qualité du son est bonne [La qualité du son est mauvaise, n'est pas bonne]; avoir une bonne sonorité [une mauvaise sonorité]. ¶ ~이 고르[지 못해]다 La qualité du son est bonne [la qualité du son est mauvaise, n'est pas bonne; ça grésille;

il y a des grésillements].

음차 音叉 명 【물리】 diapason *m*.

음충맞다 형 être sournois(*e*), insidi*eux*(*euse*), trich*eur*(*euse*), mal*in*(*gne*), rusé(*e*). ¶ 음충맞은 모습 un air sournois. ¶ 음충맞은 웃음 un rire sournois.

음충하다 형 être sournois(*e*), dissimulé(*e*), perfide, hypocrite, rusé(*e*); être fourbe. ¶ 음충한 사람 une personne sournoise. ¶ 음충한 웃음 un rire sournois; un rire hypocrite.

음치 音癡 명 incapacité *f* de distinguer les sons musicaux; personne *f* qui n'a pas l'oreille musicale; personne *f* qui chante faux. ¶ 그 사람은 ~다 Il n'a (absolument) pas l'oreille musicale / Il chante totalement faux.

음침하다 陰沈- 형 ① ((사물이)) être sombre, obscur(*e*), ténébreu*x*(*se*), lugubre, triste; être morne. ¶ 음침한 동굴 une grotte obscure [lugubre]. ¶ 날씨가 ~ Il fait un triste temps [un temps maussade] / Le ciel est maussade. ¶ 이 구역은 저녁 때면 매우 ~ Ce quartier est lugubre le soir. ② ((사람, 태도가)) être triste, morose; ((음흉하다, 엉큼하다)) être sournois(*e*), perfide. ¶ 음침한 목소리 une voix triste. ¶ 그 남자는 성격이 ~ Il est morose. ¶ 음침하게 지나가는 여자를 쳐다보다 regarder sournoisement une fille qui passe.

음탕하다 淫蕩- 형 être débauché(*e*), lubrique, lasci*f*(*ve*), voluptueu*x*(*se*); être vicieu*x*(*se*), libidineu*x*(*se*), licencieu*x*(*se*); être salace, obscène. ¶ 음탕한 성격[마음, 짓] tempérament voluptueux [esprit lubrique, geste obscène]. ¶ 음탕한 생활에 빠지다 s'adonner [se livrer] à la luxure; vivre dans la débauche; se livrer à la lubricité; s'adonner sans retenue aux plaisirs charnels; tomber [vivre] dans la licence. ¶ 음탕한 말을 하다 tenir des propos libidineux [obscènes, salaces, libertins, licencieux] à *qn*; dire [raconter] des gauloiseries {*fam*}; dire [débiter] des gaudrioles {*fam*}. ¶ 음탕한 곳에 가다 aller dans [fréquenter] des lieux de débauche. ¶ 그 남자는 행동이 ~ Il a un comportement lascif [obscène] / Il a une conduite immorale [obscène] / Il est vicieux [libidineux] / Il est dévergondé. ¶ 음탕하게 웃다 avoir un rire obscène [vicieux, malsain].

음파 音波 명 【물리】 *onde f sonore*. ¶ ~를 내다 émettre des ondes sonores. ¶ ~를 탐지하다 détecter des ondes sonores.

◆**_측정** -測程 명 phonométrie *f*.

◆**_탐지기** -探知機 명 sonar *m*.

음표 音標 명 note *f* (de musique); notation *f* (musicale). ¶ ~를 그리다 écrire des notes (de musique) ((sur une portée)).

◆**_문자** -文字 명 【언어】 alphabet *m* [écriture *f*] phonétique.

◆**이분[사분]_** 二分[四分]- 명 blanche *f* [noire *f*].

음해 陰害 명 médisance *f*, calomnie *f*. ¶ ~ 공작 complot destiné à nuire à *qn*. ◇**_(를) 하다** médire ((de *qn*)), dire du mal ((de *qn*)) (dans *son* dos), calomnier, nuire à *qn*, comploter contre *qn*; léser *qn*, endommager, atteindre [blesser] *qn* dans ((*ses* intérêts, *ses* droits)). ¶ 상대방을 ~하다 nuire à [comploter contre] l'adversaire / calomnier *son* adversaire.

음핵 陰核 명 【해부】 clitoris *m*.

음행 淫行 명 conduite *f* obscène [immorale]; luxure *f*. ¶ ~을 일삼다 s'adonner à la luxure.

음향 音響 명 son *m*; bruit *m*. ¶ ~을 내다 faire du bruit. ¶ ~을 조절하다 régler le son.

◆**_계** -計 명 sonomètre *m*.

◆**_기** -器 명 sonomètre *m*.

◆**_실** -室 명 studio *m* pour enregistrements sonores, studio *m* d'enregistrement ((mixage, prise de son, arrangement)).

◆**_학** -學 명 acoustique *f*.

◆**_기사** -技士 명 ingénieur *m* du son.

◆**_설비** -設備 명 équipement *m* du son.

◆**_효과** -效果 명 effets *mpl* sonores; acoustique *f*; ((연극, 영화)) bruitage *m*. ¶ 이 강당은 ~ 효과가 나쁘다 L'acoustique de cette salle est mauvaise.

음험하다 陰險- 형 être sournois(*e*), dissimulé(*e*), fourbe. ¶ 음험한 인물 personnage sournois [dissimulé, fourbe]. ¶ 음험한 수작을 부리다 séduire [courtiser] une femme par des moyens sournois; user de moyens sournois pour séduire [courtiser, faire la cour à] une femme. ¶ 나를 바라보는 그 남자의 눈초리가 ~ Il me regarde sournoisement. ¶ 음험하게 굴다 agir sournoisement.

음화¹ 陰畫 명 【예술】 cliché *m* négatif, négatif *m*, épreuve *f* négative. ¶ ~를 보다 visionner un cliché négatif.

음화² 淫畫 명 음란한 내용의 그림 peinture *f*[dessin *m*, lithographie *f*, gravure *f*] érotique, image *f* érotique. ¶ ~를 그리다 dessiner des images érotiques; peindre des peintures érotiques.

음흉 陰凶 어근 perfidie *f*, méchanceté *f*, fourberie *f*, cruauté *f*, malice *f*.

◆**_하다** 형 être méchant(*e*), mauvais(*e*), malfaisant(*e*), fourbe, perfide, traître(*sse*), dangereu*x*(*se*), sournois(*e*), malveillant(*e*), plein(*e*) de malice, mal*in*(*gne*), rusé(*e*). ¶ ~한 눈빛 un regard méchant [féroce, perfide]. ¶ ~한 웃음 un rire sournois. ¶ ~한 사람 une personne malfaisante; une vipère; ami(*e*) perfide; traître(*sse*); (personne) sournois(*e*) [dissimulé(*e*)].

◆**_스럽다** 형 être méchant(*e*), mauvais(*e*), malfaisant(*e*), fourbe, perfide, sournois(*e*), traître(*sse*). ¶ ~스럽게도 그 사람은 시치미를 떼고 있다 Avec perfidie, il fait l'innocent.

읍¹ 邑 명 *eup m* <commune>. ¶ ~에 가다 aller dans un *eup*.

◆**_락** -落 명 bourg *m* et village *m*.

◆**_면** -面 명 bourg *m* et canton *m*.

◆**_민** -民 명 habitants *m* d'un bourg.

◆_사무소 -事務所 명 bureau *m* de l'administration municipale d'un *eup*; municipalité *f* d'un *eup*.

◆_성 -城 명 muraille *f* d'un bourg.

◆_소재지 -所在地 명 siège *m* de la commune; siège *m* de l'administration municipale d'un *eup*; municipalité d'un *eup*.

◆_장 -長 명 maire *m* d'un *eup*.

읍² 揖 명 salut *m*, salutation *f* (en joignant les mains devant le visage). ◇_(을) **하다** saluer *qn* respectueusement [avec respect]. ¶ 손을 ~하고 절하다 faire une révérence [se prosterner] avec [en joignant] les mains devant *son* visage.

읍내 邑內 명 en ville *f*. ¶ ~에 살다 habiter en ville. ¶ ~로 가다 aller en ville.

읍소 泣訴 명 appel *m* éploré; supplication *f*. ◇_(를) **하다** faire un appel éploré à *qn*; supplier, prier, implorer *qn*. ¶ 도와달라고 ~하다 supplier *qn* de l'aider.

읍지 邑誌 명 chronique *f* d'une ville. ¶ ~에 기록하다 écrire ((un article)) dans la chronique d'une ville.

읍촌 邑村 명 ville *f* [commune *f*] et village *m*.

응 감 ① 대답 oui; non. ¶ 이 영화 보았니? -~, 보았어 As-tu vu ce film? -Oui, je l'ai vu. ¶ 안 올래? -~ Tu ne viens pas? -Non ② 동의를 구할 때 n'est-ce pas? ¶ 너는 나하고 같이 가자, ~? Tu viens avec moi, n'est-ce pas? ③ 질책 ce n'est pas possible [c'est incroyable]. ¶ 그렇게 말했는데도 또 지각했니, ~? J'ai beau te le répéter tous les jours [Je m'évertue à te le répéter], mais tu es encore une fois en retard! C(e n)'est pas possible!

응가 명 caca *m*; faire caca (어린아이 말) ¶ 엄마, 나 ~했어 Maman, j'ai fait caca.

응결 凝結 명 coagulation *f*; condensation *f* ((de la vapeur)). ◇_(을) **하다** se coaguler; se condenser. ¶ 대기 중의 수증기가 ~하면 비가 된다 La vapeur d'eau se condense en pluie. ◇_(을) **시키다** coaguler; condenser. ◇_(이) **되다** coaguler; se condenser.

◆_제 -劑 명 coagulant *m*.

◆_체 -體 명 corps *m* coagulé.

응고 凝固 명 ((물리)) solidification *f*; ((피, 우유등의)) coagulation *f*; caillement *m*. ◇_(를) **하다**[(**가**) **되다**] se solidifier; ((피가)) coaguler; ((우유가)) cailler; (*se*) figer; se geler; se congeler; se figer. ¶ 혈액이 ~하다 ((le sang)) coaguler. ◇_(를) **시키다** solidifier; geler; congeler; figer. ¶ 기름을 ~시키다 figer l'huile.

응그리다 타 ① 얼굴을 찌푸리다 grimacer, froncer le(*s*) sourcil(*s*). ¶ 얼굴을 ~ grimacer, froncer le(*s*) sourcil(*s*). ② 손으로 움켜쥐다 empoigner; saisir.

응급 應急 명 urgence *f*; soins *mpl* d'urgence. ¶ ~의 urgent(*e*); d'urgence. ¶ ~ 대책을 세워 두다 parer à toutes les éventualités. ¶ ~ 수리를 하다 faire des réparations d'urgence.

◆_책 -策 명 mesure *f* d'urgence. ¶ ~책을 취하다 prendre des mesures d'urgence.

◆_물자 -物資 명 secours *mpl* d'urgence; premiers secours *mpl*; biens *mpl* matériels [denrées *fpl*, approvisionnement *m*] d'urgence.

◆_수단 -手段 명 mesure *f* d'urgence; pis-aller *m inv*; expédient *m*.

◆_실 -室 명 salle *f* d'urgence (médicale); (les) urgences *fpl*.

◆_조치 -措置 명 mesure *f* d'urgence.

◆_진료실 -診療室 명 salle *f* de soins d'urgence, salle *f* des premiers soins (d'urgence).

◆_치료 -治療 명 premiers secours *mpl*; soins *mpl* d'urgence; ((donner)) les premiers soins ((à un blessé)).

응낙 應諾 명 consentement *m*; assentiment *m*; acceptation *f*; accord *m*. ¶ 내 청에 대한 ~ 여부를 알려 주시오 Dites-moi si vous acceptez ou non ma demande. ◇_(을) **하다** consentir à *qc*; répondre ((à un appel)); accepter, donner *son* accord. ¶ 원조 요청을 ~하다 accepter d'aider *qn* [de venir en aide à *qn*]. ¶ 결혼을 ~하다 consentir à un mariage; donner *son* accord pour un mariage.

응달 명 endroit *m* [lieu(*x*) *m*] ombragé; ombre *f*; ((나무의)) ombrage *m*. ¶ ~을 만들다 faire de l'ombre. ¶ ~에 두다 poser *qc* à l'ombre. ¶ ~로 가다 aller à l'ombre. ◇_(이)**지다** s'ombrager.

응답 應答 명 réponse *f*; réplique *f*. ¶ 노크를 했지만 아무런 ~이 없다 J'ai frappé à la porte mais personne ne répond. ¶ 일단 우리의 청에 대한 그 사람의 ~을 기다려 봅시다 Attendons tout d'abord sa réponse à notre demande. ◇_(을) **하다** répondre; répliquer. ¶ 아무도 그 사람의 말에 ~하지 않았다 Personne ne lui a répondu. ¶ 그 사람은 내 질문에 또박또박 ~해 주었다 Il a répondu très précisément à ma question. ¶ 그 계획에 반대한다고 ~한 사람이 많다 Beaucoup de gens ont répondu qu'ils s'opposaient à ce projet. ¶ 아래 물음에 ~하시오 Répondez à la question ci-dessous [suivante].

◆_자 -者 명 personne *f* interrogée; sondé *m*; personne *f* qui répond [réagit] (à *qc*).

◆자동 _기 自動機 명 répondeur *m* (automatique).

◆질의_ 質疑 명 questions *fpl* et réponses *fpl*.

응당 應當 부 sûrement, naturellement; sans faute; comme de juste. ¶ 그것은 ~ 우리가 수행해야 할 일이다 C'est naturellement à nous que revient ce travail. ¶ ~ 받을 것을 받다 recevoir ce qui nous est dû. ¶ 주운 물건은 ~ 주인에게 돌려주어야 한다 Il faut naturellement rendre à son propriétaire un objet trouvé.

◆_하다 형 être naturel(*le*), juste, obligé(*e*). ¶ ~한 보수 une juste récompense; une récompense méritée. ¶ 그 문제에 관해 너에게 책임을 묻는 것은 ~하다 Il est normal qu'il te blâme pour ta responsabilité dans cette affaire.

◆_히 부 sûrement, naturellement; sans faute; comme de juste. ¶ 죄를 지었으면 ~히 벌을 받아야 한다 Si on a commis un délit, il est naturel d'être sanctionné [puni].

응대¹ 應對 명 réponse *f*. ¶ 아내의 물음에 남편은 아무런

~도 보내지 않았다 Il n'a rien répondu à la question de sa femme. ◇_(를) **하다** répondre; s'entretenir, parler; avoir une entrevue avec *qn*. ¶ 그 사람은 모든 사람의 물음에 일일이 ~하였다 Il a répondu aux questions de tout le monde [à toutes les questions] une par une.

응대[2] 應待 명 accueil *m*; réception *f*. ◇_(를) **하다** accueillir, recevoir *qn*. ¶ 어머니는 손님을 ~하느라 바쁘다 Maman est occupée à recevoir les invités. ◇_(를) **받다** être accueilli(*e*), reçu(*e*).

응등그러지다 자 se ratatiner; (*se*) rabougrir; se tordre; gauchir, se gondoler; se déformer. ¶ 젖은 판자가 햇볕을 받아 응등그러졌다 Une planche de bois mouillée s'est gondolée [a gauchi] au soleil.

응등그리다 타 se contracter; se pelotonner, se blottir. ¶ (몸을) ~ se contracter; se pelotonner, se blottir. ¶ 그 아이는 추워서 침대 속에 몸을 응등그리고 누웠다 L'enfant s'est blotti au fond de son lit parce qu'il avait froid.

응력 應力 명 pression *f* (interne). ¶ ~이 생기고 있다[발생하고 있다] Il y a[Il se produit] une pression interne.

응모 應募 명 ((주식, 채권)) souscription *f*, inscription *f* [participation *f*] ((à un concours)); ((모병)) engagement *m*. ◇_(를) **하다** souscrire à *qc*; s'inscrire [participer] à ((un concours)); répondre ((à un appel)); s'engager ((dans l'armée)). ¶ 중등 교원 임용 시험에 ~하다 s'inscrire [participer] au concours du C.A.P.E.S. coréen. ¶ 주식 모집에 ~하다 souscrire à des actions.

◆**_액** -額 명 (montant *m* d'une) souscription *f*; montant *m* souscrit; somme *f* souscrite.

◆**_자** -者 명 souscrip*teur*(*trice*); participant(*e*) ((à un concours)).

◆**_작** -作 명 œuvre *f* présentée (lors d'un concours); ouvrages *mpl* [manuscrits *mpl*] présentés (lors d'un concours); manuscrits *mpl* soumis à un concours.

응보 應報 명 rétribution *f*, récompense *f*, juste retour *m* des choses. ¶ 자연의 ~를 초래하다 s'attirer les foudres de la nature, provoquer la vindicte de la nature, être à l'origine de la juste récompense de la nature.

◆**인과_** 因果 명 【불교】 loi *f* de la rétribution (selon les actes de chacun); (principe *f* du) karma *m*; qui sème le vent récolte la tempête; récolter ce qu'on a semé; on n'a que ce qu'on récolte; récompense *f* des actes passés.

응분 應分 명 proportionné(*e*), conforme ((aux moyens de *qn*)); approprié(*e*), propre, convenable. ¶ ~의 대우[보수]를 받다 recevoir un traitement [une rémunération] convenable.

응사 應射 명 riposte *f*. ◇_(를) **하다** répondre par un coup de fusil, riposter ((aux tirs de l'ennemi)). ¶ 적의 사격에 즉각 ~하다 riposter dès les premiers tirs de l'ennemi.

응석 명 comportement *m* d'un enfant gâté. ¶ 그 여자는 남편에게 늘 ~ 투로 말한다 Elle parle toujours à son mari d'un ton enjôleur. ◇_(을) **부리다[피우다]** faire l'enfant; se comporter en enfant gâté. ¶ 이 아이가 ~을 심하게 부린다 Cet enfant se comporte trop en enfant gâté. ◇_(을) **받다** gâter ((un enfant)); choyer [dorloter, chouchouter] un enfant. ¶ 할머니는 손자의 ~을 다 받아 주셨다 Grand-mère a gâté [chouchouté] ses petits-enfants.

◆**_꾸러기[둥이, 받이]** 명 enfant gâté(*e*) [pourri(*e*) {*fam*}]. ¶ 그 아이는 할머니 품에 ~꾸러기로 자랐다 Cet enfant a été élevé par sa grand-mère trop douillettement / Cet enfant a été trop materné par sa grand-mère. ¶ 아이를 ~받이로 키우다 élever *son* enfant comme un enfant gâté; élever *son* enfant trop douillettement; élever *son* enfant en cédant à tous ses caprices.

응소[1] 應訴 명 【법률】 acceptation *f* d'un procès. ◇_(를) **하다** soutenir un procès (comme défendeur).

응소[2] 應召 명 réponse *f* à un appel. ◇_(를) **하다** répondre à un appel [ordre de mobilisation].

◆**_자** -者 명 enrôlé *m*.

응수 應酬 명 réplique *f*, repartie *f*, répartie *f*, riposte *f*. ◇_(를) **하다** répliquer; répondre; riposter; repartir; répartir. ¶ 적의 공격에 ~하다 riposter à l'attaque de l'ennemi; contre-attaquer. ¶ 그 여자는 상대의 말에 한마디도 지지 않고 ~하였다 Elle a eu une réplique pour tout [une réponse à tout].

응시[1] 應試 명 candidature *f* à un examen. ◇_(를) **하다** se présenter à un examen. ¶ 대학 입학 시험에 ~하다 se présenter à l'examen d'entrée à l'université.

◆**_자** -者 명 candidat(*e*) à un examen.

응시[2] 凝視 명 regard *m* fixe. ◇_(를) **하다** regarder fixement; fixer [braquer] les yeux sur *qn*/*qc*; dévorer *qn*/*qc* des yeux. ¶ 그 남자는 아무 말 없이 먼 곳을 ~하였다 Il regardait fixement au loin sans rien dire [sans dire un mot]. ¶ 아버지는 다정한 시선으로 딸을 ~하였다 Le père regardait fixement et tendrement sa fille.

응애응애 부 vagissement *m*; cri *m* d'un nouveau-né; braillement *m* d'un bébé; gémissement *m*; ouin ouin. ¶ 아기가 ~운다 Le bébé pousse des cris [pleure, braille {*fam*}].

응어리 명 grumeau(*x*) *m*; ((피)) caillot *m* ((de sang)). ¶ 빵 반죽에 밀가루 ~가 만져진다 Je sens [Je perçois, Je constate] des grumeaux dans la pâte. ◇_(가)**지다** ① durcissement *m* ((musculaire)); induration *f*, raideur *f* dans les muscles. ¶ 젖가슴에 ~가 졌다 J'ai une induration dans la poitrine. ② ((감정)) ressentiment *m* profond; rancune *f*, rancœur *f*, gêne *f*. ¶ 너 때문에 가슴에 ~가 졌다 J'ai une rancune acharnée [un ressentiment profond] contre toi / J'ai [Je garde] de la rancune [rancœur] contre toi. ◇_**를 풀다** apaiser *sa* rancune [rancœur]. ¶ 가슴에 쌓인 ~를 풀다 apaiser *sa* rancune [rancœur] (contre *qn*).

응얼거리다 자타 grommeler [murmurer, parler, dire *qc*] entre ses dents, marmonner, bredouiller, mâchonner, mâchouiller, marmotter. ¶ 그 사람은 입속으로 노래를 응얼거렸다 Il fredonnait [chantonnait] une chanson.

응얼대다 자타 ☞ 응얼거리다

응용 應用 명 application *f*; mise *f* en pratique. ¶ ~ 범위 un champ d'application. ¶ 지식의 습득과 ~ acquisition de connaissances et leur mise en pratique. ¶ 그에게는 ~의 재주가 있다 Il a le sens du concret / Il est doué pour la pratique. ◇_(을) **하다** appliquer ((une règle à un cas particulier)); mettre ((*ses* connaissances)) en pratique. ¶ 유전 법칙을 공학적으로 ~하다 appliquer la loi génétique. ¶ ~할 수 있는[없는] applicable [non applicable]. ◇_(이) **되다** être appliqué(*e*); être applicable à *qc*. ¶ 이 방법론은 언어 교육에도 ~될 수 있다 Cette méthodologie peut également être appliquée à l'enseignement des langues. ¶ 실생활에 ~되는 이론들 les théories applicables à la vie quotidienne.

◆**_과학** -科學 명 sciences *fpl* appliquées.

◆**_력** -力 명 pouvoir *m* d'application; champ *m* d'application.

◆**_문제** -問題 명 exercice *m* pratique.

◆**_미술** -美術 명 art *m* appliqué.

◆**_수학** -數學 명 mathématiques *fpl* appliquées.

◆**_화학** -化學 명 chimie *f* appliquée.

응원 應援 명 ① 원조 aide *f*, assistance *f*, appui *m*; secours *m*; soutien *m*. ¶ 누구에게 ~을 청하다 demander de l'aide [du secours] à *qn*. ② 성원 encouragement *m*; soutien *m*. ¶ 우리는 친구들의 ~에 힘입어 우승할 수 있었다 Nous avons pu gagner grâce au soutien de nos amis / C'est grâce au soutien de nos amis que nous avons pu gagner. ③ 원군 renforts *mpl*. ◇_(을) **하다** aider *qn* ((dans une entreprise, à+*inf*)); accorder [prêter] *son* aide [appui] à *qn*; prêter main forte à *qn*; soutenir *qn*; encourager *qn*; applaudir, acclamer *qn*. ¶ 그 사람은 우리의 싸움을 ~하고 도와주었다 Il nous a aidé [nous a prêté main forte] en soutenant notre combat. ¶ 우리는 당신을 ~하러 왔습니다 Nous sommes venus pour t'aider [te prêter main forte, pour t'encourager]. ¶ 경기장을 메운 관중들은 큰 소리로 자기 편을 ~하였다 Les spectateurs qui comblaient le stade ont encouragé leur équipe à pleine voix.

◆**_가** -歌 명 supporter *m*.

◆**_군** -軍 명 troupe *f* de renfort; renforts *mpl*.

◆**_단** -團 명 groupe *m* de supporters.

◆**_석** -席 명 tribunes *fpl* de supporters.

응전 應戰 명 riposte *f*; acceptation *f* d'un combat. ¶ 도전과 ~ défi et relèvement de ce défi. ◇_(을) **하다** riposter [répondre] à une attaque; accepter le combat. ¶ 적의 공격에 ~을 하다 riposter [répondre] à l'attaque de l'ennemi.

응접 應接 어근 réception *f*, accueil *m*.

◆**_실** -室 명 salon *m*; ((학교 등의)) parloir *m*. ¶ ~실에서 손님을 맞다 recevoir des invités dans le salon.

◆**_세트** 명 service *m* de salon, salon *m* de réception, ensemble *m* de réception ((table et chaises)).

응집 凝集 명 agrégation *f*, agglutination *f*, cohésion *f*; condensation *f*, rassemblement *m*. ◇_(을) **하다** s'agglutiner; se condenser; se concentrer; s'agréger; se rassembler; s'unir en un tout compact; s'unir en un bloc cohérent; s'assembler; s'agglomérer. ¶ 공기 중의 수증기가 ~하여 빗방울이 된다 La vapeur d'eau (qui se trouve dans l'air) se condense en goutte(lette)s de pluie. ◇_(을) **시키다**[(을) **하다**] agréger; agglutiner; condenser; concentrer; rassembler; assembler; agglomérer; unir en un bloc cohérent; unir en un tout compact. ¶ 국력을 ~시키다 concentrer (toutes) les forces du pays. ◇_(이) **되다** s'agglutiner; se condenser; se concentrer; s'agréger; se rassembler; s'unir en un tout. ¶ 모든 노력이 ~되어 나타난 결과 le résultat de l'union de tous nos efforts.

◆**_성** -性 명 cohésion *f*; adhérence *f*.

◆**_력** -力 명 force *f* d'agrégation; force *f* agglutinante; force cohésive; cohésion *f*. ¶ 높은[뛰어난] ~력을 보여 주다 montrer [faire preuve de, avoir] une très bonne [excellente] cohésion. ¶ ~력이 있다 être cohésif(*ve*), condensable.

응징 膺懲 명 châtiment *m*; punition *f*. ◇_(을) **하다** châtier; punir. ¶ 악을 ~하다 punir le mal. ¶ 반역자들을 ~하다 châtier les rebelles. ◇_(을) **받다**[(이) **되다**] être châtié(*e*), être puni(*e*). ¶ 죄를 지으면 ~을 받게 마련이다 Si on commet un pêché [une faute, un crime], il est normal d'être puni. ¶ 불의는 ~되어야 한다 Tout injustice doit être punie.

응찰 應札 명 acceptation *f* d'un devis (lors d'une adjudication). ◇_(을) **하다** accepter un devis (lors d'une adjudication), adjuger, attribuer par adjudication. ¶ 고속도로 건설 공사에 ~하다 attribuer par adjudication des travaux de construction d'une autoroute.

응축 凝縮 명 condensation *f*. ◇_(을) **하다**[**시키다**] condenser; concentrer; liquéfier ((un gaz)) par compression. ¶ 가스를 액체로 ~하다 liquéfier un gaz par compression; condenser un gaz par pression. ¶ 수소 가스를 ~시키다 liquéfier l'hydrogène gazeux par compression. ◇_(이) **되다** se condenser. ¶ 수증기가 ~되어 물방울이 되었다 La vapeur d'eau s'est condensée en goutte(lette)s d'eau. ¶ 그 한마디 말에는 그 사람의 신념이 ~되어 있다 Ce mot suffit à diminuer sa conviction.

◆**_기** -器 명 condenseur *m*.

응하다 應- 자 ① 답하다 répondre. ¶ 질문[물음, 질의]에 ~ répondre à une question. ¶ 그 남자는 나에게 미소로만 응했다 Il ne m'a répondu que par un sourire. ¶ 인사에 ~ répondre à un salut. ¶ 힘에는 힘으로 ~ répondre à la force par la force. ¶ 그 사람은 기자들의 질문에 그것은 사실이 아니라고 응했

다 Il a répondu aux journalistes que ce n'était pas la vérité. ② 수락하다 accepter; répondre favorablement. ¶ 초대[제의, 제안]에 ~ accepter une invitation [proposition, offre]. ¶ 요구[요청, 부탁]에 ~ répondre favorablement [satisfaire] à une demande. ¶ 토론[토의, 회담]에 ~ accepter une discussion [un débat, une entrevue, un entretien]. ¶ 회견[인터뷰]에 ~ accorder un(*e*) interview. ¶ 조사[설문, 앙케트]에 ~ (accepter de) répondre à une enquête. ¶ 부름[호출, 소환]에 ~ répondre [se rendre] à un appel [une convocation]. ¶ 명령[지시]에 ~ obéir [se soumettre] à un ordre. ¶ 도전[결투 신청]에 ~ accepter [relever] le défi. ③ 응시, 응모하다 se présenter ((à un examen)); participer [s'inscrire] à ((un examen, un concours)); souscrire à ((un emprunt national)). ¶ 시험[현상 모집]에 ~ se présenter à un examen [participer à un concours; disputer un prix]. ¶ 공채 매입에 ~ souscrire à un emprunt public. ④ 충족하다 répondre ((aux désirs [à l'attente] de *qn*)); satisfaire ((les désirs de *qn*)). ¶ 기대[희망, 욕구]에 ~ satisfaire l'attente [les désirs] de *qn*. ¶ 고객의 주문에 ~ répondre aux désirs de la clientèle. ¶ 이 시대의 필요와 요구에 ~ répondre aux demandes et aux besoins de l'époque; répondre aux exigences de l'époque.

의[1] **誼** 명 amitié *f*; intimité *f*. ◇_(**가**) **좋다**[**나쁘다**] être bien [en bons termes, intime] avec *qn*; s'entendre bien avec *qn* [être mal avec *qn*, être en mauvais termes avec *qn*; s'entendre mal avec *qn*]. ¶ 그들은 형제 사이에 ~가 좋다 Ils s'entendent bien entre frères et sœurs. ◇_(**가**) **상하다** gâcher *son* amitié. ¶ 그런 일로 우리 사이에 ~가 상하면 되겠니 Est-ce qu'on va gâcher notre amitié pour une affaire comme celle-là?

의[2] **義** 명 ① 정의 justice *f*, équité *f*. ¶ ~에 살고 ~에 죽다 vivre et mourir en homme juste. ② 의리 fidélité *f*, devoir *m*, loyauté *f*. ¶ 형제의 ~를 맺다 se jurer une amitié fraternelle.

-의[3] 조 ① 소유 de (d'appartenance). ¶ 김 선생~ 책 le livre de monsieur Kim. ¶ 내[너, 그, 우리, 당신, 그들]~ 물건 mes [tes, ses, nos, vos, leurs] affaires. ② 소속 de, à. ¶ 모임~ 참석자들 les participants à une réunion. ¶ 시청~ 관리들 municipalité; corps *municipal*. ③ 관계 de. ¶ 장~ 아버지 le père de Jean. ¶ 지역 구민~ 대표자인 국회의원 député représentant des habitants d'un arrondissement. ④ 작자 de. ¶ 형님~ 편지 lettre d'un frère aîné. ¶ 루소~ 고백록 les Confessions de Rousseau. ¶ 랭보~ 시 les poèmes de Rimbaud. ⑤ 출신, 생산지 (originaire) de. ¶ 러시아~ 문호 톨스토이 le grand écrivain russe Tolstoï. ¶ 보르도~ 포도주 le vin (originaire) de Bordeaux. ⑥ 장소 de, situé(*e*) à. ¶ 호반~ 별장 maison de campagne [villa] située au bord d'un lac. ¶ 아프리카~ 오지 région reculée d'Afrique. ¶ 파리~ 에펠탑 la Tour Eiffel de Paris. ⑦ 때 de. ¶ 오늘~ 세계 정세 la situation du monde actuelle [d'aujourd'hui]. ⑧ 주체 de. ¶ 전문가~ 감정 jugement rendu par un expert. ¶ 친구~ 선물 cadeau d'un ami. ¶ 하나님~ 축복 la bénédiction de Dieu. ⑨ 대상 de. ¶ 어린아이~ 교육 éducation d'un enfant [des enfants]. ¶ 진리~ 탐구 recherche de la vérité. ⑩ 속성 de. ¶ 문제~ 인물 personnage à problèmes. ¶ 연민~ 시선 regard de pitié. ¶ 득의~ 미소 un sourire de fierté. ¶ 무적~ 함대 flotte [escadre] invincible. ¶ 죽~ 장막 rideau de bambou. ¶ 지상 최대~ 쇼 le plus passionnant spectacle du monde. ¶ 철~ 여인 대처 Mme Thatcher, la Dame de fer. ¶ 최악~ 경우 (dans) le pire des cas. ¶ 15세~ 소녀 jeune fille de quinze ans. ⑪ 수량 (de). ¶ 세 명~ 학생 trois étudiants. ¶ 다섯 권~ 책 cinq livres. ¶ 한 줌~ 모래 une poignée de sable. ¶ 일말~ 희망 un peu d'[un léger] espoir. ⑫ 동격 de. ¶ 이놈~ 자식 salaud! {*vulg*}, cochon! ⑬ 기타 de. ¶ 절망~ 구렁텅이 désir ardent [grande envie]. ¶ 비난~ 화살 cible de critiques. ¶ 공포~ 도가니 grande (sensation de) frayeur. ¶ 프랑스와 한국~ 다른 점 différences entre la France et la Corée. ¶ 그 친구는 나~ 배나 되는 몸집을 가지고 있다 Il a à peu près [grosso modo] deux fois ma corpulence.

의가사제대 依家事除隊 명 libération *f* du service militaire pour raison familiale. ◇_(**를**) **하다** être libéré du service militaire pour raison familiale.

의거[1] **依據** 명 appui *m*; fondation *f*. ◇_(**를**) **하다** se conformer à *qc*; se baser sur *qc*; s'appuyer sur *qc*. ¶ 사실에 ~한 주장 opinion[affirmation] qui s'appuie sur des faits (réels). ¶ 자료에 ~하여 판단하다 juger en s'appuyant sur des documents. ¶ 헌법에 ~하여 conformément à [en conformité avec, suivant] la constitution. ¶ 관례에 ~하여 conformément à [selon, suivant] l'usage.

의거[2] **義擧** 명 entreprise *f* pour la cause de la justice; soulèvement *m* ((pour secouer le joug de la tyrannie)); acte *m* héroïque [de bravoure]; mouvement *m* pour l'intérêt public. ¶ 4·19 학생 ~ soulèvement des étudiants du 19 avril; révolution estudiantine [des étudiants] du 19 avril. ¶ 독재 권력에 대항하여 민중들이 ~를 일으켰다 Le peuple s'est soulevé contre la dictature.

의견 意見 명 avis *m*, opinion *f*, idée *f*, point *m* de vue. ¶ 반대 ~ opinion [avis] contraire. ¶ ~(의) 교환 échange d'opinions [de points de vue]. ¶ ~의 일치[불일치] accord [désaccord] (d'opinions). ¶ ~(의) 조정 conciliation des (différents) points de vue. ¶ ~(의) 충돌 choc des opinions. ¶ 그들은 그 문제에 대해 ~의 차이를 보였다 Ils ont exprimé leur désaccord sur le problème. ¶ ~을 개진하다[내다, 내놓다, 제시하다, 말하다, 표시하다] donner [émettre, exprimer] une opinion [un avis]. ¶ 자신의 ~을 굽히지 않다 s'obstiner dans une opinion; ne pas démordre d'une opinion. ¶ 누구와 ~을 같이하다 [~이 같다] partager l'opinion de *qn*; avoir le même avis que *qn*; être du même avis que *qn*. ¶ 누구와

ㅇ

~을 달리하다[~이 다르다] être d'un autre avis que *qn*; avoir des opinions différentes; avoir des divergences d'opinion avec *qn*; ne pas être du même avis que *qn*. ¶ 누구와 (서로) ~이 일치하다 s'accorder; tomber [se mettre, être] d'accord avec *qn*; être du même avis que *qn*; partager l'avis de *qn*. ¶ 누구와 (서로) ~이 다르다[엇갈리다] ne pas s'accorder; ne pas tomber [se mettre] d'accord; être partagé(*e*)s; avoir des avis partagés; avoir des divergences d'opinion (avec *qn*); ne pas être du même avis (que *qn*); être d'avis différents. ¶ 누구와 ~을 교환하다[나누다] échanger *ses* idées [*ses* points de vue] avec *qn*. ¶ 누구에게 ~을 묻다 demander l'opinion [l'avis] de *qn*; demander à *qn* son opinion. ¶ 우리는 그 문제에 대해 전문가에게 ~을 물었다 Nous avons demandé leur avis sur cette question à des experts. ¶ 누구의 ~을 듣다[따르다, 받아들이다] écouter [suivre, accepter] l'opinion [l'avis] de *qn*. ¶ 누구의 ~을 옹호[지지]하다 défendre [professer, soutenir] l'opinion de *qn*. ¶ 누구의 ~을 존중하다 faire cas de l'opinion de *qn*. ¶ 누구의 ~에 따르면 d'après [suivant, selon] l'opinion [l'avis] de *qn*. ◇_**이 있다[없다]** avoir une opinion [ne pas avoir d'opinion]. ¶ 이 문제에 대해 다른 ~이 있으십니까? Avez-vous une autre opinion sur ce problème?

◆_**서** -書 명 mémoire *m*. ¶ 국회에 ~서를 제출하다 adresser un mémoire à une assemblée.

의결 議決 명 décision *f*; résolution *f* ((prise en assemblée)). ¶ 이사회의 ~을 거치다 passer par la décision du conseil d'administration. ¶ ~을 미루다 repousser une décision [résolution]. ◇_**(을) 하다** prendre une décision; adopter une résolution; procéder au vote; voter. ¶ 예산안을 (국회에) ~하다 adopter un projet de budget [un budget prévisionnel] (à l'Assemblée nationale). ¶ 국회에서 내각 불신임안을 ~했다 Le parlement a refusé la confiance au Cabinet. ◇_**(이) 되다** être décidé(*e*); être adopté(*e*); être voté(*e*). ¶ 그 안건은 국회에서 ~되었다 Ce projet de loi a été voté à l'Assemblée nationale [a été adopté par l'Assemblée nationale]. ¶ 그 계획을 취소하기로 ~(이) 되었다 Il a été voté [décidé] d'annuler ce projet.

◆_**권** -權 명 voix *f* délibérative; pouvoir *m* délibératif; pouvoir *m* de délibération. ¶ ~권이 있다[없다] [ne pas] avoir voix délibérative ((dans une assemblée)); avoir [disposer d']un pouvoir délibératif [ne pas avoir de pouvoir délibératif; n'avoir [ne disposer d']aucun pouvoir délibératif]. ¶ ~권을 행사하다 avoir [disposer d']un pouvoir délibératif; avoir voix délibérative ((dans une assemblée)). ¶ 이 위원회는 ~권을 갖는다 Cette commission émet des avis délibératifs / Ce comité dispose d'un pouvoir délibératif / Ce comité est constitué de membres disposant du pouvoir de délibération / C'est un comité délibératif.

◆_**기관** -機關 명 organe *m* délibératif.

의경 義警 명 gendarme *m* du contingent, appelé *m* effectuant *son* service militaire dans la gendarmerie.

의고적 擬古的 명관 archaïque, archaïsant(*e*). ¶ ~인 문체 style archaïque.

의과 醫科 명 faculté *f* de médecine. ¶ ~를 전공하다 faire des études de médecine.

의과대학 醫科大學 명 faculté *f* de médecine. ¶ ~에 진학하다[가다, 들어가다] entrer dans une faculté de médecine. ¶ ~을 졸업하다 terminer *ses* études de médecine.

의관 衣冠 명 habit *m* et chapeau *m*; tenue *f* de sortie. ¶ ~을 정제하다 (ré)arranger *sa* tenue, s'arranger; s'habiller correctement, se mettre en tenue de sortie.

의구 依舊 어근 état *m* inchangé, état *m* comme autrefois.

◆_**하다** 형 être inchangé(*e*), comme autrefois. ¶ 산천은 ~하되 인걸은 간데없네 Les monts et les rivières sont comme jadis, mais les héros ont disparu sans laisser de traces.

의구심 疑懼心 명 crainte *f*, peur *f*; appréhension *f*. ◇_**을 갖다[품다]** avoir de l'appréhension pour *qc*; appréhender *qc*; craindre; redouter. ¶ 사람들은 이 문제에 대해 많은 ~을 갖고[품고] 있다 Les gens appréhendent beaucoup cette question. ◇_**(이) 들다[생기다]** avoir peur que+*subj*; craindre [redouter] que+*subj*. ¶ 나는 과연 그 사람의 말이 옳을까 하는 ~이 들었다[생겼다] Je crains [J'ai peur] qu'il ait en effet raison.

의궤 儀軌 명 【역사】 chroniques *fpl* [annales *fpl*] des rites, cérémonies et événements de la cour du royaume de Joseon (1392-1910).

의금부 義禁府 명 【역사】 parquet *m* général de l'ancien régime de Corée.

의기 意氣 명 fierté *f*; ((기력)) moral *m*; ((원기)) entrain *m*, ardeur *f*.

◆_**소침하다** -銷沈- 자 s'abattre; se décourager; ((의기소침해 있다)) être abattu(*e*), déprimé(*e*), découragé(*e*); avoir le moral atteint. ¶ 그만한 일에 ~소침할 필요 없다 Ce n'est pas la peine [Cela ne vaut pas la peine] de se décourager pour autant.

◆_**양양하다** -揚揚 형 être plein(*e*) d'entrain [d'ardeur]; être triomphant(*e*), exultant(*e*). ¶ 그 남자는 ~양양해서 이야기를 계속했다 Il poursuivait son histoire avec (beaucoup d')enthousiasme.

◆_**투합하다** -投合 자 unir *ses* forces. ¶ 그들은 ~투합해서 회사를 차렸다 Ils ont monté une entreprise en unissant leurs forces.

의남매 義男妹 명 ① (의로 맺은 남매) frères *mpl* et sœurs *fpl* de sang ② (아버지나 어머니가 서로 다른 남매) demi-frère *m* et demi-sœur *f*.

의논 議論 명 discussion *f*, délibération *f*; ((공개의)) débat *m*; ((논쟁)) controverse *f*, polémique *f*; ((상의)) consultation *f*. ¶ ~도 없이 sans même *me* concerter. ¶ 그 사람은 나와 한마디 ~도 없이 떠나 버렸다 Il est parti sans même m'en avoir dit un mot [touché un mot]. ¶ 나는 ~ 상대가 없다 Je n'ai personne avec qui discuter. ◇_(을) **하다** discuter sur [de] *qc*, débattre de *qc* [au sujet de *qc*], conférer ((d'une affaire avec *son* avocat)); délibérer; se consulter. ¶ 무슨 일이 일어나면 그 사람과 ~해라 Quand tu as [auras] des difficultés, tu pourras lui demander conseil [prendre conseil auprès de lui]. ¶ 그 사람은 진로 문제를 선생님과 ~하였다 Il a discuté des problèmes d'orientation avec le professeur. ¶ 우리는 그 문제에 대하여 ~하였다 Nous avons discuté de ce problème. ◇_(이) **되다** faire l'objet d'une discussion, faire l'objet d'une délibération, prêter à discussion, donner matière à discussion. ¶ 이번 모임에서는 그 문제가 상세히 ~되었다 Cette question a fait l'objet de délibérations approfondies lors de la dernière réunion.

의당 宜當 부 naturellement, évidemment, nécessairement; comme de juste (raison). ¶ ~ 받을 것을 받다 obtenir *son* dû. ¶ 그 일은 ~ 부모님과 의논해야 한다 On doit bien évidemment en discuter avec ses parents.

의대 醫大 명 faculté *f* de médecine.

◆**_생** -生 명 étudiant(*e*) en médecine, carabin *m* {*fam*, *vx*}.

의도 意圖 명 intention *f*, dessein *m*, propos *m* {*litt*}, but *m*, vues *fpl*. ¶ 좋은 ~에서 행동하다 agir dans une bonne intention. ¶ 그 일은 ~는 좋았지만 결과가 좋지 않았다 L'intention était bonne mais pas le résultat / Nous n'avons eu qu'un résultat médiocre malgré nos bonnes intentions. ¶ ~가 불순하다 être mal intentionné(*e*). ¶ 자신의 ~를 감추다 cacher *ses* intentions. ¶ 누구의 ~를 묻다 demander les intentions de *qn*. ¶ 누구의 ~를 비난하다 faire un procès d'intention à *qn*. ¶ 누구의 ~를 이해하다 comprendre les intentions de *qn*. ¶ 상대의 ~를 파악하다[헤아리다] comprendre [voir clair dans] les intentions de la partie adverse. ¶ 그의 ~는 잘못 이해되었다 Ses intentions sont mal perçues. ¶ ...할 ~로[를 가지고] dans l'intention de [en vue de]+*inf*. ¶ 오로지 도와주려는 ~에서 dans la seule intention de rendre service. ¶ ...할 ~ 없이 sans intention de+*inf*. ◇_(를) **하다** former [nourrir] le dessein de+*inf*, avoir l'intention de+*inf*, se proposer de+*inf*, avoir en vue de+*inf*. ¶ 나는 그 사람이 ~하는 바를 알아차렸다 J'ai découvert [percé à jour] les intentions qui l'animent. ¶ 일이 우리가 ~한 대로 되지 않는다 Les choses ne prennent pas la tournure que nous voulions leur donner. ◇_(가) **되다** être intentionné(*e*); être volontaire, voulu(*e*). ¶ ~된 행위 un acte volontaire. ¶ 그 일은 ~되지 않은 결과를 가져 왔다 Cette affaire a produit un résultat qui n'était pas voulu. ¶ 일이 ~된 대로 되지 않는다 aller à l'encontre de *ses* intentions.

◆**_적** -的 명관 intentionnel(*le*), à dessein *m*, en vue *f* de. ¶ ~적(인) 행동 un acte intentionnel. ¶ ~적(인) 범죄 un crime intentionnel. ¶ ~적으로 avec intention, intentionnellement, de propos délibéré; exprès; volontairement. ¶ ~적으로 그런 게 아냐 Je ne l'ai pas fait exprès / Ce n'était pas dans mon intention.

◆**_성** -性 명 intentionnalité *f*. ¶ ~성을 가지고[띠고, 지니고] intentionnellement, exprès, délibérément, volontairement, de propos libéré.

의례 儀禮 명 politesse *f*, civilité *f*, cérémonial *m*; ((외교상의)) protocole *m*; le Cérémonial *m*, le Yi Li ((un des livres canoniques chinois traitant de cérémonies, constitué de 57 volumes, mais dont seuls 17 volumes ont été conservés jusqu'à nos jours)). ¶ ~상의 문제 questions protocolaires.

◆**_적** -的 명관 ① 의례에 맞는 propre au Cérémonial; conforme à la bienséance, conforme à l'étiquette. ② 형식만 갖춘 solennel(*le*), formel(*le*); formaliste. ¶ ~적 만남 une rencontre rituelle. ¶ ~적인 방문 une visite de convenance, une visite de courtoisie [de politesse]; une visite protocolaire. ¶ ~적인 인사 une salutation rituelle.

◆**통과_** 通過- 명 rites *mfl* de passage, initiation. ¶ 통과~를 거치다 passer les rites de passage.

의례히 依例- 부 comme à l'ordinaire [d'ordinaire, d'habitude]; selon l'usage, conforme aux usages. ¶ 이런 일은 ~ 내가 하곤 했다 Il était d'usage que j'accomplisse moi ce genre de tâche. ¶ 좋은 일에는 ~ 방해가 뒤따르는 법이다 À toute bonne entreprise s'ensuivent des difficultés.

의론 議論 명 ☞ 의논

의롭다 義- 형 être juste, droit(*e*); être vertueu*x*(*se*); être fidèle, loy*al*(*ale*, *aux*), dévoué(*e*); être chevaleresque, justici*er*(*ère*). ¶ 의로운 사람 une personne droite. ¶ 의로운 일을 하다 faire quelque chose de juste. ¶ 그는 세칭 의로운 도둑이다 On l'appelle communément le brigand justicier [le voleur au grand cœur]. ¶ 의롭게 살다 vivre honnêtement.

의뢰 依賴 명 confiance *f*, demande *f*, prière *f*, requête *f*. ¶ 원고 ~ commande de manuscrit. ¶ 누구의 ~에 응하다 accéder à la requête de *qn*. ¶ 누구의 ~를 거절하다 rejeter la requête de *qn*. ◇_(를) **하다** compter sur *qn*, s'appuyer sur *qn*, se reposer sur *qn*, mettre sa confiance en *qn*; demander *qc* à *qn*, demander à *qn* de+*inf*, prier *qn* de+*inf*, confier *qc* à *qn*; charger *qn* de *qc*, s'en remettre à *qn*, s'en remettre aux soins de *qn*. ¶ 변호사에게 사건을 ~하다 confier une affaire à un avocat. ¶ 그 사람은 나에게 원고를 ~해 왔다 Il m'a confié le manuscrit. ¶ 의사에게 범인의 정신 감정을 ~하다 confier l'examen psychiatrique d'un criminel à un médecin. ◇_(를) **받다** recevoir une demande de+*inf*; être prié(*e*) de+*inf*. ¶ 번역 ~를 받다 recevoir une demande de traduction. ¶ 나는 그 모임에서 연설을 해 달라는 ~를 받았다 On m'a chargé de faire un discours lors de cette réunion. ◇_(가) **되다** être

ㅇ

confié(*e*) à *qn*; être chargé(*e*) de *qc*, être remis(*e*) à *qn*. ¶ 그 사건은 그 변호사에게 ~되었다 L'affaire a été confiée à cet avocat.

◆_심 -心 명 esprit *m* dépendant, désir *m* de s'appuyer sur autrui. ¶ 그 사람은 ~심이 강하다 Il est fortement dépendant des autres.

◆_인 -人 명 client(*e*).

의료 醫療 어근 traitement *m* médical; soins *mpl* médicaux.

◆_기관 -機關 명 établissement *m* médical [hospitalier].

◆_기구 -器具 명 instrument *m* utilisé en médecine; appareillage *m* médical.

◆_보험 -保險 명 assurance *f* médicale; couverture *f* sociale. ¶ ~보험에 가입하다 prendre une assurance médicale.

◆_보험증 -保險證 명 carte *f* d'assurance médicale [maladie]. ¶ ~보험증을 지참하다 se munir d'une carte d'assurance maladie.

◆_비 -費 명 frais *mpl* médicaux. ¶ ~비를 청구하다 réclamer des indemnités de soins (médicaux).

◆_사고 -事故 명 accident *m* médical.

◆_시설 -施設 명 installations *fpl* médicales; hôpit*al*(*aux*) *m*, centre *m* médic*al*(*aux*). ¶ 첨단 ~시설을 갖추다 être muni(*e*) d'installations médicales ultramodernes.

◆_용 -用 명 ((à)) usage *m* médical.

◆_원 _院 명 centre *m* de soins médicaux, clinique *f*. ¶ 국립 의료~ centre de soins médicaux ((géré par l'État, public)), hôpit*al*(*aux*).

◆_인 -人 명 personnel *m* médical. ¶ ~인의 양심에 맡기다 s'en remettre à la conscience du personnel médical.

◆_진 -陣 명 équipe *f* médicale. ¶ 국내 최고의 ~진을 자랑하다 s'enorgueillir d'avoir la meilleure équipe (médicale) à l'échelon national.

◆_행위 -行爲 명 acte *m* médical.

의류 衣類 명 vêtements *mpl*, habits *mpl*; habillement *m*; effets *mpl*. ¶ ~ 도매업 commerce du vêtement. ¶ 신사[숙녀] ~ vêtements pour hommes [pour femmes]. ¶ 백화점 ~ 코너 rayon vêtements d'un grand magasin. ¶ ~업 industrie vestimentaire, industrie de l'habillement. ¶ ~업체 entreprise de l'industrie vestimentaire [de l'industrie de l'habillement].

◆_비 -費 명 frais *m* [dépenses *fpl*] pour l'habillement, dépenses *fpl* vestimentaires.

의리 義理 명 obligation *f* (morale), devoir *m* (moral), dette *f* de reconnaissance; dévouement *m*, loyauté *f*, fidélité *f* ((envers un ami)), foi *f*. ¶ ~상 en matière de dévouement. ¶ ~상 그 친구를 돕지 않을 수 없다 Je me fais un devoir [une obligation] de l'aider. ¶ ~를 지키다 se conduire avec loyauté à l'égard de *qn*, rester loy*al*(*ale*, *aux*) envers *qn* [fidèle à *qn*]. être dévoué(*e*). ¶ ~를 알다[모르다] avoir le sens de l'amitié [ne pas avoir le sens de l'amitié; manquer à *son* devoir, négliger *ses* devoirs]. ¶ 형제의 ~를 맺다 prêter un serment de sang entre amis. ◇_(가) 있다[없다] avoir des obligations envers *qn*, être redevable à *qn* de *qc*; être dévoué(*e*), fidèle ((à *ses* obligations)), loy*al*(*ale*, *aux*), avoir le sens du devoir [ne pas être dévoué(*e*), être déloy*al*(*ale*, *aux*), ingrat(*e*), manquer de foi].

의무 義務 명 devoir *m*, obligation *f*, tâche *f*. ¶ 권리와 ~ droits et devoirs. ¶ 납세[병역]의 ~ astreinte fiscale [obligations militaires]. ¶ 가장으로서의 ~ les devoirs du chef de famille. ¶ ...할 ~를 지다 contracter l'obligation de+*inf*; contracter [avoir] une obligation envers *qn*. ¶ ~를 다하다 remplir [accomplir, s'acquitter de] *son* devoir; remplir *ses* obligations. ¶ ~를 태만히[소홀히] 하다 manquer à [négliger] *son* devoir. ¶ ...할 ~가 있다 devoir+*inf*, être obligé(*e*) [tenu(*e*)] de+*inf*, se devoir de+*inf*; il est de *son* devoir de+*inf*. ¶ 의사는 직업상의 비밀을 지킬 ~가 있다 Les médecins sont professionnellement tenus au secret médical. ¶ 나는 그 사람을 도와야 할 ~가 없다 Je ne suis pas obligé(*e*) [tenu(*e*)] de l'aider / Rien ne m'oblige à l'aider.

◆_적 -的 명관 obligatoire. ¶ ~적으로 obligatoirement, par devoir, par obligation.

◆_화 -化 명 mise *f* en application d'une obligation. ¶ 소득 신고를 ~화하다 rendre obligatoire la déclaration de revenus.

◆_감 -感 명 sens *m* du devoir. ¶ 그 사람은 ~감이 강하다 Il a un sens du devoir très développé. ¶ 나는 ~감으로 이 일을 했다 Je me suis acquitté(*e*) de cette tâche avec le sens du devoir.

◆_경찰 -警察 명 gendarme *m* du contingent, appelé *m* effectuant *son* service militaire dans la gendarmerie. ☞ 의경

◆_교육 -教育 명 enseignement *m* obligatoire.

◆_양태 -樣態 명 【언어】 modalité *f* de l'obligation.

◆_자 -者 명 personne *f* qui a une obligation ¶ 납세 ~자 contribuable.

의무과 醫務課 명 service *m* [section *f*] médical(*e*).

의무대 醫務隊 명 ((armée)) groupe *m* [bataillon *m*] médical(*e*).

의무실 醫務室 명 salle *f* de soins, infirmerie *f*.

의문 疑問 명 question *f*, doute *m*; interrogation *f*. ¶ ~의 여지가 있다[없다] Il est question que+*subj* / Il est question de+*inf* / Il est douteux que+*subj* [Il n'y a pas de doute que+*subj*/*ind* / Cela ne fait aucun doute que+*subj*/*ind* / Il est hors de doute que+*ind*]. ¶ ~의 죽음 une mort mystérieuse. ¶ ~이 있으면 언제든지 질문하십시오 N'hésitez pas à poser des questions dès que vous avez un doute. ¶ 무엇에 대해 ~을 제기하다 formuler une interrogation à propos de *qc*. ¶ ~을 풀다 dissiper [éclaircir, lever] un doute. ¶ ~이 풀렸다 Les doutes se sont dissipés / Les points obscurs se sont éclaircis. ¶ 그 사건은 우리에게 ~으로 남아 있다 Cette affaire reste une interrogation pour nous. ¶ 그 사람의 죽음은 아직도 ~에 쌓여 있다 Sa mort pose toujours une montagne de questions / Il reste de nombreux points à éclaircir concernant sa mort. ◇_을 가지다[품다] s'interroger, avoir un doute [des doutes] sur *qc* [être envahi(*e*) par le doute]. ¶ 우리는 그 사람의 행동에 대해 ~을 가졌다 Nous nous sommes interrogé(*e*)s sur son comportement. ◇_이다 être une [la] question, être une [l']interrogation, douter de *qc* [que+*subj*]. ¶ 그 사람이 성공할지 어떨지 ~이다 On se demande s'il réussira ou pas / On doute de sa réussite / On doute qu'il réussisse. ¶ 어떻게 그런 일이 일어났는지 ~이다 On se demande comment pareille chose a pu se produire.

◆_스럽다 형 être propre à soulever une question, être problématique; être douteux(*se*), discutable. ¶ 그 사람이 내 말을 제대로 이해했는지 ~스럽다 Je me demande s'il a bien compris ce que j'ai dit.

◆_ 관형사 - 冠形詞 명【언어】déterminant *m* interrogatif.

◆_ 대명사 - 代名詞 명【언어】pronom *m* interrogatif.

◆_문 -文 명【언어】(phrase *f*) interrogative *f*.

◆_법 -法 명【언어】mode *m* interrogatif.

◆_부호 -符號 명 point *m* d'interrogation. ¶ ~부호를 달다 mettre un point d'interrogation.

◆_사 -詞 명【언어】interrogatif *m*; mot *m* [terme *m*] interrogatif. ¶ 설명 의문문은 ~사를 포함한다. Une interrogation partielle comprend un mot interrogatif / Dans une interrogation partielle, figure un mot interrogatif / Une interrogation partielle est introduite par un mot interrogatif.

◆_사 의문문 명【언어】interrogative *f* [interrogation *f*, question *f*] en 'qu(*e*)', (phrase *f*) interrogative *f* à laquelle on ne peut pas répondre par oui ou non.

◆_시 -視 명 fait de considérer sous l'angle de l'interrogation, fait d'avoir un doute sur [quant à] *qc*. ¶ 사장은 그 사람의 성실성을 ~시하였다 Le directeur [patron] a eu des doutes quant à son honnêteté. ¶ ~시되다 être considéré(*e*) sous l'angle de l'interrogation, être douteux que+*subj*.

◆_점 -點 명 sujet *m* d'une interrogation, sujet *m* d'un doute, point *m* douteux [discutable, à éclaircir], question *f* à éclaircir. ¶ 그 사람의 죽음에 대해서는 여러 가지 ~점이 남아 있다 Il reste plusieurs points à éclaircir concernant sa mort. ¶ ~점을 풀다 [해결하다] éclaircir [résoudre] une question.

◆_형 -形 명 forme *f* interrogative.

의뭉스럽다 형 être insidieux(*se*), être sournois(*e*); faire mine de rien {*fam*}, avoir l'air de rien {*fam*}. ¶ 의뭉스러운 웃음을 짓다 afficher un sourire sournois. ¶ 그 사람은 하는 짓이 ~ Il fait ses coups en douce.

의미 意味 명 ① 말이나 글이 가진 뜻 signification *f*. ¶ 여러 가지 ~를 가진 단어 un mot ayant plusieurs significations, un mot [un terme] polysémique. ¶ 말의 ~를 잘못 이해하다 se méprendre sur le sens d'un mot. ¶ 엄밀한 ~에서는 au sens strict du terme. ¶ 여러 가지 ~로 받아들일 수 있는 qui peut être diversement interprété(*e*), polysémique. ② 취지 acceptation *f*. ¶ 좋은[나쁜] ~로 이해하다 bien [mal] percevoir. ③ 의의 sens *m*. ¶ 이 일은 특별한 ~를 찾기가 어렵다 Il est difficile d'y voir un sens particulier. ◇_(가) 있다[없다] avoir un [ne pas avoir de] sens, être sensé(*e*) [insensé(*e*), dépourvu(*e*) de sens, vide de sens], être [ne pas être] significati*f*(*ve*). ¶ 나는 뭔가 그들에게 ~ 있는 일을 하고 싶다 Je voudrais faire quelque chose qui ait un sens pour eux. ¶ 아무리 좋은 일을 많이 해도 사랑이 없으면 아무 ~가 없다 On a beau faire, sans amour, les efforts fournis n'ont aucun sens. ¶ 나는 이번 방학도 ~ 없이 보내고 말았다 J'ai encore passé ces vacances à perdre mon temps. ④【언어】sens *m*. ¶ ~ 부문 composante sémantique.

◆_하다 타 signifier, vouloir dire, être synonyme de. ¶ 이 표시는 남자를 ~한다 Ce signe symbolise le sexe masculin. ¶ 그 사람의 말은 거절을 ~한다 Ses propos signifient un refus.

◆_론 -論 명【언어】sémantique *f*.

◆_변화 -變化 명【언어】changement *m* sémantique.

◆_소 -素 명【언어】sémantème *m*.

◆_심장 -深長 명 qui en dit long, qui a un sens très profond, lourd(*e*) de sens, significati*f*(*ve*). ¶ 의미~한 말 parole très significative [prégnante]; discours ayant un sens profond. ¶ 그들은 서로 ~심장한 눈빛을 교환했다 Ils se sont échangés des regards qui en disaient long. ¶ 그 사람의 지적은 나에게 ~심장하게 다가왔다 Ses indications ont eu un retentissement lourd de sens pour moi.

◆_역 役 명【언어】rôle *m* [fonction *f*] sémantique, rôle *m* thématique.

◆_역 격자 -役 格子 명【언어】grille *f* thématique,

◆_장 -場 명【언어】champ *m* sémantique.

◆_핵 -核 명【언어】noyau *m* sémique.

의법 依法 어근 conformité *f* à la loi, légalité *f*.

◆_조치 -措置 명 disposition *f* conforme à la loi [légale]. ¶ 정부는 파업 관련자들을 ~ 조치하였다 Le gouvernement a pris des dispositions légales à l'encontre des personnes ayant un rapport avec la grève [avec des grévistes].

◆_처단 -處斷 명 punition *f* [sanction *f*] conforme à la loi. ¶ ~하다 punir [sanctionner] conformément à la loi.

◆_처리 -處理 명 règlement *m* conforme à la loi [légal]. ¶ ~ 처리를 하다 régler ((un problème)) en conformité avec la loi.

의병 義兵 명 milice *f*, soldats *mpl* de la Justice ((fraction militarisée qui participa à la résistance contre l'agresseur nippon dès la fin du XIXe siècle)). ¶ ~ 활동 activité de la Résistance

ㅇ

(coréenne). ¶ ~을 일으키다 lever une milice.

◆_장 -將 명 chef *m* de la milice.

의복 衣服 명 habit *m*, vêtement *m*. ¶ ~을 단정히 하다 se vêtir de façon convenable.

의부 義父 명 beau-père *m* (~*x*-~*s*); père *m* nourricier. ☞ 의붓아버지

의분 義憤 명 juste colère *f*. ¶ ~을 느끼다 s'indigner contre ((une injustice)). ¶ ~을 참다 retenir *sa* colère. ¶ ~을 이기지 못하고 sans pouvoir retenir *sa* colère. ¶ ~에 찬 목소리로 d'une voix qui trahit la colère.

의붓딸 명 belle-fille *f* (~*s*-~*s*) ((pour un conjoint)), fille *f* ((que l'autre conjoint a eu d'un précédent mariage)).

의붓아들 명 beau-fils *m* (~*x*-~) ((pour un conjoint)), fils *m* ((que l'autre conjoint a eu d'un précédent mariage)).

의붓아버지 명 beau-père(~*x*-~*s*) *m* ((mari de leur mère, pour les enfants nés d'un mariage précédent)).

의붓어머니 명 belle-mère(~*x*-~*s*) *f* ((épouse du père, pour les enfants nés d'un mariage précédent)).

의붓자식 -子息 명 enfant *m* d'un autre lit (né d'un mariage antérieur) ((pour un conjoint, enfant que l'autre conjoint a eu d'un précédent mariage)).

의사[1] 意思 명 intention *f*, dessein *m*; idée *f*. ¶ ~ 전달 transmission des intentions de *qn*. ¶ ~ 결정 arrêt d'une décision. ¶ 누구에게 ~를 묻다 demander *ses* intentions à *qn*. ¶ ...할 ~를 표시[표명]하다 déclarer [signifier] *son* intention de+*inf*. ¶ ...할 ~를 밝히다[명확히 하다] faire le jour sur [éclaircir] *ses* intentions de+*inf*. ¶ ...할 ~를 비치다 refléter *ses* intentions de+*inf*. ¶ ...할 ~가 있다[없다] avoir [ne pas avoir] l'intention de+*inf*. ¶ 그들은 서로 ~가 통한다 Il y a une communion d'esprit entre eux / Ils communiquent bien entre eux / Ils s'entendent bien.

◆_소통 -疏通 명 échange *m* d'idées, communication *f*, entente *f* (mutuelle), compréhension *f*. ¶ 누구와 ~소통을 하다 échanger des idées avec *qn*, communiquer avec *qn*. ¶ 누구와 ~소통이 제대로 안 되다 avoir des difficultés à communiquer correctement avec *qn*. ¶ 나는 불어로 ~소통이 어느 정도 된다 J'arrive à m'exprimer grosso modo [à dire ce que je veux, à me faire comprendre des autres] en français. ¶ 그와 나는 ~소통이 잘 되고 있다 On s'entend bien lui et moi [tous les deux] / On communique bien [à merveille] / Nous sympathisons bien, lui et moi / Il y a de l'entente entre nous / Lui et moi, on vit en bonne [en parfaite] intelligence.

◆_표시 -表示 명 déclaration *f* d'intention, expression *f* d'opinion. ¶ 그 사람은 이 문제에 관해서는 별다른 ~가 없다 Il n'a pas exprimé d'opinion particulière sur la question. ◇_(를) 하다 signifier [déclarer] *ses* intentions. ¶ 찬반에 대한 ~를 분명히 하다 exprimer clairement le pour et le contre. ¶ 그는 그 사람을 도와주자고 ~를 했다 Il a fait connaître son désir que nous l'aidions.

의사[2] 義士 명 homme *m* juste, homme *m* de principes; patriote *m*.

의사[3] 醫師 명 médecin *m*, docteur *m*, praticien *m* de ((médecine interne)). ¶ ~ 면허 autorisation d'exercer la médecine. ¶ 돌팔이 ~ un médicastre {*vx*}, un médecin sans talent, un mauvais médecin, un faux médecin; un charlatan; un(*e*) guérisseu*r*(*se*); un(*e*) rebouteu*x*(*se*), un empirique {*vx*}. ¶ 내과 ~ le praticien *m* de médecine interne, le[la] interniste [spécialiste] en médecine interne. ¶ 정신과 ~ le[la] psychiatre. ¶ 정형외과 ~ le[la] orthopédiste. ¶ ~의 진찰[치료]을 받다 consulter [se faire traiter par] un médecin. ¶ ~를 부르다 appeler un médecin.

◆여_ 女- 명 femme *f* médecin, doctoresse *f* {*vx*}.

◆_회 -會 명 association *f* de médecins.

의사[4] 議事 어근 débat *m*, délibération *f*; sujet *m* [matière *f*] à débattre. ¶ ~ 진행 le cours d'un débat. ¶ ~ 진행 발언 une allocution. ¶ ~ 진행을 방해하다 entraver le cours des délibérations. ¶ ~ 일정을 논의하다 discuter de l'ordre du jour.

◆_당 -堂 명 siège *m* d'une assemblée délibérante. ¶ 국화~당 la Chambre des députés, le palais de l'Assemblée nationale ((le Palais-Bourbon)).

◆_록 -錄 명 procès-verb*al*(~-~*aux*) *m* d'une séance; compte rendu *m* d'un débat.

의사[5] 擬似 어근 fau*x*(*sse*), pseudo-*qc*, soi-disant, prétendu(*e*).

◆_뇌염 -腦炎 명 fausse encéphalite *f* ((symptômes de l'encéphalite chez un individu qui n'est pas atteint d'une inflammation de l'encéphale)).

◆_콜레라 명 pseudocholéra *m*, syndrome *m* cholériforme, diarrhée *f* cholériforme ((symptômes du choléra chez un individu qui n'est pas porteur du vibrion cholérique)).

◆_환자 -患者 명 faux malade *m*, pseudopatient(*e*).

의상 衣裳 명 vêtements *mpl*, habits *mpl*; costume *m* (traditionnel); ((장신구를 포함하여)) toilette *f*. ¶ 고급 ~ des vêtements de luxe. ¶ ~을 갖추다 avoir une toilette. ¶ ~을 입고 출연하다 jouer en costume. ¶ 화려한[검소한] ~을 입다 porter des vêtements luxueux [simples].

◆_실 -室 명 boutique *f* de prêt-à-porter de luxe.

◆_담당 -擔當 명 responsable *mf* des costumes, costumi*er*(*ère*).

◆무대_ 舞臺- 명 costume *m* de scène.

의생활 衣生活 명 culture *f* [habitude *f*] vestimentaire.

의서 醫書 명 livre *m* de médecine; ouvrage *m* médical. ¶ ~를 읽다 lire un ouvrage de médecine.

의석 議席 명 siège *m* ((de membre d'une assemblée)). ¶ 이 당은 국회에 30석의 ~을 갖고 있다 Ce parti détient 30 sièges à l'Assemblée nationale. ¶ 선거에서 ~을 더 얻다[늘리다] obtenir des sièges supplémentaires [augmenter le nombre de sièges]

au sortir d'une élection. ¶ ~을 잃다 perdre un siège [des sièges]. ¶ ~에 앉다 prendre possession d'un siège.

의성어 擬聲語 명 onomatopée *f*. ☞ 의태, 의성의태어

의성의태어 擬聲擬態語 명 【언어】 (mots) *mpl* mimétiques *mpl*, onomatopées *fpl* et idéophones *mpl*.

의수 義手 명 main *f* artificielle; prothèse *f*. ¶ 그 사람은 오른팔에 ~를 하고 있다 Il a une prothèse de la main droite.

의술 醫術 명 médecine *f*, art *m* médical. ¶ ~을 베풀다 dispenser des soins médicaux.

의식[1] 衣食 명 habillement *m* et nourriture *f*; subsistance *f*. ¶ ~을 제공하다 offrir une aide vestimentaire et alimentaire. ¶ ~을 걱정하지 않다 ne pas avoir de souci pour assurer *sa* subsistance; ne pas être dans la gêne [dans le besoin, dans la nécessité]. ¶ ~에 곤란을 받다 avoir des difficultés pour assurer *sa* subsistance. ¶ ~이 족해야 예절을 안다 On ne peut pas demander à quelqu'un qui meurt de faim de respecter l'étiquette.

의식[2] 意識 명 ① 지각하거나 판단하는 기능 conscience *f* ((une des 8 «connaissances» ou «consciences» bouddhiques: les perceptions des cinq sens, la perception mentale, le discernement intellectuel, et la «conscience de tréfonds», qui fonde les sept autres)). ¶ ~의 흐름 le flux de la conscience. ¶ ~을 잃다 perdre conscience [connaissance]. ¶ ~을 회복하다 reprendre connaissance [conscience], revenir à *soi*, retrouver *ses* esprits, se ranimer. ¶ ~이 뚜렷하다[명료하다] faire preuve de perspicacité [de clairvoyance, de lucidité], avoir toute *sa* tête, conserver toute *sa* lucidité, rester parfaitement lucide. ¶ ~이 희미하다[몽롱하다] avoir la raison qui divague [avoir l'esprit embrumé]. ¶ ~이 있다 être conscient(*e*). ¶ ~이 없다 être sans connaissance. ② 사건 또는 사물에 대한 지각이나 인식 connaissance *f*, sens *m*. ¶ 계급 ~ sens de la hiérarchie. ¶ 집단 ~ sens communautaire. ◇_(을) **하다** prendre conscience de *qc*; avoir conscience de *qc*. ¶ ~하지 않고 inconsciemment. ¶ 무엇을 ~하고 있다[있지 않다] avoir [ne pas avoir] conscience de *qc*. ¶ 죽음을 끊임없이 ~하고 살다 vivre en ayant la mort sans cesse présente à l'esprit. ¶ 그 사람은 자기가 위험에 처했다는 것을 ~했다 Il se savait en danger. ◇_(이) **되다** prendre conscience.

◆**_적** -的 명관 conscient(*e*). ¶ ~적으로 consciemment, en connaissance de cause, intentionnellement. ¶ ~적으로 누구를 피하다 éviter *qn* intentionnellement.

◆**_화** -化 명 sensibilisation *f*, prise *f* de conscience. ¶ ~화(를) 시키다 sensibiliser, faire prendre conscience. ¶ 그 사람은 공산주의자로 ~화(가) 되었다 On l'a pris pour un communiste.

◆**_구조** -構造 명 structure *f* de la conscience.

◆**_불명** -不明 명 coma *m*.

◆**_수준** -水準 명 niveau(*x*) *m* de conscience.

◆**_의 흐름** 명 【문학】 flux *m* de la conscience.

◆**무_** 無- 명 inconscience *f*, inconscient *m*. ¶ 무~적으로 inconsciemment, sans en être conscient(*e*), involontairement, sans prendre conscience que, sans être conscient(*e*) que, sans réaliser que.

◆**자_** 自- 명 conscience *f* de *soi*-même, conscience *f* de *son* égo.

◆**잠재_** 潛在- 명 subconscient *m*.

의식[3] 儀式 명 cérémonie *f*; étiquette *f*; ((종교적)) rite *m*; ((예식)) formalités *fpl*. ¶ 결혼~ cérémonie du mariage. ¶ ~을 갖추다 avoir une cérémonie. ¶ ~을 거치다 passer par un rite. ¶ ~을 올리다[거행하다] célébrer [inaugurer] une cérémonie. ¶ ~을 주재하다 présider une cérémonie. ¶ ~을 생략하다 se dispenser [se passer, ne pas s'encombrer] des formalités. ¶ ~을 생략하고 sans cérémonies, sans formalités, sans le cérémonial classique. ¶ ~을 치르다 donner une cérémonie. ¶ ~에 참석하다 participer à une cérémonie.

의식주 衣食住 명 le gîte *m* et le couvert *m* ((trois éléments indispensables à la subsistance de l'homme: le vêtir, le vivre et le couvert)), nourri(*e*), logé(*e*), blanchi(*e*); subsistance *f*. ¶ ~를 해결하다 trouver une solution au gîte et au couvert. ¶ ~를 걱정하다 s'inquiéter pour le gîte et le couvert. ¶ ~를 제공하다 offrir le gîte et le couvert. ¶ ~가 어렵다 vivre dans des conditions matérielles difficiles.

의심 疑心 명 méfiance *f*, défiance *f*, doute *m*; soupçon *m*, suspicion *f*. ¶ ~의 여지가 없다 Il n'y a pas de doute. ¶ ~을 품다[갖다] concevoir [avoir] des soupçons. ¶ ~을 일으키다 inspirer [éveiller, faire naître] les soupçons de *qn*. ¶ ~이 많은 사람 une personne soupçonneuse. ¶ ~이 들게 하다 éveiller [faire naître] les soupçons. ◇_(을) **하다** douter de *qc*; mettre en doute ((la parole de *qn*)); se méfier de *qn*/*qc*; se défier de *qn*/*qc*; soupçonner *qn* de *qc*; suspecter *qn*. ¶ 자기 눈[귀]을 ~하다 ne pas en croire *ses* yeux [*ses* oreilles]. ¶ 누구를 ~하는 눈으로 보다 regarder *qn* avec défiance. ¶ 그 사람은 자기의 힘을 ~하고 있다 Il n'a pas confiance en lui-même / Il n'a pas confiance en ses propres capacités physiques / Il doute de ses propres capacités. ¶ 당신을 믿어 ~치 않습니다 Je vous fais toute confiance. ¶ 당선을 믿어 ~치 않다 être assuré(*e*) du succès aux élections. ¶ 나는 그 사람의 정직을 믿어 ~치 않는다 Je suis sûr(*e*) de son honnêteté. ¶ 그것에 관해서는 별로 ~할 바가 없었다 Il n'y avait guère de doute à ce sujet. ¶ 우리는 그 사람이 그 문제를 풀었다는 것을 ~하기 시작했다 Nous avons commencé à douter qu'il ait résolu cette question. ¶ 우리는 그 사람이 그 여인의 죽음에 관계가 있다고 ~하기 시작했다 Nous avons commencé à le soupçonner d'être pour quelque chose dans la mort de cette femme. ¶ ~할 여지가 없다 être indiscutable [hors de doute], ne faire aucune doute, ne pas faire l'ombre d'un doute. ◇_(이) **되다**[**가다**, **나다**, **들다**] être l'objet de soupçons [attirer la suspicion, avoir des doutes, être sceptique]. ¶ 제 능력에 ~이 나시면 저의 이력서를 재검토하십시오 Réexaminez mon C.V., si vous avez des doutes sur mes compétences. ¶ 저는 그 일이 거짓이 아닌가 하는 ~이 들던데요 Je vous dis que, moi, je suis sceptique quant à l'authenticité de cette affaire. ◇_(을) **받다**[**사다**] faire l'objet de doutes [provoquer les soupçons]. ¶ ~을 받고 있는 사람 une personne suspectée, un suspect. ¶ 그 사람이 이 익명의 편지를 쓴 것이 아닌가 하는 ~받고 있다 Il est soupçonné d'être l'auteur de cette lettre anonyme. ◇_(이) **없다** ne pas faire de doute, ne pas faire l'ombre d'un doute. ¶ 나는 그 사람이 무죄라는 것에 일말의 ~도 없습니다 Son innocence ne fait, pour moi, pas l'ombre d'un doute. ¶ 그 사람의 진실됨에는 추호도 ~이 없다 Sa sincérité ne fait pas le moindre doute. ¶ ~ 없이 indubitablement; incontestablement; sans aucun doute, sans nul doute; à n'en pas douter.

◆_**스럽다** 형 être propre à soulever le doute, être propre à éveiller les soupçons; être douteu*x*(*se*), être suspect(*e*), être louche {*fam*}; être contestable. ¶ ~스러운 얼굴[눈, 눈길, 눈빛] un visage [un œil, une vision, un regard] suspect(*e*). ¶ ~스러운 주장 une assertion contestable. ¶ 그것이 ~스러운 점이다 C'est un point qui soulève les doutes. ¶ 내게는 그 사람의 성공이 ~스럽다 Je doute de son succès [de sa réussite, qu'il réussisse]. ¶ 나는 그 사람이 올지 어떨지 ~스럽다 Je me demande s'il viendra. ¶ 그 여자는 내가 하는 일을 ~스럽게 지켜보고 있다 Elle observe ce que je fais d'un air suspicieux.

◆_**쩍다** 형 être douteu*x*(*se*), aléatoire, incertain(*e*), discutable, suspect(*e*), obscur(*e*).

의아 疑訝 어근 ◆_**스럽다** 형 être déconcerté(*e*), être interloqué(*e*); être dubitati*f*(*ve*). ¶ 내 말에 그 사람은 ~스러운 표정을 지었다 À mes propos, il a affiché un air incrédule. ¶ ~스러운 듯이 쳐다보다 regarder d'un air dubitatif. ¶ 무엇을 ~스럽게 생각하다[여기다] voir [considérer] *qc* sous l'angle de l'incrédulité.

◆_**하다** 형 être sceptique à propos de *qc*/*qn*; être déconcerté(*e*) par *qc*/*qn*. ¶ 내 말에 그 여자는 ~한 눈길로 쳐다보았다 Elle m'a regardé(*e*) d'un air empreint de scepticisme en écoutant mes propos. ¶ 나는 그 사람이 왜 그런 짓을 했는지 ~했다 Je suis déconcerté(*e*) d'apprendre pourquoi il avait commis cet acte. ¶ 상대방의 태도를 ~하게 생각하다 être interloqué(*e*) par l'attitude d'autrui.

의아심 疑訝心 명 doute *m*, méfiance *f*, défiance *f*, soupçon *m*, suspicion *f*, incertitude *f*. ¶ ~을 품다[갖다] avoir un doute.

의안[1] 義眼 명 œil *m* de verre, œil *m* artificiel, prothèse *f* oculaire. ¶ ~을 하다[끼우다] mettre [poser] une prothèse oculaire.

의안[2] 議案 명 projet *m*; proposition *f*; motion *f*. ¶ ~을 의회에 제출하다 proposer [soumettre] un projet à une assemblée délibérante. ¶ ~을 통과[부결]시키다 faire passer [rejeter] une proposition [un projet de loi]. ¶ ~을 기초하다 élaborer un proposition. ¶ ~을 채택하다 adopter une proposition. ¶ ~을 수정하다 amender un projet de loi. ¶ ~을 철회하다 retirer une proposition. ¶ ~에 찬성[반대]하다 soutenir [s'opposer à] une proposition.

의약 醫藥 명 médicament *m*, remède *m*; ((의술과 약품)) médecine *f* et produits pharmaceutiques *mpl*. ¶ 주요 ~의 품귀 현상 phénomène de raréfaction des médicaments essentiels.

◆_**품** -品 produit *m* pharmaceutique. ¶ ~품을 구입하다[구매하다] acquérir [acheter] un produit pharmaceutique.

◆_**분업** -分業 명 séparation *f* de la médecine et de la pharmacie.

의업 醫業 명 (exercice *m* de la) médecine *f*. ¶ ~에 종사하다 exercer [pratiquer] la médecine. ¶ ~을 천직으로 알다 considérer la médecine comme une vocation.

의역 意譯 명 traduction *f* non littérale, traduction *f* libre, traduction *f* tenant compte du sens général. ¶ 그 사람의 번역은 너무 ~에 치우쳤다 Sa traduction est trop libre. ◇_(을) **하다** traduire le sens général. ◇_(이) **되다** être traduit(*e*) d'une façon qui n'est pas littérale.

의연 義捐 명 contribution *f* (à une œuvre de bienfaisance). ◇_(을) **하다** contribuer à une œuvre de bienfaisance.

◆_**금** -金 명 contribution *f* financière à titre généreux. ¶ 이재민을 위해서 ~금을 모집하다[내다] réunir [verser] des fonds pour des sinistrés.

◆_**자** -者 명 bienfai*teur*(*trice*).

의연하다 毅然- 형 être ferme, résolu(*e*), décidé(*e*); être inflexible; être rigoriste. ¶ 애써 의연한 태도를 취하다[모습을 보이다] s'efforcer d'adopter [de montrer] une attitude rigoriste. ¶ 힘든 상황에 의연하게 대처하다 prendre des mesures rigoureuses en situation difficile.

◆**의연히** 부 rigoureusement, rigidement. ¶ 생활고를 의연히 견디다 supporter rigidement les épreuves de la vie.

의연히 依然- 부 invariablement, comme toujours. ¶ ~ 변함없다 rester toujours le(la) même, être fidèle à *soi*-même. ¶ 섬유 공업은 ~ 불경기이다 L'industrie textile est toujours dans le marasme.

의열 義烈 어근 noblesse *f* d'esprit; héroïsme *m*, vaillance *f*, bravoure *f*.

◆_**단** -團 명 Cercle *m* des braves ((nom donné à l'un des mouvements de résistance à l'occupation japonaise.))

의예과 醫豫科 명 propédeutique *f* de médecine.

의외 意外 명 imprévu(*e*), inattendu(*e*), inopiné(*e*);

ㅇ

inespéré(*e*); surprenant(*e*); fortuit(*e*); accidentel(*le*). ¶ 누구를 ~의 장소에서 만나다 rencontrer *qn* dans un endroit inattendu. ¶ ~로 à la surprise de; à l'étonnement de; contrairement à [contre] toute attente [prévision]; inopinément. ¶ ~로 빨리 plus tôt que prévu, plus tôt qu'on ne s'y attendait. ¶ 그것은 ~로 어렵다[쉽다] C'est plus difficile [plus facile, moins difficile] que je ne le pensais [qu'on ne s'y attendait, que prévu]. ◇_(이)다 être imprévu(*e*), être inattendu(*e*), être inopiné(*e*); être inespéré(*e*); être surprenant(*e*), être fortuit(*e*); être accidentel(*le*). ¶ 그것은 정말 ~이다 C'est vraiment inattendu [une surprise]. ¶ 그 친구가 같이 오다니 ~로군 Je ne m'attendais vraiment pas à ce qu'il vienne avec vous [à ce qu'il vous accompagne]. ¶ 그것을 알고 계시다니 ~로군요 Dire que vous le saviez! Quelle surprise! / Je ne m'attendais vraiment pas à ce que vous le sachiez. ¶ 그 사람이 그런 일을 하다니 ~다 Je suis surpris(*e*) d'apprendre qu'il se livre à ce genre de choses! / Cela surprend de sa part.

◆_롭다 형 être étonnant(*e*), surprenant(*e*), accidentel(*le*), insolite, incroyable; être imprévu(*e*), inopiné(*e*), inattendu(*e*).

◆_성 -性 명 caractère *m* insolite.

의욕 意慾 명 volonté *f*, détermination *f*, désir *m*; ((철학, 심리)) volition *f*. ¶ 노동 ~을 높이다 stimuler le zèle [l'ardeur] de *qn* au travail. ¶ ~에 불타다 vouloir [souhaiter, désirer] ardemment [vivement]. ¶ ~이 넘치다[왕성하다] déborder [être plein(*e*)] de volonté.

◆_적 -的 명관 volontaire, décidé(*e*), déterminé(*e*), résolu(*e*), tenace, opiniâtre. ¶ ~적인 자세를 갖다 avoir une attitude volontariste. ¶ ~적인 활동 une activité résolue. ¶ 사업을 ~적으로 추진하다 promouvoir les affaires de façon volontariste. ¶ ~적으로 일을 하다 travailler avec persévérance.

◆생산_ 生産 명 productivité *f*, désir *m* de produire (davantage). ¶ 봉급 삭감으로 생산 ~이 저하되었다[떨어졌다] Avec les diminutions de salaires, la productivité a diminué [s'est effondrée]. ¶ 생산 ~을 높이다 stimuler le zèle à la production.

◆생활_ 生活 명 dynamisme *m* face à la vie.

의용[1] 義勇 어근 bravoure *f* pour la cause de la justice; loyauté *f* et courage *m*.

◆_군 -軍 명 armée *f* de volontaires; organisation *f* militaire nord-coréenne constituée de jeunes soldats enrôlés au sud durant la guerre civile. ¶ ~군에 나가다[입대하다, 지원하다] s'engager dans [rejoindre les rangs de, déposer *sa* candidature à] l'armée, partir [aller] au régiment [au service, à l'armée]; être incorporé dans l'armée; entrer dans l'armée (pour le service militaire); être mobilisé [enrôlé].

◆_단 -團 명 troupe *f* de braves.

◆_병 -兵 명 valeureux soldat *m*.

의용[2] 儀容 명 maintien *m*, port *m*, allure *f*; mine *f*, air *m*, contenance *f*. ¶ 단아한 ~ un port gracieux. ¶ ~을 고치다 corriger *son* port. ¶ ~을 갖추다 avoir de l'allure. ¶ ~을 흩뜨리지 않다 ne pas perdre *sa* contenance.

의원[1] 醫院 명 cabinet *m* médical [de médecine], centre *m* médical, centre *m* hospitalier, clinique *f*. ¶ ~을 개업하다 ouvrir un cabinet de médecine [un cabinet médical, un centre médical, une clinique]. ¶ ~에 가다 se rendre dans une clinique, aller chez le médecin. ¶ ~에서 치료를 받다 se faire soigner dans un cabinet [dans un centre hospitalier, dans une clinique].

의원[2] 醫員 명 membre *m* du corps médical, personnel *m* médical; médecin *m*. ¶ ~을 부르다[청하다] appeler [faire demander] un médecin. ¶ 환자를 ~에게 보이다 montrer un patient au médecin. ¶ ~ 자격을 상실하다 être radié(*e*) de l'ordre des médecins, perdre *son* autorisation d'exercer la médecine. ¶ ~이 되다 devenir médecin, entrer dans le corps médical.

의원[3] 議員 명 député *m*, parlementaire *mf*, membre *mf* du parlement, conseill*er*(*ère*); ((상원)) séna*teur*(*trice*). ¶ ~을 뽑다 choisir [élir] un député. ¶ ~을 탄핵하다 mettre un député en accusation, accuser un député. ¶ ~으로 당선되다[선출되다, 뽑히다] être choisi(*e*) comme député; être élu(*e*) député.

◆_직 -職 명 députation *f*. ¶ ~직을 상실하다 perdre *sa* députation.

◆평_ 平 명 conseill*er*(*ère*), membre *mf* d'un conseil.

◆시_ 市- 명 conseill*er*(*ère*) municipal(*e*).

◆_총회 -總會 명 assemblée *f* générale des députés.

◆_회관 -會館 명 maison *f* des députés.

◆국제_연맹 國際聯盟 명 union *f* internationale des députés.

◆국회_ 國會- 명 député(*e*), membre *mf* du Parlement.

◆상원_ 上院 명 séna*teur*(*trice*).

◆하원_ 下院 명 député *m*, membre *m* du Parlement.

의원면직 依願免職 명 licenciement *m* à *sa* requête [sur *sa* demande]. ◇_(을) **하다** licencier à *sa* demande. ◇_(을) **시키다** licencier *qn* à *sa* demande. ◇_(이) **되다** être licencié(*e*) à *sa* requête [sur *sa* demande].

의의 意義 명 valeur *f*; importance *f*; signification *f*, sens *m*. ¶ 이 발견은 중대한 ~를 갖는다[지니고 있다] Cette découverte a une grande signification. ¶ 지금까지 해온 그 사람의 노력은 ~를 잃었다 L'effort qu'il a fait jusqu'à présent a perdu sa valeur. ◇_(가) **있다** valoir, mériter, valoir la peine de+*inf* [que+*subj*]. ¶ ~ 있는 삶을 살다 mener une vie [une existence] bien remplie [pleine de sens, digne d'être vécue]. ◇_(가) **없다** être insignifiant(*e*), être sans intérêt, être dépourvu(*e*) de sens. ¶ ~ 없는 일에 매달리다 consacrer tout *son* temps à un travail sans intérêt, s'obstiner à faire un travail sans intérêt.

의인[1] 義人 명 homme *m* juste. ¶ ~의 삶 vie d'un homme juste.

◆_답다 형 être digne d'un homme juste. ¶ ~다운 행동 action digne d'un homme juste. ☞ 의사[2]

의인[2] 擬人 어근 personnification *f*.

◆_화 -化 명 personnification *f*. ¶ ~화하다 personnifier; personnaliser; donner la qualité de personne morale à *qc*. ¶ 호랑이를 ~화한 소설 un roman qui personnifie le tigre.

◆_법 -法 명 personnification *f*. ¶ ~법을 쓰다 avoir recours à une personnification.

의자 椅子 명 ((총칭어, 좌석, 자리)) siège *m*; ((일인용)) ① ((등받이가 있는)) chaise *f*; ((등받이도 팔걸이도 없는)) tabouret *m*; ((등받이가 높은 안락 의자)) fauteuil *m*; ((쿠션 의자)) pouf *m*; ((긴 의자)) ② ((벤치가 아닌 딱딱하고 긴 의자)) banc *m* ((d'église, d'école, d'un piano)); ((쿠션, 푹신하고 긴 의자)) banquette *f* ((d'un piano)) ¶ ~에 앉다 s'asseoir sur une chaise [sur un banc, sur une banquette, sur un fauteuil, etc.] ¶ ~에서 일어서다 se lever d'une chaise. ¶ 접는 ~ un siège pliant. ¶ 팔걸이가 있는 ~ un siège à bras; un fauteuil.

◆안락_ 安樂 명 fauteuil *m*.

◆장_ 長 명 ((딱딱한)) banc *m* ((d'église, d'école, d'un piano)); ((쿠션)) banquette *f* ((d'un piano)).

의장[1] 意匠 명 dessin *m* industriel, design *m*. ¶ ~을 만들다 élaborer un design. ¶ ~을 고안하다 élaborer un design. ¶ ~에 공을 들이다 soigner un design.

◆_가 -家 명 dessinateur(trice); ((복식의)) modéliste *mf*.

◆_권 -權 명 propriété *f* d'un modèle ((de fabrique)).

◆_료 -料 명 frais *mpl* de design.

◆_법 -法 명 loi *f* sur le design.

◆_품 -品 명 produit *m* design.

◆_등록 -登錄 명 dépôt *m* d'un modèle. ¶ ~등록을 하다 enregistrer un modèle.

◆_미술 -美術 명 art *m* du design.

의장[2] 儀仗 어근 armes *fpl* et objets *mpl* utilisés lors des cérémonies.

◆_대 -隊 명 garde *f* d'honneur. ¶ ~대를 사열하다 passer en revue la garde d'honneur.

◆_병 -兵 명 garde *f* d'honneur.

의장[3] 議長 명 président(*e*). ¶ ~을 맡다[뽑다] présider [élire un président]. ¶ ~으로 뽑히다[선출되다] être élu(*e*) président(*e*) [être choisi(*e*) comme président]. ¶ 누구를 ~에 지명[선출]하다 nommer [élire] *qn* président.

◆_석[실] -席[室] 명 fauteuil *m* [bureau *m*] du président.

◆_직 -職 명 présidence *f*.

◆_단 -團 명 président(*e*) et vice-président(*e*).

◆_대리 -代理 명 représentant(*e*) du président.

◆_직권 -職權 명 autorité *f* du président.

◆공동_ 共同- 명 coprésident(*e*).

◆국회_ 國會- 명 président(*e*) de l'Assemblée nationale.

◆부_ 副- 명 vice-président(*e*).

◆임시_ 臨時 명 président(*e*) provisoire [temporaire].

의적 義賊 명 brigand *m* justicier, bandit *m* au grand cœur, (un) Robin des bois *m*. ¶ ~ 홍길동 Hong Gil-dong, le brigand justicier.

의전 儀典 명 cérémonie *f*, formalité *f*, protocole *m*. ¶ ~ 절차[관례]를 따르다 respecter [observer] les règles du protocole.

◆_관 -官 명 maître *m* des cérémonies.

◆_실 -室 명 bureau(*x*) *m* du protocole.

◆_비서 -秘書 명 secrétaire *mf* du protocole.

의절 義絶 명 rupture *f*, brouille *f*. ¶ 누구와 ~ 상태에 있다 être en brouille avec *qn*. ¶ 이제 자네하고는 ~이야 Tout est fini entre nous. ◇_(을) **하다** rompre, se brouiller. ¶ 사소한 사건으로 친구들과 ~하다 se brouiller [rompre, couper les ponts] avec des amis pour une bagatelle [pour une histoire sans importance, pour une vétille, pour une broutille]. ¶ 유산 문제로 그 형제들은 ~하고야 말았다 Les frères et sœurs se sont brouillés à cause d'un problème d'héritage. ◇_(을) **당하다** être victime d'une rupture [d'une brouille].

의젓하다 형 être digne, imposant(*e*). ¶ 의젓한 태도[자세] attitude digne [air imposant]. ¶ 그 사람은 사람됨이 ~ C'est un homme imposant. ¶ 의젓하게 행동하다 se comporter dignement [avec dignité, d'un air digne]. ¶ 아드님이 참 의젓하시군요 Votre fils se comporte avec dignité.

◆의젓이 부 avec dignité, d'un air digne, dignement.

의정 議定 명 décision *f* après délibération.

◆_서 -書 명 protocole *m*. ¶ ~서를 맺다[교환하다] établir [échanger] un protocole.

의제 議題 명 thème *m* [sujet *m*] de discussion; sujet *m* d'une délibération; ((총괄적으로)) programme *m* d'une réunion. ¶ 오늘의 ~ le thème de discussion du jour. ¶ ~를 선정하다 choisir un thème de discussion. ¶ ~로 선정하다[삼다] mettre *qc* en délibération. ¶ ~에 오르다 être mis(*e*) sur la liste des sujets de discussion. ¶ ~가 되다 être choisi(*e*) comme thème de discussion.

의족 義足 명 jambe *f* artificielle [de bois, en bois] (articulée); prothèse *f*. ¶ ~을 하다 avoir une jambe artificielle [de bois, en bois]; mettre [avoir] une prothèse.

의존 依存 명 dépendance *f*. ◇_(을) **하다** dépendre (de); s'appuyer sur [contre, à]. ¶ 누구에게[를] ~을 하다 être dépendant [tributaire] de *qn*. ¶ 부모님께 ~하지 않고 살다 vivre sans dépendre (matériellement) de *ses* parents, se débrouiller sans l'aide de *ses* parents, prendre *son* indépendance vis-à-vis de *ses* parents.

◆_적 -的 명관 dépendant(*e*). ¶ ~적 경제구조 un système économique dépendant. ¶ ~적 태도를 보이다 avoir une attitude dépendante.

◆_성 -性 명 dépendance *f*.

◆_도 -度 명 dépendance *f*, degré *m* de dépendance. ¶ ~도가 높다 être tributaire de *qn*/*qc*; être sous la dépendance de *qn*/*qc*.

◆_관계 -關係 명 dépendance *f*, corrélation *f*.

◆_명사 -名詞 명 【언어】 nom *m* non autonome, incomplet. ¶ 수량단위 ~명사 명 【언어】 nom *m* non autonome d'une unité de quantité, classificateur *m*, spécificatif.

◆_문법 -文法 명 【언어】 grammaire *f* de dépendance.

◆_심 -心 명 nature *f* dépendante, penchant *m* dépendant, dépendance *f*. ¶ 부모에 대한 ~심을 버려라 Conquis ton indépendance vis-à-vis de tes parents! / Émancipe-toi de tes parents! / Apprends à voler de tes propres ailes!

◆_형태소 -形態素 명 【언어】 morphème *m* lié.

◆상호_ 相互- 명 interdépendance *f*.

의중 意中 명 pensée *f*; intention *f*; disposition *f*; cœur *m*. ¶ ~의 인물 l'homme de *ses* pensées; homme qu'on a en tête. ¶ 자신의 ~을 밝히다 épancher [ouvrir] *son* cœur, dire *sa* pensée, s'épancher, s'ouvrir à *qn*, se confier à *qn*. ¶ 누구의 ~을 떠보다 sonder *qn* ((à propos de *qc*)), sonder les intentions de *qn*, essayer de pénétrer les intentions [les arrière-pensées] de *qn*, essayer de lire dans les pensées de *qn*, essayer de savoir ce que pense l'autre, tester l'autre. ¶ 누구의 ~을 살피다 sonder *qn*, sonder les intentions de *qn*. ¶ 그 사람의 ~을 도무지 알 수가 없다 On ne peut nullement lire dans ses pensées / Il est impossible de lire dans ses pensées [de savoir ce qu'il pense] / Ses pensées sont impénétrables.

의지[1] 依支 명 appui *m*, dépendance *f*; recours *m*. ◇_(를) 하다 ① ((몸을)) s'appuyer sur [contre, à]; prendre appui sur *qn*/*qc*. ¶ 지팡이에 ~하여 걷다 marcher en s'appuyant sur une canne. ¶ 벽에 ~하고 앉다 s'asseoir en s'appuyant au mur. ¶ 그 남자는 의자에 몸을 ~한 채 생각에 잠겨 있다 Il s'absorbe [se plonge] dans une méditation en appuyant sa tête sur une chaise. ¶ 그 여자는 내 어깨에 몸을 ~하고 잠들어 버렸다 Elle s'est endormie appuyée sur mon épaule. ② ((마음을)) s'appuyer sur, se reposer sur, recourir à. ¶ ~할 친구 ami digne de confiance. ¶ ~할 곳이 없는 아이 enfant sans famille [sans soutien]. ¶ ~할 곳 없는 신세가 되다 être sans ressource [sans appui]. ¶ 나는 ~할 사람이 없다 Je n'ai personne sur qui compter [m'appuyer]. ¶ 나는 형밖에 ~할 곳이 없다 Je n'ai d'autre appui que mon grand frère. ¶ 그 집안은 그 남자에게 ~하여 산다 Il assure [Il est] le soutien de la famille / C'est le soutien de famille. ¶ 그들은 서로 ~하며 살았다. Ils vivaient en s'appuyant l'un sur l'autre. ◇_(가) 되다 servir de recours [d'appui]. ¶ 밤길에는 작은 불빛 하나라도 큰 ~가 된다 La nuit, même une petite lumière est d'un grand secours.

◆_가지없다 형 être seul(*e*), solitaire; être sans ressource [sans appui]. ¶ ~가지없는 고아 orphelin seul au monde. ¶ 그 아이는 고아로 ~가지없이 산다 Orphelin(*e*), il(elle) vit seul(*e*) au monde.

의지[2] 意志 명 volonté *f*, intention *f*, gré *m*. ¶ 불굴의[확고한] ~ volonté de fer; intention [volonté] délibérée [arrêtée]. ¶ 자신의 ~대로 하다 accomplir [faire] *sa* volonté. ¶ 사장의 ~에 반하는 행동 action contre la volonté du président. ¶ ~를 굽히지 않다 persister dans *sa* volonté; s'obstiner dans *son* intention. ¶ 그 남자는 반드시 성공하겠다는 ~를 보였다 Il avait une volonté de fer pour réussir. ¶ 그 남자는 ~가 강하다[약하다] Il a la ferme [faible] volonté ((de+*inf*)).

◆_력 -力 명 volition *f*.

◆자유_ 自由- 명 libre arbitre *m*. ¶ 그 남자는 자유~대로 산다 Il vit à son gré.

의처증 疑妻症 명 【심리】 jalousie *f* morbide [maladive, pathologique] d'un mari. ¶ 그 여자는 남편의 ~에 시달리고 있다 Elle est tourmentée par les soupçons morbides de son mari [par la jalousie pathologique [maladive] de son mari]. ¶ 그 남자는 ~이 있다[심하다] C'est un mari extrêmement jaloux / Cet homme a une jalousie maladive.

의취 意趣 명 penchant *m*, inclination *f*, goût *m*, tendance *f*, intention *f*, volonté *f*. ¶ ~를 보이다 montrer *ses* intentions. ¶ ~가 있다 avoir un penchant naturel pour *qc*, être enclin(*e*) à *qc*, être porté(*e*) à *qc*, être disposé(*e*) à.

의치 義齒 명 dent *f* artificielle, fausse dent *f*, prothèse *f*. ¶ ~를 하다[해서 끼다] avoir une dent artificielle. ¶ ~를 끼우다 mettre des dents artificielles [un dentier]. ¶ ~를 빼다 se faire enlever des dents artificielles. ¶ 내 이는 모두 ~다 Mes dents sont toutes artificielles.

의타심 依他心 명 dépendance *f*. ¶ ~을 버리다 ne plus d'être dépendant(*e*), devenir indépendant(*e*). ¶ 그 사람은 ~이 강하다 Il dépend beaucoup des autres.

의탁 依託 명 dépendance *f*; recours *m*. ◇_(을) 하다 dépendre; compter sur, recourir à, se fier à. ¶ 누구에게 ~하다 dépendre de *qn*; s'appuyer sur *qn*; avoir recours à *qn*. ¶ ~할 곳 없다 n'avoir personne sur qui s'appuyer [compter]; être sans appui [sans soutien]. ¶ 그는 그 남자에게 전적으로 ~한다 Il dépend entièrement de lui.

의태 擬態 명 【생물】 mimétisme *m*; camouflage *m*; imitation *f*. ◇_(를) 하다 se rendre semblable à *qn*/*qc*; camoufler; imiter.

◆_법 -法 명 mode *m* de mimétisme.

◆_어 -語 명 idéophone *m*; ((의성어, 의태어)) mots *mpl* mimétiques, mimétique *m*.

◆_부사 -副詞 명 adverbe *m* mimétique.

의표 意表 명 surprise *f*; *qc* d'inattendu, imprévu *m*. ¶ 누구의 ~를 찌르다 décevoir l'attente de *qn*.

의하다 依- 자 être fondé(*e*) sur, avoir recours à,

ㅇ

recourir à. ¶ 관례에 의하여 conformément à [selon, suivant] l'usage. ¶ 군 당국의 명에 의하여 par ordre de l'autorité militaire. ¶ 친구의 주선에 의해서 par l'entremise d'un ami. ¶ 누구의 요청에 의해서 à la demande de *qn*; sur les instances de *qn*. ¶ 개인적인 사정에 의해서 pour une raison personnelle. ¶ 직권에 의하여 면직함 licenciement d'office. ¶ 경험에 의해서 판단하다 juger d'après l'expérience. ¶ 파리 발신의 전보에 의하면 selon [d'après, suivant] un télégramme (reçu) de Paris. ¶ 소문에 의하면 d'après une rumeur [un bruit, une nouvelle]. ¶ 신문 보도에 의하면 d'après (ce que disent) les journaux. ¶ 그 도시는 침략군에 의해서 철저히 파괴당했다 La ville a été complètement détruite par des soldats agresseurs. ¶ 그 사람에게서 들은 바에 의하면 d'après ce qu'il m'a dit, d'après ses dires, selon ses propos. ¶ 그것은 태만에 의한 것으로 간주되었다 On l'a attribué à la négligence. ¶ 운전 부주의에 의한 사고 accident de voiture survenu par inattention. ¶ 독일군에 의한 파리 점령 prise de Paris par l'armée allemande. ¶ 경찰에 의한 사건의 은폐 기도 tentation de la police de dissimuler un fait [une affaire].

의학 醫學 명 【의학】 médecine *f*. ¶ ~을 공부하다 faire des études de médecine. ¶ 현대 ~으로도 고칠 수 없는 병 une maladie incurable en l'état actuel des connaissances médicales.

◆**_적** -的 명관 médic*al*(*ale, aux*). ¶ 의사의 ~인 소견 avis médical [diagnostic] du médecin. ¶ ~적으로 완치가 어려운 병 maladie qu'on ne peut guérir complètement. ¶ ~적 관점에서 du point de vue médical.

◆**_계** -界 명 société *f* des médecins; monde *m* des médecins. ¶ ~에 몸담다 être dans la médecine.

◆**_도** -徒 명 étudiant(*e*) en médecine. ¶ ~도가 되다 devenir un étudiant en médecine. ¶ ~도를 양성하다 enseigner la médecine à des étudiants.

◆**_박사** -博士 명 docteur *f* en médecine.

◆**_부** -部 명 faculté *f* de médecine.

◆**_사** -士 명 licencié(*e*) en médecine.

◆**_상** -上 명 (sur le plan) médic*al*(*ale, aux*). ¶ ~상(의) 획기적 발견 découverte médicale qui fait date.

◆**_자** -者 명 docteur *m*. ¶ ~자로서의 자질 qualités en tant que docteur.

의향 意向 명 intention *f*, disposition *f*. ¶ 누구의 ~을 떠보다[타진하다] sonder les intentions de *qn*, essayer de pénétrer les intentions de *qn*, essayer de lire dans les pensées de *qn*, essayer de savoir ce que pense l'autre, tester l'autre. ¶ 자신의 ~을 비치다 *manifester son* intention. ◇_**이 있다**[**없다**] avoir [ne pas avoir] l'intention ¶ ...할 ~이 있다[없다] avoir [ne pas avoir] l'intention de+*inf*.

의향법 意向法 명 【언어】 mode *m* intentionnel.

의협심 義俠心 명 chevalerie *f*, héroïsme *m*. ¶ ~이 강한 사람 homme chevaleresque. ¶ 그 남자는 ~이 많다 Il est très chevaleresque. ¶ ~을 발휘하다 faire preuve d'esprit chevaleresque.

의형제 義兄弟 명 frères *mpl* de sang. ¶ 누구와 ~를 맺다 faire le serment d'être frères. ¶ 그들은 ~ 간[사이]이다 Ils se sont jurés d'être frères.

의혹 疑惑 명 doute *m*, soupçon *m*, suspicion *f*. ¶ 근거 없는 ~을 제기하다[품다] avoir un soupçon non fondé. ¶ 그 사람이 비리를 저질렀다는 ~이 제기되었다 Des soupçons de corruption ont été soulevés contre cet homme / On a évoqué des soupçons de corruption à l'égard de [contre] cet homme / Des soupçons de corruption pèsent sur cet homme / Cet homme a été soupçonné de corruption. ¶ 그 사람에 관한 ~이 다 풀렸다 Il n'y a plus aucun soupçon contre lui / Tous les soupçons contre lui [à son égard] ont été levés [ont été effacés, se sont dissipés]. ¶ 나는 그 사건에 대해 일말의 ~도 없다 Je n'ai aucun doute à l'égard de cette affaire [concernant cette affaire, pour cette affaire, sur cette affaire]. ◇_(**을**) **받다**[**사다**] être l'objet de soupçons, prêter au soupçon, éveiller les soupçons, attirer les soupçons sur *soi*, être soupçonné(*e*), avoir des soupçons qui pèsent sur *soi*, être suspecté(*e*), être suspect(*e*).

의회 議會 명 Assemblée *f* (nationale); Parlement *m*; congrès *m*; chambre *f*; diète *f*. ¶ ~를 소집하다[해산하다,개회하다,휴회하다] convoquer [dissoudre, ouvrir, suspendre] l'Assemblée nationale. ¶ ~를 폐회하다 clore la séance d'une assemblée. ¶ ~에 진출하다 entrer dans l'Assemblée.

◆**_정치** -政治 명 parlementarisme *m*, gouvernement *m* [régime *m*] parlementaire.

◆**_제도** -制度 명 régime *m* parlementaire [représentatif].

◆**_주의** -主義 명 parlementarisme *m*. ¶ ~주의를 표방하다 faire profession de parlementarisme.

이[1] 명 ① dent *f*, dentition *f*, denture *f*; ((동물의)) dent *f*, croc *m*, canine *f*; ((코끼리 따위의)) défense *f*; ratiche *f* {*arg*}, chocottes {*arg, vx*}. ¶ 아이가 자면서 ~를 간다 L'enfant grince des dents pendant son sommeil. ¶ 그 남자는 ~가 고르다 Il a une bonne dentition. ¶ ~가 나다 percer [faire] *ses* dents. ¶ ~가 빠지다[흔들리다] perdre *ses* dents, s'édenter [avoir une dent qui bouge]. ¶ ~가 하나 부러졌다 Il s'est cassé une dent. ¶ ~가 아프다[시큰거리다] avoir mal aux dents [avoir une douleur sourde aux dents]. ¶ ~를 닦다 se brosser [se laver, se nettoyer] les dents. ¶ ~를 뽑다 se faire arracher les dents. ¶ 너무나 아파서 ~를 악물었다 La douleur était tellement vive que j'ai serré les dents / J'ai serré les dents tellement la douleur était insupportable [tellement j'avais mal]. ¶ ~를 해 넣다 se faire mettre une dent artificielle [une fausse dent]. ② 그릇의 아가리나 연장의 날 bord *m*. ¶ ~가 빠진[나간] 접시 assiette ébréchée.

◆**_갈이** 명 (젖니가 빠지고 영구치가 나는 일) perte *f* des dents de lait et éruption *f* des dents définitives, passage *m* des dents de lait à la dentition définitive.

◆_ㅅ몸 명 gencive *f*. ¶ 잇몸이 아프다 avoir mal aux gencives.

◆_ㅅ자국 명 marque *f* de dents. ¶ 팔에 잇자국이 나다 avoir une marque de dents sur le bras.

◆앞니 명 incisive *f*.

◆어금니 명 molaire *f*.

◆아랫니 명 dent *f* du bas.

◆윗니 명 dent *f* du haut.

*~가 갈리다 en avoir assez [marre] de *qc*/*qn*, ne plus supporter; grincer des dents ((de colère)); être allergique à *qc*/*qn*, ne pas apprécier *qc*/*qn*, haïr ((*qn*/*qc*)), avoir *qc* en haine, détester *qc*/*qn*. ¶ 그 사람의 치사한 짓에 ~가 갈린다 Je ne supporte pas sa conduite déshonorante. ¶ 아무튼 정치라면 ~가 갈린다 En tout cas, on en a assez [marre {*fam*}] de la politique.

*~를 갈다 grincer des dents ((de colère)); être allergique à *qc*/*qn*, ne pas apprécier *qc*/*qn*, haïr ((*qn*/*qc*)), avoir *qc* en haine, détester *qc*/*qn*. ¶ 분해서 이를 ~ grincer des dents de colère. ¶ 그 남자는 반드시 복수하겠다고 ~를 갈았다 Fermement décidé à se venger, il a serré les dents. ¶ 그 친구는 공부라면 ~를 간다 Il haït [déteste] l'étude / Il ne supporte pas l'étude / Il est allergique à l'étude.

*~(를) 악물다 faire *qc* avec détermination, être déterminé(*e*) à+*inf*, serrer les dents. ¶ ~를 악물고 공부하다 travailler avec assiduité, travailler ferme. ¶ 그 남자는 반드시 성공하겠다고 ~를 악물었다 Il a serré les dents pour montrer son désir de réussir.

이2 명 pou(*x*) *m*, toto *m* {*fam*}. ¶ ~투성이(의) 머리 une tête pouilleuse. ¶ 몸에 ~가 있다 avoir des poux sur le corps. ¶ ~를 잡다 tuer les poux, épouiller.

*~ 잡듯(이) de fond en comble, de haut en bas, de la cave au grenier, de bout en bout, complètement, ((passer)) au peigne fin. ¶ ~ 잡듯이 뒤지다 fouiller [fouiner] partout, ratisser le terrain, ratisser ((tout le quartier)), passer ((un quartier)) au peigne fin, retourner ((toute la maison)); perquisitionner ((chez *qn*)). ¶ 경찰은 증거를 찾기 위해 집을 ~ 잡듯이 샅샅이 뒤졌다 La police a passé toute la maison au peigne fin [a fouillé la maison de fond en comble [de haut en bas, de la cave au grenier], a retourné toute la maison] pour trouver des preuves.

이3 의명 personne *f*, individu *m*, homme *m*, gens *mpl*. ¶ 그렇게 생각하는 ~도 있다 Il y a même des gens qui pensent comme ça. ¶ 아까 찾아온 ~는 누구니? Qui est venu tout à l'heure?

이4 대 ceci, cela. ¶ ~보다 더 중요한 것이 무엇이겠느냐 Qu'est-ce qui est plus important que cela? ¶ 그 일은 매우 중요한 일입니다. 나는 여기서 ~를 재강조하고자 합니다 Ce travail est très important. Je veux le souligner encore une fois.

이5 二 수 deux. ¶ ~~는 사 deux fois [multiplié par] deux font quatre. 관 deux, deuxième, second(*e*). ¶ ~ 층 deuxième niveau, premier étage. ¶ 그 남자는 ~ 년째 이곳에 산다 Il habite ici depuis 2 ans / Ça fait deux ans qu'il habite ici.

이6 관 ce(*cet, cette, ces*). ¶ ~ 책은 재미있다 Ce livre est intéressant. ¶ ~ 차는 내 것이다 Cette voiture est à moi / C'est ma voiture / Cette voiture m'appartient. ¶ ~ 남자와 저 남자는 형제간이다 Ce garçon-ci et ce garçon-là sont frères / Ces deux garçons sont frères.

이7 理 명 【철학】 raison *f*.

-이8 조 ☞ -가4

-이9 접미 받침 있는 사람의 이름 뒤에 붙어 어조를 고르는 접미사 ((suffixe facilitant la prononciation, placé derrière un prénom coréen terminé par une consonne)). ¶ 민석~는 좋은 사람이다 Minseok est quelqu'un de bien [est un chouette type {*fam*}].

-이10 접미 ((suffixe flexionnel causatif ou semi-causatif)). ① 자동사 어간에 붙어 사동사를 만드는 접미사 ((La base est un verbe intransitif)). ¶ 속~다 tromper *qn*, abuser *qn*, duper *qn*, berner *qn*, avoir *qn*, gruger *qn*. ¶ 죽~다 tuer *qn*. ¶ 삭~다 digérer *qc*, consumer *qc*; apaiser ((*sa* colère)), calmer ((*son* impatience, *sa* colère)). ② 타동사 어간에 붙어 사동사를 만드는 접미사 ((La base est un verbe transitif)). ¶ 먹~다 nourrir ((un bébé, un enfant)), alimenter *qn*, donner à manger ((à un bébé)). ¶ 보~다 montrer ((*qc* à *qn*)), exhiber *qc*, présenter *qc*. ③ 형용사 어간에 붙어 사동사를 만드는 접미사 ((La base est un adjectif)). ¶ 높~다 élever *qc*, hausser *qc*, augmenter *qc*.

-이11 접미 동사 어간에 붙어 피동사를 만드는 접미사 ((suffixe flexionnel passif ou semi-passif, correspond souvent à la forme pronominale en français)); changement d'orientation actantielle, moins 1 valence. La base est une racine du verbe)). ¶ 쓰~다 s'employer, s'utiliser; être employé(*e*), utilisé(*e*); servir ((à *qc*)).

-이12 접미 ① -ment ((suffixe adjectival formant un adverbe. La base est la racine de l'adjectif)). ¶ 같~ pareillement, également; comme. ¶ 높~ haut. ② -ment ((suffixe nominal formant un adverbe. La base est la racine du nom)). ¶ 낱낱~ entièrement, intégralement, séparément. ¶ 샅샅~ complètement, de fond en comble, de haut en bas, de la cave au grenier, ((passer)) au peigne fin. ¶ 겹겹~ doublement. ③ 부사에 붙어 다른 부사를 만드는 접미사 ((suffixe adverbial formant un adverbe. La base est un adverbe)). ¶ 더욱~ de plus, en outre, en plus, de surcroît. ¶ 일찍~ tôt, de bonne heure; autrefois, jadis.

-이13 어미 ☞ -으이

-이14 접미 ① -eur ((suffixe formant des noms abstraits, nominalisateur. La base est la racine d'un mot fléchi, verbe ou adjectif)). ¶ 길~ longueur. ¶ 높~ hauteur. ¶ 넓~ largeur. ② ((suffixe verbal formant des noms, nominalisateur. La base est la racine d'un verbe)). ¶ 판박~ ((장난감 종이))

ㅇ

décalcomanie; ((빼닮은 사람)) la copie conforme [le sosie, le portrait vivant, l'image vivante, tout le portrait, le portrait ((tout) craché {*fam*})] de *qn*. ¶ 때밀~ un *ttaemiri* <employés de bains publics spécialistes du gommage [des massages exfoliants>. ③ ((suffixe formant des noms, nominalisateur. La base est soit un nom, soit un mot mimétique)). ¶ 육손~ une personne à six doigts. ¶ 딸랑~ un hochet.

이간 離間 명 éloignement *m*, brouille *f*, désunion *f*. ◇_(을) **하다**[**시키다**] mettre [semer] la discorde [la division] ((dans un parti, dans les esprits)), semer la zizanie; brouiller ((deux personnes)), diviser, désunir ((deux personnes)). ¶ 그들은 우리를 ~하기 위해 별별 수단을 다 썼다 Ils ont employé tous les moyens pour nous désunir. ¶ 친구 사이를 ~시키다 désunir des [deux] amis.

◆_**질** 명 action visant à désunir deux personnes [à semer la zizanie]. ¶ ~하다 mettre [semer] la discorde [la division] ((dans un parti, dans les esprits)), semer la zizanie. ¶ 이것은 우리를 ~질하려는 모략이다 C'est une intrigue pous nous désunir.

이감 移監 명 transfert *m* d'un prisonnier. ◇_(을) **하다**[**시키다**] transférer un prisonnier. ¶ 죄수들을 다른 교도소로 ~하다 transférer des détenus [des prisonniers] dans une autre prison. ◇_(이) **되다** être transféré(*e*). ¶ 그들은 다른 교도소로 ~되었다 Ils ont été transférés dans une autre prison.

이거[1] 대 ☞ 이것

이거[2] 감 Dites (donc)! / Dis (donc) / hé! / Écoutez! / Hé! vous, là-bas! ¶ ~ 어디 정신이 사나워서 집중할 수가 있어야지 Hé! [Dis-donc!] Comment veux-tu que je me concentre avec tout ce boucan {*fam*} [raffut {*fam*}]? ¶ ~ 참, 이 일을 어떻게 하나? Oh là là! Qu'est ce qu'on peut bien faire?

이거니와 어미 ☞ -거니와

-이거들랑 어미 ☞ -거들랑

이것 대 ① ((사물)) ce, ceci, cela, celui(*celle, ceux, celles*)-ci. ¶ ~ 주세요 Donnez-moi ça! ¶ ~은 무엇입니까? Qu'est-ce que c'est? ② 바로 전에 말한 것. ce, cela. ¶ 행복한 가정, ~이야말로 가장 소중한 것이다 Un foyer heureux, c'est ce qu'il y a de plus important / Un foyer heureux, c'est cela qui est primordial [capital, fondamental]. ③ ((사람)) type {*fam*}, mec *m* {*fam*}, gus *m* {*fam*}, gugusse *m* {*fam*}, celui(*celle*)-là. ¶ ~이 사람을 뭘로 보고 이러는 거야 Il(Elle) me prend pour qui, celui(*celle*)-là?

이것저것 명 ceci et cela, toutes les choses, tout. ¶ ~ 다 챙기다 *tout préparer*; tout rassembler; emballer toutes les choses. ¶ ~ 가리지 말고 골고루 먹어라 Mange de tout sans discuter [sans faire le(la) difficile, sans faire la fine bouche]! ¶ 그 남자는 ~ 안 해 본 일이 없다 Il a tout tenté. ¶ ~ 할 것 없이 다 가져가세요 Emportez tout! ¶ 일을 시작하기 전에 ~ 다 따져 봐야 한다 Avant de se lancer dans une entreprise [Avant toute entreprise], il faut en étudier tous les aspects [bien peser le pour et le contre].

이게 대 forme contractée de 이것-이

이견 異見 명 divergence *f* d'idées [d'opinions, de vues], différence *f* d'opinions, dissension *f*, dissentiment *m*, désaccord *m*, division *f*. ¶ ~을 보이다 avoir des vues différentes, différer d'opinion, ne pas partager la même opinion. ¶ ~을 좁히다 réduire les divergences d'opinion. ¶ ~이 많다 avoir beaucoup d'opinions différentes; être très partagé(*e*)s, avoir des avis très partagés. ¶ ~이 있다 avoir une opinion différente [un avis différent], différer d'opinion, différer ((de *qn* sur *qc*)), être d'un autre avis ((que *qn*)), ne pas être du même avis que *qn*, ne pas être d'accord, être en désaccord ((avec *qn* sur *qc*)), être partagé(*e*)s, avoir des avis partagés, avoir des divergences d'opinion avec *qn*. ¶ ~이 없다 être du même avis, partager l'avis [l'opinion de *qn*], être d'accord avec *qn*.

-이고 조 ☞ -고[6]

이골 명 accoutumance *f*. ◇_(이) **나다** être habitué(*e*) à *qc*/+*inf*; être accoutumé(*e*) à *qc*, avoir pris l'habitude de, être vacciné(*e*); être habitué(*e*) à, être accoutumé(*e*); avoir l'habitude de *qc*, être accoutumé(*e*) [habitué(*e*)] à, se résigner à *qc*/+*inf*/ ce que+*subj*, renoncer *qc*/+*inf*; abandonner *qc*; désespérer de *qc*/+*inf*; prendre *son* parti de *qc*; accepter la situation (avec résignation); prendre les choses telles qu'elles sont; prendre les choses comme elles viennent [les choses avec philosophie, les choses avec détachement], s'accommoder de la situation, s'accoutumer à *qc*, s'habituer à *qc*, se faire à ((une idée, un nouveau genre de vie, la situation)); se consoler ((à la longue)) de *qc*; supporter *qc*, endurer *qc*. ¶ 그 선생님은 학생들의 지각에 ~이 났다 Cet(*te*) enseignant(*e*) en a assez du retard des étudiants / Cet(*te*) enseignant(*e*) ne supporte plus les retards des étudiants. ¶ 이 정도 추위쯤은 ~이 나서 괜찮다 Un froid pareil ne me fait plus rien, je m'y suis habitué(*e*) [adapté(*e*)].

이곳 대 ici, cet endroit *m*. ¶ 내가 말한 곳이 바로 ~이야 C'est justement de cet endroit dont je t'avais parlé [dont je te parlais]. ¶ 그 남자는 ~에서 태어났다 Il est né ici.

이곳저곳 대 ici et là, ça et là. ¶ 하루종일 ~을 돌아다녔다 Je me suis promené [baladé {*fam*}] ça et là toute la journée.

이공계 理工系 명 ((faculté des)) sciences *fpl*; sciences *fpl* physiques et technologie *f*. ¶ ~ 대학[학생] faculté des sciences [un(*e*) étudiant(*e*) en science, un(*e*) scientifique].

이과 理科 명 ((faculté des)) sciences *fpl*; ((학부)) département *m* [faculté *f*] des sciences. ¶ ~를 선택하다 choisir les sciences. ¶ ~에 진학하다 entrer à la faculté des sciences.

◆_**대학** -大學 명 faculté *f* des sciences.

이관 移管 명 transfert *m* ((de propriété)); renvoi *m*. ¶ 업무 ~ transfert des affaires. ◇_(을) **하다[시키다]** transférer ((une affaire)); renvoyer. ¶ 업무를 다른 부서로 ~하다 transférer les affaires dans un autre bureau [service]. ◇_(이) **되다** être transféré(*e*) ((dans un autre service)); être renvoyé(*e*). ¶ 그 업무는 다른 부서로 ~되었다 Cette affaire a été transférée dans un autre service.

이교 異教 명 paganisme *m*; hérésie *f*. ¶ ~를 믿다 croire au paganisme [à l'hérésie].

◆**_도** -徒 명 païen(*ne*), hérétique *mf*. ¶ ~도를 배척하다 exclure des païens.

이구동성 異口同聲 명 d'une voix commune, d'une voix unanime, à l'unanimité, unanimement, en chœur. ¶ 모두가 그분을 ~으로 칭찬한다 Tout le monde est unanime pour faire son éloge.

이구아나 에 명 iguane *m*.

이국 異國 명 étranger *m*, pays *m* étranger. ¶ ~ 정취 exotisme. ¶ ~에서 살다[지내다] habiter à l'étranger. ¶ ~으로 떠나다 partir pour l'étranger.

◆**_적** -的 명관 étrang*er*(*ère*), exotique. ¶ ~적인 분위기 une atmosphère [une ambiance] exotique. ¶ ~적으로 생긴 미인 une belle femme exotique. ¶ ~적 취향 le goût de l'exotisme.

◆**_풍** -風 명 exotisme *m*. ¶ ~풍의 그림[경치] une peinture [un paysage] exotique.

이권 利權 명 intérêt *m*, concession *f*. ¶ ~을 획득하다 obtenir une concession. ¶ ~에 개입하다 intervenir dans les intérêts. ¶ ~과 거리가 멀다 être distant(*e*) d'intérêts, être éloigné(*e*) [loin] d'obtenir une concession.

이그러지다 자 (('일그러지다'의 잘못)) ☞ 일그러지다

이글거리다 자 être brûlant(*e*), ardent(*e*). ¶ 한낮의 태양이 이글거리고 있었다 Le soleil, en plein jour, était brûlant. ¶ 그 남자의 눈이 욕망으로 이글거렸다 Ses yeux étaient brûlants de désir. ¶ 그는 복수심에 이글거리는 눈으로 나를 쳐다보았다 Il m'a regardé avec des yeux brûlants de vengeance.

이글대다 자 brûler. ¶ 장작이 이글대며 타고 있었다 Des bûches brûlaient.

이글이글 부 ((brûler)) avec ardeur; avec vivacité. ¶ 불이 ~ 타 오른다 Le feu brûle avec ardeur. ¶ ~ 불타고 있는 한낮의 태양 le soleil brûlant [ardent] en plein jour. ¶ 그 사람의 눈에는 분노가 ~ 타올랐다 Il *avait* les yeux brûlants de colère.

◆**_하다** 형 être brûlant(*e*), ardent(*e*), embrasé(*e*); être en feu, enflammé(*e*). ¶ 그 남자의 눈은 분노로 ~했다 Il avait les yeux brûlants de colère / Il avait un regard incendiaire.

이기[1] 利器 명 commodité *f*, confort *m*. ¶ 컴퓨터라는 문명의 ~ l'ordinateur, un appareil utile [une commodité] dans la vie moderne.

이기[2] 利己 어근 intérêt *m* personnel

◆**_적** -的 명관 égoïste, intéressé(*e*). ¶ 그 여자는 참 ~적인 사람이다 Elle est très égoïste. ¶ 그 사람은 항상 ~적으로 행동한다 Il agit toujours par calcul. ¶ 인간은 ~적 존재다 L'homme est un être égoïste.

◆**_심** -心 명 égoïsme *m*. ¶ 그 사람의 끝없는 ~심에 질려 버렸다 On en avait assez de son égoïsme sans borne.

◆**_주의** -主義 명 égoïsme *m*.

◆**_주의자** -主義者 명 égoïste *mf*.

◆**_주의적** -主義的 명관 égoïste, intéressé(*e*). ¶ ~주의적인 풍조 une tendance égoïste. ¶ 점점 ~주의적으로 변해가는 세태 le monde qui devient de plus en plus égoïste.

이기다[1] 자타 ① ((경기, 경쟁에서)) gagner, remporter [gagner] la victoire, vaincre, triompher de ((*ses* adversaires, *ses* passions)). ¶ 상대편을 이기다 l'emporter sur l'[sur *son*] adversaire. ¶ 지금 어느 팀이 이기고 있니? Qui est-ce qui gagne maintenant [actuellement]? / Quelle est l'équipe qui mène [qui domine, qui mène au score] actuellement? ¶ 프랑스 팀은 벨기에 팀을[에] 1 대 0으로 이겼다 La France a battu la Belgique sur le score de 1 à 0. ¶ 한국 팀은 독일 팀에 1점 차로 이겼다 La Corée a battu l'Allemagne d'un point [d'un but] / La Corée l'a emporté d'un point sur l'Allemagne. ② ((고난을)) surmonter, vaincre ((une difficulté, la maladie)), supporter ((la chaleur)). ¶ 병을 이기려는 의지가 필요하다 Il faut (avoir) de la volonté pour vaincre la maladie. ¶ 더위[추위]를 ~ vaincre [bien supporter] la chaleur [le froid]. ③ ((감정을)) maintenir, contrôler, réprimer, refréner. ¶ 나는 궁금함을 이기기 어려웠다 Cela m'était difficile de retenir ma curiosité. ¶ 그 사람은 화를 이기지 못하고 나가버렸다 Il est sorti comme ça sans pouvoir contrôler sa colère. ④ ((몸을)) ¶ 그 사람은 제 몸도 이기지 못할 만큼 취했다 Il. est ivre mort / Il est ivre comme un cochon / Il est bourré comme un coing {*fam*}.

*__못 이기는 척[체]__ comme si c'était contre *son* gré. ¶ 나는 못 이기는 척 방에서 나왔다 Je suis sorti(*e*) de la chambre comme si c'était contre mon gré. ¶ 나는 그들의 충고를 못 이기는 척 받아들였다 J'ai accepté leur conseil en faisant croire que c'était faute de mieux.

이기다[2] 타 ① 다른 재료를 잘 섞다 pétrir, malaxer, mélanger. ¶ 모래와 시멘트를 이겨서 벽에 발랐다 peindre le mur avec un mélange de sable et de ciment. ② 질긴 것을 잘게 짓찧다 hacher. ¶ 소고기를 이겨서 만든 완자 des boulettes de bœuf haché.

이기론 理氣論 명 【철학】 théorie *f* (néo-confucianiste) des principes naturels de la raison et de l'énergie.

이기죽거리다 자 railler, ricaner. ¶ 그 사람은 뭐가 못마땅한지 이기죽거리고만 있었다 Il raillait, ricanait comme s'il était mécontent de quelque chose.

이까짓 관 choses *fpl* insignifiantes [secondaires], peu de chose, ((pour)) si peu, si petit(*e*), sans importance; pareil(*le*), de *son* espèce. ¶ ~ 일이 뭔데

그래! Il n'y a pas de quoi en faire un drame [tout un plat, toute une montagne, tout un fromage {*fam*}] / Ne dramatise pas pour si peu.

이끌다 타 ① 잡고 끌다 tirer *qn* ((par le bras)), entraîner *qn*. ¶ 마부가 말을 이끌었다 Le cocher [L'écuyer] a tiré son cheval. ¶ 그 사람은 내 손을 이끌고 로비로 들어섰다 Il m'a entraîné dans le hall (de l'immeuble) en tenant ma main. ② 인도하다 guider ((un enfant, un aveugle)); être à la tête d'une famille. ¶ 가족을 이끌고 가다 être à la tête d'une famille. ③ 통솔하다, 주도하다 mener, diriger ((une équipe, une entreprise)); commander ((une troupe)). ¶ 회사를 이끌어 나가다 diriger *son* [une] entreprise. ¶ 그 사람이 이끄는 연극 단체 la troupe théâtrale dont il est directeur. ¶ 분위기를 부드럽게 ~ créer une ambiance aimable. ¶ 요즘은 3차 산업이 경제를 이끈다 Ces derniers temps, l'industrie du tertiaire mène l'économie. ¶ 그 소설은 이야기를 두 인물 간의 대화 형식으로 이끌고 있다 Ce roman est composé de conversations entre deux personnages. ④ (몸을) 힘들여 움직이다 se traîner. ¶ 지친 몸을 이끌고 귀가하다 rentrer péniblement chez soi après une journée fatigante [harassante]. ⑤ 마음을 끌다 s'emparer (du cœur) de *qn*. ¶ 알 수 없는 이상한 힘이 그 사람을 [그 사람의 마음을] 이끌고 있었다 Une étrange force s'est emparée de lui [son cœur]. ⑥ 무엇을 어떠한 상태로 이르게 하다 amener ((*qn* à une conclusion)); entraîner *qn* ((à la ruine)). ¶ 흥정을 유리하게 ~ conduire [mener] le marchandage [une négociation] en sa faveur. ¶ 사소한 싸움이 그들의 결혼을 파경으로 이끌었다 Une petite dispute a entraîné leur mariage au divorce.

이끌리다 자 ① être tiré(*e*) par; être attiré(*e*) par *qc* ((physiquement)). ¶ 어린아이들이 엄마 손에 이끌려 학교에 왔다 Les enfants sont venus à l'école leur mère les tirant par le bras / Les enfants ont été conduits [amenés] de force à l'école par leur mère / Les mères ont traîné de force leurs enfants à l'école. ¶ 나는 무언지 모를 힘에 이끌렸다 J'étais attiré(*e*) par je ne sais quelle force. ② 관심, 흥미를 가지다 être attiré(*e*) par *qc*, être charmé(*e*) par *qc*/*qn*, être captivé(*e*) par *qc*/*qn*, être envoûté(*e*) par *qc*/*qn*, être subjugué(*e*) par *qc*/*qn*, être séduit(*e*) par *qc*/*qn*, être ensorcelé(*e*) par *qc*/*qn*, se pâmer devant *qc*, tomber en pâmoison {*vx*}. ¶ 나는 그 사람의 음악에 이끌렸다 Sa musique m'a charmé(*e*). ¶ 그 제안에 많은 투자자들이 이끌렸다 Cette proposition a attiré beaucoup d'investisseurs. ¶ 그 여자의 매력에 이끌리는 사람이 아주 많았다 Son charme attirait beaucoup d'hommes / Beaucoup d'hommes étaient attirés par [étaient envoûtés par, étaient subjugués par, ne restaient pas insensibles à] son charme / Beaucoup d'hommes étaient éblouis par son charme.

이끼 명 mousse *f*, lichen *m*. ¶ 어항에 ~가 끼었다 Le bocal [L'aquarium] est tapissé de mousse. ¶ ~ 낀 바위[돌담] un rocher [une haie en pierres] couvert(*e*) de mousses. ¶ 바위에 ~가 끼어 있다 De la mousse pousse sur la roche / La roche est recouverte de mousse.

이나 조 ((나 s'ajoute au substantif qui se termine par une voyelle; 이나 par une consonne)). ① ou, ou bien; ou ... ou ...; soit ... soit ... ¶ 당신~ 나나 같은 평사원이다 On est tous de simples employés. ¶ 그 여자는 문학~ 음악~ 모두 소질이 있다 Elle est douée aussi bien pour la littérature que pour la musique / Elle a des facilités aussi bien en littérature qu'en musique / Elle a des prédispositions aussi bien pour la littérature que pour la musique. ② 정도 environ; pas moins de, au moins, un(*e*) bon(*ne*) ((mois, heure, dizaine d'années)). ¶ 이 책을 만 원~ 주고 샀다 J'ai acheté [J'ai eu] ce livre pour pas moins de 10 000 wons. ¶ 그 여자는 내가 십 년~ 연모해 온 여자다 C'est une femme après laquelle je soupire depuis dix ans au moins / C'est une femme dont je suis amoureux depuis une bonne dizaine d'années. ¶ 슬하에 자녀분이 몇~ 되시는지요? Combien d'enfants avez-vous? ¶ 아이들은 그 선생님을 무척~ 따랐다 Les enfants aimaient tellement leur professeur. ¶ 죽은 것~ 다름없었다 Il était comme mort / On le croyait [On l'aurait cru] mort. ¶ 겨우 숨~ 쉴 수 있었다 Il pouvait à peine respirer. ③ 차선의 것 ne serait-ce que; faute de mieux, ça ou autre chose; contente-toi de+*inf* (laisse-moi tranquille) ((particule spéciale qui peut indiquer toutes les fonctions grammaticales: sujet, complément d'objet direct ou indirect, compléments circonstanciels de lieu, de temps, etc. En même temps elle laisse entendre ou sous-entendre un sens emphatique, un choix de second ordre, une exclusivité, une négligence)). ¶ 책~ 읽으면서 시간을 보냈다 J'ai passé mon temps à lire des livres (faute de mieux). ¶ 우선 숨~ 돌리고 보자 Faisons une pause d'abord / Reposons-nous un peu d'abord / Soufflons un peu d'abord. ¶ 우리 술~ 한잔 할까[마실까]? Si on allait (par exemple) prendre un verre (tous les deux)? Ça te dit? / On va prendre un verre (tous les eux)? / Si on prenait un pot (tous les deux) {*fam*}? ¶ 네 일~ 해 Contente-toi de faire ton travail [de faire ce que tu as à faire] (Laisse-moi tranquille). ④ 어느 것이나 다 où qu'on+*subj*, qui que+*subj*, quel endroit que ce soit, qui que ce soit, n'importe lequel(laquelle). ¶ 어느 것~ 좋다 Tout me convient / Tout me va / N'importe lequel fera l'affaire. ¶ 갓난아이는 조그만 것은 무엇~ 입에 넣는다 Un enfant en bas âge met n'importe quoi dans sa bouche. ☞ -나[4]

이나마[1] 부 ça aurait pu être bien pire, vous pouvez vous estimer heureux(*se*), c'est déjà pas mal {*fam*}! ¶ ~ 사는 게 다행이라고 생각해라 Il faut se contenter de ce train de vie bien que modeste. ¶ ~ 다행[천행]인 줄 알아 Tu peux t'estimer heureux(*se*), ça aurait pu être bien pire.

이나마² 조 quoique ce soit; même; ne fût-ce que, ne serait-ce que; au moins. ¶ 조금~ 도움이 됐으면[된다면] 좋겠습니다 Je serais content(*e*) de pouvoir vous aider [de pouvoir vous être utile], ne serait-ce qu'un (tout petit) peu. ☞ -나마²

이날 명 aujourd'hui; maintenant; à présent; de nos jours. ¶ ~ 이때까지 jusqu'à maintenant, jusqu'à présent, jusqu'au jour d'aujourd'hui. ¶ 다음 주[내년] ~에 만나자 Rendez-vous aujourd'hui en huit [Rendez-vous l'an prochain à pareille date / On se voit dans un an jour pour jour]. ¶ ~에 이르기까지 한 일이 하나도 없다 Rien n'a été fait jusqu'à ce jour.

이남 以南 명 ① 기준이 되는 곳에서부터 남쪽 (au) sud *m* (de). ¶ 대전 ~의 기후 le temps [climat] au sud de Daejeon. ② 한반도의 휴전선 이남, 38선 이남 le sud *m* du 38e parallèle, le sud *m* de la Corée. ¶ 38선 ~ au sud du 38ème parallèle. ¶ 그 사람은 ~ 출신이다 Il est du sud de la Corée. ¶ ~에[으로] 넘어가다 traverser au sud du 38e parallèle, passer au sud. ☞ 이북

이내¹ 以內 명 moins de, en moins de; d'ici ((la fin du mois)), dans un délai de ... ¶ 반경 3킬로미터 ~의 지역 la zone à 3 kilomètres à la ronde, dans un rayon de 3 kilomètres. ¶ 8촌 ~의 혼인은 금지되어 있다 Le mariage entre cousins issus de germains est interdit. ¶ 5천 원 ~의 금액 une somme en dessous de [ne dépassant pas les] cinq mille wons. ¶ 한 달 ~에 빌린 돈을 갚아야 한다 Faut rembourser la dette d'ici (à) un mois [dans un délai d'un mois].

이내² 부 시간적으로 곧 aussitôt, à l'instant, sur l'heure, immédiatement. ¶ ~ 냉정을 되찾다 retrouver aussitôt *son* calme [*son* sang-froid]. ¶ 잠자리에 눕자마자 ~ 잠이 들었다 Dès qu'il s'est couché, il s'est endormi. ¶ 숲을 가로지르자 ~ 조그마한 집이 나타났다 Dès qu'il a traversé le bois, est apparue une petite maison.

이냥저냥 부 sans grand changement, comme ci comme ça. ¶ 하는 일 없이 ~ 살고 있다 vivre comme ci comme ça [sans grande occupation]. ¶ 별일 없이 ~ 지내다 passer une vie sans histoire [sans ennui].

이네 대 ces gens-là, ils, eux. ¶ ~들 ces gens-là, ils, eux.

이녁 대 ((듣는 이 혹은 자기 자신을 낮추어 이르는 대명사)) vous; tu; je; moi.

이념 理念 명 doctrine *f*, idée *f*, idéologie *f*. ¶ 자본주의와 공산주의의 ~ 논쟁 débat idéologique entre le capitalisme et le communisme.

◆ **_적** -的 명관 doctrin*al*(*ale*, *aux*), idéologique. ¶ 정당의 ~적인 기반 la base doctrinale d'un parti politique. ¶ 그 사람과 나는 ~적으로 다르다 Lui et moi, nous ne partageons pas les mêmes idées [idéologies]. ¶ 사회주의의 ~적 요소 un brin de pensée socialiste.

이놈 대 ① 친근하게 부르는 말 le [mon] petit. ¶ ~이 막내아들이오 Lui, c'est le [mon] petit dernier. ② 낮추어 부르는 말 coquin *m*, fripon *m*, voyou *m*, gars *m*, type *m*. ¶ ~이 건방지게 누구한테 덤비는 거야 Qui es-tu pour oser t'en prendre à moi? ③ 부정적 의미의 강세어 ce(*cet, cette, ces*) fichu(*e*, *s*), foutu(*e*, *s*), fichu(*e*, *s*), damné(*e*, *s*), satané(*e*, *s*), sacré(*e*, *s*), maudit(*e*, *s*), sale(*s*), putain {*vulg*} [connard, connasse {*vulg*}] de ((camion)). ¶ ~의 자동차가 또 말썽이군 Cette maudite [satanée, fichue, foutue] bagnole {*fam*} [Cette putain de caisse {*fam*}, Ce maudit tas de ferraille] est encore en panne! ¶ ~의 살림은 언제나 필까 Quant sortira-t-on de cette maudite misère? ¶ ~의 전쟁이 언제나 끝나게 될까 Quand finira cette fichue [cette foutue, cette satanée, cette maudite, cette putain de] guerre? ④ 아이를 혼낼 때 Calme-toi sinon tu vas voir de quel bois je me chauffe / C'est une fessée que tu veux? / Gare à tes fesses [à toi] (si tu désobéis)! / Panpan cucul! ¶ ~! ~! C'est une fessée que tu veux? / Tu veux une fessée? / Calme-toi sinon gare à tes fesses [tu vas voir de quel bois je me chauffe]. ¶ 너 자꾸 말 안 들으면 ~ 한다 Si tu continues à désobéir, tu vas voir de quel bois je me chauffe [tu vas avoir affaire à moi, tu seras puni sévèrement, gare à tes fesses!, gare à toi!, gare aux sanctions!].

이농 離農 명 abandon *m* de l'agriculture; exode *m* rural. ¶ 그 사람은 마침내 ~을 결심했다 Il a décidé finalement de quitter la campagne [d'abandonner l'agriculture]. ¶ ~ 현상이 생겼다 (Le phénomène de) l'exode rural a commencé [est survenu ((à cette époque))]. ◇_(을) **하다** quitter la campagne, abandonner l'agriculture. ¶ 일거리를 찾기 위해 많은 사람들이 도시로 ~을 했다 Beaucoup de gens ont abandonné l'agriculture pour trouver un emploi en ville.

-이니 조 ☞ -니

이니셜 英{initial} 명 ((signer de *ses*)) initiales *fpl*. ¶ 결혼반지에 자기 ~을 새기다 faire graver *ses* initiales sur *son* alliance.

이닝 英{inning} 명 【야구】 manche *f* ((9 manches au baseball)). ¶ 그 투수는 오늘 3~ 무실점했다 Le lanceur n'a pas permis à l'équipe adverse de marquer le moindre point lors de la troisième manche.

이다¹ 타 porter sur la tête. ¶ 물건을 머리에 이고 있다 porter des choses sur la tête. ¶ 파란 하늘을 이고 선 산봉우리가 멀리 보였다 On voyait de loin le sommet de la montagne juste au-dessous du ciel bleu.

이다² 타 couvrir une maison de [en] tuiles. ¶ 짚으로 지붕을 이다 couvrir le toit de paille [de chaume].

이다³ 조 et, ou. ¶ 그들은 춤~ 노래다 하면서 즐겁게 지냈다 Ils s'amusaient gaiement en dansant ou en chantant.

이다⁴ 형 ① A는 B이다 être, c'est ((copule, Elle s'ajoute directement à l'attribut qui est un nom, un pronom ou un numéral. Si l'attribut se termine par une voyelle, seul le suffixe flexionnel 다 s'y ajoute après l'omission du radical 이.)). ¶ 이것은 우리 회사의 신제품~ Ceci est un nouveau produit de notre entreprise. ¶ 저분은 우리 선생님~ Cette personne là-bas, c'est mon professeur. ¶ 여기가 우리 집~ Ici, c'est notre maison [appartement] / C'est ici que nous habitons [vivons]. ② 연, 월, 일, 시간 c'est ((l'automne)), nous sommes [on est] ((le 24 septembre)). ¶ 오늘은 1월 11일~ Aujourd'hui, c'est [on est, nous sommes] le 11 janvier. ¶ 이제 곧 봄~ Bientôt, c'est le printemps. ¶ 곧 9월~ Bientôt, on sera en septembre. ¶ 그 친구의 생일은 1월 11일~ Il est né le 11 janvier. ¶ 정각 5시~ Il est cinq heures juste / Il est exactement 5 heures ((à ma montre)) / Il est 5 heures pile {*fam*} [tapantes {*fam*}, sonnantes {*fam*}]. ③ 나이, 키, 무게, 부피, 길이, 가격, 수량 avoir ((30 ans)); faire, mesurer ((1m75)); faire, peser ((65 kilos)); faire, coûter, valoir ((2 600 wons)). ¶ 그 여자는 나이가 (만) 20살~ Elle a 20 ans. ¶ 그 여자는 키가 1미터 70~ Elle mesure [fait] 1 mètre 70. ¶ 나는 몸무게가 60킬로그램~ Je fais [pèse] 60 kilos. ¶ 저 나무는 3미터~ Cet arbre fait [mesure] 3 mètres de haut. ¶ 우리 팀은 15명~ Nous sommes 15 dans notre équipe. ¶ 이 책은 만 원~ Ce livre coûte [vaut, fait] 10 000 wons. ¶ 둘 더하기 다섯은 일곱~ Deux plus cinq font [égale(nt)] sept. ④ 지위, 직업, 직책 être ((médecin, enseignant(*e*), chanteu*r*(*se*))). ¶ 우리 아빠는 의사~ Mon père est médecin. ⑤ 관계 être ((le père, la femme, la cousine)) de *qn*. ¶ 그 사람은 정훈이의 형~ Lui, c'est le grand frère de Jeonghun. ¶ 그 사람은 나와 사촌 간~ Lui et moi, nous sommes cousins. ¶ 그 사람은 나의 유일한 경쟁자~ Il est mon seul (unique) rival. ¶ 그들은 서로 앙숙~ Ils sont comme chien et chat. ⑥ 속성 être ((français(*e*), intelligent(*e*), honnête)). ¶ 그 여자는 프랑스 사람~ Elle est française. ¶ 그 여자는 무척 미인~ Elle est très belle. ¶ 그 사람은 게으름뱅이~ Il est paresseux [fainéant]. ¶ 그 사람은 정직한 사람~ Il est honnête. ¶ 그 사람은 성실한 청년~ Il est diligent. ⑦ 출신, 기원 être de ((Séoul)), être originaire de ((France)), venir de ((Busan, la province du Jeolla)). ¶ 그 사람은 전라도 출신~ Il vient [est (originaire) de] la province du Jeolla. ¶ 이 포도주는 프랑스산~ Ce vin est un produit français [vient de France, est originaire de France]. ⑧ 소유 être à *qn*, appartenir à *qn*. ¶ 이 책은 내 것~ Ce livre est à moi [m'appartient] / C'est mon livre. ¶ 이 가방은 그 여자의 것~ Ce sac est à elle. ¶ 저 차는 우리 어머니 소유~ Cette voiture-là est à ma mère. ⑨ 선택 prendre ((une salade en entrée)), pour moi, ce sera ((une quiche lorraine)). ¶ 오늘 저녁은 프랑스 식당~ Ce soir, on mange dans un restaurant français. ⑩ 술어명사와 함께 être+Adj, c'est. ¶ 그 소문은 거짓~ Cette rumeur est fausse. ¶ 그 사람의 친절은 위선일 뿐~ Sa gentillesse n'est qu'une hypocrisie. ¶ 극장은 벌써 만원~ La salle ((de cinéma)) est déjà pleine [comble]. ¶ 내 차가 또 말썽~ Ma voiture est encore en panne. ¶ 오늘 비가 오면 큰일~ S'il pleuvait aujourd'hui, ce serait vraiment embêtant. ¶ 기차가 7시에 출발~ Le train part à 7 heures. ¶ 그 사람은 내 일에 늘 간섭~ Il intervient toujours dans mes affaires. ¶ 그 사람은 만사에 불평~ Il râle en toutes circonstances [toujours]. ¶ 아내가 또 내게 잔소리~ Ma femme me rouspète encore. ¶ 나는 네 의견에 동감~ Je suis de ton avis. ¶ 나는 그 사람의 제안에 찬성[반대]~ Je suis d'accord avec [Je suis contre] sa proposition. ¶ 그 여자는 아이들 교육에 무척 극성~ Elle est très préoccupée [zélée] par l'éducation de ses enfants. ¶ 나는 그 사람의 태도가 불만~ Son attitude ne me plaît pas. ¶ 네가 도착했다니 이제 안심~ Je suis soulagé(*e*) de savoir que tu es bien arrivé(*e*). ¶ 아버지는 딸이 늦게 돌아올까 걱정~ Le père est inquiet à l'idée que sa fille rentre tard [tardivement] / Le père s'inquiète de ce que sa fille rentre tard [de la rentrée tardive de sa fille]. ¶ 그 여자는 매사에 열심~ Elle montre beaucoup de zèle en toutes circonstances. ¶ 두 사람의 성격이 아주 대조적~ Les caractères de ces deux personnes sont complètement [totalement, radicalement, diamétralement] opposés. ¶ 그것은 우리의 삶에 본질적~ Cela est essentiel dans notre vie. ¶ 그 사람은 아주 사교적~ Il est très sociable. ¶ 그 사람은 우리에게 호의적~ Il est favorable à notre égard. ¶ 그 사람은 지나치게 이기적~ Il est trop égoïste. ¶ 자식에 대한 어머니의 사랑은 무조건적~ L'amour d'une mère envers son enfant est inconditionnel. ¶ 어린애가 그런 말을 하다니 제법~ Cela m'étonne d'entendre cette parole de la bouche d'un enfant. ¶ 이 포도주는 맛이 그만~ Ce vin est excellent. ¶ 우리는 아직 식사 전~ Nous n'avons pas encore déjeuné [dîné]. ¶ 그 여자는 늘 좌충우돌~ Elle se cogne toujours un peu partout. ¶ 아직도 할 일이 첩첩산중[산더미, 태산]~ Il reste encore une montagne de travail [une montagne de choses à faire] / J'ai encore une montagne de [une tonne de {*pop*}, beaucoup de] travail / J'ai encore une montagne [des tas, une tonne, des tonnes] de choses à faire {*pop*} / J'ai encore un travail fou {*pop*} / J'ai un tas de choses à faire {*fam*} / Je suis surchargé(*e*) de travail / Je croule sous une avalanche de travail / Je croule sous le travail / Je suis submergé(*e*) de travail [par les occupations, par le travail] / Je suis débordé(*e*) / Je suis dépassé(*e*) par l'ampleur du travail / Je suis noyé(*e*) {*pop*} / Je ne sais plus où donner de la tête / J'ai encore du pain sur la planche {*fam*}. ¶ 그 여자는 아직도 잠옷 바람~

Elle est encore en pyjama [en chemise de nuit]. ¶ 곧 비가 올 모양~ Il va se mettre à pleuvoir. ¶ 그 사람은 어디론가 떠날 모양~ Il semble qu'il parte quelque part. ¶ 그 사람이 올 가을 프랑스로 떠날 예정~ Il va partir pour la France cet automne. ¶ 나는 친구를 만나고 오는 길~ Je viens de rencontrer des amis. ¶ 그 사람은 모든 사실을 알고 있는 터~ Il est au courant de tout. ¶ 문제는 그 사람이 아직 그 사실을 모른다는 것~ Le problème est qu'il n'est pas au courant de cette affaire. ¶ 명백한 사실은 그 사람이 이미 떠났다는 것~ Ce qui est sûr, c'est qu'il est parti. ¶ 중요한 것은 너의 건강~ L'important, c'est ta santé. ¶ 내가 염려하는 것은 너의 장래~ Ce dont je me soucie, c'est ton avenir. ¶ 그 계획에 반대를 하는 것은 우리뿐~ Nous sommes les seuls à être contre ce projet. ¶ 내가 만나고자 하는 것은 그 여자~ Celle que je veux voir, c'est elle.

-이다[5] 접미 동작이나 상태를 나타내는 어근에 붙어 동사를 만드는 접미사 ((suffixe servant à former des verbes, lié à un mot mimétique)). ¶ 끄덕~ hocher la tête, acquiescer. ¶ 출렁~ clapoter. ☞ -대다, -거리다

이다음 명 la prochaine fois. ¶ ~에 봅시다 À la prochaine fois. / À la prochaine {*fam*} / À bientôt / À un de ces jours {*fam*} / À un de ces quatre {*fam*} / À plus {*fam*}.

이다지 부 (aus)si+Adj/Adv, si ...que, tant, tellement. ¶ 나는 중국어가 ~도 어려운 줄은 몰랐다 Je ne savais pas que le chinois était si difficile que ça.

이단 異端 명 hérésie *f*, ((사이비)) secte *f*. ¶ ~의 혐의를 받다 être soupçonné(*e*) [suspecté(*e*)] d'hérésie. ¶ 사람들은 그 사람을 ~으로 간주했다 On le considère comme hérétique. ◇_**이다** être hérétique; être une secte [sectaire]. ¶ 그 사람은 ~이다 Il est hérétique.

◆_**적** -的 명관 hérétique; sectaire. ¶ ~적인 사람 quelqu'un d'hérétique. ¶ ~적으로 행동하다 se conduire comme un hérétique. ¶ ~적 종교관 conception hérétique de la religion. ¶ ~적 사상 une idée hérétique.

◆_**시** -視 명 fait de considérer *qc* comme une secte [hérétique]. ¶ 그 사람의 종교관을 ~시하다 Sa conception de la religion est jugée sectaire.

◆_**자** -者 명 hérétique *m* ((en littérature, en médecine)). ¶ 학계의 ~자 un hérétique dans les milieux académiques. ¶ 가문의 ~자 un hérétique [un révolté] dans la famille.

이달 명 ce mois *m*, le mois *m* courant [en cours]. ¶ ~ 봉급 le salaire de ce mois. ¶ ~ 15일 le 15 de ce mois. ¶ ~ 그믐께 à la fin du mois [de ce mois]. ¶ ~ 중에 dans le courant du mois. ¶ ~부터 휘발유 값이 오른다 À partir de ce mois-ci, le prix de l'essence va augmenter. ¶ 나는 ~에 적금을 탄다 Ce mois-ci, je touche l'argent du plan d'épargne. ¶ ~은 재산세를 내야 한다 Ce moi-ci, il faut payer l'impôt sur la propriété. ¶ ~분[치] 신문 대금 les frais d'abonnement à un quotidien pour ce mois.

이담 명 ☞ 이다음

이당 離黨 명 démission *f* d'un parti politique. ◇_(을) **하다** quitter un parti politique. ¶ 의원 몇몇이 ~하여 야당으로 갈 것 같다 Il semble que quelques députés vont quitter leur parti pour adhérer au parti de l'opposition.

이대로 부 tel(*le*) quel(*le*), comme cela, ainsi. ¶ ~ 간다면 si ça continue comme ça, si ça se déroule de cette façon. ¶ ~ 내버려둘 수 없다 On ne peut laisser les choses telles quelles. ¶ ~ 두시오 Laissez cela tel quel. ¶ ~도 좋다 C'est bien ainsi [comme ça]. ¶ ~ 물러설 수는 없다 Je ne peux pas laisser tomber comme ça. ¶ ~ 열흘만 비가 더 오면 큰 홍수가 날 것이다 S'il continue à pleuvoir comme ça [de cette façon] pendant dix jours, il y aura une grande inondation.

-이더군 어미 ☞ -더군

-이더니 어미 ☞ -더니

-이더라 어미 ☞ -더라

-이더라도 어미 ☞ -더라도

이데아 그 명 【철학】 idée *f*. ¶ ~의 세계 le monde des idées (platoniciennes).

이데올로기 독 명 idéologie *f*. ¶ ~ 투쟁 lutte idéologique ¶ 사회주의 ~ idéologie socialiste. ¶ 지배 계급의 ~ idéologie de la classe dirigeante.

이동[1] **異同** 명 différence *f*, différence *f* et ressemblance *f*. ¶ 갑과 을의 ~을 식별하다 distinguer [différencier] A de B, faire la distinction entre A et B.

이동[2] **移動** 명 ① 자리나 위치의 변화 déplacement *m*, mouvement *m* ((démographique)); migration *f*. ¶ 민족[조류]의 ~ migration des peuples [des oiseaux]. ¶ 인구의 ~ mouvement démographique. ¶ 게르만족 대~ invasion germanique. ¶ 사람들의 ~이 뜸해졌다 Les gens se déplacent moins fréquemment. ② 직위, 직급이나 직장 mutation *f*. ¶ 인사 ~ mutation. ③ 운반 déplacement *m*, transport *m*. ◇_(을) **하다** se déplacer, aller ailleurs, se rendre sur ((les lieux, le terrain)); se transporter. ¶ 사건 현장으로 신속히 ~하다 se transporter rapidement sur le lieu des faits, se rendre rapidement sur les lieux de l'incident, se rendre rapidement sur le terrain. ¶ 부대 전체가 현장으로 ~했다 Toute la troupe s'est rendue sur les lieux de l'incident [sur le lieu des faits, sur le terrain]. ◇_(이) **되다** être transporté(*e*). ◇_(을) **시키다** déplacer [transporter] ((des choses)). ¶ 부대원들을 ~시키다 déplacer toute une troupe, ordonner à une troupe de se déplacer [se rendre sur ((les lieux de l'incident))].

◆_**성** -性 명 ((en)) déplacement *m*, ((en)) circulation *f*. ¶ ~성 저기압 une dépression (atmosphérique) en déplacement.

◆_**식** -式 명 transportable. ¶ ~식 식탁 une table roulante. ¶ ~식 식당 une gargote ambulante.

◆_ **통신** -通信 명 téléphonie *f* mobile; télécommunication *f* mobile

ㅇ

◆대_ 大- 명 déplacement *m* de grande envergure, migration *f* de grande envergure. ¶ 추석 연휴 중에는 민족 대~이 일어난다 Durant les congés de *Chuseok*, il y a un grand déplacement de population. ¶ 4세기에 게르만 민족은 대~을 했다 Au quatrième siècle, le peuple germanique s'est déplacé en grand.

이동³ 異動 명 changement *m*, mutation *f*. ¶ 사원의 ~ mouvement du personnel. ¶ 내각의 ~ remaniement ministériel [du ministère].

◆인사_ 人事- 명 mutation *f* du personnel. ¶ 오늘 대대적인 인사~이 있었다 Aujourd'hui, il y avait des mutations et des promotions d'une grande envergure.

이동⁴ 以東 명 à l'est de. ¶ 대관령 ~ 지방 région à l'est de Daegwanryeong.

이두 吏讀 명 【언어】 *idu m* <système *m* graphique de l'antiquité coréenne consistant à emprunter les sons ou les sens des caractères chinois>.

이드 라 명 【철학】 (le) moi [(l')ego *m*] instinctif, (le) ça *m*, (l')id *m*.

이득 利得 명 profit *m*, bénéfice *m*, gain *m*. ¶ 경제적 ~ profit économique. ¶ 부당하게 ~을 취하다 faire des bénéfices illicites. ◇_(을) 보다 tirer des profits. ¶ 장사에서 ~을 많이 보다 tirer de bons profits de *son* commerce, avoir un commerce qui rapporte beaucoup. ◇_(이) 되다 profiter. ¶ 이 일은 그 사람에게 ~이 된다 Cette affaire est profitable pour lui.

◆부당_ 不當- 명 profit *m* [bénéfice *f*] illicite. ¶ 부당~을 취하다 faire des bénéfices illicites.

-이든 조 ☞ -든

-이든가 조 ☞ -든가

-이든지 조 ☞ -든지

이들이들 부

◆_하다 형 être luisant(*e*); être lisse.

이듬해 명 l'année suivante. ¶ 그 ~에 나는 학교를 졸업했다 Je suis sorti(*e*) de l'école l'année suivante. ¶ 그 ~ 봄 le printemps suivant.

이등 二等 명 deuxième. ¶ 시험에서 ~을 하다 se classer [être] deuxième à l'examen. ¶ ~으로 졸업하다 sortir deuxième d'une école.

◆_병 -兵 명 soldat *m* de deuxième classe.

◆_상 -賞 명 deuxième prix *m*. ¶ ~상을 받다 recevoir le deuxième prix.

◆_성 -星 명 étoile *f* de magnitude 2. ¶ 이 별은 ~성이다 C'est une étoile de magnitude 2.

◆_선실 -船室 명 cabine *f* de deuxième [seconde] classe. ¶ ~선실을 예약하다 réserver une cabine de deuxième classe.

◆_차 -車 명 wagon *m* [voiture *f*] de seconde classe. ¶ ~차를 타다 prendre un wagon [une voiture] de seconde classe.

◆_표 -票 명 billet *m* de seconde classe. ¶ ~표를 사다 acheter un billet de seconde classe.

◆_칸 명 deuxième [seconde] classe *f*. ¶ ~칸을[에] 타다 prendre la deuxième classe.

이등변삼각형 二等邊三角形 명 【수학】 triangle *m* isocèle.

이등분 二等分 명 bissection *f*. ◇_(을) 하다 diviser [couper] *qc* en deux parties égales. ¶ 그들은 수입을 ~했다 Ils ont partagé à deux leurs revenus. ◇_(이) 되다 se diviser en deux.

◆_선 -線 명 bissectrice *f*. ¶ 각의 ~선 bissectrice d'un angle.

이따 부 ☞ 이따가

이따가 부 (un peu) plus tard, tout à l'heure.

이따금 부 de temps en temps, des fois, de temps à autre ¶ 그 사람은 ~ 우리 집에 들른다 Il passe nous voir de temps à autre.

이따위 명 tel(*le*), pareil(*le*), semblable, de la sorte, de cette espèce; ça, n'importe quoi, n'importe comment. ¶ ~를 먹으라고 해? Tu veux me faire avaler ça? / Tu voudrais que j'avale ça? ¶ 무슨 일을 ~로 하니? Comment peux-tu bâcler ton travail comme ça! / Tu as fait n'importe comment ton travail! / Tu appelles ça avoir fait ton travail? ¶ ~ 짓은 두 번 다시 안 할래 Je ne ferai plus jamais une sale besogne comme ça [une pareille tâche, une telle besogne]. ¶ ~ 일이 뭐가 중요해? Ce foutu {*fam*} travail, c'est si important pour toi?

이때 명 (temps) présent *m*. ¶ ~까지[껏] jusqu'à présent. ¶ ~에 à ce moment-là.

부 à ce moment(-là). ¶ ~ 갑자기 그 사람이 나타났다 Il a surgi d'un coup à ce moment-là.

-이라 조 ☞ -라²

-이라거나 조 ☞ -라거나

-이라고¹ 조 ((voir -라 / -으라 suffixe flexionnel conjonctif de citation directe ou indirecte d'un énoncé impératif ou déclaratif. La fonction grammaticale de ce suffixe correspond aux guillemets pour la citation directe et à *qn a dit de*/*que* pour les propos rapportés indirectement. -라고 s'ajoute au radical verbal qui se termine par une voyelle, -으라고 par une consonne)). ¶ 그 사람은 "눈이 오겠군."~ 중얼거렸다 Il a murmuré qu'il allait neiger. ☞ -라고¹

-이라고² 조 ((particule de qualité de *qn* ou *qc* qui ne plaît pas. -라고 s'ajoute au substantif qui se termine par une voyelle, -이라고 par une consonne)). ¶ 선생님~ 별수 있으려고 Même s'il(si elle) est professeur, il(elle) ne peut rien faire / Même un professeur ne pourrait rien y faire. ¶ 이걸 일~ 했니? Tu appelles ça du travail? ☞ -라고²

-이라고는 조 pour tout+명사; comme, en tant que ((particule de qualité de *qn* ou *qc* qui ne plaît pas. -라고는((-라곤)) s'ajoute au substantif qui se termine par une voyelle, -이라고는((이라곤)) par une consonne)). ¶ 가진 것~ 이게 전부다 C'est tout ce que j'ai. ¶ 의욕~ 하나도 없는 사람이군 Il n'a aucune volonté / Il n'a pas la moindre volonté. ☞ -라고는

-이라곤 조 ☞ -라곤, forme contractée de -이라고는/-라고는

-이라나 ☞ -라나[1]

-이라네 ☞ -라네[1]

-이라도 조 ((particule spéciale qui peut marquer tous les cas grammaticaux, en les remplaçant ou en s'ajoutant à eux. Elle peut s'ajouter également à un suffixe flexionnel conjonctif. En même temps, elle laisse entendre un sens, en particulier pour indiquer qu'il s'agit du «second choix». -라도 s'ajoute au substantif qui se termine par une voyelle, -이라도 par une consonne. On peut supposer que cette particule est dérivée du verbe 이다 *être*, avec ou sans le radical 이)). ① 최선의 것은 아니지만 그것이나마 ne serait-ce que, ne fût-ce que, au moins. ¶ 감자튀김~ 먹지 그러니? Tu prendras quand même quelque chose, ne serait-ce que des frites? / Prends au moins des frites. ② 가장 나쁜 것을 들어 말하면서 그것까지도 même; n'importe ((où)). ¶ 그 사람은 돈만 된다면 독약~ 마실 것이다 Pour de l'argent, il serait prêt à tout ((jusqu'à boire du poison)) / Il serait prêt à vendre père et mère pour de l'argent. ¶ 그 말은 등신~ 알아들을 수 있다 Même un idiot comprendrait ça. ¶ 인터넷으로 세계 어느 곳~ 교신이 가능하다 Grâce à l'Internet, on peut correspondre partout dans le monde. ③ 강조 même ... (s'il le faut, si cela est nécessaire). ¶ 내일~ 떠날 수 있다 Je peux partir dès demain [même demain s'il le faut]. ④ 예증 comme si. ¶ 그들은 서로 약속~ 한 것처럼 한꺼번에 나가버렸다 Comme si cela avait été prévu, ils sont tous sortis de la salle. ⑤ 의심, 의문 ne serait-ce que, au [du] moins. ¶ 나는 동전~ 있나 싶어 주머니를 뒤졌다 J'ai fouillé dans mes poches pour savoir si j'avais encore quelque chose, ne serait-ce qu'un peu de monnaie. ☞ -라도

-이라든가 조 ☞ -라든가[1]

-이라든지[1] 조 soit ... soit ..., ou. ☞ -라든지[1], 이라든가

-이라든지[2] 어미 ☞ -라든지[2]

-이라며[1] 어미 ☞ -라며[1]

-이라며[2] 어미 ☞ -라며[2]

-이라면 어미 ☞ -라면[2]

-이라손 ☞ -라손

-이라야 조 ① 대수롭지 않게 여기는 것을 들어 말할 때 en ce qui concerne *qc*, quant à *qc*, s'agissant de *qc*, pour ce qui est de *qc*. ¶ 살림~ 뭐 별게 있나 En ce qui concerne les meubles, je n'ai pas grand-chose. ② 어떤 일의 조건으로 그것이 꼭 필요함 au moins, au minimum. ¶ 박사급~ 그 일을 할 수 있다 Ce travail convient à une personne ayant au moins [au minimum] le titre de docteur / Il faut avoir au moins [au minimum] un doctorat pour prétendre à ce travail [pour postuler à cette fonction]. ☞ -라야

-이란[1] 조 ce qu(e l)'on appelle. ¶ 사랑~ 그런 거다 C'est ça, l'amour. ☞ -란[1]

-이란[2] 조 tout(*e*, *es*), tous. ¶ 차량~ 차량은 모두 동원되었다 Tous les véhicules sont mobilisés. ☞ -란[2]

이란성 二卵性 명 nature *f* hétérozygote. ¶ ~ 쌍둥이 faux jumeaux, jumeaux hétérozygotes.

-이랍시고 ☞ -랍시고

이랑[1] 명분류 billon *m*. ¶ ~ 사이에 풀이 많이 나 있다 Il y a beaucoup d'herbes entre les billons. ¶ 밭 두 ~을 매다 labourer deux billons.

◆**밭** 명 billon *m*.

-이랑[2] 조 et. ¶ 형~ 동생~ 함께 가자 Allons-y entre frères. ☞ -랑

이래 以來 의명 depuis. ¶ 그때 ~(로) 그 사람을 만나지 못했다 Depuis (ce temps-là, lors), je ne l'ai pas [plus] revu(*e*). ¶ 유사 ~로 depuis l'aube [le commencement] de l'histoire. ¶ 그 사람이 떠난 ~로 그 사람을 본 사람이 없다 Depuis son départ, personne ne l'a vu(*e*).

이래라저래라 부 ¶ ~ 참견이 심하다 se mêler excessivement des affaires des autres, se mêler tout le temps [sans arrêt] des affaires d'autrui, fourrer *son* nez partout {*fam*} dans les affaires des autres.

◆**_하다** 자 se mêler des [s'immiscer dans les] affaires des autres, s'occuper des affaires d'autrui. ¶ 나한테 ~하지 마시오 Ne vous mêlez pas de mes affaires / Ne vous occupez pas de mes affaires / Mêlez-vous de ce qui vous regarde.

이래서 부 puisqu'il en est ainsi; c'est ainsi que [pour cela que, pourquoi, la raison pour laquelle]+*ind*; ainsi, de cette manière. ¶ 우리는 ~ 그 사람을 부르지 않았다 C'est pour cela que nous ne l'avons pas invité(*e*). ¶ ~도 안 되면 다른 방법으로 해 보자 Si ça ne marche pas ainsi, on va essayer autrement.

-이래야 ☞ -래야

이래저래 부 de telle ou telle raison. ¶ ~ 바쁘다 être toujours occupé(*e*) par ci et ça. ¶ ~ 신세만 졌습니다 Je vous ai causé pas mal d'ennuis.

이랬다저랬다 형 être capricieu*x*(*se*), inconstant(*e*). ¶ 그 여자는 마음이 늘 ~ 변한다 Elle est capricieuse / Elle est d'humeur changeante.

◆**_하다** 자 être capricieu*x*(*se*), être changeant(*e*) ((dans ses opinions, dans ses goûts)). ¶ 자꾸 ~하지 마라 Ne sois pas capricieu*x*(*se*).

이랴 감 ya ya! ((cri pour faire démarrer rapidement un cheval)).

이러 감 hue! ((cri dont on se sert pour faire avancer un cheval)).

이러구러 부 par hasard, par aventure, sans s'en rendre compte. ¶ 나는 ~ 그 여자를 만나게 되었다 Je l'ai rencontrée par hasard / Le hasard a voulu que je la rencontre. ¶ ~ 10년이 지났다 Dix ans se sont écoulés sans que nous nous en apercevions.

이러나저러나 부 dans tous les cas, en tout cas, de toute façon, quoi qu'il en soit, quoi qu'il arrive, dans tous les cas de figure. ¶ ~ 너무 늦었다 De toute façon, il est trop tard. ¶ ~ 나는 살아야겠다 Quoi qu'il arrive, il faut que je vive. ¶ ~ 우리는 내일은 떠나야 한다 De toute façon, il faut que nous partions demain. ¶ ~ 내게는 마찬가지다 Cela m'est parfaitement égal.

이러니저러니 부 ¶ ~ 말할 필요 없다 Ce n'est pas la peine qu'on en rajoute.

◆**_하다** 자 épiloguer sur *qc*, trouver à redire à *qc*, critiquer *qc*; faire des objections. ¶ 이제 와서 ~해 봐야 소용없다 Vous avez beau dire et beau faire, maintenant il est trop tard.

이러다 부 ☞ 이러다가

이러다가 부 en faisant ainsi, ainsi, de la sorte; si tu continues ainsi [de+*inf*], ...; à force de+*inf*. ¶ 너무 달리지 마! ~ 사고 날 거야! Ne roule pas si vite! Si tu continues comme ça, tu vas avoir un accident! ¶ 장난치지 마! ~ 다쳐! Arrête de faire le zouave [pitre, clown] {*fam*}! À force de faire le con {*pop*}, tu finiras par te blesser [casser quelque chose].

이러면 부 si l'on fait ainsi; si c'est comme ça; cela étant, par conséquent.

이러므로 부 cela étant (ainsi), par conséquent, car, puisque.

이러이러하다 형 ① être tel(*le*), être tel(*le*) ou tel(*le*). ¶ 이러이러한 사정 때문에 늦었다고 말해라 Dis-lui que tu es en retard à cause de telle ou telle raison. ¶ 이러이러하게 대답하라고 충고하다 conseiller des réponses dans tel ou tel cas. ② 특별하지 않다 être quelconque. ¶ 파티 자리에는 모두 이러이러한 사람들뿐이었다 Toutes les personnes à la soirée étaient quelconques [peu remarquables, peu intéressantes, sans personnalité].

이러저러하다 형 être tel(*le*), être tel(*le*) ou tel(*le*). ¶ 이러저러한 이야기를 나누다 parler de telle ou telle chose. ¶ 그런 경우에는 이러저러하게 대처하라고 충고했다 conseiller comment s'y prendre dans tel ou tel cas.

이러쿵저러쿵 부 ¶ ~ 말이 많다 épiloguer sur *qc*, trouver à redire sur *qc* [contre *qc*].

이러하다 형 être comme suit, être tel(*le*); voici. ¶ 사실인즉 ~ La vérité est la suivante. ¶ 그 사람의 행동은 언제나 이러하였다 Tel était toujours son comportement. ☞ 이렇다

이럭저럭 부 d'une manière ou d'une autre;comme ci comme ça; ni bien ni mal, tant bien que mal; vaille que vaille. ¶ 그 사람들은 ~ 살아가고 있다 Ils vivent tant bien que mal. ¶ 지붕을 고치는 데 ~ 5만원이 들었다 Cela m'a coûté environ cinquante mille wons pour réparer le toit. ¶ 그 사람이 집을 떠난 지 ~ 10년이 되었다 Cela fait presque dix ans qu'il a quitté la maison.

이런 관 tel(*le*), pareil(*le*), semblable. ¶ ~ 경우에 en pareil cas, en semblable occasion. ¶ 왜 ~ 질문을 하세요? Pourquoi une telle question? ¶ 세상에 ~ 일이 있나? Ciel! quelle affaire! ¶ 어떻게 ~ 거짓말을 할 수 있어요? Comment peux-tu dire un mensonge pareil? ¶ 나는 ~ 좋은 음악은 들어 본 적이 없다 Je n'ai jamais entendu d'aussi belle musique.

감 Zut! {*fam*} / Ciel! / Mon Dieu! / Pas possible! / Par exemple! / Oh là là! / sapristi / Tiens! / Merde {*vulg*}! ¶ ~, 우산을 놓고 왔네 Zut! J'ai oublié mon parapluie. ¶ ~, 내 정신 좀 봐 Oh là là, où avais-je la tête [l'esprit]?

이런저런 관 toutes sortes de; divers(*es*). ¶ ~ 이유로 pour plusieurs raisons, pour une raison ou une autre, pour toutes sortes [pour des tas] de raisons, pour diverses raisons. ¶ ~ 생각이 든다 Je pense à des tas de choses / Des tas d'idées me viennent en tête [à l'esprit]. ¶ ~ 사람들이 찾아왔다 Toutes sortes de gens [Des personnes très diverses] sont venues me voir.

이럼 부 ☞ 이러면

이렇게 부 si, tellement, aussi. ¶ ~ 된 바에는 puisqu'il en est ainsi; dans ces circonstances. ¶ ~ 사람이 많으니 안 보일 수밖에 Comment voir quelque chose avec une foule pareille [avec la foule qu'il y a]? ¶ ~ 될 줄은 몰랐다 Je ne pensais pas qu'on en arriverait là. ¶ ~ 무서웠던 적은 없었다 Je n'ai jamais eu une telle peur (de ma vie).

이렇다 형 être comme cela; être comme suit, être tel(*le*), être (le)la suivant(*e*); voici. ¶ 사건의 전말은 ~ Voici l'histoire ... / L'histoire est la suivante ... ¶ 제 사는 모습이 이래요 Et voilà ma vie. ¶ 내가 이럴 줄 알았지 Je savais que cela allait se passer ainsi / Je savais qu'on en arriverait là. ¶ 어떻게 네가 나한테 이럴 수 있니? Comment peux-tu me faire ça?

***이렇다 할** ((**이렇다 할 만한**)) qui vaut [valant] la peine d'être mentionné(*e*), notable, appréciable, important(*e*); spécial(*ale*, *aux*), particuli*er*(*ère*). ¶ ~ 할 이유도 없이 sans raison particulière; sans raison spéciale; avec rien de particulier en tête. ¶ 그 사람은 서울에 이렇다 할 연고가 없다 Il ne connaît personne à Séoul. ¶ 그 사람의 보고서에는 이렇다 할 것이 없다 Il n'y a rien de spécial dans son rapport. ¶ 이렇다 할 결론 없이 회의를 끝내다 On a clôturé la réunion sans aboutir à une conclusion.

이렇다 저렇다 부 ((épiloguer)) longuement. ¶ ~ 뭔가 말이 있어야 할 것 아닌가? Il faut prendre une décision. ¶ ~ 말이 많다 épiloguer longuement.

이렇듯 부 si, tellement, aussi. ¶ 나는 그 사람이 ~ 거짓말쟁이일 줄은 몰랐다 Je ne savais pas qu'il était un si grand menteur.

이렇듯이 부 ainsi, de cette manière.

이렇지 감 c'est comme ceci; c'est cela.

이레 명 ① 기간 sept jours *mpl*. ¶ 그 사건 후 ~가 지났다 Une semaine s'est passée depuis (cet événement). ② 제7일 le sept ((janvier)). ¶ 5월 ~ le sept mai.

◆**_ㅅ날** 명 le sept ((novembre)).

-이려니 어미 ☞ -려니

이력 **履歷** 명 antécédents *mpl*, histoire *f*, références *fpl*; ((컴퓨터의)) historique *m*. ¶ 나는 그 일의 ~을

ㅇ

잘 알고 있다 Je connais bien l'origine de cette histoire.

*~(이) 나다 devenir expérimenté(*e*); s'habituer [s'accoutumer] ((à un travail)), se faire la main; devenir compétent(*e*), devenir habile; connaître *qc* par cœur. ¶ 그 사람은 이제 그 이야기에 ~ 났다 Il connaît cette histoire par cœur / Il en a assez de cette histoire / Il a oreilles rebattues de cette histoire. ¶ 나는 그 일을 하는 데에 ~이 났다 Je connais ce travail par cœur.

◆_서 -書 명 *curriculum vitae m inv*, *curriculum m*, C.V. *m inv*. ¶ ~서를 쓰다[작성하다] écrire [rédiger, faire, créer, établir] un [*son*] C.V. ¶ 회사에 ~서를 제출하다 envoyer *son* curriculum vitae [*son* C.V.] à une société [à une entreprise].

이례적 異例的 명관 exceptionnel(*le*), singuli*er*(*ère*). ¶ ~인 추위 un froid exceptionnel. ¶ 그 사람은 ~으로 나를 만나주었다 Il m'a reçu(*e*) exceptionnellement. ¶ ~ 결정 une décision exceptionnelle. ¶ ~ 만남 une rencontre exceptionnelle.

-이로구나 어미 ☞ -로구나

이로부터 부 à partir de cela, d'où.

이론[1] 異論 명 objection *f*; contradiction *f*; avis *m* [opinion *f*] contraire. ¶ ~이 있다[없다] avoir une [ne pas avoir d']objection. ¶ ~을 제기하다 faire [formuler] une objection. ¶ ~의 여지가 없다 il n'y a pas d'objection possible, il n'y a rien à redire; être indiscutable, ne pas pouvoir être remis(*e*) en cause. ¶ 그 사람의 견해는 ~의 여지가 없다 Son point de vue est indiscutable / Son avis ne pas être remis en cause [ne peut pas être critiqué].

이론[2] 理論 명 théorie *f*; doctrine *f*; thèse *f*; système *m*; spéculation *f*. ¶ ~ 체계 un système (théorique), une théorie; un corps de doctrines; un ensemble d'idées. ¶ 과학 ~ une théorie scientifique. ¶ 첨단 ~ une théorie d'avant-garde; une théorie de pointe, une théorie ultramoderne; un nouveau système de spéculation. ¶ ~을 세우다[정립하다]. bâtir [établir] une théorie; théoriser [mettre en théorie] ((une opinion scientifique)); créer un système de spéculation. ¶ ~을 수정하다 corriger [rectifier, réviser, revoir, modifier, retoucher] une théorie; mettre au point [ajuster, régler, améliorer] une théorie. ¶ ~을 적용하다 mettre une théorie en application [en pratique, à l'épreuve]; appliquer une théorie ((à un projet)), faire l'application d'une théorie. ¶ ~을 내놓다[주장하다, 제창하다, 제기하다]. émettre [énoncer, formuler, proférer, présenter, exposer, avancer, mettre en avant, lancer, proposer, suggérer] une théorie. ¶ ~이 무너지다 La théorie s'effondre [s'anéantit, s'écroule, se casse la gueule {*fam*}] / La théorie est réfutée[infirmée, démentie]. ¶ 그 ~은 틀렸다 Cette théorie est fausse. ¶ ~에 매달리다 s'attacher [s'accrocher, s'agripper, se cramponner] à une théorie; s'obstiner [s'acharner] d'une théorie.

◆_적 -的 명관 théorique; spéculati*f*(*ve*); hypothétique; théorétique. ¶ ~적인 논의 une discussion [un débat, une échange, une confrontation] théorique. ¶ ~적으로 검토하다 examiner [analyser, étudier] ((une œuvre)) théoriquement [à l'aide d'une théorie]; raisonner avec méthodologie. ¶ ~적 모순 une contradiction [une incompatibilité, une antinomie, une inconséquence] théorique; une contradiction au niveau[sur le plan] théorique; un sophisme. ¶ ~적 검증 une vérification [un examen] théorique; une expérimentation; une confirmation; une mise à l'épreuve; un test.

◆_화 -化 명 théorisation *f*; mise *f* au point d'une théorie. ¶ ~화를 시도하다 tenter [essayer] de théoriser; essayer [tenter] de mettre ((*ses* idées)) en théorie. ¶ 관찰[실험]을 ~화하다 théoriser [mettre en théorie] (les résultats d') une observation [une expérience, une expérimentation]

◆_가 -家 명 théoricien(*ne*); savant *m*; doctrinaire. ¶ 그 사람은 이 분야 최고의 ~가이다 C'est lui le meilleur théoricien dans ce domaine / C'est le plus compétent des théoriciens de cette spécialité / C'est un excellent théoricien dans cette matière.

◆_물리학 -物理學 명 physique *f* théorique. ¶ 그 사람은~물리학의 대가이다 C'est un grand maître de la physique théorique / C'est un maître en physique théorique.

◆_상 -上 명 (en) théorie, théoriquement; en principe; d'un point de vue théorique. ¶ ~상으로 모순이 없다 En théorie, il n'y a pas de contradiction / D'un point de vue théorique, aucune contradiction.

이롭다 형 être utile; être bon(*ne*) ((pour la santé)); être avantageu*x*(*se*), salutaire, bienfaisant(*e*), profitable; être bénéfique, favorable à *qn*; avoir intérêt à faire *qc*; être payant(*e*), rentable; ((교훈적인)) ((ouvrage)) être instructi*f*(*ve*). ¶ 건강에 이로운 음식 un plat bon [salutaire, bienfaisant] pour la santé; une nourriture saine [salubre]. ¶ 이로운 곤충[새] un insecte [un oiseau] utile. ¶ 그래 봐야 피차에 이로울 것이 없다 Eh bien tu vois, ce n'est bon ni pour l'un, ni pour l'autre / De toute façon, ce n'est bon pour aucun de nous. ¶ 떠나는 편이 너에게는 이로울 것이다 Partir, c'est ce que tu as de mieux à faire / Ce serait dans ton intérêt de partir. ¶ 남을 이롭게 하는 것이 자기에게도 ~ Aider autrui, c'est aussi s'aider soi-même / Être utile aux autres, c'est aussi être utile à soi.

이루[1] 부 par aucun moyen; en aucune façon. ¶ ~다 말할 수 없는 indescriptible, indicible, ineffable, inexprimable; irracontable; inénarrable; intraduisible. ¶ ~ 헤아릴 수 없는 innombrable, innumérable, indénombrable; incalculable; incommensurable; indéterminable; inestimable. ¶ 그 참상은~ 말로 표현할 수 없었다 Cette catastrophe,

ㅇ

aucun mot ne pouvait l'exprimer / Ce désastre était quelque chose d'indescriptible / Il n'y avait pas de mot pour décrire[dire] cette calamité.

이루² **二壘** 명 【야구】 deuxième base *f.* ¶ ~를 훔치다 prendre la deuxième base. ¶ ~로 도루하다 courir [se précipiter] vers la deuxième base. ¶ ~에서 아웃 당하다 se faire éliminer à la deuxième base.
◆_수 -手 명 joueur *m* de deuxième base, deuxième base *f.*

이루다 타 ① 실현하다 réaliser ((un rêve)), accomplir [effectuer, exécuter] ((un vœu)); atteindre ((un but)); achever ((une œuvre)). ¶ 꿈[소원,소망]을 ~ réaliser [accomplir] un rêve [un vœu, un souhait, le désir de *qn*]. ¶ 목적을 ~ atteindre *son* but; arriver [parvenir] à *ses* fins. ¶ 급속한 진보를 ~ faire [réaliser] de rapides progrès. ¶ 이룰 수 없는 사랑을 하다 aimer *qn* sans espoir; vivre un amour impossible[irréalisable]. ② 형성하다 faire, former, constituer. ¶ 무엇과[누구와] 대조를 ~ former un contraste avec *qc*/*qn*, être en contraste avec *qc*/*qn*; être l'antithèse [l'opposé] de *qn*; être comme la nuit et le jour avec *qn*. ¶ 많은 재산을 ~ accumuler de nombreux biens; (*se*) faire une grande fortune; amasser une grande fortune, gagner une grande fortune; accumuler [amasser] de grandes richesses. ¶ 사람들이 백화점에 인산인해를 이루었다 Dans le grand magasin, les gens ont afflué / Une foule immense a envahi le grand magasin. ¶ 통일 국가를 ~ constituer un pays uni; former une nation unifiée. ¶ 강줄기들이 모여들어 바다를 이룬다 Les cours d'eau se réunissent pour se jeter dans la mer / Les fleuves se rejoignent dans la mer. ③ 구성하다 constituer, former. ¶ 많은 요소들이 우리 사회를 이루고 있다 Notre société est constituée de nombreux éléments. ¶ 책의 주제를 ~ constituer le sujet d'un livre. ④ ((잠을)) dormir; s'endormir. ¶ 너무나 기뻐서 그 사람은 잠을 못 이루고 있다 Il est si heureux qu'il n'arrive pas à dormir / Il déborde d'une telle joie que le sommeil ne lui vient pas.

이루어지다 자 ① 실행되다 se réaliser, se faire, s'accomplir; advenir; arriver; s'opérer; se produire; se tenir, avoir lieu. ¶ 충분한 논의[검토]가 이루어졌다 Un débat [une discussion] suffisant(*e*) a eu lieu / On a suffisamment discuté / On a procédé à une ample discussion. ② 실현되다 se réaliser, s'accomplir; être réalisé(*e*), accompli(*e*). ¶ 나의 오랜 소원이 마침내 이루어졌다 Mon ancien vœu s'est finalement réalisé / Mon vieux souhait s'est enfin accompli. ¶ 그 사람의 뜻이 이루어졌다 Son but est atteint / Son désir s'est réalisé / Sa volonté est accomplie. ¶ 부모님들의 반대로 그 사람들의 사랑은 이루어지지 못했다 Leur amour a été empêché par l'opposition de leurs parents / Leurs parents étaient contre et ils n'ont pas pu réaliser leur amour. ③ 형성되다 être fait(*e*), formé(*e*), constitué(*e*) de *qc*; se faire, se former. ¶ 이 기계는 플라스틱 재질로 이루어졌다 Cet appareil est fait [fabriqué] en matière plastique / Cette machine est fait de plastique. ④ 구성되다 se composer de *qc*; consister en *qc*; être composé(*e*) [constitué(*e*), formé(*e*)] de *qc*. ¶ 이 약은 여러 가지 성분으로 이루어져 있다 Ce produit pharmaceutique est fabriqué avec différents composants / Ce médicament est composé de plusieurs éléments. ¶ 이 연극은 5막으로 이루어져 있다 Cette pièce de théâtre est composée de cinq actes [tableaux].

이룩하다 타 ① 세우다 fonder ((un empire)), former ((une société)); établir, instituer ((un gouvernement)); bâtir, construire, constituer ((un pays)). ¶ 새로운 사회를 ~ former [fonder, construire, établir] une nouvelle société. ¶ 나라를 ~ former [fonder] un État [une nation, un pays]. ¶ 통일 국가를 ~ constituer [établir, fonder] un pays unifié. ② 성취하다 accomplir ((une grande tâche)), réaliser, effectuer; achever, faire ((une grande œuvre)); mener ((une chose)) à terme. ¶ 큰일을 ~ accomplir de grandes choses; réaliser une grande œuvre [de grands travaux]. ¶ 많은 업적을 ~ accomplir [réaliser] de nombreuses tâches. ¶ 놀라운 경제 성장을 ~ réaliser une croissance [un développement] économique surprenante; faire un progrès économique étonnant.

이룩되다 자 se réaliser, s'accomplir; s'achever; être réalisé(*e*), accompli(*e*); être achevé(*e*), mené(*e*) à terme; être formé(*e*), constitué(*e*), construit(*e*), fondé(*e*), établi(*e*). ¶ 정의로운 사회가 ~된다 Une société juste est constituée [bâtie, fondée, réalisée].

이류 **二流** 명 ((de)) seconde classe *f*; ((de)) seconde catégorie *f*; ((de)) second rang *m*; ((de)) second ordre *m*; ((시시한)) petit(*e*), ((de)) peu d'importance. ¶ ~ 국가 un pays de seconde catégorie; une nation de second rang. ¶ ~ 대학 une université de second ordre. ¶ ~ 호텔 un hôtel de seconde classe.

이륙 **離陸** 명 décollage *m* ((d'un avion)). ¶ ~에 성공[실패]하다 réussir [échouer] au décollage. ◇_(을) **하다** décoller, s'envoler. ¶ 비행기가 활주로에서 ~을 했다 Un avion a décollé de la piste d'atterrissage.

이르다¹ 형 être précoce, prématuré(*e*); tôt, de bonne heure. ¶ 이른 아침에 tôt le matin; le matin de bonne heure; de bon matin; au petit matin. ¶ 이른 봄에 au début du printemps; à l'éclosion du printemps. ¶ 이른 저녁을 먹다 dîner de bonne heure [tôt], manger tôt le soir, prendre le repas du soir de bonne heure. ¶ 점심을 먹기에는 좀[너무] 이른 시간이다 Il est un peu [trop] tôt pour déjeuner. ¶ 포기하기에는 아직 ~ Il est encore un peu tôt pour abandonner / C'est encore un peu tôt[prématuré] pour laisser tomber {*fam*}. ¶ 시간이 일러서 거리에 차들이 드물다 Comme il est tôt, il n'y a pas beaucoup de voitures dans la rue. ¶ 그 사람을 만나러 가기에는 좀 이른 감이 있다 J'ai l'impression qu'il est un peu tôt pour le rencontrer / Il semble un peu prématuré de le rencontrer. ¶ 보통 때보다 이르게 회사에 도착했다 Je suis arrivé(*e*) plus tôt que d'habitude à l'entreprise [au travail].

◆때_ 형 être précoce, prématuré(*e*). ¶ 때이른 봄나들이 une sortie printanière précoce; une promenade de début de printemps.

이르다[2] 타 ① 말하다 dire; demander; ordonner. ¶ 아이들에게 조용히 하라고 일렀다 J'ai demandé aux enfants d'être calme / J'ai dit aux enfants de rester tranquille / J'ai ordonné aux enfants de se taire. ¶ 나는 그 사람에게 즉시 떠나라고 일렀다 Je lui ai dit de partir sur le champ. ¶ 모델 나이 서른은 환갑이라고 이를 수 있다 Avoir trente ans pour un mannequin, c'est comme parler de la soixantaine / On peut dire que pour un modèle, trente ans est un âge bien avancé. ② 고자질하다 rapporter *qc* à *qn*; répéter, dénoncer; moucharder {*fam*}; faire le mouchard {*fam*}; cafarder *qn* {*fam*}; faire le cafard {*fam*}; déblatérer *qc* sur *qn* {*fam*}; débiner *qn* {*fam*}. ¶ 선생님에게 친구의 잘못을 ~ rapporter [dénoncer, cafarder {*fam*}] la faute d'un ami à un professeur. ¶ 아버지께 동생이 학교에 안 갔다고 일렀다 J'ai rapporté à mon père que mon frère n'était pas allé à l'école. ③ 타이르다 donner des conseils; conseiller; recommander [dire] à *qn* de+*inf*; faire des recommandations à *qn*. ¶ 누구에게 충고의 말을 ~ donner des conseils à *qn*. ¶ 동생에게 그런 실수를 하지 않도록 단단히 일렀다 Pour que mon frère ne recommence pas ce genre de bêtise, je lui ai fait de sévères recommandations / J'ai vigoureusement conseillé à mon frère de ne plus faire d'erreur pareille. ¶ 그 아이에게 몇 번이나 일렀지만[일렀건만] 아무 소용이 없었다 Plusieurs fois j'ai répété à cet enfant la même chose, mais ça a été parfaitement inutile / Je l'ai dit à cet enfant plusieurs fois, mais ça n'a servi à rien. ④ 알리다 faire savoir [connaître] *qc* à *qn*; apprendre [annoncer] *qc* à *qn*; informer *qn* de *qc*; faire part de *qc* à *qn*; mettre *qn* au courant de *qc*; ((미리 알려주다)) prévenir, alerter, aviser; avertir *qn* de *qc*. ¶ 친구에게 약속 시간을 일러 주었다. J'ai fait savoir à mon ami l'heure du rendez-vous / J'ai prévenu mon ami de l'heure du rendez-vous. ¶ 학생들에게 여섯 시에 버스가 출발한다고 일러라 Annonce aux élèves que le car va partir à six heures / Fais savoir aux étudiants que le bus va partir à six heures. ⑤ 책에 씌어 있거나 옛날부터 말해오기를 dire. ¶ 옛말에 이르기를 D'après les paroles des anciens, On dit depuis longtemps ((que)), Nos ancêtres disaient ((que)). ¶ 성경[속담]에 이르기를 La Bible [Le proverbe] dit ((que)) ...

***이를 데(가) 없다** n'avoir aucun mot pour le dire; n'avoir rien à dire, n'avoir rien à ajouter; ça coupe la parole {*fam*}. ¶ 그 사람의 생각은 이를 데 없이 훌륭하다 Rien à ajouter, sa pensée est en tout point parfaite / Rien à dire, ses idées sont excellentes.

◆일러 주다 타 ① 알려 주다 avertir, prévenir *qn* de *qc*, annoncer *qc* à *qn*, dire *qc* à *qn*, révéler *qc* à *qn*, informer *qn*, faire connaître *qc*, faire savoir *qc* à *qn*. ¶ 그는 나에게 심사위원 명단을 넌지시 일러 주었다 Il m'a discrètement donné la liste des membres du jury. ¶ 나는 그에게 해야 할 일을 미리 일러 주었다 Je lui ai dit à l'avance ce qu'il aurait à faire. ¶ 그는 우리에게 먼저 준비하고 있으라고 일러 주었다 Il nous a prévenus de nous préparer à l'avance. ② 가르쳐 깨닫게 하다 conseiller, donner des conseils. ¶ 이 책은 우리에게 진정한 행복이 뭔지를 일러 준다 Ce livre révèle en quoi consiste le vrai bonheur. ③ 고자질하다 rapporter *qc* à *qn*, répéter *qc* à *qn*; dénoncer, moucharder {*fam*}, cafarder {*fam*}, cafter {*fam*}. ¶ 그는 어머니에게 동생의 잘못을 시시콜콜 일러 주었다 Il a rapporté à sa mère dans les moindres détails toutes les fautes que son frère avait commises.

이른바 부 soi-disant; prétendu; comme on dit; ce qu'on appelle. ¶ ~ 선생이라는 사람이 그럴 수 있나 Quelqu'un que l'on dit professeur peut-il faire ça? / Comment un soi-disant professeur peut-il faire ça! ¶ 이렇게 해서 ~ 스타가 탄생하는 것입니다 C'est comme ça, dit-on, qu'une star est venue au monde / C'est ainsi qu'une étoile, comme on dit, est née.

이를테면 부 pour ainsi dire; si on peut dire; ((예컨대)) par exemple; tel(*le*) que, comme. ¶ 그 사람은 ~ 살아있는 사전이다 Il est pour ainsi dire un dictionnaire vivant. ¶ 인생이란 ~ 아침 이슬과 같은 것이다 La vie est, si on peut dire, comme la rosée du matin.

이름 명 ① nom *m*; prénom *m*. ¶ ~이 뭐예요? Quel est votre nom? / Comment vous appelez-vous? / Votre nom, c'est quoi? ¶ 제 ~은 박지성입니다 Je m'appelle Park Jisung. ¶ 그 여자 ~이 뭐죠? Comment s'appelle-t-elle? / C'est quoi, le nom de cette femme? {*fam*} ¶ 네 형은 ~이 뭐니? Ton frère, comment il s'appelle? ¶ 빈칸에 성과 ~을 적어 주세요 Ecrivez vos nom et prénom dans les cases vides. ¶ 공범자의 ~을 대다 donner le nom d'un complice, dénoncer un complice, révéler le nom d'un comparse. ¶ 방문객에게 ~을 묻다 demander son nom à un visiteur. ¶ 그 회사는 ~을 LH로 바꾸었다 Cette compagnie a changé son nom en[pour] LH. ¶ 거리에서 누군가가 내 ~을 불렀다 Dans la rue, quelqu'un a crié mon nom. ¶ 자신의 ~을 속이다 donner un faux nom; mentir sur son nom. ¶ 나는 그 사람의 ~을 안다[모른다]. Je connais [ne connais pas, ignore] son nom. ¶ 그 사람 ~이 잘 생각나지 않는다 Je ne me rappelle pas bien le nom de cette personne [son nom] / Je ne me souviens pas bien du nom de cette personne [son nom]. ¶ 그 사람의 ~을 잊어먹었다 J'ai oublié le nom de cette personne [son nom]. ¶ 우리는 모임에서 그 사람의 ~을 지웠다[뺐다]. Nous avons effacé [retiré, enlevé, rayé] son nom (de la liste des membres) de notre groupe. ② 명의 nom *m*. ¶ 그 사람은 아들 ~으로 아파트를 한 채 샀다 Il a acheté un appartement au nom de son fils. ③ 명칭 nom *m*; dénomination *f*; appellation *f*. ¶ 이 나무의 ~이 뭐예요? Quel est le nom de cet arbre? / Comment s'appelle cet arbre? ¶ ~ 없는 들꽃 des fleurs des champs (sans nom). ④ 명분, 의의, 권위, 힘 nom *m*. ¶ 사회 안정이라는 ~으로 독재를 정당화하다 légitimer [justifier] un régime dictatorial au nom de la sécurité de la société [la stabilité sociale]. ¶ 자유의 ~ 아래 수많은 사람들이 피를 흘렸다 D'innombrables personnes ont versé leur sang au nom de la liberté. ¶ 예수 그리스도의 ~으로 기도합시다 Prions au nom de Jésus-Christ / En Jésus-Christ, recueillons-nous. ⑤ 명성 célébrité *f*; gloire *f*; renommée *f*; réputation *f*; notoriété *f*; renom *m*. ¶ 그 사람은 가수로서 꽤 ~을 얻었다 En tant que chanteur, il s'est fait un nom / Il a acquis [gagné] une certaine notoriété [réputation] comme chanteur / Il a atteint [est parvenu] à une certaine célébrité en tant que chanteur. ⑥ 명예 nom *m*; réputation *f*; honneur *f*; renommée *f*. ¶ 그 사람은 이번 일로 자기 아버지의 ~을 더럽혔다 Avec cette affaire, il a terni l'honneur de son père / Il a sali le nom de son père à cause de cet incident. ◇_(을) **날리다[떨치다]** se faire un nom; être célèbre; se faire connaître; gagner de la réputation [de la célébrité]. ¶ 그 사람은 한때 배우로 ~을 날렸다 À une époque, il était célèbre comme acteur. ◇_(을) **붙이다** donner un nom à *qn*/*qc*; appeler *qn*/*qc*+*qc*; nommer *qn*/*qc*+*qc*; prénommer *qn*+*qc*; baptiser *qn* sous le nom de *qn*; qualifier *qn* de *qc*. ¶ 그 사람들은 그 모임에 'e-club'이라는 ~을 붙였다 Ils ont appelé [nommé, baptisé] cette association le 'e-club' / Ils ont donné le nom de 'e-club' à cette association. ◇_(을) **짓다** nommer *qn*/*qc*+*qc*; appeler *qn*/*qc*+*qc*; dénommer *qn*/*qc*+*qc*; donner un nom à *qn*. ¶ 그 사람은 아들을 두리라고 ~지었다 Il a appelé [nommé] son fils Du-ri. ¶ 개의 ~을 메리라고 짓다 appeler [nommer] un chien "Merry". ◇_(이) **나다** devenir renommé(*e*) [célèbre, réputé(*e*), connu(*e*)]; parvenir à la célébrité [à la renommée]; gagner [acquérir] de la célébrité [de la réputation, de la renommée]. ¶ ~난 작가 un écrivain célèbre [renommé, réputé]; un auteur bien connu [de renom, en renom]. ¶ 그 사람은 만물박사로 ~이 나 있다 Il est connu pour être une véritable encyclopédie vivante / Il a la réputation de tout savoir sur tout / Il est célèbre pour être un puits de science. ¶ 그 식당은 음식이 맛있기로 ~이 났다 Ce restaurant est célèbre [connu, réputé, renommé] pour ses bons plats / Ce restaurant est connu pour la finesse de sa cuisine. ¶ 그 사람은 노래를 잘하는 것으로 ~이 나 있다 Il est réputé pour ses talents de chanteur / Il est connu comme quelqu'un qui chante bien. ◇_(이) **높다[자자하다]**. être [très, extrêmement, largement, vachement {*fam*}] connu(*e*) [célèbre, renommé(*e*)]; avoir une très grande réputation. ¶ 그 사람은 ~ 높은 작가이다 C'est un écrivain très connu [célèbre] / C'est un écrivain de grande réputation / C'est un auteur de grand renom / C'est un écrivain très coté {*fam*}. ¶ 그 사람은 한국에서 환경 운동가로 ~이 높다 Il est très connu en Corée en tant que militant écologiste. ◇_(이) **있는** ((écrivain, lieu)) connu(*e*); ((actrice)) célèbre; ((architecte)) réputé(*e*); ((avocat)) renommé(*e*); ((famille)) illustre; ((vin)) fameux(*se*). ¶ ~ 있는 영화인들 des cinéastes célèbres; des hommes de cinéma connus. ◇_(이) **없는** inconnu(*e*); sans nom; peu connu(*e*); sans réputation ni notoriété; obscur(*e*). ¶ 그 사람은 평생을 ~ 없는 시인으로 살았다 Il a vécu toute sa vie comme un poète inconnu[sans renom] / Il a passé sa vie de poète dans l'anonymat.

*~**도 성도 모르다** ne pas savoir ni son prénom ni son nom.

*~**을 걸다** mettre [attacher] son nom à ((un événement, une réalisation, une action)). ¶ 그 사람은 그 단체에 ~만 걸어 두고 있다 Il a adhéré à ce groupe seulement de nom / Il a participé à cette association juste de nom. ¶ 선수들은 조국의 ~을 걸고 경기에 임했다 Les athlètes ont participé à la compétition au nom de leur patrie.

*~**을 남기다** laisser son nom à la postérité. ¶ 역사에 ~을 남기다 laisser son nom dans l'Histoire.

*~**(을) 팔다** utiliser le nom d'autrui de façon illicite ((dans un but pervers)); se servir du nom de *qn*. ¶ 내 ~을 팔아 돈을 버는 사람들이 있다 Il y a des gens qui se font de l'argent en utilisant mon nom. ¶ 그런 일에 내 이름을 팔지 말아 주게 Je ne veux pas que tu te serves de mon nom pour cela.

***호랑이는 죽어서 가죽을 남기고 사람은 죽어서 ~을 남긴다** L'homme n'a que son nom à laisser après sa mort / Le tigre laisse sa peau après sa mort et l'homme, lui, laisse son nom / En mourant le tigre abandonne sa peau, l'homme son nom.

◆**_값** 명 valeur *f* [prix *m*, dignité *f*] du nom. ¶ ~값을 하다[못하다]. se comporter [ne pas se comporter] en conformité avec[à la hauteur de] sa réputation.

◆**_씨** 명 【언어】 nom *m*; substantif *m*.

◆**_자** -字 명 orthographe *f* d'un nom ¶ 그 사람은 제 ~자도 제대로 쓸 줄 모른다 Il ne sait même pas écrire son nom / Il ne connaît même pas l'orthographe exacte de son nom. ¶ 방명록에 ~자 석 자를 적다 écrire son nom dans un livre d'or.

◆**_표** -標 명 carton *m* [badge *m*] avec *son* nom. ¶ 회의 참석자들은 모두 가슴에 ~표를 달고 있었다 Tous les participants ont, sur la poitrine, un badge avec leur nom.

이름씨 명 【언어】 ☞ 명사[2]

이리[1] 명 【생물】 laitance *f*; laite *f*.

이리[2] 명 【동물】 loup(ve). ¶ 사람들이 음식을 보자 ~ 떼처럼 달려들었다 Dès qu'ils ont vu la nourriture, ils se sont jetés dessus comme des loups[une bande de loups].

이리[3] 부 ((방향)) par ici, ici. ¶ ~ 오시오 Venez (par) ici / Venez s'il vous plaît / Par ici s'il vous plaît. ¶ ~ 앉으시오 Venez vous asseoir ici / Asseyez-vous ici, je vous prie [s'il vous plaît].

*~ **뛰고 저리 뛰다** courir de tous côtés; courir dans tous les sens; courir çà et là [par-ci et par-là]; courir partout. ¶ 아이들이 ~ 뛰고 저리 뛰는 통에 내가 정신이 하나도 없다 Comme les enfants courent n'importe où, je n'ai plus ma tête à moi / Avec les enfants qui courent dans tous les sens, je ne sais plus du tout où j'en suis / Les enfants me font tourner en bourrique avec leurs allées et venues {*fam*}. ¶ 그 사람은 급전을 구하느라 ~ 뛰고 저리 뛰었다 Il a couru de tous côtés pour trouver l'argent dont il avait un besoin urgent / Il a couru partout pour se procurer la somme dont il avait un besoin urgent.

*~ **뒤적 저리 뒤적** chercher par-ci et par-là; chercher à droite à gauche; fouiller du sol au plafond. ¶ 그 사람은 하라는 공부는 안 하고 책만 ~ 뒤적 저리 뒤적 했다 Il n'étudiait pas comme il devait et ne faisait que feuilleter son livre / Contrairement à ce qu'il était censé faire, il n'étudiait pas et feuilletait seulement son livre.

*~ **뒤척 저리 뒤척** ☞ 뒤척

이리[4] 부 comme cela, comme ça; autant; ainsi, de cette façon, de cette manière. ¶ 왜 ~ 많이 주십니까? Pourquoi me donnez-vous autant (que ça) [tout ça]? ¶ 내가 어쩌다가 ~ 되었을까 Comment en suis-je arrivé là? / Comment se fait-il que j'en sois arrivé là? ¶ 일이 ~ 되면 큰일인데 Si on en arrive là c'est grave / Si c'est ça, c'est la cata {*fam*} [catastrophe]. ¶ 공부를 ~ 하니 될 게 뭐야 En étudiant comme ça, qu'est-ce que tu crois réussir? / Tu t'imagines qu'en étudiant de cette manière ça va marcher? {*fam*}.

이리도 부 ainsi; comme cela; comme ça. ¶ 왜 ~ 나를 괴롭히느냐 Pourquoi tu m'embêtes comme ça [ainsi]? / Pourquoi est-ce que tu m'emmerdes comme ça? {*fam*}

이리듐 영{iridium} 명 iridium *m* ((Ir)).

이리저리[1] 부 par-ci, par-là; çà et là; d'un côté et de l'autre; partout, de tous côtés. ¶ 1시간 동안 그 사람은 ~ 돌아다녔다 Il a erré çà et là pendant une heure / Il a flâné par-ci, par-là [partout] pendant une heure. ¶ 행사 준비 요원들이 ~ 뛰어다니고 있었다 Les organisateurs couraient [s'affairaient] de tous côtés.

이리저리[2] 부 d'une manière ou d'une autre. ¶ 그 사람은 추궁을 당하자 ~ 핑계만 댔다 Il a subi un interrogatoire serré et a seulement fourni des prétextes / Il a été mis en examen et n'a donné que de fausses excuses. ¶ 그 사람은 일에 착수는 하지 않고 ~ 머리만 굴렸다 Il n'avait pas commencé le travail et ne faisait que cogiter dans tous les sens. ¶ ~ 하다 보니 시간이 다 갔다 En faisant comme ci et comme ça, on n'a plus assez de temps / En traînant ainsi, on a laissé écouler tout le temps.

이리하여 부 ainsi; aussi; c'est pourquoi; donc. ¶ ~ 그 사람들은 기나긴 모험을 마치게 되었다 Ainsi ont-ils terminé leur longue aventure / Avec tout ça, ils sont arrivés au bout de leur voyage.

이마 명 ① ((얼굴)) front *m*. ¶ ~의 땀을 닦다 s'essuyer [s'éponger] le front. ¶ 그 사람은 ~가 넓다 Il a le front large / Il a un grand front. ¶ 그 사람은 머리가 벗겨져서 ~가 훤하다 En perdant ses cheveux[Avec la chute de ses cheveux], son front s'est dégagé. ② ((물체)) front *m*; sommet *m*. ¶ 앞산 ~ le front de montagne en face; un flanc de montagne.

*~[**머리, 대가리]에 피도 안 마르다** ☞ 마르다

*~**에 내 천 자를 쓰다[그리다]**. froncer les sourcils de mécontentement; faire une grimace de mécontentement. ¶ 그 사람은 무엇이 못마땅한지 ~에 내 천 자를 쓰고 있다 Je ne sais pas de quoi il est mécontent mais il a les sourcils froncés / Je ne sais pas pourquoi il est insatisfait, mais son front se plisse.

*~**에 와 닿다** ((la date, l'heure)) approcher. ¶ 시험 날짜가 ~에 와 닿아서 정신이 하나도 없다 Avec la date de l'examen qui approche, je n'ai plus une minute à moi[je ne sais plus où donner de la tête].

***무엇과 [누구와] ~를 마주하다[맞대다]**. être face à face avec *qc*, faire face à *qn*; se trouver en face de *qc*. ¶ 그 도시에서 제일 높은 두 건물이 ~를 마주하고 있다 Les deux plus hauts immeubles de la ville se font face[se trouvent l'un en face de l'autre].

◆**_빡(빼기)** 명 【속어】 front *m* ((appellation familière pour désigner le front)).

◆**_ㅅ살** 명 rides *fpl* sur le front; plis *mpl* au front. ¶ 그 말을 듣고 나는 이맛살을 찌푸렸다 J'ai entendu ce qu'on disait et[À ces propos] j'ai froncé les sourcils / Ce qu'on a dit m'a fait plisser le front.

이만 관 à ce point; comme ceci, comme ça. ¶ ~ 일에 화를 내니? Il n'y a de quoi se fâcher pour si peu!

부 ici; là. ¶ 오늘은 ~ 끝내자 On s'arrête [Arrêtons-nous] ici pour aujourd'hui / Aujourd'hui, arrêtons-nous là! ¶ 편지를 ~ 줄이겠습니다 Je m'arrête sur ces mots / C'est sur ces mots que je conclurai ma lettre.

이만저만 부 pas mal; un peu. ¶ 그 사람은 불어를 ~ 잘하지 않는다 Il ne parle pas qu'à peu près bien français / Il parle vraiment bien français. ¶ 그 사람의 태도는 ~ 불만스러운 게 아니다 Son comportement n'est pas qu'un peu déplaisant / Sa conduite laisse beaucoup à redire[désirer]. 명 ¶ 그 사람은 고생이 ~이 아니에요 Cette personne ne se donne pas qu'un peu de mal [peine] ((pour faire ce travail)) / Il

ㅇ

endure pas mal de choses / Il s'en passe de belles sans qu'on s'en doute {*fam*}. ¶ 그 여자는 수완이 ~이 아니에요 Les capacités de cette femme ne sont pas moindres / Cette femme est d'une habilité remarquable / Elle n'est pas qu'un peu habile / Elle est très compétente.

◆_하다 형 être ordinaire; être moyen(*ne*); être quelconque; être banal(*e*). ¶ 그 사람은 ~한 사람이었다 C'est quelqu'un de banal / C'est une personne ordinaire / Il est quelconque. ¶ ~한 추위가 아니다 Il ne fait pas qu'un peu froid / Ce n'est pas un froid quelconque / Il fait un froid terrible [peu ordinaire]. ¶ 그 여자는 ~한 수다쟁이가 아니다 Cette femme n'est pas qu'un peu bavarde / Elle est très bavarde / C'est une sacrée bavarde {*fam*} / Cette femme est une vraie pipelette {*fam*} / Elle a la langue bien pendue {*fam*}. ¶ 그 소식은 우리에게 ~한 충격이 아닐 수 없었다 Cette nouvelle n'a pas eu sur nous qu'un petit impact / Cette nouvelle nous a donné un choc terrible / Cette nouvelle est pour nous un grand choc.

이만큼 부 tant; autant, si, tellement; tant de, autant de. ¶ 나는 이층에 책이 ~ 또 있다 J'ai encore autant de livres au premier (étage). ¶ 나는 ~ 즐거운 날이 없었다 Je n'ai jamais passé une journée si agréable. ¶ 나는 그 사람이 학생들한테서 ~ 존경받는 줄은 몰랐다 Je ne me doutais pas qu'il était à ce point respecté par ses élèves / Je ne savais pas[J'ignorais] qu'il était si respecté de ses étudiants. ¶ ~ 얘기했으면 알아들어야지 Après tant d'explications, tu devrais comprendre[piger {*fam*}] / Avec tout ce qu'on vient de dire, il faudrait comprendre. ¶ ~ 불어를 잘하는 사람은 없다 Il y a peu de gens qui puissent si bien parler (le) français / Peu de gens peuvent parler si bien (le) français / Il n'y a personne d'autre qui parle aussi bien (le) français.

명 ¶ ~이면 되겠지? C'est assez comme cela? / Ça suffit comme ça? / Ça devrait suffire avec ça? ¶ ~을 덜어내라 Retires-en autant.

이만하다 형 être aussi ((grand(*e*), long(*ue*), large, nombreux(*se*))) que ceci; être comme ceci; être autant que cela. ¶ 이만한 손해는 아무것도 아니다 Des dommages de ce genre, c'est peu de chose / Une telle perte, ce n'est pas grand-chose. ¶ 내 책상은 ~ Mon bureau est à peu près de cette grandeur [de cette taille] / Mon bureau est à peu près comme ça. ¶ 이만하면 됐다 Ça suffit comme ça / Avec ça, c'est suffisant. ¶ 이만하기가 천만다행이다 Heureusement que ça s'est passé comme ça / Qu'il n'y ait eu que ça, c'est un coup de pot {*fam*} [du pot {*fam*}, de la chance, de la veine {*fam*}].

이맘때 명 cette heure *f*; la même heure *f*; cette période *f* ((de l'année)); cette époque *f*; cette saison *f*; la même époque *f*. ¶ ~의 봄나물이 참 맛있다 À cette période de l'année les légumes printaniers sont très bons / En cette saison, les légumes verts sont vraiment délicieux. ¶ ~에는 à cette heure; à la même heure; à cette période; à la même période; en cette saison; à cette époque; à la même époque. ¶ 어제[내일] 저녁 ~ hier [demain] soir à la même heure. ¶ 작년 ~ à cette époque l'année dernière; à la même époque l'année dernière. ¶ 내일 ~ 찾아뵙겠습니다 Je viendrai vous voir demain à la même heure. ¶ ~는 가게가 벌써 문을 닫았다 À cette heure, la boutique est déjà fermée / Les magasins doivent être déjà fermés à cette heure-ci.

이메일 명 courrier *m* électronique, courriel *m*, mel *m*, e-mail *m*. ¶ ~로 참석 여부를 알려 주세요 Veuillez donner confirmation de votre présence par e-mail.

-이며 조 et; et / ou. ¶ 이번 장마로 논~ 밭~ 집이 모두 물에 잠겼다 Avec cette mousson, les rizières, champs et maisons sont sous les eaux [immergés, submergés, inondés]. ☞ -며[1]

-이면[1] 조 s'il s'agit ((de)). ¶ 그 사람은 공부면 공부, 운동~ 운동, 도대체 못 하는 게 없다 Des études, du sport, mais à la fin y a-t-il une chose qu'il ne sache pas faire! / Les études, il en fait; le sport, il en fait; vraiment il n'y a rien qu'il ne sache faire / Que ce soit les études ou le sport, il n'y a rien qu'il ne puisse faire. ¶ 날~ 날마다 오는 기회가 아니다 Ce n'est pas une occasion qui vient [vous arrive] tous les jours. ¶ 내가 네 걱정에 밤~ 밤마다 잠을 못 이룬다 Je me fais tellement de souci pour toi que la nuit je n'arrive pas à dormir / Je n'arrive pas à fermer l'œil de la nuit avec tout le souci que tu me donnes {*fam*}. ☞ -면

이면[2] **裏面** 명 ① 뒤쪽, 속, 안쪽 dos *m*; revers *m*; envers *m*; verso *m*. ¶ 수표의 ~에 이름과 전화번호를 써 주세요 Veuillez écrire votre nom et votre numéro de téléphone au dos [verso] de ce chèque. ② 내면 dessous *mpl*; intérieur *m*; fond *m*. ¶ 정계의 ~을 알다 connaître les dessous de la scène politique. ¶ 사건의 ~을 파헤치다 révéler les dessous d'une affaire. ¶ 뭔가 심상치 않은 음모가 그 ~에 자리잡고 있다 Il y a une conspiration grave derrière tout ça / Dans les coulisses, une sorte de conspiration alarmante a pris place / Quelque chose comme une dangereuse intrigue s'est installée dans l'ombre.

이명[1] **異名** 명 autre nom *m*; (별명) surnom *m*; (필명) pseudonyme *m*. ¶ ~으로 작품을 응모하다 présenter *son* œuvre sous un autre nom [pseudonyme].

이명[2] **耳鳴** 명 【의학】 tintement *m* [bourdonnement *m*, sifflement *m*] d'oreilles.

◆_증 -症 명 acouphène *m*.

이모 **姨母** 명 tante *f* maternelle; sœur *f* de *sa* mère.

◆_부 -夫 명 mari *m* d'une tante maternelle.

이모작 **二毛作** 명 deux cultures *fpl* annuelles (sur le même terrain); double récolte *f*, culture *f* alterne, rotation *f* de culture; assolement *m*. ◇_(을) 하다

faire deux cultures par an; pratiquer la rotation de culture [la culture alterne] annuelle.

이모저모 명 tous les côtés *mpl*; tous les aspects *mpl*; tous les points *mpl*; tous les points *mpl* de vue. ¶ 그 사람은 그 일의 ~를 꼼꼼하게 따져 보았다 Il a étudié méticuleusement [scrupuleusement] tous les aspects de cette affaire. ¶ 그 아이는 ~로 부친을 많이 닮았다 Cet(*te*) enfant ressemble à son père en tous points [sous toutes les coutures {*fam*}] / Cet(*te*) enfant est tout le portrait [le portrait vivant, l'image vivante, le portrait (craché {*fam*}), la copie conforme, le sosie] de son père.
　부 ¶ 나는 ~ 생각을 해 봤지만 결론을 내릴 수 없었다 J'ai réfléchi à tous les aspects de la chose, mais je ne suis pas arrivé à conclure [à tirer ma conclusion].

이목 耳目 명 ① ((생김새)) oreille *f* et œil *m* (*yeux mpl*); visage *m*; tête *f*; figure *f*; masque *m*; faciès *m*. ¶ 그 사람은 체격이 당당하고 ~이 뚜렷하다 Il est bien bâti et a un visage aux traits bien dessinés / Il a un corps solide [bien charpenté] et un visage bien taillé. ② 남의 주의나 관심 attention *f* ((du public)); intérêt *m* ((d'autrui)). ¶ 갑자기 다른 사람들의~이 그 사람에게 집중되었다 Tout à coup il a attiré l'attention des gens / Tout à coup les gens ont fixé leur attention sur lui / Tout à coup, tous les yeux et toutes les oreilles (toute l'attention) étaient sur lui. ¶ 남의 ~을 끌다[받다]. attirer [éveiller, susciter, exciter] l'attention d'autrui. ¶ 남의 ~을 피하다 éviter les regards [l'attention] d'autrui.

이목구비 耳目口鼻 명 oreille *f*, yeux *mpl*, bouche *f*, nez *m*; ((용모)) physionomie *f*; visage *m*; tête *f*; figure *f*; masque *f*; faciès *m*. ¶ 그 사람은 ~가 뚜렷하다 Il a un visage [une figure] aux traits bien dessinés. ¶ 그 사람은 ~가 수려하다[반듯하다]. Il a un beau visage [un visage aux traits réguliers].

이무기 명 grand serpent *m*, serpent *m* géant ((prêt à se métamorphoser en dragon)).

이문 利文 명 bénéfice *m*; profit *m*; avantage *m*; gain *m*; excédent *m*; boni *m*; bénéf *m* {*pop*}. ¶ ~을 크게[적게] 보다 faire [réaliser] un gros [mince, petit] bénéfice. ¶ 이것은 ~이 남는[생기는] 장사다 C'est un commerce rentable / Ce sont des affaires fructueuses[lucratives, juteuses] / Ce sont des affaires qui rapportent. ¶~이 조금 났다 Il y a eu un petit gain / J'ai réalisé un petit bénéfice / Ça a rapporté un peu / Ça nous a laissé un peu de marge. ¶~이 박한 장사 un commerce peu rentable; une affaire qui laisse très peu de marges.

이물[1] 명 proue *f*; avant *m* ((d'un navire)). ¶ ~에서 고물까지 de la proue à la poupe; de l'avant à l'arrière.

이물[2] 異物 명 ① 기이한 물건 chose *f* [objet *m*] étrange; étrangeté *f*, bizarrerie *f*; anomalie *f*. ② 다른 물질 autre matière *f* [substance *f*]. ¶ 이 액체에 ~을 배합해 보자 Mélangeons une autre substance à ce liquide / À ce liquide, essayons de mélanger autre chose. ③ 불순한 물질 chose *f* impure; impureté *f*; corps *m* étranger. ¶ ~이 끼지 않도록 조심해라 Fais attention que cela ne soit pas couvert [affecté, infecté] d'impuretés.
　◆**_스럽다** 형 être perfide, fourbe; être rusé(*e*); être sournois(*e*). ¶ 그 사람들은 워낙 ~스러워서 속마음을 알 수 없다 Ils sont tellement perfides [fourbes, sournois] qu'on ne sait pas ce qu'ils ont dans la tête.
　◆**_감** -感 명 sentiment *m* d'être affecté par un corps étranger. ¶ 목 안에 무엇인가 붙어 있는 듯한 ~감을 느꼈다 J'ai le sentiment étrange qu'il y a quelque chose d'accroché dans ma gorge / Je sens que j'ai quelque chose de collé dans la gorge / J'ai la sensation d'avoir quelque chose à l'intérieur de la gorge.
　◆**_질** -質 명 corps *m* étranger. ¶ ~질이 들어갔는지 눈이 따끔거린다 Je ne sais pas si quelque chose est entré dans mes yeux, mais j'ai les yeux qui me piquent.

이미 부 déjà; auparavant; avant; d'avance. ¶~ 때가 늦다 Il est déjà trop tard. ¶ 우리는 ~ 답을 알고 있다 Nous savons déjà [d'avance] la réponse. ¶ 정거장에 도착했을 때 기차는 ~ 떠나버렸다 Quand nous sommes arrivés à la gare, le train était déjà parti.

이미지 명 ① 심상 image *f*; illusion *f*; vision *f*. ¶ 이 시는 시각적 ~가 뛰어나다 Les images visuelles de ce poème sont exceptionnelles / Ce poème regorge d'images évocatrices. ② 인상 image *f*; représentation *f*; réputation *f*. ¶ 그 여자는 ~ 관리를 잘한다 Elle sait bien soigner son image. ¶ 그 여자에게서는 청순한 ~가 느껴진다 De cette femme émane une image de pureté / Elle dégage une image pure et innocente. ¶ 그 일로 그[그녀]의 ~를 버렸다 Cela a gâché [abîmé, compromis] son image / Cela a foutu en l'air son image {*fam*} / Son image en a pris un coup {*fam*}. ¶ 누구에게 좋은 ~를 심다 donner une bonne image à *qn*.

이미지즘 영{imagism} 명【문학】imagisme *m*.

이민 移民 명 ((출국)) émigration *f*; ((입국)) immigration *f*; ((사람)) ((출국)) émigrant(*e*), émigré(*e*); ((입국)) immigrant(*e*), immigré(*e*). ¶ ~ 2세대 la deuxième génération de l'immigration.
　◇**_(을) 하다[가다, 떠나다]**. émigrer ((d'un pays, en Amérique)); immigrer ((dans un pays)); aller vivre dans un pays. ¶ 그 사람은 미국으로 ~을 갔다 Il a émigré aux États-Unis / Il est allé vivre aux États-Unis / Il est parti s'installer aux États-Unis.
　◇**_(을) 오다** immigrer.
　◆**_국** -局 명 service *m* de l'immigration.
　◆**_법** -法 명 loi *f* sur l'émigration [sur l'immigration].
　◆**_정책** -政策 명 politique *f* de l'émigration [de l'immigration].
　◆**_자** -者 명 ((출국)) émigrant(*e*), émigré(*e*); ((입국))

immigrant(*e*), immigré(*e*).

이민족 異民族 명 peuple *m* étranger; nation *f* étrangère[autre]; ethnie *f* différente. ¶ ~ 간의 싸움 un conflit entre peuples différents; un combat entre des ethnies différentes.

이바지 명 ① 공헌 contribution *f* ((à la solution d'un problème)). ◇_(를) **하다** contribuer ((à la paix)), apporter *sa* contribution ((à la science)); rendre service ((à la patrie)); être utile ((au bon fonctionnement de la société)). ¶ 한국의 경제 발전에 크게 ~하다 contribuer [apporter sa contribution] pour une bonne part au développement économique de la Corée. ¶ 그것은 인구 문제의 해결에 크게 ~할 것이다 Cela va contribuer grandement à la solution du problème de la population / Ça va être très utile à la solution du problème démographique. ¶ 그 사람은 한국 과학계에 ~한 바가 크다 Il a rendu de grands services au monde scientifique coréen / Il a grandement contribué à la recherche scientifique coréenne. ② 결혼 후 신부가 시댁으로 가져가는 음식 mets [plats *mpl*] *mpl* de mariage ((offerts par la famille de la nouvelle mariée après le mariage (en général le lendemain) à la famille du gendre)). ¶ ~를 시댁에 보내다 envoyer [faire livrer] des mets [plats] chez les parents du gendre (le lendemain des noces).

이반 離反 명 aliénation *f* ((des esprits)); séparation *f*; défection *f* ((des peuples)); ((이탈)) sécession *f*. ¶ 민심 ~ une aliénation de l'opinion [du peuple]. ◇_(을) **하다**[(이) **되다**] s'aliéner de *qn*/*qc*, se séparer de *qn*; s'éloigner de *qn*; devenir hostile; ((이탈하다)) faire sécession. ¶ 민심이 정부로부터 ~했다 Le peuple s'est détourné [s'est détaché] du gouvernement / La population s'est éloignée du gouvernement.

이발 理髮 명 coupe *f* de cheveux (pour homme); coiffure *f* (pour homme). ◇_(을) **하다** ((un homme)) se faire couper les cheveux; ((un homme)) se faire coiffer; ((이발사가)) couper les cheveux ((d'un homme)), coiffer ((un homme)). ¶ ~을 해야겠다 Il faut que je me fasse couper les cheveux / Je devrais me faire couper les cheveux.

◆**_관[소]** -館[所] 명 salon *m* de coiffure pour homme; atelier *m* de coiffeur pour homme, barbier *m* {*vx*}.

◆**_사** -師 명 coiffeu*r*(*se*) dans un atelier de coiffure pour homme; artiste *mf* capillaire; barbier *m*; coupe-tif *m* {*pop*}.

이밥 명 (un bol de) riz *m* bien blanc. ¶ ~을 먹다 manger [prendre] du riz bien blanc.

이방 異邦 명 pays *m* étranger. ¶ ~ 사람 un(*e*) étrang*er*(*ère*). ¶ ~ 민족 un peuple étranger.

◆**_인** -人 명 étrang*er*(*ère*); inconnu(*e*).

이번 一番 대 cette fois-ci. ¶ 내가 당신을 ~만은 용서하겠다 Je vous pardonne seulement pour cette fois / Je vous excuse pour cette fois-ci. ¶ ~에 그 사람은 아프리카에 간다 Cette fois-ci il va en Afrique. ¶ ~에는 꼭 성공할 것이다 On va sûrement réussir cette fois-ci. ¶ ~ 시험은 잘 봐야 하는데 Je dois absolument réussir cet examen.

이법 理法 명 ① 원리와 법칙 loi *f*, principe *m*. ¶ 대자연의 ~ les lois de la nature. ② 도리와 예법 convenances *fpl* et règles *fpl* (de la bienséance). ¶ ~에 밝다 avoir le sens des convenances et de la bienséance.

이벤트 영{event} 명 événement *m*; fête *f*; festival *m*; manifestation *f* ((culturelle)). ¶ ~ 회사 une société organisatrice d'événements [manifestations] ((culturels, artistiques)); un bureau chargé des activités culturelles. ¶ ~를 기획하다 préparer un programme des festivités; établir un calendrier des fêtes; planifier des activités culturelles; organiser un événement [une manifestation] culturel(*le*). ¶ ~를 벌이다 donner [ouvrir] une fête; organiser une fête [un événement, un spectacle].

이변 異變 명 événement *m* anormal (inattendu); désastre *m*; catastrophe *f*; perturbation *f*; anomalie *f*, surprise *f*. ¶ 지구 곳곳에서 기상 ~이 일어나고[생기고] 있다 Il y a des perturbations[catastrophes, anomalies] météorologiques un peu partout sur la planète. ¶ 한국이 브라질을 이긴 것은 큰 ~이다 La Corée a créé la surprise en battant le Brésil / La victoire de la Corée sur le Brésil était totalement inattendue.

이별 離別 명 séparation *f*, adieux *mpl*; ((이혼)) divorce *m*. ¶ ~의 슬픔 la tristesse [le chagrin] de la séparation; la tristesse des adieux. ◇_(을) **하다** se séparer de *qn*; quitter *qn*; divorcer (de) *qn*. ¶ 그 사람은 애인과 ~했다 Il s'est séparé de sa bien-aimée / Il a quitté sa compagne [sa petite amie, sa maîtresse, son amante, son amoureuse] / Il a laissé tomber sa copine {*fam*}. ¶ 그 사람들은 서로 ~했다 Ils se sont séparés / Ils se sont quittés / Ils ont rompu / Ils ont divorcé / Ils ont cassé {*fam*}.

◆**_가** -歌 명 chant *m* d'adieux.

◆**_주** -酒 명 vin *m* [verre *m*, alcool *m*] d'adieu.

◆**생_** 生- 명 séparation *f* définitive ((d'avec l'épou*x*(*se*) ou d'avec la famille)).

이병 二兵 명 soldat *m* de deuxième classe.

이보게 감 eh, hé, oh, hola. ¶ ~, 뭐라고 말 좀 해봐 Hé, dis quelque chose! / Hé, mais tu te l'ouvres! {*pop*}.

이복 異腹 명 le même père *m* et des mères *fpl* différentes. ¶ ~ 형제[자매, 누이]. un frère [une sœur] consanguin(*e*), un demi-frère [une demi-sœur].

이본 異本 명 livre *m* rare; édition *f* différente.

이봐 감 eh, hé, oh, écoute, viens voir! ¶ ~, 나 좀 봐 Hé, regarde-moi / Eh, toi, j'ai quelque chose à te dire / Viens voir, j'ai un truc à te dire {*fam*}.

이부 二部 명 ① (학교 등에서) 일부 다음에 하는 수업 deuxième partie *f* ((d'un cours)). ¶ ~ 수업 un cours en deux parties. ② 고등학교나 대학교에서 밤에 수업을 하는 것 ((cours du)) soir *m*. ¶ ~ 대학 une université avec des cours du soir. ¶ ~대학에 지원하

다 passer le concours d'entrée pour suivre les cours du soir à l'université. ③ 한 편의 글이나 책의 두 번째 부분이나 장 deuxième (seconde) partie *f*. ¶ 이 소설의 제 ~ la deuxième partie du roman.

◆_작 -作 명 œuvre *f* en deux parties; diptyque *m*.

◆_제 -制 명 système *m* de cours du soir.

◆_합창 -合唱 명 chœur *m* à deux voix [parties].

이부자리 명 couverture *f* et matelas *m*; literie *f*; couchage *m*. ¶ ~를 깔다[펴다] étendre [dérouler] *son* matelas (sur le sol), faire un [*son*] lit; disposer *sa* literie [*son* couchage]. ¶ ~를 걷다 ranger [replier, enrouler] *sa* literie [*son* matelas]. ¶ ~에 눕다 se coucher [s'étendre] sur *son* matelas; se mettre au lit. ◇_(를) **보다** faire le lit de *qn*; s'occuper du lit de *qn*. ¶ 할머니 ~를 봐 드려라 Fais le lit de ta grand-mère / Occupe-toi du lit de ta grand-mère!

이북 以北 명 ① 어떤 곳의 북쪽 nord *m*. ¶ 차령산맥 ~지역 le nord de la chaîne des montagnes Chalyeong. ¶ 38선 ~ le nord du 38ème parallèle. ② 북한 Corée *f* du Nord. ¶ ~ 사람 un Nord-Coréen; un Coréen du Nord; un habitant de la Corée du Nord.

이분 二分 명 division *f* en deux. ◇_(을) **하다** diviser [partager] *qc* en deux; réduire *qc* de moitié; répartir *qc* par moitié. ¶ 정계를 ~하는 세력 des influences qui divisent le monde politique en parties [en deux]. ◇_(이) **되다** être divisé(*e*) en deux; se diviser [se scinder] en deux. ¶ 민주 세력이 ~이 되었다 Les pouvoirs démocratiques sont divisés en deux.

◆_법 -法 명 ((논리)) dichotomie *f*.

◆_음표 -音標 명 blanche *f*.

이불 명 couette *f* ((de duvet)); couverture *f* ((ouatée)); édredon *m*; courtepointe *f*. ¶ ~을 개다 ranger [plier] une couette. ¶ ~을 덮다 se (re)couvrir d'une couette. ¶ ~을 펴다[깔다] faire un [*son*] lit, étendre *sa* couette. ¶ ~ 속에 들어가다 se glisser sous *sa* couette; se mettre sous *sa* couverture.

◆_귀 명 quatre coins *mpl* d'une couverture [couette].

◆_깃 명 partie *f* supérieure d'une couverture; endroit *m* d'une couette.

◆_보 -褓 명 grand tissu *m* pour ranger des couvertures; carré *m* de tissu servant de housse à couettes.

◆_속 명 bourre *f*.

◆_솜 명 ouate *f*.

◆_장 -欌 명 armoire *f* pour le rangement des couvertures [couettes].

◆솜_ 명 couverture *f* ouatée; couette *f* de duvet.

◆홑_ 명 couette *f* d'été; couette *f* à ouatine légère.

이브¹ 영{Eve} 명 Ève. ¶ 아담과 ~ Adam et Ève.

이브² 영{eve} 명 veille *f*, veillée *f*.

◆크리스마스_ 명 la veille *f* [((저녁)) la veillée *f*] de Noël.

이비인후과 耳鼻咽喉科 명 【의학】 oto-rhino-laryngologie *f*. ¶ ~ 전문의 un(*e*) oto-rhino-laryngologiste.

이빨 명 【속어】 crocs *mpl* ((d'un animal)); dent *f*, ratiche *f* {*fam*}, chicot *m* {*fam*}. ¶ ~을 뽑다 extraire [arracher] une dent. ¶ ~을 드러내다 ¶ ~이 빠졌다 J'ai une dent qui est tombée / J'ai perdu une dent. montrer les dents; découvrir [montrer] *ses* crocs. *~ **빠진 호랑이** un tigre de papier; un dirigeant déchu; un géant sans force. ¶ 그 남자는 이제 ~(빨) 빠진 호랑이다 Il n'est maintenant qu'un tigre de papier. ¶ 그는 회사의 실세가 아니라 ~(빨) 빠진 호랑이에 불과하다 Ce n'est pas lui qui détient le vrai pouvoir dans la compagnie, il n'est qu'un tigre de papier.

이쁘다 형 être joli(*e*), beau(bel, belle). ☞ 예쁘다

이사¹ 移徙 명 déménagement *m*; emménagement *m*. installation *f*. ¶ ~ 준비를 하다 se préparer à déménager. ◇_(를) **하다[가다,오다,다니다]** déménager [aller vivre ailleurs; emménager; déménager à plusieurs reprises]. ¶ 그 사람은 서울로 ~했다 Il a déménagé à Séoul / Il s'est installé à Séoul. ¶ 당신이 어디로 ~ 하는지 알려 주십시오 Faites-moi savoir votre nouvelle adresse! ¶ 옆집에 새로 ~(를) 왔다 De nouveaux locataires ont emménagé dans la maison voisine. ¶ 지난 1년 동안 여러 번 ~를 다녔다 Nous avons déménagé plusieurs fois l'année dernière.

◆_ㅅ짐 명 déménagement *m*; emménagement *m*. ¶ 이삿짐을 싸다 préparer le déménagement.

◆_ㅅ짐 센터 명 entreprise *f* de déménagement.

이사² 理事 명 administrateur(trice), membre *m* d'un comité de direction. ¶ 그는 ~로 승진했다 Il est promu administrateur de son entreprise.

◆_국 -國 명 pays *m* membre d'un conseil.

◆_장 -長 명 président *m* d'un conseil d'administration.

◆_회 -會 명 conseil *m* d'administration.

◆상무_ 명 directeur *m* exécutif.

◆전무_ 명 administrateur *m* gérant.

이삭 명 épi *m* (de blé). ¶ ~이 벌써 팼다 Les blés sont déjà en épi. ¶ ~을 줍다 ramasser les épis de blé.

◆벼_ 명 épi *m* de riz.

◆보리_ 명 épi *m* d'orge.

이산 離散 명 séparation *f*; division *f*; dispersion *f*. ◇_(을) **하다** se séparer; se diviser; se disperser. ◇_(이) **되다** être séparé(*e*).

◆_가족 -家族 명 famille *f* séparée.

이산화탄소 명 【화학】 dioxyde *m* de carbone; gaz *m* carbonique.

이산화황 명 【화학】 bioxyde *m* sulfurique.

이삼 二三 관 deux ou trois. ¶ ~ 분만 기다려 주세요 Attendez [Patientez] deux ou trois minutes!

◆_일 -日 명 deux ou trois jours *mpl*.

이상¹ 以上 명 ① 순서나 위치가 일정한 기준보다 앞이나 위 ci-dessus; plus haut. ¶ ~ 말한 바와 같이 comme on a dit plus haut. ¶ ~에서 살핀 바를 간단히 요약하면 다음과 같다 Si je résume ce qui vient d'être dit un peu plus haut, c'est cela. ¶ ~으로 발표를 마치겠습니다 J'arrête ici ma communication / Ainsi j'arrive à la fin de ma communication. ② 서류나 강연 등의 마지막에 써서 끝을 알림 fin *f*; voilà. ¶ 모두 최선을 다하도록. ~! Faites de votre mieux! Voilà! 의명 ① 기준보다 더 많은 plus de (que) *qc*/*qn*; davantage; au-delà; supérieur à *qc*/*qn*. ¶ 10년 ~ plus de 10 ans; au-delà de 10 ans. ¶ 반 ~ 끝났다 Plus de la moitié est fait. ¶ 12세 ~의 아이들 des enfants de plus de 12 ans [à partir de 12 ans]. ¶ 평균 ~의 점수 une note au-dessus de la moyenne; une note supérieure à la moyenne. ¶ 그것은 예상 ~의 성공이었다 Le succès obtenu est au delà de notre attente. ¶ 나는 이 ~은 일전 한 푼 못 내겠다 Je ne peux pas payer un centime de plus. ¶ 그는 이 ~은 참을 수 없었다 Il ne pouvait pas en supporter plus. ¶ 수입 ~으로 돈을 쓰다 dépenser plus qu'*on* ne gagne. ② 이미 그렇게 된 바에는 puisque; maintenant que; étant donné que+*ind*. ¶ 그가 온 ~ 우리는 안심이다 Puisqu'il est arrivé, on est rassuré. ¶ 일이 이렇게 된 ~ 대책을 세워야 한다 Puisque c'est comme ça, il faut maintenant trouver une solution. ¶ 일단 일을 시작한 ~ 끝까지 최선을 다해라 Une fois qu'on a commencé, il faut essayer d'aller jusqu'au bout à tout prix.

이상² **異常** 어근 bizarre, inhabituel(*le*), insolite, étrange; anormal(*e*); extraordinaire.

◆**_하다[스럽다]** 형 être bizarre, inhabituel(*le*), insolite, étrange, louche, suspect(*e*), anorm*al*(*ale*, *aux*), extraordinaire. ¶ ~한 사건 une affaire étrange [insolite]. ¶ ~한 이야기 une histoire curieuse [étrange]. ¶ 차에서 ~한 소리가 난다 La voiture fait un bruit bizarre. ¶ 그 사람의 거동이 ~하다 Son comportement est étrange. ¶ 내가 생각하기에 두 사람의 사이가 ~하다 À mon avis, leur relation est un peu louche / Je trouve leur relation un peu louche. ¶ 너는 오늘 좀 ~하다 Tu es un peu bizarre aujourd'hui. ¶ 그것은 조금도 ~하지 않다 Il n'y a rien d'anormal dans tout ça. ¶ 그 사람이 돌아온 것은 ~하다 C'est étrange qu'il soit revenu. ¶ 그 사람이 무사히 돌아온 게 나한테는 ~하게 보인다 Je trouve bizarre qu'il ait pu rentrer sain et sauf / Cela m'étonne qu'il soit rentré sain et sauf. ¶ ~한 것은 그가 오늘 오지 않았다는 것이다 C'est bizarre qu'il ne soit pas venu aujourd'hui. ¶ ~하게 들리겠지만 Cela pourrait sans doute paraître bizarre, mais ... ¶ 그 남자는 ~하게 생겼다 Il est drôlement fait. ¶ ~하게도 그는 오늘에야 떠났다 Bizarrement il n'est parti qu'aujourd'hui.

◆**_히** 부 étrangement; bizarrement; anormalement. ¶ 선생님은 그 학생의 결석을 ~히 여기셨다 Le professeur a trouvé étrange l'absence de cet élève.

◆**_성** -性 명 anomalie *f*, malformation *f*. ¶ 염색체 배열에서 ~성이 발견되었다 Une anomalie a été découverte dans la structure de l'ADN (des chromosomes).

◆**_과열** -過熱 명 surchauffe *f* anormale.

◆**_기온** -氣溫 명 températures *fpl* anormales.

◆**_염색체** -染色體 명 chromosome *m* anormal.

이상³ **異狀** 명 anomalie *f*, indisposition *f*, malaise *m*; faiblesse *f*, débilité *f*; trouble *m*, défaut *m*; changement *m*. ¶ 기계에 ~이 있다 Les machines ont des problèmes. ¶ 그 사람은 정신에 ~이 있다 Il a un problème mental. ¶ 뼈에는 ~이 없다 Les os n'accusent aucune anomalie / Les os ne sont pas atteints. ¶ 방 안에는 아무 ~도 없었다 Dans la chambre, aucun dégât n'a été relevé. ¶ 전원 ~ 무! Tout le monde est sain et sauf.

◆**_성** -性 명 anomalie *f*; trouble *m*; défaut *m*. ¶ ~성을 보이다[나타내다] se montrer anormal(*e*); troublé(*e*); défaillant(*e*).

◆**정신_** 精神- 명 trouble *m* mental; débilité *f* mentale.

이상⁴ **理想** 명 ① 가장 완전한 상태 idéal *m*; modèle *m*, canon *m*, exemplaire *m*. ¶ 현실과 ~ 사이의 괴리 un écart entre la réalité et l'idéal; un contraste entre l'idéal et la réalité. ② 추구하는 목표 idéal *m*; but *m*. ¶ 높은 ~ un idéal très haut. ¶ ~의 남성과 결혼하다 épouser l'homme de *ses* rêves; se marier avec un homme idéal. ¶ ~이 높다 avoir un idéal très haut; aspirer à un idéal très haut. ¶ 꿈과 ~이 없는 사람 un homme dépourvu de rêve et d'idéal. ¶ ~을 품다[갖다] aspirer à un idéal[avoir un idéal]. ¶ ~을 실현하다 réaliser *son* idéal. ¶ ~을 추구하다 tendre vers l'idéal; poursuivre un idéal. ¶ ~에 맞다 correspondre à l'idéal. ¶ ~과 동떨어지다 être loin de l'idéal.

◆**_적** 명관 idé*al*(*ale*, *aux*); parfait(*e*); rêvé(*e*); idéaliste. ¶ ~적인 남편 un mari idéal. ¶ ~적 생활 une vie idéale.

◆**_화** -化 명 idéalisation *f*, embellissement *m*. ¶ ~화하다 idéaliser; magnifier.

◆**_국** -國 명 État *m* idéal.

◆**_론** -論 명 théorie *f* idéaliste.

◆**_세계** -世界 명 monde *m* idéal.

◆**_주의** -主義 명 idéalisme *m*.

◆**_주의자** -主義者 명 idéaliste; utopiste.

◆**_향** -鄕 명 paradis *m*; utopie *f*.

◆**_형** -型 명 homme *m* [femme *f*] idéal(*e*) [de *ses* rêves].

이색 **異色** 어근 couleur *f* différente.

◆**_적** -的 명관 nouv*eau*(*elle*); singuli*er*(*ère*); atypique; particuli*er*(*ère*); original(*e*); étrange; différent(*e*); de couleur différente. ¶ ~적인 화가 un peintre original. ¶ ~적인 음악회 un concert original [atypique].

◆**_인종** -人種 명 race *f* de couleur différente.

◆**_작품** -作品 명 œuvre *f* singulière.

이생 **-生** 명 cette vie *f*. ¶ ~을 떠나다[하직하다] quitter ce monde, décéder. ☞ 이승¹

이서 **裏書** 명 endossement *m*, endos *m* ((d'un chèque,

d'une lettre de change)). ¶ 기명식 ~ un endossement nominatif. ◇_(를) **하다** endosser ((un document, un chèque)). ¶ 수표에 ~하다 endosser un chèque.

◆**_인** -人 명 endosseur *m*.

◆**피_인** 彼-人 명 endossataire.

◆**_양도** -讓渡 명 cession *f* (d'un chèque endossé).

이설 異說 명 opinion *f* différente [contraire]; dissension *f*; opposition *f*; discorde *f*. ¶ ~이 분분하다 Les opinions divergent. ¶ ~을 펴다 présenter une opinion différente. ¶ ~을 내세우다 avancer [émettre] une opinion différente.

이성[1] 理性 명 raison *f*; esprit *m*; rationalisme *m*; sagesse *f*. ¶ ~의 소리에 귀를 기울이다 écouter la voix de la raison. ¶ ~을 잃다 perdre la raison; perdre le contrôle de *soi*-même. ¶ ~을 차리다 retrouver la raison [l'esprit]. ¶ ~을 지닌 사람 un homme [une femme] raisonnable. ¶ ~에 호소하다 faire appel à la raison. ¶ 그 남자는 감정보다 ~이 앞서는 사람이다 Chez lui, la raison l'emporte sur le(*s*) sentiment(*s*).

◆**_적** -的 명관 raisonnable; rationnel(*le*); pensant(*e*).

◆**_론** -論 명 【철학】 théorie *f* de la raison.

◆**_주의** -主義 명 【철학】 rationalisme *m*.

◆**순수_** 純粹- 명 raison *f* pure.

◆**실천_** 實踐- 명 raison *f* pratique.

이성[2] 異姓 명 nom *m* de famille différent. ¶ 그는 나와 ~이다 Lui et moi n'avons pas le même nom de famille.

이성[3] 異性 명 ① 다른 성별 l'autre sexe *m*; sexe *m* différent [opposé]. ¶ ~에 눈을 뜨다 s'éveiller à l'amour. ¶ ~을 알게 되다 s'éveiller à l'amour. ¶ ~을 좋아하게 되다 éprouver de l'amour pour *qn* (de l'autre sexe). ¶ 이웃집 소녀에게서 ~을 느끼다 tomber amoureux [s'éprendre] de la fille voisine. ② 다른 성질 nature *f* différente. ③ 【화학】 isomérie *f*.

◆**_교제** -交際 명 amitié *f* [rencontre *f*, relations *fpl*] hétérosexuelle(*s*).

◆**_애** -愛 명 amour *m* hétérosexuel.

◆**동질_체** 同質-體 명 isomère *m*.

이성계 李成桂 명 【인명】 Yi Seong-gye (1335-1408) ((roi fondateur (règne, 1392-1398) du royaume de Joseon (*1392-1910*))).

이세 二世 명 ① fils *m*; junior *m*; II; deuxième génération *f*. ¶ 미국 태생 한국인 ~ la deuxième génération des immigrés coréens nés aux États-Unis. ¶ 교민 ~ la deuxième génération des immigrés. ¶ 교황 요한 바울 ~ le pape Jean-Paul II. ② 다음 세대 seconde génération *f*; génération *f* suivante. ¶ 자라나는 ~들에게 올바른 가치관을 심어 줘야 한다. Il faut apprendre les valeurs morales à la jeune génération. ③ 자식 enfants *mpl*, progéniture *f*. ¶ ~를 돌보다 s'occuper de ses enfants.

이속 吏屬 명 【역사】 fonctionnaire *m* subalterne de l'ancien régime de la Corée.

이송 移送 명 ① 다른 곳으로 옮기다 transfert *m*. ② ((소송, 행정 절차)) 【법률】 renvoi *m*. ¶ 사건의 ~ un renvoi de l'affaire. ◇_(을) **하다**[**시키다**] transférer; acheminer; renvoyer ((un procès devant un tribunal)). ¶ 군수품을 ~하다 acheminer [transporter] du matériel militaire. ◇_(이) **되다** être transféré(*e*); être renvoyé(*e*). ¶ 포로들이 수용소로 ~되었다 Les prisonniers sont transférés dans un camp.

이수[1] 離水 명 décollage *m* ((d'un hydravion)). ◇_(를) **하다** décoller. ¶ 수상비행기가 ~하고 있다 Un hydravion décolle.

이수[2] 履修 명 étude *f*, achèvement *m*, fin *f*, obtention *f* des unités de valeur ((pour une matière à l'université)). ¶ 교과의 ~ l'étude d'une matière (d'un cursus). ¶ 전공 ~ 규정 le règlement concernant l'obtention des UV [unités de valeur]. ¶ 전공과목 ~학점의 하한선 un seuil pour l'obtention des UV des matières de son département. ◇_(를) **하다** achever, terminer, finir ((des études)). ¶ 전공을 ~하다 obtenir les UV de son département. ¶ 정규 과정을 ~하다 finir le cursus normal.

이순 耳順 명 soixante ans *mpl*. ¶ ~의 나이 âgé(*e*) de soixante ans.

이순신 李舜臣 명 【인명】 l'amiral Yi Sun-sin (1545-1598) ((Avec les navires-tortues cuirassés, il a repoussé les envahisseurs japonais en 1598.)).

이슈 영{issue} 명 point *m*, question *f*, problème *m*, actualité *f*, événement *m*. ¶ 주요 ~ un événement important, une question importante. ¶ 사회적 ~ une question sociale, un problème concernant l'ensemble de la société. ¶ 핫~ une question d'actualité brûlante. ¶ 무엇을 ~로 삼다 considérer *qc* comme un point d'actualité. ¶ 무엇이 ~로 떠오르다 *qc* surgit comme un point [événement] important. ◇_**가 되다** ((*qc*)) devenir un événement. ¶ 최근 ~가 되고 있는 문제 un problème actuel dont on parle comme d'un événement important.

이스트 영{yeast} 명 levure *f* de bière [de pain]; levain *m*.

이슥하다 형 être fort avancé(*e*). ¶ 이슥한 밤에 à une heure très avancée de la nuit. ¶ 밤이 이슥하도록 일하다 travailler fort tard la nuit.

◆**이슥히, 이슥토록** 부 jusque tard dans la nuit.

이슬 명 ① rosée *f*. ¶ ~이 햇빛에 반짝인다 Les gouttes de rosée scintillent sous le soleil. ¶ ~이 내렸다 La rosée s'est formée [déposée]. ¶ ~에 젖다 être mouillé(*e*) de rosée, être humide de rosée. ¶ ~처럼[로] 사라지다 disparaître fugitivement. ¶ ~ 같은 목숨 une vie éphémère. ¶ 단두대의 ~로 사라지다 périr sur l'échafaud. ② 눈물 larmes *fpl*. ¶ 그 여자의 눈가에 ~이 맺혔다 Des larmes se sont formées au bord de ses yeux.

◆**밤_** 명 rosée *f* de nuit.

◆**새벽_** 명 rosée *f* du petit matin.

◆**아침_** 명 rosée *f* du matin.

이슬람 아 명 【종교】 islam *m*, islamisme *m*. ¶ ~권 (l'ensemble *m* des) pays *mpl* islamiques; zone *f* (culturelle) islamique.
이슬비 명 bruine *f*, crachin *m*, pluie *f* fine. ¶ 하루 종일 ~가 왔다 Une pluie fine est tombée toute la journée / On a eu de la bruine toute la journée. ¶ ~에 젖다 être mouillé(*e*) par une pluie fine [par la bruine].
이승[1] 명 ce [bas] monde *m*. ¶ ~을 떠나다[등지다] quitter ce monde [partir dans un autre monde].
이승[2] 二乘 명 【수학】 carré *m*. ¶ 2의 ~은 4이다 Le carré de deux est quatre. ☞ 자승
이식 移植 명 ① ((나무)) transplantation *f*. ¶ ~이 힘든 식물 une plante difficile à transplanter. ② ((생체의 일부 조직)) 【의학】 greffe *f*; transplant *m*. ③ ((문화나 사조)) 문화의 ~ transplantation *f* d'une culture; greffe *f* de culture. ¶ 서양 문화의 ~ une transplantation de la culture occidentale. ◇_(을) **하다** transplanter ((des arbres)); faire une greffe. ◇_(을) **받다** subir une greffe. ¶ 신장[심장] ~을 받다 subir une greffe du rein [du cœur]; subir une transplantation rénale [cardiaque]. ◇_(이) **되다** être transplanté(*e*); être greffé(*e*).
◆**_수술** -手術 명 opération *f* de greffe. ¶ 심장 ~수술을 하다 faire une greffe du cœur.
◆**장기_** 臟器- 명 greffe *f* d'organes.
◆**조직_** 組織- 명 greffes *fpl* de tissus.
이신론 理神論 명 【철학】 déisme *m*.
◆**_자** -者 명 déiste *mf*.
이실직고 以實直告 명 déclaration *f* de la vérité, compte rendu *m* exact[fidèle] de la vérité, action de ne dire que la vérité. ◇_(를) **하다** dire [déclarer] la vérité, dire ce qui s'est réellement passé. ¶ 어서 ~하렷다 Dis vite la vérité.
이심 異心 명 intention *f* différente; trahison *f*, mauvaise intention *f*, dessein *m* pervers.. ¶ ~을 품다 entretenir des desseins pervers[des intentions mauvaises].
이심률 離心率 명 【수학】 excentricité *f*.
이심전심 以心傳心 명 transmission *f* de pensée, télépathie *f*, communion *f* d'idées. ¶ 누구의 생각을 ~으로 알다 deviner la pensée de *qn* par télépathie. ¶ ~으로 마음이 통하다 communier; être en communion spirituelle ((avec *qn*)). ◇**_이다** se comprendre sans parler [par télépathie], avoir une sorte de télépathie entre deux personnes, faire de la transmission de pensée; être en accord, être sur la même longueur d'onde avec *qn*. ¶ 그 여자와 나는 그 건에 관해선 ~이다 Elle et moi, nous sommes en phase [en concordance de pensée, tout à fait d'accord, sur la même longueur d'onde] concernant cette affaire.
이십 二十 주관 vingt *m. inv*. ¶ ~ 년 vingt ans. ¶ ~ 분의 일 un vingtième. ¶ ~ 번째 le vingtième ¶ ~ 페이지 la vingtième page. ¶ ~ 세기 le vingtième siècle. ¶ ~ 미터 cinquante mètres. ¶ ~의 나이 à l'âge de vingt ans. ¶ ~살이다 avoir vingt ans. ¶ 그건 기껏해야 ~ 분이면 된다 Ça prendra au maximum [au pire, à tout casser {*fam*}] vingt minutes / Ça ne mettra pas plus de vingt minutes.
◆**_대** -帶 명 personne *f* âgée d'une vingtaine d'années [qui a entre 20 et 30 ans].
◆**_대** 代 명 vingtaine *f*. ¶ ~대의 청년 un jeune homme dans la vingtaine. ¶ 그 사람은 ~대다 Il est trentenaire.
이십사절기 二十四節氣 명 (les) vingt-quatre subdivisions *fpl* saisonnières (du calendrier lunaire).
이쑤시개 명 cure-dent(~-~*s*) *m*. ¶ ~로 이를 쑤시다 se curer les dents. ¶ 우리 장인어른은 식사 후에 항상 ~를 찾는다 Après le repas, mon beau-père a toujours besoin d'un cure-dent.
이악하다 형 être âpre au gain; être avide [cupide]. ¶ 이악한 사기꾼 un escroc avide.
이앓이 명 m*al*(m*aux*) *m* de dents. ¶ ~로 고생하다 souffrir de mal de dents. ◇_(를) **하다** avoir mal aux dents.
이앙 移秧 명 【농업】 repiquage *m* du riz. ◇_(을) **하다** repiquer du riz
◆**_기** -機 명 repiqueuse *f*. ¶ 모내기에 ~기를 사용하다 utiliser une repiqueuse pour le repiquage du riz.
◆**_기** -期 명 période *f* [saison *f*] du repiquage.
◆**_법** -法 명 【농업】 méthode *f* de repiquage du riz.
이야 감 ouah!, waouh! ((étonnement)).
이야기 명 ① 담화 histoire *f*; récit *m*; conversation *f*, causerie *f*, bavardage *m*; entretien *m*. ¶ ~의 주제 le sujet de la conversation. ¶ ~가 한창이다 La conversation s'anime. ¶ ~가 길어진다 La conversation traîne. ¶ 당신에게 잠깐 할 ~가 있습니다 J'ai quelque chose [un mot] à vous dire. ¶ ~에 끼어들다 prendre part à une conversation. ¶ 이제 그 ~는 그만두자 N'en parlons plus! / Laissons cela! ¶ 모두 그 ~뿐이다 On ne parle que de cela. ¶ 우리끼리 (하는) ~지만 Cela reste entre nous, mais ... ② 사실, 허구 histoire *f*, récit *m*, conte *m*, narration *f* ((d'un fait)). ¶ 재미있는[우스운, 슬픈, 이상한] ~ une histoire amusante [drôle, triste, bizarre]. ¶ 그 ~는 참 재미있다 Cette histoire est très amusante. ¶ 그는 ~ 보따리를 풀어놓기 시작했다. Il s'est mis à raconter des histoires. ¶ 그의 ~에 의하면 d'après[selon] lui; à ce qu'il dit; à l'entendre. ③ 소문 bruit *m*, rumeur *f*. ¶ 시중에는 그 아나운서에 대해 터무니없는 ~가 돌아다닌다 Des rumeurs absurdes courent sur cette présentatrice du JT. ④ 의사교환 entente *f*, complicité *f*, connivence *f*; intelligence *f*. ¶ 그들은 ~가 잘 통한다 Ils s'entendent bien. ¶ 그것은 ~가 다르지 않습니까 Ce n'est pas du tout ce dont nous sommes convenu(*e*)s. ◇_(를) **하다** ① parler, bavarder, converser, s'entretenir avec *qn*, avoir une conversation; discuter avec *qn*. ¶ 쓸데없는 ~를 하다 dire des

futilités, débiter [dire] des balivernes, débiter des platitudes, dire des fadaises [bêtises]; parler pour ne rien dire. ¶ 큰 소리로 ~하다 parler fort. ¶ 경험을 ~하다 raconter *ses* expériences. ¶ 마이크를 통해 ~하다 parler au micro. ¶ 함께 ~하다 parler ensemble, discuter. ¶ 거리낌 없이 ~하다 parler sans se gêner. ¶ 서서[앉아서, 누워서, 가면서, 다른 짓을 하면서] ~하다 parler debout [assis, couché, en marchant, en faisant autre chose]. ¶ 당신들은 무슨 ~를 하고 있습니까 De quoi parlez-vous? ¶ 어떤 전투에 관한 ~를 하다 raconter comment s'est passée une bataille. ¶ 지금의 입장을 ~하다 faire part de *sa* position. ¶ 그와 만나 ~하려면 언제쯤이 제일 좋습니까? Quel est le meilleur moment pour parler de cela avec lui? ¶ ~를 하며 회포를 풀다 échanger des propos sur la vie intime. ② conter [raconter] une histoire, faire un récit. ◇_(가) **되다** se raconter. ¶ 당사자 간에 ~가 다 되었다 L'affaire est arrangée entre les deux parties / Les deux parties se sont arrangées / Ils se sont arrangés.

*~**꽃을 피우다** La conversation est très animée.

◆_**꾼** 명 grand conteur *m*.

◆_ㅅ**거리** 명 sujet *m* de conversation.

◆_**상대** -相對 명 interlocu*teur*(*trice*). ¶ 김 씨는 그 여자의 ~ 상대가 된다 Monsieur Kim tient compagnie à cette femme. ¶ 나는 ~ 상대가 없다 Je n'ai personne avec qui (je puisse) parler.

◆_**책** -冊 명 conte *m*.

이야말로 조 juste ça; celui(*celle*)-là. ¶ 이것~ 바로 내가 찾던 책이다 C'est celui-là, le livre que je cherchais. ¶ 이 사람~ 내가 찾던 사람이다 C'est lui(elle), la personne que je cherchais.

이양 移讓 명 transfert *m*, transmission *f* ((d'un droit)); translation *f*, cession *f*, transport *m* ((de droits)); mutation *f* ((de biens)) ◇_(을) **하다** transférer, transmettre, transporter, céder ((une propriété, un droit)) ¶ 정권을 누구에게 ~하다 transmettre le pouvoir à *qn*; remettre le pouvoir entre les mains de *qn*. ¶ 권리[소유권]를 누구에게 ~하다 transférer le droit [la propriété] à *qn*.

이어[1] **俚語** 명 【언어】 mot *m* vulgaire, mot *m* d'argot, mot *m* argotique, argot *m*.

이어[2] 부 ☞ 이어서

이어달리기 명 course *f* de relais. ¶ 400m 이어달리기 relais 400 mètres. ◇_(를) **하다** faire une course de relais. ¶ 동네 친구들과 ~를 하면서 놀았다 jouer avec les copains du quartier à la course de relais.

이어서 부 par la suite; après; ensuite; suivi de *qc*. ¶ ~ 김 교수의 연설이 있었다 Par la suite, le professeur Kim a fait un discours. ¶ ~ 총회가 열렸다 Puis, il y a eu l'assemblée générale. ¶ 고적대가 행진하고 ~ 가장행렬이 따라왔다 La procession défilait à la suite de la fanfare / La fanfare précédait la procession.

◆**연**_ 부 encore; de nouveau; continuellement; successivement; tout de suite après; d'affilée. ¶ ~ 그 사람이 말했다 Il a parlé tout de suite après. ¶ 사흘간 ~ 일하다 travailler sans relâche pendant trois jours, travailler trois jours d'affilée. ¶ 웃음소리가 들리더니 ~ 그 사람이 들어왔다 Les rires ont immédiatement précédé son entrée.

이어받다 타 succéder, prendre le relais; se relayer. ¶ 바통을 ~ prendre le bâton de relais ¶ 누구의 말을 ~ reprendre[poursuivre, continuer] les paroles de *qn*. ¶ 아버지의 사업을 ~ prendre la succession des affaires de *son* père, reprendre l'affaire de *son* père.

이어지다 자 ① 연결되다 succéder; continuer; se prolonger. ¶ 저 언덕은 곧장 바다로 이어진다 La colline là-bas se jette directement dans la mer. ② 계속되다 continuer; succéder. ¶ 이어지는 공연 순서는 La suite du spectacle est ... ¶ 이야기가 계속 이어졌다 La conversation continuait. ¶ 성금이 이어지고 있다 Les appels continuent pour la collecte d'argent. ¶ 전화가 끊임없이 이어졌다 Le téléphone n'arrête pas [ne cesse] de sonner. ¶ 폭력은 폭력으로 이어진다 La violence appelle la violence. ③ 사상, 풍습 따위가 계속되다 durer; conserver; rester. ¶ 이 지역에서만 이어진 풍속 La tradition (qui est) conservée seulement dans cette région.

이어차 감 oh! hisse! hop!

이어폰 명{earphone} 명 écouteur *m*, casque *m*. ¶ ~을 꽂다[끼다] mettre l'écouteur [un casque] (sur les oreilles).

이언[1] **俚言** 명 ☞ 이어[1]

이언[2] **俚諺** 명 proverbe *m*, dicton *m*.

-이언정 조 même; bien que; malgré. ¶ 비록 거짓말~ 듣기에는 나쁘지 않은 말이다 Ça a beau être un mensonge, ce n'est pas désagréable à entendre.

이엄이엄 부 continuellement, successivement. ¶ 아주머니는 그치는가 싶더니 ~ 말을 계속했다 La dame sembla s'arrêter de parler, puis elle reprit.

이엉 명 chaume *m* (d'un toit). ¶ 지붕에 ~을 잇다 couvrir un toit de chaume.

◆_**집** 명 maison *f* au toit de chaume; chaumière *f*.

이에 부 pour cela; donc; alors. ¶ 우수한 성적을 올렸으므로 ~ 상장을 수여함 Comme vous avez obtenu de très bonnes notes, nous vous décernons un prix. ¶ 데모가 심해지자 ~ 정부는 공권력을 투입했다 Comme la manifestation s'intensifiait, le gouvernement a envoyé les forces d'intervention.

이에서 부 plus que ~; pire que ~. ¶ ~ 더한 불행은 없다 Un plus grand malheur n'est pas possible. ¶ ~ 더한 기쁨은 없다 Il ne saurait y avoir de joie plus grande.

-이여 어미 ((suffixe flexionnel vocatif)).¶ 소년이여 미래를 바라보라 Jeune enfant, regarde vers l'avenir!

이역 異域 명 (pays *m*) étranger *m*, pays *m* lointain [éloigné]. ¶ ~에서 살다 vivre à l'étranger. ¶ ~에서 죽다[숨지다] mourir à l'étranger [s'éteindre à l'étranger].

ㅇ

◆_만리 -萬里 명 pays *m* lointain.

◆_살이 명 vie *f* (d'expatrié(*e*)) dans un pays étranger, loin de *sa* patrie.

이열 二列 명 ((가로)) deux rangs *mpl*; ((세로)) deux files *fpl* [colonnes *fpl*]. ¶ ~로 놓다 disposer en deux rangs. ¶ ~로 걷다 marcher en deux files. ¶ ~로 세우다 se mettre en deux files.

◆_종대 -縱隊 명 deux files *fpl*.

◆_횡대 -橫隊 명 deux rangs *mpl*.

이열치열 以熱治熱 명 combattre la chaleur [le mal] par la chaleur [par le mal]. ¶ ~이라고 날씨도 더운데 뜨거운 차를 마시러 가자 (Tu sais bien qu')on dit qu'il faut combattre la chaleur [le mal] par la chaleur [le mal]. Il fait chaud, alors allons boire une bonne boisson bien chaude.

이염 耳炎 명 【의학】 otite *f*.

이영차 감 oh! hisse! hop! ¶ ~ 하고 짐을 나르다 porter des charges en poussant des (cris de) oh hisse! ¶ 무엇을 ~ 들어 올리다 prendre *qc* en poussant des (cris de) oh hisse!

이온 영{ion} 명 ion *m*. 【화학】

◆_가 -價 명 valeur *f* ionique.

◆_교환 -交換 명 transfert *m* ionique.

◆_반응 -反應 명 ionisation *f*; transformation *f* en ions.

◆_층 -層 명 couche *f* d'ions.

◆_화 -化 명 ionisation *f*.

◆수소_ 水素- 명 ion *m* d'hydrogène.

◆양_ 陽- 명 ion *m* positif.

◆음_ 陰- 명 ion *m* négatif.

이완 弛緩 명 ① relâchement *m*, détente *f*, dégel *m*; dilatation *f*, expansion *f*, ralentissement *m* ((du zèle)). ¶ 긴장의 ~ un relâchement de la tension. ¶ 근육 ~ une décontraction des muscles. ② 【의학】 atonie *f* ◇_(을) **하다[시키다]** se relâcher, se détendre, se délasser. ¶ 긴장된 근육을 ~하다[시키다] décontracter [faire décontracter] les muscles contractés. ◇_(이) **되다** être décontracté(*e*). ¶ 선수들의 긴장감이 ~되었다 La tension des joueurs s'est relâchée.

◆_성 -性 명 atonique.

◆_기 -期 명 période *f* de décontraction.

이왕 已往 명 si c'est possible; si on peut choisir; passé; puisque; écoulé; du moment que. ¶ ~에 터진 일인데 후회하면 뭣하나 Puisque c'est déjà fait, à quoi ça sert de regretter? ¶ 나는 ~이면 불어를 배우겠다 Si c'est possible, j'aimerais apprendre le français. ¶ ~이면 나하고 같이 갑시다 Si c'est possible, faisons le chemin ensemble!

부 puisque. ¶ ~ 가기로 했으면 가야지 Puisqu'on a dit qu'on y allait, allons-y! ¶ ~ 늦었으니 천천히 가자 Puisqu'on est déjà en retard, ce n'est pas la peine de nous presser[ça ne change pas grand-chose de nous dépêcher]. ¶ ~ 왔으니 자고 가라 Puisque vous êtes venu jusque-là, passez la nuit ici!

◆_지사 -之事 명 ce qui est fait est fait. ¶ ~지사는 묻지 말자 Ce qui est fait est fait, ce n'est pas la peine d'y revenir. ¶ 작년 일은 ~지사로 돌리고 새로 시작합시다 Oublions ce qui s'est passé l'année dernière, et recommençons! ¶ ~지사 말이 났으니 그 일을 얘기해 보자 Puisque tu abordes le sujet, on va en parler.

이외 以外 명 excepté *qc*, à l'exception de *qc*, à part *qc*, sauf *qc*, sinon, en dehors de *qc*; en plus de *qc*. ¶ 나는 그 ~의 일은 아무것도 모른다 Je ne sais rien d'autre que cela. ¶ 일요일 ~에 excepté [sauf] le dimanche. ¶ 나는 너 ~에 친구가 없다 Je n'ai pas d'autre ami que toi / À part toi, je n'ai pas d'ami. ¶ 월급 ~에 보너스를 받았다 J'ai obtenu une prime en plus de mon salaire. ¶ 나는 영어 ~에 불어를 한다 En plus de l'anglais, je parle le français. ¶ 나 ~는 모두 갔다 Tout le monde est parti sauf [excepté] moi. ¶ 그 ~는 다른 방법이 없다 Il n'y a pas d'autre moyen / Je ne vois aucun autre moyen. ¶ 그것 ~는 아무것도 없다 Il n'y a rien d'autre que cela.

이욕 利慾 명 avidité *f*, cupidité *f*, âpreté *f* au gain, amour *m* [soif *f*] du gain. ¶ ~을 좇다[추구하다, 탐하다] être avide de [âpre au] gain. ¶ 자신의 ~만 채우다 ne satisfaire que sa propre avidité au gain. ¶ ~에 차서 사리분별을 못하다 ne plus savoir contrôler sa soif de gain; être aveuglé(*e*) par l'appât du gain. ¶ ~에 눈이 멀다 céder à l'attrait [à l'appât] du gain, être aveuglé(*e*) par la passion [l'appât] du gain.

이용[1] 利用 명 usage *m*, utilisation *f*; exploitation *f*. ¶ 자원의 효율적 ~ une utilisation [exploitation] efficace des ressources. ¶ 핵무기의 평화적 ~ une utilisation pacifique des armes nucléaires. ◇_(을) **하다** utiliser, se servir de *qc*, employer, tirer parti [profit] de *qc*; profiter de *qc*, exploiter. ¶ ~할 수 있는[없는] utilisable [inutilisable]. ¶ 지위를 ~하다 se servir [profiter] de sa position ((pour obtenir une faveur)). ¶ 기회를 (잘) ~하다 profiter (bien) d'une occasion. ¶ 무엇을 최대한으로 ~하다 tirer le meilleur parti (possible) de *qc*. ¶ 시간[돈, 여가]을 잘 ~하다 tirer le meilleur parti de son temps [son argent, ses loisirs]. ¶ 장관의 권한을 잘 ~하다 faire bon usage de ses pouvoirs de ministre. ¶ 대중교통을 ~하다 utiliser [prendre, emprunter] les transports en commun. ¶ 그 사람은 언제나 나를 ~하려고 한다 Il cherche toujours à m'exploiter [profiter de moi]. ¶ 친구를 방패막이로 ~하다 utiliser son ami comme bouclier. ¶ 저희 식당을 많이 ~해 주십시오 Venez souvent, venez nombreux à notre restaurant! ¶ 내 책을 마음대로 ~하십시오 Servez-vous de mes livres comme vous voudrez! / Tous mes livres sont à votre disposition. ¶ 불어로 말할 수 있는 기회를 최대한 ~하도록 하시오 Tâchez de profiter de toutes les occasions pour parler français! ◇_(을) **당하다** être exploité(*e*), se faire exploiter. ◇_(이)

되다 être utilisé(*e*) [exploité(*e*)], se faire exploiter. ¶ 나는 그 사람의 출세를 위한 디딤돌로 ~되었을 뿐이다 Il s'est servi de moi pour sa réussite personnelle / Il ne m'a utilisé que comme tremplin pour parvenir à ses fins.

◆_**가치** -價値 ㉮ valeur *f* d'utilisation. ¶ ~ 가치가 크다[없다] être d'une grande utilité [sans utilité].

◆_**도** -度 ㉮ fréquence *f* d'utilisation. ¶ ~도가 높다[낮다] La fréquence d'utilisation est élevée [faible].

◆_**률** -率 ㉮ taux *m* d'utilisation.

◆_**자** -者 ㉮ utilisa*teur*(*trice*), usag*er*(*ère*).

이용[2] **理容** ㉮ coiffure *f* et soins *mpl* de beauté ((pour homme)).

◆_**사** -師 ㉮ coiffeu*r*(*se*).

◆_**업** -業 ㉮ métier *m* de coiffure.

◆_**원** -院 ㉮ salon *m* de coiffure; chez le coiffeur.

이용후생 **利用厚生** ㉮ 【철학】 ((néo-confucianisme)) assurance *f* du bien-être (social[personnel]) par le bon usage des outils disponibles.

이울다 ㉶ ① ((꽃이나 잎이)) se flétrir, se faner. ¶ 꽃이 이운다 Les fleurs se flétrissent [se fanent]. ② ((빛이나 기운이)) décroître, décliner, baisser; tomber en décadence. ¶ 햇빛이 이운다 Le soleil décline / Le soleil est à [sur, dans] son déclin. ¶ 제국의 운세가 이울고 있다 L'empire décline / Le prestige de l'empire est en déclin. ③ ((날이나 밤이 이)) ((le jour, la lune)) décliner. ¶ 달[날]이 이울고 있다 La lune [Le jour] décline. ④ 달의 모양이 이지러지다 décroître. ¶ 모서리가 이운 달 une lune qui est en décroît [décours].

이웃 ㉮ voisinage *m*, voisin(*e*), gens *mpl* d'à côté. ¶ ~과 사귀다[친해지다] devenir ami(*e*) [faire ami, sympathiser] avec *ses* voisins. ¶ ~ 간에 사이좋게 지내다 être [vivre] en bon voisinage, bien s'entendre avec *ses* voisins. ¶ 누구의 ~에 살다[이사오다] être voisin(*e*) de *qn*, demeurer porte à porte avec *qn*. ¶ 그런 사람이 ~에 사니 못 견디겠다 C'est insupportable d'avoir un tel voisin. ¶ 그 사람은 나의 ~이다 Il est mon voisin / Nous habitons porte à porte. ¶ 그 사람의 집과 나의 집은 ~이다 Sa maison touche la mienne / Nos maisons se touchent [sont mitoyennes]. ◇_**(을) 하다** être voisin(*e*)s, voisiner. ¶ ~하여 살다 vivre à côté, être voisin(*e*)s. ¶ ~한 두 집 deux maisons qui se touchent [mitoyennes].

*~**이 사촌보다 낫다[이웃사촌]** Mieux vaut un bon voisin qu'un cousin lointain.

◆_ **나라** ㉮ (pays *m*) voisin *m*.

◆_ **사랑** ㉮ amour *m* envers[pour] *ses* voisins.

◆_**집** ㉮ maison *f* voisine [d'à côté].

◆**불우**_ 不遇 ㉮ personnes *fpl* défavorisées [en difficulté, dans le besoin, nécessiteuses, dans la nécessité], malheureux *mpl*, indigents *mpl*, miséreux *mpl*.

이원 **二元** ㉮ dualité *f*.

◆_**적** -的 ㉮㉿ dualiste, duel(*le*). ¶ ~적 분류 체계 une classification dualiste. ¶ 세계를 ~적으로 파악하다 comprendre [voir] le monde dans le dualisme [de manière dualiste].

◆_**성** -性 ㉮ dualité *f*.

◆_**화** -化 ㉮ dualisation *f*. ¶ 조직의 ~화 une dualisation de la structure.

◆_**론** -論 ㉮ dualisme *m*.

◆_**방정식** -方程式 ㉮ 【수학】 équation *f* à deux inconnues.

◆_**집정제** -執政制 ㉮ 【정치】 cohabitation *f*.

이원제 **二院制** ㉮ 【정치】 système *m* bicaméral, bicamérisme *m*.

이월[1] **移越** ㉮ 【경제】 report *m* ((au bilan prochain)). ◇_**(을) 하다[시키다]** faire le report ((d'une somme)); reporter ((des crédits au prochain exercice)). ¶ 남은 돈을 다음 회기로 ~하다 reporter le reste de la somme à la prochaine session. ◇_**(이) 되다** être reporté(*e*).

◆_**결손금** -缺損金 ㉮ montant *m* reporté négatif.

◆_**금** -金 ㉮ solde *m* reporté.

◆_**이익금** -利益金 ㉮ montant *m* reporté positif.

이월[2] **二月** ㉮ février *m*. mois *m* de février ☞ 구월

이유[1] **理由** ㉮ raison *f*; ((동기)) motif *m*, sujet *m*, pourquoi *m*; ((원인)) cause *f*; ((구실)) prétexte *m*. ¶~와 경위 le pourquoi et le comment. ¶ 표면상의 ~ une raison apparente. ¶ 정당한[그럴 듯한] ~ une raison [un motif] valable [plausible]. ¶ 충분한[유력한] ~ une bonne [forte] raison. ¶ 그 여자가 떠난 ~ la raison pour laquelle elle est partie. ¶ ~가 있는 ((refus)) motivé(*e*); ((critique)) fondé(*e*); ((reproche)) justifié(*e*). ¶ ~없는 sans motif [non motivé, sans raison]; ((crainte)) non fondé(*e*). ¶ ~ 없는 반항 une rébellion sans cause. ¶ 이렇다 할 ~ 없이 sans raison spéciale [particulière, apparente]. ¶ (그) ~야 어떻든 간에[~ 여하를 막론하고] Quelle que [qu'en] soit la raison. ¶ 정당한 ~로 avec (juste) raison. ¶ 여러 가지[이런저런] ~로 pour plusieurs raisons [pour une raison ou une autre]. ¶ 가정적인[건강상의] ~로 pour des raisons familiales[de santé], pour raison de famille [santé]. ¶ 무엇을 ~로 pour cause de *qc*; sous prétexte de *qc*. ¶ ~를 구명하다 étudier [examiner] la cause. ¶ 무엇에 대한 ~를 들다[제시하다] expliquer la raison de *qc*; justifier *qc*. ¶ ~를 만들다 chercher[trouver] un prétexte, inventer une excuse. ¶ ~를 묻다 demander pourquoi. ¶ 무엇에 대한 ~를 붙이다[달다] prendre prétexte à *qc*. ¶ 누가 지각한 ~를 설명하다[말하다] expliquer pourquoi *qn* est en retard [la cause de son retard]. ¶ ~를 알다 s'expliquer [savoir] pourquoi+*ind*. ¶ 그 사람이 나를 모함하는 ~를 모르겠다 Je ne comprends [vois] pas pourquoi il manigance contre moi. ¶ 이것이 내가 결심한 ~이다 Voilà pourquoi je me suis décidé(*e*). ¶ ...할 충분한 ~가 있다 avoir de bonnes raisons pour [de]+*inf*; avoir tout lieu de+*inf*; Il y a tout lieu de+*inf*. ¶ 날 보자는 ~가 뭔가 Pourquoi tu voulais me voir? ¶ 그것은 ~가 (성립)되지 않는다 Ce n'est pas une raison / Cela n'explique rien. ¶ 무슨 ~로 날 욕하니? Pourquoi me critiques-tu? ◇_(가) **있다** avoir des raisons de+*inf*, avoir *ses* raisons. ¶ 그럴 만한 ~가 있어서 그런 거야 J'ai mes raisons. ◇_(가) **없다** n'avoir aucune raison de+*inf*; il n'y a pas de quoi+*inf*, il n'y a pas lieu de+*inf*. ¶ 그 사람을 두려워할 ~가 전혀 없다 Je n'ai aucune raison de le craindre / Il n'y a pas de quoi avoir peur de lui / Il n'y a pas lieu de le redouter. ¶ 웃을 ~가 없는데 웃다 rire sans raison [alors qu'il n'y a pas de quoi].

이유² 離乳 명 sevrage *m*. ¶ ~를 시작하다 commencer le sevrage. ◇_(를) **하다** sevrer ((un bébé)).

◆**_기** -期 명 période *f* de sevrage. ¶ ~기 아이 un enfant en sevrage.

◆**_식** -食 명 régime *m* d'un enfant (récemment) sevré; aliment *m* de sevrage.

이윤 利潤 명 profit *m*, intérêt *m*, bénéfice *m*. ¶ ~을 많이 남기다 faire [réaliser] de gros [beaux] bénéfices. ¶ ~을 적게 남기다 faire [réaliser] peu de bénéfices. ¶ 이번 분기에는 ~이 많이 줄었다[감소했다] Les bénéfices ont beaucoup diminué sur cette période. ¶ 그 값에 팔면 ~이 없다[남지 않는다] On ne peut pas faire de bénéfice si on vend à ce prix / Ça ne paie pas de vendre à ce prix. ◇_(을) **내다[보다]** réaliser un profit [bénéfice]; être en bénéfice.

◆**_율** -率 명 taux *m* de profit.

이율 利率 명 taux *m* d'intérêt. ¶ ~을 높이다[내리다] augmenter [lever] [abaisser, diminuer] le taux d'intérêt. ¶ 이 예금은 ~이 높다 C'est un compte à rendement élevé.

◆**연_** 年- 명 taux *m* d'intérêt annuel. ¶ 연~ 4 %의 예금 un compte à quatre pour cent d'intérêt par an.

이율배반 二律背反 명 antinomie *f*, contradiction *f*. ¶ ~을 범하다 se contredire. ¶ ~에 빠지다 se heurter à une antinomie [contradiction].

◆**_적** -的 명관 antinomique, contradictoire. ¶ ~적인 태도를 보이다 montrer une attitude antinomique [contradictoire], se montrer contradictoire. ◇_**이다** être contradictoire, être en contradiction avec (*soi*-même), être antinomique. ¶ 말은 그렇게 하고 이렇게 행동하는 것은 ~이다 Tes paroles sont en contradiction avec ta conduite / Tes paroles ne concordent pas avec ta conduite.

이윽고 부 aussitôt après, peu (de temps) après, quelque temps après, après quelque temps. ¶ ~ 주위에 어둠이 내리기 시작했다 Quelque temps après, la nuit commença à tomber. ¶ ~ 그가 다시 입을 열었다 Peu de temps après, il a rouvert la bouche / Après quelque temps, il s'est remis à parler.

이윽히 부 (('이슥히'의 잘못)) ☞ 이슥하다

이음¹ 명 liaison *f*, connexion *f*, jonction *f*.

◆**_매** 명 joint *m*, jointure *f*, jonction *f*, raccord, *m*, suture *f*.

이음 異音² 명 【언어】 allophone *m*; variante *f*.

이음새 명 ((창문과 창살)) espace *m* [fente *f*] entre la fenêtre et le dormant; ((벽지)) partie *f* superposée ((de deux papiers peints)); ((가구)) joint *m* d'un meuble, assemblage *m*; finition *f*. ¶ 창틀의 ~를 보강하다 améliorer le joint de la fenêtre et du dormant. ¶ 이 가구는 ~가 매끄럽다 Ce meuble a une belle finition / La finition de ce meuble est parfaite [impeccable].

이응 명 *ieung m* <appellation de la huitième lettre de l'alphabet coréen>.

이의 異議 명 ① 반대 objection *f*, ((항의)) protestation *f*, contestation *f*, opposition *f*. ¶ ~를 제기하다[달다] faire [formuler] une objection ((à *qn*/*qc*)); élever une contestation ((sur un point)); mettre ((un point)) en contestation; s'opposer ((à *qn*/*qc*/ce que+*subj*)); protester [s'élever] ((contre *qn*/*qc*)); contredire *qn*; contester. ② 【법률】 exception *f*, opposition *f*. ¶ ~를 신청하다 alléguer [opposer, soulever] une exception. ◇_(가) **있다** avoir une objection / Il y a un mais. ¶ ~ 있습니다 Objection! ◇_(가) **없다** ne pas avoir d'objection, ne rien avoir à objecter [dire] ((à *qc*)); être sans contestation [d'(un commun) accord, unanime]; ne pas s'y opposer. ¶ ~ 없습니까? Avez-vous quelque objection? ¶ 법안이 ~ 없이 통과[채택]되었다 Le projet de loi a passé [a été adopté] sans aucune objection.

◆**_신청** -申請 명 réclamation *f*, opposition *f*. ¶ ~신청이 기각되었다 L'opposition a été rejetée. ¶ 법원에 ~신청을 하다 faire opposition au tribunal; déposer un avis d'opposition au tribunal.

이이 대 ① 이 사람 cette personne *f*. ¶ ~가 도대체 왜 이러는 거야? Qu'est-ce qui lui prend? / Pourquoi il [elle] fait ça? ② 남편 mon mari *m*. ¶ 저는 ~가 이미 말씀드린 줄 알았어요 Je croyais que mon mari vous en avait déjà parlé.

이익 利益 명 ① 이윤 profit *m*, bénéfice *m*, gain *m*. ¶ 회사는 ~을 추구한다 Les entreprises recherchent [poursuivent] un profit. ② 도움, 보탬 bien *m*, intérêt *m*, avantage *m*. ¶ 누구의 ~을 위하여 au profit [bénéfice] de *qn*, dans l'intérêt de *qn*, pour le bien de *qn*, à l'avantage de *qn*. ¶ 공공의 ~을 위해 일하다 travailler dans l'intérêt commun [pour le bien public]. ◇_(을) **보다[내다, 얻다, 올리다]** faire *son* profit((de *qc*)), tirer avantage ((de *qc*)). ¶ 증권 투자로 큰 ~을 보다 tirer de gros profits d'un investissement en bourse. ¶ 장사에서 그 사람은 상당한 ~을 냈다 Il a fait un profit commercial considérable. ◇_**이다** avoir intérêt [avantage] à+*inf*, être avantageux(*se*). ¶ 아무 말 하지 않는 것이 자네에게 ~일 것이네 Vous auriez intérêt [avantage] à vous taire. ¶ 큰 묶음으로 사는 것이 더 ~이다 Le grand paquet est plus avantageux. ◇_(이) **되다** rapporter à *qn*, payer, être payant(*e*), profitable, rentable, avantageux(*se*), fructueux(*se*). ¶ 그 사람은 자기에게 ~이 되지 않는 일은 절대 하지 않는다

Il ne fait jamais quelque chose qui ne lui rapporte pas / Il ne cherche que son profit. ◇_(이) **있다** être profitable [fructueux(*se*), rentable, avantageux(*se*), intéressant(*e*)]; ((돈이 되는)) être lucratif(*ve*) [rémunérateur(*trice*), juteux(*se*) {*fam*}]. ◇_(이) **없다** ne pas être [être peu] profitable [fructueux(*se*), rentable, avantageux(*se*)]; ((돈이 안 되는)) ne pas être [être peu] lucratif(*ve*) [rémunérateur(*trice*)]; rapporter peu. ¶ 그렇게 한다고 무슨 ~이 있겠는가? À quoi bon [À quoi sert de] faire cela? ¶ ~ 없는 일은 하지 마라 Ne fais pas de choses qui ne rapportent pas!

◆**_금** -金 명 profit *m*; dividende *m*. ¶ 주주들에게 ~금을 배당하다 payer [distribuer, attribuer, assigner] un dividende aux actionnaires.

◆**_단체[집단]** -團體[集團] 명 【사회】 groupe *m* d'intérêt.

◆**_사회** -社會 명 【사회】 société *f* d'intérêt.

◆**순_** 純- 명 profit *m* [bénéfice *m*] net. ¶ 300만 유로의 순~을 올리다 faire état d'un bénéfice net de trois millions d'euros.

◆**총_** 總- 명 profit *m* [bénéfice *m*] brut.

이인 二人 어근 deux personnes *fpl*.

◆**_분** -分 명 ((un plat)) pour deux personnes. ¶ 스테이크 ~분을 시키다 commander du steak pour deux personnes, commander deux steaks.

◆**_승** -乘 명 ((voiture *f*)) à deux places. ¶ ~승 자전거 une bicyclette double, un tandem.

◆**_용** -用 명 double; pour deux personnes; à deux places.

◆**_조** -組 명 équipe *f* de deux personnes; paire *f*; tandem *m*. ¶ ~조 강도 un duo [une paire] de cambrioleurs, un tandem de malfaiteurs.

◆**_삼각** -三脚 명 course *f* à trois pieds ((de deux personnes qu'on a attachées l'une à l'autre par une jambe)). ¶ ~삼각 게임[경주] une course à trois pieds.

이인칭 二人稱 명 【언어】 deuxième personne *f*. ¶ ~ 대명사 un pronom à la deuxième personne.

이일 二日 명 ① 제1일 le deux ((janvier)). ② 기간 deux jours *mpl*; deux journées *fpl*. ☞ 삼일

이임 離任 명 départ *m* ((d'un fonctionnaire)). ¶ ~ 인사 discours (prononcé à l'occasion) du départ ((en retraite)). ◇_(을) **하다** quitter *son* poste.

◆**_식** -式 명 cérémonie *f* de départ ((pour la retraite de *qn*)).

이입 移入 명 importation *f*, introduction *f*. ¶ 인구의 도시 ~ un afflux de population en ville. ◇_(을) **하다[시키다]** importer, introduire. ¶ 감정을 ~하여 대사를 읽다 lire le texte de façon expressive [avec sentiment]. ◇_(이) **되다** être importé(*e*), introduit(*e*).

◆**감정_** 感情- 명 empathie *f*, objectivation *f* du moi. ¶ 감정 ~이 잘된 연기 une interprétation [un jeu] qui reflète bien les émotions du personnage [qui se met dans la peau de personnage].

이자¹ 利子 명 intérêt *m*. ¶ 2퍼센트 ~를 내다[물다] payer deux pour cent d'intérêt. ¶ 예금주에게 ~를 지급하다 servir [payer] des intérêts au déposant. ¶ ~를 연체하다 retarder le paiement des intérêts. ¶ 싼[낮은] ~를 받고 돈을 빌려주다 prêter (de l'argent) à faible taux d'intérêt. ¶ 높은[비싼] ~로 돈을 빌리다 emprunter (de l'argent) à intérêt élevé. ¶ 연 5퍼센트의~로 돈을 빌리다 emprunter à cinq pour cent (d'intérêt annuel) [au taux annuel de cinq pour cent].

*(~**는커녕) 본전도 못 건지다** ☞ 본전

◆**_율** -率 명 【경제】 taux *m* d'intérêt. ¶ ~을 올리다[내리다] élever [abaisser] le taux d'intérêt.

◆**_놀이** 명 vivre des intérêts générés. ¶ 퇴직금으로 ~ 놀이를 하다 prêter sa pension de retraite et vivre des intérêts générés.

◆**_소득** -所得 명 【경제】 revenu *m* des intérêts; rentes *fpl*.

◆**무_** 無- sans intérêt. ¶ 친구에게 무~로 돈을 빌려주다 prêter de l'argent sans demander d'intérêt à un ami.

◆**복리_** 複利- 명 intérêts *mpl* composés.

-이자² 조 et; en même temps que; doublé(*e*) de; à la fois. ¶ 그 사람은 나의 친구~ 후견인이다 Il est en même temps mon ami et mon tuteur / C'est un ami et en même temps, un tuteur. ¶ 그는 철학자~ 수학자이다 C'est un philosophe doublé d'un mathématicien.

이장¹ 移葬 명 transfert *m* d'une sépulture. ◇_(을) **하다** transférer les restes de *qn* (et les ensevelir ailleurs); exhumer un corps et le transporter dans une nouvelle sépulture. ¶ 아버지의 묘를 ~하다 transférer la sépulture de *son* père.

이장² 里長 명 maire *m* d'un village.

이재 理財 명 gestion *f* financière; finance *f*. ¶ 그 남자는 ~에 능하다[밝다] Il s'y entend pour la gestion des finances / Il est habile[expert] en matière de gestion financière [en affaires]. ¶ 그 아저씨는 ~에 상당히 어둡다 Il ne connaît pas grand-chose sur la gestion financière.

이재민 罹災民 명 sinistré(*e*), victime *f* ((d'un sinistre, d'un incendie)). ¶ ~ 수용소 un asile [un abri, un refuge] pour les sinistrés. ¶ 홍수로 많은 ~이 발생하였다 L'inondation a généré beaucoup de sinistrés.

이적¹ 異蹟 명 miracle *m*, merveille *f*. ¶ ~을 행하다[보이다] faire [accomplir] un miracle; opérer des merveilles.

이적² 移籍 명 ① ((호적)) transfert *m* de l'état civil de *qn*. ② ((소속)) transfert *m* ((d'un footballeur d'un club à un autre)). ◇_(을) **하다** transférer *son* état civil après le mariage, se faire inscrire sur le registre d'une autre famille, transférer *son* domicile légal; transférer ((un joueur d'un club à un autre)). ¶ 결혼을 하고 ~을 하다 ◇_(이) **되다** ((l'état civil de *qn*)) être transféré(*e*); ((un footballeur, un joueur)) être transféré(*e*) ((d'un club

ㅇ

à un autre)). ¶ 이 팀에는 ~된 선수들이 많다 Il y a beaucoup de joueurs transférés dans ce club.

이적³ 夷狄 명 barbare. ¶ ~의 침입 une invasion barbare [de barbares].

이적 利敵 어근 qui favorise l'ennemi.

◆_**단체** -團體 명 organisation *f* qui favorise l'ennemi.

◆_**행위** -行爲 명 acte *m* qui favorise l'ennemi; aide *f* apportée à l'ennemi. ¶ 너의 행동은 명백한 ~ 행위이다 Ce que tu as fait favorise très clairement l'ennemi. ◇_**를 하다** favoriser l'ennemi, agir au profit de l'ennemi.

이전¹ 以前 명 avant. ¶ ~의 일 une chose qui s'est passée avant, une affaire antérieure. ¶ ~부터 그들은 서로 앙숙이다 Ils sont ennemis [Ils ont de l'inimitié l'un pour l'autre] depuis bien longtemps. ¶ 그 남자가 술을 마신 것은 ~에 없던 일이다 Il ne lui est jamais arrivé de boire auparavant / C'est la première fois qu'il boit. ¶ ~에는 그런 일이 드물었다 Avant, on voyait rarement une chose pareille.

의명 avant; antérieure à *qc*. ¶ 산업 혁명 ~의 유럽 사회 la société européenne avant la révolution industrielle. ¶ 15일 ~에는 일을 끝내야 한다 Il faut terminer (le travail) avant le quinze. ¶ 그 ~부터 나는 그 여자를 좋아하고 있었다 Je l'aimais déjà depuis bien longtemps. ¶ 경제가 더 나빠지기 ~에 대책을 마련해야 한다 Il faut prendre des mesures avant que l'économie ne se dégrade.

이전² 移轉 명 ① 장소를 옮김 déménagement *m*; changement *m* de résidence; déplacement *m* ((d'une usine)). ② 양도 transfert *m*. ¶ 소유권 ~ un transfert de propriété. ◇_**(을) 하다[시키다]** déménager, transporter; transférer ((une propriété)). ¶ 사무실을 시내 중심가로 ~하다 déplacer le bureau dans le centre-ville. ¶ ~한 주소를 알리다 annoncer [faire connaître] *sa* nouvelle adresse. ¶ 건물의 명의[소유권]를 아내에게 ~하다 transférer la propriété d'un immeuble à *sa* femme, transférer un immeuble au nom de *sa* femme. ◇_**(이) 되다** être transporté(*e*), déplacé(*e*); être transféré(*e*). ¶ 시외버스 터미널이 다른 데로 ~되었다 Le terminus des bus de banlieue a été déplacé ailleurs.

◆**명의**_ 名義 명 transfert *m*; acte *m* translatif. ¶ 무엇을 누구의 명의로 명의 ~을 하다 transférer *qc* au nom de *qn*.

이전투구 泥田鬪狗 명 combat *m* [action de se battre bassement] pour *ses* propres intérêts. ¶ 선거판은 갈수록 ~의 양상을 보이고 있다 Au moment des élections, on évolue de plus en plus vers un combat pour la défense de *ses* intérêts personnels. ◇_**를 벌이다[하다]** se battre bassement pour *ses* propres intérêts.

이점 利點 명 avantage *m*; point *m* avantageux. ¶ 이곳은 회사 근처라 출퇴근에 ~이 있다 On a l'avantage ici d'être près du travail et d'avoir un accès facile. ¶ 이 기계는 값이 싼[싸다는] ~이 있다 Cette machine a l'avantage d'être bon marché [peu coûteuse].

이정 里程 명 itinéraire *m*.

이정표 里程標 명 ① 도로 표지 panneau(*x*) *m* de signalisation (routière). ¶ ~를 따라서 차를 몰다 conduire en suivant les panneaux. ¶ ~를 보다[읽다] regarder [lire] les panneaux. ¶ ~가 가리키는 대로라면 파리까지 50km 남았다 Il reste cinquante kilomètres jusqu'à Paris d'après les panneaux [si l'on en croit les panneaux]. ② 중요한 사건 étape *f* ((dans la vie de *qn*)). ¶ 민주화의 ~를 세우다 marquer une étape de la démocratisation. ¶ 그 사람과의 만남이 내 삶의 ~가 되었다 Ma rencontre avec lui a marqué une étape dans ma vie.

이제 명 maintenant. ¶ ~까지 jusqu'à maintenant [présent], jusqu'ici. ¶ ~까지 본 것 중에 이것이 가장 좋다 C'est ce que j'ai vu de meilleur jusqu'à présent. ¶ ~까지는 서막에 지나지 않는다 Ce n'était qu'un commencement ... ¶ ~부터 à partir de [dès] maintenant, dès à présent. ¶ ~부터가 중요하다 C'est à partir de maintenant que ça compte. ¶ ~부터라도 늦지 않다 Ce n'est pas encore trop tard. ¶ ~야말로 절호의 기회다 C'est le moment ou jamais / C'est maintenant ou jamais.

부 maintenant, en ce moment; actuellement; à l'heure actuelle; alors. ¶ ~ 떠나야 할 시간이다 Il est temps de partir [que nous partions]. ¶ ~ 그의 나이가 마흔이 넘었다 Il a maintenant dépassé la quarantaine. ¶ ~ 어디로 가야 할까? Alors où devrait-on aller? ¶ 그 이야기는 ~ 그만두자 N'en parlons plus. ¶ 나는 ~ 아버지의 도움이 필요 없을 만큼 성장했다 J'ai suffisamment grandi [Je suis assez grand] maintenant pour ne plus avoir besoin de l'aide de mon père.

◆_**껏** 부 jusqu'à maintenant [présent], jusqu'ici. ¶ ~껏 그 여자는 문밖에서 그 남자를 기다리고 있었다 Elle l'a attendu dehors jusqu'à maintenant. ¶ ~껏 해놓은 일이 이것밖에 안 되니? N'as-tu fait que cela jusqu'à maintenant? / C'est tout ce que tu as fait jusqu'à maintenant?

◆_**(서)야** 부 enfin; maintenant seulement. ¶ ~야 그 사람이 왔다 Enfin, il est arrivé. ¶ ~야 네가 그걸 깨닫다니 참 어리석구나 Ce que tu peux être stupide de ne t'en être rendu compte que maintenant! ¶ 하루 종일 무엇을 하고 ~서야 공부한다고 책을 펼치니? Qu'as-tu fait toute la journée pour n'ouvrir le livre que maintenant? ¶ ~야 마음 놓고 일을 시작할 수 있겠군 Je peux enfin commencer tranquillement.

이제나저제나 부 impatiemment. ¶ ~ 네가 언제 오나 기다리고 있었다 Je t'attendais impatiemment.

◆_**하다** 자 attendre impatiemment.

이조 李朝 명 dynastie *f* des Yi. ¶ ~ 5백 년 les cinq cents ans de la dynastie des Yi.

이종 姨從 명 cousin(*e*) germain(*e*) du côté maternel.

◆_**사촌** -四寸 명 cousin(*e*) germain(*e*) du côté maternel.

이주 移住 명 ((이사)) déménagement *m*; changement *m* de domicile; migration *f*; ((타국으로의)) émigration *f*; ((타국에서의)) immigration *f*. ◇_(를) **하다** déménager; émigrer; immigrer. ¶ 브라질로 ~하다 émigrer au Brésil. ◇_(를) **시키다** faire émigrer. ¶ 백성들을 변방으로 ~시키다 faire émigrer le peuple vers la région frontière.

◆_**민** -民 명 émigrant(*e*); émigré(*e*); immigrant(*e*); immigré(*e*).

이죽거리다 자 밉살스럽게 말하다 dire des choses méchantes; railler; se moquer de *qc*. ¶ 그런 얼굴로 이죽거리지 마라 Ne te moque pas de moi avec cette tête-là [comme ça]!

이중 二重 명 double *m*. ¶ ~의 목표 un double but. ¶ 무엇을 ~으로 포장하다 mettre *qc* sous double emballage. ¶ 세금을 ~으로 내다 payer des impôts doublement. ¶ 계획이 부실해서 나중에 ~으로 고생했다 La difficulté a été double à cause des inexactitudes du plan.

◆_**적** -的 명관 double. ¶ ~적 성격 une duplicité, un caractère double[hypocrite]. ¶ 그 사람의 태도는 ~적이다 Son attitude est empreinte de duplicité / Il est hypocrite / Il joue un double jeu.

◆_**성** -性 명 dualité *f*; duplicité *f*. ¶ 속 다르고 겉 다른 그 사람의 ~성 sa duplicité, son double jeu, son hypocrisie, sa fausseté.

◆_**간첩** -間諜 명 espion(*ne*) double, agent *mf* double.

◆_**고** -苦 명 double difficulté *f* [ennui *m*, souci *m*]. ¶ 전쟁에 가뭄으로 ~고를 겪다 souffrir doublement de la guerre et de la sécheresse.

◆_**과세** -過歲 명 double imposition *f* [taxation *f*]. ¶ ~과세를 하다 imposer doublement.

◆_**국적** -國籍 명 【법률】 double nationalité *f*. ¶ ~보유자 une personne possédant une [la] double nationalité.

◆_**모음** -母音 명 【언어】 diphtongue *f*.

◆_**모음화** -母音化 명 【언어】 diphtongaison *f*.

◆_**목적어** -目的語 명 【언어】 double objet *m*.

◆_**문** -門 명 double porte *f*.

◆_**부정** -否定 명 【논리】 double négation *f*.

◆_**삼중** -三重 명 le triple ¶ ~으로 적을 포위하다 cerner l'ennemi de tous côté. ¶ ~으로 고생하다 peiner le double, le triple.

◆_**인격** -人格 명 *double* personnalité *f*, deux faces *fpl*.

◆_**인격자** -人格者 명 personne *f* double; homme *m* à deux visages [à double personnalité].

◆_**장부** -帳簿 명 【경제】 double livre *m* de comptes. ¶ ~장부를 만들다 tenir un double livre de comptes.

◆_**주** -奏 명 【음악】 duo *m*. ¶ 현악 ~주 un duo à cordes.

◆_**주어** -主語 명 【언어】 double sujet *m*.

◆_**주어문** -主語文 명 【언어】 phrase *f* à double sujet. ¶ ~주어문의 용법은 다양한 요인으로 조건 지어진다. L'emploi des phrases à double sujet est conditionné par divers facteurs.

◆_**창**[1] -唱 명 duo *m*, double-chœur *m*. ¶ ~창을 하다 chanter en duo.

◆_**창**[2] -窓 명 double fenêtre *f*.

◆_**환율제** -換率制 명 【경제】 double système *m* de taux de change.

이즈러지다 자 (('이지러지다'의 잘못)) ☞ 이지러지다

이즈막 명 récemment, dernièrement, nouvellement; depuis peu (de temps); il y a peu de temps; ces derniers temps. ¶ 그것이 ~의 나의 유일한 소일거리이다 C'est mon unique passe-temps ces derniers temps.

부 récemment, dernièrement, nouvellement; depuis peu (de temps); il y a peu de temps; ces derniers temps. ¶ ~ 고향이 한층 더 그립다 Mon pays natal me manque encore plus récemment.

이즈음 명 récemment, dernièrement, nouvellement; depuis peu (de temps); il y a peu de temps; ces derniers temps. ¶ ~의 그의 행동은 이해하기 어렵다 Il est difficile de comprendre son comportement récent. ¶ 작년 ~에 그가 날 찾아왔다 Il est venu me voir à cette [la même] époque l'année dernière.

부 récemment, dernièrement, nouvellement; depuis peu (de temps); il y a peu de temps; ces derniers temps. ¶ ~ 그는 갑자기 태도를 바꾸었다 Récemment il a brutalement changé d'attitude.

이즘 명부 ☞ 이즈음

이지 理智 명 intelligence *f*; sagacité *f*.

◆_**적** -的 명관 intelligent(*e*); intellectuel(*le*); sagace. ¶ ~적 판단 un jugement intelligent. ¶ ~적인 성격 un caractère intellectuel. ¶ 그 남자는 아주 ~적으로 보인다 Il a l'air très intellectuel.

이지러지다 자 ① 부분이 떨어져 나가 제 모양을 잃어버리다 ((la lune)) décroître. ¶ 이지러진 달 La lune qui est dans son décours [qui décroît]. ② 얻어맞아 모양이 흉하게 변하다 ((visage)) se contracter, se renfrogner. ¶ 그 사람은 얼굴이 이지러졌다 Il se renfrogna.

이직 移職 명 changement *m* de profession [de métier, d'emploi], reconversion *f* (professionnelle). ◇_(을) **하다** changer de profession [de métier, d'emploi], se reconvertir. ¶ 교사에서 기자로 ~하다 quitter l'enseignement pour le journalisme.

◆_**률** -率 명 taux *m* de reconversion. ¶ ~률이 높다 Le taux de reconversions est élevé.

◆_**자** -者 명 personne *f* qui change de métier.

이진법 二進法 명 système *m* de numérotation binaire [à base binaire]; numérotation *f* binaire; système *m* binaire.

이진수 二進數 명 numéro *m* binaire; ((컴퓨터)) bit *m*.

이질[1] 痢疾 명 dysenterie *f*. ¶ 유행성[세균성] ~ la dysenterie épidémique [bacillaire]. ¶ ~ 환자 un(*e*) dysentérique. ¶ ~에 걸리다 attraper la dysenterie. ¶ 수용소에 ~이 돌았다 La dysenterie s'est répandue dans le camp.

이질[2] 異質 어근 hétérogénie *f*.

◆_적 -的 명관 hétérogène, de nature [qualité] différente. ¶ 여기에는 매우 ~적인 사람들이 모여 있다 Ici sont rassemblés des gens très hétérogènes.
◆_성 -性 명 hétérogénéité *f*. ¶ 동서양 문화의 ~성을 이해하다 comprendre l'hétérogénéité culturelle entre Orient et Occident.
◆_감 -感 명 sentiment *m* d'hétérogénéité [de différence].

이쪽 대 ① ((방향)) ce côté(-ci), notre côté. ¶ 그는 ~을 돌아보았다[~으로 돌아섰다] Il s'est retourné de ce côté [vers nous]. ¶ ~에 뭔가가 있다 Il y a quelque chose de ce côté(-ci). ¶ ~으로 오세요 Venez par ici! / Par ici, s'il vous plaît! ② ((선택)) celui(*celle, ceux, celles*)-ci; ceci. ¶ 나는 ~으로 하겠다 Je prendrai celui(*celle, ceux, celles*)-ci. ¶ ~이 더 나은 것 같다 Je crois que celui(*celle, ceux, celles*)-ci est(sont) mieux. ③ ((사람)) nous, chez nous, notre côté; ce côté, ce parti; cette personne, lui(*elle*). ¶ ~에서 먼저 공격을 했다 C'est nous qui avons lancé l'attaque / Ce sont eux qui ont attaqué les premiers. ¶ ~도 별고 없습니다 Tout va bien chez nous aussi. ¶ ~은 당신과 어떤 관계신지요? Quelles sont vos relations avec cette personne?

이쪽저쪽 명 de tous côtés; ici et là; par-ci par-là; çà et là; de côté et d'autre; en divers endroits. ¶ 골목 ~을 살피다 regarder dans toutes les ruelles. ¶ ~ 두리번거리다 jeter des regards de tous côtés. ¶ ~ 눈치 보지 말고 네 소신대로 해라 Ne te préoccupe pas des autres, fais comme bon te semble. ¶ ~에서 불만의 소리가 들려온다 Des protestations arrivent de partout.

이쯤 명부 à ce niveau(-là); ici (et pas plus loin). ¶ 논쟁은 ~에서 끝냅시다 N'entretenons pas de nouvelle polémique. ¶ 이 문제는 ~ 해 두고 다음 문제로 넘어가자 Laissons cette question de côté, passons maintenant à la question suivante.

이차 二次 명 deuxième, second(*e*). ¶ ~ 면담 deuxième entretien [seconde entrevue, deuxième entrevue, second tête-à-tête]. ¶ ~에 걸친 현장 조사 deuxième enquête sur les lieux ((de l'accident)). ② ((술자리)) deuxième étape *f* [arrêt *m*] d'une soirée arrosée, deuxième tournée *f*; ((aller dans un)) deuxième bar *m*. ¶ ~를 가다 passer à la deuxième étape [au deuxième arrêt] d'une soirée arrosée; aller dans un deuxième bar. ¶ ~는 내가 사겠다 C'est moi qui paie la deuxième étape[tournée]. ¶ ~가 끝나고 또 3차를 갔다 Après la deuxième étape, on est encore allés dans un autre bar [troquet {*fam*}] pour la troisième étape [le troisième arrêt] / On est allés dans un deuxième puis dans un troisième bar. ③ 후기대학 deuxième session *f* d'examens; deuxième série *f* d'épreuves. ¶ 아들은 일차에 떨어져서 ~를 또 지원했다 Comme mon fils a échoué à la première session, il s'est présenté à la deuxième.
◆_적 -的 명관 ((rôle)) secondaire; ((question)) d'importance secondaire; peu important(*e*). ¶ ~적 자료 documents d'importance secondaire. ¶ ~적인 효과 effets secondaires.
◆_감염 -感染 명 【의학】 infection *f* secondaire.
◆_방정식 -方程式 명 【수학】 équation *f* du second degré.
◆_산업 -産業 명 【경제】 industrie *f* [secteur *m*] secondaire de l'économie.
◆_세계대전 -世界大戰 명 Seconde Guerre *f* mondiale
◆_진료 -診療 명 ((hôpital)) de campagne. ¶ ~진료 병원 hôpital de campagne (야전병원); clinique.
◆_함수 -函數 명 【수학】 fonction *f* du second degré.

이차돈 異次頓 명 【인명】 Yi Cha-don (503-527) ((martyr à l'époque de Silla. Il voulut introduire le bouddhisme dans le royaume de Silla. Condamné à mort pour hérésie, il fut décapité. Lors de son exécution, du sang blanc aurait surgi. C'est après ce prétendu miracle que le royaume de Silla adopta le bouddhisme comme religion d'État.))

이차원 二次元 명 à deux dimensions *fpl*. ¶ ~ 평면 espace à deux dimensions; plan.
◆_적 -的 명관 à deux dimensions *fpl*.

이착륙 離着陸 명 décollage *m* et atterrissage *m*. ¶ 기상 악화로 항공기의 ~이 어렵다 Il est difficile pour les avions de décoller ou d'atterrir à cause du mauvais temps. ◇_(을) **하다** décoller et atterrir

이채 異彩 명 couleur *f* remarquable; éclat *m*. ¶ ~를 띠다 briller ((dans le monde politique)); se signaler, se distinguer *qc*.
◆_롭다 형 être peu discr*et*(*ète*); être manifeste, remarquable par, remarqué(*e*) pour; être flagrant(*e*), notable, visible; brillant(*e*), éclatant(*e*), rayonnant(*e*), géni*al*(*ale, aux*); attirer les regards, se (faire) remarquer; être frappant(*e*), saisissant(*e*). ¶ 이번 축제에서는 가장행렬이 가장 ~로웠다 C'était le carnaval qui attirait [les attractions costumées qui attiraient] le plus les regards lors de ce festival. ¶ 여자들 틈에 그 사람만 남자인 것이 ~로워 보였다 Il se faisait remarquer [attirait les regards] car c'était le seul garçon.

이처럼 부 ainsi, ((agir)) de cette façon; de cette manière; de la sorte; comme ceci(cela); comme vous voyez; à ce point(-là); si, tant. ¶ ~ 많은 돈 tant d'argent. ¶ 내 성적이 ~ 낮은 것은 평소 공부를 안 했기 때문이다 Si j'ai un si mauvais bulletin [de si mauvaises notes], c'est parce que je n'ai pas étudié en temps ordinaire [en temps normal]. ¶ ~ 재미있는 것은 없다 Rien n'est plus amusant que cela. ¶ ~ 많이 왕림해 주셔서 감사합니다 Je vous remercie d'être venus si nombreux.

이첩 移牒 명 transmission *f* ((d'un document à un autre service)). ◇_(을) **하다** transmettre. ¶ 사건을 관할 경찰서로 ~하다 transmettre une affaire au commissariat [poste de police] compétent.

이체 移替 명 transfert *m* (d'argent). ¶ 자동 ~ virement

automatique d'une somme d'argent. ◇_(를) **하다** transférer. ¶ 다른 계좌로 천만 원을 ~하다 transférer la somme de 10 millions de wons sur un autre compte.

◆**계좌**_ 計座 명 transfert *m* d'une somme (d'argent) sur un autre compte. ¶ ~를 하다 transférer une somme (d'argent) sur un autre compte.

이층 二層 명 premier étage *m*. ¶ ~으로 올라가다 monter au premier étage. ¶ 내 방은 ~에 있다 Ma chambre est au premier étage.

◆_**집** 명 maison *f* à un étage [à deux niveaux].

이치 理致 명 raison *f*. ¶ 자연의 ~ providence de la nature. ¶ 꼬치꼬치 ~를 따지다 examiner toutes les raisons; se faire expliquer toutes les raisons. ¶ ~에 맞지[닿지] 않는 말을 하다 tenir des propos insensés [absurdes]. ¶ 그렇게 하는 것은 ~에 어긋난다 être raisonnable, être conforme à la raison [au bon sens]. ¶ 죄를 지었으면 벌을 받는 게 당연한 ~이다 Il est tout à fait logique d'être puni lorsque [si] l'on on a péché [si l'on est coupable].

이칭 異稱 명 autre nom *m* [appellation *f*]; surnom *m*; autre titre *m* ((d'un ouvrage)).

이크 감 oups! ¶ ~, 잘못했구나! Oups! j'ai fait une bêtise [gaffe, bourde, connerie {*fam*}].

이타 利他 어근 altruisme *m*,

◆_**적** -的 명관 altruiste. ¶ 이기적인 사람과 ~적인 사람 les égocentristes et les altruistes.

◆_**심** -心 명 altruisme *m*. ¶ ~심을 발휘하다 manifester *son* altruisme.

◆_**주의** -主義 명 altruisme *m*.

이탈 離脫 명 sécession *f*, dissidence *f*; abandon *m*. ¶ 참가자들의 ~을 막기 위해 노력하다 essayer d'empêcher [faire des efforts pour empêcher] les participants d'abandonner. ◇_(을) **하다** quitter; faire sécession; se séparer, se détacher de *qc*. ¶ 근무지를 ~하다 s'absenter de *son* bureau [poste]; sortir de *son* bureau [lieu de travail]. ¶ 대오에서 ~하다 quitter les rangs.

◆_**자** -者 명 déserteur *m*. ¶ ~자가 속출했다[생겨났다] Les déserteurs sont de plus en plus nombreux [se multiplient] [Il y a des gens qui commencent à déserter].

이태 명 deux ans *mpl*, deux années *fpl*. ¶ 집을 떠난 지 ~ 만에 돌아왔다 Il est rentré [revenu] chez lui après deux ans d'absence. ¶ ~가 지나도록 그 사람에게서 소식이 없다 Cela fait deux ans que l'on n'a plus aucune nouvelle de lui.

이토록 부 (aus)si, autant, tellement; comme ceci(cela). ¶ 이 일이 ~ 어려울 줄 몰랐다 Je ne savais pas que ce travail serait si difficile.

이튿날 명 le lendemain. ¶ ~ 아침에 le lendemain matin. ¶ ~ 오후 1시에 le lendemain à une heure de l'après-midi. ¶ 그 ~부터 à partir du deuxième jour.

이틀 명 deux jours *mpl*. ¶ ~ 뒤에 보자 Rendez-vous dans deux jours / On se voit dans deux jours [après-demain]. ¶ ~ 전에 그 사람이 돌아왔다 Il est revenu il y a deux jours [avant hier]. ¶ ~마다 목욕하다 prendre un bain [se laver] tous les deux jours. ¶ ~에 한 번씩 외출하다 sortir un jour sur deux. ¶ ~을[동안] 굶다 ne pas [ne rien] manger pendant deux jours. ¶ 그 사람이 떠난 지 ~이 지났다 Cela fait deux jours qu'il est parti.

*~**이 멀다 하고** ☞ 멀다

◆**초**_ 初 명 le deux ((du mois)). ¶ 정월 초~ le deux janvier.

이파리 명 feuille *f*, feuillage *m*. ¶ 무성한 ~ feuillage épais.

이판사판 명 ne plus avoir rien à perdre; ne plus rien risquer; jouer [risquer] le tout pour le tout. ¶ ~으로 덤비다 se jeter à corps perdu; jouer [risquer] le tout pour le tout. ◇_**이다** jouer [risquer] le tout pour le tout; ne plus avoir rien à perdre. ¶ 이왕 버린 몸인데 ~이다 De toute façon, je suis déjà bien amoché, alors je ne risque plus rien [alors autant jouer le tout pour le tout].

이팔청춘 二八青春 명 jeunesse *f* de seize ans; (la) fleur *f* de l'âge, jeunesse *f* exubérante. ¶ ~의 꽃다운 나이에 죽다 mourir à la fleur de l'âge. ◇_**이다** avoir encore toute *sa* jeunesse; se sentir encore jeune. ¶ 나도 마음은 아직 ~이다 Moi aussi, mon cœur a toujours vingt ans.

이편 -便 명 ① 이쪽 ce côté(-ci). ¶ 그는 쏜살같이 ~으로 달려왔다 Il est venu ici en courant comme une flèche [comme un bolide]. ¶ 우체국은 길~에 있다 La poste est de ce côté-ci. ② 자기 nous, de notre côté *m*. ¶ ~이 뭘 알겠습니까마는 Nous ne connaissons pas bien la situation mais ... / Nous sommes peu au courant des choses mais ...

이풍 異風 명 ① ((모양)) étrangeté *f*, singularité *f*. ② ((풍속)) mœurs *mpl* étranges; coutume *f* étrange [singulière]; usage *m* étrange.

이하 以下 명 ① ((수량, 정도)) au-dessous de *qc*; inférieur(*e*) à *qc*; ne dépassant pas *qc*. ¶ 영도~ (température) au-dessous de zéro. ¶ 평균 ~ au-dessous de la moyenne. ¶ 6세 ~의 아이들 les enfants (âgés) de moins de 6 ans. ¶ 만 원~의 벌금 amende ne dépassant pas dix mille wons. ¶ 결과는 예상 ~였다 Le résultat fut inférieur aux prévisions. ¶ 이건 1000원 ~로는 못 팝니다 Je ne vendrai pas cela à moins de 1 000 wons. ¶ 사람을 동물 ~로 격하하다 ravaler l'homme au-dessous de l'animal. ② ((순서)) ci-dessous. ¶ ~ 생략 Le reste est omis. ¶ ~ 동일[같음] et ainsi de suite. ¶ 교장 선생님 ~ 모든 선생님들께서 오셨다 Tous les enseignants (hiérarchiquement inférieurs au proviseur) sont venus.

이하선 耳下腺 명 parotide *f*. ¶ ~이 붓다 avoir les oreillons.

◆_**염** -炎 명 parotidite *f*; oreillons *mpl*.

이학 理學 명 sciences physiques.

◆_부 -部 명 section *f*[département *m*] des sciences.
◆_사 -士 명 licencié(*e*) ès sciences.
◆_박사 -博士 명 docteur *m* ès sciences.

이합 離合 명 séparation *f* et réunion *f*. ◇_(을) 하다 se former et se dissoudre.
◆_집산 -集散 명 formation *f* et dissolution *f*. ¶ 정당의 ~집산 formation et dissolution de groupes politiques. ¶ 총선을 앞두고 정치인들의 ~집산이 거듭되고 있다 À la veille des élections générales, on assiste souvent à la formation et à la dissolution de partis politiques.

이항[1] 二項 명 【수학】 binôme *m*. ¶ ~방정식 équation du binôme.
◆_분포 -分布 명 répartition *f* en binômes.
◆_정리 -定理 명 binôme *m* de Newton.

이항[2] 移項 명 【수학】 permutation *f*. ◇_(을) 하다[시키다] faire passer ((les termes d'une équation)). ¶ 미지수를 좌변으로 ~하다 faire passer la variable inconnue à gauche. ◇_(이) 되다 passer; permuter.
◆_계수 -係數 명 coefficient *m* de permutation.
◆_곡선 -曲線 명 courbe *f* de permutation.
◆_방정식 -方程式 명 équation *f* de permutation.

이해[1] 利害 명 intérêt *m*; avantage *mpl* et inconvénients *mpl*; profit *m* et dommage *m*; ((peser)) le pour et le contre. ¶ ~의 일치 identité [communauté] d'intérêts. ¶ ~의 충돌 opposition [conflit] d'intérêts. ¶ 지금은 노사 간의 ~를 떠나 단결할 때이다 Maintenant, les syndicats et le patronat doivent s'unir [faire bloc, restés unis, resserrer leur union] et laisser leurs différends de côté. / Maintenant, il est temps que les syndicats et le patronat s'unissent [resserrent leur union] et laissent leurs différends de côté. ¶ ~를 초월한 désintéressé. ¶ 누구와 ~를 같이하다 avoir des intérêts communs avec *qn*.
◆_관계 -關係 명 intérêts *mpl*.
◆_당사자 -當事者 명 intéressé(*e*) *m*.
◆_득실 -得失 명 avantages *mpl* et inconvénients *mpl*. ¶ ~득실을 따지다 peser [considérer] le pour et le contre.
◆_타산 -打算 명 calcul *m* des intérêts.

이해[2] 理解 명 ① 분별 compréhension *f*, entente *f*. ¶ 상호(간의) ~ entente mutuelle. ¶ 문장의 ~ compréhension [interprétation] d'une phrase. ¶ 그는 언제나 ~가 빠르다[느리다] Il a l'esprit rapide [lent]. ② 양해 compréhension *f*. ¶ 이 문제에 대한 선생님의 넓은 ~를 바랍니다 J'espère, cher professeur[monsieur], que vous me comprendrez. ◇_(를) 하다 ① comprendre, entendre. ¶ ~할 수 있는[없는] 문제 problème compréhensible [incompréhensible, inconcevable]. ¶ ~하기 쉽다[어렵다] être facile [difficile] à comprendre. ¶ 상호 ~를 하다 se comprendre l'un(*e*) l'autre, s'entendre, sympathiser. ¶ 누구의 마음을 ~하다 comprendre (l'état d'âme de) *qn*. ¶ 음악을 ~하다 comprendre la musique; savoir apprécier la musique. ¶ 나로서는 네가 말하는 바를 통 ~할 수 없다 Je ne peux pas comprendre ce que tu veux dire. ② comprendre, accepter. ¶ 네가 ~해라 Comprends-le(la) / Pardonne-lui / Ce sont [C'est] le(*s*) plus intelligent(*s*) qui cède(*nt*). ¶ 제 잘못을 ~해 주셔서 감사합니다 Je vous remercie d'avoir bien voulu excuser ma faute [d'avoir bien voulu me pardonner]. ¶ 늦게 온 것을 ~해 주셔서 감사합니다 Je vous remercie d'avoir bien voulu excuser mon retard [d'avoir excusé mon retard]. ¶ 먼저 그분께 ~를 구하시기 바랍니다 Demandez-lui d'abord d'être compréhensi*f*(*ve*). ◇_(를) 시키다 faire comprendre. ¶ 컴퓨터에게 자연 언어를 ~시키는 것을 자연 언어 처리라고 한다 On appelle traitement automatique des langues le fait de programmer un ordinateur pour qu'il en comprenne les mécanismes. ¶ 상황을 그분한테 ~시켜야 한다 Il faut lui faire comprendre la situation. ◇_(가) 되다 comprendre. ¶ 이 책의 내용은 초보자에게는 ~되기 어렵다 Ce livre est difficile pour les débutants. ¶ 나는 그 사람의 말이 얼른 ~되지 않았다 Je n'ai pas tout de suite compris ce qu'il voulait dire. ¶ 나는 그 사람이 ~가 안 된다 Je ne le comprends pas / Je ne sais pas ce qu'il veut. ¶ 그 사람이 그냥 물러서지 않을 거라는 게 ~는 된다만 Je comprends qu'il s'obstine (dans son idée) [qu'il ne veuille pas en démordre] mais ... ◇_가 있다[없다] [ne pas] comprendre. ¶ 그는 기호학에 대한 ~가 전혀 없다 Il ne comprend rien à la sémiologie.
◆_도 -度 명 niveau *m* de compréhension.
◆_력 -力 명 capacité *f* de compréhension *f*, intelligence *f*; entendement *m*; faculté *f* de comprendre. ¶ ~력이 빠른[좋은] 사람 personne qui comprend vite; personne à l'esprit vif. ¶ ~력이 있다 avoir l'esprit vif. ¶ ~력이 없다[부족하다] avoir l'esprit lent. ¶ ~력을 기르다 développer *son* intelligence [*ses* facultés de compréhension]. ¶ ~력을 요구하는 문제 question qui demande [nécessite] une grande faculté de compréhension.
◆_심 -心 명 compréhension *f*. ¶ ~심이 있다[없다] [ne pas] être compréhensi*f*(*ve*).

이행[1] 履行 명 exécution *f*, accomplissement *m*. ¶ 의무의 ~ accomplissement de *son* devoir. ◇_(을) 하다 exécuter, accomplir ((*son* devoir)), remplir ((*son* devoir)). ¶ 계약을 ~하다 exécuter un contrat. ¶ 채무를 ~하다 s'acquitter de *ses* dettes. ¶ 그는 약속을 ~하지 않았다 Il a manqué à sa parole / Il n'a pas tenu sa promesse. ◇_(이) 되다 ((promesse)) être tenu(*e*). ¶ 이 약속은 반드시 ~될 것이다 Il faut absolument tenir cette promesse.
◆_기 -期 명 période *f* d'exécution.
◆_자 -者 명 (artiste) interprète.

이행[2] 移行 명 passage *m* ((de A à B)); changement *m*. ◇_(을) 하다 passer de *qc* à *qc*. ¶ 정보화 사회로 ~하다 passer à une société d'informations moderne [à un monde informatisé]. ◇_(을) 시키다 faire passer. ¶ 통신의 발달이 이 세상을 정보화 사회로 급격히 ~시키고 있다 Le développement des communications nous a fait passer brutalement à un monde informatisé. ◇_(이) **되다** passer à *qc*; être changé(*e*).

이형[1] 異形 명 ① 이상한 모양 forme *f* étrange. ② 다른 모양 forme *f* différente [hétérogène]. ¶ 기존에 발견된 토기의 ~이 발견되었다 On a découvert des céramiques dont la forme est différente de celles découvertes jusqu'à présent.

이형[2] 異型 어근 différentes espèces *fpl*; hétéromorphe, diversiforme.

◆_**교잡** -交雜 명 croisement entre différentes espèces.

◆_**분열** -分裂 명 division *f* hétérotype.

◆_**세포** -細胞 명 idioblaste *m*.

◆_**염색체** -染色體 명 hétérochromosome *m*.

◆_**접합체** -接合體 명 hétérozygote *m*.

◆_**토기** -土器 명 poterie *f* de forme hétérogène.

◆_**포자** -胞子 명 hétérospore *m*.

◆_**핵분열** -核分裂 명 reproduction *f* par divisions de noyau(*x*) [nucléus] de différentes espèces; fission *f* nucléaire.

이형태 異形態 명 【언어】 variante *f*; allomorphe *m*.

이혼 離婚 명 divorce *m*. ¶ ~에 합의하다 divorcer par consentement mutuel. ¶ ~을 요구하다 demander le divorce. ◇_(을) **하다** divorcer. ¶ 성격 차이를 이유로 ~하다 divorcer pour incompatibilité d'humeur. ¶ 아내와 ~하다 divorcer (d')avec *sa* femme.

◆_**계** -屆 명 déclaration *f* de divorce. ¶ ~계를 당국에 내다 déclarer un divorce à la mairie.

◆_**남** -男 명 (homme *m*) divorcé *m*.

◆_**녀** -女 명 (femme *f*) divorcée *f*.

◆_**소송** -訴訟 명 instance *f* en divorce. ¶ ~소송을 제기하다 intenter une action en divorce; introduire une instance en divorce.

◆_**수속** -手續 명 procédure *f* de divorce. ¶ ~ 수속을 밟다 intenter des procédures de divorce.

◆_**율** -率 명 taux *m* de divorce.

◆**합의**_ 合意- 명 divorce *m* par consentement mutuel.

이화[1] 異化 명 ① 【생물】 체내의 복잡한 화합물을 간단한 물질로 바꾸는 것 catabolisme *m*. ② 【언어】 같거나 비슷한 소리의 하나가 다른 소리로 바뀌는 현상 différenciation *f*, dissimilation *f*.

◆_**작용** -作用 명 ① 【생물】 catabolisme *m*. ② 【언어】 dissimilation *f*.

이화[2] 李花 명 fleur *f* de prunier.

이화[3] 梨花 명 fleur *f* de poirier.

이화학 理化學 명 physique *f* et chimie *f*, physique-chimie *f* {*fam*}; physico-chimie *f*. ¶ ~을 전공하다 faire des études de physique-chimie.

이후 以後 명 à partir de *qc*; à compter de *qc*; depuis; dès; dorénavant, désormais; à partir de maintenant [d'aujourd'hui]; ((과거)) depuis; ((그 이후)) depuis lors, à partir de ce jour-là; par [dans] la suite. ¶ 그 ~의 postérieur(*e*); ultérieur(*e*). ¶ 그 ~부터 à compter de ce moment-là; depuis (lors). ¶ ~로는 열심히 일하겠습니다 À l'avenir, je ferai de mon mieux. ¶ 나는 여덟시 ~에는 집에 없다 Je ne suis pas chez moi après huit heures. ¶ 그는 집을 떠난 ~ 전혀 소식이 없다 On a aucune nouvelle depuis son départ.

부 par [dans] la suite; depuis lors. ¶ ~ 벌어진 어떠한 일도 내 책임이 아니다 Je n'ai aucune responsabilité pour ce qui s'est passé par la suite.

익년 翌年 명 année *f* suivante. ¶ ~에는 l'année suivante.

익다[1] 형 être habitué(*e*) à *qc*; être famili*er*(*ère*). ¶ 귀에 익은 목소리 voix familière. ¶ 입[귀]에 익은 이름 nom familier. ¶ 눈에 익은 얼굴 visage connu [familier].

익다[2] 자 ① 여물다 mûrir. ¶ 감이 덜[잘] 익었다 Les kakis ne sont pas encore mûrs [sont bien mûrs]. ② 삶아지다 cuire. ¶ 고기가 덜 익었다 La viande n'est pas assez cuite. ¶ 감자가 잘 익었다 Les pommes de terre sont bien cuites. ¶ 고기가 연하게 [알맞게, 너무] 익었다 La viande est peu [bien, trop] cuite. ③ 숙성되다 ((포도주)) fermenter, devenir bon(*ne*) à manger. ¶ 술이 익었다 Le vin est fermenté ④ 기회가 마련되다 ((une bonne occasion)) se présenter. ¶ 드디어 기회가 익었다 C'est le bon moment, maintenant. ¶ 기회가 익도록 기다려라 Attends qu'une bonne occasion se présente à toi.

익명 匿名 명 anonymat *m*; anonyme. ¶ ~의 제보자[독지가, 기부인] informateur anonyme [bienfaiteur anonyme, donateur anonyme]. ¶ ~으로 글을 쓰다 écrire en gardant l'anonymat. ¶ ~의 투서가 신문사에 날아들었다 Une lettre anonyme est arrivée [a été envoyée] à l'agence de presse [au journal] / L'agence de presse a [Les journaux ont] reçu une lettre anonyme.

익모초 益母草 명 【식물】 agripaume *m*; léonure *f*; queue-de-lion *f*; *Leonurus sibiricus* {*nsc*}.

익사 溺死 명 noyade *f*; mort *f* par immersion. ¶ ~를 모면하다 échapper à la noyade. ¶ ~ 직전에 구조되다 être sauvé(*e*) [secouru(*e*)] juste avant la noyade. ◇_(를) **하다** se noyer. ¶ 하마터면 ~할 뻔했다 J'ai failli me noyer / Il [Elle] a failli se noyer. ¶ 그는 지난 여름 바다에서 ~했다 Il s'est noyé en mer l'été dernier.

◆_**자** -者 명 noyé(*e*).

◆_**체** -體 명 cadavre *m* d'un noyé.

익살 명 drôlerie *f*, plaisanterie *f*, farce *f*, bouffonnerie *f*, pitrerie *f*, clownerie *f*. ¶ ~ 섞인 농담 plaisanterie très drôle. ¶ 그 사람의 ~에 사람들은 폭소를 자아냈다 Ses pitreries ont provoqué l'hilarité générale. ◇_(을) **부리다[떨다]** plaisanter; faire rire ((le public)); faire des farces; dire des drôleries; faire des plaisanteries; faire le pitre [zouave, clown]. ¶ 관중들 앞에서 ~을 떠는 어릿광대 clown qui fait rire les spectateurs [le public]. ¶ 말로 ~을 부리다 parler avec humour [spirituellement]; faire rire les gens en disant des drôleries.

◆_스럽다[맞다] 형 être drôle, comique, plaisant(*e*), humoristique. ¶ ~스러운[맞은] 사람 farceu*r*(*se*), bouffon(*ne*), blagueu*r*(*se*) {*fam*}, loustic {*fam*}, plaisantin; personne qui a toujours le mot pour rire; personne qui aime (à) plaisanter. ¶ ~스러워 보이다 avoir l'air farceur. ¶ ~맞은 얼굴을 하다 prendre un air espiègle. ¶ ~스럽게 굴다 faire le pitre [le zouave, le clown].

◆_꾼[꾸러기, 쟁이] 명 farceu*r*(*se*), bouffon(*ne*), blagueu*r*(*se*) {*fam*}, loustic *m* {*fam*}, plaisantin *m*.

익숙하다 형 ① 능숙하다 être expérimenté(*e*), être habile, expert(*e*); ((diplomate)) être consommé(*e*). ¶ 익숙한 솜씨로 사무를 처리하다 faire habilement *son* travail. ¶ 검술에 ~ être versé(*e*) dans (l'art de) l'escrime. ¶ 사업에 ~ être rompu(*e*) aux affaires. ¶ 그는 아직 컴퓨터를 다루는 것에 익숙하지 않다 Il n'est pas très expert en informatique / Il ne s'y connaît pas très bien en informatique. ¶ 그는 거짓말을 하는 데에 아주 ~ Il est très fort [doué] pour mentir. ¶ 그는 익숙하게 상황에 대처해 나갔다 Il s'en est sorti en s'adaptant habilement aux circonstances [à la situation] / Il s'est habilement adapté à la situation [aux circonstances]. ② 친숙하다 être habitué(*e*) à *qc*; être famili*er*(*ère*), lié(*e*), intime. ¶ 새로운 환경에 익숙해지다 s'acclimater à un nouvel environnement. ¶ 우리들은 오래 전부터 익숙한 사이이다 Nous sommes de grands amis [des amis intimes] depuis longtemps.

익월 翌月 명 mois *m* suivant.

익일 翌日 명 (le) lendemain *m*; jour *m* suivant. ¶ 그 회의는 ~로 연기되었다 La réunion a été reportée au lendemain.

익조¹ 翌朝 명 matin *m* suivant; lendemain *m* matin.

익조² 益鳥 명 【동물】 oiseau *m* utile[bénéfique].

익충 益蟲 명 insecte *m* utile[bénéfique].

익히 부 en détail; minutieusement, bien; à fond. ¶ 무엇[누구]을 ~ 알다 connaître tous les détails de *qc*[*qn*]; être bien au courant de *qc*[*qn*] ¶ 그 친구와는 ~ 아는 사이이다 Je le connais très bien / On se connaît très bien. ¶ 나는 그가 그런 일을 벌이리라는 것을 ~ 알고 있었다 Je savais pertinemment qu'il allait faire ça. ¶ ~ 들어 알고 있다 Je le sais bien puisque je l'ai entendu de mes propres oreilles.

익히다 타 ① 익게 하다 faire cuire ((de la viande)); laisser mûrir ((des légumes)); faire mûrir ((une pensée, un projet)). ¶ 잘 익힌 채소 légumes bien mûrs. ¶ 고기를 익혀서 먹다 faire cuire de la viande puis la manger. ② 익숙하게 하다 faire faire son apprentissage à *qn*; faire *son* apprentissage; devenir famili*er*(*ère*); se familiariser avec *qc*, s'habituer à *qc*; apprendre à+*inf*; s'entraîner à+*inf*. ¶ 자동차 제조 기술을 ~ apprendre la technologie de l'assemblage des voitures. ¶ 외국어를 ~ se familiariser avec une langue étrangère. ¶ 사업을 ~ débuter dans le milieu des affaires. ¶ 도로를 ~ se familiariser avec une route.

인¹ 仁 명 【윤리】 ((유교)) bonté *f* (de celui qui gouverne); bonté *f*, bienfaisance *f*, libéralité *f*, charité *f*, bienveillance *f*, philanthropie *f*. ¶ ~의 정치 politique de bienfaisance.

인² 명 accoutumance *f*.

*~**이 박이다** avoir pris l'habitude de *qc*; être habitué(*e*) à *qc*, être accoutumé(*e*) à *qc*. ¶ 담배에 ~이 박이다 être accoutumé(*e*) au tabac. ¶ 아버지의 그 말씀은 하도 들어 이제는 ~이 박여 있다 J'ai tellement entendu mon père rabâcher cela que maintenant cela ne me fait plus rien.

인³ 印 명 sceau *m*; timbre *m*; cachet *m*; tampon *m*. ¶ 이 책에는 서울대학교 도서관 ~이 찍혀 있다 Sur ce livre figure le sceau de la bibliothèque de l'université nationale de Séoul.

인⁴ 燐 명 【화학】 phosphore *m*. ¶ ~에 중독되다 être intoxiqué(*e*) par du phosphore.

인⁵ 寅 어근 (signe *m* du) tigre *m*.

◆_시 -時 명 heure *f* du tigre <de 3 à 5 heures du matin>.

-인⁶ -人 접미 personne *f*. ¶ 동양~ asiatique ¶ 서양~ occiden*tal*(*ale*, *aux*). ¶ 한국~ Coréen(*ne*). ¶ 일본~ Japonais(*e*). ¶ 문화~ personne civilisée. ¶ 예술~ artiste. ¶ 정치~ politicien(*ne*); homme[femme] d'État. ¶ 미개~ primiti*f*(*ve*), sauvage. ¶ 야만~ sauvage, barbare.

인가¹ 人家 명 maison *f*. ¶ 이 구역에는 ~가 밀집해 있다 Les maisons s'entassent les unes sur les autres dans ce quartier. ¶ ~가 드문 지역 région peu peuplée. ¶ ~와 동떨어진 isolé(*e*), retiré(*e*), écarté(*e*), perdu(*e*), reculé(*e*), éloigné(*e*), solitaire.

인가² 認可 명 autorisation *f*, approbation *f*, permission *f*; ((건축)) agrément *m* officiel. ¶ 당국의 ~ approbation des autorités. ¶ 정부의 ~ autorisation [aval] du gouvernement. ¶ ~를 신청하다 demander une permission [autorisation]. ¶ 누구의 ~를 얻어 avec la permission de *qn*. ¶ ~ 없이 sans permission. ◇_(를) **하다** autoriser *qc*/*qn* à+*inf*; approuver; permettre à *qn* de+*inf*. ¶ 광산 채굴을 ~하다 autoriser l'exploitation d'une mine [*qn* à exploiter une mine]. ¶ 의사의 개업을 ~하다 autoriser un médecin à ouvrir son cabinet. ◇_(를) **받다** recevoir une autorisation; être approuvé(*e*). ¶ 시로부터 ~를 받은 계획 projet approuvé par la ville [ayant reçu l'approbation de la ville].

◆_장 -狀 명 certificat *m*; autorisation *f* écrite [officielle].

◆_증 -證 명 certificat *m*; permis *m*; licence *f*; autorisation *f* (écrite).

인각 印刻 명 gravure *f*, sculpture *f*. ◇_(을) **하다** graver, sculpter. ◇_(이) **되다** être gravé(*e*), sculpté(*e*).

인간 人間 명 homme *m*; être *m* humain; mortel *m*, personne *f*. ¶ ~의 자유 liberté humaine [de l'homme]. ¶ ~에 대한 예우 traitement humain et digne. ¶ 귀찮은 ~ personne fatigante, individu pénible; chieur(*se*) {*vulg*}. ¶ 보통의 ~ homme ordinaire, le commun des mortels. ¶ 정체를 알 수 없는 ~ un homme mystérieux [énigmatique, secret]; un personnage impénétrable. ¶ ~ 중심적인 anthropocentrique. ¶ ~은 만물의 영장[척도]이다 L'homme est le maître de toutes les créations. ¶ 그들도 역시 ~이다 Ce sont aussi des êtres humains. ¶ 그는 천성이 익살스러운 ~이다 Il est très farceur (de nature).

◆_**답다** 형 être digne d'un homme, humain(*e*). ¶ 나는 최소한 ~다운 생활을 하고 싶다 Je voudrais au moins mener une vie digne d'un homme. ¶ ~답게 대우하다 traiter *qn* humainement [avec humanité].

◆_**적** -的 명관 humain(*e*). ¶ ~적으로 대우하다 traiter *qn* humainement [avec humanité].

◆_**성** -性 명 nature *f* humaine, humanité *f*. ¶ ~성을 존중하다 respecter la dignité humaine.

◆_**화** -化 명 humanisation *f*.

◆_**계** -界 명 monde *m* des mortels.

◆_**관** -觀 명 vision *f* sur la nature humaine, conception *f* de la nature humaine.

◆_**미** -美 명 humanité *f*. ¶ ~미가 넘쳐 흐르다 être très humain(*e*), déborder d'humanité.

◆_**사** -事 명 histoire *f* de l'humanité. ¶ 그는 ~사에 깊은 관심을 가지고 있다 Il s'intéresse beaucoup à l'histoire de l'humanité.

◆_**상** -象 명 image *m* que l'on a de *qn*. ¶ 기대되는 ~상 image de *qn* qui donne hâte (de le rencontrer).

◆_**애** -愛 명 amour *m* de l'humanité.

◆_**주의** -主義 명 humanisme *m*.

◆_**관계** -關係 명 relations *fpl* humaines.

◆_**문화재** -文化財 명 patrimoine *m* culturel.

◆_**존중** -尊重 명 respect *m* de [pour] l'humanité.

◆_**탐구** -探究 명 recherche *f* des valeurs humaines.

◆_**학** -學 명 anthropologie *f*, sciences *fpl* de l'homme.

◆**비_화** 非化 명 déshumanisation *f*. ¶ 비~화(를) 하다 déshumaniser. ¶ 비~화(가) 되다 se déshumaniser; être déshumanisé(*e*).

인감 印鑑 명 【법률】 sceau(*x*) *m* [cachet *m*] enregistré [légalisé, déposé] ((qui authentifie la légalité d'un document)). ¶ ~을 등록하다 faire certifier [enregistrer, légaliser] *son* sceau.

◆_**도장** -圖章 명 sceau(*x*) *m* [cachet *m*] enregistré [légalisé, déposé] ((qui authentifie la légalité d'un document)).

◆_**신고** -申告 명 certification *f* [légalisation *f*] d'un sceau.

◆_**증명서** -證明書 명 certificat *m* de validité légale d'un sceau.

인건비 人件費 명 coût *m* de la main-d'œuvre; dépenses *fpl* relatives au personnel. ¶ ~가 올랐다 Le coût de la main-d'œuvre a augmenté. ¶ ~를 절감하다[아끼다] réduire [faire des économies sur] le coût de la main-d'œuvre. ¶ ~를 지급하다 payer la main-d'œuvre.

인걸 人傑 명 grand homme *m*; homme *m* brillant; homme *m* de talent; homme *m* doué; homme *m* compétent. ¶ 당대의 ~ les grands hommes de l'époque. ¶ 그 학교는 많은 ~들을 배출하였다 Cette école a formé de nombreux grands hommes.

인격 人格 명 personnalité *f*; dignité *f* humaine. ¶ ~을 갖춘 사람 personne de grande qualité humaine. ¶ ~을 닦다[함양하다] développer [affirmer] *sa* personnalité. ¶ ~을 존중하다 [무시하다]. respecter [mépriser] la personnalité de *qn*. ¶ ~이 높다 homme respectueux [digne]. ¶ ~이 있는 사람 remarquable personnalité; personnage de grande qualité humaine. ¶ ~이 형성되는 시기 période de formation de la personnalité individuelle.

◆_**적** -的 명관 personnel(*le*); humain(*ne*). ¶ ~적으로 대해 주다 traiter de façon humaine.

◆_**성** -性 명 humanité *f*, caractère *m* humain.

◆_**화** -化 명 personnification *f*. ¶ 신은 ~화된 것이다 Dieu est personnifié.

◆_**자** -者 명 remarquable personnalité *f*.

◆_**교육** -教育 명 développement *m* de la personnalité.

◆_**체** -體 명 être *m* doté d'une personnalité.

◆**법**_ 法 명 personne *f* juridique.

◆**이중**_ 二重- 명 double personnalité *f*. ¶ 이중~의 소유자 personne qui a une double personnalité. ¶ 이중~을 보이다 montrer *sa* double personnalité.

인견 人絹 명 soie *f* artificielle; rayonne *f*.

◆_**사** -絲 명 fil *m* [filament *m*] de rayonne.

인계 引繼 명 passation *f*; transfert *m*; transmission *f*; communication *f*. ¶ 사무 ~를 끝내다 achever un transfert de tâches. ◇_(를) **하다** transférer *qc* à *qn*; passer *qc* à *qn* ¶ 그 사람은 후임자에게 사무를 ~했다 Il fait la passation des tâches à son successeur. ◇_(를) **받다** recevoir *qc* de *qn*; relayer; prendre la suite. ¶ 선임자에게서 사무를 ~받다 relayer *son* prédécesseur pour continuer les tâches. ¶ 친구의 사업을 ~받다 relayer un ami pour continuer les affaires.

인고 忍苦 명 endurance *f*; souffrance *f*; épreuves *fpl*; peine *f*, douleur *f*. ¶ ~의 세월을 보내다 endurer les peines; supporter avec patience les moments difficiles.

인골 人骨 명 ossements *mpl* humains. ¶ 밭에서 ~이 발견되었다 On a découvert des ossements humains dans les champs.

인공 人工 명 artificiel(*le*).

◆_**적** -的 명관 artificiel(*le*). ¶ ~적으로 artificiellement.

◆_**미** -美 명 beauté *f* artificielle.

ㅇ

◆_분만 -分娩 명 accouchement *m* par césarienne.
◆_수정 -受精 명 insémination *f* [fécondation *f*] artificielle.
◆_수유 -授乳 명 allaitement *m* artificiel.
◆_유산 -流產 명 avortement *m*; IVG *m* ((interruption volontaire de grossesse)).
◆_위성 -衛星 명 satellite *m artificiel*.
◆_지능 -知能 명 intelligence *f* artificielle.
◆_호흡 -呼吸 명 respiration *f* artificielle.

인과 因果 명 rapport *m* de cause à effet; (rapport *m* de) causalité *f*.
◆_적 -的 명관 caus*al*(*ale*, *aux*).
◆_관계 -關係 명 lien *m* de causalité.
◆_율 -律 명 【철학】 rapport *m* de causalité; rapport *m* de cause à effet, rapport *m* causal; causalisme *m*.
◆_응보 -應報 명relation *f* de cause à effet.

인광 燐光 명 【화학】 phosphorescence *f*. ¶ ~을 발하다 être phosphorescent(*e*).
◆_체 -體 명 corps *m* phosphorescent.

인구 人口 명 population *f*; nombre *m* d'habitants. ¶ ~의 증가[감소] augmentation [réduction] de la population. ¶ 매년 ~가 증가한다 La population augmente chaque année. ¶ ~가 많은[적은] 도시 une ville très peuplée[peu peuplée]. ¶ 이 나라의 ~는 약 5,000만이다 La population de ce pays est de 50 millions d'habitants.
◆_론 -論 명 【사회】 théorie *f* sur la population, théorie *f* démographique.
◆_수 -數 명 population *f*, nombre *m* d'habitants.
◆_문제 -問題 명 problème *m* démographique.
◆_밀도 -密度 명 densité *f* de la population.
◆_분포도 -分布圖 명 densité *f* démographique.
◆_정책 -政策 명 politique *f* démographique.
◆_조사 -調査 명 recensement *m* démographique; dénombrement *m* [recensement *m*] de la population. ¶ ~조사(를) 하다 faire un recensement démographique.
◆_통계 -統計 명 démographie *f*.
◆총_ 總- 명 nombre *m* total des habitants.
◆노동_ 勞動- 명 population *f* ouvrière; population *f* de travailleurs.
◆유동_ 流動- 명 population *f* fluctuante.
◆유령_ 幽靈- 명 population *f* fantôme.
◆최적_ 最適- 명 population *f* optimale.

인구어 印歐語 명 【언어】 langue(*s*) *f*(*pl*) indo-européenne(*s*).
◆_족 -族 명 【언어】 famille *f* des langues indo-européennes.

인권 人權 명 droits *mpl* de l'Homme. ¶ ~을 신장하다 progresser en matière des droits de l'Homme. ¶ ~을 존중하다 respecter les droits de l'Homme. ¶ ~을 지키다[옹호하다] protéger [défendre] les droits de l'Homme. ¶ ~을 유린하다[침해하다] violer les [porter atteinte aux] droits de l'Homme.
◆_단체 -團體 명 organisation *f* de défense des droits de l'Homme.
◆_선언 -宣言 명 déclaration *f* universelle des droits de l'Homme.
◆_탄압 -彈壓 명 atteinte *f* aux droits de l'Homme.

인근 隣近 명 voisinage *m*, proximité *f*, environs *mpl*, alentours *mpl*, parages *mpl*. ¶ 이 동네 ~의 백여 가구가 수해를 당했다 Une centaine de maisons aux alentours de ce village ont connu l'inondation. ¶ 그 사람의 명성은 ~에 소문이 자자했다 Sa renommée est grande aux environs.

인기 人氣 명 popularité *f*; succès *m*; renommée *f*; célébrité *f*; gloire *f*. ¶ ~를 얻다 acquérir la popularité. ¶ ~ 있는 가수[작가] chanteu*r*(*se*)[écrivain, auteur] populaire. ¶ 그 사람은 동료들 간에 ~가 있다 Il est la coqueluche des collègues de bureau. ¶ 이 물건은 대단히 ~가 있다 Ce produit est très demandé. ¶ ~ 절정에 있는 배우 ac*teur*(*trice*) au sommet de sa popularité. ¶ 그 사람은 ~가 땅에 떨어졌다 Sa popularité a connu un déclin brutal.
◆_도 -度 명 cote *f* de popularité.
◆_리 -裡 명 avec succès. ¶ ~리에 상영되다 connaître un grand succès dans les salles de projection. ¶ ~리에 판매되다 se vendre avec succès.
◆_상 -賞 명 prix *m* de popularité.
◆_인 -人 명 vedette *f*, étoile *f*; personnalité *f* populaire.
◆_작전 -作戰 명 opération *f* de charme. ¶ ~ 작전을 쓰다 recourir à une opération de charme.
◆_투표 -投票 명 vote *m* de popularité. ¶ ~투표(를) 하다 organiser un vote de popularité; voter le(*la*) plus populaire.

인기척 人- 명 signe *m* de présence humaine. ¶ ~에 놀라다 être surpris(*e*) par le bruit des pas [par une toux, par un mouvement humain]. ¶ ~을 느끼다 sentir une présence humaine. ¶ 밖에 뭔가 ~이 있다[들린다] Il y a quelqu'un dehors / J'entends un bruit dehors. ¶ 저 집에는 통 ~이 없다 Dans cette maison, on ne voit aucun signe de présence humaine. ◇_(**을**) **내다**[**하다**] faire des bruits de pas [des signes de *sa* présence]. ¶ ~이라도 하고 들어오지 Il fallait faire signe avant d'entrer. ◇_(**이**) **나다** entendre des bruits. ¶ 뒷마당에서 ~이 났다 J'ai entendu quelque chose dans la cour arrière.

인내 忍耐 명 patience *f*, endurance *f*, constance *f*, courage *m*; persévérance *f*. ¶ 초인적인 ~로 버티다 supporter ((la situation)) avec un courage surhumain. ¶ 그것은 ~를 필요로 하는 일이다 Cela nécessite une grande patience. ¶ 그 사람들의 ~도 한계에 달했다 Même eux, ils ont réussi à les mettre à bout de patience / Même la patience de ces gens a été débordée [dépassée, mis à bout] / Même eux ont été exaspérés. ◇_(**를**) **하다** patienter; endurer; faire des efforts; se montrer courageu*x*(*se*). ¶ 우리는 모든 어려움을 ~하며 그 일을 계속했다 Nous avons continué à travailler en endurant toutes les difficultés. ¶ 그 사람의 무례함을 더 이상 ~할 수 없다 Je ne peux plus supporter sa grossièreté.

◆_력 -力 명 capacité *f* d'endurance; résistance *f*; persévérance *f*. ¶ 불굴의 ~력 résistance invincible. ¶ 자신의 ~력을 시험해 보다 mettre à l'épreuve *son* endurance.

◆_심 -心 명 patience *f*; endurance *f*; persévérance *f*. ¶ ~심이 강하다 être très patient(*e*), avoir de la patience; être persévérant(*e*). ¶ ~심이 부족하다 manquer de patience.

인내천 人耐天 명 【종교】 (principe *m* d')identité *f* de l'homme avec le Ciel ((principe de la religion Cheondo qui affirme que l'homme et le Ciel forment un tout par le perfectionnement de *soi* [de *son* être])). ¶ ~ 사상 pensée (de la religion Cheondo) affirmant l'identité de l'homme avec le Ciel par le perfectionnement de *soi* [de *son* être].

인대 靭帶 명 【해부】 ligament *m*. ¶ ~가 늘어났다 avoir le ligament distendu. ¶ ~가 끊어졌다 avoir le ligament arraché [déchiré].

인덕 人德 명 chance *f* d'avoir un bon entourage [d'être entouré(*e*) des gens bien [de personnes de valeur], de côtoyer des gens bien, d'avoir de bonnes fréquentations, d'avoir des gens bien autour de *soi*]. ¶ 그 사람은 ~이 있다[없다] Il a [n'a pas] la chance d'avoir un bon entourage [d'être entouré de personnes de valeur, d'avoir des gens bien autour de lui]. ☞ 인복

인도[1] 人道 명 morale *f*; humanité *f*.

◆_적 -的 명관 humanitaire. ¶ 죄수를 ~적으로 대우하다 traiter les détenus de façon humaine. ¶ 그것은 ~적인 문제이다 Il s'agit d'un problème humanitaire. ¶ ~적 차원에서 논의해야 할 일이다 Il faut discuter du point de vue humanitaire.

◆_주의 -主義 명 humanitarisme *m*.

◆_주의자 -主義者 명 humanitariste *mf*.

◆_주의적 -主義的 명 humanitaire.

인도[2] 人道 명 trottoir *m*. ¶ 이쪽 길은 ~가 넓다 Par ici, le trottoir est plus large. ¶ ~를 확장하다 élargir le trottoir.

◆_교 -橋 명 passerelle *f* piétonne [piétonnière].

인도[3] 引渡 명 *livraison f*; remise *f*. ¶ 지불 ~ remise sur paiement; livraison après paiement. ¶ 포로의 ~ remise des otages. ¶ 물품 ~시에 대금이 지불될 겁니다 À la livraison des marchandises, la facture sera payée. ¶ ~ 기일을 연장하다 reporter le délai de livraison. ¶ 범인의 ~를 요청하다 demander l'extradition d'un criminel. ◇_(를) **하다** livrer; remettre. ¶ 화물을 ~하다 livrer des cargaisons.. ¶ 증권을 ~하다 livrer des titres. ¶ 포로를 본국에 ~하다 remettre les otages au pays d'origine. ¶ 용의자를 법원에 ~하다 déférer un accusé [un inculpé] à la cour de justice. ¶ 시체를 가족들에게 ~하다 remettre le corps à la famille. ◇_(가) **되다** être livré(*e*). ¶ 시체가 가족들에게 ~되었다 Le corps du défunt a été remis à la famille. ¶ 파업으로 물품이 제 날짜에 ~되지 못했다 À cause de la grève, les marchandises ne pouvaient pas être livrées à la date fixée.

◆_금 -金 명 paiement *m* de la livraison.

◆_인 -人 명 livr*eur*(*euse*).

◆_일 -日 명 date *f* de livraison.

◆_조건 -條件 명 conditions *fpl* de livraison.

인도[4] 引導 명 guide *m*; conduite *f*; direction *f*; invitation *f*. ¶ 나는 친구의 ~로 교회에 나가게 되었다 Je commençais à aller à l'église sur le conseil d'un ami. ¶ 방문객들은 안내자의 ~하에 박물관을 관람하였다 Les visiteurs ont eu une visite guidée du musée. ◇_(를) **하다** guider; diriger; conduire. ¶ 누구를 바른 길로 ~하다 guider *qn* dans le droit chemin. ¶ 영혼을 구원의 세계로 ~하다 guider une âme vers le salut. ¶ 손님을 응접실로 ~하다 guider un(*e*) invité(*e*) dans le salon. ◇_(를) **받다** être guidé(*e*). ¶ 미성년자들은 성인의 ~를 받지 않고서는 자신의 삶을 올바르게 꾸려 나갈 수 없다 Les mineurs ne peuvent pas mener une vie correctement sans être guidés par les adultes. ¶ 우리는 담당자의 ~를 받으며 연구소를 둘러보았다 Nous avons visité le centre de recherches, guidés par un responsable. ◇_(가) **되다** être guidé(*e*), conduit(*e*). ¶ 그 사람의 노력으로 비행청소년들이 바른 길로 ~되었다 Grâce à ses efforts, les jeunes dévoyés [de mauvaise conduite] sont remis dans le droit chemin. ¶ 나는 친구에 의해 교회로 ~되었다 Un ami m'a emmené à l'église. ¶ 우리는 한 낯선 청년에 의해 이곳으로 ~되었다 Nous avons été guidés ici par un jeune inconnu.

인두[1] 명 *indu m* <petit fer à repasser en forme de cœur avec un long manche>. ¶ ~를 불에 달구다 faire chauffer le *indu*. ¶ ~로 옷소매를 다리다 repasser la manche d'un vêtement avec un *indu*.

◆_질 명 repassage *m* avec un *indu*. ¶ ~질(을) 하다 faire le repassage avec un *indu*.

인두[2] 咽頭 명 【의학】 pharynx *m*.

◆_염 -炎 명 【의학】 pharyngite *f*.

인두겁 人- 명 aspect *m* humain [humanoïde]. *~(을) **쓰다** avoir l'apparence humaine. ¶ ~을 쓰고 차마 어찌 그런 짓을 하랴 Peut-on permettre à un homme [à un être humain] de commettre un tel acte? / Comment peut-on commettre un tel acte en tant qu'être humain? / Comment un être humain [un homme] peut-il faire ça [peut-il avoir une telle conduite, peut-il commettre un tel acte]?

인두세 人頭稅 명 【법률】 capitation *f*, impôt *m* par tête. ¶ ~를 물리다[내다] percevoir [payer] la capitation.

인들 조 ☞ -ㄴ들

인디언 영{Indian} 명 indien(*ne*).

인디오 에 명 les Indiens *mpl* d'Amérique.

인력[1] 人力 명 ① 사람의 힘 forces *fpl* humaines; capacités *fpl* humaines [d'un homme]; limite *f*

humaine. ¶ 그것은 ~으로 어쩔 수 없는 일이다 Ce travail dépasse les capacités humaines [d'un homme] / Ce travail est au-dessus des forces humaines. ② 노동력 personnel *m*, main-d'œuvre *f*, bras *mpl*. ¶ ~이 부족해서[달려서] 일을 끝낼 수 없다 Faute de main-d'œuvre, on ne peut pas achever le travail / On manque de bras pour venir à bout de ce travail. ¶ ~을 동원하다 mobiliser le personnel [la main-d'œuvre]. ¶ ~을 보완하다 renforcer [augmenter] le personnel. ¶ ~을 양성하다 former le personnel [la main-d'œuvre].

◆ **_거** -車 명 pousse-pousse *m*. ¶ ~거를 타다 prendre [emprunter] un pousse-pousse.

◆ **_난** -難 명 manque *f* de main-d'œuvre; manque *f* de personnel. ¶ ~난을 겪다 [에 시달리다] connaître des difficultés dues au manque de personnel. ¶ ~난을 해소하다 résoudre le problème lié au manque de main-d'œuvre.

◆ **_수출** -輸出 명 exportation *f* de la main-d'œuvre.

◆ **_시장** -市場 명 marché *m* de la main-d'œuvre.

인력² 引力 명 【물리】 attraction *f*, gravitation *f*. ¶ 만유~의 법칙 la loi de l'Attraction Universelle.

인류 人類 명 ① homme *m*, être *m* humain; humanité *f*; espèce *f* humaine, genre *m* humain. ¶ ~의 역사 histoire de l'homme. ¶ ~의 적 ennemi de l'homme. ¶ ~의 진화 l'évolution de l'homme. ¶ ~의 진보 progrès humain. ② 다른 동물과 비교하여 인간 espèce *f* humaine; Homme *m*; hominidé *f*. ¶ ~는 영장류이다 L'homme appartient à l'espèce animale, mammifère primate de la famille des hominidés.

◆ **_적** -的 명관 humain(*e*).

◆ **_사** -史 명 histoire *f* de l'Homme.

◆ **_애** -愛 명 amour *m* de l'humanité; philanthropie *f*.

◆ **_학** -學 명 anthropologie *f*.

◆ **_학자** -學者 명 anthropologue *mf*, anthropologiste *mf*.

인륜 人倫 명 morale *f*; devoirs *mpl* de l'Homme. ¶ ~을 따르다 respecter la morale. ¶ ~을 어기다 outrager la morale.

인마 人馬 명 centaure *m*.

인망 人望 명 prestige *m*; estime *f*; popularité *f*; dignité *f*; crédit *m*. ¶ ~이 있는 사람 personne respectable. ¶ 부하 직원들에게 ~이 없는 지배인 gérant qui n'est pas estimé par ses subalternes. ¶ ~이 두텁다 jouir d'une grande estime. ¶ ~을 얻다 avoir l'estime de *qn*.

인맥 人脈 명 connaissances *fpl*; relation *f* sociale; carnet *m* d'adresse; clan *m* d'amis; cercle *m* d'ami. ¶ 그 사람은 실력보다는 ~으로 승진했다 Il doit sa promotion plus à ses connaissances qu'à sa compétence. ¶ 그 사람은 ~이 두터워서 사업을 잘한다 Ses affaires marchent bien parce qu'il a beaucoup de connaissances. ¶ ~을 형성하다 soigner un carnet d'adresse.

인면수심 人面獸心 명 personne *f* amorale; personne *f* dépravée.

인멸 湮滅 명 suppression *f*, destruction *f* ((des preuves)); anéantissement *m*. ¶ 용의자들에 의한 증거 ~의 우려가 있다 Il y a un risque de destruction des preuves par les accusés. ◇_(을) **하다** supprimer, détruire ((les preuves de *qc*)); anéantir. ¶ 증거를 고의로 ~하다 détruire exprès [délibérément, volontairement] les preuves. ◇_(이) **되다** être détruit(*e*), supprimé(*e*); être anéanti(*e*). ¶ 모든 증거가 ~되었다 Toutes les preuves ont été détruites.

인명¹ 人命 명 vie *f*; être *m* vivant. ¶ ~ 경시 풍조 tendance à négliger la vie humaine. ¶ ~ 피해 les dégâts humains, les pertes humaines, les pertes en vies humaines. ¶ ~을 구하다 sauver la vie à *qn*. ¶ 그 폭발 사고는 순식간에 수많은 ~을 앗아갔다 En un instant, cette explosion accidentelle a coûté [ôté] la vie à des milliers de gens / Cette explosion accidentelle a emporté des milliers de vies [a causé des milliers de morts] en un instant.

인명² 人名 명 ① nom *m* des gens. ② 【언어】 anthroponyme *m*.

◆ **_록** -錄 명 liste *f* des noms. ¶ ~록에 이름이 오르다 être inscrit(*e*) sur la liste.

◆ **_사전** -辭典 명 dictionnaire *m* des noms propres. ¶ ~사전을 보다 consulter un dictionnaire des noms propres. (nom propre는 사람과 사물 모두 포함)

인문 人文 명 culture *f*; sciences *fpl* humaines; civilisation *f*; lettres *fpl*.

◆ **_적** -的 명관 de sciences humaines. ¶ ~적 교양 connaissances des sciences humaines.

◆ **_계** -係 명 la section *f* (de) sciences humaines. ¶ ~계 고등학교 un lycée général. ¶ ~계 학생들 élèves de sciences humaines.

◆ **_과학** -科學 명 sciences *fpl* humaines.

◆ **_대학** -大學 명 faculté *f* des sciences humaines.

◆ **_주의** -主義 명 humanisme *m*.

◆ **_주의자** - 主義者 명 humaniste *mf*.

◆ **_학** -學 명 sciences *fpl* humaines.

인물 人物 명 ① 인재 personnage *m*; homme *m* remarquable; grand homme *m*. ¶ 위대한 ~ grand homme. ¶ 역사적인 ~ personnage historique. ¶ 당대의 ~ personnages de l'époque. ¶ ~을 배출하다 former de grands hommes. ¶ ~을 영입하다 recruter [inviter] des gens de renom. ¶ ~을 발탁하다 trouver [sélectionner] des gens de renom. ¶ ~이 없다 ne pas avoir de personnes remarquables. ¶ 이 고장에서 걸출한 ~들이 많이 나왔다 Cette région est le berceau des grands hommes. ¶ 신입사원 중에 ~들이 많다 Parmi les nouvelles recrues, beaucoup sont remarquables. ¶ 스스로를 ~이라고 생각하다 se considérer comme un personnage important. ② 사람 됨됨이 qualité *f* humaine; personne *f*; personnalité *f*, caractère *f*. ¶ ~을 고려해서 사람을 뽑다 recruter les gens en tenant compte de [en prenant en considération] leurs qualités humaines. ③ 생김새 visage *m*. ¶ 그 여자는 ~이 좋다[빼어나다,

ㅇ

반반하다, 훤하다] Elle est très jolie [d'une grande beauté, agréable à voir, charmante]. ④ 어떤 역할을 하는 사람 personnage *m*; héros *m*; héroïne *f*; rôle *m*. ¶ 등장 ~ personnage ((d'une pièce de théâtre, d'un film, d'un roman)). ¶ 주요 ~ personnages principaux. ¶ 가공의 ~ personnage fictif. ¶ ~을 묘사하다 décrire les personnages. ¶ ~을 등장시키다 créer des personnages; recourir à des personnages.

◆_값 명 valeur *f* de la personne. ¶ ~값을 [못]하다 être [ne pas être] à la hauteur de *sa* valeur.

◆_난 -難 명 manque *m* de personnes compétentes.

◆_평 -評 명 critique *f* d'un personnage; appréciation *f* d'une personne. ¶ 그 사람은 ~평이 좋지 않다 Il n'a pas une bonne renommée.

◆_화 -畵 명 portrait *m*.

인민 人民 명 peuple *m*. ¶ ~의 적 l'ennemi du peuple. ¶ ~에 의한, ~을 위한, ~의 정부 gouvernement du peuple, par le peuple, et pour le peuple.

◆_적 -的 명관 populaire.

◆_군 -軍 명 armée *f* du peuple.

◆_ 공화국 -共和國 명 république *f* populaire.

◆_ 민주주의 -民主主義 명 démocratie *f* populaire.

◆_배우 -俳優 명 ac*teur*(*trice*) du peuple.

◆_재판 -裁判 명 jugement *m* du peuple.

◆_전선 -前線 명 front *m* populaire.

인방 引枋 명 cadre *m* d'une porte. ¶ 상[하] ~ partie supérieure [inférieure] du cadre d'une porte, le linteau [le seuil] d'une porte.

인복 人福 명 chance *f* d'avoir un bon entourage [d'être entouré(*e*) de gens bien [de personnes de valeur], de côtoyer des gens bien, d'avoir de bonnes fréquentations, d'avoir des gens bien autour de *soi*]. ¶ ~이 있다[없다] avoir [ne pas avoir] la chance de rencontrer des gens bien [d'être entouré(*e*) de gens bien]. ¶ ~이 많다 être très chanceu*x*(*se*) dans *ses* fréquentations.

인본주의 人本主義 명 【철학】 humanisme *m*.

인부 人夫 명 journalier *m*, travailleur *m*. ¶ 공사장 ~ journalier dans un chantier. ¶ ~를 부리다 engager des journaliers. ¶ ~를 사다 payer des journaliers. ¶ ~를 쓰다 employer des journaliers.

인분 人糞 명 excréments *mpl* humains; selles *fpl*; fèces *fpl*. ¶ ~을 수거하다 récupérer les excréments. ¶ ~을 거름으로 쓰다 utiliser les excréments (humains) comme engrais.

인사¹ 人士 명 personnage *m*; personnalité *f*; vedette *f*, étoile *f*; célébrité *f*; notable *m*; personnage *m* important [influent], autorité *f*, les huiles *fpl* {*fam*}, grosse légume *f* {*fam*}. ¶ 유명 ~ une grande personnalité. ¶ 저명 ~ un grand personnage; une grande personnalité; un personnage important [influent], une autorité. ¶ 지도층 ~ les personnalités de la classe dirigeante, les huiles {*fam*}, les grosses légumes {*fam*}.

인사² 人事 명 ① salut *m*; salutation *f*; courbettes *fpl*; inclination *f*; révérence *f*. ¶ 작별~ adieu. ¶ ~차 방문하다 venir saluer. ¶ 그 사람들은 서로 ~를 나누었다[주고받았다] Ils ont échangés des saluts [leurs saluts, leurs salutations]. ¶ ~ 대신 미소를 짓다 saluer par un sourire. ¶ ~도 없이 사라지다 s'en aller sans saluer. ② 예를 갖춤 politesse *f*; courtoisie *f*; bienséance *f*; convenances *fpl*. ¶ 감사의 ~ message de remerciements. ¶ 총장님의 ~ 말씀이 있겠습니다 À présent, nous allons écouter le discours de bienvenue du président [du secrétaire général] de l'université. ¶ ~를 가다 aller saluer; remercier; exprimer la gratitude. ¶ ~를 차리다 observer les règles de politesse. ¶ 부족하지만 ~로 받아주십시오 C'est très modeste, mais veuillez accepter cela en guise de remerciement. ◇_(를) **하다[드리다, 올리다]** saluer avec toute *son* estime [avec tout *son* respect, avec un profond respect, très respectueusement]. ¶ 손윗사람에게 공손히 ~를 드리다[올리다] saluer avec respect [respectueusement] les personnes âgées [les anciens]. ¶ 애들아, 할머니께 ~드려야지! Allez, les enfants, dites bonjour à votre grand-mère! ¶ 그 사람은 내게 ~를 했다 Il m'a salué. ¶ ~하러 가다 aller saluer. ¶ 손을 들어 ~하다 saluer de la main [d'un signe de la main]. ¶ 허리를 굽혀 ~하다 saluer en s'inclinant [en fléchissant le buste]. ¶ 선물을 받은 데 대한 ~를 하다 remercier pour un [d'un] cadeau. ¶ 도움을 준 것에 ~하다 remercier (*qn*) de lui avoir apporter de l'aide. ◇_(를) **받다** être salué(*e*) par *qn*. ¶ 그 사람은 학생들의 ~를 받았다 Il a été salué par ses élèves. ¶ 그 사람은 앉은 채 ~를 받았다 Il ne s'est pas levé [Il est resté assis] quand on l'a salué. ◇_(를) **시키다** présenter *qn* à *qn*. ¶ 부모님께 여자 친구를 ~시키다 présenter *son* amie à *ses* parents. ¶ 손님들을 서로 ~시키다 présenter les invités aux uns et aux autres.

◆_성 -性 명 politesse *f*. ¶ ~성이 있다[없다] être [ne pas être] poli(*e*). ¶ ~성이 바르다[밝다] être toujours poli(*e*), saluer toujours poliment [avec courtoisie] les gens.

◆_말 명 discours *m* de bienvenue. ¶ 주최 측의 의례적인 ~말이 있었다 Il y a eu un discours de bienvenue très formel de la part des organisateurs. ¶ 그 여자는 당황해서 고맙다는 ~말도 하지 못했다 Tellement embarrassée, elle n'a même pas su le(la) remercier. ¶ ~말을 생략하다 omettre un mot de remerciement.

◆_법 -法 명 bienséance *f*, courtoisie *f*, convenances *fpl*.

◆_치레 명 forme *f* officielle de politesse. ¶ 그런 ~치레는 하지 마라 Ce n'est pas la peine de respecter la forme. ¶ 그 사람은 단지 ~치레로 그런 말을 했다 Il a dit cela juste pour la forme.

인사³ 人事 명 nomination *f*, administration *f* du personnel. ¶ ~ 발령 nomination; affectation; désignation. ¶ ~ 개편 remaniement des postes; restructuration; réorganisation. ¶ 낙하산 ~

ㅇ

parachutage. ¶ 승진 ~ nomination à un poste supérieur; promotion.

◆_계 -係 명 direction *f* du personnel.

◆_과 -課 명 service *m* [bureau *m*] du personnel.

◆_권 -權 명 droit *m* de nommer *qn* à un poste. ¶ ~권을 넘기다 passer le droit de nommer le personnel à *qn*. ¶ ~권을 쥐다 s'arroger le droit de nommer le personnel.

◆_관리 -管理 명 gestion *f* des postes.

◆_부 -部 명 service *m* [bureau(*x*) *m*, direction *f*] du personnel. ¶ ~장 direc*teur*(*trice*) du personnel.

◆_이동 -移動 명 affectation *f* [changement *m*] de postes; remaniement *m* du personnel; rotation *f* du personnel.

◆_행정 -行政 명 administration *f* du personnel.

인사불성 人事不省 명 syncope *f*; perte *f* de connaissance; évanouissement *m*, défaillance *f*; inconscience *f*, coma *m*. ◇_(**이**) **되다**[**에 빠지다**] tomber en [avoir une] syncope, faire un malaise, se trouver mal, perdre conscience, perdre connaissance; ((기절하다)) s'évanouir, défaillir, tomber dans les pommes {*fam*}; sombrer [tomber] dans le coma. ¶ 그 사람은 ~이 되도록 술을 마셨다 Il(Elle) a bu jusqu'à perdre connaissance [jusqu'à sombrer dans le coma, jusqu'à la perte de connaissance].

인산 燐酸 명 【화학】 phosphore *m*.

◆_염 -鹽 명 acide *m* phosphorique.

◆_비료 -肥料 명 engrais *m* phosphaté; phosphate *m*.

인산인해 人山人海 명 grand nombre *m* de personnes, foule *f* innombrable [grouillante, fourmillante, délirante, immense, prodigieuse, tumultueuse], cohue *f*; masse *f*, ((former, faire)) attroupement *m*; affluence *f*. ¶ ~를 이루다 former [faire] un attroupement; y avoir foule, y avoir un monde fou {*fam*}, grouiller de monde, être grouillant(*e*) [fourmillant(*e*)] de monde. ¶ 사람들이 ~를 이루고 있다 Il y a une foule innombrable / Il y a foule / Il y a un monde fou {*fam*} / ((Cette rue)) grouille de monde. ¶ 사람들이 광장에 ~를 이루고 있었다 Une foule innombrable emplissait [avait envahi, avait déferlé sur] la place / La foule grouillait [se massait, s'attroupait] sur la place / La place était grouillante [fourmillante] de monde / Il y avait un monde fou sur la place {*fam*}. ¶ 해수욕장이 사람들로 ~다 La foule grouille sur la plage / Il y a un monde fou sur la plage {*fam*} / La plage est fourmillante [grouillante, pleine] de monde / La foule se bouscule sur la plage. ¶ 길이 사람들로 ~다 La rue est grouillante de monde / La rue grouille de monde.

인삼 人蔘 명 【식물】 ginseng *m*; *Panax schinseng* {*nsc*}. ¶ ~을 캐다 cueillir du ginseng. ¶ ~을 달여 먹다 préparer puis boire une décoction de ginseng. ¶ 한국의 ~은 전 세계로 수출되고 있다 Le ginseng coréen est exporté [vendu] dans le monde entier.

◆_주 -酒 명 alcool *m* de ginseng.

◆_차 -茶 명 décoction *f* de ginseng, tisane *f* au ginseng.

인상[1] 人相 명 ① 얼굴 생김새 impression *f*; air *m*; présentation *f*; physionomie *f*, mine *f*; ((얼굴의)) traits *mpl*; apparence *f*. ¶ ~이 좋다 avoir un visage avenant, avoir une tête [avoir l'air] sympathique, avoir une bonne tête {*fam*}. ¶ ~이 나쁘다 avoir un visage fermé [rebutant], avoir un visage peu avenant, avoir une tête peu sympathique, avoir l'air peu aimable, avoir l'air hostile [sinistre, rebutant]. ¶ 그 사람 ~이 몰라보게 달라졌다 Il est difficile de le reconnaître [Il est méconnaissable] tellement il a changé / Il a tellement changé qu'on ne le reconnaît plus / Il est devenu méconnaissable. ¶ ~을 보다 prédire l'avenir de *qn* après avoir examiné les traits de *son* visage. ② 표정 air *m*; mine *f*; expression *f*. ¶ ~을 찡그리다 faire une grimace de mécontentement, prendre un air renfrogné, se renfrogner. ¶ ~을 찌푸리다 prendre un air renfrogné, se renfrogner. ¶ ~을 펴다 prendre un air sympathique. ◇_(**을**)**쓰다** prendre l'air renfrogné; se renfrogner, faire la grimace, grimacer. ¶ 그 사람은 그 얘기를 듣자마자 대번에 ~을 쓰면서 달려들었다 Dès qu'il a entendu l'histoire, il s'est précipité, le visage renfrogné.

◆_착의 -着衣 명 traits *mpl* du visage; montage *m*. ¶ 그 사람은 ~착의가 범인과 비슷하다 Ses traits ressemblent à ceux de l'auteur du crime.

인상[2] 引上 명 augmentation *f*, hausse *f*, majoration *f*, relèvement *m* ((des tarifs publics)); flambée *f* ((des prix)); appréciation *f*; inflation *f*. ¶ 가격[물가] ~ hausse des prix [du coût de la vie]. ¶ 임금[급료] ~ augmentation du salaire [des appointements, de la rémunération]. ¶ 환율 ~ hausse du taux de change. ¶ 30%의 임금 ~을 요구하다 demander l'augmentation de 30 % des salaires. ◇_(**을**) **하다**[**시키다**] monter; s'élever [augmenter, hausser ((les impôts))]. ¶ 물가를 ~하다 augmenter les prix ((de 30 %)). ¶ 가스 요금을 대폭 ~하다 augmenter sensiblement le prix du gaz. ¶ 임금[급료]를 30% ~해 주다 relever les salaires de 30 %. ◇_(**이**) **되다** ((tarif)) être augmenté(*e*). ¶ 버스 요금이 또 다시 ~되었다 Le tarif du bus a de nouveau augmenté. ¶ 이번 달부터 봉급이 ~된다 À partir de ce mois, mon salaire sera augmenté [je serai augmenté(*e*)].

◆_률 -率 명 taux *m* de (la) hausse.

◆_액 -額 명 montant *m* de l'augmentation [de la hausse].

◆_폭 -幅 명 ampleur *f* de la hausse ((des indices boursiers, des prix)). ¶ 물가의 ~ 폭이 너무 크다 La hausse des prix est trop importante [trop forte].

인상[3] 印象 명 impression *f*. ¶ 그 사람은 강한 ~을 풍긴다 Il fait [produit] une forte impression. ¶ 그것은 그에게 아무런 ~도 남기지 않았다 Cela ne lui a laissé aucune impression. ¶ 그 여주인공은 강한 개성으로 내게 ~이 깊다 Le charisme de cette héroïne m'a fait forte impression. ¶ 그는 삶을 체념한 듯한 ~이 짙었다 Il donne vraiment l'impression de se laisser aller[de ne pas s'occuper de la vie]. ¶ 그 사람의 ~은 어떻습니까? Quelle impression vous fait-il(elle) [provoque-t-il(elle) chez vous]? ◇_을 주다 impressionner; donner l'impression de *qc/inf*, faire l'impression de *qc*. ¶ 그 나라는 나에게 좋은[나쁜] ~을 주었다 Ce pays m'a donné bonne [mauvaise] impression. ¶ 이 책은 내게 깊은 ~을 주었다 Ce livre m'a vivement impressionné(*e*). ¶ 강한 ~을 주다 faire [causer, produire] une vive [forte, grande] impression. ¶ 그 사람은 매우 바쁜 듯한 ~을 주었다 Il a donné l'impression d'être très occupé.

◆_적 -的 명관 impressionnant(*e*), frappant(*e*). ¶ ~적인 광경 un spectacle [un paysage] impressionnant [une scène impressionnante]. ¶ 아주 ~적이었다 C'était très impressionnant / Ça m'a beaucoup impressionné(*e*) / J'ai été très impressionné(*e*).

◆_깊다 형 être très impressionnant(*e*), impressionné(*e*), émouvant(*e*). ¶ ~깊은 책 un livre très émouvant [qui m'a fait forte impression].

◆_주의 -主義 명 impressionnisme *m*.

◆_비평 -批評 명 critique *f* impressionniste.

◆_파 -派 명 école *f* impressionniste. ¶ ~파 화가 le peintre impressionniste.

◆첫_ 명 première impression *f*. ¶ 그 여자는 첫~이 아주 좋았다[나빴다] Elle m'a fait une très bonne[mauvaise] impression lors de notre première rencontre / Elle m'a fait une excellente impression [une impression désastreuse, déplorable, catastrophique, exécrable] la première fois que je l'ai vue. ¶ 한국에 대한 첫~은 어떻습니까? Alors quelle est votre première impression [quelles sont vos premières impressions] sur la Corée?

인색하다 吝嗇- 형 ① 재물을 몹시 아끼다 être avare, mesquin(*e*), parcimonieu*x*(*se*), radin(*e*) {*fam*}. ¶ 인색한 사람 un(*e*) avare, un(*e*) grippe-sou, un(*e*) pingre. ¶ 그 남자는 돈에 인색하게 굴었다 Il était avare (comme un rat) / Il était près de ses sous [son argent]. ② 박하다 être avare de *qc*. ¶ 칭찬에 ~ être avare de louanges. ¶ 웃음에 ~ être avare de sourire. ¶ 그 사람은 남을 칭찬하는 데 매우 ~ Il est très avare de compliments. ¶ 인색하게 굴지 마라! Ne sois pas si mesquin!

인생 人生 명 vie *f*. ¶ ~의 목적 un projet de vie; le but de la vie. ¶ ~의 전환점 un tournant de la vie. ¶ 밑바닥 ~ une vie de chien. ¶ 돈이 ~의 전부는 아니다 L'argent n'est pas tout dans la vie / Il n'y a pas que l'argent dans la vie. ¶ 행복한 ~을 보내다 mener une vie heureuse. ¶ 비참한 ~을 살다 mener une vie de chien. ¶ 어쩔 텐가, 이것이 ~인데 Que voulez-vous? C'est la vie! ¶ ~이 불쌍해서 봐준다 Je ne t'en veux pas étant donné tes conditions misérables [tes problèmes, le contexte]. ¶ 한심한 ~이군 Quelle vie de chien!

◆_관 -觀 명 conception *f* de la vie.

◆_길 명 chemin *m* de la vie, vie *f*, existence *f*, carrière *f*. ¶ ~길을 가다 faire *son* chemin dans la vie.

◆_무상 -無常 명 vacuité *f* de la vie; mutabilité *f* des choses de la vie; instabilité *f* des choses humaines. ¶ ~무상을 느끼다 éprouver [ressentir] la mutabilité des choses de la vie.

◆_사[살이] -事 명 vie *f*. ¶ 고달픈 ~살이 une vie pénible. ¶ 기구한 ~살이 une vie mouvementée.

◆_행로 -行路 명 chemin *m* de la vie, vie *f*, existence *f*, carrière *f*.

인선 人選 명 choix *m*; sélection *f*. ¶ 각료의 ~ le choix des ministres. ¶ ~ 작업에 착수하다 engager un choix [une sélection]; faire un choix [une sélection]. ¶ 그 사람은 이번 ~에서 빠졌다 Le choix n'est pas tombé sur lui. ◇_(을) 하다 choisir [faire choix de] *qn*. ¶ 국무총리를 ~하다 choisir le Premier ministre.

인성 人性 명 personnalité *f*, nature *f* de l'homme; humanité *f*. ¶ ~ 교육 formation de la personnalité. ¶ ~ 개발 le développement de la personnalité. ¶ ~ 검사 un test de personnalité. ¶ ~을 기르다 cultiver [développer] une personnalité.

◆_론 -論 명 traité *m* de nature de l'homme.

◆_학 -學 명 éthologie *f*.

인세 印稅 명 droits *mpl* d'auteur, copyright *m*. ¶ ~를 지급하다 payer les droits d'auteur. ¶ 책값의 10%를 ~로 받다 percevoir 10 % de prix du livre comme droits d'auteur.

인센티브 영{incentive} 명 motivation *f*, incitation *f*. ◇_를 갖다[쥐다, 잡다] avoir [trouver] des motivations. ◇_를 주다 donner une motivation [des motivations] à *qn*, motiver *qn*, inciter *qn*, pousser *qn* à+*inf*.

인솔 引率 명 conduite *f*, escorte *f*. ¶ 누구의 ~하에 sous la conduite de *qn*. ◇_(을) 하다 conduire, guider, mener. ¶ 그 선생은 학생들을 ~하여 박물관 견학을 갔다 Cet(*te*) enseignant(*e*) a conduit les étudiants au musée. ◇_(을) 받다 être conduit(*e*), guidé(*e*). ¶ 가이드의 ~을 받아 구경하다 faire une visite guidée.

◆_자 -者 명 guide, accompagna*teur*(*trice*).

인쇄 印刷 명 ① impression *f*, presse *f*, tirage *m*; imprimerie *f*. ¶ ~의 잘못 une faute d'impression; une coquille (typographique). ¶ 그 책은 ~ 중이다 Ce livre est sous presse. ¶ 책을 ~에 넘기다[돌리다] mettre un ouvrage sous presse. ¶ 그 책은 ~가 끝났다 On a achevé d'imprimer ce livre. ¶ 책 1500부의 ~를 마치다 achever d'imprimer [de tirer] un livre à mille cinq cents exemplaires. ② 프린터 출력 impression *f*. ¶ 프린터에 ~ 명령을 내리다 ordonner à l'imprimante d'imprimer. ¶ 그 문서는 ~가 선명하

대[선명치 못하다] La qualité d'impression de ce document est bonne [mauvaise]. ¶ ~가 잘[잘못] 되다 bien [mal] imprimer. ◇_(를) **하다** imprimer; tirer. ¶ 책[신문]을 ~하다 imprimer un livre [un journal]. ¶ 작성한 문서를 ~하다 imprimer un document rédigé. ¶ 책을 1500부 ~하다 imprimer un ouvrage à mille cinq cents exemplaires; tirer un livre à mille cinq cents exemplaires. ¶ 연판으로 ~하다 clicher. ¶ 고딕체로 ~하다 imprimer en caractères gothiques. ¶ 낱말을 대문자로 ~하다 imprimer des mots en majuscules. ◇_(가) **되다** être imprimé(*e*). ¶ 그 사람이 쓴 책이 ~되어 나왔다 Son livre est paru. ¶ 책표지에 그 사람의 이름이 ~되어 있다 Son nom est imprimé sur la couverture du livre.

◆_**공** -工 명 typographe *m*, imprimeur *m*, pressier *m*.

◆_**기** -機 명 imprimeuse *f*.

◆_**물** -物 명 imprimé *m*.

◆_**소** -所 명 imprimerie *f*.

◆_**술** -術 명 imprimerie *f*.

◆_**업** -業 명 imprimerie *f*.

◆_**업자** -業者 명 imprimeur *m*.

◆_**용** -用 명 d'imprimerie. ¶ ~용 잉크 encre *f* d'imprimerie.

◆_**용지** -用紙 명 papier *m* d'imprimerie.

◆_**판** -版 명 plaque *f* d'imprimerie.

◆_**체** -體 명 caractère *m* d'imprimerie. ¶ 반드시 ~체 문자로 쓰시오 Il faut utiliser des caractères d'imprimerie.

ㅇ

인수¹ 因數 명 【수학】 facteur *m*. ¶ 정수 2와 3은 6의 ~이다 Les nombres entiers 2 et 3 sont des facteurs de 6.

◆_**분해** -分解 명 mise *f* en facteurs.

인수² 引受 명 ① 넘겨받음 acceptation *f*, réception *f*. ¶ 사무의 ~ 인계 une acceptation des affaires [du travail]. ② ((어음)) acceptation ((d'une traite)). ¶ 어음의 ~를 거절하다 refuser d'accepter une traite. ¶ 조건부 ~ une acceptation conditionnelle. ◇_(를) **하다** accepter, recevoir; se charger de *qc*, prendre *qc* en main [charge]; réceptionner. ¶ 전임자로부터 사무를 ~하다 accepter les affaires de *son* prédécesseur. ¶ 부실 기업을 ~하다 reprendre une entreprise insolvable. ¶ 주식을 ~하다 accepter des actions. ¶ 그 사람은 그 가게를 헐값에 ~하였다 Il a acheté cette boutique à bas prix / Il a eu cette boutique pour une bouchée de pain. ◇_(가) **되다** être accepté(*e*). ¶ 그 회사는 결국 경쟁사에 ~되고 말았다 Cette entreprise a fini par être absorbée par son entreprise concurrente.

◆_**자** -者 명 accepteur *m*.

◆_**합병** -合併 명 acquisition-fusion *f*.

인술 仁術 명 charité *f*, bienfaisance *f*, bienfait *m*; médecine *f*. ¶ 누구에게 ~을 베풀다[펼치다] faire la charité à *qn*; combler *qn* de bienfaits.

인슐린 영{insulin} 명 insuline *f*. ¶ ~을 투여하다 injecter (de) l'insuline. ¶ ~ 주사를 맞다 s'injecter (de) l'insuline.

인스턴트 영{instant} 어근 immédiat(*e*), instantané(*e*); ((커피)) soluble; à préparation rapide. ¶ ~ 문화 la culture du déjà cuit[de l'instantané].

◆_**식품** -食品 명 produits *mpl* alimentaires instantanés, plats *mpl* instantanés, les instantanés *mpl*; aliments *mpl* [plats *mpl*] tout préparés [instantanés].

인습 因襲 명 conventions *fpl*, routine *f*, coutumes *fpl* anciennes, usage *m* ancien [établi]; tradition *f*. ¶ ~의 굴레 le joug des conventions. ¶ 과거의 낡은 ~을 타파하다 supprimer [détruire] des routines usées du passé. ¶ ~에 (얽)매이다[젖다] être esclave de la routine; s'enliser dans la routine.

◆_**적** -的 명관 conventionnel(*le*), routinier(*ère*); conformiste; traditionnel(*le*).

◆_**화** -化 명 mise *f* en routine, routinisation *f*.

인식 認識 명 cognition *f*, connaître *m*, connaissance *f*, compréhension *f*; reconnaissance *f*. ¶ ~ 능력 les facultés cognitives. ¶ ~의 차이 une différence d'idées. ¶ ~의 한계 limite cognitive; les limites du connaître. ¶ 성교육의 필요성에 대한 ~이 부족하다 On n'a qu'une idée insuffisante de la nécessité de l'éducation sexuelle. ¶ 정치에 대한 국민들의 올바른 ~이 요구된다 Il est demandé au peuple de bien comprendre la politique. ¶ 공공장소에서는 흡연을 삼가야 한다는 ~이 사람들 사이에 확산되고 있다 L'idée qu'on ne doit pas fumer dans un lieu public est en train de gagner du terrain. ◇_(을) **하다** connaître; comprendre; reconnaître. ¶ 사실을 명확히 ~하다 bien comprendre un fait. ¶ 그 사람은 자신이 실언을 했다는 것을 ~하지 못했다 Il n'a pas compris qu'il avait dit quelque chose d'indiscret. ◇_(을) **시키다** faire connaître [comprendre]. ¶ 학생들에게 정치의 중요성을 ~시켜야 한다 Il faut faire comprendre aux étudiants l'importance de la politique. ◇_(이) **되다** être connu(*e*); être compris(*e*). ¶ 성교육의 중요성이 충분히 ~되지 못하고 있다 On n'a pas suffisamment compris l'importance de l'éducation sexuelle.

◆_**론** -論 명 【철학】 théorie *f* de la connaissance, épistémologie *f*.

인신 人身 어근 corps *m* humain; personne *f*. ¶ ~ 구속 une arrestation personnelle.

◆_**공격** -攻擊 명 attaque *f* personnelle. ¶ 누구를 ~공격을 하다 attaquer personnellement *qn*.

◆_**매매** -賣買 명 traite *f* des êtres humains; ((부녀자)) traite *f* des blanches; ((흑인 노예)) traite *f* (des nègres [des noirs]); commerce *m* [trafic *m*] d'esclaves.

인심 人心 명 cœur *m*, âme *f*, opinion *f* publique, générosité *f*. ¶ 그 여자는 ~이 좋다[후하다] Elle a bon cœur / Elle est généreuse. ¶ 이 동네는 ~이 나쁘다[야박하다] Les habitants de ce quartier ne sont pas amicaux. ¶ 사람들의 ~을 얻다[사다] gagner la sympathie [la faveur] du peuple. ¶ 동료들의 ~을 잃다 perdre la sympathie de *ses* collègues. ¶ 이웃들에게 ~을 쓰다 faire preuve de générosité envers *ses* voisins.

인애 仁愛 명 bienveillance *f*, bienséance *f*, philanthropie *f*, humanité *f*, charité *f*, amour *m*.

인양 引揚 명 relèvement *m*, repêchage *m*. ◇_(을) **하다** repêcher, relever, retirer. ¶ 강에서 익사체를 ~하다 repêcher un(*e*) noyé(*e*) de la rivière. ¶ 바다에서 고대 유물을 ~하다 repêcher des vestiges antiques de la mer. ◇_(이) **되다** être relevé(*e*), repêché(*e*). ¶ 마침내 익사자의 사체가 ~되었다 Enfin, on a repêché le corps du[de la] noyé(*e*). ¶ 많은 고대 유물이 ~되었다 Beaucoup de vestiges antiques ont été repêchés.

인어 人魚 명 sirène *f*. ¶ ~ 공주 la petite sirène.

인연 因緣 명 ① 관계 relations *fpl*, origine *f*, lien *m*. ¶ 부부의 ~ les liens conjugaux. ¶ 부모 자식 간의 ~ les liens entre parents et enfants; un lien du sang, des liens de parenté. ② 인과 karma *m*, fatalité *f*, destinée *f*. ¶ 예기치 못한 ~으로 par une coïncidence étrange. ¶ 무슨 ~에서인지 par quelle coïncidence. ¶ 우리가 또 만나게 되다니 묘한 ~입니다 Nous voilà de nouveau ensemble, c'est plus qu'une coïncidence. ③ 유래 origine *f*. ¶ 책을 빌린 것이 ~이 되어 우리는 서로 친구가 되었다 L'emprunt d'un livre fut à l'origine de notre amitié. ◇_(을) **맺다** nouer [établir] des relations [liens] avec *qn*; se mettre en relation avec *qn*. ¶ 의형제의 ~을 맺다 faire le serment d'être frères. ¶ 나는 우연한 기회에 이 고아원과 ~을 맺게 되었다 J'ai noué des relations avec cet orphelinat par hasard. ◇_(을) **끊다** briser [rompre] *ses* liens; cesser des relations. ¶ 부부의 ~을 끊다 rompre les liens conjugaux. ◇_(이) **없다[멀다]** ne pas avoir de relations avec *qn*; n'avoir rien à voir avec *qn*/*qc*. ¶ 나는 돈과는 ~이 없다[멀다] Je ne suis pas doué(*e*) pour gagner de l'argent. ¶ 그 사람은 문학과는 ~이 먼 사람이다 Il n'est pas doué pour la littérature / Il ne s'intéresse pas à la littérature. ◇_(이) **있다** avoir des relations avec *qn*; avoir à voir avec *qn*/*qc*. ¶ 누구와 깊은 ~이 있다 avoir des relations étroites [liens étroits] avec *qn*. ¶ 그 여자는 돈과 ~이 있다 Elle est douée pour gagner de l'argent. ¶ ~이 있으면 또 만나겠지요 On va se revoir à l'occasion / Si Dieu le veut, nous nous reverrons.

***옷깃만 스쳐도 ~이다** Tout hasard contient quelque chose de fatal / Toute rencontre est précieuse / La moindre rencontre relève du karma ((alors tu imagines à quel point notre rencontre était fatale)).

인욕 忍辱 명 patience *f*, endurance *f*.

인용 引用 명 citation *f*. ¶ 이 문장은 ~ 가치가 있다 Cette phrase vaut la peine d'être citée. ◇_(을) **하다** citer ((un auteur)). ¶ 저자의 말을 ~하다 citer un auteur. ¶ 이 문장은 볼테르에게서 ~한 것이다 Cette phrase est une citation de Voltaire. ¶ 앞서 ~한 작가 l'auteur cité ci-dessus. ¶ 앞서 ~한 책[곳] le livre [l'endroit] cité ci-dessus. ◇_(이) **되다** être cité(*e*). ¶ 이 논문에서는 말이 잘못 ~되어 있다 Il y a une citation fausse dans ce mémoire. ¶ 앞뒤의 연관이 무시된 채 ~되다 La citation n'a aucun rapport avec les phrases précédentes ou suivantes.

◆**_구** -句 명 citation *f*.

◆**_문** -文 명 ① citation *f*. ¶ ~문의 출처를 밝히다 indiquer l'origine de la citation. ② 【언어】 phrase *f* du discours *m* rapporté. ¶ ~문을 이탤릭체로 하다 mettre les phrases du discours rapporté en italique.

◆**_부호** -符號 명 guillemet *m*. ¶ ~ 부호를 붙이다 mettre une citation entre guillemets.

◆**_서적** -書籍 명 ouvrage *m* cité.

◆**_조사** -助詞 명 【언어】 particule *f* de citation (du discours rapporté indirect).

인원 人員 명 personnel *m*; nombre *m* de personnes; effectif *m*. ¶ ~ 감축 une réduction du(de) personnel. ¶ ~ 점검[파악] le dénombrement du personnel. ¶ ~이 부족하다[적다, 많다] manquer [avoir peu , beaucoup] de personnel. ¶ ~을 늘리다[줄이다] augmenter [réduire] le personnel. ¶ ~을 많이 확보하다 avoir [employer] beaucoup de personnes; abonder en ressources humaines; être riche en main-d'œuvre. ¶ ~을 배치하다 poster le personnel.

◆**_수** -數 명 effectif *m*; nombre *m* d'hommes [de personnes]. ¶ ~수를 점검하다 dénombrer des personnes. ¶ ~수를 채우다 compléter l'effectif. ¶ ~수를 맞추다 équilibrer l'effectif.

◆**연_** 延- 명 nombre *m* total de personnes. ☞ 인원

인위적 人爲的 명관 artificiel(*le*); fabriqué(*e*); factice. ¶ ~으로 artificiellement, facticement. ¶ 지나치게 ~인 느낌을 주다 donner une impression trop artificielle.

인육 人肉 명 chair *f* humaine. ¶ ~을 먹다 manger de la chair humaine.

인의 仁義 명 humanité *f* et justice *f*, bienveillance *f* et justice *f*.

인자[1] 因子 명 facteur *m*.

◆**유전_** 遺傳 명 facteurs *mpl* d'hérédité.

인자[2] 人子 명 【성서】 Fils *m* de l'homme.

인자[3] 仁者 명 homme *m* de vertu, homme *m* de cœur, homme *m* généreux, généreux *m*. ¶ ~는 산을 좋아한다 L'homme de vertu aime la montagne.

인자[4] 仁慈 어근 ◆**_하다[스럽다]** 형 être généreux(*se*), charitable. ¶ ~한 할아버지 같은 인상[모습] un air de grand-père généreux. ¶ 그 사람은 아랫사람에게 매우 ~하다 Il est très généreux envers ceux qui lui sont inférieurs.

인장 印章 명 sceau(*x*) *m*, cachet *m*; timbre *m*. ¶ ~을 새기다[파다] graver un sceau [cachet]. ¶ ~을 위조하다 contrefaire un sceau. ¶ ~을 대조해 보다 confronter des sceaux. ¶ ~을 찍다 mettre [apposer] *son* sceau; appliquer un cachet sur *qc*; imprimer [apposer] *son* timbre.

◆**_업[업자]** -業[業者] 명 gravure *f* [graveur *m*] de

sceaux.

인재 人材 명 talent *m*, homme *m* capable [compétent], homme *m* de valeur. ¶ ~를 등용하다 nommer des hommes de talent aux postes les plus élevés; employer des hommes de valeur. ¶ ~를 키우다[양성하다] former des talents. ¶ ~를 찾다[구하다] chercher des talents. ¶ ~를 적재적소에 기용하다 mettre l'homme compétent à la place qui lui convient. ¶ ~가 부족하다[없다] manquer de cadres talentueux.

인적[1] 人的 명관 humain(*e*). ¶ ~ 자원이 풍부하다 abonder en ressources humaines; être riche en main-d'œuvre. ¶ 이 모임은 ~ 구성이 좋다 Ce groupe est composé de membres valeureux. ¶ ~ 피해가 심하다 faire de nombreuses victimes.

인적[2] 人跡 명 trace *f* humaine; pas *m* humain. ¶ ~이 드문 길 un chemin peu fréquenté. ¶ 밤이 깊어지면서 ~이 끊겼다 La nuit étant fort avancée, la rue était désertée.

인절미 명 gâteau *m* de riz glutineux.

인접 隣接 명 contiguïté *f*, proximité *f*, voisinage *m*; mitoyenneté *f*. ¶ ~ 국가 des pays voisins. ¶ ~ 지역 des régions voisines. ¶ ~ 도시와 부락들 des villes voisines et des villages contigus. ¶ ~ 분야[학문] des domaines contigus.

◆**_하다** 자 voisiner; être contigu(*ë*), accolé(*e*), adjacent(*e*), voisin(*e*); être mitoyen(*ne*); être placé(*e*) près de *qn*/*qc*. ¶ 기차역에 ~한 주택가 un quartier résidentiel contigu à la gare. ¶ 우리 동네는 공장 지대와 ~해 있다 Notre quartier est contigu à [voisin avec] la zone industrielle. ¶ 두 집은 서로 ~해 있다 Les deux maisons sont voisines [sont mitoyennes, se touchent].

◆**_국** -國 명 états *mpl* voisins.

인정[1] 人情 명 pitié *f*, compassion *f*, apitoiement *m*, sentiments *mpl* humains; humanité *f*, bonté *f*, bienveillance *f*, sympathie *f*. ¶ 훈훈한 ~ une compassion chaleureuse. ¶ 그 남자는 ~이 많다 C'est un homme de cœur / Il a bon cœur. ¶ ...하는 것이 ~이다 Il est dans la nature de l'homme de+*inf*. ◇_(**이**) **있다** être humain(*e*), aimable, gentil(*le*), affable, bienveillant(*e*); avoir de la compassion. ◇_(**이**) **없다** être insensible, impitoyable, inhumain(*e*); ne pas avoir de cœur.

◆**_스럽다** 형 être chaleureux(*se*), affectueux(*se*), sympathique; avoir bon cœur.

◆**_상** -上 명 par pitié *f*. ¶ ~상 그를 도와주지 않을 수 없다 Par pitié, je ne peux que l'aider.

◆**_머리** 명 bon cœur *m*, sympathie *f*, bienveillance *f*. ¶ ~머리가 없다 ne pas avoir de cœur; n'avoir rien d'humain.

◆**_미** -味 명 bon cœur *m*, sympathie *f*, bienveillance *f*.

◆**_사정** -事情 명 pitié *f*. ¶ 그 사람은 돈 문제에는 ~사정없다 Il n'a aucune pitié quand il s'agit d'argent. ¶ ~사정없이 패다[때리다] frapper [battre] sans aucune pitié.

*~**사정 볼 것 없다** être impitoyable, dur, sec, insensible, sans cœur, sans pitié.

인정[2] 仁政 명 gouvernement *m* bienveillant; administration *f* compréhensive. ¶ ~을 베풀다 gouverner avec bienveillance.

인정[3] 認定 명 reconnaissance *f*; constatation *f*; attestation *f*. ¶ 자격 ~ 시험 un concours de qualification. ¶ 사실의 ~ la reconnaissance d'un fait. ◇_(**을**) **하다** reconnaître, constater; attester; admettre. ¶ 자기의 실수[패배]를 ~하다 reconnaître *ses* erreurs [s'avouer vaincu]. ¶ 무엇의 필요성을 ~하지 않다 ne pas reconnaître la nécessité de *qc*. ¶ 작품의 우월성을 ~하다 reconnaître la prééminence d'une œuvre. ¶ 그것까지도 ~한다 On accepte [reconnaît] même cela. ¶ 그 여자는 마침내 그를 사윗감으로 ~하였다 Elle l'a enfin reconnu pour [accepté comme] gendre. ¶ 회원들은 그를 회장으로 ~하지 않았다 Les membres ne l'ont pas reconnu président. ¶ 우리는 그 사람의 말을 사실로 ~한다 Nous reconnaissons qu'il a raison. ¶ 판사는 그 여자가 무죄임을 ~하였다 Le juge l'a reconnue innocente. ¶ 내가 잘못 생각했다는 것을 ~한다 Je reconnais m'être trompé(*e*). ¶ 그 사람은 자신의 계획이 무모했다고 ~했다 Il a admis que son projet était hardi. ◇_(**을**) **받다** être reconnu(*e*), constaté(*e*), attesté(*e*), admis(*e*). ¶ 그의 천재성은 널리 ~받고 있다 Son génie est reconnu de(par) tout le monde. ¶ 그의 능력은 동료들로부터 ~을 받았다 Ses collègues ont reconnu sa capacité. ¶ 그의 이론은 사회적으로 ~을 받았다 Sa théorie a été reconnue dans la société. ¶ 그의 주장은 세상의 ~을 받지 못했다 Son opinion n'a pas été admise dans le monde. ◇_(**이**) **되다** être reconnu(*e*), constaté(*e*), attesté(*e*), admis(*e*). ¶ 그 사람의 성실성이 동료들 간에 ~되었다 Ses collègues ont reconnu sa sincérité. ¶ 그 사람이 무죄임이 ~되었다 Il a été reconnu innocent. ¶ 그 도자기는 진품으로 ~되었다 Cette céramique a été reconnue authentique [vrai]. ¶ 그 작가는 우리 시대 최고의 작가로 ~되고 있다 Il est reconnu comme le meilleur auteur de notre époque. ¶ 죄수들에게는 하루 한 번의 면회가 ~되고 있다 Les prisonniers peuvent avoir une visite par jour.

인제 명부 maintenant, à présent, désormais. ☞ 이제

인조 人造 어근 artificiel(*le*), factice, fabriqué(*e*), postiche. ¶ ~ 고무[가죽] du caoutchouc artificiel [du cuir artificiel, de la moleskine, du skaï, un synderme].

◆**_견** -絹 명 soie *f* artificielle; rayonne *f*.

◆**_인간** -人間 명 robot *m*, automate *m*.

인종 人種 명 race *f* humaine. ¶ ~의 벽을 넘어서 en dépassant la barrière entre les races humaines. ¶ 그 두 종족은 ~이 같다[다르다] Ces deux tribus sont[ne sont pas] de même race.

◆**_적** -的 명관 racial(*ale, aux*), ethnique. ¶ ~적 편견 un préjugé racial.

◆_문제 -問題 명 question *f* raciale. ¶~ 문제로 갈등을 겪다 avoir des difficultés à cause de la question raciale.

◆_차별 -差別 명 discrimination *f* [ségrégation *f*] raciale; apartheid *m*. ¶~차별을 하다 pratiquer la ségrégation. ¶~차별을 받대[당하다] subir une discrimination raciale.

◆_차별주의 -差別主義 명 racisme *m*, ségrégationnisme *m*.

◆백_ 白- 명 race *f* blanche.

◆유색_ 有色- 명 population *f* de couleur.

◆황_ 黃- 명 race *f* jaune.

◆흑_ 黑- 명 race *f* noire.

인주 印朱 명 pâte *f* rouge ((pour sceaux)), tampon-encreur(~*s*-~*s*) *m* rouge ((pour encrer *son* sceau)). ¶도장에 ~를 묻히다 encrer un sceau de pâte [d'encre] rouge.

인준 認准 명 ratification *f*, approbation *f*, validation *f*; reconnaissance *f*; consentement *m*; homologation *f*. ◇_(을) **하다** ratifier, approuver; valider; reconnaître; consentir à *qc*; homologuer. ¶위원단은 그 계획안을 ~하지 않았다 Les membres de la commission n'ont pas approuvé le projet. ¶회장의 유임을 ~하다 approuver que le président reste en fonction. ◇_(이) **되다** être ratifié(*e*), approuvé(*e*). ¶계획안이 위원회에서 ~되었다 Le projet a été approuvé par une commission. ◇_(을) **받다** obtenir une ratification. ¶계획안이 대통령의 ~을 받았다 Le projet a été ratifié par le président.

인중 人中 명 partie *f* creuse entre le nez et la lèvre supérieure, sillon *m* sous-nasal. ¶그 남자는 ~이 길다[짧다] Son nez et sa lèvre sont très [peu] espacés.

-인즉 조 puisque, comme; étant donné que +*ind*. ¶말~ à vrai dire. ¶그의 말~ selon [d'après] lui. ¶사실~ le fait [la vérité] est que+*ind*; à la vérité; en réalité; à vrai dire; pour dire la vérité; au fond; en fait.

-인즉슨 조 ☞ -인즉

인증 認證 명 certification *f*, attestation *f*, authentification *f*; homologation *f*. ¶해당 기관의 ~이 있는 사본 une copie certifiée conforme. ◇_(을) **하다** certifier, attester, authentifier; homologuer. ¶누구의 진술을 ~하다 authentifier le témoignage de *qn*. ◇_(을) **받다** subir une attestation. ¶협회의 ~을 받은 제품 produit reconnu par une association. ◇_(이) **되다** être certifié(*e*), attesté(*e*).

◆_서 -書 명 certificat *m*, attestation *f*.

인지[1] 人智 명 intelligence *f* humaine; connaissances *fpl* humaines. ¶아직 ~가 발달하지 못했을 때에는 quand l'intelligence humaine n'était pas encore développée ...

인지[2] 印紙 명 timbre *m*, timbre *m* fiscal, timbre-quittance *m*. ¶~를 첨부하대[붙이다] timbrer; coller [mettre] un timbre.

◆_대 -代 명 prix *m* du timbre.

◆_세 -稅 명 droit *m* de timbre.

◆수입_ 收入- 명 timbre-quittance *m*, timbre *m* de quittance, timbre *m* fiscal.

인지[3] 認知 명 ① 앎, 인식 reconnaissance *f*, cognition *f*, connaissance *f*. ¶어린이의 ~ 발달 과정 le processus du développement intellectuel [cognitif] de l'enfant. ② ((법률상의)) 인정 reconnaissance *f*. ¶~ 소송 un procès de reconnaissance. ◇_(를) **하다** reconnaître; détecter. ¶~할 수 있는 reconnaissable. ¶아이가 자신의 자식임을 ~하다 reconnaître un enfant (comme le *sien*). ¶그 사람은 그때 이미 이 사실을 ~하고 있었다 Il reconnaissait déjà le fait à ce moment-là. ◇_(가) **되다** être reconnu(*e*). ¶신장에서는 아무런 이상도 ~되지 않았다 On n'a détecté aucune anomalie dans le rein.

◆_도 -度 명 degré *m* de reconnaissance. ¶이 제품은 소비자 ~도가 높대[낮다] Ce produit est bien [mal] reconnu par les consommateurs.

◆_과학 -科學 명 sciences *fpl* cognitives.

◆_심리학 -心理學 명 psychologie *f* cognitive.

인지상정 人之常情 명 nature *f* humaine; humanité *f*, sentiments *mpl* humains. ◇_**이다** il est dans la nature de l'homme de+*inf*. ¶불쌍한 사람은 도와주는 게 ~이다 Il est dans la nature de l'homme d'aider les pauvres.

인질 人質 명 otage *m*. ¶~을 석방하다 libérer[délivrer] un otage. ¶누구를 ~로 잡다 s'emparer de *qn* comme otage; retenir[détenir] *qn* comme [en] otage. ¶누구를 ~로 하여 협상을 벌이다 négocier en retenant *qn* comme otage.

◆_극 -劇 명 prise *f* d'otage. ¶~극을 벌이다 faire une prise d'otage.

◆_석방금 -釋放金 명 rançon *f*.

인책 引責 명 fait d'assumer une faute le plus souvent en démissionnant de ses responsabilités et de son poste. ¶장관의 ~을 요구하다 demander la démission du ministre ((façon dont le ministre assume sa faute)). ¶위원단이 그의 ~을 논의하였다 Les membres du comité ont débattu sur la façon dont il fallait amener le ministre à assumer sa faute ((par exemple en démissionnant)). ¶당원들로부터 ~공세를 받았다 Les membres inscrits du parti lui ont demandé d'assumer sa faute ((par exemple en démissionnant)). ¶그 직원은 그 일로 ~사임하였다 Il a démissionné de son poste pour assumer ses fautes dans cette affaire. ◇_(을) **하다** assumer une faute le plus souvent en démissionnant de *ses* responsabilités et de *son* poste. ◇_(을) **받다** devoir assumer une faute le plus souvent en démissionnant de *ses* responsabilités et de *son* poste.

◆_성 -性 명 devant assumer une faute le plus souvent en démissionnant de *ses* responsabilités et de *son* poste.

인척 姻戚 명 parents *mpl* par alliance, allié *m*. ¶그들은 ~간이다 Ils sont alliés / Ce sont des alliés.

ㅇ

¶ ~을 멀리하다 tenir les alliés à distance; éviter *ses* alliés.

◆**친_ 親** 명 parents *mpl* et alliés *mpl*. ¶ 친~을 기용하다 employer *ses* parents et alliés.

◆**_관계 -關係** 명 lien *m* de parenté [du sang]; alliance *f*. ¶ ~ 관계를 맺다 s'allier à une famille. ¶ 나는 그와 ~ 관계이다 Lui et moi, nous sommes des alliés [unis par alliance].

인천상륙작전 仁川上陸作戰 명 【역사】 opération *f* de débarquement des troupes américaines à Incheon (((à 30 km de Séoul), sous le commandement du général MacArthur, le 15 septembre 1950, pendant la guerre de Corée (1950-1953))).

인체 人體 명 corps *m* humain; machine *f* humaine. ¶ ~의 신비 le mystère du corps humain. ¶ 이 물질은 ~에 해롭다[이롭다] Cette substance est nuisible [bénéfique] à la santé.

◆**_실험 -實驗** 명 expérience *f* sur des corps humains.

인촌 隣村 명 village *m* voisin.

인출 引出 명 retrait *m* ((d'argent)). ¶ 예금 ~ un retrait d'argent (à la banque). ◇_(을) **하다** retirer ((de l'argent à un distributeur de billets)). ¶ 은행[현금인출기]에서 돈을 ~하다 retirer de l'argent à la banque [dans une banque, au distributeur d'une banque]. ¶ 통장에서 수표로 백만 원을 ~하다 retirer en chèque un million de wons d'un compte bancaire. ◇_(이) **되다** être retiré(*e*), pouvoir retirer. ¶ 은행 카드로 한 번에 ~되는 최고액 le maximum qu'on peut retirer avec une carte bancaire.

◆**현금_기 現金機** 명 distributeur *m* (automatique) de billets [((약자)) DAB *m*], billetterie *f* (automatique).

인치 영{inch} 분류 pouce *m* (2,54 cm). ¶ 20~ 텔레비전[모니터] une télévision [un téléviseur] de vingt pouces (51 cm) [un écran d'ordinateur de vingt pouces]. ¶ 나는 허리가 30~이다 Je fais trente pouces [76 centimètres] de tour de taille.

인칭 人稱 명 【언어】 personne *f*. ¶ 1~ 단수 première personne du singulier ¶ 3~ 복수 troisième personne du pluriel

◆**_대명사 -代名詞** 명 【언어】 pronom *m* personnel. ¶ 약세 ~대명사 pronom(*s*) personnel(*s*) atone(*s*) [conjoint(*s*)] ((≠tonique(*s*), disjoint(*s*))).

◆**비_ 非-** 명 impersonnel(*le*). ¶ 비~ 구문 une construction impersonnelle. ¶ 비~ 동사 un verbe impersonnel, un impersonnel.

◆**삼_ 三-** 명 la troisième personne *f*. ¶ 삼~ 서술 une narration à la troisième personne.

◆**이_ 二-** 명 la deuxième personne *f*.

◆**일_ 一-** 명 la première personne *f*. ¶ 일~ 시점 un point de vue à la première personne.

인큐베이터 영{incubator} 명 incubateur *m*. ¶ 미숙아들을 ~에 넣다 mettre des bébés prématurés dans l'incubateur.

인터넷 영{internet} 명 (l')Internet *m*, réseau *m* mondial, le Web *m*, le net *m* {*fam*}, la Toile. ¶ ~ 정보 검색 une recherche d'information sur (l')Internet. ¶ ~ 망을 구축하다 constituer un réseau internet. ¶ ~ 이메일 un courrier électronique, un courriel, un (e)mél, un e-mail. ¶ ~ 폰 le téléphone sur[via] l'Internet. ¶ ~ 홈페이지를 구축하다[만들다, 개설하다] créer une page d'accueil. ¶ ~에 접속하다 accéder à l'Internet; se connecter à l'Internet. ¶ ~에서 정보를 구하다 chercher une information sur l'Internet [sur le Web]. ¶ ~으로 소식을 전하다 donner de *ses* nouvelles par e-mail. ¶ ~을 이용한 전자상거래 une transaction électronique par l'Internet. ¶ ~을 통해 해킹을 하다 pirater ((*qc*)) en utilisant l'Internet [sur l'Internet].

인터뷰 영{interview} 명 interview *f*. ¶ ~ 기사 un article d'interview. ¶ 신문의 ~난 une rubrique d'interview. ¶ 단독 ~ une interview exclusive. ¶ 전화 ~ une interview par téléphone. ¶ 기자와의 ~ une interview avec un journaliste. ¶ ~ 기사를 잡지에 싣다 publier un article d'interview [une interview] dans une revue. ¶ ~를 거절하다 refuser une interview. ¶ 누구에게 ~를 요청하다 demander une interview à *qn*. ¶ ~에 응하다 accorder une interview. ◇_(를) **하다[가지다]** interviewer *qn*, donner une interview à *qn*. ¶ 유명한 정치가와 ~를 하다 interviewer un homme politique célèbre. ¶ 기자는 그 여배우와 ~를 가졌다 Un journaliste a interviewé cette actrice.

인터셉트 영{intercept} 명 interception *f* ((du ballon, d'une passe)). ◇_(를) **하다** intercepter ((le ballon, une passe)).

인터체인지 영{interchange} 명 échangeur *m*, intersection *f* routière. ¶ 자동차가 ~를 빠져나갔다 Une voiture est sortie de l'autoroute / Une voiture a quitté l'autoroute. ¶ 다음 ~에서 빠져나가자 Sortons au prochain échangeur!

인터폰 영{interphone} 명 interphone *m*. ¶ 누구를 인터폰으로 부르다 appeler *qn* par interphone.

인터폴 영{Interpol} 명 ((국제경찰)) Interpol ((*the International Criminal Police Organization*)).

인턴 영{intern} 명 interne *mf*. ¶ 그 사람은 한 종합병원에서 ~으로 있다 Il est interne dans un centre hospitalier [un CHU].

◆**_사원 -社員** 명 stagiaire *mf*, apprenti(*e*). ¶ 회사에서 ~사원을 모집한다 L'entreprise recrute des stagiaires.

인테리어 영{interior} 명 décoration *f* intérieure; architecture *f* intérieure. ¶ ~ 사업 une entreprise de décoration intérieure. ¶ ~를 잘해 놓은 집 une maison bien décorée. ¶ 아파트 ~에 신경을 많이 쓰다 se préoccuper beaucoup de la décoration de *son* appartement.

◆**_디자인** 영{interior design} 명 design *m* de décoration intérieure.

인텔리 영 명 intellectuel(*le*). ¶ ~ 계층 un milieu intellectuel. ¶ 그 사람은 ~다 C'est un(*e*)

ㅇ

intellectuel(*le*) / C'est un(*e*) intello {*fam*}.
인텔리겐치아 러 명 *intelligentsia*, intellectuel(*le*).
인파 人波 명 foule *f*, monde *m*, masse *f*; une nuée *f* de gens, une flopée *f* de gens, des tas *mpl* de gens, une ribambelle *f*. ¶ 끝없는[엄청난] ~ une foule interminable [immense]. ¶ ~가 구름같이 몰리다 venir en foule [en nuée, en masse, en tas]. ¶ ~에 휩쓸리다 être pris(*e*) dans la foule [dans la masse]. ¶ ~를 헤집고[뚫고] 나아가다 fendre la foule [la masse].
인편 人便 명 ((au bon soins de)) personne *f*. ¶ ~에[으로] 무엇을 보내다 envoyer *qc* par l'intermédiaire de *qn*. ¶ ~에 부탁하여 편지를 전하다 envoyer une lettre aux bons soins de *qn*.
인품 人品 명 personnalité *f*, bon caractère *m*; vertu *f*. ¶ 뛰어난[점잖은, 원만한] ~의 소유자 une personne distinguée [tranquille, paisible, agréable]; un personnage remarquable [posé, sociable]. ¶ 나는 한눈에 그 손님의 ~을 알 수 있었다 Au [du] premier coup d'œil, j'ai reconnu la personnalité du client.
인프라 영{infrastructure} 명 infrastructure *f*. ¶ ~를 구축하다 établir [construire, constituer, édifier, élaborer] une infrastructure. ¶ ~에 투자하다 investir dans l'infrastructure.
인플레 영{inflation} 명 inflation *f*. ¶ 학력 ~ l'inflation du nombre des diplômés. ¶ ~ 현상이 지속되고 있다 Le phénomène [La tendance] inflationniste continue. ¶ 심한 ~로 사람들은 살기가 힘들다 À cause des poussées inflationnistes, on vit dans la gêne / À cause d'une forte inflation, on vit difficilement.
인플레이션 영{inflation} 명 ☞ 인플레
인플루엔자 영{influenza} 명 grippe *f*, influenza *f* {*vx*}. ¶ ~에 걸리다 attraper [contracter, avoir, choper {*fam*}] la grippe.
인하 引下 명 réduction *f*, diminution *f*, baisse *f*. ¶ 금리 ~ la baisse du taux d'intérêt. ¶ 유가 ~ la baisse du prix du pétrole. ¶ 지하철 요금 ~ la baisse du prix des tickets de métro. ◇_(를) **하다** réduire *qc*; diminuer *qc*; baisser *qc*; abaisser *qc*; rabaisser *qc*; faire descendre [baisser] *qc*. ¶ 금리를 5 % ~하다 baisser le taux d'intérêt de 5 %. ◇_(가) **되다** diminuer, baisser. ¶ 컴퓨터 가격은 해마다 ~되고 있다 Tous les ans, le prix des ordinateurs diminue [baisse]. ¶ 30 % ~된 가격으로 물건을 팔다 vendre un produit avec une réduction de 30 %.
◆**_분** -分 명 partie *f* [proportion *f*] diminuée [abaissée].
◆**_책** -策 명 politique *f* déflationniste. ¶ 물가 ~책을 강구하다 rechercher un moyen approprié pour appliquer une politique déflationniste.
◆**_폭** -幅 명 marge *f* de réduction [de rabais]. ¶ 가격 ~ 폭이 너무 작다[크다] La marge de réduction est trop grande [faible].
인하다 因- 자 être dû(*ue*) à *qc*, être causé(*e*) par; tirer *son* origine de *qc*; venir de *qc*, résulter de *qc*, provenir de *qc*. ¶ 홍수로 인한 피해 des dégâts dus à une inondation. ¶ 운전 부주의로 인한 사고 un accident de la route dû à un moment d'inattention [dû à l'inattention]. ¶ 병으로 인해 결석하다 s'absenter [être absent(*e*)] pour raison de santé [de maladie]. ¶ 이 싸움은 오해로 인해 일어난 것이다 Cette querelle résulte d'un malentendu / Un malentendu [Un quiproquo] est à l'origine de cette dispute.
인해 人海 명 foule *f* innombrable [immense, dense, compacte, tumultueuse, grouillante, fourmillante], masse *f* compacte, tumultueuse, grouillante, fourmillante].
◆**_전술** -戰術 명 tactique *f* de la marée humaine. ¶ ~전술을 쓰다 employer [avoir recours à, recourir à] la tactique de la marée humaine.
인허 認許 명 autorisation *f*, reconnaissance *f*, approbation *f*, agrément *m*. ¶ 정부의 각종 ~ 업무 les différents services gouvernementaux de délivrance d'autorisations. ◇_(를) **하다** permettre *qc* à *qn*; donner à *qn* la permission de+*inf*; autoriser *qn* à +*inf*; donner [accorder] à *qn* l'autorisation de+*inf*. ¶ 그린벨트 내의 건축을 ~해 주다 donner le permis de construire dans les zones vertes. ◇_(를) **받다** obtenir une permission [une autorisation]. ◇_(가) **되다** être permis(*e*), autorisé(*e*).
인형 人形 명 poupée *f*, marionnette *f*, guignol *m*; ((털 인형)) peluche *f*, ((어린애 말)) nounours *m*. ¶ 곰 ~ un nounours; un ours en peluche. ¶ ~ 같은 얼굴 un visage de poupée; une figure poupine. ¶ ~을 가지고 놀다 jouer à la poupée; jouer avec une poupée [avec une peluche].
◆**_극** -劇 (théâtre *m* de) marionnettes *fpl*; guignol *m*. 명
◆**_놀이** 명 jeu *m* de poupée; ((jouer à)) la poupée.
◆**종이_** 명 poupée *f* de papier [en papier mâché].
인화[1] 人和 명 accord *m*; harmonie *f*, paix *f*, concorde *f*. ¶ 이 회사의 사장은 ~를 중시한다 Le président de cette entreprise accorde de l'importance à l'entente cordiale. ¶ 힘든 때일수록 가족들 간의 ~가 필요하다 Plus on a des difficultés, plus on a besoin d'être uni en famille. ◇_(를) **하다** s'unir, s'harmoniser, s'accorder, concorder. ¶ 구성원들이 서로 ~하지 않으면 아무것도 이룰 수 없다 Sans harmonie, les participants n'arriveront à rien (faire) / Si les membres ne s'harmonisent pas bien entre eux, ils n'arriveront à rien faire.
◆**_단결** -團結 명 union *f*, solidarité *f*. ¶ ~ 단결(을) 하다 s'unir; faire bloc; faire corps; se solidariser avec *qn*.
인화[2] 印畫 명 ((사진)) tirage *m* ((d'une épreuve, d'un cliché)). ◇_(를) **하다** tirer ((une épreuve)), tirer ((une photo)). ¶ 사진[필름]을 ~하다 développer un cliché [une pellicule]. ◇_(가) **되다** être développé(*e*), tiré(*e*). ¶ ~된 사진 une photo développée.
◆**_지** -紙 명 papier *m* sensible.
인화[3] 引火 명 ignition *f*, combustion *f*, inflammation

m. ¶ ~ 물질 une substance inflammable. ¶ 이 액체는 ~(의) 위험이 있다 Ce liquide est inflammable / Ce liquide est un dangereux produit inflammable / Ce liquide comporte le risque de s'enflammer. ◇_(를) **하다** s'enflammer; prendre feu, brûler, flamber; cramer {*fam*}. ¶ 쉽게 ~하지 않는 방염천 une étoffe [un tissu] ignifugé(*e*) [ininflammable, apyre]. ◇_(가) **되다** s'enflammer, prendre feu, brûler, se consumer; cramer {*fam*}. ¶ 담뱃불이 휘발유에 ~되어 불이 났다 La cigarette allumée a enflammé le carburant et provoqué l'incendie.

◆_**성** -性 명 inflammabilité *f*. ¶ ~성 액체 un liquide inflammable. ¶ 이 물질은 ~성이 강하다[크다]. Cette matière est très inflammable / Cette matière s'enflamme facilement.

◆_**물** -物 명 substance *m* inflammable. ¶ 장식물이 ~물이 되어 화재가 발생했다 Le bibelot s'est enflammé et a causé l'incendie.

◆_**점** -點 명 【화학】 point *m* d'inflammation.

인후 咽喉 명 【해부】 gorge *f*, gosier *m*. ¶ ~에 염증이 있다 avoir une inflammation de la gorge [une angine, des maux de gorge, une pharyngolaryngite, une pharyngite, une laryngite]; avoir mal à la gorge [un mal de gorge]; avoir un chat [une boule] dans la gorge.

◆_**염** -炎 명 mal *m* de gorge, maux *mpl* de gorge; angine *f*; inflammation *f* de la gorge; pharyngolaryngite(~-~*s*) *fpl*, pharyngite *f*; laryngite *f*; esquinancie *f* {*méd*}.

일[1] 명 ① 작업, 계획 travail (*aux*) *m*; besogne *f*, labeur *m*. ¶ 쉬운[수월한] ~ un travail facile [un travail aisé, cool], un travail simple. ¶ 어려운[힘든] ~ un(*e*) lourd(*e*) [rude] besogne [travail]; un travail difficile [dur, pénible, éprouvant, épuisant, fatigant, harassant]. ¶ 날마다 하는 ~ un travail quotidien [journalier, de tous les jours]. ¶ 편안한 ~ un travail tranquille [paisible]. ¶ 진력나는 ~ une besogne fastidieuse, un travail ennuyeux [barbant {*fam*}]. ¶ 보수가 좋은 ~ un travail bien rémunéré [très rémunérant]; un travail bien payé, un travail lucratif. ¶ 무너진 다리를 보수하는 ~ le travail de rénovation d'un pont effondré. ¶ 하루 ~을 마치다 terminer une journée de travail. ¶ ~을 마련해 주다 procurer du travail à *qn*; tailler de la besogne à *qn*. ¶ ~을 맡기다 confier une tâche à *qn*; donner du travail à *qn*. ¶ ~을 배우다[가르치다]. apprendre un métier; faire *son* apprentissage [apprendre *qn* à faire un tel travail]. ¶ ~을 할당하다 assigner [donner] une tâche à chacun. ¶ ~을 중지하다[끝내다]. interrompre [terminer] une tâche [un travail]. ¶ ~을 꾀하다[도모하다]. chercher à+*inf*; aspirer à+*inf*; s'efforcer d'obtenir [de réaliser] *qc*; essayer de faire *qc*. ¶ ~을 그르치다 gâter *qc*; rater *qc*; gâcher *qc*; louper *qc*, manquer *qc*; saloper *qc* {*fam*}; ((일 따위가)) rater, foirer {*fam*}. ¶ ~을 분담하다 partager le travail, prendre [avoir] part au travail. ¶ ~을 쉬다 se reposer; se délasser; prendre du repos; se détendre. ¶ ~을 시작하다 se mettre au travail [au boulot {*fam*}]; commencer à travailler; mettre la main à la pâte. ¶ ~을 떠맡다 se charger de *qc*; prendre en charge *qc*; prendre une tâche en main. ¶ 그 사람은 ~을 즐기고 있다 Il prend plaisir à travailler / Il est heureux quand il travaille. ¶ 누구 대신 ~을 하다 travailler à la place de *qn*; remplacer *qn*. ¶ 그 ~에 나도 끼워 다오 Fais-moi participer au travail [à cette affaire]. ¶ ~에 쫓기다[몰리다] être débordé(*e*) [surchargé(*e*), accablé(*e*)] de travail. ¶ ~에 착수하다 se mettre à travailler, commencer à travailler. ¶ 댁이 하는 ~[직업]은 뭐지요? Qu'est-ce que vous faites dans la vie? / Qu'est-ce que vous faites (comme travail)? / Quel est votre métier? / Quelle est votre profession? ¶ 너희 삼촌은 무슨 ~에 종사하시니? Quelle est la profession de ton oncle? / Ton oncle, qu'est-ce qu'il fait dans la vie? ¶ 너는 아침에 ~이 잘되니? Travailles-tu bien dans la matinée? / Tu travailles bien le matin? ¶ ~이 산더미처럼 쌓여 있다 avoir une montagne de travail [de choses à faire], avoir du pain sur la planche {*fam*}, avoir beaucoup [trop] de travail, avoir un travail fou [monstre] {*pop*}, avoir une tonne de travail {*pop*}, avoir des tonnes de choses à faire {*pop*}, avoir un tas de choses à faire {*fam*}, avoir fort à faire, être surchargé(*e*) de travail, être débordé(*e*) / Il reste encore une montagne de travail [une montagne de choses à faire] / J'ai encore une montagne de [une tonne de {*pop*}, beaucoup de] travail / J'ai encore une montagne [des tas, une tonne, des tonnes] de choses à faire {*pop*} / J'ai encore un travail fou {*pop*} / J'ai un tas de choses à faire {*fam*} / Je suis surchargé(*e*) de travail / Je croule sous une avalanche de travail / Je croule sous le travail / Je suis submergé(*e*) de travail [par les occupations, par le travail] / Je suis débordé(*e*) / Je suis dépassé(*e*) par l'ampleur du travail / Je suis noyé(*e*) {*pop*} / Je ne sais plus où donner de la tête. ¶ 몸이 약하다 보니 그 사람에게는 산책하는 것도 ~이다 Il est devenu si faible que même une promenade lui demande des efforts. ¶ 걱정으로 ~이 손에 잡히지 않는다 avoir trop de souci pour pouvoir s'appliquer à *son* travail. ¶ ~이 순조롭게 되어 가고 있다 Tout est en ordre / Le travail prend bonne tournure. ¶ ~이 잘 돌아가고 있다 Les affaires prennent bonne tournure. ¶ 이번 ~이 성사되기만 바란다 Je souhaite qu'on puisse aller au bout de ce travail / J'espère que cette affaire pourra se réaliser(faire). ② 용무 affaire *f*, occupation *f*, travail *m*. ¶ 볼 ~ une affaire; une occupation; un trav*ail*(*aux*) à faire; le but ((d'une visite, d'une démarche)). ¶ 급한 ~ une affaire urgente. ¶ 사적인 ~ une vie privée, des affaires privées. ¶ 공적인 ~ une affaire publique [officielle]. ¶ 갑자기 ~이

생겨서 그 사람과의 약속을 어기고 말았다 À cause d'un contretemps, j'ai manqué mon rendrez-vous avec cette personne. ¶ ~이 겹치다 avoir deux (ou plusieurs) évènements [rencontres, rendez-vous] qui tombent en même temps [le même jour, au même moment]; avoir deux événements qui se chevauchent [qui coïncident]; coïncider (avec), se chevaucher, se recouper. ¶ 무슨 ~이든지 분부만 내리십시오 Je vais me conformer à tous vos ordres / À vos ordres! ¶ 무슨 ~로 오셨습니까? Quelle est la raison [le motif] de votre visite [de votre venue], monsieur(madame)? / Pour quelle raison êtes-vous venu(e), monsieur(madame)? / Qu'est-ce qui vous amène ici? / Que désirez-vous monsieur(madame)? / Que puis-je faire pour vous, monsieur(madame)? / En quoi puis-je vous être utile, monsieur(madame)? ③ 문제 problème *m*, question *f*; affaire *f*, chose *f*. ¶ 명백한[뻔한] ~ une chose évidente [claire]. ¶ 무서운 ~이다 C'est une chose terrible [affreuse] / C'est redoutable [terrifiant, terrible, effrayant]. ¶ 좋은 ~ une bonne question [une question intéressante]; une bonne chose; une chose positive. ¶ 불쾌한[기분 나쁜] ~ un problème désagréable [désobligeant]. ¶ 귀찮은 [골치 아픈] ~ un problème difficile [ennuyeux, épineux], un casse-tête. ¶ 사소한[대수롭지 않은] ~ un problème négligeable [sans importance]. ¶ 금전상의[돈에 관한] ~ une affaire d'argent, une question d'argent. ¶ 정신적인 ~ un problème psychologique. ¶ 정치에 관한 ~ un problème politique. ¶ 집안 ~ un problème familial [des ennuis familiaux, des ennuis domestiques]. ¶ 학교 [회사] ~ des ennuis scolaires [professionnels, de travail], un problème scolaire [professionnel]. ¶ 중요한 ~ une question importante [essentielle]. ¶ 흔히 있는 ~ une chose fréquente; une affaire fréquente. ¶ 다른 ~을 돌볼 겨를이 없다 ne pas du tout être disponible pour d'autres choses; être submergé(*e*) [débordé(*e*)]; ne pas avoir d'autres chats à fouetter {*fam*}; ne pas avoir le temps de s'occuper d'autres choses. ¶ ~을 잘 처리하다 bien résoudre un problème. ¶ 그 ~ 같으면 내가 어떻게 해 보겠다 Pour[Quant à] ce problème, je vais essayer de le résoudre [je vais essayer de trouver une solution]. ¶ 그 ~에 관해서는 나는 아는 것이 없다 Je ne suis pas au courant de ce problème / Je n'ai pas pris connaissance de ce problème / Pour ce problème [pour cette affaire], je ne suis au courant de rien. ¶ 참 이상한 ~이다 C'est bien étrange [bizarre, curieux, surprenant]. ¶ 그것은 불가능한 ~이다 C'est impossible / Ce n'est pas possible. ¶ 내 ~이 아니니 나는 관여하지 않겠다 Cela ne me regarde pas, je ne veux pas y être mêlé(e) [je ne veux pas m'en mêler] / Ce ne sont pas mes affaires, je préfère ne pas m'en mêler. ¶ 이것은 우리끼리의 ~이다 Cela ne regarde que nous / C'est un problème qui ne regarde que nous / Cela ne vous regarde pas / Ce ne sont pas vos affaires / Mêlez-vous de ce qui vous regarde / Allez voir ailleurs si j'y suis. ¶ 그 사람은 모든 ~에 싫증을 잘 내는 편이다 Il a tendance à s'ennuyer facilement de tout. ¶ 모든 ~에는 시작과 끝이 있는 법이다 Tout a son commencement et sa fin. ④ 사정[경우] circonstances *fpl;* problème *m,* question *f*, affaire *f*. ¶ ~이 잘 풀리면 si le problème s'arrange bien / Si l'affaire marche bien. ¶ ~이 꼬였다 Le problème a mal tourné / L'affaire a mal tourné. ¶ ~이 묘하게 되었다 Cela devient une question délicate / Cela est devenu délicat. ¶ ~이 더욱 복잡해졌다 L'affaire s'est embrouillée [compliquée] davantage / Le problème s'est aggravé / Le problème a pris une sale tournure {*fam*}. ¶ 그 사람은 학교에 지각하는 ~이 종종 있다 Il lui arrive parfois d'être en retard à l'école. ¶ ~이 이렇게 되고 말았다 Cela s'est passé comme ça. ⑤ 사건 événement *m*. ¶ ~을 저지르다 ((말썽)) causer des difficultés [des complications]; ((범죄)) commettre ((un crime, une erreur)); perpétrer ((un crime)). ¶ 그 사람과의 지난 ~들이 머릿속을 스쳐 지나갔다 Je repense à ce que j'ai vécu avec lui. ¶ 큰 ~이 벌어졌다 Il est arrivé une catastrophe / Un désastre s'est produit. ¶ 우려했던 ~이 결국 터지고 말았다 Ce que l'on craignait a fini par arriver / Ce que nous avions prévu s'est finalement réalisé / Ce dont nous avions peur est arrivé. ¶ ~만 터지면 그 사람은 나를 찾는다 Chaque fois qu'il a des difficultés [des problèmes], il vient me voir. ¶ 무슨 ~이 일어나면 그 사람과 의논해라 Quand tu as des difficultés, tu peux lui demander conseil [prendre conseil auprès de lui]. ¶ 이 사실을 어머니가 아시면 큰~이다 Si ma mère apprend ça, ce sera une catastrophe / Ce serait une catastrophe si ma mère était au courant [l'apprenait]. ¶ 그 ~로 그 사람은 회사에서 쫓겨났다 À cause de cette affaire [de ça], il a été renvoyé [a été mis à la porte, a été licencié, a perdu son travail]. ¶ 어떤 ~에나 대비를 하다 se préparer à toutes les possibilités [à toutes les éventualités]; se prémunir contre tous les dangers. ⑥ 경험 expérience *f*. ¶ 당신은 미국에 가 본 ~이 있습니까? Est-ce que vous êtes déjà allé(*e*) aux États-Unis? / Êtes-vous déjà allé(*e*)aux États-Unis? ¶ 나는 비행기를 타 본 ~이 없다 Je n'ai jamais pris l'avion / Je n'ai pas pris une seule fois l'avion. ¶ 내가 그 사람을 모함하다니, 난 그런 ~ 없다 J'ai fait de la diffamation à son encontre [Je l'ai calomnié]! Moi, jamais [bien sur que non]! ⑦ 현상 phénomène *m*. ¶ 죽음은 숨 쉬는 ~과 관계가 깊다 La mort est étroitement liée à la respiration.

◇_(을) **하다** exercer une profession [un métier]; travailler, faire un travail [un boulot {*fam*}, un job {*fam*}]. ¶ 당신은 무슨 ~을 하십니까? Qu'est-ce que vous faites (comme travail)? / Qu'est-ce que vous faites dans la vie? Quelle est votre profession?

/ Quel est votre métier? ¶ 저는 학생들을 가르치는 ~을 하고 있습니다 Je suis dans l'enseignement / Je fais de l'enseignement. ¶ 인간은 ~하기 위해 태어났다 L'homme est né pour travailler. ¶ 그 사람은 소처럼 ~만 한다 Il travaille comme une bête [comme un bœuf, une brute] {*vulg*} / Il travaille d'arrache-pied / Il cravache [bosse] dur {*fam*}. ◇_(을) **시키다** confier un travail à *qn*; faire travailler *qn*. ¶ 아이에게 ~을 시키다 faire travailler un [*son*] enfant; confier une tâche [un travail] à *son* enfant. ¶ 힘든 ~을 가장 똑똑한 사람에게 시키다 confier à l'homme le plus brillant les lourdes tâches [le travail pénible]. ◇_(을) **보다** faire *son* travail; s'occuper de *ses* affaires; vaquer à *ses* occupations. ¶ ~이 있어서 시내로 나왔어 Je suis au centre-ville pour mes affaires [parce que j'ai quelque chose à y faire]. ◇_(이) **있다** avoir un problème [des ennuis, un pépin {*fam*}, une tuile {*fam*}]. ¶ 무슨 ~ 있니? Qu'est-ce qui t'arrive? / Qu'est-ce qu'il y a? / Qu'est-ce qui se passe? / Qu'est-ce que tu as? / Tu as [T'as] un problème [des ennuis]? ¶ 그 사람에게 무슨 ~이 있음에 틀림없다 Il lui est sûrement arrivé quelque chose [des ennuis, un pépin {*fam*}, une tuile {*fam*}]. ¶ 무슨 ~이 있더라도 quoi qu'il arrive; à tout prix; coûte que coûte; en tout état de cause. ¶ 시키실 ~이 있습니까? Vous avez quelque chose à me demander [à me faire faire]? ¶ 나는 오늘 ~이 있다 Aujourd'hui, je ne suis pas libre [je suis pris(*e*), je ne suis pas disponible] / Aujourd'hui, j'ai quelque chose à faire [j'ai du travail] / Je suis occupé(*e*). ¶ 그곳에 갈 ~이 있다 Il faut qu'on y aille / Il faut aller là-bas. ◇_(이) **없다** ne pas y avoir de problème; ne pas avoir de travail; n'avoir rien à faire. ¶ 아무 ~ 없다 (Il n'y a) pas de problème / Il n'y a rien de grave. ¶ 그 사람과는 아무런 ~도 없었다 Il ne s'est strictement rien passé avec lui [entre nous]. ¶ 오늘 별다른 ~이 없으면 이따 만나자 Si tu n'as rien de spécial à faire aujourd'hui, on pourrait se voir tout à l'heure. ¶ 오늘은 아무 할 ~이 없다 Aujourd'hui, je n'ai strictement rien à faire / Aujourd'hui, je suis complètement libre. ¶ 그 사람은 요즘 ~이 없어서 쉬고 있다 Ces jours-ci, il est en inactivité, et il prend du repos / Ces temps-ci, il n'a pas de travail à faire et il se repose. Ces jours-ci il n'a rien à faire et il se la coule douce {*fam*} ¶ ~없으니 너는 저리 가라 Tu n'as rien à faire ici, va-t-en! / Va voir là-bas [ailleurs] si j'y suis! {*fam*} / Fiche le camp {*vulg*} d'ici [Tire-toi {*vulg*} (d'ici, de là)] / Tu n'as pas à traîner ici, va ailleurs!. ◇_**이 되다** ((les affaires)) bien marcher; rouler {*fam*}. ¶ 이번 ~만 잘되면 큰돈을 벌 수도 있겠다 Si cette affaire marche bien, on pourra se faire une véritable fortune [beaucoup d'argent] / Si les affaires marchent cette fois-ci, on pourra gagner le jackpot [gagner le gros lot, se faire beaucoup d'argent]. ¶ 요즘 ~이 잘되어 갑니까? Comment vont les affaires? / (Ces jours-ci,) les affairent marchent bien? / Votre travail avance bien (comme vous voulez)?

*~**을 만들다** donner du travail à *qn* (pour rien); donner du boulot {*fam*} à *qn* (pour rien). ¶ 이렇게 집안을 어지럽히다니 너는 ~을 만드는구나 Tu as mis toute la maison en désordre, tu me donnes du travail [du boulot {*fam*}] (pour rien), tu sais. ¶ 설마 했는데 결국 그 사람이 ~을 만들고 말았다 Je ne pouvais imaginer qu'il pourrait commettre une telle erreur.

◆_**감** 명 travail(*aux*) *m*; ouvrage *m*; tâche *f*, besogne *f*. ¶ ~감을 얻어오다 se faire procurer [se faire octroyer] un travail. ¶ ~감을 나누다[분배하다] partager le travail. ¶ ~감이 떨어지다 ne plus avoir de travail ¶ ~감이 쌓여 있다[넘치다] avoir fort à faire; avoir (encore) un travail fou [monstre] {*pop*}; avoir (encore) du pain sur la planche {*fam*}; avoir trop [beaucoup] de travail; être débordé(*e*) [surchargé(*e*)] de travail, être dépassé(*e*) par l'ampleur d'un travail, être noyé(*e*); avoir une montagne de travail [de choses à faire]; avoir une tonne de travail [des tonnes de choses à faire] {*pop*}; avoir un tas de choses à faire {*fam*}; Il reste encore une montagne de travail [une montagne de choses à faire] / avoir encore une montagne de [une tonne de {*pop*}, beaucoup de] travail / avoir encore une montagne [des tas, une tonne, des tonnes] de choses à faire {*pop*} / être surchargé(*e*) de travail / crouler sous une avalanche de travail [sous le travail] / être submergé(*e*) de travail [par les occupations, par le travail] / être débordé(*e*) [dépassé(*e*)] par l'ampleur du travail / être noyé(*e*) {*pop*} / ne plus savoir où donner de la tête.

◆_**꾼** 명 les gens qui travaillent, travailleu*r*(*se*); ouvri*er*(*ère*); homme *m* de peine. ¶ 조국의 ~꾼 un serviteur de la patrie. ¶ 솜씨 좋은 ~꾼 un(*e*) ouvri*er*(*ère*) adroit(*e*) [habile]; un(*e*) travailleu*r*(*se*) habile. ¶ ~꾼을 부르다 faire venir des ouvriers. ¶ ~꾼을 두어 명 써야겠다 Il faut employer deux ou trois ouvriers. ¶ 사회를 짊어지고 나갈 ~꾼이 되다 devenir l'homme de peine qui porte tout le poids de la société. ¶ 요즘엔 ~꾼 구하기가 쉽지 않다 Ces jours-ci, il n'est pas facile de trouver des ouvriers.

◆_**손** 명 trava*il*(*aux*) *m* en cours; ((솜씨)) habilité *f* au travail; ((사람)) main-d'œuvre(~*s*-~) *fpl*, ouvri*er*(*ère*). ¶ ~손을 놓다 faire une pause; cesser de [s'arrêter de] travailler. ¶ ~손을 잡다 avoir la tête à l'ouvrage. ¶ ~손을 구하다 chercher de la main-d'œuvre. ¶ ~손이 부족하다 manquer de bras; être à court de main-d'œuvre.

일[2] — 주 un(*e*); premier(*ère*). ¶ ~번 le(*la*) premier(*ère*). ¶ ~일 le premier; un jour; une journée. ¶ ~년 un an; une année. ¶ 나폴레옹~세 Napoléon Ier. ¶ ~에 ~을 더하면 이가 된다 Un et un font deux / Un plus un égalent deux.

◆_세기 -世紀 명 un siècle *m*; premier siècle *m*. ¶ 그는 ~에 한 번 나올까 말까 한 천재다 C'est l'un de ces génies comme on en voit rarement en un siècle.

일[3] 日 분류 jour. ¶ 3월 1~ le premier mars. ¶ 3~간 쉬다 se reposer trois jours; passer trois jours de congé.

일가[1] 一家 명 maison *f*; famille *f*; ((집안)) parenté *f*; clan *m*; parents *mpl* (du côté paternel). ¶ ~의 가장[세대주]. un chef de famille. ¶ ~를 이루다 fonder un foyer. ¶ ~를 몰살시키다 exterminer [tuer, massacrer] toute une famille. ¶ 우리는 대통령과 ~가 된다 Nous sommes de la même famille que le président de la République / Nous sommes parents avec le président de la République / Nous avons un lien de parenté avec le président de la République.

◆_붙이 명 proche parent(*e*). ¶ ~붙이 하나 없이 외로이 살다 vivre de façon solitaire sans aucun proche parent.

◆_친척 -親戚 명 parents *mpl* et alliés *mpl*; parenté *f*, famille *f*.

일가[2] 一價 명 monovalence *f*, univalence *f*, valeur *f* unique. ¶ ~의 monovalent(*e*), univalent(*e*). ¶ ~원소 un élément monovalent.

◆_성 -性 명. nature *f* monovalente.

일가견 一家見 명 *son* point *m* de vue personnel; ((견식이 있는 의견)) opinion *f* qui fait autorité [a du poids]; autorité *f*. ◇_(이) 있다 faire autorité ((dans un domaine, en la matière)), être un expert ((en la matière)); être spécialiste ((dans un domaine)). ¶ 그 사람은 그 방면에 ~이 있다 Il est spécialiste dans ce domaine / Il fait autorité en la matière [dans ce domaine] / C'est un expert dans ce domaine.

일가족 一家族 명 famille *f*, grande famille *f*, clan *m* familial. ¶ ~이 한데 모여 살고 있다 Le clan familial vit réuni dans un même endroit.

일각[1] 一刻 명 un moment *m*; un instant *m*; une minute *f*; une seconde *f*. ¶ ~의 여유도 없다 Il n'y a pas un instant [une minute] à perdre. ¶ 이것은 ~을 다투는 문제이다 C'est un problème urgent. *~이 여삼추다 attendre *qc*/*qn* avec une extrême impatience.

일각[2] 一角 명 coin *m*, angle *m*. ¶ 사회 ~에서 개혁의 바람이 불고 있다 Il y a un vent de réforme dans la société / Il y a une tendance à la réforme dans une partie de la société / Une partie de la société est touchée par un vent de réforme.

*빙산의 ~ une petite partie (de *qc*) ☞ 빙산

일간[1] 日刊 명 édition *f* [publication *f*] quotidienne.

◆_지 -紙 명 journ*al*(*aux*) *m*; quotidien *m*. ¶ 영향력 있는 ~지 un journal [un quotidien] influent; un journal important.

일간[2] 日間 부 bientôt; sous peu; d'ici peu. ¶ ~ 다녀가세요 Venez me voir bientôt! ¶ ~ 당신에게 들르겠소 Je viendrai bientôt vous voir.

일갈 一喝 명 verte réprimande *f*. ¶ 아버지의 ~을 듣다 se faire réprimander {*fam*} [se faire disputer, se faire tirer les oreilles, se faire sonner les cloches, se faire gronder, se faire engueuler {*fam*}, se faire enguirlander {*fam*}] par *son* père; recevoir un bon savon [une bonne engueulade {*fam*}] de *son* père; se faire attraper [se faire houspiller] par *son* père, se faire remonter les bretelles par *son* père. ◇_(을) 하다 réprimander *qn* sévèrement; faire [adresser] une verte réprimande à *qn*.

일개[1] 一個 명 une pièce *f*.

◆_인 -人 명 un individu *m*; une personne *f*. ¶ 나 ~인의 생각에서 à mon opinion personnelle, personnellement, à mon avis.

일개[2] 一介 명 un simple ((individu)) *m*; médiocre *m*; chose *f* insignifiante. ¶ 나는 ~(의) 소시민에 지나지 않는다 Je ne suis qu'un(*e*) simple citoyen(*ne*).

일거 一擧 명 un geste *m*; une action *f*. ¶ ~에 이룬 일 un travail fait d'un seul coup [en une fois]. ¶ ~에 적을 무찌르다 mettre l'ennemi en déroute en une seule attaque.

◆_양득 -兩得 명 coup *m* double; ((faire)) d'une pierre deux coups. ¶ ~양득을 노리다 chercher à faire d'une pierre deux coups; tenter de faire coup double.

◆_일동 -一動 명 conduite *f*; comportement *m*; agissements *mpl*. ¶ 적의 ~일동을 주시하다 suivre des yeux tous les mouvements de l'ennemi; surveiller [guetter] les moindres gestes de l'ennemi,

일거리 명 travail *m*; ouvrage *m*; besogne *f*. ¶ ~를 맡기다 confier une tâche [un travail] à *qn*. ¶ ~를 주다 donner [offrir, proposer] du travail à *qn*. ¶ ~가 많다[적다]. avoir beaucoup de travail; avoir un travail fou; avoir du pain sur la planche [avoir peu de choses à faire]. ¶ ~거리를 만들다 ((비유)) donner du travail à *qn*; donner du boulot {*fam*} à *qn*. ¶ ~거리를 찾다 chercher un emploi [du travail, un poste]. ◇_가 있다 avoir du travail. ◇_가 없다 être sans travail; chômer. ¶ 겨울이라 ~가 없다 En hiver, on ne peut pas trouver de travail.

일거수일투족 명 les moindres faits mpl et gestes mpl. ¶ 경찰은 범인의 ~을 감시하였다 La police a surveillé le criminel dans ses moindres faits et gestes.

일건 一件 명 une affaire *f*, un cas *m*. ¶ ~ 서류 le dossier d'une affaire. ¶ ~ 기록 l'enregistrement d'un événement. ¶ ~을 완결 짓다 conclure une affaire.

일격 一擊 명 un grand coup *m*. ¶ 최후의 ~을 가하다 donner le dernier coup [le coup décisif]. ¶ 상대방을 ~에 쓰러뜨리다 renverser *son* adversaire d'un seul coup de poing [mettre K.O. *son* adversaire].

일견 一見 명 une vue *f*, un coup *m* d'œil. ◇_(을)

하다 jeter un coup d'œil sur *qn/qc*. ¶ 행색을 ~하고 나는 그 사람의 형편을 알 수 있었다 Au premier coup d'œil, j'ai tout de suite compris quelle était sa situation. ¶ 나는 그 그림이 가짜임을 ~해서 알았다 J'ai vu tout de suite que ce tableau était un faux / Au premier coup d'œil, j'ai vu que ce tableau était un faux. ¶ 그것은 자료를 ~하면 분명히 알 수 있다 Il suffit de jeter un coup d'œil sur le document [de regarder le document] pour comprendre.

***백문이 불여~(이다)** Voir, c'est croire / Mieux vaut voir quelque chose une fois par *soi-même* que d'en entendre parler cent fois / Rien ne remplace l'expérience personnelle.

㊀ en apparence, apparemment; de prime abord, à première vue, au premier abord, au premier coup d'œil. ¶ ~ 친절해 보이는 청년 un jeune homme d'apparence aimable. ¶ 그 사람은 ~ 무뚝뚝하지만 인정이 있다 Malgré son air bourru, il a bon cœur. ¶ ~ 어리숙해 보이기도 하지만 사실 그 사람은 그렇지 않다 Il a l'air stupide, mais en réalité il ne l'est pas.

일경 一景 ㊔ une belle vue *f*; un beau paysage *m*. ¶ 금강산은 우리나라가 세계에 자랑할 만한 ~이다 La montagne Geumgang est un paysage dont les Coréens peuvent s'enorgueillir devant le monde.

일계[1] 一計 ㊔ un plan *m*; un projet *m*. ¶ ~를 짜내다 [생각해내다]. combiner un plan; méditer un projet.

일계[2] 日計 ㊔ compte *m* quotidien; dépenses *fpl* quotidiennes; recette *f* journalière ((d'un magasin)). ¶ 임금을 ~로 하다 payer un salaire journalier à *qn*. ◇_**를 내다** faire [rendre] des comptes quotidiens; tenir *sa* [la] comptabilité.

◆_**표** -表 ㊔ livret *m* de comptes [de dépenses] journaliers.

일고 一考 ㊔ (prise *f* en) considération *f*; attention *f*; étude *f*. ¶ 그 사람의 제안은 ~의 가치도 없다 Sa proposition ne mérite pas d'être prise en considération. ¶ ~의 여지가 있다[여지도 없다]. [ne pas] être digne de considération; [ne pas] mériter qu'on le prenne en considération. ¶ 그 문제는 ~를 요한다 Cette affaire demande réflexion. ◇_(**를**) **하다** apporter de la considération à *qc*; prendre *qc* en considération. ¶ 아버지는 아들의 용돈 인상을 ~해 보기로 하였다 Le père présente, pour son fils, des considérations sur l'augmentation de l'argent de poche. ¶ 부디 ~해 주십시오 Je me recommande à votre bienveillance / Je compte sur vous.

일곱 ㊕㊍ ((nombre cardinal)) sept *m*. ☞ 둘

◆_**째** ㊕㊍ septième, 7ème.

일공 日工 ㊔ travail *m* à la journée; travail *m* journalier. ¶ ~으로 일하다 travailler à la journée.

일과 日課 ㊔ tâche *f* journalière [quotidienne]; trav*ail*(*aux*) *m* journalier [quotidien]. ¶ ~를 정하다 établir un programme de travail; décider un plan de travail journalier. ¶ ~를 마치다 finir une journée de travail. ¶ ~를 게을리 하다 se relâcher dans *son* travail quotidien. ¶ …하는 것을 ~로 삼다 se faire une règle de+*inf*. ¶ 그 사람은 ~처럼 매일 아침 산책을 한다 Il se promène tous les matins.

◆_**표** -表 ㊔ emploi *m* du temps; horaire *m* (des cours). ¶ ~표를 짜다 faire un emploi du temps.

일과성 一過性 ㊔ temporaire; provisoire; passag*er*(*ère*); momentané(*e*). ¶ ~의 정책 une politique temporaire.

일관 一貫 ㊔ uniformité *f*; consistance *f*; cohérence *f*; (esprit *m* de) suite *f*. ◇_(**을**) **하다** aller jusqu'au bout; rester [être] toujours le même; rester fidèle à *qc*; avoir de l'esprit de suite; persister ((dans une résolution)). ¶ 초지를 ~하다 persister dans une résolution. ¶ 그 사람은 끝까지 제3자적 태도로 ~하였다 Il se tient jusqu'au bout dans *sa* position de tierce personne. ¶ 수많은 질문에 침묵으로 ~하다 persister à garder le silence face aux questions innombrables. ¶ 종일 무뚝뚝한 태도로 ~하다 garder toute la journée une attitude bourrue. ◇_(**이**) **되다** être consistant(*e*); être cohérent(*e*). ¶ ~된 정책을 펴다 exécuter une politique cohérente; mettre à exécution [exécuter] une même politique. ¶ 희생으로 ~된 삶을 살다 rester toujours fidèle à *sa* vie de sacrifices. ¶ ~되게 반대 의사를 표명하다 persister à formuler une objection [un avis contraire].

◆_**적** -的 ㊔㊍ de façon cohérente [homogène, rationnelle, ordonnée]. ¶ ~적인 논리 une argumentation cohérente. ¶ 그 사람의 말은 ~적이지 않다 Ses propos ne sont pas cohérents.

◆_**성** -性 ㊔ uniformité *f*; consistance *f*; cohérence *f*; (esprit *m* de) suite *f*. ¶ 그 사람의 주장은 논리적인 ~성이 있다 Ses arguments sont cohérents / Son raisonnement se tient. ¶ 그 사람은 말에 ~성이 없다 Ses paroles manquent de cohérence. ¶ 정부 정책에 ~성이 없다 La politique du gouvernement ne reste pas fidèle à ses principes / La politique du gouvernement n'a pas de cohérence.

◆_**작업** -作業 ㊔ 【공업】 travail *m* à la chaîne.

◆**초지**_ 初志- ㊔ fidélité *f* à *sa* première intention. ¶ 초지~(을) 하다 rester fidèle à *sa* première intention [à *sa* première idée].

일괄 一括 ㊀ en bloc; en gros; globalement; collectivement. ¶ ~ 구입 un groupement d'achat. ¶ ~ 지불 un paiement en gros [global]. ¶ ~ 사표를 제출하다 donner tous ensemble *leur* démission. ¶ 노사 간의 쟁점들을 ~ 타결했다 Les négociations entre le patronat et les ouvriers ont globalement abouti à une entente. ◇_(**을**) **하다** mettre [rassembler] *qc* en bloc. ¶ 그 사람이 동료들의 사표를 ~하여 제출하였다 Il a rassemblé en bloc et déposé toutes les démissions de ses collègues.

◆_**적** -的 ㊔㊍ glob*al*(*ale*, *aux*). ¶ ~적 처리 방식 une méthode du traitement global. ¶ 피해자들에 대한 ~적인 보상 조처 les dispositions de l'indemnisation globale des sinistrés.

◆_**계약** -契約 ㊔ contrat *m* global; convention *f*

ㅇ

globale.

◆_처리 -處理 명 traitement *m* intégré (de l'informatique).

일광 日光 명 lumière *f* solaire [du soleil]; rayonnement *m* solaire; soleil *m*. ¶ ~을 즐기다 jouir du soleil; profiter du soleil. ¶ ~을 피하다 se protéger du soleil; éviter le soleil. ¶ ~에 몸을 맡기다 prendre un bain de soleil; s'exposer au soleil. ¶ ~에 소독하다 désinfecter *qc* par l'action du soleil.

◆_욕 -浴 명 bain *m* de soleil.

◆_요법 -療法 명 héliothérapie *f*.

일교차 日較差 명 écarts *mpl* de température entre le jour et la nuit. ¶ 요즘은 ~가 매우 심하다 Ces jours-ci, nous avons de grands écarts de température entre le jour et la nuit. ¶ 오늘은 ~가 10도나 된다 Aujourd'hui, les écarts de température entre le jour et la nuit vont jusqu'à 10 degrés.

일구다 타 débroussailler, défricher ((un terrain)); mettre ((des terres)) en valeur. ¶ 밭을 ~ labourer un champ. ¶ 황무지를 일구어 옥토를 만들다 Après avoir défriché un terrain inculte, on arrive à le transformer en terre féconde.

일구월심 日久月深 명 longue *f* durée. ¶ ~으로 남편과의 재회를 기다리다 attendre nuit et jour *son* mari. ◇_(을) 하다 attendre *qn*/*qc* nuit et jour. 부 nuit et jour. ¶ ~ 집 나간 아들을 기다리다 attendre nuit et jour *son* fils qui a fugué.

일구이언 一口二言 명 contradiction *f* dans les paroles; propos *mpl* contradictoires; ((tenir un)) double langage *m*. ¶ ~을 밥 먹듯 하다 revenir sans arrêt [tout le temps] sur *sa* parole; se dédire [se rétracter] tout le temps; mentir comme on respire. ◇_(을) 하다 tenir un double langage; revenir sur *sa* parole [sur ce qu'on a dit, sur *son* opinion, sur *sa* promesse]; se dédire ((d'une promesse, d'un engagement)), se contredire, dire le contraire de ce qu'on avait avancé peu avant; dire autre chose; se rétracter; se désavouer; se raviser; retirer *sa* parole; désavouer les propos qu'on avait tenus [une opinion qu'on avait soutenue]; rétracter ce qu'on a dit. ¶ 나는 ~하지 않는다 Je n'ai qu'une parole. ¶ 그 사람은 ~할 사람이 아니다 Il n'a qu'une parole / Il n'est pas du genre à revenir sur ce qu'il a dit [à se rétracter].

일국 一國 명 une nation *f*; un pays *m*; un État *m*. ¶ ~의 재상 Premier ministre d'un pays.

일군[1] 一軍 명 ① 제1군의 la première armée *f* (française) ② 【운동】 ligue *f* majeure ((de baseball)).

일군[2] 一群 명 groupe *m*; troupe *f*; foule *f*; masse *f*; bande *f*; troupeau(*x*) *m* ((de moutons)). ¶ ~의 무리 une foule; un groupe [un tas] de gens, un tas de personnes. ¶ ~의 사람 un groupe [un tas] de gens, un tas de personnes. ¶ ~의 외국인 관광객 un groupe [un tas] de touristes étrangers.

일그러뜨리다 타 froncer ((les sourcils)); grimacer. ¶ 고통으로 얼굴을 ~ grimacer à cause de la douleur; froncer les sourcils à cause de la douleur.

일그러지다 자 grimacer; se froncer; sa renfrogner; faire grise mine; sourciller. ¶ 고통으로 일그러진 얼굴 le visage grimaçant de souffrance; le front plissé par la douleur. ¶ 그 사람은 분노로 얼굴이 일그러졌다 Il s'est renfrogné de colère; Il a grimacé de colère.

일금 명 somme *f*, montant *m*. ¶ ~ 만 원을 수고비로 받았다 avoir une somme [une paye] de dix mille wons; recevoir une rétribution d'un montant de dix mille wons.

일급[1] 一級 명 première classe *f*; première qualité *f*; premier ordre *m*. ¶ ~의 de première classe [de première qualité, de premier ordre].

◆_품 -品 명 article *m* [objet *m*] de première qualité.

◆_비밀 -秘密 명 secret *m* de premier ordre.

일급[2] 日給 명 salaire *m* journalier. ¶ ~ 노동자 un(*e*) ouvrier(*ère*) à la journée. ¶ ~으로 일하다 travailler à la journée. ¶ ~으로 고용하다[부리다]. employer[engager] *qn* à la journée. ¶ ~을 받다 être payé(*e*) à la journée.

◆_제 -制 명 paiement *m* à la journée.

일긋거리다 자 branler; être branlant(*e*); être mal assuré(*e*); chanceler, vaciller. ¶ 일긋거리는 의자 une chaise branlante [qui n'est pas d'aplomb]. ¶ 책상 다리가 일긋거린다 Les pieds du bureau sont branlants.

일긋대다 자 ☞ 일긋거리다

일기[1] 一期 명 ① 한 회, 제1회 premier stade *m*; une période *f*, session *f*. ¶ 3개월을 ~로 하다 décider que trois mois fassent une session. ¶ ~ 졸업생 un(*e*) diplômé(*e*) de la première période; des camarades de la première promotion. ② 한평생의 기간 durée *f* de la vie. ¶ 50세를 ~로 세상을 떠나다 mourir à (l'âge de) 50 ans [dans *sa* cinquantième année].

일기[2] 日記 명 journ*al*(*aux*) *m* (intime). ¶ ~를 쓰다 tenir *son* journal. ¶ ~에 적다[기록하다]. écrire *qc* dans *son* journal; noter *qc* dans *son* journal.

◆_장 -帳 명 journ*al*(*aux*) *m*; agenda *m*.

◆_체 -體 명 style *m* [forme *f*] d'un journal (intime). ¶ ~체의 소설 un roman écrit sous forme de journal (intime).

일기[3] 日氣 명 temps *m*; climat *m*. ¶ 좋은 ~ un beau temps. ¶ 나쁜 ~ un mauvais [sale] temps, un temps pourri; un temps de chien. ¶ ~도 고약하군 Quel sale [vilain] temps! / Il fait un temps de chien / Quel temps de merde! {*vulg*}. ¶ 그것은 ~에 달려 있다 Cela dépendra du temps.

◆_예보 -豫報 명 météo *f*, prévisions *fpl* météorologiques; bulletin *m* météorologique; prévisions *fpl* du temps. ¶ 라디오로 ~예보를 듣다 écouter la météo à la radio. ¶ ~예보가 맞았다[틀렸다]. Les prévisions météorologiques [de la météo] se sont avérées (être) exactes [fausses].

일기죽거리다 타 입, 허리를 이리저리 움직이다 ((입을)

faire la moue, faire la lippe, bouder, faire la tête [la gueule {*vulg*}]; ((허리를)) balancer *qc* (en marchant); branler. ¶ 아이가 입을 일기죽거리더니 울음보를 터뜨렸다 L'enfant a fait la moue puis a éclaté en sanglots [s'est effondré(a fondu) en larmes]. ¶ 그 여자는 엉덩이를 일기죽거리며 내 앞을 지나갔다 En balançant les fesses (en marchant), elle est passée devant moi.

일기죽대다 타 ☞ 일기죽거리다

일깨우다 타 ① (의식을) 깨우치다 éveiller ((la curiosité)), réveiller ((des souvenirs)); rendre conscient(*e*) *qn* de *qc*; faire comprendre *qc* à *qn*. ¶ 몽매한 사람들을 ~ instruire les illettrés [les masses]; civiliser des ignorants. ¶ 국민들의 의식을 ~ instruire [éclairer] le peuple. ② (누구에게 무엇을) 깨닫게 하다 faire comprendre *qc* à *qn*; convaincre *qn*, persuader *qn* de *qc*. ¶ 누구에게 그 사람의 잘못을 ~ amener *qn* à reconnaître *ses* torts; faire comprendre *son* erreur à *qn*; convaincre *qn* de *ses* erreurs. ¶ 그 행사는 사람들에게 전통 문화의 중요성을 일깨우는 계기가 되었다 Cette activité a donné aux gens l'occasion de comprendre l'importance de la culture traditionnelle. ¶ 그 사건은 나에게 정직이 최선임을 일깨워 주었다 Cet événement m'a fait comprendre que l'honnêteté est le meilleur moyen.

일껀 부 ((‘일껏’의 잘못)) ☞ 일껏

일껏 부 spécialement, particulièrement; avec beaucoup de peine [d'efforts]. ¶ ~ 찾아오셨는데 제가 집에 없어서 죄송했습니다 Je m'excuse d'avoir été absent(*e*), alors que vous êtes venu spécialement [exprès]. ¶ ~ 내가 충고해 주었는데 en dépit de mes conseils; sans tenir aucun compte de mes conseils. ¶ ~ 모은 돈을 몽땅 잃어버렸다 On a perdu tout l'argent que l'on s'est donné tant de peine à économiser. ¶ ~ 해 놓았는데도 그 사람은 불만이다 Je me suis donné tant de peine [tant de mal] pour ça! Mais ce monsieur n'est toujours pas content. ¶ ~ 타일러 놓았더니 돌아서서 딴청을 피운다 On lui a donné tant de conseils, mais il s'est montré indifférent.

일나다 자 avoir des ennuis [des emmerdements {*fam*}, des emmerdes {*fam*}, un pépin {*fam*}], s'attirer des ennuis [des emmerdements {*fam*}]. ¶ 그러다 일나겠다 Si tu continues, il va t'arriver un malheur [des ennuis, des emmerdements {*fam*}, des emmerdes {*fam*}, un pépin {*fam*}] / Si tu continues, tu vas voir ce qui va te tomber dessus. ¶ 이제 우리 일났다 Nous voilà dans de beaux draps [dans un sale pétrin]! / Nous voilà frais [propres]! / Maintenant, nous voilà bien! / Maintenant, on va avoir des ennuis [des emmerdements, des emmerdes]! / Maintenant, on est dans de beaux draps [dans un sale pétrin] / Nous sommes frais [propres]! / Maintenant, on a bonne mine!

일내다 자 s'attirer des ennuis; causer des ennuis; causer un malheur, provoquer un accident. ¶ 그러다 너 일내고야 말겠다 Si tu continues, tu vas finir par provoquer un accident [par causer un malheur, par t'attirer des ennuis] / Si tu continues, tu vas avoir un pépin [des emmerdements {*fam*}, des emmerdes {*fam*}] / ((긍정적)) Si tu continues, tu vas décrocher le gros lot.

일년 一年 명 un an *m*; une année *f*. ¶ ~ 기한으로 집을 빌리다 louer une maison pour un an. ¶ ~에 두 번 deux fois par an. ¶ 지난 9월로 ~이 되었다 Cela a fait un an en septembre dernier.

◆ **_초** -草 명 plante *f* annuelle. ¶ 이 식물은 ~초이다 C'est une plante annuelle.

일념 一念 명 idée *f* fixe ; ((뜻)) volonté *f* ferme, détermination *f*, opiniâtreté *f*; ((열심)) zèle *m*, application *f*; ((소원)) désir ardent *m*. ¶ 그는 성공의 ~ 하나만을 가슴에 품고 있다 Il n'a qu'une chose en tête: le succès. ¶ 아들의 병을 고치려는 어머니의 ~이 대단하다 La détermination de la mère pour soigner son fils malade est extraordinaire [admirable, hors du commun]. ¶ 나는 자유를 찾으려는 ~에 불타고 있었다 Je brûlais du désir de trouver la liberté. ¶ 그는 돈을 벌겠다는 ~으로 닥치는 대로 일을 했다 Déterminé à gagner de l'argent, il prenait [acceptait] tous les travaux qui se présentaient / Très motivé pour gagner sa vie, il acceptait n'importe quelle proposition [n'importe quel travail].

일다[1] 자 ① (파도, 바람, 먼지가) 생기다 ((파도가)) se former, déferler, s'élever; ((바다가)) s'agiter; ((바람이)) se lever; ((먼지가)) voler. ¶ 파도가 인다 Les vagues se forment à la surface. ¶ 갑자기 바람이 일기 시작했다 Le vent s'est levé brusquement. ¶ 차가 지나가자 뽀얀 먼지가 일었다 Le train laisse un nuage blanc de poussière sur son passage. ② 성해지다 s'élever, se dresser; s'envoler; devenir plus vif(*ve*) [intense], s'intensifier, s'amplifier. ¶ 불길이 점차 일기 시작한다 Les flammes commencent à devenir graduellement plus hautes / La hauteur des flammes augmente progressivement / Les flammes s'intensifient progressivement / Les flammes sont de plus en plus hautes [vives, ardentes]. ¶ 살림이 일고 있다 Son mobilier et son trousseau se montent [se constituent] / Son ménage se monte. ¶ 예술에 대한 열정이 다시 일기 시작했다 Un nouvel enthousiasme pour les arts a commencé à renaître. ③ (상황, 움직임이) 일어나다 apparaître, voir le jour, ((situation)) poindre. ¶ 반대 여론이 거세게 일고 있다 L'opposition s'intensifie. ¶ 그 문제와 관련하여 학계에 계속 논란이 일고 있다 Cette question continue d'élever [de susciter] des critiques dans les milieux académiques. ④ (심리 상태가) 생겨나다 ressentir, éprouver. ¶ 나는 차츰 그의 정체에 대해 의구심이 일었다 Je commence à avoir des doutes sur sa personnalité. ¶ 그 기사를 읽으며 나는 가벼운 흥분이 이는 것을 느꼈다 J'ai ressenti une légère excitation à la lecture de cet article. ⑤ (신체적 증상이) 발생하다 apparaître, être saisi(*e*) ((d'une crampe)), avoir ((un symptôme physique)). ¶ 경련이 ~ être saisi(*e*) [victime] d'une crampe [de crampes] ((en nageant)); avoir des convulsions [des spasmes]; ((경기)) faire une crise de convulsion, présenter des convulsions, faire des convulsions, faire une crise d'épilepsie. ¶ 그의 눈가에 경련이 일었다 Il a été saisi de crispations aux commissures des paupières. ⑥ (보풀, 거품 등이) 솟아오르다 ((보풀이)) pelucher, plucher, faire des peluches, boulocher; ((거품이)) mousser, faire de la mousse. ¶ 이 털옷은 보풀이 잘 인다 Ce tricot fait facilement des peluches / Ce tricot a tendance à facilement boulocher. ¶ 세제를 풀자 이내 거품이 일었다 La mousse s'est formée lorsqu'on a versé le détergent. ¶ 불 일듯 그의 장사가 번창해 갔다 Son commerce connaît un véritable boom.

일다[2] 타 ôter [éliminer, enlever] les impuretés avec de l'eau. ¶ 쌀을 ~ ôter les impuretés du riz en le lavant, vanner le riz pour en enlever les impuretés.

일단[1] 一旦 부 ① 우선 먼저 dans un premier temps, en premier lieu, pour commencer, (tout) d'abord. ¶ 우리는 ~ 흩어져 기회를 엿보기로 했다 Dans un premier temps, nous avons décidé de nous disperser et d'attendre une occasion. ¶ ~ 식사를 하고 다시 시작하자 Commençons par manger, on reprendra ensuite / Mangeons d'abord, on reprendra le travail ensuite [après (le repas)]. ¶ ~그의 의견을 들어 보자 Écoutons d'abord ce qu'il a à dire. ¶ ~ 그곳에 가 보자 Commençons déjà par y aller. ¶ 이 둘은 ~ 겉모양에서부터 차이가 난다 Dès le premier abord, on voit qu'ils sont différents. ② 우선 잠깐 pour l'instant, pour le moment. ¶ ~ 여기서 얘기를 끝내도록 하자 Restons-en là pour le moment. ¶ 그 병은 ~ 나았다가도 재발하는 경우가 많다 Il est courant qu'il ait une rechute après une amélioration momentanée. ¶ 그 사건은 ~ 접어 두기로 한다 Pour le moment, il a été décidé de refermer le dossier sur cet incident. ③ au cas où, une fois que+*ind.* ¶ ~ 그런 문제가 생기면 무모한 행동을 자제해야 한다 lorsqu'on a connu ce genre de déboire, il faut commencer par éviter les imprudences. ¶ ~ 말이 나온 이상 그대로 덮어 둘 수 없다 Dans la mesure où quelqu'un a parlé, on ne peut plus le passer sous silence. ¶ ~ 결정하면 변경할 수 없다 Une fois le choix établi, on ne peut plus faire de changement / Une fois la décision prise, il est impossible de revenir en arrière [de changer, de revenir dessus]. ¶ 그런 일에 ~ 발을 들여놓으면 빠져나오기가 어렵다 Une fois que l'on met les pieds dans ce genre d'affaire, il est difficile d'en sortir. ¶ ~ 유사시에는 함구하도록 하자 En cas de problème, gardons le silence. ¶ ~ 약속은 했으니까 그 시간에 나와라 Puisque le rendez-vous a été pris, présente-toi à l'heure prévue / Le rendez-vous ayant été pris, présente-toi à l'heure prévue.

일단[2] 一端 명 un bout *m*; une partie *f*. ¶ 태도를 보면 마음의 ~을 알 수 있다 Il suffit d'observer son attitude pour savoir ce qu'il a dans le cœur. ¶ 나는 문제의 ~을 논했을 뿐이다 Je n'ai fait qu'aborder une partie de la question.

일단[3] 一團 명 un groupe *m*; une bande *f*. ¶ ~의 관광객들이 막 도착했다 Un groupe de touristes vient d'arriver.

일단[4] 一段 명 ① ((신문, 인쇄물)) une colonne *f*. ¶ 신문의 ~ 기사 un article faisant une colonne du journal. ② ((자동차 기어)) première vitesse *f* ((d'une automobile)). ¶ 기어를 ~으로 넣고 출발해라 Mets-toi en première et démarre / Démarre en première. ③ ((급수)) premier degré *m*; premier rang *m*; première classe *f*. ¶ 그는 태권도 ~이다 Il est premier *dan* de *taekwondo*.

일단락 一段落 명 une partie *f* du travail achevée. ◇_(을) **하다[짓다]** terminer une partie du travail, faire [terminer] le gros du travail. ¶ 이 문제는 이 정도에서 ~ 짓고 다음 문제로 넘어가자 Cette question a été suffisamment traitée, passons à la question suivante. ◇_(이) **되다** être partiellement achevé(*e*). ¶ 일은 ~되었다 Le gros du travail est fait / Pour le moment, le travail est terminé / Le travail est fini pour le moment. ¶ 그 사건에 대한 수사가 ~되었다 Une étape de l'enquête concernant cet incident est achevée. ¶ 일이 ~되어 모두가 한숨을 돌렸다 Une partie du travail achevée [Le gros du travail terminé], nous avons tous soufflé.

일단일장 一短一長 명 mérites *mpl* et démérites *mpl*, avantages *mpl* et inconvénients *mpl*, côtés *mpl* positifs et côtés *mpl* négatifs. ¶ 모든 일에는 ~이 있기 마련이다 Dans toute affaire, il y a toujours des mérites et des démérites.

일당[1] 一黨 명 ① un clan *m*, une clique *f*, une coterie *f*. ¶ 그와 그 ~들이 음모를 꾸미고 있다 Lui et ses consorts [Lui et ses complices, Lui et ses acolytes] sont en train de préparer [de tramer] un complot. ¶ ~이 체포되었다 Tous les conjurés [conspirateurs, comploteurs] ont été arrêtés. ② un parti *m* politique, une faction *f*.

◆_**독재** -獨裁 명 dictature d'un parti politique.

일당[2] 日當 명 salaire *m* journalier; paiement *m* quotidien. ¶ ~ 5만 원을 주다[받다] payer [recevoir, être payé(*e*)] 50 000 wons par jour. ¶ 그 일은 ~이 후하다 Ce travail est bien [généreusement, grassement, largement] payé / C'est bien payé.

일대[1] 一代 명 une génération *f*, une époque *f*, une tranche *f* de vie. ¶ 그는 ~의 영웅이다 C'est le héros de toute une génération. ¶ 그것은 ~의 기회였다 C'était la chance de toute une vie. ¶ 그 사건은 ~에 걸쳐 계속된 일이다 Cette affaire a duré toute une époque. ¶ 이것은 ~의 실책이었다 Ce fut [J'ai commis, J'ai fait] la plus grande erreur de ma vie.

일대² 一帶 명 toute la région *f*, une zone *f*, alentours *mpl*, environs *mpl*, voisinage *m*. ¶ 그 ~에 전염병이 발생하였다 Une maladie contagieuse s'est répandue dans cette zone. ¶ 폭풍 경보가 남해안 ~에 내려졌다 Une alerte à la tempête a été lancée [donnée, émise, annoncée] sur [pour] une partie du littoral méridional.

일대기 一代記 명 chronique *f* d'une vie. ¶ 민중들의 ~를 사실적으로 그려낸 영화 un film décrivant de façon authentique la vie du peuple à l'époque.

일대사 一大事 명 affaire *f* très importante; événement *m* très important. ¶ 이번 회담은 세계의 평화를 위한 ~가 아닐 수 없다 Cette réunion est essentielle pour la paix dans le monde.

일대일 一對一 명 un à un; un par un, séparément, individuellement, en particulier, seul à seul, en tête à tête [entre quat'z'yeux {*fam*}; un contre un; de façon équitable, équitablement. ¶ ~로 맞서다 s'opposer un à un. ¶ ~로 얘기하자 Parlons-nous en tête à tête [entre quat'z'yeux {*fam*}] / Il faut que je vous parle (en) seul à seul [en particulier, entre quat'z'yeux {*fam*}]. ¶ ~로 싸우다 se battre un contre un. ¶ ~ 대응 관계 ((수학)) une correspondance [une application] biunivoque entre deux ensembles; une application bijective; ((언어)) une correspondance. ¶ 기말고사 때는 ~ 인터뷰를 하겠습니다 Je vous interrogerai tous un par un [séparément] pour l'examen final / Je vous prendrai un par un [individuellement] pour vous interroger lors de l'examen final.

일동 一同 명 tous les membres *mpl* d'une communauté. ¶ 그는 학생 ~을 대표하여 왔습니다 Il est venu représenter tous les élèves. ¶ 차렷! ~ 경례! Attention! Tous au garde-à-vous!

일등 一等 명 première classe *f*, premier ordre *m*, premier rang *m*, première place *f*. ¶ 그는 지금까지 한 번도 ~을 놓친 적이 없는 수재다 C'est un élève brillant qui n'a jamais laissé passer la première place jusqu'à présent.

◆**_국** -國 명 pays *m* de premier ordre.

◆**_병** -兵 명 【군사】 soldat *m* de première classe.

◆**_실** -室 명 cabine *f* de première classe.

◆**_칸** 명 compartiment *m* de première (classe).

◆**_품** -品 명 produit *m* de première qualité.

일란성 一卵性 명 un œuf *m*, un ovule *m*; uniovularité *f*, univitellinité *f*, caractère *f* monozygote. ¶ ~ 쌍둥이[쌍생아] de vrai(*e*)s jum*eaux*(*elles*), ((의학)) des jum*eaux*(*elles*) univitellins [monozygotes].

일람 一覽 명 ① examen *m*, inspection *f*; coup *m* d'œil. ② ((책)) sommaire *m*. ¶ 한국의 관광 명소 ~ une brochure des sites touristiques de Corée. ◇_(을) **하다** parcourir du regard, jeter un coup d'œil. ¶ 사건 관련 서류를 ~하다 parcourir le fichier concernant l'affaire. ¶ 도서관의 도서 목록을 ~하다 jeter un coup d'œil à la liste des ouvrages d'une bibliothèque.

◆**_표** -表 명 liste *f*; tableau(*x*) (synoptique); répertoire *m*; relevé *m* ((des dépenses, de compte)). ¶ 후보자들의 ~표를 작성하다 rédiger la liste des candidats. ¶ 일정을 적은 ~를 책상 앞에 붙여 두다 coller *son* emploi du temps devant son bureau.

일러두다 타 commander, exiger, sommer, intimer l'ordre de+*inf*. ¶ 직원들에게 각자 해야 할 일을 ~ dire [ordonner] à chacun de *ses* employés ce qu'ils doivent faire. ¶ 나는 그들에게 내일까지 일을 끝내라고 단단히 일러두었다 Je leur ai fermement intimé l'ordre de finir avant demain.

◆**일러두기** 명 avant-propos *m inv*, préface *f*, avertissement *m*, avis *m* au lecteur.

-일랑 조 ((particule spéciale capable d'indiquer tous les cas grammaticaux: sujet, complément d'objet direct, etc. Elle s'ajoute au substantif dont la dernière syllabe se termine par une consonne finale)). ¶ 제발 참견~ 말아 줘 Je te prie de ne pas intervenir (dans mes affaires) / Je te prie de ne pas m'interrompre.

-일랑은 조 ☞ -일랑

일러바치다 타 rapporter *qc* à *qn*, répéter *qc* à *qn*; dénoncer, moucharder {*fam*}, cafarder {*fam*}, cafter {*fam*}. ¶ 그는 상사에게 동료의 실수를 일러바쳤다 Il a rapporté les erreurs de ses collègues à ses supérieurs. ¶ 그 아이는 선생님에게 누가 꽃병을 깼는지를 일러바쳤다 Il a dénoncé au professeur celui [le coupable] qui avait brisé le vase. ¶ 그런 짓을 또 하면 네 아버지에게 일러바치겠어 Si tu recommences ces bêtises, j'en parlerai [je le dirai] à ton père.

일러스트레이션 영{illustration} 명 illustration *f*. ¶ 이 책에는 ~이 풍부하다 Ce livre est riche en illustrations.

일렁거리다 재 ☞ 일렁이다

일렁대다 재 ☞ 일렁이다

일렁이다 재 ① ((바다, 물결, 파도 등이)) faire des vagues. ¶ 그는 일렁이는 파도를 바라보았다 Il contemplait le ressac des vagues. ¶ 들판에 황금 물결이 일렁인다 Des vagues dorées balaient la prairie. ¶ 바람에 갈대밭이 일렁이고 있었다 Les roseaux courbent l'échine en vagues sinueuses sous le vent. ② ((배가 파도에)) tanguer. ¶ 부두에 묶인 배들이 파도에 일렁이고 있다 Les bateaux amarrés à l'embarcadère tanguent au gré des vagues. ③ ((불빛, 그림자가)) osciller, vaciller. ¶ 거리에는 화려한 불빛들이 일렁이고 있었다 Des lumières somptueuses éclairent [brillent dans] les rues. ¶ 방 안에는 흔들리는 촛불에 그의 그림자가 일렁이고 있었다 Dans la pièce, son ombre oscillait à la lumière vacillante de la bougie.

일력 명 calendrier *m* bloc; calendrier *m* à effeuiller, éphéméride *f*.

일련 一連 명 une suite *f* ((d'affaires, d'événements)); une série *f*. ¶ 요즈음 발생한 ~의 사건들 une série d'affaires apparues ces derniers temps.

◆_번호 -番號 명 numéro *m* de série. ¶~가 있어야 이 프로그램을 사용할 수 있다 Tu ne pourras pas utiliser ce programme (informatique) si tu n'as pas le numéro de série / Il te faut impérativement le numéro de série pour pouvoir te servir de ce programme informatique.

일렬 一列 명 une ligne *f*; ⟪가로⟫ une rangée *f*, un rang *m*; ⟪세로⟫ une file *f* ⟪de voitures⟫, une queue *f*. ¶ 우리는 ~로 서서 순서를 기다렸다 Nous avons attendu notre tour dans la queue. ¶ 군인들이 ~로 행진한다 Les militaires défilent en file indienne.

◆_종대 -縱隊 명 alignement *m* vertical ⟪de soldats⟫.

◆_횡대 -橫隊 명 alignement *m* horizontal ⟪de soldats⟫.

일례 一例 명 un exemple. ¶~로 par exemple, pour citer un exemple. ¶~를 들어보면 다음과 같다 Pour prendre un exemple, ce serait comme suit: ...

일루[1] 一壘 명 【야구】 première base *f*, premier but *m* ⟪au baseball⟫.

일루[2] 一縷 명 une lueur *f* de, un lambeau *m* de, une bribe *f* de. ¶~의 희망도 없다 Il n'y a pas la moindre lueur d'espoir / Il n'y a plus le moindre espoir.

일류 一流 명 première classe *f*; premier ordre *m*, premier rang *m*, premier plan *m*; ⟪형용사⟫ de premier ordre *m* [rang *m*, plan *m*], de première classe, de (grande) classe, ⟪최우수⟫ meilleur(*e*); ⟪주요⟫ princip*al*(*ale*, *aux*). ¶~ 대학 une université de premier ordre. ¶ 세계 ~ 국가로[대학으로] 우뚝 서다 s'élever au rang de première puissance [université] du monde [mondiale]. ¶~ 호텔 un hôtel de première classe. ¶~ 예술가 un artiste de premier ordre [de premier rang]. ¶~ 화가 un peintre de premier ordre.

◆_병 -病 명 ≪maladie *f* de la première classe≫ correspondant au souhait maladif [pathologique] de certaines personnes d'avoir toujours ce qu'il y a de plus beau, de plus cher, de meilleur ou de plus glorieux ⟪par exemple le souhait maladif des parents d'élèves souhaitant que leur enfant soit le premier dans les plus grandes écoles [dans une classe d'élite, dans une école d'élite]⟫. ¶~병에 걸리다 *souhaiter de façon maladive* [pathologique] d'avoir toujours ce qu'il y a de plus beau, de plus cher, de meilleur ou de plus glorieux et n'agir que dans ce but. ¶ 저 사람들은 ~병에 걸려 있는 학부모들이다 Ces parents d'élèves souhaitent de manière maladive que leurs enfants soient les meilleurs [que leurs enfants soient en tête dans les meilleures écoles] et n'agissent que dans ce but / Ces parents d'élèves ont toujours envie que leurs enfants soient des génies [des surdoués].

일률 一律 명 uniformité *f*, régularité *f* ¶ 헌법의~ 적용 application uniforme de la Constitution ¶ ~로 de façon uniforme.

◆_적 -的 명관 uniforme. ¶~적인 형태 aspect uniforme ¶~적으로 합산하다 additionner uniformément

일리 一理 명 une raison *f*, une logique *f*, une part *f* de vérité. ¶ 네 말에는 ~가 있다 Il y a une logique [une part de vérité] dans ce que tu dis / Tu n'as pas tout à fait tort.

일말 一抹 명 un soupçon *m* de ⟪vulgarité⟫, une ombre *f* ⟪de tristesse, d'un doute, d'un remords⟫, une traînée *f* de, un ruban *m* de, une pointe *f* ⟪d'ironie, de jalousie, de malice⟫, ⟪nulle⟫ trace *f* ⟪d'ennui⟫, ⟪pas un⟫ atome *m* [once *m*] de ⟪bon sens⟫, parcelle *f* de ⟪vérité⟫. ¶~의 애수 une ombre [un soupçon] de tristesse. ¶~의 불안을 느끼다 éprouver une vague inquiétude. ¶ 그 일은 ~의 가능성도 없다 Cette entreprise [Cette affaire, Cette action] n'a aucune chance [n'a pas la moindre chance] de réussir [d'aboutir] / Cette entreprise [Cette affaire] est vouée à l'échec.

일망무제 一望無際 명 infinité *f*, sans limites, sans bornes, illimité(*e*), démesuré(*e*).

일망타진 一網打盡 명 coup *m* de filet ⟪de la police⟫, arrestations *fpl* en masse, rafle *f*. ¶ 범죄자들의 ~을 지시하다 ordonner l'arrestation en masse des criminels. ◇_(을) **하다** faire un coup de filet, effectuer une descente policière, faire une descente ⟪dans une boîte de nuit⟫, arrêter en masse, effectuer une rafle. ¶ 조직 폭력배들을 ~하다 arrêter en masse les membres d'une organisation maf(f)ieuse, réussir un beau coup de filet en arrêtant l'ensemble d'une équipe [organisation] mafieuse. ◇_(이) **되다** être arrêté(*e*)s en masse, être pris(*e*) dans une rafle, être victime d'une rafle. ¶ 테러리스트들이 ~되었다 Les terroristes ont été arrêtés en masse.

일맥 一脈 명 fil *m* conducteur, cohérence *f*. ¶ 그의 발언들에는 ~의 흐름이 있다 Il y a un fil conducteur [une logique cohérente] dans ses propos. 부 en commun. ¶ 그들은 우리들과 ~ 통하는 데가 있다 Ils ont quelque chose en commun avec nous.

◆_상통 -相通 명 quelque chose en commun, une certaine affinité *f* [parenté *f*, analogie *f*] avec *qc*. ◇_(을) **하다** avoir quelque chose en commun, avoir une certaine affinité [parenté, analogie] avec *qc*. ¶ 그 친구와 나는 사고방식이 일맥~한다 J'ai quelque chose en commun avec lui dans la façon de penser. ¶ 그 두 문제는 일맥~하는 바가 있다 Ces deux problèmes sont liés quelque part [sont apparentés quelque part]. ¶ 양자 간에는 일맥~한 점이 있다 Il y a une certaine affinité [parenté, analogie] entre les deux.

일면 一面 명 ① 양상 un aspect *m*, une face *f*, une facette *f*, un angle *m*. ¶ 문제의 ~만을 보다 n'envisager [ne considérer, ne prendre en compte] qu'un seul aspect de la question. ¶ 그의 새로운 ~에 우리 모두 놀랐다 Nous avons tous été étonnés par sa nouvelle facette. ¶ 그 일은 그 사람의 ~을 엿볼 수 있는 기회였다 Ce fut l'occasion d'observer un nouvel aspect de sa personne / Ce fut l'occasion d'apprécier cette personne sous un autre angle. ② 반면 un côté *m*, d'un côté, d'une part. ¶ 그는 대체로 차가워 보였지만 ~(에) 다정한 면도 있었다 Il paraissait froid de façon générale mais il avait quand même un côté humain. ③ 신문의 첫째 면 première page *f* d'un journal, la une, (en) première page. ¶ 신문 ~에 en première page, à la une.

◆_적 -的 명관 unilatér*al*(*ale*, *aux*). ¶ 그것은 ~인 진실이다 C'est une vérité unilatérale.

일면식 一面識 명 simple [vague] connaissance *f* ((d'une personne pour l'avoir déjà rencontrée)). ¶ 나는 그 사람과 ~도 없다 Je ne l'ai jamais rencontré(*e*) [vu(*e*)] / C'est la première fois que je vois cette personne / Cette personne m'est tout à fait inconnue / C'est un(*e*) inconnu(*e*) pour moi. ¶ 나는 그 친구와 그저 ~이 있을 뿐이다 Je ne l'ai rencontré(*e*) qu'une seule fois / On ne s'est vu(*e*)s [rencontré(*e*)s] qu'une seule fois.

일명 一名 명 pseudonyme *m*, surnom *m*, un nom *m* ((en dehors du nom utilisé conventionnellement)), alias [dit] ... ¶ 그는 ~ 의리의 사나이라고 불리운다 On lui donne le surnom d'homme du devoir / On le surnomme l'homme du devoir. ¶ 앙리 베일, ~ 스탕달 Henry Beyle, alias Stendhal.

일모 日暮 명 tombée *f* du jour [de la nuit], fin *f* du jour; ((일몰)) coucher *m* du soleil; ((황혼)) crépuscule *m*; ((저녁 때)) soir *m*. ¶ ~에 au coucher du soleil, au crépuscule, à la nuite tombante, à la tombée de la nuit. ¶ ~ 전에는 집에 돌아오너라 Sois rentré(*e*) avant la tombée de la nuit.

일모작 一毛作 명 【농업】 culture *f* unique, monoculture *f*. ¶ ~지역 une région à culture unique [à monoculture].

일목요연하다 一目瞭然- 형 être clair comme le jour [comme l'eau de roche, comme deux et deux font quatre], sauter aux yeux, crever les yeux {*fam*}, se voir comme le nez au milieu du visage [de la figure]. ¶ 이 글에 나타난 필자의 주장은 ~ Dans cet écrit, les revendications de l'auteur sautent aux yeux. ¶ 서류들을 일목요연하게 정리하다 ranger les documents de façon à les retrouver facilement.

일몰 日沒 명 coucher *m* de [du] soleil. ¶ ~을 보다[바라보다] regarder [admirer] le coucher du soleil.

◆_시 -時 명 heure *f* du coucher du soleil. ¶ ~시에는 무승부로 처리한다 Si le match ne se termine pas au coucher du soleil, on le déclare (match) nul.

일무소득 一無所得 명 sans résultat *m*, en vain; inutilement, pour rien, pour des prunes {*fam*}. ◇_이다 être inutile, vain(*e*), ne servir à rien. ¶ 그는 바쁘게 뛰어다녔지만 ~이었다 Il s'est donné tout ce mal [un mal fou {*fam*}, un mal de chien {*fam*}] pour rien [pour des prunes {*fam*}] / Il s'est fatigué pour rien / Il s'est démené comme un beau diable pour rien / Il s'est cassé le cul pour rien {*vulg*}.

일문[1] 一門 명 une porte *f*; un foyer *m*, une famille *f*; une catégorie *f*, une espèce *f*; une faction *f*, une branche *f*; un canon *m* ((numéral spécifique pour les bouches de canon)). ¶ 이씨 ~의 청년들 les fils de la famille Yi, les fils Yi.

일문[2] 日文 명 écrit *m* japonais; littérature *f* japonaise. ¶ ~으로 된 글을 국문으로 번역하시오 Traduisez en coréen le texte japonais.

일문일답 一問一答 명 une question, une réponse; conversation *f* sous forme de question-réponse. ¶ 장관과 기자들 사이의 ~ 내용이 신문에 보도되었다 Le contenu de l'interview du ministre et des journalistes [entre le ministre et les journalistes], sous forme de question-réponse, a été publié dans les journaux. ¶ 기자들과의 ~으로 보충 설명을 하다 donner des informations complémentaires aux journalistes en traitant les questions une à une et en y apportant une seule réponse. ◇_(을) **하다** donner une seule réponse à chaque question, répondre à chaque question. ¶ 장관과의 면담은 ~하는 방식으로 진행되었다 L'entrevue avec le ministre s'est déroulée sous la forme de question-réponses. ¶ 다음은 그가 우리들과 ~한 내용이다 Ci-joint le contenu des réponses qu'il a apportées à nos questions.

◆_식 -式 명 sous la forme de question-réponse. ¶ 청문회를 ~식으로 진행하다 La commission d'enquête s'est déroulée sous forme de questionnaire limité à une réponse par question.

일미 一味 명 saveur *f* exceptionnelle [unique]; une catégorie *f* de médicament ((dans la pharmacopée traditionnelle)). ¶ 그 집의 음식은 맛이 ~다 Les plats dans cette maison [dans ce restaurant] sont d'une saveur exceptionnelle.

일박 一泊 명 ((passer)) une nuit *f* ((dans un établissement hôtelier)). ¶ ~ 이 일(의) 예정으로 여행을 떠나다 partir en voyage pour deux jours. ¶ 이 호텔은 ~에 5만 원이다 C'est 50 000 wons la nuit dans cet hôtel. ◇_(을) **하다** passer une nuit ((dans un établissement hôtelier)). ¶ 우리는 부산에서 ~을 하고 제주도로 떠났다 Nous avons passé une nuit à Busan et nous sommes partis pour l'île de Jeju.

일반 一般 명 public *m*, le commun des mortels; similarité *f*, ressemblance; généralité *f*, universalité *f*. ¶ ~에 알려져 있다 être universellement [largement] connu(*e*), être de notoriété publique. ¶ 이 일은 ~에게 알려져 있다 C'est connu du public. ¶ 건강에 관한 ~의 관심이 나날이 높아지고 있다 L'intérêt du public pour la santé s'intensifie de jour en jour.

관 ordinaire, commun(*e*), génér*al*(*ale*, *aux*); universel(*le*). ¶ 대다수의 ~ 시민들 la majorité des citoyens ordinaires. ¶ 이 발명품은 ~ 제품과는 질이 다르다 Cette invention est fondamentalement différente des produits ordinaires.

◆ **_적** -的 명관 ((보통의)) ordinaire, commun(*e*); ((전반적)) génér*al*(*ale*, *aux*); ((보편적)) universel(*le*). ¶ ~적으로 en général, généralement, en règle générale; d'ordinaire, ordinairement, d'habitude; communément, couramment. ¶ ~적으로 말해서[말하면] généralement parlant [pour parler de manière générale].

◆ **_성** -性 명 généralité *f*.

◆ **_화** -化 명 généralisation *f*. ¶ ~(가) 되다 se généraliser. ¶ ~된 말 un mot d'usage courant. ¶ ~(를) 하다[시키다] généraliser, faire la généralisation.

◆ **_론** -論 명 théorie *f* générale, généralités *fpl*.

◆ **_문법** -文法 명 【언어】 grammaire *f* générale; grammaires *fpl* scolaires.

◆ **_미** -米 명 riz *m* ordinaire.

◆ **_인** -人 명 personne *f* ordinaire, gens *mpl* ordinaires; public *m*; (le) commun *m* des mortels. ¶ ~인 출입금지 interdit au public.

◆ **_직** -職 명 profession *f* ordinaire.

일발 一發 명 un tir *m* ((à l'arc ou au revolver)), un coup *m*. ¶ 갑자기 ~의 총소리가 들려왔다 Soudain, j'ai entendu la détonation d'une arme à feu.

일방 一方 명 ((한쪽)) un côté *m*, un aspect *m*; ((상대방의)) un parti *m*, l'autre parti *m*, un des deux partis; d'une part; ((à)) sens *m* unique. ¶ 이 길은 ~ 통행이다 Cette rue est en [à] sens unique / C'est une rue à sens unique.

◆ **_적** -的 명관 arbitraire, unilatér*al*(*ale*, *aux*), ((point de vue)) parti*al*(*ale*, *aux*), à sens unique. ¶ ~적(인) 게임 une partie [une lutte] (très) inégale, un match à sens unique. ¶ ~적인 시합이다 C'est un match à sens unique [C'est une partie très inégale]: l'un des adversaires est beaucoup plus fort que l'autre [l'une des équipes écrase l'autre, l'une des équipes domine l'autre de façon impressionnante]. ¶ 그것은 ~적인 계약이다 C'est un contrat arbitraire. ¶ 일을 ~적으로 처리해서는 안 된다 Il ne faut pas trancher arbitrairement. ¶ 그 같은 ~ 태도는 참을 수 없다 Je ne peux pas supporter ce genre d'attitude arbitraire. ¶ 우리는 그러한 ~요구에 불응할 것이다 Nous n'accepterons pas ce genre de demande arbitraire.

일변[1] 一邊 명부 un côté *m*; d'un côté, d'un autre côté, d'une part ... de l'autre ...; ((기하학)) segment *m* de droite dans une figure à plusieurs côtés. ¶ 그 소식을 듣고 ~으로는 기쁘기도 하고 ~으로는 착잡하기도 했다 Une part de moi-même se réjouissait d'entendre cette nouvelle, l'autre demeurait confuse. ¶ 그의 소설은 내용이 있으면서도 ~ 오락적인 면도 있다 D'une part, son roman a du contenu et d'autre part il reste divertissant.

◆ **_도** -倒 명 unilatér*al*(*ale*, *aux*). ¶ 성장 ~의 정책 une mesure de croissance unilatérale. ¶ 그는 공격 ~로만 나가다가 역습을 당했다 Il a été victime de la contre-attaque qu'il avait menée unilatéralement.

일변[2] 一變 어근 un revirement *m*, un retournement *m*, une volte-face *f*, un changement *m* total [complet]. ◇_(을) **하다** opérer un revirement, changer radicalement [complètement, du tout au tout]. ¶ 그의 농담에 방 안 분위기가 ~했다 L'atmosphère à l'intérieur de la pièce a changé du tout au tout avec ses plaisanteries. ¶ 내 말에 그는 안색을 ~하면서 화를 냈다 Son visage a changé de couleur à mes mots, et il s'est mis en colère. ◇_(을) **시키다** provoquer un revirement, provoquer un retournement, provoquer un changement radical. ¶ 그는 언제 그랬냐는 식으로 태도를 ~시켰다 Il a changé radicalement d'attitude comme s'il ne s'était jamais rien passé. ◇_(이) **되다** connaître un revirement. ¶ 2,3일 사이에 국제 정세가 ~되었다 Il y a eu un retournement de la situation politique internationale en deux ou trois jours.

일별 一瞥 명 un coup *m* d'œil, un regard *m* furtif. ¶ 그 여자는 지나가면서 내게 ~을 보냈다 Elle m'a jeté un regard furtif en passant. ¶ 그는 내게 ~도 던지지 않고 재빨리 스쳐 지나갔다 Il est passé en coup de vent, sans me jeter un regard. ◇_(을) **하다** jeter un coup d'œil sur [à], jeter un regard rapide, regarder rapidement, lancer un regard furtif. ¶ ~하여 au premier coup d'œil, au premier regard, à première vue. ¶ 짧은 순간이었지만 방 안의 사람들을 ~할 수 있었다 C'était bref mais j'ai eu le temps d'apercevoir les gens qui se trouvaient dans la pièce. ¶ 그는 슬픈 눈길로 가족들을 ~하고 차에 탔다 Il est monté dans la voiture en lançant à sa famille [aux siens] un rapide regard empreint de tristesse.

일병 一兵 명 soldat *m* de première classe.

일보[1] 一步 명 un pas *m*. ¶ ~~ pas à pas. ¶ ~ 전진[후퇴]하다 avancer [reculer] d'un pas, faire un pas en avant [en arrière]. ¶ ~도 양보하지 않다 ne pas reculer d'un pas, ne faire aucune concession. ¶ 파산 ~ 직전이다 être à deux doigts [à la veille, au bord] de la faillite [de la ruine]. ¶ ~ 후퇴는 ~ 전진을 위한 것이다 Nous faisons un pas en arrière pour mieux avancer.

일보[2] 日報 명 bulletin *m* (rapport) quotidien, journ*al*(*aux*), quotidien *m*. ¶ 이 신문은 ~로 간행하고 있다 Ce journal paraît quotidiennement. ¶ 동아~는 일간지이다 Le journal Donga est un quotidien.

일복 -福 명 abondance *f* de travail (et le bonheur qui en découle). ¶ ~이 많다 avoir beaucoup de travail, ne pas manquer de travail, avoir du travail à n'en plus finir, avoir des tas [une tonne] de choses à faire {*fam*}, avoir une tonne de travail {*fam*}, avoir du pain sur la planche, avoir un travail fou [monstre] {*pop*}, avoir fort à faire. ¶ ~을 타고나

다 être de nature à ne jamais manquer de travail. ◇_이 터지다 avoir du travail à profusion, avoir une montagne de choses à faire [de travail], avoir des tas [une tonne] de choses à faire {*fam*}, avoir une tonne de travail {*fam*}, crouler sous le [sous une avalanche de] travail, être submergé(*e*) de travail [par les occupations, par le travail], être débordé(*e*), être dépassé(*e*) par l'ampleur d'un travail, être noyé(*e*) ((de travail)), avoir du travail à n'en plus finir; ne plus savoir où donner de la tête; avoir (encore) du pain sur la planche {*fam*}, avoir un travail fou [monstre] {*pop*}, avoir fort à faire.

일본 日本 명 Japon *m*. ¶ ~ 문화 la culture japonaise.

◆_어 -語 명 japonais *m*, langue *f* japonaise. ¶ 그 여자는 ~어를 배운다 Elle apprend le japonais. ¶ 그는 ~어로 편지를 썼다 Il a écrit une lettre en japonais.

◆_놈 명 【속어】 sale Japonais *m* {*fam*}, Jap *m* {*fam*}. ¶ ~ 놈들 les Japs.

◆_문자 -文字 명 écriture *f* japonaise, caractères *mpl* japonais, alphabet *m* japonais, *kana* (*hiragana* et *katakana*).

◆_서기 -書記 명 【책명】 annales *fpl* japonaises, *Niho-shoki* ((50 vol. compilés en 720 à l'époque de Nara, l'ouvrage est le plus ancien livre d'histoire officielle du Japon)).

◆_인[사람] -人 명 Japonais(*e*).

일부 一部 명 une partie *f*, un exemplaire *m* ((numéral spécifique pour les publications)); une tranche *f* horaire ((pour les cours: 1) 주간부 晝間部, cours du jour, 2) 야간부 夜間部, cours du soir)). ¶ ~의 사람들이 찬성했다 Une partie des gens a acquiescé [est pour, a approuvé sa proposition, soutient sa proposition, est d'accord, le soutient] / Certains sont pour [ont approuvé sa proposition, soutiennent sa proposition, sont d'accord, le soutiennent]. ¶ ~ 몰지각한 사람들이 있다 Une partie des gens manque de bon sens [de discernement]. ¶ 그들 중 ~는 산으로 가고 ~는 바다로 갔다 Une partie d'entre eux est allée à la montagne, l'autre à la mer / Certains (d'entre eux) sont allés à la montagne, d'autres à la mer. ¶ 영남 ~ 지역에 소나기가 내렸다 L'averse est tombée sur une partie de la région de Yeongnam. ¶ 지진으로 도시의 ~가 파괴되었다 Une partie de la ville a été détruite par le tremblement de terre / La ville a été en partie détruite par le tremblement de terre.

일부다처제 一夫多妻制 명 polygamie *f*.

일부러 부 ① 마음먹고 spécialement pour, dans l'intention. ¶ 나는 그 친구를 보려고 ~ 왔다 Je suis venu(*e*) spécialement pour le voir. ¶ ~ 마중까지 나오실 것은 없습니다 Ne vous dérangez pas pour m'accueillir / Ce n'est pas la peine de vous déranger spécialement pour moi / Inutile de vous déplacer spécialement pour moi / Inutile de venir (tout) exprès pour m'accueillir [pour moi]. ② 고의로 exprès, à dessein, intentionnellement, volontairement. ¶ 그건 ~ 한 말이다 C'est une déclaration intentionnelle. ¶ 제가 ~ 그 사람에게 그렇게 한 것은 아닙니다 Je ne lui ai pas fait cela intentionnellement. ¶ 나는 대답을 ~ 하지 않았다 J'ai fait exprès de ne pas répondre / C'est intentionnellement que je n'ai pas répondu. ¶ 그는 ~ 나에게 심술 맞게 군다 Il fait exprès de se montrer méchant avec moi. ¶ 내가 ~ 그런 것은 아니다 Ce n'était pas intentionnel / Je ne l'ai pas fait exprès. ¶ 미안해. ~ 그런 게 아냐 Pardon, je ne l'ai pas fait exprès [ce n'était pas dans mon intention]. ¶ ~ 그런 것이다 Je l'ai fait exprès / Je l'ai fait intentionnellement [délibérément] / C'est délibérément que j'ai agi ainsi. ¶ 너 ~ 그랬지? Tu l'as fait exprès, hein? ③ 짐짓 délibérément, volontairement. ¶ 그 여자는 나를 ~ 모르는 척했다 Elle a délibérément feint de ne pas me connaître.

일부분 一部分 명 une partie *f* de *qc*. ¶ 그것은 전체의 ~에 지나지 않는다 Ce n'est qu'une partie du tout. ¶ ~만 떼어놓고 보다 ne voir les choses que sous un seul angle, voir un seul aspect des choses, avoir une vision réductrice [restreinte] des choses, s'intéresser à un seul côté des choses, ne pas voir les choses dans leur ensemble, avoir des vues étriquées, regarder [voir] par le petit bout de la lorgnette. ¶ ~만 보고서 섣불리 판단해서는 안 된다 Il ne faut pas juger les choses trop rapidement après n'en avoir vu qu'un seul aspect [en ne considérant qu'un seul aspect].

일부일처제 一夫一妻制 명 monogamie *f*.

일사병 日射病 명 indisposition *f* due à la chaleur, insolation *f*; coup *m* de chaleur. ¶ ~에 걸리다 souffrir d'une indisposition due à la chaleur [d'une insolation], être victime d'une insolation, attraper une insolation {*fam*}; ((의학)) présenter une insolation. ☞ 열사병

일사분기 一四分期 명 premier trimestre *m* ((janvier, février, mars)). ¶ ~ 결산 le bilan du premier trimestre. ¶ 올해 ~ 경제 성장률이 5퍼센트를 기록했다 Un taux de croissance économique de 5 % a été enregistré au cours du premier trimestre de l'année.

일사불란하다 一絲不亂- 형 être en bon [parfait] ordre; ((논지)) être suivi, cohérent(*e*). ¶ 일사분란한 논지 un raisonnement suivi [cohérent]. ¶ 그들의 행동은 ~ Leur façon d'agir suit un parfait ordre. ¶ 모든 병사들이 명령에 따라 일사불란하게 움직이고 있다 Tous les soldats agissent de façon monolithique en suivant les ordres. ¶ 일사분란하게 행진한다 Ils s'avancent tous comme un seul homme.

일사천리 一瀉千里 명 courant *m* violent; ((로)) en un clin d'œil, d'un (seul) trait, d'un seul jet; d'une seule traite; avec une grande rapidité. ¶ 일을 ~로

처리하다 expédier une tâche [une affaire]; mener rondement les choses; ne pas y aller par quatre chemins; trancher ((un problème)). ¶ 책임자의 주도 아래 모든 일이 ~로 진행되고 있다 Tout se passe comme sur des roulettes sous la direction [sous la houlette, sous l'égide] du responsable. ¶ 말을 ~로 하다 parler d'une seule traite. ¶ 연설문을 ~로 쓰다 écrire [composer] un discours d'un seul jet, trousser un discours. ◇_(이)다 être d'une seule traite. ¶ 그는 말하는 게 정말 ~다 Il parle vraiment sans reprendre son souffle.

일산 日傘 명 grand parasol *m*; parasol *m* d'apparat. ¶ ~을 받쳐 들다 tenir un parasol royal.

일산화탄소 一酸化炭素 명 【화학】 oxyde *m* de carbone. ¶ ~에 중독되다 être intoxiqué(*e*) par de l'oxyde de carbone.

일삼다 타 se vouer, se consacrer, se livrer, s'adonner à, s'appliquer à, s'abandonner à, s'absorber dans; se faire un devoir de+*inf*; prendre sur *soi* de+*inf*; faire *qc* sans arrêt [sans cesse, constamment], ne faire que *qc*, passer son temps à+*inf*. ¶ 정쟁을 ~ n'engager que des disputes politiques. ¶ 논쟁만을 일삼는 정치가들 des politiciens ne s'adonnant qu'à la controverse. ¶ 싸움질을 ~ s'adonner à la bagarre. ¶ 향락을 ~ s'adonner aux plaisirs. ¶ 폭언을 ~ abuser de propos injurieux [violents]; se laisser facilement aller à la violence verbale; être injurieux(*se*); tenir sans arrêt des propos violents [injurieux]. ¶ 폭음을 ~ s'adonner à la boisson, être porté(*e*) sur la boisson, être alcoolique, aimer la bouteille {*fam*}.

일상 日常 명 quotidien *m*, au jour le jour. ¶ 매일 되풀이되는 단조로운 ~ le quotidien monotone [qui se répète tous les jours], la routine. ¶ 그의 ~은 평범했다 Son quotidien était banal. ¶ ~에서 벗어나다[탈출하다] s'extirper [s'échapper] du quotidien. ¶ 틀에 박힌 ~의 생활에서 벗어나고 싶어 J'aimerais sortir de ce cadre [de ce moule] de la vie quotidienne.

◆_**적** -的 명관 ordinaire, quotidien, habituel(*le*), usuel(*le*), journali*er*(*ère*), courant(*e*). ¶ ~적인 일 une tâche ordinaire. ¶ ~적으로 ordinairement, quotidiennement, usuellement, habituellement, d'ordinaire, d'habitude. ¶ ~적 기준으로 볼 때 du point de vue usuel.

◆_**성** -性 명 l'ordinaire *m*, le commun *m*.

◆_**화** -化 명 banalisation *f*, vulgarisation *f*. ¶ 독서의 ~화 banalisation de la lecture. ¶ ~화되다 devenir chose habituelle [monnaie courante]; être monnaie courante. ¶ 그는 아침마다 운동을 하는 것이 ~화되어 있다 C'est devenu une habitude pour lui de faire du sport tous les matins.

◆_**다반사** -茶飯事 명 monnaie *f* courante, banalité *f*, chose *f* habituelle [banale, ordinaire]. ¶ 그건 ~다반사이다 C'est monnaie courante.

◆_**복** -服 명 tenue *f* de tous les jours.

◆_**사** -事 명 tâche *f* quotidienne. ¶ 그런 일은 그에게는 ~사처럼 되어 버렸다 Ce travail est devenu pour lui une tâche quotidienne.

◆_**생활** -生活 명 vie *f* quotidienne [de tous les jours, courante]. ¶ ~생활에서 많이 쓰이는 말 un mot très utilisé dans la vie courante.

◆_**어** -語 명 mot *m* ordinaire, langage *m* ordinaire.

◆_**용품** -用品 명 produit *m* courant [indispensable à la vie quotidienne].

일색 一色 의명 ① 한 가지 색 une couleur *f*; une seule couleur *f*. ② 한 가지 특성 un seul aspect *m*, une seule forme *f* d'expression. ¶ 이 모임은 여자 ~이다 Cette réunion n'est constituée que [est exclusivement constituée, est uniquement constituée] de femmes. ③ 천하 미인 une beauté *f* sans pareille, femme *f* d'une beauté incomparable.

◆**천하**_ 天下- 명 beauté *f* inégalée. ☞천하

일생 一生 명 une vie *f*; durée *f* d'une vie. ¶ 여자의 ~ une vie de femme. ¶ ~에 단 한 번 une seule fois dans une vie. ¶ ~ 동안 durant la vie. ¶ 이 작품은 어느 소설가의 ~을 그린 것이다 Cette œuvre décrit la vie d'un romancier. ¶ ~을 그르치다 ruiner [gâcher] *sa* vie. ¶ 환경 운동에 ~을 바치다 vouer *sa* vie à la protection de l'environnement. ¶ ...하면서 ~을 보내다 passer *sa* vie à+*inf*. ¶ ~을 독신으로 지내다 vivre seul pendant toute *sa* vie.

부 ¶ 나는 이 일을 ~ 잊지 못할 것이다 Je n'oublierai pas cet événement [ne l'oublierai pas] de toute ma vie.

◆_**토록** 부 toute une vie. ¶ ~토록 은혜를 잊지 못하다 Je n'oublierai pas cette faveur de toute ma vie.

◆_**일대** -一代 명 l'espace *m* d'une vie, durant toute la vie. ¶ ~일대의 기회 la chance de toute une vie, la chance de ma vie, l'occasion ou jamais, une chance qui n'arrive qu'une fois dans la vie. ¶ ~일대의 역작 l'œuvre de toute une vie.

일석 日夕 명 soir *m*. ¶ ~ 점호 ((armée)) appel du soir.

일석이조 一石二鳥 명 coup double *m*; faire d'une pierre deux coups, faire coup double. ◇_(이)다 faire d'une pierre deux coups, faire coup double, obtenir deux résultats (par la même action), avoir le beurre et l'argent du beurre. ¶ 이렇게 하면 돈도 벌고 명예도 얻을 수 있으니 ~다 De cette façon vous faites coup double puisque vous gagnez de l'argent tout en obtenant les honneurs.

일선 一線 명 ① 전선 première ligne *f*, front *m*. ¶ ~에 가다[서다] aller [monter] au front. ¶ ~ 장병들 soldats de première ligne. ¶ ~에서는 전투가 한창이다 Les combats font rage sur le front. ② 현장 première ligne *f*, une ligne *f*. ¶ ~에서 물러나다 se retirer de la ligne. ¶ ~에서 한창 활동하고 있는 사람들 ceux qui sont des plus actifs en première ligne. ¶ ~에 투입하다[되다] s'engager [être engagé(*e*)] en première ligne.

일설 一說 명 une (autre) version *f*, une opinion *f*. ¶ ~에 의하면 d'après une version.

일성 一聲 명 une voix *f*, un son *m*. ¶ ~을 내뱉다 lancer un mot.

일세 一世 명 une époque *f*, une génération *f*, cette époque *f*, ladite époque *f*, à l'époque *f*, cette génération *f*, ladite génération *f*; pendant trente ans; son époque; ...premier ((derrière un nom de pape, de roi ou d'empereur)); première génération *f* ((immigration)); un des trois espaces *mpl* du temps: passé, présent, futur. ¶ ~의 영웅 le héros de l'époque, un héros de son temps. ¶ ~의 걸작 l'œuvre d'une génération. ¶ ~를 풍미하는 미인 une belle femme qui fut le symbole de toute une génération.

일소[1] 一笑 명 un rire *m*; un rire *m* narquois, un rire *m* moqueur. ¶ ~를 터뜨리다 éclater de rire. ¶ ~로(써) 모든 것을 용서하다 pardonner tout d'un sourire. ◇_(를) **하다** faire un sourire. ¶ 그가 ~하면 온 집안이 밝아진다 Son sourire suffisait à illuminer toute la maisonnée.

*~**에 부치다** faire fi de *qc*, d'un sourire, se rire de *qc*, se moquer de *qc*, ne tenir aucun compte de *qc*. ¶ 남들의 비난을 ~에 부치다 faire fi de la critique, d'un sourire. ¶ 그는 나의 제안을 ~에 부쳤다 Il a fait fi de ma proposition d'un sourire.

*~**일소 일노일로** -一少一怒一老 Le sourire est une fontaine de jouvence / Le sourire efface les rides, la colère les entretient.

일소[2] 一掃 명 un coup *m* de balai; un coup *m* de filet, une rafle *f*, une razzia *f*. ¶ 폭력배 ~ une rafle de maf(f)ieux, un coup de filet d'une bande mafieuse, rafle d'une organisation mafieuse, arrestation d'une bande mafieuse. ¶ 부정부패 ~ éradication de la corruption. ◇_(를) **하다** donner un coup de balai, balayer, nettoyer, exterminer, extirper, déraciner, supprimer, purger, faire table rase de, faire une rafle, faire une razzia. ¶ 지역의 불량배를 ~하다 éradiquer un quartier de sa pègre, nettoyer un quartier de ses escrocs. ¶ 편견을 ~하다 faire table rase des préjugés. ¶ 폐습을 ~하다 se débarrasser de mauvaises habitudes. ¶ 식민 잔재를 ~하다 détruire les vestiges coloniaux. ◇_(가) **되다** être balayé(*e*), être nettoyé(*e*), être supprimé(*e*). ¶ 야외에 나가자 우울했던 기분이 ~되는 듯했다 J'ai l'impression que mon humeur triste s'est envolée en sortant au grand air.

일손 명 ① 일하는 솜씨 façon *f* de travailler, qualité *f* de travail, habileté *f* au [dans le] travail. ¶ 그는 ~이 빠르다 Il est rapide dans le travail. ¶ 감원 소식에 ~이 잡히지 않는다 ne pas parvenir à travailler correctement [avoir du mal à se concentrer, avoir du mal à travailler] à la suite de l'annonce de la compression [de la réduction des effectifs] de personnel. ② 일하는 사람 main-d'œuvre (~*s*-~) *f*, personnel *m*, bras *mpl*, ouvrier(*ère*). ¶ ~이 모자란다 manquer [être à court] de bras [de main-d'œuvre, de personnel]. ¶ 요즈음은 ~이 귀하다 La main-d'œuvre se fait rare de nos jours / Il est difficile de trouver de la main-d'œuvre de nos jours. ¶ ~을 구하다 rechercher du personnel, être à la recherche de main-d'œuvre. ¶ ~을 돕다 aider la main-d'œuvre. ◇_(을) **놓다** cesser le travail.

일수[1] 日數 명 ① 날의 수 nombre *m* de jours. ¶ 근무 ~ nombre de jours de travail. ¶ 출석 ~ nombre de jours de présence. ② 그 날의 운수 sort *m* [chance *f*] du jour. ¶ 오늘은 ~가 좋은[사나운] 날이다 Aujourd'hui, c'est [ce n'est pas] mon jour de chance / Je suis [Je ne suis pas] en veine aujourd'hui {*fam*}. ¶ ~가 사나운지 손님이 없다 Ce doit être un mauvais jour, il n'y a pas de client. ¶ ~를 보다 consulter *son* horoscope du jour; ((점쟁이가)) donner l'horoscope du jour.

일수[2] 日收 명 ① 돈놀이 ((remboursement d'une somme empruntée avec les intérêts)) indemnité *f* journalière, versement *m* journalier. ¶ 빌린 돈을 ~로 갚아나가다 rembourser l'argent emprunté en versements quotidiens. ② 하루 수입 revenu *m* quotidien, recette *f* journalière. ¶ ~ 5만 원 50 000 wons de revenu quotidien. ◇_(를) **내다[얻다]** emprunter de l'argent en remboursant par versements quotidiens.

◆_**돈** 명 versement *m* journalier. ¶ ~돈을 쓰다 dépenser le versement journalier.

일순[1] 一巡 명 un tour *m*. ◇_(을) **하다** faire un tour. ¶ 우리 팀은 3회에 타자가 ~했다 Tout l'alignement des frappeurs de notre équipe est passé à la troisième manche / Tous les frappeurs de notre équipe ont eu leur tour à la troisième manche. ¶ 술잔이 ~하고 나자 그 친구가 말을 꺼냈다 Il s'est mis à parler une fois que le verre d'alcool a fait le tour de la table.

◆**타자**_ 打者- 명 【운동】 rotation *f* de tous les frappeurs. ¶ 우리 팀은 타자 ~하면서 6점을 얻었다 Notre équipe a gagné six points pendant que tous les frappeurs [batteurs] ont eu leur tour au bâton.

일순[2] 一瞬 명 ☞ 일순간

일순간 一瞬間 명 un instant *m*; un moment *m*. ¶ 우리의 오랜 꿈이 ~에 무너졌다 Notre vieux rêve s'est effondré en un instant.

부 en un instant; en un clin d'œil; en un rien de temps. ¶ 나는 ~ 가슴이 철렁했다 J'ai eu un sursaut / J'ai sursauté.

일순배 一巡盃 명 une tournée *f*. ¶ 술을 ~ 돌리다 offrir une tournée. ◇_(를) **하다** offrir une tournée.

일습 一襲 명 complet *m*; ensemble *m* ((pour femme)); jeu(*x*) *m* ((d'outils)); équipage *m*; assortiment *m*; attirail *m* ((d'outils)), batterie *f* ((d'ustensiles de cuisine)); garniture *f* ((de bureau)). ¶ 공구 ~을 구입하다 acheter un assortiment d'outils.

일시[1] 日時 명 date *f*, jour *m* et heure *f*. ¶ 회의 장소와 ~를 알려 주다 informer du lieu et de l'heure d'une réunion. ¶ 다음 모임 ~가 언제냐 Quand est-ce qu'est la prochaine réunion? ¶ 다음 모임 ~를 정하다 fixer le jour et l'heure de la prochaine réunion.

일시[2] **一時** 명 ① 잠시, 임시 pendant quelques temps; un certain temps; pour un temps; un moment; pour le moment; provisoirement; temporairement. ¶ 그것은 ~의 때움밖에 안 된다 Cela n'est qu'un expédient. ¶ 비록 ~나마 그는 널 의심했었다 Il s'est méfié de toi pendant un certain temps. ② 동시 ((au)) même moment *m*; en même temps *m*; à la fois; simultanément. ¶ 모두가 ~에 일어섰다 Tout le monde s'est levé en même temps. ¶ 적이 ~에 쳐들어왔다 Tous nos ennemis nous ont envahi en même temps.

부 au même moment *m*; en même temps *m*; à la fois; simultanément. ¶ 공사가 ~ 중단되었다 Tous les travaux ont été interrompus en même temps.

◆**_적** -的 명관 temporaire, momentanée, passager(ère), éphémère, provisoire, précaire. ¶ ~적인 방편 moyen de fortune; palliatif; expédient.

◆**_불** -拂 명 paiement *m* en une seule fois. ¶ ~불로 계산하다 payer en une seule fois. ¶ 대금을 ~불로 내다 payer une grosse somme d'argent en une seule fois.

일식[1] **日蝕** 명 éclipse *f* de soleil, éclipse *f* solaire.

◆**개기_** 皆旣- 명 éclipse *f* de soleil totale.

◆**부분_** 部分- 명 éclipse *f* de soleil partielle.

일식[2] **日食** 명 cuisine *f* japonaise. ¶ ~을 먹다 manger japonais.

◆**_집** 명 restaurant *m* japonais.

일신[1] **一新** 명 rénovation *f*, régénération *f*, renouvellement *m*, réforme *f*. ¶ 분위기의 ~을 꾀하다 [도모하다] essayer de changer complètement d'ambiance. ◇_(을) **하다[시키다]** renouveler, rénover, réformer, changer complètement [du tout au tout], relever ((le moral)), régénérer. ¶ 내부 수리로 식당의 면모를 ~시켰다 Ils ont complètement changé l'aspect du restaurant en rénovant l'intérieur. ¶ 그의 등장이 모임의 분위기를 ~시켰다 Son arrivée a complètement changé l'ambiance de la réunion. ◇_(이) **되다** être renouvelé(*e*), rénové(*e*), réformé(*e*), régénéré(*e*). ¶ 그의 홈 페이지는 최근에 내용이 ~되었다 Sa page d'accueil a été complètement refaite récemment. ¶ 꽃병에 꽃을 꽂았더니 방 안 분위기가 ~되었다 J'ai mis des fleurs dans un vase, ce qui a complètement changé l'ambiance de la pièce.

일신[2] **一身** 명 un corps *m*, tout le corps *m*. ¶ ~의 안전을 도모하다 chercher la sécurité.

◆**_상** -上 명 personnel(*le*), privé(*e*). ¶ ~상의 이유로 pour des raisons personnelles.

일신교 **一神教** 명 monothéisme *m*.

일심[1] **一審** 명 première instance *f*. ¶ ~ 선고 공판 audience de première instance. ¶ ~에서 승소[패소]하다 gagner [perdre] un procès en première instance. ¶ ~ 판결에 불복하여 항소하다 se pourvoir en appel par opposition au jugement de première instance.

일심[2] **一心** 명 un seul cœur *m*; tout *son* cœur *m*. ¶ ~으로 de tout cœur; avec ferveur. ¶ ~ 단결하다 s'unir; faire corps.

◆**_동체** -同體 명 un corps *m* et une âme *f*. ¶ 부부는 ~동체이다 Mari et femme ne font qu'un.

일쑤 의명 chose *f* très fréquente [très banale], monnaie *f* courante; habitude *f*. ◇(...**하기**) **_이다** faire *qc* habituellement; avoir l'habitude de faire *qc*, être une habitude, être habituel(*le*); être très fréquent(*e*) [très banal(*e*)], être monnaie courante ((c'est monnaie courante)).

일약 **一躍** 부 d'un bond; d'un seul coup; soudain, soudainement. ¶ ~ 유명해지다 devenir célèbre du jour au lendemain; parvenir tout d'un coup à la célébrité. ¶ 평범한 청년이었던 그가 ~ 대스타가 되었다 Lui qui était un jeune comme les autres est devenu du jour au lendemain une très grande star.

일어 **日語** japonais *m*, langue *f* japonaise.

일어나다 자 ① 기상하다 se lever. ¶ 아침 일찍 ~ *se* lever tôt [de bonne heure] le matin; se lever de bon matin. ¶ 그는 언제나 늦게 일어난다 Il se lève tard tous les jours. / C'est un lève-tard. ¶ 일어나라, 학교에 가야지 Lève-toi [Debout]! Tu dois aller à l'école. ② 기립하다 se lever; se mettre debout. ¶ 그 순간 그녀는 의자에서 벌떡 일어났다 À ce moment-là, elle s'est levée brusquement de sa chaise. ¶ 피고는 자리에서 일어나시오 Accusé, levez-vous. ¶ 그는 우리가 식사를 채 끝내기도 전에 식탁에서 일어났다 Il s'est levé de table avant même que nous n'ayons fini le repas. ¶ 넘어진 아이는 울지도 않고 일어났다 L'enfant qui était tombé s'est relevé sans même pleurer. ③ 환자가 병이 나아지다 guérir; aller mieux, se relever ((d'une maladie)); être sur pied. ¶ 그 환자는 머지않아 병석에서 일어나게 될 것이다 Ce malade sera bientôt sur pied. ¶ 독감에 걸렸다가 오늘에야 일어났습니다 Aujourd'hui, il est guéri de sa grippe. ④ 발기하다 se soulever, se dresser [s'élever] contre *qc*. ¶ 부정에 항거해서 온 국민이 일어났다 Le peuple s'est soulevé contre l'injustice. ¶ 여성들이여, 함께 일어나 싸웁시다 Femmes, battons-nous toutes ensemble. ⑤ ((사건, 사고가)) arriver; se produire; se passer; avoir lieu; (우발) advenir. ¶ 전쟁[화재, 산불]이 일어났다 La guerre éclate[est déclarée] [Un incendie (de forêt) s'est déclaré]. ¶ 고속도로에서 큰 교통사고가 일어났다 Il y a eu un terrible accident sur l'autoroute. ¶ 이웃 간에 말다툼이 일어났다 On a assisté à une querelle entre voisins. ¶ 잇달아 여러 가지 일이 일어났다 Toutes sortes d'événements se sont succédé. ¶ 무슨 일이 일어났니? Qu'est-ce qu'il s'est passé? ¶ 그런 일이 일어나고 있는지 나는 몰랐다 Je ne savais pas qu'il y avait ce genre de problème. ¶ 어떠한 일이 일어날지라도 quoi qu'il arrive [advienne]. ⑥ ((현상, 변화가)) avoir lieu, se produire. ¶ 그 순간 회의장에 가벼운 동요가 일어났다 À ce moment-là, il y eut dans la salle de réunion une légère agitation. ¶ 그녀의 심경에 변화가 일어났

음에 틀림없다 Il est certain qu'elle a changé dans sa manière de penser. ¶ 교육 정책에 일대 변화가 일어났다 Un changement très important s'est produit dans la politique pédagogique. ¶ 호기심[의문]이 일어나서 참을 수 없다 Je suis vraiment piqué(*e*) de curiosité / Je suis très curieu*x*(*se*) / J'ai très envie de savoir. ⑦ ((자연 현상이)) avoir lieu; se produire. ¶ 해일[폭풍우, 지진]이 일어났다 Un raz de marée [Une tempête, un tremblement de terre] a eu lieu. ¶ 갑자기 먹구름이 일어나 하늘을 메웠다 Tout à coup, des nuages menaçants ont envahi le ciel. ¶ 먼지[바람]가 일어난다 De la poussière est soulevée (par le vent) [Le vent se lève]. ¶ 물체를 마찰하면 열과 전기가 일어난다 Quand on frotte un corps, de la chaleur et de l'électricité se produisent. ⑧ ((통증, 병이)) se produire; arriver; survenir. ¶ 현기증이 일어난다 J'ai le vertige. ¶ 갑자기 두통이 일어났다 Soudain, j'ai eu mal à la tête. ¶ 그는 갑작스레 심장마비가 일어나 숨을 거두었다 Il a brutalement fait un arrêt cardiaque et il en est mort. ⑨ ((원인, 기점에서)) trouver son origine; être d*û*(*ue*) à *qc*. ¶ 그들간의 분쟁은 사소한 오해에서 일어났다 Leur différend est né d'un malentendu ridicule. ¶ 네 병은 과로에서 일어난 것이다 Ta maladie est due au surmenage. ¶ 인플레에서 일어나는 여러 가지 문제들 divers problèmes liés à l'inflation. ⑩ 번성하다 devenir prospère; prospérer; renaître. ¶ 가난하던 집안이 다시 일어나기 시작했다 Cette famille pauvre a commencé à prospérer. ¶ 사라져 가던 전통 문화가 다시 일어나고 있다 La tradition qui avait disparu est en train de renaître. ⑪ 불이 붙기 시작하다 ((feu)) prendre; s'allumer. ¶ 불이 활활 일어났다 Le feu a bien pris. ¶ 불씨가 잘 일어나질 않는다 Le feu ne prend pas bien. ⑫ 위로 솟다 se détacher. ¶ 벽에 페인트가 일어났다 De la peinture s'est détachée du mur. ¶ 스웨터에 보풀이 일어났다 De la peluche s'est détachée du pull(-over).

일어서다 ㉠ ① 기립하다 se lever. ¶ 자리에서 ~ se lever. ¶ 그는 놀라 벌떡 일어섰다 Il s'est levé brusquement sous l'effet de la surprise. ¶ 그가 무대에 등장하자 관객들이 일제히 일어섰다 À son entrée en scène, les spectateurs se sont tous levés. ¶ 일동 일어섯! Soldats, debout! ② 분기하다 se soulever [se dresser contre]. ¶ 부정한 권력에 대항해서 ~ se soulever [se dresser] contre l'injustice. ¶ 조국을 구하고자 ~ se dévouer pour le salut de la patrie. ¶ 함께 일어서 이 위기를 극복합시다 Faisons bloc pour surmonter cette crise. ③ (어려움을 극복하고) 재기하다 redémarrer; se relever. ¶ 가난을 딛고 ~ sortir de la pauvreté. ¶ 그 기업은 위기를 극복하고 다시 일어섰다 Cette entreprise a redémarré après avoir surmonté la crise. ④ ((머리카락이)) se dresser ¶ 머리카락이 쭈뼛 ~ avoir les cheveux qui se dressent sur la tête.

일언반구 一言半句 ㉧ ne pas dire un traître mot; ne (pas) souffler un mot. ¶ 그는 ~도 대답이 없었다 Il n'a rien répondu du tout. ¶ 그는 나에게 ~도 없이 자기 마음대로 일을 처리했다 Il a fait le travail à sa guise sans me demander mon avis [sans ne rien me demander].

일언이폐지하다 一言以蔽之- ㉠ en un mot; bref, pour tout dire, en définitive. ¶ 일언이폐지하고 그것은 안 될 일이다 Bref, cela ne sera pas possible.

일언지하 一言之下 ㉧ catégoriquement; carrément. ¶ ~에 거절하다 refuser catégoriquement.

일없다 ㉨ n'avoir rien à faire; être superflu(*e*), inutile; être sans importance; ne rien se passer. ¶ 맥주 한 잔쯤이야 일없겠지? Je ne risque rien si je bois un verre de bière, n'est-ce pas? ¶ 이제 너는 나와 아무 ~ Maintenant, tu n'as plus rien à faire avec moi. / Maintenant, c'est fini avec toi! ¶ 그는 일없이 자꾸 우리 사무실을 드나든다 Il vient souvent dans mon bureau sans véritable raison.

일엽편주 一葉片舟 ㉧ petite barque *f*, petite embarcation *f*. ¶ 내 처지가 ~ 신세다 Je suis tout seul au monde.

일요일 日曜日 ㉧ dimanche *m*. ☞ 금요일

일용 日用 ㉧ utilisation *f* quotidienne [courante]. ¶ ~ 도구 outil d'utilisation courante, outil de tous les jours. ◇_(을) **하다** utiliser quotidiennement. ¶ ~할 양식 aliment quotidien, alimentation quotidienne.

◆_ **잡화** -雜貨 ㉧ produits *mpl* divers de tous les jours.

◆_**품** -品 ㉧ produit *m* courant de la vie; objets *mpl* d'usage courant [quotidien]; article *m* de consommation courante.

일원[1] 一圓 ㉧ toute la région *f*, toute l'étendue *f*, tout le quartier *m*. ¶ 호남 ~에 비가 내렸다 Il a plu dans tout le Honam. ¶ 남해안 ~에 호우주의보가 내렸다 Sur l'ensemble de la côte méridionale, on a lancé une mise en garde contre des pluies torrentielles.

일원[2] 一員 ㉧ un membre *m*. ¶ 그도 우리 모임의 ~이다 C'est aussi un membre de notre association. ¶ 조직의 ~으로서 상부의 지시에 따르다 suivre les instructions de la direction en tant que membre d'une organisation.

일원론 一元論 ㉧ 【철학】 monisme *m*.

일원적 一元的 ㉧ unitaire, unifié(*e*). ¶ ~인 통일 réunification unitaire.

일원제 一院制 ㉧ monocamérisme *m*, monocaméralisme *m*.

일원화 一元化 ㉧ unification *f*, centralisation *f*. ¶ 화폐의 ~ unification de la monnaie. ◇_(를) **하다[시키다]** unifier, uniformiser, harmoniser, intégrer. ¶ 접수 창구를 ~하다 unifier les guichets de réception des dossiers. ◇_(가) **되다** s'unifier, s'uniformiser, s'harmoniser.

일월 一月 ㉧ janvier *m*; mois *m* de janvier ☞ 구월

일월성신 日月星辰 ㉧ le soleil *m*, la lune *f* et les

ㅇ

étoiles *fpl*; les astres *mpl*. ¶ 비나이다 비나이다 ~께 비나이다 J'implore le soleil, j'implore la lune, j'implore tous les astres du ciel.

일위 一位 명 ① première place *f*; numéro *m* un. ¶ ~를 차지하다 occuper la première place; prendre [décrocher {*fam*}] la première place; se classer premi*er*(*ère*); terminer premi*er*(*ère*). ② (수학) unité *f*.

일으키다 타 ① 바로 세우다 remettre *qc* debout, redresser. ¶ 넘어진 기둥을 ~ redresser un poteau. ¶ 인부들이 폭우에 쓰러진 가로수를 일으키고 있다 Les ouvriers redressent les arbres couchés par de fortes pluies. ② (누구를) 일어나게 하다 relever; remettre *qn* debout; redresser, soulever ((un malade sur son lit)); aider *qn* à se relever. ¶ 넘어진 아이를 ~ relever un enfant qui est tombé. ¶ 환자를 자리에서 일으켜 앉히다 aider un malade à se redresser (sur son lit). ③ ((몸을)) se relever; se redresser. ¶ 간신히 몸을 ~ se relever difficilement. ¶ 허리를 일으키며 인사를 하다 se redresser pour saluer *qn*. ④ ((사업, 단체를)) ~ commencer, entreprendre ((une affaire)); fonder, monter ((une société, une entreprise)); créer [lancer] ((une société)); établir, installer. ¶ 새로운 사업을 ~ fonder une entreprise; monter une entreprise. ¶ 새로운 종교를 ~ fonder une nouvelle religion. ⑤ 흥하게 하다 redresser. ¶ 나라를 다시 ~ redresser un pays. ¶ 망해 가는 집안을 다시 ~ redresser une famille en difficulté. ⑥ ((병사, 군대를)) mettre ((une armée)) en mouvement. ¶ 군대를 일으켜 이웃 나라를 침략하다 envahir un pays voisin en mettant l'armée en mouvement. ⑦ ((사건, 현상을)) causer, provoquer; occasionner; soulever; produire; susciter, fomenter ((des troubles)). ¶ 전쟁을 ~ provoquer la guerre. ¶ 분노한 시민들이 폭동을 일으켰다 Les citoyens en colère se sont insurgés [soulevés, révoltés]. ¶ 반란을 ~ soulever une révolte. ¶ 사고[말썽]를 ~ provoquer un accident [causer des ennuis]. ¶ 변화[선풍, 새 바람]를 ~ provoquer un changement [faire sensation, être à l'origine d'un vent nouveau]. ¶ 그 사건은 조용한 집안에 평지풍파를 일으켰다 Cet incident a provoqué des troubles dans cette famille paisible. ¶ 그의 소설이 젊은이들 사이에 센세이션을 일으켰다 Son roman a fait sensation chez les jeunes. ¶ 정계의 로비 사건은 우리 사회에 큰 파문[물의]을 일으켰다 Une affaire de trafic d'influence a causé un scandale dans le monde politique. ⑧ ((정신적 현상이)) provoquer, causer. ¶ 계산에서 착오를 ~ faire une erreur dans l'addition. ¶ 그 일로 나는 혼란[착각]을 일으켰다 J'ai été troublé par cet incident. ⑨ ((감정을)) réveiller. ¶ 그의 행동이 나에게 호기심[흥미, 혐오감]을 일으켰다 Son comportement a piqué ma curiosité[Son comportement a suscité mon intérêt / Son comportement a fait naître du dégoût en moi]. ¶ 그녀의 초라한 모습은 동정심을 일으키기에 충분했다 Son apparence pitoyable a suffi pour que j'ai pitié d'elle. ¶ 그 일은 국민들에게 반감[충격]을 일으켰다 Cet événement a provoqué chez les citoyens un sentiment de rejet [Cet événement a choqué les citoyens]. ⑩ ((병, 신체적 이상을)) 갖게 되다 souffrir de *qc*; être atteint(*e*) de *qc*; avoir une crise ((d'épilepsie)). ¶ 그가 갑자기 발작[뇌진탕]을 일으켰다 Il a fait une attaque brutale tout à coup [Il a fait une commotion cérébrale]. ¶ 그녀는 잠시 현기증을 일으켰다 Il a été pris de vertiges passagers. ⑪ ((병, 신체적 이상을)) 유발하다 causer, provoquer; être la cause de *qc*. ¶ 스트레스는 암을 일으키는 주범이라고 한다 On dit que le stress est la cause principale du cancer. ⑫ ((자연적 현상을)) produire; soulever. ¶ 전기를 ~ produire de l'électricité. ¶ 바람을 ~ être à l'origine du vent; déplacer des masses d'air. ¶ 물결[파란, 폭풍]을 ~ être à l'origine de vagues [provoquer la houle, provoquer un ouragan]. ¶ 버스가 뽀얀 먼지를 일으키며 시골길을 달린다 Le bus roule sur le chemin en soulevant de la poussière blanche. ¶ 보트가 물살을 일으키며 지나갔다 Le bateau est passé en soulevant des vagues. ⑬ ((고장을)) tomber en panne. ¶ 자동차가 또 고장을 일으켰다 La voiture est encore tombée en panne.

일의적 一義的 명 uniforme. ¶ ~ 세계관 une vision du monde uniforme

일익 一翼 명 une part *f*, un rôle *m*. ◇_을 맡다[담당하다] jouer un rôle dans *qc*.

일인 一人 명 une personne *f*. ¶ ~ 독재 체제 régime dictatorial.

◆_**당** -當 부 par personne. ¶ ~당 천 원씩 내다 payer mille wons par personne.

◆_**분** -分 명 part *f* pour une personne *f*; portion *f*. ¶ ~분에 얼마예요 C'est combien pour une personne? ¶ ~분만 주세요 Donnez-m'en seulement une portion.

◆_**이역** -二役 명 deux rôles *mpl* pour une personne. ¶ ~이역을 소화해 내다 apprendre deux rôles. ◇_(을) 하다 jouer deux rôles ((dans le même film)).

◆_**자** -者 명 premier personnage *m* ((de l'État)). ¶ 정계의 ~자 premier personnage du monde politique. ¶ 조직의 ~자 premier personnage d'une organisation.

일인칭 一人稱 명 【언어】 première personne *f*. ¶ ~ 대명사 pronom de la première personne. ¶ ~ 소설 roman écrit à la première personne.

일일[1] 一日 명 ① 제1일 le premier ((janvier)). ② 기간 un jour *m*; une journée *f*. ¶ ~ 삼교대 ((faire)) les trois-huit ((dans une usine)); système de travail continu des trois-huit ((trois équipes travaillant chacune huit heures)). ☞ 삼일

◆_**생활권** -生活圈 명 espace *f* qu'on peut occuper [parcourir] en une journée. ¶ 이제 전국이 ~생활권이 되었다 Aujourd'hui, il est maintenant possible de voyager n'importe où en Corée dans la journée [on peut maintenant aller n'importe où en Corée dans la journée].

일일² 日日 어근 tous les jours, journali*er*(*ère*), quotidien(*ne*). ¶~ 연속극 série télévisée journalière[quotidienne].

일일이 一一- 부 un(*e*) à un(*e*); un(*e*) par un(*e*); l'un(*e*) après l'autre; individuellement; (상세) en détail, intégralement; (전부, 모두) chacun(*e*), tous(toutes); tout. ¶ 모든 것을 ~ 조사하다[살펴보다] tout examiner en détail. ¶~ 설명하다 expliquer en détail; détailler *qc*. ¶ 사건의 진행 상황을 ~ 보고하다[알리다] faire un compte-rendu détaillé de la situation actuelle. ¶ 그는 내 일에 ~ 간섭한다 Il se mêle de tout ce que je fais. / Il intervient dans tout ce que je fais. ¶ 내가 이런 사소한 것까지 ~ 신경을 써야 하는지 모르겠다 Je ne sais pas si je dois me préoccuper de toutes ces futilités.

일임 一任 명 action de confier une affaire à l'appréciation de *qn*. ◇_(을) **하다** confier *qc* à *qn*, laisser à *qn* le soin de faire *qc*. ¶ 누구에게 권한을 ~하다 confier le pouvoir à *qn*.

일자¹ 日字 명 date *f*. ¶ 이 문서에는 ~가 표시되어 있지 않다. Ce document n'est pas daté. ¶ 시험 ~가 임박했다 La date de l'examen approche.

일자² 一字 명 une lettre *f*; un caractère *m* (chinois), un idéogramme *m*. ¶~ 일구 틀리지 않고 sans faire la moindre erreur. ¶~ 일구 바꾸지 않고 sans y changer une virgule.

◆**_무식** -無識 명 ignorance *f* totale; illettrisme *m*, analphabétisme *m*. ◇**_이다** ne savoir ni lire, ni écrire; être illettré(*e*), analphabète. ¶ 그 사람은 ~무식이다 Il est analphabète.

◆**_형** -形 명 en ligne, ((défense)) aligné(*e*). ¶~형 수비를 하다 adopter le schéma d'une défense alignée.

일자리 명 emploi *m*; poste *m*, place *f*; travail *m*. ¶~를 구하다[알아보다] chercher un emploi [un poste, du travail]. ¶~를 얻다 trouver un emploi [un poste, du travail]. ¶~를 잃다 perdre *son* emploi [travail]. ¶~를 주선하다[소개하다] recommander *qn* [présenter *qn*] pour un emploi [poste, travail]. ¶~가 모자라다[남다, 넘쳐나다] Il n'y a pas assez de postes[Il reste des postes libres, il reste beaucoup de postes à pourvoir].

일장 一場 어근 courte période *f*, scène *f*, ((첫 장면)) scène *f* première ((de l'acte deux)). ¶~ 연설을 하다 faire [prononcer] un discours.

일장기 日章旗 명 drapeau *m* national du Japon.

일장춘몽 一場春夢 명 gloire *f* passagère; rêve *m* *fugitif*. ¶ 인생은 ~ 같다 La vie est un songe.

일전 日前 명 l'autre jour *m*. ¶~에 제가 부탁한 것 어떻게 됐습니까? Où en êtes-vous du travail que je vous avais demandé de faire l'autre jour?

일절¹ 一節 명 un paragraphe *m*; un passage *m*. ¶ 유명 작가의 소설에서 ~을 인용하다 extraire un passage du roman d'un auteur célèbre.

일절² 一切 부 entièrement, complètement; tout à fait. ¶ 나는 그 일에 관해서는 ~ 모른다 Je ne sais rien de cette affaire. ¶ 그 얘기는 ~ 하지 말아야 한다 Il ne faut pas raconter cette histoire en détail. ¶ 잡상인은 ~ 출입을 금합니다 L'entrée est formellement interdite aux colporteurs. ¶ 그는 외부 인사는 ~ 만나지 않는다 Il ne rencontre personne de l'extérieur.

일점 一點 명 un point *m*. ¶~의 의혹도 없도록 사건의 진상을 철저히 조사하다 examiner une affaire en détail pour qu'il n'y ait pas l'ombre d'un doute.

◆**_혈육** -血肉 명 unique lien *m* de parenté; unique lien *m* de sang. ¶ 그는 ~혈육도 없이 혼자 산다 Il n'a plus de famille.

일정¹ 日程 명 programme *m* [emploi *m* du temps] d'une journée; ((하루의 여정)) itinéraire *m* d'une journée; ((의사 일정)) ordre *m* du jour ((d'une assemblée)). ¶~을 짜다 établir un emploi du temps; fixer le programme d'un voyage. ¶~을 변경하다[바꾸다] changer le programme. ¶~이 빡빡하다 avoir un emploi du temps très chargé. ¶ 오늘 당신의 ~이 어떻게 됩니까? Quel est votre programme aujourd'hui?

◆**_표** -表 명 programme *m* [emploi *m* du temps] d'une journée.

◆**의사_** 議事 명 ordre *m* du jour (d'une assemblée).

일정² 一定 어근 réguli*er*(*ère*); déterminé(*e*); fixe; fixé(*e*). ¶~ 기간 동안 pendant une durée déterminée. ¶~ 수준을 유지하다 maintenir un niveau régulier. ¶~ 정도의 강도 intensité régulière.

◆**_하다** 형 être fixe, fixé(*e*); être défini(*e*), déterminé(*e*), réguli*er*(*ère*), constant(*e*), uniforme. ¶~한 직업이 없다 ne pas avoir de métier fixe [profession déterminée]. ¶~한 수입을 올리다 avoir des revenus fixes. ¶~한 시각에 à heure fixe. ¶~한 간격으로 à intervalles réguliers. ¶~한 속도로 à une vitesse constante.

◆**_량** -量 명 dose *f* déterminée ((de médicament)). ¶~량을 복용하다 prendre une dose déterminée de médicament.

◆**_액** -額 명 montant *m* fixe. ¶~액을 납부하다 payer un montant fixe.

일정³ 日政 명 gouvernement *m* japonais; occupation *f* japonaise. ¶~하에서 sous l'occupation japonaise. ¶~ 때 à l'époque de l'occupation japonaise.

◆**_ 시대** -時代 명 époque *f* de l'occupation japonaise.

일제¹ 日帝 명 impérialisme *m* japonais. ¶~의 식민 통치 règne [gouvernement] colonial de l'impérialisme japonais. ¶~ 치하에서 해방되다 se libérer de l'impérialisme japonais. ¶~의 억압에서 벗어나다 se sortir de l'oppression de l'impérialisme japonais. ¶~의 잔재를 청산하다 effacer [faire disparaître] les derniers vestiges de l'impérialisme japonais.

◆**_ 시대** -時代 명 époque *f* de l'impérialisme japonais [l'occupation japonaise].

일제² 一齊 어근 ensemble *m*, totalité *f*; série *f*. ¶

~ 검거 arrestation en masse. ¶ ~ 단속 기간 période de contrôles systématiques[massifs]. ¶ ~ 사격 salve, volée, bordée. ¶ ~ 점검 inspection générale.

◆_히 부 tous à la fois; tous ensemble; en chœur; à l'unanimité; simultanément; en même temps. ¶ ~히 박수로 환영하다 accueillir par une salve d'applaudissements. ¶ ~히 자리에서 일어나다 se lever tous ensemble. ¶ ~히 웃음을 터뜨리다 éclater de rire (tous) en même temps. ¶ ~히 공격을 퍼붓다 donner l'assaut [attaquer] (tous) en même temps.

일조 日照 어근 ensoleillement *m*; lumière *f* du jour.

◆_권 -權 명 droit *m* à (profiter de) la lumière du soleil [du jour]. ¶ ~권이 침해되다 se faire priver de la lumière du soleil (à cause de la construction d'un building, d'un bâtiment).

◆_량 -量 명 ensoleillement *m*. ¶ 겨울에는 ~량이 부족하다 En hiver, l'ensoleillement est insuffisant.

◆_시간 -時間 명 temps *m* d'ensoleillement.

일조일석 一朝一夕 명 en un (seul) jour; en peu de temps. ¶ 그런 일은 ~에 이루어지는 것이 아니다 Cela ne s'est pas fait en un seul jour.

일족 一族 명 (une) famille *f*; parents *mpl*; parenté *f*; clan *m*. ¶ ~을 이루어 살다 former une famille [un foyer].

일종 一種 명 une sorte *f*; une espèce *f*; une variété *f*. ¶ 저것은 고래의 ~이다 Cet animal fait partie de [appartient à, entre dans] la famille des cétacés. ¶ ~의 야생화 une variété de fleur sauvage. ¶ 그것은 ~의 열등감이다 C'est une sorte de complexe d'infériorité.

일주 一周 명 tour *m*. ¶ 세계 ~ tour du monde ◇_(를) 하다 faire un tour. ¶ 강원도를 ~하다 faire le tour de la province du Gangwon.

일주문 一柱門 명 entrée *f* principale d'un temple.

일주운동 日周運動 명【천문】mouvement *m* diurne.

일지 日誌 명 journ*al*(*aux*) *m* (intime, personnel). ¶ 사건 ~ archives pour le rapport des affaires policières. ¶ 운행 ~ carnet de bord; journal [livre] de bord; journal de mer [de navigation]. ¶ 항해 ~ journ*al*(*aux*) de bord. ¶ ~를 쓰다 tenir un journal; écrire *son* journal. ¶ ~에 기록하다 écrire [noter] *qc* dans *son* journal.

일직 日直 명 garde *f* de jour. ◇_(을) 하다[서다] être de garde pendant la journée

일직선 一直線 명 ligne *f* droite; (의) rectiligne. ¶ ~ 상에 있다 être aligné(*e*)s. ¶ ~을 이루다 former une ligne droite. ¶ ~으로 날아가다 voler en ligne droite. ¶ ~으로 늘어서다 se mettre en ligne [s'aligner]; former une (longue) queue; former une file indienne. ¶ ~으로 배열하다 aligner; disposer [ranger, arranger] *qc* en ligne droite [de manière rectiligne]. ¶ ~이 되다 être [devenir] rectiligne.

일진 日辰 명【민속】sort *m* du jour; fortune *f* du jour. ¶ ~이 나쁘다[사납다] être dans un mauvais jour; ne pas être dans un jour de chance. ¶ ~이 좋다 être dans un bon jour; être dans un jour de chance.

일진광풍 一陣狂風 명 coup *m* de vent; rafale *f*; bourrasque *f*. ¶ 갑자기 ~이 일어났다[불어왔다] Tout à coup, une rafale s'est levée.

일진일퇴 一進一退 명 avance *f* et recul *m*; progrès *m* et recul *m*. ¶ 두 팀은 ~의 격전을 벌였다 Les deux équipes ont disputé une partie très serrée / Ce fut une partie chaudement disputée. ¶ ~를 거듭하다 avancer et reculer tour à tour; avoir des hauts et des bas; passer par des alternatives de mieux et de pire.

일찌감치 부 un peu plus tôt ((avant la fin de *qc*)). ¶ 괜한 생각 말고 ~ 포기해라 Pas la peine d'essayer, laisse tomber (dès) maintenant. ¶ ~ 승패가 판가름 났다 (avant la fin du match) On sait déjà qui a gagné. / On connaît déjà le résultat. ¶ ~ 문 닫고 들어가다 rentrer à la maison [chez *soi*] après avoir fermé le magasin plus tôt que d'habitude. ¶ 교통 체증을 고려하여 ~ 출발하다 partir un peu plus tôt pour éviter les embouteillages [les bouchons {*fam*}].

일찌기 부 (('일찍이'의 잘못)) ☞ 일찍

일찍 부 de bonne heure *f* [de bon matin *m*]; tôt. ¶ 아침 ~ 일어나다 se lever de bonne heure [tôt, de bon matin]; être matinal(*e*). ¶ 저녁에 집에 ~ 들어가다 rentrer tôt le soir à la maison. ¶ 이 꽃은 봄에 매우 ~ 핀다 Ces fleurs éclosent très tôt au printemps [sont très précoces]. ¶ 그는 누구보다도 ~ 이 사실을 알았다 C'est lui qui a appris en premier la nouvelle [cette nouvelle]. ¶ 좀 더 ~ 왔으면 좋았을 것을 On aurait mieux fait de venir (encore) un peu plus tôt.

◆_이 부 ① de bonne heure [de bon matin]; tôt. ¶ 아침 ~이 집을 나서다 partir (de chez *soi*) de bonne heure le matin. ② autrefois; jadis; dans le temps. ¶ ~이 이런 일은 없었다 On a jamais vu chose pareille. ¶ ~이 번영했던 도시 ville jadis prospère.

일차 一次 명 ① 첫번째 premi*er*(*ère*); première fois *f*; premier tour *m*; première étape *f*. ¶ ~ 목표 premier objectif. ¶ ~ 시험 première épreuve d'un examen. ¶ ~ 작전 première opération militaire. ¶ ~ 접촉 premiers contacts. ¶ ~ 회담 premiers pourparlers. ¶ 우선 ~로 백만 원을 주다 donner dans un premier temps un million de wons. ② ((술자리)) première étape *f* [premier arrêt *m*] d'une soirée arrosée, première tournée *f*. ¶ ~에서 술을 많이 마시다 beaucoup boire lors de la première étape[dans le premier bar]. ◇_(를) 하다 boire lors de la première étape (d'une soirée arrosée); faire la première étape d'une soirée arrosée. ¶ ~는 이 정도로 하고 2차를 갑시다 En voilà assez pour la première étape, allons dans un autre bar pour le deuxième arrêt [la deuxième tournée].

◆_적 -的 명관 premi*er*(*ère*); primaire; (dans) un premier temps. ¶ ~적으로 이 문제부터 해결해야 한다

Il faut d'abord commencer par résoudre ce problème. ¶ 이것은 ~적으로 그 사람의 책임이다 Dans un premier temps, c'est lui le responsable / C'est d'abord lui le responsable. ¶ ~적 목표 premier objectif. ¶ ~적 요구 조건 premières revendications.

◆_방정식 -方程式 명 équation *f* du premier degré.

◆_산업 -產業 명 secteur *m* primaire.

일차원 一次元 명 à une dimension *f*.

◆_적 -的 명관 étroit(*e*), borné(*e*). ¶ ~적 사고방식 petit esprit, esprit étroit [borné]; étroitesse d'esprit, simplicité d'esprit; ((avoir des)) vues étriquées.

일착 一着 명 arrivée *f* le(*la*) premi*er*(*ère*). ¶ ~으로 오다 arriver le(*la*) premi*er*(*ère*). ¶ 내가 ~이다 C'est moi qui suis arrivé(*e*) le(*la*) premi*er*(*ère*).

일처다부 一妻多夫 명 polyandrie *f*.

◆_제 -制 명 système *m* de la polyandrie.

일천하다 日淺- 형 être récent(*e*); ne pas exister depuis longtemps. ¶ 일천한 경력[경험] expérience professionnelle courte, peu d'expérience professionnelle [peu d'expérience, courte expérience]. ¶ 우리 회사는 아직 역사가 ~ L'histoire de notre entreprise est récente.

일체[1] 一體 명 ((faire)) corps *m*; ((ne faire qu')) un *m*; ((former)) un tout *m*; unanimité *f*. ¶ 말과 ~가 된 듯한 기수 jokey qui donne l'impression de ne faire qu'un [de faire corps] avec son cheval.

◆_성 -性 명 unanimité *f*.

◆_화 명 unification *f*.

◆_감 -感 명 sentiment *m* de faire corps, sentiment *m* d'union. ¶ ~감을 느끼다 ressentir un sentiment d'union. ¶ ~감을 조성하다 créer un sentiment d'union.

◆혼연_ 渾然- 명 ((faire totalement)) corps *m*; ((se fondre en, former)) un tout *m*; union *f* totale. ¶ 혼연~가 되다 se confondre; former [se fondre en] un tout.

일체[2] 一切 명 tout *m*; tout à fait; complètement; entièrement; pas [plus] du tout. ¶ ~의 관계를 끊다 couper toute relation avec *qn*. ¶ ~의 비용은 내가 대마 C'est moi qui couvre tous les frais. ¶ 사건 ~를 비밀로 하다 tenir une affaire entièrement secrète.

관 tout(*toute, tous, toutes*). ¶ ~ 중생들을 제도하다 sauver [délivrer] tous les êtres humains; sauver le monde; délivrer l'humanité.

일촉즉발 一觸卽發 명 danger *m* imminent; situation *f* critique [très tendue]. ¶ ~의 위기를 넘기다 surmonter [venir à bout d']une crise profonde.

일촌 一村 명 *tout* le village *m*. ¶ ~은 두루 평안하십니까? Tout le monde va bien dans votre village?

일출 日出 명 lever *m* du soleil. ¶ ~을 보다[구경하다] regarder [admirer] le lever du soleil. ¶ ~이 장관이다 Le lever du soleil est magnifique.

일취월장 日就月將 명 progrès *mpl* jour après jour (et mois après mois), progrès *mpl* soutenus [réguliers, constants, continus]. ¶ ~의 발전을 하다 progresser de manière continue [de manière régulière, constamment], faire [accomplir, réaliser] des progrès de jour en jour, faire [accomplir, réaliser] des progrès soutenus [réguliers, constants, continus]. ◇_(을) **하다** faire [accomplir, réaliser] des progrès jour après jour [de jour en jour], faire [réaliser, accomplir] des progrès soutenus [réguliers, constants, continus].

일층 一層 명 rez-de-chaussée *m*. ¶ ~으로 내려가다 descendre au rez-de-chaussée. ¶ ~에서 살다 habiter au rez-de-chaussée.

◆_집 명 maison *f* à un seul niveau, pavillon *m* américain [sans étage], maison *f* n'ayant qu'un rez-de-chaussée.

부 encore plus; plus encore. ¶ 그 사람의 활약이 ~ 돋보였다 Il avait l'air encore plus actif (qu'à son habitude).

일치 一致 명 ① concordance *f*, conformité *f*, accord *m* ((de témoignages)), correspondance *f* ((d'idées, de sentiments)), communion *f* ((de pensée)), coïncidence *f*. ¶ 의견의 ~ concordance des points de vue. ② 【언어】 accord *m*; concordance *f*. ¶ 성수 ~ accord en genre et en nombre. ¶ 형용사와 명사의 ~ accord de l'adjectif avec le substantif. ¶ 시제의 ~ concordance des temps. ¶ ~의 오류 faute d'accord. ¶ 동사를 문장의 주어에 ~를 시키다 faire l'accord entre le verbe et le sujet de la phrase [du verbe avec le sujet de la phrase]; accorder le verbe avec son sujet [avec le sujet de la phrase]. ◇_(를) **하다[보다]** coïncider, concorder avec *qc*, correspondre à *qc*; s'accorder avec *qn* sur *qc*, trouver un accord, tomber d'accord. ¶ 말과 행동이 ~하다 allier le geste à la parole. ¶ 우리는 의견의 ~를 보았다 Nous avons trouvé un compromis [un accord, un terrain d'entente]. ◇_(가) **되다** s'accorder, coïncider, correspondre avec *qc*. ¶ 이상과 현실이 ~되다 L'idéal s'accorde avec la réalité. ◇_(를) **시키다** faire correspondre, mettre d'accord, accorder ((les points de vue)), mettre *qc* en accord avec *qc*, faire coïncider.

◆_점 -點 명 point *m* d'entente. ¶ ~점을 찾다 trouver des points d'entente.

일침 一針 명 coup *m* d'aiguille, pique *f*; paroles *fpl* critiques. ¶ 따끔한 ~을 가하다[놓다] lancer des piques (aigres) à *qn*.

일컫다 타 ① (이름지어) 부르다 appeler, dénommer *qn*. ¶ 그런 사람을 일컬어 속물이라고 한다 On appelle ce genre de personne un grossier personnage. ② 의미하다 appeler; désigner; signifier; vouloir dire. ¶ 원고라 함은 고소를 제기한 사람을 일컫는다 Ce que l'on appelle "la partie plaignante", c'est la personne qui a porté plainte. ③ 내세우다 louer, faire l'éloge de *qn*. ¶ 그는 항상 민족을 일컬으면서 실제로는 자신의 이익만을 생각한다 Il fait toujours l'éloge du peuple mais en réalité il ne pense qu'à ses propres intérêts.

ㅇ

일컬어지다 자 être appelé(*e*), surnommé(*e*). ¶ 바흐는 음악의 아버지라 일컬어진다 Bach est appelé le père de la musique.

일탈 逸脫 명 déviation *f*, déraillement *m*; dérèglement *m*; débauche *f*, dévergondage *m*, libertinage *m*. ¶ ~ 청소년 un adolescent débauché ◇_(을) **하다** dévier ((du droit chemin)), dérailler, avoir une conduite déréglée. ¶ 일상에서 ~하다 s'évader de la vie quotidienne

일터 명 lieu(*x*) *m* de travail; bureau(*x*) *m*. ¶ ~에 나가다 partir au travail [au bureau]. ¶ ~를 잃다 perdre *son* travail. ¶ ~를 지키다 sauvegarder [garder, conserver] *sa* place [*son* travail, *son* poste], sauver *sa* tête [*son* travail, *son* poste, *sa* place], rester en poste [à *son* poste], être maintenu(*e*) à *son* poste, être confirmé(*e*) dans *son* poste, ne pas être renvoyé(*e*) [viré(*e*) {*fam*}, mis(*e*) dehors {*fam*}].

일테면 부 ☞ 이를테면

일파 一派 명 parti *m*, école *f*, secte *f*. ¶ 그들은 공산당의 ~이다 Ils forment un des groupuscules du parti communiste. ¶ ~를 이루다[형성하다] créer [fonder] une école [un parti]; faire école; fonder une secte.

일파만파 一波萬波 명 répercussion *f*; agitation *f*; fermentation *f*; effervescence *f*; incidence *f*; contrecoup *m*; retentissement *m*; remous *mpl*. ¶ ~로 퍼져 나가다 se répandre aux quatre coins. ¶ ~의 파문을 일으키다 produire une agitation démesurée; faire sensation.

일판[1] 명 des affaires *fpl*, le travail *m*. ¶ ~에 뛰어들다 se jeter dans les affaires.

일판[2] **一版** 명 première édition *f*, édition *f* originale. ¶ ~은 1천 부를 찍었다 La première édition a été tirée à un millier d'exemplaires.

일편 一便 부 d'un côté *m*; d'une part *f*. ¶ 나는 그의 마음을 이해는 하면서도 ~ 얄미운 생각이 들었다 Je le comprenais, mais en même temps, d'un certain côté, je le trouvais détestable.

일편단심 一片丹心 명 grande fidélité *f*, dévouement *m* absolu [aveugle]. ¶ ~으로 한 임금을 섬기다 servir le roi avec une loyauté à toute épreuve. ◇_**이다** être d'une grande fidélité, être d'une fidélité absolue; être d'un dévouement absolu [aveugle]. ¶ 그 여자는 그 남자에게 ~이다 Elle lui est d'une fidélité absolue.

일평생 一平生 명부 (de) toute *sa* vie. ¶ ~을 가난하게 살다 vivre toute *sa* vie dans la pauvreté. ¶ 그는 ~ 외국에 가 보지 못했다 De toute sa vie, il n'est jamais allé à l'étranger.

일품 一品 명 produit *m* de première qualité. ◇_**이다** être de (toute) première qualité. ¶ 그의 솜씨는 정말 ~이었다 Il est d'une dextérité hors pair.

◆_**요리** -料理 명 ① repas *m* à la carte. ② repas *m* à plat unique [composé d'un seul plat]. ③ repas *m* de première qualité.

◆**천하**_ 天下- 명 produit *m* inestimable [incomparable, d'une qualité exceptionnelle, unique dans son genre].

일필휘지 一筆揮之 명 belle calligraphie *f* rapidement faite. ¶ ~로 써 내려가다 écrire [peindre] (une belle calligraphie) rapidement.

일행 一行 명 groupe *m* ((de voyageurs, de touristes)); suite *f*; compagnie *f*. ¶ 그 사람도 우리 ~이다 Lui aussi fait partie de notre groupe / Lui aussi est avec nous / Nous sommes ensemble, lui aussi est avec nous. ¶ 그분도 같은 일행입니까? Cette personne aussi est avec vous? / Vous êtes ensemble? Il fait aussi partie de votre groupe? ¶ ~이 몇 분이나 되십니까? Vous êtes combien de personnes? ¶ ~과 합류하다[헤어지다, 갈라지다] se joindre à [se séparer d'] un groupe. ¶ ~을 만나다 rencontrer (les membres de) *son* groupe. ¶ 대사와 그 ~이 도착하다 L'ambassadeur et sa suite sont arrivés.

일호[1] **一毫** 명 un brin *m*, un poil *m*, un fil *m*. ¶ ~도 부끄러운 점이 없다 ne pas être honteux(*se*) le moins du monde. ¶ ~도 고려할 가치가 없다 n'avoir absolument aucune valeur, être absolument sans valeur.

일호[2] **一號** 명 le premier; numéro *m* un. ¶ 그가 국내에서는 이 분야 박사 ~이다 Il a obtenu le doctorat le premier dans ce domaine de recherche dans le pays.

일화 逸話 명 épisode *m*, anecdote *f*. ¶ 이와 관련하여 재미있는 ~가 있다 Il y a une anecdote amusante à ce sujet. ¶ 그는 당시의 여러 가지 ~들을 들려주었다 Il nous a raconté plusieurs épisodes de [sur] cette période.

일확천금 一攫千金 명 fait de faire fortune d'un seul coup. ¶ ~의 기회 occasion de faire fortune d'un seul coup. ¶ ~을 노리다[꿈꾸다] rêver de faire fortune d'un seul coup.

일환 一環 명 étape *f*; partie *f*; maillon *m*. ¶ 국토 개발의 ~으로 고속도로를 건설하다 construire des autoroutes dans le cadre du développement du territoire. ◇_**이다** être une étape [une partie, un maillon] de *qc*. ¶ 이것도 다 장기적인 계획의 ~이다 Cela aussi est une étape d'un projet à long terme.

일회 一回 명 ① 한 번 une fois *f*. ¶ 그는 우리 집을 ~ 방문한 적이 있다 Il est déjà venu chez nous une fois. ¶ 주 ~ une fois par semaine. ¶ 연 ~씩 une fois par an, annuellement. ② 제1회 ((복싱)) première reprise *f* [round *m*]; ((야구)) première manche *f*; ((연속극, 드라마)) premier épisode *m*. ¶ ~에 강판당하다 ((le lanceur)) être chassé(*e*) de *son* monticule lors de la première manche. ¶ ~에 녁아웃되다 tomber [être mis(*e*)] K.-O. à la première reprise [au premier round].

◆_**적** -的 명관 qui n'a lieu qu'une fois; unique; exceptionnel(*le*). ¶ ~적 행사 un événement [une promotion] éphémère.

◆_**성** -性 명 caractère *m* éphémère. ¶ ~성으로 그치다

ㅇ

n'être qu'éphémère.

◆_용 -用 명 ((à)) usage *m* unique, ((rasoir)) jetable. ¶ ~용 컵 une gobelet jetable. ¶ ~용 기저귀 une couche jetable. ¶ ~용 물품의 사용을 억제하다 refréner l'usage des produits jetables.

일흔 수관 soixante-dix. ¶ 나이 ~에 à (l'âge de) soixante-dix ans. ¶ 그는 올해 만 ~ 살이다 Il a soixante-dix ans cette année. ¶ 학생 ~ 명 soixante-dix élèves.

읽다 타 ① lire; ((대강대강)) feuilleter, parcourir; ((낭독)) réciter. ¶ 아침마다 신문을 ~ lire le journal tous les matins. ¶ 대강대강 읽어 나가다 feuilleter [parcourir] un livre, lire en diagonale. ¶ 책의 목차를 읽어 보다 lire la table des matières d'un livre. ¶ 소설을 단숨에 다 읽다 lire un roman d'une (seule) traite. ¶ 사르트르의 책을 번역본으로 ~ lire un livre de Sartre dans sa traduction. ¶ 그 책은 읽어 볼 만한 책이다 Ce livre vaut la peine d'être lu. ② 이해하다 lire ((une partition)), déchiffrer. ¶ 읽기 힘든 사인 une signature illisible [indéchiffrable]. ¶ 나는 프랑스어를 읽을 줄 안다 Je sais lire le français / Je suis capable de lire en français. ¶ 악보 읽는 법을 배우다 apprendre à lire la musique [une partition]. ③ 간파하다 lire, saisir, deviner. ¶ 재빨리 상대방의 표정을 ~ lire rapidement l'expression de *son* interlocuteur. ¶ 상대방의 수를 ~ deviner [lire] les procédés de *son* interlocuteur. ¶ 그는 내 마음을 미리 읽고 있었다 Il était déjà en train de lire [Il a déjà lu] dans mes pensées. ¶ 작가의 의도를 읽어 내다 saisir l'intention de l'auteur. ¶ 그는 지금의 정세를 잘못 읽고 있다 Il ne saisit pas bien la situation actuelle.

읽을거리 명 quelque chose à lire, de quoi lire, lecture *f*. ¶ 이 잡지에는 ~가 많다[풍부하다] Il y a beaucoup de choses à lire dans ce magazine. ¶ ~를 사다 acheter (quelque chose) à lire, acheter de la lecture.

읽히다[1] 재 ① être lu(*e*); se lire ((partout)). ¶ 이 책은 요즘 젊은이들 사이에 많이 읽힌다 Ce livre est très lu par les jeunes [est très populaire parmi les jeunes, est très apprécié des jeunes] en ce moment / Ce livre a un grand succès auprès des jeunes en ce moment. ¶ 널리 읽혀지고 있는 신문 un journal très lu [très répandu, à gros tirage, à grand tirage]. ② 간파당하다 être deviné(*e*), cerné(*e*), découvert(*e*), percé(*e*) à jour. ¶ 적에게 작전을 읽혔다 L'ennemi a deviné notre stratégie. ¶ 상대방에게 속마음을 읽혔다 L'adversaire a percé à jour le fond de ma pensée. ¶ 그는 사람들에게 자기 감정을 읽히지 않으려고 애썼다 Il a fait beaucoup d'efforts pour ne pas montrer [dévoiler] ses sentiments aux autres.

읽히다[2] 타 faire lire. ¶ 학생들에게 좋은 책을 많이 ~ faire lire beaucoup de bons livres aux élèves.

잃다 타 ① 분실하다 perdre, égarer, paumer {*fam*}; être privé(*e*) de *qc*. ¶ 나는 지하철에서 지갑을 잃었다 J'ai perdu [paumé {*fam*}] mon portefeuille dans le métro. ¶ 그 여자는 백화점에서 아이를 잃었다 Elle a perdu son bébé dans le grand magasin. ② 손실하다 perdre ((de l'argent)). ¶ 경마[도박]에서 돈을 ~ perdre de l'argent aux courses [au jeu]. ¶ 그는 증권 투자로 재산을 많이 잃었다 Il a perdu beaucoup de sa fortune en bourse. ③ 상실하다 perdre. ¶ 그는 사고로 한 쪽 팔을 잃었다 Il a perdu un bras dans un accident. ¶ 일자리를 ~ perdre *son* travail [*son* poste, *son* job {*fam*}]. ¶ 친구를 ~ perdre un(*e*) ami(*e*). ¶ 병으로 시력을 ~ perdre la vue à cause d'une maladie. ¶ 건강을 ~ perdre la santé. ¶ 젊음을 잃지 않으려 애쓰다 faire des efforts pour ne pas perdre *sa* jeunesse [pour rester jeune]. ¶ 용기를 잃지 마세요 Ne perdez pas courage. ¶ 그 날 이후로 그녀는 웃음을 잃었다 Depuis ce jour, elle a perdu le sourire. ¶ 신용[명예, 명성]을 ~ perdre *son* crédit, perdre *sa* crédibilité [perdre la face, perdre *sa* réputation]. ¶ 식욕을 ~ perdre l'appétit. ¶ 약물 복용 사실이 드러나 선수 자격을 ~ être disqualifié(*e*) (d'une compétition sportive) après avoir été testé(*e*) positi*f*(*ve*) dans un contrôle antidopage. ¶ 그 규정은 이미 효력을 잃었다 Cette prescription a déjà perdu sa validité. ¶ 향기를 잃은 꽃도 꽃인가? Une fleur qui a perdu son parfum est-elle encore une fleur? ¶ 의식[정신]을 잃고 쓰러지다 perdre conscience [*ses* esprits] et s'effondrer. ¶ 흥분하여 이성을 ~ perdre *son* calme. ¶ 그는 사고로 기억을 잃었다 Il a perdu la mémoire dans un accident. ④ ((길을)) perdre ((*son* chemin)). ¶ 숲속에서 길을 ~ perdre *son* chemin dans les bois, se paumer (en route) dans les bois {*fam*}. ¶ 바다 한복판에서 방향을 ~ perdre *son* cap en pleine mer. ¶ 평균대 위에서 몸의 균형을 ~ perdre l'équilibre sur la poutre. ¶ 환자가 눈에 초점을 잃었다 Les yeux du patient ont perdu leur concentration [leur focalisation]. ⑤ ((기회를)) perdre, manquer, louper {*fam*} ((une bonne occasion)), laisser échapper [laisser passer] une occasion. ¶ 나는 그녀를 볼 수 있는 기회를 영영 잃고 말았다 J'ai perdu à tout jamais l'occasion de la voir. ⑥ 사별하다 perdre ((*son* mari, *son* père)). ¶ 전쟁으로 남편을 ~ perdre *son* époux à la guerre.

잃어버리다 타 perdre *qc*, égarer *qc*, paumer {*fam*} *qc*, être privé(*e*) de *qc*. ¶ 나는 오늘 장갑을 잃어버렸다 Aujourd'hui j'ai perdu [paumé {*fam*}] mes gants.

임 명 personne *f* aimée; bien-aimé(~-~*e*); amour *m*. ¶ 사랑하는 ~을 두고 떠나다 partir en abandonnant son(*sa*) bien-aimé(*e*). ¶ ~을 그리워하다 soupirer après *son*(*sa*) bien-aimé(*e*).

임계 臨界 어근 【물리】 limite *f*. ¶ ~ 온도 température critique (d'un gaz).

◆_각 -角 명 angle *m* critique.

◆_점 -點 명 point *m* critique.

임관 任官 명 nomination *f* en qualité d'officier (de l'armée). ◇_(을) 하다 être nommé(*e*) officier. ¶ 소위로 ~하다 être nommé (en qualité de) sous-lieutenant

임균 명 【의학】 gonocoque *m*.

임금[1] 명 roi *m*; monarque *m*; souverain *m*.
임금[2] **賃金** 명 salaire *m*, paye *f*, paie *f*. ¶ 높은 ~을 받다 toucher [recevoir] un salaire élevé; être bien rétribué(*e*). ¶ ~을 인상해[올려] 주다 relever le niveau des salaires. ¶ ~을 삭감하다 diminuer les salaires. ¶ ~ 인상을 요구하다 demander une augmentation de salaire. ¶ ~을 지불하다 payer le salaire à un employé; verser un salaire à *qn*; rétribuer *qn*. ¶ ~을 체불하다 retarder le versement d'un salaire.
◆**_노동** -勞動 명 travail *m* salarié.
◆**_생활자** -生活者 명 salarié(*e*).
◆**_액** -額 명 montant *m* du salaire.
◆**_투쟁** -鬪爭 명 lutte *f* pour l'augmentation des salaires.
◆**실질_** 實質- 명 salaire *m* réel (nominal).
◆**최저_** 最低- 명 salaire *m* minimum; S.M.I.G. *m*.
임기 任期 명 mandat *m*; durée *f* d'une fonction. ¶ 국회의원의 ~는 4년이다 Le mandat des députés est de quatre ans. ¶ 그의 ~가 만료하였다[끝났다] Son mandat est terminé. ¶ ~를 다 채우다 remplir [terminer] *son* mandat, arriver à la fin [au terme, au bout] de *son* mandat. ¶ ~ 중에 pendant *son* mandat.
◆**_만료** 任期- 명 fin *f* [terme *m*] d'un mandat.
임기응변 臨機應變 명 mesure *f* exigée par les circonstances. ¶ ~으로 대처하다 agir selon les circonstances; s'adapter aux circonstances. ¶ ~에 능하다 avoir l'esprit d'à-propos.
◆**_적** -的 명관 ((mesure)) de circonstance, expédient(*e*), opportun(*e*).
◆**_책** -策 명 mesure *f* [plan *m*] de circonstance. ¶ ~책을 쓰다 appliquer une mesure de circonstance.
임꺽정 林巨正 명 【인명】 Im Kkeok-jeong (?-1592) ((brigand justicier)).
임노동 賃勞動 명 travail *m* salarié, travail *m* rémunéré. ¶ ~에 종사하다 faire un travail salarié.
임대 賃貸 명 location *f*. ¶ ~ 아파트 appartement en location, appartement qu'on loue ¶ ~ 주택 pavillon [maison] en location ¶ 건물 ~ bâtiment [immeuble] en location ◇_(를) **하다** louer, mettre ((un appartement)) en location ¶ 건물을 ~하다 louer un immeuble.
◆**_료** -料 명 loyer *m*. ¶ ~료를 내다 payer le loyer
임대차 賃貸借 명 location *f*; bail *m*.
◆**_계약** -契約 명 bail *m*, contrat *m* de location.
◆**_보호법** -保護法 명 loi *f* de protection du bail.
임란 명 ((abréviation de 임진왜란, l'invasion japonaise de 1592)).
임마 감 ((상대방을 낮잡아 부르는 말)) (Hé! / Eh!) toi, là-bas! / Mon gaillard!; ((친구 사이)) Mon gars! ¶ 야, ~! Hé! [Eh!] (mon gars)! / Hé mon gaillard! / Hé! toi, là-bas! ¶ 야, ~! 정신 차려 Ressaisis-toi [Réveille-toi, Fais quelque chose, respire] mon gars. ¶ 야, ~! 너 나가 Allez mon gaillard [Hé, toi là-bas], du balai [dehors]!
임면 任免 명 nomination *f* et destitution *f*. ¶ 시 직원의 ~은 시장이 한다 C'est le maire qui procède à la nomination et à la destitution des employés de la mairie. ◇_(을) **하다** nommer et destituer. ¶ 교원을 ~하다 nommer et destituer les enseignants. ¶ 직원을 ~하다 nommer et destituer les employés. ¶ 대통령은 고위 공무원을 ~할 수 있는 권한을 가진다 Le président de la République a le pouvoir de nommer ou de destituer les hauts fonctionnaires.
◆**_권** -權 명 droit *m* de nomination et de destitution. ¶ 고급 공무원의 ~권은 대통령에게 있다 C'est le président de la République qui détient le pouvoir de nommer ou de destituer les hauts fonctionnaires. ¶ ~권을 행사하다 exercer le pouvoir de nomination et de destitution.
◆**_권자** -權者 명 détenteur *m* du droit de nomination et de destitution.
임명 任命 명 nomination *f*. ◇_(을) **하다** nommer ¶ 누구를 과장으로 ~하다 nommer *qn* chef du bureau. ◇_(이) **되다** être nommé(*e*), se faire nommer ¶ 그 사람은 장관으로 ~되었다 Il a été nommé ministre.
◆**_권** -權 명 droit *m* de nomination
◆**_권자** -權者 명 personne *f* ayant le droit de nommer.
◆**_장** -狀 명 certificat *m* [papier *m*] de nomination.
◆**_제** -制 명 système *m* de nomination.
임무 任務 명 ① charge *f*, tâche *f*, devoir *m*, mission *f*. ¶ 중요한 ~ une mission importante. ¶ 아이들을 돌보는 것이 너의 ~다 Tu as la charge de t'occuper des enfants. ¶ ~를 게을리하다 négliger *ses* devoirs. ¶ ~를 다하다 remplir [mener à bien, s'acquitter d'] une tâche [une mission]; faire [accomplir] *son* devoir, accomplir *sa* tâche [*sa* mission]; s'acquitter de *son* devoir. ¶ ~를 띠다 être chargé(*e*) d'une mission. ¶ ~를 받다 recevoir pour mission de. ¶ ~를 수행하다 faire *son* devoir, remplir [mener à bien, s'acquitter d'] une tâche [une mission]. ¶ ~를 주다[부여하다] assigner une tâche à *qn*; confier une mission à *qn*; charger *qn* d'une mission; confier à *qn* la charge de+*inf*. ② 사명 mission *f*. ¶ 병사를 특수 ~에 파견하다 envoyer des soldats en mission spéciale. ③ 의무 devoir *m*. ¶ 달갑지 않은 ~를 짊어지다 assumer un devoir peu enviable. ¶ 언론의 사회적 ~ devoir social de la presse.
임박 臨迫 명 imminence *f*. ◇_(을) **하다** être proche, imminent(*e*); approcher, s'approcher. ¶ ~한 위험 un danger imminent. ¶ 시험이 내일로 ~했다 L'examen n'était pas plus tard que le lendemain. ¶ 막차 시간이 ~했다 C'est bientôt l'heure du dernier métro. ¶ 출발 시간이 ~했다 L'heure du départ approchait. ¶ 그의 죽음이 ~했다 Son décès était imminent / Il n'en avait plus pour longtemps / Ses jours étaient comptés. ¶ 죽음에 ~하다 être proche de la mort. ¶ 마감 시간에 ~해서 원서를 접수시키다 déposer *sa* candidature juste avant l'heure de fermeture [au tout dernier moment, à la toute

dernière minute]. ¶ 퇴근 시간에 ~해서 연락을 받았다 J'ai reçu un appel juste avant de quitter mon travail.

임부 姙婦 명 ☞ 임산부

임산물 林産物 명 produit *m* forestier.

임산부 姙産婦 명 femme *f* enceinte; parturiente *f*. ¶ 의사가 ~에게 몸조심을 당부했다 Le médecin a recommandé à la femme enceinte de faire attention à son corps [de bien prendre soin d'elle]. ¶ 임신 중에 ~가 먹을[복용할] 수 있는 약 un médicament que peut prendre une femme enceinte pendant la grossesse.

임상 臨床 명 【의학】 clinique *f*. ¶ ~의 대가 un grand clinicien; un expert en clinique.

◆_**적** -的 명관 clinique.

◆_**강의** -講義 명 leçon *f* clinique; clinique *f*.

◆_**검사** -檢査 명 examen *m* clinique.

◆_**실험** -實驗 명 expérience *f* clinique.

◆_**의** -醫 명 clinicien *m*.

◆_**의학** -醫學 명 médecine *f* clinique.

임석 臨席 명 ☞ 배석

임시 臨時 명 temporaire, provisoire. ¶ ~ 공사 un chantier temporaire. ¶ ~ 정류장 un arrêt de bus temporaire. ¶ ~ 주주총회를 소집하다 convoquer une assemblée spéciale des actionnaires. ¶ 그것은 ~로 붙인 이름이다 C'est un nom provisoire.

◆_**적** -的 명관 temporaire, provisoire. ¶ ~적 방편 un expédient temporaire.

◆_**고용** -雇傭 명 embauche *f* temporaire.

◆_**국회** -國會 명 session *f* extraordinaire du Parlement.

◆_**면허** -免許 명 licence *f* provisoire.

◆_**법** -法 명 loi *f* provisoire.

◆_**변통** -變通 명 expédient *m* [moyen *m*] de fortune, palliatif *m*, combine *f* {*fam*}. ¶ ~변통의 건물 un bâtiment de fortune. ¶ 서류를 ~변통으로 쓰려고 만들다 établir des documents pour s'en servir comme palliatif. ¶ 그의 변명은 ~변통에 불과한 것이다 Ses prétextes ne sont rien d'autre qu'un expédient de fortune. ◇_(을) **하다** trouver un expédient [un palliatif]; s'en tirer grâce à un moyen de fortune. ¶ 이 책상으로 ~변통해야겠다 Il va falloir se contenter (momentanément) de ce bureau. ¶ 자금을 ~변통하다 se constituer un capital par des moyens temporaires.

◆_**숙소** -宿所 명 résidence *f* temporaire; domicile *m* provisoire.

◆_**정부** -政府 명 gouvernement *m* provisoire.

◆_**직** -職 명 emploi *m* temporaire.

◆_**직원** -職員 명 employé *m* temporaire.

◆_**총회** -總會 명 assemblée *f* générale spéciale.

◆_**휴업** -休業 명 fermeture *f* provisoire.

임신 姙娠 명 conception *f*, grossesse *f*. ¶ ~과 출산 grossesse et accouchement. ¶ ~ 중인 딸 fille enceinte. ¶ ~ 8개월인 여자 une femme enceinte de sept mois. ¶ ~ 초기에는 잘 먹고 푹 쉬어야 한다 Il faut bien se nourrir et se reposer pendant les premiers mois de la grossesse. ◇_(을) **하다** tomber [devenir, être] enceinte, être en cloque {*fam*}. ¶ 아내가 첫 아이를 ~했다 Mon épouse est enceinte de notre premier enfant. ◇_(이) **되다** tomber enceinte. ¶ 건강 때문에 ~되기가 어렵습니다 Il lui est difficile de tomber enceinte à cause de sa santé. ◇_(을) **시키다** mettre [rendre] ((une femme)) enceinte, rendre ((une femme)) grosse {*vulg*}, engrosser {*vulg*} ((une femme)), faire un enfant ((à une femme)) {*fam*}, féconder {*vulg*} ((une femme)). ¶ 여자 친구를 ~시키다 faire un enfant à *sa* petite amie, rendre [mettre] enceinte *sa* petite amie, engrosser *sa* petite amie {*vulg*}.

◆_**선** -線 명 ligne *f* [raie *f*] de grossesse. ¶ 배에 ~선이 생겼다 Une ligne de grossesse s'est formée sur le ventre.

◆_**부** -婦 명 femme *f* enceinte.

◆_**중독증** -中毒症 명 toxoplasmose *f* de la femme enceinte.

◆_**중절** -中絶 명 avortement *m* (provoqué); interruption *f* de grossesse. ¶ ~중절을 하다 se faire avorter.

◆**상상**_ 想像 명 grossesse *f* nerveuse.

◆**자궁외**_ 子宮外 명 grossesse *f* extra-utérine.

임야 林野 명 bois *m* et lande *f*. ¶ ~를 사다[구입하다] acheter [acquérir] des bois et des landes. ¶ ~를 팔다 vendre des bois et des landes.

임업 林業 명 sylviculture *f*, exploitation *f* forestière. ¶ ~에 종사하다 se consacrer à l'exploitation des forêts.

◆_**과** -課 명 département *m* de sylviculture.

◆_**시험장** -試驗場 명 exploitation *f* forestière [sylvicole].

임용 任用 명 emploi *m*; nomination *f*. ¶ 신규 ~ nouvelle nomination. ¶ 공무원 ~ 시험 examen d'entrée dans la fonction publique. ◇_(을) **하다[시키다]** employer; nommer ((à un poste)). ¶ 사무관으로 ~하다 employer dans l'administration publique. ¶ 신입 사원을 ~하다 embaucher de nouveaux employés. ◇_(이) **되다** être nommé(*e*) (à un poste). ¶ 중요한 자리에 ~되다 être nommé(*e*) à un poste important. ¶ 그는 고위직에 ~되었다 Il a été nommé à une haute fonction. ¶ 그는 드디어 정식 교사로 ~이 되었다 Il a enfin été nommé officiellement maître d'école.

◆_**권** -權 명 droit *m* de nomination.

◆_**고사** -考査 명 examen *m* d'embauche.

임원 任員 명 membre *m* du comité directeur [du bureau]; directeur *m* général; cadre *m*. ¶ 그도 ~의 자격이 있다 Lui aussi est qualifié pour devenir membre du comité directeur. ¶ 그 사람도 낚시회 ~의 한 사람이다 Il est aussi membre du bureau d'une association de pêcheurs à la ligne.

◆_**석** -席 명 siège *m* [fauteuil *m*] de directeur général; siège *m* réservé aux membres du comité directeur.

◆_**회의** -會議 명 réunion *f* du comité directeur.

임의 任意 명 spontanéité *f*, libre arbitre *m*, libre chef *m*. ¶ ~의 자백 libre aveu; aveu spontané. ¶ ~의 삼각형 un triangle quelconque. ¶ 그의 ~에 맡기겠다 Je m'en remets à sa volonté. ¶ ~로 선택하다 choisir librement [à *sa* guise]. ¶ ~로 해석하다 interpréter librement [selon *sa* volonté]. ¶ ~로 행동하다 agir librement [selon *sa* propre volonté, selon *son* propre gré, comme bon *lui* semble, comme *il* l'entend]. ¶ 이것을 ~로 처분해도 좋다 Vous pouvez régler cette affaire comme bon vous semble.

◆**_롭다** 형 être libre; être très proche de *qn* ¶ 그것은 ~롭게 결정하세요 Vous êtes libre de décider cela. ¶ 그와 나는 ~로운 관계이다 Nous sommes très proches (l'un de l'autre) / Nous sommes de très bons amis.

◆**_적** -的 명관 libre; spontané(*e*); arbitraire. ¶ ~적인 선택 choix libre, choix arbitraire.

◆**_성** -性 명 spontanéité *f*.

◆**_동행** -同行 명 action de suivre de son plein gré un policier. ¶ 경찰관은 그에게 경찰서까지 ~ 동행을 요구했다 Le policier lui a demandé de bien vouloir le suivre de son plein gré au poste de police.

임자[1] 대 ① 자네 toi. ¶ 이번 일은 ~ 덕에 잘 되었네 Grâce à toi, cette histoire s'est bien terminée. ② 마누라 chérie ((mon épouse)). ¶ ~, 수고 많았소 Tu t'es donnée bien de la peine, ma tendre épouse.

임자[2] 명 propriétaire; possesseur *m*. ¶ 건물 ~ le propriétaire d'un immeuble. ¶ 내가 이 책의 ~다 Ces livres sont à moi. ¶ 분실물의 ~를 찾다 chercher le propriétaire de l'objet trouvé. ¶ 이 모자의 ~는 누구인가? À qui est ce chapeau? ¶ 이 집은 ~가 바뀌었다 Le propriétaire de cette maison a changé. ¶ ~ 없는 땅 une terre sans propriétaire.

*~**를 만나다** trouver un adversaire à *sa* mesure, rencontrer un adversaire de taille, rencontrer *qn* qui permette de montrer *ses* capacités. ¶ 잘난 체 하더니 오늘에야 ~를 만났군 Toi qui te vantes toujours, tu vas pouvoir nous montrer de quoi tu es capable avec lui!

임전 臨戰 어근 entrée *f* en guerre.

◆**_무퇴** -無退 명 pas de retraite sur le champ de bataille.

◆**_태세** -態勢 명 état *m* d'un pays qui est sur le pied de guerre. ¶ ~ 태세에 있는 ((pays)) sur le pied de guerre. ¶ ~ 태세를 갖추다 se préparer à la guerre.

임정 臨政 명 gouvernement *m* provisoire. ¶ ~ 요인 une grande figure du gouvernement provisoire.

임종 臨終 명 ① 사망 mort *f*; agonie *f*; dernière heure *f*, décès *m* ((registre honorifique)). ¶ 그 환자의 ~이 가까와졌다 Ce patient est en phase terminale / Ce malade n'en a plus pour longtemps {*fam*} / Les jours de ce malade sont comptés. ② 사망 입회 présence *f* à l'agonie de *qn*. ◇_(을) **하다** ① décéder, mourir, s'éteindre, rendre le dernier soupir [le dernier souffle, l'âme, l'esprit], être rappelé(*e*) à Dieu, quitter ce monde ((registre honorifique)). ¶ 할아버지는 편안하게 ~하셨다 Mon grand-père est mort [s'est éteint, a quitté ce monde] paisiblement. ¶ 그는 ~하는 순간까지도 널 찾았다 Il t'a cherché jusqu'à son dernier souffle. ② assister *qn* dans la mort [dans *ses* derniers moments], être aux côtés de *qn* à *sa* mort, être aux côtés d'un mourant. ¶ 그는 어머니를 ~조차 못 했다 Il n'était même pas auprès de sa mère quand elle est décédée [quand elle s'est éteinte, quand elle a rendu son dernier soupir, quand elle a été rappelée à Dieu, quand elle a quitté ce monde] / Il ne put même pas assister sa mère dans ses derniers moments. ¶ 그가 숨을 거둘 때 곁에 ~하는 사람이 하나도 없었다 Personne n'était à ses côtés quand il a rendu son dernier souffle.

임지 任地 명 poste *m*. ¶ ~로 가다[떠나다] se rendre à *son* poste; rejoindre *son* poste. ¶ 나의 ~는 일본이다 C'est au Japon que je suis en poste.

임직원 任職員 명 directeur *m* et personnel *m*.

임진강 臨津江 명 【지명】 le fleuve *m* Imjin ((situé près de la ligne de démarcation entre les deux Corée, il se jette dans la mer Jaune)).

임진왜란 壬辰倭亂 명 invasion *f* japonaise de 1592

임질 淋疾 명 【의학】 blennorragie *f*, gonococcie *f*. ¶ ~에 걸리다 attraper la blennorragie.

◆**_균** -菌 명 gonocoque *m*.

임차 賃借 명 location *f*, loyer *m*, bail *m*. ¶ 무엇을 ~로 얻다 prendre *qc* en location. ¶ 건물을 ~로 구하다 chercher [trouver] un immeuble en location. ◇_(를) **하다** louer, prendre en location. ¶ 사무실을 ~하다 louer un bureau. ◇_(가) **되다** être loué(*e*).

◆**_권** -權 명 droit *m* de location. ¶ ~권을 얻다 obtenir un droit de location.

◆**_료** -料 명 prix *m* de location; loyer *m*. ¶ ~료가 너무 비싸다 Le loyer est trop cher.

◆**_물** -物 명 article *m* en location [à louer]. ¶ ~물을 손상하지 않도록 해라 Fais en sorte que les articles loués ne soient pas abîmés.

◆**_인** -人 명 locataire *m*, preneur *m*.

◆**_지** -地 명 terrain *m* en location [à louer].

임치 任置 명 dépôt *m*. ¶ 10년 기간의 ~ un dépôt pour 10 ans. ◇_(를) **하다** déposer; mettre [placer] en dépôt. ¶ 3년 동안 이 돈을 그에게 ~하기로 하였다 J'ai décidé de mettre cet argent en dépôt chez lui pendant trois ans. ◇_(가) **되다** être mis(*e*) en dépôt. ¶ 보관이 어려운 물건은 쉽게 ~되지 않는다 Il n'est pas facile de mettre en dépôt des objets difficiles à conserver.

◆**_물** -物 명 article *m* en dépôt.

◆**_인** -人 명 dépositaire *m*.

◆**_증서** -證書 명 certificat *m* de dépôt.

◆**_표** -標 명 bon *m* de dépôt.

임파 淋巴 명 【생리】 lymphe *f*.

◆**_관** -管 명 【의학】 vaisseau(*x*) *m* lymphatique.

◆**_구** -球 명 【의학】 lymphe *f*.

ㅇ

◆_선 -線 명 【의학】 glande *f* [ganglion *m*] lymphatique.

◆_선염 -線炎 명 【의학】 lymphangite *f*.

◆_액 -液 명 【의학】 lymphe *f*.

임하다 臨- 자 ① faire face à; se trouver face à; être confronté(*e*) à. ¶ 노조는 마침내 협상에 임하였다 Les syndicats ouvriers se sont finalement assis à la table des négociations. ¶ 나는 항상 배운다는 자세로 사전 작업에 임하고 있다 J'aborde mon travail sur le dictionnaire en me disant que je suis toujours en train d'apprendre. ② 아랫사람을 대하다 traiter *qn*. ¶ 부하들에게 관대하게 ~ traiter *ses* subordonnés avec générosité. ③ 인접하다 faire face à, donner sur. ¶ 그 도시는 바다에 임해 있다 Cette ville fait face à la mer.

임학 林學 명 sylviculture *f*.

임해 臨海 명 bord *m* de mer, côte *f*.

◆_공업지대 -工業地帶 명 zone *f* industrielle côtière.

◆_ 지방 -地方 명 littoral *m*; zone *f* littorale.

입 명 ① bouche *f*; ((동물의)) gueule *f*. ¶ 꽉 다문 ~ une bouche hermétiquement fermée. ¶ 헤 벌어진 ~ bouche béate. ¶ 야무진 ~ une bouche déterminée [ferme]. ¶ 쭉 찢어진 ~ bouche en coup de sabre. ¶ ~을 삐죽 내밀다 faire la moue, bouder, faire la lippe {*vx*, *fam*}, faire la tête [la gueule {*fam*}]. ¶ ~을 다물다 fermer la bouche ¶ 손등에 ~을 맞추다 faire un baisemain. ¶ 젊은 연인 한 쌍이 길에서 ~을 맞추고 있다 Un couple de jeunes amoureux s'embrasse dans la rue. ¶ 그가 내 ~을 막는 바람에 숨이 막혔다 En m'obstruant la bouche, il m'empêchait de respirer. ¶ ~을 벌리다[열다] ouvrir la bouche ¶ ~을 벌리고 잠자다 dormir la bouche ouverte. ¶ ~을 삐쭉거리다 faire la moue, faire la lippe, faire la tête [la gueule {*fam*}], bouder. ¶ 치약이 묻어 ~을 다시 씻었다 Je me suis rincé une nouvelle fois la bouche pour me débarrasser du dentifrice qui était resté. ¶ ~을 오물오물하다 mâchonner ((un chewing-gum)), mâchouiller {*fam*}, mastiquer ((du pain, un chewing-gum, un morceau de viande)). ¶ ~을 오므리다 avancer et resserrer les lèvres ((la bouche en cul de poule)), avoir la bouche en cul de poule. ¶ ~을 쫑긋하다 faire la petite bouche, faire le dédaigneux. ¶ ~을 헹구다 se rincer la bouche. ¶ ~이 부르트다 avoir les lèvres enflées [boursouflées, couvertes de cloques]. ¶ ~이 예쁘다[귀엽다] avoir une belle bouche [une bouche mignonne]. ¶ ~이 작다 avoir une petite bouche. ¶ ~이 크다 avoir une grande bouche. ¶ ~ 안[속]이 헐었다 avoir la bouche ulcérée, avoir des ulcérations dans la bouche, avoir des aphtes. ¶ 음식을 ~에 가득 넣다 prendre de grosses bouchées. ¶ ~에 대다 mettre [porter] à la bouche. ¶ 물 한 모금을 ~에 머금다 prendre une gorgée d'eau. ¶ 네 ~에 뭐가 묻었다. 닦아 Tu as quelque chose sur les lèvres. Essuie-toi (la bouche). ¶ 마이크를 좀 더 ~에 가까이 대고 말을 해라 Mets le micro plus près de ta bouche quand tu parles. ¶ 그 개는 커다란 뼈를 ~에 물고 있었다 Le chien avait un gros os dans la gueule / Le chien tenait un gros os dans sa gueule. ¶ 그 사람은 ~에서 냄새[마늘 냄새]가 난다 Il a mauvaise haleine / Il pue de la gueule {*fam*} [Son haleine empeste l'ail]. ¶ ~으로 풍선을 불다 gonfler un ballon (à la bouche). ¶ 뱀에 물린 자리를 ~으로 빨아 독을 빼내다 aspirer le venin en posant la bouche sur la morsure. ② 말, 말씨 façon *f* de parler; parole *f*. ¶ ~으로는 도저히 저 사람을 당할 수 없다 Cette personne est imbattable en paroles. ¶ 그 사람을 의장으로 뽑자는 제안에 모두들 한 ~으로 찬성했다 Ils ont accepté d'une seule voix sa candidature à la présidence de l'assemblée. ¶ ~을 함부로 놀리다 parler à tort et à travers. ¶ ~을 조심해야지 Il faut faire attention à ce qu'on dit / Il ne faut pas parler à tort et à travers! / Il faut réfléchir avant de parler / Il faut tourner sa langue sept fois dans sa bouche avant de parler / Fais attention à ce que tu dis! / Réfléchis bien [à deux fois] avant de parler [avant d'ouvrir la bouche]! ¶ 사람들 ~이 무섭다 J'ai peur du qu'en-dira-t-on. ③ 미각 goût *m*. ¶ 저 사람은 ~이 고급이라 이런 음식은 거들떠보지도 않는다 Cette personne a des goûts de luxe, elle ne prêtera aucune attention à ce genre de nourriture. ¶ ~이 까다롭다 être sensible aux goûts; ((좋은 뜻)) être fine bouche, avoir le palais fin; ((나쁜 뜻)) être difficile pour la nourriture, faire la fine bouche. ¶ ~이라고 다 같은 ~인 줄 아느냐 Croyez-vous qu'il suffise d'avoir une bouche pour avoir du palais [du goût]? ¶ ~에 맞다 être au goût de *qn*. ④ 식구 bouche *f* à nourrir, membre *m* de la famille. ¶ ~을 덜다 réduire le nombre de bouches à nourrir. ¶ 집에서 기다리는 ~이 한둘이 아니네 Je n'ai pas qu'une bouche à nourrir à la maison. ¶ ~이 [하나 더] 늘다 avoir davantage de bouches à nourrir [avoir une bouche de plus à nourrir]. ¶ ~이 하나 줄다 avoir une bouche en moins à nourrir. ¶ ~이 몇인데 음식을 겨우 그만큼만 준비했니? Combien sommes nous à manger que tu prépares si peu? ◇_**(이) 가볍다[싸다]** avoir la langue bien pendue, ne pas savoir tenir [ne pas savoir garder] un secret, ne pas être capable de garder un secret; être indiscr*et*(*ète*); ((말이 많다)) être bavard(*e*). ◇_**이 거칠다** avoir une façon de parler un peu cavalière, employer un langage grossier [familier]. ¶ 그는 ~은 거칠지만 나쁜 사람은 아니다 Il a une façon de parler qui est un peu cavalière mais il n'a pas mauvais fond [mais il n'est pas méchant]. ◇_**(이) 걸다[험하다, 더럽다]** être mauvaise langue [être grossi*er*(*ère*), être vulgaire], être médisant(*e*), mal embouché(*e*), sarcastique.

*~**만 동동 뜨다** ¶ 저 사람은 물에 빠져도 ~만 동동 뜰 사람이다 C'est une pipelette infatigable! / Cette personne est bavarde comme une pie.

*~**만 살다** être un beau parleur; beaucoup parler

mais sans passer à l'action.

*~만 아프다 prêcher dans le désert. ¶ 그 녀석한테 얘기하지 마, ~만 아파 Ne parle pas à ce type, tu te fatigues pour rien / Inutile de lui parler, tu perds ton temps.

*~ 밖에 내다 laisser échapper, divulguer ((un secret)); prononcer ((un nom)); exprimer ((*sa* pensée)). ¶ ~ 밖에 내지 않다 ne parler à personne de *qc*, garder le silence sur *qc*, ne pas desserrer les lèvres, taire ((la vérité, *son* chagrin)). ¶ ~ 밖에 내지 마라! Garde-le pour toi / N'en parle à personne / Motus et bouche cousue! ¶ ~ 밖에 내서는 안 되는 말 mots qu'on ne doit pas prononcer [qu'il ne faut pas dire].

*~ 안[끝]에서 뱅뱅 돌다 avoir un mot sur le bout de la langue. ¶ 말이 ~ 안에서 뱅뱅 돌기만 할 뿐 말이 나오지 않았다 Aucun des mots que j'avais sur le bout de la langue n'est sorti / Je n'ai retrouvé aucun des mots que j'avais sur le bout de la langue. ¶ 그 사람의 이름이 ~ 끝에서 뱅뱅 도는데 명확하게 생각나지 않는다 J'ai son nom sur le bout de la langue mais je n'arrive pas à m'en souvenir / Son nom m'échappe.

*~에 게거품을 물다 ☞ 거품

*~에 달고 다니다 ① avoir toujours *qc* dans la bouche. ¶ 그 아이는 항상 사탕을 ~에 달고 다닌다 Cet enfant a toujours un bonbon dans la bouche. ② passer *son* temps à parler de *qc*. ¶ 그 여자는 아프다는 소리를 항상 ~에 달고 다닌다 Elle passe son temps à se plaindre d'avoir mal quelque part / Elle dit tout le temps qu'elle a mal quelque part.

*~에 담다 dire *qc*, prononcer des paroles. ¶ 그런 말은 절대 ~에 담지 않도록 해라 Que ces mots n'effleurent jamais tes lèvres! / Ne prononce jamais ces mots!

*~에 대다 toucher à ((l'alcool)). ¶ 그는 사흘 동안 물 한 모금 ~에 대지 않고 있다 Il n'a pas pris une gorgée d'eau depuis trois jours. ¶ 그는 담배나 술은 전혀 ~에 대지 않는다 Il ne touche ni aux cigarettes ni a l'alcool.

*~에 맞는 떡이 어디 그리 많겠니 Trouve-t-on facilement chaussure à son pied?

*~에 침 바른 소리 flatterie! ¶ 그런 ~입에 침 바른 소리는 하지 마라 Arrête de me flatter! / Inutile de me flatter! / Tu me flattes! / Ne dis pas ce que tu ne penses pas! / Ne dis pas ça pour me faire plaisir! / Tu n'as pas besoin de me dire ça! / N'exagère pas!

*~에서 ~으로 전하다 transmettre de bouche à oreille.

*~에서 신물이 나다 J'en ai assez [marre {*fam*}] de t'expliquer toujours la même chose / C'est la centième fois que je te donne la même réponse.

*좋은 약은 ~에 쓰다 Les bons remèdes sont amers / Un bon remède est amer / Ce qui est amer est bon pour la santé / Il faut savoir avaler la pilule si cela est bénéfique / Une mesure efficace coûte (comme une pilule est parfois dure à avaler) / On doit suivre un conseil même s'il est dur.

*~에 오르(내리)다 être dans la bouche de tout le monde [dans toutes les bouches], être sur toutes les lèvres, alimenter [nourrir] la rumeur publique [les conversations], attirer [susciter] les médisances, être l'objet des ragots [de la rumeur], provoquer les médisances [du bruit autour du soir]. ¶ 그 사람의 행실이 마을 사람들의 입에 올랐다 Sa conduite est l'objet de toutes les conversations au village. ¶ 그의 악명이 사람들의 ~에 오르내리고 있다 À cause de sa mauvaise réputation, il attire toutes les médisances [toutes les critiques, il est l'objet [la cible] de toutes les critiques].

*~에 재갈을 물리다 bâillonner.

*~에 침이 마르도록[게] ☞ 침

*~(술)에 침이나 바르고 말해라 ☞ 침

*~[목구멍]에 풀칠하다 ☞ 풀칠

*~은 비뚤어져도 말은 바로 해라 Arrête de tourner autour du pot et sois franc! / Il faut dire la vérité coûte que coûte.

*~(을) 다물다 se taire, garder le silence, la fermer, la boucler {*fam*}, la mettre en veilleuse {*fam*}. ¶ 그 문제에 관해서는 모두 ~을 다물었다 Tout le monde s'est tu sur la question. ¶ ~ 다물어! Tais-toi! / Ferme-la! {*fam*} / Boucle-la! {*fam*} / La ferme! {*fam*} / Camembert! {*fam*} / Bouche cousue! / Ta gueule! {*vulg*} / Mets-la en veilleuse! {*fam*}.

*~을 딱 벌리다[~이 딱 벌어지다] rester bouche bée, en avoir le souffle coupé, être stupéfait(*e*), stupéfié(*e*) de [par] *qc*, frappé(*e*) de stupeur, abasourdi(*e*), sidéré(*e*), hébété(*e*), ahuri(*e*), ébaubi(*e*), éberlué(*e*), interdit(*e*), interloqué(*e*), médusé(*e*), pantois(*e*), suffoqué(*e*), stupide {*litt*} ((de surprise)), épaté(*e*) {*fam*}, époustouflé(*e*) {*fam*}, estomaqué(*e*) {*fam*}, soufflé(*e*) {*fam*}, scié(*e*) {*fam*}, ne pas en revenir; être tout ébahi(*e*), en rester baba {*fam*} [sur les fesses {*fam*}, sur le cul {*fam*}], tomber des nues, ((기가 차서 말이 안 나오다)) rester muet(*te*) de stupeur; être muet(*te*) ((de stupeur)); ne pas en croire *ses* oreilles, en rester bouche bée; en être comme deux ronds de flan {*fam*}, en rester coi(*te*). ¶ 터무니없는 그의 주장에 모두들 기가 막혀 ~을 딱 벌렸다 Ils sont tous restés bouche bée [estomaqués {*fam*}] devant l'énormité de sa revendication. ¶ 나는 너무 놀라 ~이 딱 벌어졌다 J'ai été si surpris(*e*) que j'en suis resté(*e*) bouche bée. ¶ 그 여자는 ~이 딱 벌어지게 한 상 차려놓았다 Elle a préparé une table à vous couper le souffle.

*~(을) 떼다 ouvrir la bouche [les lèvres], commencer à [se mettre à] parler. ¶ 그는 한동안 망설이더니 마침내 ~을 떼었다 Il a fini par ouvrir les lèvres après un moment d'hésitation.

*~[말]을 막다 empêcher *qn* de parler [de s'exprimer], faire taire *qn*, bâillonner *qn*, clouer [clore] le bec

à *qn*, river *son* clou à *qn*, réduire *qn* au silence, couper la parole [le sifflet {*fam*}, la chique {*fam*}] à *qn*, couper *qn*, interrompre (brutalement) *qn*, interrompre une discussion [la conversation]. ¶ ~을 막으려고 뇌물을 주다 acheter le silence de *qn* en lui versant un pot-de-vin. ¶ 소문이 더 이상 퍼지지 않도록 사람들의 ~을 막다 empêcher les gens de parler pour éviter que la rumeur ne se répande davantage.

*~(을) **맞추다** se mettre d'accord [s'entendre] secrètement avec *qn* avant de+*inf* [au préalable], être de connivence avec *qn*, être en cheville avec *qn* {*fam*}, accorder *ses* violons au préalable ((se dit de deux personnes qui s'entendent à l'avance pour dire la même chose devant une tierce personne quand ces dernières mentent)). ¶ 그들은 사전에 ~을 맞춘 듯 모두 같은 말만 한다 Ils disent tous la même chose, comme s'ils s'étaient entendus au préalable.

*~(을) **모으다** (s'entendre pour) parler d'une seule voix. ¶ ~을 모아 ((dire non)) d'une seule voix, d'une voix commune, en chœur; ((전원일치해서)) unanimement. ¶ 그들은 다들 ~모아 나를 칭찬했다 Ils m'ont félicité en chœur.

*~(을) **봉하다[붙잡아매다]** ne (jamais) pas ouvrir la bouche, garder le secret, rester muet(*te*) comme une tombe [comme la tombe], ne (jamais) rien dire, être très discret(*ète*). ¶ 이 일에 관해서는 모두들 ~을 봉하도록 해라 Que personne n'ouvre la bouche sur cette histoire!

*~을 **뻥긋하다[뻥긋하지 않다]** ouvrir légèrement la bouche, commencer à parler [ne jamais ouvrir la bouche, ne jamais rien dire, rester muet(*te*) comme une [la] tombe], être très discret(*ète*). ¶ 그 사람에 관한 일이라면 ~도 뻥긋하지 마라 N'ouvre jamais la bouche à propos de cette personne! / Ne dis jamais rien sur lui!

*~(을) **(싹) 씻다[닦다]** ne manifester aucune reconnaissance [aucune gratitude]. ¶ 그는 내 덕을 보고서도 ~을 씻었다 Il a beau savoir ce que j'ai fait pour lui, il ne manifeste aucune reconnaissance [aucune gratitude]. ¶ 내게 도와 달라 할 때는 언제고 이제는 일이 다 끝났다고 입을 싹 닦네 Encore hier il me demandait de l'aider maintenant que c'est fini, il fait comme s'il avait tout oublié [il se conduit comme si rien ne s'était passé, il ne (me) manifeste aucune gratitude].

*~(을) **열다** ouvrir la bouche, commencer [se mettre] à parler, parler. ¶ 그는 한참을 생각하더니 마침내 ~을 열었다 Il a fini par ouvrir la bouche après une longue réflexion.

*~을 **틀어막다** réduire au silence. ¶ ~은 틀어막는 것이 상책이다 Il faut tourner sept fois sa langue dans sa bouche avant de parler / Il faut bien réfléchir avant de parler.

*~을 **한 자[댓 발]나 빼고 있다** faire une tête d'un mètre de long; faire une sale gueule, faire la tête [la gueule {*fam*}], bouder, faire la lippe, faire une tête de six pieds de long [une mine de dix pieds de long], faire triste mine.

*~[**주둥이]을 함부로 놀리다** ☞ 주둥이

*~(이) **닳도록 말하다** parler à perdre haleine.

*~이 **무겁다[천 근 같다]** être une tombe, être muet(*te*) comme une carpe [comme une tombe, comme la tombe], être très discret(*ète*), savoir tenir *sa* langue, savoir garder un secret, être capable de garder un secret, être discret(*ète*).

*~이 **쓰다** ① 입맛이 없다 manquer d'appétit, ne pas avoir d'appétit. ¶ ~이 써서 아무것도 못 먹겠다 Je n'ai pas d'appétit, je n'arrive rien à manger [je ne pourrai rien manger, je ne pourrai rien avaler {*fam*}]. ② 기분이 언짢다 trouver désagréable la situation dans laquelle on est, se sentir victime de *qc*, prendre mal *qc*, prendre *qc* en mauvaise part, trouver mauvais que+*subj*, la trouver saumâtre [mauvaise] {*fam*}, l'avoir mauvaise {*fam*}.

*~이 **열 개라도 할 말이 없다** n'avoir rien à dire pour *sa* défense, être inexcusable, impardonnable; ((conduite, retard, faute, oubli)) être injustifiable, inexcusable.

*~이 **짧다** faire la fine bouche, être difficile pour la nourriture. ¶ 우리 집 아이는~이 짧아서 걱정이다 Mon enfant est vraiment difficile à nourrir, c'est un souci.

*산 ~에 **거미줄 치랴**? Chaque jour apporte sa pitance ☞ 거미

*한 ~으로 **두 말하다** tenir un double langage; revenir sur *ses* dires, revenir sur *sa* parole [sur ce qu'on a dit, sur *son* opinion, sur *sa* promesse]; se rétracter, se dédire ((d'une promesse, d'une affirmation, d'un engagement)); manquer à *sa* parole, se contredire, manquer à *sa* promesse; se contredire, dire le contraire de ce qu'on avait avancé peu avant; dire autre chose; se désavouer; se raviser; retirer *sa* parole; désavouer les propos qu'on avait tenus [une opinion qu'on avait soutenue], rétracter ce qu'on a dit, faire volte-face, faire marche [machine] arrière. ¶ 한 ~으로 어찌 두 말을 할 수 있나? Comment peut-on revenir sur sa parole [revenir sur ses dires, se dédire, tenir un double langage]?

◆**_내** 명 haleine *f*. ¶ 그는 ~내가 심하다[많이 난다] Il a très mauvaise haleine / Il a une haleine forte [fétide] / Il refoule du goulot {*fam*} / Il pue de la gueule {*fam*}. ¶ 가글을 해서 ~내를 없애다 supprimer [éliminer] les mauvaises odeurs de la bouche en se gargarisant.

◆**_장단** 명 fredonnement *m* en cadence ((d'une danse)). ¶ ~장단을 맞추다 fredonner en marquant la cadence.

분류 bouchée *f*. ¶ 한 ~만 먹어보자 Laisse-moi goûter, juste une bouchée. ¶ 사과를 두세 ~ 베어 먹다 prendre deux ou trois bouchées d'une pomme.

입가 명 bord *m* des lèvres, coin *m* des lèvres. ¶ 늘 ~에 미소를 띠다 avoir toujours le sourire aux lèvres. ¶ 그 여자의 ~에 웃음이 감돌았다 Elle avait un sourire aux lèvres. ¶ ~를 손수건으로 닦다 s'essuyer le coin des lèvres avec un mouchoir.

입가심 명 ① bain *m* de bouche. ② dessert *m*, sucrerie *f*, friandise *f*, douceur *f*. ¶ ~으로 무엇을 먹다 manger quelque chose comme dessert. ◇_(을) **하다** se rincer la bouche, prendre un bain de bouche; enlever l'arrière-goût, se rafraîchir la bouche ((avec un bonbon, un chewing-gum)), s'adoucir les papilles. ¶ 쓴 약을 먹고 나서 사탕으로 ~ 했다 Je me suis adouci les papilles avec un bonbon après avoir pris un médicament amer.

입각[1] 入閣 명 entrée *f* au Cabinet, entrée *f* au gouvernement, entrée *f* dans un ministère. ◇_(을) **하다** faire *son* entrée dans un Cabinet, obtenir un portefeuille ((de ministre)). ¶ 내무부 장관으로 ~하다 obtenir le portefeuille du ministère de l'Intérieur. ◇_(이) **되다** être nommé(*e*) ministre, devenir ministre. ¶ 장관으로 ~되다 être nommé(*e*) au poste de ministre.

입각[2] 立脚 명 fondement *m*. ◇_(을) **하다** s'appuyer sur des preuves, se fonder sur des faits [sur des données]. ¶ 경험에 ~하여 논증하다 argumenter en se fondant sur l'expérience. ¶ 이 주장은 근거 없는 자료에 ~하고 있다 Cette revendication repose sur des documents qui ne peuvent servir de preuve. ¶ 좀 더 사실에 ~하여 논리를 전개해야 한다 Il faut développer une logique qui repose un peu plus sur les faits.

입간판 立看板 명 pancarte *f* sur pied, pancarte *f* verticale. ¶ ~을 세우다[내걸다] dresser [mettre] une pancarte (sur pied).

입감 入監 명 emprisonnement *m*, incarcération *f*. ¶ ~ 중이다 être en détention, être incarcéré(*e*), être en prison, être sous les verrous [derrière les barreaux]. ◇_(을) **하다[시키다]** emprisonner, incarcérer. ¶ 죄수를 감옥에 ~하다 mettre en prison un criminel. ◇_(이) **되다[당하다]** être emprisonné(*e*), être incarcéré(*e*). ¶ 감방에 ~되다 être mis(*e*) en cellule.

입건 立件 명 mise *f* en accusation. ¶ 불구속 ~ mise *en accusation sans faire l'objet* d'un mandat d'arrêt. ¶ 형사 ~ mise en accusation pour crime pénal. ◇_(을) **하다** intenter un procès, engager des poursuites (contre *qn*). ¶ 경찰이 그를 음주 운전으로 ~했다 La police a engagé des poursuites contre lui pour conduite en état d'ivresse [d'ébriété]. ◇_(이) **되다** être mis(*e*) en accusation. ¶ 선거법 위반으로 ~되다 être mis(*e*) en accusation pour fraude électorale. ¶ 그는 사기죄로 ~되었다 Il est poursuivi pour escroquerie.

입경 入京 명 arrivée *f* à la capitale, entrée *f* dans la capitale. ◇_(을) **하다** arriver à la capitale, entrer dans la capitale. ¶ 외국 선수단이 속속들이 ~하고 있다 Les équipes d'athlètes étrangers font leur entrée au cœur de la capitale.

입고 入庫 명 mise *f* en magasin, emmagasinage *m*, stockage *m*. ¶ 화물의 ~가 끝났다 La mise en magasin de la cargaison est terminée. ◇_(를) **하다[시키다]** mettre en magasin, emmagasiner, stocker; ((전차, 버스 따위가)) rentrer au dépôt. ¶ ~하는 데 반나절이 걸렸다 La mise en magasin nous a pris une demi-journée. ◇_(가) **되다** être mis(*e*) en magasin, être emmagasiné(*e*), être stocké(*e*). ¶ 모든 짐이 다 ~되었다 Tous les bagages ont été emmagasinés.

◆**_량** -量 명 quantité *f* de marchandises en entrepôt. ¶ 주문한 것보다 ~량이 적다 Ils ont livré moins que prévu [que commandé].

입관 入棺 명 mise *f* en bière. ¶ 내일 ~이 있을 겁니다 La mise en bière aura lieu demain. ¶ 아버지의 ~을 바라보다 regarder la mise en bière de son père. ◇_(을) **하다** mettre en bière. ¶ 어머니의 시신을 ~하였다 On a mis le corps de ma mère en bière. ◇_(이) **되다** être mis(*e*) en bière. ¶ 그는 가족들이 보는 가운데 ~되었다 Il a été mis en bière sous les yeux de sa famille.

◆**_식** -式 명 cérémonie *f* de la mise en bière.

◆**_예배** -禮拜 명 sacrement *m* de la mise en bière.

입교[1] 入教 명 adhésion *f* à une religion. ◇_(를) **하다** entrer en religion, devenir croyant(*e*). ¶ 기독교에 ~하다 prendre la religion chrétienne.

◆**_식** -式 명 baptême *m*.

◆**_자** -者 명 fidèle *mf*, adepte *mf*, croyant(*e*).

입교[2] 入校 명 entrée *f* à l'école militaire; entrée *f* à l'école. ¶ 사관학교 ~ entrée à l'école militaire. ◇_(를) **하다** entrer à l'école. ¶ 그는 올해 경찰학교에 ~하였다 Cette année, il est entré à l'école de police. ¶ 첫째가 초등학교에 ~하였다 Mon aîné(*e*) est entré(*e*) à l'école primaire. ◇_(를) **시키다** faire entrer dans une école. ¶ 장남을 대학교에 ~시켰다 J'ai fait entrer mon fils aîné à l'université. ◇_(가) **되다** être admis(*e*) à l'école. ¶ 바라던 대학에 ~가 되었다 J'ai été admis à l'école que je désirais.

입구 入口 명 entrée *f*, (seuil *m* [pas *m*] de la) porte *f*; ((갱도 따위의)) ouverture *f*, bouche *f*; ((게시)) «Entrée». ¶ ~에 ((laisser les bicyclettes)) à [dans] l'entrée; ((rester, être)) sur le seuil [sur le pas] de la porte. ¶ 강당의 ~ entrée d'une salle de conférence. ¶ 이 건물은 ~가 길 쪽으로 나 있다 La porte d'entrée de ce bâtiment donne sur la rue. ¶ ~는 이쪽입니다 L'entrée se trouve de ce côté. ¶ ~를 마련하다 aménager une entrée. ¶ ~를 막다 boucher [obstruer] l'entrée.

입국 入國 명 entrée *f* sur le territoire (national), entrée *f* dans un pays. ¶ ~ 경로 processus d'entrée sur le territoire. ¶ ~ 절차 formalités d'entrée sur le territoire. ¶ ~을 허가하다 permettre l'entrée sur le territoire. ¶ ~을 금지하다 interdire l'entrée sur le territoire. ¶ ~을 거부하다 refuser l'entrée d'un individu sur le territoire national. ◇_(을) **하다** entrer sur le territoire (national). ¶ 그는 오늘 우리나라에 ~했다 Il est entré sur le territoire national (coréen) aujourd'hui / Il est entré dans notre pays [en Corée] aujourd'hui.

◆재_ 再_ 명 nouvelle entrée *f* sur le territoire, ((permis de)) rentrée *f* (dans un pays où l'on voyage avec un visa). ¶ ~ 허가 permis de rentrée ((dans un pays où l'on voyage avec un visa)).

◆_사증 -査證 명 visa *m* d'entrée. ¶ ~사증을 제시해 주십시오 Présentez votre visa / Votre visa, s'il vous plaît.

◆_ 수속 -手續 명 formalités *fpl* d'entrée sur le territoire. ¶ ~ 수속이 까다롭다 Les formalités d'entrées sont compliquées.

◆_허가 -許可 명 permis *m* d'entrée sur le territoire. ¶ ~허가가 거부되었다 Le permis d'entrée a été refusé.

◆불법_ 不法_ 명 entrée *f* illégale sur le territoire. ¶ 그는 불법~으로 체포되었다 Il a été arrêté pour être entré de façon clandestine sur le territoire national.

◆불법_자 不法_者 명 immigré(*e*) clandestin(*e*).

입궐 入闕 명 entrée *f* au palais royal [impérial]; entrée *f* à la cour. ¶ ~을 명하다 ordonner l'entrée au palais. ◇_(을) **하다** entrer au palais; faire *son* entrée à la cour.

입귀 명 coins *mpl* de la bouche. ¶ ~를 실룩거리다 grimacer des coins de la bouche. ¶ ~가 찢어지도록 웃다 rire à gorge déployée, rire aux larmes, rire à ventre déboutonné; avoir le sourire jusqu'aux oreilles; être tout sourire, faire un très grand sourire.

입금 入金 명 ((수령)) rentrée *f* d'argent, recette *f*, encaissement *m*; ((수령금)) somme *f* reçue, recettes *fpl*; dépôt *m* d'argent. ¶ 내 계좌로 ~을 부탁했다 J'ai demandé un versement sur mon compte. ◇_(을) **하다[시키다]** effectuer [faire effectuer] un dépôt [un versement] d'argent. ¶ 통장에 ~을 하다 effectuer un versement sur un carnet [sur un livret] de banque. ¶ 이 돈을 은행에 ~해 다오 Dépose-moi cette somme dans une banque. ¶ 회사에 수금액을 ~하다 virer au compte de *sa* compagnie l'argent qu'on a touché d'autres sociétés. ¶ 100만 원을 이 계좌로 ~시켜라 Verse un million de wons sur ce compte. ◇_(이) **되다** être effectué(*e*), être versé(*e*) ((en parlant d'un dépôt d'argent)). ¶ 잔액이 ~되었다 Le restant de la somme a été versé. ¶ 제 이름 앞으로 ~되어야 합니다 Cela doit être versé à mon nom. ¶ 조회를 해 보니 ~되지 않았다 J'ai vérifié le compte, mais la somme n'a pas été versée.

◆_액 -額 명 somme *f* déposée, somme *f* versée sur un compte.

◆_전표 -錢票 명 reçu *m*, récépissé *m* (d'encaissement), feuille *f* de rentrées, bulletin *m* de versement.

입김 명 haleine *f*; souffle *m*; ((비유적)) influence *f*. ¶ ~이 서려 차창이 흐릿하다 Les vitres de la voiture [du bus] sont couvertes de la buée exhalée par le souffle des passagers. ¶ 손에 ~을 불다 souffler dans *ses* mains ((pour se réchauffer)).

*~**을 넣다** pistonner, donner un coup de piston, glisser un mot à l'oreille de *qn*; faire pression. ¶ 그가 담당자에게 ~을 넣어 잘 처리되었다 Il a glissé un mot à l'oreille du responsable et cela s'est arrangé.

*~**이 세다** avoir de l'influence, être influent(*e*) ((dans un domaine)), savoir se faire entendre. ¶ 그는 이 분야에서는 ~이 제법 센 사람이다 Il est assez influent dans ce domaine.

입납 入納 명 en-tête *m* d'une enveloppe ((편지 봉투에)) à «Monsieur Kim».

입내 명 imitation *f* de la voix de *qn*. ◇_(를) **내다** imiter la voix de *qn*.

입다 타 ① ((동작)) se vêtir, s'habiller, mettre, revêtir, enfiler ((une veste)), passer ((une robe, une veste)), endosser ((un manteau)), se couvrir de, se fringuer {*fam*}, se nipper {*fam*}, se saper {*fam*}, s'accoutrer {*fam*}; ((상태)) porter, avoir, être habillé(*e*), être vêtu(*e*) de. ¶ 바지[수영복, 외투]를 ~ mettre un pantalon [un maillot de bain, un manteau]. ¶ 그 여자는 오늘 청바지를 입었다 Aujourd'hui, elle porte un blue-jean. ¶ 아이가 옷 입는 것을 도와주다 aider un enfant à s'habiller [à mettre ses vêtements]. ¶ 그는 옷을 잘 입는다 Il s'habille bien / Il sait s'habiller / Il a du goût (pour les vêtements). ¶ 유명 디자이너에게 옷을 맞추어 ~ s'habiller sur mesure [en confection] chez un grand styliste [chez un grand couturier]. ¶ 입을 옷이[것이] 하나도 없네 Je n'ai rien à me mettre (sur le dos). ② ((은혜를)) être redevable de *qc* à *qn*, devoir beaucoup à *qn*, avoir des obligations envers *qn*, avoir une dette [des dettes] envers *qn*; ((손해 따위를)) subir ((des dommages, des dégâts, des pertes)), endurer, essuyer ((une perte)), éprouver ((un dommage, un préjudice)), souffrir, être victime ((d'une blessure, d'une maladie)), pâtir; être touché(*e*), atteint(*e*). ¶ 그는 사고로 다리에 가벼운 상처를 입었다 Il a été légèrement blessé à la jambe dans un accident. ¶ 손해[피해]를 ~ subir des dégâts [un dommage, des dommages, des pertes, un préjudice], essuyer des pertes, éprouver un dommage [un préjudice]; être endommagé(*e*). ¶ 그 지역은 이번 호우로 큰 피해를 입었다 Cette région a subi de gros dégâts lors des dernières pluies torrentielles. ¶ 나 때문에 손해 입은 것 있어요? Vous ai-je porté atteinte? ¶ 상을 ~ être en deuil. ¶ 남의 힘을 ~ se faire aider par *qn*, être assisté(*e*) par *qn*, se faire assister, se faire épauler, recevoir un coup de main {*fam*}. ¶ 상처를 ~ recevoir une blessure ((mortelle, fatale, au combat, au cou, au cœur)); se faire une blessure, se faire blesser ((au visage)), se blesser ((au visage, le visage)), être victime d'une blessure ((au visage)),

ㅇ

être blessé(*e*) ((au visage)), avoir une blessure ((au niveau du visage)), avoir ((le visage, la main)) blessé(*e*). ¶ 얼굴에[다리에] 상처를 ~ se (faire) blesser au [le] visage [à la jambe], se faire [avoir, être victime d']une blessure au (niveau du) visage [à la jambe], être blessé(*e*) au visage [à la jambe], avoir le visage [la jambe] blessé(*e*). ③ (때 따위가) 묻다 se tacher, se salir, se souiller. ¶ 책 표지가 손때를 입어 너덜너덜해졌다 La couverture du livre est tellement couverte de marques de doigts qu'elle part en lambeaux.

입단 入團 명 incorporation *f*, enrôlement *m*. ¶ ~ 선서 la prestation du serment d'incorporation. ¶ ~ 절차 les formalités d'incorporation. ¶ 신입 회원들의 ~을 허락하다 permettre l'intégration des nouveaux membres. ¶ 그는 우리 단체로의 ~을 희망한다 Il espère son [une] intégration au sein de notre groupe. ◇_(을) **하다** incorporer, enrôler. ¶ 그는 우리 팀에 ~했다 Il a incorporé à notre équipe. ◆ **식** -式 명 cérémonie *f* d'incorporation, cérémonie *f* d'enrôlement. ¶ 보이 스카우트 ~식 cérémonie d'admission aux (boy-)scouts[chez les scouts].

입단속 -團束 명 ne pas laisser sortir même une toute petite information. ¶ 이번 일에 대해서는 ~을 단단히 해야 한다 Il ne faut pas laisser s'écouler la moindre information sur cette affaire.

입담 명 volubilité *f*; facilité *f* de parole, force *f* de parole, bagout *m* {*fam*}. ¶ ~이 좋다 avoir la parole facile, parler avec facilité, être volubile, loquace, disert(*e*) {*litt*}, être éloquent(*e*), bien parler, parler [s'exprimer] avec facilité [avec aisance], avoir de l'éloquence, avoir le don de la parole, avoir la langue déliée, avoir une grande facilité d'élocution; avoir du bagou(t) [un bon bagou(t)] {*fam*}, avoir de la tchatche {*fam*}, être un brillant causeur [un bon orateur, un orateur loquent, un orateur disert {*litt*}]. ¶ ~이 사납다 être (une) mauvaise langue, être une langue de vipère, être virulent(*e*); être caustique, être acrimonieux(*se*) {*litt*}. ¶ 그는 걸쭉한 ~을 자랑한다 Il se targue d'avoir du bagout.

입당 入黨 명 entrée *f* dans un parti politique, adhésion *f* à un parti politique. ¶ ~ 절차 formalité d'adhésion à *un parti politique*. ¶ ~ 신청서 *bulletin* d'adhésion à un parti politique. ¶ ~을 권하다 encourager *qn* à rejoindre les rangs du parti. ¶ ~을 요청하다 demander l'entrée au parti. ◇_(을) **하다** entrer dans un parti, adhérer à un parti, s'enrôler dans un parti. ¶ 나는 10년 전에 사회당에 ~했다 Je suis entré au Parti Socialiste, il y a 10 ans. ◇_(이) **되다** être entré(*e*) dans un parti. ◇_(을) **시키다** demander *qn* dans un parti, faire adhérer *qn* à un parti, enrôler *qn* dans un parti.

입대 入隊 명 entrée *f* dans l'armée; enrôlement *m*. ¶ ~ 장병 un membre de l'armée de réserve. ¶ 군 ~ entrée dans l'armée. ¶ 병무청에 ~를 신청하다 faire enregistrer *son* incorporation auprès des bureaux de l'administration militaire. ◇_(를) **하다** entrer dans l'armée (pour le service militaire), rejoindre les rangs de l'armée, partir [aller] au régiment [au service, à l'armée], commencer à faire son service national [militaire]; être incorporé dans l'armée; ((지원하여)) s'engager dans l'armée, se faire soldat. ¶ 그는 해병대에 ~하였다 Il est entré dans l'infanterie de marine.

입덧 명 nausées *fpl* de femme enceinte; indisposition *f* de la femme enceinte. ¶ ~이 심하다 avoir de fortes nausées (pendant la grossesse). ¶ 임산부가 ~으로 음식을 못 먹는다 Elle ne peut rien avaler, indisposée par sa grossesse. ◇_(을) **하다**[(이) **나다**] avoir des symptômes de femme enceinte, avoir des nausées de femme enceinte; être indisposée par la grossesse. ¶ 이달 들어 아내는 ~을 자주 한다 Depuis ce mois-ci, ma femme a souvent la nausée. ¶ ~이 계속 나서 괴롭다 souffrir des symptômes continus de la grossesse.

입동 立冬 명 Ipdong <commencement [début] de de l'hiver, une des 24 divisions du calendrier luni-solaire, vers le 7 novembre>.

입때 부 jusqu'à maintenant, jusqu'à présent. ¶ ~까지 뭐 하고 있었니? Qu'as-tu fait jusqu'à maintenant? ¶ ~ 떠나지 않았구나 Tu n'étais donc pas parti! ◆ **껏** 부 jusqu'à maintenant, jusqu'à présent. ¶ 그런 말은 ~껏 들어 본 적이 없다 Je n'avais encore jamais entendu dire une chose pareille. ¶ ~껏 부려 먹다가 이제 와서 나가라니요 Tout ce temps, vous vous êtes servi(*e*) de moi [vous m'avez exploité(*e*)] et maintenant vous me dites de partir!

입력 入力 명 mise *f* en mémoire, enregistrement *m*. ¶ 그는 자료 ~에 여념이 없다 Il s'applique à enregistrer le document. ¶ ~을 완료하다[끝내다] achever [terminer] la mise en mémoire [l'enregistrement]. ◇_(을) **하다**[**시키다**] mettre [faire entrer] *qc* en mémoire, enregistrer [faire enregistrer] *qc* ((sur disque dur ou sur disquette)). ¶ 컴퓨터에 ~하다 mettre en mémoire sur ordinateur. ¶ 자판으로 ~하다 enregistrer *soi*-même. ¶ 스캐너로 ~하다 enregistrer sur scanner. ¶ 비밀 번호[약호]를 ~하다 enregistrer un numéro de code [un code confidentiel]. ¶ 비밀 문서를 하드 디스크에 ~시키고 저장했다 J'ai sauvegardé le document confidentiel après l'avoir enregistré. ◇_(이) **되다** être enregistré(*e*), être mis(*e*) en mémoire. ¶ 자료가 하드 디스크에 ~되었다 Le document a été enregistré sur disque dur. ¶ 디스켓에 자료가 ~되어 있다 Le document est enregistré sur disquette.

◆ **_기** -器 명 releveur *m* de coordonnées, dispositif *m* de localisation.

◆ **_문** -文 명 phrase *f* mise en mémoire, phrase *f* enregistrée.

◆ **_장치** -裝置 명 dispositif *m* d'enregistrement.

입론 立論 명 argument *m*, argumentation *f*. ◇_(을)

하다 argumenter.

입막음 명 bouche *f* cousue; omerta *f*. ¶ 그 정도로는 ~이 안 된다 Ce n'est pas suffisant pour maintenir le silence. ¶ ~으로 돈을 쥐어 주다 acheter le silence de *qn*. ◇_(을) **하다** faire garder la bouche cousue à *qn*, faire garder le silence à *qn*, faire taire *qn*. ¶ 단단히 ~을 해 두다 faire garder la bouche fermée à double tour. ¶ 비밀을 유지하려고 누구를 ~막음을 하다 faire taire *qn* pour que le secret soit bien gardé [pour (bien) garder le secret].

입말 명 【언어】 langue *f* parlée. ¶ 생생한 ~ une langue parlée vivante

입맛 명 appétit *m*; goût *m* ((d'une personne en matière de gastronomie)); eau *f* à la bouche. envie *f*. ¶ ~을 돋우다 exciter [aiguiser, éveiller, donner de] l'appétit; être appétissant(*e*), donner envie, donner l'eau à la bouche. ¶ ~이 있다 avoir de l'appétit, avoir faim; ((많이)) avoir bon appétit, avoir une faim de loup, être affamé(*e*), ((오용)) avoir très faim. ¶ ~을 잃다[이 없다] perdre l'appétit [ne pas avoir d'appétit, être sans appétit, l'appétit *me* manque, ne pas avoir faim, ne pas avoir envie de manger]. ◇_(을) **다시다** ((먹고 싶어서)) avoir l'eau à la bouche; ((난처해서)) claquer la langue avec amertume, clapper de la langue; ((화가 나서)) avoir l'écume aux lèvres ((de colère)); ((갖고 싶어서)) avoir envie de *qc*. ◇_(이) **쓰다** avoir un arrière-goût amer dans la bouche, avoir la bouche amère; ((심리적)) éprouver de l'amertume; ((기분이 언짢다)) trouver désagréable la situation dans laquelle on est, se sentir victime de *qc*, prendre mal *qc*, prendre *qc* en mauvaise part, trouver mauvais que+*subj*, la trouver saumâtre [mauvaise] {*fam*}, l'avoir mauvaise {*fam*}; ((입맛이 없다)) manquer d'appétit, ne pas avoir d'appétit. ◇_(이) **떨어지다** perdre l'appétit, ne plus avoir d'appétit; perdre le goût de+*inf*, ne plus avoir de goût pour *qc*. ¶ 네 이야기를 듣고 ~[밥맛]이 뚝 떨어졌다[떨어진다] Ton histoire m'a (complètement) coupé l'appétit / Ton histoire m'ôte complètement [m'a complètement ôté] l'appétit / Avec ton histoire, tu m'as complètement coupé l'appétit.

입맞추다 재타 ① embrasser *qn*, faire une bise [un bisou] à *qn*, faire la bise, donner un baiser à *qn*; ((손에)) baiser ((la main)) à *qn*, faire le baisemain à *qn*. ¶ 출발하기 전에 아이들에게[아이들과] ~ embrasser les enfants avant de partir. ¶ 아내의 손[이마]에 ~ embrasser *sa* femme sur la main [sur le front]. ¶ 십자가에 ~ baiser un crucifix. ② 미리 말을 맞추다 se mettre d'accord [s'entendre] avec *qn* secrètement avant de+*inf* [au préalable], être de connivence avec *qn*, être en cheville avec *qn* {*fam*}, accorder *ses* violons au préalable ((se dit de deux menteurs qui s'entendent d'avance pour dire la même chose devant une tierce personne)). ¶ 그를 만나기 전에 나는 그 여자와[나와 그 여자는] 미리 입맞추어 놓았다 Je m'étais mis d'accord avec elle avant de le rencontrer.

입맞춤 명 baiser *m* (sur la bouche). ¶ 격렬한 ~ un baiser fougueux [brûlant, de braise]. ¶ 오랜[짧은] ~ un long [court] baiser. ¶ 연인과의 달콤한 ~ un baiser de miel avec son amant(*e*). ◇_(을) **하다** embrasser, baiser, donner un baiser. ¶ 연인들이 격렬하게 ~한다 Les amants s'embrassent avec fougue. ¶ 애인에게 ~하다 embrasser *son* amant(*e*). ¶ 사랑의 표시로 ~하다 donner un baiser comme preuve de *son* amour. ¶ 신랑이 신부에게 ~한다 Le nouveau marié embrasse son épouse.

입매 명 fine bouche *f*, jolie bouche *f*; en-cas *m inv*; travail(*aux*) *m* peu consciencieux. ¶ 적은 음식으로는 단순한 ~ 밖에는 안 된다 Il n'y a pas de quoi se boucher une dent creuse {*fam*} / Il n'y a presque rien à manger ¶ ~로 시장기를 면하다 tromper la faim [calmer *sa* faim] par un en-cas. ◇_(를) **하다** ① tromper la faim [calmer *sa* faim] par un en-cas, prendre un en-cas pour calmer *sa* faim, se contenter d'un en-cas ((pour le déjeuner)), manger un morceau sur le pouce. ② travailler uniquement pour l'apparence, travailler de façon peu consciencieuse. ¶ 간단히 ~를 하다 prendre un en-cas en vitesse, manger un morceau sur le pouce {*fam*}, manger sommairement [rapidement], avaler [engloutir] rapidement ((un sandwich, un *gimbap* en guise de déjeuner)). ¶ 라면으로 ~를 하다 ne manger que des nouilles instantanées pour le déjeuner; ne manger que des nouilles ((et non un véritable repas avec du riz)), se contenter de nouilles ((pour le déjeuner)), avaler [engloutir] rapidement un plat de nouilles instantanées ((en guise de déjeuner)), remplacer le repas de midi par un plat de nouilles instantanées. ¶ 빵으로 ~를 하고 일을 계속하다 prendre une viennoiserie en guise de casse-croûte, et continuer à travailler.

입면도 立面圖 명 plan *m* sur pied.

입멸 入滅 명 【불교】 entrée *f* dans l'anéantissement, fait d'arriver au *Nirvâna*.

입목 立木 명 arbre *m* debout [sur pied].

입묘 入廟 명 entrée *f* d'une tablette funéraire au mausolée familial à la fin de la première année de deuil. ◇_(를) **하다** placer une tablette funéraire dans le mausolée familial. ¶ ~하면 신주를 사당에 모신다 Après l'entrée d'une tablette funéraire au mausolée familial, on y pratique des rites en l'honneur du défunt.

입문 入門 명 ① entrée *f* d'un disciple dans le sillage de son maître. ¶ 정계 ~ entrée dans le monde politique. ¶ 정치 ~ entrée en politique. ② ((책)) manuel *m* d'initiation [de débutant], introduction *f* ((à une doctrine, à un enseignement)), ((첫걸음)) premiers pas *mpl*. ¶ 프랑스어 ~ le français pour (les) débutants, initiation au français [à la langue française], premiers pas de la langue française.

ㅇ

¶ 철학 ~ introduction à la philosophie. ¶ 언어학 ~ introduction à la linguistique. ③ 과거 시험장에 들어감 entrée *f* dans la cour d'examen pour le concours d'entrée dans l'administration royale. ◇_(을) **하다** entrer dans *qc*, faire *son* entrée dans *qc*, s'introduire dans *qc*, s'initier à *qc*. ¶ 불교에 ~하다 s'initier au bouddhisme. ¶ 정계에 ~하다 s'introduire dans le monde politique, faire *son* entrée dans le monde politique. ¶ 정치에 ~하다 s'initier à la politique. ¶ 스승의 문하에 ~하다 fouler le seuil de la voie de *son* maître.

◆_**서** -書 명 texte *m* d'introduction, manuel *m* de débutant; prolégomènes *mpl* {*litt*}. ¶ 컴퓨터 ~서를 구입하다 se procurer un manuel d'initiation à l'informatique. ¶ ~서로 영어 공부를 시작하다 commencer à étudier l'anglais avec un manuel d'initiation.

입바르다 형 avoir un parler droit; avoir *son* franc-parler; parler sans détour; ne pas y aller par quatre chemins. ¶ 입바른 소리를 하다 s'exprimer avec droiture. ¶ 입바르게 대답하다 répondre avec honnêteté.

입방 立方 명 【수학】 cube *m*.

◆_**근** -根 명 racine *f* carrée.

◆_**체** -體 명 cube *m*.

◆_**미터** 명 mètre *m* cube.

입방아 명 bavardage *m*, babillage *m* {*fam*}.

*~(를) **찧다** parler à tort et à travers; intervenir, se mêler des [s'immiscer dans les] affaires des autres, fourrer *son* nez dans les affaires des autres {*fam*}. ¶ ~ 찧는 사람 une personne qui parle à tort et à travers; un moulin à paroles; une personne qui se mêle de tout, une personne indiscrète, ((벨기에에서 쓰는 말)) un mêle-tout *inv*. ¶ 남의 일에 이러쿵 저러쿵 ~를 찧다 parler des affaires des autres à tort et à travers, se mêler des [s'immiscer dans les] affaires des autres, fourrer *son* nez dans les affaires des autres {*fam*}.

입버릇 명 expression *f* favorite de *qn*; refrain *m*, rengaine *f*, façon *f* habituelle de s'exprimer. ¶ 그것은 그의 ~이다 C'est une expression qu'il utilise souvent. ¶ 그건 아빠가 노상 ~처럼 하는 이야기다 C'est une histoire que papa raconte en toute occasion. ¶ ~이 나쁘다 parler sans savoir-vivre. ¶ ~처럼 말하다 avoir sans cesse [toujours] ((un mot)) à la bouche. ¶ 무슨 ~이 그러냐! Sur quel ton tu me parles!

입법 立法 명 【법률】 établissement *m* d'une loi. ¶ ~ 정신에 반하다 être contraire à l'esprit de la loi.

◆_**화** -化 명 adoption *f* d'un projet de loi. ¶ ~화(를) 하다 faire adopter un projet de loi.

◆_**권** -權 명 pouvoir *m* législatif.

◆_**부** -府 명 corps *m* législatif.

◆_**기관** -機關 명 organe *m* législatif.

◆_**의원** -議院 명 (le) Parlement *m*.

◆_**자** -者 명 législateur *m*.

◆_**정신** -精神 명 esprit *m* qui préside à l'établissement d'une loi.

입북 入北 명 entrée *f* en Corée du Nord. ◇_(을) **하다** aller [entrer] en Corée du Nord

입사[1] 入社 명 entrée *f* dans une société [compagnie]; ¶ ~ 동기 un(*e*) collègue ayant fait son entrée dans la société [dans la compagnie] en même temps. ¶ ~ 시험[입시] concours d'entrée dans une compagnie. ¶ ~ 원서 dossier d'admission dans une compagnie. ◇_(를) **하다** entrer dans une compagnie [dans une société]. ¶ 대기업에~하다 entrer dans une grande entreprise [dans une société]. ¶ 벤처 기업에 ~하다 entrer dans une société à capital (à) risque [dans une start-up]. ¶ 증권회사에~하다 entrer dans une maison de courtage de valeurs.

입사[2] 入射 명 【물리】 incidence *f*. ◇_(를) **하다** se projeter, être projeté(*e*). ¶ 빛이 공기로부터 물로 ~한다 La lumière se projette dans l'eau. ◇_(가) **되다** se projeter, être projeté(*e*). ¶ 빛이 공기로부터 액체로 ~된다 La lumière se projette dans un liquide.

◆_**각** -角 명 angle *m* d'incidence. ¶ ~각이 크다[작다] L'angle d'incidence est important [minime]. ¶ ~각을 재다 calculer l'angle d'incidence.

◆_**광** -光 명 luminosité *f* incidente.

◆_**광선** -光線 명 rayon *m* incident.

◆_**점** -點 명 point *m* d'incidence.

입사[3] 入絲 명 damasquinage *m*. ¶ ~ 기술 la technique du damasquinage. ◇_(를) **하다** damasquiner. ¶ ~한 접시 une assiette avec des incrustations d'or ou d'argent.

입사[4] 入舍 명 admission *f* [installation *f*] dans une pension [dans une garnison, dans une caserne]. ¶ ~ 절차 procédure d'entrée [d'admission] dans une pension [dans une garnison, dans une caserne]. ¶ 기숙사 ~ entrée dans un dortoir. ◇_(를) **하다** entrer [s'installer] dans une pension [en garnison, en caserne]. ¶ 기숙사에 ~하다 s'installer dans un dortoir. ¶ 관사에 ~하다 s'installer dans un logement [dans une chambre] pour fonctionnaire.

입산 入山 명 entrée *f* dans la montagne; entrée *f* en religion ((bouddhiste)). ¶ ~ 금지 défense d'entrer dans la montagne. ◇_(을) **하다** entrer [aller] dans la montagne, escalader une montagne; devenir bonze(*sse*), se faire moine, entrer dans un temple en tant que bonze. ¶ 그는 지리산으로 ~했다 C'est dans un temple du mont Jiri qu'il s'est fait moine.

입상[1] 入賞 명 obtention *f* d'un prix [d'une récompense]. ¶ ~ 경력 liste des (différents) prix obtenus, état des diverses récompenses obtenues. ◇_(을) **하다** obtenir un prix ¶ 1등으로 ~하다 obtenir le premier prix

◆_**자** -者 명 lauréat *m* d'un prix.

입상[2] 立像 명 statue *f* en pied. ¶ ~을 세우다 redresser une statue.

입석 立席 명 place *f* debout ((dans un théâtre, un

autobus, un train)). ¶ 설 연휴라서 좌석을 구하지 못하고 겨우 ~을 타고 갔다 Je n'ai pas pu me procurer de place assise car c'était les congés du nouvel an lunaire. J'ai donc dû voyager debout. ¶ ~으로 가다 voyager debout.

◆_권 -券 명 ticket *m* de place debout.

입선 入選 명 obtention *f* d'un prix. ◇_(을) **하다** être sélectionné(*e*), être élu(*e*), être primé(*e*). ¶ 그는 그 대회에서 ~했다 Il a été sélectionné lors de ce concours. ◇_(이) **되다** être sélectionné(*e*), être élu(*e*), être primé(*e*). ¶ 그의 작품이 미전에 ~되었다 Son œuvre a été sélectionnée à l'exposition des beaux-arts.

◆_자 -者 명 sélectionné(*e*), lauréat(*e*).

◆_작 -作 명 ouvrage *m* sélectionné, œuvre *f* primée.

입성[1] 入城 명 entrée *f* [arrivée *f*] dans un château [dans une citadelle, dans une ville qui fut fortifiée, dans la capitale]. ¶ 마침내 그는 예술의 본고장 파리에 ~하였다 Il vient justement d'arriver à Paris, la capitale de l'art. ¶ 연합군이 베를린에 ~했다 Les forces alliées sont entrées à Berlin. ◇_(을) **하다** entrer [faire *son* entrée, arriver] dans un château [dans une citadelle, dans une ville qui a été fortifiée, dans la capitale]. ¶ 위풍당당하게 ~하다 faire *son* entrée en grande pompe; faire une entrée triomphante dans une ville conquise.

◆_식 -式 명 cérémonie *f* d'entrée des troupes d'occupation. ¶ ~식이 거행되었다 La cérémonie d'entrée des troupes d'occupation a eu lieu.

입성[2] 入聲 명 【언어】 ton *m* descendant.

입소 入所 명 entrée *f* à la caserne [en prison, dans un institut]. ¶ 훈련소 ~를 거부하다 refuser d'entrer au centre d'instruction [en caserne]. ◇_(를) **하다** entrer à la caserne [en prison, dans un institut]. ¶ 신병들이 훈련소에 ~한다 Les conscrits entrent à la caserne.

입속말 명 murmure *m*, marmottement *m*, marmonnement *m*. ¶ ~로 무어라고 중얼거리다 dire *qc* [parler, marmonner, grommeler] entre *ses* dents, parler dans *sa* barbe, parler peu distinctement. ◇_(을) **하다** parler peu distinctement, murmurer, marmotter, marmonner, grommeler [murmurer, parler, dire *qc*, marmotter] entre *ses* dents, parler dans *sa* barbe, murmurer des paroles inintelligibles [incompréhensibles].

입수 入手 명 acquisition *f*, obtention *f*, prise *f* de possession, mise *f* en main. ¶ 그는 정보 ~가 용이한 직책에 있다 Il est au poste qui lui permet d'acquérir facilement des informations. ◇_(를) **하다** acquérir, obtenir, se procurer, prendre possession, se mettre sous la main. ¶ 그가 그 정보를 어떻게 ~했는지 아무도 모른다 Personne ne sait comment il s'est procuré cette information. ◇_(가) **되다** avoir en main, être acquis(*e*), avoir été obtenu(*e*), avoir été procuré à, être passé(*e*) en possession de, être passé(*e*) entre les mains de. ¶ 최근 ~된 소식에 따르면 d'après une information obtenue récemment.

입술 명 lèvre *f*. ¶ 두꺼운 ~ lèvres épaisses [charnues, lippues], grosses lèvres, bouche lippue. ¶ 얇은 ~ lèvres minces. ¶ 앵두 같은 ~ une bouche en cœur. ¶ ~이 트다 avoir les lèvres gercées. ¶ ~이 부르트다 avoir les lèvres enflées [boursouflées, couvertes de cloques]. ¶ 나는 걸핏하면 ~이 부르튼다 J'ai souvent les lèvres gercées. ¶ 며칠 밤을 새웠더니 ~이 다 부르텄다 À force de passer des nuits blanches, j'ai maintenant les lèvres couvertes de cloques. ¶ ~을 축이다 s'humecter les lèvres. ¶ ~을 바르르 떨다 avoir les lèvres tremblantes.

***~에 침이나 바르고 말해라** ☞ **침**

***(화가 나서) ~을 깨물다** s'en mordre les lèvres, se mordre les lèvres (de rage).

***~을 썰면 한 접시** 【속어】 avoir des lèvres trop épaisses [charnues]. ¶ 저 여자 입술 너무 두껍다. ~ 썰면 한 접시는 나오겠네 Cette femme-là a des lèvres trop épaisses.

◆_소리 명 【언어】 consonne *f* labiale. ☞ 순음

◆아랫_ 명 lèvre *f* inférieure.

◆윗_ 명 lèvre *f* supérieur.

입시 入試 명 ((입학시험)) concours *m* d'entrée ((à une école, à l'université)); ((입사 시험)) concours *m* d'admission, concours d'entrée ((dans une compagnie)). ¶ 대학 ~를 준비하다 préparer le concours d'entrée à l'université. ¶ ~ 문제 sujet du concours d'entrée ((à l'université)).

◆_생 -生 명 candidat(*e*) à un concours d'entrée.

◆_제도 -制度 명 système *m* de concours d'entrée.

입식 立式 명 agencement *m* conçu pour une utilisation debout. ¶ ~ 부엌 cuisine intégrée.

입신[1] 立身 명 réussite *f* sociale, succès *m* dans la vie. ◇_(을) **하다** réussir dans le monde [dans la société]; faire une belle carrière, s'élever [arriver] à une haute situation.

◆_양명 -揚名 명 réussite *m* dans le monde et célébrité *f*, fait de parvenir à la célébrité [la gloire]. ◇_(을) **하다** réussir dans le monde et se faire un nom.

입신[2] 入神 명 fait *m* d'atteindre un degré extrême d'intelligence [de maîtrise technique]. ¶ ~의 경지에 이르다 atteindre un degré extrême d'intelligence [de maîtrise technique].

입실 入室 명 entrée *f* ((dans une salle)). ¶ 관계자 외 ~ 금지 Défense d'entrer [Entrée interdite] à toute personne extérieure [étrangère] au service / Entrée (strictement) réservée au personnel / Entrée interdite aux visiteurs / Réservé au personnel de [du] service / Interdit au public. ¶ 여기는 ~ 절차가 까다롭다 Ici, les formalités d'entrée sont compliquées. ◇_(을) **하다** entrer ((dans une salle)). ¶ 지금부터 조용히 ~해 주시기 바랍니다 À partir de maintenant, veuillez entrer calmement.

입심 명 loquacité *f*, éloquence *f*. ¶ 그 사람은 ~이 좋다[세다, 대단하다] Il est éloquent [loquace].

입씨름 명 altercation *f* verbale, prise *f* de bec {*fam*},

ㅇ

discussion *f* violente, , engueulade *f* {*fam*}, dispute *f*, accrochage *m*, heurt *m*, scène *f*, querelle *f*, algarade *f*, chamaillerie *f* {*fam*}, chamaille *f* {*fam*}. ¶ 몇 시간 동안 결론은 내리지 못하고 ~만 계속하고 있다 Ils n'ont fait que se disputer pendant des heures sans pouvoir trouver de solution au problème. ◇_(을) **하다** se chamailler avec *qn*; se disputer avec *qn*; voir une altercation verbale avec *qn*, se quereller avec *qn*; échanger des propos venimeux. ¶ 그 사람과 더 이상 ~하기도 피곤해 Je n'ai même plus la force de me disputer avec lui.

입안 立案 명 élaboration *f* d'un plan [d'un projet]. ¶ ~ 자료 dossiers pour l'élaboration d'un projet. ¶ 정책 ~ élaboration d'une politique. ◇_(을) **하다** élaborer [former, dresser] un plan; former [élaborer] un dessein [un projet]. ¶ 이 계획은 그 사람이 ~했다 Ce projet, c'est lui qui l'a élaboré. ◇_(이) **되다** être élaboré(*e*), formé(*e*), dressé(*e*). ¶ 새로운 교육정책이 ~되었다 Une nouvelle politique éducative a été élaborée.

◆_**자** -者 명 auteur *m* d'un projet [d'un plan, d'une idée].

입양 入養 명 adoption *f*. ¶ ~ 신청 demande d'adoption. ¶ 해외 ~ adoption à l'étranger. ◇_(을) **하다** adopter (un enfant). ¶ 그 부부는 아이를 ~하기로 결정했다 Ce couple a décidé d'adopter un enfant. ◇_(이) **되다** se faire adopter; être adopté(*e*). ¶ 그 여자는 어렸을 적에 해외로 ~되었다 Elle a été adoptée à l'étranger quand elle était petite.

◆_**아** -兒 명 enfant *m* adopté. ¶ 해외 ~아 enfant adopté à l'étranger.

입언 立言 명 expression *f* d'une opinion. ◇_(을) **하다** exprimer une opinion.

입영 入營 명 mobilisation *f*. ¶ 그 남자는 오늘 ~ 통지서를 받았다 Il a reçu aujourd'hui un avis de mobilisation de la caserne. ◇_(을) **하다** entrer à la caserne; être mobilisé(*e*).

입요기 명 petit casse-croûte *m*; encas *m*; collation *f*. ¶ 집에 ~로 먹을 만한 게 있니? Y a pas un petit quelque chose à grignoter à la maison? ◇_(를) **하다** manger un petit quelque chose [une collation]; grignoter *qc*. ¶ 시간이 없어서 간단한 ~밖에 못 했다 Faute de temps, je n'ai pu prendre qu'un petit casse-croûte.

입원 入院 명 entrée *f* à l'hôpital [à la clinique]; hospitalisation *f*. ¶ ~ 수속 formalités d'hospitalisation. ¶ ~ 치료 traitement lors d'une hospitalisation. ¶ ~ 환자 malade hospitalisé. ¶ 장기 ~ hospitalisation prolongée. ◇_(을) **하다** entrer à l'hôpital; être hospitalisé(*e*); se faire hospitaliser. ¶ 그 친구는 병원에 ~을 했다 Il a été hospitalisé. ◇_(을) **시키다** (faire) hospitaliser ((un blessé)); envoyer ((un malade)) à l'hôpital [dans un hôpital]. ¶ (나는) 병든 아버지를 병원에 ~시켰다 J'ai fait hospitaliser mon père malade.

◆_**비** -費 명 frais *mpl* d'hospitalisation.

◆_**실** -室 명 chambre *f* d'hôpital.

입자 粒子 명 ① 【물리학】 particule *f*. ② 알갱이 grain *m*. ¶ 이 분말은 ~가 곱다 Le grain de cette poudre est de qualité.

◆_**가속기** -加速機 명 accélérateur *m* de particules.

입장[1] 入場 명 entrée *f* ((dans une salle, un stade)). ¶ 미성년자 ~ 불가 entrée interdite aux mineurs. ¶ 신부 ~이 있겠습니다 Maintenant, la mariée va faire son entrée / Maintenant, nous allons assister à l'entrée de la mariée. ◇_(을) **하다** entrer ((dans une salle, un stade)); faire une entrée. ¶ 홀에 ~을 하다 entrer dans un hall.

◆_**객** -客 명 public *m*; specta*teur*(*trice*); audi*teur*(*trice*).

◆_**권** -券 명 billet *m* d'entrée; ((역의)) ticket *m* de quai.

◆_**료** -料 명 droit *m* d'entrée; entrée *f*.

◆_**식** -式 명 cérémonie *f* d'ouverture; ((올림픽)) défilé *m* inaugural des athlètes.

입장[2] 立場 명 position *f*; situation *f*; point *m* de vue. ¶ 미묘한[난처한] ~에 있다 se trouver [être] dans une situation délicate [embarrassante]. ¶ 유리한[불리한] ~에 서다 se trouver dans une situation avantageuse [désavantageuse]. ¶ 자기 ~을 밝히다 définir *sa* position; exposer *son* point de vue. ¶ 남의 ~에 서서 생각하다 se mettre à la place de *qn*. ¶ ~(을) 바꾸어 생각해 보십시오 Essayons de nous mettre à sa place. ¶ 제 ~이라면 어떻게 하시겠습니까? Que feriez-vous si vous étiez à ma place [dans ma situation]? / Que feriez-vous à ma place?

입적[1] 入寂 명 【불교】 entrée *f* dans le *Nirvâna*, mort *f* (d'un moine bouddhiste). ◇_(을) **하다** entrer dans le *Nirvâna*, mourir. ¶ 큰스님은 작년에 ~하셨다 Le grand moine nous a quitté pour le Nirvâna l'année dernière.

◆_**일** -日 명 jour *m* de l'entrée dans le Nirvâna.

입적[2] 入籍 명 inscription *f* sur les registres de l'état civil. ◇_(을) **하다[시키다]** inscrire [enregistrer] *qn* sur les registres de l'état civil. ¶ 그 아저씨는 나를 자기 호적에 아들로 ~했다 Il m'a fait inscrire sur les registres de l'état civil comme son fils. ◇_(이) **되다** être inscrit(*e*) [enregistré(*e*)] sur les registres de l'état civil.

입주 入住 명 emménagement *m*; installation *f* ((dans une nouvelle maison)). ¶ ~ 업체 entreprise installée dans un immeuble. ¶ ~ 날짜가 다가왔다 La date de l'emménagement approche / On va bientôt emménager. ◇_(를) **하다** emménager; s'installer dans une nouvelle maison. ¶ 그들은 새집에 ~했다 Ils se sont installés dans leur nouvelle maison. ◇_(를) **시키다** loger *qn*. ¶ 간이 주택에 난민들을 ~시키다 loger des personnes défavorisées dans des logements modestes.

◆_**권** -券 명 papier *m* certifiant le droit d'emménager. ¶ 아파트 ~권 papier certifiant le droit d'emménager dans un appartement.

◆_금 -金 명 frais *mpl* d'emménagement.

◆_자 -者 명 habitant(*e*) ((d'une maison, d'un appartement)); locataire.

입증 立證 명 établissement *m* d'une preuve; démonstration *f*. ¶ ~ 자료 pièce à conviction. ◇_(을) 하다 établir; démontrer, prouver; faire la preuve de *qc*. ¶ 학설을 ~하다 démontrer la validité d'une théorie. ¶ 자신의 무죄를 ~하다 prouver *son* innocence. ¶ 그 사람은 초기 이론에 문제가 있었다는 것을 ~했다 Il a démontré qu'il y avait eu un problème au premier stade de la théorie. ◇_(이) 되다 être établi(*e*), démontré(*e*). ¶ 이번 일은 애초부터 잘못되었다는 게 ~되었다 Il a été établi dès le début qu'il y avait un problème dans cette affaire.

입지[1] 立地 명 ① 장소 emplacement *m*, situation *f* ((d'une ville)). ¶ 그 집은 ~ 조건이 좋다 Sa maison est très bien placée [située]. ¶ 열악한 ~ 조건 emplacement défavorable. ② 입장 position *f*. ¶ 자신의 ~를 강화하다 renforcer *sa* position. ¶ 그 사람은 유리한 ~를 점했다 Il a pris une position avantageuse. ◇_(를) 하다 se situer, se trouver. ¶ 그 공장은 임해 공단에 ~하고 있다 Cette usine se situe dans le complexe industriel marin.

입지[2] 立志 명 action de se fixer un but.

◆_전 -傳 명 biographie *f* [vie *f*] d'un grand homme. ¶ 그 사람은 ~전에 나올 만한 인물이다 Il est de ces hommes qui savent prendre en main leur destinée. ¶ 그 남자는 ~전적 인물이다 C'est un homme qui sait prendre en main sa destinée / C'est un grand homme.

입질 명 action du poisson qui mord à l'hameçon [à l'appât]; touche *f*; ((비유적)) fait de faire l'objet de commérages. ¶ 오늘은 물고기들의 ~이 신통치 않다 Aujourd'hui, les poissons ne mordent pas beaucoup à l'hameçon. ¶ 사람들의 ~에 오르내리지 않도록 조심해라 Fais en sorte de ne pas faire l'objet de commérages. ◇_(을) 하다 mordre à l'hameçon [à l'appât]. ¶ 몇 시간 동안 물고기가 전혀 ~을 하지 않았다 Pendant des heures, les poissons n'ont pas du tout mordu à l'hameçon.

입찰 入札 명 adjudication *f* ((de travaux publics)); soumission *f* (à un appel d'offres). ¶ ~ 경쟁 concurrence face à un appel d'offres; enchères. ¶ ~ 날짜 date d'adjudication [d'une vente aux enchères]. ¶ ~을 통해 업체를 선정하다 sélectionner des entreprises par adjudication. ¶ 부동산을 ~에 부치다 mettre un bien immobilier en adjudication. ¶ ~에 응하다 participer à une vente aux enchères [*une soumission*, une adjudication]. ◇_(을) 하다 soumettre un devis lors d'une adjudication; soumissionner. ¶ 1억 원에 ~하다 soumettre un devis de cent millions de wons. ¶ 공사에 ~하다 soumettre un devis pour des travaux.

◆_가 -價 명 montant *m* d'adjudication. ¶ ~가를 써 내다 proposer un montant.

◆_액 -額 명 montant *m* d'adjudication. ¶ 최종 ~액 le montant le plus élevé atteint lors d'une mise à prix.

◆_자 -者 명 soumissionnaire *m*; enchérisseur *m*.

◆_제 -制 명 système *m* de vente aux enchères.

입천장 -天障 명 palais *m*.

◆_소리 명 palatale *f*. ☞ 구개

입체 立體 명 ((적)) cubique, (en) relief *m*. ¶ ~ 모형 cubique; en relief. ¶ 평면과 ~ en deux ou trois dimensions; espace bidimensionnel ou tridimensionnel; plan ou volume.

◆_적 -的 명관 cubique, en relief *m*; tridimensionnel(*le*); (en) 3 D. ¶ ~적으로 보이다 paraître en relief [en trois dimensions, en 3 D]. ¶ ~적으로 진단하다 faire un diagnostic à l'aide d'une image en trois dimensions. ¶ 이 문제를 푸는 데는 좀더 ~적인 접근이 요구된다 Pour résoudre ce problème, il faudrait une approche un peu plus variée [diverse].

◆_감 -感 명 ((미술)) plasticité *f*, impression *f* de relief; effet *m* stéréoscopique; effet *m* tridimensionnel. ¶ ~감이 있다[없다] [ne pas] donner l'impression d'être en relief; [ne pas] paraître en relief [en trois dimensions, en 3D]. ¶ ~감을 살리다 préserver l'effet stéréoscopique [tri-dimensionnel]. ¶ 이 그림은 명암으로 ~감을 나타낸 것이다 Ce tableau, jouant sur le clair-obsur, donne l'impression d'être en relief. ¶ 그 사람의 작품은 ~감이 뚜렷하다 Son œuvre donne l'impression d'être véritablement en relief.

◆_영화 -映畵 명 film *m* en trois dimensions [3 D]; film *m* en relief.

◆_음향 -音響 명 son *m* stéréophonique.

◆_파 -派 명 【미술】 cubisme *m*; cubiste.

입추[1] 立秋 명 Ipchu < commencement [début] de l'automne, une des 24 divisions du calendrier luni-solaire, vers le 7 août>. ¶ 오늘이 벌써 ~다 C'est déjà l'automne.

입추[2] 立錐 명 poinçonnage *m*.

*~의 여지가 없다 ((la salle)) être bondé(*e*), plein(*e*) à craquer. ¶ 연주회장은 청중들로 ~의 여지가 없었다 La salle de concert était bondée [pleine à craquer].

입춘 立春 명 Ipchun <commencement [début] du printemps, une des 24 divisions du calendrier luni-solaire, vers le 4 février>.

◆_대길 -大吉 명 Avec le printemps, arrive toujours un grand bonheur.

입출 入出 명 recettes *fpl* et dépenses *fpl* ((d'un budget)). ¶ 운영비의 ~ 내역을 밝히시오 Donnez-nous votre comptabilité.

◆_금 -金 명 bilan *m* ((d'un budget)).

입출력 入出力 명 entrée *f* et sortie *f* (d'un ordinateur); input / output [I / O] (d'un ordinateur). ¶ 컴퓨터의 ~ 시스템에 문제가 생겼다 Il y a un problème au niveau du système d'entrée et sortie de l'ordinateur.

입하[1] 立夏 명 Ipha <commencement [début] de l'été, une des 24 divisions du calendrier luni-solaire,

vers le 5 mai>. ¶ ~를 맞이하다 accueillir l'été. ¶ ~가 되었다 L'été est arrivé.

입하[2] **入荷** 명 arrivage *m*, entrée *f* ((de marchandises)). ◇_(를) **하다** ((marchandises)) arriver. ¶ 싱싱한 생선이 ~했다 Du poisson frais est arrivé. ◇_(가) **되다** ((marchandises)) arriver; être livré(*e*). ¶ 어제서야 물건이 ~ 되었다 Les marchandises sont enfin arrivées [ont enfin été livrées] hier.

◆_**량** -量 명 quantité *f* de marchandises arrivées.

입학 入學 명 entrée *f* ((au lycée)); admission *f* ((à une école, à une université)). ¶ ~ 원서 demande d'admission ((à une école, à une université)). ¶ ~ 허가서 autorisation d'admission ((à une école, à une université)). ¶ ~을 축하한다 Félicitations pour ton [votre] admission ((dans cette école, dans cette université)). ◇_(을) **하다** entrer dans une école; être admis(*e*) à l'université. ¶ 그 사람의 아들이 대학에 ~했다 Son fils est entré à l'université / Son fils a été admis à l'université. ◇_(이) **되다** être admis(*e*) ((dans une école)). ¶ 그 여자는 이 학교에 ~되었다 Elle a été admise dans cette école [université].

◆_**금** -金 명 frais *mpl* d'inscription ((dans une école)).

◆_**률** -率 명 pourcentage *m* des étudiants définitivement inscrits par rapport à ceux qui avaient réussi le concours d'entrée.

◆_**생** -生 명 élève *m* de première année.

◆_**시험** -試驗 명 examen *m* [concours *m*] d'entrée.

◆_**식** -式 명 cérémonie *f* d'entrée (des élèves de première année).

입항 入港 명 entrée *f* au [dans le] port. ¶ ~ 절차를 밟다 remplir les formalités d'entrée dans le port. ¶ ~ 수속을 마치다 finir les formalités d'entrée dans le port. ◇_(을) **하다** entrer au [dans le] port. ¶ 마르세유에 ~하다 entrer dans le [arriver au] port de Marseille.

입헌 立憲 명 établissement *m* d'une Constitution. ¶ ~ 기관 organisme constitutionnel.

◆_**군주국** -君主國 명 monarchie *f* constitutionnelle.

◆_**군주제** -君主制 명 régime *m* constitutionnel.

◆_**주의** -主義 명 constitutionnalisme *m*.

입회[1] **入會** 명 entrée *f* dans [adhésion *f* à] un club [une association]. ¶ 모임의 ~를 허락하다 admettre *qn* dans une société [un club, une association]. ◇_(를) **하다** entrer dans un club [une association]; adhérer à une association. ¶ 그 남자는 프리메이슨에 ~했다 Il est entré dans (l'organisation de) la franc-maçonnerie / Il est entré dans la maçonnerie. ◇_(를) **시키다** accepter *qn* dans un club; faire entrer *qn* dans un club [une association]; faire adhérer *qn* à une association; recevoir *qn* comme membre d'un club [d'une association]. ◇_(가) **되다** se faire admettre dans un club [une association]; entrer dans un club [une association]; adhérer à une association.

◆_**식** -式 명 cérémonie *f* d'adhésion à une association.

입회[2] **立會** 명 ((en)) présence *f* de *qn*. ¶ 증인 ~하에 피고에 대한 심문이 계속되었다 L'interrogatoire de l'accusé s'est poursuivi en présence d'un témoin. ¶ 법원으로부터 ~ 요구를 받다 être cité(*e*) comme témoin. ◇_(를) **하다** assister à *qc* (en qualité de témoin), être présent(*e*) à *qc* (comme témoin). ¶ 경관이 당첨자 추첨에 ~하였다 Un policier était présent lors du tirage au sort.

◆_**인** -人 명 témoin *m*; scruta*teur*(*trice*).

입후보 立候補 명 candidature *f* à ((une élection)). ◇_(를) **하다** se porter candidat(*e*) ((à une élection)); poser *sa* candidature ((à un poste, à une élection)); se présenter à une élection. ¶ 그 사람은 이번 선거에 ~했다 Il s'est présenté à cette élection.

◆_**자** -者 명 candidat(*e*) ((à une élection)).

입히다 타 ① ((옷)) mettre ((un vêtement)) à *qn*; habiller *qn*; vêtir ((un enfant)); passer ((une robe)) à *qn*; revêtir *qn* ((d'un costume)). ¶ 아이에게 새로 산 옷을 ~ mettre à *son* enfant des habits neufs. ¶ 바깥이 추우니 아이들을 따뜻하게 입혀라 Habille chaudement les enfants parce qu'il fait froid dehors. ② ((손해)) faire subir ((un dommage à *qn*)); infliger ((des pertes)) à *qn*. ¶ 남에게 손해를 ~ causer un dommage à *qn*; endommager *qc*;faire des dégâts; faire des ravages; ravager ((les vignobles)); infliger des pertes à *qn*. ¶ 실수로 회사에 큰 손실을 ~ faire subir de grosses pertes à *son* entreprise par erreur. ③ 얇게 덮어씌우다 plaquer *qc* d'or, d'argent; dorer *qc*; argenter *qc*; cuivrer *qc*; nickeler *qc*; chromer *qc*. ¶ 합금을 입힌 제품 produit plaqué d'un alliage d'or et d'argent.

잇 명 enveloppe *f*. ¶ 베개 ~을 씌우다 mettre une taie d'oreiller.

잇다 타 ① 연결하다 atteler ((un wagon à un autre)); mettre bout à bout; joindre [réunir] deux choses (bout à bout); relier, unir; lier ensemble des objets; attacher *qc* à *qc*; nouer ((deux cordes)). ¶ 두 개의 관을 ~ mettre deux tuyaux bout à bout. ¶ 테이블들을 죽 이어 놓다 mettre des tables bout à bout. ¶ 서울과 개성을 잇는 철도 voie ferrée qui relie Séoul à Gaeseong. ¶ 끊어진 줄을 테이프로 ~ raccorder un fil coupé avec du ruban adhésif. ② 끊이지 않게 하다 continuer *qc*; poursuivre; reprendre ((le fil de la conversation)); ((계승)) succéder aux titres de *qn*; prendre la place de [succéder à] ((*son* père)). ¶ 그 사람은 너무 감격한 나머지 말을 잇지 못했다 C'était tellement émouvant qu'il n'a pas pu finir son discours. ¶ 그 사람은 끼니를 잇기도 어려운 형편이다 Il a du mal à joindre les deux bouts / Il tire le diable par la queue. ¶ 가업을 ~ reprendre une affaire familiale. ¶ 사흘 밤을 내리 이어 작업하다 travailler quatre nuits consécutives [de suite]. ¶ 대를 이어 학자가 되다 devenir savant continuant (ainsi) la tradition familiale. ③ 연달아 continuer *qc*; poursuivre. ¶ 이어서 두 번째 발표가 있겠습니다

Maintenant, nous allons assister au deuxième exposé. ¶ 집주인의 인사말에 이어서 파티가 시작되었다 La fête a commencé juste après les paroles d'accueil du maître de maison. ¶ 그날의 시위에 이어 연일 시위가 벌어졌다 À la suite de cette manifestation, d'autres ont eu lieu les jours suivants / D'autres manifestations ont eu lieu les jours suivants. ¶ 남편이 세상을 떠난 데 이어 그 여자마저 병이 들었다 Suite à la mort de son mari, elle est, elle aussi, tombée malade.

◆**이어(서)** 뷘 successivement; l'un(*e*) après l'autre; consécutivement; sans interruption [arrêt, cesse, de suite]; coup sur coup; continuellement.

잇달다 타 suivre; se succéder à *qc*. ¶ 그 사람의 빈소에는 추모객들의 행렬이 잇달았다 Dans sa chapelle ardente, les gens défilent sans cesse [se succèdent sans interruption]. ¶ 최근 들어 끔찍한 사건들이 잇달아 발생했다 Ces derniers temps, d'affreux incidents se sont produits successivement les uns aux autres. ¶ 불행은 잇달아 오는 법이다 Un malheur n'arrive jamais seul. ¶ 학생들의 잇달은 시위 manifestation qui fait suite à celle des étudiants.

잇닿다 자 se suivre ((de près)); être contigu(*ë*). ¶ 우리 집은 그 친구의 집과 잇닿아 있다 Notre maison est contiguë à la sienne / Nos deux maisons sont contiguës [sont mitoyennes, se touchent]. ¶ 해변에 잇닿은[잇닿아 있는] 도로 route qui borde [longe] la côte.

잇대다 타 joindre [réunir] ((deux choses)); mettre bout à bout. ¶ 책상 둘을 잇대어 놓다 mettre deux bureaux bout à bout. ¶ 담요 세 장을 잇대어 깔다 mettre [étendre] trois couvertures l'une à côté de l'autre. ¶ 가게에 잇대어 낸 작은 방 petite pièce dans l'arrière du magasin.

잇따르다 자 연이어 뒤따르다[발생하다] faire suite à *qc*; suivre à *qc*. ¶ 고적대 뒤를 아이들이 잇따르고 있다 Les enfants suivent la fanfare. ¶ 비명에 신음 소리가 잇따르는 사고 현장 lieu de l'accident où les gémissements s'ajoutent aux cris de douleur. ¶ 그 사람의 행동에 대한 비난이 잇따랐다 Des critiques ont fait suite à son comportement. ¶ 잇따른 안전사고로 시장이 물러났다 Le maire a démissionné après une série d'accidents de la sécurité.

잇몸 명 gencive *f*. ¶ ~을 드러내며 웃다 rire aux grands éclats.

◆**_병** -病 명 gingivite *f*.

◆**_소리** 명 labiale *f*.

잇새 명 espace *m* entre deux dents. ¶ ~가 벌어져 보기 흉하다 Ce n'est pas très esthétique d'avoir les dents trop écartées. ¶ 고추가루가 ~에 꼈다 J'ai de la poudre de piments rouges entre les dents.

잇속 利- 명 bénéfices *mpl*; gains *mpl*; avantage *m*; ((이기적인)) intérêts *mpl* (personnels). ¶ ~(이) 있는 장사 commerce lucratif [qui rapporte]. ¶ 그 남자는 ~에 밝다[빠르다] Il est avide de gains. ¶ 내 ~을 따져보지 않을 수 없다 Je ne peux que tenir compte de mes intérêts. ¶ 그 녀석은 자기 ~만 차린다[생각한다] Ce type fait toujours passer ses intérêts personnels en avant. ¶ 나는 네 ~을 다 알고 있다 Je sais très bien quel sont tes intérêts [les avantages pour toi].

잇자국 명 marque *f* des dents; empreinte *f* des dents. ¶ ~을 내다 laisser la marque de *ses* dents; laisser une empreinte des dents [la trace d'une morsure]. ¶ 아기가 문 ~이 아직도 팔에 남아 있다 La marque des dents de mon enfant est encore visible sur mon bras.

잇점 명 (('이점'의 잘못)) ☞ 이점

있다[1] 자 ① ((verbe d'existence)) 머물다 rester; demeurer. ¶ 내가 올 때까지 여기 있어라 Reste ici jusqu'à ce que j'arrive. ¶ 그 친구는 내일 집에 있겠다고 했다 Il a dit qu'il resterait demain à la maison. ② 어떤 상태를 계속 유지하다 rester. ¶ 떠들지 말고 조용하게 있어라 Arrête de faire du bruit, tiens-toi tranquille / Mets-la en veilleuse. ¶ 가만히 좀 있어라 Reste tranquille. ③ 시간의 경과 se passer, s'écouler. ¶ 앞으로 3일만 있으면 방학이다 Dans seulement trois jours, c'est les vacances. ¶ 두 달만 있으면 우리는 프랑스에 간다 Dans seulement deux mois, on part pour la France.

형 ① 존재하다 exister. ¶ 너는 신이 있다고 믿느냐 Est-ce que tu crois que Dieu existe? ¶ 우리 아이들은 산타 할아버지가 정말 있다고 생각한다 Mes enfants pensent que le père Noël existe réellement / Mes enfants croient vraiment au père Noël [à l'existence du père Noël]. ¶ 결코 만족할 줄 모르는 사람들이 ~ Il existe des gens qui ne sont jamais contents. ¶ 옛날 옛적에 슬하에 자식이 없는 한 노부부가 있었다 Autrefois, il y avait un vieux couple sans enfant / Il était une fois un vieux couple sans enfant. ¶ 삼각형 ABC가 있다고 하자 Supposons (qu'il y a) un triangle ABC. ¶ 그런 일은 있을 법하다 Cela se peut bien / C'est possible / Cela peut arriver. ¶ 있을까 말까 한 일 événement peu probable. ¶ 있으나 마나 한 것 choses peu vraisemblables. ② (장소에) 무엇이 있다 il y a; se trouver; se situer, être situé(*e*). ¶ 여기에 꽃 한 다발이 ~ Ici, il y a un bouquet de fleurs. ¶ 집 앞에 못 보던 자동차가 한 대 ~ Il y a úne voiture devant chez nous que je n'avais pas vue. ¶ 그 집에는 사나운 개가 ~ Chez eux, il y a un chien méchant. ¶ 우체국 뒤에 카페가 하나 ~ Il y a un café derrière la poste. ¶ 냉장고에 먹을 것이 ~ Il y a quelque chose à manger dans le réfrigérateur [frigidaire, frigo]. ¶ 탁자 위에 무엇이 있습니까? Qu'est-ce qu'il y a sur la table? ¶ 그리 멀지 않은 곳에 주유소가 있다 Il y a une station d'essence non loin d'ici. ③ (누가 어디에) 있다, 머물다 être, se trouver. ¶ 그 사람은 여기 ~ Il est ici. ¶ 내 남편은 지금 프랑스에 ~ Mon mari est [se trouve] actuellement en France. ¶ 너 지금 어디 있니? Où est-ce que tu es maintenant? / Tu es où maintenant? / T'es où maintenant? *{fam}*. ④ (누구와) 있다 être avec *qn*. ¶ 아이는 지금 시어머니와 ~ Mon fils [Ma fille] est maintenant avec ma belle-mère. ¶ 내일은 너하고 있고 싶다 Demain, j'aimerais être avec toi. ⑤ (무엇이 어디에) 위치하다 être, se trouver, se situer. ¶ 이것을 원래 있던 곳에 두어라 Remets ça[le, la] à sa place [où tu l'as trouvé(*e*)] / Remets-les à leur place [où tu les as trouvé(*e*)s] / Remets-le[la, les] où il [elle, ils, elles] étai(en)t. ¶ 한국은 중국의 동쪽에 ~ La Corée se situe à l'est de la Chine. ¶ 바다는 여기에서 10킬로미터 떨어진 곳에 ~ La mer se trouve à dix kilomètres d'ici. ¶ 내가 말하는 식당은 시청 맞은편에 ~ Le restaurant dont je te parle se situe [est] en face de la mairie. ⑥ (동물, 식물이 어디에) 서식하다 pousser, grandir. ¶ 이 산에는 멧돼지가 ~ Dans cette montagne, vivent [il y a] des sangliers. ¶ 버섯은 습지에 ~ Les champignons poussent dans des endroits humides. ¶ 어디에나 있는 식물 plante qui pousse n'importe où. ⑦ 소유하다[가지다] avoir ((un enfant, des amis, du charme)), posséder ((une grande fortune)). ¶ 그 친구는 오토바이가 한 대 ~ Il a une moto. ¶ 그 녀석은 재산[돈]이 제법 ~ Ce type a de la fortune [de l'argent]. ¶ 그 여자는 운전면허증이 ~ Elle a le permis de conduire. ¶ 그 사람은 먹고 살 것이 충분히 ~ Il a suffisamment de quoi vivre / Il a assez de quoi vivre. ¶ 그 남자는 좋은 직장이 ~ Cet homme a un bon travail [a une bonne situation]. ¶ 너에게 발언권이 ~ Tu as le droit à la parole. ¶ 내게 좋은 생각이 하나 ~ J'ai une bonne idée. ¶ 나는 걱정거리가 하나 ~ J'ai un souci. ¶ 그 남자는 재치[매력, 재능]가 ~ Il a de l'esprit [du charme, du talent]. ¶ 나는 열 시에 불어 수업이 ~ J'ai un cours de français à dix heures. ¶ 오늘 저녁 친구와 약속이 ~ Ce soir, j'ai un rendez-vous avec un ami. ¶ 나도 그 사람의 실패에 관계[책임]이 ~ Moi aussi, j'ai ma part de responsabilité dans son échec [j'y suis pour quelque chose dans son échec]. ¶ 나는 그 여자에게 볼일이 ~ Je dois la rencontrer car j'ai quelque chose à lui dire [car j'ai quelque chose à régler avec elle]. ¶ 나는 그 남자에게 할 말이 ~ J'ai quelque chose à lui dire. ¶ 당신에게 질문이 한 가지 있습니다 J'ai une question à te poser. ¶ 네게 유감이 ~ *Tu m'as déçu(e)*. ¶ 너 무슨 일 있니? ((Et) ben,) qu'est-ce qui t'arrive? [qu'est-ce qui t'est arrivé] / Eh ben, t'en [tu en] fais une tête! / T'as [Tu as] un problème? ¶ 한 달간의 시간 여유가 ~ Cela me laisse un mois (pour faire ce travail) / Ils m'ont accordé un mois supplémentaire [m'ont laissé un mois de plus] pour finir ce travail. ¶ ...하는 경향이 ~ avoir tendance à+*inf*; être enclin à+*inf*; avoir un penchant à [pour] *qc*. ¶ ...할 권리[방법]가 ~ avoir le droit [le moyen] de+*inf*. ¶ ...하는 습관[버릇]이 ~ avoir l'habitude de+*inf*. ¶ ...할 시간이 ~ avoir le temps de+*inf*. ¶ ...할 자신[용기]이 ~ avoir le courage de+*inf*. ¶ ...할 자유가 ~ avoir la liberté de+*inf*. ¶ ...할 필요[이유]가 ~ il faut+*inf*; devoir+*inf*; avoir besoin de+*inf* [avoir une raison de+*inf*, des raisons de+*inf*]. ¶ ...할 생각이 ~ avoir l'intention de+*inf*. ¶ 그 남자는 아내가 ~ Il a une femme. ¶ 그 여자는 아이가 셋이 ~ Elle a trois enfants. ¶ 다행히도 그 사람에겐 도와줄 친구가 많이 ~ Heureusement(qu')il a beaucoup d'amis pour l'aider [pour l'épauler]. ¶ 그 남자는 천식이 ~ Il a [fait] de l'asthme / Il est asthmatique. ¶ 그 아이가 열이 ~ Cet enfant a de la fièvre. ¶ 이 식물은 놀라운 약효가 ~ Cette plante a d'étonnantes vertus médicales [d'étonnantes vertus thérapeutiques, d'étonnantes vertus curatives]. ¶ 이 발견은 큰 가치가 ~ Cette invention est capitale. ⑧ 보유, 취급하다 avoir, il y a. ¶ 빈방 있습니까? Avez-vous une chambre libre [disponible]? ¶ 싱싱한 야채 있습니다 J'ai des légumes frais. ¶ 프랑스산 포도주 있습니다 J'ai du vin français. ¶ 오늘의 특별 요리로는 무엇이 있습니까? Qu'est-ce que vous avez comme plat du jour aujourd'hui? ¶ 후식으로는 어떤 것이 있습니까? Qu'est qu'il y a [que vous avez] comme dessert? ⑨ 부속, 포함하다 il y a; avoir. ¶ 이 아파트에는 방이 세 개 ~ Dans cet appartement, il y a trois pièces / Cet appartement comporte trois pièces / C'est un (appartement de) trois pièces / C'est un F3. ¶ 파리에는 유명한 박물관이 여러 개 ~ À Paris, il y a plusieurs musées célèbres. ¶ 이 자동차는 엔진이 뒷 부분에 ~ Cette voiture a son moteur à l'arrière. ¶ 그 집에는 큰 정원이 ~ Cette maison a [possède] un grand jardin. ¶ 이 책에는 재미있는 이야기가 많이 ~ Dans ce livre, il y a beaucoup d'histoires amusantes. ¶ 내 자동차에는 도난 방지 장치가 ~ Ma voiture est équipée d'un système antivol. ¶ 이 모델은 두 가지 색상이 ~ Ce modèle existe en deux couleurs. ¶ 참석자 중에는 대학생들도 ~ Parmi les participants, il y a même des étudiants. ⑩ 직장에 다니다 être, travailler. ¶ 그 아저씨는 일 년 전부터 이 출판사에 ~ Il travaille dans cette maison d'édition depuis un an. ¶ 그 여자는 아직도 그 회사에 ~ Elle est [travaille] encore dans cette entreprise. ¶ 그 여자는 이 대학에 교수로 ~ Elle est [travaille] dans cette université en tant que [en qualité de] professeur. ¶ 우리 언니는 김 선생의 비서로 ~ Ma grande sœur y travaille comme secrétaire de monsieur Kim. ¶ 그 남자는 아직 미혼으로 ~ Il est encore célibataire. ⑪ 발생하다 avoir lieu; se produire; arriver. ¶ 부상자가 5명 ~ Il y a cinq blessés. ¶ 어제 고속도로에서 큰 사고가 있었다 Hier, il y a eu [il s'est produit] un terrible accident sur l'autoroute. ¶ 오늘 밤 폭풍우가 ~ Cette nuit, il y aura une tempête [il va y avoir une tempête]. ¶ 두 사람 사이에 작은 말다툼이 있었다 Il y a eu une petite dispute [altercation] entre eux deux. ¶ 그런 일은 늘 있게 마련이다 Ce genre d'incident peut toujours se produire. ¶ 무슨 일이 있든지 quoi qu'il arrive [advienne]. ⑫ 열리다, 행해지다 avoir lieu; se tenir; se donner; se dérouler; être célébré(*e*). ¶ 다음 모임은 이달 27일에 ~ La prochaine réunion se tiendra [aura lieu] le 27 de ce mois. ¶ 간부 회의가 세 시에 ~ La réunion des cadres aura lieu à trois heures. ⑬ 경험하다 avoir [être] déjà ...; il m'arrive de+*inf*; avoir l'intention de+*inf*. ¶ 나는 그 사람을 한 번 만난 적이 ~ Je l'ai déjà rencontré une fois. ¶ 프랑스에 가 본 적이 있습니까? Êtes-vous déjà allé en France? ¶ 나도 그런 일을 한 경험이 ~ Moi aussi, j'ai déjà fait ce genre de travail. ¶ 나는 종종 늦잠 자는 일이 ~ Il m'arrive souvent de faire la grasse matinée. ¶ 약속을 깜빡 잊을 때가 가끔 ~ Il m'arrive de temps en temps [parfois, de temps à autre] d'oublier mes rendez-vous. ¶ 그 사람에게도 좋은 시절이 ~ Un jour, la chance lui sourira à lui aussi. ¶ 내년에 미국에 갈 계획이 ~ J'ai l'intention d'aller aux États-Unis l'année prochaine. ⑭ ...에 있다 consister en [dans]+N/à+*inf*; résider dans *qc*; reposer sur *qc*. ¶ 행복은 건강에 ~ Le bonheur repose sur la santé / La santé est un facteur important du bonheur. ¶ 우리의 계획은 노동단체의 힘을 강화하는 데 ~ Notre projet consiste à renforcer le parti des travailleurs. ⑮ (어떤 상태에) 있다 être ((au stade de)). ¶ 아직도 그 문제는 해결이 안 된 상태로 ~ Ce problème n'est pas encore résolu. ¶ 그 일은 현재 진행 중인 상태에 ~ Ce travail est actuellement en cours. ⑯ (이유가) 있다 y avoir une raison. ¶ 무슨 일이든지 다 이유가 있는 법이다 Il y a une raison [explication] à tout. ¶ 그 사람의 행동은 다 이유가 있었다 Il y avait certainement des raisons [une explication] à son comportement. ⑰ 재물이 넉넉하다 avoir [beaucoup d'] de l'argent. ¶ 그 친구는 아무것도 없으면서 되게 있는 척한다 Il fait semblant d'avoir beaucoup d'argent bien qu'il n'en ait pas. ¶ 그는 있는 집 자손이다 C'est le petit-fils d'une famille riche. ⑰ ((강조, 확인)) au fait, tu sais[vous savez]. ¶ 있잖아, 그 녀석은 굉장히 부자래 Au fait, tu sais qu'on dit qu'il est plein aux as, ce type! ¶ 있지, 이것 좀 대신 해 주면 안 될까 Eh, tu ne pourrais pas faire cela à ma place? ⑱ ((~에 있어서)) s'agissant de *qc*, concernant *qc*. ¶ 국어사의 시대 구분에 있어서 이 문헌은 매우 중요한 가치를 지닌다 Dans la distinction des périodes de l'histoire de la langue coréenne, ces archives ont une très grande importance. ¶ 인간의 삶에 있어서 가장 중요한 것은 건강이다 Dans la vie, le plus important, c'est la santé / La santé passe avant tout.

있다² 조동 ① 동작, 상황이 계속 진행되다 être en train de+*inf* ((verbe auxiliaire d'action en cours, sous forme de radical (du verbe principal) + -고 있다)). ¶ 그 남자는 사무실에서 일을 하고 ~ Il est en train de travailler au [à son] bureau. ¶ 아이들은 마당에서 놀고 ~ Les enfant sont en train de jouer [jouent] dans la cour. ¶ 물가가 계속 오르고 ~ Les prix ne cessent de monter [de grimper] / Les prix n'arrêtent pas d'augmenter. ② 결과의 상태가 지속되다 ((verbe auxiliaire marquant le maintien de l'état résultant)). ¶ 그 여자는 노란 원피스를 입고 ~ Elle porte une robe jaune. ¶ 그 사람은 주머니에 손을 넣고 ~ Il a les mains dans les poches. ¶ 그 모자는 지금 유행하고 ~ Ce chapeau est très à la mode maintenant [ces temps-ci].

있다³ 조동 ((verbe auxiliaire exprimant une action qui se trouve dans l'état accompli, sous forme de radical (du verbe principal) + -아/-어 있다)). ¶ 이 장갑은 가죽으로 되어 ~ Ces gants sont en cuir. ¶ 물건들은 낱개로 포장되어 ~ Les marchandises sont emballées séparément. ¶ 그 집은 비어 ~ Cette maison est vide. ¶ 나무에 꽃이 피어 ~ Ces arbres sont fleuris. ¶ 우리 아빠는 화가 나 ~ Mon père est en colère / Mon père est fâché [furieux, hors de lui]. ¶ 그 여자는 사랑에 빠져 ~ Elle est amoureuse. ¶ 아이들은 앉아 있고, 어른들은 서 ~ Les enfants sont assis, les adultes (sont) debout.

잉꼬 명 perruche *f*. ¶ ~ 한 쌍 un couple de perruches. ¶ 이 부부는 ~처럼 다정하다 Dans ce couple, ils s'entendent comme deux tourtereaux.

◆**_부부** -夫婦 명 couple *m* [ménage *m*] (très) uni; couple *m* de tourtereaux *mpl*, deux tourtereaux *mpl*.

잉어 명 【동물】 carpe *f*.

잉여 剩餘 명 excès *m*; excédent *m*, surplus *m*; 【수학】 (le) reste *m*. ¶ ~ 농산물 produits agricoles excédentaires; surplus agricoles.

◆**_적** -的 명관 excédentaire.

◆**_가치** -價値 명 plus-value *f*(~*s*-~*s*).

◆**_금** -金 명 plus-value *f*(~*s*-~*s*); boni *m*; surplus *m*.

◆**_노동** -勞動 명 surcharge *f* de travail; excès *m* de travail.

◆**_소득** -所得 명 revenus *mpl* excédentaires.

◆**_자질** -資質 명 【언어】 trait *m* supplémentaire.

잉잉거리다 자 bourdonner, bruire, fredonner, froufrouter, ronronner, vrombir; ((아기가)) pleurer en poussant des cris [des oin oin, des hurlements], pleurer bruyamment, sangloter, pousser des gémissements, pleurnicher, chialer {*fam*}, chigner {*fam*}, chouiner {*fam*}, brailler {*fam*}, hurler; dire *qc* [se plaindre] en pleurnichant, geindre, larmoyer, grogner, grognonner. ¶ ~거리지 마 Arrête de pleurnicher [chouiner {*fam*}, chigner {*fam*}, brailler {*fam*}]. ¶ 벌이 ~대고 있다 Les abeilles bourdonnent.

잉잉대다 자 ☞ 잉잉거리다

잉크 영{ink} 명 encre *f*. ¶ ~로 글을 쓰다 écrire (un texte) à l'encre [au stylo à plume]. ¶ 만년필에 ~가 떨어졌다 Il n'y a plus d'encre dans ce stylo (à plume).

◆**_병** -甁 명 bouteille *f* d'encre.

잉태 孕胎 명 conception *f*; grossesse *f*. ◇_(를) **하다**

concevoir; devenir[tomber] enceinte. ¶ 아기를 ~하다 tomber enceinte; devenir enceinte (d'un enfant). ◇_(가) **되다** être conçu(*e*). ¶ 이러한 사상은 바로 그 시대에 ~된 것이다 Cette idée a justement été conçue à cette époque. ◇_(를) **시키다** mettre [rendre] ((une femme)) enceinte; faire un enfant à ((une femme)) {*fam*}; rendre ((une femme)) grosse {*vulg*}; engrosser ((une femme)) {*vulg*}; féconder ((une femme)) {*vulg*}; ((동물)) féconder ((une femelle)), rendre ((une femelle)) pleine; ((물고기)) frayer.

잊다 타 ① oublier; ne pas se rappeler *qc*; ne pas se souvenir de *qc*. ¶ 잊지 못할 추억 souvenir inoubliable [ineffaçable]. ¶ 죽어도 못 ~ être inoubliable. ¶ 단어를 ~ oublier un mot. ¶ 나는 당신의 친절을 잊지 않을 것입니다 Je n'oublierai jamais vos bontés. ¶ 그 사람은 자기 책임[본분]을 잊을 그런 사람이 아니지 Ce n'est pas le genre à oublier ce qu'il a à faire. ¶ 그 일을 잊어 주세요 N'y pensez plus / Oubliez cela. ¶ 술로 슬픔[시름, 사랑의 상처]를 ~ essayer d'oublier un chagrin [un souci, une blessure d'amour] en buvant de l'alcool. ¶ 그 사람이 한 말은 빨리 잊으세요 Oubliez vite ce qu'il vous a dit. ¶ 나는 그 친구에게 전화하는 것을 깜빡 잊었다 J'ai complètement oublié de l'appeler. ¶ 불을 끄고 나오는 걸 잊었다 J'ai oublié d'éteindre la lumière. ¶ 만나기로 한 걸 잊지 마라 N'oublie pas notre rendez-vous. ¶ 오늘이 내 생일이라는 걸 잊었다 J'ai oublié qu'aujourd'hui c'était mon anniversaire. ¶ (나는) 그 여자를 만났던 것을 완전히 잊었다 Je ne me rappelle plus l'avoir rencontrée. ¶ 잊지 말고 약을 꼭 드세요 N'oubliez surtout pas de prendre vos médicaments. ② 깜박 알아채지 못하다 oublier; laisser passer. ¶ 잘 ~ oublier facilement *qc*. ¶ 그 아저씨는 자기 나이도 잊은 채 젊은이처럼 뛰었다 Il a couru comme un jeune sans se soucier de son âge. ¶ 침식을 잊고 무엇에 열중하다 être plongé(*e*) (dans *qc*) au point d'en oublier le boire et le manger[de se sustenter]. ③ 두고 오다 oublier *qc* ((à la maison)). ¶ 책을 어디서 잊고 왔지? Où est-ce que j'ai oublié ce livre? ¶ 내리실 때 잊으신 물건이 없는지 조심하십시오 Avant de sortir, vérifiez bien que nous n'avez rien oublié.

잊어먹다 타 oublier. ¶ 자기 생일을 잊어먹다니 정말 바쁜 모양이구나 Il a oublié son propre anniversaire. Il doit être très occupé. ¶ 내일이 마감이라는 것[사실]을 잊어먹지 마라 N'oublie pas que c'est demain la date limite. ☞ 잊다

잊어버리다 oublier complètement *qc*. ¶ 그 일은 빨리 잊어버리는 것이 좋습니다 Vous feriez mieux d'oublier cela au plus vite. ¶ 그 친구와 만나기로 한 걸 잊어버렸다 J'ai complètement oublié que j'avais rendez-vous avec lui. ¶ 나는 그 친구의 이름을 잊어버렸다 J'ai oublié son nom / Son nom m'échappe. ☞ 잊다

잊혀지다 s'oublier. ¶ 결코 잊혀지지 않는 추억 un souvenir inoubliable. ¶ 세월이 흐르면 그 일도 잊혀지겠지 Avec le temps, il finira par ne plus y penser.

잊히다 자 ☞ 잊혀지다

잎 명 feuille *f*. ¶ ~을 따다 effeuiller. ¶ 이 나무는 ~이 무성하다 Cet arbre est très touffu. ¶ 이 나무는 ~이 시들었다 Les feuilles de cet arbre sont fanées.

◆**_담배** 명 tabac *m* en feuilles.

◆**_말이병** -病 명 maladie *f* des feuilles ((de certains végétaux, se caractérisant par des taches jaunâtres sur les feuilles et entraînant leur flétrissement)).

◆**_사귀** 명 feuille *f*.

◆**_새** 명 ☞ 잎사귀

◆**_자루** 명 tige *f* de feuille ((tige qui relie la feuille à la branche d'arbre)).

◆**나뭇_** 명 feuille *f* d'arbre.

◆**떡_** 명 cotylédon *m*, lobe *m* [feuille *f*] séminal(*e*) [germinal(*e*)].

분류 ((classificateur pour compter les feuilles)). ¶ 나뭇잎 한 ~ une feuille.

잎사귀 명 feuille *f* ((d'un arbre)). ¶ 마지막 ~ les dernières feuilles (sur les arbres).

잎샘 명 froid *m* au moment de la frondaison. ◇_(을) **하다** faire froid ((au printemps)).

ㅈ 명 *jieut m* ((neuvième lettre consonantique de l'alphabet coréen)).

자[1] 명 règle *f*, mètre *m*. ¶ ~를[로] 재다 mesurer *qc* au mètre. ¶ ~로 잰 듯 정확하다 être précis(*e*) au millimètre près; être très précis(*e*). ¶ ~로 대고 선을 긋다 tracer une ligne avec une [à la] règle. ¶ ~를 대고 자르다 couper *qc* avec une règle.
분류 pied *m*. ¶ 두 ~가 모자란다 Il manque deux pieds. ¶ 한 ~당 천 원에 팔다 vendre *qc* [au prix de] 1 000 wons le pied.
◆_ㅅ대 명 règle *f*; mesure *f*. ¶ 사람을 모두 하나의 ~ㅅ대로 판단하지 말라 Il ne faut pas juger tout le monde sur le même critère.
◆막대_ 명 règle *f* en bois.
◆삼각_ 三角- 명 équerre *f*.
◆운형_ 雲形- 명 règle *f* courbée.
◆줄_ 명 mètre *m* à ruban.
◆티_ 명 té *m*.

자[2] 감 ① ((재촉할 때)) Bon! / Allons!; (Bon) allons-y!; allez!; (Bon) allez-y! ¶ ~ 이야기하세요 Allez, parlez! ¶ ~ 떠나세 Allez, on y va [en avant, partons]! ¶ ~ 빨리 갑시다 (Bon) allez, dépêchons-nous! ② ((주의를 끌 때)) allez; écoutez; tenez. ¶ ~ 내 말 좀 들어봐요 Bon [Maintenant], écoutez-moi! ¶ ~ 말 좀 물읍시다 Pardon, puis-je vous demander quelque chose? ¶ ~ 이쪽을 봐요 Bon, c'est par là / Allez, regardez par ici [de ce côté-ci].

자[3] 子 명 ① 아들 fils *m*. ② 공자 Confucius *m*. ¶ ~ 왈 Confucius a dit. ③ ((십이지간의 하나)) (signe *m* (chinois) du) rat *m*. ¶ ~ 시 l'heure du rat ((entre 11 heures et une heure du matin, la première des 12 périodes de deux heures)).

자[4] 字 명 lettre *f*; écriture *f*; caractère *m*; mot *m*. ¶ 무슨 ~인지 모르겠다 Je ne sais pas de quel *caractère [idéogramme]* il s'agit. ¶ 영어의 에이 ~도 모르다 ne pas connaître le moindre mot d'anglais, ne pas parler un mot d'anglais. ¶ 몇 ~ 적다 écrire quelques mots.
***낫 놓고 기역 ~도 모르다** être complètement illettré(*e*); ne pas savoir lire.
◆_간 -間 명 espace *m* (entre deux caractères). ¶ ~간을 넓히다[줄이다, 조정하다] élargir [réduire, ajuster] l'espace entre deux caractères.

자[5] 者 의명 ((nom non autonome ou dépendant, indiquant une personne avec un ton méprisant. Il s'emploie après un mot déterminant qui peut être un démonstratif ou un suffixe flexionnel déterminatif -ㄴ, -는, -은, -ㄹ, -을)). personne *f*. ¶ 그런 ~를 왜 데려왔니? Pourquoi as-tu amené ce type-là? ¶ 가난한 ~에게 복이 있나니 Bénis soient les pauvres! ¶ 낯선[수상한] ~가 대문 앞에서 서성인다 Un étranger [Une personne suspecte] traîne devant chez nous [devant notre portail] / Un étranger [Une personne suspecte] va et vient devant la maison / Un étranger [Une personne suspecte] rôde autour de la maison. ¶ 그 사람은 박이라는 ~이다 Il s'appelle Park.

-자[6] -子 접미 élément *m*. ¶ 미립~ un corpuscule. ¶ 중성~ un neutron.

-자[7] -者 접미 celui qui+*ind*. ¶ 전~ le premier; celui-là. ¶ 후~ le second; le dernier; celui-ci. ¶ 과학~ un(*e*) scientifique. ¶ 교육~ un(*e*) pédagogue; un(*e*) éduca*teur*(*trice*). ¶ 기술~ un(*e*) technicien(*ne*). ¶ 불구~ un(*e*) infirme; un(*e*) estropié(*e*); un(*e*) handicapé(*e*).

-자[8] 어미 ((suffixe flexionnel exhortatif de terminaison phrastique. Il s'ajoute après le radical des verbes quelle que soit la forme du radical. Utilisé à l'égard d'un interlocuteur égal (entre les enfants et entre les amis adultes intimes) ou inférieur (à l'égard d'un enfant de la part d'un adulte, fils, fille, élève, jeune employé), il exprime l'intimité, l'égalité ou l'infériorité)). ¶ 민수야, 학교 가~ Minsu, allons à l'école. ¶ 오늘 같이 밥 먹~ Aujourd'hui, prenons un repas ensemble. ¶ 각자 맡은 바 일에 충실하~ Soyons chacun fidèles à notre tâche / Accomplissons chacun pleinement notre tâche [notre (part de) travail]. ¶ 우리 여기 같이 앉~ Asseyons-nous ici ensemble. ¶ 다음주 토요일에는 프랑스 영화를 보~ Regardons un film français samedi de la semaine prochaine.

-자[9] 어미 Lorsque *je me décide* [*je m'apprête*] à+*inf* ((suffixe flexionnel conjonctif exprimant l'intention ou le désir de faire quelque chose. Il s'ajoute après le radical des verbes quelle que soit la forme du radical)). ¶ 몸을 씻~ 하니 물이 안 나온다 Lorsque je me décide à me laver, il n'y a plus d'eau [l'eau ne coule plus, l'eau manque]. ¶ 텔레비전을 버리~ 하니 아깝고 쓰~ 하니 너무 오래된 것 같아서 고민이다 Lorsque je m'apprête à jeter le poste de télévision, je trouve que c'est dommage, mais lorsque je veux regarder la télé, je pense qu'il est trop vieux [je le trouve démodé], je n'arrive pas à me décider.

-자[10] 어미 ① lorsque ...., ..., dès que ...., ... ((suffixe flexionnel conjonctif exprimant une relation d'ordre chronologique entre deux événements; dès que l'événement A finit, commence l'événement B. Il s'ajoute après le radical des verbes quelle que soit la forme du radical)). ¶ 까마귀 날~ 배 떨어진다 Dès qu'un corbeau s'envole, une poire tombe ((ce proverbe signifie une pure coïncidence sans lien causal entre deux événements)). ¶ 집을 나서~ 비가 오기 시작했다 Lorsque je suis sorti(*e*), il s'est mis à pleuvoir [la pluie s'est mise à tomber]. ② ((l'état résultant de l'événement A continue lorsque commence l'événement B)). ¶ 날이 밝~ 어머니는 일찍 집을 나섰다 Au lever du jour, ma mère sortit de chez nous. ③ être à la fois A et B ((일정한 자격과 더불어 다른 자격이 있음을 나타냄)). ¶ 그는 나의 선생님이~ 친구이다 C'est à la fois mon professeur et un ami. ¶ 그 일은 개인의 일이~ 나라의 일이다 C'est à la fois un travail qui m'intéresse sur le plan personnel et qui intéresse le pays / C'est à la fois un travail que je fais sur le plan personnel et qui profite au pays. ④ ((앞 절의 상태나 행동이 이루어지더라도 뒤 절의 상태에 영향을 미칠 수 없음을 나타냄)) Inutile de+*inf*; avoir beau+*inf*. ¶ 아무리 골라 봤~ 그게 그거다 Inutile de te fatiguer à choisir, tout est pareil [ce sont tous les mêmes]. ¶ 아무리 노력해 봤~ 그 일을 해낼 수 없을 거다 Inutile de te fatiguer, tu n'y arriveras jamais.

자가 自家 명 ① 자기 집 *sa* (propre) maison *f*, *son* domicile *m*, chez *soi*; *sa* (propre) famille *f*, *son* (propre) foyer *m*. ¶ 그 사람은 ~에서 산다 Il habite dans sa propre maison. ② 스스로 de *soi*-même, autonome, indépendant(*e*). ¶ ~ 발전 une production *indépendante (d'électricité)*. ¶ ~ 수도 un approvisionnement d'eau autonome.

자가당착 自家撞着 명 le fait de se contredire; contradiction *f*. ¶ ~에 빠지다 se heurter à une contradiction.

자가용 自家用 명 voiture *f* particulière [privée]; voiture *f* [automobile *f*] de tourisme ((par opposition aux véhicules utilitaires)). ¶ 소형[대형, 중형] ~ une petite voiture particulière [une voiture particulière moyenne; une grande voiture particulière, une familiale]. ¶ ~을 마련하다 (s')acheter une voiture particulière. ¶ 그 사람은 ~으로 출근한다 Il va au bureau en voiture particulière [privée].

자가용차 自家用車 명 ☞ 자가용

자각 自覺 명 conscience *f*; éveil *m*. ¶ 국민의 ~을 촉구하다 demander au peuple de s'éveiller; éveiller la conscience du peuple. ¶ 시정 정화는 시민의 ~ 없이는 불가능하다 On ne peut assainir l'administration municipale sans la prise de conscience des citoyens / L'assainissement de l'administration municipale est impossible à faire sans la prise de conscience des citoyens / Il est impossible d'assainir l'administration municipale sans la prise de conscience des citoyens. ◇_(을) **하다** s'éveiller; prendre conscience; se rendre compte de *qc*. ¶ 자기의 역량을 ~하다 prendre conscience de *ses* capacités. ◇_(을) **시키다** éveiller. ¶ 지은 죄를 누구에게 ~시키다 faire reconnaître à *qn* ce qu'il a fait de mal, faire reconnaître à *qn* l'erreur [le délit, le crime] qu'il a commis(e).

◆**_적** -的 명관 conscient(*e*).

◆**_심** -心 명 conscience *f*. ¶ 누구에게 ~심을 불러일으키다 éveiller la conscience de *qn*.

◆**_증상** -症狀 명 symptômes *mpl* apparents. ¶ ~증상이 없는 병 une maladie sans symptômes apparents.

자갈 명 caillou(*x*) *m*, gravier *m*, galet *m*. ¶ 강의 ~ caillou(*x*) de la rivière. ¶ ~을 깔다 couvrir de gravier. ¶ ~이 많은 정원 un jardin plein de cailloux.

◆**_길** 명 allée *f* [route *f*] caillouteuse.

◆**_돌** 명 caillou(*x*) *mpl*, gravier *m*, galet *m*.

◆**_밭** 명 terrain *m* caillouteux.

자강 自强 명 *ses* propres forces. ¶ 우리는 자주~을 이룩해야 한다 Nous devons acquérir notre indépendance en ne comptant que sur nos propres forces.

자개 명 nacre *f*. ¶ ~를 박다 incruster *qc* de nacre.

◆**_그릇** 명 récipient *m* (incrusté) de nacre.

◆**_단추** 명 bouton *m* (incrusté) de nacre.

◆**_장** -欌 명 armoire *f* (incrustée) de nacre.

자객 刺客 명 tueur *m* [assassin *m*] à gages, spadassin *m* {*litt*}. ¶ 그 사람은 ~의 손에 죽었다 Il a été assassiné par un tueur à gages. ¶ ~을 보내다[고용하다] envoyer [embaucher] un tueur à gages. ¶ 정부요인이 ~에게 당했다 Un personnage important du gouvernement a été assassiné par un tueur à gages.

자격 資格 명 qualité *f*, qualification *f*, titre *m*; grade *m*. ¶ ~ 미달 manque de compétence [de qualification]. ¶ ~을 얻다 obtenir un titre. ¶ ~을 잃다[상실하다] être disqualifié(*e*). ¶ ~을 주다 attribuer [conférer] un titre. ¶ 결승전 출전 ~을 획득하다[따다] se qualifier pour la finale, gagner *sa* place en finale, gagner *son* billet pour la finale. ¶ 누구에게 무엇의 ~을 부여하다 attribuer à *qn* le titre de *qc*. ¶ 누구의 대학 졸업의 ~을 인정하다 donner à *qn* l'équivalence d'un diplôme de licence [de fin d'études universitaires]. ¶ 변호사의 ~으로 법정에 서다 se présenter à la cour [devant la justice] à titre d'avocat; comparaître à la barre en qualité

ㅈ

d'avocat. ¶ 무슨 ~으로 너는 그런 말을 하느냐? De quel droit me parles-tu ainsi? / Qui es-tu pour me parler ainsi? / Tu n'as pas le droit de me parler ainsi. ◇_(이) 있다 être qualifié(*e*) pour *qc*/*inf*; mériter de+*inf*; être capable [susceptible] de+*inf*. ¶ 그 사람은 그 일을 할 ~이 있다 Il est qualifié pour cette affaire / Il est capable de mener à bien cette affaire. ◇_(이) 없다 ne pas être qualifié(*e*) pour *qc*/*inf*; ne pas mériter de+*inf*; ne pas être capable de+*inf*; ne pas avoir le droit de+*inf*. ¶ ~ 없는 사람 une personne qui ne mérite pas de+*inf* [n'a pas de titre pour+*inf*, qui n'est pas capable de+*inf*]. ¶ 그 쪽 친절을 받을 ~이 없습니다 Je ne mérite pas votre gentillesse. ¶ 너는 그런 말 할 ~ 없어 Tu n'as pas le droit de me dire ça.

◆_시험 -試驗 명 examen *m* pour l'obtention d'un titre, examen *m* de capacité, examen *m* d'aptitude.

◆_심사 -審査 명 examen *m* des titres; examen *m* de compétence.

◆_정지 -停止 명 suspension *f* d'effet de titre.

◆_제한 -制限 명 limitation *f* de qualification.

◆_증 -證 명 titre *m*, diplôme *m*, certificat *m*, brevet *m*, carte *f* de qualification.

◆무_자 無-者 명 personne *f* non qualifiée [non diplômée].

◆유_자 有-者 명 personne *f* qualifiée [diplômée]; ((적임자)) personne *f* compétente.

자격루 명 【역사】 Jagyeongnu <horloge à eau inventée par Jang Yeong-sil en 1438>.

자격지심 自激之心 명 mauvaise conscience *f*, sentiment *m* de culpabilité. ¶ ~을 갖다 avoir mauvaise conscience, ne pas avoir la conscience [l'esprit] tranquille [en paix], avoir des problèmes de conscience; avoir une mauvaise image de *soi*-même. ¶ 그것은 그 사람의 ~에서 나온 말이다 C'est sa mauvaise conscience qui lui a fait dire ça.

자결 自決 명 ① suicide *m*. ② 스스로 결정함 autodétermination *f*. ◇_(을) 하다 ① se suicider, se donner la mort. ¶ 범인은 ~했다 Le criminel s'est suicidé [s'est donné la mort]. ② décider *soi*-même.

◆_권 -權 명 droit *m* de décider *soi*-même.

자경단 自警團 명 milice *f* civile. ¶ ~을 조직하다 monter une milice civile. ¶ ~에 들어가다 entrer dans une milice civile.

자계 磁界 명 champ *m* magnétique.

-자고 어미 ((suffixe flexionnel conjonctif qui sert à transformer un propos [une phrase] exhortatif du discours [style] direct en celui du discours [style] indirect. Ajouté au propos rapporté, il est suivi d'un verbe de citation comme 하다/말하다 *dire*. Il s'ajoute après le radical des verbes quelle que soit la forme du radical, et après le suffixe flexionnel préfinal honorifique -시/-으시)). ¶ 그는 서울에 가~오늘 내게 말했다 Il m'a proposé aujourd'hui qu'on aille à Séoul ensemble. ¶ 친구가 점심을 같이 먹~ (말)했으나 시간이 없어서 못했어요 Mon ami m'a proposé qu'on prenne le déjeuner ensemble, mais je n'avais pas le temps.

자고로 自古- 부 dès l'antiquité, depuis la nuit des temps, depuis toujours, de tout temps, depuis des siècles; ((부정문)) jamais. ¶ ~ 불효한 자가 성공한 적이 없다 Jamais un enfant dénué de piété filiale ne s'est épanoui [n'a réussi] / La réussite n'a jamais souri à un enfant dénué [dépourvu] de piété filiale.

자괴감 自愧感 명 honte *f* de *soi*-même, remords *mpl*. ¶ 자신이 일을 그르쳤다는 ~이 그 사람을 괴롭혔다 Il a été pris [rongé] de remords d'avoir fait échouer l'affaire.

자구[1] 自救 명 autodéfense *f*; action de se débrouiller *soi*-même pour sortir de *sa* difficulté. ¶ 그 회사는 ~의 움직임을 보이고 있다 Cette compagnie se bat pour sortir de sa difficulté par ses propres moyens.

◆_책 -策 명 moyen *m* de se défendre par *ses* propres forces; *ses* propres moyens *mpl* pour sortir de *sa* difficulté. ¶ ~책을 쓰다 user de *ses* propres moyens *mpl* pour sortir de *sa* difficulté. ¶ ~책을 찾다[강구하다] chercher les moyens pour se défendre par *ses* propres forces; chercher à sortir de *sa* difficulté par *ses* propres moyens, chercher la solution pour sortir de *ses* difficultés par *ses* propres moyens.

◆_노력 -努力 명 effort *m* pour se défendre par *ses* propres forces; effort *m* pour sortir de *sa* difficulté par *ses* propres moyens. ¶ 그 회사는 계속 ~노력을 하고 있다 Cette entreprise continue de faire des efforts (par ses propres moyens) pour sortir de sa difficulté.

자구[2] 字句 명 mot *m*; phrase *f*; langage *m*. ¶ ~를 수정하다 corriger des mots [phrases]. ¶ ~를 바꾸다 changer de mots [de phrases]. ¶ ~에 너무 구애되지 말아라 Ne te préoccupe pas trop des mots en tant que tels / Ne prends pas mes propos [mes paroles] au pied de la lettre. ¶ ~에 충실한[얽매이지 않는] 번역 une traduction fidèle (au texte) [libre]. ¶ 모호한 ~가 들어 있다 On y trouve des mots équivoques. ¶ ~대로 해석하다 prendre une expression à la lettre [au sens littéral], prendre les paroles de *qn* au pied de la lettre [à la lettre, pour argent comptant].

자국[1] 명 trace *f*; marque *f*; empreinte *f*. ¶ 신발 ~ empreintes de pas. ¶ 바퀴 ~ traces de pneus [de roues]. ¶ ~을 남기다 laisser des traces. ¶ 그 여자는 얼굴에 할퀸 ~이 있다 Elle a des griffures sur le visage. ¶ ~을 밟다 poursuivre les traces; suivre [marcher sur] les traces de *qn*; tracer. ¶ ~이 나다 être marqué(*e*), empreint(*e*).

◆발_ 명 trace *f* de pas. ¶ 나는 눈 위에 난 발~을 따라 그 사람을 쫓았다 Je l'ai poursuivi(*e*) en suivant les traces de ses pas sur [dans] la neige.

◆핏_ 명 traces *fpl* de sang. ¶ 침대에 핏~이 나 있다 Il y a des traces de sang (laissées) sur le lit [sur la literie].

자국[2] 自國 명 *son* (propre) pays *m*. ¶ ~의 독립을

ㅈ

바라다 souhaiter l'indépendance de *son* pays.
◆_민[인] -民人 명 compatriote *mf.* ¶~민에게 특혜를 주다 accorder des privilèges à *son* propre peuple.
자궁 子宮 명 【해부】 utérus *m*, matrice *f.* ¶~을 들어내다 enlever l'utérus, pratiquer une ablation de l'utérus, ((의학)) faire une hystérectomie. ¶ 수정란이 ~에 착상되지 않았다 L'ovule fécondé n'est pas bien implanté dans la muqueuse de l'utérus. ¶ 이 환자는 ~이 특별히 약하다 L'utérus de cette patiente est exceptionnellement fragile / Cette patiente a l'utérus exceptionnellement fragile.
◆_경 -鏡 명 examen endoscopique de l'utérus, hystéroscopie *f.*
◆_경련 -痙攣 명 contraction *f* utérine.
◆_벽 -壁 명 membrane *f* de l'utérus.
◆_암 -癌 명 cancer *m* de l'utérus. ¶~암에 걸리다 avoir [présenter, être atteinte d', souffrir d'] un cancer de l'utérus.
◆_염 -炎 명 endométrite *f*; inflammation *f* de l'utérus.
◆_외임신 -外妊娠 명 grossesse *f* extra-utérine. ¶~외임신을 하다 faire une grossesse extra-utérine.
◆_절개 -切開 명 hystérotomie *f*; césarienne *f.*
◆_절개술 -切開術 명 hystérotomie *f*; césarienne *f.*
자귀 명 herminette *f*, erminette *f.*
자규 子規 명 【조류】 coucou *m*.
자그마치 부 ① un peu, quelque. ② ((반어적)) pas moins de. ¶~ 사람들이 100여명이나 몰려왔다 Pas moins de 100 personnes sont venues.
자그마하다 형 être petit(*e*). ¶ 키가 자그마한 남자 un petit homme. ¶ 자그마한 집 une petite maison. ¶ 그 사람은 체구가 ~ Il est petit / Il est de petite taille.
자그맣다 형 ☞ 자그마하다
자극¹ 刺戟 명 ① stimulation *f.* ¶ 피부 ~ stimulation de la peau [de l'épiderme]. ② encouragement *m*; incitation *f.* ¶~과 격려 stimulation et encouragement. ◇_(을) **하다[시키다]** stimuler; inciter; exciter; encourager; irriter; donner une impulsion à *qn*. ¶ 매운 음식은 위를 ~한다 Une nourriture épicée irrite l'estomac. ¶ 그 사람은 나를 떠나도록 ~했다 Il m'a incité(*e*) à partir. ◇_(을) **주다** stimuler; inciter; exciter; irriter. ¶ 아이가 공부를 하도록 ~을 좀 주어라 Encourage un peu ton enfant à travailler. ◇_(을) **받다** être stimulé(*e*), incité(*e*), irrité(*e*), encouragé(*e*). ◇_(이) **되다** être stimulé(*e*), incité(*e*), irrité(*e*). ¶ 그 일이 나에게 좋은 ~이 되었다 Cette affaire m'a stimulée.
◆_적 -的 명관 stimulant(*e*); irritant(*e*); excitant(*e*); stimula*teur*(*trice*); ((의학용어)) irritati*f*(*ve*); piquant(*e*).
◆_성 -性 명 caractère *m* excitant [irritant]. ¶~성이 강한 음식 une nourriture piquante.
◆_제 -劑 명 stimulant *m*; excitant *m*.
자극² 磁極 명 【물리】 les deux pôles *mpl* magnétiques.
자글자글 부 ((bouillonner)) à gros bouillons; mijotant. ¶ 부엌에서 찌개가 ~ 끓는 소리가 들린다 J'entends le *jjigae* mijoter [bouillonner] dans la cuisine.
자금 資金 명 fonds *mpl*; argent *m*; capit*al*(*aux*) *m*. ¶ 사업 ~ capit*al*(*aux*) (nécessaire(*s*)) pour une entreprise. ¶ 선거 ~ fonds pour une campagne électorale. ¶ 연구 ~ fonds de recherches. ¶ 정치 ~ fonds d'un parti politique. ¶~을 마련하다 (*se*) pourvoir de fonds. ¶~을 보충하다 refinancer. ¶ ~을 융통하다[조달하다] prêter [pourvoir; fournir] de l'argent. ¶~을 회전시키다 faire circuler [rouler] des fonds [de l'argent, des capitaux]. ¶~이 부족하다[달리다] manquer [être à court] de fonds [de capitaux]. ¶ ~이 풍부하다 avoir suffisamment de fonds; avoir assez d'argent; avoir de l'argent en abondance. ¶ ~이 떨어지다 manquer [être à cours] de fonds. ¶ ~이 잘 돌지 않는다 L'argent ne circule pas bien / Les capitaux ne circulent pas bien.
◆_난 -難 명 difficulté *f* financière.
◆_량[액] -量[-額] 명 dimension *f* de fonds.
◆_력 -力 명 capacité *f* en fonds.
◆_원 -源 명 source *f* de fonds.
◆_줄 명 source *f* [ligne *f*] de fonds.
◆고정_ 固定- 명 fonds *mpl* fixes.
◆유동_ 流動- 명 fonds *mpl* disponibles.
자급 自給 명 ☞ 자급자족
자급자족 自給自足 명 autarcie *f*; autosuffisance *f.* ¶ 쌀의 ~이 마침내 실현되었다 On a enfin réalisé l'autarcie en riz. ◇_(을) **하다** se suffire (à *soi*-même); être indépendant(*e*); être autosuffisant(*e*); vivre en autarcie. ¶ 그 나라는 식량을 ~하고 있다 Ce pays se suffit à lui-même en alimentation / Ce pays vit en autarcie alimentaire. ◇_(이) **되다** (arriver à) se suffire (à *soi*-même); (arriver à) être indépendant(*e*); être en suffisance ((de vivres)).
자긍 自矜 명 amour *m* propre; fierté *f* de *soi*-même.
◆_심 -心 명 (sentiment *m* d')amour *m* propre; (sentiment *m* de) fierté *f* de *soi*-même. ¶ ~심을 느끼다[가지다] être fi*er*(*ère*) de *soi*-même. ¶ 그 사람은 조국에 대한 ~심이 강한 사람이다 Il est très fier de sa patrie / Il est très patriote.
자기¹ 自己 명 *soi*-même. ¶ ~(의) 이익을 도모하다 chercher [poursuivre] *son* propre intérêt. ¶ 그 사람은 뭐든지 ~ 고집대로 한다 Il persiste tout le temps dans son opinion / Il n'en fait toujours qu'à sa tête. ¶ ~ 자신을 반성하다 réfléchir [faire un retour] sur *soi*-même; s'examiner. ¶ ~ 자신을 알다 se connaître. ¶ ~ 선전을 하다 se faire de la publicité; se vendre. ¶ ~ 스스로 (par) *soi*-même. ¶ ~도 모르게 à *son* insu.
*~ **배부르면 남 배고픈 줄 모른다** Quand on a résolu ses problèmes, on ne se préoccupe pas des autres ((qui ont les mêmes problèmes)) ((littéralement: Quand on est rassasié, on ne pense plus à ceux qui ont faim)).
*~ **얼굴에 침 뱉기** La calomnie revient au

ㅈ

calomniateur [retombe sur le médisant] / Sa calomnie lui retombera dessus / Sa calomnie se retournera contre lui.

◆_만족 -滿足 명 autosatisfaction *f*; satisfaction *f* de *soi*-même.

◆_모순 -矛盾 명 contradiction *f* (avec *soi*-même).

◆_변명 -辨明 명 justification *f* de *soi*-même; défense *f* de *soi*-même. ¶ ~변명을 늘어놓다 ne pas arrêter [cesser] de se justifier [de s'expliquer, de se défendre, de s'excuser].

◆_소개 -紹介 명 présentation *f* de *soi*-même.

◆_앞수표-手票 명 chèque *m* de paiement[payement] préétabli par la banque.

◆_중심 -中心 명 égocentrisme *m*; égoïsme *m*. ¶ 그 사람은 항상 ~중심적으로 사고하고 행동한다 Il pense et agit toujours de manière égocentrique.

◆_표현 -表現 명 expression *f* [démonstration *f*] de *soi*-même.

◆_혐오 -嫌惡 명 dégoût *m* [répugnance *f*] de *soi*-même [de *sa* propre personne]. ¶ 그 사람은 끝없는 ~혐오에 빠졌다 Il est pris [emporté] par une répugnance infinie de lui-même.

대 en personne, *soi*-même. ¶ 그 사람은 ~가 직접 가겠다고 했다 Il a dit qu'il irait en personne [lui-même]. ¶ 그 여자는 그 그림을 ~가 직접 그렸다. Elle a dessiné ce tableau elle-même.

자기² 磁氣 명 magnétisme *m*. ¶ ~의 세기 (degré de) force magnétique [de magnétisme].

◆(전)_력 (電)-力 명 【물리】 force *f* magnétique [de magnétisme]. ¶ ~력을 띤 물체 un objet magnétique [aimanté].

◆_부상열차 -浮上列車 명 train *m* à lévitation magnétique.

◆_장 -場 명 champ *m* magnétique.

◆_회로 -回路 명 circuit *m* magnétique.

자기³ 瓷器 명 céramique *f*; porcelaine *f*; faïence *f* (fine).

◆도_ 陶- 명 ((자기)) céramique; porcelaine; faïence (fine); ((도기)) poterie. ¶ 도~를 굽다[빚다] cuire [façonner] une porcelaine.

자꾸 부 ① 반복해서 souvent, à maintes reprises. ¶ ~ 생각이 나다 y penser souvent. ② 점점 더 de plus en plus. ¶ 마음이 ~ 약해져 간다 Je suis de plus en plus découragé(*e*) / J'ai de moins en moins le moral.

◆_ _ 부 souvent, à maintes reprises.

자네 대 tu; toi ((lorsqu'une personne âgée s'adresse à une personne plus jeune que lui ou à un ami du même âge)). ¶ ~들 vous. ¶ 아, ~인가 Ah, c'est toi? ¶ 아, ~군 Ah, c'est toi! / Ah, te voilà! ¶ 어이 ~ Eh, toi, là-bas! ¶ ~, 이름이 뭐지? Comment t'appelles-tu, toi? / Quel est ton nom? ¶ 이건 ~에게 주는 걸세 Celui-là, je te l'offre / C'est ce que je t'offre [donne]. ¶ ~의 그 책 le [ce] livre que tu as. ¶ ~만 알고 있게 Garde cela [ça] pour toi seulement / C'est entre nous. ¶ ~밖에 없네 Je n'ai que toi / Il n'y a que toi pour moi.

자녀 子女 명 enfant *mf*. ¶ 그 분은 ~가 몇이지? Combien d'enfants a-t-il? ¶ 그 분은 슬하에 세 ~를 두었다 Il a [avait] trois enfants.

-자는 어미 ((forme contractée de –자고 하는. Suffixe flexionnel conjonctif déterminatif de citation qui sert à transformer un propos [une phrase] exhortatif du discours [style] direct en celui déterminatif du discours [style] indirect. Ajouté au propos rapporté, il est suivi d'un verbe de citation comme 하다/말하다 *dire*. Il s'ajoute après le radical des verbes quelle que soit la forme du radical, et après le suffixe flexionnel préfinal honorifique -시/-으시)). ¶ 함께 술을 마시~ 말 propos par lequel il me proposait de boire de l'alcool ensemble. ¶ 음악회에 같이 가~ 그의 말도 내 귀에는 들어오지 않았다 J'étais indifférent même à son propos par lequel il me proposait qu'on aille ensemble au concert.

자다 재타 ① ((잠을)) dormir, pioncer {*fam*}; sommeiller; faire un somme; 잠자리에 들다 se coucher, aller au lit. ¶ 단잠을 ~ dormir d'un sommeil paisible [d'un doux sommeil], dormir paisiblement, dormir tranquillement [sur *ses* deux oreilles], dormir comme un bienheureux {*litt*}, faire un bon somme. ¶ 낮잠을 ~ faire la sieste. ¶ 늦잠을 ~ faire la grasse matinée, se lever [se réveiller] tard. ¶ 새우잠을 ~ dormir recroquevillé(*e*) [blotti(*e*)] en position fœtale, dormir en chien de fusil; dormir dans une position inconfortable. ¶ 일찍 자고 일찍 일어나라 Couche-toi (tôt) et lève-toi tôt. ¶ 어젯밤에 한숨도 못 잤다 La nuit dernière [Cette nuit], je n'ai pas fermé l'œil de la nuit. ② ((바람이나 물결 따위가)) tomber, cesser, s'affaiblir, s'apaiser, ((le vent, la tempête)) se calmer, s'arrêter. ¶ 폭풍우가 지나가자 파도가 잔다 Après le passage de la tempête, les vagues se calment [s'apaisent, faiblissent d'intensité]. ¶ 어느새 바람은 자고 비는 그쳤다 Tout d'un coup le vent s'était calmé et la pluie avait cessé. ③ ((기계가)) s'arrêter. ¶ 시계가 자서 늦잠을 잤다 Mon réveil s'étant arrêté, je me suis réveillé(*e*) tard. ④ ((분위기가)) se calmer, s'apaiser, s'estomper. ¶ 분위기가 자기를 기다렸다가 다시 말을 꺼냈다 J'ai attendu que l'ambiance se calme pour parler [pour m'exprimer]. ⑤ ((물건이)) être oublié(*e*), négligé(*e*), délaissé(*e*), abandonné(*e*), être mis(*e*) de côté, être mis(*e*) à l'écart [au réfrigérateur, au placard {fam}, aux oubliettes] ((se dit lorsque l'on cesse de parler de *qc*)). ¶ 자고 있던 그의 작품이 최근에 재평가되고 있다 Son œuvre qui avait jusqu'à présent [ces derniers temps] été oubliée [négligée, mise au placard] est de nouveau appréciée. ⑥ ((남녀가)) coucher avec *qn* {*fam*}, consommer, avoir des relations sexuelles avec *qn*. ¶ 남편이 다른 여자와 잔 것을 알게 되었다 J'ai appris que mon mari avait couché [avait eu des relations sexuelles] avec une autre femme.

***자나 깨나** jour et nuit, nuit et jour, en permanence, vingt-quatre heures sur vingt-quatre; toujours, tout le temps, sans arrêt, sans cesse, sans répit, continuellement, sans relâche, sans trêve, sans repos ni cesse, sans repos ni trêve. ¶ 자나 깨나 불조심! Faites attention en permanence au risque d'incendie. ¶ 할머니는 자나 깨나 자식 걱정만 하신다 Ma grand-mère s'inquiète en permanence pour ses enfants et ses petits-enfants.

***자다가 봉창 두드리다** passer du coq à l'âne.

자동 自動 명 automatisme *m*; action *f* [mouvement *m*; opération *f*] automatique. ¶ ~ 권총 un pistolet automatique. ¶ ~ 응답기 un répondeur (automatique). ¶ 이 난로는 과열되면 ~으로 꺼진다 Ce radiateur s'éteint automatiquement quand il surchauffe.

◆**_적** -的 명관 automatique; par réflexe. ¶ ~적 반응을 취하다 avoir un réflexe. ¶ 상대방이 주먹을 날리자 그 사람은 ~적으로 몸을 숙였다 Quand l'adversaire lui a donné un coup de poing, il s'est baissé par réflexe.

◆**_화** -化 명 automatisation *f*. ¶ ~화 생산 라인을 구축하다 construire une ligne de production automatique. ¶ 생산 시설을 완전 ~화하다 automatiser tous les équipements de production, rendre automatique tous les équipements de production. ¶ 문명이 발달함에 따라 모든 것이 ~화되었다 Tout est devenu automatique avec le progrès de la civilisation.

◆**_문** -門 명 porte *f* automatique.

◆**_식** -式 명 automatique. ¶ 그 문은 ~식이다 Cette porte est automatique.

◆**_적 교체** -的 交替 명 【언어】 alternance *f* du type *-i/ga*.

◆**_카메라** 명 appareil *m* photo automatique. ¶ ~카메라 앞에 온 가족이 다 섰다 Toute la famille a posé devant l'appareil photo.

◆**_판매기** -販賣機 명 distributeur *m* (automatique). ¶ 담배 ~판매기 un distributeur (automatique) de cigarettes. ¶ 음료수 ~판매기 un distributeur (automatique) de boissons. ¶ 커피 ~판매기 un distributeur (automatique) de café. ¶ ~판매기가 고장 났다 Le distributeur (automatique) est en panne. ¶ ~판매기에서 커피를 하나 뽑다 (*se*) prendre [se servir] un café au distributeur.

◆**반_** 半- 명 semi-automatique. ¶ 반~ 자동차 une voiture semi-automatique.

자동사 自動詞 명 【언어】 verbe *m* intransitif. ¶ ~는 보어 없이 구성된다 Les verbes intransitifs se construisent sans complément.

◆**_문** -文 명 【언어】 phrase *f* à construction intransitive.

자동차 自動車 명 ☞ 차[2]

자두 명 prune *f* du Japon. ¶ ~나무 un prunier du Japon [japonais], *Prunus salicina* {*nsc*}. ¶ ~가 잘 익었다 Cette prune a bien mûri / Cette prune est bien mûre. ¶ ~색 couleur prune, violet(*te*).

자디잘다 형 ① 크기가 매우 작다 être très petit(*e*), vraiment [extrêmement] fin(*e*). ¶ 자디잔 글씨 une écriture très petite [minuscule, de pattes de mouche]. ¶ 무엇을 자디잘게 썰다 couper *qc* en morceaux très fins. ② 성격이 좀스럽다 avoir l'esprit étroit(*e*) [borné(*e*), étriqué(*e*)]. ¶ 그 사람은 사람이 ~ Il a l'esprit étroit / Il est complètement borné {*fam*}.

자라 명 【동물】 trionyx *m* de Chine, *Pelodiscus sinensis* {*nsc*}; tortue *f* d'eau douce.

자라나다 재 ① ((크기)) croître, pousser. ¶ 나무가 많이 자라났다 Les arbres ont beaucoup poussé. ② 성장하다 grandir, devenir grand(*e*), pousser; être élevé(*e*). ¶ 그는 불교 집안에서 자라났다 Il a grandi [a été élevé] dans une famille confucianiste. ③ ((감정, 역량 따위)) se développer, s'accroître, se renforcer, augmenter. ¶ 마음속에서 그에 대한 미움이 자라난다 La haine à son égard s'est développée [s'est accrue, s'est renforcée, a augmenté].

자라다[1] 재 ① ((크기)) grandir, devenir grand, croître, pousser. ¶ 나무가 자라듯 아이들도 자란다 Les enfants grandissent [poussent {*fam*}] comme les arbres. ② 성장하다 grandir, être élevé(*e*). ¶ 그는 고아로 자랐다 Il a grandi [été élevé] en orphelin. ③ ((감정, 역량 따위)) grandir, se développer. ¶ 사랑도 자라는 것이다 L'amour grandit aussi.

자라다[2] 형 ((충분하다)) être suffisant(*e*), suffire. 재 ((도달하다)) arriver, atteindre. ¶ 힘 자라는 데까지 도와주마 Je t'aiderai autant que je peux / Je ferai le maximum [tout ce qui est en mon pouvoir] pour t'aider / Je ferai de mon mieux pour t'aider.

자라목 명 ① cou *m* de trionyx [de tortue d'eau douce]. ② ((비유)) cou *m* très court et épais. ¶ 그 사람은 ~이라서 키가 더 작아 보인다 Son cou est tellement court et épais qu'il semble plus petit qu'il n'est [qu'il ne l'est en réalité] / Son cou est tellement court et épais que ça le rend plus petit.

*~**이 되다** se rétrécir; se blottir.

자락 명 ① ((옷, 천 따위)) pan *m*. ¶ 그 사람의 외투 ~이 바람에 날린다 Les pans de son manteau s'agitent au vent. ② ((논, 밭, 산 따위)) chaîne *f* de ((montagnes)). ¶ 이 식물은 지리산 ~에서 흔하게 볼 수 있다 On trouve souvent cette plante au mont Jiri.

자랑 명 fierté *f*; vanité *f*; orgueil *m*. ¶ 부모의 자식 ~ éloge des enfants par leurs parents. ¶ 무엇을 ~으로 삼다[여기다] considérer *qc* avec fierté, être fi*er*(*ère*) de *qc*, éprouver de la fierté pour *qc* [à l'égard de *qc*/*qn*, envers *qn*]; tirer fierté de *qc*, s'honorer de *qc*/de+*inf*, se faire gloire de *qc*, s'enorgueillir de *qc*. ◇**_(을) 하다** parler de *qc* avec fierté; faire [tirer] vanité de *qc*; faire l'éloge de *qn*/*qc*; (*se*) faire de la publicité; être fi*er*(*ère*) de *qn/qc*. ¶ 그 사람은 항상 자기 집안을 ~한다 Il parle tout le temps de sa famille avec fierté / Il ne finit pas de louer sa propre famille. ¶ 그 사람은 혼자 일을 해결한 것을 ~했다 Il était fier d'avoir résolu l'affaire tout seul.

◆**_스럽다** 형 être fi*er*(*ère*) de *qc*/*inf*. ¶ 그 여자는 남편이 ~스럽다 Elle est fière de son mari. ¶ 아들이 일등을 한 것이 무척 ~스럽다 Je suis très fier de mon fils qui a terminé premier [a obtenu le premier prix].

◆**_삼아** 부 avec fierté, avec orgueil, avec vanité. ¶ 그 사람은 자신의 이야기를 ~삼아 늘어놓았다 Il n'a pas arrêté de fanfaronner.

◆**_거리** 명 chose *f* dont on peut être fier. ¶ 운동을 잘하는 것이 그 사람의 ~다 Il est fier d'être doué en sport.

자력[1] 自力 명 tout seul; (par) *soi*-même; sans aide, sans l'aide d'autrui; par *ses* propres moyens. ¶ ~으로 세상을 살아가다 vivre de façon autonome, vivre (*sa* vie) sans l'aide d'autrui, se débrouiller tout(*e*) seul(*e*), subvenir à *ses* besoins, voler de *ses* propres ailes. ¶ 그 사람은 부모의 도움을 받지 않고 ~으로 학교에 다니고 있다 Il va à l'école [fait ses études] sans l'aide financière de ses parents.

◆**_갱생** -更生 명 rétablissement *m* par *ses* propres moyens; régénération *f* autonome. ¶ ~갱생(을) 하다 se rétablir par *ses* propres moyens.

자력[2] 磁力 명 ① 【물리】 magnétisme *m*; force *f* magnétique. ¶ 이 자석은 ~이 세다 Cet aimant a une grande force magnétique. ② ((비유적)) magnétisme *m*; force *f* magnétique; forte attirance *f* [attraction *f*]. ¶ 그 둘 사이에는 뭔가 끌리는 ~이 있는 듯했다 Ils semblaient (être) fortement attirés l'un par l'autre / Entre eux, on constatait une forte attirance.

자료 資料 명 matière *f*; document *m*; donnée *f*; documentation *f* ((pour une recherche)); matériaux *mpl*; archives *fpl*. ¶ ~를 모으다[수집하다] rassembler [réunir] des documents [la documentation , des données, des archives], se documenter. ¶ ~를 뽑다 sélectionner des données [des matériaux]. ¶ ~를 제공하다 fournir des matériaux [des documents, des données], documenter. ¶ ~를 분류하다 classer des documents, répertorier des matériaux. ¶ ~를 보충하다 compléter des données. ¶ ~가 부족하다 manquer de matériaux [de documents, de données].

◆**_실** -室 명 salle *f* de documents [de documentation].

◆**_집** -集 명 recueil *m* de données. ¶ ~집을 내다 publier un recueil de données.

◆**보충_** 補充- 명 documents *mpl* [données *fpl*, matériaux *mpl*] complémentaires.

자루[1] 명 sac *m*. ¶ ~에 넣다[담다] mettre en [dans un] sac.

분류 un sac de. ¶ 옥수수 세 ~ trois sacs de maïs.

자루[2] 명 manche *m*; poignée *f*; hampe *f*. ¶ 낫에 ~를 끼우다 emmancher une faucille. ¶ 곡괭이 ~가 부러졌다 Le manche de la pioche [houe] est cassé [brisé]. 분류 ((classificateur servant à compter les objets longs et cylindriques)). ¶ 총 한 ~ un revolver; un pistolet; un fusil. ¶ 호미 열 ~ dix houes. ¶ 연필 두 ~ deux crayons.

자르다 타 ① 동강을 내다 tailler, couper; ((나뭇가지를)) ébrancher, émonder; trancher; ¶ 사람의 목을 ~ décapiter, trancher ((la tête de *qn*)) ¶ 도끼로 나무를 ~ abattre un arbre à la hache. ¶ 가위로 ~ couper[découper] avec des ciseaux. ② 생략하다 faire abstraction de *qc*, supprimer *qc*, écourter *qc*, passer sur *qc*, épargner *qc*; ((말을)) couper ((la parole)), interrompre ((*qn*, le discours de *qn*)). ¶ 군더더기는 자르고 본론만 말해 Épargne-nous les détails et va à l'essentiel! / Épargne-nous les détails [On n'a pas besoin des détails, Pas de paroles inutiles] et viens-en au fait, [viens-en à l'essentiel!, va droit au fait!] / Raconte [Explique] en passant sur les détails / Parles-en sans entrer dans le détail / Dis-le rapidement / Omets [Passe, Épargne-nous, Épargne-moi] les détails / Fais abstraction des détails / Écourte les explications! ¶ 누구의 말을 ~ couper la parole [le sifflet {*fam*}, la chique {*vulg*}] à *qn*, couper *qn*, interrompre ((brutalement)) *qn*, interrompre une discussion [la conversation], empêcher *qn* de parler [de s'exprimer], faire taire *qn*, bâillonner *qn*, clouer [clore] le bec à *qn* {*fam*}, river *son* clou à *qn* {*fam*}, réduire *qn* au silence. ③ ((머리, 손톱 따위를)) (*se*) couper. ¶ ((자기)) 머리를 ~ se couper les cheveux; se faire couper les cheveux chez le coiffeur, aller chez le coiffeur [chez le coupe-tif {*fam*}] ¶ ((남의)) 머리를 ~ couper les cheveux de *qn*. ¶ 손톱[발톱]을 ~ se couper les ongles des mains [des orteils]. ④ 해고하다 renvoyer, congédier, licencier. ¶ 누구를 ~ congédier *qn*, renvoyer *qn*, licencier *qn*, mettre *qn* à la porte {*fam*}, mettre *qn* dehors {*fam*}, virer *qn* {*fam*}. ***목을** ~ congédier *qn*, renvoyer *qn*, licencier *qn*, remercier, chasser ((un domestique, un employé)) mettre *qn* à pied, démettre [relever] *qn* de *ses* fonctions, débaucher *qn*; limoger *qn*, révoquer *qn*; mettre *qn* à la porte {*fam*}, mettre *qn* dehors {*fam*}, virer *qn* {*fam*}, vider *qn* {*fam*}, éjecter *qn* {*fam*}, dégommer *qn* {*fam*}.

자리[1] 명 ① 공간 place *f*, siège *m*; endroit *m*. ¶ ~를 잡다 prendre place, s'installer *qp*. ¶ 후미진 곳에 ~를 잡다 se mettre dans un endroit isolé [calme]. ¶ ~가 좁다[넓다] manquer de place [avoir beaucoup de place, être à l'aise, avoir largement assez de place]. ¶ 내가 네 ~를 맡아 놓을게 Je garderai une place pour toi. ¶ 각자 자기 ~를 지켜라 Que chacun garde sa place. ¶ ~를 뜨다 quitter *sa* place, se lever; s'absenter. ¶ 내가 잠시 ~를 뜬 사이에 그 일이 터졌다

Cet incident s'est produit pendant ma très courte [brève] absence. ¶ 화분은 햇볕이 잘 드는 ~에 놓아라 Mets le pot de fleurs dans un endroit bien ensoleillé [exposé]. ¶ 방이 좁아서 책상을 들여놓을 ~가 없다 La chambre est trop petite pour mettre un bureau / Il n'y a pas de place pour un bureau dans cette chambre trop petite. ② 흔적 marque *f*, empreinte *f*; trace *f*. ¶ 수마가 휩쓸고 간 ~ traces laissées par l'inondation. ¶ 얻어맞은 ~가 아직 아프다 J'ai encore mal là où j'ai été frappé(*e*). ③ 앉을 곳 place *f*, siège *m*. ¶ ~를 양보하다 céder *sa* place [*son* siège]. ¶ 모두 ~에 앉아 주십시오 Je vous prie de tous vous asseoir, s'il vous plaît / Veuillez tous vous asseoir, s'il vous plaît / Veuillez tous prendre place [regagner votre place], s'il vous plaît. ¶ ~가 났다 Il y a une place libre. ④ 직위, 지위 poste *m*; fonction *f*. ¶ 높은 ~에 오르다 accéder à un poste important, être promu(*e*) à un poste important. ¶ 중요한 ~는 사장 측근들이 차지하고 있다 Les postes importants sont occupés par l'entourage du président. ¶ 총리 ~가 아직 비어 있다 Le premier ministre n'est pas encore nommé / Le siège du premier ministre est encore vide. ⑤ 일자리 emploi *m*; travail *m*; place *f*, poste *m*; situation *f*. ¶ ~가 하나 날 것이다 Un poste se libèrera, Une vacance surviendra; il y aura un poste libre [disponible, vacant], il y aura une vacance de poste. ¶ ~가 나면 저를 꼭 써 주세요 Dès que vous aurez des postes vacants [Dès qu'un poste se libèrera], je vous prie de m'embaucher [de penser à moi]. ¶ 요즈음은 불경기라서 ~가 잘 나지 않는다 Comme on est en plein marasme économique, il est difficile de trouver [d'avoir] un emploi [travail]. ⑥ 적당한 대상 quelqu'un de convenable. ¶ 신랑감으로 이만한 ~도 없지요 Il n'y a pas mieux que lui comme (futur) époux / C'est le meilleur parti possible / C'est le mari idéal / Tu ne trouveras pas mieux comme mari {*fam*}. ⑦ 상황, 기회 occasion *f*; situation *f*; moment *m*. ¶ 일단 그 ~를 모면해야 했다 Il fallait d'abord [momentanément] échapper à cette situation. ¶ 이런 ~를 마련해 주신 여러분께 감사드립니다 Je vous remercie de m'avoir offert cette occasion. ¶ 네가 나설 ~가 아니야 Cela ne te regarde pas / Ce ne sont pas tes affaires [tes oignons {*fam*}] / Mêle-toi de ce qui te regarde {*fam*} / Ce n'est pas ton problème / Tu n'as pas à t'en mêler / Reste en dehors de ça. ⑧ 【수학】 unité *f* (d'un chiffre). ¶ 소수점 아래 둘째 ~ la deuxième décimale. ¶ 두 ~수 경제성장 une croissance économique à [en nombre de] deux chiffres. ⑨ 【언어】 unité *f*, place *f*. ¶ 국어의 주어 ~에는 대체로 명사가 쓰인다 Le sujet d'une phrase coréenne est le plus souvent un nom [un substantif]. ⑩ 【천문】 signe *m* du zodiaque. ¶ 사수[궁수] ~ Sagittaire. ¶ 황소 ~ Taureau. ◇_(를) **하다** ① 위치하다 être situé(*e*), se situer, se trouver. ¶ 이 곳은 학교가 ~하던 곳이었다 Il se trouvait [y avait] une école ici [dans cet endroit]. ¶ 그 사람의 집은 볕이 잘 드는 언덕 위에 ~하고 있었다 Sa maison se situait sur une colline bien ensoleillée. ② 참석하다 assister, venir. ¶ 바쁘신 와중에도 이렇게 ~해 주신 여러분께 감사 드립니다 Je vous remercie d'être venus malgré vos occupations [malgré votre emploi du temps surchargé].

*~**가 길어지다** durer plus longtemps que prévu, s'éterniser, se perpétuer; ((la situation)) perdurer {*litt*}. ¶ ~가 길어지고 있다 Cela dure [La situation perdure {*litt*}] plus longtemps qu'on ne le pensait / Ça dure plus longtemps que prévu / Ça prend plus longtemps que prévu / Cela s'éternise. ¶ ~가 길어질지 모르니 먼저 가라 Comme cela risque de prendre plus de temps que prévu [de prendre un certain temps], vas-y avant [sans] moi.

*~**가 나다** y avoir des traces. ¶ 누가 과일을 훔쳐간 ~가 난다 On voit que des fruits ont été volés.

*~**(가) 잡히다** s'installer, devenir stable; arriver à un certain niveau, prendre la main. ¶ ~가 잡히는 대로 연락드리겠습니다 Dès que ma situation se sera stabilisée, je vous contacterai [prendrai contact avec vous]. ¶ 남편이 운전하는 모습이 ~가 잡혔다 Mon mari conduit bien maintenant.

*~**를 같이하다[함께 하다]** faire ensemble. ¶ 네가 ~를 같이해 준 것만으로도 고맙다 C'est déjà très gentil d'être venu(*e*) [d'être là] / ((Inutile de nous faire un tel cadeau,)) votre présence suffit [nous sommes déjà très heureux de t'avoir parmi nous] / Ta présence est déjà un cadeau [est le plus beau des cadeaux].

*~**를 굳히다** bien s'installer, devenir stable, bien se mettre à *qc*. ¶ 그 사람은 IT업계에서 ~를 굳혔다 Il s'est bien installé dans le milieu informatique. ¶ 그 여자는 회사의 중역으로 ~를 굳혀간다 Cette femme est en train de consolider son poste d'administratrice de la société.

*~**(를) 잡다** ① s'installer *qp* définitivement [de façon définitive], s'établir *qp*, se fixer *qp*, planter *sa* tente *qp* {*fam*}. ¶ ~를 잡으면 바로 편지를 해라 Dès que tu te seras installé(*e*), écris-moi. ② se remettre, être en voie de guérison. ¶ 수술한 곳이 ~를 잡아간다 La cicatrice opératoire se referme bien [évolue bien] / La plaie opératoire cicatrise bien.

*~**를 (박)차고 일어나다** se lever furieusement, partir en claquant la porte. ¶ 그 사람들은 일이 끝나자 인사도 없이 ~를 차고 일어났다 Ils sont partis brutalement, aussitôt le travail terminé, sans même dire au revoir. ¶ 아버지는 너무 화가 나서 ~를 차고 일어나 밖으로 나가셨다 Mon père était si en colère qu'il se leva et sortit.

*~**를 털고 일어나다** se rétablir, guérir, se remettre ((d'une maladie)). ¶ 어서 ~를 털고 일어나시길 바랍니다 Je vous souhaite de guérir très vite [de vous rétablir très vite] / Je vous souhaite un prompt

rétablissement.

*~를 피하다 éviter [s'échapper d']un endroit [une situation]. ¶ 슬그머니 ~를 피하다 s'échapper furtivement d'un endroit. ¶ 왜 너는 나만 보면 ~를 슬슬 피하니? Pourquoi essaies-tu de m'éviter?

*그 ~에서 sur place, sur les lieux; sur le coup. ¶ 사고 운전자는 그 ~에서 숨졌다 Le conducteur qui a causé l'accident est mort sur place.

*앉은 ~에서 sur place; d'un seul coup {*fam*}; d'un (seul) trait, d'une seule traite. ¶ 그 사람은 앉은 ~에서 밥을 세 그릇이나 비웠다 Il a mangé trois bols de riz d'affilée [à la suite].

*이 ~를 빌어 pour cette occasion. ¶ 이 ~를 빌어 감사 인사를 드립니다 Je profite de cette occasion pour vous remercier.

*이 ~에서 maintenant; tout de suite; à l'instant. ¶ 이 ~에서 너의 대답을 들어야겠다 Je dois avoir [écouter] ta réponse tout de suite. ¶ 이 ~에서 하는 얘기는 절대 비밀이다 Tout ce qu'on dit ici doit rester secret.

*한 ~ 하다 atteindre un certain niveau. ¶ 너도 이제 곧 한 ~ 하겠구나 Tu vas bientôt, toi aussi, atteindre enfin un certain niveau.

◆_다툼[싸움] 명 dispute *f* pour une place. ¶ 누구와 ~다툼을 하다 se disputer une place.

◆_바꿈 명 inversion *f* du classement ((entre deux personnes)). ¶ 1위와 2위가 ~바꿈을 했다 Les deux premiers ((du championnat, de la classe)) ont inversé leur classement.

◆_보전 -保全 명 maintien *m* de *sa* place; alitement *m*. ¶ ~보전을 하다 maintenir *sa* place; s'aliter, tomber malade.

자리[2] 명 ① 돗자리 natte *f*. ¶ ~를 깔다 mettre une natte. ② lit *m*; literie *f*, (matériel *m* de) couchage *m*. ¶ ~를 걷다 ranger *sa* literie [*son* matériel de couchage]. ¶ ~를 보다[펴다] installer *sa* literie [*son* matériel de couchage] ((matelas [natte] et couette)). ¶ 건넌방에 ~를 보아 두었으니 편히 쉬십시오 J'ai préparé votre lit dans la chambre à côté, reposez-vous bien! ¶ ~에 들다 se coucher.

*~에 눕다 ((병으로)) être alité(*e*); ((비유적)) faire une «grève ménagère {*fam*}» ((bouder et refuser de participer aux activités ménagères)).

자린고비 명 avare *mf*, grippe-sou {*fam*} *mf*, radin(*e*) {*fam*}, pingre *mf*, personne *f* près de *ses* sous {*fam*}, arpinche *mf* {*fam*}, constipé *m* du morlingue {*vulg*}, peigne derche {*pop*}. ¶ ~ 노릇 pingrerie *f*, avarice *m*. ¶ 있는 놈이 더 ~다 Les riches sont d'un naturel avare / Celui qui est riche a tendance à être avare / Plus on est riche, plus on est avare / La richesse pousse à l'avarice.

자립 自立 명 indépendance *f*, autonomie *f*. ¶ 경제 ~ économie indépendante [autonome]; autarcie. ◇_(을) 하다 prendre *son* indépendance, devenir indépendant(*e*), voler de *ses* propres ailes, prendre *sa* volée {*vx*}, s'émanciper, s'affranchir (d'une dépendance), se libérer d'une tutelle; être capable de vivre par *ses* propres moyens, être indépendant(*e*); se suffire, se passer de l'aide d'autrui. ¶ 그 사람은 마침내 부모로부터 ~을 했다 Il a enfin pris *son* indépendance [son autonomie] vis-à-vis de *ses* parents / Il est enfin indépendant de *ses* parents / Il vit enfin sans dépendre (matériellement) de *ses* parents / Il se débrouille enfin sans l'aide de *ses* parents / Il vole enfin de ses propres ailes. ◇_(을) 시키다 émanciper *qn*, affranchir *qn* ((de la tutelle d'une autorité supérieure)).

◆_적 -的 명관 indépendant(*e*), autonome.

◆_성 -性 명 indépendance *f*, autonomie *f*.

◆_도 -度 명 degré *m* d'autonomie.

◆_명사 -名詞 명 【언어】 nom *m* autonome (nom non autonome의 대립어).

◆_형태소 -形態素 명 【언어】 morphème *m* libre ((morphème *m* lié의 대립어)).

자릿세 -稅 명 ((임대료)) prix *m* de location d'un emplacement; ((자릿값)) frais *mpl* pour l'emplacement [pour le cadre], cadre *m* ((d'un restaurant)). ¶ ~를 물다[내다] payer le loyer d'un emplacement. ¶ ~를 물리다 faire payer le loyer d'un emplacement. ¶ ~를 걷다 récolter des loyers. ¶ 이 가게는 ~가 비싸다 Ce magasin se loue cher.

-자마자 어미 dès que, aussitôt que ((suffixe flexionnel conjonctif exprimant une relation d'ordre chronologique immédiate)). ¶ 남편은 집에 들어오~ 냉장고 문부터 연다 Mon mari ouvre la porte du réfrigérateur dès qu'il rentre à la maison. ¶ 아이는 엄마를 보~ 뽀뽀를 했다 Dès que les enfants ont vu leur mère, ils l'ont embrassée.

자막 字幕 명 sous-titre(~-~*s*) *m*; ((영화의 처음 또는 마지막에)) générique *m*. ¶ 영어[불어] ~ ((un film)) sous-titré en anglais [en français]. ¶ 영화에 ~을 넣다 mettre des sous-titres (à un film), sous-titrer un film. ¶ ~에 틀린 번역이 많다 Dans les sous-titres, il y a beaucoup d'erreurs de traductions. ¶ 영화가 끝나고 ~이 올라간다 On voit le générique de fin apparaître lorsque le film est fini.

◆_처리 -處理 명 sous-titrage(~-~*s*) *m*. ¶ 그것을 ~처리하자 Sous-titrons cela.

자만 自慢 명 vanité *f*, infatuation *f*, orgueil *m*; fierté *f*. ◇_(을) 하다 être fi*er*(*ère*) de *soi*; se vanter ((de *sa* force)), s'enorgueillir ((de *ses* diplômes, d'avoir réussi)), se glorifier de ((*ses* exploits)), se prévaloir de ((*ses* titres)), se faire gloire de *qc*, se louer, s'applaudir, se féliciter, se flatter, tirer vanité [gloire, orgueil, vanité] de *qc*, se targuer de *qc*, avoir la prétention de, se piquer de; être orgueilleu*x*(*se*), vaniteu*x*(*se*). ¶ 한번 성공한 것을 갖고 너무 ~하지 마세요 Ne vous vantez pas trop après un seul succès.

◆_심 -心 명 vanité *f*, orgueil *m*, outrecuidance *f*; complaisance *f*. ¶ ~심을 갖다 tirer vanité de *qc*, avoir l'orgueil [l'outrecuidance] de+*inf.* ¶ ~심에 빠지다[젖다] être infatué(*e*) [imbu(*e*)] de *soi*-même [de *sa* personne], se regarder avec complaisance. ¶ ~심이 강하다 être vaniteux(*se*) comme un paon.

자매 姉妹 명 sœurs *fpl*. ¶ 세 ~ trois sœurs. ¶ ~끼리 서로 닮았다 *Ses* sœurs se ressemblent.

◆_**결연** -結緣 명 jumelage *m*. ¶ ~결연을 맺다 jumeler. ¶ 우리 학교는 외국의 여러 학교들과 ~결연을 맺고 있다 Nous jumelons notre école à d'autres écoles étrangères.

◆_**기관** -機關 명 agence *f* sœur.

◆_**학교** -學校 명 école *f* jumelée ((avec une autre)).

◆_**회사** -會社 명 filiale *f*.

◆**형제**_ 兄弟- 명 frères *mpl* et sœurs *fpl*.

자맥질 명 plongeon *m*. ◇_(을) **하다** plonger, faire un plongeon.

자멸 自滅 명 anéantissement *m* ((par *sa* propre faute)), autodestruction *f*; suicide *m*; *sa* propre ruine *f*. ¶ 인류의 ~ suicide [autodestruction] de l'humanité. ¶ ~의 길을 걷다 aller à la ruine [à *sa* ruine, à *sa* fin], courir à *sa* perte [à *sa* ruine]; emprunter [prendre] le chemin de la décadence, tomber [entrer] en décadence, tomber dans la misère; être en perdition, ((un commerce, une affaire)) péricliter, décliner, dépérir, dégringoler, courir vers la ruine [à la catastrophe]; être acculé(*e*) à la ruine; être au bord de la ruine. ◇_(을) **하다** aller à la[*sa*] ruine [à *sa* perte]; provoquer *sa* propre ruine [défaite], amener *sa* propre destruction, appeler la défaite, se ruiner par *sa* propre faute. ¶ 환경파괴로 인류가 ~할 수도 있다 L'humanité peut être anéantie par la destruction de l'environnement. ¶ 우리 팀은 실책으로 ~했다 Commettant des erreurs, notre équipe est allée au-devant d'une défaite.

자명 自明 어근 ◆_**하다** 형 être évident(*e*), incontestable, clair(*e*) (comme l'eau de roche {*fam*} [comme le jour]), limpide; ((cela)) aller de soi, tomber sous le sens; il est évident que+*ind*, il va sans dire que+*ind*. ¶ ~한 이치[사실] une évidence, une vérité évidente (par elle-même), un axiome. ¶ 흡연이 건강에 나쁘다는 것은 ~한 사실이다 Il est évident que fumer n'est pas bon pour la santé. ¶ 그것은 ~하다 C'est évident / C'est une évidence / Ça tombe sous le sens {*fam*}/ Cela va de soi / Cela se comprend de soi.

◆_**적** -的 명관 évident(*e*). ¶ ~적인 사실 un fait évident.

자명종 自鳴鐘 명 réveille-matin *m*, réveil *m*. ¶ ~소리 la sonnerie d'un réveil.

자모[1] 字母 명 consonnes *fpl* et voyelles *fpl*; alphabet *m*, lettre *f* (de l'alphabet). ¶ 한글의 ~는 24자이다 L'alphabet coréen [Le *hangeul*] se compose de [est composé de] 24 lettres. ¶ 무엇을 ~순으로 정리하다 ranger [classer] *qc* alphabétiquement [dans l'ordre alphabétique]. ¶ ~의 역순으로 dans le sens inverse de l'alphabet.

자모[2] 慈母 명 mère *f* ((affectueuse)). ¶ 아이들에게는 ~와 엄부가 다 필요하다 Il faut à la fois une mère affectueuse et un père autoritaire pour l'éducation des enfants.

자모[3] 姉母 명 parents *mpl* d'élèves.

◆_**회** -會 명 réunion *f* des parents d'élèves. ¶ 내일이 ~회라 아이 학교에 가야 돼요 Demain, je dois aller à l'école parce qu'il y aura la réunion des parents d'élèves.

자못 부 très, bien, beaucoup; grandement; extrêmement, fort, remarquablement. ¶ ~ 의기양양해서 avec un air très triomphant, triomphalement, victorieusement, très fièrement. ¶ ~ 풀 죽어서 très abattu(*e*), profondément affligé(*e*), très déprimé(*e*); très triste.

자문[1] 諮問 명 demande *f* de conseils; consultation *f*. ◇_(을) **하다** demander conseil à *qn*; consulter ((des conseillers)). ¶ 그 여자가 나에게 ~을 했다 Elle m'a demandé conseil. ◇_(을) **받다** consulter *qn*. ¶ 나는 그 일에 대해 그 사람의 ~을 받았다 Je l'ai consulté sur ce problème [à ce sujet].

◆_**기관** -機關 organisme *m* consultatif. ¶ 대통령 직속 ~기관을 설치하다 installer un organisme consultatif sous la tutelle [sous le contrôle] du président de la République. ¶ 이번 일에 대해 ~기관에 의뢰하려고 한다 Je voudrais demander à un organisme consultatif de faire une enquête sur cet événement.

자문[2] 自問 명 ◇_(을) **하다** se poser des questions (à *soi*-même); se demander, s'interroger (*soi*-même). ¶ 그 사람은 자신의 행동에 대해 ~을 해 보았다 Il s'est posé des questions [Il s'est interrogé] sur son comportement [sur sa conduite].

자문자답 自問自答 명 soliloque *m*. ◇_(을) **하다** se poser des questions et essayer d'y répondre.

자물쇠 명 cadenas *m*. ¶ ~를 잠그다[채우다] fermer un cadenas. ¶ ~를 따다[열다] faire sauter [ouvrir] un cadenas. ¶ ~를 비틀어 열다 faire sauter un cadenas. ¶ ~로 문을 잠그다 fermer une porte avec un cadenas, cadenasser une porte. ¶ 그 사람은 입이 ~다 Il est muet comme une tombe / C'est une tombe / Il sait se taire / Il sait [est capable de] tenir [garder] un secret. ¶ 걱정 마, 그 친구는 입이 ~라 아무 얘기 안 할거야 Inutile de t'inquiéter [de t'en faire], ce type, crois-moi, c'est une tombe {*fam*}. Il ne dira rien [Il n'ouvrira pas la bouche].

자물통 -筒 명 serrure *f*, fermeture *f*. ¶ ~을 채우다[잠그다] fermer à clé une serrure. ¶ ~을 부수다 forcer [casser] une serrure.

자반 명 ((생선)) poisson *m* salé et séché; ((생선 이외의)) ((pois)) cuits dans de la sauce de soja. ¶ 콩 ~ un *kong-jaban* <pois cuits dans de la sauce de soja>. ¶ 고등어 ~ un *goteungeo-jaban* <maquereau cuit à la vapeur dans une saumure>.

◆_**고등어** 명 maquereau(*x*) *m* salé et séché.

자발성 自發性 명 spontanéité *f*. ¶ 현대 교육은 학생의

ㅈ

~을 중시한다 L'éducation moderne met l'accent sur la spontanéité des étudiants [élèves].

자발적 自發的 명관 spontané(*e*); volontaire. ¶ ~인 참여를 유도하다 faire en sorte que *qn* participe spontanément [de lui-même, de *son* plein gré]. ¶ 떠밀려서가 아니라 ~으로 일하다 travailler spontanément, non pas par obligation.

자백 自白 명 confession *f*; aveu(*x*) *m* (spontané). ◇_(을) **하다** avouer; confesser ((une faute)); faire un aveu. ¶ 그 사람은 형사에게 자신의 죄를 ~했다 Il a avoué son crime à l'inspecteur. ¶ 그 여자는 돈을 훔친 것을 ~했다 Elle a avoué le vol de l'argent. ¶ 그 사람은 자신이 범인이라고 ~했다 Il a avoué être coupable. ◇_(을) **받다** faire avouer *qc* à *qn*, arracher un aveu à *qn*. ¶ 형사는 범인에게서 범행 일체를 ~받았다 L'inspecteur a arraché un aveu au coupable. ◇_(을) **시키다** faire avouer *qn*.

자벌레 명 arpenteuse *f*; chenille *f* arpenteuse; géomètre *m*.

자별하다 自別- 형 ① 본래부터 다르다 différer, être différent(*e*)s l'un(*e*) de l'autre [les un(*e*)s des autres]. ② 특별하다 être extrêmement intime avec *qn*. ¶ 자별한 관심[애정] un intérêt particulier [une affection particulière]. ¶ 그 사람들은 자별한 사이였다 Ils avaient une relation particulièrement intime / Ils étaient particulièrement proches l'un de l'autre.

자본 資本 명 capit*al*(*aux*) *m*, fonds *mpl*. ¶ ~의 집중 centralisation des capitaux. ¶ ~의 효율적 운용 placement effectif de fonds. ¶ ~을 축적하다 accumuler des capitaux. ¶ ~을 투자하다[공급하다] investir des capitaux ((dans une entreprise)). ¶ ~을 놀려 두다 laisser des fonds dormir [inemployés]. ¶ ~을 회전시키다 faire circuler des fonds. ¶ 외국[해외] ~을 유치하다[끌어들이다] attirer les capitaux des pays étrangers. ¶ 천만 원의 ~으로 장사를 시작하다 ouvrir un commerce avec un capital de dix millions de wons. ¶ 어느 정도 ~이 있어야 사업을 할 수 있다 On ne peut lancer une affaire qu'après avoir rassemblé un bon capital [sans avoir un capital important au départ]. ¶ ~이 부족하다 manquer de capitaux. ¶ ~이 몰리고 있다 Les capitaux affluent.

◆_**화** -化 명 capitalisation *f*. ¶ ~화하다 capitaliser.

◆_**가** -家 명 capitaliste *mf*. ¶ ~가 계급 classe (sociale) capitaliste. ¶ ~가와 노동자 사이의 투쟁 lutte entre capitalistes et ouvriers.

◆_**금** -金 명 capit*al*(*aux*) *m*; fonds *mpl*. ¶ ~금 5천만 원으로 창업하다[회사를 차리다] établir une société *au capital* de cinq millions de wons.

◆_**력** -力 명 capacité *f* financière ((d'une entreprise)), capitaux *mpl* mobilisables, réserves *fpl* de capitaux. ¶ ~력이 달리다[부족하다] manquer de capitaux [de fonds]. ¶ 엄청난 ~력을 과시하다 se vanter d'avoir d'importantes réserves de capitaux.

◆_**재** -財 명 biens *mpl* d'investissement.

◆_**주의** -主義 명 capitalisme *m*. ¶ ~주의 경제[국가, 제도, 진영] une économie [un pays, un système, un camp] capitaliste. ¶ 수정 ~주의 capitalisme révisé.

◆_**주의적** -主義的 명관 capitaliste.

◆**고정**_ 固定- 명 capit*al*(*aux*) *m* fixe.

◆**금융**_ 金融- 명 capit*al*(*aux*) *m* financier.

◆**산업**_ 産業- 명 capit*al*(*aux*) *m* industriel.

◆**상업**_ 商業- 명 fonds *m* ((de roulement)).

◆**유동**_ 流動- 명 capitaux *mpl* flottants [en circulation].

자부[1] 子婦 명 belle-fille(~*s*-~*s*) *f*, bru *f*. ¶ 그 집은 ~를 잘 두었다 Cette famille a eu la chance de tomber sur une belle-fille de qualité [de valeur, pareille]. ¶ ~가 시아버지를 어려워한다 La belle-fille est gênée [mal à l'aise] avec son beau-père.

자부[2] 自負 명 confiance *f* en *soi*; fierté *f*. ◇_(를) **하다** être sûr(*e*) de *soi*; se croire ((le plus fort)); se prendre pour ((un grand peintre)); être fi*er*(*ère*) de *soi*; se flatter de *qc*, se vanter ((de *sa* force)), s'enorgueillir ((de *ses* diplômes, d'avoir réussi)), se glorifier de ((*ses* exploits)), se prévaloir de ((*ses* titres)), se faire gloire de *qc*, se féliciter, se flatter, tirer vanité [gloire, orgueil, vanité] de *qc*, se targuer de *qc*, avoir la prétention de *qc*, se piquer de *qc*; être orgueilleu*x*(*se*), vaniteu*x*(*se*). ¶ 그 여자는 자신의 영어 실력을 ~하고 있다 Elle est fière de sa connaissance de l'anglais. ¶ 그 사람은 자신의 기술이 최고라고 ~한다 Il est fier de sa technique qu'il estime la meilleure. ¶ 나는 최선을 다했다고 ~한다 Je me flatte de faire tous les efforts possibles.

◆_**심** -心 명 fierté *f*, orgueil *m*, amour-propre *m*. ¶ 누구의 ~심을 상하게 하다 blesser [atteindre] l'orgueil [la fierté, l'amour-propre] de *qn*. ¶ 그는 ~심이 강해서 자네 돈을 받지 않을 거야 Il est trop fier pour accepter ton argent.

자비[1] 自費 명 ((à)) *ses* (propres) frais *mpl*, ((avec)) *son* propre argent *m*, ((payer de)) *ses* deniers *mpl*, ((payer de)) *sa* poche *f*. ¶ ~를 들이지 않고 여행하다 voyager sans payer *sa* place [le déplacement], voyager gratuitement [sans rien dépenser], ne pas voyager à *ses* frais [de *sa* poche {*fam*}]. ¶ ~로 유학을 가다 aller étudier à l'étranger à *ses* propres frais. ¶ 책을 ~로 출판하다 publier ((un livre)) à *ses* frais.

자비[2] 慈悲 명 ((인정)) miséricorde *f*, pitié *f*; ((자선)) charité *f*, bienveillance *f*; ((동정)) compassion *f*. ¶ 가난한 자에게 ~를 베풀다 faire preuve de miséricorde envers les pauvres. ¶ 죄인들에게 ~를 베풀어 주소서 Pitié pour les pécheurs.

◆_**롭다** 형 prendre *qn* en pitié; être charitable, bienfaisant(*e*), miséricordieu*x*(*se*). ¶ 부처님처럼 ~롭다 être charitable comme Bouddha.

◆_**하다** 형 être charitable, bienfaisant(*e*), miséricordieu*x*(*se*).

◆_**로이** 부 avec pitié, avec charité, charitablement.

◆_**심** -心 명 charité *f*, bienveillance *f*,

bienfaisance *f*.

자빠뜨리다 타 ((속어)) faire tomber, renverser, faire valdinguer {*fam*}. ¶ 그는 앉았던 의자를 자빠뜨리며 벌떡 일어섰다. Il se leva brusquement [d'un bond] en renversant [en faisant tomber, en faisant valdinguer {*fam*}] la chaise sur laquelle il était assis.

자빠지다 자 ① 뒤로 또는 옆으로 넘어지다 ((속어)) se casser la figure {*fam*}[la gueule {*vulg*}], se rétamer {*fam*}, valdinguer {*fam*}. ¶ 눈길에서 자빠져서 다리를 다쳤다 M'étant cassé la figure [M'étant rétamé(*e*)] {*fam*} sur le chemin enneigé, je me suis blessé(e) à la jambe. ② (('눕다'를 속되게)) s'allonger, s'étendre ((terme familier en coréen)), aller se coucher. ¶ 남의 일에 간섭하지 말고 할 일 없으면 그냥 소파에 자빠져 자라 Ne te mêle pas des affaires des autres, va te coucher sur le canapé et dors [et laisse-nous en paix, et fous-nous la paix {*vulg*}]. ③게으르게 한곳에만 있다 rester avachi(*e*); traîner, traînasser {*fam*}, traînailler {*fam*}, glandouiller {*vulg*}, glander {*vulg*}. ¶ 그 여자는 하루종일 집안에 자빠져서 잔소리만 하고 있다 Elle passe toute la journée à traîner [à glander {*vulg*}] à la maison et ne fait que me critiquer [et ne fait rien d'autre que de me critiquer] / Elle reste toute la journée avachie, passant tout son temps à me harceler. ④책임지고 하던 일에서 손을 떼다 se dégager, se retirer ((d'une affaire)), retirer ses billes. ¶ 처음과는 달리 일이 점점 힘들어지자 하나 둘씩 자빠져 버렸다 Dès que l'affaire a commencé à se compliquer, je m'en suis retiré(*e*) peu à peu [je me suis dégagé(*e*) progressivement] / Dès que l'affaire a commencé à se compliquer, j'ai commencé à retirer mes billes {*fam*}.

자사 自社 명 *sa* société *f*, *son* entreprise *f*. ¶ ~ 제품을 선전하다 faire de la publicité pour *ses* produits.

자산 資産 명 ① 재산 propriété *f*; fortune *f*, biens *mpl;* capit*al*(*aux*) *m*. ¶ ~ (재)평가 réévaluation des bilans. ¶ ~ 목록 제1호 premier inventaire des biens. ¶ 은닉 ~ biens cachés ((à l'étranger)). ¶ ~을 동결하다 bloquer des capitaux. ¶ ~이 풍부하다[많다] Il y a abondance de biens. ② 가치 있고 소중한 것 expérience *f* profitable, gain *m*, bénéfice *m*, élément *m* positif supplémentaire, un plus *m*. ¶ 그 때 경험도 우리에게는 큰 ~이었다 L'expérience de cette époque-là nous a été très rentable.

◆**_가** -家 명 propriétaire *mf*; personne *f* qui a des biens au soleil.

◆**_소득** -所得 명 revenu *m* d'un bien; rente *f*.

◆**총_** 總 명 ensemble *m* des biens.

자살 自殺 명 suicide *m*. ¶ ~ 미수 une tentative de suicide. ¶ ~을 시도하다 tenter de se suicider [de se détruire, de se supprimer], attenter à *sa* vie [à *ses* jours]. ¶ ~에 실패하다 échouer dans une tentative de suicide, se rater {*fam*}. ◇_(을) **하다** se suicider, se tuer, mettre fin à *ses* jours [à *sa* vie], se donner la mort, ((tenter de)) se détruire, se supprimer, se faire *hara-kiri* {*fam*}; ((총으로)) se flinguer {*fam*}, se brûler la cervelle {*fam*}, se faire sauter le caisson {*fam*}; s'ouvrir les veines.

◆**_률** -率 명 proportion *f* [taux *m*] de suicide.

◆**_자** -者 명 suicidé(*e*).

자상 刺傷 명 blessure *f* d'un coup [à coups] de couteau [de poignard] ((ou de toute autre arme blanche)). ¶ 어깨에 ~을 입다 être blessé(*e*) d'un coup de couteau [à coups de couteau] à l'épaule, être poignardé(*e*) [se faire poignarder] à l'épaule, être frappé(*e*) d'un coup de couteau à l'épaule, recevoir un coup de couteau à l'épaule.

자상스럽다 仔詳- 형 être plein(*e*) d'attention(*s*) [de prévenances] pour *qn*, attentionné(*e*), prévenant(*e*) envers [pour] *qn*, bienveillant(*e*). ¶ 자상스러운 목소리 une voix pleine d'attention(*s*), une voix bienveillante. ¶ 자상스러운 말투 un ton bienveillant. ¶ 그 여자는 무척 ~ C'est une femme attentionnée / Elle est pleine d'attention(*s*) ((pour son mari)).

자상하다 仔詳- 형 être plein(*e*) d'attention(s) [de prévenances] pour *qn*, attentionné(*e*), prévenant(*e*) envers [pour] *qn*, bienveillant(*e*). ¶ 자상하신 선생님 un prof(esseur) plein d'attention pour ses élèves. ¶ 자상한 배려를 하다 être plein d'attentions [d'égards], avoir de la prévenance pour *qn*. ¶ 우리 남편은 성격이~ Mon mari est un homme d'une grande affabilité / Mon mari est un homme attentionné. ¶ 어머 부럽다! 남편께서 너무 자상하시네요 Je vous envie [J'aimerais bien être à votre place], votre mari est plein d'attention(s) pour vous. ¶ 자상하게 가르쳐 주다 enseigner avec application [avec soin, avec conscience, consciencieusement. avec dévouement].

◆**자상히** 부 avec application, avec soin, avec attention, avec conscience, consciencieusement, avec bienveillance. ¶ 자상히 설명해 주다 expliquer avec application [avec attention, avec soin, avec précision].

자색[1] 姿色 명 beauté *f* ((d'une femme)); mine *f* avenante. ¶ 그 여자는 ~이 빼어나다 Elle est d'une beauté céleste [divine, étincelante, radieuse, éclatante, fascinante, étincelante, éblouissante, incomparable, inégalable] / Elle est très belle.

자색[2] 紫色 명 violet *m*.

자생 自生 명 ((우연발생)) génération *f* spontanée; ((야생)) croissance ((d'une plante)) *f* à l'état sauvage. ¶ ~ 소나무 숲 bois des pins naturels. ◇_(을) **하다** pousser à l'état sauvage; pousser sans être cultivé(*e*). ¶ 그 식물은 우리나라에서만 ~한다 Cette plante sauvage ne pousse que dans notre pays.

◆**_적** -的 명관 spontané(*e*), naturel(*le*); sauvage. ¶ ~적인 공산주의자 un(*e*) communiste de conviction ((non endoctriné)).

◆**_력** -力 명 pousse *f m* spontanée.

자서 自序 명 préface *f* [avant-propos *m* {*inv*}] rédigé(*e*) (directement) par l'auteur. ¶ ~를 쓰다[붙

이다] ((l'auteur)) écrire [rédiger] *soi*-même la préface de *son* livre.

자서전 自敍傳 명 autobiographie *f.* ¶ ~을 쓰다[내다, 출간하다] écrire [publier] *son* autobiographie.

자석 磁石 명 aimant *m* (naturel); magnétite *f.* ¶ ~에 쇳가루가 붙어 있다 De la sciure de fer est attachée à l'aimant. ¶ ~은 쇠붙이를 끌어당긴다 L'aimant attire le fer. ¶ ~이 들어있는 전기요 couverture chauffante avec des aimants à l'intérieur.

자선 慈善 명 charité *f*; bienveillance *f* (envers les pauvres); philanthropie *f*; aumône *f.* ¶ ~ 기금을 조성하다 accumuler des fonds de charité. ¶ ~ 바자회 une vente de charité; un bazar de charité. ¶ ~을 목적으로 dans un but [dans un objectif] charitable.

◆_**가** -家 명 philanthrope *mf*; bienfai*teur*(*trice*), homme *m* [femme *f*] charitable.

◆_**냄비** 명 marmite *f* de charité ((pour collecter en fin d'année des fonds destinés à des associations caritatives pour aider les plus démunis pendant la mauvaise saison)).

◆_**단체** -團體 명 œuvre *f* [association *f*] caritative, œuvre *f* de charité [de bienfaisance]; organisation *f* philanthropique. ¶ 전 재산을 ~단체에 기부하다 léguer tous *ses* biens à une association caritative.

◆_**사업** -事業 명 associations *fpl* caritatives, bonnes œuvres *fpl*, œuvres *fpl* de charité [de bienfaisance, caritatives]; entreprise *f* philanthropique.

◆_**사업가** -事業家 명 bienfai*teur*(*trice*), personne *f* charitable, homme *m* [femme *f*] charitable.

◆_**행위** -行爲 명 activité *f* charitable.

자성[1] **磁性** 명 magnétisme *m.* ¶ ~을 띠다 magnétiser, aimanter.

ㅈ

◆_**체** -體 명 substance *f* [corps *m*] magnétique. ¶ 강한 ~체 une substance ferromagnétique.

자성[2] **自省** 명 auto(-)réflexion *f*, autocritique *f*, examen *m* de conscience, réflexion *f*, introspection *f*, recueillement *m.* ¶ 정치권의 ~을 촉구하다 demander une réflexion sur les droits politiques. ¶ 부유층에서 과소비에 대한 ~의 목소리가 높아지고 있다 On porte [accorde] de plus en plus d'intérêt dans les classes aisées [en milieux aisés] à une réflexion sur [à la question de] la surconsommation / On réfléchit de plus en plus, en milieux aisés, à la question de la surconsommation. ◇_(을) **하다** faire *son* examen de conscience, réfléchir [faire un retour] sur *soi*-même ((sur *sa* vie passée)); s'examiner; analyser *ses* états d'âme. ¶ 그 동안의 무관심을 ~하다 *analyser (les causes de) l'indifférence que l'on* manifestait jusqu'à maintenant.

자세 姿勢 명 ① 몸을 움직이는 모양 posture *f*, pose *f*; attitude *f*, position *f*, maintien *m*, tenue *f.* ¶ 올바른 ~ une attitude correcte. ¶ ~를 바로잡다 se redresser; se tenir droit(*e*). ¶ 차려[열중쉬어] ~를 취하다 se mettre au garde-à-vous [au repos]. ¶ ~가 좋다[나쁘다] se tenir bien [mal]. ¶ ~에 주의하다 faire attention à *son* attitude. ¶ 앉은 ~로 en position assise. ¶ 편한 ~로 앉으세요 Asseyez-vous dans une posture confortable / Mettez-vous à l'aise. ② 정신적 태도 attitude *f*, position *f.* ¶ 그 학생은 공부할 ~가 아직 안 되어 있다 Cet élève n'a pas l'attitude d'un élève studieux [d'un élève qui veut travailler]. ¶ 일에 어떠한 ~로 임하느냐가 중요하다 Ce qui est important, c'est l'attitude au travail.

자세하다 仔細- 형 être minutieu*x*(*se*); être détaillé(*e*), précis(*e*), clair(*e*), net(*te*). ¶ 자세한 설명 des explications précises [détaillées]. ¶ 나는 그 사람으로부터 자세한 이야기를 들었다 Il m'a parlé d'une histoire avec beaucoup de détails. ¶ 자세한 것은 추후에 연락드리겠습니다 Je vous annoncerai les détails plus tard. ¶ 지도[약도]가 ~ Le plan [La carte] est détaillé(*e*). ¶ 이 사전이 저 사전보다 설명이 더 ~ Ce dictionnaire donne plus d'explications détaillées que celui-là. ¶ 자세하게 묘사하다 décrire minutieusement.

◆**자세히** 부 minutieusement; en détail. ¶ 자세히 설명하다 donner des détails; donner une explication précise [détaillée]. ¶ 자세히 묻다 demander minutieusement. ¶ 자세히 알고 있다 en être bien informé(*e*), en connaître les détails.

자소 字素 명 【언어】 caractère *m* ou groupe *m* de caractères marquant un phonème dans une langue donnée ((ex. ㄷ, ㅏ, ㄺ dans 닭; *h*, *o*, *pp*, *i*, *ng* dans *hopping*)).

자손 子孫 명 descendants *mpl*; postérité *f*; fils *mpl* et petits-fils *mpl.* ¶ ~을 많이 보다[두다] avoir beaucoup de descendants. ¶ ~을 남기다 laisser une descendance [une postérité]. ¶ ~이 없는 사람들 les gens qui n'ont pas de postérité [de descendance]. ¶ ~이 번성하고 있다 Les descendants se multiplient / Les descendants prospèrent. ¶ ~에게 무엇을 물려주다[전하다] transmettre ((une tradition)) à *ses* descendants [à la postérité]. ¶ 누구의 ~이다 être un descendant de *qn*, descendre de *qn*.

자수[1] **自首** 명 action de se livrer. ¶ ~를 권유하다 inviter *qn* à se dénoncer. ◇_(를) **하다** se dénoncer [se livrer] (à la police), se constituer prisonni*er*(*ère*). ¶ 경찰에 ~하다 se livrer à la police. ¶ ~하면 정상참작이 될 수 있다 Si tu te livres, tu pourras bénéficier des circonstances atténuantes.

자수[2] **刺繡** 명 broderie *f.* ¶ ~를 배우다 apprendre la broderie. ◇_(를) **놓다** faire de la broderie. ¶ ~(를) 놓는 솜씨가 뛰어나다 être habile à faire de la broderie.

◆**십_** 十- 명 (broderie *f* en) point *m* de croix, point *m* de broderie. ¶ 십~ 작품 une tapisserie au [le] point de croix. ¶ 십~를 하다[놓다] faire du point de croix. ¶ 십~를 잘 놓다 être très adroit(*e*) au [doué(*e*) pour le] point de croix.

자수[3] **字數** 명 nombre *m* de lettres [de caractères]. ¶ ~를 맞추다 ajuster le nombre de syllabes ((dans un poème)). ¶ 줄마다 ~가 일정하지 않다 Le nombre de lettres [de caractères] n'est pas régulier à chaque ligne.

자수성가 自手成家 명 réussite *f* sans aide d'autrui; réussir par *soi*-même, se tirer d'affaire sans l'aide d'autrui. ◇_(를) **하다** réussir par *ses* propres moyens. ¶ 그 사람은 ~한 사람이다 Il a réussi par lui-même.

자수정 紫水晶 명 améthyste *f*.

자숙 自肅 명 maîtrise *f* de *soi*. ◇_(을) **하다** rester maître de *soi*; se maîtriser. ¶ 그 사람은 ~하고 있다 Il reste maître de lui.

자술서 自述書 명 propres aveux *mpl* par écrit. ¶ ~를 내다 remettre des aveux. ¶ ~를 쓰다 écrire *ses* propres aveux. ¶ ~를 작성하다[꾸미다] dresser [rédiger] des aveux.

자습 自習 명 étude *f*; travail *m* personnel ((en cas d'absence du professeur)). ¶ ~ 시간 heure de travail personnel, heure d'étude. ◇_(을) **하다** faire du travail personnel; étudier seul(*e*). ¶ 우리는 한 시간 동안 ~을 했다 Nous avons fait du travail personnel pendant une heure. ◇_(을) **시키다** faire travailler ((des élèves)) personnellement.

◆_**서** -書 명 aide-mémoire *m inv*; livre *m* d'exercices; manuel *m*.

◆_**실** -室 명 salle *f* d'étude.

자승 自乘 명 carré *m* ((d'un nombre)). ¶ 9의 ~은 81이다 Le carré de 9 est 81.

자승자박 自繩自縛 명 *son* propre piège *m*. ◇_(을) **하다** se prendre à *son* propre piège. ¶ 그것은 자신을 ~하는 짓이다 Tel est pris qui croyait prendre. ◇_**이다** être pris(*e*) à *son* propre piège.

자시 子時 명 minuit *m*. ¶ 종소리가 ~를 알렸다 On a entendu l'horloge sonner minuit / L'horloge a sonné minuit.

자식 子息 명 ① 자녀 enfants *mfpl*; fils *m* et fille *f*. ¶ ~을 보다 avoir des enfants. ¶ ~을 잘 키우다 bien élever *ses* enfants. ¶ ~이 셋 있다 avoir trois enfants. ¶ ~이 없다 ne pas avoir d'enfants; être sans enfant. ¶ 부모님은 항상 ~ 걱정만 하신다 Les parents s'inquiètent toujours de leurs enfants. ② 【속어, 비어】 ((경멸적 표현)) type *m*; créature *f*; salaud *m* {*vulg*}; individu *m*. ¶ 저 ~은 사기꾼이다 Ce type est un escroc. ¶ 개 ~! Salaud {*vulg*}! / Fils de chien {*vulg*}! / Fumier {*fam*}! ¶ 나쁜 ~! Sale type! {*fam*} / (Espèce d')ordure {*fam*}! / Salaud {*vulg*}!

◆_**놈** 명 enfant *mf*; fils *m*.

◆_**농사** -農事 명 aide *f* des enfants ((pour leur réussite)); fait *m* d'élever *ses* enfants ((Comme on cultive le riz, on élève les enfants)). ¶ ~농사를 잘 짓다 bien élever *ses* enfants.

◆**후레**_ 명 misérable *mf*; fripon(*ne*) {*vx*}.

자신[1] 自身 명 ① 자기 en personne, *soi*(-même); *son* propre. ¶ ~만 생각하다 ne penser qu'à *soi*-même, être égoïste. ¶ ~이 해야 할 일을 알다 savoir quel est *son* propre travail à faire. ¶ ~의 일은 ~이 하자 Travaillons par nous-même. ¶ ~의 나갈 길을 개척하다 se frayer un chemin dans le monde. ¶ ~의 안위만을 추구하다 poursuivre *sa* propre tranquillité. ¶ 그들은 이 일로 인해 가장 큰 피해를 입을 사람들이 바로 ~들이라는 것을 알고 있다 Ils savent que c'est eux qui subiront les conséquences de ce travail. ¶ ~을 돌보다 prendre soin de *soi*, se soigner. ② ((사람 명사 뒤에서 바로 그 사람을 강조하여 가리킴)) *soi*(-même); *son* propre+N. ¶ 너 ~을 알라 Connais-toi, toi-même. ¶ 이것은 너 ~만의 문제가 아니다 Ce n'est pas seulement ton problème. ¶ 정작 위로를 받았어야 하는 사람은 나 ~이었다 C'est moi qui devrais être consolé(*e*).

자신[2] 自信 명 confiance *f* en *soi*; assurance *f*. ¶ ~을 얻다[잃다] prendre [perdre] de l'assurance, prendre [perdre] confiance en *soi*-même, se donner de l'assurance [perdre *son* assurance]. ¶ ~을 가지고 말하다 parler avec assurance. ¶ 나는 운전에 조금 ~이 생겼다[붙었다] J'ai commencé à être plus confiant(*e*) pour conduire / J'ai pris de l'assurance pour la conduite. ◇_(을) **하다** avoir confiance en *soi* [en *ses* propres qualités], être sûr(*e*) de *soi*, avoir confiance en *ses* capacités, être sûr(*e*) de *ses* capacités. ¶ 그 여자는 합격을 ~했다 Elle est assurée de son succès à l'examen / Elle est sûre de réussir [de sa réussite] à l'examen. ¶ 나는 아직도 청춘임을 ~합니다 Je me crois encore jeune. ¶ 그 사람은 (자기가) 사업에 성공할 것이라고 ~하고 있다 Il est confiant sur la réussite de son affaire. ¶ 나는 그 사람이 오리라고 ~한다 Je suis sûr(*e*) [Je suis certain(*e*), Je vous assure, Je vous garantis] qu'il viendra / Je n'ai pas le moindre doute qu'il viendra. ¶ 나는 (내가) 누구보다도 잘났다고 ~했었다 Je me croyais le plus intelligent. ◇_(이) **있다[없다]** avoir [manquer de] confiance (en *soi*). ¶ ~있는 태도를 보이다 avoir un air assuré. ¶ 그 사람은 매사에 ~없어 한다 Il manque de confiance en lui dans tout ce qu'il entreprend / Il n'est jamais sûr de lui / Il manque totalement de confiance en lui-même / Il manque toujours de confiance en lui. ¶ 나는 그 일을 잘 해낼 ~이 있다[없다] Je suis [ne suis pas] sûr(*e*) [certain(*e*)] d'y arriver.

◆_**감** -感 명 confiance *f* en *soi*; assurance *f*. ¶ ~감을 가지다 avoir confiance en *soi* [en *ses* propres qualités], être sûr(*e*) de *soi*. ¶ ~감을 잃다 manquer de confiance en *soi*; perdre *son* assurance. ¶ ~감을 되찾다 retrouver [reprendre] *sa* confiance. ¶ ~감이 넘치다 avoir une confiance excessive en *soi*, être trop sûr(*e*) de *soi*. ¶ 무슨 일이라도 해낼 수 있다는 ~감이 생겼다 J'ai repris confiance pour surmonter n'importe quelle difficulté.

자신만만하다 自信滿滿- 형 être assuré(*e*), convaincu(*e*); être plein(*e*) de confiance, être tout à fait sûr(*e*) de *soi*. ¶ 자신만만한 표정이다 avoir l'air assuré. ¶ 자신만만해 보이다 sembler être tout à fait sûr(*e*) de *soi*, donner l'impression qu'on est sûr(*e*) de *soi*. ¶ 매사에 ~ être toujours sûr(*e*) de *soi*, être toujours confiant(*e*). ¶ 자신만만하게 대처하다 faire face à *qc/qn* avec confiance.

자심하다 滋甚- 형 devenir de plus en plus grave, s'aggraver. ¶ 갈수록 탐관오리들의 횡포가 자심해져 갔다 Le despotisme du fonctionnaire corrompu s'aggravait de plus en plus. ¶ 그 사람은 하인들에게 구박이 자심했다 Il maltraitait de plus en plus les domestiques.

자아 自我 명 moi; ego *m*. ¶ ~의 완성 perfection du moi. ¶ ~를 찾다 rechercher le moi. ¶ ~가 강하다 être égoïste [égocentrique].

◆**_관** -觀 명 point de vue *f* du moi. ¶ ~관의 형성 formation de l'idée du moi.

◆**_도취** -陶醉 명 égotisme *m*, narcissisme *m*. ¶ ~도취에 빠지다 tomber dans le narcissisme.

◆**_실현** -實現 명 la réalisation *f* du moi. ¶ ~실현을 위해 노력하다 faire des efforts pour se réaliser.

◆**_의식** -意識 명 conscience *f* de *soi*. ¶ ~의식이 강하다 être très conscient(*e*) de *sa* personnalité, avoir une bonne connaissance de *soi*.

◆**_형성기** -形成期 명 période *f* de formation du moi.

자애[1] 慈愛 명 affection *f*; amour *m*; tendresse *f*; attachement *m*; bienveillance *f*; gentillesse *f*. ¶ 어머니의 ~ l'amour maternel, la tendresse d'une mère. ¶ 그 사람은 어릴 때부터 부모의 ~를 모르고 자랐다 Depuis *son* enfance, il a été privé de l'affection de *ses* parents.

◆**_롭다** 형 être tendre; être affectueu*x*(*se*); être bienveillant(*e*); être gentil(*le*). ¶ ~로운 목소리[미소] une voix affectueuse [un sourire affectueux].

자애[2] 自愛 명 amour *m* de *soi*; respect *m* de *soi*-même; égoïsme *m*. ◇**_(를) 하다** prendre soin de *soi*; veiller à [sur] ((*sa* santé)).

◆**_심** -心 명 amour *m* de *soi*; respect de *soi*-même; égoïsme *m*. ¶ 그 사람은 ~심이 지나치게 강하다 Il est trop égoïste.

자양분 滋養分 명 ① valeur *f* nutritive; alimentation *f*, nourriture *f*, nutrition *f*. ¶ ~이 많다 être nutriti*f*(*ve*); être (très) nourrissant(*e*). ¶ ~을 섭취하다 absorber les éléments nutritifs. ② ((비유적)) nourriture *f* ((de l'esprit)). ¶ 독서는 정신적 ~을 공급해준다 La lecture fournit la nourriture de l'esprit. ¶ 그것은 경제성장의 ~이 될 것이다 Ça nourrira la croissance économique.

자업자득 自業自得 명 résultat *m* de *ses* propres actes. ◇**_이다** être le résultat de *ses* propres actes. ¶ 이번 일은 ~이다 Cette affaire est le résultat de *ses propres* actes. ¶ 그 사람이 그런 험한 꼴을 당하는 것은 ~이다 Il est maltraité suite à *ses* propres actes / Il est responsable de ce qui lui arrive. ¶ ~이니 누구를 탓할 것도 없다 Il ne faut attribuer à personne la faute de tes propres actes.

자연 自然 명 ① nature *f*. ¶ ~ 환경 un environnement naturel. ¶ ~(의) 법칙 loi de la nature, loi naturelle. ¶ ~의 섭리 les règles de la nature. ¶ ~을 벗 삼아 살다 vivre en pleine nature. ¶ ~을 보존하다 protéger la nature. ¶ ~으로 돌아가라! Retourne à la nature / Fuis la vie citadine et moderne. ② ((일부 명사 앞에서)) nature *f*. ¶ ~ 건조 séchage à l'air libre. ¶ ~ 분해 décomposition naturelle.

◆**_스럽다** 형 ① 억지로 꾸미지 않다 être naturel(*le*). ¶ 그 사람의 행동은 ~스러워 보인다 Son geste semble naturel. ¶ 그 여자의 옷차림이 ~스럽다 Sa tenue est naturelle. ② 당연하다 être compréhensible, logique, raisonnable, norm*al*(*ale*, *aux*). ¶ 청소년들이 이성에 대해 관심을 보이는 것은 ~스럽다 Il est compréhensible que les jeunes s'intéressent à l'autre sexe. ¶ ~스러운 귀결 une conséquence logique. ③ 저절로 그렇게 되다 être naturel(*le*), spontané(*e*). ¶ 함께 일하다 보니 ~스럽게 그들과 친해졌다 Comme on a travaillé ensemble, j'ai noué naturellement une amitié avec eux.

◆**_스레** 부 naturellement. ¶ 그 사람은 우리의 대화에 ~스레 끼어들었다 Il est intervenu naturellement dans notre dialogue. ¶ 우리는 함께 일하면서 ~스레 사랑에 빠졌다 Comme on a travaillé ensemble, nous sommes naturellement tombés amoureux [nous nous sommes naturellement épris l'un de l'autre].

◆**_적** -的 명관 ① naturel(*le*). ¶ 천혜의 ~적 조건을 갖춘 관광 명소 site touristique favorisé par la nature. ¶ 그것은 매우 ~적인 현상이다 C'est un phénomène très naturel. ② naturel(*le*), non artificiel(*le*). ¶ 재료의 ~적 향과 맛 parfum et goût naturel d'un ingrédient. ③ naturel(*le*), norm*al*(*ale*, *aux*), raisonnable. ¶ 공해는 산업 발달에 수반되는 ~적인 결과이다 La pollution atmosphérique résulte naturellement du développement industriel. ④ spontané(*e*). ¶ 언어의 ~적 습득 une acquisition spontanée. ¶ 그것은 ~적으로 발생한 것으로 보인다 Il paraît que c'est une génération spontanée.

◆**_성** -性 명 naturalité *f*.

◆**_경관** -景觀 명 paysage *m* naturel.

◆**_계[1]** -系 명 série *f* scientifique. ¶ ~계의 모집 정원을 늘리다 augmenter le nombre d'étudiants recrutés en série scientifique. ¶ ~계 학과목 enseignements obligatoires en série scientifique.

◆**_계[2]** -界 명 nature *f*, monde *m* naturel.

◆**_관** -觀 명 vue *f* de la nature.

◆**_광** -光 명 【물리】 lumière *f* naturelle.

◆**_권** -權 명 【법률】 droit *m* naturel.

◆**_도태** -淘汰 명 【생물】 sélection *f* naturelle. ¶ 환경에 적응하지 못하는 생물은 ~도태되기 마련이다 Quand un être vivant ne s'adapte pas à son environnement, la sélection naturelle le fait disparaître.

◆**_력** -力 명 force *f* naturelle.

◆**_물** -物 명 substance *f* naturelle.

◆**_로그** 명 【수학】 logarithme *m* naturel.

◆**_법** -法 명 【법률】 loi *f* naturelle.

◆**_법칙** -法則 명 【철학】 loi *f* de la nature.

◆_변증법 -辨證法 명 【철학】 dialectique *f* naturelle.

◆_보호 -保護 명 protection *f* de la nature.

◆_부류 -部類 명 【언어】 classe *f* naturelle.

◆_사[1] -史 명 histoire *f* de la nature.

◆_사[2] -死 명 mort *f* naturelle. ¶ ~사하다 mourir de mort naturelle. ¶ 그 사람의 죽음은 ~사일 가능성이 높다 Il est possible que *sa* mort soit naturelle.

◆_석 -石 명 roche *f* naturelle.

◆_인 -人 명 ① 【법률】 personne *f* physique ((par opposition à une personne morale ou juridique)). ¶ 그 사람은 평범한 ~인으로 돌아갔다 Il est redevenu une personne (physique) ordinaire. ② homme *m* proche de la nature. ¶ 그 사람은 진정한 ~인이다 C'est un homme qui est resté très naturel.

◆_선택 -選擇 명 【생물】 sélection *f* naturelle.

◆_수 -數 명 【수학】 nombre *m* entier; nombres *mpl* naturels.

◆_식 -食 명 nourriture *f* naturelle.

◆_식품 -食品 명 alimentation *f* naturelle.

◆_언어 -言語 명 【언어학】 langue *f* naturelle.

◆_정화 -淨化 명 purification *f* naturelle.

◆_조명 -照明 명 éclairage *m* naturel.

◆_주의 -主義 명 naturalisme *m*.

자연발생적 自然發生的 명관 naturel(*le*), accidentel(*le*). ¶ ~인 화재 un incendie accidentel [non criminel].

자영 自營 명 gestion *f* ((d'une entreprise)); indépendance *f* financière ((d'un ménage)). ¶ ~ 농민 un agriculteur indépendant. ◇_(을) 하다 gérer ((une entreprise)); vivre par *ses* propres moyens. ¶ 조그만 회사를 ~하다 gérer une petite entreprise.

◆_업 -業 명 commerce *m* indépendant.

◆_업자 -業者 명 entrepreneu*r*(*se*) individuel(*le*).

자오선 子午線 명 【천문】 méridien *m*. ¶ ~을 통과하다 franchir un méridien.

◆본초_ 本初- 명 méridien *m* d'origine; méridien *m* international; méridien *m* de Greenwich.

자옥하다 형 ((brouillard)) être épais(*se*), dense. ☞ 자욱하다

자외선 紫外線 명 【물리】 rayons *mpl* ultraviolets; ultraviolets *mpl* (U.V. *mpl*). ¶ ~ 치료 traitement aux ultraviolets; photothérapie; héliothérapie. ¶ ~을 오래 쬐면 피부에 안 좋다 C'est mauvais pour la peau de rester trop longtemps exposé aux U.V. [au soleil].

자욱 명 empreinte *f* ((de pas)); marque *f*, trace *f* ((de doigt, de roues)). ☞ 자국[1]

자욱하다 형 être dense, épais(*se*). ¶ 구석구석 자욱한 먼지 couche épaisse de poussière entassée dans tous les coins. ¶ 건물에 자욱한 연기 fumée qui remplit le bâtiment. ¶ 담배 연기가 온 방에 ~ La pièce est complètement enfumée par la cigarette. ¶ 방안이 온통 연기로 ~ La pièce est complètement enfumée. ¶ 숲 속에 안개가 ~ Le brouillard est dense dans la forêt. ¶ 교정에는 최루탄 연기가 자욱하게 깔려 있었다 La cour était enfumée par les bombes lacrymogènes. ¶ 그 날은 안개가 자욱하게 끼었다 Ce jour-là, le brouillard était dense [épais] / Ce jour-là, c'était un brouillard à couper au couteau {*fam*}. ¶ 차가 먼지를 자욱하게 날리며 달린다 Les voitures roulent en faisant voler de la poussière en couche épaisse. ¶ 구석에 먼지가 자욱하게 쌓였다 Il y a une couche de poussière dans le coin.

자웅 雌雄 명 ① 암컷과 수컷 mâle *m* et femelle *f*. ② 우열 force *f* et faiblesse *f*. ¶ ~을 다투다[겨루다] essayer d'obtenir la suprématie. ¶ ~을 가리다 déterminer le plus fort.

◆_동체 -同體 명 hermaphrodite *m*.

자원[1] 自願 명 volontariat *m*. ¶ ~ 봉사 un acte bénévole; bénévolat *m*. ◇_(을) 하다 se proposer de; s'engager à; vouloir; faire *qc* de *son* (plein) gré [de *sa* propre volonté, de son propre chef, volontairement]. ¶ 야간 근무를[에] ~하다 se proposer pour le travail de nuit. ¶ 군대에 ~하다 s'engager volontairement dans l'armée; s'engager comme volontaire. ¶ 그 일은 그가 ~해서 한 일이다 Il a fait ce travail de son propre chef [de son plein gré]. ¶ 그 일을 하겠다고 여러 사람이 ~하였다 Plusieurs personnes se sont proposées pour ce travail.

◆_입대 -入隊 명 fait de se porter volontaire pour l'armée; fait de s'engager comme volontaire. ¶ 휴학하고 ~입대하다 s'engager comme volontaire [se porter volontaire pour l'armée] après avoir interrompu *ses* études.

자원[2] 資源 명 ressources *fpl* ((minières)). ¶ ~ 개발 exploitation des ressources. ¶ 국가의 ~ ressources nationales. ¶ 인적 ~ ressources humaines. ¶ 지하 ~ ressources souterraines. ¶ ~을 개발하다 exploiter les ressources. ¶ 국가의 ~을 고갈시키다 épuiser les ressources d'un pays. ¶ ~이 빈약하다 avoir peu de ressources; être pauvre en ressources. ¶ 물적 ~이 풍부하다 avoir des ressources matérielles abondantes; être riche en ressources matérielles.

자위[1] 自慰 명 ① 스스로 위로함 action de se consoler *soi*-même. ¶ 언젠가는 이 고통도 끝날 것이라고 생각하면 ~가 된다 On peut se consoler en pensant que cette souffrance disparaîtra un jour. ② 수음 masturbation *f*, onanisme *m*. ◇_(를) 하다 ① se consoler. ¶ 그는 그만하기 다행이라고 애써 ~했다 Il a essayé de se consoler en se disant qu'il avait de la chance de ne pas avoir de plus grand malheur. ¶ 생긴 것이 중요한 것이 아니라고 ~했다 Je me suis consolé(*e*) en me disant que l'apparence physique n'était pas importante. ② se masturber.

◆_적 -的 명관 consola*teur*(*trice*), positi*f*(*ve*). ¶ ~적인 발언[생각] parole [pensée] consolatrice. ¶ 죽지 않은 것만도 다행이라고 ~적으로 생각하다 penser positivement [se consoler] en se disant que c'était une chance d'avoir échappé à la mort.

◆_책 -策 명 politique *f* consolatrice. ¶ 그림 그리는 일에서 ~책을 발견하다 J'ai trouvé un moyen de me consoler avec la peinture. ¶ 낚시는 실직의 고통을 못 이긴 그의 ~책이었다 C'est grâce à la pêche qu'il a pu se consoler de [oublier] la perte de son travail [son licenciement].

◆_행위 -行爲 명 masturbation *f*, onanisme *m*. ¶ ~행위를 하다 se masturber.

자위[2] 自衛 명 défense *f*, protection *f*, préservation de *soi*-même. ¶ 동물의 ~ 본능 instinct de protection [de survie] des animaux. ¶ ~를 위한 최소한의 대책 mesure minimale d'autodéfense; mesure minimale défensive. ◇_(를) 하다 se défendre, se protéger. ¶ 국토를 ~하다 défendre *son* territoire.

◆_적 -的 명관 défensi*f*(*ve*). ¶ 국가 안보를 위한 ~적인 조치 mesures défensives pour la sécurité de l'État. ¶ ~적 성격의 군사 훈련 entraînement militaire à caractère défensif.

◆_권 -權 명 【법률】 droit *m* de légitime défense. ¶ ~권을 발동하다 réclamer le droit de se défendre.

◆_대 -隊 명 force *f* de protection. ¶ ~대를 결성하다 former une force de protection.

◆_력 -力 명 force *f* défensive. ¶ ~력을 키우다 développer *sa* force défensive.

◆_책 -策 명 moyen *m* [mesure *f*] de protection; mesures *fpl* défensives. ¶ ~책을 강구하다[모색하다] chercher les moyens pour se défendre.

자유 自由 명 liberté *f*. ¶ 양심의 ~ liberté de conscience. ¶ 사상의 ~ liberté de pensée. ¶ 신체의 ~ la liberté du corps. ¶ 언론의 ~ liberté de la presse. ¶ 집화결사의 ~ liberté de réunion [d'association]. ¶ 표현의 ~ liberté d'expression. ¶ ~를 누리다[만끽하다] jouir au maximum de sa liberté. ¶ ~를 구속하다 contraindre *qn*. ¶ 개인의 ~를 침해하다 entraver la liberté individuelle. ¶ ~는 자칫하면 방종으로 흐른다 Souvent la liberté dégénère en désordre. ◇_(이) 다 être libre de+*inf*. ¶ 가든지 안 가든지 당신 ~요 Vous êtes libre de partir ou de rester. ◇_가 있다[없다] avoir [ne pas avoir] le droit de+*inf*, être [ne pas être] libre de+*inf*. ¶ 나에게도 말할 ~가 있다 J'ai aussi le droit de parler.

◆_롭다 형 être libre, libér*al*(*ale*, *aux*), sans protection; être affranchi(*e*). ¶ ~로운 몸이 되다 être mis(*e*) en liberté; devenir libre. ¶ 누구나 ~롭게 의견을 말할 수 있다 Chacun est libre d'énoncer son opinion [de donner son point de vue].

◆_스럽다 형 être libre, libér*al*(*ale*, *aux*). ¶ 그곳에서는 남녀교제가 ~스러웠다 Dans cet endroit, les relations entre hommes et femmes étaient libérales. ¶ 나는 ~스럽게 생활하고 싶다 J'aimerais vivre librement.

◆_로이 부 librement. ¶ 불어를 ~로이 구사하다 parler couramment le français.

◆_화 -化 명 libéralisation *f*. ¶ 수입 ~화 조처 (mesure de) libéralisation des importations. ¶ ~화 하다 libéraliser. ¶ ~화 시키다 libéraliser. ¶ ~화 되다 être libéralisé(*e*), affranchi(*e*).

◆_경쟁 -競爭 명 libre concurrence *f*. ¶ ~경쟁 사회 société de libre concurrence.

◆_권 -權 명 libertés *fpl* civiles.

◆_무역 -貿易 libre-échange *m*. 명

◆_민주주의 -民主主義 명 【법률】 démocratie *f* libre.

◆_민 -民 명 peuple *m* libre. ¶ 우리는 ~민임을 선언하노라 Nous déclarons être un peuple libre.

◆_방임 -放任 명 ((politique *f* de)) non-intervention(~-~*s*) *f*. ¶ ~방임주의 non-ingérence.

◆_분방 -奔放 명 action d'agir à *sa* guise. ¶ ~분방하다 être libre d'entraves, être sans contraintes; agir à *sa* guise.

◆_시 -詩 명 【문학】 poésie *f* libre.

◆_의사 -意思 명 libre volonté *f*; libre arbitre *m*.

◆_의지 -意志 명 libre volonté *f*; libre arbitre *m*.

◆_인 -人 명 homme *m* libre.

◆_자재 -自在 명 liberté *f* totale. ¶ 불어를 ~자재로 구사하다 maîtriser le français, avoir une connaissance parfaite du français, parler parfaitement le français.

◆_재량 -裁量 명 libre décision *f*. ¶ ~재량에 맡기다 s'en remettre à la libre décision.

◆_주의 -主義 명 libéralisme *m*.

◆_주의자 -主義者 명 libér*al*(*aux*).

◆_주의적 -主義的 명관 libér*al*(*aux*).

◆_투 -投 명 【운동】 lancer *m* franc. ¶ ~투를 던지다 faire un lancer franc. ¶ ~투를 성공시키다 réussir un lancer franc.

◆_형[1] -刑 명 sanction *f* libre.

◆_형[2] -型 명 ① ((레슬링)) lutte *f* libre. ¶ ~형과 그레코로만형 lutte libre et lutte gréco-romaine. ② ((수영)) nage *f* libre. ¶ 평형과 ~형 la brasse et la nage libre.

자율 自律 명 autonomie *f*, autorégulation *f*. ¶ ~ 학습 un apprentissage autonome. ¶ 학생 선발을 대학의 ~에 맡기다 confier la sélection des étudiants [élèves] à l'université.

◆_적 -的 명관 autonome. ¶ ~적으로 성금을 내다 faire une donation de manière autonome. ¶ 식당을 ~적으로 운영하다 gérer un restaurant de manière autonome.

◆_성 -性 명 autonomie *f*.

◆_화 -化 명 mise *f* en autonomie, libéralisation *f*. ¶ 두발 ~화 libéralisation pour les coiffures [pour les coupes de cheveux] dans les collèges et les lycées.

◆_권 -權 명 droit *m* d'autonomie. ¶ ~권을 주다 donner des droits d'autonomie. ¶ ~권을 획득하다 obtenir [acquérir] des droits d'autonomie.

자음[1] 字音 명 prononciation *f* d'une lettre [d'un caractère chinois]. ¶ 여러 언어의 음을 표기하는 ~ 기호들 les signes de prononciation qui marquent le son de plusieurs langues.

자음[2] 子音 【언어】 consonne *f*. ¶ 무성 ~ consonne sourde. ¶ 유성 ~ consonne sonore [aspirée].

◆_교체 -交替 명 【언어】 alternance *f*

consonantique.

◆_교체형 -交替形 명 【언어】 type *m* d'alternance consonantique

◆_군 -群 명 【언어】 groupe *m* consonantique.

◆_동화 -同化 명 【언어】 assimilation *f* consonantique.

◆_접변 -接變 명 assimilation de deux consonnes.

◆_체계 -體系 명 【언어】 système *m* consonantique.

◆중_ 重- 명 double consonne *f*.

자의¹ 自意 명 ((de)) *sa* propre volonté, ((de)) *son* propre gré; ((로)) volontairement. ¶ 그는 ~로 사직서를 제출했다 Il a démissionné de son propre gré / Il a donné de son propre gré sa démission. ¶ 그가 그 모임의 대표가 된 것은 ~가 아니었다 C'est contre son gré [malgré lui] qu'il est devenu le représentant de cette association.

자의² 字意 명 signification *f* [sens *m*] d'un mot. ¶ ~대로 해석하다 prendre une expression à la lettre [dans son sens littéral], prendre les paroles de *qn* au pied de la lettre [à la lettre, au sérieux, pour argent comptant]. ¶ 법률 해석에 있어 ~에만 충실하다 ne tenir compte que du sens des mots lorsqu'on interprète des lois [pour interpréter des lois].

자의³ 恣意 명 ((agir à *sa*)) guise *f*. ¶ 행정권자의 ~로 취해진 조처 mesures prises volontairement par les personnes du pouvoir exécutif. ¶ 내가 선을 본 것은 순전히 부모님의 ~에 의한 것이었다 C'est pour faire plaisir à mes parents que j'ai participé à une rencontre arrangée (en vue d'un mariage).

◆_적 -的 명관 volontaire, libre; ((언어학)) arbitraire. ¶ 조항을 ~적으로 해석하다 interpréter à sa guise les clauses [les conventions]. ¶ 단어의 형태와 뜻의 결합은 ~적이다 L'association de la forme et du sens se fait de façon arbitraire.

자의식 自意識 명 conscience *f* de *soi*. ¶ ~이 강하다 être très conscient(*e*) de *sa* personnalité, avoir une bonne connaissance de *soi*. ¶ 그는 시골 사람들의 ~을 일깨우기 위해 노력했다 Il s'est battu [a lutté, a dépensé son énergie] pour que les gens de campagne prennent conscience de leur situation [de leurs conditions, de leur état]. ¶ 그는 자신이 소인배라는 ~으로 힘들어했다 Il a souffert quand il a eu [pris] conscience de [quand il a réalisé] son étroitesse d'esprit.

자인 自認 명 reconnaissance *f*, acceptation *f* ((de *ses* fautes)). ◇_(을) 하다 reconnaître [admettre] *ses* fautes. ¶ 실수[패배]를 ~하다 reconnaître [admettre] *sa* faute [*sa* défaite]. ¶ 자기 잘못이었음을 ~하다 reconnaître [admettre] *sa* faute; admettre qu'on a mal fait *qc*. ¶ 자신이 범인이라고 ~하다 avouer *sa* culpabilité, avouer qu'on est coupable. ¶ 그렇게 말하는 것은 네가 잘못했음을 ~하는 셈이 된다 Si tu le dis, cela revient à admettre [à avouer] ta faute.

자일 독 명 corde *f* d'attache, corde *f* de rappel (utilisée par les alpinistes).

자임 自任 ① prise *f* en charge volontaire. ② prétention *f*. ◇_(을) 하다 ① 스스로 맡음 prendre en charge. ¶ 궂은일을 ~하고 나서다 s'occuper des [prendre en charge les] travaux pénibles [désagréables]. ¶ 가난한 예술가들의 후원자 역할을 ~하다 prendre en charge le patronage des artistes démunis. ② 적임이라고 자부함 prétendre à, vouloir passer pour. ¶ 그는 사장의 후계자임을 공공연히 ~한다 Il a publiquement prétendu être le successeur du patron / Il a voulu publiquement passer pour le successeur du patron.

자자손손 子子孫孫 명 enfants *mpl* et petits enfants *mpl*; postérité *f*; descendants *mpl*; descendance *f*; génération *f* après génération. ¶ 가문의 영광이 ~ 전해진다 L'honneur de la famille se transmet de génération en génération. ¶ 좋은 전통을 ~ 전하다 transmettre la bonne tradition à la postérité.

자자하다 藉藉- 형 être répandu(*e*); être connu(*e*) de tout le monde.. ¶ 명성이 ~ jouir d'une grande renommée [réputation]; avoir de la notoriété. ¶ 칭찬이 ~ recevoir des félicitations de tout le monde. ¶ 마을에 소문이 ~ Dans le quartier, tout le monde connaît la nouvelle [cette rumeur] / La rumeur est répandue dans tout le quartier [village]. ¶ 월급이 너무 적다는 불평이 ~ Tout le monde se plaint ici de toucher un trop petit salaire. ¶ 폭군에 대한 백성들의 원성이 ~ Tous les gens du peuple exposent [formulent] leurs griefs à l'égard du tyran [despote] / Tous les gens du peuple ont des griefs à l'égard du [contre le] tyran. / Tous les gens du peuple se plaignent du tyran. ¶ 그는 어려서부터 신동이라고 소문이 자자했다 Tout le monde disait de lui, déjà dans son enfance, qu'il était (un) enfant prodige. ¶ 마을에 칭찬이 자자할 만큼 그는 효성이 지극했다 Il était d'un dévouement sans limites pour ses parents au point que tout le monde lui faisait des compliments (à ce sujet). ¶ 의술이 뛰어나다는 평판이 온 동네에 자자하게 퍼졌다 Il avait de la notoriété dans tout le quartier quant à sa médecine / Il s'était fait une réputation dans tout le quartier en tant que médecin / Sa médecine jouissait d'une grande renommée dans tout le quartier.

자작¹ 自作 명 ① 스스로 만듦 œuvre *f* [production *f*, composition *f*] personnelle. ¶ ~의 피아노 소나타를 연주하다 jouer une sonate de *sa* propre composition. ② 자기 땅에 직접 농사를 지음 exploitation *f* directe de *sa* propre terre. ¶ ~으로 넓은 땅에 농사를 짓다 cultiver *sa* propre ferme sur un vaste terrain. ◇_(을) 하다 faire [écrire] *soi*-même. ¶ 외국 곡에 ~한 가사를 붙이다 rajouter *ses* propres paroles à une chanson étrangère.

◆_곡 -曲 명 chanson *m* de *sa* propre composition; chanson *f* écrite de *sa* propre main.

◆_극 -劇 명 pièce *f* de *sa* propre composition. ¶ ~극을 꾸미다 être l'auteur de *sa* propre mise en

ㅈ

scène. ¶ 그 사건은 그의 ~극이었다 C'est lui qui a inventé cette histoire.

◆_농 -農 명 cultivateur *m* propriétaire de *sa* ferme.

◆_시 -詩 명 poème *m* écrit de *sa* propre main; poème *m* de *sa* propre composition; poème *m* personnel.

자작² 自酌 명 action de se servir *soi*-même. ¶ ~으로 소주 한 병을 마시다 se servir une bouteille de *soju*, boire tout(*e*) seul(*e*) une bouteille de *soju*. ◇_(을) **하다** remplir *son* propre verre; se servir à boire (*soi*-même).

자작³ 子爵 명 vicomte *m*.

자작나무 명 bouleau(*x*) *m*, *Betula platyphylla* {*nsc*}. ¶ ~ 숲 une forêt de bouleaux.

자잘하다 형 ① 여럿이 다 가늘거나 작다 être petit(*e*) et menu(*e*) ((en parlant de plusieurs objets)). ¶ 자잘한 글씨 une écriture fine. ¶ 몇 시간째 자잘한 물고기만 낚다 n'attraper que de petits poissons en plusieurs heures. ¶ 신문의 활자가 너무 ~ Les caractères des journaux sont trop petits. ② 소소하다 être futile. ¶ 요즈음은 여러 가지 자잘한 일들이 많다 Ces jours-ci, j'ai beaucoup de menues [de petites] choses à faire. ¶ 삶의 자잘한 이야기 petites histoires de la vie quotidienne. ¶ 그는 자잘한 걱정들을 많이 한다 Il s'inquiète pour un rien / Un rien l'inquiète. ¶ 생각하는 것이 너무 ~ Tu as l'esprit étroit.

자장¹ 磁場 명 【물리】 champ *m* magnétique. ¶ ~이 크다[작다] Le champ magnétique est important [faible]. ¶ ~이 있다[없다] Il y a un [Il n'y a pas de] champ magnétique. ¶ ~이 형성되었다 Un champ magnétique s'est formé.

자장² 炸醬 명 mets *m* accompagné d'une sauce noire de soja fermenté (sauce chinoise), à base de porc et de légumes ((oignons, petits pois, concombres, etc.)).

◆_면 -麵 명 *jajangmyeon fpl* <mets chinois (*Zhajiangmian*), nouilles accompagnées d'une sauce noire de soja fermenté (sauce chinoise), préparées avec du porc et des légumes (oignons, petits pois, concombres, etc.>.

◆_밥 명 *jajangbap m* <riz accompagné de la même sauce noire>.

자장가 -歌 명 berceuse *f*. ¶ 아기에게 ~를 들려주다 faire écouter une berceuse à un(*e*) enfant.

자장자장 감 dodo {*fam*}. ¶ ~ 우리 아가 Fais dodo {*fam*}, mon bébé [mon amour].

자재 資財 명 matériau(*x*) *m*; matière *f*. ¶ 건축용 ~ matériaux de construction. ¶ ~가 모자라 공사가 중단되었다 À cause du manque de matériaux, les travaux ont été interrompus.

◆_상 -商 명 marchand(*e*) de matériaux.

자전¹ 字典 명 dictionnaire *m*; lexique *m*. ¶ 한문을 ~만으로 해석하다 interpréter un texte en ancien chinois à l'aide d'un dictionnaire.

자전² 自傳 명 autobiographie *f*.

◆_적 -的 명관 autobiographique. ¶ 그의 소설은 ~적 요소가 많다 Il y a beaucoup d'éléments autobiographiques dans son roman.

자전³ 自轉 명 【천문】 rotation *f* sur *soi*. ¶ 지구의 ~ la rotation de la terre. ◇_(을) **하다** tourner [pivoter] sur un axe.

자전거 自轉車 명 bicyclette *f*, vélo *m*; vélocipède *m* {*vx*}; bécane *f* {*fam*}, biclou *m* {*fam*}. ¶ ~ 경주 courses de bicyclettes, courses cyclistes (sur piste ou sur route). ¶ ~ 경기 cyclisme *m*. ¶ ~ 전용도로 une route cyclable. ¶ 경기용 ~ un vélo de course. ¶ 이인용 ~ un tandem ¶ 기어가 달린 ~ une bicyclette à plusieurs vitesses. ¶ 모터가 달린 ~ un vélomoteur, un cyclomoteur, un cyclo {*fam*}; une mobylette, un solex, (marques de cyclomoteur), un scooter, une mob {*fam*}, une meule {*fam*}. ¶ ~를 타다 faire de la bicyclette, faire du vélo. ¶ ~에 타다 monter sur un vélo, enfourcher un vélo. ¶ ~로 가다 se déplacer [aller] à bicyclette.

◆두발 _ bicyclette *f*.

◆세발 _ 명 tricycle *m*.

◆_포 -鋪 명 magasin *m* de bicyclettes.

자정¹ 子正 명 minuit *m*. ¶ 벌써 ~이다 Il est déjà minuit. ¶ ~에 à minuit. ¶ ~ 넘어서[지나서] 집에 돌아오다 rentrer chez *soi* après minuit.

자정² 自淨 명 autonettoyage *m*, autopurification *f*. ¶ 생태계의 ~ 능력 capacité de purification de la nature. ¶ 언론계의 ~ 노력 effort d'«autonettoyage» du monde de la presse. ◇_(을) **하다** s'autonettoyer, s'autopurifier. ¶ 정당들이 먼저 ~하는 모습을 보여 주어야 한다 Les partis politiques doivent d'abord montrer des efforts d'autoassainissement. ◇_(이) **되다** être autonettoyé(*e*).

자제¹ 子弟 명 fils *m* de *qn*; enfants *mfpl*. ¶ 슬하에 ~분이 어떻게 되시는지요? Avez-vous des enfants? / Combien avez-vous d'enfants?

자제² 自制 명 maîtrise *f* de *soi*. ¶ 과소비의 ~ maîtrise de *sa* consommation. ¶ 국민들에게 해외여행의[에 대한] ~를 호소하다[촉구하다] faire appel aux citoyens pour qu'ils s'abstiennent de voyager à l'étranger. ◇_(를) **하다** être maître de *soi*; contrôler *ses* réactions, refréner [réfréner, mettre un frein à] ((*ses* désirs, *son* envie)). ¶ 욕구를 ~하다 contrôler [mettre un frein à, refréner] *ses* désirs. ¶ 흥분[분노]을 ~하다 maîtriser *son* excitation [maîtriser *sa* colère, contenir *sa* colère].

◆_력 -力 명 maîtrise *f* de *soi*. ¶ ~력을 잃다 perdre la maîtrise de *soi*; ne plus maîtriser [contrôler] *ses* réactions. ¶ ~력을 키우다 développer la maîtrise de *soi*. ¶ ~력이 강하다 avoir une très bonne maîtrise de *soi*. ¶ ~력이 있다 être maître de *soi*.

◆_심 -心 명 maîtrise *f* de *soi*. ¶ ~심을 발휘하다 développer la maîtrise de *soi*. ¶ ~심을 잃다 perdre la maîtrise de *soi*; ne plus maîtriser [contrôler] *ses* réactions.

자조[1] **自嘲** 명 autodérision *f*. ¶ ~의 웃음을 짓다 faire un sourire empreint d'autodérision. ¶ 그의 얼굴에 ~의 빛이 스쳤다 Sur son visage, apparaissait une lueur d'autodérision. ¶ ~ 섞인 미소 sourire empreint d'autodérision. ◇_(를) **하다** se mépriser soi-même. ¶ 스스로를 ~하는 듯한 미소 un sourire empreint d'autodérision. ¶ 자신의 무능을 ~하다 se moquer de sa propre incapacité. ¶ 그는 학벌도 재산도 없는 놈이라고 ~한다 Il se moque de lui-même car il est sans situation et sans avenir.

◆_**적** -的 명관 empreint(*e*) d'autodérision; qui se moque de *soi*-même. ¶ ~적인 표현[태도] une expression [une attitude] empreinte d'autodérision. ¶ ~적으로 말하다 parler comme si on se moquait de *soi*-même [avec autodérision].

자조[2] **自助** 명 effort *m* personnel; indépendance *f*. ¶ 근면, ~, 협동 travail, effort personnel [indépendance] et coopération [collaboration]. ◇_(를) **하다** faire des efforts personnels, faire des efforts par *soi*-même.

자족 **自足** 명 indépendance *f*; suffisance *f*, autosuffisance *f*; autarcie *f*; autosatisfaction *f*; triomphalisme *m*. ◇_(을) **하다** être autosuffisant(*e*); être autarcique. ¶ 스스로에게 ~하다 se suffire (à *soi*-même); être satisfait de *soi*; se satisfaire de *qc*; être indépendant(*e*). ¶ 나는 지금의 생활에 ~한다 Je me satisfais [suis satisfait] de ma vie actuelle. ¶ 우리는 이만하면 행복한 삶이라고 ~하고 있다 Nous sommes satisfaits de notre propre vie même si nous n'avons que cela.

◆_**적** -的 명관 indépendant(*e*), qui se suffit à *soi*-même. ¶ ~적인 삶 vie indépendante. ¶ ~적 경제 구조 structure d'économie indépendante [d'autarcie]. ¶ ~적인 미소 sourire d'autosatisfaction.

◆_**경제** -經濟 명 【경제】 autarcie *f*.

◆_**감** -感 명 sentiment *m* d'autosatisfaction. ¶ 일을 끝냈다는 ~감에 젖다 être satisfait(*e*) de *soi* parce qu'on a terminé un travail.

자존 **自尊** 명 respect *m* [estime *f*] de *soi*; suffisance *f*, amour-propre(*~s~-s*) *m*.

◆_**심** -心 명 amour *m* propre; suffisance *f*, respect *m* [estime *f*] de *soi*; fierté *f*, orgueil *m*. ¶ 학문적 ~심 *fierté scientifique*. ¶ ~심이 세다[강하다] avoir beaucoup d'amour-propre ;être infatué(*e*) de *soi*-même ¶ ~심이 없다 manquer d'amour propre, ne pas avoir d'amour-propre]. ¶ 누구의 ~심을 짓밟다 blesser l'amour propre de *qn*. ¶ 누구의 ~심을 세워 주다 passer de la pommade à *qn* {*fam*}, flatter *qn*. ¶ 누구의 ~심에 상처를 주다 blesser l'amour propre de *qn*.

자주[1] 부 souvent, fréquemment. ¶ 나는 지하철을 ~ 이용한다 Je prends souvent le métro. ¶ 그는 우리 집에 ~ 온다 Il vient souvent chez moi [chez nous] / Il nous rend souvent visite.

자주[2] **自主** 명 indépendance *f*, autonomie *f*. ¶ ~ 무역 commerce extérieur autonome. ¶ ~ 정신 esprit d'indépendance. ¶ 민족의 ~와 독립을 쟁취하다 se battre pour l'indépendance d'un peuple.

◆_**적** -的 명관 indépendant(*e*), autonome; ((자발적)) volontaire. ¶ ~적 외교 politique étrangère indépendante. ¶ 문제를 ~적으로 해결하다 résoudre volontairement un problème, résoudre un problème de sa propre volonté.

◆_**성** -性 명 indépendance *f*, souveraineté *f*. ¶ ~성이 없다 manquer d'indépendance.

◆_**국** -國 명 État *m* indépendant [souverain].

◆_**권** -權 명 autonomie *f*, droit *m* de souveraineté. ¶ ~권의 상실 perte du droit à l'indépendance.

◆_**국방** -國防 명 défense *f* autonome.

◆_**독립** -獨立 명 indépendance *f*.

자주[3] **紫朱** 명 violet *m*, couleur *f* violette. ¶ ~ 고름 soutache violette.

◆_**색** -色 명 violet *m*, couleur *f* violette.

◆_**ㅅ빛** 명 violet *m*, couleur *f* violette.

자중 **自重** 명 prudence *f*, réserve *f*, retenue *f*, circonspection *f*. ◇_(을) **하다** être prudent(*e*), circonspect(*e*), réservé(*e*); agir avec réserve. ¶ 경거망동하지 말고 좀 더 ~하세요 Ne sois pas si téméraire, agis avec plus de réserve [sois plus réservé(*e*)]. ¶ ~하지 못하고 사고를 치다니! Quand je pense que tu as causé un accident par manque de prudence!

◆_**자애** -自愛 명 amour-propre *m*; respect *m* [estime *f*] de *soi*. ¶ ~자애가 지나치면 곤란하다 Il ne faut pas être trop infatué de soi-même.

자중지란 **自中之亂** 명 se battre entre personnes du même clan; guerre *f* intestine [fratricide]]. ¶ ~에 빠지다 en venir à se battre entre *eux*. ¶ 그들은 ~에서 헤어나지 못하고 있다 Ils n'arrivent pas à cesser leur guerre fratricide.

자지 명 sexe *m* masculin; pénis *m*, zizi *m* {*fam*}, bite *f* {*vulg*}; verge *f*, membre *m* viril.

자지러지다[1] 자 tomber à la renverse (d'étonnement), sursauter [tressaillir], tressauter, avoir un bref mouvement de recul; être sidéré(*e*), pétrifié(*e*), stupéfié(*e*), frappé(*e*) de stupeur, abasourdi(*e*). ¶ 그는 갑작스런 벨 소리에 자지러지지 않을 수 없었다 Il ne put que sursauter [tressaillir] au retentissement soudain de la sonnette. ¶ 아기가 자지러지듯 울었다 Le bébé hurlait de façon terrifiante [à faire peur, à tue-tête, à pleins poumons, à en réveiller le voisinage] / Un bébé braillait à gosier rompu {*fam*}. ¶ 자지러지게 놀라다 tomber à la renverse (d'étonnement), sursauter [tressaillir], avoir un bref mouvement de recul; être sidéré(*e*), pétrifié(*e*), stupéfié(*e*), frappé(*e*) de stupeur, abasourdi(*e*). ¶ 자지러지게 울다 pleurer [hurler] à la mort, brailler à gosier rompu {*fam*}, hurler à faire peur [de façon terrifiante, à tue-tête, à pleins poumons, à en réveiller le voisinage].

자지러지다[2] 형 être soigné(*e*) [fin(*e*), délicat(*e*),

précis(*e*), minutieu*x*(*se*)] et b*eau*(*belle*). ¶ 자수의 무늬가 자지러진다 Le motif de la broderie est très soigné et beau.

자진 自進 명 propre initiative *f*. ◇_(을) **하다** faire *qc* de *sa* propre initiative. ¶ ~하여 중책을 맡다 vouloir prendre une responsabilité importante. ¶ ~해서 헌혈하다 se porter volontaire pour donner *son* sang. ¶ 일을 ~해서 하다 faire un travail de son plein gré.

◆_납부 -納付 명 paiement *m* volontaire [fait de *sa* propre initiative].

◆_사퇴 -辭退 명 démission *f* de *son* plein gré; départ *m* volontaire.

◆_입대 -入隊 명 départ *m* volontaire pour l'armée. ¶ ~입대하다 devancer l'appel du service militaire.

자진모리 명 《판소리나 산조 장단의 하나》 *jajinmori m* <l'un des rythmes du *pansori*>.

자질[1] 명 mesure *f* 《d'une longueur》. ¶ ~에 능숙한 재단사 un tailleur habile pour prendre des mesures. ◇_(을) **하다** mesurer, prendre des mesures.

자질[2] **資質** 명 disposition *f* naturelle; tempérament *m*; qualité *f*. ¶ 공무원의 ~을 향상시키다 améliorer la capacité des fonctionnaires. ¶ 법관의 ~을 갖추다 être fait pour la magistrature. ¶ 그는 정치가로서는 ~ 미달이다 Il n'est pas fait pour la politique. ¶ 그는 학자로서의 ~이 의심스럽다 Je doute de ses capacités en tant que savant. ¶ 타고난 ~은 숨길 수 없다 On ne peut pas cacher ses dispositions naturelles. ¶ ~**이 엿보이다** voir des dispositions naturelles chez *qn*. ② 【언어】 trait *m*. ¶ 의미[통사] ~ un trait sémantique [syntaxique]. ¶ 초분절 ~ traits suprasegmentaux. ¶ 변별 ~ traits distinctifs [pertinents] ◇_(이) **있다** avoir des dispositions naturelles pour *qc*; être fait pour *qc*. ¶ 음악에 ~이 있다 avoir des dispositions naturelles pour la musique. ◇_(이) **없다** ne pas avoir de dispositions naturelles.

◆_문자 -文字 명 【언어】 écriture *f* à traits.

자질구레하다 형 être petit(*e*); être sans importance. ¶ 자질구레한 걱정 des soucis sans importance [inutiles]. ¶ 자질구레한 이야기 histoire sans importance. ¶ 자질구레한 물건들 choses [affaires] sans importance; bagatelles. ¶ 자질구레한 일에 매달리다 se consacrer exclusivement [consacrer tout *son* temps] à un travail qui n'en vaut pas la peine [sans importance]. ¶ 자질구레한 것들을 정리하다 ranger de petites choses. ¶ 물건들을 자질구레하게 벌여 놓다 étaler *ses* petites affaires un peu n'importe où. ¶ 자질구레하게 여러 일을 벌이다 faire beaucoup de travaux insignifiants.

자찬 自讚 명 éloge *m* de *soi*-même; admiration *f* de *soi*-même. ¶ 자기 작품에 대해 ~을 늘어놓다 faire l'éloge de *ses* propres travaux; se vanter de *ses* travaux. ◇_(을) **하다** faire *son* propre éloge; se vanter. ¶ 자기가 한 일을 스스로 ~하다 se vanter de *son* (propre) travail; s'autocomplimenter; faire l'éloge de *son* propre travail. ¶ 그는 자기가 세계적인 화가라고 ~한다 Il se vante d'être un peintre connu dans le monde entier.

◆자화_ 自畵 명 éloge *m* de *soi*-même. ☞ 자화자찬

자책 自責 명 remords *m*; mauvaise conscience *f*, un poids *m* [une faute *f*] sur la conscience, scrupules *mpl*, repentir *m*, problèmes *mpl* de conscience, cas *m* de conscience. ¶ 지난 일에 대한 ~ mauvaise conscience [remords] à cause de ce qui a été fait antérieurement, 《avoir des》 remords, 《avoir》 des problèmes de conscience, 《avoir》 mauvaise conscience, 《avoir》 un poids [*qc*, une faute] sur la conscience, 《ne pas avoir》 la conscience [l'esprit] tranquille [en paix]. ¶ ~을 느끼다 se sentir coupable; être pris(*e*) de remords, avoir *qc* à se reprocher, avoir des remords, avoir des scrupules, ne pas avoir la conscience [l'esprit] en paix [tranquille]. ¶ 심한 ~에 시달리다[~으로 괴로워하다] être atteint(*e*) de vifs remords; être pris(*e*) de vifs remords. ◇_(을) **하다** avoir des remords, se sentir coupable; se repentir de *ses* fautes. ¶ 자신의 과오를 ~하다 avoir des remords à cause de *sa* propre erreur; regretter *sa* propre erreur; se repentir de *ses* fautes. ¶ 좀 더 열심히 공부하지 않은 자기 자신을 ~하다 se reprocher de ne pas avoir assez travaillé. ¶ 그는 자기가 부모에게 소홀했다고 ~한다 Il se repentait d'avoir attristé ses parents. ◇_**이 들다** se sentir coupable, avoir mauvaise conscience, avoir des remords, avoir des scrupules, ne pas avoir la conscience tranquille [l'esprit tranquille, l'esprit en paix], avoir un poids [une faute, *qc*] sur la conscience; éprouver des sentiments de remords. ¶ 그는 자기가 친구들에게 무심했다는 ~이 들었다 Il s'est senti coupable d'avoir ignoré ses amis.

◆_감 -感 명 mauvaise conscience *f*, 《avoir》 un poids *m* [une faute, *qc*] sur la conscience; (sentiment *m* de) remords *m*, repentir *m*. ¶ ~감을 느끼다[갖다, ~감이 들다] ne pas avoir la conscience [l'esprit] tranquille [en paix], avoir un poids [une faute, *qc*] sur la conscience, avoir mauvaise conscience, avoir *qc* à se reprocher, avoir des remords, être pris(*e*) de remords. ¶ ~감에 사로잡히다[빠지다, 시달리다] être rongé(*e*) de [par les] remords. ¶ 무능한 아버지라는 ~감이 그를 괴롭혔다 Il se repentait de ne pas être un bon père.

◆_골 명 【운동】 but *m* contre *son* camp. ¶ ~골을 넣다 marquer [inscrire, mettre] un but contre *son* camp.

자처 自處 명 prétention *f*. ◇_(를) **하다** avoir la prétention de; se donner des airs; prétendre. ¶ 지식인을 ~하다 se donner des airs de savant. ¶ 요리의 명인으로 ~하다 avoir la prétention d'être un très grand cuisinier [un très grand chef]. ¶ 자신이 세계 최고라고 ~하다 prétendre être le meilleur au monde.

ㅈ

자천 自薦 명 fait [action] de se proposer [de se porter volontaire] pour un poste. ¶ ~으로 반장이 되다 devenir le délégué de classe par *sa* propre initiative [sans avoir été recommandé par quiconque]. ¶ ~ 반 타천 반으로 사장이 되다 devenir directeur d'une entreprise à moitié par *sa* propre initiative et à moitié par recommandation d'autrui. ◇_(을) **하다** se proposer pour un poste; proposer *ses* services pour un poste.

자청 自請 명 proposition *f*. ◇_(을) **하다** se proposer (pour rendre un service); proposer *ses* services; s'offrir pour faire *qc*. ¶ 기자회견을 ~하다 inviter des journalistes à *sa* conférence de presse. ¶ 고생을 ~하다 proposer *ses* services volontairement; se donner de la peine volontairement. ¶ 오지에 가서 일하기를 ~하다 aller dans l'arrière-pays pour proposer *ses* services; proposer *ses* services dans l'arrière-pays. ¶ 자기가 그 일을 맡겠다고 ~하고 나서다 proposer *ses* services pour ce travail. ¶ ~해서 힘든 일을 하다 se proposer pour une tâche pénible.

자체[1] **字體** 명 forme *f* d'un caractère [d'une lettre]; forme *f* d'écriture. ¶ 새로운 ~를 개발하다 inventer une nouvelle forme de caractères (d'écriture).

◆**정_** 正- 명 caractères *mpl* d'imprimerie. ¶ 정~로 쓰다 écrire très lisiblement en caractères d'imprimerie.

자체[2] **自體** 명 soi-même; propre. ¶ ~의 무게로 쓰러지다 tomber à cause de *son* propre poids. ¶ 진리 ~를 사랑한다 J'aime la vérité en tant que telle. ¶ 그 생각 ~가 어리석다 Cette idée est absurde en elle-même. ¶ 그렇게 말하는 것 ~가 잘못이다 Rien que le fait de dire cela est une erreur. ¶ 그는 정직 그 ~이다 Il est l'honnêteté en personne.

◆**_적** -的 명관 ¶ ~적으로 해결하다 résoudre un problème par *soi*-même [tout seul].

자초 自招 명 ◇_(를) **하다** s'attirer ((un malheur)); provoquer ((*sa* propre perte)). ¶ 위험을 ~하다 s'attirer un danger. ¶ 공연히 남의 일에 끼어들어 화를 ~하다 provoquer [*s*'attirer] un malheur en se mêlant inutilement des affaires des autres [en fourrant inutilement *son* nez dans les affaires des autres].

자초지종 自初至終 명 du début à la fin; dans tous les détails; entièrement. ¶ 사건의 ~ tous les détails d'un événement. ¶ ~을 듣다 écouter une histoire [un récit] du début jusqu'à la fin. ¶ ~을 알다 connaître tous les détails; tout savoir jusqu'au moindre détail. ¶ ~을 이야기하다 donner tous les détails [les moindres détails]; faire un récit complet. ¶ ~을 설명하다 expliquer *qc* dans les moindres détails.

자축 自祝 명 action de fêter *son* propre succès. ◇_(을) **하다** se féliciter; fêter *son* propre succès. ¶ 생일을 ~하다 fêter *son* anniversaire. ¶ 우리는 가족끼리 모여 아버지의 승진을 ~하였다 Nous nous sommes réunis pour fêter [pour célébrer] la promotion de notre père. ¶ 팀의 승리를 ~하는 자리[모임]를 마련하다 organiser une fête pour célébrer notre victoire.

◆**_연** -宴 명 banquet *m* pour célébrer sa propre réussite. ¶ ~연을 열다 donner un banquet pour arroser *son* succès, organiser une fête pour marquer *son* propre succès [*sa* propre réussite].

◆**_행사** -行事 명 fête *f* pour célébrer *sa* propre réussite.

자충수 自充手 명 ((바둑)) coup *m* au jeu de go qui diminue le nombre de *ses* pierres avec *ses* propres pierres. ¶ ~를 두다[놓다] faire un coup qui diminue le nombre de *ses* pierres avec *ses* propres pierres. ¶ 그는 스스로 ~를 둔 격이다 Il a été pris à son propre jeu [piège].

자취[1] 명 trace *f*, piste *f*, empreinte *f*; vestige *m*. ¶ 고대 문명의 ~ les vestiges de la civilisation antique. ¶ 옛 영화의 ~ les vestiges de la gloire. ¶ ~를 남기다 laisser des traces. ¶ ~를 더듬다 (re)chercher les traces de *qc*/*qn*. ¶ 그의 ~를 찾을 수가 없다 On ne trouve aucune trace de lui. ¶ ~도 없다 Il n'y a même pas de traces.

*~**를 감추다** disparaître sans laisser aucune trace.

◆**발_** 명 empreinte *f* de pas. ¶ 선인들의 발~ les empreintes des précurseurs [des prédécesseurs].

자취[2] **自炊** 명 *sa* propre cuisine *f*. ¶ ~ 생활을 하다 vivre en faisant la cuisine *soi*-même. ◇_(를) **하다** vivre en faisant *sa* propre cuisine; faire la cuisine *soi*-même. ¶ 친구와 ~를 하다 vivre à deux, avec un ami dans un studio avec cuisine.

◆**_방** -房 명 chambre *f* d'étudiant avec cuisine; studio *m* avec cuisine. ¶ 학교 근처에 ~방을 얻다 avoir un studio avec cuisine près de l'université.

◆**_생** -生 명 étudiant(*e*) vivant dans un studio avec cuisine.

자치 自治 명 autonomie *f* (d'un État); indépendance *f*; autonomie *f* interne; self-government *m*; décentralisation *f*. ¶ 대학의 ~ autonomie de l'université (des universités). ¶ ~를 인정하다 accorder [donner, octroyer, reconnaître, autoriser] l'autonomie (à *qn*). ¶ 학생에게 ~를 허용하다 accorder l'autonomie aux étudiants; donner aux étudiants la liberté de se gouverner par eux-mêmes permettre aux étudiants de déterminer librement les règles auxquelles ils se soumettent.

◆**_적** -的 명관 autonome; indépendant(*e*). ¶ 모든 문제를 ~적으로 해결하다 résoudre tous les problèmes de manière autonome [indépendamment, par *ses* propres lois]; tout solutionner par *soi*-même.

◆**_권** -權 명 droit *m* à l'autonomie; autonomie *f*. ¶ ~권을 지키다 protéger le droit à l'autonomie [l'autonomie]; protéger le droit de se gouverner; préserver la libre entreprise. ¶ ~권을 획득하다 acquérir l'autonomie; obtenir le droit de se gouverner; conquérir *son* indépendance. ¶ 그 나라

에 ~권을 주다 accorder [donner] son autonomie à ce pays; accorder à ce pays le droit de se gouverner.

◆_**단체** -團體 명 organisation *f* autonome; comité *m* [corps *m*] autonome.

◆_**령** -令 명 territoire *m* autonome; dominion *m*.

◆_**법** -法 명 loi *f* d'autonomie; loi *f* sur l'autonomie (régionale); décret *m* d'indépendance.

◆_**제(도)** -制(度) 명 système *m* d'administration autonome; système *m* d'autonomie régionale. ¶ 주민 ~제 système d'administration autonome d'une collectivité; système d'organisation autonome de résidents.

◆_**회** -會 명 ((학생의)) comité *m* d'étudiants; association *f* (des étudiants); ((단체의)) association *f* (des habitants).

◆**지방_** 地方- 명 autonomie *f* régionale [communale], régionalisation *f*.

자치기 명 *jachigi m* <jeu d'enfant se jouant à l'extérieur avec un petit morceau de bois rond de 15 centimètres que l'on frappe avec un long bâton de 50 centimètres>. ¶ ~(를) 하다 jouer au *jachigi*, faire une partie de *jachigi*.

자친 慈親 명 ma mère *f*.

자침 磁針 명 【물리】 aiguille *f* aimantée ((de la boussole)). ¶ ~은 항상 남과 북을 가리킨다 Les deux flèches de l'aiguille aimantée indiquent toujours le nord et le sud.

자칫 부 quelque peu, un peu; ((s'en falloir)) d'un rien. ¶ ~ 잘못하면 큰일이 날 수도 있다 Il s'en faudrait d'un rien] pour qu'il arrive une catastrophe [pour aboutir à une catastrophe] / Un rien pourrait provoquer une catastrophe. ¶ 봄이 되면 ~ 느슨해지기 쉬운 마음을 바로잡아야 한다 Au printemps, il faut rester très actif et vigilant [redoubler d'attention, redoubler d'effort] ((au travail, sur le plan professionnel)) parce que c'est une époque où l'on se relâche facilement ((pensée classique en Corée)).

◆_**하다** faillir, un peu plus et ...; il n'en s'est fallu de peu [d'un doigt, de deux doigts] pour, peu s'en faut que+*subj*. ¶ 이번 경기에서 ~하면 우리 팀이 질 뻔했다 On aurait très bien pu perdre ce match [cette rencontre] / Un peu plus et on perdait ce match / Il s'en est fallu de peu qu'on perde ce match. ¶ ~하여 서로 오해가 생기면 정말 큰일이다 S'il y a un malentendu entre nous pour si peu de chose, c'est vraiment grave. ¶ ~하다가 이번 일을 망칠지도 모른다 Peu s'en faut que l'on rate ce travail / Il suffirait de peu de chose [d'un rien, d'un petit avatar] pour que le travail ne soit pas réussi / La moindre erreur pourrait faire échouer le travail.

자칭 自稱 명관 soi-disant; prétendu(*e*), présumé(*e*). ¶ ~ 신사라는 사람 le soi-disant gentleman, un prétendu gentleman. ¶ ~ 시인이라고 말하고 다니다 se dire poète, se présenter comme poète, se faire passer pour poète. ◇_(을) **하다** se dire ; se présenter comme , se faire passer pour ; prétendre être. ¶ 변호사를 ~하다 se présenter comme avocat, se faire passer pour avocat. ¶ 백만장자로 ~하다 se dire millionnaire. ¶ 자기를 예술가로[예술가라고] ~하다 Il se dit artiste / Il se présente comme artiste / Il se fait passer pour artiste.

자켓 영{jacket} 명 ☞ 재킷

자크 명 fermeture *f* à glissière, zip *m*, fermeture *f* éclair; ((바지의)) ((remonter *sa*, ouvrir *sa*)) braguette *f* (à fermeture éclair) ((d'un pantalon)). ¶ ~가 달린 잠바 un blouson muni d'une fermeture à glissière [d'une fermeture éclair], un blouson à fermeture éclair, un blouson zippé. ¶ ~를 올리다[잠그다] remonter [(re)fermer] *sa* fermeture éclair; ((바지 지퍼를)) refermer [remonter] la braguette de *son* pantalon [*sa* braguette], se rebraguetter {*fam*}. ¶ ~를 내리다[열다] descendre [ouvrir] *sa* fermeture éclair; ((바지 지퍼를)) ouvrir la braguette de *son* pantalon [*sa* braguette], se débraguetter {*fam*}. ¶ ~가 고장났다 La [Ma] fermeture éclair ne marche plus [est cassée]. ¶ ~가 안 열려 La [Ma] fermeture éclair s'est coincée. ¶ ~가 못쓰게 되었다[망가졌다] La [Ma] fermeture éclair est cassée [fichue {*fam*}, foutue {*fam*}]. ¶ (바지) ~가 열렸네 Ta braguette est ouverte / Les magasins sont ouverts.

자타 自他 명 ① *soi*-même et les autres; tout le monde. ¶ ~가 모두 moi et les autres; tout le monde. ¶ 그는 ~가 공인하는 위대한 작가이다 C'est un grand écrivain, tout le monde l'admet. ¶ 그것은 ~가 인정하는 바다 Cette chose-là est admise par tous / C'est ce qui est reconnu par tout le monde / C'est ce sur quoi tout le monde est d'accord / Tout le monde est d'accord là-dessus {*fam*}. ② 【언어】 ((verbes, constructions)) intransiti*fs*(*ves*) et transiti*fs*(*ves*). ¶ ~ 동사 verbes intransitifs et transitifs.

자탄 自嘆 명 plainte *f*; lamentation *f*; complainte *f*; regret *m*. ¶ 그의 입에서 인생을 헛살았다는 ~이 새어나왔다 De sa bouche s'est échappée la plainte d'une vie vaine / De sa bouche est sorti le regret d'avoir vécu en vain / D'entre ses lèvres s'est élevée la lamentation d'une existence pour rien. ◇_(을) **하다** se lamenter ((sur *ses* malheurs)); se plaindre ((de *son* sort)); pleurer ((sur *son* sort)); pousser des jérémiades; regretter ((*ses* erreurs)), avoir le regret ((de n'avoir pas aidé *son* ami)). ¶ 자신의 무지를 ~하다 se plaindre de [se lamenter sur] *son* ignorance; pleurer sur *son* ignorance. ¶ 자식이 없음을 ~하다 se lamenter de [se plaindre de] ne pas avoir d'enfants; regretter de ne pas avoir d'enfants.

자태 姿態 명 ① apparence *f*; attitude *f*, posture *f*, pose *f*; allure *f*. ¶ 날씬한 ~ une taille élancée [svelte, bien prise]. ¶ 고아한 ~를 지닌 여인 une femme d'apparence élégante. ¶ 선정적인 ~ une attitude voluptueuse [provocante]. ¶ 농염한 ~ une pose sexy. ¶ 그 여자는 옷을 입은 ~가 뛰어나다 Cette femme a fière allure avec les habits qu'elle porte [dans ses habits] / Elle a une belle allure [silhouette] dans son costume. ② silhouette *f*, allure *f*; ligne *f*; formes *fpl*. ¶ 그 산의 ~ la silhouette [la ligne, la forme] de cette montagne.

자택 自宅 명 maison *f* (de *qn*), domicile *m* (de *qn*); résidence *f* privée; chez *soi*. ¶ ~ 전화번호 le numéro de téléphone du domicile principal. ¶ ~에 있다 [없다] être [ne pas être] chez *soi*, rester à la maison [au domicile]. ¶ ~에서 요양하다 se soigner à domicile. ¶ 짐을 ~으로 배달해 드리겠습니다 Le colis vous sera livré à domicile.

자퇴 自退 명 abandon *m* volontaire ((de l'école, de *sa* scolarité)). ¶ 학교 ~ 후에 après avoir abandonné volontairement l'école. ◇_(를) **하다** abandonner volontairement ((l'école)). ¶ 학교를 ~하다 abandonner volontairement l'école, quitter l'école, interrompre *sa* scolarité; laisser tomber *ses* études de *son* plein gré. ◇_(를) **시키다** faire abandonner l'école à un(*e*) élève, faire interrompre *sa* scolarité à un(*e*) élève ((souvent pour des raisons financières)).

자투리 명 chute *f* de tissu, bout *m* (de tissu); reste *m* (de tissu); fins *fpl* de série (de marchandises). ¶ 물건을 거의 다 팔고 ~만 남았다 On a vendu presque toute la marchandise et il ne reste que les fins de série / Presque tout est parti et il n'y a rien que les invendus. ¶ ~ 돈을 팁으로 주다 donner un pourboire avec la monnaie qui reste [avec le reste d'argent].

◆**_땅** 명 bout *m* de terrain. ¶ 시내의 ~땅을 요긴하게 개발하다 développer avec profit un bout de terrain au centre de la ville, rentabiliser de la terre en plein centre-ville.

자파 自派 명 parti *m* auquel on appartient *soi*-même; *son* parti. ¶ ~ 후보를 밀다 soutenir [donner *son* appui à] un candidat de *son* parti.

자판 字板 명 clavier *m*. ¶ ~ 배열 la configuration du clavier. ¶ 컴퓨터 ~ un clavier d'ordinateur, les touches d'un ordinateur. ¶ 한국어[불어] ~ un clavier coréen [français].

자판기 自販機 명 distributeur *m* (automatique). ¶ 음료[커피, 담배] ~ un distributeur (automatique) de boissons [de café, de cigarettes]. ¶ ~를 설치하다 installer [mettre en place] un distributeur automatique. ¶ ~ 커피 한잔만 뽑아 줘 Prends-moi un café au distributeur, s'il te plaît. ¶ ~에서 커피를 뽑아 먹다 (*se*) prendre [se servir] un café au distributeur. ¶ ~가 고장났다 Le distributeur est en panne. ¶ ~의 동전 투입구가[구멍이] 막혔다 La fente [Le trou] pour mettre l'argent dans le distributeur automatique est bouché(*e*).

자폐 自閉 어근 autisme *m*.

◆**_아(동)** -兒(童) 명 enfant *m* autiste [autistique].

◆**_증** -症 명 autisme *m*. ¶ ~증에 걸리다 être atteint(*e*) d'autisme.

자포자기 自暴自棄 명 résignation *f*, abandon *m* de *soi*-même; désespoir *m*; déception *f*. ¶ ~의 심정으로 살다 vivre avec un sentiment de désespoir; vivre avec le sentiment de se laisser aller. ¶ 실연으로 ~에 빠지다 tomber dans le [s'abandonner au, se laisser aller au] désespoir à cause d'un échec sentimental, sombrer dans le désespoir à cause d'un échec amoureux. ◇_(를) **하다** s'abandonner [se laisser aller] au désespoir; être désespéré(*e*). ¶ ~한 사람처럼 살다 vivre comme un(*e*) désespéré(*e*).

자폭 自爆 명 explosion *f* suicidaire; autodestruction *f*. ¶ ~ 행위 action de se faire sauter ((avec *son* navire)); action de se détruire; action de se faire sauter la cervelle {*fam*}. ¶ ~ 테러 un attentat suicidaire, un attentat-suicide. ◇_(을) **하다** se faire sauter ((avec *son* avion)); ((돌입)) s'écraser ((sur le pont d'un navire)); se détruire. ¶ ~이라도 하고 싶은 심정이다 J'ai réellement envie de me suicider [de me faire sauter la cervelle {*fam*}].

자풀이 字– 명 explication *f* d'un mot. ◇_(를) **하다** expliquer un mot [un terme], donner le sens d'un mot.

자필 自筆 명 autographe *m*; ((형용사적)) autographe; écrit(*e*) à la main, écrit(*e*) de *sa* propre main; ((법)) ((testament)) (h)olographe; manuscrit(*e*). ¶ ~ 편지를 보내다 envoyer un billet écrit de *sa* propre main. ¶ ~ 서명 une signature autographe; un paraphe; une griffe. ¶ ~ 이력서 un curriculum vitae écrit à la main (manuscrit). ¶ ~ 증서 un acte [un contrat] olographe. ¶ ~ 진술서 une déclaration [une déposition] écrite à la main [manuscrite]. ¶ 서류에 ~로 서명하다 signer de *sa* propre main un document; apposer *sa* signature sur [au bas d']un document; parapher un document.

자학 自虐 명 cruauté *f* envers *soi*-même; autopunition *f*, masochisme *m*; martyre *m*. ¶ ~에 빠지다 se livrer *soi*-même à *son* propre supplice; se laisser aller à l'autoflagellation; se martyriser; tomber dans le masochisme. ◇_(을) **하다** se torturer; se faire souffrir, se faire mal *soi*-même; se martyriser; se tourmenter; se mettre au supplice; se meurtrir; se déchirer; se punir. ¶ 그 사람은 비겁한 놈이라고 스스로를 ~한다 Il se tourmente en se disant que c'est un poltron / Il se torture en se disant qu'il est lâche.

◆**_적** -的 명관 masochiste. ¶ ~적인 행동 un comportement masochiste [maso {*fam*}].

자해¹ 字解 명 traduction *f* [interprétation *f*, explication *f*] de caractères ((chinois)). ◇_(를) **하다** donner la traduction [l'interprétation, l'explication] de caractères (chinois); traduire [interpréter] des caractères (chinois); expliquer le sens d'un caractère (chinois).

ㅈ

자해² 自害 명 action de se faire mal, action de se mutiler; pratique *f* de mutilation volontaire; action *f* suicidaire, automutilation *f*; autoamputation *f*; amputation *f* pratiquée sur *son* corps. ¶ ~ 행위 action de se mutiler; pratique de mutilation volontaire; autoamputation; action de se faire mal; une action suicidaire. ¶ ~ 공갈단 bande de maîtres chanteurs [de racketteurs] [qui essaie d'obtenir *qc* de *qn* par la menace de se blesser volontairement]. ◇_(를) **하다** se mutiler, s'automutiler; s'amputer; se blesser, se faire mal. ¶ 팔에 ~를 하며 협박하다 menacer *qn* en se mutilant [en se coupant] le bras.

자행 恣行 명 action d'agir à *sa* guise. ◇_(을) **하다** agir à *sa* guise; commettre ((un crime, un meurtre, une violence, une fraude)); perpétrer ((des massacres)); faire; pratiquer; consommer ((un crime, un forfait)). ¶ 부정[학살]을 ~하다 commettre une fraude [perpétuer des massacres]. ¶ 파렴치한 짓을 ~하다 commettre une infamie [une turpitude, une ignominie]. ◇_(이) **되다** se commettre; se faire; se perpétrer; se pratiquer; être en cours; être commis(*e*); être pratiqué(*e*); être perpétué(*e*). ¶ 불법 선거 운동이 ~되고 있다 Une campagne en dehors de toute légalité est en train de se perpétrer / Une campagne électorale illégale est en cours.

자형¹ 字形 명 【출판】 forme *f* d'un caractère [d'une lettre]; police *f* de caractères. ¶ ~을 뜨다[만들다] créer [former] un caractère. ¶ ~을 개발하다 développer des polices de caractères.

자형² 姊兄 명 mari *m* de la sœur aînée; beau-frère(~*x*-~*s*) *m* (d'un homme). ¶ 누님과 ~이 함께 왔다 Ma grande sœur est venue avec mon beau-frère / Ma sœur aînée est venue accompagnée de son mari / Ma sœur aînée et son époux sont venus ensemble / Ma grande sœur et son conjoint sont arrivés ensemble.

자혜 慈惠 명 charité *f*; bienveillance *f*, bienfaisance *f*; générosité *f*. ¶ 가난한 자에게 ~를 베풀다 faire la charité aux pauvres; faire l'aumône à ceux qui sont dans le besoin; porter secours aux plus pauvres.

◆**_롭다** 형 être charitable (envers *qn*); être généreux(*se*); être bon(*ne*); être miséricordieux(*se*), bienveillant(*e*), aimable. ¶ ~로운 미소 un sourire généreux [charitable, miséricordieux, bienveillant, aimable].

◆**_로이** 부 charitablement; généreusement; miséricordieusement.

◆**_병원** -病院 명 hospice *m*; asile *m*, hôtel-Dieu *m*; hôpital *m* charitable.

자화상 自畵像 명 autoportrait *m*. ¶ 반 고호의 ~ un autoportrait de Van Gogh. ¶ ~을 그리다 dessiner [peindre] *son* propre portrait, faire *son* autoportrait [se dessiner, se peindre].

자화자찬 自畵自讚 명 louanges *fpl* [éloge *m*, admiration *f*] de *soi*-même. ¶ ~을 늘어놓다 étaler *ses* mérites; faire étalage [faire parade] de *ses* propres mérites [valeurs, talents]; faire *son* propre éloge. ¶ ~에 빠지다 se laisser aller à la vantardise; faire *son* propre panégyrique. ¶ 내 말이 ~으로[처럼] 들릴지는 모르지만 나만큼 열심히 일한 사람도 없다 Mes paroles peuvent être prises pour de la prétention, mais il n'y personne qui ait autant travaillé que moi / Je ne sais pas si on peut entendre cela comme de la vantardise, mais personne n'en a fait autant que moi / Ce que je dis peut paraître faire mon propre éloge, mais il n'y a personne ayant [qui ait] travaillé autant que moi. ¶ 그건 그야말로 ~이다 Ça c'est tout à fait de l'étalage {*fam*}/ C'est vraiment de la vantardise / Ça c'est de la prétention pure et simple. ◇_(을) **하다** se vanter, se faire valoir, s'encenser, se glorifier de [faire valoir] *ses* mérites; faire *son* propre éloge; se faire mousser {*fam*}. ¶ 자기 업적을 ~하다 faire valoir *sa* propre production [contribution]; se vanter de *son* propre travail [de *sa* propre réalisation]; faire l'éloge [faire parade] de *ses* réalisations [de *ses* résultats]. ¶ 자기 논문이 훌륭하다고 ~하다 se glorifier en parlant de la supériorité [de la qualité, de la perfection, de l'éminence, de la transcendance] de *son* article [de *son* essai, de *sa* dissertation, ((석사논문)) de *son* mémoire, ((박사논문)) de *sa* thèse], faire l'éloge de *son* propre article; se vanter de l'excellence de *sa* propre thèse.

자활 自活 명 indépendance *f* (financière); autonomie *f* (financière); autogestion *f*. ¶ ~ 능력 capacité d'indépendance; capacité de vivre sur *soi*-même, capacité de se suffire à *soi*-même [de suffire à *ses* propres besoins]. ¶ 장애인에게 ~의 길을 열어 주다 ouvrir aux handicapés le chemin de l'indépendance financière, donner aux handicapés la possibilité de gagner leur vie, permettre aux personnes ayant un handicap de se suffire à elles-mêmes. ◇_(을) **하다** se suffire; subvenir [suffire, pourvoir] à *ses* besoins, vivre par *ses* propres moyens; gagner *sa* vie. ¶ 노숙자들이 ~할 수 있도록 돕다 aider les sans-abri [les SDF (sans domicile fixe)] à trouver le moyen de subvenir à leurs besoins.

자회사 子會社 명 compagnie *f* affiliée (à la société mère), filiale *f*. ¶ 대기업의 ~ une compagnie affiliée à une grande entreprise, une filiale d'une grande compagnie.

작 作 의명 trav*ail*(*aux*) *m*; œuvre *f*; production *f*, ouvrage *m*. ¶ 소월 ~의 시 un poème de Sowol, un poème écrit par Sowol. ¶ 이 그림은 피카소 ~이라 한다 On dit que cette toile [ce tableau] est une œuvre de [faite par] Picasso.

접미 récolte *f*, moisson *f*; production *f*. ¶ 평년~ une récolte moyenne. ¶ 풍~ une bonne récolte. ¶ 흉~ une mauvaise récolte.

작가 作家 명 écrivain(*e*) *m*; auteur(*e*) *m*; homme *m* [femme *f*] de lettres, homme *m* de plume; ((경멸적)) littérateur *m*. ¶ 사진 ~ un(*e*) photographe, un(*e*) produc*teur*(*trice*) d'images. ¶ 인기 ~ un(*e*) auteur(*e*) [un(*e*) écrivain(*e*)] populaire, un(*e*) auteur(*e*) célèbre, un(*e*) auteur(*e*) à succès, un(*e*) auteur(*e*) à la mode [en vogue]. ¶ ~를 지망하다 espérer devenir [avoir l'espoir de devenir] écrivain(*e*); aspirer à devenir homme [femme] de lettres. ¶ ~가 되다 devenir écrivain(*e*); se faire écrivain(*e*).

◆**_적** -的 명관 propre à l'écrivain. ¶ ~적 양심 la conscience de l'écrivain.

◆**_론** -論 명 critique *f* des [sur les] auteurs [écrivains].

◆**신진_** 新進- 명 jeune auteur *m*, jeune écrivain *m*; auteur *m* qui monte.

◆**여류_** 女流- 명 femme *f* écrivain, femme *f* auteur, femme *f* de lettre, écrivaine.

작고 作故 명 décès *m*, mort *m*; disparition *f*, fin *f*; grand voyage *m*; trépas *m*. ◇_(를) **하다** décéder, mourir, succomber; finir (*sa* vie); expirer, rendre *son* dernier souffle [*son* dernier soupir, l'âme], trépasser, quitter ce monde, s'éteindre, être rappelé(*e*) à Dieu; perdre la vie. ¶ ~한 시인의 작품 les œuvres d'un(*e*) poète (qui est) décédé(*e*) [(qui est) mort(*e*), qui a succombé, qui a fini sa vie, qui a trépassé, qui a quitté ce monde, qui n'est plus de ce monde]. ¶ 오래 전에 ~하신 할아버지 le grand-père qui est décédé [qui nous a quittés] il y a longtemps.

작곡 作曲 명 【음악】 composition *f* (musicale). ◇_(을) **하다** composer [écrire] (une œuvre musicale). ¶ 노래[오페라]를 ~하다 composer une chanson [un opéra]. ◇_(이) **되다** être composé(*e*); être écrit(*e*), fait(*e*). ¶ 독립 백주년을 기념하기 위해 ~된 노래 un chant en l'honneur du centenaire de l'Indépendance; une chanson composée [faite] pour commémorer [pour célébrer] le centenaire de l'Indépendance.

◆**_가[자]** -家[者] 명 compos*iteur*(*trice*); musicien(*ne*); auteur *m* compositeur. ¶ 그 곡의 ~자 le compositeur de ce morceau musical [de cette musique]; l'auteur de cette chanson.

◆**_법** -法 명 méthode *f* de composition (d'une chanson); façon *f* de réaliser la composition (d'une chanson).

작금 昨今 명 maintenant; aujourd'hui; à présent; ces jours-ci, ces temps-ci, ces derniers jours; en ce moment; de nos jours; à l'époque actuelle; de notre temps. ¶ ~의 국제 정세 la situation (politique et économique) internationale actuelle; la situation internationale de ces derniers jours; la situation internationale d'aujourd'hui. ¶ 이것은 ~에 시작된 일이 아니다 Ce n'est pas une chose qui a commencé récemment / Ce n'est pas récent / Ça n'a pas commencé ces jours-ci / Ça ne date pas d'hier {*fam*}.

작년 昨年 명 l'année dernière [passée]; l'an dernier [passé]; il y a un an. ¶ ~ 여름(에) l'été dernier. ¶ ~ 오늘 l'année dernière à ce jour; l'an passé, le même jour. ¶ ~ 이맘때 à cette période l'année dernière, à cette époque l'an dernier. ¶ ~ 크리스마스 때도 눈이 왔다 L'an dernier aussi, la neige est tombée à Noël / L'année dernière aussi, il a neigé à Noël / L'an dernier aussi, il est tombé de la neige à Noël.

작농 作農 명 agriculture *f*. ◇_(을) **하다** faire de l'agriculture; cultiver un champ.

작다 형 ① ((크기)) être petit(*e*); tout(*e*) petit(*e*), minuscule; être court(*e*). ¶ 작은 글씨 une petite écriture; ((아주 작은)) une écriture minuscule; ((읽기가 어려운)) des pattes de mouche {*fam*}. ¶ 작은 키[신장] (une personne de) petite taille; (une personne de) petite stature, une stature courte. ¶ 작은 방 la petite pièce ((dans un appartement typique coréen)). ¶ 키 작은 꽃 des fleurs de petite taille [à tige courte]. ¶ 몸집이[체구가] ~ être menu(*e*), fluet(*te*), avoir un petit gabarit, avoir une petite carrure. ¶ 그는 눈이 무척 ~ Il a vraiment de petits yeux / Il a de tout petits yeux / Il a les yeux minuscules. ¶ 그는 누이동생보다 키가 ~ Sa taille est plus petite que celle de sa sœur cadette / Il est plus petit que sa sœur plus jeune. ② ((기준에 비해)) être petit(*e*), être étroit(*e*). ¶ 치수가 ~ La taille est petite / La dimension est petite / La pointure est petite. ¶ 살이 쪄서 옷이 ~ Puisque j'ai pris de l'embonpoint, mes vêtements sont devenus étroits / Comme j'ai grossi, les vêtements sont trop petits pour moi / J'ai pris du poids et les vêtements sont devenus trop petits pour moi. ¶ 신발이 작아서 발이 아프다 Puisque mes chaussures sont petites, j'ai mal aux pieds. ¶ 내 아들의 발이 커져서 신이 너무 작아졌다 Comme les pieds de mon fils ont grandi, ses chaussures sont devenues trop petites pour lui. ③ ((중요성, 규모)) être petit(*e*); minime; sans importance; insignifiant(*e*). ¶ 작은 사건 une petite affaire; une affaire sans importance; un petit incident; un incident sans importance; un petit événement. ¶ 작은 문제 un petit problème; un problème sans importance; un problème insignifiant; un problème quelconque. ¶ 작은 실수 une petite erreur [faute]; une erreur insignifiante; une bêtise anodine; une simple connerie {*vulg*}. ¶ 작은 단서 une petite piste [trace]; un petit repère, un petit indice, une petite indication. ¶ 내 작은 힘이라도 보태마 Je te donnerai un peu d'aide même si ce n'est pas grand-chose / Je vais te filer un petit coup de main {*fam*}. ¶ 이 건물의 규모는 저 건물보다 ~ La superficie de ce bâtiment est plus petite que celle de cet autre / La surface de cet immeuble comparée à celle de l'autre est plus petite. ④ ((사람

ㅈ

됨, 생각)) être petit(*e*); être bas(*se*); être étroit(*e*), étriqué(*e*), borné(*e*); être mesquin(*e*); vil(*e*). ¶ 통이 ~ avoir une petite tête; avoir la vue courte, avoir des vues étriquées, voir [regarder] par le petit bout de la lorgnette; être de petite envergure; avoir un petit esprit; avoir un esprit étroit [étriqué, borné]. ¶ 그 사람은 그릇이 작다 Cette personne est bornée / Cette personne a un esprit de petite envergure / Cet individu a un esprit étroit [un esprit étriqué]. ⑤ ((소리)) être petit(*e*); être faible; être bas(*se*). ¶ 작은 목소리로 말하다 parler à voix basse, parler bas; parler d'une petite voix; parler d'une voix faible. ¶ 말소리가 ~ avoir une voix faible; avoir une petite voix. ¶ 선생님의 목소리가 작아서 잘 안 들린다 Comme la voix du professeur est faible, on ne l'entend pas (très) bien / Le professeur ayant une petite voix, on ne l'entend pas bien [on a du mal à l'entendre] / Le professeur parle à voix basse, ce qui fait qu'on ne l'entend pas très bien. ¶ 작게 얘기해라 Parle doucement / Parle moins fort / Parle à voix basse / Ne parle pas trop fort [si fort]. ⑥ ((돈)) ((somme d'argent)) être petit(*e*), minime. ¶ 컴퓨터를 사기에는 돈이 너무 ~ Pour acheter un ordinateur, cette somme d'argent est trop minime / J'ai une trop petite somme d'argent pour acheter un ordinateur / On a trop peu d'argent pour acheter un ordinateur. ⑦ ((‘범위를 좁힌다면’의 뜻)) être à petite échelle. ¶ 청소년 문제는 작게는 가정문제이지만 크게는 나라의 장래가 걸린 문제이다 Les problèmes des adolescents sont à petite échelle des problèmes familiaux, mais à grande échelle ce sont ceux dont dépend l'avenir du pays.

***작게 먹고 가는 똥 누다** Il faut vivre selon ses moyens / Selon ta bourse gouverne ta bouche {*vx*} / À petit mercier petit panier {*vx*} / A petit saint petite offrande {*vx*}.

***작은 고추가 더 맵다** Être petit ne veut rien dire / Une personne de petite taille est plus forte, solide et perspicace qu'une personne de grande taille / Petit mais costaud {*fam*}.

***작은 나무는 큰 나무 덕을 못 입어도 사람은 큰집 덕을 입는다** Si le petit arbre ne peut se faire aider par un grand, l'homme se fait aider par le plus fort / Si les petits arbres n'arrivent pas à être soutenus par les grands, parmi les hommes, le plus faible trouve de l'aide chez le plus puissant.

***작은 불이 온 산을 태운다** Une petite erreur [faute] [Une erreur insignifiante, Une bêtise anodine, Une simple connerie {*vulg*}] peut être à l'origine d'une catastrophe {*vulg*}((littéralement: Un petit feu peut brûler toute la montagne / Une étincelle peut incendier une montagne entière)).

작달막하다 ⓗ être plus petit(*e*) que la moyenne. ¶ 작달막한 키 une petite taille; une petite stature; une stature courte. ¶ 작달막한 몸집 un petit corps; une petite stature; un petit gabarit. ¶ 작달막한 체구 un petit corps; une petite stature; un petit gabarit. ¶ 작달막한 남자 un homme de petite taille [de petite stature, de petit gabarit]. ¶ 그 남자는 몸집이 ~ Il est de petite stature [de petit gabarit] / Il a une petite stature [un petit gabarit] / Il est menu. ¶ 그는 키가 작달막하고 뚱뚱하다 Il est petit et trapu [ramassé, râblé, boulot {*fam*}] / Il est courtaud {*fam*}/ Il est court de jambes et replet / C'est un petit gros {*fam*} / Il est large et court sur pattes {*fam*} / C'est un basset {*fam*}.

작달비 ⓜ forte pluie *f*, grosse pluie *f*, pluie *f* battante [à grosses gouttes, torrentielle, diluvienne]; ((tomber, pleuvoir des)) hallebardes *fpl*, cordes *fpl*, trombes *fpl* d'eau, cataractes *fpl*, ((벨기에)) drache *f*, déluge *m*. ¶ 하늘에서 ~가 쏟아진다 La pluie tombe [Il pleut] à torrents [à seaux, à verse] / Il pleut [Il tombe] des cordes [des hallebardes] / Il pleut à grosses gouttes [très fort, à torrents, à flots] / Il tombe des cataractes [des hallebardes, des trombes d'eau] / Il tombe une pluie torrentielle [diluvienne] / Des pluies torrentielles [diluviennes] s'abattent ((sur la région)) / Il pleut comme vache qui pisse {*fam*}.

작당 作黨 ⓜ formation *f* d'un groupe [d'une bande]; ((국가 정당 따위의)) coalition *f*, alliance *f*, association *f*. ◇_(**을**) **하다** former un groupe [une bande]; se (re)grouper, s'assembler, se rassembler; comploter; se coaliser; se fédérer; s'allier, se liguer, s'unir. ¶ 여럿이 ~하여 부정을 저질렀다 Plusieurs personnes ont comploté et commis une fraude / Plusieurs personnes se sont rassemblées et ont commis une fraude / Plusieurs personnes ont comploté et sont entrées dans l'illégalité. ¶ 담당 직원과 ~하여 서류를 위조하다 contrefaire des papiers officiels en conspirant avec un responsable, falsifier un document en complotant avec un employé responsable. ◇_(**이**) **되다** être de la bande de *qn*; faire partie de la bande (du groupe). ¶ 불량배들과 ~이 되어 도둑질을 했다 Avec la bande de délinquants à laquelle il appartient, il a commis un vol / Avec la bande de fripouilles à laquelle il s'est acoquiné, il a commis un vol / Faisant partie d'une bande de malfaiteurs, il a volé / Étant membre d'une bande de voyous, il a perpétré un vol.

작대기 ⓜ ① baguette *f*; canne *f*; perche *f*; barre *f*; bâton *m*; gourdin *m*; bout *m* de bois. ¶ ~를 휘두르다 brandir une canne; agiter un bâton; faire tournoyer une perche. ¶ ~로 때리다 frapper *qn* avec un(*e*) [d'un(*e*)] canne [baguette, bâton]. ② marque *f* d'élimination; marque *f* d'échec.

***~를 긋다** éliminer *qn* (dans une épreuve); enlever le nom de *qn* (de la liste des candidats); éliminer (quelques phrases dans un texte).

작도 作圖 ⓜ action de dessiner ((une carte, un plan, un diagramme)). ◇_(**를**) **하다** dessiner [tracer, établir] ((la carte de la Corée, un tableau)).

◆_법 -法 명 cartographie *f*; topographie *f*.

작동 作動 명 fonctionnement *m*. ¶ 컴퓨터의 ~ 원리 principe de fonctionnement de l'ordinateur. ¶ 엔진의 ~에는 이상이 없다 Le fonctionnement du moteur ne présente aucun dérèglement / Il n'y a pas de problème au fonctionnement du moteur / Pas de problème au fonctionnement du moteur / Le moteur fonctionne sans problème. ¶ ~을 멈추다 ((une machine)) s'arrêter de fonctionner [de marcher, de tourner]. ◇_(을) **하다** fonctionner, tourner, marcher; faire fonctionner (une machine). ¶ 프로그램이 제대로 ~하지 않는다 Le programme ne tourne pas comme prévu / Le programme ne fonctionne pas [ne marche pas] correctement. ◇_(이) **되다** fonctionner; marcher. ¶ 화재 감지기가 저절로 ~된다 Le détecteur de fumée marche [fonctionne] automatiquement. ◇_(을) **시키다** faire fonctionner, faire marcher, tourner (un appareil). ¶ 기계를 ~시키다 faire fonctionner [faire marcher, tourner] une machine; allumer [mettre en marche, mettre en route] une machine.

◆_법 -法 명 manière *f* [façon *f*] de faire fonctionner; comment faire fonctionner [marcher, tourner]. ¶ 이 기계의 ~법을 모르겠다 Je ne sais pas comment fonctionne [marche] cette machine / Je ne connais pas la façon de faire fonctionner cet appareil / Je ne connais pas la façon dont fonctionne cet appareil.

작두 斫— 명 hache-paille *m inv*; coupe-paille *m inv*; hache-fourrage *m inv*. ¶ 약재를 ~로 자르다 couper des produits médicinaux [des herbes médicinales] avec un hache-paille. ¶ 신이 내린 무당이 ~를 탄다 La chamane en transe marche sur la lame du hache-paille. ¶ ~에 손가락이 잘리다 se trancher le doigt sur la lame du hache-paille.

◆_질 명 hachage *m*. ¶ ~질을 하다 faire du [un] hachage.

작디작다 형 être très petit(*e*); être minuscule. ¶ 작디작은 키 ((un homme de)) très petite taille; une très petite stature, une stature minuscule. ¶ 작디작은 눈 de très petits yeux. ¶ 겨우 여섯 가구만 사는 작디작은 마을 un minuscule village où pas plus de six foyers sont installés, un très petit village où habitent seulement six familles. ¶ 손이 ~ avoir de très petites mains. ¶ 글씨가 ~ avoir une écriture très petite [minuscule, ((경멸적)) de pattes de mouche].

작렬 炸裂 명 explosion *f*; éclatement *m*; détonation *f*; déflagration *f*; conflagration *f*. ◇_(을) **하다** exploser; éclater; détonner; péter {*fam*}; sauter. ¶ ~하는 폭죽 소리 un bruit de pétard qui éclate [qui explose]. ¶ 연속적으로 홈런이 ~하였다 Des *home runs* se sont succédé comme un feu d'artifice continuel.

◆_음 -音 명 grondement *m* de l'explosion; bruit *m* [retentissement *m*, fracas *m*, boucan *m* {*fam*}] de l'explosion; résonance *f* [répercussion *f*; contrecoup *m*] de l'explosion.

작명 作名 명 action de donner [de choisir] un prénom ((à *son* bébé)), action de prénommer ((*son* bébé)); baptiser *son* enfant. ¶ 할아버지께 손자의 ~을 부탁하다 solliciter le grand-père pour choisir le prénom de *son* petit fils, demander au grand-père pour prénommer *son* petit fils, demander au grand-père de donner un prénom à *son* petit fils. ◇_(을) **하다** donner un prénom ((à *qn*)); choisir un nom ((pour un bébé)).

◆_가 -家 명 auteur *m* public [spécialiste *mf*, créa*teur*(*trice*), inven*teur*(*trice*)] de prénom.

작문 作文 명 rédaction *f* [composition *f*] de textes; thème *m*. ¶ ~ 연습 exercice de rédaction d'un texte, exercice de composition de textes; exercice de thème. ¶ ~ 수업 un cours de composition [de rédaction] de texte. ¶ ~을 가르치다 enseigner la composition de textes [la rédaction de texte]. ¶ ~을 쓰다[짓다] écrire un texte, rédiger [composer] un texte. ◇_(을) **하다** composer un texte; rédiger un texte. ¶ 봄이라는 제목으로 ~하다 rédiger un texte sur le thème du printemps, écrire sur le printemps, faire une rédaction sur le thème du printemps; rédiger un texte avec comme titre le printemps.

◆불_ 佛- 명 rédaction *f* [composition *f*] de texte en français.

작물 作物 명 produit *m* agricole; récolte *f*. ¶ ~을 심다 semer des produits pour l'agriculture. ¶ ~을 재배하다 cultiver des produits agricoles. ¶ ~을 거두다 récolter des produits agricoles.

◆특용_ 特用- 명 produits *mpl* agricoles à usage particulier.

작법 作法 명 règles *fpl* [méthodes *fpl*] de la composition; comment écrire, comment rédiger, comment composer. ¶ 소설[시] ~ méthode de composition du roman; comment écrire un roman [un poème].

작별 作別 명 adieu(*x*) *m*. ¶ ~ 인사 un salut d'adieu; des paroles d'adieu. ¶ ~의 정을 나누다 échanger des paroles d'adieu, se faire *ses* adieux, se dire adieu, se séparer de *qn* par un adieu. ¶ ~의 악수를 하다 faire *ses* adieux d'une poignée de mains, se serrer les mains en signe d'adieu, se donner une poignée de main en guise d'adieu. ¶ 오랜 친구에게 ~을 고하다 faire *ses* adieux à un(*e*) ami(*e*) de longue date, dire adieu à un(*e*) vieil(*le*) ami(*e*), prendre congé d'un(*e*) vieil(*le*) ami(*e*). ◇_(을) **하다** se séparer de *qn*, prendre congé de *qn*; faire *ses* adieux à *qn*. ¶ 친구와 ~하다 faire *ses* adieux à un(*e*) ami(*e*); se séparer d'un(*e*) ami(*e*), prendre congé d'un(*e*) ami(*e*). ¶ 이제 당신과 ~해야겠습니다 A présent, nous devrions faire nos adieux / Maintenant je devrais vous dire adieu / Maintenant, il faudrait vous dire au revoir. ¶ 우리는 서로 아쉬워하며 ~하였

다 Nous nous sommes fait nos adieux à regret / Nous nous sommes séparés avec regret.

작부 酌婦 명 serveuse *f* de bar, barmaid *f*.

작사 作詞 명 composition *f* des paroles d'une chanson. ◇_(를) **하다** composer les paroles d'une chanson, écrire les paroles d'une chanson. ¶ 이 노래는 그가 ~를 했다 Cette chanson, c'est lui qui l'a écrite.

작살[1] 명 harpon *m*; digon *m*; foène *f* [foëne *f*]. ¶ 대가리가 납작한 ~ un harpon à tête plate. ¶ ~을 쏘다 lancer [tirer] des harpons. ¶ ~을 맞은 고래 une baleine prise au harpon, une baleine harponnée. ¶ ~로 고기를 잡다 pêcher [attraper] des poissons au harpon, harponner des poissons. ¶ ~로 찌르다 harponner ((un gros poisson)).

작살[2] 명 destruction *f* totale; cassure *f*. ◇_(을) **내다** écraser *qn*; casser *qc*; briser *qc*; détruire, ruiner *qc*. ¶ 칼을 뽑은 김에 아주 ~을 내라 Puisque le sabre est au clair, pas de quartier / Quand on a sorti l'arme blanche, il faut s'en servir. ◇_(이) **나다** 【속어】 être détruit(*e*); être cassé(*e*), brisé(*e*); se faire écraser; se détruire; se casser, se briser; c'est ta fin ((je te tue; il, elle te tue)). ¶ 상관에게 ~이 나다 se faire écraser par *son* supérieur, être cassé(*e*) par *son* chef {*fam*}. ¶ 내 말 안 들으면 너 ~난다 Si tu ne fais pas ce que je t'ai dit, je te tue {*fam*}.

작성 作成 명 ① composition *f* ((d'un texte)); rédaction *f* ((d'une lettre)), élaboration *f* ((d'un dossier)); construction *f* ((d'un dossier)); préparation *f* ((d'un certificat)). ¶ 원고[보고서] ~을 끝내다 terminer [finir] la rédaction d'un manuscrit [d'un rapport, d'un compte rendu]. ② établissement *m* (d'un record). ¶ 신기록 ~ l'établissement d'un nouveau record. ◇_(을) **하다** rédiger [établir, dresser] ((un procès verbal)); composer [construire, faire] ((un texte)); élaborer ((un dossier)); préparer ((un acte notarié)). ¶ 논문을 ~하다 rédiger [écrire] un article [((학위논문)) un mémoire, une thèse]. ¶ 시간표를 ~하다 établir les horaires; organiser [dresser] un emploi du temps. ¶ 계약서를 두 통 ~하다 rédiger [établir] un contrat en double. ¶ 세계 신기록을 ~하다 établir [noter] un nouveau record du monde. ◇_(이) **되다** être rédigé(*e*); être écrit(*e*); être fait(*e*); être composé(*e*). ¶ 컴퓨터로 ~된 원고 un manuscrit écrit [rédigé] par ordinateur.

◆**_법** -法 명 méthode *f* de rédaction; technique *f* de rédaction; comment rédiger (un mémoire). ¶원고지 ~법 une façon d'écrire sur les feuilles de papier à carreaux pour manuscrit; un modèle de manuscrit sur papier quadrillé pour syllabes coréennes ou caractères chinois.

◆**_자** -者 명 rédac*teur*(*trice*); auteur *m*. ¶ 보고서 ~자 le rédacteur du rapport; l'auteur du compte rendu.

작시 作詩 명 composition *f* d'un poème. ◇_(를) **하다** écrire [composer] un poème; faire des vers; versifier; rimer.

◆**_법** -法 명 【문학】 versification *f*.

작심 作心 명 résolution *f*; détermination *f*; décision *f*, parti *m*. ¶ ~을 굳히다 consolider *sa* détermination, renforcer *sa* décision, se fortifier dans *sa* décision; affermir *qn* dans *sa* résolution. ¶ 다시 돌아오지 않을 ~으로 이민을 떠나다 s'expatrier avec l'intention de ne pas revenir; émigrer [s'expatrier] avec l'intention [avec l'idée] de ne jamais revenir. ◇_(을) **하다** prendre la résolution ((de+*inf*)), prendre la décision ((de+*inf*)); décider ((de+*inf*)); se résoudre à faire *qc*. ¶ 이혼을 ~하다 prendre la décision [la résolution] de divorcer ((d'avec *son* mari)), décider de divorcer ((d'avec *sa* femme)), se résoudre à se séparer ((de *son* mari)). ¶ 술[담배]을 끊기로 ~하다 décider d'arrêter de boire (de l'alcool) [de fumer], prendre la décision [prendre la résolution] d'arrêter de boire [de fumer], se résoudre à [décider d']arrêter de boire [de fumer]. ¶ 그는 꼭 죽으려고 ~한 사람 같다 Il a tout l'air de quelqu'un qui a l'intention de se suicider / Il a l'air de quelqu'un qui a décidé de mourir. ¶ 사업으로 돈을 벌겠다고 ~하다 être déterminé à gagner de l'argent en faisant des affaires; décider de gagner sa vie en faisant du commerce; prendre la décision [prendre la résolution] de gagner de l'argent au moyen d'un commerce; décider de gagner de l'argent en faisant du commerce; décider de se faire du fric en faisant des affaires {*pop*}.

*~**삼일** résolution *f* de trois jours; décision *f* qui dure tout juste trois jours; une résolution *f* bonne pour trois jours. ¶ 담배 끊는다면서, ~삼일이었어? Je croyais que tu t'étais décidé(*e*) à ne plus fumer. [Tu ne disais pas l'autre jour que tu t'arrêtais de fumer?] Ça n'aura duré que trois jours finalement.

작약[1] **芍藥** 명 【식물】 pivoine *f*.

작약[2] **炸藥** 명 explosif *m*; poudre *f* ((à canon)); charge *f* d'explosif; matière *f* explosive.

작업 作業 명 trava*il*(*aux*) *m*; boulot *m* {*fam*}; besogne *f*; ouvrage *m*; tâche *f*; opérations *fpl*; corvée *f*. ¶ ~ 계획 un projet de travail; un plan de travail. ¶ ~ 능률 rendement du travail [des opérations]. ¶ ~ 시간 heures de travail; séance de travail; temps de travail; durée du travail; horaires du travail. ¶ 준비 ~ travail préliminaire, travail préparatoire, préparatifs; disposition [arrangement] préalable. ¶ 도로 복구 ~ travaux d'entretien et de réfection des routes. ¶ 논문의 수정보완 ~ travail de correction [de révision, de relecture] et d'addition [d'ajout] à l'article [à l'essai] [((학위논문)) au mémoire, à la thèse]. ¶ 나 지금 ~ 중이야 Maintenant, moi, je suis en train de travailler / Actuellement, je suis au travail / Je suis en plein boulot {*fam*}. ¶ ~을 시작하다[중지하다] commencer [arrêter] un travail; se mettre au travail [à l'ouvrage, à l'œuvre, à la besogne, au boulot {*fam*}], se mettre [commencer] à travailler [arrêter de travailler, suspendre les opérations, suspendre le travail arrêter le travail]; entreprendre un travail; mettre un travail en chantier; mettre la main à la pâte {*fam*}; entamer [stopper] un boulot. ¶ 전산화 ~에 박차를 가하다 accélérer l'informatisation; activer l'informatisation. ¶ ~ 능률을 올리다[낮추다] augmenter [baisser] le rendement ((des travailleurs, des ouvriers)). ¶ ~에 들어가다 se mettre au travail [au boulot], commencer un travail, se mettre [commencer] à travailler. ¶ 기업 구조 개선을 위한 ~에 돌입하다 se mettre au travail pour développer l'organisation de l'entreprise, commencer le travail afin d'améliorer le fonctionnement de l'entreprise, commencer le travail d'amélioration de l'organisation de l'entreprise; se lancer dans la restructuration de l'entreprise afin d'en améliorer le potentiel. ¶ ~이 늦어진다 Le travail a pris du retard / Le travail [le boulot] prend du temps en plus. ◇_(을) **하다** travailler; faire un travail [accomplir un travail; faire un boulot {*fam*}; mettre un travail en chantier; conduire des opérations. ¶ 공사장에서 ~하다 travailler sur un chantier; faire des travaux sur un chantier. ¶ 컴퓨터를 이용해 ~하다 travailler [bosser {*fam*}] sur ordinateur, abattre du boulot à l'ordi {*fam*}, boulonner [bosser, bûcher, turbiner] sur l'ordi {*fam*}. ◇_(을) **시키다** faire travailler; mettre au travail [au boulot {*fam*}] ((les employés)); employer ((des ouvriers)); faire bosser [boulonner, turbiner] {*fam*}.

◆**_가설** -假說 명 hypothèse *f* de travail.

◆**_검사** -檢査 명 inspection *f* du travail, contrôle *m* du travail; ((심리)) test *m* d'aptitude (au travail).

◆**_대** -臺 명 table *f* à ouvrage; table *f* de travail.

◆**_량** -量 명 quantité *f* de travail.

◆**_모** -帽 명 casque *m* (de sécurité).

◆**_반** -班 명 groupe *m* de travail.

◆**_복** -服 명 tenue *f* de travail, vêtement *m* de travail; bleu *m* de travail; salopette *f*; cotte *f*; combinaison *f* (de mécanicien).

◆**_실** -室 명 salle *f* de travail; atelier *m*.

◆**_장** -場 명 lieu(*x*) *m* de travail; atelier *m*, chantier *m*; local *m*; usine *f*, boîte *f* {*fam*}

◆**_자** -者 명 travailleu*r*(*se*); ouvri*er*(*ère*); main d'œuvre *f*.

◆**_환경** -環境 명 environnement *m* du travail; milieu *m* du travail.

◆**공동_** 共同- 명 travail *m* d'équipe, travail *m* collectif; travail *m* coopératif; travail *m* en coopération.

작열 灼熱 명 incandescence *f*, ardeur *f*. ◇_(을) **하다** être en incandescence; brûler; être incandescent(*e*); être chauffé(*e*) à blanc; être ardent(*e*), brûlant(*e*). ¶ ~하는 태양 아래 sous le soleil ardent [brûlant].

◆**_시험** -試驗 명 【화학】 essai *m* d'incandescence.

작용 作用 명 action *f*; opération *f*; réaction *f* ((chimique)); processus *m*; ((기능)) fonction *f*; ((영향)) effet *m*, influence *f*; ((활동)) activité *f*; opération *f*. ¶ 동화 ~ processus d'assimilation. ¶ 화학 ~ une action [un processus] chimique. ¶ 심리 ~ une opération mentale. ¶ 풍화 ~ efflorescence; délitescence; vieillissement aux intempéries. ¶ ~과 반작용 action et réaction. ¶ 무엇의 ~으로 sous l'action [l'effet, l'influence] de *qc*. ¶ 그 기계는 전기의 ~으로 움직인다 Cette machine marche à l'électricité / L'électricité fait fonctionner cette machine. ¶ 차는 브레이크의 ~으로 멈춘다 La voiture s'arrête sous l'action du frein. ◇_(을) **하다** agir ((sur *qc*)), influencer; opérer; faire son effet; produire, provoquer ((un effet)); affecter ((le cœur)); fonctionner. ¶ 그 분의 영향력이 ~하고 있다 Son influence est décisive / Sa notoriété est en train d'opérer. ¶ 지역감정이 ~하지 않도록 해야 한다 On doit ne pas laisser s'envenimer le régionalisme / Il est nécessaire de mettre un terme aux déchaînements des passions entre les régions / Il ne faut pas que le conflit entre les régions prenne racine. ¶ 그 사건이 우리에게 유리하게 ~하였다 Cette affaire [Cet incident] a eu sur nous un effet bénéfique / Cet événement a produit sur nous un effet favorable. ¶ 그 일이 그들의 관계에 부정적으로 ~하였다 Cette affaire a eu un effet négatif sur leur relation. ¶ 그의 선택이 막판 변수로 ~할 것이다 En dernière option, ce choix peut avoir de l'effet / Son choix peut fonctionner en dernier recours.

◆**_력** -力 명 force *f* influençable; force *f* pouvant provoquer une certaine réaction.

◆**_점** -點 명 【물리】 point *m* d'action.

◆**반_** 反- 명 réaction *f*.

◆**부_** 副- 명 effets *mpl* indésirables; effets *mpl* secondaires (des médicaments), effet *m* [réaction *f*] secondaire. ¶ 부~을 우려하다 s'inquiéter [se soucier, se préoccuper] des effets indésirables [des effets secondaires]. effets *mpl* secondaires; effet *m* [réaction *f*] secondaire. ¶ 부~을 일으키다 provoquer un effet secondaire [des effets secondaires]; avoir des effets secondaires; provoquer des réactions secondaires. ¶ 이 약은 부~이 있다[없다] Ce médicament a des [n'a pas d'] effet(s) secondaire(s). ¶ 이 약은 ~이 많아 조심해서 복용해야 한다 Il faut prendre ce médicament avec précaution car il a beaucoup d'effets indésirables [secondaires] [car ses effets secondaires sont nombreux]. ¶ 부~을 줄이다 diminuer des effets indésirables. ¶ 부~이 일어나다 des effets indésirables se produisent; avoir des effets indésirables.

작위 爵位 명 titre *m* de noblesse; pairie *f*. ¶ 백작[공작] ~를 수여하다 octroyer [conférer] le titre de comte [le titre de duc] à *qn*. ¶ 왕실로부터 ~를 받다 recevoir un titre de noblesse de la famille royale. ¶ 누구에게 ~를 물려주다[물려받다] transmettre [laisser] un titre de noblesse en héritage à *qn* [hériter un titre de noblesse de *qn*].

작위적 作爲的 명관 artificiel(*le*); intentionnel(*le*); prémédité(*e*). ¶ ~ 언행 des paroles et des comportements artificiels [affectés, conventionnels, fabriqués]. ¶ 그렇게 처리하는 것은 너무 ~이다 Traiter la chose de cette manière-là est vraiment factice / C'est trop artificiel de disposer ainsi de cette chose. ¶ 뭔가 ~이라는 느낌을 지울 수 없다 Je n'arrive pas à m'ôter de l'esprit qu'il y a là quelque chose de faux / Je ne peux pas effacer le sentiment qu'il y a quelque chose d'artificiel.

작은고모 -姑母 명 tante *f* paternelle plus jeune que *son* père, sœur *f* cadette du père.

작은누이 명 petite sœur *f* plus jeune que la sœur aînée d'un frère plus jeune.

작은댁[1] -宅 명 maison *f* [famille *f*] du frère cadet; branche *f* cadette d'une famille ((terme honorifique)). ¶ 어머니는 동생을 ~에 맡겨놓으셨다 Ma mère a laissé mon petit frère chez le jeune frère de mon père [chez le cadet de mes oncles].

작은댁[2] -宅 명 (maison *f* de la) concubine *f* [maîtresse *f*].

작은딸 명 fille *f* cadette.

작은며느리 명 jeune belle-fille *f*, femme *f* du fils cadet.

작은북 명 petit tambour *m*. ¶ ~을 치다[두드리다] battre du [frapper un] petit tambour. ¶ ~을 울리다 faire résonner un petit tambour.

작은사위 명 jeune gendre *m*, époux *m* de la fille cadette.

작은설 명 jour *f* précédent le jour de l'an.

작은손녀 명 petite-fille *f* cadette.

작은손자 명 petit-fils *m* cadet.

작은아가씨 명 ① ((시집가지 아니한 처녀를 높여 이르던 말)) jeune demoiselle *f*, jeune maîtresse *f* ((terme honorifique désignant une jeune fille noble)). ② jeune demoiselle *f* cadette ((terme honorifique qualifiant la fille cadette de quelqu'un de noble)).

작은아기 명 jeune belle-fille *f*, épouse *f* du fils cadet; fille *f* cadette.

작은아들 명 fils *m* cadet.

작은아버지 명 oncle *m* paternel marié (plus jeune que *son* père), frère *m* cadet (marié) du père.

작은아씨 명 ☞ 작은아가씨

작은악절 명 【음악】 petit passage *m*.

작은어머니 명 ① tante *f* paternelle par alliance (avec le frère cadet du père), épouse *f* du jeune frère du père. ② 서모 deuxième femme *f* du père.

작은언니 명 ((pour une fille; terme désignant *sa* grande sœur sauf si elle est l'aînée)).

작은오빠 명 ((pour une fille; terme désignant un frère plus âgé (qu'elle) à l'exception de l'aîné des frères)).

작은집 명 ① 작은아버지 또는 작은아들의 집 maison *f* [famille *f*] du frère cadet; branche *f* cadette d'une famille. ② (maison *f* de la) concubine *f* [maîtresse *f*]. ③ 【속어】 ((변소)) toilettes *fpl*, W.C. [vécés] *mpl*. ¶ ~에 갔다 올게 Je vais quelque part / Je reviens.

작은처남 명 petit frère(*s*) *m*(*pl*) de l'épouse.

작은칼 명 petit couteau *m*.

작은할머니 명 épouse *f* du frère cadet du grand-père.

작은할아버지 명 frère *m* cadet du grand-père.

작은형 명 grand frère *m*, mais après l'aîné ((pour un garçon; terme désignant un frère plus âgé sauf l'aîné des frères)).

작은형수 명 belle-sœur *f* ((pour un garçon, terme désignant la femme de *son* grand frère, mais qui n'est pas l'aîné)).

작인 作人 명 métay*er*(*ère*); tenanci*er*(*ère*), fermi*er*(*ère*).

작자 作者 명 ① auteur *m*, écrivain *m*. ¶ 이 작품의 ~ l'auteur de cette œuvre. ¶ 이 소설은 ~가 밝혀져 있지 않다 On ne connaît pas l'auteur de ce roman. ② ((남을 얕잡아서 부르는 지칭)) individu *m*, énergumène *m*. ¶ 아니 이 ~가! En voilà un énergumène! ¶ 저 ~는 도대체 돼먹지 않았다 C'est un drôle d'individu. ③ acheteur(*se*), acquéreur *m*. ¶ 이 집은 아직 ~가 나서지 않고 있다 On n'a toujours pas d'acheteur pour cette maison / Il n'y aucun acheteur pour cette maison.

◆_미상 -未詳 명 auteur *m* inconnu. ¶ ~미상의 소설 roman dont l'auteur est inconnu.

작작[1] 부 지나치지 않게 적당히 raisonnablement, avec modération, ne pas trop, comme il faut, correctement, sans en abuser, sans excès, avec prudence. ¶ 거짓말 좀 ~ 해라 Tu peux mentir, mais n'abuse pas tout de même [mais reste dans les limites du raisonnable]. ¶ 술 좀 ~ 마셔라 Bois avec modération [sans excès (et avec prudence)] / Tu peux boire, mais garde ton contrôle [mais sans excès, mais avec prudence, mais reste raisonnable, mais avec modération]. ¶ 쓸데없는 소리 ~ 해라 Ne dis pas trop de bêtises [d'âneries] / Ne parle pas trop pour ne rien dire.

작작[2] 부 ① ((줄이나 획을 긋는 소리 또는 모양)) ((raturer)) nerveusement, d'un geste nerveux. ¶ 시험 답안지에 온통 붉은 줄이 ~ 그어져 있다 Ma copie d'examen est raturée de partout [en de multiples endroits] en rouge / Ma copie est couverte [parsemée] de multiples ratures rouges. ② ((찢는 소리 또는 모양)) ((déchirer)) nerveusement, d'un geste nerveux, de rage. ¶ 성적표를 ~ 찢어서 휴지통에 버렸다 J'ai déchiré nerveusement [de rage] mon bulletin et l'ai jeté à la poubelle. ③ ((신을 가볍게 끌며 걷는 소리 또는 모양)) d'un pas traînant. ¶ 신발을 ~ 끌지 마세요 Ne marchez pas en traînant les pieds.

◆_거리다[대다] raturer nerveusement; déchirer

ㅈ

nerveusement [de rage]; traîner ((les pieds)). ¶ 볼펜으로 공책에 줄을 ~거리다 raturer [corriger] nerveusement un cahier au stylo. ¶ 작가는 원고지를 ~거리며 찢었다 L'auteur a déchiré de rage son manuscrit.

작전 作戰 명 ① opération *f* (militaire); manœuvre *f*, tactique *f*; stratégie *f*. ¶ 공동 ~ opération *f* conjointe (combinée). ¶ 수비 위주의 ~을 짜다[세우다] mettre en place [élaborer] une stratégie [tactique] défensive [de défense, basée sur la défense]. ¶ ~을 펼치다 établir [élaborer] un plan d'opération; établir [mettre en place, mettre en œuvre, élaborer, définir] une stratégie [tactique]. ¶ ~을 수행하다 déclencher une opération. ¶ 이번 ~은 성공[실패]이다 Cette opération militaire va réussir [échouer]. ¶ ~에 투입되다 être engagé dans une opération militaire. ② ((증권)) opération *f* de bourse; opérations *fpl* boursières. ¶ ~ 세력 l'influence des opérations boursières. ◇_(을) **하다** opérer une manœuvre; exécuter un plan stratégique. ¶ 이 곳은 군대가 ~하고 있는 지역이다 L'armée opère une manœuvre dans cette région.

◆**_상** -上 명부 opérationnellement. ¶ ~상 중요한 지역 une zone importante au point de vue stratégique. ¶ ~상 후퇴하다 recul [repli] stratégique.

◆**_명령** -命令 명【군사】ordre *m* d'opérations.

◆**_비행** -飛行 명【군사】vol *m* opérationnel.

◆**_주** -株 명【경제】opérations *fpl* boursières.

◆**_지도** -地圖 명【군사】carte *f* opérationnelle.

◆**_지역** -地域 명【군사】région *f* (secteur *m*) d'opérations; théâtre *m* d'opérations; zone *f* stratégique.

◆**_타임** 명【운동】((demander un)) temps *m* mort ((au basket, au volley-ball)); temps *m* de repos ((aux échecs)). ¶ ~타임을 부르다[요청하다] demander un temps mort.

◆**_회의** -會議 명【군사】réunion *f* d'état-major.

작정 作定 명 décision *f*, détermination *f*; intention *f*, idée *f*, pensée *f*; plan *m*. ¶ 돈을 벌 ~으로 사업에 뛰어들다 se lancer dans une affaire avec l'idée de gagner de l'argent [pensant gagner de l'argent]. ◇_(을) **하다** se décider, se déterminer; avoir l'intention de+*inf*; *se proposer* de+*inf*; faire le projet de+*inf*. ¶ 이혼을 ~하다 avoir l'intention ferme de divorcer; avoir décidé de divorcer; être décidé(*e*) à divorcer. ¶ 죽기를 ~하고 링에 오르다 monter sur le ring avec la ferme intention de se battre jusqu'au bout. ¶ 차를 팔기로 ~하다 se décider à vendre une voiture. ¶ 그 사람은 그 여자를 다시는 만나지 않기로 ~했다 Il a décidé de ne plus la rencontrer. ¶ 너 죽으려고 ~을 했구나 Tu es fou(*folle*) ou quoi? {*fam*} T(u n)'as aucune chance! [T'as l'intention de te tuer ou quoi?]. ◇_**이다** avoir l'intention de+*inf*. ¶ 나는 아들을 목사를 시킬 ~이다 J'ai l'intention de faire de mon fils un pasteur. ¶ 그는 곧 회사를 그만둘 ~이다 Il a l'intention de quitter son poste dans les jours qui viennent / Il s'est mis dans la tête de quitter [d'abandonner] son poste. ¶ 앞으로 어떻게 할 ~이에요? Quels sont vos projets pour l'avenir? / Que projetez-vous de faire maintenant?

작중 作中 명 à l'intérieur d'un ouvrage [d'une œuvre littéraire]; contenu *m* d'une œuvre littéraire. ¶ ~의 주인공과 저자는 동일 인물이다 Le héros de ce livre est l'auteur lui-même.

◆**_인물** -人物 명 personnage *m* d'un roman. ¶ 소설의 ~인물들 les personnages d'un roman.

작태 作態 명 conduite *f* ((méprisable)); pratique *f* ((éhontée)). ¶ (한심스러운) ~를 보이다 se montrer lamentable dans *sa* conduite, se conduire de façon méprisable. ¶ 정치인들의 ~에 분개하다 s'indigner (du comportement) des hommes politiques.

작폐하다 作弊- 자 mettre le trouble, causer des ennuis, causer des abus.

작품 作品 명 ① œuvre *f*; production *f* ((littéraire)), ouvrage *m*. ¶ 문학 ~ œuvre *f* littéraire. ¶ 예술 ~ œuvre *f* d'art. ¶ 훌륭한[위대한] ~ une œuvre remarquable; une perle; un chef-d'œuvre ((littéraire)); une merveille ((d'architecture)); trésors ((artistiques)). ¶ 아이들의 ~ œuvres [dessins] des élèves. ¶ 누구의 ~을 읽다 lire les œuvres de *qn*. ¶ ~을 많이 내다 écrire [publier] beaucoup d'ouvrages littéraires. ¶ ~ 제작에 힘쓰다 s'appliquer à la rédaction d'une œuvre. ② chef-d'œuvre *m*. ¶ 이건 정말 ~이다 C'est vraiment un chef-d'œuvre [une merveille]. ¶ 오랜만에 ~ 하나 나왔다 Enfin il a sorti un chef-d'œuvre! On l'attendait depuis longtemps!

◆**_전** -展 명 exposition *f* des œuvres ((de Van Gogh)), exposition *f* ((de peinture, de sculpture, de photographies)); salon *m* ((des artistes indépendants)). ¶ ~전을 열다[개최하다] faire une exposition; exposer (*ses* œuvres, *ses* tableaux) dans une galerie [organiser une exposition].

◆**_집** -集 명 recueil *m* d'œuvres. ¶ ~집을 내다 publier un recueil (d'œuvres).

작풍 作風 명 style *m* (littéraire, artistique). ¶ 독창적 ~ un style original [créatif]. ¶ 누구의 ~을 모방하다 imiter le style de *qn*. ¶ ~이 특이하다 avoir un style particulier [unique].

작황 作況 명 état *m* d'une récolte [moisson]. ¶ ~을 조사하다 enquêter sur l'état d'une récolte. ¶ 쌀[옥수수]의 ~ état d'une récolte de riz [de maïs]. ¶ 금년에는 ~이 좋다[나쁘다] Cette année, les récoltes sont bonnes [mauvaises].

잔¹ 盞 명 tasse *f*, verre *m*; gobelet *m*. ¶ ~을 받다 se faire offrir un verre. ¶ ~을 돌리다 offrir *son* verre à *qn*. ¶ ~을 들다 lever *son* verre. ¶ ~을 비우다 vider un verre. ¶ ~을 주고받다 échanger des verres [coupes]. ¶ 선생님께 ~을 올려라 Sers un verre au professeur. ¶ 내 ~이 비었다 Mon verre est vide. ¶ ~에 술을 따르다 remplir un verre de vin ¶ 승리의

ㅈ

~을 마시다 boire le verre de la victoire. ¶ ~끼리 부딪히다 trinquer, lever *son* verre.

분류 verre *m* ((de lait)), tasse *f* ((de café, de thé)), coupe *f* ((de champagne)). ¶ 커피 한~ une tasse de café. ¶ 오렌지 주스 한~ 주세요 Donnez-moi un verre de jus d'orange, s'il vous plaît. ¶ 술을 석~ 마시다 boire trois verres d'alcool.

◆_술 명 ((vendre de)) l'alcool au verre. ¶ ~술로는 안 팔아요 Ici, on ne vend pas l'alcool au verre.

◆술_ 명 verre *m* d'alcool.

◆찻_ 명 tasse à thé.

잔-² 접두 petit(*e*), menu(*e*), fin(*e*), minuscule. ¶ ~가지 brindille. ¶ ~글씨 petite écriture; écriture fine. ¶ ~모래 sable fin. ¶ ~소리 murmure; paroles inutiles; réprimande (souvent répétée). ¶ ~심부름 ((faire les)) commissions, courses. ¶ ~주름 petits plis. ¶ ~돈 petite monnaie; (monnaie de) change.

잔가시 명 ① petite épine *f*. ¶ ~ 투성이의 나무 arbre épineux. ② petite arête *f* ((de poisson)). ¶ ~가 많은 생선 un poisson avec beaucoup d'arêtes.

잔가지 명 brindille *f*, petite branche *f*; brin *m*. ¶ ~를 치다 tailler, élaguer, émonder ((un arbre)); enlever les scories. ¶ ~가 생기다 avoir de petits ennuis.

잔걱정 명 petites inquiétudes *fpl*; petits soucis *m* (futiles). ¶ 그 사람은 ~이 많다 C'est un éternel anxieux. ¶ 그 집에는 ~이 끊이지 않는다 Ils se font sans arrêt des soucis dans cette famille. ¶ ~을 말아라 Arrête avec tes petits soucis! / Ne t'inquiète pas pour rien comme ça!

잔고 殘高 명 restant *m*, reste *m*; reliquat *m* ((d'un compte)); solde *m*. ¶ ~를 확인하다 vérifier *son* solde; consulter le solde de *son* compte. ¶ 통장에 ~가 10만원밖에 안 남았다 Il ne reste plus que 100 mille wons sur mon compte. ¶ 은행 ~가 충분하다[부족하다] avoir un solde suffisant [insuffisant]. ¶ ~가 하나도 없다 Il ne reste plus rien sur mon compte.

잔고기 명 petit poisson *m*; vairon *m*. ¶ ~는 놓아 주다 remettre les petits poissons ((à la mer)). ¶ 큰고기는 다 빠져나가고 ~만 걸려들었다 On n'a attrapé que des petits poissons / Le plus intéressant est épuisé [vendu], il ne reste plus que quelques babioles [bricoles, broutilles, objets sans grand intérêt].

잔광 殘光 명 faible lueur *f* du crépuscule. ¶ 산마루의 ~마저 스러지고 어둠이 밀려 왔다 Même la faible lueur derrière la crête de la montagne avait disparu, il commençait à faire très sombre.

잔금¹ 명 petit pli *m*; petite fissure *f*; petit trait *m*. ¶ 도자기에 ~이 많이 갔다 Cette poterie est très fissurée. ¶ 렌즈에 ~이 많다 L'objectif [La lentille] est fissuré(*e*) [cassé(*e*)] / Les verres de contact sont fissurés. ¶ ~ 투성이의 손바닥 main de travailleur; main d'une personne qui a beaucoup peiné; mains calleuses.

잔금² 殘金 명 restant *m*, somme *f* restante. ¶ ~을 치르다 payer le reste. ¶ 통장에 있는 ~을 모두 현금으로 찾아오너라 Va retirer en espèces tout l'argent qui reste sur ton compte en banque. ¶ ~이 얼마나 있니? Combien il reste sur ton compte? / Quel est le solde de ton compte?

잔기침 명 petite toux *f*, toux *f* sèche. ¶ ~으로 인기척을 내다 signaler *sa* présence en toussotant. ◇_(을) **하다** tousser d'une petite toux sèche, toussoter.

잔꾀 명 petite ruse *f*, combine *f*. ¶ 그런 ~에는 안 넘어간다 Je ne marche pas / Je ne me laisse pas attraper par ce genre de combine. ¶ ~만 늘다 utiliser seulement des combines; être combinard(*e*) {*fam*}. ◇_(를) **부리다[쓰다]** user de ruses, ruser, finasser; utiliser des combines. ¶ ~ 부려봐야 소용없어 Cela ne sert à rien de ruser [tes combines]! je ne marcherai pas. ¶ 선생님께 야단맞는 것을 면하려고 ~를 부리다 ruser pour éviter les réprimandes [les reproches, le sermon] du professeur.

잔나비 명 singe *m*, guenon *f*.

◆_띠 명 (signe *m* du) singe *m* ((neuvième signe zodiaque chinois)).

잔당 殘黨 명 survivants *mpl* d'une bande; derniers survivants *mpl*. ¶ 나치 ~ les derniers survivants nazis. ¶ 역적의 ~을 소탕하다 faire la chasse aux [chasser les] derniers traîtres. ¶ 마을로 잠입한 ~을 색출하라 Tâche de dénicher les personnes qui se sont introduites dans le village [quartier].

잔돈 명 monnaie *f*. ¶ ~을 바꾸다 faire de la monnaie. ¶ ~을 거슬러 받다 recevoir la monnaie. ¶ ~이 없다 [모자란다] Je n'ai pas de monnaie [Je n'ai pas assez de monnaie]. ¶ 만 원짜리를 ~으로 바꾸다 changer un billet de dix mille wons en (petite) monnaie; faire la monnaie d'un billet de dix mille wons.

◆_푼 명 argent *m* de poche. ¶ ~푼이나 벌기 위해서 pour gagner *son* argent de poche. ¶ 그는 올 때마다 아이들에게 ~푼을 쥐어 주곤 했다 Il donnait de l'argent de poche aux enfants chaque fois qu'il venait.

잔등 명 dos *m*. ¶ ~을 두드리다 tapoter le dos de *qn*. ¶ ~에 올라타다 monter sur le dos de *qn*. ¶ ~이 다 드러나는 짧은 옷 vêtement très échancré dans le dos.

잔디 명 gazon *m*, pelouse *f*. ¶ 마당에 ~를 깔다[심다] semer du gazon. ¶ ~를 깎다 tondre le gazon. ¶ ~에 물을 주다 arroser une pelouse [un gazon]. ¶ ~가 잘 자란다 La pelouse pousse bien.

◆_밭 명 pelouse *f*. ¶ ~밭에 들어가지 마시오 Défense de marcher sur les pelouses.

잔뜩 부 complètement; à plein; extrêmement; à l'extrême, au suprême degré. ¶ ~ 먹다 manger à satiété [jusqu'à satiété, jusqu'à plus faim, à *sa* faim], se rassasier, satisfaire *son* estomac, satisfaire *sa* faim se caler les joues {*arg*}, se remplir [se caler {*fam*}] le ventre {*fam*} [l'estomac, le ballon {*fam*}], se remplir [s'emplir] la panse {*fam*}, s'en mettre

ㅈ

plein la panse [la lampe, la tirelire, le cornet, le gésier, le buffet] *{fam}*, se lester l'estomac *{fam}*, lester *son* estomac *{fam}*; ((잔뜩 먹었다)) être gonflé(*e*) [plein(*e*)] comme une outre *{fam}*. ¶ 일감을 ~ 갖고 오다 venir avec beaucoup de travail à faire.

잔량 殘量 명 quantité *f* restante.

잔루 殘壘 명 【야구】 joueur *m* qui reste à la base. ¶ 3회 ~는 3루였습니다 Le joueur qui était resté à la base lors de la troisième manche était sur la troisième base.

잔류 殘留 명 restant(*e*). ¶ ~ 인력 main d'œuvre restante. ◇_(를) **하다** rester. ¶ 후방에 ~하다 rester en arrière. ¶ 당에 ~할 것을 선언하다 proclamer que l'on va rester dans un parti [qu'on ne va pas quitter un parti].

◆_**물** -物 명 résidu *m*; produits *mpl* résiduels [substances *fpl* résiduelles]; dépôt *m*, précipité *m*. ◆_**자기** -磁氣 명 【물리】 magnétisme *m* résiduel. ◆_**현상** -現象 명 【물리】 (phénomène *m* de) radioactivité *f* résiduelle.

잔말 명 paroles *fpl* inutiles. ¶ ~이 많다 parler pour ne rien dire. ¶ ~ 말고 시키는 대로 해 Arrête de te plaindre, fais ce que je te dis. ◇_(을) **하다** dire (continuellement) des paroles inutiles; ne pas arrêter de se plaindre, râler continuellement. ¶ ~할 것 없다 Tu n'as pas de raison de te plaindre / Il n'y a pas de raison de se plaindre / Il n'y a rien à ajouter [à dire]. ¶ ~하지 말고 일이나 해 Arrête de râler et mets-toi au travail.

잔망스럽다 형 ① 자질구레하고 가벼운 데가 있다 être lég*er*(*ère*), frivole. ¶ 잔망스러운 태도 attitude frivole. ¶ 행동이 ~ avoir un comportement (un peu) léger [étourdi, inconsidéré, imprudent]. ¶ 잔망스럽게 굴다 agir légèrement [à la légère, inconsidérément, de manière inconsidérée, sans réfléchir, imprudemment]. ¶ 말을 잔망스럽게 하다 tenir des propos légers; parler à tort et à travers [à la légère, inconsidérément, étourdiment]. ② 얄밉도록 맹랑한 데가 있다 être mal*in*(*gne*), futé(*e*), malicieu*x*(*se*); être déplaisant(*e*), irritant(*e*), désagréable, saumâtre, insupportable, exécrable, rebutant(*e*). ¶ 요즘 애들은 무척이나 ~ Aujourd'hui, les enfants sont très malins [incroyables]! ¶ 어린 것이 여간 잔망스럽지 않아 Ce qu'il peut être malin [futé], ce petit! ¶ 그 녀석 말하는 게 여간 잔망스럽지 않다 Ce qu'il dit, c'est vraiment incroyable!

잔물결 명 petite vague *f*; petite ondulation *f* ((sur l'eau)). ¶ ~이 인다 Il y a de petites vagues.

잔반 殘飯 명 restes *mpl* (d'un repas); restes *mpl* (de nourriture), rogatons *mpl {fam}*, reliefs *mpl* de la table *{vx}*. ¶ ~ 처리 traitement des déchets alimentaires; la gestion des restes [des déchets (en restauration)]; l'art d'accommoder les restes. ¶ ~ 처리대 bassine dans laquelle on récupère les restes; endroit aménagé pour accueillir et traiter des déchets alimentaires. ¶ ~은 여기에 버리세요 Jetez ici les restes [ce qu'il reste dans votre assiette].

잔병 -病 명 état *m* maladif; mauvaise santé *f*; maladies *fpl* peu graves mais chroniques. ¶ ~이 많다 être toujours un peu malade. ¶ 그에게는 ~이 끊이지 않는다 Il est toujours un peu malade.

◆_**치레** 명 être toujours malade. ¶ 그는 어렸을 때부터 ~치레를 많이 했다 Depuis son enfance, il est toujours malade.

잔뼈 명 petite arête *f* ((de poisson)). ¶ 그 생선은 ~가 많다 Dans ce poisson, il y a beaucoup de petites arêtes.

*~**가 굵다** être expérimenté(*e*) (dans un domaine), avoir de l'expérience; être un vétéran [un vieux routier, un vieux briscard *{fam}*, un vieux de la vieille]; être du métier [de la partie]; connaître *sa* partie; être un spécialiste; bien connaître *son* métier. ¶ 그는 이 바닥에서 ~가 굵었다 Il est du métier [de la partie] / (Tu peux lui faire confiance,) il est de la partie / Dans sa partie, il est imbattable.

잔뿌리 명 petite racine *f* ((d'un arbre)). ¶ 나무가 ~가 많다 Cet arbre a beaucoup de petites racines.

잔상 殘像 명 image *f* persistante; image *f* rémanente. ¶ 망막에 ~이 남았다 Il reste une image sur la rétine. ¶ 그 남자의 ~을 지워 버릴 수 없다 Je n'arrive pas à effacer son image de mon esprit.

잔설 殘雪 명 reste *m* de neige; neige *f* persistante. ¶ 산 위의 ~ neige restée sur les sommets d'une montagne; neige persistante (sur les sommets d'une montagne); neiges éternelles; sommets encore enneigés.

잔소리 명 murmure *m*; paroles *fpl* inutiles; ((continuelles, incessantes)) réprimandes *fpl*; reproches *mpl*, observation *f*, remarque *f*, paroles *fpl* de reproche, critiques *fpl*. ¶ ~를 늘어놓다 adresser une série de reproches (à *qn*); faire des reproches [réprimandes] (à *qn*); harceler [asticoter *{fam}*] (*qn*) ((pour qu'il fasse *qc*)); criticailler *{fam}*. ¶ ~를 퍼붓다 faire des reproches [réprimandes] (à *qn*); harceler [asticoter *{fam}*] (*qn*) ((jusqu'à ce qu'il fasse *qc*)). ¶ 그는 ~가 많다[심하다] Il n'arrête pas de se plaindre [de (me) faire des reproches] / Il n'est jamais content. ◇_(를) **하다** dire (continuellement) des paroles inutiles; ne pas arrêter de se plaindre; ne pas arrêter de faire des remarques, harceler [asticoter *{fam}*] (*qn*) ((pour qu'il [jusqu'à ce qu'il] fasse *qc*)); reprocher ((à *qn* de+*inf*)); critiquer; trouver à redire; faire une remarque ((à *qn* sur *qc*)); faire de continuelles observations[remarques]. ¶ ~하지 말고 일이나 해요 Arrête de te plaindre [de rouspéter, de râler *{fam}*], et travaille. ¶ ~ 좀 그만 해요 Arrête de te plaindre, tu veux bien? / Arrête de me faire des reproches, s'il te plaît. ¶ 사소한 일에 ~하다 faire des remarques [une remarque] pour un détail (sans importance, insignifiant) [pour un rien, pour pas grand-chose {*fam*}, à propos de tout], harceler [asticoter {*fam*}] *qn* pour un rien [pour pas grand-chose {*fam*}]. ¶ 남편에게 담배 좀 그만 피우라고 ~하다 harceler [asticoter] *son* mari pour qu'il s'arrête de fumer. ◇_(를) **듣다** se faire embêter [critiquer, blâmer]; se faire harceler [asticoter]; se faire sonner les cloches {*fam*}. ¶ ~ 듣기 싫으면 열심히 공부해 Si tu ne veux pas que je te fasse des reproches, travaille comme il faut. ¶ 매일 지각한다고 오늘 선생님께 ~ 좀 들었다 Aujourd'hui, le maître lui a reproché d'arriver tous les jours en retard à l'école / Aujourd'hui, le professeur lui a sonné les cloches {*fam*} car il arrivait tous les jours en retard.

*__두말하면 ~다__ être tellement évident(*e*) que cela vaut à peine la peine d'en parler; être sûr(*e*), certain(*e*); être assuré(*e*).

◆**_꾼** 명 moulin *m* à paroles {*fam*}, bavard(*e*); personne *f* qui n'arrête pas de critiquer les autres [de faire des reproches aux autres]; personne *f* qui n'est jamais contente; personne *f* qui trouve toujours à redire; mécontent(*e*), grincheu*x*(*se*), râleu*r*(*se*).

잔손 명 trav*ail*(*aux*) *m* de détail; touche *f* et retouche *f* ((d'un travail)). ¶ ~이 많이 가다 demander [nécessiter] beaucoup de travail [de petites retouches].

◆**_질** 명 retouche *f*. ¶ 이 옷은 ~질이 많이 필요해요 Ce vêtement nécessite [a besoin d']une sérieuse retouche.

잔솔 명 jeune pin *m*. ¶ ~들이 무성한 산등성이 crête (d'une montagne) couverte de jeunes pins.

◆**_밭** 명 plantation *f* de jeunes pins, jeune pinède *f*.

잔심부름 명 multitude de services *mpl* [de commissions *fpl*, de courses *fpl*]. ¶ ~을 다니다 aller faire une multitude de commissions [de courses] pour *qn*, rendre de multiples [une multitude de] services à *qn*. ¶ 갖가지 ~으로 귀찮게 하다 ennuyer [embarrasser, gêner] *qn* en lui demandant de rendre de multiples services [en le sollicitant pour de multiples services]. ◇_(을) **하다** faire de multiples commissions [courses] pour *qn*., rendre de multiples [une multitude de] services à *qn*. ¶ 손님의 ~을 하고 팁을 받다 recevoir un peu d'argent [un pourboire] pour avoir rendu de multiples services à un client. ¶ ~하는 아이 un(*e*) enfant qui rend de multiples services.

잔악 殘惡 명 atrocité *f*, cruauté *f*, barbarie *f*. ¶ ~ 행위 un acte cruel [atroce, barbare, de barbarie].

◆**_하다** 형 être atroce, cruel(*le*), barbare. ¶ 이번 살인사건은 정말 엽기적이고 ~했다 Cette affaire criminelle est d'une extrême cruauté.

◆**_히** 부 atrocement, cruellement, avec barbarie, sans pitié, sans merci. ¶ 적군은 마을 위에 ~히 폭격을 가했다 L'armée ennemie a bombardé sans pitié le village.

◆**_무도하다** -無道- 형 être d'une extrême atrocité. ¶ ~무도한 적군의 만행이 알려졌다 La barbarie atroce de l'armée ennemie s'est manifestée.

◆**_성**-性 명 atrocité *f*, cruauté *f*, barbarie *f*. ¶ 전쟁의 ~성을 고발하는 기사 un article qui dénonce l'atrocité [les atrocités, la barbarie]de la guerre.

잔액 殘額 명 restant *m*; reliquat *m*, reste *m*((d'une somme)); solde *m* ((d'un compte)). ¶ 예금 ~을 조회[확인]하다 vérifier le solde d'un compte. ¶ ~을 모두 인출하다 retirer tout ce qui nous reste sur un compte (courant); vider un compte. ¶ ~이 5천 원이다 Il me reste cinq mille wons. ¶ ~이 얼마니? Combien te reste-t-il?

잔업 殘業 명 heures *fpl* supplémentaires ((au travail)). ¶ ~ 수당 indemnité [prime] pour les heures supplémentaires. ¶ ~으로 모두 지쳐 있다 On est tous au bout du rouleau {*fam*} [tous lessivés {*fam*}] à cause des heures supplémentaires. ¶ ~은 7시부터다 Les heures supplémentaires, c'est à partir de sept heures. ◇_(을) **하다** faire des heures supplémentaires [des heures sup {*fam*}]; faire du rabiot [du rab] {*fam*}.

◆**_수당** -手當 명 indemnité *f* [prime *f*] pour les heures supplémentaires.

잔여 殘餘 어근 reste(*s*) *m*(*pl*); restant *m*; soldes *mpl* (de fin de série); résidu *m*, reliquat *m*; solde *m* ((d'un compte)); surplus *m*, excédent *m*. ¶ ~ 임기 fin d'un mandat.

◆**_분** -分 명 (le) reste *m*.

잔영 殘影 명 ① traces *fpl*. ¶ 신화는 설화에 ~을 남기고 있다 Il y a des traces d'un mythe dans ce conte. ② souvenir de *qn*; silhouette *f* de *qn*. ¶ 나는 그 여자의 ~이 자꾸 떠올랐다 Je me souviens encore souvent d'elle / Je revois encore souvent sa silhouette [son image].

잔인 殘忍 어근 cruauté *f*; brutalité *f*, atrocité *f*, barbarie *f*, inhumanité *f*.

◆**_하다** 형 être cruel(*le*), brut*al*(*ale*, *aux*); ne pas avoir de cœur; être atroce. ¶ ~한 짓[사람] acte cruel[personne cruelle, sans cœur]. ¶ ~한 짓을 하다 commettre des atrocités. ¶ 그 사람은 성격이 ~하다 Il est cruel. ¶ 그것은 그에게는 너무 ~하다 C'est trop cruel [atroce] pour lui. ¶ 본인 앞에서 그런 말을 하다니 너무 ~한 것 아냐? Tu ne crois pas que tu exagères[c'est cruel] de dire cela devant lui? ¶ ~하게 죽이다 tuer *qn* sans pitié.

◆**_무도하다** -無道- 형 être inhumain(*e*), brut*al*(*ale*, *aux*), barbare, cruel(*le*).

◆**_성** -性 명 atrocité *f*, inhumanité *f*, cruauté *f*. ¶ 전쟁의 ~성을 고발하다 dénoncer l'atrocité de la guerre.

잔일 명 petits travaux *mpl* ennuyeux; petits détails *mpl*; petites[menues] affaires *fpl* qui restent en suspens. ¶ ~을 도맡아 하다 se faire confier les petites tâches ennuyeuses. ¶ ~이 많다 Il reste encore beaucoup de petites choses à faire.

ㅈ

잔잔하다 형 ① ((바람이나 물결 따위가)) être tranquille, calme. ¶ 잔잔한 물결 petites vagues. ¶ 잔잔한 호수 lac tranquille (où aucune vague n'est décelable). ¶ 바대[파도]가 ~ La mer est calme [peu agitée] [Il n'y a pas beaucoup de vagues]. ¶ 바람이 ~ Il n'y a pas beaucoup de vent. ② ((분위기가)) être silencieu*x*(*se*); être paisible, tranquille, serein(*e*). ¶ 잔잔한 감동을 느끼다 être légèrement ému(*e*). ¶ 잔잔하던 마을에 소동이 일어났다 Des troubles ont éclaté dans ce village d'habitude sans histoires. ③ ((태도 따위가)) être serein(*e*), clair(*e*), paisible. ¶ 잔잔한 미소 sourire paisible. ¶ 어머니가 잔잔한 눈길로 아이를 바라본다 La maman regarde ses enfants d'un air attendri. ④ ((소리가)) être léger(ère). ¶ 잔잔한 피리 소리 son léger d'une flûte [d'un fifre]. ¶ 잔잔한 목소리로 말하다 parler doucement. ⑤ ((빛이)) ((lumière)) être faible, dou*x*(*ce*). ¶ 잔잔하게 햇볕이 내려 쬐고 있다 Les doux rayons du soleil nous réchauffent. ⑥ ((크기가)) être discr*et*(*ète*). ¶ 잔잔한 무늬의 원피스 robe à motif discret. ⑦ ((병이나 형세 따위가)) ne pas être grave; être bén*in*(*igne*). ¶ 한동안 아버님의 병세가 잔잔했다 Pendant quelque temps, l'état de santé de mon père fut moins alarmant [préoccupant].

◆**잔잔히** 부 ① légèrement, doucement. ¶ 강이 잔잔히 흐른다 La rivière coule avec un murmure. ¶ 바람으로 연못에 잔잔히 파문이 인다 Le vent produit de légères vagues sur l'étang. ② légèrement, paisiblement. ¶ 노을이 잔잔히 깔리고 있다 Le soleil couchant empourpre l'horizon. ③ du coin des lèvres, en coin. ¶ 할아버님은 잔잔히 미소만 지으셨다 Grand-père a fait un sourire du coin des lèvres [a esquissé un sourire]. ④ légèrement, doucement, paisiblement. ¶ 피아노 선율이 잔잔히 울려 퍼진다 On entend la douce mélodie du piano / La musique mélodique [mélodieuse] du piano résonne doucement.

잔재 殘滓 명 déchet *m*, débris *mpl*. ¶ 일제의 ~를 청산하다 effacer [faire disparaître] les derniers vestiges de l'impérialisme japonais. ¶ 봉건 ~가 남아 있다 Il reste des vestiges de l'époque féodale [du régime féodal, du système féodal].

잔재미 명 menu *m* plaisir. ¶ ~가 솔솔하다 n'être pas *mal, être assez bon(ne); être convenable*. ¶ 우리 남편은[아내는] ~가 없어요 Mon mari [Ma femme] n'a pas de petit plaisir. ◇_(를) **보다** trouver *son* petit plaisir à+*inf*.

잔재주 명 petite ruse *f*, petite astuce *f*, petit tour *m*, petite blague *f*, petite combine *f*, petit truc *m*. ¶ ~에 넘어가다 marcher ((dans l'histoire de *qn*)); se laisser (facilement) avoir [rouler, attraper, berner] par la ruse de *qn*; tomber dans le piège de *qn*. ◇_(를)**부리다**[**피우다**] user de ruses, ruser, finasser; utiliser des combines.

잔정 -情 명 affection *f* (discrète), (petites) attentions *fpl*, petits soins *mpl*. ¶ ~에 약하다 être sensible aux petites attentions [aux petits soins] (de *qn*). ¶ ~(이) 있다 être affectueu*x*(*se*) ¶ ~이 많다 être plein(*e*) de petites attentions être affectueu*x*(*se*)].

잔존 殘存 어근 survivance *f*. ¶ ~ 세력 influence persistante.

◆**_하다** 자 exister encore, perdurer; survivre, subsister. ¶ 옛 풍속이 아직도 ~하는 마을 un village où subsistent encore de vieilles coutumes

잔주름 명 petite ride *f*, pli *m* peu accentué. ¶ 눈가[얼굴]에 ~이 많다 avoir de petites rides autour des yeux [avoir le visage très ridé]. ¶ ~(이) 잡히다 se froisser. ¶ 이 옷은 ~이 잘 잡혀요 Ce vêtement se froisse facilement.

잔챙이 명 ① 작은 고기 menu fretin *m*; petit poisson *m*. ¶ 그물에 ~ 고기만 잔뜩 걸렸다 Il n'y avait que de petits poissons dans le filet. ② ((비유적)) chose *f* insignifiante, vétille *f*, bricole *f*, babiole *f*, broutille *f*, colifichet *m*, brimborions *mpl* {*vx*}. ¶ 주모자들은 다 빠져나가고 ~들만 걸려들었다 Le plus intéressant est parti, il ne reste plus que quelques babioles [bricoles {*fam*}, broutilles {*fam*}].

잔치 명 ① fête *f*, banquet *m*, festin *m*, repas *m* ((de mariage)). ¶ 생일 ~ banquet d'anniversaire. ¶ 축하 ~ banquet pour célébrer ((un anniversaire)). ¶ 회갑[환갑] ~ banquet donné pour le soixantième anniversaire. ¶ ~를 벌이다 donner un banquet, organiser un banquet. ¶ ~를 베풀다 donner un banquet; offrir un banquet. ¶ ~에 가다 aller [se rendre] à un banquet. ¶ ~가 벌어졌다 Un banquet a eu lieu / Une fête a eu lieu / Nous avons assisté à un banquet. ② 결혼식 repas *m* ((de mariage)). ¶ 이웃집에 오늘 ~가 있었다 Aujourd'hui, il y avait un repas de mariage chez les [nos] voisins. ◇_(를) **하다** donner un banquet. ¶ 오늘은 ~를 해야겠는걸 Aujourd'hui, il va falloir fêter [célébrer] ça.

◆**_ㅅ날** 명 jour *m* d'un repas de fête.

◆**_ㅅ상** -床 명 (table *f* d')un repas *m* de fête.

◆**_ㅅ집** 명 famille *f* dans laquelle on célèbre un banquet. ¶ 돌 ~ㅅ집 famille dans laquelle on célèbre le (banquet du) premier anniversaire d'un enfant. ¶ ~ㅅ집 분위기다 C'est une ambiance de fête, ici.

*~ **보러 왔다가 초상 본다** tomber sur un événement malheureux alors qu'on s'attendait à un événement heureux.

잔털 명 duvet *m*. ¶ 얼굴에 ~이 많다 avoir beaucoup de duvet sur le visage; avoir un visage duveteux; avoir le visage couvert de duvet. ¶ ~이 보송보송한 앳된 얼굴 visage d'enfant (encore) duveteux [couvert de duvet]; frimousse duveteuse.

잔학 殘虐 어근 cruauté *f*, brutalité *f*, atrocité *f*, inhumanité *f* {*litt*}.

◆**_하다** 형 être cruel(*le*), atroce, sauvage; être inhumain(*e*); être sans pitié. ¶ ~한 짓 acte de cruauté; atrocité. ¶ ~하게 살해되다 être assassiné(*e*) sauvagement [dans des circonstances atroces].

ㅈ

◆_상 -相 명 atrocité *f* ((d'un crime)), cruauté *f*, inhumanité *f* {*litt*}.

잔해 殘骸 명 ① reste *m*; vestige *m*; débris *mpl*, décombres *mpl*, ruines *fpl*; carcasse *f*. ¶ 추락한 비행기의 ~ les débris d'un avion qui s'est écrasé. ¶ ~를 수거하다 ramasser les débris. ② traces *fpl*, vestige *m*. ¶ 그의 얼굴에는 슬픈 사랑의 ~가 남아 있다 On lit encore les traces de son chagrin d'amour sur son visage.

잔향 殘響 명 résonance *f*. ¶ 그 ~이 아직 남아있다 Cela résonne encore.

잔혹하다 殘酷– 형 être cruel(*le*), sauvage, atroce. ¶ 그는 성격이 너무 ~ Il possède un caractère trop cruel. ¶ 잔혹한 고문 torture cruelle. ¶ 잔혹한 범죄 crime cruel. ¶ 그 사람은 의외로 잔혹한 데가 있어 Il se teinte d'une cruauté inattendue. ¶ 그건 그 사람에게 너무나 잔혹한 짓이다 C'est un acte trop cruel pour lui. ¶ 잔혹하게 고문하다 torturer *qn* atrocement, supplicier *qn*. ¶ 피해자를 잔혹하게 살해하다 tuer atrocement une victime.

잘 부 ① 알맞게 bien. ¶ ~ 안 들린다 Je n'entends pas bien / J'entends mal. ¶ ~ 보인다 Je vois bien. ¶ 그는 노래를 ~ 한다 Il chante bien. ② 만족스럽게 bien. ¶ ~ 했다 Bravo! / Bien joué! ③ 적절하게 au bon moment, quand il faut. ¶ 전화하려던 차에 ~ 왔다 Tu arrives au bon moment, j'allais t'appeler. ④ 양껏 bien. ¶ ~ 먹었습니다 J'ai bien mangé / Je me suis régalé(*e*) / Merci pour le repas, c'était un régal [c'était délicieux] / Merci pour ce délicieux [très bon] repas, je me suis régalé(*e*) [c'était un délice]. ⑤ 쉽사리, 툭하면 souvent, facilement, pour un rien. ¶ 이 아이는 ~ 운다 Cet enfant pleure pour un rien. ⑥ 부유하게 aisément. ¶ 그는 아주 ~ 산다 Il vit très bien / Il mène une vie très aisée / Il vit très aisément / Il est très à l'aise.

◆_되다 자 ① bien marcher, bien se dérouler [se passer]. ¶ 일이 ~돼 간다 Cela [Tout] se passe [se déroule, marche, va] (très) bien [parfaitement, comme prévu, de façon satisfaisante, comme prévu, à merveille, comme sur des roulettes {fam}] / Ça avance bien / Le travail avance (rapidement) comme prévu [en toute satisfaction] / Tout va remarquablement bien / Tout se passe à merveille / L'affaire avance sans problème / Toute l'opération se déroule sans coup férir / Ça marche très bien [comme prévu, comme sur des roulettes] / Tout marche [se passe, se déroule] sans problème / Tout se déroule sans le moindre incident [sans à-coups]. ¶ 요즘 공부가 ~되세요? Ça marche bien, les études? ¶ 훈련이 ~된 군인들 des soldats bien entraînés [bien préparés]. ¶ 아들이 ~돼서 좋으시죠? J'imagine que vous êtes contente que pour votre fils ça se soit bien passé [ça ait bien marché] / J'envisage votre bonheur devant la réussite de votre fils. ② ((반어적으로)) bien jouer ((Bravo! / Félicitations, (c'est bien)!, beau résultat)). ¶ 시험에 떨어져서 속상해 하는데 오빠는 ~됐다며 약을 올렸다. Moi j'étais très affectée parce que j'avais échoué à mon examen, mon grand frère me taquinait en me disant ≪Bravo!≫ [≪Félicitations, c'est bien!≫, ≪Beau résultat!≫].

◆_하다 타 ① bien se conduire, se conduire avec droiture [honnêtement]; bien faire. ¶ 그는 평소에 처신을 ~한다 Habituellement, il se conduit bien [avec droiture, honnêtement, comme un honnête homme]. ¶ 누가 ~하고 잘못했는지 따져보자 Essayons de déterminer qui a eu tort et qui a eu raison. ¶ 어머니는 살림을 정말 ~하신다 Ma mère tient vraiment bien son ménage [est vraiment bonne ménagère]. ¶ 요즘 학생들은 영어를 ~한다 De nos jours, les élèves parlent bien l'anglais. ¶ 우리 딸은 나이에 비해 말을 ~해요 Ma fille parle bien pour son âge. ¶ 술을 ~하세요? Tenez-vous bien l'alcool? ② 버릇으로 자주 하다 faire souvent [facilement] *qc*, prendre l'habitude de faire *qc*. ¶ 우리 가족은 외식을 ~하는 편이다 Nous allons souvent manger au restaurant / Nous sortons souvent pour manger / Nous mangeons souvent dehors. ¶ 그 학생은 거짓말을 ~해요 Cet(*te*) élève ment facilement / Pour cet(*te*) élève, mentir est la norme [une habitude, une seconde nature, quelque chose de naturel, fait partie du quotidien] / Cet(*te*) élève ment comme il(elle) respire. ③ ((반어적으로)) Bravo! / Bien joué! / C'est malin!. ¶ 참 ~하는 짓이다 Bravo! / C'est vraiment bien joué! / C'est vraiment malin! ¶ ~한다! 이제 어떻게 할래? Bravo! [C'est malin!] Maintenant comment va-t-on s'en sortir? ④ ((주로 '잘하면'으로 쓰여 '운이 좋으면', '여차하면'의 뜻을 나타냄)) si tout se passe bien [comme prévu]; si cela continue. ¶ ~하면 이번에 주식으로 돈을 많이 버시겠어요 Si tout se passe bien [comme prévu], vous gagnerez beaucoup d'argent en Bourse. ¶ ~하면 네가 나를 때리겠다 Si tu continues, tu vas finir par me frapper /Tu es bien parti(e) pour me frapper / On dirait [J'ai l'impression] que tu vas me frapper. ⑤ ((주로 '잘해서', '잘해야'로 쓰여 '넉넉잡아서', '고작'의 뜻을 나타냄)) au maximum, tout au plus, à tout casser {*fam*}. ¶ ~해야 우리 중에 한 명 정도 합격할 것 같다 Tout au plus l'un d'entre nous réussira. ¶ 이 책은 중고로 팔면 ~해야 천 원 정도 받을 수 있을 거예요 Si tu vends ce livre en livre occasion, il se vendra [on t'en donnera] tout au plus [au maximum] mille wons. ⑥ 친절히 성의껏 대하다 prendre bien soin de *qn*, bien se préoccuper de *qn*. ¶ 부모님께 ~하는 남자를 만나고 싶어요 J'aimerais épouser un homme qui prenne bien soin [qui se préoccupera bien] de mes parents. ¶ 남에게 ~해야 자기도 대접을 받지요 Il faut bien se comporter envers les autres pour être soi-même bien accueilli.

잘나다 형 ① 잘생기다 être b*eau*(*belle*, *beaux*), joli(*e*); être bien de *sa* personne. ¶ 잘난 사내아이 beau garçon ¶ 인물이 ~ être b*eau*(*belle*, *beaux*), joli(*e*);

être bien de *sa* personne. ② 뛰어나다 être excellent(*e*), distingué(*e*) ¶ 잘난 사람 personne distinguée. ¶ 잘난 체하다 se donner des airs; se croire important(*e*). ¶ 잘난 듯이 말하다 parler avec un air prétentieux [suffisant, important]. ¶ 자신을 잘났다고 여기다 penser qu'on est très fort; se croire important(*e*); se prendre pour quelqu'un (d'important). ③ ((반어적 표현)) être sans valeur; être de peu de valeur; ne pas valoir grand-chose. ¶ 그 잘난 소리는 그만 집어 치워라 Arrête avec tes conneries! {*vulg*}/ Laisse tomber avec ça {*fam*}, tu veux bien? ¶ 그래 너 잘났다! T'es bon, toi! / T'es parfait, toi! / T'es le meilleur, toi!

잘다 형 ① 미세하다 être petit(*e*), fin(*e*), menu(*e*), minuscule. ¶활자가 ~ Les caractères (d'imprimerie) sont tout petits [minuscules]. ¶ 무엇을 잘게 자르다 couper *qc* en petits morceaux. ② 좀스럽다 être étroit(*e*). être mesquin(*e*), borné(*e*), étriqué(*e*). ¶ 돈에 ~ être avaricieu*x*(*se*), mesquin(*e*), pingre, regardant(*e*); être radin(*e*), rapiat, rat {*fam*}. ¶ 그는 사람이 ~ C'est un individu à l'esprit étroit [borné]. ¶ 그렇게 잘아서야 큰일을 하겠니? Cela m'étonnerait beaucoup que tu arrives à faire quelque chose de grand si tu as l'esprit si étroit!

잘똑하다 형 être renfoncé(*e*). ¶ 허리가 ~ avoir la taille mince [fine]; avoir une taille de guêpe {*fam*}.

잘록하다 형 être renfoncé(*e*), étranglé(*e*). ¶ 허리가 ~ avoir la taille mince [fine]; avoir une taille de guêpe. ¶ 호리병의 잘록한 부분 partie étranglée d'une gourde.

잘리다 재 ① se faire couper; être coupé(*e*). ¶ 그는 기계에 손가락이 잘렸다 Il s'est fait couper le doigt par une machine. ② être coupé(*e*), censuré(*e*). ¶ 이 장면은 잘렸다 Cette scène a été coupée [censurée]. ③ être coupé(*e*). ¶ 실이 잘렸다 Le fil est coupé. ④ 해고당하다 se faire renvoyer [congédier, mettre à la porte, virer {*fam*}], être renvoyé(*e*), licencié(*e*), congédié(*e*), remercié(*e*), mis(*e*) à pied, mis(*e*) à la porte, mis(*e*) dehors {*fam*}, viré(*e*) {*fam*}, dégommé(*e*) {*fam*}. ¶ 그는 회사에서 잘렸다 Il s'est fait renvoyer [remercier] par sa société / Il a été mis à pied [Il a été licencié] par sa société.

잘못 명 erreur *f*, faute *f*. ¶ 큰[중대한] ~ une grande [grossière] erreur [une faute impardonnable]. ¶ 조그만[사소한] ~ petite erreur. ¶ ~을 저지르다 commettre une faute. ¶ ~을 고치다 changer de conduite. ¶ 자신의 ~을 사과하다 s'excuser d'une faute [erreur, maladresse]; demander pardon pour une faute [maladresse]. ¶ 누구의 ~을 지적하다 faire remarquer *ses* fautes à *qn*, dénoncer une erreur. ¶ 누구의 ~을 덮어주다 fermer les yeux sur les fautes de *qn*; passer sur les fautes de *qn*; passer sous silence les fautes de *qn*; tolérer les fautes de *qn*. ¶ 누구[무엇]의 ~을 따지다 se renseigner sur les défauts de *qn*. ¶ 너의 ~을 남의 탓으로 돌리지 말라 Ne rejette pas tes fautes sur les autres. ¶ 모든 것을 누구의 ~으로 돌리다 faire retomber toute la responsabilité sur *qn*, rejeter toute la responsabilité [tous les torts] sur *qn*. ¶ ~이 많다 être truffé(*e*) d'erreurs. ◇_(을) **하다** se tromper; faire [commettre] une erreur; faire une faute; avoir tort; commettre une bévue [maladresse]; faire une gaffe {*fam*} [une bourde {*fam*}, une bêtise]. ¶ 내가 ~했다 C'est (de) ma faute / J'ai eu tort / Tout est de ma faute / *Mea culpa*. ¶ 김과장은 일 처리과정에서 ~했다 Le directeur Kim a commis une faute dans la gestion de cette affaire. ¶ 내가 너한테 뭘 ~했다고 그러니? Qu'est-ce que je t'ai fait pour que tu m'en veuilles autant? ¶ ~해서 아버지한테 야단을 맞았다 J'ai été grondé [enguirlandé {*fam*}] par mon père pour avoir fait une bêtise. ¶ ~하면 이번에도 실패할지 모른다 Il suffirait de peu [de pas grand-chose {*fam*}] pour que nous échouions encore cette fois-ci. ◇_(이) **없다** n'avoir aucune responsabilité; n'y être pour rien dans une affaire. ¶ 그는 아무런 ~이 없다 Il n'y est pour rien dans cette affaire. ¶ 그 사람의 판단에 ~이 없다 Son jugement n'est nullement erroné. ¶ 우리는 그렇게 생각해도 크게 ~이 없을 게다 Nous ne nous tromperons guère en pensant ainsi. ◇_**이다** avoir tort de+*inf*; c'est une erreur ((de la part de *qn*)) de+*inf*; c'est (de) *sa* faute. ¶ 나의 ~이다 C'est (de) ma faute / J'ai eu tort / Tout est de ma faute. ¶ 저런 사람을 믿은 것이 나의 ~이었다 J'ai eu tort d'avoir eu confiance en cet homme. ¶ 정부가 이런 정책을 쓰는 것은 ~이다 C'est une grande erreur de la part du gouvernement d'adopter une telle politique.

부 ① 틀리게, 그릇되게 mal. ¶ 자식을 ~ 가르치다 mal éduquer *son* enfant. ¶ 길을 ~ 들다 se tromper de chemin, prendre le [un] mauvais chemin, suivre une mauvaise voie, glisser sur une mauvaise pente. ¶ 상황을 ~ 판단하다 mal apprécier [évaluer] la situation. ② 공연히, 재수없게 mal; maladroitement. ¶ 남의 시비에 ~ 끼어들어 곤욕을 치르다 se faire humilier [se faire insulter] en intervenant maladroitement dans une altercation [dispute]. ¶ 남편을 ~ 만나 고생하다 tomber sur un mauvais mari [sur un mari qui ne convient pas] et en souffrir.

◆_**되다** 재 être erroné(*e*), fau*x*(*sse*); être manqué(*e*), infructueu*x*(*se*), malheureu*x*(*se*); ne pas aller bien, aller mal [de travers]; se gâter. ¶ ~된 생각[정책] mauvaise idée; jugement erroné; fausse estimation; méprise [mauvaise politique]. ¶ 이 작문에는 ~된 곳이 많다 Cette composition est pleine de fautes [est truffée d'erreurs] / Ce texte est truffé d'erreurs.

잘빠지다 형 bien présenter, être séduisant(*e*); ((여자가)) être bien fait(*e*), [fichu(e), foutu(e), roulé(e)]. ¶ 이번에 새로 나온 자동차가 정말 잘빠졌다 Le dernier modèle de ((Kia, Renault-Samsung)) est vraiment bien séduisant [présente vraiment bien]. ¶ 그 학생은 우리 반에서 몸매가 가장 늘씬하고 잘빠졌다 Cette élève est la plus mince et la mieux roulée {*fam*} de la classe.

잘생기다 형 être b*eau*(b*elle*); être bien (fait(*e*)) de *sa* personne. ¶ 잘생긴 남자 un bel homme; un beau mec {*fam*}. ¶ 얼굴이 ~ être b*eau*(b*elle*); avoir un beau visage.

잘잘못 명 le bien *m* et le mal *m*; les droits *mpl* et les torts *mpl*; le mérite *m* et le démérite *m*. ¶ ~을 헤아리다[가리다, 따지다, 밝히다] faire la distinction entre ce qui est bien et ce qui est mal. ¶ ~ 간에 싸울 것 없다 Peu importe si vous avez raison ou tort, ce n'est pas une raison pour vous quereller.

잠 명 sommeil *m*, somme *m*. ¶ 누구를 ~을 깨우다 réveiller *qn*, tirer [arracher] *qn* de *son* sommeil. ¶ ~을 설치다 mal dormir, passer une mauvaise nuit. ¶ ~을 청하다 essayer de dormir. ¶ ~을 쫓다 résister au sommeil. ¶ ~을 이루지 못하다 ne pas pouvoir [ne pas arriver à, ne pas parvenir à] s'endormir, ne pas trouver le sommeil. ¶ ~(이)들다 s'endormir, succomber au sommeil. ¶ ~(이)깨다 s'éveiller, se réveiller. ¶ ~(이)오다 avoir sommeil, le sommeil gagne *qn*, sentir le sommeil *nous* envahir. ¶ ~이 와서 죽겠다 Je meurs de sommeil / Je dors debout / Je croule de sommeil {*fam*}. ¶ ~에서 깨어나다 se réveiller, se tirer de *son* sommeil. ¶ 깊은 ~에 빠지다 sombrer dans un sommeil profond. ¶ ~에 취한 얼굴[눈] un visage [des yeux] gonflé(s) de sommeil. ¶ 그 소식에 ~이 다 달아났다[깼다] Cette nouvelle me tira complètement (hors) du sommeil. ¶ 그는 ~이 많다 C'est un gros dormeur, il dort beaucoup / Il a besoin de beaucoup de sommeil. ¶ 그는 ~이 없다 Il dort peu / Il se contente de peu de sommeil. ¶ ~이 모자라서 피곤하다 être fatigué(*e*) par manque de sommeil [parce qu'on a du sommeil en retard]. ◇_(을) **자다** dormir. ¶ 그는 ~을 푹 잤다 Il a bien [profondément] dormi / Il a passé une bonne nuit de repos / Il s'est bien reposé. ¶ 얕은 ~을 자다 dormir d'un sommeil léger. ◇_(을) **재우다** ① coucher, endormir, plonger dans le sommeil. ¶ 우는 아기를 달래서 ~을 재우다 consoler et endormir un bébé qui pleure. ② apaiser, calmer, endormir. ¶ 그는 기지를 발휘해서 소란을 ~재웠다 Il s'est servi de son astuce pour calmer la tourmente.

◆**_기** -氣 명 sommeil *m*, envie *f* de dormir. ¶ 그는 ~기가 가시지 않았다 Le sommeil ne le quittait pas.

◆**_보** 명 gros [grand] dormeur *m*.

◆**_투정** 명 humeur *f* maussade (du nourrisson au sortir du sommeil). ¶ 그 아이는 ~투정이 심하다 Ce bébé a l'habitude d'être de très mauvaise humeur au réveil.

◆**낮_** 명 sieste *f*; somme *m*, roupillon *m* {*fam*}. ¶ 낮~을 자다 faire une sieste; faire [piquer {*fam*}] un somme, piquer un roupillon {*fam*} ((dans la journée)).

◆**늦_** 명 grasse matinée *f*. ¶ 늦~꾸러기 un gros dormeur. ¶ 늦~을 자다 faire la grasse matinée.

◆**단_** 명 sommeil *m* paisible [doux, calme, tranquille]. ¶ 단~을 자다 dormir paisiblement, dormir d'un sommeil paisible, dormir tranquillement [sur *ses* deux oreilles {*fam*}], dormir comme un bienheureux {*fam*}, faire un bon somme. ¶ 단~을 깨우다 sortir *qn* d'un sommeil paisible, troubler le doux sommeil de *qn*, tirer *qn* d'un doux sommeil [d'un sommeil paisible].

◆**새우_** 명 sommeil *m* léger (recroquevillé sur le côté) en position fœtale, sommeil *m* inconfortable. ¶ 새우~을 자다 dormir recroquevillé(*e*) [blotti(*e*)] en position fœtale, dormir en chien de fusil.

◆**한_** 명 somme *m*, roupillon *m* {*fam*}. ¶ 밤새 한~도 못 잤다 Je n'ai pas fermé l'œil de la nuit. ¶ 한~ 자고 나니 피로가 풀렸다 De dormir un peu [De piquer un roupillon {*fam*}] m'a fait le plus grand bien.

*~ **자는 사자를 건드리다** réveiller le lion qui dort.

잠결 명 demi-sommeil *m*. ¶ ~에 듣다 écouter dans un demi-sommeil. ¶ ~에 말하다 parler à moitié endormi. ¶ 나는 ~에 총소리를 들었다 J'ai entendu un coup de feu dans mon demi-sommeil. ¶ ~에 그가 부르는 소리를 들었다 A moitié endormi, j'ai entendu qu'il m'appelait.

잠귀 명 audition *f* [ouïe *f*] pendant le sommeil. ¶ ~가 밝다 avoir le sommeil léger. ¶ ~가 어둡다 avoir le sommeil lourd, ne rien entendre du tout dans *son* sommeil.

잠그다[1] 타 ① ((문을)) fermer à clef [à l'aide d'un verrou], mettre sous clef, verrouiller ((une porte)); ((자물쇠로)) cadenasser. ¶ 문(을) 잘 잠갔니? As-tu bien fermé la porte à clé? / Es-tu sûr(e) d'avoir bien fermé la porte à clef? / As-tu bien verrouillé la porte (d'entrée)? ¶ 문을 잘 잠갔는지 기억 안 나 Je ne suis pas sûr(e) d'avoir fermé la porte à clef. ¶ 대문을 꼭 잠그세요. Fermez bien le portail à clef / ((자물쇠로)) Cadenassez bien le portail. ¶ 자물쇠로 문을 잠그다 fermer une porte avec un cadenas, cadenasser une porte. ② ((물, 가스 따위를)) fermer le robinet ((du gaz)). ¶ 외출하기 전에 가스를 잠궈야 한다 Il faut bien fermer le robinet du gaz avant de sortir. ¶ 목욕 후에 수도꼭지 잠그는 것을 깜빡 잊었다 J'ai oublié de fermer le robinet après m'être baigné(e). ③ ((단추를)) (se) boutonner, fermer les boutons ((d'un vêtement)). ¶ 단추를 단단히 잠그고 나가라 Boutonne-toi bien [Ferme bien tes boutons] avant de sortir. ¶ 지퍼를 ~ remonter [(re)fermer] *sa* fermeture éclair; ((바지 지퍼를)) remonter [refermer] la braguette de *son* pantalon [*sa* braguette], se rebraguetter {*fam*}.

잠그다[2] 타 ① ((물에)) immerger, submerger; plonger

((dans l'eau)); tremper. ¶ 물에 수건을 ~ tremper une serviette dans l'eau. ¶ 탕 안에 몸을 ~ se plonger dans le bain. ② ((돈을)) faire des placements, mettre de l'argent [placer des fonds] dans une entreprise. ¶ 부동산에 너무 큰돈을 잠가 두지 말아라 Ne place [N'investis] pas de trop grosses sommes d'argent dans des biens immobiliers.

잠금장치 명 système *m* de verrouillage. ¶ 우리 연구실 문에는 카드형 ~가 설치돼 있다 La porte de notre bureau est équipée d'un système de verrouillage avec carte magnétique. ¶ 다른 사람이 당신 핸드폰을 못 쓰도록 ~를 해 놓으세요 Verrouille ton téléphone portable pour que personne d'autre ne puisse l'utiliser.

잠기다[1] 재 ① ((문이)) se fermer à clé; être fermé(*e*) à clé [à l'aide d'un verrou], être verrouillé(*e*). ¶ 문이 잠겼다 La porte est fermée à clé / La porte est verrouillée. ② ((물, 가스 따위가)) se fermer; être fermé(*e*). ¶ 수도꼭지가 안 잠겼다 Le robinet n'est pas fermé. ③ ((단추가)) être boutonné(*e*). ¶ 단추가 안 잠겨진 와이셔츠 une chemise non boutonnée, une chemise ouverte.

잠기다[2] 재 ① ((물 또는 안개에)) être inondé(*e*), submergé(*e*) [envahi(*e*)] par, être noyé(*e*) dans; être englouti(*e*) par. ¶ 강이 넘쳐서 마을이 물 속에 잠겼다 Le fleuve ayant débordé, le village est submergé par les eaux. ¶ 안개에 잠긴 도시 une ville engloutie par le brouillard, une ville prise dans le brouillard [dans une nappe de brouillard], une ville noyée dans le brouillard [submergée [envahie] par le brouillard]. ② ((capitaux)) être immobilisé(*e*), bloqué(*e*). ¶ 돈이 은행에 잠겨 있다 L'argent est immobilisé [bloqué] à la banque. ③ ((생각, 감정에)) être pris(*e*) [obsédé(*e*)] par une pensée, plongé(*e*) dans ((*ses* pensées, *ses* souvenirs)), être dévoré(*e*) ((par la nostalgie, de remords)), être rongé(*e*) ((de remords)). ¶ 생각에 ~ être pris(*e*) [obsédé(*e*)] par une pensée, être plongé(*e*) dans *ses* pensées. ¶ 슬픔[우수]에 ~ être plongé(*e*) dans la tristesse [dans la mélancolie]. ¶ 여수에 ~ être pris(*e*) d'un sentiment de nostalgie; être dévoré(*e*) par la nostalgie. ④ ((목이)) être enroué(*e*). ¶ 목이 ~ avoir la voix enrouée.

잠깐 명 un moment *m*, un instant *m*, une minute *f*, une seconde *f*. ¶ ~의 고통을 이겨내지 못하다 ne pas pouvoir surmonter une souffrance passagère. 부 un instant, un moment. ¶ ~ 쉬었다 가자 Soufflons un moment avant de reprendre la route / Reprenons notre souffle avant de partir / Prenons un instant de repos avant de repartir. ¶ ~ 실례하겠습니다 Excusez-moi un instant / Je reviens tout de suite / Je n'en ai pas pour longtemps. ¶ ~ 기다려줘 (Attends) un instant / Une minute! / Une seconde! / Deux secondes! / Deux minutes! / ((전화에서)) Ne quitte pas. ¶ ~! Un instant! / Une minute! / Une seconde! / Deux secondes! / Deux minutes!

잠꼬대 명 somniloquie *f*, paroles *fpl* prononcées dans *son* sommeil. ¶ ~가 심하다 parler beaucoup dans *son* sommeil. ¶ ~ 같은 소리 하다 dire n'importe quoi, délirer, dire des fadaises [des niaiseries]. ¶ ~ 같은 소리 좀 그만 해라 Arrête un peu de dire n'importe quoi! / Arrête de délirer {*fam*}! ◇_(를) **하다** parler dans *son* sommeil, parler en dormant, rêver tout haut. ¶ 나는 ~하는 버릇이 있다 J'ai l'habitude de parler dans mon sommeil / Je suis sujet à la somniloquie.

잠꾸러기 명 gros [grand] dormeur *m*, lève-tard, paresseux(*se*). ¶ ~ 소년 un garçon gros dormeur.

잠농 蠶農 명 sériciculture *f*, magnanerie *f*.

잠망경 潛望鏡 명 【해양】 périscope *m*. ¶ ~을 올리다[내리다] monter [descendre] le périscope. ¶ ~으로 보다 regarder avec un périscope.

잠바 명 blouson *m*, veste *f*. ☞ 점퍼

잠방이 명 culotte *f* courte (portée par les agriculteurs). ¶ ~를 입다 porter une culotte courte.

잠버릇 명 comportement *m* [manie *f*] de *qn* dans son sommeil. ¶ ~이 고약하다[사납다] avoir un sommeil très agité. ¶ ~이 나쁘다 avoir un sommeil agité.

잠복 潛伏 명 ① ((사람이)) dissimulation *f*, fait *m* d'être en cachette [en planque, en embuscade]. ¶ 그는 ~ 근무 중이다 Il se tient [est] en embuscade. ¶ 범인은 ~ 중인 경찰에게 잡혔다 Le coupable a été arrêté par la police en embuscade [qui s'était embusquée]. ② ((균, 힘 등이)) incubation *f*, latence *f*. ¶ ~ 상태 un état latent. ¶ ~ 기간 la période d'incubation. ◇_(을) **하다** se cacher, se dissimuler, se camoufler, passer [entrer] dans la clandestinité, se tenir caché(*e*), être terré(*e*); ((병이)) rester à l'état latent, demeurer latent(*e*), être latent(*e*), couver. ¶ 범인은 시내에 ~해 있다 Le coupable est caché quelque part [est terré] dans le centre-ville. ¶ HIV는 길게는 10년씩이나 ~해 있기도 한다 Il peut même arriver au VIH [virus du Sida] de demeurer latent pendant près de 10 ans.

◆**_성** -性 명 latence *f*, état *m* latent.

◆**_기** -期 명 (période *f*) d'incubation *f* ((des maladies infectieuses)).

◆**_근무** -勤務 명 (poste *m* en) planque *f*. ¶ ~근무에[를] 나가다 partir [se mettre] en planque.

◆**_유전** -遺傳 명 hérédité *f* latente.

◆**_초소** -哨所 명 poste *m* de sentinelle, cachette *f*, planque *f*.

잠사 蠶絲 명 fil *m* de soie. ¶ ~를 뽑다 dévider un cocon.

◆**_업** -業 명 filature *f* de soie.

잠수 潛水 명 action de plonger, plongeon *m*, plongée *f*. ¶ ~에 능한 사람 une personne douée pour le plongeon. ◇_(를) **하다** plonger, faire un plongeon; ((배가)) s'immerger. ¶ 물 속 깊이 ~하다 plonger profondément dans l'eau. ¶ 진주를 캐러 ~하다 plonger pour pêcher des perles.

ㅈ

◆_교 -橋 명 pont *m* bas (submergé en cas de hausse du niveau de l'eau).

◆_병 -病 명 maladie *f* des caissons, aéropathie *f*.

◆_복 -服 명 scaphandre *m*, tenue *f* de plongée.

◆_부 -夫 명 plongeur *m*, scaphandrier *m*, homme-grenouille(~*s*-~*s*) *m*.

◆_부대 -部隊 명 unité *f* sous-marine.

◆_어업 -漁業 명 pêche *f* sous-marine.

◆_정 -艇 명 sous-marin *m* de poche.

◆_질 명 plongée *f*.

◆_함 -艦 명 sous-marin *m*, submersible *m*.

잠시 暫時 명 un (court) moment [instant]; quelques instants *mpl*; un moment, un instant, une seconde, une minute. ¶ ~ 후(에) dans un instant [moment], au bout de quelques instants, dans quelques instants, quelques instants plus tard [après]. ¶ ~만요 ((au téléphone)) (Veuillez attendre) un instant s'il vous plaît / Veuillez patienter, s'il vous plaît / Ne quittez pas. ¶ ~도 그치지 않고 sans (aucune) interruption, sans arrêt, non stop {*fam*}, sans le moindre répit. ¶ 그는 ~라도 가만있지 못한다 Il ne reste pas [Il ne peut pas rester] en place une seconde / Il a la bougeotte {*fam*}.
부 un moment, un instant, une seconde, une minute. ¶ ~ 저를 기다려 주십시오 Attendez-moi un instant [une seconde]. ¶ ~ 나갔다 오겠습니다 Je m'absente un instant [une seconde] / Je reviens immédiatement [tout de suite] / Je n'en ai pas pour longtemps / Je ne serai pas long. ¶ 너무 화가 나서 그는 ~ 이성을 잃었다 Dans sa colère, il a perdu son sang-froid l'espace d'une seconde.

잠식 蠶食 명 empiètement *m*. ◇_(을) **하다** empiéter, grignoter, ronger, gratter, s'infiltrer, ((바다가)) gagner du terrain ((sur la terre ferme)), marcher sur les plates-bandes de *qn* {*fam*}. ¶ 누구의 영토[영역]를 ~하다 empiéter sur le territoire [sur le domaine] de *qn*; marcher sur les plates-bandes [platebandes] de *qn* {*fam*}. ¶ 외국 시장을 ~하다 s'infiltrer dans un marché étranger. ◇_(이) **되다** être empiété(*e*); être grignoté(*e*), rongé(*e*); être envahi(*e*) par ((les arbres et les buissons)). ¶ 도시의 팽창에 따라 녹지가 급격하게 ~되고 있다 L'expansion de la ville réduit radicalement les espaces verts / Les espaces verts diminuent considérablement à cause de l'expansion de la ville.

잠언 箴言 명 aphorisme *m*, maxime *f*, dicton *m*, proverbe *m*. ¶ 솔로몬의 ~ les proverbes de Salomon.

잠업 蠶業 명 sériciculture *f*, magnanerie *f*. ¶ ~ 시험장 un laboratoire de sériciculture.

잠옷 명 vêtement *m* de nuit; pyjama *m*; ((주로 여성)) chemise *f* de nuit, nuisette *f*. ¶ 비단 ~ un pyjama [une chemise de nuit] en soie. ¶ ~을 입고 있다 porter un pyjama [une chemise de nuit], être en pyjama [en chemise de nuit]. ¶ ~을 입고 자다 dormir avec un pyjama [avec une chemise de nuit], dormir en pyjama [en chemise de nuit] ¶ ~으로 갈아입다 se mettre en pyjama [en chemise de nuit]. ¶ ~ 바람으로 뛰어나오다 accourir [sortir] en pyjama [en chemise de nuit; en tenue légère, en petite tenue].

잠입 潛入 명 infiltration *f*, entrisme *m*, noyautage *m*. ¶ ~ 르뽀 un reportage de l'intérieur. ¶ 간첩들의 서울 ~ 가능성 la possibilité d'une infiltration d'espions à Séoul. ◇_(을) **하다** s'infiltrer (clandestinement) ((*qp*, dans une organisation)), entrer subrepticement [à la dérobée], se faufiler, s'introduire (clandestinement) ((*qp*, dans un endroit)), pénétrer secrètement ((*qp*, dans un endroit)). ¶ 지하조직에 ~하다 s'infiltrer dans une organisation clandestine. ¶ 테러리스트들이 서울에 ~했다 Des terroristes se sont infiltrés dans Séoul. ¶ 천장을 뚫고 ~하다 s'introduire en faisant un trou dans le plafond.

잠자리[1] 명 libellule *f*. ¶ 들에서 ~를 잡다 attraper des libellules dans les prés.

◆_채 명 filet *m* à papillon.

◆고추_ 명 libellule *f* rouge.

잠자리[2] 명 lit *m*, couche *f*. ¶ ~를 깔다[펴다] étendre [installer] *sa* literie. ¶ ~를 꾸리다 arranger [faire] *son* lit. ¶ ~를 걷다 ranger *sa* literie [les couvertures]. ¶ ~를 같이 하다 partager *son* lit [*sa* couche] avec *qn*, coucher avec *qn*; ((성관계)) coucher avec *qn* [ensemble], avoir des relations sexuelles avec *qn*; forniquer. ¶ 하룻밤의 ~를 빌려주다 offrir asile à *qn* pour une nuit, loger *qn* une nuit. ¶ ~를 보다 préparer un lit, faire le lit de *qn*. ¶ ~에 들다 se coucher, se mettre au lit, aller au lit, se glisser [se fourrer] sous les couvertures.

잠잠하다 潛潛- 형 ① ((호수 따위가)) être calme, tranquille, paisible, silencieux(*se*); peu agité(*e*) ¶ 바다가 ~ La mer est calme [peu agitée]. ¶ 잠잠하던 파도가 다시 거세어졌다 Les vagues tranquilles s'agitèrent à nouveau. ② 조용하다 être calme, tranquille, silencieux(*se*). ¶ 거리가 ~ La rue est tranquille. ¶ 그의 말에 모두 잠잠해졌다 À sa remarque, tout le monde se tut. ③ 평온하다 être calme, tranquille, paisible. ¶ 잠잠하던 집안에 풍파를 일으키다 soulever une tempête dans une famille sans histoire. ④ ((소문 따위가)) être apaisé(*e*), calmé(*e*), retombé(*e*), dissipé(*e*). ¶ 소문이 잠잠해졌다 La rumeur est retombée [s'est calmée].

◆잠잠히 부 tranquillement, calmement, paisiblement. ¶ 참석자들은 모두 잠잠히 앉아 있었다 Les participants étaient tous assis tranquillement.

잠재 潛在 명 latence, *f*; état *m* latent, potentialité *f*, virtualité *f*. ¶ ~ 수요 besoin potentiel. ¶ ~ 실업자 les chômeurs non-inscrits [non déclarés], les chômeurs potentiels. ◇_(를) **하다** demeurer à l'état latent, être latent(*e*), caché(*e*), virtuel(*le*). ¶ 어린이에게는 많은 능력이 ~해 있다 Beaucoup de capacités sont latentes chez les enfants. ¶ 무의식 속에 ~해

있는 생각 les pensées en latence dans l'inconscient. ◇_(가) 되다 être à l'état de latence, être en latence, être latent(*e*).

◆_적 -的 명관 latent(*e*), virtuel(*le*), potentiel(*le*), ((sentiments)) en puissance. ¶ ~적인 시장 un marché potentiel. ¶ ~적(인) 경제력 le potentiel économique.

◆_능력 -能力 명 facultés *fpl* latentes.

◆_력 -力 명 potentiel *m*, potentialité *f*. ¶ 무한한 ~력 une potentialité sans limite. ¶ 나는 그 사람의 ~력을 믿는다 Je crois en son potentiel.

◆_의식 -意識 명 subconscient *m*.

잠적 潛跡 명 action de se cacher, dissimulation *f*. ¶ ~ 생활 une vie clandestine. ◇_(을) 하다 se cacher. ¶ 그는 부도를 내고 어디론가 ~해 버렸다 Il s'est caché quelque part sans honorer ses dettes.

잠정 暫定 명 caractère *m* provisoire. ¶ ~ 예산 le budget provisoire. ¶ ~ 합의하다 faire un arrangement temporaire, s'arranger provisoirement.

◆_적 -的 명관 provisoire, temporaire, transitoire. ¶ ~적 합의 un arrangement temporaire. ¶ ~적 조치 une mesure provisoire. ¶ ~적 결론 une conclusion provisoire. ¶ ~적으로 provisoirement, temporairement, momentanément.

◆_안 -案 명 plan *m* provisoire.

잠행 潛行 명 voyage *m* incognito. ◇_(을) 하다 voyager incognito. ¶ 왕은 변복을 하고 모처로 ~했다 Le roi s'est déguisé et s'est rendu quelque part incognito.

잡- 雜 접두 futile, vain(*e*), sans (grande) valeur; disparate, hétéroclite. ¶ ~소리 ((잡말)) parole grossière, grossièreté, grivoiserie, insanité, indécence; ((기계에서)) bruits parasites. ¶ ~상인 un bradeur, un revendeur, un marchand de couleurs; un colporteur, un camelot, un démarcheur. ¶ ~것 ((잡동사니)) objets divers, objets de toutes sortes, babioles {*fam*}, bricoles {*fam*}, objets disparates [hétéroclites], fouillis, bric-à-brac {*fam*}, fatras, capharnaüm, méli-mélo *inv* {*fam*}; ((사람)) une canaille, un vaurien {*fam*}. ¶ ~일 des petits boulots {*fam*}, toutes sortes de petits travaux, menus travaux, travaux subalternes, sales besognes {*fam*}, le sale boulot {*fam*}, tâches pénibles [ingrates], corvée.

잡가 雜歌 명 chanson *f* vulgaire [grivoise]; chanson *f* populaire.

잡것 雜- 명 ① ((사물)) objets *mpl* divers, objets *mpl* de toutes sortes, objets *mpl* disparates [hétéroclites], fouillis *m*, bric-à-brac *m*, fatras *m*, capharnaüm *m*, méli-mélo *m inv* {*fam*}, babioles *fpl* {*fam*}, bricoles *fpl*. ¶ ~들을 버리지 않고 모아 두다 amasser des babioles [des bricoles] sans rien jeter. ② ((사람)) canaille *f*, vaurien *m*. ¶ 이런 ~이 있나! Qu'est-ce que c'est que ce vaurien!

잡곡 雜穀 명 céréales *fpl* diverses. ¶ ~을 섞어서 밥을 짓다 faire [cuire] du riz avec d'autres [avec diverses (autres)] céréales.

◆_밥 명 mélange *m* de riz et d'autres céréales.

잡귀 雜鬼 명 démon *m*, mauvais génie *m*, esprit *m*. ¶ ~가 들다 être hanté(*e*) par un esprit. ¶ ~야 물러가라 Vade retro, Satanas! / Retire-toi, Satan!

잡기 雜技 명 jeu(*x*) *m* d'argent. ¶ ~에 능하다 être doué(*e*) pour le jeu. ¶ ~로 소일하다 passer [tuer] le temps en jouant (de l'argent).

잡기장 雜記帳 명 cahier *m* [livre *m*] (d'exercice); cahier *m* de brouillon. ¶ ~에 메모하다 prendre des notes sur un cahier (de brouillon).

잡년 雜- 명 【비어】 salope *f* {*vulg*}, garce *f* {*fam*}, traînée *f* {*vulg*}, pute *f* {*vulg*}.

잡념 雜念 명 pensées *fpl* impures qui dissipent *qn* [qui dérangent la concentration de l'esprit], pensée *f* futile, pensée *f* sans suite, distraction *f*. ¶ ~을 떨치다[쫓다] rejeter [chasser, écarter] les pensées futiles, se débarrasser des [bannir les] pensées qui dérangent la concentration d'esprit [qui distraient *qn* de *ses* occupations]. ¶ ~이 들다 avoir des pensées futiles, être distrait(*e*). ¶ ~이 없다 être pleinement concentré(*e*), n'être perturbé(*e*) par aucune pensée futile. ¶ 자꾸 ~이 떠올라서 일이 손에 잡히질 않는다 Je n'arrête pas de penser à d'autres choses et je n'arrive pas à me concentrer sur mon travail / Étant perturbé(*e*) par des tas de pensées, j'ai du mal à travailler correctement.

잡놈 雜- 명 【비어】 canaille *f* {*fam*}, vaurien *m*.

잡다 타 ① saisir, prendre, empoigner, agripper, retenir ((*qn* par la main)); tenir; attraper ((une balle)). ¶ 아이의 손을 ~ saisir la main d'un(*e*) enfant, prendre un(*e*) enfant par la main. ¶ 공을 ~ attraper une balle [le ballon]. ② arrêter, appréhender (au corps), faire prisonni*er*(*ère*), épingler {*fam*}, poisser {*fam*}, alpaguer {*arg*}; prendre [surprendre] *qn* en flagrant délit [sur le fait, en faute, en défaut, la main dans le sac {*fam*}], surprendre *qn* en train de+*inf*, attraper *qn* à+*inf*: ((포획)) attraper, saisir, prendre ((du gibier)); ((도살)) abattre. ¶ 도둑을 ~ arrêter [attraper] un voleur. ¶ 여우를 ~ attraper un renard. ¶ 물고기를 ~ prendre [pêcher] des poissons. ¶ 소를 ~ abattre un bœuf. ¶ 닭을 ~ égorger un poulet. ③ 저지하다 empêcher *qn* de+*inf*. ¶ 떠나지 못하게 누구를 ~ empêcher *qn* de partir. ④ prendre ((le pouvoir, une occasion)), s'emparer ((du pouvoir)), saisir ((le pouvoir, une occasion)), accaparer, monter [arriver] ((au pouvoir)). ¶ 정권을 ~ s'emparer du pouvoir, prendre [saisir] le pouvoir, arriver [monter] au pouvoir. ¶ 기회[행운]를 ~ s'emparer d'une occasion, saisir une occasion [une opportunité], saisir une [*sa*] chance, saisir une opportunité, ne pas laisser passer *sa* chance, ne pas laisser passer une opportunité. ⑤ ((방 따위를)) prendre ((une chambre)). ¶ 방을 ~ prendre une chambre. ⑥ ((방향, 날짜 따위를))

prendre ((une direction, une place)); occuper ((une place)); fixer ((une date)), établir, déterminer; réserver, retenir. ¶ 방향을 ~ prendre une direction, prendre la direction de ... ¶ 일정을 ~ prévoir [établir] un programme. ¶ 기간을 ~ fixer une période. ¶ 날짜를 ~ fixer une date ((la date du départ)), prendre date, arrêter la date ((de *son* mariage)), trouver un jour. ¶ 자리를 ~ retenir [louer] une place. ¶ 빨리 자리 하나 잡아 Prends-nous [Réserve-nous] vite une place. ¶ 택시를 ~ attraper un taxi; arrêter un taxer; héler un taxi. ⑦ ((약점 따위를)) attaquer *qn* ((sur *son* point faible)), s'en prendre à *qn*. ¶ 누구의 약점을 ~ attaquer *qn* sur *son* point faible, attaquer [s'en prendre à] *ses* défauts [*son* point faible]. ¶ 트집을 ~ chercher des histoires à *qn*, chercher matière à dispute, criticailler *qn* {*fam*}, chercher la petite bête à *qn* {*fam*}, critiquer sans raison; avoir [trouver] à redire à *qn*. ⑧ ((단서 따위를)) trouver, découvrir. ¶ 단서를 ~ trouver [découvrir] des indices. ¶ 실마리를 ~ trouver [découvrir] la clé de *qc*. ⑨ ((마음, 감정 따위를)) ¶ 마음을 ~ se ranger, devenir sérieu*x*(*se*); s'assagir, se ressaisir. ¶ 감정을 ~ s'imprégner des sentiments du personnage, épouser les sentiments de *son* personnage, se mettre dans la peau [dans l'état d'esprit] du personnage. ⑩ ((중심 따위를)) tenir, garder. ¶ 몸의 중심을 ~ tenir [garder] *son* équilibre. ⑪ ((기반, 분위기 따위를)) mettre ((de l'ambiance)). ¶ 자립 기반을 ~ trouver des fonds pour être indépendant(*e*). ¶ 분위기를 ~ (ré)animer, mettre de l'ambiance, rendre une atmosphère joyeuse. ⑫ prendre ((la barre, la direction des opérations)), saisir ((le gouvernail)). ¶ 지휘봉을 잡다 prendre [tenir, être à] la barre, saisir [tenir] le gouvernail, prendre la direction des opérations. ⑬ ((국물을)) prévoir. ¶ 국물을 넉넉히 잡아라 Prévois du bouillon en quantité suffisante / Prévois suffisamment de bouillon. ⑭ prendre *qc* en gage. ¶ 담보로 잡은 집 une maison [un appartement] en gage; une maison hypothéquée. ⑮ s'emparer de *qn* comme otage; retenir *qn* comme [en] otage.. ¶ 인질을 잡다 prendre des otages; s'emparer de *qn* comme otage; retenir *qn* comme [en] otage. ⑯ centrer ((l'image, une photo)). ¶ 피사체를 잡다 centrer ((une photo)). ⑰ prévoir ((une heure pour aller *qp*)). ¶ 대전에 가려면 최소한 두 시간을 잡아야 돼 Il faut prévoir au minimum [au moins] deux heures [Il faut bien prévoir deux heures] pour aller à Daejeon / Il faut prévoir deux bonnes heures pour aller à Daejeon. ⑱ ((비유적으로)) tuer [épuiser] *qn* (au travail). ¶ 사람(을) ~ tuer *qn* [épuiser *qn*] au travail. ¶ 그러다가 사람 잡겠다 Tu vas finir par l'épuiser si tu continues! / Tu vas le tuer ((au travail {*fam*})) si tu continues! ¶ 생사람을 ~ accuser un innocent.

잡다하다 雜多- 형 être varié(*e*), divers(*e*). ¶ 잡다한 물건들 des articles [des objets] divers. ¶ 잡다하게 이것저것 늘어놓다 disposer [étaler] les marchandises les plus variées. ¶ 창고에 물건들을 잡다하게 쌓아놓다 empiler les marchandises les plus variées dans l'entrepôt.

잡담 雜談 명 bavardage *m*, babillage *m*, caquetage *m* {*fam*}, papotage *m* {*fam*}, parlote *f* {*fam*}, conversation *f* à bâtons rompus, causeries *fpl* familières. ¶ ~을 지껄이다 jacasser {*fam*}, caqueter {*fam*}, papoter {*fam*}, faire la parlote {*fam*} [la causette, une petite causette, un brin de causette, la parlote {*fam*}], tailler une bavette {*fam*}, parler [causer, converser] de choses et d'autres, discuter de tout et de rien, discuter le bout de gras {*fam*}, causer [bavarder, discuter] avec *qn*, s'entretenir à loisir avec *qn*, parler à bâtons rompus; babiller; tchatcher {*fam*}. ¶ ~으로 한 시간을 보내다 passer une heure à faire la parlote {*fam*} [à faire la causette, à papoter, à parler de tout et de rien]. ¶ ~ 그만하고 일 시작하자 Arrêtons de papoter et mettons-nous au travail. ¶ 실내에서 ~ 금지 bavardage interdit à l'intérieur. ◇_(을) **하다** papoter {*fam*}, caqueter {*fam*}, bavarder {*fam*}, tailler une bavette {*fam*}, parler [causer, converser] de choses et d'autres, discuter de tout et de rien, faire la causette [une petite causette, un brin de causette, la parlote {*fam*}], discuter le bout de gras {*fam*}, causer [bavarder, discuter] avec *qn*, s'entretenir à loisir avec *qn*, parler à bâtons rompus; babiller; tchatcher {*fam*}. ¶ 친구들끼리 모여 앉아 ~을 했다 On s'est assis et on a papoté entre amis.

잡동사니 명 objets *mpl* divers, objets *mpl* de toutes sortes, objets *mpl* disparates [hétéroclites], bricoles *fpl*, babioles *fpl*, bric-à-brac *m inv*, fatras *m*, capharnaüm *m*, méli-mélo *m inv*. ¶ 너저분한 ~ objets disparates [hétéroclites] réunis pêle-mêle, fouillis, bric-à-brac *inv*, fatras, capharnaüm, méli-mélo *inv* {*fam*}. ¶ 서랍 안이 온갖 ~로 뒤죽박죽이다 Des objets de toutes sortes [Des babioles] sont pêle-mêle dans le tiroir / Le tiroir est bourré de babioles. ¶ ~들을 창고에 넣어 두다 mettre tout le fatras dans l'entrepôt.

잡되다 雜- 형 être futile, vulgaire, vil(*e*), bas(*se*), indécent(*e*), immoral(*e*), grossi*er*(*ère*). ¶ 잡된 생각 des pensées futiles. ¶ 잡된 사람 une personne vulgaire. être vulgaire ¶ 잡된 짓을 하다 agir grossièrement.

잡목 雜木 명 arbres *mpl* de diverses espèces, arbustes *mpl*.

잡무 雜務 명 menues occupations *fpl* [obligations *fpl*]. ¶ ~에 시달리다 être pris(*e*) par des obligations diverses (et sans importance). ¶ ~가 많다 avoir beaucoup d'obligations diverses (et sans grande importance).

잡문 雜文 명 écrit *m* sans style bien déterminé. ¶ ~을 쓰다 écrire au fil de la plume (sans se soucier d'aucun style particulier).

잡범 雜犯 명 petit malfaiteur *m*, petit malfrat *m*, auteur *m* de menus larcins. ¶ 그는 ~에 불과하다 Ce n'est pas plus qu'un petit malfrat.

잡부 雜夫 명 homme *m* à tout faire, manœuvre *m*. ¶ ~ 몇 명만 데리고 일하다 travailler avec seulement quelques ouvriers.

잡부금 명 contributions *fpl* diverses. ¶ ~을 거두다 percevoir diverses contributions. ¶ ~을 내다 verser des contributions diverses.

잡비 雜費 명 frais *mpl* divers, menues dépenses *fpl*, faux frais. ¶ ~가 들다 avoir des faux frais [de menues dépenses]. ¶ 요즘 ~가 자꾸 는다 Ces temps-ci, mes petites dépenses ne cessent d'augmenter.

잡사 雜事 명 bagatelles *fpl*, affaires *fpl* futiles [insignifiantes], menues affaires *fpl*.

◆**세상_** 世上- 명 petites affaires *fpl* du monde [de ce bas monde].

잡상인 雜商人 명 colporteur *m*, camelot *m*, démarcheur *m*; bradeur *m*, revendeur *m*, marchand *m* de couleurs. ¶ ~ 출입 금지 entrée interdite aux colporteurs. ¶ ~을 들이지 마라 Ne laisse pas entrer les colporteurs.

잡생각 雜- 명 pensées *fpl* multiples et futiles, des tas *mpl* de pensées futiles. ¶ ~에 빠지다 se perdre [se noyer] dans des pensées multiples (et futiles). ◇_(을) **하다** avoir des pensées multiples (et futiles), être pris(*e*) dans des tas de pensées, être assailli(*e*) par des pensées multiples.

잡서 雜書 명 miscellanées *fpl*, mélanges *mpl*, recueil *m*; livres *mpl* divers.

잡석 雜石 명 caillasse *f*, pierraille *f*, pierres *fpl* de diverses dimensions.

잡설 雜說 명 théories *fpl* diverses et variées.

잡세 雜稅 명 taxes *fpl* diverses, impôts *mpl* variés. ¶ 정부에서 이런저런 ~를 많이 거둔다 Le gouvernement prélève toutes sortes d'impôts divers et variés.

잡소리 雜- 명 ① parole *f* grossière, grossièreté *f*, grivoiserie *f*, insanité *f*, indécence *f*; fadaises *fpl*, balivernes *fpl*, sornettes *fpl*, énormités *fpl*, inepties *fpl*, sottises *fpl*, bêtises *fpl*. ¶ 웬 ~가 그리 많으냐? Pourquoi tant de grossièretés? ¶ ~ 말고 조용히 있어라 Arrête de dire des insanités et tiens-toi tranquille. ② ((기계 따위의)) bruit *m* parasite. ¶ ~가 나다 faire du bruit. ¶ 차 문짝에서 ~가 난다 La porte de la voiture fait un bruit. ¶ 엔진이 ~가 심하다 Le moteur fait beaucoup de bruit. ◇_(를) **하다** dire des grossièretés [des insanités, des indécences]. ¶ ~ 그만 하고 일이나 해라 Arrête de dire des insanités et mets-toi plutôt au travail!

잡수다 타 (('먹다'의 높임말)) manger, prendre ((un repas)), se sustenter ((terme honorifique)). ¶ 조반을 ~ prendre *son* petit-déjeuner. ¶ 약주를 ~ prendre de l'alcool ((terme respectueux)). ¶ 할아버지께서 진지를 잡숫고 계신다 Grand-père prend actuellement son repas.

잡수시다 타 (('잡수다'의 높임말)) ☞ 잡수다

잡숫다 타 (('잡수시다'의 줄임말)) ☞ 잡수다

잡스럽다 雜- 형 ① 자질구레하다 être bas(*se*), vulgaire, sans valeur, sans importance, de peu d'importance, peu important(*e*), inutile, menu(*e*), insignifiant(*e*), minime, infime, ¶ 잡스러운 물건들을 치워 버리다 se débarrasser de *ses* affaires sans valeur [de *ses* babioles, de *ses* bricoles], jeter des babioles [des bricoles]. ② 고상하지 못하다 être vulgaire, grossi*er*(*ère*), indécent(*e*), inconvenant(*e*). ¶ 잡스러운 짓을 하다 agir grossièrement [avec indécence]. ¶ 그는 사람이 좀 ~ Il est un peu vulgaire (comme personne).

잡식 雜食 명 alimentation *f* (irrégulière et) peu équilibrée. ◇_(을) **하다** manger n'importe quoi, avoir une alimentation peu équilibrée.

◆**_성** -性 명 caractère *m* omnivore.

◆**_동물** -動物 명 animal *m* omnivore.

잡신 雜神 명 mauvais génie *m*, esprit *m* mauvais. ¶ 그 집은 ~들이 들끓는다 La maison grouille de mauvais génies.

잡아가다 타 ① ((사람을)) emmener *qn*. ¶ 범인을 ~ emmener le coupable. ② se jeter sur ((*sa* proie)) et l'emporter. ¶ 늑대가 돼지를 잡아갔다 Le loup s'est jeté sur le cochon et l'a emporté.

잡아끌다 타 saisir *qn* et l'entraîner de force. ¶ 그 친구는 내 손을 잡아끌고 자기 집으로 향했다 Il m'a pris par la main et m'a entraîné de force vers sa maison.

잡아당기다 타 tirer vers [à] *soi*. ¶ 줄을 ~ tirer sur la corde. ¶ 누구의 손목을 ~ tirer le poignet de *qn*, tirer *qn* par le poignet.

잡아떼다 타 ① 억지로 떨어지게 하다 arracher. ¶ 그 아이는 벽에 붙은 종이를 억지로 잡아떼었다 L'enfant a essayé d'arracher le papier collé au mur. ② 모른다고 하거나 안 했다고 말하다 faire l'ignorant(*e*), feindre [faire semblant] de ne pas être au courant, faire semblant de ne pas comprendre; nier ((d'avoir fait *qc*)). ¶ 그는 혐의 사실을 딱 잡아뗐다 Il a nié la réalité [l'authenticité] des soupçons / Il a proclamé [protesté de] son innocence quant aux soupçons qui pesaient sur lui / Il a rejeté les accusations qui pesaient sur lui. ¶ 그는 선생님의 질문에 그 일에 대해서는 일절 모른다고 딱 잡아뗐다 Il a répondu au professeur qu'il ignorait tout de ce problème [de cette affaire].

잡아먹다 타 ① s'agresser les uns les autres. ¶ 서로 잡아먹겠다고 으르렁거리는 세상이다 C'est un monde où les gens s'agressent les uns les autres [où il y a un climat d'agression réciproque] / C'est un monde au climat agressif [à l'ambiance agressive]. ② prendre ((du temps)) ¶ 시간만 잡아먹는 일 un travail qui prend surtout du temps.

잡아먹히다 자 être attrapé(*e*) puis mangé(*e*) par.

¶ 누구에게 ~ être attrapé(*e*) puis mangé(*e*) par *qn*.

잡아채다 타 ① tirer ((les cheveux de *qn*)); se crêper ((le chignon)). ¶ 그 여자들은 서로 머리채를 잡아채고 싸웠다 Elles se battaient [se disputaient violemment] en se tirant les cheveux [en se crêpant le chignon] / Elles se crêpaient le chignon. ② arracher *qc* ((des mains de *qn*)); happer; enlever *qc* d'un coup sec. ¶ 어떤 남자가 내 가방을 잡아채더니 그대로 도망쳤다 Un homme m'a arraché brutalement mon sac et s'est enfui avec.

잡역 雜役 명 travaux *mpl* divers, corvée *f*, travail(*aux*) *m* de manœuvre, travaux *mpl* subalternes, tâches *fpl* ingrates [pénibles], sale besogne *f*, sale boulot *m* {*fam*}. ¶ 그 사람도 처음에는 ~을 맡았다 Lui aussi, au début, on lui a confié les corvées les plus diverses. ◇**_을 하다** faire des travaux divers; faire le sale boulot [la sale besogne] {*fam*}, accomplir des tâches ingrates. ¶ 그는 온갖 ~을 다 해보았다 Il a fait toutes sortes de petits travaux.

잡역부 雜役夫 명 homme *m* à tout faire, manœuvre *m*, ouvrier *m*; terrassier *m*. ¶ ~ 노릇을 하다 travailler comme manœuvre.

잡음 雜音 명 ① 소음 bruit *m*, (bruits *mpl*) parasites *mpl*, brouillage *m* (sonore), grésillements *mpl*, (bruit *m* de) friture *f* {*fam*}, neige *f*, souffle *m* ((au cœur)). ¶ 시끄러운 ~ un brouillage assourdissant. ¶ 라디오의 ~ 방지 장치 dispositif antiparasite d'une radio. ¶ 심장의 ~ un souffle au cœur. ¶ ~이 나다 être brouillé(*e*), parasité(*e*), grésiller. ¶ 이 카세트테이프에는 ~이 너무 많다 Cette cassette (audio) a trop de parasites. ¶ ~이 많아서 잘 안 들립니다 Comme la ligne est brouillée, j'entends mal / La ligne grésille, je n'entends pas très bien / Il y a beaucoup de grésillements, j'ai du mal à entendre / Le grésillement gêne la conversation (au téléphone). ¶ 라디오에서 ~이 많이 난다 Il y a beaucoup de friture {*fam*} dans la radio / L'appareil de radio grésille beaucoup [énormément] / Des bruits empêchent d'écouter la radio. ② 물의 remous *m*. ¶ ~을 일으키다 provoquer des remous. ¶ 신입사원 하나가 회사에서 ~을 일으켰다 Un des nouveaux employés a fait beaucoup parler de lui. ¶ ~이 나다[일다] faire des remous [du bruit]. ¶ 이 일로 ~이 나지 않도록 조심해라 Fais attention à ne pas faire de remous avec cette affaire!

◆**_씨** 명 【언어】 copule *f*.

-잡이 접미 ① prédominance *f* fonctionnelle (de *la main, du pied*). ¶ 왼손~ un(*e*) gaucher(*ère*). ¶ 오른손~ un(*e*) droitier(*ère*). ¶ 왼발~ un(*e*) gaucher(*ère*) du pied. ② pêche *f*, ((사람)) pêcheur *m*. ¶ 고기~ la pêche; ((사람)) un pêcheur. ¶ 새우~ la pêche aux crevettes; ((사람)) un pêcheur de crevettes. ③ ((‘무엇을 다루는 사람’의 뜻)) ¶ 총~ un bandit armé. ¶ 바람~ complice.

잡일 雜- 명 des petits boulots, toutes sortes de petits travaux, menus travaux *mpl*, tâches *fpl* pénibles [ingrates], travaux *mpl* subalternes, sales besognes *fpl* {*fam*}, le sale boulot *m*, corvée *f*. ¶ ~이 많다 avoir plein de corvées.

잡종 雜種 명 hybride *m*, race *f* croisée, métis(*se*), sang-mêlé(*e*). ¶ 두 종을 교배시켜서 ~을 만들다 croiser deux races pour faire un hybride, hybrider ((l'âne avec la jument)), métisser ((des lapins, des plantes)).

◆**_개** 명 chien *m* qui n'est pas de race pure, (chien) bâtard *m*, chien *m* métissé [métis], corniaud *m*, chien *m* de race croisée, chien *m* croisé ((Épagneul Breton et Setter Irlandais)).

잡지 雜誌 명 magazine *m*, revue *f*, périodique *m*, gazette *f*. ¶ 월간[주간] ~ une revue mensuelle [hebdomadaire], un mensuel [un hebdomadaire]. ¶ 여성[시사, 사진, 패션] ~ un magazine féminin [d'actualités, de photos, de mode]. ¶ ~를 발간[창간]하다 lancer [créer, fonder] une revue. ¶ ~를 구독하다 s'abonner à un magazine [à une revue]. ¶ ~에 기고하다 écrire dans une revue. ¶ 나도 그 이야기를 어느 ~에서 읽었어 Moi aussi, j'ai lu cette histoire dans un magazine.

◆**_사** -社 명 revue *f*, magazine *m*, périodique *m*, gazette *f*. ¶ ~사 기자 un(*e*) journaliste [un(*e*) collaborateur(*trice*)] d'un périodique.

잡채 雜菜 명 *japchae m* <*chop-suey* aux vermicelles; nouilles ou vermicelles transparent(*e*)s sauté(*e*)s avec des lamelles de bœuf et des légumes émincés>.

잡초 雜草 명 mauvaise herbe *f*, herbes *fpl* folles, chiendent *m*. ¶ ~를 뽑다 arracher [enlever] les mauvaises herbes; désherber [sarcler] ((un jardin)). ¶ ~와 같이 강인하다 être tenace comme du chiendent. ¶ ~처럼 질긴 민중의 삶 la vie du peuple aussi tenace que de la mauvaise herbe [que du chiendent]. ¶ 정원에 ~가 무성하다 Dans le jardin, les mauvaises herbes poussent dru.

잡탕 雜湯 명 ① 음식 *japtang m* <potée de viande, de poisson et de légumes variés>. ② ((비유적)) mélange *m*, méli-mélo *m inv*, pot-pourri *m*, fouillis *m* fatras *m*. {*fam*}.

◆**_밥** 명 *japtang-bap m* <potée de viande, de poisson et de légumes variés>.

잡티 雜- 명 taches *fpl* de pigmentation [pigmentaires] de toutes sortes ; ((기미)) taches *fpl* pigmentaires liées à l'âge appelées aussi «taches de vieillissement» {*pop*} ou «taches de vieillesse» {*pop*}; 【의학】 lentigines solaires; ((주근깨)) taches de rousseur [de son]; 【의학】 éphélide; ((점)) grains de beauté; 【의학】 lentigos, lentigines, *Naevus*(*naevi*) {*nsc*} pigmentaire(*s*), mélanomes bénins. ¶ 얼굴에 ~가 많은 여자 une fille au visage marqué [couvert] de taches pigmentaires [de pigmentation].

잡풀 雜- 명 mauvaise herbe *f*, herbes folles *fpl*,

ㅈ

chiendent *m*. ¶ 빈 집의 안마당엔 ~만 무성했다 Les herbes folles avaient poussé dru dans la cour intérieure de la maison vide.

잡학 雜學 명 connaissances *fpl*, (grande) culture *f* générale, (large) savoir *m*. ¶ 그는 ~의 대가이다 Il possède une très vaste culture / C'est une encyclopédie vivante.

◆**_사전** -辭典 명 encyclopédie *f* générale.

잡화 雜貨 명 articles *mpl* divers, articles *mpl* de mercerie; ((일용품)) objets *mpl* d'usage domestique.

◆**_상** -商 명 ((사람)) marchand(*e*) de couleurs; ((상점)) mercerie *f*.

◆**_점** -店 명 mercerie *f*, bazar *m*; droguerie *f*.

잡히다 재 ① tomber sous la main, trouver. ¶ 손에 잡히는 대로 던지다 lancer tout ce qui *nous* tombe sous la main. ② ((범인 따위가)) se faire prendre, être arrêté(*e*) ((par la police)), être fait(*e*) prisonni*er*(*ère*), être capturé(*e*), être pincé(*e*) {*fam*}, se faire pincer {*fam*}, se faire épingler {*fam*}, se faire poisser {*fam*}. ¶ 현장에서 ~ être pris(*e*) [surpris(*e*)] en flagrant délit [sur le fait, en faute, en défaut, la main dans le sac], être surpris(*e*) en train de+*inf*. ¶ 범인은 현장에서 잡혔다 Le coupable a été pris la main dans le sac. ③ ((고기 따위가)) mordre. ¶ 고기가 잘 잡히지 않는다 Le poisson ne mord pas bien aujourd'hui. ④ ((담보로)) mettre *qc* en gage [en hypothèque]; engager *qc*; hypothéquer ((une maison, un immeuble)), grever ((un immeuble)) d'une hypothèque; déposer ((des titres)) en nantissement; être hypothéqué(*e*). ¶ 집이 은행에 잡혔다 Il a hypothéqué sa maison / Sa maison est hypothéquée. ⑤ ((불길 따위가)) être maîtrisé(*e*). ¶ 불길이 잡혔다 L'incendie a été maîtrisé. ⑥ ((일정이 따위가) être fixé(*e*); être établi(*e*). ¶ 일정[기간]이 잡혔다 Le programme est établi / On a établi le programme [La période est fixée / On a fixé une période]. ⑦ ((단서 따위가)) ((un indice)) être découvert(*e*). ¶ 단서가 잡혔다 Un indice a été découvert / On a découvert un indice. ⑧ ((카메라 따위에)) passer à l'écran. ¶ 카메라[화면]에 ~ passer à l'écran. ⑨ ((질서 따위가)) être établi(*e*). ¶ 질서가 잡혔다 L'ordre [La discipline] est établi(*e*). ⑩ (((bonne) ambiance)) s'installer, devenir joyeuse. ¶ 분위기가 잡혔다 Une bonne ambiance s'est installée / L'atmosphère est devenue joyeuse. ⑪ ((마음이)) reprendre ((*son* aplomb)). ¶ 마음이 ~ se ressaisir, reprendre *son* aplomb. ⑫ ((몸매가)) être équilibré(*e*), harmonieu*x*(*se*); ((corps)) être bien proportionné(*e*), être bien découplé(*e*), bien bâti(*e*), bien fait(*e*), bien fichu(*e*) {*fam*}, bien balancé(*e*) {*fam*}. ¶ 균형이 잘 잡힌 몸매 un corps bien proportionné [bien balancé {*fam*}, bien bâti, bien fait, bien fichu {*fam*}, aux formes harmonieuses], un corps harmonieux. ⑬ ((택시 따위가)) parvenir à attraper ((un taxi)). ¶ 오늘은 택시가 잘 잡히지 않는다 On a du mal à attraper un taxi aujourd'hui. ⑭ ((약점 따위를)) se faire prendre en défaut sur ((*ses* points faibles)). ¶ 누구에게 약점을 ~ se faire prendre en défaut sur *ses* faiblesses [sur *son* point faible].

잣 명 pignon *m*, pigne *f* (de pin). ¶ ~을 까다 décortiquer une pigne. ¶ 식혜에 ~을 띄워 내다 faire flotter quelques pignons dans le *sikhye*.

◆**_강정** 명 *gangjeong m* avec des pignons (de pin).

◆**_나무** 명 【식물】 pin *m* pignon.

◆**_죽** -粥 명 bouillie *f* de riz avec des pignons de pin (en farine).

잣대 명 mètre *m*, centimètre *m*. ¶ ~를 대고 키를 재다 mesurer la hauteur avec [à l'aide d']un mètre. ¶ 사람들은 저마다의 ~로 사람을 평가한다 On estime chacun à sa (juste) mesure. ¶ 외모를 ~로 사람을 채용해서는 안 된다 Il ne faut pas engager les gens pour [d'après] leur physique.

장[1] 長 명 chef *m*, supérieur *m*, directeur *m*, patron *m*, principal *m*. ¶ 단체의 ~ le chef d'un groupe [d'un parti]. ¶ 그는 무리의 ~이 될 만한 사람이 아니다 Il n'a pas ce qu'il faut pour être un chef de file.

장[2] 將 명 【장기】 roi *m*. ¶ ~을 부르다 mater [prendre] le roi. ¶ ~ 받아라 échec (au roi).

*~**이야 멍이야** difficile de savoir qui gagnera [qui l'emportera].

장[3] 張 분류 feuille *f* (de papier). ¶ 종이 한 ~ une feuille de papier. ¶ 만 원짜리 지폐 한 ~ un billet de 10 000 wons. ¶ 책을 한 ~ 한 ~ 넘기다 feuilleter un livre page par [à] page. ¶ 그 방에는 사진 한 ~ 걸려 있지 않았다 Dans cette chambre, il n'y avait pas une seule photo accrochée.

장[4] 章 분류 chapitre *m*. ¶ 이 주제는 제 5~에서 다룬다 Ce thème est traité dans le cinquième chapitre. ¶ 그 내용은 그 책의 제 3~에 나와 있다 Ceci figure dans le troisième chapitre de ce livre. ¶ 이 책은 모두 여섯 ~으로 되어 있다 Ce livre est composé en tout de six chapitres.

장[5] 場 명 ① 시장 marché *m*. ¶ ~이 파했다 Le marché est fermé. ¶ 물건을 ~에 내다 팔다 vendre des affaires au marché. ¶ ~(을) 보다 faire *son* marché, faire *ses* courses, aller au marché, acheter les provisions ((pour la semaine)). ¶ ~이 서다 Le marché se tient. ② 어떤 일이 행해지는 곳 scène *f*. ¶ 노사 간의 대화의 ~ la scène du dialogue entre le patronat et les ouvriers [entre la direction et les ouvriers].

◆**_날** 명 jour *m* de marché.

***가는 날이 ~날이다** être le moment idéal [le bon moment]; tomber à pic [à point nommé]; ((반어적으로)) n'avoir vraiment pas de chance [de pot {*fam*}] / C'est bien notre [ma] veine {*fam*} aujourd'hui (le jour où l'on se décide enfin à se rendre quelque part, on tombe sur un jour de fermeture) ((après avoir déserté un lieu pendant un certain temps, le jour où l'on y va, il s'y produit un événement exceptionnel ou particulier)).

◆**_바구니** 場 명 panier *m* à provisions, cabas *m*.

ㅈ

[분류] scène *f*. ¶ 그 연극은 2막 3~으로 구성되어 있다 Cette pièce (de théâtre) comporte [est composée de] deux actes de trois scènes chacun.

장[6] 腸 [명] 【의학】 intestin *m*. ¶ ~이 나쁘다 avoir de mauvais intestins, avoir les intestins fragiles.

◆**_암** -癌 [명] cancer *m* de l'intestin.

◆**_염** -炎 [명] inflammation *f* de l'intestin, entérite *f*.

장[7] 醬 [명] saumure *f*; ⦅된장⦆ *doenjang m*, pâte *f* de soja fermenté; ⦅간장⦆ sauce *f* de soja. ¶ ~을 담그다 faire de la saumure; ⦅된장⦆ faire fermenter la pâte de soja. ¶ ~ 맛이 좋다 La saumure est bonne.

◆**_국** [명] soupe *f* (assaisonnée de sauce de soja).

◆**_국밥** [명] *jang-gukbap m* <(sorte de) potée à base de riz et de soupe à la sauce de soja>.

*** 내 손에 ~을 지지겠다** J'en mettrais ma main au feu {*fam*} [ma tête à couper {*fam*}] / J'en donnerais ma tête à couper / ⦅S'il y arrive⦆ je veux bien qu'on me coupe un doigt [ce serait (bien) un miracle].

장[8] 欌 [명] armoire *f*, commode *f*, garde-robe(~-~*s*) *f*. ¶ ~을 짜다 construire une armoire. ¶ 새로 ~을 맞추다 faire (faire) une armoire neuve sur mesure. ¶ 무엇을 ~ 속 깊이 보관하다 conserver *qc* (tout) au fond d'une armoire.

◆**옷_** [명] garde-robe(~-~*s*) *f*, armoire *f* (à vêtements).

장[9] 丈 *jang m* <unité de mesure de la longueur équivalente à 3,03 mètres>.

-장[10] -丈 [접미] Monsieur *m* ⦅titre accolé à un aîné⦆. ¶ 춘부~ Monsieur votre père. ¶ 노인~ Noble vieillard. ¶ 주인~ Monsieur le propriétaire.

-장[11] -狀 [접미] 증서, 문서 acte *m*, certificat *m*, attestation *f*. ¶ 독촉~ une lettre de rappel, une mise en demeure. ¶ 신임~ une lettre de créance. ¶ 임명~ une lettre de nomination. ¶ 초청~ une carte [une lettre] d'invitation.

-장[12] -長 [접미] 우두머리 chef *m*, supérieur *m*, directeur *m*, patron *m*, principal *m*. ¶ 공장~ un directeur d'usine. ¶ 위원~ le(la) président(*e*) d'un comité [d'une commission]. ¶ 이사~ président de conseil d'administration, administrateur général.

-장[13] -帳 [접미] ① 장부 registre *m*. ¶ 매입~ le registre des acquisitions. ¶ 매출~ le registre des ventes. ¶ 출납~ le registre des comptes. ② 공책 cahier *m*. ¶ 단어~ un carnet de vocabulaire. ¶ 연습~ un cahier d'exercice; un cahier de brouillon. ¶ 일기~ un journal (intime).

-장[14] -張 [접미] 얇고 넓적한 조각 morceau(*x*) *m* large et fin de *qc*. ¶ 얼음~ une couche [une pellicule] de glace; ⦅비유적⦆ ⦅marcher sur⦆ des œufs {*fam*}.

-장[15] -場 [접미] lieu(*x*) *m*, endroit *m*, terrain *m*, place *f*. ¶ 시험~ lieu de l'examen. ¶ 공사~ un chantier. ¶ 경기~ un stade, un terrain de sport. ¶ 골프~ un terrain de golf.

-장[16] -葬 [접미] enterrement *m*. ¶ 삼일~ enterrement trois jours après le décès. ¶ 사회~ funérailles publiques. ¶ 학교~ un enterrement organisé [célébré] par l'école.

-장[17] -莊 [접미] 여관 motel *m*. ¶ 궁전~ Le motel Gungjeon ⦅«Palais»⦆.

장-[18] 長- [접두] long(*ue*). ¶ ~거리 une longue distance; ⦅체육⦆ ⦅course⦆ de fond. ¶ ~기간 une longue période. ¶ ~시간 un long moment, de longues heures. ¶ ~시일 une longue durée. ¶ ~모음 une voyelle longue.

장가[1] [명] mariage *m* (d'un garçon), noces *fpl*. ¶ ~(를) 들다[가다] ⦅un garçon⦆ se marier, prendre femme {*vx*}. ¶ ~(를) 들이다[보내다] marier (*son* fils, un de *ses* fils). ¶ ~(를) 오다 ⦅un garçon⦆ se marier, devenir l'époux (d'une femme). ¶ 너 ~ 잘 온 줄 알아 Tu as de la chance de m'avoir pour épouse [de m'avoir épousée].

장가[2] 長歌 [명] chant *m* long.

장갑[1] 掌匣 [명] gant *m*; ⦅벙어리⦆ moufle *f*; ⦅쾌벡⦆ mitaine *f*. ¶ 벙어리 ~ des moufles. ¶ 고무 ~ des gants en caoutchouc. ¶ ~(을) 끼다 mettre [enfiler] des [*ses*] gants, se ganter. ¶ ~을 끼고 있다 avoir des gants aux mains, être ganté(*e*). ¶ ~을 낀 아저씨 un monsieur ganté. ¶ 고무 ~을 끼고[안 끼고] 설거지하다 faire la vaisselle avec des gants en caoutchouc [sans gants (en caoutchouc)]. ¶ ~(을) 벗다 ôter [retirer, enlever] des [*ses*] gants, se déganter. ¶ ~ 두 켤레 deux paires de gants [de moufles].

장갑[2] 裝甲 [명] 【군사】 blindage *m*, cuirasse *f*, cuirassement *m*.

◆**_부대** -部隊 [명] 【군사】 détachement *m* de [unité *f* de, corps *m* de] blindés.

◆**_차** -車 [명] 【군사】 char *m*, blindé *m*, véhicule *m* [voiture *f*] blindé(*e*).

장거리 長距離 [명] longue [grande] distance *f*; ⦅missile de⦆ longue portée *f*. ¶ ~ 여행 long voyage. ¶ ~ 선수[주자] athlète de course de fond; ⦅5, 000~10, 000미터의⦆ coureur(*se*) de fond; ⦅마라톤의⦆ coureur(*se*) de grand fond. ¶ ~ 전화 appel longue distance; communication interurbaine; appel interurbain. ¶ ~를 뛰다 courir sur une longue distance; faire une course de fond. ¶ ~를 운전하다 conduire sur une longue distance.

장검 長劍 [명] longue épée *f*; glaive *m*; sabre *m*. ¶ 장군은 ~을 빼어들었다 Le général a tiré sa grande [longue] épée.

장고[1] 杖鼓 [명] *janggo m*, *janggu m* <tambour en forme de sablier, à deux peaux lacées>. ☞ 장구

장고[2] 長考 [명] longue réflexion *f*; délibération *f*. ¶ 그 사람은 ~를 거듭했다 Il a réfléchi longuement.

◇**_(를) 하다** réfléchir longuement.

장골 壯骨 [명] homme *m* grand et fort; homme *m* athlétique; hercule *m*, colosse *m*, malabar *m* {*fam*}, armoire *f* à glace {*fam*}. ¶ 저 남자는 ~이다 Cet homme est grand et fort / Cet homme est très fort [fort comme un Turc fort comme un bœuf {*fam*}, bien baraqué {*fam*}, très costaud {*fam*}] / Cet homme est un colosse / C'est un véritable hercule [un balèze {*fam*}, une armoire à glace {*fam*}] / Cet homme a une carrure impressionnante [de bûcheron, de déménageur {*fam*}].

장관[1] 壯觀 명 ① 좋은 광경 spectacle *m* magnifique [grandiose]; vue *f* magnifique [superbe]; scène *f* grandiose. ¶ ~을 이루다 présenter [offrir] une vue [un spectacle] magnifique [grandiose]. ¶ 참으로 ~이었다 C'était vraiment un spectacle magnifique. ② ((비웃는 말투)) beau spectacle *m*. ¶ 술 취한 그 남자의 꼬락서니는 가히 ~이었다 C'était vraiment beau [Quel (beau) spectacle] de le voir ivre! ((sur un ton ironique)).

장관[2] 長官 명 ministre *m* ((d'État)). ¶ ~ 자리 poste de ministre, portefeuille ministériel, maroquin {*vx*}. ¶ 노동부 ~ ministre du Travail. ¶ ~급 인사 personnalité ayant un rang de ministre.

◆**_실** -室 명 bureau *m* d'un ministre.

◆**_직** -職 명 portefeuille *m* de ministre, portefeuille *m* ministériel.

장광설 長廣舌 명 discours *m* interminable; harangue *f*. ¶ 밑도 끝도 없는 ~ discours interminable, palabre. ¶ ~을 늘어놓다[펴다] discourir [discuter] interminablement, palabrer; tenir un discours interminable; haranguer ((la foule)), adresser une harangue ((à un groupe de personnes)); faire d'ennuyeux discours; disserter à n'en plus finir sur *qc*, baratiner {*fam*}, laïusser pendant des heures {*fam*}; faire de longs discours creux.

장교 將校 명 【군사】 officier *m*.

◆**_단** -團 명 l'ensemble des officiers, le corps *m* des officiers, les officiers *mpl*.

장구 명 【음악】 *janggu m* <tambour traditionnel coréen en forme de sablier, à deux peaux lacées>. ¶ ~ 장단 rythme [mesure, cadence] de *janggu*. ¶ ~를 치다 jouer du *janggu*.

◆**_채** 명 baguette *f* de *janggu*.

◆**_춤** 명 danse *f* en jouant du *janggu*.

◆**_통** -筒 명 partie *f* centrale d'un *janggu*.

장구벌레 명 【생물】 larve *f* de moustique. ¶ ~가 모기가 된다 Une larve devient un moustique.

장구하다 長久- 형 être long(*ue*), être durable; durer longtemps; être ancien(*ne*). ¶ 장구한 역사를 지닌 민족 peuple qui a une longue histoire. ¶ 장구한 세월[시간] 동안 pendant de longues années; ((pendant)) bien des années.

장군 將軍 명 ① 【군사】 génér*al*(*aux*) *m*. ② 【장기】 roi *m* ((d'un jeu d'échecs orientaux)). ¶ ~을 받다 ((장기)) contrer un échec ((au jeu d'échecs orientaux)). ¶ ~을 부르다 ((장기)) faire échec ((au jeu d'échecs orientaux)).

*~ **멍군** difficile à départager [à juger] (qui a raison et qui a tort).

◆**_감** 명 personne *f* susceptible de devenir général, graine *f* de général {*fam*}. ¶ 어허, 그 녀석 ~감일세 Oh, il pourra devenir général!

장기[1] 長技 명 (point *m*) fort *m*; talent *m* particulier, compétence *f* particulière; spécialité *f*; numéro *m* à succès (de *qn*). ¶ ~ 자랑 (대회) concours de (nouveaux) talents. ¶ 당신의 ~는 무엇입니까? Quel est votre point fort? / Pour quoi êtes-vous doué(*e*) [avez-vous un don]? / Avez-vous quelque compétence particulière? ¶ 그 남자의 ~는 노래 부르기이다 Son (point) fort, c'est de chanter / Il a un talent particulier [un don] pour le chant / C'est pour le chant [la chanson] qu'il est doué.

장기[2] 臟器 명 【의학】 viscères *mpl*; intestins *mpl*; organe *m*. ¶ ~ 기증 don d'organe. ¶ ~를 기증하다[기증받다] faire don d'un organe, faire un don d'organe [recevoir un organe, bénéficier d'une greffe d'organe].

◆**_이식** -移植 명 greffe *f* [transplantation *f*] d'organe.

장기[3] 將棋 명 *janggi m* <sorte de jeu d'échecs, variante orientale du jeu d'échecs, (jeu d')échecs orientaux>. ¶ ~를 두다 jouer aux échecs coréens; jouer au *janggi*; faire une partie de *janggi*.

◆**_말[짝]** 명 pièce *f* d'un jeu d'échecs coréens. ¶ ~말을 움직이다 déplacer une pièce (sur l'échiquier).

장기[4] 長期 명 longue période *f*, long terme *m*. ¶ ~ 계획 un projet à long terme. ¶ ~ 대출 un prêt à long terme; un emprunt à long terme. ¶ ~ 체류 un séjour prolongé; un long séjour. ¶ ~ 출장 un voyage d'affaires de longue durée.

◆**_적** -的 명관 long(*ue*), prolongé(*e*); à long terme; de longue durée; de longue date; de longue haleine. ¶ ~적 대책 une mesure à long terme. ¶ 일을 ~적인 안목으로 보다[접근하다] examiner une affaire sur le long terme.

◆**_화** -化 명 prolongement *m*. ¶ 전쟁이 ~화된다[한다] La guerre se prolonge [s'éternise].

◆**_수** -囚 명 détenu *m* de longue durée.

장기전 長期戰 명 guerre *f* de longue durée, guerre *f* qui traîne. ¶ 전쟁이 ~의 양상을 띠고 있다 La guerre tend à s'éterniser. ¶ ~을 펴다 faire [s'enliser dans] une guerre de longue durée [dans une guerre qui traîne]. ¶ ~에 대비하다 se préparer pour une guerre de longue durée. ¶ ~에 돌입하다 entrer en guerre pour une longue durée. ¶ ~으로 들어가다 entrer dans [se lancer dans, entreprendre] une guerre de longue durée [dans une guerre qui traîne].

장꾼 場- 명 personne *f* qui va au marché ((pour acheter ou vendre)).

장끼 명 ((조류)) faisan *m* (mâle); coq *m* faisan.

장난 명 ① jeu(*x*) *m*; récréation *f*, amusement *m*, distraction *f*, passe-temps *m inv*, divertissement *m*; partie *f* de plaisir. ② 희롱 farce *f*, plaisanterie *f*, fredaine *f*; espièglerie *f*, niche *f*, diablerie *f*, ((être victime d'une)) facétie *f*; (mauvais) tour *m*. ¶ ~을 걸다 jouer un mauvais [un sale, un vilain] tour à *qn*. ¶ ~으로 시작한 것이 싸움으로 번졌다

ㅈ

Cette plaisanterie a dégénéré en dispute / Cette plaisanterie a mal tourné. ¶ 그 사람은 운명의 ~으로 불행한 일을 당하게 되었다 Il a été victime du mauvais sort. ◇_(을) **하다[치다]** s'amuser, folâtrer, batifoler; faire une espièglerie [une farce] à *qn*; faire le clown [le pitre, le zouave]; jouer un tour à *qn*; badiner [jouer] ((avec l'amour, avec la discipline)). ¶ 아이들이 ~을 하며 놀고 있다 Les enfants folâtrent [batifolent, s'agitent de façon folâtre, jouent de façon folâtre] / Les enfants s'amusent à des jeux folâtres / Les enfants s'amusent à faire les pitres / Les enfants font les clowns [les zouaves, les pitres, les guignols] / Les enfants font des espiègleries. ¶ 그 친구가 나에게 ~을 쳤다 Il m'a joué un tour / Il m'a fait une plaisanterie.

◆**_삼다** 재 prendre plaisir à+*inf*. ¶ ~삼아 한번 해 본 말이다 Il l'a dit une fois par plaisanterie [pour s'amuser, pour rire, pour badiner].

◆**_스럽다** 형 avoir un [être de] caractère espiègle. ¶ 그 사람은 가끔 ~스럽게 웃곤 했다 Il riait parfois comme s'il s'agissait d'une farce.

◆**_감** 명 jouet *m*, joujou(*x*) *m*; ((faire marcher *qn* comme un)) pantin *m*. ¶ ~감 강아지 chien en peluche [bois]. ¶ ~감 병정 soldat de plomb. ¶ ~감 인형 poupée; ((털 인형)) peluche, nounours. ¶ ~감 교향곡 la Foire des Enfants ((de Haydn)).

◆**_기** -氣 명 espièglerie *f*. ¶ 그 남자의 눈에는 ~기가 가득 배어 있다 Ses yeux sont pleins d'espièglerie / Il a un air espiègle. ¶ ~기(가) 담긴[섞인] 어조로 묻다 demander d'une voix espiègle.

◆**_꾸러기** 명 enfant espiègle [folâtre], (petit(*e*)) espiègle [coquin(*e*), diable *m*, démon *m*, polisson(*ne*), canaille *f*, fripouille *f*, fripon(*ne*), chenapan *m*, galopin *m*, facétieux(*se*)]; farceur(*se*), ((faire le)) pitre *m*, zouave *m*, clown *m*, guignol *m*.

◆**_질** 명 espièglerie *f*, farce *f*; tour *m*. ¶ ~질(을) 하다[치다] faire une farce [espièglerie] à *qn*; jouer un tour à *qn*.

◆**물_** 명 jeu(*x*) *m* dans l'eau; action de jouer avec de l'eau. ¶ 물~(을) 하다[치다] s'amuser dans l'eau; jouer avec de l'eau.

◆**흙_** 명 jeu *m* avec de la terre. ¶ 흙~(을) 하다[치다] jouer avec de la terre.

장남 長男 명 (fils *m*) aîné *m*; premier fils *m* d'une famille.

장내 場內 명 intérieur *m* d'une salle; enceinte *f* d'un stade [d'un terrain de sport]. ¶ ~에 계신 손님 여러분은 모두 자리에 앉아 주십시오 Je prie tous les invités qui sont dans la salle de s'asseoir. ¶ ~는 입추의 여지도 없었다 La salle était pleine (à craquer) [archipleine {*fam*}, bondée {*fam*}, (archi)comble {*fam*}]. ¶ ~는 분노로 들끓고 있었다 La salle était transportée de fureur. ¶ ~에서 웅성거리는 소리가 들렸다 Des murmures se faisaient entendre [s'élevaient] dans la salle. ¶ ~가 소란하다 La salle est agitée.

*~**가 떠나갈 듯이** d'une voix très forte. ¶ 그 남자는 ~가 떠나갈 듯이 고함을 쳤다 Il a crié d'une voix très forte.

*~**를 뒤흔들다** faire trembler la salle [le stade]; troubler la salle.

장녀 長女 명 (fille *f*) aînée *f*.

장년 壯年 명 âge *m* adulte [mûr], ((남자의)) âge *m* viril; maturité *f*. ¶ ~에 이르다 parvenir à [atteindre] la maturité. ¶ ~에 접어들다 entrer dans la force de l'âge.

◆**_기** -期 명 maturité *f*.

◆**_층** -層 명 les personnes *fpl* d'âge mûr.

장농 欌籠 명 ☞ 장롱

장님 명 aveugle. ¶ ~이 되다 devenir aveugle; perdre la vue; être frappé(*e*) de cécité.

*~ **개천 나무란다** C'est l'hôpital qui se moque de la charité / C'est l'infirmerie qui se moque de l'hôpital / La pelle se moque du fourgon / voir la paille dans l'œil du prochain [de *son* prochain, de *son* voisin, de *son* frère] et ne pas voir la poutre (qui est) dans le *sien* / Il ne s'est pas regardé (dans un miroir, devant la glace) {*fam*} / Il devrait se regarder dans la glace [dans un miroir] avant de parler {*fam*}.

*~ **문고리 잡기** (c'est) du pur hasard, (c'est) une pure coïncidence ((se dit lorsque quelqu'un réussit quelque chose par le simple fruit du hasard [par chance], mais non grâce à ses capacités)).

*~ **코끼리 만지는 격** ① Il ne faut pas juger du bois sur l'écorce / Il ne faut pas prendre des détails pour des généralités / Il ne faudrait pas trop généraliser [extrapoler]. ② la culture, c'est comme la confiture, moins on en a, et plus on l'étale {*fam*} ((se dit ironiquement d'une personne qui étale ses connaissances, fait comme si elle maîtrisait un domaine alors qu'elle n'en connaît qu'une infime partie)).

장단 長短 명 ① 길이 longueur *f*. ② 【음악】 박자 mesure *f*, rythme *m*, cadence *f*. ¶ ~을 맞추다 battre la mesure; marquer le rythme ((du pied)). ¶ ~이 맞다 être en cadence.

*~**(을) 맞추다** suivre la mesure [la cadence] ((de *qn*)); se mettre dans le ton.

*~**이 맞다** être en cadence; être à l'unisson; être sur la même longueur d'onde; s'entendre avec *qn*.

*__남의 ~에 놀아나다__ se jouer de *qn* d'autre; se faire utiliser par *qn*.

◆**_점** -點 명 (point *m*) fort *m* et (point *m*) faible *m*; qualités *fpl* et défauts *mpl*; avantages *mpl* et inconvénients; le pour et le contre.

장닭 명 coq *m*

*~**이 울어야 날이 샌다** C'est le mari qui doit prendre en main les choses pour que ça se passe bien.

장담 壯談 명 affirmation *f* catégorique. ◇_(을) **하다**

assurer *qn* de *qc*; garantir; certifier *qc* à *qn*; assurer [certifier, affirmer] à *qn* que+*ind*; répondre d'un ton assuré. ¶ 나는 당신의 미래를 ~할 수 없습니다 Je ne peux pas garantir votre avenir. ¶ 나는 그 사람이 꼭 돌아온다고 ~할 수 있다 Je vous assure qu'il reviendra / Il viendra, je vous le garantis [je vous en réponds {*vx, litt*}]. ¶ 나는 일이 잘 될지의 여부를 ~할 수 없다 Je ne suis pas sûr(*e*) que l'affaire réussira [réussisse] / Je ne vous garantis pas le succès / Je ne vous promets pas que cela réussisse / Je ne peux pas vous garantir à cent pour cent que cela réussisse [se passera bien].
◆호언_ 豪言- 명 fanfaronnade *f*, vantardise *f*, bluff *m*, hâblerie *f*. ¶ 호언~(을) 하다 se vanter, fanfaronner.

장대 長- 명 perche *f* ((de bambou)). ¶ ~를 휘둘러 새를 쫓다 chasser des oiseaux avec une perche. ¶ ~ 끝에 걸린 깃발 drapeau accroché à une perche.
◆_높이뛰기 명【운동】saut *m* à la perche.

장대비 長- 명 grosse pluie *f*; pluie *f* battante [torrentielle, diluvienne]; ((tomber, pleuvoir des)) hallebardes *fpl*, cataractes *fpl*, cordes *fpl*, trombes *fpl* d'eau, ((벨기에)) drache *f*; déluge *m*. ¶ 아침부터 ~가 내린다 Il pleut à grosses gouttes [des cordes, des hallebardes, très fort, à verse, à seaux, à torrents] depuis ce matin / Il tombe des hallebardes [des cordes, des cataractes] depuis ce matin / Il pleut comme vache qui pisse {*fam*} depuis ce matin. ¶ 빗줄기가 ~로 변했다 Les gouttes de pluie grossissent.

장대하다[1] 壯大- 형 être grand(*e*) et fort(*e*); être imposant(*e*); être grandiose, magnifique, superbe. ¶ 장대한 체격 bonne [forte, robuste] constitution; carrure impressionnante [de bûcheron, de déménageur {*fam*}]. ¶ 기골이 ~ avoir une constitution extraordinaire; être d'une bonne [forte, robuste] constitution; être grand et fort [fort comme un Turc, comme un bœuf, bien baraqué {*fam*}, très costaud {*fam*}]; être un colosse; être un véritable hercule [un gros balèze {*fam*}, une armoire à glace {*fam*}]; avoir une carrure impressionnante [de bûcheron, de déménageur {*fam*}].

장대하다[2] 張大- 형 être long(*ue*) et grand(*e*); être énorme, colossal(*ale*, *aux*), gigantesque, audacieux(*se*). ¶ 장대한 계획 projet colossal [ambitieux, démentiel]; grande entreprise; entreprise audacieuse. ¶ 이 궁전은 규모가 ~ C'est un palais énorme / Ce palais est gigantesque.

장도[1] 壯途 명 voyage *m* pour une mission importante. ¶ 그들은 ~를 떠났다 Ils sont partis pour une mission importante. ¶ ~에 오르다 partir pour une mission importante. ¶ 그는 마침내 유학의 ~에 올랐다 Il part enfin pour faire ses études à l'étranger.

장도[2] 長刀 명 long couteau *m*.

장도[3] 粧刀 명 petit couteau(*x*) *m* (à manche d'argent, ivoire, corne). ¶ 어머니는 자신의 ~를 딸에게 주었다 La mère a donné son couteau à sa fille.
◆은_ 銀- 명 couteau(*x*) *m* à manche d'argent.

장도리 명 marteau(*x*) *m*; arrache-clou(~-~s) *m*. ¶ ~로 못을 박다 clouer avec un marteau; enfoncer un clou à coups de marteau.
◆노루발_ marteau(*x*) *m* à panne fendue; pied-de-biche(~*s*-~-~) *m*.

장독[1] 醬- 명 jarre *f* destinée à conserver des aliments ((pâte de piment, pâte de soja, sauce de soja, *kimchi*, etc.)).
*~보다 장맛이 좋다 Le contenu est plus important que le contenant / Le contenant [l'aspect extérieur] a beau être laid, le contenu peut être bon [est plus important] / La réalité [le contenu, la substance] est plus important(*e*) que l'aspect extérieur / "Qu'importe le flacon, pourvu qu'on ait l'ivresse." ((vers d'Alfred de Musset, *Premières poésies*, "La coupe et les lèvres")).
◆_대 -臺 명 terrasse *f* où l'on conserve les jarres; espace *m* extérieur pour mettre les jarres.

장독[2] 杖毒 명 blessure *f* causée lors d'une bastonnade. ¶ ~이 나다[오르다] subir les contre coups d'une bastonnade. ¶ 그는 ~ 때문에 몸져 누웠다 Il est alité depuis qu'il a reçu une bastonnade.

장돌뱅이 명 ((terme péjoratif servant à désigner)) un(*e*)) marchand(*e*) [commerçant(*e*)] forain(*e*), forain *m*. ¶ ~ 신세가 되다 mener une vie de (marchand) forain.

장딴지 명【해부】mollet *m*; gras *m* de la jambe.

장땡 명【속어】aubaine *f*, ((avoir de la, du)) veine *f*, cul *m* {*vulg*}, pot *m* {*fam*}. ¶ 그 친구는 운 좋게 ~을 잡았다 Il a eu beaucoup de chance, le veinard {*fam*}! / Il a gagné le gros lot. ◇_**이다** être top {*fam*}, être le(*la*) meilleur(*e*). ¶ 목소리 큰 놈이 ~이다 C'est celui qui crie le plus fort qui gagne.

장래 將來 명 avenir *m*, futur *m*. ¶ ~ 희망이 무언가? Que voulez-vous faire dans l'avenir? ¶ ~를 생각하다[걱정하다] penser [songer] à l'avenir [au lendemain] [s'inquiéter pour l'avenir]. ¶ ~를 망치다 briser [compromettre] l'avenir de *qn*. ¶ ~에 dans l'avenir; un jour; plus tard. ¶ 가까운 ~에 dans un proche avenir [un avenir prochain, un avenir très proche, un avenir peu éloigné], prochainement, dans peu de temps, bientôt, (incessamment) sous peu; à brève échéance; sans tarder, tantôt {*vx*}. ¶ ~가 어둡다 n'avoir aucun avenir; ne pas être prometteur [encourageant]; s'annoncer mal. ¶ ~가 유망하다 donner de belles espérances; s'annoncer bien; avoir beaucoup d'avenir, promettre beaucoup; avoir un bel [brillant] avenir devant *soi*; être plein(*e*) de promesses, prometteur, encourageant.
◆_성 -性 명 perspectives *fpl* d'avenir; avenir *m*, espérances *fpl*. ¶ 회사의 ~성을 높이 평가하다 estimer prometteuses [encourageantes] les

ㅈ

perspectives d'avenir de la compagnie. ¶ 저 아이는 ~성(이) 있다 Cet enfant a beaucoup d'avenir / C'est un enfant qui promet (beaucoup) / Cet enfant a un bel [brillant] avenir devant lui / C'est un enfant plein de promesses. ¶ 이 사업은 ~성이 전혀 없다 Cette affaire n'a aucun avenir.

장려 奬勵 명 encouragement *m*, exhortation *f*. ¶ 출산 ~ 정책 politique d'encouragement des naissances. ◇_(를) **하다** encourager, exhorter; favoriser, stimuler, recommander. ¶ 예술활동[생산,수출,저축,운동]을 ~하다 encourager les activités artistiques [favoriser l'essor de la production, encourager à l'exportation, encourager l'épargne, pousser les gens à faire du sport]. ¶ 농업을 적극적으로 ~하다 encourager fortement l'agriculture. ◇_(가) **되다** être encouragé(*e*), stimulé(*e*), favorisé(*e*). ¶ 프랑스에서는 아이를 많이 낳는 것이 ~되고 있다 En France, on encourage la population à avoir beaucoup d'enfants.

◆**_금** -金 명 prime *f* d'encouragement; subvention *f*.

◆**_상** -賞 명 prix *m* d'encouragement.

◆**_책** -策 명 politique *f* d'encouragement; mesure *f* incitative, moyen *m* pour encourager.

장력 張力 명 【물리】 (force *f* de) tension *f*.

◆**표면_** 表面- 명 tension *f* superficielle.

장렬하다 壯烈- 형 être héroïque, sublime. ¶ 장렬한 죽음[최후]을 맞다 mourir héroïquement; mourir en héros. ¶ 장렬하게 전사하다 mourir héroïquement au combat.

◆**장렬히** 부 d'une manière héroïque. ¶ 장렬히 싸우다가 죽다 mourir héroïquement dans une bataille.

장례 葬禮 명 rites *mpl* [cérémonie *f*] des funérailles, cérémonie *f* funèbre; funérailles *fpl*, obsèques *fpl*, enterrement *m*. ¶ ~ 의식[절차] rites [cérémonie] des funérailles, cérémonie funèbre [procédures funèbres]. ¶ 누구의 ~를 치르다[지내다] célébrer les funérailles [obsèques] de *qn*.

◆**_비** -費 명 frais *mpl* funéraires; frais *mpl* des funérailles de *qn*; frais *mpl* entraînés par les obsèques de *qn*.

◆**_식** -式 명 cérémonie *f* funèbre, cérémonie *f* [rites *mpl*] de funérailles. ¶ ~식을 치르다[거행하다] célébrer les funérailles [obsèques] de *qn*.

장로 長老 명 ① ancien *m*; supérieur *m*; doyen *m*, patriarche *m*. ② 【기독】 ancien *m* ((de l'Eglise presbytérienne)). ¶ 그는 우리교회의 ~이다 C'est un ancien de notre église (presbytérienne).

◆**_교** -教 명 religion *f* presbytérienne. ¶ 그 사람은 ~교 신자다 Il est presbytérien.

◆**_교회** -教會 명 Eglise *f* presbytérienne.

◆**_파** -派 명 presbytérianisme *m*.

◆**_회** -會 명 réunion *f* des anciens; ((장로교회의)) assemblée *f* des anciens de l'église presbytérienne. ¶ 대한 예수교[기독교] ~회 assemblée des anciens de l'Eglise presbytérienne de Corée.

장롱 欌籠 명 armoire *f*, garde-robe(~~*s*) *f*. ¶ ~ 서랍 tiroir de la garde-robe. ¶ 옷[돈]을 ~ 속에 넣어 두다 mettre des vêtements [de l'argent] dans l'armoire. ¶ 귀중품을 ~ 깊숙이 감추다 cacher des objets précieux au fond de l'armoire.

장르 프{genre} 명 genre *m*. ¶ 문학[예술] ~ genre littéraire [artistique]. ¶ ~별 특성 caractéristiques d'un genre. 분류 ((un)) genre *m*. ¶ 산문은 소설, 수필, 희곡의 세 ~로 나뉘어진다 La prose se divise en trois genres : le roman, l'essai et la pièce de théâtre.

장리 長利 명 intérêt *m* de cinquante pour cent (par an) (sur des céréales prêtées au printemps). ¶ 그는 울며 겨자 먹기로 ~를 썼다 La mort dans l'âme[À contre cœur], il a emprunté des céréales à [au taux de] cinquante pour cent d'intérêt.

장마 명 pluie *f* continuelle [incessante]; saison *f* des pluies, mousson *f*. ¶ ~(가)들다[지다] être dans la saison des pluies. ¶ ~가 시작된다 La saison des pluies commence. ¶ ~가 걷혔다[끝났다] La saison des pluies se termine. ¶ ~가 막바지에 접어들었다 La saison des pluies est sur sa fin.

◆**_ㅅ비** 명 pluie *f* continuelle [incessante].

◆**_전선** -前線 명 ligne *f* avancée de la zone des pluies (saisonnières). ¶ ~전선이 올라오고 있다 Le front de la zone des pluies monte vers le nord.

◆**_철** 명 saison *f* des pluies. ¶ 본격적인 ~철에 접어들었다 On est en pleine saison des pluies.

장막 帳幕 명 ① rideau(*x*) *m*, ((베일)) voile *m*. ¶ 대나무 ~ rideau de bambou. ¶ 철의 ~ rideau de fer. ¶ ~을 치다[닫다] tirer [fermer] un rideau. ¶ ~을 걷다 ouvrir un rideau; lever le voile sur *qc*. ¶ 밤의 ~이 내린다 La nuit tombe. ¶ 그 사람의 사생활은 신비의 ~에 싸여 있다 Sa vie privée est entourée de mystère. ② 텐트 tente *f*.

장만 명 préparation *f*, acquisition *f*. ¶ 집[살림] ~ acquisition d'un logement [du mobilier]. ¶ 음식 ~ préparation de nourriture [de(s) mets, d'un repas]. ◇_(을) **하다** acquérir *qc*, préparer *qc*, (s')acheter *qc*; s'approvisionner en *qc*, se procurer ((de l'argent)), se munir de *qc*, se pourvoir de *qc*. ¶ 집을 ~하다 (s')acheter une maison [un appartement, un logement]; se donner un chez *soi*. ¶ 살림을 ~하다 acquérir le mobilier (pour meubler *son* logement). ¶ 옷[가구]을 새로 ~하다 (s')acheter un nouvel habit [des meubles neufs]. ◇_(이) **되다** être préparé(*e*); être acquis(*e*). ¶ 등록금이 ~이 되었다 On a enfin les droits d'inscription.

장면 場面 명 ① 【연영】 scène *f*, situation *f* ((comique)). ¶ 영화의 첫 ~을 놓쳤다 J'ai manqué la première scène du film. ¶ 이 영화에서 유명한 ~이다 C'est une scène célèbre de ce film. ¶ 그 영화의 ~~이 뇌리에 선명하다 Je me rappelle clairement des scènes de ce film / J'ai encore en tête [à l'esprit] des scènes de ce film. ¶ 거기서 갑자기 ~이 바뀌었다[전환되었다] À ce moment-là, il y a eu un brusque changement de scène. ②

광경 spectacle *m*. ¶ 감동적인 ~을 목격하다 être témoin d'une scène émouvante [touchante].

장모 丈母 명 belle-mère *f* (d'un homme); mère *f* de la femme de *qn*.
*사위 사랑은 ~ Le gendre est surtout aimé par sa belle-mère.

장모음 長母音 명 【언어】 voyelle *f* longue.

장문 長文 명 texte *m* long; ((편지)) longue lettre *f*. ¶ ~의 편지를 쓰다 écrire une longue lettre.

장물 贓物 명 objet *m* volé. ¶ ~ 취득[은닉] acquisition [recel] d'objets volés. ¶ ~ 취득죄 délit d'acquisition d'objets volés. ¶ ~을 사들이다 acheter des objets volés. ¶ ~을 취득하다 acquérir des objets volés. ¶ ~을 은닉하다 receler des objets volés.
◆**_아비** 명 personne *f* qui fait le commerce d'objets volés; trafiquant *m* d'objets volés. ¶ 훔친 물건을 ~아비에게 넘기다 fournir des objets volés à un receleur.

장미 薔薇 명 ((꽃)) rose *f*; ((나무)) rosier *m*. ¶ ~ 한 송이 une rose. ¶ ~ 한 다발 un bouquet de roses. ¶ ~를 심다 planter des rosiers. ¶ 가시 없는 ~는 없다 Il n'y a pas de rose sans épine / Toute médaille a son revers / Toute chose a ses inconvénients.
◆**_꽃** 명 rose *f*. ¶ 한 떨기 ~꽃 une rose.
◆**_나무** 명 rosier *m*.
◆**_ㅅ빛** 명 couleur *f* rose. ¶ ~ㅅ빛 꿈에 빠지다 se laisser aller dans un rêve irréalisable, ne pas avoir les pieds sur terre. ¶ ~ㅅ빛 인생 la vie en rose.
◆**_원** -園 명 roseraie *f*.
◆**들_** 명 ((꽃)) rose *f* sauvage, églantine *f*; ((나무)) rosier *m* sauvage, églantier *m*.

장발 長髮 명 cheveux *mpl* longs; longue chevelure *f*. ¶ ~의 청년 jeune homme aux cheveux longs.
◆**_족** -族 명 hippie.

장방형 長方形 명 rectangle *m*. ¶ ~ 탁자 une table rectangulaire.

장벽 障壁 명 ① mur *m* ((de séparation)); cloison *f* ((étanche)). ¶ 베를린 ~이 무너졌다 Le mur de Berlin est tombé. ② barrière *f* ((naturelle)); obstacle *m*. ¶ 관세[무역] ~ barrières douanières [commerciales]. ¶ 문화의 ~ barrières culturelles; obstacle culturel. ¶ 마음의 ~을 쌓다 dresser une barrière psychologique. ¶ 선진국의 높은 ~을 실감했다 *J'ai pris conscience du grand obstacle que* représentent les pays développés.

장병 將兵 명 officiers *mpl* et soldats *mpl*. ¶ 국군 ~ les officiers et soldats de l'armée coréenne. ¶ ~들을 동원하다 mobiliser les officiers et les soldats.

장복 長服 명 usage *m* prolongé ((d'un médicament, d'un aliment)). ◇_(을) **하다** prendre *qc* pendant longtemps. ¶ 약을 ~하다 prendre des médicaments pendant une longue période; avoir l'habitude de prendre un médicament.

장본인 張本人 명 auteur *m* ((d'une action, d'un crime)); meneur(*se*) ((d'une émeute)); promo*teur*(*trice*) ((d'une réforme)). ¶ 사건의 ~ figure centrale d'une affaire. ¶ 이 계획을 수립한 ~ personne qui a conçu ce projet.

장부[1] 명 【건축】 tenon *m*. ¶ ~를 끼워 맞추다 mettre des tenons.

장부[2] 丈夫 명 homme *m* adulte; homme *m* viril.
◆**대_** 大- 명 homme *m* fort. ¶ 사내 대~ homme viril.

장부[3] 帳簿 명 ① registre *m*. ② ((회계의)) livre *m* de comptes; livres *mpl* de commerce [de caisse], registre *m* de comptabilité. ¶ ~를 작성하다 tenir un registre (de comptabilité); tenir les livres. ¶ ~를 검사하다 examiner un livre de comptes [un registre de comptabilité]. ¶ ~에 기입하다 inscrire *qc* sur un registre; porter *qc* sur un compte.
*~**에 달아놓다** inscrire *qc* sur un registre; mettre [porter] *qc* sur un compte; ((비유적으로)) revaloir *qc* à *qn*, rendre la pareille à *qn*. ¶ 지금 돈 없지만 내 ~에 달아놔! 다음에 갚아줄게 Maintenant, je suis à sec {*fam*}, mais je te revaudrai ça une autre fois ((se dit lorsqu'on est confus de se faire payer *qc*)).

장비 裝備 명 équipement *m*; armement *m*. ¶ 현대식[구식] ~ équipement moderne [vétuste]. ¶ 군사 ~ équipement militaire; armement. ¶ ~를 들여오다 munir d'un équipement. ¶ ~를 손질하다 entretenir un équipement. ¶ 각종 ~를 갖추다 être très bien équipé(*e*) [muni(*e*)].
◆**중_** 重- 명 équipement *m* lourd. ¶ 중~ 운전 자격증을 따다 obtenir le permis de conduire d'équipements lourds; obtenir le permis cariste.

장사[1] 명 commerce *m*, affaires *fpl*. ¶ ~ 밑천 fonds dont *on* dispose pour *son* commerce. ¶ ~ 수완 talent [habileté] pour le commerce. ¶ 옷 ~ commerce de vêtements; fripi*er*(*ère*). ¶ ~를 시작하다[끝내다] ouvrir [fermer] un commerce; entrer dans les [se retirer des] affaires. ¶ ~를 망치다 faire couler *son* affaire. ¶ ~가 잘[안] 된다 Les affaires vont [marchent] bien [ne vont pas bien, ne marchent pas bien]. ¶ ~가 서투르다 ne pas être habile en matière de commerce; ne pas être fait(*e*) pour le commerce. ¶ ~가 번창하다 Les affaires prospèrent. ◇_(를) **하다** faire du commerce [des affaires]; exercer un commerce; être dans les affaires [dans le commerce]; tenir un commerce. ¶ 쌀 ~를 하다 faire le commerce du riz. ¶ 수지맞는[밑지는] ~를 하다 faire de bonnes [mauvaises] affaires; exercer un commerce lucratif [qui rapporte, qui paie] [exercer un commerce qui ne paie pas]; [ne pas] avoir une affaire rentable [fructueuse]. ¶ ~를 잘 하다 être bon(*ne*) commerçant(*e*); être doué(*e*) dans les affaires; être fait(*e*) pour le commerce; être rompu(*e*) aux affaires; savoir bien mener *ses* affaires. ◇_(**가**) **되다** ((les affaires)) marcher, aller ((bien, mal)). ¶ ~(가) 잘 되세요? Les affaires marchent bien? / Comment vont les affaires? ¶ ~되는 일을 하다

faire du commerce dans un domaine qui marche; exercer un commerce lucratif [qui rapporte, qui paie].

◆_꾼 명 commerçant(*e*), marchand(*e*).

◆_치 명 boutiqui*er*(*ère*); épici*er*(*ère*); marchand *m* de soupe.

◆_판 명 commerce *m*; négoce *m*.

◆_ㅅ속 명 gain *m*, profit *m*. ¶ ~ㅅ속이 밝다 être prompt(*e*) au gain; être âpre au gain. ¶ ~ㅅ속으로 호의를 베풀다 rendre service en vue d'en tirer profit.

장사² 葬事 명 funérailles *fpl*, enterrement *m*, obsèques *fpl*. ¶ ~를 지내다[치르다] enterrer *qn*; célébrer les funérailles [obsèques] de *qn*. ¶ 할머니(의) ~를 치르다 célébrer les funérailles [obsèques] de *sa* grand-mère.

장사³ 壯士 명 homme *m* grand et fort, homme *m* athlétique; hercule *m*, colosse *m*, malabar *m* {*fam*}, armoire *f* à glace {*fam*}; ((씨름에서)) champion *m* de lutte coréenne. ¶ 저 남자는 힘이 ~다 Cet homme est très fort [fort comme un Turc, comme un bœuf, bien baraqué {*fam*}, très costaud {*fam*}] / Cet homme est un colosse / C'est un véritable hercule [un gros balèze {*fam*}, une armoire à glace {*fam*}].

*매에는 ~ 없다 Sous le fouet, tout le monde s'affaiblit / Personne ne résiste au fouet.

◆천하_ 天下- 명 homme *m* d'une force extraordinaire; hercule *m*; ((씨름에서)) champion *m* de lutte coréenne. ¶ 이 고을에서 천하~가 나왔다 Le champion de lutte coréenne vient de ce village.

장사진 長蛇陣 명 une longue file *f*, une très longue queue *f*. ◇_(을) 치다[을 이루다] former [y avoir] une longue file [une très longue queue]. ¶ 기자들이 문 앞에 ~을 치고 있었다 Des journalistes formaient une longue file devant la porte / Il y avait une longue file de journalistes devant la porte.

장삼 長衫 명 robe *f* de moine (bouddhiste). ¶ ~을 걸치다 mettre une robe de moine. ¶ ~자락을 휘날리다 laisser flotter au vent *sa* robe de moine.

장삼이사 張三李四 명 gens *mpl* du commun; (le) commun *m* des mortels, monsieur tout le monde {*fam*}; l'homme *m* de la rue; quiconque. ¶ ~로 조용히 살아가다 mener une vie tranquille comme tout le monde.

장서 藏書 명 bibliothèque *f*, collection *f* de livres. ¶ ~를 도서관에 기증하다 faire donation de *ses* livres à une bibliothèque. ¶ 그 사람은 방대한 ~를 갖고[소장하고] 있다 Il a une vaste collection de livres. ¶ 만 권의 ~를 모으다 avoir une collection de 10 000 livres.

◆_가 -家 명 bibliophile, collectionneu*r*(*se*) de livres.

◆_목록 -目錄 명 catalogue *m* d'une bibliothèque. ¶ ~목록을 작성하다 dresser le catalogue d'une bibliothèque.

◆_인 -印 명 cachet *m* d'une bibliothèque ((d'une école)). ¶ ~인을 찍다 mettre le cachet d'une bibliothèque ((sur un livre)).

장성¹ 將星 명 【군사】 génér*al*(*aux*) *m*. ¶ 육군[해군, 공군] ~ généraux de l'armée de terre [de la marine, de l'armée de l'air]. ¶ 그 남자는 ~급 대우를 받는다 Il est traité comme un général.

장성² 長成 명 croissance *f*, mûrissement *m*. ◇_(을) 하다 grandir, croître; mûrir; devenir adulte. ¶ ~해서 어른이 되다 devenir adulte (en grandissant).

장세 場勢 명 tendance *f* du marché; cours *m* du marché; situation *f* du marché. ¶ ~를 관망하다 observer la situation du marché. ¶ ~가 좋다[나쁘다] La situation du marché est bonne [mauvaise]. ¶ ~가 출렁이고 있다 Le cours du marché est instable. ¶ ~가 상승세[하락세]이다 Le cours du marché est en hausse [baisse].

장소 場所 명 endroit *m*, lieu(*x*) *m*, emplacement *m*. ¶ ~ 명사 nom de lieu. ¶ 약속 ~에 가다 aller au lieu de rendez-vous. ¶ 때와 ~를 가리지 않다 ne se préoccuper ni du moment ni de l'endroit. ¶ ~를 선정하다 choisir un endroit [un emplacement]. ¶ 만날 시간과 ~를 정하다 fixer l'heure et le lieu d'un rendez-vous. ¶ 텐트를 치기에 알맞은 ~ emplacement idéal pour dresser une tente.

장손 長孫 명 premier fils *m* du fils aîné. ¶ 그 아이는 집안의 ~이다 Il est le premier fils du fils aîné.

장송¹ 葬送 명 cortège *m* [convoi *m*] funèbre; funérailles *fpl*.

◆_곡 -曲 명 marche *f* funèbre. ¶ 처량한 ~곡 소리가 울려 퍼졌다 La marche funèbre résonnait tristement.

장송² 長松 명 grand pin *m*.

◆낙락_ 落落- 명 grand pin *m* majestueux (multi)centenaire et très fourni [touffu].

장수¹ 명 marchand(*e*), commerçant(*e*); ((행상)) colporteu*r*(*se*). ¶ 생선[소금, 계란] ~ poissonni*er*(*ère*); marchand(*e*) de poissons [de sel, d'œufs]. ¶ 방물 ~ colporteu*r*(*se*) d'objets à l'usage des femmes.

장수² 長壽 명 longévité *f*, longue vie *f*. ¶ ~의 비결 secret de la longévité. ¶ 부모님의 ~를 빌다 souhaiter la longévité à *ses* parents. ◇_(를) 하다 jouir d'une longue vie, vivre vieux[longtemps].

장수³ 將帥 명 génér*al*(*aux*) *m*; commandant *m* (d'une armée). ¶ 그는 지략이 뛰어난 ~였다 C'était un commandant d'une habileté peu commune.

장수⁴ 張數 명 nombre *m* de pages. ¶ 논문의 ~를 채우다 remplir les pages d'une thèse [d'un article]. ¶ 보고서 ~가 너무 많다 Ce rapport est trop long.

장승 명 borne *f* (kilométrique); mât *m* totémique (à l'entrée d'un village). ¶ ~처럼 서 있지 말고 앉아라 Ne reste pas debout, planté(*e*) comme un piquet {*fam*}, assieds-toi! / Ne reste pas planté(*e*) comme ça (à me regarder), assieds-toi! {*fam*}

장시¹ 長詩 명 long poème *m*.

장시² 場市 명 ((terme vieilli)) marché *m*.

장시간 長時間 명 ((attendre de)) longues heures *fpl*; ((disque de)) longue durée *f*. ¶ ~의 회의 réunion de longue durée. ¶ ~에 걸쳐 pendant de longues heures.
부 longtemps, longuement, pendant un bon moment. ¶ ~ 회담하다 avoir un long entretien [une longue conversation] avec *qn*. ¶ ~ 경청해 주신 여러 분께 감사드립니다 Je vous remercie de m'avoir écouté(*e*) si longtemps [d'avoir bien voulu écouter mon long discours, d'avoir bien voulu m'écouter si longtemps].

장식 裝飾 명 ① ornementation *f*, décoration *f*. ¶ 크리스마스트리[집안] ~ décoration du sapin de Noël [décoration intérieure, ameublement]. ② 장식품 ornement *m*. ③ ((실내, 가구 등의)) décor *m*; décoration *f* intérieure, ameublement *m*. ¶ ~이 많이 달린 가구 meuble très orné [décoré]. ◇_(을) **하다** orner, décorer, parer, ornementer. ¶ 그림들로 방안을 ~하다 décorer une chambre avec des tableaux. ¶ 수많은 별들이 밤하늘을 ~하고 있었다 De nombreuses étoiles ornaient le ciel nocturne. ¶ 좋은 일로 대미를 ~하다 terminer en beauté. ¶ 그 사건에 대한 기사가 1면을 ~했다 Cet événement a fait la une des journaux. ¶ 문에 꽃을 ~하다 mettre des fleurs sur la porte comme décoration. ¶ 문을 꽃으로 ~하다 décorer la porte avec des fleurs. ◇_(이) **되다** être décoré(*e*).
◆**_적** -的 명관 ((tableau)) décorati*f*(*ve*), ornement*al*(*ale*, *aux*).
◆**_물** -物 명 décor *m*.
◆**_미술** -美術 명 art *m* décoratif.
◆**_용** -用 관 à usage *m* décoratif.
◆**_음** -音 명 ornement *m* musical.
◆**_품** -品 명 objet *m* décoratif.
◆**_장** -欌 명 armoire *f* décorative.
◆**실내_** 室內- 명 ameublement *m*, décoration *f* intérieure.

장신 長身 명 grande taille *f*. ¶ ~ 선수 joueur [athlète] de grande taille.
◆**최_** 最 명 le(la) plus grand(*e*). ¶ 그 남자가 우리 팀에서 최~이다 Il est le plus grand de notre équipe.

장신구 裝身具 명 accessoire *m*, ornement *m*, parure *f*, bijou(*x*) *m*. ¶ ~를 착용하다 porter des accessoires.

장아찌 명 *jangajji* <tranches de légumes (ail, concombre, navets, etc.) séchées et salées avec de la sauce de soja>. ¶ 마늘 ~ *jangajji* d'ail.

장악 掌握 명 prise *f* ((de pouvoir)), occupation *f* ((d'un point stratégique)). ◇_(을) **하다** saisir; avoir bien en main; tenir (en main); ((소유)) avoir [tenir] *qc* en *sa* possession; accaparer, s'emparer de *qc*, prendre possession ((d'un lieu)); avoir ((une troupe)) sous *ses* ordres [à son commandement]. ¶ 권력을 ~하다 s'emparer du pouvoir; prendre le pouvoir. ¶ 실권을 ~하다 posséder le pouvoir. ¶ 주도권을 ~하다 prendre l'initiative. ¶ 군[부하들]을 ~하다 avoir l'armée sous *ses* ordres; avoir (bien) en main l'armée [*ses* hommes]. ¶ 좌파가 의회를 ~했다 La gauche a dominé le parlement. ¶ 한국 차가 미국 시장을 ~했다 Les voitures coréennes ont envahi le marché américain. ◇_(이) **되다** être pris(*e*), accaparé(*e*); être aux mains de *qn*. ¶ 성이 적에게 ~되었다 Le château a été pris par l'ennemi / Le château est aux mains de l'ennemi.

장안 長安 명 capitale *f*, métropole *f*. ¶ ~의 화제 sujet [thème] dont tout le monde parle. ¶ 서울 ~에 dans tout Séoul.

장애 障碍 명 ① obstacle *m*, empêchement *m* ((à un projet)), gêne *f*, entrave *f*, barrière *f*, difficulté *f*. ¶ ~를 제거하다 balayer [se débarrasser d'] un obstacle. ¶ ~를 극복하다[이기다] surmonter [franchir] un obstacle, vaincre une difficulté. ¶ ~를 견디다[참다] endurer [supporter] une difficulté. ¶ ~를 일으키다 provoquer des difficultés; susciter des difficultés [des obstacles, des embarras], mettre des bâtons dans les roues ((à *qn*)); faire obstacle à ((un projet)), tailler des croupières ((à *qn*)); gêner. ¶ ~를 겪다 rencontrer des difficultés. ¶ ~가 생긴다[발생한다] Des obstacles se dressent ((devant *qn*)); Des difficultés surviennent. ¶ ~에 맞서다 faire face aux obstacles. ¶ 우리의 목표에 이르기까지 많은 ~가 있다 De nombreux obstacles contrarient nos desseins. ② ((질환)) troubles *mpl* ((gastriques, intestinaux, digestifs)); infirmité *f*. ¶ 위장[호흡] ~ troubles gastro-intestinaux [respiratoires]. ¶ 시각[청각] ~ handicap visuel [auditif]. ◇_(가) **되다** constituer une entrave ((au commerce)), entraver, gêner, contrarier ((les desseins, les idées, les projets de *qn*)), contrecarrer ((les plans, les projets de *qn*)), troubler ((les plans, les projets de *qn*; la digestion)), déranger, susciter des difficultés [des obstacles, des embarras]; faire obstacle à ((un projet)), empêcher de+*inf*. ¶ 그 사람의 행동은 우리 계획에 ~가 된다 Son comportement fait obstacle à notre projet / Son comportement entrave notre projet.
◆**_물** -物 명 obstacle *m*; ((경기, 경마의)) haie *f*. ¶ ~물 경주 course d'obstacles, course de haies, steeple(-chase).
◆**_음** -音 명 【언어】 bruyante *f*.
◆**_인[자]** -人[者] 명 handicapé(*e*) ((physique, moteur, mental)), ((신체적 장애자))infirme, invalide *m*. ¶ 시각[청각] ~자 handicapé(*e*) visuel(*le*), non-voyant(*e*), malvoyant(*e*), amblyope [handicapé(*e*) auditi*f*(*ve*), non-entendant(*e*), malentendant(*e*)]. ¶ 신체[정신] ~자 handicapé physique [mental].

장어 長魚 명 anguille *f* du Japon; *Anguilla japonica* {*nsc*}. ¶ ~ 구이 anguille grillée recouverte de sauce et enfilée sur des petites brochettes.
◆**뱀_** 명 anguille *f* du Japon; *Anguilla japonica* {*nsc*}.

장엄 莊嚴 어근 caractère *m* majestueux, solennité

ㅈ

f, gravité f.

◆_하다 형 être solennel(le), grave, majestueux(se), auguste. ¶ ~한 의식 rite solennel; cérémonie solennelle. ¶ 노을지는 바다 풍경이 ~하기 그지없다 Le paysage de la mer au crépuscule donne une impression vraiment majestueuse. ¶ 오르간 소리가 ~하게 울려 퍼졌다 Le son de l'orgue retentit majestueusement.

◆_히 부 solennellement, majestueusement, gravement.

◆_미 -美 명 beauté f majestueuse [impressionnante], imposante beauté f.

◆_미사 명 【천주】 grand-messe f, *Missa solemnis* {*nsc*}.

장염 腸炎 명 entérite f, inflammation f de l'intestin. ¶ 급성 ~ entérite aiguë. ¶ ~에 걸려 설사를 하다 avoir la diarrhée [des selles liquides] en raison d'une entérite.

장옷 명 【역사】 (sorte de) pèlerine f, vêtement m de sortie ancien pour femme ((comportant une sorte de capuche pour cacher le visage)).

장외 場外 명 extérieur m d'un espace déterminé; hors champ; hors marché m. ¶ ~ 투쟁 lutte en dehors du champ de bataille. ¶ ~ 거래 transaction faite en dehors de la Bourse. ¶ ~ 홈런 un *home run* où le frappeur [((퀘벡)) le batteur] envoie la balle en dehors des limites du stade. ¶ ~에서 투쟁을 벌이다 lutter en dehors du champ de bataille.

장원[1] 壯元 명 ① 【역사】 fait m d'être reçu premier au concours des fonctionnaires; ((사람)) candidat m reçu premier au concours des fonctionnaires. ② fait de remporter le premier prix m ((dans un concours d'expression écrite; à un quiz)); ((사람)) lauréat m du premier prix ((dans un concours d'expression écrite; à un jeu de questions-réponses)). ¶ 연말 ~ premier gagnant de l'année (à un jeu de questions-réponses). ¶ 아깝게 ~을 놓치다 rater de peu le premier prix. ◇_(을) 하다 ① arriver [être reçu(e)] premier au concours des fonctionnaires. ② remporter le premier prix ((dans un concours d'expression écrite; à un quiz)). ¶ 퀴즈 대회[백일장]에서 ~을 하다 remporter le premier prix à un jeu de questions-réponses [dans un concours d'expression écrite]

◆_급제 -及第 명 fait m d'être reçu premier au concours des fonctionnaires. ¶ ~급제(를) 하다 arriver premier au concours des fonctionnaires.

장원[2] 莊園 명 【역사】 manoir m, domaine m seigneurial, seigneurie f.

◆_경제 -經濟 명 économie f de seigneurie.

장유[1] 長幼 명 personnes fpl âgées et jeunes gens mpl.

◆_유서 -有序 명 (la) priorité f aux plus âgés. ¶ ~유서가 있어야 한다 Les jeunes doivent céder le pas aux personnes âgées / (Il faut respecter la règle de) priorité aux plus âgés. ¶ ~유서대로 이 노인을 먼저 앉히자 Cédons la place à ce vieil homme comme le veut la règle (de priorité aux plus âgés).

장유[2] 醬油 명 sauce f de soja.

장음 長音 명 voyelle f longue.

◆_부 -符 명 symbole m marquant une voyelle longue.

◆_화 -化 명 【언어】 allongement m d'un son [d'une voyelle].

장의[1] 長衣 명 【역사】 (sorte de) pèlerine f traditionnelle (pour femme), vêtement m de sortie ancien pour femme ((comportant une sorte de capuche pour cacher le visage)).

장의[2] 葬儀 명 cérémonie f funèbre; rites mpl [cérémonie f] des funérailles; funérailles fpl, obsèques fpl. ¶ ~ 절차 procédures funèbres.

◆_사 -社 명 (service m des) pompes fpl funèbres. ¶ 부음을 당해 ~사를 부르다 appeler les pompes funèbres à l'annonce du décès de qn.

◆_차 -車 명 char m funèbre, corbillard m.

장의자 長椅子 명 canapé m, sofa m; ((등이 없는)) divan m, banc m. ¶ ~에 나란히 앉다 s'asseoir côte à côte sur un canapé.

-장이 접미 personne f qui fabrique [répare] qc. ¶ 미~ plâtrier. ¶ 대장~ forgeron. ¶ 옹기~ potier. ¶ 땜~ soudeur.

장인[1] 丈人 명 beau-père(~x-~s) m (d'un homme), père m de la femme de qn. ¶ ~어른 beau-père ((en Corée, le gendre ne peut appeler son beau-père par son prénom, il l'appelle soit *jangin-eoreun*, (appellation honorifique du mot *jangin*) beau-père, soit *abeonim* (appellation honorifique de *abeoji*, père))).

장인[2] 匠人 명 artisan m. ¶ 그 사람은 ~ 정신이 투철하다 C'est un artisan qui a un esprit professionnel.

장자[1] 長子 명 (fils) aîné m; premier-né(~s-~s) m. ¶ ~ 상속권[상속법] droit d'aînesse, droit de primogéniture [succession par ordre de primogéniture].

장자[2] 莊子 명 Zhuangzi (Chuang-tzu, Tchouang-tseu). ¶ ~의 사상 philosophie de Zhuangzi.

장작 長斫 명 bois m (de chauffage); bûche f. ¶ ~ 한 단 un fagot. ¶ ~을 때다 se chauffer avec du bois. ¶ ~을 지피다 allumer du feu ((dans une cheminée)). ¶ ~을 패다 fendre [casser] du bois. ¶ ~이 말라서 잘 탄다 Le bois brûle bien parce qu'il est sec. ¶ 그 남자는 마른 ~처럼 빼빼 말랐다 Il est (d'une maigreur) squelettique / Il est maigre comme un clou [un cent de clous {*fam*}, un hareng saur {*fam*}].

◆_개비 명 morceau(x) m de bois.

◆_단 명 fagot m.

◆_더미 명 tas m de bûches.

◆_불 명 feu m de bois.

장장 長長 관 très long(ue), d'une grande longueur;

un(*e*) bon(*ne*) ((heure)), au moins, au minimum, au bas mot, bien, pour dire le moins {*litt ou vx*}. ¶ 그 사람은~ 팔십 리 길을 걸어서 갔다 Il a parcouru au bas mot 80 *li* (1 *li*=393 m) à pied. ¶ 축제는 ~ 한 달 동안 계속되었다 La fête a bien duré un mois.

장전 裝塡 명 charge *f* ((d'une arme)). ◇_(을) **하다** charger ((un fusil, un revolver, une arme)). ¶ 총알을 ~하다 charger (de balles) ((un fusil, un revolver)). ◇_(이) **되다** ((une arme, un fusil)) être chargé(*e*). ¶ ~된 총 un fusil chargé.

장점 長點 명 qualité *f*, mérite *m*; ((강점)) atout *m*, (point *m*) fort *m*; ((이점)) avantage *m*. ¶ 모든 일에는 ~과 단점이 있다 Toute chose comporte des avantages et des inconvénients. ¶ 각자의 ~을 십분 살리다 bien faire valoir les qualités de chacun. ¶ 그 사람의~은 약속을 반드시 지킨다는 점이다 Sa plus grande qualité est qu'il tient toujours sa promesse. ¶ 우리가 얻을 수 있는~이 무엇이냐? Quel aspect positif peut-on en tirer?

장정[1] 壯丁 명 ① adulte *m*. ¶ 이제 ~이 다 됐구나 Tu es devenu un véritable adulte maintenant. ② homme *m* robuste. ¶ 힘센 ~이 다섯인데, 무슨 일인들 못할까 Nous avons cinq hommes robustes, qu'est-ce que nous ne pourrions pas faire? ③ conscrit *m*, recrue *f*.

장정[2] 長程 명 longue route *f*, long voyage *m*, long périple *m*. ¶ 그 남자는 남극탐험을 위한 ~에 올랐다[나섰다] Il s'est lancé dans un long voyage pour explorer l'Antarctique.

◆**대_ 大** 명 grand voyage *m*. ¶ 히말라야를 정복하기 위한 대~에 오르다 partir pour un long voyage à la conquête de l'Himalaya. ¶ 왕복 2만km에 이르는 대~ un long périple de 20 000 km aller et retour.

장조 長調 명 【음악】 ton *m* [mode *m*] majeur. ¶ 다~의 교향곡 symphonie en ut majeur.

장조림 명 *jangjorim m* <plat d'accompagnement à base de viande (souvent de bœuf) bouillie avec de la sauce de soja et de l'ail>.

장족 長足 명 pas *m* accéléré; rapidité *f* du progrès. ¶ ~의 발전 des progrès remarquables [considérables, rapides]; de grands progrès, un rapide essor. ¶ 그 사람의 연주 실력이 ~의 발전을 했다 Il a fait des progrès remarquables en musique [dans l'interprétation de la musique].

장졸 將卒 명 officiers *mpl* et soldats *mpl*.

장죽[1] 長竹 명 longue pipe *f* (à tuyau de bambou). ¶ 할아버지는~만 빨고 계셨다 Grand-père fumait sa longue pipe sans rien dire.

장죽[2] 杖竹 명 ① tige *f* de bambou. ¶ 이 곳에서는 ~이 잘 자란다 Les bambous poussent bien ici. ② canne *f* en [de] bambou. ¶ 그 노인은~을 짚고 다닌다 Ce vieil homme se déplace à l'aide de sa canne en bambou.

장중[1] 莊重 어근 solennité *f*, gravité *f*.

◆**_하다** 형 être majestueux(*se*), solennel(*le*), grave. ¶ ~한 분위기 atmosphère solennelle. ¶ 그 사람의 목소리가 ~하기 그지 없었다 Il avait un ton très solennel [un ton extrêmement grave]. ¶ 군악대의 연주가 ~하게 울려 퍼졌다 La musique interprétée par la fanfare militaire retentit majestueusement.

◆**_히** 부 majestueusement, gravement, solennellement.

◆**_미 -美** 명 beauté *f* majestueuse [impressionnante], imposante beauté *f*.

장중[2] 掌中 명 ((en)) main *f*. ¶ 그 사람은 마침내 정권을 자신의 ~에 넣었다 Il a enfin pris le pouvoir en main / Il s'est enfin emparé du pouvoir.

장중[3] 帳中 명 intérieur *m* d'une tente; intérieur *m* d'un campement. ¶ 우리는 적진의~에 침입했다 Nous avons pénétré dans le camp ennemi.

장지[1] 長指 명 médius *m*, majeur *m*.

장지[2] 葬地 명 lieu(*x*) *m* de sépulture. ¶ ~까지 다녀오다 aller jusqu'au lieu de sépulture. ¶ ~가 어딥니까? Où sera enterré le défunt?

장지문 障-門 명 porte *f* coulissante ((entre deux pièces dans une maison traditionnelle coréenne)).

장질부사 腸窒扶斯 명 【의학】 (fièvre *f*) typhoïde *f*. ☞ 장티푸스

장차 將次 부 ① à l'avenir. ② un jour. ¶~ 이 일을 어찌 하지? À l'avenir, qu'est-ce qu'on doit faire?

장착 裝着 명 installation *f*; action d'équiper [de munir]. ◇_(을) **하다** installer *qc*, équiper [munir, pourvoir] *qc* de *qc*. ¶ PC에 CD-Rom 드라이브를 ~하다 installer un lecteur de CD-ROM dans un ordinateur [un P.C.]. ◇_(이) **되다** être installé(*e*); être muni(*e*) de *qc*, équipé(*e*) de *qc*, pourvu(*e*) de *qc*. ¶ 핵탄두가 ~된 미사일 un missile équipé [doté] d'une tête nucléaire.

장총 長銃 명 【군사】 fusil *m*. ¶~을 어깨에 매다[매고 있다] mettre [porter] un fusil sur les épaules.

장축 長軸 명 axe *m* majeur.

장치 裝置 명 ① 기계 및 설비 équipement *m*, installation *f*; ((장치된 것)) dispositif *m*, appareil *m*, mécanisme *m*; ((무대, 영화의)) décors *mpl*. ¶ 경보~ dispositif d'alarme. ¶ 무대~ les décors; les éléments du décor de théâtre. ¶ 냉방[난방] ~ système de climatisation, climatiseur [installation de chauffage, appareil de chauffage]. ¶ 도청 ~를 설치하다 installer un appareil d'écoute (clandestin); installer un micro. ② 조직 및 제도 système *m* ((de communication)). ¶ 의사소통 ~ système de communication. ¶ 제도적 ~를 마련하다 instaurer un système institutionnel; institutionnaliser. ◇_(를) **하다** équiper [armer, munir, pourvoir] ((*qc* de *qc*, un avion de roquettes)), doter ((*qc* de *qc*, une usine d'un matériel neuf)); installer ((un moteur, *qc* sur *qc*)), poser ((des appareils)). ¶ 사무실에 도난방지기를 ~했다 Nous avons équipé le bureau d'un dispositif de sécurité contre le vol. ◇_(가) **되다** être équipé(*e*) [muni(*e*), doté(*e*), pourvu(*e*), armé(*e*)] de. ¶ 에어백이 ~된 자동차 une voiture équipée d'un airbag.

장쾌하다 壯快− 형 être excitant(*e*), palpitant(*e*), époustouflant(*e*), extraordinaire; être prodigieu*x*(*se*), grandiose, magnifique, majestueu*x*(*se*); être surprenant(*e*), étonnant(*e*), fabuleu*x*(*se*), fantastique, inouï(*e*), stupéfiant(*e*), fou(*folle*), incroyable, invraisemblable, faramineu*x*(*se*) {*fam*}; être passionnant(*e*), merveilleu*x*(*se*); être grand(*e*), considérable, important(*e*), brillant(*e*), remarquable, éminent(*e*), supérieur(*e*), monument*al*(*ale*, *aux*), phénomén*al*(*ale*, *aux*), hors pair. ¶ ~한 홈런 un *home run* [((퀘벡)) un (coup de) circuit] prodigieux [époustouflant(*e*)]. ¶ 배가 ~하게 물결을 헤치고 나아간다 Le vaisseau avance majestueusement en fendant les vagues.

장탄식 長歎息 명 long [profond] soupir *m*; longue plainte *f*. ¶ ~을 늘어놓다 pousser soupir après soupir. ◇_(을) **하다** pousser de longs [profonds] soupirs; soupirer profondément. ¶ 아들의 불합격 소식에 어머니는 ~을 했다 La mère a poussé de profonds soupirs en apprenant l'échec de son fils à l'examen. ¶ 아버지는 자식 헛 키웠다고 ~했다 Le père a poussé un profond soupir en disant qu'il avait mal élevé ses enfants [que son éducation n'avait servi à rien].

장터 場− 명 (place *f* du) marché *m*; halle *f*. ¶ ~에 나가다 aller au marché. ¶ 사무실이 마치 ~처럼 사람들로 북적댔다 Le bureau grouillait de monde / Il y avait bousculade dans le bureau / Les gens se bousculaient dans le bureau.

장티푸스 腸− 명 【의학】 (fièvre *f*) typhoïde *f*. ¶ ~에 걸리다 attraper [contracter] la typhoïde. ¶ 이 지역에 ~가 퍼졌다 La typhoïde s'est répandue dans cette région. ¶ ~가 도는 지역을 격리하다 mettre en quarantaine les régions infestées par la typhoïde.

장판 壯版 명 (tapis *m* de) linoléum *m*, linoléum *m*, ((poser du)) lino *m* {*fam*}; plancher *m* [sol *m*] d'une pièce couvert de linoléum. ¶ 낡은 ~을 걷어내고 새 ~을 깔아야겠다 Il va falloir enlever le vieux linoléum [revêtement de sol] pour le remplacer par un nouveau.

장편 長篇 명 long(*ue*) ((roman *m*, film *m*, métrage *m*)), ((film de)) long *m* métrage.

◆_**물** -物 명 ((영화)) (film *m* de) long métrage *m*; ((소설)) roman *m* ((opposé à *nouvelle*)); long roman *m*. ¶ 상영시간이 장장 4시간에 이르는 ~물 un long métrage qui dure bien 4 heures. ¶ 5권 짜리 ~물 un long roman composé de 5 volumes.

◆_**서사시** -敍事詩 명 【문학】 longue épopée *f*.

◆_**소설** -小說 명 roman *m* ((opposé à nouvelle)); long roman *m*, pavé *m* {*fam*}.

◆_**영화** -映畵 명 (film *m* de) long métrage *m*.

장폐색증 腸閉塞症 명 【의학】 occlusion *f* [obstruction *f*] intestinale.

장하다 壯− 형 ① 훌륭하다 être grandiose, magnifique, majestueu*x*(*se*); être surprenant(*e*), étonnant(*e*), fabuleu*x*(*se*), fantastique, inouï(*e*), stupéfiant(*e*), époustouflant(*e*), extraordinaire, prodigieu*x*(*se*), fou(*folle*), incroyable, invraisemblable, faramineu*x*(*se*) {*fam*}; être merveilleu*x*(*se*); être grand(*e*), considérable, important(*e*), brillant(*e*), remarquable, éminent(*e*), supérieur(*e*), monument*al*(*ale*, *aux*), phénomén*al*(*ale*, *aux*), hors pair. ¶ 그 부인은 장한 어머니로 칭송받고 있다 Cette dame est louée comme une mère hors pair. ¶ 그분이 이번에 아주 장한 일을 하셨다 Cette personne a fait un travail extraordinaire [inouï, phénoménal, monumental, fabuleux]. ¶ 성공한 자식들을 보면 얼마나 장한지 모르겠다 Que c'est merveilleux de voir que mes enfants ont réussi dans leur vie! ¶ 장하구나, 네가 그런 생각을 다 하다니 Je suis agréablement surpris(*e*) que tu aies eu cette idée. ¶ 장하게 싸우다 combattre [se battre, lutter] avec une bravoure extraordinaire. ¶ 아버지는 아들의 행동을 장하게 여긴다 Le père est fier du comportement de son fils. ② 크고 성대하다 être impressionnant(*e*), imposant(*e*). ¶ 그 청년은 골격이 장하게 생겼다 Ce jeune homme a une excellente constitution physique / Ce jeune homme a une carrure impressionnante [de bûcheron {*fam*}, de déménageur {*fam*}]. ③ ((반어적)) ((d'un ton ironique)) être beau(bel, belle, beaux) ((à voir)); être le(la) meilleur(*e*). ¶ 그래, 참 ~ Oui, tu es vraiment le meilleur!

◆**장히** 부 ((considérer *qc*)) formidable, grandiose, extraordinaire. ¶ 그 뜻을 장히 여기다 considérer cette idée formidable [grandiose]. ¶ 장히 보기가 좋다 C'est vraiment beau à voir.

장학 奬學 명 encouragement *m* à l'étude. ¶ ~ 사업 affaire relative à l'encouragement à l'étude. ¶ ~ 제도 système d'encouragement à l'étude.

◆_**관** -官 명 inspec*teur*(*trice*) des écoles.

◆_**금** -金 명 bourse *f* (d'études). ¶ 그 학생은 대학 4년 간 전액 ~금을 받았다 Cet élève a bénéficié de bourses qui couvrent la totalité des frais durant ses 4 années d'études universitaires.

◆_**사** -士 명 inspec*teur*(*trice*).

◆_**생** -生 명 (élève) boursi*er*(*ère*). ¶ 그 사람은 로터리 클럽 ~생이다 Il est boursier du club Rotary.

◆_**회** -會 명 Association *f* d'encouragement à l'étude.

장해 障害 명 ① obstacle *m*, empêchement *m*, gêne *f*, entrave *f*, barrière *f*, difficulté *f*. ② troubles *mpl* ((digestifs)). ¶ ~ 요인 facteur de difficulté; facteur d'empêchement. ◇_(를) **받다** rencontrer des obstacles. ◇_(가) **되다** empêcher de+*inf*; entraver ((les projets, les initiatives de *qn*)), constituer une entrave ((au commerce)), gêner, contrarier ((les desseins, les idées, les projets de *qn*)), contrecarrer ((les plans, les projets de *qn*)), troubler ((les plans, les projets de *qn*; la digestion)), déranger, susciter des difficultés [des obstacles, des embarras]; faire obstacle à ((un projet)). ¶ 그것은 나에게 ~가 된다 Cela constitue un obstacle pour moi.

◆_물 -物 명 obstacle *m*.

장형[1] 杖刑 명 (peine *f* de la) bastonnade *f*, fustigation *f*. ¶ 그 사람은 절도죄로 잡혀서 ~을 받았다 Il a reçu la bastonnade [Il a été corrigé à coups de bâton] après avoir été arrêté pour vol. ¶ 도둑을 ~에 처하다 infliger une fustigation à un voleur; donner la bastonnade à un voleur.

장형[2] 長兄 명 frère *m* aîné, grand frère *m*.

장형부정 長形否定 명 【언어】 négation *f* longue ((formée par l'adjonction des verbes auxiliaires de négation, sous forme de radical (des verbes et des adjectifs + -지 않다/-자 못하다)).

장형사동 長形使動 명 【언어】 causatif *m* "long" ((causatif *m* formé par l'adjonction du radical (des verbes et des adjectifs + -게 하다)).

장화 長靴 명 ((une paire de)) botte(*s*) *f*(*pl*). ¶ ~를 신다 mettre des bottes; se chausser de bottes, se botter. ¶ ~가 샌다 Ces bottes ne sont plus imperméables.

장황 張皇 어근 ◆_하다[스럽다] 형 être diffus(*e*), verbeux(*se*), prolixe, volubile, loquace; être long(*ue*) et ennuyeux(*se*), interminable. ¶ 서론이 너무 ~하다 L'introduction est trop longue. ¶ 일일이 다 설명하기엔 너무 ~하다 C'est trop long [C'est trop fastidieux] de tout expliquer dans les détails. ¶ ~스러운 인사말 un discours d'introduction trop long (et ennuyeux); un discours d'introduction interminable [qui n'en finit pas]. ¶ 그걸 다시 자세히 설명하는 건 너무 ~스러운 일이다 C'est trop fastidieux de réexpliquer tout cela dans les détails. ¶ 그 사람은 말이 너무 ~스럽다 Il est trop bavard / Il a la langue déliée / Il a la langue bien pendue [affilée] / Il n'a pas la langue dans sa poche / Il a une de ces tapettes {*fam*}! ¶ 쓸데없는 이야기들을 ~하게 늘어놓다 expliquer fastidieusement des choses sans importance. ¶ ~스럽게 변명을 늘어놓다 présenter [exprimer] des excuses interminables; se lancer dans une longue [volubile] explication; se lancer [se perdre] dans des excuses interminables; inonder ((*qn*)) d'excuses interminables.

◆_스레 부 de façon diffuse, verbeusement.

◆_히 부 de façon longue et ennuyeuse, fastidieusement. ¶ ~히 설명하다 expliquer fastidieusement *qc* dans les détails.

잦다 형 être fréquent(*e*), nombreux(*se*), répété(*e*). ¶ 이 곳은 사고가 잦은 지역이다 C'est une zone dans laquelle les accidents sont fréquents. ¶ 잦은 기침소리 toussotement. ¶ 이곳은 왕래가 너무 ~ C'est un lieu trop fréquenté. ¶ 그 여자의 남편은 외박이 너무 ~ Son mari découche trop souvent / Il arrive trop fréquemment à son mari de découcher [de passer la nuit ailleurs]. ¶ 두 사람 사이에는 왕래가 ~ Ces deux personnes se voient très fréquemment. ¶ 맥박이 더 잦게 뛴다 Le pouls s'accélère.

잦아들다 재 ① 액체가 마르다 diminuer ((à ébullition)), réduire. ¶ 램프의 기름이 잦아들고 있다. Le niveau de l'huile de la lampe baisse. ② 기운이 잠잠해지다 se calmer, s'apaiser, faiblir, s'affaiblir, diminuer d'intensité. ¶ 옆 산의 불길이 잦아들어서 다행이다. Heureusement que le feu [l'incendie] sur la montagne voisine s'est apaisé [que les flammes sur la montagne voisine ont baissé d'intensité]. ¶ 바람이 잦아들면 나갑시다. Allons-y lorsque le vent se sera calmé [apaisé]. ③ 느낌이나 기운이 스며들다 envahir. ¶ 피로가 몸속 깊이 잦아들었다. L'impression de fatigue [La fatigue] m'a complètement envahi(*e*) [m'a terrassé(*e*)].

잦은걸음 명 pas *m* accéléré [rapide]. ¶ ~으로 걷다 marcher d'un pas accéléré [rapide]. ◇_(을) **하다** aller fréquemment ((aux toilettes)), fréquenter [aller] souvent *qp*. ¶ 화장실에 ~을 하다 aller fréquemment aux toilettes.

재[1] 명 cendre *f*. ¶ 장작불이 꺼지고 ~만 남았다 Du feu de bois ne restent plus que les cendres. ¶ 사람도 죽고 나면 한 줌의 ~가 되고 만다 Même quand une personne meurt, il ne reste plus qu'une poignée de cendres. ¶ 바람에 ~가 날린다 Les cendres s'envolent au vent.

*~**를 뿌리다** mettre des bâtons dans les roues à *qn* {*fam*}, barrer la route à *qn*, faire obstacle à *qn*, faire barrage à *qn*, tailler des croupières à *qn*, déranger *qn*, empêcher *qn* d'agir; gâcher le plaisir de *qn*, freiner l'élan [l'enthousiasme] de *qn*, freiner *qn*, décourager *qn*. ¶ 도와주지 못하면 ~나 뿌리지 마라 Ne me barre pas la route si tu ne peux pas m'aider.

◆_떨이 명 cendrier *m*.

◆_ㅅ더미 명 tas *m* de cendres. ¶ 그 많던 재산이 일순간에 ~ㅅ더미가 되었다 En un clin d'œil, ses richesses abondantes se sont réduites en cendres.

◆화산_ 火山- 명 cendres *fpl* volcaniques.

재[2] 명 col *m* ((des Aravis)). ¶ ~ 너머 마을 un village au delà d'un col. ¶ ~를 넘다 passer [franchir, traverser] un col.

-재[3] 어미 il(elle) demande à+*inf* ((particule exhortative)). ¶ 저 사람이 너 좀 보~ Cet homme-là veut [aimerait, a demandé à] te voir.

-재[4] -材 명 matériel *m*, matériau(*x*) *m*. ¶ 건축~ matériau de construction. ¶ 한약~ produits naturels utilisés en médecine chinoise.

-재[5] -財 명 ① ((부)) richesses *fpl*; ((금전)) argent *m*; ((재산)) biens *mpl*, propriété *f*. ¶ 문화~ biens culturels, patrimoine culturel. ② 【경제】 marchandises *fpl*, biens *mpl*; produits *mpl*. ¶ 생산~ biens [moyens] de production. ¶ 소비~ biens [produits] de consommation.

재-[6] 再- 접두 re-, ré-, r-. ¶ ~교육 rééducation. ¶

ㅈ

~발견 redécouverte; revalorisation. ¶ ~선거 réélection. ¶ ~시험 épreuve de rattrapage [repêchage]. ¶ ~신청 redemande. ¶ ~심사 réexamen, révision. ¶ ~편성 réorganisation.

재-⁷ 在- 접두 résidant ((à Séoul, au Japon, en France)). ¶ ~일 동포 ressortissant coréen au Japon. ¶ ~미 교포 ressortissant coréen aux États-Unis. ¶ ~불 한인회 Association des Coréens (résidant) en France.

재가¹ 再嫁 명 remariage *m* (d'une femme). ◇_(를) 하다 ((une femme)) se remarier ((avec *qn*)); épouser *qn* en second mariage [en secondes noces]. ¶ 부잣집으로 ~하다 se remarier avec un homme riche. ¶ 어머니는 ~할 생각이 없다 Ma mère n'a nulle intention de se remarier.

재가² 裁可 명 sanction *f*, ratification *f*, approbation *f*, autorisation *f*, consentement *m*, assentiment *m*, feu *m* vert. ¶ 상부의 ~ 없이 행동하다 agir sans l'autorisation de *ses* supérieurs [des autorités supérieures]. ◇_(를) 하다[내주다] ratifier, sanctionner, donner la sanction à ((un projet de loi)); approuver, donner *son* approbation [*son* accord, *son* aval, *son* feu vert] pour *qc*, donner *son* assentiment à *qc*. ¶ 해외출장을 ~하다 donner *son* approbation [*son* accord, *son* aval] pour un voyage d'affaires à l'étranger. ¶ 그 시안에 대해 ~를 내주다 approuver le projet, donner *son* aval [*son* accord, *son* approbation, *son* consentement, *son* feu vert] pour le projet. ◇_(를) 받다[얻다] obtenir l'approbation [le consentement, l'assentiment, le feu vert] de *qn*; obtenir la sanction ((du président)). ¶ 그 직원은 사장에게 사원채용 계획에 대해 ~를 받았다 Il a obtenu du président de la société l'approbation du projet de recrutement des employés / Il a obtenu la sanction du président [l'aval du P.-d.g., l'accord du P.-d.g.] concernant le projet de recrutement des employés / Le P.-d.g. lui a donné son aval [accord] pour le projet de recrutement des employés. ◇_(가) 나다[떨어지다] être approuvé(*e*), ratifié(*e*); obtenir l'approbation [le consentement, la sanction, le feu vert] de *qn*. ¶ 재개발 계획에 관한 ~가 났다 Le projet de reconstruction a été approuvé. ¶ 당국으로부터 ~가 떨어졌다 On a obtenu l'approbation [la sanction] des autorités.

재간¹ 才幹 명 ① 능숙한 일 처리 솜씨 talent *m*, capacité *f*, habileté *f*, astuce *f*, ((재치)) esprit *m*. ¶ 그 사람은 협상에서 비상한 ~을 발휘했다 Il a fait preuve d'habileté exceptionnelle [d'une grande habileté, d'une habileté remarquable, de brio] lors des négociations. ¶ 어디라고 감히 ~을 부려! Comment oses-tu escamoter les choses devant moi? ¶ ~이 많다 être très talentueux(*se*) [habile, doué(*e*)]. ② 수단이나 방도 moyen *m*. ¶ 그런 큰돈을 무슨 ~으로 장만하나? Par quel moyen obtiendrai-je une somme aussi colossale? ◇_(이) 없다 ne rien pouvoir faire; être impuissant(*e*). ¶ 나도 어찌할 ~이 없다 Moi non plus, je n'y peux rien.

◆_꾼 명 personne *f* astucieuse [habile].

◆발_ 명 agilité *f* des pieds. ¶ 발~이 뛰어나다 avoir le pied agile.

◆손_ 명 habileté *f* manuelle, dextérité *f*, adresse *f*, tour *m* de main, ((화가의)) coup *m* de patte. ¶ 손~이 좋다 être habile (de *ses* mains), adroit(*e*); ((화가가)) avoir le coup de patte [de la patte].

재간² 再刊 명 réédition *f* ((d'une œuvre)), republication *f* ((d'un roman épuisé)), reprint *m*; réimpression *f*. ◇_(을) 하다 rééditer, donner une nouvelle édition de *qc*; réimprimer. ¶ 고전을 ~하다 rééditer une œuvre classique. ◇_(이) 되다 être réédité(*e*). ¶ 그 시인의 유고집이 ~되었다 Le recueil de poèmes posthumes de ce poète a été réédité.

재갈 명 mors *m*. ¶ 말에게 ~을 물리다[채우다] mettre [passer] le mors à un cheval, emboucher un cheval. ¶ 언론에 ~을 물리다 bâillonner la presse, museler la presse ((par la censure)).

재개 再開 명 reprise *f* ((de pourparlers)); réouverture *f* ((d'un théâtre, des négociations entre deux pays)); rentrée *f* ((parlementaire)); rétablissement *m* ((des relations diplomatiques, des échanges commerciaux)); relance *f* ((des activités)). ¶ 양국이 평화회담 ~를 선언했다 Les deux pays ont déclaré la reprise des pourparlers de paix. ◇_(를) 하다 reprendre, recommencer, rouvrir, rétablir ((les relations diplomatiques)), renouer ((des négociations)), relancer ((les activités)). ¶ 활동을 ~하다 relancer les activités. ¶ 방송을 ~하다 reprendre les émissions télévisées. ¶ 국교[외교관계]를 ~하다 rétablir les relations diplomatiques. ◇_(가) 되다 reprendre; se rétablir. ¶ 양국의 경제교류가 ~되었다 Les échanges économiques entre les deux pays ont repris.

재개발 再開發 명 rénovation *f*, réaménagement *m*, reconstruction *f*. ¶ ~ 지역[지구, 구역] zone de rénovation [réaménagement]; région [zone, quartier] faisant l'objet de reconstruction [rénovation, réaménagement]. ¶ ~ 계획[안] projet de reconstruction [rénovation, réaménagement]. ◇_(을) 하다 rénover, réaménager; reconstruire. ¶ 달동네를 ~하다 reconstruire [réaménager] les quartiers pauvres. ◇_(이) 되다 être reconstruit(*e*), rénové(*e*), réaménagé(*e*). ¶ 도심이 ~되었다 Le centre-ville a été reconstruit [rénové, réaménagé].

재개봉 再開封 명 rediffusion *f* ((d'un film)), reprojection *f* ((d'un film)). ¶ ~ 영화 film rediffusé. ¶ ~ 극장 cinéma où l'on reprojette des films déjà sortis. ◇_(을) 하다 reprojeter ((un film)). ¶ 이 극장에서는 김 감독의 작품들을 ~할 계획이다 Ce cinéma prévoit la reprojection des œuvres du metteur en scène Kim. ◇_(이) 되다 être reprojeté(*e*). ¶ 이 영화는 일류 극장에서 ~ 되었다 Ce film a été reprojeté dans un cinéma de première classe.

ㅈ

◆_관 -館 명 cinéma *m* [théâtre *m*] où l'on reprojette des films déjà sortis.

재건 再建 명 ① 《건물, 거리》 reconstruction *f*. ¶ 도시의 ~ reconstruction d'une ville. ② 《국가, 경제》 relèvement *m*, redressement *m* 《économique, industriel, des finances》, rétablissement *m* 《des finances d'un pays》, relance *f* économique. ¶ 국가의 ~ reconstruction d'un pays. ¶ 경제 ~ reconstruction économique. ◇_(을) **하다** reconstruire, rebâtir 《un immeuble, une ville bombardée》; réédifier 《un temple tombé en ruine》; relever, redresser 《la nation》, relancer 《l'économie》. ¶ 경복궁을 ~하다 reconstruire le palais Gyeongbok. ¶ 쓰러져 가는 회사를 ~하다 relever une entreprise au bord de la faillite. ◇_(이) **되다** être reconstruit(*e*), rebâti(*e*), réédifié(*e*), relevé(*e*), redressé(*e*), relancé(*e*); se redresser. ¶ 온 국민의 노력으로 경제가 ~되었다 L'économie s'est redressée grâce aux efforts de toute la population.

재검사 再檢査 명 réexamen *m*. ◇_(를) **하다** réexaminer, vérifier [inspecter] de nouveau. ¶ 하천의 수질을 ~하다 réinspecter la qualité du cours d'eau. ¶ 신축건물이 안전한지를 ~하다 réexaminer le niveau de sécurité du nouveau bâtiment. ◇_(를) **받다** soumettre à un réexamen [une réinspection], faire réexaminer *qc*. ¶ 자동차 안전도를 ~받다 faire réexaminer le degré de sécurité d'une voiture.

재검증 再檢證 명 revérification *f*, réinspection *f*, reconstatation *f*, réhomologation *f* 《d'un testament》. ¶ 여론조사의 신뢰성에 대한 ~을 요구하다 demander la revérification de la crédibilité des sondages d'opinions. ◇_(을) **하다** revérifier, réinspecter, reconstater, réhomologuer. ¶ 이론의 타당성을 ~하다 revérifier la validité de la théorie. ◇_(을) **받다** soumettre à une revérification [une réinspection, une reconstatation, une réhomologation]; faire revérifier [réinspecter]. ¶ 진실성을 ~받다 faire revérifier l'authenticité de *qc*. ◇_(이) **되다** être revérifié(*e*), réinspecté(*e*), reconstaté(*e*), réhomologué(*e*). ¶ 그 사람이 옳다는 것이 ~되었다 Il a été confirmé qu'il avait raison.

재검진 再檢診 명 réexamen *m* médical. ◇_(을) **하다** réexaminer 《*un patient, un malade*》, revoir 《un patient》. ¶ 입원환자를 ~하다 réexaminer un patient hospitalisé. ◇_(을) **받다** se faire réexaminer; être revu(*e*) par le médecin. ¶ 그 환자는 수술 후유증으로 ~을 받았다 Ce patient a été revu par le médecin en raison des complications survenues après l'opération.

재검토 再檢討 명 révision *f*, reconsidération *f*, réexamen *m*. ◇_(를) **하다** réviser, reconsidérer, réexaminer 《une question》; faire un nouvel examen. ¶ 합의사항을 ~하다 réviser les points sur lesquels ils étaient tombés d'accord. ¶ 계획의 실현가능성을 ~하다 réviser la faisabilité du projet. ¶ 외국인의 입국을 제한하는 것을 ~하다 réviser la décision de limiter l'entrée des étrangers. ◇_(가) **되다** être révisé(*e*), reconsidéré(*e*), réexaminé(*e*). ¶ 의회에서 조세 개혁안이 ~될 계획이다 Le projet de réforme du système fiscal sera révisé par l'assemblée nationale. ¶ 각료회의에서 금리인하 시기가 ~되었다 La période de baisse des taux d'intérêt a été révisée lors du conseil des ministres.

재결 裁決 명 【법률】 décision *f*, jugement *m*. ¶ ~을 거치다 passer par une procédure de décision. ◇_(을) **하다** prononcer [donner] une décision. ¶ 행정기관은 국민의 소원을 ~할 수 있다 Les autorités administratives peuvent juger des pétitions de la population. ◇_(이) **되다** être décidé(*e*), jugé(*e*). ¶ 그 소원은 이미 ~이 되었다 Cette pétition a déjà été jugée.

◆_권 -權 명 voix *f* prépondérante.

◆_서 -書 명 prononcé *m* de jugement, sentence *f* écrite.

◆_신청 -申請 명 demande *f* de décision.

재결속 再結束 명 réunion *f*, recoalition *f*, rassemblement *m*; renforcement de la solidarité. ¶ 당의 ~을 위한 모임 rassemblement pour renforcer la coalition du parti. ¶ ~을 이루다[다지다] se réunir [se rassembler, se regrouper] de nouveau; renforcer les liens avec 《*ses* partisans》, affermir l'union entre 《camarades》. ◇_(을) **하다**[(이) **되다**] se réunir [se rassembler, se regrouper] de nouveau; renforcer la solidarité; se reconsolider. ¶ 옛 동지들이 ~을 했다 Les anciens camarades se sont de nouveau regroupés. ¶ 동료들과 ~하다 se regrouper avec *ses* collègues de travail. ¶ 신임 감독의 노력으로 팀이 ~되었다 Grâce aux efforts du nouveau directeur, notre équipe s'est reconsolidée. ¶ 이번 일을 계기로 온 당원들이 ~되었다 Cette affaire a renforcé l'esprit de solidarité entre les membres du parti. ◇_(을) **시키다** reconsolider. ¶ 당을 ~시키다 reconsolider le parti.

재결정 再決定 명 redécision *f*. ¶ 그 안건에 대해 ~을 내리다 redécider de cette affaire. ¶ 계획을 실행할지에 대한 ~ redécision concernant la réalisation du projet. ◇_(을) **하다** redécider. ¶ 의장을 김의원으로 ~했다 Il a été redécidé que la présidence serait assurée par le parlementaire Kim. ¶ 사회당은 선거 전략을 바꾸기로 ~했다 Le parti socialiste a décidé de changer à nouveau sa stratégie des élections. ◇_(이) **되다**[**나다**] être redécidé(*e*). ¶ 야당의 대통령 후보가 ~되었다 Le parti de l'opposition a décidé de changer son candidat à la présidentielle. ¶ 현 금리를 유지하기로 ~이 났다 Il a été redécidé de maintenir le niveau actuel des taux d'intérêt.

재결합 再結合 명 réunion *f*, recombinaison *f*. ¶ 양당의 ~이 이루어졌다 Les deux partis se sont réunis. ¶ 그 남자는 전처와의 ~을 원하고 있었다 Il désirait se remettre avec son ex-femme. ◇_(을) **하다** se réunir, recombiner. ¶ 그 여자는 전남편과

~했다 Elle s'est remise avec son ex-mari. ◇_(이) **되다** se réunir; être réuni(*e*), recombiné(*e*). ¶ 우리 민족이 ~될 날 le jour où notre peuple se réunira.

◆_**계수** -係數 명 【물리】 coefficient *m* de recombinaison.

◆_**반응** -反應 명 【물리】 réaction *f* de recombinaison.

◆_**에너지** 명 【물리】 énergie *f* de recombinaison.

◆_**중심** -中心 명 【물리】 centre *m* de l'énergie de recombinaison.

재경 在京 어근 séjour *m* à Séoul. ¶ ~ 향우회 association des personnes originaires de la même région résidant à Séoul. ¶ ~ 동문회 association des anciens élèves d'une même école résidant à Séoul.

재경부 財經部 명 le ministère *m* des Finances et de l'Économie.

재계[1] 財界 명 finance *f*, monde *m* financier; monde *m* économique, milieu(*x*) *m* des affaires. ¶ ~의 유력 인사 magnat de la finance. ¶ ~의 동향 tendance du milieu financier.

재계[2] 齋戒 명 purification *f* (rituelle), rite *m* purificatoire. ◇_(를) **하다** faire des ablutions rituelles, pratiquer des rites purificatoires. ¶ 7일 동안 ~를 하다 faire des ablutions rituelles pendant 7 jours.

◆**목욕**_ 沐浴 명 ablutions *fpl* rituelles. ¶ 그 사람은 목욕 ~를 하고 기도를 했다 Il a prié après avoir fait des ablutions rituelles.

재계약 再契約 명 renouvellement *m* d'un contrat. ¶ ~을 맺다 renouveler un contrat. ◇_(을) **하다** renouveler un contrat, reconduire un contrat ((de travail)); refaire un (autre) contrat, faire un nouveau [autre] contrat; modifier un contrat. ¶ 집주인과 집을 ~하다 renouveler *son* contrat de location avec le propriétaire (du logement). ¶ 그 직원은 연봉 ~을 했다 Cet employé a reconduit son contrat de travail qui mentionne son salaire annuel. ¶ 두 회사는 합병 시기를 1년 연기하기로 ~했다 Les deux sociétés ont refait un contrat [fait un nouveau contrat] stipulant le report d'un an de la période de fusion. ◇_(이) **되다** ((un contrat)) être refait(*e*), renouvelé(*e*), reconduit(*e*). ¶ 임대기간을 연장하기로 집주인과 ~이 되었다 J'ai renouvelé mon contrat de location avec le propriétaire.

재고[1] 再考 명 reconsidération *f*, réexamen *m*. ¶ 결정에 대한 ~를 촉구하다 insister pour le réexamen d'une décision. ¶ 그 일은 ~의 여지[가치]도 없다 Cette affaire ne mérite pas d'être réexaminée. ◇_(를) **하다** reconsidérer, réexaminer. ¶ 정부는 그 문제를 ~했다 Le gouvernement a réexaminé ce problème. ◇_(가) **되다** être réexaminé(*e*), reconsidéré(*e*). ¶ 그 계획 전체가 ~될 것이다 L'ensemble du projet fera l'objet de reconsidérations.

재고[2] 在庫 명 stock *m*. ¶ ~ 관리 la gestion du stock. ¶ ~ 정리 mise en ordre du stock. ¶ ~를 조사하다 examiner le stock. ¶ ~를 파악하다 procéder à l'inventaire du stock. ¶ 우리에게는 ~가 부족하다 Nous sommes en rupture de stock. ¶ 불경기로 ~가 쌓여 있다 Nous avons beaucoup de stock à cause du ralentissement des affaires.

◆_**량** -量 명 quantité *f* de stock.

◆_**율** -率 명 【경제】 coefficient *m* de stock.

◆_**품** -品 명 stock *m*.

재교 再校 명 seconde épreuve *f*. ¶ 논문의 ~를 보다 corriger les fautes sur une seconde épreuve de l'article. ◇_(를) **하다** corriger la seconde épreuve. ¶ 논문집을 ~하다 corriger la seconde épreuve d'un recueil d'articles.

재교부 再交付 명 seconde délivrance *f*; renouvellement *m*. ¶ 증명서의 ~를 신청하다 demander de délivrer une seconde fois le certificat. ◇_(를) **하다** délivrer une seconde fois. ¶ 운전면허증을 ~하다 délivrer une seconde fois le permis de conduire. ◇_(가) **되다** être délivré(*e*) une seconde [une nouvelle] fois. ◇_(를) **받다** se faire délivrer un nouvel exemplaire de *qc*. ¶ 졸업 증명서를 ~받다 recevoir un deuxième [un nouvel] exemplaire de *son* diplôme de fin d'études, se faire délivrer un nouvel exemplaire de *son* diplôme de fin d'études.

재교섭 再交涉 명 renégociation *f*. ¶ ~ 방향[지침] direction [directives] de renégociation. ¶ 노사가 ~을 벌인다[추진한다] Les partenaires sociaux procèdent à la renégociation. ¶ 원만한 ~이 이루어지다 arriver à une renégociation satisfaisante. ◇_(을) **하다** renégocier. ¶ 노조가 사주와 임금인상에 대해 ~을 했다 Le syndicat ouvrier a renégocié l'augmentation des salaires avec le syndicat patronal. ¶ 여당은 야당과 그 문제를 ~했다 Le parti au pouvoir a renégocié ce problème avec l'opposition. ◇_(이) **되다** être renégocié(*e*). ¶ 노사협의회에서 임금인상폭이 ~될 것이다 L'envergure de l'augmentation du salaire sera renégociée dans le cadre de la rencontre patronat-syndicats.

재교육 再教育 명 ((비행소년 따위의)) rééducation *f*; ((회사간부 따위의)) recyclage *m*. ¶ ~ 제도[시설, 방안] système [équipement, projet, programme] de rééducation. ¶ 실직자들에 대한 ~을 실시하다[시행하다] faire [exécuter] le programme de réinsertion des chômeurs. ◇_(을) **하다** recycler ((des ingénieurs)) en [dans] *qc*, reformer *qn*, rééduquer *qn*. ¶ 임원들을 ~하다 recycler les cadres. ◇_(이) **되다** être recyclé(*e*), être rééduqué(*e*); se recycler en [dans] *qc*. ¶ 사회교육제도로 많은 퇴직자들이 ~되었다 Le système d'éducation sociale a permis de recycler de nombreux retraités. ◇_(을) **시키다** rééduquer ((de jeunes délinquants)); recycler ((des ingénieurs)) en [dans] *qc*; reformer ((des officiers)). ¶ 군은 장교들을 ~시켰다 L'armée a reformé des officiers.

재구 再構 명 【언어】 reconstitution *f*. ¶ 공통 조어의

ㅈ

~ reconstitution de la langue mère commune. ◇_(를) 하다[시키다] reconstituer, reconstruire. ¶ 사라진 언어를 ~하다 reconstituer une langue disparue. ◇_(가) 되다 être reconstitué(*e*), être reconstruit(*e*).

재구성 再構成 명 réorganisation *f*, restructuration *f*, recomposition *f*. ◇_(을) 하다[시키다] réorganiser, restructurer, recomposer. ¶ 논문을 ~하다 restructurer un article [((학위논문)) un mémoire, une thèse], changer le plan d'un article [((학위논문)) d'un mémoire, d'une thèse]. ¶ 당 조직을 ~하다 réorganiser un parti. ◇_(이) 되다 être réorganisé(*e*), restructuré(*e*). ¶ 집행부가 ~되었다 Le comité exécutif a été réorganisé.

재구조화 再構造化 명 【언어】 restructuration *f*. ¶ 보문의 ~ la restructuration d'une complétive.

재귀 대명사 再歸 代名詞 명 【언어】 pronom *m* réfléchi.

재규어 명 jaguar *m*.

재근 在勤 명 occupation *f* d'un poste. ¶ 그 사람은 현재 학교에서 ~ 중이다 Actuellement, il est enseignant. ◇_(을) 하다 occuper un poste. ¶ 그 사람은 현재 외무부에서 ~하고 있다 Actuellement, il travaille au ministère des Affaires étrangères. ◇_(을) 시키다 donner à *qn* un poste.

재기[1] 才氣 명 esprit *m*. ¶ ~(가) 발랄한 청년 un jeune homme plein d'esprit, un jeune homme d'esprit (étincelant). ¶ ~가 넘치는 대답 une réponse pleine d'esprit. ¶ 그는 ~가 넘친다 Il déborde [Il est plein] d'esprit / Il a de l'esprit jusqu'au bout des ongles. ◇_(가) 있다[없다] avoir de l'esprit [manquer d'esprit].

재기[2] 再起 명 ((부흥)) relèvement *m*, recommencement *m*; ((회복)) rétablissement *m*; ((복귀)) rentrée *f*. ¶ ~를 노리다[엿보다] tenter [essayer] de se relever. ¶ ~가 쉽지 않다 Il n'est pas facile de se relever [de se rétablir] d'un échec [de digérer un échec]. ◇_(를) 하다 se relever ((d'une maladie, d'un échec)); se rétablir, se remettre d'aplomb; faire *sa* rentrée. ¶ 그 사람이 ~를 했다 Il a réussi à se relever.

◆_불능 -不能 명 impossibilité *f* de se relever; ((être)) sans espoir de retour. ¶ 그 사람은 ~불능이다 Il est incapable de se relever [de se rétablir, de refaire surface].

재깍 부 dès, aussitôt, tout de suite, immédiatement. ¶ 수업이 끝나면 ~ 집에 돌아가라 Dès que la classe est finie, rentrez à la maison / Rentrez immédiatement après la classe.

◆_ _ 부 dès, aussitôt, tout de suite, immédiatement.

재난 災難 명 catastrophe *f*, désastre *m*, calamité *f*, fléau(*x*) *m*, malheur *m*, accident *m*, mésaventure *f*, ennui *m*, tuile *f* {*fam*}. ¶ 불의의[뜻하지 않은] ~ catastrophe inattendue. ¶ 불가항력적으로 닥친 ~ une catastrophe inévitable. ¶ 그 국가는 ~의 연속이다 Une série de catastrophes a frappé ce pays. ¶ ~을 방지하다 prévenir les désastres. ¶ ~을 모면하다[피하다] échapper au fléau, éviter la catastrophe. ¶ ~을 면한 사람들 les rescapés ((d'un incendie)). ¶ ~을 불러일으키다 provoquer [causer, entraîner, être à l'origine d'] une catastrophe [un malheur], causer [attirer] des ennuis à *qn*. ¶ 사소한 부주의가 큰 ~을 불러올 수 있다 Une petite inattention peut entraîner une grande catastrophe. ¶ 전쟁은 수많은 ~을 빚어낸다 La guerre entraîne d'innombrables désastres. ¶ ~을 당하다 subir une catastrophe, être victime d'un désastre [d'un accident]; ((지역)) être sinistré(*e*). ¶ ~을 당한 이재민들 sinistrés (qui ont subi une catastrophe, qui ont été victimes d'un désastre). ¶ 그 사람에게 ~이 덮쳤다 Une catastrophe l'a frappé. ◇_을 입다 subir une catastrophe [un grave désastre, une mésaventure], être victime d'un accident [d'une calamité, d'une mésaventure]. ¶ 그 지역은 심각한 ~을 입었다 Cette région a subi un grave désastre.

재능 才能 명 talent *m* ((littéraire, pour la musique)); don *m* ((des langues)), prédispositions *fpl* ((artistiques)), facilités *fpl* ((pour les langues)). ¶ 천부의 ~ un don ((pour la musique)), ((avoir)) des prédispositions ((pour la musique, à faire de la musique)), des facilités ((pour les langues)), ((avoir)) la bosse ((des langues)). ¶ 음악적 ~ un talent pour la musique, ((avoir)) des prédispositions pour la musique [à faire de la musique], un don pour la musique. ¶ 탁월한[뛰어난, 대단한] ~ un don exceptionnel, un talent exceptionnel, un grand talent; des facilités incroyables [hors du commun]. ¶ ~을 가지다[소유하다] avoir le don de *qc*/*inf*, avoir des facilités ((pour les langues)), avoir des prédispositions ((pour la musique)), être fait pour ((les langues)), avoir la bosse {*fam*} ((des langues)). ¶ ~을 잃어버리다[상실하다] perdre un don. ¶ ~을 발휘하다 faire preuve de talent, exercer *son* talent. ¶ ~을 기르다[닦다] développer un [*son*] talent, cultiver *ses* dons ((littéraires)). ¶ ~을 이용하다 profiter d'un talent. ¶ ~을 인정하다 reconnaître un talent. ◇_(이) 있다 avoir le talent de *qc*/*inf*. ¶ 그 사람은 음악[문학]에 ~이 있다 Il a du talent pour la musique [pour la littérature]. ¶ 숨겨진 ~이 있다 avoir un don caché. ◇_(이) 없다 manquer de talent, ne pas être doué(*e*) pour ((les langues)), ne pas avoir de prédispositions [de facilités] pour ((les langues, les mathématiques)), ne pas être fait pour *qc*. ¶ 그 사람은 어학에 ~이 없다 Il n'a pas de talent pour les langues / Il n'est pas doué pour les langues / Il n'a pas de facilités [de prédispositions] pour les langues / Il n'est pas fait pour les langues / Il n'a pas la bosse des langues {*fam*}.

재다[1] 타 ① 측정하다 mesurer, faire des mesures; arpenter; métrer; sonder. ¶ 산의 높이를 ~ mesurer la hauteur d'une montagne. ¶ 바다의 깊이를 ~ sonder les fonds marins. ¶ 갑과 을의 거리를 ~ mesurer la distance de A à B. ¶ 자로 키를 ~ mesurer

ㅈ

la taille de *qn* avec un mètre ruban. ¶ 저울로 무게를 ~ peser *qc* avec une balance. ¶ 체온을 ~ prendre la température de *qn*. ¶ 강우량을 ~ mesurer la pluviosité. ¶ 풍속을 ~ mesurer la vitesse du vent. ② 헤아리다 calculer, réfléchir, examiner, envisager; évaluer. ¶ 여러 각도에서 사물을 ~ examiner un objet sous tous les angles. ¶ 성공의 가능성을 ~ calculer *ses* chances de réussite; évaluer les possibilités de réussite. ¶ 무엇을 요모조모 ~ calculer *qc*. ③으시대다 prendre un air hautain [orgueilleux, arrogant], se rengorger, se vanter; faire le fanfaron, fanfaronner, rouler les épaules [les mécaniques {*fam*}], se donner de grands airs, se donner un air important, prendre de grands airs, se prendre au sérieux, se la jouer {*fam*}, se la péter {*fam*}, faire l'important [《남자》 le grand seigneur; 《여자》 la duchesse, *sa* duchesse], faire le(la) fi*er*(*ère*) se hausser [se pousser] du col, se vanter, frimer {*fam*}, crâner {*fam*}, la ramener {*fam*}. ¶ 재면서 걷다 marcher avec orgueil [avec un air hautain, avec arrogance], rouler les épaules [les mécaniques {*fam*}]. ¶ 재면서 말하다 parler avec une attitude orgueilleuse [arrogante, hautaine], parler en se donnant de grands airs [en se prenant au sérieux, en se la jouant {*fam*}]. ¶ 그 사람은 재는 버릇이 있다 Il a l'habitude de prendre une attitude fanfaronne [de matamore]. ④ 넣다 charger. ¶ 총알을 ~ charger un fusil. ¶ 고기를 양념에 ~ épicer la viande. ¶ 인삼을 꿀에 ~ mélanger du ginseng avec du miel.

재다[2] 형 ① 재빠르다 être rapide, preste, alerte, agile, leste. ¶ 그 사람은 손놀림[걸음]이 아주 ~ Il est d'une grande dextérité / Il est très habile [adroit] de ses mains [Il marche très vite / Il marche d'une vive allure / Il marche d'un pas alerte]. ¶ 손이 잰 사람 une personne d'une grande dextérité [habile de ses mains]. ¶ 동작이 ~ être vi*f*(*ve*) dans *ses* mouvements. ② 가볍다 ne pas savoir tenir *sa* langue, ne pas savoir tenir [garder] un secret, trop parler, avoir la langue bien [trop] pendue, être trop bavard(*e*). ¶ 입이 ~ avoir la langue bien [trop] pendue, ne pas savoir tenir un secret, ne pas être capable de garder un secret; être indiscr*et*(*ète*); être trop bavard(*e*). ¶ 그 사람은 입이 너무 재서 탈이다 Il a le défaut d'être trop bavard [de trop parler, de ne pas savoir tenir sa langue] / Il a la langue bien trop pendue / Il parle trop / On ne peut lui confier aucun secret. ¶ 입을 재게 놀리다 trop parler, parler à tort et à travers.

재단[1] 財團 명 【법률】 fondation *f*. ¶ ~ 이사장 le(*la*) président(*e*) d'une fondation. ¶ 문화 ~ une fondation culturelle. ¶ 육영 ~ une fondation éducative. ¶ ~을 설립하다 établir une fondation.

◆**_법인** -法人 명 fondation *f* juridique.

재단[2] 裁斷 명 ① 마름질 coupe *f*, taille *f*. ¶ ~이 서투르다 être maladroit(*e*) dans la coupe. ¶ ~이 잘 되다 être de bonne coupe. ② 판단, 평가 jugement *m* ◇_(을) **하다** ① couper 《une robe》, tailler 《un vêtement》. ¶ 원피스를 ~하다 couper une robe. ② 판단하다, 평가하다 juger ¶ 자신의 신념에 따라 타인을 멋대로 ~하다 juger les gens selon *ses* propres convictions [selon *ses* propres valeurs].

◆**_기** -機 명 coupeuse *f*, rogneuse *f*.

◆**_법** -法 명 coupe *f*.

◆**_사** -師 명 coupeu*r*(*se*), tailleur *m*, couturi*er*(*ère*).

재담 才談 명 plaisanterie *f* [parole *f*] pleine d'esprit, plaisanterie *f* fine [spirituelle, intelligente]; facétie *f*; calembour *m*. ¶ 누구의 ~에 귀를 기울이다 ouvrir l'oreille aux plaisanteries fines [spirituelles] de *qn*. ¶ 그 사람의 ~에 좌중이 웃음바다가 되었다 Ses plaisanteries pleines d'esprit ont fait rire tout le monde [ont provoqué l'hilarité générale, ont déclenché l'hilarité générale]. ◇_(을) **하다** plaisanter; faire de l'esprit, dire des choses spirituelles. ¶ 누구에게 ~을 하다 adresser des plaisanteries spirituelles à *qn*.

◆**_가** -家 명 plaisant *m*.

재당숙 再堂叔 명 cousin *m* issu de germain du père.

재당질 再堂姪 명 fils *m* du cousin issu de germain.

재덕 才德 명 intelligence *f* et vertu *m*. ¶ ~을 겸비하다 [갖추다] être à la fois intelligent(*e*) et vertueu*x*(*se*).

재독 再讀 명 relecture *f*, deuxième lecture *f*. ◇_(을) **하다** relire. ¶ 책을 ~하다 relire un livre.

재동 才童 명 enfant *m* très doué, (enfant *mf*) surdoué(*e*). ¶ 저 아이는 재주가 뛰어난 ~이다 Cet enfant est très doué / C'est un enfant surdoué / C'est un(*e*) surdoué(*e*).

재떨이 명 cendrier *m*. ¶ ~를 비우다 vider un [le] cendrier.

재래[1] 在來 명 transmission *f*. ¶ ~의 풍속 mœurs ancestrales.

◆**_적** -的 명관 traditionnel(*le*), ancestr*al*(*ale*, *aux*), ancien(*ne*), classique, 《arme, armement》 conventionnel(*le*); 《espèce》 indigène. ¶ ~인 방법 manière traditionnelle.

◆**_시장** -市場 명 marché *m* traditionnel.

◆**_식** -式 명 à l'ancienne. ¶ ~식 방법 manière ancienne. ¶ ~식 화장실 toilettes [W.C.] à l'ancienne, toilettes archaïques.

◆**_종** -種 명 espèce *f* traditionnelle [locale]. ¶ ~종 벼 espèce traditionnelle [locale] de riz.

재래[2] 再來 명 réincarnation *f*. ¶ 그 사람은 모차르트의 ~라고들 한다 On dit qu'il est Mozart réincarné. ◇_(를) **하다** revenir, réincarner. ¶ 에디슨이 ~한 것 같다 On dirait que c'est Edison réincarné.

재략 才略 명 habileté *f*, stratagème *m*. ¶ 뛰어난 ~ grande habileté. ¶ 그 사람은 ~이 넘친다 Il est plein de ressources / Il a plus d'un tour dans son sac. ◇_(이) **있다** être habile. ◇_(이) **없다** manquer d'habileté.

◆**_가** -家 명 homme *m* de ressources.

재량[1] 才量 명 capacité *f* [talent *m*] et largeur *f* d'esprit. ◇_(**이**) **있다** être plein(*e*) de ressources et large d'esprit. ◇_(**이**) **없다** être étroit(*e*) d'esprit, avoir l'esprit étroit.

재량[2] 裁量 명 ((결정)) décision *f*; ((판단)) jugement *m*; disposition *f*; ((법률용어)) discrétion *f*. ¶ 담당자(의) ~으로 selon la décision du responsable. ¶ 누구의 ~에 맡기다 soumettre *qc* à la décision [au jugement] de *qn*, s'en rapporter au jugement de *qn*, s'en remettre à *qn*. ¶ 누구의 자유 ~에 맡기다 s'en remettre totalement à *qn*, donner [laisser] carte blanche à *qn*. ¶ 그것은 내 ~이다 Il est sous ma discrétion.

◆**_권** -權 명 pouvoir *m* discrétionnaire. ¶ 부하에게 ~권을 주다 déléguer le pouvoir discrétionnaire à un subalterne. ¶ 그것은 내 ~권 밖의 일이다 Ce n'est pas dans le cadre de mon pouvoir discrétionnaire de décider de cela. ¶ 내게도 이 일을 결정할 정도의 ~권은 있다 J'ai tout de même le pouvoir de décider sur cette affaire.

◆**_처분** -處分 명 mesure *f* prise par *qn* possédant un pouvoir discrétionnaire.

재력 財力 명 capacités *fpl* financières, pouvoir *m* financier, ressources *fpl* pécuniaires, richesse *f*; ((avoir les, de gros)) moyens *mpl*. ¶ ~을 가지다[소유하다] avoir des ressources [les moyens, de gros moyens]. ¶ 내 ~으로는 그것을 못 사겠다 Je ne peux pas me permettre d'acheter ça, je n'ai pas les moyens / Je n'en ai pas les moyens / C'est trop cher pour moi, c'est au-dessus de mes moyens. ◇_(**이**) **있다** avoir des ressources [les moyens, de gros moyens], être riche. ¶ ~이 있는 사람 une personne qui a des ressources [qui a les moyens, qui a de gros moyens]. ◇_(**이**) **없다** avoir de petits moyens, ne pas avoir les moyens; être pauvre.

재련 再鍊 명 second affinage *m*. ¶ 금속의 ~ second affinage des métaux. ◇_(**을**) **하다** affiner de nouveau. ¶ 쇠를 ~하다 affiner de nouveau le fer. ◇_(**이**) **되다** être affiné(*e*) de nouveau.

◆**_법** -法 명 technique *f* de second affinage.

◆**_소** -所 명 seconde affinerie *f*.

재론 再論 명 rediscussion *f*. ¶ ~을 요하다 mériter d'être rediscuté(*e*). ¶ ~의 여지가 있다[없다] avoir *[ne pas avoir] la possibilité* d'en rediscuter. ◇_(**을**) **하다** rediscuter de *qc*, reparler de *qc*. ¶ 다시는 그 문제를 ~하지 마라 N'en parle plus / N'en discute plus. ◇_(**이**) **되다** être rediscuté(*e*).

재롱 才弄 명 cajolerie *f*, câlinerie *f*, parole *f* [action *f*, geste *m*] amusant(*e*) [mignon(*ne*)] d'un bébé. ¶ 손주의 ~ les facéties de *ses* petits-enfants. ◇_(**을**) **부리다**[**떨다**, **피우다**] agir et parler d'une façon câline, faire des mines, faire des facéties. ¶ 아이들이 아빠 엄마 앞에서 ~을 부리고 있다 Les enfants font preuve de facéties devant leurs papa et maman.

◆**_둥이**[**받이**] 명 enfant *m* câlin.

재료 材料 명 ingrédient *m*; matériaux *mpl*; matière *f*; éléments *mpl* ((d'enquête)). ¶ 음식 ~ ingrédients d'un plat [d'un mets]. ¶ 소설[작품]의 ~ matière d'un roman [d'un ouvrage]. ¶ ~를 공급하다 fournir des matériaux; ((식품)) fournir des ingrédients. ¶ ~를 모으다[수집하다] rassembler [réunir] des matériaux. ¶ 좋은 ~를 쓰다 utiliser des matériaux [((식품)) des ingrédients] de bonne qualité. ¶ 이야기의 ~가 떨어졌다 ne plus avoir matière à discussion [à discuter], ne plus trouver de sujet de conversation [de discussion], être à court de sujets de conversation], ne pas savoir comment meubler la conversation. ¶ ~가 남아돌다 avoir trop de matériaux; avoir trop d'éléments. ¶ 사과파이를 만드는데 어떤 ~가 필요하죠? Quels sont les ingrédients nécessaires pour faire une tarte aux pommes? / Qu'est-ce qu'on met dans une tarte aux pommes?

◆**_비** -費 명 frais *mpl* des matériaux; ((식품)) coût *m* des ingrédients.

◆**_상** -商 명 marchand(*e*) de matériel. ¶ 미술 ~상 un(*e*) marchand(*e*) de matériel pour la peinture [pour les beaux-arts].

◆**건축_** 建築- 명 matériaux *mpl* de construction.

◆**실험_** 實驗- 명 matériel *m* expérimental.

◆**원[가공]_** 原[加工]- 명 matériaux *mpl* bruts [travaillés], matière *f* première.

재림 再臨 명 【기독】 parousie *f*, second *m* avènement *m* (du Messie, du Christ glorieux). ¶ 그리스도의 ~을 믿다[준비하다] croire à la parousie du Christ, croire à un second avènement du Messie [attendre un second avènement du Messie]. ◇_(**을**) **하다** ((le Christ, le Messie)) revenir.

◆**_설** -設 명 théorie *f* de la Parousie du Christ, théorie *f* adventiste.

◆**_론자** -論者 명 adventiste *mf*.

재명 才名 명 renommée *f*, renom *m*, réputation *f*.

재목 材木 명 ① bois *m*, bois *m* d'œuvre; bois *m* de construction. ¶ 쌓아놓은 ~ bois de construction entassé. ¶ ~을 벌채하다 couper du bois. ② homme *m* d'avenir; homme *m* de talent. ¶ 그 사람은 큰일을 할 ~이다 Il a l'étoffe d'un grand homme.

◆**_감** 명 ① bois *m* d'œuvre. ② homme *m* plein d'avenir, homme *m* de talent. ¶ 그 사람은 우리 회사를 이끌어갈 ~감이다 Il sera le pilier de notre entreprise.

◆**_상** -商 명 marchand(*e*) de bois.

재무 財務 명 affaires *fpl* financières, finances *fpl*. ¶ 그 사람은 회사의 ~ 담당이다 Il est responsable financier de cette entreprise.

◆**_감사** -監査 명 examen *m* des livres de comptes. ¶ ~감사를 받다 avoir le contrôle des livres de comptes. ¶ 상부에서 ~감사를 나왔다 Il a subi un audit de la part de la hiérarchie.

◆**_관** -官 명 administrateur *m* financier.

◆**_구조** -構造 명 état *m* financier. ¶ ~구조가 탄탄하다[부실하다, 취약하다] avoir un état financier solide [fragile].

◆_부[성] -部[省] 명 ministère *m* des Finances. ¶ ~ 장관 le ministre des Finances.

재무부 財務部 명 ministère *m* des Finances.

재물 財物 명 richesses *fpl*, biens *mpl*, fortune *f*. ¶ 누구의 ~을 빼앗다 déposséder [dépouiller, spolier] *qn* de *sa* fortune. ¶ ~을 쌓다 accumuler [amasser] une fortune. ¶ ~을 우습게 알다 dédaigner [mépriser] les richesses, faire fi des richesses. ¶ 그 사람은 ~에 눈이 어두워 친구를 배신했다 Aveuglé par la convoitise des richesses, il a trahi son ami. ¶ 남의 ~을 탐하지 말라 Ne convoite pas les biens d'autrui.

재미[1] 명 ① intérêt *m*, agrément *m*, joie *f*, plaisir *m*. ¶ 독서의 ~ le plaisir de la lecture. ¶ 공부에 ~를 느끼다 éprouver [avoir] du plaisir dans le travail. ¶ ~를 모르다 ne pas connaître le plaisir de *qc*/*inf*. ¶ 만화를 ~로 읽다 lire des bandes dessinées [des BD] par plaisir. ¶ 독서 ~에 빠지다 s'absorber dans le plaisir de la lecture. ¶ 신혼 ~에 빠지다 se plonger dans le plaisir de la lune de miel. ② marche *f* des affaires. ¶ 요즘 사업이 ~가 괜찮아 Ces jours-ci, les affaires vont bien. ¶ 너 ~가 좋니? Tes affaires vont bien? ◇_(를) 보다 se réjouir, se divertir, prendre plaisir à *qc*. ¶ 사업에서 ~를 보다 tirer profit de *ses* affaires. ¶ 애인과 ~를 보다 forniquer [avoir des relations sexuelles] avec *son*(*sa*) petit(*e*) ami(*e*) [avec *son* amant, avec *sa* maîtresse]. ◇_(를) 붙이다 prendre goût à *qc*, prendre intérêt à *qc*/*inf*, s'intéresser à *qc*, éprouver du plaisir à+*inf*. ¶ 운동에 ~를 붙이다 prendre goût au sport. ◇_(가) **나다** être intéressant(*e*), amusant(*e*), divertissant(*e*). ¶ ~나는 일 없습니까? N'y a-t-il pas quelque chose d'intéressant? ◇_(가) **있다** être intéressant(*e*), amusant(*e*), divertissant(*e*), plaisant(*e*). ¶ 이 영화가 무척 ~가 있다 Ce film est très intéressant. ¶ 나는 프랑스어 배우는 것이 ~있다 Je trouve très intéressant d'apprendre le français. ¶ ~있는 이야기 [농담, 경기, 녀석, 일] histoire [plaisanterie, match, type, travail] amusant(*e*) [intéressant(*e*)]. ◇_(가) **없다** être sans intérêt, être fade, ennuyeu*x*(*se*), n'offrir aucun intérêt, ne pas offrir le moindre intérêt. ¶ ~없는 이야기 une histoire sans intérêt. ¶ 일하는 것이 ~가 없다 Cela ne m'amuse pas de travailler. ¶ 너, 그렇게 놀면 ~없어 Ça va mal finir [se terminer] si tu continues ainsi.

◆_**스럽다** 형 être farceu*r*(*se*), amusant(*e*), intéressant(*e*). ¶ 그 사람은 ~스러운 구석이 많다 Il a des côtés intéressants. ¶ 그 아이는 ~스럽게 보인다 Cet enfant paraît très amusant.

재미[2] **在美** 명 ((personne)) résidant aux États-Unis.

◆_**동포** -同胞 명 résident(*e*) coréen(*ne*) aux États-Unis, ressortissant(*e*) coréen(*ne*) aux États-Unis.

◆_**유학생** -留學生 명 étudiant(*e*) étrang*er*(*ère*) aux États-Unis.

재발 再發 명 récidive *f*, rechute *f*, reprise *f*. ¶ 폭동[전쟁]의 ~ reprise de la révolte [de la guerre]. ¶ 그 병은 ~의 위험이 높다 Cette maladie risque fortement de récidiver. ¶ ~을 막다[방지하다] empêcher de récidiver; prévenir. ¶ ~ 방지 약속 promesse de ne pas recommencer. ◇_(을) **하다** récidiver. ¶ 이 병은 ~하기가 쉽다 Cette maladie récidive facilement / Cette maladie est sujette à récidives. ¶ 그 사람은 암이 ~해서 죽었다 Il est mort d'une récidive [d'une rechute] de cancer. ¶ 사고가 ~했다 L'accident s'est reproduit. ◇_(이) **되다** récidiver, rechuter, se reproduire.

재발견 再發見 명 redécouverte *f*. ¶ 역사의 ~ la redécouverte de l'histoire. ¶ 전통문화의 ~ la redécouverte de la culture traditionnelle. ◇_(을) **하다** redécouvrir. ¶ 이번 답사에서 우리 문화유산의 아름다움을 ~할 수 있었다 Nous avons pu redécouvrir la beauté du patrimoine culturel lors de cette exploration [de cette visite, de cette expédition]. ◇_(이) **되다** être redécouvert(e), retrouvé(e). ¶ 그 작품의 가치가 ~되어 새로운 평가를 받고 있다 La valeur de cette œuvre maintenant retrouvée, est de nouveau très appréciée.

재방송 再放送 명 rediffusion *f*, deuxième diffusion *f*. ¶ 지난 프로그램의 ~ rediffusion d'une émission. ¶ ~ 투성이의 편성 programmation à forte proportion de rediffusion. ◇_(을) **하다** rediffuser. ◇_(이) **되다** être rediffusé(*e*).

재배[1] **再拜** 명 ① deux saluts *mpl*; double révérence *f*, double courbette *f*. ② ((편지 끝에서)) salutations respectueuses. ◇_(를) **하다** faire une double révérence ((à *qn*)), saluer deux fois *qn*. ¶ 누구에게 ~를 하다 faire une double révérence à *qn*.

재배[2] **栽培** 명 culture *f*. ¶ 과일[곡물](의) ~ culture des fruits [des céréales]. ◇_(를) **하다** cultiver. ¶ 벼를 ~하다 cultiver du riz. ¶ 토마토를 ~하는 농가 cultiva*teur*(*trice*) de tomates. ◇_(가) **되다** se cultiver; être cultivé(*e*). ¶ 그 지방에는 오이가 많이 ~된다 Le concombre se cultive bien dans cette région.

◆_**법** -法 명 culture *f*, procédé *m* cultural.

◆_**자** -者 명 cultiva*teur*(*trice*).

◆**과수**_ 果樹- 명 culture *f* fruitière.

◆**속성**_ 速成- 명 culture *f* forcée [hâtée].

◆**수경**_ 水耕- 명 culture *f* hydroponique.

◆**온실**_ 溫室- 명 culture *f* en serre.

재배치 再配置 명 réarrangement *m*, changement *m* de disposition [de poste]. ¶ 가구(의) ~ réarrangement des meubles. ¶ 숙소(의) ~ réarrangement des logements. ¶ 직원의 ~를 단행하다 procéder au changement de poste des employés. ¶ 이번 인사에서는 몇몇 사원의 ~가 있었다 Lors de ce remaniement du personnel, il y a eu un changement d'affectations de quelques employés. ◇_(를) **하다** réarranger, changer de poste [de disposition]. ¶ 책꽂이의 책을 ~하다 réarranger des

ㅈ

livres sur un rayon [sur une étagère]. ◇_(가) 되다 être réarrangé(*e*). ¶ 이 방의 가구들이 ~되었다 Les meubles de cette chambre sont réarrangés.

재벌 財閥 명 trust *m*, clans *mpl* financiers, conglomérat *m*, holding *m* (industriel); *chaebol* [*jaebeol*]. ¶ ~의 횡포 despotisme du trust. ¶ 신흥 ~ un nouveau trust. ¶ ~을 해체하다 dissoudre un trust.

◆대_ 大- 명 grand conglomérat *m*, grand trust *m*, grand ploutocrate *m*. grand groupe *m*.

재범 再犯 명 récidiviste *mf*. ¶ 그 사람은 이번이 ~이다 Il est en récidive. ◇_(을) 하다 récidiver.

◆_자 -者 명 récidiviste *mf*.

재변[1] 才辯 명 éloquence *f*, don *m* de la parole, facilité *f* à s'exprimer [pour bien s'exprimer]; élocution *f*. ¶ 뛰어난 ~ une éloquence hors du commun. ◇_(이) 있다 être éloquent(*e*), avoir la parole facile, être disert(*e*) {*litt*}, avoir le don de la parole; avoir de l'éloquence; avoir de la tchatche {*fam*}, avoir un bon délié; être un brillant causeur [un bon orateur, un orateur éloquent, un orateur disert {*litt*}]. ¶ 그 사람은 ~이 있다 Il a le don de la parole / Il a la parole facile / Il est éloquent / Il parle [s'exprime] avec facilité [avec aisance] / Il a une élocution aisée / Il a de l'éloquence / Il a une grande facilité d'élocution / Il a du bagou [un bon bagou {*fam*}] / Il a de la tchatche {*fam*} / Il est disert {*litt*} / C'est un brillant causeur [un bon orateur, un orateur éloquent, un orateur disert {*litt*}].

◆_가 -家 명 *beau*(*belle*) *parleur*(*se*), brillant causeur *m*, bon orateur *m*, orateur *m* éloquent [disert {*litt*}].

재변[2] 災變 명 calamité *f*, désastre *m*, fléau *m*, catastrophe *f*, cataclysme *m*. ¶ ~을 당하다 être victime d'un fléau. ¶ ~이 일어났다[발생했다] Une catastrophe s'est produite.

재보 財寶 명 trésor *m*, richesses *fpl*, objet *m* précieux. ¶ 막대한 ~ un immense trésor.

재보험 再保險 명 réassurance *f*. ¶ ~ 계약 un contrat de réassurance. ¶ ~에 들다[가입하다] se réassurer.

◆_사 -社 명 réassureur *m*.

재복무 再服務 명 réengagement *m*. ¶ ~를 신청하다[지원하다] faire une demande de réengagement. ¶ ~를 마치다[끝내다] terminer un réengagement. ◇_(를) 하다 se réengager.

재봉 裁縫 명 couture *f*. ¶ ~ 도구 outil de couture. ¶ ~을 배우다 apprendre la couture. ¶ ~을 잘하다 être doué(*e*) pour la couture. ◇_(을) 하다 faire de la couture, coudre. ¶ 옷의 안감을 ~하다 coudre la doublure d'un vêtement.

◆_사 -師 명 couturi*er*(*ère*).

◆_실 -室 명 couture *f*, maison *f* de couture, couturier *m*.

◆_틀 명 machine *f* à coudre. ¶ ~틀을 돌리다 tourner la machine à coudre. ¶ ~틀을 밟다 faire fonctionner la machine à coudre en pédalant. ¶ ~틀로 박다[꿰매다] coudre à la machine.

재부 財富 명 richesses *fpl*, fortune *f*.

재분배 再分配 명 redistribution *f*. ¶ 부의 ~ la redistribution des richesses. ◇_(를) 하다 redistribuer. ¶ 재산을 ~하다 redistribuer les richesses. ◇_(가) 되다 être redistribué(*e*).

재빠르다 형 être leste, rapide, preste, prompt(*e*), agile, véloce. ¶ 몸놀림이 ~ se mouvoir agilement [rapidement]. ¶ 그 사람은 일 처리가 ~ Il est rapide dans son travail. ¶ 재빠르게 달아나다 s'enfuir rapidement, prendre la poudre d'escampette, s'enfuir à toutes jambes [à toute vitesse], se sauver à toute vitesse, détaler à toutes jambes, déguerpir, prendre *ses* jambes à *son* cou, jouer des jambes [des flûtes] {*fam*}, se carapater {*fam*}, courir ventre à terre [à toutes jambes].

재빨리 부 en (toute) hâte, le plus vite possible, à toute vitesse, très vite, comme un éclair, en un éclair, avec la rapidité de l'éclair [de la foudre, d'une flèche], à la vitesse de l'éclair. ¶ ~ 대피하다 se mettre vite à l'abri. ¶ 그는 ~ 달아났다 Il s'est éclipsé en toute hâte [à toute vitesse, en un éclair] / Il s'est enfui en un instant [en un éclair] / Il a détalé comme un lapin [à toutes jambes, au triple galop] / Il a pris la poudre d'escampette / Il a pris ses jambes à son cou.

재사 才士 명 homme *m* d'esprit.

*~는 제 꾀에 넘어간다 L'homme d'esprit se laisse prendre à son propre piège.

재산 財産 명 ① 재물 fortune *f*, richesses *fpl*, biens *mpl*, patrimoine *m*. ¶ ~을 모으다 accumuler [amasser] les richesses. ¶ ~을 나누다[분배하다] diviser [partager, distribuer] la fortune [le patrimoine, les biens]. ¶ ~을 상속하다[물려받다] recevoir par héritage [par voie de succession], hériter ((d'une grande fortune)). ¶ ~을 모두 날리다[탕진하다] dissiper [dilapider] toute la fortune. ¶ 가진 ~이라야 몸뚱어리뿐이다 Mon corps est tout ce que je possède. ② patrimoine *m*. ¶ 나의 가장 큰 ~은 신용이다 La confiance qu'on m'inspire est mon plus grand patrimoine. ¶ 예술 작품은 인류의 ~이다 Les œuvres d'art sont le patrimoine de l'humanité.

◆_가 -家 명 riche *m*, personne *f* très riche, fortune *f*, personne *f* fortunée.

◆_권 -權 명 droit *m* de propriété.

◆_목록 -目錄 명 inventaire *m* de la fortune de *qn*.

◆_법 -法 명 Droit *m* foncier.

◆_상 -上 명관 pour des problèmes d'héritage. ¶ 그들은 ~상의 문제로 다투었다 Ils se sont disputés pour un problème d'héritage.

◆_세 -稅 명 impôt *m* sur la propriété privée.

◆_상속 -相續 명 héritage *m*, succession *f*.

◆_양도 -讓渡 명 cession *f* de biens.

◆개인_ 個人- 명 propriété *f* de l'individu.

◆공공_ 公共- 명 propriété *f* publique.

◆공유_ 共有- 명 propriété *f* publique.
◆국유_ 國有- 명 propriété *f* de l'État.
◆무형_ 無形- 명 biens *mpl* incorporels.
◆사유_ 私有- 명 propriété *f* privée.
◆유형_ 有形- 명 biens *mpl* corporels.
◆증여_ 贈與- 명 biens *mpl* de donation.

재삼 再三 부 deux ou trois fois *fpl*; plusieurs fois *fpl*; à plusieurs [maintes] reprises *fpl*. ¶ ~ 강조하다 insister [souligner] plusieurs fois. ¶ ~ 부탁하다 demander [solliciter, prier] plusieurs fois [à plusieurs reprises].
◆_재사 -再四 부 à plusieurs [maintes] reprises, très souvent. ¶ ~재사 강조하다 insister [souligner] à plusieurs [maintes] reprises.

재상 宰相 명 【고제】 Premier ministre *m*.
*정승 ~이 안 부럽다 On n'a rien à envier au Premier ministre ou à d'autres hauts dignitaires.

재색 才色 명 intelligence *f* et beauté *f*. ¶ ~을 겸비한 여성 une femme aussi intelligente que belle.

재생 再生 명 ① recyclage *m*, remise *f* en état, retapage *m*, rafistolage *m* {*fam*}, raccommodage *m*; rechapage *m* ((d'un pneu)); remise *f* en état. ¶ 폐품의 ~ remise en état de vieux objets. ¶ ~ 타이어 rechapage d'un pneu. ② renaissance *f*; nouvelle naissance *f*. ¶ 전통[문화]의 ~ renaissance de la tradition [la culture]; action de faire revivre la tradition. ③ reproduction *f*; régénération *f*. ¶ 뿌리의 ~ régénération des cornes. ¶ 피부(의) ~ régénération de la peau. ④ lecture *f*. ¶ 녹화 테이프의 ~ lecture de cassettes vidéo (enregistrées). ⑤ remémoration *f*. ¶ 기억[과거]의 ~ remémoration des souvenirs [du passé]. ◇_(을) 하다 revivre, renaître; rechaper; remettre en état, raccommoder, rafistoler {*fam*}, retaper; reproduire, régénérer. ¶ 연골을 ~하다 régénérer du cartilage. ¶ 폐품을 ~하다 remettre en état[rafistoler {*fam*}] de vieux objets. ◇_(을) 시키다 faire revivre [renaître]; remettre en état; lire ((une cassette)). ¶ 낡은 가죽을 ~시키다 remettre en état du vieux cuir [une vieille fourrure]. ¶ 테이프를 ~시키다 lire des cassettes. ¶ 전통을 ~시키다 faire revivre [faire renaître] la tradition. ◇_(이) 되다 se régénérer; renaître, revivre. ¶ 녹지가 ~되었다 Une zone verte a été remise en état [régénérée]. ¶ ~된 비닐 봉투 sacs plastiques recyclés [remis en état].
◆_고무 명 caoutchouc *m* régénéré.
◆_기 -機 명 régénérateur *m*.
◆_법 -法 명 procédé *m* de reproduction.
◆_유 -油 명 huile *f* recyclée.
◆_지 -紙 명 papier *m* recyclé.
◆_품 -品 명 produit *m* recyclé.
◆_섬유 -纖維 명 fibre *f* régénérée.
◆_종이 명 papier *m* recyclé.

재생산 再生産 명 reproduction *f*. ¶ 확대 ~이 이루어졌다 Il y a eu un élargissement de la reproduction. ◇_(을) 하다 reproduire. ¶ 부품을 ~하다 reproduire des pièces. ◇_(이) 되다 être reproduit(*e*).

재석 在席 명 présence *f*. ¶ ~ 의원 député présent. ¶ ~ 인원 nombre des présences.

재선 再選 명 réélection *f*. ¶ ~을 노리다 viser la réélection; espérer être réélu(*e*). ¶ 누구의 ~을 방해하다 empêcher la réélection de *qn*. ◇_(이) 되다 être réélu(*e*). ¶ 그 의원은 무난히 ~이 되었다 Ce député a été réélu sans difficultés.
◆_의원 -議員 명 député *m* réélu.

재소자 在所者 명 【법률】 prisonni*er*(*ère*), détenu(*e*). ¶ ~들의 인권 문제 problèmes des droits des prisonniers.

재송 再送 명 second envoi *m*; seconde expédition *f*; réexpédition *f*. ◇_(을) 하다 expédier *qc* de nouveau; envoyer *qc* une seconde fois; réexpédier *qc*. ¶ 소포를 ~하다 réexpédier un colis. ◇_(이) 되다 être réexpédié(*e*). ¶ ~된 전보 un télégramme réexpédié ((à une nouvelle adresse)).

재수[1] 財數 명 chance *f*; bonheur *m* ((en affaires)); fatalité *f*. ¶ ~를 빌다 prier pour le bonheur de *qc* [pour qu'on ait de la chance]. ¶ ~를 믿다 croire en *sa* chance; croire en la fatalité. ¶ ~가 좋다 avoir de la chance; être favorisé(*e*) par la chance; être chanceu*x*(*se*); avoir de la veine {*fam*} [du pot {*fam*}, du cul {*vulg*}], être veinard(*e*); être heureu*x*(*se*) ((en affaires)). ¶ ~가 나쁘다 ne pas avoir de chance; ne pas être favorisé(*e*) par la chance; être malchanceu*x*(*se*); ne pas avoir de la veine[de pot], ne pas être veinard(*e*); ne pas être heureu*x*(*se*) ((en affaires)). ¶ 그는 ~가 트였다 La chance commence à lui sourire. ◇_(가) 있다 avoir de la chance; être chanceu*x*(*se*); {*fam*} avoir de la veine, du pot, être veinard(*e*); être heureu*x*(*se*) en affaires. ¶ 오늘은 ~가 있다 Aujourd'hui, c'est un jour de chance / Aujourd'hui, il est chanceux. ◇_(가) 없다 ① ne pas avoir de chance; être malchanceu*x*(*se*); ne pas avoir de la veine [de pot] {*fam*}, ne pas être veinard(*e*) {*fam*}; ne pas être heureu*x*(*se*) en affaires; avoir la guigne {*arg*}; avoir la cerise {*arg*}; avoir de la malchance [beaucoup de malchance], jouer de malchance; avoir du guignon {*fam*}; être dans la déveine; avoir la scoumoune {*arg*}. ¶ 나는 ~가 없었다 Je n'ai pas eu de chance[de pot {*fam*}, de veine {*fam*}]. ② être une plaie {*fam*}, être détestable, craindre {*fam*}, être craignos {*arg*}. ¶ ~ 없는 소리 말게 Ne dis pas des choses qui pourraient porter malheur [porter la poisse {*fam*}]! / Ne dis pas de conneries {*vulg*} de ce genre! ¶ ~도 되게 없군 Quelle malchance! / Quelle poisse! {*fam*} / Quelle guigne! {*arg*} / Quelle tuile! {*fam*} / Quelle déveine! / ça craint vraiment!{*fam*} / ça fait chier!{*vulg*} ¶ 그 사람은 참 ~없다 Je (ne) peux pas le voir en peinture!{*fam*} / Quelle plaie, ce type!{*fam*} / Ce type est un vrai connard! {*vulg*}

재수[2] 再修 명 (re)doublement *m* ((en général de

l'année de terminale afin d'entrer dans l'université de *son* choix)). ¶~를 시작하다[결심하다] commencer une deuxième année de terminale [décider de redoubler *sa* terminale, décider de redoubler une classe, décider de suivre un cours pour la deuxième fois]. ◇_(를) **하다** redoubler *sa* terminale ((pour entrer dans une meilleure université)); redoubler une classe; suivre un cours pour la deuxième fois. ¶그는 ~를 해서 대학에 들어갔다 Il est entré à l'université après avoir redoublé sa terminale. ◇_(를) **시키다** faire redoubler *qn*. ¶그는 아들을 ~를 시켰다 Il a fait redoubler son fils.

◆_**생** -生 명 redoublant(*e*).

◆_**학원** -學院 명 institut *m* pour les redoublants (en terminale).

재수사 再搜査 명 réexamen *m*. ¶사건에 대한 ~를 실시하다 réexaminer une affaire. ¶~가 이루어졌다 Un réexamen a eu lieu. ◇_(를) **하다** réexaminer. ¶사건을[에 대해서] ~하다 réexaminer une affaire. ◇_(를) **시키다** faire réexaminer ((une affaire)). ¶형사들에게 사건을 ~시키다 faire réexaminer une affaire par des inspecteurs; demander à des inspecteurs de réexaminer une affaire. ◇_(를) **받다** être réexaminé(*e*); subir un deuxième examen. ¶용의자는 그 사건에 대해서 ~를 받았다 Le suspect a subi un deuxième examen concernant cette affaire. ◇_(가) **되다** être réexaminé(*e*). ¶그 사건은 ~되었다 Cette affaire a été réexaminée.

재수입 再輸入 명 réimportation *f*. ¶고급 양주의 ~을 추진하다[허가하다] favoriser [autoriser] la réimportation d'alcool de qualité. ◇_(을) **하다** réimporter. ◇_(이) **되다** être réimporté(*e*).

재수출 再輸出 명 réexportation *f*. ◇_(을) **하다** réexporter. ◇_(이) **되다** être réexporté(*e*).

재시합 再試合 명 ① match(*s, es*) *m* redisputé. ② match *m* retour; revanche *f*. ◇_(을) **하다** disputer à [de] nouveau un match; redisputer un match; faire[jouer] le match retour; faire la revanche.

재시험 再試驗 명 épreuve *f* de repêchage [rattrapage]. ¶~(을) 보다 passer un examen [une épreuve] de repêchage [rattrapage].

재실[1] 在室 명 présence dans *son* bureau; *actuellement (présent(e)) dans mon* bureau.

재실[2] 再室 명 seconde femme *f*. ¶~을 얻다[두다, 들이다] prendre une seconde femme, épouser une femme en secondes noces. ¶~의 소생 enfant d'un second lit. ¶~로 들어가다 entrer en tant que seconde femme.

재심 再審 명 ① 재심사 réexamen ((d'une question)). ¶~에서 떨어지다 être recalé(*e*) lors d'un second examen. ② 【법률】 rejugement *m*. ¶~에서 패소하다 perdre un procès lors d'un deuxième jugement. ◇_(을) **하다** réexaminer une question; réviser un jugement.

재심사 再審査 명 réexamen *m*. ◇_(를) **하다** examiner de nouveau; réexaminer. ¶결선에 올라온 두 작품을 ~하다 réexaminer les deux œuvres arrivées en finale.

재앙 災殃 명 calamité *f*, catastrophe *f*, cataclysme *m*, désastre *m*, malheur *m*, sinistre *m*, affliction *f*, fléau(*x*) *m*, infortune *f*, coup *m* ((dur)). ¶~을 당하다 subir un grand malheur; être victime d'un malheur [sinistre]. ¶엄청난 ~을 부르다[자초하다] s'attirer un grand malheur. ¶~을 피하다[막다] éviter [empêcher] un malheur [une catastrophe]. ¶그들에게 ~이 닥쳤다 Un malheur leur est arrivé; Un malheur s'est abattu sur eux.

재야 在野 명 sans fonction *f* officielle; qui n'occupe aucun poste officiel, non officiel(*le*). ¶~ 단체 groupe de l'opposition; groupe non officiel. ¶~ 세력 puissance de l'opposition; puissance non officielle. ¶~ 인사 personnalité qui ne fait pas partie du gouvernement. ¶~ 학자 savant qui n'occupe aucun poste officiel. ¶~에 남다 rester dans l'opposition.

재언 再言 명 redite *f*. ¶~이 필요없다 ne pas avoir besoin de redire *qc*. ◇_(을) **하다** redire *qc*.

재연[1] 再燃 명 remise *f* en question; retour *m*. ¶문제의~ remise en question d'un problème. ◇_(이) **되다** être remis(*e*) en question; se rallumer. ¶논쟁이 ~되었다 Le débat a recommencé de plus belle.

재연[2] 再演 명 reprise *f* ((d'une pièce de théâtre)); reconstitution *f* ((d'un crime)). ◇_(을) **하다** reprendre ((une pièce)); reconstituer ((un crime)). ¶당시의 상황을 ~하다 reconstituer les circonstances ((d'un crime, du moment)). ¶범행을 ~하다 reconstituer un crime. ◇_(이) **되다** être repris(*e*); être reconstitué(*e*); se reproduire. ¶똑같은 일이 ~됐다 Le même incident s'est reproduit.

재외 在外 어근 résidence *f* à l'étranger; à l'étranger.

◆_**공관** -公館 명 ambassade *f* [légation *f*] à l'étranger.

◆_**공관장** -公館長 명 chef *m* d'une légation à l'étranger. ¶~공관장 회의 réunion des chefs des légations à l'étranger.

◆_**교포[동포]** -僑胞[同胞] 명 compatriote résidant(*e*) à l'étranger.

◆_**국민** -國民 명 Coréen(*ne*) résidant(*e*) à l'étranger.

재우다[1] 타 ① 자게 하다 coucher, endormir. ¶아기를 ~ coucher [endormir] un bébé. ② 숙박시키다 coucher, héberger, loger. ¶손님을 집에서 하룻밤 ~ loger [héberger] (pour) une nuit un invité chez *soi*.

재우다[2] 타 담가 두다 macérer, charger. ¶배추를 소금물에 재워 두다 laisser macérer des choux chinois dans de l'eau salée. ¶고기를 양념에 재워 놓다 mariner de la viande.

재우치다 타 ① 재촉하다 presser ((*qn* de répondre)). ¶그들은 나를 재우쳤다 Ils m'ont pressé(*e*) de finir le travail / Ils m'ont mis l'épée dans les reins. ¶그 사람은 어서 말하라고 나를 재우쳤다 Il m'a pressé(*e*) de répondre quelque chose. ② 걸음을

ㅈ

빨리하다 presser. ¶ 우리는 걸음을 재우쳤다 Nous avons pressé l'allure. ③ 연이어 à deux reprises. ¶ 어머니는 재우쳐 명령을 하셨다 Ma mère m'a donné le même ordre à deux reprises.

재원¹ 財源 명 sources *fpl* de revenus; ressources *fpl* ((du budget, de l'État)); fonds *mpl*. ¶ 언론사의 주된 ~ ressources principales du monde de la presse. ¶ 모든 ~을 동원하다 mobiliser tous les fonds possibles. ¶ ~을 마련하는[구하는, 확보하는] 일이 문제다 Le problème, c'est de s'assurer des sources de revenus[trouver des fonds, détenir des sources de revenus]. ¶ ~이 부족하다[풍부하다] être à court de ressources [disposer de ressources abondantes]. ¶ ~이 다 고갈되었다 Les finances sont épuisées.

재원² 才媛 명 femme *f* de talent. ¶ 그녀는 예술학교를 수석 졸업한 ~이다 C'est une femme de talent qui est sortie major[première] de l'Ecole des Beaux-Arts.

재위 在位 명 règne *m*. ¶ ~ 기간 période de règne. ¶ 세종대왕 ~ 시에 sous [pendant] le règne du roi Sejong. ◇_(를) **하다** régner; être sur le trône. ¶ 그는 ~하는 동안 백성을 위해 한 일이 없었다 Pendant son règne, il n'a rien fait pour le peuple.

재인 才人 명 ① 재주가 있는 사람 personne *f* de talent. ② ((옛날의)) 광대 acrobate; équilibriste.

재인식 再認識 명 réappréciation *f*. ◇_(을) **하다** se rendre compte de façon plus précise; apprécier une fois de plus; mieux réaliser *qc*. ¶ 우리가 처한 상황을 ~할 필요가 있다 Nous avons besoin de nous rendre compte exactement de notre situation. ◇_(이) **되다** être apprécié(*e*) une fois de plus.

재일 在日 명 résidence *f* au Japon. ¶ ~ 거류민단 Association des Coréens (résidant) au Japon. ¶ ~ 유학생 étudiant(*e*) résidant au Japon.

◆**_교포[동포]** -僑胞[同胞] 명 Coréen(*ne*) résidant(*e*) au Japon; Coréen(*ne*) résidant au Japon; communauté *f* coréenne au Japon. ¶ ~교포 3세 troisième génération de Coréens résidant au Japon.

재임¹ 在任 명 fonction *f*, poste *m*. ¶ ~ 시[중]에 pendant qu'il(elle) était en poste. ¶ ~ 기간 période de fonction. ◇_(을) **하다** occuper un poste ((dans l'administration)); être en fonction. ¶ 그는 대학 총장으로 ~하고 있다 Il occupe le poste de directeur de l'université.

재임² 再任 명 nomination *f* au même poste ((en fin de mandat)). ◇_(을) **하다** être renommé(*e*) au même poste. ¶ 그는 연구소 소장직을 ~했다 Il a été renommé au poste de directeur de bureau d'étude.

재입국 再入國 명 ((permis de)) rentrée *f* ((dans un pays où l'on voyage avec un visa)). ¶ ~ 심사 contrôle du permis de rentrée ((dans un pays où l'on voyage avec un visa)). ¶ ~을 허가하다 autoriser la rentrée d'une personne ((qui voyage avec un visa)) dans un pays. ◇_(을) **하다** rentrer dans un pays (où l'on voyage avec un visa).

재작년 再昨年 명 il y a deux ans. ¶ ~에 il y a deux ans. ¶ ~ 말에 il y a deux ans, en fin d'année. ¶ ~ 한해 동안에 il y a deux ans, pendant toute l'année. ¶ ~ 여름에 il y a deux étés. ¶ ~ 9월에 il y a deux ans, au mois de septembre.

◆**재_** 再 명 il y a trois ans.

재잘거리다 자 bavarder, piailler, pépier, piauler {*fam*}. ¶ 아이들이 교실에서 재잘거린다 Des enfants bavardent [piaillent {*fam*}] dans la classe. ¶ 새가 재잘거린다 Un oiseau piaille.

재잘대다 자 ☞ 재잘거리다

재잘재잘 부 en bavardant, en jasant, en piaillant. ¶ ~ 떠들어대다 bavarder, jaser {*fam*}, piailler {*fam*}.

재재거리다 자 ① ((새가)) 지저귀다 piailler, pépier, jaser. ¶ 새들이 재재거리고 있다 Des oiseaux sont en train de piailler. ② ((아이들이)) 재잘거리다 bavarder, jacasser; piailler. ¶ 아이들이 재재거리고 있다 Des enfants bavardent [piaillent {*fam*}].

재적 在籍 명 inscription *f*. ¶ ~ 인원 nombre d'(étudiants) inscrits. ¶ 이 반은 ~ 학생이 40명이다 Il y a 40 (étudiants) inscrits dans cette classe. ◇_(을) **하다** être inscrit(*e*), immatriculé(*e*) ((à une faculté)). ¶ 현재 대학 3학년에 ~하고 있는 학생들 les étudiants actuellement inscrits en troisième année.

재정 財政 명 ① ((국가, 단체, 개인 등의)) administration *f* financière [des finances]; finances *fpl*. ¶ 적자[흑자] ~ déficit [bénéfice] financier. ¶ ~ 정책 politique financière. ¶ ~ 규모 équilibre d'un budget familial. ¶ 자연재해에 대비한 ~을 확보하다 consacrer un plus gros budget [un budget plus important] aux catastrophes naturelles. ¶ ~이 취약하다[튼튼하다] avoir des finances faibles [solides, saines, en équilibre]. ¶ 이 단체의 올해 ~이 다 고갈되었다 Cette année, les finances de ce groupe sont épuisées. ② ((경제 사정)) situation *f* financière. ¶ 그는 요즈음 ~이 말이 아니다 Il a du mal à joindre les deux bouts ces temps-ci. ¶ 그 일은 우리의 ~이 허락하지 않는다 Nos moyens ne nous le permettent pas. ¶ 이 고아원은 ~이 매우 곤란하다[궁핍하다] La situation financière de cet orphelinat est très mauvaise [en détresse].

◆**_적** -的 명관 financi*er*(*ère*). ¶ ~적 원조를 하다 apporter à *qn* une aide financière [pécuniaire]. ¶ 그는 ~적으로 곤란을 겪고 있다 Il a des embarras financiers / Il est dans une situation financière difficile.

◆**_상** -上 명관 ((sur le)) plan *m* financier; ((형용사)) financi*er*(*ère*). ¶ ~상의 이유로 pour des raisons financières.

◆**_권** -權 명 ((tenir)) les cordons *mpl* de la bourse. ¶ ~권을 쥐다 tenir les cordons de la bourse; avoir l'initiative des dépenses; disposer des finances.

◆**_난** -難 명 difficultés *fpl* financières; embarras *mpl* financiers. ¶ ~난에 허덕이다[빠지다, 시달리다]

ㅈ

tomber dans des [souffrir de] difficultés financières; avoir [connaître] des difficultés financières. ¶ 그 출판사는 ~난으로 어려움을 겪고 있다 Cette maison d'édition souffre de difficultés financières.

◆_법 -法 명 droit *m* financier.

◆_수입 -收入 명 ressources *fpl* financières. ¶ 막대한 ~수입을 올리다 avoir d'énormes ressources financières.

◆_적자 -赤子 명 finances *fpl* déficitaires. ¶ ~적자가 늘어났다[줄어들었다] Le déficit financier [déficit] a augmenté [a diminué].

◆_학 -學 명 finances *fpl*.

재정리 再整理 명 réarrangement *m*. ◇_(를) **하다** réarranger; remettre de l'ordre dans *qc*. ¶ 학술용어들을 ~하다 remettre de l'ordre dans les termes scientifiques. ◇_(가) **되다** être réarrangé(*e*).

재정립 再整立 명 rétablissement *m*, restauration *f* ((des valeurs)). ◇_(를) **하다** rétablir; restaurer. ¶ 당의 위상을 ~하다 rétablir la supériorité d'un parti. ◇_(가) **되다** être rétabli(*e*).

재정비 再整備 명 rééquipement *m*; revérification *f*, révision *f*. ◇_(를) **하다** réviser ((un statut)); refaire ((*son* équipement)). ¶ 관련 법규를 ~하다 réviser les lois [le règlement, la législation] concerné((*e*)s). ◇_(가) **되다** être révisé(*e*).

재정신청 裁定申請 명 【법률】 demande *f* [pourvoi *m*] en cassation; redemande *f* de décision à un tribunal. ◇_(을) **하다** se pourvoir en cassation.

재조명 再照明 명 second éclairage *m*. ◇_(을) **하다** faire un second éclairage; réexaminer. ¶ 한국 현대사를 ~하다 faire un second éclairage sur l'histoire contemporaine de la Corée. ◇_(을) **받다** être éclairé(*e*) une seconde fois; être réexaminé(*e*). ◇_(이) **되다** être éclairé(*e*) une seconde fois; être réexaminé(*e*).

재조사 再調査 명 nouvelle enquête *f*; réexamen *m*. ◇_(를) **하다** réexaminer, examiner de nouveau; faire une nouvelle enquête. ¶ 검찰에서 사건을 ~하다 réexaminer une affaire au parquet. ◇_(을) **받다** être réexaminé(*e*); subir un nouvel examen. ◇_(가) **되다** être réexaminé(*e*).

재조정 再調整 명 réajustements *mpl* ((*administratif*)); *révision f*. ◇_(을) **하다** réajuster; revoir. ¶ 행사 일정을 ~하다 revoir [modifier] le programme d'une manifestation. ◇_(이) **되다** être réajusté(*e*); être révisé(*e*).

재조직 再組織 명 réorganisation *f*. ◇_(을) **하다** réorganiser. ¶ 단체를 정당 형태로 ~하다 réorganiser un groupe pour en faire un parti. ¶ 위원회를 ~하다 réorganiser un comité [une commission]. ◇_(이) **되다** être réorganisé(*e*).

재종 再從 명 cousin(*e*) issu(*e*) de germain, cousin(*e*) du deuxième degré. ¶ 두 사람은 ~ 간이다 Ce sont des cousins issus de germains.

◆_손 -孫 명 petit-fils(~*s*-~) d'un cousin.

◆_숙 -叔 명 cousin *m* issu de germain du père de *qn*.

재주 才- 명 ① 재능 talent *m*, don *m*; capacités *fpl*. ¶ ~를 발휘하다 faire preuve de talent. ¶ ~를 기르다 développer *son* talent; cultiver *ses* dons. ¶ 자기 ~만 믿고 faisant confiance uniquement à *soi*-même. ¶ ~가 많다 être très doué(*e*) pour ((les langues)); avoir beaucoup de talent; avoir des dons pour ((les langues)). ② 솜씨 dextérité *f*, adresse *f*, habileté *f*, ingéniosité *f*. ◇_(가) **있다** avoir des dons pour; être fait(*e*) [doué(*e*)] pour les ((langues)). ¶ 그는 어학에 ~가 있다 Il est doué [fait] pour les langues. ◇_(가) **없다** ne pas avoir de talent; être incompétent(*e*), malhabile; ne pas être fait(*e*) [doué(*e*)] pour ((les langues)). ¶ 나는 요리에는 영 ~가 없다 Je suis vraiment nul(*le*) pour la cuisine / Je suis vraiment mauvais(*e*) cuisini*er*(*ère*).

*~(를) **넘다** faire [exécuter] des tours d'acrobatie.

*~(를) **부리다[피우다]** mettre (tous) *ses* talents en œuvre. ¶ 감히 여기가 어디라고 얕은 ~를 부려? Où est-ce que tu te crois ici pour faire des choses pareilles?

*~**는 곰이 부리고 돈은 주인이 챙긴다** L'ours fait des pirouettes, mais c'est son maître qui récolte les sous ((se dit lorsque quelqu'un a fait un travail, mais que l'honneur revient à quelqu'un d'autre)).

***곰[굼벵이]도 구르는 ~는 있다** Tout le monde a des talents cachés.

◆_껏 부 de *son* mieux. ¶ 네 ~껏 해 보아라 Fais de ton mieux.

◆_꾼 명 personne *f* talentueuse. ¶ 그는 우리 팀의 ~꾼이다 C'est le petit doué [la star] de notre équipe.

재중[1] 在中 명 contenu *m*. ¶ 원고 ~ le contenu d'un manuscrit. ¶ 견본 ~ des échantillons.

재중[2] 在中 어근 en Chine. ¶ ~ 동포 un ressortissant coréen en Chine. ¶ ~ 한국 대사관 l'Ambassade de Corée du Sud en Chine.

재즈 영{jazz} 명 jazz *m*. ¶ ~ 연주자 un jazzman. ¶ ~를 듣다 écouter du jazz.

◆_곡 -曲 명 morceau *m* de jazz.

◆_기타 명 guitare *f* jazz.

◆_댄스 명 danse *f* jazz, (danse *f*) modern jazz *m*.

재직 在職 명 service *m* dans une fonction (administrative). ¶ ~ 기간 période de fonction. ¶ 그 사람의 ~ 중에 pendant qu'il travaillait [était en activité]. ◇_(을) **하다** occuper [tenir] un poste dans une compagnie; être en fonction. ¶ 그는 학교에 20년 간 ~하고 있다 Il est en fonction [travaille] dans notre université depuis 20 ans.

◆_증명서 -證明書 명 attestation *f* d'emploi [d'activité professionnelle]. ¶ ~증명서를 발급하다 délivrer [fournir, remettre] une attestation d'emploi. ¶ ~증명서를 발급받다 recevoir une attestation d'emploi.

재진 再診 명 deuxième examen *m* médical. ◇_(을) **하다** faire un deuxième examen médical;

ㅈ

réexaminer ((un patient)). ◇_(을) **받다** être réexaminé(*e*) ((par un médecin)); subir un deuxième examen médical.

재진술 再陳述 명 deuxième déposition *f* [témoignage *m*, plaidoirie]. ◇_(을) **하다** faire une deuxième déposition [un deuxième témoignage, une deuxième plaidoirie]. ◇_(을) **받다** recevoir une deuxième déposition.

재질[1] 才質 명 talent *m*, don *m*. ¶ 이 아이는 기본 ~을 갖추고 있다 Cet enfant est prédisposé pour cela. ¶ 그는 이 분야에서 뛰어난[남다른] ~을 발휘했다 Il a fait preuve d'un don particulier dans ce domaine. ¶ 학생 개개인의 ~을 살려주는 교육이 요구된다 On demande un système pédagogique mettant en valeur les talents personnels de chacun / Il faut éduquer les enfants de manière à faire ressortir [à mettre en évidence] les talents personnels de chacun. ◇_(이) **있다**[**없다**] être doué(*e*); avoir des prédispositions ((pour *qc*)); être fait(*e*) pour *qc*; avoir la bosse des ((mathématiques)) {*fam*}. ¶ 그는 글 쓰는 데 ~이 있다[없다] Il est doué [n'est pas doué] pour l'écriture.

재질[2] 材質 명 qualité *f* d'un matériau. ¶ 특수한 ~을 사용한 제품 un produit réalisé à partir de [composé de] matériaux particuliers. ¶ 고급 ~을 쓰다 utiliser des produits de qualité.

◆**_감** -感 명 impression *f* de qualité. ¶ 이 종이는 ~감이 좋다 Ce papier a l'air de bonne qualité.

재차 再次 부 encore, de nouveau, pour la deuxième [seconde] fois. ¶ ~ 시도하다 essayer encore une fois [de nouveau], faire un deuxième essai, renouveler *son* essai. ¶ ~ 촉구하다 redemander, demander de nouveau [encore une fois].

재창조 再創造 명 recréation *f*. ◇_(를) **하다** recréer; créer de nouveau. ◇_(가) **되다** être recréé(*e*).

재채기 명 éternuement *m*; 【의학】 sternutation *f*; 【아어】 atchoum *m* {*fam*}. ¶ 자꾸 ~가 (터져) 나오다 éternuer sans arrêt, avoir des éternuements répétés. ◇_(를) **하다** éternuer.

재천 在天 명 Providence *f*.

*__인명은 ~이다__ La vie et la mort dépendent de la Providence.

재첩 명 【패류】 petit coquillage *m*, *Corbicula fluminea* {*nsc*}.

재청 再請 명 nouvelle réclamation *f*; demande *f* réitérée; bis *m*. ◇_(을) **하다** réclamer de nouveau; redemander, réitérer *sa* demande; crier bis, bisser. ¶ 제안된 안건에 대해 ~을 하다 réitérer *sa* demande à propos du projet de loi.

재촉 명 action de presser *qn* ((de faire *qc*)); sommation *f* ((de payer une dette)). ¶ ~에 못 이겨 ne pouvant pas repousser [rejeter] une demande [requête]; ne pouvant pas rester sourd(*e*) aux sollicitations de *qn*; sous le poids d'une demande [requête]. ◇_(을) **하다** réclamer, presser *qn* de faire *qc*; harceler *qn* pour que+*subj*; harceler *qn* ((de questions)); bousculer *qn*; se presser, s'empresser de+*inf*. ¶ 빚을 갚으라고 ~하다 sommer un débiteur de payer *ses* dettes. ¶ 대답을 ~하다 presser *qn* de répondre. ¶ 걸음[길]을 ~하다 redoubler *sa* vitesse; marcher de plus en plus vite; accélérer l'allure [le mouvement]; se hâter, se dépêcher; hâter le mouvement; marcher à pas précipités; accélérer *sa* marche. ¶ 명을 ~하다 avancer [précipiter] l'heure de *sa* mort. ◇_(을) **받다** se faire harceler; se faire bousculer; être harcelé(*e*) ((par les créanciers)), être importuné(*e*).

재출발 再出發 명 nouveau départ *m*. ◇_(을) **하다** refaire *sa* vie; repartir; faire un nouveau départ.

재취 再娶 명 remariage *m* (d'un homme). ¶ ~를 얻다[들이다] se marier avec un homme en secondes noces. ¶ 부잣집에 ~로 들어가다 se remarier avec [épouser en secondes noces] la fille d'une famille riche.

재치 才致 명 (présence *f* d')esprit *m*; intelligence *f*. ¶ ~가 넘치다 être plein(*e*) [pétillant(*e*)] d'esprit. ¶ ~로 위기를 넘기다 surmonter une crise [un moment critique] grâce à *sa* présence d'esprit. ◇_(가) **있다** avoir de l'esprit; avoir beaucoup d'esprit; être spirituel(*le*), intelligent(*e*). ¶ ~ 있는 말[행동] mot [trait] d'esprit [comportement intelligent].

재침략 再侵略 명 nouvelle invasion *f* [agression *f*]. ◇_(을) **하다** envahir de nouveau. ◇_(을) **받다** être de nouveau envahi(*e*). ¶ 그 섬은 적의 ~을 받았다 Cette île a de nouveau été envahie.

재킷 영{jacket} 명 ((옷의)) veste *f*, veston *m*, jaquette *f* {*vx*}; ((책의)) couverture *f*, jaquette *f* {*vx*}. ¶ ~을 걸치다 enfiler *sa* veste.

재탕 再湯 명 ① deuxième décoction *f* [infusion *f*]. ② ((비유적)) reprise *f*, répétition *f*, resucée *f* {*fam*}. ¶ 그의 논문은 5년 전 논문의 ~이다 Il n'a fait que répéter son article d'il y a cinq ans. ¶ 요즘 방송 프로그램을 보면 ~ 삼탕 일색이다 Aujourd'hui à la télévision, c'est toujours les mêmes programmes. ◇_(을) **하다** ① faire bouillir de nouveau des plantes; faire infuser *qc* de nouveau. ¶ 약을 ~하다 obtenir une décoction par une deuxième infusion; faire bouillir de nouveau une décoction. ② se répéter; reprendre ((un article)); faire une resucée {*fam*}.

재택 在宅 명 à la maison, chez *soi*.

◆**_근무** 勤務 명 travail *m* à domicile, télétravail *m*; travail *m* à la maison pour le compte d'une entreprise. ¶ ~근무를 하다 travailler à la maison pour le compte d'une entreprise.

◆**_근무자** 勤務者 명 télétravailleu*r*(*se*).

재털이 명 cendrier *m*. ☞ 재떨이

재테크 財- 명 ((재무 테크놀로지)) technologie *f* financière; gestion *f* de patrimoine, gestion *f* patrimoniale, gestion *f* de portefeuille. ¶ 그는 ~에 재능이 있다 Il est doué pour la gestion patrimoniale [de patrimoine]. ◇_(를) **하다** faire de la gestion de patrimoine [de portefeuille, patrimoniale].

재투자 再投資 명 réinvestissement *m*. ◇_(를) **하다** réinvestir. ◇_(를) **받다** être réinvesti(*e*). ¶ ~를 받기 위한 기업설명회 exposé pour savoir si on peut réinvestir [faire des réinvestissements] dans une société [entreprise].

재판[1] 再版 명 ① deuxième [seconde] édition *f*; réimpression *f*, réédition *f*. ¶ ~을 2,000부 내다[발행하다, 찍다] réimprimer deux mille exemplaires d'une seconde édition. ¶ ~에 들어가다 faire paraître une seconde édition. ¶ 이 책은 곧 ~이 나올 것이다 Ce livre sera bientôt réimprimé. ② ((비유적)) reprise *f*, répétition *f*. ¶ 이번 행사는 그 때의 ~이다 Cet événement est comme l'événement de cette fois. ¶ 그 아이는 자기 아버지의 ~이다 Cet(*te*) enfant est la copie conforme [tout le portrait, le portrait vivant, le portrait (craché {*fam*}), l'image vivante] de son père / C'est son père tout craché {*fam*} / C'est le sosie de son père / On dirait vraiment son père (bébé) / Cet(*te*) enfant est vraiment l'image de son père / Cet(*te*) enfant ressemble à son père sous toutes les coutures {*fam*} [en tous points, d'une manière frappante, comme deux gouttes d'eau].

재판[2] 裁判 명 procès *m*, audience *f*, jugement *m*. ¶ ~ 비용 frais d'un procès. ¶ ~ 기록 minute (d'un procès). ¶ 공평한[공정한] ~ jugement impartial. ¶ ~에 이기다[지다] gagner [perdre] un procès. ¶ ~을 걸다 recourir [en appeler] à la justice, aller en [devant la] justice; intenter [faire] un procès. ¶ ~이 열리다 Le procès s'ouvrira [aura lieu]; une audience se tient. ¶ 그 사건은 지금 ~ 중이다 Le procès de cette affaire est en cours / Cette affaire est en cours de procès. ◇_(을) **하다** juger; faire passer *qn* en jugement. ◇_(을) **받다** passer en jugement [justice]; être jugé(*e*). ¶ 구속되어 ~을 받다 être arrêté(*e*) puis jugé(*e*).

◆**_관** -官 명 juge *m*; ((집합적)) magistrat *m*.

◆**_부** -部 명 chambre *f* des jurés.

◆**_소** -所 명 tribun*al*(*aux*) *m*, cour *f*; Palais *m* de Justice.

◆**_장** -長 명 président *m* d'un tribunal.

◆**_정** -廷 명 cour *f* de justice; tribun*al*(*aux*) *m*. ¶ ~정에서 소란을 피우다 causer de la confusion dans un tribunal.

◆**군사_** 軍事- 명 jugement *m* rendu par un tribunal militaire. ¶ 군사~에 회부하다 traduire [faire passer] *qn* devant le [au, en] conseil de guerre mettre ((une affaire)) en jugement dans un tribunal militaire; renvoyer ((une affaire)) à un tribunal militaire.

◆**궐석_** 闕席- 명 jugement *m* par contumace [défaut].

◆**민사_** 民事- 명 procès *m* civil.

◆**약식_** 略式- 명 justice *f* expéditive.

◆**헌법_소** 憲法-所 명 tribunal *m* constitutionnel.

◆**형사_** 刑事- 명 procès *m* criminel.

재편 再編 명 réorganisation *f* ((du système administratif)); recomposition *f* ((du paysage politique français)); regroupement *m*; ((재구성)) restructuration *f*; ((산업의)) redéploiement *m*. ◇_(을) **하다** réorganiser ((un parti politique, l'armée)); regrouper; restructurer; redéployer. ¶ 조직을 ~하다 réorganiser une structure; restructurer. ◇_(이) **되다** être réorganisé(*e*); être regroupé(*e*); être restructuré(*e*); être redéployé(*e*). ¶ 무엇을 중심으로 ~되다 être regroupé(*e*) [redéployé(*e*)] essentiellement sur *qc*. ¶ 업계의 판도가 ~되고 있다 La sphère d'influence du milieu des affaires a été restructurée.

재편성 再編成 명 réorganisation *f* ((du système administratif)); recomposition *f* ((du paysage politique français)); regroupement *m*; ((재구성)) restructuration *f*; ((산업의)) redéploiement *m*. ◇_(을) **하다** réorganiser ((un parti politique, l'armée)); regrouper; restructurer; redéployer. ◇_(이) **되다** être réorganisé(*e*); être regroupé(*e*); être restructuré(*e*); être redéployé(*e*).

재평가 再評價 명 ① réestimation *f* ((d'un terrain)). ② 재인식 réhabilitation *f*, redécouverte *f*. ◇_(를) **하다**[**내리다**] réestimer; réhabiliter, redécouvrir. ¶ 토지를 ~하다 réestimer un terrain. ◇_(를) **받다** être réestimé(*e*); être réhabilité(*e*), être redécouvert(*e*). ◇_(가) **되다** être réestimé(*e*); être réhabilité(*e*), être redécouvert(*e*). ¶ 그의 업적이 ~되고 있다 On est en train de réévaluer ses travaux.

재학 在學 명 poursuite *f* des études. ¶ ~ 기간 durée des études. ¶ ~시절 pendant *ses* études. ¶ 고등학교 ~ 중에 au lycée; lorsque j'étais lycéen(*ne*). ◇_(을) **하다** être étudiant(*e*), élève ((d'une école, d'une université)); être inscrit(*e*) ((à une université)). ¶ 대학교에 ~하고 있는 사람 élèves faisant des études supérieures.

◆**_생** -生 명 étudiant(*e*) inscrit(*e*) à ((une faculté)); élève ((d'un école)). ¶ 이 학교는 ~생이 2만이 넘는다 Cette école compte plus de 20 mille élèves.

◆**_증명서** -證明書 명 certificat *m* de scolarité. ¶ ~증명서를 발급하다[발급받다] délivrer [recevoir] un certificat de scolarité.

재할인 再割引 명 réescompte *m*. ◇_(을) **하다** réescompter. ¶ 어음을 ~하다 réescompter une lettre de change. ◇_(을) **받다** être réescompté(*e*).

◆**_율** -率 명 taux *m* de réescompte.

재합성 再合成 명 【언어】 recomposition *f*.

재해 災害 명 désastre *m*; sinistre *m*. ¶ ~ 보상 indemnisation aux sinistrés. ¶ ~ 지역 une région sinistrée. ¶ ~ 구조 본부 centre d'aide aux victimes d'un sinistre. ¶ ~ 방지 대책 mesure préventive contre les cataclysmes.. ¶ ~ 를 입다[당하다] être frappé(*e*) [victime] d'un désastre.

재향 在鄕 명 qui est (revenu(*e*)) dans *son* pays natal; qui est rentré(*e*) de l'armée; démobilisé(*e*).

◆_군인 -軍人 명 ancien combattant *m*. ¶ ~군인의 날 journée des anciens combattants.
◆_군인회 -軍人會 명 Association *f* des anciens combattants.
재현 再現 명 réapparition *f*; renouvellement *m*, rétablissement *m*, renaissance *f*. ◇_(을) **하다[시키다]** reproduire; faire revivre [renaître]; ranimer, raviver. ¶ 고려 자기를 ~하다 faire renaître les poteries [porcelaines] de la dynastie Goryeo. ◇_(이) **되다** réapparaître; revivre, ressusciter; se ranimer, se raviver; renaître.
◆_부 -部 명 【음악】 signe *m* de reprise; double barre *f*.
재형 財形 어근 formation *f* de biens.
◆_저축 -貯蓄 명 système *m* d'épargne privilégié et détaxé réservé aux ouvriers pour les aider à acquérir des biens notamment immobiliers ((système actuellement abandonné)).
재혼 再婚 명 remariage *m*. ◇_(을) **하다** se remarier. ¶ 상처한 지 3년 만에 ~하다 se remarier trois ans après la mort de *sa* première épouse. ◇_(을) **시키다** faire se remarier *qn*.
재화 財貨 명 biens *mpl*, fortune *f*. ¶ ~와 용역 biens et services. ¶ ~를 모으다 réunir des biens; se faire une fortune. ¶ 경제 발전으로 ~가 증대되었다 Mes biens ont augmenté grâce à l'essor de l'économie.
재확인 再確認 명 revérification *f*. ◇_(을) **하다** vérifier de nouveau; revérifier. ¶ 그의 입지[위치]를 ~하다 revérifier *sa* situation [*sa* position]. ◇_(이) **되다** être revérifié(*e*).
재활 再活 명 réinsertion *f*; reviviscence *f*; remise *f* en fonction. ¶ ~의 의지 volonté de réinsertion. ◇_(을) **하다** se réinsérer; revitaliser; revivifier. ¶ 역경을 딛고 ~하다 revivre après une dure épreuve.
◆_원 -院 명 centre *m* de rééducation fonctionnelle.
◆_의학 -醫學 명 médecine *f* de rééducation fonctionnelle.
재활용 再活用 명 recyclage *m*. ◇_(을) **하다** recycler. ¶ 쓰레기를 ~하다 recycler des déchets. ◇_(이) **되다** être recyclé(*e*).
재회 再會 명 retrouvailles *fpl*. ¶ ~를 기약하다 promettre de se revoir. ◇_(를) **하다** revoir, retrouver. ¶ 옛 친구와 10년 만에 ~하다 revoir un vieil ami après dix ans de séparation.
잭나이프 영{jackknife} 명 couteau *m* de poche, canif *m*, opinel *m*, laguiole *m*.
잼 영{jam} 명 confiture *f*. ¶ 딸기[포도, 살구, 블루베리, 산딸기] ~ la confiture de fraises [de raisin, d'abricots, de myrtilles, de framboises]. ¶ 오렌지로 ~을 만들다 faire de la confiture d'orange. ¶ 빵에 ~을 바르다 mettre [étaler] de la confiture sur du [*son*] pain [sur une tranche de pain].
잽싸다 형 être agile, preste, alerte, leste, vi*f*(*ve*). ¶ 잽싼 걸음 une marche alerte. ¶ 동작이 ~ être vi*f*(*ve*) dans *ses* mouvements. ¶ 잽싸게 도망가다 s'enfuir prestement.
잿더미 명 ① tas *m* de cendres. ¶ 벽난로의 ~ tas de cendres d'une cheminée. ② ((비유적)) ruines *fpl*; décombres *mpl*. ¶ 전쟁의 ~에서 다시 일어서다 se relever des ruines de la guerre. ¶ 전쟁의 포화로 국토가 ~가 되었다 Le pays a été anéanti par la guerre.
잿물 명 ① lessive *f*. ¶ ~을 받다 fabriquer de la lessive. ¶ 빨래를 ~에 담그다[삶다] tremper [faire bouillir] du linge dans la lessive [passer à la lessive]. ② lessive *f* de potasse; soude *f* caustique. ¶ 그 사람은 ~을 마시고 죽었다 Il est mort après avoir absorbé de la soude caustique.
잿밥 명 ① nourriture *f* offerte au Bouddha ((dans un rite)). ② avantage *m* gratuit.
***염불에는 관심이 없고 ~에만 관심이 있다** Il ferait mieux de se préoccuper de l'intérêt général [de la collectivité] plutôt que de ne voir que son intérêt personnel / Il ferait mieux de faire ce qu'on lui demande au lieu de ne s'intéresser qu'à lui [à sa carrière personnelle].
잿빛 명 couleur *f* cendre; gris *m* cendré. ¶ ~의 얼굴 un visage au teint terreux [gris]. ¶ ~ 구름 des nuages gris.
쟁기 명 charrue *f*. ¶ ~로 밭을 갈다 faire passer la charrue dans un champ. ¶ 소가 ~를 끌고 있다 Le bœuf tire une charrue.
◆_질 명 labourage *m*; labour *m*. ¶ ~질(을) 하다 labourer.
쟁론 爭論 명 dispute *f*, polémique *f*, débat *m*; controverse *f*. ¶ 그들은 격렬한 ~을 벌였다 Ils ont débattu [polémiqué] vivement. ¶ 밤새 ~이 이어졌다 Le débat a duré toute la nuit / Ils ont débattu toute la nuit. ◇_(을) **하다** disputer; débattre ((d'un problème avec *qn*)); polémiquer.
쟁반 錚盤 명 plateau(*x*) *m*. ¶ 과일 ~ un plateau à fruits. ¶ ~에 음식을 놓다 poser des plats sur un plateau. ¶ 그릇을 ~에 받쳐 들다 porter un récipient sur un plateau. ¶ ~같이 둥근 달 une lune ronde comme un plateau.
◆_국수 명 *jaengban-guksu fpl* <nouilles mélangées avec des légumes voire des plantes potagères et servies avec un assaisonnement à base de purée de piments>.
***은~ 위의 옥구슬 같은 목소리** une voix claire [cristalline, argentine, lumineuse, chantante, limpide, pure] ((évoquant le roulement d'une bille de jade sur un plateau d'argent)), une voix de cristal.
쟁의 爭議 명 conflit *m* soci*al*(*aux*). ¶ ~를 일으키다 susciter un conflit social. ¶ ~를 조정하다 arbitrer un conflit social. ¶ ~를 끝내다 mettre un terme à un conflit social. ¶ ~를 원만하게 해결하다 régler un conflit social sans heurt [à l'amiable, par la discussion]. ¶ ~를 오래 끌다 Le conflit social traîne en longueur. ¶ 그 일로 노사는 ~ 중이다 À cause de cette affaire, le patronat et les syndicats ouvriers [la direction et les ouvriers] sont en conflit. ¶

노사 간에 ~가 일어났다 Un conflit s'est produit entre la direction et les ouvriers.

◆_권 -權 명【법률】droit *m* d'expression [de discussion] dans un conflit social. ¶ 근로자에게 ~권을 보장하다 garantir aux travailleurs le droit d'expression.

◆노동_ 勞動- 명 conflit *m* du travail.

-쟁이 접미 ((suffixe qualifiant un trait de caractère, souvent péjoratif)). ¶ 겁~ un(*e*) peureu*x*(*se*), un(*e*) poltron(*ne*), un couard(*e*), un(*e*) trouillard(*e*) {*fam*}, un froussard(*e*) {*fam*}, un pétochard(*e*) {*fam*}, un péteu*x*(*se*) {*fam*}, un(*e*) dégonflé(*e*) {*fam*}, une poule mouillée, une mauviette. ¶ 고집~ un(*e*) entêté(*e*), une tête de mule [de pioche] {*fam*}, une bourrique {*fam*}, un(*e*) cabochard(*e*) {*fam*}. ¶ 떼~ un(*e*) enfant très capricieu*x*(*se*) [qui ne cesse de faire des caprices, qui fait souvent des colères, insupportable]. ¶ 멋~ une personne chic. ¶ 무식~ un(*e*) ignorant(*e*), un(*e*) ignare, un âne {*fam*}.

쟁이다 타 entasser, accumuler, amasser, empiler. ¶ 쌀가마니를 창고에 ~ empiler [entasser] des sacs de riz dans un grenier. ¶ 나무를 창고에 쟁여 놓다 entasser du bois dans un grenier.

쟁쟁하다[1] 錚錚- 형 être distingué(*e*), brillant(*e*). ¶ 쟁쟁한 인물들 personnages brillants. ¶ 그 사람들은 모두 프로필이 ~ Ils ont tous un parcours brillant derrière eux.

쟁쟁하다[2] 琤琤- 형 ① avoir encore à l'oreille. ¶ 그 사람의 음성이 아직도 귀에 ~ J'ai encore sa voix dans l'oreille / J'entends encore sa voix / Sa voix retentit encore à mes oreilles. ② être sonore, résonant(*e*). ¶ 종소리가 쟁쟁하게 울려 퍼진다 Le son de la cloche se propage de façon claire [sonne au loin].

◆쟁쟁히 부 de manière sonore; ((sonner)) au loin.

쟁점 爭點 명 point *m* de litige; pomme *f* de discorde. ¶ 주요 ~ le principal point de litige. ¶ 최대의 ~이 되는 문제 la question la plus brûlante. ¶ 이 사건은 요즈음 정치적 ~으로 떠올랐다 Ces temps-ci, cette affaire est devenue politiquement une pomme de discorde.

◆_화 -化 명 utilisation *f* litigieuse. ¶ 정치 스캔들을 ~화하다 utiliser comme une pomme de discorde les scandales politiques.

쟁취 爭取 명 obtention *f* par la force. ¶ 승리의 ~ obtention (difficile) de la victoire. ◇_(를) **하다** obtenir par la force. ¶ 독립을 ~하다 obtenir l'indépendance par la force. ¶ 승리를 ~하다 arracher la victoire.

쟁탈 爭奪 명 lutte *f*, combat *m*. ¶ 왕권 ~을 위해 싸우다 lutter pour ravir le trône. ◇_(을) **하다** disputer ((un titre, un poste)); lutter pour *qc*; concourir pour ((un prix, un titre)).

◆_전 -戰 명 lutte *f*; combat *m*. ¶ ~전을 벌이다 se battre pour *qc*.

쟤 명 ((‘저 아이’의 준말)) celui-là(celle-là, ceux-là, celles-là). ¶ ~는 자신이 대단한 줄 알아 Celui-là, il se prend pour quelqu'un [il se prend pour le centre du monde, il se croit sorti de la cuisse de Jupiter, il ne se prend pas pour de la merde {*vulg*}].

저[1] 대 ① 나 ((pronom de la première personne au singulier, humble, ou la forme humble de 나 *je*)). ¶ ~는 잘못이 없어요 Ce n'est pas (de) ma faute / Je ne suis pas responsable / Je n'y suis pour rien. ¶ ~도 제 나름의 생각이 있습니다 Moi aussi, de mon côté, j'ai ma petite idée. ¶ 선생님께서 ~를 부르셨다고요? Vous dites que le professeur m'a appelé(*e*)? ¶ 서류를 다 작성하셔서 ~에게 주십시오 Une fois le dossier bouclé, voulez-vous me le faire passer? ¶ ~희들 nous. ¶ ~희들이 먼저 가겠습니다 Nous vous laissons. ② ((앞에서 한번 나온 사람을 가리키는 3인칭 대명사)) ¶ 그는 뭐든지 ~ 하고 싶은 대로 해야만 한다 Il faut tout faire comme on l'entend! ¶ 그 친구는 ~도 잘 모르는 일에 자꾸 나선다 Ce gars-là se mêle souvent de choses que lui-même ignore. ¶ 그게 ~들한테 무슨 이익이 되겠습니까? Qu'est-ce que ça leur rapportera?

저[2] 대 cela,celui-là ((déterminatif servant à exprimer éloignement, objet éloigné du locuteur et de l'interlocuteur)). ¶ 나는 이도 ~도 다 싫다 Moi, je n'aime ni ceci ni cela. ¶ ~처럼 아름다운 광경을 본 적이 없다 Je n'ai jamais vu un aussi beau spectacle que celui qu'on voit là-bas. ¶ 아이구 ~를 어째 Oh là là, que faire dans ce cas!

관 ce(*cet*, *cette*, *ces*) ...-là. ¶ ~ 자리에는 항상 사람이 많다 Il y a toujours du monde à cet endroit-là. ¶ ~ 둘 중에 하나를 꼭 선택해야 한다 Il faut impérativement choisir entre ces deux-là. ¶ 그 집은 바로 ~ 위쪽 동네야 La maison est juste là-bas dans le quartier du haut.

저[3] 감 Euh ...! / Heu ...! / Eh bien! / Ben! / S'il vous plaît! / Pardon! / Excusez-moi! ¶ ~, 그게 그만 Ah! ben non ... ¶ ~, 여보세요 S'il vous plaît [Pardon], monsieur [madame, mademoiselle]. ¶ ~, 저에게 좋은 생각이 있습니다 Dites! J'ai une bonne idée.

저[4] 著 의명 écrits *mpl* d'un auteur. ¶ 몽테뉴 ~「수상록」*Les Essais* de Montaigne.

저-[5] 低- 접두 faible, bas(*se*).

◆_개발 -開發 명 sous-développement *m*.

◆_금리 -金利 명 taux *m* bas.

◆_물가 -物價 명 bas prix *m*.

◆_층 -層 명 ① faible nombre *m* d'étages; les étages *mpl* du bas. ¶ 이 아파트는 ~층이다 Cet ensemble résidentiel est constitué d'immeubles avec un nombre modéré d'étages. ② basse couche *f* (sociale). ¶ 이 소설은 우리 사회의 저~에 대해서 이야기하고 있다 Ce roman décrit les basses couches de notre société.

◆_혈압 -血壓 명 hypotension *f*.

저가 低價 명 bon marché *m*; bas prix *m*. ¶ ~의 물건

un article bon marché [peu onéreux]. ¶ 나는 그 물건을 ~로 샀다 J'ai acheté cet article à bas prix [à un prix intéressant, pour pas cher {*fam*}].

저간 這間 명 époque *f*; moment *m*. ¶ ~의 소식 les nouvelles du moment. ¶ ~의 사정을 이미 전해 들어서 알고 있다 Oui, je suis déjà au courant de la situation actuelle. ¶ ~에 너희들한테 무슨 일이 있었니? Qu'est-ce qui vous est arrivé ces derniers temps?

저같이 부 comme cela, si, tellement, tant, pareillement, aussi. ¶ ~ 용감한 사람은 드물다 On ne rencontre pas souvent un homme aussi brave que lui. ¶ 나는 ~ 아름다운 여자는 본 적이 없다 Je n'ai jamais vu une femme aussi belle.

저까짓 관 choses *fpl* insignifiantes [secondaires], peu de chose, ((pour)) si peu, si petit(*e*), sans importance; insignifiant(*e*), de peu de valeur, sans valeur, de rien du tout, malheureu*x*(*se*), misérable; peu important(*e*), trivi*al*(*ale*, *aux*); bien [si] peu de chose; pareil(*le*), de *son* espèce. ¶ ~ 게 뭐가 대단하다고 저 야단들이니? Pourquoi tant de tapage pour quelque chose d'aussi quelconque? ¶ 나는 ~ 조무래기들하고는 상대 안 할 거야 Je n'ai rien à faire avec [à dire à] de tels gamins [des gamins pareils].

저거 대 ① cela, ça {*fam*}; cette chose-là. ¶ ~ 한번 먹어 봤으면 원이 없겠다 Je n'ai d'autre désir que de goûter au moins une fois à cela [que d'y goûter]. ¶ ~는 뭐지? Qu'est-ce que c'est que ça? ¶ ~ㄹ로 과연 무얼 할 수 있을까? Qu'est-ce qu'on pourrait bien faire avec ça? ¶ ~ 네 형 차 아니니? Ça, c'est pas la voiture de ton grand frère? ② ((사람을 낮추어서)) ce type-là {*fam*}, celui(celle)-là {*fam*}, un type pareil, un tel type [énergumène] {*fam*}, un type comme lui [de *son* espèce, dans *son* genre] {*fam*}, ce gars-là {*fam*}; machin {*fam*} ((manière péjorative de désigner *qn*)). ¶ 저 자식 ~ 벌써 술이 엉망으로 취했군! Regarde-moi ça, ce gars, il est déjà complètement soûl [pété {*fam*}, bourré {*fam*}, parti {*fam*}, beurré {*fam*}, schlass {*fam*}, rond {*fam*}, plein {*fam*}]! / Regarde-moi ce type, il est déjà ivre mort! ¶ ~ㄹ 믿고 사는 내가 병신이지! Je suis folle de compter sur un type pareil. ¶ ~ㄴ 오늘따라 왜 그러니? Qu'est-ce qui lui arrive encore à celui-là, aujourd'hui? / Il n'est pas bien aujourd'hui / Il n'est pas dans son état normal aujourd'hui.

저것 대 ① cela; cette chose-là. ¶ ~을 뭐라고 하지? Comment ça s'appelle, ça? ¶ ~ 좀 봐라! Vois un peu ça! / Regarde-moi ça! ¶ 이것도 ~도 다 싫다면 나보고 어떻게 하라고? Qu'est-ce que tu veux que je fasse si tu n'aimes ni ceci ni cela [si tu n'aimes rien, si rien ne t'intéresse]? ② ((사람을 낮추어서)) celui-là(celle-là), un type *m* de *son* espèce [dans *son* genre, comme lui], un type *m* pareil, un tel type [énergumène] {*fam*} ((manière péjorative de désigner *qn*)). ¶ ~들이 보자보자 하니까 해도 너무하는구만! Je veux bien être patient(*e*), mais ils poussent un peu!

저게 대 ① ça, cela. ¶ ~ 과연 무얼까? Qu'est-ce que ça peut bien être ça? ② ((사람을 낮추어서)) celui-là(celle-là), un type *m* de *son* espèce [dans *son* genre, comme lui], un type *m* pareil, un tel type [énergumène] {*fam*} ((manière péjorative de désigner *qn*)). ¶ ~ 저러다가 또 큰일 내지 Ce type-là, s'il continue ainsi, il va avoir de gros ennuis.

저격 狙擊 명 tir *m* (ajusté). ◇_(을) **하다** tirer [tirailler] sur ((l'ennemi)); ((숨어서)) canarder {*fam*}. ◇_(을) **당하다**[(이) **되다**] essuyer un coup de feu; se faire canarder {*fam*}. ¶ 그 사람은 오늘 아침에 ~(을) 당했다 Il a essuyé un coup de feu ce matin / Il s'est fait canarder {*fam*} ce matin.

◆**_범** -犯 명 sniper *m*, tireu*r*(*se*) embusqué(*e*) [caché(*e*)].

◆**_수** -手 명 【군사】 tireu*r*(*se*) d'élite, sniper *m*.

저고리 명 *jeogori m* <sorte de boléro traditionnel coréen>, veste *f* du costume coréen pour femme. ¶ 바지와 ~ pantalon et boléro traditionnels coréens. ¶ ~ 안주머니 poche intérieure d'un *jeogori*. ¶ ~를 입다 mettre [enfiler] un *jeogori*.

저곳 명 cet endroit là bas, là-bas. ¶ ~으로 가자 Allons là-bas.

저공 低空 명 faible altitude *f*. ¶ ~으로 날다 voler à faible altitude. ¶ 헬리콥터가 ~으로 선회하고 있다 Un hélicoptère tourne à faible altitude.

◆**_비행** -飛行 명 vol *m* à basse altitude.

저금 貯金 명 économie *f*, épargne *f*. ¶ ~을 찾다 retirer de l'argent de *ses* économies. ◇_(을) **하다** économiser, épargner, faire des économies, mettre de l'argent de côté, déposer de l'argent à la banque. ¶ 푼푼이 ~하다 économiser sou par sou. ¶ 그 사람은 ~해 둔 돈으로 근근이 살아가고 있다 Il vit chichement de ses épargnes.

◆**_통** -筒 명 tirelire *f*. ¶ ~통을 깨서 부모님 선물을 사다 casser *sa* tirelire pour acheter un cadeau à ses parents.

◆**_통장** -通帳 명 livret *m* de caisse d'épargne.

저급 低級 명 qualité *f* inférieure [médiocre], faible qualité *f*; ((형용사)) bas(*se*), inférieur(*e*); vulgaire. ¶ ~ 문화 culture de qualité médiocre. ¶ ~ 인력 main-d'œuvre de faible qualité.

◆**_하다** 형 être de qualité inférieure. ¶ ~한 유머 humour de bas étage, humour médiocre. ¶ 그 사람은 수준이 ~하다 Cet homme est d'un niveau en dessous du commun. ¶ 그는 취미가 ~한 사람이다 C'est un homme de mauvais goût.

저기[1] 대 cet endroit là-bas, ce lieu là-bas, là(-bas). ¶ 바로 ~에 우리 학교가 있다 Mon école est juste là. ¶ 여기에서 ~까지가 내 땅이다 Mes terres s'étendent d'ici jusque là-bas. ¶ ~쯤에서 사고가 났다 Par là-bas, il est arrivé un accident. ¶ ~에서 기다려라 Attends-moi là-bas. ¶ ~ 어딘가에 그 사람의 집이

있었다 Sa maison se trouvait quelque part par là-bas.

◆**여기_** 명 ici et là; de-ci de-là. ¶ 여기~를 둘러보다 promener *son* regard ici et là. 부 là-bas. ¶ ~ 가서 얘기하자 Allons là-bas pour parler. ¶ ~ 있는 사람이 우리 선생님이다 Là-bas, c'est mon professeur.

◆**여기_** 부 ici et là. ¶ 여기~ 돌아다니다 se promener [errer] ici et là.

저기² 감 ① Euh ...! / Heu ...! / Eh bien! / Ben! / S'il vous plaît! / Pardon! / Excusez-moi! ¶ ~ 있잖아요 S'il vous plaît [Pardon / Excusez-moi], monsieur, madame, mademoiselle. ¶ ~요! 메뉴판 갖다 주시겠어요? S'il vous plaît, mademoiselle [monsieur]! pourriez-vous nous apporter la carte? ② ((말 하다가 생각이 안 날 때)) mais ... ¶ 어제 그 사람이 말을 했는데, ~ 뭐라고 했더라? Hier il m'a bien dit quelque chose, mais qu'est-ce qu'il m'a dit?

저기압 低氣壓 명 ① ((기상)) basse(s) pression(s) *f(pl)*, dépression *f* (barométrique, atmosphérique). ¶ 열대[온대]성 ~ basse pression en milieu tropical [en milieu tempéré]. ¶ ~을 동반한 비구름이 발생했다 Avec les basses pressions, se sont formés [sont arrivés] des nuages de pluie. ② ((비유적)) (être) au plus bas; mauvaise humeur *f*. ¶ 그 사람은 지금 ~이니까 건드리지 마라 Laisse-le tranquille, car en ce moment, il est de mauvaise humeur [d'une humeur massacrante, d'une humeur exécrable] / Si j'étais toi, je ne l'embêterais pas, il n'est pas à prendre avec des pincettes aujourd'hui. ¶ 집안 분위기가 완전히 ~이다 Chez nous, l'ambiance est au plus bas [l'ambiance n'est pas à la fête].

◆**_성** -性 명 de basse pression. ¶ ~성 비구름 nuages pluvieux en cas de basse pression.

◆**_골** 명 zone *f* de basse pression (atmosphérique). ¶ 한반도 남쪽에 ~골이 형성되었다 Dans le sud de la péninsule coréenne, s'est installée une zone de basses pressions.

저긴 ((forme contractée de 저기-는)). cet endroit là-bas ((thème ou sujet d'une proposition ou d'une phrase)).

저길 ((forme contractée de 저기-를)). cet endroit là-bas ((complément d'objet direct)).

저널리스트 영{journalist} 명 journaliste *mf*.

저널리즘 영{journalism} 명 journalisme *m*. ¶ 황색 ~ presse à scandale.

저녁 명 ① soir *m*; soirée *f*. ¶ ~ 여덟시 huit heures du soir. ¶ 그날 ~에 ce soir-là. ¶ 내일 ~에 demain soir. ¶ 25일 ~에 모이자 Réunissons-nous le 25 au soir. ¶ 지난 일요일 ~에 le soir de dimanche dernier. ¶ 이따가 ~에 plus tard ce soir. ¶ 다 ~에 어딜 나가려고? Il fait déjà presque nuit, où donc veux-tu aller à une heure pareille? / Tu crois que c'est le moment de sortir, tu as vu l'heure qu'il est? ¶ 오늘 ~까지 쉬어라 Repose-toi jusqu'à ce soir. ¶ 오늘 ~까지 이 일을 끝내야 한다 Il faut finir ce travail avant ce soir. ¶ 월요일 ~마다 chaque lundi soir, tous les lundis soir. ¶ 그는 그날 ~으로 떠나버렸다 Ce jour-là, il s'en est allé [est parti] le soir même. ¶ ~마다 그들은 모여서 공부를 했다 Chaque soir [Tous les soirs], ils se réunissaient pour travailler. ¶ 그 사람은 다음날 ~까지도 화가 풀리지 않았다 Il resta en colère jusqu'au lendemain soir. ¶ 그 사람은 ~ 내내 방에서 나오지 않았다 Toute la soirée, on ne l'a pas vu sortir de sa chambre. ¶ ~ 늦게 tard le soir. ¶ 어제 ~ 늦게 hier soir dans la soirée. ¶ ~이 되었다 La nuit est tombée / Le soir est arrivé. ¶ 그 일은 ~ 무렵이 되어서야 끝났다 Ce travail n'a été achevé que dans la soirée. ¶ 그 사람은 아침부터 ~까지 열심히 일했다 Il a travaillé ardemment du matin au soir. ¶ 어제 ~ 늦게까지 jusqu'à très tard hier soir, jusqu'à très tard hier dans la soirée. ¶ ~이 늦었다 Il se fait tard. ② dîner *m*, repas *m* du soir; ((벨기에, 캐나다)) souper *m*. ¶ ~을 먹다 dîner, prendre le dîner, prendre le repas du soir; ((벨기에, 캐나다)) souper. ¶ ~을 거르다 sauter le dîner [le repas du soir], ne pas dîner. ¶ ~을 차리다 préparer le dîner. ¶ 오늘 ~을 뭘 먹지? Qu'est-ce qu'on va (bien pouvoir) manger ce soir? / Qu'est-ce que je vous fais à manger pour le dîner? ¶ 어제는 ~으로 뭘 먹었니? Qu'as-tu mangé hier pour le dîner? / Qu'est-ce que tu as mangé hier soir?

◆**_녘** 명 sur le soir, à l'approche du soir, en début de soirée, entre chien et loup, à la fin de la journée, à la fin du jour, en fin de journée, au crépuscule, à la brune. ¶ 나는 ~녘에 그 여자를 만났다 Je l'ai rencontrée sur le soir.

◆**_때** 명 soir *m*; soirée *f*. ¶ ~때 만나자 On se voit ce soir [dans la soirée].

◆**_밥** 명 repas *m* du soir, dîner *m*; ((벨기에나 캐나다에서)) souper *m*. ¶ ~밥을 짓다 préparer le riz pour le dîner. ¶ ~밥 먹었니? As-tu dîné?

◆**_상** -床 명 (table *f* du) dîner *m*. ¶ ~상을 마주하고 앉다 passer à table pour dîner; s'attabler pour le dîner. ¶ ~상을 차리다 préparer [mettre, dresser] la table pour le dîner.

저년 대 【속어】 cette garce *f* {*vulg*} [chipie *f*, (peau(*x*) *f* de) vache *f* {*fam*}, salope *f* {*vulg*}]. ¶ ~ 좀 봐! Vois un peu cette garce {*fam*}! ¶ ~한테 오라고 해! Dis à cette garce {*fam*} de venir!

저놈 대 【속어】 ce gars *m* {*fam*}, cet individu *m*, ce type *m* {*fam*}, ce mec *m* {*fam*}, cet énergumène *m* {*fam*}. ¶ 아니 ~이 도망가네 Tiens, ce type {*fam*} fiche le camp [se sauve, prend la tangente]. ¶ ~ 좀 데리고 와 Emmène-moi un peu ce type.

저능 低能 명 déficience *f* intellectuelle, arriération *f*, faiblesse *f* mentale, débilité *f*, idiotie *f*, attardé(*e*), demeuré(*e*). ¶ 그 아이는 ~이다 Cet(*te*) enfant est déficient(*e*) sur le plan mental [est arriéré(*e*) mentalement, est un(*e*) arriéré(*e*) mental(*e*), est un(*e*) débile mental(*e*)].

ㅈ

◆_하다 형 être déficient(*e*) sur le plan mental, être arriéré(*e*) mentalement; être atteint(*e*) de faiblesse mentale; être débile, idiot(*e*), stupide, demeuré(*e*), être faible d'esprit. ¶ 그 사람은 머리가 ~하다 C'est un(*e*) arriéré(*e*) [un(*e*) débile] mental(*e*) / Il est déficient sur le plan mental.

◆_아 -兒 명 enfant *mf* arriéré(*e*), enfant *mf* déficient(*e*) intellectuel(*le*) [sur le plan mental].

저다지 부 (aus)si, tellement, tant. ¶ 어쩌면 ~(도) 속이 없을까 Comment peut-on avoir aussi peu de sensibilité? / Comment peut-on s'exprimer avec aussi peu de sensibilité [en manquant autant de sensibilité]?

저당 抵當 명 hypothèque *f*; gage *m*; garantie *f*. ¶ ~을 잡다 hypothéquer ((une terre, un immeuble, des titres)); mettre en gage ((des marchandises, des titres)); déposer ((des titres)) en garantie. ¶ ~을 잡히다 être hypothéqué(*e*); emprunter sur hypothèque.

◆_권 -權 명 droit *m* d'hypothèque.

◆_권자 -權者 명 créanci*er*(*ère*) hypothécaire.

저대로 부 ① tel(*le*) quel(*le*), en l'état; sans modification [modifier]. ¶ 그냥 ~ 놔두어라 Laisse les choses telles quelles [en l'état]. ¶ 저 사람 ~ 하다가는 일 내지 S'il continue ainsi, il va avoir [créer] des problèmes [des ennuis] / S'il persiste, il va créer des ennuis. ② pareillement, comme cela. ¶ ~ 따라 하면 됩니다 Vous n'avez qu'à faire comme lui [qu'à l'imiter]. ¶ ~ 만들어 주세요 Faites-moi la même chose.

저돌 猪突 어근 ((foncer)) tête *f* baissée, témérité *f*, intrépidité, détermination *f*, audace *f*, hardiesse *f*, bravoure *f*.

◆_적 -的 명관 ((foncer)) tête *f* baissée; téméraire, intrépide, déterminé(*e*), audacieu*x*(*se*), hardi(*e*), brave. ¶ ~적 행동 un acte téméraire. ¶ ~적인 사람 une personne déterminée [audacieuse]. ¶ 그 사람은 무슨 일이든지 ~적으로 달려든다 Il fonce tête baissée [Il se lance à corps perdu] dans toutes les affaires.

◆_성 -性 명 témérité *f*, intrépidité, détermination *f*, audace *f*, hardiesse *f*, bravoure *f*. ¶ ~성을 보이다 [띠다] faire preuve de témérité [de hardiesse, de détermination], montrer de la hardiesse, se montrer téméraire [audacieu*x*(*se*), déterminé(*e*), intrépide, hardi(*e*)].

저따위 대 un(*e*) tel(*le*); pareil(*le*), semblable, de la sorte, de cette espèce. ¶ ~가 뭘 안다고 까부는 거야! Ce mec {*fam*}, quel orgueilleux de prétendre *savoir, alors qu'il ne sait rien!* ¶ ~ 녀석은 상대할 필요가 없어! Un mec comme ça, pas la peine de discuter [de copiner] avec!

저러다 자 se comporter comme cela, continuer ainsi. ¶ 자꾸 저러다(가) 큰일 날거야 S'il continue ainsi, ça va mal finir [se terminer] [il va avoir de gros ennuis]. ¶ 안 간다고 저러지만 결국에는 가게 될 거야 Bien qu'il s'obstine à rester, il va finir par y aller.

저러하다 형 être ainsi [comme cela]. ¶ 그의 모습이 꼭 ~ Son allure est exactement comme ça. ¶ 어른들이 저러한데 아이들이야 오죽하겠는가! Les adultes étant ainsi, à plus forte raison les enfants! ¶ 재는 원래 저래 Ce type est comme ça depuis toujours / Ce type est toujours comme ça / C'est sa manière à lui / C'est tout à fait lui. ¶ 얼굴이 저래 가지고 장가를 갈 수 있을까? Avec un tel physique comment voulez-vous qu'il se marie? ¶ 얼굴은 저래도 마음은 비단결이다 Même s'il n'est pas avantagé par la nature [Même s'il est laid, Même si son visage est laid], il a un cœur d'or. ¶ 하는 짓이 저래서 좋은 사람 만나기는 틀렸다 S'il(Si elle) se comporte de la sorte [S'il(Si elle) est toujours aussi désagréable, il(elle) n'est pas prêt(*e*) de rencontrer quelqu'un de bien. ¶ 집은 저러나 차는 정말 좋다 S'il(Si elle) n'a pas une très bonne maison, sa voiture en revanche a vraiment de l'allure / Sa maison a piètre allure, mais sa voiture est vraiment éblouissante [en jette {*fam*}]. ¶ 나도 몸매가 저러면 얼마나 좋을까? Ce que j'aimerais bien avoir un corps pareil! / Ah si seulement je pouvais avoir un corps pareil!

저런 감 Tiens! / Oh! / Ah! / Voyons! / Mon dieu! / Hélas! / Par exemple! / Vraiment! / Quel malheur! / Mince! {*fam*} / Zut! {*fam*} / Merde! {*vulg*} / Pas possible! ¶ ~ 어떻게 그런 일이 다 있니 Comment une telle chose [une chose pareille] est(-elle) possible?

저렇다 형 être ainsi [comme cela], être de la sorte, pareil(*le*), tel(*le*). ¶ 우리는 언제 저런 집에서 살지? Quand pourrons-nous vivre dans une maison pareille? ¶ 저렇듯 애틋한 사랑은 처음 본다 C'est la première fois que je vois un amour si passionné.

◆**저렇게** 부 ainsi. ¶ 저렇게 하면 안 된다 Ce n'est pas bien d'agir ainsi. ¶ 저렇게 하고 싶어 하는데 그냥 내버려두지 Laisse-le faire. Il en a tellement envie.

저려오다 자 s'engourdir. ¶ 그 사람은 점점 다리가 저려왔다 Petit à petit, il sentait ses jambes s'engourdir. ¶ 그 사람은 뼛골이 저려왔다 Il avait de violentes douleurs articulaires [rhumatismales].

저력 底力 명 énergie *f* potentielle [latente]; force *f* en réserve; fond *m*; potentiel *m*. ¶ ~을 과시하다[발휘하다, 보이다] faire démonstration de [déployer, exhiber] *son* énergie potentielle, manifester une énergie cachée [latente]; déployer un talent caché. ¶ 그 사람의 ~은 대단하다 Il a un potentiel incroyable [hors du commun]. ◇_(이) 있다 avoir de la force [de l'énergie] en réserve; avoir du potentiel ((économique)), avoir des réserves d'énergie. ¶ 경제적 ~이 있는 나라 un pays qui a du potentiel économique. ¶ 저 선수 역시 ~이 있군요 Cet(*te*) athlète a du potentiel en réserve.

저렴하다 低廉- 형 être bon marché, être peu coûteu*x*(*se*), ne pas être ch*er*(*ère*), être d'un prix modéré(*e*) [modique]. ¶ 저렴한 가격에 팔다 vendre à bas prix [à un prix modéré]. ¶ 물건 값이 ~ Ces articles sont bon marché.

저류 底流 명 ① courant *m* de fond; courant *m* marin. ¶ 바다 밑에는 ~가 흐르고 있다 Au fond de la mer circulent des courants marins. ② ((일이나 사물의)) mouvement *m* intérieur; situation *f*, état *m*. ¶ 정치가 들은 여론의 ~에 민감하다 Les hommes politiques sont sensibles aux mouvements de l'opinion publique.

저리[1] 부 ① là, là-bas, par là. ¶ ~ 가거라 Allez par là. ¶ 하루 종일 이리 ~ 뛰어다니다 courir d'une activité à l'autre toute la journée, ne pas cesser de courir d'une activité à l'autre toute la journée. ② ainsi, de cette façon. ¶ 그 사람은 왜 ~ 울까 Pourquoi pleure-t-il ainsi? ¶ 하늘이 어찌 ~ 푸를까! Comme le ciel est bleu!

*~ **가라다** n'avoir rien à envier à *qn*, être bien meilleur(*e*), être largement [facilement] aussi+Adj que *qn*; surpasser *qn*, éclipser *qn*, ne pas être inférieur(*e*), ne céder en rien *qn*. ¶ 그 사람은 웬만한 부자는 ~ 가라 할 정도로 잘 산다 Il est d'une richesse incomparable / Il jouit d'une vie qui n'a rien à envier à celle des princes / Il mène une vie princière / Il vit comme un prince / Il mène grand train / Il a une vie de nabab / Il a un train de vie de nabab / Il est très à l'aise / Il a une vie aisée de prince. ¶ 그 남자의 축구실력은 국가대표 ~ 가라다 Il n'a rien à envier à un footballeur professionnel de l'équipe nationale / Il est largement aussi bon qu'un footballeur professionnel de l'équipe nationale.

◆**_도** 부 si, tellement. ¶ 무슨 일을 ~도 열심히 할까 Comme il travaille avec ardeur [avec zèle]!

◆**_로** 부 là, par là. ¶ 사람들이 아까 ~로 우르르 몰려가던데 Des gens se sont rués [précipités en foule] par là tout à l'heure.

저리[2] **低利** 명 intérêt *m* faible [peu élevé]. ¶ 장기 ~ un intérêt faible à long terme. ¶ ~로 은행에서 대출을 받다 emprunter à la banque de l'argent à un faible taux d'intérêt. ¶ ~로 돈을 빌려 주다 prêter de l'argent à faible intérêt.

저리다 자 ① être engourdi(*e*), s'engourdir, avoir *des fourmis dans ((les jambes))*, avoir [éprouver] des picotements ((dans les membres)). ¶ 다리[팔]가 ~ avoir [sentir] des fourmis dans les jambes [dans les bras], avoir les jambes [les bras] engourdi(*e*)s, avoir [éprouver] des picotements dans les jambes [dans les bras]. ¶ 발이 ~ avoir [sentir] des fourmis aux [dans les] pieds, avoir les pieds engourdis. ② lanciner, avoir mal, être douloureu*x*(*se*), s'endolorir; être courbaturé(*e*). ¶ 허리가 ~ avoir mal aux reins [au dos]. ③ ((마음이)) se déchirer. ¶ 슬픔에 가슴이 ~ avoir le cœur déchiré [brisé] par le chagrin.

저리하다 자 (('저러다'의 본딧말)) ☞ 저러다

저릿저릿 부 avec des picotements [fourmillements].

◆**_하다** 자 ① être engourdi(*e*), s'engourdir; s'endolorir. ¶ 너무 피곤해서 온몸이 ~하다 À cause d'une grande fatigue, je suis plein(*e*) de courbatures [j'ai des courbatures partout, j'ai mal partout]. ② ((흥분하거나 떨리어)) frissonner; frémir. ¶ 나는 ~한 전율을 느꼈다 J'ai éprouvé des frissons / J'ai eu des frissons / J'ai ressenti des frissons [un frisson] me parcourir l'échine [me traverser le corps] / Un frisson m'a couru dans le dos [dans l'échine] / Un frisson m'a parcouru l'échine.

저마다 부 chacun(*e*); individuellement; respectivement. ¶ 모든 사람들이 ~ 한 마디씩 했다 Chacun a dit un mot [a donné son avis]. ¶ 우리는 ~ 자기의 의견을 가지고 있다 Chacun de nous a ses opinions personnelles [a ses propres idées]. ¶ 그들은 ~ 제 갈 길을 갔다 Chacun d'eux s'en est allé de son côté.

명 chaque, personnel(*le*), individuel(*le*), particuli*er*(*ère*). ¶ 모두 ~의 의견을 밝혔다 Tout le monde a donné [émis, exprimé] son opinion personnelle.

저만치 부 loin, un peu loin, lointain, au loin. ¶ ~ 가면 집이 한 채 있다 Si tu vas un peu plus loin [Si tu continues un peu], tu trouveras [tu verras] une maison. ¶ 그 사람은 ~ 떨어져서 나를 따라왔다 Il me suivait au loin.

명 autant, en même quantité. ¶ 조금만 더 하면 ~는 할 수 있을걸 Si tu persévères un peu plus, tu pourras en faire autant.

저만큼 부 à ce point, à tel point; autant que; aussi bien que, tellement [tant, si+Adv] (que); comme cela [ça], aussi, pareillement, autant (que cela). ¶ ~ 일을 열심히 하니 저 사람은 틀림없이 부자가 될 것이다 Il(Elle) travaille à tel point [si dur, tellement, tant, avec une telle ardeur] il(elle) fera sûrement fortune.

명 autant, en même quantité. ¶ 나도 ~을 주세요 Donnez-m'en la même quantité [le même poids]. ¶ ~이라도 가져가세요 Emportez au moins ça.

저만하다 형 ① être aussi ; être pareil; être semblable. ¶ 저만한 크기의 책상이라면 내 동생이 쓰기에 알맞다 Un bureau d'une telle taille convient à mon petit frère. ¶ 저만한 나이에는 반항심이 있는 법이다 À cet âge, il est normal d'être insubordonné [révolté]. ¶ 저만하면 아주 양호한 편이다 Ainsi, on peut (déjà) s'estimer heureux [on n'a pas à se plaindre] ((ça aurait pu être bien pire)). ② 대단하지 않다 être limité(*e*). ¶ 피해가 저만하길 아주 다행이다 Il est vraiment heureux que les dégâts restent aussi limités.

저맘때 명 à cette époque-là, à cette période-là; en ce temps-là; à ce moment-là; alors; à cet âge(-là); à [vers] cette heure-là. ¶ 나는 ~ 무척 장난이 심했다 À cette époque-là, j'étais très espiègle.

저명 著名 명 renommée *f*, célébrité *f*, notoriété *f*,

ㅈ

distinction *f*. ¶ ~ 작가 un auteur célèbre.

◆_하다 être célèbre, renommé(*e*), connu(*e*), illustre, réputé(*e*). ¶ 그 사람은 ~한 의사였다 C'était un médecin célèbre [éminent, réputé].

◆_인사 -人士 명 personne *f* célèbre [bien connue]; célébrité *f*.

◆_지 -紙 명 journal *m* réputé.

저모음 低母音 명 【언어】 voyelle *f* ouverte [basse].

저물다 자 ① 해가 져서 어두워지다 faire nuit, se coucher, ((le jour, la nuit)) tomber. ¶ 날이 저문다 Il fait nuit / La nuit arrive [vient, tombe] / Le jour tombe. ¶ 해가 저문다 Le soleil se couche / Le jour tombe [baisse]. ② ((계절이나 한 해가)) 다 지나가다 se terminer, s'achever, tirer [toucher] à *sa* fin. ¶ 가을이 저물어 가고 있다 L'automne se termine. ¶ 올해가[한 해가] 저물어 가고 있다 Cette année se termine [s'achève] / L'année tire [touche] à sa fin. ¶ 20세기가 저문다 Le vingtième siècle se termine.

저물도록 부 jusqu'à la tombée de la nuit [du jour]. ¶ 그 사람은 ~ 그 일에 몰두했다 Il était accaparé [absorbé] par ce travail jusqu'au coucher du soleil.

저미다 타 ① couper [découper] *qc* en tranches. ¶ 고기를 얇게 ~ émincer de la viande, couper de la viande en tranches minces [fines]. ② ((마음을)) 몹시 아프게 하다 briser ((le cœur de *qn*)). ¶ 회한[연민]이 가슴을 저민다 Le remords [La pitié] me ronge le cœur [me brise le cœur]. ¶ 그 사람의 고통에 내 가슴이 저미도록 아팠다 Sa douleur m'a brisé le cœur.

저버리다 타 ① ((약속 따위를)) 잊거나 어기다 manquer à, ne pas tenir ((*sa* promesse)), oublier; trahir; décevoir, abandonner. ¶ 약속을 ~ manquer à [trahir, ne pas tenir, ne pas respecter] *sa* promesse [*sa* parole]. ¶ 믿음을 ~ abuser de la confiance, décevoir la confiance de *qn*. ¶ 기대를 ~ décevoir l'attente de *qn*. ¶ 책임[의무]를 ~ manquer à *sa* responsabilité [manquer à *son* devoir, abandonner *ses* devoirs]. ¶ 은혜를 ~ être ingrat(*e*); se montrer ingrat(*e*) pour *qn*; rendre le mal pour le bien. ② ((부탁 따위를)) 거절하다 refuser; rejeter; décliner. ¶ 부탁을 ~ refuser [décliner] une demande. ③ 배반하다 trahir, tourner le dos à *qn*, abandonner, délaisser, oublier; tromper. ¶ 부모[친구]를 ~ trahir *ses* parents [un(*e*) ami(*e*)]. ¶ 처자식을 ~ abandonner *sa* femme et *ses* enfants. ¶ 조국을 ~ trahir *sa* partie. ④ ((목숨을)) 끊다 se tuer, se suicider. ¶ 목숨[생명]을 ~ se tuer, se suicider.

저벅거리다 자 marcher d'un pas lourd [d'un pas lent, à pas pesants]. ¶ 저벅거리는 장화 소리 d'un pas lourd de bottes.

저벅대다 자 ☞ 저벅거리다

저벅저벅 부 d'un pas lourd, à pas pesants, lentement, d'un pas lent. ¶ 그 사람은 거리낌 없이 흙탕길을 ~ 걸어갔다 Il a marché dans la boue d'un pas sûr et lourd.

저번 -番 명 l'autre fois, l'autre jour; il n'y a pas longtemps; il y a quelque temps [quelques jours]; il y a peu; récemment, dernièrement, tantôt. ¶ ~ 일요일 dimanche dernier. ¶ ~ 주 오늘 il y a une semaine aujourd'hui. ¶ ~에 내가 그 사람을 만났을 때 la dernière fois que je l'ai vu(*e*). ¶ ~에 알려 드린 바와 같이 comme je vous l'ai fait savoir il y a peu. ¶ 그의 ~ 편지 sa dernière lettre.

저변 底邊 명 ① 【수학】 base *f* ((d'un triangle)). ¶ 꼭짓점에서 ~으로 수직선을 내리다 tracer une perpendiculaire à la base. ② base *f*, fondement *m*. ¶ 사회 ~ la base de la société. ¶ 문화의 ~을 확대하다 renforcer les fondements culturels.

저분저분하다 형 ① ((음식이)) 부드럽게 씹히다 être tendre, se manger facilement [avec plaisir, sans difficulté], fondre dans la bouche. ② ((사람이)) 부드럽고 찬찬하다 être sociable; bien s'accorder avec *son* entourage.

저상 沮喪 명 découragement *m*, accablement *m*; tristesse *f*, abattement *m*; mélancolie *f*, cafard *m*, démoralisation *f*. ◇_(을) 하다 être triste, abattu(*e*), déprimé(*e*), découragé(*e*), démoralisé(*e*), ((moral)) être au plus bas. ¶ 의기를 ~하다 avoir le moral (très) bas [au plus bas], avoir le moral à zéro, ne pas avoir le moral, avoir le cafard [un coup de cafard, le bourdon {*fam*}, le blues {*fam*}, un coup de blues, le spleen], broyer du noir, avoir des idées noires; être abattu(*e*), déprimé(*e*), découragé(*e*), démoralisé(*e*), cafardeu*x*(*se*); cafarder. ◇_(을) 시키다 décourager *qn*, accabler *qn*, abattre le moral [le courage] de *qn*, démoraliser *qn*, déprimer *qn*, entamer [atteindre] le moral de *qn*, casser [saper] le moral de *qn* {*fam*}, ficher le cafard à *qn* {*fam*}. ◇_(이) 되다 être abattu(*e*), déprimé(*e*), découragé(*e*), démoralisé(*e*). ¶ 군의 사기가 완전히 ~되어 있다 L'armée est complètement démoralisée / Le moral de l'armée est au plus bas.

저서 著書 명 ouvrage *m*, œuvre *f* (littéraire); écrit *m*. ¶ 그 사람의 마지막 ~ son dernier ouvrage. ¶ ~를 쓰다 écrire [rédiger] un ouvrage. ¶ ~를 남기다 laisser des ouvrages à la postérité.

저성 低聲 명 voix *f* basse, voix *f* grave [profonde]. ¶ ~이면서 굵은 목소리 une voix basse [grave] et profonde, une grosse voix grave.

저소득 低所得 명 faibles revenus *mpl*. ¶ ~ 지역[계층] zone de faibles revenus [classe aux faibles revenus].

◆_층 -層 명 classe *f* aux faibles revenus.

저속 低俗 명 vulgarité *f*, trivialité *f*, bassesse *f*. ¶ ~ 문화 culture (d'un goût) vulgaire.

◆_하다 형 être vulgaire, trivi*al*(*ale, aux*); être de mauvais goût; être bas(*se*), vil(*e*). ¶ ~한 행동 une action vulgaire. ¶ ~한 표현 une expression vulgaire [triviale]. ¶ 그 사람의 취미는 ~하다 C'est quelqu'un qui a mauvais goût.

ㅈ

◆_성 -性 명 vulgarité *f*, trivialité *f*, bassesse *f*.
◆_화 -化 명 vulgarisation *f*. ¶ 대중문화는 ~화의 경향이 있다 La culture populaire a tendance à tomber dans la trivialité.
◆_어 -語 명 langage *m* vulgaire [la langue *f* verte, l'argot *m*]. ¶ ~어를 남발하다 excéder dans le langage vulgaire.

저수[1] **貯水** 명 retenue *f* d'eau; eau(*x*) *f* d'un réservoir. ¶ ~ 능력 la capacité de retenue d'eau. ◇_(를) 하다 recueillir [mettre en réserve] l'eau de pluie [les eaux pluviales]. ¶ 가뭄을 대비해 빗물을 ~하다 recueillir [mettre en réserve] l'eau de pluie en prévision de la [d'une] sécheresse.
◆_량 -量 명 volume *m* d'une retenue d'eau.
◆_조 -槽 명 réservoir *m*; bassin *m* de retenue; citerne *f*. ¶ ~조를 청소하다 nettoyer une citerne.
◆_지 -池 명 retenue *f* d'eau; bassin *m* de retenue; lac *m* artificiel.
◆_탑 -塔 명 château(*x*) *m* d'eau.
◆_탱크 명 réservoir *m* d'eau.

저수[2] **底數** 명 【수학】 base *f* ⦅d'un système de logarithmes⦆.

저술 著述 명 ① rédaction *f* ⦅d'une œuvre littéraire⦆. ② œuvre *f*, ouvrage *m*. ¶ 역사에 관한 ~ un ouvrage d'histoire. ¶ ~로 생활하다 vivre de *ses* écrits. ◇_(을) 하다 écrire, rédiger, composer une œuvre littéraire. ¶ 수학 책을 ~하다 rédiger un livre de maths. ◇_(이) 되다 être mis(*e*) en rédaction.
◆_가 -家 명 homme *m* de lettres; écrivain *m*.
◆_활동 -活動 명 activité *f* d'écriture [de rédaction].

저승 명 l'autre monde *m*; l'au-delà(~-~*s*) *m*; enfers *mpl*; séjour *m* des ombres [des ténèbres, des morts]. ¶ ~에 가다 partir pour l'autre monde, mourir. *누구를 ~으로 보내다 envoyer *qn* ad patres {*fam*}, tuer *qn*.
◆_길 명 route *f* vers la mort [vers l'au-delà]. ¶ ~길을 떠나다 prendre le chemin de l'au-delà, mourir. ¶ ~길에 오르다 partir pour le grand voyage, quitter ce monde. ¶ ~길이 가까워졌다[얼마 안 남았다] Le chemin vers l'au-delà approche [touche à son terme].
◆_사자 -使者 명 messag*er*(*ère*) de la mort [de l'au-delà].

저압 低壓 명 ① 【물리】 *basse pression f*. ② basse tension *f*.
◆_계 -計 명 indicateur *m* de (basse) pression; baroscope *m*; manomètre *m*.

저열[1] **低劣** 어근 bassesse *f*, vulgarité *f*.
◆_하다 형 être bas(*se*), vil(*e*), vulgaire. ¶ ~한 행동 une action [un comportement] peu honorable; un comportement [une action] vil(*e*) [bas(*se*)]. ¶ ~한 수작 un vilain tour. ¶ 그 사람이 하는 짓이 ~하다 Ce n'est pas très beau de sa part / Ce qu'il fait, c'est bas. ¶ ~하게 굴다 se comporter bassement [vulgairement, grossièrement].
◆_성 -性 명 bassesse *f*, vulgarité *f*.
◆_히 부 bassement, vilement,, servilement, grossièrement, ignoblement, vulgairement.

저열[2] **低熱** 명 basse température *f*; feu *m* doux. ¶ ~을 가하다 chauffer ⦅un liquide⦆ à une basse température. ¶ ~로 끓이다 cuire à feu doux [à petit feu].

저온 低溫 명 basse température *f*. ¶ ~ 저장 une conservation à basse température. ¶ ~ 처리 un traitement ⦅d'un minerai⦆ à basse température. ¶ 이상 ~ 현상 les températures sous la normale; un phénomène de température anormalement basse. ¶ ~에서 보관하다 conserver *qc* à basse température. ¶ 금년 7월은 내내 ~이었다 Cette année, il a fait froid tout le mois de juillet.
◆_살균[소독] -殺菌[消毒] 명 pasteurisation *f*. ¶ 원유를 ~살균(을) 하다 pasteuriser du lait.

저울 명 balance *f*, bascule *f*, ⦅우편물 저울⦆ pèse-lettre (~-~*s*) *m*; peson *m*. ¶ ~눈금 la graduation d'une balance. ¶ ~에 무게를 달다 peser *qc* avec une balance. ¶ 과일을 ~에 달다[올리다] peser des fruits (avec une balance). ¶ 고기를 ~로 달다 peser de la viande (avec une balance). ¶ 이 푸줏간은 ~을 속이는 것 같다 Il me semble que ce boucher triche avec sa balance. ¶ 과일 가게 주인은 ~을 후하게 준다 Le marchand donne plus de kilo de fruits qu'indique la gradation d'une balance / Le fruitier donne plus de fruits que ce qu'indique la balance. ¶ ~을 모자라게 주다 tricher sur le poids, donner moins que ce qu'indique la balance. ¶ ~이 100그램 정도 모자란다 Il manque 100 grammes sur la balance pour que ça fasse le poids.
◆_눈 명 graduation *f* d'une balance.
◆_대 -臺 명 fléau(*x*) *m* (d'une balance).
◆_추 -錘 명 poids *m* ⦅en cuivre⦆.
◆_판 -板 명 plateau(*x*) *m*.

저울질 명 ① action de peser. ② ⦅비유적⦆ action de peser [de balancer, de mettre en balance] le pour et le contre [les pertes et les profits, les avantages et les inconvénients], action d'évaluer les conséquences possibles de *qc*; action de considérer une chose sous tous ses aspects. ◇_(을) 하다 ① peser *qc*. ¶ 쌀가마니를 ~질(을) 하다 peser des sacs de riz. ② peser [considérer, examiner] le pour et le contre; balancer le pour et le contre; mettre en balance le pour et le contre; évaluer les conséquences possibles de *qc*; considérer une chose sous tous ses aspects; calculer [estimer, évaluer] les pertes et les profits. ¶ 그 사람은 어느 쪽이 득이 되는 지 ~하고 있다 Il est en train de peser le pour et le contre.

저율 低率 명 taux *m* peu élevé; tarif *m* bas [réduit]. ¶ ~의 이자 des intérêts peu élevés. ¶ ~의 경쟁률 une faible concurrence; un taux de concurrence peu élevé [faible].

저음 低音 명 【음악】 basse *f*, voix *f* de basse; son *m* grave. ¶ ~의 목소리 une voix de basse; une voix

ㅈ

grave [basse]. ¶ ~으로 노래하다 chanter bas [grave].

◆_부 -部 명 basse *f*.

저의 底意 명 intention *f* cachée [secrète]; arrière-pensée (~-~*s*) *f*; intention *f* réelle. ¶ 누구의 ~를 파악하다 saisir [comprendre] les arrière-pensées de *qn*. ¶ 그 사람의 ~를 알 수 없다 Il est impossible de savoir quelle est sa véritable intention. ◇_(가) **있다** avoir une idée derrière la tête; avoir une arrière-pensée. ¶ ~가 있는 행동 un acte tendancieux. ◇_(가) **없다** ne pas avoir d'arrière-pensée.

저이 대 ① 저 사람 cette personne-là; lui, elle. ¶ ~의 행동이 오늘따라 이상하다 Celui-là, il se comporte bizarrement aujourd'hui. ¶ ~가 왜 저러지 Quelle mouche l'a piqué celui-là? / Il est malade ou quoi {*fam*}? ¶ ~들이 집으로 들어왔어요 Ils sont rentrés chez moi. ② 남편 mon mari *m*. ¶ ~가 아프면 우리 애들은 어떡해요 Si mon mari est malade, qu'est-ce que je vais faire de mes enfants?

저인망 底引網 명 seine *f* [senne *f*], drège *f*, chalutage *m*, pêche *f* au chalut. ¶ ~으로 고기를 잡다 faire de la pêche au chalut; attraper des poissons avec une seine [une drège, un grand filet].

◆_어선 -漁船 명 chalutier *m*.

◆_어업 -漁業 명 la pêche *f* au chalut; action de pêcher avec un grand filet [une drège, une seine].

저임금 低賃金 명 revenus *mpl* faibles [modestes]; salaire *m* médiocre [maigre, dérisoire]; petits salaires *mpl*; faibles ressources *fpl*. ¶ ~ 노동자 des travailleurs [des ouvriers] aux revenus modestes. ¶ ~ 노동력 une main-d'œuvre bon marché; une main-d'œuvre à moindres coûts. ¶ ~ 정책 une politique de bas salaires; une économie de bas salaires. ¶ ~을 받다 recevoir de faibles revenus [des revenus modestes, un maigre salaire]. ¶ ~으로 노동하다 travailler pour un faible salaire.

저자[1] 명 (place *f* du) marché *m*; boutique *f*. ¶ ~ 바구니 un cabas; un sac à provisions. ¶ ~ 구경 du lèche-vitrines. ¶ ~를 보다 faire le marché [*son* marché, *ses* courses, les courses, des courses]; faire des achats [des emplettes]; ((commerçant(*e*))) faire le marché ((de Namdaemun)). ¶ ~ 보러 가다 aller faire le [*son*] marché. ¶ ~가 서다 le marché se tient. ¶ 이 지방에는 일주일에 한 번씩 ~가 선다 Ici, le marché se tient une fois par semaine.

◆_ㅅ거리 명 rue *f* commerciale, rue *f* marchande, quartier *m* des commerces. ¶ ~ㅅ거리에는 볼거리가 많다 Dans la rue marchande, il y a beaucoup de choses à voir.

저자[2] **著者** 명 auteur *m*. ¶ ~ 미상[불명]의 책 un ouvrage dont l'auteur n'est pas connu. ¶ ~의 의도 les intentions de l'auteur. ¶ ~의 동의를 얻다 obtenir l'accord de l'auteur.

저자[3] **-者** 대 cet individu *m*; ce type-là *m* {*pop*}. ¶ ~가 범인이다 Ce type-là est un criminel.

저자세 低姿勢 명 attitude *f* discrète [humble, modeste]. ¶ ~를 취하다 adopter une attitude discrète. ¶ ~로 나가다[대하다] essayer de ne pas se faire remarquer; se faire discret. ¶ 그 사람은 처음부터 ~였다 Il avait dès le début une attitude modeste.

저작 著作 명 ① ouvrage *m*, écrit *m*; œuvre *f*. ② rédaction *f* d'un ouvrage. ¶ 희귀한 ~ un ouvrage rare. ¶ ~에 힘쓰다 se mettre à l'ouvrage [au travail]. ◇_(을) **하다** écrire un livre; composer une œuvre.

◆_가 -家 명 écrivain *m*, auteur *m*; homme *m* de lettres.

◆_권 -權 명 droits *mpl* d'auteur; copyright *m*. ¶ ~권 침해 l'atteinte aux [la violation des] droits d'auteur. ¶ ~권을 존중하다 respecter les droits d'auteur.

◆_권법 -權法 명 tous droits *mpl* réservés.

◆_권자 -權者 명 déten*teur*(*trice*) de droits d'auteur.

◆_물 -物 명 œuvre *f* (littéraire); livre *m*; écrit *m*, ouvrage *m*.

◆_자 -者 명 auteur *m*; écrivain *m*, ((여자)) femme *f* écrivain; homme *m* de plume; homme *m* [femme *f*] de lettres.

◆_집 -集 명 recueil *m* d'ouvrages.

저장 貯藏 명 conservation *f*, stockage *m*; emmagasinage *m*; engrangement *m*. ¶ 장기 ~ la conservation longue. ◇_(을) **하다** conserver *qc*; stocker *qc*, emmagasiner *qc*; engranger *qc*. ¶ 땔나무를 ~ 하다 faire provision de bois (pour l'hiver). ¶ ~하려고 꾸려둔 고기 la viande que l'on va stocker.

◆_고 -庫 명 magasin *m*; dépôt *m*; entrepôt *m*.

◆_량 -量 명 quantité *f* stockée.

◆_물 -物 명 produits *mpl* (alimentaires) que l'on a stockés [emmagasinés].

◆_법 -法 명 manière *f* de conservation, façon *f* de conserver.

◆_소 -所 명 magasin *m*, dépôt *m*; entrepôt *m*.

◆_실 -室 명 dépôt *m*; entrepôt *m*.

◆_품 -品 명 provisions *fpl*; stock *m* (de marchandises).

◆냉동_ 冷凍- 명 conservation *f* par congélation.

저적에 부 ☞ 저번

저절로 부 automatiquement, tout(*e*) seul(*e*), de *soi*-même; naturellement; spontanément. ¶ 문이 ~ 열렸다 La porte s'est ouverte toute seule [automatiquement, d'elle-même]. ¶ 불이 ~ 꺼졌다 Le feu s'est éteint tout seul. ¶ 그 사람은 병이 ~ 나았다 Il a guéri naturellement [spontanément, sans traitement]. ¶ 나는 눈물이 ~ 나왔다 J'ai pleuré [versé des larmes] sans raison.

저조[1] **低調** 명 ① ton *m* bas. ② ((활동 또는 감정이)) 침체됨 stagnation *f*, marasme *m* ((des affaires)); manque *m* d'animation ((du marché)). ¶ 시청률 ~ un faible audimat.

◆_하다 형 manquer d'animation; être peu animé(*e*); être endormi(*e*); être languissant(*e*); stagner. ¶ ~한 기록 un record peu élevé. ¶ ~한 득표율 une faible obtention de votes. ¶ 사업이 ~하다 Les affaires languissent / Le marché manque d'animation. ¶ 실적이 ~하다 ne pas avoir un bon résultat.

저조[2] 低潮 명 【지리】 marée *f* basse. ¶ ~ 때에 à la marée basse.

◆_**선** -線 명 ligne *f* de marée basse; laisse *f* de basse mer.

저주 詛呪 명 malédiction *f*, imprécation *f*, maléfice *m*. ¶ ~의 대상 une personne maudite. ¶ 세상에 대한 ~ des malédictions contre le monde. ¶ 누구에게 ~를 퍼붓다 maudire *qn*; jeter un sort à *qn*; ensorceler *qn* ((par une incantation)), envoûter *qn*, enchanter *qn* au moyen de sortilèges, marabouter *qn*. ◇_(**를**) **하다** maudire *qn*/*qc*; proférer des imprécations contre *qn*/*qc*. ¶ 세상을 ~하다 maudire le monde [les gens]. ◇_(**를**) **받다** encourir une malédiction de *qn*; se faire maudire de *qn*; être maudit(*e*) par *qn*, détesté(*e*) de *qn*; être affligé(*e*) d'une malédiction. ¶ 전 인민의 ~를 받다 encourir les malédictions [être détesté(*e*)] du peuple entier.

◆_**스럽다** 형 être exécrable, maudit(*e*), détestable, haïssable, damné(*e*) {*fam*}. ¶ 나는 그 사람들이 ~스러웠다 Je les trouve exécrables.

저주파 低周波 명 basses fréquences *fpl*.

◆_**증폭기** -增幅器 명 amplificateur *m*, ampli *m* {*fam*}.

저지[1] 沮止 명 empêchement *m*, entrave *f*, obstacle *m*. ◇_(**를**) **하다**[**시키다**] arrêter *qn*/*qc*; empêcher *qn*/*qc*; mettre obstacle à *qc*, susciter des obstacles à *qc*; enrayer *qc*; contrecarrer *qc*; entraver *qc*. ◇_(**를**) **당하다** se faire arrêter par *qn*/*qc*. ¶ 출입을 ~당하다 se faire refuser l'entrée par *qn*. ◇_(**가**) **되다** être arrêté(*e*); être empêché(*e*); être enrayé(*e*). ¶ 적의 공격은 ~되었다 L'attaque de l'ennemi a été arrêtée [stoppée].

◆_**선** -線 명 ligne *f* Maginot {*fig*}; ligne *f* de frontière, démarcation *f*.

저지[2] 低地 명 terrain *m* bas; basses terres *fpl*; terres *fpl* inondables. ¶ 홍수 피해가 우려되는 ~의 주민을 대피시켰다 On a mis à l'abri les habitants des basses terres [des terres inondables] susceptibles d'être sinistrés par les inondations [par la montée des eaux].

◆_**대** -帶 명 terrain *m* en contrebas; basses terres *fpl*.

저지레 명 bévue *f*, maladresse *f*; gaucherie *f*; gaffe *f* {*fam*}; bêtise *f*, sottise *f*; impair *m*. ◇_(**를**) **하다** commettre une maladresse [une bévue]; faire une gaffe {*fam*}; gaffer {*fam*}; faire des bêtises [des sottises]. ¶ 큰일을 ~ 하다 commettre une grosse bévue; faire une grosse bêtise. ¶ 어린아이들은 ~를 많이 한다 Les enfants font beaucoup de bêtises.

저지르다 타 faire, commettre ((une erreur, un crime)), perpétrer ((un crime)); arriver à ((un échec)), faire échouer *qc*. ¶ 실수를 ~ commettre une erreur. ¶ 잘못을 ~ commettre une faute [une erreur]. ¶ 죄를 ~ perpétrer [commettre] un crime. ¶ 그가 이번에는 무슨 일을 저지를지 모르겠다 Je ne sais vraiment pas ce qu'il va encore faire [ce dont il sera encore capable] cette fois-ci / J'ignore quelle catastrophe [quelle bêtise, quelle connerie {*vulg*}] il va commettre cette fois-ci.

저질 低質 명 ((de)) mauvaise qualité *f*, basse qualité *f*, qualité *f* médiocre [inférieure]; bas(*se*), mauvais(*e*); grossi*er*(*ère*), ignoble, vulgaire, obscène; décadent(*e*), dégénéré(*e*), abâtardi(*e*). ¶ ~ 문화 une culture décadente [dégénérée, abâtardie]. ¶ ~ 식품 des produits alimentaires de basse [mauvaise, médiocre] qualité. ¶ ~ 영화 un film vulgaire [obscène]; un mauvais film, un navet {*fam*}. ¶ ~로 굴다 mal se comporter, mal se tenir. ◇_**이다** être bas(*se*), mauvais(*e*), ignoble, vulgaire, obscène, grossi*er*(*ère*); être décadent(*e*), dégénéré(*e*). ¶ 이 연극은 정말 ~이다 Cette pièce de théâtre est vraiment vulgaire [obscène]. ¶ 그 사람은 ~이다 Ce type-là, il est vulgaire / Cette personne est obscène [dégénérée, grossière].

◆_**스럽다** 형 être vulgaire, grossi*er*(*ère*), obscène, dégénéré(*e*). ¶ ~스럽게 굴지 마 Ne te comporte pas vulgairement [grossièrement].

저쪽 대 ① ((방향)) l'autre côté *m*; là; là-bas; par-là. ¶ ~으로 가세요 Allez par là [là-bas]. ¶ ~으로 해서 가시오 Passez par là [par là-bas]. ¶ ~으로 건너가다 traverser là-bas [par là-bas]. ¶ 어느 것을 갖겠나? 이쪽인가 ~인가? Lequel préférez-vous? Celui-ci ou celui-là? ¶ 다리 건너 ~에 보이는 집 une maison qu'on voit au-delà du pont, une maison qu'on voit là-bas de l'autre côté du pont, une maison qu'on voit là-bas après le pont. ② ((사람)) celui-là, celle-là; l'autre. ¶ ~에서 말을 걸어 왔다 C'est lui qui m'a adressé la parole. ¶ 잘못은 ~에 있어요 C'est lui le fautif / C'est sa faute. ¶ ~의 제의를 받아들이다 accepter *sa* proposition, accepter la proposition de l'autre.

저처럼 부 à ce point, tellement, si, aussi, ainsi, comme cela, de cette façon, de cette manière, tant, pareillement. ¶ 나도 ~ 불어를 잘할 수 있을까? Pourrai-je un jour [Arrivai-je un jour à, Parviendrai-je un jour à] parler le français aussi bien que lui?

저촉 抵觸 명 contradiction *f*, conflit *m* (entre la loi et une action); infraction *f*, violation *f*, dérogation *f*, entorse *f*, transgression *f*. ¶ 법의 ~ l'infraction à la loi. ◇_(**을**) **하다** être en conflit [en contradiction, en désaccord] avec *qc*; être incompatible avec *qc*; déroger [contrevenir] ((à la loi, au règlement)), transgresser [violer, enfreindre] ((un règlement)) ¶ 법을 ~하다 déroger à [contrevenir à, enfreindre, violer] la loi. ¶ 규칙에 ~하다 être contradictoire avec un règlement; déroger à [contrevenir à, enfreindre, violer] un règlement. ◇_(**이**) **되다** constituer une infraction

ㅈ

à (la loi); déroger à [contrevenir à, enfreindre, violer] ((un règlement)). ¶ 법에 ~되는 행위 un acte qui constitue une infraction à la loi, un acte qui enfreint [viole, transgresse, déroge à] la loi, un acte qui est contradictoire avec la loi.

저축 貯蓄 명 épargne *f*, économie *f*. ¶ ~ 성향 l'inclination à l'épargne, la tendance à faire des économies. ¶ ~을 권장하다 encourager l'épargne. ◇_(을) **하다** mettre de l'argent de côté; faire des économies; économiser (de l'argent); épargner (de l'argent); faire provision d'argent. ¶ 푼돈을 아끼어 ~하다 économiser sou par sou.

◆**_률** -率 명 taux *mpl* d'épargnes. ¶ 평균 ~률 taux d'épargnes moyen.

◆**_보험** -保險 명 assurance *f* épargne.

◆**_성 예금** -性 預金 명 dépôt *m* de caisse d'épargne.

저축거리다 자 boiter, boitiller, clocher, claudiquer, clopiner, traîner la jambe [la patte] {*fam*}. ¶ 저축거리며 걷다 marcher en boitant [en boitillant, en clopinant], boiter, boitiller, avancer clopin-clopant {*fam*}, traîner la jambe {*fam*}.

저춤거리다 자 ☞ 저축거리다

저택 邸宅 명 résidence *f* (particulière), maison *f*; hôtel *m* particulier. ¶ 호화로운[으리으리한] ~ une résidence luxueuse [imposante], une résidence fastueuse [somptueuse, princière].

◆**대_** 大- 명 château(*x*) *m*; ((vrai)) palais *m*.

◆**호화_** 豪華- 명 résidence *f* luxueuse [somptueuse, fastueuse, princière].

저편 -便 대 ☞ 저쪽

저하[1] 低下 명 baisse *f*; chute *f*; descente *f*; dépréciation *f* ((de la monnaie)); humble condition *f*. ¶ 속력의 ~ le ralentissement de la vitesse. ¶ 생산성의 ~ une baisse [une chute] de la production. ¶ 질의 ~ une baisse de la qualité ((des marchandises)). ◇_(를) **하다** baisser, s'abaisser [abaisser]; se déprécier [déprécier]; subir une baisse; s'avilir [avilir]. ¶ 자신을 너무 ~하지 마세요. Ne sous-estimez pas trop vos capacités [vos compétences, vos possibilités] / Ne vous sous-estimez pas trop / Ayez plus confiance en vous. ¶ 품질이 ~했다 La qualité a baissé. ◇_(가) **되다** baisser, diminuer. ¶ 적의 사기가 ~되었다 Le moral de l'ennemi [de l'adversaire] a baissé. ¶ 학생들의 학력이 눈에 띄게 ~되었다 Le niveau des élèves [des étudiants] a considérablement baissé. ◇_(를) **시키다** faire baisser, faire diminuer. ¶ 사기를 ~시키다 entamer [atteindre, saper, casser {*fam*}] le moral de *qn*, décourager *qn*.

저하[2] 邸下 명 ((조선 시대)) Monseigneur le Dauphin ((titre honorifique du dauphin)). ¶ 세자 ~! Monseigneur le Dauphin.

저학년 低學年 명 classe *f* inférieure [élémentaire]; petite classe *f*. ¶ 초등학교 ~ 어린이 les élèves [les petits] de l'école élémentaire [primaire].

◆**_생** -生 명 élève *mf* des petites classes.

◆**_용** -用 명 (ce qui est) pour les élèves des petites classes [de l'école primaire]. ¶ ~용 참고서 un manuel complémentaire pour les élèves des petites classes. ¶ 그 책은 ~용입니다 Ce manuel est pour les élèves des petites classes.

저항 抵抗 명 ① résistance *f*; opposition *f*. ¶ 적군의 ~이 완강하다 La résistance de l'ennemi est opiniâtre / L'ennemi se défend vaillamment. ② 【전기, 물리】 résistance *f*. ◇_(을) **하다** résister à *qn*/*qc*; s'opposer à *qn*/*qc*, faire front à *qc*, faire face à *qn*/*qc*, défier [braver] ((l'autorité)). ¶ 완강히 ~하다 offrir une résistance opiniâtre; se défendre vaillamment. ¶ 아무런 ~도 하지 않다 n'opposer aucune résistance; ne pas offrir [faire] la moindre résistance. ¶ 독립군은 일본군에게 강력히 ~하였다 La Résistance s'est défendue vaillamment contre l'armée japonaise. ◇_(을) **받다** rencontrer [trouver] une résistance; se heurter à une résistance+Adj. ¶ 적의 강력한 ~을 받다 se heurter à une vive résistance de l'ennemi. ¶ 이 법안은 납세자들의 ~을 받았다 Les contribuables ont opposé une vive résistance à ce projet de loi / Ce projet de loi a suscité une forte opposition de la part des contribuables.

◆**_성** -性 명 résistance *f* contre *qc*. ¶ 유해한 물질에 대한 우리 몸의 ~성 la résistance [la défense] de notre corps contre les substances nuisibles. ¶ 우리에게는 ~성이 부족하다 Il nous manque de la résistance.

◆**_감** -感 명 sentiment *m* de réticence. ¶ 나는 그 사람의 말에 ~감을 느꼈다 J'ai senti de la réticence dans ses propos.

◆**_권** -權 명 droit *m* d'opposition.

◆**_력** -力 명 (force *f* de) résistance *f*; résistivité *f*.

◆**_률** -率 명 résistance *f* spécifique.

◆**_문학** -文學 명 【문학】 littérature *f* engagée; littérature *f* contestataire [d'opposition].

◆**_시** -詩 명 poème *m* engagé; poème *m* de la Résistance; poésie *f* de la Résistance.

◆**_운동** -運動 명 la Résistance *f*; mouvement *m* de résistance.

◆**전기_계** 電氣-計 명 ohmmètre *m*.

저해 沮害 명 empêchement *m*, obstacle *m*, entrave *f*. ¶ 기초질서 ~사범 un délit qui entrave l'ordre social, un délit qui ébranle les bases fondamentales de la société. ◇_(를) **하다** entraver *qc*, empêcher *qc*, gêner *qc*; mettre obstacle à *qc*. ¶ 업무수행을 ~하다 gêner *qn* dans l'exercice de *ses* fonctions, empêcher *qn* d'exercer *ses* fonctions. ¶ 자금부족이 사업의 발전을 ~하고 있다 Le manque de capitaux est un obstacle aux progrès de l'entreprise / Le manque de fonds entrave le développement de cette entreprise / Le manque de fonds constitue une entrave au développement de l'entreprise. ◇_(가) **되다** être entravé(*e*), être empêché(*e*), être bloqué(*e*). ¶ 진보가 ~되고 있다 Les progrès sont entravés.

◆**_물질** *-物質* 명 substance *f* gênante [contraignante]; substance *f* [produit *m*] qui empêche *qc*. ¶ 칼슘 흡수 ~물질 une substance qui empêche l'absorption du calcium ((par l'organisme)).

저혈압 低血壓 명 hypotension *f*. ¶ ~으로 고생하다 souffrir d'hypotension.

저희 대 ① nous. ¶ ~가 그 일을 하겠습니다 Nous nous chargerons de ce travail / C'est nous qui allons le faire. ② je; moi; mon(*ma*). ¶ ~ 어머니는 여행 중입니다 Ma mère est en voyage.

적[1] 의명 ((nom non autonome ou dépendant, exprimant le moment ou l'occasion. Il s'emploie après le suffixe flexionnel déterminant du passé -ㄴ/-은/-던, et du futur -ㄹ/-을)). moment *m*, temps *m*, époque *m*; cas *m*. ¶ 무엇을 할 ~에는 au cas [dans le cas] où on fait *qc*; quand [lorsque] on fait *qc*. ¶ 학생 ~에 lorsque j'étais étudiant(*e*). ¶ 어렸을 ~에 dans mon enfance, quand j'étais petit(*e*). ¶ 내가 젊었을 ~에 dans ma jeunesse; quand j'étais jeune. ¶ 내가 없을 ~에는 si je suis absent(*e*); au cas où je serais absent(*e*), quand je ne suis pas là. ¶ 내가 집을 나올 ~에 en sortant de chez moi; au moment où je sortais de chez moi, quand je sors de chez moi. ¶ 내가 파리에 있을 ~ 생각이 난다 Je me rappelle l'époque [le moment] où j'étais à Paris / Je me souviens de mon séjour à Paris.

적[2] **敵** 명 ① ennemi *m*; adversaire *mf*; riv*al*(*ale*, *aux*); concurrent(*e*). ¶ ~을 무찌르다[소탕하다] battre [chasser, vaincre, balayer] un ennemi. ¶ ~을 만들지 않도록 해라 Tâche [Essaie] de ne pas te faire d'ennemis. ¶ ~과 싸우다[접전하다] se battre contre l'ennemi, combattre l'ennemi, livrer bataille [combat] contre l'ennemi. ¶ ~에게 대항하다 résister face à l'ennemi, faire face [front] à l'ennemi, résister à l'ennemi. ¶ ~에게 승리하다[이기다] battre [vaincre, gagner contre] l'ennemi. ¶ ~에게 패하다[지다] être battu(*e*) [perdu(*e*)] par l'ennemi. ¶ 그 사람을 너의 ~으로 삼지 마라 Ne fais pas de cet homme ton ennemi / Ne te fais pas de cet homme un ennemi. ¶ 누구의 ~이 못 되다 ne pas faire le poids avec *qn*/*qc*; ne pas être de taille [de force] à lutter avec / contre *qn*. ¶ 오늘의 친구가 내일의 ~이 될 수도 있다 Un ami d'aujourd'hui peut devenir un jour un ennemi. ② ((비유적)) ennemi *m*. ¶ 민주주의의 ~ l'ennemi de la démocratie. ¶ 피로는 건강의 ~이다 La fatigue est l'ennemi de la santé. ③ 경기나 시합 따위의 상대편 adversaire *m*, opposant(*e*); riv*al*(*ale*, *aux*), compéti*teur*(*trice*). ¶ 이번 우리의 ~은 강한 팀이다 Cette fois-ci, notre adversaire est une forte équipe / Cette fois-ci, nous avons affaire à un adversaire de taille. ¶ 이 지방 축구 팀 중에는 우리의 ~이 없다 Dans cette région, aucune équipe ne fait le poids avec la nôtre / Parmi les équipes de football de cette région, aucune ne peut égaler la nôtre [aucune ne peut arriver à la cheville de la nôtre {*fam*}].

*~**을 치려면 ~을 알아야 한다** Si on veut battre l'ennemi, il faut d'abord bien le connaître.

◆**_군** -軍 명 armée *f* ennemie; troupes *fpl* ennemies; ennemi *m*; forces *fpl* hostiles.

◆**_기** -機 명 avion *m* ennemi.

◆**_장** -將 명 général *m* [chef *m*] de l'armée ennemie.

◆**_전** -前 명 face à l'ennemi, devant l'ennemi.

◆**_지** -地 명 territoires *mpl* ennemis. ¶ 그 사람은 ~지에 혼자 남았다 Il est resté seul dans les territoires ennemis.

◆**_탄** -彈 명 projectile *m* [balle *f*] ennemi. ¶ 그 사람은 ~탄에 전사했다 Il a été tué par un projectile ennemi.

◆**_함** -艦 명 navire *m* [bâtiment *m*] ennemi.

적[3] **積** 명 ① 【수학】 multiplication *f*. ¶ 5와 8의 ~은 40이다 Le produit de 5 par 8 est quarante / Cinq multiplié par [fois] huit font [égalent] quarante. ② surface *f*, superficie *f*, contenance *f*, volume *m*.

적[4] **籍** 명 ① livret *m* de famille, registre *m* familial. ¶ ~을 빼다[옮기다] rayer [supprimer] le nom de *qn* du registre familial [déplacer le nom de *qn* du registre familial sur un autre registre]. ¶ 입양아를 자신의 ~에 넣다[올리다] inscrire un enfant adopté sur *son* registre familial [sur *son* livret de famille]. ② qualité *f* de membre; appartenance *f* ((à une organisation)). ¶ ~을 두다 appartenir à, être membre de. ¶ 그 사람은 문과대학에 ~을 두고 있다 Il est (inscrit) à la faculté de lettres.

적[5] **笛** 명 *jeok m* <flûte traversière coréenne à six trous faite en bambou>. ¶ ~을 불다 jouer du *jeok*.

적[6] **炙** 명 *jeok m* <petite brochette>. ¶ ~을 부치다 faire cuire des brochettes.

-적[7] **-的** 접미 ((suffixe ajouté aux noms pour former un adjectif)) ¶ 경제~ économique. ¶ 문학~ littéraire. ¶ 국제~ international(*e*). ¶ 과학~ scientifique. ¶ 비극~ tragique. ¶ 수~ 우위 une supériorité numérique. ¶ 신사~ 행동 un comportement [une attitude] qui convient à un homme distingué, un comportement [une attitude] de gentleman.

적가 嫡家 명 famille *f* légitime. ¶ 서가와 ~ une famille illégitime et une famille légitime. ¶ ~의 자손 une descendance légitime.

적갈색 赤葛色 명 brun *m* rougeâtre; couleur *f* rousse.

적개심 敵愾心 명 hostilité *f*, inimitié *f*, animosité *f*, haine *f*, aversion *f*. ¶ 누구에 대한 ~ l'hostilité envers [contre] *qn*; l'inimitié pour [contre] *qn*; l'aversion pour *qn*, la haine pour *qn*. ¶ 누구에 대해 ~을 품다[갖다] éprouver de l'hostilité envers [contre] *qn*; avoir de l'aversion pour *qn*; avoir [concevoir, éprouver] de la haine pour *qn*; haïr *qn*; avoir [concevoir] de l'inimitié pour [contre] *qn*. ¶ ~을 느끼다 éprouver de l'hostilité [des

ㅈ

sentiments hostiles] envers [contre] *qn*. ¶ 누구에 대한 ~을 돋우다 attiser les haines; nourrir de vieilles haines pour [contre] *qn*; causer [inspirer] de l'aversion à *qn*; soulever le cœur de *qn*. ¶ ~에 타오르다 se laisser emporter par la haine, s'enflammer d'une haine. ¶ ~이 솟구치다[불타다] se laisser emporter par la haine; être influencé(*e*) par des sentiments hostiles.

적격 適格 명 aptitude *f*, compétence *f*, talent *m*; capacité *f*, qualification *f* appropriée [convenable]. ¶ ~ 여부 qualification ou non qualification; compétence ou non compétence. ◇_**이다** convenir à *qn/qc*, être adéquat(*e*), faire l'affaire de *qn*, aller à *qn*. ¶ 그 사람은 그 일에 ~이다 Il convient à ce travail.

◆_**하다** 형 être convenable; convenir à *qn/qc*, être adéquat(*e*)). ¶ 그 사람은 이 자리에 ~한 사람이다 Il convient à ce poste [à ce travail] / Il est fait pour ce poste [pour ce travail].

◆_**성** -性 명 convenance *f*, aptitude *f*. ¶ ~성 여부를 심사하다 juger de la convenance [de l'aptitude de *qn*].

◆_**자** -者 명 personne *f* qualifiée [compétente]. ¶ ~자를 구하다 chercher des personnes qualifiées.

적국 敵國 명 pays *m* ennemi; puissance *f* hostile. ¶ ~의 침략 l'invasion d'un pays ennemi [de l'ennemi]. ¶ ~을 물리치다 chasser l'ennemi. ¶ ~을 염탐하다 surveiller les mouvements d'un pays ennemi; surveiller les mouvements ennemis; faire de l'espionnage dans un pays ennemi. ¶ ~에 첩자를 보내다 envoyer des espions [faire de l'espionnage] dans un pays ennemi.

적군[1] 赤軍 명 ① l'armée *f* soviétique, l'armée *f* rouge. ② armée *f* communiste.

적군[2] 敵軍 명 armée *f* ennemie, troupes *fpl* ennemies, ennemi *m*; forces *fpl* hostiles. ¶ ~의 공격 l'attaque de l'ennemi. ¶ ~에게 사로잡히다 être capturé(*e*) par l'ennemi.

적극 積極 부 activement, de manière entreprenante. ¶ 누구를 ~ 지지하다 supporter *qn* activement. ¶ 무엇을 ~ 말리다 empêcher *qc* activement.

◆_**적** -的 명관 positi*f*(*ve*), acti*f*(*ve*), entreprenant(*e*). ¶ ~적인 사람 une personne entreprenante. ¶ ~적으로 돕겠다 Je vais t'aider activement [du mieux que je pourrai]. ¶ 그 여자는 매사에 ~적이다 Elle est toujours entreprenante.

◆_**성** -性 명 positivité *f*; (esprit *m* d')initiative *f*; esprit *m* d'entreprise. ¶ ~성이 결여되다 manquer [ne pas avoir d'esprit] d'initiative, manquer [ne pas avoir] d'esprit positif.

적금 積金 명 ① épargne *f* rachetable. ② épargnes *fpl*; fonds *mpl* de réserve. ¶ ~을 붓다 épargner [mettre de côté] une somme d'argent régulièrement; déposer une somme d'argent ((à la banque)) régulièrement. ¶ ~을 타다 recevoir une somme d'argent épargnée en plusieurs versements, recevoir un montant issu d'une épargne rachetable. ¶ ~을 해약하다 annuler un contrat d'épargne rachetable.

적기[1] 敵機 명 avion *m* ennemi. ¶ ~를 격추시키다 abattre un avion ennemi. ¶ ~가 출현했다 Un avion ennemi est en vue [est apparu, a fait son apparition].

적기[2] 赤旗 ① drapeau(*x*) *m* rouge. ¶ ~를 들다 lever le drapeau rouge. ¶ 우리 팀 깃발은 ~이다 Le drapeau de notre équipe est rouge. ② 공산당의 기 drapeau(*x*) *m* rouge. ¶ 공산당의 ~ le drapeau rouge du parti communiste.

적기[3] 適期 명 bon moment *m*; moment *m* favorable; opportunité *f*; occasion *f* propice [favorable]; opportun(*e*), qui vient à propos [à point]. ¶ ~를 놓치다 rater le moment opportun. rater l'opportunité, louper {*fam*} le bon moment. ¶ 이맘 때가 추수에[벼를 베는 데에] ~이다 C'est maintenant qu'il faut faire la moisson [récolter le riz]. ¶ ~에 오셨습니다 Vous arrivez [êtes arrivé(*e*)] au bon moment [à propos] / Vous tombez bien [à point, à pic, à propos, pile {*fam*}]. ¶ ~에 부족한 것을 공급하다 fournir ce qu'il manque au bon moment.

적나라하다 赤裸裸- 형 être nu(*e*), être dénudé(*e*), être à poil {*fam*}; être franc(*che*), être direct(*e*). ¶ 적나라한 진실 la vérité pure, la vérité (toute) nue. ¶ 사실을 적나라하게 묘사하다[표현하다] raconter un fait tel qu'il s'est passé. ¶ 사실이 적나라하게 드러났다 Toute la vérité a été dévoilée / La vérité a été entièrement dévoilée.

적다[1] 타 ① 기입하다 écrire, composer ((des vers)), marquer, rédiger ((un article)), noter, prendre note, dicter. ¶ 종이에 전화번호를 ~ noter le numéro de téléphone sur un papier. ¶ 종잇조각에 몇 자 ~ mettre [écrire] quelques mots sur un bout de papier. ¶ 답안지에 답을 ~ rédiger [faire] *sa* copie. ¶ 만날 약속을 수첩에 적어 두다 noter un rendez-vous sur *son* agenda. ¶ 그 사람은 편지에 어머니가 아프다고 적었다 Il a écrit dans une lettre que sa mère était malade. ¶ 내가 부르는 대로 적어라 Écrivez ce que je (vous) dis. ② 작성하다 écrire; tenir. ¶ 일기를 ~ écrire *son* journal, tenir un journal. ¶ 장부[가계부, 금전출납부]를 ~ tenir un registre [les comptes du ménage, la caisse].

적다[2] 형 être peu nombreu*x*(*se*); ((nombre)) être insuffisant(*e*); être peu abondant(*e*); être dérisoire, rare; ((temps)) être limité(*e*). ¶ 말수가 ~ être peu bavard(*e*), parler peu; être taciturne. ¶ 수입[봉급]이 ~ n'avoir pas beaucoup de revenus, avoir des revenus faibles [avoir un faible salaire]. ¶ 적은 수입[봉급] des revenus faibles [un salaire médiocre, maigre, dérisoire, faible]. ¶ 적은 시간[지면] un temps limité [une surface limitée]. ¶ 적은 비용으로 효용을 극대화하다 maximaliser [maximiser] un effet avec peu d'argent. ¶ 적지 않은 손해를 보다 subir de lourdes pertes [des dégâts importants]. ¶ 이 마을에는 사람[젊은이]이 ~ Ce

ㅈ

village est peu peuplé [Dans ce village, il y a peu de jeunes / Dans ce village, les jeunes sont peu nombreux. ¶ 그것을 할 줄 아는 사람은 매우 ~ Peu de gens sont capables de faire cela[ça] / Rares sont ceux qui sont capables de faire cela / Peu de gens peuvent faire ça. ¶ 그 사람은 친구가 ~ Il a peu d'amis / Il n'a pas beaucoup d'amis. ¶ 적게 벌고 적게 쓰다 gagner peu et dépenser peu.

◆적어도 뿌 au moins, au minimum, pour le moins, tout au moins, à tout le moins. ¶ 그 사람은 재산이 적어도 10억은 된다 Ses biens s'élèvent au minimum à un milliard de wons. ¶ 적어도 나에게는 알려주지 그랬니? Tu aurais pu au moins me prévenir moi? ¶ 그 사람은 적어도 사기를 칠 사람은 아니다 En tout cas, ce n'est sûrement pas un escroc / Au moins, ce n'est pas quelqu'un qui escroque des gens.

적당 適當 어근 convenance *f*, conformité *f*.

◆_하다 형 être convenable, convenir à *qn*/*qc*; être approprié(*e*); être opportun(*e*); être suffisant(*e*); être raisonnable; être adéquat(*e*), être apte à *qc*/*inf*. ¶ ~한 가격 un prix raisonnable [convenable]. ¶ ~한 시간에 au bon moment, à un moment qui vous convient; en temps opportun [utile]. ¶ ~한 조처를 취하다 prendre des mesures appropriées [convenables, adéquates]. ¶ 목욕하기에 ~한 온도의 물 l'eau à la bonne température pour se baigner. ¶ ~한 선에서 마무리하다[타협하다] faire les finitions [s'accommoder, s'arranger, arriver à un compromis] à la bonne limite. ¶ 그 사람은 이런 일에 ~하다 Cette personne est apte à ce travail [à faire ce travail].

◆_히 뿌 ① 적절하게 convenablement, comme il convient [faut]; comme bon vous semblera; à votre goût. ¶ 물을 ~히 붓다 verser la bonne quantité d'eau. ② 대충 grosso modo; grossièrement. ¶ 일을 ~히 처리하다 faire un travail grossièrement; bâcler un travail. ¶ ~히 해 두시오 Faites comme bon vous semblera / Faites comme vous pourrez [comme vous voulez]. ¶ ~히 얼버무리다 mélanger comme il faut [comme il convient].

◆_량 -量 명 quantité *f* appropriée; dose *f* conseillée. ¶ ~량을 복용하면 몸에 좋다 C'est bon pour la santé si vous ne dépassez pas la dose conseillée [prescrite].

◆_주의 -主義 명 bâclage *m*, bousillage *m* {*fam*}. ¶ ~주의가 화[재해]를 부른다 Vouloir expédier les choses [un travail] peut entraîner une catastrophe.

적대 敵對 명 rivalité *f*, antagonisme *m*, opposition *f*. ¶ ~ 행위 une action hostile. ¶ ~ 관계 des relations antagonistes, des relations d'opposition.

◆_적 -的 명관 hostile. ¶ 그 사람은 우리에게 ~적이다 Il est hostile envers nous. ¶ ~적인 행동[언사] une action [un propos] hostile.

◆_감 -感 명 sentiment *m* hostile [d'hostilité]. ¶ 누구에게 ~감을 갖다 éprouver un sentiment hostile envers *qn*.

◆_국 -國 명 pays *m* ennemi, nation *f* ennemie; puissance *f* hostile. ¶ ~국을 이롭게 하는 행위는 용서할 수 없다 On ne peut pas accepter une action qui favorise [qui est favorable à] le pays ennemi [la nation ennemie].

◆_시 -視 명 《regarder avec》 hostilité *f*, animosité *f*. ¶ ~시하다 être hostile à [envers] *qn*; considérer *qn* comme ennemi. ¶ 같은 민족끼리 ~시하다 éprouver de l'hostilité entre personnes du même pays.

◆_심 -心 명 hostilité *f*, sentiment *m* hostile; antagonisme *m*; animosité *f*. ¶ 누구에게 ~심을 갖다 se montrer hostile envers *qn*, éprouver de l'hostilité [des sentiments hostiles] envers *qn*.

◆_자 -者 명 ennemi(*e*); antagoniste *m*.

적도 赤道 명 équateur *m*. ¶ ~ 지방 des régions équatoriales. ¶ ~ 무풍대 une zone de calme équatorial. ¶ ~를 횡단하다 passer (la ligne de) l'équateur.

적란운 積亂雲 명 《기상》 cumulonimbus *m*. ¶ ~이 떠 있다 Il y a des cumulonimbus / Des cumulonimbus flottent dans le ciel.

적량 適量 명 quantité *f* appropriée [convenable]; dose *f* voulue [prescrite]. ¶ 음식에 ~의 소금을 넣다 mettre le sel [la quantité de sel] qu'il faut dans les plats; ne pas trop saler les plats.

적령 適齡 명 âge *m* convenable; âge *m* nubile; âge *m* mobilisable. ¶ 취학 ~ l'âge où l'on entre (habituellement) à l'école. ¶ 혼인 ~ l'âge nubile. ¶ 결혼[징집] ~을 초과하다 dépasser l'âge nubile [l'âge mobilisable, l'âge de partir à l'armée]; ne plus être en âge de se marier [partir à l'armée].

◆_기 -期 명 âge *m* convenable. ¶ 결혼 ~기 l'âge nubile; 《être en》 âge de se marier [d'être marié(*e*)]. ¶ 이미 결혼 ~기를 지난 사람 une personne qui a passé l'âge de se marier.

◆_자 -者 명 personne *f* en âge de 《se marier, partir à l'armée》.

적록색맹 赤綠色盲 명 daltonisme *m*. ¶ 이번 시력 검사에서 ~으로 판명이 났다 Lors de cet examen ophtalmologique, on a conclu à [on a diagnostiqué] un daltonisme [j'ai été diagnostiqué(*e*) daltonien(*ne*), on m'a dit que j'étais daltonien(*ne*)].

적립 積立 명 épargne *f*, mise *f* en réserve de fonds.

◇_(을) **하다[시키다]** épargner; mettre de l'argent de côté [en réserve], faire des économies (en mettant régulièrement de l'argent à la banque). ¶ 비상용으로 돈을 ~해 두다 épargner [mettre de l'argent de côté, faire des économies] pour des besoins imprévisibles [en cas de besoin urgent]. ¶ ~해 둔 돈으로 사업을 시작하다 lancer [monter] une affaire [entreprise] avec des fonds de réserve.

◇_(이) **되다** être épargné(*e*), mis(*e*) en réserve [de côté]. ¶ 지금까지 ~된 돈이 모두 2억 원이다 On a économisé en tout jusqu'à maintenant deux cents millions de wons.

ㅈ

◆_금 -金 명 argent *m* épargné; fonds *mpl* de réserve; économies *fpl*, épargnes *fpl*.

적막 寂寞 명 désolation *f*, solitude *f*, isolement *m*; calme *m*, tranquillité *f*.

◆_하다 형 être solitaire, désert(*e*), désolé(*e*), isolé(*e*), calme, tranquille. ¶ ~한 경치 paysage désert [désolé]. ¶ ~한 곳 lieu [endroit] désert; solitude. ¶ 이 곳에는 건물이 하나도 없어서 ~하게 느껴진다 Ici, l'endroit paraît vide sans immeuble.

◆_감 -感 명 désolation *f*, solitude *f*, isolement *m*, calme *f*, tranquillité *f*. ¶ 오래 전에 버려진 집이라 ~감이 돈다 Cette maison étant abandonnée depuis longtemps, il y règne une impression [une atmosphère] de désolation.

◆_강산 -江山 명 grande solitude *f*, calme *f*, tranquillité *f*. ¶ 이 산골은 인적이 드물어 ~강산이다 Cette région montagneuse, étant peu fréquentée [attirant peu de touristes, étant peu touristique], est très calme.

적반하장 賊反荷杖 명 crier sur *qn* [invectiver *qn*, faire des reproches à la victime, blâmer la victime] bien qu'on soit soi-même fautif(*ve*) [alors qu'on est en tort] ((se dit lorsque le fautif ["l'agresseur"] au lieu de s'excuser blâme [adresse des reproches à, agresse, invective] la victime alors que ce serait plutôt à la victime de le faire)). ¶ ~도 유분수다 Tu manques pas d'air {*fam*}! [C'est le comble!, C'est la meilleure, celle-là!] C'est toi qui me cries après alors que ce serait plutôt à moi de le faire [de te dire ça, de t'en vouloir]. Il y a des bornes à ne pas dépasser [Il y a des limites, Il ne faut pas pousser trop loin [charrier {*fam*}]] tout de même! ¶ ~이다 crier sur *qn* [invectiver *qn*, agresser *qn*] alors qu'on est en tort ¶ 그 녀석은 자기가 잘못해 놓고 오히려 ~이다! 너무 하네! C'est lui qui est en tort, mais c'est lui qui me crie après! Il est gonflé {*fam*}, celui-là! Il ne faut pas charrier {*fam*} tout de même!

적발 摘發 명 découverte *f*, dévoilement *m*, décèlement *m*; dénonciation *f*. ¶ ~ 건수 nombre de contraventions distribuées. ◇_(을) 하다 découvrir *qc*; dévoiler, révéler ((un complot)); prendre [surprendre] *qn* en flagrant délit [en faute, sur le vif], prendre [surprendre, trouver] *qn* en défaut; déceler, démasquer; dénoncer ((une injustice)). ¶ 법규 위반자를 ~하다 surprendre un contrevenant; dresser une contravention à *qn*. ◇_(을) 당하다[(이) 되다] être découvert(*e*), décelé(*e*), démasqué(*e*), être surpris(*e*) [pris(*e*)] (en flagrant délit, sur le vif, en faute, en défaut); se faire attraper, se laisser surprendre à+*inf*. ¶ 국세청에 탈세 사실을 ~당했다 La fraude fiscale a été découverte par la direction générale des impôts. ¶ 그 사람은 무단횡단을 하다가 경찰에 ~되었다 Cet homme s'est fait attraper par la police pour avoir traversé hors des passages cloutés / Cet homme a été pris en faute par la police alors qu'il traversait hors des passages cloutés.

적법 適法 명 ① légalité *f*, légitimité *f*. ② loi *f* juste [appropriée]. ¶ ~ 행위 acte légal. ¶ ~ 거래 commerce licite.

◆_하다 형 être lég*al*(*ale*, *aux*), licite, légitime, permis(*e*); être juste. ¶ ~한 절차를 거쳐서 par la légitimité [la légalité].

◆_성 -性 명 légalité *f*, légitimité *f*. ¶ 행위의 ~성을 심사[검토]하다 examiner [vérifier] la légitimité de l'acte.

◆_화 -化 명 légitimation *f*, légalisation *f*. ¶ ~화하다 légitimer, légaliser. ¶ ~화되다 devenir lég*al*(*ale*, *aux*) [licite, légitime]; être légitimé(*e*), légalisé(*e*).

적병 敵兵 명 soldat *m* ennemi. ¶ ~을 사로잡다 capturer un soldat ennemi.

적부 適否 명 propriété *f*; justesse *f*, pertinence *f*, aptitude *f*; les avantages *mpl* et les inconvénients de *qc*, le pour et le contre de *qc*. ¶ 법안의 ~를 심사[논의]하다 discuter des avantages et des inconvénients [le pour et le contre] d'un projet de loi. ¶ ~를 따지다[판단하다] juger de la convenance [l'aptitude]. ¶ 용어의 ~를 의심하다 mettre en doute la pertinence du vocabulaire.

◆_심 -審 명 【법률】 vérification *f* de la légitimité [légalité, justesse]. ¶ 구속 ~심 vérification de la légitimité de l'arrêt.

적분 積分 명 【수학】 intégration *f* ((d'une fonction)); calcul *m* intégral; intégrale *f*. ¶ ~ 방정식 équation intégrale. ◇_(을) 하다 intégrer ((une fonction)). ¶ 함수를 ~하다 intégrer une fonction. ◇_(이) 되다 être intégré(*e*).

적산[1] 積算 명 addition *f*.

적산[2] 敵産 명 propriété *f* ennemie; biens *mpl* ennemis; biens *mpl* possédés par l'occupant. ¶ ~ 관리 administration des biens confisqués à l'ennemi.

◆_가옥 -家屋 명 maison *f* occupée par des Japonais en Corée (pendant la période de l'occupation japonaise).

적삼 명 veste *f* légère (coréenne). ¶ 모시 ~ veste légère en ramie [chanvre blanc, lin blanc]. ¶ 무명 ~ veste légère en coton.

적색 赤色 명 ① rouge *m*; couleur *f* rouge. ¶ ~ 옷을 입다 mettre un vêtement rouge; s'habiller en rouge. ② communiste. ¶ ~ 분자 rouge, communiste. ¶ 그 사람은 ~ 성격을 띤 운동에 가담했다 Il a participé à des mouvements à tendance communiste.

◆_테러 명 terrorisme *m* rouge.

◆_토기 -土器 명 poterie *f* rouge.

적서 嫡庶 명 fils *m* né de la première épouse [de l'épouse officielle] et fils *m* né d'une concubine [d'une épouse secondaire] d'un homme riche. ¶ ~의 차별 discrimination entre un fils né de la première épouse et un fils né d'une concubine, traitement discriminant au profit du fils (né) de

ㅈ

la première épouse par rapport au fils (né) d'une concubine [d'une épouse secondaire].

적석총 積石塚 명 tombe *f* en pierres.

적선 積善 명 pratique *f* du bien; aumône *f*, charité *f*. ¶ ~을 부탁하다 demander l'aumône [la charité]; mendier, tendre la main, quémander {*vx*}; faire la manche {*fam*}. ¶ ~을 베풀다 faire la charité [l'aumône] à ((un mendiant)). ◇_(을) **하다** faire l'aumône [la charité] à ((un mendiant)); faire de bonnes actions (à plusieurs reprises). ¶ 한 푼만 ~합쇼 La charité! Pitié! Grâce! ¶ ~하는 셈치고 par pitié de grâce.

적설 積雪 명 enneigement *m*; neige *f* accumulée.

◆**_량** -量 명 ¶ ~량이 많다 Il a beaucoup neigé. ¶ ~량이 2미터에 이르렀다 La neige a atteint 2 mètres de hauteur [a atteint une hauteur de 2 mètres].

적성[1] 適性 명 aptitude *f* à *qc*/*inf*, capacité *f*; disposition *f* pour *qc*/*inf*; talent *m*. ¶ 음악에 ~이 있다 avoir des dispositions pour la musique. ¶ 무엇에 굉장한 ~을 보이다 montrer de grandes aptitudes à *qc*. ¶ ~을 계발하다[살리다] exploiter un talent. ¶ ~을 고려하다 examiner les aptitudes de *qn*; tenir compte des aptitudes de *qn*. ¶ ~을 무시하다 négliger un talent. ¶ ~에 따라 직업을 선택하다 choisir *son* métier selon *ses* aptitudes. ¶ 그 일은 내 ~에 안 맞다 Je ne suis pas fait(*e*) pour ce travail.

◆**_검사** -檢査 명 test *m* [examen *m*] d'aptitude; test *m* d'orientation.

적성[2] 敵性 명 hostilité *f*, animosité *f*. ¶ ~ 국가 pays ennemi [hostile].

적소[1] 適所 명 place *f* convenable [qui convient à *qn*]; bonne place *f*, bon endroit *m*. ¶ 사람을 ~에 배치하다 mettre la personne qu'il faut à la bonne place; mettre une personne compétente à la place qui lui convient.

◆**적재_** 適材- 명 personne *f* compétente au poste convenable. ¶ 인재를 적재~에 배치하다 mettre des personnes de valeur à la bonne place; mettre une personne compétente [de valeur] à la place qui lui convient, nommer des personnes de valeur aux postes convenables.

적소[2] 謫所 명 lieu(*x*) *m* [terre *f*] d'exil. ¶ 그 사람은 마침내 ~에서 죽었다 *Il a fini* par mourir en terre d'exil.

적쇠 炙- 명 gril *m*. ☞ 석쇠

적수 敵手 명 adversaire; riv*al*(*ale*, *aux*); ((être sans)) ég*al*(*ale*, *aux*), pareil(*le*), pair {*vx*}. ¶ 누구의 ~가 될 만하다 être de force à lutter [rivaliser] avec *qn*; pouvoir le disputer à *qn*. ¶ 자네는 그 사람의 ~가 못 되네 Vous n'êtes pas de force [taille] à lutter [rivaliser] contre lui / Vous ne faites pas le poids. ¶ 그 사람은 이 분야에 ~가 없다 Dans ce domaine [sa partie], il est imbattable / Dans son domaine, il est hors (de) pair.

◆**호_** 好- 명 adversaire à la mesure de *qn*; émule, riv*al*(*ale*, *aux*). ¶ 호~를 만나다 trouver à qui parler; trouver *son* homme; avoir affaire à forte partie; rencontrer un adversaire de taille [un adversaire à *sa* mesure].

적시[1] 適時 명 bon moment *m*, moment *m* opportun. ¶ ~에 나타나다[도착하다] arriver [paraître] au bon moment.

◆**_안타** -安打 명 【야구】 coup *m* de batte réussi [frappe *f* réussie] au moment opportun (permettant au coureur [aux coureurs] de marquer un point [des points]).

◆**_타** -打 명 【야구】 coup *m* de batte [frappe *f*] réussi(*e*) au moment opportun (permettant au coureur [aux coureurs] de marquer un point [des points]). ¶ ~타를 치다[때리다, 날리다] réussir une frappe [un coup de batte] au moment opportun (permettant au coureur [aux coureurs] de marquer un point [des points]). ¶ ~타를 (얻어)맞다[허용하다] laisser l'équipe adverse [permettre à l'équipe adverse de] réussir un coup de batte à un moment important de la rencontre (permettant au coureur [aux coureurs] de marquer un point [des points]).

적시[2] 摘示 명 indication *f*. ¶ 사실의 ~ confrontation du réel. ◇_(를) **하다** indiquer, confronter. ¶ 구체적인 사실을 ~하다 indiquer un fait concret. ◇_(가) **되다** être indiqué(*e*).

적시다 타 ① mouiller, arroser, imbiber, tremper, baigner, plonger. ¶ 비가 잔디를 적신다 La pluie arrose [humecte, humidifie] le gazon [la pelouse]. ¶ 땀이 옷을 적신다 La sueur trempe [mouille] sa chemise. ¶ 수건을 물에 ~ tremper *son* mouchoir dans l'eau. ¶ 강물에 발[옷]을 ~ tremper *ses* pieds [avoir mouillé *ses* vêtements] dans une rivière. ¶ 눈물로 베개[소매]를 ~ tremper [mouiller, arroser] *son* oreiller [*ses* manches] de *ses* larmes. ¶ 나는 비에 온 몸을 흠뻑 적셨다 Je me suis fait rincer [doucher, saucer {*fam*}] par la pluie. Résultat, je suis trempé(*e*) jusqu'aux os [comme une soupe] / La pluie m'a trempé(*e*) jusqu'aux os [comme une soupe]. ② impressionner, émouvoir, toucher, attendrir. ¶ 마음을 촉촉히 적셔 주는 영화[시, 소설, 노래] un film [une poésie, un roman, une chanson] qui nous émeut [très émouvant, qui nous touche, qui nous tire les larmes des yeux, qui nous met la larme à l'œil, qui nous fait pleurer]. ¶ 눈시울을 ~ être ému(*e*) jusqu'aux larmes.

적신월사 赤新月社 명 Croissant-Rouge *m* ((équivalent de la Croix-Rouge en pays musulman)).

적신호 赤信號 명 ① feu(*x*) *m* rouge. ¶ ~ 때 길을 건너면 안 된다 Il ne faut pas traverser la rue au feu rouge [lorsque le feu est (au) rouge]. ② ((비유적)) sign*al*(*aux*) *m* d'alarme, ((donner, sonner)) l'alarme *f*, ((tirer)) la sonnette *f* d'alarme; ((être dans le)) rouge *m*; ((être dans une)) situation *f* difficile [critique, alarmante]. ¶ 우리의 계획에 ~가

켜졌다 La situation de notre projet est alarmante [s'annonce très mal]. ¶ 그런 증상은 건강의 ~이다 Ce symptôme est un mauvais signe pour la santé.

적실 嫡室 명 femme *f* [épouse *f*] légitime. ¶ ~로 들어앉다 devenir la femme[épouse] légitime, remplacer [prendre la place de] l'épouse légitime. ¶ ~에 두 아들이 있다 avoir deux fils de *son* épouse légitime.

적십자 赤十字 명 ① croix rouge *f*. ② Comité *m* de la Croix-Rouge. ¶ 남북~회담 rencontre des Croix-Rouges sud et nord-coréennes. ¶ ~는 인도적 일들을 한다 La Croix-Rouge s'occupe des affaires humanitaires.
◆**_기** -旗 명 drapeau *m* de la Croix-Rouge.
◆**국제_사** 國際社 명 Comité *m* international de la Croix-Rouge.

적역 適役 명 rôle *m* [fonction *f*] qui convient (parfaitement) à *qn*; rôle *m* sur mesure. ¶ ~을 맡다 se faire attribuer [confier] un rôle (fait) sur mesure. ¶ ~을 찾다 chercher [trouver] un rôle qui convient. ¶ 로미오는 그 남자가 ~이다 Il est tout désigné pour remplir le rôle de Roméo.

적외선 赤外線 명 infrarouge *m*; rayons *mpl* infrarouges. ¶ ~ 사진 photographie à infrarouge. ¶ ~ 탐지기 détecteur d'infrarouge. ¶ 피부가 ~에 노출되어 있다 La peau est exposée aux infrarouges.

적요 摘要 명 résumé *m*; abrégé *m*; sommaire *m*; précis *m*. ¶ 강의의 내용을 ~하다 résumer le contenu du cours; faire un résumé du cours.

적용 適用 명 application *f* ((d'une théorie, d'une loi)). ¶ 적용이 용이하다[어렵다] C'est facile [difficile] à appliquer. ◇**_(을) 하다[시키다]** appliquer ((un système, des principes, *qc* à *qc*)); mettre ((un système, une théorie)) en pratique [en application]; faire l'application de *qc* à *qc*. ¶ 이론을 실제에 ~하다 mettre une théorie en pratique. ¶ 이 사건에는 그 법 조항을 ~할 수 없다 On ne peut pas appliquer cette clause de loi à cette affaire. ◇**_(이) 되다** s'appliquer à *qc*, être applicable à *qc*. ¶ 그 법칙이 이 경우에는 ~되지 않는다 Cette règle [loi] ne s'applique pas dans ce cas.

적응 適應 명 adaptation *f*, acclimatation *f*. ¶ 시차 ~ adaptation au décalage horaire. ¶ 현지 ~ 훈련 exercice d'adaptation sur place. ◇**_(을) 하다** s'adapter à ((un nouvel environnement)), s'acclimater à *qc*, s'accommoder à *qc*, s'adapter ((aux circonstances)), se conformer à *qc*, se faire à ((un milieu, *sa* nouvelle existence)). ¶ 환경에 ~하다 s'adapter [s'accommoder, se conformer, se faire] à un milieu; s'adapter à l'environnement. ¶ 새로운 분위기에 ~하다 s'accommoder à un nouvel environnement. ◇**_(을) 시키다** adapter. ◇**_(이) 되다** être adapté(*e*), accommodé(*e*). ¶ 그 사람은 아직 이곳 분위기에 ~이 안 된 것 같다 Il semble qu'il n'est pas encore adapté à cet environnement.
◆**_력** -力 명 faculté *f* d'adaptation, souplesse *f*, adaptabilité *f* ((d'une espèce au milieu)), plasticité *f* ((du caractère de l'enfant)). ¶ ~력을 기르다 accroître [développer] *sa* faculté d'adaptation. ¶ 생물은 새로운 환경에 대한 ~력이 있다 L'organisme a une faculté d'adaptation à tout nouvel environnement.

적의 敵意 명 hostilité *f*, animosité *f*, haine *f*, aversion *f*; inimitié *f* {*litt*}. ¶ ~를 드러내다 montrer de l'hostilité; se montrer hostile. ¶ ~를 갖다[지니다, 품다] garder rancune contre *qn*; éprouver de l'hostilité contre [envers] *qn*; avoir de l'animosité envers *qn*, nourrir une inimitié contre *qn*; avoir [concevoir] de l'inimitié pour [contre] *qn*; avoir de l'aversion pour [contre] *qn*. ¶ ~ 어린 행동[언사] acte hostile[propos hostiles]. ¶ 그 사람은 우리에게 ~를 품고 있는 것 같다 Il paraît nous garder rancune [nous avoir en aversion, nous être hostile].
◆**_감** -感 명 sentiment *m* hostile.

적이 부 assez, pas mal, beaucoup, très, considérablement, nettement, grandement, fortement, fort, bien. ¶ ~ 놀라다 être très [grandement, fort] surpris(*e*) [étonné(*e*)]. ¶ ~ 실망하다 être très [fort, grandement, fortement] déçu(*e*). ¶ 나는 그 소식에 ~ 안심이 되었다 Cette nouvelle m'a beaucoup [grandement, fortement] soulagé(*e*).

적임 適任 명 ① fonction *f* [place *f*] qui convient. ② aptitude *f*, compétence *f*. ¶ 그 일에는 그 남자가 ~이다 Il est fait [tout désigné] pour ce travail / C'est l'homme de la situation.
◆**_자** -者 명 personne *f* qui convient ((pour un poste)); personne *f* propre [apte] à un travail; personne *f* qualifiée [compétente] pour un emploi; personne *f* faite [toute désignée] pour un rôle [un emploi]. ¶ ~자를 찾다[구하다] chercher quelqu'un qui convient [quelqu'un de compétent]. ¶ 일을 ~자에게 맡기다 confier le travail à quelqu'un de compétent.

적자[1] 赤字 명 【경제】 déficit *m*; perte *f*; ((être dans le)) rouge *m*. ¶ ~ 예산 budget déficitaire [non équilibré]. ¶ ~ 재정 finances déficitaires. ¶ 만년 ~ déficit éternel. ¶ ~를 내다[보다] subir des pertes; être en déficit [déficitaire], avoir une balance déficitaire; être à découvert; être dans le rouge {*fam*}; ((compte bancaire)) être en rouge. ¶ 계속 ~를 내는 회사는 문을 닫을 수밖에 없다 L'entreprise déficitaire [non solvable] n'a d'autre moyen que de fermer ses portes. ¶ ~를 메우다 combler un déficit. ¶ ~가 나다 se solder par un déficit; être en déficit [déficitaire], avoir une balance déficitaire; être à découvert; être dans le rouge {*fam*}; ((compte bancaire)) être en rouge. ¶ 우리 회사는 이번 달에 ~가 났다 Ce mois-ci, l'entreprise a enregistré un déficit. ◇**_이다** être en déficit [à découvert]; être dans le rouge {*fam*}; ((compte bancaire)) être en rouge {*fam*}. ¶ 국제수지가 늘 ~다 La balance du commerce international est

ㅈ

toujours en déficit [déficitaire]. ¶ 우리 가게는 몇 달째 계속 ~다 La boutique est en déficit depuis plusieurs mois.

적자[2] **嫡子** 명 ① fils *m* né de la première épouse [de l'épouse officielle] d'un homme riche. ¶ ~와 서자의 차별 discrimination entre un fils né de la première épouse et un fils né d'une concubine, traitement discriminant au profit du fils (né) de la première épouse par rapport au fils (né) d'une concubine [d'une épouse secondaire]. ② héritier(ère); fils *m* aîné. ¶ 누가 진정한 ~인가를 가리다 discerner [distinguer] qui est le véritable héritier (de la famille). ¶ 자신이 진정한 ~라고 자부하다 être fier d'être l'héritier [le fils héritier, le fils aîné].

적자생존 適者生存 명 survivance *f* des mieux adaptés [du plus apte]; loi *f* du plus fort, la loi *f* de la jungle. ¶ ~의 법칙 la loi du plus fort; la loi de la jungle. ¶ ~의 냉혹한 원리에 따르다 se plier à la cruelle loi du plus fort

적잖다 형 être considérable, important(*e*), majeur(*e*), énorme, grand(*e*), gros(*se*), immense, notable, remarquable, non négligeable; être beaucoup, pas mal {*pop*}. ¶ 적잖은 분량 grande quantité, quantité considérable [non négligeable]. ¶ 적잖은 비용을 들이다 dépenser beaucoup. ¶ 그 친구의 도움에 힘입은 바가 ~ Je dois beaucoup à cet ami. ¶ 그 중에는 쓸 만한 것도 적잖게 끼어 있다 Parmi ces objets, il y en a beaucoup qui peuvent encore servir.
◆적잖이 부 assez, pas mal; beaucoup; considérablement. ¶ 적잖이 손해를 보다 subir de lourdes pertes [des dégâts importants]. ¶ 적잖이 놀라다 être extrêmement surpris(*e*); être très étonné(*e*); être stupéfait(*e*), ébahi(*e*), abasourdi(*e*), interdit(*e*), ahuri(*e*), médusé(*e*), pantois(*e*), sidéré(*e*), éberlué(*e*), soufflé(*e*) {*fam*}, estomaqué(*e*) {*fam*}, scié(*e*) {*fam*}; être totalement interloqué(*e*) ¶ 적잖이 당황하다 être dans un embarras considérable; être extrêmement embarrassé(*e*) [gêné(*e*)], tout désemparé(*e*), déconcerté(*e*), désarçonné(*e*), décontenancé(*e*); ne plus savoir que faire.

적장 敵將 명 commandant *m* ennemi [de l'armée ennemie]; chef *m* de l'armée ennemie. ¶ ~의 목을 베다 couper la tête du commandant ennemi [du chef de l'armée ennemie]. ¶ ~의 항복을 받아 내다 soumettre le commandant ennemi [le chef de l'armée ennemie].

적재 積載 명 chargement *m*. ¶ 폭발물의 ~ chargement de l'explosif. ◇_(를) **하다** charger. ¶ 트럭에 화물을 ~하다 charger les marchandises dans le camion. ◇_(가) **되다** être chargé(*e*).
◆_량 -量 명 charge *f*; ((배의)) tonnage *m*.
◆_함 -函 명 navire *m* en chargement.

적재적소 適材適所 명 personne *f* compétente au poste convenable. ¶ ~에 인재를 배치하다[쓰다] mettre la personne qu'il faut à la bonne place; mettre une personne compétente à la place qui lui convient. ¶ 노동력을 ~에 배치하다 répartir les ouvriers aux bons endroits (en fonction de leurs compétences).

적적하다 寂寂- 형 être désert(*e*), inhabité(*e*); être silencieux(*se*), triste, isolé(*e*), esseulé(*e*), solitaire; être reculé(*e*), écarté(*e*) éloigné(*e*). ¶ 적적한 마음 sentiment de solitude. ¶ 적적한 곳 endroit désert [solitaire]. ¶ 가슴이 ~ se sentir seul(*e*). ¶ 아이들이 없으니 집안이 ~ La maison est vide sans les enfants. ¶ 네가 없어 무척 ~ Je me sens seul(*e*) sans toi. ¶ 적적하게 살다[지내다] vivre seul(*e*) [dans la solitude].

적절 適切 어근 **◆_하다** 형 être convenable (pour *qc*), juste, bon(*ne*), approprié(*e*), adéquat(*e*), pertinent(*e*), judicieux(*se*), opportun(*e*); être plein(*e*) d'à-propos; convenir; ((expression)) être heureux(*se*). ¶ ~한 말[표현] mot juste, mot adéquat, mot approprié [expression heureuse]. ¶ ~한 예[보기] bon exemple. ¶ 전치사의 ~한 용법 bon emploi de la préposition. ¶ ~한 시기[장소]를 택하다 choisir le bon moment [le moment opportun] [choisir le bon endroit, un endroit convenable, un endroit qui s'y prête]. ¶ 문제를 해결하기 위해 ~한 방법을 찾다 chercher le moyen approprié [le bon moyen] pour résoudre le problème. ¶ 그 말은 여기서는 ~하지 않다 Cette expression n'est pas convenable [ne va pas] ici. ¶ 질문에 ~하게 대답하다 donner la bonne réponse à la question; répondre convenablement à la question. ¶ 상황에 ~하게 행동하다 réagir comme il faut à la situation.
◆_히 부 convenablement, équitablement. ¶ 이익을 ~히 나누다 partager les intérêts à peu près équitablement. ¶ 사태에 ~히 대처하다 prendre les mesures adéquates [appropriées] face à la situation.

◆_성 -性 명 pertinence *f*, convenance *f*; à-propos *m*. ¶ 글을 쓰는 데는 단어 선택의 ~성이 중요하다 Pour écrire, il est important de choisir les mots appropriés [les mots adéquats, les mots qu'il faut, les bons mots, le mot juste] / Pour écrire, le choix du vocable est important.

적정 適正 명 convenance *f*. ¶ ~ 수준 niveau convenable [respectable, acceptable]. ¶ 실내의 ~ 온도를 유지하다 maintenir la bonne température à l'intérieur de la maison [de l'appartement].
◆_하다 형 être juste, convenable, approprié(*e*), adéquat(*e*), judicieux(*se*), raisonnable. ¶ 일이 ~한 수준에서 마무리 되었다 L'affaire s'est plutôt bien terminée.
◆_선 -線 명 limite *f* convenable [raisonnable]. ¶ 물가를 ~선에서 묶어야 한다 Il faut afficher des prix raisonnables.

적조 赤潮 명 eaux *fpl* rouges; marée *f* rouge. ¶ 최근 ~ 현상이 심해져서 양식업에 피해가 속출하고 있다

Le phénomène de marée rouge étant en expansion [devenant de plus en plus fréquent [important]], les dommages causés à l'industrie de la pisciculture ne cessent d'augmenter [sont de plus en plus nombreux].

적중 的中 명 atteinte *f* de la cible. ¶ 예감 ~ réalisation d'une prévision. ◇_(을) **하다** atteindre [toucher] la cible [le but]; faire mouche; mettre [tirer] dans le mille, toucher juste; se réaliser. ¶ 그 사람의 예감은 ~했다 Ses prévisions se sont réalisées [se sont avérées (être) exactes, sont devenues réalité]. ¶ 화살이 과녁을 ~했다 La flèche a atteint la cible en plein milieu (du disque noir). ◇_(이) **되다** toucher juste; devenir réel(*le*) [réalité]; se révéler vrai(*e*) [exact(*e*)]. ¶ 그 사람이 쏜 총알이 목표물에 ~되었다 Sa balle a atteint la cible. ¶ 나의 불안한 예감이 그대로 ~ 되고 말았다 Mon mauvais pressentiment s'est (malheureusement) révélé exact. ◇_(을) **시키다** toucher juste; mettre [loger] une balle dans le but. ¶ 그 사람은 어떤 목표물이든지 반드시 ~시켰다 Il a atteint n'importe quelle cible.

◆_**률** -率 명 taux *m* de réussite.

적지 適地 명 terrain *m* approprié. ¶ 벼농사에는 여기가 ~다 C'est un terrain approprié pour la culture du riz / Ici, c'est un endroit qui se prête à la culture du riz.

적진 敵陣 명 position *f* ennemie; camp *m* ennemi. ¶ ~을 향해 총을 쏘다 tirer un coup de fusil sur le camp ennemi. ¶ ~으로 돌격하다 s'élancer vers le camp ennemi. ¶ ~ 속으로 들어가다 s'enfoncer dans le camp ennemi; s'emparer de la position ennemie. ¶ ~에 침투하다 pénétrer (dans) le camp ennemi ¶ ~을 돌파하다 forcer les lignes adverses.

ㅈ

적체 積滯 명 accumulation *m*. ¶ ~가 해소되었다 L'accumulation est dissoute. ◇_(가) **되다** être accumulé(*e*), s'accumuler. ¶ 불황으로 인해 대졸 실업자들이 ~되고 있다 À cause de la récession, les sans-emploi diplômés de l'université sont de plus en plus nombreux.

적출 摘出 명 extraction *f*; 【의학】 énucléation *f*, ablation *f*, extirpation *f*. ¶ 난소 ~ 수술 exérèse de l'ovaire. ◇_(을) **하다** extraire *qc*, retirer *qc*, extirper ((un polype, une tumeur)). ¶ 환자의 다리에 박힌 총알을 ~하다 extraire [retirer] une balle enfoncée dans la jambe d'un patient. ¶ 시신에서 장기를 ~하다 extraire les viscères du cadavre. ◇_(이) **되다** être retiré(*e*), extrait(*e*).

◆_**술** -術 명 exérèse *f*.

적폐 積弊 명 corruption *f* endémique [profondément ancrée]; abus *mpl* accumulés depuis longtemps [profondément ancrés], anciens abus *mpl*. ¶ 그 나라의 멸망은 ~에 기인한다 Ce pays s'est écroulé suite à [en raison d']une corruption endémique.

적포도주 赤葡萄酒 명 vin *m* rouge. ¶ 고기 요리에 ~를 쓰다 utiliser du vin rouge pour cuisiner de la viande.

적합 適合 명 convenance *f*, justesse *f* ; conformité *f*. ¶ ~ 판정 jugement convenable. ¶ ~ 여부 jugement du degré de convenance.

◆_**하다** 형 convenir à *qc*/*qn*; être conforme à ((une règle)); être adapté(*e*) à ((une situation)), être approprié(*e*) ((aux circonstances)). ¶ 나는 그 일에 ~하지가 않다 Je ne suis pas l'homme de la situation / Je ne suis pas apte à faire ce travail / Je ne suis pas fait pour ce travail. ¶ 이 지역은 벼농사를 짓기에 ~하다 Cet endroit est approprié pour la culture du riz.

◆_**성** -性 명 convenance *f*, conformité *f*.

적혈구 赤血球 명 【의학】 globule *m* rouge [du sang]; hématie *f*.

적화 赤化 명 conversion *f* [adhésion *f*] au communisme [aux idées communistes]. ¶ ~ 통일의 야욕 ambition pour l'unification à travers la conversion au communisme. ◇_(를) **하다[시키다]** se convertir [convertir *qn*] au communisme. ◇_(가) **되다** être converti(*e*) au communisme.

◆_**사상** -思想 명 pensée *f* communiste.

적확 的確 어근 exactitude *f*, précision *f*, rigueur *f*, justesse.

◆_**하다** 형 être précis(*e*), juste, exact(*e*). ¶ ~한 용어[표현] expression exacte; le mot juste. ¶ 미래에 대한 ~한 계획 projet précis pour l'avenir. ¶ 목표 지점에 ~하게 낙하하다 tomber [descendre] exactement sur l'objectif.

◆_**히** 부 exactement, précisément, justement; de façon précise, avec exactitude [précision]. ¶ 사실을 ~히 표현하다 exprimer les faits avec exactitude [de façon précise].

◆_**성** -性 명 exactitude *f*, précision *f*, rigueur *f*, justesse *f*.

적히다 자 être écrit(*e*), relaté(*e*), enregistré(*e*), noté(*e*), consigné(*e*). ¶ 칠판에 이름이 적혀 있다 Un nom est écrit sur le tableau. ¶ 이 수첩에 친구들의 전화번호가 적혀 있다 Les numéros de téléphone de mes amis sont notés sur ce carnet [sur ce calepin {*fam*}]. ¶ 표지판에 "공사중"이라고 적혀 있다 Un panneau où il est écrit «Travaux». ¶ 편지에는 내일 그 사람이 도착한다고 적혀 있다 Une lettre nous apprend qu'il arrivera demain. ¶ 유언장에는 다음과 같이 적혀 있었다 C'est écrit ainsi dans le testament.

전[1] **前** 명 ① passé *m*; temps *m* passé. ¶ 나는 그 사람을 ~에 한번 본 일이 있다 Je l'ai déjà vu une fois auparavant. ¶ 그 사람이 ~ 같으면 나를 무시하지는 못했으리라 Avant, il ne m'aurait pas ignoré(*e*). ¶ 이런 일은 ~에 없었다 Cela est sans précédent / C'est la première fois que cela (nous) arrive. ② ((명사, 부사, '-기' 다음에서)) avant, il y a. ¶ 사흘 ~ 그 남자가 갑자기 나를 찾아왔다 Il est venu me voir brusquement il y a trois jours. ¶ 나는 아침을 먹기 ~에 항상 운동을 한다 Avant le petit déjeuner, je fais toujours de l'exercice.

*~**에 없이** comme jamais. ¶ 그 친구는 ~에 없이 내게

다정하게 굴었다 Il était gentil avec moi comme jamais / C'était la première fois qu'il était si gentil [avenant] avec moi.
관 ① ancien(*ne*) ((ministre)), précédent(*e*), ex-((député, ministre, directeur)), ((député)) sortant, d'avant. ¶ ~ 방송국 기자 ancien journaliste. ¶ ~ 책임자 précédent responsable. ② derni*er*(*ère*). ¶ ~ 학기 dernier semestre.

전[2] **煎** 명 *jeon m* <épaisse galette coréenne faite de farine de blé, d'œufs et de fruits de mer>. ¶ ~을 부치다 préparer des *jeon*.

전[3] **全** 관 tout (toute, tous, toutes) enti*er*(*ère*); tot*al*(*ale*, *aux*); compl*et*(*ète*). ¶ ~ 국민의 지지 soutien de toute la population. ¶ ~ 세계 le monde entier. ¶ 이 책은 ~ 20권이다 L'œuvre complète comprend 20 volumes. ¶ ~ 민족이 그 사람을 존경한다 Toute la population le respecte.

-전[4] **-傳** 접미 vie *f*, biographie *f*. ¶ 위인~ la vie des grands hommes. ¶ 영웅~ la vie des héros. ¶ 자서~ une auto-biographie.

-전[5] **-殿** 접미 palais *m* (royal); temple *m*; sanctuaire *m*. ¶ 대웅~ pavillon principal d'un temple où se trouve la statue de Bouddha. ¶ 석조~ sanctuaire en pierre.

-전[6] **-戰** 접미 ① guerre *f*, bataille *f*, combat *m*. ¶ 공중~ combat aérien. ¶ 방어~ guerre défensive. ¶ 심리~ guerre psychologique. ¶ 첩보~ guerre des informations. ② match(s) *m*, partie *f*, rencontre *f*. ¶ 결승~ la finale. ¶ 예선~ épreuve éliminatoire; concours éliminatoire; ((franchir le cap des)) éliminatoires; présélection, barrage. ¶ 각축~ concurrence, compétition.

-전[7] **-展** 접미 exposition *f*, présentation *f*. ¶ 개인~ exposition privée. ¶ 미술~ exposition de beaux-arts. ¶ 사진~ exposition de photos.

전[8] ((forme contractée de 저는)) je ((pronom humble, thème ou sujet dans une proposition ou une phrase)).

전가[1] **轉嫁** 명 rejet *m* de *sa* faute [*ses* torts] sur autrui. ¶ 그 사람은 항상 책임 ~를 일삼는다 Il rejette toujours sa faute sur autrui / Il fait toujours porter le chapeau aux autres. ◇_(를) **하다[시키다]** mettre *qc* sur le compte [le dos] de *qn*; rejeter [faire *retomber] sur qn* ((*une faute, la responsabilité* d'un crime, d'une erreur)); faire porter le chapeau à *qn*; rendre *qn* responsable de *qc*; faire endosser ((*ses* propres erreurs)); imputer, attribuer (à tort) ((une faute, une action, un crime)) à *qn*; attribuer la responsabilité de *qc* à *qn*. ¶ 책임자가 다른 사람에게 잘못을 ~해서는 안 된다 Le responsable ne doit pas rejeter sa faute sur autrui [faire porter le chapeau aux autres]. ◇_(가) **되다** être rejeté(*e*) sur autrui, être imputé(*e*), attribué(*e*) à *qn*.

전가[2] **傳家** 명 transmission *f* héréditaire [par héritage]. ¶ ~의 보검[보도] sabre de grande valeur transmis de génération en génération.
*~**의 보도를 뽑다** sortir *sa* dernière carte.

전각 **篆刻** 명 gravure *f* d'un sceau. ¶ ~ 기법 technique de la gravure des sceaux. ◇_(을) **하다** graver un [des] sceau(*x*). ¶ 나무에 이름을 ~하다 graver *son* nom sur du bois.

전갈[1] **全蠍** 명 【동물】 scorpion *m*.
◆**_자리** 명 【천문】 constellation *f* du Scorpion; signe *m* (zodiacal) du Scorpion.
◆**_좌** -座 명 【천문】 constellation *f* du Scorpion *m*; signe *m* (zodiacal) du Scorpion.

전갈[2] **傳喝** 명 message *m*, commission *f*. ¶ ~을 보내다 transmettre un message; faire une commission. ¶ 잘 도착했다는 ~을 받자 마음이 놓였다 Le message confirmant son arrivée [qu'il était bien arrivé] m'a rassuré. ¶ 그 사람으로부터 ~이 오지 않아서 모두들 걱정하고 있다 On est tous inquiets parce qu'il n'y a aucun message de lui [parce qu'on n'a reçu aucun message de sa part]. ◇_(을) **하다** transmettre un message. ¶ 기쁜 소식을 ~하다 transmettre une bonne nouvelle.

전개 **展開** 명 ① développement *m*, déroulement *m* ((d'une affaire)). ¶ 새로운 국면의 ~ déploiement d'une nouvelle tournure. ② déploiement *m* ((d'une armée)). ¶ 전국적인 환경보호운동의 ~ déploiement d'un mouvement national pour l'environnement. ③ développement *m* ((d'un récit)). ¶ 내용의 ~가 산만하다 Le développement n'est pas très cohérent / Ton travail est décousu / Ce travail manque de suivi [de cohérence] / Il n'y a pas d'idée directrice [de fil conducteur]. ¶ 이야기의 ~가 너무 뻔하다 On sait (déjà) à l'avance comment va se terminer l'histoire [comment ça va se terminer, ce qui va se passer] / On devine facilement comment va se terminer l'histoire. ◇_(를) **하다[시키다]** développer, dérouler, déployer. ¶ 전혀 근거 없는 주장을 ~하다 développer des idées sans fondement. ¶ 상황을 발전적으로 ~시키다 développer la situation progressivement. ◇_(가) **되다** être développé(*e*), être déroulé(*e*), être déployé(*e*). ¶ 파업 사태가 어떤 방향으로 ~되어 나갈지 모르겠다 On ne peut deviner comment la grève va se dérouler.
◆**_도** -圖 명 【수학】 plan *m* de développement.
◆**_식** -式 명 【수학】 formule *f* de développement.

전거 **典據** 명 source *f* ((d'un roman)); document *m* original; ((citer *ses*)) sources *fpl*, références *fpl*. ¶ 믿을 만한 ~ source crédible. ¶ ~를 들다[밝히다] donner [citer] *ses* sources; citer une autorité; indiquer *ses* références. ¶ 명백한 ~를 보이다 citer clairement *ses* sources. ¶ ~가 확실하다 être de bonne source [source sûre]. ¶ ~가 의심스럽다 La source est douteuse. ¶ ~로 삼다 se référer à *qc*. ¶ 이 자료가 그 학설에 대한 유일한 ~이다 Ce document est l'unique source pour cette théorie.

전격 **電擊** 명 ① décharge *f* électrique. ② attaque *f* [opération *f*] éclair; attaque *f* fulgurante. ¶ ~ 선언

ㅈ

manifestation fulgurante. ¶~ 수색에 들어가다 se mettre à fouiller brusquement. ¶~ 발표를 하다 faire une annonce fulgurante.

◆_적 -的 명관 fulgurant(*e*), brusque, foudroyant(*e*). ¶정부의 ~적 조치 mesure fulgurante du gouvernement. ¶~적으로 도시를 점령하다 s'emparer d'une ville par une attaque rapide [éclair]. ¶~적으로 결혼을 발표하다 faire une annonce fulgurante [surprise] de *son* mariage; annoncer brusquement *son* mariage.

전경[1] 全景 명 vue *f* générale; vue *f* panoramique, vue *f* circulaire, panorama *m*. ¶도시 ~ vue panoramique de la ville. ¶교정의 ~ vue panoramique de la cour de récréation. ¶화려한 ~이 발아래 펼쳐졌다 Une vue panoramique et splendide [Une splendide vue panoramique, Un splendide panorama] s'est déployé(*e*) sous nos pieds / Un splendide panorama s'est déroulé sous nos yeux. ¶동네 ~이 드러났다 Une vue panoramique du quartier s'est offerte à [s'est déployée sous] nos yeux. ¶파리의 ~을 바라보다 regarder une vue panoramique de Paris; embrasser tout Paris d'un seul regard; embrasser du regard le panorama [une (immense) vue panoramique] de Paris. ¶서울의 ~을 보여주다 montrer une vue panoramique de Séoul; présenter une vue générale [panoramique] de Séoul.

전경[2] 前景 명 ① vue *f* en face. ¶베란다에서 보이는 ~ vue en face de la véranda. ¶이 집은 ~이 좋다[빼어나다] De cette maison [cet appartement], on a une belle vue en face. ② premier plan *m* ((d'un tableau)).

전경[3] 戰警 명 agent *m* de police supplémentaire pour surveiller l'espionnage et l'ordre public.

전고[1] 典故 명 cérémonie *f* et tradition *f*, cérémonie *f* traditionnelle.

전고[2] 前古 명 (temps) passé *m*; antiquité *f*. ¶~에 avant, dans le passé, autrefois, jadis, naguère. ¶~에 드물다 être rare dans le passé. ¶~에 듣지 못하다 entendre *qc* pour la première fois. ¶이런 일은 ~에 없던 일이다 Cela ne s'est jamais passé auparavant / C'est un événement sans précédent.

전곡[1] 全曲 명 œuvre *f* musicale ((symphonique)) complète [jouée en entier]; chanson *f* chantée en entier ((tous les couplets)). ¶~을 완주하다 jouer une œuvre musicale complète [en entier].

전곡[2] 錢穀 명 argent *m* et céréales *fpl*.

전골 명 *jeongol m* <sorte de ragoût cuit avec des légumes (habituellement cuit dans un plat de cocotte en terre); cocotte en terre; ((champignons)) à la casserole>. ¶해물 ~ ragoût de fruits de mer; fruits de mer à la casserole. ¶두부 ~ ragoût de tofu.

전공[1] 專攻 명 ① spécialité *f* ((médicale, d'un savant)); branche *f* (que l'on étudie); domaine *m*; discipline *f*. ¶~ 분야 domaine d'étude; branche. ¶~을 정하다 décider de *sa* formation. ¶~을 바꾸다 changer de département [d'U.F.R.]; changer de formation; changer de domaine d'études; changer de discipline. ② matière *f* pour les étudiants du département; discipline *f* d'un département [U.F.R.]. ¶~ 시간에 출석하다 assister aux cours de *son* département. ◇_(을) **하다** être étudiant(*e*) en ((droit, mathématiques)), faire des études ((de médecine, de droit)) (à l'université), faire ((du droit)) à l'université; étudier ((la littérature française)) à l'université; ((대학원)) se spécialiser dans *qc*, ((internat)) se spécialiser en ((pédiatrie, gériatrie)). *~**을 살리다** travailler [trouver un travail] dans le domaine de *ses* études universitaires ((ex. travailler au centre culturel français pour un étudiant en langue et littérature françaises)).

◆_과목 -科目 명 matière *f* [enseignement *m*] réservé(*e*) aux étudiants d'un département [U.F.R.]; discipline *f* d'un département [U.F.R.].

◆_의 -醫 명 【의학】 spécialiste ((opposé à généraliste)).

◆_자 -者 명 spécialiste.

◆복수_ 複數- 명 double cursus *m* universitaire.

◆부_ 副- 명 cursus *m* secondaire.

전공[2] 戰功 명 action *f* d'éclat [mémorable, remarquable], belles actions *fpl* (accomplie(s) à la guerre, dans une bataille); exploit *m* (militaire); hauts faits *mpl*, fait *m* d'armes [de guerre]; acte *m* héroïque. ¶혁혁한 ~ action d'éclat [mémorable, remarquable] accomplie à la guerre [dans une bataille]; exploit (militaire). ¶~을 세우다 se distinguer pendant une guerre [dans une bataille]; accomplir une action mémorable à la guerre [pendant la guerre, dans une bataille].

전과[1] 全科 명 ① ensemble *m* des matières (enseignées); ensemble *m* des sections (d'une administration). ② manuel *m* scolaire pluridisciplinaire (de référence) de l'école primaire contenant toutes les matières enseignées dans une classe. ¶~를 찾아보다 consulter le manuel scolaire pluridisciplinaire de référence (contenant toutes les matières enseignées dans une classe). ¶~에 나와 있다 figurer dans le manuel scolaire pluridisciplinaire de référence (contenant toutes les matières enseignées dans une classe).

전과[2] 前科 명 【법률】 condamnation *f* antérieure; ((avoir un)) casier *m* judiciaire. ¶~를 조회하다 se renseigner sur le casier judiciaire de *qn*. ¶그 사람의 ~ 이력 때문에 사람들은 그 사람을 피했다 On l'a évité à cause de son casier judiciaire chargé. ¶그 사람은 소매치기 ~ 2범이다 Il a déjà été deux fois condamné pour vol à la tire. ◇_(가) **있다[없다]** avoir déjà été condamné(*e*); être un(*e*) récidiviste. ¶여러 번의 ~가 있다 avoir un casier (judiciaire) chargé.

◆_자 -者 명 【법률】 repris *m* de justice; récidiviste

mf.

전과[3] 戰果 명 résultat *m* d'une bataille. ¶ 혁혁한 ~ une victoire éclatante. ¶ ~를 거두다[세우다, 올리다] remporter une victoire éclatante. ¶ 아군은 상당한 ~를 올렸다 Notre armée a remporté une victoire éclatante.

전과[4] 轉科 명 changement *m* de département [de section, d'orientation]. ◇_(를) **하다** changer de département; changer d'orientation. ¶ 심리학과에서 경제학과로 ~하다 changer d'orientation: passer de la psychologie à l'économie.

◆_**생** -生 명 étudiant(*e*) qui a changé de département [d'orientation].

전과[5] 全科 명 toute une leçon *f*, une leçon *f* entière. ¶ 이번 시험은 ~에서 고르게 출제되었다 Les sujets de cet examen ont été choisis dans toute la leçon.

전관[1] 全館 명 tous les bâtiments *mpl*. ¶ 호텔 ~을 빌리다 louer tout l'hôtel [l'ensemble de l'hôtel].

전관[2] 轉官 명 changement *m* de poste.

전관예우 前官禮遇 명 honneurs *mpl* attachés à une fonction que l'on a quittée. ¶ ~의 관행 habitude qu'on a de traiter un ancien fonctionnaire haut placé avec le même respect que lorsqu'il était en fonction. ◇_(를) **하다** traiter un ancien fonctionnaire haut placé avec le même respect [de la même façon] que lorsqu'il était en fonction. ◇_(를) **받다** jouir des honneurs attachés à une fonction que l'on a quittée.

전광 電光 명 éclair *m*; lumière *f* électrique.

◆_**판** -板 명 tableau(*x*) *m* de bord lumineux.

전광석화 電光石火 명 un temps *m* court et une action *f* prompte. ¶ ~처럼 빠르다 être prompt(*e*) comme l'éclair [comme la foudre], être rapide comme l'éclair [comme une flèche]; être fulgurant(*e*), météorique. ¶ 모든 일이 ~처럼 스쳐 지나갔다 Tout s'est passé comme [en] un éclair / Tout s'est passé très rapidement.

전교[1] 全校 명 toute l'école *f*, tout l'établissement, l'école *f* entière. ¶ 개가 ~에서 일등을 했다 Il est devenu le meilleur élève de toute l'école.

◆_**생** -生 명 tou*s*(tou*tes*) les élèves *mfpl* [étudiant(*e*)s *mfpl*] de l'école. ¶ ~생이 운동장에 모였다 Tous les élèves se sont réunis dans la cour.

전교[2] 傳敎 명 propagation *f* ((de la foi chrétienne)). ◇_(를) **하다** prêcher [propager] la foi; évangéliser ((les païens)). ¶ 그 사람은 기독교를 ~하고 있다 Il propage la foi chrétienne.

전교[3] 傳敎 명 ordre *m* royal; consigne *f*, directives *fpl*, instructions *fpl*. ¶ 왕은 신하들에게 ~를 내렸다 Le roi a donné un ordre à ses sujets. ¶ 그 사람들은 왕의 ~를 받들었다 Ils ont obéi aux ordres du roi.

전교[4] 轉交 명 ① transmission *f* (par intermédiaire). ◇_(를) **하다** transmettre *qc* à *qn* par l'intermédiaire d'un tiers. ¶ 이 서류 좀 ~해 줄래? Voudrais-tu transmettre ces papiers, s'il te plaît? ② ((편지 겉봉에 쓰는 형식의 하나로서, 편지를 어떤 사람을 거쳐 상대방이 받게 함)) aux bons soins de *qn*.

전구 電球 명 ampoule *f* (électrique). ¶ 백열 ~ une ampoule à incandescence, une ampoule à filament. ¶ 꼬마[소형] ~ une mini ampoule. ¶ 40와트 ~ une ampoule de 40 watts. ¶ ~를 소켓에 끼우다 fixer (le culot d')une ampoule dans une douille. ¶ ~를 갈아 끼우다 changer une ampoule ((grillée)). ¶ ~가 끊어졌다 L'ampoule est grillée. ¶ ~에 불이 들어왔다 L'ampoule s'est allumée.

전국 全國 명 tout le pays *m*, le pays *m* entier, l'ensemble *m* du pays [du territoire]. ¶ ~ 방방곡곡 dans [sur] tout le pays, partout dans le [au] pays, à travers tout le pays, dans [sur] l'ensemble du pays [du territoire]. ¶ ~ 순회공연 une tournée ((théâtrale, d'un chanteur)) dans tout le pays [à travers tout le pays]. ¶ ~에서 모이다 se rassembler de partout dans le pays, venir de tous les coins [des quatre coins] du pays [du territoire], venir de tous les horizons. ¶ ~으로 TV중계방송이 되다 être retransmis(*e*) par la télévision dans tout le pays [sur l'ensemble du territoire]. ¶ ~에 걸쳐 비가 예상된다 La pluie est prévue partout dans le pays [sur l'ensemble du territoire]. ¶ 그 회사는 ~에 지사를 갖고 있다 Cette entreprise a ses agences dans tout le pays. ¶ 서울에서 시작된 환경보호운동이 ~으로 퍼졌다 Le mouvement écologiste s'est répandu dans [à travers] tout le pays. ¶ 이 학교는 ~에서 열 손가락 안에 드는 명문학교다 C'est l'une des dix meilleures écoles dans [de] tout le pays.

◆_**적** -的 명관 nation*al*(*ale*, *aux*), à l'échelle nationale. ¶ ~적인 행사 un événement [une cérémonie] national(*e*). ¶ ~적 명성 une réputation au niveau national. ¶ 이 대회는 ~적 규모이다 Cette réunion [Ce congrès] est à l'échelle nationale. ¶ ~적으로 분포되어 있다 être répandu(*e*) [se trouver] dans tout le pays [sur l'ensemble du territoire].

◆_**구** -區 명 élu(*e*) à la représentation proportionnelle. ¶ ~구 의원 un député élu à la représentation proportionnelle. ¶ ~구 공천 nomination d'un candidat à l'Assemblée nationale à la représentation proportionnelle.

◆_**대회** -大會 명 le congrès *m* national, la grande assemblée *f* ((d'un parti)); tournoi *m* national ((de tennis)), concours *m* national ((de musique)).

◆_**체전** -體典 명 championnats *mpl* omnisports de Corée.

전군 全軍 명 【군사】 toute l'armée *f*, toute la troupe *f*, l'armée *f* entière. ¶ ~ 지휘관 commandant(*e*) de toute l'armée. ¶ ~을 통솔하다 commander toute l'armée; conduire toute la troupe. ¶ ~에 비상경계령이 내려졌다 L'alerte est donnée à toute l'armée.

전권[1] 全權 명 les pleins pouvoirs *mpl*, tous les pouvoirs, pouvoirs *mpl* absolus. ¶ ~을 행사하다 exercer les pleins pouvoirs. ¶ ~을 장악하다 accaparer les pleins pouvoirs. ¶ ~을 부여받다 être investi(*e*) des pleins pouvoirs. ¶ ~을 손아귀에 넣다

accaparer les pleins pouvoirs. ¶ 누구에게 ~을 위임하다 donner les pleins pouvoirs à *qn*, donner un blanc-seing à *qn*, investir *qn* des pleins pouvoirs.
◆_**공사** -公使 명 ministre *m* plénipotentiaire.
◆_**대사** -大使 명 ambassadeur *m* plénipotentiaire.
◆_**대표** -代表 명 (envoyé *m*) plénipotentiaire *m*.
◆_**위임장** -委任狀 명 lettre *f* donnant les pleins pouvoirs.

전권² **專權** 명 puissance *f* [pouvoir *m*] suprême [absolue]. ¶ ~을 행사하다 diriger comme on veut, diriger d'une main de fer, exercer une autorité à *sa* guise. ¶ ~을 휘두르다 abuser de *son* autorité [de *son* pouvoir] à *sa* guise [selon *son* désir].

전권³ **全卷** 명 tout un volume *m*, un volume *m* entier; tous les volumes *mpl* ((d'une série)). ¶ 한국 문학 전집 ~을 간직하다 garder tous les volumes d'une série de littérature coréenne. ¶ 대하소설의 ~을 다 읽다 lire tous les volumes d'un roman-fleuve.

전극 **電極** 명 【물리】 électrode *f*; pôle *m* ((d'une pile)).

전근 **轉勤** 명 changement *m* de poste [de fonction]; mutation *f*; déplacement *f* ((d'un fonctionnaire)). ¶ 서울로 ~ 발령을 받다 être nommé(*e*) à un poste de la capitale [à Séoul]. ◇_(**을**) **하다**[**가다**, **오다**] changer de poste; être muté(*e*), nommé(*e*) ((à un autre poste)). ¶ 지방으로 ~ 가다 être nommé(*e*) à un poste de province. ◇_(**이**) **되다** être muté(*e*), nommé(*e*) (à un autre poste).

전근대 **前近代** 명 temps *m* antérieur à la modernité; Antiquité *f*. ¶ ~의 유습 une tradition [une habitude] provenant de l'Antiquité; une coutume obsolète. ¶ ~ 사회 une société antique; une société arriérée.
◆_**적** -的 명관 ancien(*ne*), antique. ¶ ~적 관념 une idée surannée [arriérée].
◆_**성** -性 명 antiquité *f*; ancienneté *f*.

전기¹ **前期** 명 première période *f*; premier stade *m*; première moitié *f*; première session *f*; période *f* précédente. ¶ ~ 순이익 bénéfice [profit] net de la première session. ¶ ~ 이월금 somme reportée de la session précédente. ¶ 프로야구 ~ 리그 première partie de la saison du baseball professionnel. ¶ 각 시기를 ~와 후기로 나누다 diviser chaque période en deux.

전기² **電氣** 명 électricité *f*; courant *m* électrique; lumière *f* électrique. ¶ ~를 켜다 allumer le courant [la lumière, l'électricité]. ¶ ~를 끄다 éteindre le courant [la lumière, l'électricité]. ¶ ~를 절약하다 économiser l'électricité. ¶ ~를 일으키다 produire de l'électricité [du courant]. ¶ ~가 나갔다 Il y a eu une rupture de courant [une panne de courant] / Les fusibles ont sauté / Ça a sauté {*fam*}. ¶ ~가 끊어졌다[멈추었다] Le courant est coupé [interrompu] / On est privé de courant / On n'a plus de courant. ¶ ~가 통하다 Le courant passe. ¶ ~ 사정이 좋아진다 L'approvisionnement en électricité s'améliore. ¶ ~ 공급을 중단하다 couper le courant.
*~**가 통하다** avoir un coup de foudre pour *qn*. ¶ 우리는 서로 ~가 통했다 Nous avons eu un coup de foudre l'un pour l'autre.
◆_**적** -的 명관 électrique. ¶ ~적인 충격 un choc électrique.
◆_**기술자** -技術者 명 électricien(*ne*).
◆_**난로** -煖爐 명 radiateur *m* électrique; radiateur *m* d'appoint.
◆_**냄비** 명 casserole *f* électrique.
◆_**냉장고** -冷藏庫 명 réfrigérateur *m* électrique.
◆_**다리미** 명 fer *m* à repasser électrique.
◆_**담요** -毯- 명 couverture *f* chauffante.
◆_**료** -料 명 tarif *m* [prix *m*] de l'électricité.
◆_**밥솥** 명 autocuiseur *m* électrique.
◆_**뱀장어** -長魚 명 anguille *f* électrique, gymnote *f*.
◆_**분해** -分解 명 électrolyse *f*.
◆_**ㅅ불** -電氣- 명 lumière *f* électrique. ¶ ~ㅅ불을 켜다 allumer le courant [la lumière, l'électricité]. ¶ ~ㅅ불이 다시 들어왔다 Le courant est revenu [rétabli] / Ça y est, maintenant on a de nouveau la lumière {*fam*}. ¶ ~ㅅ이 나갔다 Il y a eu une rupture de courant [une panne de courant] / Les fusibles ont sauté / Ça a sauté {*fam*}.
◆_**세** -稅 명 tarif *m* de l'électricité; note *f* [facture *f*] d'électricité. ¶ 이번 달은 ~세가 많이 나왔다 J'ai beaucoup à payer pour l'électricité ce mois.
◆_**쇼크** 명 choc *m* électrique.
◆_**스탠드** 명 lampe *f* de bureau.
◆_**장판** -壯版 명 matelas *m* chauffant.
◆_**ㅅ줄** 명 fil *m* électrique.

전기⁴ **電機** 명 machine *f* [appareil *m*] électrique. ¶ ~ 공업 industrie d'appareils électriques.

전기⁵ **傳記** 명 biographie *f*. ¶ 한국 위인 ~ biographie des grands hommes de Corée. ¶ ~ 작가 biographe. ¶ 보들레르의 ~를 쓰다 écrire une biographie de Baudelaire. ¶ 전쟁영웅의 ~를 읽다 lire la biographie des héros de guerre.
◆_**적** -的 명관 biographique. ¶ ~적인 기록 document *m* biographique.
◆_**문학** -文學 명 littérature *f* biographique.
◆_**소설** -小說 명 roman *m* biographique.
◆_**영화** -映畵 명 film *m* biographique.

전기⁶ **轉機** 명 tournant *m* ((d'une carrière)); moment *m* décisif. ¶ 삶의 ~ moment décisif de la vie. ¶ 인생의 커다란 ~ le moment décisif de toute une vie. ¶ ~를 맞이하다 faire face au moment décisif. ¶ ~를 만들다[마련하다] se préparer à (affronter) un moment décisif. ¶ 의학의 발달로 불치병 치료에 ~가 마련되었다 L'avancement de la médecine a été un moment décisif pour le traitement des maladies incurables. ¶ ~로 들어서다 être à un tournant ((de *sa* carrière, de *sa* vie)), être à un moment crucial de ((*sa* vie)). ¶ 발전의 ~로 삼다 saisir [profiter d'] une occasion pour faire des

ㅈ

progrès. ¶ 무엇을 ~로 하여 en profitant de *qc*.

전기⁷ 轉記 명 transcription *f*; report *m*. ◇_(를) **하다** transcrire *qc*, reporter *qc*. ¶ 분개장에서 원장으로 ~하다 reporter les notes du bordereau sur le registre.

전기⁸ 戰記 명 mémoires *mpl* de guerre; chronique *f* de guerre. ¶ 태평양 ~ mémoires de la Guerre du Pacifique.

◆_**물** -物 명 chronique *f* de guerre.

전기⁹ 戰機 명 ① présage *m* de la guerre; signe *m* indiquant que la guerre approche. ¶ ~가 무르익었다 La guerre est proche [imminente]. ② occasion *f* de remporter le combat. ¶ 결정적인 공격의 ~ occasion décisive d'attaquer. ¶ ~를 잃다 rater l'occasion de remporter le combat.

전나무 명 【식물】 sapin *m*. ¶ ~ 열매 une pomme de pin. ¶ ~ 탁자 une table en sapin.

전날 前- 명 ① le jour *m* précédent, la veille *f*, le jour *m* d'avant. ¶ 크리스마스 ~ la veille de Noël. ¶ 소풍 ~ la veille du pique-nique. ¶ 그 ~ 아침 일찍 la veille au matin très tôt. ¶ 그 ~에 la veille. ¶ 그러기 ~에 la veille de cet événement. ② l'autre jour *m*; un jour *m*. ¶ ~의 잘못을 뉘우치다 regretter *ses* fautes du passé.

전남편 前男便 명 ancien mari *m*, mari *m* précédent, ex-mari *m*. ¶ 이혼한 ~ l'ex-mari de *qn*.

전납¹ 前納 명 paiement *m* d'avance [anticipé]. ◇_(을) **하다** payer d'avance. ¶ 대관료를 ~하다 payer d'avance la location d'une salle.

전납² 全納 명 paiement *m* intégr*al*(*aux*). ◇_(을) **하다** payer *qc* intégralement [entièrement, dans sa totalité, au complet].

전년 前年 명 ① l'année *f* précédente, l'an *m* dernier, l'année *f* dernière. ¶ 매출이 ~에 비해 늘었다 Les ventes ont augmenté par rapport à l'an dernier. ¶ 그 사건은 ~에 일어났다 Cet événement s'est passé l'année dernière. ② l'an *m* passé. ¶ ~의 모든 기록들을 검사하다 examiner tous les documents de l'an passé.

◆_**도** -度 명 l'année *f* précédente, l'an *m* dernier, l'année *f* dernière; l'année scolaire [《대학》 universitaire] précédente; l'exercice 《budgétaire, fiscale》 de l'année précédente. ¶ ~도의 이익 les bénéfices de l'exercice précédent.

전념 專念 명 *application f* 《*à l'étude*》. ◇_(을) **하다** s'appliquer à *qc*, se concentrer à [sur] *qc*, se consacrer entièrement à *qc*, se vouer entièrement à *qc*, se donner [se vouer] corps et âme à *qc*. ¶ 사업[연구]에 ~하다 se consacrer entièrement aux affaires [à la recherche], se donner corps et âme aux affaires [à la recherche]. ¶ 일생을 화석연구에 ~하다 s'appliquer à l'étude des fossiles pendant toute *sa* vie.

전능 全能 명 omnipotence *f*; toute-puissance *f*.

◆_**하다** 형 être omnipotent(*e*), tout-puissant(*e*). ¶ ~하신 하나님 Dieu omnipotent [tout-puissant]; le Tout-puissant.

◆**전지_** 全知- 명 omniscience *f* et omnipotence *f*. ¶ 전지~하다 être omniscient(*e*) et omnipotent(*e*).

전단¹ 傳單 명 prospectus *m*, tract *m*. ¶ 선전 ~ un prospectus, un tract; une affiche publicitaire. ¶ 경찰의 수배 ~ avis de recherche de la police. ¶ ~을 돌리다[뿌리다] distribuer des prospectus. ¶ 우리 집에 ~이 날아들었다 Un prospectus est arrivé dans ma boîte aux lettres.

전단² 戰端 명 facteur *m* à l'origine d'une guerre. ¶ ~을 열다 déclencher une guerre; commencer [engager] des hostilités; ouvrir le combat. ¶ ~이 되다 être à l'origine d'une guerre, causer une guerre. ¶ 영토 분쟁이 ~이 되었다 Un conflit territorial a causé [a été à l'origine de] la guerre.

전단³ 專斷 명 décision *f* arbitraire [subjective] 《d'un dictateur》. ¶ 국정이 권력자의 ~에 의해 좌우되고 있다 Les affaires de l'État se décident unilatéralement par un puissant / Les décisions concernant l'avenir de l'État sont prises de façon unilatérale par le leader. ◇_(을) **하다** décider arbitrairement [subjectivement]. ¶ 국정을 ~하다 décider arbitrairement les affaires de l'État.

◆_**적** -的 명관 arbitraire, subjecti*f*(*ve*). ¶ ~적으로 arbitrairement, de *sa* propre autorité, sans consulter personne.

전단기사 全段記事 명 article *m* qui occupe une page entière d'un journal. ¶ 대통령의 중국 순방이 신문에 ~로 실렸다 Les journaux accordent une page entière à la visite du chef d'État en Chine.

전달¹ 前- 명 ① le mois *m* dernier. ¶ ~부터 밀린 방세 un loyer ayant un mois de retard, un loyer retardé d'un mois. ¶ ~에서 밀려 넘어온 일거리 des travaux accumulés depuis le mois dernier. ¶ ~에 비해 월급이 올랐다 Le salaire a augmenté par rapport au mois précédent. ¶ 떠나기 ~ 그 사람이 내게 전화를 했다 Il m'a appelé un mois avant son départ. ② le mois *m* précédent. ¶ ~의 모든 자료들을 정리하다 ranger tous les documents du mois précédent.

전달² 傳達 명 transmission *f*; communication *f*; remise *f* 《d'une lettre》. ◇_(을) **하다** transmettre *qc*; communiquer *qc*. ¶ 명령을 ~하다 transmettre un ordre à *qn*. ¶ 열을 ~하다 conduire la chaleur. ¶ 물건을 잘못 ~하다 commettre une erreur dans la transmission des objets; transmettre des objets à une autre personne. ¶ 누구의 갑작스러운 사망 소식을 가족들에게 ~하다 annoncer la mort subite de *qn* à *sa* famille. ◇_(이) **되다** se transmettre; être transmis(*e*), communiqué(*e*). ¶ 음향은 진공에서 ~되지 않는다 Le son ne se transmet pas dans le vide. ¶ 작자의 의도가 독자들에게 잘 ~되지 않는다 Ce que l'auteur veut communiquer n'est pas compris par les lecteurs.

◆_**경로** -經路 명 voie *f* [procédé *m*] de transmission [de communication].

◆_**사항** -事項 명 information *f* à transmettre.

ㅈ

◆_자 -者 명 transmet*teur*(*trice*).

전담¹ **全擔** 명 responsabilité *f* entière. ◇_(을) **하다** se charger tout(*e*) seul(*e*) de *qc*, prendre seul(*e*) la charge de *qc*, avoir la responsabilité entière de *qc*. ¶ 비용을 ~하다 se charger de tous les frais. ¶ 일을 ~하다 avoir la responsabilité entière du travail.

전담² **專擔** 명 responsabilité *f* entière pour une chose spécifique. ◇_(을) **하다** prendre une responsabilité entière de *qc*. ¶ 사회란을 ~하는 기자 journaliste responsable de la rubrique société [de la page des faits divers]. ◇_(을) **시키다** charger *qn* de prendre une responsabilité totale de *qc*. ¶ 사건을 형사에게 ~시키다 charger l'inspecteur de police de s'occuper de cette affaire (criminelle).

◆**범죄_반** -班 명 équipe *f* des affaires criminelles; brigade *f* criminelle. ¶ 범죄~반을 설치하다[운영하다] créer [administrer] un service des affaires criminelles.

전답 **田畓** 명 rizières *fpl* et champs *mpl*; ferme *f*; terres *fpl* cultivées. ¶ 그 사람이 가진 ~이 모두 만 평이다 Il a des rizières et des champs d'une surface totale de 10 000 *pyong*.

전당¹ **典當** 명 prêt *m* sur gage. ¶ ~을 잡다 prêter sur gage. ¶ ~을 잡히다 mettre [laisser] *qc* en gage, mettre *qc* au mont-de-piété, mettre au clou {*fam*}. ¶ ~ 잡히고 돈을 빌리다 emprunter de l'argent sur gage.

◆_포 -舖[鋪] 명 mont-de-piété *m*; clou *m* {*fam*}.

전당² **殿堂** 명 palais *m*; sanctuaire *m*; temple *m*. ¶ 학문의 ~ temple [sanctuaire] de la science. ¶ 예술의 ~ palais des arts. ¶ 과학 기술의 ~ temple [sanctuaire] de la technologie scientifique. ¶ 배움의 ~ temple des études.

전당대회 **全黨大會** 명 le congrès *m* (national) d'un parti, la grande assemblée *f* d'un parti. ¶ ~ 의장 le(*la*) président(*e*) du congrès d'un parti. ¶ ~를 개최하다 tenir le congrès d'un parti, tenir la grande assemblée d'un parti. ¶ ~에서 총재로 재선되다 être réélu(*e*) comme chef du parti à *son* congrès.

전대¹ **前代** 명 ① ancien temps *m*, passé *m*. ¶ ~의 유물 reliques [vestiges] du passé [de l'ancien temps, datant du passé]. ② génération *f* précédente [de *son* père]. ¶ ~의 유업을 후대에 이루다 poursuivre avec succès l'œuvre de la génération précédente [de *son* père].

◆_미문 -未聞 명 quelque chose d'inouï; sans précédent. ¶ ~미문의 대기록 record inouï [sans *précédent*]. ¶ ~미문의 발전 progrès inouï. ¶ ~미문의 홍수 déluge sans précédent. ¶ ~미문의 대참사 un désastre [une tragédie] sans précédent. ¶ 이것은 ~미문이다 C'est inouï / On n'a jamais vu ça {*fam*}. ¶ 이런 대기록은 ~미문이다 Ce record est sans précédent.

전대² **纏帶** 명 sac *m* long et étroit. ¶ ~를 허리에 차다 porter un sac long et étroit autour de *sa* taille. ¶ ~를 풀다 enlever un sac long et étroit de *sa* taille. ¶ 돈을 ~ 안에 깊이 찔러 넣다 mettre de l'argent au fond d'un sac long et étroit.

전대³ **轉貸** 명 prêt *m* de seconde main; sous-location *f*. ¶ ~ 행위 un prêt de seconde main; une sous-location. ◇_(를) **하다** prêter *qc* en seconde main; sous-louer ((une maison)). ¶ 아파트를 ~하다 sous-louer un appartement.

◆_인 -人 명 sous-locataire(~-~*s*) *mf*.

전도¹ **前途** 명 avenir *m*, futur *m*; trajet *m* [itinéraire *m*] à suivre. ¶ 아들의 ~를 걱정하다 s'inquiéter de [craindre pour] l'avenir de *son* fils, être inquiet(*ète*) quant à [pour] l'avenir de *son* fils. ¶ ~를 그르치다 briser *son* avenir [*sa* carrière]. ¶ ~를 축복하다 souhaiter à *qn* de réussir. ¶ ~가 밝다[훤하다, 양양하다] avoir un avenir prometteur [tout tracé {*fam*}, brillant], avoir un bel avenir devant *soi*, beaucoup promettre, être plein(*e*) d'avenir. ¶ ~가 어둡다 avoir un avenir sombre [sinistre], avoir un avenir peu prometteur [qui s'annonce difficile], avoir un avenir plein de difficultés, ne pas pouvoir espérer un bel avenir. ¶ 우리는 ~가 요원하다 Nous avons encore un long chemin à parcourir [à faire] / Notre objectif [but] est très loin d'être atteint. ¶ ~가 유망한 청년 un jeune homme qui a un bel avenir (devant lui), un jeune homme qui promet beaucoup, un jeune homme plein d'avenir. ¶ ~가 유망한 사업 une entreprise qui donne de belles espérances. ¶ ~에 별로 희망이 없다 ne pas pouvoir espérer un bel avenir.

전도² **前導** 명 action de guider; conduite *f*. ◇_(를) **하다** conduire *qn*, guider *qn*.

◆_자 -者 명 guide *m*.

전도³ **傳道** 명 【기독】 propagation *f* (de la foi chrétienne); prédication *f*; mission *f*. ¶ 해외 ~ propagation de la foi à l'étranger. ¶ 복음 ~에 앞장을 서다 se mettre en avant pour prêcher la foi. ◇_(를) **하다** prêcher [propager] la foi; évangéliser ((les païens)). ¶ 기독교 신앙을 ~하다 propager la foi chrétienne. ¶ 직장 동료에게 ~하다 évangéliser un(*e*) collègue de travail. ◇_(가) **되다** être évangélisé(*e*).

◆_사 -師 명 prédica*teur*(*trice*); propaga*teur*(*trice*) de la foi.

◆_자 -者 명 propaga*teur*(*trice*) de la foi.

전도⁴ **顚倒** 명 renversement *m*; chute *f*; interversion *f*; bouleversement *m*. ◇_(를) **하다** renverser; intervertir ((l'ordre des termes)). ¶ 본말을 ~하다 inverser l'ordre des priorités; négliger l'essentiel pour des détails. ¶ 선후를 ~하다 suivre un mauvais ordre. ◇_(가) **되다** ((ordre)) être renversé(*e*), inversé(*e*), inverti(*e*). ¶ 순서가 ~되었다 L'ordre est inversé. ¶ 주객이 ~(가) 되었다 Les rôles sont renversés.

전도⁵ **全圖** 명 carte *f* (d'un pays) ((de la France)). ¶ 대한민국[프랑스] ~ une carte de Corée du Sud [de France]. ¶ 세계 ~ une carte du monde, un atlas.

전도⁶ 傳導 명 【물리】 conduction *f*. ◇_(를) **하다** ((métal)) conduire ((la chaleur, l'électricité)); être conductible, conduc*teur*(*trice*). ◇_(가) **되다** être conductible, conduc*teur*(*trice*). ¶ 이 물체는 열이 ~가 잘 된다 Cette substance a une bonne conductibilité thermique.

◆_**성** -性 명 conductibilité *f*. ¶ 구리는 ~성이 강한 금속이다 Le cuivre est un bon métal conducteur ((de la chaleur, de l'électricité)).

◆_**체** -體 명 (corps *m*) conducteur *m*.

전동 電動 명 qui marche à l'électricité, électrique. ¶ ~ 타자기 une machine à écrire électrique.

◆_**가**-機 명 moteur *m* électrique; électromoteur *m*. ¶ ~기 회로 un circuit électromobile. ¶ 교류[직류] ~기 un moteur à courant alternatif [continu].

◆_**차** -車 명 tramway *m*.

전두 前頭 명 front *m*; ((해부)) sinciput *m*.

◆_**골**-骨 명 【해부】 os *m* frontal.

◆_**엽**-葉 명 【해부】 lobe *m* front*al*(*aux*).

전등 電燈 명 lampe *f* électrique; lumière *f* électrique. ¶ ~ 불빛 lumière électrique. ¶ ~을 켜다 allumer une lampe [l'électricité, la lumière]. ¶ ~을 끄다 éteindre la lumière [l'électricité, la lumière]. ¶ ~을 달다 installer [faire] l'électricité. ¶ ~을 밝히다 allumer une lampe [l'électricité, la lumière]. ¶ ~에 불이 들어왔다 La lampe s'est allumée. ¶ 집에 ~을 가설하다 installer [faire] l'électricité chez *soi*. ¶ ~이 밝다[어둡다] La lampe éclaire bien [faiblement]; être bien [mal] éclairé(*e*). ¶ 방 안에 ~이 켜져 있다 Dans la chambre, il y a une lampe allumée.

◆_**갓** 명 abat-jour(~-~*s*) *m*.

◆**꼬마**_ 명 mini-lampe *f*.

◆**손**_ 명 lampe *f* torche; torche *f* électrique; lampe *f* de poche.

전라 全裸 명 nudité *f*; corps *m* nu. ¶ ~로 무대에 서다 monter sur les planches tout(*e*) nu(*e*). ¶ ~로 헤엄치다 nager tout(*e*) nu(*e*).

전라도 全羅道 명 la région *f* [province *f*] du Jeolla.

전락 轉落 명 chute *f*; effondrement *m*, dégringolade *f* {*fam*}; déchéance *f*. ◇_(을) **하다** tomber et rouler ((du haut d'une pente)); dégringoler {*fam*}; s'effondrer, se ruiner, s'écrouler, périr, baisser, aller la [tomber en] *ruine*; tomber en décadence [en déliquescence]; dégénérer; se dégrader, s'abâtardir; faire faillite [être, tomber en faillite], aller [courir] à la faillite; s'acheminer vers la ruine; baisser subitement; déchoir ((de *son* rang)), descendre de haut, tomber (bien) bas, tomber dans la misère, descendre ((de la deuxième à la dixième place)); être précipité(*e*) ((dans le malheur, dans la ruine)); s'avilir. ¶ 거지로 ~하다 en être réduit(*e*) à la mendicité. ¶ 무관으로 ~하다 perdre *son* titre. ¶ 룸펜으로 ~하다 devenir un sans-le-sou. ¶ 천덕꾸러기로 ~하다 devenir l'objet du mépris de tous. ¶ 샤라포바 선수는 2등에서 10등으로 ~했다 Sharapova est descendue de la deuxième à la dixième place. ◇_(을) **시키다** faire tomber et rouler ((du haut d'une pente)); faire dégringoler {*fam*}; faire baisser subitement; faire déchoir ((de *son* rang)); précipiter; avilir. ◇_(이) **되다** tomber et rouler ((du haut d'une pente)); dégringoler {*fam*}; s'effondrer; baisser subitement; déchoir ((de *son* rang)), descendre de haut, tomber (bien) bas, tomber dans la misère; être précipité(*e*) ((dans le malheur)); s'avilir.

전란 戰亂 명 guerre *f*; désordre *m* [trouble *m*] causé par une guerre. ¶ ~의 와중에 en guerre; durant [pendant] la guerre. ¶ ~을 겪다 connaître le désordre causé par une guerre; vivre en guerre. ¶ ~을 당하다 subir le désordre causé par une guerre. ¶ ~에 시달리다 souffrir de la guerre. ¶ ~이 발발했다 La guerre a éclaté. ¶ ~이 끝났다 La guerre est finie. ¶ 지금 아랍은 ~에 휩싸여 있다 Actuellement, le monde arabe est en pleine guerre [est enflammé par la guerre].

전람 展覽 명 exposition *f*, présentation *f* ((de nouveaux modèles au public)). ◇_(을) **하다** exposer *qc*, présenter *qc* ((dans une exposition)). ¶ 상품을 ~하다 exposer des marchandises.

◆_**실** -室 명 salle *f* [salon *m*] d'exposition; galerie *f*.

◆_**품** -品 명 objets *mpl* exposés.

◆_**회** -會 명 exposition *f*, salon *m* ((de l'automobile)). ¶ ~회를 개최하다[열다] ouvrir [organiser, donner] une exposition. ¶ ~회에 출품하다 exposer, participer à une exposition, présenter ((de nouveaux modèles de voitures)) dans une exposition.

◆_**회장** -會場 명 salle *f* [salon *m*] d'exposition; galerie *f*.

전래 傳來 명 ① 예로부터 전하여 내려옴 transmission *f*. ¶ ~ 동화[민요] un conte pour enfants [une chanson folklorique] transmis(*e*) de génération en génération. ¶ ~의 보물 un trésor héréditaire. ¶ ~의 비법 un art secret [une méthode secrète] transmis(*e*) de génération en génération. ② 외국에서 전하여 내려옴 introduction *f* ((du bouddhisme)); transmission *f*. ¶ 불교의 ~ introduction du bouddhisme. ◇_(를) **하다** introduire; transmettre. ¶ 불교는 중국을 통하여 한국에 ~했다 Le bouddhisme fut introduit en Corée à travers la Chine. ◇_(가) **되다** être introduit(*e*) ((en Corée)); être transmis(*e*); venir ((de Chine)). ¶ 입에서 입으로 ~되다 être transmis(*e*) de bouche à oreille. ¶ 중국에서 ~된 풍습 une coutume venue de Chine [d'origine chinoise].

◆_**적** -的 명관 de transmission. ¶ ~적 가치 une valeur de transmission.

전략¹ 戰略 명 stratégie *f*; tactique *f*; stratagème *m*. ¶ ~ 목표 objectif stratégique ((d'une opération)). ¶ ~ 상품 marchandise promotionnelle [d'appât

ㅈ

pour attirer la clientèle]. ¶ 판매 ~ stratégie de vente. ¶ ~을 세우다 établir une stratégie. ¶ ~을 짜(내)다 élaborer une stratégie. ¶ ~을 쓰다 utiliser une tactique [une stratégie]. ¶ ~을 바꾸다 changer de tactique. ¶ ~에 속다 se laisser tromper par une stratégie. ¶ ~이 뛰어나다 La stratégie est excellente. ¶ ~은 전술과 다르다 La stratégie diffère de la tactique. ¶ ~으로 이기다 gagner [remporter la victoire] en usant de stratégie.

◆**_적** -的 명관 stratégique, tactique. ¶ ~적 가치 une valeur stratégique. ¶ ~적인 요충지 un point stratégique. ¶ ~적으로 이용하다 utiliser *qc* stratégiquement [au point de vue stratégique].

◆**_상** -上 명 au point de vue tactique; stratégiquement.

◆**_가** -家 명 stratège *m*; tacticien(*ne*).

◆**_무기** -武器 명 arme *f* stratégique.

◆**_물자** -物資 명 matériel *m* stratégique.

◆**_산업** -產業 명 industrie *f* stratégique.

◆**_요지** -要地 명 position *f* stratégique; poste *m* clef.

◆**_지점** -地點 명 point *m* stratégique.

전략[2] **前略** 명 omission *f* [suppression *f*] du début ((d'un texte)). ◇**_(을) 하다** omettre [supprimer] le début ((d'une citation)).

전량 全量 명 toute la quantité *f*; le tout *m* de *qc*. ¶ ~을 다 소모하다 consommer [user] toute la quantité; s'épuiser. ¶ ~을 수입하다 importer toute la quantité. ¶ ~을 외국에 수출하다 exporter toute la quantité.

전력[1] **全力** 명 toutes *ses* forces *fpl*; tous *ses* efforts *mpl* possibles; toute *son* énergie *f*. ¶ ~을 기울이다 [쏟다] mettre toutes *ses* forces [toute *son* énergie] à *qc*; consacrer toutes *ses* forces [tous *ses* efforts] à *qc*; faire tout ce qu'on peut [le maximum, tout ce qui est en *son* pouvoir, tous *ses* efforts] ((pour un ami)), faire feu [flèche] de tout bois, déployer [mobiliser] toute *son* énergie [tous ses efforts], utiliser [employer] tous les moyens possibles [en *son* pouvoir]. ¶ ~을 다하다 faire tout *son* possible [tous *ses* efforts], faire le maximum, faire tout ce qui est en *son* pouvoir, faire tout ce qu'on peut ((pour un ami)), puiser, faire de *son* mieux, déployer [mobiliser] toute *son* énergie [tous ses efforts], utiliser [employer] tous les moyens possibles [en *son* pouvoir]; faire feu [flèche] de tout bois; faire l'impossible. ¶ ~을 다하여 달리다 courir de toutes *ses* forces [à toutes jambes, à fond de train, ventre à terre, à perdre haleine, comme un dératé, comme un lapin, comme un zèbre], prendre *ses* jambes à *son* cou, se carapater {*fam*}, détaler à toutes jambes [au triple galop] {*fam*}, filer comme une flèche [comme un zèbre, à toutes jambes], s'échapper [s'enfuir] à toutes jambes, jouer des jambes [des flûtes], prendre la poudre d'escampette.

◆**_주행** -走行 명 course *f* à toute vitesse.

◆**_질주** -疾走 명 course *f* à toute vitesse.

전력[2] **專力** 명 concentration *f* de *ses* forces ((pour un travail)). ◇**_(을) 하다** concentrer toutes *ses* forces [tous *ses* efforts] pour *qc*; s'appliquer à+*inf*; se plonger dans *qc*, se donner [se vouer] corps et âme à *qc*, se consacrer entièrement à ((une tâche, une œuvre)). ¶ 연구에 ~하다 se consacrer entièrement à l'étude [aux études], se donner corps et âme à l'étude [aux études].

전력[3] **電力** 명 énergie *f* [force *f*] électrique; électricité *f*. ¶ ~ 소비 consommation d'électricité [d'énergie électrique]. ¶ ~ 부족 insuffisance d'énergie électrique. ¶ 공업용 ~ électricité industrielle. ¶ ~을 공급하다 fournir l'électricité ((d'une ville)), alimenter ((une ville)) en électricité. ¶ ~을 낭비하다 gaspiller l'électricité. ¶ ~이 부족하다 Il n'y a pas assez d'électricité / L'électricité fait défaut. ¶ ~이 남아 있다 Nous disposons [Le pays dispose] de réserves d'électricité [d'énergie électrique]. ¶ ~ 공급이 끊겼다 On a coupé l'électricité. ¶ ~ 소비량이 증가한다 On consomme plus d'électricité.

◆**_계** -計 명 wattmètre *m*.

◆**_선** -線 명 câble *m* électrique.

◆**_학** -學 명 électrodynamique *f*.

◆**_회사** -會社 명 compagnie *f* d'électricité.

전력[4] **戰歷** 명 carrière *f* militaire. ¶ 빛나는 ~을 가지다 avoir une belle carrière militaire. ¶ ~이 혁혁한 군인 un soldat [un militaire] qui a une belle carrière. ¶ ~이 화려하다 avoir une belle carrière militaire.

전력[5] **戰力** 명 forces *fpl* armées; effectifs *mpl* mobilisables. ¶ 당대 최고의 ~ forces armées les plus puissantes de notre temps [de l'époque]. ¶ ~을 보강하다[증강하다] renforcer des effectifs militaires. ¶ ~을 유지하다 maintenir des effectifs militaires. ¶ 최고의 ~을 갖추다[보유하다] posséder les forces armées les plus puissantes. ¶ ~을 상실하다 perdre *ses* effectifs militaires. ¶ ~을 평가하다 estimer les effectifs militaires. ¶ ~이 약화되다 Les forces armées s'affaiblissent. ¶ ~이 평준화되었다 Les forces armées sont nivelées.

◆**_증강** -增强 명 renforcement *m* des effectifs militaires.

전력[6] **前歷** 명 antécédents *mpl* ((de *qn*)); vie *f* passé de *qn*. ¶ ~을 숨기다. cacher *ses* antécédents. ¶ ~이 드러나다 Les antécédent de *qn* réapparaissent [resurgissent]. ¶ 그는 택시 운전수를 했던 ~이 있다 Il a été auparavant chauffeur de taxi / Il a travaillé auparavant comme chauffeur de taxi.

전령[1] **電鈴** 명 sonnerie *f* [timbre *m*] électrique; trembleur *m*. ¶ ~ 신호 une sonnerie; un signal sonore. ¶ ~이 울린다 La sonnerie électrique se fait entendre.

전령[2] **傳令** 명 ① instruction *f*, message *m*. ¶ ~을 내리다 donner des instructions. ¶ ~을 받다 recevoir des instructions. ¶ ~이 외부에 누출되고 있다 Les

ㅈ

instructions filtrent à l'extérieur. ② planton *m*; messager *m*. ¶ ~을 보내다 envoyer un planton. ¶ ~을 택하여 보내다 sélectionner un planton et l'envoyer.

전례[1] 典禮 명 cérémonie *f*, rite *m*. ¶ ~를 갖추다 célébrer un rite, faire une cérémonie.

전례[2] 前例 명 précédent *m*, exemple *m*. ¶ ~를 제시하다 invoquer un précédent; montrer l'exemple. ¶ ~를 깨뜨리다 rompre avec la tradition. ¶ ~에 어긋나다 être en désaccord avec un exemple antérieur. ¶ ~로 삼다 prendre en exemple. ¶ ~로 미루어 보다 [판단하다] présumer [juger] selon l'exemple. ¶ ~를 [에] 따르다 suivre la coutume [l'exemple]. ¶ ~에 따라서 selon [suivant] la coutume [l'exemple]. ¶ ~가 있다 être du déjà vu, ne pas être nouveau [une nouveauté]; avoir déjà eu lieu; être déjà arrivé(*e*); ce n'est pas la première fois que+*ind*. ¶ ~가 없다 être sans précédent [sans exemple, jamais vu(*e*), inouï(*e*), incroyable, prodigieux(*se*), extraordinaire]. ¶ ~가 없는 참극 drame sans précédent. ¶ ~없이 sans exemple, sans précédent.

전류 電流 명 courant *m* électrique. ¶ ~의 발생 production du courant électrique. ¶ ~의 역류 contre-courant électrique. ¶ ~의 세기 force du courant électrique. ¶ ~를 끊다 couper le courant. ¶ 철선에 ~를 통하게 하다 faire passer le courant dans un fil métallique. ¶ ~가 흐른다 Le courant électrique passe. ¶ ~가 동선을 흐른다 Le courant électrique passe dans le fil de cuivre.

◆**_계** -計 명 ampèremètre *m*.

◆**_측정기** -測程器 명 galvanomètre *m*.

◆**고압_** 高壓- 명 courant *m* à haute tension.

◆**교류_** 交流- 명 courant *m* alternatif.

◆**저압_** 低壓- 명 courant *m* à basse tension.

◆**직류_** 直流- 명 courant *m* continu.

전륜 前輪 명 traction *f* arrière.

◆**_구동** -驅動 명 à traction *f* arrière.

전리 電離 명 【물리】 dissociation *f* électrolytique, ionisation *f*. ◇_(를) **하다** ioniser, dissocier par électrolyse.

◆**_층** -層 명 ionosphère *f*.

전리품 戰利品 명 trophée *m*, dépouille *f*, butin *m*. ¶ ~을 얻다 obtenir un trophée [un butin].

전립선 前立腺 명 【해부】 prostate *f*. ¶ ~의 수술을 받다 être opéré(*e*) de la prostate; 【의학】 subir une prostatectomie.

◆**_비대증** -肥大症 명 hypertrophie *f* de la prostate.

◆**_암** -癌 명 cancer *m* de la prostate.

◆**_염** -炎 명 inflammation *f* de la prostate, prostatite *f*.

전말 顚末 명 tout ce qui s'est passé; détails *mpl* ((d'un événement)); marche *f* ((d'un événement)); circonstances *fpl*; tous les tenants *mpl* et aboutissants *mpl* ((d'une affaire)). ¶ 사태의 ~을 밝히다 dévoiler les détails de la situation. ¶ 사건의 ~을 보고하다 faire un compte rendu détaillé de l'événement. ¶ ~을 이야기하다 raconter *qc* en détail (depuis le commencement jusqu'à la fin); raconter ((à *qn*)) tout ce qui s'est passé; raconter tout dans les moindres détails. ¶ 사건의 ~이 드러났다 Tous les aspects de l'affaire ont été révélés. ¶ 사건의 ~이 대강 짐작된다 J'imagine en gros ce qui s'est passé. ¶ 사건의 ~은 이렇다 Voici ce qui s'est passé. ¶ 내가 사직을 하게 된 ~을 설명했다 J'ai expliqué les circonstances qui m'ont amené(*e*) [poussé(*e*)] à donner ma démission.

전망 展望 명 ① vue *f*, panorama *m*, perspective *f*. ¶ ~이 좋다 avoir une belle vue [perspective], avoir une vue magnifique; jouir d'une belle vue; avoir une vue étendue, avoir de la vue; avoir un beau point de vue. ¶ ~이 나쁘다 ((d'ici, du haut de cet immeuble)) ne pas avoir une bonne vue, ne pas jouir d'une belle vue. ¶ ~을 방해하다 ((cet arbre nous)) cacher la vue, ((ce mur)) boucher [dérober, limiter, obstruer] la vue; ((cette maison)) masquer la vue [le paysage]; ((la fumée nous)) dérober le paysage. ② perspectives *fpl* ((d'avenir)). ¶ ~이 좋다 avoir un bel avenir en perspective. ¶ ~이 나쁘다 avoir un sombre avenir; être mal engagé(*e*); les perspectives ne sont pas brillantes. ¶ ~을 보다 avoir de l'avenir; avoir un bel avenir en perspective. ¶ ~을 살피다 examiner une perspective. ◇_(을) **하다** ① avoir une (belle) vue [perspective] ((sur la mer)). ¶ 멀리 바다를 ~하다 avoir une (belle) vue [perspective] sur la mer; avoir un beau point de vue sur la mer. ② prévoir, pronostiquer; avoir une perspective ((sur l'économie)). ¶ 내년 경기를 ~하다 avoir une perspective sur l'économie de l'année prochaine, pronostiquer l'évolution de l'économie l'année prochaine. ¶ 경제가 나아질 것이라고 ~하다 prévoir une amélioration de l'économie; pronostiquer que l'économie ira mieux.

◆**_대** -臺 명 belvédère *m*.

◆**_탑** -塔 명 tour *f* de surveillance *f* [d'observation], mirador *m*.

전매[1] 轉賣 명 revente *f*. ◇_(를) **하다** revendre. ¶ 아파트를 ~하다 revendre l'appartement.

전매[2] 專賣 명 【법률】 monopole *m*, monopolisation *f*. ¶ ~ 사업 entreprise qui a le monopole ((d'un produit, d'un service)). ◇_(를) **하다** exercer un monopole, monopoliser.

◆**_권** -權 명 monopole *m*, droit *m* exclusif. ¶ 담배의 ~권을 가지다 posséder [avoir] le monopole des tabacs; monopoliser les tabacs.

◆**_청** -廳 명 régie *f* des tabacs.

◆**_품** -品 명 article *m* sous monopole. ¶ 프랑스에서는 성냥도 ~품이다 En France, même les allumettes sont le monopole de l'État.

◆**_특허** -特許 명 ① brevet *m* (d'invention), patente *f*. ¶ ~특허를 신청하다 demander un brevet. ¶ ~특허를 출원하다 s'inscrire à un brevet. ¶ ~특허를 얻다

prendre [obtenir] un brevet; faire breveter une invention. ② monopole *m*, privilège *m* exclusif, exclusivité *f*. ¶ 그런 표현은 그 사람의 ~특허야 Cette expression lui est caractéristique.

◆_**특허권** -特許權 명 droit *m* exclusif d'exploitation; ((contrat d')) exclusivité *f*.

전면¹ 前面 명 devant *m*, façade *f*, premier plan *m*. ¶ ~ 공격 attaque frontale. ¶ ~에 두다 positionner au devant. ¶ ~에 나타나다 (*se*) montrer au premier plan. ¶ ~이 돌로 장식되어 있다 La façade est décorée de pierres.

*~**에 나서다** se présenter au premier plan. ¶ 권력의 ~에 나서다 se présenter au premier plan du pouvoir.

전면² 全面 명 ① toutes les faces *fpl*, tous les côtés *mpl*. ¶ ~ 개각을 단행하다 exécuter un remaniement ministériel. ¶ ~ 대결을 벌이다 avoir un face à face [une confrontation] avec *qn*. ② surface *f* entière. ¶ 신문에 ~ 광고를 내다 faire de la publicité en empruntant une page entière d'un journal. ¶ 1면 ~을 사진으로 채우다 couvrir la première page de photos.

◆_**적** -的 명관 enti*er*(*ère*), comple*t*(*ète*), génér*al*(*ale*, *aux*), tot*al*(*ale*, *aux*). ¶ 낡은 건물을 ~적으로 수리하다 réparer le vieux bâtiment en entier.

◆_**전** -戰 명 guerre *f* totale. ¶ 전쟁은 ~전으로 확산되었다 La guerre est devenue totale,

전멸 全滅 명 annihilation *f*, anéantissement *m*, destruction *f* complète, extermination *f*. ¶ 적군의 ~이 작전의 목표이다 Le but de cette opération est l'annihilation de l'armée ennemie. ◇_(**을**) **하다** être anéanti(*e*), être complètement détruit(*e*). ◇_(**이**) **되다** s'anéantir. ◇_(**을**) **당하다** être anéanti(*e*), être complètement détruit(*e*). ¶ 아군이 ~을 당하고 말았다 Notre armée a été complètement détruite. ◇_(**을**) **시키다** anéantir, détruire complètement, exterminer.

전모 全貌 명 tous les aspects *mpl*. ¶ 숨겨진[감춰진] ~ tous les aspects cachés. ¶ 사건의 ~를 밝히다[파헤치다] éclaircir tous les aspects de l'affaire. ¶ ~를 파악하다[간파하다] saisir tous les aspects. ¶ 사건의 ~를 드러내다 révéler tous les aspects de l'événement [de l'affaire]. ¶ 스캔들의 ~가 드러났다[밝혀졌다] Tous les aspects du scandale se sont révélés.

전몰 戰歿 명 mort(*e*) à la guerre, mort(*e*) au combat, mort(*e*) sur le champ de bataille. ¶ ~ 장병들에 대한 추모식 un service funèbre pour les soldats qui sont morts à la guerre. ◇_(**을**) **하다** mourir *à la guerre* [au combat, sur le champ de bataille]. ◇_(**이**) **되다** être mort(*e*) à la guerre [au combat, sur le champ de bataille]. ¶ 소대장은 ~된 부대원의 시체 앞에서 흐느껴 울었다 Le chef de section pleurait devant les corps de ses hommes morts au combat.

◆_**자** -者 명 mort *m* à la guerre; victimes *fpl* de la guerre. ¶ ~자 묘역 un cimetière militaire.

전무 專務 명 administra*teur*(*trice*), gérant(*e*). ¶ ~직을 맡다 être chargé(*e*) du poste d'administra*teur*(*trice*). ¶ 회사의 ~로 승진하다 être promu(*e*) administra*teur*(*trice*).

◆_**이사** -理事 명 administra*teur*(*trice*), gestionnaire, membre *m* d'un comité de direction.

전무하다 全無- 형 être totalement absent(*e*). ¶ 그 사람은 프랑스어 지식이 ~ Il n'a aucune connaissance du français. ¶ 그 곳에는 의료시설이 ~ Il n'y a aucun centre médical là-bas.

전무후무 前無後無 명 absence totale, sans précédent, inouï(*e*). ¶ ~의 대기록 un grand record sans précédent.

◆_**하다** 형 être sans précédent [sans exemple, inouï(*e*), jamais vu(*e*), incroyable, prodigieu*x*(*se*), extraordinaire]. ¶ ~한 참변을 당하다 catastrophe sans précédent. ¶ ~한 성공을 거두다 remporter un succès extraordinaire. ¶ 그런 일은 ~한 것이다 C'est un événement sans précédent / Cela ne s'est jamais vu.

전문¹ 全文 명 texte *m* complet [intégral]. ¶ 선언서[조약] ~ texte complet [intégral] d'un traité. ¶ 기사 ~ article intégral. ¶ 발표문의 ~을 게재하다[싣다, 소개하다] reproduire le texte entier d'une déclaration.

전문² 前文 명 texte *m* ci-dessus, ce qui précède; ci-dessus, susmentionné(*e*). ¶ 논문의 ~에서 언급된 내용 contenu mentionné dans les paragraphes précédents de la thèse [de l'article, de l'essai, du mémoire]. ② 【법률】 préambule *m*. ¶ 헌법 ~ préambule de la Constitution.

전문³ 電文 명 texte *m* d'un télégramme. ¶ 고향집에 축하 ~을 보내다[띄우다, 치다] envoyer un télégramme de félicitations au domicile familial. ¶ 형에게 아버지가 위독하다는[고] ~을 보내다 envoyer à *son* grand frère un télégramme qui annonce l'état d'une extrême gravité de *son* père. ¶ 본부로부터 철수하라는 ~을 받다[접수하다, 수신하다] recevoir [envoyer] du quartier général [du bureau central] un télégramme donnant l'ordre d'évacuer [demandant d'évacuer immédiatement les lieux].

전문⁴ 專門 명 spécialité *f*. ¶ ~ 경영인[식당] gérant spécialiste [restaurant spécialisé]. ¶ ~ 서적[지식] livres spécialisés [connaissances de spécialiste]. ¶ 불고기 ~ 식당 restaurant spécialisé en *bulgogi* [dont la spécialité est le *bulgogi*]. ¶ 그 음식점은 갈비가 ~이다 La spécialité de ce restaurant est le travers de porc [de bœuf]. ¶ 방송광고를 ~으로 하다 faire [réaliser] des spots publicitaires; être rédac*teur*(*trice*) de spots publicitaires. ¶ 반칙을 ~으로 하다 être coutumier [spécialiste] des infractions; s'y connaître en infractions.

◆_**적** -的 명관 spécialisé(*e*). ¶ ~적 지식 connaissances spécialisées [de spécialiste]. ¶ ~적인 기술 technique spécialisée [de spécialiste].

◆_성 -性 명 caractère *m* spécialiste.

◆_화 -化 명 spécialisation *f*, professionnalisation *f*. ¶~화(가) 되다 être spécialisé(*e*), professionnalisé(*e*). ¶~화(를) 하다[시키다] professionnaliser.

◆_가 -家 명 spécialiste, expert(*e*), professionnel(*le*). ¶인테리어 ~가 architecte d'intérieur.

◆_대(학) -大(學) 명 école *f* d'enseignement professionnel, IUT *m* (Institut Universitaire de Technologie).

◆_어 -語 명 terminologie *f*, vocabulaire *m* technique[spécialisé].

◆_의 -醫 명 (médecin *m*) spécialiste.

◆_인 -人 명 spécialiste, expert(*e*), professionnel(*le*).

◆_점 -店 명 magasin *m* spécialisé.

◆_지 -誌 명 revue *f* spécialisée.

◆_직 -職 명 travail *m* spécialisé [de spécialiste].

◆_학교 -學校 명 école *f* d'enseignement professionnel.

전문⁵ 傳聞 명 ouï-dire *m*, on-dit *m*, rumeur *f*. ¶ 방금 입수된 ~ ouï-dire obtenu tout à l'heure. ¶ ~에 따르면[의하면] 전황이 악화되고 있다 D'après ce que j'ai entendu dire, la situation militaire va de mal en pis.

전반¹ 前半 명 ① première moitié *f*. ¶ 삼십대[20세기] ~ personne ayant entre 30 et 35 ans [la première moitié du vingtième siècle]. ② ((운동경기)) mi-temps *f*.

◆_기 -期 명 premier semestre *m*; première période *f*.

◆_부 -部 명 première partie *f*.

◆_전 -戰 명 première mi-temps *f*. ¶~전에서 1골을 넣다 inscrire un but pendant la [au cours de la, durant la, en] première mi-temps.

전반² 全般 명 ensemble *m*, totalité *f*, tout *m*. ¶ 학내[교육,경제] ~의 문제 problèmes généraux de l'école [l'éducation, l'économie]. ¶ 국정 ~에 걸쳐 개혁을 단행하다 exécuter une rénovation dans l'ensemble du gouvernement.

◆_적 -的 명관 du point de vue général, dans l'ensemble. ¶ 사회의 ~적(인) 흐름 l'atmosphère *générale de la société*. ¶ 경제가 ~적으로 나아졌다 L'économie s'est améliorée dans l'ensemble.

전방 前方 명 ① devant *m*, avant *m*. ¶~ 100 미터 (지점) à cent mètres en avant. ¶(골인지점) 10 미터 ~ à dix mètres en avant (du but). ¶~을 바라보다 regarder droit devant. ② première ligne *f*, front *m*. ¶~에 배치되다[배치받다] être (placé(*e*)) en première ligne [tout devant]. ¶~에서 근무하다[군복무를 하다] travailler en première ligne [aux avant-postes]; faire *son* service militaire aux avant-postes.

◆최_ 最 명 tout devant *m*.

전번 前番 명 la fois *f* dernière, l'autre jour *m*. ¶ ~(의) 모임[가출, 논문, 작품] réunion [fugue, article, œuvre] de la fois dernière [de l'autre jour]. ¶~에 한 말[일] parole [affaire] de la fois dernière [de l'autre jour]. ¶~에 갔던 곳 l'endroit où l'on est allé la fois dernière [l'autre jour]. ¶~과는 다르다 C'est différent de la fois dernière [de l'autre jour].

전범¹ 戰犯 명 criminel(*le*) de guerre. ¶~ 재판 jugement d'un criminel de guerre. ¶2차 세계대전[1급] ~ criminel(*le*) de la deuxième guerre mondiale [de premier rang].

◆_재판소 -裁判所 명 tribunal *m* des criminels de guerre.

전범² 典範 명 exemple *m*. ¶ 참 스승의 ~을 보이다[보여주다] montrer l'exemple en tant que bon enseignant. ¶~을 이루다 construire un exemple. ¶ 목회자의 ~이 되다 devenir un prêtre exemplaire.

전법 戰法 명 tactique *f* (militaire), stratégie *f*. ¶ 비장의[새로운, 단순한] ~ stratégie secrète toujours efficace [nouvelle stratégie, stratégie simple]. ¶ ~을 쓰다[택하다, 버리다, 세우다] utiliser [choisir, abandonner, établir] une tactique, une stratégie. ¶~을 바꾸다 changer de tactique.

◆유도_ 誘導 명 tactique *f* guidée.

전별 餞別 명 banquet *m* [réunion *f*] d'adieu. ¶ 환송과 ~ action d'accompagner *qn* au banquet [à la réunion d'adieu]. ¶~을 베풀다 donner un banquet d'adieu, organiser une réunion d'adieu.

◆_금 -金 명 argent *m* du banquet [de la réunion d'adieu].

전보¹ 電報 명 télégramme *m*, dépêche *f* (télégraphique), câblogramme *m*, télex *m*. ¶~ 한 통 un télégramme, une dépêche. ¶~를 한 통 보내다 envoyer un télégramme [une dépêche]. ¶ 그 여자는 나에게 축하 ~를 쳤다[보냈다, 띄웠다] Elle m'a envoyé(*e*) un télégramme de félicitations. ¶ 그 사람에게 급히 돌아오라는[고] ~를 쳤다 Je lui ai envoyé un télégramme lui demandant de rentrer d'urgence. ¶ 고향집에서[으로부터] ~를 받다 recevoir un télégramme [une dépêche]. ¶~를 배달하다 livrer un télégramme [une dépêche]. ¶ 그 여자가 내일 귀국한다는 ~ 가 왔다[도착했다] Un télégramme [Une dépêche] informant de son arrivée [retour] demain vient d'arriver / Un télégramme disant qu'elle doit rentrer demain vient d'arriver. ¶ 소식을 ~로 알리다 donner des nouvelles par télégramme.

◆_용지 -用紙 명 formule *f* de télégramme.

◆_약호 -略號 명 code *m* télégraphique.

◆암호_ 暗號 명 télégramme *m* en code [chiffré].

전보² 轉補 명 transfert *m*. ¶ 지방으로 ~ 발령이 나다 apprendre *son* transfert en province. ¶~를 내다[명하다] annoncer un transfert [ordonner un transfert]. ◇_(를) **하다[시키다, 보내다]** transférer, muter. ¶ 오지로[한직으로] ~를 시키다 transférer à un poste de tout repos. ◇_(를) **당하다** être transféré(*e*); essuyer un transfert. ¶ 부산으로 ~를 당하다 être transféré(*e*) à Busan. ◇_(가) **되다** être transféré(*e*). ¶ 디종으로

ㅈ

~되다 être transféré(*e*) à Dijon.

전복[1] **顚覆** 명 renversement *m*, capotage *m*; ((배의)) chavirement *m*; submersion *f*. ¶ 열차 ~ 사고 déraillement d'un train; renversement d'un wagon de train. ¶ 내각의 ~을 기도하다[꾀하다] comploter de renverser le ministère. ◇_(을) **하다** se renverser, se retourner, culbuter, chavirer, capoter. ◇_(이) **되다** être renversé(*e*). ◇_(을) **시키다** renverser. ¶ 쿠데타로 정권을 ~시키다 renverser le [prendre le, saisir le, s'emparer du] pouvoir par un coup d'État.

전복[2] 명 abalone *m*, ormeau *m*, ormet *m*. ¶ ~을 따다[까다] récolter, ramasser [écailler] des ormeaux [ormets].

◆**_죽** -粥 명 bouillie *f* de riz cuit avec des ormeaux. ¶ ~죽을 쑤다 préparer une bouillie de riz cuit avec des ormeaux.

전봇대 **電報-** 명 ① poteau *m* électrique [télégraphique]. ¶ ~를 세우다 construire un poteau télégraphique. ¶ ~에 오르다 monter sur un poteau télégraphique. ¶ ~를 들이받다 brancher un poteau télégraphique. ② ((키 큰 사람을 칭하는 별명)) grande perche *f*, grand échalas *m*.

*__남이야 ~로 이를 쑤시던 말던__ Mêle-toi de ce qui te regarde! / Mêle-toi de tes affaires [oignons {*fam*}]! / On ne te demande pas ton avis / On ne t'a pas sonné {*fam*} / Je ne te demande pas l'heure qu'il est {*fam*} / Et ta sœur? {*fam*} / Vas voir ailleurs si j'y suis! {*fam*} / Ça te regarde?

전부 **全部** 명 tout *m*, total *m*, totalité *f*, ensemble *m*, intégralité *f*. ¶ 재산 ~를 날리다 perdre toute *sa* fortune. ¶ ~가 찬성하다 Tout le monde est d'accord. ¶ 이것이 ~입니까? (Est-ce que) C'est tout? 부 tout, intégralement, entièrement, dans sa totalité [intégralité]. ¶ 책을 ~ 읽다 lire intégralement le livre. ¶ ~ 파괴되다 détruire tout. ¶ 빚을 ~ 다 갚다 s'acquitter de toute sa dette.

전분 **澱粉** 명 amidon *m*, fécule *f*. ¶ ~ 가루 poudre d'amidon [de fécule].

전비 **戰費** 명 dépenses *fpl* induites par une guerre. ¶ ~를 마련하다 économiser en prévision des dépenses d'une guerre. ¶ 그 전쟁에는 막대한 ~가 들었다 Il y a eu beaucoup de dépenses pour cette guerre.

전사 **戰史** 명 histoire *f* militaire. ¶ ~에 길이 남을 전투 bataille qui restera longtemps dans l'histoire militaire.

전사[1] **戰士** 명 guerrier *m*, combattant *m*, soldat *m*. ¶ 용감한 ~ soldat courageux. ¶ 십자군 ~ croisé, *soldat* des croisades.

전사[2] **戰死** 명 mort *f* au combat [au champ d'honneur]. ¶ ~ 통지서 faire-part de décès par mort au combat [au champ d'honneur]. ◇_(를) **하다** mourir au combat, mourir [tomber] au front, mourir [tomber] au champ d'honneur [à la guerre, sur le champ de bataille], mourir au feu; être tué(*e*) dans une bataille. ¶ 우리 아버지는 한국 전쟁에서 ~하셨다 Mon père est mort au combat pendant la guerre de Corée.

◆**_자** -者 명 mort *m* à la guerre, soldat *m* tué au combat.

전사[3] **轉寫** 명 transcription *f*, copie *f*. ◇_(를) **하다** transcrire, copier, recopier.

◆**음성_** 音聲_ 명 transcription *f* phonétique

전산 **電算** 명 calcul *m* par ordinateur. ¶ 회사의 ~ 담당자 le responsable informatique de la société. ¶ ~ 연구소 institut de recherche en informatique. ¶ ~ 전문가 spécialiste de l'informatique, informaticien(*ne*). ¶ ~ 처리 traitement automatique. ¶ ~ 프로그램 programme informatique.

◆**_적** -的 명관 informatique. ¶ ~적 식견 connaissances informatiques.

◆**_화** -化 명 informatisation *f*. ¶ 국가 행정망을 ~화하다 informatiser le réseau administratif du gouvernement.

◆**_기** -機 명 ordinateur *m*.

◆**_망** -網 명 réseau *m* informatique. ¶ ~망을 구축하다 établir un réseau informatique.

◆**_실** -室 명 salle *f* informatique.

◆**_언어** -言語 명 langage *m* informatique.

전상 **戰傷** 명 blessure *f* de guerre. ¶ ~을 입다 être victime d'une blessure de guerre, être blessé(*e*) à la guerre.

전생 **前生** 명 existence *f* [vie *f*] antérieure. ¶ ~의 인연 lien tissé dans une vie antérieure. ¶ ~의 업보 effet[conséquence] d'une vie antérieure (suivant la loi du karma). ¶ ~에 무슨 인연으로 par je ne sais quel effet de cause venu d'une vie antérieure.

전서[1] **篆書** 명 ((서예)) écriture *f* stylisée.

전서[2] **全書** 명 ① œuvres *fpl* complètes. ¶ 발자크 ~ œuvres complètes de Balzac. ② encyclopédie *f*. ¶ 백과 ~ encyclopédie.

전서구 **傳書鳩** 명 pigeon-voyageur *m*. ¶ ~로 소식을 전하다 envoyer des nouvelles par un pigeon-voyageur.

전선[1] **電線** 명 fil *m* électrique [télégraphique], câble *m* électrique; ((해저)) câble *m* ((sous-marin)). ¶ ~을 끊다[잇다, 연결하다] couper [sectionner] un fil [câble] électrique [relier deux fils [câbles] électriques]. ¶ 어디에서 ~을 따오다 connecter un fil électrique quelque part.

전선[2] **戰線** 명 ① front *m*, ligne *f* de combat, première ligne *f*. ¶ ~의 상황 situation sur le front. ¶ 동부[서부] ~ front est [ouest]. ¶ 공동 ~을 펴다 s'unir contre *qc*/*qn*, faire front (commun) contre *qc*/*qn*. ¶ ~을 이동하다 déplacer le front. ¶ ~이 펼쳐지다 Le front s'étend. ¶ ~이 확대[확장]되다 Le front s'agrandit [s'élargit]. ¶ ~에 투입되다[파견되다] être envoyé(*e*) au front. ¶ ~으로 출동하다 se rendre sur le front; être envoyé(*e*) au front. ② ((비유적)) front *m*. ¶ 취업[수출] ~ front du travail [de l'exportation]. ③ ((정치 또는 사회운동)) front *m* ((populaire)). ¶

ㅈ

해방[인민] ~ front de libération [populaire].

전선[3] 前線 명 ① 최전방 또는 일선 ((partir pour le)) front *m*, première ligne *f*, avant-garde *f*. ¶ ~을 사수하다[지키다] défendre le front jusqu'au bout. ¶ ~에서 일하다 travailler en première ligne. ¶ ~이 무너진다 Le front s'écroule. ② ((기후)) front *m* ((chaud, froid d'un cyclone)). ¶ 장마[한랭, 온난] ~ front de la pluie continuelle [froid, d'une vague de froid; chaud, d'une chaleur].

전설[1] 傳說 명 légende *f*, récit *m* légendaire. ¶ ~과 신비 légende et mystère. ¶ 북두성에 얽힌 ~ légende de la Grande Ourse. ¶ ~에 따르면 d'après la légende; la légende veut que ... ¶ ...라는 ~이 있다[내려온다, 전해진다, 전해 내려온다] il y a une légende qui dit que ... [la légende raconte que / la légende veut que / une légende nous est parvenue disant que].

◆**_적** -的 명관 légendaire. ¶ ~적(인) 인물 personnage légendaire.

◆**_화** -化 명 fait de devenir légendaire. ¶ ~화하다[되다] devenir légendaire.

***살아있는** ~ une légende vivante.

전설[2] 前舌 어근 langue *f* antérieure.

◆**_모음** -母音 명 【언어】 voyelle *f* antérieure [d'avant].

전성 全盛 어근 pleine prospérité *f*, apogée *f*.

◆**_기** -期 명 âge *m* d'or, période *f* de grande prospérité. ¶ ~기를 누리다 jouir de la pleine prospérité. ¶ ~기를 맞이하다 parvenir à l'âge d'or. ¶ ~기가 도래하다 L'âge d'or vient. ¶ 그 사람은 ~기가 지났다 Ses plus beaux jours sont passés / Il n'est plus de la première jeunesse.

◆**_시대** -時代 명 âge *m* d'or, période *f* de grande prospérité. ¶ 부르봉 왕조의 ~시대 âge d'or de la dynastie des Bourbons. ¶ 바야흐로 디지털 기술의 ~시대가 열리고 있다 L'âge d'or de la technique digitale est enfin ouvert.

전성 轉成 명 qui fait changer la partie du discours d'un mot.

◆**_관형사** -冠形詞 명 【언어】 déterminant *m* qui, à l'origine, n'en était pas un ((예 : 다른)).

◆**_어미** -語尾 명 【언어】 suffixe *m* flexionnel qui fait changer la partie du discours d'un mot. ¶ 명사형 ~어미 suffixe *flexionnel* nominalisateur [nominalisant]. ¶ 관형형 ~어미 suffixe flexionnel déterminatif.

전세[1] 傳貰 명 *jeonse* <(contrat de) location ((d'un appartement, d'une maison)) sur dépôt valable deux ans; système de location particulier qui consiste à donner une très forte somme d'argent (avoisinant les 2 tiers du prix de l'achat) au propriétaire qui la placera à son profit pendant la durée de la location. Ce dernier devra la rembourser au départ du locataire>. ¶ 이층집에 ~를 살다 vivre en location sur dépôt au premier étage. ¶ ~를 놓다 louer sur dépôt. ¶ ~를 들다 louer un appartement sur dépôt (pour une période de deux ans). ¶ ~를 얻다[구하다] trouver [chercher] une location sur dépôt. ¶ ~가 나가다 louer une location sur dépôt.

◆**_가** -價 명 coût *m* de location sur dépôt.

◆**_권** -權 명 droit *m* de location sur dépôt.

◆**_금** -金 명 prix *m* de la location sur dépôt.

◆**_방** -房 명 chambre *f* louée sur dépôt (pour deux ans).

◆**_ㅅ돈** 명 argent *m* pour louer sur dépôt.

◆**_ㅅ집** 명 maison *f* louée sur dépôt.

전세[2] 專貰 명 location *f*. ¶ ~ 버스[열차] un autocar [un train] affrété. ◇_(를) **내다** louer ((un autocar)); affréter ((un avion)), chartériser, noliser. ¶ 버스를 ~내다 louer [affréter] un autocar.

◆**_기** -機 명 charter *m*, avion *m* affrété.

◆**_비** -費 명 prix *m* de location; frais *mpl* d'affrètement.

전세[3] 戰勢 명 situation *f* militaire. ¶ 아군의 ~ situation militaire des alliés. ¶ 적군에 유리한[불리한] ~ situation militaire favorable [défavorable] à nos ennemis. ¶ ~를 뒤엎다[뒤집다, 역전시키다] démolir [retourner, renverser] la situation militaire. ¶ ~를 관망하다 observer la situation militaire. ¶ ~가 호전[악화]되다 La situation militaire s'améliore [s'aggrave].

전소 全燒 명 combustion *f* totale. ◇_(를) **하다** être totalement détruit(*e*) [anéanti(*e*)] par le feu [dans un incendie]. ¶ 어젯밤의 화재로 인해 그의 집이 ~했다 Sa maison a été entièrement détruite par l'incendie d'hier soir / Sa maison a été entièrement réduite en cendres hier soir. ◇_(가) **되다** être totalement détruit(*e*) [anéanti(*e*)] par le feu [dans un incendie].

전속[1] 專屬 명 exclusivité *f*; ((chanteur)) lié(*e*) [engagé(*e*)] (par contrat). ¶ ~ 가수[배우, 모델] chanteur [acteur, mannequin] engagé [lié par contrat]. ¶ ~ 계약을 맺다 passer [conclure] un contrat d'exclusivité. ¶ 그 직원은 우리 회사 ~으로 일한다 Il est lié par contrat à notre entreprise. ◇_(이) **되다** être lié(*e*) [engagé(*e*)] (par contrat).

전속[2] 轉屬 명 mutation *f* ((d'un militaire)), changement *m* de poste [fonction]. ◇_(이) **되다** être muté(*e*).

전속력 全速力 명 vitesse *f* maximale; le plus vite possible, le plus rapidement possible, aussi vite que possible. ¶ ~으로 (à) toute vitesse, à toute allure, à vive allure, à fond [à fond la caisse {*fam*}, à fond les manettes {*fam*}, à fond la gomme {*fam*}, à plein pot {*fam*}; ((démarrer)) sur les chapeaux de roue {*fam*}. ¶ ~을 내다 aller le plus vite possible ((dans un travail)), mettre les bouchées doubles [triples], mettre le turbo {*fam*}, appuyer sur le champignon {*fam*}, écraser la pédale d'accélérateur, passer la surmultipliée {*fam*}, mettre (toute) la gomme {*fam*}; mettre les gaz {*fam*}, employer les grands moyens, redoubler

ㅈ

de force [d'ardeur] au travail, se secouer {*fam*} ((au travail)).

전송[1] **餞送** 명 accompagnement *m* ((de *qn* qui va prendre le train ou l'avion)). ¶ 친구가 역까지 ~을 나왔다 Un(*e*) ami(*e*) m'a accompagné(*e*) [conduit(*e*)] jusqu'à la gare. ¶ 공항까지 ~을 받았다 On m'a accompagné(*e*) [conduit(*e*)] jusqu'à l'aéroport. ◇_(을) **하다** accompagner [conduire] *qn* ((à la gare, à l'aéroport)); reconduire *qn* ((jusqu'à la porte)).

전송[2] **轉送** 명 envoi *m* par intermédiaire. ◇_(을) **하다** envoyer par l'intermédiaire de *qn*.

전송[3] **電送** 명 transmission *f*. ◇_(을) **하다** transmettre. ¶ 팩시밀리로 급한 문서를 ~하다 transmettre un document urgent par fax [télécopie]. ¶ 메일로 파일을 ~하다 transmettre un fichier par e-mail. ◇_(이) **되다** être transmis(*e*).

전수[1] **傳受** 명 réception *f*, transmission *f*, initiation *f*. ◇_(를) **하다**[**받다**] recevoir l'initiation, se faire initier à ((un procédé secret)); se faire transmettre [apprendre] ((le secret d'un art)). ¶ 스승으로부터 비법을 ~받다 se faire initier à une pratique secrète par *son* maître; se faire transmettre le secret d'un art par *son* maître; apprendre d'un maître le secret d'un art. ¶ 시어머니한테[로부터] 이 소스를 만드는 비법을~ 받았다 C'est ma belle-mère qui m'a appris le secret de cette sauce [à faire cette sauce].

전수[2] **傳授** 명 transmission *f*, initiation *f*. ◇_(를) **하다**[**시키다**] initier ((*qn* à *qc*)); transmettre ((*qc* à *qn*)); communiquer ((*qc* à *qn*)). ¶ 기술을 ~하다 transmettre [communiquer, enseigner] une technique ((à *qn*)). ◇_(가) **되다** être transmis(*e*), se transmettre.

ㅈ

전술[1] **前述** 명 susdit(*e*), mentionné(*e*) plus haut, susmentionné(*e*), ci-dessus. ◇_(을) **하다** mentionner plus haut [ci-dessus]. ¶ ~한 바와 같이 comme il est mentionné [dit] plus haut. ◇_(이) **되다** être mentionné(*e*) plus haut.

전술[2] **戰術** 명 tactique *f*. ¶ 전략과 ~ stratégie et tactique. ¶ 새로운 ~을 쓰다[구사하다] utiliser [maîtriser] une nouvelle tactique. ¶ ~을 개발하다[바꾸다] développer une nouvelle [changer de] tactique.

◆_**적** -的 명관 tactique. ¶ ~적 우위 supériorité tactique.

전승[1] **全勝** 명 victoire *f* complète. ¶ 세 경기에서 ~을 거두다[기록하다] gagner tous *ses* trois matchs [toutes *ses* trois rencontres]. ¶ ~ 가도를 달리다 rouler sur la voie de la victoire complète. ◇_(을) **하다** remporter une victoire complète; gagner [remporter] tous ces matchs; ((테니스, 럭비)) faire [réussir le grand chelem].

전승[2] **傳承** 명 transmission *f* (orale), tradition *f* (orale). ¶ 민요의 ~ 과정 la procédure de la transmission (orale) d'un chant folklorique [populaire]. ◇_(을) **하다** transmettre oralement. ◇_(이) **되다** être transmis(*e*) oralement. ¶ 이것은 오래 전부터 이 지역에서 ~되어 온 이야기이다 C'est une histoire [un récit] transmis(*e*) oralement (de génération en génération) dans cette région depuis longtemps.

전승국 **戰勝國** 명 pays *m* (qui sort) vainqueur d'une guerre, pays *m* victorieux ((à la fin d'une guerre)).

전시[1] **展示** 명 exposition *f*, présentation *f* ((de nouveaux modèles)). ◇_(를) **하다** exposer, présenter. ¶ 상품을 쇼윈도에 ~하다 exposer des marchandises dans la vitrine. ¶ 미술 작품을 ~하다 exposer des œuvres d'art. ◇_(가) **되다** être exposé(*e*), être présenté(*e*). ¶ 로댕의 작품들이 미술관에서 ~되고 있다 Les œuvres de Rodin sont exposées au musée (d'art).

◆_**관** -館 명 musée *m* [galerie *f*] d'art.

◆_**물** -物 명 objets *mpl* exposés.

◆_**실** -室 명 salle *f* d'exposition.

◆_**용** -用 명 à exposer, pour exposition.

◆_**장** -場 명 salle *f* d'exposition.

◆_**품** -品 명 œuvres *fpl* exposées.

◆_**회** -會 명 exposition *f*, salon *m*, concours *m*. ¶ ~회를 열다[갖다, 개최하다] ouvrir [organiser] une exposition.

◆_**효과** -效果 명 effets *mpl* de l'exposition. ¶ ~효과를 노리다 attendre les effets de l'exposition.

전시[2] **戰時** 명 temps *m* de guerre. ¶ ~ 체제 régime de guerre. ¶ ~ 태세를 갖추다 se mettre en état de guerre. ¶ ~의 긴장감 tensions en temps de guerre. ¶ ~를[에] 대비하다 se préparer aux temps de guerre. ¶ ~에는 모든 것이 부족하다 Tout manque en temps de guerre.

◆_**경제** -經濟 명 économie *f* en temps de guerre.

◆_**규약** -規約 명 pacte *m* de guerre.

◆_**하** -下 명 en temps de guerre, sur le pied de guerre.

전시대[1] **前時代** 명 temps *m* [époque *f*] révolu(*e*), époque *f* antérieure. ¶ ~의 유물 les vestiges d'une époque révolue. ¶ ~로 거슬러 올라가다 remonter à une époque précédente.

전시대[2] **全時代** 명 toutes les époques *fpl*, tous les temps *mpl*. ¶ ~를 통하여 à travers toutes les époques, de tous les temps, de tous temps. ¶ 조선조 ~에 걸쳐서 pendant toute l'époque du royaume de Joseon.

전신[1] **全身** 명 corps *m* entier, tout le corps (en général). ¶ ~을 떨다 trembler de tout *son* corps [de tous *ses* membres]. ¶ ~이 떨리다 Tout son corps tremble. ¶ ~에 멍이 들다 avoir tout le corps couvert de bleus. ¶ ~에서 땀이 나다 transpirer de tout *son* corps [de partout], être couvert(*e*) de sueur.

◆_**마비** -痲痺 명 paralysie *f* générale. ¶ ~마비를 일으키다[~마비가 일어나다] être frappé(*e*) de paralysie générale.

◆_**마취** -痲醉 명 anesthésie *f* générale, ((생략)) A.G. *f*. ¶ ~마취를 하다 faire une anesthésie générale [((생

략》 une A.G.]. ¶ ~마취를 하고 수술하다 opérer *qn* sous anesthésie générale [sous A.G.].

◆**_운동** -運動 명 exercice *m* qui développe le corps au complet.

전신[2] **前身** 명 ① ancien statut *m*, antécédents *m*. ¶ 이 대학의 ~ ancien statut de cette université. ¶ 몰리에르 극단이 코메디 프랑세즈의 ~이다 La troupe de Molière est devenue la Comédie-Française. ② état *m* antérieur des choses; vie *f* antérieure. ¶ 그 여자의 ~은 무엇이었을까? Qu'était-elle dans sa vie antérieure?

전신[3] **電信** 명 télégraphie *f*, télégraphe *m*. ¶ ~ 전화 télégraphe et téléphone. ¶ ~으로 알리다[연락하다] annoncer par télégraphe.

◆**_주** -柱 명 poteau(*x*) *m* télégraphique. ¶ ~주를 세우다 installer un poteau télégraphique.

전실 前室 명 ancienne femme *f* [épouse *f*]. ¶ ~ 자식[소생] un(*e*) enfant né(*e*) d'un premier lit. ¶ ~을 버리다 quitter *son* ancienne épouse.

전심 全心 명 tout *son* cœur *m*. ¶ ~을 다하다[기울이다] mettre tout *son* cœur [toute *son* ardeur] à *qc*, se donner [se vouer] corps et âme à *qc*, s'adonner à *qc*, se consacrer entièrement à *qc*.

◆**_전력** -全力 명 corps *m* et âme *f*. ¶ ~전력을 기울이다 se donner [se vouer] corps et âme à *qc*. ¶ ~전력을 다해 en se donnant corps et âme, en faisant de *son* mieux, en donnant le meilleur de *soi*-même.

전압 電壓 명 tension *f* électrique. voltage *m*. ¶ ~ 100 볼트의 전류 un courant de cent volts. ¶ 고르지 못한 ~ une tension [un voltage] instable. ¶ 높은 ~을 사용하다 utiliser une (ligne à) haute tension. ¶ ~을 올리다[낮추다, 조절하다] augmenter [diminuer, contrôler] le voltage.

◆**_계** -計 명 voltmètre *m*.

전액 全額 명 somme *f* totale, montant *m*. ¶ 등록금[보험료] ~을 납부하다 payer le montant des droits [des frais] d'inscription [de la prime d'assurance]. ¶ 봉급[가진 돈] ~을 다 쓰다 gaspiller [dépenser] tout *son* salaire [tout *son* argent].

전야 前夜 명 la veille *f* au soir, la nuit *f* précédente. ¶ 성탄 ~ le réveillon, la nuit de Noël. ¶ 혁명[폭풍] ~ la veille d'une révolution [d'une tempête].

◆**_제** -祭 명 fête *f* organisée la veille, fête *f* de la veille. ¶ ~제를 열다 organiser une fête la veille.

전어 錢魚 명 alose *f*.

전언 傳言 명 message *m*. ¶ 그 여자에게 기다리지 말라는[고] ~을 남겼다 On lui a laissé le message de ne pas attendre. ◇_(을) **하다** transmettre un message. ¶ 누구에게 총선 결과를 ~하다 annoncer à *qn* le résultat des élections générales. ¶ 누구에게 우리 팀이 이겼다고 ~하다 transmettre à *qn* le message que notre équipe a gagné.

전업[1] **轉業** 명 changement *m* de métier [de profession]. ¶ ~을 고려하다 réfléchir à un éventuel changement de profession, envisager de changer de métier. ◇_(을) **하다** changer de métier. ¶ 교직에서 신문 기자로 ~하다 quitter l'enseignement pour devenir journaliste. ¶ 그 분은 ~하여 서적상이 되었다 Il a changé de métier pour devenir libraire.

전업[2] **專業** 명 《de》 profession *f*, 《de》 métier *m*. ¶ ~ 주부 une femme au foyer, une ménagère. ¶ ~ 작가 un écrivain de profession [de métier].

전역[1] **轉役** 명 libération *f*, démobilisation *f*. ¶ ~ 날만 기다리는 군인 un soldat qui n'attend que le jour de sa libération. ◇_(을) **하다** être libéré(*e*), démobilisé(*e*); quitter l'armée. ¶ 대위로 ~하다 quitter l'armée avec le grade de capitaine.

◆**_식** -式 명 cérémonie *f* de départ 《dans l'armée》.

◆**_병** -兵 명 soldat *m* libéré du service militaire.

전역[2] **全域** 명 région *f* entière, toute la région *f*. ¶ 유럽[세계] ~ toute l'Europe [le monde entier]. ¶ 국토 ~을 순회하다 parcourir les quatre coins du territoire [l'ensemble du territoire]. ¶ ~에 퍼지다 se répandre dans toute la région.

전연 全然 부 tout à fait, totalement, absolument, entièrement, complètement, parfaitement, vraiment, véritablement. ¶ 그 얘긴 사실과 ~ 다르다 Cette histoire est tout à fait différente de la vérité / C'est loin de la vérité. ¶ 나는 그것이 ~ 생각이 나지 않는다 Je ne m'en souviens guère [pas beaucoup]. ¶ 난 그 사람을 만날 마음이 ~ 없다 Je n'ai aucune intention de le(la) rencontrer / Je ne suis pas du tout disposé(*e*) à le(la) rencontrer. ¶ 네 말이 ~ 이해가 되지 않는다 Je ne te comprends pas du tout.

전열[1] **電熱** 명 【물리】 courant *m* électrique.

◆**_기** -器 명 (appareil *m*) électroménager *m* qui utilise le courant électrique.

전열[2] **戰列** 명 ligne *f* 《d'une armée au combat》. ¶ ~을 가다듬다[정비하다] se mettre en position pour contre-attaquer.

전염 傳染 명 contagion *f*, infection *f*, propagation *f*. ◇_(이) **되다** se transmettre facilement; être contagieux(*se*); être infecté(*e*). ¶ 이 병은 쉽게 ~된다 Cette maladie se transmet facilement / Cette maladie est très contagieuse. ◇_(을) **시키다** contaminer *qn*, transmettre à *qn* (une maladie).

◆**_성** -性 명 caractère *m* épidémique [transmissible, contagieux; infectieux]; 《형용사》 épidémique, transmissible, contagieu*x*(*se*); infectieu*x*(*se*); 《virus》 infectant(*e*). ¶ ~성 질환 une maladie contagieuse [transmissible]; une maladie infectieuse. ¶ 그 병은 ~성이 있다 Cette maladie est contagieuse.

◆**_병** -病 명 épidémie *f*, maladie *f* épidémique [contagieuse; infectieuse]. ¶ ~병이 퍼진다 L'épidémie se propage. ¶ ~병 환자를 격리시키다 mettre en quarantaine un malade contagieux, isoler un contagieux.

전용[1] **專用** 명 usage *m* exclusif [privé]; 《형용사》 réservé(*e*) exclusivement à *qc*/*qn*, exclusivement à l'usage de. ¶ 대통령 ~ 비행기 un avion présidentiel,

ㅈ

un avion spécial réservé à l'usage du président. ¶ 자동차 ~ 도로 une route réservée aux véhicules motorisés. ¶ 버스 ~ 차선 voie réservée [couloir réservé] aux (auto)bus [aux (auto)cars]. ¶ 직원 ~ 출입구 entrée réservée au personnel. ¶ 이 자리는 장애인 ~이다 Cette place est réservée aux handicapés. ◇_(을) **하다** faire un usage privé. ¶ 주인집만 ~하는 출입구 porte réservée au propriétaire.

◆**_기** -機 명 avion *m* spécial [privé], jet *m* privé.

◆**_차** -車 명 voiture *f* réservé (pour *qn*/*qc*), véhicule *m* réservé (pour *qn*/*qc*).

◆**_공간** -空間 명 espace *m* réservé.

◆**_면적** -面積 명 superficie *f* privée ((d'un appartement)).

◆**_차선제** -車線制 명 couloir *m* réservé aux transports en commun.

전용² 轉用 명 détournement *m* ((de fonds)), utilisation *f* détournée [incorrecte]. ◇_(을) **하다** employer *qc* dans un autre but, détourner *qc*, utiliser *qc* incorrectement. ¶ 예산을 다른 용도로 ~하다 détourner l'argent du budget. ¶ 형용사를 부사로 ~하다 employer un adjectif comme adverbe. ◇_(이) **되다** être utilisé(*e*) incorrectement; être détourné(*e*).

전우 戰友 명 compagnon *m* d'armes, camarade *m* de régiment.

◆**_애** -愛 명 camaraderie *f* de régiment, amitié *f* ((entre compagnons d'armes)). ¶ ~애를 느끼다 éprouver de l'amitié pour *ses* compagnons d'armes.

전운 戰雲 명 menace *f* de guerre. ¶ ~을 느끼다 sentir la menace d'une guerre. ¶ ~이 감돈다 Des menaces de guerre se font entendre. ¶ ~에 뒤덮이다 être menacé(*e*) de guerre.

전원¹ 田園 명 campagne *f*, champs *mpl*. ¶ ~ 생활[풍경] une vie [un paysage] champêtre [rustique]. ¶ ~에서 살다 vivre à la campagne, mener une vie champêtre.

◆**_ 교향곡** -交響曲 명 symphonie *f* pastorale.

◆**_극** -劇 명 pièce *f* pastorale.

◆**_도시** -都市 명 cité-jardin(~*s*-~*s*) *f*.

◆**_주택** -住宅 명 pavillon *m* rustique [champêtre].

전원² 電源 명 source *f* (d'énergie) électrique; prise *f* (de courant), prise *f* électrique, secteur *m*. ¶ ~ 공급 장치 équipement d'alimentation électrique. ¶ 전기기구를 ~에 연결하다 brancher un appareil électrique sur le secteur [sur une prise]. ¶ ~을 켜다[올리다] mettre le courant, allumer [mettre en route, mettre sur ≪on≫, mettre en position ≪*on*≫] ((*un appareil électrique*)), établir le contact. ¶ ~을 끄다[내리다] couper le courant, éteindre ((un appareil électrique)), couper le contact. ¶ ~을 공급하다[연결하다] fournir du courant électrique, fournir de l'électricité. ¶ ~이 들어온다[나갔다] Le courant fonctionne [Il n'y a plus d'électricité / Il y une panne d'électricité]. ¶ ~이 다시 들어왔다 Le courant est revenu [est rétabli] / Le courant remarche [fonctionne de nouveau] / Il y a à nouveau du courant / (Ça y est,) on a à nouveau du courant / L'électricité est revenue. ¶ ~이 공급되지 않아서 공장 가동이 불가능하다 L'électricité étant coupée, le fonctionnement de l'usine est impossible.

◆**_스위치** 명 commutateur *m*, interrupteur *m*. ¶ ~스위치를 끄다 fermer le commutateur, mettre le commutateur sur «off»; éteindre ((un appareil électrique)), appuyer sur l'interrupteur pour éteindre.

전원³ 全員 명 tous *mpl*(toutes *fpl*); tous les membres *mpl* ((d'un groupe, d'un comité)), l'ensemble du personnel *m*. ¶ ~ 집합[출발, 기립]! Tous au rassemblement! [Tout le monde au départ! / Tout le monde debout!] ¶ 교직원 ~ l'ensemble du personnel de l'école [de l'université]. ¶ ~ 출동명령 ordre de mobilisation générale. ¶ ~ 일치로 à l'unanimité, unanimement; d'une voix commune. ¶ 조합원 ~을 소환하다 convoquer tous les membres du syndicat. ¶ 승객 ~이 사망했다 Tous les passagers ont trouvé la mort [ont péri ((dans cet accident))].

전월 前月 명 mois *m* précédent, le mois *m* dernier. ¶ ~ 대비 교통사고 수 le nombre des accidents de la circulation par rapport au mois dernier. ¶ ~(의) 지출 les dépenses du mois précédent.

전위¹ 前衛 명 ① avant-garde(~-~*s*) *f*, ((운동)) avant *m*; avant-centre *m*, inter *m*, ailier *m*; pack *m*. ¶ ~ 부대[공격수] une avant-garde [un avant]. ¶ ~ 노릇을 하다 jouer à l'avant, jouer comme avant. ② ((예술)) avant-garde *f*, précurseur *m*.

◆**_적** -的 명관 avant-gardiste. ¶ ~적(인) 경향 une tendance avant-gardiste.

◆**_대** -隊 명 troupe *f* d'avant-garde. ¶ ~대 역할을 하다 jouer le rôle d'avant-garde [de précurseur].

◆**_예술** -藝術 명 art *m* avant-gardiste.

전위² 電位 명 【전기】 potentiel *m* électrique. ¶ ~ 강하 baisse du potentiel électrique. ¶ 양[음] ~ potentiel électrique positif [négatif]. ¶ 유동 ~ potentiel électrique variable.

◆**_계** -計 명 potentiomètre *m*.

◆**_차** -差 명 différence *f* de potentiel.

전유 專有 명 possession *f* exclusive. ◇_(를) **하다** posséder *qc* exclusivement, monopoliser *qc*. ◇_(가) **되다** appartenir exclusivement à *qn*.

◆**_물** -物 명 possession *f* exclusive. ¶ 예술은 가진 자들의 ~물이 아니다 L'art n'est pas la possession exclusive des riches.

전율 戰慄 명 frisson *m*, frémissement *m*. ¶ 그 장면을 보고 온몸에 ~을 느꼈다 En regardant cette scène, je sentis frémir [un frémissement dans] tout mon corps. ¶ 온몸에 찌르르 ~이 느껴졌다 Un frisson a parcouru tout mon corps [a traversé mon corps] / J'ai senti un frémissement dans tout mon corps / J'ai tremblé des pieds à la tête [de la tête aux pieds]. ¶ 그 여자의 얼굴만 봐도 짜릿짜릿한 ~이 느껴진다 Rien qu'en la regardant [À son seul regard,

À sa vue], je frissonne, je tremble [je ressens des frissons]. ◇_(을) **하다** frissonner, frémir. ¶ 모두들 그의 이야기를 듣고 ~했다 Tout le monde frissonnait à l'écoute de ce qu'il disait.

전의¹ 戰意 명 volonté *f* de tenir tête, détermination *f* [résolution *f*] à se battre pour [contre]+*qn/qc*, esprit *m* combatif; moral *m*. ¶ ~를 북돋우다 encourager *qn* dans *sa* volonté de tenir tête; relever [remonter, regonfler, exalter] le moral de *qn*, réconforter *qn*, remonter *qn*. ¶ ~를 꺾다 décourager *qn* dans *sa* volonté de tenir tête; démoraliser *qn*, entamer [atteindre] le moral de *qn*, saper [casser] le moral de *qn* {*fam*}, abattre le moral [le courage] de *qn*, ficher le moral à zéro à *qn* {*fam*}. ¶ ~를 불태우다[불사르다] brûler de lutter contre *qc*. ¶ ~를 잃다[상실하다] perdre *sa* détermination à tenir tête, perdre *son* esprit combatif; perdre le moral, se démoraliser. ¶ ~가 있다[없다] avoir [ne pas avoir] la volonté de se battre. ¶ ~가 치솟다[일다, 끓어오르다, 왕성하다] être animé(*e*) d'[se forger] une volonté ferme de se battre pour [contre] *qc*.

전의² 典醫 명 médecin *m* royal.

전이 轉移 명 ① déménagement *m*; déplacement *m* ((d'une usine)), transfert *m*; changement *m* de résidence. ② 【의학】 métastase *f*. ③ transition *f*. ¶ 정보화 사회로의 ~가 일어나고 있다 On est en train d'entrer dans un monde informatisé. ◇_(가) **되다** se transmettre; être transféré(*e*). ¶ 위암이 장으로 ~되었다 Le cancer s'est étendu de l'estomac à l'intestin. ◇_(를) **시키다** transférer.

전인교육 全人敎育 명 éducation *f* pour le développement intégral de l'individu.

전인미답 前人未踏 명 nouveauté *f*, chose *f* inédite, première apparition *f*, objet *m* dernier cri. ¶ ~의 기록 un record jamais atteint [battu].

전일 前日 명 ① jour *m* précédent [d'avant], veille *f*. ¶ 총선거 ~ la veille des élections législatives. ¶ 주가가 ~ 대비 20 퍼센트 올랐다 Le cours des actions était en hausse de 20 % par rapport au jour précédent / Le cours des actions avait marqué une hausse de 20 % par rapport à la veille. ② jadis, autrefois. ¶ ~에 알던 사람들 ceux qu'on connaissait autrefois.

전일제 全日制 명 à temps plein. ¶ ~ 수업[근무] études [un travail] à temps plein.

전임¹ 專任 명 poste *m* [emploi *m*] à temps plein; ((형용사)) régulier(*ère*), titulaire, à titre définitif. ¶ ~ 교원[직원] un enseignant titulaire [un(*e*) employé(*e*) à titre définitif]. ¶ ~이 되다 devenir enseignant titulaire.

◆**_강사** -講師 명 chargé(*e*) de cours régulier [titulaire], maître *m* de conférences. ((Le système de titularisation des professeurs d'université en Corée suit le modèle américain avec quatre échelons allant du maître de conférence (전임강사), maître-assistant ou professeur assistant (조교수), professeur associé (부교수), et professeur titulaire (정교수))).

◆**_교수** -敎授 명 professeur *m* (des universités) titulaire.

전임² 前任 명 prédécesseur *m*. ¶ ~ 시장[대사] prédécesseur au poste de maire [d'ambassadeur], ex-maire.

◆**_자** -者 명 prédécesseur *m*.

전임³ 轉任 명 déplacement *m*, changement *m* de poste, mutation *f*. ◇_(을) **하다** changer de poste, être muté(*e*). ¶ 지방으로 ~을 하다 être muté(*e*) en province.

◆**_지** -地 명 lieu(*x*) *m* où l'on est muté(*e*), nouveau(*x*) poste *m*.

전입 轉入 명 changement *m* d'adresse. ¶ ~ 신고 une déclaration de changement d'adresse. ◇_(을) **하다** changer d'adresse.

◆**_자** -者 명 nouveau(nouvelle) venu(*e*) [résident(*e*)].

전자¹ 前者 명 le premier(la première, les premiers, les premières), celui-là(celle-là, ceux-là, celles-là), l'un(l'une, les uns, les unes). ¶ ~와 후자 le premier et le second [et le dernier], celui-ci et celui-là, l'un et l'autre. ¶ ~의 의견 l'avis [l'opinion] du premier [de celui-là, de l'un]. ¶ 둘 중 ~를 택하다 choisir le(la) premi*er*(*ère*) des deux.

전자² 電子 명 【물리】 électron *m*. ¶ ~의 운동 le mouvement de l'électron. ¶ ~ 구름 un nuage électronique.

◆**_거래** -去來 명 commerce *m* électronique.

◆**_계산기** -計算器 명 calculateur *m* électronique.

◆**_공학** -工學 명 électronique *f*, science *f* électronique.

◆**_레인지** 영{-range} 명 (four *m* à) micro-ondes *m*. ¶ ~레인지에 음식을 데우다 réchauffer un plat au (four à) micro-ondes.

◆**_무기** -武器 명 arme *f* électronique.

◆**_사전** -辭典 명 dictionnaire *m* électronique.

◆**_오르간** 명 orgue *m* électronique.

◆**_제품** -製品 명 (appareil *m*) électroménager *m*.

◆**_현미경** -顯微鏡 명 microscope *m* électronique.

전자³ 電磁 명 【물리】 électromagnétique.

◆**_기** -氣 명 électromagnétisme *m*.

◆**_기학** -氣學 명 électromagnétisme *m*.

◆**_력** -力 명 force *f* électromagnétique.

◆**_석** -石 명 électroaimant *m*.

◆**_유도** -誘導 명 induction *f* électromagnétique.

◆**_장** -場 명 champ *m* électromagnétique.

◆**_파** -波 명 onde *f* électromagnétique.

전작¹ 前酌 명 fait d'avoir déjà pris un verre ((avant de rencontrer des amis)). ¶ ~이 있다[많다] avoir déjà [avoir déjà beaucoup] bu ailleurs, avoir déjà pris un verre [plusieurs verres] avant.

전작² 前作 명 oeuvre *f* déjà parue [éditée]. ¶ ~에 비교해 볼 때 en comparaison des œuvres déjà parues. ¶ 이번 작품이 ~보다 낫다 Cette œuvre-ci est meilleure que celles déjà parues [que les précédentes].

전장[1] 全長 명 longueur *f* totale. ¶ ~ 3미터의 물고기 un poisson de trois mètres de long. ¶ 이 배는 ~(이) 200 미터이다 Ce navire est d'une longueur totale de 200 mètres.

전장[2] 戰場 명 champ *m* de bataille [d'honneur], théâtre *m* des hostilités. ¶ ~을 누비다 parcourir le champ de bataille. ¶ ~에 나가다[투입되다] être envoyé au champ de bataille [au front]. ¶ ~에서 돌아오다 revenir du champ de bataille, revenir du front. ¶ ~의 이슬로 사라지다 périr [mourir] au champ de bataille.

전장[3] 前章 명 chapitre *m* précédent. ¶ ~에서 다룬 주제 le sujet traité au chapitre précédent.

전장[4] 前場 명 【경제】 séance *f* [marché *m*] du matin ((à la Bourse)). ¶ ~의 거래량 montant des échanges à la séance du matin. ¶ ~이 열렸다[마감되었다] Le marché du matin est ouvert [clos]. ¶ ~에서 주가가 대폭 올랐다 Le cours des actions était en forte hausse au marché du matin.

전재 轉載 명 reproduction *f*, copie *f*. ¶ 무단 ~ 불허[금지] Tous droits de reproduction réservés / Reproduction interdite. ◇_(를) **하다** reproduire ((un texte)), copier, tirer. ¶ 르몽드(지)에서 ~한 기사 un article tiré [extrait] du (journal Le) Monde. ◇_(가) **되다** être reproduit(*e*).

전쟁 戰爭 명 guerre *f*, hostilité *f*, conflit *m*, bataille *f*. ¶ ~의 발발 éclatement d'une guerre. ¶ ~과 평화 la guerre et la paix. ¶ 테러[마약]와의 ~ guerre contre le terrorisme [contre la drogue]. ¶ 이란과 이라크 (사이[간])의 ~ guerre entre l'Iran et l'Irak. ¶ 참혹한 [피비린내 나는] ~ une guerre sanglante. ¶ ~을 겪다 [치르다] connaître la guerre. ¶ ~을 일으키다[도발하다] ouvrir les hostilités, déclencher la guerre. ¶ 마약과의 ~을 벌이다 mener une guerre contre la drogue. ¶ 중동에 ~이 터졌다[발발했다, 일어났다] La guerre a éclaté au Moyen-Orient. ¶ ~이 한창일 때에 en pleine guerre. ¶ ~ 중이다 être en guerre. ¶ ~에 나가다 partir au front, aller au champ de bataille. ¶ ~에(서) 이기다[지다] gagner [perdre] la guerre. ¶ 미국이 이라크와 ~ (상태)에 들어간다 Les États-Unis entrent en guerre contre l'Irak. ◇_(을) **하다** faire la guerre, mener une guerre. ¶ 미국이 이라크와 ~을 했다 Les États-Unis ont fait la guerre contre l'Irak.

◆**_고아** -孤兒 명 orphelin(*e*) de guerre, pupille *mf* de la Nation.

◆**_놀이** 명 *jeu(x)* *m* de guerre.

◆**_문학** -文學 명 littérature *f* de guerre.

◆**_물자** -物資 명 matériel *m* de guerre.

◆**_미망인** -未亡人 명 veuve *f* de guerre.

◆**_배상금** -賠償金 명 dommage *m* de guerre.

◆**_터** 명 champ *m* de bataille. ¶ ~터에 나가다 aller au champ de bataille.

◆**_특수** -特需 명 recette *f* exceptionnelle en période de guerre.

◆**_포로** -捕虜 명 prisonni*er*(*ère*) de guerre.

◆**대동아_** 大東亞- 명 invasion de l'Extrême Orient et de l'Asie du Sud-Est par le Japon lors de la deuxième guerre mondiale.

◆**독립_** 獨立- 명 guerre *f* d'indépendance.

◆**무역_** 貿易- 명 guerre *f* du commerce.

◆**십자군_** 十字軍- 명 les Croisades *fpl*.

◆**종교_** 宗敎- 명 guerre *f* de religion.

◆**중동_** 中東- 명 guerre *f* au Moyen-Orient.

전적[1] 全的 명 tot*al*(*ale*, *aux*), enti*er*(*ère*), génér*al*(*ale*, *aux*). ¶ ~(인) 책임 la responsabilité entière, toute la responsabilité. ¶ ~(인) 책임을 지다 prendre toute la responsabilité ((d'une affaire)). ¶ ~으로 동의[반대]하다 donner à *qn son* accord [*son* désaccord] total.

전적[2] 戰績 명 ① résultat *m* ((d'une bataille)). ② ((스포츠)) résultat *m*, score *m*, tot*al*(*aux*) *m* des points. ¶ 빛나는 ~ de brillants [d'excellents] résultats. ¶ 좋은 ~을 거두다[올리다, 얻다] obtenir [faire] de bons résultats. ¶ 10승의 ~으로 우승하다 remporter le championnat avec dix victoires.

전전[1] 輾轉 명 action de s'agiter dans *son* sommeil ((sans parvenir à trouver le sommeil)), sommeil *m* agité. ◇_(을) **하다** se tourner et se retourner dans *son* lit ((sans parvenir à trouver le sommeil)), se retourner dans tous les sens [à droite à gauche] ((faute de trouver le sommeil)), s'agiter dans *son* sommeil; avoir un sommeil agité, passer une très mauvaise nuit, ne presque pas dormir. ¶ 잠을 못 이루어 밤새 ~했다 Je me suis tourné(*e*) et retourné(*e*) dans mon lit toute la nuit parce que je n'arrivais pas à m'endormir / Je me suis retourné(*e*) dans tous les sens parce que je ne trouvais pas le sommeil.

전전[2] 轉戰 명 guérilla *f*. ◇_(을) **하다** mener une guérilla.

전전[3] 轉轉 명 ◇_(을) **하다** errer (ça et là); aller de côté et d'autre, aller d'un endroit à un autre; rouler; changer souvent [fréquemment] ((de métier, de lieu de travail)); déménager plusieurs fois; changer de propriétaire, passer par bien des mains, passer de main en main. ¶ 이 직장 저 직장을 ~하다 changer souvent [fréquemment] de lieu de travail. ¶ 각국을 ~하며 돌아다니다 voyager en passant d'un pays à un autre.

전전[4] 戰前 명 avant-guerre(~-~*s*) *mf*. ¶ ~의 유럽 l'Europe d'avant-guerre. ¶ ~의 상황[생활] la situation [la vie] d'avant-guerre.

◆**_파** -派 명 génération *f* d'avant-guerre.

전전긍긍 戰戰兢兢 명 grande précaution *f*, grande retenue *f* ((devant un grand personnage)). ◇_(을) **하다** faire très attention; être intimidé(*e*); trembler ((devant un haut personnage)). ¶ 폭군 앞에서 ~하다 trembler devant un tyran. ¶ 그는 추격당하지나 않을까 ~하고 있다 Il tremble à la pensée qu'on va

ㅈ

peut-être le poursuivre. ◇_**이다** être embarrassé(*e*). ¶ 그 여자는 이제 어떻게 해야 할지 몰라서 ~이다 Ne sachant que faire, elle est maintenant dans l'embarras.

전정[1] 前程 명 trajet *m* (qui reste à faire); avenir *m* de *qn*. ¶ 누구의 ~을 생각[고려]하여 en considération pour l'avenir de *qn*. ¶ 그의 ~을 막다 bloquer son avenir.

*~**이 구만리 같다** ((un jeune)) être promis(*e*) au plus brillant [bel, grand] avenir, avoir le chemin ouvert devant *soi*; avoir un futur déjà tout tracé {*fam*}, avoir un bel avenir devant *soi* [en perspective], avoir de l'avenir, avoir un avenir prometteur [brillant, tout tracé {*fam*}], beaucoup promettre; toutes les routes lui sont ouvertes.

전정[2] 前庭 명 【해부】 vestibule *m* ((de l'oreille interne)).

◆_**기관** -器官 명 organe *m* du vestibule.

전정[3] 剪定 명 【농업】 ① émondage *m*, élagage *m*, taille *f*. ② ébourgeonnage *m*, ébourgeonnement *m*. ◇_(을) **하다** émonder, élaguer, tailler ((des arbres)); ébourgeonner.

◆_**가위** 명 sécateur *m*.

전제 前提 명 【언어】 présupposition *f*; prémisse *f*. ¶ 두 언어단위 간의 ~ 관계 relation de présupposition entre deux unités linguistiques. ◇_(를) **하다** présupposer. ¶ 이 동사는 보문 내용이 참임을 ~한다. Ce verbe présuppose que le contenu de la complétive est vrai.

전제[1] 前提 명 prémisse *f*, présupposition *f*, conjecture *f*. ¶ 모든 사람의 동의를 ~로 계획을 수립하다 établir un projet à la condition que tout le monde soit d'accord [en supposant que tout le monde sera d'accord]. ¶ 자네의 주장은 그 사람들이 범인이라는 것을 ~로 한 것이다 Ta thèse est fondée sur la présupposition qu'ils sont les auteurs du crime. ¶ 너의 논의는 ~가 전적으로 잘못되었다 La prémisse de ta thèse est entièrement fausse. ◇_(를) **하다** présupposer. ¶ 그것이 사실이라고 ~하고 à supposer [en supposant] que cela soit vrai…

◆**소**_ 小- 명 prémisse *f* mineure.

◆**대**_ 大- 명 (prémisse *f*) majeure *f*.

◆_**의미** -意味 명 sens *m* présupposé.

◆_**조건** -條件 명 condition *f* préalable.

전제[2] 專制 명 despotisme *m*, autocratie *f*, absolutisme *m*. ◇_(를) **하다** agir en tyran, exercer une tyrannie; être despotique, autocratique.

◆_**적** -的 명관 autocratique, despotique, tyrannique. ¶ 그는 ~적인 사고방식을 가지고 있다 Il a un esprit tyrannique.

◆_**국** -國 명 État *m* despotique [tyrannique].

◆_**주의** -主義 명 absolutisme *m*.

◆_**주의자** -主義者 명 absolutiste *mf*.

◆_**군주** -君主 명 autocrate *m*, despote *m*, tyran *m*.

◆_**정치** -政治 명 autocratie *f*, absolutisme *m*, despotisme *m*, gouvernement *m* [régime *m*] autocratique.

전조[1] 前兆 명 présage *m*, augure *m*, signe *m* précurseur [avant-coureur], symptôme *m*. ¶ 불행의 ~ le présage d'un malheur. ¶ 어두운 ~를 느끼다[감지하다] avoir un mauvais augure [un sinistre augure, un triste présage]. ¶ 눈이 내릴 ~다 C'est signe de neige / Cela annonce la neige. ¶ 그것은 좋은[나쁜] ~이다 C'est de bon [de mauvais] augure. ¶ 불길한 ~로 여겨지다 être considéré(*e*) comme un mauvais augure.

전조[2] 前條 명 clause *f* précédente, article *m* précédent. ¶ ~에 따르면 selon la clause précédente.

전조[3] 前朝 명 dynastie *f* précédente. ¶ ~의 인습[관행] mœurs de la dynastie précédente.

전조[4] 轉調 명 【음악】 modulation *f*. ◇_(를) **하다[시키다]** moduler. ¶ 악절을 라장조로 ~하다 moduler une phrase musicale en ré majeur.

전족 纏足 명 bandage *m* des pieds (des femmes chinoises autrefois). ◇_(을) **하다** se faire bander les pieds. ¶ 여자들이 ~을 하는 중국의 풍습 mœurs chinoises selon lesquelles les femmes se font bander les pieds ((pour qu'ils ne grandissent pas)).

전죄 前罪 명 crime *m* antérieur, crime *m* commis dans le passé. ¶ ~를 묻다[묻지 않다] interroger [ne pas interroger] *qn* sur des crimes commis antérieurement. ¶ ~를 사하여 주다 amnistier des crimes commis dans le passé. ¶ ~까지 엄히 다스리다 châtier *qn* sévèrement même pour *ses* crimes antérieurs.

전주[1] 電柱 명 poteau(*x*) *m* électrique poteau(*x*) *m* télégraphique; poteau(*x*) *m* du téléphone. ¶ ~를 세우다 installer un poteau électrique. ¶ ~가 늘어선 길 une route bordée de poteaux électriques.

전주[2] 錢主 명 créanci*er*(*ère*), crédi*teur*(*trice*), baill*eur*(*eresse*) de fonds, investisseur *m*. ¶ 든든한 ~ un créancier en qui on a confiance. ¶ ~를 끌어들이다 trouver un créditeur, impliquer un investisseur. ¶ 사업의 ~를 구하다 chercher un investisseur pour *ses* affaires.

전주[3] 前奏 명 【음악】 prélude *m*, introduction *f*, ouverture *f* ((d'un opéra)); annonce *f*. ¶ 노래[곡]의 ~ le prélude [l'introduction] d'une chanson. ¶ ~가 끝나자 가수가 노래를 시작했다 À la fin de l'introduction, le chanteur a commencé à chanter. ◇_(를) **하다** exécuter un prélude.

◆_**곡** -曲 명 prélude *m*. ¶ ~곡을 끝내다 finir le prélude. ¶ 그 사건은 불행의 ~곡이었다 Cet événement était l'annonce d'un malheur / Cet événement annonçait un malheur.

전주[4] 前週 명 semaine *f* dernière, semaine *f* précédente [d'avant]. ¶ ~ 수요일 le mercredi de la semaine précédente, mercredi dernier. ¶ ~(의) 모임 la réunion de la semaine dernière. ¶ ~에 일어난 사고 l'accident de [qui a eu lieu] la semaine dernière.

전중 典重 어근 courtoisie *f*, politesse *f*, civilités

ㅈ

fpl {*vx*}.

◆_**하다** 형 être courtois(*e*), poli(*e*), correct(*e*). ¶ 그 분은 매사에 ~하다 Il est courtois [correct] dans toutes les circonstances.

◆_**히** 부 courtoisement, poliment, correctement.

전지¹ 田地 명 étendue *f* de rizières et de champs.

전지² 全紙 명 toute une page *f* de journal, toute une feuille *f*, tous les journaux *mpl*; ((출판)) feuille *f* format aigle ((75cm x 106cm)). ¶ ~ 한 장 une feuille format aigle. ¶ ~를 반으로 자르다 couper en deux une feuille format aigle.

전지³ 全知 어근 omniscience *f*.

◆_**하다** 형 être omniscient(*e*). ¶ ~하신 주님 Dieu omniscient et omnipotent, Dieu Tout-Puissant.

◆_**전능하다** -全能- 형 être omniscient(*e*) et omnipotent(*e*). ¶ 창조주는 ~전능하다 Dieu le Créateur est omniscient et omnipotent.

전지⁴ 電池 명 pile *f*, ((건전지)) pile *f* sèche; ((축전지)) accumulateur *m*, accus *mpl* {*fam*}; batterie *f*. ¶ 라디오(의) ~를 갈다[갈아 끼우다] changer les piles de la radio. ¶ ~가 닳았다 Les piles sont épuisées [mortes, à plat]. ¶ ~로 작동하다[움직이다] marcher [fonctionner] avec des piles, fonctionner sur piles.

전지⁵ 戰地 명 champ *m* de bataille [d'honneur]; front *m*. ¶ 누구를 ~로 보내다[파견하다] envoyer *qn* au champ de bataille.

전지⁶ 轉地 명 changement *m* de lieu [d'air]. ◇_(를) **하다** changer de lieu, changer d'air.

◆_**요양** -療養 명 cure *f* dans une station thermale.

◆_**훈련** -訓練 명 entraînement *m* dans un camp sportif.

전지⁷ 剪枝 명 émondage *m*, élagage *m*, taille *f*. ◇_(를) **하다** émonder, élaguer, tailler (des arbres).

◆_**가위** 명 sécateur *m*.

전직¹ 轉職 명 changement *m* de métier [de profession, d'emploi]. ◇_(을) **하다** changer de métier [de profession, d'emploi]. ¶ 교육계에서 언론계로 ~하다 quitter l'enseignement pour le journalisme.

◆_**자** -者 명 personne *f* qui a changé de métier.

전직² 前職 명 profession *f* précédente, ancien métier *m*; poste *m* [position *f*] occupé(*e*) précédemment. ¶ ~ 장관[교사, 경찰] ancien ministre [ancien enseignant, ancien policier], ex-ministre. ¶ ~을 버리다[떠나다] quitter *son* métier. ¶ 그는 ~이 공무원이다 C'est un ex-fonctionnaire.

전진¹ 前進 명 marche *f* en avant, avance *f*, progrès *m*. ◇_(을) **하다** aller [marcher] en avant; avancer, progresser. ¶ 일보 ~하다 faire un pas en avant.

◆_**적** -的 명관 progressiste. ¶ 우리 모두 ~적 자세를 가져야 한다 Nous devrions tous avoir une attitude progressiste.

◆_**기지** -基地 명 poste *m* avancé; avant-poste *m* (~-~*s*).

전진² 戰陣 명 【군사】 ordre *m* de bataille, rangée *f* de bataille, formation *f* de combat, champ *m* militaire. ¶ ~을 치다[정비하다] ranger les troupes en ordre de bataille.

전진³ 轉進 명 décalage *m* de la position; transfert *m*. ◇_(을) **하다** décaler la position; être transféré(*e*).

전질 全帙 명 un ensemble *m* complet (de livres); tous les volumes *mpl* ((d'une encyclopédie)). ¶ 백과사전 ~을 구입[구비]하다 acheter [se procurer] tous les volumes d'une encyclopédie, acheter une encyclopédie complète.

전집 全集 명 oeuvres *fpl* complètes; collection *f*. ¶ 세계 문학 ~ collection de littératures internationales. ¶ 디드로 ~ les œuvres complètes de Diderot. ¶ 추리 소설 ~ collection de romans policiers.

전차¹ 電車 명 tramway *m*, ((생략)) tram *m*. ¶ ~ 한 대[량] une voiture de tram. ¶ ~에 타다[오르다] monter dans le tramway. ¶ ~를 타다 prendre le tramway. ¶ ~를 이용하다 emprunter le tramway. ¶ ~로 출퇴근하다 aller au travail et en revenir en tramway. ¶ ~가 달리고 있다[가고 있다] Le tramway est en marche. ¶ 이 ~는 시청 앞에 선다[간다] Ce tramway s'arrête devant l'hôtel de ville [Ce tramway passe par l'hôtel de ville].

◆_**ㅅ길** 명 voie *f* de tramway.

◆_**비** -費 명 coût *m* du transport en tramway.

◆_**표** -票 명 ticket *m* de tramway.

전차² 前借 명 avance *f*. ◇_(를) **하다** faire une avance, avancer. ¶ 봉급 중 1만원을 ~하다 faire une avance de 10 mille wons à un(*e*) employé(*e*) sur son salaire, avancer 10 mille wons à un(*e*) employé(*e*) sur son salaire.

◆_**금** -金 명 avance *f*.

전차³ 轉借 명 sous-location(~-~*s*) *f*. ◇_(를) **하다** sous-louer. ¶ 토지를 ~하다 sous-louer un terrain.

◆_**인** -人 명 sous-locataire(~-~*s*) *mf*.

전차⁴ 戰車 명 【군사】 char *m* (d'assaut, de combat), tank *m*.

◆_**대** -隊 명 unité *f* de chars.

◆_**부대** -部隊 명 régiment *m* de chars.

전착 顚錯 명 chamboulement *m*; renversement *m*; confusion *f*. ◇_(을) **하다** chambouler, mettre sens dessus dessous, renverser.

전채 前菜 명 entrée *f*, hors *m* d'œuvre. ¶ ~ 요리 un plat d'entrée, une entrée, un hors d'œuvre. ¶ ~ 요리로 무엇을 드시겠습니까? Que prendrez-vous comme entrée? / Que puis-je vous servir comme entrée?

전처 前妻 명 l'ancienne épouse *f* de *qn*; l'épouse divorcée de *qn*; la défunte épouse de *qn*; l'ex-femme *f* de *qn*.

전천후 全天候 명 ① indépendamment des conditions météorologiques, par tout (type de) temps. ¶ ~ 폭격기 un bombardier restant opérationnel [pouvant intervenir] indépendamment des conditions météorologiques. ② polyvalent(*e*). ¶ ~ 농업 une agriculture polyvalente. ¶ ~ 공격수 un attaquant polyvalent.

전철[1] **前轍** 명 précédent *m*. ¶ 누구[지난날]의 ~을 되풀이하다 répéter les erreurs de *qn* [du passé], tomber dans les mêmes erreurs que *qn*.

*~을 밟다 marcher dans les pas de *qn*, suivre l'exemple de *qn*; tomber dans les mêmes erreurs que *qn*, répéter les erreurs de *qn*. ¶ 친구의 ~을 밟다 marcher dans les pas d'un ami.

전철[2] **轉轍** 명 aiguillage *m*, redirection *f*. ◇_(을) 하다 aiguiller, rediriger. ¶ 차량을 ~하다 aiguiller le train sur une autre voie.

전철[3] **電鐵** 명 chemin *m* de fer électrique, métro *m*. ¶ 수원 행 ~ un métro à destination de Suwon. ¶ 수원 발 ~ un métro en provenance de Suwon. ¶ ~에 타다[오르다] monter dans le métro. ¶ ~을 타다[이용하다] prendre le métro [emprunter le métro, utiliser le métro comme moyen de transport]. ¶ ~로 다니다[출퇴근하다] se déplacer en métro, utiliser le métro comme moyen de transport [aller au travail (et en revenir) en métro]. ¶ 이번 ~은 시청역에 선다[간다] Ce métro s'arrête devant [passe par] l'hôtel de ville.

◆_역 -驛 명 station *f* de métro.

전체 全體 명 tout *m*, tot*al*(*aux*) *m*, ensemble *m*, somme *f*. ¶ 건물 ~의 규모 les dimensions de l'ensemble de l'immeuble. ¶ 내용 ~를 파악하다 comprendre le contenu dans sa globalité. ¶ 부분으로 ~를 판단하다 juger de l'ensemble dans ses moindres détails.

◆_적 -的 명관 génér*al*(*ale*, *aux*), enti*er*(*ère*), glob*al*(*ale*, *aux*). ¶ ~적(인) 문제 problème général. ¶ ~적으로 보면 d'un point de vue global.

◆_성 -性 명 totalité *f*, intégralité *f*, universalité *f*, globalité *f*.

◆_의문문 -疑問文 명 interrogation *f* totale ((≠ interrogation partielle)).

◆_주의 -主義 명 totalitarisme *m*. ¶ ~주의 국가 pays totalitaire.

◆_집합 -集合 명 【수학】 ensemble *m* référentiel [universel].

전초 前哨 명 front *m*, avant-poste(~-~*s*) *m*.

◆_기지 -基地 명 base *f* avancée; la première ligne *f* du front. ¶ 수출 ~기지 base avancée de l'exportation, poste avancé de l'exportation.

◆_대 -隊 명 troupes *fpl* d'avant-poste.

◆_병 -兵 명 éclaireur *m*.

◆_전 -戰 명 combat *m* d'avant-postes; escarmouche *f* d'avant-postes. ¶ ~전을 치르다 engager des combats d'avant-postes; livrer des escarmouches d'avant-postes.

◆_지 -地 명 position *f* d'avant-poste.

전축 電蓄 명 tourne-disque(~-~*s*) *m*. ¶ ~을 켜다[끄다, 듣다] mettre en marche [arrêter, écouter] le tourne-disque.

전출 轉出 명 mutation *f*. ¶ ~을 가다 être muté(*e*). ◇_(을) 하다[시키다] muter ((un employé)). ¶ 사원을 본사에서 지사로 ~하다 muter un(*e*) employé(*e*) du siège de la société [de la maison mère] vers une succursale.

◆_지 -地 명 ville *f* d'affectation.

◆_신고 -申告 명 déclaration *f* de mutation.

전취 戰取 명 gain *m*. ◇_(를) 하다 gagner, remporter.

전치 全治 명 guérison *f* complète [totale], complet rétablissement *m*. ¶ ~ 2개월의 부상 un traumatisme qui demande deux mois pour un complet rétablissement. ◇_(를) 하다 retrouver complètement *ses* facultés, guérir totalement. ◇_(가) 되다 guérir complètement, être complètement rétabli(*e*).

전치사 前置詞 명 【언어】 préposition *f*. ¶ ~구 un syntagme prépositionnel.

전칙 典則 명 droit *m*, règle *f*.

전칭 全稱 명 【논리】 universel(*le*).

◆_긍정 -肯定 명 affirmation *f* universelle.

◆_명제 -命題 명 proposition *f* universelle.

◆_부정 -否定 명 négation *f* universelle.

◆_양화사 -量化詞 명 【언어】 quantificateur *m* universel.

전쾌 全快 명 rétablissement *m*. ◇_(를) 하다 se rétablir, se remettre. ¶ 하루속히 ~하시기를 기원합니다 Je vous souhaite un prompt rétablissement.

전토 全土 명 la terre *f* entière. ¶ 프랑스 ~를 돌아다니다 parcourir toute la France, parcourir la France entière.

전통 傳統 명 tradition *f*. ¶ ~ 문화[사상, 철학; 사회, 음악] culture [mentalité, philosophie; société, musique] traditionnelle. ¶ 한국의 ~ 음악 la musique traditionnelle coréenne. ¶ 오랜 ~을 가진 축제 festivités héritées d'une longue tradition. ¶ ~을 쌓다[무너뜨리다, 깨뜨리다] fonder une tradition [renverser la tradition, rompre avec la tradition]. ¶ ~을 따르다[계승하다] respecter la tradition [s'inscrire dans la tradition]. ¶ ~을 지키다[유지하다] tenir à [maintenir] la tradition. ¶ 오랜 ~의 음식점 un restaurant d'une longue tradition. ¶ 규율이 엄한 것이 이 학교의 ~이다 Une discipline sévère est de tradition dans cette école. ◇_(이) 있다[없다] être fort(*e*) d'une tradition [ne pas avoir de tradition]. ¶ ~ 없는 학교 une école qui n'a pas de tradition. ¶ 이 식당은 ~이 있다 Ce restaurant est fort d'une tradition.

◆_적 -的 명관 traditionnel(*le*). ¶ ~적(인) 방식 façon traditionnelle. ¶ ~적으로 프랑스인은 포도주를 많이 마신다 Par tradition, les Français boivent beaucoup de vin. ¶ ~적으로 옷을 입다 s'habiller de manière traditionnelle.

◆_성 -性 명 aspect *m* traditionnel. ¶ ~성을 살리다[부각시키다] mettre en relief l'aspect traditionnel.

◆_극 -劇 명 théâtre *m* traditionnel.

◆_미 -美 명 beauté *f* traditionnelle. ¶ ~미를 살리다 mettre l'accent sur la beauté traditionnelle.

◆_주의 -主義 명 traditionalisme *m*.

◆_주의자 -主義者 명 traditionaliste *mf*.

전투 戰鬪 명 【군사】 combat *m*, bataille *f*. ¶ ~를 벌이다 livrer bataille, ouvrir les hostilités. ¶ ~를 시작하다 commencer [engager] la bataille. ¶ ~에 참가하다 participer à une bataille, prendre part à une bataille. ¶ ~에서 이기다[지다] gagner [perdre] une bataille. ¶ ~가 벌어진다 Une bataille se livre. ¶ ~가 치열해진다 Les combats s'intensifient. ◇_(를) **하다** combattre.

◆_적 -的 명관 combati*f*(*ve*), batailleu*r*(*se*), belliqueu*x*(*se*).

◆_기 -機 명 chasseur *m*.

◆_대형 -大型 명 ordre *m* de bataille.

◆_력 -力 명 force *f* de combat.

◆_모 -帽 명 casque *m* militaire. ¶ ~모를 쓰다 porter un casque militaire.

◆_복 -服 명 tenue *f* de combat.

◆_용 -用 명 de combat.

◆_원 -員 명 combattant(*e*).

◆_화 -靴 명 chaussures *fpl* de combat.

◆야간_ 夜間- 명 combat *m* de nuit.

전파[1] 電波 명 【물리】 ondes *fpl* électriques [électromagnétiques]; ondes *fpl* radioélectriques. ¶ ~ 방해[장애] brouillage. ¶ ~ 속도 vitesse de propagation des ondes (électriques). ¶ ~를 타다 passer sur les ondes. ¶ ~를 보내다[받다, 수신하다] émettre [recevoir] des ondes. ¶ ~를 통하다 passer par les ondes. ¶ ~에 실어 보내다 mettre sur les ondes. ¶ ~가 전달된다[닿는다] Les ondes sont transmises.

◆_계 -計 명 ondemètre *m*.

◆_료 -料 명 tarif *m* de la fréquence.

◆_망원경 -望遠鏡 명 radiotélescope *m*.

◆_탐지기 -探知機 명 radar *m*.

전파[2] 傳播 명 propagation *f*, transmission *f*, diffusion *f*. ¶ 사상[문물]의 ~ transmission du savoir [de la culture]. ◇_(를) **하다[시키다]** propager, transmettre, diffuser. ¶ 불교를 한국에 ~하다 transmettre le bouddhisme en Corée. ◇_(가) **되다** se propager, se répandre, se diffuser; se transmettre; être transmis(*e*), diffusé(*e*). ¶ 소문이 전 시내에 ~되었다 La rumeur s'est propagée dans toute la ville.

전파[3] 全破 명 destruction *f* complète. ◇_(를) **하다[시키다]** détruire complètement. ¶ 우리 측 공군기가 적기를 ~시켰다 Notre avion de chasse a complètement détruit celui de l'adversaire. ◇_**되다[당하다]** être complètement détruit(*e*). ¶ 그 배는 높은 파도에 ~되었다 Ce bateau a été complètement détruit par une lame de fond.

전판 全- 명 tout(*toute, tous, toutes*). ¶ 개간지 ~이 물에 잠겼다 Toutes les terres arables ont été inondées. 부 tout à fait, radicalement. ¶ 이곳은 ~ 딴 세상이다 Ici, c'est tout à fait un autre monde.

전패 全敗 명 défaite *f* totale [complète, écrasante, humiliante, cuisante], ((prendre une)) raclée *f* {*fam*}, déculottée *f* {*fam*}, la piquette *f* {*fam*}, ((recevoir une)) pile *f* {*fam*}. ¶ 10전 ~ dix défaites consécutives. ◇_(를) **하다** subir une totale défaite, perdre toutes les parties ((d'un match)) [tous les matchs, toutes les rencontres], être battu(*e*) à plate(s) couture(s), se faire écraser [massacrer] ((par *son* adversaire)) {*fam*}, prendre une (belle) raclée {*fam*} [une déculottée {*fam*}, la piquette {*fam*}], recevoir une pile {*fam*}. ¶ 약팀이 강팀을 만나 모든 경기에서 ~했다 L'équipe la plus faible a perdu tous les matchs face à la meilleure équipe [face à l'équipe championne].

전편[1] 全篇 명 tout le volume; intégralité *f*. ¶ 소설(의) ~을 통하여 tout au long du roman. ¶ 책 ~을 다 읽다 lire un livre d'un bout à l'autre, lire un livre en entier. ¶ 영화 ~을 상영하다 passer un film dans son intégralité.

전편[2] 前篇 명 la première partie *f*. ¶ ~과 후편 la première et la deuxième partie. ¶ ~에서 다루다 traiter de *qc* dans la première partie.

전폐[1] 全廢 명 abolition *f* complète; suppression *f* totale. ◇_(를) **하다** abolir complètement [entièrement] *qc*; supprimer totalement *qc*. ¶ 식음을 ~하다 arrêter de manger et de boire, jeûner. ¶ 노예제도를 ~하다 abolir totalement l'esclavage.

전폐[2] 前弊 명 mauvaises pratiques *fpl*. ¶ ~를 없애다 éradiquer de mauvaises pratiques. ¶ ~가 남아 있다[잔존한다] Il subsiste toujours de mauvaises pratiques.

전포 廛鋪 명 boutique *f*, magasin *m*. ¶ ~를 차리다[내다, 열다] ouvrir [inaugurer] une boutique. ¶ ~를 하다[경영하다] tenir [gérer] une boutique. ¶ ~의 문을 열다[닫다] ouvrir [fermer] les portes de la boutique; ouvrir [inaugurer] une boutique [fermer boutique]. ¶ ~가 잘[안] 된다 La boutique tourne [marche] bien [ne tourne pas, ne marche pas].

전폭 全幅 부 complètement. ¶ 누구[무엇]를 ~ 지지하다 supporter *qn* [*qc*] complètement, accorder à *qn* tout *son* appui. ¶ 누구[무엇]를 ~ 지원하다 soutenir *qn* [*qc*] complètement.

◆_적 명관 comple*t*(*ète*), enti*er*(*ère*). ¶ ~적인 신뢰 une entière confiance. ¶ ~적으로 신뢰하다 avoir entièrement confiance en *qn*. ¶ ~적인 지지를 하다 supporter *qn*/*qc* complètement, accorder à *qn* tout *son* appui.

전표[1] 傳票 명 facture *f*. ¶ 매출[수납, 입금, 지불, 지출] ~ une facture de vente [un reçu, une facture de paiement, une facture de dépense]. ¶ ~를 끊다[작성하다] faire [dresser, établir] une facture. ¶ 물건의 ~를 떼다 faire la facture d'un article acheté. ¶ ~에 기록하다 remplir une facture.

전표[2] 錢票 명 bon *m*. ¶ 5만 원짜리 ~ un bon de 50 mille wons. ¶ ~를 현금으로 바꾸다 encaisser un bon.

◆_값 명 le montant *m* d'un bon.

전하[1] 電荷 명 【전기】 charge *f* électrique.

전하[2] 殿下 명 ① Son Altesse [Royale]; Votre

Altesse. ¶ 황태자 ~ Son Altesse le Prince. ② ((가톨릭)) Son Excellence. ¶ 추기경 ~ Son Excellence le Cardinal.

전하다 伝- 타 ① transmettre, informer. ¶ 누구에게 정보를 ~ transmettre une information à *qn*. ¶ 친구에게 소식을 ~ donner de *ses* nouvelles à un(*e*) ami(*e*), transmettre une nouvelle à un(*e*) ami(*e*). ¶ 누구에게 편지를 ~ transmettre [remettre] une lettre à *qn*. ¶ 명령을 차례차례 ~ transmettre un ordre après l'autre [tour à tour]. ¶ 기독교를 한국에 ~ introduire le christianisme en Corée. ¶ 그 사람이 전하는 말에 따르면 d'après ce qu'il dit. ¶ 그 사람이 나에게 자기 아버지가 무사히 돌아오셨다고 전해 주었다 Il m'a informé(*e*) que son petit père était rentré sain et sauf. ② enseigner, initier. ¶ 제자에게 비법을 ~ initier *son* élève [*son* disciple] aux secrets de l'art. ③ léguer, transmettre. ¶ 대대로 전해 오는 전통 traditions transmises de génération en génération. ¶ 작품을 후세에 ~ léguer une œuvre à la postérité. ¶ 아들에게 왕위를 ~ abdiquer au profit de *son* fils, laisser la couronne à *son* fils.

전학 轉學 명 changement *m* d'établissement scolaire, changement *m* ((초등학교)) d'école (primaire) [((중학교)) de collège, ((고등학교)) de lycée, ((대학교)) d'université]. ◇_(을) **하다** changer d'établissement scolaire, changer d'école (primaire) [de collège, de lycée, d'université]; quitter un établissement scolaire pour un autre, aller dans un autre établissement scolaire. ¶ 시골 학교에서 서울학교로 ~하다 passer d'une école de province à une école de la capitale.

◆_**생** -生 명 élève *mf* qui a changé d'école [venu(*e*) d'une autre école], élève *mf* fraîchement arrivé(*e*) [qui vient d'intégrer, ayant récemment intégré l'école].

전함 戰艦 명 【군사】 cuirassé *m*, bâtiment *m* de ligne. ¶ ~을 건조하다[만들다] construire [fabriquer] un cuirassé. ¶ ~을 출동시키다[파견하다] mettre un cuirassé à flot.

전항 前項 명 ① terme *m* précédent. ¶ 이하는 ~과 같음 Ci-dessous comme précédemment. ② 【수학】 terme *m* suivant. ¶ ~과 후항 le terme précédent et le terme suivant.

전해[1] 前- 명 ① 작년 l'année *f* dernière, l'année *f précédente*, l'an *m* dernier. ¶ ~의 목표[성과] l'objectif [les résultats] de l'année dernière. ¶ ~는 풍년이었다 L'année dernière était une année de très bonnes récoltes [d'abondantes récoltes, de vaches grasses {*fam*}]. ② l'année *f* précédant ((tel ou tel événement)). ¶ 그 사람이 집을 떠나던 ~를 생각해 보면 .... Si on pense à l'année précédant son départ (de chez lui), ... ¶ 형은 해방 ~에 태어났다 Mon grand frère est né l'année précédant la Libération.

전해[2] 電解 명 【물리】 électrolyse *f*. ◇_(를) **하다** électrolyser.

◆_**물[액, 질]** -物[液, 質] 명 électrolyte *m*.

전향 轉向 명 conversion *f*. ¶ 자본주의로의 ~ conversion au capitalisme. ◇_(을) **하다** se convertir. ¶ 그 사람은 구교에서 신교로 ~을 했다 Il s'est converti du catholicisme au protestantisme. ¶ 실업가로 ~하다 se reconvertir en homme d'affaires. ¶ 자신의 사상을 ~을 하다 changer d'idéologie. ◇_(을) **시키다** convertir *qn*. ¶ 그 사람들은 나를 공산주의자로 ~시키려고 애를 썼다 Ils se sont efforcés de faire de moi un communiste.

전혀 全- 부 pas du tout, tout à fait, totalement, absolument, entièrement, complètement, parfaitement, vraiment, véritablement. ¶ ~ 생각이 나지 않다 ne pas s'en souvenir du tout, ne se souvenir absolument de rien, avoir tout oublié. ¶ ~ 그 일을 걱정하지 않다 ne pas s'inquiéter [ne pas se soucier, ne pas se préoccuper] du tout d'une affaire. ¶ 나는 그 사건과는 ~ 관계가 없다 Je n'ai rien à voir avec cette affaire / Je suis totalement étrang*er*(*ère*) à cette affaire. ¶ 나는 ~ 짐작이 가지 않는다 Je n'arrive pas du tout à imaginer [à me représenter] (la situation). ¶ 그의 말이 ~ 거짓말은 아니다 Il y a une part de vérité dans ce qu'il dit [dans ses propos].

전형[1] 典型 명 type *m*; ((모범)) modèle *m*, exemple *m*; ((이상)) idé*al*(*ale*, *aux*). ¶ 그 사람은 신사의 ~이다 Il est l'exemple même de la bonne conduite. ¶ 이 건물은 한국 건축 양식의 ~이다 Cet immeuble est un exemple typique de l'architecture coréenne. ¶ 이 소설은 고대 소설의 ~이다 Cette œuvre est un modèle du roman antique.

◆_**적** -的 명관 typique, caractéristique. ¶ 그 여자는 ~적인 한국의 미인이다 Cette femme est d'une beauté typiquement coréenne. ¶ ~적인 관료의 태도를 취하다 prendre des réflexes typiquement bureaucrates. ¶ 도시 근로자들의 ~적인 삶 la vie caractéristique d'ouvriers citadins. ¶ 그는 당시의 ~적 인물이었다 C'était un personnage typique de son époque. ¶ 이 그림은 ~적인 산골의 풍경을 그리고 있다 Ce tableau dépeint un paysage typiquement montagneux.

◆_**성** -性 명 aspect *m* typique.

전형[2] 銓衡 명 sélection *f*. ¶ 서류 ~ sélection sur le papier. ¶ 각 대학은 신입생들의 ~ 심사로 인해 바빴다 Chaque université était occupée par la sélection des nouveaux étudiants. ◇_(을) **하다** sélectionner. ¶ 어려운 일을 맡기기 위해 지원자들을 ~하다 sélectionner des candidats pour leur confier une tâche particulièrement difficile.

◆_**료** -料 명 frais *mpl* d'inscription au concours de sélection.

전호[1] 佃戶 명 famille *f* soumise au servage ((serf)).

전호[2] 前號 명 numéro *m* précédent. ¶ 그 잡지의 ~가 없다 Il manque le numéro précédent de cette revue.

전화[1] 電話 명 ① conversation *f* téléphonique, appel *m*, coup *m* de téléphone [de fil {*fam*}]. ¶ 그 녀석은

ㅈ

일주일동안 ~ 한 통도 없었다 Il n'a pas téléphoné une seule fois de la semaine, celui-là! ¶ ~를 돌리다 passer plusieurs coups de fil. ¶ ~를 바꿔주다 passer le téléphone à *qn*, passer *qn* à *qn* ((je te le(la) passe)). ¶ ~ 한 통 해도 될까요? Pourrais-je utiliser votre téléphone (portable, mobile)? / Est-ce que je pourrais passer un coup de fil s'il vous plaît {*fam*}? ¶ ~가 통화 중에 끊어졌다 La communication a été interrompue / On a été coupé(*e*)s {*fam*}. ¶ ~가 통화 중이다 La ligne est occupée / Ça sonne occupé. ② 전화 서비스 téléphone *m*, service *m* téléphonique. ¶ 이 마을에도 이제는 ~가 들어온다 Maintenant, dans ce village, ils ont aussi mis le téléphone en service. ¶ 전화국에서 전화료가 연체되었다고 ~를 끊었다 Ils ont coupé le téléphone à cause des impayés. ¶ ~가 개통되었다 Le téléphone a été mis en service. ③ 전화기 téléphone *m*; combiné *m* téléphonique. ¶ 우리 집 ~는 고장이 잦다 Notre téléphone tombe souvent en panne. ¶ 집에 새로 ~를 놓았다 Nous avons fait réinstaller le téléphone chez nous. ¶ 그 여자는 하루 종일 ~를 붙들고 산다 Elle est collée au téléphone toute la journée. ¶ 중요한 연락 때문에 그 사람은 ~ 곁을 떠나지 못한다 Il ne peut pas s'éloigner du téléphone car il attend un appel très important. ◇_**(를) 하다[걸다]** appeler *qn*, téléphoner à *qn*, donner [passer] un coup de téléphone [de fil] à *qn*, téléphoner à *qn*, appeler *qn*. ¶ 오늘 저녁에 ~ 할게 Je vais (t')appeler [(te) téléphoner] ce soir / Je t'appelle(rai) ce soir / Je te passe(rai) un coup de fil ce soir {*fam*} / Ce soir, je t'appelle. ¶ 나는 그 사람에게 같이 갈 수 없다고 ~했다 Je lui ai dit [Je l'ai averti(*e*)] par téléphone que je ne pourrai pas l'accompagner. ¶ 그쪽에 뭐라고 ~할까? Que puis-je leur dire par téléphone? ◇_**(를) 받다** répondre au téléphone, décrocher. ¶ ~ 받아라 Décroche! / Réponds! ◇_**(를) 끊다** couper (la communication), raccrocher. ¶ ~를 확 끊어버리다 raccrocher méchamment [brutalement, agressivement], raccrocher au nez de *qn*. ◇_**(가) 오다** le téléphone sonne; ((누구에게서)) recevoir un appel [un coup de téléphone, un coup de fil {*fam*}] de *qn*. ¶ 꼭 내가 없을 때 ~가 오는군 Le téléphone ne sonne que quand je suis absent. ¶ 어제 그 여자에게서 ~가 오지 않았다 Hier, elle n'a pas appelé / Hier, je n'ai pas reçu d'appel d'elle [de sa part]. ¶ 방송국에서 내 원고가 채택됐다고 ~가 왔다 Les studios m'ont appelé(*e*) pour me dire que mon scénario avait été retenu.

◆_**국** -局 명 opéra*teur*(*trice*) téléphonique, central *m* téléphonique. ¶ ~국에 고장신고를 하다 déclarer une panne à l'opérateur téléphonique. ¶ ~국 사정으로 통화음질이 안 좋다 C'est inaudible à cause de l'opérateur téléphonique / L'audition est mauvaise à cause du central téléphonique.

◆_**기** -機 명 appareil *m* téléphonique, téléphone *m*. ¶ ~기를 들다 décrocher (le téléphone, le combiné). ¶ ~기를 내려놓다 reposer le combiné (sur son support), raccrocher. ¶ ~기가 고장이 났다 Le téléphone est tombé en panne.

◆_**번호** -番號 명 numéro *m* de téléphone. ¶ 이사를 가서 ~번호가 바뀌었다 On a changé de numéro à cause du déménagement. ¶ ~번호 좀 알려 주세요 Donnez-moi votre numéro de téléphone.

◆_**번호부** -番號簿 명 annuaire *m* téléphonique, bottin *m*. ¶ 올해 새로운 ~번호부가 배포되었다 L'annuaire téléphonique de cette année a été distribué.

◆_**선** -線 명 ligne *f* téléphonique. ¶ ~선을 끊다 couper le téléphone [la ligne téléphonique].

◆_**세** -稅 명 le montant *m* des communications téléphoniques, frais *mpl* téléphoniques [de téléphone]; facture *f* [note *f*] de téléphone [téléphonique]. ¶ ~세 미납 통지서를 받다 recevoir un rappel de facture téléphonique impayée. ¶ ~세가 밀렸다 Les factures téléphoniques impayées se sont accumulées.

◆_**질** 명 appel *m* téléphonique (pour s'amuser, pour faire une farce). ¶ 그 사람은 밤마다 나에게 ~질을 한다 Chaque nuit, il s'amuse à m'appeler.

◆_**통** -筒 명 appareil *m* téléphonique, combiné *m* téléphonique. ¶ 그 사람은 하루 종일 ~통에만 매달려 있다 Il reste collé [accroché, pendu] au téléphone toute la journée. ¶ 오늘은 하루 종일 ~통에 불이 난다 Aujourd'hui, le téléphone n'arrête pas de sonner.

전화² 戰禍 명 ravages *mpl* [désastres *mpl*] de la guerre. ¶ 당시 온 세계가 2차 대전의 ~에 휩쓸렸다 A ce moment-là, le monde entier était ravagé par la Seconde Guerre mondiale. ¶ ~로 인한 피해 les dommages causés par la guerre. ◇_**를 입다** être victime des ravages de la guerre.

전화³ 戰火 명 les feux *mpl* de la guerre. ¶ 독일은 한때 온 세계를 ~로 몰아넣었다 A cette époque, l'Allemagne a mis le monde entier sous les feux de la guerre.

전화⁴ 轉化 명 changement *m*, transformation *f*. ◇_**(를) 하다[(가) 되다]** changer [se transformer]. ¶ 때로는 실패가 성공으로 ~되기도 한다 Parfois, l'échec se transforme en succès [en réussite].

전화위복 轉禍爲福 명 Au malheur suit le bonheur / Après la pluie, le beau temps. ¶ 지난번의 실패를 ~의 기회로 삼다 savoir profiter des échecs pour s'améliorer. ◇_**(이) 되다** devenir heureu*x*(*se*) après avoir été malheureu*x*(*se*), connaître le bonheur après avoir connu le malheur. ¶ 결과적으로 ~이 되었다 Finalement, cela s'est avéré profitable. ◇_**이다** être heureu*x*(*se*) après avoir été malheureu*x*(*se*). ¶ 그 사람이 성공을 하다니, 정말 ~이군 Après tout, il a finalement réussi. Il a su profiter de son infortune.

전환 轉換 명 changement *m*. ¶ 기분을 ~하다 se changer les idées, se divertir, se distraire. ¶ 발상의

~이 필요하다 Il faut changer de conception. ¶ 방향의 ~을 모색하다 chercher à changer de direction. ¶ 분위기 ~삼아 새로운 게임을 하자 Jouons à un autre jeu pour nous distraire. ◇_(을) **하다** changer. ¶ 그 일 이후로 그 사람의 태도가 180도(로) ~(을) 했다 Après cette affaire, son attitude a radicalement changé. ¶ 전시산업을 평화산업으로 ~하다 convertir l'industrie de guerre en une industrie pacifique. ¶ 누구의 주의를 다른 데로 ~하다 détourner l'attention de *qn* sur autre chose. ¶ 수비로 ~하다 passer du poste d'attaquant à celui de défenseur. ◇_(을) **시키다** changer, transformer, convertir. ¶ 역사의 흐름을 ~시킨 중요한 사건 une affaire importante qui change le cours de l'histoire. ¶ 그 사람의 기분을~시키려고 모두들 애썼지만 소용없었다 Tout le monde a en vain essayé de lui changer les idées. ◇_(이) **되다** se transformer, se convertir. ¶ 그 사람이 소유한 땅이 농지에서 택지로 ~되어 땅값이 크게 올랐다 Le terrain agricole qu'il possède a été converti en terrain constructible, de sorte que son prix a considérablement augmenté. ¶ 한 골을 먹자 선수들이 졸지에 수세로 ~되었다 Tout de suite après avoir encaissé un but, les joueurs ont dû concentrer leurs efforts sur la défense.

◆_**기** -期 명 tournant *m*. ¶ 그 사람은 인생의 ~기에 있다 Il se trouve à un tournant de sa vie. ¶ 일대 ~기를 맞다 arriver à un tournant décisif.

◆_**점** -點 명 tournant *m*. ¶ 그 사람은 그 사건을 ~점으로 삼았다 Il a considéré cette affaire [cet événement] comme un tournant (dans sa vie). ¶ ~점을 마련하다 prévoir un tournant. ¶ ~점이 되다 devenir un tournant.

◆**성**_ 性 명 changement *m* de sexe. ¶ 성~ 수술을 받다 subir une opération pour changer de sexe.

전황 戰況 명 situation *f* militaire. ¶ ~은 점점 불리하게 돌아가고 있다 La situation militaire s'aggrave de jour en jour.

전회 前回 명 épisode *m* précédent. ¶ ~까지의 개요 le résumé des épisodes précédents. ¶ ~를 못 봤다 J'ai manqué l'épisode précédent [l'épisode d'hier].

전횡 專橫 명 despotisme *m*, tyrannie *f*. ¶ ~을 일삼다 abuser de *sa* tyrannie, user de tyrannie. ¶ ~을 휘두르다 imposer une tyrannie. ¶ 그것은 폭력에 의한 ~에 불과하다 Ce n'est qu'une tyrannie basée sur la violence.

전후 前後 명 ((공간적)) devant et derrière; ((시간적)) avant et après. ¶ ~ 맥락을 살피다 prendre le contexte en considération. ¶ ~ 사정을 말하다 exposer les circonstances dans les moindres détails. ¶ 일의 ~를 따져야 한다 éclaircir les tenants et les aboutissants d'une affaire. ¶ 나는 휴가 ~에 무척 바쁠 것이다 Je serai très occupé(*e*) avant et après les vacances. ¶ ~가 안 맞는 말을 하다 tenir des propos incohérents.

◆_**하다** 타 ((전후하여)) vers, autour de, aux alentours de, aux environs de. ¶ 그 사람의 얼굴은 30세를 ~하여 매우 달라졌다 Vers la trentaine, son visage a beaucoup changé. ¶ 자정을 ~한 시간에 전화벨이 울렸다 Le téléphone a sonné vers minuit.

◆_**기** -期 명 les périodes *fpl* précédentes et suivantes. ¶ 그 과정은 ~기로 나눌 수 있다 Ce processus peut se subdiviser en deux périodes: période précédente et période suivante.

◆_**좌우** -左右 명 de chaque côté *m*, de tous les côtés *mpl*, dans tous les sens. ¶ ~좌우를 살피다[둘러보다] regarder de chaque côté [tout autour de *soi*].

전후방 前後方 명 devant et derrière *soi*. ¶ ~을 잘 살피다 bien regarder devant et derrière *soi*.

절[1] 명 【종교】 temple *m* bouddhiste; monastère *m*. ¶ ~에 다니다 aller (prier) dans un temple bouddhiste. ¶ ~에 불공드리러 가다 aller prier [faire *ses* dévotions] dans un temple bouddhiste.

*~**에 가서 새우젓 찾다** chercher *qc* dans les endroits les plus improbables; se tromper d'adresse.

***말만 잘하면 ~에 가서 새우젓도 얻어먹는다** À beau parleur rien d'impossible / Un beau parleur obtient tout ce qu'il veut.

절[2] 명 salut *m*, salutation *f*, courbettes *fpl*, inclination *f*, révérence *f*; prosternation *f* ((attitude de profond respect que l'on manifeste vis-a-vis des aînés ou des anciens dans des conditions particulières comme les grandes fêtes, les mariages ou les enterrements, ou dans des circonstances particulières comme la toute première rencontre avec ses futurs beaux-parents)). ◇_(을) **하다[올리다, 드리다]** saluer; s'incliner ((devant *qn*)), faire des courbettes ((à *qn*, devant *qn*)), se courber, courber la tête. ¶ ~하는 법 la manière de saluer. ¶ 어른에게 공손하게 ~하다 saluer poliment un aîné. ¶ 머리가 땅에 닿도록 ~을 하다 se courber jusqu'au sol, se prosterner ((devant *ses* aînés, devant les anciens)) ¶ 그 사람은 장인어른께 넙죽 ~했다 Il s'est spontanément prosterné devant son beau-père. ◇_(을) **받다** être salué(*e*) (par *qn*). ¶ 아버지, 어머니, ~ 받으세요 Mère, père, veuillez recevoir nos respectueuses salutations.

◆_**값** 명 étrennes *fpl*. ¶ 손자들에게 ~값을 주다 donner des étrennes à *ses* petits enfants.

◆**큰**_ 명 prosternation *f* (en avant et très basse dans une attitude d'extrême respect), action de se courber jusqu'au sol ((attitude de profond respect que l'on manifeste vis-a-vis des aînés ou des anciens dans des conditions particulières comme les grandes fêtes, les mariages ou les enterrements, ou dans des circonstances particulières comme la toute première rencontre avec ses futurs beaux-parents)). ¶ 큰~을 하다 se prosterner ((devant *ses* aînés, devant les anciens)), s'abaisser [s'incliner] en avant et très bas dans une attitude d'extrême respect. ¶ 시부모님께 큰~을 하다 se prosterner devant *ses* beaux-parents.

***옆구리 찔러 [엎드려] ~ 받기** ☞ 옆구리

절[3] **節** 명 ① verset *m*. ¶ 그 책의 1장 1~ le verset 1 du premier chapitre de ce livre. ② 【언어】 proposition *f*. ¶ 문(장)을 ~로 분해하다 décomposer une phrase en propositions. ③ 【음악】 couplet *m*. ¶ 1~만 부르다 chanter seulement le premier couplet. ¶ 노래를 4~까지 다 부르다 chanter une chanson jusqu'au quatrième couplet.

◆**명사_** 名詞 명 proposition *f* nominale.

◆**주_** 主- 명 proposition *f* principale.

◆**종속_** 從屬 명 proposition *f* subordonnée.

절[4] ((forme contractée de 저-를)) me ((pronom humble, complément d'objet direct dans une proposition ou une phrase)).

절감[1] **切感** 명 sentiment *m* vif. ◇_(을) **하다** ressentir vivement [de tout cœur, pleinement, sincèrement]. ¶ 외국어의 필요성을 ~하다 ressentir vivement [sincèrement] la nécessité de parler[connaître] des langues étrangères. ¶ 그는 자신의 한계를 ~했다 Il a plus que senti ses limites. ¶ 우리의 힘이 참으로 보잘 것 없다는 것을 ~했습니다 Nous nous sommes rendus compte à quel point nos capacités étaient limitées.

절감[2] **節減** 명 réduction *f*, restriction *f*, diminution *f*, économie *f*. ¶ 경비 ~ restriction des dépenses. ◇_(을) **하다[시키다]** réduire, restreindre, diminuer, baisser. ¶ 예산을 ~하다 réduire [restreindre] un budget. ¶ 원가를 ~하다 réduire [baisser] le prix de revient. ◇_(이) **되다** être réduit(*e*); diminuer, baisser. ¶ 비용이 대폭 ~되었다 Les frais [Les dépenses] ont considérablement baissé.

절개[1] **切開** 명 incision *f*, coupure *f* allongée. ◇_(를) **하다** inciser, faire [pratiquer] une incision; ouvrir ((un abcès)). ¶ 의사는 피부를 ~하고 종기를 도려냈다 Le chirurgien a incisé la peau pour vider [exciser] l'abcès. ◇_(가) **되다** être incisé(*e*).

◆**_수술** -手術 명 【의학】 opération *f* (chirurgicale), intervention *f* chirurgicale. ¶ 그 환자는 두개골 ~수술을 받았다 Ce patient a subi une intervention cérébrale / Ce patient s'est fait opérer du cerveau [au niveau du cerveau] / Ce patient a subi une trépanation.

◆**제왕_수술** 帝王-手術 명 【의학】 césarienne *f*.

절개[2] **節槪** 명 fidélité *f* ((à des principes)); honneur *m*, intégrité *f*, honnêteté *f*, probité *f*. ¶ ~가 굳다 être d'une intégrité remarquable. ¶ 그는 ~를 지켰다 Il est resté fidèle / Il a préservé son intégrité. ◇_(가) **있다** être fidèle [intègre].

절경 **絶景** 명 vue *f* superbe [magnifique], paysage *m* splendide. ¶ 계곡의 모습이 정말 ~이다 La vallée *offre un paysage magnifique.*

절교 **絶交** 명 rupture *f* ((des relations)). ¶ 그 여자는 그에게 ~를 선언했다 Elle a fait savoir son intention de rompre avec lui. ◇_(를) **하다** cesser de voir *qn*, rompre avec *qn*, cesser toutes relations avec *qn*, se quitter, se séparer. ¶ 그들은 사소한 말다툼으로 ~하고 말았다 Ils se sont quittés à la suite d'une dispute bénigne [sans importance, mineure] / Ils se sont quittés pour une broutille. ¶ 그 여자는 우리들과 ~했다 Elle a rompu avec nous. ◇_(를) **당하다** subir une interruption des relations, se faire rejeter par (un(*e*) ami(*e*)), être victime d'une rupture (amicale), être victime de la rupture de liens amicaux. ◇_**이다** c'est la rupture, c'est fini entre *nous*. ¶ 너와는 이제 ~야 Maintenant, c'est fini avec toi [entre nous] / Toi et moi c'est fini.

절구[1] 명 mortier *m*. ¶ 고추를 ~에 넣고 찧다 broyer des piments au mortier.

◆**_질** 명 broyage *m* au mortier. ¶ ~질을 하다 broyer *qc* au mortier.

◆**_통** -筒 명 mortier *m*.

절구[2] **絶句** 명 quatrain *m* de poésie en chinois classique. ¶ 오언 ~ quatrain en chinois classique à cinq caractères par vers.

절규 **絶叫** 명 cri *m* perçant, exclamation *f*. ¶ 피맺힌 ~ des cris sanglants. ¶ 사고 현장에서는 부상자들의 처절한 ~가 터져 나왔다 On entendait les blessés crier désespérément sur le lieu de l'accident. ◇_(를) **하다** jeter un cri perçant, crier fort, pousser un cri. ¶ 그는 살려달라고 ~했다 Il a crié fort pour qu'on lui laisse la vie sauve.

절기 **節氣** 명 subdivision *f* d'une saison. ¶ 24 ~ les 24 subdivisions saisonnières. ¶ 지금은 농촌이 한창 바쁜 ~이다 Les agriculteurs ont beaucoup de travail à cette saison.

절다[1] 자 ① ((채소나 생선이)) s'imbiber de saumure, être saumuré(*e*). ¶ 배추가 소금물에 잘 절었다 Les choux chinois ont été saumurés comme il faut. ② ((땀이나 기름에)) être imbibé(*e*). ¶ 바지가 때에 절었다 Les pantalons sont noirs de crasse. ¶ 땀에 전 셔츠 une chemise imbibée de sueur. ③ ((술 따위에)) plonger dans, sombrer dans. ¶ 그 사람은 완전히 술에 절어 산다 Il plonge dans l'alcool / Il sombre dans la boisson.

절다[2] 타 boiter, boitiller, clocher, claudiquer, clopiner, traîner la jambe [la patte] {*fam*}. ¶ 그 사람은 오른쪽 다리를 심하게 전다 Il boite beaucoup du pied droit. ¶ 한쪽 다리를 절며 걷다 marcher en boitant [en boitillant, en clopinant] d'un pied, boiter d'un pied, boitiller d'un pied, marcher en traînant la jambe {*fam*}, traîner la jambe {*fam*}.

절단 **切斷** 명 coupe *f*, sectionnement *m*, amputation *f*. ¶ 부상자의 ~ 부위를 봉합하다 suturer la plaie d'amputation d'un blessé. ◇_(을) **하다[시키다]** couper, amputer. ¶ 전선을 ~하다 couper[sectionner] les fils électriques. ¶ 다리를 ~하는 수술 opération d'amputation de la jambe. ◇_(이) **되다** être coupé(*e*), amputé(*e*). ¶ 수해로 교량이 ~되었다 Le pont a été coupé par les inondations.

◆**_기** -機 명 massicot *m*.

◆**_면** -面 명 section *f*, tranche *f*.

절대 **絶對** 명 absolu *m*. ¶ 무소불위의 ~ 권력 autorité absolue. ¶ ~ 빈곤에 허덕이다 souffrir d'une pauvreté

ㅈ

absolue, galérer en étant dans une pauvreté absolue {*fam*}. ¶ 의사는 그에게 ~ 안정을 지시했다 Le médecin lui a ordonné un repos absolu / Le médecin l'a mis au repos complet.

◆_로 부 absolument, (ne) jamais. ¶ 그것은 ~로 불가능하다 C'est absolument impossible. ¶ 그는 ~로 거짓말을 안 한다 Il ne ment jamais.

◆_적 -的 명관 absolu(*e*). ¶ ~적 가치 valeur (à respecter de manière) absolue. ¶ ~적 우위 supériorité absolue. ¶ 누구를 ~적으로 신뢰하다 faire [accorder] une confiance absolue à *qn*/*qc*.

◆_성 -性 명 absoluité *f*.

◆_화 -化 명 absolutisation *f*. ¶ 그 정치권력은 ~화되어 갔다 Ce régime politique tendait vers l'absolutisme.

◆_군주제 -君主制 명 monarchie *f* absolue.

◆_다수 -多數 명 majorité *f* absolue. ¶ ~다수의 지지를 받다 être soutenu(*e*) par la majorité absolue, avoir le soutien de la majorité absolue. ¶ 이 지역 주민의 ~다수가 노동자들이다 Les ouvriers représentent la majorité absolue de la population régionale.

◆_동화 -同化 명 assimilation *f* [incorporation *f*] absolue.

◆_량 -量 명 quantité *f* minimale. ¶ ~량이 부족하다 La quantité minimale n'est pas assurée.

◆_시제 -時制 명 【언어】 temps *m* absolu.

◆_연대 -年代 명 chronologie *f* absolue.

◆_온도 -溫度 명 température *f* absolue.

◆_자 -者 명 l'Absolu *m*. ¶ 다른 사람들 위에 ~자로 군림하다 dominer les autres comme s'il [si elle] était l'Absolu.

◆_주의 -主義 명 absolutisme *m*. ¶ 중앙 집권적 ~주의 absolutisme à pouvoir centralisé.

◆_치 -值 명 valeur *f* absolue.

부 absolument. ¶ 나는 그 계획에는 ~ 반대이다 Je suis absolument contre ce projet [plan] / Je désapprouve formellement ce projet.

절도[1] 絕倒 명 rire *m*, éclats *mpl* de rire. ◇_(를) **하다** se tordre de rire; rire à se tordre; se tenir les côtes de rire; rire comme un bossu {*fam*}; mourir [hurler] de rire; rire aux éclats [à gorge déployée, à ventre déboutonné], éclater de rire, partir d'un gros rire.

◆포복_ 抱腹- 명 rire *m* à grands éclats [à gorge déployée, à ventre déboutonné, sans retenue], grands éclats *mpl* de rire. ¶ 포복~(를) 하다 se rouler par terre de rire {*fam*}; être plié(*e*) en quatre (de rire) {*fam*}; se fendre la pipe [la gueule {*vulg*}, la pêche {*fam*}, la poire {*fam*}], se tenir les côtes (de rire); se dilater la rate {*fam*}; se tordre (de rire); être plié(*e*) (en deux), être plié(*e*) de rire; rire aux larmes, rire à en pleurer, se bidonner {*fam*}, se poiler {*fam*}, se gondoler {*fam*}.

절도[2] 竊盜 명 (délit *m* de) vol *m*. ¶ 그는 ~ 혐의로 불구속 입건되었다 Il a été inculpé pour vol, sans être incarcéré. ◇_(를) **하다** commettre un vol, voler.

◆_범 -犯 명 voleu*r*(*se*), larron(*nesse*) {*vx*}. ¶ 상습~범 voleur récidiviste.

◆_죄 -罪 명 larcin *m*, (délit *m* de) vol *m*. ¶ 그는 ~죄로 삼년간 복역했다 Il a purgé trois ans de prison pour vol.

절도[3] 節度 명 mesure *f*, modération *f*, circonspection *f*. ¶ ~를 지키다 faire preuve de modération. ◇_(가) **있다** être modéré(*e*). ¶ 모든 일에는 ~가 있어야 한다 Tout travail exige discipline et modération [de la modération]. ¶ ~있는 동작 un mouvement modéré.

절뚝 어근 en boitant

◆_거리다 타 boiter, boitiller, clocher, claudiquer, clopiner, traîner la jambe [la patte] {*fam*}. ¶ 다리를 ~거리다 boiter, boitiller, clocher, claudiquer, clopiner, traîner la jambe [la patte] {*fam*}. ¶ 다친 다리를 ~거리며 걷다 marcher en boitant à cause [en raison] d'une blessure à la jambe.

◆_발이 명 boiteu*x*(*se*).

◆_ _ 부 en boitant, clopin-clopant {*fam*}. ¶ ~~ 걷다 marcher en boitant [en boitillant, en clopinant], boiter, boitiller, avancer clopin-clopant {*fam*}, traîner la jambe {*fam*}.

◆_ _하다 자 boiter, boitiller, clocher, claudiquer, clopiner, traîner la jambe [la patte] {*fam*}.

절량 絕糧 명 épuisement *m* des vivres. ¶ ~ 농가가 속출하고 있다 Le nombre de familles paysannes qui manquent de vivres [nourriture] augmente constamment [ne cesse d'augmenter].

절레절레 부 《secouer la tête》 de droite à gauche. ¶ 그들은 그 사람 얘기만 들어도 고개를 ~ 저었다 Ils n'avaient pas du tout envie d'entendre parler de lui.

절로 부 ① automatiquement, tout(*e*) seul(*e*), de *soi*-même; naturellement; spontanément. ¶ 그 소식을 듣자 어깨춤이 ~ 났다 À cette nouvelle, nous avons spontanément dansé de joie. ¶ 계약이 되자 그 사람은 신바람이 ~ 났다 Son contrat ayant été accepté, il a immédiatement été envahi [rempli] de joie [la joie l'a immédiatement envahi, il a immédiatement bondi de joie]. ¶ 너를 보니 한숨이 ~ 난다 Ta seule vue me fait soupirer / Dès que je te vois, je me mets à soupirer.

절룩 어근 en boitant

◆_거리다[대다, 이다] 타 boiter, boitiller, clocher, claudiquer, clopiner, traîner la jambe [la patte] {*fam*}. ¶ 다리를 ~거리며 걷다 marcher en boitant [en boitillant, en clopinant], boiter, boitiller, avancer clopin-clopant {*fam*}, traîner la jambe {*fam*}.

◆_ _ 부 en boitant, en boitillant, clopin-clopant {*fam*}.

◆_ _하다 자 boiter, boitiller, clocher, claudiquer, clopiner, traîner la jambe [la patte] {*fam*}. ¶ 그 사람은 다리를 다쳐서 ~~하며 걷는다 Il marche en

ㅈ

boitant à cause [en raison] de sa blessure à la jambe.

절름발이 명 ① boiteux(*se*). ② déséquilibre *m*, disparité *f*. ¶~ 교육 éducation déséquilibrée [imparfaite].

절망 絕望 명 désespoir *m*, désespérance *f*, douleur *f* inconsolable. ¶~을 극복하다 surmonter *son* désespoir. ¶~을 느끼다 sentir le désespoir. ¶~을 딛고 일어서다 se relever [se rétablir] du désespoir. ¶~의 구렁텅이[늪]에서 빠져 나오다 sortir [s'échapper] de l'abîme du désespoir. ¶깊은 ~에 빠지다 sombrer [se plonger] dans un profond désespoir. ¶~에 싸이다[휩싸이다] être submergé(*e*) par une vague de désespoir. ◇_(을) **하다** désespérer de *qc*/*qn*, désespérer que, perdre (l')espoir. ¶그는 삶에 ~하고 있다 La vie le désespère. ¶그는 그 결과에 ~했다 Il est désespéré par le résultat. ¶그는 그 여자에 대해 ~했다 Elle l'a désespéré. ¶그는 아들이 죽었다는 사실에 심하게 ~했다 Il est dans un désespoir profond depuis la mort de son fils. ◇_(을) **시키다** jeter *qn* dans le désespoir, faire perdre l'espoir à *qn*. ¶회사의 부도 소식은 사원들 모두를 ~시켰다 La nouvelle de la faillite de l'entreprise a jeté tous les employés dans le désespoir.

◆**_적** -的 명관 sans espoir, désespérant(*e*). ¶그에게서는 ~인 소식만 들려올 뿐이었다 On n'entendait de lui que des nouvelles désespérantes. ¶그들은 그 일에 대해 ~적으로 생각하고 있었다 Ils étaient sans espoir pour cette affaire. ¶모든 상황이 ~적이다 La situation est sans espoir / Tout indique que la situation est sans issue. ¶이 환자는 ~적이다 L'état de ce malade est sans espoir.

◆**_감** -感 명 sentiment *m* de désespoir. ¶~감에 빠지다[사로잡히다] sombrer [se plonger] dans le désespoir. ¶그는 ~감에서 헤어나지 못했다 Il n'arrivait pas à se sortir du désespoir.

절멸 絕滅 명 extinction *f*, disparition *f*, extermination *f*; extirpation ((des vices)); anéantissement *m*. ¶인류 ~의 위험 le risque de l'extinction [de la disparition, de l'anéantissement] de la race humaine. ◇_(을) **하다** s'éteindre, disparaître totalement, être anéanti(e). ¶서식처가 없어져서 야생종이 ~하면 어떻게 될까 걱정된다 Je me demande ce qui se passerait si les animaux sauvages venaient à disparaître par suite de la destruction de leur habitat. ◇_(이) **되다** s'éteindre, disparaître. ¶환경오염으로 ~된 동물들이 많다 De nombreuses espèces animales s'éteignent [disparaissent] à cause de la pollution de l'environnement / La pollution de l'environnement est à l'origine de l'extinction [de la disparition] de nombreuses espèces animales.

절명 絕命 명 mort *f*, décès *m*. ◇_(을) **하다** mourir, expirer, rendre le dernier soupir, trépasser {*litt*}. ¶운전자는 사고 현장에서 ~했다 Le conducteur est mort sur place.

◆**절대_ 絕大-** 명 mort *f*. ¶절대~의 위기 une question de vie ou de mort.

절목 節目 명 article *m*.

절묘하다 絕妙- 형 être superbe, exquis(*e*), magnifique; être excellent(*e*), magnifique, délicieux(*se*); être rare. ¶경치가 ~ Le paysage est magnifique [de toute beauté, splendide, enchanteur] / La vue est superbe. ¶절묘한 기술 une technique excellente. ¶나의 예측이 절묘하게 맞아 떨어졌다 Mes prévisions se sont avérées [révélées] particulièrement exactes.

절박 切迫 어근 urgence *f*, imminence *f*, proximité *f*.

◆**_하다** 형 être imminent(*e*), urgent(*e*), pressant(*e*), tendu(*e*); ((le temps)) presser, urger {*fam*}; ((la date, le jour J)) approcher. ¶상황이 ~하다 La situation est grave [critique, sérieuse]. ¶그 여자는 상황이 어려워지자 목소리가 ~해졌다 Comme la situation se dégradait, sa voix devint angoissée [désespérée] ¶그들은 식량이 떨어진 ~한 상황에 있다 Ils se trouvent dans un état critique à cause du manque de nourriture.

◆**_감** -感 명 sensation *f* [sentiment *m*] d'urgence, sentiment *m* d'être acculé(*e*) par le temps. ¶그들은 ~감을 느꼈다 Ils se sentaient acculés par le temps.

절반 折半 명 division *f* en deux; moitié *f*. ¶~의 성공 succès mitigé. ¶일 년의 ~ 이상을 외국에 체류하다 demeurer [séjourner] à l'étranger plus de la moitié de l'année. ¶무엇을 ~으로 나누다 partager par moitié, diviser [couper, partager] *qc* en deux (parts égales). ¶그는 밥그릇을 ~도 비우지 못하고 상을 물렸다 Il a fait débarrasser [desservir] la table sans avoir pris même la moitié du plat.

절벽 絕壁 명 paroi *f* (rocheuse), falaise *f*, escarpement *m*, précipice *m*. ¶깎아지른 듯한 ~ une falaise escarpée [abrupte, à pente très raide]; parois à pic. ¶~에서 뛰어내리다 sauter[s'élancer] du haut d'une falaise. ¶그 요새는 ~으로 둘러싸여 있다 La forteresse est entourée de parois rocheuses.

*~**이다** être sourd(*e*); être stupide[bornée]. ¶그 사람은 꽉 막힌 ~이다 C'est une personne complètement bornée. ¶그는 이런 일에는 완전히 ~이다 Il n'y connaît absolument rien.

절상 切上 명 【경제】 réévaluation *f*. ¶원화 ~ réévaluation du *won*. ◇_(을) **하다[시키다]** revaloriser, réévaluer. ◇_(이) **되다** se revaloriser, être réévalué(*e*). ¶원화가 1 % ~되었다 Le *won* a été réévalué de 1 % [d'un point].

◆**평가_ 平價-** 명 【경제】 réévaluation *f*, revalorisation *f*. ¶원화가 평가 ~되었다 Le *won* a subi une revalorisation / On a réévalué le *won*.

절색 絕色 명 beauté *f* incomparable; belle femme *f*. ¶천하의 ~ une beauté incomparable.

절세 絕世 명 incomparable, sans égal(*e*, *aux*), sans pareil(*le*), inégalable, incomparable, exceptionnel(*le*), supérieur(*e*), unique, remarquable, admirable, éblouissant(*e*), parfait(*e*), excellent(*e*), extraordinaire. ¶ ~의 영웅 héros incomparable.

◆_가인 -佳人 명 beauté *f* incomparable [inégalable, sans égale, sans pareille], éblouissante beauté *f*.

◆_미인 -美人 명 femme *f* d'une beauté incomparable [inégalable, sans pareille], femme *f* d'une éblouissante beauté.

절수 節水 명 économie *f* [bonne gestion *f*] d'eau. ¶ ~ 운동 un mouvement en faveur des économies d'eau. ◇_(를) **하다** faire des économies de l'eau, économiser l'eau. ¶ 전 세대는 오늘 저녁까지 ~해 주시기 바랍니다 Veuillez économiser l'eau au maximum, jusqu'à ce soir / Toutes les foyers sont encouragés [invités] à économiser l'eau au maximum, jusqu'à ce soir.

절승 絶勝 명 belle vue *f*, paysage *m* magnifique [de toute beauté, superbe]. ¶ ~의 경치 paysage magnifique [superbe].

절식[1] 絶食 명 jeûne *m*, abstinence *f*, manque *m* de nourriture [vivres]. ¶ ~을 선언하다 déclarer le jeûne. ◇_(을) **하다** jeûner, se priver de nourriture; manquer de nourriture [vivres].

절식[2] 節食 명 ① tempérance *f* [modération *f*] dans l'alimentation. ¶ 건강을 위해 ~을 권합니다 Je vous conseille de modérer [surveiller, contrôler] votre alimentation pour votre santé. ② économie *f* de vivres. ◇_(을) **하다** ① modérer [surveiller, contrôler] *son* alimentation, se nourrir sobrement [frugalement], se garder de trop manger. ② économiser les vivres.

절실하다 형 ① (느낌, 생각이) 강렬하다 être vi*f*(*ve*), ardent(*e*), sincère. ¶ 통일에 대한 열망이 ~ Le désir d'unification est sincère. ¶ 누구에 대한 절실한 그리움 soupir ardent pour *qn*, attachement ardent à *qn*, affection forte à *qn*; regret sincère de *qn*. ¶ 그 사람의 호소가 절실하게 와 닿았다 Sa prière [demande] m'a touché(*e*) [m'est allée droit au cœur]. ② 시급하다 être indispensable, urgent(*e*), critique. ¶ 홍수 대책 마련이 ~ Il est critique d'élaborer un plan de protection contre les inondations. ¶ 가능한 한 빨리 근본적 대책을 마련하는 것이 ~ Il faudrait établir des mesures fondamentales dans les meilleurs délais. ¶ 절실한 과제 devoir urgent, mission critique. ¶ 정치 개혁이 절실하게 요구된다 Une réforme politique est indispensable. ③ 실제와 일치하다 correspondre à la réalité; être réaliste; être crédible. ¶ 뒷골목의 삶을 절실하게 묘사하다 décrire le milieu de la racaille avec un réalisme poussé.

◆**절실히** 부 vivement, intensément, âprement, de tout cœur, sincèrement. ¶ 돌아가신 부모님을 절실히 그리워하다 se souvenir de *ses* parents avec une intense nostalgie, penser intensément à *ses* parents décédés. ¶ 시민들의 참여의식이 절실히 필요하다 Il faut vraiment que les citoyens aient conscience de la nécessité de participer.

절약 節約 명 économie *f* ((de temps, d'argent)), épargne *f*. ¶ ~ 정신 un esprit économe; une mentalité économe. ¶ 에너지 ~ économie d'énergie. ◇_(을) **하다** économiser, épargner, ménager, gagner ((du temps)); faire des économies; réduire les dépenses. ¶ 용돈을 ~하다 économiser *son* argent de poche, dépenser *son* argent de poche avec parcimonie. ¶ 물[전기]을 ~하다 économiser (sur) l'eau [l'électricité]. ¶ 교통비를 ~하다 dépenser moins pour les transports; réduire le budget [les dépenses] pour les transports. ◇_(이) **되다** économiser [gagner] ((du temps)). ¶ 비행기로 가면 시간이 ~된다 Si on y va en avion, on gagnera du temps / On gagnera du temps en y allant en avion.

절연 絶緣 명 ① 관계를 끊음 séparation *f*, rupture *f*, isolement *m*; brouille *f*. ¶ 누구와 ~ 상태에 있다 avoir rompu avec *qn*, ne plus être avec *qn*, être brouillé(*e*) avec *qn*, être en brouille avec *qn*. ② 【물리】 isolation *f*, isolement *m*. ◇_(을) **하다** couper toute relation, rompre avec *qn*; isoler ((un fil électrique)). ¶ 과거와 ~하다 rompre avec le passé. ¶ 바깥 세계와 일체 ~하고 지내다 rompre toute relation avec le monde extérieur, vivre en rupture totale avec l'extérieur. ¶ 나는 그와 ~했다 J'ai cessé toute relation avec lui / J'ai coupé mes liens avec lui. ◇_(이) **되다** être isolé(*e*) de *qc*/*qn*. ¶ 외부와 ~된 채 살아가다 vivre isolé(*e*) [reculé(*e*)] de l'extérieur, s'isoler.

◆_재 -材 명 matière *f* isolante, matériau *m* d'isolation.

◆_체 -體 명 【물리】 isolant *m*.

절요하다 切要- 형 être très important(*e*) [critique].

절용 節用 명 économie *f*, épargne *f*. ¶ ~을 생활화하다 prendre l'habitude d'économiser, adopter l'épargne comme principe quotidien, économiser quotidiennement. ◇_(을) **하다** économiser, épargner, ménager.

절원 切願 명 désir *m* ardent [vif]. ¶ 그의 억양에서는 ~이 느껴진다 Son accent reflète un désir ardent. ◇_(을) **하다** désirer ardemment [vivement].

절음[1] 絶飮 명 abstinence *f* de boissons alcooliques. ¶ 그는 건강이 좋지 않아서 ~ 중이다 Il s'abstient d'alcool pour des raisons de santé / Il a fait un sevrage d'alcool pour des raisons de santé [des raisons médicales]. ◇_(을) **하다** s'abstenir de boissons alcooliques [d'alcool], arrêter de boire, faire un sevrage d'alcool.

절음[2] 節飮 명 tempérance *f*, sobriété *f*, modération *f*, restriction *f* (dans la consommation des boissons alcooliques). ◇_(을) **하다** boire avec modération, être sobre, tempérant(*e*).

절의 節義 명 fidélité *f* à un principe [une idée]; intégrité *f*; honneur *m*; loyauté *f*. ¶ ~를 지키다 être intègre; être fidèle à *ses* principes; conserver la

ㅈ

loyauté. ¶ ~를 숭상하다 vénérer l'intégrité, adorer la loyauté.

절이다 타 saumurer, saler. ¶ 배추를 ~ saumurer des choux chinois ((pour en faire du *kimchi*)). ¶ 생선을 소금에 ~ saler [saumurer] des poissons.

절일 節日 명 (jour *m* de) fête *f*. ☞ 명절

절재 絶才 명 talent *m* extraordinaire, don *m* rare. ¶ ~를 지닌 사람 talent extraordinaire, personne qui a un don rare pour *qc*.

절전 節電 명 économie *f* d'électricité [d'énergie]. ¶ ~을 생활화하다 prendre l'habitude d'économiser (sur) l'électricité [(sur) l'énergie], économiser (sur) l'électricité [(sur) l'énergie] quotidiennement. ◇_(을) **하다** économiser (sur) l'électricité, réduire *sa* consommation d'électricité. ◇_(이) **되다** économiser de l'électricité, économiser (sur) l'électricité.

◆**_형** -型 명 électroménager. ¶ ~형 가전제품 appareil électroménager faible consommateur d'électricité.

절절[1] 부 ((secouer la tête)) de droite à gauche. ¶ 고개를 ~ 흔들다 secouer la tête en signe de négation. ¶ 그 사람 얘기만 나오면 모두들 고개를 ~ 흔든다 Personne ne veut entendre parler de lui.

절절[2] 부 à gros bouillons. ¶ 아랫목이 ~ 끓는다 Dans la chambre, la partie la plus chaude du sol de la pièce est brûlante ((chauffage par le sol, chambre *ondol*)). ¶ 냄비 속의 물이 ~ 끓는다 L'eau de la casserole [de la marmite] bout à gros bouillons.

절절[3] 切切 어근 ardeur *f*, ferveur *f*.

◆**_하다** 형 ((désir)) être ardent(*e*), fervent(*e*). ¶ ~한 염원 un souhait [désir] ardent, un désir impétueux. ¶ 가슴이 ~한 이별 노래 un chant d'adieu qui va droit au cœur. ¶ 우리에게 ~하게 필요한 것은 식량이다 Ce qui nous manque le plus ce sont des vivres [c'est de la nourriture].

◆**_히** 부 ardemment, passionnément, avec ferveur. ¶ 부모의 은혜를 ~히 느끼다 prendre pleinement conscience de la reconnaissance que l'on doit à *ses* parents.

절절매다 자 être dans l'embarras, ne savoir plus que faire, nager complètement {*fam*}, paniquer, s'affoler, perdre *ses* moyens [les pédales {*fam*}], être décontenancé(*e*), désarçonné(*e*), déboussolé(*e*); être (complètement) dépassé(*e*) par les événements; ne (plus) savoir où donner de la tête; être incapable de réagir devant *qn*, trembler ((à la pensée de *qc*, devant *sa* femme, devant *son* supérieur)). ¶ 돈이 없어 ~ être à court d'argent. ¶ 바빠서 ~ être très pris(*e*) [occupé(*e*)]; être submergé(*e*) de travail; être débordé(*e*), surchargé(*e*); ne (plus) savoir où donner de la tête. ¶ 상관한테[상사의 한 마디에] ~ ne savoir que faire devant un supérieur, être incapable de réagir devant un supérieur, trembler [perdre *ses* moyens] devant [à la remarque d']un supérieur, être intimidé(*e*) [terrorisé(*e*)] par *son* supérieur. ¶ 그는 어떻게 해야 좋을지 몰라서 절절맸다 Ne sachant ce qu'il devait faire, il en perdait la tête / Il était complètement décontenancé [désarçonné, déboussolé] / Il avait perdu les pédales {*fam*}.

절정 絶頂 명 ① ((산꼭대기)) sommet *m* ((d'une montagne)); cime *f*. ② apogée *m*, comble *m*, ((être au)) faîte *m* ((des honneurs, de la gloire)), point *m* culminant, sommet *m*, zénith *m*, pinacle *m*, summum *m*, maximum *m*, apothéose *f*, ((à la)) cime *f* ((des honneurs)) acmé *mf* ((d'une civilisation, de la vie)). ¶ ~의 순간 apogée, sommet, zénith, point culminant, comble, acmé. ¶ 번영의 ~ le comble de la prospérité. ¶ ~에 이르다[도달하다] atteindre le sommet; arriver à l'apogée. ¶ 인기 ~에 서다[오르다] être au sommet de *sa* popularité.

◆**_기** -期 명 apogée *m*, fleur *f* de l'âge, âge *m* d'or. ¶ 배우 생활의 ~기를 맞다 être à l'apogée de *sa* carrière d'ac*teur*(*trice*). ¶ 그 여자는 지금 ~기이다 Elle est actuellement à l'apogée [au zénith] de sa vie [de sa carrière, de sa gloire] / Elle a atteint son firmament [le sommet dans sa vie] / Elle est actuellement au plus haut point de son existence / Elle est actuellement au sommet de sa popularité / Elle a actuellement une cote d'enfer / Elle a acquis une grande popularité.

절제 節制 명 tempérance *f*, sobriété *f*, modération *f*. ¶ 감정의 ~ la modération des sentiments. ¶ ~를 잃다 perdre *son* calme. ◇_(를) **하다** garder la mesure; s'abstenir de+*inf*; éviter les excès, observer la tempérance, modérer, réprimer, refréner, contenir, freiner ((*ses* désirs)), mettre un frein à *qc*, brider, (*se*) retenir, se refréner, se modérer, se dominer, se contrôler, se maîtriser. ¶ 음식을 ~하다 manger avec modération, être sobre. ¶ 술을 ~하다 boire avec modération, être sobre. ¶ 감정을 ~하다 maîtriser [modérer] *ses* sentiments, contenir ((*sa* colère)), contrôler *ses* sentiments. ◇_(가) **되다** être modéré(*e*). ¶ ~된 표현 une expression atténuée. ¶ ~된 언어를 구사하다 parler un langage modéré. ◇_(가) **있다** être sobre; être modeste. ¶ ~ 있는 생활을 하다 vivre avec modération; mener un train de vie modeste. ◇_(가) **없다** être immodéré(*e*).

절조 節操 명 intégrité *f*, fidélité *f*. ¶ ~를 지키다 être fidèle à *ses* principes. ¶ ~가 굳다 avoir une fidélité [intégrité] sincère, être sincèrement fidèle [intègre]. ¶ 굳은 ~ une fidélité [intégrité] sincère [solide, figée].

절주 節酒 명 modération *f* [sobriété *f*] pour la boisson. ◇_(를) **하다** boire avec modération, être sobre.

절차 節次 명 formalités *fpl*, forme *f*, marche *f* à suivre; ((소송의)) procédure *f* ((judiciaire)). ¶ 입학 ~ formalités pour l'admission dans une école. ¶ 법률상의 ~ les formalités légales. ¶ ~를 밟다[거치다] faire les formalités, suivre la procédure. ¶ ~를 지키다 respecter les formalités [la procédure]. ¶

ㅈ

~를 무시하다 mépriser les formalités, ne pas tenir compte de la procédure. ¶ ~가 복잡하다[간소하다] La procédure est compliquée [simple]. ¶ 그것은 형식상의 ~에 불과하다 Ce n'est qu'une simple formalité. ¶ 수출입 ~에 정통하다 être parfaitement au courant des formalités pour l'exportation et l'importation.

◆_상 -上 명 selon les formalités. ¶ 그것은 단지 ~상의 문제이다 C'est simplement une question de formalités.

◆_법 -法 명 code *m* de procédure.

◆소송_ 訴訟 명 procédure *f* ((judiciaire)).

절차탁마 切磋琢磨 명 assiduité *f*, application *f* ((à l'étude)). ◇_(를) 하다 s'appliquer à *qc*. ¶ 실력을 ~하다 faire de gros efforts [des efforts importants] pour augmenter ses aptitudes [capacités]; travailler dur pour progresser.

절찬 絕讚 명 louanges *fpl* ardentes; éloge *m* éclatant [chaleureux, enthousiaste]. ¶ ~ 상영 중 ((un film)) actuellement sur les écrans et très bien accueilli par la critique[très bien coté]. ◇_(을) 하다 louer *qn*/*qc* avec enthousiasme; prodiguer des louanges à *qn*; faire un éloge éclatant de *qn*/*qc*; combler *qn* d'éloges; porter [élever] *qn*/*qc* aux nues, porter *qn* au pinacle, ne pas tarir d'éloges sur [à l'égard de] *qn*/*qc*, couvrir *qn* d'éloges [de fleurs], prodiguer des éloges à *qn*, louer *qn* sans mesure [avec emphase], louer longuement *qn*/*qc*, louer excessivement *qn*; magnifier ((les victoires, la mémoire d'un héros)), vanter ((la beauté d'une femme)), exalter {*fam*} ((*qn*, les mérites de *qn*)), déborder {*fam*} [être débordant(*e*)] d'éloges pour *qn*, se répandre [se confondre] en éloges; très bien accueillir ((un événement)), accueillir chaleureusement *qc*. ◇_(을) 받다 être couvert(*e*) d'éloges, être porté(*e*) au pinacle [aux nues], recevoir des éloges chaleureux de *qn*, être très bien [chaleureusement] accueilli(*e*), recevoir un accueil chaleureux; être très bien coté(*e*). ¶ 평단의 ~을 받다 recevoir des éloges chaleureux de la critique.

◆_리 -裡 명 en faveur. ¶ 그 영화는 아직도 ~리에 상영되고 있다 Ce film est encore sur les écrans avec une excellente cote.

절창 絕唱 명 chant *m* magnifique; chanteur(*se*) célèbre; poème *m* excellent; chef-d'œuvre(~s-~) *m*.

절책 切責 명 reproche *m* sévère. ◇_(을) 하다 faire des reproches sévères à *qn*. ¶ 사장은 직원의 잘못을 ~했다 Le directeur a sévèrement reproché ses erreurs à un employé.

절충[1] 折衷 명 compromis *m*, conciliation *f*. ¶ ~을 시도하다 essayer de trouver[d'arriver à] un compromis, tenter de trouver un terrain d'entente [d'arriver à un accord]. ¶ 노사 쌍방의 ~으로 쟁의가 해결되었다 Les revendications ouvrières ont été réglées grâce à un compromis entre les ouvriers [salariés] et la direction. ◇_(을) 하다 faire un compromis; concilier; arranger, accommoder. ¶ 서로의 의견을 ~하다 concilier les opinions de chacun. ◇_(이) 되다 être concilié(*e*), arrangé(*e*), accommodé(*e*). ¶ 양측의 의견이 ~되었다 Les opinions ont été conciliées entre les parties. ¶ ~된 가격 prix concilié. ◇_(을) 시키다 faire consentir un compromis [accord, accommodement]. ¶ 정부는 노사의 이견을 ~시켰다 Le gouvernement est parvenu à un accord entre [à concilier] les salariés et la direction.

◆_적 -的 명관 conciliatoire; éclectique. ¶ 그는 항상 ~적인 입장에 선다 Il prend toujours une position conciliatoire.

◆_식[형] -式[型] 명 compromis *m*.

◆_법 -法 명 méthode *f* éclectique.

◆_설 -說 명 éclectisme *m*.

◆_안 -案 명 projet *m* de compromis. ¶ ~안을 내다[제시하다] proposer un projet de compromis.

◆_점 -點 명 point *m* de convergence; terrain *m* d'entente, compromis *m*. ¶ 두 제안 사이에서 ~점을 찾다 chercher à concilier deux propositions.

◆_주의 -主義 명 éclectisme *m*.

절충[2] 折衝 명 négociation *f*, pourparlers *mpl*. ¶ 막후 ~ négociations en coulisse [officieuses]. ¶ ~을 거듭하다 répéter la négociation, négocier à plusieurs reprises. ¶ 제시된 조건을 놓고 ~ 중이다 On est en train de négocier sur les conditions proposées. ◇_(을) 하다[벌이다] négocier ((une question avec *qn*)). ¶ 회담 시기를 ~하다 négocier la période des pourparlers. ¶ 누구와 값을 ~하다 négocier le prix avec *qn*. ◇_(이) 되다 être négocié(*e*), se négocier.

절취[1] 截取 명 découpage *m*. ◇_(를) 하다 découper, détacher. ¶ 점선을 따라 영수증을 ~하다 découper [détacher] le reçu suivant le pointillé.

◆_선 -線 명 ligne *f* perforée, (ligne *f* de) pointillé *m*. ¶ ~선을 따라 오려내다 détacher suivant le(*s*) pointillé(*s*).

절취[2] 竊取 명 vol *m*. ¶ 금품 ~로 구속되다 être inculpé(*e*) pour vol d'argent et d'objets de valeur. ◇_(를) 하다 voler, dérober. ¶ 금품을 ~하다 voler de l'argent et des objets de valeur.

◆_범 -犯 명 voleur(*se*), larron(*nesse*) {*vx*}.

절치 切齒 명 grincement *m* de dents. ◇_(를) 하다 grincer des dents ((de fureur, de rage)).

◆_부심 -腐心 명 grincement *m* de dents par préoccupation. ¶~부심(을) 하다 grincer des dents à cause d'une préoccupation.

절친하다 切親- 형 être intime avec *qn*. ¶ 그와 나는 ~ Lui et moi sommes intimes [très amis]. ¶ 절친한 사이 une relation intime. ¶ 나의 절친한 친구 mon meilleur ami. ¶ 나는 그 여자와 오랫동안 절친하게 지냈다 Je suis depuis longtemps intime [très ami(*e*)] avec elle / J'ai depuis longtemps des relations intimes avec elle.

절터 명 emplacement *m* d'un temple (bouddhique).

ㅈ

¶ 여기가 황룡사의 ~이다 Ici, c'est l'emplacement du temple Hwangnyongsa.

절통하다 切痛- 형 être très regrettable; être déplorable. ¶ 이렇게 원통하고 절통한 일이 어디 있겠는가! Il n'y a pas plus décevant et déplorable que cette affaire!

절판 絶版 명 épuisement *m* d'une édition. ◇_(을) **하다** cesser d'éditer [de publier] ((un livre)), ne pas reprendre l'édition ((d'un livre)), épuiser une édition. ¶ 이 책은 재고가 많아서 ~을 했다 On a cessé de publier ce livre, parce qu'il y en avait beaucoup en stock. ◇_(이) **되다** être épuisé(*e*). ¶ 이 책은 ~되었다 Ce livre est épuisé.

절편 명 *jeolpyeon m* <*tteok* plat avec des motifs>. ¶ 쌀로 ~을 만들다 faire des *jeolpyeon*.

절품[1] 絶品 명 article *m* de haute qualité. ¶ 한 세기에 하나 나올까 말까한 ~ le chef d'œuvre du siècle.

절품[2] 切品 명 épuisement *m* des marchandises [du stock], rupture *f* de stock, pénurie *f*. ¶ 에어컨의 ~으로 선풍기가 잘 나간다 Les ventilateurs se vendent bien à cause de la rupture du stock des climatisateurs / La rupture du stock [La pénurie] des climatiseurs favorise la vente des ventilateurs. ◇_(이) **되다** être épuisé(*e*), ne plus être en magasin [en stock].

절필 絶筆 명 dernier écrit *m* ((d'un auteur)); fin *f* ((d'une lettre)). ¶ 그 작가는 ~을 선언했다 Cet écrivain a déclaré que cette œuvre était la dernière [qu'il n'écrirait plus d'ouvrage, qu'il arrêtait d'écrire, qu'il prenait sa retraite d'écrivain, qu'il posait définitivement sa plume]. ◇_(을) **하다** cesser d'écrire, poser définitivement *sa* plume.

절핍하다 切逼- 형 être dans la misère, dans une grande pauvreté. ¶ 절핍한 생활 une vie d'absolue pauvreté.

절하 切下 명 【경제】 dévaluation *f*. ◇_(를) **하다** dévaluer. ¶ 원화를 2 % ~하다 dévaluer le *won* de 2 %.

◆**평가_** 評價 명 【경제】 dévaluation *f*. ¶ 평가~(를) 하다 dévaluer.

절해 絶海 명 mer *f* lointaine. ¶ ~의 고도 île solitaire au milieu des mers.

절호 絶好 명 chance *f*, une bonne [belle] occasion *f*. ¶ ~의 찬스 une chance inespérée; une occasion rare. ¶ ~의 기회를 잡다[놓치다] saisir [perdre, laisser passer] une belle occasion.

절후 節候 명 subdivision *f* d'une saison. ☞ 절기

젊다 형 être jeune. ¶ 그는 언제 보아도 ~ Il est toujours jeune. ¶ 그는 마음이 ~ Il est jeune de cœur / Il a l'esprit jeune. ¶ 그 아주머니는 옷차림이 ~ Cette femme s'habille jeune. ¶ 젊은 여자 jeune femme. ¶ 젊은 사람 un jeune; des [les] jeunes. ¶ 젊은 나이에 [젊어서] 죽다 mourir jeune [en pleine jeunesse, à la fleur de l'âge]. ¶ 그는 젊은 혈기에 과음했다 Il a trop goûté aux excès de la jeunesse. ¶ 그는 젊었을 때부터 술을 좋아했다 Il aimait boire depuis qu'il était jeune [depuis son jeune âge]. ¶ 그 여자는 나이보다 열 살은 젊어 보인다 Cette femme fait plus jeune de 10 ans. ¶ 나는 젊게 살려고 애쓴다 Je fais de mon mieux pour rester jeune.

***젊어서 고생은 사서라도 한다** Il faut travailler dur dans sa jeunesse (pour assurer ses vieux jours).

◆**젊음** 명 jeunesse *f*. ¶ 젊음을 유지하다 rester jeune. ¶ 젊음을 한껏 누리다[구가하다] jouir pleinement de sa jeunesse. ¶ 일에 젊음을 바치다 consacrer *sa* jeunesse au travail. ¶ 그는 아직도 젊음이 넘친다 Il est encore plein de jeunesse / Il déborde encore de jeunesse.

◆**젊은이** 명 jeune *m*; les jeunes *mpl*. ¶ 젊은이 못지않은 패기 une ambition semblable à celle des jeunes.

◆**젊디_** 형 être tout jeune [en pleine jeunesse]. ¶ 그는 젊디젊은 나이에 죽었다 Il est mort en pleine jeunesse [à la fleur de l'âge].

점[1] 占 명 divination *f*, bonne aventure *f*. ◇_(을) **치다** dire la bonne aventure, pratiquer la divination. ◇_(을) **보다** consulter un(*e*) diseu*r*(*se*) de bonne aventure.

◆**_괘** -卦 명 signe *m* divinatoire, augure *m*. ¶ ~괘를 뽑다 tirer les cartes. ¶ ~괘가 좋습니다 Les augures sont excellents.

◆**_대** 명 baguette *f* divinatoire, baguette *f* de sorcier [magique].

◆**_돈** 명 monnaie *f* [pièce *f*] divinatoire.

◆**_쟁이** 명 voyant(*e*), diseu*r*(*se*) de bonne aventure, devin(*eresse*). ¶ ~쟁이의 말을 듣다 écouter [croire] ce que dit le devin; faire confiance au devin; suivre les conseils du devin; faire ce que dit le devin.

◆**_집** 명 maison *f* d'un(*e*) diseu*r*(*se*) de bonne aventure. ¶ ~집에 가다 aller consulter un(*e*) diseu*r*(*se*) de bonne aventure.

점[2] 點 명 ① tache *f*, point *m*, mouche *f*, moucheture *f*. ¶ 비행기가 작은 ~처럼 보였다 L'avion était réduit à un petit point / L'avion paraissait à peine plus grand qu'un petit point. ¶ 흰 ~이 박힌 검정 개 un chien noir avec des taches blanches. ¶ 사진에 까만 ~이 박혀 있다 On voit une tache noire sur la photo(graphie). ② ((피부의)) grain *m* de beauté, mouche *f*. ¶ 코의 ~을 빼다 enlever un grain de beauté sur le nez. ¶ 입술 아래에 가짜 ~을 붙이다 coller une mouche juste dessous la lèvre. ③ ((문장 부호)) point *m*; marque *f*. ¶ 수정할 문장 끝에 펜으로 ~을 표시하다 mettre une marque au stylo après la phrase à corriger; marquer la fin de la phrase à corriger d'un point au stylo. ④ ((nom non autonome. Il s'emploie après les déterminants démonstratifs 이, 그, 저, et après les suffixes flexionnels déterminants -ㄴ/-는/-은/-ㄹ/-을)). point *m*, sujet *m*; côté *m*; rapport *m*; égard *m*. ¶ 나는 이[그] ~에 대해서는 아무 할 말이 없다 Je n'ai rien à dire sur ce sujet [point](-là). ¶ 바로 그 ~에서 문제가 발생했다 C'est le point d'où est venu le problème / C'est d'ici qu'est venu le

ㅈ

problème. ¶ 다음과 같은 ~에서 이의를 제기하는 바이다 Je présente une objection sur le point suivant. ¶ 그의 어떤 ~이 마음에 들지 않는 거니? Qu'est-ce que tu n'aimes pas en lui? / Qu'est-ce qui te déplaît chez lui? ¶ 그 분은 배울 ~이 많은 사람이다 C'est une personne avec beaucoup de qualités qui nous enseigne beaucoup de choses. ¶ 그 계획에는 좋은 ~도 있고 나쁜 ~도 있다 Ce projet a des qualités et des défauts. ◇_(을) **찍다** ① mettre un point, marquer d'un point. ¶ 종이에 붓으로 ~을 찍다 mettre un point avec un pinceau sur le papier. ② remarquer *qn*/*qc*, choisir *qn*. ¶ 그는 신부 감으로 그 여자를 ~찍어 두었다 Il l'a choisie pour sa future femme [épouse]. ◇_(이) **찍히다** être remarqué(*e*), choisi(*e*). ¶ 그는 선생님의 후계자로 미리 ~이 찍혀 있다 Il a été choisi d'avance pour succéder au professeur. ¶ 그 작자는 예의 없는 놈으로 모두에게 ~찍혀 있다 Cet individu est considéré par tous comme un grossier personnage.

◆**_박이** 명 personne *f* qui a une tache de vin; anim*al*(*aux*) *m* tacheté.

◆**마침[시작]_** [始作]- 명 point *m* final [de départ].

◆**얼룩_** 명 moucheture *f*, tache *f*.

분류 morceau(*x*) *m*; ((바둑)) point *m*.

의명 ① ((성적의 단위)) note *f*. ¶ 100 ~을 주다[받다] donner [recevoir] 100 / 100. ¶ 평균 70 ~ moyenne de 70 (sur 100). ② ((소수점)) virgule *f* (,) ((dans les nombres décimaux)). ¶ 그는 시력이 1 점 2이다 Il a 12 / 10 aux deux yeux. ¶ 그는 체온이 삼십칠~오도이다 Il a 37,5 [trente-sept cinq] (de température). ¶ 삼점육 유로 3,6 euros, trois euros soixante. ③ ((그림, 옷 따위를 세는 단위)) ¶ 가구 몇 ~ quelques meubles. ¶ 유화 세 ~ trois peintures à l'huile. ¶ 구름 한 ~ 없는 하늘 ciel sans le moindre nuage. ④ ((고기 살점 따위를 세는 단위)) ¶ 생선 한 ~을 양념에 찍어 먹다 manger un morceau de poisson avec un peu de condiment.

◆**평균_** 平均 명 (note *f*) moyenne *f*.

◆**총_** 總 명 note *f* totale.

-점[3] 店 접미 boutique *f*, magasin *m*. ¶ 양복~ une boutique de tailleur; ((소매점)) une maison de confection. ¶ 양화~ un magasin de chaussures, une cordonnerie. ¶ 백화~ un grand magasin. ¶ 안경~ le magasin d'un *opticien*. ¶ *제과~ une pâtisserie*, une confiserie.

점가 漸加 명 accroissement *m* [augmentation *f*] progressif(*ve*). ◇_(를) **하다** augmenter progressivement. ◇_(가) **되다** être accru(*e*), augmenté(*e*).

점감 漸減 명 décroissement *m* [diminution *f*] progressi*f*(*ve*). ◇_(을) **하다** décroître [diminuer] progressivement. ◇_(이) **되다** décroître [diminuer] progressivement.

점거 占據 명 occupation *f*; prise *f* ((d'une ville)). ¶ 불법 ~ occupation illégale. ¶ 노동자들의 본사 ~ l'occupation par les ouvriers de la maison mère. ◇_(를) **하다** occuper; prendre procession de *qc*. ◇_(가) **되다**[(를) **당하다**] être occupé(*e*), pris(*e*).

◆**_농성** -籠城 명 grève *f* sur le tas. ¶ ~농성(을) 하다 [벌이다] faire la grève sur le tas.

◆**_자** -者 명 occupant(*e*).

◆**_지** -地 명 territoire *m* occupé.

점검 點檢 명 inspection *f*, vérification *f*, examen *m*; ((faire l')) appel *m*. ¶ 시설 ~ inspection [vérification] des installations. ◇_(을) **하다** inspecter, vérifier, examiner. ¶ 인원을 ~하다 examiner [inspecter] les membres d'une compagnie. ¶ 서류를 ~하다 examiner des documents. ¶ 마무리가 잘 되었는지 ~하다 vérifier que c'est bien terminé. ◇_(이) **되다** être vérifié(*e*), examiné(*e*), inspecté(*e*). ◇_(을) **받다** bénéficier d'une inspection, subir une inspection, se faire inspecter, être inspecté(*e*), examiné(*e*), vérifié(*e*). ¶ 전문 기술자에게 기계를 ~받다 bénéficier d'une inspection des machines; se faire inspecter *sa* machine par un technicien expert.

◆**_자** -者 명 inspec*teur*(*trice*), examina*teur*(*trice*).

◆**불시_** 不時 명 inspection *f* sans préavis [inattendue, imprévue, inopinée].

◆**안전_** 安全 명 inspection *f* [examen *m*] de sécurité. ¶ 안전~을 받다 subir une inspection de sécurité.

점고 點考 명 inventaire *m*. ◇_(를) **하다** faire l'inventaire.

점두 店頭 명 devanture *f* d'une boutique; vitrine *f*. ¶ ~에 진열하다 mettre ((des objets)) en vitrine. ¶ ~에 내놓다 mettre en vitrine.

◆**_광고** -廣告 명 publicité *f* à l'étalage.

◆**_매매** -賣買 명 vente *f* à l'étalage.

◆**_시세** -市勢 명 prix *m* de l'étalage

점등[1] 點燈 명 allumage *m*. ◇_(을) **하다** allumer une lampe. ¶ 가로등을 ~하다 allumer les réverbères [les lampadaires].

◆**_기구** -機具 명 système *m* d'allumage; bouton *m* d'allumage.

◆**_시간** -時間 명 heure *f* à laquelle les automobilistes sont tenus d'allumer leurs phares.

◆**_장치** -裝置 명 (dispositif *m* d')allumage *m*.

점등[2] 漸騰 명 hausse *f* progressive ((des prix)). ◇_(을) **하다** monter progressivement. ¶ 주가가 ~한다 Les cours des actions [de la Bourse] sont en hausse [remontent] / Le cours des actions monte / La Bourse est en hausse / La Bourse (re)monte.

점령 占領 명 occupation *f*; prise *f* ((d'une ville)). ¶ 독일군의 파리 ~ l'occupation de Paris par les Allemands. ¶ 그 지점은 적의 ~하에 들어갔다 Cet endroit est aux mains de l'ennemi [sous occupation ennemie]. ◇_(을) **하다** prendre, occuper; prendre possession de *qc*. ¶ 고지를 ~하다 occuper une position élevée. ¶ 무력으로 ~하다 occuper par la force. ◇_(이) **되다**[(을) **당하다**] être occupé(*e*).

◆**_국** -國 명 pays *m* occupé.

◆**_군** -軍 명 armée *f* d'occupation.

◆_지 -地 명 territoire *m* occupé.

◆_지대 -地帶 명 zone *f* occupée.

점막 粘膜 명 【의학】 (membrane *f*) muqueuse *m*. ¶ ~이 부풀어 올랐다 La muqueuse s'est gonflée.

점멸 點滅 명 scintillement *m*, clignotement *m*. ◇_(을) 하다 scintiller, clignoter; faire clignoter [scintiller]. ¶ 신호가 ~하고 있다 Le feu clignote.

◆_기 -機 명 interrupteur *m*; commutateur *m*.

◆_등 -燈 명 lumière *f* clignotante, feu *m* clignotant; ((자동차의)) clignotant *m*.

점묘 點描 명 【미술】 ① pointillé *m*, pointillage *m*. ② esquisse *f*. ¶ ~ 화가 peintre pointilliste. ¶ ~ 화법 pointillisme. ¶ 인물 ~ esquisse, portrait esquisse. ◇_(를) 하다 pointiller.

◆_술 -術 명 【미술】 pointillé *m*, pointillage *m*.

◆_파 -派 명 【미술】 pointillisme *m*.

점방 店房 명 boutique *f*, magasin *m*.

점벙 부 ((onomatopée exprimant le bruit de l'eau)) flac, floc, plouf; en barbotant, en pataugeant.

◆_거리다[대다] 재타 barboter, patauger. ¶ 발로 물을 ~거리다 barboter, patauger. ¶ 그 사람은 ~거리며 냇물을 건너왔다 Il a traversé à grands pas le ruisseau en éclaboussant tout autour de lui [en éclaboussant les parages].

점복 占卜 명 divination *f* (de l'avenir), vaticination *f*, voyance *f*, prophétie *f*; ((dire)) la bonne aventure *f* ((à *qn*)).

점선 點線 명 ligne *f* pointillée; pointillé *m*. ¶ ~을 긋다 mettre des pointillés; marquer d'une ligne en pointillé. ¶ ~으로 표시된 부분 partie marquée d'une ligne en pointillé.

점성[1] 粘性 명 【물리】 viscosité *f*.

점성[2] 占星 명 【민속】 astrologie *f*. ¶ ~을 배우다 apprendre l'astrologie.

◆_가 -家 명 astrologue *mf*.

◆_술 -術 명 astrologie *f*.

◆_학 -學 명 astrologie *f*.

점수 點數 명 nombre *m* de points [de buts]; note *f* ((d'un devoir)). ¶ ~를 매기다 mettre une note; noter ((une copie, des copies)). ¶ ~ 차가 크다 Les écarts de note [dans les notes] sont importants. ¶ ~가 높다[낮다] avoir une note élevée [une mauvaise note]. ¶ ~를 받다 recevoir [avoir] une note. ¶ 수학에서 좋은[나쁜] ~를 받다 recevoir [avoir] une bonne [une mauvaise] note en mathématiques [en maths {*fam*}]. ◇_(를) 주다 ① donner [mettre] une note, noter ((un(*e*) élève)). ¶ 높은[낮은] ~를 주다 donner [mettre] une note élevée, mettre une bonne note [une mauvaise note]. ¶ ~를 후하게[박하게] 주다 noter généreusement [noter sévèrement, noter avec sévérité; {*fam*} sacquer [saquer] ((les élèves)), sabrer ((la moitié des candidats à un examen))]. ② 좋게 평가하다 apprécier ((le comportement de *qn*)), avoir une bonne image de *qn*, avoir de l'estime pour *qn*, avoir [tenir] ((une personne)) en (haute, grande) estime. ¶ 나는 그 사람에게 (높은) ~를 주고 싶다 Je l'apprécie (beaucoup) / J'ai une (très) bonne image de lui / J'ai de l'estime pour lui / Je l'ai en (haute, grande) estime. ◇_(를) 따다 ① marquer un point [des points]. ¶ ~를 많이 따다 marquer beaucoup de points. ② gagner des points dans l'estime de *qn*, gagner [s'acquérir] l'estime de *qn*, monter dans l'estime de *qn*. ¶ 아내에게 ~를 따기 위해 애쓰다 faire des efforts pour gagner [pour acquérir, pour remonter dans] l'estime de *sa* femme. ¶ 이렇게 하면 장모님께 ~를 많이 딸 수 있어 Tu pourrais ainsi gagner beaucoup de points dans l'estime de ta belle-mère ((elle aurait plus d'estime pour toi)) / Tu pourrais ainsi (re)monter dans son estime.

점술 占術 명 divination *f*, bonne aventure *f*, voyance *f*, spiritisme *m*, prophétie *f*, vaticination *f*. ¶ ~을 배우다 apprendre la voyance. ¶ ~을 익히다 s'initier au spiritisme [à la voyance].

점심 點心 명 repas de midi; déjeuner *m*. ¶ ~ 시간[때] ((à)) l'heure du déjeuner; ((à)) midi; entre midi et deux (heures). ¶ ~ 중이다 être en train de déjeuner. ¶ ~ 전[후] avant [après] le déjeuner. ¶ ~을 먹다 prendre son déjeuner [le repas de midi], déjeuner. ¶ ~을 거르다 sauter le déjeuner {*fam*}; ne pas prendre son déjeuner [son repas de midi]. ¶ ~을 싸가지고 다니다 emporter son déjeuner. ¶ ~을 차려 내다 servir le déjeuner ((à *qn*)). ¶ 햄버거로 ~을 때우다 ne prendre qu'un hamburger pour déjeuner. ¶ ~으로 불고기를 먹다 manger du *bulgogi* ((bœuf barbecue mariné coréen)) au déjeuner. ◇_(을) 하다 ① faire [préparer] le déjeuner [le repas de midi]. ② prendre son déjeuner [repas de midi], déjeuner. ¶ 친구와 함께 ~하다 déjeuner avec un(*e*) ami(*e*).

◆_나절 명 matinée *f*.

점액 粘液 명 【생물】 mucus *m*; mucosité *f*. ¶ ~을 분비하다 sécréter du mucus.

◆_성 -性 명 muqueux(*se*).

◆_질 -質 명 mucosité *f*.

점오 漸悟 명 【종교】 illumination *f* progressive. ◇_(를) 하다 aller petit à petit vers l'illumination.

점원 店員 명 vendeu*r*(*se*); employé(*e*) (de magasin). ¶ ~을 두다 engager des employés [du personnel, des vendeurs] pour un magasin. ¶ ~을 모집하다 chercher des [être à la recherche d']employés. ¶ ~으로 일하다 travailler comme vendeu*r*(*se*) [comme employé(*e*)].

점유 占有 명 occupation *f*, prise *f* de possession. ¶ 불법 도로 ~ occupation illégale de la chaussée. ¶ 시장 ~ 경쟁 concurrence pour les parts de marché. ◇_(를) 하다 occuper; prendre possession de *qc*. ¶ 전체 자동차 시장의 20 %를 ~하다 occuper 20 % du marché total des automobiles. ◇_(가) 되다[(를) 당하다] se faire occuper.

◆_권 -權 명 droit *m* de possession.

◆_물 -物 명 objet *m* dont on a pris la possession.

◆_율 -率 명 taux *m* d'occupation ((d'un produit)); part *f* ((de marché)). ¶ 시장 ~율 part de marché.

◆_자 -者 명 occupant(*e*).

◆불법_ 不法- 명 prise *f* de possession illégale.

점이지대 漸移地帶 명 zone *f* de transition [région *f* charnière] ((sur le plan géographique)) où l'on trouve un mélange des deux caractéristiques des deux régions adjacentes [dans laquelle on trouve les caractéristiques des deux régions adjacentes].

점입가경 漸入佳境 명 approche *f* du point culminant. ◇_이다 approcher du point culminant; devenir de plus en plus passionnant(*e*) [excitant(*e*)], être de plus en plus intéressant(*e*) [passionnant(*e*)]. ¶ 이야기가 갈수록 ~이다 La conversation est de plus en plus passionnante [intéressante].

점자 點字 명 braille *m*. ¶ ~를 읽다 lire le braille. ¶ ~로 발행하다 faire paraître ((un hebdomadaire)) en braille; publier en braille.

◆_독법 -讀法 명 lecture *f* du braille.

◆_악보 -樂譜 명 cahier *m* de musique en braille.

◆_책 -冊 명 livre *m* en braille.

점잔 명 air *m* digne [sérieux, solennel]. ◇_(을) 부리다 [떨다, 빼다, 피우다] prendre [emprunter] un air solennel [digne, sérieux], se donner un air solennel, utiliser un ton solennel [un ton pseudo solennel, un ton faussement solennel]; prendre des airs de gentilhomme; faire des manières [des façons, des cérémonies, des chichis, la [*sa*] chochotte {*fam*}], se faire prier, être maniéré(*e*), chichiteu*x*(*se*){*fam*}. ¶ ~떠는 목소리로 말하다 parler en se donnant un air solennel [en empruntant un air solennel, en utilisant un ton solennel, en prenant un air solennel], parler d'un ton pseudo solennel [d'un ton faussement solennel]. ¶ ~ 빼지 말고 마음껏 먹어 Ne fais pas de manières [Pas tant de chichis!{*fam*}, Reste naturel(*le*), Reste simple, Sois naturel(*le*), N'en fais pas trop, Ne fais pas la [ta] chochotte {*fam*}], mange à ta faim [mange autant que tu en as envie]. ¶ ~ 빼지 말고 노래해라 Ne fais pas le(la) timide [Ne te fais pas prier], chante (une chanson).

점잖다 형 ① ((언행이)) avoir l'air digne [sérieux]; être modeste; être bien élevé(*e*). ¶ 그 여자는 언행이 ~ Elle est bien élevée [éduquée]. ¶ 그는 옷차림이 ~ Il est bien habillé. ¶ 점잖으신 노인 vieillard humble. ¶ 점잖지 못하게 무슨 짓이니? Ce que tu peux être mal élevé! ¶ 무례한 젊은이를 점잖게 나무라다 gronder poliment des jeunes mal élevés. ② ((품격이)) être sérieu*x*(*se*). ¶ 점잖은 자리에서 소동을 피우다 faire du boucan{*fam*} [bruit] dans un lieu calme.

◆점잖이 부 sérieusement; modestement. ¶ 좀 점잖이 굴어라 Sois un peu sérieux / Sois un peu modeste.

점점 漸漸 부 graduellement, progressivement, par degrés; petit à petit, peu à peu; de plus en plus; pas à pas; de proche en proche. ¶ 그 환자 상태가 ~ 나빠졌다 Son état de santé s'est aggravé [s'est altéré, a empiré] progressivement. ¶ 날씨가 ~ 더워진다[추워진다] Il fait de plus en plus chaud [froid] / Le temps se réchauffe [se refroidit] progressivement [de plus en plus]. ¶ 날이 ~ 밝아왔다 Le jour se levait progressivement. ¶ 이야기는 ~ 재미있어진다 L'histoire devient de plus en plus intéressante. ¶ 길은 ~ 험해졌다 La route est devenue de plus en plus dangereuse. ¶ 높이 올라갈수록 공기는 ~ 더 희박해진다 Plus on monte, plus l'air se raréfie / L'oxygène se raréfie avec l'altitude. ¶ ~ 빠르게 de plus en plus vite.

점점이 点点- 부 sporadiquement, ici et là, çà et là. ¶ 들판에는 꽃이 ~ 피어 있었다 Des fleurs épanouies étaient éparpillées dans les champs [parsemaient les champs]. ¶ 계곡을 따라 집들이 ~ 흩어져 있었다 Des maisons étaient réparties ici et là le long de la vallée. ¶ 하늘에 별이 ~ 수놓아져 있다 Les étoiles sont éparpillées [dispersées] dans le ciel.

점증 漸增 명 accroissement *m* [augmentation *f*] progressi*f*(*ve*). ◇_(을) 하다 augmenter progressivement. ¶ 수요가 ~한다 La demande augmente progressivement.

점지 명 cadeau *m* du ciel [de Dieu]. ◇_(를) 하다 ((Dieu)) faire un cadeau à *qn*. ¶ 신께서 그 아이를 ~해 주셨다 Dieu lui a donné cet enfant. ◇_(를) 받다 recevoir un cadeau du ciel. ¶ 그녀는 아이 하나를 ~ 받았다 Elle a reçu un enfant de Dieu.

점진 漸進 명 avance *f* progressive ((d'une armée vers le nord)). ◇_(을) 하다 avancer progressivement. ¶ 행렬이 느리긴 해도 ~하고 있다 Cela a beau être lent, ça avance petit à petit.

◆_적 -的 명관 graduel(*le*), progressi*f*(*ve*).

점차 漸次 부 graduellement, progressivement, par degrés; petit à petit, peu à peu; de plus en plus; pas à pas; de proche en proche. ¶ 상황이 ~ 나아지고 있다 La situation s'améliore peu à peu. ¶ 그 사람은 일에 ~ 익숙해졌다 Il se faisait au travail peu à peu.

◆_적 -的 명관 progressi*f*(*ve*), graduel(*le*). ¶ ~으로 해나가다 avancer progressivement.

◆_로 부 progressivement, graduellement.

점철 點綴 명 action de parsemer; émaillage *m*. ◇_(을) 하다[(이) 되다] être parsemé(*e*) de *qc*; parsemer. ¶ 그의 삶은 눈물과 한숨으로 ~해 왔다 Sa vie est parsemée de larmes et de soupirs [de moments difficiles]. ¶ 고통과 인내로 ~된 삶 vie parsemée de souffrances et de persévérance [d'endurance, de mauvais moments].

점토 粘土 명 argile *m*, glaise *f*. ¶ 한 덩어리의 ~ un morceau d'argile. ¶ ~로 만든 인형 une figurine en argile.

◆_암 -岩 명 roche *f* argileuse.

◆_질 -質 명 argileu*x*(*se*), glaiseu*x*(*se*).

ㅈ

◆_층 -層 명 couche *f* argileuse.
◆_판 -版 명 plaque *f* d'argile [de glaise].
◆지_ 紙- 명 pâte *f* à modeler.
점퍼 명 blouson *m*; veste *f*. ¶ 날씨가 추우니 ~를 입고 나가라 Sors avec ta veste [Prends ta veste] car il fait froid.
점포 店鋪 명 boutique *f*, magasin *m*. ¶ ~를 내다[열다] ouvrir une boutique. ¶ ~를 닫다 fermer une boutique. ¶ ~를 운영하다 gérer une boutique [un magasin]. ¶ ~에서 무엇을 사다 acheter *qc* dans une boutique.
점프 명 saut *m*. ¶ ~를 시도하다 essayer de sauter. ◇_(를) **하다** sauter.
◆번지_ 명 saut *m* à l'élastique.
◆스키_ 명 saut *m* à ski.
◆이중_ 二重- 명 double saut *m*.
점하다 占- 타 prendre ((beaucoup de place)), occuper. ¶ 잡다한 물건들이 보도의 대부분을 점하고 있다 Des objets divers occupent pratiquement la quasi-totalité [sont répandus sur la quasi-totalité, recouvrent la quasi-totalité du] trottoir. ¶ 국회에서 야당이 과반수를 점하고 있다 L'opposition est devenue majoritaire à l'Assemblée nationale.
점호 點呼 명 appel *m* ((à l'armée, dans les casernes)). ¶ ~ 시간 l'heure de l'appel [du rassemblement] ((à l'armée, dans les casernes)). ◇_(를) **하다** faire l'appel. ¶ 인원을 ~하다 faire l'appel des membres [des hommes]. ◇_(를) **받다** subir l'appel, être soumis(*e*) à l'appel.
◆일석[일조]_ 一夕[一朝]- 명 appel *m* du soir [du matin] (dans les casernes).
점화 點火 명 mise *f* à feu, allumage *m*. ◇_(를) **하다[시키다]** allumer; mettre le feu à. ¶ 올림픽 성화를 ~하다 allumer la flamme olympique. ¶ 다이너마이트에 ~하다 mettre à feu la dynamite ◇_(가) **되다** être allumé(*e*). ¶ 엔진이 ~되지 않는다 Le moteur ne s'allume pas. ¶ 담배의 유해성 논란이 다시 ~되었다 La question de la nocivité du tabac a été de nouveau soulevée [débattue, mise sur le tapis] / La question de la nocivité du tabac est de nouveau sur le tapis.
◆_관 -管 명 tube *m* d'allumage.
◆_약 -藥 명 amorce *f*.
◆_지 -紙 명 papier *m* utilisé pour l'allumage.
◆_장치 -裝置 명 (dispositif *m* d')allumage *m*.
◆_플러그 명 bougies *fpl* (d'allumage).
접[1] **接** 명 greffage *m*, greffe *f*. ◇_(을) **붙이다** greffer ((un rosier sur un églantier)). ¶ 자두나무에 복숭아나 무를 ~ 붙이다 greffer un prunier avec des greffes de pêcher.
접[2] 분류 cent ((fruits, choux)). ¶ 마늘 한 ~ cent gousses d'ail. ¶ 배추 한 ~ cent choux chinois.
접객 接客 명 réception *f*, accueil *m*. ◇_(을) **하다** recevoir, accueillir.
◆_용 -用 명 pour les clients *mpl*.
◆_업 -業 명 industries *fpl* de la bouche et de l'hôtellerie; industries *fpl* du service.
◆_업소 -業所 명 installation *f* des industries du service comme restaurants, hôtels, lieux de divertissement.
접견 接見 명 audience *f*, réception *f*. ◇_(을) **하다** donner audience à *qn*; ((président)) recevoir ((un ministre étranger)). ¶ 대통령이 신임 주한 프랑스 대사를 ~하였다 Le président de la République a reçu le nouvel ambassadeur de France en Corée.
◆_실 -室 명 salle *f* d'audience.
◆_일 -日 명 jour *m* d'audience.
접경 接境 명 ligne *f* de séparation [démarcation]; frontière *f*, confins *mpl*. ◇_(을) **하다** être contigu(ë), être frontalier(ère), limitrophe, partager [avoir] une frontière commune. ¶ 중국과 러시아는 ~하고 있다 La Chine et la Russie sont deux pays frontaliers [limitrophes].
◆_지대 -地帶 명 zone *f* frontalière.
접골 接骨 명 réduction *f* d'une fracture. ◇_(을) **하다** réduire une fracture, rebouter, remettre un membre démis par des moyens empiriques. ◇_(이) **되다** ((fracture)) être réduit(*e*), ((membre démis)) être remis(*e*) ((par des moyens empiriques)), être rebouté(*e*).
◆_사 -師 명 rebouteur *m*; rebouteux(*se*).
◆_술 -術 명 technique *f* du rebouteur.
◆_원 -院 명 endroit *m* où par des moyens empiriques l'on remet en place des membres démis [luxés, déplacés] [où l'on corrige une luxation]; cabinet *m* où l'on pratique des manipulations ostéo-articulaires.
접근 接近 명 approche *f*; accès *m*; abord *m*; rapprochement *m*, accostage *m*. ¶ ~ 금지 interdiction d'accès. ¶ ~을 금하다 interdire l'accès à. ◇_(을) **하다** s'approcher de *qc*/*qn*, se rapprocher de *qc*/*qn*; venir près de; accoster *qn*, aborder *qn*. ¶ 목표물에 거의 ~하다 être tout proche du but. ¶ 이해관계 때문에 누구에게 ~하다 se rapprocher de *qn* [entrer en contact avec *qn*, contacter *qn*] par intérêt. ¶ 강물이 위험 수위에 ~했다 La rivière a atteint le niveau dangereux. ¶ ~하기 쉬운 사람 personne d'abord facile. ◇_(을) **시키다** rapprocher. ¶ 우주선을 달의 표면에 ~시키다 rapprocher le vaisseau spatial de la surface de la Lune.
◆_경로 -徑路 명 chemin *m* d'accès.
◆_전 -戰 명 corps *m* à corps.
접다 타 ① plier, rabattre, replier. ¶ 색종이를 네 겹으로 [네 번] ~ plier quatre fois une feuille de papier (de) couleur. ¶ 신문을 접어 모자를 만들다 plier un journal pour en faire un chapeau. ¶ 나는 읽고 있던 책의 페이지를 접어 두었다 J'ai plié le coin d'une feuille du livre que j'étais en train de lire / J'ai corné la page d'un livre. ¶ 접었다 폈다 할 수 있는 의자 une chaise (re)pliable, une chaise qui se replie. ② 접어서 만들다 faire du pliage, faire de l'origami. ¶ 종이비행기[배]를 ~ plier un papier pour en faire un avion [un bateau], faire un avion [un bateau]

en papier. ③ ((폈던 것을)) replier, plier; fermer. ¶ 우산[부채]을 ~ fermer [(re)plier] un parapluie [un éventail]. ¶ 새가 날개를 접고 가지에 앉았다 Un oiseau s'est posé [perché] sur une branche d'un arbre et a plié ses ailes. ④ 유보하다 rabattre, reculer. ¶ 자기주장을 ~ reculer dans l'opinion. ¶ 마음을 ~ abandonner *ses* intentions. ⑤ 너그럽게 봐주다 pardonner, tolérer, excuser, supporter, fermer les yeux sur *qc*, laisser passer *qc*. ¶ 나는 그 사람의 사소한 잘못들을 그냥 접어두기로 했다 J'ai décidé de pardonner [de fermer les yeux sur] ses petites erreurs [ses erreurs bénignes]. ⑥ donner [accorder] un avantage [une avance (de quelques points)] ((à un adversaire plus faible que *soi*)), se donner un handicap ((dès le départ au début d'une partie de jeu de go pour combler une différence de niveau trop importante avec *son* adversaire)). ¶ 너는 급수가 낮으니까 내가 한 수 접고 두어도 이긴다 Même en t'accordant un avantage [une avance (de quelques points)] [Même si je me donne un handicap], je vais te battre puisque tu es moins fort(*e*) que moi. ¶ 그 사람은 너한테 약점이 잡혔는지 언제나 한 수 접고 들어오더라 Il s'incline toujours devant toi, c'est peut-être parce que tu connais ses points faibles.

접대 接待 명 réception *f*, accueil *m*. ¶ 손님 ~에 소홀하다 mal recevoir [accueillir] des invités [des clients], faire un mauvais accueil à *ses* hôtes. ◇_(를) **하다** recevoir ((des invités, des convives, des amis)); accueillir; faire l'accueil; s'occuper ((d'un visiteur)). ¶ 손님을 ~하다 recevoir les convives [les invités]. ¶ 극진히 ~하다 faire [réserver un] très bon accueil à *qn*; recevoir *qn* avec tous les honneurs; recevoir *qn* très gentiment [très cordialement, avec la plus grande bienveillance]. ¶ ~를 잘 하다 faire bon accueil à *qn*; bien accueillir [recevoir] les gens. ¶ 그 점원은 손님 ~하는 태도가 나쁘다 Cet employé reçoit mal les clients. ◇_(를) **받다** être reçu(*e*), accueilli(*e*). ¶ 누구에게 ~를 받다 être reçu(*e*) [accueilli(*e*)] par *qn*.

◆**_부** -婦 명 hôtesse *f*, serveuse *f*.

◆**_비** -費 명 frais *mpl* de réception.

◆**_실** -室 명 salle *f* de réception; salon *m*.

◆**_용** -用 명 pour les clients [les hôtes, les invités]. ¶ ~용 의자 une chaise [un fauteuil] à la disposition des clients.

◆**_원** -員 명 réceptionniste *mf*, personne *f* à l'accueil.

접두사 接頭辭 명 【언어】 préfixe *m*.

접두어 接頭語 명 【언어】 préfixe *m*.

접때 부 il n'y a pas longtemps; il y a quelques jours, l'autre jour; à ce moment-là. ¶ 내가 ~ 그 사람을 만났을 때 quand je l'ai rencontré(*e*) il y a quelques jours [l'autre jour]. ¶ ~ 편지에 dans *sa* dernière lettre. 명 l'autre jour. ¶ ~부터 depuis quelques jours. ¶ ~는 고마웠어 Je te remercie pour ce que tu as fait pour moi l'autre jour.

접목 接木 명 ① greffe *f*, greffage *m*. ② arbre *m* greffé. ◇_(을) **하다[시키다]** greffer ((un arbre)); enter. ¶ 국악을 서양 음악과[에] ~시키다 mélanger la musique coréenne à la musique occidentale. ◇_(이) **되다** être greffé(*e*).

접미사 接尾辭 명 【언어】 suffixe *m*.

접붙이다 타 greffer; enter. ¶ 포도나무에 새 품종을 ~ greffer une vigne.

접사 接辭 명 【언어】 affixe *m*; ((접미사)) suffixe *m*; ((접두사)) préfixe *m*.

◆**_피동** -被動 명 【언어】 passif *m* (morphologique) formé par (l')adjonction d'un suffixe flexionnel du type -이, -히, -기, -리, ou par le radical verbal + -아/-어 지다 (cf. 만들어지다) au radical du verbe.

접선¹ 接線 명 contact *m*. ¶ ~에 성공[실패]하다 réussir [échouer] à établir le contact. ¶ 간첩의 ~ 현장을 덮치다 découvrir le contact avec un espion. ◇_(을) **하다** prendre [entrer] en contact ((avec un espion)); établir le contact avec *qn*. ¶ 부두에서 끄나풀과 ~하다 entrer en contact avec le mouchard sur un quai.

접선² 接線 명 【수학】 (ligne *f*) tangente *f*.

접속 接續 명 ① 【컴퓨】 liaison *f*, jonction *f*, connexion *f*. ¶ 웹사이트의 ~ 장애 empêchement pour se connecter au réseau. ¶ 인터넷 ~을 차단[통제]하다 empêcher *qn* de se connecter sur Internet [au réseau]. ¶ 인터넷 ~이 끊어졌다 ((Internet)) La connexion n'est plus établie / On est déconnecté / On n'est plus connecté. ② 【언어】 conjonction *f*; jonction *f*. ¶ 문장 ~이 매끄럽다 Ces deux phrases sont liées naturellement. C'est fluide. ◇_(을) **하다** ① ((어디에)) se connecter, établir une connexion. ¶ 인터넷[웹서버]에 ~하다 se connecter à Internet [au réseau], établir une connexion au réseau. ② ((무엇과 무엇을)) joindre, relier. ¶ 여러 곡을 ~해서 메들리로 만들다 faire un pot-pourri de plusieurs chansons. ◇_(이) **되다** être relié(*e*), connecté(*e*). ¶ 서버 사정으로 ~이 잘 안 된다 À cause du serveur, la connexion se fait mal.

◆**_격** -格 명 【언어】 cas *m* du subjonctif.

◆**_곡** -曲 명 pot-pourri *m*.

◆**_법** -法 명 【언어】 subjonctif *m*.

◆**_부사** -副詞 명 【언어】 adverbe *m* conjonctif [de jonction].

◆**_사** -詞 명 【언어】 conjonction *f*. ¶ ~사구 locution conjonctive.

◆**_어** -語 명 【언어】 connecteur *m*.

◆**_어미** -語尾 명 【언어】 suffixe *m* flexionnel conjonctif; forme *f* flexionnelle de jonction (interpropositionnelle).

◆**_조사** -助詞 명 【언어】 particule *f* conjonctive [particule *f* de jonction (interpropositionnelle)].

◆**등위_사** 等位-詞 명 【언어】 conjonction *f* de coordination.

◆**원격_** 遠隔- 명 【통신】 connexion *f* à distance.

◆**종속_사** 從屬-詞 명 【언어】 conjonction *f* de subordination.

접수[1] 接受 명 réception *f*; inscription *f*; déposition *f*; ((접수처)) bureau(*x*) *m* de renseignement; ((학교 따위의)) loge *f* (de concierge); ((접수계)) préposé(*e*) à la réception; ((접수창구)) guichet *m*. ¶ ~ 기한 la date limite d'inscription. ¶ 원서 ~ 기간 la période d'inscription ((à un concours)). ◇_(를) **하다** déposer ((un dossier de candidature)); réceptionner ((un dossier de candidature)). ¶ 서류를 ~하다 déposer un dossier; réceptionner un dossier. ¶ 입사 원서는 서울 본사에서만 ~합니다 On ne reçoit les candidatures que dans la maison mère. ◇_(가) **되다** être déposé(*e*); être réceptionné(*e*). ¶ 서류가 ~되었다 Les dossiers ont été déposés [réceptionnés]. ◇_(를) **받다** réceptionner [accepter] ((des (dossiers de) candidatures)). ¶ 다음 주까지 신청서 ~를 받습니다 On accepte les formulaires de demande jusqu'à (la fin de) la semaine prochaine / Il est possible de déposer son formulaire de demande jusqu'à la semaine prochaine. ◇_(를) **시키다** déposer ((une plainte, *sa* candidature)). ¶ 법원에 고소장을 ~시키다 déposer une plainte au tribunal.

◆_**계** -係 명 préposé(*e*) à la réception; réceptionniste *mf*.

◆_**번호** -番號 명 numéro *m* de réception.

◆_**창구** -窓口 명 guichet *m* (de réception). ¶ ~창구가 붐빈다[한산하다] Il y a trop de monde au guichet [Il n'y a presque personne au guichet].

◆_**처** -處 명 bureau(*x*) *m* de renseignement; ((학교 따위의)) loge *f* (de concierge).

접수[2] 接收 명 saisie *f*, réquisition *f*, prise *f* de possession. ◇_(를) **하다** prendre possession de *qc*. ¶ 철도를 ~하다 prendre possession d'une ligne de chemin de fer. ◇_(가) **되다** être occupé(*e*), être réquisitionné(*e*). ¶ 시청 건물이 점령군에게 ~되었다 Le bâtiment a été occupé [réquisitionné] par l'armée occupante.

접시 명 assiette *f*, plat *m*; soucoupe *f*. ¶ ~를 씻다[닦다] laver [essuyer] les assiettes. ¶ 음식을 ~에 담다 mettre un plat [de la nourriture] sur une assiette. ¶ ~ 좀 바꿔 주실래요? Pouvez-vous [Pourriez-vous] m'apporter une autre assiette [changer mon assiette], s'il vous plaît?

분류 une assiette *f*, un plat *m*. ¶ 고기[굴] 한 ~ un plat de viande [une assiette d'huîtres].

◆_**꽃** 명 rose *f* trémière.

◆_**닦이** 명 (lavage *m* de la) vaisselle *f*, plonge *f* {*fam*}. ¶ ~닦이로 일하다 faire la vaisselle, faire la plonge {*fam*}.

◆**앞_** 명 petite assiette *f* creuse pour service individuel.

접신 接神 명 fait d'entrer en contact avec un esprit. ◇_(을) **하다** ((shaman(*e*), chaman(*e*))) entrer en contact avec un esprit.

접어 接語 명 【언어】 clitique *m*.

접어놓다 oublier; mettre de côté *qc*. ¶ 그는 집안일은 접어놓고 교회 일에만 몰두했다 Il a mis de côté le ménage [les travaux ménagers] pour se consacrer à l'église. ¶ 지난 일은 접어놓고 앞일을 이야기하자 Enterrons notre passé et parlons plutôt du futur.

접어두다 타 laisser de côté *qc*, abandonner *qc*, renoncer à *qc*, négliger *qc*, oublier *qc*. ¶ 떠나려던 생각[계획]을 일단 ~ renoncer temporairement à *son* projet de voyage, reporter *son* projet de voyage.

접어듣다 타 sous-estimer, sous-évaluer; relativiser. ¶ 그 허풍쟁이의 말은 접어들어야 한다 Il faut relativiser les propos de ce vantard [de ce prétentieux] / Ses paroles sont un peu exagérées, il faut les relativiser.

접어들다 자 ① ((공간적)) approcher de, s'approcher, s'engager dans ((une ruelle)), prendre ((une route)), aborder. ¶ 국도로 ~ s'engager sur une route nationale, aborder une route nationale. ¶ 차가 서울 부근에 접어들었을 때 quand une voiture a abordé les alentours de Séoul. ② ((시간적)) approcher de; commencer. ¶ 계절이 이미 가을로 접어들었다 L'automne a déjà commencé / On est déjà en automne / C'est déjà l'automne. ¶ 본격적인 장마철에 접어들었다 La saison des pluies a déjà véritablement commencé / Nous sommes maintenant vraiment [véritablement] entrés dans la saison des pluies. ¶ 그 사람도 어느덧 나이 오십에 접어들었다 Il approche déjà lui aussi de la cinquantaine / Lui aussi va déjà sur ses cinquante ans / Il aura lui aussi déjà bientôt cinquante ans. ¶ 그 사람이 서울에 온지 10년째에 접어든다 Ça fait déjà presque 10 ans qu'il est venu à Séoul.

접어주다 타 ① 눈감아주다 fermer les yeux sur *qc*, laisser passer *qc*, pardonner, tolérer, excuser, supporter. ¶ 친구의 무례한 행동을 ~ fermer les yeux sur les impertinences d'un(*e*) ami(*e*), ne pas tenir compte des remarques désobligeantes d'un(*e*) ami(*e*). ② ((바둑)) accorder un avantage [une avance] ((à un adversaire plus faible)), se donner un handicap ((au jeu de go)). ¶ 하수에게 네 점을 ~ accorder une avance [un avantage] de 4 points à un adversaire plus faible, se donner un handicap de 4 points lorsque l'on joue avec un adversaire plus faible.

접영 蝶泳 명 (brasse *f*) papillon *m*. ¶ ~을 할 줄 아세요? Nagez-vous bien le papillon?

접요사 接腰辭 명 【언어】 infixe *m*.

접요어 接腰語 명 【언어】 infixe *m*.

접의자 摺倚子 명 chaise *f* pliante.

접장 接長 명 ① maître *m* dans une école de caractères sino-coréens. ¶ 그가 서당의 ~이 되었다 Il est maître maintenant. ② chef *m* des colporteurs [des marchands ambulants, des camelots]. ¶ 그는 보부상들이 존경하는 ~ 중의 하나이다 C'est l'un des chefs respectés par les colporteurs. ③ ((선생을 낮추어 이르는 말)) enseignant *m*. ¶ 그는 벌써 ~ 생활 30년이다 Cela fait déjà 30 ans qu'il fait partie du corps enseignant.

접전 接戰 명 rencontre *f* ((de deux armées)); lutte *f* à force égale; lutte *f* serrée; partie *f* serrée. ¶ ~ 끝에 après une lutte serrée, après un combat acharné. ¶ 이번 시합은 의외로 ~이었다 Contrairement à l'attente, le match [la partie] était serré(*e*) / Ce match était plus difficile [serré, disputé] qu'on ne le pensait. ◇_**을 하다[벌이다]** ((deux armées ennemies)) entrer en contact; se battre en une lutte serrée; disputer un match [une rencontre] difficile. ¶ 양 팀이 치열한 ~을 벌였다 Les deux équipes ont eu une lutte serrée / Le match a été serré.

접점 接點 명 ① 【수학】 point *m* de tangence; point *m* de contact. ② partie *f* commune. ¶ 양측 입장 사이의 ~을 찾다 avoir une convergence entre les deux opinions. ¶ 두 주장 사이에 ~이 없어서 화해가 어렵다 Il sera difficile de les réconcilier car ils n'ont aucun terrain d'entente possible [aucun compromis n'est possible].

접종 接種 명 inoculation *f* volontaire ((de la variole, d'un virus)); injection *f* [inoculation *f*] d'un vaccin; vaccination *f*. ◇_**(을) 하다[시키다]** faire un vaccin à ((un enfant)); vacciner *qn* ((contre la variole)); inoculer un virus à *qn*. ¶ 아이들에게 백신을 ~하다 vacciner les enfants; faire un vaccin aux enfants.

◆**비시지**_ 명 vaccin *m* antituberculeux; BCG *m*; inoculation *f* du BCG.

◆**예방**_ 豫防 명 vaccination *f* préventive. ¶ 천연두 예방~ 주사를 맞다 se faire vacciner contre la variole.

접지 接地 명 【전기】 raccord *m* à la terre; (connexion *f* de) mise *f* à la terre, mise à la masse, connexion de masse, M.A.L.T. *f*, liaison *f* avec la terre; conducteur de (mise à la) terre, câble de terre, fil de (mise à la terre) terre. ¶ ~를 하면 기계에 닿아도 감전되지 않는다 On ne risque pas d'électrocution [Le risque d'électrocution est nul] si la machine est bien reliée à la terre. ◇_**(를) 하다** mettre [relier ((la prise))] à la terre [à la masse]. ¶ ~하기 전에 반드시 콘센트를 교체해야 한다 Il faut absolument changer la prise avant de la relier à la terre [à la masse, à la prise de terre].

접지르다 자타 se fouler (la cheville). ☞ 접질리다

접질리다 자타 se fouler, se faire une entorse. ¶ 발목을 ~ se *faire* une entorse à la cheville, se fouler la cheville. ¶ 그 사람은 넘어지면서 손목이 접질렸다 Il s'est fait une entorse au poignet en tombant.

접착 接着 명 adhésion *f*. ◇_**(을) 하다[시키다]** adhérer, coller. ¶ 깨진 화병의 조각들을 ~하다 recoller les morceaux d'un vase cassé. ◇_**(이) 되다** être collé(*e*). ¶ 스티커가 벽에 꼭 ~되어서 잘 안 떨어진다 Les autocollants sont tellement bien collés au mur qu'on n'arrive plus à les détacher.

◆_**성** -性 명 adhésion *f*.

◆_**력** -力 명 force *f* adhésive.

◆_**제** -劑 명 adhésif *m*. ¶ 강력 ~제 adhésif puissant.

◆_**테이프** 명 ruban *m* adhésif; scotch *m*; pansement *m* adhésif, sparadrap *m*.

접촉 接觸 명 ① contact *m*; tangence *f*. ¶ 차량 ~ 사고 un accrochage; de la tôle froissée. ¶ 피부 ~에 의해 감염되다 être contaminé(*e*) par contact [au contact de la peau]. ¶ 신체 ~을 피하다 éviter le contact ((avec les autres)). ② 관계 contact *m*; relation *f*. ¶ ~을 끊다 couper les liens [contacts]. ¶ 세상과 ~을 끊다 se retirer du monde; couper toute relation avec la société. ¶ 청년들과 ~을 계속하다 rester en contact continu avec la jeunesse. ¶ 외부인과의 ~을 금하다 interdire tout contact avec les visiteurs [avec les personnes venant de l'extérieur, avec les personnes étrangères au service]. ¶ 그는 외국인과의 ~이 많다[적다] Il a beaucoup [peu] de relations [est beaucoup [peu] en relation] avec les étrangers. ◇_**(을) 하다** entrer en contact avec *qn* [*qc*]; prendre contact avec *qn*; établir le contact; être [mettre] en contact avec *qn*; accrocher ((une autre voiture)). ¶ 사람들을[과] 자주 ~하여 경험을 쌓다 acquérir de l'expérience grâce à un contact fréquent avec les hommes. ¶ 그는 사업상 여러 층의 사람들과 ~한다 La nature de son travail le met en contact avec beaucoup de gens. ◇_**(을) 시키다** mettre en contact. ¶ 갑을 을과 ~시키다 mettre en contact A avec B.

◆_**성** -性 명 tactile; cutané(*e*), ¶ ~성 알레르기[질환] allergie cutanée [maladie cutanée].

◆_**감염** -感染 명 【의학】 contagion *f* par contact.

◆_**면** -面 명 surface *f* de contact.

◆_**반응** -反應 명 【화학】 réaction *f* catalytique.

접치다 타 plier, fermer. ¶ 종이를 ~ plier un papier. ☞ 접다

접칼 摺- 명 couteau *m* pliant [de poche]; canif *m*, opinel *m*, laguiole *m*, couteau *m* suisse.

접하다 接- 타 ① 인접하다 ((deux maisons)) se toucher, se trouver [être] collé(*e*)s l'un(*e*) l'autre, être côte à côte; toucher à *qc*, jouxter *qc*, avoisiner, voisiner; border; se toucher, être voisin(*e*) de, être adjacent(*e*)[contigu(ë), mitoyen(*ne*), avoisinant(*e*), attenant(*e*), accolé(*e*)]; être limitrophe, ((deux pays)) avoir une frontière commune. ¶ 그 나라는 삼면이 바다에 접해 있다 Ce pays a trois frontières maritimes [est entouré [bordé] par la mer de trois côtés]. ¶ 미국의 서부는 태평양과 접해 있다 L'ouest des États-Unis est bordé par le Pacifique. ¶ 우리나라와 국경을 접하고 있는 나라들 les pays limitrophes de la Corée. ¶ 집들이 서로 다닥다닥 접해 있다 Les maisons sont adjacentes [attenantes, voisines, contiguës, se touchent]. ② 소식 따위를 받다 recevoir [apprendre] ((une nouvelle)). ¶ 뜻밖의 소식을 ~ recevoir une nouvelle inattendue. ③ aborder ((une nouvelle théorie)), accéder à ((la littérature)). ¶ 새로운 이론에 ~ aborder une nouvelle théorie. ¶ 그런 종류의 책은 접해 본 적이 없다 Je n'ai jamais lu ce genre de livre. ④ se mettre [entrer] en contact ((avec *qn*)), prendre contact ((avec *qn*)), établir le contact ((avec *qn*)); accueillir, recevoir, voir, rencontrer, fréquenter. ¶ 그 후로 나는 그 사람을 접할 기회가 없었다 Depuis lors, je n'ai pas eu l'occasion de le voir. ¶ 그들이 서로 접하기 시작한 것은 몇 년 전이다 Ils se sont mis en contact il y a quelques années.

접합 接合 명 union *f*; réunion *f*, assemblage *m*. ◇_(을) **하다**[**시키다**] unir; réunir, joindre, assembler. ◇_(이) **되다** s'unir; se réunir, s'assembler.

접히다 자 se plier, fléchir; être plié(*e*). ¶ 편지는 세 겹으로 접혀 있었다 Une lettre était pliée en trois. ¶ 그 사람은 온몸에 맥이 빠지면서 무릎이 접히는 느낌이 들었다 Se sentant épuisé, il avait l'impression que ses genoux fléchissaient [se dérobaient].

젓 명 poisson *m* saumuré; saumure *f* [salaison *f*] de poisson.

◆**_갈** 명 saumure *f* de poisson, poisson *m* saumuré. ¶ ~갈을 담그다 saumurer du poisson. ¶ ~갈이 너무 짜다 La saumure de poisson est trop salée.

◆**_국** 명 saumure *f*.

◆**멸치_** 명 saumure *f* d'anchois, anchois *mpl* saumurés.

◆**명란_** 明卵- 명 salaison *f* [saumure *f*] d'œufs de merlan.

◆**새우_** 명 saumure *f* de crevettes, crevettes *fpl* saumurées.

◆**어리굴_** 명 huîtres *fpl* saumurées.

◆**조개_** 명 coquillages *mpl* saumurés.

◆**창란_** 명 saumure *f* [salaison *f*] de boyaux [d'intestins, de viscères] de merlan.

젓가락 명 (une paire de) baguettes *fpl*, bâtonnets *mpl*. ¶ ~으로 반찬을 집어먹다 manger les plats d'accompagnement avec des baguettes. ¶ ~ 장단에 맞추어 au rythme des baguettes.

◆**_질** 명 action de se servir de baguettes. ¶ ~질을 배우다 apprendre à se servir de baguettes. ¶ ~질을 잘 못하다 ne pas bien savoir utiliser des [se servir de] baguettes.

젓다 타 ① ramer, pagayer, godiller ((entre les vagues)); ((보트)) canoter. ¶ 노를 ~ ramer (avec des rames, avec un aviron), manœuvrer les rames [l'aviron]. ¶ 배를 ~ ramer, pagayer, canoter. ② remuer, tourner, agiter ((une pâte, un liquide, une sauce)), touiller {*fam*} ((une sauce, la salade)), fatiguer {*fam*} ((la salade)); mélanger. ¶ 수프를 ~ remuer la soupe, mélanger la soupe. ¶ 커피에 각설탕을 하나 넣고 ~ mettre un sucre dans un café et mélanger. ③ ((거절·부정의 뜻으로)) agiter ((la main en signe de refus)); secouer, hocher, remuer ((la tête en signe de refus)), faire non de la tête. ¶ 고개를 ~ secouer la tête en signe de refus, faire non de la tête.

◆**내_** 타 agiter ((la main en signe refus)); faire un geste ((de la main, de la tête)), hocher ((la tête de droite à gauche pour refuser, désapprouver)). ¶ 그 사람은 내 질문에 귀찮다는 듯 손을 내저었다 Il a remué sa main d'un air ennuyé [agacé] après ma question [suite à ma question]. ¶ 말도 안 된다는 듯 고개를 내~ secouer [hocher] la tête (incrédule,) devant une nouvelle incroyable.

정[1] **釘** 명 ciseau(*x*) *m* ((de menuisier, de tailleur de pierre, de sculpteur)); burin *m*. ¶ ~으로 돌을 쪼다 tailler des pierres avec un ciseau.

***모난 돌이 ~ 맞는다** Une personne agaçante [désagréable] se fait naturellement taper dessus / Une personne exigeante subit les conséquences de son caractère.

정[2] 부 vraiment, véritablement, entièrement, extrêmement, très, si, fort. ¶ ~ 그렇다면 어쩔 수 없지 S'il en est ainsi, tant pis. ¶ ~ 싫으면 먹지 마라 Si tu n'as vraiment pas envie de ça, n'en mange pas [je ne vais pas te forcer].

정[3] **情** 명 ① 감정 sentiment *m*; émotion *f*. ¶ 그리운 ~ nostalgie, désir ardent [vif], envie. ¶ 연민의 ~ (sentiment de) pitié. ② 애정 affection *f*, tendresse *f*, amour *m*, bonté *f*, cœur *m*, amitié *f*. ¶ 부부 간의 ~ amour conjugal. ¶ 어머니에 대한 ~ affection pour *sa* mère. ¶ ~을 쏟다 donner de l'affection. ¶ ~을 떼다 se désintéresser de *qn*/*qc*, se détacher de *qn* (sur le plan affectif). ¶ ~을 떼게 만들다 se comporter de manière à ce que l'autre ne s'attache plus à *nous* [se désintéresse de *nous*], faire en sorte que *qn* ne s'attache pas [plus] à *soi* [se désintéresse de *soi*]; faire en sorte de rompre les liens avec *qn*, se comporter de telle façon que *qn* se détache de *soi*; battre froid à *qn*. ¶ 그 놈의 ~이 뭔지 On ne peut pas se détacher [se désintéresser] de lui(d'elle) / Notre amour est trop fort pour que je me détache de lui(d'elle). ③ 연민, 동정 sympathie *f*, compassion *f*, (sentiment *m* de) pitié *f*. ¶ ~을 나누다 partager des émotions [des sentiments]; se lier d'amitié avec *qn*, sympathiser avec *qn*. ¶ ~에 약하다 être émotionnel(*le*), émoti*f*(*ve*). ¶ ~ 때문에 par amitié; par amour. ¶ ~이 깊다 être chaleureu*x*(*se*), affectueu*x*(*se*). ¶ 그는 원래 ~이 많다 Il est très attachant de nature [par nature]. ◇_(을) **주다** s'attacher à *qn*, se prendre d'affection pour *qn*. ¶ 아무한테나 ~ 주지 마라 Ne t'attache pas à n'importe qui / Ne sympathise pas avec n'importe qui / Ne te lie pas d'amitié avec n'importe qui. ◇_(이) **들다** s'attacher à *qn*; se prendre d'affection pour. ¶ 그는 그녀와 ~이 들었다 Il s'est attaché à elle. ¶ 둘은 ~이 많이 들어서 헤어지기가 섭섭했다 Ils ont eu du mal à se séparer tellement ils s'étaient attaché l'un à l'autre [ils s'étaient liés d'amitié, ils avaient sympathisé]. ¶ 미운 ~ 고운 ~ 다 들었다 On a tout vécu [partagé] ensemble, les bons moments comme les pires. ◇_(이) **떨어지다** être dégoûté(*e*). ¶ 누구에게 ~이 떨어지다 être dégoûté(*e*) par *qn*. ¶ 이제 나는 그 남재[그 여재]에게 ~이 떨어졌다 Maintenant, il(elle) me dégoûte. ¶ ~ 떨어지게 행동하다 se comporter de manière détestable. ¶ ~ 떨어지는 소리 paroles [propos] qui dégoûtent. ◇_(이) 있다[없다] être [ne pas être] affectueux(*se*), chaleureux(*se*), tendre, avoir un cœur tendre. ¶ 그는 ~이 없다 Il n'est pas affectueux.

*~**이 가다** s'intéresser [s'attacher] à *qn*; trouver *qn* attachant(*e*) [sympathique]. ¶ 왠지 그에게는 ~이 가질 않는다 Je ne sais pas pourquoi, mais je ne l'aime pas trop [cet homme ne me plaît pas [ne me dit trop rien{*fam*}]].

*~**을 통하다** avoir une intrigue amoureuse avec; avoir une relation secrète avec *qn*. ¶ 외간남자와 ~을 통하다 avoir une relation avec un autre homme.

*~ **들자 이별** devoir se séparer de *qn* alors qu'on commençait à peine [depuis peu] à s'attacher à lui(elle).

◆**_나미** 명 attachement *m* (à), prédilection *f*, penchant *m* [goût *m*] (pour); affection *f* (pour), sympathie *f*, tendresse *f* (pour). ¶ ~나미가 떨어지다 être dégoûté(*e*) [écœuré(*e*)], ne plus aimer *qc* [*qn*].

정[4] 梃 [분류] <unité qui sert à compter des armes militaires>. ¶ 기관총 10 ~ dix mitrailleuses.

정[5] 錠 [분류] comprimé *m*. ¶ 알약 100 ~ 100 comprimés.

-정[6] 亭 [접미] pavillon *m*. ¶ 팔각~ pavillon octogonal.

-정[7] 整 [접미] net. ¶ 일금 100만 원~ (la somme d')un million de wons net.

정-[8] 正 [접두] ((tétraèdre)) régulier; en titre, titulaire, ordinaire. ¶ ~사각형 un carré. ¶ ~육면체 un hexaèdre régulier. ¶ ~조준 pointage régulier. ¶ ~교수 un professeur en titre; un professeur titulaire [titularisé]. ¶ ~회원 un membre ordinaire; un membre titulaire.

정가 定價 명 prix *m* fixe [marqué]. ¶ ~에 팔다 vendre au prix fixe marqué. ¶ ~대로 (받고) 팔다 vendre au prix fixe marqué. ¶ ~의 10퍼센트를 감해[깎아] 주다 faire une remise de 10 pour cent. ¶ ~에서 천 원을 빼주다 faire une remise de 1 000 wons.

정각 正刻 명 (à l')heure *f* exacte; pile {*fam*}. ¶ ~에 도착[시작]하다 arriver [commencer] à l'heure (exacte); arriver [commencer] juste à l'heure; *arriver [commencer] pile à l'heure {fam}*. ¶ ~ 5시에 à cinq heures tapantes [sonnantes, très précises, pétantes {*fam*}], à cinq heures pile {*fam*}. ¶ 12시 ~에 à midi [minuit]; à midi [minuit] tapant [pétant]; à midi [minuit] juste [pile {*fam*}].

정간 停刊 명 suspension *f* (de la publication d'un journal, d'un périodique). ¶ 신문의 ~을 해제하다 lever la suspension d'un journal; permettre la reprise de la publication d'un journal (qui avait été interdit). ◇_(을) **하다[시키다]** suspendre la publication ((d'un journal)). ◇_(을) **당하다** être suspendu(*e*), interdit(*e*). ¶ 우리 신문은 독재정권에 의해 ~을 당했다 La publication de notre journal a été suspendue par la dictature.

정갈스럽다 형 être propre, bien tenu(*e*). ¶ 이 음식점은 음식이 ~ La cuisine de ce restaurant est propre / Ce restaurant est bien tenu.

정갈하다 형 être net(*te*), propre, clair(*e*); être en bon ordre; être bien tenu(*e*). ¶ 이 음식점은 음식이 ~ Ce restaurant est bien tenu / La cuisine de ce restaurant est propre. ¶ 정갈한 차림새 tenue en ordre. ¶ 방을 정갈하게 치우다 mettre une [*sa*] chambre en ordre; ranger proprement [correctement] sa chambre.

◆**정갈히** 부 correctement, proprement. ¶ 정갈히 차린 음식 un plat bien présenté.

정감 情感 명 tendresse *f*, affection *f*. ¶ ~이 넘치다 déborder de tendresse [d'affection]. ◇_(이) **어리다** être rempli(*e*) de tendresse [d'affection], être tendre, affectueux(*se*). ¶ ~ 어린 시선으로 바라보다 regarder *qn* d'un œil tendre [attendri], regarder *qn* affectueusement [tendrement, avec tendresse, avec affection]. ◇_(이) **있다[없다]** être [ne pas être] affectueux(*se*), tendre. ¶ ~ 있게 꾸민 실내 un intérieur décoré avec tendresse.

정감록 鄭鑑錄 명 *Jeonggamnok* ((roman ancien. prophétie écrite pour le peuple au temps du royaume de Joseon)).

정강 政綱 명 ① principes *mpl* politiques. ② politique *f* ((d'un parti)); programme *m* politique. ¶ 정당의 ~ politique d'un parti. ¶ 정부의 ~에 따라 일을 처리하다 travailler en suivant la politique du gouvernement.

정강이 명 tibia *m*. ¶ ~를 (걷어)차다 donner un coup de pied dans le tibia. ¶ ~를 차이다 recevoir un coup de pied dans le tibia. ¶ 어린 시절 그는 ~가 성할 날이 없었다 Il était toujours blessé [avait toujours quelque chose]au tibia quand il était jeune.

◆**_뼈** 명 tibia *m*. ¶ ~뼈가 부러지다 se casser le tibia.

정객 政客 명 homme *m* politique, politicien(*ne*). ¶ 한 시대를 풍미한 ~ homme politique qui a marqué une génération.

정거 停車 명 arrêt *m* ((d'autobus)). ◇_(를) **하다** ((train)) s'arrêter à; faire un arrêt, faire halte.

◆**_장 -場** 명 arrêt *m* (d'autobus); station *f*. ¶ 환승 ~장 correspondance. ¶ 다음 ~장은 시청입니다 Le prochain arrêt [La prochaine station] est la Mairie. ¶ 나는 다음 정거장에 내려요. Je déscend au prochain arrêt. ¶ 어느 정거장에 내려야 돼요?Je dois déscendre à quel arrêt?

◆**급_** 急- 명 arrêt *m* d'urgence. ¶ 자동차가 급~를 했다 La voiture s'est arrêtée brusquement.

정견 政見 명 programme *m* politique. ¶ ~의 차이 différences de vues politiques. ¶ ~ 발표회 réunion pour exposer un programme électoral. ¶ ~을 발표하다 énoncer un programme politique. ¶ 입후보자들의 ~을 듣다 écouter les différents programmes politiques des candidats.

ㅈ

정결하다[1] **貞潔–** 형 être chaste, fidèle. ¶ 정결한 여인 femme chaste [fidèle].

◆정결히 부 fidèlement. ¶ 처신을 정결히 하다 se conduire [se comporter] fidèlement [avec fidélité, avec chasteté].

정결하다[2] **淨潔–** 형 être propre, net(*te*), pur(*e*), immaculé(*e*). ¶ 그의 방은 항상 ~ Sa chambre est toujours propre [bien rangée, en ordre]. ¶ 정결한 집안 분위기 ambiance pure d'une maison.

◆정결히 부 proprement. ¶ 몸과 마음을 정결히 하다 purifier son corps et son âme.

정겹다 **情–** 형 être affectueu*x*(*se*), attachant(*e*), touchant(*e*), chaleureu*x*(*se*), généreu*x*(*se*), bon(*ne*), pathétique. ¶ 고향 산천은 언제 봐도 ~ Mon pays natal est toujours attachant. ¶ 정겨운 목소리로 말하다 parler d'une voix affectueuse. ¶ 그의 못생긴 얼굴이 내겐 정겹기만 했다 J'ai trouvé son visage laid très attachant [plein de sympathie]. ¶ 그들은 정겹게 서로를 바라보았다 Ils se sont regardés comme s'ils étaient de vieux amis.

정경[1] **情景** 명 spectacle *m* touchant [émouvant]; scène *f* pathétique. ¶ 낯선 이국의 ~ émerveillement pour un paysage inconnu ¶ 흐뭇한 ~을 연출하다 montrer un air satisfait.

정경[2] **政經** 명 économie *f* et politique *f.* ¶ ~ 유착 adhésion à l'économie et à la politique. ¶ ~ 학부 section de politique et d'économie.

정경부인 **貞敬夫人** 명 *jeonggyeong-buin f.* <titre honorifique pour les femmes des officiels de premier rang à l'époque de Joseon>.

정계 **政界** 명 monde *m* politique. ¶ ~의 거물[원로] grande figure du monde politique [vétéran de la politique]. ¶ ~와 재계의 인물들 grandes figures du monde politique et financier. ¶ ~의 동향을 주시하다 attacher de l'importance à l'orientation [aux tendances] de la politique. ¶ ~에 진출하다[들어가다] entrer [faire son entrée] dans la politique. ¶ ~에서 은퇴하다 se retirer de la vie politique.

정곡 **正鵠** 명 ① centre *m* d'une cible, ((faire)) mouche *f*, ((taper dans le)) mille *m.* ¶ 화살이 과녁에 ~으로 꽂혔다 La flèche s'est plantée en plein dans le mille.② ((비유적)) point *m* essentiel; point *m* sensible [névralgique, vulnérable], défaut *m* de la cuirasse. ¶ ~을 잃다 manquer le point essentiel. ¶ ~에서 벗어나다 s'éloigner de l'essentiel. ¶ ~을 짚다 trouver le point vulnérable [sensible, névralgique] de *qn,* trouver le point faible [le côté vulnérable, le talon d'Achille] de *qn.*

***~을 찌르다** frapper [toucher] juste, tomber juste; frapper en plein dans le mille.

정공법 **正攻法** 명 attaque *f* frontale; tactiques *fpl* régulières pour attaquer; attaque régulière. ¶ ~을 쓰다 user de moyens réguliers pour attaquer; faire une attaque régulière. ¶ ~으로 난관에 대처하다 faire face à des difficultés avec des moyens réguliers.

정관[1] **定款** 명 statuts *mpl.* ¶ ~을 정하다 rédiger les statuts; établir [instituer, légiférer] des statuts. ¶ 회사의 ~에 따라 일을 처리하다 régler des affaires selon les statuts d'une société. ¶ ~에 이렇게 규정되어 있다 C'est fixé ainsi par des statuts.

정관[2] **精管** 명 **【의학】** can*al*(*aux*) *m* déférent; conduit *m* spermatique. ¶ ~ 수술[시술] vasectomie *f.*

정관사 **定冠詞** 명 **【언어】** article *m* défini.

정교 **政教** 명 ① Église *f* et État *m*; religion *f* et politique *f.* ② politique *f* et éducation *f.* ¶ ~ 분리[일치] séparation [union] de l'Église et de l'État.

정교사 **正教師** **[교사 教師]** 명 ((en France)) professeur *m* des écoles [instituteur, enseignant titulaire de l'enseignement primaire, ayant réussi au concours de professeur des écoles]; professeur *m* certifié [Prce, enseignant titulaire du secondaire, ayant réussi au concours de CAPES après la licence]; professeur *m* agrégé [Prag, enseignant titulaire du secondaire, ayant réussi au concours d'agrégation après le master]. ((Les autres enseignants du primaire et du secondaire sont des professeurs auxiliaires)). ¶ ~로 발령을 받다 être nommé enseignant (en titre) dans telle ou telle académie.

정교수 **正教授** 명 professeur(*e*) *m* des universités [PU, Pr, Prof.]. ((Le système de titularisation des professeurs d'université en Corée suit le modèle américain avec quatre échelons allant du maître de conférence (전임강사), maître-assistant ou professeur assistant (조교수), professeur associé (부교수), et professeur titulaire (정교수))).

정교하다 **精巧–** 형 être soigné(*e*), minutieu*x*(*se*), précise(*e*), exquis(*e*). ¶ 그의 논리는 아주 ~ Son argumentation est très précise. ¶ 복잡하고 정교한 구조 structure complexe et minutieuse. ¶ 보석을 정교하게 다듬다 tailler des pierres précieuses avec minutie.

◆정교히 부 soigneusement, minutieusement, avec soin [finesse, minutie]. ¶ 정교히 만들어진 기계 machine fabriquée avec minutie.

정교회 **正教會** 명 église *m* orthodoxe. ¶ 그리스[동방] ~ église *m* orthodoxe grecque [orientale].

정구 **庭球** 명 **【운동】** tennis *m.* ◇_(를) **치다[하다]** jouer au [faire du] tennis.

◆_공 명 balle *f* de tennis.

◆_선수 -選手 명 joueu*r*(*se*) de tennis.

◆_시합 -試合 명 match *m* de tennis.

◆_장 -場 명 court *m* (de tennis).

◆단식_ 單式- 명 simple *m.*

◆복식_ 複式- 명 double *m.*

정국 **政局** 명 situation *f* politique; conjoncture *f* politique, climat *m* politique. ¶ ~ 경색 hermétisme de la situation politique. ¶ 대선 ~ la conjoncture politique [le climat politique] des présidentielles [de l'élection présidentielle]. ¶ ~의 추이를 주시하다 suivre avec intérêt l'évolution de la situation

ㅈ

politique. ¶ ~을 수습하다 reprendre en main la situation politique. ¶ ~이 불안하다 La situation politique est préoccupante. ¶ ~이 혼미하다 La situation politique est confuse. ¶ ~이 경색되어 있다 La situation politique est hermétique.

정군 整軍 명 action de rétablir la discipline chez les soldats. ¶ ~을 통해서 군의 사기를 진작시키다 remonter le moral des soldats en rétablissant [en resserrant] la discipline.

정권 政權 명 pouvoir *m* politique; régime *m*, gouvernement *m*. ¶ 중국 공산당 ~ régime communiste de Chine. ¶ 드골 ~ gouvernement de de Gaulle. ¶ ~ 쟁탈전 lutte pour le pouvoir. ¶ ~ 교체 changement de gouvernement. ¶ ~을 장악하다 prendre le [s'emparer du, accaparer le] pouvoir. ¶ ~을 유지하다 rester au pouvoir. ¶ ~을 이양하다 succéder au pouvoir. ¶ ~에 대한 욕심 ambition politique.

◆**_욕** -慾 명 ambition *f* politique.

정규 正規 명 règle *f*, règlement *m*; 《형용사》 réguli*er*(*ère*), lég*al*(*ale*, *aux*), licite. ¶ ~ 방송 une émission régulière. ¶ ~ 절차를 밟다 suivre les formalités régulières.

◆**_적** -的 명관 réguli*er*(*ère*), lég*al*(*ale*, *aux*), licite, réglementaire. ¶ ~적인 급여[일과] une rémunération régulière [les tâches quotidiennes [journalières] habituelles]. ¶ ~적인 과정 le cursus normal, le cursus régulier.

◆**_교육** -敎育 명 éducation *f* régulière. ¶ 그는 ~교육을 받지 못했다 Il n'a pas reçu d'éducation régulière.

◆**_군** -軍 명 armée *f* régulière.

정근상 精勤賞 명 prix *m* pour assiduité. ¶ ~을 받다 recevoir un prix pour assiduité.

정글 영{jungle} 명 jungle *f*. ¶ ~의 왕자 le roi de la jungle. ¶ 아마존의 ~ la forêt amazonienne.

정금 正金 명 ① or *m* [argent *m*] monnayé. ② or *m* pur.

정기[1] 定期 명 terme *m* [période *f*] fixe; intervalle *m* régulier; 《형용사》 fixe, réguli*er*(*ère*), périodique. ¶ ~ 휴일 journée hebdomadaire fixe de repos, jour habituel de repos.

◆**_적** -的 명관 fixe, réguli*er*(*ère*), périodique. ¶ ~적인 방문 visites régulières. ¶ ~적으로 régulièrement, à intervalles réguliers. ¶ ~적으로 집회를 갖다 tenir [avoir] régulièrement une réunion [une assemblée], se réunir régulièrement [à intervalles réguliers].

◆**_간행물** -刊行物 명 périodique *m*.

◆**_검진** -檢診 명 examen *m* régulier; inspection *f* régulière. ¶ ~검진을 받다 subir une inspection régulièrement.

◆**_국회** -國會 명 session *f* ordinaire du Parlement [de l'Assemblée].

◆**_(승차)권**-(乘車)券 명 carte *f* d'abonnement de transport en commun. ¶ 지하철 승차시 ~승차권을 이용하는 것이 더 저렴하다. Cela revient moins cher d'utiliser une carte d'abonnement lorsque l'on prend le métro.

◆**_예금** -預金 명 dépôt *m* à échéance fixe.

◆**_적금** -積金 명 épargne *f* à échéance fixe. ¶ ~적금을 들다 faire des épargnes à échéance fixe.

◆**_총회** -總會 명 assemblée *f* générale ordinaire.

정기[2] 精氣 명 esprit *m*, énergie *f*. ¶ 민족의 ~ esprit d'un peuple [d'une nation]. ¶ 그는 한라산의 ~를 받아 태어났다 Il est né sous l'esprit du mont Halla / Il est né sous une bonne étoile.

정나미 情— 명 attachement *m*, affection *f*, prédilection *f*. ¶ 그런 말을 듣고 나니 학교에 대한 ~가 다 떨어졌다. Ces propos m'ont dégoûté(*e*) de l'école.

정남 正南 명 plein sud *m*. ¶ ~ 방향으로 en plein sud. ¶ 기수를 ~으로 돌리다 mettre le cap plein sud.

정년 停年 명 limite *f* d'âge. ¶ ~에 이르다 arriver à la limite d'âge. ¶ ~이 되다 arriver à la limite d'âge [à l'âge de la retraite]. ¶ 그는 내년에 ~이다 Il sera à la retraite l'année prochaine. ◇**_(을) 하다** prendre sa retraite.

◆**_제** -制 명 régime de mise à la retraite à un âge fixe. ¶ 회사에 ~제를 도입하다 instituer un régime [système] de mise à la retraite à un âge fixe dans une entreprise.

◆**_퇴임[퇴직]** -退任[退職] 명 retraite *f* à la limite d'âge. ¶ ~퇴임[퇴직]을 하다 prendre sa retraite à la limite d'âge.

정념 情念 명 pensée *f*, sentiment *m*. ¶ 질투의 ~에 사로잡히다 être envahi(*e*) par un sentiment de jalousie.

정녕 丁寧 부 certainement, sûrement, fatalement, immanquablement, inévitablement, sans aucun doute, vraiment, à coup sûr, indubitablement, sans faute, bien. ¶ ~ 내 곁을 떠나가야 한다면 si tu dois vraiment me quitter ...

◆**_코** 부 sûrement, fatalement, immanquablement, inévitablement; absolument, indubitablement. ¶ 나는 ~코 모른다 Je ne sais pas du tout / Je n'en ai pas la moindre idée.

정다각형 正多角形 명 【수학】 polygone *m* équilatéral [régulier].

정다면체 正多面體 명 【수학】 polyèdre *m* régulier.

정담 情談 명 causerie *f*; conversation *f* intime; tête-à-tête *m inv*. ¶ ~을 주고받다 avoir une conversation intime avec 《un(*e*) ami(*e*)》; discuter [bavarder, causer {*fam*}] avec 《un(*e*) ami(*e*)》. ¶ 친구와 밤새도록 ~을 나누었다 J'ai discuté [bavardé] toute la nuit avec un(*e*) ami(*e*).

정답 正答 명 réponse *f* correcte [exacte], bonne réponse *f*. ¶ ~을 맞추다 trouver la bonne réponse. ¶ 이 문제는 ~이 없다 Il n'y a pas de bonne réponse à cette question.

정답다 情— 형 être intime, affectueu*x*(*se*), dou*x*(*ce*), tendre. ¶ 정다운 편지[미소, 인사, 친구] lettre pleine d'affection [sourire doux, salut poli, ami affectueux / chaleureux]. ¶ 두 남매가 참 정다워 보인다 Ils ont l'air de très bien s'entendre. ¶ 정답게 지내다 bien s'entendre; vivre en bonne entente. ¶ 손님을 정답게 맞다 recevoir chaleureusement un invité [les invités], faire bon accueil aux invités.

◆**정다이** 부 affectueusement, chaleureusement. ¶ 친구를 정다이 맞이하다 accueillir [recevoir] chaleureusement un ami.

정당[1] 正當 어근 justice *f*, légalité *f*, légitimité *f*.

◆**_하다** 형 être juste, convenable, raisonnable, légitime, valable. ¶ 그의 행동은 ~하다 Il a raison d'agir ainsi. ¶ 그를 처벌하는 것은 ~하다 Il mérite d'être puni [qu'on le punisse]. ¶ ~한 이유 없이 sans raison valable. ¶ ~한 수단으로 par des moyens légitimes. ¶ ~한 법적 절차를 밟다 faire les formalités légales. ¶ 그렇게 발뺌하는 것은 ~하지 못한 처사다 Il n'est pas juste de se justifier [se défendre, s'expliquer, prendre prétexte de *qc*; user de faux fuyants; trouver une échappatoire] / Ce n'est pas une façon d'agir que de se justifier [que d'essayer de s'en laver les mains]. ¶ ~하게 평가[취급, 대우]하다 apprécier *qn* à sa juste valeur, estimer *qc* à sa juste valeur [traiter *qn* comme il convient].

◆**_히** 부 convenablement. ¶ 피해보상이 ~히 이루어졌다 Il a été convenablement dédommagé.

◆**_성** -性 명 justice *f*, légalité *f*, légitimité *f*. ¶ 자기주장[행위]의 ~성을 입증하다 prouver la légitimité de ses revendications [actes].

◆**_화** -化 명 justification *f*. ¶ 자신의 행동을 ~화하다 justifier son comportement. ¶ 목적은 수단을 ~화한다 La fin justifie les moyens. ¶ ~화되다 être justifié(*e*).

◆**_방위** -防衛 명 légitime défense *f*.

정당[2] 政黨 명 parti *m* politique. ¶ ~ 민주화 démocratisation d'un parti politique. ¶ 1인 지배 ~ parti politique dominé par une personne. ¶ ~을 만들다[결성하다] former [organiser] un parti politique. ¶ ~을 해체하다 dissoudre un parti politique. ¶ ~에 가입하다 adhérer à un parti politique. ¶ 특정 ~에 적을 두다 appartenir à un parti politique particulier; être membre d'un parti politique particulier. ¶ ~ 간의 정쟁이 극심하다 La concurrence entre les partis politiques est âpre.

◆**_원** -員 명 membre *m* d'un parti politique.

◆**_인** -人 명 membre *m* d'un parti politique.

◆**_정치** -政治 명 politique *f* de parti. ¶ ~정치가 뿌리내렸다 La politique de parti a pris racine.

◆**민주_** 民主- 명 parti *m* démocrate.

◆**보수_** 保守- 명 parti *m* conservateur.

◆**수권_** 授權- 명 parti *m* autorisé.

◆**진보_** 進步- 명 parti *m* progressiste.

정도[1] 正道 명 droit chemin *m*; voie *f* droite. ¶ ~에서 벗어나다 s'écarter du droit chemin. ¶ 그렇게 하는 것이 ~이다 C'est comme cela qu'il faut faire. ¶ 그건 ~가 아니다 Ce n'est pas le droit chemin. ¶ ~를 밟다[걷다, 가다, 지키다, 따르다] suivre la voie de la vertu.

정도[2] 程度 명 ① degré *m*; mesure *f*, quantité *f*; niveau(*x*) *m*. ¶ 고졸 ~의 학력 formation d'une personne qui est sortie du lycée. ¶ 10킬로미터[1시간] ~의 거리 une distance d'environ 10 kilomètres [d'une heure]. ¶ 피해 ~에 따라 배상금을 지불하다 dédommager *qn* selon l'importance des dégâts. ¶ 그 ~밖에 안 된다 C'est tout ce qu'il y a! Je m'attendais à beaucoup plus! Je suis déçu. ¶ 그 ~로는 어렵다 Avec ce niveau, ce sera difficile / Ce n'est pas assez. ¶ 그 ~로 끝내라 Arrête-toi là! ¶ 지나칠 ~로 trop; de manière excessive. ¶ 피가 날 ~로 때리다 frapper jusqu'au sang. ¶ 어느 ~까지 jusqu'à un certain degré, jusqu'à un certain point. ¶ 그 ~면 됐다 Comme ça, c'est déjà pas mal! / C'est déjà bien comme ça. ¶ 그 ~의 손해는 아무것도 아니다 C(e n)'est pas grand-chose comme dégâts / Ce ne sont pas des dégâts très importants. ¶ ~의 문제(이다) question de degré. ¶ ~(의) 차이는 있어도 plus ou moins. ¶ 더운 ~가 아니다 Chaud, ce n'est pas le mot. ¶ 그는 겨우 영어를 읽는 ~다 Il arrive à peine à lire l'anglais. ¶ 비용은 대체로 어느 ~일까요 À combien s'élèvent environ les frais? ¶ 생활 ~가 높다 Le niveau de vie est élevé. ② limite *f*, borne *f*. ¶ ~를 넘는 호화 생활 une vie exagérément fastueuse, un train de vie exagérément somptueux [luxueux]. ¶ 욕심도 ~가 있어야지 지나치면 곤란하다 Il faut aussi des limites à l'ambition / Même l'ambition a des limites.

◆**_껏** 부 dans une certaine mesure; jusqu'à un certain degré. ¶ 공부도 ~껏 해야지 그러다가 지치겠다 Tu travailles beaucoup trop! Il faut savoir t'arrêter, sinon, tu vas t'épuiser / Il y a une limite à toute chose, même au travail.

◆**_부사** -副詞 명 【언어】 adverbe *m* de degré.

정독 精讀 명 lecture *f* attentive. ◇**_(을) 하다** lire attentivement. ¶ 논문[신문 기사]을 ~하다 lire attentivement un article [un article de journal].

정돈[1] 整頓 명 mise *f* en ordre; arrangement *m*; ajustement *m*. ¶ 책상 ~ remise en place des bureaux [des tables]. ¶ 장내 ~을 끝내다 terminer de ranger une salle ((après un spectacle, une réunion)). ◇**_(을) 하다** arranger; mettre en ordre; ranger, ordonner. ¶ 방[책상]을 ~하다 ranger *sa* chambre [*son* bureau], mettre une chambre en ordre; mettre de l'ordre dans *sa* chambre [faire de l'ordre sur *son* bureau]. ¶ 각자 앉았던 자리를 ~할 것 ranger là où vous étiez assis; mettre de l'ordre à la place où vous étiez assis. ¶ 마음[생각]을 ~하다 faire le point; faire de l'ordre dans *son* esprit. ◇**_(이) 되다** être en ordre, rangé(*e*). ¶ 그의 방은 항상 깨끗이 ~되어 있다 Sa chambre est toujours parfaitement en ordre [est toujours bien rangée].

◆**정리_** 整理- 명 rangement *m*. ¶ 정리~을 잘 하다 bien ranger.

정돈[2] 停頓 명 arrêt *m*, immobilisation *f*, stagnation *f*, impasse *f*. ¶ ~ 상태 état stagnant; situation inextricable. ◇**_(이) 되다** arriver à une impasse;

ㅈ

être stagnant(*e*), stationnaire; être arrêté(*e*) ((temporairement)).

정동 正東 명 plein est *m*. ¶ ~을 향하다 s'orienter plein est. ¶ ~으로 방향[기수]을 바꾸다 changer sa direction plein est.

◆**_향** -向 명 orientation *f* plein est. ¶ 이 방은 ~향이다 Cette pièce est orientée plein est.

정동사 定動詞 명 【언어】 verbe *m* à temps fini.

정략 政略 명 politique *f*; tactique *f* politique; manœuvre *f* politique. ¶ ~을 꾀하다[꾸미다] fomenter un complot politique; préparer une manœuvre politique. ¶ ~에 말려들다 être dupé(*e*) [abusé(*e*), trompé(*e*), mystifié(*e*)] par une manœuvre politique. ¶ ~에 이용되다[이용당하다] être victime d'une manœuvre politique. ¶ ~에 희생되다 être victime d'une manœuvre politique.

◆**_적** -的 명관 politique. ¶ ~적인 차원에서 sur le plan politique; politiquement parlant. ¶ ~적으로 이용하다 utiliser à des fins politiques.

◆**_가** -家 명 manœuvri*er*(*ère*) [magouilleu*r*(*se*) {*fam*}] politique.

◆**_결혼** -結婚 명 mariage *m* de convenance [raison]. ¶ 딸을 ~결혼 시키다 faire un mariage de convenance pour sa fille. ¶ 재벌 2세와 ~결혼을 하다 se marier par convenance avec le fils du P.-d.g. d'un grand conglomérat coréen.

정량 定量 명 quantité *f* (voulue). ¶ ~ 섭취 absorption de la quantité voulue. ¶ ~을 초과하다 dépasser la quantité voulue. ¶ 정확히 ~을 먹다 manger juste ce qu'il faut. ¶ ~에 모자라다 être inférieur à la quantité voulue.

정력 精力 명 énergie *f*, vigueur *f*, vitalité *f*; force *f* vitale. ¶ ~ 촉진제 aphrodisiaque. ¶ 쓸데없는 일에 ~을 소모하다[낭비하다, 쓰다] se donner de la peine pour rien [pour quelque chose qui n'en vaut pas la peine]. ¶ ~에 좋은 음식 nourriture bonne pour l'énergie sexuelle. ¶ ~이 왕성하다 être plein(*e*) d'énergie. ¶ ~이 떨어지다 manquer d'énergie [vitalité]; être à court de vitalité [d'énergie]. ¶ ~이 딸리다[모자라다] manquer d'énergie [vitalité].

◆**_적** -的 명관 énergique, vigoureu*x*(*se*). ¶ ~적인 활동 activité débordante [prodigieuse, inlassable], grande activité, énergie débordante *[extraordinaire], vitalité* prodigieuse. ¶ ~적으로 일하다 travailler énergiquement. ¶ 그 사람은 ~적이다 Il est débordant d'énergie / Il est d'une énergie extraordinaire / Il pète le feu {*fam*} / Il est endiablé [fougueux].

◆**_가** -家 명 homme *m* d'une énergie extraordinaire.

◆**_제** -劑 명 aphrodisiaque *m*. ¶ ~제를 먹다[복용하다] prendre un aphrodisiaque.

정련 精鍊 명 raffinage *m*, affinage *m*, épuration *f*. ◇_(을) **하다** raffiner, affiner, purifier. ¶ 쇠를 ~하다 raffiner du fer. ◇_(이) **되다** être raffiné(*e*), purifié(*e*).

◆**_소** -所 명 raffinerie *f*.

정렬 整列 명 ① ligne *f*, rangée *f*. ¶ 4열로 ~! Rangez-vous par quatre! ② 【컴퓨】 alignement *m*; classement *m*. ◇_(을) **하다** ((타동사)) ordonner, ranger, classer; aligner; ((자동사)) se tenir sur une ligne, être en rang [ligne]; s'aligner; se ranger ((deux par deux)); se mettre en ligne sur ((deux rangs)). ¶ 단어를 자모순으로 ~하다 ranger [classer] des mots dans l'ordre de l'alphabet [par ordre alphabétique]. ¶ 운동장에 ~하다 se mettre en ligne sur le stade. ¶ 두 줄로 ~하다 faire deux lignes [rangées]. ◇_(이) **되다** être ordonné(*e*)s, rangé(*e*)s, classé(*e*)s. ◇_(을) **시키다** ordonner, ranger, classer.

정령 精靈 명 ① âme *f* d'un mort. ② esprit *m* qui dirige l'univers. ¶ ~ 숭배 culte aux âmes des morts [culte *m* des morts]; animisme *m*.

정례 定例 명 règle *f* fixée; usage *m*; coutume *f*; précédent *m*; ((형용사)) habituel(*le*), usuel(*le*), ordinaire, réguli*er*(*ère*). ¶ ~ 브리핑 briefing habituel. ¶ ~ 기자회견 conférence de presse régulière. ¶ ~ 모임 réunion régulière.

◆**_적** -的 명관 habituel(*le*), usuel(*le*), ordinaire, réguli*er*(*ère*). ¶ ~적인 행사 événement régulier; fête régulière. ¶ ~적으로 모임을 갖다 tenir [avoir] régulièrement une réunion [une assemblée], se réunir régulièrement [à intervalles réguliers].

◆**_화** -化 명 régularisation *f*. ¶ 모임을 ~화하다 régulariser une réunion.

정론 正論 명 argumentation *f* [raisonnement *m*] juste; argument *m* solide [bien fondé]. ¶ 시대의 ~ raisonnement de l'époque. ¶ ~을 펴다 avoir un raisonnement juste; argumenter correctement.

◆**_지** -紙 명 journal *m* qui traite essentiellement de questions politiques [où figurent essentiellement des articles politiques, des éditoriaux et des critiques]. ¶ ~지를 표방하다 faire connaître ces journaux.

정류¹ 停留 명 arrêt *m* ((d'autobus)). ◇_(를) **하다** s'arrêter à.

◆**_소** -所 명 arrêt *m*. ¶ 버스[택시] ~소 un arrêt d'autobus, un arrêt de bus [une station de taxis].

◆**_장** -場 명 arrêt *m*. ¶ 이 버스는 다음 ~장에 정차하지 않습니다 Le bus ne s'arrête pas au prochain arrêt.

정류² 精溜 명 【화학】 raffinage *m*; affinage *m*; épuration *f*; filtrage *m*; rectification *m*, redressement *m*. ◇_(를) **하다** raffiner; affiner; épurer. ◇_(가) **되다** être épuré(*e*), raffiné(*e*), affiné(*e*); être filtré(*e*).

◆**_기** -器 명 purificateur *m*; filtre *m*.

정리¹ 廷吏 명 clerc *m* d'un tribunal.

정리² 定理 명 théorème *m*. ¶ 이항 ~ binôme de Newton. ¶ 페르마의 마지막 ~ le dernier théorème de Fermat.

정리³ 整理 명 ① arrangement *m*, rangement *m*; mise *f* en ordre. ¶ 교통 ~ règlement [contrôle] de la circulation. ¶ 서류 ~ rangement de dossiers, mise en ordre dans *ses* dossiers. ② liquidation *f*. ¶ 채무

ㅈ

~ liquidation de *ses* dettes. ¶ 점포 ~ fermeture définitive d'un magasin; dépot de bilan. ③ ((통장)) mise à jour ((du livret d'un compte bancaire)). ¶ 통장 ~ mise à jour du livret d'un compte (bancaire) ((il existe en Corée des livrets bancaires en papier que l'on peut faire mettre à jour dans des machines automatiques qui indiquent tous les mouvements du compte bancaire)). ◇_(를) **하다** ranger; mettre [disposer] en ordre; faire de l'ordre, faire du rangement; mettre de l'ordre; régler, arranger; liquider. ¶ 방[책상]을 ~하다 ranger sa chambre [son bureau]; faire du rangement dans sa chambre [mettre de l'ordre sur son bureau]. ¶ 서류[원고]를 ~하다 mettre de l'ordre dans ses papiers. ¶ 장부를 ~하다 mettre un livre de comptes à jour; tenir un livre de comptes. ¶ (농)경지를 ~하다 faire le remembrement des terres. ¶ 부채를 ~하다 s'acquitter de *ses* dettes. ¶ 회사를 ~하다 fermer une entreprise. ¶ 본사의 인원을 대폭 ~하다 réduire considérablement le personnel (de l'entreprise mère). ¶ 신변을 ~하다 mettre de l'ordre dans *ses* affaires ((avant de partir à l'étranger)); mettre un terme à des relations douteuses. ¶ 생각을 ~하다 éclaircir ses pensées. ¶ (누구와의) 관계를 ~하다 rompre clairement avec *qn*. ◇_(가) **되다** être rangé(*e*), mis(*e*) en ordre, ordonné(*e*), classé(*e*); ((점포, 회사 따위가)) fermer (définitivement), déposer le bilan. ¶ 그것은 이 책에 잘 ~되어 있다 C'est clairement expliqué dans ce livre. ¶ 부도로 회사가 ~되었다 L'entreprise a fermé [a déposé le bilan] après avoir fait faillite.

◆_벽 -癖 명 manie *f* de ranger; obsession *f* du rangement. ¶ 그는 ~벽이 있다 Il est très ordonné / Il est obsédé par le rangement / Il est maniaque pour la propreté.

◆_정돈 -整頓 명 rangement *m*.

◆_해고 -解雇 명 réduction *f* de personnel.

◆경지_ 耕地- 명 remembrement *m* des terres.

정리⁴ 情理 명 raison *f* et sentiment *m*. ¶ 그 간의 ~를 생각해서 한 번 봐줘라 S'il te plaît, pardonne-moi au nom de notre amitié.

정립¹ 鼎立 명 position *f* triangulaire. ¶ 삼국의 ~ confrontation triangulaire des Trois Royaumes. ◇_(을) **하다** être en triangle, en relation triangulaire.

정립² 定立 명 ((판단이나 명제 따위의)) établissement *m*, fondement *m*. ¶ 올바른 개념의 ~ fondement d'un concept. ◇_(을) **하다** fonder, établir, bâtir. ¶ 개념을 ~하다 fonder un concept. ¶ 이론을 ~하다 bâtir [*établir*, fonder] une théorie; théoriser [mettre en théorie] ((une idée scientifique)); créer un système de spéculation. ¶ 사업의 목표를 ~하다 établir l'objectif d'une entreprise. ◇_(이) **되다** être établi(*e*), fondé(*e*), bâti(*e*). ¶ 그 친구는 개념 ~이 제대로 안 되어 있어 Cet individu a une conception étrange des choses.

정립³ 正立 명 바로 세움 établissement *m* correct; fondement *m* (correct). ¶ 출판 윤리 ~ établissement [fondement] correct de la morale éthique de l'édition. ¶ 왜곡된 역사관의 ~을 위해 노력하다 faire des efforts pour rectifier une vision déformée [altérée] de l'histoire. ◇_(을) **하다[시키다]** établir correctement. ¶ 가치관을 ~하다 établir correctement l'échelle des valeurs. ¶ 앞으로 나아갈 방향을 ~하다 aller dans la bonne direction [la bonne voie]. ◇_(이) **되다** être établi(*e*) correctement. ¶ 올바른 노사관계가 ~되어야 한다 De saines relations doivent être établies [mises en place] entre la direction et les employés.

정말 正- 명 vérité *f*, réalité *f*, fait *m*. ¶ ~ 같은 이야기[거짓말] histoire vraisemblable [mensonge qui a un air de vérité]. ◇_**이다** être vrai. ¶ 그 이야기 ~이니? C'est vrai ce que tu dis? ¶ 나는 그 이야기가 ~인지 (아닌지) 모르겠다 Je ne sais pas s'il dit la vérité (ou non). ¶ 그 소문이 ~일까? Est-ce que cette rumeur est fondée?

◆_로 부 vraiment, véritablement, en vérité; sérieusement; tout à fait; réellement; très; bien. ¶ 나는 그를 ~로 좋아한다 Je l'aime beaucoup [sincèrement].

◆_이지 부 ((자신의 말을 강조할 때)) vraiment. ¶ ~이지 요즘은 생활이 너무 어렵다 Il est vraiment difficile de vivre [d'équilibrer son budget] de nos jours / De nos jours, la vie est vraiment difficile.

부 vraiment, véritablement, en vérité; sérieusement; tout à fait; réellement; très; bien; en vérité, en fait. ¶ 그는 ~ 착하다 Il est très gentil. ¶ 오늘 날씨가 ~ 좋다 Il fait vraiment beau aujourd'hui / On a vraiment un temps magnifique [superbe] aujourd'hui.

감 ((강조)) vraiment; ((놀람)) vraiment?, Tu parles sérieusement?, Tu es sérieu*x*(*se*)? ¶ 다시는 서로 만나지 맙시다, ~! Ne nous revoyons plus jamais, je suis sérieu*x*(*se*) [je ne plaisante pas]. ¶ 정말? Vraiment? / Tu parles sérieusement? / Tu es sérieu*x*(*se*)? / Tu ne plaisantes [ne déconnes] pas {*vulg*}? / Tu ne dis pas ça pour plaisanter? / Sans déconner? {*vulg*}.

정맥 靜脈 명 veine *f*, ((형용사)) veineu*x*(*se*). ¶ ~ 주사 une (injection) intraveineuse.

◆_류 -瘤 명 【의학】 varice *f*.

◆대_ 大- 명 grosse veine *f*.

◆소_ 小- 명 veinule *f*.

정면 正面 명 face *f*, façade *f*, front *m*. ¶ 건물의 ~ la façade d'un bâtiment. ¶ ~을 치다[공격하다] attaquer de front. ¶ ~에서 본 모습[얼굴] visage vu de front. ¶ ~으로 부딪치다 heurter de front [de plein fouet]. ¶ ~으로 대결하다 avoir une confrontation en face à face. ¶ 바람을 ~으로 받다 recevoir le vent de face. ¶ ~에 보이는 건물이 본관이다 Le bâtiment que vous voyez de face est le bâtiment principal.

◆_공격 -攻擊 명 attaque *f* de front.

ㅈ

◆_도 -圖 명 vue *f* de face.

◆_돌파 -突破 명 action de franchir un obstacle de front.

◆_충돌 -衝突 명 heurt *m* [collision *f*] de front [de plein fouet].

정명¹ 正名 명 【철학】 *Jeongmyeong* <rectification *f* des noms trouvés dans Les Entretiens de Confucius Noneo (論語)>.

정명² 定命 명 ① destinée *f*, destin *m*, sort *m*. ② un ordre incontournable. ③ 【불교】 fatalité *f*, destinée *f*, destin *m*, sort *m*.

정모¹ 正帽 명 coiffure *f* réglementaire. ¶ 정복과 ~ tenue et coiffure réglementaires. ¶ ~를 쓰다[벗다] avoir[enlever] la coiffure réglementaire.

정모² 情貌 명 sentiments *mpl* [état *m* d'esprit] et physionomie *f*.

정묘호란 丁卯胡亂 명 【역사】 invasion *f* mandchoue de 1627.

정무 政務 명 affaires *fpl* d'État; affaires *fpl* officielles; administration *f*. ¶ ~를 담당하다 s'occuper des affaires d'État. ◇_(를) 보다 administrer les affaires d'État.

◆_장관 -長官 명 ministre *m* des affaires d'État.

◆_직 -職 명 【법률】 chargé(*e*) des affaires d'État. ¶ ~직 공무원 fonctionnaire chargé des affaires d'État.

◆_차관 -次官 명 secrétaire *mf* d'État.

정문 正門 명 entrée *f* principale. ¶ ~을 폐쇄하다 clore [obstruer] l'entrée principale. ¶ ~으로 들어가다 pénétrer [s'introduire, entrer] par l'entrée principale.

정문일침 頂門一鍼 명 conseil *m* judicieux; sage remontrance *f*. ¶ ~을 놓다[가하다] donner un conseil judicieux ((à *qn*)); adresser une sage remontrance ((à *qn*)).

정물 靜物 명 nature *f* morte; objet *m* inanimé. ¶ ~ 사진 une photo de nature morte.

◆_화 -畵 명 nature *f* morte.

정미 精米 명 ① riz *m* mondé [décortiqué]; riz *m* poli. ¶ ~ 제분기 machine de décorticage. ② décorticage *m* du riz. ¶ 탈곡과 ~ battage et décorticage du riz. ◇_(를) 하다 décortiquer. ¶ 벼를 ~하다 décortiquer le riz.

◆_소 -所 명 rizerie *f*.

정밀 精密 명 minutie *f*, précision *f*, exactitude *f*. ¶ ~ 기계 machinerie de précision. ¶ ~ 사진 une photo de précision; une photo détaillée. ¶ ~ 검사 un bilan très poussé [très précis]; un examen détaillé ((dans un hôpital)).

◆_하다 형 être précis(*e*), exact(*e*), minutieux(*se*), rigoureux(*se*). ¶ ~한 지도[설계도] une carte détaillée [un plan détaillé]. ¶ ~하게 검토하다[묘사하다] examiner [décrire] *qc* en détail [minutieusement].

◆_성 -性 명 précision *f*, rigueur *f*, exactitude *f*. ¶ ~성이 뛰어나다 avoir une haute précision.

◆_도 -度 명 degré *m* de précision. ¶ 이 작업에는 엄청난 ~도가 요구된다 Ce travail demande un haut degré de précision.

정박 碇泊 명 mouillage *m*, ancrage *m*, amarrage *m*, embossage *m*; accostage *m*. ¶ ~ 중이다 être [demeurer] à l'ancre, être en rade, être ancré dans la rade, être mouillé(*e*) sur rade, mouiller en grande rade ((dans un port, dans une baie)); être embossé(*e*). ◇_(을) 하다 ancrer, s'amarrer, s'embosser, mouiller [jeter] l'ancre, être en rade; accoster. ¶ 배가 항구에 ~해 있다 Les vaisseaux sont à l'ancre dans un port / Le bateau est ancré dans la rade [est mouillé sur rade]. ◇_(을) 시키다 (faire) accoster.

정박아 精薄兒 명 attardé(*e*) ment*al*(*ale*, *aux*).

정반대 正反對 명 contre-pied *m*, inverse *m*, opposé *m*; contrepartie *f*; contraire *m*; ((aux)) antipodes *mpl*. ¶ ~의 결과 résultat inverse [diamétralement opposé]. ¶ ~의 주장 opinions diamétralement opposées, opinions inverses, opinions contraires, antithèse. ¶ ~ 방향으로 가다 aller dans le sens diamétralement opposé [dans la direction diamétralement opposée], aller dans un tout autre sens. ¶ ~로 알아듣다[받아들이다] prendre le contre-pied [comprendre exactement le contraire de *qc*]. ◇_(가) 되다 s'opposer diamétralement, être diamétralement opposé(*e*), être aux antipodes, être contraire. ¶ 서로 ~되는 의견 opinions qui s'opposent diamétralement, avis radicalement opposés, avis contraires, opinions contraires. ◇_이다 être diamétralement opposé(*e*) [radicalement différent(*e*)] ¶ 두 사람의 성격은 ~이다 Les caractères de ces deux personnes sont diamétralement opposés / Ils ont des caractères diamétralement opposés [radicalement différents].

정반합 正反合 명 【철학】 thèse antithèse synthèse *f* ((terme dialectique)).

정받이 명 【생물】 fécondation *f*; conception *f*. ◇_(가) 되다 être fécondé(*e*).

정발 淨髮 명 【불교】 rasage *m* de la tête (pour devenir bonze).

◆_(을) 하다 자타 se raser la tête (pour devenir bonze).

정방형 正方形 명 【수학】 carré *m*. ¶ ~의 도형 forme (géométrique) carrée. ¶ ~으로 자르다 découper des carrés ((dans du tissu, dans du papier)), découper en (petits) carrés.

정배¹ 定配 명 【역사】 exil *m*; déportation *f*; bannissement *m*. ◇_(를) 하다[보내다] exiler *qn*; déporter *qn*; bannir *qn*. ¶ 누구를 어디에[로] ~를 보내다 envoyer *qn* en exil; condamner *qn* à l'exil. ◇_(가) 되다 vi être exilé(*e*); être banni(*e*).

◆_살이 명 vie *f* en exil. ¶ ~살이를 하다 vivre en exil.

◆_지 -地 명 lieu(*x*) *m* [terre *f*] d'exil, exil *m*.

정배² 正褙 명 action de tapisser un mur de papier

ㅈ

peint.

정벌 征伐 명 conquête *f*; expédition *f*; assujettissement *m*; prise *f*. ¶ 북쪽으로 ~을 가다[떠나다] partir en conquête vers le nord. ¶ ~에 나서다 partir en conquête. ◇_(을) **하다** conquérir, subjuguer, soumettre, faire la conquête. ¶ 변방의 부족을 ~하다 faire la conquête d'une tribu d'une région frontalière. ◇_(이) **되다** être conquis(*e*).
◆**_군** -軍 명 armée *f* de conquête, troupes *fpl* de conquête. ¶ ~군을 파견하다 envoyer des troupes conquérantes.

정범 正犯 명 【법률】 criminel(*le*) princip*al*(*ale*, *aux*). ¶ 교사범을 ~으로 처벌하다 punir un incitateur [instigateur] en tant que criminel principal. ☞ 주범

정법[1] 正法 명 ① ordre *f*, règle; formule *f*. ② 【불교】 précepte *m* de Bouddha. ¶ ~을 지키다[보호하다] suivre [observer] les préceptes de Bouddha. ③ 【불교】 période *f* de 500 ou mille ans après la mort de Bouddha. ④ 【법률】 droit *m* pénal. ¶ 로마 ~ le droit pénal de Rome [romain].

정법[2] 政法 명 politique *f* et droit *m*. ¶ ~ 대학 faculté de politique et de droit.

정변 政變 명 coup *m* d'État, putsch *m*; pronunciamiento *m*. ¶ ~을 일으키다 provoquer [déclencher] un coup d'État; tenter un putsch. ¶ ~으로 정권을 잡다 prendre le pouvoir par un coup d'État. ¶ ~이 일어났다 Un coup d'État s'est produit.
◆**갑신_** 甲申- 명 【역사】 coup *m* d'État de l'année Gapsin (1884).

정병 精兵 명 troupe *f* d'élite, soldats *mpl* d'élite, soldats *mpl* triés sur le volet. ¶ ~ 3천을 갖추다 avoir trois mille soldats d'élite.

정보[1] 情報 명 information *f*, renseignement *m*, nouvelle *f*, indication *f*; tuyau(*x*) *m* {*pop*}. ¶ ~ 수집[취득] une collecte d'informations, une recherche de renseignements [une acquisition d'informations]. ¶ ~ 부재의 난맥상 chaos par l'absence d'informations. ¶ ~ 부대 le service de renseignements de l'armée de Terre. ¶ ~ 통신 산업 industrie d'information et de communication. ¶ ~ 공개 transparence de l'information. ¶ 허위 ~ une fausse information. ¶ ~를 제공하다 renseigner; offrir une information; tuyauter {*fam*}. ¶ ~를 얻다[입수하다, 수집하다] obtenir [avoir, collecter] une information. ¶ ~를 모으다 collecter des informations. ¶ ~를 교환하다 échanger des informations. ¶ 중요한 ~를 누설하다 divulguer [*dévoiler, révéler*] une information importante. ¶ 입수된 ~에 의하면 selon une information obtenue [reçue]. ¶ ~에 밝다[어둡다] être bien [mal] informé(*e*). ¶ ~가 샜다 Une information a filtré. ¶ 테러범이 입국했다는 ~가 있다 Nous avons une information selon laquelle un terroriste est entré dans notre pays.
◆**_화** -化 명 informatisation *f*. ¶ ~화 사회 une société informatisée.
◆**_검색** -檢索 명 recherche *f* documentaire [d'informations].
◆**_과** -課 명 section *f* d'information; service *m* de renseignements.
◆**_과학** -科學 명 science *f* d'information, informatique *f*.
◆**_국** -局 명 bureau *m* d'information [de renseignements].
◆**_기관** -機關 명 service *m* d'information.
◆**_량** -量 명 quantité *f* d'informations.
◆**_력** -力 명 force *f* d'information.
◆**_망** -網 명 réseau(*x*) de renseignements, réseaux *mpl* informatiques.
◆**_부** -部 명 service *m* de renseignements; service *m* d'information. ¶ 중앙 ~부 la CIA; le Service Central de Renseignements.
◆**_원**[1] -源 명 source *f* d'informations [de renseignements]. ¶ 믿을 만한 ~원 source d'informations sérieuses [fiables, sûres]. ¶ ~원을 확보하다 se procurer une source d'information.
◆**_원**[2] -員 명 informa*teur*(*trice*); indica*teur*(*trice*), indic *mf* {*fam*}; agent *m* de renseignement, agent *m* secret.
◆**_처리** -處理 명 traitement *m* de l'information.
◆**_통** -通 명 personne *f* bien informée [renseigné(*e*)]. ¶ 그 사람은 이 분야의 ~통이다 Il est bien informé dans ce domaine.

정보[2] 町步 의명 *jeongbo m* <unité de surface équivalent à environ un hectare>. ¶ 농경지 300 ~를 팔다 vendre 300 *jeongbo* de terres agricoles.

정복[1] 正服 명 uniforme *m*, livrée *f*. ¶ ~ 경찰관 un agent de police en uniforme. ¶ ~을 사복으로 갈아입다 quitter l'uniforme et s'habiller en civil.

정복[2] 征服 명 ① ((나라 따위를)) conquête *f*; assujettissement *m*. ¶ 나폴레옹의 유럽 ~ la conquête de l'Europe par Napoléon. ¶ 무력에 의한 ~ conquête par la force. ¶ 세계 ~의 야욕 désir de conquête du monde. ② ((자연 따위를)) conquête *f*. ¶ 히말라야 ~ la conquête de l'Himalaya. ¶ 정상 ~ la conquête du sommet. ¶ 남극 대륙 ~ la conquête du continent Antarctique. ¶ 인류의 우주공간 ~ la conquête spatiale de l'Homme. ③ ((난관 따위를)) conquête *f*, maîtrise *f*. ¶ 암의 ~ la conquête du cancer. ¶ 불어회화 ~이 이번 방학의 목표다 Le but de ces vacances est d'avoir une bonne maîtrise du français. ◇_(을) **하다** conquérir, faire la conquête ((d'un pays)); maîtriser; assujettir. ¶ 주변 국가들을 ~하다 conquérir les pays voisins. ¶ 에베레스트 산을 ~하다 faire la conquête de l'Everest. ¶ 수학을 완전히 ~하다 maîtriser complètement les mathématiques. ¶ 암을 ~하다 conquérir [maîtriser] le cancer. ¶ 21세기에는 정보를 ~하는 자가 세계를 ~할 것이다 Celui qui va maîtriser l'information va conquérir le monde au vingt et unième siècle. ◇_(이) **되다**[(을) **당하다**] être conquis(*e*).

◆_욕 -慾 명 désir *m* de la conquête.

◆_자 -者 명 conquérant(*e*); vainqueur *m*; conquistador *m*.

정본 正本 명 origin*al*(*aux*) *m*. ¶ ~과 사본 original et copie.

정부¹ 正否 명 vrai *m* et faux *m*. ¶ ~를 가리다 distinguer le vrai d'avec le faux [le vrai du faux].

정부² 正副 명 princip*al*(*ale*, *aux*) et secondaire. ¶ ~ 대표[책임자] premier représentant et représentant secondaire [premier responsable et second responsable].

정부³ 政府 명 gouvernement *m*, État *m*, ministère *m*. ¶ 임시 ~ un gouvernement provisoire. ¶ 연방 ~ un gouvernement confédéral. ¶ ~(의) 각 부처 chaque département ministériel du gouvernement. ¶ ~ 당국자의 말에 따르면 d'après les autorités gouvernementales. ¶ ~의 정책을 지지하다 soutenir la politique du gouvernement. ¶ 현 ~ 하에서 sous le gouvernement [ministère] actuel. ¶ ~를 수립하다 constituer [former, établir] un gouvernement. ¶ ~를 타도하다[무너뜨리다] faire tomber le gouvernement; renverser un ministère [un gouvernement]. ¶ ~에서 적극적으로 나서서 대책을 마련하고 있다 Le gouvernement intervient directement et prend des mesures.

◆_간행물 -刊行物 명 publication *f* gouvernementale.

◆_군 -軍 명 armée *f* d'État [gouvernementale].

◆_미 -米 명 riz *m* du gouvernement.

◆_안 -案 명 projet *m* ministériel [gouvernement*al*(*aux*)].

정부⁴ 情夫 명 amant *m*, ami *m*. ¶ ~를 두다 entretenir [avoir] un amant.

정부⁵ 情婦 명 maîtresse *f*, amie *f*. ¶ 그 남자는 ~가 생겼다 Il a une maîtresse.

정부인¹ 正夫人 명 femme *f* légitime.

정부인² 貞夫人 명 【역사】 femme *f* de haut fonctionnaire.

정부통령 正副統領 명 【정치】 président *m* et vice-président *m*.

정북 正北 명 plein nord *m*. ¶ ~을 향해 가다 se diriger [avancer] plein nord.

◆_방 -方 명 plein nord *m*.

◆_향 -向 명 (exposé(*e*) en) plein nord *m*.

정분 情分 명 *intimité f*, *affection f*, amitié *f*. ¶ 이웃 간의 ~ amitié entre voisins. ¶ ~을 쌓다 s'attacher l'un à l'autre. ¶ 나는 그 사람과 ~이 깊다 Je suis très intime avec lui / Je suis très lié(*e*) avec lui. ◇_(이) 나다 s'éprendre l'un de l'autre, s'enticher l'un de l'autre {*fam*}, s'amouracher l'un de l'autre, s'attacher l'un à l'autre, tomber [être] amoureux(*se*) l'un de l'autre, avoir [éprouver] de l'amour l'un pour l'autre, s'aimer. ¶ 남편이 직장동료와 ~(이) 났다 Mon mari et sa collègue de bureau se sont épris [entichés {*fam*}] l'un de l'autre. ◇_(이) 있다 être intime avec *qn*, être lié(*e*) d'amitié avec *qn*.

정비 整備 명 ① ((체계, 제도를)) aménagement *m*, révision *f*, réforme *m*. ¶ 교육 제도의 ~ l'aménagement [la révision, la réforme] du système éducatif. ② ((기계, 장치를)) aménagement *m*, réparation *f*, entretien *m*, vérification *f*, révision *f*. ¶ 자동차 ~ l'entretien [la réparation] d'une voiture. ③ ((도로, 시설을)) aménagement *m*. ¶ 가로수 ~ l'aménagement des arbres en bordure de route. ¶ 하천 ~ 사업 l'aménagement d'un fleuve. ◇_(를) 하다 aménager, arranger; réparer, réviser; mettre en ordre, vérifier, réformer. ¶ 자동차를 ~하다 réviser [réparer] une voiture. ¶ 시내 도로를 ~하다 aménager une route dans une ville. ¶ 조직을 ~하다 modifier [réviser] une organisation [un système]. ◇_(가) 되다 être aménagé(*e*), réparé(*e*), révisé(*e*). ¶ 이론이 ~되었다 La théorie a été modifiée [révisée, améliorée, affûtée, précisée]. ¶ 조직이 ~되었다 L'organisation a été modifiée [révisée].

◆_공 -工 명 garagiste *mf*, mécanicien(*ne*) chargé(*e*) de l'entretien.

◆_사 -士 명 garagiste *mf*, mécanicien(*ne*) chargé(*e*) de l'entretien.

◆_소 -所 명 garage *m*. ¶ 차를 ~소에 맡기다 laisser *sa* voiture au garage.

정비례 正比例 명 proportion *f* directe. ¶ ~ 관계 relation de proportion directe. ◇_(를) 하다[(가) 되다] être en proportion directe avec *qc*, varier en proportion. ¶ 통화량과 물가는 ~한다 Le prix est en proportion directe avec la quantité de monnaie en circulation. ¶ 중력은 별의 크기에 ~한다 La gravitation est en proportion directe avec la taille d'une étoile.

정사¹ 正史 명 histoire *f* authentique, histoire *f* vraie. ¶ ~에 기록되다 être écrit(*e*) dans l'histoire. ¶ 이 소설은 철저하게 ~에 바탕을 두고 씌어졌다 Ce roman a été écrit à partir [a été tiré, a été inspiré] d'une histoire vraie.

정사² 政事 명 affaires *fpl* d'État [politiques, administratives]. ¶ ~를 돌보다 s'occuper des affaires d'État. ¶ 누구와 ~를 의논하다 discuter des affaires d'État avec *qn*. ¶ ~에 관여하다 intervenir dans les affaires d'État.

정사³ 情事 명 amour *m*, liaison *f* (amoureuse), rapports *mpl* (sexuels), aventure *f* galante [amoureuse, sentimentale]. ¶ ~ 장면 une scène d'amour. ¶ ~에 눈뜨다 s'éveiller à l'amour. ◇_(를) 하다[벌이다, 나누다] faire l'amour, avoir des rapports sexuels.

◆혼외_ 婚外- 명 rapports *m* sexuels extraconjugaux, aventure *f* extraconjugale, adultère *m*.

정사각기둥 正四角- 명 【수학】 prisme *m* carré.

정사각뿔 正四角- 명 【수학】 pyramide *f* à base carrée.

정사각형 正四角形 명 【수학】 carré *m*, figure *f* carrée. ¶ ~의 건물 un bâtiment carré.

정사다리꼴 正- 명 【수학】 trapèze *m* régulier.

정사면체 正四面體 명 【수학】 tétraèdre *m* régulier.

ㅈ

정산 精算 명 calcul *m* exact [précis]; règlement *m* d'un compte. ¶ 세금 ~ le calcul exact des impôts. ◇_(을) **하다** calculer le montant exact [précis] de *qn*, calculer avec précision; régler *ses* comptes. ¶ 총 경비를 ~하다 calculer le montant exact [précis] de l'ensemble [de la totalité] des frais, calculer avec précision le montant total [exhaustif] des frais. ¶ 기타 비용은 추후 ~한다 On réglera les autres frais plus tard. ◇_(이) **되다** ((le montant exact [précis] de *qc*)) être calculé(*e*), être calculé(*e*) avec précision. ¶ 퇴직금이 아직 ~되지 않았다 Le montant précis de ma (pension de) retraite n'a pas encore été fixé / Le montant exact de de ma (pension de) retraite n'a pas encore été fixé [calculé] avec précision.

◆**_표** -表 명 feuille *f* de compte.

◆**연말_** 年末- 명 règlement *m* des impôts en fin d'année.

정삼각기둥 正三角- 명 prisme *m* triangulaire équilatéral.

정삼각뿔 正三角- 명 pyramide *f* à base de triangle équilatéral.

정삼각형 正三角形 명 【수학】 triangle *m* équilatér*al*(*aux*). ¶ ~의 한 내각의 크기는 60도이다 L'angle intérieur du triangle équilatéral est de 60°.

정상[1] 正常 명 normale *f*, normalité *f*. ¶ 휴일에도 ~ 영업을 하다 travailler normalement même les jours fériés. ¶ 맥박이 ~으로 돌아왔다 Le pouls est revenu à la normale [aux valeurs normales]. ◇_**이다** être norm*al*(*ale*, *aux*). ¶ 혈압이 ~이다 La tension (artérielle) est normale. ¶ 그 사람은 지금 충격으로 ~이 아니다 Il n'est pas dans son état normal à cause du choc.

◆**_적** -的 명관 norm*al*(*ale*, *aux*); naturel(*le*); habituel(*le*). ¶ 항공 노선의 ~적인 운항 service [trafic] normal [habituel] des lignes aériennes. ¶ 모든 일이 ~적으로 진행되고 있다 Tout se passe [se déroule, marche, va] normalement [très bien, comme prévu, à merveille, comme sur des roulettes {*fam*}] / Tout se déroule exactement comme on le souhaitait [le voulait] / Tout se passe comme on le voulait [comme il se doit, comme prévu] / L'affaire avance sans problème / Toute l'opération se déroule sans coup férir / Tout marche [se passe, se déroule] sans problème / Tout se déroule sans le moindre incident [sans à-coups]. ¶ 모든 조건이 ~적이다 Toutes les conditions sont normales.

◆**_화** -化 명 normalisation *f*. ¶ 한중간의 국교 ~화 normalisation des relations internationales [diplomatiques] entre la Corée du Sud et la Chine. ¶ 지하철 운행을 ~화하다 normaliser le trafic du métro.

◆**_아** -兒 명 bébé *m* [enfant *mf*] norm*al*(*ale*, *aux*).

◆**_인** -人 명 homme *m* norm*al*(*aux*), personne *f* normale.

정상[2] 情狀 명 circonstances *fpl*, conditions *fpl*; raison *f*, cause *f*. ¶ ~을 참작하다[살피다] tenir compte des circonstances.

정상[3] 頂上 명 ① sommet *m*, cime *f*, faîte *m*, point *m* culminant. ¶ ~을 정복하다 conquérir un sommet. ¶ 에베레스트 ~에 오르다 atteindre le sommet de l'Everest. ② ((비유적)) sommet *m*, apogée *m*, faîte *m*, point *m* culminant, summum *m*. ¶ 그 사람은 현재 인기 ~의 가수이다 Il est maintenant un chanteur qui est à l'apogée de sa carrière. ¶ 그 회사는 오랫동안 그 업계의 ~을 지키고 있다 Cette société tient le sommet dans son domaine depuis longtemps / Cette société est la plus compétitive dans son domaine depuis longtemps. ③ chef *m*, chef d'État. ¶ 각국의 ~들이 회담을 갖기로 했다 Les chefs d'État ont décidé d'avoir une conférence au sommet [d'avoir un sommet, d'organiser un sommet].

◆**_급** -級 명 (au) plus haut niveau *m*. ¶ 그는 ~급 선수이다 C'est un joueur [athlète] du plus haut niveau.

◆**_부** -部 명 partie *f* supérieure d'une montagne, sommet *m*. ¶ 눈으로 뒤덮인 ~부 la partie supérieure de la montagne enneigée, le sommet enneigé.

◆**_회담** -會談 명 conférence *f* au sommet, sommet *m*. ¶ 한불[남북] ~ 회담 un sommet franco-coréen [intercoréen]. ¶ ~회담을 개최하다 organiser un sommet.

정상배 政商輩 명 racketteur *m*, maître chanteur *m*; profiteu*r*(*se*). ¶ ~와 손을 잡은 정치인 un politicien qui s'associe avec un racketteur.

정색 正色 명 air *m* sérieux, sérieux *m*, gravité *f*. ◇_(을) **하다[짓다]** prendre un air sérieux. ¶ 그 사람은 ~(을) 하고 말했다 Il a parlé d'un air sérieux.

정서[1] 淨書 명 ((mettre au)) propre *m*. ◇_(를) **하다** mettre [recopier] *qc* au propre, écrire soigneusement. ¶ 편지를 ~하다 mettre une lettre au propre, écrire soigneusement une lettre.

정서[2] 正書 명 orthographe *f*.

◆**_법** -法 명 orthographe *f*, règles *fpl* orthographiques. ¶ ~법에 맞게 쓰다 écrire selon les règles de l'orthographe.

정서[3] 情緖 명 émotion *f*; sentiment *m*; sensibilité *f*, mentalité *f*. ¶ ~ 발달 développement de l'émotion. ¶ ~ 불안을 보이다 être pris(*e*) d'un malaise. ¶ 국민(의) ~를 고려하다 tenir compte de l'émotion du peuple. ¶ 건전한 ~(의) 함양을 위해 독서를 하다 lire pour développer une saine émotion. ¶ 그 사람들은 우리와 ~가 다른 것 같다 Leur mentalité semble différente de la nôtre.

◆**_적** -的 명관 émotionnel(*le*), sentiment*al*(*ale*, *aux*). ¶ ~적 안정 tranquillité émotionnelle. ¶ 그 사람들은 큰 충격으로 인해 ~적 공황 상태에 빠져 있다 Ils sont plongés dans un état de panique par un grand choc émotionnel. ¶ 청소년들은 ~적으로 비뚤어지기 쉽다 Les adolescents ont tendance à ne pas s'adapter émotionnellement.

정석 定石 명 ① principe *m* fondament*al*(*aux*), (selon)

les règles *fpl*. ¶ ~을 따르다 suivre [respecter, observer] un principe fondamental. ¶ ~대로 일을 처리하다 arranger une affaire selon [d'après] un principe fondamental. ② ((바둑)) formule *f* [règle *f*] ((dans le jeu de go)). ¶ 그 사람은 항상 ~대로 둔다 Il joue toujours au go selon les règles.

정선 精選 명 sélection *f* rigoureuse [fine, pointue], choix *m* rigoureux [scrupuleux]. ◇_(을) **하다** sélectionner [choisir] avec soin. ¶ 인물을 ~하다 sélectionner des personnes. ◇_(이) **되다** être sélectionné(*e*) [choisi(*e*) avec soin]; être de choix, de première qualité. ¶ ~된 작품들 œuvres de choix.

정설 定說 명 théorie *f* établie; opinion *f* établie. ¶ ~을 뒤집다 renverser [démolir] une théorie établie; inverser une opinion établie. ¶ ~로 인정되다[통하다] être reconnu(*e*) comme [passer pour] une théorie établie.

정성 精誠 명 dévouement *m*, dévotion *f*, ferveur *f*, soin *m*, cœur *m*, sincérité *f*. ¶ 지극한 ~ un dévouement absolu. ¶ ~을 다하다 faire *qc* de *son* mieux avec beaucoup de bonne volonté, faire *qc* de tout *son* cœur [de toute *son* âme], mettre tout *son* cœur à *qc*/*inf*, y mettre tout *son* cœur [toute *son* âme, se donner tout(*e*) enti*er*(*ère*) à ((un travail)), se vouer (entièrement) à *qc*; s'appliquer de toutes *ses* forces à *qc*; faire tous *ses* efforts pour+*inf*, faire *qc* avec application, faire *qc* [travailler] avec soin [soigneusement, avec minutie]; se donner de la peine [du mal] pour faire [réaliser] *qc*, peiner pour faire *qc*. ¶ ~을 모으다 faire de tout *son* cœur. ¶ ~으로 남을 돕다 aider les autres avec dévouement. ¶ ~을 들이다 se donner tout(*e*) enti*er*(*ère*) [corps et âme] à *qc*, faire *qc* de *son* mieux avec beaucoup de bonne volonté, faire *qc* avec application, faire *qc* [travailler] avec soin [soigneusement, avec minutie]; se donner de la peine [du mal] pour faire [réaliser] *qc*, peiner pour faire *qc*. ¶ ~을 바치다 mettre un soin; se dévouer, se vouer entièrement à *qc*, se donner corps et âme [tout enti*er*(*ère*)] à ((un projet)), mettre toute *son* âme [tout *son* cœur] ((dans un travail)); faire *qc* de tout *son* cœur [de toute *son* âme]. ¶ ~이 어리다 être sincère; ((accueil)) être *chaleureux(se), cordial(ale, aux)*. ¶ ~ 어린 선물 un cadeau qu'on fait de tout *son* cœur, un cadeau sincère, un cadeau qui montre [témoigne] de la bonne foi de *qn*. ¶ ~ 어린 간호 soins sincères. ¶ 그의 ~이 갸륵하다 Son dévouement est admirable [remarquable, exemplaire].

◆ **_스럽다[되다]** 형 être sincère; être dévoué(*e*). ¶ ~스러운 태도 une attitude sincère. ¶ ~스럽게 밥상을 차리다 dresser la table avec soin.

◆ **_껏** 부 avec soin, soigneusement, de tout *son* cœur, de toute *son* âme, avec beaucoup de dévouement, avec beaucoup de bonne volonté, avec application, de bon cœur, de grand cœur. ¶ ~껏 기도하다 prier du fond de l'âme [de tout *son* cœur]. ¶ 어른들을 ~껏 모시다 servir *ses* parents avec soin. ¶ ~껏 돌보다 s'occuper de *qn*/*qc* soigneusement; entretenir soigneusement; s'occuper [prendre soin] de *qn* en toute sincérité, soigner *qn* de tout *son* cœur, s'occuper de [veiller sur] *qn* de tout *son* cœur.

◆ **_스레** 부 sincèrement, d'une manière sincère, avec un cœur sincère, avec beaucoup de dévouement, avec beaucoup de bonne volonté, avec amour, de bon cœur, de grand cœur. ¶ 환자를 ~스레 돌보다 soigner un malade avec soin; veiller sur un malade avec soin, mettre tout *son* cœur dans les soins accordés à un malade, donner des soins à un malade avec tout *son* cœur. ¶ ~스레 만든 음식 un mets qu'on a préparé avec soin, un mets qu'on a fait avec amour, un plat fait [préparé] de tout cœur [avec amour].

정세[1] 情勢 명 circonstances *fpl*, situation *f*, état *m* de choses. ¶ ~의 변화 changement de circonstances [de situation]. ¶ ~를 판단하다 juger [analyser] la situation. ¶ ~를 탐지하다 détecter la situation. ¶ 급변하는 ~에 대처하다 faire face aux circonstances qui changent très vite. ¶ 세계 ~를 파악하고 있어야 한다 Il faut connaître la situation au niveau international. ¶ 현재로서는 ~를 관망하는 수밖에 없다 Pour le présent, on n'a plus d'autre choix que de surveiller le déroulement de la situation. ¶ 그 사건이 ~를 일변시켰다 Cet évènement a provoqué un retournement de la situation. ¶ 지금 ~로는 한 치 앞도 내다보기 힘들다 Dans les circonstances actuelles, on ne peut guère prévoir *qc*.

정세[2] 政勢 명 situation *f* politique. ¶ 국내 ~가 불안해지고 있다 La situation politique du pays devient instable.

정소 精巢 명 testicule *m*.

정수[1] 精髓 명 essence *f*, fleur *f*, génie *f*, quintessence *f*, suc *m*. ¶ 민족 문화의 ~를 보여주는 작품 une œuvre qui montre l'essence de la culture d'une nation.

정수[2] 淨水 명 eau(*x*) *f* propre, eau(*x*) *f* purifiée; clarification *f* [purification *f*] de l'eau. ¶ ~와 생수 eau purifiée [eau filtrée] et eau minérale. ◇_(를) **하다** purifier l'eau, clarifier [filtrer] de l'eau. ¶ 수돗물을 ~하여 먹다 prendre de l'eau du robinet après l'avoir purifiée.

◆ **_기** -器 명 épurateur *m* d'eau.

정수[3] 整數 명 【수학】 nombre *m* entier.

정수리 頂- 명 vertex *m*, le sommet *m* du crâne. ¶ ~를 맞다 recevoir des coups sur le (sommet du) crâne. ¶ 햇볕 때문에 ~가 뜨겁다 Je sens la chaleur du soleil sur mon crâne.

정숙 靜肅 명 silence *m*; calme *m*, tranquillité *f*, quiétude *f*. ¶ ~을 유지하다 garder le silence, rester silencieu*x*(*se*).

◆ **_하다** 형 être silencieu*x*(*se*), tranquille, calme, sage. ¶ 강의실에서 ~할 것! Respecter le silence dans la classe! ¶ 모두들 ~하게 앉아 있다 Tout le monde est sagement assis.

정숙하다 貞淑- 형 être vertueux(*se*), chaste, modeste, décent(*e*). ¶ 그 여자의 몸가짐과 말씨는 매우 정숙했다 Elle s'est comportée et a parlé très chastement. ¶ 그 여자는 참으로 정숙한 여인이었다 Elle était vraiment vertueuse.

정승 政丞 명 *jeongseung m*, chacun des trois Premiers ministres du royaume de Joseon ((Au temps de Joseon, il y avait à la tête du gouvernement trois Premiers ministres en même temps dont l'un était prépondérant sur les deux autres)). ¶ 많은 ~을 배출한 가문 une famille qui a fourni beaucoup de Premiers ministres ((au temps de Joseon)).

*~**도 저 싫으면 안 한다** On ne peut forcer quelqu'un à faire quelque chose s'il ne veut pas.

정시 定時 명 heure *f* fixée; heure *f* prévue. ¶ ~ 뉴스 informations à heure fixe. ¶ ~에 도착하다 arriver à l'heure (prévue). ¶ ~에 출발하다 partir à l'heure (prévue).

정식[1] 正式 명 formalité *f*, officiel *m*. ¶ ~ 교섭 단체를 구성하다 constituer un corps officiel de négociation. ¶ 올림픽 ~ 종목으로 채택되다 être choisi(*e*) comme épreuve officielle des Jeux olympiques. ¶ ~으로 계약을 체결하다 passer [conclure] officiellement un contrat. ¶ 그들은 양가에 ~으로 인사를 드렸다 Ils ont rendu une visite officielle aux deux familles (pour le mariage). ¶ 그들은 ~으로 사귀기로 했다 Ils ont décidé de se fréquenter sérieusement.

정식[2] 定食 명 table *f* d'hôte; menu *m* (à prix fixe). ¶ 모듬 ~ un menu composé d'un assortiment de plats, un menu comprenant un assortiment de plats. ¶ 백반 ~을 먹다 prendre un menu à base de riz.

정식[3] 整式 명 【수학】 expression *f* intégrale.

정신 精神 명 ① esprit *m*, pensée *f*, idée *f*, mentalité *f*. ¶ 건전한 ~은 건강한 신체에서 나온다 Un esprit sain dans un corps sain. ② mental *m*, mentalité *f*. ¶ ~을 가다듬다 rassembler *ses* esprits; reprendre *ses* esprits [*son* calme], se reprendre, se remettre, se ressaisir, revenir à *soi*, se maîtriser; s'apaiser; calmer *son* esprit. ¶ ~을 집중하다 se concentrer; se recueillir; s'absorber. ¶ ~을 잃다 perdre conscience, perdre connaissance, perdre *ses* esprits. ¶ ~이 흐려지다 avoir l'esprit confus. ¶ 그러한 ~ 상태로 뭘 하겠니? Qu'est-ce que tu peux faire avec cette mentalité? ③ 마음의 자세나 태도 esprit *m*. ¶ 봉사 ~ la vocation à faire du bénévolat, le *fait* d'être bénévole dans l'âme, l'amour du bénévolat, l'esprit de sacrifice. ¶ 절약 ~ l'esprit économe. ¶ 절약 ~이 몸에 배다 avoir l'esprit économe; s'habituer à épargner. ④ 이념이나 사상 esprit *m*; pensée *f*. ¶ 민주주의 ~에 따라 selon l'esprit démocratique. ¶ 우리에겐 모두 4·19의 ~이 흐르고 있다 Nous sommes tous animés par l'esprit du 19 avril.

*~**(이) 나다** reprendre conscience, se réveiller; avoir envie de faire *qc*, avoir l'esprit à *qc*/*inf*. ¶ 이제 ~이 나니? Enfin, tu te réveilles? ¶ 아직 ~이 안 난다 Je ne me suis pas encore réveillé(*e*) [mal réveillé(*e*)] / Je suis encore à moitié endormi(*e*) [entre deux sommeils] / Je ne suis pas encore tout à fait réveillé(*e*) / Je suis à peine réveillé(*e*) / Je suis encore tout ensommeillé(*e*) / Je dors à moitié / Je suis encore dans les vapes {*fam*} [dans le gaz {*fam*}].

*~**(이) 나가다** être ahuri(*e*), abasourdi(*e*), hébété(*e*); être fou(*folle*). ¶ 너 ~ 나갔어? Où as-tu la tête [l'esprit]? / Es-tu fou(*folle*)? / Tu as perdu l'esprit [la tête, la boule {*fam*}] ou quoi?

*~**(이) 돌다** devenir fou(*folle*), perdre la tête [l'esprit, la boule {*fam*}].

*~**(이) 돌아오다** reprendre conscience, reprendre *ses* esprits. ¶ 환자가 이제 ~이 돌아왔다 Enfin, le malade a repris conscience.

*~**(이) 들다** reprendre conscience.

*~**(이) 멀쩡하다** avoir encore [garder] toute *sa* lucidité, avoir toute *sa* tête, avoir encore toute *sa* tête ((bien qu'ayant bu)), avoir encore l'esprit lucide, être encore parfaitement lucide, rester lucide, être toujours saint d'esprit, ne pas être ivre [soûl(*e*)]. ¶ 나 아직 취하지 않았어, ~이 멀쩡해 Je ne suis pas soûl(*e*), j'ai encore toute ma tête [je suis encore parfaitement lucide].

*~**(이) 빠지다** devenir fou(*folle*); s'absorber; être affolé(*e*). ¶ 그 사람은 ~ 빠진 사람처럼 먼 산만 바라보고 있다 Il a un regard vague comme un fou.

*~**(을) 빼다** avoir l'esprit ailleurs, être dans la lune, être absent(*e*), distrait(*e*), penser à autre chose; être fasciné(*e*), captivé(*e*). ¶ 얘가 어디에 ~을 빼고 다니는 거야? Où as-tu l'esprit [la tête]? / Qu'est-ce qui te fascine? / Tu penses à quoi?

*~**(이) 사납다** ne pas se concentrer. ¶ 자꾸 왔다 갔다 하지 마, ~ 사나워 Arrête d'aller et venir [de faire des va-et-vient, de faire les quatre cents pas]! Je ne peux pas me concentrer [Tu m'empêches de me concentrer].

*~**이 썩다** être pourri(*e*), être moralement corrompu(*e*). ¶ 그런 썩어 빠진 ~으로 뭘 하겠다는 거냐? Qu'est-ce que tu peux faire avec cette mentalité pourrie?

*~**(이) 없다** ne pas avoir de tête; perdre contenance; être décontenancé(*e*), déconcerté(*e*). ¶ 요즘 내가 왜 이렇게 ~이 없지? Pour quelles raisons suis-je décontenancé(*e*) ces jours-ci? ¶ 난 너무 바빠서 ~이 없다 Je ne sais plus où donner la tête.

*~**(을) 차리다** reprendre conscience, se réveiller, recouvrer *ses* esprits, revenir à *soi*; se ressaisir, se remettre; recouvrer la raison, (re)devenir raisonnable, devenir adulte, se comporter en adulte, être adulte; revenir sur terre. ¶ ~ 차려! Remets-toi! / Reviens sur terre! / Réveille-toi!

ㅈ

/ Ressaisis-toi / Fais quelque chose, respire / Deviens raisonnable! / Sois adulte! / Comporte-toi en adulte. ¶ ~ 차리시오 Remettez-vous! ¶ 그 녀석 아직 ~차리려면 멀었어 Il n'est pas prêt d'être adulte / C(e n)'est pas demain la veille {*fam*} qu'il recouvrera la raison [qu'il sera adulte, qu'il deviendra adulte] / Il restera gamin toute sa vie.

*~(을) **팔다** avoir l'esprit ailleurs, être dans la lune, être absent(*e*), distrait(*e*), penser à autre chose. ¶ 어디에 ~을 팔고 있는 거야? Qu'est-ce que tu as à l'esprit? / Où as-tu la tête [l'esprit]? / A quoi tu penses?

*~(이) **팔리다** s'absorber; avoir l'esprit préoccupé; prendre la tête de *qn* {*fam*}. ¶ 그 사람은 돈 버는 데에만 ~이 팔려 있어 Il est obsédé par le gain d'argent / Il ne pense qu'à gagner de l'argent.

◆**_없이** 부 d'arrache-pied [sans relâche]; désespérément [à perdre haleine]. ¶ ~없이 일하다 travailler d'arrache-pied [sans relâche]. ¶ ~없이 달리다 courir désespérément [à perdre haleine].

◆**_적** -的 명관 spirituel(*le*), ment*al*(*ale*, *aux*), mor*al*(*ale*, *aux*), psychique; platonique. ¶ ~적인 사랑을 추구하다 rechercher l'amour platonique. ¶ ~적으로 고통을 받다 souffrir mentalement.

◆**_과** -科 명 département *m* de neuropsychiatrie.

◆**_과학** -科學 명 sciences *fpl* morales.

◆**_교육** -教育 명 éducation *f* morale; formation *f* de l'esprit.

◆**_노동** -勞動 명 trav*ail*(*aux*) *m* ment*al*(*aux*).

◆**_력** -力 명 force *f* morale. ¶ 무슨 일이 닥쳐도 극복할 수 있는 강한 ~력을 기르다 développer une force morale pour se surmonter, quoi qu'il arrive. ¶ 그 사람은 ~력이 강하다 Il a une grande force morale / Il a une force morale énorme.

◆**_박약** -薄弱 명 débilité *f* mentale, arriération *f*. ¶ ~박약을 앓다 être un(*e*) débile mental(*e*) [un(*e*) arriéré(*e*) mental(*e*)]. ¶ ~박약에 걸리다 être atteint(*e*) de débilité mentale.

◆**_박약아** -薄弱兒 명

◆**_병** -病 명【의학】maladie *f* mentale, psychopathie *f*; aliénation *f*.

◆**_병원** -病院 명 hôpit*al*(*aux*) *m* psychiatrique, hospice *m* [maison *f*, asile *m*] d'aliénés.

◆**_병자** -病者 명【의학】*fou*(*folle*), malade *mf* ment*al*(*ale*, *aux*), psychopathe *mf*, aliéné(*e*).

◆**_분석** -分析 명 psychanalyse *f*.

◆**_분석가** -分析家 명 psychanalyste *mf*.

◆**_분열(증)** -分裂(症) 명【의학】schizophrénie *f*, démence *f*.

◆**_사** -史 명 histoire *f* de mentalité.

◆**_연령** -年齡 명 âge *m* ment*al*(*aux*). ¶ ~연령이 높다[낮다] avoir un âge mental élevé [peu élevé].

◆**제_** 명 état *m* de conscience normal [habituel]; ⦅ne pas être dans⦆ *son* état *m* normal, ⦅reprendre, retrouver⦆ *ses* esprits.

정신대 挺身隊 명 ①【역사】≪femmes *fpl* de réconfort≫ ⦅soumises à l'esclavage sexuel par l'armée japonaise pendant la période de colonisation⦆. ¶ ~에[로] 끌려가다 être désignée de force comme femme de réconfort. ② troupe *f* d'assaut.

정실¹ 正室 명 femme *f* légitime [légale]. ¶ 누구의 ~ 부인 la femme légitime [légale] de *qn*.

정실² 情實 명 favoritisme *m*; népotisme *m*; relation *f* personnelle, considération *f* privée. ¶ ~ 인사 favoritisme. ¶ ~에 얽매이다 se laisser gagner par le favoritisme. ¶ ~에 연연하다 n'être influencé(*e*) que par le favoritisme. ¶ ~로 흐르다 être gagné(*e*) par le favoritisme.

정악 正樂 명【음악】musique *f* de cour.

정애 情愛 명 amour *m*, affection *f*. ¶ 부부 생활의 ~ affection conjugale, amour conjugal. ¶ ~를 느끼다 ressentir [éprouver, avoir] de l'affection pour *qn*; éprouver [avoir] de l'amour pour *qn*.

정액¹ 定額 명 somme *f* fixe [prévue]. ¶ ~ 승차권 une carte d'abonnement. ¶ ~의 보수 un salaire déterminé [fixe].

정액² 精液 명 ① extrait *m*, essence *f*. ¶ 인삼에서 추출된 ~ extrait [essence] de ginseng. ②【의학】sperme *m*, semence *f*.

정약용 丁若鏞 명【인명】Jeong Yak-yong (1762-1836). <grand savant de l'École des Sciences Pratiques de la dynastie des Yi>.

정양 靜養 명 repos *m*, récupération *f*, convalescence *f*. ◇**_(을) 하다** se reposer, prendre du repos. ¶ 산골에서 ~을 하다 se reposer à la montagne.

정어리 명 sardine *f*. ¶ ~ 통조림 une boîte de sardines.

정연 整然 어근 ordre *m*.

◆**_하다** 형 être en ordre, ordonné(*e*), méthodique, discipliné(*e*), rangé(*e*), réglé(*e*); être réguli*er*(*ère*); être systématique; être cohérent(*e*). ¶ 그의 발언은 논리가 ~했다 Ses propos étaient parfaitement logiques [cohérents].

◆**_히** 부 en bon ordre, avec ordre. ¶ 논리 ~히 설명하다 expliquer *qc* logiquement. ¶ 질서 ~히 입장하다 entrer de façon ordonnée [en respectant l'ordre].

정열 情熱 명 passion *f*, ardeur *f*, zèle *m*, enthousiasme *m*, ferveur *f*. ¶ 사르트르 연구에 ~을 바치다 se passionner pour l'étude de Sartre. ¶ 무엇에 ~을 기울이다 se passionner pour *qc*, aimer ardemment *qc*. ¶ ~을 불태우다 déchaîner *ses* passions. ¶ 그 분은 집안을 일으키는 데에 온 ~을 쏟았다 Il a mis toute son ardeur pour bâtir sa famille. ¶ 불타오르는 그 분의 ~에 우리는 할 말이 없었다 Nous n'avons rien à dire sur la passion dont il brûle.

◆**_적** -的 명관 passionné(*e*), ardent(*e*), chaleureux(*se*). ¶ ~적인 사랑 un amour passionné. ¶ ~적으로 일을 하다 travailler avec zèle.

정염¹ 情炎 명 désir *m*, envie *f*. ¶ ~을 불태우다 satisfaire *ses* envies. ¶ ~에 불타다[휩싸이다, 사로잡히다] être dévoré(*e*) par le désir.

정염² 井鹽 명 sel *m* marin.

정예 精銳 명 élite *f.* ¶ ~ 부대 une troupe d'élites. ¶ 그 분들은 소수 ~이다 Ils sont un petit nombre d'élites.

정오[1] **正午** 명 midi *m.* ¶ ~ 뉴스 les informations de midi; le journal télévisé de midi. ¶ ~를 알리는 종소리가 울렸다 La cloche a sonné midi. ¶ 시간이 ~를 지났다 Il est midi passé.

정오[2] **正誤** 명 correction *f*, rectification *f.*

◆**_표** -表 명 errata *m.* ¶ ~표를 만들다 faire un errata.

정온동물 定溫動物 명 anim*al*(*aux*) *m* à sang chaud. ¶ 포유류와 조류는 ~이다 Les mammifères et les oiseaux sont des animaux à sang chaud.

정욕 情慾 명 désir *m* sexuel [sensuel, charnel]; passion *f.* ¶ ~을 채우다 s'abandonner [se laisser aller] à la passion. ¶ ~을 품다 nourrir une passion. ¶ ~에 사로잡히다 être dominé(*e*) par la passion.

정원[1] **定員** 명 nombre *m* de personnes fixé [exigé], nombre *m* fixé [réglementaire] (du personnel); nombre *m* de personnes limite; nombre *m* (maximum) de places ((dans un véhicule, dans un stade)), capacité *f* d'accueil, capacité *f* maximale ((d'une salle)), quota *m*, contingent *m* déterminé. ¶ ~을 늘리다 augmenter le nombre (maximum) de places (assises) [la capacité d'accueil] ((dans un stade)), augmenter la capacité maximale ((d'une salle)). ¶ ~을 줄이다 diminuer le nombre (maximum) de places (assises) [la capacité d'accueil] ((dans un stade)), diminuer la capacité maximale ((d'une salle)). ¶ ~을 초과하다 excéder [dépasser] le nombre de personnes limite, être en surnombre. ¶ ~에 달하다 arriver au [atteindre le] nombre fixé [limite]. ¶ ~이 차다 arriver au [atteindre le] nombre fixé [limite]. ¶ 출석자수가 ~ 미달이어서 표결이 연기되었다 Le vote a été ajourné [remis] parce que le quorum requis n'était pas atteint [parce que le nombre de personnes présentes n'était pas suffisant]. ¶ ~ 이상의 승객을 태운 버스가 사고를 냈다 Le bus qui avait pris plus de passagers qu'il n'était autorisé a provoqué un accident.

◆**_제** -制 명 système *m* de quota.

◆**입학_** 入學 명 contingent *m* déterminé d'élèves.

정원[2] **庭園** 명 jardin *m.* ¶ ~을 가꾸다[꾸미다] cultiver un jardin, faire *son* jardin, jardiner. ¶ ~을 개조하다 aménager un jardin.

◆**_사** -師 명 jardini*er*(*ère*).

◆**_수** -樹 명 arbre *m* décoratif [ornement*al*(*aux*)].

정월 正月 명 janvier *m*; premier mois *m* de l'année lunaire. ¶ ~ 대보름 le 15 du premier mois lunaire. ¶ ~ 초하루에 세배하다 se prosterner à l'occasion du nouvel an lunaire devant les anciens de la famille pour les saluer et leur souhaiter une bonne année.

정위[1] **定位** 명 unité *f.*

정위[2] **正位** 명 position *f* [situation *f*, place *f*] correcte. ¶ ~를 찾다 chercher une position correcte.

정유 精油 명 huile *f* raffinée; raffinage *m* du pétrole. ¶ ~ 능력 capacité de raffinage du pétrole. ¶ ~ 시설[설비] installations de raffinage de pétrole. ◇_(를) **하다** raffiner le pétrole. ¶ ~를 하는 과정 processus de raffinage du pétrole.

◆**_공장** -工場 명 raffinerie *f* de pétrole.

정육 精肉 명 viande *f.* ¶ 최고급 ~ viande de première qualité.

◆**_점** -店 명 boucherie *f.* ¶ 고기를 사러 ~점에 가다 aller chez le boucher pour acheter de la viande. ¶ 그는 시장에서 ~점을 하고 있다 Il est le boucher du marché.

정육각형 正六角形 명 【수학】 hexagone *m* régulier.

정육면체 正六面體 명 【수학】 hexaèdre *m* régulier.

정음 正音 명 ① son *m* juste, langue *f* juste. ② 【언어】 ((훈민정음의 준말)) (abréviation *f* de) *Hunminjeongeum*; *hangeul m.*

◆**_청** -廳 명 librairie *f* et imprimerie *fpl* privées du palais sous la dynastie des Yi.

정의[1] **正義** 명 justice *f.* ¶ ~의 사도 apôtre de la justice. ¶ 분배 ~ justice de la répartition. ¶ 사회 ~ justice sociale. ¶ ~를 위하여 폭력과 싸우다 se battre pour la justice et contre la violence. ¶ ~는 결국 승리한다 La justice finit par triompher du mal.

◆**_감** -感 명 sens *m* de la justice. ¶ ~감에 불타다 être animé(*e*) d'un sens (profond) de la justice. ¶ 그 분은 ~감이 강한 사람이다 C'est une personne qui a un sens profond de la justice.

◆**_롭다** 형 être juste. ¶ ~로운 사회 une société juste. ¶ 법의 ~로운 실현 la juste application du droit. ¶ 그는 ~로운 사람이다 C'est un homme juste. ¶ ~롭게 살아가다 vivre en étant juste.

정의[2] **定義** 명 définition *f.* ¶ 자유의 ~ la définition de la liberté. ¶ 간결한[명확한] ~ une définition claire et concise [claire]. ◇_(를) **하다**[**내리다**] définir, donner une définition. ¶ 그건 한마디로 ~하기 어렵다 Il est difficile de le définir en un seul mot. ¶ 자유는 구속이 없는 상태로[라고] ~할 수 있다 La liberté peut se définir comme un état sans contrainte. ◇_(가) **되다** se définir.

◆**_적** -的 명관 définitionnel(*le*), définitoire. ¶ ~적 표현 une expression définitoire. ¶ ~적 관점[측면] un point de vue définitoire. ¶ ~적으로 문제가 있는 개념 un concept qui pose un problème de définition.

정의[3] **情誼** 명 amitié *f*, camaraderie *f.* ¶ 이웃 간의 ~ amitié entre voisins. ¶ 깊은 ~ une amitié profonde, une grande amitié. ¶ 사사로운 ~ une amitié particulière. ¶ ~를 소중히 여기다 accorder [attacher] de l'importance à l'amitié. ¶ 그 분은 ~를 모르는 사람이다 C'est un homme qui ne connaît pas l'amitié. ¶ ~가 두텁다[깊다] être très ami(*e*)s.

정의상통 情意相通 명 compréhension *f* mutuelle; affection *f.* ◇_(을) **하다** se comprendre; être des intimes, être très proches [intimes]. ¶ 그와 나는 ~하는 사이이다 Lui et moi, nous nous comprenons / Lui et moi, nous sommes intimes [très proches].

정인 情人 명 amoureux(se); amant(e), maîtresse *f*. ¶그 여자는 나의 ~이다 Elle est mon amoureuse.

정자[1] 正字 명 caractère *m* chinois original [complet, non simplifié]. ¶이름을 ~로 쓰다 écrire le nom en caractères chinois non simplifiés.

◆**_법** -法 명 manière *f* d'écrire les caractères chinois non simplifiés.

정자[2] 精子 명 【생물】 spermatozoïde *m*. ¶~와 난자의 결합 l'union d'un spermatozoïde et d'un ovule [avec un ovule].

◆**_세포** -細胞 명 spermatozoïde *m*.

정자[3] 亭子 명 pavillon *m*; belvédère *m*; kiosque *m*. ¶언덕 위에 ~를 짓다 bâtir un pavillon au sommet d'une colline. ¶~에서 휴식을 취하다 se reposer dans un pavillon [dans un belvédère].

정자나무 亭子- 명 arbre *m* sous lequel on vient se reposer.

정작 명 point *m* important, partie *f* essentielle; vérité *f*, réalité *f*. ¶~으로 내가 알고 싶은 것은 그게 아니다 Ce n'est pas cela que je voulais vraiment savoir. ¶~은 이제부터야 C'est maintenant que ça commence véritablement [vraiment, pour de bon, pour de vrai, sérieusement].

부 ① 생각했던 것과 달리 en fait. ¶~ 그의 관심은 다른 곳에 있었다 En fait, c'est qu'il s'intéresse à d'autres choses. ② 실제로 vraiment, en réalité, réellement. ¶~ 사려고 하면 살 수 없다 Quand on veut vraiment acheter quelque chose, c'est impossible de le trouver. ¶~ 그 사람 앞에 서면 나는 말도 못한다 En réalité, je ne peux pas parler devant lui. ¶~ 답을 쓰려하니 생각이 나지 않는다 Quand je dois réellement écrire une réponse, je ne peux pas m'en rappeler. ③ 오히려 plutôt. ¶~ 화를 내야 할 사람은 나다 C'est plutôt moi qui devrais me mettre en colère / C'est plutôt à moi d'être en colère.

정장 正裝 명 complet *m*; costume *m*, habit *m*, tenue *f* ((de soirée)). ¶~을 입다 mettre [enfiler] un costume. ¶~을 한 벌 사다 acheter un costume. ¶그는 ~ 차림으로[~으로 차려 입고] 나갔다 Il est sorti en tenue de soirée. ◇_(을) **하다** se mettre en tenue de soirée. ¶~을 하고 파티에 나가다 aller à une soirée bien habillé.

정재 淨財 명 offrande *f*, don *m*. ¶~를 희사하다 faire une offrande (à un temple).

정쟁 政爭 명 dispute *f* [lutte *f*, polémique *f*] politique. ¶~의 도구로 삼다 se servir d'une lutte politique comme outil [comme moyen]. ¶~을 벌이다 engager une dispute politique. ¶~을 일삼다 n'engager que des disputes politiques. ¶~(의 소용돌이)에 휘말리다 être entraîné(*e*) [pris(*e*)] dans le tourbillon d'une dispute politique.

정적[1] 靜的 명관 être calme, silencieux(*se*), tranquille. ¶~인 상태 tranquillité, calme, silence, solitude. ¶~인 성격 un caractère calme [silencieux].

정적[2] 靜寂 명 tranquillité *f*, calme *m*; silence *m*; solitude *f*. ¶~을 깨다 briser le silence. ¶~에 잠긴 산사 un temple (bouddhique) en montagne plongé dans le calme [baignant dans le silence]. ¶잠시 방안에 ~이 흘렀다 Un silence s'abattit momentanément sur la pièce / Un silence régna [s'installa] momentanément dans la pièce / Un silence envahit momentanément la pièce / Un ange passa.

정적[3] 政敵 명 adversaire *mf* politique. ¶~을 제거하다 supprimer [éliminer] l'adversaire politique. ¶~을 만들다 se faire un adversaire politique.

정전[1] 停電 명 panne *f* d'électricité [de courant]. ¶~ 사고 une panne d'électricité [de courant]. ¶~으로 캄캄해졌다 Nous sommes dans l'obscurité à cause d'une panne d'électricité. ¶요즈음은 ~이 잦다 Ces jours-ci, nous avons souvent des pannes d'électricité. ¶어젯밤 이 지역은 ~이었다 Hier soir, [La nuit dernière, Cette nuit,] cette région était privée d'électricité. ◇_(이) **되다** avoir une panne d'électricité. ¶벼락으로 ~이 되었다 Une panne d'électricité s'est produite à cause de la foudre.

정전[2] 停戰 명 【군사】 cessez-le-feu *m*, suspension *f* des hostilités, trêve *f* (de Dieu). ◇_(을) **하다** faire une trêve, suspendre les hostilités.

◆**_교섭** -交涉 명 négociation *f* de cessez-le-feu.

◆**_명령** -命令 명 ordre *m* de cessez-le-feu.

◆**_위원회** -委員會 명 commission *f* d'armistice.

◆**_협정** -協定 명 accord *m* [convention *f*] de cessez-le-feu.

◆**_회담** -會談 명 pourparlers *mpl* d'armistice.

정전[3] 丁田 명 【역사】 *jeongjeon m* <terrain distribué pour les hommes de 16 à 60 ans à l'époque de Silla>.

정전[4] 丁錢 명 【역사】 *jeongjeon m* <argent payé au lieu de la main-d'œuvre mobilisée pour les travaux de l'armée, sous la dynastie des Yi>.

정전[5] 正田 명 【역사】 *jeongjeon m* <terrain cultivé pour l'impôt sous la dynastie des Yi>.

정전기 靜電氣 명 【물리】 électricité *f* statique. ¶~를 일으키다 provoquer de l'électricité statique. ¶~를 느끼다 sentir de l'électricité statique. ¶~가 생기다[발생하다] avoir de l'électricité statique.

정절 貞節 명 fidélité *f*, chasteté *f*. ¶~을 지키다 rester chaste; rester fidèle (à *son* mari). ¶~을 잃다 perdre *sa* chasteté; ne pas être fidèle. ¶~을 팔다 se prostituer.

정점[1] 頂點 명 ① 【수학】 sommet *m* ((d'un angle, d'une courbe)). ② 꼭대기 sommet *m*, pic *m*, cime *f*, faîte *m*. ¶산의 ~에 다다르다 arriver [parvenir] au sommet d'une montagne. ③ 극치 apogée *m*, sommet *m*, point *m* culminant, paroxysme *m*, maximum *m*, comble *m*. ¶~에 다다르다 atteindre le [parvenir au, arriver au] sommet ((de *sa* gloire, de *sa* carrière)), atteindre le point culminant [*son* apogée], atteindre *son* paroxysme [*son* maximum], être à *son* comble. ¶그 해를 ~으로 그의 인생은

ㅈ

내리막길을 걷기 시작했다 À partir de cette année, arrivé à un sommet, il a commencé à décliner. ④ centre *m*, pivot *m*, rôle *m* principal. ¶ 그 모임은 회장을 ~으로 조 별로 구성되어 있다 La réunion se constitue du président et des groupes qu'il préside.

정점² 定點 명 【수학】 point *m* fixe.

정접 正接 명 【수학】 tangente *f*. ¶ ~의 tangentiel(*le*).

◆_**곡선** -曲線 명 tangente *f*.

◆_**면** -面 명 plan *m* tangent.

◆_**전류계** -電流計 명 【물리】 galvanomètre *m* tangentiel.

정정¹ 訂正 명 correction *f*, révision *f*, rectification *f*. ¶ ~ 보도 rectification d'un article; correction d'un article erroné. ¶ 기사의 ~을 요구하다 demander la rectification d'un article de presse. ◇_(을) **하다** corriger, rectifier, réviser. ¶ 오류를 ~하다 corriger une faute [erreur]. ¶ 통계 수치를 ~하다 corriger les valeurs numériques des (données) statistiques. ◇_(이) **되다** être corrigé(*e*), révisé(*e*). ¶ 오답이 ~되었다 Les mauvaises réponses ont été corrigées.

◆_**기사** -記事 명 article *m* corrigé. ¶ ~기사를 내다 publier un article corrigé.

◆_**부호** -符號 명 signe *m* de correction.

◆_**안** -案 명 matière *f* [sujet *m*] à débattre.

◆_**액** -額 명 budget *m* révisé.

◆_**판** -版 명 édition *f* révisée.

정정² 政情 명 conditions *fpl* politiques, situation *f* politique. ¶ ~을 살피다 observer la situation politique ¶ ~이 불안하다 La situation politique est instable.

정정당당 正正堂堂 어근 ((débat, discussion)) être loy*al*(*ale*, *aux*), direct(*e*), ouvert(*e*), franc(*he*).

◆_**하다** 형 être loy*al*(*ale*, *aux*), direct(*e*), ouvert(*e*), franc(*he*). ¶ 그 여자의 태도는 ~하였다 La conduite de cette femme a été franche et ouverte. ¶ ~한 승부였다 C'était une victoire loyale. ¶ ~하게 싸우다 faire un combat loyal.

◆_**히** 부 loyalement, franchement, de bonne foi, avec droiture, ((y aller)) de franc jeu; sans ambages.

정정하다 亭亭- 형 avoir une allure vive et alerte, paraître en santé, être vigoureu*x*(*se*), vert(*e*), bien portant(*e*); se porter comme un charme; avoir bon pied, bon œil {*fam*}. ¶ 그 분은 90이 넘은 나이에도 여전히 ~ Il a plus de 90 ans, mais il est encore très vigoureux [mais il reste très vigoureux]. ¶ 정정한 노인 une personne âgée encore vigoureuse [bien portante, en très bonne santé].

정제¹ 錠劑 명 【약학】 comprimé *m*, pilule *f*, cachet *m*. ¶ 아스피린 ~를 3알 먹다 prendre trois aspirines [comprimés d'aspirine, cachets d'aspirine].

정제² 精製 명 fabrication *f* minutieuse [raffinée]; raffinage *m*. ¶ ~ 설탕 du sucre raffiné. ◇_(를) **하다** raffiner; fabriquer avec minutie. ¶ 원유를 ~하다 raffiner du pétrole brut. ◇_(가) **되다** être raffiné(*e*).

◆_**소** -所 명 raffinerie *f*.

◆_**유** -油 명 huile *f* essentielle, huile *f* raffinée.

정제³ 整齊 명 arrangement *m*; agencement *m*; mise *f* en ordre. ◇_(를) **하다** arranger; disposer; mettre en bon ordre. ¶ 의관을 ~하다 agencer l'habit et le chapeau [la tenue de sortie].

정조¹ 貞操 명 chasteté *f*, fidélité *f*. ¶ ~를 잃다 perdre *sa* chasteté; ne pas être fidèle. ¶ ~를 지키다 rester fidèle (à *son* mari). ¶ ~를 바치다 se donner (à un homme). ¶ ~를 중히 여기다 attacher une grande importance à la fidélité. ¶ ~를 유린하다 violer (une jeune fille).

◆_**대** -帶 명 ceinture *f* de chasteté.

◆_**관념** -觀念 명 sens *m* de la fidélité. ¶ ~관념이 희박하다 ne pas attacher beaucoup d'importance à la fidélité.

정조² 正租 명 riz *m* non décortiqué.

정조³ 正調 명 son *m* juste. ¶ ~로 연주하다 jouer juste.

정족 鼎足 명 pied *m* d'un trépied. ¶ 세 나라가 ~과 같은 형세를 하고 있다 Trois pays sont disposés en triangle comme les pieds d'un trépied.

정족수 定足數 명 quorum *m*. ¶ ~ 미달로 회의를 연기하다 reporter une réunion par absence de quorum, reporter une réunion par manque d'assistants. ¶ ~를 채우다 compléter le quorum. ¶ ~에 달하다 atteindre le quorum.

정종 正宗 명 alcool *m* de riz à la japonaise. ¶ ~을 마시다 boire de l'alcool de riz à la japonaise. ¶ ~을 데워 먹다 prendre à chaud l'alcool de riz à la japonaise.

정좌¹ 靜坐 명 position *f* (assise) de recueillement. ◇_(를) **하다** s'asseoir dans une position méditative. ¶ ~하여 호흡을 가다듬다 apaiser *sa* respiration en s'asseyant dans une position méditative.

정좌² 正坐 명 position *f* correcte. ◇_(를) **하다** s'asseoir bien droit(*e*); s'asseoir correctement. ¶ 책상 앞에 ~하다 s'asseoir au bureau dans une position correcte.

정좌³ 鼎坐 명 trois personnes *fpl* assises en triangle comme un trépied. ◇_(를) **하다** s'asseoir en triangle.

정죄¹ 定罪 명 condamnation *f*. ◇_(를) **하다** condamner. ¶ 누구를 ~하다 condamner *qn*.

정죄² 淨罪 명 ① absolution *f* du péché. ② 【종교】 absoute *f* du péché. ◇_(를) **하다** absoudre *qn* de *ses* fautes [de *ses* péchés].

정주 定住 명 installation *f*, établissement *m*, résidence *f* fixe. ◇_(를) **하다** s'établir; habiter de façon permanente, s'installer *qp* définitivement [de façon définitive], se fixer *qp*. ¶ 서울에 ~하다 s'établir à Séoul, s'installer définitivement à Séoul.

◆_**자** -者 명 résident(*e*) permanent(*e*).

◆_**지** -地 명 (lieu(*x*) *m* de) résidence *f* permanente, adresse *f* permanente.

정중¹ 鄭重 어근 courtoisie *f*, politesse *f*, civilité *f*.

◆_**하다** 형 être courtois(*e*), poli(*e*). ¶ 그는 말하는 투가 ~하다 Sa manière de parler est polie. ¶ 그렇게

ㅈ

말하는 것은 ~하지 못 합니다 Il n'est pas très poli de parler comme cela. ¶ ~한 대접 réception courtoise, accueil hospitalier, hospitalité. ¶ ~한 말[표현]로 en termes courtois. ¶ ~하게 사과하다 faire *ses* excuses [demander pardon à *qn*] avec politesse. ¶ 누구를 ~하게 대하다 traiter [accueillir] *qn* avec de une grande courtoisie.

◆_히 ⓟ courtoisement, poliment, avec politesse. ¶ ~히 거절하다 refuser *qc* avec politesse. ¶ 누구에게 ~히 나이를 묻다 demander poliment l'âge de *qn*.

정중[2] 正中 ⓜ juste milieu(*x*) *m*; centre *m*.

◆_선 -線 ⓜ ligne *f* médiane.

◆_신경 -神經 ⓜ 【의학】 nerf *m* médian.

정지[1] 停止 ⓜ arrêt *m*, interruption *f*, suspension *f*. ¶ 지불[지급] ~ suspension de paiements [d'allocations]. ¶ 자격[면허] ~ 2년 arrêt [interruption] du permis pour deux ans. ¶ 영업 ~ 3개월을 받다 recevoir un avis de suspension de commerce de trois mois. ¶ 거래가 ~상태에 있다 L'affaire [L'échange] est suspendu(*e*). ◇_(를) 하다 ① s'arrêter. ¶ 차가 갑자기 ~했다 La voiture s'est soudainement arrêtée. ② interrompre, cesser, arrêter, suspendre. ¶ 전투를 ~하다 cesser [arrêter] la bataille. ¶ 형의 집행을 ~하다 suspendre une peine. ◇_(가) 되다 être suspendu(*e*). ¶ 운전면허가 ~되었다 Son permis (de conduire) a été suspendu / Il(Elle) s'est vu suspendre [retirer] son permis de conduire. ◇_(를) 당하다 être suspendu(*e*). ¶ 그 회사는 영업을 ~당했다 Cette entreprise s'est vu suspendre ses activités [a eu ses activités suspendues]. ◇_(를) 시키다 arrêter, cesser, interrompre, suspendre.

◆_명령 -命令 ⓜ ordre *m* [commandement *m*] d'arrêt, halte *f*.

◆_선 -線 ⓜ ligne *f* d'arrêt. ¶ ~선을 넘다 franchir la ligne d'arrêt.

◆_신호 -信號 ⓜ signal *m* d'arrêt.

◆일단_ 一旦- ⓜ ((code de la route)) stop *m*. ¶ 일단~를 무시하고 지나치다 ne pas respecter un stop, griller un stop {*fam*}.

정지[2] 靜止 ⓜ quiétude *f*, tranquillité *f*, calme *m*; repos *m*; silence *m*; immobilité *f*. ¶ ~ 자세 attitude de repos. ◇_(를) 하다 être tranquille, calme; être immobile, statique. ¶ 자연계의 그 무엇도 잠시라도 ~하는 일은 없다 Rien n'est immobile dans la nature, même pour un instant.

정직[1] 正直 ⓜ honnêteté *f*, franchise *f*, droiture *f*.

◆_하다 ⓗ être honnête, franc(*che*), droit(*e*), loy*al*(*ale*, *aux*). ¶ ~해 보이다 avoir l'air honnête. ¶ ~한 사람 une personne honnête. ¶ ~하게 말하다 parler honnêtement [franchement, avec franchise, en toute franchise]. ¶ ~하게 행동하다 agir [se comporter] honnêtement.

◆_히 ⓟ honnêtement, franchement, loyalement. ¶ 네가 훔쳤다고 ~히 말해라 Dis franchement que tu l'as volé.

◆_성 -性 ⓜ honnêteté *f*, franchise *f*.

정직[2] 停職 ⓜ 【법률】 suspension *f* ((d'un fonctionnaire)). ¶ ~ 처분을 내리다 suspendre *qn*. ◇_(을) 당하다 être suspendu(*e*).

정직[3] 定職 ⓜ occupation *f* régulière; trav*ail*(*aux*) *m* [emploi *m*] régulier. ¶ ~을 얻다 obtenir un emploi régulier. ¶ ~이 없다 ne pas avoir d'occupation régulière.

정진 精進 ⓜ persévérance *f*, application *f*, assiduité *f*. ¶ 학업 ~에 힘쓰다 persévérer dans l'étude, être assidu(*e*) dans *ses* études. ◇_(을) 하다 persévérer, s'appliquer; faire des efforts. ¶ 문학 연구에 ~하다 s'appliquer avec assiduité à l'étude de la littérature.

정차 停車 ⓜ arrêt *m* ((d'un véhicule)). ¶ ~ 금지 interdiction d'arrêt ((des voitures)). ◇_(를) 하다 s'arrêter. ¶ 완전히 ~하다 s'arrêter complètement. ¶ 이번 역에서 5분간 ~하겠습니다 Nous ferons un arrêt de cinq minutes à la prochaine gare. ¶ 열차는 역마다 ~했다 Le train s'est arrêté à chaque gare.

◆주_ 駐- ⓜ arrêt *m* et stationnement *m*. ¶ 주~ 금지 Défense d'arrêt et de stationnement / Interdiction de stationner.

정착 定着 ⓜ fixation *f*, fixage *m*. ¶ ~ 생활 une vie sédentaire. ¶ 새 제도의 ~ implantation du nouveau régime. ◇_(을) 하다 s'installer *qp* définitivement [de façon définitive], s'établir *qp*, se fixer *qp*, planter *sa* tente *qp* {*fam*}; se sédentariser. ¶ 새로운 땅에 ~하다 se fixer à nouvelle terre [adresse]. ¶ 민주주의가 완전히 ~하지 않았다 La démocratie n'a pas encore été complètement établie [installée, mise en place]. ◇_(이) 되다 se fixer, s'établir, s'implanter; être établi(*e*), être implanté(*e*). ¶ 아직 새 제도가 ~되지 못했다 Le nouveau système n'est pas encore implanté.

◆_금 -金 ⓜ subvention *f* [aide *f*] d'établissement ((pour les réfugiés)).

◆_민 -民 ⓜ membres *mpl* de la communauté réfugiée.

◆_액 -額 ⓜ 【미술】 fixateur *m*.

◆_제 -劑 ⓜ ((사진)) agent *m* fixateur.

◆_지 -地 ⓜ terre *f* d'ancrage.

정찬 正餐 ⓜ repas *m* décent. ¶ ~을 대접하다 servir [offrir] un repas décent.

정찰[1] 正札 ⓜ étiquette *f* de prix; prix *m* marqué. ¶ ~을 붙이다[달다] étiqueter des marchandises. ¶ 새 양복에서 ~을 떼다 enlever [arracher] l'étiquette d'un nouveau costume. ¶ 500원 ~이 붙은 상품 un article [un produit] marqué à 500 wons. ¶ 이 상점은 ~ 판매를 한다 Ce magasin vend des articles à prix fixe [à prix marqué].

◆_가격 -價格 ⓜ prix *m* fixe, prix *m* marqué.

◆_제 -制 ⓜ système *m* de vente sans rabais possible [au prix marqué, à prix fixe]. ¶ 본 업소에서는 ~제를 실시합니다 Ici, nous vendons à prix fixe (pas de réduction possible) ((On ne peut pas marchander)) / Ici, on ne fait pas de réduction [pas de prix].

정찰² 偵察 명 【군사】 reconnaissance *f.* ¶ ~ 임무를 띠다 partir en reconnaissance, avoir une mission de reconnaissance. ◇_(을) **하다** aller en reconnaissance, reconnaître ((une position ennemie)). ¶ 적진을 ~하다 reconnaître les positions ennemies [la situation de l'ennemi].

◆_**기** -機 명 avion *m* de reconnaissance.

◆_**대** -隊 명 équipe *f* de reconnaissance [d'éclaireurs].

◆_**병** -兵 명 éclaireur *m*.

◆_**비행** -飛行 명 vol *m* de reconnaissance. ¶ ~비행을 하다 exécuter un vol de reconnaissance.

정찰³ 精察 명 inspection *f* [examen *m*, observation *f*] minutieux(*se*). ◇_(을) **하다** inspecter en détail, examiner minutieusement, observer avec soin.

정채 精彩 명 éclat *m*, brillance *f*, lustre *m*; vivacité *f*, vitalité *f*. ¶ 그 분은 나이를 먹으면서 눈의 ~를 잃어간다 Il perd l'éclat dans ses yeux avec l'âge. ¶ 해학미를 섞어 이야기에 ~를 더하다 L'histoire devient plus intéressante quand on la raconte avec humour.

정책 政策 명 politique *f*, ligne *f* de conduite. ¶ 교육[외교, 산업] ~ politique éducative [diplomatique, industrielle]. ¶ 한국의 대미 ~ politique coréenne envers les États-Unis. ¶ 성공한 [실패한] ~ politique réussie [échouée]. ¶ ~을 수립하다 établir [mettre sur pied] une politique. ¶ ~을 쓰다[채택하다] employer [adopter] une politique. ¶ ~을 바꾸다[변경하다] changer de politique. ¶ ~을 검토하다 examiner la politique. ¶ ~을 실행하다 mettre à exécution [exécuter] une politique. ¶ ~을 발표하다 annoncer une politique. ¶ ~을 폐기하다 rejeter [annuler] la politique. ¶ 북한에 대해 햇볕 ~을 펴다 pratiquer la politique de la main tendue envers la Corée du Nord. ¶ ~에 따르다 appliquer [suivre] la politique.

◆_**적** -的 명관 politique. ¶ ~적인 차원에서 접근하다 aborder *qc* au niveau politique [politiquement]. ¶ 우수 인력 유치를 위한 ~적 지원이 절실하다 Il est extrêmement nécessaire d'avoir un soutien politique pour attirer des ressources humaines qualitatives. ¶ 연구를 ~적으로 뒷받침하다 appuyer [soutenir] politiquement les investigations

◆_**상** -上 명 ((d'un)) point *m* de vue politique. ¶ ~상의 문제 problème de politique. ¶ ~상 어쩔 수 없습니다 D'un point de vue politique, il n'y a pas d'autres moyens.

◆_**위원회** -委員會 명 comité *m* politique.

◆_**협정** -協定 명 accord *m* [convention *f*] politique.

◆**대외**_ 對外- 명 politique *f* étrangère.

정처 定處 명 place *f* [domicile *m*] fixe. ¶ 마음의 ~를 잃다 perdre un objet cher [une personne chère] à *son* cœur; perdre l'élu de *son* cœur. ◇_(가) **없다** ne pas avoir de destination précise; ne pas avoir de but. ¶ ~없는 유랑길에 오르다 partir en voyage sans destination précise [sans savoir exactement où aller, au hasard]. ¶ ~없이 떠돌다[떠나다] errer [partir] sans but.

정체¹ 正體 명 identité *f*, véritable caractère *m*; vrai caractère *m*; nature *f* véritable; forme *f* originelle. ¶ ~를 감추다 ((신분)) cacher *son* identité; ((본모습)) cacher *sa* vraie nature. ¶ ~를 드러내다 ((신분)) révéler *son* identité; ((본모습)) révéler *sa* vraie nature, paraître sous *son* vrai jour, se montrer sous *son* vrai jour, se montrer tel qu'on est, montrer *son* vrai visage [caractère], trahir [laisser paraître] *son* vrai caractère, révéler *son* vrai visage [*son* vrai caractère], se démasquer. ¶ ~를 폭로하다[밝히다] ((신분)) dévoiler [révéler] l'identité ((de *qn*)); ((본모습)) dévoiler [révéler] la vraie nature [le caractère profond] ((de *qn*)). ¶ ~를 파악하다 démasquer *qn*. ¶ 그 사람의 ~를 모르겠다 ((신분)) Je ne connais pas sa véritable identité ; ((본모습)) Je ne le connais pas bien / Je le connais mal / Je ne connais pas sa nature profonde [le fond de son caractère, ce qu'il est vraiment]. ¶ ~가 불분명하다 ((신분)) On ne connaît pas avec certitude [avec précision] son identité ; ((본모습)) On le connaît mal / On ne le connaît pas bien / On ne connaît pas sa nature profonde [le fond de son caractère, ce qu'il est vraiment, qui il est véritablement].

◆_**성** -性 명 identité *f*. ¶ ~성의 확립 l'affirmation de *son* identité. ¶ ~성을 찾다[잃다] chercher [perdre] *son* identité. ¶ 그렇게 하면 우리의 ~성이 흔들린다 Cela compromet notre véritable identité si l'on fait cela.

◆_**불명** -不明 명 étrange, mystérieux(*se*), mal connu(*e*). ¶ ~불명의 사람 une personne dont l'identité est mal connue.

정체² 政體 명 système *m* [forme *f*] politique [gouvernemental]; régime *m* politique. ¶ ~를 바꾸다 changer la forme [le système] de gouvernement; changer de régime.

◆**공화**_ 共和- 명 régime *m* république.

◆**군주**_ 君主- 명 monarchie *f*; régime *m* monarchique.

◆**민주**_ 民主- 명 régime *m* démocratique.

◆**입헌**_ 立憲 명 forme *f* constitutionnelle; régime *m* constitutionnel.

정체³ 停滯 명 accumulation *f*, stagnation *f*, marasme *m*;retard *m* d'un paiement. ¶ 도로[차량] ~ un ralentissement; un embouteillage; un bouchon {*fam*}. ¶ ~ 구간 une section où la circulation est ralentie, une section de route embouteillée. ◇_(를) **하다** stagner; s'accumuler; ((paiement)) être en retard. ¶ 이 도로는 세 시간을 ~했다 Cette route a été embouteillée [encombrée] pendant trois heures. ¶ 경제가 너무 오래 ~하고 있다 L'économie stagne depuis trop longtemps. ◇_(가) **되다** être au ralenti. ¶ 차량[도로]이 ~되고 있다 Les véhicules roulent [On roule] au ralenti [au pas] / Les routes sont embouteillées [bouchonnées,

ㅈ

congestionnées] / Il y a des embouteillages [des bouchons {*fam*}] / La circulation est ralentie.

◆_적 -的 명관 stagnant(*e*). ¶ ~적인 관료 체제 une bureaucratie stagnante.

정초[1] **正初** 명 les dix premiers jours *mpl* du premier mois lunaire; début *m* de l'année. ¶ ~에 한해의 계획을 세우다 faire des projets pour l'année au début de l'année (lunaire).

정초[2] **定礎** 명 pose *f* de la première pierre. ◇_(를) 하다 poser la première pierre.

정충 精蟲 명【생물】spermatozoïde *m*. ☞ 정자[2]

정취 情趣 명 ① atmosphère *f*, sentiment *m*; humeur *f*, disposition *f*. ¶ 이국(적인) ~ un charme exotique. ¶ 절의 고요한 ~를 느끼다 ressentir l'atmosphère paisible d'un temple. ¶ ~를 맛보다 goûter au charme de *qc* ((d'une plage)). ② effet *m* artistique; charme *m*. ◇_(가) 있다[없다] être charmant(*e*), ravissant(*e*); avoir du charme [ne pas avoir de charme]. ¶ 그의 그림에는 사람을 매혹하는 ~가 있다 Il y a quelque chose qui nous charme dans sa peinture.

정치[1] **政治** 명 politique *f*, gouvernement *m*; administration *f*, affaires *fpl* politiques. ¶ ~ 발전 le développement d'une politique. ¶ ~의 선진화 le développement des affaires politiques. ¶ 깨끗한 ~ une politique non corrompue. ¶ ~에 대한 불신 une méfiance au sujet de la politique, un manque de confiance en la politique. ¶ ~를 논하다 discuter sur la politique; parler (de) politique. ¶ ~에 관계하다 s'occuper de politique. ¶ ~에 관심이 없는 사람 une personne indifférente à la politique; une personne désintéressée par la politique; une personne apolitique. ◇_(를) 하다 gouverner; administrer les affaires de l'État; faire de la politique. ¶ ~를 잘 하다 bien gouverner; entretenir *son* réseau relationnel [*son* réseau de relations influentes sur le plan professionnel]. ¶ 출세를 위해 윗사람들에게 ~하다 flatter *ses* supérieurs pour faire carrière.

◆_적 -的 명관 politique. ¶ ~적 자유 une liberté politique. ¶ ~적인 망명 l'exil politique. ¶ ~적인 수단 un moyen politique. ¶ ~적으로 중립을 지키다 être neutre politiquement; garder la neutralité politique. ¶ 그 사람은 지나치게 ~적이다 Il agit *toujours très politiquement* / *Il* agit toujours de manière trop calculée [de façon très [trop] organisée, de façon très prévoyante].

◆_성 -性 명 caractère *m* politique. ¶ ~성을 배제하다 ne pas considérer [ne pas faire attention à] l'aspect politique de la chose [de l'affaire]. ¶ ~성이 농후하다 avoir un caractère politique poussé; être très politique.

◆_가 -家 명 homme *m* [femme *f*] politique, politicien(*ne*).

◆_감각 -感覺 명 sensibilité *f* politique; sens *m* politique.

◆_계 -界 명 monde *m* [milieu(*x*) *m*] politique.

◆_공작 -工作 명 manœuvre *f* politique.

◆_과 -科 명 département *m* [U.F.R. *m*, section *f*] des sciences politiques.

◆_관 -觀 명 tendances *fpl* [attitudes *fpl*, positions *fpl*] politiques; opinions *fpl* politiques. ¶ ~관을 세우다[확립하다] établir [consolider, affermir] *ses* opinions [*ses* tendances] politiques.

◆_권 -圈 명 sphère *f* politique. ¶ ~권의 동향[흐름] des tendances politiques. ¶ 현 ~권에 염증을 느끼다 ressentir du dégoût vis-à-vis de la sphère politique [des hautes sphères de la politique] actuelle.

◆_권력 -權力 명 pouvoir *m* politique.

◆_기구 -機構 명 organisation *f* politique.

◆_노선 -路線 명 ligne *f* politique.

◆_단체 -團體 명 organisation *f* politique; association *f* politique.

◆_력 -力 명 (bonne) compétence *f* politique, (bon) sens *m* [(bonne) sensibilité *f*] politique ((pour gérer une entreprise, *sa* carrière)), (bonne) gestion *f* politique sur le plan professionnel. ¶ ~력의 부재 manque de sens [de sensibilité, de compétence] politique. ¶ ~력을 발휘하다 déployer une bonne gestion politique sur le plan professionnel, être prévoyant(*e*) de manière à bien développer *sa* carrière.

◆_면 -面 명 page *f* [rubrique *f*] politique (dans un journal). ¶ ~면의 머리기사 un article en tête de la page politique.

◆_문제 -問題 명 problème *m* [question *f*] politique.

◆_범 -犯 명 criminel(*le*) politique; détenu(*e*) politique.

◆_부 -部 명 service *m* politique; section *f* politique. ¶ ~부 기자 un(*e*) journaliste à la section politique.

◆_사 -史 명 histoire *f* de la politique.

◆_사상 -思想 명 idées *fpl* politiques; opinions *fpl* politiques.

◆_운동 -運動 명 mouvement *m* [campagne *f*] politique.

◆_의식 -意識 명 niveau *m* de conscience politique.

◆_이념 -理念 명 idéologie *f* [doctrine *f*] politique.

◆_인 -人 명 politicien(*ne*), homme *m* [femme *f*] politique.

◆_자금 -資金 명 fonds *mpl* politiques.

◆_조직 -組織 명 organisation *f* politique.

◆_체제 -體制 명 régime *m* politique; institutions *fpl* politiques.

◆_투쟁 -鬪爭 명 luttes *fpl* politiques.

◆_판 명 échiquier *m* politique; monde *m* de la politique. ¶ ~판에 뛰어들다 se mêler [s'occuper] de politique; faire de la politique. ¶ ~판이 썩었다 Le monde de la politique est corrompu [pourri].

◆_학 -學 명 politologie *f*, politicologie *f*, science *f* politique.

◆_헌금 -獻金 명 contribution *f* financière à un parti politique.

◆_혐오 -嫌惡 명 aversion *f* [dégoût *m*] envers la

ㅈ

politique.
◆_협상 -協商 명 négociations *fpl* politiques.
◆_회담 -會談 명 pourparlers *mpl* politiques.
◆관료_ 官僚- 명 bureaucratie *f*; gouvernement *m* bureaucratique.
◆금권_ 金權- 명 ploutocratie *f*.
◆독재_ 獨裁- 명 dictature *f*; autocratie *f*; absolutisme *m*.
◆무단_ 武斷- politique *f* [gouvernement *m*] militariste.
◆민주_ 民主- 명 politique *f* démocratique.
◆전제_ 專制- 명 absolutisme *m*; gouvernement *m* [régime *m*] autocratique.
◆정당_ 政黨- 명 politique *f* de parti.

정치² 定置 명 fixation *f*. ◇_(를) **하다** fixer *qc*.

정치하다 精緻- 형 être exquis(*e*), fin(*e*), délicat(*e*), minutieux(*se*). ¶ ~한 분석 une analyse minutieuse.

정칙¹ 正則 명 régularité *f*.

정칙² 定則 명 loi *f* [règle *f*] établie.

정크본드 외{junk bond} 명 obligation *f* à haut risque.

정탐 偵探 명 espionnage *m*; enquête *f* secrète; reconnaissance *f*. ¶ ~을 나가다 partir en reconnaissance. ¶ ~에 나서다 partir en reconnaissance; faire une reconnaissance. ◇_(을) **하다** espionner, enquêter en secret; faire une reconnaissance. ¶ 적지[형세]를 ~하다 faire une reconnaissance dans un territoire ennemi [faire un tour d'horizon sur la situation ((politique))]. ¶ 회사의 내정을 ~하다 enquêter secrètement sur l'administration interne d'une société [d'une entreprise]. ◇_(이) **되다**[(을) **당하다**] se faire espionner, être victime d'espionnage.
◆_꾼 명 espion(*ne*); détective *m*.

정태 靜態 명 état *m* statique [stationnaire]. ¶ ~ 분석 une analyse statique.
◆_적 -的 명관 statique, stationnaire. ¶ 현상의 ~적 측면 le côté [l'aspect] statique [stationnaire] d'un phénomène.

정토¹ 征討 명 assujettissement *m*; conquête *f*. ¶ 영토 ~에 나서다 partir à la conquête de territoires.

정토² 淨土 명 【불교】 Terre *f* pure; Paradis *m* de l'Ouest. ¶ 극락 ~ le Paradis de l'Ouest; la Terre Pure. ¶ 서방 ~ le Paradis de l'Ouest, la Terre Pure.

정통 正統 명 ① orthodoxie *f*, légitimité *f*. ¶ ~ 마르크스주의 le marxisme orthodoxe. ¶ 중국의 ~ 요리 la cuisine authentique chinoise. ¶ ~을 이어받다[계승하다] hériter [succéder] légitimement de la descendance royale. ② centre *m*; cœur *m*. ③ descendance *f* royale légitime.
◆_으로 부 en plein cœur [centre], pile {*fam*} sur *qc*. ¶ 가슴을 ~으로 얻어맞다 recevoir une balle en plein cœur. ¶ ~으로 문제의 핵심을 찌르다 tomber pile sur le cœur d'un problème.
◆_적 -的 명관 légitime, orthodoxe. ¶ ~적인 이론[학설] une théorie [une doctrine] orthodoxe. ¶ 민족문화의 ~적 계승 une descendance légitime de la culture d'un peuple [d'une nation].
◆_성 -性 명 légitimité *f*, orthodoxie *f*. ¶ 정권의 ~성을 문제 삼다 soulever le problème de la légitimité du gouvernement. ¶ ~성을 확보하기 위하여 애를 쓰다 faire des efforts pour développer la légitimité [l'orthodoxie].
◆_파 -派 명 parti *m* orthodoxe; école *f* orthodoxe.

정통하다 精通- 형 être un connaisseu*r*(*se*) ((en musique)); être un expert(*e*) en *qc*; s'y connaître en ((voitures de sport)); être versé(*e*) dans *qc*; connaître *qc* parfaitement; être bien informé(*e*) de / sur *qc*; être ((un homme politique)) jusqu'au bout des ongles; être très famili*er*(*ère*) avec *qc*; avoir une connaissance approfondie [complète] de *qc*. ¶ 이 방면에 ~ être versé(*e*) dans ce domaine; être un(*e*) expert(*e*) dans ce domaine. ¶ 정통한 소식통에 따르면 selon des sources bien informées. ¶ 한국 사정에 정통한 사람 une personne qui connaît très bien la Corée [qui sait tout sur la Corée]. ¶ 그 사람은 암호해독[암호를 해독하는 데]에 정통했다 Il s'y connaissait pour déchiffrer les codes secrets [les cryptogrammes] / Il s'y connaissait en décryptage.

정파 政派 명 parti *m* politique. ¶ 그 사람은 어느 ~에도 속하지 않는다 Il n'appartient à aucun parti politique. ¶ 여러 ~간에 정쟁이 벌어지고 있다 Il y a une concurrence [une guerre politique] entre divers partis politiques.

정평 定評 명 réputation *f* établie. ◇_(이) **나다** être reconnu(*e*), réputé(*e*) [connu (*e*), célèbre] pour *qc*/*inf*. ¶ 그 사람의 거만함은 ~이 나 있다 Il est reconnu pour être orgueilleux [pour son orgueil] / Il est célèbre pour son orgueil. ¶ 그 사람은 까다로운 사람으로 ~이 나 있다 Il est réputé pour être sévère [difficile]. ¶ 그 사람의 문체는 아름답기로 ~이 나 있다 Il est reconnu pour avoir un beau style [un style élégant]. ◇_(이) **있다** être reconnu(*e*) pour *qc*/*inf*, avoir une notoriété. ¶ 그 사람은 ~ 있는 교수이다 C'est un professeur qui a une certaine notoriété. ¶ 이 식당은 프랑스 요리를 잘 하기로 ~이 있다 Ce restaurant est réputé pour bien faire la cuisine française.

정표 情表 명 marque *f* [témoignage *m*] d'amour; souvenir *m*. ¶ 사랑의 ~ une marque [un témoignage] d'amour. ¶ ~를 간직하다 garder précieusement un souvenir. ¶ ~를 교환하다 échanger des souvenirs. ¶ 그 사람은 그 여자와 헤어지면서 ~로 자신의 반지를 주었다 En la quittant, il lui a donné sa bague comme témoignage d'amour.

정품 正品 명 un(*e*) vrai(*e*); produit *m* vrai; original(*e*) ((pas une copie)). ¶ ~ 소프트웨어 un logiciel [un software] original (pas une copie). ¶ 이 자동차에 맞는 ~ 부속 une pièce d'origine qui va sur cette voiture.

정하다 定- 타 ((결정)) décider, déterminer, fixer, choisir; convenir de; ((결심)) se décider à+*inf*, se

ㅈ

déterminer à+*inf*, prendre le parti de+*inf*, prendre la résolution de+*inf*. ¶ 날을 ~ fixer une date [la date ((d'un événement))], prendre un jour, choisir un jour, prendre date, arrêter le jour de. ¶ 값을 ~ fixer le prix, convenir d'un prix. ¶ 법을 ~ établir [instituer] une loi. ¶ 태도를 ~ décider de l'attitude à prendre. ¶ 법령이 정하는 바에 따라 aux termes de la loi; conformément aux prescriptions. ¶ 식당은 내가 정했으니 메뉴는 네가 정해라 Puisque j'ai choisi le restaurant, c'est toi qui choisis le menu. ¶ 모임 날짜를 다음 주 월요일로 ~ fixer la date d'une réunion pour lundi prochain. ¶ 강아지 이름을 '밍밍'이로 ~ nommer un chiot *mingming*, donner le nom *mingming* a un chiot. ¶ 수도를 파리로 ~ choisir Paris comme capitale. ¶ 지각하면 벌금을 내기로 규칙을 ~ établir une règle selon laquelle on doit payer une amende si l'on arrive en retard.

정학[1] 停學 명 renvoi *m* [exclusion *f*, suspension *f*] temporaire d'un(*e*) élève. ¶ 1개월간의 ~ 처분을 받다 être renvoyé [exclu(*e*), suspendu(*e*)] de l'école pour un mois. ◇_(을) **당하다** être renvoyé(*e*) [exclu(*e*), suspendu(*e*)] temporairement de l'école. ¶ 비행으로 ~을 당하다 être renvoyé [exclu(*e*), suspendu(*e*)] temporairement de l'école pour mauvaise conduite. ◇_(을) **시키다** renvoyer [exclure, suspendre] un élève temporairement. ¶ 패싸움 주동자들을 ~시키다 renvoyer [exclure, suspendre] temporairement les responsables d'une bagarre de l'école.

◆**무기_** 無期 명 renvoi *m* [exclusion *f*, suspension *f*] temporaire de l'école pour une durée indéterminée [jusqu'à nouvel avis].

◆**유기_** 有期 명 renvoi *m* [exclusion *f*, suspension *f*] temporaire de l'école pour une durée déterminée.

정학[2] 定學 명 【불교】 apprentissage *m* pour se maîtriser.

정한 情恨 명 affection *f* et rancœur *f*; amour *m* et rancune *f*. ¶ ~을 느끼다 ressentir à la fois de l'affection et de la rancœur; éprouver à la fois de l'affection et de la rancune. ¶ ~이 가슴에 가득하다 être plein(*e*) d'affection et en même temps de rancœur.

정합 整合 명 concordance *f*.

◆**_적** -的 명관 concordant(*e*).

◆**_성** -性 명 absence *f* de contradiction; concordance *f*.

◆**_설** -說 명 【철학】 théorie *f* de la concordance.

정해[1] 正解 명 explication *f* [interprétation *f*, solution *f*] correcte; bonne réponse *f*. ¶ 수학 문제 ~ la solution d'un exercice de mathématiques.

정해[2] 精解 명 explication *f* détaillée. ¶ 고전 문법 ~ une explication détaillée des grammaires traditionnelles.

정향[1] 定向 명 choix *m* d'orientation. ¶ 사회 구조의 ~ un choix d'orientation pour la société.

정향[2] 丁香 명 【식물】 clou *m* de girofle.

정형[1] 整形 명 correction *f* des difformités; orthopédie *f*. ◇_(을) **하다** pratiquer l'orthopédie, corriger les difformités.

◆**_수술** -手術 명 opération *f* orthopédique. ¶ 다리 ~수술을 받다 subir une opération orthopédique de la jambe.

◆**_외과** -外科 명 chirurgie *f* réparatrice [plastique].

정형[2] 定型 명 type *m* [modèle *m*] donné; stéréotype *m*. ¶ 시조의 ~ forme poétique du type *sijo*. ¶ ~을[에서] 벗어나다 sortir du modèle donné; sortir du moule [du stéréotype]. ¶ ~을 깨다 briser le moule.

◆**_시** -詩 명 vers *m* régulier.

정형[3] 定形 명 forme *f* donnée. ¶ ~을 갖추다 avoir une forme.

◆**_화** -化 명 standardisation *f*. ¶ 인간성의 ~화 la standardisation des êtres humains.

정형[4] 情形 명 cours *m* des événements; marche *f* actuelle des choses; circonstances *fpl* actuelles; conjoncture *f* présente. ¶ 현 사회의 ~을 바로 보다 comprendre la conjoncture actuelle de la société.

정형[5] 晶形 명 forme *f* de cristaux.

정혼 定婚 명 fiançailles *fpl*. ◇_(을) **하다** fiancer; se fiancer. ¶ 사귀던 여자와 ~하다 se fiancer avec *sa* petite amie, [*sa* copine]. ¶ 두 사람은 이미 ~을 한 사이이다 Ils sont déjà fiancés. ◇_(이) **되다** se fiancer. ¶ 그 사람의 딸은 내 아들과 ~이 되었다 Sa fille s'est fiancée avec mon fils.

정화[1] 淨化 명 purification *f*; épuration *f*. ¶ 폐수 ~시설 une installation d'épuration des eaux. ¶ 사회 ~ 운동 un mouvement de purification de la société. ◇_(를) **하다[시키다]** purifier *qn*/*qc*, épurer *qc*, purger *qc*, nettoyer *qc*. ¶ 축산 폐수를 ~하다 épurer [purifier] les eaux usées provenant des lieux d'élevage. ¶ 부패한 정치권을 ~하다 purger le milieu politique corrompu, faire le nettoyage des politiciens corrompus. ◇_(가) **되다** être purifié(*e*), épuré(*e*), purgé(*e*), nettoyé(*e*). ¶ 오염되었던 강물이 많이 ~되었다 L'eau polluée du fleuve a été bien purifiée / Les eaux polluées du fleuve ont été bien purifiées. ¶ 그 음악을 들으면 영혼이 ~되는 느낌이다 Lorsque j'écoute cette musique, j'ai l'impression d'avoir l'âme purifiée / Quand j'entends cette musique, j'ai l'impression que ça purifie mon esprit.

◆**_조** -槽 명 fosse *f* septique.

정화[2] 精華 명 essence *f*; le plus beau fleuron *m*. ¶ 20세기 문학의 ~ le plus beau fleuron de la littérature du 20ème siècle.

정화수 井華水 명 eau *f* recueillie [puisée] d'un puit (pour des offrandes). ¶ ~를 떠놓고 빌다 faire des prières devant de l'eau recueillie [puisée] d'un puit.

정확 正確 명 exactitude *f*, précision *f*. ¶ 매사에 ~을 기하다 faire tout avec minutie [avec précision].

◆**_하다** 형 ① être exact(*e*), précis(*e*), correct(*e*). ¶ 이 시계는 ~하다 Cette montre est exacte [à l'heure]. ¶ ~한 답 une réponse correcte [exacte]. ¶ ~한 보도 un rapport précis. ¶ 둘이 ~하게 일치한다 Ces deux-là coïncident parfaitement / Ils s'accordent tous les deux parfaitement. ¶ 발음을 ~하게 하다 prononcer correctement. ¶ 예측이 ~하게 맞아떨어졌다 Cela s'est passé exactement comme je l'avais prévu [comme dans mes prévisions]. ¶ ~하게 말하자면 pour être (plus) précis; plus précisément; si on veut être plus précis. ② ((사람이)) être ponctuel(*le*); être fidèle. ¶ 그 사람은 ~한 사람이다 Lui, c'est quelqu'un de précis [de clair] / C'est quelqu'un digne de confiance. ¶ 그 사람은 계산이 아주 ~하다 Ses calculs sont précis et exacts.

◆**_히** 부 précisément, avec précision; exactement. ¶ ~히 대답하다 répondre précisément. ¶ 시간을 ~히 지키다 être à l'heure exacte ((d'un rendez-vous)); être pile {*fam*} à l'heure. ¶ ~히 6시에 만나자 Rendez-vous à six heures sonnantes [tapantes, justes, pile {*fam*}]. ¶ 값이 ~히 얼마지? Combien est-ce que ça coûte exactement?

◆**_성** -性 명 ① exactitude *f*, précision *f*. ¶ 과학의 ~성 ((으로)) ((avec une)) précision scientifique. ¶ 그 사람은 ~성이 부족하다 Il n'est pas assez précis. ② fidélité *f*.

◆**_도** -度 명 degré *m* de précision. ¶ 이 측정기는 ~도가 떨어진다 Cet appareil de mesure n'est pas assez précis.

정황 情況 명 conditions *fpl*; circonstances *fpl*; situation *f*, l'état *m* des choses. ¶ ~을 충분히 고려하여 en tenant suffisamment compte des circonstances. ¶ 당시의 ~으로 (미루어) 보아[볼 때] si l'on considère les circonstances de l'époque, d'après la situation de l'époque [de ce temps-là]. ¶ ~과 심증만으로는 유죄 판결을 내릴 수 없다 On ne peut pas juger de la culpabilité de quelqu'un uniquement par présomption.

◆**_증거** -證據 명 la preuve *f* par présomption.

정회 停會 명 ① suspension *f* [interruption *f*, arrêt *m*] d'une réunion [d'une séance]. ② prorogation *f*. ¶ ~를 선언하다 déclarer la suspension [l'interruption] d'une séance. ◇_(를) **하다** suspendre, ajourner, proroger ((une séance, une réunion)). ¶ 10분 간 ~하겠습니다 Nous allons interrompre [suspendre] la séance pour dix minutes. ◇_(가) **되다** être suspendu(*e*), ajourné(*e*), prorogé(*e*). ¶ 이견이 좁혀지지 않아서 회의가 여러 차례 ~되었다 La réunion a été suspendue plusieurs fois parce que les avis étaient partagés [parce qu'on n'arrivait pas à trouver de compromis, parce qu'on ne pouvait pas trouver de terrain d'entente].

정훈 政訓 명 【군사】 discipline *f*; TI & E ((Département militaire d'information et d'éducation des troupes)). ¶ ~ 교육 l'éducation [la formation] des troupes.

◆**_감** -監 명 commandant *m* de la TI & E.

◆**_장교** -將校 명 officier *m* de la TI & E.

정히 正- 부 exactement, précisément, vraiment. ¶ 계약금으로 일금 십만 원을 ~ 영수함 On certifie avoir reçu cent mille wons à titre d'acompte [d'arrhes] pour l'achat d'un appartement.

젖 명 ① lait *m*. ¶ ~을 짜(내)다 traire ((une vache)). ¶ 아기에게 ~을 주다 donner le sein à *son* enfant; allaiter *son* enfant. ¶ 어머니 ~을 먹다 téter (le sein de) *sa* mère; prendre le sein de *sa* mère. ¶ ~을 떼다 sevrer. ¶ ~이 마르다 ne plus avoir de lait. ¶ ~이 잘 나오다 avoir [donner] beaucoup de lait. ② sein *m*, mamelle *f*. ¶ 아기가 엄마 ~을 빤다 Le bébé tète (le sein de) sa mère [prend le sein de sa mère]. ¶ ~이 붓다 avoir les seins [les mamelles] gonflé(*e*)s.

*~ **먹던 힘까지 다해서** de toutes *ses* forces, en y mettant toutes *ses* forces; ((faire)) (tout) *son* possible [tout ce qui est en *son* pouvoir, le maximum]; ((faire)) de *son* mieux [du mieux que l'on peut], ((faire)) tous *ses* efforts, ((donner)) le meilleur de *soi*-même.

◆**_가슴** 명 poitrine *f*; seins *mpl*.

◆**_꼭지** 명 mamelon *m*; tétine *f*.

◆**_내** 명 odeur *f* de lait. ¶ ~내 나는 어린애 un enfant qui sent le lait [qui a une odeur de lait]; un enfant encore puéril [qui manque d'expérience].

◆**_니** 명 dent *f* de lait. ¶ 이 아이는 ~니가 빠지고 간니가 난다 Cet enfant perd *ses* dents de lait et voit *ses* dents définitives pousser.

◆**_당** -糖 명 lactose *m*.

◆**_먹이** 명 nourrisson *m*; nouveau-né *m*; bébé *m*. ¶ 그 여자는 ~먹이를 업고 집을 나섰다 Elle est sortie avec le bébé sur le dos.

◆**_멍울** 명 glande *f* lactaire (enflée). ¶ ~멍울이 지다 avoir les glandes lactaires enflées.

◆**_병[1]** -瓶 명 biberon *m*. ¶ 아이가 ~병을 물고 있다 Le bébé a le biberon dans la bouche.

◆**_병[2]** -病 명 maladie *f* des mamelles. ¶ 암소들이 ~병에 걸렸다 Les vaches ont attrapé une maladie aux mamelles.

◆**_비린내** 명 odeur *f* de lait. ¶ ~비린내 나는 어린애 un enfant qui sent le lait [qui a une odeur de lait]; un enfant encore puéril [qui manque d'expérience].

◆**_빛** 명 couleur *f* laiteuse.

◆**_산** -酸 명 acide *m* lactique.

◆**_소** 명 vache *f* laitière.

◆**_어미** 명 nourrice *f*; mère *f* nourricière.

◆**_줄** 명 glande *f* lactaire. ¶ 이 강은 이 지역의 ~이다 Cette rivière est la glande lactaire de cette région.

◆**_통** 명 sein *m*, mamelle *f*.

◆**소_** 명 lait *m* de vache.

젖다 재 ① se mouiller, se tremper, être mouillé(*e*), imbibé(*e*). ¶ 젖은 옷 un vêtement mouillé [trempé]. ¶ 젖은 땅 une terre [un terrain] humide. ¶ 비에 흠뻑 ~ être trempé(*e*) jusqu'aux os [comme une soupe] par la pluie, être mouillé(*e*) jusqu'aux os

ㅈ

par la pluie, se faire tremper jusqu'aux os [comme une soupe] par la pluie, se faire rincer [saucer, doucher] par la pluie {*fam*}. ¶ 땀에 ~ être imbibé(*e*) [trempé(*e*)] de sueur, être ruisselant(*e*) de sueur. ② ((기분, 습관에)) s'imbiber, être imbibé(*e*). ¶ 향수에 ~ être pris(*e*) de nostalgie. ¶ 인습[타성]에 ~ être esclave de la routine [s'enliser dans la routine].

젖혀지다 자 ① se renverser, s'incliner. ¶ 이 의자는 뒤로 45도 젖혀진다 Le dossier de cette chaise s'incline jusqu'à 45°. ② ((얼굴이)) être renversé(*e*); ((머리가)) partir brusquement vers l'arrière. ¶ 버스의 급발진에 머리가 뒤로 다 젖혀졌다 Sa tête est partie brusquement vers l'arrière [a été brusquement attirée vers l'arrière] au moment du départ brutal du bus. ③ ((커튼이)) s'ouvrir. ¶ 젖혀진 커튼 사이로 강한 햇살이 들어왔다 Les rayons intenses du soleil ont pénétré dans la pièce entre les rideaux ouverts / Le soleil a dardé {*litt*} ses rayons intenses entre les rideaux ouverts.

젖히다 타 se cambrer, se renverser, renverser; écarter, tirer, ouvrir ((les rideaux)). ¶ 고개를 (뒤로) ~ renverser la tête. ¶ 커튼을 ~ ouvrir [écarter, tirer] les rideaux.

제¹ 대 ① ((1인칭 주격)) je, moi ((humble)). ¶ 그 일은 ~가 하겠습니다 C'est moi qui m'en chargerai [m'en occuperai]. ② ((1인칭 속격)) mon, ma, mes. ¶ 그건 ~ 책임입니다 C'est ma responsabilité / C'est moi qui suis responsable. ¶ ~ 일은 제가 알아서 하겠습니다 Mes affaires, c'est moi qui m'en occupe [c'est mon problème]. ③ ((재귀사 주격)) soi-même. ¶ ~가 잘못한 줄은 모르고 오히려 큰소리다 Sans reconnaître son tort, il se met à crier / Il s'en prend aux autres alors que c'est lui le responsable [le fautif]. ④ ((자기, 재귀사 속격)) son [sa, ses] propre(*s*). ¶ ~ 앞가림을 하다 se débrouiller, s'en sortir, se démerder {*vulg*}. ¶ ~ 구실을 (다) 하다 faire *son* devoir; jouer *son* rôle. ¶ ~ 멋대로 하다 faire tout à *sa* guise; n'en faire qu'à *sa* (propre) tête; faire *ses* quatre volontés; faire ce qu'il lui plaît; agir selon *son* bon plaisir. ¶ ~ 멋에 살다 vivre à *sa* manière. ¶ ~ 세상 만난 듯이 comme s'il était dans son élément; comme si l'on avait rencontré les beaux jours de sa gloire [son jour de chance]; comme un fou ((agir)) sans retenue; comme s'il avait rencontré son jour de chance [les beaux jours de sa gloire, une opportunité]. ¶ ~ 명대로 못 살다 avoir une fin prématurée; mourir prématurément [avant l'âge]. ¶ ~ 일은 제가 해야 한다 Chacun doit s'occuper de ses propres affaires. ¶ ~ 딴에(는) 잘 했다고 생각한다 Il pense qu'il a bien fait [avoir bien fait] les choses / Il croit avoir bien fait.

*~ **꾀에 제가 넘어가다** tomber dans *son* propre piège; l'arroseur arrosé.

*~ **눈에 안경** L'amour rend aveugle / Il n'est point de belles prisons, ni laides amours.

*~ **도끼에 ~ 발등 찍히다** On n'est jamais trahi que par les siens.

*~ **똥 구린 줄 모르다** Il voit la paille dans l'œil du voisin et ne voit pas la poutre dans le sien / Voir la paille dans l'œil du voisin et ne pas voir la poutre dans le sien / C'est l'hôpital qui se moque de la charité / C'est la paille et la poutre / Il ne s'est pas regardé / Il devrait se regarder dans la glace [dans un miroir] avant de parler.

*~ **무덤에 침 뱉기** C'est comme si on crachait en l'air / La calomnie revient au calomniateur.

*~ **무덤을 파다** creuser *sa* propre tombe.

*~ **버릇 개 줄까**? Chassez le naturel, il revient au galop / Il est difficile de corriger ses défauts.

*~ **코가 석 자** avoir d'autres chats à fouetter {*fam*}; ne pas avoir que ça à faire.

***고슴도치도 ~ 새끼는 함함하다고 한다** Tout le monde pense que ses enfants sont les plus beaux.

***도둑이 ~ 발 저리다** Une personne coupable ayant mauvaise conscience [n'ayant pas la conscience tranquille] finit toujours par se trahir.

***중이 ~ 머리 못 깎는다** Les enfants des cordonniers sont les plus mal chaussés.

제² 祭 명 rite *m* (sacrificiel); offrandes *fpl* ((à un dieu, à une divinité, à un esprit)), service religieux; (cérémonie *f* du) culte *m* rendu à la mémoire de *ses* ancêtres au cours duquel leur est servi un repas; culte *m* des ancêtres. ¶ ~를 지내다[올리다, 드리다] offrir [célébrer] un sacrifice; faire des offrandes ((à un dieu, à une divinité, à un esprit)) ; rendre [célébrer] un culte à (la mémoire de) *ses* ancêtres.

접미 fête *f*, festival *m*. ¶ 사육~ un carnaval. ¶ 추모~ une cérémonie à la mémoire d'un(*e*) défunt(*e*). ¶ 위령~ une cérémonie [un office, un rituel] pour le repos de l'âme d'un(*e*) défunt(*e*). ¶ 예술~ un festival artistique. ¶ 기우~ un rite traditionnel coréen [un rituel chamanique] consistant à prier pour la pluie; des offrandes [des prières] pour demander de la pluie.

제³ 題 명 ☞ 제목

제⁴ 諸 관 beaucoup, plusieurs, divers. ¶ ~ 경비[잡비] toutes les charges [toutes les charges diverses]. ¶ ~ 문제 divers problèmes. ¶ 19세기의 ~ 유파들 toutes les écoles du XIXe siècle.

제⁵ 의명 époque *f*, temps *m*. ¶ 어릴 ~ 함께 놀던 친구 un(*e*) ami(*e*) avec lequel (avec laquelle) je m'amusais dans mon enfance [quand j'étais enfant].

제⁶ 劑 의명 un médicament *m*; une dose *f*. ¶ 한약을 한 ~ 지어서 먹다 se faire préparer une dose de médicament de médecine chinoise.

접미 ① médicament *m*, remède *m*. ¶ 강장~ fortifiant, boisson tonifiante, remontant. ¶ 마취~ anesthésique; des anesthésiants. ¶ 소화~ digestif, médicament facilitant la digestion. ② produit *m* chimique; ((insecti, herbi))-cide *m*. ¶ 건조~ siccatif;

dessiccatif. ¶ 살균~ antiseptique; microbicide. ¶ 용해~ solvant, dissolvant. ¶ 첨가~ additif.

-제⁷ 制 [접미] système *m*; organisation *f*; institution *f*. ¶ 양당~ le système des deux partis. ¶ 추첨~ le système [l'institution] de loterie. ¶ 공화~ le système républicain; l'institution républicaine. ¶ 입헌군주~ (le système de) la monarchie constitutionnelle. ¶ 지방분권~ (le système de) la décentralisation administrative. ¶ 4년~ 대학 la faculté [l'université] de 4 ans.

-제⁸ 製 [접미] ① fabrication *f*, manufacture *f*. ¶ 한국~ 자동차 une voiture fabriquée en Corée. ② en ((bois, plastique, or)); de ((fer)). ¶ 금속~ 용기 un ustensile de[en] fer. ¶ 플라스틱~ 바구니 un panier en plastique.

제-⁹ 第 [접두] numéro ((deux, trois)); -*er*(*ère*), -ième. ¶ ~1[2, 3] le premier [le deuxième, le second; le troisième]. ¶ ~5조 ~3항 article 5, paragraphe 3. ¶ ~삼국 le tiers pays. ¶ ~삼자 la tierce personne.

제¹⁰ ((forme contractée de 저-의)) mon ((pronom humble + particule génitive)).

제가¹ 諸家 [명] ① grands noms *mpl* [grands savants *mpl*]. ② toute la famille *f*. ¶ ~의 학설 les théories des grands savants.

제가² ((forme contractée de 저-가)) je ((pronom humble, sujet d'une proposition ou d'une phrase)).

제가끔 [부] chacun(*e*); séparément; individuellement; respectivement. ¶ 아이들은 ~ 집으로 돌아갔다 Les enfants sont rentrés chez eux chacun de leur côté. ¶ 이 문제에 대해 ~ 생각해 보세요 Chacun de vous devrait réfléchir à cette question.

제각각 -各各 [명] chacun(*e*); ((**형용사**)) chaque, respecti*f*(*ve*). ¶ 이 문제에 대해서는 사람들의 반응이 ~으로 다르다 Chacun réagit différemment à ce problème. ◇_이다 être différent(*e*). ¶ 사람마다 반응[대답]이 ~이다 Chacun réagit [répond] différemment. ¶ 누구는 떠들고, 누구는 잠을 자고, 사람들이 모두가 ~이다 Certains bavardent, d'autres dorment : chacun fait ce qu'il veut [ce qui lui plaît].

[부] chacun(*e*); différemment. ¶ 우리는 ~ 거기에 대한 생각이 있다 Nous avons chacun(*e*) notre idée là-dessus. ¶ 모두 ~ 자기 일만 알아서 한다 Tout le monde s'occupe de ses propres affaires.

제각기 -各其 [부] chacun(*e*); séparément; individuellement; respectivement. ¶ 사람은 누구나 ~ 장단점이 있다 Chacun a ses mérites [ses qualités] et ses défauts. ¶ 모두 ~ 의견을 제시했다 Chacun *a exposé son point* de vue [a donné son opinion].

제값 [명] *sa* vraie valeur. ¶ ~을 주다[치르다] payer *qc* à sa juste valeur. ¶ ~을 받다 en avoir pour *son* argent; récolter ce qu'on a semé. ◇_(을) **하다** être à *sa* valeur; être à la hauteur. ¶ 저 선수는 ~을 못 한다 Cet athlète n'est pas à sa valeur / Cet athlète n'est pas à la hauteur du prix qu'on a payé.

제강 製鋼 [명] fabrication *f* de l'acier. ¶ ~ 회사 une aciérie.

◆**_소** -所 [명] aciérie *f*.

◆**_업** -業 [명] industrie *f* de l'acier.

제거 除去 [명] suppression *f*, élimination *f*, ablation *f*, exclusion *f*. ¶ 냄새 ~ 물질 une substance qui élimine les odeurs. ¶ 정적 ~ l'élimination d'un adversaire politique. ◇_(를) **하다** exclure *qn*/*qc*, éliminer *qn*/*qc*, supprimer *qn*/*qc*, enlever *qn*/*qc*. ¶ 장애물을 ~하다 supprimer un obstacle. ¶ 종양을 ~하다 enlever une tumeur. ¶ 정적을 ~하다 supprimer [éliminer] un adversaire politique. ¶ 갈등의 원인을 ~하다 supprimer la cause d'un différend[problème]. ◇_(가) **되다** être exclu(*e*) de *qc*, éliminé(*e*) de *qc*, supprimé(*e*) de *qc*, enlevé(*e*) de *qc*. ¶ 통일의 장애물이 ~되었다 Les obstacles à la réunification ont été supprimés [écartés]. ¶ 그 사람의 강력한 경쟁자 하나가 ~되었다 Un de ses concurrents sérieux a été éliminé [écarté].

제게 ((forme contractée de 저-에게)) me, à moi ((pronom humble, complément d'objet indirect)).

제격 -格 [명] ¶ ~에 맞다 convenir parfaitement; être fait(*e*) pour *qc*; être convenable pour *qc*; être approprié(*e*) à [propre à] *qc*; être adéquat(ate); être idéal(*e*); être l'objet [la personne] tout(*e*) désigné(*e*) pour *qc*; aller bien, être seyant(*e*); seoir {*litt*}; être séant(e). ◇_이다 convenir parfaitement; être fait(*e*) pour *qc*; être convenable pour *qc*; être approprié(*e*) à [propre à] *qc*; être adéquat(*ate*); être idéal(*e*); être l'objet [la personne] tout(*e*) désigné(*e*) pour *qc*; aller bien, être seyant(*e*); seoir {*litt*}; être séant(e). ¶ 그 역할에는 그가 가장 ~이다 Pour ce rôle, c'est lui qu'il faut [c'est lui qui convient le mieux] / C'est l'homme le plus apte à jouer ce rôle / C'est l'homme le plus indiqué pour ce rôle / Il est fait pour ce rôle / Il est tout désigné pour ce rôle. ¶ 신문기자가 그에게는 ~이다 Il est fait pour être journaliste. ¶ 이런 날에는 국수가 ~이다 Quand il fait ce temps-là, il faut manger des nouilles. ¶ 그런 옷차림에는 이런 모자가 ~이다 Avec cette tenue, il faut mettre ce genre de chapeau / Ce chapeau est fait pour ce genre de tenue.

제고 提高 [명] augmentation *f*, accroissement *m*; intensification *f*, redoublement *m*; renforcement *m*. ¶ 생산성(의) ~ accroissement de la production. ◇_(를) **하다** élever, augmenter. rehausser, intensifier; relever; redoubler; renforcer. ¶ 생산성을 ~하다 augmenter la productivité. ¶ 기업 이미지를 ~하다 rehausser l'image de marque d'une entreprise [société]. ¶ 사원들의 근무 의욕을 ~하다 favoriser [encourager] la motivation des employés. ◇_(가) **되다** être rehaussé(*e*); être favorisé(*e*). ¶ 국가 경쟁력이 많이 ~되었다 La compétitivité de notre pays a beaucoup progressé.

제곱 [명] 【수학】 carré *m* ((d'un nombre)); puissance *f* deux ((d'un nombre)). ¶ 2의 ~은 4이다 Deux (élevé)

ㅈ

au carré, c'est égal à quatre / Deux à la puissance deux font quatre. ◇_(을) **하다** carrer un nombre; former le carré d'un nombre; élever un nombre au carré [à la puissance deux]. ¶ 4를 ~하면 16이다 Quatre élevé au carré [à la puissance deux] font seize.

◆_**근** -根 명 racine *f* carrée.

◆_**미터** 의명 mètre *m* carré.

◆_**센티미터** 의명 centimètre *m* carré.

◆**거듭**_ 명 puissance *f* quatre.

제공 提供 명 offre *f*. ¶ 숙식 ~ logement offert; logé(*e*). ¶ 자료 ~ mise à disposition de documents. ¶ 정보 ~ mise à disposition de renseignements. ◇_(을) **하다** offrir, fournir. ¶ 참가자들에게 음료수를 무료로 ~하다 offrir gratuitement les boissons aux participants. ¶ 학생들에게 입시 정보를 ~하다 fournir des renseignements sur l'examen d'entrée à l'université aux étudiants. ¶ 모임에 장소를 ~하다 mettre à disposition un local pour une réunion. ¶ 수사에 단서를 ~하다 fournir des indices pour une enquête. ¶ 시중에 화젯거리를 ~하다 être dans toutes les bouches; être dans la bouche de toute le monde; faire l'objet des conversations; faire parler de *soi*; alimenter la rumeur publique; être sur le tapis. ◇_(이) **되다** être offert(*e*), être fourni(*e*). ¶ 참가자들에게 무료로 식사가 ~되었다 Le repas a été offert gratuitement aux participants. ¶ 그의 사무실이 아이들의 공부방으로 ~되었다 Son bureau a été mis à la disposition de ses enfants pour étudier. ◇_(을) **받다** recevoir, se faire offrir. ¶ 선거 출마자에게 금품을 ~받다 recevoir des pots de vin de la part des candidats aux élections, se faire graisser la patte par les candidats aux élections.

제공권 制空權 명 ① maîtrise *f* de l'air; suprématie *f* aérienne. ¶ ~ 장악 maîtrise de l'espace aérien; suprématie aérienne. ¶ ~ 확보[상실] expansion de l'espace aérien [perte de la maîtrise de l'air, perte de la suprématie aérienne]. ¶ ~의 우위 suprématie aérienne. ② 【운동】 maîtrise *f* de l'espace aérien ((au basket-ball)). ¶ ~을 잡다[쥐다, 잃다] avoir [perdre] la maîtrise de l'espace aérien ((au basket-ball)). ¶ ~을 확보하다[상실하다] étendre [perdre] la maîtrise de l'espace aérien ((au basket-ball)). ¶ ~을 장악하다 avoir la maîtrise de l'espace aérien ((au basket-ball)).

제과 製菓 명 (boulangerie-)pâtisserie *f*; confiserie *f*. ¶ ~ 기술 l'art de la pâtisserie [de la confiserie]. ¶ ~ 회사 une entreprise de confiserie.

◆_**업** -業 명 (boulangerie-)pâtisserie *f*; confiserie *f*.

◆_**점** -店 명 (boulangerie-)pâtisserie *f*; confiserie *f*.

제관 祭官 명 (prêtre *m*) officiant *m*; sacrificateur *m*; personne *f* qui offre un sacrifice.

제구 祭具 명 ustensiles *mpl* utilisés pour les sacrifices [les offrandes]; ustensiles *mpl* utilisés pour le culte des ancêtres. ¶ 제사를 지내기 위해 ~를 진열하다 disposer les ustensiles nécessaires pour célébrer le culte des ancêtres.

제구실 명 *sa* fonction *f*; *son* devoir *m*; *son* rôle *m*. ◇_(을) **하다** faire *son* devoir; jouer *son* rôle. ¶ 장남이 ~을 못 한다 L'aîné ne fait pas son devoir[ne remplit pas son rôle].

제국[1] 帝國 명 ① empire *m*. ¶ ~을 건설하다 bâtir un empire. ¶ ~의 영토를 넓히다 étendre (le territoire d')un empire. ② ((비유적)) empire *m*; suprématie *f*. ¶ 각각의 세력이 독자적인 ~을 이루고 있다 Chaque puissance dispose de sa suprématie. ¶ 그는 인터넷 ~의 건설을 꿈꾸고 있다 Il rêve de bâtir un monde numérique / Il rêve d'ancrer l'Internet au cœur de notre existence[notre quotidien].

◆_**주의** -主義 명 impérialisme *m*.

◆_**주의적** -主義的 명 impérialiste.

◆**대**_ 大- 명 grand empire *m*. ¶ 몽고는 대~을 건설하였다 Les Mongols ont constitué un grand empire.

제국[2] 諸國 명 tous les pays *mpl*. ¶ 유럽의 ~이 중국을 호시탐탐 노리고 있다 Tous les pays de l'Europe gardent un œil vigilant sur la Chine.

제군 諸君 대 Messieurs *mpl*; mes amis *mpl*; mes garçons *mpl*. ¶ ~들의 생각은 어떤가? Messieurs, qu'est-ce que vous en pensez?

제권 帝權 명 pouvoir *m* impérialiste [impérial]; pouvoir *m* [autorité *f*] d'un empereur.

제금[1] 提金 명 【음악】 petites cymbales *fpl*.

제금[2] 提琴 명 【음악】 violon *m*.

제기[1] 명 volant *m* ((avec lequel on joue avec le pied)). ¶ ~를 차다 jouer au volant.

◆_**차기** 명 jeu *m* du volant ((consistant à se passer le volant avec les pieds sans jamais le faire toucher terre)).

제기[2] 祭器 명 ustensile *m* utilisé pour la cérémonie des offrandes; ustensiles *mpl* utilisés pour le culte des ancêtres. ¶ 제사를 지내기 위하여 ~를 준비하다 préparer les ustensiles pour le repas servi lors du culte des ancêtres.

제기[3] 提起 명 proposition *f* ((d'une nouvelle formule)); action *f* d'intenter ((un procès)). ◇_(를) **하다** proposer, présenter; soulever ((un problème, une question)); intenter ((un procès)). ¶ 반론을 ~하다 présenter une objection. ¶ 문제를 ~하다 soulever une question [un problème]. ¶ 소송을 ~하다 intenter un procès à [contre] *qn*. ◇_(가) **되다** être proposé(*e*), présenté(*e*); être soulevé(*e*). ¶ 그의 부정에 관한 의혹이 ~되었다 Des soupçons de malhonnêteté ont été évoqués à son égard / On le soupçonne de malhonnêteté.

제기다 타 ① ((팔꿈치나 발꿈치로)) donner un coup. ¶ 누구의 옆구리를 무릎으로 ~ donner un coup de genou dans le flanc de *qn*. ② gratter. ¶ 나무껍질을 손끝으로 ~ gratter l'écorce d'un arbre avec les ongles.

제기랄 감 zut! {*fam*}, mince! {*fam*}, flûte! {*fam*},

purée {*fam*}, sacrebleu {*vx*}, sacristi {*fam*}, sapristi {*fam*}, bigre {*fam*}. ¶ ~, 되는 일이 없군 Zut! [Mince!, Flûte!] rien ne marche.

제까닥 부 rapidement, sans attendre, tout de suite, immédiatement, ¶ 일[숙제]을 ~ 해치우다 faire *son* travail [*ses* devoirs] rapidement [sans attendre], accomplir rapidement [sans attendre] *son* travail, expédier *son* travail [*ses* devoirs]. ¶ 물건값을 ~ 올리다 augmenter immédiatement [rapidement] le prix d'un article.

제까짓 관 insignifiant(*e*); peu important(*e*); sans valeur; trivial(*e*); bien [si] peu de chose; comme toi [de ton espèce]. ¶ ~ 녀석[놈]이 무슨 유학이야! Un incapable de ta sorte [Un nul comme toi], à quoi bon faire des études à l'étranger! ¶ ~ 게 힘써 봐야 그 정도지! Un type comme toi, de toutes les façons, à quoi bon faire des efforts!

제깟 관 insignifiant(*e*); peu important(*e*); sans valeur; trivial(*e*); bien [si] peu de chose; comme toi [de ton espèce]. ☞ 제까짓

제껴놓다 타 mettre *qc* à part [de côté, à l'écart]; laisser de côté *qc*, oublier, laisser tomber *qc/qn*. ¶ 다른 일은 다 제껴놓고 집에 전화부터 해라 Avant tout, téléphone chez toi. ¶ 그 사람은 자기 할 일은 제껴놓고 남의 일에 참견이다 Il fourre son nez dans les affaires d'autrui plutôt que de s'occuper des siennes. ¶ 그 녀석은 하도 말썽이라서 선생님이 아예 제껴놓았다 Le professeur l'a ignoré [l'a laissé tomber] parce que c'était un trouble-fête [car il causait souvent des problèmes, parce que c'était un élève turbulent [indiscipliné]].

제끼다 타 pousser; sécher ⦅un cours⦆ {*fam*}. ¶ 수업을 제끼고 놀러 가다 sécher un cours [la classe] pour aller s'amuser.

제날짜 명 date *f* prévue [indiquée]. ¶ ~를 지키다 respecter la date prévue [indiquée]. ¶ ~를 어기다[넘기다] ne pas respecter la date prévue; dépasser la date prévue; ne pas rendre un travail dans les temps. ¶ ~에 원서를 내다 rendre un travail à la date prévue. ¶ 할부금을 ~에 입금[납입]하다 payer *ses* crédits à la date prévue. ¶ 물건을 ~에 납품하다 rendre *qc* à la date prévue.

제너럴셔먼호 사건 -號 事件 명 【역사】 affaire *f* du navire le Général Sherman <navire américain venu faire du commerce sur la côte occidentale de la péninsule coréenne en 1866; croyant à une tentative d'invasion, les troupes coréennes ont attaqué le navire>.

제네바 군축회의 -軍縮會議 명 【역사】 conférence *f* internationale de Genève sur le désarmement (de 1962).

제네바 협정 -協定 명 【역사】 la Convention *f* de Genève.

제단 祭壇 명 autel *m*. ¶ ~에 제물을 바치다 déposer une offrande [des offrandes] sur l'autel. ¶ ~에 향불을 피우다 allumer l'encens sur un autel.

제당 製糖 명 fabrication *f* du sucre. ¶ ~ 공장 sucrerie. ¶ ~ 회사 sucrerie. ◇_(을) **하다** fabriquer du sucre.

◆**_업** -業 명 industrie *f* sucrière.

제대 除隊 명 mise *f* hors de service; libération *f*; démobilisation *f*; quille *f* {*pop*}; réforme *f*. ¶ ~ 명령 ordre de libération; démobilisation. ¶ ~ 휴가 permission accordée à un militaire juste avant *sa* libération. ◇_(를) **하다** être libéré(*e*), réformé(*e*), mis(*e*) hors de service, démobilisé(*e*); ⦅직업군인⦆ finir *sa* carrière militaire. ¶ 만기로 (군대에서) ~하다 être démobilisé à la fin de *son* service. ¶ 대위로 ~하다 finir *sa* carrière militaire avec le grade de capitaine. ◇_(를) **시키다** libérer [réformer] *qn*; mettre *qn* hors de service; démobiliser.

◆**_병** -兵 명 soldat *m* réformé [libéré].

◆**_복** -服 명 uniforme *m* d'un soldat libéré.

◆**명예_** 名譽- 명 ⦅만기제대⦆ libération *f* d'un soldat [homme] à la fin de *son* service.

◆**불명예_** 不名譽- 명 exclusion *f* de l'armée pour conduite déshonorante (avant la fin de *son* service). ¶ 총기 사고로 불명예~를 하다 être exclu de l'armée pour une affaire d'armes.

◆**의가사_** 依家事- 명 libération *f* d'un soldat du service militaire pour raison familiale.

◆**의병_** 依病- 명 libération *f* d'un soldat du service militaire pour raison de santé.

제대로 부 ① bien, correctement, décemment, sûrement; convenablement. ¶ 일을 ~ 처리하다 travailler correctement, régler *ses* affaires [faire *son* travail] avec soin. ¶ ~ 지은 건물이 없다 Il n'y a pas de bâtiments bien construits. ¶ 정신이 ~ 박힌 사람이라면 그렇게 말할 수 없다 On ne pourrait pas parler ainsi si l'on était vraiment raisonnable / Si l'on est raisonnable, on ne peut pas parler comme ça. ② bien; normalement; favorablement. ¶ 일이 ~ 풀리지 않는다 L'affaire ne se résout [ne se règle] pas comme prévu [normalement, comme on le pensait, comme on l'aurait souhaité]. ¶ 어젯밤에 잠을 ~ 자지 못했다 Je n'ai pas bien dormi cette nuit [la nuit dernière] / J'ai mal dormi cette nuit / J'ai passé une mauvaise nuit / J'ai eu une nuit agitée. ③ suffisamment, assez; convenablement. ¶ 저 녀석 오늘 임자 ~ 만났다 Aujourd'hui, il a rencontré [est tombé sur] un adversaire de taille.

제도[1] 制度 명 système *m*, régime *m*; institution *f*; organisation *f*. ¶ ~ 개혁 la réforme d'un système. ¶ ~ 정비 la révision d'un système. ¶ ~를 바꾸다 changer de système. ¶ 새로운 ~를 시행하다 mettre un nouveau système en vigueur [pratique]. ¶ ~를 폐지하다 abolir [supprimer] un système. ¶ ~를 개선하다 réformer [améliorer] un système. ¶ 외국의 좋은 ~를 받아들이다[수용하다] adopter un (bon) système venant de l'étranger; adopter des solutions venant de l'étranger.

◆**_적** -的 명관 institutionnel(*le*). ¶ ~적 문제[결함] problèmes [défauts] d'un système. ¶ 부패 방지를

ㅈ

위하여 ~적 장치를 마련해야 한다 Pour enrayer la corruption, il faut établir un dispositif institutionnel. ¶ ~적으로 예방하다 prendre systématiquement des précautions.

◆_화 -化 명 systématisation *f*; institutionnalisation *f*. ¶ 중학교 의무교육을 ~화하다 systématiser l'enseignement obligatoire au collège. ¶ ~화되다 être systématisé(*e*), institutionnalisé(*e*).

◆_권 -圈 명 conforme aux lois d'un système [au système]. ¶ ~권 교육 éducation conforme au système. ¶ ~권을[에서] 벗어나다[떠나다] s'écarter du système [quitter le système]. ¶ ~권에 편입되다 être incorporé(*e*) dans un système; être admis(*e*) dans une organisation.

제도[2] **製圖** 명 (art *m* du) dessin *m* industriel; cartographie *f*. ¶ ~ 용지 papier à dessin réglé. ◇_(를) **하다** faire du dessin industriel; dessiner. ¶ 컴퓨터로 ~하다 faire du dessin industriel sur ordinateur. ¶ 집의 설계를 ~하다 dessiner les plans d'une maison.

◆_기 -器 명 outillage *m* [matériel *m*] pour le dessin industriel.

◆_판 -板 명 planche *f* à dessin.

제도[3] **諸島** 명 archipel *m*; groupe *m* d'îles. ¶ 남양 ~ îles de la mer du sud.

제독[1] **除毒** 명 désintoxication *f*. ¶ ~ 작용 les effets de la désintoxication. ◇_(을) **하다** désintoxiquer; supprimer un poison.

제독[2] **提督** 명 amir*al*(*aux*) *m*. ¶ 해군 ~ amiral. ¶ ~에[으로] 취임하다 être nommé amiral.

제동 制動 명 freinage *m*; serrage *m* des freins; enrayage *m*. ¶ ~ 장치 amortisseur; dispositif de freinage. ¶ 이 차는 ~ 거리가 길다 Cette voiture a de mauvais freins. ◇_(을) **하다** serrer les freins; freiner; donner un coup de frein; enrayer. ¶ 빗길에서 급하게 ~하다 freiner brutalement [piler {*fam*}] sur une route verglacée.

*~(을) **걸다** mettre un frein à *qc* ((à la hausse des prix)). ¶ 그 사람이 우리 계획에 ~을 걸었다 Il a mis un frein à notre projet.

◆_력 -力 명 force *f* de freinage.

◆급_ 急- 명 freinage *m* brutal; brusque coup *m* de frein. ¶ 급~을 하다 freiner brutalement; donner un brusque coup de frein; s'arrêter net; piler {*fam*}.

제등행렬 提燈行列 명 procession *f* aux lanternes. ¶ 사월 초파일의 ~ procession aux lanternes du huit avril du calendrier lunaire pour la naissance du bouddha.

제때 명 heure *f* dite [prévue, convenue, indiquée]; bon moment *m*; moment *m* convenable. ◇_에 à l'heure dite [prévue, convenue, indiquée]; au bon moment; au moment convenable [opportun]. ¶ 밥은 ~에 먹어야 한다 Il faut manger à heure fixe. ¶ 그 친구가 마침 ~에 나타났다 Il est arrivé juste au bon moment [juste à temps] / Il est arrivé à point nommé / Il est arrivé à pic {*fam*}. 부 à l'heure dite [prévue, convenue, indiquée]; au bon moment; au moment convenable [opportun]. ¶ 해야 할 일은 미루지 말고 ~ 해야 한다 Il ne faut pas remettre à plus tard ce que l'on peut faire le jour même.

제련 製鍊 명 affinage *m*; raffinage *m*; fonte *f*. ◇_(을) **하다** raffiner, purifier, affiner, fondre. ¶ 광석을 ~하다 fondre du minerai. ◇_(이) **되다** être raffiné(*e*).

◆_공 -工 명 fondeur *m*.

◆_소 -所 명 fonderie *f*.

제례 祭禮 명 ((신령의)) rite *m* [cérémonie *f*] sacrificiel(*le*); ((조상의)) culte *m* [cérémonie *f*] à la mémoire de *ses* ancêtres. ¶ ~를 지내다 ((종교상의)) célébrer un office; ((조상의)) rendre un culte à *ses* ancêtres [à la mémoire de *ses* ancêtres]. ¶ 조상들에게 ~를 올리다 rendre un culte à *ses* ancêtres; rendre un culte à la mémoire de *ses* ancêtres.

◆_악 -樂 명 musique *f* du culte des ancêtres.

제로 영{zero} 명 ① zéro. ¶ 성장률 ~의 난맥상 des difficultés dues à la croissance zéro. ¶ 확률이 ~에 가깝다 Le taux avoisine les zéro pour cent. ② nul(*le*). ¶ 이득이 ~에 가깝다 Les intérêts sont presque nuls. ¶ 기업윤리가 ~이다 L'éthique de l'entreprise est inexistante [contestable]. ¶ 그는 사람을 관리하는 능력이 거의 ~이다 Il n'est vraiment pas doué pour garder ses amis.

◆_섬 명 somme *f* nulle. ¶ ~섬 게임 un jeu à somme nulle.

제막 除幕 명 inauguration *f* ((d'une statue)). ¶ 동상 ~ inauguration d'une statue. ◇_(을) **하다** inaugurer ((une statue)). ¶ 기념비를 ~하다 inaugurer un monument.

◆_식 -式 명 (cérémonie *f* d')inauguration *f* ((d'une statue)). ¶ 동상 ~식 (cérémonie d')inauguration d'une statue. ¶ 소월 시비 ~식에 참석하다 participer à la cérémonie d'inauguration de la pierre tombale [de la stèle] du poète Kim Sowol.

제맛 명 *son* goût *m*; goût *m* d'origine [originel, initial]; *sa* véritable valeur *f*; *sa* valeur *f* originelle [primitive, initiale, première]. ¶ ~을 느끼다 ressentir le goût d'origine [originel, initial] d'un mets; ressentir la véritable valeur de *qc* [la valeur originelle, première, primitive] de *qc*. ¶ ~을 유지하다 conserver *son* goût d'origine; conserver *sa* véritable valeur [*sa* valeur originelle, première, primitive]. ¶ ~을 잃다 perdre *son* goût d'origine; perdre *sa* véritable valeur [*sa* valeur originelle, première, primitive]. ¶ ~을 찾다[~이 살아나다] retrouver *son* goût d'origine [originel]; retrouver *sa* véritable valeur [*sa* valeur originelle, première, primitive]. ¶ ~이 나다 avoir *son* goût d'origine; avoir *sa* valeur d'origine [*sa* véritable valeur, sa valeur originelle, première, primitive]. ¶ ~이 살다 conserver *son* goût d'origine; avoir *sa* valeur d'origine [*sa* véritable valeur, sa valeur originelle, première, primitive].

ㅈ

제멋 명 *sa* manière *f*; *sa* guise *f*. ¶ ~에 살다 vivre à *sa* manière. ¶ ~에 겹다 être à *sa* manière.

◆_**대로** 부 à *sa* guise; à *son* gré; à *sa* fantaisie; selon *son* bon plaisir; librement; en toute liberté; sans permission [autorisation]; de *sa* propre autorité; arbitrairement; de *son* propre chef; comme *on* en a envie; comme *on* veut; comme cela *nous* plaît; comme cela *nous* chante; à *sa* façon. ¶ ~대로 행동하다 faire tout à *sa* guise; n'en faire qu'à *sa* (propre) tête; faire *ses* quatre volontés; faire ce qu'il *nous* plaît; agir selon *son* bon plaisir. ¶ ~대로 살다 vivre selon *son* bon plaisir. ¶ 일을 ~대로 처리하다 travailler en toute liberté; faire les choses à *sa* façon. ¶ 아무 말이나 ~대로 지껄이다 dire ce que l'on veut sans se soucier des autres. ¶ 방바닥에 ~대로 흩어져 있는 옷가지들 des vêtements éparpillés n'importe où sur le sol.

제명 除名 명 radiation *f* ((d'une liste)); expulsion *f*. ¶ ~ 처분 radiation ((d'une liste)); expulsion. ◇_(**을**) **하다**[**시키다**] rayer [radier] *qn* ((d'une liste)); expulser *qn*. ¶ 우리는 그를 모임에서 ~하였다 Nous l'avons expulsé de notre association. ◇_(**이**) **되다** être radié(*e*), rayé(*e*) ((d'une liste)); être expulsé(*e*) ((d'un groupe)). ¶ 그는 당적에서 ~되었다 Il a été rayé de la liste des membres du parti. ¶ 그는 뇌물수수로 국회에서 ~되었다 Il a été expulsé du parlement [de l'Assemblée nationale] pour une affaire de pots-de-vin. ◇_(**을**) **당하다** se faire rayer ((d'une liste)); se faire expulser. ¶ 그는 누명을 쓰고 당에서 ~당했다 Il s'est fait expulser du parti après avoir été injustement accusé. ¶ 그 사람은 해당행위를 했다는 이유로 당에서 ~당했다 Il s'est fait expulser du parti pour avoir fait quelque chose qu'il n'aurait pas dû faire. ◇_**이다** c'est l'expulsion. ¶ 이 일에 반대하는 사람은 무조건 ~이다 Ceux qui sont contre seront automatiquement expulsés.

제목 題目 명 titre *m*. ¶ ~을 붙이다[달다] mettre un titre; intituler. ¶ ~을 잊어버리다 oublier le titre ((d'un roman)). ¶ 그 책은 ~이 적당하다[이상하다] Ce livre a un bon titre [un titre étrange]. ¶ 그 작품은 ~과 내용이 딴판이다 Le titre de cet ouvrage n'a rien à voir avec son contenu. ¶ 이 노래[영화, 소설]의 ~이 무엇이지? Quel est le titre de cette chanson [de ce film, de ce roman]?

제문 祭文 명 prière *f* (de condoléances) pour un défunt ((prononcée lors du culte des ancêtres)). ¶ ~을 읽다 lire une prière pour un défunt. ¶ ~을 쓰다 écrire une prière pour un défunt.

제물[1] 명 ① bouillon *m* [jus *m* (de viande)] de cuisson; eau *f* de cuisson; bouillon *m* originel (de cuisson). ¶ ~이 우러난 찌개 *jjigae* (qui a) macéré [dégorgé] dans son bouillon; *jjigae* avec son bouillon. ② matière *f* authentique [véritable].

◆_**로** 부 de *soi*-même; tout(*e*) seul(*e*). ¶ 기침이 ~로 가라앉았다 La toux s'est calmée d'elle-même [naturellement, toute seule].

◆_**에** 부 de *son* plein gré, de *son* propre gré [chef]; de *sa* propre volonté; volontairement; ((스스로, 저절로)) de *soi*-même; tout(*e*) seul(*e*); spontanément; naturellement. ¶ ~에 지치다 se fatiguer tout(*e*) seul(*e*). ¶ ~에 그치다 s'arrêter tout(*e*) seul(*e*) [de *soi*-même] ((la sonnerie du téléphone)).

제물[2] **祭物** 명 ① offrande *f* (sacrificielle). ¶ 제단에 ~을 바치다 présenter les offrandes sur un autel. ② victime *m* ((d'un sacrifice)). ¶ 정파 간 정쟁의 ~이 되다 devenir une victime de la guerre entre les partis politiques. ¶ 무엇[누구]을 ~로 하여[삼아] au détriment de *qc*/*qn*. ¶ 그 사람은 나를 성공의 ~로 이용하려고 했다 Il a voulu faire de moi la victime de son succès / Il a voulu me sacrifier à son succès.

제물포 조약 濟物浦 條約 명 【역사】 traité *m* de Jemulpo <traité signé en 1882 entre la Corée et le Japon pour régler les problèmes d'indemnisation des dégâts causés aux Japonais par la rébellion militaire de l'année Imo>.

제반 諸般 명 tous(toutes); toutes sortes de. ¶ ~(의) 문제를 따져보다 tenir compte de [prendre en compte] tous les problèmes. ¶ ~ 사항을 체크하다 vérifier toutes les rubriques. ¶ ~ 정세를 살피다 tenir compte de toutes les circonstances. ¶ ~ 준비를 갖추다 faire tous les préparatifs.

◆_**사** -事 명 toutes les affaires *fpl*. ¶ 가내 ~사를 결정하다 décider de toutes les affaires d'une famille. ¶ 학내 ~사를 돌보다 s'occuper de toutes les affaires d'une école [d'une université]. ¶ 세상 ~사는 생각하기 나름이다 Toute chose est fonction de la manière dont on la considère / Pour tout, cela dépend de la manière dont on voit les choses.

제발 부 s'il vous [te] plaît, je vous [t'] en prie, je vous [t'] en supplie; de grâce. ¶ ~ 문을 닫아 주십시오 Fermez la porte, s'il vous plaît. ¶ ~ 용서하세요 Pardonnez-moi, s'il vous plaît / Je vous prie de m'excuser. ¶ ~ 좀 조용히 해 주게 Veuillez vous taire, s'il vous plaît / Je vous prie de vous taire. ¶ ~ 살려 주십시오 Ne me tuez pas, je vous en supplie [de grâce]. ¶ 이젠 ~ 내 앞에 나타나지 말라 De grâce, ne réapparais plus jamais devant moi [devant mes yeux] / De grâce, ne reviens plus jamais me voir.

제방 堤防 명 digue *f*. ¶ ~을 구축하다[쌓다] construire une digue. ¶ ~이 터졌다 La digue s'est rompue. ¶ ~이 무너졌다 La digue s'est effondrée.

◆_**공사** -公事 명 construction *f* d'une digue.

제백사 除百事 명 donner la priorité absolue à *qc*; laisser de côté [laisser tomber] tout le reste pour faire *qc*. ◇_(**를**) **하다** donner la priorité absolue à *qc*; laisser de côté [laisser tomber] tout le reste pour faire *qc*; faire *qc* avant toute autre chose. ¶ ~하고 친구의 병문안을 가다 laisser de côté [laisser tomber] tout le reste pour aller voir un(*e*) ami(*e*) malade.

제번 除煩 명 ((편지 서두)) sans cérémonie. ◇_(을) **하다** supprimer les formules de politesse.

제법 부 assez, plutôt, relativement. ¶ ~ 중대한 일 un événement relativement grave [important]. ¶ ~ 좋은 수입 un revenu appréciable. ¶ ~ 시간이 걸리다 Cela prend relativement beaucoup de temps / Cela prend pas mal de temps. ¶ ~ 덥다 Il fait plutôt chaud. ¶ 그 학생은 불어를 ~ 한다 Cet élève parle assez bien le français / Cet élève se débrouille {*fam*} en français / Cet élève est plutôt bon en français. ¶ 그 여자는 정구도 ~ 친다 Elle est aussi plutôt bonne [forte, douée] en tennis.

◆**_이다** 형 être chic(*que*), chouette. ¶ 그 친구 ~이야 C'est un chic garçon [type] / C'est un chouette gars [type].

제보 提報 명 renseignements *mpl* [informations *fpl*] fourni(*e*)s [donné(*e*)s, mis(*es*) à disposition] ((par *qn*). ¶ 거짓 ~ faux renseignements; fausses informations. ¶ 익명의 ~ renseignements anonymes. ¶ 정확한 ~ renseignements précis; informations précises. ¶ 신빙성 있는 ~ renseignements [informations] fiables [de source crédible]; nouvelle de source crédible. ¶ 산불이 났다는 ~ information selon laquelle un incendie de forêt se serait déclaré. ¶ 시민 ~로 범인을 검거하다 arrêter un criminel grâce aux renseignements fournis par un citoyen. ◇_(를) **하다** fournir [donner] des renseignements [des informations]; informer; signaler; aviser; faire savoir que+*ind*. ¶ 경찰에 허위 사실을 ~하다 donner de fausses informations [de faux renseignements] à la police. ¶ 한 행인이 교통 사고가 났다고 ~를 했다 Un passant a signalé un accident de la circulation. ¶ 한 시민이 학교에 도둑이 들었다는 ~를 해 왔다 Un citoyen a fait savoir qu'un voleur s'était introduit dans l'école. ◇_(가) **되다[들어오다]** être signalé(*e*). ◇_(를) **받다[듣다]** recevoir des informations [des renseignements]; se faire informer; se faire aviser [signaler]. ¶ 어부들부터 적선의 출몰을 ~받다 se faire signaler la présence d'un bateau ennemi par des pêcheurs.

◆**_자** -者 명 personne *f* qui donne des renseignements [des informations]; informa*teur*(*trice*). ¶ 익명의 ~자 un(*e*) informa*teur*(*trice*) anonyme.

제복[1] 制服 명 uniforme *m*; ((고용인의)) livrée *f*, ((법관 따위의)) robe *f*, toge *f* ((de magistrat)). ¶ 경찰 ~ l'uniforme de la police. ¶ ~을 입다 mettre [revêtir; porter] un uniforme. ¶ ~ 차림으로 식에 참석하다 participer à une cérémonie en uniforme.

제복[2] 除服 명 fin *f* [expiration *f*] de la période de deuil. ◇_(을) **하다** quitter [déposer] le deuil.

제복[3] 祭服 명 habits *mpl* d'un service religieux [d'un office]. ¶ 성찬식 ~ habits de la Cène [de l'eucharistie]. ¶ ~을 입다 mettre les habits d'un service religieux [d'un office].

제본 製本 명 reliure *f*. ¶ 이 책은 ~ 상태가 좋다 La reliure de ce livre est dans un bon état / Ce livre a une bonne reliure. ¶ 제본소에 책의 ~을 맡기다 apporter [donner] un livre à l'atelier de reliure. ◇_(을) **하다** (faire) relier ((un livre)). ¶ 낡은 책을 새로 ~하다 faire relier de nouveau un vieux livre [un livre ancien], refaire la reliure d'un vieux livre. ◇_(이) **되다** être relié(*e*). ¶ 허술하게 ~된 책 un livre mal relié [dont la reliure est mauvaise].

◆**_공** -工 명 relieu*r*(*se*).

◆**_소** -所 명 atelier *m* de reliure.

제부 弟夫 명 mari *m* de *sa* petite sœur.

제분 製粉 명 mouture *f*; moulage *m*. ¶ ~ 공장 meunerie; minoterie. ◇_(을) **하다** moudre ((du blé)). ¶ 약재를 ~하다 moudre les ingrédients entrant dans la composition d'un médicament.

◆**_기** -機 명 moulin *m*.

◆**_소** -所 명 moulin *m*; minoterie *f*.

◆**_업** -業 명 meunerie *f*; minoterie *f*.

제붙이 명 *sa* propre famille *f*; parenté *f*.

제비[1] 명 objet *m* utilisé pour tirer au sort, ((tirer à la)) courte paille *f*. ¶ ~(를) 뽑다 tirer au sort, tirer à la courte paille. ¶ ~를 뽑아 결정하다 décider par tirage au sort[en tirant à la courte paille]. ¶ ~로 갈 사람을 정하자 Décidons qui y ira par tirage au sort / Tirons au sort pour savoir qui ira là-bas.

제비[2] 명 ① hirondelle *f*. ② gigolo *m*. ¶ 저 카바레에는 ~들이 많다 Dans ce cabaret, il y a beaucoup de gigolos.

*~ **한 마리가 왔다고 봄은 아니다** Une hirondelle ne fait pas le printemps.

***물찬 ~같다** avoir un corps svelte et gracieux, être svelte et gracieu*x*(*se*), avoir de belles proportions, être bien fait(*e*); être rapide comme l'éclair.

◆**_족** -族 명 gigolo *m*. ¶ 저 사람은 ~족이다 Celui-là, c'est un gigolo.

제비꽃 명 【식물】 violette *f*; pensée *f*.

제빙 製氷 명 fabrication *f* de la glace. ¶ ~ 공장 une fabrique de glace. ◇_(을) **하다** fabriquer de la glace.

◆**_기** -機 명 machine *f* pour piler la glace.

제사[1] 祭祀 명 rite *m* sacrificiel; offrandes *fpl* ((à un dieu, une divinité, un esprit)); (cérémonie *f* du) culte *m* rendu à la mémoire de *ses* ancêtres ((au cours duquel leur est servi un repas)); culte *m* des ancêtres. ¶ ~를 올리다[지내다] offrir [célébrer] un sacrifice; faire des offrandes ((à un dieu, une divinité, un esprit)); rendre [célébrer] un culte à (la mémoire de) *ses* ancêtres.

◆**_ㅅ날** 명 jour *m* des offrandes ((à un dieu, une divinité, un esprit)); anniversaire *m* de la mort de *qn*. ¶ 오늘이 네 ~ㅅ날이다 Aujourd'hui, tu es un homme mort / Aujourd'hui, je vais te faire ta fête {*fam*}.

◆**_ㅅ밥** 명 repas *m* servi à *ses* ancêtres.

◆**_ㅅ상** -床 명 table *f* où l'on sert le repas lors

ㅈ

du culte des ancêtres; table des offrandes pour le culte des ancêtres. ¶ ~상을 차리다[올리다] préparer la table des offrandes [la table du culte des ancêtres]. ¶ ~상을 받다 se faire servir un repas par *ses* descendants (après *sa* mort); être honoré(*e*) d'une offrande par *ses* descendants.

◆_ㅅ장 -場 명 marché *m* du culte des ancêtres. ¶ ~ㅅ장을 보다 faire les courses pour le repas que l'on sert à *ses* ancêtres; faire le marché du culte des ancêtres.

◆_음식 -飮食 명 produits *mpl* alimentaires pour le repas servi lors du culte des ancêtres.

제사² 題詞 명 préface *f*; introduction *f*. ¶ ~를 쓰다 écrire une préface.

제사³ 製絲 명 filage *m*; filature *f*. ¶ ~ 공장 une filature. ◇_(를) **하다** filer.

◆_공 -工 명 fileur(*se*); ouvrier(*ère*) d'une filature.

◆_업 -業 명 filature *f*.

제사장 祭司長 명 【역사】 lévite *m*, sacrificateur *m*, religieux *m* du judaïsme qui présidait autrefois le rite sacrificiel.

제산 除算 명 【수학】 division *f*.

제살붙이 명 *sa* propre famille *f*; parenté *f*.

제살이 명 ménage *m* indépendant (des parents). ◇_(를) **하다** ((ménage)) vivre à part.

*~(를) **가다** épouser un homme sans parent (à sa charge).

제삼계급 第三階級 명 【사회】 bourgeoisie *f*; (le) Tiers-État *m*.

제삼국 第三國 명 tiers pays *m*. ¶ 망명자를 ~으로 보내다 envoyer un exilé dans un tiers pays.

제삼세계 第三世界 명 【정치】 (le) tiers-monde *m*. ¶ ~ 문학 la littérature du tiers-monde.

제삼자 第三者 명 tierce personne *f*; étranger(*ère*) ((à une question, un milieu)); personne *f* extérieure ((à un groupe, une affaire)). ¶ ~의 위치에 서다 être extérieur(*e*) [étranger(*ère*)] à une affaire; ne pas être concerné(*e*) par une affaire. ¶ ~는 참견하지 마라 Mêlez-vous de vos affaires [de ce qui vous regarde] / Ce n'est pas vos affaires [oignons {*fam*}]. ¶ 너는 이 문제에 있어서 ~이다 Cette question ne te concerne pas.

제상 祭床 명 table *f* sacrificielle [des offrandes]; table *f* des offrandes pour le culte des ancêtres. ¶ ~을 차리다 préparer la table des offrandes. ¶ ~을 받다 se faire servir (après *sa* mort) un repas par *ses* descendants (lors du culte des ancêtres).

제석¹ 除夕 명 veille *f* du jour de l'An.

제석² 祭席 명 natte *f* utilisée lors du culte des ancêtres. ¶ ~을 깔다[펼치다] étendre la natte du culte des ancêtres.

제설 除雪 명 déblaiement *m* de la neige; déneigement *m*. ¶ ~ 작업 (travaux de) déneigement. ¶ ~이 늦어져서 교통이 두절되었다 La circulation a été interrompue à cause du retard dans le déneigement. ◇_(을) **하다** déneiger, déblayer la neige. ◇_(이) **되다** être déneigé(*e*), ((la neige)) être déblayé(*e*).

◆_기 -機 명 chasse-neige *m*.

◆_차 -車 명 chasse-neige *m*.

제세 濟世 명 salut *m* du monde.

◆_(를) **하다** 자 sauver le monde.

제소 提訴 명 【법률】 action *f* d'intenter un procès; poursuite *f* en justice. ¶ ~를 취하하다 intenter un procès à *qn*; poursuivre *qn* en justice. ◇_(를) **하다** intenter un procès à *qn*; poursuivre *qn* en justice. ¶ 공사장의 소음 공해를 법원에 ~하다 intenter un procès au responsable des travaux pour pollution sonore. ◇_(가) **되다**[(를) **당하다**] se faire poursuivre [être poursuivi(*e*)] en justice. ¶ 뇌물 수수 혐의로 법원에 ~되다 se faire poursuivre [être poursuivi(*e*)] en justice pour (des) pots-de-vin.

제수¹ 弟嫂 명 belle-sœur *f* ((épouse du petit frère d'un homme)).

◆_씨 명 belle-sœur *f* ((appellation honorifique de l'épouse du petit frère d'un homme. En France, on utiliserait son prénom)).

제수² 除數 명 【수학】 (nombre *m*) diviseur *m*.

제수³ 祭需 명 choses *fpl* nécessaires pour le culte des ancêtres. ¶ ~를 마련하다 préparer les choses nécessaires [le nécessaire] pour le culte des ancêtres. ¶ ~ 비용이 만만치 않다 Cela revient bien cher de préparer le culte des ancêtres / Il faut beaucoup d'argent pour les préparatifs du culte des ancêtres.

제스처 영{gesture} 명 ① geste *m*; mimique *f*; signe *m*; gestuelle *f*; gestualité *f*. ¶ 과장된 ~ des gestes excessifs; la gestualité excessive. ¶ 화려한 ~를 쓰다 faire des geste(s) gracieux [élégants]; faire des gestes esthétiques. ¶ 필요 이상의 ~를 취하다 faire des gestes superflus [des gestes excessifs; une gestualité excessive]. ② ((말이나 행동)) geste *m*; signe *m*; témoignage *m*. ¶ 공연한 ~ un geste inutile. ¶ ~에 불과하다[지나지 않는다] Ce n'est qu'un geste. ¶ 그는 항상 ~가 크다 Il fait toujours de grands gestes. ◇_(를) **하다** faire un geste [un signe]. ¶ 친구에게 밖으로 나가자는 ~를 하다 faire signe à un(*e*) ami(*e*) de sortir.

제시 提示 명 présentation *f*; proposition *f*. ¶ 사고 운전자에게 신분증 ~를 요구하다 demander de présenter une pièce d'identité au conducteur responsable de l'accident. ¶ 이 글에는 근본적인 해결책의 ~가 없다 Il n'y a pas de réelle proposition de solution dans ce texte. ◇_(를) **하다** présenter; proposer. ¶ 나름의 의견을 ~하다 présenter *ses* opinions personnelles [*sa* propre idée]. ¶ 자신의 경험을 일례로 ~하다 donner comme exemple *sa* propre expérience. ¶ 범행에 사용된 칼을 법정에 증거물로 ~하다 présenter au tribunal comme pièce à conviction le couteau qui a été utilisé [qui a servi] lors du crime. ¶ 그가 우리에게 ~한 방안을 검토 중이다 Je suis en train d'examiner le projet qu'il nous a présenté. ◇_(가) **되다** être présenté(*e*), proposé(*e*). ¶ 회의에서 다양한 해결책들이 ~되었다 Beaucoup de solutions ont été proposées lors de la réunion. ¶ 그의 생각은 이 글에 명확하게 ~되어 있다 Ses idées ont été clairement présentées dans ce texte.

◆_부 -部 명 【음악】 exposition *f*.

◆_어 -語 명 【언어】 exemple *m*.

◆_기간 -期間 명 【경제】 période *f* de présentation.

제시간 –時間 명 à l'heure. ¶ ~에 도착하다 arriver à l'heure. ¶ ~보다 늦어지다 avoir du retard.

제식[1] 制式 명 ① stipulation *f*; clause *f*; règle *f*; règlement *m*. ¶ ~에 따라 행동하다 se comporter [agir] conformément aux règles [selon les prescriptions légales]. ② 【군사】 règle *f*, règlement *m*.

◆_소총 -小銃 명 fusil *m* réglementaire.

◆_훈련 -訓練 명 exercices *mpl*; manœuvre *f*. ¶ ~훈련을 하다[받다] être en manœuvres.

◆_훈련장 -訓練場 명 champ *m* de manœuvre.

제식[2] 祭式 명 cérémonie *f* d'un sacrifice [des offrandes]; cérémonie *f* du culte des ancêtres. ¶ ~을 올리다[거행하다, 치르다] rendre un culte à *ses* ancêtres; rendre un culte à la mémoire de *ses* ancêtres.

제씨 諸氏 명 messieurs *mpl*. ¶ 독자 ~ Messieurs les lecteurs.

제아무리 부 aussi+*adj* soit ..., même si, bien que, quoique; malgré. ¶ ~ 천재라도 그 문제는 못 푼다 Même un génie ne pourrait répondre à cette question [ne pourrait résoudre ce problème]. ¶ 상대팀이 ~ 강하다고 해도 Aussi forte soit l'équipe adverse / Même si l'équipe adverse est si forte ... ¶ ~ 날고 긴다 해도 aussi fort [doué] soit-il.

제안 提案 명 proposition *f*; offre *f*; suggestion *f*; ouverture *f*. ¶ ~ 설명을 하다 expliquer une proposition. ¶ 나는 시민 단체의 ~을 지지한다 J'apporte mon soutien à la proposition des groupes civiques. ¶ 나는 자기 회사에서 같이 일하자는 친구의 ~을 받아들였다[~에 응했다] J'ai accepté la proposition d'un ami pour travailler ensemble dans son entreprise. ¶ 그는 나의 ~에 찬성하지 않았다 Il a refusé ma proposition [mon offre]. ◇_(을) 하다 proposer *qc* à *qn*; faire une proposition à *qn*; faire des ouvertures à *qn*; suggérer *qc* à *qn*. ¶ 노조원들에게 총파업을 ~하다 proposer une grève générale aux syndicats ouvriers. ¶ 나는 그에게 함께 떠나자고[떠날 것을] ~하였다 Je lui ai proposé de partir ensemble. ◇_(이) 되다 être proposé(*e*). ¶ 국회에서 새로운 입법이 ~되었다 Une nouvelle loi a été proposée à l'Assemblée nationale. ¶ 여러 가지 해결책이 ~된 가운데 토론이 진행 중이다 Le débat est en cours alors que plusieurs solutions ont été proposées. ◇_(을) 받다 recevoir une proposition. ¶ 나는 사장에게 해외 근무를 ~받았다 Le patron m'a proposé de travailler à l'étranger. ¶ 그에게서 함께 여행하는 게 어떻겠느냐는 ~을 받았다 Il m'a proposé de voyager avec lui.

◆_권 -權 명 【법률】 droit *m* de proposition [de motion].

◆_자 -者 명 auteur *m* d'une proposition.

제압 制壓 명 domination *f*; oppression *f*. ◇_(을) 하다 dominer, l'emporter sur; soumettre, opprimer, dompter. ¶ 상대를 완전히 ~하다 dominer complètement l'adversaire. ¶ 적의 기선을~ prendre les devants sur l'ennemi; devancer l'ennemi. ◇_(이) 되다[(을) 당하다] être dominé(*e*); être opprimé(*e*), soumis(*e*), dompté(*e*). ¶ 상대의 기세에 미리 ~되다 être découragé(*e*) à l'avance par (l'enthousiasme de) l'adversaire.

제야 除夜 명 veille *f* du Jour de l'An, la Saint-Sylvestre *f*. ¶ ~의 종소리 sonnerie de cloche la veille du Jour de l'An. ¶ ~의 축제 réveillon; (soirée de) la Saint-Sylvestre.

제약[1] 製藥 명 fabrication *f* de produits pharmaceutiques; préparation *f* pharmaceutique; médicament *m*. ◇_(을) 하다 fabriquer des médicaments.

◆_사 -師 명 prépara*teur*(*trice*) en pharmacie.

◆_업자 -業者 명 fabricant(*e*) de produits pharmaceutiques.

◆_회사 -會社 명 entreprise *f* [compagnie *f*, laboratoire *m*] pharmaceutique.

제약[2] 制約 명 condition *f*; restriction *f*, limitation *f*. ¶ 극우 단체의 활동에 ~을 가하다 restreindre les activités des groupes d'extrême droite. ¶ 여러 가지 규제들 때문에 투자에 ~이 많다 On est restreint dans nos investissements à cause du règlement / Beaucoup de conditions limitent nos investissements. ◇_(을) 하다 restreindre, limiter; appliquer des restrictions. ¶ 무분별한 개발을 ~하다 limiter un développement aveugle et irraisonné. ¶ 그 법률은 사상의 자유를 ~한다 Cette loi limite la liberté de pensée. ◇_(이) 되다 être restreint(*e*), limité(*e*). ¶ 우리의 행동은 여러 가지 관습에 ~되어 있다 Nos actions sont soumises à différentes coutumes / Nous agissons selon différentes coutumes. ◇_(을) 받다 être restreint(*e*), limité(*e*). ¶ 우리의 사고는 알게 모르게 관습의 ~을 받는다 Notre esprit est limité par les coutumes, qu'on le veuille ou non. ¶ 나는 시간에 ~받고 싶지 않다 Je ne veux pas être limité(*e*) par le temps.

◆_적 -的 명관 restricti*f*(*ve*), limitati*f*(*ve*). ¶ ~적 판단 un jugement limité. ¶ 투자에 ~적인 요소가 너무 많다 Il y a trop d'éléments restrictifs aux investissements / On a trop d'éléments qui limitent les investissements.

◆_성 -性 명 restriction *f*, tendance *f* à la restriction. ¶ 높은[큰] ~성 fortement restricti*f*(*ve*). ¶ 그 조항은 ~성이 있다 Il y a des restrictions dans cet article.

제어 制御 명 contrôle *m*, maîtrise *f*. ¶ 자동 ~ 장치 équipement [unité, système] de contrôle automatique; contrôleur automatique. ◇_(를) 하다

contrôler, maîtriser, dominer. ¶ 적의 공격을 ~하다 maîtriser l'attaque de l'ennemi. ¶ 대통령의 권력 남용을 ~하다 défendre [empêcher] l'abus de pouvoir du président. ¶ 스스로의 감정을 ~하다 contrôler *ses* émotions. ¶ 기계 작동을 ~하다 contrôler le mouvement d'une machine. ◇_(가) **되다** être contrôlé(*e*), maîtrisé(*e*). ¶ 이 로봇은 컴퓨터에 의해 ~된다 Ce robot est contrôlé par (l')ordinateur.

◆_**기** -器 명 【기계】 contrôleur *m*; machine *f* de contrôle; commande *f*.

◆_**력** -力 명 capacité *f* de contrôle.

◆_**봉** -棒 명 【물리】 barre *f* [tige *f*] de contrôle.

◆_**장치** -裝置 명 【정보】 unité *f* de contrôle; contrôleur *m*.

제언 題言 명 légende *f*. ¶ ~을 읽다 lire une légende.

제역 除役 명 exemption *f* [dispense *f*] du service militaire. ◇_(을) **하다** exempter [dispenser] ((*qn*)) du service militaire.

제염[1] 臍炎 명 【의학】 inflammation *f* du nombril. ¶ ~을 앓다 souffrir d'une inflammation du nombril.

제염[2] 製鹽 명 production *f* du sel. ◇_(을) **하다** produire du sel.

◆_**소** -所 명 usine *f* de traitement du sel; saline *f*, marais *m* salant.

◆_**업** -業 명 industrie *f* du sel[saline].

◆_**업자** -業者 명 saunier *m*, salini*er*(*ère*), produc*teur*(*trice*) de sel.

제오공화국 第五共和國 명 【역사】 Cinquième République *f*.

제오열 第五列 명 【역사】 la cinquième colonne *f*.

제왕 帝王 명 roi *m*; empereur *m*. ¶ 백수의 ~ le roi des animaux ((le lion)). ¶ ~의 자리에 오르다 monter [s'asseoir] sur le trône; devenir empereur.

◆_**적** -的 명관 royal(*e*); impérial(*e*); impérialiste; monarchique. ¶ ~적 대통령 président(*e*) impérialiste.

◆_**신권설** -神權說 명 théorie *f* de la monarchie du droit divin.

◆_**주권설** -主權說 명 théorie *f* de la monarchie de souveraineté.

제왕절개 帝王切開 명 césarienne *f*. ¶ ~ 수술 césarienne. ◇_(를) **하다** faire une césarienne, césariser. ¶ ~를 해서 낳은 아이 un(*e*) enfant né(*e*) sous césarienne.

제외 除外 명 exclusion *f*, exception *f*. ◇_(를) **하다**[**시키다**] exclure, excepter, faire exception de *qn*/*qc*. ¶ 경찰은 그를 수사 대상에서 ~하였다 La police l'a exclu de l'enquête. ¶ 일요일을 ~하고 그 학생은 거의 매일 학교에 간다 Il va à l'université presque tous les jours excepté le dimanche. ¶ 나만 ~하고 가족들 모두 영화를 보러 갔다 Toute la famille est allée au cinéma sauf [excepté] moi. ◇_(가) **되다** être exclu(*e*), excepté(*e*). ¶ 그 선수는 축구 국가 대표팀 명단에서 ~되었다 Ce joueur a été exclu de l'équipe nationale de football. ¶ 그 사람의 제안은 의제에서 ~되었다 Ce qu'il a proposé n'a pas été retenu pour la discussion.

제요 提要 명 abrégé *m*, résumé *m*, sommaire *m*; rudiment *m*, élément *m*. ¶ 심리학 ~ éléments de psychologie.

제욕 制慾 명 contrôle *m* des passions; maîtrise *f* de soi. ◇_(을) **하다** contrôler *ses* passions; être maître de *soi*-même; se maîtriser.

제우 諸友 명 amis *mpl*. ¶ ~에게 보내는 편지 lettre destinée à [à l'adresse de, qu'on envoie à] *ses* amis; lettre aux amis.

제웅 명 【민속】 effigie *f* en paille ((utilisée pour écarter le mauvais sort)). ◇_(을) **치다** piquer une effigie en paille (pour écarter le mauvais sort).

제원[1] 諸元 명 【기계】 spécifications *fpl* techniques, données *fpl* numériques; base *f* de données. ¶ 관련 ~ la base de données concernée.

제원[2] 諸員 명 membres *mpl*.

제위[1] 帝位 명 trône *m*; couronne *f*. ¶ ~를 계승하다 succéder au trône. ¶ ~를 내놓다 abdiquer; descendre du trône. ¶ ~를 물려주다 hériter le trône. ¶ ~를 다투다 (*se*) disputer le trône. ¶ ~를 빼앗다 usurper le trône. ¶ ~를 노리다 aspirer au trône, viser la couronne. ¶ ~에 오르다 monter au[sur le] trône.

제위[2] 祭位 명 esprit *m* (auquel s'adresse une offrande). ¶ ~를 모시다 adresser une offrande à l'esprit [aux ancêtres].

제유[1] 製油 명 production *f* [fabrication *f*] de l'huile; oléiculture *f*. ¶ ~ 공장 usine de fabrication d'huile; huilerie. ◇_(를) **하다** produire [fabriquer] de l'huile.

제유[2] 提喩 명 【언어】 synecdoque *f*.

◆_**법** -法 명 【문학】 synecdoque *f*.

제육 猪肉 명 (viande *f* de) porc *m*. ¶ ~(으로 만든) 요리 un plat (à base) de porc.

◆_**구이** 명 porc *m* rôti.

◆_**볶음** 명 porc *m* sauté. ¶ ~볶음 백반 *jeyukbokkeum baekban* <repas à base de porc sauté servi dans une sauce rouge épicée avec un bol de riz>.

제육감 第六感 명 sixième sens *m*. ¶ ~으로 알다 deviner par *son* sixième sens. ¶ 여자에게는 ~이라는 것이 있다 Les femmes ont [possèdent] un sixième sens.

제의 提議 명 proposition *f*; offre *f*; suggestion *f*. ¶ 새로운[획기적인] ~ une proposition inouïe [innovante, toute nouvelle]. ¶ 전격적인 ~ une proposition inattendue. ¶ 스카우트 ~를 받아들이다 accepter une offre de travail. ¶ 협상하자는 상대방의 ~를 거절하다[물리치다] refuser la proposition de négociation de *son* interlocuteur. ¶ ~에 응하다 accepter une proposition. ¶ 그 사람의 ~로 모임이 만들어졌다 C'est lui qui avait proposé cette réunion. ¶ 미국 측에서 정상 회담을 열자는 ~가 왔다[들어왔다] Les États-Unis ont proposé de faire une conférence au sommet. ¶ 사무실에 에어컨을 달자는 ~가 나왔다 Quelqu'un a suggéré d'installer un climatiseur dans le bureau. ◇_(를) **하다** proposer; offrir; suggérer.

¶ 공개 토론을 ~하다 proposer de discuter [faire un débat] en public. ¶ 나는 그 여자에게 저녁을 같이 먹자고 ~했다 Je lui ai proposé de dîner ensemble / Je l'ai invitée à dîner. ¶ 그는 내게 만나서 이야기할 것을 ~했다 Il m'a proposé de nous rencontrer pour discuter. ◇_(가) **되다** être proposé(*e*); être offert(*e*); être suggéré(*e*). ¶ 회의에서 여러 가지 방안이 ~되었다 Il y a eu plusieurs propositions dans la réunion. ◇_(를) **받다** avoir une proposition, recevoir une offre. ¶ 나는 그 회사로부터 입사를 ~받았다 Cette compagnie m'a proposé un travail. ¶ 그 친구에게서 술 한 잔 하자는 ~를 받았다 Il m'a proposé de prendre un verre avec lui.

제이 第二 명 deuxième, second(*e*). ¶ ~의 고향 second pays natal; seconde patrie.

◆**_언어** -言語 명 deuxième langue *f*.

◆**_인칭** -人稱 명 deuxième personne *f*.

◆**_차** -次 명 deuxième, second(*e*).

제일[1] 除日 명 dernier jour *m* de l'an.

제일[2] 祭日 명 jour *m* des sacrifices [offrandes]. ¶ ~을 위해 음식을 장만하다 préparer des plats pour le jour des offrandes. ¶ 오늘이 죽은 사람의 ~이다 Aujourd'hui, c'est le jour des offrandes pour les défunts.

제일[3] 第一 명 le numéro un; le(*la*) meilleur(*e*); le(*la*) plus+Adj ¶ 이곳은 한국 ~의 명승지이다 C'est l'endroit le plus pittoresque [connu] de Corée. ◇_**이다** être (l'élément) le plus important; être le(la) meilleur(*e*). ¶ 성공에는 인내가 ~이다 La patience est l'élément le plus important pour réussir.

◆**_기** -期 명 premi*er*(*ère*); premier terme *m*. ¶ 공채 ~기로 입사하다 entrer dans une compagnie dès le premier tour de sélection publique.

◆**_당** -黨 명 premier parti *m* (politique).

◆**_선** -線 명 en (toute) première ligne *f*.

◆**_심** -心 명 première intention *f*; intention *f* originale. ¶ ~심으로 돌아가자 Revenons à notre intention initiale.

◆**_인자** -人者 명 le(*la*) premi*er*(*ère*); personne *f* de premier rang. ¶ 명실상부한 ~인자 le(*la*) premi*er*(*ère*) reconnu(*e*) de tout le monde [que tout le monde reconnaît].

◆**_인칭** -人稱 명 première personne *f*.

◆**_주의** -主義 명 idée *f* [doctrine *f* prônant] de ne poursuivre que la première place. ¶ 경제 ~주의 idée de considérer l'économie comme la plus importante. ¶ 능력 ~주의 idée de considérer la capacité comme premier élément. ¶ 그 회사는 모든 분야에서 ~주의를 추구한다 Cette compagnie cherche à prendre la première place dans tous les domaines.

◆**_차** -次 명 premi*er*(*ère*).

◆**_착** -着 명 le premier; en premier. ¶ ~착으로 모임 장소에 오다 arriver le(*la*) premi*er*(*ère*) sur le lieu du rendez-vous.

부 le(*la*) plus. ¶ ~ 아름답다 le(la) plus b*eau*(*belle*). ¶ ~ 먼저 premièrement, en premier lieu; tout d'abord; pour commencer; avant toute autre chose; le premier. ¶ 나는 이것이 ~ 좋다 Je préfère cela à tout le reste / C'est mon(*ma*) favori(*te*). ¶ 이 호수는 이 지점이 ~ 깊다 C'est la partie la plus profonde dans ce lac.

제자[1] 弟子 명 disciple *m*, élève *mf*; étudiant(*e*). ¶ ~를 두다 avoir *ses* élèves. ¶ 누구의 ~로 들어가다 devenir élève de *qn*. ¶ 누구를 ~로 받아들이다 accepter *qn* comme élève; accepter de diriger un élève [de prendre un élève sous *sa* direction].

제자[2] 諸子 명 maîtres *mpl*; sages *mpl*.

◆**_백가** -百家 명 philosophes *mpl* et savants *mpl*.

제자[3] 題字 명 titre *m*; épigraphe *f*. ¶ 비석의 ~ une épigraphe. ¶ 새로 출판할 책의 ~를 정하다 fixer [décider] le titre du livre à éditer [qui va être (nouvellement) édité].

제자리 명 place *f* originale; propre place *f*; place *f* convenable. ¶ 무엇을 ~에 갖다 놓다 remettre *qc* à *sa* place originale. ¶ 모든 것이 다 ~에 있다 Tout est en ordre. ¶ ~를 찾다 prendre *sa* place originale. ¶ 사회 구성원들 모두가 ~를 지키며 자기 직분에 충실해야 한다 Les membres d'une société doivent remplir fidèlement leurs fonctions [doivent faire fidèlement leur tâche en restant à leur place].

◆**_걸음** 명 piétinement *m* (sur place), stagnation *f*, absence *f* d'évolution [de progrès]. ¶ ~걸음(을) 하다 faire du surplace, piétiner, marquer le pas, patiner, ne pas [ne guère] avancer, ne pas évoluer, ne pas progresser, n'avancer que très lentement, être traînant(*e*), s'enliser; traîner en longueur, stagner, être stagnant(*e*), rester [être] stationnaire, être dans un état de stagnation. ¶ 논의가 항상 ~걸음이다 La discussion n'avance jamais [ne progresse pas du tout] / La discussion piétine toujours / La discussion s'enlise. ¶ 그 사람의 10년간의 노력이 결국 ~걸음이 되어버렸다 Ses efforts de dix ans n'ont finalement abouti à rien [ont été vains].

◆**_뛰기** 명 action de courir sur place. ¶ ~뛰기(를) 하다 courir sur place.

제자해 諸字解 명 【언어】 explications *fpl* du livre *Hunminjeongeum*.

제작 製作 명 fabrication *f*, production *f*, composition *f*; confection *f*; construction *f*. ¶ ~ 과정 processus de la production. ¶ 공동 ~ une coproduction. ¶ 영화 ~에 몰두하다 se concentrer sur la production de film. ◇_(을) **하다** fabriquer, produire; composer; confectionner; construire; manufacturer. ¶ 신문을 ~하다 éditer un journal. ¶ 공연 실황을 음반으로 ~하다 reproduire la représentation publique sur un disque. ◇_(이) **되다** être fabriqué(*e*), produit(*e*); être composé(*e*); être confectionné(*e*); être construit(*e*); être manufacturé(*e*). ¶ 청동으로 ~된 조각품 une sculpture en[de] bronze. ¶ 그 소설은 영화로 ~되었다 Ce roman a été adapté au cinéma.

◆_물 -物 명 production *f*, produit *m*.

◆_법 -法 명 méthode *f* de production; loi *f* sur la production.

◆_비 -費 명 frais *mpl* de production. ¶ 그 영화는 막대한 ~비가 들었다 La production de ce film a été très coûteuse [a coûté beaucoup d'argent].

◆_소 -所 명 usine *f*, fabrique *f*, atelier *m*, manufacture *f*. ¶ 국립 영화 ~소 société de production cinématographique nationale.

◆_자 -者 fabricant(*e*), produc*teur*(*trice*), construc*teur*(*trice*), manufacturi*er*(*ère*). ¶ 영화 ~자 produc*teur*(*trice*) de film.

◆_진 -陳 명 équipe *f* de production.

◆_품 -品 명 article *m*, produit *m*.

제장¹ 祭場 명 temple *m*; autel *m* où l'on fait les offrandes aux ancêtres.

제장² 諸將 명 (tous les) commandants généraux ((i)ci-présents). ¶ ~들은 들으라 Que tous les commandants généraux ((i)ci-présents) m'écoutent!

제재¹ 制裁 명 contrainte *f*, sanction *f*, frein *m*, entrave *f*; empêchement *m*, contrariété *f*. ¶ 법적 ~ contrainte des lois; sanction légale. ¶ 전쟁 도발 국가에 경제적 ~를 가하다 appliquer [imposer] une sanction économique au pays qui a provoqué la guerre. ◇_(를) 하다 empêcher; imposer une sanction [contrainte]. ¶ 법이 개인의 사고까지 ~할 수는 없다 La loi ne peut contraindre aussi les idées individuelles. ◇_(를) 받다 subir une contrainte [sanction]. ¶ 여론의 ~를 받다 subir les contraintes de l'opinion publique. ¶ 그 사람은 아무런 ~도 받지 않고 세관을 통과하였다 Il a passé la douane sans aucun empêchement.

제재2 製材 명 sciage *m*, débit *m*, débitage *m*. ◇_(를) 하다 débiter du bois. ¶ 원목을 ~하다 débiter le bois non travaillé.

◆_기 -機 명 débiteur *f*.

◆_소 -所 명 scierie *f*.

◆_업 -業 명 industrie *f* du bois.

제재³ 題材 명 sujet *m*, thème *m*; matière *f*. ¶ ~를 구하다 chercher un thème.

제적 除籍 명 radiation *f*. ◇_(을) 하다[시키다] rayer, radier, effacer, chasser, renvoyer, expulser. ¶ 문제 학생을 ~하다 expulser un(*e*) élève qui a causé des problèmes. ◇_(이) 되다[(을) 당하다] être rayé(*e*), radié(*e*), effacé(*e*), chassé(*e*), renvoyé(*e*), expulsé(*e*), mis(*e*) à la porte. ¶ 학교에서 ~ 당하다 être renvoyé(*e*) d'une école; être mis(*e*) à la porte *d'une école*.

◆_생 -生 명 élève renvoyé(*e*) d'une école. ¶ ~생과 휴학생 les élèves expulsés et les élèves qui ont suspendu leurs études. ¶ ~생을 구제하다 rappeler à l'école un(*e*) élève expulsé(*e*); retirer l'ordre d'expulsion de l'école à un(*e*) élève.

제전 祭典 명 cérémonie *f* sacrificielle; festival *m*, fête *f*. ¶ ~을 열다 organiser un festival. ¶ 올림픽은 인류의 가장 큰 ~이다 Les Jeux olympiques sont les plus grandes fêtes de l'humanité.

제절 諸節 명 tout *m* (chez vous). ¶ 댁내 ~이 무고하신지요? Tout va bien dans la famille [chez vous]?

제정¹ 制定 명 établissement *m*, institution *f*. ¶ 법률 ~ établissement d'une loi. ◇_(을) 하다 établir, instituer, faire. ¶ 특별법을 ~하다 établir une loi spéciale. ¶ 8월 15일을 국경일로 ~하다 faire du 15 août un jour férié. ◇_(이) 되다 être établi(*e*), institué(*e*), fait(*e*). ¶ 모성 보호법이 ~되었다 On a établi une loi sur la protection de la maternité.

제정² 帝政 명 régime *m* impérial; gouvernement *m* impérial.

제정³ 祭政 명 l'Église *f* et l'État *m*. ¶ ~(의) 분리 séparation de l'Église et de l'État.

◆_일치 -一致 명 union *f* de l'Église et l'État.

제정신 -精神 명 état *m* de conscience normal [habituel]; ((ne pas être dans)) *son* état *m* normal, ((reprendre, retrouver)) *ses* esprits. ¶ ~을 차리다 reprendre conscience, retrouver [reprendre] *ses* esprits, revenir à *soi*. ¶ ~이 돌아오다 retrouver [reprendre] *ses* esprits, revenir à *soi*. ¶ ~이 들다 reprendre conscience, retrouver *ses* esprits. ◇_이다 être dans *son* état normal, être comme d'habitude, avoir toute sa tête {*fam*} [toute sa lucidité], être parfaitement lucide, avoir encore [garder] toute *sa* lucidité, avoir l'esprit lucide, rester lucide, être toujours saint d'esprit. ¶ 너 지금 ~이니? T'as perdu la tête ou quoi? {*fam*} ¶ 그 사람은 지금 ~이 아니다 Il n'est pas dans son état normal / Il est dans un état second maintenant / Il n'est pas comme ça habituellement.

제제¹ 提題 명 【논리】 proposition *f* à prouver.

제제² 製劑 명 【의학】 préparation *f* pharmaceutique.

제제³ 帝制 명 impérialisme *m*.

제제다사濟濟多士 명 concentration *f* d'hommes et de femmes de talent, groupe *m* de personnalités éminentes. ¶ 그 정당은 ~이다 Ce parti est plein d'hommes de valeur / Ce parti rassemble beaucoup de figures éminentes.

제조 製造 명 fabrication *f*, production *f*, construction *f*, confection *f*; manufacture *f*. ¶ 선박 ~ construction navale. ◇_(를) 하다 fabriquer, produire, construire, confectionner; manufacturer; faire. ¶ 핵무기를 ~하다 fabriquer des armes nucléaires. ¶ 펄프로 종이를 ~하다 fabriquer du papier en pâte (à papier).

◆_량 -量 명 quantité *f* de production.

◆_법 -法 명 méthode *f* [processus *m*, moyen *m*] de fabrication; loi *f* sur la production. ¶ 새로운 ~법을 쓰다 utiliser une nouvelle méthode de fabrication.

◆_비 -費 명 frais *mpl* [coût *m*] de production. ¶ ~비를 절감하다 réduire [restreindre] les frais de production.

◆_소 -所 명 usine *f*, atelier *m*, fabrique *f*.

ㅈ

◆_업 -業 명 industrie *f* manufacturière.

◆_업자 -業者 명 fabricant(*e*), construc*teur*(*trice*), confectionneu*r*(*se*).

◆_업체 -業體 명 entreprise *f* de fabrication.

◆_원 -元 명 fabricant(*e*), construc*teur*(*trice*), confectionneu*r*(*se*); entreprise *f* de fabrication.

◆_원가 -原價 명 prix *m* de revient [coûtant].

◆_자 -者 명 fabricant(*e*), construc*teur*(*trice*), confectionneu*r*(*se*).

◆_품 -品 명 article *m* [produit *m*] (manufacturé).

제주[1] 祭酒 명 vin *m* [alcool *m*, liqueur *f*] de cérémonie ((destiné(*e*) aux offrandes rituelles)). ¶ ~를 봉하다 faire une offrande de liqueur; offrir de l'alcool devant l'autel.

◆_잔 -盞 명 verre *m* d'alcool de cérémonie. ¶ ~잔을 채우다 remplir d'alcool de cérémonie un verre ((pour faire une offrande)). ¶ ~잔을 따르다 verser de l'alcool de cérémonie ((pour faire une offrande)).

제주[2] 祭主 명 personne *f* qui préside la cérémonie des offrandes; hôte *m* de la cérémonie des offrandes; personne *f* qui préside à l'oblation. ¶ ~가 없이 제사를 모시다 faire des offrandes sans l'hôte. ¶ 그 사람이 ~가 되었다 Il est devenu l'hôte de la cérémonie des offrandes.

제주도 濟州道 명 île *f* de Jeju.

◆_사삼사건 -四三事件 명 【역사】 affaire *f* du 3 avril de l'île de Jeju <qui vit en 1948 l'insurrection des habitants de l'île contre le contrôle de l'armée américaine et de la Corée du Sud écrasée lourdement par l'armée>.

◆_민란 -民亂 명 【역사】 insurrection *f* [révolte *f*] populaire de l'île de Jeju.

제지[1] 制止 명 contrainte *f*; répression *f*; frein *m*; contrôle *m*; barrage *m*. ¶ 경찰의 ~로 집회가 무산되었다 La réunion a été empêchée par l'intervention de la police / La réunion a été rendue impossible par l'intervention des forces de l'ordre. ◇_(를) **하다** contraindre, empêcher *qn*/*qc* de+*inf*, défendre [interdire] à *qn* de+*inf*. ¶ 미성년자들의 입장을 ~하다 contraindre l'entrée des mineurs; empêcher les mineurs d'entrer. ¶ 밖으로 나가려는 그 사람을 내가 ~했다 C'est moi qui l'ai empêché de sortir. ¶ 군중들이 건물로 들어오려는 것을 경찰이 ~했다 La police a empêché la foule d'entrer dans l'immeuble. ◇_(를) **받다**[**당하다**] être contraint(*e*), empêché(*e*), freiné(*e*). ¶ 그 사람은 입구에서 경찰에게 ~를 당했다 Il a été freiné par la police à l'entrée. ¶ 아무런 ~도 받지 않고 국경을 통과하다 passer la frontière sans aucun empêchement.

제지[2] 製紙 명 fabrication *f* du papier, papeterie *f*. ◇_(를) **하다** fabriquer du papier.

◆_공장 -工場 명 papeterie *f*.

◆_업 -業 명 industrie *f* papetière.

◆_업자 -業者 명 papeti*er*(*ère*).

◆_펄프 명 pâte *f* à papier.

제집 명 maison *f* à *soi*, un chez soi *m*. ¶ ~처럼 드나들다 aller et venir comme si on était chez soi. ¶ ~처럼 떠들어대다 crier [faire du bruit] comme si on était chez soi. ¶ 여기가 ~ 앞마당인 줄 아나? Croit-il donc que c'est son jardin ici?

제창[1] 提唱 명 proposition *f*. ¶ 그 사람의 ~으로 부패척결 운동이 시작됐다 C'est par sa proposition qu'a commencé le mouvement d'éradication de la corruption. ◇_(을) **하다** proposer; préconiser, promouvoir; proclamer. ¶ 평화를 ~하다 préconiser la paix. ¶ 진화론을 ~하다 proclamer l'évolutionnisme. ¶ 환경보호를 위한 제도가 필요하다고 ~하다 promouvoir [proclamer] la nécessité d'un système de protection de la nature.

제창[2] 齊唱 명 chant *m* à l'unisson. ¶ 애국가 ~ chant à l'unisson de l'*Aegukga* [l'hymne national coréen]. ◇_(을) **하다** chanter à l'unisson. ¶ 구호를 ~하다 crier ensemble un slogan.

제천 祭天 명 【역사】 offrandes *fpl* au ciel. ¶ ~ 의식 cérémonie des offrandes au ciel. ◇_(을) **하다** faire une cérémonie d'offrandes au ciel.

제철[1] 명 de saison, à *sa* saison, en pleine saison; temps *m* convenable. ¶ ~의 사과가 맛있다 Les pommes de saison sont bonnes [les meilleures]. ¶ ~을 만나다 tomber en pleine saison. ¶ 과일은 ~에 먹어야 제 맛이다 Les fruits gardent leur meilleur goût à leur saison / Les fruits de saison sont les meilleurs. ¶ ~이 지났다 La saison est passée. ◇_**이다** être en pleine saison. ¶ 지금은 포도가 ~이다 C'est maintenant la pleine saison du raisin / On est actuellement en pleine période de vendanges.

제철[2] 製鐵 명 sidérurgie *f*; métallurgie *f* du fer. ¶ ~ 공업 sidérurgie; industrie du fer.

◆_공 -工 명 ouvri*er*(*ère*) sidérurgiste.

◆_소 -所 명 usine *f* sidérurgique; fonderie *f*.

◆_업 -業 명 sidérurgie *f*; industrie *f* du fer.

제청 提請 명 proposition *f*; demande *f*; recommandation *f*. ¶ 장관은 국무총리의 ~으로 대통령이 임명한다 Le président nomme les ministres sur proposition du premier ministre. ◇_(을) **하다** proposer; demander; recommander. ¶ 국회에 입법을 ~하다 proposer l'établissement d'une loi à l'Assemblée Nationale. ¶ 그 규정의 위헌 여부를 심사해 달라고 헌법재판소에 ~하다 demander au tribunal constitutionnel de juger si ce règlement est conforme à la Constitution (ou non).

제쳐놓다 타 ① mettre *qc* à part [de côté, à l'écart]; laisser de côté, oublier, laisser tomber *qc*/*qn*. ¶ 너는 정작 핵심은 제쳐놓고 쓸데없는 말만 하니? Pourquoi oublies-tu l'essentiel et ne parles-tu que de choses frivoles [accessoires]? ② 미루다 retarder, différer, remettre à plus tard ((un travail)). ¶ 숙제를 제쳐놓고 어딜 싸돌아다니니? Où est-ce que tu traînais au lieu de faire tes devoirs? ¶ 그 사람은 다른 일은 제쳐놓고 놀 궁리만 한다 Il ne pense qu'à s'amuser en oubliant le reste [en laissant tomber tout le reste].

ㅈ

제쳐두다 타 ① 뒤로 미루다 retarder, différer, reporter. ¶ 청소는 제쳐두고 일단 장부터 보러 가자 Allons d'abord faire les courses, on fera le ménage ensuite. ¶ 다른 일은 제쳐두고 숙제부터 하자 Commençons par faire nos devoirs, nous ferons le reste ensuite [après] [nous accomplirons le reste ensuite]. ② excepter, exclure, ne pas tenir compte de *qc*. ¶ 사장을 제쳐두고 무슨 일이 되겠니? Comment voulez-vous que cela marche sans tenir compte de l'accord du président?

제초 除草 명 sarclage *m*, désherbage *m*, extirpation *f* des mauvaises herbes. ¶ 정원에서 ~ 작업을 하다 faire du sarclage dans le jardin. ◇_(를) **하다** sarcler, désherber, extirper des mauvaises herbes.

◆_**제** -劑 명 herbicide *m*. ¶ 밭에 ~제를 뿌리다 répandre un herbicide dans un champ.

제출 提出 명 présentation *f*; dépôt *m*. ¶ 보고서 ~ 기한 délai de présentation du rapport. ¶ 대출을 위한 ~ 서류가 너무 많다 Il y a trop de dossiers à déposer pour l'emprunt. ◇_(을) **하다** présenter, déposer. ¶ 사표를 ~하다 présenter [donner] une lettre de démission. ¶ 교수에게 보고서를 ~하다 déposer un rapport au professeur. ◇_(이) **되다** être présenté(*e*), déposé(*e*). ¶ 경제 활성화 방안이 대통령에게 ~되었다 On a présenté au président de la République un plan pour l'activation de l'économie. ¶ ~된 응모 작품은 반환하지 않는다 Les œuvres déposées (pour le concours) ne seront pas rendues. ◇_(을) **받다** recevoir. ¶ 학생들에게 보고서를 ~받다 recevoir des rapports des étudiants.

제치다 타 ① devancer. ¶ 상대편 수비수들을 ~ devancer les défenseurs de l'équipe adverse. ② exclure, excepter. ¶ 어떻게 나를 제치고 다른 사람을 추천할 수가 있어? Comment pourrait-on recommander quelqu'un d'autre que moi? ③ 경쟁 상대보다 우위에 서다 devancer, battre, vaincre. ¶ 그 사람은 우승 후보를 제치고 선두로 나섰다 Il a pris la tête [est passé en tête] en battant un prétendant au titre. ④ 미루다 remettre; retarder, différer. ¶ 축구라면 그 사람은 만사를 제치고 달려간다 Le football passe avant toute chose pour lui / Pour lui, le football est la première de ses priorités [sa priorité].

제트 영{jet} 어근 jet.

◆_**기** -機 명 jet *m*.

◆_**기류** -氣流 명 jet-stream(~-~*s*) *m*, courant-jet *m*.

제판 製版 명 clichage *m*; composition *f*. ◇_(을) **하다** clicher; composer.

제패 制覇 명 *conquête f, maîtrise f*, domination *f*, suprématie *f*, hégémonie *f*; acquisition *f* du titre de champion. ¶ 세계 ~를 꿈꾸다 rêver de conquérir le monde. ¶ 올림픽 ~를 달성하다 devenir champion aux Jeux olympiques; obtenir le titre de champion olympique. ◇_(를) **하다** conquérir, obtenir la suprématie; devenir champion. ¶ 무력으로 유럽을 ~하다 conquérir l'Europe par la force. ¶ 올림픽에서 축구를 ~하다[축구에서 올림픽을 ~하다] devenir champion de football aux Jeux olympiques.

제풀에 부 tout(*e*) seul(*e*); en *soi*. ¶ ~ 지치다 abandonner tout(*e*) seul(*e*), se lasser tout(*e*) seul(*e*). ¶ ~ 나가떨어지다 s'épuiser tout(*e*) seul(*e*), se lasser. ¶ 그렇게 기세등등하더니 ~ 꺾였구나 Avant, tu étais plein(*e*) d'assurance, et maintenant tu n'as plus de courage [tu as perdu courage, tu es découragé(*e*)].

제품 製品 명 article *m*, produit *m*, marchandise *f*. ¶ 기술력의 발전으로 ~의 수준이 한결 높아졌다 Les progrès de la technique ont rendu la qualité des marchandises bien meilleure.

◆_**화** -化 명 production *f*. ¶ ~화하다 produire. ¶ ~화하는 데 성공하다 réussir à produire. ¶ ~화되다 être produit(*e*).

제하 題下 명 intitulé(*e*), sous le titre de. ¶ "21세기와 정보산업"이라는 ~의 논문 un article intitulé ≪le XXIe siècle et l'industrie informatique≫.

제하다 除- 타 ((빼다)) réduire, retrancher, soustraire, déduire; ((나누다)) diviser; ((제거하다)) éliminer, exclure. ¶ 제하고 excepté, à part; sans, sauf, hormis; à l'exception de; exception faite de. ¶ 물건값을 제하고 거스름돈을 주세요 Payez-vous ce que je vous dois et rendez-moi la monnaie. ¶ 월급에서 세금을 제하면 얼마 남지 않는다 Il ne reste plus grand-chose sur le salaire après la déduction des impôts / Il ne reste plus grand-chose quand on a retiré [déduit] les impôts du salaire. ¶ 두세 명의 일본 학생을 제하면 모두 중국 학생이다 Hormis deux ou trois Japonais, tous les autres élèves sont des Chinois.

제한 制限 명 limite *f*, limitation *f*, restriction *f*. ¶ 가뭄으로 ~ 급수를 하다 restreindre [contrôler] la distribution d'eau à cause de la sécheresse. ¶ 무분별한 개발에 ~을 가하다 limiter [empêcher] les exploitations intempestives. ◇_(을) **하다** limiter, restreindre; empêcher; distinguer. ¶ 차량 통행을 부분적으로 ~하다 restreindre la circulation partiellement. ¶ 방문객의 출입을 밤 열 시까지로 ~하다 limiter les visites jusqu'à dix heures du soir; ne recevoir des visites que jusqu'à dix heures du soir. ◇_(이) **되다** être limité(*e*), restreint(*e*); être empêché(*e*). ¶ 그 사람의 권한은 극도로 ~되어 있다 Son droit est extrêmement limité. ¶ ~된 범위 안에서 사진 촬영을 허용하다 autoriser les photographies à l'intérieur de la zone délimitée. ¶ 면담시간이 한 시간으로 ~되어 있다 La durée d'entretien est limitée à une heure. ◇_(을) **받다** être limité(*e*), restreint(*e*); être empêché(*e*). ¶ 행동의 ~을 받다 être restreint(*e*) dans *ses* activités. ¶ 활동 범위에 ~을 받다 voir la sphère de *ses* activités restreinte. ◇_(을) **두다** limiter, imposer une limite. ¶ 입사 지원 자격에 대졸로 ~을 두는 것은 옳지 않다 Il n'est pas juste de limiter la candidature au concours d'entrée dans une entreprise aux sortants d'université. ◇_(이)

ㅈ

있다[없다] y avoir une [ne pas y avoir de] limitation, être [ne pas être] restrictif(ve) [limitatif(ve)]. ¶ 그 영화의 관람에는 연령 ~이 있다 Il y a une limitation d'âge (d'entrée) pour ce film. ¶ 이 직종에는 성별의 ~이 없다 Il n'y a pas de distinction de sexe dans ce métier.

◆_적 -的 명관 restrictif(ve), limitatif(ve). ¶ 해외 투자의 ~적 허용 autorisation restrictive [limitative] des investissements étrangers. ¶ 지방 자치를 ~적으로 실시하다 exécuter [mettre en vigueur] un système d'autonomie régionale de manière limitée. ¶ 전력 부족으로 전기 공급이 ~적이다 La distribution de l'électricité est limitée par le manque d'énergie électrique.

◆_성 -性 명 limite *f*; (*qc* de) limitatif. ¶ 인간의 ~성을 넘어서다 dépasser les limites humaines.

◆_구역 -區域 명 zone *f* privée. ¶ 여기는 출입 ~ 구역입니다 C'est une zone dont l'entrée est réservée.

◆_속도 -速度 명 limitation *f* de vitesse. ¶ ~ 속도를 지키다[위반하다] respecter [observer] la limitation de vitesse [faire un excès de vitesse]. ¶ 이 도로의 ~ 속도는 시속 80킬로이다 La vitesse sur cette route est limitée à 80 km/h.

제해권 制海權 명 contrôle *m* [maîtrise *f*] des mers. ¶ ~을 잡다[장악하다] s'assurer le contrôle maritime. ¶ ~을 상실하다[잃다] perdre la maîtrise des mers. ¶ ~을 되찾다 retrouver la maîtrise des mers.

제헌 制憲 명 établissement *m* d'une Constitution. ¶ 그 남자는 ~ 국회의 의원이었다 Il était membre de l'Assemblée Constituante.

◆_의회 -議會 명 Assemblée *f* Constituante.

◆_절 -節 명 journée *f* de la Constitution.

제혁 製革 명 tannage *m*; fabrication *f* du cuir. ¶ ~에 사용되는 동물가죽 peau d'animaux utilisée pour le tannage. ◇_(을) 하다 tanner; fabriquer du cuir.

제현 諸賢 명 ① messieurs *mpl*. ¶ 여러 선배 동지 ~께서 많이 협조해주세요 Je vous demande, Messieurs, une collaboration active. ② sages *mpl* (confucianistes). ¶ 이 문묘는 한국과 중국의 ~을 모신 곳이다 C'est un lieu où l'on fait des offrandes aux grands confucianistes coréens et chinois.

제호 題號 명 titre *m*. ¶ 잡지의 ~ titre d'une revue. ¶ 대문짝만한 ~ *(très) gros titre.* ¶ ~를 붙이다[달다] intituler. ¶ ~를 바꾸다 changer de titre.

제후 諸侯 명 seigneurs *mpl* [princes *mpl*] féodaux. ¶ 봉건 시대에는 ~들이 난립했다 A l'époque féodale, il y avait trop de seigneurs.

제휴 提携 명 coopération *f*, alliance *f*, coalition *f*; aide *f* réciproque. ◇_(를) 하다[맺다] coopérer avec; faire alliance avec; s'entreaider, s'unir à, se joindre à; agir de concert avec. ¶ 외국 회사와 ~하다 coopérer avec une société étrangère. ¶ 제삼국을 견제할 목적으로 두 나라가 서로 ~를 맺었다 Les deux pays ont coopéré ensemble à l'observation d'un troisième pays.

제힘 명 *sa* force. ¶ ~으로 학비를 벌다 gagner de l'argent par *soi*-même pour *ses* études. ¶ ~만 믿고 까불다 utiliser bêtement *sa* force.

젠장 감 zut! {*fam*}, mince! {*fam*}, flûte! {*fam*}, purée {*fam*}, sacrebleu {*fam*}, sacristi {*fam*}, sapristi {*fam*}, bigre {*fam*}. ¶ ~, 또 틀렸네 Zut! [Mince!, Flûte!] je me suis encore trompé(*e*).

◆_맞을 관 sacré(*e*); saloperie de {*vulg*}. ¶ 이런 ~놈 같으니라구 Quel sale type! {*fam*} / Le salopard {*vulg*}! / L'enfoiré! {*vulg*} / L'enculé! {*vulg*}. 감 sacrebleu {*vx*}, sacristi {*fam*}, sapristi {*fam*}, mince {*fam*}, zut {*fam*}, purée {*fam*}, merde {*vulg*}, putain {*vulg*}, fi, peuh, bigre; Sacré nom de Dieu {*vulg*} [d'un chien {*fam*}] ¶ ~, 나보고 어쩌라는 거야 Putain! {*vulg*} qu'est-ce que tu attends de moi au juste [qu'est-ce que tu veux que j'y fasse, moi]?

젠체하다 자 faire l'important, se donner des airs importants [de grands airs], faire de l'esbroufe {*fam*}, esbroufer {*fam*}, faire du chiqué [du bluff] {*fam*}, crâner {*fam*}, frimer {*fam*}, se la jouer {*fam*}, se la péter {*fam*}, ((남자)) faire le grand seigneur, ((여자)) faire sa duchesse, jouer les vedettes. ¶ 그 사람은 아무것도 못 하면서 젠체하기만 한다 Bien qu'il soit un incapable, il fait toujours son intéressant. ¶ 젠체하지 좀 마! Ne fais pas l'intéressant / Ne fais pas du chiqué {*fam*} / Arrête de te la jouer {*fam*} / Ne crâne pas / Arrête de frimer {*fam*}.

젤¹ 영{gel} 명 gel *m*, brillantine *f*, gomina *f*. ¶ 머리에 ~을 바르다 se mettre du gel [de la brillantine] dans les cheveux; se gominer les cheveux, passer *ses* cheveux à la gomina; se pommader les cheveux.

젤² 부 ☞ 제일³

젤라틴 영{gelatine} 명 gélatine *f*.

젤리 영{jelly} 명 gelée *f*.

젯밥 명 nourritures *fpl* (données en offrandes).

***제사보다 ~에 마음이 있다** Il ferait mieux de se préoccuper de l'intérêt général [de la collectivité] plutôt que de ne voir que son intérêt personnel / Il ferait mieux de faire ce qu'on lui demande au lieu de ne s'intéresser qu'à lui [à sa carrière personnelle].

조¹ 명 【식물】 millet *m*, mil *m*.

조² 兆 명관 mille milliards *mpl*. ¶ 100~ 원 cent mille milliards de wons.

조³ 調 명 ① 【음악】 air *m*, ton *m*, mélodie *f*. ¶ ~를 옮기다 transposer, changer la tonalité. ¶ ~를 바꾸어 편곡하다 arranger un morceau de musique après avoir changé la mélodie. ② air *m*, attitude *f*, manière *f*, ton *m*. ¶ 그 사람은 늘 비꼬는 ~로 이야기한다 Il parle toujours sur un ton ironique [d'un ton ironique]. ¶ 그들은 내게 윽박지르는 ~로 나왔다 Ils ont cherché à m'intimider en adoptant une attitude ferme.

의명 【음악】 mètre *m*, pied *m*. ¶ 그 시가는 삼사

ㅈ

~의 민요조로 되어 있다 Cet air adopte la prosodie des chants folkloriques en trois et quatre pieds.

조[4] 條 의명 ① article *m*. ¶ 헌법 제1 ~에 의거하여 selon l'article un de la constitution. ② en récompense de *qc*; sous prétexte de *qc*; au nom de *qc*. ¶ 그 돈은 보상금 ~로 받은 것이다 On a reçu cet argent en récompense.

조[5] 組 명 groupe *m*, poule *f* ((A, B, C)); équipe *f*; bande *f*. troupe *f*. ¶ ~별 경기 une compétition organisée en groupes [en poules]. ¶ 8개 ~ huit groupes [poules]. ¶ 일 ~ premier groupe [première poule]. ¶ ~를 짜다[만들다] former une équipe; faire équipe (avec *qn*). ¶ ~를 나누다 diviser (un groupe) en sous-groupe. ¶ 한 반을 4조로 나누다 diviser une classe en quatre groupes.
의명 set *m*, ensemble, série *f*, service *m*, attirail *m*. ¶ 응접세트 한 ~ un service de salon, un salon de réception, un ensemble de réception ((table et chaises)).

-조[6] 朝 접미 dynastie *f*; règne *mf*; royaume *m*. ¶ 고려~ la dynastie Goryeo. ¶ 조선~ la dynastie Joseon.

-조[7] 祖 접미 ancêtre, aïeul. ¶ 나의 5대~ 할아버지 mon cinquième arrière grand-père.

조-[8] 助 접두 assistant(*e*). ¶ ~감독 direc*teur*(*trice*) assistant(*e*); régisseu*r*(*se*). ¶ ~연출 assistance à la mise en scène; metteu*r*(*se*) en scène assistant(*e*). ¶ ~교수 maître assistant [adjoint].

조가비 명 coquille *f*, coquillage *m*.

조각[1] 명 ① morceau(*x*) *m* ((de pain)), pièce *f*, tranche *f* ((de pain)); débris *m*. ¶ 깨진 유리 ~ débris de verre cassé. ¶ 남은 천 ~ morceau de tissu. ◇_(을) **내다** mettre [couper, déchirer, casser, réduire] en mille morceaux; mettre *qc* en pièces; mettre [réduire] ((un verre)) en miettes, faire éclater en petits morceaux, pulvériser. ¶ 화병을 완전히 ~내버리다 casser le vase en mille morceaux. ¶ 사과를 ~내 나누어 먹었다 On a partagé une pomme en morceaux [quartiers]. ◇_(이) **나다** être mis(*e*) [se réduire, se casser, être réduit(*e*)] en morceaux, se briser, se casser; ((groupe)) se diviser, se séparer en deux; voler en éclats; se briser [éclater, être réduit(*e*)] en mille morceaux. ¶ 유리병이 떨어져 산산이 ~나 버렸다 Une bouteille de verre est tombée et s'est brisée en mille morceaux [a volé en éclats]. ② bout *m* ((de ruban, de papier)), morceau(*x*) *m* ((de papier)); fragment *m*. ¶ 방안에는 온통 종이 ~들이 널려 있었다 Des bouts de papier traînaient un peu partout dans la chambre.
◆_ _ 명 morceau *m* par morceau; miette *f*. ¶ 접시가 떨어져 ~~으로 깨졌다 Une assiette est tombée et s'est brisée en (mille) morceaux.
부 en miettes, en (mille) morceaux, en pièces. ¶ 썩은 나무를 밟자 ~~ 부서져 버렸다 Le bois pourri s'est écrasé en miettes [en mille morceaux] sous ma semelle [quand j'ai marché dessus].

◆_구름 명 petit nuage *m*, cirrocumulus *m inv*.
◆_달 명 croissant *m* (de lune), nouvelle lune *f*.
◆_배 명 barque *f*.
◆_하늘 명 morceau *m* de ciel. ¶ 창문으로 내다보이는 ~하늘 un morceau de ciel vu par la fenêtre.
의명 part *f*, morceau(*x*) ((de gâteau, de tarte)). ¶ 저녁 대신 케이크 두 ~을 먹었다 On a pris deux parts [morceaux] de gâteau en guise de dîner.

조각[2] 彫刻 명 ((미술)) sculpture *f*, gravure *f*, ciselure *f*, ciselage *m*, cisèlement *m*. ◇_(을) **하다** sculpter ((un buste, une statue dans le bois, un bloc de marbre, de la pierre, du bois)), graver, ciseler, tailler. ¶ 대리석으로 인물을 ~하다 sculpter un personnage dans le marbre. ¶ 벽면에 사람 얼굴을 ~해 넣다 sculpter une figure sur la façade. ◇_(이) **되다** être sculpté(*e*), ciselé(*e*), gravé(*e*), taillé(*e*). ¶ 그 바위에는 부처가 ~되어 있다 Le Bouddha est ciselé sur ce rocher. ¶ 청동으로 ~된 비너스 상 Vénus sculptée en bronze.
◆_가 -家 명 sculpteur *m* (femme *f* sculpteur, sculptrice *f* {rare}), graveu*r*(*se*), ciseleu*r*(*se*); ((목판)) xylographe *m*.
◆_공예 -工藝 명 artisanat *m* sculpture.
◆_도[칼] -刀 명 ciseau(*x*) *m* (de sculpteur), burin *m*, échoppe *f*.
◆_상 -像 명 statue *f* sculptée.
◆_술 -術 명 sculpture *f*, art *m* sculptural; ((목판)) xylographie *f*.
◆_품 -品 명 sculpture *f*.

조각[3] 組閣 명 formation *f* [organisation *f*] d'un ministère [cabinet]. ¶ ~을 단행하다 exécuter l'organisation du cabinet. ¶ ~을 끝내다 terminer la formation d'un ministère. ◇_(을) **하다** former [organiser] un cabinet [ministère]. ◇_(이) **되다** ((un cabinet)) s'organiser; se former.

조간 朝刊 명 ((판)) édition *f* du matin; ((신문)) journ*al*(*aux*) *m* du matin. ¶ 이 신문은 ~이다 C'est un journal du matin.
◆_신문 -新聞 명 journ*al*(*aux*) *m* du matin.

조갈 燥渴 명 soif *f*. ◇_(이) **나다[들다]** avoir (grand-)soif [il fait soif {*pop*}], avoir très soif {*pop*}; être assoiffé(*e*), souffrir de la soif, mourir de soif, avoir la pépie, tirer la langue {*fam*}. ¶ 술을 먹었더니 ~이 나는군 L'alcool m'a donné soif.
◆_증 -症 명 ((한의)) maladie *f* accompagnée d'une grande soif.

조감 鳥瞰 명 ((perspective)) à vol *m* [vue *f*] d'oiseau. ◇_(을) **하다** voir *qc* en masse; regarder d'en haut; regarder de très haut, comme le ferait un oiseau. ¶ 높은 산에서 주변을 ~하다 contempler le paysage environnant du haut d'une montagne élevée. ¶ 한 시대를 ~하여 총체적으로 이해하다 comprendre une période dans l'ensemble après l'avoir vue en masse.
◆_도 -圖 명 plan *m* de masse; perspective *f* [vue *f*] à vol [à vue] d'oiseau; plan de ((Paris)) à vol

d'oiseau, perspective *f* vue d'avion.

◆_**도법** -圖法 명 (méthode *f* de) perspective *f* à vol d'oiseau.

조강지처 糟糠之妻 명 épouse *f* qui a partagé les difficultés du ménage; compagne *f* d'infortune. ¶ 자고로 ~를 버리고 잘 되는 놈은 없다 On n'a jamais vu de type réussir dans la vie après avoir abandonné une épouse dévouée / Depuis toujours, il n'a jamais été bon de quitter son épouse [répudier sa femme].

조개 명 coquillage *m*, crustacé *m*.

◆_**껍데기[껍질]** 명 coquille *f*, ((collier de)) coquillage *m*.

◆_**무지** 명 【역사】 coquillard *m*.

◆_**탄** -炭 명 charbon *f*. ¶ ~탄을 때다 brûler du charbon.

◆_**탕** -湯 명 soupe *f* de coquillages.

조객 弔客 명 visiteur(*se*) de condoléances; personne *f* qui vient présenter [exprimer] *ses* condoléances. ¶ ~을 맞다 recevoir des visites de condoléances. ¶ ~들의 행렬이 끊이지 않는다 Les gens ne cessent de venir présenter leurs condoléances. ¶ 그 집 장례에는 ~이 무척 많았다 De nombreuses personnes ont exprimé leurs condoléances à son enterrement.

조건 條件 명 ① condition *f* ((géographique, climatique)). ¶ 지리적 ~ condition géographique. ¶ 농작물은 기후 ~에 큰 영향을 받는다 L'agriculture dépend largement des conditions climatiques. ② condition *f*, circonstance *f*. ¶ ~을 제시하다 proposer des conditions. ¶ ~을 달다[붙이다] imposer [poser, mettre] une condition à *qn*. ¶ 그 사람의 요구 ~은 매우 까다롭다 Il est très difficile de satisfaire à ses requêtes.

◆_**반사** -反射 명 réflexe *m* conditionné [conditionnel]. ¶ 개를 ~반사로 길들이다 domestiquer le chien en employant son réflexe conditionné.

◆_**법** -法 명 【언어】 mode *m* conditionnel.

◆_**부** -附 명 conditionnel(*le*); sous condition. ¶ 그 사람은 그 일을 ~부로 허락했다 Il a accepté ce travail sous condition.

◆_**절** -節 명 【언어】 proposition *f* conditionnelle; subordonnée *f* de condition.

조경 造景 명 paysage *m* architecturé. ¶ 새 집의 ~에 많은 돈을 들였다 On a dépensé beaucoup d'argent pour architecturer le paysage de la nouvelle maison. ¶ 그 공원은 ~이 잘 되어 있다 Ce jardin est bien architecturé.

◆_**공사** -工事 명 travaux *mpl* pour architecturer le paysage. ¶ 새 아파트 단지의 ~공사가 한창이다 On est en train d'architecturer le paysage [d'aménager les espaces verts] dans une nouvelle cité résidentielle [dans un nouvel ensemble résidentiel].

조계종 曹溪宗 명 【불교】 secte *f* bouddhiste (coréenne) de Jogye, ordre *m* bouddhique (coréen) de Jogye.

조곡[1] 弔哭 명 pleurs *mpl* [lamentations *fpl*] à l'occasion des condoléances. ¶ ~ 소리를 듣다 entendre des lamentations [pleurs] à l'occasion de condoléances. ◇_(을) **하다** se lamenter [pleurer] à l'occasion des condoléances.

조곡[2] 朝哭 명 lamentation *f* versée devant l'autel dressé à la mémoire du défunt chaque matin pendant le deuil [jusqu'au premier anniversaire de la mort]. ◇_(을) **하다** s'affliger [pleurer, se lamenter] chaque matin devant l'autel dédié au défunt pendant toute la période du deuil.

조곡[3] 組曲 명 【음악】 suite *f*, assortiment *m*. ¶ 피아노 ~ suite pour piano. ¶ 바흐의 무반주 첼로 ~ suite pour violoncelle seul de Bach.

조곤조곤 부 avec insistance, inlassablement. ¶ ~ 말하다 parler avec insistance. ¶ ~ 설명해주다 expliquer avec insistance.

조공 朝貢 명 【역사】 tribut *m*. ¶ ~을 바치다 payer un tribut.

조교 助敎 명 ① ((대학의)) assistant(*e*). ¶ 국문과 ~ assistant du département de langue et littérature coréennes. ¶ 그 남자는 과 ~를 맡고 있다 Il est l'assistant de notre département [U.F.R.]. ② ((군대의)) assistant *m* instructeur. ¶ 숙달된 ~의 시범을 먼저 보도록 합시다 Regardez d'abord l'exemple de l'assistant instructeur habile.

조교수 助敎授 명 ((남)) maître *m* assistant (ou professeur assistant) ((여)) maître *f* assistante. ((Le système de titularisation des professeurs d'université en Corée suit le modèle américain avec quatre échelons allant du maître de conférence (전임강사), maître-assistant ou professeur assistant (조교수), professeur associé (부교수), et professeur titulaire (정교수))).

조국 祖國 명 patrie *f*; pays *m* natal. ¶ 그 남자는 ~을 위하여 몸 바쳐 싸우다 죽었다 Il est mort au combat pour la patrie. ¶ 해외에 나가면 모두 ~을 그리워하게 된다 On a tous la nostalgie du pays natal quand on est à l'étranger.

◆_**애** -愛 명 patriotisme *m*; amour *m* de la patrie.

조그마하다 형 ① être de petite taille, être petit(*e*), minuscule, menu(*e*). ¶ 조그마한 선물 un petit cadeau. ¶ 동네가 워낙 조그마해서 볼 것도 없다 Il n'y a rien à voir parce que ce quartier est trop petit. ② être d'importance [d'intérêt] secondaire, peu important(*e*), insignifiant(*e*), petit(*e*), mineur(*e*), infime, faible, lég*er*(*ère*). ¶ 조그마한 사고 accident mineur.

조그만큼 부 peu, un peu, très peu. ¶ 여기서 ~ 떨어진 곳에 오솔길이 있다 Il y a un sentier près d'ici.

조그맣다 형 ☞ 조그마하다

조금 명 ① un peu; en petite quantité. ¶ ~의 부끄러움도 없이 sans aucune pudeur [sans vergogne, sans le moindre scrupule]. ¶ 물통에 물이 ~밖에 없다 Il n'y a presque plus d'eau dans la bouteille / La bouteille d'eau est presque vide. ② ((시간)) peu de temps,

ㅈ

un instant *m*, un moment *m*, une seconde *f*, deux minutes *fpl*. ¶ ~ 전에[뒤에] il y a peu de temps [deux minutes], tout à l'heure, à l'instant, tantôt [tout à l'heure, tantôt, un peu plus tard, peu de temps après, dans deux minutes, dans cinq minutes, bientôt].

◆_씩 부 petit à petit, progressivement; un peu. ¶ 그 아이의 건강이 ~씩 좋아지고 있다 Cet enfant va [se porte] de mieux en mieux. ¶ ~씩만 서로 양보합시다 Faisons-nous quelques concessions réciproques / Commençons par nous accorder [par nous faire] quelques concessions réciproques. ¶ 우리는 ~씩 ~씩 앞으로 나갔다 On a avancé petit à petit.

부 ① un peu; quelque peu; légèrement. ¶ 그 남자는 ~만 아파도 아우성이다 Il hurle pour un rien [pour pas grand-chose] / Il ne lui faut pas grand-chose pour hurler / Un rien le fait hurler. ¶ 바람이 ~ 누그러졌다 Le vent a légèrement faibli [a un peu faibli]. ¶ 소금을 ~ 넣어서 먹도록 해라 Sale légèrement tes plats / Ne mets pas trop de sel dans tes plats / Ne mange pas trop salé. ② ((시간)) un instant; un moment; une [deux] seconde(s); deux [une, cinq] minutes. ¶ ~ 있다가 다시 올게 Je reviens dans un instant [tout de suite, de suite, dans cinq minutes] / Je serai là de nouveau dans cinq minutes / Je n'en ai pas pour longtemps / Je ne serai pas long(ue). ¶ 그 사람은 ~ 기다리다가 돌아갔다 Il est reparti après avoir attendu quelques instants. ¶ ~ 자고 나니 기분이 훨씬 좋아졌다 Maintenant que j'ai un peu dormi, je me sens beaucoup mieux. ③ ((부정)) nul(*le*), aucun(*e*), pas un(*e*). ¶ ~도 머뭇거리지 않고 결정하다 décider sans aucune [sans la moindre] hésitation; ne pas tergiverser le moins du monde pour prendre une décision. ¶ 모조품이 실물과 ~도 다름이 없다 On ne fait aucune différence entre l'imitation et l'original. ¶ 그 녀석은 1시간 동안 ~도 움직이지 않았다 Il n'a pas bougé d'un poil pendant une heure {*fam*}. ¶ 그 녀석은 성격이 급해서 ~도 못 기다린다 Il est incapable d'attendre, ne serait-ce qu'une seconde, tellement il est impatient.

조급[1] **早急** 어근 hâte *f*, rapidité *f*; urgence *f*.

◆_하다 형 être urgent(*e*), rapide, pressé(*e*), pressant(*e*). ¶ 갈 길이 ~하다 Il faut se presser de partir. ¶ 그 사람은 ~하게 그 곳을 떠났다 Il est parti en toute hâte.

◆_히 부 en hâte; sans délai [retard, plus tarder]; d'urgence.

조급[2] **躁急** 어근 impatience *f*, précipitation *f*, énervement *m*, agacement *m*.

◆_하다 형 être impatient(*e*), précipité(*e*), irrité(*e*), énervé(*e*), nerveux(*se*), agacé(*e*), pressé(*e*), impérieux(*se*), emporté(*e*), irascible, irritable; ((tempérament, nature)) être vif(*ve*), violent(*e*), fougueux(*se*), impétueux(*se*). ¶ 그 사람은 성격이 몹시 ~하다 Il est très impatient / Il est d'une nature impétueuse / Il est d'un tempérament vif [volcanique] / Il a le sang chaud. ¶ 마음이 ~하다 être mort(*e*) d'impatience [d'inquiétude]. ¶ 그 사람은 너무 ~하게 행동한다 Il se conduit avec impatience.

◆_히 부 précipitamment, nerveusement. ¶ 무얼 그리 ~히 구는 거야? Pourquoi tu t'impatientes comme ça?

◆_성 -性 명 impatience *f*, impulsivité *f*, précipitation *f*, énervement *m*, agacement *m*. ¶ 그는 ~성 때문에 항상 일을 그르친다 Il gâche toujours le travail [tout ce qu'il entreprend] à cause de son caractère impatient [de son impatience, de son impulsivité].

◆_증 -症 명 impatience *f*, tempérament *m* vif, sang *m* chaud. ¶ ~증을 내다 s'impatienter, bouillir {*fam*} d'impatience.

조기[1] 명 【동물】 ombrine *f*; *Pseudosciaena manchurica* {*nsc*}. ¶ 요즘 서해안은 한창 ~철이다 Sur la côte ouest, on est maintenant dans une bonne période pour pêcher les ombrines.

◆_젓 명 ombrine *f* saumurée.

조기[2] **弔旗** 명 ① bannière *f* de deuil. ② drapeau(*x*) *m* [pavillon *m*] en berne. ¶ ~를 달다 mettre les drapeaux en berne. ¶ 현충일에는 ~를 게양한다 On arbore le drapeau en berne le jour commémoratif des morts au champ d'honneur. ¶ 국가적인 비극에 집집마다 ~를 내걸었다 Toutes les maisons ont mis les drapeaux en berne le jour de la catastrophe nationale.

조기[3] **早起** 명 lever *m* matinal. ¶ ~ 축구 football en matinée. ¶ ~ 청소 nettoyage matinal.

◆_축구회 -蹴球會 명 club *m* de football en matinée. ¶ ~축구회를 조직하다[구성하다] organiser [composer] un club de football du matin. ¶ ~축구회에 나가다 devenir membre d'un club de football du matin.

조기[4] **早期** ① précocité *f*; première période *f*, premiers degrés *mpl* [stades *mpl*] ((d'une maladie)). ¶ ~ 교육 éducation précoce. ¶ ~ 치료 traitement au premier stade d'une maladie. ¶ 사건을 ~에 수습하다 se hâter de régler une affaire. ¶ 암을 ~에 발견하다 détecter un cancer précocement; faire un diagnostic précoce d'un cancer. ② précocité *f*, hâte *f*. ¶ 학교는 ~ 방학에 들어갔다 L'école entre en vacances précipitées.

조기[5] **早期** 명 saison *f* précoce.

조기[6] 대 là ☞ 저기[1]

조깅 영{jogging} 명 jogging *m*, footing *m*. ◇_(을) 하다 faire du jogging, faire du footing, jogger. ¶ 나는 아침마다 올림픽공원에서 ~을 한다 Le matin [Tous les matins], je fais du jogging [mon jogging, du footing] dans le parc olympique.

조끼[1] 명 gilet *m*. ¶ ~를 입다 mettre [enfiler, porter] un gilet. ¶ ~를 벗다 enlever [ôter, retirer] *son* gilet.

¶ ~가 (딱) 맞다 Le gilet est (tout juste) à *sa* taille.

조끼[2] 명 ((맥주)) chope *f* ((de bière)). ¶ 맥주를 ~에 가득 따르다 remplir une chope de bière à ras bord. 분류 ((une)) chope *f* ((de bière)). ¶ 맥주 한 ~ une chope de bière.

조난 遭難 명 ① accident *m*, sinistre *m*. ② ((선박의)) naufrage *m*; détresse *f*. ¶ ~ 사고 accident. ◇_(을) **하다[당하다]** avoir [subir, être victime d'] un accident, subir un sinistre, périr; faire naufrage, être en détresse [perdition]. ¶ 폭우로 많은 등산객들이 ~을 당했다 Beaucoup d'alpinistes ont péri en montagne à cause de la pluie battante / La pluie battante a fait de nombreuses victimes parmi les promeneurs en montagne. ◇_(이) **되다** subir [avoir, être victime d'] un accident, subir un sinistre, périr; naufrager.

◆_**신호** -信號 명 sign*al*(*aux*) *m* [appel *m*] de détresse; S.O.S. *m*.

◆_**자** -者 명 victime *f* ((d'un accident de montagne)), sinistré(*e*); naufragé(*e*).

조달 調達 명 fourniture *f*; ((식량의)) approvisionnement *m*; ravitaillement *m*. ¶ 자금[물자, 유흥비] ~ rassemblement de fonds [offre d'approvisionnement, offre des dépenses pour les loisirs]. ◇_(을) **하다** approvisionner; fournir [pourvoir, munir] *qn* de *qc*, ravitailler. ¶ 학비를 ~하기 위해 아르바이트를 하다 faire un petit job [un travail à temps partiel] pour payer *ses* frais de scolarité. ◇_(이) **되다** se fournir; s'approvisionner, se ravitailler.

◆_**청** -廳 명 bureau *m* d'approvisionnement.

조도 照度 명 intensité *f* de la lumière [lumineuse]; luminosité *f*, éclairement *m*. ¶ ~가 높다[낮다] L'intensité lumineuse est forte [faible] / L'éclairement est fort [faible]. ¶ 교실의 ~는 최소한 4000룩스는 되어야 한다 L'intensité lumineuse doit être maintenue à 4 000 lux minimum dans la classe.

조동사 助動詞 명 【언어】 verbe *m* auxiliaire.

조락 凋落 명 ① défoliation *f*. ¶ ~의 계절 saison flétrissante, saison des feuilles mortes. ② ruine *f*, décadence *f*, affaiblissement *m*; chute *f* ((d'un empire)), déclin *m*; écroulement *m* ((d'une monarchie)). ¶ ~의 길을 걷다[밟다] marcher à la ruine [à *sa* perte], aller à la ruine [à *sa* ruine, à *sa* fin], courir à *sa* perte. ◇_(을) **하다** tomber [entrer] en décadence; tomber dans la misère; tomber en ruine; aller à la ruine [à *sa* ruine, à *sa* fin], courir à *sa* perte, marcher à la ruine [à *sa* perte], être en perdition, ((un commerce, une affaire)) péricliter, décliner, dépérir, dégringoler. ¶ 극우세력은 그 사건을 계기로 ~하여 자취를 감추었다 A la suite de cette affaire, l'extrême droite a périclité pour disparaître sans laisser de traces.

조랑말 명 poney *m*, ((암컷)) femelle *f* du poney, ponette *f*. ¶ ~을 타고 길을 떠나다 partir à dos de poney.

조렇다 형 être comme cela [comme ça, ainsi, de la sorte, pareil(*le*)]. ¶ 조렇게 부모 말 안 듣는 놈이 또 있을까? Je n'ai jamais vu un gamin [garçon] désobéissant pareil! / Y'a pas plus désobéissant que ce gamin{*fam*} / Difficile de trouver un gamin aussi désobéissant que lui [un gamin désobéissant pareil]!

조력[1] **助力** 명 aide *f*, secours *m*, concours *m*, assistance *f*. ¶ 친구에게 ~을 구하다[부탁하다] demander de l'aide à un ami, demander à un ami de l'aider; appeler un ami à *son* aide; demander l'aide [le soutien] d'un ami; demander [implorer] le secours [l'assistance] d'un ami. ¶ 이웃의 ~을 얻다 recevoir de l'aide du voisinage, bénéficier de l'aide du voisinage. ◇_(을) **하다** aider *qn*, assister *qn*, épauler *qn*, porter [prêter] secours à *qn*; aider *qn*, soutenir *qn*, appuyer ((un candidat, la candidature de *qn*)); apporter *son* aide [soutien] à *qn*; donner [accorder, prêter] *son* appui [aide] à *qn*, donner un coup de main à *qn*. ¶ 선거에 출마한 아버지를 ~하다 soutenir *son* père qui se présente aux élections. ¶ 형의 사업에 ~하다 aider *son* grand frère pour ses affaires. ¶ 나는 그 친구가 연구 계획을 짜는 데에 ~하였다 Je l'ai aidé(*e*) à établir son projet de recherches. ◇_(을) **받다** recevoir de l'aide, bénéficier d'aide, recevoir le soutien de *qn*. ¶ 조수의 ~을 받아 일을 마무리 짓다 terminer le travail avec l'aide de *son* assistant.

◆_**자** -者 명 aide, assistant(*e*). ¶ 힘든 일에 ~자로 나서다 se présenter comme une aide quand on est en difficulté.

조력[2] **潮力** 명 énergie *f* marémotrice. ¶ ~을 이용하는 에너지 생산 production d'une énergie marémotrice.

◆_**발전** -發電 명 production *f* d'énergie électrique marémotrice.

◆_**발전소** -發電所 명 usine *f* [centrale *f*] marémotrice.

조련 調練 명 exercice *m* (militaire); entraînement *m* ((au maniement des armes)); instruction *f* ((des nouvelles recrues)). ¶ 야생마의 ~ domptage d'un cheval sauvage. ¶ 신체 ~ exercices physiques. ◇_(을) **하다[시키다]** faire de l'exercice; s'entraîner, s'exercer [entraîner, exercer, instruire ((de nouvelles recrues))]. ¶ 말을 ~하다 dompter un cheval. ¶ 훈련병들을 ~시키다 entraîner [instruire] de jeunes soldats. ◇_(이) **되다** être exercé(*e*), entraîné(*e*), ((nouvelles recrues)) être instruit(*e*). ¶ 잘 ~된 병사들 soldats bien instruits. ◇_(을) **받다** recevoir [subir] un entraînement. ¶ 신병들은 신병 훈련소에서 온갖 ~을 받는다 Les nouvelles recrues subissent toutes sortes d'entraînements au camp d'instruction / On fait faire toutes sortes d'exercices (militaires) aux nouvelles recrues au camp d'entraînement.

◆_**사** -師 명 entraîneu*r*(*se*); dompteu*r*(*se*). ¶ 돌고래 ~사 dompteur de dauphin.

조령모개 朝令暮改 명 modification *f* fréquente;

changement *m* fréquent. ¶ 대학 입시 제도를 ~로 바꾸다 changer fréquemment le système du concours d'entrée à l'université. ¶ 우리 회사는 일처리가 모두 ~ 식이다 Notre compagnie règle toutes les affaires en les modifiant fréquemment. ◇_(를) **하다** changer [modifier] fréquemment [souvent].

조례[1] 條例 명 ① règlement *m*. ② arrêté *m* ((municipal)). ¶ 서울시의 ~를 개정하다 réviser le règlement de la ville de Séoul. ¶ 담배 자판기 설치를 금지하는 ~를 통과시키다 établir [faire] un règlement qui empêche l'installation des distributeurs (automatiques) de cigarette.

조례[2] 朝禮 명 réunion *f* matinale; assemblée *f* [réunion] du matin. ¶ ~ 시간 heure de la réunion du matin. ¶ ~를 끝내다[마치다] finir la réunion matinale. ◇_(를) **하다** faire une réunion matinale.

◆**_식** -式 명 réunion *f* matinale, réunion *f* du matin.

조로 早老 명 sénilité *f* précoce. ¶ ~ 현상 sénilisme [gérontisme].

◆**_하다** 자 vieillir précocement. ¶ 이 마을의 남자들은 모두 ~한다 Tous les hommes de ce village sont atteints de sénilité précoce.

조롱[1] 鳥籠 명 cage *f* ((pour les oiseaux)). ¶ 그 노인은 ~에서 작은 새 한 마리를 꺼냈다 Ce vieillard a sorti un petit oiseau de la cage.

조롱[2] 嘲弄 명 moquerie *f*, raillerie *f*, dérision *f*. ¶ 남들의 ~을 감수하다 supporter la moquerie des autres. ¶ ~ 섞인 미소를 짓다 ricaner; avoir un sourire ironique. ◇_(을) **하다** se moquer de *qn*; rire de *qn*; railler *qn*, bafouer *qn*, ridiculiser *qn*; tourner *qn* en dérision [ridicule]; blaguer *qn*, se payer la tête de *qn* {*fam*}, se fiche(r) [se foutre] de (la gueule {*vulg*} de) *qn* {*fam*}, taquiner *qn*. ¶ 친구를 겁쟁이라고 ~하다 se moquer d'un ami en disant qu'il est peureux. ¶ ~하는 듯한 시선[말투] regard moqueur [ton railleur]. ◇_(을) **받다[당하다]** subir [essuyer] une moquerie, se rendre ridicule, être ridiculisé(*e*). ¶ 사람들로부터[에게] ~과 멸시를 받다 subir la moquerie et le mépris des autres; être ridiculisé(*e*) et méprisé(*e*) par les autres.

◆**_거리** 명 ridiculité *f*; objet *m* de dérision, risée *f*. ¶ 누구를 ~거리로 만들다[삼다] ridiculiser *qn*, tourner *qn* en ridicule [en dérision], rendre *qn* ridicule. ¶ 친구들의 ~거리가 되다 être l'objet de dérision de *ses* ami(*e*)s, être la risée de *ses* ami(*e*)s, être le sujet de moquerie de *ses* ami(*e*)s, être la fable de *ses* ami(*e*)s, être tourné(*e*) en ridicule par *ses* ami(*e*)s, être ridiculisé(*e*) par *ses* ami(*e*)s.

◆**_기** -氣 명 *moquerie f, raillerie f, dérision f*. ¶ 그 사람은 입가에 ~기를 담고[머금고] 있었다 Il avait un sourire ironique sur ses lèvres. ¶ ~기 섞인 어조로 말하다 parler sur le ton de la raillerie [d'un ton railleur].

조롱박 명 calebasse *f*, gourde *f*. ¶ 담장에 ~이 주렁주렁 열렸다 La haie est (lourdement) chargée de calebasses.

조루증 早漏症 명 éjaculation *f* précoce. ¶ 그 남자는 ~이 있다 Cet homme est un éjaculateur précoce.

조류[1] 鳥類 명 oiseaux *mpl*. ¶ 한강을 찾아오는 ~ les oiseaux qui reviennent au fleuve Han.

◆**_학** -學 명 ornithologie *f*.

◆**_학자** -學者 명 ornithologiste, ornithologue.

조류[2] 潮流 명 ① flux *m* et reflux *m* de la marée; courant *m* marin [de marée]. ¶ ~에 밀려가다[쓸려가다] être entraîné(*e*) par les courants marins. ¶ 이 일대는 ~가 몹시 빠르다 Le courant de marée est très rapide à cet endroit. ② courant *m* ((d'idées)); tendance *f*. ¶ 현대 사상의 ~ grands courants de la pensée contemporaine. ¶ 시대 ~에 역행하다 aller contre la tendance de *son* temps; aller contre le courant [les tendances] de l'époque. ¶ 사회 ~에 편승하다 profiter des tendances de la société.

조류[3] 藻類 명 algues *fpl*.

조르다[1] 타 serrer. ¶ 넥타이를 ~ serrer *son* nœud de cravate. ¶ 그 사람은 상대의 목을 힘껏 조르기 시작했다 Il a commencé à serrer très fort le cou de son adversaire. ¶ 허리띠를 ~ se mettre [se boucler, se serrer, s'attacher] la ceinture; faire ceinture. ¶ 그 사람은 풀어진 허리띠를 다시 졸랐다 Il a resserré sa ceinture.

*__목을__ ~ étrangler *qn*; tordre le cou à *qn*, serrer le cou à *qn*. ¶ 그 조치는 영세상인의 목을 조르는 행위이다 Ce sont des mesures qui étranglent les petits commerçants [les petits commerces].

*__허리띠를__ ~ serrer [tenir serrés] les cordons de la bourse, surveiller les dépenses, faire attention à ses dépenses, se serrer la ceinture.

조르다[2] 타 insister pour faire *qc*; demander; presser *qn*; harceler *qn* ((de demandes déraisonnables)), importuner *qn*, assaillir, agacer *qn*, tarabuster *qn* {*fam*}, embêter *qn*, asticoter *qn* {*fam*}, demander *qc* inlassablement; réclamer *qc* à *qn* avec insistance, importuner *qn* (pour obtenir *qc*); ((enfant)) faire une colère, faire un caprice [importuner *qn*, casser les pieds {*fam*} *qn*] pour obtenir *qc*; s'entêter à vouloir faire *qc*, solliciter *qn* de façon importune; déranger *qn*. ¶ 엄마를 졸라서 옷을 샀다 J'ai harcelé [importuné] *ma* mère pour qu'elle m'achète un vêtement. ¶ 그 사람은 애인에게 결혼을 조르고 있다 Il insiste auprès de son amie pour qu'elle accepte de l'épouser [pour qu'elle accepte le mariage]. ¶ 용돈을 달라고 아버지를[에게] ~ importuner [harceler] *son* père pour obtenir de l'argent de poche.

조르르 부 ① ((액체)) goutte à goutte, lentement, doucement. ¶ 수도꼭지에서 물이 ~ 떨어진다 L'eau tombe goutte à goutte du robinet. ¶ 잔에 술을 ~ 따르다 verser lentement de l'alcool dans un verre. ② ((걸음)) à petits pas précipités. ¶ ~ 달려가다 courir à petits pas précipités. ③ en bon ordre, avec ordre; bien ordonné(*e*) [arrangé(*e*)]. ¶ 선반 위에 찻잔들이 ~ 놓여 있다 Des tasses sont bien rangées [disposées] sur l'étagère.

조리[1] 笊籬 명 *jori* <sorte de van [tamis] en osier avec un manche (servant à vanner le riz, à nettoyer le riz de ses impuretés)>. ¶ ~로 쌀을 일다 ôter les impuretés du riz en le lavant à l'aide d'un *jori*; vanner le riz (pour en enlever les impuretés (cailloux, etc)) (à l'aide d'un *jori*).

◆**_질** 명 vannage *m* du riz (à l'aide d'un *jori*); action de laver le riz à l'aide d'un *jori*; action de vanner le riz à l'aide d'un *jori*. ¶ ~(을) 하다 vanner le riz (à l'aide d'un *jori*); laver [nettoyer] ((le riz)) à l'aide d'un *jori*.

조리[2] 條理 명 raison *f*, logique *f*, cohérence *f*, liaison *f* logique; suite *f* ((d'un raisonnement)), fil *m* (conducteur) [cours *m*, déroulement *m*] ((d'une conversation)). ¶ ~에 어긋나다 être absurde [déraisonnable, contraire à la raison, illogique, incohérent]. ¶ ~에 맞다[닿다] être raisonnable, logique, cohérent(*e*). ¶ ~가 정연하다 être raisonné(*e*) [cohérent(*e*), logique, suivi(*e*)]. ◇**_(가) 있다** être raisonnable, conforme à la raison; être logique, suivi(*e*), cohérent(*e*); avoir de la suite ((dans les idées)), avoir un fil conducteur. ¶ 설명을 ~있게 하다 expliquer logiquement. ◇**_(가) 없다** être illogique incohérent(*e*), décousu(*e*), sans suite, incompréhensible; manquer de logique; ne pas avoir de suite [de fil conducteur]. ¶ 그 사람이 하는 말은 전혀 ~가 없다 Son discours n'a aucune cohérence / Son discours manque de cohérence / Son discours est complètement décousu / Ce qu'il est dit totalement incompréhensible [incohérent] / Son discours n'a pas de fil conducteur. ¶ ~ 없는 말을 늘어놓다 divaguer, tenir des propos [dire des choses] qui n'ont pas de suite, dire n'importe quoi; avoir un discours incohérent [incompréhensible]; tenir des propos décousus; débiter gravement des inepties.

조리[3] 調理 명 ① soin *m* de la santé. ¶ 몸 ~ prendre soin de soi-même. ¶ 산후 ~ hygiène et soin après l'accouchement. ② cuisine *f*, assaisonnement *m*. ¶ ~ 기구 ustensiles de cuisine. ◇**_(를) 하다** ① soigner [prendre soin de] *sa* santé, se soigner. ¶ 산후에 몸을 ~하다 prendre soin de *sa* santé et se reposer après l'accouchement. ¶ ~ 잘 하세요 Prenez soin de vous. ② faire la cuisine, préparer ((des aliments pour la consommation)), cuisiner ((de bons petits plats)), accommoder ((un mets avec des ingrédients, du poisson avec une sauce)), assaisonner ((un ragoût d'herbes aromatiques)), apprêter ((les mets)). ¶ 저녁거리로 닭을 ~하다 cuisiner un poulet pour le dîner. ¶ 여러 가지 재료로 ~하다 faire la cuisine avec différents ingrédients. ◇**_(가) 되다** être soigné(*e*), cuisiné(*e*). ¶ 위생적으로 ~된 음식 plat cuisiné hygiéniquement.

◆**_기** -器 명 ustensile *m* de cuisine.

◆**_대** -臺 명 table *f* de cuisine.

◆**_법** -法 명 recette *f* (de cuisine).

◆**_사** -士 명 cuisinier(*ère*).

◆**_실** -室 명 cuisine *f*.

◆**_용** -用 명 ((ustensiles)) de cuisine *f*. ¶ ~용 기구 ustensiles de cuisine. ¶ 이 칼은 ~용이다 C'est un couteau de cuisine.

조리개 명 ① ficelle *f*, lacet *m*. ② diaphragme *m* ((d'un appareil photographique)). ¶ 카메라의 ~를 조절하다 régler [faire varier] l'ouverture du diaphragme ((en fonction de la lumière)); diaphragmer ((à huit)). ¶ ~를 열다[줄이다] ouvrir le [réduire l'ouverture du] diaphragme.

조리다 타 mijoter, mitonner, faire cuire à petit feu [à feu doux]. ¶ 생선을 소스에[로] ~ faire cuire du poisson en sauce [avec de la sauce] à petit feu. ¶ 생선을 약한 불에[로] 조리다 faire cuire du poisson à petit feu [à feu doux], mijoter du poisson.

조림[1] 명 aliment *f* cuit dans la sauce de soja. ¶ 콩~ pois cuits dans de la sauce de soja. ¶ 명태~을 만들다 cuire et laisser mijoter un merlan séché dans un fond de sauce de soja. ◇**_(을) 하다** cuire et laisser mijoter dans un fond de sauce de soja [dans la sauce de soja]. ¶ 간장 ~을 하다 laisser mijoter la sauce de soja.

◆**장_** 醬 명 viande *f* cuite dans la sauce de soja. ¶ 장~을 하다[만들다] cuire [cuisiner] la viande dans la sauce de soja.

◆**통_** 桶 명 (boîte *f* de) conserve *f* ((de viande, de poisson)). ¶ 참치 통~ une boîte de thon.

조림[2] 造林 명 boisement *m*, ((재조림)) reboisement *m*, reforestation *f*; administration *f* des forêts; sylviculture *f*. ¶ ~ 사업 travaux sylvicoles. ◇**_(을) 하다** boiser ((une contrée)), planter des arbres, ((재조림)) reboiser ((les pentes d'une montagne)). ¶ 황무지에[를] ~하다 boiser un endroit désertique. ◇**_(이) 되다** être (re)boisé(*e*), se planter. ¶ 여러 수종의 나무들로 ~이 된 공원 jardin architecturé avec toutes sortes d'arbres.

◆**_지** -地 명 surface *f* boisée.

조립 組立 명 assemblage *m*, montage *m*. ¶ ~ 제품[장난감] produit en pièces détachées [démontable, en kit, à assembler, prêt-à-monter] [jouet démontable]. ¶ 부품 ~ montage des pièces détachées. ¶ 자동차 ~ 공장 usine de montage de voitures. ◇**_(을) 하다** ajuster, assembler, monter. ¶ 기계를 ~하다 monter une machine. ¶ 부품을 ~하여 완성품을 만들다 assembler les pièces et produire un article. ◇**_(이) 되다** se monter.

◆**_공** -工 명 monteur(*se*), ajusteur(*se*).

◆**_법** -法 명 règle *f* de montage[d'assemblage].

◆**_식** -式 명 en kit [à assembler, prêt-à-monter]. ¶ ~식 가구 meuble en kit [à assembler]. ¶ ~식 주택 maison préfabriquée. ¶ ~식 장난감 jouet démontable. ¶ 건물을 ~식으로 짓다 construire un bâtiment démontable [modulaire].

◆**_품** -品 명 produit *m* en pièces détachées

[démontable, en kit, à assembler, prêt-à-monter].

조마조마 부 avec impatience, avec inquiétude, anxieusement. ¶~ 가슴을 졸이다 être très [extrêmement] impatient(*e*) et anxieu*x*(*se*), se tourmenter, être dévoré(*e*) d'angoisse [d'inquiétude], être sur des charbons ardents, être sur le gril {*fam*}. ¶~ 결과를 기다리다 être très impatient(*e*) et anxieu*x*(*se*) dans l'attente d'un résultat.

◆**_하다** 형 être très [extrêmement] impatient(*e*) et anxieu*x*(*se*), se tourmenter, être dévoré(*e*) d'angoisse [d'inquiétude], être sur des charbons ardents, être sur le gril {*fam*}, être mort(*e*) d'inquiétude. ¶~한 마음 angoisse [anxiété, inquiétude] extrême, état très anxieux. ¶ 시험에 떨어질까 ~했다 J'étais mort(*e*) d'inquiétude à l'idée d'un éventuel échec à l'examen.

조막 명 poing *m*. ¶~만 하다 être gros comme le poing.

◆**_손** 명 petite main *f* (d'enfant), main *f* d'enfant, menotte *f*.

조만간 早晩間 부 bientôt, tôt ou tard, prochainement, un jour, incessamment sous peu. ¶~ 찾아뵙겠습니다 J'irai prochainement vous rendre visite. ¶~ 한번 만나자 On se voit bientôt. ¶~ 결과가 나올게다 On aura bientôt le résultat.

조망 眺望 명 ① vue *f*, panorama *m*. ¶ 이곳은 ~이 아주 좋다 Ici, on a une vue magnifique. ¶~이 탁 트인 아파트 appartement qui a une vue imprenable. ¶ 그 건물은 언덕 위에서 내려다보는 ~이 좋다 De la colline, on a une très jolie vue sur ce bâtiment. ② vue *f*, aspect *m*, perspective *f*, prospective *f*. ¶ 한국 사회의 미래 ~ perspectives d'avenir de la société coréenne. ◇_(을) **하다** regarder, envisager; avoir une perspective [vue]. ¶ 산 위에서 시가지를 ~하다 regarder la ville de la montagne. ¶ 한국 현대사를 ~하다 envisager l'histoire contemporaine de la Corée.

◆**_권** -權 명 【법률】 droit *m* à profiter d'une vue [d'avoir une vue]. ¶ 건물의 ~권을 침해하다 masquer [obstruer] la vue d'un bâtiment par ((de nouvelles constructions)).

조명 照明 명 ① éclairage *m* ((d'une pièce)); illumination *f* ((d'un monument)). ¶~ 기구[시설] appareil [système] d'éclairage. ¶~ 효과 effet d'éclairage. ¶ 직접[간접] ~ éclairage direct [indirect]. ¶ 인공 ~ éclairage artificiel. ¶ 무대 ~ éclairage d'une scène. ¶ 실내 ~ éclairage intérieur. ¶ *연극에서 ~을 담당하다 être chargé(e)* de l'éclairage au théâtre. ¶ 이 도서관은 ~이 어둡다[밝다] Cette bibliothèque est mal [bien] éclairée. ¶ ~이 꺼진 무대 scène où la lumière est éteinte. ② éclaircissement *f*. explication *f*. ◇_(을) **하다** expliquer, commenter, éclaircir. ¶ 무명작가들의 작품을 ~하다 expliquer les œuvres des auteurs inconnus. ¶ 사실을 객관적으로 ~하다 éclaircir objectivement la vérité. ◇_(이) **되다** s'illuminer, s'éclaircir; mettre *qc* en (pleine) lumière. ¶ 그 학자의 학설이 근래에 새롭게 ~되고 있다 On jette récemment une lumière nouvelle sur sa théorie. ◇_(을) **받다** éveiller l'intérêt, intéresser *qn*. ¶ 새로운 ~을 받다 éveiller un nouvel intérêt.

◆**_등** -燈 명 luminaire *m*, appareil *m* d'éclairage.

◆**_탄** -彈 명 fusée *f* éclairante.

◆**재_** 再- 명 réexamen *m*; nouvel éclaircissement *m*. ¶ 사건의 역사적 의미를 재~하다 expliquer de nouveau la signification historique de cet événement. ¶ 재~(을) 받다 être réexaminé(*e*).

조모 祖母 명 grand-mère *f* (~-~*s*).

조목 條目 명 article *m*, clause *f*, convention *f* ((d'un accord, d'un contrat)); disposition *f* ((d'une ordonnance)). ¶~별로 나누다 diviser *qc* en articles.

◆**_ _** 부 en détail. ¶~~ 따지다[설명하다] demander des explications pour tout, ergoter, vétiller [donner des détails pour tout, détailler, expliquer *qc* en long et en large]. ¶~~ 검토하다 examiner *qc* sur [sous] toutes les coutures [au peigne fin, en détail].

조무래기 명 ① petit(*e*), enfant, gosse {*fam*}, gamin(*e*) {*fam*}, môme *m* {*fam*}. ② inférieur(*e*); petite chose *f*.

조문[1] 弔問 명 visite *f* de condoléances. ¶~ 사절 délégation envoyée pour présenter des condoléances [pour exprimer *sa* sympathie à l'occasion d'un décès, d'un deuil]. ◇_(을) **하다[가다, 오다]** présenter [offrir, exprimer, faire] ses condoléances à l'occasion d'un deuil; faire une visite de condoléances; rendre visite à *qn* pour lui exprimer *ses* condoléances. ¶ 상을 당한 친구를 ~하다 présenter *ses* condoléances à un ami qui porte le deuil; faire une visite de condoléances à un ami, rendre visite à un ami pour lui exprimer *ses* condoléances; aller témoigner *sa* sympathie à un ami à l'occasion d'un deuil dans la famille de ce dernier. ¶ 고인의 빈소에 ~가다 faire une visite de condoléances à la chapelle ardente. ¶ 먼 곳까지 ~을 오다 venir de loin pour exprimer [présenter] *ses* condoléances.

◆**_객** -客 명 visiteu*r*(*se*) de condoléances, personne *f* qui vient présenter [exprimer] ses condoléances.

◆**_단** -團 명 délégation *f* pour présenter des condoléances. ¶ 외국에 ~단을 파견하다 envoyer une délégation à l'étranger pour présenter des condoléances.

◆**_외교** -外交 명 【정치】 diplomatie *f* en profitant d'une visite de condoléances.

조문[2] 弔文 명 lettre *f* de condoléances. ¶~을 읽다[낭독하다] lire [lire tout haut, lire à voix haute] une lettre de condoléances.

조문[3] 條文 명 ① texte *m* ((d'une loi, d'un traité)). ② article *m*, clause *f*, convention *f* ((d'un accord)); disposition *f* ((d'une ordonnance)). ¶~의 해석 interprétation d'une clause ((d'un contrat)).

ㅈ

◆**법_** 法 명 article *m*, clause *f*, convention *f* ((d'un accord)); disposition *f* ((d'une ordonnance)). ¶ 법~의 해석을 놓고 왈가왈부하다 se disputer [se quereller, avoir une discussion animée] avec *qn* à propos de l'interprétation d'une clause. ¶ 법~에 명기하다 stipuler *qc* dans les clauses d'une loi.

조물주 造物主 명 Créateur *m*, Dieu *m*; démiurge *m*. ¶ 이 세상은 ~의 뜻대로 창조되었다 Le monde a été créé selon la volonté de Dieu.

조미 調味 명 assaisonnement m, *action f de relever un plat; action f d'augmenter la sapidité [les qualités gustatives] d'un plat.* ◇_(**를**) **하다** assaisonner ((un ragoût d'herbes aromatiques)), accommoder ((un mets avec des ingrédients, du poisson avec une sauce)), apprêter ((les mets)), relever ((un plat)) avec *qc*; augmenter la sapidité [les qualités gustatives] ((d'un plat)). ¶ 설탕으로 고기를 ~하다 assaisonner la viande avec du sucre. ◇_(**가**) **되다** être accommodé(*e*), assaisonné(*e*).

◆**_료** -料 명 *exhausteur m [révélateur m] de goût [de saveur] ((le plus souvent chimique, du type glutamate de sodium)), agent m de sapidité.* ¶ 화학[천연] ~료 *exhausteur [révélateur] de goût* chimique [naturel]. ¶ 음식에 ~료를 많이 넣다[치다] mettre beaucoup d'exhausteurs de goût (chimiques) pour augmenter la sapidité [les qualités gustatives] d'un plat.

조밀하다 稠密- 형 être dense, épais(*se*); être populeu*x*(*se*); être très [fortement] peuplé(*e*); être serré(*e*), dru(*e*), touffu(*e*). ¶ 인구가 조밀한 지역 zone très [fortement] peuplée. ¶ 나무를 조밀하게 심다 planter des arbres avec une forte densification.

조바심 명 impatience *f*. ◇_(**을**) **하다**[**치다**, **내다**] s'impatienter, être dévoré(*e*) d'impatience, être impatient(*e*); s'inquiéter, être inqui*et*(*ète*), soucieu*x*(*se*). ¶ ~하며 결과를 기다리다 attendre les résultats avec impatience. ¶ 가족들을 빨리 만나고 싶어 ~하다 être impatient(*e*) de rencontrer *sa* famille. ¶ 약속 시간에 늦을까 봐[늦지 않으려고] ~치다 avoir peur [s'inquiéter] de ne pas être à l'heure à un rendez-vous. ¶ 저녁까지 일을 끝내야 한다는 생각에[으로] ~치다 être inqui*et*(*ète*) à l'idée de devoir terminer ce travail avant la tombée de la nuit. ◇_(**이**) **나다** *s'inquiéter*, être *inquiet*(*ète*), soucieu*x*(*se*). ¶ 자꾸 ~이 나서 뒤를 돌아보다 regarder sans arrêt derrière *soi* parce qu'on est inquiet.

조반 朝飯 명 petit-déjeuner *m*. ¶ ~을 먹다 prendre le [*son*] petit-déjeuner. ¶ ~을 차리다 servir le petit-déjeuner.

조변석개 朝變夕改 명 changement *m* fréquent; modification *f* fréquente. ¶ ~도 유분수지! Ce qu'il peut être capricieux alors! / C'est fou ce qu'il est capricieux! ◇_(**를**) **하다** changer fréquemment; changer du matin au soir; changer d'avis comme on change de chemise; être fantasque, capricieu*x*(*se*), lunatique. ¶ 그는 항상 ~하는 성격이다 Il est très capricieux.

조복 朝服 명 【역사】 habit *m* de cérémonie de la cour royale (en soie rouge).

조부 祖父 명 grand-père *m*.

◆**_모** -母 명 grands-parents *mpl*.

조사[1] 調査 명 enquête *f*; investigation *f*, étude *f*, recherche *f*, examen *m*; ((인구)) recensement *m*. ¶ ~ 보고서 rapport d'enquête. ¶ ~ 결과 résultat des recherches. ¶ 인구 ~ recensement de la population. ¶ 사건 경위 ~ recherche des circonstances d'une affaire. ¶ 그 사건은 현재 ~ 중이다 Cette affaire est à l'étude. ¶ 주변 인물들을 중심으로 배후 ~를 진행하다 faire [effectuer] une enquête centrée sur les gens des environs [du voisinage]. ¶ ~에 나서다[착수하다] commencer une enquête. ◇_(**를**) **하다**[**벌이다**] faire [effectuer] une enquête [des investigations, des recherches]; étudier *qc*, examiner *qc*; recenser ((la population)). ¶ 각 지방의 방언을 ~하다 faire une enquête sur les dialectes de chaque région. ¶ 사건의 진상을 ~하다 enquêter sur la vérité d'une affaire. ¶ 여러 각도로 ~를 벌이다 examiner *qc* sous plusieurs aspects. ¶ 환경오염 실태에 대하여 ~하다 enquêter sur la pollution de l'environnement. ¶ 월간 지출이 얼마인지를 ~하다 faire une enquête pour savoir quelles sont les dépenses mensuelles. ◇_(**가**) **되다** subir une enquête. ¶ 그 문제에 대해서는 ~된 것이 없다 On n'a fait aucune étude [recherche] sur cette question. ¶ 작년에 물가 많이 오른 것으로 ~되었다 Il est ressorti d'une enquête que les prix ont beaucoup augmenté l'année dernière. ◇_(**를**) **받다** se faire examiner[interroger]. ¶ 경찰서에서 ~를 받다 se faire interroger au poste de police.

◆**_과** -課 명 section *f* de recherches.

◆**_관** -官 명 enquêteur *m*.

◆**_권** -權 명 droits *mpl* d'investigations. ¶ 국정 ~권 droits d'investigation des affaires d'État.

◆**_단** -團 명 ((envoyer une)) mission *f* d'enquête. ¶ 진상 ~단 mission d'investigation.

◆**_비** -費 명 frais *mpl* d'investigation.

◆**_원** -員 명 enquêteur *m*.

조사[2] 弔詞 명 allocution *f* funèbre, oraison *f*. ¶ ~를 읽다 prononcer une allocution funèbre; faire une oraison funèbre.

조사[3] 助詞 명 【언어】 particule *f*.

◆**격_** 格 명 particule *f* de cas grammatical, marque *f* de cas, particule *f* casuelle.

◆**보_** 補 명 particule *f* auxiliaire, particule *f* auxiliaire.

◆**양태_** 樣態 명 particule *f* aspectuelle.

◆**특수_** 特殊 명 particule *f* spéciale.

조사[4] 照射 명 ensoleillement *m*. ¶ 햇빛의 ~ 각도 angle d'ensoleillement.

조사당 祖師堂 【불교】 temple *m* dédié au fondateur d'une école [d'une secte] religieuse.

ㅈ

조산 早産 명 accouchement *m* prématuré [avant terme]. ¶ ~(의) 가능성 possibilité d'accoucher prématurément [avant terme]. ◇_(을) **하다** accoucher ((d'un enfant)) avant terme. ¶ 아이를 40 일 ~하다 accoucher d'un enfant 40 jours avant terme.

조산소 助産所 명 endroit *m* où l'on trouve des sages-femmes. ¶ ~에서 아기를 낳다 accoucher chez une sage-femme.

조산원 助産員 명 sage-femme *f*; accoucheuse *f*.

조삼모사 朝三暮四 명 changement *m* fréquent; modification *f* fréquente. ¶ ~의 정책으로 국민을 기만하다 tromper le peuple par une politique inconstante. ◇_(를) **하다** changer fréquemment; changer du matin au soir; changer d'avis comme on change de chemise; être fantasque, capricieux(*se*), lunatique. ¶ 이렇게 ~를 하면 어떻게 너를 믿겠니? Comment veux-tu qu'on te croit si tu te contredis sans arrêt?

조상[1] 祖上 명 ancêtre *m*; ancêtres *mpl*, ascendance *f*, aïeux *mpl*. ¶ ~ 전래의 보물[토지, 전통] trésor de famille [terres patrimoniales, tradition ancestrale]. ¶ ~에게 제사[차례]를 지내다 offrir des offrandes aux ancêtres. ¶ ~에게서 물려받은 재산 patrimoine hérité de nos ancêtres [aïeux]. ¶ ~ 대대로 de génération en génération; à chaque génération; d'âge en âge; pendant plusieurs [des] générations; depuis plusieurs [des générations]; de tout temps.

*__잘 되면 내 탓 못 되면 ~ 탓__ C'est la faute des autres quand ça t'arrange.

◆**_숭배** -崇拜 명 culte *m* des ancêtres.

◆**_신** -神 명 dieu *m* ancestral.

ㅈ

조상[2] 彫像 명 statue *f* (sculptée) de *qn*. ¶ 누구의 ~을 세우다 dresser la statue de *qn*.

조상[3] 弔喪 명 (visite *f* de) condoléances *fpl*. ◇_(을) **하다[가다]** exprimer *ses* condoléances [faire une visite de condoléances]. ¶ 죽은 이를 ~하다 exprimer *ses* condoléances. ¶ 상가에 ~을 가다 faire une visite de condoléances.

조생종 早生種 명 espèce *f* précoce. ¶ ~ 귤 clémentine [mandarine] précoce. ¶ 이 벼는 ~이다 Ce riz est une espèce précoce. ¶ ~은 일반적으로 질병에 약하다 les espèces précoces ne sont en général pas très efficaces pour traiter les maladies.

조서[1] 調書 명 procès-verbal *m*, p.-v. *m*; contravention *f*, amende *f*; contredanse *f* {*fam*}, prune *f* {*fam*}; papillon *m* {*fam*}. ¶ ~를 작성하다[꾸미다, 받다] dresser (un) procès-verbal à *qn*; mettre un p.-v. {*fam*}; dresser [donner, flanquer {*fam*}] une contravention à *qn*, verbaliser; [attraper {*fam*} un p.-v., une contravention ((pour excès de vitesse)), avoir un procès-verbal ((pour excès de vitesse)); encourir une amende].

조서[2] 詔書 명 rescrit *m*; édit *m* royal. ¶ 왕이 백성들에게 ~를 내렸다 Le roi a envoyé un édit royal au peuple.

조석[1] 朝夕 명 ① matin *m* et soir *m*. ¶ ~으로 le matin et le soir. ¶ 그 집은 ~으로 끼니걱정이 끊일 날이 없었다 Tous les jours, ils devaient se serrer la ceinture {*fam*}. ② petit-déjeuner *m* et dîner *m*. ¶ ~을 챙겨 먹다 manger [prendre] le petit-déjeuner et le dîner. ¶ 그는 ~으로 밥과 김치만 먹었다 Il n'a mangé que du riz avec du *gimchi* à tous les repas.

◆**_거리** 명 de quoi manger. ¶ ~거리를 걱정하다 être extrêmement pauvre [vivre très misérablement, vivre dans l'indigence] au point de ne pas avoir de quoi manger pour survivre.

◆**_예불** -禮佛 명 prières *fpl* du matin et du soir (adressées) au Bouddha. ¶ ~예불을 드리다[올리다] adresser des prières le matin et le soir au Bouddha.

조석[2] 潮汐 명 le flux *m* et le reflux *m*; marée *f*. ¶ ~ 간만의 차가 크다 ((grandes marées)) être à fortes amplitudes.

조선[1] 朝鮮 명 (royaume *m* de, dynastie *f*) Joseon (1392-1910), Chosun; Corée *f*.

◆**_말[어]** -[語] 명 langue *f* coréenne; coréen *m*.

◆**_민주주의인민공화국** -民主主義人民共和國 명 République *f* populaire démocratique de Corée (R.P.D.C.), Corée *f* du Nord.

◆**_시대** -時代 명 époque *f* [temps m] de Joseon.

◆**_왕조** -王朝 명 royaume *m* de Joseon, dynastie *f* Joseon. ¶ ~왕조 오백 년 500 ans du royaume de Joseon.

◆**_족** -族 명 Chinois(*e*) [Russe] d'origine coréenne; minorité *f* ethnique coréenne de Chine[de l'est de la Russie]

◆**_독립선언서** -獨立宣言書 명 【역사】 déclaration *f* d'indépendance de la Corée (1919).

◆**_어학회** -語學會 명 【역사】 Comité *m* de recherche sur la langue coréenne ((fondé en 1931)).

◆**_어학회사건** -語學會事件 명 【역사】 affaire *f* du Comité de recherche sur la langue coréenne <arrestation en 1942 de 50 intellectuels coréens membres du Comité de recherche sur la langue coréenne>.

◆**_왕조실록** -王朝實錄 명 【역사】 chroniques *fpl* [annales *fpl*]des rois de Joseon.

◆**_총독부** -總督府 명 【역사】 Gouverneur *m* général du Japon en Corée (1910-1945).

조선[2] 祖先 명 ☞ 조상[1]

조선[3] 造船 명 construction *f* navale. ¶ ~ 산업 construction [industrie] navale. ◇_(을) **하다** construire un navire [un bateau].

◆**_소** -所 명 chantiers *mpl* navals; chantiers *mpl* de construction navale.

조선[4] 漕船 명 ① cargo *m*. ② 【역사】 bateau *m* qui assure le transport maritime, cargo *m*.

조섭 調攝 명 soin *m* de santé. ¶ 병후 ~ soins [traitement] de convalescence. ◇_(을) **하다** soigner [prendre soin de] *sa* santé; se soigner. ¶ 산후에 ~을 잘 하다 bien se soigner [prendre soin de *son* corps] après l'accouchement. ¶ 몸을 ~하다 bien se soigner.

조성[1] **造成** 명 construction *f*, production *f*, fabrication *f*; création *f*. ¶ 택지 ~ action de choisir un bon terrain [un terrain d'immeubles, un terrain à bâtir, à lotir]; développement d'un quartier résidentiel. ¶ 신뢰 ~을 위해 노력하다 (faire des efforts pour) créer un climat de confiance. ¶ 면학 분위기 ~에 힘쓰다 faire des efforts pour créer une ambiance propice à l'étude. ◇_(을) **하다** construire, fabriquer, produire *qc*. ¶ 산림을 ~하다 reboiser ((un terrain, les pentes d'une montagne)). ¶ 관광단지를 ~하다 créer une zone touristique. ¶ 기금을 ~하다 créer un fond ((pour le chômage)). ¶ 여론을 ~하다 faire naître une opinion publique. ¶ 공포 분위기를 ~하다 créer une ambiance détestable [hostile, glaciale]. ◇_(이) **되다** être créé(*e*). ¶ 공부할 수 있는 여건[분위기]이 ~되었다 On a créé une ambiance propice à l'étude. ¶ 기부금으로 ~된 기금 fonds utilisé [créé] pour une donation.

◆_**공사** -工事 명 travaux *mpl* de fabrication. ¶ 연못 ~공사 travaux de fabrication d'un étang.

조성[2] **組成** 명 composition *f* ((chimique)), constitution *f* ((d'une substance)); formation *f*. ¶ 공기의 ~ composition de l'air. ¶ ~ 비율 rapport [taux] de composition.

조세 **租稅** 명 impôt *m*, taxe *f*, contribution *f*. ¶ ~를 부과하다 imposer une contribution, mettre un impôt sur *qc*; imposer, taxer *qc*. ¶ ~를 징수하다[거둬들이다] lever [percevoir] un impôt. ¶ ~를 내다[납부하다, 바치다, 물다] payer l'impôt, payer une taxe. ¶ ~를 감면[면제]하다 exempter *qn* d'un impôt; exempter *qc* de droits; exonérer *qc*. ¶ ~를 경감하다 baisser les impôts, alléger un impôt. ¶ 서민층의 ~ 부담이 과중하다 Le peuple paye trop d'impôts / Les charges fiscales du peuple sont trop élevées. ¶ ~ 정의를 실현하다 mettre en vigueur les lois fiscales.

◆_**경감** -輕減 명 baisse *f* des impôts. ¶ ~경감 혜택을 주다 accorder des avantages fiscaux ((aux entreprises)).

◆_**부담** -負擔 명 charges *fpl* fiscales. ¶ 갈수록 국민들의 ~부담이 커진다 Avec le temps, les impôts [les *charges fiscales]* des citoyens sont de plus en plus élevé(*e*)s.

◆_**정책** -政策 명 politique *f* fiscale.

조소[1] **嘲笑** 명 sourire *m* moqueur, ricanement *m*; raillerie *f*, moquerie *f*. ¶ ~를 퍼붓다 envoyer un sourire moqueur; railler; tourner en dérision. ◇_(를) **하다[보내다]** (sou)rire d'un air moqueur; se moquer ((de *qn*)); railler; tourner en dérision. ¶ 속물들을 ~하다 se moquer des philistins [des personnes qui ne s'intéressent qu'à l'argent et à leur carrière]. ¶ 남들의 노력에 ~를 보내다 railler les [tourner en dérision les, se moquer des] efforts des autres. ¶ 헛일을 하고 있다고 ~하다 se moquer de [railler, tourner en dérision] *qn* parce qu'il est en train de faire quelque chose d'inutile. ◇_(를) **받다** être la risée de *qn*; faire l'objet de railleries. ¶ 세상의 야유와 ~를 받다 être la risée de tout le monde; être en butte aux moqueries de tout le monde.

◆_**적** -的 명관 moqueu*r*(*se*), ricaneu*r*(*se*), railleu*r*(*se*). ¶ ~적인 태도 attitude railleuse.

◆_**거리** 명 ((devenir la)) risée *f* ((de tous)). ¶ 남들의 ~거리가 되다 être en butte aux moqueries de tout le monde; être la risée de tout le monde.

조소[2] **彫塑** 명 sculpture *f*.

◆_**과** -科 명 département *m* de sculpture.

조속히 부 tout de suite, immédiatement, dès que possible, aussitôt que possible; le plus vite possible. ¶ ~ 떠나라 Partez tout de suite [immédiatement]. ¶ 일을 ~ 마무리 짓다 finir très rapidement un travail.

조수[1] **助手** 명 aide, assistant(*e*). ¶ 사수와 ~ un tireur expert et son assistant. ¶ 누구를 ~로 고용하다 engager *qn* comme assistant(*e*).

◆_**석** -席 명 siège *m* avant (à côté du conducteur).

조수[2] **鳥獸** 명 oiseaux *mpl* et animaux *mpl*; bêtes *fpl*.

조수[3] **潮水** 명 marée *f*, courant *m* marin. ¶ ~ 간만의 차 le flux et le reflux.

조숙하다 **早熟**- 형 être précoce; être hâti*f*(*ve*). ¶ 그는 어릴 때 조숙한 편이었다 Il était plutôt précoce quand il était petit.

조식 **朝食** 명 petit-déjeuner *m*. ¶ ~을 먹다 prendre *son* petit-déjeuner; petit-déjeuner.

조신 **朝臣** 명 courtisan *m*.

조신하다 **操身**- 형 être prudent(*e*), circonspect(*e*). ¶ 몸가짐이 ~ être prudent(*e*), circonspect(*e*). ¶ 처신을 조신하게 하다 agir avec prudence [avec circonspection]; se conduire prudemment. ¶ 조신하게 앉아 있다 être sagement assis.

조실부모 **早失父母** 명 fait de perdre tôt *ses* parents. ◇_(를) **하다** perdre tôt *ses* parents.

조심 **操心** 명 précaution *f*; attention *f*; prudence *f*, circonspection *f*. ¶ 감기 ~ Prends garde de ne pas t'enrhumer. ¶ 산불 ~ Attention aux incendies de forêt! ◇_(을) **하다** faire attention; prendre garde; se mettre en garde ((contre *qc*)); prendre des précautions; être sur ses gardes; se méfier de *qc* [de *qn*]. ¶ 독감을 ~하다 prendre garde pour ne pas attraper la grippe [la crève {*fam*}]. ¶ ~해서 길을 건너다 traverser la rue prudemment. ¶ 감기 걸리지 않도록 ~하다 faire attention de ne pas attraper un rhume. ¶ 건강 ~해라 Soigne-toi bien / Prends soin de toi. ¶ 이 문제를 ~해라 Fais attention à cette question. ¶ 이 부분에서 ~해야 한다 Il faut faire attention à cette partie. ¶ 그는 ~해야 할 사람이다 C'est une personne dont il faut se méfier. ◇_(을) **시키다** faire prendre à *qn* des précautions, demander à *qn* de faire attention. ¶ 사고 나지 않게 아이를

ㅈ

~시키다 demander à un(*e*) enfant de faire attention pour éviter un [tout] accident.

◆_스럽다 형 être prudent(*e*), circonspect(*e*). ¶ 그 말을 하기가 ~스럽다 Il faut dire cela avec circonspection. ¶ ~스럽게 말을 꺼내다 entamer prudemment une conversation; parler de *qc* prudemment; parler d'un sujet [amener un sujet] prudemment; commencer à parler avec hésitation; tourner sept fois la langue dans *sa* bouche avant de parler.

◆_스레 부 prudemment, avec précaution, avec prudence, avec circonspection. ¶ ~스레 처신하다 se conduire prudemment; agir avec prudence [avec circonspection].

◆_히 부 prudemment, avec précaution, avec prudence, avec circonspection. ¶ 그럼, ~히 들어가게 Alors rentre bien, fais attention à toi sur la route [sois prudent(*e*) sur le chemin du retour, sois prudent(*e*) en rentrant chez toi]. ¶ 그 여자는 아이가 깨지 않도록 ~히 방을 나왔다 Elle est sortie très doucement de la pièce pour ne pas réveiller le bébé [l'enfant].

◆_ _ 부 tout doucement. ¶ ~~ 다리를 건너다 traverser un pont tout doucement.

◆_성 -性 명 prudence *f*, circonspection *f*. ¶ ~성이 없다 être imprudent(*e*).

◆몸_ 명 soins *mpl* de santé. ¶ 몸~ 하시오 Soignez-vous bien / Prenez soin de vous.

◆불_ 명 attention aux incendies. ¶ 자나 깨나 불~ Faites toujours attention aux incendies.

조아리다 타 faire de nombreuses courbettes à [devant] *qn*; se courber à plusieurs reprises ((avec insistance devant *qn*)). ¶ 누구의 앞에 고개[머리]를 ~ faire de nombreuses courbettes à [devant] *qn*; se courber à plusieurs reprises ((avec insistance devant *qn*)), faire de multiples courbettes à [devant] *qn*.

조악하다 粗惡- 형 être de qualité inférieure [de mauvaise qualité]. ¶ 그 상품은 외관이 ~ Cet article a l'air d'être de mauvaise qualité / Ça m'a tout l'air d'être de la camelote {*fam*}. ¶ 조악한 품질 mauvaise qualité.

조야 朝野 명 gouvernement *m* et peuple *m*; toute la nation *f*. ¶ ~의 명사 célébrités du pays.

조야하다 粗野- 형 être rude, grossi*er*(*ère*), fruste. ¶ 기술이 ~ avoir une technique grossière. ¶ 디자인이 조야하기 이를 데 없다 Le design est grossier.

조약 條約 명 traité *m* ((de l'Atlantique Nord)); convention ((militaire)); accord *m*, pacte *m*. ¶ ~을 준수하다 observer un traité [un pacte]. ¶ ~을 위반하다 violer un traité [un pacte]. ¶ ~을 비준하다[인준하다] ((Parlement)) ratifier un traité. ¶ ~을 폐기하다 dénoncer un traité. ¶ ~에 조인하다 signer un traité. ¶ ~에 가입하다 adhérer à un traité. ¶ 한국과 미국이 시장개방에 관한 ~을 맺었다[체결했다] La Corée du Sud et les États-Unis ont conclu un accord sur la libéralisation du marché. ¶ 이 ~은 다음 달부터 발효된다 Ce traité entre en vigueur le mois prochain.

◆방위_ 防衛- 명 accord *m* de défense.

◆불평등_ 不平等- 명 traité *m* [convention *f*, accord *m*] partial(*e*).

◆우호_ 友好- 명 traité *m* d'amitié.

◆통상_ 通商- 명 accord *m* commercial.

◆평화_ 平和- 명 traité *f* de paix.

조약돌 명 caillou(*x*) *m*; gravier *m*.

조어[1] 祖語 명 【언어】 langue *f* mère.

◆공통_ 共通- 명 langue *f* mère commune.

조어[2] 造語 명 ① mot *m* nouveau; néologisme *m*. ② création *f* de mots nouveaux; invention *f* [fabrication *f*, création *f*] d'un mot. ¶ ~ 현상 néologisme. ¶ ~ 능력이 높다 savoir très bien créer des mots nouveaux. ◇_(를) **하다** créer des mots nouveaux. ¶ 새로운 말을 ~하다 créer des mots nouveaux.

◆_법 -法 명 formation *f* des mots.

◆신_ 新- 명 néologisme *m*.

조언 助言 명 conseil *m*, avis *m*. ¶ 선생님께 ~을 구하다 demander l'avis de *son* professeur; demander conseil au professeur. ¶ 선배에게 ~을 얻다 se faire conseiller par un aîné [ancien élève]. ¶ 누구의 ~에 따르다 suivre les conseils de *qn*. ¶ ~이 필요하다 avoir besoin de conseils. ◇_(을) **하다[주다]** donner des conseils, conseiller *qc* à *qn*. ¶ 친구에게 사업에 대해 ~하다 donner des conseils à un ami sur les affaires. ¶ 그에게는 ~을 줄 사람이 필요하다 Il a besoin de quelqu'un pour lui donner des conseils. ¶ 동료에게 최선을 다하라고 ~하다 conseiller à un ami de faire tout son possible. ¶ 아들에게 마무리를 잘하라는 ~을 주다 conseiller à *son* fils de bien peaufiner son travail. ◇_(을) **받다** recevoir des conseils de *qn*; se faire conseiller par *qn*. ¶ 아내에게 ~을 받다 se faire conseiller par *sa* femme. ¶ 친구로부터[에게] 침착하라는 ~을 받다 se faire conseiller par un ami de se calmer.

조업 操業 명 trav*ail*(*aux*) *m*; opération *f*. ¶ ~ 시간[기간] heures de travail. ¶ ~을 단축하다 réduire les heures de travail. ¶ ~을 시작하다[중단하다, 끝내다] commencer [interrompre, terminer] des travaux. ¶ ~을 재개하다 recommencer [reprendre] des travaux. ¶ ~을 금지하다 interdire des travaux. ¶ 그 공장은 오늘부터 ~에 들어간다 Dans cette usine, on commence à travailler à partir d'aujourd'hui. ◇_(을) **하다** travailler.

◆_일수 -日數 명 journées *fpl* de travail.

조여들다 자 ① se rétracter, se contracter, se rétrécir, rétrécir. ¶ 카메라 조리개가 조여든다 L'ouverture du diaphragme est petite. ② 범위를 좁혀 오다 se resserrer; se limiter. ¶ 수사망이 조여든다 Le filet se resserre (autour de quelques suspects). ③ ((마음이)) se resserrer; s'inquiéter, se tracasser. ¶ 발표가 다가오자 자꾸 마음이 조여든다 Le cœur se serre

ㅈ

à l'approche d'une présentation. ¶ 그 여자는 연민으로 가슴이 조여들었다 Son cœur s'est rempli de pitié.

조역 助役 명 ① assistance *f*, aide *f*. ② ((사람)) assistant(*e*), aide, second *m*, adjoint(*e*). ¶ ~을 맡다 assister, aider; seconder *qn*. ③ sous-chef(~-~s) *m* de gare.

조연 助演 명 ① rôle *m* secondaire. ② ac*teur*(*trice*) jouant un rôle secondaire; second rôle *m*. ¶ 그는 이 영화에 ~으로 나온다 Il joue un rôle secondaire dans ce film / Il apparaît [joue] dans ce film en tant que second rôle. ◇_(을) **하다** jouer un rôle secondaire.

◆**남우_상** 男優賞 명 meilleur second rôle *m* masculin.

◆**여우_상** 女優賞 명 meilleur second rôle *m* féminin.

조영[1] 造營 명 construction *f*, érection *f*. ¶ 그는 사찰 ~에 탁월하다 Il est très doué pour construire des temples. ◇_(을) **하다** construire; ériger. ¶ 궁궐[사찰]을 ~하다 construire [ériger] un palais royal [un temple].

조영[2] 照影 명 ① ombre *f* qui se reflète [qui se dessine]. ② portrait *m*, effigie *f*.

조예 造詣 명 profondes connaissances *fpl*; érudition *f*. ¶ ...에 (대한) ~를 가지다 avoir de profondes connaissances ((en mathématiques)); être versé(*e*) ((dans les arts)); être érudit(*e*) ((en histoire ancienne)). ¶ ...에 (대한) ~가 깊다 avoir de profondes connaissances ((en mathématiques)); être versé(*e*) ((dans les arts)); être érudit(*e*) ((en histoire ancienne)). ◇_(가) **있다[없다]** [ne pas] avoir de profondes connaissances ((en mathématiques)); [ne pas] être versé(*e*) ((dans les arts)); [ne pas] être érudit(*e*) ((en histoire ancienne)). ¶ 그는 음악에 ~가 있다 Il est versé dans la musique.

조왕신 竈王神 명 【민속】 *Jowangsin* <dieu de la cuisine>. ¶ ~에 지성을 드리다 prier le dieu de la cuisine.

조용하다 형 ① être calme, tranquille, paisible, silencieu*x*(*se*). ¶ 교실 안이 ~ La classe est silencieuse. ② ((성격)) être dou*x*(*ce*), paisible, calme, posé(*e*). ¶ 조용한 사람[성격] personne calme; personne posée [caractère paisible]. ③ ((상황)) être calme, tranquille, paisible. ¶ 요즘 북한이 ~ Ces jours-ci, on n'entend pas beaucoup parler de la Corée du Nord. ¶ 조용한 오후를 보내다 passer un après-midi calme [tranquille]. ④ ((mer)) être calme, peu agité(*e*). ¶ 바다가 ~ La mer est calme [peu agitée].

◆**조용히** 부 calmement, tranquillement, paisiblement, doucement, posément; en silence; discrètement, en cachette, en douce {*fam*}, en catimini; sur la pointe des pieds; secrètement, en secret, en tapinois; à la dérobée, furtivement, subrepticement. ¶ 조용히 하시오 Silence! / Calmez-vous! ¶ 조용히 살다 mener une vie paisible [tranquille]. ¶ 조용히 말하다 parler doucement. ¶ 불러서 조용히 이야기하다 appeler *qn* pour parler discrètement avec lui [pour parler avec lui en cachette]. ¶ 일을 조용히 마무리하다 terminer un travail posément [en cachette]. ¶ 조용히 떠나다 partir discrètement; partir en douce [sur la pointe des pieds]; s'esquiver furtivement.

◆**조용조용히** 부 silencieusement, doucement. ¶ 좀 조용조용히 말하시오 Parlez doucement, s'il vous plaît.

조우 遭遇 명 ① rencontre *f*. ② confiance *f* du roi. ◇_(를) **하다** rencontrer *qc*; tomber sur ((l'ennemi)); avoir la confiance du roi. ¶ 친구와 우연히 ~하다 rencontrer un ami par hasard; tomber par hasard {*fam*} sur un ami.

조운 漕運 명 transport *m* par (voie de) mer; transport *m* maritime; messageries *fpl* maritimes. ◇_(을) **하다** transporter par voie maritime. ¶ 수입품을 서울로 ~하다 importer des marchandises sur Séoul par voie maritime.

◆**_업** -業 명 service *m* de transport maritime.

조원 組員 명 membre *m* ((d'un équipage, d'une équipe, d'une compagnie, d'un groupe, d'un parti, d'une bande)).

조위 弔慰 명 condoléances *fpl*. ¶ 궂은일에 ~를 가다 aller présenter *ses* condoléances à l'occasion d'un malheur [événement fâcheux]. ◇_(를) **하다** présenter [faire, offrir] *ses* condoléances à *qn*. ¶ 죽은 이의 넋을 ~하다 présenter *ses* condoléances pour l'âme du défunt.

조율 調律 명 ① ((악기)) accord *m*, accordement *m*. ② réglage *m*; mise *f* au point; ajustement *m*; contrôle *m*. ¶ 이 문제는 사전 ~이 필요하다 Il est préférable de régler au préalable ce problème. ◇_(을) **하다** accorder ((un instrument)). ¶ 피아노를 ~하다 accorder un piano. ¶ 두 나라 사이의 견해차를 ~하다 faire converger [mettre en accord] les opinions différentes [divergentes] des deux pays, amener les opinions des deux pays à se rapprocher, provoquer le rapprochement des opinions divergentes des deux pays. ◇_(이) **되다** être accordé(*e*). ¶ ~이 잘 안 된 악기 instrument mal accordé. ¶ 사전 ~이 된 문제 problème mis au point au préalable.

◆**_사** -師 명 accordeur *m*.

◆**_안** -案 명 projet *m* d'ajustement.

◆**_책** -策 명 politique *f* [mesure *f*] d'ajustement.

조음 調音 명 【언어】 articulation *f*. ◇_(을) **하다** articuler. ◇_(이) **되다** être articulé(*e*).

◆**_기관** -器官 명 organe *m* articulatoire.

◆**_기저** -基底 명 base *f* articulatoire ((d'une langue)).

◆**_방법** -方法 명 【언어】 mode *m* d'articulation.

◆**_소** -素 명 【언어】 voyelle *f* épenthétique (que l'on insère entre le radical et le suffixe flexionnel du verbe).

◆**_위치** -位置 명 【언어】 point *m* [lieu(*x*) *m*]

d'articulation.

◆_음성학 -音聲學 명 phonétique *f* articulatoire.

◆_점 -點 명 【언어】 point *m* d'articulation ((d'un phonème)).

조응 照應 명 ① correspondance *f*; concordance *f*. ¶ 사물과 자아의 ~ correspondances entre les choses et *soi* [*son* ego]. ② 【언어】 concordance *f*. ¶ ~ 관계 relations de concordance. ¶ ~ 표현 expression de concordance. ◇_(을) **하다** correspondre à *qc*; concorder avec *qc*. ¶ 이 두 표현이 서로 ~하고 있다 Ces deux expressions sont en (parfaite) correspondance [harmonie]. ¶ 그 이론은 현실과 잘 ~한다 Cette théorie correspond [concorde bien] avec la réalité. ◇_(이) **되다** se correspondre. ¶ 이론과 실제가 잘 ~된다 La théorie correspond bien à la réalité. ¶ 여러 가지 구성요소가 잘 ~되어 있다 De nombreux éléments de composition se correspondent.

조의 弔意 명 condoléances *fpl*. ¶ 고인의 영전 앞에서 ~를 표하다 présenter [exprimer, offrir, faire] *ses* condoléances à l'occasion d'un deuil. ¶ 삼가 ~를 표합니다 Je vous présente toutes mes condoléances / Toutes mes condoléances.

◆_금 -金 명 argent *m* versé à la famille du défunt; argent *m* qu'on donne comme contribution à des funérailles; contribution *f* (financière) à des funérailles ((coutume traditionnelle)). ¶ ~금을 내다 donner de l'argent à la famille du défunt.

◆_록 -錄 명 registre *m* de condoléances.

조이다 타 ① serrer; boucler. ¶ 나사를 ~ serrer une vis. ¶ 허리띠를 ~ serrer la ceinture, boucler *sa* ceinture. ¶ 신발 끈을 ~ serrer *ses* souliers, nouer *ses* lacets de chaussures. ② ((멱살 따위를)) serrer, presser. ¶ 멱살을 조이다 saisir *qn* au collet, colleter *qn*, prendre [saisir, agripper, attraper] *qn* à la gorge [au collet, par la nuque], empoigner *qn* au collet, colleter *qn*. ③ ((마음)) être tendu(*e*), se tendre. ¶ 너무 가슴[마음]을 조이지 마 Ne sois pas trop tendu(*e*).

조인 調印 명 signature *f* ((d'un traité)). ◇_(을) **하다** signer ((un traité de paix)). ¶ 조약[협약, 협정]에 ~하다 apposer *son* sceau à un traité. ◇_(이) **되다** être signé(*e*). ¶ 평화조약이 ~되었다 Le traité de paix est signé.

◆_식 -式 명 Une cérémonie pour la signature ((d'un traité)).

◆_서 -書 명 document *m* signé.

조작[1] 造作 명 fabrication *f*, production *f*, confection *f*; construction *f* ; invention *f*, fabrication *f*. ◇_(을) **하다** fabriquer ((des jouets)); produire ((des appareils)); construire ((des automobiles)); confectionner ((des appareils)); inventer, fabriquer, créer, forger ((de toutes pièces une histoire)); manœuvrer ((l'opinion)). ¶ 여론을 ~하다 manœuvrer l'opinion publique. ¶ 통계 수치를 ~하다 fabriquer des valeurs numériques de statistiques. ¶ 간첩 사건을 ~하다 inventer une histoire d'espionnage. ◇_(이) **되다** être fabriqué(*e*); être produit(*e*); être construit(*e*); être confectionné(*e*). ¶ 그것은 다 ~된 이야기이다 C'est une histoire inventée [fabriquée, imaginée] de toutes pièces / Ce récit est forgé de toutes pièces.

◆_극 -劇 명 pièce inventée; histoire inventée.

◆_자 -者 명 fabricant(*e*); constructeur *m* ((automobile)); artisan(*e*); forgeu*r*(*se*), inven*teur*(*trice*).

조작[2] 操作 명 ① maniement *m*, manipulation *f*, manœuvre *f*. ② opération *f* ((financière)) ¶ 이 기계는 ~이 쉽다[간편하다] Cette machine [Cet appareil] se manipule facilement / Le maniement de cette machine est très simple. ¶ 그는 총기 ~이 서툴다 Il manipule mal les armes. ◇_(을) **하다** manier ((un appareil)); manœuvrer ((un véhicule)); manipuler. ¶ 기계를 ~하다 manier un appareil. ◇_(이) **되다** se manier. ¶ 이 에어컨은 리모콘으로 ~된다 Le climatiseur marche avec une télécommande.

◆_법 -法 명 mode *m* d'emploi.

◆_주의 -主義 명 【심리】 opérationnalisme *m*.

조잘거리다 재타 chuchoter, murmurer; piailler. ¶ 참새 떼가 나무 위에서 조잘거리고 있다 Une bande de moineaux piaille sur un arbre. ¶ 그 녀석, 잘도 조잘거리네! Comme ce type est bavard! ¶ 그는 같은 말을 계속 조잘거렸다 Il a murmuré la même chose à plusieurs reprises.

조잘대다 재타 ☞ 조잘거리다

조잘조잘 부 caquetant, jacassant, bavardant sans arrêt. ¶ 옆 자리 학생들은 수업 시간 내내 ~ 떠들었다 Mes voisins n'ont pas arrêté de bavarder [de papoter, de caqueter] pendant le cours.

◆_하다[거리다] 재타 bavarder sans cesse ((comme un moulin à paroles)), jacasser, caqueter. ¶ 딸아이는 집에 오자마자 유치원에서 있었던 일들을 ~거렸다 Dès que ma fille rentra, elle nous raconta tout ce qui s'était passé à l'école maternelle et il était impossible de l'arrêter.

조잡하다 粗雜- 형 être grossie*r*(*ère*), rude, vulgaire, indécent(*e*), inconvenant(*e*), déplacé(*e*). ¶ 집안의 장식이 ~ La maison est mal décorée / La décoration de la maison laisse à désirer [manque de noblesse]. ¶ 조잡한 물건 article de pacotille. ¶ 조잡한 표현 expression grossière; expression inconvenante. ¶ 조잡하게 만들다 fabriquer *qc* n'importe comment [grossièrement].

조장[1] 助長 명 aide *f*, encouragement *m*, exhortation *f* ((à la vertu)). ¶ 과소비 ~ encouragement à la surconsommation, action de pousser la consommation (ostentatoire) [de favoriser la surconsommation]. ◇_(을) **하다** encourager *qc*, promouvoir *qc*; favoriser ((le développement de *qc*, le vice)); aider [contribuer] au développement de *qc*. ¶ 사치 풍조를 ~하다 encourager la tendance au luxe. ¶ 사행심을 ~하다 exciter [animer] le goût pour la spéculation (financière); exciter la passion du jeu. ◇_(이) 되다 être encouragé(*e*); être favorisé(*e*). ¶ 위화감이 ~되다 fomenter la discorde; entretenir [semer, favoriser] la discorde.

조장² 組長 명 chef *m* d'équipe; contremaître(*sse*).

조전 弔電 명 télégramme *m* de condoléances. ¶ ~을 치다[보내다] envoyer un télégramme de condoléances.

조절 調節 명 réglage *m*; régulation *f*, ajustement *m*; mise *f* au point. ¶ ~ 기능[작용] fonction de réglage. ¶ 체중 ~ régulation du poids. ◇_(을) 하다 régler *qc*; ajuster *qn*; mettre *qc* au point. ¶ 라디오 볼륨을 ~하다 régler le son d'une radio. ¶ 식사량을 ~하다 moduler *ses* repas; contrôler la quantité de ce que l'on mange. ¶ 호흡을 ~하다 contrôler [régulariser] *sa* respiration. ◇_(이) 되다 être réglé(*e*), ajusté(*e*), mis(*e*) au point. ¶ 높낮이가 ~되는 책상 bureau dont la hauteur est réglable.

◆_기 -器 명 régulateur *m*, modérateur *m*((d'une horloge)).

◆_력 -力 명 force *f* de réglage [régulation, mis au point]; accommodation *f*.

조정¹ 朝廷 명 Cour *f* royale [impériale].

조정² 調停 명 médiation *f*, arbitrage *m*; conciliation *f*. ¶ 누구에게 ~을 의뢰하다 demander [solliciter] l'arbitrage [la médiation] de *qn*. ¶ 누구의 ~에 따르다 s'en tenir à l'arbitrage de *qn*. ◇_(을) 하다 arbitrer ((deux adversaires)); concilier ((les intérêts)); réconcilier ((deux adversaires)); servir d'intermédiaire. ¶ 분쟁을 ~하다 s'interposer dans une dispute. ¶ 의견을 ~하다 coordonner [concilier] des opinions [différentes opinions]; mettre d'accord deux personnes. ◇_(이) 되다 se concilier. ¶ 이견이 ~되다 se mettre d'accord; trouver un compromis [un terrain d'entente].

◆_관 -官 명 média*teur*(*trice*); concilia*teur*(*trice*).

◆_법 -法 명 droit *m* d'arbitrage [de conciliation].

◆_안 -案 명 proposition *f* de compromis.

◆_위원회 -委員會 명 commission *f* d'arbitrage.

◆_자 -者 명 média*teur*(*trice*); concilia*teur*(*trice*).

조정³ 調整 명 réglage *m*; mise *f* au point; ajustement *m*; contrôle *m*. ¶ 의견 ~ rapprochement des opinions, action de faire converger [de mettre en accord] les opinions différentes [divergentes], action d'amener des opinions différentes [divergentes] à se rapprocher, action de provoquer le rapprochement d'opinions divergentes [différentes]. ◇_(을) 하다 régler *qc*; mettre *qc* au point; coordonner; contrôler *qc*. ¶ 세율을 (10 %로) ~하다 ajuster le taux de l'impôt (à 10 %). ¶ 날짜를 다음날로 ~하다 remettre la date d'un travail au lendemain; remettre *qc* à un autre jour. ¶ 개점 시간을 7시로 ~하다 fixer l'ouverture d'un magasin à sept heures. ◇_(이) 되다 être réglé(*e*); être ajusté(*e*), mis(*e*) au point; être coordonné(*e*); être contrôlé(*e*). ¶ 버스 노선이 ~되었다 Les lignes de bus sont contrôlées. ¶ 선거구가 ~되었다 La circonscription électorale a été fixée / On a décidé d'une circonscription électorale.

◆_력 -力 명 capacité *f* de mise au point.

◆상향_ 上向 명 ajustement *m* vers le haut. ¶ 수출 목표액을 상향~하다 réhausser le montant prévu pour les exportations.

◆하향_ 下向 명 ajustement *m* vers le bas. ¶ 봉급을 하향~하다 rabaisser les salaires; revoir les salaires à la baisse.

조정⁴ 漕艇 명 canotage *m*; ((faire de l')) aviron *m*. ¶ ~ 경기 courses d'aviron.

조제 調劑 명 préparation *f* (d'un médicament); dosage *m*. ◇_(를) 하다 préparer (un médicament); doser (un remède); exécuter une ordonnance. ¶ 약을 ~하다 préparer un médicament; doser un remède. ◇_(가) 되다 être préparé(*e*); être dosé(*e*).

◆_실 -室 명 salle *f* de préparation (des médicaments) dans une pharmacie.

◆_사 -師 명 prépara*teur*(*trice*) en pharmacie, apothicaire {*vx*}.

◆_약 -藥 명 médicament *m* préparé en pharmacie.

조조할인 早朝割引 명 tarif *m* réduit le matin au cinéma. ¶ ~으로 영화를 보다 voir un film en bénéficiant du tarif réduit du matin. ◇_(을) 하다 accorder un tarif réduit le matin au cinéma. ◇_(을) 받다 bénéficier d'un tarif réduit le matin au cinéma; avoir une réduction sur le prix de la séance du matin.

조족지혈 鳥足之血 명 être insignifiant(*e*), sans valeur; ce n'est qu'un tout petit peu; ce n'est qu'une chose minime [infime, dérisoire]; ce n'est rien par rapport ((à moi)); ((par rapport à ce que j'ai subi)) ce n'est rien du tout [tu peux t'estimer heureu*x*(*se*)].

조종¹ 弔鐘 명 glas *m*. ¶ ~을 울리다 sonner le glas.

조종² 操縱 명 ① 기계를 다룸 manœuvre *f*; manipulation *f*; conduite *f*; opération *f*; pilotage *m*; maniement *m*. ¶ 헬리콥터 ~ pilotage d'hélicoptère. ② 다른 사람이나 단체를 마음대로 다룸 manipulation *f*, manœuvre *f*; contrôle *f*; direction *f*; directives *fpl*. ¶ 공산당의 ~에 따라 움직이다 agir [travailler] suivant les directives du parti communiste. ◇_(을) 하다 conduire ((une voiture)); piloter ((un avion)); diriger ((un ballon, une montgolfière)); manipuler ((des marionnettes)); manier ((un engin)); manœuvrer ((le gouvernail)); faire marcher [faire fonctionner, manier] ((une machine)); gouverner ((une barque, un navire)); manipuler, manœuvrer; mener (*qn*); ((배후에서)) tirer les ficelles. ¶ 비행기를 ~하다 piloter un avion; manœuvrer un avion. ¶ 사건을 배후에서 ~하다 tirer les ficelles ((dans une affaire)). ◇_(이) 되다 être manœuvré(*e*); être manipulé(*e*); être conduit(*e*); être dirigé(*e*), être piloté(*e*). ¶ 컴퓨터로 ~되는 무기 une arme assistée par ordinateur. ◇_(을) 받다[당하

ㅈ

다] se faire diriger (par *qn*); se faire manipuler. ¶ 미국의 ~을 받다 se faire diriger [manipuler] par les États-Unis.

◆_간 -杆 명 levier *m* de commande, manche *m* à balai {*fam*} ((d'un avion)).

◆_사 -士 명 pilote *mf* ((de ligne)); avia*teur*(*trice*).

◆_석 -席 명 siège *m* du pilote, poste *m* de commande; poste *m* de pilotage. ¶ ~석에 앉다 s'asseoir sur le siège du pilote [au poste de pilotage, au poste de commande].

◆_술 -術 명 technique *f* de pilotage; pilotage *m*; manœuvre *f*. ¶ ~술이 뛰어나다 être excellent(*e*) [exceller, briller, être fort(*e*)] en pilotage; avoir d'excellentes techniques de pilotage; savoir bien manœuvrer ((une machine)).

◆_자 -者 명 opéra*teur*(*trice*); manipula*teur*(*trice*).

◆배후_ 背後_ 명 manipulation *f*; manip *f* {*fam*}; maniement *m*.

조준 照準 명 tir *m*; visée *f*; mire *f*; pointage *m*; réglage *m*. ¶ ~ 사격 tir visé. ¶ ~ 거리 la distance de visée; la distance de tir. ◇_(을) 하다 viser *qn* ((avec un fusil)); braquer ((un revolver sur *qn*)); pointer ((un canon)); diriger ((un revolver contre *qn*)). ¶ 대포를 ~하다 pointer [braquer] un canon; diriger la bouche d'un canon ((vers l'ennemi)). ¶ 목표를 ~하다 viser une cible; viser un objectif [un but]. ¶ 꿩을 ~해서 쏘다 tirer à vue sur un faisan; viser et canarder un faisan {*fam*}; tirailler sur un faisan {*fam*}. ◇_(이) 되다 être visé(*e*); être braqué(*e*).

◆_경 -鏡 명 viseur *m*.

◆_선 -線 명 ligne *f* de mire [de visée]; ligne *f* de tir.

◆정_ 正_ 명 visée *f* précise.

조지다 타 【속어】 ① 다그치다 presser *qn*, bousculer *qn*; rosser *qn* {*fam*}, tabasser *qn* {*fam*}, passer *qn* à tabac. ¶ 부하들을 ~ presser des subordonnés. ¶ 말 안 듣는 놈들은 그저 조져야 돼 Il faut rosser [tabasser, passer à tabac] ceux qui ne nous obéissent pas. ② 망치다 gâter, gâcher; rater. ¶ 난 완전히 신세[인생] 조졌어 J'ai complètement raté ma vie.

조직 組織 명 ① organisation *f* ((d'une société)); formation *f*; composition *f*; construction *f*; constitution *f* ((d'une assemblée)); structure *f* ((sociale)); organisme *m* ((international)); groupe *m*; système *m*. ¶ ~의 구성 l'établissement d'une organisation [d'un organisme]; la création d'une organisation; la création d'un organisme. ¶ ~을 배신하다 trahir le système; trahir l'organisation (criminelle). ¶ 당의 ~을 파괴하다[재건하다] désorganiser [relever, redresser] un groupe politique [un parti]. ② 【생물】 tissu *m* (organique); texture *f*. ¶ ~을 배양하다 cultiver des tissus. ¶ 이 환자는 ~이 손상되었다 Ce(*tte*) patient(*e*) a les tissus (musculaires) abîmés. ③ 【구어】 폭력조직 organisation *f* (criminelle); gang *m*; maffia *f*, mafia *f*, yakusa *m*; bande *f* de voyous; association *f* [bande *f* organisée] de malfaiteurs. ¶ ~에 들어가다 entrer dans la maffia; entrer dans une organisation criminelle; adhérer à une association; s'inscrire dans une association de malfaiteurs. ¶ ~에 있는 사람들 gens d'une bande de voyous [une association de malfaiteurs]; les gens d'une organisation criminelle; les gens de la maffia. ◇_(을) 하다 organiser ((une association)); grouper ((en une association)); former ((une structure)); composer [constituer] ((une société)); fusionner ((plusieurs groupes)). ¶ 노동조합을 ~하다 organiser [former] un syndicat; syndiquer *qn*; syndicaliser ((un milieu professionnel)). ◇_(이) 되다 être organisé(*e*); être formé(*e*), être composé(*e*); être constitué(*e*) de *qc*, être établi(*e*); être construit(*e*) ((de *qc*)). ¶ 특별 위원회가 ~되었다 Un comité extraordinaire s'est constitué [s'est formé, s'est créé] / Un comité d'exception s'est rassemblé [s'est regroupé].

◆_적 -的 명관 systématique; méthodique; organisé(*e*). ¶ ~적인 저항 une résistance méthodique; une opposition systématique; une lutte organisée. ¶ 개헌반대 운동을 ~적으로 전개하다 mener une action organisée contre la réforme de la Constitution.

◆_화 -化 명 systématisation *f*.

◆_력 -力 명 pouvoir *m* du groupe; force *f* d'une organisation; capacité *f* d'organisation.

◆_망 -網 명 réseau(*x*) *m* du système.

◆_범죄 -犯罪 명 crime *m* organisé; criminalité *f* organisée.

◆_위원회 -委員會 명 comité *m* d'organisation.

◆_원 -員 명 membre *m* (d'une organisation).

◆_책 -責 명 direction *f* générale (d'une organisation); responsable *mf* général(*e*).

◆_체 -體 명 corps *m* organique; organisme *m*.

◆비밀_ 秘密_ 명 organisation *f* secrète; société *f* secrète; services *mpl* secrets ((du ministère de la défense)).

◆지하_ 地下_ 명 organisation *f* clandestine; groupe *m* clandestin.

◆폭력_ 暴力_ 명 association *f* [bande *f* organisée] de malfaiteurs, organisation *f* criminelle, gang *m*; maffia *f*, mafia *f*; ((일본)) *yakusa m*.

조짐 兆朕 명 signe *m* précurseur [avant-coureur]; présage *m*; augure *m*; auspice *m*; symptôme *m*. ¶ 불길한[좋은] ~ mauvais [bon] augure; mauvais [bon] présage; mauvais [bon] signe *m* avant-coureur. ¶ 회사 형편이 나아질 ~을 보인다 Tous les signes montrent que l'entreprise va s'en sortir [se rétablir] / Tous les signes confirment le rétablissement [l'amélioration] de l'entreprise. ¶ 어째 ~이 좋지 않다 De toute façon ce n'est pas bon signe [c'est mauvais signe, ce n'est pas de bon augure, ce n'est pas un bon présage, ça porte la poisse {*fam*}] / Le moins qu'on puisse dire c'est que ce n'est pas bon {*fam*}. ¶ 그들이 우리를 배신할 ~이 보인다 Les signes disent qu'ils vont nous tromper / Tous les signes montrent qu'ils vont nous trahir / On voit les signes avant-coureurs de la trahison / On les voit venir d'ici qu'ils vont nous berner {*fam*} / C'est du tout cuit, ils vont nous foutre dedans {*vulg*}. ◇_**이다** ce sont des signes de *qc*; traduire. ¶ 물가가 오름 ~이다 Ce sont des signes de la montée des prix / Cela traduit la montée des prix / C'est la conséquence de la hausse des prix.

조차[1] 조 même. ¶ 그 사람~ 나를 배반했다 Même lui, il m'a trahi. ¶ 산골~ 오염이 되었다 Même les régions montagneuses sont polluées. ¶ 그 사람은 쓰는 것은 말할 것도 없고 읽을 줄~도 모른다 Il ne sait ni écrire, ni même lire.

조차[2] **租借** 명 bail(*baux*) *m*. ¶ ~ 기간 période[durée] du bail. ◇_(**를**) **하다** obtenir le bail ((d'une terre)); louer ((un terrain)). ¶ 국가로부터 간척지를 ~하다 louer un terrain asséché amendé de l'État; prendre à bail un terrain asséché amendé du gouvernement. ◇_(**가**) **되다** être pris(*e*) à bail; être obtenu(*e*); être loué(*e*); être emprunté(*e*). ¶ 홍콩이 영국에 ~되었다가 반환되었다 Le territoire de Hong Kong avait été pris à bail [avait été loué] par la Grande Bretagne et a été rétrocédé à la Chine.

◆_**국** -國 명 pays *m* bailleur.

◆_**지** -地 명 territoire *m* [terrain *m*, domaine *m*] loué à bail. ¶ ~지를 반환하다 rétrocéder le territoire [le terrain] loué à bail.

조찬 朝餐 명 petit-déjeuner *m* ((avec des invités)). ¶ ~ 모임 la réunion matinale du petit-déjeuner. ¶ ~ 기도회 la réunion matinale de prière avec petit-déjeuner.

◆_**회** -會 명 réunion *f* (de travail) matinale à l'occasion de laquelle on prend son petit-déjeuner.

조처 措處 명 mesure *f*; disposition *f*; moyen *m*. ¶ ~를 강구하다 prendre toutes les mesures nécessaires; se donner tous les moyens. ¶ 법적인 ~를 취하다 prendre des mesures juridiques [légales, réglementaires]. ◇_(**를**) **하다**[**내리다**] prendre des mesures, prendre des dispositions; faire le nécessaire; contrôler ((la situation)); gérer *qc*; arranger *qc*; résoudre [solutionner] ((un problème)). ¶ 다시는 그런 일이 일어나지 않도록 ~하다 prendre des mesures pour qu'un(*e*) tel(*le*) problème [événement, accident, affaire, situation] ne se reproduise plus; s'arranger pour qu'une telle chose ne se produise pas de nouveau.

조청 造淸 명 *jocheong m* <sirop amylacé (de racines, de tubercules, de graines); sirop d'amidon (de blé, de riz, de pomme de terre); sirop de glucose; mélasse *f*>. ¶ ~을 넣어 만든 과자 un biscuit auquel on a incorporé du sirop de glucose; un biscuit composé de sirop amylacé; un biscuit au sirop d'amidon.

조촐하다 형 ① 호젓하고 단출하다 être simple et propre ¶ 살림이 ~ avoir un mode de vie [des moyens de subsistance, une existence] simple; avoir une vie modeste [ordinaire, simple]; être un ménage sans grand moyen; être un foyer humble. ¶ 조촐한 생일잔치 une fête d'anniversaire très simple, une fête d'anniversaire sobre. ¶ 조촐하게 살다 vivre simplement, mener une vie modeste. ② ((성격, 성품)) être discr*et*(*ète*); être tranquille; être réservé(*e*) ③ ((외모)) ((tenue)) être décent(*e*), convenable, bienséant(*e*).

조총 鳥銃 명 carabine *f* pour la chasse aux oiseaux ; mousqueton *m*, mousquet *m*; fusil *m*. ¶ ~을 쏘다 tirer un coup de mousqueton [de mousquet, de fusil]; faire feu à l'aide d'une carabine.

조춘 무春 명 printemps *m* précoce [prématuré, hâtif]. ¶ ~의 햇살 rayons de soleil d'un printemps précoce; lumière du soleil d'un printemps prématuré.

조치 措置 명 mesure *f*; disposition *f*; moyen *m*. ¶ ~를 취하다 prendre des mesures, prendre des dispositions, avoir recours à certains moyens. ¶ 이번에는 뭔가 특별한 ~가 필요하다 À présent, nous devons avoir recours à certains moyens / Cette fois-ci, il est nécessaire de prendre certaines mesures particulières / Cette fois-ci, on a besoin de prendre des dispositions particulières. ◇_(**를**) **하다** prendre des mesures, prendre des dispositions; gérer *qc*; arranger *qc*; résoudre [trouver la solution d'] ((un problème)). ¶ 사건이 해결되도록 ~하다 prendre des dispositions pour résoudre ce problème, prendre des mesures pour que cette affaire puisse être résolue, faire le nécessaire de sorte que cette affaire puisse être résolue. ◇_(**가**) **되다** des mesures [des dispositions] sont prises. ¶ 그 문제는 신속히 ~가 되었다 A propos de ce problème, des mesures ont été prises immédiatement / Pour ce problème certaines dispositions ont été rapidement prises / Sans attendre, des solutions ont été apportées au problème.

◆**응급**_ 應急- 명 mesures *fpl* d'urgence.

◆**의법**_ 依法- 명 mesures *fpl* [dispositions *fpl*] légales [juridiques]; mesures *fpl* législatives.

조칙 詔勅 명 édit *m* royal; décret *m* du roi; rescrit *m*. ¶ ~을 내리다 rendre effectif un décret royal; appliquer un édit royal.

조카 명 neveu(*x*) *m*; nièce *f*.

◆_**딸** 명 nièce *f*.

◆_**며느리** 명 femme *f* [épouse *f*] d'un neveu.

◆_**사위** 명 mari *m* d'une nièce.

조커 영{joker} 명 *jocker m*. ¶ ~를 내다 jouer *son jocker*.

조크 영{joke} 명 plaisanterie *f*, blague *f*; farce *f*; bobard *m* {*fam*}; boutade *f* {*fam*}; canular *m* {*fam*};

ㅈ

galéjade *f* {*pop*}, hâblerie *f*; drôlerie *f*; bêtise *f*. ¶ ~로 받아넘기다 tourner *qc* à la plaisanterie; prendre *qc* à la plaisanterie; prendre *qc* à la blague, tourner *qc* en plaisanterie. ◇_(를) **하다** plaisanter, blaguer, rigoler {*fam*}, déconner {*vulg*}, dire [raconter] des plaisanteries [des blagues, des bêtises, des bobards {*fam*}, des galéjades]; monter un canular. ¶ ...라고 ~를 하다 plaisanter en disant que ..., blaguer {*fam*} en racontant que ....

조타 操舵 명 manœuvre *f* du gouvernail; pilotage *m* ((d'un bateau)); timonerie *f*. ◇_(를) **하다** manœuvrer le gouvernail; piloter, gouverner ((un bateau)); tenir le gouvernail [la barre].

◆**_수** -手 명 timonier *m*, homme *m* de barre.

◆**_실** -室 명 ((kiosque *m* de)) timonerie *f*.

조퇴 早退 명 sortie *f* ((de l'école)) avant l'heure ((habituelle, permise)). ◇_(를) **하다** rentrer avant l'heure; quitter ((l'école, le travail, le bureau)) avant l'heure, sortir [partir] ((du bureau)) avant l'heure, quitter ((le travail)) plus tôt que d'habitude, quitter la classe [l'école] avant la fin (de la classe, des cours). ¶ 집안 일로 ~를 하다 quitter le travail avant l'heure pour un problème de famille [familial], terminer *son* boulot {*fam*} plus tôt que d'habitude en raison d'un problème personnel, interrompre *son* travail à cause d'une affaire de famille. ¶ 몸이 아파서 학교를[에서] ~했다 Étant souffrant(*e*), je suis sorti(*e*) de l'école avant l'heure / J'étais malade et alors j'ai quitté l'école avant l'heure / Comme j'avais mal quelque part, j'ai quitté l'école plus tôt que d'habitude. ◇_(를) **시키다** autoriser *qn* à quitter ((l'école, le travail)) avant l'heure; autoriser *qn* à sortir ((de l'école, du travail)) plus tôt que d'habitude. ¶ 학생을 ~시키다 autoriser un(*e*) élève à quitter l'école plus tôt que d'habitude.

◆**_자** -者 명 personne *f* autorisée à quitter (le travail) avant l'heure.

◆**무단_** 無斷- 명 quitter (l'école) avant l'heure sans demander une autorisation [une permission]; partir ((du travail)) plus tôt que d'habitude sans autorisation [sans permission]. ¶ 그가 무단~를 했다 Il a quitté le travail avant l'heure sans autorisation [sans demander une autorisation].

조판 組版 명 ((인쇄)) composition *f* ((des caractères)); réalisation *f* des textes en caractères typographiques. ¶ 그 책은 ~에 들어갔다 On commence juste la composition de ce livre / Ce livre vient d'être porté à la composition / On a commencé la composition de cet ouvrage. ◇_(을) **하다** composer ((un texte)). ¶ 석간을 ~ composer le journal du soir (avec une machine à composition). ◇_(이) **되다** être composé(*e*). ¶ 호외가 제 시간에 ~이 되었다 L'édition spéciale du journal a été composée dans les temps.

◆**_공** -工 명 composi*teur*(*trice*) à la main; typographe *mf* ((metteur en page, imposeur, minerviste ...)).

◆**_소** -所 명 imprimerie *f*.

◆**_실** -室 명 salle *f* [atelier *m*] de composition.

조폐 造幣 명 frappe *f* de la monnaie; monnayage *m*, fabrication *f* de la monnaie. ◇_(를) **하다** monnayer; frapper [fondre] une monnaie, fabriquer de la monnaie.

◆**_창** -倉 명 hôtel *m* de la Monnaie, la Monnaie *f*.

◆**_공사** -公社 명 coopérative *f* de la monnaie; établissement *m* monétaire; manufacture *f* de la monnaie.

조하[1] 早夏 명 été *f* précoce [prématuré, hâtif].

조하[2] 朝霞 명 rougeoiement *m* matinal du ciel; ciel *m* rougeoyant du matin; embrasement *m* [rougeoiement *m*, flamboiement *m*, incendie *m*, illumination *f*] du ciel lors du lever du soleil (au lever du soleil).

조하다 躁- 형 être impatient(*e*), peu patient(*e*), empressé(*e*); être impétueu*x*(*se*); être nerveu*x*(*se*); être vi*f*(*ve*), impérieu*x*(*se*), emporté(*e*), agacé(*e*), irascible, irritable; ((tempérament, nature)) très vif(ve), violent(*e*), fougueu*x*(*se*), avoir le sang chaud. ¶ 그는 성격이 참 ~ Son caractère est vraiment peu patient / Il est assurément impatient / Il a vraiment un caractère nerveux / Il est absolument empressé / Cet homme est vraiment impatient / Cette personne est d'une nature impétueuse / Cette personne est d'un tempérament vif / Cette personne a le sang chaud / Il est très impatient / Il est d'une nature impétueuse / Il est d'un tempérament vif [volcanique] / Il a le sang chaud.

조합[1] 照合 명 comparaison *f*, confrontation *f*; collation *f*, collationnement *m*; examen *m*, révision *f*. ◇_(을) **하다** comparer ((A avec B, deux manuscrits, textes)); confronter ((A avec B, deux écritures)); collationner (des manuscrits), faire la collation ((de deux manuscrits)); procéder au collationnement ((de manuscrits)); examiner (deux manuscrits). ¶ 원본과 사본을 ~하다 comparer [confronter, collationner] un écrit avec l'original; comparer [collationner] une copie avec l'original. ¶ 사진을 실제 인물에 ~해 보다 comparer la personne (prise) en photo avec la personne réelle. ¶ 카드를 ~하여 짝을 맞추다 rassembler en comparant [réunir] les cartes d'une même famille. ◇_(이) **되다** se comparer; être comparé(*e*) ((avec *qc*)); être confronté(*e*) ((avec *qc*)), être collationné(*e*) ((avec *qc*)). ¶ 가정과 결과가 ~되었다 Le postulat [la proposition de départ, l'hypothèse] et la conséquence [et l'effet, et le résultat] sont vérifiés [sont comparés].

조합[2] 調合 명 combinaison *m*, mélange *m* ((de divers ingrédients)); mixtion *f* ((de plusieurs substances pour la composition d'un médicament)); amalgame *m* ((de plusieurs produits)), fusion *f* ((de divers

ㅈ

matériaux)), brassage *m* ((de différentes matières)), intégration *f* ((de plusieurs composants)), assimilation *f* ((de multiple choses)), association *f* ((de plusieurs éléments)); incorporation *f* ((d'un excipient dans un médicament)), préparation *f* ((d'un médicament)); assaisonnement *m*. ◇_(을) **하다** mélanger ((des ingrédients)); amalgamer ((une couleur avec une autre)); associer ((une chose avec une autre, à un autre)); marier {*fam*} (des couleurs); mêler ((des substances)); assaisonner ((un mets)). ¶ 부품을 ~하여 기계를 만들다 fabriquer une machine en assemblant des pièces détachées. ¶ 약재들을 알맞게 ~하다 doser convenablement des ingrédients médicinaux; bien préparer [doser] des médicaments. ◇_(이) **되다** être mélangé(*e*) ((avec *qc*)); être mixé(*e*) ((avec *qc*)); être marié(*e*) ((avec *qc*)); être mêlé(*e*) ((avec *qc*)); ((glace, salade)) être panaché(*e*). ¶ 양약과 한약이 적절히 ~된 처방 une ordonnance d'un assortiment apparenté de médicaments occidentaux et orientaux; une prescription de médicaments occidentaux convenablement mariés avec des médicaments traditionnels. ¶ 여러 색이 ~된 빛깔 une teinte comprenant plusieurs couleurs [pigments]; un ton composé de plusieurs couleurs.

조합[3] 組合 명 association *f* ((d'avocats)); syndicat *m* ((de propriétaires)); société *f* ((civile immobilière)); ligue *f* (de consommateurs), union *f* (ouvrière); organisation *f*, chambre *f* (du patronat); ((동업조합)) corporation *f*; ((수)) combinaison *f*. ¶ ~을 만들다 former une association [une union, une organisation, une ligue]; former [fonder] un syndicat; s'organiser en syndicat. ¶ ~에 가입하다 adhérer à un syndicat; s'inscrire à une association [à une organisation]; entrer dans une association. ¶ ~이 결성되었다 Le syndicat [Une association, Une organisation, Une union] s'est formée / Une organisation est fondée [est formée, est créée].

◆**_비** -費 명 cotisation *f* de membre.

◆**_원** -員 명 membre *m* ((d'une association)); adhérent(*e*); associé(*e*); syndiqué(*e*).

◆**_운동** -運動 명 syndicalisme *m*; mouvement *m* syndical.

◆**_장** -長 명 *chef m du syndicat.*

◆**노동_** 勞動- 명 syndicat *m* ouvrier; union *f* ouvrière.

◆**협동_** 協同- 명 (société *f*) coopérative *f*.

조항 條項 명 article *m*; clause *f*, acte *m*; condition *f*, modalité *f*, stipulation *f*, convention *f*, disposition *f* ((d'une loi)). ¶ 선거법 ~ articles de la loi électorale. ¶ 단체 협약 중재 ~ une convention [un traité] d'arbitrage pour un accord collectif. ¶ 첫 번째 ~을 읽다 lire le premier article; lire la première clause.

◆**법률_** 法律- 명 articles *mpl* législatifs; dispositions *fpl* d'une loi.

◆**계약_** 契約- 명 dispositions *f* [clauses *f*] d'un contrat.

조해 潮解 명 【화학】 déliquescence *f*, liquéfaction *f*.

◆**_성** -性 명 nature *f* déliquescente.

◆**_작용** -作用 명 action *f* déliquescente.

조행 操行 명 manières *fpl*, comportement *m*, conduite *f*, attitudes *fpl*; façon *f*, agissement *m*. ¶ ~이 좋다 avoir une bonne conduite, bien se comporter, avoir [prendre] de bonnes manières, avoir un bon comportement, posséder de bonnes attitudes. ¶ ~이 나쁘다 avoir une mauvaise conduite, se comporter [se conduire] mal, avoir [prendre] de mauvaises manières, avoir un mauvais comportement, posséder de mauvaises attitudes.

조혈 造血 명 【의학】 formation *f* des cellules sanguines; hématopoïèse *f*, érythropoïèse *f*. ◇_(을) **하다** produire des cellules sanguines.

◆**_기** -機 명 【의학】 organe *m* [appareil *m*] circulatoire.

◆**_제** -劑 명 médicament *m* hématopoïétique; antianémique *m*.

◆**_기관** -器官 명 【의학】 organes *mpl* hématopoïétiques.

◆**_조직** -組織 명 【의학】 tissu *m* hématopoïétique.

조형 造形 명 forme *f*, modelage *m*; façonnage *m*. ◇_(을) **하다** modeler, façonner. ¶ 백자 항아리를 ~하다 modeler [façonner] un pot de porcelaine blanche.

◆**_성** -性 명 caractéristiques *fpl* des œuvres plastiques.

◆**_화** -化 명 modelage *m*; moulage *m*.

◆**_물** -物 명 œuvres *fpl* [réalisations *fpl*] d'arts plastiques.

◆**_미** -美 명 beauté *f* plastique ((d'une œuvre)).

◆**_미술[예술]** -美術[-藝術] 명 arts *mpl* plastiques.

조혼 早婚 명 mariage *m* précoce [prématuré]. ¶ ~ 장려 정책 une politique encourageant (la population) à se marier [à épouser quelqu'un] jeune, une politique encourageant le mariage précoce. ◇_(을) **하다** se marier jeune avec *qn*, se marier tôt avec *qn*, épouser jeune *qn*. ¶ 그는 지금의 아내와 ~을 했다 Il s'est marié jeune avec sa femme actuelle / Il a épousé jeune sa femme.

조화[1] 造化 명 création *f*, monde *m*; nature *f*, univers *m*. ¶ ~의 미 la beauté [les merveilles] de la nature [du monde, de l'univers]. ¶ ~의 신 le créateur de l'univers [de la nature]; le Créateur [Dieu, Seigneur]. ¶ 음양의 ~ l'union des forces Yin et Yang; l'harmonie des contraires; la fusion des énergies opposées; l'équilibre cosmique. ¶ 신비로운 자연의 ~ les secrets de la nature; les merveilles de la nature. ◇_(를) **부리다[피우다]** montrer toutes *ses* merveilles; déployer toutes *ses* richesses; révéler *ses* richesses. ¶ 계곡으로 들어갈수록 자연은 갖은 ~를 부리고 있었다 Plus on pénètre dans la vallée, plus la nature révèle ses richesses / Plus

ㅈ

on avance dans les vallées, plus la nature montre toutes ses merveilles / Au fur et à mesure que l'on s'enfonce dans les gorges, la nature déploie toutes ses richesses.

◆_옹 -翁 명 ancêtre fondateur *m* de l'univers; vieux créateur *m* du monde; vieil(*le*) architecte *mf* [vieux bâtisseur *m*] du monde; Créateur *m*.

조화² 造花 명 fleur *f* artificielle. ¶ ~를 만들다 fabriquer [faire, produire] des fleurs artificielles. ¶ ~로 꾸며진 장식물 une décoration [un décor, une ornementation, un agencement] agrémenté(*e*) [embelli(*e*)] de fleurs artificielles. ¶ 그 꽃은 생화가 아니라 ~이다 Cette fleur n'est pas vraie, mais artificielle / Ce ne sont pas de vraies fleurs, mais des fleurs artificielles.

조화³ 調和 명 harmonie *f* ((de *qc*, entre A et B)); accord *m*; assortiment *m* ((de couleurs)); entente *f* ((de deux personnes)); équilibre *f*; symétrie *f*. ¶ 색의 ~ une harmonie de couleurs; un assortiment de couleurs. ¶ ~를 이루다 s'harmoniser, s'accorder; être en harmonie avec *qc*; être en accord avec *qc*, se mettre en harmonie [en accord] avec *qc*. ¶ ~를 깨뜨리다 détruire [casser, rompre] l'harmonie. ¶ ~가 깨졌다 L'harmonie est rompue [détruite]. ◇_(를) **하다** s'harmoniser avec *qc*, s'accorder avec *qc*, se marier [aller] avec *qc* {*fam*}, se combiner avec *qc*, être en harmonie [en accord] avec *qc*. ¶ 내 노래에 잘 ~하는 춤을 찾고 있다 Je suis en train de chercher une chorégraphie qui puisse s'accorder avec ma chanson / Je cherche une danse qui s'harmonise [qui s'accorde, qui aille] bien avec ma chanson. ¶ 두 사람은 서로 잘 ~하려고 애쓴다 Ces deux personnes essaient [s'efforcent] de bien s'entendre [de bien s'accorder] / Ces deux-là tentent de bien s'accorder {*fam*}. ◇_(가) **되다** s'harmoniser avec *qc*, s'accorder [s'assortir, s'associer] avec *qc*, se marier [aller] avec *qc* {*fam*}, être [se mettre] en harmonie [en accord] avec *qc*; être comme cul et chemise avec *qn* {*vulg*}. ¶ 커튼 색이 벽 색깔과 잘 ~가 된다 La couleur des rideaux s'harmonise [s'accorde, va, se combine, s'assortit, s'associe] bien avec celle du mur. ¶ 어머니는 그 분위기에 비교적 잘 ~되셨다 Ma mère se sent bien dans cette atmosphère / Ma mère s'accorde relativement bien dans ce milieu / En comparaison avec cet environnement, ma mère est en harmonie / Ma mère va plutôt bien avec cette ambiance / Ma mère est relativement bien en harmonie avec cette ambiance / Ma mère est relativement bien adaptée à cette ambiance. ◇_(를) **시키다** harmoniser ((des couleurs, A avec B)), accorder (la couleur des rideaux avec celle du tapis); faire s'accorder ((des motifs, des formes, des choses)), mettre *qc* en harmonie [en accord] avec *qc*; allier ((deux couleurs)); assortir ((des tons)). ¶ 재능을 인품과 ~시키다 accorder [harmoniser] *son* talent avec *sa* personnalité; harmoniser *ses* dons selon son caractère. ¶ 서로 다른 여러 가지 요소들을 ~시키다 harmoniser [accorder, assortir] divers éléments entre eux.

◆**롭다** 형 être harmonieux(*se*). ¶ 부부 사이가 ~로워야 가정이 화목하다 Dans un couple l'accord doit être surtout harmonieux pour former une famille heureuse / Entre époux, la relation primordiale est un accord réciproque harmonieux pour que la famille soit heureuse / Entre mari et femme, l'accord doit essentiellement régner / La relation de couple doit se faire dans une bonne compréhension mutuelle / Le couple doit être harmonieux pour former une famille heureuse / Le rapport entre mari et femme doit être harmonieux pour que la famille soit heureuse. ¶ 산과 강이 ~롭게 둘러선 마을 un village harmonieusement cerné d'une montagne et d'une rivière; un village agréablement [joliment, délicieusement] encerclé de montagnes et de rivières; un village harmonieusement entouré [cerné] de massifs montagneux et de rivières.

◆_로이 부 d'une manière harmonieuse, harmonieusement.

◆_적 -的 명관 harmonique; harmonieux(*se*). ¶ 신구의 ~적 통합 l'union harmonieuse des nouveaux et des anciens. ¶ 흑백이 ~적으로 사용된 그림 une toile où la répartition des tons noirs et blancs est parfaitement équilibrée, un tableau où le noir et le blanc sont harmonieusement répartis.

◆_성 -性 명 caractère *m* harmonieux.

◆_미 -美 명 beauté *f* de l'harmonie.

◆_수열 -數列 명 【수학】 série *f* harmonique ((somme des inverses des entiers)); progression *f* harmonique.

◆_운동 -運動 명 【물리】 mouvement *m* d'un corps [déplacement *m*] harmonique [uniforme].

◆_진동 -振動 명 【물리】 oscillation *f* harmonique.

◆_평균 -平均 명 【수학】 moyenne *f* harmonique.

◆_함수 -函數 명 【수학】 (fonction *f*) harmonique *f*.

조화⁴ 弔花 명 hommage *m* floral; fleur *f* mortuaire. ¶ ~ 사절 sans [aucune, pas de] fleurs mortuaires. ¶ 초상집에 ~를 보내다 envoyer des fleurs mortuaires à la famille du défunt; faire parvenir une couronne (de fleurs) à la famille du mort.

조회¹ 照會 명 demande *f* de renseignements sur *qn*; enquête *f* sur *qn*; investigation *f*, information *f*. ¶ 신원 ~ enquête [investigation] complète [globale, approfondie] sur une personne. ¶ 당국에 ~를 의뢰하다 confier une enquête aux autorités. ◇_(를) **하다** se renseigner auprès de *qn* sur *qc*; prendre des renseignements [des informations] sur *qn*; s'informer de *qc*; s'enquérir de *qc*/*qn*; faire du renseignement sur *qc*; faire une enquête sur *qc*; enquêter sur *qc*, procéder à une enquête sur qc; fouiner [mettre *son* nez, fourrer *son* nez] dans une affaire [dans les affaires de *qn*] {*fam*}. ¶ 용의자의 신원을 경찰에 ~하다 s'enquérir de l'identité du suspect auprès de la police. ◇_(가) **되다** on procède à une enquête sur *qc*.

조회[2] **朝會** 명 assemblée *f* matinale; réunion *f* matinale; rassemblement *m* matinal; rencontre *f* en matinée. ¶ ~ 시간 l'heure [le moment, le temps] de l'assemblée matinale [de la réunion matinale, du rassemblement matinal]. ¶ 아침 ~ l'assemblée matinale; la réunion matinale, le rassemblement matinal; la rencontre du matin [en matinée]. ¶ ~를 시작하다 commencer [ouvrir, démarrer] l'assemblée [la réunion, le rassemblement] matinal(*e*). ¶ ~가 끝났다 La réunion matinale est finie [a pris fin, est terminée]. ¶ ~에 참석하다 assister [participer] à la réunion [à la rencontre] matinale [au rassemblement matinal]. ◇_(를) **하다** avoir [faire] une réunion matinale [en matinée]. ¶ 매주 화요일에 ~를 한다 Tous les mardis on fait [on a, nous avons] une réunion matinale [en matinée].

조후 兆候 명 signe *m* précurseur [avant-coureur]; présage *m*; augure *m*; auspice *m*; symptôme *m*.

조흔 爪痕 명 griffure *f*, éraflure *f*, égratignure *f*, marque *f* des ongles (sur la peau). ¶ ~을 남기다 laisser la marque de *ses* ongles [implanter *ses* griffes {*fam*}].

조흥 助興 명 animation *f*, allégresse *f*, réjouissance *f*, vie *f*, gaieté *f*. ¶ ~을 돋우다 animer ((l'ambiance)); mettre ((de l'ambiance, de l'entrain)); dégeler ((l'atmosphère)); insuffler ((de la vie)); attiser ((l'atmosphère)); galvaniser ((la foule)). ◇_(을) **하다** animer, égayer; échauffer; enflammer; attiser; galvaniser; exalter.

◆**_구** -句 명 parole *f* d'allégresse; formule *f* gaie; phrase *f* pleine d'entrain; bon mot *m*; propos *m* égrillards.

족[1] **足** 명 pieds *mpl* ((de bœuf, de porc, de cochon)). ¶ ~을 고아 먹다 faire cuire longtemps des pieds ((de bœuf)), faire mijoter longuement des pieds ((de bœuf)).

◆**_발** 명 pieds *mpl* (de porc) fumés.

◆**_탕** -湯 명 soupe *f* de pieds ((de bœuf, de porc)); ragoût *m* de pieds ((de porc)).

족[2] 부 ① ((선을 작게 긋는 모양)) droit. ¶ 금을 ~ 긋다 tirer un trait [tracer une ligne droite]. ② ((작은 범위를 한눈에 훑어보는 모양)) vite, rapidement. ¶ 방안을 ~ 훑어보다 jeter un coup d'œil dans une chambre. ③ ((단숨에 이루어지는 모양)) d'un seul coup, d'une (seule) traite, d'un seul trait. ¶ 책을 단번에 ~ 외우다 apprendre un livre par cœur en une seule lecture. ④ ((작은 것들이 한 줄기로 이어지는 모양)) en ligne [file indienne, rang]; en l'alignement. ¶ 언덕 위에는 작은 집들이 ~ 늘어서 있었다 Il y avait une rangée de petites maisons sur une colline. ⑤ ((적은 양의 액체를 한숨에 들이마시는 모양)) d'un (seul) trait. ¶ 아이는 요구르트를 ~ 빨아 마셨다 Un enfant a avalé un yaourt d'un seul trait {*fam*}.

-족[3] **-族** 접미 famille *f*, tribu *f*, race *f*, peuple *m*; ethnie *f*, groupe *m*, génération *f*, classe *f*, clan *m*. ¶ 게르만~ le peuple germanique; la race germanique; l'ethnie germanique; la tribu germanique. ¶ 만주~ la tribu mandchoue; le peuple mandchou. ¶ 오렌지~ la génération «orange [de l'orange]» de la fin des années 80 <groupe de jeunes nouveaux riches; jeunes nantis [riches, bourgeois]; nouveaux jeunes bourges {*fam*}; groupe [bande] de jeunes issus de familles bourgeoises de la fin des années 80 et qui aimaient faire étalage de leurs richesses pour séduire les filles dans certains quartiers chics. Le mot *orenji* (orange) vient du fait que ces jeunes tenaient souvent une orange, fruit rare et cher de l'époque, quand ils draguaient {*fam*} des filles au volant de leur voiture, également symbole de richesse]>. ¶ 히피~ une communauté hippie; un groupe de beatniks; un groupe baba.

족내혼 族內婚 명 【사회】 (mariage *m*) endogame. ¶ ~의 풍습 mœurs endogames. ◇_(을) **하다** pratiquer l'endogamie; se marier avec *qn* de la même tribu.

족대기다 타 importuner, presser, harceler, insister pour faire *qc*; demander; presser; harceler *qn* ((de demandes déraisonnables)), importuner *qn*, assaillir, agacer *qn*, tarabuster *qn*, embêter *qn*, asticoter {*fam*} *qn*, demander *qc* inlassablement; réclamer *qc* à *qn* avec insistance, importuner *qn* (pour obtenir *qc*); ((enfant)) faire une colère, faire un caprice [importuner *qn*, casser les pieds *qn*] pour obtenir *qc*; s'entêter à vouloir faire *qc*, solliciter *qn* de façon importune; déranger *qn*; insister, prétendre; frapper fort. ¶ 용돈을 달라고 아버지를 ~ importuner [harceler] *son* père pour avoir de l'argent de poche. ¶ 계속 자기가 옳다고 족대긴다 Il ne veut pas avoir tort. ¶ 그들은 그 사람을 꼼짝 못하게 족대겼다 Ils l'ont frappé fort pour le réduire au silence.

족도 足蹈 명 saut *m*, bond *m*, bondissement *m*; cabrioles *fpl*, gambade *fpl*. ◇_(를) **하다** sauter, bondir, s'élancer; cabrioler, gambader, faire des gambades [des cabrioles].

족두리 명 coiffe *f* de mariée; couronne *f* de mariée; tiare *f* de mariée. ¶ ~를 쓰다 porter une couronne *f* de mariée. ¶ ~를 벗다 ôter [retirer] *sa* coiffe [*sa* couronne, *sa* tiare] de mariée.

◆**_잠** -簪 명 épingle *f* ornementale de la couronne de mariée.

◆**_전** -廛 명 magasin *m* spécialisé pour les tiares [pour les coiffes] de mariée.

족발 足- 명 pieds *m* ((de porc)), pattes *fpl* ((de

ㅈ

cochon)). ¶ ~을 뜯어먹다 mordre à pleines dents dans [ronger] des pieds de porc fumés.

◆_집 명 restaurant *m* [auberge *f*] spécialisé(*e*) dans les pieds de porc fumés.

◆돼지_ 명 pieds *mpl* de porc fumés, pattes *fpl* de cochon fumées.

족벌 族閥 명 clan *m* (familial ayant un grand pouvoir); clique *f* (familiale). ¶ ~ 체제 le régime du népotisme; le système de favoritisme entre les membres d'une famille. ¶ ~ 경영 répartition des charges et des avantages au sein d'un clan familial.

◆_주의 -主義 명 népotisme *m*.

족보 族譜 명 registre *m* généalogique; arbre *m* généalogique (familial), généalogie *f*; ((순종 동물)) pedigree *m*; ((생물)) phylogenèse *f*; ((소, 돼지)) *herb-book m*; ((순종 말)) *stud-book m*. ¶ ~를 따지다 vérifier [tirer au clair] la généalogie (familiale de *qn*); examiner la généalogie de *qn*. ¶ ~를 캐다 faire une enquête [enquêter] sur la généalogie (de *qn*); fouiller dans la généalogie (d'une famille); tracer [étudier, examiner] la généalogie [l'arbre généalogique] (d'une famille). ¶ ~ 없는 집안 une famille peu respectable.

족생 簇生 명 grégarisme *m*. ◇_(을) 하다 vivre en groupe; vivre en troupe; ((식물)) pousser en touffe. ¶ ~하는 식물 une plante qui pousse en touffe.

◆_식물 -植物 명 plante *f* grégaire.

족속 族屬 명 ((경멸적)) espèce *f*, types *mpl*; famille *f*; membre *m* de clan; clan *m*; proches *fpl*; gens *mpl* appartenant à la même ethnie. ¶ 염치라고는 조금도 없는 ~들 espèces [types] sans aucune pudeur [sans aucune honte, sans honneur]; bande [clan, tas {*fam*}] de nuls qui n'ont pas la moindre pudeur {*fam*}.

족쇄 足鎖 명 chaîne *f* ((d'un prisonnier)); fers *mpl* ((d'un forçat)); boulet *m*; entrave *f*. ¶ 누구의 발에 ~를 채우다 attacher un boulet [une chaîne, des fers, une entrave] aux pieds ((d'un forçat)), mettre les pieds de *qn* à la chaîne [au boulet, aux fers, à l'entrave]; entraver *qn*. ¶ ~를 차다 porter [avoir] une chaîne [un boulet] aux pieds. ¶ 휴대폰이 아니라 ~를 찬 격이야 Porter un (téléphone) portable, c'est porter un boulet. ¶ 그 여자에게는 자식이 ~이다 Pour elle, ses enfants sont des boulets (à traîner).

족외혼 族外婚 명 【사회】 (mariage *m*) exogame *f*. ◇_(을) 하다 pratiquer l'exogamie.

족자 簇子 명 *jokja m*, *kakémono m* <(rouleau de) peinture (ou de calligraphie) orientale sur soie et sur papier (étroit et long, généralement trois ou quatre fois plus haute que large, pouvant s'enrouler sur un bâton de bois servant de poids de suspension et que l'on accroche verticalement sur un mur intérieur)>. ¶ ~를 벽에 걸다 accrocher [suspendre] un rouleau de peinture [un *jokja*, un *kakémono*] sur le mur.

◆_걸이 명 perche *f* avec des crochets au bout servant à suspendre le rouleau de peinture [le *jokja*] sur le mur.

족자리 명 anse *f* ((d'une tasse)); anneau(*x*) *m*, poignée *f*. ¶ 작은 ~가 달린 항아리 un pot [une jarre] avec de petites poignées.

족장 族長 명 chef *f* de clan; chef *f* de tribu.

족적 足迹 명 pas *mpl*, trace *f* (de pas); empreinte *f* de pied; ((비유적)) œuvre *f* (laissée par une personne à la fin de *sa* vie). ¶ ~을 남기다 laisser des traces de pas [des pas, des empreintes de pieds] (sur le sol). ¶ ~을 따라가다 suivre les (traces de) pas; marcher sur les pas de *qn*; emboîter le pas à *qn*. ¶ 선조들의 ~을 살펴보다 examiner les traces [les œuvres] laissées par les ancêtres.

족제비 명 【동물】 belette *f*.

족족 부 quand, chaque fois que, toutes les fois que. ¶ 그 사람은 겨루는 ~ 이긴다 Chaque fois qu'il participe, il gagne. ¶ 그 사람은 취직 시험을 보는 ~ 떨어졌다 Chaque fois qu'il a passé [s'est présenté à] un concours pour un emploi [pour trouver un emploi], il a échoué. ¶ 그 사람은 돈이 생기는 ~ 다 써버린다 Chaque fois qu'il gagne de l'argent, il dépense tout.

족집게 명 ① pince *f* à épiler. ¶ 어머니의 흰머리를 ~로 뽑아 드렸다 J'ai arraché les cheveux blancs de ma mère avec une pince à épiler. ② ((비유적)) ¶ 그 점쟁이는 완전히 ~야 Cet astrologue est vraiment précis / Ce diseur de bonne aventure a des prédictions très justes! / Ce voyant devine vraiment bien [juste]! / Ce devin, est vraiment clairvoyant! / Ce géomancien a la précision d'une pince à épiler. ¶ 야, 너 ~구나! Et, toi, tu devines vraiment bien!

◆_도사 -導師 명 mage *m* pointilleux; sage *m* tatillon; savant *m* minutieux; esprit *m* acéré.

◆_과외 -課外 명 cours *m* particulier ciblé (pour préparer un examen ou un concours); enseignement *m* orienté (sur un objectif).

족출 簇出 명 apparition *f* successive; surgissement *m* successif; production *f* successive; obtention *f* successive. ¶ 훌륭한 연구 성과의 ~ l'obtention successive d'excellents résultats dans des recherches. ◇_(을) 하다 apparaître [se présenter] successivement; survenir [surgir] l'un après l'autre; se produire [sortir] consécutivement. ¶ 사고가 ~했다 Il y a eu une série d'accidents / Des accidents se sont produits [sont survenus, ont eu lieu] consécutivement [les uns après les autres]. ◇_(이) 되다 apparaître [se présenter] successivement; survenir [surgir] l'un(*e*) après l'autre; se produire [sortir] consécutivement, se produire coup sur coup. ¶ 놀라운 실험결과들이 ~되었다 À la suite de cet examen, d'étonnants [de surprenants] résultats ont été découverts [ont fait leur apparition] / Il y a eu successivement des résultats surprenants d'examen / Des résultats d'expérience étonnants se sont produits [ont été obtenus] consécutivement.

족치다 타 battre, frapper, rosser *qn* {*fam*}, tabasser *qn* {*fam*}, passer *qn* à tabac; contraindre [forcer] *qn* à+*inf*, presser *qn* de+*inf*; importuner *qn*. ¶ 후배들을 ~ rosser [tabasser] *ses* cadets. ¶ 범인을 족쳐 자백을 받다 contraindre un criminel à reconnaître *sa* culpabilité par la force [par la torture, par la violence, par un passage à tabac]. ¶ 그 녀석은 족쳐야 말을 들어 Il faut le rosser [le battre] pour qu'il obéisse [pour le faire obéir] / Il lui faut des coups pour obéir / Il n'obéit qu'aux coups.

족편 足- 명 ((전통음식)) *jokpyeon m* <gelée (de veau); ((bœuf en)) gelée>.

족하 足下 명 ① sous les pieds ((de *qn*)). ¶ 누구의 ~에 무릎을 꿇다 s'agenouiller aux pieds de *qn*. ② ((편지)) Monsieur; Madame; Mademoiselle. ¶ X ~ Monsieur X; Madame X; Mademoiselle X.

족하다 足- 형 être suffisant(*e*), être assez; suffire; avoir juste la quantité; être content(*e*) [satisfait(*e*)] (de *qc*); valoir; être digne (de *qc*). ¶ 거기에 도착하려면 한 시간이면 ~ Pour arriver là-bas, une heure suffit / Pour y arriver, une heure suffit / Une heure, ça suffit pour y arriver. ¶ 그것을 설명하는 데는 한마디로 ~ Pour expliquer cette chose-là, il suffit d'un mot / Un mot suffit pour expliquer ça / Ça s'explique en un mot. ¶ 그것으로 ~ Ça suffit / C'est assez comme ça.

◆족히 부 ① assez, suffisamment; au moins, largement. ¶ 몰려든 인파가 ~ 십만은 된다 Une foule d'au moins cent mille personnes s'est rassemblée. ¶ 그 사람의 일에 비해 내 일은 ~ 두 배가 넘는다 J'ai au moins deux fois plus de travail que lui. ¶ 이 일을 끝내려면 족히 열흘은 걸린다 Pour terminer ce travail, il faut bien [au bas mot, au minimum, au moins, facilement {*fam*}] 10 jours. ② sans difficulté, facilement. ¶ 그 사람이 처한 어려움을 ~ 짐작할 수 있다 On peut facilement imaginer la difficulté à laquelle il fait face. ¶ 그 사람의 심정을 ~ 이해할 수 있다 On peut facilement [aisément] comprendre ses sentiments [son état d'âme].

존 영{*zone*} 명 *zone f*.

존경 尊敬 명 respect *m*; estime *f*, considération *f*; égards *mpl*; hommage *m*, honneur *f*; révérence *f*, déférence *f*, vénération *f*. ¶ ~의 대상 une personne que l'on respecte; une personne respectable. ¶ ~을 나타내다[표하다] montrer [témoigner] du respect à *qn*; exprimer [présenter] *son* respect à *qn*, témoigner de l'estime à *qn*; témoigner des égards à *qn*; présenter [adresser] *ses* hommages à *qn*. ◇_(을) **하다** respecter *qn*, estimer *qn*; avoir du respect [de l'estime] pour *qn*; être respectueu*x*(*se*) envers *qn*; témoigner du respect à *qn*; avoir [témoigner] de grands égards à *qn*; tenir *qn* en grande [en haute] estime; vénérer ((*son* père)), avoir de la vénération pour *qn*; honorer ((les sages)). ¶ 누구를 부모처럼 ~하다 respecter [vénérer] *qn* comme *ses* parents; avoir du respect [de l'estime] pour *qn* comme pour *ses* parents. ¶ ~할 만한 사람 une personne respectable [estimable, vénérable]; une personne digne de respect [d'estime, de vénération]. ◇_(을) **받다** être respecté(*e*) de *qn*; avoir [être dans] l'estime de *qn*; jouir de la considération de *qn*. ¶ 그는 모든 사람으로부터 ~을 받는다 Il est respecté de tous [de tout le monde] / Il a l'estime de tous / Il jouit de la considération générale. ¶ 그는 ~받아 마땅하다 C'est normal qu'il soit respecté / C'est naturel [juste] qu'il ait l'estime de tous.

◆_스럽다 형 être respectable; être estimable; être digne de respect; être vénérable; être honorable. ¶ 그의 품행은 ~스럽다 Son comportement est respectable [estimable] / Sa conduite est digne de respect.

◆_심 -心 명 (sentiment *m* de) respect *m*. ¶ 누구에 대해 ~심을 갖다 avoir un sentiment de respect pour *qn*; éprouver du respect [de la déférence] pour *qn* [envers *qn*]. ¶ 그분은 사람들에게 ~심을 불러일으킨다 Il inspire [impose, commande] le respect aux gens.

◆_어 -語 명 【언어】 terme *m* [expression *f*, mot *m*] honorifique.

◆_법 -法 명 【언어】 emploi *m* du système honorifique; registre *m* honorifique.

존귀 尊貴 명 noblesse *f*, dignité *f*, majesté *f*, grandeur *f*. ¶ 그는 부와 ~를 얻기 위해 애썼다 Il a fait des efforts pour obtenir richesse et noblesse.

◆_하다 형 être précieu*x*(*se*); être noble; être élevé(*e*). ¶ 생명은 ~하다 La vie est précieuse. ¶ ~한 신분 une position (sociale) élevée. ¶ ~한 하나님 Notre Seigneur [Dieu tout puissant, le Très-Haut].

존당 尊堂 명 votre mère *f*. ¶ ~의 건강을 진심으로 빕니다 Je souhaite sincèrement que votre mère soit en bonne santé.

존대 尊待 명 ① manière d'être *f* respectueuse; politesse *f*, sorte de vouvoiement *m*. ¶ ~가 지극하다 traiter *qn* avec un très grand respect; tenir *qn* en haute [en grande] estime. ② 【언어】 (usage *m* [emploi *m*] du) système *m* honorifique [de déférence, de politesse], registre *m* honorifique [de déférence, de politesse], sorte de vouvoiement *m*. ◇_(를) **하다** traiter *qn* avec respect [avec égards, avec politesse]; respecter *qn*, se montrer poli(*e*) [courtois(*e*)] avec *qn*; tenir *qn* en haute [en grande] estime; être poli(*e*) [courtois(*e*)] avec *qn*; vouvoyer *qn*; s'adresser à *qn* en employant la deuxième personne du pluriel. ¶ 선생님을 ~하다 respecter *son* maître [*son* professeur]; tenir le professeur en grande estime. ¶ 웃어른께 깍듯이 ~하다 traiter

ㅈ

poliment [courtoisement] les personnes âgées, se montrer extrêmement poli(*e*) [courtois(*e*)] avec les personnes âgées; traiter les aînés avec respect; tenir les aînés en haute estime; vouvoyer les personnes âgées [les personnes du troisième âge, les seniors] avec politesse. ◇_(를) **받다** être respecté(*e*); avoir [être dans] l'estime de *qn*. ¶ 그는 여러 사람에게 ~받고 있다 Il est respecté de plusieurs personnes / Il a l'estime de plusieurs personnes.

◆**_법** -法 명 【언어】 usage *m* [emploi *m*] du système honorifique; registre *m* honorifique [de déférence, de politesse], mode *m* honorifique [respectueux, de déférence, de politesse] ((en fonction de l'âge et du rang social de l'interlocuteur)); registre *m* (de langue)[mode *m*] respectueux [honorifique, déférent] de l'axe interlocutif (= relations entre le locuteur et son interlocuteur), usage *m* [emploi *m*] du système honorifique.

◆**_ㅅ말** 명 termes *mpl* [expressions *fpl*, mots *mpl*] honorifiques; politesse *f*, sorte de vouvoiement *m*; termes *mpl* [expressions *mpl*, mots *mpl*] respectueux [honorifiques, de déférence, de politesse]; registre *m* honorifique [de déférence, de politesse], mode *m* honorifique [respectueux, de déférence, de politesse] ((en fonction de l'âge et du rang social de l'interlocuteur)). ¶ 어른들께는 꼭 ~ㅅ말을 써라 Avec les personnes plus âgées tu dois absolument utiliser l'honorifique / Pour les adultes, utilise sans faute des expressions honorifiques / Avec tes supérieurs, parle rigoureusement avec le vouvoiement / Emploie le vouvoiement avec les grands [avec les grandes personnes].

◆**_어** -語 명 termes *mpl* [expressions *fpl*] honorifiques.

존득거리다 자 être délicieusement ferme (sous la dent), ferme à souhait, al dente. ¶ 이 국수는 잘 삶아졌을 때 존득거린다 Ces nouilles sont fermes lorsqu'elles sont bien cuites.

존립 存立 명 existence *f*, vie *f*. ¶ ~ 기반 le fondement de la vie. ¶ 사형 제도의 ~ l'existence du système de la peine de mort [de la peine capitale]. ¶ ~을 위협하다 menacer l'existence ((de *qn*/*qc*)); mettre en danger l'existence de *qn*/*qc*. ¶ ~이 위태롭다 avoir une vie précaire; avoir *sa* vie en danger; ((la vie)) être en danger, être en danger de mort; être menacé(*e*) dans *son* existence; *ses* jours sont *comptés*, être entre la vie et la mort, risquer de perdre la vie, être sur le point de mourir; être très mal en point. ◇_(을) **하다** exister; subsister; vivre. ¶ 물이 없으면 생물은 ~할 수 없다 Sans eaux, les êtres vivants ne peuvent survivre / En l'absence d'eau, la vie ne peut exister. ¶ 남북한에는 서로 다른 체제가 ~하고 있다 Le Sud et le Nord de la Corée ont des régimes différents / Il y a des régimes différents entre la Corée du Sud et la Corée du Nord. ◇_(이) **되다** être en vie; se maintenir. ¶ 사형제도는 당분간 ~될 것이다 Le système d'application de la peine de mort continuera [se maintiendra] pour l'instant. ◇_(을) **시키다** faire exister; donner (la) vie. ¶ 현 제도를 ~시키다 faire exister le système actuel.

존망 存亡 명 vie *f* et mort *f*; existence *f*; sort *m*; destin *m*. ¶ 이 문제는 국가의 ~에 관한 것이다 C'est un problème lié au sort du pays / À ce problème est lié le sort du pays / Cette affaire, c'est un problème de vie ou de mort pour le pays. ¶ 이것은 당신의 ~이 걸린 문제입니다 Votre sort est lié à ce problème / C'est un problème dont dépend votre sort / C'est un problème dont votre existence dépend / Votre vie ou votre mort est suspendue à ce problème / C'est une question de vie ou [et] de mort.

존비 尊卑 명 noblesse *f* et bassesse *f*; rang *m* social haut [élevé] et rang *m* social bas [inférieur]; aristocrates *mpl* et gens *mpl* du peuple. ¶ ~ 귀천의 구별 없이 sans distinction de rang (social). ¶ ~를 따지다 faire une discrimination sociale.

존속[1] 存續 명 continuation *f*, continuité *f* ((d'une tradition)); subsistance *f* ((du ménage)); pérennité *f* ((de l'espèce)); perpétuité *f* ((de la famille)); maintien *m* ((de l'ordre)). ¶ 생명의 ~ la pérennité de la vie; la continuité de la vie. ¶ 세습 제도의 ~ la continuité du système héréditaire. ◇_(을) **하다** continuer ((à exister)); durer; demeurer; rester; subsister; persister; se maintenir; survivre. ¶ 징병 제도가 ~한다 Le système de la conscription continue à exister [persiste] / Le système de recrutement militaire dure [demeure, persiste]. ◇_(이) **되다** continuer ((à exister)); durer; demeurer; rester; subsister; persister; se maintenir; survivre. ¶ 왕실의 권위가 ~되고 있다 L'autorité de la famille royale se perpétue. ◇_(을) **시키다** perpétuer ((une tradition)); maintenir ((un régime)); conserver ((une tradition)). ¶ 구습을 ~시키다 perpétuer [conserver] une vieille coutume [une vieille tradition].

◆**_기간** -期間 명 【법률】 durée *f* de vie; temps *m* de vie; espérance de vie.

존속[2] 尊屬 명 ascendants *mpl*; ascendance *f*, ancêtres *mpl*. ¶ ~ 살해 un parricide; le meurtre du père ou de la mère ou tout autre ascendant légitime. ¶ 직계 ~ ascendants en ligne directe.

존숭 尊崇 명 vénération *f* ((des saints)); adoration *f* ((de Dieu)); considération *f*, dévotion *f* ((pour *qn*)); révérence *f*, grand respect *m*. ¶ ~의 대상 un objet de vénération. ◇_(을) **하다** vénérer ((les ancêtres)); avoir de la vénération pour *qn*; adorer ((Dieu)); révérer *qn*; avoir une grande dévotion pour *qn*; porter révérence à *qn*.; honorer ((les saints)). ¶ 유교를 ~하다 avoir une grande vénération [un grand respect] pour le confucianisme. ◇_(을)

받다 être vénéré(*e*); être adoré(*e*); être révéré(*e*).
존안 尊顔 명 votre visage *m* ((terme honorifique)). ¶ 선생님의 ~을 언제 다시 뵐 수 있을지 모르겠습니다 Je ne sais pas quand je pourrais vous revoir / Je ne sais quand je pourrais vous revoir, monsieur / Je ne sais pas quand je vais pouvoir vous revoir / Je ne peux pas savoir si je reverrai votre visage.
존엄 尊嚴 명 dignité *f*, grandeur *f*, noblesse *f*, majesté *f*, caractère *m* sacré. ¶ ~과 품위를 지키다 maintenir [garder] *sa* dignité et *sa* noblesse.
◆**_하다** 형 être plein(*e*) de dignité; être respectable; être honorable; être majestueux(*se*); être sacré(*e*); être noble. ¶ ~한 권리 droit sacré. ¶ 누구나 ~한 인격을 지니고 있다 N'importe qui a un caractère respectable [noble] / Tout le monde est digne de respect.
◆**_성** -性 명 dignité *f*; caractère *m* sacré; respectabilité *f*; honorabilité *f*. ¶ 인간의 ~성 la dignité humaine [de l'homme].
존영 尊影 명 portrait *m* [photo *f*]. ¶ 마루에 할머니의 ~이 걸려 있다 Le portrait de grand-mère est accroché dans le salon.
존의 尊意 명 ((votre)) (honorable) opinion *f*. ¶ 당신의 ~를 받아들이겠습니다 J'accepte votre opinion.
존장 尊長 명 supérieur(*e*) vénérable ((désignation d'un aîné, d'un aïeul auquel on doit un respect tout particulier)).
존재 存在 명 existence *f*, être *m*; présence *f*. ¶ ~(의) 이유 raison d'être. ¶ 독보적인 ~ un être sans égal [sans pareil]. ¶ 악명 높은 ~ un être maléfique. ¶ 누구[무엇]의 ~를 망각하다[잊다] oublier (l'existence de) *qc* [*qn*]. ¶ 누구의 ~를 무시하다 ne pas tenir compte de *qc*; ne porter aucune attention à *qn*. ¶ 누구[무엇]의 ~를 믿다 croire à l'existence de [en] ((Dieu)); croire à l'existence du [croire au] ((père Noël)). ¶ 누구[무엇]의 ~를 부인하다 nier l'existence de ((Dieu)). ◇_(를) **하다** exister; être; y avoir. ¶ 신은 ~한다 Dieu existe.
◆**_적** -的 명관 réel(*le*), existent(*e*).
◆**_성** -性 명 existence *f*.
◆**_감** -感 명 sentiment *m* d'existence.
◆**_량** -量 명 quantité *f* réelle.
◆**_론** -論 명 ontologie *f*; science *f* de l'être.
◆**_론적** -論的 명관 *ontologique*. ¶ ~론적 사유[고민] pensée ontologique [souci ontologique]. ¶ 그 문제는 ~론적이다 C'est une question ontologique.
◆**_물** -物 명 être *m*.
◆**_명제** -命題 명 thèse *f* existante.
◆**_사** -詞 명 【언어】 prédicat *m* [verbe *m*] d'existence ((있다/없다)).
◆**_사문** -詞文 명 【언어】 «phrase *f* d'existence»; phrase *f* dont le prédicat est un verbe d'existence.
◆**_철학** -哲學 명 philosophie *f* existentialiste.
◆**_형용사** -形容詞 명 qualitatif *m* d'existence.
존절하다 撙節- 형 économiser ((le chauffage)); ménager ((*son* argent)); épargner sur ((la nourriture)). ¶ ~한 생활을 하다 avoir une vie économe.
존조리 부 aimablement, cordialement, soigneusement, avec soin. ¶ ~ 타이르다 conseiller aimablement.
존존하다 형 ① ((tissu)) être serré(*e*). ② ((성격)) avoir l'esprit étroit; être mesquin(*e*); être radin(*e*).
존중 尊重 명 estime *f*; respect *m*; égards *mpl*; considération *f*. ¶ 인간 ~ 사상 pensée du respect de l'homme. ¶ 개성 ~의 시대 époque (du respect) de l'individualité. ◇_(을) **하다** respecter ((l'opinion de *qn*)); estimer; faire (grand) cas de *qc*; attacher de l'importance à *qc*. ¶ 명예를 생명보다 더 ~하다 mettre l'honneur au-dessus de la vie; attacher plus d'importance à l'honneur qu'à l'existence. ¶ 여론을 ~하다 respecter l'opinion publique. ¶ ~할 만한 사람 personne respectable [estimable, digne de respect, digne d'estime]. ◇_(이) **되다** être respecté(*e*); être considéré(*e*) comme *qc* d'important. ¶ 연장자는 ~되어야 한다 Il faut respecter les personnes âgées. ¶ 창의성이 ~되는 교육 éducation qui met l'accent sur la créativité. ◇_(을) **받다** être respecté(*e*), considéré(*e*). ¶ 소수의 의견이 ~받고 있다 L'opinion minoritaire est respectée. ¶ 그는 동료들로부터 ~을 받는다 Il est respecté par ses collègues.
◆**_히** 부 respectueusement, avec respect, avec considération. ¶ 어른을 ~히 대하다 respecter les adultes [grandes personnes]. ¶ 인권[전통, 개성, 의견]을 ~히 여기다 respecter les droits de l'homme [la tradition, la personnalité de *qn*, l'avis de *qn*].
◆**_시** -視 명 regard *m* respectueux. ¶ 한국 사회에서는 노인이 ~시 된다 Dans la société coréenne, les personnes âgées sont respectées.
◆**_심** -心 명 respect *m*.
존체 尊體 명 votre santé *f*, vous. ¶ ~를 돌보십시오 Prenez soin de vous!
존치 存置 명 conservation *f*. ◇_(를) **하다[시키다]** conserver *qc*; garder *qc*; maintenir *qc*. ¶ 특별위원회를 ~하기로 결정하다 décider de maintenir la tenue d'une commission spéciale des députés. ◇_(가) **되다** être conservé(*e*); être gardé(*e*); être maintenu(*e*). ¶ ~될 제도 système à conserver [qu'il faut maintenir].
존칭 尊稱 명 titre *m* honorifique; terme *m* honorifique; registre *m* (de langue) [style *m*] honorifique [de déférence]; forme *f* honorifique; forme *f* de politesse. ¶ 누구의 이름 뒤에 ~을 붙이다 ajouter derrière le nom de *qn* un terme honorifique. ¶ 누구에게 ~을 사용하다 parler à *qn* en utilisant le registre honorifique. ¶ 선생님이라는 ~을 쓰다 appeler *qn* avec le terme honorifique *seonsaegnim* [monsieur]. ¶ 편의상 ~은 생략하겠습니다 Je me passerai des termes honorifiques. ◇_(을) **하다** employer la forme de politesse [le titre honorifique]; utiliser le registre honorifique. ¶ 그에게 형이라고 ~하다 l'appeler *hyeong* ((appellation

ㅈ

honorifique d'un aîné)).

◆_대명사 -代名詞 명 【언어】 pronom *m* (registre de déférence).

◆_법 -法 명 【언어】 registre *m* (de langage) honorifique; registre *m* de déférence.

◆_어 -語 명 terme *m* honorifique; forme *f* honorifique.

◆극_ 極 명 forme *f* d'extrême politesse. ¶ 누구에게 극~을 쓰다 employer la forme d'extrême politesse avec *qn*.

존택 尊宅 명 votre maison *f*, votre domicile *m* ((terme honorifique)). ¶ 선생님의 ~은 어디쯤 있습니까? Où demeurez-vous, monsieur?

존폐 存廢 명 maintien *m* ou abolition *f* ((de *qc*)); ((question qui décide du)) sort *m* de *qc*. ¶ 제도의 ~ le maintien et l'abolition d'un système. ¶ 우리 회사는 ~의 위기에 처해 있다 Notre entreprise est sur la sellette. ¶ 사형의 ~에 대하여 논의하다 délibérer pour savoir si la peine de mort doit être abolie; discuter sur le maintien ou l'abolition de la peine de mort.

존함 尊啣 명 votre nom *m*. ¶ ~을 여쭈다 demander le nom de *qn*. ¶ ~을 들어서 잘 알고 있습니다 Je vous connais (bien) pour avoir entendu votre nom. ¶ ~이 어떻게 되십니까? Quel est votre nom? / Comment vous appelez-vous?

존형 尊兄 대 vous; très cher(*ère*) ((entre deux personnes de même rang)). ¶ ~은 이 일에 나서지 마십시오 Très cher(*ère*), veuillez ne pas intervenir dans cette affaire.

존호 尊號 명 【역사】 titre *m* posthume ((d'un roi ou d'une reine)). ¶ ~를 올리다 conférer un titre posthume.

ㅈ

졸 卒 명 pion *m* (du jeu d'échec). ¶ ~을 옮기다 bouger un pion. ¶ ~을 떼이다 se faire manger un pion.

졸가리 명 ① branche *f* dépouillée. ¶ 나무들이 ~만 앙상하게 남았다 Les arbres sont dépouillés de leurs feuilles. ② 골자 essentiel *m*. ¶ ~를 파악하다 saisir [comprendre] l'essentiel.

졸개 卒- 명 【비어】 valet *m*, larbin {*fam*} *m*, acolyte *m*, sous-fifre *m* {*fam*}. ¶ 두목과 그 ~들 le chef d'une bande de voyous et ses acolytes.

졸고 拙稿 명 mon manuscrit *m* [article *m*]. ¶ ~의 200 페이지를 참조하시오 Veuillez consulter les la page 200 de mon article.

졸깃졸깃 부 délicieusement ferme, agréable à mâcher, ferme sous la dent, ferme à souhait, al dente ((idéophone qui évoque la fermeté d'un aliment)). ¶ 오징어는 씹을수록 ~ 맛이 난다 Plus on mâche le calamar séché, meilleur il est sous la dent.

◆_하다 형 être agréable à mâcher, être délicieusement ferme; être ferme sous la dent, être ferme à souhait. ¶ ~한 가래떡 longs bâtonnets de *tteok* délicieusement fermes sous la dent. ¶ 국수가 ~하다 Les nouilles sont fermes à souhait [al dente].

졸다[1] 자 sommeiller, somnoler, s'assoupir; être somnolent(*e*). ¶ 책을 읽다가 ~ s'endormir sur un livre. ¶ 졸면서 운전하다 conduire en état de somnolence [en somnolant]. ¶ 잠깐 ~ être dans un demi-sommeil, somnoler [sommeiller] un moment. ¶ 버스를 타고 서울에서 대전까지 졸았지 뭐야! Qu'est-ce que j'ai dormi dans le bus entre Daejeon et Séoul!

졸다[2] 자 réduire, se réduire. ¶ 햇볕에 졸은 간장 une sauce de soja réduite [s'évaporant] au soleil ((à l'intérieur d'une jarre)). ¶ 찌개가 바짝 졸았다 Le *jjigae* a trop réduit.

졸도[1] 卒倒 명 【의학】 évanouissement *m*; défaillance *f*; syncope *f*. ¶ ~ 직전까지 가다 frôler l'évanouissement, faillir s'évanouir, être à deux doigts de tomber dans les pommes {*fam*}. ◇_(를) 하다 s'évanouir; tomber en défaillance [en syncope]; se trouver mal; tomber dans les pommes {*fam*}. ¶ 과로로 ~하다 s'évanouir de fatigue.

◆_사 -死 명 mort *f* [décès *m*] suite à une syncope.

졸도[2] 卒徒 명 (simple) soldat *m*; homme *m* de troupe. ¶ 두목은 놓치고 ~들만 잡았다 On a raté le chef de la bande, seul ses acolytes ont été arrêtés.

졸들다 자 rabougrir; être rabougri(*e*); se développer mal, être insuffisamment développé(*e*). ¶ 가뭄으로 양배추가 졸들었다 La croissance des choux a été insuffisante à cause de la sécheresse.

졸때기 명 ① ((일)) chose *f* insignifiante; menu détail *m*. ② ((사람)) homme *m* insignifiant [sans valeur, de peu de valeur, très commun]; personne *f* de peu d'importance [peu influente]; débutant(*e*); novice. ¶ 나 같은 ~가 무얼 알겠소? Qu'est-ce que ça sait un gars de mon espèce [comme moi]? {*fam*}

졸라대다 타 importuner *qn*; harceler *qn*, insister pour faire *qc*; demander; presser; harceler *qn* ((de demandes déraisonnables)), importuner *qn*, assaillir, agacer, tarabuster, embêter, asticoter {*fam*}, demander *qc* inlassablement; réclamer *qc* à *qn* avec insistance, importuner *qn* (pour obtenir *qc*); ((enfant)) faire une colère, faire un caprice [importuner *qn*, casser les pieds *qn*] pour obtenir *qc*; s'entêter à vouloir faire *qc*, solliciter *qn* de façon importune; déranger *qn*. ¶ 과자를 달라고 아이가 엄마를 졸라댄다 Un enfant importune sa maman pour avoir des biscuits [des sablés].

졸라매다 타 serrer, boucler. ¶ 허리띠를 ~ serrer [boucler] *sa* ceinture; ((비유적)) serrer [tenir serrés] les cordons de la bourse, surveiller les dépenses, faire attention à ses dépenses, se serrer la ceinture.

졸랑졸랑 부 légèrement, à la légère, d'un pas léger; avec désinvolture. ¶ ~ 좇아오다[따라오다] suivre [poursuivre] *qn* d'un pas léger.

졸래졸래 부 imprudemment, indiscrètement. ¶ 그 사람은 내 뒤만 ~ 따라 다닌다 Il me suit partout [comme un mouton, comme un petit chien, comme un caniche, comme son ombre]. ¶ 강아지가 주인 뒤를 ~ 따라간다 Un chiot suit son maître comme son ombre.

졸렬하다 형 être maladroit(*e*), gauche; ((phrase)) être mal tourné(*e*), peu heureu*x*(*se*). ¶ 그의 연기는 ~ Il joue très mal / Il ne joue pas très bien. ¶ ~한 방법[수단] moyen maladroit. ¶ ~한 마음 esprit étroit [mesquin, borné, étriqué]. ¶ ~한 문장 phrase mal tournée [peu heureuse].

졸론 拙論 명 *mon* humble avis *m* [opinion *f*]. ¶ 그의 ~에 모두들 실망했다 Son opinion les a tous déçus.

졸루하다 拙陋- 형 être gauche et lâche.

졸리다[1] 자 être importuné(*e*), tourmenté(*e*), harcelé(*e*) par; être accablé(*e*) de ((dettes)). ¶ 빚쟁이에게 ~ être importuné(*e*) par *ses* créanciers. ¶ 외상값에 ~ être tourmenté(*e*) par *ses* dettes, être accablé [très préoccupé(*e*)] par un surendettement.

졸리다[2] 자 ① avoir sommeil, tomber de sommeil, avoir envie de dormir. ¶ 졸린 눈 yeux ensommeillés. ¶ 졸린 표정으로 강의를 듣다 suivre un cours en somnolant. ¶ 졸리고 피곤하다 avoir sommeil et être fatigué(*e*). ¶ 졸려서 자러가다 avoir sommeil et aller se coucher, aller se coucher [au lit] parce que l'on a [on tombe de] sommeil. ¶ 수업시간 내내 졸려서 혼났어 Ça m'était difficile de résister au sommeil pendant la classe. ¶ 무척 ~ avoir très sommeil. ¶ 아이 졸려! J'ai sommeil! ¶ 졸려 죽겠네 Je meurs de sommeil / Je tombe de sommeil. ② 지루하다 être ennuyant(*e*), endormant(*e*), soporifique. ¶ 그 사람의 연설은 정말 졸려 Son discours est vraiment soporifique. ¶ 그 영화는 스토리가 ~ L'histoire de ce film est ennuyeuse.

졸리다[3] 자 être serré(*e*), étranglé(*e*). ¶ 상대 선수에게 목이 졸렸다 Il est étranglé [pris à la gorge] par son adversaire ((étranglements au judo)). ¶ 인질이 범인에게 목이 졸린 채 끌려갔다 Un criminel a emmené un otage en le tenant par le cou. ¶ 괴물에게 목이 졸리는 꿈을 꿨어 J'ai rêvé qu'un monstre m'étranglait [me serrait la gorge].

졸립다 형 ☞ 졸리다[2]

졸막졸막 부 *de taille diverse.* ¶ 돌멩이가 ~ 흩어져 있다 Des pierres de tailles diverses sont dispersées [sont éparpillées, sont répandues de tous les côtés].

졸망졸망 부 ① 거죽이 울퉁불퉁한 모양 avec des aspérités. ¶ 두꺼비 등에는 돌기가 ~ 나 있다 Il y a des excroissances verruqueuses sur le dos du crapaud / La peau du crapaud est verruqueuse. ② 끼리끼리 모여 사랑스러운 모양 par [en] petits groupes ((d'enfants de même taille)), en petits tas, en petits pâtés ((de même taille)). ¶ 아이들이 모래밭에 ~ 모여 있다 Des enfants, en groupe, sont sur le sable.

◆**_하다** 형 être bosselé(*e*), inég*al*(*ale*, *aux*); ((petits objets, enfants presque de même taille)) se trouver réunis(es) [groupé(*e*)s]. ¶ 꼬마들이 운동장에 모여 있는 모습이 ~하다 Des petits enfants sont en groupe dans la cour d'une école.

졸문 拙文 명 ① phrase *f* maladroite [mal tournée]. ② mon article *m*; ma thèse *f*.

졸병 卒兵 명 ① 【군사】 (simple) soldat *m*; homme *m* de troupe. ¶ 군대에서 ~으로 근무하다 être simple soldat à l'armée. ② sans-grade *m*; subalterne *m*; ((en)) bas *m* de l'échelle. ¶ 너 언제까지 ~ 노릇만 할래? Jusqu'à quand travailleras-tu comme un sans-grade [un subalterne]?

졸부 猝富 명 nouv*eau*(*elle*) riche. ¶ ~가 되다 devenir riche du jour au lendemain.

졸속 拙速 명 caractère *m* expéditif; fait à la hâte [grossièrement]. ¶ ~ 행정 mesure administrative expédiée. ¶ 사건을 ~으로 처리하다 expédier une affaire. ¶ 일이 ~으로 흘렀다 Ce travail a été bâclé.

◆**_성** -性 명 caractère *m* expéditif.

졸아들다 자 raccourcir, diminuer, réduire. ¶ 강물이 가뭄으로 졸아들었다 Le niveau de la rivière a baissé à cause de la sécheresse. ¶ 기름이 졸아든 등잔불 une lampe dont la réserve d'huile est diminuée. ¶ 국물이 졸아들었다 Le bouillon [La sauce] a réduit.

졸아붙다 자 ((eau qui boue)) trop réduire ((au point qu'il n'y ait pratiquement plus de sauce ou de bouillon, que la sauce ou le bouillon se soit complètement évaporé)). ¶ 너무 오래 끓여서 국[찌개]이 졸아붙었다 La soupe [le *jjigae*] a cuit tellement longtemps qu'il n'y a pratiquement plus de sauce [que la sauce s'est évaporée].

졸업 卒業 명 fin *f* d'études. ¶ ~ 후에 après *ses* études. ¶ ~을 축하하다 féliciter *qn* pour avoir terminé *ses* études. ◇**_(을) 하다** terminer [finir, achever] ses études; sortir (diplômé(*e*)) d'une (grande) école [d'une université]. ¶ 학교를 ~하다 sortir diplômé(*e*) d'une école.

◆**_기** -期 명 période *f* de la remise des diplômes.

◆**_논문** -論文 명 mémoire *m* de fin d'études; mémoire *m* de fin du deuxième cycle universitaire.

◆**_반** -班 명 classe *f* de fin d'études.

◆**_생** -生 명 diplômé(*e*); ancien(*ne*) élève.

◆**_시험** -試驗 명 examen *m* de fin d'études.

◆**_식** -式 명 cérémonie *f* de fin d'études; remise *f* des diplômes.

◆**_식장** -式場 명 lieu *m* de cérémonie de fin d'études [de la remise des diplômes].

◆**_자** -者 명 diplômé(*e*).

◆**_장** -狀 명 diplôme *m* de fin d'études; certificat *m* de fin d'études.

◆**_정원제** -定員制 명 système *m* de quota du nombre de diplômés d'une école.

◆**_증** -證 명 diplôme *m* de fin d'études; certificat *m* de fin d'études.

◆**_증명서** -證明書 명 diplôme *m* de fin d'études; certificat *m* de fin d'études.

◆_증서 -證書 명 diplôme *m* de fin d'études; certificat *m* de fin d'études.

졸연하다 猝然- 형 être soudain(*e*), brusque, subit(*e*), imprévu(*e*), inattendu(*e*).

◆**졸연히** 부 tout à coup; soudain, soudainement; subitement, brusquement.

졸음 명 assoupissement *m*; somnolence *f*. ¶ ~을 느끼다 avoir sommeil; être gagné(*e*) par le sommeil. ¶ ~을 없애다[쫓다] lutter contre la somnolence. ¶ ~을 참다 résister au sommeil. ¶ ~이 가시다 ne plus avoir sommeil. ¶ ~이 쏟아지다 être alourdi(*e*) de sommeil. ¶ ~이 오다 avoir envie de dormir; être gagné(*e*) par le sommeil; avoir sommeil.

◆_기 -氣 명 sommeil *m*. ¶ ~기가 달아나다 ne plus avoir sommeil.

◆_운전 -運轉 명 conduite *f* en état de somnolence. ¶ ~ 운전을 하다 conduire en état de somnolence [en somnolant].

◆_증 -症 명 somnolence *f*. ¶ 그는 ~증이 있다 Il est somnolent.

졸이다 타 ① faire réduire, laisser ((la sauce)) se réduire, concentrer ((une sauce)), faire mijoter [mitonner, cuire à petit feu, cuire à feu doux]. ¶ 고기를 ~ faire cuire de la viande à petit feu [à feu doux]. ¶ 찌개를 ~ faire réduire le *jjigae*. ② ((마음을)) être (très) angoissé(*e*), (terriblement) inqui*et*(*ète*); être très tendu(*e*); se faire du souci [du tracas, du mouron {*fam*}, de la bile {*fam*}], se biler {*fam*}; être dévoré(*e*) d'impatience; s'inquiéter, se tourmenter, se tracasser, se faire un sang d'encre, se ronger les sangs, être sur des charbons ardents, être sur le gril {*fam*}. ¶ 아들의 일로 마음을 ~ se faire des cheveux blancs au sujet de *son* fils. ¶ 혹시 일이 잘못되는 것은 아닌지 가슴을 졸였다 Je me suis inquiété(*e*) de savoir si ça allait bien. ¶ 사고가 난 것은 아닐까 하는 생각에 마음을 졸였다 J'étais rongé(*e*) d'inquiétude pensant qu'il avait eu un accident [à l'idée qu'il ait eu un accident, en craignant qu'il ait eu un accident].

졸자 拙者 명 ① homme *m* mesquin [à l'esprit étroit]. ¶ 비겁한 ~ un poltron, un pleutre {*litt*}, un dégonflé {*fam*}, un trouillard {*fam*}. ② ((겸손한 표현)) je; moi; votre serviteur *m*. ¶ ~의 의견을 들어주셔서 감사합니다 Je vous remercie d'avoir bien voulu m'écouter.

졸작 拙作 명 ① ouvrage *m* sans valeur. ¶ 출품한 작품의 대부분은 ~이었다 La plupart des ouvrages présentés ne valent pas grand-chose [sont sans valeur]. ② ((겸손한 표현)) mon œuvre [ouvrage]. ¶ 저의 ~에 대해 이토록 찬사를 보내주시니 고맙습니다 Je vous remercie d'avoir tant fait l'éloge de mon ouvrage.

졸장부 拙丈夫 명 homme *m* à l'esprit étroit; homme *m* mesquin; homme *m* exclusif dans *ses* idées; esprit *m* borné. ¶ 대장부와 ~ homme à l'esprit large et homme à l'esprit étroit. ¶ ~처럼 굴다 se comporter mesquinement. ¶ 상관의 비위나 맞추는 ~ homme mesquin qui essaie de faire plaisir [de plaire] à *ses* supérieurs.

졸저 拙著 명 ① ouvrage *m* sans valeur. ② ((겸손한 표현)) mon ouvrage *m*. ¶ 이 문제에 관해서는 ~를 참고할 것 Pour cette question, veuillez consulter mon ouvrage.

졸졸 부 ① en un mince filet d'eau; doucement, ruisselant, bruissant, murmurant. ¶ 시냇물이 ~ 흐른다 Le ruisseau coule en un mince filet d'eau. ¶ 물이 부족해선지 수돗물이 ~ 나온다 L'eau du robinet coule en un mince filet d'eau sans doute à cause d'un manque d'apport en eau [à cause d'un effondrement des réserves d'eau, peut-être à cause d'un épuisement des réserves d'eau [en eau]]. ② ((suivre *qn*)) partout [comme un mouton, comme un caniche, comme mon ombre]; ((être)) sur les talons de *qn*. ¶ 아이들이 내 뒤를 ~ 따라 다닌다 Les enfants me suivent partout [comme un caniche, comme un mouton, comme un petit chien, comme mon ombre] / Les enfants sont toujours sur mes talons. ③ couramment, aisément. ¶ 장문의 글을 ~ 외다 réciter de manière fluide [régulière] de longues phrases.

◆_거리다[대다] 자타 murmurer; ruisseler.

졸지 猝地 명 soudaineté *f*.

◆_에 부 tout à coup; tout d'un coup; soudain, soudainement; subitement; brusquement; à l'improviste; du jour au lendemain. ¶ ~에 습격을 당하다 être attaqué(*e*) à l'improviste. ¶ ~에 알거지[부자, 스타]가 되다 devenir un riche [une star, une vedette] du jour au lendemain.

졸직 拙直 어근 étroitesse *f*, manque *m* de souplesse.

◆_하다 형 ¶ 그는 융통성이라고는 조금도 없는 ~한 위인이다 Il n'a aucune souplesse d'esprit; il est on ne peut plus mesquin.

◆_이 부 mesquinement.

졸책 拙策 명 ① politique *f* maladroite, projet *m* inadapté [inadéquat]; mesures *fpl* imprudentes. ② ((겸손한 표현)) ma politique *f*. ¶ ~을 칭찬해 주시니 감사합니다 Je vous remercie d'avoir fait l'éloge de ma politique.

졸필 拙筆 명 ① écriture *f* illisible; personne *f* qui écrit mal. ¶ 우리 반 학생들은 모두 ~이다 Tous les élèves de notre classe écrivent mal [ont une écriture illisible, écrivent comme des cochons]. ② ((겸손한 표현)) mon écriture *f*. ¶ ~을 칭찬해 주시니 고맙습니다 Je vous remercie d'avoir fait des compliments sur mon écriture.

졸하다[1] **卒-** 자 mourir, décéder, trépasser, périr, quitter ce monde, s'éteindre, être rappelé(*e*) à Dieu. ¶ 그 여자는 1997년 12월 6일자로 졸했다 Elle est décédée [Elle nous a quittés, Elle a quitté ce monde, Elle s'est éteinte, Elle a été rappelée à Dieu] le 6 décembre 1997.

졸하다[2] **拙-** 형 être mesquin(*e*) et maladroit(*e*). ¶

번역이 ~ C'est une traduction maladroite. ¶ 재주가 ~ manquer de talent.

좀[1] 명 poisson *m* d'argent; lépisme *m*; mite *f*. ◇_(이) **쓸다** être mité(*e*); être rongé(*e*) [mangé(*e*)] par les mites; être rongé(*e*) par les vers [piqué(*e*) des vers]. *~**이 쑤시다** chercher *qc* à faire, avoir envie de se bouger (le cul) {*vulg*} [de se dégourdir les jambes (en faisant un truc {*fam*})], en avoir assez [marre {*fam*}] de rester sur place.

◆_**스럽다** 형 être mesquin(*e*), étroit(*e*), borné(*e*), étriqué(*e*), radin(*e*). ¶ 그 사람은 ~스럽다 Il est mesquin. ¶~스러운 짓을 하다 se conduire mesquinement. ¶ ~스럽게 굴다 se conduire mesquinement.

◆_**먹다** 자 être rongé(*e*) ((par les vers)), mité(*e*), mangé(*e*) ((par les mites)), piqué(*e*). ¶ ~먹은 옷[책] un vêtement mité, un vêtement mangé par les mites, [un livre rongé].
타 ronger, piquer ((le bois)), manger ((le bois, un meuble)); ((비유적)) ronger, miner ((la berge)), miner ((la santé de *qn*, la société)). ¶ 민족정신을 ~먹는 반역행위 trahison qui mine l'esprit de la nation. ¶ 정치인의 부패가 사회전체를 ~먹는다 La corruption des politiciens mine la société toute entière.

◆_**약** 명 antimite(*s*) *m*. ¶ 옷장을 여니 ~약 냄새가 확 풍겼다. Quand j'ai ouvert, l'armoire, une forte odeur d'antimites s'est répandue dans toute la pièce. ¶ 겨울옷을 ~약을 넣어서 정리해 두었다. J'ai rangé les vêtements d'hiver en y mettant de l'antimite.

좀[2] 부 ① un peu, quelque peu, légèrement. ¶물건 값이 ~ 비싸다 C'est un peu cher. ¶ ~ 늦었습니다 Je suis un peu en retard. ② ((완곡한 표현)) s'il vous [te] plaît, je vous [t'] en prie. ¶ 무엇 ~ 물어 봅시다 J'aurais une question à vous poser. ¶ 이것 ~ 드세요 Servez-vous. ③ beaucoup, fortement, grandement, considérablement, nettement, fort, très, bien, pas mal. ¶ 날씨가 ~ 추워야지! Il fait extrêmement froid!

◆_**하다** 형 (('좀해서는'의 형태로)) facilement, pour un rien. ¶ 그는 ~해서는 화를 내지 않는다 Il ne s'énerve pas facilement [pour un rien] / Ce n'est pas le genre à s'énerver pour un rien.

좀-[3] 접두 petit.

◆_**것** 명 ① personne *f* à l'esprit étroit [borné]; personne *f* mesquine; radin(*e*). ¶ ~것들은 매사에 아부만 한다 Les êtres méprisables font des flatteries pour tout. ② chose insignifiante; pacotille *f*; camelote *f* {*fam*}.

◆_**꾀** 명 finesse *f*, ruse *f*. ¶ ~꾀에 누가 속아 넘어갈 줄 아느냐? Tu (ne) crois quand même pas que je vais marcher?

◆_**도둑** 명 petit vol *m*; chapardage *m*, larcin *m*; petit(*e*) voleur(*se*), chapardeur(*se*). ¶ ~도둑이 들끓는다 Il y a beaucoup de petits voleurs.

◆_**말** 명 parole *f* inutile; propos *mpl* oiseux; balivernes *fpl*. ¶ 그런 ~말에 누가 기죽을 줄 아느냐? Tu crois que ça m'impressionne? ¶ ~말을 하다 dire des paroles inutiles; tenir des propos oiseux; débiter [dire] des balivernes.

◆_**생원** -生員 명 esprit *m* étroit [borné]; personne *f* à l'esprit borné; personne *f* mesquine [radine]; radin(*e*). ¶ ~생원 같은 놈 personne mesquine; radin(*e*).

◆_**생이** 명 esprit *m* étroit [borné]; personne *f* à l'esprit borné; personne *f* mesquine; radin(*e*). ¶ ~생이 같으니라고! Ce qu'il peut être mesquin [radin], celui-là! ¶ 그는 늘 ~생이 같은 생각만 한다 Il a l'esprit très borné.

◆_**팽이** 명 ① chose *f* insignifiante; ((pour)) un rien *m* [des riens *mpl*]. ② personne *f* mesquine; esprit *m* étroit [borné]; personne *f* radine; radin(*e*). ¶ ~팽이처럼 굴다 se comporter mesquinement. ¶ ~팽이처럼 토라져 있지 말고 이리 와서 앉아라 Ne boude pas obstinément, viens plutôt t'asseoir ici.

좀되다 형 être mesquin(*e*), étroit(*e*), radin(*e*) {*fam*}. ¶ 그는 사람이 ~ Il est mesquin. / Il a l'esprit étroit. / Il est radin. ¶ 좀된 놈들 같으니라고! Ce qu'ils peuvent être mesquins [radins]!

좀처럼 부 ((ne pas)) facilement [souvent, fréquemment]; ((peu)) souvent ((rarement, difficilement)). ¶ 나는 그 사람을 ~ 보지 못한다 Je le(la) vois très rarement / Je ne le vois pas très souvent [presque jamais]. ¶ 이 책은 ~ 찾아 볼 수 없다 C'est un livre difficile à trouver. ¶ 그 분의 용태가 ~ 나아지지 않는다 Son état de santé ne s'améliore pas facilement. ¶ 그는 ~ 만나기가 어렵다 Il est très difficile d'avoir [d'obtenir] un rendez-vous avec lui. ¶ ~ 승부가 나지 않는다 La victoire demeure très incertaine / L'issue du combat est incertaine [reste indécise]. ¶ 내게 마땅한 일자리가 ~ 나타나지 않는다 J'ai du mal trouver le travail qui me conviendrait. ¶ 그는 부주의한 짓은 ~ 하지 않는 사람이다 Il n'est pas sujet à faire des imprudences. ¶ 이러한 기회는 ~ 없다 Pareille occasion ne se présente que rarement / C'est une occasion unique [rare] / On a très peu de chances d'avoir une occasion pareille / Ce n'est pas demain la veille qu'une telle occasion se représentera {*fam*}. ¶ 나로서는 그 사람의 말이 ~ 이해되지 않는다 J'ai du mal à comprendre ce qu'il veut dire. ¶ 그 사람은 ~ 화를 내지 않는다 Il se met en colère très rarement / Il ne se met guère en colère / Il est rare qu'il se mette en colère.

좀체 부 ((ne pas)) facilement [souvent, fréquemment]; ((peu)) souvent; ((pas)) du tout; ((ne)) guère ((rarement, difficilement)). ¶ 요즘 그 사람이 ~ 학교에 나타나지 않는다 Ces jours-ci, il ne vient pas du tout [il ne vient que très rarement] à l'école [à l'université]. ¶ 그 사람은 그 여자의 말이 ~ 이해되지 않는다 Il ne peut pas du tout la comprendre / Il a du mal à comprendre ce qu'elle veut dire.

ㅈ

¶ 그 사람은 ~ 내 말을 듣지 않는다 Il ne m'écoute pas du tout.

◆_로 囝 ((ne pas)) facilement [souvent, fréquemment]; ((peu)) souvent ((rarement, difficilement)).

좁다 형 ① être étroit(*e*), petit(*e*), exigu(*ë*). ¶ 세상은 ~ Le monde est petit. ¶ 그는 활동무대가 ~ Il ne fait pas beaucoup de concerts. ¶ 판매 지역이 ~ Le secteur de vente est étroit. ¶ 좁은 주택[길, 방] petite maison, logement exigu [chemin étroit, sentier étroit, passage étroit, passage étranglé; petite chambre]. ¶ 그는 좁은 집에 살고 있다 Il habite dans une (toute) petite maison. ② être resserré(*e*). exigu(*ë*). ¶ 시험 범위가 ~ Il n'y a pas beaucoup de choses à réviser pour l'examen. ¶ 좁은 의미로 해석하다 prendre *qn*/*qc* dans le sens strict [au pied de la lettre]. ③ être mesquin(*e*), étriqué(*e*), borné(*e*), rétréci(*e*). ¶ 무슨 사람이 그렇게 속이 좁으냐? Ce que tu peux être mesquin(*e*) [radin(*e*)], alors! ¶ 좁은 소견[시야] idées étroites [vision étroite].

좁다랗다 형 être très étroit(*e*), être très resserré(*e*); être étranglé(*e*). ¶ 이마가 ~ avoir le front très étroit. ¶ 좁다란 골목 une ruelle très étroite, une venelle. ¶ 그는 좁다랗게 열려 있는 문을 통해 나갔다 Il est sorti par la porte à peine entrouverte.

좁쌀 명 ① millet *m*. ¶ ~ 한 바가지 un sac de millet. ② objet *m* très petit; poussière *f*; ((사람)) personne *f* mesquine [à l'esprit étroit, à l'esprit borné]. ¶ ~ 같은 사람 personne mesquine; personne à l'esprit étroit [à l'esprit borné].

◆_과녁 명 (très) petite cible *f*.

◆_눈 명 de très petits yeux *mpl*.

◆_여우 명 enfant mesquin(*e*).

◆_영감 명 vieillard *m* mesquin.

좁히다 타 rétrécir, resserrer, limiter ((l'étendue)); réduire, diminuer, restreindre ((le champ d'action)). ¶ 거리[간격]를 ~ réduire la distance [diminuer l'intervalle ((entre deux objets)), resserrer, rapprocher ((des objets les uns des autres))]. ¶ 자리를 ~ se serrer; serrer les rangs. ¶ 1위 팀과 승차를 ~ réduire l'écart avec la première équipe au classement. ¶ 미간을 ~ froncer les sourcils. ¶ 수사 범위를 ~ resserrer le champ d'investigation de l'enquête. ¶ 견해 차이를 ~ réduire les divergences d'opinion, réduire les différences de vues.

종[1] 명 esclave *m* ; serviteur *m*, servante *f*, domestique. ¶ ~을 부리다 appeler un serviteur. ¶ ~으로 삼다 réduire *qn* en esclavage; asservir *qn*; prendre *qn* à *son* service; faire de *qn son* domestique. ¶ ~으로 팔리다 être vendu(*e*) comme esclave. ¶ ~으로 태어나다 naître esclave. ¶ ~같이 부리다 traiter *qn* comme un esclave [en esclave]. ¶ ~같이 일하다 travailler comme un esclave [un forcené, un forçat, un nègre, un bœuf, une bête de somme]. ¶ 남의 집 ~이 되다 travailler comme domestique [servante] chez *qn*.

◆_질 명 esclavage *m*.

◆남_ 男 명 esclave *m*.

◆여_ 女- 명 esclave *f*.

◆_노릇 명 rang *m* d'esclave.

◆_놈 명 【비어】 esclave *m*; laquais *m*, larbin *m* {*fam*}.

◆_년 명 【비어】 esclave *f*; servante *f*, soubrette *f* {*fam*}.

종[2] 명 tige *f* ((d'ail, de poireau)). ¶ 마늘 ~ tige d'ail.

종[3] 縱 명 longueur *f*. ¶ ~과 횡 longueur et largeur. ¶ ~으로 en longueur; dans le sens de la longueur; longitudinalement.

◆_적 -的 명관 vertic*al*(*ale*, *aux*), longitudin*al*(*ale*, *aux*). ¶ ~적 분류 classification verticale. ¶ ~적인 관계 relations verticales.

종[4] 種 명 ① espèce *f*, sorte *f*, genre *m*, type *m*, catégorie *f*. ¶ ~의 기원 origine des espèces. ¶ ~을 구별하다 distinguer les (différentes) espèces. ¶ 그 두 개는 ~이 다르다 Ce sont deux espèces différentes. ② semence *f*, graine *f*, pépin *m*.

종[5] 鍾 명 cloche *f*, bourdon *m*; carillon *m*, sonnerie *f*, gong *m*; clochette *f*. ¶ ~을 달다 mettre une cloche. ¶ ~을 울리다 faire sonner la cloche. ¶ ~을 치다 sonner une cloche. ¶ 수업 시간을 알리는 ~ sonnerie qui annonce le début d'un cours. ¶ ~으로 시간을 알리다 annoncer l'heure par le son d'une cloche. ¶ ~이 울린다[운다] La cloche sonne [tinte].

◆_소리 명 son *m* de la cloche; carillon *m*, sonnerie *f*. ¶ 바람결에 들리는 ~소리 le son de la cloche transporté par le vent.

-종[6] 宗 접미 secte *f* (religieuse). ¶ 조계[천태]~ secte (bouddhiste coréenne) de Jogye [Cheontae].

-종[7] 從 접미 ((cousin(*e*))) germain(*e*). ¶ 아~ 사촌 cousin(*e*) germain(*e*) du côté maternel. ¶ 고~ 이모 tante paternelle.

-종[8] 種 접미 race *f*. ¶ 개량[재래]~ race [espèce] améliorée [espèce originaire]. ¶ 순~ race pure; ((un cheval)) pur-sang. ¶ 잡~ un bâtard. ¶ 한국 토~ un pur-sang coréen.

종-[9] 從 접두 ((cousin(*e*))) germain(*e*).

◆_고모 -姑母 명 cousine *f* germaine du père.

◆_매 -妹 명 cousine *f* germaine (du côté paternel).

◆_형 -兄 cousin (aîné)

종가 宗家 명 branche *f* héritière (d'une famille); maison *f* du fils aîné; branche *f* aînée. ¶ ~의 혈통 lignée de la branche héritière [aînée] d'une famille. ¶ ~ 살림을 꾸려 나가다 assumer *ses* responsabilités d'aîné.

◆_ㅅ집 명 ① maison *f* de la branche aînée d'une famille; maison *f* du fils aîné. ¶ ~ㅅ집 맏아들[맏며느리] fils aîné [épouse du fils aîné] de la branche héritière d'une famille. ② branche *f* héritière (d'une famille); branche *f* aînée. ¶ ~ㅅ집의 대가 끊겼다 La branche héritière [aînée] s'est éteinte.

ㅈ

종가래 명 【농업】 petite bêche *f*; petite pelle *f*. ¶ 농부는 ~를 둘러메고 논으로 나갔다 Les agriculteurs sont partis dans les champs avec une petite bêche.
◆**_질** 명 bêchage *m*. ¶ ~질을 하다 bêcher.

종가세 從價稅 명 【법률】 taxe *f* [droits *mpl* de douane] sur les marchandises. ¶ ~를 부과하다 imposer une marchandise (selon sa valeur). ¶ ~가 올랐다[내렸다] Les droits de douane ont augmenté [baissé].

종각 鐘閣 명 clocher *m*, beffroi *m*, campanile *m*. ¶ ~을 짓다 construire un clocher.

종간 終刊 명 fin *f* de publication. ◇_(을) **하다** s'arrêter d'être publié(*e*); ne plus être publié(*e*). ¶ 이 잡지는 올해 12월에 ~할 예정이다 Ce magazine va normalement s'arrêter d'ici le mois de décembre. ◇_(이) **되다** ne plus être publié(*e*). ¶ ~된 잡지는 구하기 어렵다 Il est difficile de trouver un magazine qui n'est plus publié. ◇_(을) **시키다** arrêter la publication de *qc*. ¶ 군사정권이 이 신문을 ~시키려 한다 Les autorités militaires veulent arrêter la publication de ce journal.
◆**_호** -號 명 dernier numéro *m* (d'un magazine).

종강 終講 명 fin *f* des cours; dernier cours *m*. ◇_(을) **하다** faire le dernier cours; finir les cours [le programme]. ¶ 일주일 앞당겨 ~하다 finir les cours [le programme] une semaine à l'avance [plus tôt que prévu]. ◇_(이) **되다** prendre fin. ¶ 이 수업이 ~되면 바로 방학이다 Les vacances commenceront dès que finira ce cours.

종개념 種槪念 명 【철학】 notion *f* [concept *m*] spécifique. ¶ '동물'은 '생물'의 ~이다 Les animaux sont un concept spécifique des êtres vivants.

종결 終結 명 ① fin *f*, conclusion *f*, terme *m*. ② clôture *f*. ¶ 상황의 ~ conclusion [épilogue, dénouement, issue, aboutissement, fin] d'une situation. ¶ 수사가 ~ 단계에 이르다 arriver à la fin d'une enquête. ¶ 냉전 시대의 ~을 고하다 marquer la fin de la guerre froide. ◇_(을) **하다** terminer, finir, clore; clôturer. ¶ 토론을 ~하다 clôturer une discussion. ◇_(이) **되다** se terminer. ¶ 사건이 ~되었다 Cette affaire (s')est terminée. ◇_(을) **시키다** mettre fin à *qc*; mettre un terme à *qc*; finir, terminer, clore; clôturer. ¶ 전쟁을 ~시키다 mettre fin à une guerre.
◆**_어미** -語尾 명 【언어】 suffixe *m* flexionnel terminatif (en fin de phrase, qui termine la phrase).

종곡 終曲 명 【음악】 ((ouverture et)) finale *m*. ¶ 3막의 끝을 알리는 ~ finale qui annonce la fin du troisième acte. ¶ ~을 연주하다 jouer[interpréter] le finale.

종관 縱貫 명 traversée *f*. ◇_(을) **하다** traverser ((un pays)) (d'un bout à l'autre). ◇_(이) **되다** être traversé(*e*) (d'un bout à l'autre).

종교 宗敎 명 religion *f*, culte *m*, croyance *f*. ¶ ~를 믿다[가지다] être adepte [avoir] une religion. ¶ ~를 버리다 abandonner[renier] une religion. ¶ ~를 일으키다 fonder [établir] une religion. ¶ ~에 빠지다 [귀의하다, 열중하다] entrer en religion; devenir croyant(*e*) [se convertir à une religion; pratiquer avec ferveur une religion, être très croyant(*e*), pieux(*se*), dévot(*e*)]. ¶ ~에 회의를 느끼다 douter en matière de religion; mettre en doute la croyance religieuse; être sceptique [incrédule, incroyant(*e*)] (en ce qui concerne la religion). ¶ ~에서 위안을 찾다 chercher du réconfort dans la religion.
◆**_적** -的 명관 religieux(*se*). ¶ ~적 관점 point de vue religieux. ¶ ~적 갈등 conflit religieux. ¶ ~적인 행사 événement religieux. ¶ ~적으로 계율이 엄격하다 Les commandements religieux sont très stricts.
◆**_성** -性 명 caractère *m* religieux.
◆**_가** -家 명 religieux(*se*).
◆**_개혁** -改革 명 【역사】 la Réforme *f*.
◆**_관** -觀 명 concept *m* religieux.
◆**_계** -界 명 monde *m* religieux; milieu *m* ecclésiastique.
◆**_교육** -敎育 명 éducation *f* religieuse.
◆**_극** -劇 명 drame *m* religieux.
◆**_다원주의** -多元主義 명 polythéisme *m*.
◆**_단체** -團體 명 groupe *m* religieux; organisation *f* religieuse.
◆**_론** -論 명 doctrine *f* religieuse.
◆**_문학** -文學 명 littérature *f* religieuse.
◆**_사** -史 명 histoire *f* de la religion.
◆**_사회학** -社會學 명 sociologie *f* de la religion.
◆**_심** -心 명 sentiment *m* religieux.
◆**_심리학** -心理學 명 étude *f* de la psychologie religieuse.
◆**_예술** -藝術 명 art *m* religieux.
◆**_음악** -音樂 명 musique *f* religieuse [sacrée].
◆**_의식** -儀式 명 esprit *m* religieux.
◆**_인** -人 명 religieux(*se*).
◆**_인류학** -人類學 명 anthropologie *f* religieuse.
◆**_전쟁** -戰爭 명 guerre *f* de religion.
◆**_철학** -哲學 명 philosophie *f* de la religion.
◆**_학** -學 명 science *f* des religions.
◆**_현상학** -現象學 명 étude *f* des phénomènes religieux.
◆**_화** -畫 명 image *f* pieuse; peinture *f* religieuse.
◆**기성_** 旣成- 명 religion *f* traditionnelle.
◆**민족_** 民族- 명 religion *f* populaire.
◆**세계_** 世界- 명 religion *f* universelle.
◆**외래_** 外來- 명 religion *f* (d'origine) étrangère.
◆**원시_** 原始 명 religion *f* primitive.

종국 終局 명 dernière phase *f*; dernier stade *m*; fin *f*, conclusion *f*; dénouement *m*. ¶ 사건의 ~ dernière phase [dénouement] d'une affaire. ¶ ~을 고하다 toucher [tirer] à *sa* fin. ¶ 그 긴 이야기가 ~에 이르렀다 Cette longue discussion s'est enfin terminée. ¶ 모든 생물은 ~에는 죽는다 Tout être vivant finit (un jour ou l'autre) par mourir. ¶ 일이 잘 되다가 ~에 가서 실패하고 말았다 Au début, cela allait bien, mais vers la fin on a échoué.

◆_적 -的 명관 final(ale, aux). ¶ ~적인 해결 la dernière issue.

종군 從軍 명 service *m* aux armées. ◇_(을) **하다** partir au [pour le] front, être mobilisé(*e*). ¶ 그는 제2차 세계대전에 ~했다 Il s'est engagé dans l'armée pendant la Deuxième Guerre mondiale.

◆_간호사 -看護師 명 infirmière *f* militaire.

◆_기자 -記者 명 correspondant *m* de guerre.

◆_목사 -牧師 명 aumônier *m* militaire.

◆_위안부 -慰安婦 명 ≪femmes *f* de réconfort≫ ((soumise à l'esclavage sexuel aux abords des camps militaires japonais pendant la guerre du Pacifique)).

◆_작가 -作家 명 auteur *m* militaire (qui suit l'armée sur le front).

◆_활동 -活動 명 service *m* aux armées.

종극 終極 명 fin *f*, aboutissement *m*, issue *f*. ¶ 인생 ~의 목적 le but ultime de la vie.

종금 從今 부 désormais, dorénavant, à l'avenir, à partir de maintenant.

종기[1] **腫氣** 명 abcès *m*; tumeur *f*; furoncle *m*, clou *m*: (gros) bouton *m* inflammatoire; enflure *f*; fluxion *f*. ¶ ~를 짜다 percer un abcès. ¶ 이마에 ~가 났다[돋았다] avoir un abcès [un gros bouton inflammatoire] sur le front.

종기[2] **終期** 명 dernière période *f*, dernière phase *f*, dernier stade *m*, fin *f*.

종내 終乃 부 finalement, en fin de compte, au bout du compte, à la fin. ¶ 그 사람은 ~ 오지 않았다 Finalement [En fin de compte], il n'est pas venu. ¶ 그 사람은 ~ 위대한 사람이 되었다 Il est finalement devenu un grand homme / Il a fini par être [par devenir] un grand homme. ¶ 그 사람의 마지막 한마디가 ~ 기억에서 지워지지 않는다 Je n'arrive décidément pas à effacer de ma mémoire ses dernières paroles.

종다래끼 명 panier *m* en osier. ¶ ~에 나물을 캐어 담다 ramasser des herbes potagères ou sauvages dans un panier.

종다리 명 alouette *f* (des champs).

종다수 從多數 명 (opinion *f* de la) majorité *f*. ¶ ~로 의결하다 adopter une résolution à la majorité. ◇_(를) **하다** se rallier à (l'opinion de) la majorité.

종단 縱斷 명 coupe *f* longitudinale, coupe *f* verticale. ¶ 아프리카 ~ 철도 chemin de fer transafricain. ¶ 국토 ~ traversée du territoire national de haut en bas [du nord au sud]. ◇_(을) **하다** traverser du nord au sud, couper dans le sens de la longueur. ¶ 대륙을 ~하다 traverser un continent du nord au sud.

◆_면 -面 명 section *f* [coupe *f*] longitudinale.

종달거리다 자 murmurer entre *ses* dents, grogner, grommeler, bougonner, rouspéter, râler {*fam*}. ¶ 어머니가 장난감을 사주지 않자 아이가 종달거린다 Un enfant râle {*fam*} [rouspète] contre sa mère qui ne lui a pas acheté un jouet.

종달대다 자 ☞ 종달거리다

종달새 명 alouette *f* (des champs).

종당 從當 명 en conséquence, par conséquent, en fin de compte, au bout du compte. ¶ ~에 해야 할 일이니 얼른 하자 Puisque c'est quelque chose que nous devons faire en fin de compte, hâtons-nous / Puisque nous devons le faire de toute façon, mettons-nous-y tout de suite. ¶ 그는 ~에 노름 돈을 몽땅 날렸다 Au bout du compte, il a tout perdu au jeu.

종대 縱隊 명 colonne *f*, file *f*. ¶ 횡대와 ~ rangs et colonnes. ¶ ~를 짓다 former une file. ¶ 4열 ~로 행진하다 marcher [défiler] en colonne par quatre. ¶ 6열 ~로 모여! Rassemblez-vous en colonne par six.

종두 種痘 명 【의학】 vaccination *f* antivariolique [contre la variole]. ¶ 아기에게 ~를 맞히다 vacciner un bébé contre la variole.

◆_법 -法 명 loi *f* sur la vaccination antivariolique.

◆_자국 명 vaccine *f* de la variole, trace *f* de vaccin contre la variole.

◆_증명서 -證明書 명 certificat *m* de vaccination contre la variole.

종람 縱覽 명 inspection *f*, visite *f*. ◇_(을) **하다** inspecter, visiter, faire l'inspection de. ¶ 공장을 ~하다 inspecter [visiter] une usine.

종래 從來 명 jusqu'à présent, jusqu'à maintenant, jusqu'ici. ¶ ~의 방법[습관] la méthode utilisée [l'habitude cultivée] jusqu'ici. ¶ ~의 관습을 따르다 se soumettre aux coutumes d'usage [cultivées jusqu'à présent]. ¶ ~대로[와 같이] comme par le passé [d'habitude, jusqu'à présent].

부 jusqu'à présent, jusqu'à maintenant, jusqu'ici. ¶ 그 사람은 ~ 잘하다가 그런 실수를 저질렀다 Il a commis une telle faute alors qu'il avait si bien fait jusqu'ici. ¶ 그는 ~ 포기할 기미가 없다 Jusqu'à présent, il n'a pas du tout l'air de vouloir abandonner.

종량세 從量稅 명 【법률】 droits *mpl* imposés en fonction de la quantité. ¶ 쓰레기 ~ droits imposés sur les ordures ménagères en fonction de la quantité.

종량제 從良制 명 système *m* d'évaluation des charges et des impôts proportionnels au poids et à la quantité d'un produit. ¶ 쓰레기 ~를 실시하다 mettre en vigueur le système de paiement des taxes proportionnelles au poids et à la quantité pour les ordures ménagères. ¶ 쓰레기 ~ 봉투 sacs-poubelles conformes au système de paiement des taxes proportionnelles au poids et à la quantité des ordures ménagères.

종려 棕櫚 명 palmier *m*, palme *f*.

종렬 縱列 명 colonne *f*, file *f*. ¶ ~을 이루다[짓다] former une colonne, se mettre en file. ¶ ~로 행진하다[서다] défiler [se tenir] en colonne.

종례 終禮 명 réunion *f* de fin de journée (entre le professeur principal et les élèves délégués d'une

ㅈ

classe). ¶ ~ 시간 l'heure de la réunion de fin de journée. ¶ ~를 끝내다[시작하다] clore [commencer] une réunion de fin de journée. ◇_(를) **하다** tenir une réunion de fin de journée.

종론 宗論 명 débat *m* entre sectes religieuses [entre ordres religieux]. ¶ 종파마다 ~이 분분하다 Chaque secte a son opinion à défendre.

종료 終了 명 fin *f*, terme *m*, issue *f*, achèvement *m*, clôture *f*, fermeture *f*. ¶ ~ 5분 전 cinq minutes avant la fin [avant la fermeture]. ¶ 사건[경기, 시합](의) ~ la fin d'un incident [d'un match, d'une rencontre (sportive)]. ◇_(를) **하다** finir, terminer, achever, clore, conclure. ¶ 작전을 ~하다 terminer une manœuvre [une opération militaire]. ¶ 회의를 ~하다 clore une réunion. ¶ 자료 수집을 ~하고 분석에 들어가다 terminer le collectage des documents et passer à l'analyse. ◇_(가) **되다** être terminé(*e*), fini(*e*), achevé(*e*), clos(*e*). ¶ 작업이 ~됐다 Le travail est terminé. ◇_(를) **시키다** mettre un terme, terminer. ¶ 시합을 ~시키다 siffler la fin d'une rencontre.

종루 鐘樓 명 clocher *m*, beffroi *m*, campanile *m*. ¶ ~에 올라 타종하다 monter au clocher et sonner la cloche. ¶ 종을 ~에 매달다 accrocher une cloche au clocher.

종류 種類 명 espèce *f*, sorte *f*, genre *m*, variété *f*, type *m*, catégorie *f*. ¶ 두[서너] ~ deux [trois-quatre] espèces. ¶ 같은[다른] ~의 du même genre, de la même espèce[d'un genre différent, d'une espèce différente]. ¶ 여러 ~의 과일 des fruits de différentes sortes. ¶ 이런 ~의 책 un livre de ce genre [de cette catégorie]. ¶ 온갖 ~의 사람들 toutes sortes de gens. ¶ ~를 구별하다[가리다] distinguer les espèces [les genres, les types]. ¶ ~별로 분류하다 classer par espèces. ¶ 같은 ~끼리 모으다 regrouper par mêmes catégories. ¶ ~가 같다[다르다, 다양하다] être de la même catégorie [d'un genre différent, d'une espèce variée]. ¶ ~가 많다[적다] Les types sont nombreux [peu nombreux].

종마 種馬 명 étalon *m*. ¶ ~를 기르다 élever un étalon.

종막 終幕 명 fin *f*, tombée *f* de rideau, dernier acte *m*, dénouement *m*. ¶ ~을 고하다 toucher [tirer] à *sa* fin. ¶ ~을 내리다 baisser le rideau. ¶ ~이 가까워지다 approcher de la fin, toucher à *sa* fin.

종말 終末 명 fin *f*, conclusion *f*, dénouement *m*, dernier stade *m*, dernière phase *f*. ¶ 지구[인류]의 ~ la fin du monde [de l'humanité]. ¶ ~을 고하다 toucher [tirer] à *sa* fin. ¶ ~을 알리다 faire connaître la fin. ¶ ~이 다가오다 approcher de la fin, toucher à *son* terme. ◇_(을) **짓다** mettre un terme.

◆_**론** -論 명 eschatologie *f*. ¶ ~론을 주장하다 prôner l'eschatologie. ¶ ~론에 빠지다 être féru(*e*) d'eschatologie.

종목 種目 명 catégorie *f*. ¶ 물품의 ~ une catégorie de marchandises. ¶ 운동경기의 ~ une épreuve d'athlétisme. ¶ 올림픽 ~ les (différentes) épreuves des Jeux olympiques. ¶ 그 선수는 여러 ~에서 메달을 땄다 Cet athlète a remporté des médailles dans plusieurs épreuves. ¶ ~별 심사 un examen par catégories.

종묘[1] 種苗 명 semis *m* (de fleurs), jeune plant *m* (d'arbre). ¶ ~ 생산 la culture de semis. ¶ ~를 생산하다 cultiver des semis.

◆_**상** -商 명 (marchand(*e*)) pépiniériste *mf*.

◆_**업** -業 명 arboriculture *f*.

◆_**장** -場 명 pépinière *f*, semis *m*.

종묘[2] 宗廟 명 【역사】 sanctuaire *m* [mausolée *m*] royal. ¶ ~에서 제례악을 연주하다 interpréter de la musique rituelle [cérémonielle] dans le sanctuaire royal.

◆_**사직** -社稷 명 la maison [la famille] royale et le royaume.

종무소식 終無消息 명 sans (aucune) nouvelle. ◇_**이다** être sans nouvelles. ¶ 담배 사러 나간 친구가 ~이다 On est sans nouvelles de l'ami parti acheter des cigarettes.

종무식 終務式 명 fête *f* de fin d'année au travail. ¶ ~을 하다[거행하다] célébrer la fin de l'année au bureau [au travail].

종문 宗門 명 la branche *f* aînée de la famille.

종반 終盤 명 dernière phase *f*, dernière étape *f*, dernier stade *m*, fin *f*. ¶ 1990년대 ~ la fin des années 1990. ¶ 정권 ~의 누수현상 un canard boiteux. ¶ 경기 ~의 판세 la situation de la fin de partie. ¶ 일[경기]이 ~에 접어든다 Le travail [Le match] entre dans sa dernière phase [dans son dernier quart d'heure].

◆_**기** -期 명 les dernières heures *fpl*.

◆_**부** -部 명 les dernières heures *fpl*.

종범 從犯 명 complicité *f*. ¶ 사전[사후] ~ complicité avant [après] les faits. ¶ 살인죄의 ~ complicité de meurtre. ¶ ~으로 고소하다 poursuivre *qn* en justice pour complicité.

◆_**자** -者 명 complice *mf*; ((경멸적)) acolyte *m*.

종법 宗法 명 【법률】 règles *fpl* d'un clan [d'une secte, d'un ordre]. ¶ ~을 따르다[어기다] obéir aux [transgresser, violer les] règles du clan.

종별 種別 명 classification *f* (par espèces), catégorisation *f*. ¶ ~로 나누다[수집하다] classer [rassembler] par catégories. ◇_(을) **하다** classifier, classer. ◇_(이) **되다** être classifié(*e*), classé(*e*).

종복 從僕 명 valet *m*, serviteur *m*, laquais *m*, domestique *m*. ¶ ~을 두다 avoir un domestique. ¶ ~을 부리다 employer des valets.

종부 宗婦 명 femme *f* du fils aîné, première bru *f*. ¶ ~의 역할 le rôle de la première bru. ¶ ~의 막중한 책임을 느끼다 ressentir le poids extrême des responsabilités de la première bru.

종사[1] 宗嗣 명 descendant *m* [enfant *m*] de la branche aînée d'une famille. ¶ ~를 돌보다 s'occuper des [veiller sur les] enfants de la branche aînée de la famille. ¶ ~를 세우다 consolider [asseoir] la

ㅈ

branche aînée d'une famille.

종사² 從事 명 dévouement *m* à une chose. ◇_(를) **하다** s'occuper de, s'appliquer à, se consacrer à, exercer, pratiquer. ¶ 상업에 ~하다 faire du commerce, être dans le commerce [dans les affaires]. ¶ 한 가지 일에만 ~하다 ne se consacrer qu'à une seule occupation.

종산 宗山 명 montagne *f* familiale (où sont enterrés les ancêtres). ¶ ~을 지키다 veiller sur la montagne familiale.

종서 縱書 명 écriture *f* verticale. ¶ ~로 쓰다[인쇄하다] écrire [imprimer] à la verticale. ◇_(를) **하다** écrire à la verticale, écrire de haut en bas.

종선¹ 從船 명 petit navire *m* suit un autre bateau.

종선² 縱線 명 ① ligne *f* verticale. ¶ 횡선과 ~ lignes verticales et horizontales. ② 【음악】 mesure *f*.

종성 終聲 명 【언어】 consonne *f* finale, son *m* consonantique final d'une syllabe (du *hangeul*). ¶ 초성, 중성, ~ son consonantique initial, voyelle ou son vocalique (en position médiane) et son consonantique final d'une syllabe.

◆_**자음** -子音 명 consonne *f* finale d'une syllabe.

종속 從屬 명 dépendance *f*, subordination *f*, soumission *f*, assujettissement *m*, sujétion *f*. ¶ 정치[경제]적 ~ sujétion politique [dépendance économique]. ◇_(을) **하다[되다]** dépendre, être soumis(*e*) à, être sous la dépendance de. ¶ 생산은 자본에 ~한다 La production est soumise au capital. ¶ 이 구는 앞에 나오는 명사구에 ~한다 Ce syntagme est dépendant du syntagme nominal qui le précède. ◇_(을) **시키다** soumettre, subordonner. ¶ 개인의 이익을 사회에 ~시키다 subordonner *son* profit personnel à (celui de) la société.

◆_**적** -的 명관 dépendant(*e*), subalterne, auxiliaire. ¶ ~적 관계 des relations de dépendance.

◆_**성** -性 명 dépendance *f*, subordination *f*, soumission *f*, assujettissement *m*, sujétion *f*.

◆_**관계** -關係 명 relation *f* de dépendance. ¶ 누구와 ~관계에 있다[빠져들다] avoir [tomber dans] des relations de dépendance avec *qn*. ¶ ~관계를 타파하다[청산하다] détruire [liquider] une relation de subordination.

◆_**국** -國 명 pays *m* vassal, pays *m* satellite.

◆_**적 연결어미** -的 連結語尾 명 【언어】 suffixe *m* flexionnel conjonctif de subordination; suffixe *m* flexionnel de jonction interpropositionnelle (dans une relation) asymétrique de dépendance syntaxique; forme *f* (flexionnelle) de jonction interpropositionnelle (dans une relation) asymétrique de dépendance syntaxique.

◆_**절** -節 명 【언어】 proposition *f* subordonnée; proposition *f* syntaxiquement dépendante de la proposition principale.

◆_**접속** -接續 명 【언어】 subordination *f*, jonction *f* interpropositionnelle (dans une relation) asymétrique de dépendance syntaxique.

◆_**접속사** -接續詞 명 【언어】 conjonction *f* de subordination.

종손¹ 宗孫 명 (descendant *m*) héritier *m* de la branche aînée d'une famille. ¶ 그는 이 가문의 ~이다 Il est le descendant héritier de cette famille.

종손² 從孫 명 petit-neveu(~*s*-~*x*) *m*. ¶ ~을 보다 avoir [voir naître] *ses* petits-neveux.

◆_**녀** -女 명 petite-nièce(~*s*-~*s*) *f*.

종수 從嫂 명 femme *f* du cousin germain (du côté paternel).

종숙 從叔 명 cousin *m* germain du père.

◆_**모** -母 명 femme *f* du cousin germain du père.

종식 終熄 명 fin *f*, cessation *f*. ¶ 군정 ~ fin du gouvernement militaire. ¶ 냉전의 ~ la fin de la guerre froide. ¶ 이데올로기의 ~ la mort d'une idéologie. ◇_(을) **하다[시키다]** terminer, mettre fin à. ¶ 분쟁을 ~하다 mettre fin à un conflit [à une querelle]. ◇_(이) **되다** cesser, finir, prendre fin, se terminer. ¶ 군정이 ~되었다 Le régime militaire prit fin.

종신¹ 終身 명 toute la vie *f*. ¶ ~ 고용 제도 le système de l'emploi à vie. ¶ ~토록 수감되다 être emprisonné(*e*) à vie.

◆_**대통령** -大統領 명 président *m* perpétuel [à vie].

◆_**대통령제** -大統領制 명 présidence *f* perpétuelle [à vie].

◆_**보험** -保險 명 assurance *f* vie. ¶ ~보험을 들다 souscrire une assurance vie.

◆_**서원** -誓願 명 【종교】 serment *m* à [pour la] vie.

◆_**연금** -年金 명 rente *f* viagère, viager *m*. ¶ 재산을 ~연금으로 전환하다 mettre *son* bien en viager.

◆_**직** -職 명 fonction *f* perpétuelle.

◆_**형** -刑 명 condamnation *f* à perpétuité, prison *f* à perpétuité. ¶ 법원은 그에게 ~형을 선고했다 Le tribunal l'a condamné(*e*) à la prison à perpétuité.

◆_**회원** -會員 명 membre *m* perpétuel [à vie]. ¶ 학술원은 그를 ~회원에 선출했다 L'académie des sciences l'a élu(*e*) membre perpétuel.

종신² 宗臣 명 fonctionnaire *m* roy*al*(*aux*).

종실 宗室 명 famille *f* royale, clan *m* du roi. ¶ 그는 ~을 책임지는 위치에 올랐다 Il est arrivé à un poste où il a la responsabilité de la famille royale.

종심 終審 명 ① soutenance *f* (d'une thèse). ¶ 논문심사의 ~을 통과하다 obtenir *sa* thèse; réussir *sa* soutenance de thèse. ② 【법률】 jugement *m* en dernier ressort. ¶ ~ 결과 le résultat final [de dernière instance]. ¶ ~ 판결 la sentence finale. ¶ ~을 열다 ouvrir un examen de dernière instance. ¶ ~에서 유죄 판결을 받다 être déclaré(*e*) coupable en dernier ressort. ◇_(을) **하다** juger en dernier ressort; être examina*teur*(*trice*) [membre de jury] de thèse, faire partie d'un jury de thèse. ◇_(을) **받다** recevoir un jugement [être jugé(*e*)] en dernier ressort; passer *sa* soutenance (de thèse).

종씨¹ 宗氏 명 personne *f* portant [partageant] le

même nom de famille, personne *f* issue du même clan familial; parent *m* éloigné. ¶ ~를 만나다 rencontrer un(*e*) parent(*e*) éloigné(*e*). ¶ ~끼리 잘 좀 해 봅시다 Essayons de nous entendre entre membres d'une même famille. ¶ 그 친구와 나는 ~이다 Lui et moi sommes parents (éloignés).

종씨[2] 從氏 명 cousin *m* germain (aîné).

종아리 명 mollet *m*. ¶ ~를 때리다 frapper aux [sur les] mollets. ¶ ~가 굵다 avoir de gros mollets.

종알거리다 자타 murmurer entre *ses* dents, marmonner, marmotter, bredouiller; grogner, grommeler, bougonner. ¶ 그 여자는 혼자서 계속 종알거렸다 Elle n'arrêtait pas de murmurer [de grommeler, de bougonner] quelque chose toute seule. ¶ 그 사람은 알아들을 수 없는 말을 종알거렸다 Il murmurait quelque chose que l'on ne pouvait pas comprendre [des paroles incompréhensibles, des paroles inintelligibles]. ¶ 가정부는 피곤하다고 계속 종알거렸다 La femme de ménage grommelait [murmurait] sans cesse qu'elle était fatiguée.

종알대다 자타 ☞ 종알거리다

종알종알 부 en murmurant, en susurrant. ¶ 애들이 ~ 지껄이는 소리에 나는 무척 신경이 거슬렸다 Le murmure des enfants m'a beaucoup énervé(*e*) [agacé(*e*)].

◆**_하다[거리다, 대다]** 자 murmurer (entre *ses* dents), marmonner, marmotter, bredouiller, susurrer; grogner, grommeler.

종양 腫瘍 명 【의학】 tumeur *f*, néoplasme *m*. ¶ ~ 검사 dépistage d'une tumeur. ¶ ~ 제거 수술 l'exérèse [l'ablation] d'une tumeur. ¶ 악성[양성] ~ une tumeur maligne [bénigne]. ¶ 가슴에서 종양이 발견되었다 On a découvert une tumeur au sein.

◆**뇌_** 腦 명 【의학】 tumeur *f* du cerveau.

종언 終焉 명 fin *f*, terme *m*, clôture *f*, expiration *f*, mort *f*, extinction *f*. ¶ 이데올로기 ~의 시대 l'époque de la mort des idéologies. ¶ 식민주의 시대가 ~을 고하고 있다 L'ère du colonialisme touche à sa fin. ◇_(을) **하다** mourir, disparaître, s'éteindre, finir, s'achever, expirer. ¶ 권위주의가 ~했다 L'autoritarisme a disparu.

종업 終業 명 fermeture *f*, clôture *f*; fin *f* du travail; ((학교)) fin *m* de cours. ◇_(을) **하다** terminer *son travail*, *fermer* (un magasin).

◆**_시간** -時間 명 heure *f* de fermeture.

◆**_식** -式 명 cérémonie *f* de fin de semestre ((à l'école)), cérémonie *f* à l'occasion de la fin d'un semestre, cérémonie *f* marquant la fin du semestre. ¶ ~식을 하다 organiser une cérémonie à l'occasion de la fin du semestre.

종업원 從業員 명 employé(*e*); ((총칭)) personnel *m*. ¶ 식당 ~ le personnel [les employés] d'un restaurant. ¶ 야간업소에서 ~으로 일하다 travailler comme employé(*e*) dans un établissement nocturne.

종영 終映 명 fin *f* de la période d'exploitation d'un film, retrait *m* (d'un film) des salles de cinéma. ¶ ~을 앞당기다 avancer la fin de la période d'exploitation d'un film. ◇_(을) **하다** retirer (un film) des salles [de l'affiche]. ¶ 그 영화는 언제 ~할까? Quand est-ce que ce film va être retiré de l'affiche? ◇_(이) **되다** être retiré(*e*) des salles (de cinéma), être retiré(*e*) de l'affiche, ne plus être à l'affiche. ¶ 그 영화는 일주일도 못 가서 ~되었다 Ce film a été retiré de l'affiche au bout d'une semaine à peine.

종요롭다 형 être important(*e*), indispensable, fondamental(*ale*, *aux*), essentiel(*le*). ¶ 이번 사업은 매우 종요로운 일이다 Cette affaire est extrêmement importante.

◆**종요로이** 부 de manière indispensable, fondamentalement, essentiellement.

종용 慫慂 명 persuasion *f*, incitation *f*, exhortation *f*, conseil *m*. ◇_(을) **하다** persuader, inciter, exhorter, convaincre, encourager, conseiller. ¶ 사원들에게 조기퇴직을 ~하다 inciter les employés à partir en préretraite [à prendre une retraite anticipée]. ¶ 학생들에게 일찍 귀가하도록 ~하다 encourager les élèves à rentrer tôt chez eux. ¶ 책임자에게 사임하라고 ~하다 exhorter le responsable à démissionner. ◇_(을) **받다** être exhorté(*e*) à, poussé(*e*) à, convié(*e*) à, incité(*e*) à, encouragé(*e*) à. ¶ 당 지도부로부터 총선 출마를 ~받다 être poussé(*e*) par les dirigeants du parti à se présenter aux élections générales. ¶ 사장에게서 생산성을 높이라는 ~을 받다 être poussé(*e*) par le patron à augmenter la productivité.

종유석 鐘乳石 명 【광업】 stalactite *f*.

종이 명 papier *m*. ¶ ~를 자르다 découper un (morceau de) papier. ¶ ~를 찢다 déchirer un (bout ce) papier. ¶ ~에 쓰다 écrire sur du [un] papier.

*~ **한 장 차이** une différence d'un poil. ¶ 천재와 바보는 ~ 한 장 차이다 Il n'y a qu'un poil de différence entre un génie et un idiot.

◆**_꽃** 명 fleur *f* en papier.

◆**_돈** 명 billet *m* (de banque), papier-monnaie *m*.

◆**_배** 명 bateau(*x*) *m* en papier.

◆**_봉투** -封套 명 enveloppe *f* (en papier).

◆**_ㅅ장** -張 명 feuille *f* de papier.

◆**_쪽** 명 morceau(*x*) *m* [bout *m*] de papier.

◆**_쪽지** 명 bout *m* de papier.

◆**_학** -鶴 명 origami *m*.

◆**_호랑이** 명 tigre *m* de papier, dirigeant *m* déchu; géant *m* sans force. ¶ 그는 회사의 실세가 아니라 ~호랑이에 불과하다 Ce n'est pas lui qui détient le vrai pouvoir dans la compagnie, il n'est qu'un tigre de papier.

종일 終日 부 toute la journée, tout au long de la journée, tout le jour. ¶ 그 사람은 하루 ~ 잠만 잤다 Il n'a fait que dormir toute la journée / Il a passé sa journée à dormir.

◆**_토록** 부 toute la journée, tout le jour, tout au

long de la journée. ¶ 그 사람은 ~토록 아무것도 먹지 않았다 Il n'a rien mangé de toute la journée.

종자¹ 從者 명 suite *f*, escorte *f*, suivant *m*, serviteur *m*.

종자² 種子 명 ① 【식물】 semence *f*, graine *f*, pépin *m*. ¶ ~ 개량 l'amélioration d'une semence. ② 【동물】 race *f*, espèce *f*. ¶ 저 개는 ~가 좋다 Ce chien est d'une bonne race.

종자매 從姊妹 명 cousine *f* germaine.

종잡다 자 comprendre, saisir; conjecturer, présumer, soupçonner, se faire une idée approximative de *qc*. ¶ 그 사람의 말은 종잡을 수 없었다 Je n'ai rien pu comprendre à ce qu'il me disait / On ne comprenait absolument rien à ce qu'il disait [pas un seul mot de ce qu'il disait]. ¶ 그 사람은 좋다는 건지 싫다는 건지 종잡을 수 없는 애매한 말한 했다 Sa réponse restait imprécise: on ne savait (pas) s'il était d'accord ou non. ¶ 그 사람이 무엇을 하겠다는 것인지 도대체 종잡기 어렵다 Il est très difficile de comprendre ce qu'il va faire [de deviner ses intentions].

종장 終章 명 【문학】 dernière strophe *f* d'un poème. ¶ 시조는 초장, 중장, ~의 3장으로 구성되어 있다 Le *sijo* est un poème (composé) de trois strophes.

종적 蹤迹 명 trace *f* (de pas), empreinte *f* (de pied). ¶ ~을 감추다 ne pas laisser de traces. ¶ 그는 ~을 알 수 없다[그는 ~도 없이 사라졌다] Il a disparu sans laisser aucune trace [sans laisser de traces]. ¶ 그는 ~이 묘연하다 Il est difficile de savoir où il est.

종전¹ 從前 명 habituel(*le*), antérieur(*e*). ¶ ~ 가격 le tarif habituel. ¶ ~(의) 입장을 되풀이하다 réitérer *sa* position (antérieure). ¶ ~ 상태로 회복하다 revenir à *sa* situation antérieure. ¶ 떨지 말고 ~처럼만 하면 된다 Ne tremble pas, il suffit de faire comme d'habitude.

종전² 終戰 명 fin *f* de la guerre [des hostilités], cessation *f* de la guerre. ¶ ~ 협상 les négociations de l'armistice. ¶ ~ 협정 un accord d'armistice. ◇_(을) **하다** mettre fin à une guerre, cesser les hostilités. ¶ 양국은 ~하기로 했다 Les deux pays ont décidé de mettre fin à la guerre. ◇_(이) **되다** ((une guerre)) se terminer. ¶ 내전이 가까스로 ~이 되었다 La guerre civile s'est difficilement terminée.

종점 終點 명 ① (gare *f*) terminus *m* ((d'autobus, d'autocars)), dernier arrêt *m* ((de bus)), dernière gare *f* ((de train)), dernière station *f* ((de métro)). ¶ 버스 ~ le terminus [le dernier arrêt] d'un bus. ¶ 나는 ~에서 내려요 Je descends au dernier arrêt [au terminus]. ¶ 졸다가 ~까지 갔다 A force de somnoler, je suis allé(*e*) jusqu'au terminus. ¶ 이 노선은 ~이 어딥니까? Où est le terminus de cette ligne? ② instant *m* de *sa* mort, dernière heure *f*. ¶ 인생의 ~에 서서 보면 모든 것이 아쉬워진다 A l'heure de sa mort, tout nous paraît précieux.

종정 宗正 명 【불교】 chef *m* [doyen *m*] d'un ordre religieux [d'une secte religieuse].

종제 從弟 명 cousin *m* germain cadet du côté paternel.

종조 從祖 명 grand oncle *m* paternel, frère *m* du grand-père paternel.

◆**_모** -母 명 femme *f* du grand-oncle paternel.

◆**_부** -父 명 grand oncle *m* paternel, frère *m* du grand-père paternel.

종족 種族 명 race *f*, tribu *f*, espèce *f*, famille *f*, genre *m*. ¶ ~ 간의 분쟁 une lutte intertribale [entre tribus]. ¶ ~ 보존의 본능 l'instinct de préservation de l'espèce. ¶ ~을 보존하다 préserver une espèce. ¶ ~을 말살하다 éradiquer une espèce.

◆**_적** -的 명관 trib*al*(*ale*, *aux*). ¶ ~적 색채를 띠다 trahir [manifester, révéler] une couleur tribale. ¶ 그 풍습은 다분히 ~적이다 Cette coutume est fortement tribale.

종종 種種 부 souvent, parfois, de temps en temps. ¶ 그 사람은 ~ 나를 찾아왔다 Il est souvent venu me voir [me rendre visite]. ¶ 그쪽 소식은 친구들을 통해 ~ 듣고 있습니다 Je reçois [J'ai] parfois de vos nouvelles par l'intermédiaire de mes amis.

종종걸음 명 petits pas *mpl* rapides [précipités]. ¶ 그 여자는 ~으로 나를 쫓아왔다 Elle m'a poursuivi à petits pas rapides. ◇_(을) **하다[치다]** se précipiter à petits pas. ¶ 추운 날씨 탓에 사람들이 ~(을) 쳤다 A cause du froid, les gens marchaient précipitamment à petits pas.

종주¹ 宗主 명 suzerain *m*, souverain *m*, seigneur *m*.

◆**_국** -國 명 état *m* souverain. ¶ 우리나라는 태권도 ~국으로서의 자부심을 가지고 있다 Notre pays [La Corée] est plein(*e*) de fierté en tant qu'état souverain du taekwondo.

◆**_권** -權 명 (droit *m* de) suzeraineté *f*. ¶ ~권을 주장하다 revendiquer *sa* suzeraineté.

종주² 縱走 명 traversée *f* (d'une montagne). ¶ 지리산 ~ 계획 un projet de traversée du mont Jiri. ◇_(를) **하다** traverser une montagne. ¶ 우리는 결국 지리산을 ~하는 데 성공했다 Nous avons réussi la traversée du mont Jiri.

종주먹 명 poing *m* menaçant. ¶ ~을 쥐다 serrer le(s) poing(s) d'un air menaçant.

종중 宗中 명 famille *f*, clan *m*. ¶ ~의 재산[땅] la fortune [la terre] familiale.

종지¹ 명 petite coupelle *f*, tout petit récipient *m*. ¶ 간장 ~ une petite coupelle de sauce de soja.

종지² 終止 명 fin *f*, arrêt *m*, cessation *f*, expiration *f*, cadence *f* (parfaite, plagale).

◆**_법** -法 명 règle *f* de terminaison (propositionnelle).

종지기 鐘- 명 sonneur *m* (de cloches). ¶ 그는 평생 성당의 ~로 일했다 Il a travaillé toute sa vie comme sonneur de [à] l'église.

종지부 終止符 명 point *m* (final). ¶ ~를 찍다 mettre un point (final).

종차 種差 명 【논리】 différence *f* spécifique.

종착 終着 명 terminus *m*, dernier port *m* d'arrivée,

dernier arrêt *m*. ¶ ~ 지점 le terminus, le dernier arrêt. ¶ ~ 항구 le dernier port d'arrivée. ◇_(을) 하다 arriver à *sa* destination finale. ¶ 배가 부산항에 ~했다 Le bateau est arrivé au port de Busan, sa destination finale.

◆_역 -驛 명 (gare *f*) terminus *m*.

◆_점 -點 명 terminus *m*, dernier arrêt *m*, point *m* d'arrivée.

◆_지 -地 명 destination *f* (finale).

종창 腫瘡 명 gonflement *m*, tuméfaction *f*, intumescence *f*, enflure *f*, œdème *m*. ¶ ~을 다스리다[치료하다] traiter [soigner] une tuméfaction. ¶ 그의 어깨에 ~이 났다[생겼다] Son épaule s'est tuméfiée.

종친 宗親 명 parent *m* éloigné, membre *m* d'un même clan (familial).

◆_회 -會 명 (grande) réunion *f* de famille, réunion *f* du clan familial.

종파 宗派 명 secte *f*, ordre *m* religieux, école *f* religieuse, chapelle *f*, courant *m* religieux. ¶ 불교[기독교]의 여러 ~ les différentes écoles du bouddhisme [du christianisme]. ¶ ~ 간의 다툼 querelle entre les différentes sectes.

◆_적 -的 명관 sectaire. ¶ ~적으로 행동하다 se comporter [se conduire] de manière sectaire [de façon partisane].

◆_의식 -意識 명 conscience *f* sectaire.

◆_주의 -主義 명 sectarisme *m*.

종합 綜合 명 synthèse *f*, généralisation *f*, combinaison *f*. ¶ ~ 성적[점수] la note [la moyenne] générale. ◇_(을) 하다 réunir, faire la synthèse de, mettre ensemble, colliger. ¶ 결과를 ~하다 faire la synthèse des résultats. ¶ 상황을 ~하다 faire la synthèse de la situation. ¶ 의견을 ~하다 réunir les opinions. ◇_(이) 되다 être synthétisé(*e*), rassemblé(*e*), mis(*e*) ensemble. ¶ ~된 성적 des notes additionnées ensembles. ¶ ~된 내용 un contenu synthétisé.

◆_적 -的 명관 génér*al*(*ale*, *aux*), synthétique, composite. ¶ ~적 연구 une étude générale. ¶ ~적으로 살펴보다 observer synthétiquement.

◆_대학 -大學 명 université *f*.

◆_물가지수 -物價指數 명 indice *m* général des prix.

◆_병원 -病院 명 hôpital *m* général.

◆_안 -案 명 projet *m* exhaustif.

◆_예술 -藝術 명 art *m* composite.

◆_운동장 -運動場 명 palais *m* omnisport.

◆_주가지수 -株價指數 명 indice *m* général des valeurs boursières.

◆_지 -誌 명 revue *f* généraliste.

◆_지수 -指數 명 indice *m* général.

◆_체 -體 명 corps *m* composite.

◆_체육관 -體育館 명 gymnase *m* omnisport.

종형 從兄 명 cousin *m* germain aîné (du côté paternel).

◆_제 -弟 명 cousins *mpl* germains (du côté paternel).

종회 宗會 명 conseil *m* de famille. ¶ 밀양 박씨 ~ assemblée de la branche Miryang de la famille Park. ¶ 문중 ~를 소집하다[개최하다, 열다] convoquer [réunir, commencer] le conseil de famille. ¶ ~에 참가하다 participer au conseil de famille.

종횡 縱橫 ① longueur *f* et largeur *f*. ¶ 종이 위에다 ~으로 선을 긋다 tracer des lignes horizontales et verticales sur une feuille. ¶ 그 옷에는 ~으로 예쁜 꽃무늬 수가 놓여 있다 Ce vêtement est décoré en longueur et en largeur de belles broderies de fleurs. ② ((‘~으로’)) de long en large, en long et en large, partout, dans tous les sens, en tous sens. ¶ 그라운드를 ~으로 누비는 선수 joueurs qui occupent pleinement [qui sillonnent] le terrain. ¶ 선거구를 ~으로 누비는 후보자 candidat qui parcourt [sillonne] sa circonscription électorale.

종횡무진 縱橫無盡 명 ((‘~으로’)) de long en large, en long et en large, partout; pleinement. ¶ 그 사람은 이 분야에서 ~으로 활약하고 있다 Il déploie pleinement son activité dans ce domaine.
부 de long en large, en long et en large; partout; dans tous les sens, en tous sens. ¶ 그 아이는 신이 나서 자기 활약을 ~ 떠들고 다녔다 Excité, il se vantait partout de ses activités.

좆 명 【비어】 pénis *m*, verge *f*.

*~도 모르다 ne savoir [n'y connaître] rien de rien [que dalle {*fam*}], être un nul à chier {*vulg*}. ¶ ~도 모르는 것이 웬 상관이냐? Comment oses-tu te mêler de ça [Comment peux-tu avoir l'impertinence d'intervenir, Comment oses-tu intervenir], toi qui ne sais rien de rien [alors que tu n'y connais rien de rien [que dalle {*fam*} (en la matière)], alors que tu n'y connais vraiment rien du tout]?

◆_같다 형 【비어】 être minable, lamentable, piteux(*se*), piètre; être pourri(*e*), satané(*e*), maudit(*e*), exécrable, détestable, haïssable, fichu(*e*) {*fam*}, foutu(*e*) {*fam*}, damné(*e*) {*fam*}, sacré(*e*) {*fam*}, sale {*fam*}. ¶ ~같은 신세[인생] une vie [existence] minable [pourrie]; quelle putain de vie {*vulg*}! / Quelle sale vie! ¶ ~같은 소리 하지 마라 Ne dis pas [Ne sors pas] des énormités pareilles! / Ne dis pas de bêtises [d'idioties, d'âneries, de conneries {*vulg*}] pareilles! / Arrête de délirer [de dire n'importe quoi]! / Ne tiens pas des propos extravagants! / Ne parle pas pour ne rien dire / Il ne faut pas dire n'importe quoi / Tu dis vraiment n'importe quoi.

◆_나게 부 【비어】 trop {*fam*}+Adj, foutrement {*fam*}, fichtrement {*fam*}, bigrement {*fam*}, bougrement {*fam*, *vx*}, drôlement {*fam*}, vachement {*fam*}, rudement {*fam*}, sacrément {*fam*}, hyper- {*fam*}, super- {*fam*}, giga- {*fam*}. ¶ ~나게 일하다 travailler comme un dingue [comme un dératé, comme un fou] {*fam*}, se tuer au travail

ㅈ

{fam}, se défoncer *{fam}*. ¶ ~나게 예쁘다 être hyper [rudement, drôlement, trop, vachement] belle *{fam}*, être trop canon *{fam}*.

좇다 타 ① 뒤따르다 suivre, poursuivre; rechercher, être en quête de *qc*. ¶ 누구를 ~ suivre *qn*. ¶ 누구의 행방[발자국]을 ~ suivre la trace de *qn*, suivre *qn* à la trace. ② 그대로 따르다 suivre *qn*, obéir à *qn*, se soumettre à *qn*/*qc*, se conformer à *qc*, observer *qc*. ¶ 누구의 의견을 ~ suivre l'opinion de *qn*. ¶ 선친의 뜻을 ~ suivre le conseil de *son* défunt père. ¶ 부모님의 말씀을 ~ suivre les conseils de [obéir à] *ses* parents. ¶ 양심을 좇아서 행동하다 agir selon *sa* conscience. ¶ 관례[관행]를 ~ suivre la coutume [les usages]. ③ 추구하다 poursuivre, suivre. ¶ 명예를 ~ rechercher la gloire [les honneurs, la considération]. ¶ 그 사람은 환상만을 좇으며 산다 Il ne poursuit que des illusions / C'est un rêveur / Il n'a pas les pieds sur terre. ¶ 젊은이들은 흔히 이상을 좇는다 Les jeunes ont tendance à poursuivre un idéal. ④ suivre *qn*/*qc* des yeux [du regard]. ¶ 그 사람은 눈은 하늘의 구름을 좇고 있었다 Il suivait des yeux [du regard] les nuages dans le ciel. ⑤ chercher, fouiller, se rappeler. ¶ 그 친구에 대한 기억을 좇아봐라 Essaie de te rappeler de lui.

좇아가다 타 ① suivre *qn*, emboîter le pas à *qn*. ¶ 아이는 어머니를 좇아갔다 Un enfant a suivi sa maman. ¶ 나는 아버지의 뒤를 좇아갔다 J'ai suivi mon père. ¶ 나는 그 사람의 빠른 걸음을 겨우 좇아갔다 Je l'ai suivi difficilement [avec peine] parce qu'il marchait d'un pas accéléré. ② 추구하다 suivre ((la mode)). ¶ 그 여자는 항상 유행을 좇아간다 Elle suit toujours la mode. ¶ 그 사람은 도리를 좇아가는 사람이다 Il est homme à agir selon la justice.

ㅈ

좇아오다 타 ① suivre *qn*. ¶ 그 사람이 나를 바짝 좇아왔다 Il m'a suivi(*e*) de près / Il m'a marché sur les talons. ② 추구하다 suivre, poursuivre; adopter. ¶ 그 사람은 지금껏 공산주의 이념을 좇아왔다 Il était convaincu par [adhérait à] l'idéologie communiste [du communisme] jusqu'à maintenant.

좋다 형 ① ((자질, 성질)) être bon(*ne*); ((maison, route, paysage)) être beau(belle, beaux); être de bonne qualité, excellent(*e*). ¶ 이 TV는 품질이 ~ Cette télé [Ce téléviseur] est de bonne qualité. ¶ 이곳은 주변 경치가 아주 ~ Ici, il y a un beau paysage dans les environs. ¶ 그 사람은 좋은 집을 갖고 있다 Il a une belle maison. ¶ 그 여자는 좋은 학교를 나왔다 Elle est sortie d'une école réputée [d'une bonne école]. ② ((능력)) être bon(*ne*), doué(*e*), *fort(e)* ((*en qc*)). ¶ 우리 중 그 친구의 실력이 가장 ~ Il est le meilleur d'entre nous. ¶ 이 여자는 음식 솜씨가 ~ Cette femme est douée pour la cuisine / Cette femme est une bonne cuisinière [un cordon bleu] / Cette femme fait très bien la cuisine. ¶ 이 아이는 머리가 매우 좋아 보인다 Cet enfant paraît très intelligent. ¶ 그 남자는 사교성이 좋은 사람이다 C'est un homme très sociable. ③ ((성격, 인품)) ((caractère)) être bon(*ne*), avoir bon caractère, être gentil(*le*), aimable, agréable. ¶ 그 친구는 성격이 ~ Il a bon caractère. ¶ 그 여자는 마음씨가 ~ Elle est gentille. ¶ 좋게 말할 때 알아들어라 Ecoute-moi quand je parle gentiment. ④ ((건강)) être bien, ((mine)) être bon(*ne*), être en bonne santé. ¶ 그 남자는 체격이 ~ Il a une solide charpente / Il est de forte corpulence / Il est d'une bonne [forte, robuste] constitution / Il est bien bâti [bien charpenté, bien fait, (bien) baraqué *{fam}*, balèze *{fam}*, (rudement) costaud *{fam}*] / Il a une carrure impressionnante / Il est étoffé / Il a une carrure de bûcheron [déménageur]. ¶ 우리 아버지는 힘이 ~ Mon père est fort. ¶ 그 아이는 혈색이 ~ Cet enfant a bonne mine. ¶ 그는 요즈음 몸이 좋지 않다 Il ne se porte pas très bien ces jours-ci. ¶ 나는 위가 좋지 않다 J'ai un mauvais estomac. ⑤ ((날씨)) faire beau (temps). ¶ 오늘은 날씨가 참 ~ Aujourd'hui, il fait très beau. ¶ 햇살이 참 ~ Il fait un beau soleil. ⑥ ((운, 기회)) être faste, porter chance, être de bon augure, ((occasion, étoile)) être bon(*ne*). ¶ 오늘은 좋은 날이라서 결혼식이 많다 Comme aujourd'hui est un jour de bon augure [un jour faste], il y a beaucoup de cérémonies du mariage. ¶ 좋은 기회니 놓치지 마라 Ne rate pas [Ne laisse pas passer [filer *{fam}*]] cette bonne occasion. ⑦ être bon(*ne*) pour la santé; ((remède, moyen)) être efficace. ¶ 이 약은 몸에 ~ Ce médicament est bon pour la santé. ¶ 운동은 건강에 ~ Le sport est bon pour la santé. ¶ 몸에 좋지도 않은 담배를 왜 그리 많이 피우냐? Pourquoi fumes-tu autant? Ce n'est pas bon pour la santé. ⑧ 적절하다 ((idée)) être bon(*ne*), bien, convenable, propice, approprié(*e*). ¶ 좋은 안을 내 봐라 Donne-moi une bonne idée. ¶ 참 좋은 지적이다 Ta remarque est excellente. ¶ 모임은 저녁 7시가 좋겠다 Il serait bien d'avoir la réunion à 7 heures du soir. ¶ 내 말대로 하는 게 좋을 게다 Tu aurais intérêt à faire comme je te dis. ⑨ ((분위기)) être bon(*ne*), heureux(*se*). ¶ 요즘 회사 분위기가 안 ~ Ces jours-ci, je trouve que l'ambiance de la compagnie n'est pas bonne. ¶ 뭐 좋은 소식 없니? N'as-tu pas de bonnes nouvelles? ⑩ ((감정)) être heureux(*se*). ¶ 나는 지금 어느 때보다도 기분이 ~ Je n'ai jamais été aussi heureux(*se*) [de bonne humeur] que maintenant. ⑪ aimer ((mieux)), apprécier, préférer *qc* à *qc*. ¶ 나는 산보다 바다가 더 ~ Je préfère la mer à la montagne ¶ 너만 좋다면 내가 한번 추진해 보겠다 Si tu es d'accord, je m'y mettrai. ⑫ 편리하다 être agréable; être aisé(*e*), facile ((à+*inf*)). ¶ 이곳은 살기 좋은 마을이다 C'est un village où il est agréable de vivre. ¶ 그 회사는 기억하기 좋은 이름을 갖고 있다 Cette compagnie a un nom facile à retenir. ⑬ ((관계)) ((relations, entente)) être bon(*ne*), bien s'entendre, vivre en harmonie. ¶ 그 부부는 금실이 ~ Ce couple est bien uni / Dans ce couple, ils s'entendent bien / Ce couple vit en harmonie / Ils vivent le parfait bonheur conjugal / Ce couple connaît l'amour conjugal. ¶ 그 아저씨는 이웃과 관계가 ~ Cet homme a de bonnes relations avec ses voisins. ⑭ être d'accord, accepter; pouvoir+*inf*, avoir la permission de+*inf*. ¶ 아무 거라도 ~ J'accepte tout. ¶ 일도 끝났으니 이제 나가도 ~ Le travail étant terminé, tu peux sortir. ¶ 넌 가도 좋고 남아도 ~ Tu peux rester ou partir, ça m'est égal. ⑮ ((성격, 태도)) avoir du toupet, du culot {*fam*}, avoir le toupet {*fam*} [l'aplomb] de+*inf*; être culotté(*e*) {*fam*}, gonflé(*e*) {*fam*}. ¶ 그 녀석은 배짱이 아주 ~ Il a un sacré culot, celui-là {*fam*}! / Il ne manque vraiment pas d'air [d'audace, de toupet {*fam*}], celui-là! / Il n'a pas froid aux yeux, celui-là! Il est vraiment gonflé, celui-là {*fam*}! ¶ 비위도 좋은 놈이야 Il n'a pas froid aux yeux, celui-là! / Il a de l'aplomb, celui-là! / Il ne manque pas d'audace, celui-là! ¶ 그 녀석은 넉살 좋게 말했다 Ce type a eu le courage de parler.

***좋은 일에는 마가 끼는 법이다** Il n'y a pas de bonheur sans nuages.

◆좋아지다 재 ① s'améliorer, devenir meilleur(*e*); ((병세)) aller mieux. ¶ 그 사람은 점점 건강이 좋아진다 Sa santé s'améliore / Il va [se porte] de mieux en mieux. ¶ 그 사람의 병세가 많이 좋아졌다 Son état s'est nettement amélioré / Il va beaucoup mieux. ¶ 날씨가 좋아질 것이다 Le temps va s'améliorer [va se mettre au beau, va passer au beau]. ¶ 경제 상황이 많이 좋아졌다 La situation économique s'est beaucoup améliorée. ¶ 우리 집 형편이 좋아졌다 Notre situation financière s'est rétablie [améliorée] / Financièrement, notre situation s'est améliorée [rétablie]. ¶ 요즘은 살기(가) 좋아졌다 Ces temps-ci, la vie est meilleure. ② commencer à aimer *qn*/*qc*, trouver *qn*/*qc* à *son* goût, prendre goût à *qc*, commencer à plaire à *qn*; tomber amoureux(*se*) de *qn*, s'éprendre de *qn*. ¶ 나는 그 여자가 점점 좋아졌다 Je commençais progressivement à l'aimer. ¶ 나는 음악이 좋아졌다 J'ai commencé à aimer la musique [à prendre goût à la musique] / J'ai pris goût à la musique. ¶ 나는 비가 오는 것이 좋아졌다 J'ai commencé à aimer la pluie.

◆좋아지내다 재 être en bonnes relations avec *qn*; avoir une affaire de cœur avec *qn*; être lié(*e*) avec *qn*. ¶ 그 남자는 자기 식당 여종업원과 좋아지낸다 Il a une liaison avec une serveuse de son restaurant.

◆좋아 감 ① ((감탄)) C'est bon. / C'est beau. / C'est bien. / C'est parfait / Bon! / Bien! / Parfait! / Excellent! ② ((동의)) Très bien. / D'accord. / Entendu. / Soit! ¶ ~, 내가 한 번 해 보지 Bon, je vais essayer.

좋아하다 재타 ① aimer *qc*/*qn*; affectionner. ¶ 누구를 ~ aimer *qn*. ¶ 꽃을 ~ aimer les fleurs. ¶ 그들은 서로 좋아한다 Ils s'aiment l'un l'autre. ② préférer; aimer; adorer. ¶ 그 사람은 운동을 좋아한다 Il aime le sport. ¶ 그 사람은 여자를 너무 좋아한다 Il aime trop les femmes / Il est trop attiré pas les femmes. ¶ 온라인 게임을 ~ aimer faire des jeux vidéo sur Internet. ¶ 나는 음악을 듣기를 좋아한다 J'aime écouter de la musique. ¶ 악인이 당하는 것을 ~ se réjouir de ce qu'un malfaiteur éprouve des difficultés [qu'un escroc ait des difficultés], être content(*e*) [se réjouir] des ennuis rencontrés par un escroc [par un type {*fam*} malhonnête]. ¶ 그 여자는 물건 사는 것을 너무 좋아한다 Elle aime beaucoup trop faire des achats [faire du shopping]. ¶ 김치를 ~ aimer le *kimchi*. ¶ 채식을 ~ aimer le régime végétarien. ¶ 나는 커피보다 차를 더 좋아한다 Je préfère le thé au café. ③ 기뻐하다; 즐거워하다 être content(*e*), heureux(*se*), joyeux(*se*), se réjouir. ¶ 야외로 나가니 아이들이 참 좋아했다 Quand on a fait une excursion en plein air [À l'occasion d'une sortie dans la nature], les enfants étaient très contents / Les enfants étaient très contents d'aller se promener dans la nature. ¶ 오랜만에 찾아 뵈니 부모님이 너무 좋아하시네요 Mes parents ont été très contents de me revoir [de ma visite] après une longue absence. ④ ((야유, 비아냥)) Tu appelles ça ....! ((sur un ton moqueur)). ¶ 사랑 좋아하네, 그건 불륜이야 Tu appelles ça de l'amour! Pour moi ce n'est que de la fornication. ¶ 배우 좋아하네! 그 게 아무나 되는 줄 알아? Tu fais erreur [Tu te trompes] si tu crois [si tu imagines] que n'importe qui peut devenir ac*teur*(*trice*) / Si tu crois que n'importe qui peut devenir ac*teur*(*trice*), tu te mets le doigt dans l'œil {*fam*}.

좌 左 명 gauche *f*. ¶ 직진하다가 네거리가 나오면 ~로 꺾어라 Va tout droit et tourne à gauche au carrefour.

◆_회전 -回轉 명 virage *m* à gauche. ¶ ~회전 깜박이를 넣다[켜다] mettre le clignotant pour tourner à gauche.

좌경 左傾 명 ① inclination *f* vers la gauche. ② tendance *f* gauchiste [gauchisante]. ¶ ~ 세력으로 매도당하다 être accusé(*e*) d'avoir des tendances [sympathies] gauchistes; être taxé(*e*) de gauchisme. ¶ 그 사람은 ~ 사상에 깊이 물들어 있다 Il est profondément imprégné d'idées politiques de gauche.

◆_적 -的 명관 gauchisant(*e*); gauchiste, de tendance gauchiste. ¶ ~적인 사상 des idées gauchistes [gauchisantes].

◆_화 -化 명 fait de devenir gauchiste. ¶ ~화하다[되다] devenir gauchiste, passer à gauche.

좌골 坐骨 명 【의학】 ischion *m*.

◆_신경통 -神經痛 명 【의학】 sciatique *f*. ¶ ~ 신경통으로 고생하다 souffrir de sciatique.

좌담 座談 명 conversation *f*; causerie *f*; entretien *m*; discussion *f*. ◇_(을) **하다** s'entretenir avec *qn*; discuter sur *qc*. ¶ 현 정국에 대해 ~을 하다 discuter sur la situation politique actuelle.

ㅈ

◆_회 -會 명 entretien *m*; colloque *m* ((sur des questions politiques)); discussion *f*; table *f* ronde. ¶ ~회를 열다[개최하다] organiser une discussion [un colloque].

좌르르 부 ① ((액체가 흐르는 모양, 소리)) à gros bouillons. ¶ 갑자기 눈물을 ~ 흘리다 verser soudainement des larmes, pleurer brusquement. ¶ 고인 빗물이 ~ 쏟아져 내렸다 L'eau de pluie accumulée sur le toit [dans une gouttière] est tombée brutalement. ② ((작은 물건들이 쏟아지는 모양, 소리)) avec fracas. ¶ 자루에 담긴 구슬이 ~ 쏟아졌다 Les billes qui étaient dans un sac sont tombées avec fracas. ③ ((윤기가 흐르는 모양)) d'aspect brillant. ¶ 윤기가 ~ 흐르는 쌀밥 riz nature brillant.

◆_하다 자 être brillant(*e*).

좌변기 坐便器 명 cabinets *mpl* (avec siège) ((par opposition aux cabinets à la turque, sans siège)); siège *m* d'aisances, lunette *f* des cabinets [W.C.]. ¶ ~에 앉다 s'asseoir sur la cuvette des cabinets [W.C.].

좌불안석 坐不安席 명 grande [vive] inquiétude *f*. ◇_(을) 하다 être incapable de rester tranquille, ne pas pouvoir rester en place; s'inquiéter terriblement [à l'extrême], se faire du mauvais sang, se faire un sang d'encre, se ronger les sangs {*fam*}. ¶ 아들 걱정으로 ~하다 s'inquiéter beaucoup [terriblement] pour *son* fils. ¶ 그 남자는 최종발표를 앞두고 ~했다 Il était très inquiet [se rongeait les sangs {*fam*}] à l'approche du résultat final / Il attend dans l'anxiété [avec anxiété] le résultat final. ◇_이다 être incapable de rester tranquille, ne pas pouvoir rester en place; s'inquiéter terriblement [à l'extrême]; être dévoré(*e*) [rongé(*e*)] d'inquiétude [étreint(*e*) par l'angoisse]. ¶ 나는 요즘 하루하루가 ~이다 Ces jours-ci, je suis en permanence dévoré(*e*) [rongé(*e*)] d'inquiétude [étreint(*e*) par l'angoisse].

좌상[1] **坐像** 명 【미술】 statue *f* assise; peinture *f* représentant un personnage assis.

좌상[2] **左相** 명 【역사】 *jwasang m*, le second dans la hiérarchie des trois Premiers ministres *mpl* d'État ((à l'époque de Joseon)). ☞ 좌의정

좌석 座席 명 place *f* (assise), banquette *f*, siège *m*; banc *m*. ¶ 전 ~ 매진 vente de toutes les places; complet. ¶ ~에 앉다 s'asseoir à [gagner, reprendre, regagner] *sa* place, prendre place, prendre un siège. ¶ ~을 배치하다 s'occuper de la disposition des places dans une salle, numéroter les places. ¶ ~을 정돈하다 mettre des places [chaises] en bon ordre. ¶ ~이 꽉 찼다 Toutes les places sont occupées / Il n'y a plus de places libres. ¶ ~이 편안하다 La place est confortable.

◆_권 -券 명 réservation *f*.

◆_버스 명 bus *m* pour voyageurs assis.

좌선[1] **坐禪** 명 【종교】 *zazen m*; méditation *f* (bouddhique) en position assise. ◇_(을) 하다 pratiquer le *zazen*.

◆_당 -堂 명 salle *f* pour pratiquer le *zazen*.

좌선[2] **左旋** 명 ① action de tourner sur la gauche. ② virage *m* à gauche. ◇_(을) 하다 tourner sur la gauche; virer à gauche. ◇_(을) 시키다 faire tourner à gauche. ¶ 기수를 ~시키다 faire virer un avion vers la gauche.

좌수[1] **座首** 명 【역사】 fonctionnaire *m* responsable d'un village (sous la dynastie Yi).

좌수[2] **左手** 명 main *f* gauche.

좌시 坐視 명 indifférence *f*. ◇_(를) 하다 regarder *qc* avec indifférence [d'un œil indifférent]. ¶ 나는 이 상황을 차마 ~하지 못하겠다 Je ne peux pas rester indifférent(*e*) devant cette situation. ¶ 상대방의 공세를 ~할 수만은 없다 Nous devons [Je ne peux que] réagir face à l'attaque de l'adversaire.

좌악 ① largement; de tous côtés; partout. ② ((pleuvoir)) à verse, à seaux; à profusion.

좌안 左岸 명 rive *f* gauche d'une rivière [d'un fleuve]. ¶ 중국이 흑룡강 ~을 러시아에게 양보했다. La Chine a cédé à la Russie la rive gauche du fleuve Heukryong.

좌약 坐藥 명 【의학】 suppositoire *m*, suppo *m* {*fam*}. ¶ 치질 치료를 위한 ~ suppositoire pour traiter les hémorroïdes. ¶ ~을 투입하다 introduire [mettre] un suppositoire.

좌업 坐業 명 ① travail *m* que l'on exécute assis. ② métier *m* où l'on travaille assis. ¶ 신발 제작 공정에는 ~이 많다 La fabrication des chaussures nécessite essentiellement du travail en position assise. ¶ ~ 때문에 허리가 안 좋다 Comme je travaille (toujours) assis, j'ai mal aux reins.

좌완 左腕 명 【운동】 gaucher *m* (au baseball). ¶ ~투수 lanceur gaucher. ¶ 구원투수는 ~이다 Le lanceur remplaçant [Le lanceur de relève, Le releveur] est gaucher.

좌우[1] **左右** 명 ① gauche *f* et droite *f*, côté *m* gauche et côté *m* droit, les deux côtés *mpl*. ¶ ~ 날개 ailes droite et gauche. ¶ ~ 협공 attaque des deux côtés. ¶ ~로 갈라지다 se séparer en deux; se diviser. ¶ ~로 흔들다 agiter de droite à gauche. ¶ 길의 ~에 버드나무가 심어져 있다 La route est bordée de saules des deux côtés. ② à droite et à gauche, autour de soi, tout autour, alentours *mpl*. ¶ ~를 둘러보다 regarder à droite et à gauche [autour de soi, des deux côtés]. ③ ((사상)) la droite *f* et la gauche *f*. ¶ ~ 충돌 conflit entre la droite et la gauche. ¶ ~ 대립의 양상 phase d'opposition entre la droite et la gauche. ④ entourage *m*, suite *f* ((d'un personnage important)), domesticité *f*. ¶ ~ 측근 membres de l'entourage (de *qn*). ¶ ~를 물리치고 밀담을 나누다 avoir un entretien secret sans *son* entourage. ⑤ libre disposition *f*. ◇_(를) 하다 dominer, gouverner; agir [peser, influer] sur *qc*, avoir une influence décisive sur *qc*, décider ((du sort de *qn*)), déterminer; disposer de *qn*; influencer *qn*, déteindre sur *qn*. ¶ 인생[일생]을 ~하다 décider

ㅈ

de la vie de *qn*. ¶ 일국[나라]의 운명을 ~하다 décider du sort d'une nation [d'un pays]. ¶ 이번 선거에서 결과가 어떻게 나오느냐 하는 것이 금후 정국의 흐름을 ~할 것이다 Le résultat de ces élections décidera du cours de la politique à l'avenir. ◇_(가) **되다** être influencé(*e*) par *qc*; être décidé(*e*), déterminé(*e*); se laisser influencer par *qc*; dépendre de *qc*. ¶ 감정[기분]에 ~되다 se laisser influencer par *ses* sentiments [*son* humeur]. ¶ 상황에 ~되다 être influencé(*e*) [déterminé(*e*)] par les circonstances. ¶ 연구는 실험 결과가 어떻게 나오느냐에 따라 성패가 ~된다 Le succès d'une recherche dépend du résultat des expériences.

◆_**익** -翼 명 ① ((군대)) aile *f* droite et aile *f* gauche ((d'une armée)). ¶ 병정들이 ~익으로 벌려 서 있다 Les soldats sont déployés en ailes droite et gauche. ② ((사상)) la gauche *f* et la droite *f*. ¶ ~익의 대립으로 정국이 어수선하다 Le conflit entre la gauche et la droite rend la situation politique instable.

좌우[2] **座右** 명 droite *f* d'une place; ((à)) côté *m*; ((sous)) la main *f*, ((à)) portée *f* de (la) main, ((à)) *son* chevet *m*, ((à)) la portée *f* de *qn*. ¶ ~의 책 livre de chevet. ¶ ~에 두다 garder *qc* à portée de (la) main; avoir *qc* sous la main. ¶ ~에 아들을 앉히다 mettre [placer] *son* fils à *sa* droite.

◆_**명** -銘 명 devise *f* [règle *f* de vie] favorite. ¶ 그 사람은 ~명대로 사는 사람이다 C'est un homme qui vit selon sa règle de vie / C'est un homme fidèle à ses principes.

좌우간 左右間 부 en tout cas; dans tous les cas; de toute(s) façon(s); quoi qu'il en soit; après tout. ¶ ~ 정각에는 와 주게 En tout cas, soyez là à l'heure. ¶ ~ 그렇게 해 보겠다 De toute façon, j'essayerai. ¶ ~ 모두 끝났다 En tout cas, tout est fini.

◆_**에** 부 en tout cas; dans tous les cas; de toute(s) façon(s); quoi qu'il en soit; après tout. ¶ ~에 조금만 기다려 보자 Quoi qu'il en soit, attendons un peu. ¶ ~에 저물기 전에는 돌아오겠습니다 De toute façon, je reviendrai avant la nuit.

좌월 左越 어근 【운동】 dépassement *m* de la limite gauche (balle de baseball). ¶ ~ 홈런을 치다 réussir un coup de batte qui dépasse le champ gauche, permettant au batteur d'effectuer un *home run*.

좌의정 左議政 명 【역사】 *jwauijeong m* <le second dans la hiérarchie des trois Premiers ministres d'État (à l'époque de Joseon) ((Sous la dynastie Joseon, il y avait à la tête du gouvernement trois Premiers ministres en même temps dont l'un était prépondérant sur les deux autres))>. ¶ 영의정, ~, 우의정 le plus élevé, le second et le moins élevé dans la hiérarchie des trois Premiers ministres d'État (à l'époque de Joseon).

좌익 左翼 명 ① ((정치)) gauche *f* ((politique)). ¶ ~과 우익의 대립 conflit entre la gauche et la droite. ¶ ~ 단체 association [groupe] de gauche. ¶ ~ 사상에 물들다 s'imprégner d'idées gauchistes; être influencé(*e*) par des idées gauchistes. ¶ ~에 속하다 faire partie de la gauche. ② aile *f* gauche ((d'un avion)). ¶ 비행기의 ~이 부러지는 대형 사고 grave accident où l'aile gauche d'un avion se casse. ③ flanc *m* [aile *f*] gauche ((d'une troupe)); ((야구)) flanc [champ] *m* gauche ((d'un terrain de baseball)). ¶ ~으로 타구가 날아갔다 La balle (de baseball) s'est envolée vers la gauche.

◆_**적** -的 명관 gauchisant(*e*); de gauche, gauchiste. ¶ ~인 경향 tendance gauchiste.

◆_**화** -化 명 fait de devenir gauchiste.

◆_**분자** -分子 명 élément *m* gauchiste.

◆_**사상** -思想 명 idées *fpl* gauchistes [de gauche].

◆_**세력** -勢力 명 pouvoir *m* de gauche. ¶ 용공 ~세력을 척결한다는 미명 하에 sous le beau prétexte d'expulser les gauchisants pro-communistes.

◆_**수** -手 명 【운동】 joueur (de baseball) *m* du flanc [champ] gauche.

◆_**활동** -活動 명 mouvement *m* gauchiste.

좌장 座長 명 ① ((좌담회 따위의)) président(*e*). ② ((극장의)) direc*teur*(*trice*) ((d'une troupe de théâtre)).

좌전 左前 명 devant un joueur du champ gauche. ¶ ~ 안타를 치다[기록하다] réussir un coup de batte dans le champ gauche permettant au frappeur d'atteindre une base.

좌절 挫折 명 ① découragement *m*, abattement *m*, déception *f*, dépression *f*. ¶ ~을 이겨내다 surmonter une déception; se tirer d'une dépression. ¶ 기대가 크면 ~도 크다 Plus l'attente est grande, plus la déception est grande. ② échec *m* ((d'une entreprise)); avortement *m* ((d'un projet)). ¶ 그 일은 ~로 돌아갔다 Cette affaire a échoué. ¶ 그 남자는 사업의 ~로 큰 충격을 받았다 La faillite de son entreprise a été pour lui un grand choc [un coup terrible] / L'échec de son entreprise a été pour lui une cruelle [grande] déception [lui a fait l'effet d'une douche froide, l'a complètement abattu]. ◇_(을) **하다** se décourager, perdre courage, se démonter, être démoralisé(*e*); ((projet)) échouer, avorter, subir un échec. ¶ 아내는 ~한 나에게 용기를 주었다 Ma femme m'a redonné du courage après ma déception. ◇_(이) **되다** être découragé(*e*), déçu(*e*), abattu(*e*), démoralisé(*e*); échouer; avorter. ¶ 우리의 저항 앞에서 적의 공격은 ~되었다 Les attaques ennemies ont échoué devant notre résistance. ¶ 자금난으로 그의 계획은 ~되었다 Faute de fonds, son projet a échoué [avorté]. ◇_(을) **시키다** faire échouer; décourager, réduire *qn* au découragement, causer [provoquer] une déception; avorter. ¶ 나는 그 사람의 꿈을 ~시켰다 Je lui ai fait abandonner son rêve.

◆_**감** -感 명 sentiment *m* d'abattement [d'accablement], sentiment *m* d'échec; déception *f*, désillusion *f*, dépression *f*; déprime *f* {*fam*}. ¶ ~감을 맛보다 être en dépression, déprimer, être déprimé(*e*), démoralisé(*e*). ¶ 깊은[심한] ~감에 빠지다[휩싸이다] tomber dans un profond abattement.

좌정 坐定 명 action de prendre place. ◇_(을) **하다** s'asseoir; prendre place. ¶ 단상에는 귀빈들이 ~해 있다 A la tribune, des invités importants ont pris place.

좌종 坐鐘 명 pendule *f*, pendulette *f*, réveille-matin *m inv*.

좌중 座中 명 assemblée *f*, assistance *f*. ¶ ~의 사람들 assistants (à une réunion, à une assemblée); l'assistance; le public. ¶ ~을 둘러보다 regarder l'assistance. ¶ ~에 파문을 일으키다 produire de l'agitation dans l'assistance. ¶ ~에게 인사를 하다 saluer toute l'assistance. ¶ 그 사람의 이야기에 ~에서 웃음이 터져 나왔다 Son histoire a provoqué des rires dans l'assistance. ¶ ~은 물을 끼얹은 듯 조용하다 L'assistance reste silencieuse sans un bruit.

좌지우지 左之右之 명 libre disposition *f*. ◇_(를) **하다** disposer de *qn*; influencer *qn*, déteindre sur *qn*; déterminer, décider; agir [peser, influer] sur *qc*, avoir une influence décisive sur *qc*, décider ((du sort de *qn*)). ¶ 그분의 말 한마디가 경제 전체를 ~한다 Le moindre de ses mots peut décider du sort de l'économie dans son ensemble. ¶ 이 사업이 회사의 운명을 ~한다 Cette affaire décide du sort de l'entreprise. ◇_(가) **되다** être décidé(*e*), déterminé(*e*); dépendre de *qc*; être influencé(*e*) par *qc*; se laisser influencer par *qc*. ¶ 그 기업의 회생 여부에 우리나라 경제 전체가 ~되는 상황이다 L'économie de notre pays dépend entièrement du relèvement de cette entreprise.

좌천 左遷 명 rétrogradation *f* dans la hiérarchie sociale; nomination *f* à un poste inférieur, relégation *f* à un poste inférieur, mutation *f* désavantageuse. ¶ 지방으로 ~ 발령을 받다 être nommé(*e*) [relégué(*e*), muté(*e*), rétrogradé(*e*)] à un poste inférieur en province. ¶ 그 사람의 ~은 뜻밖이었다 Sa nomination à un poste inférieur était inattendue. ◇_(을) **하다[시키다]** reléguer *qn* [être relégué(*e*), muté(*e*) à un poste inférieur, déchoir *qn* de ses fonctions]; rétrograder [se faire rétrograder] dans la hiérarchie sociale; nommer [se faire nommer] à un poste inférieur. ◇_(이) **되다[(을) 당하다]** être rétrogradé(*e*) dans la hiérarchie sociale; être nommé(*e*) à un poste inférieur, être relégué(*e*) [muté(*e*)] à un poste inférieur, être déchu(*e*) de *ses* fonctions. ¶ 한직으로 ~되다 être relégué(*e*) à un poste insignifiant [peu glorieux], être muté(*e*) à un poste peu glorieux. ¶ 부장에서 과장으로 ~되다 être rétrogradé(*e*) du poste de directeur au poste de chef de service, être relégué(*e*) au poste de chef de service alors qu'on était directeur.

좌초 坐礁 명 échouage *m*, échouement *m*. ◇_(를) **하다[(가) 되다]** échouer, s'échouer ((sur un récif, sur un banc de sable, sur la côte contre un écueil, sur la plage)); être jeté(*e*) à la côte, toucher le fond. ¶ 배가 암초에 걸려 ~했다 Le bateau s'est échoué sur un récif [contre un écueil]. ◇_(를) **당하다** (s')échouer. ¶ 우리 배는 어뢰 한 방에 ~당했다 Notre bateau s'est échoué après avoir été touché [endommagé] par une torpille. ◇_(를) **시키다** faire échouer, jeter à la côte. ¶ 배를 ~시키다 faire échouer un bateau, jeter un navire à la côte.

좌충우돌 左衝右突 명 conflit *m* avec tout le monde. ◇_(을) **하다** entrer en conflit avec tout le monde.

좌측 左側 명 côté *m* gauche; gauche *f*. ¶ 복도 ~ le côté gauche du couloir. ¶ ~에 배치시키다 mettre *qn*/*qc* sur le flanc gauche. ¶ 행인은 ~으로 통행한다 Les piétons tiennent la [leur] gauche. ¶ ~으로 비켜나다 se mettre à gauche [se ranger sur la gauche] (pour laisser le passage à *qn*). ¶ 층계는 들어가서 ~입니다 L'escalier est à gauche de l'entrée.

◆**_통행** -通行 명 circulation *f* à gauche. ¶ ~통행을 하다 circuler à gauche, tenir la [*sa*] gauche.

좌파 左派 명 gauche *f*, aile *f* gauche ((du parti socialiste)). ¶ ~의 정책을 따르다 suivre une politique de gauche. ¶ ~의 입장에 서다 prendre position à gauche.

◆**_인사** -人事 명 personnalité *f* de gauche.

좌판 坐板 명 planche *f* sur laquelle on dispose des objets à vendre; planche *f* pour s'asseoir. ¶ ~에 앉다 s'asseoir sur une planche. ¶ ~ 위에 방물을 올려놓다 exposer [disposer] sur un étal des objets à l'usage des femmes.

좌편 左便 명 côté *m* gauche; gauche *f*. ¶ 우편과 ~ le côté droit et le côté gauche. ¶ 그 사람의 ~에 내가 앉았다 Je me suis assis(*e*) à sa gauche.

좌표 座標 명 ① 【수학】 coordonnées *fpl* cartésiennes d'un point. ¶ ~에 점을 찍다 marquer un point dans un repère cartésien. ② orientation *f*, points *mpl* de repère. ¶ 민족사의 바른 ~ bonne orientation dans l'histoire d'un peuple. ¶ ~를 정하다 marquer des points de repère. ¶ 그 사람만이 우리 민족의 ~를 밝혀줄 유일한 위인이다 C'est le seul homme qui puisse orienter notre peuple dans la bonne direction.

◆**_축** -軸 명 axe *m* des abscisses [l'axe horizontal, l'axe des x] et axe *m* des ordonnées [l'axe vertical, l'axe des y] ((dans un repère cartésien)).

◆**_평면** -平面 명 espace *m* euclidien.

◆**가로_** 명 abscisse *f*.

◆**세로_** 명 ordonnée *f*.

좌하 座下 명 ((편지에서)) (à) Monsieur, Madame ((Park)) ((qu'on écrit après le nom d'une personne dans une lettre)). ¶ 아무개 ~ (à) Monsieur Untel.

좌향[1] 坐向 명 orientation *f* ((d'une maison ou d'un tombeau)).

좌향[2] 左向 명 ① action de tourner à gauche. ② direction *f* à gauche, vers la gauche. ¶ ~ 앞으로 갓! En avant vers la gauche!

좌현 左舷 명 【해양】 bâbord *m*. ¶ ~ 4도 4 degrés

ㅈ

à bâbord. ¶ ~으로 기울다 gîter [pencher] à bâbord. ¶ ~으로 돌리다[향하다] virer [se diriger] à bâbord. ¶ ~으로 접안하다 accoster par bâbord. ¶ ~으로 키를 꺾다 mettre le gouvernail à bâbord.

좍 부 ① 사방으로 partout, de tous côtés; largement, partout. ¶ 소문이 ~ 퍼졌다 C'est un bruit [une rumeur] largement répandu(*e*). ¶ 경찰이 ~ 깔려 있다 Il y a des policiers [des flics {fam}] partout dans la ville. ② 많이 à verse, à torrents, à seaux, très fortement. ¶ 갑자기 소나기가 ~ 쏟아진다 Soudainement, la pluie est tombée à verse / Brusquement, l'averse s'est déclarée. ¶ 비가 ~ 퍼붓는다 Il pleut à verse [à torrents, à seaux, des cordes] / Il tombe des hallebardes / Il pleut comme vache qui pisse {*fam*}.

◆_ _ 부 ① ((비 따위가)) à verse, à torrents, à seaux, très fortement; ((verser de l'eau)) à profusion. ¶ 폭우가 ~~ 쏟아진다 Il pleut à grands torrents / La pluie tombe à verse / Il pleut des cordes / Il tombe des hallebardes [des cataractes] / Il pleut comme vache qui pisse {*fam*}. ¶ 소나기가 ~~ 쏟아진다 Il est tombé une grosse averse. ② 유창하게, 거침없이 couramment, aisément, facilement. ¶ 영어 책을 ~~ 읽다 lire facilement un livre en anglais.

좔좔 부 ① abondamment. ¶ 코피를 ~ 쏟다 saigner du nez abondamment. ② aisément, facilement. ¶ 족보를 ~ 외우다 apprendre par cœur *son* arbre généalogique.

좽이 명 ((pêche à l')) épervier *m*. ¶ 하천에서 ~로 고기를 잡다 pêcher à l'épervier des poissons en rivière; pratiquer la pêche à l'épervier (en rivière).

◆_그물 명 ((jeter l')) épervier *m*.

◆_질 명 action de jeter l'épervier.

죄¹ 부 tout(*e*), tous, toutes. ¶ 셔츠 단추가 ~ 떨어졌다 Tous les boutons de la chemise sont décousus. ¶ 먹을 것이 없어서 사람들이 ~ 굶고 있다 Le monde est affamé [Les populations sont affamées] à cause d'un manque [d'une pénurie] de nourriture.

죄² 罪 명 ((범죄)) crime *m*; ((경범)) délit *m*; ((종교상의)) péché *m*, offense *f*; ((과실, 실수)) faute *f*; punition *f*, peine *f*. ¶ ~의 대가 punition d'un crime. ¶ ~를 범하다 commettre un crime [un délit, un péché, une faute]; perpétrer un crime; ((종교상)) faire *[commettre] un péché, pécher*. ¶ ~를 자백하다 avouer un crime; confesser [avouer] *ses* péchés; confesser *son* erreur [*ses* torts]. ¶ ~를 갚다 expier un crime; expier *ses* péchés, racheter *ses* péchés [fautes], réparer une faute [un crime]. ¶ ~를 묻다 accuser [inculper] *qn* d'un crime, incriminer *qn*, incomber la responsabilité d'un crime à *qn*, rendre *qn* responsable d'un crime, imputer une erreur à *qn*, s'en prendre à *qn*, mettre *qn* en cause. ¶ ~를 사하다 pardonner un crime [péché]. ¶ ~를 뒤집어씌우다 imputer une faute [un crime] à *qn*; rejeter une faute sur *qn*; faire porter le chapeau à *qn*. ¶ ~가 많다 commettre beaucoup de crimes [péchés]. ¶ ~가 무겁다[가볍다] Le délit [péché] est grave [léger]. ¶ 도둑질한 ~로 그 사람은 형을 살았다 Il a purgé sa peine pour un vol. ¶ ~를 미워하되 사람을 미워하지 말라 Haïssez le crime et non le coupable. ◇_(를) **받다** subir une peine ((pour *ses* fautes)); être puni(*e*). ¶ 그 놈은 ~받아 마땅하다 Ce type doit [mérite d'] être puni. ¶ ~받을 짓 acte répréhensible. ◇_(를) **주다** punir. ¶ ~줄 만하다 être punissable, condamnable, répréhensible. ◇_(를) **짓다[저지르다]** commettre un délit [péché]. ¶ 죽을 ~를 지었습니다 J'ai commis une faute très grave [impardonnable, inexcusable, irrémissible]. ¶ 지은 ~가 너무도 크다 Le crime [péché] qu'il a commis est très grave. ◇_(가) **있다** être coupable. ◇_(가) **없다** être innocent(*e*). ¶ ~없는 사람이 벌을 받았다 Un innocent a été puni.

***~를 얽다 없는 죄를 만들어내다** inventer un crime qu'on n'a pas commis.

◆_값 명 peine *f* d'un délit. ¶ ~값을 톡톡히 치르다 être sévèrement puni(*e*); payer très cher son crime.

◆경범_ 輕犯- 명 délit *m* (léger); contravention *f*. ¶ 경범~로 벌금형을 선고받다 être condamné(*e*) à payer une amende pour délit mineur [léger].

◆중_ 重- 명 crime *m*; délit *m* grave.

죄과 罪過 명 crime *m*, délit *m*; péché *m*, faute *f*. ¶ ~를 인정하다 reconnaître [avouer] *ses* péchés. ¶ ~를 묻다 accuser [inculper] *qn* d'un crime, incriminer *qn*, incomber la responsabilité d'un crime à *qn*, rendre *qn* responsable d'un crime, imputer une erreur à *qn*, s'en prendre à *qn*, mettre *qn* en cause. ¶ ~를 범하다 commettre des crimes [péchés].

죄다¹ 타 ① ((나사 따위를)) serrer; tendre. ¶ 허리띠를 ~ serrer [boucler] *sa* ceinture; ((비유적)) serrer [tenir serrés] les cordons de la bourse, surveiller les dépenses, faire attention à ses dépenses, se serrer la ceinture. ¶ 나사를 단단히 ~ serrer une vis solidement [jusqu'au bout, à fond {*fam*}], visser à fond {*fam*}. ¶ 바이올린 줄을 ~ tendre les cordes d'un violon. ② ((마음을)) tenir *qn* en haleine; être anxieu*x*(*se*). ¶ 초조하게 마음을 ~ être très [extrêmement] impatient(*e*) et anxieu*x*(*se*), se tourmenter, être dévoré(*e*) d'angoisse [d'inquiétude], être sur des charbons ardents, être sur le gril {*fam*}, être mort(*e*) d'inquiétude. ¶ 가슴을 죄며 합격자 명단을 보다 regarder avec anxiété la liste des candidats admis. ¶ 그 시합은 우리의 마음을 죄게 했다 Le match nous a tenus en haleine. ③ ((패를)) filer. ¶ 패를 ~ filer les cartes. ④ ((목을)) étrangler *qn*, stranguler {*litt*}. ¶ 목을 죄어 죽이다 tuer *qn* par strangulation, étrangler *qn*.

죄다² 부 tout(*e*), tous, toutes; en entier, en totalité, totalement, complètement, entièrement. ¶ 가족이 ~ 왔다 Toute la famille est venue. ¶ 그들은 ~ 실업자들이다 Ils sont tous chômeurs. ¶ 그 사람은 월급을 ~ 써버렸다 Il a dépensé tout son salaire [la totalité de son salaire]. ¶ 알고 있는 것을 ~ 털어놓다 révéler tout ce que l'on connaît. ¶ 아이스크림이 ~ 녹았다 La glace a entièrement [complètement] fondu.

죄명 罪名 명 chef *m* d'accusation; ((être arrêté(*e*) sous)) l'inculpation *f* ((d'homicide)). ¶ 살인이라는 ~으로 sous l'inculpation de meurtre [d'homicide]. ¶ ~을 내리다[씌우다] inculper *qn* de ... ¶ ~을 벗다 être innocenté(*e*) [disculpé(*e*)]; se laver d'une accusation.

죄목 罪目 명 chef *m* d'accusation; ((sous)) l'inculpation *f* ((d'homicide)). ¶ ~을 밝히다 faire connaître les chefs d'accusation ((portés à l'encontre de *qn*)). ¶ 살인의 ~으로 붙잡히다 être arrêté(*e*) sous l'inculpation d'homicide. ¶ 나의 ~이 무어냐? Quel est le chef d'accusation? / Sous quelle inculpation suis-je accusé(*e*) [arrêté(*e*)]? / De quel crime suis-je coupable?

죄밑 罪- 명 ① 지은 죄로 인한 마음의 불안 remords *m*; (conscience *f* de *sa*) culpabilité. ¶ ~을 느끼다 avoir [éprouver, ressentir] des remords [du remords]; être pris(*e*) de remords; avoir un remords (de conscience), ne pas avoir la conscience [l'esprit] tranquille. ¶ 그 사람을 그냥 풀어 준 것이 ~이 되어 불안하다 J'ai beaucoup [Je suis rongé(*e*)] de remords de l'avoir relâché comme ça. ② 범죄의 실상 culpabilité *f*. ¶ ~을 밝히다 prouver la culpabilité de *qn*.

죄벌 罪罰 명 punition *f*, châtiment; peine *f*, pénalité *f*. ¶ ~을 묻다 punir *qn*; faire subir une peine à *qn*.

죄상 罪狀 명 nature *f* [caractère *m*] d'un crime; circonstances *fpl* d'un crime. ¶ ~을 (낱낱이) 밝히다 tirer au clair un crime. ¶ ~을 고백하다[인정하다, 자백하다] avouer un crime; avouer [reconnaître, confesser] *ses* péchés. ¶ ~을 부인하다 nier *sa* culpabilité. ¶ 그 사람의 ~이 드러났다 Son crime a été dévoilé.

죄송 罪悚 어근 regret *m*.

◆**_하다** 형 se sentir confus(*e*); être désolé(*e*), navré(*e*); s'excuser. ¶ 수고를 끼쳐서 ~합니다 Je suis confus(*e*) de vous avoir causé des ennuis. ¶ 오래 기다리시게 해서 ~합니다 Je suis navré(*e*) [(vraiment) désolé(*e*), confus(*e*)] de vous avoir fait attendre si longtemps. ¶ ~하지만 이것 좀 들어 주시겠어요? Excusez-moi. Pourriez-vous porter cela pour moi? ¶ 늦어서 ~하게 됐습니다 Veuillez m'excuser d'être en retard / Veuillez excuser mon retard.

◆**_히** 부 en se sentant confus(*e*) [désolé(*e*)].

◆**_스럽다** 형 être regrettable. ¶ 부모님을 걱정시켜드려 ~스럽다 Je regrette d'avoir donné des soucis à mes parents. ¶ 그 일은 ~스럽게 생각하고 있습니다 Je me sens confus(*e*) de cette affaire.

죄수 罪囚 명 prisonni*er*(*ère*), détenu(*e*). ¶ ~를 석방하다 libérer [relâcher] un prisonnier, mettre un prisonnier en liberté. ¶ ~를 호송하다 escorter un prisonnier.

◆**_복** -服 명 uniforme *m* de prisonnier.

죄악 罪惡 명 crime *m*; ((종교상의)) péché *m*. ¶ 끔찍한 ~ un crime [péché] abominable [affreux, odieux]. ¶ ~을 범하다 commettre un crime [péché], pécher. ¶ ~에 물들다 plonger dans le vice. ¶ 그들은 ~으로 가득 차 있다 Ils ont tous les vices. ¶ 은혜를 저버리는 것은 ~이다 L'ingratitude est un péché.

◆**_성** -性 명 caractère *m* d'un délit [péché]. ¶ ~성을 드러내다 montrer le caractère d'un délit [péché].

◆**_감** -感 명 sens *m* du péché, sentiment *m* de culpabilité.

◆**_상** -狀 명 aspect *m* d'un crime. ¶ ~상을 폭로하다 dévoiler un crime.

◆**_시** -視 명 considération f[perception *f*] de *qc* comme un crime. ¶ 게으름을 ~시하다 considérer la paresse comme un péché.

죄어들다 자 se serrer, (*se*) rétrécir; se ratatiner. ¶ 고통이 온몸에 죄어든다 Une douleur me serre tout le corps. ¶ 슬픔으로 가슴이 죄어든다 La tristesse me serre le cœur. ¶ 포위망을 조금씩 죄어들어 가다 resserrer le filet [les mailles du filet] ((autour d'un coupable)).

죄어치다 타 ① serrer, resserrer; contracter, rétrécir, ② presser ((*qn* de répondre)), harceler *qn*, solliciter *qn* de façon importune, importuner *qn*, asticoter *qn*. ¶ 대답을 하라고 ~ presser ((*qn*)) de répondre.

죄업 罪業 명 【불교】 ① mauvaise action *f*, acte *m* mauvais. ② mauvais karma *m*; conséquence *f* d'une mauvaise action. ¶ ~을 쌓다[거듭하다] accumuler des mauvaises actions; commettre une série de mauvaises actions. ¶ ~을 씻다 expier une mauvaise action[*ses* péchés]. ¶ ~이 많은 사람 personne qui a commis une série de mauvaises actions.

죄의식 罪意識 명 culpabilité *f*; sentiment *m* de culpabilité. ¶ ~을 느끼다 se sentir coupable. ¶ ~에 사로잡히다[빠지다] être obsédé(*e*) [tourmenté(*e*)] par un sentiment de culpabilité. ¶ ~에서 벗어나다 se libérer d'un sentiment de culpabilité. ¶ ~으로 괴로워하다 souffrir d'un sentiment de culpabilité.

죄인 罪人 명 ① coupable; criminel(*le*), malfaiteur *m*. ¶ ~을 수감하다 mettre le coupable sous les verrous, incarcérer un prévenu [un criminel], écrouer un malfaiteur. ② péch*eur*(*eresse*) (que je suis). ¶ 자식을 먼저 보낸 ~이 무슨 할 말이 있겠습니까? Qu'est-ce que l'humble péch*eur*(*eresse*) que je suis pourrait bien dire, moi qui ai laissé mon enfant partir mourir avant moi?

죄임성 -性 명 impatience *f*, énervement *m*. ¶ ~이 강하다[약하다] être très impatient(*e*) [être patient(*e*)].

죄적 罪迹 명 preuve *f* [trace *f*] d'un crime. ¶ ~을 감추다 faire disparaître [dissimuler, effacer] les traces [indices] d'un crime; supprimer les preuves d'un crime. ¶ ~을 찾다[들추다] chercher les traces d'un crime. ¶ ~을 보존하다 conserver les traces d'un crime.

◆_인멸 -湮滅 명 suppression *f* [destruction *f*] des preuves d'un crime.

죄증 罪證 명 preuve *f* de culpabilité. ¶~을 인멸하다 détruire [supprimer] les preuves d'un crime.

죄질 罪質 명 nature *f* d'un crime [d'un délit]. ¶~에 따라 처벌하다 adapter la punition au [en fonction du] délit; adapter la peine à la gravité de la faute; adapter la punition en fonction de la gravité de la faute [en fonction du délit]; infliger une peine proportionnelle à la faute. ¶~이 나쁘다 Ce crime est affreux. ¶~이 가볍다[경미하다] C'est un délit léger. ¶~이 무겁다 Ce crime est grave.

죄책 罪責 명 responsabilité *f* (pour une faute); culpabilité *f*. ¶자기가 저지른 ~이 있어서 아무 말도 못한다 Il ne put rien dire parce qu'il se sentait responsable de sa faute. ◇_(을) 받다[당하다] être culpabilisé(*e*).

◆_감 -感 명 sentiment *m* de culpabilité; remords *mpl*. ¶~감을 느끼다 se sentir coupable, avoir du remords. ¶~감에 빠지다 se culpabiliser. ¶~감이 들다 se sentir coupable.

주¹ 主 명 prépondérance *f*, essentiel *m*. ¶학생들을 ~로 한 군중집회 rassemblement de foule composée principalement d'étudiants. ¶청소년이 관객의 ~를 이루다 Les jeunes adolescents composaient la majorité du public. ◇_(가) 되다 être essentiel(*le*), princip*al*(*ale*, *aux*), prépondérant(*e*), capit*al*(*ale*, *aux*). ¶이 소설의 줄거리는 주인공의 가족사가 ~가 된다 Ce roman raconte principalement l'histoire de la famille du héros. ¶~된 목적 l'objectif [le but] principal. ¶~된 역할을 하다 jouer le rôle principal. ◇_이다 être le plus important [l'essentiel, le principal]. ¶대학생들의 관심사는 통일문제가 ~이다 La préoccupation majeure des étudiants est la réunification. ¶그들에게는 여행이 ~이고 공부는 다음이다 Pour eux, ce qui est le plus important, c'est le voyage, les études viennent après.

◆_로 부 principalement, essentiellement, pour la plupart, surtout. ☞ 주로

◆_동사 主- 명【언어】verbe *m* de la proposition principale.

관 princip*al*(*ale*, *aux*), le(la) plus important(*e*), essenti*el*(*le*), prépondérant(*e*), capit*al*(*ale*, *aux*). ¶백화점의 ~ 고객 les principaux clients d'un grand magasin. ¶그의 ~ 무기 son arme principale.

주² 主 명【기독】Seigneur *m*. ¶~ 예수 그리스도 le Seigneur Jésus. ¶~를 섬기다 honorer [adorer] le Seigneur. ¶~여, 믿사옵니다 Seigneur, je vous crois!

◆_기도문 -祈禱文 명 Pater *m*.

주³ 周 명【수학】circonférence *f* ((d'un cercle)), périmètre *m* ((d'un polygone)).

의명 ((어떤 것의 둘레를 돈 횟수를 세는 명사)) tour *m*, pourtour *m*; circuit *m*.

주⁴ 州 명 ① province *f*. ② État *m* ((des États-Unis, d'Australie)). ¶뉴욕 ~ l'État de New-York. ¶미국은 50개의 ~로 구성되어 있다 Les États-Unis d'Amérique sont constitués de 50 États. ③ canton *m* ((de Suisse)).

◆_립 -立 명 d'État. ¶~립 대학 une Université d'État.

◆_지사 -知事 명 gouverneur *m*.

주⁵ 註 명 annotation *f*; note *f*; remarque *f*, commentaire *m*, glose *f*. ¶난외(의) ~ une note dans la marge. ¶~를 붙이다[달다] accompagner ((un texte)) de notes, mettre des notes ((à un texte)), annoter ((un manuscrit)); commenter ((un texte)). ¶~를 참조하다 se référer à la note X. ¶20페이지의 ~를 보라 voir [se reporter à] la note de la page 20. ¶~가 붙은 annoté(*e*).

주⁶ 株 명【경제】action *f*, titre *m*, valeur *f*.

분류 action *f*, titre *m*. ¶주식 50~를 사다 acheter 50 actions [titres].

◆_가 -價 명 cours *m* d'une action. ☞ 주가²

◆무상_ 無償- 명 action *f* gratuite.

◆상장[비상장]_ 上場[非上場]- 명 action *f* cotée en Bourse [titre *m* non coté à la Bourse].

◆인기_ 人氣- 명 action *f* très recherchée, actions *fpl* les plus populaires [demandées].

주⁷ 분류 pied *m*. ¶느티나무 한 ~ un orme.

주⁸ 週 명 semaine *f*. ¶~에 한번 une fois par semaine. ¶~ 단위로 par unité de semaine. ¶지난 ~ 화요일 mardi dernier. ¶이번 ~는 쉬는 날이 많다 Il y a beaucoup de jours fériés cette semaine. ¶~40시간 근무하다 travailler 40 heures par semaine.

◆금_ 今- 명 cette semaine *f*.

◆내_ 來- 명 la semaine *f* prochaine. ¶내~에 뭐 할 거니? Que fais-tu la semaine prochaine?

◆전_ 前- 명 la semaine *f* précédente [dernière].

-주⁹ -酒 접미 boisson *f* alcoolique [alcoolisée]; alcool *m*, liqueur *f*, eau(*x*) *f* de vie, spiritueux *mpl*; vin *m*. ¶포도~ du vin. ¶인삼~ de l'alcool de ginseng. ¶과일~ liqueur de ((mirabelle, de framboise)), crème ((de banane)). ¶양~ vins et spiritueux occidentaux; liqueurs fortes occidentales ((vodka, whisky, etc.)). ¶소~ du *soju*. ¶맥~ de la bière.

-주¹⁰ -主 접미 propriétaire *m*; maître(*sse*); possesseur *m*, détenteur *m*. ¶건물[공장]~ propriétaire de l'immeuble [de l'usine]. ¶경영[고용, 소유]~ gérant [employeur, possesseur].

주-¹¹ 駐- 접두 résidence *f* ((en Corée)); résidant ((en Corée, en France)), en poste *m* ((aux États-Unis)), basé(*e*) ((aux États-Unis)). ¶~불 한국 대사관 l'ambassade de Corée (basée) en France. ¶~한 프랑스 대사 l'Ambassadeur de France (en poste) en Corée. ¶~미 한국 대사 l'Ambassadeur de Corée (en poste) aux États-Unis.

주가¹ 酒家 명 bistro(t) *m* {*fam*}, bistroquet *m*, troquet *m* {*fam*}, bar *m*, café *m*. ¶단골로 가는 ~ un bar [un bistro(t) {*fam*}, un troquet {*fam*}] où l'on va régulièrement.

주가² 株價 명 cours *m* des actions; les cours *mpl* de la Bourse. ¶ ~ 폭락 chute du cours des actions, effondrement du cours des actions [de la Bourse]. ¶ 평균 ~ la moyenne des cours. ¶ ~의 변동이 심하다 Le cours des actions connaît une forte fluctuation. ¶ ~가 내린다[떨어진다] Le cours des actions baisse / Les (cours des) actions [Les cours de la Bourse] sont en baisse [baissent] / La Bourse baisse / 《비유적》 La cote (de popularité) 《d'un acteur》 est en baisse. ¶ ~가 오른다 Les cours des actions [de la Bourse] sont en hausse [remontent] / Le cours des actions monte / La Bourse est en hausse / La Bourse (re)monte / 《비유적》 《cote ou indice de popularité》 la cote 《d'un acteur》 est en hausse; avoir la cote auprès de *qn*, avoir une cote d'enfer {*fam*}, être très apprécié(*e*) 《du public, des jeunes》; 《peintre》 être (très) coté(*e*). ¶ ~가 큰 폭으로 하락했다 Le cours des actions a grandement chuté.

◆_**수익률** -收益率 명 【경제】 multiple *m* de capitalisation des résultats; ratio *m* cours-bénéfice.

◆_**지수** -指數 명 indice *m* boursier. ¶ ~지수가 1000 포인트를 넘었다 Les indices boursiers ont dépassé 1 000 points. ¶ 종합 ~지수 indice boursier général (de Corée).

주간¹ 主幹 명 gérant(*e*). ¶ 신문사의 ~ le gérant d'un journal. ¶ 협회의 ~ le gérant d'une association. ◇_(을) **하다** gérer.

◆**논설**_ 論說- 명 éditorialiste *mf*.

주간² 週刊 명 (publication *f*) hebdomadaire *m*. ¶ 이 잡지는 ~으로 5만 부씩 발행하고 있다 Ce magazine hebdomadaire [Cet hebdomadaire] se vend à 50 000 exemplaires.

◆_**신문** -新聞 명 journal *m* hebdomadaire, hebdomadaire *m*.

◆_**지** -紙 명 magazine *m* hebdomadaire, revue *f* hebdomadaire, hebdomadaire *m*, hebdo *m* {*fam*}.

주간³ 週間 명 semaine *f*. ¶ ~ 노동 시간 le nombre d'heures de travail par semaine. ¶ ~의 사건 사고 les accidents de la semaine.

◆_**계획** -計劃 명 plan *m* de la semaine.

◆_**논평** -論評 명 critique *f* de la semaine.

◆_**뉴스** 명 nouvelles *fpl* [actualités *fpl*] de la semaine.

◆_**예보** -豫報 명 prévision *f* hebdomadaire.

◆**강조**_ 强調- 명 la semaine *f* de *qc*. ¶ 불조심 강조~ la semaine où l'on met la priorité sur la prévention des incendies.

◆**독서**_ 讀書- 명 semaine *f* des livres [de la lecture]. 분류 semaine *f*. ¶ 앞으로 두 ~은 외출금지다 Je t'interdis [Interdiction] de sortir pendant deux semaines / Je t'interdis les sorties pendant deux semaines.

주간⁴ 晝間 명 jour *m*; (pendant la) journée *f*. ¶ ~에는 자고 야간에 일하다 se reposer le jour [dans la journée, pendant la journée] et travailler la nuit. ¶ ~에만 일하다 travailler seulement pendant la journée. ¶ ~으로 학교를 옮기다 changer d'université pour avoir des cours le jour [pendant la journée].

◆_**근무** -勤務 명 travail *m* de jour.

◆_**노동** -勞動 명 travail *m* de jour.

◆_**대학** -大學 명 universités *fpl* où l'on dispense des cours pendant la journée.

◆_**정찰** -偵察 명 reconnaissance *f* de jour.

◆_**프로그램** 명 programme *m* de jour.

주객¹ 主客 명 ① hôte(*sse*) et invité(*e*); visiteu*r*(*se*). ¶ ~ 간에 entre l'hôte et l'invité. ② le principal *m* et l'accessoire *m*. ¶ ~이 전도되었다[뒤바뀌었다] Les rôles sont [ont été] inversés. ③ 【언어】 sujet *m* et objet *m*.

◆_**전도** -顚倒 명 inversement *m* des rôles.

주객² 酒客 명 buveu*r*(*se*).

주거 住居 명 domicile *m*, demeure *f*, résidence *f*, habitation *f*, logement *m*, maison *f*. ¶ ~를 정하다 élire domicile à, établir *sa* demeure 《en province》, s'établir 《à Paris, à la campagne》, fixer *son* domicile [sa résidence] à 《Séoul》, se fixer à 《Daejeon》. ¶ ~를 변경하다[이전하다, 옮기다] changer de domicile, déménager. ¶ 그는 ~가 일정하지 않다 Son domicile n'est pas fixe. ¶ ~가 없다 ne pas avoir de domicile fixe. ◇_(를) **하다** domicilier à, vivre à.

◆_**공간** -空間 명 espace *m* résidentiel.

◆_**수당** -手當 명 indemnité *f* de logement.

◆_**인** -人 명 habitant(*e*).

◆_**지** -地 명 zone *f* résidentielle.

◆_**지역** -地域 명 zone *f* résidentielle.

◆_**침입** -侵入 명 【법률】 violation *f* de domicile.

◆_**환경** -環境 명 environnement *m* résidentiel.

주걱 명 ① spatule *f* (pour le riz). ¶ ~으로 밥을 푸다 servir le [se servir de] riz avec une spatule. ② chausse-pied(~-~*s*) *m*; corne *f* à chausse. ¶ ~을 이용해서 구두를 신다 mettre des chaussures [se chausser] à l'aide d'un chausse-pied.

◆_**뼈** 명 omoplate *f*, scapula *f*.

◆_**상** -相 명 visage *m* écrasé.

◆_**턱** 명 menton *m* en galoche. ¶ ~턱 교정수술 opération chirurgicale destinée à corriger les mentons en galoche. ¶ 그는 ~턱이다 Il a un menton en galoche.

주검 명 cadavre *m*. ¶ 그 여자는 싸늘한 ~으로 발견되었다 On l'a retrouvée morte sous la forme d'un cadavre (froid).

주격 主格 명 【언어】 nominatif *m*, cas sujet *m*.

◆_**조사** -助詞 명 【언어】 particule *f* de cas sujet, particule *f* casuelle nominative; particule *f* sujet. ¶ ~조사는 주어의 표지다 La particule de cas sujet est la marque du sujet / La particule de cas sujet marque le sujet [sert à marquer le sujet].

◆_**중출문** -重出文 명 【언어】 phrase *f* à sujets multiples. ¶ 한국어는 ~중출문을 매우 많이 쓴다 En coréen, on utilise fréquemment [souvent] des

ㅈ

phrases à sujets multiples / On a souvent recours à des phrases à sujets multiples / Il n'est pas rare, en coréen, de rencontrer une phrase [des phrases] à sujets multiples.

주견 主見 명 opinion *f* [vue *f*] personnelle. ¶~이 뚜렷하다 avoir une opinion personnelle bien précise [bien tranchée], avoir une idée bien arrêtée ⦅sur un sujet⦆. ¶~이 서 있다 avoir un avis personnel.

주경야독 晝耕夜讀 명 travail *m* le jour et étude *f* la nuit. ¶그는 ~으로 합격의 기쁨을 맛보았다 Il a eu la joie de réussir, en travaillant le jour et en étudiant la nuit. ◇_(을) **하다** travailler le jour et étudier la nuit. ¶나는 ~해서라도 대학에 가겠다 J'irai à l'université, quitte à travailler le jour et à étudier la nuit.

주고받다 타 échanger. ¶누구와 선물[책]을 ~ échanger un cadeau [un livre] avec *qn*. ¶누구와 연락처[명함]를 ~ échanger *ses* coordonnées [*sa* carte de visite] avec *qn*. ¶누구와 인사[인사말]를 ~ échanger des salutations avec *qn*. ¶귓속말[농담, 이야기]을 ~ chuchoter [échanger des plaisanteries, échanger des paroles].

주곡 主穀 명 céréales *fpl* principales, aliment *m* de base. ¶한국에서는 쌀이 ~이다 L'aliment de base en Corée, c'est le riz.

주공¹ 奏功 명 succès *m*. ◇_(을) **하다** réussir.

주공² 鑄工 명 (ouvrier *m*) fondeur *m*. ¶훌륭한 ~ un excellent ouvrier fondeur.

주과 酒果 명 offrande *f* toute simple. ¶손님께 ~를 대접하다 offrir [servir] aux invités des fruits et de l'alcool de façon toute simple [sans cérémonie, sans manières, sans façons, en toute simplicité, très simplement]. ¶간단히 ~를 차리다 préparer des fruits et de l'alcool de façon toute simple [en toute simplicité].

주관¹ 主管 명 présidence *f* ⦅d'une cérémonie⦆; direction *f* ⦅d'un travail⦆. ¶~ 부서 direction chargée de *qc*. ¶정부 ~으로 의식을 거행하다 procéder à la cérémonie sous la responsabilité du gouvernement. ◇_(을) **하다** présider à *qc*; diriger *qc*, contrôler *qc*, gérer *qc*, administrer *qc*; prendre la responsabilité de *qc*. ¶해당 업무를 ~하는 관청 *autorité compétente de l'affaire*. ◇_(이) **되다** être dirigé(*e*), être géré(*e*), être administré(*e*).

◆**_자** -者 명 responsable *mf*, organisa*teur*(*trice*), personne *f* assurant la présidence.

주관² 主觀 명 ① 【철학】 sujet *m*. ② subjectivité *f*, opinion *f* personnelle, avis *m* personnel. ¶~을 세우다 se faire [arriver à] une opinion personnelle, se faire *sa* propre opinion. ¶일체의 ~을 배제하다 éliminer tout subjectivisme. ¶~에 따라 행동하다 agir selon *ses* opinions personnelles. ¶~에 치우치다 se pencher trop sur *ses* opinions personnelles. ¶~이 뚜렷하다 avoir une opinion personnelle bien précise. ¶그것은 너의 ~이다 C'est là votre avis personnel. ◇_(이) **있다[없다]** avoir un [ne pas avoir d']avis personnel; avoir *son* [ne pas avoir d'] principe. ¶사람마다 각자의 ~이 있다 Chacun a ses propres opinions. ¶~있게 행동하다 se comporter avec conviction.

◆**_적** -的 명관 subjecti*f*(*ve*). ¶~적인 판단 une décision subjective. ¶상황을 ~적으로 이해하다 comprendre la situation [apprécier les circonstances] de manière subjective.

◆**_성** -性 명 caractère *m* subjectif, subjectivité *f*.

◆**_화** -化 명 subjectivisation *f*.

◆**_론** -論 명 subjectivisme *m*.

◆**_식** -式 명 ⦅question⦆ ouvert(*e*) ⦅par opposition aux questions fermées ou questions à choix multiple, ⦅약어⦆ Q.C.M.⦆.

◆**_주의** -主義 명 subjectivisme *m*.

주교¹ 主教 명 【기독】 évêque *m*.

◆**_미사** 명 messe *f* présidée par l'évêque.

◆**대_** 大- 명 archevêque *m*.

주교² 舟橋 명 pont *m* de bateaux; pont *m* flottant; pont *m* d'équipage. ¶~를 건너다 traverser un pont de bateaux.

주구¹ 走狗 명 ① chien *m* courant ⦅par opposition au chien d'arrêt⦆. ② ⦅앞잡이⦆ indicateur *m* de la police, indic *m* {*fam*}; instrument *m*, suppôt *m* ⦅d'un dictateur⦆, serviteur *m*; âme *f* damnée {*fam*}; personne *f* à la solde de *qn*; mouchard(*e*) {*fam*}; pantin *m*, fantoche *m*. ¶~ 노릇을 하다 servir de mouchard à *qn*. ¶누구의 ~가 되다 devenir l'instrument de *qn*; être à la solde de *qn*. ¶누구를 ~로 삼다[쓰다] se servir de *qn* (pour atteindre un but).

주구² 誅求 명 exaction *f*, extorsion *f*. ◇_(를) **하다** extorquer *qc* à *qn*; commettre des exactions.

◆**가렴_** 苛斂- 명 extorsion *f*, exaction *f*.

주군¹ 主君 명 【역사】 seigneur *m*.

주군² 主軍 명 【군사】 forces *fpl* vives de l'armée, corps *m* d'élite de l'armée. ¶적의 ~을 공략하다 attaquer en priorité les corps d'élite [centrer les forces sur les corps d'élite, concentrer les coups sur les corps d'élite] de l'armée ennemie. ¶~을 후방에 배치하다 disposer les éléments solides [les éléments sûrs, les forces vives] de l'armée sur les lignes arrières.

주권¹ 株券 명 titre *m* de propriété d'une action. ¶~의 명의를 바꾸다 changer de nom dans le titre de propriété d'une action. ¶~을 현금으로 바꾸다 échanger des actions contre de l'argent liquide, vendre ses actions. ¶~으로 천만 원을 가지고 있다 avoir des actions d'une valeur de 10 millions de wons.

◆**_배당** -配當 명 dividende *f* des actions.

주권² 主權 명 ① 【정치】 souveraineté *f* ⦅d'un État⦆; puissance *f* souveraine. ② autorité *f* suprême. ¶~의 행사 exercice de la souveraineté. ¶~을 행사하다 exercer la souveraineté. ¶나라의 ~을 되찾다

retrouver la souveraineté du pays. ¶ ~을 빼앗기다 perdre la souveraineté. ¶ ~을 침해당하다 subir une atteinte à la souveraineté. ¶ ~을 주장하다 revendiquer la souveraineté. ¶ ~을 포기하다[양도하다] abandonner [céder] la souveraineté. ¶ ~을 확립하다 établir la souveraineté. ¶ 이웃나라의 ~을 강탈하다 s'emparer de la souveraineté d'un pays voisin.

◆_국 -國 명 pays *m* souverain.

◆_의식 -意識 명 conscience *f* de la souveraineté.

◆_자 -者 명 souverain *m*.

◆_재민 -在民 명 la souveraineté *f* appartient au peuple.

◆_재민주의 -在民主義 명 doctrine *f* de la souveraineté démocratique (populaire).

주근깨 명 tache *f* de rousseur [de son]; ((의학)) éphélide *f*. ¶ (얼굴에) ~가 끼다 avoir des taches de rousseur sur le visage; avoir le visage couvert [parsemé] de taches de rousseur. ¶ 그 아이는 얼굴이 ~ 투성이다 Cet(*te*) enfant a le visage couvert [tavelé {*litt*}, parsemé] de taches de rousseur / Cet(*te*) enfant est couvert(*e*) de taches de rousseur. ¶ 피부가 햇빛에 노출되어 얼굴에 ~가 많이 생겼다 J'ai maintenant de nombreuses taches de rousseur sur le visage parce que ma peau est très exposée au soleil.

주급 週給 명 salaire *m* hebdomadaire; ((recevoir *sa*, toucher *sa*)) semaine *f*. ¶ ~ 30만원에 일을 하다 travailler pour un salaire hebdomadaire de 300 mille wons. ¶ ~으로 20만원을 받다 recevoir un salaire hebdomadaire de 200 mille wons.

◆_제 -制 명 mode *m* de paiement hebdomadaire. ¶ 인건비를 ~제로 받다 être payé(*e*) à la semaine.

주기[1] 酒氣 명 signes *mpl* d'ivresse; ((sous l')) influence *f* de l'alcool; ((sous l')) emprise *f* de l'alcool. ¶ ~가 오른다[돈다] L'alcool *lui* monte à la tête. ¶ 얼굴에 ~가 있다 Son visage trahit qu'il a bu de l'alcool / On voit qu'il a bu.

주기[2] 週期 명 ① période *f*, cycle *m*. ¶ 그는 삼년(을) ~로 이사를 다닌다 Il déménage tous les trois ans. ¶ ~가 단축되었다 Le cycle a été réduit. ② révolution *f*, cycle *m*. ¶ 공전 ~ un cycle de révolution. ¶ 자전 ~ un cycle de rotation. ¶ 천체의 ~는 저마다 다르다 Chacun des astres a un cycle de révolution différent.

◆_적 -的 명관 périodique, réguli*er*(*ère*). ¶ ~적 현상 phénomène périodique [régulier]. ¶ 이상한 일들이 ~적으로 일어나고 있다 Des événements étranges se produisent régulièrement.

◆_성 -性 명 périodicité *f*.

주기[3] 週忌 의명 anniversaire *m*, jour *m* commémoratif. ¶ 올해로 선생께서 돌아가신 지 10 ~가 된다 Cette année, nous commémorons le 10ème anniversaire de son décès.

주기도문 主祈禱文 명 【기독】 le Pater *m*. ¶ ~을 암송하다 réciter [dire] le Pater.

주기율표 週期律表 명 【화학】 tableau(*x*) *m* de Mendeleïev, tableau(*x*) *m* de la classification périodique des éléments chimiques. ¶ 원소 ~를 공부하다 étudier le tableau de la classification périodique des éléments chimiques.

주낙 명 【운동】 ligne *f* à plusieurs hameçons.

주년 週年 의명 anniversaire *m*. ¶ 개교 50~ 기념식 la cérémonie de commémoration du 50ème anniversaire de la fondation de l'école. ¶ 창사 10~을 맞다 fêter le 10ème anniversaire de la fondation de la société. ¶ 결혼 20~을 기념하다 fêter *son* 20ème anniversaire de mariage.

주눅 명 intimidation *f*. ◇_(이) 들다 se sentir mal à l'aise [intimidé(*e*), rétracté(*e*)] ((devant *qn*, en présence de *qn*)); être intimidé(*e*) ((devant *qn*, en présence de *qn*)), se faire tout(*e*) petit(*e*); être intimidé(*e*), mal à l'aise, découragé(*e*); être tout(*e*) rétracté(*e*) en la présence de *qn*. ¶ 나는 선생님 앞에만 가면 ~이 잔뜩 들어서 아무 말도 못한다 Chaque fois que je me retrouve en face du professeur, je me sens intimidé(*e*) [j'ai tendance à me faire toute petite devant le professeur, je suis toute rétractée [intimidée] en la présence du professeur], aussi ne puis-je prononcer aucun mot.

주님 主- 명 【기독】 Seigneur *m*.

주다[1] 타 ① donner; offrir; allouer. ¶ 아이에게 용돈을 ~ donner de l'argent de poche à *son* enfant. ¶ 책을 선물로 ~ donner un livre en cadeau. ¶ 이 물건을 너에게 주는 것이 아니니 가지고만 있어라 Je ne te le donne pas, mais tu peux le garder (un moment) quand même. ② ((먹을 것을)) 제공하다 donner; alimenter. ¶ 밥 좀 주세요 Donnez-moi à manger, s'il vous plaît. ¶ 물고기에게 먹이를 ~ donner à manger aux poissons. ③ ((식물에 물이나 비료를)) 뿌리다 arroser; fumer; épandre. ¶ 꽃밭에 물[거름]을 ~ arroser [mettre des engrais dans] un parterre de fleurs. ④ ((할 일을)) 맡기다 donner; attribuer. ¶ 부하에게 임무를 ~ confier une mission [une tâche] à un subordonné. ¶ 근로자들에게 일거리를 주지 않고 놀리다 ((une société)) employer des salariés à ne rien faire. ⑤ ((시간을)) 갖게 하다 donner; laisser; allouer. ¶ 생각할 시간을 좀 주십시오 Laissez-moi le temps de réfléchir. ¶ 말미를 조금 더 주세요 Donnez-moi un peu de temps, s'il vous plaît. ⑥ ((대상에 눈길을)) 미치게 하다 jeter; lancer. ¶ 창밖으로 시선을 ~ jeter un regard par la fenêtre. ¶ 그 여자는 뭇 사내에게 눈길 한 번 주는 일이 없다 Elle ne s'intéresse pas du tout aux hommes / Elle n'est pas du tout attirée par les hommes. ⑦ ((주사나 침 따위를)) 놓다 faire ((une piqûre à un malade)), piquer ((un malade)). ¶ 침을 ~ pratiquer l'acupuncture [l'acuponcture]. ¶ 환자에게 주사를 ~ piquer [faire une piqûre à] un malade. ⑧ ((자격, 권리, 혜택 따위를)) 부여하다 décerner, donner, accorder, concéder, conférer; concéder, octroyer. ¶ 졸업생에게 학위를 ~ ((l'université)) décerner un

ㅈ

diplôme à ses étudiants de fin d'études. ¶ 답안지에 100점을 주다 donner 100 sur 100 [la note maximale, ((프랑스)) 20 sur 20] à une copie. ¶ 점수를 후하게[박하게] ~ noter généreusement [noter sévèrement, noter avec sévérité, sacquer {*fam*}, sabrer]. ¶ 수업 태도가 좋은 학생들에게 가산점을 ~ remonter la note des élèves qui se tiennent [qui se conduisent] bien en classe. ¶ 상[벌]을 ~ décerner [donner] un prix [donner une punition]. ¶ 세례를 ~ baptiser, donner [administrer, conférer] le baptême. ¶ 도움을 ~ aider, donner une [de l'] aide, apporter *son* aide. ¶ 세를 ~ louer. ⑨ ((피해 따위를)) 미치다 causer, faire subir *qc* à *qn*. ¶ 피해를 ~ faire subir une perte. ¶ 망신을 ~ humilier, déshonorer. ¶ 누구에게 실연의 상처를 주다 faire souffrir *qn* d'un chagrin d'amour. ⑩ ((상태나 변화를)) 일으키다 transfigurer; transformer. ¶ 변화를 ~ transfigurer, transformer, donner un changement. ⑪ ((감정을)) 불러일으키다 donner; causer; inspirer. ¶ 기쁨[용기]를 ~ donner du plaisir [donner du courage, encourager]. ¶ 고통을 ~ causer de la peine. ¶ 겁을 ~ inspirer à *qn* de la peur [de la crainte]. ⑫ ((정이나 마음을)) 베풀다 donner. ¶ 오갈 데 없는 아이들에게 정을 ~ donner *son* amour [*son* affection] à des enfants seuls au monde. ¶ 그 사람은 그 여자에게 마음을 주었다 Il a donné son cœur à cette femme. ⑬ ((힘이나 압력을)) 미치게 하다 contracter ((*ses* muscles)). ¶ 팔에 힘을 ~ serrer les poings ((lors d'une prise de sang)); contracter les muscles des bras, montrer *ses* biceps {*fam*}, faire gonfler *ses* biceps {*fam*}. ¶ 배에 힘을 ~ rentrer le ventre. ¶ 그 사람은 내 손을 힘주어 잡았다 Il m'a saisi la main vigoureusement. ¶ 압력을 주어 물건을 쭈그러뜨리다 écraser un objet en le pressant. ¶ 액센트를 ~ accentuer, mettre l'accent sur *qc*. ⑭ ((의사소통 행위를)) 하다 donner ((un coup de téléphone, un avertissement à *qn*)). ¶ 귀띔을 ~ glisser un mot à l'oreille de *qn*, insinuer *qc*. ¶ 누구에게 전화를 ~ donner un coup de téléphone [de fil {*fam*}] à *qn*, téléphoner à *qn*, appeler *qn*, contacter *qn* par téléphone. ¶ 선배가 후배에게 주의를 준다 Un aîné fait une observation à son cadet. ¶ 심판이 선수에게 경고를 준다 L'arbitre donne un avertissement [un carton] à un joueur. ⑮ ((실이나 줄 따위를)) 더 풀어내다 dérouler ((un fil)). ¶ 연줄을 ~ dérouler un fil de cerf-volant. ⑯ ((몸을)) 허락하다 ¶ 그 여자는 남자친구에게 몸을 주었다 Elle s'est donnée [offerte] à son ami.

***주거니 받거니** en partageant, en échangeant *qc*. ¶ 우리는 밤새도록 주거니 받거니 하면서 술을 마셨다 Nous avons bu toute la nuit en partageant des verres.

주다[2] 조동 ① ((verbe auxiliaire de service qu'on rend. Il s'emploie sous forme de radical du verbe principal + -아/-어 주다)). faire *qc* pour (rendre service à) *qn*. ¶ 모셔다[태워다] ~ accompagner [accompagner en voiture]. ¶ 여자를 집에까지 바래다 ~ accompagner une fille jusqu'à chez elle. ¶ 아들이 잘 자라 주어서 늘 감사하다 Je suis heureux(*se*) que mes enfants grandissent sainement. ¶ 아이에게 밥을 먹여 ~ nourrir un bébé, donner à manger à un(*e*) enfant, aider un(*e*) enfant à manger. ¶ 학생들에게 시를 읽어 ~ lire des poèmes aux élèves. ¶ 아이에게 장난감을 사 ~ acheter des jouets aux [pour les] enfants. ¶ 그 사람은 나에게 문을 열어 주었다 Il m'a ouvert la porte. ② (('때리다', '혼내다' 등과 함께)) ((faire *qc* pour *soi*)). ¶ 그 녀석을 혼내[때려] 주어야겠다 Je vais devoir le gronder [le frapper].

주단 紬緞 명 soie *f*, soierie *f*.

주당 酒黨 명 gros(*se*) buveu*r*(*se*); ivrogne *mf*, ivrognesse *f*, sac *m* à vin, alcoolique *mf*, alcoolo *mf* {*fam*}, picoleu*r*(*se*) {*fam*}, pochard(*e*) {*fam*}, poivrot(*e*) {*fam*}, soûlard(*e*) {*fam*}, soûlaud(*e*) {*fam*}, éponge *f* {fam}. ¶ 그 남자 ~이야 C'est un gros buveur / Il boit comme un trou {*fam*} [comme une éponge] / Il a une éponge dans le gosier.

주도[1] **主導** 명 conduite *f*, direction *f*. ¶ ~ 세력 puissance dirigeante. ¶ 책임자의 ~ 아래 모든 일이 일사천리로 진행되고 있다 Tout se passe comme sur des roulettes sous la direction [sous la houlette, sous l'égide] du responsable. ◇_(를) **하다** guider, diriger, conduire, mener. ¶ 개혁을 ~하다 mener de front la réforme. ¶ 서비스 요금 인상이 물가 상승을 ~하고 있다 L'augmentation des coûts des services a un effet [se répercute] sur l'augmentation des prix.

◆_적 -的 명관 majeur(*e*), prépondérant(*e*), important(*e*), de premier plan, princip*al*(*ale, aux*). ¶ ~적인 역할 un rôle majeur [prépondérant], le rôle principal. ¶ 모임을 ~적으로 이끌어가다 être le chef d'orchestre d'une réunion, être le principal animateur d'une réunion.

◆_권 -權 명 suprématie *f*, hégémonie *f*. ¶ ~권을 잡다 prendre l'initiative.

◆_자 -者 명 dirigeant(*e*); meneu*r*(*se*), un meneur *m* d'hommes.

주도[2] **酒道** 명 règles *fpl* à respecter lorsqu'on boit. ¶ ~를 어기다 ne pas respecter les règles en buvant. ¶ 술을 마실 때에는 항상 ~가 있어야 한다 Il faut toujours respecter les règles quand on boit.

주도면밀하다 周到綿密- 형 être circonspect(*e*); être scrupuleu*x*(*se*), méticuleu*x*(*se*), attenti*f*(*ve*). ¶ 그는 매우 주도면밀해서 매사에 실수가 없다 Extrêmement scrupuleux, il ne commet jamais d'erreur. ¶ 주도면밀하게 계획을 세우다 préparer méticuleusement un projet.

주독 酒毒 명 alcoolisme *m*. ¶ ~이 오르대[들다] devenir alcoolique.

주동 主動 명 rôle *m* prépondérant [majeur, princip*al*(*aux*)]; cheville *f* ouvrière. ¶ 시위의 ~ 인물 l'instigateur principal [l'initiateur, le meneur] d'une

ㅈ

manifestation. ¶ 그가 ~이 되어 단체를 하나 만들었다 Il a formé un groupe en en étant l'initiateur / Il a été l'initiateur du groupe / Il a formé un groupe depuis le début [du début à la fin]. ◇_(을) **하다** guider, conduire, prendre l'initiative. ¶ 이번 파업을 ~한 사람들이 모두 검거되었다 Tous ceux qui ont conduit cette grève ont été arrêtés.

◆_**적** -的 명관 ((jouer un rôle)) prépondérant(*e*), majeur(*e*), princip*al*(*ale*, *aux*), initia*teur*(*trice*). ¶ ~적인 역할 un rôle prépondérant [majeur], le rôle principal. ¶ ~적으로 사태를 수습하다 avoir eu un rôle primordial [le rôle principal, le rôle essentiel] dans la résolution du problème [de la situation]; être celui qui a principalement réglé le problème, régler [résoudre] une situation en étant le principal acteur [moteur], être le principal moteur de la résolution de la situation [pour résoudre une situation, pour résoudre un problème] ((c'est surtout lui qui a réglé le problème)).

◆_**자** -者 명 meneu*r*(*se*), conduc*teur*(*trice*), personne jouant un rôle prépondérant [majeur], initia*teur*(*trice*), chef *m* de file, leader *m*. ¶ 사건의 ~자들을 색출하다 dénicher les meneurs d'une affaire. ¶ 파업의 ~자로 지목되다 être désigné(*e*) comme initia*teur*(*trice*) de la grève.

주동사 主動詞 명 【언어】 verbe *m* principal. ¶ 이 구문에서는 ~에 보조동사가 뒤따라 나온다 Dans cette construction, le verbe principal est suivi du verbe auxiliaire.

주되다 자 ☞ 주[1]

주둔 駐屯 명 【군사】 stationnement *m* ((d'une troupe)). ◇_(을) **하다** être en garnison ((à Séoul)); stationner.

◆_**군** -軍 명 garnison *f*; troupe *f* [armée *f*] d'occupation.

◆_**지** -地 명 terre *f* occupée.

주둥아리 명 ① bec *m* ((d'un oiseau)). ② 【속어】 ((사람)) gueule *f* {*fam*}; ((une clope au, clouer le)) bec *m* {*fam*}; avaloire *f* {*fam*}; goule *f* {*fam*}; goulot *m* {*fam*}; margoulette *f* {*fam*}. ¶ ~를 함부로 놀리다 parler à tort et à travers [sans discernement, en dépit du bon sens, n'importe comment]; être une mauvaise langue, trop parler, ne pas surveiller *son* langage. ¶ ~ 닥쳐! Ta gueule! {*vulg*} / Ferme ta gueule! {*vulg*} / La ferme! {*vulg*} / Ferme[Boucle]-la! {*fam*} / Ferme ton clapet! {*fam*} / Mets-la en veilleuse! {*fam*} / Écrase! {*fam*}.

주둥이 명 ① ((새)) bec *m*. ¶ 새는 ~가 길다 L'oiseau a un long bec. ② 【속어】 ((사람)) gueule *f* {*fam*}; ((une clope au, clouer le)) bec *m* {*fam*}; avaloire *f* {*fam*}; goule *f* {*fam*}; goulot *m* {*fam*}; margoulette *f* {*fam*}. ¶ ~ 닥쳐라 Ta gueule! {*vulg*} / Ferme ta gueule! {*vulg*} / La ferme! {*vulg*} / Ferme[Boucle]-la! {*fam*} / Ferme ton clapet! {*fam*} / Mets-la en veilleuse! {*fam*} / Écrase! {*fam*}. ¶ 고 놈의 ~ 때문에! Cette maudite langue!

*~(를) **까다** parler sans réfléchir, parler à n'en plus finir.

*~**를 놀리다** papoter, babiller, ouvrir *sa* grande gueule {*fam*}. ¶ 주둥이[입] 함부로 놀리지 말게 Ne parle pas à tort et à travers [sans réfléchir] / Surveille ton langage! / Réfléchis avant de parler / Tourne sept fois ta langue dans ta bouche avant de parler.

*~**를 삐죽 내밀다** faire la moue, faire une moue de mécontentement.

*~**만 살다** être un beau parleur, beaucoup parler mais sans passer à l'action; ce n'est que du vent ((Tu parles, tu parles beaucoup, mais quand il faut agir ....)).

주량 酒量 명 quantité *f* de boisson alcoolisée [alcoolique] que l'on peut boire. ¶ ~이 늘다 boire de plus en plus. ¶ ~이 줄다 boire de moins en moins. ¶ 그는 ~이 세다 C'est un grand buveur. ¶ 나는 ~이 소주 반병이다 Je peux boire une demi-bouteille de *soju*. ¶ ~이 어떻게 되세요? Quelle quantité d'alcool peux-tu boire [encaisser {*fam*}]? / Quelle quantité d'alcool [Combien de bouteilles] arrives-tu à boire?

주렁주렁 부 en abondance, en grappe. ¶ 열매가 ~ 달려 있다 L'arbre porte des fruits en abondance / L'arbre porte abondamment de fruits sur ses branches / L'arbre est [Les branches de l'arbre sont] lourdement chargé(*es*) de fruits / L'arbre croule sous les fruits.

◆_**하다** 형 être abondant(*e*); être lourdement chargé(*e*) ((de fruits)).

주력[1] **主力** 명 force *f* principale; le gros *m* ((d'une armée)). ¶ ~을 이루다 concentrer le gros de *ses* forces; se consacrer principalement à *qc*. ¶ 이 계열사가 모기업의 ~ 사업을 담당하고 있다 Cette filiale s'occupe du secteur-clé de la maison-mère.

◆_**기업** -企業 명 société *f* principale; industrie-clé *f*.

◆_**부대** -部隊 명 armée *f* principale.

◆_**함** -艦 명 bâtiment *m* de ligne.

주력[2] **注力** 명 concentration *f* des forces, efforts *mpl*. ◇_(을) **하다** concentrer *ses* forces pour *qc*/*inf*; consacrer *son* énergie à *qc*. ¶ 그는 프랑스어 공부에 ~했다 Il s'est entièrement donné à l'apprentissage du français. ¶ 새 정부는 물가를 안정시키는 데 ~하고 있다 Le nouveau gouvernement concentre ses efforts pour stabiliser les prix.

주렴 珠簾 명 store *m* de perles enfilées. ¶ ~을 걷다 dérouler le store de perles enfilées.

주례 主禮 명 ① ((행위)) présidence *f* d'une cérémonie. ¶ ~ 목사[신부] le pasteur [le prêtre] officiant. ¶ ~를 맡다 se charger de la présidence de la cérémonie. ¶ ~를 부탁드리다 demander à *qn* de présider la cérémonie. ② ((사람)) officiant *m*; président *m* d'une cérémonie du mariage. ¶ 지도교

수를 ~로 모시다 demander à *son* (ancien) directeur de recherches de présider *sa* cérémonie de mariage ((coutume coréenne)). ¶ 어서 ~를 모셔 와라 Va vite chercher le président de la cérémonie. ◇_(를) **하다** [**보다, 서다**] présider la cérémonie. ¶ 너희 결혼식에 서 ~를 하신 분이 누구니? Qui a présidé ton mariage?

◆**_사** -辭 명 discours *m* de présidence d'une cérémonie de mariage.

주로 主- 부 généralement, en général, surtout, principalement, essentiellement; pour la plupart. ¶ 주말에 ~ 뭐 하세요? Que faites-vous en général le week-end? / Comment occupez-vous en général vos week-ends? ¶ 저희 상점은 적포도주를 프랑스에서 ~ 들여옵니다 Notre magasin importe des vins rouges principalement de France. ¶ 그 남자는 야행성이라 ~ 밤에 일한다 Couche-tard, il travaille plutôt la nuit. ¶ ~ 풍경화를 그리다 peindre surtout des paysages.

주루루 부 ☞ 주르르

주루룩 부 ☞ 주르륵

주룩주룩 부 à verse, à torrents, à flots, à seaux; en abondance, abondamment. ¶ 밤새도록 비가 ~ 내렸다 Il a plu à verse [à torrents, à seaux, à flots] continuellement [sans interruption] toute la nuit.

주류[1] 主流 명 ① ((강물 따위의)) courant *m* principal. ② tendance *f* dominante. ¶ 현대 문학의 ~ tendance dominante de la littérature contemporaine. ¶ 그의 이론은 그 분야의 ~로 인정받고 있다 Sa théorie est considérée comme une tendance dominante du domaine. ③ tendance *f* [groupe *m*] majoritaire. ¶ 당내 ~와 비주류의 대립 conflit entre le clan majoritaire et le clan minoritaire du parti. ¶ ~에 속하다 faire partie du groupe majoritaire.

◆**_파** -派 명 parti *m* [clan *m*] majoritaire.

◆**비_** 非 명 groupe *m* minoritaire [non majoritaire].

주류[2] 酒類 명 alcools *mpl*; boissons *fpl* alcoolisées [alcooliques]. ¶ 모든 종류의 ~를 취급하다[팔다] vendre toutes sortes d'alcools.

◆**_업** -業 명 vente *f* [commerce *m*] de boissons alcoolisées [alcooliques].

주륙 誅戮 명 exécution *f* capitale; mise *f* à mort. ◇_(을) **하다** punir *qn* de la peine capitale; exécuter ((un condamné)), mettre à mort ((un criminel)). ◇_(이) **되다** être exécuté(*e*), être mis(*e*) à mort, être puni(*e*) de la peine capitale.

주르르 부 ① ((액체)) ((couler)) en un filet continu, en filet. ¶ 이마에 땀방울이 ~ 흘렀다 Un filet de sueur lui dégoulinait {fam} sur le front / Un filet de sueur dégoulinait {fam} de son front. ¶ 갑자기 눈물이 ~ 흘러 내렸다 Soudain des larmes jaillirent de ses yeux en un filet continu / Soudain, un filet de larmes coula le long de son visage. ② ((물건)) en glissant. ¶ 허리띠가 풀어져 바지가 ~ 흘러 내렸다 Sa ceinture s'est desserrée et son pantalon a glissé / Son pantalon a glissé parce que sa ceinture était desserrée. ③ ((발걸음)) à grands pas. ¶ 팬과 기자들이 그 가수에게로 ~ 달려갔다 Des admirateurs et des journalistes ont accouru à grands pas vers le chanteur. ④ ((줄, 열)) en ligne; ((avancer)) tout droit. ¶ 표를 사려는 사람들이 ~ 서 있었다 Les gens se sont alignés [mis en ligne, mis en file indienne, ont formé une queue] pour acheter des billets.

주르륵 부 ① ((액체)) ((couler)) en un filet continu, en filet. ¶ 이마에 땀방울이 ~ 흘렀다 Un filet de sueur lui dégoulinait sur le front / Un filet de sueur dégoulinait de son front. ¶ 눈물이 ~ 흘러내렸다 Des larmes coulèrent de ses yeux en un filet continu / Un filet de larmes coula le long de son visage. ② ((avancer)) tout droit. ¶ 사람들이 비상구 쪽으로 ~ 달려갔다 Les gens se sont rués vers la sortie de secours les uns après les autres.

주름 명 ① ((피부)) ride *f*; ((눈가의)) patte *f* d'oie. ¶ ~ 투성이의 얼굴 visage très ridé. ¶ ~진 얼굴 visage ridé. ¶ ~이 늘어 가다 avoir de plus en plus de rides. ¶ 나이가 들면서 ~이 생기다 prendre[avoir, acquérir] des rides avec l'âge [en prenant de l'âge]. ② ((옷)) pli *m*. ¶ ~이 잘 잡힌 바지 un pantalon bien plissé. ¶ ~을 잡다[세우다] plisser, donner un pli. ¶ 그는 바지에 항상 빳빳하게 ~을 잡는다 Il porte toujours un pantalon bien plissé. ③ 구김살 froissement *m*. ¶ ~을 펴다 défroisser. ¶ ~ 하나 없는 바지 un pantalon sans aucun pli [sans le moindre pli, impeccablement repassé]. ¶ ~이 지다[잡히다, 가다] être ridé(*e*). ¶ 옷을 함부로 굴려서 온통 ~이 갔다 Le vêtement est tout froissé, faute de l'avoir bien gardé. ¶ ~ 잡히지 않게 잘 앉아라 Veille à ne pas froisser le vêtement quand tu t'assieds. *~**잡다** régner sur *qn*/*qc*; faire la pluie et le beau temps. ¶ 천하를 ~잡다 régner sur le monde entier. ¶ 그는 한 때 이 지역을 ~잡던 인물이다 C'est un magnat qui à l'époque faisait la pluie et le beau temps dans le quartier.

◆**_치마** 명 jupe *f* plissée ((par opposition à une jupe droite)).

◆**잔_** 명 petite ride *f*.

주리 명 torture *f* qui consiste à tordre les jambes à l'aide de deux bâtons. ¶ ~를 틀다 mettre *qn* à la torture (des jambes).

주리다 자 ① être affamé(*e*), tiraillé(*e*) par la faim. ¶ 나는 주린 배를 움켜쥐고 일을 했다 J'ai travaillé en supportant la faim. ② ((비유적)) être affamé(*e*), assoiffé(*e*), avide ((de gloire)); avoir soif de *qc*/*inf*. ¶ 이 아이들은 항상 사랑에 주려 있다 Les enfants sont toujours assoiffés d'amour [d'affection] / Les enfants ont toujours soif d'affection.

주리론 主理論 명 【철학】 théorie *f* confucéenne de Yi-Hwang.

주리파 主理派 명 【철학】 école *f* coréenne de confucianisme qui a hérité de la théorie de Yi-Hwang.

주립 州立 명 établi(*e*) par la province [par l'État, par le département].

ㅈ

◆_대학 -大學 명 université *f* fondée par le gouvernement d'un État ((aux États-Unis)).

주마가편 走馬加鞭 명 (action d') encourager *qn* à faire encore mieux. ◇_(을) 하다 encourager *qn* à faire encore mieux, stimuler *qn* (à faire mieux).

주마간산 走馬看山 명 (action de) jeter un coup d'œil, (action de) regarder *qc* très rapidement et superficiellement ((littéralement: regarder la montagne à cheval)). ¶ 시간이 없어서 루브르 박물관을 ~ 격으로 관람하고 왔다 Faute de temps [Par manque de temps], j'ai parcouru rapidement le musée du Louvre [j'ai fait un tour rapide du musée du Louvre]. ◇_(을) 하다 regarder *qc* très rapidement et superficiellement, survoler ((un endroit)), parcourir rapidement ((une région)).

주마등 走馬燈 명 ① lanterne *f* dont les dessins collés à l'intérieur se reflètent en tournant à l'extérieur. ② changement *m* rapide des choses. ¶ 지난 일이 ~처럼[같이] 눈앞을 스쳐 갔다 Les images du passé défilaient avec rapidité devant mes yeux / Des flash(*e*)s de mon passé défilaient devant mes yeux.

주막 酒幕 명 auberge *f*, taverne *f*. ¶ ~에서 하루를 머물다 séjourner une journée dans une auberge.

◆_거리 명 rue *f* des tavernes, rue *f* aux nombreuses tavernes.

◆_집 명 auberge *f*, taverne *f*.

주말 週末 명 week-end *m*. ¶ ~ 드라마 le feuilleton du week-end. ¶ ~ 특집 émission spéciale du week-end. ¶ ~마다 chaque week-end, tous les week-ends, le week-end. ¶ ~마다[에는] 쉽니다 Je ne travaille pas le week-end. ¶ 다음 ~에 le week-end prochain, le week-end qui vient, ce week-end. ¶ ~ 잘 보내세요 Passez un bon week-end / Bon week-end. ¶ ~을 어떻게 지내셨어요? Qu'est-ce que vous avez fait ce week-end [le week-end dernier]? Bon week-end! / Passez un bon [un agréable, un excellent] week-end! ¶ ~에 무엇을 하실 겁니까? Qu'est-ce que vous comptez faire ce week-end [le week-end qui vient]?

◆_여행 -旅行 명 voyage *m* du week-end.

주머니 명 ① sac *m* en toile [en coton]. ¶ 도시락 ~ sac en toile de la boîte à lunch [de la boîte (compartimentée) du panier-repas]. ② poche *f*. ¶ 외투 ~ une poche de manteau. ¶ ~를 뒤지다 chercher [fouiller] dans *sa* poche. ③ ((비유적)) bourse *f*, état *m* financier de *qn*. ¶ ~ 사정을 봐야겠다 Il faut consulter ma bourse. ¶ 오늘은 ~ 사정이 별로 좋지 않다 Aujourd'hui, je n'ai pas beaucoup d'argent.

*~가 가볍다 avoir la bourse plate [légère, à sec, vide].

*~가 넉넉하다[든든하다] avoir la bourse bien garnie [ronde, lourde], avoir le portefeuille bien garni.

*~끈을 조르다 serrer les cordons de la bourse, se serrer la ceinture.

*~를 둘씩 차다 en mettre une partie dans *sa* poche.

*~를 채우다 remplir *ses* poches.

*~(를) 털다 vider [retourner] *ses* poches; faire les poches à *qn*.

*~ 속에서 물건 쥐어 내듯 ((faire *qc*)) avec beaucoup de facilité.

*~에 들어간 송곳이라 Les bons actes comme les mauvais finissent toujours par se savoir.

*~ 털어 먼지 안 나오는 사람 없다 Même les gens les plus honnêtes ont des parts d'ombre / Personne n'est propre / Tout le monde a quelque chose à cacher / On a toujours quelque chose à cacher / Tout le monde a un cadavre [un squelette] dans le placard.

◆_ㅅ돈 명 argent *m* de poche.

*~ㅅ돈이 쌈짓돈 ☞ 쌈지

◆_칼 명 couteau(*x*) *m* de poche, couteau(*x*) pliant, couteau(*x*) suisse, canif *m*, opinel *m*, laguiole *m*.

주먹 명 ① poing *m*. ¶ ~을 휘두르다 user des poings, cogner, frapper; commettre un acte de violence. ¶ ~으로 때리다 donner des coups de poing à *qn*. ¶ 그는 굳은 결심을 한 듯 ~을 꽉[불끈] 쥐었다 Il a serré le poing comme s'il était fermement déterminé. ② (coup *m* de) poing *m*, force *f* physique, altercation *f* physique. ¶ ~ 싸움 pugilat, bagarre, rixe, échauffourée. ¶ ~ 자랑 vantardise de *sa* force physique. ¶ ~이 세다 avoir un très bon [un sacré {*fam*}] punch, avoir de la force dans les poings [dans les bras], avoir un sacré coup de poing {*fam*}. ¶ 그들은 모든 일을 ~을 써서 해결하려고 든다 Ils ont tendance à régler les problèmes par l'altercation physique. ¶ 그는 평생 ~ 하나로 살아왔다 Il a vécu toute sa vie en utilisant sa force physique. ¶ 내 ~도 이젠 녹슬었어 À présent, je n'ai plus ma forme d'antan [la forme de ma jeunesse]. ¶ 한때는 그도 ~ 세계에서 유명하던 사람이다 Lui aussi, il était célèbre pour son punch [pour ses crochets]. ③ ((분량)) ((une)) poignée de ((de sel, de dragées, de cheveux)). ¶ 사탕 한 ~ une poignée de bonbons.

*~은 가깝고 법은 멀다 La violence est plus proche de nous que la loi / Force passe droit / La force prime le droit.

*~을 먹이다 assener [asséner, donner, allonger {*fam*}, filer {*fam*}, ficher {*fam*}, flanquer {*fam*}] un coup de poing, flanquer une châtaigne ((à *qn*)), distribuer des marrons, filer une avoine {*arg*} ((à *qn*)).

*~이 오가다 échanger des coups de poing. ¶ 오랜 말다툼 끝에 ~이 오가는 싸움이 벌어졌다 La longue dispute s'est finalement transformée en échange de coups de poing / La longue dispute a finalement dégénéré en rixe / La longue discussion s'est terminée en pugilat.

*~이 운다 retenir l'envie de donner un coup de poing; se retenir de frapper *qn*; mes poings me

démangent.

◆_구구 -九九 명 ((par)) approximations *fpl*. ¶ 그는 항상 일을 ~구구로 처리한다 Il règle ses affaires toujours par approximation. ¶~구구식 par approximation

◆_다짐 명 lutte *f* à coup de poing. ¶ 누구와[에게] ~다짐(을) 하다[벌이다] se battre à coups de poing avec *qn*, échanger des coups de poing avec *qn*. ¶~다짐으로 번지다 ((dispute)) dégénérer en bagarre [en rixe], ((discussion)) se terminer en pugilat, en venir aux mains [aux poings], se transformer en bagarre [en mêlée].

◆_맛 명 force *f* de *son* poing. ¶ 언제 한번 ~맛을 보여 주마 Je vais te faire sentir un jour la force de mon poing.

◆_밥 명 boulette *f* de riz (de la taille d'un poing) pouvant contenir un condiment. ¶ 나는 어머니가 싸 주신 ~밥으로 점심을 때웠다 Je me suis contenté(*e*) pour le déjeuner [comme déjeuner] de quelques boulettes de riz confectionnées par ma mère / Je me suis contenté(*e*) de quelques boulettes de riz confectionnées par ma mère en guise de déjeuner.

◆_세례 -洗禮 명 ((recevoir)) une pluie de coups de poing. ¶~세례를 받다 recevoir une pluie de coups de poing, se faire salement abîmer (le portrait) {*fam*}, se faire arranger le portrait {*fam*}, se faire drôlement arranger {*fam*}, se faire amocher {*fam*}, se faire rosser [casser la figure]. ¶~세례를 가하다[퍼붓다] rosser *qn*, donner une pluie de coups de poing à *qn*, salement abîmer (le portrait) à *qn* {*fam*}, arranger le portrait à *qn* {*fam*}, drôlement arranger {*fam*} *qn*, amocher *qn* {*fam*}, casser la figure à *qn* {*fam*}.

◆_손 명 poing *m*.

◆_질 명 lutte *f* à coups de poing, coup *m* de poing. ¶~질하지 말고 말로 해라 Parle au lieu de te bagarrer.

◆_코 명 nez *m* en patate. ¶ 그는 ~코이다 Il a le nez en patate.

◆맨_ 명 ① à mains nues, les poings nus. ¶ 맨~으로 벽돌을 깨다 casser des briques à mains nues par un coup de poing [avec le revers du poing]. ② ((se battre)) à mains nues, sans (aucune) arme; *sans aucun capital, à partir de* rien, en partant de rien, par *ses* seuls moyens, avec trois fois rien, sans aucune aide, en ne pouvant compter que sur *soi*-même, ((fortune acquise)) à la force du poignet [des poignets] {*fam*}. ¶ 맨~으로 누구와 싸우다[맞서다] lutter [se battre] à poings [à mains] nus contre *qn*. ¶ 맨~으로 시작하다 commencer sans aucun capital, commencer à partir de rien [par *ses* seuls moyens], créer [monter, lancer] ((*son* affaire, *sa* boîte {*fam*}, une grosse entreprise)) en partant de rien [avec trois fois rien, sans aucune aide, en ne pouvant compter que sur *soi*-même].

◆종_ 명 poing *m* menaçant. ¶ 종~을 대다[들이대다] lever un poing menaçant.

주모[1] 酒母 명 patronne *f* d'une taverne.

주모[2] 主謀 명 organisation *f* d'un complot. ◇_(를) 하다 ourdir [tramer] un complot [une machination, une conspiration]. ¶ 파업을 ~하다 mener la grève.

◆_자 -者 명 meneu*r*(*se*) [chef *m*] d'un complot [d'une conspiration], instiga*teur*(*trice*) d'un complot, conduc*teur*(*trice*) d'un complot, personne *f* jouant un rôle prépondérant [majeur] dans un complot, initia*teur*(*trice*) d'un complot, chef *m* de file d'un complot. ¶ 시위 ~자로 지목되다 être désigné(*e*) comme l'initiateur [le meneur, le leader, l'instigateur] d'une manifestation.

주목 注目 명 attention *f*. ¶~의 대상 objet d'attention. 감 Attention! ¶ 모두 ~! S'il vous plaît, je réclame l'attention de tous [je réclame votre attention] / S'il vous plaît, je vous demande d'être tous attentifs. ◇_(을) 하다 prêter attention sur *qc*, fixer *son* regard sur *qc*. ¶ 여기 잠시만 ~해 주세요 Est-ce que je peux attirer un moment votre attention s'il vous plaît? ¶ 그의 주장은 우리 모두가 ~할 만하다 Son opinion mérite toute notre attention. ◇_(이) 되다 être cible de tous les regards. ◇_(을) 받다[끌다] attirer l'attention [le regard] de *qn*. ¶ 그는 그 분야에서 ~을 받는 신진 학자이다 C'est un jeune savant qui attire l'attention des spécialistes de ce domaine.

◆_거리 명 objet *m* d'attention.

주목적 主目的 명 but *m* [objectif *m*] principal. ¶ 무엇을 ~으로 삼다[하다] avoir *qc* comme but principal, viser *qc*. ¶ 많은 돈을 버는 것이 그의 ~이었다 Son but principal était de gagner beaucoup d'argent.

주무 主務 명 responsabilité *f*. ¶~ 관청 les autorités compétentes [responsables].

◆_자 -者 명 responsable *mf*.

주무르다 타 ① masser, malaxer, tripoter; pétrir. ¶ 어머니의 팔다리를 주물러 드렸다 J'ai massé les bras et les jambes de ma mère. ¶ 그 여자는 빨래를 힘껏 주물러 빨았다 Elle a lavé énergiquement le linge. ¶ 사지도 않을 거면서 이것저것 주무르지 마라 Ne touchez pas à tout [Ne tripotez {*fam*} pas tout], si vous ne voulez pas l'acheter [si vous n'avez pas l'intention d'acheter]. ② mener *qn* par le bout du nez [à la baguette]; faire ce que l'on veut de *qn*; mener *qn* à sa guise. ¶ 그 사람은 제 마음대로 사람들을 주무르기 시작했다 Il a commencé à mener les gens par le bout du nez [à la baguette].

주무시다 자 dormir, coucher, se coucher; s'endormir ((terme honorifique)). ¶ 아버지께서 주무시니 조용히 방으로 들어가라 Puisque ton père dort, entre dans sa chambre sans bruit. ¶ 안녕히 주무셨습니까? Avez-vous bien dormi? / Avez-vous passé une bonne nuit? / Vous êtes-vous bien reposé(*e*)? ¶ 안녕히 주무세요 (Passez une) bonne nuit.

주문[1] 呪文 명 incantation *f*, parole *f* incantatoire, formule *f* magique. ¶~을 걸다 ensorceler *qn* par une formule. ¶ ~을 외다 proférer des incantations, prononcer des paroles incantatoires.

주문² 注文 명 commande *f*. ¶ ~을 취소하다 décommander, annuler une commande. ¶ ~이 쇄도하다 avoir des commandes abondantes; les commandes affluent. ¶ 그들의 ~대로 일을 해 주다 organiser le travail en fonction de leur commande. ¶ 우리 업체는 주로 ~ 판매를 합니다 Notre entreprise fait essentiellement ses ventes [pratique la vente essentiellement] sur commande. ¶ ~이 많이 들어온다 Les commandes affluent. ◇_(을) **하다**[**내다**] commander, passer une commande. ¶ 커피 한 잔을 ~하다 commander un café. ¶ 공급처에 새 물품을 ~하다 passer la commande de nouvelles marchandises au fournisseur. ◇_(이) **되다** être en commande. ◇_(을) **받다** recevoir une commande. ¶ ~ 받으세요 Prenez notre commande s'il vous plaît / Veuillez prendre notre commande s'il vous plaît.

◆_**서** -書 명 bon *m* de commande.

◆_**자** -者 명 client(*e*) qui passe la commande.

◆_**제** -制 명 sur commande.

◆_**품** -品 명 marchandise *f* commandée.

주물 鑄物 명 【공업】 article *m* en fonte.

주물럭거리다 타 tripoter, toucher, pétrir. ¶ 그 사람은 주머니에 손을 넣고 뭔가를 주물럭거리고 있었다 Il a mis sa main dans sa poche et a tripoté quelque chose.

주물럭대다 타 ☞ 주물럭거리다

주물럭주물럭 부 en massant, en tripotant, en malaxant.

◆_**하다** 타 tripoter, toucher, masser; pétrir, malaxer ((de la pâte)); travailler ((de l'argile pour la délayer)).

◆_**거리다**[**대다**] 타 tripoter, toucher, masser; pétrir, malaxer.

주미 駐美 명 résidence *f* aux États-Unis; résidant aux États-Unis; en poste aux États-Unis, basé(*e*) aux États-Unis. ¶ ~ 한국대사 ambassadeur de la Corée du Sud aux États-Unis.

주민 住民 명 habitant(*e*); population *f*. ¶ 마을 ~ habitants du village. ¶ 아파트 ~ habitants d'un groupe d'immeubles résidentiels, résidents d'un groupe d'immeubles. ¶ 지하철역 부근의 ~들 les habitants du quartier d'une station de métro. ¶ 공사가 ~들의 반대에 부딪쳤다 Les travaux se sont heurtés à l'opposition des habitants.

◆_**등록** -登錄 명 enregistrement *m* de domicile.

◆_**등록번호** -登錄番號 명 numéro *m* de *sa* carte nationale d'identité.

◆_**등록증** -登錄證 명 carte *f* nationale d'identité.

◆_**세** -稅 명 taxe *f* d'habitation.

◆_**증** -證 명 carte *f* nationale d'identité. ¶ ~증을 보여주다[내보이다] montrer *sa* carte d'identité.

◆**원**_ 原- 명 indigène *mf*, autochtone *mf*.

주발 周鉢 명 bol *m* à riz de cuivre. ¶ ~에 밥을 담다 servir du riz dans un bol de cuivre.

분류 bol *m* de riz. ¶ 그는 밥을 반 ~만 먹었다 Il n'a mangé que la moitié de son bol de riz.

주방 廚房 명 cuisine *f*; ((식당)) cuisines *fpl*.

◆_**장** -長 명 chef *m* cuisinier.

주번 週番 명 élève *mf* désigné(*e*) pour la corvée de ménage pour la semaine, élève *mf* de corvée de ménage pour la semaine; militaire *m* désigné pour les corvées de ménage ((de chiottes {*fam*}, d'épluchage)). ¶ ~을 서다 prendre *son* tour de semaine; être de semaine, être de corvée. ¶ 이번 주 ~이 누구냐? Qui est de service [de corvée] pour la semaine [cette semaine]?

주범 主犯 명 ① auteur *m* (principal) d'un crime. ¶ 사건의 ~ l'auteur principal de l'affaire. ¶ ~을 수배하다 prendre des dispositions en vue de l'arrestation de l'auteur principal du crime. ¶ 그는 그 사건의 ~으로 지목되었다 Il est désigné comme auteur principal de cette affaire. ② ((비유적)) cause *f* principale. ¶ 환경오염의 ~은 생활하수이다 Les eaux d'égout sont la principale cause de la pollution de l'environnement.

주법¹ 走法 명 【운동】 manière *f* de courir. ¶ ~을 고치다 corriger *sa* manière de courir. ¶ ~이 좋다[나쁘다] avoir une bonne [mauvaise] manière de courir.

주법² 奏法 명 【음악】 technique *f* de jouer un instrument musical.

주벽 酒癖 명 ((avoir)) mauvais vin *m*, ((avoir)) le vin mauvais. ¶ 그는 싸우는 ~을 갖고 있다 Il a l'habitude de se battre chaque fois qu'il est ivre [qu'il boit] / Il devient violent [brutal] sous l'effet de l'alcool / Il a le vin mauvais. ¶ 그는 ~이 심하다 Il se conduit très mal après avoir bu / Il devient très violent sous l'effet de l'alcool. ¶ 그는 ~이 있다 Il porte mal son vin / Il a mauvais vin / Il se conduit mal après avoir bu / Il devient violent [brutal] sous l'effet de l'alcool / Il a le vin mauvais.

주변¹ 명 habileté *f*, adresse *f*, dextérité *f*, technique *f*. ¶ ~이 좋다 être habile, être adroit(*e*). ◇_(이) **없다** ne pas être habile [adroit(*e*)], être maladroit(*e*), manquer d'habileté [d'adresse]. ¶ 그는 ~이 없는 사람이다 Il n'est pas très habile / Il manque d'habileté [d'adresse].

◆_**성** -性 명 habileté *f*, adresse *f*, dextérité *f*, technique *f*.

◆_**머리** 명 habileté *f*, adresse *f*, dextérité *f*. ¶ 그 사람의 ~머리로는 아무 일도 못한다 Avec le peu d'habileté qu'il a, il n'est capable de rien. ¶ 그는 그런 일을 할 만한 ~머리가 없다 Il n'est pas apte à faire ce genre de travail.

◆**말**_ 명 don *m* de la parole. ¶ 그는 말~이 있다 Il a le don de la parole / Il a la langue déliée / Il parle [s'exprime] avec facilité [avec aisance] / Il a la parole facile / Il a une locution aisée / Il est éloquent / Il a de l'éloquence / Il a un bon délié / Il a la parole déliée / Il a une grande facilité d'élocution / Il est disert {*litt*} / Il a de la tchatche {*fam*} / C'est un brillant causeur [un bon orateur, un orateur éloquent, un orateur disert {*litt*}]. ¶ 그는 말~이 없다 Il n'a pas la parole facile / Il s'exprime avec difficulté [difficilement] / Il a la parole embarrassée / Ce n'est pas un bon orateur.

주변² 周邊 명 ((dans les)) environs *mpl*, voisinage *m*, périphérie *f*, alentours *mpl*, abords *mpl*, ((dans le)) coin *m* {*fam*}, ((dans le)) quartier *m*, autour de. ¶ ~ 국가 정세 la situation des pays environnants. ¶ ~ 환경 l'environnement. ¶ ~ 사람들 *son* entourage. ¶ 건물 ~을 배회하다 flâner autour du bâtiment. ¶ ~에 맛있는 식당 없니? (Il n')y a pas un bon restaurant dans le quartier [dans le coin {*fam*}, dans les environs, près d'ici, pas loin d'ici]? ¶ 그의 ~에는 사람들이 많다 Il est très entouré. ¶ 우리 ~에서 일어나는 모든 상황을 주시해야 한다 Il faut prêter l'attention sur tout ce qui se passe autour de nous.

◆**_적** -的 명관 secondaire, accessoire. ¶ ~적인 인물 un personnage secondaire [accessoire]. ¶ 그 주제는 ~적이다 Ce thème est secondaire.

◆**_인** -人 명 margin*al*(*ale*, *aux*).

◆**_장치** -裝置 명 【컴퓨】 périphérique *m* d'ordinateur, équipements *mpl* péri-informatiques.

주보 週報 명 hebdomadaire *m*, bulletin *m* hebdomadaire. ¶ ~를 발행하다 publier un bulletin hebdomadaire.

주보급로 主補給路 명 【군사】 principales voies *fpl* servant au ravitaillement.

주봉 主峰 명 sommet *m* [pic *m*, cime *f*] princip*al*(*ale*). ¶ 히말라야의 ~ le sommet principal de l'Himalaya.

주부¹ 主部 명 partie *f* principale.

주부² 主婦 명 femme *f* au foyer; maîtresse *f* de maison, ménagère *f*. ¶ ~ 대상 프로그램 programme visant les femmes au foyer [ayant comme cible les ménagères]. ¶ 알뜰한 ~ une bonne ménagère. ¶ ~ 역할을 하다 assumer [jouer] le rôle de [remplacer] la maîtresse de maison.

◆**가정_** 家庭- 명 femme *f* au foyer.

◆**전업_** 專業- 명 femme *f* au foyer.

주빈 主賓 명 invité(*e*) d'honneur. ¶ ~으로 참석하다 être l'invité d'honneur du jour.

주사¹ 注射 명 *injection f*, *piqûre f*, *piquouse f* {*fam*}. ¶ 근육[정맥] ~ une injection [piqûre] intramusculaire [intraveineuse], ((faire)) une intramusculaire [une intraveineuse]. ¶ 피하 ~ une injection sous-cutanée. ¶ 그 환자는 ~가 잘 듣지 않았다 L'injection n'a pas eu grand effet sur ce malade. ◇_(를) **하다[놓다]** injecter, faire une injection; faire une piqûre, piquer. ¶ 환자에게 진통제를 ~하다 injecter un calmant [un sédatif, un tranquillisant] à un(*e*) patient(*e*). ¶ 팔에 ~를 놓다 faire une injection intraveineuse dans le bras de *qn*, administrer un médicament par voie intraveineuse dans le bras de *qn*. ◇_(를) **맞다** se faire faire une piqûre.

◆**_기** -器 명 seringue *f* injectable, injecteur *m*. ¶ ~기를 꽂다 faire une piqûre [une injection] avec une seringue.

◆**_ㅅ바늘** 명 aiguille *f* à injection.

◆**_액** -液 명 【의학】 injection *f*; solution *f* injectable.

◆**_약** -藥 명 médicament *m* à l'usage d'injection.

◆**예방_** 豫防- 명 vaccination *f*. ¶ 결핵 예방 ~ vaccination contre la tuberculose.

주사² 酒邪 명 mauvaise habitude *f* qui apparaît sous l'influence de l'alcool, mauvaise habitude *f* d'un alcoolique, ((avoir)) mauvais vin *m*, ((avoir)) le vin *m* mauvais. ¶ ~가 심하다 porter très mal *son* vin; avoir le vin mauvais [méchant, violent], se conduire très mal après avoir bu [sous l'emprise de l'alcool, sous le coup de la boisson, sous l'effet de l'alcool, sous l'influence de l'alcool], devenir violent(*e*) [brutal(*e*)] sous l'effet de l'alcool, devenir violent(*e*) quand on a bu. ◇_(를) **하다[부리다]** se conduire mal sous l'influence de l'alcool [après avoir (trop) bu]. ◇_(가) **있다** porter mal *son* vin, avoir mauvais vin, avoir le vin mauvais, se conduire très mal après avoir bu, devenir violent(*e*) [brutal(*e*)] sous l'effet de l'alcool.

주사³ 主事 명 【법률】 fonctionnaire *mf* subalterne.

주사위 명 dé *m*. ¶ ~놀이를 하다 jouer aux dés. ¶ ~를 던지다 lancer [jeter] un dé [des dés]. *~**는 던져졌다** Les dés sont jetés / Le dé en est jeté / Les jeux sont faits.

주사파 主思派 명 【정치】 organisation *f* estudiantine qui adhère à la doctrine de Kim Il-sung.

주산 珠算 명 calcul *m* au boulier [à l'abaque]; boulier *m*. ¶ ~을 배우다 apprendre à calculer avec un boulier. ◇_(을) **놓다** calculer avec un boulier, calculer à l'abaque, faire des comptes au boulier.

주산물 主産物 명 produit *m* principal. ¶ 이 지방의 ~은 사과이다 Le produit principal de cette région est la pomme.

주산업 主産業 명 industrie *f* clé. ¶ ~을 육성하다 favoriser l'essor des industries clés. ¶ 이 도시는 제철업을 ~으로 한다 L'industrie clé de cette ville est la sidérurgie.

주산지 主産地 명 principal(*aux*) pays *m* producteur [principale région *f* productrice], centre *m* de production. ¶ 옥수수의 ~ principale région productrice de maïs.

주상 主上 명 【역사】 roi *m*, Sa Majesté *f*.

주색¹ 主色 명 couleur *f* principale. ¶ 그 그림의 ~은 파랑색이다 La couleur principale de ce tableau est le bleu / La couleur qui domine dans ce tableau est le bleu.

주색² 酒色 명 alcool *m* et luxure *f*; débauche *f*. ¶ ~을 멀리하다 sortir de la débauche. ¶ ~을 가까이하다 s'adonner [se livrer] à la débauche. ¶ ~에 빠지다

ㅈ

[(을) 탐하다] mener une vie de débauche, vivre [s'abandonner, tomber] dans la débauche et l'ivrognerie, s'adonner [se livrer] à la débauche. ¶ ~에 곯은 사내 un homme débauché, un débauché.

◆_잡기 -雜技 alcool *m*, luxure *f* et jeux d'argent *mpl*. ¶ ~잡기로 전 재산을 탕진하다 gaspiller toute *sa* fortune dans la débauche et au jeu.

주생활 住生活 명 habitation *f*. ¶ ~ 양식 habitat.

주석[1] 主席 명 chef *m*, président *m* ((d'une délégation)). ¶ 공산당 ~ le chef du parti communiste. ¶ 국가 ~ le chef de l'État. ¶ 임시정부의 ~ le chef du gouvernement provisoire.

주석[2] 柱石 명 【광물】 pilier *m* et son support *m*.

주석[3] 朱錫 명 【화학】 étain *m*.

주석[4] 註釋 명 annotation *f*, note *f*, remarque *f*, commentaire *m*, glose *f*. ◇_(을) **하다[달다, 붙이다]** accompagner ((un texte)) de notes, mettre des notes ((à un texte)), annoter ((un manuscrit)); commenter ((un texte)); ((난외)) marginer. ¶ 논문에 ~을 많이 달다 mettre beaucoup de notes dans un article. ◇_(이) **되다[달리다]** être annoté(*e*), être commenté(*e*). ¶ ~이 많이 달린 책 livre *m* surchargé de notes.

◆_자 -者 명 annota*teur*(*trice*), commenta*teur*(*trice*).

주석[5] 酒石 명 【화학】 tartre *m*.

주선[1] 周旋 명 entremise *f*, médiation *f*, intervention *f*. ¶ 누구의 ~으로 par l'entremise de *qn*. ¶ 누구에게 ~을 부탁하다 demander à *qn* d'intervenir [de jouer le rôle d'entremetteur]. ◇_(을) **하다** s'entremettre, offrir *son* entremise, intervenir. ¶ 만남[미팅]을 ~하다 s'entremettre pour une rencontre galante. ¶ 일자리를 ~하다 s'entremettre pour un job {*fam*}. ¶ 은행 대출을 받도록[받을 수 있게] ~하다 faire des démarches [intervenir] pour permettre à *qn* de pouvoir faire un emprunt à la banque. ◇_(이) **되다** être réalisé par(*e*) l'entremise de *qn*. ◇_(을) **받다** bénéficier de l'entremise de *qn*. ¶ 누구의 ~을 받아 par l'entremise [l'intermédiaire, la médiation] de *qn*.

◆_인 -人 명 intermédiaire, média*teur*(*trice*).

◆_자 -者 명 intermédiaire, média*teur*(*trice*).

주선[2] 酒仙 명 grand buveur *m*.

주섬주섬 부 l'un(*e*) après l'autre, l'un(*e*) à l'un(*e*). ¶ 과자[과일]를 ~ 집어먹다 manger des biscuits [des fruits] l'un après l'autre, manger un à un des biscuits. ¶ 방안에 널려 있는 옷을 ~ 거두다 rassembler des vêtements éparpillés dans une chambre. ¶ 옷을 ~ 껴입다 mettre un vêtement sur un autre, mettre deux vêtements l'un sur l'autre, mettre deux épaisseurs de vêtements.

주성 鑄成 명 fonte *f*. ◇_(을) **하다** fondre.

주성분 主成分 명 principal ingrédient *m*, élément *m* principal, matière *f* principale, principaux composants *mpl*. ¶ 이 제품은 ~이 플라스틱이다 La matière principale de ce produit est la matière plastique / Le principal composant de ce produit est le plastique.

주세 酒稅 명 taxe *f* sur les alcools.

주소 住所 명 adresse *f*, domicile *m*, lieu(*x*) *m* de résidence. ¶ ~와 성명을 말하다[대다] donner *son* adresse et *son* nom. ¶ ~를 기입[확인, 변경]하다 écrire *son* adresse [confirmer *son* adresse; changer d'adresse, faire un changement d'adresse, changer de lieu de résidence]. ¶ ~가 어디세요? Quelle est votre adresse? / Où habitez-vous [demeurez-vous]? / Où êtes-vous domicilié(*e*)?

◆_록 -錄 명 carnet *m* d'adresses, liste *f* d'adresses, annuaire *m*. ¶ 동창회 ~록을 만들다 établir [dresser, faire] la liste d'adresse [l'annuaire] des anciens élèves. ¶ ~록에서 누락되다 ne pas figurer dans le carnet d'adresses ((de *qn*)).

◆_불명 -不明 명 adresse *f* inconnue. ¶ ~불명으로 되돌아온 편지 lettre retournée en raison d'adresse inconnue.

◆_지 -地 명 domicile *m*.

◆현_ 現- 명 adresse *f* actuelle.

주속 紬屬 명 soierie *f*.

주술 呪術 명 sorcellerie *f*, magie *f*. ¶ ~의 힘을 빌려 à l'aide de la sorcellerie. ¶ ~을 걸다 ensorceler *qn* (par une formule magique, par une incantation), jeter un sort [sur] *qn*; enchanter *qn* au moyen de sortilèges [de formules magiques]. ¶ ~을 부리다[행하다] user de sorcellerie, avoir recours à la magie; ensorceler *qn* (par une formule magique, par une incantation), jeter un sort [sur] *qn*; enchanter *qn* au moyen de sortilèges [de formules magiques]. ¶ ~을 믿다 croire à la sorcellerie.

◆_사 -師 명 sorci*er*(*ère*), magicien(*ne*).

주술구성 主述構成 명 composition *f* en sujet-prédicat.

주스 영{juice} 명 jus *m* (de fruit). ¶ 오렌지[사과, 토마토, 당근, 파인애플, 키위] ~ du jus d'orange [de pomme, de tomate, de carotte, d'ananas, de kiwi].

주승 主僧 명 moine *m* bouddhiste chargé d'un temple.

주시 注視 명 observation *f* attentive. regard *m* attentif. ¶ 사람들의 ~에도 아랑곳하지 않다 se moquer du regard des autres, ne pas tenir compte du [négliger le] regard des autres. ◇_(를) **하다** observer [regarder] attentivement, avoir l'œil sur *qc*/*qn*, fixer [regarder fixement] *qc*, fixer *ses* regards sur *qc*; observer *qc*, contempler *qc*. ¶ 운전할 때에는 전방을 ~해야 한다 Lorsqu'on conduit, il faut regarder attentivement devant soi. ¶ 경찰이 그의 행동을 ~하고 있다 Il est l'objet d'observation attentive de la police / La police l'a à l'œil {*fam*}. ◇_(를) **받다** être [faire] l'objet d'observation attentive. ¶ 만장의 ~를 받다 attirer les regards de toute l'assemblée.

주식[1] 株式 명 action *f*, titre *m*, valeur *f*. ¶ ~ 시세 côte (des actions), les cours [le prix] des actions, le montant des valeurs. ¶ ~을 발행하다 émettre

ㅈ

des actions. ¶ ~을 사다[팔다] acheter [vendre] des actions [titres]. ¶ 스톡옵션으로 ~을 100 주 배당받다 se voir attribuer 100 options d'achat d'actions. ¶ ~에 투자하다 investir dans des actions.

◆_시장 -市場 명 marché *m* des actions; la Bourse *f*.

◆ 회사 -會社 명 société *f* anonyme.

주식[2] **主食** 명 aliment *m* [nourriture *f*] de base. ¶ 쌀을 ~으로 하다 faire du riz la base de *sa* nourriture.

주신[1] **主神** 명 dieu(*x*) *m* princip*al*(*aux*).

주신[2] **酒神** 명 Bacchus.

주심 主審 명 ① 【운동】 l'arbitre *m* principal. ② 【법률】 le(*la*) président(*e*) d'un jury.

주악 奏樂 명 musique *f*; exécution *f* d'un morceau de musique. ¶ 군악대의 ~에 맞추어 en harmonie [en phase] avec la fanfare militaire.

주안 主眼 명 objet *m* [but *m*, objectif *m*] princip*al*(*aux*).

◆_점 -點 명 l'essentiel *m*; point *m* capital [essentiel]. ¶ 경쟁력 강화에 ~점을 두다 mettre l'accent [insister] sur le renforcement [sur l'intensification] de la compétitivité. ¶ 계획서만 읽어봐서는 사업의 ~점이 어디에 있는지 알 수가 없다 La seule lecture du projet ne permet de savoir quel est le point capital de cette affaire.

주안상 酒案床 명 table *f* dressée pour accompagner les boissons alcoolisées [alcooliques]; table *f* d'apéritifs, table *f* chargée de boissons alcooliques [alcoolisées] et de mets légers [d'amuse-gueules]. ¶ ~을 보다[차리다, 내오다] servir des mets légers pour accompagner les boissons, mettre des bouteilles d'alcool et des mets légers sur une table, servir une table d'apéritifs.

주야 晝夜 명 nuit *f* et jour *m*, jour *m* et nuit *f*.

◆_로 부 nuit et jour, jour et nuit, 24 heures sur 24; toujours, tout le temps, sans arrêt, sans cesse, sans répit, continuellement, sans relâche, sans trêve, sans repos ni cesse, sans repos ni trêve, en permanence. ¶ 환자를 ~로 간호하다 prendre soin des malades jour et nuit.

◆_간 -間 명 nuit *f* et jour *m*; ((service alternatif)) de jour et de nuit. ¶ ~간 교대 근무 service alternatif *de jour et de nuit*. ¶ ~간 기온의 차이가 크다 Il y a un grand écart entre la température du jour et celle de la nuit.

◆_불식 -不息 명 sans trêve ni repos, sans repos ni cesse, sans relâche, sans répit, sans jamais s'arrêter. ¶ 김 선생님은 ~불식으로 일을 하다가 결국 쓰러지셨다. M. Kim travaillant sans jamais s'arrêter [sans relâche] a fini par s'effondrer [par faire un malaise].

주어 主語 명 【언어】 sujet *m*. ¶ ~와 술어 le sujet et le prédicat. ¶ ~의 도치 inversion du sujet. ¶ ~ 대명사 pronom sujet.

◆_중심 언어 -中心 言語 명 【언어】 langue *f* à proéminence subjectale.

주어지다 자 être donné(*e*) à *qn*; être assigné(*e*) à *qn*; incomber à *qn*. ¶ 그에게 주어진 일 une tâche qui lui est assignée. ¶ 그에게 새로운 업무[임무]가 주어졌다 Une nouvelle tâche lui a été assignée. ¶ 나에게 기회가 주어진다면 si une occasion se présente à moi. ¶ 참가자에게는 10일간의 식량이 주어졌다 Des provisions pour 10 jours ont été données aux participants.

주업 主業 명 métier *m*, profession *f*; occupation *f* principale. ¶ ...을 ~으로 하다 faire de *qc son* occupation principale. ¶ 그는 구두 만드는 일이 ~이다 Il est cordonnier de métier. ¶ ~과 부업이 뒤바뀌었다 L'occupation secondaire est devenue l'occupation principale et vice versa / Les occupations secondaire et principale se sont interverties.

주역[1] **主役** 명 ① rôle *m* principal, protagoniste *m*, héros *m*, héroïne *f*. ¶ ~을 맡다 jouer le rôle principal. ② protagoniste *m*. ¶ 혁명의 ~ protagonistes d'une révolution. ¶ 어린이는 미래의 ~이다 Les enfants sont les personnages essentiels du futur.

주역[2] **周易** 명 *YKing m*

주연[1] **主演** 명 rôle *m* principal. ¶ ~ 배우 l'ac*teur*(*trice*) principal(*e*). ¶ ~으로 발탁되다 être choisi(*e*) pour (jouer) le rôle principal. ◇_(을) 하다 tenir le rôle principal. ¶ 그가 ~한 영화 le film où il a tenu le rôle principal.

주연[2] **酒宴** 명 banquet *m*, festin *m*. ¶ ~을 베풀다 donner [offrir, organiser] un banquet.

주옥 珠玉 명 pierre *f* précieuse, pierreries *fpl*, joyau(*x*) *m*, bijou(*x*) *m*, gemme *f*; perle *m*, fleur *f*.

◆_같다 형 être perlé(*e*). ¶ ~같은 작품 une œuvre perlée, une œuvre qui est un vrai bijou.

◆_편 -篇 명 florilège *m*, anthologie *f*.

주요 主要 명 princip*al*(*ale*, *aux*), important(*e*), essentiel(*le*) capit*al*(*ale*, *aux*), primordi*al*(*ale*, *aux*). ¶ ~ 인물 un personnage important, une personnalité. ¶ ~ 도시 une ville importante, une capitale. ¶ ~ 부분 une partie importante. ¶ ~ 산물 produits principaux. ¶ ~ 임무[업무] mission principale. ¶ ~ 원인 cause principale.

◆_하다 형 être important(*e*), essentiel(*le*), capit*al*(*ale*, *aux*), primordi*al*(*ale*, *aux*). ¶ ~한 요소 un élément capital [essentiel, primordial].

주워내다 타 choisir, trier, faire un tri, sélectionner, relever; enlever, retirer. ¶ 나쁜 것을 ~ enlever les mauvais(*es*), ne garder que les bons, trier les mauvais, faire un tri.

주워담다 타 ① ramasser *qc* pour le remettre ((dans un récipient)), ramasser *qc* ((dans un récipient)). ¶ 흩어진 성냥개비를 다시 곽에 ~ ramasser des allumettes éparpillées et les remettre dans la boîte. ② rattraper, revenir en arrière. ¶ 한 번 입 밖에 낸 말은 다시 주워 담을 수 없다 Il vaut mieux tourner sa langue sept fois dans sa bouche avant de parler

ㅈ

/ Il vaut mieux réfléchir à deux fois avant de parler / Ce qui est dit est dit.

주워대다 타 citer, mentionner, énumérer, donner ((toutes sortes de raisons pour s'excuser)). ¶ 거짓 핑계를 ~ fournir un faux prétexte, inventer un tas d'excuses. ¶ 어려운 말들을 이것저것 ~ avoir une élocution difficile à comprendre.

주워듣다 타 entendre dire; surprendre, entendre par hasard; apprendre. ¶ 그 사람은 많은 것을 일하면서 주워들었다 Il a appris beaucoup de choses par l'expérience [en travaillant].

주워먹다 타 ① ramasser *qc* et le manger. ¶ 바닥에 떨어진 것을 ~ manger ce qui est tombé par terre. ② 아무거나 먹다 manger n'importe quoi. ¶ 이것저것 ~ manger n'importe quoi.

주워모으다 타 amasser ((une fortune)), ramasser; rassembler, recueillir, assembler ((des matériaux)). ¶ 자질구레한 것들을 많이 ~ amasser des objets sans valeur [des bricoles {*fam*}, des babioles {*fam*}].

주워섬기다 타 jacasser {*fam*}, parler sans arrêt; raconter tous les détails. ¶ 이 소리 저 소리 되는 대로 ~ dire n'importe quoi; avoir le débit facile.

주원인 主原因 명 la cause *f* principale. ¶ 사고의 ~을 찾다 chercher la cause principale de l'accident.

주위主位[1] ① première place *f*, primauté *f*. ② 【논리】 sujet *m* d'un thème.

주위[2] **周圍** 명 ① pourtour *m* ((d'une place)), circonférence *f* ((d'une ville, d'un lac)). ¶ 지구 ~를 돌다 tourner autour de la terre. ¶ 이 호수는 ~가 20킬로이다 Ce lac a une circonférence de 20 kilomètres. ② alentours *mpl*, environs *mpl*, parages *mpl*, voisinage *m*, abords *mpl*; milieu(*x*) *m*, ambiance *f*. ¶ ~를 둘러보다[살피다] regarder autour. ¶ ~ 환경이 열악하다[좋다] avoir un mauvais [bon] milieu environnant. ¶ 누구의 ~를[에서] 맴돌다 tourner autour de *qn*. ③ l'entourage *m* ((de *qn*)). ¶ ~의 시선을 의식하다 se soucier [tenir compte, se préoccuper] du regard des autres [de *son* entourage], se préoccuper de ce que pensent les autres [de ce que pense *son* entourage]. ¶ ~의 권유로 프랑스어를 공부하다 étudier le [faire des études de] français, sollicité(*e*) par [sur le conseil de, sur la recommandation de] *son* entourage.

주유 注油 명 ① lubrification *f*, graissage *m*, huilage *m*. ② distribution *f* d'essence. ¶ ~ 중에는 엔진을 꺼 주십시오 Coupez [Arrêtez] le moteur lorsqu'on remplit votre réservoir d'essence [au moment de faire le plein]. ◇_(를) **하다** ① graisser ((les engrenages d'une machine)), huiler, lubrifier ((un moteur)). ② distribuer de l'essence, mettre de l'essence ((dans une voiture, un véhicule motorisé)), remplir d'essence le réservoir d'un véhicule. ¶ 삼만 원어치 ~ 하겠습니다 ((le pompiste)) Je vais vous mettre pour 30 mille wons d'essence. ¶ 가득 ~하다 faire le plein (d'essence, de carburant). ◇_(를) **받다** prendre de l'essence ((dans une station-service)).

◆**_구** -口 명 ouverture *f* du réservoir *m* d'[à] essence. ¶ ~구를 열어주세요 Débloquez la sécurité de votre bouchon d'essence, s'il vous plaît.

◆**_기** -機 명 pompe *f* (à essence) ((d'une station-service)), distributeur *m* d'essence.

◆**_소** -所 명 station-service(~*s*-~(*s*)) *f*, station *f* d'essence, poste *m* d'[à] essence. ¶ ~소에서 차에 기름을 넣다 mettre de l'essence [du carburant] dans une station-service [dans une station d'essence].

주의[1] **主義** 명 principe *m*. ¶ ~ 주장이 뚜렷하다 avoir des opinions assurées.

접미 -isme. ¶ 공산~ le communisme. ¶ 민주~ une démocratie. ¶ 자유~ libéralisme. ¶ 채식~ végétarisme. ¶ 플라톤~ platonisme. ¶ 합리~ rationalisme. ¶ 박애~ philanthropie. ¶ 개인~ individualisme. ¶ 물질만능~ matérialisme.

주의[2] **注意** 명 ① attention *f*, soin *m*, égard *m*; garde *f*, attention *f*, précaution *f*, vigilance *f*, prudence *f*, circonspection *f*. ¶ ~를 집중하다 concentrer *son* attention. ¶ ~를 게을리 하다 ne pas faire attention, ne pas être attenti*f*(*ve*) à *qc*. ¶ ~를 끌다 attirer l'attention. ¶ 특이한 행동으로 남의 ~를 끌다 attirer l'attention des autres par des comportements bizarres. ¶ 누구의 ~를 환기시키다 attirer [éveiller, appeler] l'attention de *qn*. ¶ 누구의 ~를 딴 곳으로 돌리다 détourner l'attention de *qn*. ¶ ~가 산만하다 être distrait(*e*), peu concentré(*e*), peu attenti*f*(*ve*), ne pas être concentré(*e*) [attenti*f*(*ve*)]. ② remarque *f*, observation *f*; mise *f* en garde, avertissement *m*. ◇_(를) **하다[기울이다]** faire [prêter] attention à *qc*, faire attention à *qc* / à ne pas+*inf* [à ce que+*subj*]; prendre soin de ne pas+*inf*, avoir soin de+*inf*, avoir égard à, avoir l'œil sur *qc*; veiller à *qc* [à ce que+*subj*]; porter *son* attention sur *qc*; prendre garde à [de ne pas+*inf*] prendre soin de+*inf*. ¶ 전염병에 ~하다 faire attention à l'épidémie. ¶ 건강에 ~하다 faire attention à la santé, avoir soin de *sa* santé. ¶ 다른 사람에게 피해를 주지 않도록 ~하다 prendre soin de ne pas causer des dommages à *qn*. ◇_(를) **받다[듣다]** recevoir des remarques; être averti(*e*) (verbalement), mis(*e*) en garde. ¶ 수업시간에 떠들다가 선생님께 ~를 듣다 recevoir des remarques de la part du professeur pour avoir bavardé pendant la classe. ◇_(를) **주다** faire une observation à *qn*, faire des remarques à *qn*, mettre en garde *qn*, avertir *qn*. ¶ 심판이 그 선수에게 ~를 주었다 L'arbitre a mis en garde [a averti verbalement] ce joueur.

◆**_깊게** 형 attentivement ¶ ~깊게 관찰하다 observer attentivement.

◆**_력** -力 명 attention *f*, vigilance *f*; capacité *f* de concentration [à se concentrer]. ¶ ~력이 부족하다 avoir des difficultés [du mal] à se concentrer, ne pas arriver à se concentrer très longtemps, avoir des troubles déficitaires de l'attention. ¶ ~력이 떨어

진다 L'attention baisse; La capacité de concentration baisse.

◆_사항 -事項 명 avertissement *m*, mise *f* en garde, remarque *f*, observation *f*. ¶ ~사항을 전달하다 transmettre des remarques.

◆_보 -報 명 avis *m* ((de grand vent, de tempête)), mise *f* en garde contre ((des pluies torrentielles)). ¶ 폭풍 ~보 avis de tempête. ¶ 대설 ~보 avis de chute de neige abondante, avis de fortes chutes de neige. ¶ 남해안 일원에 호우~보가 내렸다 Sur l'ensemble de la côte méridionale, on a lancé une mise en garde contre des pluies torrentielles.

◆요_ 要 명 à surveiller [placer sous haute surveillance] ¶ 요~ 인물 une personne à surveiller [placée sous haute surveillance], personne placée sous la surveillance de la police.

주의주의 主意主義 명 【철학】 volontarisme *m*.

주인 主人 명 ① maître(*sse*); patron(*ne*). ¶ ~을 섬기다 servir un maître. ② propriétaire; hôte(*sse*); amphitryon(*ne*) {*vx*}. ¶ 물건의 ~을 찾아 주다 chercher le propriétaire d'un objet. ¶ ~ 없는 집 maison inhabitée [inoccupée]. ③ mari *m*; chef *m* de famille.

◆_장 -丈 명 chef *m* de famille; maître *m* de (la) maison.

◆_집 명 (maison *f* du) propriétaire *m*. ¶ ~집 눈치를 보다 se préoccuper de ce que pense le propriétaire ((avant de faire *qc*)).

◆_의식 -意識 명 action de faire les choses très consciencieusement [prendre soin des choses, faire très attention, se conduire] comme si on était propriétaire ((en société, dans la rue)). ¶ ~의식을 갖다 faire les choses très consciencieusement [faire très attention, prendre soin de *qc*, travailler dur] comme si on était propriétaire; se conduire *qp* comme si on était propriétaire ((en société, dans la rue)).

◆여_ 女- 명 maîtresse *f* de maison.

주인공 主人公 명 ① ((연극, 영화, 소설)) protagoniste *m*; héros *m*, héroïne *f*. ② ((비유적)) héros *m*, héroïne *f*, vedette *f*, personnage *m* principal. ¶ 오늘의 ~ la vedette d'aujourd'hui. ¶ 이 사람이 바로 우리 회사를 일으킨 ~이다 Cette personne est justement le *héros qui a mis sur pied [qui a monté, qui a fondé]* notre entreprise.

주일¹ 週日 명 semaine *f*; huit jours *mpl*; huitaine *f*. ¶ 다음[오는] ~ la semaine prochaine [qui vient]. ¶ 지난 ~ la semaine dernière. ¶ 이번 ~ cette semaine. 의명 semaine *f*. ¶ 3 ~ 동안 pendant [durant] trois semaines; trois semaines (durant).

주일² 主日 명 【기독】 dimanche *m*, jour *m* du Seigneur. ¶ ~ 예배 le culte [l'office] du dimanche.

◆ 학교 -學校 명 école *f* du dimanche.

주일³ 駐日 명 au Japon; en poste au Japon. ¶ ~ 한국 대사관 l'ambassade de Corée au Japon.

주임 主任 명 chef *m* ((de bureau, de service)); direc*teur*(*trice*); personne *f* en charge. ¶ ~ 교수 (professeur) direc*teur*(*trice*) du département [de l'U.F.R.] ((de langue et littérature françaises)). ¶ ~ 신부 prêtre en charge (d'un office). ¶ ~으로 승진하다 être promu(*e*) chef ((de bureau, de service, de section)).

주입 注入 명 injection *f*, instillation *f*. ◇_(을) **하다[시키다]** ① injecter; instiller. ¶ 액체를 ~하다 injecter un liquide dans *qc*. ¶ 혈관에 마취제를 ~하다 injecter un anesthésiant dans les vaisseaux sanguins de *qn*. ② faire pénétrer ((une idée dans l'esprit de *qn*)). ¶ 누구에게 불온한 사상을 ~하다 faire pénétrer une idée subversive dans l'esprit de *qn*. ◇_(이) **되다** être injecté(*e*). ¶ 머릿속에 ~된 이념 idéologie inculquée.

◆_식 -式 관 ((système d'éducation)) basé(*e*) sur la répétition. ¶ ~식 교육 système d'éducation basé sur la répétition. ¶ 그의 강의는 ~식이다 Ses cours sont basés sur la répétition.

주자¹ 奏者 명 exécutant(*e*), interprète.

주자² 走者 명 【운동】 ① ((야구)) coureur *m*. ¶ 2루 ~ coureur de la deuxième base. ② ((육상)) coureur *m*. ¶ 네 번째 ~ le quatrième coureur.

주자가례 朱子家禮 명 (Le Livre *m* des) Rituels *mpl* familiaux de Zhu Xi <*Zhuzijiali*, titre d'un ouvrage écrit par Zhu Xi (Zhu-zi, 朱子), l'un des fondateurs du néo-confucianisme de la Chine des Song. Ce livre présente les différents rituels et cérémonies de la naissance aux funérailles et aux offrandes aux défunts en passant par les rites de passage à la majorité et les cérémonies de mariage>.

주자소 鑄字所 명 imprimerie *f*.

주자학 朱子學 명 néo-confucianisme *m* de Zhu Xi ((ou Zhu-zi, penseur néo-confucianiste de la Chine des Song)).

주작 朱雀 명 【민속】 Croix *f* du Sud.

주장¹ 主張 명 opinion *f*, persistance *f*, insistance *f*; prétention *f*, revendication *f*; doctrine ((philosophique)); thèse ((philosophique, politique)); dogme *m*; idées *fpl*. ¶ ~을 굽히다 faire des concessions; rabattre de *ses* prétentions. ¶ 자기 ~만 내세우다 ne mettre en avant que *ses* opinions; ne faire valoir que *ses* droits. ¶ 자기 ~이 강한 사람 personne qui défend avec force *son* opinion. ¶ 남의 ~을 묵살하다 rester sourd(*e*) aux revendications des autres; ne pas écouter les revendications des autres; ne pas tenir compte des revendications [opinions] des autres; ne pas écouter ce que pensent les autres. ¶ ~을 펴다[펼치다, 전개하다] revendiquer *ses* opinions. ¶ 당치 않은 ~을 펴다 avoir des revendications insensées [déraisonnables, absurdes]. ◇_(을) **하다** prétendre, revendiquer; faire valoir *ses* droits; maintenir, soutenir ((une opinion)); persister, s'obstiner ((dans *son* opinion)), ne pas démordre ((de *son* opinion)).

ㅈ

¶ 자신의 무죄[결백]를 ~하다 protester de *son* innocence; prétendre être innocent(*e*). ¶ 자신의 권리를 ~ revendiquer *ses* droits. ¶ 무리한 ~을 하다 prétendre *qc* d'impossible. ¶ ...라고 강력하게 ~하다 soutenir [maintenir] avec force que+*ind*. ◇_(**이**) **되다** être revendiqué(*e*); être maintenu(*e*).

◆_**자** -者 명 revendica*teur*(*trice*).

주장² 主將 명 ① commandant *m* en chef. ② 【운동】 capitaine *m*, chef *m* (d'équipe).

주재¹ 駐在 명 résidence *f*. ¶ 프랑스 ~ 한국 대사 ambassadeur de Corée (du Sud) en France. ¶ 워싱턴 ~ 기자 correspondant spécial à Washington. ◇_(**를**) **하다** résider à ⦅Paris⦆ [en ⦅France⦆, au ⦅Japon⦆]. ¶ 서울에 ~하고 있는 외교관들 diplomates en poste [en détachement, détachés] à Séoul.

◆_**소** -所 명 ((일제 강점기의)) poste *m* de police.

◆_**원** -員 명 agent *m* résident.

주재² 主宰 명 direction *f*, présidence *f*. ¶ 누구의 ~ 하에 sous la présidence de *qn*. ◇_(**를**) **하다** diriger, présider. ¶ 회의를 ~하다 présider une réunion.

◆_**자** -者 명 personne *f* qui préside ⦅une réunion⦆, président *m* ⦅d'une réunion⦆.

주저¹ 躊躇 명 hésitation *f*, tergiversation *f*, indécision *f*. ¶ (아무) ~ 없이 말하다 parler sans (la moindre) hésitation[sans hésiter]. ¶ ~ 말고 말씀하세요 Parlez sans hésiter / N'hésitez pas à parler [à prendre la parole, à vous exprimer] / Parlez franchement / Lâchez-vous {*fam*} / Dites le fond de votre pensée. ◇_(**를**) **하다** hésiter, tergiverser. ¶ 누구와 만나기를 [만나는 것을] ~하다 hésiter à rencontrer *qn*. ¶ ...할까 말까 ~하다 hésiter à+*inf*. ¶ ~하지 않고 sans hésiter. ¶ ~하지 말고 빨리 결정해라 Arrête de tergiverser, prends une décision [décide-toi]. ◇_(**가**) **되다** se demander si+*ind*. ¶ 그의 질문에 대답하기가 ~된다 Je ne sais pas trop quoi répondre à sa question. ¶ 그렇게 해도 괜찮을지 ~된다 Je me demande si c'est une bonne chose de faire ainsi [d'agir ainsi].

주저² 主著 명 œuvre *f* capitale [maîtresse].

주저리주저리 부 ☞ 주절주절

주저앉다 자 ① s'affaisser, s'effondrer. ¶ 바닥에 털썩 ~ s'effondrer par terre. ② s'installer définitivement, s'établir, prendre racine. ¶ 그는 파리에 어학연수하러 갔다가 그냥 주저앉고 말았다 Il était allé à Paris pour un simple stage linguistique et finalement il s'y est établi. ③ 무너지다 s'effondrer, s'écrouler. ¶ 지붕이 주저앉았다 Le toit s'est effondré. ④ interrompre; abandonner ⦅un travail⦆; s'arrêter en cours de route, baisser les bras. ¶ 이렇게 손놓고 주저앉아 있을 수만은 없지 않은가? On ne peut pas baisser les bras comme ça.

주저앉히다 타 faire asseoir; forcer *qn* à rester. ¶ 가려는 사람을 억지로 ~ faire rester de force *qn* qui veut partir.

주전 主戰 명 ① bellicisme *m*, partisan *m* de la guerre. ② joueu*r*(*se*) titulaire. ¶ ~들의 부상 joueurs titulaires blessés. ¶ ~으로 뛰다 jouer en tant que titulaire, être titulaire dans une équipe. ¶ ~으로 발탁되다 devenir titulaire d'une équipe, être titularisé(*e*) dans une équipe.

◆_**론** -論 명 bellicisme *m*.

◆_**론자** -論者 명 belliciste *mf*.

◆_**선수** -選手 명 joueu*r*(*se*) titulaire.

주전부리 명 action de grignoter [de manger] ⦅des biscuits, des friandises⦆ entre les repas, grignotage *m* entre les repas. ¶ ~로 과자를 먹다 grignoter des biscuits [des sablés, des petits gâteaux secs] entre les repas. ¶ ~가 심하다 (ne pas arrêter de) grignoter [grailler {*fam*}] à longueur de journée [à toute heure]. ◇_(**를**) **하다** grignoter [manger] ⦅des friandises, des biscuits⦆ (entre les repas). ¶ ~할 거 없나? N'y aurait-il pas quelque chose à grignoter [à grailler {*fam*}, à se mettre sous la dent] (par hasard)? / Tu as [Il y a] de quoi grignoter?

주전자 酒煎子 명 bouilloire *f*. ¶ ~ 주둥이[뚜껑] bec (verseur) [couvercle] d'une bouilloire. ¶ ~로 물을 끓이다 faire bouillir de l'eau dans une bouilloire. ¶ ~의 물을 따라 마시다 se verser de l'eau chaude d'une bouilloire pour boire une boisson chaude.

주절 主節 명 【언어】 proposition *f* principale. ¶ ~과 종속절 proposition principale et proposition subordonnée.

주절거리다 재타 murmurer (entre *ses* dents), marmonner, bredouiller, susurrer. ¶ 쉬지 않고 끊임없이 ~ murmurer sans cesse. ¶ 헛소리를 ~ murmurer des sottises [des bêtises, des inepties].

주절대다 재타 ☞ 주절거리다

주절주절 부 avec murmure. ¶ 알아들을 수 없는 말을 ~ 읊어 대다 murmurer des choses difficiles à comprendre [des paroles incompréhensibles, des paroles inintelligibles].

◆_**하다** 재타 ☞ 주절거리다

주점 酒店 명 cabaret *m*, bar *m*, taverne *f*. ¶ 허름한 ~에서 술을 마시다 boire de l'alcool dans un troquet [bistrot].

◆**학사**_ 學士- 명 troquet *m* [bistrot *m*] pour étudiants (situé(*e*) près d'une université).

주접 명 ① appauvrissement *m*; flétrissement *m*. ② attitude *f* éhontée; fait *m* d'avoir perdu tout sentiment de honte [manquer totalement de pudeur]. ◇_(**을**) **떨다**[**부리다**] ① se comporter sans la moindre gêne [honteusement, grossièrement, avec rudesse]; se comporter sans la moindre pudeur; manquer de la pudeur la plus élémentaire [totalement de pudeur]. ¶ ~ 그만 떨어라 Arrête de te comporter si grossièrement. ② se montrer avide, vorace, rapace; vouloir grappiller (à droite, à gauche) {*fam*}, manquer cruellement de rigueur et de persévérance, se montrer volage dans *sa* conduite. ◇_(**이**) **들다** s'appauvrir, se rabougrir. ¶ 나무들이 ~이 들었다 Les arbres se sont rabougris.

◆_**스럽다** 형 ① être glouton(*ne*), vorace, avide; être volage, manquer cruellement de suite dans

ㅈ

les idées. ¶ ~스럽게 보채다 importuner *qn*, harceler *qn* de demandes déraisonnables; ((enfant)) faire une colère [faire des caprices, casser les pieds à *qn*] pour obtenir *qc*; insister pour faire *qc*; s'entêter à vouloir faire *qc*. ② ((모양새)) être non présentable, mal présenter, être inconvenant(*e*); ((행동)) ((attitude)) être éhonté(*e*), honteu*x*(*se*), grossi*er*(*ère*), rude, manquer totalement de pudeur. ¶ ~스러운 차림새 une tenue non présentable, une tenue inconvenante.

주정¹ 酒酊 명 conduite *f* d'un ivrogne [d'une personne ivre]. ¶ ~이 심한 사람 personne dont la conduite devient très outrancière sous l'influence de l'alcool; pochard {*fam*}, poivrot {*fam*}, ivrogne. ◇_(을) 하다[부리다] parler [agir] sous le coup de la boisson. ¶ 술에 취해 ~을 하다 parler [agir] sous le coup de la boisson.

◆_꾼 명 pochard(*e*) {*fam*}, poivrot(*e*) {*fam*}, ivrogne(*sse*).

◆_뱅이 명 pochard(*e*) {*fam*}, poivrot(*e*) {*fam*}, ivrogne(*sse*).

◆술_ 명 mauvaise conduite *f* sous le coup de l'ivresse [sous le coup de la boisson, sous l'emprise de l'alcool, sous l'effet de l'alcool]. ¶ 술~이 너무 심하다 Tu te conduis très mal après avoir bu / Tu deviens violent sous l'effet de l'alcool / Tu as le vin violent [le vin méchant].

주정² 酒精 명 【화학】 alcool *m*.

주제¹ 主題 명 ① sujet *m*, thème *m*; motif *m* ((d'un tableau)). ¶ 논문의 ~ sujet d'un article [((학위))d'un mémoire de master, d'une thèse]. ¶ 대화의 ~ sujet d'une conversation. ¶ ~를 정하다 décider d'un sujet [d'un thème]. ¶ 어려운 ~를 다루다 traiter un sujet difficile. ¶ 한국 문학을 ~로 강연하다 faire une conférence sur la littérature coréenne. ¶ 인종차별을 ~로 한 소설 roman qui parle du racisme. ② 【음악】 motif *m*, thème *m*. ¶ ~와 변주 thème et variations. ③ 【언어】 thème *m*; topique *m*.

◆_화 -化 명 【언어】 topicalisation *f*, thématisation *f*.

◆_가 -歌 명 chanson *f* de la bande originale ((d'un film, d'un feuilleton télévisé)).

◆_곡 -曲 명 musique *f* du générique ((d'un feuilleton télévisé, d'un film)); chanson *f* de la bande originale ((d'un film, d'un feuilleton télévisé)).

주제² 명 *sa* situation *f*, *sa* condition *f*, *sa* position *f*; *ses* attributions *fpl*; *ses* capacités *fpl*, *ses* compétences *fpl*. ¶ 자기 ~도 모르고 날뛰다 dépasser *ses* attributions en empiétant sur celles des autres; aller au-delà de *ses* capacités; dépasser la mesure; passer les limites [les bornes]; aller trop loin; sortir de *son* rôle. ¶ 네 ~에 그건 지나친 욕심이다 Tu en es incapable / C'est quelque chose de trop ambitieux pour toi / Ton ambition n'est pas à la hauteur de tes moyens / C'est une ambition qui dépasse ta situation / C'est une ambition qui est excessive [démesurée] par rapport à ta situation. ¶ 밥값도 못하는 ~에 웬 불만은 그리 많은지 Comment un incapable de ton genre ose-t-il se plaindre autant? ¶ 자기 ~를 알아야지 Il faut savoir rester à sa place! ¶ 그는 직장도 없는 ~에 비싼 물건만 산다 Il n'achète que des objets coûteux [Il ne fait que des dépenses coûteuses [onéreuses]] alors qu'il est au chômage.

◆_넘다 형 être insolent(*e*), présomptueu*x*(*se*), prétentieu*x*(*se*), effronté(*e*), arrogant(*e*), impertinent(*e*). ¶ ~넘은 소리 ((dire)) des insolences. ¶ ~넘지만 제가 한 마디 하겠습니다 J'aurais peut-être l'air prétentieux, mais je vais dire un mot. ¶ ~넘게 남을 훈계하다 adresser une semonce à *qn* [faire une remontrance à *qn*, admonester *qn*] de manière arrogante.

주조¹ 主調 명 【음악】 ton *m* dominant.

주조² 酒造 명 brassage *m*; fabrication *f* des alcools.

주조³ 鑄造 명 ① fonte *f* ((de l'acier, d'une cloche)); moulage *m* d'une statue. ② monnayage *m*; frappage *m* de la monnaie. ◇_(를) 하다 fondre, mouler ((une cloche, des caractères d'imprimerie)). ¶ 동전을 ~하다 frapper des pièces de monnaie. ¶ 올림픽 기념주화를 ~하다 frapper des pièces de monnaie pour les Jeux olympiques. ◇_(가) 되다 être fondu(*e*), moulé(*e*); être frappé(*e*).

◆_기 -機 명 appareil *m* servant à frapper les pièces de monnaie.

주조⁴ 主潮 명 ① grand courant *m* (marin). ② courant *m* principal (d'idées). ¶ 시대의 ~ principaux courants d'idées [tendances dominantes] d'une époque.

주종 主宗 명 élément *m* principal. ¶ ~을 이루다 occuper la place *f* principale. ¶ 이곳의 수출품은 섬유 제품이 ~을 이룬다 Ici, les textiles occupent la place principale des exportations.

주종관계 主從關係 명 relations *fpl* entre seigneur et serviteurs [entre maître et domestiques].

주주 株主 명 actionnaire. ¶ 소액 ~ petits actionnaires.

◆_총회 -總會 명 assemblée *f* générale des actionnaires.

주중 週中 명 en semaine; dans la semaine; durant la semaine. ¶ ~에는 바쁘니 주말에 보자 Comme je suis occupé(*e*) dans la semaine, rencontrons-nous (plutôt) ce week-end.

주지¹ 主旨 명 sens *m*, signification *f*, point *m* essentiel [capital]. ¶ 글의 ~를 파악하다 saisir [comprendre] l'essentiel d'un texte.

주지² 住持 명 moine *m* [moniale *f*] responsable d'un temple.

◆_스님 명 moine *m* responsable d'un temple.

주지³ 周知 명 notoriété *f*. ¶ ~의 사실 fait notoire [bien connu].

◆_(를) 하다 bien savoir. ¶ ~하다시피 comme vous le savez bien; comme tout le monde le sait.

◆_(가) 되다 être bien connu(*e*), notoire.

ㅈ

◆_(를) **시키다** faire savoir *qc*, porter *qc* à la connaissance de *qn*. ¶ 학생들에게 이 점을 ~시켜야 한다 Il faut porter ce fait à la connaissance des élèves.

주지육림 酒池肉林 명 banquet *m* somptueux; grand festin *m*. ¶ ~에 빠져 지내다[살다] vivre dans l'opulence.

주지주의 主知主義 명 intellectualisme *m*.

주차 駐車 명 stationnement *m*. ¶ 아파트 단지의 ~ 문제 problème de stationnement dans les ensembles résidentiels. ¶ ~ 공간을 확보하다 agrandir l'espace de stationnement. ¶ 이 차는 ~가 쉽다 Il est facile de garer cette voiture [de se garer avec cette voiture]. ◇_(를) **하다[시키다]** se garer, garer [parquer] *sa* voiture, se parquer; stationner. ¶ 집 앞에 차를 ~하다 se garer devant la maison [chez *soi*]. ¶ ~할 곳을 찾다 chercher une place [un endroit] pour se garer [pour garer *sa* voiture]. ◇_(가) **되다** être garé(*e*).

◆**_위반** -違反 명 ((contravention pour)) stationnement *m* interdit.

◆**_장** -場 명 parking *m*, parc *m* de stationnement. ¶ ~장에 차를 세우다 mettre [garer] *sa* voiture sur un parking, se garer sur un parking.

◆**불법_** 不法 명 stationnement *m* interdit.

주착 主着 명 (('주책'의 잘못)) ☞ 주책

주창 主唱 명 initiative *f*. ◇_(을) **하다** prendre l'initiative ((d'un mouvement)). ¶ 입헌군주제를 ~하다 être l'inspirateur [l'initiateur, le penseur, le théoricien] du système de la monarchie constitutionnelle. ¶ 그가 ~한 사상은 비판을 받았다 On a critiqué les idéologies dont il fut l'initiateur [l'instigateur, le penseur, l'architecte, l'inspirateur]. ◇_(이) **되다** ((initiative)) être pris(*e*).

◆**_자** -者 명 promo*teur*(*trice*), instigateur *m* ((d'un mouvement)), inspirateur *m*, pionni*er*(*ère*), créa*teur*(*trice*), initia*teur*(*trice*), auteur *m*.

주책 명 ① discernement *m*, jugement *m*, bon sens *m*; jugeote *f* {*fam*}. ② action *f* d'agir étourdiment et à la légère [sans discernement, imprudemment, inconsidérément, n'importe comment, sans réfléchir, de manière irréfléchie]. ¶ ~이 심하다 se montrer lég*er*(*ère*) dans *sa* conduite [dans *ses* jugements]; manquer de discernement [jugement]; être aveuglé(*e*) par *qc*; ne pas avoir beaucoup de jugeote {*fam*}; manquer de bon sens; être inconsistant(*e*), sans principes [conviction]; ne pas avoir de plomb dans la cervelle. ◇_(을) **떨다[부리다]** *se montrer* lég*er*(*ère*) dans *sa* conduite [dans *ses* jugements]; agir sans discernement [sans réfléchir, de manière irréfléchie, n'importe comment, à la légère]. ◇**_이다** être irréfléchi(*e*), lég*er*(*ère*) dans *sa* conduite [dans *ses* jugements]. ¶ 그런 말을 다 하다니 너도 참 ~이다 Quand je pense que tu es capable de dire tout ça, je me demande ce que toi aussi tu as dans la tête. ◇_(이) **없다** être irréfléchi(*e*), lég*er*(*ère*) dans *sa* conduite [dans *ses* jugements], parler ou agir sans ménagement [à tort et à travers, sans réfléchir, sans discernement]. ¶ 그런 말을 하다니 그 사람도 정말 ~이 없다 Quand je pense qu'il est capable de dire tout ça, je me demande ce que lui aussi il a dans la tête [dans la cervelle {*fam*}].

◆**_없이** 부 de manière irréfléchie, sans réfléchir, n'importe comment, imprudemment, inconsidérément, étourdiment, à la légère, légèrement, sans réfléchir, de manière irréfléchie, étourdiment. ¶ ~없이 행동하다 agir de manière irréfléchie [sans réfléchir, n'importe comment, à la légère, inconsidérément].

◆**_바가지** 명 tête *f* de linotte; cervelle *f* d'oiseau; personne *f* déraisonnable [dissipé(*e*), distrait(*e*), écervelé(*e*), étourdi(*e*), imprévoyant(*e*), imprudent(*e*), inconséquent(*e*), irréfléchi(*e*), frivole, futile, légère]; personne *f* légère dans *sa* conduite [dans *ses* jugements]; personne *f* qui parle ou agit sans ménagement [à tort et à travers, sans réfléchir, sans discernement].

주철 鑄鐵 명 【공업】 fonte *f*.

주체[1] **主體** 명 ① élément *m* clef [fondamental, principal]; pilier *m* ((du socialisme)), ¶ 역사의 ~ un élément clef de l'Histoire. ¶ 회사 경영의 ~ le personnage clef [principal] de la gestion de l'entreprise. ② 【철학】 sujet *m* ((de la pensée)). ¶ ~와 객체 sujet et objet. ③ 【언어】 sujet *m*.

◆**_적** -的 명관 de *sa* propre initiative. ¶ ~적 노력이 필요하다 Il faut faire des efforts par soi-même / Il faut prendre l'initiative de faire des efforts. ¶ ~적으로 행동하다 agir de *sa* propre initiative [de *soi*-même].

◆**_성** -性 명 subjectivité *f*; autonomie *f*, indépendance *f*; initiative *f*. ¶ 민족 ~성 indépendance d'un peuple. ¶ ~성을 확립하다 établir consolidement [consolider, affermir [asseoir, renforcer] *son* autonomie. ¶ ~성이 없다 manquer d'indépendance [d'initiative].

◆**_경어법** 명 -敬語法 【언어】 registre *m* honorifique [de déférence, de politesse] du sujet ((예: '께서', '시')).

◆**_사상** -思想 명 【정치】 idéologie *f* du "Juche" ((terme qui signifie "compter sur *ses* propres forces")) <la théorie du Juche fut développée par Kim Il-sung dans les années 1960 et constitue la base idéologique du régime nord-coréen; cette théorie place l'indépendance politique de la Corée (du Nord) et sa capacité à vivre de façon autonome au-dessus de toute autre considération; autrement dit, elle prône l'indépendance et l'autosuffisance aussi bien économique qu'idéologique et politique>.

주체[2] 명 ◇_(를) (**하지**) **못하다[할 수 없다]** ne (pas) savoir que faire de ((*son* argent)); être embarrassé(*e*) ((d'un paquet encombrant)). ¶ 너무 피곤해서 몸을 ~하지 못하다 être si fatigué(*e*) qu'on n'en peut vraiment plus, être lessivé(*e*), être au bout du rouleau, ne plus en pouvoir, être à ramasser à la petite cuillère {*fam*}. ¶ 터져 나오는 웃음을 ~할 수 없다 ne pas pouvoir s'empêcher d'éclater de rire; ne pas pouvoir se retenir de rire. ¶ 일이 너무 많아 ~할 수가 없다 être débordé(*e*) par le travail; avoir plus de travail qu'on ne peut en faire.

주체스럽다 형 être encombrant(*e*) et gênant(*e*), embêtant(*e*), embarrassant(*e*), ennuyant(*e*), être une charge [un fardeau]. ¶ 넥타이가 ~ Une cravate, c'est gênant. ¶ 양손에 든 짐이 ~ Avoir des valises dans chaque main [dans chacune des mains], c'est encombrant.

주초 週初 명 début *m* de (la) semaine. ¶ 회의를 ~로 연기하다 reporter la réunion en début de semaine [au début de la semaine prochaine]. ¶ ~부터 비가 올 것이다 Il pleuvra en début de semaine.

주총 株總 명 ((‘주주총회’의 준말)) assemblée *f* générale des actionnaires. ¶ ~을 열다 ouvrir l'assemblée générale des actionnaires. ¶ ~이 열렸다 L'assemblée générale des actionnaires est ouverte.

• **주최 主催** 명 organisation *f*. ¶ 서울시 ~ 씨름대회 un tournoi de *ssireum* organisé par la ville de Séoul. ¶ 방송사의 ~로 이 행사가 열렸다 Cet événement s'est déroulé avec le concours des chaînes de télévision. ◇_(를) **하다** organiser. ¶ 학술 대회를 ~하다 organiser un concours scientifique. ◇_(가) **되다** être organisé(*e*). ¶ 이 행사는 불우 이웃을 돕기 위해 ~되었다 Cet événement a été organisé pour aider les personnes démunies.

◆_**국** -國 명 pays *m* organisateur.

◆_**자** -者 명 organisa*teur*(*trice*).

주축 主軸 명 ① axe *m* (principal); axe *m*, arbre ((d'une machine)). ② pilier *m* (d'une équipe); élément *m* clef [fondamental, principal]. ¶ 팀의 ~ le pilier d'une équipe. ¶ 그 단체는 청소년들이 ~을 이루고 있다 Dans ce groupe, ce sont les jeunes qui jouent le rôle principal. ¶ 정부가 ~이 되어 수재민을 지원한다 C'est principalement le gouvernement qui vient en aide aux sinistrés [aux personnes victimes des inondations].

주춤 부 avec hésitation.

◆_**거리다**[**대다**] 자 reculer; hésiter, tergiverser, balancer, osciller; se tâter. ¶ 한참을 ~거리다 hésiter longtemps.

◆_**하다** 자 hésiter, tergiverser, balancer, osciller, se tâter. ¶ 잠시 ~하다 hésiter un moment.

◆_ _ 부 avec hésitation.

주춧돌 명 pierre *f* angulaire [fondamentale]. ¶ ~을 괴다 poser la pierre angulaire.

주치의 主治醫 명 médecin *m* traitant; médecin *m* habituel [de famille]. ¶ 우리 가족의 ~ notre médecin de famille.

주크박스 명{jukebox} 명 juke-box *m inv*.

주택 住宅 명 habitation *f*, logement *m*, résidence *f*; *maison f*. ¶ 아파트와 ~ appartement et maison. ¶ 아담한 ~을 마련하다 se faire une belle petite maison.

◆_**가** -街 명 quartier *m* résidentiel. ¶ ~가에 공장이 들어섰다 Une usine a été construite à l'intérieur du quartier résidentiel.

◆_**난** -難 명 crise *f* [problème *m*] du logement. ¶ 수도권의 ~난을 해결하다 résoudre la crise du logement dans la capitale.

◆_**지** -地 명 quartier *m* résidentiel. ¶ ~지를 조성하다 créer un quartier résidentiel.

주특기 主特技 명 ① (point *m*) fort *m*; compétence *f* particulière, talent *m* particulier. ¶ 그의 ~는 요리다 Son fort, c'est la cuisine. ② 【군사】 qualification *f* pratique d'un soldat pendant *son* service militaire. ¶ ~ 교육 enseignement de la qualification pratique d'un soldat pendant son service militaire.

주파[1] **走破** 명 parcours *m* d'une distance ((par un coureur)). ◇_(를) **하다** couvrir une distance. ¶ 100미터를 11초에 ~하다 faire un cent mètres en 11 secondes.

주파[2] **周波** 명 【물리】 cycle *m*, période *f*.

주파수 周波數 명 fréquence *f*. ¶ 라디오의 ~를 맞추다 régler la radio sur telle fréquence; moduler la fréquence. ¶ ~가 맞지 않는다 Ce n'est pas la bonne fréquence.

주판 籌板 명 boulier *m* (compteur); abaque *m*. ¶ ~을 놓다 se servir d'un boulier; ((비유적)) calculer; ne jamais perdre de vue *ses* propres intérêts. ¶ ~으로 계산하다 se servir d'un boulier pour calculer. *~**이 빠르다** être bon calculateur. ¶ ~이 빠른 사람 un bon calculateur.

◆_**알** 명 boule *f* d'un boulier. ¶ ~알을 놓다 faire coulisser les boules d'un boulier pour faire des calculs; se servir d'un boulier.

***머리 속으로 ~알을 굴리다**[**튀기다**] calculer [estimer, évaluer] les pertes et profits; peser [considérer, examiner] le pour et le contre; balancer le pour et le contre [mettre en balance]; évaluer les conséquences possibles de *qc*; considérer une chose sous tous ses aspects.

주필 主筆 명 rédacteur *m* en chef.

주한 駐韓 명 (en poste) en Corée. ¶ ~ 프랑스 대사 ambassadeur de France en Corée.

◆_**미군** -美軍 명 armée *f* américaine [troupes *fpl* américaines] basée(*e*) en Corée.

주해 註解 명 annotation *f*, note *f*, remarque *f*; commentaire *m*, glose *f*. ¶ ~를 달다[붙이다] accompagner ((un texte)) de notes, mettre des notes ((un texte)), annoter ((un manuscrit)); commenter ((un texte)). ◇_(를) **하다** annoter, commenter, gloser. ¶ 논어를 ~하다 commenter *les Entretiens de Confucius*. ◇_(가) **되다** être annoté(*e*).

◆_**서** -書 명 document *m* [texte *m*] annoté.

ㅈ

주행 走行 명 voyage *m* [déplacement *m*] ((en voiture)); action de parcourir [couvrir] une distance en un temps donné; ((examen de)) conduite *f.* ¶ 도로 ~ 시험에 합격하다 réussir [passer avec succès] *son* examen de conduite (du permis de conduire); être reçu(*e*) au permis. ¶ ~ 거리가 10000 킬로미터가 되다 atteindre 10 000 kilomètres au compteur; avoir (fait) 10 000 kilomètres au compteur; avoir un kilométrage de 10 000 kilomètres. ◇_(을) **하다** couvrir [parcourir] ((une distance en un temps donné)); faire ((150 kilomètres, beaucoup de chemin)). ¶ 시속 130킬로로 ~하다 faire du 130 kilomètres à l'heure, rouler à la vitesse de 130 kilomètres à l'heure.

주형 鑄型 명 moule *m*, matrice *f*; forme *f.* ¶ ~에 쇳물을 붓다 jeter le métal dans le moule; couler ((un métal, du bronze)); fondre ((une cloche)).

주홍 朱紅 명 couleur *f* rouge; écarlate *f.*

◆**_빛** 명 couleur *f* rouge; écarlate *f.*

◆**_색** -色 명 couleur *f* rouge; écarlate *f.*

주화 鑄貨 명 ① pièce *f* de monnaie. ② frappe *f* de la monnaie.

주황 朱黃 명 (couleur *f*) orange *m.*

◆**_빛** 명 (couleur *f*) orange *m.*

◆**_색** -色 명 (couleur *f*) orange *m.*

주효 奏效 명 ① réalisation *f* ((d'un désir)); succès *m.* ② efficacité *f.*

◆_(를) **하다** être efficace, fructueux(*se*); réussir; obtenir de bons résultats; porter *ses* fruits, produire *son* effet. ¶ 이번 일에는 그의 노력이 ~했다 Ses efforts ont porté leurs fruits cette fois-ci.

죽[1] 의명 dizaine *f* ((de paires de souliers)); dix ((assiettes)). ¶ 접시 한 ~은 10개이다 Un *juk* d'assiettes signifie dix assiettes.

*~**이 맞다** bien s'entendre. ¶ 그들은 예전부터 ~이 맞는 사이이다 Ils s'entendent bien depuis toujours.

죽[2] 부 ① 줄이나 금 따위를 곧게 내긋는 모양 d'un trait. ¶ 빨간 펜으로 보고서에 줄을 ~ 긋다 barrer d'un trait rageur un rapport avec un stylo rouge. ② 여럿이 가지런히 늘어져 있는 모양 en file, en ligne, en rang. ¶ 운동장에 학생들이~ 늘어서 있다 Les écoliers se sont mis en rang dans la cour (de l'établissement). ③ 끊어지지 않고 이어지는 모양 sans interruption, sans coupure; en un filet continu, en filet. ¶ 눈물이 ~ 흘러내렸다 Des larmes coulèrent de ses yeux en un filet continu / Un filet de larmes coula le long de son visage. ¶ 길이 ~ 뻗어 있다 La route se prolonge droit devant. ④ 종이 따위를 단번에 찢는 모양 ((déchirer)) d'un seul coup. ¶ 수표를 ~ 찢어 버리다 déchirer un chèque d'un seul coup. ⑤ 액체 따위를 단숨에 들이마시는 모양 d'un seul élan [trait]; ((술)) cul sec {*vulg*}. ¶ 주스 한 컵을 빨대로 ~ 빨아 마시다 boire un verre de jus d'orange d'un seul trait avec une paille. ⑥ 곧게 펴거나 벌리는 모양 ((écarter les jambes)) au maximum. ¶ 기지개를 ~ 펴다 s'étirer à fond [au maximum]. ¶ 그들은 5시간 만에 겨우 허리를 ~ 펼 수 있었다 Ils n'ont pu se redresser qu'au bout de 5 heures. ⑦ 계속해서 tout le temps, tout *son* temps. ¶ ~ 그 사람과 같이 지내다 passer tout *son* temps avec lui. ⑧ 한꺼번에 없어지는 모양 complètement. ¶ 기운이 ~ 빠지다 être complètement épuisé(*e*) [éreinté(*e*), exténué(*e*), lessivé(*e*), vidé(*e*) {*fam*}, nase {*fam*}, naze {*fam*}, hors service {*fam*}, H.S. {*fam*}], être mort(*e*) de fatigue, être sur les rotules.

◆__ 부 ① ((barrer)) de plusieurs traits ((rageurs)). ¶ 그 사람은 나의 보고서에 빨간 줄을 ~~ 그어 댔다 Il a barré de plusieurs traits rageurs mon rapport avec un stylo rouge. ② en file, en ligne, en rang. ¶ 좁은 골목길을 따라 자동차들이 ~~ 늘어서 있다 Des voitures se sont alignées tout au long d'une petite ruelle. ③ à verse, à torrents, à seaux, continuellement. ¶ 비가 ~~ 내린다 Il pleut à verse [à torrents, à seaux, continuellement]. ④ en pièce, en morceaux, en lambeaux; d'un seul coup. ¶ 편지를 읽어보지도 않고 ~~ 찢어 버리다 déchirer une lettre sans la lire. ⑤ d'un seul élan [trait]; ((술)) cul sec {*fam*}. ¶ 빨대로 물 한 컵을 ~~ 순식간에 마셔 버리다 boire un verre d'eau d'un seul trait et très rapidement avec une paille. ⑥ sans difficulté. ¶ 이 5살짜리 아이는 한글을 ~~ 읽는다 Cet(*te*) enfant de 5 ans lit le coréen sans difficulté. ⑦ ((écarter les jambes)) au maximum. ¶ 버릇없이 어른 앞에서 다리를 ~~ 펴고 앉다 être avachi(*e*) devant *ses* aînés. ⑧ complètement. ¶ 기운이 ~~ 빠지다 être complètement épuisé(*e*) [éreinté(*e*), exténué(*e*), lessivé(*e*), vidé(*e*) {*fam*}, nase {*fam*}, naze {*fam*}, hors service {*fam*}, H.S. {*fam*}], être mort(*e*) de fatigue, être sur les rotules.

죽[3] **粥** 명 bouillie *f* (de riz). ¶ ~을 쑤다[끓이다] faire [préparer] une bouillie.

*~ **끓듯 하다** être ((d'humeur)) très changeant(*e*), versatile, inconstant(*e*), lunatique, fantasque; avoir des sautes d'humeur. ¶ 그는 변덕이 ~ 끓듯 한다 Il est d'humeur très changeante / C'est une girouette.

*~**도 밥도 안 되다** n'avoir ni le beurre, ni l'argent du beurre.

*~(**을**) **쑤다** rater complètement ((un examen)). complètement passer à côté ((d'un examen)), rater [louper {*fam*}, foirer {*fam*}, queuter {*fam*}] complètement ((un examen)), ramasser [prendre] une gamelle {*fam*}.¶ 오늘 시험은 완전히 ~ 쑤었다 Aujourd'hui, j'ai complètement raté mon examen.

*~ **쑤어 개 좋은 일 하다**[**시키다**] se donner beaucoup de mal pour que cela serve à *qn* d'autre.

*~**이 끓는지 밥이 끓는지 모른다** Cela m'est complètement égal / Je m'en moque [(contre)fiche, balance, fous {*fam*}].

*~**이 되든 밥이 되든** coûte que coûte, quoi qu'il arrive, quoi qu'il advienne, dans tous les cas, de toute façon, n'importe comment, en tout état de

cause, quoi qu'il en soit, de toute manière, d'une manière ou d'une autre. ¶ ~이 되든 밥이 되든 나는 상관하지 않겠다 Dans tous les cas [Quoi qu'il arrive, Quoi qu'il advienne], je ne m'en mêlerai pas.

***식은 ~ 먹기** C'est du gâteau [du billard {*fam*}, du nanan {*fam*}]! / Ça peut se faire les doigts dans le nez! / C'est un jeu d'enfant! / C'est enfantin! / C'est d'une simplicité enfantine / C'est l'enfance de l'art / C'est très [hyper {*fam*}, vachement {*fam*}] simple [facile] / C'est fastoche {*fam*} / C'est simple [facile] comme bonjour / C'est facile comme tout / C'est élémentaire / C'est bête comme chou {*pop*}/ C(e n)'est pas (bien) compliqué / ((gagner, l'emporter)) haut la main, sans aucune difficulté, très facilement, les doigts dans le nez. ¶ 그를 속이는 것은 식은~ 먹기다 C'est d'une simplicité enfantine de le berner.

***식은 죽 먹듯 하다** faire *qc* habituellement [de manière habituelle, de façon courante, couramment]. ¶ 그는 거짓말을 식은 죽 먹듯 한다 Pour lui, mentir est une habitude [est une seconde nature, est quelque chose de naturel, fait partie du quotidien, c'est la norme, c'est la règle].

죽[4] 竹 명 bambou *m*. ¶ ~의 장막 rideau de bambou.
◆**_가**器 명 récipient *m* en bambou.

죽다 자 ① mourir, décéder, trépasser, périr, s'éteindre, y rester; se tuer; crever; être rappelé(*e*) à Dieu, quitter ce monde. ¶ 암으로~ mourir d'un cancer. ¶ 그 사람은 내 품에서 죽었다 Il est mort dans mes bras. ¶ 그 사람은 자신의 신념을 위해서 죽었다 Il est mort pour ses idées. ¶ 그들은 죽을 때까지 싸우기로 결심했다 Il a décidé de combattre jusqu'à la mort. ② pâlir, blêmir, blanchir, devenir blême [pâle, blafard(*e*), blanc(*he*)]. ¶ 추위에 입술이 파랗게 죽어 버렸다 Ses lèvres sont devenues très pâles à cause du froid. ③ ((기세 따위가)) s'abattre, être abattu(*e*) [déprimé(*e*)], se déprimer. ¶ 꾸중을 듣고 아이는 풀이 죽었다 Un(*e*) enfant a été réprimandé(*e*) [grondé(*e*)] au point d'en être abattu(*e*) [déprimé(*e*)]. ¶ 그 사람은 항상 기가 죽어지낸다 Il est toujours découragé. ④ ((시계가)) s'arrêter, être arrêté(*e*). ¶ 시계가 죽는 바람에 늦잠을 잣다 Je me suis levé(*e*) tard le matin parce que mon réveil ne marchait pas. ¶ 저 시계는 항상 죽어 있다 Cette horloge [pendule] est toujours arrêtée. ⑤ ((게임에서)) perdre [se faire prendre] une pièce aux échecs orientaux. ¶ 포가 죽은 뒤 전세가 역전되었다 Après s'être fait prendre sa tour [Après la perte de sa tour], la partie a basculé. ⑥ ((말, 표현 따위가)) être mort(*e*), être peu usité(*e*). ¶ 그 말은 요즘 쓰이지 않는 죽은 말이다 Ce mot n'est plus en usage / Ce mot est peu usité, aujourd'hui / Ce mot n'est plus guère employé. ¶ 그 사람의 글은 이제 독자에게 어떤 감동도 불러일으키지 않는 죽은 글이다 Aujourd'hui, son œuvre ne fait aucune impression sur les lecteurs. ⑦ ((형태 따위가)) être enlevé(*e*). ¶ 아무리 열심히 다림질을 해도 오후가 되면 바지 주름이 다 죽는다 Bien que j'ai fait avec soin les plis de mon pantalon, il ne sont plus visibles cet après-midi. ¶ 미장원에서 드라이를 했지만 잠을 자고 났더니 머리가 다 죽어 버렸다 Bien que je me suis fait faire un brushing chez le coiffeur, mes cheveux sont tous retombés après une nuit. ⑧ ((상대방을 위협하는 말로 '죽어'의 형태로 쓰여서)) tuer *qn*, démolir *qn*, casser la gueule à *qn* {*fam*}. ¶ 앞으로 다시 이러면 너 죽어 Je te tue [Je te démolie {*fam*}, Je te casse la gueule {*vulg*}, Je t'abîme le portrait {*fam*}] si tu recommences à l'avenir. ⑨ (('죽도록, 죽어라 (하고), 죽자고'의 형태로 쓰여 있는 힘을 다한다는 뜻)) faire un effort désespéré. ¶ 그 사람은 경찰을 보자 죽어라 하고 뛰었다 Il s'est enfui à toutes jambes lorsqu'il a vu la police. ¶ 죽자고 쫓아다니다 poursuivre *qn* de *ses* assiduités. ¶ 처자식을 죽도록 고생시키다 causer trop d'ennuis [rendre la vie impossible] à *sa* femme et à *ses* enfants.

***죽고 못 살다** ne pas pouvoir vivre l'un(*e*) sans l'autre; s'adorer. ¶ 그들은 죽고 못 산다 Ils ne peuvent pas vivre l'un sans l'autre / Ils s'adorent.

***죽기로 기를 쓰다** faire un effort désespéré, faire une tentative désespérée, faire tout *son* possible, faire le [*son*] maximum, donner le meilleur de *soi*. ¶ 이왕 시작한 일이니 죽기로 기를 써봐라 Maintenant que c'est commencé [Maintenant que c'est en route], faites le maximum, mettez le paquet {*fam*}].

***죽기보다 싫다** haïr comme la mort [comme la peste], détester, abhorrer, exécrer. ¶ 나는 공부하는 것이 죽기보다 싫다 Je déteste les études.

***죽어지내다** être à la merci de *qn*; vivre opprimé(*e*). ¶ 내가 지은 죄가 있으니 그저 죽어지내는 수밖에 다른 도리가 없다 Puisque j'ai commis une faute, je n'ai pas d'autre moyen que de vivre opprimé(*e*).

***죽었다 깨도[깨어도, 깨더라도]** ne ... jamais. ¶ 죽었다 깨도 그건 못할 짓이다 Je ne pourrai jamais commettre un tel acte.

***죽으나 사나** toujours; exclusivement. ¶ 죽으나 사나 그 일에만 매달리다 s'occuper exclusivement de *qc*, consacrer tout *son* temps à *qc*. ¶ 별다른 방법이 없으니 죽으나 사나 그 사람에게 매달리는 수밖에 Il n'y a pas d'autre moyen [Il n'y a que cette solution]: il faut compter sur lui [il faut faire avec lui].

***죽은 목숨** un cadavre ambulant. ¶ 아무런 희망이 없는 나는 죽은 목숨이나 마찬가지다 Pour moi qui n'ai aucun espoir, la vie n'a plus d'importance [n'a plus de valeur].

***죽을 고생을[만] 하다** souffrir mille morts, souffrir énormément, en chier {*fam*}, en baver (des ronds de chapeau) {*fam*}, en roter {*fam*}; le payer très cher. ¶ 멋모르고 일에 뛰어 들었다가 죽을 고생만 하다 s'être maladroitement lancé(*e*) dans une affaire et souffrir mille morts [et le payer très cher].

*죽을 둥[동] 살 둥[동] avec acharnement; désespérément. ¶ 그 사람이 죽을 둥 살 둥 하는 모습을 보니 안타깝다 Il m'est pénible de le voir vivre sans argent.

*죽을 똥을 싸다 faire une tentative désespérée; se faire beaucoup de peine, peiner, se décarcasser, se démener; faire tout *son* possible, faire le [*son*] maximum; souffrir énormément, souffrir mille morts, en chier {*fam*}, en baver (des ronds de chapeau) {*fam*}, en roter {*fam*}. ¶ 기한을 지키느라 죽을 똥을 싸다 faire une tentative désespérée [faire le maximum, faire *son* maximum] pour respecter l'échéance.

*죽지도 살지도 못하다 être dans une situation embarrassante. ¶ 나는 죽지도 살지도 못하는 처지이다 Je suis dans une situation embarrassante.

*죽지 못해 살다 vivre malgré *soi*. ¶ 내가 무슨 희망이 있겠나. 그저 죽지 못해 사는 거지 Je n'ai aucun espoir. Je ne vis qu'en attendant de mourir [Je survis avant de mourir, Je suis en état de survie avant de mourir].

◆죽는 소리 명 plainte *f*, doléances *fpl*, gémissement *m*, lamentation *f*. ¶ 죽는 소리(를) 하다 se plaindre; pleurnicher, geindre; se lamenter.

◆죽을 병 -病 명 maladie *f* mortelle [fatale]; maladie *f* irrémédiable. ¶ 죽을병도 아니면서 무슨 엄살이 그리 심하냐? Ce n'est pas une maladie mortelle; (Il ne) faut pas pousser [exagérer, en rajouter {*fam*}].

◆죽을 상 -相 명 mine *f* désespérée; air *m* abattu [déprimé]. ¶ 그 사람은 오전 내내 죽을상을 하고 있다 Il avait la mine désespérée [l'air abattu] toute la matinée. ¶ 젊은 애가 왜 그리 죽을상을 짓고 있니? Pourquoi as-tu, jeune homme, l'air abattu?

◆죽을 죄 -罪 명 faute *f* extrêmement grave, faute *f* impardonnable [inexcusable, irrémissible] ((littéralement: une faute qui mérite la mort)). ¶ 죽을죄를 지었으니 한번만 용서해 주십시오 J'ai commis une faute très grave [impardonnable, inexcusable, irrémissible]. Pardonnez-moi, s'il vous plaît. Je ne recommencerai plus [Vous n'aurez plus à m'y reprendre], c'est promis

◆죽을 힘 명 force *f* désespérée. ¶ 죽을힘을 다해 노력하다 faire un effort désespéré, faire tous *ses* efforts, faire de *son* mieux [du mieux que l'on peut], faire tous *son* possible, faire le [*son*] maximum, donner le meilleur de *soi*.

조형 mourir de [crever de {*fam*}] ((faim, soif, chaud, fatigue)); ((faire *qc*)) à mourir [à crever {*fam*}]; à mort. ¶ 여태까지 아무 것도 못 먹었더니 배고파 죽겠다 Je n'ai rien mangé jusqu'à maintenant, je meurs de faim. ¶ 요즈음은 정말 심심해 죽겠다 Ces jours-ci, je m'ennuie à mourir [je meurs d'ennui, je crève d'ennui {*fam*}, je me fais chier à mourir {*vulg*}, je m'ennuie comme un rat mort, je m'ennuie à cent sous de l'heure]. ¶ 나는 그 사람이 못마땅해 죽을 지경이다 Je suis très mécontent(*e*) de lui.

죽도 竹刀 명 sabre *m* en bambou ((du *kendo*)). ¶ 검도를 할 때 ~를 쓴다 On utilise un sabre en bambou lorsqu'on pratique le *kendo*.

죽림 竹林 명 bois *m* [forêt *f*] de bambou.

죽마 竹馬 명 échasse *f*.

◆_고우 故友 명 ami(*e*) d'enfance.

죽물 명 eau *f* [bouillon *m*] d'une bouillie.

죽사발 粥沙鉢 명 bol *m* de bouillie (de riz).

*~이 되다 ① se faire passer à tabac [tabasser], recevoir une pluie de coups. ② se faire traiter de tous les noms.

*~을 만들다 faire tourner la sauce, faire tout rater.

죽순 竹筍 명 pousse *f* de bambou.

죽여주다 타 ① faire souffrir. ¶ 그 사람은 그들을 조금씩 죽여주겠다면서 이를 갈았다 Il a serré les dents de colère en disant qu'il allait les faire souffrir à petit feu. ② être très bon(*ne*), extraordinaire, excellent(*e*), exquis(*e*), être un délice [un vrai régal], se régaler. ¶ 국물 맛이 죽여준다 Le bouillon est excellent / C'est un vrai régal ce bouillon.

죽염 竹鹽 명 sel *m* cuit dans une canne de bambou chauffé neuf fois à haute température. ¶ ~은 용도가 정말 다양하다 Les usages du sel cuit dans une canne de bambou sont vraiment variés / Le sel cuit dans une canne de bambou a des usages multiples [très variés].

죽음 명 mort *f*, décès *m*; trépas *m*; l'instant *m* fatal. ¶ 아무도 죽음을 피할 순 없다 La mort n'épargne personne. ¶ 죽음에 대한 공포 la peur de la mort. ¶ 죽음과 같은 정적 un silence de mort. ¶ 어머니의 죽음을 슬퍼한다 être affligé(*e*) de la mort de *sa* mère. ¶ 나는 죽음을 두려워하지 않는다 Je n'ai pas peur de la mort / La mort ne me fait pas peur. ¶ 그는 죽음을 각오하고 적진에 뛰어 들었다 Il s'est jeté dans le camp adverse au péril de sa vie. ¶ 죽음을 간신히 면하다 frôler la mort, échapper à la mort.

죽이다 타 ① tuer *qn*, faire mourir [périr] *qn*, mettre *qn* à mort, ôter la vie à *qn*; assassiner *qn*; abattre *qn*. ¶ 그 사람은 마음이 여려서 벌레 한 마리도 못 죽이는 사람이다 Il ne ferait pas de mal à une mouche. ¶ 그 사람은 무고한 사람을 이유 없이 죽였다 Il a tué sans raison un innocent. ② rendre mou(molle), ramollir; faire perdre *sa* rigidité [*son* empesage] ((à un vêtement)). ¶ 배추에 소금을 뿌려 숨을 죽여 놓아라 Salez les choux chinois pour les ramollir. ¶ 옷에 너무 풀기가 많아서 빳빳하니 물을 뿌려 풀기를 죽여야겠다 Je vais vaporiser de l'eau sur ce vêtement trop dur afin qu'il perde sa rigidité [son empesage]. ③ ((성질 또는 기세를)) apaiser, amortir, calmer. ¶ 성질 좀 죽여라 Apaise ta colère / Calme-toi! / Du calme {*fam*}! ¶ 응원전으로 상대편 기를 ~ décourager [briser le moral de, casser le moral de {*fam*}] l'adversaire en encourageant *son* équipe. ④ ((숨 또는 발소리를)) retenir; réprimer; étouffer, amortir. ¶ 그 여자는 숨을 죽이고 우리의 이야기를 엿듣고 있었다 Elle nous écoutait en retenant son souffle. ¶ 그 사람은 발소리를 죽이고 몰래 자기 방으로 들어갔다 Il est secrètement entré dans sa chambre à pas feutrés. ⑤ ((시간을)) tuer. ¶ 우리는 하릴없이 아까운 시간만 죽이고 있었다 Nous ne faisions que tuer le temps.

죽지 명 omoplate *m*; épaule *f*.

죽창 竹槍 명 lance *f* en bambou.

죽치다 자 s'enfermer, se cantonner. ¶ 하루 종일 방에 죽치고 앉아 있다 s'enfermer [rester enfermé(*e*), rester confiné(*e*), rester cloîtré(*e*)] dans *sa* maison [chez *soi*] toute la journée, ne pas sortir de chez *soi* de toute la journée.

준- 準- 접두 quasi-, semi-, demi-. ¶ ~결승 demi-finale. ¶ ~교사 institu*teur*(*trice*). ¶ ~우승 vainqueur d'une demi-finale; perdant(*e*) d'une finale; deuxième d'une compétition. ¶ ~회원 membre associé.

준거 準據 명 base *f*, modèle *m*, norme *f*, critère *m*. ¶ 심사의 ~를 제시하다[밝히다] proposer des [révéler *ses*, préciser *ses*] critères de jugement [de sélection]. ¶ 회사의 이번 결정은 판단의 ~가 명확하지 않다 Notre compagnie n'a pas usé de critères de jugement très clairs pour prendre sa décision. ¶ 2차 협의의 결정 사안들은 향후 계획의 ~가 될 것이다 Les décisions prises lors de la deuxième séance de négociations serviront de base aux projets ultérieurs. ◇_(를) **하다** se conformer à ((un modèle)); s'appuyer sur ((une documentation solide)); se fonder sur ((un fait)); se référer à ((un texte)); se rapporter ((au texte d'une loi)). ¶ 실적에 ~하여 능력을 평가하다 juger des capacités de *qn* à l'appui des résultats qu'il a obtenus.

준공 竣工 명 achèvement *m* ((des travaux, d'une construction)). ¶ 무리하게 ~을 서두르다 hâter exagérément l'achèvement des travaux. ◇_(을) **하다** achever [terminer] une construction. ¶ 본사 건물을 3년 만에 ~했다 On a achevé la construction du bâtiment de notre compagnie en 3 ans / Il a fallu trois ans pour achever la construction du bâtiment de notre compagnie. ◇_(이) **되다** ((construction)) être achevé(*e*). ¶ 그 건물은 5년이 걸려서 ~되었다 La construction de cet édifice a pris [a duré] cinq années / Cet édifice a été construit en cinq ans.

◆**_식** -式 명 cérémonie *f* d'inauguration ((d'un bâtiment)).

준동 蠢動 명 grouillement *m*, fourmillement *m*. ¶ 서서히 ~을 시작하다 commencer à grouiller lentement. ◇_(을) **하다** grouiller, fourmiller, pulluler, foisonner.

준령 峻嶺 명 col *m* escarpé.

준마 駿馬 명 cheval(*aux*) *m* rapide; coursier. *m*.

준말 명 abréviation *f*. ¶ ~과 본디말 un mot et son abréviation.

준법 遵法 명 obéissance *f* aux lois; respect *m* des lois. ¶ ~ 투쟁을 결의하다 décider de lutter en restant dans [sans sortir de] la légalité.

◆**_성** -性 명 obéissance *f* aux lois.

◆**_정신** -情神 명 respect *m* des lois.

준봉 峻峰 명 cime *f* escarpée. ¶ 알프스의 ~을 넘다 franchir les hauts sommets des Alpes.

준비 準備 명 préparation *f* ((d'un voyage)); préparatifs *mpl* ((pour un mariage)); ((prendre *ses*)) dispositions *fpl*. ¶ ~ 기간 le temps des préparatifs. ¶ 외출 ~를 끝내다 finir de se préparer pour sortir. ¶ 발표 ~가 부족해서 꾸지람을 듣다 se faire sermonner [remonter les bretelles, enguirlander {*fam*}] parce qu'*on* n'a pas suffisamment préparé *son* exposé. ¶ 여행을 떠날 ~를 서두르다 se presser de terminer les préparatifs d'un voyage. ◇_(를) **하다** préparer ((un repas, un examen)); se préparer ((à attaquer, au départ, pour un mariage)); apprêter ((un dîner)); s'apprêter ((à partir)); arranger ((une chambre pour y recevoir un invité)). ¶ 월동 ~를 하다 se préparer à passer l'hiver. ¶ 행사를 ~하다 préparer une fête [un événement]. ¶ 손님을 맞을 ~를 하다 se préparer à recevoir des invités. ¶ 미리 ~한 원고를 읽다 lire un texte [des notes manuscrites] préparé(*es*) à l'avance. ◇_(가) **되다** être prêt(*e*). ¶ 식사가 ~되었다 Le repas est prêt / Nous allons pouvoir passer à table. ¶ ~된 사람 une personne prête.

◆**_성** -性 명 préparation *f*. ¶ 그는 ~성이 부족하다[없다] Il manque de préparation [Il ne se prépare jamais / Il a l'habitude de ne jamais se préparer].

준설 浚渫 명 dragage *m*. ¶ 수로 ~ dragage des canaux. ◇_(을) **하다** draguer.

◆**_기** -機 명 drague *f*.

◆**_선** -船 명 (bateau(*x*) *m*) dragueur *m*.

◆**_공사** -工事 명 travaux *mpl* de dragage.

◆**_작업** -作業 명 travaux *mpl* de dragage.

준수 遵守 명 observation *f*, respect *m* ((des lois)). ¶ ~ 사항 clauses à respecter. ¶ 안전 수칙 ~ observation stricte des règles de sécurité. ◇_(를) **하다** observer fidèlement ((les règles)); respecter ((la loi)); suivre ((les leçons d'un maître)); être [rester] fidèle ((à un principe)). ¶ 법[헌법]을 ~하다 respecter la loi [les règles de la Constitution]; observer fidèlement la loi [les règles de la Constitution]. ◇_(가) **되다** être observé(*e*); être respecté(*e*).

준수하다 俊秀- 형 ① ((외모)) être remarquable. ¶ 인물이 ~ avoir une apparence [une allure] remarquable. ¶ 준수한 용모 apparence remarquable. ¶ 준수하게 생기다 être remarquablement beau(belle) [bien bâti(*e*)]. ② ((사물이나 상황)) être éminent(*e*), remarquable. ¶ 그 정도면 아주 ~ C'est déjà remarquable comme cela.

준엄하다 峻嚴- 형 être sévère, austère, rigide, rigoureux(*se*). ¶ 준엄한 표정 expression austère. ¶ 역사의 준엄한 심판을 받다 être jugé(*e*) sévèrement par l'histoire. ¶ 준엄하게 제자를 꾸짖다 réprimander sévèrement *ses* élèves [disciples].

준열하다 峻烈- 형 être sévère, rigoureux(*se*). ¶ 준열한 논고 réquisitoire sévère. ¶ 검사의 추궁은 준열했다 L'enquête fut rigoureuse.

준용 準用 명 application *f*. ◇_(을) **하다** appliquer ((une règle mutatis mutandis)). ¶ 여러 사례를 ~하여 검토하다 faire une étude appliquée à de nombreux exemples; examiner de nombreux exemples. ◇_(이) **되다** être appliqué(*e*). ¶ 선진국의 정치 제도가 우리나라에 많이 ~되고 있다 Le système politique des pays développés [évolués] a été beaucoup appliqué en Corée.

준위 准尉 명 【군사】 aspirant *m*.

준장 准將 명 【군사】 ((육군, 공군)) génér*al*(*aux*) *m* de brigade; ((해군)) contre-amir*al*(~-~*aux*) *m*.

준재 俊才 명 génie *m*; homme *m* d'une intelligence supérieure.

준절하다 峻截- 형 ① ((산)) être escarpé(*e*), abrupt(*e*); être à pic. ② être sévère, austère, digne. ¶ 선생님의 음성은 자못 준절했다 La voix du professeur était extrêmement sévère.

◆**준절히** 부 sévèrement, vertement. ¶ 선생님은 학생을 준절히 책망하였다 Le professeur a sévèrement réprimandé les élèves.

준족 峻足 명 ① ((말)) chev*al*(*aux*) *m* rapide. ② ((사람)) personne *f* rapide, coureu*r*(*se*) rapide; ((비유적)) personne *f* de talent[talentueuse]. ¶ 그 선수는 ~을 갖추었다 Cet athlète possède une grande rapidité de mouvement / Cet athlète est un grand coureur. ¶ 그 사람은 하루에 백리를 걸어갈 수 있는 ~이다 Il est capable de couvrir des distances incroyables à pied en une journée.

준준결승 準準決勝 명 quart *m* de finale. ¶ 우리 팀은 4년 만에 ~에 진출했다 Cela faisait quatre ans que notre équipe n'avait pas atteint les quarts de finale.

준치 명 【동물】 alose *f*.

***썩어도** ~ Même ainsi, ça reste de qualité / La valeur réelle ne disparaît pas.

◆**_젓** 명 saumure *f* d'alose.

◆**_회** -膾 명 filets *mpl* crus d'alose.

준칙 準則 명 norme *m*; règle *f*; règlement *m*. ¶ 가정의례 ~ rituel des cérémonies familiales ((naissances, mariages, funérailles)). ¶ ~을 따르다 *suivre* le règlement.

준하다 準- 자 ① se conformer à *qc*, être conforme à *qc*, se régler sur *qc*, être proportionnel(*le*) à *qc*. ¶ 무엇[어디]에 ~ se conformer à *qc*, être conforme à *qc*, se régler sur *qc*, être proportionnel(*le*) à *qc*. ¶ 우리는 선례에 준해 일을 처리했다 Nous avons réglé ce problème comme le précédent. ¶ 우리는 그 사람을 국빈에 준하여 예우했다 Nous l'avons accueilli conformément à un hôte de marque du gouvernement. ¶ 외래어 표기는 한글 표기 원칙에 준한다 La transcription des mots étrangers doit être conforme à la règle de la transcription de l'alphabet coréen. ¶ 원칙에 준하여 conformément à la règle. ② être pareil(*le*) à *qc*. ¶ 우리의 문화 수준도 선진국에 준한다 Le niveau culturel de mon pays est identique à celui des pays développés.

준행 遵行 명 observation *f* ((de la loi, d'un ordre)); obéissance *f*; respect *m*. ◇_(을) **하다** observer, respecter ((la loi)). ¶ 관례를 ~하다 respecter les usages. ◇_(이) **되다** être observé(*e*), respecté(*e*).

준험하다 峻險- 형 être escarpé(*e*), être à pic, être en pente raide. ¶ 산세가 ~ Les montagnes présentent un aspect escarpé.

줄[1] 명 ① ficelle *f*; cordon *m*; corde *f*; lacet *m*. ¶ ~을 감다 (em)bobiner une corde. ¶ ~을 끊다 couper une corde. ¶ ~을 당기다 tirer sur [tendre, bander] une corde. ¶ ~을 풀다 débobiner [délier] une corde. ¶ ~을 넘다 sauter à la corde. ¶ ~에 걸리다 se prendre les pieds dans une corde. ¶ ~로 묶다 nouer avec une corde. ② ligne *f*, file *f*, rang *m*, rangée *f*; raie *f*, trait *m*. ¶ ~을 서다 se mettre en rang [dans la queue], faire la queue. ¶ ~을 짓다 se mettre en rang [dans la queue], faire la queue. ¶ ~을 긋다 tracer une ligne. ¶ ~을 지우다 effacer un trait. ③ ((비유적)) lien *m*, relation *f*, piston *m*. ¶ ~을 대다 nouer des liens. ¶ ~을 타다 se faire pistonner. ¶ ~을 놓다 créer des liens. ¶ ~이 닿다 être pistonné(*e*). ④ rang *m*; ((계란)) une douzaine *f* ((d'œufs)). ¶ 아이들을 열 ~로 세우다 mettre les enfants sur dix rangs. ¶ 계란 한 ~ une douzaine d'œufs.

의명 수준이나 정도 environ. ¶ 나이가 40 ~에 들다 entrer dans la quarantaine, atteindre la quarantaine.

◆**_넘기** 명 saut *m* à la corde. ¶ ~넘기를 하다 sauter à la corde, faire du saut à la corde.

◆**_달음** 명 pas *m* de course. ¶ ~달음(을) 치다 filer au pas de course.

◆**_담배** 명 cigarette *f* sur cigarette.

◆**_초상** -初喪 명 série *f* de décès dans *son* entourage. ¶ ~초상이 나다 être confronté(*e*) à une série de décès dans *son* entourage.

◆**_타기** 명 art *m* du funambule.

◆**거미_** 명 fil *m* [toile *f*] d'araignée.

◆**전기_** 電氣- 명 fil *m* électrique.

줄[2] 명 lime *f*. ¶ ~로 쓸다 limer *qc*, donner un coup de lime, polir *qc* à la lime.

◆**_질** 명 coup *m* de lime. ¶ ~질을 하다 donner un coup de lime.

줄[3] 의명 ① ((방법)) ((nom non autonome ou dépendant, exprimant le fait ou la méthode. Il s'emploie après les suffixes flexionnels déterminants –ㄴ/–는/–은/–ㄹ/–을, et souvent avec les verbes 알다 *savoir* et 모르다 *ignorer*, *ne pas savoir*. Il sert à nominaliser la proposition)) (savoir

ㅈ

ou ignorer)+*inf*. ¶ 대중에게 이야기할 ~ 아는 사람 personne qui sait parler au public. ¶ 새댁은 밥을 지을 ~(도) 모른다 La jeune mariée ne sait même pas faire cuire le riz. ② ((예상)) (croire ou penser) que. ¶ 그 사람이 나를 속일 ~은 꿈에도 생각하지 못했다 Même en rêve je ne pouvais pas imaginer qu'il me tromperait. ¶ 그 사람은 우리와 처지가 같은 ~로 생각하고 있다 Il se croit dans la même situation que nous.

줄거리 명 ① branche *f* dénudée [dépouillée]. ¶ 고구마~ tige de patate douce. ¶ ~만 앙상한 나무 arbre aux branches dépouillées. ② grandes lignes *fpl* ((d'un discours)); données *fpl* générales; aperçu *m*, esquisse *f* ((d'un projet)). ¶ 사건의 ~ le cœur [le nœud] de l'affaire. ¶ ~만 말해라 Rapporte seulement les grandes lignes / Tiens-t'en au fait! ¶ ~가 같은 소설 romans dont les grandes lignes sont les mêmes.

줄곧 부 sans cesse, sans arrêt, continuellement, tout le temps. ¶ 그 사람은 ~ 도시에서만 살았다 Il vit en ville depuis toujours / Il a toujours vécu en ville. ¶ 그 사람은 고향을 떠나서부터 ~ 혼자 살았다 Depuis qu'il a quitté son pays natal, il a toujours vécu seul.

줄기 명 ① ((식물의)) tronc *m*, tige *f*. ¶ 소나무 ~의 껍질을 벗기다 écorcer le tronc d'un sapin. ② cours *m* d'eau; courant *m*; chaîne *f* ((de montagne)). ¶ 두 ~로 뻗은 산 montagne qui s'étire en deux chaînes. ¶ 두 ~의 눈물이 하염없이 흘러내리다 verser sans fin des ruisseaux [des torrents] de larmes. ¶ 강물 ~가 햇빛을 받아 반짝인다 Le cours du fleuve scintille aux rayons du soleil. ③ un rayon ((de lumière)); un filet ((de fumée)). ¶ 한 ~의 불빛[연기] un rayon de lumière [un filet de fumée]. ④ ((비유적)) cours *m*.; courant *m*. ¶ 한국 전쟁이 이 영화의 큰 ~를 이루고 있다 La guerre de Corée occupe une grande place [la place principale] dans ce film.

◆_ 부 sans fin, à perte de vue. ¶ 한강이 ~~ 뻗어나간다 Le cours du fleuve Han n'en finit pas de s'étirer.

◆_**세포** 명 【생물】 cellule *f* souche.

줄기차다 형 être vigoureux(*se*) et endurant(*e*). ¶ 줄기찬 노력 efforts vigoureux et soutenus. ¶ 줄기찬 전진 une forte progression continue. ¶ 줄기차게 항의하다[노력하다, 공부하다] protester énergiquement sans relâche [persister vigoureusement dans l'effort, étudier d'arrache-pied]. ¶ 비가 줄기차게 내린다 Il pleut à verse [à seaux, à torrents, des cordes] sans interruption / Il pleut continuellement à torrents.

줄깃줄깃 부 agréable à mâcher, ferme sous la dent, ferme à souhait, al dente, délicieusement ferme (sous la dent) ((idéophone qui évoque la fermeté d'un aliment)). ¶ 이 고기는 ~ 씹힌다 Cette viande est agréable à mâcher [est délicieusement ferme sous la dent]. ¶ 오징어는 역시 ~ 씹는 맛이야 Le calamar séché qui est ferme sous la dent [à souhait, délicieusement ferme] est agréable à mâchonner.

◆_**하다** 형 être ferme sous la dent, ferme à souhait, al dente; être agréable à mâcher [à mâchonner], être délicieusement ferme (sous la dent).

줄다 자 diminuer, baisser, décroître, s'amoindrir; rétrécir, se rétrécir, raccourcir; se contracter, se resserrer. ¶ 우리 집은 식구가 하나 줄었어요 Il y a une bouche à nourrir en moins chez moi. ¶ 이 천은 빨면 준다 Cette étoffe rétrécit [raccourcit] au lavage. ¶ 수출이 약 20 % 줄었다 Les exportations ont diminué d'environ vingt pour cent. ¶ 요즘 체중이 많이 줄었다 Ces jours-ci, j'ai perdu beaucoup de poids [j'ai beaucoup maigri]. ¶ 저수량이 줄었다 Le volume de l'eau retenue a diminué.

줄다리기 명 ① 【민속】 lutte *f* à la corde. ② confrontation *f*. ◇_(를) **하다** ① lutter à la corde. ¶ ~를 했더니 팔이 아프다 J'ai mal au bras d'avoir lutté à la corde. ② se confronter à *qc*. ¶ 그들은 서로 자신만의 이익을 위해 ~를 하고 있다 Ils concourent chacun de façon individuelle [pour leur propre intérêt].

줄달다 자 se suivre, se succéder. ¶ 그 가게에는 손님들이 줄달았다 Ce magasin avait beaucoup de clients. ¶ 그 사람은 담배만 줄달아 피웠다 Il a fumé cigarette sur cigarette / Il a fumé comme un sapeur [comme un pompier] / Il a fumé sans discontinuer. ¶ 그 여자는 딸 셋을 줄달아 낳았다 Elle a successivement accouché de trois filles.

줄달음질 명 course *f* à vive allure. ¶ ~로 달아나다 s'en aller précipitamment, se sauver à toute vitesse, s'enfuir à toutes jambes [à toute vitesse], prendre la poudre d'escampette, prendre *ses* jambes à *son* cou, jouer des jambes [des flûtes], décamper, déguerpir, filer, se carapater {*fam*}. ◇_(을) **하다[치다, 놓다]** courir à vive allure, s'en aller précipitamment, s'enfuir à toutes jambes [à toute vitesse], prendre *ses* jambes à *son* cou, jouer des jambes [des flûtes], décamper, déguerpir, filer, se carapater {*fam*}.

줄먹줄먹 부 de toutes tailles. ¶ 크고 작은 나무들이 ~ 서 있다 Il y a des arbres de toutes tailles.

줄멍줄멍 부 de toutes grosseurs. ¶ 소쿠리에 ~ 담겨 있는 참외 des melons, dans un panier, de toutes grosseurs.

줄무더기 명 mélange *m*, pêle-mêle *m inv*.

◆_**형제** -兄弟 명 frère *m* consanguin.

줄바둑 명 mauvais jeu *m* de go. ¶ ~을 두다 ne pas avoir le sens du [être peu doué(*e*) pour le] jeu de go.

◆_**꾼** 명 joueur *m* peu doué pour le jeu de go.

줄방귀 명 pets *mpl* successifs. ¶ 그 사람은 속이 안 좋은지 계속 ~를 뀐다 A-t-il un problème digestif? Il n'arrête pas de péter [il pète sans arrêt].

줄불 명 bande *f* d'amorces [de capsules] fulminantes.

ㅈ

¶ ~이 휘황찬란하다 Les bandes de capsules fulminantes étincellent de mille feux.

줄사닥다리 명 échelle *f* de corde. ¶ ~를 기어오르다 monter l'échelle de corde. ¶ 헬리콥터에서 ~가 내려온다 Une échelle de corde descend de l'hélicoptère.

줄어들다 자 diminuer, rétrécir, raccourcir, se rétrécir, décroître, s'amoindrir; être en baisse; se contracter. ¶ 취학 아동 수가 줄어들고 있다 Le nombre des enfants qui entrent à l'école est en baisse. ¶ 수출이 줄어들고 있다 Les exportations sont en baisse. ¶ 저수지의 물이 줄어들었다 Les eaux du réservoir sont en décrues.

줄이다 타 ① diminuer, réduire, amoindrir; baisser; contracter; rétrécir. ¶ 비용을 ~ réduire [diminuer] les dépenses. ¶ 라디오 소리를 좀 줄이세요 Baissez (le son de, l'intensité du son de) la radio [Mettez la radio moins fort], s'il vous plaît. ¶ 피해를 ~ Réduire les dégâts [pertes, dommages]. ¶ 직원 수를 100명을 ~ réduire le personnel de cent personnes. ¶ 옷을 몸에 맞게 ~ adapter un vêtement à *sa* taille. ② ((말이나 글에서)) abréger, raccourcir. ¶ 안녕하시기를 빌며 이만 줄입니다 En abrégeant ma lettre, je vous dis au revoir.

줄자 명 mètre *m* à ruban; centimètre *m*. ¶ ~로 허리둘레를 재다 mesurer le tour de taille avec un centimètre.

줄잡다 타 sous-estimer, sous-évaluer; évaluer en gros. ¶ 줄잡아 손님이 100명쯤 왔다 À peu près [Environ, Quelque] 100 invités sont venus. ¶ 이 옷들은 줄잡으면 백만 원 어치는 되겠다 On a évalué ces vêtements à un million de wons / Ces vêtements valent environ un million de won.

줄줄 부 ① à (grands) flots, abondamment. ¶ 너무 더워 땀이 ~ 흐르다 être ruisselant(*e*) de sueur [être en nage, être en eau] à cause de la chaleur étouffante. ¶ 그 여자의 눈에서 눈물이 ~ 흘러 내렸다 Des larmes ruisselèrent de ses yeux. ¶ 김치 국물이 ~ 샌다 Le jus de *kimchi* coule de partout. ② en en laissant tomber la moitié par terre. ¶ 아이는 팝콘을 ~ 흘리며 먹고 있다 Un enfant mange du pop-corn en en laissant tomber la moitié par terre. ③ couramment, avec facilité, avec aisance. ¶ 시를 ~ 외우다 apprendre (par cœur) [réciter] des poèmes avec facilité. ¶ 정답을 ~ 잘 써내려가다 répondre avec facilité.

◆**_이** 부 successivement; continuellement; sans cesse. ¶ 굵직굵직한 사건들이 ~이 터졌다 De grands évènements se sont successivement produits. ¶ 방문객이 ~이 이어지고 있다 Des visiteurs lui *rendent visite sans cesse* / Elle a sans arrêt des visites.

줄창 부 sans cesse, continuellement, tout le temps, sans discontinuer. ¶ ~ 담배를 피우다 fumer sans cesse, fumer comme un pompier [comme un sapeur], fumer cigarette sur cigarette, fumer sans discontinuer. ¶ ~ 술을 마시다 boire sans fin, boire sans soif, boire sans mesure, boire comme un trou [comme une éponge, comme un Polonais, comme un templier], boire [être imbibé(*e*)] comme une éponge, avoir une éponge dans le gosier, trop boire, être un (grand) buveur ((Une fois qu'*il* s'est mis boire, on ne peut plus l'arrêter)).

줄팔매 명 lance-pierre(~-~*s*) *m*.

◆**_질** 명 jet *m* au lance-pierre.

줄행랑 -行廊 명 fuite *f*. ◇_(을) **놓다**[**치다**] prendre la fuite, prendre le large {*fam*}, prendre la poudre d'escampette, s'enfuir à toutes jambes [à toute vitesse, à la débandade], se sauver à toute vitesse, prendre *ses* jambes à *son* cou, jouer des jambes [des flûtes], décamper, déguerpir, filer, se carapater {*fam*}.

줌 의명 poignée *f* ((mesure)). ¶ 쌀 한 ~ une poignée de riz. ¶ 한 ~의 흙 une poignée de terre.

줌렌즈 영{zoom lens} 명 zoom *m*, (objectif à) focale *f* variable. ¶ 영화를 촬영할 때 ~를 주로 쓴다. On utilise essentiellement [beaucoup] la technique du zoom lorsqu'on tourne un film.

줌벌다 형 être trop grand(*e*) pour tenir dans la main.

줍다 타 ① ramasser. ¶ 아이들은 바닷가 모래밭에서 조개를 많이 주웠다 Des enfants ont ramassé beaucoup de coquillages sur la plage. ¶ 방바닥에 떨어진 휴지를 주우세요 Ramassez les papiers (qui traînent) par terre. ② trouver. ¶ 주운 물건 un objet trouvé. ¶ 다리 밑에서 주운 아이 dire que l'on est un enfant trouvé sous un pont. ¶ 나는 어제 길에서 지갑 하나를 주웠다 Hier, j'ai trouvé un portefeuille dans la rue.

줏대 主- 명 principe *m* fixe; caractère *m*. ¶ ~가 서다 avoir un principe fixe. ¶ ~가 약하다 être de faible caractère, manquer de caractère, manquer de fermeté. ¶ ~가 세다 être ferme; avoir du caractère, être de fort caractère; être imperturbable dans *sa* foi et *ses* actes. ◇_(**가**) **있다**[**없다**] avoir du caractère, être ferme [manquer de caractère, manquer de fermeté]. ¶ 그 사람은 ~(가) 있다[없다] Il a du caractère [Il manque de caractère / Il manque de fermeté]. ¶ ~(가) 있는[없는] 사람 un homme à principes, une personne constante [stable], une personne ferme [un homme sans principe, une personne inconstante, un homme (au caractère) instable, un mouton, une personne qui manque de fermeté]. ¶ 남의 선동에 놀아나지 말고 ~ 있게 행동해라 Ne te laisse pas entraîner par les autres, agis selon tes propres idées. ¶ ~없이 굴다 se comporter sans principe fixe.

◆**_잡이** 명 pivot *m*; leader *m*.

중[1] 명 【불교】 moine *m* bouddhiste. ¶ ~이 되다 se faire moine bouddhiste.

*~**도 개도 아니다** avoir le cul entre deux chaises {*vulg*}.

*~**의 상투** une chose impossible ((littéralement: chignon de moine; or, les moines ont le crâne rasé)).

*~이 고기 맛을 알면 절에 빈대가 안 남는다 ne plus se dominer une fois qu'on assouvit un désir refoulé ((littéralement: quand un moine goûte à la viande, pas même une punaise ne subsiste dans le couvent)).

*~이 절 보기 싫으면 떠나야 한다 C'est au plus gêné de s'en aller / Celui qui éprouve un malaise doit partir / Quand on ressent un malaise [Quand on est indisposé], il faut s'en aller / C'est le plus gêné qui doit s'en aller [qui doit partir] ((littéralement: quand un moine en a assez du temple, il vaut mieux qu'il s'en aille)).

*~이 제 머리를 못 깎는다 Les cordonniers sont les plus mal chaussés ((littéralement: un moine ne peut se tondre lui-même)).

중[2] **中** 명 milieu(*x*) *m*, centre *m*. ¶ 성적이 ~은 된다 Ses notes sont moyennes. ¶ 이번 시험 문제의 난이도가 ~은 갈 것이다 Pour le prochain examen, le degré de difficulté des questions sera moyen.

의명 en; (être) en train de+*inf*. ¶ 부재 ~ absent(*e*). ¶ 수업[회의, 근무] ~ pendant les cours, en classe [pendant la réunion, en réunion; pendant le [*son*] service, en service]. ¶ 오전 ~에[으로] 와 주십시오 Venez me voir dans la matinée, *svp*. ¶ 여행하던 ~에 만난 사람 une personne rencontrée au cours d'un voyage. ¶ 이야기하는 ~에 새로운 사실을 알다 apprendre quelque chose de neuf au cours d'une conversation. ¶ 식사 ~이다 être à table, être en train de manger. ¶ 이 일은 진행 ~이다 Les travaux sont en cours. ¶ 통화 ~입니다 La ligne est occupée / Ça sonne occupé {*fam*}.

중-[3] **重-** 접두 lourd(*e*); gros(*se*). ¶ ~금속 mét*al*(*aux*) lourd. ¶ ~장비 équipement lourd. ¶ ~환자 un grand malade.

중간[1] **重刊** 명 réédition *f*. ¶ 책의 ~ réédition d'un livre. ◇_(을) **하다** rééditer. ◇_(이) **되다** être réédité(*e*).

◆**_본** -本 명 réédition *f*.

중간[2] **中間** 명 milieu(*x*) *m*, ((à)) mi-distance *f* ((entre X et Y)). ¶ ~을 취하다 prendre le moyen terme, adopter le juste milieu. ¶ 행렬의 ~을 기준으로 삼다 prendre pour point de repère le milieu du défilé. ¶ ~에 끼이다 se glisser au milieu. ¶ 교실 ~에 난로를 놓다 mettre un poêle au milieu de la classe. ¶ 나의 집은 학교와 역의 ~에 있다 Ma maison se trouve à mi-distance entre l'école et la gare [à égale distance de l'école et de la gare]. ¶ ~에 사람을 넣어 청혼을 하다 faire une demande en mariage par un intermédiaire [par l'intermédiaire de *qn*, par l'entremise de *qn*]. ¶ ~에서 연락을 취하다 servir de contact [d'intermédiaire] entre deux personnes. ¶ 이야기를 ~에서 가로채다 couper au milieu d'une [de la] conversation, interrompre une conversation en son milieu [en plein milieu]. ¶ 말하는 ~에 끼어들지 마 Ne nous interromps pas au milieu de la conversation! / N'interviens pas dans la conversation!

◆**_적** -的 명관 milieu(*x*), moyen(*ne*), centr*al*(*ale*, *aux*), intermédiaire; à mi-chemin; mitigé(*e*). ¶ ~적인 태도 une attitude mitigée.

◆**_고사[시험]** -考査[試驗] 명 examen *m* intermédiaire [partiel, mi-semestriel], partiel *m*, épreuve *f* partielle.

◆**_노선** -路線 명 ligne *f* médiane.

◆**_보고** -報告 명 rapport *m* (dressé en cours d'enquête).

◆**_상인** -商人 명 intermédiaire *mf* ((commerce)).

◆**_색** -色 명 couleur *f* intermédiaire.

◆**_층** -層 명 classe *f* moyenne.

◆**_치** 명 article *m* [objet *m*, pièce *f*] de dimension moyenne [de prix moyen, de qualité moyenne].

중개 仲介 명 entremise *f*, médiation *f*. ¶ ~ 수수료 frais de médiation. ¶ 부동산 ~ médiation d'une agence immobilière. ¶~를 맡다 se faire l'intermédiaire. ¶ 누구의 ~로 par l'intermédiaire [l'entremise] de *qn*, aux bons soins [offices] de *qn*. ◇_(를) **하다** servir d'intermédiaire à. ¶ 그 사람은 직업을 ~하는 일을 하고 산다 Il vit en tenant une agence de placement.

◆**_국** -國 명 pays *m* médiateur.

◆**_료** -料 명 frais *mpl* de médiation.

◆**_무역** -貿易 명 commerce *m* intermédiaire.

◆**_업** -業 명 courtage *m*.

◆**_업자** -業者 명 courti*er*(*ère*).

◆**_인** -人 명 courti*er*(*ère*).

◆**_자** -者 명 intermédiaire *mf*, média*teur*(*trice*). ¶ ~자 역할을 하다 servir d'intermédiaire [de média*teur*(*trice*)].

중거리 中距離 명 distance *f* moyenne. ¶ ~ 슛 un tir à mi-distance. ¶ ~ 미사일 un missile de portée moyenne. ¶ ~ 전문 선수 un(*e*) spécialiste de demi-fond.

중건 重建 명 reconstruction *f*. ¶ 왕궁의 ~ reconstruction d'un palais royal. ◇_(을) **하다** reconstruire. ¶ 그 사찰을 ~하기로 결정했다 On a décidé la reconstruction d'un temple bouddhiste. ◇_(이) **되다** être reconstruit(*e*). ¶ 그 건물은 삼십년이 지나서야 ~이 되었다 Il a fallu trente ans pour reconstruire cet édifice.

중견 中堅 명 gros *m* ((de la troupe)); cadres *mpl* ((d'une entreprise)); noyau(*x*) *m* durs; soutien *m* principal, arcs-boutants *mpl*, élément *m* de valeur, pilier ((d'un parti)); gratin *m* {*fam*}, crème *f* {*fam*}. ¶ ~ 가수 un(*e*) chanteu*r*(*se*) connu(*e*) [célèbre]. ¶ ~ 간부 un cadre; ((여성)) une femme cadre, un cadre féminin; les cadres. ¶ ~ 기업 une entreprise réputée. ¶ ~ 작가 un écrivain connu [célèbre]. ¶ 문단의 ~으로 자리 잡다 faire parti du gratin dans le monde littéraire.

◆**_수** -手 명 avant-centre (~-~*s*).

◆**_층** -層 명 la classe *f* des cadres, les cadres *mpl*.

중경 重慶 명 Chongqing [Tch'ongking].

ㅈ

중경상 重輕傷 명 blessure *f* grave ou légère. ¶ ~을 당하다[입다] ((plusieurs personnes)) avoir des blessures graves ou légères, être grièvement ou légèrement blessé(*e*)s.

◆ **_자** -者 명 blessé(*e*) grave ou lég*er*(*ère*). ¶ 사고로 50명의 ~자가 생겼다 L'accident a fait 50 blessés graves et légers.

중계 中繼 명 transmission *f*, retransmission *f*. ¶ 라디오[텔레비전] ~ une radiodiffusion [une retransmission télévisée]. ¶ ~ 역할 rôle de retransmission. ◇ **_(를) 하다** ((라디오)) radiodiffuser; ((텔레비전)) retransmettre ((un match)) à la télé(vision). ¶ 생방송으로 축구 경기를 ~하다 relayer[retransmettre] en direct un match de football. ¶ 통신 위성은 여러 채널을 동시에 ~할 수 있다 Un satellite de télécommunications peut alimenter en même temps plusieurs chaînes. ◇ **_(가) 되다** être retransmis(*e*). ¶ 권투 시합이 ~되고 있다 Le match de boxe est en cours de retransmission.

◆ **_무역** -貿易 명 commerce *m* intermédiaire.

◆ **_방송** -放送 명 radiodiffusion *f* [télévision *f*] par relais; retransmission *f* (par la télévision). ¶ 연주회[야구] ~방송을 보다 assister à la retransmission d'un concert [d'un match de baseball].

◆ **_차** -車 명 véhicule *m* de retransmission (radiodiffusée, télévisée). ¶ 방송국에서 ~차를 내보내다 envoyer depuis la station d'émission un véhicule de retransmission.

◆ **_항** -港 명 port *m* de transit.

◆ **생_** 生- 명 retransmission *f* en direct [(en) live {*fam*}].

중고 中古 명 ((marchandise, article)) d'occasion, de seconde main. ¶ ~ 가구 un meuble d'occasion. ¶ ~ 자동차 une voiture d'occasion. ¶ 이 피아노는 ~이다 C'est un piano d'occasion.

◆ **_차** -車 명 véhicule *m* [voiture *f*] d'occasion [de seconde main].

◆ **_품** -品 명 article *m* d'occasion. ¶ ~품과 최신품 articles d'occasion et articles dernier cri [et (dernières) nouveautés, et articles tout [très] récents].

중고생 中高生 명 collégien(*ne*) et lycéen(*ne*). ¶ 이 강의는 ~을 대상으로 한다 Ce cours est destiné aux collégiens et lycéens.

중과 重課 명 imposition *f* lourde. ◇ **_(를) 하다** imposer lourdement. ¶ 탈세한 기업에 세금을 ~하다 imposer lourdement les sociétés coupables de fausses déclarations. ◇ **_(가) 되다** être imposé(*e*) *lourdement*. ¶ 탈세자에게 세금이 ~되다 imposer lourdement les personnes coupables de fraude.

◆ **_세**稅 명 double imposition *f* [taxation *f*]. ¶ ~세(를) **하다** pratiquer une double taxation, soumettre à une double imposition [taxation], imposer une double taxation, imposer [taxer] doublement.

중과부적 衆寡 명 infériorité *f* numérique. ¶ ~으로 적에게 쫓기다 reculer devant l'ennemi pour cause d'infériorité numérique.

중과실 重過失 명 【법률】 faute *f* grave. ¶ ~을 범하다 commettre une faute grave.

중구난방 衆口難防 명 discuter pour rien à cause de la multitude d'opinions, discuter sans résultat [sans conclure, sans faire de synthèse] à cause de la multiplicité des opinions. ¶ ~으로 떠들어 대다 discuter pour rien à cause de la multitude d'opinions, discuter sans résultat [sans conclure, sans faire de synthèse] à cause de la multiplicité des opinions. ¶ 그 사람들 말은 ~이라서 알아들을 수가 없다 Leurs avis sont tellement divergents qu'on perd le fil de la discussion.

중국 中國 명 (la) Chine *f*, l'Empire *m* du Milieu.

◆ **_계** -係 명 d'origine chinoise. ¶ ~계 미국인 américain(*e*) chinois(*e*) [d'origine chinoise].

◆ **_말** 명 langue *f* chinoise.

◆ **_식** -式 명 manière *f* chinoise, style *m* chinois, à la chinoise {*fam*}.

◆ **_어** -語 명 langue *f* chinoise.

◆ **_요리** -料理 명 cuisine *f* chinoise.

◆ **_인** -人 명 Chinois(*e*).

◆ **_집** 명 restaurant *m* chinois. ¶ ~집에 가서 자장면이나 먹자 Allons manger des *jajangmyeon* ou quelque chose du genre au [dans un] restaurant chinois! / Allons dans un restaurant chinois pour manger des *jajangmyeon* ou quelque chose comme ça [dans le style] {*fam*}.

◆ **_풍** -風 명 mode *f* chinoise.

중군 中軍 명 carré *m* central de l'armée.

중권 中卷 명 deuxième tome *m* (d'une œuvre en trois volumes). ¶ 나는 세 권 중에서 ~까지 읽었다 J'ai lu jusqu'au deuxième tome des trois volumes.

중근동 中近東 명 Moyen et Proche Orient *m*.

중금속 重金屬 명 métaux *mpl* lourds. ¶ ~에 오염된 폐수 des eaux polluées par les métaux lourds. ¶ 그 강에서 ~이 검출되었다 On a découvert [mis en évidence] des métaux lourds dans cette rivière [dans ce cours d'eau].

◆ **_오염**-汚染 명 pollution *f* par les métaux lourds. ¶ ~오염은 심각한 환경문제를 일으킨다 La pollution par les métaux lourds est à l'origine d'un problème écologique sérieux.

◆ **_중독**-中毒 명 intoxication *f* par les métaux lourds. ¶ ~중독 환자 un(e) patient(e) intoxiqué(*e*) [empoisonné(*e*)] par les métaux lourds.

중급 中級 명 niveau(*x*) *m* moyen [intermédiaire]. ¶ ~ 프랑스어 강의 un cours de français niveau intermédiaire. ¶ 그 사람의 실력은 ~ 정도이다 Ses capacités sont moyennes [d'un niveau moyen] / Il a un niveau moyen.

중기 中期 명 milieu(*x*) *m* d'une période. ¶ 조선 ~ le milieu de l'ère Joseon.

중남미 中南美 명 Amérique *f* latine.

중년 中年 명 âge *m* moyen [mûr]. ¶ ~ 남자[신사] un homme [un monsieur] d'âge moyen. ¶ ~ 여자

une femme d'âge moyen. ¶ ~의 나이 âge moyen [mûr], entre deux âges. ¶ ~을 넘기다 être sur le retour. ¶ ~에 접어들다 entrer dans l'âge moyen, être entre deux âges.

◆_기 -期 명 période *f* de l'âge moyen [mûr].

중노동 명 trav*ail*(*aux*) *m* pénible; dur labeur *m*. ¶ ~에 시달리다 être écrasé(*e*) par les travaux pénibles. ◇_(을) 하다 faire des travaux pénibles, travailler dur.

중놈 명 ((terme péjoratif pour désigner un)) moine *m* bouddhiste ((équivalent en français de cureton, curaillon pour les curés)).

중농 中農 명 exploitant(*e*) agricole moyen(*ne*); exploitation *f* agricole moyenne.

중농주의 重農主義 명 【경제】 physiocratie *f*.

◆_자 -者 명 physiocrate *mf*.

중늙은이 中- 명 personne *f* relativement âgée [d'un certain âge].

중단[1] 中斷 명 interruption *f*; suspension *f*; arrêt *m*. ¶ 운행[조업, 교류] ~ interruption de la circulation [arrêt du travail, interruption des échanges]. ◇_(을) 하다[시키다] interrompre; suspendre. ¶ 시합을 한 시간 동안 ~하다 interrompre le match pendant une heure. ◇_(이) 되다 être interrompu(*e*), suspendu(*e*). ¶ 회의가 15분이나 ~되었다 La réunion a été suspendue pendant un quart d'heure. ◇_(이) 없다 ne pas y avoir d'interruption [de coupure]; être continu(*e*), constant(*e*), soutenu(*e*), réguli*er*(*ère*). ¶ ~ 없는 전진 une progression [une marche] continue [constante, régulière]. ¶ ~ 없이 sans interruption, sans arrêt, sans coupure.

중단[2] 中段 명 palier *m* ((d'un escalier)); rayon *m* intermédiaire. ¶ ~의 침대 couchette du milieu. ¶ 침대열차의 ~ couchette du milieu d'un wagon-lit.

중대[1] 重大 어근 importance *f*, gravité *f*, sérieux *m*. ¶ ~ 발표 une annonce importante. ¶ ~ 임무 une tâche [charge, mission] importante. ¶ ~ 사건 une affaire grave. ¶ ~ 국면[사태] une tournure [une situation] grave. ¶ ~ 결단 une décision importante.

◆_하다 형 être important(*e*), grave, sérieu*x*(*se*). ¶ ~한 결정[과오, 문제] une décision importante [une faute grave, un problème sérieux].

◆_히 부 avec importance, gravement. ¶ 사태를 ~히 생각하다 considérer la situation comme grave.

◆_성 -性 명 importance *f*, gravité *f*. ¶ 사건은 ~성을 띠고 있다 L'affaire prend beaucoup d'importance.

◆_화 -化 명 fait de devenir sérieux [important]; aggravation *f*. ¶ ~화하다[되다] devenir sérieu*x*(*se*) [important(*e*)], prendre de l'importance; devenir grave, s'aggraver, empirer; être aggravé(*e*).

◆_사 -事 명 affaire *f* grave [cruciale]. ¶ 국가의 ~사 une affaire d'État grave.

◆_시 -視 명 considération *f* profonde [sérieuse]. ¶ 무엇을 ~시하다 considérer *qc* avec gravité.

중대[2] 中隊 명 【군사】 compagnie *f* ((d'infanterie, du génie)); ((기병)) escadron *m*; ((포병)) batterie *f* (d'artillerie); ((비행)) escadrille *f*.

◆_장 -長 명 capitaine *m*; chef *m* de compagnie [((포병)) de batterie, ((기병)) d'escadron, ((비행)) d'escadrille].

중대형 重大型 명 moyen(*ne*) et grand(*e*). ¶ ~ 아파트 appartements de moyenne et de grande tailles [surfaces].

중얼거리다 자 grommeler, grogner, bougonner, râler {*fam*}, rouspéter; murmurer. ¶ 그 사람은 혼자서 불만이 섞인 말을 중얼거렸다 Il bougonnait tout seul.

중얼대다 자 ☞ 중얼거리다

중도[1] 中途 명 (à) mi-chemin *m inv*. ¶ ~에 포기하다 abandonner à mi-chemin. ¶ ~에 계약을 해지하다 résilier un contrat en cours. ¶ 말을 ~에 끊다 interrompre une discussion en son milieu [en plein milieu], interrompre la conversation, couper *qn*, couper la parole à *qn* ((au milieu de sa phrase, en plein milieu de sa démonstration, au milieu de la discussion)), couper la chique à *qn* {*fam*}, couper le sifflet à *qn* {*fam*}. ¶ ~에서 그만두다 s'arrêter à mi-chemin. ¶ ~에서 되돌아오다 rebrousser chemin à mi-course.

◆_금 -金 명 acompte *m*. ¶ ~금을 치르다 donner [verser] un acompte.

◆_차단 -遮斷 명 interruption *f* à mi-chemin.

◆_탈락 -脫落 명 élimination *f* à mi-parcours.

◆_해약 -解約 명 résiliation *f* d'un contrat en cours.

◆_해지 -解止 명 action de résilier une affaire en cours.

중도[2] 中道 명 juste milieu(*x*) *m*. ¶ ~를 취하다[택하다] prendre [opter pour] le juste milieu. ¶ ~를 지키다[걷다] garder [rester dans] le juste milieu.

◆_적 -的 명관 centriste; médian(*e*). ¶ ~적 입장을 취하다 prendre [adopter] une position médiane.

◆_노선 -路線 명 ligne *f* centriste.

◆_통합론 -統合論 명 unionisme *m* au centre.

◆_파 -派 명 centriste *mf*.

중독 中毒 명 intoxication *f* ((par un gaz, par l'alcool, par des idées)). ¶ 가스 ~ intoxication au gaz ((gaz de ville)). ¶ 마약 ~ la toxicomanie. ¶ 텔레비전 ~ intoxication par la télé. ◇_(이) 되다 être drogué(*e*) [accro {*fam*}]. ¶ 마약에 ~되다 être drogué(*e*) [accro {*fam*}]. ¶ 그 사람은 일에 ~된 사람이다 Il est drogué de travail. ¶ 많은 사람들이 인터넷에 ~되고 있다 Beaucoup sont accros {*fam*} à Internet [sont dépendants d'Internet, sont intoxiqués par Internet].

◆_성 -性 명 toxicité *f*. ¶ 담배는 ~성이 강하다 Le tabac [La cigarette] est très toxique / Les cigarettes sont très toxiques. ¶ ~성이 있는 음식 un aliment toxique.

◆_자 -者 명 drogué(*e*), intoxiqué(*e*). ¶ 아편 ~자 un(*e*) opiomane; un(*e*) morphinomane.

◆_증상 -症狀 명 symptôme *m* d'intoxication.

◆_증세 -症勢 명 état *m* d'intoxication.

◆식_ 食 명 intoxication *f* alimentaire. ¶ 식~을 일으키다 provoquer [être à l'origine d']une intoxication alimentaire. ¶ 식~에 걸리다 être victime [souffrir] d'une intoxication alimentaire; être intoxiqué(*e*) par un aliment.

◆알코올_ 명 alcoolisme *m*.

◆알코올_자 -者 명 alcoolique *mf*.

중동 中東 명 le Moyen-Orient *m*. ¶ ~ 정책 politique à l'égard du Moyen-Orient. ¶ ~ 전쟁 guerre du Moyen-Orient. ¶ ~ 사태 la situation du [au] Moyen-Orient.

중등 中等 명 secondaire. ¶ ~ 교원 un(*e*) enseignant(*e*) du secondaire. ¶ ~ 수준 niveau du secondaire.

◆_부 -部 명 section *f* du secondaire.

◆_교육 -教育 명 enseignement *m* secondaire.

◆_학교 -學校 명 école *f* secondaire.

중략 中略 명 omission *f* ((de plusieurs lignes)), suppression *f* ((d'un passage)). ◇_(을) **하다** omettre ((un passage)). ¶ 자세한 과정은 ~하고 결과만 이야기하겠다 Je passerai sur les détails et ne vous raconterai que la fin de l'histoire. ◇_(이) **되다** ((un passage)) être omis(*e*).

중량 重量 명 poids *m*. ¶ ~ 초과[부족, 미달] excès [dépassement] de poids, ((수하물)) excédent [surcharge] de bagages [insuffisance de poids, manque de poids]. ¶ ~ 제한 limitation du poids, poids maximum, charge permise ((de bagages)). ¶ ~을 달다 peser. ¶ ~을 속이다 trafiquer le poids. ¶ 규정 ~을 초과하다 dépasser la charge réglementaire. ¶ ~이 무겁다 C'est lourd / C'est une charge lourde. ¶ ~이 80kg이다 Ça pèse 80 kg. ¶ ~이 50kg이 된다[나간다] Ça fait [Ça pèse] 50 kg.

◆_감 -感 명 impression *f* de pesanteur. ¶ ~감(이) 있다 donner l'impression d'être massi*f*(*ve*) [pesant(*e*), lourd(*e*)].

◆_급 -級 명 catégorie *f* poids lourd. ¶ ~급 선수 un (boxeur en catégorie) poids lourd. ¶ 명단에는 ~급 인사도 포함되어 있다 Dans la liste, sont compris les poids lourds.

◆총_ 總 명 poids *m* brut [total].

중력 重力 명 pesanteur *f*; attraction *f*, gravitation *f*. ¶ ~ 가속도 accélération due à la pesanteur. ¶ ~의 법칙 la loi de la pesanteur. ¶ ~을 받다 être attiré(*e*). ¶ ~을[에] 견디다 résister à la pesanteur. ¶ 지구의 ~에서 벗어나다 quitter l'attraction terrestre.

◆_장 -場 명 【물리】 champ *m* gravitationnel.

◆무_상태 無狀態 명 (état *m* d')apesanteur *f*. ¶ 무~상태에 놓이다 se trouver en état d'apesanteur.

중력분 中力粉 명 farine *f* de densité moyenne. ¶ 그 쿠키는 ~을 이용해서 만들어야 한다 Il faut faire les biscuits avec de la farine de densité moyenne.

중령 中領 명 【군사】 ((육군, 공군)) lieutenant-colonel(~*s*-~*s*) *m*; ((해군)) capitaine *m* de frégate. ¶ ~으로 예편[제대]하다 être lieutenant-colonel de réserve [sortir de l'armée comme lieutenant-colonel].

중로 中老 명 personne *f* d'un certain âge, personne *f* relativement âgée. ¶ ~의 여인 une dame d'un certain âge, une dame relativement âgée. ¶ ~의 부부 un couple d'un certain âge, un couple assez âgé.

중론 衆論 명 opinion *f* publique [commune]. ¶ ~을 모으다 rassembler l'opinion publique. ¶ ~을 묻다 consulter l'opinion publique. ¶ ~을[에] 따르다 suivre l'opinion publique. ¶ ~이 분분하다 L'opinion publique est divisée. ¶ 원안대로 하자는 것이 ~이었다 L'opinion publique était d'agir selon le plan initial.

중류 中流 명 ① cours *m* moyen. ¶ 한강 ~ cours moyen du fleuve Han. ¶ ~에서 강폭이 넓어진다 Le fleuve prend de l'ampleur à partir de son cours moyen. ② classe *f* moyenne. ¶ ~ 가정 foyer appartenant à la classe moyenne. ¶ ~ 생활 mode de vie de la classe moyenne.

◆_계급[계층] -階級[階層] 명 classe *f* [couche *f*] moyenne.

◆_사회 -社會 명 monde *m* de la classe moyenne.

◆_층 -層 명 couche *f* moyenne.

중립 中立 명 ① impartialité *f*, neutralité. ¶ ~ 노선 une ligne de conduite neutre. ¶ ~을 지키다 rester neutre [objecti*f*(*ve*)]. ¶ 정부는 선거에서 엄정 ~을 지켜야 한다 Le gouvernement doit rester strictement neutre lors d'élections. ② ((국가)) neutralité *f*; non-engagement *m*. ¶ ~ 선언 déclaration de non-engagement. ¶ 무장 ~ neutralité de l'armée. ¶ 영세 ~ neutralité perpétuelle. ¶ ~을 선포하다[선언하다, 취소하다] déclarer [proclamer, annuler] la neutralité.

◆_적 -的 명관 neutre. ¶ ~적 외교[정책] diplomatie [politique] neutre. ¶ ~적인 위치[입장]에서 à partir d'une situation [position] neutre. ¶ 그 사람은 이 일에 ~적일 수 없다 Il ne peut rester neutre dans cette affaire.

◆_성 -性 명 neutralité *f*.

◆_화 -化 명 neutralisation *f*. ¶ ~화하다 neutraliser.

◆_국 -國 명 pays *m* neutre.

◆_모음 -母音 명 【언어】 voyelle *f* neutre.

◆_의무 -義務 명 obligation *f* de neutralité.

◆_위반 -違反 명 infraction *f* à la neutralité.

◆_조약 -條約 명 traité *m* de neutralité.

◆_주의 -主義 명 neutralisme *m*.

◆_지대 -地帶 명 zone *f* neutre.

중매 仲媒 명 arrangement *m* d'un mariage; intermédiaire *mf* en vue d'un mariage, entremetteu*r*(*se*), marieu*r*(*se*) {*fam*}. ¶ ~ 결혼 mariage arrangé (par un entremetteur). ¶ ~로 결혼하다 se marier par arrangement. ¶ 딸아이에게 ~가 들어왔다 On m'a proposé de marier ma fille. ¶ 김선생 집에 ~를 넣었다 J'ai recommandé à M. Kim quelqu'un pour épouser sa fille. ◇_(를) **하다[서**

ㅈ

대] arranger un mariage, servir d'intermédiaire pour un mariage. ¶ 우리 부부를 ~한 사람 la personne qui a arrangé mon mariage avec ma femme. ¶ 이모는 옆집 딸을 그 집에 ~를 했다 Ma tante a arrangé le mariage de la fille de mon voisin.
◆_**인[쟁이]** -人 명 entremetteu*r*(*se*) pour un mariage; marieu*r*(*se*) {*fam*}.

중머리 명 tête *f* d'un moine bouddhiste; tête *f* (toute) rasée, crâne *m* rasé {*fam*}. ¶ 그는 난데없이 ~를 하고 나타났다 Il est apparu à l'improviste la tête rasée [le crâne rasé {*fam*}].

중모리 명 【음악】 *jungmori m* <une mesure de *pansori* ou *sanjo*, un peu plus rapide que *jinyang* et un peu plus lente que *jungjungmori*.>

중모음[1] 中母音 명 【언어】 voyelle *f* semi-ouverte [semi-fermée].

중모음[2] 重母音 명 【언어】 diphtongue *f*. ¶ ~에 강세를 주어 발음하다 appuyer sur les diphtongues.

중무장 重武裝 명 armement *m* lourd. ◇_(을) **하다** s'armer (de *qc*). ¶ 기관총으로 ~한 군인들 soldats lourdement armés de mitrailleuses et d'autres armes. ¶ ~한 탱크 un char d'assaut [un char de combat, un tank] lourdement armé. ¶ 우리는 두꺼운 옷과 장갑, 장화로 ~한 채 길을 나섰다 Nous nous sommes mis en route en nous couvrant de vêtements épais, de gants et de bottes.

중문 中門 명 seconde porte *f* (à l'entrée d'une cour).

중반 中盤 명 milieu(*x*) *m*. ¶ 인생의 ~ le milieu de la vie. ¶ 40대 ~이다 avoir dans les quarante-cinq ans. ¶ 경기 ~부터 한국이 주도권을 잡기 시작했다 C'est au milieu du match que l'équipe coréenne a commencé à mener [a repris le dessus] / C'est au milieu de la rencontre que la Corée a commencé à dominer son adversaire [à reprendre le dessus].
◆_**전** -戰 명 le milieu(*x*) *m* d'un match [d'une rencontre sportive].

중벌 重罰 명 lourde peine *f*, peine *f* sévère [rigoureuse], punition *f* [châtiment *m*] sévère [rigoureu*x*(*se*)]. ¶ 누구에게 ~을 내리다 infliger une lourde peine à *qn*, infliger un châtiment sévère à *qn*, infliger à *qn* une peine sévère. ¶ ~을 받다 subir [être soumis(*e*) à] une lourde peine, encourir [écoper d' {*fam*}]une lourde peine.

중병 重病 명 maladie *f* grave [sérieuse]. ¶ ~ 환자 un(*e*) patient(*e*) [malade] qui souffre d'une maladie grave, un patient(*e*) atteint(*e*) d'une maladie grave, un grand malade. ¶ ~을 앓다 souffrir [être atteint(*e*)] d'une maladie grave. ¶ ~이 들다[~에 걸리다] tomber gravement malade, être atteint(*e*) d'une maladie grave, contracter une maladie grave.

중복[1] 中伏 명 *jungbok* <milieu de la canicule, deuxième canicule ou grosse chaleur des trois grandes chaleurs de l'année ou *sambok*>. ¶ ~ 더위 la chaleur du milieu de la canicule. ¶ 오늘이 ~이니 삼계탕이나 먹으러 가자 Comme c'est aujourd'hui le jour de *jungbok*, allons manger un *samgyetang* ou quelque chose du genre [dans le genre] ((coutume coréenne)). ¶ ~이 지났다[다가온다] Le jour de *jungbok* est passé [approche].

중복[2] 重複 명 répétition *f*, reprise *f*. ¶ ~ 표현 répétition (d'une expression); expressions qui font double emploi. ¶ 쓸데없는 ~을 피하다 éviter les répétitions inutiles. ◇_(을) **하다** se répéter, faire *qc* en double. ¶ 여러 사람들이 일을 ~하여 하고 있다 Plusieurs personnes font le même travail en double. ◇_(이) **되다** se répéter, être répété(*e*); doublonner avec *qc*; faire double emploi. ¶ 이야기가 ~된다 L'histoire se répète. ¶ 일을 ~되게 하다 faire *qc* en double. ¶ 이건 앞에 제시한 것과 ~되니 빼는 게 좋겠다 Il est préférable de l'enlever, parce que cela est le doublet de ce qui a été présenté avant.

중부[1] 中部 명 partie *f* centrale; centre *m* ((d'une région, de la France)). ¶ ~ 고속도로 l'autoroute Jungbu ((qui relie Séoul à Daejeon en passant par le centre de la Corée)).
◆_**권** -圈 명 zone *f* centrale; région *f* centrale; centre *m* de la Corée. ¶ ~권에 저기압이 형성되고 있다 Il se forme une dépression atmosphérique au centre du pays [sur le Centre].
◆_**지방[지역]** -地方[地域] 명 centre *m*; région *f* centrale [du Centre]. ¶ ~지방에 폭우가 내렸다 Une pluie torrentielle [diluvienne] s'est abattue sur le centre du pays.

중부[2] 仲父 명 oncle *m* cadet (second de trois).

중뿔나다 中- 자 se mêler ((des affaires d'autrui)), s'immiscer, s'ingérer, intervenir ((dans les affaires d'autrui)). ¶ 중뿔난 사람 intrus(*e*), fâcheu*x*(*se*), la mouche du coche. ¶ 중뿔나게 나서다[돌아다니다] se mêler des affaires d'autrui, s'ingérer dans les affaires d'autrui, faire la mouche du coche, fourrer *son* nez partout. ¶ 어른들 이야기하는데 중뿔나게 나서지 마라 N'interviens pas quand les aînés parlent.

중사 中士 명 【군사】 sergent *m*. ¶ 그는 ~로 진급이 되었다 Il est promu [est passé] sergent.

중산계급 中産階級 명 la classe *f* moyenne; la petite bourgeoise *f*. ¶ ~의 시민 un(*e*) bourgeois(*e*); un(*e*) citoyen(*ne*) de la classe moyenne. ¶ ~에 속하다 appartenir à [faire partie de] la classe moyenne.

중산모 中山帽 명 chapeau(*x*) *m* rond; chapeau(*x*) *m* melon, melon *m*. ¶ ~를 쓰다 mettre un melon.

중산층 中産層 명 classe *f* moyenne. ¶ ~ 가정 une famille de la classe moyenne. ¶ ~에 속하다 appartenir à [faire partie de] la classe moyenne. ¶ ~이 가장 큰 비율을 차지하는 사회 구조 une structure sociale dont la plus grande proportion est occupée par la classe moyenne.

중상[1] 中傷 명 calomnie *f*, diffamation *f*; fausse accusation *f*. ¶ 근거 없는 ~ une fausse calomnie, une calomnie sans fondement. ◇_(을) **하다** calomnier *qn*, diffamer *qn*; accuser *qn* faussement. ◇_(을) **받다[당하다]** être calomnié(*e*), être

ㅈ

diffamé(*e*).

◆_적 -的 명관 calomnieu*x*(*se*), diffamatoire. ¶ ~적인 언사 des paroles calomnieuses, des propos diffamatoires.

◆_자 -者 명 calomnia*teur*(*trice*), diffama*teur*(*trice*).

◆_모략 -謀略 명 calomnie *f*, dénigrement *m*, diffamation *f*. ¶ 갖은 ~모략에도 왕은 그를 신임했다 Malgré toutes les calomnies, le roi n'a pas perdu confiance en lui.

중상² 重傷 명 blessure *f* grave [dangereuse]. ◇_을 **입다[당하다]** se blesser gravement, être gravement [grièvement] blessé(*e*). ¶ 총에 맞아 ~을 입다 être gravement [grièvement] blessé(*e*) par une balle [par balle]. ¶ 그는 다리에 ~을 입었다 Il s'est gravement [grièvement] blessé à la jambe. ◇_을 **입히다** blesser *qn* gravement. ¶ 그는 나에게 ~을 입혔다 Il m'a gravement blessé.

◆_자 -者 명 blessé(*e*) grave.

중상주의 重商主義 명 【경제】 mercantilisme *m*. ¶ ~ 정책을 펴다 pratiquer une politique mercantiliste.

◆_자 -者 명 mercantiliste *mf*.

중생 衆生 명 genre *m* humain; être *m* humain; créature *f*; monde *m*. ¶ ~을 구제하다 secourir [sauver] les être humains [le monde]. ¶ 세속에 얽매여 사는 불쌍한 ~들 pauvres êtres humains asservis aux choses profanes [séculières].

중생대 中生代 명 ère *f* secondaire [mésozoïque], le secondaire *m*, le mésozoïque *m*. ¶ ~ 초기[후기] la première [dernière] période du mésozoïque. ¶ 공룡은 ~에 살았다 Les dinosaures ont vécu dans la période du mésozoïque.

중석 重石 명 【화학】 tungstène *m*, wolfram *m*.

중석기시대 中石器時代 명 le mésolithique *m*. ¶ ~에 dans la période du mésolithique, au mésolithique.

중선 重船 명 grand bateau(*x*) *m* pêcheur.

중설모음 中舌母音 명 【언어】 voyelle *f* centrale.

중성¹ 中性 명 ① individu *m* neutre [asexué]. ¶ ~의 인상을 풍기다 avoir l'air asexué. ② 【언어】 neutre *m*. ¶ ~ 명사 un nom [un substantif] du genre neutre. ¶ 남성, 여성, ~ genre masculin, féminin et neutre. ③ 【화학】 neutre.

◆_적 -的 명관 neutre; asexué(*e*). ¶ ~적인 여자 une femme asexuée.

◆_화 -化 명 neutralisation *f*. ¶ ~화하다 se neutraliser. ¶ ~화되다 être neutralisé(*e*).

◆_모음 -母音 명 【언어】 voyelle *f* centrale ((voyelle qui se combine bien avec n'importe quelle voyelle, cf. voyelle du "yang" et voyelle du "yin")).

◆_세제 -洗劑 명 lessive *f* neutre; détergent *m* neutre pour la lessive. ¶ ~세제로 빨다. laver *son* linge avec une lessive neutre.

◆_자 -子 명 【물리】 neutron *m*.

◆_자탄 -子彈 명 bombe *f* à neutrons.

중성² 中聲 명 【언어】 son *m* vocalique d'une syllabe (en position médiane).

◆_자 -子 명 【언어】 voyelle *f* d'une syllabe (en position médiane).

중세 中世 명 le Moyen Âge *m*. ¶ ~ 철학 la philosophie du Moyen Âge. ¶ ~는 암흑기라 불린다 On appelle le Moyen Âge «la période sombre».

◆_적 -的 명, 관 médiév*al*(*ale*, *aux*). ¶ ~적 사고 une pensée médiévale.

◆_국어 -國語 명 【언어】 le coréen *m* médiéval.

◆_사 -史 명 l'histoire *f* du Moyen Âge.

◆_한국어 -韓國語 명 【언어】 ((고려 건국 이후부터 16세기말까지)) le coréen *m* du Moyen Âge.

중소 中小 명 petit(*e*) et moyen(*ne*).

◆_기업 -企業 명 petites et moyennes entreprises *fpl*, ((생략)) P.M.E. *f*. ¶ ~기업을 육성[지원]하다 promouvoir [appuyer] les petites et moyennes entreprises.

◆_상인 -商人 명 petits et moyens commerçants *mpl*.

◆_형 -型 명 petit(*e*) et moyen(*ne*). ¶ ~형 자동차 voitures petites et moyennes.

중수¹ 重修 명 restauration *f*; réparation *f*. ◇_(를) **하다** restaurer, réparer. ¶ 전쟁 때 불에 탄 궁궐을 ~하다 restaurer un palais qui a été brûlé pendant la guerre. ◇_(가) **되다** se faire restaurer, être restauré(*e*); être réparé(*e*).

중수² 重水 명 【화학】 eau *f* lourde.

중순 中旬 명 le milieu(*x*) *m* (du mois), ((à, vers)) la mi-((novembre)). ¶ 10월 ~에 au milieu (du mois) d'octobre, à la mi-octobre. ¶ 6월 ~ 경에 vers le milieu (du mois) de juin, vers la mi-juin.

중시 重視 명 ¶ 학연 ~ 풍조 tendance sociale à favoriser un lien d'appartenance à une même institution scolaire. ◇_(를) **하다** attribuer [accorder, attacher, prêter] de l'importance à *qc*; attacher de la valeur à *qc*, faire grand cas [état] de *qc*/*qn*, accorder beaucoup d'importance [d'intérêt] à *qc*; mettre l'accent sur *qc*; attacher de la valeur à *qc*; faire grand bruit ((de *qc*)). ¶ 지식이나 기술보다는 인격을 ~하다 accorder de l'importance au caractère plutôt qu'aux connaissances et à la technique. ◇_(가) **되다** se voir attribuer [se voir accorder] de l'importance; compter pour beaucoup. ¶ 이 분야에서는 현장 경험이 매우 ~된다 Dans ce domaine-ci, on accorde beaucoup d'importance à l'expérience / Dans ce domaine-ci, on met l'accent sur l'expérience.

중식 中食 명 déjeuner *m*, repas *m* de midi. ¶ ~을 먹다 déjeuner, prendre *son* déjeuner. ¶ ~을 끝내다 finir de déjeuner. ¶ ~으로 샌드위치를 먹다 avoir des sandwich(*e*)s [un sandwich] pour déjeuner, déjeuner de sandwich(*e*)s, prendre un sandwich [des sandwich(*e*)s] au déjeuner [pour le déjeuner, en guise de déjeuner]. ¶ ~으로 도시락을 준비하다 préparer un panier-repas [une boîte à lunch] pour le déjeuner.

중신¹ 中- 명 arrangement *m* d'un mariage. ◇_(을)

ㅈ

하다[서다] arranger un mariage; servir d'intermédiaire pour un mariage. ¶ 고모는 조카에게 참한 여자를 ~을 했다 Ma tante paternelle a arrangé le mariage de mon neveu avec une charmante fille. ¶ 이 분이 우리를 ~한 분이다 Cette personne a arrangé mon mariage avec ma femme.

◆_아비 명 entremetteur *m* (en vue d'un mariage); marieur *m* {*fam*}.

◆_어미 명 entremetteuse *f* (en vue d'un mariage); marieuse *f* {*fam*}.

중신[2] **重臣** 명 conseiller *m* du trône; courtisan *m* influent. ¶ ~ 회의 l'assemblée des conseillers du trône. ¶ 이곳에서 ~들이 모여 국사를 논의한다 Dans cet endroit, des conseillers du trône se sont rassemblés et ont discuté les affaires de l'État.

중심[1] **中心** 명 ① ((공간)) centre *m*; milieu(*x*); cœur *m*; foyer *m*. ¶ 원의 ~ le centre d'un cercle. ¶ ~에 서다 se trouver au milieu [au centre, au cœur] ((de *qc*)). ¶ 화살이 ~을 벗어났다 La flèche a manqué la cible. ¶ 과녁의 ~에 화살이 꽂혔다 La flèche s'est fichée au milieu [au centre] de la cible / La flèche a atteint le centre de la cible. ¶ 큰 나무를 ~에 두고 정원이 꾸며졌다 On a fait un jardin autour d'un grand arbre. ¶ 지구는 태양을 ~으로 회전한다 La terre tourne autour du soleil. ② ((역할, 기능)) noyau(*x*) *m*. ¶ ~ 개념 notion centrale; idée-force. ¶ ~ 기능 fonction principale [centrale]. ¶ ~ 내용[사상] idée centrale [principale, maîtresse]. ¶ ~ 인물 le personnage central ((dans une affaire)); le leader; le héros; l'âme ((d'une conspiration)). ¶ 관광 산업 ~의 경제 구조 une structure économique centrée sur l'industrie touristique. ¶ 인삼 재배가 이 마을 수입의 ~을 이룬다 La culture du ginseng constitue le revenu principal de ce village. ¶ 지도자를 ~으로 결속하다 se grouper autour d'un chef. ¶ ~이 되어서 일하다 jouer le rôle principal [un rôle essentiel ((dans *qc*))]. ¶ 그가 이 운동의 ~이 되고 있다 Il est au centre [le pivot, le pilier] de ce mouvement. ¶ 서울은 한국 경제의 ~이다 Séoul est le centre de l'économie coréenne. ③ 확고한 주관이나 줏대 être imperturbable dans *sa* foi et *ses* actes. ¶ ~을 잡다 être sûr(*e*) de soi; être résolu(*e*); avoir confiance en *soi*; s'affirmer. ¶ 그 사람은 도대체 ~이 없어 Il est de caractère indécis [irrésolu] / Il est indécis de caractère / Il a un caractère indécis.

◆_적 -的 명관 centr*al*(*ale*, *aux*), princip*al*(*ale*, *aux*), essentiel(*le*). ¶ ~적 위치를 차지하다 occuper une position centrale. ¶ ~적 역할을 담당하다 jouer le rôle principal [essentiel].

◆_가 -街 명 le centre *m* de la ville, le centre-ville *m* {*pop*}. ¶ 시내 ~가 (la grand-route du) centre-ville [d'une ville], l'avenue principale d'une ville [du centre-ville].

◆_각 -角 명 angle *m* central.

◆_부 -部 명 le centre *m* de la ville, le centre-ville *m* {*pop*}. ¶ 도시의 ~부에 au [dans le] centre de la ville, au centre-ville {*pop*}. ¶ 태풍의 ~부가 부산을 통과한다 L'œil du typhon passe par Busan.

◆_선 -線 명 ligne *f* centrale. ¶ ~선을 기준으로 하다 prendre la ligne centrale comme repère.

◆_점 -點 명 point *m* central. ¶ 문제의 ~점을 다루다 toucher le cœur d'un problème.

◆_지 -地 명 centre *m*; région *f* centrale. ¶ 교통의 ~지 centre de la circulation. ¶ 서울은 상업의 ~지이다 Séoul est le centre du commerce.

◆_축 -軸 명 axe *m* central. ¶ ~축을 이루다 constituer l'axe central. ¶ ~축이 되다 être l'axe central.

중심[2] **重心** 명 centre *m* de gravité. ¶ ~을 잡다[가누다] tenir [garder] *son* équilibre. ¶ 나는 ~을 잃고 넘어졌다 J'ai perdu mon équilibre et je suis tombé(*e*).

중압 **重壓** 명 ① poids *m*; (forte) pression *f*. ¶ 차량들의 ~에 다리가 무너졌다 Le pont s'est effondré sous le poids des automobiles. ② ((비유적)) poids *m* ((des impôts)). ¶ 세금의 ~에 시달리다 plier sous le poids des impôts. ¶ 시험의 ~에 시달리다 être accablé(*e*) par le poids de l'examen.

◆_감 -感 명 suppression *f*, poids *m*. ¶ ~감을 벗다 se libérer [se soulager] d'un poids, être soulagé(*e*) d'un poids, avoir un poids en moins, s'ôter [s'enlever] une épine du pied, s'ôter un poids de la poitrine. ¶ ~감을 느끼다 sentir un poids. ¶ ~감에 시달리다 plier sous le poids ((de *qc*)); être accablé(*e*) par le poids ((de *qc*)), être accablé(*e*) par ((les dettes)). ¶ 양심의 ~감에서 해방이 되다 se faire enlever un poids de la conscience. ¶ 그는 그 일 때문에 엄청난 ~감을 느끼고 있다 Il sent un poids à cause de cette affaire / Il est accablé par le grand poids des soucis causés par cette affaire.

중앙 **中央** 명 ① ((공간)) centre *m*; milieu(*x*) *m*. ¶ 테니스 코트의 ~ le centre du terrain de tennis. ¶ ~에 위치하다 se trouver au centre [au milieu] ((de *qc*)). ¶ 벽 ~에 달력을 걸다 mettre [accrocher] un calendrier au milieu du mur. ¶ 우리 선수가 ~을 돌파했다 Notre joueur a franchi la ligne centrale. ② ((기능, 역할)) centre *m*; milieu(*x*) *m*. ¶ ~ 도서관 la bibliothèque centrale. ¶ ~ 본부 le bureau central; la direction générale. ③ ((지방에 대하여)) centre *m*; capitale *f*. ¶ ~ 무대에 진출하다 débuter sur les scènes de la capitale. ¶ ~ 정계에 진출하다 débuter dans les milieux politiques de la capitale.

◆_관청 -官廳 명 gouvernement *m* central.

◆_난방 -煖房 명 chauffage *m* central.

◆_당 -堂 명 parti *m* national. ¶ ~당과 지구당 parti national et partis régionaux.

◆_부 -部 명 partie *f* centrale; centre *m*.

◆_선 -線 명 la ligne *f* centrale, la ligne *f* continue, la ligne *f* blanche. ¶ ~선을 넘다[침범하다] dépasser [franchir] la ligne centrale [continue, blanche].

◆_아시아 명 l'Asie *f* centrale.

◆_은행 -銀行 명 banque *f* centrale.

◆_제어장치 -制御裝置 명 centrale *f* de commande; ((정보)) homéostat *m*.

◆_정부 -政府 명 gouvernement *m* central.

◆_집권 -集權 명 régime *m* centralisateur. ¶ ~집권 체제를 이루다 constituer un régime centralisateur. ¶ ~집권적 정치 구조 une structure politique centralisatrice.

◆_집권화 -集權化 명 centralisation *f*. ¶ 정치[경제]의 ~집권화 centralisation politique [économique].

중언부언 重言復言 명 barbotage *m*, radotage *m*. ◇_(을) **하다** se répéter sans cesse; barboter; rabâcher; radoter. ¶ ~하지 말고 요점만 간단히 말해라 Ne te répète pas sans cesse, viens en au fait [au résultat] [va à l'essentiel, sois synthétique]. ¶ 그는 같은 말을 ~하곤 했다 Il se répétait sans cesse / Avec lui, c'était toujours le même refrain [la même rengaine] / Il chantait toujours la même antienne {*vx*}.

부 ((se répéter)) sans cesse. ¶ 쓸데없는 소리를 ~ 늘어놓다 rabâcher des choses inutiles, radoter.

중얼거리다 재타 murmurer, marmonner, marmotter, bredouiller; répéter; mâcher. ¶ 혼자 ~ murmurer seul(*e*), parler tout(*e*) seul(*e*). ¶ 그 사람은 영어 단어를 중얼거리며 외운다 Il apprend par cœur des mots anglais en les répétant. ¶ 그 사람이 중얼거리는 소리가 들렸다 On l'a entendu(*e*) murmurer. ¶ 그 사람은 이상한 말을 혼자서 중얼거렸다 Il a murmuré tout seul des mots étranges. ¶ 그가 뭐라고 중얼거리기는 했는데 아무도 알아듣지 못했다 Il a murmuré quelque chose, mais personne ne l'a compris.

중얼대다 재타 ☞ 중얼거리다

중얼중얼 부 en murmurant, en marmonnant. ¶ ~ 혼잣말을 하다 marmonner tout(*e*) seul(*e*). ¶ 기도문을 ~ 읊다 marmonner une prière.

◆_하다 재타 murmurer, marmonner, bredouiller. ¶ 혼자 ~하다 murmurer seul(*e*). ¶ 욕설을 ~하다 marmonner des injures.

중역[1] 重譯 명 traduction *f* faite à partir d'une première traduction, retraduction *f*. ◇_(을) **하다** traduire ((un ouvrage)) à partir d'une première traduction, retraduire. ¶ 이 책은 영어를 우리말로 ~한 것이다 Ce livre est la traduction d'une traduction anglaise / Ce livre est la traduction d'un ouvrage ayant été préalablement traduit en anglais. ◇_(이) **되다** ((un ouvrage)) être traduit(*e*) à partir d'une première traduction, être retraduit(*e*).

◆_본 -本 명 retraduction *f*.

중역[2] 重役 명 ① rôle *m* important. ¶ ~을 맡다 assumer un rôle important. ② administra*teur*(*trice*) ((d'une entreprise)). ¶ ~ 회의 le conseil d'administration. ¶ ~으로 초빙하다 inviter comme membre du conseil d'administration. ¶ 그는 회사의 ~이다 Il siège au conseil d'administration / Il est membre du conseil d'administration.

◆_진 -陣 명 conseil *m* d'administration.

중엽 中葉 명 milieu(*x*) *m* (d'une période). ¶ 19세기 ~에 vers le milieu du XIXᵉ siècle. ¶ 고려 시대 ~에 vers le milieu de l'époque Goryeo.

중외 中外 명 intérieur *m* et extérieur; dedans *m* et dehors *m*. ¶ ~에 널리 반포하다[알리다] faire connaître *qc* dedans et dehors [à l'intérieur du pays et à l'étranger], faire bénéficier d'une publicité universelle à l'intérieur et à l'extérieur ((du pays)), faire bénéficier d'une (très) large publicité, dévoiler au monde, faire connaître *qc* partout.

중요 重要 명 importance *f*. ¶ ~ 정책 une politique importante. ¶ ~ 사안 un sujet important.

◆_하다 형 être important(*e*); être grave; être sérieu*x*(*se*). ¶ ~한 인물 un personnage important. ¶ ~한 서류 des documents [des papiers, des dossiers] importants. ¶ ~한 사항 une chose importante; une question importante. ¶ 개념 파악을 완전히 하는 것이 ~하다 L'important est d'avoir une vue globale du concept. ¶ 나에게는 이번 일이 대단히 ~하다 Cette affaire est très importante [d'une importance capitale] pour moi. ¶ 가장 ~한 것은 우리가 어떻게 할 것인가이다 Le plus important est de savoir ce que nous devons faire. ¶ 그런 일은 별로 ~치 않다 Cela n'a aucune importance / Cela ne compte pas beaucoup.

◆_성 -性 명 importance *f*. ¶ ~성을 띠다 prendre de l'importance.

◆_도 -度 명 degré *m* d'importance. ¶ ~도가 가장 높은 일 un travail de la plus haute importance.

◆_시하다 -視 타 attribuer [accorder, attacher, prêter] de l'importance ((à *qc*)); attacher de la valeur ((à *qc*)); faire grand bruit ((de *qc*)); faire grand cas [état] de *qc*/*qn*, accorder beaucoup d'importance [d'intérêt] à *qc*; mettre l'accent sur *qc*. ¶ 그는 돈을 가장 ~시 한다 Il place l'argent avant toutes les choses / Il attribue [accorde, attache] la plus grande importance à l'argent.

◆_시되다 -視 재 se voir attribuer [se voir accorder] de l'importance; compter pour beaucoup. ¶ 환경 문제가 나날이 ~시 된다 Le problème de l'environnement prend de plus en plus d'importance / Le problème de l'environnement prend plus d'importance de jour en jour.

중용[1] 中庸 명 modération *f*; mesure *f*; juste-milieu(~*s*-~*x*) *m*. ¶ ~의 미덕 la vertu du juste-milieu. ¶ ~을 지키다 garder le juste-milieu.

중용[2] 重用 명 ◇_(을) **하다** confier une fonction importante ((à *qn*)); employer [nommer] *qn* à un poste important [à responsabilités]; donner à *qn* un poste de confiance [à responsabilités]. ¶ 인재를 ~하다 confier une fonction importante aux hommes compétents [de valeurs]. ◇_(이) **되다** occuper un poste important; avoir la confiance ((du patron)).

중우정치 衆愚政治 명 【정치】 démagogie *f*. ¶ ~의 폐해 les effets nuisibles de la démagogie.

중원 中原 명 le centre *m* d'une plaine. ¶ ~을 차지하다 occuper le centre de la plaine. ¶ ~의 패권을 다투다 se disputer la prééminence du centre de la plaine.

중위 中尉 명 【군사】 ((육군, 공군)) lieutenant *m*; ((해군)) enseigne *m* de vaisseau de première classe.

중유 重油 명 huile *f* lourde; ((난방용)) mazout *m*; ((내연기관용)) fuel *m*. ¶ ~ 기관 un moteur diesel; un moteur à huile lourde. ¶ 원유에서 ~를 뽑다 extraire de l'huile lourde du pétrole brut.

중음탈락 重音脫落 명 【언어】 haplologie *f*; chute *f* d'un des phonèmes répétés.

중의 衆議 명 opinion *f* commune, opinion *f* de la majorité; délibération *f* en commun. ¶ ~를 따르다 suivre [adhérer à, embrasser] l'opinion commune [l'opinion de la majorité].

중의성 重義性 명 【언어】 ambiguïté *f*. ¶ 어휘적 ~ ambiguïté lexicale. ¶ 구조적[화용적] ~ ambiguïté structurale [pragmatique]. ¶ 문장의 ~ ambiguïté d'une phrase. ¶ 문장 의미 해석의 ~ ambiguïté de l'interprétation sémantique [du sens] d'une phrase.

중이 中耳 명 【의학】 oreille *f* moyenne.

◆**_염** -厭 명 【의학】 otite *f* moyenne. ¶ ~염을 일으키다 avoir [présenter, souffrir d', être atteint(*e*) d']une otite moyenne. ¶ ~염에 걸리다 avoir [être atteint(*e*) d']une otite moyenne.

중인[1] 衆人 명 plusieurs personnes *fpl*, de nombreuses personnes *fpl*; tous les hommes *mpl*, public *m*, foule; tout le monde *m*.

중인[2] 中人 명 【역사】 bourgeois *m*, homme *m* de la classe moyenne. ¶ ~ 신분으로 en tant qu'homme de la classe moyenne.

중일전쟁 中日戰爭 명 【역사】 la Guerre *f* sino-japonaise.

중임 重任 명 ① mission *f* [charge *f*, tâche *f*] importante; lourde responsabilité *f*; fonction *f* importante. ¶ ~을 맡다 assumer une lourde responsabilité. ¶ ~을 띠고 파견되다 être envoyé(*e*) avec une mission importante. ② renouvellement *m* de nomination, nomination *f* pour un nouveau mandat. ¶ 대통령은 ~이 금지된다 Le président n'est pas rééligible / La présidence n'est pas renouvelable. ◇_(을) **하다** être nommé(*e*) pour un nouveau mandat. ¶ 그는 이사(직)을 ~했다 Il a renouvelé son mandat de membre du comité d'administration. ◇_(이) **되다** être nommé(*e*) pour un nouveau mandat. ¶ 그는 이번 개각에서 ~이 되었다 Il *a été nommé pour un nouveau mandat* lors de ce remaniement ministériel.

중장 中將 명 【군사】 ((육군, 공군)) génér*al*(*aux*) *m* de corps d'armée; ((해군)) vice-amir*al*(~-~*aux*) *m* d'escadre.

중장기 中長期 명 moyen long terme *m*.

◆**_적** 명관 à moyen long terme. ¶ ~ 적으로 à moyen long terme.

중장비 重裝備 명 équipement *m* lourd. ¶ ~ 제조업체 un constructeur d'équipement lourds. ¶ 공사에 ~를 동원하다 mobiliser des équipements lourds pour les travaux.

중재 仲裁 명 arbitrage *m*, médiation *f*, intervention *f*. ¶ 누구에게 ~를 의뢰하다 demander [solliciter] l'arbitrage [la médiation] de *qn*. ¶ ~에 나서다 s'interposer [s'entremettre] dans *qc*. ¶ 누구의 ~에 따르다 s'entretenir à l'arbitrage de *qn*. ◇_(를) **하다** arbitrer; s'offrir comme média*teur*(*trice*); s'entremettre, intervenir. ¶ 정부가 노조와 사용자 사이의 분쟁을 ~했다 Le gouvernement a arbitré le différend entre le syndicat et l'employeur.

◆**_적** -的 명관 d'entremetteu*r*(*se*), de média*teur*(*trice*). ¶ ~적 역할 un rôle d'entremetteur [de médiateur].

◆**_안** -案 명 proposition *f* faite pour l'arbitrage.

◆**_자** -者 명 arbitre *m*, média*teur*(*trice*). ¶ ~자 역할을 하다 jouer le rôle de médiateur.

◆**_재판** 裁判 명 【법률】 commission *f* d'arbitrage; tribunal *m* d'arbitrage.

중저가 中低價 명 prix *mpl* bas ou moyen.

◆**_품** -品 명 articles *mpl* de prix bas ou moyen.

중전 中殿 명 reine *f*. ¶ ~ 마마 Sa Majesté la reine.

중전기 重電機 명 équipement *m* électrique lourd. ¶ ~를 생산하다 fabriquer des équipements électriques lourds.

중절 中絶 명 interruption *f*, discontinuité *f*. ◇_(을) **하다[시키다]** interrompre.

◆**임신** 姙娠 명 avortement *m* provoqué [artificiel], interruption *f* volontaire de grossesse, ((약어)) I.V.G. *f*. ¶ 임신~ 수술을 받다 subir un avortement, faire une I.V.G., se faire avorter.

중절모 中折帽 명 chapeau(*x*) *m* mou, feutre *m*. ¶ ~를 쓴 사나이 un homme avec un chapeau mou.

중점 重點 명 point *m* essentiel [capit*al*(*aux*), important]; le cœur *m* ((d'un problème)). ¶ ~ 관리 gestion [administration] prioritaire. ¶ ~ 사항 un point essentiel; une chose [un article] prioritaire. ¶ 어디에 ~을 두다 insister sur *qc*, appuyer sur *qc*, attacher de l'importance à *qc*, mettre l'accent sur *qc*. ¶ 이것을 ~으로 (해서) en insistant sur ceci; en attachant de l'importance à ceci.

◆**_적** -的 명관 prioritaire. ¶ 교육에 ~적인 투자를 하다 faire un investissement [placement] prioritaire pour l'éducation. ¶ 관광산업을 ~적으로 발전시키다 donner la priorité à l'industrie du tourisme [touristique].

중정[1] 中庭 명 cour *f* intérieure; patio *m*.

중정[2] 中正 명 impartialité *f*, équité *f*. ¶ ~을 유지하다 garder l'impartialité.

◆**_하다** 형 être imparti*al*(*ale*, *aux*), équitable.

중졸 中卒 명 personne *f* s'étant arrêtée à la fin du collège; ((프랑스)) personne *f* du niveau du brevet (des collèges). ¶ 그의 학력은 ~이다 Il s'est arrêté au niveau du brevet [à la fin du collège] / Il n'a que le brevet (des collèges).

중죄 重罪 명 crime *m*; délit *m* grave. ¶ ~를 범하다[저지르다, 짓다] commettre un crime.

◆**_인** -人 명 grand(*e*) criminel(*le*).

중주 重奏 명 【음악】 à plusieurs instruments; duo

ㅈ

m; trio m; quatuor m.

◆이_ 二- 명 duo m. ¶ 바이올린 이~ un duo de violon.

◆삼_ 三- 명 trio m. ¶ 피아노 삼~ un trio de piano.

◆사_ 四- 명 quatuor m. ¶ 현악 사~ un quatuor à cordes.

중중모리 명 【음악】 *jungjungmori m* <une mesure de *pansori* ou *sanjo*, un peu plus rapide que *jungmori* et un peu plus lente que *jajinmori*>.

중증 重症 명 état *m* grave [sérieux, critique, désespéré]; cas *m* grave [sérieux, désespéré]. ¶ ~ 장애 un handicap grave, un handicap sérieux [sévère, important]. ¶ ~ 장애인 un(*e*) handicapé(*e*) majeur(*e*) [grave], une personne atteinte d'un handicap important. ¶ ~ 환자 un malade [un(*e*) patient(*e*)] dans un état grave [critique, désespéré, gravissime], un grand malade. ¶ 그 환자는 아주 ~이다 Ce(*te*) patient(*e*) est gravement malade.

중지[1] 中止 명 arrêt *m*, cessation *f*; ((도중에서)) interruption *f*; ((일시적인)) suspension *f*; ((금지)) suppression *f*. ¶ 사격 ~ Cessez le feu! ¶ 사용 ~ cessation de l'usage [de l'utilisation]. ¶ 핵실험 ~! Halte aux essais nucléaires! ◇_(를) **하다** cesser ((les poursuites)), interrompre, suspendre ((une activité)). ¶ 파업[작업]을 ~하다 cesser la grève [le travail]. ¶ 공사를 ~하다 interrompre [suspendre] des travaux. ◇_(가) **되다** cesser; être interrompu(*e*). ¶ 공연이 ~되었다 Le spectacle a été interrompu. ¶ 오늘 경기는 날씨가 나빠 ~되었다 Le match d'aujourd'hui a été annulé à cause du mauvais temps. ◇_(를) **시키다** faire cesser [interrompre, suspendre]. ◇_(를) **당하다** être interrompu(*e*) par *qn*.

중지[2] 中指 명 majeur *m*; médius *m*. ¶ ~를 치켜들다 lever le majeur. ¶ ~에 상처가 나다 se blesser au majeur.

중지[3] 衆智 명 sagesse *f* populaire. ¶ ~를 모으다 s'entourer de conseillers compétents.

중진 重鎭 명 pilier *m*; personnage *m* important [influent]. ¶ 당의 ~ le pilier d'un parti. ¶ 그는 법조계의 ~이다 Il jouit d'une grande autorité dans les milieux judiciaires [dans le monde politique].

중진국 中進國 명 pays *m* moyennement développé.

중창 重唱 명 【음악】 à plusieurs voix, polyphonique.

◆_곡 -曲 명 chant *m* à plusieurs voix, chant *m* polyphonique.

◆이_ 二- 명 duo *m*. ¶ 이~을 하다 chanter en duo.

◆삼_ 三- 명 trio *m*.

◆사_ 四- 명 quatuor *m*.

중책 重責 명 lourde responsabilité *f*. ¶ ~을 맡다 assumer une lourde responsabilité. ¶ 누구에게 ~을 맡기다 confier une lourde responsabilité à *qn*. ¶ ~을 완수하다 s'acquitter d'une tâche qui implique une grande responsabilité. ¶ 회장이라는 ~을 맡아 어깨가 무겁습니다 Je porte une lourde responsabilité, en tant que président.

중천 中天 명 air *m*, zénith *m*, ((au)) milieu *m* du ciel. ¶ 해가 ~에 떴다 Il fait grand soleil. ¶ 달이 ~에 걸려 있다 La lune brille au zénith.

중첩 重疊 명 réitération *f*, répétition *f*, superposition *f*. ¶ 의미의 ~ réitération du sens. ◇_(을) **하다** se superposer, s'empiler. ¶ 수식어가 ~한 문장 phrase qui contient beaucoup de modificateurs. ¶ 산악이 ~하여 하늘을 찌를 듯이 솟아 있다 Les montagnes s'élancent vers le ciel les unes sur les autres. ◇_(이) **되다** être superposé(*e*). ¶ 산과 산이 ~되어 있다 Les montagnes se superposent. ¶ 난관이 ~되었다 Les difficultés se multiplient. ¶ 화면에는 현재와 과거의 장면이 ~되어 나오고 있었다 À l'écran, les images du présent et du passé se superposent.

중추[1] 仲秋 명 huitième mois *m* lunaire; milieu(*x*) *mpl* de l'automne; plein automne *m*. ¶ 오곡이 풍성한 ~에 au huitième mois lunaire, au milieu de l'automne où les céréales sont abondantes.

◆_(가)절 -(佳)節 명 *chuseok*.

중추[2] 中樞 명 centre *m*, noyau(*x*) *m*, pilier *m*, pivot *m*. ¶ ~ 기능 fonction centrale. ¶ 산업의 ~ centre [pivot] de l'industrie. ¶ 사회의 ~를 이루다 devenir le soutien [le pilier] d'une société.

◆_적 -的 명관 centr*al*(*ale*, *aux*). ¶ ~적 역할 rôle central.

◆_신경 -神經 명 système *m* nerveux central.

중축 中軸 명 axe *m*, pivot *m*. ¶ 그 사람은 사회 발전의 ~이었다 Il a eu un rôle important dans le développement de la société.

중춘 仲春 명 mi-printemps *m*, milieu(*x*) *mpl* du printemps; deuxième mois *m* lunaire. ¶ ~에 햇볕이 따사롭다 À la mi-printemps, les rayons du soleil sont bien chauds [il fait bon] / À la mi-printemps, il fait (un temps) doux [clément] / À la mi-printemps, la température est clémente [printanière].

중층 中層 명 ① strate *f* [couche *f*] intermédiaire; étage *m* [plancher *m*] intermédiaire. ¶ 그 사람은 고층 아파트의 ~에 산다 Il habite à un étage intermédiaire d'une grande tour résidentielle. ② classe *f* moyenne. ¶ ~이 두꺼운 사회구조 structure d'une société dont la classe moyenne est assez grande.

중치 中- 명 taille *f* moyenne; grandeur *f* moyenne. ¶ 그 여자의 키는 반에서 ~는 간다 Elle est de taille moyenne comparée aux autres élèves de sa classe.

중치막 명 manteau(*x*) *mpl* à larges manches (pour l'homme). ¶ ~을 입다[벗다] mettre [enlever, ôter] un manteau à larges manches.

중칭 中稱 명 【언어】 démonstratif *m* qui sert [servant] à désigner ce qui est éloigné du locuteur, mais proche de l'interlocuteur ((cf. 그)).

중키 中- 명 taille *f* moyenne. ¶ ~의 사내 un homme de taille moyenne. ¶ 그 사람은 ~에 안경을 쓰고 있다 C'est un homme de taille moyenne, avec des lunettes [qui porte des lunettes]. ¶ ~가 넘다

ㅈ

dépasser la taille moyenne.

중탄산 重炭酸 명 【화학】 bicarbonate *m*.

◆**_나이트** 명 bicarbonate *m*.

◆**_소다** 명 bicarbonate *m* de soude.

◆**_염** -鹽 명 bicarbonate *m*.

◆**_칼리** 명 bicarbonate *m* de potassium.

중탕¹ 中湯 명 eaux *fpl* [source *f*] thermale(s) de température moyenne.

중탕² 重湯 명 bain-marie(~*s*-~) *m*. ¶ 약재를 ~으로 달이다 faire chauffer longtemps des herbes médicinales au bain-marie. ◇_(을) **하다** chauffer *qc* au bain-marie. ¶ 인삼을 ~하다 chauffer du ginseng au bain-marie.

중태 重態 명 état *m* grave [sérieux, dangereux, critique, désespéré] ((d'un malade, d'un blessé)). ¶ ~에 빠지다 tomber dans un état grave. ¶ 그 사람은 지금 ~이다 Il est actuellement dans un état critique [grave, désespéré].

중턱 中- 명 flan *m* ((d'une montagne)). ¶ 고개 ~에서 차를 멈추다 arrêter la voiture à mi-pente. ¶ 해가 산 ~에 걸렸다 Le soleil se trouve au flan de la montagne. ¶ 사월도 ~을 넘어섰다 On a déjà passé la mi-avril.

중퇴 中退 명 abandon *m* des études, interruption *f* de *ses* études. ¶ 그 사람은 중학교 ~가 학력의 전부이다 Il n'a fait des études que jusqu'au milieu du collège / Il a arrêté ses études au milieu du collège. ◇_(를) **하다** abandonner [quitter] l'école en cours d'études, interrompre *ses* études. ¶ 대학을 ~한 청년 un jeune homme qui a quitté l'université avant la fin de ses études. ¶ 그 사람은 집안 사정으로 대학을 ~했다 Il a arrêté ses études universitaires à cause de sa situation familiale.

중파 中波 명 【물리】 onde *f* moyenne.

중판 重版 명 réimpression *f*; deuxième [seconde] édition *f*; réédition *f*. ¶ 이 책은 출판 1주일 만에 ~에 돌입했다 Ce livre a été réimprimé déjà une semaine après sa publication. ¶ ~에 ~을 거듭하는 베스트셀러 un best-seller qui est réimprimé à plusieurs reprises [plusieurs fois]. ◇_(을) **하다** réimprimer. ¶ 출판사에서 곧 그 책을 ~할 것이다 L'éditeur va [Les Éditions X vont] bientôt réimprimer ce livre. ◇_(이) **되다** être réimprimé(*e*).

중편 中篇 명 ① *deuxième [seconde] partie f* (de trois parties); tome *m* II (d'un livre en trois tomes). ¶ 어제까지 상편을 다 읽고 오늘은 ~을 읽는다 Aujourd'hui je lis la seconde partie, tout de suite après avoir terminé la première hier. ② roman *m* court; nouvelle *f* relativement longue.

◆**_소설** -小說 명 roman *m* court; nouvelle *f* relativement longue.

중평 衆評 명 opinion *f* générale [publique]; avis *m* de tous; réputation *f*. ¶ 전문가들의 ~ opinion générale des spécialistes. ¶ ~이 각색이다 L'opinion publique est partagée. ¶ 그 연주는 실패였다는 것이 ~이다 On déclare à l'unanimité que c'était une très mauvaise interprétation musicale.

중폭격기 重爆擊機 명 【군사】 bombardier *m* lourd.

중풍 中風 명 【의학】 paralysie *f* suite [consécutive, secondaire] à une hémorragie *f* cérébrale. ¶ ~을 맞다[~에 걸리다] être frappé(*e*) [atteint(*e*)] de paralysie suite à une hémorragie cérébrale. ¶ 그 환자는 ~으로 한쪽 팔이 마비되었다 Ce patient est paralysé d'un bras suite à une hémorragie cérébrale.

중하다 重- 형 ① être important(*e*), précieu*x*(*se*), ch*er*(*ère*). ¶ 돈보다는 사랑이 ~ L'amour a plus de valeur que l'argent. ¶ 임무가 ~ Il est important d'accomplir son devoir. ¶ 중한 책임 une lourde responsabilité. ¶ 중한 직책 un poste [une charge, une fonction] important(*e*), un poste à responsabilités. ② être grave, sérieu*x*(*se*), critique, dangereu*x*(*se*). ¶ 상처가 ~ La blessure est grave. ¶ 중한 병 une maladie grave [sérieuse]. ¶ 중한 죄 un délit grave, une faute grave, un crime. ¶ 그 사람의 건강상태가 날로 중하여 간다 Sa santé s'est aggravée de jour en jour. ③ être sévère, grave, sérieu*x*(*se*). ¶ 중한 벌 un châtiment sévère [rigoureux], une punition sévère. ¶ 그 일로 중하게 처벌받다 être sévèrement puni(*e*) pour cela.

◆**중히** 부 avec attention, avec soin; sévèrement; avec respect. ¶ 일을 중히 다루다 prendre une affaire [l'affaire] au sérieux. ¶ 죄를 중히 다스리다 punir sévèrement. ¶ 나는 그 사람을 중히 여긴다 Je le traite avec de grands égards.

중학교 中學校 명 collège *m*, (école) secondaire *m*. ¶ ~ 학생 un(*e*) collégien(*ne*), un(*e*) élève du secondaire. ¶ 자녀를 ~에 보내다 envoyer *ses* enfants au collège. ¶ ~가 그 사람의 최종 학력이다 Il a arrêté ses études au collège.

중학생 명 collégien(*ne*), élève *mf* du secondaire. ¶ ~이 되다 devenir collégien(*ne*), entrer au collège, passer dans le secondaire.

중핵 中核 명 noyau(*x*) *m*. ¶ ~을 이루다 être le noyau de *qc*.

중형¹ 重刑 명 【법률】 peine *f* lourde [sévère], condamnation *f* sévère. ¶ ~을 선고받다 être condamné(*e*) à une lourde peine [à une peine sévère]. ¶ ~에 처하다 condamner *qn* à une peine sévère, condamner *qn* lourdement.

중형² 中型 명 grandeur *f* [taille *f*] moyenne. ¶ ~ 버스 un autobus de taille moyenne. ¶ ~ 자동차 une automobile [une voiture] de taille moyenne.

중혼 重婚 명 bigamie *f*. ¶ ~을 법으로 금하다 interdire la bigamie par la loi. ◇_(을) **하다** être bigame, avoir plusieurs maris [femmes].

◆**_죄** -罪 명 crime *m* de bigamie.

중화¹ 中和 명 ① fusionnement *m*. ¶ 동서양 문화의 ~가 이루어졌다 La culture orientale et la culture occidentale ont fusionné. ② 【화학】 neutralisation *f*. ¶ ~ 반응 réaction de neutralisation. ③ 【언어】 neutralisation *f*. ◇_(를) **하다**[**시키다**]

ㅈ

neutraliser. ¶ 산을 염기로 ~하다 neutraliser un acide par un alcaloïde. ◇_(가) **되다** être neutralisé(*e*).

◆_**성** -性 명 caractère *m* neutralisant.

◆_**작용** -作用 명 processus *m* de neutralisation.

중화² 中華 명 l'empire *m* du Milieu; (la) Chine *f*. ¶ ~ 사상 croyance en la supériorité de la civilisation chinoise.

◆_**민국** -民國 명 (la) République *f* de Chine [Taiwan].

◆_**요리** -料理 명 cuisine *f* chinoise.

중화³ 中化 명 【언어】 neutralisation *f*.

◆_**규칙** -規則 명 【언어】 règle *f* de neutralisation.

중화기 重火器 명 【군사】 armes *fpl* lourdes. ¶ ~로 무장하다 être déten*teur*(*trice*) d'armes lourde.

중화상 重火傷 명 brûlure *f* grave [profonde, sévère], brûlure *f* du second ((phlyctène)) ou du troisième degré ((escarre))]. ¶ ~을 입다 se brûler gravement [être gravement brûlé(*e*)], se brûler [être brûlé(*e*)] au second ou au troisième degré, avoir une brûlure profonde [sévère].

중화학 重化學 명 industrie *f* chimique lourde. ¶ ~ 분야 le domaine de l'industrie chimique lourde.

◆_**공업** -工業 명 industrie *f* chimique lourde.

중환 重患 명 maladie *f* grave; état *m* critique [très grave]. ¶ ~을 앓다 être dans un état critique [très grave]. ¶ 할아버지는 ~으로 고생하고 있다 Mon grand père souffre d'une maladie grave.

◆_**자** -者 명 patient(*e*) qui est dans un état critique [très grave].

◆_**자실** -者室 명 unité *f* de soins intensifs, service de réanimation.

중후하다 重厚- 형 être sérieu*x*(*se*), grave, solennel(*le*), profond(*e*); être imposant(*e*); être digne. ¶ 그 사람의 말투는 ~ Il parle d'une manière courtoise et prudente. ¶ 중후한 느낌 un air courtois et généreux. ¶ 중후한 인품 une personnalité courtoise et généreuse. ¶ 중후한 분위기 une ambiance courtoise et chaleureuse. ¶ 중후한 문체 un style courtois et formel. ¶ 중후한 연주 une interprétation musicale sérieuse. ¶ 중후하게 행동하다 agir d'une manière courtoise et généreuse.

중흥 中興 명 restauration *f*, renaissance *f*, relèvement *m* ((d'une nation)). ¶ 민족 ~의 중대한 사명을 띠다 être chargé(*e*) de la mission importante du relèvement de la nation. ¶ 불교 ~에 이바지하다 contribuer à la restauration du bouddhisme. ¶ 가문의 ~에 힘쓰다 faire des efforts pour restaurer l'honneur de la famille. ◇_(을) **하다** restaurer, relever, renouveler.

쥐¹ 명 【동물】 rat *m*; ((생쥐)) souris *f*. ¶ ~를 박멸하다 [잡다] détruire [exterminer] les rats.

*~**가 고양이를 만난 격** ((être, vivre, s'entendre)) comme chat et chien.

*~**도 새도 모르게** dans le secret absolu, à l'insu de tous, avec une discrétion absolue. ¶ 서랍 안에 두었던 돈이 ~도 새도 모르게 사라져버렸다 L'argent que j'avais mis dans ce tiroir a disparu à l'insu de tous [sans que personne ne s'en rende compte, sans que personne ne s'en aperçoive].

*~ **죽은 듯하다** On aurait entendu une mouche voler.

***독안에 든 ~와 같다** être pris(*e*) comme un rat; être fait(*e*) comme un rat {*fam*}.

◆_**구멍** 명 trou *m* à rat. ¶ 부끄러워서 ~이라도 있으면 들어가 숨고 싶었다 J'avais tellement honte que je voulais rentrer sous terre / J'aurais voulu rentrer [être à cent pieds] sous terre tellement j'avais honte / Je souhaitais être (à) cent pieds sous terre tellement j'avais honte.

*~**구멍에도 볕 들 날 있다** Tout vient à point à qui sait attendre.

*~**구멍을 찾다** chercher une échappatoire.

◆_**꼬리** 명 queue *f* de rat; ((비유적)) maigreur *f* (d'un salaire), ((un salaire)) de misère. ¶ ~꼬리만한 월급을 받다 recevoir [toucher] un maigre salaire [un salaire de misère, un salaire ridicule].

◆_**덫** 명 piège *m* à rat; ratière *f*, souricière *f*.

◆_**뿔** 명 ☞ 쥐뿔

◆_**약** -藥 명 mort-aux-rats *f inv*.

쥐² 명 crampe *f*. ¶ ~(가) 나다[오르다] être pris(*e*) d'une crampe, ressentir une crampe. ¶ 그 여자는 수영하다가 ~가 올랐다 Elle a été prise d'une crampe alors qu'elle nageait.

쥐다 타 ① serrer ((le poing)). ¶ 주먹을 (불끈) ~ serrer (très fort) le poing. ② serrer, prendre, saisir, agripper. ¶ 누구의 손을 꼭 ~ serrer vigoureusement [fermement] la main de *qn*, donner une vigoureuse [ferme] poignée de main à *qn*. ¶ 멱살을 ~ prendre [saisir, agripper] *qn* à la gorge [au collet]. ③ tenir, connaître. ¶ 비밀을 쥐고 있다 tenir la clef de l'énigme. ¶ 누구의 약점을 쥐고 있다 connaître le défaut de la cuirasse [le défaut de l'armure, le(s) point(s) faible(s) [sensible(s), vulnérable(s)], le côté sensible, le côté vulnérable, les faiblesses] de *qn*; connaître les vices secrets de *qn*. ④ détenir, posséder. ¶ 권력을 ~ saisir [prendre] le pouvoir, s'emparer du pouvoir [détenir le pouvoir, posséder le pouvoir]. ¶ 목돈을 손에 ~ s'emparer d'une somme rondelette.

***쥐면 꺼질까 불면 날아갈까** chérir *qn*, être extrêmement attaché(*e*) à *qn*, adorer *qn*, aimer *qn* à la folie, tenir beaucoup à *qn*, considérer *qn* comme un trésor, affectionner {*vx*} beaucoup *qn*.

***쥐었다 폈다 하다** faire de *qn* ce qu'on veut, mener *qn* à *sa* guise, mener *qn* en laisse [à la baguette, par le bout du nez]. ¶ 그 여자는 제 남편을 쥐었다 폈다 한다 Elle fait de son mari ce qu'elle veut / Elle mène son mari par le bout du nez [à la baguette].

***손에 땀을 쥐게 하다** tenir *qn* en haleine, être plein(*e*) de suspense. ¶ 손에 땀을 쥐게 한 축구경기 un match [une rencontre] à suspense [qui a tenu les spectateurs en haleine ((étant resté(*e*) indécis(*e*) jusqu'à la dernière minute de la rencontre)), où le suspense a persisté jusqu'au bout, qui a fait transpirer d'angoisse les spectateurs jusqu'au bout].

쥐똥나무 명 【식물】 troène *m*.

쥐며느리 명 【동물】 cloporte *m*.

쥐방울 명 【식물】 aristoloche *f*.

쥐불 명 【민속】 *jwibul m* <feu qu'on allume au début du premier mois lunaire pour chasser le rat>. ¶ ~을 놓다 allumer un *jwibul* pour chasser le rat.

쥐뿔 명 chose *f* sans valeur, babiole *f*. ¶ 그 사람은 가진 것이라고는 ~도 없다 Il n'a pas un sou [un rond, un pèze] en poche {*fam*} / Il est (complètement) à sec {*fam*} / Il est complètement fauché {*fam*} / Il est fauché comme les blés {*fam*} / Il est raide comme un passe-lacet {*fam*} / Il est sans le sou [sans un] {*fam*}.

*~**도 모르다** ne rien comprendre [savoir].

쥐새끼 명 ① raton *m*. ② misérable *mf*. ¶ 그 사람은 마치 ~처럼 행동한다 Il se conduit comme un misérable.

쥐어뜯다 타 ① arracher, extirper. ¶ 머리털을 ~ arracher les cheveux. ¶ 잡초를 ~ arracher [extirper] les mauvaises herbes, désherber. ② pincer. ¶ 팔을 ~ pincer le bras à *qn*. ③ affliger, attrister, peiner; serrer. ¶ 가슴을 쥐어뜯는 슬픈 노래 une chanson triste qui nous émeut [qui nous fend le cœur, qui nous fend l'âme].

쥐어박다 타 donner [assener] un coup de poing à *qn*. ¶ 자기 머리를 벽에 ~ se taper [se cogner] la tête contre le mur. ¶ 동생을 ~ donner [assener] un coup de poing à son petit frère.

쥐어지르다 타 donner [assener, asséner] un coup de poing à *qn*. ¶ 볼때기를 한 대 ~ donner [flanquer {*fam*}] une gifle [une baffe {*fam*}] à *qn*, donner une claque sur la joue, en coller une {*fam*}. ¶ 주먹으로 앙가슴을 ~ donner [assener] un coup de poing sur la poitrine.

쥐어짜다 타 ① tordre ((du linge)) pour l'essorer; presser; traire. ¶ 빨래를 ~ tordre du linge [la lessive] pour l'essorer. ¶ 젖은 옷을 ~ tordre un vêtement mouillé pour l'essorer. ② verser ((des larmes)). ¶ 그 여자는 말없이 눈물만 쥐어짜고 있다 Elle pleure sans rien dire. ③ forcer ((*sa* voix)). ¶ 소리[음성]를 ~ forcer *sa* voix. ④ *se casser [se creuser]* la tête [la cervelle], se creuser [se torturer] les méninges {*fam*} ((pour trouver une solution)), se triturer les méninges [la cervelle] {*fam*}. ¶ 문제를 풀기 위해 머리를 ~ se casser la tête pour répondre à une question, se creuser [se torturer] les méninges {*fam*} pour trouver une solution. ¶ 그 사람은 아이디어를 쥐어짜느라 밤을 새웠다 Il a passé une nuit blanche à se creuser la tête. ⑤ presser *qn*; importuner *qn*, harceler *qn* ((de demandes déraisonnables)), embêter *qn*, insister pour faire *qc*; assaillir *qn*, agacer *qn*, tarabuster *qn*, asticoter *qn*, demander *qc* inlassablement; réclamer *qc* à *qn* avec insistance, importuner *qn* (pour obtenir *qc*); ((enfant)) faire une colère, faire un caprice [importuner *qn*, casser les pieds *qn*] pour obtenir *qc*; s'entêter à vouloir faire *qc*, solliciter *qn* de façon importune; déranger *qn*. ¶ 용돈을 달라고 어머니를 ~ importuner [harceler] *sa* mère pour obtenir [pour avoir] de l'argent de poche [pour qu'elle lui donne de l'argent de poche].

쥐어흔들다 타 ① secouer. ¶ 나뭇가지를 ~ secouer une branche, secouer les branches d'un arbre. ¶ 멱살을 ~ saisir [agripper] *qn* à la gorge et le secouer. ② diriger; faire la pluie et le beau temps, être très influent(*e*); mener *qn* à *sa* guise [à la baguette, par le bout du nez], faire de *qn* ce que l'on veut. ¶ 정계[나라]를 ~ faire la pluie et le beau temps dans les milieux politiques [dans le pays]. ¶ 남편을 ~ mener *son* mari à la baguette [par le bout du nez], faire ce que l'on veut de *son* mari.

쥐엄질 명 jeu(*x*) *m* des bébés avec leurs mains ((ouvrir et fermer alternativement *ses* poings)). ¶ 갓난아기가 ~로 재롱을 떤다 Le bébé fait des gestes mignons en ouvrant et fermant alternativement ses poings. ◇_(을) **하다** ((un bébé)) ouvrir et fermer alternativement *ses* poings.

쥐여지내다 재 être à la merci de *qn*; être sous le contrôle de *qn*; se laisser gouverner par *qn*; se faire plus petit qu'une fourmi devant *qn*. ¶ 그 사람은 아내에게 쥐여지낸다 C'est sa femme qui porte la culotte [qui commande] / Il est à la merci de sa femme / Il se fait plus petit qu'une fourmi devant sa femme.

쥐포 -脯 명 *jwipo m* <tranche de poisson séché>. ¶ ~를 먹다 manger des *jwipo*. ¶ ~를 굽다 faire griller des *jwipo*.

쥘부채 명 éventail *m* pliant. ¶ ~를 들고 있다 tenir un éventail pliant. ¶ 곡예사가 ~를 접었다 폈다 한다 Un danseur acrobate manie avec adresse l'éventail.

즈런즈런 부 aisément; dans l'opulence, dans l'aisance, dans l'abondance. ¶ 세월이 흐르면서 생활이 ~ 윤택해졌다 Avec le temps, la situation économique s'est améliorée.

◆_**하다** 형 vivre dans l'aisance [dans l'abondance]; être aisé(*e*), riche, nanti(*e*). ¶ 우리 살림도 ~한 편이다 Nous vivons dans l'aisance sans être riche.

즈봉 일 명 pantalon *m* ((emprunt portugais via le japonais)). ¶ ~을 입다 mettre [enfiler] un [*son*] pantalon.

즈음 의명 temps *m*, occasion *f*, moment *m*. ¶ 그 ~에 alors; dans ce temps-là; à cette époque, à l'époque; à ce moment-là. ¶ 비가 걷힐 ~에 그 친구가 왔다 Il est arrivé au moment même où la pluie a cessé. ¶ 네가 도착할 ~이면 나는 이미 없을 것이다 Quand tu arriveras, je n'y serai plus [je serai déjà parti(*e*)].

즉¹ 卽 부 ① autrement dit; c'est-à-dire, soit, à savoir. ¶ 만 18세, ~ 성인이면 담배를 살 수 있다 À l'âge

ㅈ

de 18 ans révolus, autrement dit à l'âge adulte, on peut acheter des cigarettes. ② justement; précisément. ¶ 그 사람은 나의 인내를 시험했다. ~ 그 사람은 빚을 갚을 수 없다고 내게 말했다 Il a mis ma patience à rude épreuve: il m'a dit qu'il ne pourrait acquitter sa dette. ③ parce que. ¶ 어린이 혼자 물가에 보낸다는 건 있을 수 없는 일이다. ~ 사고가 날 수 있기 때문이다 Il est impossible de laisser un enfant seul aller au bord de l'eau, parce qu'il peut arriver un accident.

즉² 卽 의명 puisque, comme, alors. ¶ 그런 ~ puisqu'il en est ainsi; dans ce cas-là.

즉각 卽刻 부 tout de suite, immédiatement, instantanément, sans délai, sans attendre; bientôt, dans un instant. ¶ ~ 승낙하다 accepter immédiatement. ¶ ~ 대답하다 répondre tout de suite [immédiatement, du tac au tac]. ¶ 이 약의 효과는 ~ 나타납니다 L'effet de ce médicament est immédiat. ¶ ~ 조사에 착수하다 mener une enquête immédiate.

◆**_적** -的 명관 immédiat(*e*), instantané(*e*). ¶ ~적인 조치 mesures immédiates. ¶ ~적 해결 règle [solution] immédiate. ¶ ~적으로 반응하다 réagir immédiatement.

즉결 卽決 명 décision *f* immédiate [prompte, rapide]. ◇**_(을) 하다** décider rapidement [immédiatement, sur le champ]. ◇**_(이) 되다** être l'objet d'un jugement hâtif. ¶ 불순분자가 ~되었다 Un agitateur a été jugé un peu hâtivement.

◆**_재판** -裁判 명 jugement *m* sommaire.

◆**_처분** -處分 명 condamnation *f* sommaire.

즉답 卽答 명 réponse *f* immédiate [très rapide]. ¶ ~을 피하다 reporter *sa* réponse à plus tard, se donner du temps pour répondre. ¶ ~을 받아오다 recevoir une réponse immédiate, recevoir immédiatement [très rapidement] une réponse. ¶ 지금 당장 ~을 바라는 것은 무리이다 Il serait exagéré de vouloir là maintenant tout de suite une réponse immédiate. ◇**_(을) 하다** répondre immédiatement [sur-le-champ, très rapidement].

즉사 卽死 명 mort *f* instantanée [immédiate, brutale] ((lors d'un accident)), mort *f* sur place. ¶ 그 여자는 안전벨트 때문에 ~를 면했다 Elle a échappé à une mort brutale [à une mort certaine] grâce à la ceinture de sécurité. ◇**_(를) 하다** être tué(*e*) [mourir] sur le coup, trouver la mort sur place; tomber raide mort(*e*). ¶ 그 사람은 총에 맞아 ~했다 Fusillé, il mourut sur le coup. ¶ 그 사고로 10명이 ~했다 Dix personnes ont été tuées sur le coup dans cet accident.

즉살 卽殺 명 mise *f* à mort immédiate. ◇**_(을) 하다[시키다]** tuer [mettre à mort] sur le coup. ¶ 탄알 한 발이 그 사람을 ~시켰다 Une balle l'étendit mort. ◇**_(이) 되다** être tué(*e*) sur le coup, trouver la mort sur place.

즉석 卽席 명 sur-le-champ, brusquement; de manière impromptue; sur place. ¶ ~에서 ((parler)) au pied levé, en improvisant; sans préparation. ¶ ~에서 승낙하다 accepter sur place. ¶ ~에서 시를 짓다 improviser un poème. ¶ ~에서 반주하다 improviser (un air).

◆**_라면** 명 nouilles *fpl* instantanées.

◆**_사진** -寫眞 명 photo *f* instantanée.

◆**_수프** 명 potage *m* instantané.

◆**_식품** -食品 명 aliment *m* instantané.

◆**_연설** -演說 명 discours *m* improvisé.

◆**_요리** -料理 명 cuisine *f* instantanée; plat *m* [repas *m*] improvisé, repas *m* impromptu.

◆**_커피** 명 café *m* instantané.

즉시 卽時 명 à l'instant; immédiatement, instantanément; sans délai; sans tarder; sur-le-champ, illico (presto) {*fam*}; sur le coup; sur place; sur l'heure; aussitôt. ¶ 소문은 ~에 온 동네로 퍼졌다 La rumeur se répandit immédiatement dans le village. ¶ 그 ~로 전보를 쳤다 Il a envoyé un télégramme sur-le-champ. ¶ 도착하는 ~ 나한테 연락해라 Appelle-moi [Téléphone-moi] dès ton arrivée.

즉심 卽審 명 jugement *m* immédiat. ¶ ~을 받다 être jugé(*e*) immédiatement. ¶ ~에 넘기다 livrer *qn* à un jugement immédiat.

즉위 卽位 명 avènement *m* ((d'un roi)); accession *f* au trône. ¶ 새로운 왕의 ~를 축하하다 célébrer l'avènement d'un nouveau roi. ◇**_(를) 하다** monter sur le trône; accéder à la royauté. ¶ 세자가 왕으로 ~한다 Le prince monte sur le trône. ◇**_(를) 시키다** faire monter *qn* sur le trône; introniser *qn*, couronner, sacrer ((un roi, l'empereur)).

◆**_식** -式 명 (cérémonie *f* d') intronisation *f*, cérémonie *f* du sacre ((d'un roi)), couronnement *m*.

즉효 卽效 명 effet *m* [résultat *m*] immédiat. ¶ ~를 보다 avoir un effet immédiat. ◇**_(가) 있다** produire un effet immédiat, faire de l'effet immédiatement; avoir une action immédiate. ¶ 이 약은 체했을 때 ~가 있다 Ce médicament a des effets immédiats contre l'indigestion. ◇**_이다** avoir des effets immédiats. ¶ 선물을 사주는 것이 사장에게는 ~다 Le meilleur moyen d'obtenir les faveurs du chef est de lui offrir un cadeau. ¶ 침을 맞는 것이 발 삔 데는 ~다 L'acuponcture a des effets immédiats contre une entorse à la cheville.

◆**_약** -藥 명 remède *m* à effet immédiat.

즉흥 卽興 명 improvisation *f*. ¶ ~ 연설 discours improvisé [pas du tout préparé]. ¶ ~ 연주 une improvisation. ¶ ~으로 시 한편을 쓰다 écrire un poème de manière improvisée [sans préparation].

◆**_적** -的 명관 improvisé(*e*), impromptu(*e*). ¶ ~적인 발언[발상, 행동, 제안] un discours [une idée, une action, une proposition] improvisée. ¶ 일을 ~적으로 처리하다 régler une affaire de manière improvisée.

ㅈ

◆_곡 -曲 명 【음악】 impromptu *m*.
◆_시 -詩 명 poème *m* improvisé.

즐거움 명 plaisir *m*, agrément *m*, jouissance *f*. ¶ 여행의 ~ le plaisir du voyage. ¶ ~을 느끼다 s'amuser. ¶ ~과 괴로움을 같이하다 partager tous les moments ensemble: les bons comme les mauvais. ¶ ~이 없는 생활 une vie ennuyeuse, une vie sans plaisir [sans distraction]. ¶ TV를 보는 것이 그 사람의 ~ 중 하나였다 Regarder la télévision était l'un de ses plaisirs. ¶ 나는 그 시절 인생의 ~을 실컷 맛보았다 À cette époque-là, je pouvais goûter à tous les plaisirs [agréments] de la vie.

즐겁다 형 être joyeux(*se*), heureux(*se*); être amusant(*e*), agréable. ¶ 그 일을 하는 것이 나는 ~ Ça m'amuse beaucoup de faire ce travail. ¶ 나는 아이들과 노는 것이 ~ Jouer avec les enfants est un plaisir pour moi / Ça me fait plaisir de jouer avec les enfants. ¶ 즐거운 노래[추억] une chanson gaie [un souvenir agréable]. ¶ 무슨 일을 해도 즐겁지가 않다 Tout m'ennuie. ¶ 즐겁게 놀다[지내다] s'amuser, se divertir, passer du bon temps, passer un bon moment, passer de bons moments.
◆즐거이 부 avec plaisir, joyeusement, agréablement. ¶ 모임에 즐거이 참여하다 participer avec plaisir [avec joie] à une réunion.

즐기다 타 ① s'amuser à *qc*/*inf*, jouir de *qc*, être réjoui(*e*), se divertir, se distraire. ¶ 휴가를 ~ aimer les congés [les vacances]. ¶ 인생[삶]을 ~ jouir de la vie, être un bon vivant. ¶ 오늘 밤 마음껏 즐기십시오 Amusez-vous bien [Éclatez-vous bien {*fam*}] cette nuit. ② se réjouir de *qc*, être réjoui(*e*). ¶ 일광욕을 ~ se réjouir d'un bain de soleil; apprécier les bains de soleil. ¶ 그 사람은 친구들이 싸우는 것을 그저 즐기고 있다 Il s'amuse à ce que ses amis se battent. ③ aimer, adorer; goûter. ¶ 음악[그림, 데이트]을 ~ aimer écouter de la musique [regarder des tableaux, avoir rendez-vous avec *qn*]. ¶ 술[음식]을 ~ aimer l'alcool, aimer la bouteille, s'adonner à la boisson [aimer la bonne table]. ¶ 취미생활을 ~ jouir d'un passe-temps. ¶ 그 사람은 독서하기를 즐긴다 Il aime la lecture / Il aime lire. ¶ 그 여자는 주말에 쇼핑하는 것을 즐긴다 Elle aime faire des achats [du shop(p)ing] le week-end.
◆즐겨 부 souvent, fréquemment; surtout. ¶ 그 사람은 재즈를 즐겨 듣는다 Il aime surtout écouter du jazz. ¶ 그 사람은 이곳을 즐겨 찾는다 Il fréquente ce lieu.

즐비하다 櫛比- 형 se faire suite, être aligné(*e*), se mettre en rang, se ranger. ¶ 거리 양쪽에 고서점들이 ~ Les bouquinistes se font suite des deux côtés de la rue. ¶ 히말라야에는 고봉들이 ~ Il y a de nombreux sommets élevés sur la chaîne de l'Himalaya / La chaîne de l'Himalaya comporte de nombreux sommets très élevés ((plus de 8 000 mètres)). ¶ 그 지역에는 고층 건물들이 즐비하게 서 있다 Dans ce quartier, il y a beaucoup de tours [d'ensembles de tours].

즙[1] 汁 명 jus *m*, suc *m*; sève *f*. ¶ ~을 내다[짜다] extraire le jus. ¶ ~이 많은 과일 un fruit juteux.

-즙[2] 汁 접미 jus *m*, suc *m*; sève *f*. ¶ 포도~ du nectar de raisin. ¶ 배~ du nectar de poire.

-증[1] 症 접미 symptôme *m*, signe *m*. ¶ 어지럼[현기]~ vertige, étourdissement, éblouissement; perte d'équilibre. ¶ 구토~ des vomissements, des nausées. ¶ 조울~ manie(-)dépression psychologique, démence. ¶ 궁금~ curiosité. ¶ 수전~ tremblement des mains, tremblote {*fam*}.

-증[2] 證 접미 certificat *m*, attestation *f*, carte *f*, permis *m*; diplôme *m*. ¶ 학생~ une carte d'étudiant. ¶ 영수~ un reçu. ¶ 신분~ une pièce d'identité. ¶ 자격~ un diplôme, un certificat. ¶ 회원~ une carte d'adhérant [de membre]. ¶ 합격~ un certificat d'admission [de réussite], une attestation de réussite.

증가 增加 명 augmentation *f*, accroissement *m*; surcroît *m*; multiplication *f*; redoublement *m*. ¶ 인구(의) ~ accroissement de la population. ¶ 체중[소득]의 ~ augmentation du poids [des revenus]. ¶ 30퍼센트의 ~ augmentation de 30 pour cent [de 30 %]. ¶ 인구 ~를 억제하다 freiner l'accroissement de population. ¶ ~ 추세를 보이다 montrer une tendance à l'augmentation. ¶ 엄청난 ~ 속도를 보이다 augmenter à une vitesse foudroyante [vertigineuse]. ¶ 요식업이 급격한 ~ 추세에 있다 Le nombre de restaurants augmente de manière brutale. ◇_(를) 하다 augmenter; s'accroître, redoubler. ¶ 인구가 계속 ~한다 La population est en augmentation constante. ◇_(가) 되다 être augmenté(*e*), redoublé(*e*). ◇_(를) 시키다 augmenter, accroître. ¶ 통화량을 ~시키다 augmenter la quantité de la monnaie en circulation.
◆_량 -量 명 accroissement *m* [augmentation *f*] de quantité; quantité *f* augmentée. ¶ 9월의 ~량 augmentation de la quantité pour le mois de septembre.
◆_세 -勢 명 force *f* d'augmentation. ¶ 가파른 ~세를 보이다 montrer une grande force d'augmentation.
◆_액 -額 명 somme *f* augmentée; accroissement *m* d'argent.
◆_율 -率 명 taux *m* d'augmentation. ¶ 인구 ~율 taux d'augmentation de la population.
◆자연_ 自然- 명 accroissement *m* naturel.

증간 增刊 명 augmentation *f* du tirage ((d'un journal)); tirage *m* spécial; numéro *m* spécial ((d'une revue, d'un magazine)). ◇_(을) 하다 augmenter le tirage ((d'un journal)). ◇_(이) 되다 ((le nombre de tirage)) être augmenté(*e*).
◆_호 -號 명 numéro *m* spécial. ¶ 춘계 ~호 numéro spécial de printemps.

증감 增減 명 augmentation *f* et diminution *f*; changement *m*, fluctuations *fpl*, variations *fpl*. ¶ 수입[세액]의 ~ variation du chiffre d'affaires [du montant des impôts]. ◇_(을) 하다 augmenter et diminuer; varier; changer. ¶ 하천의 물은 조수에 따라 ~한다 Le niveau du fleuve varie en fonction de la marée.

증강 增强 명 renforcement *m*. ¶ 병력의 ~ renforcement des effectifs militaires. ◇_(을) **하다** [**시키다**] renforcer. ¶ 국력을 ~하다 renforcer la puissance du pays. ¶ 병력[무력]을 ~하다 augmenter [grossir] les effectifs militaires; renforcer une armée [l'armement du pays]; augmenter la force de frappe; envoyer des renforts. ¶ 철도의 수송력을 ~하다 augmenter la capacité de transport des chemins de fer. ◇_(이) **되다** être renforcé(*e*). ¶ 군사력이 많이 ~되었다 On a augmenté considérablement les effectifs militaires [la force militaire].

증개축 增改築 명 augmentation *f* des reconstructions. ◇_(을) **하다** augmenter les reconstructions.

증거 證據 명 preuve *f*, témoignage *m*. ¶ 결정적인[확실한, 부인할 수 없는] ~ une preuve décisive [fiable, indéniable]. ¶ 충분한 ~ une preuve suffisante. ¶ 반대 ~ une preuve contraire. ¶ 물적[법적] ~ une preuve matérielle [judiciaire]. ¶ 피고에게 유리[불리]한 ~ une preuve favorable [défavorable] à l'accusé. ¶ ~를 제시하다[대다, 제출하다] fournir une preuve, apporter [donner] une preuve de ce qu'on dit [avance], administrer [avancer, formuler, articuler, alléguer, démontrer, produire] une preuve. ¶ ~를 수집[조사]하다 recueillir des preuves. ¶ ~에 입각하여 논의[주장]하다 discuter avec preuves à l'appui [affirmer *qc* avec la [les] preuve(s) en main]. ¶ 그 ~로(서) en foi de quoi. ¶ ~ 대 봐 Donne-moi une preuve (de ce que tu avances, de ce que tu dis). ¶ 그 ~는 다음과 같다 La preuve en est que+*ind*. ¶ 그것은 타당한 ~가 되지 못한다 Ce n'est pas une preuve convaincante. ¶ 그것은 그 사람이 결백하다는 ~이다 C'est la preuve de son innocence.

◆_**금** -金 명 dépôt *m* de garantie. ¶ ~금을 내다 faire un dépôt de garantie, déposer une somme d'argent en garantie de *qc*.

◆_**물** -物 명 pièce *f* à conviction.

◆_**보전** -保全 명 【법률】 conservation *f* des pièces à conviction. ¶ ~보전 신청 demande de la conservation des pièces à conviction.

◆_**불충분** -不充分 명 【법률】 faute *f* de preuves suffisantes. ¶ 그 사람은 ~불충분으로 풀려났다 On l'a remis en liberté faute de preuves suffisantes.

◆_**인멸** -湮滅 명 【법률】 suppression *f* [destruction *f*] des preuves.

◆_**품** -品 명 pièce *f* à conviction. ¶ ~품으로 제시하다 présenter comme pièces à conviction.

증권 證券 명 titre *m*; valeur *f*; 《공채》 bon *m* du Trésor; effet *m* public; 《채권》 obligation *f*; 《주권》 action *f*; 《어음》 traite *f*; 《증서》 document *m*. ¶ ~을 발행하다 émettre des titres. ¶ ~을 매매[거래]하다 jouer [opérer] en Bourse.

◆_**가** -街 명 quartier *m* de la Bourse. ¶ ~가에 떠도는 루머 une rumeur qui court dans le quartier de la Bourse.

◆_**계** -界 명 le monde *m* de la Bourse.

◆_**거래소** -去來所 명 Bourse *f* des valeurs.

◆_**시장** -市場 명 le marché *m* des valeurs. ¶ ~시장이 과열[침체]되고 있다 Le marché des valeurs est en pleine croissance [en pleine stagnation].

◆_**회사** -會社 명 société *f* de bourse, société *f* boursière.

◆**유가**_ 有價- 명 valeur *f*, titre *m*.

증기 蒸氣 명 vapeur *f*, buée *f*. ¶ ~를 일으키다 produire de la vapeur. ¶ ~로 찌다[익히다] faire cuire à la vapeur. ¶ 이 기계는 ~의 압력으로 돌아간다 Cette machine tourne [marche] grâce à la pression de la vapeur / C'est une machine à vapeur.

◆_**기관** -機關 명 machine *f* à vapeur.

◆_**기관차** -機關車 명 locomotive *f*.

◆_**력** -力 명 force *f* [pression *f*]de la vapeur.

◆_**선** -船 명 bateau(*x*) *m* à vapeur.

◆_**소독** -消毒 명 désinfection *f* [stérilisation *f*] à vapeur.

◆_**압** -壓 명 pression *f* [tension *f*] de vapeur.

증대 增大 명 augmentation *f* 《en nombre, en quantité》; accroissement *m* 《du nombre des étudiants, des richesses》. ¶ 소득의 ~ augmentation des revenus. ◇_(를) **하다**[(가) **되다**] augmenter, s'accroître, grandir. ¶ 수출량이 ~한다 Les exportations sont en hausse. ¶ 불만[긴장]이 ~되고 있다 Le mécontentement [la tension] s'accroît. ¶ ...할 위험[가능성, 확률]이 ~하고 있다 Le risque de ... est plus grand / Il est plus probable que ... / Il y a plus de chances que ...

증류 蒸溜 명 distillation *f*. ¶ ~ 장치 un alambic. ◇_(를) **하다**[**시키다**] distiller 《du vin》. ¶ 지하수를 ~하다 distiller les eaux souterraines. ◇_(가) **되다** être distillé(*e*).

◆_**기** -器 명 alambic *m*, cornue *f*.

◆_**수** -水 명 eau(*x*) *fpl* distillée.

◆_**주** -酒 명 eau-de-vie *f*; alcool *m* distillé.

증명 證明 명 ① preuve *f* 《d'une vérité》; justification *f* 《d'un fait, d'un paiement》. ¶ ~을 요구하다 exiger [demander] une preuve [une justification]. ¶ 왜 그렇게 되는지에 대한 ~이 필요하다 Il est nécessaire de prouver pourquoi (cela est ainsi). ¶ 그것은 ~이 필요 없다 Cela n'a pas besoin d'une preuve / C'est évident. ② démonstration *f* 《mathématique》. ¶ 정리(定理)의 ~ démonstration d'un théorème. ◇_(을) **하다** faire une démonstration; justifier 《un fait, *son* identité》; établir la vérité de *qc* d'une manière évidente et rigoureuse; attester 《un fait, la vérité d'un fait》; certifier 《l'authenticité de *qc*》; authentifier *qc*; vérifier *qc*. ¶ 인삼의 약효를 과학적으로 ~하다 démontrer scientifiquement l'efficacité du ginseng. ¶ 자신의 무죄[결백]를 ~하다 faire preuve de [prouver, établir] *son* innocence. ¶ 가설[예측]이 옳았음을 ~하다 On a justifié [démontré, vérifié] nos hypothèses [nos prévisions]. ¶ 그것은 세월이 ~해 줄 것이다 L'avenir le prouvera [montrera]. ¶ 이에 ...임을 ~함 Je soussigné, certifie que ... ◇_(이) 되다 se justifier, être prouvé(*e*). ¶ 이로써 그 계획이 잘못된 것이었음이 ~되었다 Ainsi, il est démontré que le projet était mauvais. ¶ 이것은 과학적으로 ~이 된 이론이다 C'est une théorie démontrée scientifiquement.

◆_사진 -寫眞 명 photo *f* d'identité.

◆_서 -書 명 certificat *m*. ¶ 신분[혼인, 졸업] ~서 une pièce d'identité [un acte de mariage, un certificat de fin d'études].

◆인감_ 印鑑- 명 légalisation *f* de signature.

증발 蒸發 명 ① vaporisation *f*; évaporation *f*; volatilisation *f*. ¶ 수분(의) ~ vaporisation de l'eau. ② ((비유적)) disparition *f*; dissipation *f*. ◇_(을) 하다 ① s'évaporer, se volatiliser. ¶ 접시의 물이 다 ~했다 L'eau dans l'assiette s'est évaporée. ② disparaître, se dissiper. ¶ 그 사람은 어디론가 ~해 버렸다 Il a disparu quelque part. ¶ 이 상자 안에 있던 보석이 ~해 버렸다 Les bijoux qui étaient dans cette boîte ont disparu. ◇_(이) 되다 s'évaporer; se vaporiser. ◇_(을) 시키다 faire évaporer.

◆_성 -性 명 caractère *m* volatile. ¶ ~성 액체 un liquide volatile.

◆_열 -熱 명 chaleur *f* volatile.

증보 增補 명 augmentation *f*; supplément *m*. ¶ 개정 ~ révision et augmentation. ¶ ~ 한국소설사 l'histoire des romans coréens revue et augmentée. ◇_(를) 하다 revoir et augmenter. ¶ 5년 전에 냈던 책을 대폭 ~해서 새로 내다 publier une nouvelle édition largement revue et augmentée d'un livre paru il y a cinq ans. ◇_(가) 되다 être revu(*e*) et augmenté(*e*).

◆_판 -版 명 édition *f* revue et augmentée. ¶ ~판을 내다 publier une édition revue et augmentée. ¶ 이 사전의 개정 ~판이 언제 나오지? Quand sera parue une édition revue et augmentée de ce dictionnaire?

증빙 證憑 명 preuve *f*, témoignage *m*; justificatif *m*. ¶ ~ 자료 documents servant de preuve, pièces justificatives, *documents justificatifs*, documents probants [à l'appui], pièces probantes [à l'appui]; preuve documentaire; 【법률】 preuve par titre. ¶ ~ 요구 demande d'une preuve. ¶ ~ 첨부 preuve jointe [annexée, ci-jointe]. ◇_(을) 하다 faire preuve de *qc*, justifier *qc*. ¶ 구체적인 피해 상황을 ~할 수 있는 자료를 제출하시오 Présentez des éléments qui justifient concrètement les dégâts. ◇_(이) 되다 être prouvé(*e*). ¶ ~이 될 만한 자료가 없다 Il n'y a pas de document [d'élément] pouvant servir de preuve [de justificatif].

◆_서류 -書類 명 pièce *f* justificative [probante, à l'appui], document *m* justificatif, justificatif *m*. ¶ ~서류를 반드시 지참하시오 Munissez-vous des pièces justificatives.

증산 增産 명 augmentation *f* de la production. ¶ 식량 ~ augmentation de la production alimentaire. ◇_(을) 하다 augmenter la production de *qc*. ¶ 쌀을 ~하다 augmenter la production du riz. ◇_(이) 되다 ((la production)) être augmenté(*e*). ¶ 올해는 작년보다 농산물이 ~이 될 것 같다 Cette année, il semble que la production agricole sera meilleure par rapport à l'année dernière.

증상 症狀 명 signe *m*, symptôme *m*; état *m* ((d'un malade)). ¶ 초기[말기] ~ symptôme(s) du début [de la fin, du déclin]. ¶ 중독 ~ symptôme d'intoxication. ¶ 전형적인 위궤양 ~ un symptôme typique d'un ulcère de l'estomac [d'estomac]. ¶ 심각한 ~을 보이다 manifester [révéler, présenter] de graves symptômes [des symptômes sévères, des symptômes très inquiétants, des symptômes préoccupants]. ¶ ~에 따라 처방하다 prescrire une traitement symptomatique. ¶ ~이 심하다[심각하다] avoir [présenter] de graves symptômes [des symptômes sévères, très inquiétants, préoccupants]. ¶ ~이 가볍다 Le symptôme s'est avéré léger [anodin, peu sérieux, mineur]. ¶ ~이 다양하다 avoir divers symptômes. ¶ ~이 나타난다 Des symptômes apparaissent [surviennent].

◆자각_ 自覺- 명 symptôme *m* subjectif. ¶ 이 병은 초기에는 자각~이 없습니다 Les symptômes de cette maladie ne sont pas visibles au début.

증서 證書 명 acte *m* ((de mariage)); document *m*; pièce *f* ((à conviction)); certificat *m*, attestation *f*; diplôme *m*, brevet *m*. ¶ ~를 작성하다[위조하다] dresser un certificat, rédiger un certificat [falsifier un document].

◆수료_ 修了- 명 diplôme *m*; brevet *m*.

◆양도_ 讓渡- 명 acte *m* de cession.

◆양도성예금_ 讓渡性預金- 명 【경제】 certificat *m* négociable de dépôt.

◆장학_ 奬學- 명 certificat *m* de bourse *f* d'études. ¶ 장학~를 전달[수여]하다 donner [remettre] une bourse d'études.

◆졸업_ 卒業- 명 diplôme *m* de fin d'études.

◆차용_ 借用- 명 reconnaissance *f* de dette. ¶ 차용~를 쓰다 faire une reconnaissance de dette.

증설 增設 명 installation *f* supplémentaire [complémentaire]; construction *f* nouvelle. ¶ 학교[학급]의 ~ construction d'une nouvelle extension à l'établissement scolaire [d'une nouvelle salle de classe]. ◇_(을) 하다 augmenter l'installation [le matériel] ((d'une usine)); créer [construire] ((une nouvelle école, une nouvelle extension, un nouveau bâtiment)). ¶ 전화를 다섯 대[3000 회선] ~하다 (faire) installer cinq nouvelles lignes téléphoniques [mettre en service trois mille nouvelles lignes téléphoniques]. ¶ 벽지에 학교를 ~하다 construire une école dans une région reculée

ㅈ

[dans un lieu éloigné]. ◇_(이) **되다** être installé(*e*) en plus. ¶ 농촌에도 문화시설이 많이 ~되었다 On a fait installer beaucoup de centres culturels dans les campagnes aussi.

증세[1] 症勢 명 signe *m*, symptôme *m*. ¶ 독감 ~ les symptômes [les signes] de la grippe. ¶ 초기[말기] ~ les premiers symptômes, les symptômes [les signes] prémonitoires (d'une maladie) [les symptômes d'un cancer en phase terminale]. ¶ 심각한 ~ des symptômes graves [sévères, inquiétants, préoccupants, sérieux]. ¶ 가벼운 ~ des symptômes anodins [bénins, mineurs, peu sérieux]. ¶ 전형적인 ~ symptômes typiques. ¶ 초기 ~를 보이다 présenter les premiers symptômes, présenter les symptômes [les signes] prémonitoires (d'une maladie). ¶ 뇌막염[신경쇠약] ~를 보이다[나타내다] présenter les symptômes d'une méningite [d'une dépression nerveuse, d'une neurasthénie]. ¶ ~로 미루어 보아 selon [vu] les symptômes. ¶ ~가 나아진다[좋아진다, 호전된다] Le symptôme s'améliore [s'amende, régresse, diminue]. ¶ ~가 나빠지고[악화되고] 있다 Le symptôme s'aggrave [se renforce] / ((오용)) La symptomatologie s'aggrave. ¶ 심각한 ~는 아니다 Ce n'est pas un symptôme grave [inquiétant, préoccupant, sévère] / C'est un symptôme bénin [anodin, mineur, peu sérieux].

증세[2] 增稅 명 augmentation *f* des impôts. ¶ 과도한 ~ impôts trop élevés, taxation trop élevée. ◇_(를) **하다** augmenter les impôts. ¶ 부가세를 ~하다 augmenter la surtaxe.

증세[3] 增勢 명 augmentation *f* des effectifs *mpl* ((de l'armée)). ◇_(를) **하다** augmenter les effectifs. ¶ 병력 확대로 군사력을 ~하다 augmenter l'armée par ses effectifs.

증손 曾孫 명 arrière-petits-enfants *mpl*. ¶ 그 사람은 장수해서 ~까지 보았다 Il a joui d'une longue vie et a vu naître ses arrière-petits-enfants.

◆_**녀** -女 명 arrière-petite-fille(~-~*s*-~*s*) *f*.

◆_**자** -子 명 arrière-petit-fils(~-~*s*-~) *m*.

증수 增收 명 augmentation *f* des recettes *fpl* [revenus *mpl*]; accroissement *m* des récoltes *fpl*; plus-value(s) *f*, excédent *m* des recettes (par rapport aux prévisions). ◇_(를) **하다** augmenter les recettes [les revenus, les récoltes]. ¶ 수확량이 ~하였다 La récolte a augmenté. ◇_(가) **되다** ((les recettes, les revenus; les récoltes)) être augmenté(*e*). ¶ 세금이 ~되었다 Les taxes [Les impôts] ont été augmenté(*e*)s.

증시 證市 명 Bourse *f* (des valeurs); marché *m* des valeurs. ¶ ~ 소식 information(*s*) sur le marché des valeurs. ¶ ~ 동향 les tendances du marché (des valeurs) [de la Bourse]. ¶ ~ 부양책을 내놓다 présenter une solution pour stimuler le marché des valeurs. ¶ 최근 ~가 침체하고 있다 Le marché des valeurs est en retrait ces jours-ci.

증식 增殖 명 reproduction *f*, multiplication *f*, prolifération. ¶ 자산[세포] ~ multiplication des biens [prolifération des cellules]. ◇_(을) **하다** se reproduire (par scissiparité); proliférer; faire fructifier. ¶ 재산을 ~하다 faire fructifier *ses* richesses [des biens]. ¶ 실험실에서 배양하고 있는 세균이 며칠 사이에 많이 ~했다 Depuis quelques jours, on voit proliférer des bactéries [microbes] cultivé(*e*)s dans un laboratoire. ◇_(이) **되다** être multiplié(*e*). ◇_(을) **시키다** multiplier, faire fructifier. ¶ 재산을 ~시키다 faire fructifier des [*ses*] biens.

◆_**성** -性 명 caractère *m* prolifère.

증액 增額 명 augmentation *f* d'une somme; augmentation *f* ((de salaire, de 10 %)); majoration *f* ((d'une taxe)). ¶ 예산의 ~을 요청하다 demander une augmentation du budget. ◇_(을) **하다** augmenter une somme [un chiffre]; majorer ((les salaires)); relever ((les salaires)). ¶ 소비세를 ~하다 augmenter les taxes [les impôts] indirects. ◇_(이) **되다** être augmenté(*e*), majoré(*e*). ¶ 예산이 대폭 ~되었다 Le budget a nettement été augmenté.

증언 證言 명 témoignage *m*, déposition *f*, preuve *f* testimoniale. ¶ 유리한[불리한] ~ un témoignage en faveur de [contre] *qn*. ¶ 누구의 ~을 듣다 entendre le témoignage; procéder à l'audition du témoignage de *qn*. ¶ 누구에게 ~을 요구하다 demander un témoignage à *qn*. ¶ 목격자의 ~에 따르면 selon [d'après] le (témoignage du) témoin. ¶ 그 사람의 ~을 믿을 수 없다 On ne peut pas croire à son témoignage. ¶ 판사는 그 사람의 ~을 중요한 증거로 채택했다 Le juge a retenu sa déposition comme une preuve importante. ¶ 그 사람의 ~을 담은 녹음테이프 une bande magnétique contenant l'enregistrement de son témoignage. ¶ 두 사람의 ~이 엇갈린다 Les deux témoins diffèrent dans leur témoignage. ◇_(을) **하다** témoigner, déposer; porter témoignage ((dans une affaire de vol)); faire une déposition; rendre témoignage à *qn*. ¶ 누구의 무죄를 ~하다 témoigner en faveur de l'innocence de *qn*. ¶ 자신이 목격한 것을 법정에서 ~하다 faire une déposition au tribunal selon laquelle [comme quoi] on a été témoin. ¶ 그가 현장에 있었다고 ~하다 témoigner comme quoi il était présent sur les lieux. ¶ 그 사람은 당시의 상황에 대해 생생한 ~을 했다 Il a témoigné d'une manière vivante sur la situation d'alors.

◆_**대** -臺 명 barre *f* des témoins. ¶ ~대에 서다 se présenter à la barre des témoins; témoigner.

증여 贈與 명 don *m*; donation *f*. ¶ 변칙 ~ une donation exceptionnelle [à titre exceptionnel]. ◇_(를) **하다** donner, offrir; disposer de ((*ses* biens en faveur de *qn*)); faire un don à *qn*; faire don de *qc* à *qn*; faire une donation (par acte notarié). ¶ 그 사람은 자신의 재산을 변칙으로 자식들에게 ~했다 Il a fait une donation exceptionnelle [à titre exceptionnel]

ㅈ

à ses enfants. ◇_(가) **되다** être donné(*e*). ¶ 재벌 2세에게 ~된 재산이 수천억 원대에 이른다 Les biens donnés à l'enfant d'un milliardaire s'élèvent à quelques centaines de milliards de wons. ◇_(를) **받다** recevoir une donation de *qn*.

◆_**세** -稅 명 impôt *m* sur les biens transmis. ¶ ~세를 부과하다 taxer les biens transmis, imposer *qn* sur les biens transmis.

◆**무상**_ 無償- 명 don *m* gratuit; donation *f* gratuite. ¶ 그 사람은 상당액의 자기 주식을 회사 직원들에게 무상~를 했다 Il a donné gratuitement une grande partie de ses actions à ses employés.

증오 憎惡 명 haine *f*, hostilité *f*, inimitié *f*, animosité *f*. ¶ 누구의 ~의 대상이 되다 devenir l'objet de la haine de *qn*. ¶ ~의 눈길로 쳐다보다 regarder hostilement *qn*, observer *qn* avec un regard hostile. ◇_(를) **하다** haïr, détester. ◇_(를) **받다** être détesté(*e*), haï(*e*).

◆_**감** -感 명 haine *f*, hostilité *f*, inimitié *f*, animosité *f*. ¶ ~감을 가지다 avoir de la haine [de l'animosité] contre *qn*; nourrir une haine contre *qn*.

◆_**심** -心 명 haine *f*. ¶ 누구에게 ~심을 갖다 détester *qn*; avoir de la haine contre *qn*. ¶ ~심에 불타다 être rempli(*e*) de haine.

증원[1] 增員 명 augmentation *f* d'effectif [du personnel]. ¶ ~ 조처 mesure d'une augmentation d'effectif. ¶ ~ 계획 projet d'augmentation de l'effectif. ◇_(을) **하다** augmenter le personnel [les effectifs]. ¶ 영업부 직원을 ~하다 augmenter le personnel du service commercial [du marketing]. ¶ 직공을 100명에서 200명으로 ~하다 augmenter le personnel d'une usine de cent à deux cents ouvriers. ◇_(이) **되다** ((le personnel, les effectifs)) être augmenté(*e*). ¶ 조립 파트는 이번에 ~이 되었다 L'effectif du personnel de l'atelier de montage [d'assemblage] a été augmenté cette fois-ci.

증원[2] 增援 명 augmentation *f* de l'aide [de l'assistance]; renfort *m*. ¶ ~ 병력 요청 demande de renforts. ◇_(을) **하다** augmenter l'aide [l'assistance]; apporter des renforts. ◇_(이) **되다** ((l'aide)) être augmenté(*e*).

◆_**군** -軍 명 armée *f* de renfort, renforts *mpl*.

◆_**병** -兵 명 soldats *m* de renfort; renforts *mpl*. ¶ ~병을 요청하다 *demander des renforts.*

◆_**부대** -部隊 명 troupes *fpl* de renfort.

증인[1] 證人 명 ① témoin *m*. ¶ 사건의 ~을 찾다 chercher un témoin de l'affaire. ② 【법률】 témoin *m*; déposant(*e*). ¶ ~ 신문 une audition de témoin(s). ¶ 원고 측[피고 측] ~ témoins à charge [à décharge]. ¶ ~의 진술을 듣다 entendre la déposition d'un témoin. ¶ 누구를 ~으로 세우다[소환하다, 삼다] présenter *qn* à témoin [appeler *qn* comme témoin, prendre *qn* comme témoin]. ¶ ~으로 출두하다 se présenter [comparaître] comme témoin. ¶ ~은 앞으로 나오세요 Témoin, veuillez avancer [veuillez vous présenter à la barre] s'il vous plaît.

◆_**석** -席 명 barre *f* des témoins.

증인[2] 證印 명 sceau(*x*) *m*, cachet *m* (apposé sur un document); estampille *f*.

증자 增資 명 augmentation *f* de capital. ¶ 이번 ~로 우리 회사는 자본금이 10억이 되었다 Les capitaux de notre compagnie atteignent le milliard de wons grâce à cette augmentation de capital. ◇_(를) **하다** augmenter un capital. ¶ 자본금을 20억으로 ~하다 augmenter un capital à deux milliards de wons. ◇_(가) **되다** être augmenté(*e*) de capital.

◆**무상**_ 無償- 명 émission *f* de nouvelles actions gratuites.

◆**유상**_ 有償- 명 émission *f* de nouvelles actions payantes. ¶ 유상~를 통해 20억의 자본을 조달하다 arriver à un capital de deux milliards de wons en émettant de nouvelles actions payantes.

증정[1] 贈呈 명 remise *f*, offre *f* (d'un présent), don *m*, hommage *m*. ¶ 꽃다발 ~ remise de bouquets de fleurs. ◇_(을) **하다** offrir, présenter *qc* à *qn*; faire don de *qc* à *qn*; faire hommage ((d'un livre à *qn*)); faire cadeau de *qc* à *qn*. ¶ 꽃다발[사은품]을 ~하다 offrir un bouquet de fleurs [un cadeau]. ◇_(을) **받다** recevoir [accepter] un hommage.

◆_**본** -本 명 exemplaire *m* offert par l'auteur.

◆_**식** -式 명 cérémonie *f* de remise *f* de *qc*.

증정[2] 增訂 명 augmentation *f* et révision *f* ((d'un livre)). ◇_(을) **하다** augmenter et remanier ((un livre)); préparer une édition revue et corrigée ((d'un dictionnaire)).

◆_**판** -版 명 édition *f* revue et augmentée. ¶ 제3~판 troisième édition revue et augmentée. ¶ ~판을 찍다 publier une édition revue et augmentée.

증조 曾祖 명 arrière-grands-parents *mpl*, bisaïeuls *mpl* {*litt*}.

◆_**모** -母 명 arrière-grand-mère(~-~*s*-~*s*) *f*.

◆_**부** -父 명 arrière-grand-père(~-~*s*-~*s*) *m*.

◆_**할머니** 명 arrière-grand-mère(~-~*s*-~*s*) *f*.

◆_**할아버지** 명 arrière-grand-père(~-~*s*-~*s*) *m*.

증진 增進 명 accroissement *m*; avancement *m*; progrès *m*; augmentation *f*. ¶ 국민 복지의 ~에 힘쓰다 s'efforcer d'améliorer le bien-être public. ◇_(을) **하다[시키다]** accroître, augmenter, améliorer; développer, fortifier, faire avancer, faire progresser. ¶ 국민 복지[생산력]를 ~시키다 améliorer le bien-être public, participer à l'amélioration du bien-être public [augmenter la productivité]. ◇_(이) **되다** s'améliorer; être amélioré(*e*); être augmenté(*e*); être fortifié(*e*); progresser.

증축 增築 명 agrandissement *m* ((d'un bâtiment, d'une construction)). ¶ ~ 공사 travaux d'agrandissement. ◇_(을) **하다** agrandir (une construction); construire une annexe. ¶ 사옥[교사]을 ~하다 agrandir un bâtiment d'une société [une école]. ¶ 2층집을 3층으로 ~하다 surélever d'un étage une maison à un étage. ◇_(이) **되다** être agrandi(*e*). ¶ 그 집은 2층으로 ~되었다 La maison a été agrandie d'un étage.

증파 增派 명 envoi *m* [expédition *f*] de renforts [de personnel supplémentaire]. ¶ 병력의 ~를 요청하다 demander l'expédition de renforts [de troupes supplémentaires]. ◇_(를) **하다** envoyer des renforts [des troupes supplémentaires]. ¶ 지원군을 급히 ~하다 envoyer rapidement des renforts. ◇_(가) **되다** ((des renforts)) être envoyé(*e*). ¶ 태평양 함대가 ~되었다 La flotte du Pacifique a été envoyée en renfort.

증편 增便 명 augmentation *f*, accroissement *m*. ¶ 항공기 ~ 운행 augmentation du trafic aérien. ◇_(을) **하다** augmenter, accroître. ¶ 성수기를 맞아 휴가지행 항공 노선을 ~하다 augmenter les vols à destination des lieux de vacances pendant la haute saison. ◇_(이) **되다** être augmenté(*e*). ¶ 서울 제주간 노선이 하루 10회로 ~되었다 La ligne (aérienne) Séoul-Jeju a été augmentée de dix vols par jour.

증폭 增幅 명 ① 【물리】 amplification *f*. ¶ 이 전압 증폭기는 1000볼트까지 ~이 가능하다 Cet ampli(ficateur) peut augmenter le voltage jusqu'à mille (volts) au maximum. ② amplification *f*. ◇_(을) **하다[시키다]** amplifier. ¶ 확성기로 소리를 ~하다 amplifier le son à l'aide d'un haut-parleur. ¶ 검찰의 행태가 국민의 의혹을 ~시키고 있다 L'attitude du parquet amplifie les doutes du peuple. ◇_(이) **되다** être amplifié(*e*), s'amplifier. ¶ 사태가 이렇게까지 ~될 줄은 몰랐다 Je ne savais pas que la situation serait amplifiée à ce point.

증표 證票 명 preuve *f*. ¶ 그 반지는 사랑의 ~이다 Cette bague prouve son amour [est une preuve d'[de son] amour].

증험 證驗 명 expérience *f*. ◇_(을) **하다** faire l'expérience de *qc*.

증후 症候 명 symptôme *m*; état *m* d'une maladie. ¶ ~가 나타나다[보이다] avoir [présenter] des symptômes.

◆**_군** -群 명 ① 【의학】 syndrome *m*. ¶ 만성피로 ~군 le syndrome de fatigue chronique. ② ((비유적)) syndrome *m*. ¶ 인터넷 ~군이라 불리는 현상들 des phénomènes dits syndrome de l'Internet.

지[1] 의명 depuis; après. ¶ 그 사람이 세상을 떠난 ~ 5년이 되었다 Il y a cinq ans qu'il est mort / Cela fait cinq ans qu'il nous a quittés. ¶ 고향에 가 본 ~도 오래됐다 On n'est pas allés au pays depuis longtemps / Cela fait longtemps [une éternité] qu'on n'est pas allés au pays.

지[2] 대 je. ((‘제’의 잘못)) ¶ ~가 뭘 알겠습니까? Qu'est-ce que je pourrai en savoir?

-지[3] 어미 ① ((평서형)) ¶ 그 사람은 아마 오겠~ Peut-être qu'il viendra / Il viendra probablement. ② ((의문형)) n'est-ce pas?, non? ¶ 이 꽃 아름답~? Cette fleur est belle, n'est-ce pas? ¶ 누가 이 일을 했~? Qui a fait ça? ¶ 저 사나이는 누구~? Qui est ce type? ③ ((명령형)) ¶ 거기엔 자네가 가~ C'est toi qui devrais y aller. ¶ 그 얘기는 이제 그만 하~ Ne parlons plus de ça / N'en parlons plus. ④ ((청유형)) ¶ 이제 그만 출발하~ Maintenant, partons. ⑤ ((약속형)) ¶ 그 일은 내가 하~ C'est moi qui m'occupe de ça [qui m'en occupe, qui m'en charge].

-지[4] 어미 ① ((suffixe flexionnel conjonctif qui s'ajoute au radical de l'adjectif et du verbe constituant le verbe principal pour lier ce dernier aux verbes auxiliaires de négation, sous forme de –지 않다 *ne pas + verbe*, *n'être pas + adjectif*, –지 아니하다 *ne pas + verbe*, *ne pas être + adjectif*, –지 못하다 *ne (pas) pouvoir + verbe*, *ne pouvoir être + adjectif*, –지 말다 *ne pas + impératif*)). ¶ 오늘은 덥~ 않아요 Aujourd'hui, il ne fait pas chaud. ¶ 그 사람은 오~ 않았다 Il n'est pas venu. ¶ 사람은 날~ 못해요 L'être humain ne peut voler. ¶ 여기는 아무나 들어오~ 못합니다 Ici, n'importe qui ne peut entrer. ¶ 염려하~ 마십시오 Ne vous inquiétez pas / Ne vous en faites pas. ② ((suffixe flexionnel conjonctif exprimant l'opposition ou l'idée contraire)). ¶ 그 사람은 학생이~ 군인이 아니다 Il n'est pas militaire, mais étudiant. ¶ 나는 좋은 책만 읽~ 그런 시시한 책은 안 읽어 Je lis seulement des livres bons, pas de livres peu intéressants.

-지[5] 地 접미 lieu(*x*) *m*. ¶ 휴양~ un lieu(*x*) de vacances. ¶ 관광~ un lieu(*x*) touristique. ¶ 피서~ une station estivale. ¶ 도심~ le centre d'une ville, le centre-ville. ¶ 농경~ un terrain agricole.

-지[6] 紙 접미 ① feuille *f* de papier. ¶ 시험~ une copie (d'examen); ((화학)) papier de tournesol. ¶ 답안~ une copie (d'examen). ¶ 포장~ du papier d'emballage. ② journ*al*(*aux*) *m*. ¶ 일간~ un journ*al*(*aux*) quotidien, un quotidien. ¶ 영자~ un journ*al*(*aux*) en langue anglaise.

-지[7] 誌 접미 revue *f*; magazine *m*. ¶ 월간~ un magazine mensuel, une revue mensuelle, un mensuel. ¶ 무크~ une revue (magazine book). ¶ 문예~ une revue littéraire.

지가[1] **地價** 명 prix *m* d'un terrain. ¶ ~ 변동으로 큰 이익을 보다 faire un grand bénéfice [un gain] grâce à une variation du prix des terrains (entre le prix de revient et le prix de vente). ¶ 대도시 인근 지역의 ~가 상승하고 있다 Les prix des terrains sont en hausse dans les banlieues des grandes villes.

지가[2] **紙價** 명 prix *m* d'une feuille de papier.

***낙양의 ~를 올리다** ((un livre)) se vendre très bien.

지각[1] **知覺** 명 ① perception *f*; sens *m*. ¶ ~ 기관 organe(s) de perception. ¶ ~ 능력 faculté de perception. ¶ ~의 현상학 phénoménologie de la perception [de sens]. ¶ 사물의 ~ perception des choses [des objets]. ② discrétion *f*, discernement *m*; prudence *f*; jugement *m*, raison *f*. ◇_(을) **하다** percevoir. ¶ 방향을 ~하다 percevoir la direction. ◇_(이) **되다** être perçu(*e*). ◇_**이 나다[들다]** prendre de la maturité, devenir adulte [raisonnable, sage, mûr(*e*), mature]. ¶ ~이 날 나이 l'âge de raison. ◇_(이) **있다** avoir du bon sens [du discernement], être raisonnable. ¶ 조금이라도 ~이 있는 사람이라면 그런 행동은 하지 못한다 Personne ne peut agir ainsi s'il a un peu de bon sens. ◇_(이) 없다 être insensé(*e*), malavisé(*e*), imprudent(*e*), déraisonnable, incongru(*e*), extravagant(*e*), dépourvu(*e*) de bon sens; manquer de bon sens [de discernement, de jugement, de clairvoyance, de jugeote {*fam*}], ne pas avoir beaucoup de jugeote {*fam*}. ¶ ~ 없는 행동 actes insensés [qui manquent de discernement].

◆_동사 -動詞 명 【언어】 verbe *m* de perception.

지각² 遲刻 명 retard *m*. ¶ 지하철 파업으로 직장인들의 ~ 사태가 벌어졌다 Les employés sont arrivés en retard à leur travail à cause d'une [suite à une] grève du métro. ◇_(을) 하다 arriver [être] en retard. ¶ 학교에 ~하다 arriver en retard à l'école [au bahut {*fam*}, ((대학)) à la fac {*fam*}]. ¶ 회의에 10분 ~하다 arriver dix minutes en retard à une réunion [à une conférence]. ¶ 상습적으로 ~하다 être toujours en retard, avoir l'habitude d'être en retard.

지각변동 地殼變動 명 ① 【지리】 diastrophisme *m* ((ensemble des déformations et des dislocations subies par de vastes parties [portions] de l'écorce terrestre)). ¶ ~이 일어난다 On observe des déformations sur de vastes portions de l'écorce terrestre. ② ((비유적)) forte répercussion *f*. ¶ 북핵 실험의 여파로 주식시장에 ~이 일어났다 Les essais nucléaires nord-coréens ont eu de fortes répercussions sur les marchés boursiers.

지갑 紙匣 명 portefeuille *m*; porte-monnaie *m inv*; bourse *f*; porte-billets *m inv*. ¶ 동전 ~ un porte-monnaie. ¶ 남의 ~을 털다 alléger *qn* de son portefeuille {*fam*}. ¶ ~을 톡톡 털어서 선물을 사다 se ruiner [dépenser toutes *ses* économies] pour faire un cadeau à *qn*. ¶ ~에서 돈을 꺼내다 retirer de l'argent de *son* portefeuille. ¶ ~이 두둑하다 avoir le portefeuille bien garni [bien rempli]. ¶ ~이 비어 있다[얄팍하다] avoir une bourse vide, avoir un portefeuille dégarni.

지검 地檢 명 ministère *m* public régional; parquet *m* régional; bureau(*x*) *m* local du Parquet. ¶ 서울 ~ le parquet régional de Séoul.

지게 명 hotte *f* (coréenne). ¶ ~를 지다 porter une hotte. ¶ 짐을 ~로 나르다 porter des charges [des fardeaux] sur la hotte.

◆_꾼 명 porteur *m*; portefaix *m inv*.

◆_차 -車 명 chariot *m* élévateur.

지게미 명 lie *f*; drêche *f*; chassie *f*; pellicules *fpl*.

지겨워하다 타 ne plus supporter, en avoir assez [marre {*fam*}, *sa* claque {*fam*}]; être las(*se*), fatigué(*e*), saturé(*e*), dégoûté(*e*), écœuré(*e*). ¶ 학교 생활을 ~ être fatigué(*e*) [saturé(*e*), las(*se*)] de la vie d'étudiant [estudiantine]. ¶ 가난을 ~ ne plus supporter la pauvreté. ¶ 매일 집안에서 지내는 것을 ~ en avoir assez de rester tous les jours à la maison.

지겹다 형 être fastidieux(*se*), assommant(*e*), détestable, odieux(*se*), ennuyeux(*se*); trouver ((un travail)) fastidieux(*se*); en avoir assez, en avoir marre {*fam*} [jusque là {*fam*}, par-dessus la tête, par-dessus les oreilles, *sa* claque {*fam*}, sa dose {*fam*}]. ¶ 지겨운 인생 une vie dont on se lasse, une vie pourrie {*fam*}. ¶ 지겨운 책 un livre ennuyeux. ¶ 이 영화는 ~ Je trouve ce film ennuyeux. ¶ 이 소설은 읽기가[에] ~ C'est fastidieux de lire ce roman. ¶ 나는 교정보기가[교정보는 것이] ~ J'en ai assez de corriger. ¶ 나는 피아노[달리기]가 정말 ~ J'en ai vraiment assez de jouer du piano [de courir]. ¶ 나는 서울에서 사는 것이 ~ J'en ai assez de vivre à Séoul. ¶ 그 이야기는 지겹게 들었다 Cette histoire m'est odieuse / J'en ai par-dessus les oreilles de cette histoire / J'ai entendu mille fois cette histoire {*fam*} / J'ai les oreilles rebattues de cette histoire / On m'en a rebattu les oreilles de cette histoire.

지경 地境 명 limite *f* (d'un terrain, d'une propriété). ¶ ~을 넓히다 élargir les limites.

의명 état *m*, situation *f*, circonstance *f*, condition *f*. ¶ 손을 쓸 수 없는 ~에 이르다 arriver à un état intraitable [incontrôlable]. ¶ 어쩌다 그 ~이 됐니? Comment t'es-tu trouvé(*e*) dans un état pareil? / Comment en es-tu arrivé(*e*) là? ¶ 너무 슬퍼서 울음이 터질 ~이다 se sentir si triste qu'il(elle) est sur le point d'éclater en sanglots.

*죽을 ~이다 se trouver dans une situation très difficile.

지고 至高 명 suprématie *f*; souveraineté *f*. ¶ ~의 가치 une valeur suprême.

◆_하다 형 être suprême; ((puissance)) être souverain(*e*). ¶ 순국선열의 ~한 뜻 la pensée suprême des martyres de la nation.

◆_지순하다 -至純 형 être suprême et extrêmement doux(*ce*). ¶ ~지순한 사랑 amour le plus sublime et le plus doux.

◆_지선 -至善 명 être suprême et extrêmement bon(*ne*). ¶ ~지선의 가치 valeur suprême et extrêmement bonne.

지공 遲攻 명 【운동】 attaque *f* lente. ¶ ~을 하다[펴다] lancer [déclencher] une attaque lente.

지관 地官 명 【민속】 expert *m* en géomancie.

지구¹ 地球 명 la terre *f*; globe *m* terrestre. ¶ ~의 자전[공전] rotation de la terre (sur elle-même) [révolution de la terre].

◆_적 -的 명관 terrestre. ¶ ~적 과제 un problème [une question] planétaire.

◆_과학 -科學 명 sciences *f* de la terre.

◆_본 -本 명 globe *m* terrestre.

◆_의 -儀 명 globe *m* terrestre.

◆_촌 -村 명 village *m* planétaire.

지구² 地區 명 zone *f*, région *f*, district *m*; quartier *m*. ¶ 위험[범죄 다발] ~ une zone de danger [une zone de crimes récurrents]; un point noir. ¶ 남부 ~ une région [un quartier] du sud; la partie sud.

ㅈ

◆_당 -黨 명 parti *m* du district. ¶ ~당 위원장 le(*la*) président(*e*) du parti du district.

지구³ 持久 어근 endurance *f*, persistance *f*.

◆_력 -力 명 résistance *f*, endurance *f*, infatigabilité *f*; ((스포츠맨, 말 따위의)) fond *m*. ¶ ~력 테스트 test de résistance [d'endurance].

◆_전 -戰 명 guerre *f* d'endurance; combat *m* de longue haleine. ¶ ~전에 들어가다[돌입하다] entrer dans une guerre d'endurance [dans une étape d'endurance].

지국 支局 명 bureau(*x*) *m* local. ¶ 광주 ~을 개국하다 inaugurer un bureau local à Gwangju. ¶ 부산 ~으로 발령을 받다 être nommé(*e*) au bureau local de Busan.

◆_장 -長 명 direc*teur*(*trice*) d'un bureau local.

지그시 부 doucement, avec douceur; gentiment; tendrement; calmement; patiemment, avec patience. ¶ 눈을 ~ 감다 fermer les yeux doucement. ¶ 입술을 ~ 깨물다 se mordre les lèvres doucement. ¶ ~ 바라보다 regarder gentiment.

지그재그 영{zigzag} 명 zigzag *m*. ¶ ~를 그리며 나아가다 avancer en zigzag.

◆_로 부 en zigzag. ¶ ~로 걷다 tituber, chanceler.

지극 至極 어근

◆_하다 형 être très grand(*e*). ¶ 그 사람은 효성이 ~하다 Il est très dévoué envers ses parents.

◆_히 부 extrêmement; infiniment; parfaitement. ¶ ~히 중요한 문제 un problème très important [crucial], une question cruciale. ¶ ~히 유감스럽다 C'est infiniment regrettable. ¶ ~히 당연한 말이다 Vous avez parfaitement [tout à fait] raison.

◆_정성 -精誠 명 dévouement *m* (extrême); toute sincérité *f*. ¶ ~정성을 다하다[쏟다] se consacrer entièrement [corps et âme] à *qc*, se dévouer [se donner] entièrement à *qc*. ¶ ~정성으로 돌보다 s'occuper de [prendre soin de] *qn* en toute sincérité, être aux petits soins pour *qn*. ¶ 그 사람은 아들에게 ~정성이다 Il est très dévoué à son fils.

지근거리다 자 lanciner, être lancinant(*e*). ¶ 머리가 지근거린다 avoir mal à la tête. ¶ 온몸이 지근거려 죽겠어 Je sens partout une douleur lancinante.

지근지근 부 ① de façon lancinante. ¶ 머리가 ~ 아프다 avoir mal à la tête. ② en mastiquant longuement. ¶ 말린 고기를 ~ 씹다 mastiquer longuement de la viande séchée.

지글거리다 자 ① ((국 따위가)) bouillir à gros bouillons; grésiller. ¶ 김치찌개가 지글거리고 있다 Le *kimchi-jjigae* bout à gros bouillons. ② ((마음이)) rager, enrager; être bouillant(*e*). ¶ 그 사람은 울화가 지글거렸다 Il était en rage / Il était enragé / Il était bouillant de colère. ③ être brûlant(*e*) de fièvre. ¶ 감기로 온몸이 지글거렸다 Je suis brûlant(*e*) de fièvre à cause d'une grippe.

지글지글 부 à gros bouillons. ¶ 고기가 석쇠 위에서 ~ 끓고 있다 La viande grésille sur le grill. ¶ 한여름의 태양이 ~ 타고 있었다 Le soleil de plein été était brûlant [tapait dur, tapait fort]. ¶ 그 사람의 만행에 분노가 ~ 끓어올랐다 On était révoltés contre ses actes de barbarie.

◆_하다 자 être brûlant(*e*), bouillant(*e*).

지금¹ 只今 명 maintenant; en ce moment; actuellement; à l'heure qu'il est; à présent. ¶ ~의 présent(*e*), actuel(*le*); d'aujourd'hui. ¶ ~까지 jusqu'à maintenant, jusqu'à présent, jusqu'à aujourd'hui, jusqu'au jour d'aujourd'hui; jusqu'ici. ¶ ~부터 dès maintenant; dès à présent; dès [à partir d']aujourd'hui; dorénavant; désormais. ¶ ~으로서는 pour le moment, pour l'instant. ¶ ~(에) 와서 maintenant. ¶ ~이라도 늦지 않다 Même maintenant, il n'est pas trop tard. ¶ ~이야말로 ...할 때다 c'est le moment de+*inf*.

부 maintenant, en ce moment, actuellement, à l'heure qu'il est. ¶ 너 ~ 뭐 하고 있니? Qu'est-ce que tu fais maintenant [en ce moment]? ¶ ~ 출발하면 시간 안에 갈 수 있다 On peut arriver à l'heure si on part maintenant.

◆_껏 부 jusqu'ici [à maintenant, à présent, à aujourd'hui, au jour d'aujourd'hui]. ¶ ~껏 알려지지 않은 사실을 밝히다 révéler [découvrir, déceler] un fait inconnu jusqu'ici. ¶ ~껏 저런 사람을 본 적이 없다 Jusqu'à maintenant [Jusqu'à aujourd'hui], je n'ai jamais vu quelqu'un comme lui [un individu pareil, un tel individu].

지금² 地金 명 lingot *m* d'or; mét*al*(*aux*) *m* (utilisé pour la fabrication des monnaies).

지급¹ 支給 명 allocation *f* ((d'une indemnité)); distribution *f* ((de vivres)); paiement *m*. ◇_(을) 하다 allouer ((une indemnité)); verser ((une allocation aux personnes âgées)); payer. ¶ 교통비[여비]를 ~하다 allouer une indemnité de transport [de déplacement, des frais de voyage]. ¶ 이재민에게 식량을 ~하다 distribuer des vivres à des sinistrés. ¶ 사원들에게 월급을 ~하다 payer des salaires aux employés. ◇_(이) 되다 être alloué(*e*); être versé(*e*): être payé(*e*). ¶ 직원들에게 특별 보너스가 ~되었다 Un bonus exceptionnel a été versé aux employés. ◇_(을) 받다 être alloué(*e*); être payé(*e*); recevoir une allocation. ¶ 무기를 ~받다 avoir une distribution des armes.

◆_보증 -保證 명 garantie *f* de paiement.

◆_불능 -不能 명 【법률】 insolvabilité *f*.

◆_액 -額 명 montant *m* payé; somme *f* versée. ¶ ~액이 적다[많다] La somme versée est faible [importante, élevée].

◆_품 -品 명 fournitures *fpl*.

지급² 至急 명 (extrême) urgence *f*. ¶ 전보를 ~으로 보내다 envoyer un télégramme en urgence.

◆_하다 형 être urgent(*e*). ¶ 그 일은 ~하다 C'est une affaire urgente. ¶ ~한 용무로 전화를 하다 appeler *qn* pour une affaire urgente.

◆_히 부 d'urgence; le plus tôt possible; à toute vitesse; en toute hâte. ¶ ~히 회답바랍니다 Nous

ㅈ

attendons une réponse très rapide [urgente].

◆_전보 -電報 명 télégramme *m* urgent.

지긋이 부 doucement et légèrement. ¶ 나이가 ~ 들어 보이다 paraître un peu âgé(*e*). ¶ 나이가 ~ 든 신사 un monsieur d'un certain âge.

지긋지긋이 부 horriblement; abominablement.

지긋지긋하다 형 être ennuyeu*x*(*se*), fastidieu*x*(*se*), fatigant(*e*), lassant(*e*), endormant(*e*), assommant(*e*), embêtant(*e*), rasant(*e*) {*fam*}, soûlant(*e*); être insupportable; être odieu*x*(*se*), pourri(*e*); en avoir assez de *qc*, en avoir marre {*fam*}, en avoir par-dessus la tête [jusque là {*fam*}, *sa* claque {*fam*}, *sa* dose {*fam*}, plein le dos {*fam*}, plein le pot {*fam*}, plein les bottes {*fam*}, plein les jambes {*fam*}, plein les pattes {*fam*}, ras le bol {*fam*}, ras la casquette {*fam*}, ras le cul {*vulg*}, plein le cul {*vulg*}], avoir une indigestion ((de télévision)), être écœuré(*e*) de *qc*; la coupe est pleine; la mesure est comble. ¶ 지긋지긋한 눈[비, 날씨] une neige [une pluie, un temps] insupportable [pénible, difficile à supporter]. ¶ 지긋지긋한 숙제[집안일] devoirs [travaux ménagers] fastidieux. ¶ 이 지긋지긋한 인생 cette cochonne de vie {*fam*}, cette vie pourrie {*fam*}. ¶ 오늘은 지긋지긋한 하루였다 Aujourd'hui, ce fut une journée éprouvante / Aujourd'hui, j'ai eu une journée éprouvante. ¶ 난 이제 미국드라마가 ~ J'ai une indigestion de feuilletons américains. ¶ 나는 그 일이[그 일을 하기가] 이제 ~ J'en ai assez de faire ce travail maintenant / Ce travail me fait horreur à présent. ¶ 그 여자는 빨래하기가 지긋지긋하게 싫다 Elle éprouve du dégoût à faire la lessive / Elle en a assez de s'occuper du linge [de la lessive].

지긋하다 형 ① être âgé(*e*); être avancé(*e*) en âge; être d'un âge avancé. ¶ 나이가 지긋한 사람 une personne d'un certain âge [un peu âgée]. ② être prudent(*e*) et bien élevé(*e*) [sérieu*x*(*se*)]. ¶ 그 사람은 눈을 지긋하게 감고 있었다 Il restait les yeux fermés d'un air apaisé. ¶ 지긋하게 기다려 보아라 Attends-le sagement [poliment] / Prends ton temps.

지기[1] 知己 명 ami(*e*) (intime). ¶ 막역한 ~ un(*e*) ami(*e*) intime, un(*e*) grand(*e*) ami(*e*). ¶ 그들은 오래된 ~ 사이다 Ce sont des amis inséparables de longue date.

◆_지우 -之友 명 ami(*e*) intime, grand(*e*) ami(*e*).

지기[2] 紙器 명 boîte *f* en carton. ¶ ~ 가게 un magasin qui vend des boîtes en carton.

-지기[3] 접미 ① ((논밭)) mesure *f* de superficie. ¶ 두 마~ un terrain de 2 yards arables [cultivables]. ¶ 만 석~ terrain de dix mille *seok* ((1 seok = 5,12 boisseaux)) cultivables [arables]. ② personne f qui garde qc. ¶ 문~ gardien(*ne*), concierge, porti*er*(*ère*). ¶ 산~ garde forestier, agent forestier.

지껄거리다 재타 jacasser, jaser, bavarder, caqueter, parler bruyamment. ¶ 쓸데없는 말을 ~ bavarder de choses inutiles, blablater {*fam*}. ¶ 쓸데없이 지껄대지 마 Ne bavarde pas inutilement / Arrête de blablater {*fam*}.

지껄대다 재타 ☞ 지껄거리다

지껄이다 재타 jacasser {*fam*}, bavarder, caqueter {*fam*}; proférer. ¶ 그 사람이 뭐라고 지껄이든 내버려 둬 Laissez-le quoi qu'il dise. ¶ 알아들을 수 없는 말을 ~ débiter des paroles incompréhensibles [inintelligibles]. ¶ 욕설을 ~ adresser [proférer] des injures, injurier. ¶ 사람들이 지껄이는 소리 bruit de bavardage.

지껄지껄 부 bruyamment; tumultueusement.

지껄하다 형 ((rue)) être bruyant(*e*); ((voix)) être criard(*e*); ((enfant)) être tapageu*r*(*se*); être ennuyeu*x*(*se*), embarrassant(*e*). ¶ 상인들로 장터가 ~ La place du marché est bruyante à cause des commerçants. ¶ 손님맞이로 온 집안이 ~ La maison retentit d'exclamations et de bruits pour accueillir les invités.

지끈 부 avec un bruit sec, avec un craquement. ¶ 눈 무게로 나뭇가지가 ~ 부러졌다 Une branche a cédé sous le poids de la neige avec un bruit sec.

지끈거리다 재 lanciner, être lancinant(*e*). ¶ 머리가 지끈거려 한숨도 못 잤어요 J'ai mal dormi à cause d'une douleur lancinante dans la tête [à cause d'une forte migraine]. ¶ 너 때문에 골이 지끈거린다 J'ai mal à la tête à cause de toi.

지끈대다 재 ☞ 지끈거리다

지끈지끈 부 de façon lancinante. ¶ 머리[골]가 ~ 아프다 avoir mal à la tête, avoir la migraine; avoir un terrible mal de tête.

◆_하다 재 lanciner, être lancinant(*e*). ¶ 머리[골]가 ~하다 avoir mal à la tête; avoir un terrible mal de tête.

지나가다 타 ① passer. ¶ 순간 기발한 생각이 머릿속을 지나갔다 Soudain, une idée extraordinaire m'est passée par la tête [m'a traversé l'esprit]. ② dépasser. ¶ 버스가 정류장을 그냥 지나갔다 Le bus a manqué un arrêt.

재 ① ((공간)) 통과하다 passer. ¶ 마을 앞으로 고속도로가 지나간다 Une autoroute passe devant le village. ¶ 지나가는 길에 들리세요 Venez me voir en passant / Passez chez moi. ¶ 어서 지나가세요 Passez vite. ¶ 지나가게 하다 laisser passer. ¶ 그 사람이 황급히 지나가더라 Cet homme est passé en hâte. ② ((시간)) 경과하다 passer. ¶ 지나간 세월[시간] temps passé [heures passées]. ¶ 약속 시간이 이미 지나갔다 L'heure du rendez-vous est déjà passée. ¶ 1년이 허무하게 지나갔다 Un an est passé en vain. ¶ 휴가 기간이 어떻게 지나가 버렸는지 모르겠다 Les vacances sont passées à une vitesse incroyable. ¶ 겨울이 지나가고 봄이 왔다 L'hiver est fini et voilà le printemps. ③ ((일 상황)) 종결되다 passer, se terminer. ¶ 지나간 일은 이제 잊자 Oublions les choses passées / Tournons la page.

ㅈ

¶ 전쟁이 휩쓸고 지나간 도시 une ville ravagée par la guerre. ¶ 태풍이 지나간 자리 un lieu ravagé par la tempête. ④ ((미소 따위가)) 스치다 passer; apparaître. ¶ 그 사람의 얼굴에 야릇한 미소가 지나갔다 Un sourire étrange est apparu sur *son* visage. ⑤ 묵과하다 passer. ¶ 그 사람은 사소한 일도 그냥 지나가지 않는다 Il ne néglige rien même s'il s'agit d'une bagatelle.

***지나가는 말로** en badinant; ne pas parler sérieusement. ¶ 나는 지나가는 말로 슬쩍 그 여자를 떠 보았다 J'ai compris ses intentions en posant des questions anodines.

지나다 자 ① ((시점, 기한)) 경과하다 passer; expirer, se terminer. ¶ 정오가 지났다 Midi est passé / Il est midi passé. ¶ 약속 시간이 지났다 L'heure du rendez-vous est passée. ¶ 기한이 지났다 Le délai est expiré. ¶ 마감시간이 지났다 L'heure de fermeture est passée. ¶ 점심시간이 훨씬 지나 있었다 L'heure du déjeuner est déjà bien passée. ¶ 저는 변성기가 지났어요 Ma voix a mué. ¶ 철 지난 겨울옷 vêtements d'hiver (aujourd'hui) hors saison. ② ((시간)) 흐르다 passer, couler, s'écouler. ¶ 시간이 지남에 따라 avec le temps. ¶ 그로부터 긴 시간이 지났다 Il s'est passé beaucoup d'années depuis lors. ¶ 얼마나 많은 세월이 지났을까? Combien d'années sont passées? ¶ ~ 시절 une époque révolue; une époque ancienne. ③ ((일, 상황)) 경과하다 passer, finir. ¶ 지난 일에 대해서 후회하지 마라 Ne regrettez pas les choses passées. ¶ 다 지난 일이다 C'est du passé / C'est fini maintenant. ¶ 이제 어려운 고비는 지났어요 Maintenant, le plus dur est passé / Enfin, un moment difficile est passé. ④ ((‘지난’의 형태로)) 직전의 passer, s'écouler. ¶ 지난여름 l'été dernier. ¶ 지난 5월 mai dernier.

***지나는 말로** en badinant; ne pas parler sérieusement; faire une plaisanterie. ¶ 지나는 말로 생각하기에는 그 사람의 언행은 너무 지나쳤다 Ses paroles étaient trop impertinentes pour les considérer comme une plaisanterie.

***지나지 않다** ne ~ que. ¶ 그들은 겨우 서너 명에 지나지 않았다 Ils ne sont que trois ou quatre. ¶ 그것은 변명에 지나지 않아 Ce n'est qu'un prétexte.

◆**지난날** 명 le passé *m*, les jours *mpl* passés, temps *m* passé.

◆**지난달** 명 le mois *m* dernier [passé].

◆**지난밤** 명 la nuit *f* dernière [passée], cette nuit *f*.

◆**지난번** 명 dernièrement, récemment,; l'autre jour, la dernière fois.

◆**지난주** 명 la semaine *f* dernière [passée].

◆**지난해** 명 l'année *f* dernière [passée].

타 ① ((공간)) passer, dépasser. ¶ 그 집 앞을 지날 때마다 chaque fois, je passe devant cette maison. ¶ 기차가 간이역을 지났다 Le train a dépassé une petite gare. ② ((시간)) passer. ¶ 아들 녀석이 변성기를 지났다 Mon fils a passé la puberté. ③ ((한도)) dépasser, surpasser. ¶ 그들의 감정은 슬픔을 지나서 분노에까지 이르렀다 Leur sentiment de tristesse est devenu de la rage [s'est transformé en rage]. ¶ 상황이 이미 수습할 수 있는 단계를 지났다 La situation a atteint un état irrémédiable.

지나오다 자 ① dépasser. ¶ 그 집을 방금 지나왔다 Nous venons de dépasser cette maison. ② passer. ¶ 지나온 세월이 그립다 Je regrette le temps passé / Je repense au temps passé avec amertume.

지나치다[1] 형 être excessi*f*(*ve*), démesuré(*e*), exagéré(*e*); aller trop loin, pousser [lancer, jeter] le bouchon (un peu) trop loin, exagérer. ¶ 그는 돈 욕심이 ~ Son appétence pour l'argent est excessive [démesurée]. ¶ 지나친 농담 une plaisanterie qui va trop loin. ¶ 그 친구는 일을 지나치게 많이 한다 Il travaille trop. ¶ 그 아버지는 지나치게 엄하다 Ce père est trop sévère.

지나치다[2] 타 ① 어떤 장소를 들르지 않고 그냥 지나가다 passer devant *qp* sans s'y arrêter, ne faire que passer devant *qp* ((sans s'y arrêter)). ¶ 매일 가던 카페를 오늘은 그냥 지나쳤다 Aujourd'hui, je n'ai fait que passer devant mon café habituel. ② 어떤 일을 문제 삼거나 관심에 두지 않다 laisser passer *qc*, fermer les yeux sur *qc*, tolérer *qc*, accepter *qc*. ¶ 오늘 그가 한 말은 그냥 지나칠 수 없다 Je ne peux pas laisser passer ce qu'il a dit aujourd'hui / À la suite des propos qu'il a tenus aujourd'hui [À la suite de ses déclarations d'aujourd'hui], je ne peux pas ne pas réagir [rester sans rien dire, rester sans réagir] / Je ne peux pas tolérer [laisser passer sans réagir] les propos qu'il a tenus aujourd'hui.

지난하다 至難- 형 être extrêmement difficile. ¶ 지난한 세월을 보내다 traverser des moments difficiles, traverser une passe difficile. ¶ 이것은 몹시 지난한 과제이다 C'est un problème extrêmement difficile.

지남철 指南鐵 명 aimant *m*; aiguille *f* aimantée.

지내다 자 ① passer ((du temps, son temps à+*inf*)); passer ((une soirée agréable, un bon moment)); vivre, habiter, séjourner; aller ((bien)). ¶ 그는 당분간 우리 집에서 지낼 거다 Il va passer [habiter, vivre, séjourner] quelques temps chez nous. ¶ 너 요즘 어떻게 지내? Comment vas-tu ces temps-ci? / Tu vas bien? / Qu'est-ce que tu deviens ces temps-ci? / Quoi de neuf {*fam*}? / Rien de neuf {*fam*}? ② ((bien)) s'entendre ((avec *qn*)). ¶ 누구와 가까이 ~ être très intime avec *qn*. ③ 과거에 어떤 직책을 맡은 적이 있다 avoir autrefois occupé [exercé] les fonctions de. ¶ 예전에 장관을 지낸 사람 une personne ayant autrefois occupé [exercé] les fonctions de ministre. ④ célébrer, rendre ((un culte)). ¶ 제사를 ~ célébrer le culte des ancêtres, rendre [célébrer] un culte à (la mémoire de) *ses* ancêtres; offrir [célébrer] un sacrifice; faire des offrandes ((à un dieu, une divinité, un esprit)).

지내보다 자 fréquenter *qn*; entretenir des relations avec *qn*. ¶ 사람은 지내보아야 안다 Il faut du temps pour juger une personne. ¶ 우리 앞으로 잘 지내봅시다 Essayons de bien nous entendre à l'avenir [à partir de maintenant] / Essayons désormais d'avoir de bonnes relations / Établissons entre nous de bonnes relations.

지네 명 【동물】 scolopendre *f*.

지느러미 명 nageoire *f*; ((상어 따위의)) aileron *m*.

◆등[가슴, 꼬리]_ 명 nageoire *f* dorsale [nageoires *fpl* pectorales, nageoire *f* caudale].

지능 知能 명 intelligence *f*, capacité *f* intellectuelle; ((철학)) intellect *m*. ¶ ~을 계발하다 développer les capacités intellectuelles de *qn*. ¶ 이 아이는 ~이 높다 C'est un(*e*) enfant intelligent(*e*) / Cet enfant a de fortes capacités intellectuelles / Cet enfant a un Q.I. élevé. ¶ 이 아이는 ~이 낮다[모자란다] Cet(*te*) enfant a de faibles capacités intellectuelles / Cet(*te*) enfant a un Q.I. peu élevé.

◆_적 -的 명관 ingénieu*x*(*se*), astucieu*x*(*se*), intelligent(*e*). ¶ ~적인 수법 un moyen astucieux [ingénieux]. ¶ ~적으로 범죄를 저지르다 commettre un crime astucieusement. ¶ 이 살인범은 매우 ~적이다 Cet homicide est très astucieux.

◆_화 -化 명 action de rendre intelligent(*e*) [astucieu*x*(*se*)]. ¶ 오늘날의 범죄는 갈수록 ~화하는[되는] 경향이 있다 Le crime aujourd'hui est de plus en plus astucieux.

◆_검사 -檢査 명 test *m* de capacité *f* intellectuelle. ¶ ~검사를 하다 tester la capacité intellectuelle.

◆_범 -犯 명 crime *m* intellectuel; crime *m* perpétré par *qn* d'intelligent.

◆_지수 -指數 명 quotient *m* intellectuel, ((생략)) Q.I. *m*.

◆인공_ 人工- 명 intelligence *f* artificielle.

지니다 타 ① avoir *qc* sur *soi*, porter *qc*, avoir *qc*; posséder *qc*. ¶ 큰돈을 지니는 것은 위험하다 Il est dangereux d'avoir une grande somme d'argent sur soi. ¶ 그는 늘 권총을 지니고 다녔다 Il portait toujours un pistolet. ② garder (bien vivant), conserver ((dans *sa* mémoire)). ¶ 첫사랑의 추억을 ~ garder en mémoire [avoir toujours en mémoire, garder bien vivant dans sa mémoire] *son* premier amour. ¶ 그는 남모르는 사연을 지니고 있다 Il garde un secret. ③ avoir ((un caractère)). ¶ 불굴의 신념을 ~ avoir une conviction inébranlable.

지다[1] 자 subir une défaite; perdre ((une bataille, un procès)); être battu(*e*), vaincu(*e*) ((aux échecs)); céder ((devant les exigences de *qn*)). ¶ 지는 것이 이기는 것이다 Qui perd gagne. ¶ 우리 팀이 상대팀에게 3대2로 졌다 Nous avons été battu par l'adversaire par 3 (points) à 2. ¶ 누구에게도 지지 않다 ne céder à personne. ¶ 그 사람도 자네에게 지지 않을 만큼 노력한다 Il fait tous les efforts qu'il faut [tout ce qu'il faut, le maximum] pour ne pas être vaincu [battu, dépassé] par toi. ¶ 계속되는 협박에 ~ céder à des menaces incessantes.

지다[2] 타 ① porter *qc* sur le dos. ¶ 등에 짐을 ~ porter un fardeau sur le dos. ② ((책임, 부담을)) se charger de *qc*; prendre la charge [la responsabilité] ((d'une affaire)), assumer [accepter] une responsabilité, accepter d'en être tenu pour responsable, endosser, prendre (sur *soi*), prendre à *son* compte [sous *son* bonnet]. ¶ 결과는 내가 책임을 지겠소 J'assume les conséquences. ¶ 그런 부담을 지고 싶지 않다 Je ne veux pas en prendre la responsabilité. ¶ 가사노동의 부담을 ~ prendre la charge des travaux domestiques. ③ ((빚, 신세를)) contracter ((des dettes)). ¶ 누구에게 빚을 많이 ~ contracter des dettes envers *qn*. ¶ 나는 그 친구에게 신세를 많이 졌다 Je lui dois beaucoup.

***등(을) 지다** tourner le dos à *qn*; abandonner *qn*; se brouiller avec *qn*; s'opposer à *qn*. ¶ 그 사람하고 등을 지고 어떻게 살겠니? Commet peux-tu vivre en te brouillant avec lui?

지다[3] 자 ① tomber, se faner. ¶ 꽃이 진다 Les fleurs tombent. ¶ 가을에는 낙엽이 진다 Les feuilles des arbres tombent en automne / Les arbres perdent leurs feuilles en automne / L'automne est la saison des feuilles mortes. ② ((le soleil)) se coucher; baisser, descendre. ¶ 해가 진다 Le soleil se couche. ¶ 해가 지기 전에 avant la tombée du jour [de la nuit].

지다[4] 자 ① ((une ombre)) se projeter. ¶ 노을이 진다 La lumière du crépuscule rayonne [flamboie, luit, est visible, est présente, illumine]. ¶ 담장에 그늘이 졌다 Une ombre se projette sur la muraille. ② 생기다 se former, apparaître. ¶ 세월 따라 그 여자의 얼굴에도 주름이 졌다 Avec le temps, des rides apparaissent sur son visage. ¶ 옷에 얼룩이 졌다 Le vêtement est taché [est couvert de taches]. ¶ 그의 옷은 잔뜩 때가 졌다 Son vêtement est très sale [souillé]. ③ ((차이가)) avoir ((un écart de *qc*)); ((허기가)) avoir ((faim)), avoir un creux (à l'estomac). ¶ 나는 그 친구와 5살 차이가 진다 Nous avons cinq ans d'écart d'âge, lui et moi. ¶ 온종일 일했더니 허기가 진다 Ayant travaillé toute la journée, j'ai faim / Ça m'a creusé l'estomac de travailler toute la journée / Travailler toute la journée, ça m'a creusé {*fam*}. ④ commencer. ¶ 다음 주부터 장마가 진다고 한다 On dit que la saison des pluies commence à partir de la semaine prochaine. ¶ 홍수가 져서 피해가 크다 L'inondation a fait de grands ravages. ⑤ se mettre ((*qn*)) à dos, devenir ((ennemi)). ¶ 누구와 원수가 ~ devenir ennemi avec *qn*, se mettre *qn* à dos.

지다[5] 조동 ① ((형용사의 '-아/어' 뒤)) ((verbe auxiliaire servant à transformer un adjectif en verbe, sous forme de radical verbal + -아/-어 지다)) devenir ((rouge, blême)), ((roug, blêm))-ir; se faire ((vieux)). ¶ 붉어~ devenir rouge, rougir. ¶ 조금만 쉬고 나면 괜찮아질 것이다 Tu seras mieux après un peu de repos. ¶ 그의 상태는 점차로 좋아졌다 Son état s'est amélioré au fur et à mesure [petit à petit]. ¶ 날씨가 점점 맑아졌다 Il faisait de plus en plus beau [clair]. ② 《자동사의 '-아/어' 뒤》 ¶ 형님 댁이 멀어서 잘 안 가진다 Je ne peux pas rendre souvent visite à mon grand frère, car il habite loin (de chez moi). ③ 《타동사의 '-아/어' 뒤》 ¶ 이부자리가 단정하게 개어져 있다 Le lit est fait correctement. ¶ 드디어 결실이 이루어졌다 On a enfin un (bon) résultat / Cela porte enfin des fruits. ④ 《피동사 '-아/어' 뒤》 《verbe auxiliaire servant à transformer un verbe intransitif en verbe passif, sous forme de radical verbal + -아/-어 지다》 ¶ 상황이 바뀌어지지 않았다 La situation reste la même / La situation ne change pas.

-지다[6] 접미 être 《fertile, cher, précieux》; avoir 《une grande valeur》. ¶ 기름~ 《땅》 être fertile; 《음식, 식사》 être gras(*se*), lourd(*e*), riche, nourrissant(*e*). ¶ 값~ être précieu*x*(*se*), avoir une grande valeur. ¶ 멋~ être chic, élégant(*e*). ¶ 세모~ être triangulaire. ¶ 건방~ être insolent(*e*).

지단 명 mets *m* de blancs et de jaunes d'œufs dont la forme est semblable à une petite crêpe. ¶ 달걀 ~ petite crêpe d'œufs. ¶ ~을 부치다 frire une petite crêpe d'œufs.

지당하다 至當- 형 être très raisonnable; être légitime. ¶ 그 사람의 요구는 ~ Sa demande est raisonnable[légitime]. ¶ 지당하신 말씀입니다 C'est une parole très raisonnable. ¶ 이 상황에서 그것은 지당한 조처이다 C'est une mesure raisonnable dans cette situation. ¶ 그가 그렇게 반응하는 것은 지당한 일이다 Sa réaction est raisonnable[légitime].

지대[1] 地帶 명 ① région *f*, zone *f*. ¶ 사막[산악] ~ zone déserte [montagneuse]. ¶ 완충[비무장] ~ zone [territoire] neutre [zone démilitarisée]. ② altitude *f*. ¶ 우리 동네는 ~가 높다[낮다] Notre village se situe en altitude [est en basse altitude].

◆안전_ 安全- 명 zone *f* de sécurité.

지대[2] 地代 명 prix *m* d'un terrain. ¶ ~를 받다[내다] recevoir [payer] le loyer d'un terrain. ¶ ~를 올리다[내리다] élever [baisser] le prix d'un terrain. ¶ 이 땅은 ~가 싸다[비싸다] Le prix de cette terre est bon marché [très cher].

지대공 地帶空 어근 sol-air.

◆_ 미사일 명 missile *m* sol-air.

지대하다 至大- 형 être très grand(*e*), énorme, colossal(*ale, aux*), immense. ¶ 그 사람은 이 분야의 발전에 공헌이 ~ Sa contribution dans ce domaine est grande. ¶ 지대한 관심을 보이다 montrer un grand intérêt. ¶ 지대한 영향을 주다 exercer une grande influence 《sur *qn*》; influencer énormément [fortement] 《*qn*》; avoir un impact important. ¶ 지대하게 영향을 끼치다 influencer énormément [fortement]; avoir un impact important; provoquer [soulever, amener] des répercussions gigantesques.

지덕 知德 명 connaissance *f* et vertu *f*. ¶ ~을 갖춘[겸비한] 인물 personne à la fois érudite et vertueuse.

◆_체 -體 명 connaissance *f*, vertu *f* et bonne constitution *f* physique; esprit *m* sain et corps *m* sain. ¶ 그는 ~체를 갖춘 사람이다 C'est une personne saine de corps et d'esprit.

지도[1] 地圖 명 carte *f* (géographique); plan *m* 《de Séoul》; atlas *m*. ¶ 우리나라 ~ carte de la Corée. ¶ 세계[역사] ~ carte du monde [historique]. ¶ ~를 보고 길을 찾다 chercher *son* chemin [une adresse] avec une carte. ¶ ~를 제작하다 faire un plan; dessiner un plan [une carte]. ¶ ~에서 도시를 찾다 chercher une ville sur la carte ¶ 이 ~는 매우 정확하다 Ce plan [Cette carte] est très précise.

***~를 그리다** faire pipi au lit, mouiller *son* lit. ¶ 아이가 이불에 ~를 그렸다 L'enfant a mouillé [a fait pipi dans] son lit.

◆대동여_ 大東輿- 명 carte *f* Daedongyeo(jido) <première grande carte détaillée de la Corée réalisée par Kim Jeong-Ho en 1861>.

지도[2] 指導 명 direction *f*, gouverne *f*, orientation *f*, directives *fpl*. ¶ 개인[그룹] ~ direction individuelle [de groupe]. ¶ 누구의 ~ 하에 sous la direction de *qn*. ¶ 누구의 ~를 따르다 suivre la direction de *qn*. ¶ 많은 ~ 바랍니다 Je souhaiterais que vous me donniez beaucoup de conseils / Je vous prie de bien vouloir me donner des conseils. ¶ 그 학생은 ~가 어렵다 Il est difficile d'orienter cet(*te*) élève. ¶ 그 학생의 논문은 ~가 어렵다 Il est difficile de diriger les travaux de cet élève / Cet élève est difficile à conseiller dans ses travaux. ◇_(를) 하다 guider 《un enfant dans ses études》, diriger 《un groupe, un(*e*) étudiant(*e*) dans ses recherches, les recherches d'un(*e*) étudiant(*e*)》; orienter 《les recherches》; instruire, enseigner. ¶ 학생[선수]을 ~ guider [diriger] un(*e*) élève [étudiant(*e*)] 《dans ses recherches》 [diriger un joueur]. ¶ 선수들에게 여러 가지 기술을 ~ enseigner plusieurs techniques aux joueurs. ¶ 학생들이 좋은 성적을 얻도록 ~ instruire *ses* élèves de manière à ce qu'ils obtiennent de bonnes notes. ◇_(가) 되다 être guidé(*e*), dirigé(*e*). ¶ 학생들에게 논술이 중점적으로 ~되고 있다 Ce qui est enseigné principalement aux élèves, ce sont les exposés. ◇_(를) 받다 être dirigé(*e*) 《par un professeur》, travailler sous la direction 《d'un professeur》. ¶ 교수의[로부터] ~를 받다 être dirigé(*e*) par un professeur, travailler sous la direction d'un professeur. ¶ 누구에게 연기 ~를 받다 apprendre le métier d'ac*teur*(*trice*) [de comédien(*ne*)] avec *qn*.

◆_적 -的 명관 dirigeant(*e*), prépondérant(*e*). ¶ 여기서 그 사람은 ~적 위치에 있다 Ici, il est dans une position de dirigeant. ¶ 그 사람이 우리 단체를 ~적으로 이끌고 있다 Il dirige notre groupe de manière autoritaire.

◆_교수 -教授 명 direc*teur*(*trice*) de recherches; 《박

사논문》 patron(*ne*) de thèse, direc*teur*(*trice*) de thèse.

◆_급 -級 명 classe *f* dirigeante ¶ 이름만 대면 알 만한 ~급 인사들 personnes célèbres appartenant à la classe dirigeante.

◆_력 -力 명 talent *m* de dirigeant; autorité *f* naturelle. ¶ ~력을 갖추다[기르다] posséder [développer] une autorité naturelle. ¶ ~력을 발휘하다[행사하다] déployer [exercer] un talent de dirigeant. ¶ ~력을 상실하다 perdre *son* autorité naturelle. ¶ 그 남자는 ~력이 있다[부족하다, 뛰어나다] Il a un talent de dirigeant / Il a les capacités qu'il faut pour diriger [L'autorité naturelle lui manque / Il a un talent de dirigeant exceptionnel].

◆_부 -部 명 (équipe *f* de) direction *f*, dirigeants *mpl*. ¶ 당의 ~부 la direction d'un parti. ¶ ~부의 결정에 따르다 se plier à [suivre] la décision de la direction. ¶ ~부를 개편하다 renouveler l'équipe de direction. ¶ 이번 일에 책임을 지고 ~부가 총사퇴하였다 La direction a entièrement démissionné en prenant la responsabilité de cette affaire.

◆_서 -書 명 manuel *m*, guide *m*. ¶ 교사용 ~서 livre [guide] du professeur.

◆_원 -員 명 moni*teur*(*trice*), conseill*er*(*ère*).

◆_자 -者 명 guide *m*, dirigeant(*e*), leader *m*. ¶ ~를 뽑다[양성하다] choisir [former] un guide [un(*e*) dirigeant(*e*), un leader]. ¶ ~가 되다 devenir un guide [un(*e*) dirigeant(*e*), un leader].

◆_자적 -者的 명관 de dirigeant, de leader. ¶ ~자적 자질 tempérament de leader, talents de leader.

◆_층 -層 명 classe *f* dirigeante ¶ 사회의 ~층 la classe dirigeante de la société.

지독스럽다 형 ① 《성격이》 être méchant(*e*), cruel(*le*), féroce. ¶ 그 사람은 성격이 지독스러운 데가 있다 Il a des côtés méchants. ② 《냄새가》 être fort(*e*), extrême, atroce, horrible, affreu*x*(*se*), infecte, fétide, nauséabond(*e*), répugnant(*e*), écœurant(*e*); avoir une très mauvaise odeur, dégager une odeur extrêmement forte, sentir à plein nez. ¶ 썩은 냄새가 너무 ~ L'odeur pourrie est atroce [infecte, très nauséabonde] / Cette odeur de pourriture est atroce [sent horriblement mauvais] / Cela sent atrocement le pourri [l'odeur *de pourriture*]. ③ 상태가 극에 달하다 être rude, cruel(*le*), violent(*e*). ¶ 지독스러운 빚 독촉 harcèlement moral dû à une dette. ¶ 지독스럽게 추운 날씨 un froid âpre [mordant].

지독하다 형 ① 《성격이》 être méchant(*e*), cruel(*le*). ¶ 지독한 구두쇠 terrible avare. ② 《냄새가》 être fort(*e*), extrême, atroce, horrible, affreu*x*(*se*), infecte, fétide, nauséabond(*e*), répugnant(*e*), écœurant(*e*); avoir une très mauvaise odeur, dégager une odeur extrêmement forte, sentir à plein nez. ¶ 썩은 냄새가 ~ L'odeur pourrie est terrible [atroce, infecte, très nauséabonde] / Cette odeur de pourriture est atroce [sent horriblement mauvais] / Cela sent atrocement le pourri [l'odeur de pourriture]. ③ 상태가 극에 달하다 être cruel(*le*), atroce, terrible, extrême, horrible, affreu*x*(*se*), infernal(*e*). ¶ 지독한 생활고에 시달리다 être en proie à des épreuves cruelles. ¶ 지독한 몸살을 앓다 souffrir d'une extrême fatigue. ¶ 지독하게 무더운 날씨 temps horriblement lourd [chaud et humide]. ¶ 그는 지독하게 인색하다 Il est cruellement avare.

◆**지독히** 부 cruellement, terriblement, atrocement. ¶ 올 여름은 지독히 덥다 Il fait horriblement chaud cet été / La chaleur est infernale [intenable] cet été.

지동설 地動說 명 【천문】 héliocentrisme *m*. ¶ 천동설과 ~ géocentrisme et héliocentrisme.

지라 명 【의학】 rate *f*.

지랄 명 【속어】 ① conduite *f* insensée, délire *m*; conduite *f* vulgaire. ¶ 에이, ~ 같은 세상! Quel monde insensé! / Le monde est fou! ¶ 내 팔자는 정말 ~ 같다 Mon destin est vraiment insensé. ② 《병》 épilepsie *f*, haut mal *m*. ◇_(을) **하다**[**떨다**, **부리다**] se comporter d'une façon insensée [vulgaire]; déraisonner, dire n'importe quoi, être *fou*(*folle*) {*fam*}, timbré(*e*) {*fam*}, cinglé(*e*) {*fam*}, taré(*e*) {*fam*}, déjanté(*e*), atteint(*e*), fêlé(*e*) {*fam*}, barjo {*fam*}, zinzin {*fam*}, siphonné(*e*) {*fam*}, marteau {*fam*}, maboul {*fam*}, toqué(*e*) {*fam*}; avoir un grain, ne pas être bien [net(*te*)], déjanter {*fam*}, délirer, disjoncter {*fam*}, débloquer {*fam*}, yoyoter de la touffe {*fam*}, divaguer, dérailler. ¶ ~하고 있네[앉았네] ① Tu peux toujours courir / Cours toujours / Pas question! / Jamais de la vie / Sûrement pas! / Va te faire cuire un œuf [voir (chez les Grecs)] / Va voir ailleurs si j'y suis / Allez au diable / Allez vous [Va te] faire foutre {*vulg*}! / Ne dis pas n'importe quoi / Ne dis pas de bêtises / Arrête de déconner / Arrête tes conneries! / Tu dis n'importe quoi {*vulg*}/ Tu divagues. ② Il[Elle] est *fou*(*folle*) [barjo {*fam*}, complètement siphonné(*e*) {*fam*}] / Il[Elle] est cinglé(*e*) / Il[Elle] est pas bien [net(*te*)] / Il[Elle] déraille [délire, débloque {*fam*}, disjoncte {*fam*}, déjante {*fam*}] complètement / Il[Elle] a un grain / Ça va pas (la tête)? / Il[Elle] a (complètement) déjanté / Il yoyote de la touffe {*fam*} / Il[Elle] a perdu la tête [la boule {*fam*}]. ◇_**이다** être insensé(*e*), *fou*(*folle*), cinglé(*e*) {*fam*}, taré(*e*) {*fam*}; se comporter d'une façon insensée [vulgaire]; déraisonner, dire n'importe quoi, avoir un grain, ne pas être bien [net(*te*)], déjanter {*fam*}, délirer, disjoncter {*fam*}, débloquer {*fam*}, yoyoter de la touffe {*fam*}, divaguer, dérailler.

◆_**발광** -發狂 명 conduite *f* insensée et démence *f* [folie *f*], délire *m* et folie *f* [démence *f*]. ¶ 아주 ~발광을 하는구나 Tu débloques [dérailles, disjonctes] complètement / T'es vraiment pas bien / Tu vas vraiment très mal / T'es complètement fêlé(*e*) [maboul(*e*), marteau, zinzin].

◆_병 -病 명 épilepsie *f*, haut mal *m*.

지략 智略 명 habileté *f*, adresse *f*, dextérité *f*. ¶ ~을 갖춘 인물 personne douée d'habileté. ¶ ~을 쓰다 user de finesse. ¶ 그 사람은 ~이 출중하다[뛰어나다, 풍부하다] Il est très habile / Il est plein de ressources / C'est un homme de ressources / Il a plusieurs cordes à son arc. ¶ 나도 그 정도 ~은 있다 Moi aussi, j'ai une certaine habileté.

◆_가 -家 명 personne *f* habile; personne *f* pleine de ressources, homme *m* de ressources.

지렁이 명 【동물】 ver *m* de terre *f*, lombric *m*. *~도 밟으면 꿈틀한다 Il n'est si petit chat qui n'égratigne / Il n'est si petit buisson qui ne porte son ombre.

지레[1] 명 levier *m*. ¶ ~로 들어올리다[쳐들다] lever *qc* à l'aide d'un levier.

◆_질 명 action de soulever *qc* à l'aide d'un levier.

◆_ㅅ대 명 (canne *f* de) levier *m*. ¶ ~ㅅ대로 바위를 쳐들다 soulever une pierre à l'aide d'un levier. ¶ 사회 발전의 ~ㅅ대 역할을 하다 jouer le rôle de levier dans le développement social. ¶ 무엇을 위기 극복의 ~ㅅ대로 삼다 se servir de *qc* pour surmonter une crise.

◆_ㅅ목 명 col *m* de levier.

지레[2] 부 d'avance; par avance; à l'avance et sans raison [inutilement, bêtement]. ¶ ~ 겁을 먹다 avoir bêtement [inutilement] peur à l'avance. ¶ 해 보기도 전에 ~ 포기하다 renoncer d'avance même avant d'essayer. ¶ 경찰차를 보고 ~ 놀라 달아나다 s'enfuir sans raison à la vue d'une voiture de police.

지레짐작 -斟酌 명 conjecture *f* ((sur l'avenir)); supposition *f*, prévision *f*. ¶ ~으로 공연히 걱정하다 avoir des angoisses inutiles, se faire des inquiétudes [se faire du mauvais sang] pour rien, s'inquiéter à tort. ◇_(을) 하다 conjecturer, présumer, prévoir; faire [former] des conjectures. ¶ 무슨 큰 일이 있을 것으로 ~하다 présumer qu'il arrivera une catastrophe. ¶ 그 사람은 혼날 것이라 ~하고 도망쳤다 Il s'est enfui en présumant qu'il serait réprimé.

지력[1] **地力** 명 fertilité *f* du sol, productivité *f* d'une terre. ¶ ~을 높이다 améliorer la fertilité du sol. ¶ ~이 다했다 Le sol est épuisé.

지력[2] **智力** 명 sagesse *f*, intelligence *f*. ¶ 정력과 ~을 다하여 싸우다 se battre corps et âme. ¶ ~이 뛰어나다 être d'une sagesse exemplaire [remarquable].

지령[1] **指令** 명 instructions *fpl*, directive *f*, ordre *m*, consigne *f*, mot *m* d'ordre. ¶ ~대로[에 따라] 움직이다 se déplacer suivant les instructions [conformément aux instructions [directives] reçues]. ¶ 즉시 공격하라는 ~이 떨어졌다[내려왔다] Un ordre d'attaque immédiat a été lancé. ◇_(을) 하다[내리다] donner des instructions [des directives, des ordres]; ordonner *qc* à *qn*. ¶ 다리 폭파를 ~하다 donner des instructions sur l'explosion du pont. ¶ 모든 부대에 후퇴하라고 ~하다 donner l'ordre de repli à toutes les troupes. ◇_(을) 받다 recevoir un ordre.

지령[2] **紙齡** 명 numéro *m* d'un journal. ¶ ~ 5000호 기념 특집기사 article spécial de commémoration N° 5 000.

지로 영{giro} 명 virement *m*. ¶ ~ 용지 papier de virement. ¶ ~로 납부하다 payer par virement. ¶ 할부 대금은 은행 ~로 보내주십시오 Envoyez le versement partiel par virement bancaire.

지론[1] **至論** 명 opinion *f* fort juste. ¶ 인간이 존엄하다는 사실은 누구나 아는 ~이다 Penser que l'être humain est digne est une opinion fort juste partagée par tout le monde.

지론[2] **持論** 명 opinion *f* personnelle (qu'on a depuis longtemps). ¶ 자신의 ~을 펴다 exprimer [présenter] *sa* propre opinion. ¶ ~을 굽히지 않다 persister dans *sa* propre opinion [dans *son* opinion]; ne pas démordre de *son* avis. ¶ 평소의 ~대로 행동하다 se comporter selon *sa* propre opinion. ¶ 내 ~에는 변함이 없을 것이다 C'est ce que je dis toujours / Je ne démordrai pas de mon avis. ¶ 그것은 오래 전부터 주장해 온 그 사람의 ~이다 C'est l'opinion [la position] qu'il revendiquait depuis longtemps.

지뢰 地雷 명 【군사】 mine *f*. ¶ ~를 부설하다[깔다] poser [placer] une mine *qp*, garnir *qc* de mines, miner ((une route)); ((물속에)) mouiller une mine. ¶ ~를 제거하다 débarrasser un lieu de ses mines, déminer ((un terrain)). ¶ ~를 밟다 marcher sur une mine. ¶ ~가 터지다 une mine éclate [explose].

◆_군 -群 명 troupe *f* de mines.

◆_망 -網 명 réseau *m* de mines.

◆_밭 명 champs *m* de mines.

◆_지대 -地帶 명 zone *f* de mines.

◆_탐지기 -探知機 명 détecteur *m* de mines.

◆_폭발 -爆發 명 explosion *f* de mines.

지루하다 형 être ennuyeux(*se*), barbant(*e*) {*fam*}, chiant(*e*) {*fam*}. ¶ 이 영화는 정말 ~ Ce film est vraiment ennuyeux. ¶ 그 사람이 말하는 것은 정말 ~ Ce qu'il dit est vraiment ennuyeux. ¶ 지루한 연설 un discours ennuyeux[rébarbatif, rasoir {*fam*}, barbant {*fam*}]. ¶ 지루한 주말을 보내다 passer un week-end ennuyeux. ¶ 그는 기다리기가[기다리는 것이] 지루해 신문을 뒤적거렸다 Il a feuilleté le journal parce qu'il était ennuyeux d'attendre. ¶ 하루 종일 지루하게 비가 내렸다 Il a plu interminablement toute la journée.

지류 支流 명 affluent *m*. ¶ 한강의 ~ un affluent du fleuve Han.

지르다[1] 타 pousser des cris, crier. ¶ 고함을 ~ crier fort, hurler. ¶ 괴성을 ~ pousser des cris bizarres [excentriques]. ¶ 비명을 ~ hurler de douleur, pousser des cris de détresse [de terreur]. ¶ 소리를 한껏 ~ crier à pleins poumons [à tue-tête].

지르다[2] 타 ① pousser *qn* ((du coude)); donner un coup (de pied) à *qn*. ¶ 공을 힘껏 ~ donner un fort

ㅈ

coup de pied dans un ballon, taper très fort dans un ballon. ¶ 배를 주먹으로 ~ donner un coup de poing dans le ventre de *qn*. ② enfoncer, mettre ((une barre à une porte)). ¶ 문의 빗장을 ~ pousser le loquet d'une porte. ¶ 머리에 비녀를 ~ mettre une épingle à cheveux dans *son* chignon. ¶ 주머니에 손을 ~ enfoncer [mettre] *ses* mains dans les poches. ¶ 팔짱을 지른 채 누구를 노려보다 regarder *qn* les bras croisés. ③ passer par le plus court chemin; prendre un raccourci. ¶ 논둑길을 질러가는 편이 빠르다 Il est plus rapide de passer par un chemin en bordure d'une rizière. ④ mettre ((le feu)); allumer ((un incendie)) ¶ 화약에 불을 ~ mettre le feu aux poudres. ⑤ stimuler; exciter ((un nerf)); froisser, blesser, vexer *qn*. ¶ 친구의 가슴에 불을 질렀다 Il(Elle) a soulevé l'indignation de son ami(*e*). ⑥ investir [placer, miser] ((de l'argent)). ¶ 판돈의 두 배를 질렀다 Il a misé deux fois plus que la somme déjà misée.

지르르[1] 부 ((se répandre)) en une large tache ((onomatopée exprimant le fait de se répandre en une large tache)). ¶ 윤기가 ~ 흐르는 머릿결 des cheveux lisses [luisants]. ¶ 그의 입가에는 침이 ~ 흐르고 있었다 L'eau lui venait à la bouche.

◆**_하다** 형 être brillant(*e*), lustré, lisse, luisant, poli; être baveu*r*(*se*); gras(*se*), graisseu*x*(*se*). ¶ 그는 얼굴에 기름기가 ~하다 Son visage est luisant de graisse. ¶ 그 사람은 ~하게 얼굴에 땀이 번졌다 Il a le visage luisant de sueur.

지르르[2] 부 avec des picotements. ¶ 왼쪽 다리가 ~ 저린다 avoir la jambe gauche engourdie, avoir des fourmis dans la jambe gauche. ¶ 온몸에 ~ 전율이 느껴졌다 Un frisson a parcouru tout mon corps [a traversé mon corps] / J'ai senti un frémissement dans tout mon corps / J'ai tremblé des pieds à la tête [de la tête aux pieds].

◆**_하다** 형 être picotant(*e*); être engourdi(*e*); être frémissant(*e*), frissonnant(*e*). ¶ 온몸이 ~해지는 느낌이 들었다 J'ai senti un frémissement dans tout mon corps. ¶ 손에 ~하게 정전기가 온다 Je sens de l'électricité statique dans mes mains.

지름 명 【수학】 diamètre *m*.

◆**반_** 半 명 rayon *m*. ¶ 이 원의 반~은 3cm이다 Le rayon de ce cercle est de 3 centimètres.

지름길 명 raccourci *m*; chemin *m* de traverse. ¶ 출세의 ~ raccourci de succès social. ¶ 실업 사태를 해결할 수 있는 ~ raccourci qui peut résoudre la situation du chômage. ¶ ~을 이용하여 가다 passer par [prendre] un raccourci; couper à travers champ. ¶ ~로 가다 passer par un chemin de traverse; prendre un raccourci. ¶ 역으로 가는 ~을 가르쳐 주십시오 Indiquez-moi un raccourci pour aller à la gare. ¶ 이 고개는 학교와 집을 연결하는 ~이다 Ce col est un raccourci qui relie la maison à l'école.

지리 地理 명 ① géographie *f*. ¶ 세계 ~ la géographie du monde. ¶ ~를 배우다 apprendre la géographie. ¶ ~를 가르치다 enseigner la géographie. ② configuration *f* ((des terrains)). ¶ 동네 ~를 잘 알다 bien connaître le quartier [ce coin {*fam*}]; être du quartier [du coin {*fam*}].

*~**에 밝다[환하다]** reconnaître facilement *son* chemin [*sa* route]; avoir un bon sens [le sens] de l'orientation; bien connaître une région [la géographie ((de Séoul))].

*~**에 어둡다** reconnaître difficilement *son* chemin [*sa* route]; ne pas avoir le sens de l'orientation; mal connaître une région [la géographie ((de Séoul))]. ¶ 그는 서울 ~에 어둡다 Il connaît mal la géographie de Séoul.

◆**_적** -的 명관 géographique. ¶ ~적 조건[관계] conditions [rapports] géographiques. ¶ 한국과 일본은 ~적으로 가깝다 La Corée et le Japon sont proches géographiquement parlant [sur le plan géographique].

◆**_부도** -附圖 명 atlas *m*.

◆**_학** -學 명 géographie *f*.

◆**_학자** -學者 명 géographe.

◆**인문_** 人文- 명 géographie *f* humaine.

◆**자연_** 自然- 명 géographie *f* physique.

지리다[1] 형 sentir l'urine; avoir le goût de l'urine. ¶ 이 음식은 맵고 지린 맛이 난다 Ce plat sent fort et a un goût d'urine. ¶ 골목 어귀에 오줌 지린 냄새가 난다 Ça sent l'urine à l'entrée de la ruelle.

◆**지린내** 명 odeur *m* d'urine. ¶ 지린내가 나다 sentir l'urine.

지리다[2] 타 ((오줌을)) mouiller légèrement *son* pantalon, uriner un peu dans *son* pantalon, mouiller un peu [légèrement] *sa* culotte, faire un peu de pipi dans *sa* culotte {*pop*}; pisser un peu dans *son* froc *m* {*vulg*}; ((똥을)) salir légèrement *sa* culotte, faire un peu de caca dans *sa* culotte {*pop*}. ¶ 팬티에 오줌[똥]을 ~ mouiller légèrement *sa* culotte [salir légèrement sa culotte, faire un peu caca dans sa culotte].

지리멸렬 명 désordre *m*, dispersion *f*, éparpillement *m*; piétinement *m*, enlisement *m*, stagnation *f*. ¶ ~에 빠지다 se disperser; être désordonné(*e*); s'enliser, stagner, ne guère avancer [évoluer, progresser]. ¶ 협상이 몇 달 동안 ~이었다 La négociation n'a guère avancé [s'est enlisée, a piétiné] pendant quelques mois.

◆**_하다** 형 être décousu(*e*), inconséquent(*e*), disloqué(*e*), désordonné(*e*), cafouilleu*r*(*se*), être sans queue ni tête; ne guère avancer [progresser, évoluer], piétiner, s'enliser, traîner en longueur. ¶ ~한 토론 une discussion qui n'avance pas [qui s'enlise, qui piétine], une discussion cafouilleuse. ¶ 일의 진행이 ~한 상태에 있다 L'affaire ne progresse pas [piétine, s'enlise].

-지마는 접미 ((suffixe flexionnel conjonctif de concession. Il s'ajoute après le radical des verbes quelle que soit la forme du radical, et après les suffixes flexionnels préfinaux, -시/-으시, -았/-었, -겠)). mais, cependant, pourtant, toutefois, quoique; bien que; encore ((suffixe flexionnel conjonctif de concession)). ¶ 추위가 지독하~ 우리는 출발하겠다 Il fait un froid glacial, mais nous allons quand même partir. ¶ 잘 하셨겠~ 다시 한번 더 확인 부탁드립니다 Je pense que vous avez bien fait, toutefois, veuillez vérifier encore une fois, s'il vous plaît! ¶ 나이는 먹었~ 마음만은 젊다 Je suis assez âgé(*e*), mais mon cœur est encore jeune. ¶ 잘한 일이~ 자랑할 것은 못 된다 Certes, c'est du bon travail, mais il n'y a pas de quoi en être si fi*er*(*ère*).

-지만 접미 ((forme contractée de -지마는)).

지망 志望 명 action *f* de postuler ou déposer une candidature (à un poste), souhait *m*, désir *m*; ((선택)) choix *m*, option *f*. ¶ 1[2] ~ premier [deuxième] choix. ¶ ~ 학과[학교] département [école, université] de *son* choix [désiré(*e*)]; département choisi, section choisie [école, université où l'on désire entrer]. ◇_(을) **하다** vouloir, souhaiter, désirer *qc*/*inf*; se proposer de+*inf*; aspirer à *qc*/*inf*; choisir; opter pour ((une carrière)); se destiner à ((une carrière de diplomate)), avoir l'intention de+*inf*; postuler. ¶ 불문과를 ~하다 choisir [opter pour] le département [la section, l'U.F.R.] de langue et littérature françaises. ¶ 지방 대학에 ~하다 opter pour une université de province. ¶ 그는 외교관을 ~한다 Il désire être [veut devenir, a l'intention de devenir, désire embrasser la carrière de] diplomate / Il se destine à la carrière diplomatique.

◆**_생** -生 명 candidat(*e*), aspirant(*e*), postulant(*e*). ¶ 소설가 ~생 apprenti(*e*) romanci*er*(*ère*), personne qui aspire à devenir romanci*er*(*ère*).

◆**_자** -者 명 candidat(*e*), aspirant(*e*), postulant(*e*). ¶ 입사 ~자 un(*e*) candidat(*e*) à l'embauche.

지망지망 부 à la légère; avec étourderie, par-dessus la jambe, de façon expéditive. ¶ 일을~ 처리하다 traiter un problème à la légère, faire un travail sans soin, faire *qc* par-dessus la jambe [de façon expéditive].

◆**_하다** 형 être lég*er*(*ère*); être négligeant(*e*). ¶ 그의 말은 ~하다 Il parle à la légère / Ses paroles sont légères [frivoles].

지맥[1] **地脈** 명 filon *m*, veine *f*.

지맥[2] **支脈** 명 ((지리)) chaine *f* secondaire; contrefort *m*; ((식물)) nervure *f* secondaire.

지면[1] **地面** 명 surface *f* de la terre; sol *m*. ¶ 편평한 ~ sol plat. ¶ ~을 고르다 aplanir le sol. ¶ 잡초가 ~을 덮고 있다 Les mauvaises herbes couvrent le sol. ¶ ~에 펴다 étaler *qc* sur le sol. ¶ ~에 닿을락 말락 나는 제비 une hirondelle qui vole au ras du sol.

지면[2] **紙面** 명 ① papier *m*. ② page *f*. ¶ 제한된 ~ page limitée. ¶ 어떤 사건에 많은 ~을 할애하다 consacrer plusieurs colonnes à un événement. ¶ 그 기사는 ~을 지나치게 많이 차지했다 Cet article prend trop de pages. ¶ 기사를 ~에 싣다 écrire un article dans le journal. ¶ ~이 부족하다 Je n'ai plus assez de place pour écrire. ¶ ~이 허락하는 데까지 쓰다 écrire autant que la page le permet.

지면[3] **誌面** 명 page *f* d'un revue. ¶ ~을 늘리다[줄이다] augmenter [diminuer] le nombre de pages d'une revue. ¶ 평론을 ~을 통해 발표하다 présenter une critique dans une revue. ¶ 실험결과는 ~으로 발표하겠습니다 Je vais présenter le résultat de l'expérimentation dans une revue.

지명[1] **地名** 명 toponyme *m*, toponymie *f*, nom *m* de lieu. ¶ ~을 표시하다 marquer le nom d'un lieu. ¶ ~을 바꾸다 changer le nom d'un lieu.

◆**_사전** -辭典 명 dictionnaire *m* des noms de lieux [des toponymes].

◆**_연구** -硏究 명 étude *f* sur les noms de lieux.

◆**_조사** -調査 명 enquête *f* [investigation *f*] des noms de lieux.

지명[2] **指名** 명 nomination *f*, désignation *f* ¶ 다른 회원들의 ~에 의해 선발되다 être sélectionné(*e*) par nomination des autres membres. ◇_(을) **하다** désigner, nommer, dénommer. ¶ 대표[책임자]를 ~하다 nommer [désigner] le représentant [le responsable]. ¶ 누구를 회장으로 ~하다[회장에 누구를 ~하다] nommer *qn* président [chef] d'entreprise. ◇_(이) **되다**[(을) **받다**] être nommé(*e*), désigné(*e*). ¶ 주불 대사에[로] ~되다 être nommé(*e*) ambassadeur en France.

◆**_권** -權 명 droit *m* de nomination, droit *m* de nommer *qn*.

◆**_권자** -權者 명 personne *f* à qui revient le droit de nommer *qn*. ¶ 국무총리 ~권자 personne à qui revient le droit de nommer le Premier ministre ((le président de la République)).

◆**_수배** -手配 명 recherche *f* d'un criminel d'après son signalement ¶ 누구를 용의자로 ~수배(를) 하다 prendre des dispositions pour la recherche d'un criminel d'après son signalement. ¶ ~수배(가) 되다 [(를) 받다] être suspecté(*e*) et recherché(*e*) par la police.

◆**_자** -者 명 personne *f* qui fait une nomination.

지명도 知名度 명 notoriété *f*. ¶ ~를 얻다 acquérir une certaine notoriété; se faire connaître. ¶ ~가 높다[낮다] être bien connu(*e*) [mal connu(*e*), peu connu(*e*)]. ¶ ~가 있다[없다] avoir de la notoriété [ne pas avoir de notoriété]; [ne pas] être connu(*e*).

지모 智謀 명 expédient *m* ingénieux; astuce *f*. ¶ ~와 용기 expédient et courage. ¶ ~가 풍부하다[뛰어나다] être plein(*e*) de ressources; avoir plus d'une corde à *son* arc. ¶ ~가 있는 사람 homme de ressources; homme d'expédients.

지목[1] **地目** 명 catégorie *f* (selon laquelle on classe les terres). ¶ ~을 산림에서 택지로 바꾸다 changer la catégorie (d'un terrain) de terrain forestier en terrain constructible.

지목[2] 指目 명 indication *f*, désignation *f*. ◇_(을) **하다** montrer, indiquer, désigner; montrer du doigt. ¶ 누구를 범인으로 ~하다 tenir *qn* pour suspect; suspecter *qn* d'être coupable. ¶ 선생님이 나를 ~하였다 Le professeur m'a désigné(*e*). ◇_(이) **되다** être désigné(*e*), être tenu(*e*) pour *qc*, être suspecté(*e*). ¶ 이 사람이 유력한 용의자로 ~되고 있다 Cette personne est désignée comme l'une des personnes les plus suspectes / On tient cette personne pour un suspect très sérieux. ◇_(을) **받다** être désigné(*e*), être tenu(*e*) pour *qc*. ¶ 그 학생은 불량학생으로 ~받고 있다 On dit de lui que c'est un élève dévoyé. ◇_(을) **당하다** être désigné(*e*); être suspecté(*e*); être montré(*e*) du doigt.

지묵 紙墨 명 papier *m* et encre *f*. ¶ 편지를 쓰기 위해 ~을 찾다 chercher du papier et de l'encre pour écrire une lettre.

지문[1] 指紋 명 empreintes *fpl* digitales. ¶ ~을 남기다 laisser des [*ses*] empreintes digitales. ¶ ~을 지우다 [없애다] faire disparaître [enlever, ôter] des empreintes digitales. ¶ ~을 찍다 apposer des empreintes digitales. ¶ ~을 채취하다 prendre les empreintes digitales de *qn*. ¶ 강도의 ~을 검출하다 relever les empreintes digitales d'un cambrioleur. ¶ ~이 없어졌다 Les empreintes digitales ont disparu.

지문[2] 地文 명 texte *m*. ¶ 대본의 ~ le texte d'un scénario. ¶ 다음 ~을 읽고 물음에 답하시오. Lisez le texte suivant, puis répondez à la question.

지물포 紙物鋪 명 magasin *m* de décoration intérieure. ¶ ~를 차리다 ouvrir un magasin de décoration intérieure. ¶ ~에 가서 벽지를 사다 aller dans un magasin de décoration intérieure pour acheter du papier peint.

지반 地盤 명 ① surface *f* de la terre. ¶ ~을 공고히 하다 affermir [consolider] le sol. ¶ ~이 무르다[약하다] Le sol est mou [faible]. ¶ ~이 단단하다 Le sol est solide. ¶ 최근 홍수로 ~이 내려앉았다 Le sol s'est écroulé suite aux récentes inondations. ② sphère *f* [zone *f*, champ *m*] ((d'influence, d'activités)). ¶ 경제적 ~을 다지다 affermir [renforcer] *sa* sphère d'influence économique. ¶ 활동 ~을 잃다 perdre *son* champ d'activités. ¶ 후대를 위해 ~을 닦다 forger [créer] un champ d'activités pour en faire profiter plus tard *sa* postérité. ¶ 사회적 ~을 넓히다 élargir *sa* sphère d'influence sociale. ¶ 그 사람은 확고부동한 ~ 위에 서 있다 Il est au centre d'une solide sphère d'influence.

지방[1] 脂肪 명 graisse *f*; suif *m*. ¶ ~ 제거 수술 liposuccion. ¶ ~이 많이 함유된 음식을 피하다 éviter une alimentation (trop) grasse.

◆**_과다증** -過多症 명 adipose *f*.
◆**_분** -分 명 matière *f* grasse.
◆**_산** -酸 명 acides *mpl* gras.
◆**_조직** -組織 명 tissu *m* adipeux [graisseux].
◆**_질** -質 명 matière *f* grasse, nature *f* grasse.

지방[2] 地方 명 ① pays *m*, contrée *f*, région *f*, localité *f*, district *m*. ¶ 남극 ~ régions australes. ¶ 중부 ~ région centrale. ¶ 열대 ~ région tropicale. ¶ 낯선 ~으로 여행하다 voyager dans une contrée inconnue. ② province *f*, campagne *f*. ¶ ~ 도시 ville de province. ¶ ~을 돌다 faire une tournée en province. ¶ ~에서 올라오다 monter de la province. ¶ ~으로 좌천되다 être exilé(*e*) en province.

◆**_적** -的 명관 région*al*(*ale, aux*). ¶ ~적인 특색 particularité [caractéristique] régionale.
◆**_경찰** -警察 명 police *f* régionale.
◆**_공무원** -公務員 명 fonctionnaire local(*e*).
◆**_관** -官 명 fonctionnaire régional(*e*).
◆**_관청** -官廳 명 autorité *f* [administration *f*] locale.
◆**_대** -大 명 université *f* de province [provinciale].
◆**_도로** -道路 명 route *f* départementale.
◆**_민** -民 명 population *f* locale.
◆**_방송** -放送 명 émission *f* locale.
◆**_법원** -法院 명 tribun*al*(*aux*) *m* de première instance.
◆**_별** -別 명 par régions, selon les régions. ¶ 예산을 ~별로 할당하다 répartir le budget par régions.
◆**_분권** -分權 명 décentralisation *f* administrative.
◆**_색** -色 명 même espèce *f* régionale.
◆**_세** -稅 명 taxe *f* locale.
◆**_신문** -新聞 명 journ*al*(*aux*) *m* région*al*(*aux*).
◆**_어** -語 명 parlers *mpl* régionaux, dialecte *m* régional.
◆**_은행** -銀行 명 banque *f* locale [régionale].
◆**_의회** -議會 명 conseil *m* régional.
◆**_자치** -自治 명 autonomie *f* régionale.
◆**_자치단체** -自治團體 명 communauté *f* d'autonomie régionale.
◆**_자치법** -自治法 명 loi *f* d'autonomie régionale. ¶ ~자치법이 공포되었다 La loi d'autonomie régionale est promulguée.
◆**_자치제** -自治制 명 système *m* d'autonomie régionale.
◆**_지** -紙 명 journal *m* régional [local].

지배 支配 명 ① domination *f*; gouvernement *m*; contrôle *m*. ¶ ~ 세력 influence dominante. ¶ 누구의 ~하에 있다 être sous la domination de *qn*. ② influence *f*. ¶ 조선은 유교의 ~ 하에 있었다 La Corée de (l'époque de) Joseon a été fortement influencée par le confucianisme. ③ 【언어】 rection *f*.; gouvernement *m*. ◇_(를) **하다** dominer; 【언어】 régir ((un complément (direct ou indirect), un argument, un terme)); gouverner ((cf. terme régi [gouverné] par un autre terme)). ¶ 여론을 ~하다 maîtriser l'opinion publique. ¶ 자연을 ~하다 maîtriser les forces de la nature. ¶ 세계를 무력으로 ~하다 dominer le monde par la force. ◇_(가) **되다** être dominé(*e*), maîtrisé(*e*). ¶ 열강에 ~되다 être dominé(*e*) par les grandes puissances. ¶ 감정에 ~되다 être dominé(*e*) par un sentiment. ¶ 환경에 ~되다 être dominé(*e*) par l'environnement. ◇_(를)

ㅈ

받다 être dominé(*e*); être gouverné(*e*); être contrôlé(*e*). ¶ 이 나라는 수백 년 간 외세의 ~를 받았다 Ce pays a été dominé pendant plusieurs centaines d'années par des forces étrangères. ¶ 사람은 누구나 감정의 ~를 받는다 Tout le monde est dominé par ses sentiments. ◇_(를) **당하다** subir une domination; être dominé(*e*).

◆**_적** -的 명관 dominant(*e*). ¶ ~적 의견 opinion dominante. ¶ 단체의 ~적인 성향 tendances [orientations] dominantes du groupe. ¶ 정치개혁이 필요하다는 여론이 ~적이다 L'opinion selon laquelle une réforme politique est nécessaire [s'impose] est dominante.

◆**_계급** -階級 명 classe *f* dominatrice.

◆**_력** -力 명 force *f* dominatrice.

◆**_욕** -慾 명 désir *m* de domination

◆**_자** -者 명 domina*teur*(*trice*).

◆**_층** -層 명 classe *f* [catégorie *f*, couche *f*] dominatrice.

◆**피_자** 被-者 명 dominé(*e*).

지배인 支配人 명 gérant(*e*) ((d'un hôtel)); régisseur *m*.

지법 地法 명 ((지방 법원)) tribun*al*(*aux*) *m* région*al*(*aux*).

지변 地變 명 【지리】 changement *m* de l'apparence de l'écorce terrestre, cataclysme *m*.

◆**천재_** 天災- 명 cataclysme *m* naturel. ¶ 천재~으로 가옥이 파손됐다 Les maisons ont été endommagées par un cataclysme naturel.

지병 持病 명 maladie *f* chronique [invétérée]; mal(*maux*) *m* chronique [invétéré]. ¶ 그 사람은 오랜 ~을 앓고 있다 Il souffre d'une maladie chronique depuis longtemps. ¶ ~에 시달리다 être tourmenté(*e*) par une maladie chronique. ¶ ~으로 죽다 mourir [succomber] des suites d'une maladie chronique. ¶ ~이 있다 avoir une maladie chronique.

지부 支部 명 branche *f*. ¶ ~를 설치하다 mettre une branche [un bureau, une filiale]. ¶ 서울에 ~를 두다 ouvrir une branche [un bureau, une filiale] à Séoul.

◆**_장** -長 명 président *m* de filiale. ¶ ~장을 맡다 devenir président de filiale.

지분[1] 持分 명 part *f*, portion *f*; contribution *f*; quote-part *f*; cotisation *f* ¶ ~을 정리하다[처분하다] céder [vendre] des parts à *qn*. ¶ 경쟁 회사의 ~을 인수하다 reprendre les parts d'une entreprise concurrente. ¶ 회사의 ~을 30% 소유하다 posséder 30 % des parts de la société.

지분[2] 脂粉 명 produit *m* de beauté, produit *m* cosmétique; (les) cosmétiques *mpl*. ¶ ~ 냄새 l'odeur d'un produit cosmétique.

지분거리다 타 taquiner *qn*, agacer *qn*; harceler *qn*; martyriser *qn*; tourmenter *qn*; torturer *qn*. ¶ 그는 여러 후배들을 지분거렸다 Il a martyrisé plusieurs de ses cadets d'écoles.

지분대다 타 ☞ 지분거리다

지불 支拂 명 paiement *m*, payement *m*; règlement *m*; remboursement *m*. ¶ ~ 기한 délai de paiement; échéance du paiement. ¶ ~ 능력 capacité de paiement [remboursement]; solvabilité. ¶ ~ 방법 mode de payement [règlement]. ¶ 대금 ~ paiement des frais. ¶ 임금 ~ payement[versement] du salaire ¶ ~을 청구하다[요구하다] demander [réclamer] le paiement. ¶ ~을 연기하다 remettre [retarder, différer] le paiement. ¶ ~을 정지하다 interrompre [suspendre] le paiement. ¶ ~을 거부하다 refuser le paiement. ¶ ~을 미루다 différer [reporter, retarder] le paiement ¶ ~이 끝났다 Le paiement est fait. ◇_(을) **하다** payer, régler; rembourser. ¶ 피해자에게 보상금을 ~하다 indemniser [dédommager] une victime. ¶ 유괴범에게 몸값을 ~하다 payer la rançon aux ravisseurs. ¶ 현금[현물]으로 ~하다 payer en espèce [nature]. ◇_(이) **되다** être payé(*e*), réglé(*e*), remboursé(*e*).

지붕 명 toit *m*; couverture *f* ((de chaume, en tuiles, en ardoises)), toiture *f*. ¶ 자동차[천막] ~ le toit d'une voiture [d'une tente]. ¶ ~을 이다 couvrir un toit ((d'ardoises, de chaume, de paille, de tuiles)). ¶ ~에서 빗물이 샌다 Le toit laisse passer les eaux de pluie. ¶ ~이 샌다 Le toit fuit. ¶ ~이 낮다 Le toit est peu élevé [bas].

***한 ~ 아래 살다** vivre sous un [le] même toit.

◆**_밑** 명 dessous *m* du toit.

◆**기와_** 명 toit *m* de tuiles; couverture *f* en tuiles.

◆**초가_** 草家- 명 toit *m* de chaume(s); couverture *f* de chaume.

지사[1] 支社 명 succursale *f*, section *f* locale; bureau *m* local. ¶ 지방에 ~를 설치하다 implanter [fonder] une succursale en province. ¶ 현지에 ~를 두다 avoir un bureau local.

◆**_장** -長 명 direc*teur*(*trice*) de la succursale. ¶ 파리 ~장 le(la) direc*teur*(*trice*) de la succursale de Paris.

지사[2] 志士 명 patriote. ¶ 기개가 높은 ~ patriote hautement dévoué.

◆**_적** -的 명관 patriote; patriotique. ¶ ~적 정신 esprit patriotique.

◆**애국-** 愛國- 명 patriote.

지사[3] 知事 명 préfet *m*; gouverneur *m* départemental.

◆**_직** -職 명 fonction *f* de préfet.

◆**도_** 道 명 préfet *m*; gouverneur *m* départemental.

◆**주_** 州 명 gouverneur *m* ((aux États-Unis)).

지상[1] 地上 명 ① dessus *m* du sol; surface *f* de la terre, sol *m*. ¶ ~ 6층 건물 un immeuble de cinq étages (au-dessus du sol). ¶ ~ 40미터 높이의 빌딩 un bâtiment de 40 mètres de hauteur (au-dessus du sol). ¶ ~ 10미터에서 뛰어내리다 sauter de 10 mètres de hauteur (au-dessus du sol). ② ce (bas) monde *m*; ((sur la)) terre *f*. ¶ ~에서 가장 아름다운 이야기 la plus belle histoire du monde.

◆**_관제** -管制 명 contrôle *m* terrestre.

◆**_군** -軍 명 armée *f* de terre; effectifs *mpl* terrestres.

◆**_천국** -天國 명 paradis *m* terrestre.

지상² 紙上 명 page *f* du journal; ⦅publier, lire⦆ dans un journal *m*. ¶ 신문 ~에 글을 쓰다 écrire *qc* dans un journal. ¶ 신문 ~에서 읽다 lire *qc* dans les journaux.

지상³ 誌上 명 page *f* d'une revue [d'un magazine]; ⦅lire *qc*⦆ dans un magazine *m* [une revue *f*].

지상⁴ 至上 명 suprématie *f*; le plus haut degré *m*. ¶ ~의 행복 bonheur suprême.

◆_**과제** -課題 명 but *m* [objectif *m*] suprême.

◆_**권** -權 명 pouvoir *m* suprême; souveraineté *f*.

◆_**명령** -命令 명 commandement *m* impérieux; impératif *m* catégorique.

◆_**목표** -目標 명 but *m* [objectif *m*] suprême.

◆**예술_주의** 藝術主義 명 théorie *f* de l'art pour l'art.

지새다 자 arriver au crépuscule ⦅le soleil se couche et la lune se lève⦆. ¶ 지새는 달 la lune à l'aube. ¶ 날이 지샌다 Le soleil se lève / il fait jour. ¶ 밤이 지샌다 Le soleil se lève / Il fait jour / ⦅은유⦆ Après les années sombres [Après tant de difficultés], le soleil se lève enfin ⦅sur notre pays, sur un autre demain⦆.

지새우다 타 passer une nuit à+*inf*; passer une nuit blanche. ¶ 잠이 안 와서 밤을 ~ passer une nuit blanche, ne pas fermer l'œil de la nuit, ne pas dormir de la nuit. ¶ 시끄러운 소리 때문에 밤을 지새웠다 J'ai passé une nuit blanche [Je n'ai pas dormi de la nuit] à cause du bruit. ¶ 독서로[술 마시며] 밤을 ~ passer une nuit à lire [à boire]. ¶ 하룻밤을 눈물로 ~ passer une nuit à pleurer, pleurer toute la nuit.

지서 支署 명 bureau *m* [poste *m*, commissariat *m*] de police. ¶ 살인 사건의 용의자가 ~에 끌려갔다 Un suspect dans une affaire d'homicide a été emmené au bureau [a été conduit au poste] de police.

◆_**장** -長 명 commissaire *m*.

지석 誌石 명 stèle *f*.

지석묘 支石墓 명 【고적】 dolmen *m*.

지선 支線 명 ligne *f* ferroviaire régionale [secondaire]. ¶ 지하철 2호선의 ~ la ligne secondaire de la ligne numéro 2 du métro.

지성¹ 至誠 명 dévouement *m* total [extrême]; dévotion *f* [ferveur *f*, soin *m*] extrême, ⦅de⦆ tout cœur *m*, ⦅en⦆ tout sincérité *f*. ¶ ~으로 어머니를 돌보다 soigner *sa* mère avec un dévouement total. *~**이면 감천이다** Persévérance peut tout.

◆_**스럽다** 형 être entièrement dévoué(*e*), être plein(*e*) de prévenances et d'égards pour *qn*; être aux petits soins pour *qn*, être très attentionné(*e*) à l'égard de *qn*. ¶ ~스러운 간호 des soins extrêmes, ⦅être aux⦆ petits soins ⦅pour *qn*⦆. ¶ 누구를 ~스럽게 돌보다 soigner [s'occuper de] *qn* avec tout un dévouement sincère et généreux; s'occuper [prendre soin] de *qn* en toute sincérité; entourer *qn* d'une attention extrême [de prévenances], être plein(*e*) de prévenances et d'égards pour *qn*; être aux petits soins pour *qn*, être très attentionné(*e*) à l'égard de *qn*; bichonner *qn* {*fam*}, bouchonner *qn* {*fam*}, dorloter *qn*.

◆_**스레** 부 avec tout un dévouement sincère et généreux, en toute sincérité. ¶ ~스레 기도하다 prier avec beaucoup de sincérité.

◆_**껏** 부 avec tout un dévouement sincère et généreux; avec dévouement; en toute sincérité; de tout (*son*) cœur; de *son* mieux. ¶ 누구를 ~껏 돌보다 soigner [s'occuper de] *qn* avec tout un dévouement sincère et généreux; s'occuper [prendre soin] de *qn* en toute sincérité; entourer *qn* d'une attention extrême [de prévenances], être plein(*e*) de prévenances et d'égards pour *qn*; être aux petits soins pour *qn*, être très attentionné(*e*) à l'égard de *qn*; bichonner *qn* {*fam*}, bouchonner *qn* {*fam*}, dorloter *qn*.

지성² 知性 명 intelligence *f*, intellect *m*. ¶ ~을 갖추다 être doté(*e*) d'intelligence, avoir de l'esprit, être intelligent(*e*); avoir des potentialités intellectuelles. ¶ ~과 미모를 겸비하다 être à la fois beau(belle) et intelligent(*e*); être doté(*e*) à la fois de beauté et d'intelligence. ¶ 대학은 최고의 ~들이 모인 곳이다 L'université rassemble les personnes les plus intellectuelles.

◆_**적** -的 명관 intellectuel(*le*). ¶ ~적인 이미지 une image intellectuelle, un air intellectuel. ¶ ~적인 여자 une femme intellectuelle.

◆_**인** -人 명 intellectuel(*le*).

지세¹ 地貰 명 fermage *m*; loyer *m* d'une ferme. ¶ 영주에게 ~를 내다 payer le loyer d'une ferme au propriétaire.

지세² 地勢 명 topographie *f*, relief *m*; configuration *f* ⦅d'un lieu, terrain ou pays⦆. ¶ 이곳은 ~가 험하다 Le site présente un relief escarpé et abrupte / La topographie du site est escarpée. ¶ ~가 대체로 완만하다 Le relief est généralement plat.

지세³ 地稅 명 impôt *m* foncier du terrain.

지소 支所 명 bureau *m* local. ¶ 부산 ~ le bureau local de Busan. ¶ 지방에 ~를 설치하다 ouvrir un bureau local en province.

지속 持續 명 continuation *f*, durée *f*. ¶ 약효의 ~ 시간 la durée du pouvoir [de l'effet, de l'efficacité] d'un médicament. ◇_**(을) 하다[시키다]** durer; continuer; maintenir. ¶ 관계를 ~하다 maintenir les relations. ◇_**(이) 되다** durer; continuer; se prolonger; se maintenir, être maintenu(*e*); persister, demeurer. ¶ 현재 상태가 ~될 것이다 La situation actuelle se maintiendra. ¶ 가뭄이 석 달 동안 ~되었다 La sécheresse a duré trois mois.

◆_**적** -的 명관 continuel(*le*). ¶ ~적인 성장 croissance continuelle [sans interruption]. ¶ 일을 ~적으로 추진하다 poursuivre durablement un travail.

◆_**성** -性 명 durabilité *f*, persistance *f*, pérennité *f*. ¶ ~성이 있다[없다] être [ne pas être] durable [continu(*e*), suivi(*e*)].

ㅈ

지수 指數 명 ① 【수학】 exposant *m*. ¶ ~ 함수 fonction exponentielle. ② indice *m* ((des prix, du coût de la vie)), quotient *m* ((intellectuel)). ¶ 물가 ~ indice des prix. ¶ 지능 ~ quotient intellectuel ((Q.I.)). ¶ 감성 ~ quotient émotionnel.

지순하다 至純- 형 être extrêmement pur(*e*), innocent(*e*). ¶ 지순한 사랑 amour extrêmement pur; amour innocent et tellement pur.

지시 指示 명 ① instructions *fpl*, directives *fpl*, conseil *m*, recommandation *f*, prescription *f* ((d'un médecin)); ordre *m*; indication *f*. ¶ ~ 사항 instructions à suivre. ¶ 본부의 ~를 기다리다 attendre les instructions du quartier général. ¶ ~를 내리다 donner un ordre [des instructions, des directives] à *qn*. ¶ ~에 따르다 respecter les instructions; obéir aux ordres; suivre les indications données; se conformer aux instructions de *qn*; suivre les prescriptions [les conseils, les recommandations] ((du médecin)). ¶ 다른 ~가 없으면 sans autre indication; sauf avis contraire. ¶ 상부에서 조속히 이 일을 마무리하라는 ~가 내려왔다 La direction supérieure nous a donné l'ordre de finir ce travail aussi tôt que possible. ② 【언어】 démonstratif *m*. ¶ ~ 한정사 déterminant démonstratif. ◇_(를) **하다** ① indiquer ((*qc* du doigt, la direction)); désigner; montrer ((la route à suivre)). ¶ 손가락으로 목표물을 ~하다 indiquer l'objectif du doigt. ② indiquer avec précision [précisément] ce qu'on exige [impose], prescrire de faire *qc* [que+*subj*]; ordonner [demander, recommander expressément] à *qn* de+*inf*, commander à *qn* de+*inf* ; intimer à *qn* l'ordre de+*inf*. ¶ 누구에게 자료 조사를 ~하다 ordonner à *qn* d'effectuer un travail de documentation. ¶ 과장은 나에게 3시에 오라고 ~했다 Mon chef de section m'a demandé de venir chez lui à trois heures. ◇_(가) **되다** être indiqué(*e*) avec précision [précisément], être prescrit(*e*); être ordonné(*e*) [demandé(*e*), recommandé(*e*) expressément] à *qn* de+*inf*. ¶ 사원들에게 야근이 ~되었다 On a ordonné aux employés de faire du travail de nuit. ◇_(를) **받다** recevoir un ordre [des instructions, des directives]. ¶ 나는 집에서 대기하라는 ~를 받았다 J'ai reçu l'instruction [l'ordre] d'attendre à la maison / On m'a demandé d'attendre à la maison.

◆**_관형사** -冠形詞 명 【언어】 déterminant *m* démonstratif.

◆**_대명사** -代名詞 명 【언어】 pronom *m* démonstratif. ¶ 국어의 ~대명사 체계는 '이것', '그것', '저것' 등, 세 항목의 대립에 기초하고 있다. Le système des pronoms démonstratifs du coréen est fondé sur une opposition à trois termes : *igeot, geugeot, jeogeot* (이것, 그것, 저것).

◆**_사** -詞 명 【언어】 démonstratif *m*.

◆**_행위** -行爲 명 【언어】 acte *m* de référence.

◆**_형용사** -形容詞 명 【언어】 adjectif *m* démonstratif.

지식 知識 명 connaissances *fpl*, science *f*, savoir *m*, bagage *m* ((littéraire)); ((지력)) connaissance *f*. ¶ 깊이 있는 ~ connaissance profonde. ¶ 전문(적인) ~ savoir professionnel; connaissances spécifiques. ¶ 유용한 ~을 얻다 acquérir des connaissances utiles. ¶ ~을 넓히다 étendre [élargir le cercle de, agrandir le cercle de, agrandir le champ de, étendre la sphère de, approfondir, enrichir] *ses* connaissances. ¶ 무엇에 대한 ~이 풍부하다 avoir beaucoup de connaissances sur *qc*; avoir de solides connaissances en ((histoire)); être calé(*e*) {*fam*} en ((histoire)).

◆**_계급** -階級 명 classe *f* intellectuelle; intelligentsia *f*.

◆**_교육** -教育 명 enseignement *m* des connaissances intellectuelles.

◆**_수준** -水準 명 niveau(*x*) de connaissances. ¶ ~수준이 높다[낮다] avoir un niveau de connaissances élevé [bas].

◆**_욕** -慾 명 volonté *f* de savoir; désir *m* intellectuel; curiosité *f* intellectuelle.

◆**_인** -人 명 intellectuel(*le*); érudit *m*, homme *m* de savoir, savant(*e*); clerc *m*.

◆**_층** -層 명 classe *f* intellectuelle; intelligentsia *f*.

◆**예비_** 豫備_ 명 connaissances *fpl* préalables.

지신 地神 명 【민속】 dieu(*x*) *m* de la terre; esprit *m* gardien de la terre.

◆**_밟기** 명 【민속】 Jisinbalbgi <fête régionale au sud-est de la Corée, organisée vers le 15 janvier du calendrier lunaire>.

지아비 명 époux *m*, mari *m*.

지압 指壓 명 *shiatsu m*, massage *m* (thérapeutique) par pression des doigts; pointillage *m*, tapotement *m*, tapotage *m*. ◇_(을) **하다** masser en appliquant *ses* doigts sur les points cardinaux de l'acupuncture traditionnelle; faire [pratiquer] du *shiatsu* [le pointillage]. ¶ 상처 부위 혈관에 ~을 하다 comprimer avec les doigts (pour empêcher un saignement) un vaisseau sanguin à proximité de la plaie. ◇_(을) **받다** se faire masser par tapotements légers exercés avec le bout des doigts (sur les points cardinaux de l'acupuncture traditionnelle).

◆**_요법** -療法 명 technique *f* du *shiatsu*, pointillage *m*, massage *m* (thérapeutique) par pression des doigts (qui aide à faire circuler le sang).

지양 止揚 명 【철학】 dépassement *m* ((dans la dialectique hégélienne)). ◇_(을) **하다** dépasser. ¶ 그런 식의 처리는 ~해야 한다 Il faut dépasser une telle opération. ◇_(이) **되다** être dépassé(*e*).

지어내다 타 ① inventer ((une histoire)); fabriquer ((un récit de toutes pièces)); forger ((une histoire)). ¶ 지어낸 이야기 une histoire inventée [fabriquée de toutes pièces]. ¶ 이야기를 ~ inventer [forger] une histoire. ¶ 변명[구실]을 ~ fabriquer [chercher]

ㅈ

un prétexte. ② ((감정, 표정을)) faire semblant de+*inf*. ¶ 애써 웃음을 ~ faire un sourire forcé. ¶ 억지웃음을 ~ sourire par contrainte [par force].

지어미 명 épouse *f*, femme *f*.

지엄하다 至嚴- 형 être très sévère, impérieux(*se*). ¶ 왕의 지엄한 분부 commandement impérieux du roi.

지역 地域 명 région *f*; zone *f*; coin *m*, quartier *m*. ¶ ~ 사회 communauté régionale. ¶ ~ 감정 régionalisme. ¶ ~에 따라 다르다 être différent(*e*) d'une région à une autre. ¶ 동물[식물]의 분포 ~ région [zone] spécifique où vit un animal [où pousse une plante].

◆**_적** -的 명관 région*al*(*ale*, *aux*), loc*al*(*ale*, *aux*). ¶ ~적인 특성을 감안하다 tenir compte des caractéristiques régionales

◆**_성** -性 명 caractère *m* régional [local]. ¶ ~성을 띤 à caractère régional.

◆**_구** -區 명 circonscription *f*. ¶ ~구에 출마하다 se présenter aux (élections) législatives dans *sa* circonscription.

◆**_난방** -暖房 명 chauffage *m* urbain ((chauffage d'immeubles à partir de centrales qui alimentent par un réseau de canalisation des zones urbaines étendues)).

◆**_방언** -方言 명 【언어】 dialecte *m* (régional); patois *m*; parlers *mpl* régionaux.

지연[1] 遲延 명 retardement *m*; délai *m*, retard *m*; ajournement *m*. ¶ ~ 작전[전술]을 쓰다 pratiquer une stratégie de temporisation; temporiser. ◇**_(을) 하다[시키다]** retarder ((un paiement, le départ)); différer, ajourner, remettre ((un projet)) à plus tard; reculer ((la date de paiement)). ¶ 일을 고의로 ~시키다 retarder intentionnellement *qc*. ◇**_(이) 되다** être retardé(*e*), ajourné(*e*), différé(*e*), remis(*e*) à plus tard, ((une date)) être reculé(*e*). ¶ 출발(시간)이 ~되었다 Le départ a été retardé.

지연[2] 地緣 명 lien *m* dû au fait d'être originaire du même pays [de la même région, du même coin {*fam*}]; attaches *fpl* avec *son* pays d'origine; affinité *f* régionale ou tribale; compatriotisme *m*; régionalisme *m*. ¶ ~을 따지다 tenir compte de l'affinité régionale [tribale]; prendre en considération les attaches avec *son* pays d'origine. ¶ 인사에서 혈연이나 ~을 배제하다 ne pas tenir compte des liens de parenté et de l'affinité régionale [tribale] dans un recrutement [remaniement] du personnel

◆**_적** -的 명관 par l'appartenance à une même région d'origine. ¶ 우리 사회에서는~적 유대가 중요하다 Les liens tribaux comptent dans notre société.

◆**_사회** -社會 명 société *f* où comptent des affinités régionales [tribales].

지열[1] 地熱 명 chaleur *f* terrestre; géothermie *f*. ¶ ~을 이용한 발전 électricité géothermique; électricité produite par les installations utilisant l'énergie géothermique.

지열[2] 止熱 명 baisse *f* de la fièvre [la température]. ◇**_(을) 하다** ((la fièvre, la température)) baisser, tomber; faire baisser [tomber] la fièvre [la température]. ¶ 목욕으로 ~하다 faire tomber la température en prenant un bain.

◆**_제** -劑 명 antipyrétique *m*; fébrifuge *m*. ¶ ~제를 처방하다 administrer un antipyrétique [un fébrifuge].

지엽 枝葉 명 ① branches *fpl* et feuilles *fpl*. ¶ ~을 쳐내다 élaguer un arbre; ébrancher [émonder] un arbre. ② partie *f* secondaire [peu importante]; détail *m*, superflu *m*. ¶ ~과 본질 l'essentiel et le superflu. ¶ ~에만 매달리다 ne s'attacher qu'à des [qu'aux] détails.

◆**_적** -的 명관 partiel(*le*); insignifiant(*e*), accessoire, secondaire, futile, superflu(*e*). ¶ 그것은 ~적인 문제다 C'est une question (d'intérêt) secondaire / Ce n'est qu'un à-côté de la question / Ce n'est qu'un détail [un problème accessoire].

지옥 地獄 명 enfer *m*, abîme *m* [empire *m*] des ténèbres, enfers *mpl*; ((비유)) enfer *m* ((du jeu, de la drogue)), cauchemar *m*. ¶ ~ 같은 생활 vie d'enfer, vie infernale, vie cauchemardesque, vie insoutenable. ¶ ~에 떨어지다 aller [tomber] en enfer. ¶ 입시~에서 해방되다 être libéré(*e*) de l'enfer de la préparation [d'une longue et infernale préparation] au concours d'entrée à l'université. ¶ 서울은 교통 ~이다 La circulation dans Séoul, c'est un véritable cauchemar [un véritable enfer] / La ville de Séoul est devenue un cauchemar pour la circulation.

◆**생** 生 명 enfer *m* vivant; enfer *m* sur terre.

-지요 어미 ((suffixe flexionnel conclusif de terminaison phrastique. Il s'ajoute après le radical des verbes quelle que soit la forme du radical, et après les suffixes flexionnels préfinaux -시/-으시, -았/-었, -겠. Sur le plan modal, il marque le déclaratif, le semi-interrogatif, l'impératif, l'exhortatif et l'approbatif. Dans la langue parlée, le déclaratif est exprimé par un ton neutre et plat, le semi-interrogatif par un ton insistant, l'impératif et l'exhortatif par un ton bref et sec, et l'approbatif avec un ton rassurant. Dans l'écrit, ces modes sont distingués par la ponctuation. Utilisé à l'égard d'un interlocuteur égal (entre les adultes mutuellement) ou supérieur (enfant à l'égard d'un adulte, parents, personne plus âgée ou supérieure hiérarchique), il exprime une politesse et un respect familiers. Tel quel, il exprime le présent)) ① ((평서형)) ¶ 저도 그 사람을 좋아하~ Je l'aime, moi aussi. ¶ 그렇겠~ Peut-être [Sans doute] que oui / J'imagine que c'est le cas / Ce sera sans doute le cas. ¶ 만사가 다 그렇~ C'est la vie. ② ((의문형)) n'est-ce pas?, non? ¶ 그렇죠? N'est-ce pas? / Non? ¶ 모두 건강하시~? J'espère que tout le monde va

bien. ¶ 불 있으사~? Vous avez du feu, non? ③ ((명령형)) ¶ 그만 가사~ Veuillez avoir l'obligeance de nous laisser, s'il vous plaît. ④ ((청유형)) ¶ 이만 일어나~ On y va maintenant? ⑤ ((약속형)) ¶ 제가 책임 지고 하~ Je vais m'en occuper. ¶ 저도 같이 가~ Je vais y aller avec vous, moi aussi.

지우 知友 명 ami(*e*) intime [très proche], grand(*e*) ami(*e*). ¶ ~를 만나다 rencontrer un(*e*) ami(*e*) intime.

지우개 명 gomme *f* (à crayon, à encre), gomme *f* de caoutchouc; ((칠판의)) éponge *f*, chiffon *m*. ¶ 칠판 ~ éponge; chiffon. ¶ 글씨를 ~로 지우다 effacer (ce qu'on a écrit au crayon) avec une gomme, effacer ((un mot)) à la gomme, gommer; ((칠판의 글씨를)) effacer (ce qui est écrit au tableau) avec une éponge.

지우다[1] 타 ((그늘을)) produire, faire *qc*. ¶ 그늘을 ~ faire [donner] de l'ombre. ¶ 길에 그늘을 ~ ombrager une allée.

지우다[2] 타 ① effacer; rayer, raturer, barrer. ¶ 글씨를 ~ effacer un mot. ¶ 얼룩을 ~ enlever une tache. ¶ 화장을 ~ démaquiller. ¶ 흔적을 ~ faire disparaître une trace. ② ((생각이나 감정을)) faire disparaître, effacer. ¶ 화난 표정을 ~ faire disparaître la colère. ¶ 추억을 기억에서 ~ effacer un souvenir de la mémoire. ③ ((아이를)) faire une I.V.G., interrompre *sa* grossesse, faire un avortement, avorter. ¶ 그 여자는 아이를 지웠다 Elle a bénéficié d'une IVG [I.V.G.] / Elle a subi une IVG.

지우다[3] 타 ① faire porter ((un sac)). ¶ 누구에게 짐을 ~ faire porter un fardeau. ② ((비유적)) charger *qn* de *qc*; faire faire des dettes; endetter; charger *qn* d'une responsabilité, imputer, attribuer ((une faute, une action, un crime)) *qn*; rejeter ((une responsabilité)) sur *qn*; faire porter le chapeau à *qn* {*fam*}, mettre *qc* sur le dos de *qn* {*fam*}, faire endosser ((la responsabilité)) à *qn*. ¶ 누구에게 책임을 ~ charger *qn* d'une responsabilité, imputer [attribuer] ((une faute, une action, un crime)) à *qn*; rejeter une responsabilité sur *qn*; faire porter le chapeau à *qn* {*fam*}, mettre *qc* sur le dos de *qn* {*fam*}, faire endosser la responsabilité à *qn*.

지우다[4] 타 mettre ((ensemble deux personnes, en relation deux personnes)). ¶ 두 사람을 짝을 지우는 게 어때? (Qu'est-ce que tu en dis) si on les mettait en relation [si on les mettait ensemble, si on les présentait l'un à l'autre]?

지원[1] 支援 명 aide *f*, assistance *f*, appui *m*, soutien *m*. ¶ ~ 대책 mesures de soutien [d'aide, d'appui]. ¶ ~ 부대 troupes de renfort, renforts. ¶ ~ 사격 tir de soutien [protection]. ¶ 정부의 자금 ~ aide financière du gouvernement. ¶ ~을 약속하다 promettre *son* aide [soutien] à *qn*. ¶ ~을 아끼지 않다 ne pas ménager [épargner] *sa* peine pour venir en aide à *qn* [prêter main forte à *qn*]. ¶ ~이 끊기다 ne plus bénéficier d'aide; ne plus être aidé(*e*) par *qn*. ◇_(을) **하다** aider *qn* ((financièrement)), soutenir *qn*, appuyer ((un candidat, la candidature de *qn*)); apporter *son* aide [soutien] à *qn*; donner [accorder, prêter] *son* appui [aide] à *qn*; porter [prêter] secours à *qn*, épauler *qn*. ¶ 시민단체를 ~하다 soutenir un groupe civique. ¶ 수재민들에게 생필품을 ~하다 accorder de l'aide aux sinistrés en leur apportant des produits de première nécessité. ¶ 문제의 회사에 운영 자금으로 20억을 ~하다 prêter à l'entreprise en question 2 milliards de wons en vue d'améliorer son fonds de roulement. ◇_(이) **되다** bénéficier d'aide; recevoir le soutien de *qn*. ◇_(을) **받다** bénéficier d'aide; recevoir le soutien de *qn*. ¶ 나는 그 친구로부터 많은 물질적, 정신적 ~을 받았다 Il m'a beaucoup apporté(*e*) [soutenu(*e*), aidé(*e*)] aussi bien sur le plan matériel [financier] que sur le plan moral.

◆**_군** -軍 명 armée *f* de renfort [soutien]; renforts *mpl*.

◆**_금** -金 명 aide *f* financière; soutien *m* financier.

◆**_자** -者 명 appui *m*; protec*teur*(*trice*); défenseu*r*(*se*); supporter *m*, supporteur *m*.

지원[2] 志願 명 demande *f* ((volontaire)), candidature *f*. ¶ ~ 입대 engagement (à titre) volontaire dans l'armée. ¶ 학과별 ~ 현황 tableau affichant le nombre d'(étudiants) inscrits [le nombre de candidatures] dans chaque département [U.F.R.]. ¶ ~ 미달 inscription inférieure au nombre de l'effectif étudiant. ◇_(을) **하다** postuler, s'offrir pour+*inf*; se porter candidat à *qc*; poser [présenter] *sa* candidature à *qc*; présenter *sa* demande d'admission ((dans un établissement d'éducation)); se présenter comme candidat(*e*) à *qc*. ¶ ~하여 군에 입대하다 s'engager volontairement dans l'armée; s'enrôler dans l'armée. ¶ 불문과를[에] ~하다 présenter *sa* demande d'admission au [demander à entrer dans le] département de langue et littérature françaises. ¶ 해군을 ~하다 demander à entrer dans la marine.

◆**_병** -兵 명 engagé(*e*); soldat *m* engagé; engagé(*e*) volontaire.

◆**_서** -書 명 demande *f* d'admission; demande *f* écrite. ¶ 입사 ~서 lettre de candidature dans une entreprise. ¶ ~서를 제출하다[내다] présenter une demande d'admission.

◆**_자** -者 명 candidat(*e*); demandeu*r*(*se*); postulant(*e*). ¶ ~자가 없다[너무 많다] Il n'y aucun candidat [Il y a trop de candidats].

지위 地位 명 statut *m*, rang *m*, position *f*, situation *f*; poste *m*, place *f*, fonction *f*, charge *f*. ¶ 사회적 ~ position [situation] sociale; rang [statut] social. ¶ ~ 향상 progression sociale. ¶ ~가 높다[낮다, 미천하다] occuper une position élevée, avoir un poste important, être haut placé(*e*), être de haut rang [occuper une position sans importance, occuper une position subalterne]. ¶ 중요한 ~를 차지하다 occuper un poste important. ¶ ~를 고려해서 대우하

ㅈ

다 rémunérer *qn* en tenant compte de son statut. ¶ 책임 있는 ~에 있는 사람 personne qui assume une lourde responsabilité.

지은이 명 auteur *m* ((d'un roman)); créa*teur*(*trice*). ¶ ~의 말 avant-propos [préface, introduction, présentation du livre] rédigé(*e*) par l'auteur. ¶ 그 동요는 ~를 알 수 없다 On ne connaît pas l'auteur de cette chanson pour enfants [de cette comptine]. ¶ 이 책의 ~가 누구입니까? Qui est l'auteur de ce livre?

지읒 명 *jieut m* <appellation de la neuvième lettre de l'alphabet coréen>.

지인 知人 명 personne *f* que l'on connaît; connaissance *f*, relation *f*, ami(*e*). ¶ 어려울 때 나는 ~들의 도움을 받는다 En cas de difficulté, je fais appel à des personnes que je connais bien. ¶ 그 사람은 ~이 많다 Il connaît beaucoup de monde / Il a beaucoup de [de nombreuses] relations.

지자제 地自制 명 autonomie *f* régionale; décentralisation *f* administrative.

지자체 地自體 명 administration *f* régionale.

지장¹ 支障 명 obstacle *m*; empêchement *m*, complication *f*, difficulté *f*, embarras *m*, anicroche *f*, accroc *m*, contretemps *m*; gêne *f*, incommodité *f*, entrave *f*; obstruction *f*, dérangement *m*; inconvénient *m*, embêtement *m*, ennui *m*. ¶ ~을 초래하다 susciter des obstacles à *qc*/*inf*; susciter des embarras à *qn*; entraîner des difficultés; entraver; causer de la gêne. ◇_(을) **받다** être gêné(*e*), empêché(*e*), dérangé(*e*), perturbé(*e*), troublé(*e*), contrarié(*e*), entravé(*e*). ¶ 장마 때문에 장사에 ~을 받다 être perturbé(*e*) dans *son* commerce par la saison des pluies. ◇_(을) **주다** déranger, gêner, empêcher, troubler, perturber, contrarier, entraver. ¶ 수업에 ~을 주다 déranger [troubler, perturber] le cours. ¶ 지하철 공사가 교통에 큰 ~을 주고 있다 Les travaux du métro perturbent énormément la circulation. ◇_(이) **있다** avoir des difficultés à+*inf*; être gêné(*e*), dérangé(*e*), perturbé(*e*), contrarié(*e*). ¶ 건물 신축 공사로 업무에 많은 ~이 있다 La construction d'un nouvel immeuble gêne beaucoup notre travail / Des travaux de construction [La construction d'un nouvel immeuble] nous perturbe(nt) beaucoup dans notre travail. ◇_(이) **없다** ne pas empêcher de+*inf*. ¶ 비가 오더라도 경기를 하는 데는 전혀 ~이 없다 La pluie ne perturbera en rien le match / Même s'il pleut, le match [la rencontre] aura lieu. ¶ (아무런) ~ 없이 sans (aucun) obstacle [empêchement]; sans entraves, sans incident; sans aucun accroc.

지장² 指章 명 empreinte *f* digitale (servant de signature). ¶ 도장 대신 ~을 찍다 signer un papier en y apposant *son* empreinte digitale à la place de *son* sceau.

지저귀다 자 ((oiseau)) chanter, gazouiller, ramager; ((ruisseau)) murmurer. ¶ 새들이 지저귀는 소리 le chant des oiseaux.

지저분하다 형 ① être sale, malpropre, crotté(*e*), souillé(*e*), crasseu*x*(*se*); être en désordre, en pagaille, mal tenu(*e*), mal rangé(*e*), désordonné(*e*), bordélique {*vulg*}; être cracra {*fam*}, cradingue {*fam*}, crado {*fam*}. ¶ 방이 온갖 잡동사니들로 ~ Mille petits objets divers, épars sur le sol, mettent la chambre tout en désordre / C'est le boxon [le bordel {*vulg*}, un vrai foutoir {*vulg*}, le foutoir {*vulg*}] dans cette chambre avec tous ces petits objets qui traînent un peu partout [éparpillés un peu partout]. ¶ 지저분하게 얼룩이 낀 유리창 vitre couverte de taches sales. ¶ 그 아이는 옷을 지저분하게 입는다 Cet enfant salit toujours ses vêtements / Cet enfant a toujours des vêtements sales. ② ((행동이나 말 등이)) être sale, malpropre, obscène, cochon(*ne*), licencieu*x*(*se*), grivois(*e*), osé(*e*), salace. ¶ 그 남자는 사생활이 ~ Il mène une vie très en désordre / Sa vie privée est pleine d'histoires. ¶ 지저분한 말 sales mots; histoires sales [cochonnes]; mots [propos, expressions] obscènes. ¶ 지저분하게 굴다 se conduire [se comporter] indécemment et lâchement.

◆**지저분히** 부 en désordre; malproprement. ¶ 거실에 옷가지들이 지저분히 널려 있다 La salle de séjour est pleine de vêtements sens dessus dessous / Dans la salle de séjour, sont éparpillés des vêtements un peu partout en désordre / Des vêtements traînent un peu partout en désordre dans la salle de séjour.

지적¹ 地籍 명 cadastre *m*. ¶ ~ 측량 arpentage cadastral.

◆_**도** -圖 명 carte *f* cadastrale.

지적² 指摘 명 remarque *f*; observation *f*; critique *f*; désignation *f*; indication *f*. ¶ ~ 사항 faits relevés; problèmes critiqués. ¶ 옳은[틀린] ~ bonne [mauvaise] remarque [critique]. ¶ 적절한[날카로운] ~ remarque [critique] raisonnable [remarque pertinente, observation perspicace]. ¶ 심사위원으로부터 내 박사논문에 미비점이 많다는 ~이 있었다 Un membre du jury a remarqué qu'il y avait beaucoup de défauts [de choses à corriger, d'imperfections] dans ma thèse / Un membre du jury a relevé beaucoup de choses à corriger [d'imperfections] dans ma thèse. ◇_(을) **하다** désigner *qn*; indiquer *qc* à *qn*; faire remarquer [observer] *qc* à *qn*; relever ((une faute)); signaler *qc*; critiquer *qc*; attirer l'attention de *qn* sur *qc*; faire une observation à *qn*. ¶ 누구를 ~하다 désigner *qn*. ¶ 잘못된 점을 ~하다 relever des fautes; faire remarquer *ses* erreurs [fautes] à *qn*; dénoncer une erreur; reprendre *qn* qui se trompe. ¶ 감사관은 새 경기장이 위생시설과 편의시설이 부족하다고 ~했다 L'inspecteur a fait remarquer [a attiré l'attention sur le fait] que le nouveau stade manque [dispose de peu] d'installations sanitaires et de services pratiques. ¶ 선생님께서도 이미 ~하셨지만 Comme vous l'avez déjà remarqué ... ◇_(이) 되다 être relevé(*e*), critiqué(*e*). ¶ ~된 사항이 많다 Il y a beaucoup de choses qui ont été relevées [critiquées] / Les faits relevés sont nombreux. ◇_(을) 받다[당하다] être relevé(*e*); être critiqué(*e*); se faire critiquer. ¶ 잘못을 ~받고 곧바로 고치다 corriger tout de suite les fautes relevées. ¶ 나는 논리가 불분명하다고 ~받았다 On m'a critiqué(*e*) mon manque de clarté logique / On m'a reproché(*e*) de ne pas être assez clair(*e*) dans mon argumentation.

지적[3] 知的 명관 ① intellectuel(*le*), ⦅travail⦆ cérébr*al*(*ale, aux*). ¶ ~ 능력 capacités [facultés] intellectuelles; force intellectuelle. ② intelligent(*e*). ¶ ~인 외모 physionomie intelligente. ¶ ~으로 생기다[보이다] avoir l'air intelligent.

◆_**소유권** -所有權 [**재산권** -財産權] 명 droit intellectuel; propriété intellectuelle; droit de propriété intellectuelle.

지절거리다 자 bavarder, caqueter, jacasser, jaser {*fam*}.

지점[1] 地點 명 point *m* (géographique); endroit *m*; lieu *m*. ¶ 사고[약속] ~ lieu de l'accident; lieu de [du] rendez-vous. ¶ 병원은 역에서 동쪽으로 500미터 ~에 위치한다 L'hôpital est [se situe, se trouve] à 500 mètres à l'est de la gare.

지점[2] 支店 명 agence *f*, succursale *f* bancaire; filiale *f* ⦅d'une société, d'une maison de commerce⦆. ¶ 종로 ~ agence de Jongno. ¶ 파리에 ~을 내다 fonder [installer] une agence [une succursale] à Paris.

◆_**장** -長 명 direc*teur*(*trice*) d'une succursale.

지정 指定 명 désignation *f*, indication *f*, nomination *f*. ¶ ~ 병원 hôpital désigné ⦅par le ministère de la Santé⦆; hôpital indiqué ⦅dans la brochure⦆; hôpital réservé ⦅à la population africaine⦆. ¶ ~ 좌석 place numérotée. ¶ ~ 토론 discussion spécifiée. ¶ ~ 토론자 intervenant désigné. ¶ 문화재 ~ classement des biens culturels [des monuments culturels, des monuments historiques]. ◇_(을) 하다 désigner, fixer; indiquer; classer. ¶ 면담 날짜[장소]를 ~하다 fixer la date [le lieu] de l'entretien [de la rencontre]. ¶ 무엇을 문화재로 ~하다 classer *qc* comme monument culturel. ◇_(이) 되다 être désigné(*e*); être indiqué(*e*); être classé(*e*); être nominé(*e*). ¶ ~된 장소로 오시오 Venez à l'endroit indiqué. ◇_(을) 받다 être désigné(*e*); être classé(*e*); être nominé(*e*); se faire désigner. ¶ 자리를 ~받다 se faire indiquer une place.

◆_**곡** -曲 명 morceau(*x*) *m* (de musique) imposé (lors d'un concours de musique).

◆_**사** -詞 명 【언어】 copule *f*. ¶ ~사 구문 construction à copule. ¶ ~사가 뒤따라 나오는 명사는 속사 기능을 한다 Un nom suivi d'une copule fait fonction d'attribut.

◆_**석** -席 명 place *f* numérotée.

지정학 地政學 명 géopolitique *f*.

◆_**적** -的 명관 géopolitique. ¶ 한반도의 ~적 위치 position géopolitique de la péninsule coréenne. ¶ 도시 발전의 ~적 요인 facteurs géopolitiques dans le développement urbain.

지조 志操 명 fidélité *f* ⦅aux principes moraux d'une personne⦆; constance *f*. ¶ ~를 지키다 être fidèle à *ses* principes moraux. ¶ 그 사람은 ~가 있다[없다] Il est [n'est pas] fidèle à ses principes / Il est [n'est pas] imperturbable dans sa foi et ses actes.

지존 至尊 명 Roi *m*; Sa Majesté *f*, autorité *f* suprême. ¶ ~의 위치에 오르다 trôner; devenir roi; avoir [disposer de] l'autorité suprême.

◆_**하다** 형 être souverain(*e*); être vénéré(*e*) de tout le monde; être vénérable, digne d'adoration.

지주[1] 支柱 명 support *m* ⦅d'une charpente⦆, soutien *m*, pilier *m*, étai *m*; tuteur *m* ⦅d'une plante⦆; rame *f* ⦅de pois⦆; mât *m* ⦅d'un chapiteau⦆; soutien *m*, appui *m*, étai *m* {*litt*} ⦅moral⦆. ¶ ~를 세우다 mettre [poser] un support. ¶ 기울어진 건물 벽에 ~를 받치다 soutenir un mur incliné avec un étai. ¶ 정신적 ~ soutien [appui, étai {*litt*}] moral.

지주[2] 地主 명 propriétaire fonci*er*(*ère*) [terrien(*ne*)].

◆_**계급** -階級 명 classe *f* des propriétaires fonciers.

◆**대**_ 大- 명 grand(*e*) propriétaire fonci*er*(*ère*).

◆**부재**_ 不在- 명 propriétaire (fonci*er*(*ère*)) non exploitant.

지중해 地中海 명 (mer *f*) Méditerranée *f*. ¶ ~ 연안 도시 ville méditerranéenne.

지지[1] 支持 명 soutien *m*, appui *m*; suffrage *m*. ¶ ~ 성명을 발표하다 publier un communiqué de soutien. ¶ 대중적 ~ soutien populaire. ¶ 후보에 대한 당원들의 ~ soutien apporté au candidat par les membres du parti. ¶ 누구의[에게] ~를 구하다[부탁하다] demander le soutien [l'appui] de *qn* [demander à *qn* son soutien]. ¶ ~를 보내다 apporter *son* soutien à *qn*; accorder [donner, prêter, offrir] *son* appui à *qn*/*qc*. ¶ 신자유주의에 반대하여 시위를 하는 학생들에게 ~를 보내다 apporter *son* soutien aux élèves qui manifestent contre le néolibéralisme. ◇_(를) 하다 soutenir, appuyer ⦅un candidat, une opinion⦆, supporter; prendre parti pour ⦅*qn*, une doctrine⦆; accorder [donner, prêter, offrir] *son* appui à *qn*/*qc*; apporter *son* soutien à *qn*. ¶ 민주당 후보를 ~하다 soutenir [appuyer] le candidat du parti démocratique. ¶ 누구의 의견[입장]을 ~하다 soutenir l'opinion [la position] de *qn*. ◇_(를) 받다[얻다] être soutenu(*e*) [appuyé(*e*)]; s'assurer du soutien; avoir [obtenir] l'appui [le suffrage] de *qn*. ¶ 국민의[으로부터] ~를 받다 avoir l'appui [le soutien] du peuple [populaire], être soutenu(*e*) par le peuple. ¶ 젊은이들의 폭넓은[열렬한, 전폭적인] ~를 받다 s'assurer d'un soutien considérable [chaleureux, total] des jeunes. ¶ 여론의 ~를 얻다 obtenir le soutien de l'opinion publique.

◆_**율** -率 명 cote *f*. ¶ ~율이 높다[낮다] avoir une cote élevée, avoir la cote, être populaire [avoir une cote basse, ne pas avoir la cote, ne pas être populaire]. ¶ 이 후보의 ~율이 2퍼센트 상승[하락]했다 La cote du candidat est en hausse [baisse] de deux pour cent.

◆_자 -者 명 partisan(*e*) ((d'un régime)); défenseur *m* ((d'une doctrine)); supporter *m*, supporteur *m*.

◆_층 -層 명 assise *f* électorale [politique]. ¶ 그 후보는 ~층이 두텁다 Ce candidat a [dispose d']une large assise électorale.

◆_표 -票 명 voix *f* obtenue; électeurs *mpl* partisans.

지지² 地誌 명 ① livre *m* de géographie. ② géographie *f* ((d'une région)).

◆_학 -學 명 géographie *f*.

◆_학자 -學者 명 géographe.

지지³ 명 chose *f* sale ((dans le langage enfantin)); pas touche. ¶ 그거 ~야 Pas touche / Ne touche pas à ça. ¶ ~, 만지지 마! C'est sale. Pas touche.

지지난달 명 il y a deux mois. ¶ ~에 벌어진 일 événement qui a eu lieu il y a deux mois.

지지난밤 명 l'avant-dernière nuit *f*, il y a deux nuits. ¶ ~에 비가 왔다 Avant-hier, il a plu dans la nuit.

지지난번 명 avant-dernière fois *f*.

지지난해 명 il y a deux ans.

지지다 타 ① faire cuire *qc* en ragoût. ¶ 신 김치를 지져 먹다 manger du *kimchi* aigre en le faisant cuire en ragoût. ② faire cuire *qc* dans une poêle (à frire) huilée. ¶ 생선을 지져서도 먹고 구워서도 먹었다 Nous avons mangé du poisson en le faisant cuire en ragoût et aussi en le faisant sauter. ③ se réchauffer sur un sol chaud ((chauffage par le sol, chambre *ondol*)). ¶ 따끈한 아랫목에 누워서 몸을~ se réchauffer sur l'endroit le plus chaud [dans la partie la plus chaude] de la pièce [dans la partie la plus chaude d'un *ondol*, à la meilleure place d'un *ondol*] ((chauffage par le sol, chambre *ondol*)).

*__지지고 볶다__ ① taquiner et importuner. ¶ 울고 웃고 지지고 볶고 하며 사는 게 인생이다 Dans la vie, on a à pleurer, à rire, à taquiner et à importuner. ② faire tout tout(*e*) seul(*e*). ¶ 이 일은 그 혼자 지지고 볶고 다했다 Il est l'auteur de tout ce travail / Il a fait tout le travail seul.

*__손에 장을__ ~ en mettre *sa* main au feu, en donner *sa* main [*sa* tête] à couper, en mettre sa tête sur le billot, promettre [assurer, affirmer] *qc* fermement, jurer de *qc*, en jurer, être absolument certain(*e*) de *qc*, être sûr(*e*) de *qc*, en avoir la conviction, en être absolument certain(*e*); je te parie tout ce que tu veux que+*ind*. ¶ 그가 돌아오면 내 손에 장을 지진다 Je mettrai ma main au feu [Je te parie tout ce que tu veux {*fam*}] qu'il ne reviendra pas / Ça m'étonnerait beaucoup qu'il revienne.

지지르다 타 ① soumettre à une pression. ¶ 뚜껑을 돌로 지질러 놓다 presser un couvercle à l'aide d'une pierre. ② ((기세나 의견 등을)) étouffer, opprimer, réprimer, refréner; maîtriser; brider *qn*, mettre à frein à, freiner; en imposer à *qn*. ¶ 그는 언제나 남의 말을 지지른다 Il écarte les opinions de tous les autres / Il veut toujours avoir raison.

지지리 부 très fort, extrêmement, terriblement, effroyablement, excessivement. ¶ ~ 고생하다 souffrir énormément, peiner beaucoup, beaucoup ramer {*fam*}, se tuer au travail, galérer {*fam*}, trimer, en baver {*fam*} (des ronds de chapeau), en roter {*fam*}, en chier {*vulg*}, suer sang et eau. ¶ ~ 못생기다 être terriblement laid(*e*) [hideux(*se*), (extrêmement) repoussant(*e*)], être affreux(*se*), horrible. ¶ 공부를 ~도 못 하다 ne pas être doué(*e*) pour les études, n'être vraiment pas fait pour les études, être vraiment nul(*le*) à l'école. ¶ 복도 ~도 없지 n'avoir aucune chance, être terriblement malchanceux(*se*).

지지부진 遲遲不進 명 ((faire du)) surplace *m*, piétinement *m*. ¶ ~을 면치 못하다 faire du surplace, s'enliser, piétiner. ◇_이다 piétiner, marquer le pas, faire du surplace, stagner, ne pas avancer, ne pas progresser, patiner, traîner en longueur, s'enliser. ¶ 경찰의 수사가 ~이다 L'enquête de la police ne progresse pas [s'enlise, piétine].

◆_하다 형 être traînant(*e*); traîner en longueur, piétiner, marquer le pas, patiner, s'enliser, ne pas avancer, stagner, faire du surplace; ne guère avancer, n'avancer que lentement. ¶ 일이 진척이 없이 ~하다 On ne voit pas le travail avancer; on a l'impression de faire du surplace.

지진 地震 명 tremblement *f* de terre; séisme *m*; secousse *f* sismique [tellurique]. ¶ ~ 관측 observation des phénomènes sismiques; observation sismique, sismographie. ¶ ~을 예측하다 prévoir un séisme. ¶ ~이 났다[일어났다] Il y a eu [s'est produit] un tremblement de terre. ¶ 이 지역은 ~이 잦다 Les secousses sismiques sont fréquentes dans cette région / Les séismes sont fréquents dans cette région.

◆_계 -計 명 sismographe *m*, séismographe *m*.

◆_관측소 -觀測所 명 observatoire *m* sismique.

◆_대 -帶 명 zone *f* sismique [séismique].

◆_파 -波 명 onde *f* sismique [séismique].

◆_학 -學 명 sismologie *f*, séismologie *f*.

◆_활동 -活動 명 activité *f* sismique [séismique].

지진아 遲進兒 명 retardé, enfant retardé [attardé].

◆_반 -班 명 classe *f* des enfants retardés.

지질¹ 地質 명 nature *f* géologique. ¶ ~ 조사[관측] enquête [observation] géologique.

◆_공학 -工學 명 sciences *fpl* géologiques.

◆_분석 -分析 명 analyse *f* géologique.

◆_학 -學 명 géologie *f*.

◆_학자 -學者 명 géologue.

◆고대_학 古代-學 명 géologie *f* ancienne.

◆구조_학 構造-學 명 géologie *f* structurale.

◆해저_학 海底-學 명 géologie *f* sous-marine.

ㅈ

지질² 紙質 명 qualité *f* du papier. ¶ 이 종이는 ~이 나쁘다 Ce papier est de mauvaise qualité.

지질³ 脂質 명 graisse *f*.

지짐 명 ☞ 지짐이

지짐이 명 sorte de galette *f* [de beignet *m*]; friture *f*. ¶ ~를 부치다 faire des galettes; faire des beignets; faire de la friture.

지참 持參 명 port *m*. ¶ 도시락[신분증] ~ 요망 Prière d'apporter votre pique-nique [casse-croûte, (panier-)repas] [Prière de vous présenter muni d'une pièce d'identité]. ◇_(을) **하다** apporter *qc*, emporter *qc*, se munir de *qc*. ¶ 서류[도장]를 ~하고 출두하다 se présenter muni(*e*) de papiers [de *son* sceau]. ¶ 신분증을 반드시 ~하시오 Prière de vous présenter muni(*e*) impérativement d'une pièce d'identité.

◆**_금** -金 명 dot *f*. ¶ ~금을 바라고 결혼하다 épouser une jeune fille pour sa dot.

지척 咫尺 명 distance *f* très courte, ⦅à⦆ deux pas *mpl* ⦅d'ici⦆. ¶ 안개 때문에 ~도 분간할 수 없다 À cause du brouillard, on ne voit pas à deux mètres. ¶ ~도 분간할 수 없을 만큼 어두운 밤 une nuit d'encre. ¶ 고향을 ~에 두고도[고향이 ~인데도] 자주 못 가고 있다 Mon pays natal a beau être à deux pas d'ici, je ne peux y aller que très rarement.

지척거리다 자 marcher d'un pas pesant. ¶ 비가 와서 땅이 지척거린다 La pluie a rendu la terre boueuse / La terre est boueuse depuis qu'il a plu.

지천¹ 至賤 명 ① extrême vulgarité *f*, bassesse *f*, grossièreté *f*. ② objet *m* très répandu; pléthore *f*; surabondance *f*. ¶ 이 지방에는 고대 화석이 ~으로 널려 있다 Il y a pléthore de fossiles anciens dans cette région. ◇**_이다** être pléthorique, surabondant(*e*), ban*al*(*ale*); être très répandu(*e*). ¶ 연회장에 음식이 ~이다 Il y a pléthore de plats dans la salle de banquet.

지천² 명 ⦅'지청구'의 잘못⦆ ☞ 지청구

지청 支廳 명 établissement *m* public local. ¶ 서울 지방 검찰청 남부 ~ bureau local sud du Parquet séoulite.

지청구 명 ① reproches *mpl*, réprimandes *fpl*, remontrances *fpl*, gronderie *f*, semonce *f*. ② reproches *mpl* [blâmes *mpl*, critique *fpl*] immérité(*e*)s. ¶ ~를 늘어놓다 adresser une série de reproches à *qn* (sans raison); critiquer [blâmer] *qn* sans raison, criticailler {*fam*} *qn*. ¶ ~를 듣다[먹다] se faire adresser des reproches; se faire blâmer sans raison. ¶ 아내의 ~가 싫어서 회사에 일찍 갔다 Je suis allé(*e*) tôt au travail pour esquiver les [échapper aux] reproches de ma femme. ◇_(을) **하다[주다]** reprocher *qc* à *qn*, faire des reproches [remontrances, critiques] à *qn*, adresser des reproches à *qn*, critiquer *qn*; blâmer [critiquer] *qn* sans raison, criticailler {*fam*} *qn*.

지체¹ 명 statut *m*; position *f* sociale. ¶ ~가 높다 être de haut rang.

지체² 肢體 명 corps *m* et membres *mpl*. ¶ ~ 부자유자 handicapé moteur; personne à mobilité réduite. ¶ ~ 장애자 handicapé(*e*); invalide; infirme; paralytique.

지체³ 遲滯 명 retard *m*, délai *m*. ◇_(를) **하다** avoir du retard; traîner en longueur; s'attarder; retarder ⦅un paiement⦆. ¶ 오래 ~하다 traîner en longueur. ¶ ~하지 말고 빨리 가자 Partons immédiatement [sur-le-champ] / Partons immédiatement. Nous n'avons pas un instant à perdre / Dépêchons-nous de partir. ◇_(가) **되다** se prolonger; retarder; traîner en longueur. ¶ 회의가 ~되고 있다 La réunion se prolonge / La réunion n'avance pas [traîne en longueur]. ¶ 시간이 많이 ~되었다 Nous avons pris [accumulé] beaucoup de retard / Nous sommes très en retard ⦅dans ce travail⦆.

◆**_없이** 부 immédiatement, sur-le-champ, tout de suite, sans délai; ⦅payer⦆ régulièrement, ponctuellement, sans retard. ¶ ~없이 떠나라 Va-t-en tout de suite [immédiatement].

지축 地軸 명 axe *m* de la Terre. ¶ ~을 뒤흔드는 벼락소리 bruit de foudre troublant l'axe de la Terre; bruit de foudre très violent.

지출 支出 명 dépense *f*, paiement *m*. ¶ ~ 내역 détail d'une dépense. ¶ 수입과 ~ entrées et sorties; recettes et dépenses. ¶ 군사비 ~ dépenses militaires. ¶ 월별 ~ dépenses mensuelles. ¶ 연간 ~ dépenses annuelles. ¶ 과도한 ~ dépenses excessives [immodérées]. ¶ 예상 밖의 ~ dépenses imprévues. ¶ ~을 줄이다 réduire les dépenses. ¶ ~이 늘었다 Les dépenses ont augmenté. ◇_(을) **하다** dépenser; débourser; payer. ¶ 비용을 국고에서 ~하다 couvrir les dépenses avec le Trésor public. ¶ 자동차 사는 데에 많은 돈을 ~하다 dépenser beaucoup d'argent pour acheter une voiture. ◇_(이) **되다** se dépenser, être dépensé(*e*).

◆**_액** -額 명 le montant *m* des dépenses. ¶ ~액이 너무 크다 Le montant des dépenses est trop élevé [important].

지층 地層 명 couche *f* ⦅de calcaire⦆; strate *f*; banc *m*; lit *m* ⦅de matières déposées par l'érosion⦆.

◆**_학** -學 명 stratigraphie *f*.

지치다¹ 자 ① se fatiguer, se sentir fatigué(*e*); être épuisé(*e*), rompu(*e*), harassé(*e*), fourbu(*e*), brisé(*e*); être à bout de forces. ¶ 지친 몸을 이끌고 mort de fatigue, à bout de force. ¶ 지칠 대로 ~ être complètement épuisé(*e*), éreinté(*e*), exténué(*e*), mort(*e*) de fatigue, être à bout de forces, au bout du rouleau, lessivé(*e*) {*fam*}, naze [nase] {*fam*}, hors service [HS] {*fam*}, K.-O. {*fam*}, claqué(*e*) {*fam*}, crevé(*e*) {*fam*}, vanné(*e*) {*fam*}, vidé(*e*) {*fam*}. ¶ 오래 걸었더니 지쳤다 Cette longue marche m'a épuisé(*e*). ¶ 과로로[에] 지쳐서 병이 났다 Épuisé par un labeur incessant, il est tombé malade / Après tant d'excès, il est tombé malade / Il s'est surmené tel point qu'il est tombé malade.

ㅈ

② se lasser, s'ennuyer de; être las(*se*) de. ¶ 반복되는 일상에 ~ en avoir assez [se lasser] du quotidien routinier. ¶ 나는 이제 너한테 지쳤다 J'en ai assez de toi / Maintenant je ne te supporte plus [je ne peux plus te supporter]. ¶ 아이들은 이제 노는 것도 지쳐 공부를 하기 시작한다 Ayant assez de s'amuser, les enfants se sont mis à étudier / Lassés par les jeux, les enfants se sont mis à travailler. ¶ 그 사람이 그런 소리를 자꾸 하는 데에는 완전히 지쳐 버렸다 J'en ai assez de l'entendre.

지치다[2] 타 faire une glissade ((sur la glace)). ¶ 얼음을 ~ faire des glissades; ((썰매)) glisser sur la glace avec un traîneau. ¶ 스케이트를 ~ glisser sur la glace; patiner, faire du patin à glace.

지치다[3] 타 laisser ((la porte)) discrètement entrouverte, ¶ 문을 지쳐 두다 laisser la porte discrètement entrouverte,

지침 指針 명 ① ((자석, 시계 따위)) aiguille *f*; ((기계)) index *m*; indicateur *m*; pointeur *m*. ② ((donner des)) directives *fpl*; principe *m* directeur; guide *m*. ¶ 작업 ~ principe directeur du travail. ¶ 행동[생활] ~ principe directeur de l'action [de la vie de *qn*]. ¶ ~을 마련하다 prendre des dispositions pour le principe directeur. ¶ ~을 내리다[시달하다] donner[transmettre] des directives ¶ ~을 받다 recevoir des directives ¶ ~을 준수하다[따르다] être à cheval sur les principes, adhérer au principe directeur [accepter les directives]. ¶ ~에 따라 행동하다[일하다] agir par principe [travailler par principe].

◆**_서** -書 명 guide *m*.

◆**수험_서** 受驗-書 명 guide *m* d'examen d'entrée.

지칭 指稱 명 désignation *f*; appellation *f*. ◇_(을) **하다** désigner. ¶ 누구를 영웅이라 ~하다 désigner *qn* comme héros. ◇_(이) **되다** être désigné(*e*).

지켜보다 타 ① regarder de près [attentivement]; surveiller. ¶ 멀찍이서 가만히 ~ surveiller *qc* de loin. ② observer ((le déroulement de *qc*)). ¶ 의사는 환자의 경과를 지켜보았다 Le médecin a observé [étudié, surveillé] les phases de l'évolution [les phases évolutives] de la maladie [le déroulement des phases de la maladie] / Le médecin a observé l'évolution de la maladie.

지키다 타 ① défendre; protéger; sauvegarder *qc*. ¶ 외적의 침입으로부터 나라를 ~ défendre la patrie contre l'invasion de l'ennemi. ¶ 자신의 권리는 자신이 지켜야 한다 Il faut sauvegarder ses propres droits. ② surveiller, avoir l'œil sur *qn*; observer ((les mouvements de l'ennemi)); monter la garde, garder ((la maison, la place de *qn*)). ¶ 집 지키는 개 un chien qui garde la maison, un chien de garde. ¶ 문[길목]을 ~ surveiller la porte [la route ((quand on attend *qn*))]. ¶ 죄수를 엄중히 ~ faire bonne garde [surveiller très attentivement, surveiller étroitement, surveiller de près] des prisonniers. ③ garder; être fidèle à; observer. ¶ 온 가족이 아버지의 임종을 지켰다 Toute la famille était présente à la dernière heure du père [aux derniers moments du père] / Toute la famille était auprès du père lorsqu'il rendu son dernier souffle / Toute la famille a assisté le père dans ses derniers moments / Toute la famille a veillé auprès du père pour ses derniers moments. ¶ 그는 저녁 8시까지 퇴근하지 않고 자기 자리를 지킨다 Il ne quitte pas son bureau avant huit heures du soir. ④ ((규범, 약속을)) accomplir ((une promesse)); tenir ((une parole)); observer, respecter ((les lois)); suivre ((des préceptes)); être fidèle à ((*ses* principes)). ¶ 법[규칙, 규정]을 ~ respecter les lois. ¶ 질서를 ~ observer l'ordre. ¶ 비밀[분수]을 잘 ~ garder un secret; tenir *qc* en secret[bien connaître l'étendue de *ses* capacités; agir selon *ses* moyens]. ¶ 약속을 ~ tenir *sa* parole, respecter *sa* promesse, être fidèle à *sa* promesse [à *sa* parole]. ⑤ ((상태, 태도를)) garder; être fidèle à une situation ou une attitude. ¶ 침묵을 ~ garder le silence. ¶ 지조를 ~ être fidèle à *ses* principes. ¶ 중립을 ~ garder la neutralité. ¶ 안식일을 ~ observer le s(h)abbat [le chabbat]. ¶ 체면을 ~ sauver la face.

지탄 指彈 명 blâme *m*; critique *f*; reproche *m*. ¶ ~의 대상이 되다 être l'objet de reproches. ◇_(을) **하다** blâmer ((la conduite de *qn*)); faire des reproches à *qn*; reprocher *qc* à *qn*. ◇_(을) **받다** s'attirer [encourir, recevoir] le blâme. ¶ 점잖지 못한 행동으로 ~을 받다 être blâmé(*e*) pour avoir manqué de sérieux.

지탱 支撐 명 maintien *m*; persévérance *f*. ◇_(을) **하다** ① maintenir, soutenir, supporter, persévérer, se maintenir; tenir. ¶ 무게를 ~하다 supporter une charge. ¶ 몸을 간신히 ~하다 se maintenir difficilement. ② tenir ((le coup)), conserver. ¶ 목숨을 ~하다 survivre. ¶ 이 고아원은 정부 보조금으로 겨우 ~하고 있다 Cet orphelinat tient le coup difficilement malgré la subvention de l'État. ◇_(이) **되다** être maintenu(*e*), soutenu(*e*), supporté(*e*).

지파 支派 명 branche *f* [ligne *f*] collatérale ((d'une famille)).

지팡이 명 canne *f*; bâton *m*. ¶ 등산용 ~ bâton ferré ((des alpinistes)). ¶ 맹인용 ~ canne blanche ((des aveugles)). ¶ ~를 짚다 tenir une canne, s'appuyer sur une canne. ¶ ~에 의지하여 en s'appuyant sur une canne.

지퍼 영{zipper} 명 fermeture *f* éclair, fermeture *f* à glissière, zip *m*; ((바지)) ((fermer, ouvrir *sa*)) braguette *f* (à fermeture éclair) ((d'un pantalon)). ¶ ~를 올리다[잠그다] remonter [(re)fermer] *sa* fermeture éclair; ((바지)) remonter [refermer] la braguette de *son* pantalon [*sa* braguette], se rebraguetter {*fam*}. ¶ ~를 내리다[열다] descendre [ouvrir] *sa* fermeture éclair; ((바지)) ouvrir la braguette de *son* pantalon [*sa* braguette], se débraguetter {*fam*}. ¶ ~가 고장났다 La [Ma] fermeture éclair ne marche plus [est cassée]. ¶ ~가 안 열린다 La [Ma] fermeture éclair s'est coincée. ¶ ~가 망가졌다 La [Ma] fermeture éclair est cassée [fichue {*fam*}, foutue {*fam*}]. ¶ 바지 ~가 열렸네 Ta braguette est ouverte / Les magasins sont ouverts. ¶ ~가 달린 잠바 un blouson muni d'une fermeture à glissière [d'une fermeture éclair], un blouson à fermeture éclair, un blouson zippé.

지평 地平 명 surface *f* de la terre; superficie *f* d'un terrain. ¶ 무엇의 새로운 ~을 열다 ouvrir des horizons nouveaux sur *qc*.

◆**_선** -線 명 horizon *m*; ligne *f* d'horizon.

지폐 紙幣 명 billet *m*; coupure *f*. ¶ ~ 다발 une liasse de billets. ¶ 만 원짜리 ~ un billet de dix mille wons. ¶ ~를 발행하다 émettre un nouveau billet de banque. ¶ ~를 동전으로 바꾸다 faire de la monnaie. ¶ (200유로짜리) ~를 깨다 casser un (gros) billet (de 200 euros). ¶ ~로 값을 치르다 payer avec des billets de banque.

◆**소액_** 少額- 명 petite coupure *f*.

◆**위조_** 僞造- 명 faux billet *m*. ¶ 위조~를 만들다 fabriquer de faux billets. ¶ 위조~를 유통시키다 écouler de faux billets, mettre en circulation de faux billets.

지폭 紙幅 명 largeur *f* d'une feuille de papier.

지표[1] 指標 명 ① indicateur *m* (économique), indice *m*; marque *f*, direction *f*, but *m*, fin *f*, critère *m*. ¶ 경제 ~ l'indicateur économique. ¶ 교육의 ~를 세우다 élaborer un but pédagogique. ¶ 무엇을 ~로 삼다 avoir ... pour but. ② 【수학】 caractéristique *f* ((d'un logarithme)). ③ 【언어】 indice *m*.

지표[2] 地表 명 surface *f* de la terre. ¶ ~ 온도 la température au sol.

◆**_면** -面 명 surface *f* terrestre.

◆**_수** -水 명 eau(*x*) *f* [nappe *f*] de surface, eau(*x*) *f* superficielle.

지푸라기 명 brin *m* de paille.

*~**라도 잡고 싶은 심정이다** être dans une situation désespérée, être prêt(*e*) à tout [à faire n'importe quoi] ((pour s'en sortir)).

***물에 빠지면 ~라도 잡는다** Un homme qui se noie s'accroche à un brin de paille ((proverbe arménien)).

지프 영{jeep} 명 jeep *f*, quatre-quatre [4x4] *mf inv*, automobile *f* tout-terrain ((à quatre roues motrices)).

◆**_차** -車 명 jeep *f*, quatre-quatre [4x4] *mf inv*, automobile *f* tout-terrain ((à quatre roues motrices)). ¶ ~차를 몰다 conduire une jeep [un(*e*) quatre-quatre], être en jeep [en quatre-quatre].

지피다[1] 타 allumer un feu; alimenter un feu; mettre ((des bûches)) dans le feu. ¶ 불을 ~ faire [allumer] un [du] feu; alimenter un feu.

지피다[2] 자 être inspiré(*e*) ((par le ciel)); avoir une inspiration. ¶ 귀신이 ~ être inspiré(*e*) par un démon. ¶ 신령이 ~ être inspiré(*e*) par un esprit.

지피지기 知彼知己 명 bien se connaître et bien connaître *son* ennemi.

*~**면 백전백승** Celui qui se connaît bien et connaît bien son ennemi est invincible.

지하 地下 명 ① sous-sol (~-~*s*) *m*. ¶ ~ 1층[2층]에 au premier [au deuxième] sous-sol. ¶ 지상 8층 ~ 2층의 건물 un bâtiment de dix niveaux dont deux en sous-sol. ¶ ~ 1미터 되는 곳에 à un mètre sous terre. ② ((비유적)) ((manœuvres, économie, évolution)) souterrain(*e*), clandestin(*e*), ((économie)) immergé(*e*). ¶ ~ 운동[활동, 공작, 조직, 경제] un mouvement clandestin [activités clandestines [souterraines], manœuvres souterraines, organisation clandestine; économie immergée, économie souterraine]. ¶ ~에서 암약하다 agir d'une façon clandestine; intriguer en secret. ③ l'autre monde *m*, l'au-delà(~-~*s*) *m*. ¶ ~ 세계 l'autre monde, l'au-delà.

◆**_도** -道 명 passage *m* souterrain; souterrain *m*. ¶ ~도를 이용하다 emprunter un [le] passage souterrain.

◆**_상가** -商街 명 centre *m* commercial souterrain.

◆**_수** -水 명 eau *f* souterraine.

◆**_실** -室 명 sous-sol *m*; cave *f*.

◆**_자원** -資源 명 ressources *fpl* du sous-sol; richesses *fpl* du sous-sol.

◆**_철** -鐵 명 métro *m*, métropolitain *m*. ¶ ~철을 타다 prendre le métro. ¶ ~철로 출근하다 aller [se rendre] à *son* travail en métro.

◆**_핵실험** -核實驗 명 essai *m* nucléaire souterrain.

◆**반_** 半- 명 étage *m* semi-souterrain; semi-sous-sol(~*s*-~-~*s*) *m*. ¶ 반~에서 살다 habiter au semi-sous-sol.

지학 地學 명 géophysique *f*.

지행 知行 명 connaissances *fpl* et conduite *f*. ¶ ~ 일치[합일] conformité [accord] entre savoir et faire.

지향[1] 指向 명 direction *f*, but *m*. ¶ ~ 없이 헤매다 se promener sans destination précise [sans but précis], vagabonder [errer] sans but précis, vadrouiller, errer de-ci de-là [ici et là]. ◇_(을) **하다** avoir pour but; se diriger vers. ¶ 우리가 ~하는 바 notre objectif [but].

◆**_성** -性 명 direction *f*, directivité *f*. ¶ ~성 안테나 une antenne à faisceau [directionnelle, directive].

◆**_점** -點 명 but *m*, objectif *m*. ¶ ~점을 분명히 하다 se fixer un but [un objectif].

지향[2] 志向 명 intention *f*; tendance *f*; propension *f*, aspiration *f*, désir *m*, souhait *m*, rêve *m*. ¶ 서구 ~ ((politique)) tourné(*e*) vers l'Occident, à tendance occidentale. ◇_(을) **하다** aspirer à; viser à; poursuivre. ¶ 자유롭고 평등한 사회를 ~하다 aspirer à une société libre et égalitaire.

◆**_적** -的 명관 tourné(*e*) vers. ¶ 출세 ~적인 인간 un homme qui ne pense qu'à faire carrière, un carriériste. ¶ 미래 ~적인 태도 une attitude tournée vers le futur.

◆**_성** -性 명 【철학】 intentionnalité *f*.

ㅈ

◆_형 -型 명 orientation *f*. ¶ 권력 ~형의 인간 homme qui vise le pouvoir.

지혈 止血 명 arrêt *m* d'un écoulement sanguin [d'une hémorragie]; hémostase *f*. ¶ 이 환자에겐 무엇보다 ~이 필요하다 Ce(*tte*) patient(*e*) a besoin avant tout d'une hémostase. ◇_(을) **하다** stopper une hémorragie, arrêter le sang.

◆_대 -帶 명 garrot *m*.

◆_법 -法 명 hémostase *f*.

◆_제 -劑 명 hémostatique *m*. ¶ ~제를 바르다 appliquer un hémostatique.

지형[1] 地形 명 disposition *f* d'un terrain; configuration *f* d'un pays; relief *m*; topographie *f*. ¶ 험준한[평탄한] ~ un relief accidenté [émoussé].

◆_도 -圖 명 carte *f* topographique.

◆_측량 -測量 명 levé *m* topographique.

◆_학 -學 명 topographie *f*.

지형[2] 紙型 명 【출판】 flan *m* ((terme technique d'imprimerie: carton spécial recouvert d'un enduit épais que l'on applique humide sur des caractères mobiles afin d'en prendre l'empreinte pour le clichage)). ¶ ~을 뜨다 faire un flan.

지혜 智慧 명 sagesse *f*; intelligence *f*, matière *f* grise {*fam*}; ressources *fpl*. ¶ 선인들의 ~ la sagesse des anciens. ¶ ~를 짜내다 se creuser la tête {*fam*}, se creuser [se torturer] les méninges (pour trouver une solution), faire travailler *son* intelligence [*sa* matière grise {*fam*}, *son* cerveau]. ¶ ~를 모으다 mobiliser l'intelligence collective. ¶ 선인들의 ~가 담겨 있는 문화 유적 les vestiges culturels témoins de la sagesse des anciens; les vestiges culturels, témoignage de la sagesse des anciens.

◆_롭다 형 être sage, intelligent(*e*). ¶ ~롭게 행동하다 agir avec sagesse [sagement, en homme sage].

◆_로이 부 sagement.

지화자 감 Bravo! ¶ 얼씨구 ~, 좋다 Chic alors!

지회 支會 명 bureau(*x*) *m* loc*al*(*aux*). ¶ 부산~ bureau local à Busan.

◆_장 -長 명 direc*teur*(*trice*) d'un bureau local.

지휘 指揮 명 ① commandement *m* (d'une armée). ¶ 누구의 ~로[하에] sous la conduite de *qn*, sous le commandement de *qn*, sous la direction de *qn*. ¶ 누구의 ~에 따라 움직이다 agir sous la conduite [sous le commandement, sous la direction] de *qn*. ② ((오케스트라)) direction *f*. ◇_(를) **하다** diriger, conduire. ¶ 부대를 ~하다 assumer le commandement d'une troupe; commander une troupe; avoir une troupe à *son* commandement. ¶ 악단[합창단]을 ~하다 diriger [conduire] un orchestre [une chorale]. ◇_(를) **받다** être sous le commandement.

◆_계통 -系統 명 système *m* du commandement.

◆_관 -官 명 commandant(*e*).

◆_권 -權 명 commandement *m*. ¶ ~권을 넘겨받다[넘겨주다] recevoir [céder] un commandement.

◆_대 -臺 명 podium *m*.

◆_봉 -棒 명 baguette *f*; bâton *m* (d'un chef d'orchestre, d'un maestro); bâton *m* de commandement. ¶ ~봉을 넘기다 céder une baguette de chef d'orchestre à *qn*.

◆_부 -部 명 quartier *m* général du commandement.

◆_소 -所 명 lieu(*x*) *m* du commandement; poste *m* de commandement.

◆_자 -者 명 ① commandant *m* (d'une armée), dirigeant(*e*). ② chef *m* d'orchestre.

직[1] 職 명 poste *m*; place *f*, position *f*, fonction *f*. ¶ 모든 ~에서 물러나다 quitter tous les postes. ¶ ~을 걸고 일을 강행하다 pousser une affaire au risque de perdre *son* poste.

직[2] 부 ((mot mimétique exprimant le son ou la façon de tracer ou d'émettre ou de lancer quelque chose)). ¶ 줄을 ~ 긋다 tracer une ligne. ¶ 종이를 ~ 찢다 déchirer un papier. ¶ 침을 ~ 뱉다 cracher.

◆_ _ 부 ((mimétique exprimant le son ou la façon de tracer une ligne ou d'émettre *qc*)). ¶ 줄을 ~~ 긋다 tracer une ligne.

-직[3] -織 접미 textile *m*; tissu *m*.

◆견_ 絹 명 soierie *f*. ¶ 견~ 스카프 un foulard en soie.

◆모_ 毛 명 lainage *m*. ¶ 모~ 스웨터 un pull(-over) en laine.

◆면_ 綿 명 cotonnade *f*.

-직[4] 職 접미 poste *m*; place *f*, position *f*, fonction *f*. ¶ 관리~ fonction de gestion [d'administration, administrative]. ¶ 사무~ fonction d'administration. ¶ 선출~ un poste éligible. ¶ 임명~ un poste nominatif. ¶ 일용~ un emploi journalier. ¶ 임시~ un emploi [une fonction, une charge] intérimaire. ¶ 전문~ un emploi professionnel. ¶ 장관~ fonction [poste] de ministre. ¶ 영업~ poste de commercial; poste de représentant.

직-[5] 直- 접두 droit(*e*), direct(*e*).

◆_수입 -輸入 명 importation *f* directe. ¶ ~수입된 제품 un produit directement importé.

◆_거래 -去來 명 affaires *fpl* directes. ¶ 그 회사와 ~거래를 하다 faire directement affaire [travailler étroitement] avec cette compagnie.

◆_통 -通 명 ligne *f* directe. ¶ 제 사무실 ~통 전화번호입니다 C'est mon numéro de téléphone direct au bureau.

직각 直角 명 angle *m* droit. ¶ ~을 이루다 former un angle droit. ¶ ~으로 교차하다 se croiser à angle droit.

◆_삼각형 -三角形 명 triangle *m* rectangle.

◆_자 명 équerre *f*.

직간 直諫 명 remontrance *f*, admonition *f* ((faite à un supérieur)). ◇_(을) **하다[올리다]** faire [adresser] une remontrance à un supérieur. ¶ 임금께 ~을 하다 adresser une remontrance [un reproche] au roi.

직감 直感 명 intuition *f*, sixième sens *m*, prémonition *f*, précognition *f*, prescience *f*, ((faire preuve de)) psychologie *f*, feeling *m* {*fam*}. ¶ ~으로 알아맞히다

deviner juste grâce à *son* intuition. ¶ ~에 의존하다 [따르다] se fier à *ses* intuitions [suivre *son* intention]. ¶ 그 사람의 ~이 맞아떨어졌다 Son intuition ne l'a pas trompé / Son intuition s'est révélée exacte [juste]. ¶ 어떻게 알았어? - ~이란 게 있잖아 Comment tu l'as su [appris]? - (Comment je le sais? Eh bien, c'est facile!) C'est mon intuition [mon sixième sens] qui me le dit [qui me dit ça, qui me l'a dit] / C'est mon petit doigt qui me l'a dit / Mon petit doigt me l'a dit. ◇_(을) **하다** avoir de l'intuition, sentir [deviner] les choses, bien sentir les événements [la situation], avoir du flair [du nez, le nez fin, le nez creux]; avoir la prémonition de *qc*, avoir le pressentiment que+*ind*, pressentir que+*ind*; avoir des antennes, avoir du feeling {*fam*}, avoir un bon feeling {*fam*}. ¶ 나는 그 사람의 얼굴을 보고 뭔가 불길한 일이 있음을 ~했다 En voyant son visage, mon intuition me disait [quelque chose me disait, j'ai eu le pressentiment, j'ai pressenti] qu'un malheur s'était produit [qu'il (lui) était arrivé un malheur, qu'un malheur était survenu, qu'un malheur s'était abattu sur lui].

◆_적 -的 명관 intuiti*f*(*ve*). ¶ ~적으로 par intuition; intuitivement. ¶ ~적인 판단 une décision intuitive. ¶ ~적으로 알아차리다 saisir [deviner, savoir, comprendre] par intuition [intuitivement], pressentir *qc*, sentir *qc*, flairer *qc*, deviner *qc*/que+*ind*, subodorer {*fam*} *qc* [que+*ind*].

◆_력 -力 명 faculté *f* d'intuition; sagacité *f*, clairvoyance *f*, perspicacité *f*; ((faire preuve de)) psychologie *f*. ¶ ~력이 뛰어나다 avoir un bon feeling {*fam*}; être clairvoyant(*e*), sagace.

직거래 直去來 명 transactions *fpl* commerciales directes [sans intermédiaire] ((directement du producteur aux consommateurs)). ¶ 생산자와 소비자의 ~ commerce [transactions commerciales] sans intermédiaire du producteur aux consommateurs. ◇_(를) **하다** faire des transactions commerciales directes [sans intermédiaire]. ◇_(가) **되다** faire des transactions commerciales directes [sans intermédiaire].

직격탄 直擊彈 명 ① coup *m* direct. ¶ ~을 맞다 recevoir une balle de front. ¶ 시위 군중에게 ~을 쏘다 tirer directement sur la foule des manifestants. ¶ 상대선수에게 ~을 날리다 porter un coup direct à *son* adversaire. ② ((비유적)) coup *m* direct, répercussions *fpl* directes sur *qc*, influence directe sur *qc*. ¶ 유가 상승은 경제에 ~을 날렸다 La hausse du prix du pétrole a porté un coup direct à [a frappé directement, a affecté directement, a eu des répercussions directes sur] l'économie. ¶ 그 기업은 주가하락의 ~을 맞았다 La baisse des actions [La dégringolade {*fam*}] des actions [des cours en Bourse] a porté un coup direct à [a frappé directement, a touché directement, a affecté directement] cette société.

직결 直結 명 connexion *f* directe; liaison *f* directe, rapport *m* direct. ◇_(을) **하다** mettre *qc* en rapport direct avec, lier *qc* directement à. ¶ 생산자와 소비자를 ~하다 mettre en rapport direct les fabricants et les consommateurs. ◇_(이) **되다** être en liaison directe [en rapport direct] avec *qc*, être directement lié(*e*) à *qc*, affecter directement. ¶ 환경문제는 인류의 생존과[에] ~된다 Les problèmes de l'environnement sont directement liés à la survie de l'humanité / la survie de l'humanité est directement dépendante des problèmes d'environnement. ¶ 안보[생계, 일상생활]와[에] ~된 문제 un problème qui affecte directement la sécurité [la subsistance, la vie quotidienne].

직경 直徑 명 diamètre *m*. ¶ ~ 50센티미터의 파이프 un tuyau d'un diamètre de cinquante centimètres. ¶ 무엇의 ~을 재다 mesurer le diamètre de *qc*.

직계[1] 直系 명 ligne *f* [lignée *f*] directe; filiation *f* directe. ¶ ~ 자손 descendants directs, en ligne directe. ¶ ~ 회사 une filiale directe.

◆_가족 -家族 명 parents *mpl* en ligne directe; ((존속)) ascendants en ligne directe, ascendants *mpl* directs; ((비속)) descendants *mpl* en ligne directe, descendants *mpl* directs.

◆_비속 -卑屬 명 descendants *mpl* directs.

◆_존속 -尊屬 명 ascendants *mpl* directs.

직계[2] 職階 명 classification *f* des positions [des tâches].

직공 職工 명 ouvri*er*(*ère*); artisan(*e*); travailleu*r*(*se*). ¶ 공장에서 ~으로 일하다 travailler dans une usine comme ouvri*er*(*ère*).

직관 直觀 명 intuition *f*, perspicacité *f*, sixième sens *m*, prémonition *f*, précognition *f*, prescience *f*, ((faire preuve de)) psychologie *f*, feeling *m* {*fam*}. ¶ ~을 따르다[믿다] croire à *son* intuition [à l'intuition]; faire confiance à *son* intuition [à l'intuition], se fier à *ses* intuitions; suivre *son* intuition. ¶ 무엇에 대한 ~을 가지다 avoir une intuition sur [à propos de] *qc*, sentir [deviner] *qc*; avoir le pressentiment que+*ind*, ◇_(을) **하다** avoir de l'intuition, sentir [deviner] les choses, bien sentir les événements [la situation], avoir du flair [du nez, le nez fin, le nez creux]; avoir la prémonition de *qc*, avoir le pressentiment que+*ind*, pressentir que+*ind*; avoir des antennes, avoir du feeling {*fam*}, avoir un bon feeling {*fam*}.

◆_적 -的 명관 intuiti*f*(*ve*). ¶ ~적 사고 une pensée intuitive. ¶ ~적으로 느끼다 sentir [deviner] par intuition [intuitivement].

◆_력 -力 명 (faculté *f* d')intuition *f*, sagacité *f*, clairvoyance *f*, perspicacité *f*; ((faire preuve de)) psychologie *f*.

직구 直球 명 【운동】 ((야구)) balle *f* rapide [directe]. ¶ ~를 던지다 envoyer une balle rapide. ¶ ~와 변화구를 적절히 배합하다 combiner adéquatement les

ㅈ

balles rapides et les balles courbes.

직권 職權 명 autorité *f*; compétence *f*; attributions *fpl*. ¶ ~을 남용하다 abuser de *son* autorité, outrepasser *ses* droits [*ses* pouvoirs]. ¶ ~을 침해하다 empiéter sur [usurper] l'autorité. ¶ 회장의 ~으로 de l'autorité du président.

◆_**남용** -濫用 명 abus *m* d'autorité.

◆_**명령** -命令 명 【법률】 ordre *m* donné directement par ((le président de la République, le Premier ministre, une administration, etc.)) sous son autorité sans passer par le contrôle des autorités compétentes.

직급 職級 명 classification *f* des positions. ¶ 높은[낮은] ~ postes supérieurs [subalternes]. ¶ 그 사람은 ~이 한 단계 올라갔다 Il est monté d'un échelon [d'un grade]. ¶ ~에 따라 selon les grades, selon les postes; en fonction de *son* rang [du poste occupé].

◆_**별** -別 명 dépendant de *sa* fonction [de *son* poste]; lié à *sa* fonction [à *son* poste]. ¶ ~별로 급여를 차등 인상하다 augmenter les salaires en fonction [en tenant compte] des statuts.

직기 織機 명 【공업】 métier *m* à tisser. ¶ 수동[자동] ~ un métier à tisser à main [automatique].

직녀 織女 명 tisseuse *f*, tisserande *f*.

◆_**성** -星 명 (la planète *f*) Véga *f*.

직능 職能 명 capacité *f* à accomplir un emploi [une fonction]; exigences *fpl* relatives à un emploi [à un poste]; fonction *f* propre à un emploi. ¶ ~에 따라 보수가 다르다 La rémunération n'est pas la même selon les [varie en fonction des, dépend des] exigences relatives à un emploi.

◆_**검사** -檢査 명 test *m* de compétence.

◆_**대표** -代表 명 délégué(*e*) pour représenter des membres de différents secteurs d'activités professionnelles.

◆_**조합** -組合 명 syndicat *m* professionnel.

직렬 直列 명 【전기】 ((accumulateurs en)) série *f*, connexion *f* en série. ¶ 전지를 ~로 연결하다 monter des piles en série.

◆_**변압기** -變壓器 명 transformateur *m* en série.

◆_**회로** -回路 명 circuit *m* en série.

직류 直流 명 【전기】 courant *m* continu. ¶ ~ 전기 courant continu électrique. ¶ ~ 발전기 une génératrice de courant continu. ¶ ~ 회로 circuit de courant continu.

직립 直立 명 position *f* verticale [debout]; station *f* verticale. ¶ ~ 자세 la position debout. ◇_(을) **하다** se tenir droit(*e*); être vertic*al*(*ale*, *aux*); s'élever tout(*e*) droit(*e*).

◆_**보행** -步行 명 marche *f* debout.

◆_**원인** -猿人 명 pithécanthrope *mf* qui marche debout.

직매 直賣 명 vente *f* directe. ◇_(를) **하다** vendre directement. ◇_(가) **되다** être vendu(*e*) directement ((aux consommateurs)).

◆_**장** -場 명 marché *m* de vente directe. ¶ 농수산물 ~장 marché de vente directe [sans intermédiaire] des produits agricoles.

◆_**점** -店 명 magasin *m* de vente directe.

직면 直面 명 ◇_(을) **하다** être en face, se trouver en présence de *qn*/*qc*. ¶ 위기에 ~하다 se trouver en présence [en face] d'une crise. ¶ 어려운 문제에 ~하다 se trouver devant une difficulté, se heurter à une difficulté. ¶ 죽음과 ~하다 se trouver face à la mort.

직명 職名 명 type *m* de profession [de travail]; genre *m* [type *m*, catégorie *f*] d'emploi; ((벼슬이름)) titre *m*.

직무 職務 명 devoir *m*; charge *f*; fonction *f*; office *m*; travail *m*. ¶ ~ 태만 négligence professionnelle. ¶ ~ 수행 중에 쓰러지다 s'effondrer [faire un malaise] sur *son* lieu de travail. ¶ ~를 수행[이행]하다 accomplir *son* devoir; s'acquitter d'une fonction; remplir les fonctions; faire *son* office. ¶ ~를 다하다 remplir tout *son* devoir. ¶ ~를 게을리 하다 négliger *son* devoir; manquer aux devoirs de *sa* charge. ¶ ~에 충실하다 être fidèle à *sa* tâche; accomplir pleinement *sa* tâche [*son* travail]. ¶ 그 사람은 재고를 관리하는 ~를 맡고 있다 Il est en charge d'une gestion du stock.

◆_**규정** -規定 명 règlement *m* lié à l'accomplissement d'un travail.

◆_**분석(표)** -分析(表) 명 tableau(*x*) *m* d'évaluation.

◆_**유기** -遺棄 명 oubli *m* de *son* devoir; manquement *m* au devoir. ¶ ~유기로 처벌을 받다 être sanctionné(*e*) pour avoir manqué *son* travail.

◆_**정지** -停止 명 suspension *f* d'une fonction.

직무역 直貿易 명 commerce *m* direct. ¶ 두 나라간의 ~ commerce direct entre deux pays. ◇_(을) **하다** commercer directement, faire du commerce direct.

직물 織物 명 textile *m*, tissu *m*.

◆_**공업** -工業 명 industrie *f* textile.

◆_**공장** -工場 명 usine *f* textile

◆_**상[시장]** -商[市場] 명 marchand(*e*) de textile [marché *m* du textile].

◆**견**_ 絹 명 soierie *f*.

◆**면**_ 綿 명 cotonnade *f*.

◆**모**_ 毛 명 lainage *m*.

직배 直配 명 distribution *f* directe.

직분 職分 명 devoir *m*, charge *f*, fonction *f*, office *m*. ¶ ~을 지키다 faire fidèlement *sa* tâche; remplir adéquatement [fidèlement] *ses* fonctions; satisfaire aux exigences du poste. ¶ 맡은 바 ~을 다하다 faire fidèlement *sa* tâche; remplir adéquatement [fidèlement] *ses* fonctions; satisfaire aux exigences du poste.

직사각형 直四角形 명 【수학】 quadrilatère *m* rectangle.

직사광선 直射光線 명 rayon *m* direct. ¶ ~을 피하여 서늘한 곳에 보관하십시오 (À) conserver au frais et à l'abri de la lumière [à l'abri de la lumière et du soleil]. ¶ ~에 노출되다 être directement exposé(*e*) aux rayons du soleil [à la lumière solaire].

직선¹ 直線 명 ① ligne *f* droite; droite *f*. ¶ ~ 구간 une droite tangente; une ligne tangentielle. ¶ ~ 코스 une course en ligne droite. ¶ ~ 운동 un mouvement rectiligne. ¶ ~으로 쭉 뻗은 길 un chemin qui se prolonge droit devant. ② 【수학】 ligne *f* droite. ¶ 두 점 사이에 ~을 긋다 tracer une ligne droite entre deux points.

◆**_적** -的 명관 juste; honnête; loy*al*(*ale*, *aux*), fran*c*(*che*); sans détour; spontané(*e*). ¶ ~적인 성격 un caractère spontané. ¶ ~적으로 말하다 parler sans détour [franchement, franc, avec franchise, en toute franchise, ouvertement].

◆**_거리** -距離 명 distance *f* en ligne droite, distance *f* à vol d'oiseau. ¶ 두 도시는 ~거리로 10킬로미터쯤 된다 Il y a environ dix kilomètres à vol d'oiseau [en ligne droite] entre ces deux villes.

직선² 直選 명 suffrage *m* direct. ¶ ~ 의원 député élu directement [au suffrage direct]. ¶ ~으로 뽑다 élire directement *qn*, élire *qn* au suffrage direct. ◇_(을) **하다** procéder au suffrage direct.

◆**_제** -制 명 système *m* d'élection par suffrage direct. ¶ 대통령 ~제 système d'élection par suffrage direct d'un président.

직설법 直說法 명 ① 【언어】 le mode *m* indicatif, l'indicatif *m*. ¶ ~을 사용하다[쓰다] employer le mode indicatif [l'indicatif]. ② description *f* [représentation *f*] directe.

직설적 直說的 명 direct(*e*). ¶ ~ 표현 une expression [une représentation] directe. ¶ 속마음을 ~으로 표현하다 révéler [montrer, dévoiler] ouvertement *ses* sentiments; exprimer directement *ses* opinions.

직성 直星 명 nature *f*, disposition *f* naturelle. ¶ 이 일은 내 ~에 맞지 않다 Je ne suis pas fait(*e*) pour ce travail.

*~**이 풀리다** être un besoin pour *qn*, avoir besoin de+*inf* pour se sentir bien, ne pas pouvoir s'empêcher de+*inf*. ¶ 그는 상대를 헐뜯어야만 ~이 풀리는 사람이다 Il ressent le besoin de dire du mal des autres / Il ne peut pas s'empêcher de dire du mal des autres, c'est un besoin pour lui.

직속 直屬 명 dépendance *f* directe. ¶ ~ 상관[부하] un(*e*) supérieur(*e*) direct(*e*) [un(*e*) subordonné(*e*) sous le contrôle direct de *qn*]. ¶ 대통령 ~ 기관 un organe contrôlé par le président. ◇_(을) **하다**[(이) **되다**] être placé(*e*) sous le contrôle direct de *qn*; dépendre directement de *qc*/*qn*; être directement rattaché(*e*) à *qc*/*qn*. ¶ 이 단체는 정부에 ~되어 있다 Cette organisation est placée sous le contrôle direct du gouvernement / Cette organisation est sous la charge directe du gouvernement / Cette organisation est reliée directement au gouvernement. ◇_**이다** avoir la responsabilité directe de *qc*/*qn*. ¶ 그 사람은 내 ~이다 Je suis son supérieur direct.

직송 直送 명 livraison *f* directe; envoi *m* direct; importation *f* directe. ¶ 산지 ~ importation directe du lieu d'origine. ◇_(을) **하다** importer *qc* du lieu d'origine. ¶ 상품을 소비자에게 ~하다 livrer une marchandise [un produit] directement aux consommateurs. ◇_(이) **되다** être directement livré(*e*). ¶ 물건은 주문자의 집으로 ~됩니다 Une commande sera livrée directement à domicile. ¶ 산지에서 ~된 농산물 un produit agricole directement importé du lieu d'origine.

직수입 直輸入 명 importation *f* directe. ¶ 농산물 ~ importation directe de produits agricoles. ◇_(을) **하다** importer *qc* directement. ¶ 프랑스에서 ~한 향수 un parfum directement importé de France. ◇_(이) **되다** être directement importé(*e*). ¶ 이것은 독일에서 ~된 상품이다 C'est une marchandise directement importée d'Allemagne.

◆**_품** -品 명 produit *m* directement importé.

직수출 直輸出 명 exportation *f* directe. ◇_(을) **하다** exporter directement. ¶ 인삼을 외국으로 ~하다 exporter le ginseng directement à l'étranger. ◇_(이) **되다** être directement exporté(*e*). ¶ 이 제품은 전량 외국으로 ~된다 Ce produit est directement exporté dans sa totalité.

직시 直視 명 ① action de regarder *qn*/*qc* en face. ② action de voir la réalité telle qu'elle(il) est. ◇_(를) **하다** ① regarder *qn*/*qc* en face; regarder *qn* droit dans les yeux. ② voir ((la réalité, la situation, le problème)) telle qu'elle(il) est, regarder ((la réalité)) en face, voir les choses en face. ¶ 현실[사태, 문제]을 ~하다 voir la réalité [la situation, le problème] telle qu'elle(il) est. regarder la réalité en face, voir les choses en face.

직언 直言 명 conseil *m* franc; franc-parler(*~s-~s*) *m*. ◇_(을) **하다** conseiller ((un supérieur)) en toute franchise; parler en toute franchise [franchement, franc, en toute sincérité, sans détour] ((à un supérieur)); avoir *son* franc-parler; ne pas mâcher *ses* mots; parler franc. ¶ 그렇게 하는 것은[그런 행동은] 직권남용이라고 상사에게 ~을 하다 dire sans détour à *son* supérieur qu'un tel comportement est abusif.

직업 職業 명 profession *f*; métier *m*; carrière *f*; occupation *f*; emploi *m*. ¶ ~ 상담 orientation professionnelle. ¶ ~ 알선 placement. ¶ 전문적인 ~ un emploi professionnel, un travail professionnel. ¶ ~을 갖다 travailler; avoir un emploi [un travail]. ¶ ~을 구하다 chercher un emploi [un travail, du travail]. ¶ ~을 바꾸다 changer de métier. ¶ ~을 선택하다 choisir un métier. ¶ ~을 잃다 perdre *son* travail [*son* job {*fam*}]; être congédié(*e*), licencié(*e*), remercié(*e*), mis(*e*) à la porte {*fam*}, être mis(*e*) dehors {*fam*}. ¶ 자기 ~에 충실하다 être assidu(*e*) à *son* métier, faire *son* travail sérieusement. ¶ ...하는 것을 ~으로 삼다 faire profession de *qc*/*inf*;

ㅈ

faire métier de. ¶ ~이 무엇입니까? Quelle est votre profession [votre métier]? / Qu'est-ce que vous faites dans la vie? / Que faites-vous dans la vie? ¶ 그 사람의 ~은 시계공이다 Il travaille comme horloger / Il est horloger de profession. ¶ ~이 있다[없다] exercer [avoir] une profession [être sans profession]. ¶ 그는 ~이 불안정하다 Sa profession est précaire [incertaine, instable, aléatoire].
*~에는 귀천이 없다 Il n'y a pas [point] de sot métier.
◆_적 -的 명관 de profession, professionnel(*le*). ¶ ~적인 호기심 curiosité professionnelle. ¶ ~적으로 글을 쓰다 écrire en tant qu'écrivain.
◆_교육 -教育 명 formation *f* professionnelle.
◆_군인 -軍人 명 militaire *m* de carrière.
◆_병 -病 명 maladie *f* liée au travail; maladie due à la routine [au travail routinier].
◆_소개소 -紹介所 명 agence *f* [bureau(*x*) *m*] de placement.
◆_어 -語 명 jargon *m* ((des médecins, du sport, journalistique)).
◆_윤리 -倫理 명 éthique *f* [morale *f*] professionnelle.
◆_의식 -意識 명 professionnalisme *m*; attitude *f* professionnelle.
◆_인 -人 명 travailleu*r*(*se*).
◆_적성 -適性 명 aptitude *f* professionnelle.
◆_정치인 -政治人 명 politicien(*ne*).
◆_훈련 -訓練 명 formation *f* professionnelle. ¶ ~훈련을 받다 recevoir une formation professionnelle.

직역 直譯 명 traduction *f* littérale; mot à mot *m*. ¶ ~과 의역 traduction littérale et traduction libre. ¶ 지나치게 ~에 지나치게 가까운 번역 une traduction trop littérale [trop proche du texte original]. ◇_(을) 하다 traduire littéralement [mot à mot]. ◇_(이) 되다 être traduit(*e*) littéralement.

직영 直營 명 gestion *f* directe. ¶ ~ 대리점 agence dont la gestion est directe. ◇_(을) 하다 gérer directement. ¶ 국가에서 ~하는 호텔 hôtel géré directement par l'État.

직원 職員 명 employé(*e*), commis *m*; personnel *m* ((de l'administration)). ¶ ~ 회의 réunion du personnel. ¶ 동료[부하]~ des collègues de travail [des subordonnés]. ¶ ~을 두다[쓰다] engager [employer] du personnel. ¶ ~을 채용하다 engager du personnel. ¶ ~을 해고하다 renvoyer du personnel [un employé]. ¶ 이 회사는 ~이 20명이다 Cette compagnie compte vingt employés.
◆_임 -任 명 (ensemble *m* du) personnel *m* d'une entreprise; employés *mpl* et cadres *mpl*.

직위 職位 명 poste *m*, place *f*, situation *f*, position *f*. ¶ ~가 높다[낮다] avoir une position élevée; être haut placé(*e*); occuper une situation importante [avoir une position peu élevée]. ¶ 누구의[에게서] ~를 박탈하다 subtiliser le poste de *qn*; destituer [évincer] *qn* de ses fonctions; priver *qn* de son poste. ¶ 그는 그 일을 할 수 있는 ~에 있다 Il a le poste voulu pour le faire.

◆_해제 -解除 명 résiliation *f* des fonctions de *qn*.

직유 直喩 명 comparaison *f*. ¶ ~를 쓰다 faire une comparaison.
◆_법 -法 명 comparaison *f*.

직육면체 直六面體 명 【수학】 hexagone *m*.

직인[1] 職印 명 sceau(*x*) *m* officiel(*s*). ¶ ~을 찍다 apposer un sceau officiel. ¶ 학교장 ~이 있어야 한다 Nous avons besoin du sceau officiel du directeur de l'école. ¶ 이 서류에는 대표이사 ~이 없다 Il manque le sceau officiel du président (du conseil d'administration) [du P.-d.g.] sur ce document.

직인[2] 職人 명 artisan(*e*), homme *m* de métier; artisanat *m*.

직장[1] 職場 명 ① lieu(*x*) *m* de travail, bureau(*x*) *m*. ¶ ~에 출근하다[가다] aller à [quitter] son bureau. ¶ ~에서 퇴근하다[돌아오다] quitter [rentrer de] son bureau. ② emploi *m*. ¶ ~을 구하다[얻다] chercher [obtenir] un emploi. ¶ ~을 떠나다 quitter un emploi. ¶ ~을 옮기다 changer d'emploi. ¶ 그는 졸업 후 ~에 다닌다 Il travaille après avoir terminé ses études. ¶ ~에서 해고되다[쫓겨나다, 잘리다] être congédié(*e*), renvoyé(*e*), viré(*e*) {*fam*}.
◆_인 -人 명 salarié(*e*).

직장[2] 直腸 명 rectum *m*.
◆_암 -癌 명 cancer *m* du rectum.

직전 直前 명 moment *m* précédent; juste avant. ¶ 마감 ~에 juste avant la date limite. ¶ 그가 들어오기 ~에 그녀가 나갔다 Elle est partie juste avant qu'il n'arrive. ¶ 건물이 붕괴 ~이다 L'édifice est sur le point de s'écrouler.

직접 直接 명 immédiatement; directement, en mains propres; en personne, personnellement. ¶ ~ 거래 opération commerciale (sans intermédiaire). ¶ ~으로든 간접으로든 d'une manière directe ou indirecte. 부 directement, ((remettre un document)) en mains propres, sans intermédiaire; en personne, personnellement. ¶ ~ 만나다 rencontrer directement *qn* (sans intermédiaire); rencontrer *qn* en personne. ¶ ~ 전달하다 remettre *qc* en mains propres ((à *son* destinataire)). ¶ 그가 이 일에 ~ 나섰다 Il est intervenu personnellement.
◆_적 -的 명관 direct(*e*), immédiat(*e*). ¶ ~적인 원인 une cause directe. ¶ 그것은 나와 ~적인 관계가 있다 Cela me concerne directement. ¶ ~적으로 directement, en mains propres, sans intermédiaire.
◆_성 -性 명 caractère *m* direct [immédiat].
◆_목적어 -目的語 명 【언어】 complément *m* d'objet direct.
◆_민주주의 -民主主義 명 démocratie *f* directe.
◆_선거 -選擧 명 suffrage *m* direct.
◆_성분분석 -成分分析 명 【언어】 analyse *f* en constituants immédiats.
◆_세 -稅 명 impôt *m* direct; contributions *fpl* directes.
◆_화법 -話法 명 【언어】 style *m* direct, discours *m* direct.

ㅈ

직제 職制 명 organisation *f* des emplois, répartition *f* des emplois; statuts *mpl* d'un organe administratif [officiel]. ¶ ~를 개편하다 opérer une réorganisation des emplois; réviser les statuts d'un organe administratif.

직조 織造 명 tissage *m*. ¶ ~ 공업[공장, 기술자] industrie [usine, technicien] de tissage. ◇_(를) **하다** tisser. ¶ 우리 공장은 고급 원단만을 ~한다 Notre usine ne fabrique que des tissus de bonne qualité.

◆**_공** -工 명 tisseu*r*(*se*), tisserand(*e*).

◆**_기** -機 명 métier *m* à tisser.

◆**_술** -術 명 technique *f* de tissage.

직종 職種 명 (catégorie *f* de) métier *m* [profession *f*]. ¶ 유사 ~ métiers analogues; professions similaires [analogues]. ¶ 전문 ~ métiers techniques; métier d'expert. ¶ 두 일은 ~이 다르다 Ces deux métiers sont différents. ¶ ...하는 ~에 종사하다 exercer le métier de; pratiquer la profession de. ¶ ~별로 분류하다 classer d'après [suivant, selon] les professions.

직지심경 直指心經 명 【불교】 *Jikjisimgyeong* ((livre bouddhique décrivant la pensée du Sutra)).

직진 直進 명 tout droit. ¶ ~ 차량 véhicules qui vont tout droit. ¶ ~ 신호 feu [signal] pour les voitures qui vont tout droit. ¶ ~으로 곧게 뻗은 길 chemin [route] parfaitement droit(*e*). ◇_(을) **하다** aller [avancer] tout droit. ¶ 사거리에서 ~하다 aller tout droit au carrefour. ¶ 빛은 ~한다 La lumière se déplace en ligne droite.

직책 職責 명 devoir *m*, fonction *f*, responsabilité *f*, charge *f* (venant de la fonction qu'on occupe). ¶ ~을 성실히 수행하다 accomplir sincèrement son devoir. ¶ 자신의 ~을 다하다 faire tout *son* devoir. ¶ 중요한 ~을 맡다 se faire confier d'importantes responsabilités. ¶ ~을 내놓다 se démettre de *ses* fonctions; démissionner de *son* poste; rendre *son* tablier; quitter [abandonner] un poste; se retirer ((des affaires)). ¶ 그는 높은 ~에 있다 Il est haut placé / Il a une situation importante / Il a un poste à responsabilités.

직통 直通 명 ① communication *f* directe; ligne *f* directe. ¶ ~으로 연결하다 connecter directement. ¶ 파리까지 ~으로 가다 aller à Paris directement. ② ((‘~으로’)) directement; sans intermédiaire. ¶ 돌에 머리를 ~으로 맞다 recevoir directement une pierre sur la tête. ¶ 이 약은 그 병에 ~으로 잘 듣는다 Ce médicament est directement efficace pour cette maladie. ◇_(을) **하다**[(이) **되다**] communiquer directement avec *qn*. ¶ 본사와 ~하는 전화 ligne directe avec la maison mère. ◇_**이다** ① être direct(*e*). ¶ 이 도로는 부산까지 ~이다 Cette route est directe jusqu'à Busan. ② être directement efficace. ¶ 두통에는 이 약이 ~이다 Pour les maux de tête, ce médicament est directement efficace.

◆**_전화** -電話 명 ligne *f* directe.

직파 直播 명 semence *f* directe. ◇_(를) **하다** semer directement. ¶ 볍씨를 ~하다 semer directement des grains de riz.

직판 直販 명 vente *f* directe [sur le terrain, sans intermédiaire, de main en main]. ◇_(을) **하다** faire de la vente directe. ¶ 농산물을 ~하다 vendre des produits agricoles directement (sans aucun intermédiaire). ◇_(이) **되다** être vendu(*e*) directement (sans intermédiaire).

◆**_장** -場 명 marché *m* de vente directe. ¶ 농수산물 ~장 marché de vente directe des produits agricoles et marins.

직하 直下 명 ① juste en dessous de *qc*. ¶ 적도 ~의 지방 région équatoriale. ② chute *f* [descente *f*] verticale.

직하다[1] 조형 ((verbe auxiliaire exprimant la probabilité, sous forme de radical verbal + -ㅁ/-음 직하다)). être possible, probable; être digne de. ¶ 그런 일은 있음~ Il est probable que ce genre d'affaire ait lieu. ¶ 그도 그런 생각을 가졌음~ Il est probable qu'il ait une telle pensée.

-직하다[2] 접미 ((suffixe verbalisant. Ajouté au radical d'un certain nombre d'adjectifs, il ajoute une sensation d'ampleur au sens exprimé par le verbe principal)). être assez [plutôt] ((grand)). ¶ 높~ être assez [plutôt] grand. ¶ 굵~ être plutôt épais(*se*). ¶ 묵~ être plutôt lourd(*e*).

직할 直轄 명 contrôle *m* direct; juridiction *f* directe. ¶ 정부 ~ 기관 administration placée sous le contrôle direct du gouvernement. ◇_(을) **하다** avoir le contrôle direct de *qc*; avoir la juridiction sur *qc*. ¶ 이 구역은 내가 ~하고 있다 J'ai le contrôle direct sur cette région / Cette région [zone] est sous mon contrôle (direct). ◇_(이) **되다** être placé(*e*) sous le contrôle direct de.

◆**_시** -市 명 ville *f* au statut spécial sous le contrôle direct du gouvernement central.

직함 職銜 명 titre *m* officiel. ¶ 공식 ~ titre officiel. ¶ 그는 여러 개의 ~을 가지고 있다 Il a plusieurs titres officiels.

직항 直航 명 navigation *f* [vol *m*] sans escale; vol *m* direct. ◇_(을) **하다** faire un vol sans escale; faire un vol direct. ¶ 이 비행기는 파리로 ~한다 Cet avion va directement à Paris / C'est un vol direct sur Paris.

◆**_로** -路 명 ligne *f* ((aérienne, maritime)) directe. ¶ 서울과 파리 사이에 ~로를 개설하다 créer une ligne aérienne directe entre Séoul et Paris.

직행 直行 명 voyage *m* direct; trajet *m* direct [sans changement]; vol *m* direct [sans escale]. ¶ ~을 타다 prendre un vol direct [sans escale]. ¶ 서울까지 ~으로 가다 aller directement à Séoul. ◇_(을) **하다** aller directement. ¶ 현장으로 ~하다 se rendre directement sur les lieux ((d'un accident)). ¶ 퇴근 후 집으로 ~하다 rentrer directement chez soi après le travail. ¶ 상대편의 기권으로 우리 팀은 결승전에 ~했다 Notre équipe est allée directement en finale grâce au forfait de notre adversaire [parce que notre adversaire avait déclaré forfait]. ¶ 이 버스는 부산까지 ~한다 Cet autocar va directement à Busan [est direct pour Busan].

◆_버스 명 bus *m* direct.

◆_열차 -列車 명 train *m* direct.

직후 直後 명 moment *m* suivant; juste [aussitôt, immédiatement] après. ¶ 그 ~에 juste [immédiatement] après lui. ¶ 전쟁 ~에 juste après la guerre. ¶ 내가 도착한 ~에 juste après mon arrivée.

진[1] 津 명 ① ((초목의)) résine *f*. ¶ 소나무 껍질에서 ~이 나온다 De la résine sort de l'écorce de pin. ② ((담배의)) nicotine *f*.

*~(을) 빼다 s'user (au travail); s'épuiser; se tuer {*fam*} (de travail); s'esquinter [s'éreinter] à travailler; démolir sa santé; mener une vie de galérien. ¶ 그깟 일로 ~을 빼지 말고 당장 그만둬라 Ne te laisse pas user par ce travail, arrête tout de suite.

*~(이) 빠지다[떨어지다] être exténué(*e*); être à bout de forces; être au bout du rouleau {*fam*}; tomber [mourir] de fatigue; ne plus en pouvoir. ¶ 며칠 밤을 새우고 나자 그는 완전히 ~이 빠져 버렸다 Au bout de plusieurs nuits blanches, il n'en pouvait vraiment plus [il était vraiment à bout (de force), au bout du rouleau].

진[2] 陣 명 camp *m*, campement *m*; retranchement *m*. ◇_(을) 치다 ① prendre position ((sur une colline)); camper ((devant les lignes ennemis)) ¶ 적들이 건너편에 ~을 쳤다 Les ennemis ont pris position de l'autre côté. ② y avoir une longue file [une très longue queue]. ¶ 사람들이 건물 앞에 ~을 치고 있다 Les gens sont très nombreux devant ce bâtiment.

◆장사_ 長蛇 명 (très) longue *f* file [queue *f*], queue *f* interminable. ¶ 장사~을 치다[이루다] y avoir une longue file [une très longue queue].

진[3] 眞 명 vrai(*e*). ¶ ~, 선, 미의 세 가지 가치 les trois valeurs que sont la vérité, la bonté et la beauté. ¶ 미스코리아 선발대회에서 ~으로 뽑히다 être élu Miss Corée (du Sud).

진[4] 영{jean} 명 (blue-)jean(s) *m*(*pl*). ¶ ~을 입다 ((행위)) mettre un jean; ((상태)) porter un jean.

◆_바지 명 pantalon *m* en *jean*(*s*)

진[5] 영{gin} 명 gin *m*. ¶ ~을 한 잔 마시다 boire un verre de gin.

◆_토닉 영{- tonic} 명 Gin tonic.

진[6] 秦 명 【역사】 la dynastie *f* Ch'in [Qin] (221-206 av. J.-C.).

진[7] 晋 명 【역사】 la dynastie *f* Tsin[Jin] (265-419 ap. J.-C.)).

-진[8] 陣 접미 groupe *m*, équipe *f*, corps *m*. ¶ 교수~ corps professoral. ¶ 선수~ équipe d'athlètes. ¶ 수사~ équipe de recherches. ¶ 연구~ équipe de chercheurs. ¶ 의료~ équipe médicale. ¶ 집필~ équipe de rédaction. ¶ 편집~ équipe d'édition.

진-[9] 접두 contenant trop d'eau. ¶ ~밥 du riz contenant trop d'eau.

진-[10] 접두 foncé(*e*). ¶ ~분홍 rose foncée. ¶ ~보라 violet foncé. ¶ ~초록 vert foncé.

진-[11] 접두 concentré(*e*). ¶ ~액 liquide concentré. ¶ ~간장 sauce de soja concentrée [très épaisse].

진-[12] 眞- 접두 vrai(*e*), véritable. ¶ ~면모 vraie figure [personnalité] de *qn*; véritable aspect; vrai visage de *qn*. ¶ ~면목 vraie figure [personnalité] de *qn*; véritable aspect; le vrai visage de *qn*.

진가 眞價 명 vraie valeur *f*; valeur *f* réelle [intrinsèque]. ¶ ~를 인정하다 reconnaître la valeur ((d'une œuvre)). ¶ ~를 발휘하다[떨치다] montrer *sa* (vraie) valeur. ¶ 아직도 그의 ~를 알아주는 이가 없다 On ne sait pas encore ce qu'il vaut.

진갑 進甲 명 le soixante et unième anniversaire *m* de *qn*. ¶ ~ 잔치 festin du soixante et unième anniversaire. ¶ ~을 맞다 atteindre [arriver à] *son* soixante et unième anniversaire. ¶ ~을 넘기다 dépasser *son* soixante et unième anniversaire. ¶ ~을 바라보다 être à la veille de *son* soixante et unième anniversaire.

◆_연-宴 명 festin *m* [banquet *m*] du soixante et unième anniversaire.

*환갑 ~ 다 지난 나이 un âge très avancé.

진격 進擊 명 attaque *f*, assaut *m*. ¶ ~을 개시하다[명령하다] déclencher une attaque; monter [aller] à l'assaut [donner l'assaut à]. ◇_(을) 하다 marcher sur ((une ville ennemie)); attaquer ((l'ennemi)); donner l'assaut à ((une position)). ¶ 적진으로[을 향해] ~하다 avancer sur [donner l'assaut à] une position ennemie.

진경[1] 眞境 명 état *m* réel. ¶ 예술의 ~에 들어서다 entrer dans le monde réel des arts.

진경[2] 眞景 명 ① vrai [véritable] paysage *m*. ¶ ~산수화 (tableau de) paysage. ¶ ~을 그리다 dessiner un paysage. ② vrai aspect *m* ((de la vie)). ¶ 삶의 ~을 느끼다 ressentir le vrai panorama de la vie.

진경[3] 進境 명 état *m* [étape *f*] de développement [de progression]. ¶ ~을 이루다 former un état de progression. ¶ ~을 보이다 montrer un état de progression; montrer des progrès.

진경[4] 珍景 명 paysage *m* extraordinaire; vue *f* extraordinaire. ¶ ~을 연출하다[이루다] mettre en scène un paysage extraordinaire. ¶ ~을 구경하다 admirer [contempler] un paysage extraordinaire.

진골 眞骨 명 *jingol* <titre de noblesse de Silla, noblesse royale, personnes dont un des parents est de lignée royale>. ¶ ~ 출신이다 être de lignée royale [de sang royal] par l'un de ses parents.

진공[1] 眞空 명 vide *m*. ¶ ~ 상태 état (de) vide.

◆_관 -管 명 tube *m* à vide.

◆_청소기 -淸掃器 명 aspirateur *m*.

진공[2] 進攻 명 attaque *f*, assaut *m*. ◇_(을) 하다 attaquer, donner l'assaut. ¶ 우리 군대는 동쪽으로 ~하였다 Notre armée a lancé une attaque vers

ㅈ

l'est.

진구렁 명 ① bourbier *m*, fondrière *f*, marais *m*. ¶ ~에 빠지다 tomber dans un bourbier. ② ((비유적)) bourbier *m*, embarras *m*, merdier *m* {*vulg*}. ¶ 악의 ~ le bourbier des exactions. ¶ ~에서 구하다 tirer *qn* d'un bourbier.

진국 眞- 명 ① potage *m* [soupe *f*] épais(*se*). ¶ ~을 마시다 boire un potage épais. ② ((비유적)) personne *f* sincère [honnête]. ¶ 그 사람 정말 ~이다 C'est un homme [une femme] très sincère!

진군 進軍 명 marche *f* ((d'un régiment)); avance *f*. ¶ ~의 나팔 소리 sonner la marche. ◇_(을) **하다** s'avancer; marcher ((sur une ville)). ¶ 적진으로[을 향해] ~하다 s'avancer vers l'ennemi.

진귀하다 珍貴- 형 être rare, précieux(*se*). ¶ 진귀한 골동품 antiquités rares.

진급 進級 명 promotion *f* ((à un poste plus élevé)); avancement *m*; passage *m* ((d'un élève)) dans la classe supérieure. ¶ 그는 동기에 비해 ~이 빠르다[느리다] Sa promotion se fait plus rapidement [lentement] par rapport à ses collègues. ¶ 그는 ~ 대상에서 빠졌다 Il ne risque pas d'obtenir de l'avancement [d'être promu]. ◇_(을) **하다** passer ((en classe de troisième)); monter ((en grade)); obtenir de l'avancement; être promu(*e*) ((lieutenant)); passer dans la catégorie supérieure. ¶ 차장에서 부장으로 ~하다 passer du poste de sous-directeur [de directeur assistant] au poste de directeur; être promu directeur. ¶ 2학년으로 ~하다 ((un(*e*) élève)) passer en deuxième année. ◇_(이) **되다** être promu(*e*) ((lieutenant)). ¶ 그는 이번에 책임자로 ~이 되었다 Cette fois-ci, il a été promu responsable. ◇_(을) **시키다** donner de l'avancement à *qn*. ¶ 그를 과장으로 ~시키기로 했다 Il a décidé de le faire passer chef de service.

◆**_시험** -試驗 명 examen *m* de fin d'année; examen *m* en vue d'une promotion.

진기[1] 珍技 명 technique *f* exceptionnelle [rare].

◆**_명기** -名技 명 techniques *fpl* exceptionnelles et extraordinaires.

진기[2] 津氣 명 viscosité *f*. ¶ 밥이 ~가 빠졌다 Le riz est trop sec. ¶ 밥이 ~가 없어 퍽퍽하다 Le riz n'est pas assez hydraté, il est trop sec.

진기록 珍紀錄 명 record *m* exceptionnel (difficile à battre), record *m* sensationnel [soufflant, époustouflant, extraordinaire, grandiose]. ¶ ~을 세우다 établir un record exceptionnel [sensationnel, époustouflant, extraordinaire, grandiose].

진기하다 珍奇- 형 être rare, curieux(*se*), bizarre, étrange, singuli*er*(*ière*). ¶ 진기한 풍경 paysage extraordinaire. ¶ 진기하게도 가을에 눈이 내렸다 Bizarrement, il a neigé en automne.

진노 震怒 명 colère *f*, emportement *m*, courroux *m* (d'une personne pleine de dignité). ¶ 신의 ~ colère de Dieu. ¶ 누구의 ~를 사다[불러일으키다] provoquer la colère de *qn*. ◇_(를) **하다** se mettre en colère; s'emporter. ¶ 왕은 그 소식을 듣고 매우 ~했다 À ses mots, le roi s'est emporté d'une colère noire / Cette nouvelle a mis le roi dans une colère noire.

진눈깨비 명 neige *f* fondue. ¶ ~가 내린다 Il tombe de la neige fondue.

진단 診斷 명 diagnostic *m*. ¶ 조기 ~ diagnostic précoce. ¶ 전문가에게 ~을 의뢰하다 demander à un expert d'examiner *qc*. ◇_(을) **하다[내리다]** diagnostiquer [émettre un diagnostic]. ¶ 옳게[잘못] ~ faire un diagnostic correct [se tromper dans son diagnostic]. ¶ 암이라고 ~을 내리다 diagnostiquer un cancer. ¶ 현대 사회를 ~하다 faire un diagnostic de [examiner] la société moderne. ¶ 전문가들은 부실공사가 사고의 원인이라고 ~했다 Des experts ont certifié que des travaux effectués avec négligence étaient à l'origine de l'accident. ◇_(이) **되다** ((une maladie)) être diagnostiqué(e), découvert(e), étiqueté(e). ¶ 급성 폐렴으로 ~되다 ((une maladie)) être diagnostiquée en tant que pneumonie aiguë, une pneumonie aiguë est diagnostiquée ((chez *qn*)). ◇_(을) **받다** se faire diagnostiquer (par un médecin). ¶ 의사의 ~을 받다 se faire diagnostiquer par un médecin, se faire examiner par un médecin, consulter un médecin.

◆**_서** -書 명 certificat *m* médical. ¶ 사망 ~서 papier certifiant le décès de *qn*. ¶ ~서를 떼다[끊다, 발급하다] délivrer [fournir, produire] un certificat médical.

◆**건강_** 健康 명 examen *m* médical. ¶ 건강~을 받다 passer un examen médical.

진달래 명 ① ((나무)) rhododendron *m*. ② ((꽃)) azalée *f*, *Rhododendron mucronulatum* {*nsc*}. ¶ ~가 피었다 Les azalées sont en fleurs.

◆**_꽃** 명 azalée *f*.

진담 眞談 명 parole *f* sérieuse. ¶ ~을 농담처럼 하다 dire des choses sérieuses sur un ton plaisantin. ¶ 농담[누구의 말]을 ~으로 받아들이다[여기다] prendre une plaisanterie au sérieux. ¶ 내 말은 ~이다 Je parle sérieusement / Je suis sérieux. ¶ 너 그 말 ~이냐? Tu parles sérieusement? / Tu es sérieux? ¶ ~ 반 농담 반 être mi-sérieux(*se*) [demi(*e*) sérieux(*se*)]. ◇_(을) **하다** parler sérieusement; être sérieux(*se*).

진도[1] 進度 명 avancée *f*, rythme *m*, vitesse *f* ((selon laquelle un travail avance)); degré *m*. ¶ 한 주일에 한 과씩 ~를 나가다 avancer à raison d'une leçon par semaine; faire une leçon par semaine. ¶ 다른 반과 ~를 맞추다 essayer d'avancer à la même vitesse qu'une autre classe. ¶ ~가 빠르다[늦다] avancer rapidement [avancer lentement, ne pas avancer rapidement]. ¶ ~가 어디까지 나갔지? Où en sommes-nous (dans le programme)? / Où en est-on (dans le programme)?

진도[2] 震度 명 intensité *f* d'un séisme; magnitude *f* d'un séisme. ¶ ~ 7의 강진 fort séisme de magnitude

7 sur l'échelle de Richter.

진돗개 珍島- 명 chien *m* Jindo.

진동[1] **振動** 명 ① vibration *f* ((sonore, de l'air)); oscillation *f* ((du pendule)). ¶ 시계추의 ~ oscillations du balancier. ¶ 휴대폰을 ~으로 하다 mettre *son* (téléphone) portable sur le mode «vibrations». ② ((냄새가)) embaumer; empester, empuantir, puer; exhaler [dégager] une odeur fétide. ◇_(을) **하다** ① vibrer, osciller. ¶ 추가 규칙적으로 ~을 한다 Le balancier [pendule] oscille régulièrement. ② ¶ 온 집안에 악취[냄새]가 ~한다 Ça empeste [embaume] dans toute la maison. ¶ 곰팡이 냄새가 방안에 ~했다 L'odeur de moisi empeste la pièce. ◇_(을) **시키다** faire vibrer. ¶ 성대를 ~시켜서 소리를 내다 émettre un son en faisant vibrer ses cordes vocales.

◆_**수** -數 명 fréquence *f*.

◆_**판** -板 명 diaphragme *m* ((de haut-parleur)).

진동[2] **震動** 명 secousse *f*, tremblement *m*, ébranlement *m*; cahot *m* ((d'un autobus)). ¶ ~을 느끼다 ressentir une secousse. ◇_(을) **하다** trembler, cahoter; être secoué(*e*). ¶ 지진으로 땅이 ~했다 La terre a été secouée par un tremblement de terre [par un séisme]. ¶ 함성이 광장 가득 ~했다 Des cris ont envahi [retenti dans] toute la place. ◇_(을) **시키다** secouer; faire trembler ((les vitres)); donner des secousses à; ébranler ((un immeuble)). ¶ 함성 소리가 천지를 ~시켰다 Des cris ont ébranlé le monde entier.

진동[3] 명 entournure *f*, emmanchure *f*. ¶ 한복저고리의 ~ emmanchure du *jeogori* (d'un *hanbok*).

진두 陣頭 명 tête *f* ((d'une colonne)); front *m*. ¶ ~를 이끌다 diriger une attaque; diriger ((une entreprise, des travaux)). ¶ ~에 서다 se mettre [être] à la tête ((de *ses* troupes)); diriger une attaque; diriger ((une entreprise, des travaux)). ¶ 사업의 ~에 나서다 diriger une entreprise.

◆_**지휘** -指揮 명 commandement *m* (d'une armée). ¶ 적진 앞에서 ~지휘(를) 하다 commander une armée devant les lignes ennemies. ¶ 시장 개척을 ~지휘하다 commander l'exploitation d'un marché comme seul dirigeant.

진드기 명 ① tique *f*. ② ((비유적)) personne *f* collante; ((*être comme une*)) sangsue *f*.

진득거리다 자 être collant(*e*), gluant(*e*), poisseux(*se*), visqueux(*se*); coller ((avoir les mains qui collent)), poisser ((ça poisse)), ((지방어)) péguer ((ça pègue)).

진득진득 부 avec une sensation collante [gluante, poisseuse, visqueuse].

진득하다 형 ① être visqueux(*se*), gluant(*e*). ¶ 진득한 액체 un liquide visqueux. ¶ 진득하게 흘러내리는 땀 sueur visqueuse qui coule sans cesse. ② ((사람)) être posé(*e*), calme, tranquille, flegmatique, imperturbable, grave, digne. ¶ 그는 태도가 ~ Il est imperturbable. ¶ 진득한 사람 une personne imperturbable [flegmatique, posée]. ¶ 그는 친구를 진득하게 사귄다 Il sait garder ses amis.

◆**진득이** 부 posément, tranquillement; avec sang-froid; avec aplomb; avec persévérance. ¶ 진득이 좀 앉아 있어라 Reste assis(*e*) tranquillement [calmement].

진딧물 명 aphidés *mpl*; puceron *m* vrai. ¶ 화초에 ~이 끼었다 Il y a des pucerons sur les plantes.

진땀 명 sueur *f* épaisse. ¶ 그의 얼굴은 ~으로 범벅이 되어 있었다 Son visage était couvert de sueur.

*~(을) **흘리다[빼다, 뽑다]** faire un travail pénible; suer [peiner] ((sur un examen)), suer sang et eau. ¶ 그는 어려운 질문에 답하느라 ~을 흘렸다 Il a peiné pour répondre à ces questions ardues.

*~(이) **나다** peiner, faire de gros efforts, faire un travail pénible, suer sang et eau, en baver {*fam*} (des ronds de chapeau), en roter {*fam*}, en chier {*vulg*}. ¶ 선생님의 계속된 추궁에 거짓말이 탄로 날까 봐 ~이 났다 Le professeur n'arrêtant pas de me questionner [de m'interroger, de me presser de questions], je suais à grosses gouttes, anxieux(*se*) à l'idée qu'on découvre mon mensonge [de peur que l'on découvre le pot aux roses].

진력 盡力 명 ((faire de)) grands efforts *mpl*; dévouement *m*. ¶ ~을 다하다 faire tous les efforts possibles [tout *son* possible, le maximum, *son* maximum] pour+*inf*. ◇_(을) **하다** faire tous les efforts possibles [tout *son* possible, le maximum, *son* maximum] pour+*inf*, donner le meilleur de *soi*, faire de *son* mieux [du mieux que l'on peut]. ¶ 목표량 달성에 ~하다 faire tout *son* possible pour aboutir à *ses* fins. ¶ 경제를 살리기 위해 ~하다 faire tous les efforts possibles pour sauver l'économie.

*~(이) **나다** en avoir assez de, en avoir marre [jusque là, ras le bol, ras la casquette, *sa* claque, *sa* dose] {*fam*}, être las(*se*) de *qc*, saturé(*e*) [écœuré(*e*), dégoûté(*e*)] de *qc*, avoir une indigestion de *qc*. ¶ 나는 도시 생활에 ~이 났다 J'en ai assez de la ville [de vivre en ville]. ¶ 빵이라면 이제 ~난다 J'en ai assez [marre {*fam*}] du pain [des viennoiseries] / Je suis écœuré(*e*) du pain [des viennoiseries]. ¶ 그의 불평을 듣는 데에 ~이 났다 J'en ai assez de l'entendre rouspéter [râler {*fam*}].

진로 進路 명 voie *f*, chemin *m*, route *f* ((à parcourir)). ¶ ~ 문제로 고민하다 avoir des soucis pour choisir *sa* carrière. ¶ ~를 결정하다 décider de la carrière à poursuivre [du chemin à poursuivre]; choisir *sa* carrière [*sa* voie]. ¶ ~를 막다 barrer le chemin [passage] à *qn*; se mettre sur le chemin de *qn*. ¶ 인생의 ~를 바꾸다 se diriger vers une autre carrière. ¶ 학생의 ~를 지도하다 guider un élève dans le choix de son orientation, orienter un élève vers le secteur professionnel ou académique, ¶ 졸업 후의 ~를 구상하다 élaborer [projeter, faire le projet de] *sa* carrière après avoir terminé *ses* études.

◆_방해 -妨害 명 【운동】 obstruction *f*.

진료 診療 명 (consultation *f* et) soins *mpl* médicaux. ¶ ~ 기관 organisme de soins médicaux. ¶ ~ 혜택 ((bénéficier d')) avantages pour des soins médicaux. ¶ 장기간의 ~를 요하는 병 maladie nécessitant un long traitement médical. ¶ ~ 시간이 끝났습니다 Les heures de consultation, c'est fini / Les consultations sont terminées. ◇_(를) **하다** soigner ((des patients, des malades)). ¶ 환자를 ~하다 soigner un patient [un malade]. ◇_(를) **받다** consulter un médecin et se faire soigner. ¶ 의사의 ~를 받다 consulter un médecin et se faire soigner.

◆_권 -券 명 carte *f* de consultation.

◆_소 -所 명 infirmerie *f*; dispensaire *m*; cabinet *m* de consultation.

◆_실 -室 명 infirmerie *f*.

진루 進壘 명 【운동】 action d'aller sur le but suivant ((au baseball)). ¶ 주자의 ~를 막다 empêcher l'avancée d'un coureur sur le but suivant. ◇_(를) **하다** se rendre au but suivant. ¶ 주자가 2루로 ~했다 Le coureur est allé au deuxième but.

◆_타 -打 명 coup *m* de batte permettant au coureur de se rendre au but suivant. ¶ ~타를 치다 donner un coup de batte permettant au coureur de se rendre au but suivant.

진리 眞理 명 vérité *f*, vrai *m*. ¶ ~를 탐구하다[찾다] chercher la vérité. ¶ ~를 깨닫다 connaître [comprendre] la vérité.

◆_성-性 명 véracité *f*; caractère *m* vrai. ¶ 법칙의 ~성 véracité [équité] des lois.

◆_조건 -條件 명 【언어】 condition *f* de vérité.

◆_치[값] -値 명 【논리】 véritable valeur *f*.

◆절대_ 絶對- 명 vérité *f* absolue.

진맥 診脈 명 examen *m* médical (basé sur l'examen du pouls). ◇_(을) **하다[짚다]** prendre [tâter, chercher, toucher] le pouls d'un malade (pour découvrir *sa* maladie). ¶ 의사는 일단 환자를 ~했다 Le médecin a commencé par prendre son pouls. ◇_(을) **받다** se faire prendre le pouls. ¶ 한의사의 ~을 받다 se faire prendre le pouls par un spécialiste de médecine orientale.

진면목 眞面目 명 vraie figure *f* [personnalité *f*]; véritable aspect *m*. ¶ ~을 보여주다[드러내다] montrer sa vraie personnalité; se montrer sous son vrai jour [tel qu'on est]. ¶ ~을 유감없이 발휘하다 se montrer sous son vrai jour [tel qu'on est]. ¶ 숨겨진 ~을 발견하다 découvrir la vraie personnalité de *qn*. ¶ 이 작품을 통해 그의 ~을 알 수 있다 On voit toute sa personnalité dans cette œuvre.

진무르다 자 (('짓무르다'의 잘못)) ☞ 짓무르다

진물[1] 津- 명 sécrétion *f* d'une plaie. ¶ ~이 나다 suinter.

진물[2] 珍物 명 objet *m* rare, rareté *f*.

진미[1] 珍味 명 mets *m* rare et délicat; mets *m* savoureux; goût *m* exquis. ¶ 계절의 ~ mets savoureux recherché à certaines saisons. ¶ ~를 맛보다 goûter un mets savoureux; se délecter. ¶ ~로 알려진 음식 un plat [un mets] réputé (pour être) excellent.

◆산해_ 山海- 명 repas *m* somptueux, festin *m*.

진미[2] 眞味 명 ① vraie saveur *f*, vrai goût *m*; son goût *m*; goût *m* d'origine [originel, initial]. ② *sa* véritable valeur; *sa* valeur originelle [primitive, initiale, première]; goût *m* raffiné. ¶ 예술의 ~ véritable valeur de l'art; véritables valeurs esthétiques. ¶ ~를 느끼다 ressentir le goût d'origine [originel, initial] d'un mets; ressentir la véritable valeur de *qc* [la valeur originelle, première, primitive] de *qc*. ¶ 여행의 ~를 만끽하다 profiter pleinement [au maximum] d'un voyage.

진배없다 형 ne pas être inférieur(*e*) à *qc*/*qn*. ¶ 이건 진품과[에] ~ C'est comme le vrai / Je ne vois pas la différence avec le vrai. ¶ 우리가 진 것이나 ~ C'est comme si on avait perdu. ¶ 저 둘은 결혼한 사이나 진배없게 행동한다 Ils se comportent comme s'ils étaient mariés.

◆진배없이 부 comme, pareillement à. ¶ 그들은 형제나 진배없이 행동한다 Ils se comportent comme frères et sœurs.

진범 眞犯 명 vrai(*e*) coupable *mf*. ¶ 사건의 ~ le vrai coupable d'une affaire (criminelle). ¶ ~을 알아내다[체포하다] trouver [arrêter] le vrai coupable.

진법[1] 陣法 명 formation *f* [disposition *f*] d'une troupe.

진법[2] 進法 명 【수학】 base *f*.

◆십_ 十- 명 système *m* (à base) décimal.

◆이_ 二- 명 système *m* (à base) binaire.

진보 進步 명 progrès *m*, développement *m*. ¶ 큰[굉장한] ~ de grands progrès, des progrès considérables [remarquables, notables, apparents, évidents, manifestes, marquants, éclatants, notables, certains, sérieux, appréciables, énormes, immenses, formidables, importants, étonnants, foudroyants, fulgurants, surprenants]. ¶ 빠른[급속한, 더딘] ~ des progrès rapides [des progrès fulgurants, des progrès foudroyants; un léger progrès, des progrès sensibles, des progrès visibles, des progrès tangibles]. ¶ 기술의 ~ progrès technique. ¶ 지식의 ~ développement des sciences. ◇_(를) **하다** avancer, faire des progrès, progresser; être en progrès. ¶ 역사[과학, 기술]가 ~하고 있다 L'histoire [La science, La technologie] progresse. ¶ 세상이 ~함에 따라 à mesure que le monde progresse. ◇_(가) **되다** se développer, progresser, faire des progrès. ¶ 그 사람은 ~된 생각을 갖고 있다 Il a des idées progressistes. ◇_(를) **시키다** faire progresser.

◆_적 -的 명관 progressiste, avancé(*e*). ¶ ~적 민족주의 nationalisme progressiste. ¶ ~적 사상[경향, 단체, 세력, 신문] idées [tendance, association, force, journal] progressiste(s). ¶ 그 사람의 사고방식은 매우 ~적이다 Ses idées sont très progressistes.

◆_성 -性 명 progressivité *f*.

ㅈ

◆_당 -黨 명 parti *m* progressiste.
◆_주의 -主義 명 progressisme *m*.
◆_주의자 -主義者 명 progressiste *mf*.

진보라 津- 명 violet *m* foncé *inv*. ¶ ~ 색 (couleur) violet foncé.

진본 眞本 명 authenticité *f*, vrai *m*. ¶ 작품의 ~ 여부를 감정하다 vérifier l'authenticité d'un tableau, faire expertiser un tableau. ¶ 작품의 ~을 가리다 distinguer [discerner] le vrai tableau du faux. ¶ ~으로 판명되다 se révéler vrai(*e*). ¶ 책의 ~이 공개되었다 L'original est accessible au public.

진부 眞否 명 authenticité *f*, vrai *m*; véracité *f*. ¶ ~를 입증하다 prouver l'authenticité. ¶ ~를 가리다 distinguer le vrai du faux. ¶ 그 소식은 ~가 아직 불확실하다 On ignore encore la véracité de cette nouvelle.

진부하다 陳腐- 형 être désu*et*(*ète*), éculé(*e*), démodé(*e*), passé(*e*) de mode, vieilli(*e*), vieillot(*te*), archaïque, arriéré(*e*), dépassé(*e*), périmé(*e*), obsolète, rétrograde, antique; tomber en désuétude, avoir fait *son* temps. ¶ 그 농담은 너무 진부해요 Cette plaisanterie est trop démodée [vieillie, dépassée, désuète, éculée]. ¶ 나는 그 생각이 진부하게 느껴진다 Je trouve cette idée dépassée [rétrograde, archaïque, arriérée, un peu vieillotte, surannée]. ¶ 진부한 표현[사상] une expression désuète; une expression rebattue, lieux communs rebattus [des idées rétrogrades, des idées arriérées].

진분수 眞分數 명 【수학】 fraction *f*.

진분홍 津粉紅 명 rose *m* foncé.

진사 進士 명 【역사】 *jinsa m* <titre donné au candidat admis au concours des fonctionnaires à l'époque de Joseon>.

진상[1] 眞相 명 vérité *f*. ¶ ~을 공개하다 dévoiler [révéler, mettre au (grand) jour] la vérité. ¶ ~을 밝히다[규명하다, 조사하다, 캐다] dévoiler [révéler, mettre au (grand) jour, mettre en lumière, mettre en évidence; chercher, enquêter sur; découvrir] la vérité, tirer au clair ((une affaire)), faire la lumière sur ((une affaire)). ¶ ~을 숨기다[은폐하다] cacher [taire] la vérité. ¶ 이 사건은 ~이 베일에 가려져 있다 Cette affaire reste toujours entourée [enveloppée] de mystère / Cette affaire reste toujours mystérieuse / La vérité de cette affaire est cachée [dissimulée, voilée] / La vérité de cette affaire reste ensevelie sous un mystère [sous un voile].

진상[2] 進上 명 offrande *f*. ◇_(을) **하다** faire à *qn* une offrande, apporter *qc* en offrande. ¶ 특산품을 임금에게 ~하다 faire au roi l'offrande de ses produits régionaux, apporter au roi les produits régionaux en offrande.
◆_품 -品 명 don *m*, présent *m*.

진선미 眞善美 명 vérité *f*, bonté *f* et beauté *f*. ¶ ~를 모두 갖추다 se doter de vérité, de bonté et de beauté.

진성 眞性 명 nature *f*, dispositions *fpl* innées [naturelles].

진세[1] 陣勢 명 situation *f* [état *m*] du camp. ¶ ~를 살피다 observer la situation du camp. ¶ ~를 바라보다 regarder l'état du camp.

진세[2] 塵世 명 ce (bas) monde *m*.

진속 塵俗 명 ce (bas) monde *m*.

진솔하다 眞率- 형 être sincère, être franc(*he*), honnête; être vrai(*e*). ¶ 그 사람의 고백은 진솔했다 Son aveu était sincère. ¶ 진솔하게 표현하다 exprimer avec sincérité [avec franchise]. ¶ 그 사람의 진솔한 이야기 son histoire vraie [authentique sincère].

진수[1] 眞髓 명 essence *f*, fond *m*; vrai *m*; quintessence *f*; ((철학)) quiddité *f*. ¶ 축구의 ~ le vrai football. ¶ 음악의 ~를 맛보다 expérimenter la vraie musique. ¶ 서양 미술의 ~를 선보이다 présenter la vraie peinture occidentale. ¶ 이것이 문학의 ~이다 C'est la quintessence de la littérature / Ça, c'est de la littérature {*fam*}.

진수[2] 進水 명 lancement *m* [mise *f* à l'eau] ((d'un navire)). ◇_(를) **하다[시키다]** ((un navire)) être lancé(*e*), être mis(*e*) à l'eau [à flot] [lancer ((un navire)), mettre ((un navire)) à l'eau [à flot]]. ¶ 새로 건조한 유람선을 ~시키다 lancer [mettre à l'eau] pour la première fois un bateau de plaisance nouvellement construit. ◇_(가) **되다** ((un nouveau navire)) être lancé(*e*).
◆_식 -式 명 cérémonie *f* du lancement ((d'un navire)), baptême *m* ((d'un navire)). ¶ ~식을 하다[거행하다] baptiser un navire, administrer le baptême à un navire, procéder à la cérémonie du lancement ((d'un navire)).

진수성찬 珍羞盛饌 명 festin *m*, repas *m* copieux [somptueux]. ¶ ~을 차리다 préparer un repas copieux [de fête]. ¶ ~을 대접하다 offrir à *qn* un repas somptueux.

진술 陳述 명 témoignage *m*, déclaration *f*, déposition *f*. ¶ 거짓 ~ un faux témoignage. ¶ 객관적 ~ un témoignage objectif. ¶ 누구의 ~을 듣다[청취하다, 녹음하다] écouter [enregistrer] le témoignage de *qn*. ¶ ~을 거부하다 refuser de témoigner. ¶ 목격자의 ~로 미루어 보아 d'après [selon, sur] le témoignage du témoin. ◇_(을) **하다** témoigner. ¶ 법정에서 ~하다 témoigner en justice. ¶ 사건의 전말을 ~하다 témoigner les détails d'une affaire. ¶ 사건 당일 행적에 대하여 ~하다 raconter [préciser, décrire] *son* emploi de temps le jour du crime. ¶ 누구에게 유리한[불리한] ~을 하다 témoigner en faveur de [contre] *qn*. ¶ ...다고 ~하다 témoigner que+*ind*. ◇_(을) **받다** recevoir un témoignage. ¶ 범인의 ~을 받다 recevoir le témoignage du criminel. ◇_(이) **되다** être témoigné(*e*). ¶ 그 사실은 이미 증인에 의해 ~되었다 Ce fait a déjà été témoigné par le témoin.
◆_서 -書 명 déclaration *f*.

진실 眞實 명 vérité *f*; vrai *m*. ¶ ~을 말하다 dire la vérité. ¶ ~을 알다 connaître la vérité. ¶ ~을 밝히다

ㅈ

dévoiler[révéler, mettre au (grand) jour, mettre en lumière, mettre en évidence, découvrir] la vérité, tirer au clair ((une affaire)), faire la lumière sur ((une affaire)), déchirer le voile. ¶ ~을 호도하다[감추다, 은폐하다, 숨기다] maquiller, farder, déguiser [cacher, taire, dissimuler] la vérité. ¶ ~과 거짓을 구별하다 distinguer le vrai d'avec le faux, discerner le vrai du faux. ¶ 이번에는 반드시 역사적 ~이 규명되어야 한다 Cette fois-ci, il faut absolument faire toute la lumière [rétablir la vérité] sur cette période de l'Histoire. ¶ ~은 숨김없이 밝혀져야 한다 La vérité doit être entièrement mise au grand jour. ¶ ~이 드러났다 La vérité a éclaté (au grand jour) [est apparue au grand jour, a émergé, s'est fait jour] / La vérité a été mise au jour [à nue] / ((적나라하게)) (Toute) la vérité a été dévoilée / La vérité a été (entièrement) dévoilée / Nous avons enfin une version authentique [fidèle] de cette affaire.

◆_**하다** 형 être vrai(*e*), véritable, véridique, authentique, sincère, fran*c*(*che*), loy*al*(*ale*, *aux*). ¶ ~한 마음으로 en toute sincérité. ¶ 그 사람은 ~한 사람이다 C'est un homme sincère.

◆_**로** 부 en vérité, à dire vrai.

◆_**성** -性 명 sincérité *f*, franchise *f*, loyauté *f*. ¶ 아무도 그 사람의 말의 ~성을 의심하지 않는다 Personne ne doute de la sincérité de ses paroles.

진심 **眞心** 명 sincérité *f*, cœur *m*. ¶ ~을 간파하다 lire dans le cœur [dans la pensée] de *qn*. ¶ ~을 털어놓다 ouvrir [épancher] *son* cœur [*sa* pensée] à *qn*, dévoiler (le fond de) *son* cœur, se confier à *qn*, se livrer à *qn*, s'ouvrir à *qn*, parler à cœur ouvert à *qn*; confier *son* histoire intime à *qn*, dire *sa* pensée, discuter cœur à ouvert; s'épancher auprès de *qn*. ¶ ~을 숨기다[감추다] maintenir secret [cacher] le fond de *sa* pensée. ¶ ~에서 우러나오는 인사 sincères salutations. ¶ ~ 어린 충고 un conseil sincère. ¶ ~이 아니지? Tu ne penses pas ce que tu dis, n'est-ce pas? / Tu dis ça pour rire, n'est-ce pas? / C'est une plaisanterie, n'est-ce pas? ◇_**이다** être sincère. ¶ 내가 널 좋아하는 건 ~이다 Mon amour pour toi est sincère.

◆_**으로** 부 de bon [grand] cœur; de tout *son* cœur, de toute *son* âme; sincèrement, cordialement. ¶ ~으로 대하다 être sincère avec *qn*. ¶ ~으로 간호하다 soigner *qn* de tout *son* cœur [avec beaucoup de dévouement]. ¶ ~으로 사랑하다 aimer *qn* de tout *son* cœur. ¶ ...한 것을 ~으로 유감스럽게 생각하다 regretter sincèrement d'avoir fait *qc*.

진압 **鎭壓** 명 étouffement *m*, répression *f*. ¶ 폭동의 ~ étouffement d'une révolte. ◇_(**을**) **하다** étouffer, réprimer, écraser. ¶ 폭동을 ~하다 étouffer [réprimer, écraser] une révolte, étouffer [réprimer] une émeute, calmer [apaiser] une agitation, apaiser [dompter, étouffer] une rébellion. ◇_(**이**) **되다** être étouffé(*e*), être réprimé(*e*). ¶ 반란은 이내 ~이 되었다 La rébellion a été vite réprimée.

진앙 **震央** 명 【지리】 épicentre *m* (sismique). ¶ 지진의 ~ l'épicentre d'un séisme.

진액 **津液** 명 résine *f*; sève *f*; suc *m*, jus *m*. ¶ ~을 짜내다 extraire de la résine [de la sève, du suc, du jus]; résiner ((un arbre)), récolter la résine ((d'un arbre)). ¶ ~이 나오다 produire de la résine.

진양 명 【음악】 *jinyang m* <une mesure de *pansori* (판소리) ou *sanjo* (산조), un peu moins rapide que *jungmori* (중모리), mesure traditionnelle coréenne à 24 / 4>. ¶ ~ 장단 mesure traditionnelle coréenne à 24 / 4.

◆_**조** -調 명 mesure *f* traditionnelle coréenne à 24 / 4.

진언 **進言** 명 conseil *m*, avis *m*. ¶ 간곡한 ~을 받아들이다 suivre des conseils fervents [sincères, appuyés, incitatifs]. ¶ 신하들의 ~에 귀를 기울이다 écouter les conseils des sujets. ◇_(**을**) **하다**[**드리다**, **올리다**] donner *son* avis à *qn*. ¶ 상급자에게 애로 사항을 ~하다 exposer à *son* supérieur la liste des défauts [des problèmes]. ¶ 모든 상황에 대비해야 한다고 ~을 하다 conseiller à *qn* de parer à toute éventualité.

진열 **陳列** 명 exposition *f*, étalage *m*. ¶ 상품의 ~ exposition de marchandises [d'objets]. ◇_(**을**) **하다** étaler, exposer, faire les vitrines. ¶ 제품을 쇼윈도에 ~하다 exposer des articles [des marchandises] dans une vitrine. ¶ 잘 보이게 ~하다 exposer de manière à mettre en vue. ◇_(**이**) **되다** être exposé(*e*). ¶ 상품들이 찾기 쉽도록 ~이 되어 있었다 Les marchandises étaient exposées pour que l'on les trouve facilement.

◆_**대** -臺 명 devanture *f*, étalage *m*, vitrine *f*.

◆_**장** -欌 명 vitrine *f*.

◆_**품** -品 명 objets *mpl* à vendre; articles *mpl* en vitrine. ¶ ~품에 손대지 마시오 Il est interdit de toucher aux articles en vitrines / Veuillez ne pas toucher aux objets exposés.

진영 **陣營** 명 ① parti *m*. ¶ 공산주의 ~ parti communiste. ¶ 민주주의 ~ parti démocrate. ¶ 동서양 ~의 대립 affrontement de la démocratie et du communisme. ¶ 어떤 ~에 속하다 adhérer à un parti. ② camp *m*. ¶ 적의 ~ le camp adverse.

진용 **陣容** 명 ① ((군사)) formation *f* (tactique) de combat; disposition *f* ((d'une armée)). ¶ 최고의 ~ la meilleure formation (tactique) de combat. ¶ ~을 갖추다[짜다, 정비하다, 가다듬다] se mettre en formation de combat; disposer [ranger] ((des troupes, des soldats)). ② (organisation *f* du) personnel *m* ((d'une société)). ¶ 최고의 ~ la meilleure organisation du personnel. ¶ ~을 갖추다[짜다, 정비하다, 가다듬다] organiser le personnel d'une société.

진원 **震源** 명 【지리】 hypocentre *m*, foyer *m* réel d'un séisme ((opposé à épicentre)). ¶ 지진의 ~ le foyer réel [l'hypocentre] d'un séisme.

◆_**지** -地 명 hypocentre *m*, foyer *m* réel ((d'un séisme)). ¶ 유언비어의 ~지를 찾아내다 s'informer d'où provient la rumeur publique.

진위 眞僞 명 exactitude *f*, authenticité *f*, véracité *f*. ¶ 그 말의 ~ 여부를 떠나서 sans tenir compte de la véracité de ces paroles. ¶ 소문의 ~를 확인하다[가리다] vérifier [examiner] l'exactitude [la véracité, l'authenticité] d'une rumeur.

진의 眞意 명 intention *f*. ¶ 그의 ~를 파악하고 있다 Je sais ce qu'il a dans la tête. ¶ 나는 그 사람이 한 말의 ~를[가 무엇인지] 모르겠다 J'ignore où il veut en venir / J'ignore ce qu'il a dans la tête.

진일보 進一步 명 pas *m* en avant. ◇_(를) **하다** faire un pas en avant. ¶ ~한 모습을 보이다 montrer un progrès, faire un pas en avant. ¶ 남북관계가 ~하였다 Ce fut un pas en avant dans la relation entre la Corée du Sud et la Corée du Nord. ¶ 민주주의의 실현에서 ~하다 faire un pas dans la démocratie.

진입 進入 명 entrée *f*. ¶ 경찰의 학내 ~ irruption de la police dans une université. ¶ 월드컵 본선 ~ qualification pour la phase finale de la Coupe du monde. ¶ 순환도로 ~을 통제하다 interdire à tout véhicule l'entrée dans le périphérique. ¶ 건물에 ~을 시도하다 tenter de pénétrer dans un immeuble. ◇_(을) **하다** entrer, pénétrer. ¶ 고속도로에 ~하다 entrer sur l'autoroute. ¶ 본궤도에 ~하다 être dans la bonne voie. ¶ 시위대가 중심가로 ~하였다 Les manifestants ont pénétrés dans le centre de la ville. ◇_(을) **시키다** faire pénétrer. ¶ 경찰을 농성 장소에 ~시키다 faire pénétrer la police dans le lieu de grève.

◆_**로** -路 명 voie *f* d'approche ((d'un aérodrome)); route *f* [voie *f*] d'accès; entrée *f*. ¶ 고속도로 ~로 la voie d'accès à l'autoroute. ¶ 건물 ~로 l'entrée de l'immeuble.

◆_**장벽** -障壁 명 【경제】 barrière *f*.

진자 振子 명 pendule *m*. ¶ ~ 운동 les oscillations d'un pendule.

진작[1] 명 déjà il y a longtemps, déjà depuis longtemps. ¶ ~부터[에] 예상했던 일이다 C'était déjà prévu il y a longtemps. ¶ 네가 그럴 줄 ~에 알았다 Je savais déjà depuis longtemps [J'ai toujours su] que tu agirais ainsi.

부 (bien) plus tôt, depuis déjà bien longtemps, déjà il y a longtemps, bien avant. ¶ 나에게 ~ 알려줬어야지 Tu aurais dû me prévenir (bien) plus tôt. ¶ ~ 그렇게 하지 Voilà ce qu'il fallait faire [ce qu'il aurait fallu faire] depuis déjà bien longtemps. ¶ ~ 말할 것이지 Tu aurais dû me dire cela beaucoup plus tôt [me le dire bien plus tôt] / C'est maintenant que tu me dis ça {*fam*}. ¶ ~ 말을 하지. 괜히 헛고생만 했잖아 Tu aurais dû me le dire tout de suite [déjà il y a longtemps, bien avant], cela t'aurait évité tous ces efforts pour rien [tu ne te serais pas fatigué(*e*) pour rien, tu n'aurais pas fait tous ces efforts inutilement [inutiles]]. ¶ ~ 찾아뵈었어야 하는데 J'aurais dû passer vous voir depuis déjà bien longtemps [bien avant] / Ça fait longtemps que j'aurais voulu vous rendre visite / Je voulais vous rendre visite depuis très longtemps.

진작[2] **振作** 명 encouragement *m*; stimulation *f*. ¶ 사기 ~ action de remonter [de relever, de rehausser, de regonfler] le moral ((de *qn*)) [de réconforter, de remonter ((*qn*))]. ◇_(을) **하다[시키다]** se remuer, sortir de *sa* torpeur, encourager, stimuler, activer, développer; ranimer la volonté de *qn*; remonter [regonfler, relever, rehausser] le moral ((de *qn*, des troupes)), réconforter *qn*, remonter *qn*; encourager ((les coutumes)). ¶ 군대의 사기를 ~시키다 remonter [regonfler] le moral de l'armée. ◇_(이) **되다** être stimulé(*e*), encouragé(*e*). ¶ 면학 분위기가 크게 ~되었다 L'atmosphère de travail est bien stimulée [a été soutenue, a été encouragée] / L'ambiance de travail a été grandement soutenue [favorisée, dynamisée] / L'ambiance est devenue propice à l'étude.

진저리 명 aversion *f*, dégoût *m*; horreur *f*. ◇_(를) **치다[내다]** avoir horreur de *qc*, détester *qc*; frémir [frissonner] d'horreur; causer de l'aversion, soulever le cœur de dégoût. ¶ 그 사람은 추위에 ~를 쳤다 Il a horreur du froid / Il déteste le froid. ¶ 그 사람은 공부라면 ~를 쳤다 Il a horreur de travailler / Il déteste travailler / Il en a assez [marre {*fam*}] des études / Il est allergique aux études / Les études lui font horreur. ¶ 그 여자는 남편의 끝없는 잔소리에 ~를 내고 있다 Les incessantes remontrances de son mari lui font horreur [la font frissonner d'horreur]. ◇_(가) **나다[쳐지다]** avoir horreur de *qn*/*qc*, ne pas supporter *qc*. ¶ 나는 이제 이 일에 ~가 난다 Je ne supporte plus ce travail. ¶ 그 사람 이름만 들어도 ~가 쳐진다 Son nom me fait déjà horreur.

진전 進展 명 développement *m*, évolution *f*, tour *m*, tournure *f*, avancement *m*, progrès *m*. ¶ 사태의 ~ le progrès d'une situation, le développement d'une affaire. ◇_(을) **하다[보다, 보이다]** faire des progrès, progresser, évoluer, avancer, se développer. ¶ 두 사람의 관계가 급속히 ~하였다 Il y a eu un grand progrès dans la relation entre ces deux hommes. ¶ 협상이 빠른 ~을 보였다 La négociation a fait des progrès rapides. ¶ 협상이 ~을 보았다 On a accompli des progrès [On a progressé] dans la négociation / La négociation a bien progressé [avancé, évolué]. ◇_(이) **되다** être en progrès. ¶ 연구가 잘 ~되고 있다 La recherche est en progrès / Il y a du progrès dans la recherche. ¶ 사건이 의외의 방향으로 ~되고 있다 L'affaire prend une tournure inattendue. ◇_(을) **시키다** faire progresser, faire avancer, faire évoluer, développer. ¶ 일을 빨리 ~시키다 faire vite avancer le travail. ◇_(이) **있다[없다]** faire des progrès, progresser, avancer, évoluer [ne pas avancer, ne pas évoluer, ne pas faire de progrès piétiner, marquer le pas, faire du surplace]. ¶ 그 사람의

작업에 전혀 ~이 없다 Il n'y a aucun progrès dans son travail / Il n'avance point dans son travail / Il ne fait aucun progrès dans son travail / Son travail n'avance pas.

진절머리 명 aversion *f*, horreur *f*; dégoût *m*. ◇_(를) **내다[치다, 앓다]** détester, avoir horreur de+*inf*, avoir de l'aversion pour [contre] *qn*/*qc*; faire horreur à *qn*. ¶ 그 사람은 상사의 쉼 없는 잔소리에 ~를 낸다 Les continuelles réprimandes de son supérieur lui font horreur. ¶ 그 사람은 공부라는 말만 들어도 ~를 친다 Il a une réelle aversion pour le travail. ◇_(가) **나다[쳐지다]** avoir horreur de *qc*; faire horreur à *qn*; être dégoûté [las(*se*)], en avoir assez [marre {*fam*}] de *qc*, en avoir par-dessus la tête [jusque là {*fam*}, *sa* claque {*fam*}, sa dose {*fam*}]; être allergique à *qc*/*qn*. ¶ 이제는 장사하는 것이[에] ~가 난다 J'ai maintenant horreur du commerce / Je suis à présent allergique au commerce [aux affaires] / Je suis devenu(*e*) réfractaire aux affaires / À présent, les affaires me font horreur. ¶ 그 사람 얼굴만 봐도 ~가 쳐진다 Cet individu me fait horreur / Je ne peux pas supporter [pas voir] cet individu.

진정[1] **眞正** 부 franchement; sincèrement; vraiment. ¶ ~ 내 곁을 떠나려 한다면, 널 잡을 수 없지 Si tu veux vraiment me quitter, je ne peux pas te retenir! ¶ 그 사람이 도와준다니 ~ 뜻밖의 일이다 C'est étonnant d'entendre dire qu'il (nous) aide / À ma surprise, il (nous) aidera / Qui aurait cru qu'il proposerait de nous aider [son aide]! ¶ ~ 사랑하다 aimer sincèrement. ¶ 선생님을 다시 뵙게 되어 ~ 기쁩니다 Monsieur, je suis sincèrement heureux(*se*) de vous revoir.

어근 vrai(*e*), véritable, sincère.

◆**_하다** 형 être vrai(*e*), véritable, sincère. ¶ ~한 승리 une vraie victoire. ¶ ~한 친구 un(*e*) ami(*e*) sincère. ¶ ~한 민주주의 une véritable démocratie. ¶ ~한 이웃 사랑을 보여 주다 témoigner d'un amour sincère [authentique] pour *son* prochain.

◆**_성** -性 명 caractère *m* réel [véridique]. ¶ 혁명의 ~성 le caractère réel d'une révolution.

진정[2] **眞情** 명 sincérité *f*. ¶ ~을 털어놓다 dire [raconter] toute la vérité. ¶ ~을 알아주다 reconnaître [apprécier, se rendre compte de] la sincérité de *qn*, admettre comme vraie la sincérité de *qn*. ¶ ~에서 나온 말 paroles dites [propos tenus] en toute sincérité. ◇_**이다** être sincère. ¶ 너 그 말 ~이니? Es-tu sincère?

◆**_으로** 부 sincèrement; vraiment. ¶ ~으로 걱정하다 se soucier vraiment de *qn*/*qc*. ¶ ~으로 누구를 사랑하다 aimer sincèrement *qn*.

진정[3] **陳情** 명 pétition *f*, demande *f*, requête *f*. ◇_(을) **하다[내다, 올리다]** faire une pétition auprès de *qn*. ¶ 당국에 수해 대책 마련을[대책을 마련해 달라고, 대책을 마련해 줄 것을] ~하다 faire une pétition au sujet de l'inondation auprès du gouvernement.

◆**_서** -書 명 pétition *f*. ¶ ~서를 내다[제출하다] présenter [adresser] une pétition.

진정[4] **鎭靜** 명 calme *m*, sang-froid *m inv*. ◇_(을) **하다** se calmer, rester calme, se ressaisir, se remettre, se tranquilliser, tranquilliser *son* esprit. ¶ ~해요 Calmez-vous / Gardez votre calme / Du calme! / Ne vous énervez pas / Ressaisissez-vous / Remettez-vous. ¶ 나는 너무 화가 나서 ~할 수가 없다 Je n'arrive pas à garder mon calme à cause de la colère / Je suis trop en colère pour me calmer. ◇_(이) **되다** se calmer, s'apaiser. ¶ 사태가 ~되고 있다 La situation s'apaise. ¶ 나의 놀란 가슴이 ~되지 않았다 Je suis toujours étonné(*e*) [épaté(*e*)]. ¶ 그 여자의 슬픔이 ~되어 갔다 Son chagrin s'est apaisé petit à petit. ¶ 소란이 ~되기를 기다리다 attendre que l'agitation se calme. ◇_(을) **시키다** calmer, apaiser, adoucir, assoupir. ¶ 놀란 아이들을 ~시키다 calmer les enfants surpris [étonnés]. ¶ 여론을 ~시키다 calmer l'opinion publique. ¶ 고통을 ~시키다 apaiser la douleur.

◆**_제** -劑 명 【의학】 sédatif *m*, calmant *m*. ¶ ~제를 복용하다 prendre des sédatifs, être sous sédatifs.

진종일 **盡終日** 부 toute la journée. ¶ ~ 집에만 틀어박혀 있다 rester (enfermé(*e*), confiné(*e*), cloîtré(*e*), claustré(*e*)) à la maison toute la journée. ¶ ~ TV만 보다 ne faire que regarder la télé toute la journée, passer *sa* journée entière devant la télé, rester collé(*e*) [scotché(*e*)] toute la journée devant la télé {*fam*}.

진주[1] **眞珠** 명 perle *f*. ¶ 양식[자연산] ~ perles de culture [fines, naturelles]. ¶ 모조 ~ perles d'imitation.

***돼지 목에** ~ jeter des perles aux pourceaux [aux cochons], donner de la confiture aux cochons.

◆**_목걸이** 명 collier *m* de perles.

◆**_조개** 명 【수산】 pintadine *f*.

진주[2] **進駐** 명 occupation *f*. ◇_(를) **하다** occuper. ¶ 미군이 유럽에 ~하였다 L'armée américaine a occupé l'Europe.

◆**_군** -軍 명 armée *f* d'occupation.

진중 **陣中** 명 front *m* [ligne *f*] (de bataille), champ *m* de bataille. ¶ ~ 일지 carnet de guerre. ¶ 적의 ~ front ennemi.

진중하다 **鎭重**- 형 être sérieux(*se*), prudent(*e*), circonspect(*e*); être réfléchi(*e*). ¶ 그 사람은 사람이 ~ C'est un homme sérieux / C'est un prudent. ¶ 진중하게 행동하다 agir avec prudence [avec circonspection]. ¶ 그 사람은 진중한 성격이라 섣불리 행동하지는 않을 것이다 Comme il est sérieux [Comme c'est quelqu'un de sérieux], il va agir avec prudence [il ne va pas agir à la légère].

진즉 부 déjà depuis (bien) longtemps, déjà il y a (bien) longtemps, bien plus tôt, bien avant. ¶ ~(부터) 병원에 와 볼 걸 J'aurais dû consulter un médecin depuis déjà bien longtemps [bien avant, bien plus tôt].

진지[1] 명 repas *m* ((terme honorifique)); riz *m* cuit.

¶ ~ 드셨습니까? Avez-vous mangé? / Avez-vous pris votre repas? ¶ ~를 들다[잡수시다] prendre le repas. ¶ ~를 차리다 préparer le repas.

◆_ㅅ상 -床 명 table *f*. ¶ 진짓상을 차리다[보다] mettre [dresser, préparer] la table.

진지[2] **陣地** 명 position *f*. ¶ ~를 공격하다[방어하다] attaquer [défendre] une position.

진지하다 眞摯- 형 être sérieux(*se*). ¶ 진지하게 이야기하다 parler sérieusement. ¶ 진지한 태도[토론] une attitude sérieuse [un débat sérieux].

진진하다 津津- 형 être intéressant(*e*), captivant(*e*), attachant(*e*), passionnant(*e*). ¶ 이 영화는 흥미가 ~ C'est un film captivant / Ce film est intéressant.

◆**흥미**_ 興味- 명 intérêt *m*. ¶ 흥미진진한 사건 une affaire intéressante.

진짜 眞- 명 vrai *m*. ¶ ~ 다이아몬드 un vrai diamant. ¶ ~와 가짜를 구분하다 distinguer [discerner] le vrai du faux [le vrai d'avec le faux]. ◇_**이다** être vrai(*e*), véritable, authentique. ¶ 내 말 ~니까 한 번만 믿어줘 Il faut me croire puisque ce que je dis est vrai [car je te dis la vérité]. ¶ 난 다음 달 결혼해. - ~? 농담이지? Je me marie le mois prochain. - Vraiment? [C'est vrai?] Tu dis ça pour rire? [C'est une plaisanterie, n'est-ce pas?]

◆_**로** 부 pour de vrai, vraiment. ¶ ~로 나는 범인이 아니라니까 Croyez-moi, ce n'est pas moi le coupable.

부 pour de vrai, vraiment. ¶ 그 사람 ~ 인색하다 Il est vraiment avare / Il est un vrai avare. ☞ 정말

진찰 診察 명 consultation *f*. ¶ ~ 기록 un dossier médical. ¶ ~ 결과 le résultat d'une consultation. ◇_(을) **하다** examiner ((un malade, un(*e*) patient(*e*))), visiter ((un malade)); donner une consultation à *qn*. ¶ 환자를 ~하다 examiner un malade [un(*e*) patient(*e*)]. ◇_(을) **받다** consulter ((un médecin)), se faire examiner par ((un médecin)), aller à la consultation ((du docteur X)), aller voir ((un médecin)). ¶ 병원에 가서 (의사에게) ~을 받다 consulter un médecin, aller voir un médecin.

◆_**권** -券 명 carte *f* d'un(*e*) patient(*e*) consultant dans un hôpital. ¶ ~권을 끊다 se faire délivrer un certificat d'inscription (à un cabinet médical).

◆_**대** -臺 명 table *m* d'examen (médical).

◆_**료** -料 명 honoraires *mpl* (pour une consultation).

◆_**시간** -時間 명 heures *fpl* de consultation.

◆_**실** -室 명 cabinet *m* de consultation.

◆_**일** -日 명 jour *m* de consultation.

진창[1] 명 boue *f*, bourbe *f*, fange *f* {*litt*}; gadoue *f*, gadouille {*fam*}. ¶ ~길 un chemin [un sentier] boueux [bourbeux]. ¶ ~에 빠지다 s'enliser dans la boue, s'embourber. ¶ 눈이 녹아 길이 ~이 되었다 Le chemin est plein de boue à cause de la neige fondue.

진창[2] 부 à cœur joie, à souhait; à satiété; tout *son* soûl; pleinement; à pleine satisfaction. ¶ ~ 놀기만 하다 ne faire que s'amuser.

진척 進陟 명 avancement *m*, progrès *m*. ¶ 연구 ~ 상태 avancement de la recherche, l'état d'avancement des travaux. ¶ ~이 더디다 être traînant(*e*); traîner en longueur, piétiner, marquer le pas, patiner, ne pas avancer, stagner, faire du surplace; ne guère avancer, n'avancer que lentement. ¶ 일의 ~이 더디다[빠르다] Le travail avance lentement / Le travail n'avance guère / On a l'impression de ne pas avancer [de piétiner, de faire du surplace {*fam*}] [Le travail avance vite]. ¶ 일이 별로 ~ 없이 지지부진하다 On ne voit pas [guère] le travail avancer / On a l'impression de faire du surplace. ◇_(**이**) **되다** avancer, progresser. ¶ 공사가 순조롭게[빠르게] ~되고 있다 Les travaux avancent comme prévu [vite]. ¶ 협상이 그 상태에서 더 이상 ~되지 않았다 La négociation piétinait [ne progressait plus, n'avançait plus]. ◇_(**을**) **시키다** avancer, faire progresser. ¶ 일을 서둘러 ~시키다 avancer le travail en hâte [avec hâte]. ◇_**이 있다**[**없다**, **별로 없다**] avancer, évoluer, progresser [ne pas avancer, ne pas évoluer, ne pas progresser, piétiner, marquer le pas, faire du surplace, traîner en longueur, patiner, ne pas avancer, stagner; ne guère avancer, ne guère évoluer, ne guère progresser, n'avancer que lentement]. ¶ 협상에 상당한 ~이 있었다 Il y a eu un net progrès dans la négociation / La négociation s'est débloquée [a fait un bon en avant, a progressé rapidement]. ¶ 조사에 ~이 없다 Il n'y a aucun progrès dans l'enquête / L'enquête piétine.

진초록 津草綠 명 vert *m* foncé. ¶ ~의 바다 빛 mer d'un vert foncé.

진출 進出 명 implantation *f*, entrée *f*. ¶ 정계 ~ entrée dans le monde politique. ¶ 기업의 해외 ~ implantation à l'étranger. ¶ 여성의 사회 ~ entrée des femmes dans la société. ◇_(**을**) **하다** entrer; implanter, introduire; se qualifier [gagner *son* billet] pour ((la phase finale, la finale)), gagner *sa* place ((en finale)), atteindre ((la finale)). ¶ 차를 몰고 번화가로 ~하다 entrer en voiture dans un quartier animé. ¶ 해외 시장으로[에] ~하다 implanter des produits [marchandises] sur le marché international. ¶ 정계로[에] ~하다 entrer dans le monde politique. ¶ 결승(전)에 ~하다 se qualifier pour la finale, atteindre la finale, gagner *son* billet pour la finale, gagner *sa* place en finale. ◇_(**을**) **시키다** faire entrer. ¶ 아들을 정계에 ~시키다 faire entrer *son* fils dans le monde politique.

◆_**권** -權 명 ((gagner)) *son* billet ((pour la phase finale)), ((gagner)) *sa* place. ¶ 월드컵 본선 ~권을 따다 gagner *son* billet pour la [se qualifier pour la] phase finale de la Coupe du Monde.

◆_**로** -路 명 trajet *m*. ¶ 태풍의 예상 ~로 le trajet prévu d'un typhon.

진취 進就 명 progrès *m* graduel.

◆**_적** -的 명관 progressiste. ¶ ~적으로 생각하다 avoir des idées progressistes. ¶ ~적인 사상 idées progressistes.

◆**_성** -性 명 progressisme *m*. ¶ 이 일에는 ~성을 갖춘 젊은이들이 필요하다 Pour ce travail, il faut des jeunes gens ayant la volonté de progresser.

진탕[1] **-宕** 부 à satiété; tout *son* soûl; pleinement, à cœur joie, à souhait; à pleine satisfaction. ¶ 돈을 ~ 써 버리다 dépenser sans compter, ne pas regarder à la dépense. ¶ ~ 먹고 마시다 manger et boire tout *son* soûl. ¶ ~ 놀다 s'amuser à cœur joie [pleinement]. ¶ ~ 고생을 하다 souffrir énormément, peiner beaucoup, beaucoup ramer {*fam*}, se tuer au travail, galérer {*fam*}, trimer, en baver {*fam*} (des ronds de chapeau), en roter {*fam*}, en chier {*vulg*}, suer sang et eau.

진탕[2] 명 boue *f*, bourbe *f*, fange *f* {*litt*}; gadoue *f*, gadouille {*pop*}. ¶ ~ 속을 걸어가다 patauger dans la boue.

진통[1] **陣痛** 명 ① contractions *fpl*, douleurs *fpl* [peines *fpl*] de l'accouchement [de l'enfantement], travail *m*; ((의학)) douleurs *fpl* expulsives. ¶ ~이 오다 ressentir les premières contractions de l'accouchement., avoir [ressentir] des contractions; ressentir [éprouver, sentir] les douleurs de l'accouchement, connaître les douleurs de l'enfantement, entrer en travail. ¶ ~을 느끼다 ressentir des contractions; sentir [ressentir, éprouver] les douleurs de l'accouchement [de l'enfantement]. ¶ ~이 시작되다 les contractions commencent, ressentir des contractions; ressentir les douleurs de l'accouchement, entrer en travail. ② ((비유적)) difficulté *f*; peine *f*. ¶ 개혁의 ~ difficultés d'une réforme. ¶ ~을 겪다 avoir des difficultés. ¶ 오랜 ~ 끝에 협상이 타결되었다 Après de longues difficultés, on a réussi à négocier. ¶ 일이 성사되기까지 많은 ~이 있었다 On a eu beaucoup de difficultés pour en arriver là.

진통[2] **鎭痛** 명 ((propriétés, pouvoirs)) analgésiques [antalgiques, antidouleur, lénitif(*ves*), adoucissantes]. ¶ 이 약은 ~ 효과가 뛰어나다. Ce médicament a des pouvoirs [propriétés] analgésiques [antalgiques].

◆**_제** -劑 명 calmant *m*, analgésique *m*, antalgique *m*; remède *m* lénitif. ¶ 이가 너무 많이 아프면 ~제 두 알을 드세요. Si tu as trop mal aux dents, prends deux comprimés d'antalgique.

진퇴 進退 명 comportement *m*, attitude *f*. ¶ ~를 결정하다[같이하다] prendre une décision [suivre l'attitude de *qn*].

◆**_양난** -兩難 명 impasse *f*. ¶ ~양난에 빠지다[처하다] être [se trouver] dans une impasse. ¶ 이럴 수도 저럴 수도 없으니 정말 ~양난일세 Je suis vraiment dans une impasse / Je ne sais plus quoi faire.

◆**_유곡** -維谷 명 impasse *f*.

진폐증 塵肺症 명 【의학】 pneumoconiose *f*.

진폭 振幅 명 amplitude *f*.

진품[1] **珍品** 명 produit *m* [article *m*] rare, curiosité *f*.

진품[2] **眞品** 명 article *m* authentique, un vrai *m*, un original *m*. ¶ ~인지 모조품인지 모르겠다 Il est difficile de savoir si ((cette œuvre d'art)) est authentique [s'il s'agit d'un vrai ou d'un faux].

진풍경 珍風景 명 vue *f* [paysage *m*] rare; spectacle *m*. ¶ ~을 연출하다 offrir un spectacle. ¶ ~이 연출되었다[벌어졌다] Un spectacle s'est produit [a eu lieu].

진하다 津- 형 ① ((색깔이나 안개가)) être foncé(*e*), sombre; être épais(*se*). ¶ 진한 갈색 brun foncé. ¶ 진한 화장 un maquillage épais [excessif]. ¶ 화장을 진하게 하다 se farder [se maquiller] outrageusement, se maquiller à outrance, se tartiner ((les joues de fond de teint)) {*fam*}, appliquer du fond de teint en grande quantité, se barbouiller le visage avec du maquillage. ② ((액체가)) être fort(*e*); être épais(*se*), consistant(*e*), gras(*se*). ¶ 국물이 ~ Le bouillon est épais. ¶ 진한 커피 un café fort [serré]. ③ ((냄새가)) être fort(*e*). ¶ 진한 냄새 une forte odeur. ④ ((정도가)) être intense. ¶ 진한 키스 un baiser intense. ¶ 진한 인연으로 다시 만나다 se retrouver grâce au destin.

***피는 물보다** ~ Les liens du sang l'emportent.

진학 進學 명 accès *m* à l'enseignement supérieur. ¶ ~ 지도 conseil d'orientation. ¶ 대학 ~ accès à l'université. ◇**_(을) 하다** accéder à l'enseignement supérieur. ¶ 대학[상급학교]에 ~하다 entrer à l'université [dans un établissement supérieur]. ◇**_(을) 시키다** faire entrer à l'université.

◆**_률** -率 명 taux *m* d'admission (à l'université).

진행 進行 명 avancement *m*, progrès *m*; marche *f*; cours *m* ((des débats)). ¶ 차량 ~ 방향 sens de la marche des véhicules. ¶ 일의 ~ 상황 l'état d'avancement des travaux [d'un travail]. ¶ 일의 ~ 상황이 어떠니? Où en es-tu de ton travail? ¶ 교섭이 ~ 중이다 La négociation est en cours. ◇**_(을) 하다[시키다]** avancer [faire avancer]. ¶ 버스가 신호를 무시하고 계속 ~하였다 L'autobus ne s'est pas arrêté au feu rouge / L'autobus n'a pas respecté [a brûlé {*fam*}] le feu rouge. ¶ 수사를 ~시키다 faire mener [conduire] une enquête. ¶ 여러 시간에 걸쳐 회의를 ~하다 échelonner [étaler, répartir] la réunion sur plusieurs heures. ◇**_(이) 되다** marcher, être en cours. ¶ 협상이 ~되고 있다 être en pourparlers avec *qn*.

◆**_상** -相 명 【언어】 aspect *m* progressif. ¶ ~상은 한 시점에서 전개되고 있는 사행을 지시한다 L'aspect progressif réfère à un procès en train de se dérouler [en cours de déroulement] à un moment donné.

◆**_신호** -信號 명 【교통】 signal(*aux*) *m* d'avancement.

◆**_자** -者 명 anima*teur*(*trice*). ¶ 방송 프로그램의 ~자

ㅈ

l'animateur d'une émission.

◆_형 -形 명 【언어】 forme *f* progressive.

◆의사_ 議事 명 le cours *m* d'une discussion [d'une réunion, des débats]. ¶ 의사~을 방해하다 rompre [retarder] le cours des débats [d'une discussion, d'une réunion].

진혼 鎭魂 명 repos *m* de l'âme. ¶ ~ 미사 Messe de requiem. ¶ ~의 소리 mélodie de requiem.

◆_곡 -曲 명 【음악】 requiem *m*.

◆_제 -祭 명 cérémonie *f* pour les morts.

진홍 眞紅 명 rouge *m* foncé, écarlate *f*, pourpre *m*.

◆_빛 명 rouge *m* foncé, couleur *f* rouge foncé. ¶ ~빛의 입술 lèvres d'un rouge foncé. ¶ ~빛으로 물들다 prendre une couleur rouge foncé.

◆_색 -色 명 couleur *f* rouge foncé, couleur *f* cramoisie.

진화[1] 進化 명 évolution *f*, transformation *f*. ¶ 생물체의 ~ 과정 évolution d'une espèce vivante. ¶ ~를 겪다[거치다] subir des transformations. ◇_(를) 하다 évoluer, se transformer. ¶ 하등생물이 고등생물로 ~하였다 Des espèces inférieures se sont transformées en espèces supérieures. ¶ 언어는 ~한다 Les langues évoluent. ◇_(가) 되다 évoluer, se transformer. ¶ 좀 더 ~된 형태의 로봇 un robot un peu plus évolué.

◆_적 -的 명관 évoluti*f*(*ve*). ¶ 생명의 ~적 발달 évolution de la vie.

◆_론 -論 명 【생물】 théorie *f* transformiste, évolutionnisme *m*, transformisme *m*; darwinisme *m*, lamarckisme *m*. ¶ ~론적인 관점 un point de vue évolutionniste.

◆_론자 -論者 명 évolutionniste *mf*.

진화[2] 鎭火 명 ① extinction *f* ((d'un feu, d'un incendie)). ¶ ~ 작업 extinction d'un feu. ¶ 산불 ~ extinction d'un incendie de montagne. ② ((비유적)) extinction *f*, maîtrise *f*, contrôle *m*. ◇_(를) 하다 éteindre ((le feu)), maîtriser [contrôler] ((un incendie)). ¶ 산불을 ~하다 éteindre un incendie de montagne. ¶ 반대 여론을 ~하다 maîtriser [contrôler, juguler] l'opinion publique adverse. ◇_(가) 되다 s'éteindre; être éteint(*e*), maîtrisé(*e*), contrôlé(*e*). ¶ 화재는 한 시간 만에 ~되었다 L'incendie a été *éteint [s'est éteint, a été maîtrisé, a été contrôlé]* en une heure.

진휼 賑恤 명 【역사】 *jinhyul* *m* <l'aide du gouvernement au peuple qui souffre de la famine (pendant l'année de disette)à l'époque de Joseon>.

진흙 명 boue *f*, bourbe *f*, fange *f* {*litt*}, gadoue *f* {*pop*}. ¶ 옷에 ~이 묻었다 Le vêtement est couvert de tâches de boue [est maculé de boue].

◆_탕 명 bourbier *m*. ¶ 비 때문에 길이 ~탕이야 La rue est boueuse à cause de la pluie.

◆_투성이 명 boueu*x*(*se*), bourbeu*x*(*se*), fangeu*x*(*se*) {*litt*}, souillé(*e*) [maculé(*e*)] de boue, plein(*e*) de boue. ¶ 구두가 온통 ~투성이가 되었다 Les chaussures sont devenues toutes boueuses / Les chaussures sont maculées de boue [sont salies par la boue, sont couvertes de taches de boue].

진흥 振興 명 encouragement *m*, promotion *f*, développement *m* ((de l'industrie)). ¶ 문예[농업, 학술] ~ promotion des arts et de la littérature [de l'agriculture, des sciences]. ¶ 한국학 ~을 위한 사업을 추진하다 soutenir un projet pour la promotion des études coréennes. ◇_(을) 하다[시키다] encourager, promouvoir ((l'agriculture)), développer ((l'enseignement technique)). ¶ 기초 학문[산업]을 ~시키다 encourager [promouvoir] les sciences exactes [pures] et les sciences humaines. ¶ 농업을 ~시키다 promouvoir l'agriculture. ◇_(이) 되다 être encouragé(*e*), promu(*e*).

◆_책 -策 명 mesures *fpl* d'encouragement. ¶ 문예 ~책 mesures pour encourager [pour promouvoir] les arts et la littérature.

질[1] 帙 분류 série *f* de livres [d'ouvrages]. ¶ 백과사전 한 ~ une encyclopédie en plusieurs volumes.

질[2] 膣 명 【해부】 vagin *m*. ¶ ~염 une vaginite. ¶ ~ 점막 la muqueuse vaginale.

질[3] 質 명 ① nature *f*, caractère *m*. ¶ 그는 ~이 나쁘다 Il est mauvais de nature. ② qualité *f*; valeur *f*. ¶ 삶의 ~을 높이다 améliorer *sa* qualité de vie [la qualité de *sa* vie]. ¶ 교육의 ~을 높이기 위한 정책을 만들다 élaborer une politique pour améliorer la qualité de l'enseignement. ¶ ~ 좋은 포도주를 마시다 boire un vin de qualité. ¶ ~을 향상시키다 améliorer la qualité. ¶ 양보다 ~이다 La qualité est plus importante que la quantité. ¶ ~이 좋다[우수하다] être de (bonne) qualité [de qualité supérieure]. ¶ ~이 나쁘다[떨어지다] être de mauvaise qualité [de qualité inférieure]. ¶ ~이 나쁜 범죄 un crime ignoble [infâme]. ¶ 학생들의 ~이 낮아지고 있다 On constate une chute du niveau scolaire.

◆_적 -的 명관 qualitati*f*(*ve*). ¶ ~적인 차원에서 du point de vue qualitatif. ¶ ~적으로 다르다 être différent(*e*) qualitativement.

-질[4] 접미 acte *m*, action *f*, coup *m*. ¶ 가위~ un coup de ciseaux; un cisaillement; ((비유적)) la censure, les ciseaux [les coupures] de la censure, les ciseaux d'Anastasie {*fam*}. ¶ 주먹~ un coup de poing. ¶ 도둑~ un vol. ¶ 선생~ enseignement. ¶ 딸꾹~ le hoquet. ¶ 손가락~ 하다 montrer du doigt ¶ 삿대~하다 braver en brandissant le poing.

질감 質感 명 caractère *m* [nature *f*] d'une matière. ¶ 흙의 ~을 살려서 만든 항아리 une jarre qui rend bien la nature de la terre.

질겁 명 surprise, étonnement *m*; panique, frayeur, épouvante, terreur *f*. ◇_(을) 하다 être surpris(*e*), étonné(*e*); paniqué(*e*), effrayé(*e*), épouvanté(*e*), terrifié(*e*). ¶ 바퀴벌레를 보고 ~하다 être épouvanté(*e*) à la vue d'un cafard.

질겅거리다 타 mâchonner, mâcher, mâchouiller {*fam*}, mastiquer. ¶ 껌을 질겅거리며 씹다 mâcher

ㅈ

[mâchouiller {*fam*}] un chewing-gum.

질경질경 團 ((onomatopée exprimant le bruit fait en mâchonnant)). ¶ 껌[고기]을 ~ 씹다 mâchonner un chewing-gum [la viande].

질경이 명 【식물】 plantain *m*.

질곡 桎梏 명 ① joug *m* ((du tyran)), contrainte *f*; détresse *f*, peine *f* infortune *f*. ② fers *mpl* ((d'un prisonnier)); chaînes *fpl*, liens *mpl*. ¶ 가난의 ~ l'infortune de la pauvreté. ¶ ~의 세월 le temps passé sous le joug de *qn*/*qc*. ¶ ~에서 벗어나다 se libérer d'une contrainte [du joug]; secouer le joug.

질그릇 명 poterie *f* de terre cuite.

질근질근 團 ((tisser une corde)) de façon lâche; en mâchonnant, en mastiquant. ¶ 껌[고기]을 ~ 씹다 mâcher un chewing-gum [mastiquer un morceau de viande].

질기다 형 ① être dur(*e*); résistant(*e*), durable ; dur(*e*), résistant(*e*), coriace. ¶ 질긴 밧줄[옷, 옷감, 천] une corde [un tissu, une étoffe] résistant(*e*). ¶ 이 고기는 아주 ~ Cette viande est très dure [coriace, filandreuse, ((오용)) est pleine de nerfs] / Cette viande, c'est de la semelle {*fam*} / Cette bidoche, c'est de la carne {*fam*} [de la barbaque {*fam*}]. ¶ 면이 ~ Les nouilles sont (trop) dures. ② ((목숨 따위가)) être résistant(*e*), solide. ¶ 그 분은 목숨[명]이 ~ Il s'accroche à la vie avec ténacité. ③ être tenace, opiniâtre, obstiné(*e*), coriace, dur(*e*). ¶ 그 녀석 참 질긴 놈이군 C'est un type vraiment tenace / C'est un coriace, celui-là.

***궁둥이가** ~ ne pas savoir s'en aller (quand on est chez *qn*), ne pas vouloir se lever de son siège, être paresseux(*se*), ne pas vouloir travailler, avoir les bras à la retourne {*fam*}, les avoir à la retourne {*fam*}, avoir le cul collé à son siège {*fam*}, rester planté(*e*) comme un poireau; être lent à (ré)agir, être dur(*e*) à la détente; rester longtemps au même endroit, s'enraciner, prendre racine; avoir le cul {*fam*} bien planté.

질끈 團 fortement, solidement, fermement, à fond {*fam*}. ¶ 끈을 ~ 동여매다 nouer [attacher] fortement, attacher solidement ((un fardeau)); ligoter fermement. ¶ 허리띠를 ~ 매다 serrer la ceinture au dernier cran [à fond {*fam*}]. ¶ 눈을 ~ 감다 serrer fortement les paupières.

질녀 姪女 명 nièce *f*.

질다 형 être trop humide, mouillé(*e*); être aqueux(*se*); être boueux(*se*), fangeux(*se*); ((밥)) contenir trop d'eau; ((반죽)) être peu épais(*se*) [peu consistant(*e*)]. ¶ 밥이 ~ Le riz contient trop d'eau / Il y a trop d'eau dans le riz / J'ai mis trop d'eau dans le riz. ¶ 비가 와서 땅이 ~ À cause de la pluie, la terre est devenue boueuse / La pluie a rendu la terre boueuse.

질량 質量 명 masse *f*. ¶ ~ 보존[불변]의 법칙 la loi de conservation de la masse.

◆_수 -數 명 【물리】 nombre *m* de masse.

질러가다 재타 prendre au plus court; prendre un raccourci [un chemin de traverse], passer par le plus court chemin. ¶ 질러가는 길 un raccourci, un chemin de traverse. ¶ 샛길로 ~ prendre un raccourci. ¶ 들을 ~ prendre au plus court à travers champs.

질러오다 재타 venir [arriver] *qp* en prenant un raccourci [un chemin de traverse]. ¶ 그 친구는 지름길로 질러와서 우리보다 먼저 도착했다 Il est arrivé avant nous en prenant un raccourci.

질료 質料 명 ((art)) matériaux *mpl*. ¶ ~와 형상 matériaux et forme.

질리다[1] 재 ① se dégoûter de; être dégoûté(*e*) [écœuré(*e*)] de *qc*/*qn*, en avoir assez [marre {*fam*}] de; en avoir *sa* claque {*fam*} [*sa* dose {*fam*}, par-dessus la tête {*fam*}, jusque là {*fam*}]. ¶ 나는 인스턴트 식품에 질렸다 J'en ai assez des produits alimentaires instantanés [des plats instantanés, des plats tout préparés]. ② pâlir ((de frayeur)), blêmir, blanchir, changer de couleur. ¶ 공포로 새파랗게 ~ pâlir d'effroi. ¶ 겁에 ~ pâlir [blêmir, blanchir] de peur. ③ ne (plus) savoir que faire; être dans une grande perplexité. ¶ 나는 그의 어이없는 주장에 완전히 질려 버렸다 J'étais dans une grande perplexité devant son affirmation insensée.

***기가** ~ être dans une grande perplexité.

질리다[2] 재타 ① recevoir un coup. ¶ 옆구리를 발로 ~ recevoir un coup de pied dans les flancs. ② être fermé(*e*). ¶ 빗장이 질려 있는 문 une porte fermée à l'aide d'une barre [d'une bâcle].

질문 質問 명 question *f*, interrogation *f*; quête *f*. ¶ ~ 공세 un bombardement de questions. ¶ ~ 사항 une question. ¶ ~ 공세를 취하다 accabler [cribler, harceler, presser, assaillir, bombarder] ((*qn*)) de questions; cuisiner *qn*. ¶ 대답하기 어려운[난처한] ~ une question difficile [embarrassante]. ¶ ~에 답하다[대답하다] répondre à une question. ¶ ~을 퍼붓다 accabler [cribler, harceler, presser, mitrailler, assaillir, assommer, bombarder] ((*qn*)) de questions. ¶ 발표 뒤에 많은 ~이 나왔다 Après la conférence, beaucoup de questions ont été posées. ¶ ~이 쏟아진다 Les questions fusent [arrivent] de toutes parts. ◇_(**을**) **하다**[**던지다**] poser [adresser] une question à *qn*, formuler une question, questionner *qn*, interroger *qn*. ¶ 선생님께 의문 사항을 ~하다 poser une question à *son* professeur, interroger *son* professeur. ¶ 프랑스에 대하여 ~하다 poser une question sur la France. ¶ 요구 사항이 무엇이냐고 ~하다 demander ce qu'il réclame. ◇_(**을**) **받다** accepter des questions; recevoir des questions, se faire poser des questions. ¶ 기자들에게 ~을 받다 recevoir les questions des journalistes, accepter de répondre aux questions des journalistes, se faire interviewer par des journalistes. ◇_(**이**) **있다**[**없다**] avoir une question [des questions] (à poser) [ne pas avoir de question].

ㅈ

¶ ~ 있어요? (Est-ce qu')il y a des questions? / Y a-t-il des questions? / Avez-vous des questions (à me poser)?

◆_서 -書 명 questionnaire *m*.

◆_자 -者 명 personne *f* qui pose une question, personne *f* qui interroge; interroga*teur*(*trice*).

질박하다 質朴- 형 être simple; être rustique; être naïf(*ve*). ¶ 질박하게 살다 vivre simplement [sobrement]. ¶ 조선백자의 질박한 아름다움 La porcelaine blanche de l'époque de Joseon est d'une belle simplicité. ¶ 시골 노인의 질박한 웃음 le sourire simple d'un vieillard de campagne.

질병 疾病 명 【의학】 maladie *f*, infection *f*, affection *f* ((chronique)), souffrance *f*, douleur *f*, pathologie *f*. ¶ ~ 예방 prévention contre les maladies. ¶ 오랜 ~으로 고생하다 souffrir d'une maladie chronique. ¶ ~과 싸우다 combattre une maladie. ¶ ~으로부터 보호하다 se protéger contre une maladie.

질산 窒酸 명 【화학】 acide *m* nitrique [azotique]. ¶ ~암모늄[칼륨, 칼슘, 염] nitrate d'ammonium [nitrate de potassium, nitrate de calcium, nitrite].

질색 窒塞 명 horreur *f*, aversion *f* totale, écœurement *m*, répulsion *f*, dégoût *m*, répugnance *f*. ¶ ~으로 싫어하다 éprouver du dégoût [de la répugnance] pour *qn*. ◇_(을) **하다** avoir horreur de *qn*/*qc* [de faire *qc*]; être dégoûté(*e*) [écœuré(*e*)] par *qn*/*qc*, être allergique à *qc*/*qn*, détester [haïr] *qn*, ne pas supporter [sentir {*fam*}, blairer {*fam*}, encadrer {*fam*}] *qn*, avoir *qc* en haine [en horreur]. ¶ 주사라면 ~을 하다 avoir horreur des piqûres. ¶ 외출하자면 ~하다 avoir horreur de sortir. ◇_**이다** avoir horreur de *qn*/*qc* [de faire *qc*]; être dégoûté(*e*) [écœuré(*e*)] par *qn*/*qc*, être allergique à *qc*/*qn*, détester [haïr] *qn*, ne pas supporter [sentir {*fam*}, blairer {*fam*}, encadrer {*fam*}] *qn*, avoir *qc* en haine [en horreur]. ¶ 나는 구속받는 것이 ~이다 J'ai horreur des contraintes. ¶ 나는 그런 사람은 딱 ~이다 J'ai horreur de ce genre de personne / Je ne peux pas supporter [blairer {*fam*}, sentir {*fam*}] ce genre de personne / Ce genre de personne [de type] me rend malade.

질서 秩序 명 ordre *m*; discipline *f*. ¶ 사회 ~ l'ordre social. ¶ ~를 지키다 respecter l'ordre. ¶ ~를 유지하다 maintenir l'ordre. ¶ ~를 어지럽히다 enfreindre l'ordre. ¶ ~를 문란케 하다 faire infraction à l'ordre, troubler l'ordre social, amener le désordre. ¶ ~를 생활화하다 toujours respecter l'ordre. ¶ ~를 회복하다 rétablir l'ordre (social), remettre de l'ordre. ¶ ~가 있다[없다] être bien ordonné(*e*); être systématique, méthodique [être désordonné(*e*), en désordre; être indiscipliné(*e*)].

◆_정연하다 -整然- 형 être en ordre, être en règle. ¶ ~정연하게 en ordre, avec ordre; méthodiquement, de façon méthodique, systématiquement.

◆교통_ 交通- 명 code *m* de la route.

질소 窒素 명 【화학】 azote *m*. ¶ ~를 함유한 azoté.

◆_동화작용 -同化作用 명 【생물】 fixation *f* de l'azote.

◆_비료 -肥料 명 engrais *m* azoté.

질시 嫉視 명 jalousie *f*, dépit *m*, envie *f*; ombrage *m*. ¶ ~의 대상이 되다 être objet de (la) jalousie. ◇_(를) **하다** jalouser [envier] *qn*/*qc*, éprouver de la jalousie envers *qn*. ¶ 남들의 행복을 ~하다 être jaloux(*se*) du bonheur des autres, jalouser le bonheur des autres. ¶ 성공한 사람을 ~하다 envier les gens qui ont réussi. ◇_(를) **받다** être envié(*e*), jalousé(*e*); faire des envieux(*ses*). ¶ 동료들의 ~를 받다 être envié(*e*) [jalousé(*e*)] par de [*ses*] collègues.

질식 窒息 명 étouffement *m*, suffocation *f*, asphyxie *f*. ◇_(을) **하다** s'étouffer, suffoquer. ¶ ~할 것 같은 분위기 une ambiance étouffante [suffocante]. ◇_(이) **되다** être étouffé(*e*), suffoquer, être asphyxié(*e*). ¶ 유독가스에 ~되다 être asphyxié(*e*) par du gaz toxique. ◇_(을) **당하다** être étouffé(*e*), suffoquer, être asphyxié(*e*). ◇_(을) **시키다** asphyxier, étouffer. ¶ 목 졸라 ~시켜 죽이다 étouffer par étranglement.

◆_사 -死 명 asphyxie *f*. ¶ 연기에[로] ~사하다 être asphyxié(*e*) par des fumées toxiques. ¶ ~사시키다 asphyxier *qn*.

질의[1] 質疑 명 question *f*, interrogation *f*; interpellation *f*. ¶ ~ 응답 question-réponse; ((국회의)) débats parlementaires. ¶ 국회의 대정부 ~ débats parlementaires en présence des ministres. ¶ ~에 답(변)하다 répondre à une question. ◇_(를) **하다** formuler [poser, énoncer] une question. ¶ 의문 사항을 간단하게 ~하다 formuler *sa* question en termes simples. ¶ 연구 상황에 대하여 ~하다 poser une question sur l'état des recherches. ¶ 증인에게 사건 현장에 있었는지를 ~하다 demander au témoin s'il se trouvait sur le lieu de l'accident. ¶ 장관에게 예산 문제를 ~하다 poser des questions à un ministre sur l'élaboration de *son* budget. ◇_(를) **받다** accepter les questions.

질의[2] 質議 명 controverse *f*, discussion *f*, débat *m*. ◇_(를) **하다** débattre, discuter ((une question)), négocier, délibérer; controverser, argumenter.

질주 疾走 명 course *f* rapide, sprint *m*. ◇_(를) **하다** courir à toute vitesse; courir un sprint; ((차량이)) filer à toute vitesse [comme le vent]. ¶ 도로[밤거리]를 ~하다 courir dans la rue [la nuit]. ¶ 선두를 ~하다 filer en tête de la course.

질질 부 ① en traînant. ¶ 치마를 ~ 끌고 가다 traîner la jupe. ¶ 발을 ~ 끌다 traîner les pieds. ② de façon continue et en petite quantité. ¶ 침[콧물]을 ~ 흘리다 baver [avoir le nez qui coule] de façon continue. ¶ 아이가 과자 부스러기를 ~ 흘리며 먹고 있다 L'enfant mange des biscuits en semant partout des miettes [en en mettant plein partout]. ¶ 너 계속 그렇게 ~ 울거니? Vas-tu continuer à pleurer comme ça encore longtemps? / Quand vas-tu t'arrêter de pleurnicher? ③ ((시간을 끄는 모양)) ¶ 시간을 ~ 끌다 traîner, faire traîner en longueur.

¶ 빨리 결정하지 못하고 ~ 끌다 traîner pour prendre une décision; tergiverser avant de se décider. ¶ 이야기를 ~ 끌지 마라 Arrête de tourner autour du pot / Va à l'essentiel. ¶ 월급 날짜를 ~ 끌다 attendre toujours une éternité avant de payer le salaire, ne payer le salaire qu'avec beaucoup de retard. ④ ((이끄는 대로 끌려가는 모양)) ¶ ~ 끌려다니다 être entraîné(*e*) par *qn*; être indécis(*e*), hésitant(*e*); manquer d'esprit de décision. ¶ 그는 주관 없이 주위 사람들에게 ~ 끌려다닌다 Sans esprit de décision, il se laisse guider [diriger] par les autres.

◆**_거리다[대다]** 자 ((le nez)) couler de façon continue, baver [avoir le nez qui coule] de façon continue [tout le temps]; pleurnicher continuellement. ¶ 나는 지난주부터 감기 때문에 계속 ~거린다 J'ai le nez qui coule sans arrêt depuis la semaine dernière à cause d'un rhume. ¶ 이제 그만 ~거리고 내 말 좀 들어 봐라 Arrête maintenant de pleurnicher, et écoute-moi. ¶ 아이는 엄마 치마를 잡고 계속 ~대고 있다 L'enfant pleurniche continuellement, agrippé(*e*) aux jupons de sa mère.

질책 叱責 명 reproche *m*, blâme *m*, semonce *f*; réprimande *f*, observations *fpl*. ¶ 호된 ~ un reproche sévère, une verte semonce. ¶ ~이 쏟아지다[빗발치다] se faire accabler de reproches. ¶ 무능력하다는 ~이 그에게 쏟아졌다 On lui a reproché son incompétence. ◇_**(을) 하다** reprocher sévèrement, adresser une semonce [une réprimande] à *qn*, réprimander *qn*, faire des observations à *qn*. ¶ 부하의 잘못을 ~하다 blâmer les erreurs des subalternes. ¶ 지각한 학생을 호되게 ~하다 gronder sévèrement les élèves en retard. ◇_**(을) 받다[듣다, 당하다]** se faire blâmer, se faire reprocher; recevoir une verte semonce; être sévèrement réprimandé(*e*). ¶ 영업 부진에 대해[영업이 부진해서] 상사의 ~을 받다 se faire reprocher la médiocrité de *ses* ventes par *son* supérieur. ¶ 불성실하다고 선생님께 ~을 듣다 se faire reprocher par *son* professeur de ne pas être assidu(*e*).

질척거리다 자 ((길 따위가)) être boueux(*se*), fangeux(*se*); ((농도가)) être dilué(*e*), étendu(*e*), délayé(*e*), aqueux(*se*); ((반죽이)) ((pâte)) être (très, trop) liquide. ¶ 눈이 녹아서 길이 질척거린다 La neige ayant fondu le chemin est devenu boueux.

질척질척 부 ((mimétique décrivant un état boueux)). ¶ 눈이 ~ 녹았다 La neige fondue est boueuse.

◆**_하다[거리다]** 형 ((농도가)) être dilué(*e*), étendu(*e*), délayé(*e*), aqueux(*se*); ((반죽이)) ((pâte, selles)) être (très, trop) liquide; ((길 따위가)) être boueux(*se*), fangeux(*se*). ¶ 눈이 녹아 길이 ~하다 Le chemin est boueux, la neige ayant fondu.

질척하다 형 ((농도가)) être dilué(*e*), étendu(*e*), délayé(*e*), aqueux(*se*); ((반죽이)) ((pâte, selles)) être (très, trop) liquide; ((길 따위가)) être boueux(*se*), fangeux(*se*). ¶ 길이 ~ Le chemin est boueux [fangeux]. ¶ 반죽이 ~ La pâte est trop liquide.

질타 叱咤 명 critique *f*; réprimande *f*; semonce *f*. ¶ ~를 퍼붓다 se répandre en critiques sur *qn*/*qc*. ◇_**(를) 하다** critiquer; gronder, faire une réprimande ((à *qn*)), semoncer *qn*. ¶ 정부의 실책을 ~하다 critiquer la politique du gouvernement. ¶ 무책임한 부하 직원을 ~하다 réprimander un subalterne pour un acte irresponsable. ◇_**(를) 받다[당하다]** être victime de critiques, être critiqué(*e*), se faire critiquer. ¶ 여론의 ~를 받다 se faire critiquer par l'opinion publique.

질탕하다 跌宕- 형 être débauché(*e*), dévergondé(*e*), libertin(*e*), licencieux(*se*). ¶ 질탕하게 놀다 mener une vie débauchée [dévergondée].

질투 嫉妬 명 jalousie *f*, dépit *m*, envie *f*; ombrage *m*. ¶ ~를 느끼다 éprouver de la jalousie. ¶ ~에 눈이 멀다 être aveuglé(*e*) par la jalousie. ¶ 그는 ~가 많다 Il est très jaloux. ◇_**(를) 하다[부리다]** jalouser *qn*, être jaloux(*se*) de *qn*, éprouver de la jalousie envers *qn*. ¶ 친구의 미모를 ~하다 être jalouse de la beauté d'une amie. ¶ 부자들을 ~하다 envier les riches. ¶ 남이 잘 되는 것을 ~하다 ne pas supporter le succès des autres. ◇_**(를) 받다** être jalousé(*e*) [envié(*e*)] par *qn*, faire des envieux(*ses*). ¶ 동료들의[로부터] ~를 받다 être jalousé(*e*) [envié(*e*)] par *ses* collègues. ◇_**(가) 나다** être jaloux(*se*) de. ¶ 그 분을 보면 나는 ~가 난다 Je suis jaloux de lui.

◆**_심** -心 명 jalousie *f*. ¶ 강한 ~심을 느끼다 éprouver une forte jalousie. ¶ 보는 이들에게 ~심을 불러일으키다 provoquer la jalousie chez les gens [chez les autres]. ¶ ~심에 사로잡히다[불타다] être en proie à la jalousie, crever de jalousie {*fam*}. ¶ ~심에 남을 험담하다 médire à propos de *qn* par jalousie. ¶ ~심이 강하다 être très jaloux(*se*). ¶ ~심이 일다[생기다] éprouver de la jalousie, se sentir jaloux(*se*).

질퍽거리다 자 ((길 따위가)) être très boueux(*se*) [fangeux(*se*)]. ¶ 길이 질퍽거린다 Le chemin est très boueux.

질퍽질퍽 부 ((mimétique décrivant un état très boueux)).

◆**_하다** 형 ((길 따위가)) être très boueux(*se*) [fangeux(*se*)]. ¶ 땅이 ~하다 La terre est très boueuse.

질퍽하다 형 être très boueux(*se*) [fangeux(*se*)]. ¶ 비가 와서 길이 ~ À cause de la pluie, la route est très boueuse [le chemin très boueux] / La pluie a rendu la route très boueuse [le chemin très boueux].

질펀하다 형 ① ((땅)) être vaste, étendu(*e*), immense. ¶ 질펀한 평야 une vaste plaine. ② ((하는 일 없이 게으르게)) rester à ne rien faire. ¶ 방에 질펀하게 누워 있다 rester à paresser dans son lit. ③ ((농담)) être scabreux(*se*), être indécent(*e*), être licencieux(*se*). ¶ 질펀한 농담 une plaisanterie scabreuse.

질풍 疾風 명 rafale *f* de vent, ouragan *m*. ¶ ~처럼 빠르다 être rapide comme le vent. ¶ ~이 몰아친다

Le vent souffle par [en] rafales.

◆_노도 -怒濤 명 tempête *f* et élan *m*; ((독어)) *Sturm und Drang* <mouvement philosophique et littéraire en Allemagne de la fin du XVIIIe siècle>. ¶ ~노도의 시기 période du *Sturm und Drang*.

질항아리 -缸- 명 poterie *f* en argile.

질화로 -火爐 명 brasero *m* en argile.

질환 疾患 명 【의학】 maladie *f* ((des poumons)); affection *f* ((chronique)). ¶ 심장[호흡기, 피부] ~ une maladie cardiaque [respiratoire, de la peau]. ¶ 성인 ~ une maladie touchant surtout les personnes âgées.

짊어지다 타 ① ((물건을)) mettre [((상태)) porter] ((un sac sur le dos)); charger [porter] ((un fardeau sur les épaules)). ¶ 배낭을 ~ mettre un sac sur le dos; ((상태)) porter un sac à dos [sur le dos]; ((partir)) le sac au dos. ¶ 짐을 지게에 짊어지고 있다 porter un fardeau sur une hotte. ¶ 등에 배낭을 짊어지고 있다 porter un sac sur le dos. ② ((책임이나 부담을)) assumer, endosser, prendre ((une responsabilité)), se charger de *qc*, prendre la responsabilité de+*inf*; assumer [accepter, prendre sur *soi*] la responsabilité de+*inf*; avoir [porter, endosser] la responsabilité de+*inf*; être chargé(*e*) de *qc*[de+*inf*]. ¶ 무거운 책임을 ~ assumer une lourde responsabilité. ¶ 그 사람이 모든 책임을 짊어지고 있다 C'est lui qui assume toute la responsabilité / Toute la responsabilité repose [pèse] sur ses épaules. ¶ 빚을 ~ s'endetter. ¶ 한국 사회가 짊어져야 할 문제 les problèmes qu'endosse la société coréenne. ¶ 우리는 어려움을 같이 나누어 짊어졌다 Nous avons partagé les difficultés.

짐[1] 명 ① fardeau(*x*) *m*, bagage *m*, charge *f*, faix *m*, cargaison *f*, marchandise *f*. ¶ 등에 ~을 지다[지고 가다] porter un fardeau sur *son* dos. ¶ ~을 내려놓다 se débarrasser d'un fardeau. ¶ 트럭에 ~을 싣다 charger un camion. ¶ ~을 부리다[풀다] effectuer un déchargement, décharger ((un camion)). ¶ ~을 싸다[꾸리다] préparer une cargaison. ¶ ~을 정리하다 ranger la marchandise [les valises]. ¶ 그는 무거운 ~을 지고 계단을 올라갔다 Il a monté l'escalier avec une grosse valise. ¶ ~이 많다[적다] être très [peu] chargé(*e*), avoir beaucoup de [peu de] bagages, être surchargé(*e*). ② ((부담)) charge *f*, fardeau(*x*) *m*; corvée *f*. ¶ 그는 혼자 회사 경영의 무거운 ~을 지고 있다 Il assure seul la lourde charge de la gestion de sa société. ¶ 마음의 ~을 덜다 décharger *sa* conscience. ③ ((귀찮은 존재)) charge *f*, fardeau(*x*) *m*. ¶ 그 분은 노부모를 ~으로 생각하는 듯하다 On dirait qu'il considère ses vieux parents comme une charge [comme un fardeau]. ¶ 누구에게 ~이 되다 devenir un fardeau pour *qn*, peser à *qn*. ¶ 이번 일로 너한테 ~이 되고 싶지 않다 Je ne veux pas que cette affaire devienne un fardeau pour toi [que cette affaire te pèse].

◆_스럽다 형 être lourd(*e*), pesant(*e*), gênant(*e*); peser à *qn*. ¶ 그 일을 혼자 해야 한다는 게 무척 ~스럽다 Cela me pèse de faire tout ce travail tout seul. ¶ ~스러운 물건은 네가 다 들어라 Porte toi-même les objets lourds et encombrants!

◆_가방 명 bagage *m*; travail *m*; devoir *m*.

◆_꾼 명 portefaix *m*, porteur *m*. ¶ ~꾼을 부르다 appeler un porteur.

◆_보따리 명 fardeau(*x*) *m*.

◆_삯 명 frais *mpl* de transport.

◆_짝 명 caisse *f*, boîte *f*. ¶ 사람을 ~짝처럼 취급하다[다루다] traiter *qn* comme un chien, maltraiter *qn*.

◆_차 -車 명 train *m* de marchandises.

◆_칸 명 wagon *m* de marchandises. ¶ ~칸에 싣다[타다] charger un wagon de marchandises.

분류 fagot *m* ((de bois)). ¶ 나무 한 ~ un fagot de bois. ¶ 짚단 한 ~ un fétu de paille.

짐[2] 朕 대 Moi ((lorsque le roi de Corée se désigne lui-même)). ¶ ~은 경들의 의견을 따르겠소 Moi, je suis votre opinion.

짐승 명 ① anim*al*(*aux*) *m*; faune *f*, bête *f*. ¶ 뿔 달린 ~ une bête à corne. ¶ ~을 잡아먹다 manger des animaux. ¶ ~에게 잡아먹히다 se faire manger par des animaux. ¶ ~만도 못한 놈 une brute. ¶ ~처럼 살다 vivre comme des animaux. ② ((비유적)) brute ¶ 그 놈은 사람이 아니라 ~이야 Ce type n'est pas un être humain, c'est une brute.

◆길_ 명 reptile *m*.

◆날_ 명 volaille *f*.

◆들_ 명 anim*al*(*aux*) *m* sauvage.

짐작 斟酌 명 supposition *f*, conjecture *f*, hypothèse *f*, pronostic *m*. ¶ ~대로 일이 그렇게 되어 갔다 Ça s'est passé comme prévu. ¶ 내 ~이 맞았다[틀렸다] Mon hypothèse s'est révélée juste [fausse] / J'ai bien [mal] deviné / J'ai deviné juste. ◇_(을) 하다 faire un pronostic, émettre une hypothèse, supposer. ¶ 글씨를 보면 성격을 ~할 수 있다 À son écriture, on peut deviner le caractère d'une personne. ¶ 아버지는 내가 떠날 거라고 미리 ~을 하고 계셨다 Mon père s'était mis en tête que je partirais. ◇_(이) 되다[가다, 들다] deviner *qc*; prévoir *qc*; supposer *qc* [que+*ind*]; évaluer, estimer, mesurer. ¶ 그 사람의 성격이 어떤지 (대충) ~이 간다 On peut deviner à peu près son caractère. ¶ 그 사람이 돌아올 거라는 ~이 든다 J'ai l'impression qu'il va revenir. ¶ 그 사람이 어디에 있는지 도무지 ~이 안 간다 Il m'est impossible d'imaginer où il se trouve.

◆눈_ 명 à vue d'œil, à vue de nez {*fam*}, au jugé; à peu près, environ, approximativement, grossièrement, grosso modo.

◆지레_ 명 conjecture *f*; supposition *f*; prévision *f*. ¶ 지레~으로 selon les prévisions.

짐짓 부 exprès; délibérément. ¶ ~ 놀라는 표정을 짓다 mimer une surprise. ¶ ~ 모른 체하다 faire semblant délibérément de l'ignorer.

집[1] 명 ① ((공간)) maison *f*, foyer *m*, demeure *f*,

ㅈ

habitation *f*, domicile *m*, résidence *f*, logis *m*; chez soi *m*, pavillon *m*, lotissement *m*, appartement *m*, logement *m*, immeuble *m*. ¶ 정원이 있는 ~ une maison avec jardin. ¶ ~을 사다[팔다, 내놓다] acheter, acquérir [vendre, mettre en vente] une maison. ¶ ~을 짓다 construire une maison. ¶ ~을 지키다[보다] garder la maison. ¶ ~을 비우다 être absent(*e*) de la maison [de chez *soi*]. ¶ ~ 한 채를 마련하다 acquérir une maison [un logement]. ¶ ~이 넓다[좁다] avoir un logement spacieux [étroit], avoir un grand [petit] logement. ② famille *f;* foyer *m*, ménage *m*. ¶ 화목한 ~ un ménage uni, une famille unie [où règne une harmonie parfaite, harmonieuse]. ¶ ~ 생각이 난다 La maison me manque / Ma famille me manque. ¶ ~을 나가다 quitter la maison, faire une fugue. ¶ ~으로 (돌아)가다 rentrer à la maison, rentrer chez *soi*. ¶ ~에 전화하다 téléphoner à la maison [chez *ses* parents]. ¶ ~이 그립다 La maison [La famille] me manque. ③ bar *m*; restaurant *m*; bistrot *m*. ¶ 그 사람이 자주 들르는 ~ le bistrot [le troquet, le restaurant] où il a l'habitude d'aller, le bar qu'il fréquente. ④ ((바둑)) territoire *m* ((au jeu de go)). ¶ ~을 짓다[내다, 만들다] créer [occuper] des territoires.

*~**도 절도 없다** ne pas [ne point] avoir d'attache, vivre comme un vagabond, être très pauvre.

*~ **떠나면 고생이다** Hors de chez soi, point de salut.

*~**에 꿀단지를 모셔 두었나**? ne se sentir bien que dans *ses* pantoufles, être casani*er*(*ère*).

*~**에서 새는 바가지 밖에서도 샌다** Si on a des défauts à la maison, on a les mêmes à l'extérieur [dans la vie professionnelle].

*~ **태우고 바늘 줍는다** La montagne qui accouche d'une souris.

◆ **_값** 명 prix *m* de l'immobilier. ¶ ~값이 올랐다 Le prix de l'immobilier a augmenté.

◆ **_구석** 명 ① coin *m* de la maison. ¶ ~구석에 처박혀 있다 rester enfermé(*e*) [confiné(*e*), claustré(*e*), emmuré(*e*)] chez *soi*, ne pas sortir de chez *soi*. ② ((경멸적)) famille *f*, foyer *m*; ménage *m*. ¶ ~구석이 평안할 날이 없다 Chez moi, on ne connaît pas la paix.

◆ **_단속** -團束 명 action de s'assurer du bon état de toutes les sécurités et de la fermeture de toutes les conduites ((fermeture des fenêtres, fermeture des robinets, notamment celui du gaz, etc.)). ¶ ~단속(을) 하다 s'assurer du bon état de toutes les sécurités et de la fermeture de toutes les conduites.

◆ **_들이** 명 pendaison *f* de crémaillère. ¶ ~들이 날 le jour où on pend la crémaillère. ¶ ~들이(를) 하다 inviter des amis pour pendre la crémaillère.

◆ **_문서** -文書 명 titre *m* de propriété. ¶ ~문서를 (저당)잡히다 hypothéquer le titre de propriété.

◆ **_사람** 명 épouse *f*, femme *f*.

◆ **_세** -貰 명 loyer *m*. ¶ ~세를 내다[물다, 치르다] payer un loyer. ¶ ~세를 올리다 augmenter le loyer. ¶ ~세가 비싸다[싸다] Le loyer est élevé [bas]. ¶ ~세가 올랐다[내렸다] Le loyer a augmenté [diminué].

◆ **_수리** -修理 명 travaux *mpl*, bricolage *m*. ¶ ~수리(를) 하다 faire des travaux à la maison.

◆ **_주인** -主人 명 propriétaire *mf*.

◆ **_짐승** 명 animal *m* domestique.

◆ **_집마다** 부 du porte à porte. ¶ ~집마다 방문하다 faire du porte à porte, visiter toutes les maisons une à une. ¶ ~집마다 광고지를 돌리다 distribuer des tracts publicitaires dans chaque foyer. ¶ ~집마다 불이 켜졌다 Toutes les maisons sont allumées / Il y a de la lumière dans toutes les maisons.

◆ **_집이** 부 du porte à porte *m*. ¶ ~집이 찾아다니다 faire du porte à porte. ¶ ~집이 돌아가며 잔치를 하다 organiser des fêtes à tour de rôle.

◆ **_채** 명 maison *f*, corps *m* de bâtiment. ¶ ~채만한 파도 d'énormes vagues, des vagues gigantesques.

◆ **_칸** 명 logement *m* modeste, logement *m* minuscule. ¶ ~칸이라도 마련하려 애쓰다 s'efforcer d'acquérir un logement même modeste.

◆ **_터** 명 emplacement *m*, terrain *m*, lotissement *m*. ¶ ~터를 닦다[정하다] prendre [acheter] un terrain à construire.

분류 ① ((건물을 세는 단위)) maison *f*; bâtiment *m*; maisonnée *f*. ¶ 요즘은 두 ~ 건너 교회가 있다 Aujourd'hui, un bâtiment sur trois est une église. ② ((가정을 세는 단위)) famille *f*; maison *f*. ¶ 세 ~이 함께 여행을 떠났다 Ces trois familles sont parties en voyage ensemble. ③ ((바둑)) territoire *m* ((au jeu de go)). ¶ 두 ~ 차로 이기다 gagner avec deux territoires de plus ((au jeu de go)).

집² 輯 분류 album *m*; recueil *m*. ¶ 가수의 3 ~ 앨범 le troisième album du chanteur. ¶ 언어학 21 ~에 투고하다 écrire un article dans le numéro 21 de la revue *Eoneohak*.

-집³ 접미 ① étui *m*. ¶ 안경~ un étui à lunettes. ¶ 칼~ un étui à couteau. ② établissement *m* commercial; commerçant(*e*); point *m* de vente. ¶ 꽃~ ((chez le)) fleuriste. ¶ 빵~ une boulangerie. ¶ 술~ un bar, un bistro(t) {*fam*}, un troquet {*fam*}. ¶ 중국~ un restaurant chinois. ¶ 마산~ chez les Masan. ③ nid *m*; niche *f*. ¶ 개미~ une fourmilière. ¶ 벌~ une ruche. ¶ 새~ un nid d'oiseau.

-집⁴ 접미 ① taille *f*, grandeur *f*. ¶ 몸~ le corps, la corpulence. ¶ 살~ la corpulence, la grosseur. ② ((생긴 자리나 흔적)) ¶ 물~ une ampoule, une cloque; ((의학)) phlyctène. ¶ 흠~ un défaut, un vice, une imperfection.

-집⁵ 集 접미 recueil *m*; compilation *f* ((de romans)). ¶ 논문~ un recueil d'articles. ¶ 단편~ un recueil de nouvelles. ¶ 수필~ un recueil d'essais. ¶ 작품[소설]~ une compilation d'œuvres [de romans].

집-⁶ 접두 domestique. ¶ ~비둘기 une colombe. ¶ ~오리 un canard domestique. ¶ ~토끼 un lapin domestique.

집게 명 pince *f*, tenailles *fpl*, pincettes *fpl*; brucelles *fpl*; bec *m* de corbin. ¶ ~로 얼음을 집다[못을 뽑다] prendre des glaçons avec une pince [arracher un clou avec une tenaille].

◆**_발** 명 pince *f*. ¶ 게는 ~발로 먹이를 집는다 Le crabe attrape la nourriture avec ses pinces.

◆**_손가락** 명 index *m*.

집결 集結 명 rassemblement *m*, concentration *f* ((de troupes)); ralliement *m*. ◇_(을) **하다** se rassembler, se réunir, se rallier, s'unir. ¶ 학교 운동장에 ~하다 se rassembler dans la cour de l'établissement. ◇_(을) **시키다** rassembler, réunir, concentrer ((des forces d'artillerie)). ¶ 모든 병력을 서부 전선에 ~시키다 concentrer toutes *ses* forces sur le front ouest. ◇_(이) **되다** se rallier, se réunir, se rassembler.

◆**_지[점]** -地[點] 명 lieu(*x*) *m* [point *m*] de rassemblement.

집계 集計 명 addition *f*, tot*al*(*aux*) *m*, somme *f* totale; dépouillement *m*, résultat *m*. ¶ 중간 ~ 결과 résultat intermédiaire. ¶ 선관위[중앙 재해 대책 본부]의 ~에 따르면 selon le résultat du dépouillement communiqué par la commission électorale [selon les statistiques du Centre pour la prévention contre les sinistrés]. ◇_(를) **하다[내다]** faire le total ((de *qc*)), totaliser, additionner. ¶ 각 선거구의 개표 결과를 ~하다 faire le compte des suffrages après le vote, additionner le résultat du dépouillement par circonscription électorale. ◇_(가) **되다** être totalisé(*e*).

집권[1] **執權** 명 prise *f* du pouvoir, arrivée *f* au pouvoir; avènement *m* au pouvoir; détention *f* du pouvoir. ¶ ~ 세력 régime au pouvoir. ◇_(을) **하다** prendre [saisir] le pouvoir, arriver [parvenir] au pouvoir, s'accaparer le pouvoir; détenir le pouvoir, être au pouvoir. ¶ 우리 당이 ~하면 Si notre parti parvient au pouvoir [arrive au pouvoir]... ¶ 20년 간 무력으로 ~하다 régner pendant vingt ans par la force.

◆**_당** -黨 명 parti *m* au pouvoir.

◆**_자** -者 명 déten*teur*(*trice*) du pouvoir; homme *m* au pouvoir.

◆**_층** -層 명 classe *f* dirigeante.

집권[2] **集權** 어근 centralisation *f* du pouvoir.

◆**_적** -的 명관 *centralisé*(*e*); *concentré*(*e*). ¶ 중앙~적 권력 구조 un pouvoir centralisé.

◆**_화** -化 명 centralisation *f* du pouvoir.

집기 什器 명 outil *m*, appareil *m*; ustensile *m*. ¶ 사무용 ~ bureautique. ¶ ~들을 옮기다 déplacer des outils, changer les ustensiles de place.

집념 執念 명 obsession *f*, idée *f* fixe; opiniâtreté *f*, ambition *f*. ¶ 일에 대한 ~을 가진 사람 une personne qui a de l'ambition professionnelle. ¶ 무엇을 하겠다는 강한 ~을 보이다[드러내다] montrer une grande ambition à faire quelque chose. ¶ 성공에 대한 ~에 사로잡히다 être possédé(*e*) par un désir ardent de réussite.

집다 타 ① prendre, saisir ((avec la main, avec une pince)). ¶ 그 여자는 고기 한 점을 젓가락으로 집었다 Elle a pris un morceau de viande avec ses baguettes. ¶ 그 친구가 담배를 집어 불을 붙였다 Il a pris une cigarette et l'a allumée. ② indiquer; remarquer. ¶ 좀 더 구체적으로 집어서 말씀해 주십시오 Exposez-nous le problème de manière plus concrète, s'il vous plaît. ¶ 딱[꼭] 집어 말할 수는 없지만 Je ne peux pas le dire avec précision [précisément] mais ...

집단 集團 명 communauté *f*, collectivité *f*, groupe *m*; association *f*; corporation *f*, corps *m*, société *f*. ¶ ~ 행동[생활] un acte [une vie] communautaire. ¶ ~ 내에서 au sein de la communauté. ¶ ~을 이루다[만들다, 형성하다] constituer [créer] une communauté. ¶ 학생들이 ~으로 식중독에 걸렸다 Les élèves ont tous eu une intoxication alimentaire.

◆**_적** -的 명관 collecti*f*(*ve*). ¶ ~적인 광기 folie collective.

◆**_화** -化 명 collectivisation *f*.

◆**_결혼** -結婚 명 mariages *mpl* collectifs [de masse].

◆**_노동** -勞動 명 travail *m* collectif.

◆**_농장** -農場 명 ferme *f* collective, kolkhoze *m*, kibboutz *m*.

◆**_심리** -心理 명 psychologie *f* collective.

◆**_의식** -意識 명 conscience *f* collective.

◆**_이기주의** -利己主義 명 égoïsme *m* (corporatiste).

◆**_자살** -自殺 명 suicide *m* collectif.

◆**_주의** -主義 명 communautarisme *m*, corporatisme *m*, collectivisme *m*.

◆**_폭행** -暴行 명 violence *f* collective.

집달리 執達吏 명 【법률】 huissi*er*(*ère*).

집대성 集大成 명 rassemblement *m*; recueil *m* ((de contes folkloriques)); corpus *m* ((d'inscriptions latines et grecques)); collection *f* colossale; somme *f*, résultat *m* ((d'un long travail)). ¶ 이 책은 그의 연구의 ~이다 Ce livre est un recueil de ses recherches. ◇_(을) **하다[시키다]** rassembler. ¶ 전국의 민요를 ~하다 faire un recueil des chants folkloriques des quatre coins du pays. ◇_(이) **되다** être rassemblé(*e*).

집도 執刀 명 supervision *f* d'une opération médicale. ¶ 장 박사의 ~ 아래 수술을 행했다 Le docteur Jang a supervisé l'opération / Cette opération a été effectuée sous la direction du docteur Jang / Cette opération a été supervisée par le docteur Jang. ◇_(를) **하다** superviser [diriger] une opération médicale. ¶ 이 수술은 이 박사가 ~한다 Cette opération sera supervisée [dirigée] par le docteur Yi.

집례 執禮 명 tâche *f* d'organiser et de présider une cérémonie. ◇_(를) **하다** présider une cérémonie.

◆**_자** -者 명 maître *m* de cérémonie.

집무 執務 명 fonction *f*, tâche *f*, travail *m*, service *m*. ◇_(를) **하다** travailler, être à *son* bureau; accomplir *ses* fonctions, s'acquitter de *ses*

ㅈ

fonctions.

◆_실 -室 명 bureau(*x*) *m*.

집배원 集配員 명 facteur *m*.

집사 執事 명 ① intendant(*e*); gérant(*e*). ¶ 대가의 ~ l'intendant d'une grande famille. ② 【기독】 diacre *m*; diaconesse *f*.

집산 集散 명 rassemblement *m* et dispersion *f*. ¶ 이합과 ~ rassemblement et dispersion selon les intérêts. ◇_(을) 하다[(이) 되다] se rassembler et se disperser. ¶ 농산물이 ~하는 이름난 장터 un marché reconnu comme lieu d'arrivage des produits agricoles.

◆_지 -地 명 lieu(*x*) *m* de redistribution. ¶ 화물[쌀] ~지 un centre de transit des marchandises [de redistribution du riz].

집성 集成 명 compilation *f*. ◇_(을) 하다[시키다] compiler. ◇_(이) 되다 être compilé(*e*).

집성촌 集性村 명 village *m* clanique, village *m* où habitent les gens descendants d'un même aïeul, portant le même nom de famille.

집시 영{Gypsy} 명 bohémien(*ne*); gitan(*e*); romanichel(*le*), manouche *mf* {*fam*}; tzigane *mf*; zingaro *mf*.

◆_족 -族 명 les Gitan(*e*)s; les Bohémien(*ne*)s; les Tziganes; les Zingaros.

집시법 集示法 명 【법률】 lois *fpl* concernant le rassemblement et les manifestations. ¶ ~을 적용하다 appliquer les lois sur le rassemblement et les manifestations.

집안 명 famille *f*, foyer *m*, ménage *m*. ¶ ~ 살림 affaires familiales. ¶ ~ 싸움[문제] une scène de ménage, une dispute conjugale [un problème familial]. ¶ 그 분의 ~ 사람들 les gens de sa famille. ¶ ~ 형편이 어렵다[힘들다] avoir des difficultés financières, tirer le diable par la queue, être pauvre, vivre chichement, vivoter [survivre] péniblement, vivre dans la misère. ¶ 학자 ~ famille universitaire. ¶ ~을 일으키다 redresser la situation familiale. ¶ ~이 좋다 être de bonne famille. ¶ 그 사람은 나와 같은 ~이다 Lui et moi, nous sommes de la même famille.

◆_ 식구 食口 명 membre *m* d'une famille. ¶ ~ 식구를 먹여 살리다 être en charge de la famille.

◆_일 명 ① affaires *fpl* de famille. ¶ 남의 ~일에 끼어들다 se mêler des affaires des autres familles. ② travaux *mpl* ménagers, tâches *fpl* ménagères. ¶ ~일(을) 하다[돌보다] s'occuper des tâches ménagères [du ménage]. ¶ 그 여자는 직장을 다니며 ~일도 한다 Elle travaille, mais elle s'occupe aussi de la maison.

집약 集約 명 fusion *f*, synthèse *f*; concentration *f*. ◇_(을) 하다[시키다] faire la synthèse de *qc*. ¶ 현대 과학의 모든 기술을 ~한 개발품 produit [synthèse] des technologies modernes. ◇_(이) 되다 être fusionné(*e*); être résumé(*e*) en. ¶ 그 분의 사상은 이 구절 속에 ~되어 있다 Ses idées sont synthétisées dans cette phrase.

◆_적 -的 명관 synthétique. ¶ 노동[기술, 자본] ~적 산업 industrie à forte utilisation de main d'œuvre [de technologie, de capitaux].

◆_농업 -農業 명 【농업】 agriculture *f* stratégiquement concentrée.

◆_체 -體 명 corps *m* synthétique.

집어내다 타 ① prendre [saisir] *qc* pour l'enlever, retirer *qc* de. ¶ 국에서 머리카락을 ~ retirer un cheveu de la soupe. ¶ 불량품을 ~ retirer (de la vente) un produit défectueux. ② indiquer; noter; trouver, détecter ((une faute)). ¶ 잘못[실수]을 ~ trouver [détecter] une faute [une erreur]. ¶ 특징을 ~ noter un trait caractéristique.

집어넣다 타 ① mettre; ajouter *qc*. ¶ 음식에 소금을 ~ mettre du sel dans un plat, saler un plat. ② ((단체, 집단에)) mettre *qn qp*. ¶ 아이를 초등학교에 ~ mettre *son* enfant à l'école primaire. ¶ 죄수를 감옥에 ~ mettre un prisonnier dans une cellule, mettre un détenu en prison, incarcérer un prisonnier [un détenu]. ③ ((범위에)) inclure; mettre; comprendre. ¶ 이 문장에 이 말을 집어넣어라 Mets ce mot dans cette phrase. ¶ 이것을 어떤 범주에 집어넣을 수 있을지 모르겠다 J'ignore dans quelle catégorie on peut l'inclure.

집어던지다 타 ① lancer *qc*. ¶ 성난 관중들이 심판에게 병을 집어던졌다 Des spectateurs en colère lancèrent des bouteilles sur l'arbitre. ¶ 사랑을 위해 돈과 권력을 헌신짝처럼[같이] ~ abandonner sans regret l'argent et le pouvoir pour l'amour. ② abandonner, renoncer à *qc*, se retirer ((des affaires)), quitter ((un poste, un emploi, une entreprise)), cesser *qc*, suspendre *qc*, interrompre *qc*, ¶ 그는 마침내 그 일[사업]을 집어던져 버렸다 Il a enfin abandonné [renoncé à] ce travail [Il s'est enfin retiré de cette affaire].

집어들다 타 prendre *qc* en main, saisir *qc*, s'emparer de *qc*; ramasser *qc*. ¶ 그는 땅바닥에서 종이 한 장을 집어들었다 Il a pris [ramassé] une feuille de papier sur le sol. ¶ 그가 갑자기 칼을 집어들었다 Il a soudain saisi [pris en main] un couteau / Il s'est soudain emparé [armé] d'un couteau.

집어먹다 타 ① manger ((avec les doigts, des baguettes)). ¶ 땅에 떨어진 음식을 ~ manger de la nourriture tombée par terre. ② empocher *qc*, mettre *qc* dans *ses* poches; s'emparer de *qc*, s'approprier *qc*; détourner ((de l'argent, des fonds)); voler, dévier, débaucher, ravir, dérober, chiper *qc* {*fam*}, dérober *qc*, escroquer. ¶ 남의 돈을 ~ empocher l'argent d'autrui.

*겁을 ~ prendre peur, s'angoisser; avoir peur. ¶ 그들은 미리 겁을 집어먹었다 Ils étaient anxieux [étaient angoissés, s'angoissaient] à l'avance / Ils avaient des craintes prémonitoires.

집어삼키다 타 ① gober, avaler. ¶ 그는 도넛 하나를 한 입에 꿀꺽 집어삼켰다 Il a avalé un beignet d'un seul coup [d'un trait]. ¶ 파도가 단숨에 우리 배를 집어삼켰다 Des vagues ont englouti notre bateau d'un seul coup [brutalement]. ② usurper, détourner *qc*, s'approprier *qc*, déposséder *qn* de *ses* biens. ¶ 그는 친구의 재산을 홀라당 집어삼켰다 Il s'est approprié toute la fortune d'un ami / Il a dépossédé [dépouillé, spolié] un ami de toute sa fortune.

집어치우다 타 arrêter; cesser de faire *qc*, interrompre *qc*, suspendre *qc*; abandonner *qc*, renoncer à *qc*; laisser en plan {*fam*}; donner *sa* démission, quitter ((un emploi, *son* poste)), démissionner ((d'un emploi)). ¶ 일[공부]을 ~ abandonner un travail [abandonner *ses* études, interrompre *ses* études]. ¶ 회사를 ~ quitter une entreprise [*sa* compagnie]; liquider une entreprise. ¶ 그 따위 수작 집어치워라 Arrête (de faire) ces conneries {*vulg*}! ¶ 더러운 수작 집어치워라 Pas de mesquineries! ¶ 그런 말이라면 집어치워 Arrête de parler de ça! / N'en parlons plus!

집요하다 執拗- 형 être opiniâtre, obstiné(*e*), tenace, acharné(*e*), persistant(*e*), têtu(*e*), cabochard(*e*) {*fam*}, entêté(*e*). ¶ 집요한 추궁 quête obstinée. ¶ 집요한 사람 personne têtue [entêtée], un têtu [entêté], une tête de mule {*fam*}. ¶ 집요하게 따라다니다 poursuivre obstinément; poursuivre *qn* de *ses* assiduités. ¶ 약점을 집요하게 파고들다 s'attaquer obstinément [inlassablement, sans cesse] au point faible de *qn*.

◆**집요히** 執拗- 부 obstinément, opiniâtrement, assidûment; avec persistance, avec acharnement, avec ténacité.

집적 集積 명 accumulation *f*, entassement *m*, amoncellement *m*, agglomération *f*, amas *m*. ◇_(을) **하다** accumuler, amasser, amonceler, entasser, réunir, agglomérer. ◇_(이) **되다** être accumulé(*e*), amassé(*e*), entassé(*e*). ¶ 선진국의 ~된 기술을 배우다 apprendre des technologies avancées des pays développés.

◆**_적** -的 명관 accumulé(*e*), amassé(*e*), entassé(*e*); intégré(*e*).

◆**_화** -化 명 intégration *f*.

◆**_체** -體 명 corps *m* intégré.

◆**_회로** -回路 명 【전기】 circuit *m* intégré.

집적거리다 재타 ① se mêler, s'occuper de *qc*; *s'immiscer [s'ingérer, intervenir]* (dans les affaires d'autrui); fourrer *son* nez dans {*fam*}. ¶ 그는 전공 외에 기호학까지 집적거린다 Il intervient non seulement dans son domaine mais aussi dans la sémiotique / Il s'intéresse non seulement à son domaine mais aussi à la sémiotique. ② taquiner *qn*, harceler *qn*, importuner *qn*, agacer *qn*, irriter *qn*; faire des avances à une femme, se jeter à la tête d'une femme, courir après une femme, draguer une femme {*fam*}. ¶ 사내 녀석들이 자꾸 그 여자를[에게] 집적거린다 Des hommes tournent sans cesse autour de [courent sans cesse après] cette femme. ③ toucher *qc* au point d'agacer *qn* [d'importuner *qn*]. ¶ 어린아이가 자꾸 엄마 젖을 집적거린다 L'enfant touche sans arrêt les seins de sa mère au point de l'importuner [de l'agacer]. ④ manger un peu, grignoter. ¶ 과자를 좀 집적거렸더니 저녁 생각이 없다 J'ai grignoté quelques biscuits, alors, je n'ai plus d'appétit [je n'ai plus faim] pour le dîner.

집전 執典 명 célébration *f*. ¶ 신부의 ~에 따라 식을 거행한다 Un abbé célèbre une cérémonie. ◇_(을) **하다** célébrer.

집정 執政 명 administration *f*; gouvernement *m*. ◇_(을) **하다** administrer; gouverner.

◆**_관** -官 명 consul *m*.

◆**_자** -者 명 administra*teur*(*trice*).

집주 集註 명 recueil *m* de commentaires. ¶ 사서[논어] ~ recueil de commentaires sur les quatre Classiques de Chine [Entretiens de Confucius]. ◇_(를) **하다** recueillir des commentaires. ◇_(가) **되다** ((commentaires)) être recueilli(*e*)s.

◆**_본** -本 명 variorum *m*, édition *f* variorum.

집중 集中 명 concentration *f*; centralisation *f*. ¶ ~ 포화를 퍼붓다 faire feux convergents vers *qc*; concentrer le tir sur *qc*. ¶ ~ 사격을 가하다 concentrer [diriger] le tir sur *qc*. ¶ 누구[어디]를 ~ 공격[공략]하다 concentrer une attaque sur *qn*; concentrer une attaque [une force militaire] sur ((un lieu)). ◇_(을) **하다** se concentrer sur *qc*, concentrer ((son énergie)) vers *qc*; centraliser. ¶ 정신[주의]을 한 곳에 ~하다 concentrer *son* esprit [*son* attention] sur une question. ¶ 증거를 확보하는 데에 수사력을 ~하다 concentrer des efforts sur une enquête pour accumuler [amasser] des preuves. ◇_(을) **시키다** concentrer, centraliser. ¶ 세간의 이목을 ~시킨 사건 une affaire qui attire l'attention du public. ◇_(이) **되다** se concentrer, être concentré(*e*), centralisé(*e*). ¶ 사람들의 관심이 이 문제에 ~되고 있다 L'attention générale est concentrée sur ce problème. ¶ 인구가 수도권에 ~되고 있다 La population se concentre dans la zone métropolitaine. ¶ 시끄러운 곳에서는 (정신)~이 잘 안 된다 Il est difficile de se concentrer dans un lieu bruyant.

◆**_적** -的 명관 concentré(*e*); intensi*f*(*ve*). ¶ 이 문제를 ~적으로 논의하자! Discutons sérieusement (de) cette question! ¶ 빈민 계층에 대한 ~적인 지원이 필요하다 Il est nécessaire de concentrer l'aide sur les classes défavorisées.

◆**_화** -化 명 concentration *f*, centralisation *f*. ¶ 부의 ~화 현상 phénomène de la concentration de la richesse.

◆**_력** -力 명 capacité *f* de concentration [à se concentrer]. ¶ ~력이 떨어지면 졸음이 온다 Quand la capacité de concentration baisse, on est gagné par le sommeil.

◆**_사격** -射擊 명 feux *mpl* convergents.

◆**_호우** -豪雨 명 forte averse *f*, pluie *f* torrentielle

[diluvienne] localisée, déluge *m*, cataractes *fpl*, trombes *fpl* d'eau. ¶ 서울에 ~호우가 내렸다 Une pluie torrentielle s'est abattue sur Séoul.

집착 執着 명 attachement *m*; fixation *f*, fixette *f* {*fam*}; ténacité *f*, obstination *f*. ¶ 맹목적인 ~ attachement aveugle [inconditionnel], idée fixe, obsession aveugle. ¶ 일에 강한 ~을 보이다 montrer un attachement[dévouement] très fort à *son* travail. ¶ 단기간에 성공하겠다는 ~을 버려라 Abandonne ton obsession de vouloir réussir tout du suite [parvenir à la réussite en très peu de temps]. ¶ 그 남자는 자식[돈]에 대한 ~이 강하다 Il est trop attaché à ses enfants [l'argent]. ◇_(을) **하다** s'attacher (excessivement) à *qc*/*qn*, faire une fixation sur *qc*/*qn* {*fam*}. ¶ 돈[명예, 생명]에 ~하다 attacher trop d'importance à l'argent [l'honneur, la vie]. ¶ 자식에게 ~하다 être (trop) attaché(*e*) à *ses* enfants. ◇_(이) **되다** être obsédé(*e*).

집창촌 集娼村 명 quartier *m* des maisons closes [des prostituées].

집필 執筆 명 rédaction *f*. ¶ ~을 의뢰하다 demander ((à *qn*)) d'écrire ((un article)). ¶ ~을 맡다 se charger de la rédaction ((d'un éditorial)). ¶ ~에 들어가다 commencer à rédiger, entrer dans la phase de rédaction. ◇_(을) **하다** rédiger, écrire. ¶ 이 책은 각 분야의 전문가들이 함께 ~한 것이다 Ce livre fut rédigé par des experts de chaque domaine. ◇_(이) **되다** être écrit(*e*), rédigé(*e*). ¶ ~된 원고를 출판사에 넘기다 remettre un manuscrit à un éditeur.

◆**_자** -者 명 auteur *m*, rédac*teur*(*trice*); collabora*teur*(*trice*).

◆**_진** -陣 명 équipe *f* de rédaction. ¶ 화려한 ~진 équipe de rédaction réputée.

집합 集合 명 ① rassemblement *m*, attroupement *m*, ralliement *m*, réunion *f*. ¶ ~ 장소 lieu de rassemblement [de rendez-vous]. ¶ ~ 지점 point de ralliement [de rendez-vous]. ② 【수학】 ensemble *m*. ◇_(을) **하다** se rassembler, s'attrouper, se rallier. ¶ 내일 아침 6시에 서울역 광장에 ~해라 Rassemblez-vous à 6 heures devant la place de la gare de Séoul! ◇_(이) **되다** être rassemblé(*e*)s. ¶ 시골에서 올라온 농산물들은 모두 이 시장에 ~된다 Des produits agricoles provenant des provinces sont tous rassemblés sur ce marché. ◇_(을) **시키다** rallier, rassembler, agréger, attrouper, assembler. ¶ 병사들을 연병장에 ~시키다 rallier des soldats dans le champ de manœuvre.

◆**_적** -的 명관 collecti*f*(*ve*).

◆**_론** -論 명 【수학】 théorie *f* des ensembles.

◆**_명사** -名詞 명 【언어】 nom *m* collectif.

◆**교_** 交- 명 【수학】 intersection *f*.

◆**부분_** 部分- 명 【수학】 sous-ensemble *m*.

◆**진부분_** 眞部分- 명 【수학】 vrai sous-ensemble *m*.

◆**_체** -體 명 agrégat *m*.

◆**합_** 合- 명 【수학】 union *f* des ensembles.

집행 執行 명 exécution *f*; réalisation *f*; exercice *m*. ¶ ~ 기관 organe exécutif. ¶ 형 ~ 정지로 풀려나다 être libéré(*e*) à la faveur d'une suspension de peine. ◇_(을) **하다** exécuter ((une peine)). ¶ (사)형을 ~하다 exécuter une peine (de mort). ¶ 구속[수색] 영장을 ~하다 exécuter un mandat d'arrêt [de perquisition]. ◇_(을) **시키다** faire exécuter. ◇_(이) **되다** ((une peine)) être exécuté(*e*).

◆**_명령서** -命令書 명 【법률】 lettre *f* [sentence *f*] d'exécution.

◆**_부** -部 명 comité *m* [bureau(*x*) *m*] exécutif. ¶ ~부의 지시에 따르다 obéir à un ordre du comité exécutif.

◆**_위원** -委員 명 membre *m* d'un comité exécutif.

◆**_유예** -猶豫 명 【법률】 sursis *m* ((à l'exécution des peines)). ¶ ~유예로 풀려나다[석방되다] être libéré(*e*) avec sursis.

◆**_자** -者 명 exécu*teur*(*trice*), exécutant(*e*).

◆**공무_** 公務 명 exercice *m* d'une fonction publique.

◆**공무_방해** 公務妨害 명 【법률】 outrage *m* à un fonctionnaire dans l'exercice de ses fonctions.

집현전 集賢殿 명 Académie *f* royale, Jiphyeonjeon <Académie royale à l'époque du royaume de Joseon>.

집회 集會 명 réunion *f*, assemblée *f*, meeting *m*. ¶ ~ 및 시위의 자유 liberté de réunion et de manifestation. ¶ 불법 ~ réunion illégale. ¶ ~를 허가하다 permettre une réunion. ¶ ~를 해산하다 disperser une manifestation, interrompre une réunion. ¶ 노조[학생들]의 ~를 경찰이 원천봉쇄하다 La police bloque la manifestation des syndicats [étudiants]. ¶ ~에 참석하다 participer [assister] à une réunion. ◇_(를) **하다**[**열다, 갖다**] se réunir, se rassembler, tenir une assemblée.

◆**_소** -所 명 salle *f* de réunion.

◆**_장** -場 명 lieu(*x*) *m* de réunion. ¶ 사람들을 ~장으로 불러 모으다 rassembler [concentrer] des gens dans un lieu de réunion.

집히다 자 ① être pris(*e*), saisi(*e*), attrapé(*e*). ¶ 바지 주머니 속에서 만 원짜리 한 장이 손에 집혔다 J'ai trouvé un billet de 10 000 wons dans la poche de mon pantalon. ② être compris(*e*); se reconnaître. ¶ 내 머릿속에 언뜻 집히는 일이 있다 J'ai tout de suite pensé à quelque chose [évoqué une hypothèse]. ¶ 그 사람이 내 옛날 친구라는 게 금방 마음에 집혔다 J'ai compris tout de suite qu'il était un vieil ami.

짓[1] 의명 acte *m*, action *f*, mouvement *m*, fait *m*, geste *m*, conduite *f*. ¶ 나쁜 ~을 하다 commettre une mauvaise action. ¶ 어린아이에게 못할 ~을 하다 maltraiter des enfants, brutaliser un enfant. ¶ 미운 ~만 골라 하다 ne faire que des bêtises. ¶ 그 사람은 그런 ~을 할 사람이 아니다 Il n'est pas homme à commettre une tel acte / Il n'est pas du genre à faire ça {*fam*}. ¶ 그건 어리석은 ~이다 C'est une action [conduite] stupide / C'est idiot [stupide]. ¶ 이게 무슨 ~이냐? Qu'est-ce que c'est que ces façons? ¶ 하는 ~이 괘씸하다 Ce qu'il fait est impertinent.

◆_거리 명 acte *m*, conduite *f*, comportement *m*. ¶ 못된 ~거리를 하다 commettre une mauvaise action. ¶ 이게 무슨 ~거리냐? Qu'est-ce que c'est que ces façons?

접미 geste *m*. ¶ 손~ geste des mains. ¶ 몸~ geste. ¶ 눈~ signe des yeux. ¶ 날개~ coup [battement] d'ailes.

짓-[2] 접두 imprudemment, inconsidérément; fort, avec excès. ¶ ~뜯다 arracher. ¶ ~뭉개다 écraser. ¶ ~밟다 écraser, ravager, envahir, piétiner. ¶ ~누르다 presser, opprimer. ¶ ~이기다 pétrir.

짓궂다 형 être malin(*gne*), malicieux(*se*), méchant(*e*), moqueur(*se*), espiègle; être impertinent(*e*). ¶ 짓궂게 굴다 faire une méchanceté à *qn*, être impertinent(*e*) avec *qn*. ¶ 짓궂게 놀리다 se moquer de *qn* méchamment. ¶ 짓궂은 장난[질문, 말, 행동] jeu [question, parole, conduite] méchant(*e*). ¶ 짓궂은 장난꾸러기 un enfant malicieux [espiègle, malin], une canaille, un(*e*) fripon(*ne*), un filou.

◆**짓궂이** 부 malignement, malicieusement, méchamment; avec impertinence.

짓누르다 타 ① presser; appuyer sur. ¶ 목을 ~ étranger *qn*, prendre *qn* à la gorge. ¶ 삶은 감자를 잘 짓눌러 보세요 Veuillez écraser les pommes de terre cuites à la vapeur. ② opprimer *qn*, peser sur ((la conscience de *qn*)), tourmenter *qn*. ¶ 그 일이 마치 나의 가슴을 짓누르는 것 같다 J'ai l'impression que cela me pèse sur le cœur. ¶ 그 일이 내 마음[기분]을 계속 짓누르고 있다 Cette affaire continue à me peser. ¶ 부담감이 그를 짓누른다 La responsabilité lui pèse [l'opprime].

짓눌리다 자 ① être pressé(*e*); être écrasé(*e*). ¶ 그는 무너진 기둥에 팔이 짓눌렸다 Il a eu le bras écrasé par un pilier [par un poteau] qui s'est effondré. ¶ 짓눌린 고구마[감자] patates douces [pommes de terre] écrasées. ② ((심리적으로)) être opprimé(*e*); être accablé(*e*). ¶ 공부에 짓눌린 아이들 des enfants accablés par leurs études. ¶ 그는 형들에게 짓눌려 지낸다 Il vit opprimé par ses frères. ¶ 그 사람은 무엇인가에 짓눌린 듯한 몸짓을 했다 Il a fait un geste comme s'il était *gêné par quelque* chose.

짓다 타 ① faire, fabriquer, construire, bâtir. ¶ 집[빌딩, 아파트]을 ~ construire une maison [un immeuble, un ensemble résidentiel]. ② faire (faire) ((un costume)). ¶ 옷을 ~ faire (faire) un costume [une robe]. ③ écrire, composer, rédiger, faire. ¶ 시[글]를 ~ écrire un poème [un récit]. ¶ 그가 지은 곡 une chanson composée [écrite] par lui, une chanson qu'il a composée [de sa composition]. ¶ 소문을 지어 퍼뜨리다 créer [être à l'origine d']une rumeur et la répandre. ¶ 말을 지어 둘러대다 chercher un prétexte, se justifier, présenter des excuses. ④ faire [cuire] ((du riz)). ¶ 밥을 ~ cuire [préparer] du riz. ⑤ préparer ((un médicament)) ¶ 약을 ~ préparer un médicament, doser un remède. ⑥ commettre ((un crime)). ¶ 죄를 ~ commettre un crime. ⑦ former ((les rangs)), faire ((la queue)), s'aligner; se rassembler, s'attrouper. ¶ 줄[열, 떼, 무리]을 ~ faire la queue [s'aligner, s'attrouper, se rassembler]. ⑧ ((이름을)) nommer. ¶ 아기의 이름을 뭐라고 지을까 Comment (va-t-on) appeler notre bébé? ¶ 누구의 별명을 ~ donner un surnom [un sobriquet] à *qn*. ⑨ faire ((un nœud)). ¶ 매듭을 ~ faire un nœud. ⑩ projeter ((une ombre)). ¶ 나무가 큰 그늘을 지었다 L'arbre projetait une grande ombre. ⑪ ((기능동사로 쓰여)) faire ((de l'agriculture)). ¶ 농사(를) ~ faire ((de l'agriculture)). ⑫ tirer ((une conclusion)); mettre ((fin)). ¶ 해결, 결말, 종결, 마무리, 일단락, 결정, 매듭](을) ~ régler; tirer une conclusion. ⑬ prendre ((une expression)); faire ((un sourire)). ¶ 그는 나에게 아무런 표정을 짓지 않았다 Il était sans expression à mon égard. ¶ 웃음[미소](을) ~ rire [faire un sourire, esquisser un sourire]. ¶ 울상(을) ~ prendre un air triste [larmoyant]. ¶ 한숨(을) ~ pousser un soupir, soupirer. ¶ 눈물(을) ~ pleurnicher; pleurer. ⑭ former ((une paire)), appareiller ((des gants)), apparier {*litt*} ((des chevaux, des bas)), former ((un couple)), coupler ((des roues de wagon, deux bateaux)), joindre [réunir] par deux, accoupler ((deux roues par une bielle, des bœufs à la charrue)). ¶ 짝을 ~ former une paire, appareiller ((des gants)), apparier {*litt*} ((des chevaux, des bas)), former un couple, coupler ((des roues de wagon, deux bateaux)), joindre [réunir] par deux, accoupler ((deux roues par une bielle, des bœufs à la charrue)). ⑮ mettre ((en relation)) avec; impliquer *qn* ((dans une affaire)). ¶ 나를 그 일과 관계[연관](를) 짓지 마세요 Ne me considérez pas comme mêlé(*e*) à cette affaire / Ne pensez pas que je suis mêlé(*e*) à cette affaire [impliqué(*e*) dans cette affaire, trempé(*e*) dans cette (sale) affaire]. ⑯ faire ((une distinction)). ¶ 구분(을) ~ faire une distinction.

***매듭(을)** ~ terminer, achever, finir; mettre fin à *qc*; conclure; arranger, régler ((une affaire)). ¶ 나는 마침내 그 일을 매듭을 지었다 J'ai enfin réussi à régler l'affaire.

***짝(을)** ~ former un couple; se marier. ¶ 그들은 오랜 연애 끝에 짝을 짓게 되었다 À la suite de longues années de relation amoureuse, ils se sont mariés.

짓무르다 자 ① ((피부가)) suinter ((sécrétion d'une plaie)). ¶ 그는 피부가 짓물렀다 Sa peau suinte. ② ((과일 등이)) être écrasé(*e*). ¶ 딸기가 모두 짓물렀다 Toutes les fraises sont écrasées.

짓물다 자 suinter ((sécrétion d'une plaie)); être écrasé(*e*). ☞ 짓무르다

짓뭉개다 타 ① écraser; friper; chiffonner. ¶ 그는 발로 벌레를 짓뭉갰다 Il a écrasé un insecte avec sa chaussure [avec sa semelle, d'un coup de talon].

¶ 그들은 삽시간에 좌판을 짓뭉갰다 Ils ont détruit [saccagé, dévasté] l'étal [le stand] en un instant. ② ((비유적)) détruire; violer. ¶ 나의 장래를 이렇게 짓뭉갤 수 있습니까? Comment pouvez-vous détruire ainsi mon avenir? ¶ 그는 나의 성의를 짓뭉개 버렸다 Il a ignoré ma bonne volonté.

짓밟다 타 ① fouler aux pieds; écraser, piétiner. ¶ 땅에 떨어진 꽃을 ~ piétiner des fleurs tombées par terre. ¶ 군인들이 한 남자를 군화발로 짓밟았다 Des militaires ont piétiné un homme avec leurs bottes. ② ((비유적)) violer; écraser, piétiner, bafouer, fouler aux pieds ((les convenances, les lois)), faire litière de {*litt*}, s'asseoir dessus. ¶ 약자를 짓밟지 마시오 Ne piétinez pas les faibles. ¶ 시민의 권리를 ~ violer les droits des citoyens. ¶ 남의 인격을 ~ piétiner la dignité humaine d'autrui. ¶ 기존 질서를 ~ violer l'ordre établi antérieur. ¶ 학문의 순수성을 ~ utiliser la science à de mauvaises fins [à des fins détournées].

짓밟히다 재타 ① être foulé(*e*) aux pieds, être piétiné(*e*). ¶ 나는 넘어졌다가 지나가는 사람에게 손을 짓밟혔다 Je suis tombé(*e*) par terre et quelqu'un a marché sur ma main [m'a marché sur la main]. ② être détruit(*e*); ((les convenances, les lois)) être piétiné(*e*), bafoué(*e*), foulé(*e*) aux pieds. ¶ 그의 꿈은 다른 사람들에게[에 의해] 짓밟혔다 Son rêve a été piétiné par les autres. ¶ 짓밟힌 우리의 권리 nos droits piétinés [foulés aux pieds]. ¶ 적에게 짓밟힌 우리 국토 notre territoire détruit par l'ennemi.

짓씹다 타 ① mâchonner, mâchouiller {*fam*}, mastiquer, mâcher. ¶ 나는 오징어를 짓씹었다 J'ai mâchonné du calamar. ② ruminer. ¶ 우리는 가난[설움]을 짓씹었다 Nous avons ruminé notre pauvreté [notre chagrin].

짓이기다 타 ① écraser, pétrir. ¶ 그는 구둣발로 담배를 짓이겼다 Il a écrasé une cigarette du pied. ② presser fort; écraser fort. ¶ 그는 구둣발로 내 무릎을 짓이겼다 Il m'a violemment écrasé [piétiné] le genou avec sa chaussure.

짓찧다 타 ① frapper fort de haut en bas; ((곡식 따위를)) piler, broyer. ¶ 그 사람이 지팡이로 땅바닥을 짓찧었다 Il a frappé fort le sol avec une canne. ¶ 고추[곡식]를 절구에 ~ broyer du piment (rouge) [des grains, des céréales] dans un mortier. ② buter fort contre, heurter avec force. ¶ 나는 바위에 무릎을 짓찧었다 Je me suis cogné(*e*) le genou contre un rocher. ¶ 그는 벽에 머리를 짓찧었다 Je me suis cogné la tête contre le mur.

징[1] 명 【음악】 gong *m*. ¶ ~을 울리다[치다] battre le gong.

◆_소리 명 son *m* du gong.

징[2] 명 caboche *f*, clou *m* à ferrer. ¶ 구두에 ~을 박다 ferrer un soulier.

징검다리 명 gué *m*; passage *m* d'un ruisseau; pierres *fpl* disposées ((pour permettre de traverser un ruisseau)); intermède *m*, entremise *f*. ¶ ~를 건너다 franchir [traverser, passer] un ruisseau [à gué] par un passage des pierres. ¶ ~를 놓다 disposer des pierres dans un ruisseau; ((비유적)) offrir *son* entremise. ¶ ~ 휴일 ((faire)) le pont. ¶ 둘 사이에서 ~ 역할을 하다 jouer les médiateurs entre deux personnes; s'interposer entre deux parties.

징검돌 명 pierres *fpl* qui servent de pont. ¶ ~을 헛디디다 faire un faux pas sur les pierres disposées dans un ruisseau.

징계 懲戒 명 punition *f*, réprimande *f*, sanction *f*, châtiment, pénalité *f*. ¶ ~ 대상을 확정하다 désigner les personnes à punir. ¶ ~ 처분을 달게 받아들이다 accepter sans mot dire une punition. ◇_(를) **하다[내리다]** punir *qn*, réprimander *qn*, sanctionner *qn*, infliger [donner] une punition à *qn*, prendre des sanctions contre *qn*. ¶ 부패 공직자를 ~하다 sanctionner un fonctionnaire corrompu. ◇_(를) **받다[당하다]** être puni(*e*) [réprimandé(*e*)], recevoir [subir] un châtiment.

◆_위원회 -委員會 명 conseil *m* de discipline [disciplinaire].

◆경- 輕- 명 punition *f* légère.

◆중_ 重- 명 punition *f* sévère.

징그럽다 형 être répugnant(*e*), écœurant(*e*), dégoûtant(*e*), immonde, innommable, infect(*e*), déplaisant(*e*), hideux(*se*), laid(*e*), repoussant(*e*), horrible, ignoble, dégueulasse {*fam*}. ¶ 징그러운 벌레 insecte hideux[dégoûtant]. ¶ 징그러운 미소 sourire écœurant. ¶ 징그럽게 굴다 se conduire de manière ignoble. ¶ 징그럽게 다 큰 아이가 어리광을 부린다 Il est désagréable qu'un adolescent fasse l'enfant.

징글맞다 형 être dégoûtant(*e*), désagréable. ¶ 그 남자는 ~ Il est dégoûtant. ¶ 징글맞게 웃다 sourire désagréablement.

징글징글하다 형 être terrifiant(*e*), horrible, horrifiant(*e*). ¶ 그 여자는 웃음소리가 ~ Le rire de cette femme est terrifiant.

징발 徵發 명 réquisition *f*. ◇_(을) **하다** réquisitionner, requérir, imposer des réquisitions. ¶ 전쟁에 필요한 물자를 ~하다 réquisitionner des ressources nécessaires pour la guerre. ◇_(이) **되다** être réquisitionné(*e*). ¶ ~되어 전쟁터로 끌려 나가다 être réquisitionné(*e*) et emmené(*e*) au champ de bataille. ◇_(을) **당하다** être victime d'une réquisition forcée. ¶ 차를 ~당하다 voir *son* véhicule réquisitionné.

징벌 懲罰 명 punition *f*, peine *f*, châtiment *m*, sanction *f*. ◇_(을) **하다[내리다]** punir *qn*, châtier *qn*, sanctionner *qn*. ◇_(을) **받다** être puni(*e*), châtié(*e*).

징병 徵兵 명 【법률】 conscription *f*, recrutement *m*, enrôlement *m*, levée *f*. ◇_(을) **하다** recruter, enrôler, lever des troupes.

◆_검사 -檢査 명 【법률】 conseil *m* de révision.

◆_제 -制 명 【법률】 système *m* de conscription.

ㅈ

¶ ~제와 모병제 système de conscription et système de recrutement.

징세 徵稅 명 perception *f* [levée *f*, recouvrement *m*] d'impôt, rentrée *f* d'impôt. ¶ ~ 조치 disposition relative à la perception des impôts. ◇_(를) **하다** percevoir [recouvrer, lever] l'impôt, faire rentrer les impôts.

징수 徵收 명 perception *f*, levée *f*, recouvrement *m*, collecte *f*. ◇_(를) **하다** percevoir, recouvrer, lever, encaisser. ¶ 세금[회비]을 ~하다 percevoir [lever, recouvrer, recueillir] un impôt [une cotisation]. ◇_(가) **되다** être perçu(*e*), levé(*e*), recouvré(*e*). ¶ 세금 ~가 잘 안 된다 On ne peut percevoir parfaitement un impôt. ◇_(를) **당하다** se voir infliger une perception [un redressement fiscal]. ¶ 그 상인은 벌금 500만원을 ~당했다 Ce commerçant a été condamné à payer une amende de cinq millions de wons.

◆_원 -員 명 percep*teur*(*trice*), collec*teur*(*trice*).

징역 懲役 명 réclusion *f*, emprisonnement *m*, prison *f*, travaux *mpl* forcés. ¶ 피고에게 ~ 2년을 선고[언도]하다 condamner un accusé à 2 ans de prison. ◇_(을) **살다** faire de la prison.

◆_살이 명 emprisonnement *m*, détention *f*, réclusion *f*. ¶ 5년간 ~살이(를) 하다 subir une peine de 5 ans d'emprisonnement.

◆_수 -囚 명 forçat *m*, réclusionnaire.

◆_형 -刑 명 emprisonnement *m*.

◆무기_ 無期_ 명 emprisonnement *m* à perpétuité.

징용 徵用 명 réquisition *f*. ¶ 강제 ~ réquisition forcée. ¶ ~에 끌려가다 être réquisitionné(*e*), requis(*e*). ◇_(을) **하다** réquisitionner, requérir. ◇_(이) **되다**[(을) **당하다**] être réquisitionné(*e*), requis(*e*). ¶ 강제로 ~당하다 être réquisitionné(*e*) de force.

징조 徵兆 명 symptôme *m*, présage *m*, augure *m*, signal *m*, signe *f*, indice *m*. ¶ 좋은[나쁜] ~ bon [mauvais] augure [présage, signe]. ¶ 쇠락의 ~를 보이다 présager une chute, présenter un indice de chute. ¶ 패망의 ~가 보이다[있다, 농후하다] présager une défaite [présager une défaite certaine]. ¶ 무엇을 할 ~가 보이다[있다] présenter des signes.

징집 徵集 명 réquisition *f*, conscription *f*. ¶ ~ 면제 exemption du service militaire. ¶ ~ 대상 conscrit. ¶ 강제 ~ réquisition forcée. ¶ ~을 거부하다[기피하다, 연기하다] refuser une réquisition [faire une acte d'insoumission, ajourner un conscrit]. ◇_(을) **하다** réquisitionner, recruter, lever. ◇_(이) **되다**[(을) **당하다**] être réquisitionné(*e*), recruté(*e*).

징징 부 avec gémissement; plaintivement. ¶ ~ 울다[짜다] pleurnicher, couiner, piailler, chouiner {*fam*}, chigner {*fam*}, geindre {*fam*}, chialer {*fam*} gémir; dire *qc* [se plaindre] en pleurnichant, pousser des gémissements, larmoyer.

◆_거리다[대다] 자 couiner, piailler, pleurnicher, chouiner {*fam*}, chigner {*fam*}, geindre {*fam*}, chialer {*fam*} gémir; dire *qc* [se plaindre] en pleurnichant, pousser des gémissements, larmoyer; grogner; grognonner, rouspéter, maugréer; larmoyer; pleurer en poussant des cris [des hurlements], pleurer bruyamment. ¶ 아이가 ~거린다 L'enfant pleurniche [piaille, chigne {*fam*}]. ¶ 그는 항상 ~거린다 Il se lamente [se plaint] tout le temps [à longueur de journée]. ¶ ~대며 울다 pleurnicher, geindre {*fam*}.

징크스 영{jinx} 명 porte-malheur *m*, porte-poisse {*fam.*} *m*. ¶ ~를 깨다[깨뜨리다] briser la malédiction. ¶ ~가 있다 avoir la poisse {*fam*}, ne pas avoir de chance, être malchanceu*x*(*se*).

징표 徵表 명 signe *m*; attribut *m*; marque *f*. ¶ 사랑의 ~ signe [marque] d'amour.

징후 徵候 명 ① signe *m*, présage *m*, augure *m*; pressentiment *m*; marque *f*. ¶ 불길한 ~ mauvais présage [signe, augure]. ¶ 무엇을 할 ~를 보이다[나타내다] présenter [montrer] des signes. ¶ ~가 있다 avoir des signes. ② ((병의)) symptôme *m*.

◆_학 -學 명 【의학】 symptomatologie *f*.

짖다 자 pousser *son* cri; ((개)) pousser des aboiements, aboyer, japper; glapir; ((늑대)) hurler. ¶ 개가 짖기 시작했다 Les chiens commencent à aboyer [à japper, à pousser des aboiements].

짙다 형 ① ((색채)) être foncé(*e*), sombre. ¶ 짙은 빨강 rouge foncé. ¶ 색깔이 ~ La couleur est foncée. ② ((농도, 강도)) être épais(*e*), consistant(*e*), dense. ¶ 안개가 ~ Le brouillard est épais [dense]. ¶ 어둠이 짙게 깔렸다 Il faisait nuit noir. ¶ 짙은 담배 연기 épaisse fumée de cigarette. ¶ 짙은 꽃향기 parfum fort des fleurs. ¶ 짙게 화장한 여자 fille [femme] trop maquillée, fille [femme] outrageusement fardée, pot de peinture {*fam*}. ③ ((기색, 분위기)) être sombre. ¶ 얼굴에 병색이 ~ avoir l'air très malade [souffrant(*e*), souffreteu*x*(*se*), malingre]; paraître très malade; avoir une figure [mine] de papier mâché [d'une pâleur maladive]; avoir le teint pâle [blême, blafard, livide, hâve]; avoir le visage extrêmement blême. ¶ 혐의가 ~ être soupçonné(*e*) de *qc*/*inf*. ¶ 프랑스 팀의 패색이 ~ On présage une défaite pour l'équipe de France. ¶ 얼굴에 수심이 짙게 드리워져 있다 Les soucis se lisent sur son visage / Quelques rides de soucis se sont ajoutées sur son visage.

짙푸르다 형 être bleu(*e*), azuré(*e*); être vert(*e*). ¶ 짙푸른 산과 들 montagnes et plaines vertes.

짚 명 paille *f*, chaume *f*. ¶ ~ 한 단 une botte de paille. ¶ ~을 묶다 mettre la paille en bottes. ¶ ~을 바닥에 깔다 recouvrir le sol de paille. ¶ ~을 썰다 couper la paille.

◆_단 명 botte *f* de paille.

◆_더미 명 meule *f* de paille.

◆_신 명 sandale *f* de paille. ¶ 새끼로 ~신을 삼다 faire une sandale avec des cordes faites de paille. ***헌 ~신도 짝이 있다** N'importe qui peut trouver

ㅈ

chaussure à son pied.

◆**밀_** 명 paille *f* de blé, foin *m*.

◆**밀_모자** -帽子 명 chapeau(*x*) *m* de paille.

◆**볏_** 명 paille *f* de riz.

짚다 타 ① s'appuyer; prendre appui sur *qc*. ¶ 그는 손으로 탁자를 짚었다 Il s'est appuyé sur la table avec sa main. ¶ 그는 땅에 손을 짚었다 Il a appuyé sa main sur le sol. ② s'appuyer sur ((une canne)). ¶ 그 노인은 지팡이를 짚는다 Ce vieillard s'appuie sur une canne. ③ tâter (en appuyant légèrement avec la main). ¶ 맥[혈]을 ~ tâter [chercher, toucher] le pouls ((d'un malade)). ¶ 그는 열이 있나 내 이마를 짚어 봤다 Il m'a tâté le front pour voir si j'avais de la fièvre. ④ choisir, prendre; noter, remarquer; montrer, désigner, indiquer. ¶ 이 문제를 잘 짚어 보아야 한다 Tu dois bien noter la question. ¶ 이 지도에서 너희 집이 어디인지를 짚어 보아라 Indique où se trouve ta maison sur cette carte / Indique la position de ta maison sur cette carte [sur ce plan]. ⑤ deviner, conjecturer, supposer; comprendre; croire savoir; imaginer. ¶ 나는 그 여자의 마음을 짚을 수가 없다 Je ne peux pas deviner ses pensées intimes [les secrets de son cœur] / Je ne peux pas lire dans ses pensées. ¶ 나는 무엇인가를 잘못 짚었다 Je me suis mépris(*e*) sur son compte / Je me suis trompé(*e*) sur son compte / Je me suis abusé(*e*) / J'ai eu tort de penser ainsi. ¶ 그는 이런 시험 문제가 나올 것이라고 짚었다 Il a deviné que ce genre de question tomberait à l'examen.
***짚고 넘어가다** vérifier; s'assurer; examiner; prouver. ¶ 이 문제를 꼭 짚고 넘어가야 한다 Il faut absolument examiner ce problème. ¶ 이 사건의 책임소재를 짚고 넘어가야 한다 Il est nécessaire d'examiner les causes [l'origine] de cette affaire.

짚이다 자 ① être saisi(*e*) ou touché(*e*) de la main. ¶ 우연히 나의 손에 책이 한 권 짚혔다 J'ai pris un livre à la main au hasard. ② pouvoir être tâté(*e*). ¶ 갑자기 맥이 짚이지 않았다 Soudain, il a été difficile de tâter le pouls. ③ être deviné(*e*), conjecturé(*e*), supposé(*e*). ¶ 그 일이 나의 마음에 짚인다 Cette affaire me fait deviner quelque chose. ¶ 나는 뭔가 짚이는 게 있다 Je devine quelque chose.

짚차 -車 **영**{jeep-} 명 jeep *f*.

ㅉ 명 *ssang jieut m* ((double consonne de l'alphabet coréen; double *jieut* (ㅈ))).

짜깁기 명 ① rapiéçage *m* [raccommodage *m*] invisible [impeccable]. ② ((article)) parfait composé de morceaux d'articles différents. ¶ 논문 ~ un article parfait composé de morceaux d'articles différents. ◇_(를) **하다** rapiécer parfaitement; faire un rapiéçage parfait. ¶ 양복의 해어진 부분을 ~를 했다 J'ai parfaitement [impeccablement] rapiécé le costume / J'ai fait un rapiéçage invisible [impeccable] du costume ((on dirait un costume tout neuf)). ¶ 여러 논문을 ~를 해서 레포트를 쓰다 composer un article parfait en se servant des morceaux d'articles différents.

짜내다 타 ① ((실이나 천 따위를)) tisser, tricoter. ¶ 기계로 많은 옷감을 ~ tisser à la machine une grande quantité de tissus. ② ((액체를)) tordre; extraire ((un liquide)); traire ((une vache)). ¶ 종기의 고름을 ~ évacuer [faire sortir] le pus de l'abcès. ③ ((생각을)) se casser la tête {*fam*}; se creuser la tête {*fam*}. ¶ 그 사람들은 머리를 짜내어 해결책을 제시했다 Ils se sont cassés la tête pour trouver une solution.

짜다[1] 타 ① ((틀, 상자를)) construire; fabriquer; monter (en assemblant des pièces). ¶ 대나무로 상자를 ~ fabriquer une boîte en bambou. ¶ 관을 ~ fabriquer un cercueil. ¶ 액자를 ~ fabriquer un cadre. ¶ 장롱을 ~ fabriquer une armoire. ② ((옷을)) tisser; tresser, tricoter. ¶ 옷감을 ~ tisser un tissu. ¶ 가마니를 ~ tresser un sac en paille. ¶ 스웨터를 ~ tricoter un chandail de laine. ¶ 베를 짜는 아낙네 femme qui tisse une toile de chanvre. ③ ((무리를)) former, organiser, préparer. ¶ 네 사람씩 편을 짜서 놀다 s'amuser par équipes de 4 personnes. ¶ 복식은 두 사람이 팀을 짜서 하는 경기이다 Un double ((messieurs, dames, mixte)) est une partie jouée par équipes de deux personnes. ¶ 특별 수사조를 ~ former une équipe d'enquête spéciale. ④ ((계획이나 일정 등을)) former, faire ((un projet)). ¶ 그 사람은 시간표를 짜서 생활한다 Il vit en faisant des emplois du temps. ¶ 감독이 새로운 작전을 짰다 Le manager sportif a inventé une nouvelle stratégie. ¶ 계략을 ~ mettre au point[inventer] un stratagème. ¶ 여행일정을 ~ fixer le programme d'un voyage. ⑤ 미리 의논하여 약속을 하다 s'unir; coopérer; s'associer; s'entendre pour *qc*. ¶ 사장이 직원과 짜고 공금을 횡령했다 Le directeur et un membre du personnel se sont entendus pour dérober des fonds publics. ¶ 그 두 명이 짜고 일을 저질렀다 Les deux se sont associés pour commettre un délit.

짜다[2] 타 ① extraire ((un liquide)); traire ((une vache)); presser. ¶ 여드름을 ~ presser un bouton (sur le visage). ¶ 소젖을 ~ traire une vache. ¶ 치약을 ~ presser un tube de dentifrice. ¶ 참깨로 기름을 ~ extraire de l'huile en pressant des graines de sésame. ② se casser la tête {*fam*}; se creuser la tête {*fam*}. ¶ 아무리 머리를 짜도 묘안이 떠오르지 않는다 On se casse la tête en vain pour trouver une excellente idée. ¶ 지혜를 ~ se creuser la tête pour trouver une bonne idée. ③ pleurer, pleurnicher. ¶ 갑자기 그 여자가 찔끔찔끔 (눈물을) 짜기 시작했다 Elle a commencé à pleurer.

짜다[3] 형 ① être salé(*e*), saumâtre. ¶ 짜고 매운 음식은 건강에 해롭다 Manger trop salé ou pimenté nuit à la santé. ¶ 그 치즈는 너무 ~ Ce fromage est trop salé. ② 【속어】 être radin(*e*) {*fam*}, pingre, rapiat(*e*) {*fam*}, rat {*fam*}, être près de *ses* sous [de *son* argent], les lâcher avec un élastique {*fam*}, être avare comme un rat. ¶ 그 아저씨는 부자인데도 너무 ~ Bien que riche, il est trop près de ses

ㅈ

sous. ¶ 그 회사의 월급은 너무 ~ On constate l'avarice de cette société à travers les salaires qu'elle dispense. ¶ 그 선생님은 학점을 너무 짜게 주신다 Ce professeur note trop sévèrement / Ce(tte) prof sacque (trop) les élèves {fam}.

-짜리 접미 ((une pièce)) de ((100 wons)). ¶ 다섯 살~ 아이 un enfant (âgé) de 5 ans. ¶ 열 권~ 책 un ouvrage en 10 tomes. ¶ 방 두 개~ 아파트 un appartement comportant une pièce commune et deux chambres. ¶ 백 원~ 과자 des biscuits vendus 100 wons pièce.

짜릿짜릿 부 avec des picotements, avec des fourmillements, avec une sensation de picotement. ¶ 전신에 ~ 전기가 왔다 J'ai ressenti un frémissement dans tout le corps / Un frisson a parcouru tout mon corps.

◆_**하다** 형 frémir, frissonner. ¶ 그 여자의 얼굴만 봐도 ~한 전율이 느껴진다 Rien qu'en la regardant [À son seul regard, À sa vue], je frissonne, je tremble [je ressens des frissons].

짜릿하다 형 vibrer, frissonner; tomber en extase, être transporté(e). ¶ 코끝이 ~ s'émouvoir de [pour] qc; faire vibrer l'âme. ¶ 첫 키스는 정말 짜릿했다 Le premier baiser était vibrant.

짜부라지다 자 être écrasé(e); écrabouillé(e) {fam}. ¶ 우리 차가 앞차와 부딪쳐서 짜부라졌다 Ma voiture est rentrée dans celle de devant et a été écrasée.

짜이다 자 ① se construire; se faire. ¶ 잘 짜인 베 une toile de chanvre bien tissée. ② ((계획이)) être formé(e), organisé(e). ¶ 일정이 빡빡하게 짜여 여유가 없다 Mon emploi du temps est tellement surchargé [Je suis tellement sollicité(e)] que je n'ai pas de temps libre [pas de loisirs]. ¶ 계획이 다 짜였다 Le projet est terminé / J'ai achevé ce projet. ¶ 예산이 짜였다 Le budget est planifié. ¶ 잘 짜인 구성 une structure bien formée.

짜임 명 construction f, structure f, constitution f; agencement m; arrangement m. ¶ 그 직물의 ~이 매우 촘촘하다 La structure de ce tissu est bien serrée. ¶ 글의 ~이 치밀하다 La structure de ce texte est minutieuse.

◆_**새** 명 structure f; construction f. ¶ 이 논문은 ~새를 제대로 갖추고 있다 La structure de cette thèse est bien construite. ¶ ~새가 엉성하다 être mal structuré(e), constitué(e), construit(e).

짜장 중 명 ☞ 자장²

짜장면 중 -麵 명 ☞ 자장²

짜증 명 (mauvaise) humeur f, irritabilité f, irascibilité f. ¶ ~ 섞인 목소리 voix irritée. ◇_**(을) 내다[부리다]** manifester de la mauvaise humeur. ¶ 그 친구는 내 충고에 덜컥 ~을 냈다 Mon conseil l'a irrité(e) [agacé(e)]. ¶ ~내지 말고 끝까지 내 말을 들어 봐요! Ne vous mettez pas en colère, écoutez-moi jusqu'à la fin! ¶ ~부리는 아이 enfant irrité(e). ◇_**(이) 나다** s'énerver, s'irriter, s'agacer, se fâcher. ¶ 그 여자의 수다에 ~이 났다 Ses bavardages m'ont irrité(e) [m'ont agacé(e), m'ont tapé sur les nerfs, m'ont porté sur les nerfs]. ¶ 지루한 토론이 나를 ~나게 했다 Ce débat ennuyeux [Cette discussion ennuyeuse] m'a irrité(e). ¶ 매일 똑같은 소리를 듣는 것은 정말 ~나는 일이다 C'est vraiment irritant [agaçant, horripilant] d'(avoir à) écouter la même chose tous les jours.

◆_**스럽다** 형 être irritant(e), horripilant(e); désagréable, vexant(e), contrariant(e). ¶ 그의 수다를 듣고 있기가 정말 ~스러웠다 Il était vraiment irritant d'écouter son bavardage. ¶ ~스럽게 대답하다 répondre d'une voix irritée. ¶ 모든 것이 ~스럽다는 태도 une attitude qui s'irrite de tout. ¶ ~스러운 목소리로 대꾸하다 répliquer d'une voix irritée [sur un ton désagréable]. ¶ 사람 기다리는 것처럼 ~스러운 일도 없다 Rien n'est plus horripilant que d'attendre quelqu'un.

◆_**스레** 부 de mauvaise humeur. ¶ 그 여자는 ~스레 내게 용건을 물었다 Elle m'a demandé d'une voix irritée ce que je désirais.

짝¹ 분류 un élément m (d'une paire). ¶ 양말 한 ~ une chaussette. ¶ 내 구두 한 ~이 보이지 않는다 J'ai perdu un de mes souliers.

명 partenaire; parti m, compagnon m, copain m, copine f. ¶ ~을 맞추다 appareiller; se mettre en couple. ¶ ~을 채우다 appareiller; se mettre en couple. ¶ ~을 그리워하다 se languir de son partenaire. ¶ 새가 ~을 부르고 있다 Un oiseau appelle son compagnon. ◇_**(을) 짓다** appareiller; se mettre en couple. ◇_**(을) 지우다** accoupler. ◇_**(이) 없다** être on ne peut plus+Adj, être extrêmement [excessivement, incroyablement, extraordinairement, terriblement, fort, vraiment, si]+Adj. ¶ 산골에 살려니 적적하기 ~이 없다 Comme il est solitaire de vivre dans une région montagneuse! ¶ 부당하기 ~이 없다 être fort indigné(e). ¶ 저 사람은 능글맞기 ~이 없다 Cette personne est on ne peut plus sournoise [hypocrite] / Il n'y a pas plus hypocrite que lui. ¶ 혼자 밥을 먹자니 청승스럽기 ~이 없다 Je me sens si misérable de manger seul(e). ¶ 얻어먹는 신세가 처량하기 ~이 없다 Sa situation de mendicité est vraiment déplorable.

*~ **잃은 기러기 신세** se retrouver seul(e) sans sa moitié, perdre sa moitié [son(sa) partenaire].

***누구에게나 ~이 있는 법이다** N'importe qui peut trouver chaussure à son pied.

짝² 분류 rangée f. ¶ 소[돼지] 갈비 한 ~ une rangée de travers de bœuf [de porc].

짝³ 의명 mine f, allure f, air m. ¶ 아무 ~에도 못 쓴다[쓸모가 없다] Ce n'est bon à rien.

짝⁴ 부 ① ((déchirer)) brusquement, d'un seul coup ((onomatopée qui évoque un bruit de déchirement brutal)). ¶ 종이를 ~ 찢다 déchirer un papier d'un seul coup. ② ((se briser, se fendre)) d'un coup ((onomatopée qui évoque un bruit produit par un

ㅈ

bris, une cassure)). ¶ ~ 갈라지다 se diviser [se fendre, se briser, se casser] (en deux morceaux) d'un coup. ¶ 사과를 ~ 쪼개다 ouvrir [diviser] une pomme en deux d'un seul coup. ③ ((ouvrir)) grand, au maximum ((idéophone qui exprime une grande ouverture)). ¶ 입을 ~ 벌리다 ouvrir grand la bouche. ¶ 다리를 ~ 벌리다 écarter les jambes au maximum, faire le grand écart. ¶ 문을 ~ 열다 ouvrir grand la porte. ¶ 어깨가 ~ 벌어지다 avoir les épaules larges [carrées], être large d'épaules [de dos], avoir un dos large, avoir une forte [belle] carrure, avoir les épaules en portemanteau {*fam*}, être râblé(*e*). ④ ((onomatopée qui évoque le bruit produit par le fait de s'accrocher tout d'un coup à quelque chose)). ¶ 입에 ~ 달라붙는다 Ça fond dans la bouche / C'est un régal [un délice] / On se régale / C'est délicieux [exquis, succulent, excellent]. ¶ 옷이 땀에 젖어 몸에 ~ 붙는다 Mon vêtement trempé de sueur me colle à la peau. ⑤ ((onomatopée qui évoque le son [bruit] produit par un choc contre quelque chose)). ¶ 손뼉을 ~ ~ ~ 치다 battre des mains. ⑥ ((émettre des)) tss-tss désapprobateurs, clappement *m* de la langue ((onomatopée qui évoque le son [bruit] produit par le claquement de langue en signe de désapprobation ou de pitié)). ¶ 입맛을 ~ 다시다 avoir l'eau à la bouche; claquer la langue avec amertume; avoir envie de faire *qc*. ⑦ ((onomatopée qui évoque le son [bruit] produit lorsque l'on trace une ligne d'un seul coup)). ¶ 줄을 ~ 긋다 tracer une ligne d'un seul coup.

-짝[5] 접미 【속어】 ((suffixe familier lié à un substantif)). ¶ 낯~ face {*fam*}, bouille {*pop*}, binette {*pop*}, façade {*fam*}, gueule {*fam*}, pomme {*fam*}, poire {*fam*}, trombine {*pop*}, portrait {*fam*}, tronche {*fam*}. ¶ 볼기~ fesses, fessier, meules {*pop*}, miches {*pop*}, cul {*vulg*}, croupe {*fam*}, arrière-train {*fam*}, popotin {*fam*}. ¶ 등~ dos, échine. ¶ 신~ godasse(s) {*fam*}, grolle(s) {*fam*}.

짝-[6] 접두 dépareillé(*e*), de taille différente. ¶ ~구두 chaussures dépareillées. ¶ ~양말 chaussettes dépareillées. ¶ ~귀 des oreilles de taille différente. ¶ ~눈 des yeux de taille différente.

짝꿍 명 voisin(*e*) de classe; partenaire, ((남자)) compagnon *m*, ((여자)) compagne *f*. ¶ 그 남자애는 초등학교 1학년 때 내 ~이었다 Il était mon voisin de classe quand j'étais en première année de l'école primaire / Lui et moi avons partagé le même banc à l'école primaire en première année. ¶ 둘도 없는 ~이 되다 devenir compagnons intimes, devenir inséparables.

짝사랑 명 amour *m* unilatéral, amour *m* non partagé. ¶ 그 여자에 대한 나의 ~ mon amour unilatéral pour elle. ¶ 그에 대한 나의 사랑은 ~으로 끝이 났다 Je l'ai aimé(*e*) en vain. ◇_(을) **하다** aimer sans retour; aimer en vain. ¶ 나는 그 여자를 ~한다 Je l'aime sans retour / Je l'aime en vain.

짝수 -數 명 pair *m*, nombre *m* [chiffre *m*] pair. ¶ ~ 번호 학생들 les élèves dont le numéro d'étudiant se finit par un nombre pair. ¶ ~ 줄에 앉은 사람들은 앞으로 나오세요 Les personnes qui sont assises sur une rangée de chiffre pair, venez devant, s'il vous plaît! ¶ 2와 4는 ~이다 Deux et quatre sont des chiffres pairs.

짝짓다 재 assortir, unir; accoupler; apparier; appareiller; marier. ¶ 학생들이 두서넛씩 짝지어서 왔다 Des élèves sont venus par groupes de deux ou trois. ¶ 짝지어 살다 vivre à deux. ¶ 선생님이 두 학생을 짝지어 앉혔다 L'instituteur a fait asseoir les élèves par deux.

◆**짝짓기** 명 accouplement *m*. ¶ 지금은 새들의 ~ 시기다 Actuellement, c'est la saison de l'accouplement des oiseaux.

짝짜꿍 명 battement *m* des mains d'un enfant; jeu(*x*) *m* de mains. ◇_(을) **하다** battre des mains. ¶ 동생과 ~을 하다 jouer à un jeu de mains avec *son* petit frère [*sa* petite sœur].

*~**이 되다** faire une belle[bonne] paire, faire la paire. ¶ 저 둘이 ~이 돼서 회사를 다 말아먹고 있다 Ces deux personnes gaspillent l'argent de la société.

짝짝 부 ① ((déchirer)) brusquement, brutalement, d'un seul coup ((onomatopée qui évoque le bruit produit par le déchirement brusque d'un papier)). ¶ 종이를 ~ 찢다 déchirer brutalement une feuille de papier. ② ((se fendre, se casser, se briser)) avec un bruit sec, d'un coup sec ((onomatopée qui évoque un bruit sec, sonore, net, parfois cassant)). ¶ ~ 갈라지다 se diviser [se fendre, se briser] brutalement [d'un coup sec]. ③ ((onomatopée qui évoque le son [bruit] produit par le fait de s'accrocher à quelque chose)). ¶ 입에 ~ 달라붙네 Ça fond dans la bouche / C'est un régal [un vrai délice] / C'est excellent [succulent, exquis, parfait]. ¶ 껌을 ~ 씹다 mastiquer un chewing-gum de manière bruyante et vulgaire. ④ ((onomatopée qui évoque le son [bruit] produit par des coups, par un battement)). ¶ 손뼉을 ~ 치다 battre des mains. ¶ 슬리퍼를 ~ 끌다 traîner *ses* chaussons [*ses* savates] bruyamment. ⑤ ((onomatopée qui évoque le son de claquer la langue d'une manière nerveuse)). ¶ 입맛을 ~ 다시다 claquer la langue nerveusement, clapper de la langue.

짝짝이 명 ① dépareillé(*e*); désassorti(*e*), mal assorti(*e*). ¶ 양말이 ~군요 Vos chaussettes sont dépareillées. ¶ 신발을 ~로 신다 mettre des chaussures dépareillées. ② deux choses *fpl* de taille différente. ¶ 나는 두 눈이 ~다 J'ai deux yeux de taille différente. ¶ 그는 귀가 ~다 Il a deux oreilles de taille différente.

짠맛 명 goût *m* salé. ¶ 이 조미료는 ~을 낸다 Cet exhausteur de saveur [Cet agent de sapidité] donne un goût salé. ¶ 국에서 ~이 난다 Cette soupe est salée.

짠물 명 eau *f* salée; eau *f* de mer.

◆_고기 명 poisson *m* de mer.

짠지 명 navet *m* conservé dans le sel.

짠하다 형 être touchant(*e*), attendrissant(*e*); être pitoyable, lamentable. ¶ 가슴이 ~ avoir de la peine. ¶ 그 영화는 사람의 마음을 짠하게 한다 Ce film éveille de la pitié en nous.

짤따랗다 형 être court(*e*). ¶ 짤따란 막대기 bâton court.

짤랑 부 avec un tintement ((onomatopée qui évoque un son [un bruit] métallique; tintement)). ¶ 주머니에서 동전이 ~ 하는 소리가 들린다 J'entends tinter des pièces de monnaie dans ma poche.

짤막하다 형 être court(*e*), bref(*ève*), succinct(*e*), concis(*e*), sommaire. ¶ 굵고 짤막한 손가락 doigt gros et court [boudiné]. ¶ 짤막한 연설 brève allocution, bref discours. ¶ 짤막하게 말하다[쓰다] parler [écrire] brièvement [succinctement].

짤짤이 명 personne *f* qui ne cesse d'aller et venir.

짧다 형 ① ((길이)) être court(*e*). ¶ 이 상의는 내게 너무 ~ Cette veste est trop courte pour moi. ¶ 머리를 짧게 자르다 se faire couper les cheveux court, couper les cheveux court. ¶ 짧은 바지 pantalon court. ¶ 짧은 치마 jupe courte. ¶ 짧은 소매옷 chemise à manches courtes. ② ((기간)) être bref(*ève*), court(*e*), momentané(*e*). ¶ 이 배터리는 수명이 ~ La durée d'utilisation de cette batterie est courte. ¶ 짧은 시간[기간] un court moment [une courte durée]. ¶ 짧은 인생[생애] vie brève. ¶ 여름밤은 ~ Les nuits d'été sont courtes. ¶ 겨울해가 짧으니 서둘러 떠나라 Il faut se dépêcher de partir car les jours d'hiver sont courts. ③ ((소리, 대답 따위)) être bref(*ève*), succinct(*e*), concis(*e*). ¶ 그 여자는 짧게 한숨을 쉬더니 말을 이어갔다 Elle a poussé quelques soupirs brefs et a continué à parler. ④ ((글이나 이야기)) être bref(*ève*), succinct(*e*). ¶ 짧은 여행[이야기] voyage court [courte histoire]. ¶ 짧게 말하다[쓰다] parler [écrire] brièvement [succinctement]. ¶ **짧게 말하면** pour faire court, en un mot, bref. ⑤ être insuffisant(*e*); manquer de *qc*, être à court de *qc*. ¶ 밑천이 ~ être à court d'argent. ¶ 지식이 ~ *manquer de connaissances*. ¶ 짧은 밑천 somme d'argent insuffisante, fonds insuffisants. ¶ 짧은 영어로 말하다 parler un mauvais anglais; expliquer en mauvais anglais.

***가방끈이** ~ avoir un bagage insuffisant.

***입이** ~ faire la fine bouche, être [se montrer] difficile sur la nourriture. ☞ 입

◆짧아지다 자 ① ((길이)) raccourcir, rétrécir, diminuer. ¶ (키가 커서) 옷이 짧아졌다 Mes vêtements sont devenus trop petits pour moi (vu que j'ai grandi). ¶ 요즘 여자들 치마 길이가 짧아졌다 La longueur des jupes des femmes d'aujourd'hui a raccourci / Les femmes d'aujourd'hui portent des jupes plus courtes qu'autrefois. ¶ 기다리는 줄이 짧아졌다 La file d'attente diminue. ② ((기간)) diminuer. ¶ 함부로 보관하면 건전지 수명이 짧아진다 Si l'on conserve mal une pile (sèche), sa durée de vie diminue. ¶ 해가 짧아진다 Les journées deviennent de plus en plus courtes.

짬 명 moment *m* de répit, temps *m* libre [disponible], loisir *m*; interstice *m*, intervalle *m*. ¶ ~을 타서 쉬다 trouver un moment de répit pour se reposer [pour souffler {*fam*} (un peu)]. ◇**_을 내다** trouver un peu de temps pour+*inf*, trouver un moment de répit pour+*inf*. ¶ ~을 내어 취미활동을 하다 trouver un peu de temps pour avoir des loisirs. ◇**_이 나다** avoir du temps libre, avoir un moment de répit, avoir un peu de temps. ¶ 그 남자는 ~이 나면 잔다 Il dort s'il a du temps libre. ◇**_이 있다** être libre, avoir du temps libre, avoir le loisir de+*inf*. ¶ 그 아저씨는 ~만 있으면 낚시질을 했다 Il passait tous ses loisirs à la pêche. ◇**_이 없다** ne pas [guère] avoir le loisir [le temps] de+*inf*. ¶ 편지를 쓰려고 해도 ~이 없다 Je n'ai guère le loisir [le temps] de vous écrire.

짬뽕 일 명 ① *jjamppong m* <ragoût épicé avec des fruits de mer et des nouilles servi dans les restaurants chinois en Corée>. ¶ 자장면과 ~을 시키다 commander un plat de *jajangmyeon* et un *jjamppong*. ② ((비유적)) mélange *m*. ¶ 그 친구는 전라도, 경상도 사투리를 모두 ~을 해서 말한다 Il parle en mélangeant les dialectes des provinces de Jeolla(do) et Gyeongsang(do).

짬짬이 부 de temps en temps; par intervalles. ¶ ~ 시간을 내서 취미 활동을 하다 trouver quelques instants de temps libre pour avoir des activités de loisir.

짭짤하다 형 ① être un peu salé(*e*); être saumâtre. ¶ 짭짤한 생선 구이 poisson grillé salé. ¶ 짭짤한 바다 냄새 odeur salée de la mer. ② être bon(*ne*); être rentable, juteux(*se*) {*fam*}. ¶ 수입이 ~ C'est une affaire rentable [qui rapporte, juteuse {*fam*}].

짭짭 부 ((onomatopée qui évoque un son [un bruit] de se pourlécher [de se lécher] les babines)). ¶ 입맛을 ~ 다시다 se pourlécher [se lécher] les babines, s'en lécher les babines, se lécher les badigoinces {*fam*}.

짱구 명 tête *f* bombée. ¶ ~ 머리 tête bombée; front bombé.

-째¹ 접미 tel(*le*) quel(*le*). ¶ 병~ 마시다 boire à la bouteille. ¶ 그릇~ 비우다 vider toute l'assiette (sans laisser une miette).

-째² 접미 ① ((suffixe flexionnel indiquant un ordre, un placement sur une échelle)). ¶ 일주일~ 그가 나타나지 않고 있다 Cela fait une semaine qu'il ne s'est pas montré. ② -ième. ¶ 첫~ premier. ¶ 열 개~ le dixième.

째다¹ 타 déchirer, lacérer; mettre en pièce; inciser; faire [pratiquer] une incision. ¶ 옷을 ~ déchirer un vêtement. ¶ 종기를 ~ inciser un abcès. ¶ 칼로 호주머니를 ~ déchirer une poche avec un couteau. ¶ 귀를 째는 듯한 비명소리 un cri qui casse les oreilles.

째다² 자 ① 꼭 끼다 être serré(*e*), étroit(*e*), étriqué(*e*), petit(*e*). ¶ 신발이 짼다 chaussures qui serrent le pied. ¶ 몸에 꽉 째는 옷 une robe serrée. ② 부족하다 manquer; être insuffisant(*e*); faire défaut. ¶ 요즈음은 일손이 짼다 Ces jours-ci, nous manquons de main-d'œuvre. ¶ 물가가 올라서 살림이 짼다 Puisque la vie a augmenté, la situation des familles est devenue difficile. ¶ 이 일을 하기에 그 사람은 실력이 짼다 Ce travail dépasse ses capacités [ses compétences] / Ce travail est au-dessus de ses facultés [de ses forces] / Il ne peut pas faire ce travail, c'est (au-dessus de) ses facultés.

째려보다 타 regarder de travers [en coin, du coin de l'œil]. ¶ 누구를 ~ regarder *qn* de travers [en coin, du coin de l'œil].

째보 명 bec-de-lièvre *m*; étourdi(*e*), imprudent(*e*).

째어지다 자 ☞ 째지다

째지다 자 ① ((살이나 얇은 물건이)) 찢어지다 être déchiré(*e*), incisé(*e*), bridé(*e*). ¶ 째진 눈 les yeux bridés. ¶ 앉을 때 바지가 째졌다 Mon pantalon s'est déchiré lorsque je me suis assis(*e*). ② ((소리 따위가)) 날카롭게 들리다 ((son)) être aigu(ë), strident(*e*). ¶ 째지는 (비명) 소리 un cri aigu [strident]. ③ 【속어】 ((기분이)) 너무 좋다 être de très bonne humeur. ¶ 정말 기분이 째지게 좋다 Je suis de très bonne humeur / Je suis aux anges / Je suis hyper content(*e*) {*fam*}.

*(**똥구멍이**) **째지게 가난하다** être très pauvre; tirer le diable par la queue, vivre dans la misère.

*****입이** ~ avoir un sourire jusqu'aux oreilles, faire un grand sourire; avoir l'air très heureux, être aux anges. ¶ 그 사람은 입이 째지게 좋아했다 Il avait un sourire jusqu'aux oreilles / Il était très ravi / Il était fou de joie / Il était aux anges.

짹 부 ((onomatopée qui évoque un gazouillis des oiseaux)). ¶ 참새 두 마리가 ~ ~ 운다 Deux moineaux gazouillent.

짹짹거리다 자 pépier, gazouiller.

쨍¹ 부 ① avec un bruit sec [métallique] ((onomatopée qui évoque un bruit de se cogner [de se heurter] fortement l'un contre l'autre)). ¶ 칼이 ~ 소리를 내며 부딪쳤다 Des couteaux se sont heurtés avec un bruit métallique. ② tchin-tchin ((onomatopée du bruit provoqué par des verres qui s'entrechoquent ou qui se brisent)). ¶ 술잔을 ~ 하며 부딪쳤다 On a trinqué avec nos verres d'alcool. ¶ 유리컵이 ~ 소리를 내며 바닥에 떨어졌다 Les verres se sont cassés bruyamment sur le sol.

쨍² 부 ((onomatopée qui évoque que le soleil brille d'une façon ardente, brûlante, violente)). ¶ 햇볕이 ~ 내리쬐는 날이다 Le soleil est brûlant aujourd'hui / Il fait un soleil de plomb aujourd'hui / Aujourd'hui, le soleil tape dur [ça tape fort {*fam*}].

◆**_하다** 자 ((le soleil)) briller ardemment, taper dur [fort] {*fam*}, être ardent(*e*), brûlant(*e*); faire un soleil de plomb. ¶ 햇빛이 ~하게 비친다 Le soleil est brûlant aujourd'hui / Il fait un soleil de plomb aujourd'hui / Aujourd'hui, le soleil tape dur [ça tape fort {*fam*}].

◆**_ _** 부 ((onomatopée qui évoque que le soleil brille d'une façon ardente, brûlante, violente)). ¶ 해가 ~~ 난다 Le soleil brille ardemment / Il fait un soleil de plomb / Le soleil tape dur / Ça tape (fort) ((aujourd'hui)) {*fam*}. ¶ 햇볕이 ~~ 내리쬐는 사막 un désert où le soleil brûle [est brûlant, est rude, n'a nulle pitié, tape dur {*fam*}], un désert sous un soleil brûlant.

◆**_ _하다** 형 ((le soleil)) être ardent(*e*), brûlant(*e*), taper dur [fort] {*fam*}; faire un soleil de plomb. ¶ 아직 ~~한 대낮이다 Il fait encore grand [plein] jour.

쨍그랑 부 avec fracas ((onomatopée qui évoque un son [un bruit] de cassure [de bris])). ¶ 거울[컵]이 ~ 깨졌다 Un miroir [verre] s'est brisé avec fracas.

◆**_거리다[대다]** 자 faire des bruits lourds. ¶ 깡통이 ~거리며 굴러간다 Une canette roule en faisant du bruit [bruyamment]. ¶ ~대는 종소리 le son de la cloche; ding dong.

쨍그렁 부 ☞ 쨍그랑

쩌렁쩌렁 부 ((onomatopée qui évoque une voix grosse et résonante)). ¶ 복도에 네 목소리가 ~ 울린다 Ta voix résonne fort dans le couloir. ¶ 부장은 사무실이 ~ 울리도록 야단을 쳤다 Le chef a réprimandé vertement [rudement, de façon sévère] tout le service [tous les employés du service].

쩍 부 ① ((onomatopée qui évoque un son [un bruit] de cassure, de bris)). ¶ 수박이 반으로 ~ 쪼개졌다 La pastèque s'est bruyamment fendue [a éclaté bruyamment] en deux morceaux]. ② ((입맛을 다시는 소리 또는 모양)). ¶ 입만 ~ 다시다 se lécher [se pourlécher] les babines {*fam*} [les badigoinces {*fam*}]. ③ ((입, 팔 등을 크게 벌리는 모양)). ¶ ~ 벌어진 어깨 épaules très larges [carrées], une large [belle] carrure, le dos large. ④ ((달라붙는 소리 또는 모양)). ¶ 껌이 입천장에 ~ 붙었다 Le chewing-gum est collé au palais.

◆**_ _** 부 ① ((onomatopée qui évoque un son [un bruit] de cassure, de bris)). ¶ 땅이 ~~ 갈라질 만큼 심각한 가뭄이다 C'est une sécheresse à crevasser la terre / C'est une sécheresse telle que la terre se crevasse [se fendille]. ② ((onomatopée qui évoque un bruit qu'on fait en mangeant ou en se léchant les babines)). ¶ 입맛을 ~~ 다시다 se lécher [se pourlécher] les babines {fam} [les badigoinces {fam}].

-쩍다 접미 ((suffixe permettant de former des adjectifs)). ¶ 겸연~ être embarrassé(*e*), gêné(*e*). ¶ 미심~ être douteux(*se*), suspect(*e*). ¶ 의심~ être suspect(*e*), douteux(*se*). ¶ 수상~ être louche {*fam*},

ㅈ

trouble.

쩔뚝거리다 자 ☞ 절뚝

쩔쩔 부 dans l'embarras ((onomatopée qui évoque qu'on ne sait quoi faire face à une chose embarrassante)).

◆_**매다[기다]** 자 ① 어찌할 줄 모르다 être à bout de force; être dans l'embarras, ne savoir plus que faire, ne plus s'y retrouver, nager complètement, paniquer, s'affoler, perdre *ses* moyens [les pédales], être décontenancé(*e*), désarçonné(*e*), déboussolé(*e*); être (complètement) dépassé(*e*) par les événements; être submergé(*e*) ((par le travail)), débordé(*e*); ne (plus) savoir où donner de la tête. ¶ 바빠서 ~매다 être très pris(*e*) [occupé(*e*)]; être submergé(*e*) [surchargé(*e*)] de travail; être débordé(*e*), surchargé(*e*); ne (plus) savoir où donner de la tête. ¶ 돈이 없어서 ~매며 살다 être à court d'argent. ¶ 나는 어떻게 해야 할지 몰라서 ~맸다 Je ne savais (plus) que faire / J'étais décontenancé [complètement désarçonné, déboussolé] / J'avais perdu les pédales / Je paniquais / J'étais affolé / Je nageais complètement / Je ne m'y retrouvais plus. ② 기를 못 펴다 être incapable de réagir devant *qn*, trembler ((à la pensée de *qc*, devant *sa* femme, devant *son* supérieur)); être intimidé(*e*) par *qn*, être terrorisé(*e*) par *qn*. ¶ 상사의 한 마디에 ~매다 trembler à la remarque d'un supérieur. ¶ 그 사람은 아내에게 ~맨다 Il est incapable de réagir devant sa femme / Sa femme le terrorise [l'intimide, lui fait perdre ses moyens] / Il est terrorisé [complètement intimidé] par sa femme / Il tremble [perd (tous) ses moyens] devant sa femme.

쩝쩝 부 ((onomatopée qui évoque un bruit qu'on fait en mangeant ou en se se léchant les babines)). ¶ 입맛을 ~ 다시다 se lécher les babines en faisant du bruit; se pourlécher les babines. ¶ 입맛을 ~ 다시며 먹다 faire du bruit en mangeant, manger bruyamment.

◆_**거리다[대다]** 타 faire du bruit en mangeant. ¶ 음식을 ~거리다 manger bruyamment.

쩡쩡 부 ((onomatopée qui évoque une voix grosse et résonante)). ¶ 그 사람 목소리가 운동장에 ~ 울렸다 Sa voix a résonné fort dans la cour de l'établissement. ¶ 그 사람 집안은 시골에서 ~ 울리는 가문이다 Le nom de cette famille est bien connu [apprécié] en province [à la campagne].

쩨쩨하다 형 être pingre, avare, radin(*e*) {*fam*}, mesquin(e), avare de *ses* sous, grippe-sou; être intolérant(e), étroit d'esprit; être moyen(*ne*); être humble, modeste; être de pauvre apparence; être pauvre, médiocre; n'avoir aucune valeur, être sans valeur. ¶ 너무 쩨쩨하게 굴지 마 Ne sois pas si mesquin / Montre plus de générosité [de grandeur]. ¶ 그 사람이 시장에서 흥정하며 쩨쩨하게 구는 모습에 실망했다 En marchandant, il(elle) s'est montré radin(*e*) {*fam*}, ça m'a décu(*e*) [choqué(*e*)].

쪼가리 명 morceau(*x*) *m*, bout *m* ((de papier)). ¶ 헝겊 ~ morceau d'étoffe. ¶ 나무 ~로 불을 피우다 allumer du feu avec des brindilles. ¶ 문에 종이 ~가 하나 붙어 있다 Un bout de papier est collé sur la porte.

쪼개다 타 ① diviser, fendre, cliver ((une roche)); partager. ¶ 수박을 쪼개어 먹다 diviser [fendre, ouvrir] une pastèque pour la manger. ② diviser en plus de deux parts. ¶ 방을 셋으로 쪼개다 diviser une pièce en trois. ③ ((시간, 돈을)) économiser. ¶ 용돈을 쪼개어 책을 사다 acheter des livres avec l'argent de poche qu'il a épargné [amassé]. ¶ 시간을 쪼개서 공부하다 étudier en gérant *son* temps. ④ 【속어】 rire. ¶ 실실 ~ rire sous cape, rire en dedans, ricaner tout bas.

쪼개지다 자 fendre. ¶ 나무판이 쪼개졌다 La planche de bois s'est fendue (en deux). ¶ 여론이 두세 갈래로 쪼개졌다 L'opinion publique s'est divisée en deux ou trois.

쪼그라들다 자 rétrécir; se rider. ¶ 세탁기에 돌렸더니 스웨터가 쪼그라들었다 J'ai mis le pull(-over) [le tricot, le chandail] dans la machine à laver [dans le lave-linge] et il a rétréci / Le pull que j'avais mis au lave-linge a rétréci (au lavage). ¶ 그 사람은 백발에 쪼그라든 얼굴이다 Il a un visage tout ridé et des cheveux blancs.

쪼그라지다 자 se froisser; s'écraser; s'aplatir; se rider. ¶ 벽에 부딪혀 자동차가 쪼그라졌다 La voiture a heurté un mur et sa tôle a été froissée. ¶ 쪼글쪼글 쪼그라진 할머니의 얼굴 le visage tout ridé d'une grand-mère, le visage ridé et tout fripé d'une grand-mère.

쪼그리다 타 écraser, aplatir; se recroqueviller, se mettre en boule, se ramasser sur *soi-même*. ¶ 은박지를 ~ écraser [aplatir] une feuille d'étain. ¶ 몸을 ~ se recroqueviller; se mettre en boule, se ramasser sur soi-même. ¶ 쪼그려 앉다 s'accroupir.

쪼글쪼글 부 ((idéophone qui évoque un visage ridé)). ¶ 어느새 어머니의 얼굴에 ~ 주름살이 생겼다 Le visage de ma mère s'est ridé sans que nous nous en apercevions.

쪼다[1] 타 ((모이를)) picorer, picoter, becqueter; ((돌 따위를)) ciseler ((un bijou)); sculpter ((une statue)). ¶ 비둘기가 모이를 쪼고 있다 Un pigeon est en train de picorer des graines. ¶ 닭이 모이를 쪼아 먹는다 La poule picore. ¶ 돌을 쪼아서 석상을 만들다 sculpter une statue de pierre.

쪼다[2] 명 【속어】 incapable *m*; bon à rien *m*; minable *m*; (gros) nul *m* {*fam*}. ¶ 이런 ~ 같은 놈 Espèce d'incapable [de nul]! / Gros nul! / Minable! ¶ ~ 취급을 당하다 se faire traiter d'incapable [de bon à rien, de nul, de minable {*fam*}]. ¶ 그 사람은 학교에서 친구들에게 ~라고 놀림을 받는다 À l'école il se fait traiter de nul par ses camarades.

쪼들리다 자 ① être importuné(*e*); être en proie à

ㅈ

qc. ¶ 일에 ~ être débordé(*e*) [surchargé(*e*)] de travail, crouler sous le travail. ¶ 빚에 ~ être accablé(*e*) de dettes. ② 부족하다 manquer ((d'argent)), être insuffisant(*e*), faire défaut; être en pénurie de ((médicaments)), être à court de *qc* ((d'argent, d'arguments, d'idées)), être à bout de ((forces, ressources, arguments, nerfs, souffle)), être dépourvu(*e*) de *qc*; ne pas avoir assez de *qc*. ¶ 그 사람은 항상 돈에 쪼들린다 Il manque toujours d'argent / Il est toujours à court d'argent / Il est toujours à sec {*fam*}. ¶ 쪼들리는 살림 un ménage en difficulté, un ménage pauvre [qui tire le diable par la queue, qui vit chichement, qui vivote péniblement, qui survit].

쪼르르 부 ((onomatopée qui évoque un bruit de l'eau qui coule doucement)). ¶ ~ 물 흐르는 소리 le bruit de l'eau qui coule en un mince filet. ¶ 아이가 대문 앞에 ~ 달려 나왔다 L'enfant s'est précipité devant le portail.

쪼르륵 부 ((onomatopée qui évoque une goutte d'eau qui glisse tout droit et s'arrête)). ¶ 비탈에서 ~ 미끄러지다 glisser sur une pente.

쪼이다[1] 자타 se mettre face à *qc*, s'exposer à *qc*. ¶ 햇볕이 쪼이지 않는 응달 un endroit qui n'est pas exposé au soleil, un endroit ombragé. ¶ 불에 손을 쪼여서 녹이다 se réchauffer les mains près du feu.

쪼이다[2] 자 être picoré(*e*). ¶ 까마귀 부리에 쪼인 시체 un cadavre [un corps] becqueté [piqué] par un corbeau.

쪽[1] 명 chignon *m*. ¶ ~을 찌다 se faire un chignon.

쪽[2] 명 page *f*. ¶ 이 책은 ~마다 삽화를 넣었다 Chaque page du livre est illustrée.

◆**_수** -數 명 nombre *m* de pages. ¶ 이 책은 ~수가 400을 넘는다 Ce livre a plus de 400 pages.

분류 ① morceau *m*; tranche *f*; pièce *f*. ¶ 빵 한 ~ un morceau de pain [une tranche de pain]. ¶ 사과를 두 ~으로 나누다 partager une pomme en deux. ② page *f*. ¶ 교과서 120 ~을 펴세요 Ouvrez votre manuel à la page 120. ¶ 몇 ~까지 읽어야 하니? Jusqu'à quelle page faut-il (le) lire [doit-on (le) lire]?

쪽[3] 의명 ① 방향 direction *f*; côté *m*. ¶ 소리 나는 ~을 보다 regarder dans la direction d'où vient le bruit. ¶ 역 ~으로 가다 aller en [dans la] direction de la gare. ¶ 그 사람은 길 건너 ~에 산다 Il habite de l'autre côté de la rue. ② 편 côté *m*; camp *m*; équipe *f*; clan *m*; parti *m*. ¶ 그 사람은 찬성하는 ~에 속한다 Il fait partie des gens qui sont pour. ¶ 그 사람은 우리 ~이다 Il est de notre côté / Il est dans notre camp. ¶ 이번 경기에서 이긴 ~이 결승전에 오른다 L'équipe qui a gagné ce match monte en finale.

◆**동[서, 남, 북]_** 東[西, 南, 北]- 명 est *m* [ouest *m*, sud *m*, nord *m*].

◆**위[아래]_** 명 haut *m* [bas *m*].

쪽[4] 부 sur une seule ligne, sur la même ligne; en file, à la file, à la queue leu leu {*fam*}. ¶ ~ 뻗은 가로수길 une route bordée d'arbres qui se prolonge droit devant.

쪽[5] 분류 gousse *f* [bulbille *f*] ((d'ail)). ¶ 마늘 한 ~ une gousse d'ail. ¶ 김치 한 ~ une portion de *kimchi*.

쪽[6] 명 ① énergie *f*, vigueur *f*. ② 【속어】 얼굴 gueule *f* {*fam*}, tronche *f* {*fam*}.

*~**을 못 쓰다** être intimidé(*e*) par *qn* [en présence de *qn*]; être totalement dominé(*e*) par *qn*.

*~**(이) 팔리다** avoir la honte; se payer la honte {*fam*}. ¶ ~ 팔려 La honte! / J'ai la honte / C'est la honte! / Je me suis payé [tapé] la honte {*fam*}.

쪽[7] 부 smack ((onomatopée qui évoque un son [un bruit] fait quand on fait un bisou à *qn*)). ¶ ~ 소리를 내며 입을 맞추다 embrasser *qn* bruyamment.

◆**_ _** 부 smack, smack ((onomatopée qui évoque un son [un bruit] fait quand on fait un bisou à *qn*)). ¶ 볼에다 ~~ 뽀뽀를 하다 faire un bisou bruyamment sur la joue.

쪽마루 명 *jjongmaru m* <petit parquet extérieur, situé sous l'avant du toit d'une maison traditionnelle coréenne, attenant à la piece qu'il longe>. ¶ ~에 걸터앉다 s'asseoir sur un *jjongmaru* les jambes pendantes. ¶ ~가 달린 방을 구하다 chercher une chambre avec un *jjongmaru*.

쪽매 명 objet *m* en marqueterie. ¶ ~질 하다 fabriquer un objet avec de petites pièces de bois, fabriquer un objet en bois de marqueterie.

쪽문 -門 명 petite porte *f* dans un portail. ¶ ~을 잠그다 fermer à clé la petite porte d'un portail. ¶ ~으로 드나들다 passer fréquemment par la petite porte du portail.

쪽박 명 demi-calebasse *f*; louche *f* en calebasse. ¶ ~을 들고 문전걸식을 하다 aller de porte en porte en mendiant. ¶ ~에다 물을 따르다 verser de l'eau dans une louche en calebasse.

*~**(을) 차다** tomber dans la misère; devenir pauvre [misérable]; tomber dans la déchéance.

*~**(이) 깨지다** Le sort en est jeté / C'est fini / On ne peut pas revenir en arrière. ¶ ~(이) 깨지는 소리 하지 마! Arrête de dire des idioties [des bêtises, des âneries, des conneries {*vulg*}]! / Ne parle pas pour ne rien dire! ¶ ~이 깨졌다! C'est fini [fichu {*fam*}, foutu {*vulg*}] pour toi.

◆**_귀** 명 oreilles *fpl* en feuilles de chou, oreilles *fpl* décollées.

◆**_세간** 명 ustensiles *mpl* de ménage médiocres [misérables].

◆**_신세** -身世 명 mode *m* de vie médiocre [misérable].

쪽발이 명 ① objet *m* qui n'a plus qu'un pied. ② 【비어】 Japonais(*e*).

쪽밤 명 châtaignes *fpl* jumelles.

쪽배 명 petite barque *f* ((taillée dans un tronc d'arbre)); pirogue *f*. ¶ ~를 강에 띄우다 mettre une pirogue à l'eau. ¶ ~로 강을 건너다 traverser une rivière à bord d'une pirogue.

쪽빛 명 (bleu) indigo *m*. ¶ 하늘이 ~으로 구름 한 점 없이 맑다 Le ciel bleu [indigo] est limpide et sans nuage / Le ciel bleu est clair et sans un nuage.

쪽지 -紙 명 étiquette *f*; morceau *m* [bout *m*] de papier; message *m*; papillon *m*. ¶ 소포에 ~를 붙이다 coller [mettre] une étiquette sur un colis. ¶ 대담 내용을 ~에 기록하다 faire le compte-rendu d'un entretien sur un bout de papier. ¶ ~에 몇 자 적다 écrire quelques mots sur un morceau de papier. ¶ 나는 ~에다 즉시 집으로 오라고 적었다 Je lui ai écrit sur un bout de papier de rentrer immédiatement à la maison. ¶ 그 사람은 ~ 한 장 남기지 않고 집을 나갔다 Il a quitté la maison sans laisser la moindre note.

◆_시험 -試驗 명 examen *m* où l'on tire au sort les questions.

쪽파 명 ciboulette *f*. ¶ ~ 한 단 une botte de ciboulettes.

쪽팔리다 자 【속어】 avoir la honte; se payer la honte {*fam*}. ¶ 버스에서 내리다가 넘어져서 얼마나 쪽팔렸는지 몰라 Je suis tombé(*e*) alors que je descendais du bus, vous n'imaginez pas à quel point [combien] j'ai eu honte [combien je me suis payé(*e*) la honte {*fam*}]. ¶ 쪽팔리게 길에서 이런 걸 팔라고? Tu voudrais vendre ces choses-là dans la rue, quelle honte! [c'est la honte! {fam}].

쫀득거리다 자 ☞ 존득거리다

쫀쫀하다 형 ① ((천)) être serré(*e*), étroit(*e*), étriqué(*e*). ② ((성격)) être étroit(*e*) d'esprit; avoir l'esprit étroit [borné, étriqué]; être borné(*e*), étriqué(*e*); être mesquin(*e*); être près de *ses* sous; manquer de générosité. ¶ 쫀쫀한 사람[성격] une personne mesquine [un esprit mesquin, étriqué].

쫄깃쫄깃 부 ☞ 졸깃졸깃

쫄딱 부 complètement; tout à fait; entièrement, totalement. ¶ 그 사람은 ~ 망했다 Il est complètement ruiné. ¶ 나는 비를 ~ 맞았다 Je me suis fait rincer [doucher, saucer {*fam*}] par la pluie. Résultat, je suis trempé(*e*) jusqu'aux os [comme une soupe] / La pluie m'a trempé(*e*) jusqu'aux os [comme une soupe].

쫄랑거리다 자 être lég*er*(*ère*), imprudent(*e*). ¶ 그 사람은 어린애처럼 쫄랑거린다 *Il* est léger et imprudent comme un enfant.

쫄랑쫄랑 부 ((idéophone qui évoque un geste léger, inconsidéré, imprudent)). ¶ 강아지가 ~ 따라왔다 Un chiot [Un petit chien] m'a suivi imprudemment.

쫄쫄[1] 부 ((ne)) rien ((manger)). ¶ 하루 종일 아무 것도 안 먹고 ~ 굶었다. Je n'ai rien (du tout) mangé de la journée.

쫄쫄[2] 부 ① ((couler)) doucement. ¶ 수돗물이 ~ 흐르는 소리 le bruit de l'eau du robinet qui coule doucement. ② en suivant partout *qn*. ¶ 우리 집 강아지가 자꾸 엄마를 ~ 따라다닌다 Notre chien suit partout ma mère.

◆_거리다[대다] couler doucement; suivre partout *qn*. ¶ 목욕탕에서 ~거리는 물소리가 들렸다. On entendait l'eau de la salle de bains couler doucement. ¶ 나는 어렸을 때 항상 엄마 뒤를 ~거리며 쫓아다녔다. Quand j'étais petit(*e*), je suivais ma mère partout [je ne quittais jamais ma mère, je traînais toujours dans les jupes de ma mère].

쫄쫄이 명 ① personne *f* à l'esprit étroit [borné, étriqué]; personne *f* mesquine. ② vêtement *m* moulant [collant, étriqué, qui colle à la peau, ajusté]. ¶ ~를 입고 돌아다니다 se promener avec des habits moulants [collants].

쫑그리다 타 dresser ((les oreilles)); agiter [remuer] ((les oreilles, les lèvres)). ¶ 귀를 ~ dresser les oreilles.

쫑긋 부 ((idéophone qui évoque l'action de dresser les oreilles)). ¶ 귀를 ~ 세우다 dresser l'oreille; ouvrir de grandes oreilles; prêter une oreille attentive; être tout yeux, tout oreilles; écouter attentivement [avec attention]. ¶ 귀를 ~ 세우고 이야기를 듣다 écouter une conversation en prêtant l'oreille [l'oreille dressée, en dressant l'oreille, d'une oreille attentive].

◆_거리다[하다, 대다] 자 ① ((귀를)) dresser l'oreille; prêter une oreille attentive, ouvrir de grandes oreilles; être tout yeux, tout oreilles {*fam*}; écouter attentivement [avec attention]. ¶ 방안의 소리를 듣기 위해 귀를 ~ prêter l'oreille pour entendre ce qui se dit [ce qui se passe] dans la pièce voisine. ② ((입을)) remuer les lèvres. ¶ 말을 할까말까 입을 ~ hésiter avant de parler [avant de prendre la parole].

쫑알거리다 자 parler [grommeler, ronchonner, bougonner, marmonner] dans *sa* barbe, marmonner [parler, murmurer, marmotter, dire *qc*, se plaindre, grommeler] entre *ses* dents, marmonner des paroles inintelligibles, mâchonner ((des bouts de phrase)), bredouiller; grogner, bougonner, maugréer {*fam*}, grognasser {*fam*}. ¶ 그 여자는 어쩌고저쩌고 쫑알거렸다 Elle a blablaté {*fam*} sans arrêt [pendant des heures].

쫓겨나다 자 se faire chasser, se faire mettre dehors [à la porte], être chassé(*e*); être chassé(*e*) à coups de pied, être flanqué(*e*) dehors [à la porte] {*fam*}, se faire éjecter {*fam*} [vider {fam}, jeter, expulser, refouler], se faire rejeter; ((직위에서)) être forcé(*e*) à démissionner, se faire chasser de *son* poste, se faire démettre [se faire relever] de *ses* fonctions, se faire évincer; ((해고당하다)) se faire éjecter {fam} [jeter {fam}, vider {fam}, lourder {fam}], se faire mettre dehors [à la porte], se faire virer {*fam*}. ¶ 문전에서 ~ Il s'est fait éjecter [s'est fait jeter {*fam*}] dès son arrivée. ¶ 그는 지난달에 회사에서 쫓겨났다. Il s'est fait virer {*fam*} [Il été mis à la porte] de sa société le mois dernier.

쫓기다 자 ① être poursuivi(*e*) [pourchassé(*e*)] par

ㅈ

qn; avoir *qn* à *ses* trousses {*fam*} [au cul {*vulg*}], être pris(*e*) en filature par *qn*. ¶ 쫓기는 몸이 되어 도망 다니다 s'enfuir comme un fugitif. ¶ 경찰에게 ~ être poursuivi(*e*) par la police, avoir la police à *ses* trousses {*fam*} [au cul {*vulg*}], être pris(*e*) en filature par la police. ② être pris par ((le temps, les travaux ménagers)). ¶ 시간에 ~ être pris(*e*) par le temps; être très occupé(*e*), débordé(*e*) ((par les événements)). ¶ 요즘 일에 쫓기다 보니 너를 자주 만날 수가 없구나 J'ai du mal à te rencontrer [à te voir] car je suis très occupé(*e*) [car je suis débordé, je suis très sollicité(*e*), car mon emploi du temps est surchargé] ces temps-ci. ¶ 집안일에 ~ être pris(*e*) par les travaux ménagers, être toujours occupé(*e*) aux travaux ménagers.

쫓다 타 ① suivre [poursuivre] *qn*/*qc*, pourchasser *qn*. ¶ 나비를 쫓는 아이들 enfants qui poursuivent des papillons. ¶ 두 마리 토끼를 쫓는 자는 한 마리 토끼도 못 잡는다 Celui qui court après deux lièvres à la fois n'en attrape aucun / Il ne faut pas courir (après) deux lièvres à la fois. ② chasser; renvoyer *qn*; se débarrasser de *qn*. ¶ 파리를 ~ chasser les mouches. ¶ 잠을 ~ chasser le sommeil.

쫓아가다 타 poursuivre *qc*/*qn*, pourchasser *qn*; suivre *qc*/*qn*. ¶ 소리치며 누구를 ~ poursuivre *qn* en criant. ¶ 유행을 ~ suivre la mode. ¶ 아무리 열심히 해도 수업을 쫓아갈 수 없다 Malgré nos efforts, nous n'arrivons pas à suivre en cours.

쫓아내다 타 chasser; renvoyer; jeter [flanquer, mettre *qn* à la porte]. ¶ 그 선생님을 학교에서 ~ renvoyer cet instituteur de l'école.

쫓아다니다 타 suivre *qn* partout [comme un petit chien], poursuivre *qn*, courir [être] après *qn*, se mettre à la poursuite de *qn*, talonner *qn*, être aux trousses de *qn* {*fam*}, ne pas lâcher *qn*, importuner *qn*, être sur le dos [sur les talons] de *qn*, être pendu(*e*) [collé(*e*)] aux basques de *qn* {*fam*}. ¶ 하루종일 개를 ~ courir après le chien toute la journée. ¶ 유세 현장을 쫓아다니며 선거운동을 돕다 suivre des tournées et participer à la campagne électorale. ¶ 그 남자는 줄곧 그 여자를 쫓아다녔다 Il a couru après cette femme tout le temps / Il a couru sans arrêt après cette femme / Il était derrière cette femme sans arrêt / Il était sans arrêt après elle / Il ne l'a pas lâché(*e*) / Il importunait toujours cette fille / Il était toujours pendu à ses basques {*fam*}. ¶ 그 여자는 안 된다고 하는데도 물귀신처럼 물고 늘어지며 쫓아다녔다 J'avais beau lui dire que ce n'était pas possible, elle ne m'a pas lâché jusqu'au bout [elle m'a poursuivi obstinément, elle s'est agrippée à moi obstinément, elle m'a bassiné [harcelé, seriné]].

쫓아오다 타 suivre, poursuivre *qn* (pour le rattraper); ((비유적)) essayer de rattraper *qn* [d'arriver au niveau de *qn*]. ¶ 그 사람은 숨을 헐떡거리며 우리를 쫓아왔다 Il nous a poursuivis en haletant. ¶ 적들이 여기까지 쫓아왔다 Des ennemis nous ont poursuivis jusqu'ici. ¶ 그 녀석이 나를 쫓아오려면 아직 멀었다 Il n'est pas prêt de me rattraper / Il est encore loin derrière moi / Il est loin d'avoir mon niveau / Il ne m'arrive pas à la cheville / Nous ne jouons pas dans la même catégorie.

쫘악 부 ☞ 쫙

쫙 부 ① ((넓게 흩어지거나 벌려진 모양)). au maximum; partout, de tous côtés. ¶ 다리를 ~ 벌리다 écarter les jambes au maximum; faire le grand écart. ¶ 그 식당이 맛있다는 소문이 ~ 퍼졌다 Le bruit court partout qu'on mange très bien dans ce restaurant. ② ((길고 곧게 뻗은 모양)). droit devant. ¶ 길이 ~ 뻗어 있다 La route se prolonge droit devant. ③ ((onomatopée qui évoque le bruit de déchirer quelque chose)). ¶ 한 청년이 깃발을 ~ 찢었다 Un jeune a déchiré le drapeau. ④ ((막힘없이 읽거나 외우는 모양)). couramment, aisément, facilement, sans hésiter. ¶ 그 아이는 책 한 권을 ~ 외웠다 L'enfant a (facilement) appris par cœur tout un livre. ⑤ ((비나 눈물 등이 갑자기 쏟아지는 모양)). à verse, à seaux, à flot, à torrents. ¶ 등골에서 식은땀이 ~ 흘렀다 Une sueur froide m'a coulé dans le dos [a coulé dans mon dos] / J'ai senti une sueur froide me couler dans le dos.

쬐다 재타 briller [rayonner] ardemment [de toute *sa* chaleur], taper fort [dur] {*fam*}; s'exposer ((aux U.V., au vent, au soleil)), se mettre ((au soleil)); prendre un bain de soleil; faire bronzette {*fam*}; se chauffer, se réchauffer ((au soleil, au feu, au coin du feu, auprès du feu)). ¶ 해가 쬐는 날씨이다 Le soleil brille [rayonne] ardemment [de toute sa chaleur] / Il fait un soleil de plomb / Le soleil tape dur / Le soleil cogne {*fam*} / Ça tape fort {*fam*} / Ça cogne {*fam*}. ¶ 햇볕을 ~ se réchauffer au soleil, se mettre au soleil; prendre un bain de soleil; faire bronzette {*fam*}. ¶ 우리는 정원에서 햇볕을 쬐고 있었다 On était [se mettait, se chauffait, faisait bronzette {*fam*}] au soleil dans le jardin / On prenait un bain de soleil dans le jardin. ¶ 난롯불을 쬐니 몸이 좀 녹는다 Le corps se réchauffe à la chaleur du réchaud. ¶ 자외선을 오래 쬐면 피부에 안 좋다 C'est mauvais pour la peau de rester trop longtemps exposé aux U.V. ¶ 모닥불을 ~ se réchauffer auprès d'un feu de camp [de bivouac], se réchauffer au feu d'un bivouac. ¶ 난로에 손을 ~ se réchauffer les mains auprès d'un poêle [radiateur].

쭈그러들다 재 se rider; se rétrécir. ¶ 피부가 ~ La peau se ride. ¶ 쭈그러든 풍선을 다시 불다 regonfler un ballon (dégonflé).

쭈그러뜨리다 타 écraser, aplatir; se recroqueviller. ¶ 빈 깡통을 발로 ~ aplatir [écraser] une boîte [une canette] avec le pied.

쭈그러지다 재 s'écraser, s'aplatir; se rider. ¶ 쭈그러진 양동이 un seau en métal bosselé [déformé].

ㅈ

¶ 모자가 쭈그러졌다 Le chapeau est aplati [déformé].

쭈그러트리다 타 ☞ 쭈그러뜨리다

쭈그렁이 명 ① objet *m* bosselé. ¶ ~가 된 바가지 une calebasse rabougrie. ② personne *f* au visage ridé [fripé]. ¶ 오십도 안 된 그 사람은 벌써 ~가 되었다 Il n'a même pas cinquante ans, mais il est déjà tout ridé. ③ grain *m* mal formé. ¶ ~가 된 볍씨 grain de blé mal formé.

쭈그리다 타 ① ((물건을)) écraser, aplatir; bosseler, déformer. ¶ 냄비를 ~ bosseler [déformer] une marmite [une casserole]. ¶ 깡통을 쭈그려서 쓰레기통에 넣다 écraser [aplatir] une canette [une boîte] et la mettre dans une poubelle. ② ((몸을)) se recroqueviller sur *soi*-même. ¶ 그 사람은 항상 몸을 쭈그리고 잔다 Il dort toujours recroquevillé sur lui-même. ¶ 거기서 쭈그리고 있지 말고 이리 와라 Ne reste pas accroupi là et viens par ici.

쭈글쭈글 부 ((idéophone qui évoque que quelque chose est ridé, plissé, chiffonné, froissé, fripé)). ¶ ~ 구겨진 바지 un pantalon tout froissé. ¶ 얼굴에 온통 주름이 ~ 잡히다 avoir un visage tout ridé.
◆**_하다** 형 être ridé(*e*), plissé(*e*), froissé(*e*), fripé(*e*). ¶ ~한 얼굴[이마] un visage [un front] ridé. ¶ ~한 종이[천] un (morceau de) papier chiffonné [froissé] [une étoffe fripée, une étoffe froissée]. ¶ 손등이 ~하다 avoir le dos des mains ridé. ¶ 셔츠가 ~해졌다 La chemise est froissée [fripée]. ¶ ~하게 구겨진 치마 une jupe très froissée.

쭈르르 부 ((avancer)) tout droit ((idéophone qui évoque un geste d'avancer tout droit)). ¶ ~ 미끄러지다 glisser tout droit. ¶ ~ 달려가다 courir tout droit.

쭈뼛쭈뼛 부 ① avec hésitation ((idéophone qui évoque un geste d'hésitation dû à la timidité ou à la peur)). ¶ ~ 다가오다 s'approcher en hésitant [avec hésitation]. ② ((무섭거나 놀라서 머리가 서는 듯한 모양)) avec frayeur. ¶ 너무 무서워서 머리칼이 ~ 섰다 J'eus si peur que mes cheveux se dressèrent sur ma tête [s'hérissèrent].
◆**_거리다** 자 ① être dans un état d'incertitude; hésiter, tergiverser. ¶ 그 사람은 ~거리며 말했다 Il a répondu avec incertitude [avec hésitation]. ② être effrayé(*e*); sentir *ses* cheveux se dresser sur la tête [se hérisser]. ¶ 그 사람은 놀라서 머리카락이 ~거렸다 Il a été si effrayé que ses cheveux se sont dressés sur sa tête [se sont hérissés].

쭈삣쭈삣 부 ① avec hésitation. ¶ ~ 말을 걸다 s'adresser ((à *qn*)) en hésitant [avec hésitation]. ② avec frayeur. ¶ 두려움에 머리카락이 ~ 선다 La peur me fait dresser les cheveux sur la tête. ☞ 쭈뼛쭈뼛

쭈욱 부 ☞ 쭉

쭉 부 ① ((onomatopée qui évoque le bruit de déchirer quelque chose en pièces [en morceaux])). ¶ 종이를 ~ 찢다 déchiqueter [déchirer] un papier. ② ((고르게 가지런히 늘어선 모양)) tout droit; en rang; en ligne. ¶ 가로수가 길을 따라 ~ 늘어서 있다 Des arbres sont alignés en bordure de route [bordent la route, bordent la chaussée]. ③ ((한 줄로 이어지는 모양)) tout droit. ¶ 이 길로 ~ 가세요 Avancez [Marchez] tout droit sur ce chemin. ¶ 그 사람은 부모님이 돌아가신 이후 ~ 가장노릇을 하고 있다 Il assume toujours la responsabilité de chef de famille depuis la mort de ses parents. ④ ((거침없이 읽거나 외우는 모양)) continuellement; par cœur. ¶ 구구단을 ~ 외우다 apprendre par cœur toutes les tables de multiplication. ¶ 책을 한 눈으로 ~ 훑어보다 parcourir un livre très rapidement [superficiellement, en diagonale]. ⑤ ((바로 뻗는 모양)) tout droit. ¶ 두 발을 ~ 뻗고 자다 dormir les jambes (bien) allongées. ⑥ ((줄을 곧게 긋는 모양)) d'un trait. ¶ 줄을 ~ 긋다 tracer une ligne d'un trait. ⑦ ((물 따위를 단숨에 마시는 모양)) d'un seul coup, d'un seul trait, d'une (seule) traite, ((술)) cul sec {*fam*}. ¶ 빨대로 물 한 컵을 ~ 빨아먹다 boire un verre d'eau d'un seul trait avec une paille; vider un verre d'eau d'un seul trait avec une paille. ¶ 냉수 한 컵을 ~ 들이키다 boire un verre d'eau froide d'un (seul) trait. ⑧ ((한꺼번에 많이 빠진 모양)) complètement, entièrement. ¶ 물기를 ~ 빼다 essorer au maximum. ¶ 살이 ~ 빠지다 maigrir de façon impressionnante. ⑨ ((앞으로 내미는 모양)) tout droit. ¶ 턱을 ~ 내밀다 relever [avancer] le menton. ¶ 창밖으로 얼굴을 ~ 내밀다 passer le visage par la fenêtre.
◆**__** 부 ① ((onomatopée qui évoque le bruit de déchirer quelque chose en pièces [en morceaux])). ¶ 종이를 ~~ 찢다 déchiqueter des papiers. ② tout droit; verticalement. ¶ 나무가 하늘로 ~~ 뻗어있다 L'arbre monte droit [s'élance] vers le ciel. ③ d'un trait, d'une (seule) traite; rapidement; continuellement. ¶ 빨대로 물 한 컵을 ~~ 빨아먹다 boire un verre d'eau d'un trait [d'une (seule) traite] avec une paille.

쭉정이 명 ① grain *m* vide. ② personne *f* inutile; 실속이 없는 것 quelque chose de vide. ¶ 이런 ~ 같은 놈! Espèce de bon à rien! / Gros nul!

쫄깃쫄깃 부 ((idéophone qui évoque la fermeté d'un aliment)). ¶ 호박엿이 ~ 혀에서 녹는다 Le *yeot* à la citrouille est délicieusement ferme. ¶ 오징어는 역시 ~ 씹는 맛이야 Le calamar qui est délicieusement ferme sous la dent est agréable à mâchonner.
◆**_하다** 형 être ferme sous la dent [à souhait], être délicieusement ferme (sous la dent), al dente. ¶ 면발이 ~하다 Les nouilles sont fermes à souhait [al dente].

-쭝 접미 poids *m*. ¶ 금 한 냥~ un *nyang*(냥) d'or.

쭝그리다 타 ☞ 쫑그리다

-쯤 접미 environ; à peu près; vers; aux environs *mpl* de ((midi)). ¶ 30 명~ environ 30 personnes. ¶ 아침 8 사~ vers huit heures du matin. ¶ 정오

ㅈ

때~ aux environs de midi. ¶ 지금~ à cette heure; à l'heure qu'il est. ¶ 그 사람은 50 세~ 된다 Il a environ cinquante ans / Il est dans la cinquantaine.

쯧쯧 감 tss tss; Oh là là!; mon dieu! ((clappement *m* de la langue en signe de désapprobation pour exprimer *sa* pitié ou *sa* désapprobation)). ¶ ~, 가엾은 것 tss tss, le(la) pauvre bougre! / Oh là là, le(la) pauvre!

찌 명 flotteur *m*; bouchon *m*. ¶ 낚싯줄에 ~를 달다 fixer un flotteur sur une ligne (de pêche).

찌개 명 *jjigae m* <soupe coréenne, mets composé de légumes, de viande ou de poisson servi dans une marmite en terre>. ¶ ~를 끓이다 cuire un *jjigae*. ¶ ~가 식었다 Le *jjigae* a refroidi. ¶ 이 ~가 얼큰하다[시원하다] Ce *jjigae* est pimenté à souhait [Ah, ce *jjigae* me fait du bien! / Ce *jjigae* me revigore].

◆**김치_** 명 *kimchi-jjigae m* <*jjigae* au *kimchi*>.

◆**동태_** 凍太- 명 *jjigae m* de [au] merlan congelé.

◆**된장_** -醬 명 *doenjang jjigae m* <*jjigae m* à la pâte de soja fermentée>.

◆**부대_** 部隊- 명 *jjigae m* composé de *kimchi*, de saucisses et de nouilles chinoises.

찌그러뜨리다 타 ① écraser, aplatir; bosseler, déformer; bossuer ((de la vaisselle d'argent)). ¶ 종이 상자[박스]를 ~ aplatir un carton. ¶ 음료수 캔을 ~ écraser [aplatir] une canette. ② plisser ((les yeux, le front)); froncer ((les sourcils, *son* nez)); se renfrogner. ¶ 얼굴을 ~ faire une grimace, grimacer; se renfrogner; faire grise mine, prendre un air maussade. ¶ 인상을 ~ faire une grimace, grimacer ((de dégoût)), se renfrogner; faire grise mine.

찌그러지다 자 ① s'écraser, s'aplatir; se bosseler, se renfoncer, se cabosser, se déformer, se bossuer. ¶ 상자가 눌려서 찌그러졌다 Sous l'effet du poids [Sous le poids], le carton s'est déformé. ¶ 찌그러진 모자 un chapeau déformé, un chapeau aplati. ¶ 찌그러진 주전자 une bouilloire bosselée [cabossée, déformée]. ② faire une grimace, grimacer ;((les sourcils)) se froncer; ((les yeux, le front)) se plisser; se renfrogner; faire grise mine, prendre un air maussade. ¶ 낯짝이 ~ avoir le visage grimaçant [renfrogné]. ③ ((le ménage)) s'appauvrir. ¶ 살림살이 형편이 찌그러졌다 Le ménage s'est appauvri.

찌그리다 타 ① écraser, aplatir, bosseler; bossuer. ¶ 빈 깡통을 ~ écraser [aplatir] une canette vide. ② froncer ((les sourcils)), plisser ((les yeux, le front)); se renfrogner; prendre un air maussade; faire grise mine. ¶ 눈살[얼굴]을 ~ froncer les sourcils, plisser les yeux [grimacer, faire une grimace, se renfrogner, plisser le front, prendre un air maussade, faire grise mine].

찌꺼기 명 résidu *m*; déchets *mpl*; détritus *mpl*; dépôt *m*; lie *f*, ordures *fpl* ménagères (alimentaires); ((광물의)) scories *fpl*; crasse *f*; tourteau *m* ((d'olives)); marc *m* ((de raisin)); drêche *f*, fèces *fpl*. ¶ ~를 걸러내다 enlever les déchets. ¶ 음식 ~를 분리수거하다[재활용하다] trier [recycler] les ordures ménagères (alimentaires).

찌끼 명 résidu *m*; déchets *mpl*; détritus *mpl*; dépôt *m*; lie *f* ((de vin, de bière, de cidre)); ((광물의)) scories *fpl*; crasse *f*; tourteau *m* ((d'olives)); marc *m* ((de raisin, de pommes; d'olives)); ((양조한)) drêche *f*, fèces *fpl*. ¶ 음식 ~ des ordures ménagères (alimentaires). ¶ 술 ~ le lie ((de vin, de bière, de cidre)).

찌다[1] 자 être chaud(*e*), lourd(*e*), étouffant(*e*), moite. ¶ 찌는 더위 une chaleur étouffante [accablante, insoutenable]; une chaleur lourde et humide, la fournaise, une étuve. ¶ 날이 푹푹 찐다 Il fait lourd (aujourd'hui) / C'est une véritable fournaise, aujourd'hui!

찌다[2] 타 faire cuire à la vapeur. ¶ 옥수수[감자]를 ~ faire cuire des épis de maïs [des pommes de terre] à la vapeur.

찌다[3] 자 grossir, gagner [prendre] des kilos; prendre de l'embonpoint; engraisser. ¶ 살이 3kg이나 쪘다 J'ai pris trois kilos.

찌다[4] 타 se faire ((un chignon)). ¶ 머리에 쪽을 ~ se faire un chignon.

찌들다 자 ① se tacher; se salir. ¶ 찌든 때 une tache [une souillure] très sale. ¶ 옷이 때에 찌들었다 Le vêtement est très sale [souillé]. ② être très fatigué(*e*). ¶ 피로[고생]에 찌든 표정 un visage usé par la fatigue [un visage émacié par le surmenage]. ¶ 그 사람은 늘 수면부족에 찌들어 있다 Il manque toujours de sommeil. ③ être souillé(*e*). ¶ 도시가 매연에 찌들고 있다 La ville est polluée par les gaz d'échappement. ¶ 벽이 온통 광고물로 찌들어 있다 Le mur est souillé [sali] par les affiches publicitaires.

찌렁찌렁 부 ☞ 쩌렁쩌렁

찌르다 타 ① percer ((d'un coup de couteau)); donner un coup de ((poignard)); enfoncer. ¶ 단도로 팔을 ~ donner un coup de poignard [enfoncer *son* poignard, planter *son* poignard] dans le bras de *qn*, poignarder [embrocher] le bras de *qn* avec un poignard. ¶ 손가락으로 옆구리를 ~ toucher le flanc de *qn* avec le doigt [toucher *qn* avec le doigt] (pour attirer *son* attention), faire comprendre à *qn* du doigt [en le touchant]. ¶ 주사기를 엉덩이에 ~ faire une injection (intramusculaire) [une piqûre] dans la [dans une] fesse. ② enfoncer. ¶ 주머니에 손을 ~ enfoncer *ses* mains dans *ses* poches. ③ rapporter ((un secret à la police)); dénoncer. ¶ 범인을 경찰에 ~ dénoncer un criminel à la police. ¶ 그 사람이 뇌물을 줬다고 상부에 찔렀다 J'ai dénoncé sa tentative de corruption aux autorités supérieures. ④ ((돈을)) investir [placer] de l'argent. ¶ 기업에 자기 자본을 ~ investir *ses* capitaux dans une entreprise. ¶ 노름판에 돈을 ~ jouer [miser] de l'argent. ⑤ ((가슴, 마음을)) stimuler; exciter;

froisser, blesser, vexer *qn.* ¶ 어머니의 말씀이 아이의 맘을 찔렀다 L'enfant a été blessé par un mot de sa mère. ⑥ ((냄새가)) assaillir les narines de *qn*, prendre au nez, envahir le nez de *qn*, sentir à plein nez. ¶ 악취가 코를 찌른다 Une puanteur [Une odeur nauséabonde ((d'excréments))] (me) prend au nez [assaille mes narines, m'envahit le nez, me pique le nez] / Ça sent ((les égouts)) à plein nez / Ça pue à plein nez {*fam*}.

*****정곡을** ~ frapper [toucher] juste, tomber juste; frapper en plein dans le mille. ¶ 그 사람의 지적은 정곡을 찌르는 것이었다 Sa remarque est allée droit au but.

찌르르¹ 부 ☞ 지르르¹

찌르르² 부 ☞ 지르르²

찌릿찌릿 부 avec une sensation de picotement, avec des picotements, avec des fourmillements. ¶ 온몸에 ~ 전기가 흘렀다 Un frisson a parcouru tout mon corps / J'ai senti un frémissement [un picotement] dans tout le corps.

◆**_하다** 형 avoir des picotements [des fourmis].

찌부러뜨리다 타 froisser, plisser. ¶ 모자를 ~ déformer [aplatir] un chapeau.

찌부러지다 자 se détruire; s'écraser. ¶ 폭풍우에 찌부러진 집 une maison détruite par une tempête.

찌뿌드드하다 형 ① ((몸)) ne pas se sentir en train [d'aplomb], se sentir patraque {*fam*}; ne pas être dans *son* assiette; être indisposé(*e*). ¶ 감기몸살로 몸이 ~ Je ne me sens pas en train [d'aplomb] car j'ai la grippe. ② ((기분)) ne pas se sentir bien, se sentir patraque; être mal à l'aise. ¶ 잠이 덜 깬 찌뿌드드한 얼굴 le visage endormi d'une personne qui vient à peine de se réveiller. ③ ((날씨)) être lourd, orageux, nuageux, couvert, sombre, menaçant. ¶ 하늘이 찌뿌드드하더니 비가 오기 시작했다 Le ciel était couvert [menaçant, orageux], il s'est mis à pleuvoir.

찌우다 타 gagner [prendre] des kilos; engraisser. ¶ 살을 ~ prendre des kilos.

찌찌 명 【아어】 ☞ 젖

찌푸려지다 자 ((les sourcils)) se froncer, ((les yeux, le front)) se plisser; se renfrogner, faire une grimace, grimacer, faire grise mine, prendre un air maussade. ¶ 그 여자는 눈살이 찌푸려졌다 Ses sourcils se sont plissés / Elle a froncé les sourcils. ¶ 갑자기 그 사람의 표정이 찌푸려졌다 Soudain, son visage s'est renfrogné.

찌푸리다 자타 ① froncer ((les sourcils)), plisser ((le front, les yeux)); se renfrogner; faire la grimace, grimacer; prendre un air maussade, faire grise mine. ¶ 햇빛에 눈이 부셔 미간을 ~ froncer les sourcils à cause du soleil. ¶ 눈살을 ~ froncer les sourcils; faire la grimace, grimacer. ¶ 주사를 맞으며 얼굴을 ~ grimacer quand on nous fait une piqûre. ② ((le temps, le ciel)) être très couvert(*e*), très sombre. ¶ 하늘이 금방 비를 뿌릴 듯 찌푸려 있었다 Le temps était très couvert [Le ciel était très couvert [très sombre]] comme s'il allait pleuvoir. ¶ 찌푸린 날씨 un temps couvert.

찍 부 ① ((onomatopée évoquant le son [bruit] fait quand on se mouche ou crache)). ¶ 코를 ~ 풀다 se moucher. ¶ 침을 ~ 뱉다 cracher. ② ((onomatopée qui évoque un son [un bruit] de glissement)). ¶ 아이들이 철문을 ~ 긁는다 Les enfants grattent la porte en fer. ③ ((onomatopée qui évoque un son [un bruit] de déchirement brutal)). ¶ 바지가 ~ 찢어졌다 Le pantalon s'est déchiré. ④ ((onomatopée qui évoque un son [un bruit] produit lorsque l'on trace un trait)). ¶ 선생님께서 틀린 답을 ~ 그으셨다 Le professeur a barré une mauvaise réponse. ⑤ ((onomatopée qui évoque un bruit fait par une souris)). ¶ 쥐가 ~ 소리를 낸다 La souris fait un bruit. ⑥ ((onomatopée qui évoque le son [le bruit] produit par la chute des excréments d'un oiseau ou d'un animal)). ¶ 참새가 물똥을 ~ 싼다 Un moineau fiente / Un moineau lâche [laisse tomber] un excrément liquide [une fiente, une crotte].

찍다¹ 타 ① tremper ((dans un liquide)). ¶ 만두를 간장에 찍어서 먹다 manger des *mandu* après les avoir trempés dans la sauce de soja. ¶ 그 사람은 손가락을 물에 찍어 탁자에 글씨를 썼다 Il a trempé son doigt dans l'eau et a écrit sur la table. ¶ 노파는 손수건으로 눈물을 찍는다 La vieille femme essuie ses larmes avec un mouchoir. ② apposer ((un sceau)) ¶ 도장[지장, 지문]을 ~ apposer un sceau [*son* empreinte digitale]. ③ mettre ((un point)). ¶ 연지를 ~ appliquer du *yeonji* sur les joues. ¶ 점[마침표]을 ~ mettre un point [un point final]. ¶ 눈길 위에 발자국을 ~ laisser l'empreinte de *ses* pas sur la neige. ④ fabriquer *qc* à l'aide d'une matrice [d'un moule]. ¶ 벽돌[기왓장]을 ~ fabriquer des briques [des tuiles] à l'aide d'une matrice. ⑤ imprimer. ¶ 책[신문, 위조지폐]을 ~ imprimer un livre [des journaux, des faux billets]. ⑥ prendre ((une photo)); tourner ((un film)). ¶ 사진을 ~ prendre une photo, photographier; se faire photographier, se faire prendre en photo. ¶ 영화를 ~ tourner [réaliser] un film. ⑦ voter pour *qn*. ¶ 구 후보를 ~ voter pour le candidat Gu. ¶ 반장으로 누구를 ~ voter pour *qn* comme délégué(*e*) de la classe. ⑧ choisir. ¶ 누구를 사윗감으로 ~ choisir *qn* pour gendre. ⑨ choisir au hasard. ¶ 이 문제는 잘 몰라서 3번을 찍었다 Comme je ne comprenais pas bien, j'ai choisi la réponse 3. ⑩ étiqueter *qn*, individualiser. ¶ 경찰은 그 사람을 요주의 인물로 찍어서 감시를 한다 La police l'a étiqueté [identifié] comme une personne à surveiller de près.

*****찍어 누르다** 타 ① appuyer fort. ¶ 그 사람은 억센 팔로 나를 찍어 눌렀다 Il m'a écrasé entre ses bras puissants [robustes]. ② exceller *qn*, surpasser *qn*. ¶ 그 사람은 자신의 경쟁자를 찍어 눌렀다 Il a surpassé son rival.

*종지부를 ~ mettre un point final à *qc*, mettre fin à *qc*, mettre un terme à *qc*.

찍다[2] 타 ① frapper ((avec un objet pointu)). ¶ 도끼로 나무를 ~ frapper un arbre avec une hache. ② percer, poinçonner ((un billet)), perforer. ¶ 기차표를 ~ poinçonner un billet de train.

찍소리 명 murmure *m*. ¶ ~ 말아라 Ne dis pas un mot! ¶ ~가 없다 ne pas murmurer; ne pas dire un mot. ¶ ~없이 순종하다 obéir à un supérieur sans un mot [sans broncher].

*~도 못하다 ne pas murmurer; ne pas dire un mot; ne pas broncher. ¶ ~도 못하고 sans murmurer; sans mot dire; sans un mot; sans broncher.

찍찍 부 ☞ 찍

찍찍거리다 재타 ① ((쥐가)) faire du bruit. ¶ 천장에서 쥐들이 찍찍거리고 있다 Des souris font du bruit dans le plafond / J'entends les souris courir dans le plafond. ② ((기계가)) faire des bruits pénibles, grésiller. ¶ 전화가 고장 나서 계속 찍찍거렸다 Le téléphone défectueux [en panne, en dérangement] est parasité par un grésillement pénible [par un bourdonnement pénible].

찍히다[1] 재타 marquer. ¶ 돌을 떨어뜨려 발등을 찍히다 laisser tomber une pierre sur le pied.

찍히다[2] 재 ① ((점이나 표식이)) être tracé(*e*). ¶ 노트에 까만 점이 찍혀 있다 Un point a été dessiné [a été mis] dans le cahier / On a mis un point noir dans le cahier. ② être imprimé(*e*). ¶ 팩스에 찍혀 나오는 글이 보이지 않는다 La télécopie [Le fax] n'est pas lisible. ③ être repéré(*e*) par le professeur; être dans le collimateur de *qn*; être la bête noire de *qn*. ¶ 그 사람은 너무 바른 소리를 잘해서 찍혔다 Il est dans son collimateur parce qu'il trouve toujours les mots qui fâchent. ¶ 난 선생님한테 찍혔어 Je suis repéré(*e*) par le professeur / Je suis surveillé(*e*) [contrôlé(*e*)] de près par le professeur / Le professeur me surveille de près / Le professeur m'a à l'œil / Je suis dans le collimateur du prof {*fam*}. ¶ 눈엣가시로 찍혀 버리다 être la bête noire de *qn*, être dans le collimateur de *qn*.

찐득찐득 부 d'une manière gluante [collante, visqueuse]. ¶ 더위로 아스팔트가 ~ 늘어붙는다 L'asphalte devient visqueux sous l'effet de la chaleur.

◆_하다 형 être gluant(*e*), collant(*e*). ¶ 이 엿은 너무 ~하다 Le *yeot* est trop collant.

찐빵 명 *jjinppang m*, petit pain *m* rond ((cuit à la vapeur avec une farce aux haricots rouges ou légumes)). ¶ ~을 쪄서 먹다 cuire et manger des *jjinppang*.

찔끔 부 ① ((idéophone qui évoque qu'un peu de liquide coule un moment et s'arrête)). ¶ 야단을 맞자 아이는 눈물을 ~ 흘렸다 Après avoir été grondé(*e*), l'enfant a versé quelques larmes. ② ((onomatopée qui évoque un geste de reculer avec frayeur ou de peur)). ¶ ~ 놀라다 être effrayé(*e*); reculer de peur.

◆_거리다[대다] 재타 ((liquide)) couler un moment et s'arrêter. ¶ 눈물을 ~거리다 pleurnicher.

◆_ _ 부 ((couler)) goutte à goutte. ¶ 수돗물이 ~~ 나온다 L'eau du robinet coule goutte à goutte. ¶ 눈물을 ~~ 짜다 pleurnicher. ¶ 돈을 ~~ 조금씩 주다 donner de l'argent au compte goutte.

찔끔하다 재 ① être effrayé(*e*); reculer de peur. ¶ 나는 그 사람의 말에 찔끔했다 J'ai été effrayé(*e*) par ses paroles. ② faire couler un peu de liquide. ¶ 바지에 오줌을 ~ mouiller légèrement *son* pantalon, uriner un peu dans *son* pantalon; faire un peu de pipi dans *sa* culotte {*pop*}; pisser un peu dans *son* froc *m* {*vulg*}.

찔레 명 【식물】 rosier *m* sauvage; églantier *m*.

찔리다 재타 ① être piqué(*e*), percé(*e*). ¶ 칼[창]에 ~ être percé(*e*) d'un coup de couteau [de javelot]. ¶ 손가락을 바늘에 ~ se piquer le doigt avec une aiguille. ② être rongé(*e*) de remords; se torturer. ¶ 그 사람은 어제 한 일이 마음[가슴]에 찔렸다 Ce qu'il a fait hier l'a tourmenté. ¶ 너 뭐 찔리는 데 있니? Est-ce qu'il y a quelque chose qui te tourmente? / Tu as quelque chose qui te tracasse? / Tu n'as pas la conscience tranquille? / Qu'est-ce qui te travaille? / Tu as quelque chose [un poids] sur la conscience?

*코를 ~ assaillir les narines, prendre le nez [les narines] de *qn*, envahir le nez [les narines] de *qn*, sentir à plein nez {*fam*}.

찜 명 ① compresse *f* humide; cataplasme *m*. ② cuisson *f* à la vapeur, à l'étouffée; ((음식)) mets *mpl* cuit à l'étouffée [à l'étuvée, à l'estouffade, en estouffade, en daube]. ¶ 갈비~ côtelettes de bœuf [de porc] cuites à l'étouffée [en daube]; estouffade [étouffade] de bœuf [porc]. ¶ 아구~ poisson crapaud cuit à l'étouffée [à la vapeur, en estouffade, à l'estouffade]. ¶ ~을 쪄 먹다 manger cuit à l'étouffée. ¶ ~(을) 하다 faire cuire ((une viande)) à l'étouffée [en daube]. ¶ 생선을 ~해 먹다 manger du poisson cuit à l'étouffée.

*~ 쪄 먹다 jouer avec *qn*; se foutre de *qn*.

◆_질 명 compresse *f* humide; cataplasme *m*. ¶ 모래 ~질 un bain de sable. ¶ 얼음 ~질 une compresse glacée. ¶ 다친 무릎에 더운 물수건으로 ~질을 하다 appliquer une serviette éponge [compresse] chaude sur un genou blessé.

◆_질방 -房 명 sauna *m* sec coréen.

◆_통 -桶 명 étuve *f*; ((비유)) fournaise *f*; canicule *f*.

*(여기는) ~통이다 Quelle étuve ici! / C'est une vraie fournaise ici / Il fait une sacrée chaleur [une chaleur caniculaire] ici {*fam*} / On crève de chaud ici {*fam*}.

찜찜하다 형 ne pas se sentir à l'aise [tranquille, bien]; ne pas avoir la conscience tranquille. ¶ 아무 말 없이 떠나와서 마음 한 구석이 ~ Je ne me sens

ㅈ

pas très à l'aise car je suis parti(*e*) sans mot dire. ¶ 아이를 혼자 남겨두기가 왠지 ~ Je ne suis pas tranquille d'avoir laissé mon enfant tout seul. ¶ 일을 끝내지 못해서 영 기분이 ~[찜찜한 기분이다] Je n'ai pas la conscience très tranquille car je n'ai pas pu terminer mon travail [car je n'ai pas pu terminer ce que j'avais à faire].

찝찔하다 형 ① ((맛이)) être plutôt salé(*e*). ¶ 찝찔한 맛 un goût plutôt salé. ¶ 찝찔한 액체 un liquide plutôt salé. ② ((기분이)) être peu satisfaisant(*e*). ¶ 기분이 ~ Je ne suis pas satisfait(*e*) / Je me sens mécontent(*e*).

찡그리다 타 plisser (les yeux, le front), froncer (les sourcils); faire la grimace, grimacer, se renfrogner, faire grise mine, prendre un air maussade. ¶ 그 사람은 갑자기 얼굴을 찡그렸다 Il a grimacé soudainement / Soudain, son visage s'est renfrogné. ¶ 그 여자가 눈을 찡그렸다 Elle a froncé les sourcils / Elle a plissé les yeux.

찡긋 부 ((눈이나 코를 약간 움직이는 모양)) d'un clin d'œil. ¶ ~ 윙크를 하다 faire un clin d'œil.
 ◆_하다[거리다, 대다] 타 faire un clin d'œil à *qn*. ¶ (친구에게) 눈을 ~하다 faire un clin d'œil à un(*e*) ami(*e*). ¶ 코를 몇 번 ~거리다 froncer le nez plusieurs fois.

찡기다 자 (('끼이다'의 경상도 사투리)) ((dialecte de la région du Gyeongsang(do) pour 끼이다)) se coincer ((la main dans ...)); être coincé(*e*). ¶ 나는 문에 옷이 찡겼다 Mon vêtement est resté coincé dans la porte. ¶ 나는 창문에 손이 찡겼다 Je me suis coincé la main dans la fenêtre.

찡하다 자 ((onomatopée évoquant le bruit d'un verre qui se casse ou se fendille)). ¶ 커피잔이 찡하고 금이 갔다 La tasse de café s'est fendue bruyamment. 형 être profondément ému(*e*) [touché(*e*)], avoir les larmes aux yeux [la larme à l'œil]. ¶ 찡한 감동을 받다 être profondément ému(*e*) [touché(*e*)]. ¶ 그 모습을 보니 코끝이 찡해 왔다 Cette scène m'a profondément ému(*e*) [touché(*e*)] / Cette scène m'a mis la larme à l'œil. ¶ 혼자 고생할 동생을 생각하니 가슴이 찡하다 Lorsque je pense à mon petit frère qui vit seul péniblement, ça me peine beaucoup.

찢다 타 ① déchirer. ¶ 서류[천]를 ~ déchirer des papiers [un morceau de tissu]. ② déchirer, crever ((le tympan)). ¶ 귀를 찢는 비명 un cri à déchirer [à crever] le tympan. ③ déchirer, fendre ((le cœur, l'âme)). ¶ 가슴을 찢는 아픔[슬픔] une souffrance [une tristesse] qui lui déchire le cœur, une souffrance déchirante [à fendre l'âme].

찢어발기다 타 mettre qc en lambeaux, déchirer en mille morceaux. ¶ 남자 친구와의 사진을 모두 찢어발겨서 버렸다 J'ai déchiré en mille morceaux puis jeté toutes les photos prises avec mon petit ami.

찢어지다 자 ① se déchirer. ¶ 옷이 갈갈이 찢어졌다 Le vêtement est en lambeaux [en charpie]. ② ((cœur)) se déchirer. ¶ 그 소식에 가슴이 찢어지는 것 같다 À cette nouvelle [En apprenant cette nouvelle], j'ai eu l'impression [la sensation] que mon cœur se déchirait.

찧다 타 piler, broyer, moudre; pilonner; se cogner ((la tête contre un mur)). ¶ 물방아를 ~ piler avec le moulin à eau. ¶ 무릎방아를 ~ tomber sur les genoux. ¶ 엉덩방아를 ~ tomber [chuter] sur le derrière [sur les fesses, sur l'arrière-train {*fam*}, sur le postérieur {*fam*}]; tomber sur *son* postérieur; tomber sur le coccyx; se retrouver sur les fesses. ¶ 쌀을 찧어서 죽을 쑤다 battre [pilonner] du riz dans un mortier pour en faire de la bouillie. ¶ 떨어지는 짐에 발등을 찧었다 Je me suis fait broyer le pied par un paquet qui m'est tombé dessus. ¶ 걸어가다가 전봇대에 이마를 찧다 se cogner le front contre un poteau électrique en marchant, heurter de front un poteau électrique en marchant, se prendre un poteau électrique en pleine figure {*fam*}.
 *입방아를 ~ parler à tort et à travers; intervenir, se mêler des [s'immiscer dans les] affaires des autres, fourrer *son* nez dans les affaires des autres {*fam*}.

ㅊ 명 *chieut m* ((dixième lettre consonantique de l'alphabet coréen)).

차[1] 茶 명 thé *m*; infusion *f*, tisane *f*; boisson *m*. ¶ ~를 끓이다[달이다] faire [préparer] du thé; bouillir et infuser le thé. ¶ ~를 타다 préparer [faire] du thé. ¶ ~를 마시다 boire du thé; prendre le thé. ¶ ~를 내오다 apporter du thé. ¶ 찻잔에 ~를 따르다 verser du thé dans une tasse. ¶ 우리 어디서 ~ 한 잔 할까요? Si on prenait [on allait boire] un pot quelque part?

◆_ㅅ**물** 명 ① 차를 달이는 데 쓰는 물 l'eau *f* pour le thé. ¶ ~ㅅ물을 끓이다 faire bouillir l'eau pour le thé. ② 차를 달인 물 thé *m*. ¶ 찻잔에 ~ㅅ물을 따르다 verser le thé dans les tasses. ¶ ~ㅅ물이 우러난다 Le thé infuse.

◆_ㅅ**잔** -盞 명 tasse *f* de thé.

◆_ㅅ**집** 명 salon *m* de thé. ¶ ~ㅅ집에 마주앉아 정담을 나누다 discuter assis(es) dans un salon de thé. ¶ ~ㅅ집에서 만나다[기다리다] se rencontrer [attendre] dans un salon de thé.

◆_**숟가락** 명 cuillère *f* à café, petite cuillère *f*.

◆**결명자**_ 명 *gyeolmyeongjacha m*, décoction *f* de *Cassia tora* <décoction faite à partir de ces graines séchées, souvent bue froide et servie à la place de l'eau>.

◆**구기자**_ 명 *gugijacha m* <infusion d'épine-vinette aux vertus revigorantes et stimulantes>.

◆**녹**_ 綠- 명 thé *m* vert.

◆**대추**_ 명 infusion *f* de jujubes.

◆**모과**_ 명 infusion *f* de coings.

◆**보리**_ 명 infusion *f* d'orge grillé souvent bue froide et servie à la place de l'eau.

◆**생강**_ 명 infusion *f* de gingembre.

◆**쌍화**_ 雙和- 명 *ssanghwacha m* <infusion d'ingrédients pharmaceutiques orientaux>.

◆**오미자**_ 명 *omijacha m* <infusion légère très parfumée aux reflets orangers à base de fruits de *Schisandra sinensis*, un arbuste grimpant, son nom signifie les cinq saveurs, il est tout à la fois sucré, acide, amer, salé et piquant>.

◆**옥수수**_ 명 infusion *f* de maïs grillé souvent bue froide et servie à la place de l'eau.

◆**유자**_ 柚子- 명 *yujacha m* <infusion *f* de *Citrus junos* Tanaka, infusion *f* faite avec les écorces d'une sorte d'orange amère (merveilleusement parfumée)>.

◆**율무**_ 명 *yulmucha m* <nourrissante boisson épaisse et laiteuse faite avec les graines du *Coix lacryma-jobi* [*ma-yuen*] {*nsc*}, appelé aussi larmes-de-Job, une herbe qui combat les rhumatismes. Elle est souvent servie avec des pignons de pins et noix broyées>.

◆**인삼**_ 명 infusion *f* de ginseng, souvent servie avec des filaments de jujube séchée et quelques pignons de pin.

◆**홍**_ 紅- 명 thé *m* noir.

차[2] 車 명 voiture *f*; véhicule *m*; ((기차)) train *m*. ¶ ~가 다니는 큰 길 un grand boulevard[une grande route] où circulent les voitures. ¶ ~ 안에서 dans la voiture. ¶ ~를 몰다[운전하다, 굴리다] conduire une voiture; prendre le volant. ¶ ~를 빨리[천천히] 몰다 conduire vite [doucement]. ¶ 전속력으로 ~를 몰다 conduire [rouler] à toute vitesse [à toute allure]; rouler (à) pleins gaz; foncer comme un fou ((sur l'autoroute)); filer à toute berzingue [à toute blinde, plein pot] {*fam*}; mettre les gaz [(toute) la gomme]; écraser la pédale d'accélérateur [le champignon {*fam*}]. ¶ ~를 세우다 arrêter la voiture. ¶ ~를 타다[타고 어디로 가다] prendre la voiture (pour se rendre *qp*). ¶ ~로 어디에 가다 aller quelque part en voiture; s'y rendre en voiture. ¶ 누구 ~로 어디에 가다 aller quelque part [s'y rendre] avec la voiture de *qn*. ¶ 나는 그 사람을 내 ~에 태워 주었다 Je l'ai pris(*e*) dans ma voiture. ¶ 아버지는 ~로 일터에 나가신다 Mon père va au travail en voiture. ¶ 그 사람은 나를 집까지 ~로 데려다 주었다 Il m'a amené en voiture jusqu'à chez moi. ¶ ~에 타다 monter en voiture [dans une voiture]. ¶ ~에서 내리다 descendre de la voiture. ¶ ~를 견인하다 tirer [traîner, remorquer] une voiture. ¶ ~를 사다[팔다] acheter [vendre] une voiture. ¶ ~를 놓치다 manquer son train. ¶ ~를 닦다[세차하다] nettoyer la voiture. ¶ ~에 치이다[받히다] se faire écraser par une voiture; avoir un accident de voiture. ¶

어디에 ~를 주차하다 garer la voiture *qp*; se garer *qp*. ¶ 무엇을 ~에 싣다 charger *qc* dans la voiture. ¶ 누구를 ~에 태우다 faire monter *qn* en voiture. ¶ 누구를 ~로 치다[받다] écraser *qn* en voiture. ¶ ~에 기름을 넣다 mettre de l'essence dans la voiture. ¶ ~가 빨리 달린다 La voiture roule vite. ¶ ~가 출발했다[떠났다, 도착했다] On est partis / On a démarré [On est partis, On est arrivés]. ¶ ~가 밀린다[막힌다] Il y a des embouteillages [bouchons {*fam*}] / La route est encombrée. ¶ ~가 잘 굴러간다 La voiture marche sans problème. ¶ ~가 펑크 났다 Le pneu de la voiture est crevé. ¶ 그곳까지는 ~로 10분 거리이다 On met 10 minutes en voiture d'ici à là-bas / D'ici, on met dix minutes en voiture pour aller là-bas. ¶ ~ 있어[~ 가지고 왔어]? As-tu une voiture[Tu es en voiture? / Est-ce que tu es venu(*e*) en voiture?].

◆_내 -內 명 espace *m* intérieur; dans [à l'intérieur de] la voiture. ¶ ~내에서는 금연입니다 Il est interdit de fumer dans la voiture. ¶ 신형 차는 ~내가 널찍하다 Le nouveau modèle de voiture a un espace intérieur très large.

◆_멀미 명 mal *m* des transports, mal *m* de la route. ¶ ~멀미를 하다 être malade en voiture, avoir le mal des transports [de la route]; avoir mal au cœur en voiture. ¶ ~멀미가 나다 avoir le mal des transports [de la route]; avoir mal au cœur en voiture.

◆_ㅅ간 -間 명 compartiment *m* ((d'un wagon)). ¶ ~ㅅ간이 여행객들로 붐비다 Le compartiment est bondé [rempli] de voyageurs. ¶ ~ㅅ간에서 담배를 피우다 fumer dans un compartiment. ¶ ~ㅅ간에서 일행끼리 이야기를 나누다 bavarder dans un compartiment avec ses amis.

◆_ㅅ길 명 voie *f*, chaussée *f*. ¶ ~ㅅ길 양 옆에 de chaque côté de la chaussée. ¶ ~ㅅ길을 건너다 traverser la route [la chaussée]. ¶ ~ㅅ길을 따라 내려가다 descendre (en suivant) la chaussée. ¶ ~ㅅ길까지 나와 배웅하다 raccompagner *qn* jusqu'à la chaussée.

◆_ㅅ삯 명 prix *m* du billet ((de train, d'autocar)). ¶ ~ㅅ삯을 내다[치르다] payer un billet ((de train, d'autocar)).

◆_종 -種 명 modèle *m* [type *m*] de voiture. ¶ ~종을 바꾸다 changer de modèle de voiture. ¶ ~종을 결정하다 décider le modèle de voiture à choisir. ¶ 새로운 ~종을 개발하다 développer [améliorer] un nouveau modèle de voiture. ¶ ~종이 다양하다 Il y a plusieurs [différents] modèles de voiture. ¶ 네 차의 ~종은 무엇이니? Qu'est-ce que tu as comme voiture? / Quel type de voiture as-tu?

◆_주 -主 명 propriétaire d'une voiture. ¶ ~주임을 증명하는 서류 un document prouvant l'identité du propriétaire de la voiture.

◆_창 -窓 명 vitre *f* d'une portière ((d'une voiture ou d'un train)). ¶ ~창으로 보이는 풍경 paysage vu [qu'on voit] à travers la vitre. ¶ ~창밖을 내다보다 regarder dehors à travers la vitre ((de la voiture, du train)). ¶ ~창에 비친 자신의 모습을 바라보다 se regarder dans le reflet de la vitre ((de la voiture, du train)). ¶ ~창에 뿌옇게 김이 서렸다 Les vitres ((de la voiture)) sont couvertes de buée [sont embuées].

◆_체 -體 명 châssis *m* ((d'une voiture)); carrosserie *f* ((d'une voiture)), caisse *f* ((d'une auto)). ¶ ~체가 튼튼하다[무겁다] Le châssis est solide [lourd]. ¶ 충돌사고로 ~체가 크게 부서졌다[찌그러졌다] Le châssis a été considérablement déformé lors de la collision.

◆_축 -軸 명 essieu(*x*) *m*.

◆_편 -便 명 moyen *m* de transport, véhicule *m*; ((par)) train *m*; ((en)) voiture *f*. ¶ ~편을 제공하다[예약하다] offrir [réserver] un transport. ¶ 그 곳으로 가는 ~편이 불편하다 L'endroit n'est pas bien desservi. ¶ 거기에 가는 ~편이 어떻게 됩니까? Quel est le moyen de transport pour se rendre là-bas? ¶ ~편이 있어요? Y a-t-il un moyen de transport? 분류 ((classificateur servant à compter les véhicules)). ¶ 쓰레기[흙]를 몇 ~ 실어내다 charger plusieurs camions d'ordures [de terre].

차³ 差 명 différence *f*, écart *m*. ¶ 견해의 ~ différence d'opinions. ¶ 신분 ~ différence de classes sociales. ¶ 역량 ~ différence de capacité. ¶ 연령 ~ différence d'âge. ¶ 수출입의 ~ écart entre l'exportation et l'importation. ¶ ~가 많이 난다 Il y a beaucoup d'écart [de différence] ((entre *qc* et *qc*)). ¶ 1점 ~로 이기다[지다] gagner [perdre] d'un point [avec un point d'écart]. ☞ 차이

차⁴ 車 명 ((장기)) tour *f* ((aux échecs orientaux)). ¶ ~를 떼고 두다 jouer aux échecs (orientaux) en enlevant une tour [ses deux tours] avant de commencer une partie ((lorsqu'il y a une trop grande différence de niveau)).

차⁵ 次 분류 ① fois *f*, tour *m*, degré *m*. ¶ 이~ 방정식 une équation du second degré. ¶ 제 1 ~ 세계 대전 la Première Guerre mondiale. ¶ 이번 회의가 몇 ~죠? Cela fait combien de fois qu'on fait cette réunion? ② 술자리의 횟수 fois *f*, tour *m*, étape *f* ((d'une soirée arrosée)). ¶ 2~를 가다 changer d'endroit (une première fois) pour continuer la soirée; aller dans un deuxième bar. ¶ 어제 하도 술을 많이 마셔 몇 ~까지 갔는지도 모르겠다 J'ai tellement bu hier soir que je ne me rappelle plus combien de tournées on a fait [dans combien de bars on est allé(*s*)].

의명 (juste) au moment de [où]; sur le point de; à l'occasion de. ¶ 안 그래도 그에게 전화하려던 ~에 그가 온 거야 Il est venu juste au moment où j'allais lui téléphoner. ¶ 마침 배가 고프던 ~에 잘 되었다 Ça tombe bien: j'avais faim justement. ¶ 파리에 온 ~에 전화 드렸습니다 Je profite de mon passage [ma venue] à Paris pour vous appeler.

-차[6] **次** 접미 pour, afin de, dans le dessein de. ¶ 경고~ pour avertir; pour avertissement. ¶ 인사~ 들르다 faire une visite de courtoisie. ¶ 사업[연구, 관광, 휴양]~ 들르다 passer pour affaires [pour faire des recherches, pour faire du tourisme, pour se reposer].

차-[7] **次** 접두 prochain(*e*). ¶ ~세대 la prochaine génération. ¶ ~상위 adjoint(*e*); deuxième place.

차가다 타 arracher et s'en aller. ¶ 핸드백을 ~ arracher un sac à main et s'enfuir. ¶ 매가 병아리를 차가듯이 tel le faucon saisissant sa proie au vol.

차감 差減 명 balance *f*. ¶ ~ 잔액 solde de la balance. ◇_(을) **하다** établir la balance. ◇_(이) **되다** la balance s'établit.

차갑다 형 ① 싸늘하다 être froid(*e*), frais(aîche); gelé(*e*), glacé(*e*), glacial(*e*). ¶ 오늘 아침은 날씨가 ~ Il fait froid [frisquet] ce matin. ¶ 몸이 얼음(장)같이 차갑구나 Tu es gelé(*e*). ¶ 차가운 물 eau froide [gelée]. ¶ 차갑게 식다 refroidir. ② 냉정하다 être froid(*e*); être glacial(*e*). ¶ 차가운 시선 un regard froid. ¶ 그는 나를 차가운 눈길로 보고 있었다 Il me regardait avec froideur. ¶ 차갑게 대하다[말하다] agir [parler] avec froideur.

차겁다 형 ☞ 차갑다

차고 車庫 명 garage *m*; dépôt *m*; hangar *m*. ¶ 자동차를 ~에 넣다 rentrer [mettre] la voiture au garage. ¶ ~에서 차를 꺼내다 sortir la voiture du garage.
◆_**지** -地 명 endroit *m* où se trouve le garage.

차곡차곡 부 ① ((포개어)) ((ranger *qc*)) en pile ordonnée. ¶ 책들을 ~ 박스에 넣다 bien ranger des livres dans un carton. ¶ 빨래한 옷가지들을 ~ 개다 bien ranger du linge propre. ② 차근차근 d'une manière ordonnée et méthodique. ¶ 생각나는 것들을 ~ 수첩에 적어두다 écrire minutieusement dans un carnet des choses dont on vient de se rappeler. ¶ 계획표대로 ~ 일을 진행시키다 faire progresser un travail méthodiquement selon le programme prévu.
◆_**하다** 형 être ordonné(*e*); être méthodique. ¶ 속옷들을 ~하게 서랍에 정리하다 ranger soigneusement des sous-vêtements dans un tiroir.

차관[1] **次官** 명 vice-ministre *m*. ¶ 교육부 ~ le vice-ministre à l'Education nationale.
◆_**보** -補 명 assistant(*e*) du vice-ministre.

차관[2] **借款** 명 prêt *m* (international), emprunt *m*. ¶ 장기[단기] ~ un prêt à long [court] terme. ¶ ~ 협정 accord pour un emprunt [prêt]. ¶ ~을 들여오다[얻다] emprunter de l'argent à l'étranger. ¶ ~을 *제공하다 prêter* de l'argent à l'étranger.

차광 遮光 명 interception *f* de la lumière. ¶ ~ 장치[시설] obturateur. ◇_(을) **하다** intercepter la lumière. ◇_(이) **되다** la lumière est interceptée.
◆_**막** -幕 명 rideau *m* noir.

차근차근 부 de façon méthodique; avec ordre; minutieusement; en détail; soigneusement. ¶ ~ 사건의 경위를 설명하다 expliquer en détail le déroulement de l'accident. ¶ 컴퓨터 조작법을 ~ 가르쳐주다 enseigner méthodiquement le maniement de l'ordinateur.
◆_**하다** 형 être méthodique, être minutieux(*se*). ¶ ~한 일 처리 réalisation soigneuse d'un travail. ¶ ~하게 설명하다 expliquer méthodiquement [soigneusement].
◆_**히** 부 méthodiquement; avec soin; en détail. ¶ 일을 ~히 하다 faire un travail avec soin. ¶ ~히 일의 자초지종을 묻다 demander en détail ce qui s'est passé.

차근하다 형 être minutieux(*se*), soigneux(*se*); être calme, tranquille. ¶ 목소리가 ~ avoir une voix calme.
◆**차근히** 부 avec ordre; en détail; de façon méthodique. ¶ 서두르지 말고 한 사람씩 차근히 내립시다 Ne nous dépêchons pas et descendons calmement un par [à] un.

차기 次期 명 prochain(*e*), suivant(*e*); tour *m* [fois *f*] suivant(*e*). ¶ ~ 대통령 le prochain président de la République. ¶ ~ 정권 le prochain gouvernement. ¶ ~ 선거[대선, 총선] la prochaine élection [élection présidentielle, élection régionale]. ¶ ~를 노리다 viser à être élu(*e*) lors des prochaines élections [aux prochaines élections, à la prochaine élection].

차꼬 명 【역사】 fers *mpl*. ¶ (죄수가) ~를 차다 être mis(*e*) aux fers. ¶ 죄수에게 ~를 채우다 mettre un(*e*) prisonnier(ère) aux fers.

차남 次男 명 second fils *m* de la famille. ¶ 저 사람은 사장 댁 ~이다 C'est le second fils (de la famille) du directeur.

차녀 次女 명 seconde fille *f* de la famille.

차다[1] 형 ① 싸늘하다 être froid(*e*); être frais(aîche); être gelé(*e*), glacé(*e*), glacial(*e*). ¶ 날씨가 ~ Il fait frais [froid, frisquet]. ¶ 바깥바람이 몹시 ~ Le vent est glacial dehors. ¶ 찬 물 eau froide [fraîche]. ¶ 찬 맥주 une bière fraîche. ¶ 바닥이 얼음장같이 ~ Le sol est froid comme la glace. ② 냉정하다 être froid(*e*), dur(*e*), insensible, sec(sèche), distant(*e*), glaçant(*e*), glacial(*e*), sévère. ¶ 그 여자는 표정이 차고 살벌했다 Elle avait un visage très froid et tendu.

차다[2] 자 ① ((가득하게 되다)) se remplir; ((가득하다)) être plein(*e*), rempli(*e*), bondé(*e*), compl*et*(*ète*). ¶ 그릇에 물이 찼다 Le récipient est rempli d'eau. ¶ 체육관이 사람들로 꽉 찼다 Le gymnase est plein de monde. ¶ 꽉[가득] 찼다[차 있다] être plein(*e*) à craquer, être bondé(*e*), compl*et*(*ète*), être rempli(*e*) à ras bord. ¶ 속이 덜 찬 풋과일 des fruits verts [pas mûrs]. ¶ 습기가 차 있다[찼다] être tout mouillé(*e*), trempé(*e*). ¶ 내의에 땀이 찼다 Les sous-vêtements sont trempés de sueur. ② ((감정에)) être plein(*e*); être satisfait(*e*) de *qc*. ¶ 마음[성]에 안 ~ ne pas être satisfait(*e*) de *qc*. ¶ 그 제품은 영 마음에 안 찬다 Je ne suis pas du tout satisfait(*e*) de ce produit. ¶ 희망 [슬픔, 우수, 비통]에 찬 얼굴

un visage plein d'espoir [de tristesse, de mélancolie, de douleur profonde]. ¶ 생기에 찬 목소리 une voix pleine [débordante] de vitalité [de vigueur]. ¶ 호기심에 가득 찬 아이들의 눈초리 les yeux des enfants remplis de curiosité. ③ ((한도에)) arriver à expiration [à terme]. ¶ 기한이 ~ expirer; arriver à échéance. ¶ 산모가 달이 찼다 Le moment de l'accouchement est venu / L'accouchée est prête pour l'accouchement. ¶ 혼기가 ~ arriver en âge de se marier. ¶ 벌써 인원이 다 찼습니다 C'est déjà complet. ¶ 양이 ~ manger à *sa* faim [à satiété], avoir l'estomac plein, bien manger, se remplir l'estomac [le ventre, la panse], se caler l'estomac [les joues] {*fam*}, s'en mettre plein la panse [la lampe, la tirelire, le cornet, le gésier, le buffet] {*fam*}. ¶ 나는 1인분으로는 역시 양이 안 차 Une portion n'est pas suffisante / On ne mange même pas à sa faim avec une part pour une personne. ¶ 발목까지 물이 찼어요 L'eau est montée jusqu'aux chevilles. ④ ((달이)) ((la lune)) être pleine 달이 찼다 C'est la pleine lune.

***달도 차면 기우는 법이다** Une fois pleine, la lune ne peut que décroître / L'eau bouillante ne peut que se refroidir [L'eau froide ne peut que se réchauffer] ((proverbe marocain)) / Une fois qu'on est arrivé à son maximum, on ne peut que redescendre [diminuer] / Du haut de l'échelle [Quand on est arrivé en haut de l'échelle, Arrivé en haut de l'échelle], on ne peut que redescendre.

***기(가)** ~ ☞ 기[1]

차다[3] 타 ① donner un coup de pied dans ((un ballon)), taper dans ((un ballon)) (avec le pied), tirer ((un ballon)); pousser *qc* du pied; donner un coup de pied à *qn*; ((걷어차다)) lancer [envoyer, faire sauter] *qc* d'un coup de pied; repousser *qc* du pied; ((말따위가 뒷발로)) ruer. ¶ 무엇을 발로 ~ donner un coup de pied dans *qc*. ¶ 빈 깡통을 발로 ~ donner un coup de pied dans une boîte de conserve vide. ¶ 차서 넘어뜨리다 renverser *qc* d'un coup de pied. ¶ 공을 ~ donner un coup de pied dans un ballon, taper dans un ballon (avec le pied). ¶ 사람을 차고 때리다 frapper *qn* avec les pieds et les mains. ¶ 사람의 얼굴을 ~ donner un coup de pied dans la figure [dans le visage] de *qn*. ¶ 제기를 ~ jouer au volant [au *jegi*]. ② 애인을 버리다 quitter, abandonner, laisser tomber ((*son*(*sa*) petit(*e*) ami(*e*))), larguer, {*fam*} plaquer {*fam*} ((*son*(*sa*) petit(*e*) ami(*e*))). ¶ 애인을 ~ quitter [laisser tomber {*fam*}, plaquer {*fam*}, larguer {*fam*}] *son*(*sa*) petit(*e*) ami(*e*).

***혀를** ~ clapper de la langue en signe de désapprobation ((pour exprimer *sa* pitié ou *sa* désapprobation)). ¶ 혀를 끌끌[쯧쯧] ~ claper de la langue [faire claquer *sa* langue] en signe de désapprobation, émettre des tss-tss désapprobateurs.

차다[4] 타 mettre; ((차고 있다)), porter *qc*; avoir *qc* sur *soi*. ¶ 시계를 ~ mettre une montre. ¶ 칼을 차고 있다 porter une épée. ¶ 시계를 차고 있다 porter une montre au poignet ¶ 수갑을 차고 있다 avoir les menottes (aux poignets, aux mains), être menotté(*e*). ¶ 완장을 차고 있다 porter un brassard. ¶ 허리에 차고 있다 porter *qc* à la taille. ¶ 그는 항상 술병을 차고 다닌다 예문 추가 Il a toujours une bouteille [un flacon] d'alcool sur lui.

***깡통(을)** ~ faire faillite, se ruiner; devenir très pauvre, être réduit(*e*) à la mendicité, tomber dans la misère, tomber bien bas, tout perdre.

***쇠고랑(을)** ~ être emprisonné(*e*), se faire arrêter, se faire passer les menottes. ¶ 그는 사기를 치다가 쇠고랑을 찼다 Il s'est fait arrêter alors qu'il tentait une escroquerie.

◆**차고앉다** 타 posséder *qc* consciemment. ¶ 날이 추워 식구들이 모두 안방부터 차고앉으려 한다 À cause du froid tous les membres de la famille [toute la famille] cherche(nt) à avoir la ≪chambre principale≫ (la mieux chauffée, la plus confortable) avant les autres. ¶ 특정 학교 출신들이 자리를 먼저 차고앉아서 승진이 안 된다 Il est difficile d'obtenir une promotion à cause des personnes diplômées de certaines universités qui monopolisent déjà les places.

차다[5] 접미 ((suffixe intensif placé derrière un substantif ou un mimétique qui transforme ce dernier en adjectif)). ¶ 활가~ être vif(ve), vivace, vigoureux(*se*); être plein(*e*) de vie [vivacité]; être animé(*e*). ¶ 희망~ être plein(*e*) d'espoir. ¶ 기운~ être vif(ve), vivace, vigoureux(*se*); être plein(*e*) de vie [vivacité]; être animé(*e*). ¶ 매몰~ être très froid(*e*), glacial(*e*), dur(*e*), cruel(*le*), insensible. ¶ 우렁찬 목소리 une voix forte [puissante, retentissante]; grosse voix.

차단 遮斷 명 barrage *m*; interception *f*; interruption *f*. ¶ ~ 장치 un système [un appareil] d'interruption. ¶ 교통~ interruption de la circulation. ◇_(을) **하다** [**시키다**] barrer; couper, intercepter; interrompre. ¶ 길을 ~하다 barrer la rue; interrompre la circulation. ¶ 돌발적인 발언을 ~하다 interrompre des propos inattendus. ¶ 적의 퇴로를 ~하다 couper la retraite à l'ennemi. ¶ 상대의 공격을 ~하다 intercepter l'attaque de l'adversaire. ¶ 햇빛을 ~하다 intercepter les rayons du soleil. ¶ 미리 [사전에] ~하다 intercepter à l'avance. ◇_(이) **되다** être barré(*e*); être coupé(*e*), intercepté(*e*); être interrompu(*e*). ¶ 공급이 ~되었다 Il n'y a plus d'approvisionnement / L'approvisionnement a été interrompu. ¶ 교통이 ~되었다 La circulation est interrompue. ¶ 외부로부터 ~되다 être coupé(*e*) de l'extérieur. ◇_(을) **당하다** être barré(*e*); être coupé(*e*), intercepté(*e*); être interrompu(*e*).

◆**_기 -機** 명 barrières *fpl*. ¶ ~기를 내리다 (a)baisser les barrières.

◆_기 -器 명 interrupteur *m*. ¶ 전기[누전] ~기 l'interrupteur de l'électricité [du court-circuit].

차도[1] 差度 명 amélioration *f*. ◇_**를 보이다** s'améliorer, aller mieux. ¶ 환자가 ~를 보이고 있다 L'état du patient s'améliore. ◇_**가 있다**[없다] être amélioré(*e*); s'améliorer, aller mieux [ne pas aller mieux]. ¶ 병이 ~가 있다 aller mieux; recouvrer d'une maladie. ¶ 날마다 조금씩 ~가 있다 récupérer doucement [aller mieux] de jour en jour [jour après jour].

차도[2] 車道 명 chaussée *f*. ¶ ~에서 sur la chaussée. ¶ ~를 건너다 traverser la chaussée. ¶ ~로 다니다 utiliser [emprunter] la chaussée.

차도르 명 tchador *m*, voile *m* islamique. ¶ ~를 쓴 이슬람 여성들 Les femmes musulmanes portant le tchador.

차돌 명 quartz *m*, cristal *m* de roche, silex *m*. ¶ ~같은 사람 un homme de caractère très ferme. ¶ ~처럼 단단하다[굳다] être ferme comme un roc.

차돌박이 명 (morceau(*x*) *m* de) poitrine *f* de bœuf.

차돌멩이 명 quartz *m*, cristal *m* de roche, silex *m*.

차등 差等 명 différence *f* de rang social, différence *f* de rang dans la hiérarchie sociale; différence *f* de statut social; ((군대)) différence *f* de grade; inégalité *f*, écart *m*, disparité *f*. ¶ ~을 두다 introduire une discrimination [une inégalité ((entre les citoyens))], discriminer; classer les gens en fonction de leur rang [statut] social. ¶ ~이 있다[없다] être parti*al(ale, aux)*, discriminatoire, injuste, inéquitable [être équitable, juste, imparti*al(ale, aux)*] ¶ ~ 대우를 하다 traiter les gens différemment [d'une manière adaptée, avec partialité, de façon discriminatoire] en fonction de leur statut social [en fonction de leur rang social, en fonction de leur place dans la hiérarchie sociale]. ¶ 사람은 귀하고 천한 ~이 있을 수 없다 Sur un plan humain, il ne devrait pas y avoir de différences entre les puissants et les humbles [et les petits] / Sur un plan humain, il ne devrait pas y avoir de différences en fonction du rang social.

ㅊ

차디차다 형 ① 온기가 없다 être extrêmement froid(*e*); être glacial(*e*), gelé(*e*). ¶ 차디찬 바람 un vent très froid [glacial]. ¶ 차디찬 바닷물 une mer glacée. ② 냉정하다 être extrêmement [très] froid(*e*); être glacial(*e*), insensible, impassible, cruel(*le*), dur(*e*), être de marbre, de glace. ¶ 차디찬 인상 un visage de marbre.

차라리 부 plutôt; de préférence. ¶ 이렇게 사느니[항복하느니] ~ 죽는 게 낫다 Je préférerais mourir plutôt que de vivre ainsi [plutôt que de me rendre]. ¶ 이 넥타이는 너무 요란스러우니~ 이걸로 해요 Cette cravate est trop voyante [criarde], prends plutôt celle-ci [mets plutôt celle-ci]. ¶ 그 사람과 함께 일할 바에야 ~ 혼자 하겠다 Plutôt que de travailler avec lui, je préfère travailler seul. ¶ ~ 포기하고 말 걸 J'aurais mieux fait de jeter l'éponge. ¶ 어차피 헤어질 거라면 ~ 지금 헤어지자 Autant se quitter maintenant puisqu'on doit se séparer dans tous les cas. ¶ 그렇게 하느니 ~ 아무 것도 안 하는 게 낫다 Il vaudrait mieux ne rien faire du tout plutôt que de le faire ainsi.

차량 車輛 명 véhicule *m*; voiture *f*; wagon *m*. ¶ ~ 운행 circulation. ¶ ~ 정비 l'aménagement [l'entretien] des véhicules. ¶ ~ 통행금지 un passage interdit aux véhicules. ¶ ~ 통행이 많은 곳 un endroit où il a beaucoup de circulation [où la circulation est dense, intense]; ((des rues)) surencombrées de voitures. ¶ 도난[사고, 수배] ~ un véhicule volé [accidenté, recherché par la police]. ¶ 특수 ~ un véhicule spécial. ¶ ~을 통제하다 contrôler les véhicules. ¶ ~을 수배하다 rechercher un véhicule ((volé)). ¶ 한 ~분의 화물 le fret d'un camion; (l'équivalent d')un camion de fret. ¶ 도로에 ~이 많이 밀린다 Il y a des embouteillages [bouchons {*fam*}] / La route est embouteillée / Ça bouchonne {*fam*}.

차려 명 garde-à-vous *m inv*. ¶ ~ 자세로 서 있다 être [rester] au garde-à-vous; (être) le petit doigt sur la couture du pantalon. ¶ ~ 자세를 하다[취하다] se mettre au garde-à-vous; se mettre dans la position respectueuse du soldat au garde-à-vous. ◇_(**를**) **하다** se mettre au garde-à-vous. 감 Garde-à-vous! ¶ ~, 선생님께 경례 Attention! Saluez le maître [la maîtresse, le(la) professeur]!

차려입다 타 s'habiller [se vêtir, se préparer] (pour sortir); se parer. ¶ 옷을 ~ s'habiller [se vêtir, se préparer] (pour sortir). ¶ (외출하려고) 화려하게 ~ s'habiller élégamment [de façon recherchée] (pour sortir). ¶ 간편하게 ~ s'habiller simplement [sobrement]. ¶ (설날에) 때때옷을 ~ ((les enfants)) mettre un vêtement d'exception [mettre *son* plus beau costume, mettre *ses* plus beaux habits, mettre *ses* vêtements de cérémonie, mettre *ses* vêtements du dimanche, s'endimancher] (pour le jour du nouvel an).

차력 借力 명 augmentation *f* de la force physique par l'absorption de certaines substances stimulantes.

◆_사 -士 명 homme *m* (dopé) à la force artificiellement développée; homme *m* (dopé) à la force stimulée artificiellement.

◆_술 -術 명 technique *f* de stimulation de la force physique.

차례[1] 次例 명 ① 순서 tour *m*, ordre *m*. ¶ ~를 따라 en (bon) ordre, selon l'ordre, suivant l'ordre. ¶ ~를 정하다 fixer l'ordre. ¶ ~를 지키다 respecter [observer] l'ordre. ② 순번 tour *m*. ¶ ~를 기다리다 attendre son tour. ¶ ~를 바꾸다 changer l'ordre. ¶ 너의 ~가 왔다[돌아왔다, 되었다] Ton tour est arrivé / C'est ton tour. ¶ 그 사람의 ~가 지나갔다 Son tour est passé. ③ 책의 목차 table *f* des matières, sommaire *m*.

◆_ _ 부 en (bon) ordre, selon l'ordre, tour à tour, un(*e*) à un(*e*), l'un(*e*) après l'autre, à tour de rôle, alternativement. ¶ 일을 ~~ 처리하다 régler des affaires une à une. ¶ ~~ 한 사람씩 들어가자 Entrons l'un(*e*) après l'autre. ¶ ~~ 돌아가며 한턱씩 내다 inviter des gens tour à tour.

◆_ _ [_로, _대로] 부 ☞ 차례차례

분류 fois *f*, reprise *f*. ¶ 세 ~에 걸친 남북회담 sommet intercoréen en trois rencontres [fois, rounds de discussions]. ¶ 여러 ~ 되풀이하다 répéter plusieurs fois. ¶ 책을 세 ~ 읽다 lire un livre trois fois. ¶ 소나기가 한 ~ 쏟아졌다 Il y a eu une averse.

차례[2] **茶禮** 명 cérémonie *f* de culte aux ancêtres ((célébrée le jour de l'an ou à Chuseok)). ¶ ~를 지내다[모시다] rendre [célébrer] un culte aux ancêtres. ¶ 추석 아침에 ~를 지내다 rendre un culte aux ancêtres le matin de Chuseok.

차로 車路 명 voie *f*, file *f*. ¶ 버스전용~ voie réservée aux autobus. ¶ ~를 변경하다 changer de voie [file].

차륜 車輪 명 roue *f*. ¶ ~ 소리 un bruit de roue. ¶ ~ 제동기 un frein. ¶ ~ 평식반 un tailleur de roues.

차리다 타 ① fonder; établir *qc*. ¶ 가게 [회사, 사무실]을 ~ créer [ouvrir, fonder, établir] une boutique [une compagnie, un bureau]. ¶ 살림을 ~ fonder un foyer [un ménage], se mettre en ménage; se marier. ¶ 신혼살림을 ~ fonder un foyer [un ménage] (de jeunes mariés). ¶ 빈소를 ~ établir une chapelle ardente. ② préparer *qc*; faire des préparatifs. ¶ 상[생일상]을 ~ préparer la table [le repas], mettre [dresser] la table, apprêter un repas, servir un repas [préparer un repas d'anniversaire]. ¶ 저녁을 ~ préparer le dîner. ¶ 음식을 너무 많이 차리지 마라 Ne préparez pas trop de nourriture / Ne faites pas trop à manger / Faites un repas simple. ③ se parer; s'habiller; se préparer (pour sortir). ¶ 화려하게 ~ s'habiller somptueusement. ☞ 차려입다 ④ préparer; chercher; sauver. ¶ 행장을 ~ se préparer pour sortir. ¶ 채비를 ~ faire des préparatifs [se préparer] pour sortir. ¶ 격식을 ~ respecter les formes [les habitudes], être respectueux(*se*) des formes [des habitudes]; obéir à des règles consacrées [à un certain cérémonial], attacher de l'importance aux formes, être attaché(*e*) aux formes. ¶ 체면을 ~ sauver les apparences; ne pas perdre la face. ¶ 위엄을 ~ exprimer de la dignité. ¶ 인사를 ~ témoigner de la reconnaissance; remercier. ⑤ pressentir, entrevoir. ¶ 욕심[잇속]을 ~ chercher *son* propre intérêt [profit]. ¶ 낌새를 ~ entrevoir les prémisses de *qc*; pressentir les signes de *qc*. ¶ 무슨 낌새를 차렸는지 그 사람은 태도가 달라졌다 Il a changé d'attitude lorsqu'il a pressenti des signes de danger [de mise en garde].

***정신(을)** ~ se reprendre, se ressaisir; reprendre *ses* esprits; reprendre *son* sang-froid; se calmer, se remettre. ¶ 정신을 차리고 보니 낯선 곳이었다 Je me suis rendu(*e*) compte que je me trouvais dans un endroit inconnu après avoir repris mes esprits.

차림 명 habillement *m*, tenue *f*, accoutrement *m*. ¶ 작업복[제복] ~의 남자 un homme en bleu de travail [en uniforme]. ¶ 양복[한복, 정장] ~으로 en costume [en *hanbok*, en tenue de soirée]. ¶ 간편한[야한, 눈에 띄는] ~으로 en tenue décontractée [osée; en tenue criarde]. ¶ 초라한 ~으로 pauvrement vêtu(*e*); en loques, en guenilles; vêtu(*e*) [couvert(*e*)] de haillons, de loques; mal habillé(*e*), mal fagoté(*e*) {*fam*}. ¶ 말쑥한 ~으로 외출하다 sortir dans une tenue simple et de bon goût. ¶ ~이 요란하다 avoir une tenue tapageuse [criarde, voyante, tape-à-l'œil]. ¶ 그는 잠옷 ~에 맨발이었다 Il était en pyjama et pieds nus. ¶ 그 아저씨는 등산복 ~이었다 Ce monsieur portait des habits d'alpiniste. ◇_을 **하다** s'habiller en ((minijupe)), être vêtu(*e*) de, porter ((un vêtement)), être en ((jean(s), robe de chambre, costume-cravate)). ¶ 등산복 ~을 한 남자 un homme en tenue d'alpiniste.

◆**_새** 명 habillement *m*, tenue *f*. ¶ 검소한 ~새 une tenue sobre. ¶ 초라한 ~새를 하다 être pauvrement vêtu(*e*). ¶ ~새가 단정하다[깔끔하다] être en tenue décente [correcte]. ¶ ~새를 보아하니 vu sa tenue; d'après sa tenue.

◆**옷_** 명 habillement *m*, tenue *f*, accoutrement *m*.

차림표 -表 명 carte *f*, menu *m*. ¶ 다양한 음식의 ~ une carte aux plats variés. ¶ ~에서 요리를 고르다 choisir un plat sur la carte.

차마 부 en ne pouvant pas supporter. ¶ 친구의 부탁을 ~ 거절하지 못하다 ne pas pouvoir refuser la demande d'un(*e*) ami(*e*). ¶ 수치심 때문에 ~ 얼굴을 들지 못하다 ne plus pouvoir garder la tête haute, baisser la tête ((de honte)); adopter un profil bas. ¶ 그건 인간으로서 ~ 못할 짓이다 Comment un être humain pourrait commettre un tel acte! / Il est impossible pour un homme de commettre de tels actes [de s'abaisser à de tels actes [de telles actions] / Un être humain ne pourrait pas commettre une chose pareille.

차명 借名 명 nom *m* emprunté, nom *m* d'emprunt. ◇_(을) **하다** emprunter le nom d'autrui.

◆**_계좌** -計座 명 compte *m* à un nom emprunté.

차반 茶盤 명 plateau *m* à thé.

차변 借邊 명 【경제】 débit *m*, doit *m*. ¶ ~ 계정 un compte débiteur. ¶ ~ 항목 débit (écriture). ¶ ~과 대변 débit et crédit. ¶ 누구의 ~에 기입하다 mettre [porter] ((une somme)) au débit de *qn*.

차별 差別 명 distinction *f*, discrimination *f*, différence *f*; ségrégation *f* ((raciale)). ¶ ~ 의식 la conscience de la discrimination. ¶ 남녀 ~ discrimination sexiste; sexisme; machisme. ¶ 인종 ~ discrimination [ségrégation] raciale; apartheid *m*; racisme *m*. ¶ 부당한 ~ une distinction [discrimination] injuste. ¶ 엄연한 ~이 존재한다 Il est clair qu'il existe des discriminations. ◇_(을)

하다[두다] distinguer, faire des différences; faire une distinction ((entre A et B)); faire des distinctions ((en faveur de *qn*, contre *qn*)); faire des discriminations. ¶ 지방 사람을 ~하다 traiter les provinciaux de façon discriminatoire; montrer une attitude discriminatoire à l'égard des provinciaux; manifester de la discrimination envers les provinciaux [aux dépens des provinciaux]. ¶ 아들과 딸을 ~을 두다 faire une distinction entre son fils et sa fille, réserver un traitement[adopter une attitude] différent(*e*) avec son fils et avec sa fille, se montrer sexiste avec ses enfants. ◇_(이) **되다** être traité(*e*) de façon partiale [avec partialité]. ◇_(을) **받다[당하다]** être traité(*e*) de façon partiale [avec partialité]. ¶ 특정 지역 출신이 ~을 받는다 Les gens d'une certaine région sont traités de façon partiale.

◆**_없이** 부 sur le même pied, sans préférence, sans distinction, sans discrimination. ¶ 노소[상하, 남녀]의 ~ 없이 sans distinction d'âge [de classe, de sexe].

◆**_적** -的 명관 partial(ale, aux), discriminatoire, inéquitable, injuste. ¶ 무엇을 ~적으로 처리하다 régler *qc* de façon partiale. ¶ ~적 조건 conditions partiales [injustes, inéquitables] ¶ ~적인 신분제도를 철폐하다 abolir le système d'inégalités des classes sociales.

◆**_성** -性 명 partialité *f*. ¶ 아무런 ~성이 없다 Tout est équitable / Il n'y a rien d'inéquitable / Il n'y a pas la moindre discrimination [injustice]. ¶경쟁자에 대한 정책의 차별성을 부각시키다 souligner la partialité de la politique vis-à-vis des concurrents.

◆**_화** -化 명 mise *f* en distinction. ¶ ~화 전략 une stratégie de mise en distinction.

◆**_대우** -待遇 명 traitement *m* partial [avec discrimination] ¶ ~대우를 받다 être victime d'une attitude discriminatoire [d'une discrimination, d'un traitement discriminatoire]; souffrir d'une discrimination; être lésé(*e*) par discrimination; être défavorisé(*e*) ((par rapport à d'autres)).

차분하다 형 être calme, tranquille; être doux(ce). ¶ 분위기가 ~ L'ambiance est calme. ¶ 차분한 태도로 d'une attitude calme; tranquillement, calmement. ¶ 차분한 목소리로 말하다 parler d'une voix calme. ¶ 그 남자는 차분한 성격이다 Il a un caractère tranquille. ¶ 이 음악을 들으면 마음이 차분해진다 Cette musique rend les gens tranquilles / Cette musique tranquillise [calme] les gens. ¶ 차분하게 때를 기다리다 attendre le temps tranquillement.

◆**차분히** 부 tranquillement, calmement. ¶ 차분히 기다리다 attendre tranquillement. ¶ 마음을 차분히 가라앉히다 tranquilliser l'esprit.

차비[1] **車費** 명 frais *m* de transport; prix *m* d'un billet ((de train, d'autobus)). ¶ 왕복 ~ le prix (d'un billet) aller-retour. ¶ ~를 내다 payer pour le (billet de) transport.

차비[2] **差備** 명 ☞ 채비

차사 茶祀 명 ☞ 차례[2]

차석 次席 명 seconde meilleure place *f* [note *f*]; second rang *m*. ¶ ~으로 입학하다[졸업하다] entrer à [finir] l'école avec la seconde meilleure note; prendre la seconde meilleure place à l'examen d'entrée[de sortie].

차선[1] **車線** 명 voie *f*, file *f*. ¶ ~ 분리 séparation de voies. ¶ ~ 폭 largeur de la voie. ¶ ~을 지키다 respecter la voie; prendre sa voie. ¶ ~을 변경하다[바꾸다] changer de voie [de file]. ¶ 옆 ~을 침범하다 empiéter sur la voie adjacente. ¶ ~을 위반하다 franchir [dépasser] la ligne continue.

분류 voie *f*. ¶ 4~ 도로 route à quatre voies. ¶ 1~으로 가다 rouler sur la voie [dans la file] de gauche[de dépassement].

차선[2] **次善** 명 second choix *m*. ¶ 그 방법이 최선은 아닐지라도 ~은 된다 Ce moyen n'est pas le meilleur mais peut correspondre à un second choix.

◆**_책** -策 명 solution *f* de rechange. ¶ ~책을 강구하다 chercher une solution de rechange.

차손 差損 명 perte *f* financière causée par la différence de valeur entre les moments de l'achat et de la vente.

◆**_금** -金 명 somme *f* perdue à cause de la différence de valeur entre les moments de l'achat et de la vente.

차수 次數 명 【수학】 différence *f*.

차압 差押 명 saisie *f*, confiscation *f*. ¶ ~ 들어가다 exécuter une saisie. ◇_(을) **하다** saisir, confisquer. ¶ 전 재산을 ~하다 confisquer tous les biens. ◇_(이) **되다** être saisi(*e*), confisqué(*e*). ◇_(을) **당하다** être saisi(*e*), confisqué(*e*). ¶ 그 사람은 미래를 ~당했다 On lui a pris son avenir. ☞ 압류

차액 差額 명 différence *f* ((de somme)). ¶ 원가와 판매가의 ~ différence entre le prix de fabrication et le prix de vente. ¶ ~을 지불하다 payer la différence. ¶ 단기 ~을 노린 급매물 un article mis en vente précipitamment qui vise la différence à court terme.

차양 遮陽 명 ① 처마 끝에 설치하는 것 avant-toit *m*; auvent *m*; volet *m*. ¶ ~을 달다[대다, 설치하다] accrocher [attacher, installer] un avant-toit. ¶ ~을 치다[내리다] tirer l'avant-toit; fermer le volet. ② 모자의 챙 visière *f*. ¶ ~이 있는 모자 un chapeau de soleil [plage]; un chapeau à visière.

차오르다 자 ((l'eau)) monter; ((l'eau)) monter ((jusqu'aux cuisses)), atteindre ((les cuisses)). ¶ 물이 차오른다 L'eau monte / Le niveau de l'eau monte. ¶ 물이 허리에 차오를 때까지 바닷물 속으로 들어갔다 Je suis entré(*e*) dans la mer jusqu'à ce que l'eau arrive au niveau de mes hanches.

차용 借用 명 ① emprunt *m*. ② 【언어】 emprunt *m*. ◇_(을) **하다** emprunter. ¶ 누구에게서 돈을 ~하다 emprunter de l'argent à *qn*. ¶ 외국 이론을 ~하다 emprunter une théorie à l'étranger [l'extérieur]. ◇_(이) **되다** être emprunté(*e*).

◆**_금** -金 명 emprunt *m*; argent *m* emprunté.

◆_어 -語 명 【언어】 mot *m* emprunté (à l'anglais); emprunt(s) *m* (à l'anglais); ¶ 영어로부터의 ~어 anglicisme *m* ¶ 미국식 영어로부터의 ~어 américanisme *m* ¶ 독어[서반아어]로부터의 ~어 germanisme *m* [hispanisme *m*] ¶ 그리스어[라틴어]로부터의 ~어 hellénisme *m* [latinisme *m*] ¶ 직역 ~어 calque *m*.

◆_인 -人 명 emprunteu*r*(*se*).

◆_증 -證 명 reconnaissance *f* de dette.

◆_증서 -證書 명 reconnaissance *f* de dette.

차원 次元 명 ① 【수학】 dimension *f*. ¶ 3~ 공간 un espace en trois dimensions. ② ordre *m*; niveau(*x*) *m*. ¶ 다른 ~에서 à un autre niveau; à un niveau différent. ¶ 국가적인 [대국적인] ~에서 au niveau [point de vue] national. ¶ ~을 높이다 hausser [élever] le niveau. ¶ ~이 높다[낮다] avoir un niveau élevé [bas]. ¶ 한~ 높다 avoir un niveau supérieur, avoir un niveau plus élevé. ¶ ~이 다르다[을 달리하다] être complètement [radicalement] différent(*e*); montrer une différence; ne pas être du tout la même chose.

차이 差異 명 différence *f*; écart *m*; distinction *f*, opposition *f*; disparité *f* dissemblance *f*, dissimilitude *f*. ¶ 능력 ~ une différence de capacité. ¶ 성격 ~ une différence de caractère. ¶ 나이[연령] ~ une différence d'âge. ¶ 의견 ~ une différence d'opinions. ¶ 문화 ~ une différence culturelle [de culture]. ¶ ~를 두다 faire la différence. ¶ ~를 느끼다 [인식하다, 실감하다] sentir [comprendre, noter, reconnaître, réaliser] la différence. ¶ ~가 (크게) 나다 faire une (grande) différence; montrer une (grande) différence. ¶ ~가 벌어진다 La différence devient grande. ¶ ~가 있다[없다] Il y a une différence [Il n'y a pas de différence].

◆_점 -點 명 ((ressemblances et)) différences *fpl*, dissemblances *fpl*, distinctions *fpl*, oppositions *fpl*, disparités *fpl*, dissimilitudes *fpl*. ¶ ~점을 밝히다 révéler [mettre au jour, mettre en évidence, faire apparaître, rendre évidentes] les différences [les disparités, les dissemblances, les oppositions]. ¶ 둘의 ~점을 찾다 chercher les dissemblances entre deux choses [personnes], chercher les distinctions [les disparités, les oppositions] entre deux personnes. ¶ ~점이 많다 avoir beaucoup de différences [dissemblances]; être très différent(*e*).

차이나타운 영{Chinatown} 명 quartier *m* chinois.

차이다 재타 ① 맞다 recevoir un coup de pied; ((엉덩이를)) se faire botter ((les fesses)). ¶ 상대 선수에게 차여 넘어지다 tomber suite à un tacle d'un joueur de l'équipe adverse ((au football)). ¶ 발(길)에 ~ recevoir un coup de pied. ¶ 정강이를 ~ recevoir un coup de pied dans le tibia [dans les mollets]. ¶ 나는 형에게 엉덩이를 차였다 Mon grand frère m'a botté le train [m'a flanqué {*fam*} son pied dans l'arrière-train]. ¶ 구둣발로 ~ se faire botter ((par *qn*)). ② 걸리다 trébucher contre [sur] *qc*, buter du pied contre ((un obstacle)), heurter du pied *qc*, heurter contre {*vx*} ((un caillou, une marche)), broncher sur ((une pierre)) {*vx*}, (a)chopper {*vx*}; se faire tacler ((par un joueur de l'équipe adverse)). ¶ 돌부리에 차여 넘어지다 tomber par terre en trébuchant sur (l'arête vive d')une pierre. ¶ 걷는데 돌멩이가 발에 채였다 En marchant, j'ai heurté (du pied) une pierre [j'ai trébuché sur [contre] une pierre]. ¶ 다른 사람의 발에 채여 넘어졌다 Je suis tombé(*e*) suite à un croche-pied [suite à un croche-patte {*fam*}]. ③ ((수갑이)) ((menottes)) être passé(e) [mis(e)] ((aux mains, aux poignets de *qn*)), être menotté(e). ¶ 그 사람은 손목에 수갑이 차였다 Les menottes ont été passées à ses poignets / On lui a passé [mis] les menottes (aux poignets, aux mains) / On l'a menotté(e). ④ ((버림받다)) être abandonné(*e*), être laissé(*e*) à l'abandon; se faire abandonner, se faire trahir, se faire larguer {*fam*} [plaquer {*fam*}] par *son*(*sa*) petit(*e*) ami(*e*). ¶ 그 남자는 애인에게 차였다 Il s'est fait plaquer [larguer] {*fam*} par sa petite amie / Sa petite amie l'a laissé tomber [l'a abandonné, l'a quitté, l'a plaqué {*fam*}, l'a largué {*fam*}]. ¶ 그 여자한테 차였어 Je me suis fait plaquer [larguer] par cette fille {*fam*} / Elle m'a abandonné [laissé tomber, quitté, largué {*fam*}, plaqué {*fam*}].

***발에 채이는 게 ...이다** ne pas manquer ((Ça ne manque pas / Ce n'est pas ça qui manque)), ((remuer l'argent, l'or)) à la pelle ((On en ramasse à la pelle / Il n'y a qu'à se baisser pour les ramasser)), y en avoir en grande quantité [à la douzaine, en pagaille, plein]. ¶ 발에 채이는 게 남자[여자]니까 상심하지 말게 Ne t'en fais pas, les hommes [les femmes] ne manquent pas sur terre / ((여자)) Une de perdue, dix de retrouvées.

차익 差益 명 profit *m* [bénéfice *m*] net. ¶ 시세 ~ bénéfice net dû à la différence de conditions du marché. ¶ ~을 남기다 faire du bénéfice. ¶ 단기 ~을 노리다 viser [chercher à] un profit à court terme. ¶ 거액의 ~을 챙기다 s'accorder un grand profit. ¶ ~이 많이 남다 faire de beaux [gros] bénéfices.

차일 遮日 명 bâche *f*, tente *f*. ¶ ~을 치다 [걷다] dresser [enlever] une bâche.

차일피일 此日彼日 부 en remettant à plus tard; en reportant à plus tard. ¶ 일을 ~ 미루다 remettre le travail à plus tard (tout en promettant de finir au plus vite). ¶ ~ 끌면서 빌린 돈을 갚지 않다 ne pas effectuer un remboursement en le reportant toujours à plus tard [en faisant traîner l'affaire].

◆_하다 재 remettre à plus tard; reporter ((une échéance)) à plusieurs reprises. ¶ ~하다가 기한을 넘겨버리다 dépasser le délai en reportant toujours à plus tard.

차임벨 영{chime bell} 명 carillon *m*. ¶ ~이 울렸다 Le carillon a sonné.

차입[1] 差入 명 envoi *m* ((de *qc*)) à un(*e*) détenu(*e*).

¶ ~ 도시락[식사] panier-repas [panier de nourriture] qu'on envoie à un(*e*) détenu(*e*). ¶ ~을 넣다[받다] envoyer *qc* à un(*e*) détenu(*e*) [((un(*e*) détenu(*e*))) recevoir *qc*]. ◇_(을) **하다** envoyer *qc* à un(*e*) détenu(*e*). ¶ 사식을 ~하다 envoyer de la nourriture à un(*e*) détenu(*e*). ◇_(이) **되다** être envoyé(*e*) à un(*e*) détenu(*e*).

차입[2] 借入 명 emprunt *m*. ¶ ~ 경제 économie gérée par emprunt. ◇_(을) **하다** emprunter. ¶ 외국 자본을 ~하다 emprunter le capital à l'étranger. ◇_(이) **되다** être emprunté(*e*).

◆_**금** -金 명 capital *m* principal d'une dette, dette *f*, argent *m* emprunté[d'un emprunt].

차자[1] 借字 명 【언어】 écriture *f* de caractères empruntés

◆_**표기법** -表記法 명 【언어】 système *m* de notation des caractères empruntés au chinois.

차자[2] 次子 명 second fils *m* (de la famille).

차장[1] 次長 명 sous-directeur(trice), sous-chef *m*. ¶ 편집부 ~ rédacteur(trice) adjoint(*e*).

◆_**검사** -檢事 명 【법률】 procureur *m* adjoint.

◆**참모**_ 參謀 명 【군사】 vice-chef des opérations navales.

차장[2] 車掌 명 receveu*r*(*se*). ¶ 버스 ~ receveu*r*(*se*) d'autobus.

차전놀이 車戰- 명 【민속】 *chajeonnori* <jeu folklorique de Corée où deux équipes s'affrontent>.

차점 次點 명 ① deuxième meilleure note *f*. ② seconde place *f*. ¶ ~으로 낙선하다 subir [essuyer] une défaite électorale et arriver en seconde place.

◆_**자** -者 명 le(la) second(*e*). ¶ 최고 득점자가 실격을 해서 ~자가 뽑혔다 Le meilleur étant disqualifié, le second a remporté le premier prix.

차제 此際 명 maintenant; cette occasion *f*; cette heure-ci *f*; cette situation *f*.

◆_**에** 부 maintenant; à [en] cette occasion; dans cette situation; à cette heure-ci. ¶ ~에 과감하게 개혁을 해야 한다 Il ne faut pas hésiter à réformer à [en] cette occasion. ¶ ~에 이 문제를 확실히 짚고 넘어가자 Il faut profiter de cette occasion pour régler une fois pour toutes [pour en finir avec] ce problème.

차조 명 【식물】 millet *m* glutineux. ¶ ~ 밥 du riz mélangé avec du millet glutineux.

차조기 명 【식물】 pérille *f*, *Perilla frutescens* {*nsc*}.

차지[1] 명 ① 어떤 몫의 소유, 그 몫 part *f*. ② 자기 것으로 함 prise *f* de possession; prise *f* d'occupation. ¶ 누구의 ~가 되다 être pris(*e*) par *qn*; appartenir à *qn*; devenir la propriété de *qn*. ¶ 그렇게만 되면 전 재산이 내 ~가 된다 Si la situation [les choses] tourne(nt) ainsi, tous les biens m'appartiendront. ¶ 우승컵이 누구 ~가 될지 궁금하다 Je me demande qui sera le vainqueur. ③ ((공간)) occupation *f* ((d'une certaine surface)). ◇_(를) **하다** ① 자기 것으로 가지다 avoir; gagner; occuper; prendre; prendre possession de *qc*; posséder; faire *qc* sien. ¶ 땅을 ~하다 prendre possession d'un terrain. ¶ 재산을 ~하다 prendre possession des biens de la famille. ¶ 안방을 ~하다 occuper la chambre du propriétaire ((la chambre des parents, la chambre la plus confortable, la mieux chauffée)). ¶ 남의 물건을 ~하다 prendre possession des objets d'autrui. ¶ 그 여자를 ~하려고 서로 경쟁하다 rivaliser pour obtenir cette femme. ② (위치, 자리를) 획득하다, 누리다 avoir; gagner; occuper; prendre. ¶ 수석을 ~하다 prendre la première place. ¶ 중요한 자리를 ~하다 occuper une place [une position] importante. ¶ 최후의 승리를 ~하다 avoir [gagner] la victoire définitive [finale]. ③ (공간, 비율을) 점유하다, 이루다 occuper ((du terrain, de la place)); constituer. ¶ 전체에서 ~하는 비율 le taux par rapport à l'ensemble. ¶ 장롱이 방 한 구석을 ~하고 있다 Une armoire occupe un coin de la chambre. ¶ 그 모임은 여자들이 다수를 ~하고 있다 La majorité des membres de cette réunion est constituée de femmes. ¶ 노령층이 이 마을 인구의 대부분을 ~한다 Les personnes âgées constituent la majorité de la population de ce village. ¶ 문맹자가 전체 인구의 5퍼센트를 ~한다 Le taux d'analphabétisme atteint 5 % de population / 5 % de la population sont des illettrés. ◇_**이다** appartenir à, être à; le sien. ¶ 이 땅은 이제 내 ~이다 Ce terrain est [appartient] à moi maintenant / Ce terrain est maintenant le mien.

◆**독**_ 獨 명 monopolisation *f*. ¶ ~를 하다_ monopoliser. ¶ 공동의 노력의 결과를 혼자 독~하다 monopoliser le fruit des efforts communs.

차지[2] 借地 명 terrain *m* emprunté.

차지다 형 ① 끈기가 있다 être glutineux(*se*), collant(*e*). ¶ 이 쌀은 ~ Ce riz est glutineux [collant]. ¶ 차진 밥 du riz glutineux [collant]. ② 성질이 깐깐하다 être ferme, solide; être opiniâtre; être méticuleux(*se*); être exact(*e*), méthodique, scrupuleux(*se*). ¶ 그 남자는 차지지 못하다 Il n'est pas méticuleux [d'un caractère très solide]. ¶ 차진 사람 un homme de caractère; un homme bien [très] méticuleux.

차질 蹉跌 명 faux pas *m*; contretemps *m*, difficulté *f*; problème *m*; échec *m*. ¶ ~ 없이 진행되다 se développer sans difficulté [problème]. ◇_**이 있다** rencontrer des difficultés; être gêné(*e*) par un contretemps; ne pas se développer comme prévu. ◇_**이 생기다** rencontrer des difficultés; être gêné(*e*) par un contretemps; ne pas se développer comme prévu. ¶ 사업에 ~이 생기다 rencontrer un contretemps dans le développement d'une affaire. ¶ 계획에 ~이 생기다 rencontrer un contretemps dans le développement d'un projet. ◇_**을 겪다** rencontrer [subir] des difficultés; être gêné(*e*) par un contretemps. ◇_**을 빚다**[**일으키다, 가져오다**] gêner *qc* par un contretemps; causer des problèmes; faire échec à *qc*; tenir *qc* en échec. ¶ 파업으로 조업에 ~을 빚었다 La grève a entravé le bon fonctionnement de l'entreprise[de l'usine].

차징 영{charging} 명 obstruction *f.* ◇_(을) **하다** bousculer, faire une obstruction. ¶ 그 선수는 상대 공격수를 ~해서 경고를 받았다 Il a reçu un avertissement pour avoir bousculé l'attaquant adverse.

차차 次次 부 ① peu à peu; petit à petit; graduellement; par degrés. ¶ 날씨가 ~ 더워진다 Il fait de plus en plus chaud. ¶ 그 사람은 ~ 건강을 회복하였다 Il a retrouvé peu à peu la santé / Il s'est rétabli peu à peu. ② plus tard; ultérieurement; après, ensuite; dans la suite; par la suite. ¶ 그 문제는 ~ 생각해 봅시다 Réfléchissons à cette affaire plus tard. ¶ 빌린 돈은 ~ 갚으세요 Vous pouvez rembourser l'argent emprunté petit à petit.

차차차 스 명 cha-cha-cha *m.* ¶ ~를 추다 danser le cha-cha-cha.

차출 差出 명 choix *m* ((d'hommes pour une mission)); sélection *f*; appel *m.* ◇_(을) **하다** sélectionner; appeler. ¶ 필요한 인원을 ~하다 sélectionner le personnel nécessaire. ¶ 병력을 ~하다 sélectionner des forces militaires. ◇_(이) **되다** être sélectionné(*e*), choisi(*e*), appelé(*e*). ¶ 특수 임무에 ~되다 être sélectionné(*e*) pour une mission spéciale; être appelé(*e*) à une mission spéciale. ¶ 대표팀에 ~되다 être sélectionné(*e*) dans l'équipe nationale. ¶ 각 부대에서 ~된 사람들 les personnes sélectionnées dans chaque unité. ◇_(을) **당하다** être sélectionné(*e*), choisi(*e*), appelé(*e*).

차츰 부 graduellement; de plus en plus. ¶ 날이 ~ 어두워진다 Le jour s'obscurcit de plus en plus. ¶ 사건의 전모가 ~ 드러나고 있다 Tous les aspects de l'affaire deviennent de plus en plus clairs. ◆__ 부 graduellement; peu à peu. ¶ 눈발이 ~~ 굵어졌다 Peu à peu, les flocons de neige deviennent plus gros. ¶ ~~ 경기가 호전되고 있다 Le marché [La conjoncture économique] s'améliore graduellement.

차치하다 且置- 타 laisser de côté; passer sous silence. ◇**차치하고**[**차치하더라도**, **차치하고라도**] mis à part; sans parler de. ¶ 그 문제는 차치하고 본론으로 들어갑시다 Laissons ce problème de côté et entrons dans le vif du sujet. ¶ 이자는 차치하더라도 원금이라도 갚아야지 Sans parler des intérêts, il faudra rembourser l'emprunt initial.

차트 영{chart} 명 ① 표 모양의 기록 tableau *m*, graphique *m.* ¶ ~를 작성하다 rédiger un tableau. ¶ ~로 정리하다 mettre au tableau. ② 병원의 진료 기록 fiche *f* médicale. ¶ 환자의 상태를 ~에 기록하다 enregistrer l'état d'un(*e*) malade sur sa fiche médicale.

차폐물 遮蔽物 명 protection *f*, bouclier *m.* ¶ 모든 ~을 이용하여 en utilisant tous les moyens de protection possibles.

차표 車票 명 billet *m* ((d'autobus, de train)), ticket *m.* ¶ ~ 파는 곳 guichet ((de gare)). ¶ 왕복[편도] ~ un billet aller et retour, un aller-retour [un (billet) aller (simple)]. ¶ 3일간 유효한 ~ ticket valable pour trois jours. ¶ ~를 끊다[사다] prendre [acheter] un billet. ¶ ~를 검사하다 contrôler les billets. ¶ ~를 찍다[개찰하다] composter [poinçonner] un billet. ¶ 구미 가는 ~ 2장 주세요 Donnez-moi deux billets pour Gumi!

차후 此後 명 désormais, dorénavant; à l'avenir; par la suite; plus tard. ¶ ~의 논의[논쟁] débat ultérieur [discussion ultérieure]. ¶ 이 일은 ~에 다시 논의합시다 Nous en discuterons plus tard. ¶ ~에 발생하는 문제에 대해서는 나는 책임을 지지 않겠다 Je n'assumerai pas la responsabilité des problèmes qui se poseront à l'avenir. ¶ ~에는 이런 일이 다시는 없도록 해라 Tâchez que cela ne se reproduise plus dorénavant!

착[1] 부 ① 붙는 모양 ((coller)) fort, fortement ((manière de s'attacher, de coller à *qc*; manière de convenir, de bien aller à *qc*)). ¶ ~ 달라붙다[들러붙다] (*se*) coller bien à *qc.* ¶ 몸에 ~ (달라)붙는 옷 un vêtement qui colle au corps [moulant, collant, très ajusté]. ¶ 입에 ~ 달라붙네! C'est un vrai régal [délice]! / Ça fond dans la bouche! / Je me régale! / C'est succulent [exquis]! ② 가라앉는 모양 ((manière de se calmer, s'apaiser)). ¶ 마음이 ~ 가라앉았다 Mon cœur s'est calmé [bat moins vite]. ¶ 분위기가 ~ 가라앉았다 L'ambiance s'est brutalement refroidie / L'ambiance s'est brutalement calmée.

-착[2] **着** 접미 ① arrivée *f*; arrivage *m*; entrée *f.* ¶ 12시 30분~ 비행기 l'avion arrivé à douze heures trente. ② ordre *m* d'arrivée. ¶ 제1~으로 도착하다 arriver le(a) premier(ère).

착각 錯覺 명 illusion *f* ((optique)); erreur *f* des sens, perception *f* [pensée *f*, conviction *f*] erronée; mécompréhension *f.* ¶ ~ 속에서 살다 vivre dans l'illusion. ¶ ~을 심어 주다 donner l'illusion. ¶ ~에 빠지다[빠져들다, 사로잡히다] céder à l'illusion [se repaître d'illusion, se laisser emporter par l'illusion]. ¶ ~에 빠져서 dans une illusion. ¶ 그것은 너의 ~이다 C'est ce que tu penses mais tu te trompes complètement / Tu te mets le doigt dans l'œil. ¶ 네가 그를 이길 수 있다고 생각한다면 그것은 ~이다 Tu te trompes [Tu te fais des illusions] si tu penses pouvoir être plus fort(*e*) que lui. ¶ ~은 자유지만 Libre à vous de vivre dans l'illusion! / Si vous voulez penser de la sorte, c'est votre (libre) choix, mais il n'empêche ... ◇_(을) **하다** se faire des illusions, se faire des idées, s'illusionner, s'abuser; se tromper, penser à tort que, avoir tort, se planter {*fam*}, se gourer {*fam*}; être victime d'une illusion; mal comprendre; confondre ((*qc* avec autre chose)); se mettre {*fam*} [se fourrer] le doigt dans l'œil (jusqu'au coude) {*fam*}. ¶ 화요일을 수요일로 ~하다 prendre mardi pour mercredi. ¶ 누구를 동생으로

~하다 confondre *qn* avec son petit frère [sa petite sœur]; prendre *qn* pour son petit frère [sa petite sœur]. ¶ 나는 그 여자가 결혼한 사람이라고 ~했다 Je pensais[J'ai cru] (à tort) qu'elle était mariée. ¶ 그가 오늘 도착하는 줄로[것으로] ~했다 J'ai cru qu'il arrivait aujourd'hui. ◇_(이) **되다** illusionner; être hallucinant(*e*). ¶ 죽은 친구가 돌아왔다고[돌아온 것으로] ~되었나 보다 Tu as dû te fourvoyer en pensant que ton ami(*e*) mort(*e*) était ressuscité(*e*). ◇_**이 들다** avoir la fausse impression [l'impression erronée] que, avoir comme l'impression que. ¶ 오늘이 목요일인 듯한 ~이 든다 J'ai la fausse impression [l'impression erronée] qu'on est jeudi aujourd'hui / J'ai comme l'impression qu'on est jeudi aujourd'hui. / ((Je sais qu'on est mercredi aujourd'hui, mais)) j'ai (comme) l'impression qu'on est jeudi. ◇_**을 일으키다** être victime d'une illusion; avoir une illusion; se tromper. ¶ 이곳의 풍경은 마치 고향에 온 듯한 ~을 일으킨다 Le paysage me donne l'impression d'être dans ma région natale [au pays].

착검 着劍 명 port *m* du sabre; action de mettre la baïonnette au canon. ◇_(을) **하다** mettre baïonnette au canon; porter une épée [un sabre]. ¶ ~한 일본 헌병 gendarme japonais qui porte l'épée. ¶ 총에 ~을 하다 fixer la baïonnette au canon du fusil. ¶ 허리에 ~하다 porter l'épée à la ceinture. ¶ ~한 군인들이 살벌한 모습으로 서 있다 Les soldats armés d'épées prennent une attitude sanguinaire. ◇_(이) **되다** être armé(*e*) d'une épée-baïonnette. ¶ ~된 총을 들고 armé(*e*) d'un fusil avec baïonnette.

착공[1] 着工 명 commencement *m* d'une construction [de travaux]. ¶ 건설 공사 ~ le commencement du chantier de construction. ¶ 고속도로 ~ le commencement des travaux d'autoroute. ¶ 아파트 ~ le commencement de construction d'un ensemble résidentiel [d'un groupe d'immeubles d'habitation, d'un ensemble de tours résidentielles]. ¶ ~에서 준공까지 de l'ouverture du chantier jusqu'à son achèvement. ¶ ~ 날짜를 연기하다 retarder la date du commencement des travaux. ¶ ~ 테이프를 끊다 couper le ruban d'ouverture des travaux. ¶ ~이 늦어진다 Le commencement des travaux est retardé. ◇_(을) **하다** commencer [démarrer] des travaux [une construction]. ¶ 백화점 건설 공사를 ~하다 commencer à construire un grand magasin. ¶ 공사는 다음 주에 ~한다 On démarre les travaux la semaine prochaine. ◇_(이) **되다** ((les travaux)) *débuter [être mis en chantier]*. ¶ ~된 지 한 달 만에 공사가 중단되었다 Les travaux ont été interrompus un mois après le commencement de la construction.

◆_**식** -式 명 cérémonie *f* d'ouverture des travaux. ¶ 비료 공장 ~식을 연다[거행한다] Une cérémonie a lieu pour marquer le commencement des travaux de l'usine d'engrais.

착공[2] 鑿空 명 percée *f* d'un trou. ◇_(을) **하다** percer un trou; faire une percée.

착근 着根 명 ① 식물이 뿌리를 내림 descente *f* des racines. ② 다른 곳으로 옮겨 정착함 établissement *m*, installation *f*. ③ 새로운 것이 기반을 잡음 fondement *m*, base *f*. ◇_(을) **하다** ① 식물이 뿌리를 내리다 prendre racine, s'enraciner. ¶ 나무가 ~을 한다 Un arbre prend racine. ② 다른 곳으로 옮겨 정착하다 s'installer, s'établir. ¶ 이 지방에 ~하기가 쉽지 않다 Il n'est pas facile de s'installer dans cette région. ③ 새로운 것이 기반을 잡다 s'installer, s'établir; être fondé(*e*). ◇_(이) **되다** ① 식물이 뿌리를 내리다 prendre racine, s'enraciner, être enraciné(*e*). ② 다른 곳으로 옮겨 정착하다 s'installer, s'établir. ③ 새로운 것이 기반을 잡다 s'installer, s'établir; être fondé(*e*). ¶ 새 제도가 ~이 되고 있다 Le nouveau système s'établit.

착란 錯亂 명 désordre *m*, confusion *f*, dérangement *m*. ¶ ~ 증세[상태, 현상] des signes [un état, un phénomène] de confusion. ¶ ~을 일으키다 jeter la confusion dans l'esprit ((de *qn*)); créer du désordre. ¶ ~이 일어난다[생긴다] Il y a de la confusion[du désordre]. ◇_(이) 되다 être confus(*e*), désordonné(*e*), dérangé(*e*), troublé(*e*).

◆_**하다** 형 être confus(*e*), désordonné(*e*), dérangé(*e*), troublé(*e*). ¶ 정신이 ~하다 avoir l'esprit confus. ¶ 조선 내정이 매우 ~하다 La politique intérieure du royaume de Joseon est très désordonnée.

◆_**증** -症 명 【의학】 symptôme *m* de dérangement. ¶ 정신 ~증 démence; dérangement mental; aberration mentale.

착륙 着陸 명 atterrissage *m*. ¶ ~ 시간 heure d'atterrissage. ¶ ~ 활주 roulement à l'atterrissage. ¶ 비상 ~ atterrissage d'urgence [en catastrophe]. ¶ ~을 시도하다 essayer d'atterrir. ¶ ~에 성공하다[실패하다] réussir [échouer] à atterrir. ¶ 비행기의 ~이 지연되었다 L'atterrissage de l'avion a été retardé. ◇_(을) **하다** atterrir. ¶ 어디에 사뿐히[안전하게] ~하다 atterrir doucement [en toute sécurité] quelque part. ¶ 비행기[KAL 902편]가 인천 국제공항에 ~한다 L'avion [l'avion 902 de Korean Air] atterrit à l'aéroport international d'Incheon. ◇_(을) **시키다** faire atterrir. ¶ 사고 비행기를 들판에 비상 ~시키다 faire atterrir d'urgence [en catastrophe] un avion en détresse dans un champ [en pleine nature]. ◇_(이) **되다** atterrir.

◆_**장** -場 명 terrain *m* d'atterrissage.

◆_**점** -點 명 point *m* d'atterrissage.

◆_**지** -地 명 zone *f* d'atterrissage.

착모 着帽 명 port *m* du chapeau. ◇_(를) **하다** mettre [porter] un chapeau; se couvrir. ¶ 제복을 입고 ~를 하고 운동장에 집합하다 s'assembler dans la cour après avoir mis l'uniforme et le chapeau.

착복 着服 명 ① 옷을 입음 habillement *m*. ② 남의 재물을 부당하게 가로챔 détournement *m* ((de fonds)). ¶ 공금[기부금] ~ détournement des fonds publics [de souscription]; un péculat. ◇_(을) **하다** ① 옷을 입다 s'habiller. ② 남의 재물을 부당하게 가로채다 détourner, distraire; s'approprier. ¶ 국민의 세금을 ~하다 détourner l'impôt public. ¶ 소작료를 ~하다 s'approprier le fermage. ◇_(이) **되다** être détourné(*e*).

착상[1] **着想** 명 idée *f*, conception *f*, pensée *f*. ¶ 기발한[재미있는, 좋은] ~ une idée originale [une idée intéressante, une bonne idée]. ¶ ~이 떠오르다[생기다, 나다] concevoir, penser à [venir à l'idée de *qn*, (une idée) provenir de *qc*]. ¶ 그 해결 방안은 이 사람의 ~이다 Cette solution est venue à l'idée de ce monsieur. ◇_(을) **하다[얻다]** concevoir une idée; avoir une idée. ¶ 새로운 아이디어를 ~하다 avoir une nouvelle idée. ¶ 시를 한 수 ~하다 prendre l'idée d'un poème. ¶ 그 사람은 새가 나는 모습에서 비행기의 외형을 ~했다 Il a conçu la forme de l'avion en voyant le vol plané d'un oiseau. ◇_(이) **되다** ((une idée)) être conçu(*e*).

착상[2] **着床** 명 【의학】 implantation *f*, nidation *f*. ¶ 수정란의 ~이 이루어진다 Un œuf fécondé s'implante. ◇_(을) **하다** s'implanter. ¶ 수정란이 여성의 자궁벽에 ~한다 Un œuf fécondé s'implante dans l'utérus de la femme. ◇_(이) **되다** être implanté(*e*).

착색 着色 명 coloration *f*, mise *f* en couleur; coloriage *m*.. ◇_(을) **하다** colorer, teindre, peindre; colorier; défigurer, dénaturer. ¶ 하얀 천을 붉게 ~하다 teinter un tissu blanc en rouge. ◇_(이) **되다** se colorer, se teinter; se défigurer. ¶ 옷감이 오렌지 빛으로 ~이 된다

◆**_제** -劑 명 colorant *m*.

착석 着席 명 action de s'asseoir. ◇_(을) **하다** s'asseoir; prendre place. ¶ 제 자리에 ~하다 s'asseoir à [(re)gagner] sa place. ¶ 모두 ~해 주십시오 Veuillez vous asseoir [prendre place]!

착수 着手 명 commencement *m*, ouverture *f*. ◇_(를) **하다** commencer; se mettre ((à un travail)); mettre la main à *qc*. ¶ 공사[사업, 취재, 수사, 작업]에 ~하다 commencer les travaux [une entreprise, l'enquête, l'investigation, le travail]. ¶ 정부가 대책 마련에 ~했다 Le gouvernement a entamé la recherche de solutions. ◇_(가) **되다** commencer, se déclencher. ¶ 경찰 수사가 ~될 것이다 La police va commencer son enquête.

◆**_금** -金 명 fonds *m* de départ. ¶ ~금으로 천만 원을 주다 donner 10 millions de wons pour commencer le travail.

착시 錯視 명 illusion *f* d'optique. ¶ ~ 현상 un phénomène d'illusion optique. ¶ ~를 일으키다 produire une illusion optique. ¶ ~가 생긴다[일어난다] Il se produit une illusion d'optique.

착신 着信 명 réception *f* d'un signal, réception *f* téléphonique. ¶ 오늘 ~ 메시지가 스무 개나 되네 Aujourd'hui, j'ai reçu une vingtaine de textos[de sms]. ◇_**이 되다** pouvoir recevoir. ¶ 이 휴대폰은 발신은 잘 되는데 ~이 잘 안 된다 Avec ce téléphone portable, je n'ai aucun problème pour appeler, mais j'ai des difficultés pour recevoir un appel [pour la réception des appels].

착실하다 着實- 형 être sérieux(*se*), sûr(*e*), honnête; être digne de confiance; être diligent(*e*); ((idée, esprit)) être sain(*e*). ¶ 착실한 사람 une personne digne de confiance. ¶ 착실하게 근무하다 travailler honnêtement. ¶ 경영[살림]을 착실하게 하다 administrer une affaire [la maison] sérieusement. ¶ 착실하게 재산을 모으다 accumuler des richesses par des moyens honnêtes.

◆**착실히** 부 sérieusement, honnêtement; diligemment; sainement. ¶ 일을 착실히 하다 faire son travail diligemment.

착안 着眼 명 attention *f*, observation *f*, conception *f* ((d'un moyen approprié)). ¶ ~ 사항 un article qui retient l'attention[sur lequel on porte son attention]. ¶ 기상천외한[기발한] ~ une observation extraordinaire [exceptionnelle]. ◇_(을) **하다[얻다]** prendre une idée; observer[examiner] *qn/qc* avec attention; regarder *qc* d'un œil attentif. ¶ 용수철의 원리에서 ~을 얻다 trouver une idée dans le principe du ressort. ¶ 기름이 물보다 가볍다는 점[데]에 ~하다 trouver une idée en observant que l'huile est plus légère que l'eau. ¶ 눈의 구조에 ~하여 사진기를 만들다 fabriquer un appareil photo en observant la structure de l'œil avec attention. ◇_(이) **되다** s'observer; se regarder.

◆**_점** -點 명 point *m* sur lequel on porte son attention.

착암기 鑿巖機 명 【기계】 perforatrice *f*, foreuse *f*, perceuse *f*, marteau-piqueur(~x, ~s) *m*.

착오 錯誤 명 malentendu *m*, erreur *f*, méprise *f*; fausse interprétation *f*; idée *f* fausse. ¶ 계산[판단] ~ une erreur de calcul [jugement]. ¶ 행정 ~ une faute administrative. ¶ 그 사람을 무능하게 보는 것은 ~이다 On a tort de le considérer comme un incapable / On se trompe en pensant que c'est un incapable. ◇_(를) **하다[일으키다, 범하다]** faire une erreur; mal interpréter; se tromper; commettre une faute. ¶ 계산 과정에서 ~를 하다 faire une erreur dans un calcul. ◇_(가) **있다[없다]** [ne pas] se tromper. ¶ 계획 수립에 ~가 있다 On se trompe sur l'établissement du projet. ◇_**가 생기다[발생하다]** commettre une faute; provoquer des malentendus. ¶ 합격자 발표에서 ~가 생겼다[발생했다] On a commis une faute lors de la publication de la liste des candidats admis.

◆**시대_적** 時代的 명 anachronique. ¶ 시대~적인 발상 une idée anachronique.

착용 着用 명 action de mettre [porter] ((un vêtement)); port *m* ((d'un uniforme)). ¶ 정장[시계] ~ le port du costume [d'une montre]. ¶ 안전띠[구명조끼] ~ le port de la ceinture de sécurité [du gilet de sauvetage]. ◇_(을) **하다** mettre, revêtir, porter. ¶ 제복[수영모, 장갑]을 ~하다 porter un uniforme [un bonnet de bain, des gants]. ¶ 검은색 모자[넥타이, 구두]를 ~하다 porter un chapeau noir [une cravate, des chaussures]. ¶ 물안경[색안경]을 ~하다 mettre des lunettes de plongée [des lunettes de soleil].

◆_감 -感 sensation *f* procurée par le port ((d'un vêtement)). ¶ 이 구두는 ~감이 좋다[나쁘다] Ces chaussures sont[ne sont pas] confortables quand on les porte.

착의 着衣 명 habillement *m*, tenue *f*; accoutrement *m*. ¶ 면제품이 아닌 의복의 ~는 금지되어 있다 Il est interdit de porter tout vêtement qui n'est pas en coton. ¶ 인상이나 ~로 보아 이런 일을 할 사람 같지는 않은데 À le voir, on ne dirait pas qu'il fait ce genre de travail / Il n'a pas l'air de quelqu'un qui fait ce genre de travail sous cette apparence.

◆인상_ 人相 명 air *m*, apparence *f*, allure *f*. ¶ 범인의 인상~를 설명해 보세요 Décrivez-moi l'apparence du coupable!

착잡하다 錯雜- 형 être embrouillé(*e*), compliqué(*e*); être confus(*e*), complexe. ¶ 마음[기분]이 ~ se sentir le cœur confus [compliqué]. ¶ 착잡한 표정 un air confus. ¶ 착잡한 심정[심경]을 드러내다 montrer [manifester] un embarras [une attitude embarrassée], avoir une attitude embarrassée, avoir un comportement embarrassé [ambigu].

◆착잡히 부 confusément.

착종 錯綜 명 embrouillement *m*, embarras *m*. ◇_(이) 되다 se brouiller; s'embrouiller. ¶ 많은 책들이 ~되어 있는 방 une chambre où traînent un peu partout des livres. ¶ 그 사람의 머리 속에는 여러 가지 심리가 ~되어 있다 Tout se brouille dans sa tête.

착지 着地 명 ① 땅에 내림 atterrissage *m* ((d'un avion)); atterrage *m*, débarquement *m* ((d'un bateau)). ¶ ~에 적합한 장소 un endroit convenable pour l'atterrissage. ② 【운동】 réception *f* ((d'un sauteur, d'un parachutiste)); retombé *m*. ¶ ~ (자세)가 좋다[나쁘다, 불안하다] (La position à) la réception est bonne [mauvaise, instable]. ◇_(를) 하다 ① 땅에 내리다 se poser, toucher terre; atterrir. ¶ 낙하산 부대 대원들이 지정된 장소에 정확히 ~했다 Les parachutistes se sont posés exactement à l'endroit indiqué. ② 마무리 동작을 하다 ((le corps d'un gymnaste, d'un sauteur)) se recevoir ((au sol après un saut)), ((bien, mal)) retomber ((après un saut)); (faire une sortie suivie) d'une réception au sol. ¶ 그 사람은 고난도의 ~를 했다 Il a fait à la sortie de son numéro [à la sortie des agrès] une figure *acrobatique d'un* degré de difficulté très élevé [une figure acrobatique très difficile] avec une réception parfaite.

착착 부 ① ((붙는 모양)) ((coller)) fort, fortement ((manière de s'attacher, de coller à *qc*; manière de convenir, de bien aller à *qc*)). ¶ 옷이 비에 젖어 몸에 ~ 감긴다 Trempés par la pluie, les vêtements collent au corps. ¶ 이 술은 입에 ~ 붙는다 Cet alcool a très bon goût [est très bon à boire, est un vrai délice, est excellent, est parfait]. ② ((접는 모양)) bien ((plier)) ((façon de plier *qc*)). ¶ 이부자리를 ~ 개다 bien replier [bien ranger, bien enrouler] *sa* literie [*son* matelas, *son* matériel de couchage]. ③ ((기대와 들어맞는 모양)) comme prévu ((manière de convenir, de bien aller à *qc*)). ¶ 일이 ~ 진행된다 Le travail avance [se déroule] bien [comme prévu]. ¶ 손발이 ~ 맞다 avoir un bon partenaire pour travailler, bien s'entendre. ¶ 지시대로 ~ 움직이다 agir [être] aux ordres de *qn*.

착취 搾取 명 extorsion *f*, exaction *f*; exploitation *f* ((de l'homme par l'homme)); ((과즙)) extraction *f*. ¶ 식민지 ~ l'exploitation des colonies. ¶ 경제적[가혹한] ~ extorsion économique [exploitation cruelle]. ¶ ~를 자행하다 commettre une extorsion. ◇_(를) 하다 exploiter; extorquer; pressurer. ¶ 노동자[노동력]를 ~하다 exploiter les ouvriers [la main-d'œuvre]. ¶ 식민지[약소국]를 ~하다 exploiter une colonie[un pays faible]. ◇_(를) 당하다 subir une exploitation [une extorsion]. ¶ 독재자에게 ~당하는 농민 les paysans exploités par un tyran. ◇_(가) 되다 être exploité(*e*); être extorqué(*e*). ¶ 외국인 노동자들이 ~되는 사회 une société où l'on exploite les ouvriers étrangers. ¶ 노동[재산]이 ~된다 Le travail d'une personne est exploité [la fortune est confisquée].

◆_적 -的 명관 exploitant(*e*), abusif(ve). ¶ ~적 구조 une structure exploitante.

◆_계급 -階級 명 classe *f* exploitante [des exploiteurs].

◆_구조 -構造 명 structure *f* exploitante. ¶ ~구조를 철폐하다 abolir une structure exploitante.

착하다 형 être bon(*ne*), gentil(*le*), vertueux(*se*); être doux(ce), obéissant(*e*), docile, sage. ¶ 마음씨가 ~ avoir bon cœur. ¶ 착한 아이[사람] un enfant sage [un homme bon]. ¶ 착한 일을 하다 faire un bon travail. ¶ 착한 아들[딸, 남편, 아내, 며느리]이 되다 devenir un bon fils [une bonne fille, un bon mari, une bonne femme, une bonne bru]. ¶ 착하게 살다[굴다] vivre dans la bonté et la vertu [agir avec sagesse].

찬 饌 명 *chan m* <plats d'accompagnement (qu'on sert avec le riz), plats qui accompagnent le riz>. ¶ ~이 변변치 않아요 Il n'y a pas grand-chose à manger. ¶ ~은 없지만 많이 드세요 Je n'ai pas fait grand-chose à manger [J'ai fait un repas très simple] mais allez-y, servez-vous. ☞ 반찬

◆_거리 명 ingrédients *mpl* (nécessaires à la préparation des repas), nourriture *f* (non préparée), aliments *mpl* non préparés. ¶ ~거리를 사러 시장에 가다 aller faire les provisions au marché; aller au marché acheter de la nourriture pour les repas.

찬가 讚歌 명 hymne *m*, cantique *m*. ¶ 인생 ~ un hymne à la vie. ¶ 사랑의 ~ l'hymne à l'amour. ¶ 영원한 생명의 ~를 부르다 chanter un hymne pour

ㅊ

la vie éternelle.

찬기 -氣 ⓜ froid *m*, fraîcheur *f*, froideur *f*. ¶~를 느끼다 sentir le froid. ¶~가 가신다 Le froid disparaît. ¶~가 서린다[돈다] Il y a du froid [Un air froid circule]. ¶바닥에서 ~가 올라왔다 L'air froid est monté du plancher. ¶~가 뼛속까지 스며든다 Le froid s'insinue dans les veines.

찬김 ⓜ buée *f* froide; air *m* froid; atmosphère *f* fraîche. ¶~이 가시다 se réchauffer. ¶유리창에 ~이 서린다 Les vitres sont couvertes de buée froide.

찬동 贊同 ⓜ approbation *f*, agrément *m*; appui *m*, soutien *m*; consentement *m*. ¶누구의 ~을 얻어서 avec l'approbation de *qn*; avec l'appui de *qn*. ¶~의 뜻을 표하다[표시하다] exprimer son approbation; donner son accord. ¶누구에게 ~을 구하다 demander l'approbation [l'agrément] à *qn*; chercher [demander] l'appui de *qn*. ¶~ 발언을 하다 exprimer son approbation, déclarer son accord. ◇_(을) **하다** approuver, agréer; donner son approbation; soutenir; se consentir. ¶적극 ~하다 soutenir [consentir] avec plaisir [de bon cœur]. ¶회기를 연장하는 것에[을] ~하다 consentir à prolonger une session. ¶우리는 그 사람의 의견[제안, 뜻]에 ~한다 Nous approuvons son opinion[sa proposition, sa décision]. ◇_(을) **받다[얻다]** obtenir [avoir] l'agrément; recevoir l'appui. ¶그 사람[그의 제안]은 많은 ~을 얻었다 Il [Sa proposition] a bénéficié d'un grand soutien.

◆_**자** -者 ⓜ appui *m*, soutien *m*.

찬란하다 燦爛- ⓗ ① 빛나다 être brillant(*e*), éclatant(*e*), lumineux(*se*), splendide, luxueux(*se*), rayonnant(*e*), radieux(*se*), éblouissant(*e*). ¶불빛이 ~ La lumière est splendide. ¶찬란한 보석 un bijou magnifique. ¶찬란한 햇살 les rayons du soleil éclatants. ② 화려하다 être glorieux(*se*), éclatant(*e*), magnifique, luxuriant(*e*), mémorable. ¶찬란한 업적 un exploit glorieux. ¶찬란한 문화를 꽃피운다 Une culture très riche foisonne.

◆**찬란히** ⓟ brillamment, radieusement, luxueusement. ¶찬란히 빛나다 scintiller [briller, clignoter] radieusement.

찬물 ⓜ eau *f* froide. ¶~ 찜질을 하다 mettre une compresse froide. ¶~을 벌컥벌컥 들이켜다 boire de l'eau fraîche à grands traits. ¶머리에 ~을 뒤집어 쓰다 se verser de l'eau froide sur la tête. ¶~로[에] 헹구다 rincer avec de l'eau froide [rincer à l'eau froide]. ¶~로 샤워를 하다 prendre une douche (avec de l'eau) froide. ¶~로 머리를 감다 se laver les cheveux à l'eau froide.

*~**을 끼얹다** faire l'effet d'une douche froide, refroidir *qn*, doucher {*fam*} *qn*, décourager *qn*, abattre *qn*, démoraliser *qn*, démonter *qn*; saper le moral de *qn* {*fam*}, prendre une douche froide; être refroidi(*e*). ¶계획[열의, 분위기]에 ~을 끼얹다 saper {*fam*} un projet, faire tomber un projet à l'eau [jeter une douche froide sur l'enthousiasme de *qn*, décourager l'ardeur de *qn*; gâter [gâcher] l'ambiance].

*~**도 위아래가 있다** Les jeunes doivent céder le pas aux personnes âgées / Même les petites choses doivent être faites par ordre d'ancienneté.

찬미 讚美 ⓜ éloge *m*, glorification *f*; louange *f*, panégyrique *m*; admiration *f*; adoration *f*. ¶신에 대한 ~ louange de Dieu. ¶생의 ~ éloge de la vie. ¶누구에 대해 ~를 아끼지 않다 prodiguer des louanges à *qn*; louer *qn* sans mesure; ne pas tarir d'éloges. ◇_(를) **하다[보내다]** louer; faire l'éloge de *qc*/*qn*; glorifier, chanter les louanges de *qn*; admirer; adorer. ¶훌륭한 연기자에게 ~를 보내다 faire l'éloge d'un(*e*) acteur(trice) merveilleux(*se*). ¶자연(의 아름다움)을 ~하다 louer la nature. ◇_(가) **되다** être loué(*e*), admiré(*e*), adoré(*e*). ◇_(를) **받다** recevoir louange; soulever l'admiration.

◆_**가** -歌 ⓜ chant *m* d'éloge [de glorification].

찬바람 ⓜ vent *m* froid [frisquet]. ¶~이 쌩쌩 분다[인다, 몰아친다] Le vent souffle [se lève, tournoie] avec violence [fait rage, fraîchit soudainement]. ¶~을 맞고 서 있다 être debout dans un courant d'air froid. ¶~을 쐬니, 머리가 맑아졌다 On se sentait bien après avoir pris le frais. ¶~만 피할 수 있는 곳이면 된다 Il suffit que ce soit un endroit à l'abri du (vent) froid.

*~**이 일다** être froid(*e*), glacé(*e*), glacial(*e*), réfrigérant(*e*), être de glace [de marbre], être insensible, dur(*e*), sec(sèche), pète-sec {*fam*}. ¶그 여자의 표정에는 ~이 일고 있었다 Son visage était froid.

*~**을 일으키다** se montrer froid(*e*) [glacial(*e*), insensible, dur(*e*), sec(sèche), pète-sec {*fam*}]. ¶~을 일으키며 나가 버리다 sortir froidement.

찬반 贊反 ⓜ pour *m* et contre *m*. ¶~ 투표 vote pour ou contre. ¶~을 묻다 voter pour ou contre. ¶~을 결정하다 procéder à un vote. ¶~이 거의 반반이다 Il y a presque autant de voix pour que de voix contre. ¶~ 토론[논란]이 벌어지다 disputer le pour et le contre. ¶~ 양론이 분분하다 Il y a du pour et du contre.

찬밥 ⓜ ① 식은 밥 riz *m* froid, vieux riz *m*, reste *m* de riz ((au fond de la casserole, de l'autocuiseur)). ¶~을 라면국물에 말아먹다 manger le reste du riz mélangé avec le bouillon des nouilles [*ramyeon*]. ② 푸대접 신세 triste sort *m*. ¶새 부장이 오고 난 후로 그는 완전히 ~이다 Depuis l'arrivée du nouveau directeur, il n'intéresse plus personne [il est devenu transparent, il n'est plus rien].

*~ **신세** pauvre sort *m*; ((considérer *qn*, traiter *qn* comme)) quantité *f* négligeable. ¶동생이 태어나고 나는 부모님께 ~ 신세가 되었다 Depuis la naissance de mon petit frère [de ma petite sœur], je n'intéresse plus mes parents [je suis passé(*e*) au deuxième plan, c'est comme si je n'existais plus, je suis considéré(*e*) comme une quantité négligeable].

*~ 더운밥 가릴 처지가 아니다 On n'a pas à se plaindre.

찬방 饌房 명 garde-manger *m inv*; dépense *f* {*vx*}.

찬불가 讚佛歌 명 【불교】 hymne *m* bouddhiste.

찬비 명 pluie *f* fraîche.

찬사 讚辭 명 éloge *m*, louange *f*, panégyrique *m*; compliment *m*. ¶ 최고의[아낌없는] ~ un dithyrambe, des louanges dithyrambiques [intarissables]. ¶ ~를 아끼지 않다 être prodigue de louanges; ne pas tarir d'éloges. ¶ ~를 늘어놓다 faire une longue énumération de compliments. ◇_(를) 보내다 louer, faire des compliments à *qn*, féliciter *qn*, complimenter; faire des éloges à *qn*; rendre hommage à *qn*. ¶ 우승팀에 ~를 보내다 adresser des félicitations à l'équipe gagnante. ¶ 친구에게 잘했다고 ~를 보내다 complimenter un(*e*) ami(*e*) pour son excellent travail. ◇_(를) 받다[듣다] recevoir [entendre] les louanges [des compliments]. ¶ 그는 평론가[팬]들로부터 ~를 받는다 Les commentateurs [Les fans] le félicitent.

찬성 贊成 명 approbation *f*, agrément *m*; assentiment *m*, consentement *m*, acquiescement *m*; appui *m*. ¶ ~표 voix pour. ¶ ~ 일곱 표 반대 세 표 sept voix pour et trois voix contre. ¶ ~보다 반대가 많다 Il y a plus de voix contre que de voix pour. ¶ ~의 뜻을 표하다 faire un signe approbatif. ¶ 누구에게[무엇에] ~ 표를 던지다 voter pour *qn/qc*. ◇_(을) 하다 approuver; donner son approbation ((à un projet)); ((의견)) être d'accord avec *qn*; souscrire à une opinion; soutenir, appuyer ((une motion)). ¶ 만장일치로 ~하다 approuver à l'unanimité. ¶ 누구에게 ~하다 être d'accord avec *qn*. ¶ 의안에 ~하다 soutenir une motion. ¶ 그의 의견[제안]에 ~하다 donner l'approbation à son opinion; souscrire à son opinion [sa proposition]. ¶ 시장 개방을 ~하다 soutenir l'ouverture du marché. ¶ ~하는 분은 손을 들어주십시오 Que celui qui approuve lève la main! ◇_을 얻다 obtenir l'agrément; avoir l'agrément de *qn*. ¶ 그 법안은 과반수의 ~을 얻었다 Cette loi a obtenu l'approbation de la majorité.

찬송 讚頌 명 ① éloge *m*; glorification *f*, louange *f*, admiration *f*, panégyrique *m*. ② 찬송가 【기독】 hymne *f*, cantique *m*. ¶ ~을 부르다 chanter un cantique [une hymne]. ¶ ~이 울려퍼지다 résonner du cantique. ◇_(을) 하다 louer, faire l'éloge de *qn*; glorifier; chanter. ¶ 선왕의 업적을 ~하다 faire l'éloge des œuvres de l'ancien monarque. ¶ 주님을 ~하다 louer Dieu [le Seigneur]. ◇_을 드리다[올리다] 【기독】 rendre gloire à *qn/qc*; glorifier.

◆_가 -歌 명 hymne *f*, cantique *m*. ¶ ~가를 부르다 chanter une hymne.

찬스 영{chance} 명 ① occasion *f*, chance *f*, aubaine *f*, opportunité *f*. ¶ ~를 잡다 saisir une occasion; saisir des opportunités. ¶ ~를 놓치다 laisser passer [manquer, laisser échapper] une occasion. ¶ ~를 살리다 profiter de l'aubaine. ¶ ~에 강하다 savoir saisir l'occasion chaque fois qu'elle se présente. ¶ ~가 오기를 기다리다 attendre d'avoir une chance; attendre l'occasion [le moment]. ② ((게임)) joker *m*. ¶ ~를 신청하다[사용하다] demander d'utiliser [utiliser] *son* joker.

찬양 讚揚 명 ① éloge *m*, louange *f*, félicitation *f*; admiration *f*. ¶ 삶[노동자]에 대한 ~ éloge à la vie [des ouvriers]. ② 【기독】 gloire *f*. ◇_(을) 하다 louer; admirer; féliciter; adorer. ¶ 민주주의[독립운동가]를 ~하다 adorer la démocratie [le patriote qui s'est battu pour l'indépendance de son pays]. ¶ 그의 업적[효행, 성실성]을 ~하다 admirer ses œuvres [son acte de piété filiale, son honnêteté]. ◇_을 드리다[올리다] 【기독】 louer, rendre gloire à *qn/qc*; glorifier, faire l'éloge de. ¶ 하나님께 ~을 드리다 rendre gloire à Dieu. ◇_(이) 되다 être loué(*e*), admiré(*e*), félicité(*e*). ¶ 그들의 우정은 이상적인 모델로[이라고] ~된다 On loue leur amitié comme un exemple idéal. ◇_(을) 받다 recevoir des louanges. ¶ 그는 선행으로 이웃들로부터 ~받는다 Les voisins le félicitent pour sa bonne conduite. ¶ 그 여자는 한국을 대표하는 시인으로 ~받는다 On la loue comme une poétesse représentative de la Corée.

찬연하다 燦然- 형 être brillant(*e*), splendide, rayonnant(*e*), lumineux(*se*). ¶ 찬연한 광채 un rayon splendide. ¶ 햇살이 그 여자의 몸을 찬연하게 비춘다 Le soleil éclaire brillamment son corps.

◆찬연히 부 brillamment, splendidement. ¶ 네온사인이 찬연히 빛난다 Les enseignes lumineuses brillent de mille feux.

찬의 贊意 명 approbation *f*. ¶ 회원들의 대다수는 그 사람의 의견에 ~를 표했다 La plupart des membres ont exprimé leur approbation à propos de son opinion.

찬이슬 명 rosée *f* fraîche. ¶ ~을 맞다 être trempé(*e*) par la rosée fraîche.

찬장 饌欌 명 garde-manger *m inv*, buffet *m*, placards *mpl* de la cuisine. ¶ ~의 먼지를 닦다 enlever la poussière sur le buffet. ¶ ~에 그릇을 넣다 mettre [ranger] la vaisselle dans le buffet [dans les placards de la cuisine]. ¶ ~에서 먹을 것을 찾다 chercher à manger dans le garde-manger.

찬조 贊助 명 soutien *m*, aide *f*, support *m*; patronage *m*, protection *f*. ¶ 기업[대학]의 ~ le patronage de l'entreprise [de l'université]. ¶ 저명인사들의 ~로 sous le patronage de personnes célèbres. ◇_(를) 하다 soutenir, aider, supporter, apporter son patronage à *qn/qc*. ¶ 사회당 후보를 ~하다 supporter un(*e*) candidat(*e*) du parti social. ¶ 학교에 100만원을 ~하다 subventionner l'école avec un million de wons. ¶ 퀴즈 프로그램에 상품을 ~하다 patronner des prix dans un jeu télévisé. ◇_(를) 받다 être patronné(*e*); recevoir l'aide [le soutien] de *qn*. ¶ 기업의 ~를 받다 recevoir l'aide de l'entreprise.

◆_금 -金 명 don *m*, subvention *f*, subside *m*, secours *m*. ¶ ~금을 내다[각출하다] offrir une subvention.

¶ ~금을 받다[걷다, 모으다] recevoir [solliciter, ramasser] un subside.

◆_발언 -發言 명 intervention *f* bienveillante.

◆_연설 -演說 명 discours *m* en faveur ((d'un candidat aux élections)).

◆_출연 -出演 명 apparition *f* comme invité(*e*) [à titre gracieux]. ¶ 영화[자선 공연]에 ~하다 faire une apparition gracieuse dans un film [prêter un concours gracieux à un gala de bienfaisance].

찬찬하다 형 être méticuleux(*se*), soigneux(*se*), pointilleux(*se*), minutieux(*se*); être attentif(ve). ¶ 그는 성격이 아주 ~ Il est très méticuleux. ¶ 찬찬한 말씨[걸음] une expression soigneuse [une allure attentive]

◆**찬찬히** 부 méticuleusement, soigneusement, minutieusement, attentivement. ¶ 찬찬히 준비하다 préparer soigneusement. ¶ 찬찬히 살펴보다[훑어보다, 뜯어보다, 따져보다] examiner [regarder, observer, vérifier] soigneusement.

찬탁 贊託 명 approbation *f* d'une tutelle. ¶ ~ 운동 un mouvement pour la tutelle. ¶ 해방 직후 좌익은 ~을 주장했다 La gauche a soutenu la tutelle dès la libération du pays. ¶ 반탁에서 ~으로 입장이 바뀌었다 Le désaveu de la tutelle est contrebalancé par une opinion favorable.

찬탄 讚歎 명 admiration *f*, éloge *m*, louange *f*; applaudissement *m*. ¶ 관객의 ~을 자아내다[불러일으키다] exciter [soulever] l'admiration des spectateurs. ¶ ~을 금할 수 없다 ne pas pouvoir s'empêcher d'admirer. ◇_(을) **하다** admirer; louer, faire l'éloge de; applaudir; être plein(*e*) d'admiration. ¶ 그 사람의 성공에 ~하다 admirer son succès; l'applaudir à ses succès. ¶ 그 여자의 인품[외모]을 ~해 마지않다 ne pas se lasser d'admirer son caractère [son apparence]. ¶ ~하지 않을 수 없다[할 수밖에 없다] être saisi(*e*) d'admiration; tomber en admiration.

◆_사 -辭 명 applaudissement *m*, admiration *f*. ¶ 무엇에 ~사를 연발하다 applaudir *qn* sans arrêt. ¶ 여기저기서 ~사가 터지다[터져 나오다] applaudir à tout rompre de tous côtés.

찬탈 簒奪 명 usurpation *f* ((du pouvoir)). ¶ 권력[왕위] ~ usurpation du pouvoir [du trône]. ◇_(을) **하다** usurper. ¶ 정권을 ~하다 usurper le pouvoir. ◇_(을) **당하다** se faire usurper. ¶ 왕위를 ~당하다 se faire usurper le trône.

◆_자 -者 명 usurpateur(trice).

찬합 饌盒 명 boîte *f* pour emporter son déjeuner [casse-croûte, panier-repas]; boîte *f* à lunch. ¶ ~에 반찬을 담다 remplir le panier-repas; remplir le récipient [la boîte] pour son casse-croûte. ¶ ~을 보자기로 싸서 들려 보내다 faire apporter ((à son mari)) son déjeuner [casse-croûte] dans une boîte enveloppée d'un carré de tissu.

찰- 접두 ① 끈기있는, 차진 collant(*e*), glutineux(*se*). ¶ ~밥 du riz glutineux. ¶ ~떡 un *tteok* glutineux. ¶ ~옥수수 du maïs glutineux. ② 아주 심한 extrême, horrible, atroce. ¶ ~거머리 sangsue; ((비유)) personne très collante, personne importune et tenace, personne envahissante, pot de colle {*fam*}, crampon {*fam*}, glu {*fam*}, casse-pieds {*fam*}; harceleu*r*(*se*); tourmenteu*r*(*se*) {*litt*}. ¶ ~깍쟁이 une personne qui ne s'intéresse [qui ne pense] vraiment qu'à *elle*(-même) [qui ne se préoccupe vraiment que d'*elle*-même, qui ne pense vraiment qu'à *son* nombril {*fam*}], un(*e*) égocentrique né(*e*), un(*e*) nombriliste {*fam*}, un(*e*) sale égoïste {*fam*}.

찰가닥 부 ☞ 찰카닥, 철커덕

찰거머리 명 ① 【동물】 sangsue *f*. ¶ ~처럼 달라붙다 s'accrocher (à *qn*) comme une sangsue; être collant(*e*) comme un pot de colle. ② 비유적 personne *f* importune et tenace, personne *f* envahissante, pot *m* de colle {*fam*}, crampon *m* {*fam*}, glu *f* {*fam*}, casse-pieds *m* {*fam*}; harceleu*r*(*se*); tourmenteu*r*(*se*) {*litt*}. ¶ ~한테 걸려서 고생하다 se faire emmerder {*vulg*} par un quelqu'un d'envahissant [un type très collant {*fam*}]. ¶ 저 녀석은 완전히 ~다 Ce type est un vrai pot de colle {*fam*} / Quel pot de colle [Quelle glu], ce type! {*fam*}

찰과상 擦過傷 명 écorchure *f*, éraflure *f*, égratignure *f*. ¶ 우리 아들은 다리에 가벼운 ~을 입었다 Mon fils s'est légèrement égratigné à la jambe.

찰기 명 caractère *m* collant [gluant, glutineux] ((du riz)).

찰나 刹那 명 moment *m*, très court instant *m*. ¶ ~와 영원 un très court instant et l'éternité. ¶ ~의 순간에 à cet instant. ¶ 내가 유리창을 여는 ~(에) au moment où j'ouvrais la fenêtre. ¶ 한 사람의 일생은 영겁에 비하면 ~에 불과하다 La vie d'un homme n'est qu'un très court instant face à l'éternité / La vie de l'homme ne dure qu'une seconde [n'est que peu de chose] par rapport à l'éternité.

◆_적 -的 명관 momentané(*e*), instantané(*e*); éphémère. ¶ ~적인 쾌락에 탐닉하다 se laisser aller à une vie de plaisirs éphémères. ¶ 사진을 찍는 것은 ~적인 순간을 영원히 보존하는 것이다 Lorsqu'on fait une photo, on immortalise un moment très précis. ¶ 모든 일이 ~적으로 벌어져서 그는 정신을 차리지 못했다 Tout s'est passé si rapidement qu'il avait du mal à reprendre ses esprits [qu'il avait du mal à réaliser, qu'il était décontenancé, qu'il était désarçonné].

찰떡 명 *tteok m* glutineux.

*~ **같다** avoir des relations très étroites [intimes], être très intimes [proches]; avoir de proches et solides relations, être très uni(e)s, s'entendre parfaitement, être comme les doigts de la main. ¶ 그 두 사람은 찰떡같이 항상 붙어 다닌다 On les voit toujours ensemble, ils(elles) sont très uni(e)s / Ces deux-là, ils(elles) sont inséparables [ne se quittent jamais], ils s'entendent parfaitement / On

ne voit jamais l'un sans l'autre, ils sont très intimes [proches, comme les doigts de la main].

◆_궁합 -宮合 명 assortiment *m* parfait. ¶ 저 부부는 완전히 ~궁합이다 Ce couple est parfaitement assorti.

찰랑거리다 자 ① 쇠붙이 소리가 나다 tinter, tintinnabuler; cliqueter, faire un bruit de ferraille, ferrailler. ¶ 귀걸이가 찰랑거린다 Les boucles d'oreilles font du bruit [tintent]. ¶ 바지 주머니 속의 [바지 주머니에서] 동전이 찰랑거렸다 Des pièces de monnaie faisaient du bruit [tintaient] dans la poche de mon pantalon. ② 액체가 넘칠 듯 말 듯 하다 ⟪liquide⟫ être sur le point de déborder, être plein(*e*) à ras bord; faire des remous, faire des éclaboussures; tourbillonner, bouillonner. ¶ 독 안의 물이 ~ L'eau de la jarre est sur le point de déborder. ¶ 발밑에서 강물이 ~ Sous mes pieds, l'eau du fleuve fait des remous [tourbillonne, bouillonne]. ③ 가볍게 흔들리다 s'agiter, se balancer, bouger, branler, chanceler, osciller, remuer, trembler, vaciller. ¶ 찰랑거리는 머리 des cheveux qui volent au vent.

찰랑대다 자 ☞ 찰랑거리다

찰랑찰랑 부 ① 쇠붙이 소리 avec le bruit d'un tintement métallique, avec un bruit de ferraille. ¶ ~ 방울 소리를 내다 faire un son de clochette, tinter. ② 액체가 넘칠 듯 말 듯 한 모양 ⟪liquide⟫ être sur le point de déborder, être plein(*e*) à ras bord; faire des remous, faire des éclaboussures; tourbillonner, bouillonner. ¶ 물이 욕조를 가득 채우고 ~ 넘치려고 한다 La baignoire est pleine à ras bord / La baignoire est sur le point de déborder. ③ 가볍게 흔들리는 모양 ⟪se balancer⟫ légèrement.

◆_하다 형자타 se balancer; s'agiter légèrement. ¶ 멀리서 그 여자가 치마를 ~하며 달려오고 있다 Elle arrive au loin, en courant, la jupe flottant au vent. ¶ 술잔에 술을 ~하게 따르다 remplir à ras bord un verre d'alcool.

찰밥 명 riz *m* glutineux.

찰벼 명 【식물】 riz *m* glutineux ⟪plante, ou riz non décortiqué⟫.

찰싹 부 ① 때리는 소리, 모양 floc! ⟪onomatopée exprimant le bruit d'un coup sec⟫. ¶ ~ 때리다 frapper d'un coup sec. ② 붙는 모양 ⟪être⟫ bien collé(*e*) [attaché(*e*)]; ⟪coller⟫ fort, fortement ⟪manière de s'attacher, de coller à *qc*; manière de convenir, de bien aller à *qc*⟫. ¶ 둘이 ~ 붙어 다닌다 Ils sont toujours ensemble / Ils sont inséparables / On ne peut pas voir l'un(*e*) sans l'autre. ¶ 몸에 ~ 달라붙는 옷 un vêtement qui colle au corps [moulant, collant, très ajusté].

◆_ _ 부 ⟪onomatopée exprimant le bruit d'un coup sec d'une claque⟫. ¶ 엉덩이[뺨]를 ~~ 때리다 donner une claque sur les fesses [sur la joue].

찰찰 부 ⟪idéophone exprimant le fait d'être plein(*e*) à déborder⟫. ¶ 그릇에서 물이 ~ 넘친다 Le récipient était plein à déborder. ¶ 피를 ~ 흘리다 saigner abondamment, se vider de *son* sang.

찰카닥 부 crac, clic-clac, avec un bruit métallique [de ferraille], avec fracas, bruyamment ⟪onomatopée imitant un claquement sec, un claquement léger et répétitif⟫. ¶ 철문이 ~ 잠겼다 La porte en fer s'est fermée en claquant. ¶ ~ 수화기를 놓다 raccrocher bruyamment le téléphone.

찰칵 부 clic, crac, avec un bruit métallique [de ferraille], avec fracas, bruyamment ⟪onomatopée exprimant le bruit d'une frappe ou de *qc* qui se ferme, onomatopée exprimant [imitant] un claquement sec, un claquement léger⟫. ¶ 카메라 셔터 소리가 ~ 하고 난다 L'obturateur (de l'appareil de photo) fait clic. ¶ ~ 전화를 끊다 raccrocher bruyamment le téléphone. ☞ 찰카닥

◆_ _ 부 ⟪le⟫ clic-clac ⟪d'un appareil photo⟫ ⟪onomatopée exprimant le bruit d'une frappe ou de *qc* qui se ferme, onomatopée exprimant [imitant] un claquement sec et répété, un claquement léger et répétitif⟫.

찰흙 명 argile *f*, glaise *f*. ¶ ~ 공작 travail de l'argile. ¶ ~으로 무엇을 빚다 faire *qc* en argile. ¶ ~을 빚어서 무엇을 만들다 façonner de la terre glaise pour en faire *qc*.

참[1] 부 réellement, vraiment; en vérité; en fait; sûrement. ¶ ~ 춥다 Il fait vraiment froid. ¶ ~ 재미있다[아름답다] C'est vraiment amusant [C'est vraiment beau / C'est magnifique]. ¶ ~ 감사합니다 Je vous remercie vraiment [sincèrement, du fond du cœur, beaucoup]. ¶ 그놈 ~ 고약하네 Quel affreux personnage! / Quel monstre! / Quel horrible [ignoble] individu! / Quel sale type! {*fam*} ¶ 날씨 ~ 고약하네 Le temps [Le climat] est vraiment traître. ① 깨달음 ah!; eh bien!; tiens! ¶ ~ 그렇구나 Ah, c'est vrai. ¶ ~ 오늘이 일요일이지 Ah, c'est vrai! C'est dimanche, aujourd'hui. ② 곤란하거나 난처함 Ça alors! / Ah, ça par exemple! / Mais ⟪que vais-je bien pouvoir faire?⟫ / Ah, vraiment! ¶ ~ 별꼴이야 ⟪une femme⟫ Ah, ça par exemple! [Ça alors!] c'est incroyable!, c'est un peu fort, (tout de même)!, c'est inouï!, jamais je n'aurais pu imaginer ça!, c'est fou!, c'est invraisemblable!, c'est dingue {*fam*}!, c'est insensé! / il se sent pas bien celui-là! {*fam*}, il(elle) a un culot inouï [invraisemblable], celui(celle)-là!, j'aurai tout vu [tout entendu]!, c'est pas possible! {*fam*}, j'en tombe des nues!, j(e n)'en reviens pas!, C'est la meilleure {*fam*}!, c'est le monde à l'envers!]. ¶ 나 원 ~! ⟪기가 막힐 때⟫ Ah, ça par exemple! [Ça alors!] c'est incroyable!, c'est un peu fort, (tout de même)!, c'est (un peu) fort de café!, c'est inouï!, jamais je n'aurais pu imaginer ça!, c'est fou!, c'est invraisemblable!, c'est dingue {*fam*}!, c'est insensé! / il(elle) se sent pas bien celui(celle)-là!, il(elle) a un culot inouï [invraisemblable], celui(celle)-là!, j'aurai vraiment tout vu [tout entendu]!, c(e n)'est pas possible!, j'en tombe des nues!, j'en reviens pas!{*fam*}, j'y crois pas {*fam*}, C'est la meilleure {*fam*}!, c'est le monde à l'envers!, c'en est trop!, ça, c'est trop fort!, il(elle) va trop loin [dépasse les bornes]! / C'est le [un] comble!, C'est complet!, C'est trop fort!, C'est la total!] / ((난감할 때)) Mais que vais-je bien pouvoir faire? / Je ne sais vraiment pas quoi faire. ¶ 이거 ~, 어쩐다지 Mais qu'est-ce qu'on va [que vais-je] bien pouvoir faire? / Je ne sais vraiment pas quoi faire!

참[2] 명 vrai *m*, vérité *f*, réalité *f*, authenticité *f*, ((성실)) sincérité *f*, loyauté *f*. ¶ ~과 거짓 vrai et faux. ¶ 무엇이 ~이고 무엇이 거짓인가? Qu'est ce qui est vrai et qu'est ce qui est faux?

◆_**으로** 부 ☞ 참으로.

참[3] 站 명 ① palier *m*; relais *m*, arrêt *m*. ¶ 층계~ le palier. ② 잠시의 휴식 heure *f* de repos ((pour les travailleurs des champs)); relâchement *m*. ③ 일을 하던 중간에 잠시 먹는 끼니 goûter *m*, collation *f*, en-cas *m*, casse-croûte *m*. ¶ 저녁 ~ collation du soir [tardive, nocturne], le souper.

의명 ① 기회, 때 moment *m*. ¶ 무엇을 하려던 ~에 au moment de faire *qc*. ¶ 내가 나가려는 ~이었다 C'était juste au moment où je sortais [où je m'apprêtais à sortir]. ② 예정, 생각 intention *f*, idée *f*, dessein *m*, projet *m*. ¶ 나도 그곳에 갈 ~이다 Moi aussi, j'ai l'intention d'y aller / Moi aussi je compte y aller. ¶ 이제 어떻게 할 ~이니? Comment comptes-tu faire à présent [maintenant]? / Comment vois-tu les choses maintenant?

참-[4] 접두 ① 진정한 vrai(*e*), réel(*le*), authentique. ¶ ~말 vérité. ¶ ~뜻 vrai sens. ¶ ~사랑 un amour véritable. ② ¶ ~숯 braise. ¶ ~깨 sésame. ¶ ~기름 huile de sésame.

참가 參加 명 participation *f*, adhésion *f*. ¶ 세계선수권 ~ 기준[자격, 신청] critères [qualification, demande] de participation au championnat du monde. ¶ ~ 여부를 결정하다[통고하다] décider [annoncer] sa participation ou son abandon. ¶ 월드컵[학술대회] ~를 신청하다 demander l'autorisation de participer à la coupe du monde [au concours scientifique]. ¶ 국제 대회 ~ 경험이 있다 avoir une expérience de concours international. ◇_(를) **하다** participer ((à un projet)); prendre part ((à une discussion)); adhérer ((à un mouvement)); intervenir ((dans un conflit)). ¶ 파업[운동경기, 학술대회, 축제, 토론, 전쟁, 전투]에 ~하다 participer à une grève [une compétition sportive, un concours scientifique, une fête, un débat, une guerre, un combat]. ◇_(를) **시키다** faire participer [adhérer, intervenir]. ¶ 대만 팀을 올림픽에 ~시키다 faire participer l'équipe de Taiwan aux Jeux olympiques. ¶ 국가대표팀에 젊은 선수들을 ~시키다 faire participer les jeunes joueurs à l'équipe nationale. ¶ 토론회에 국회의원들을 ~시키다 faire assister les députés à une discussion.

◆_**국** -國 명 nation *f* participante.

◆_**비** -費 명 frais *mpl* de participation. ¶ 학술대회 ~비를 내다 payer les frais de participation à un concours scientifique.

◆_**인[자]**, -人[者] 명 participant(*e*), adhérent(*e*).

참게 명 【동물】 crabe *m*. ¶ ~를 양식하다 élever des crabes.

참견 參見 명 intervention *f*, intrusion *f*, ingérence *f*. ¶ 남의 일에 웬 ~이야 Mêle-toi de ce qui te regarde [de tes affaires, de tes oignons {*fam*}] / De quoi je me mêle? {*fam*} / Cela ne te regarde pas / Ce ne sont pas tes affaires [tes oignons {*fam*}] / Va voir ailleurs si j'y suis {*fam*} / Je ne te demande pas l'heure qu'il est {*fam*} / On ne t'a pas sonné {*fam*} / On ne [Je ne] te demande pas ton avis [l'heure qu'il est] {*fam*} / Et ta sœur {*fam*}? ◇_(을) **하다** intervenir ((dans une affaire)); s'immiscer dans *qc*; se mêler de *qc*. ¶ 남의 일에 ~하다 intervenir dans les [se mêler des] affaires d'autrui; fourrer *son* nez dans les affaires d'autrui. ¶ 싸움에 ~하게 되다 être mêlé(*e*) à une bagarre. ¶ 쓸데없는 일에 ~하지 마라 Occupe-toi de tes affaires! / Mêle-toi de tes affaires [de ce qui te regarde]! / Je ne te demande pas l'heure qu'il est / On ne t'a pas sonné {*fam*} / De quoi je me mêle? {*fam*} / Et ta sœur? / Mêle toi de tes oignons! ¶ 네가 ~할 일이 아니다 Ce n'est pas tes affaires [oignons {*pop*}] / Occupe-toi de tes fesses! {*fam*}, de ton cul {*vulg*} / Mêle-toi de tes affaires [de ce qui te regarde, de tes oignons {*pop*}]! / Cela ne te regarde pas / On ne t'as pas sonné / On ne [Je ne] te demande pas ton avis [l'heure qu'il est] / C'est mes affaires pas les tiennes {*fam*} / De quoi je me mêle? {*fam*} / Va voir ailleurs si j'y suis / On ne t'a pas sonné {*fam*} / Et ta sœur? {*fam*} ◇_(을) **받다[당하다]** se faire fourrer le nez dans ses affaires. ¶ ~받고 싶지 않다 Je ne veux pas qu'on se mêle de mes affaires / De quoi je me mêle?

◆_**꾼** 명 fouille-merde(~-~*s*) *mf*; fouineur(*se*).

◆**말**_ 명 dire *son* mot sur ce qui ne *nous* regarde pas.

참경 慘景 명 spectacle *m* terrible [horrible, atroce]; scène *f* horrible [épouvantable, sanglante]. ¶ 그것은 눈뜨고 볼 수 없는 ~이었다 C'était une scène épouvantable [un spectacle atroce]. ¶ 어쩌다 이런 ~에 이르렀단 말인가 Comment a-t-on pu en arriver à un spectacle aussi horrible?

참고 參考 명 référence *f*, renseignement *m*; recours *m*, renvoi *m*; consultation *f*. ¶ ~ 서적[자료, 사항] documents consultables [documents à consulter, articles [sujets] à consulter]. ¶ 무엇을 ~로 하여 en se référant à. ¶ ~로 말하면 à titre de renseignement, (seulement) pour information. ¶ ~로 하라고 무엇을 말하다 dire *qc* seulement pour information [à titre de renseignement]. ¶ 이 사실도 ~로 알아둬라 Il faudrait que tu le saches, ne serait-ce que pour information [que pour toi, qu'à titre de renseignement]. ¶ ~ 삼아 à titre de renseignement [pour information]. ◇_(를) **하다** consulter ((un ouvrage, un dictionnaire)); se référer à; se reporter à; avoir recours [recourir] à *qc*; écouter [demander, consulter] l'avis de *qn*. ¶ 책[사전]을 ~하다 consulter un livre [un dictionnaire]. ¶ 여러 자료[외국의 예]를 ~하다 se référer à divers documents [des exemples étrangers]. ¶ 전문가의 의견을 ~하다 consulter l'avis d'un spécialiste. ◇_(가) **되다** servir de référence ((à)) *qn/qc*; renseigner; être ((bien)) utile à *qn/qc*, être ((très)) précieux(*se*). ¶ ~가 될 만한 예[자료, 서적, 기사] exemples [documents, ouvrages, articles] à consulter.

◆**_서** -書 명 ouvrage *m* de référence; ouvrages *mpl* à consulter; lectures *fpl* conseillées.

◆**_인** -人 명 【법률】 témoin *m*. ¶ ~인 진술 déposition d'un témoin. ¶ ~인 자격으로 검찰에 출두하다 venir faire une déposition au poste de police [dans un commissariat] en tant que témoin, venir témoigner au commissariat.

◆**_문헌** -文獻 명 ouvrages de références; bibliographie *f*.

참관 參觀 명 visite *f* ((d'une classe)), inspection *f*. ¶ 수업[경기, 올림픽] ~ visite d'une classe par les parents [inspection d'une course, inspection des Jeux olympiques]. ¶ ~을 허락하다 autoriser la visite ((d'une classe)). ◇_(을) **하다** visiter, aller voir, assister à; inspecter, faire une inspection. ¶ 수업[회의, 집회, 결혼식]을 ~하다 assister à un cours [à une réunion, à une assemblée, à un(e cérémonie de) mariage].

◆**_기** -記 명 rapport *m* d'inspection.

◆**_인** -人 명 ① visiteur(*se*). ② 【법률】 scrutateur(*trice*).

◆**_단** -團 명 groupe *m* de visiteurs.

참극 慘劇 명 drame *m* affreux [horrible, atroce], tragédie *f*, catastrophe, désastre *m*, malheur *m*, calamité *f*, événement *m* [accident *m*] tragique. ¶ ~의 현장 scène d'un événement tragique. ¶ 유혈 ~ un accident meurtrier; un drame sanglant. ¶ ~을 빚다[빚어내다, 연출하다] provoquer un drame [une catastrophe]; causer [amener, entraîner] un désastre. ¶ ~이 일어났다[빚어졌다, 벌어졌다] Un désastre s'est produit / Un malheur est arrivé [survenu].

참기름 명 huile *f* de sésame. ¶ ~을 치다 mettre de l'huile de sésame. ¶ ~을 짜내다 extraire de l'huile de sésame. ¶ ~ 냄새가 고소하다 Ça sent bon l'huile de sésame.

참깨 명 sésame *m*. ¶ ~를 찧다[빻다] moudre des graines de sésame.

참꽃 명 ☞ 진달래

참나무 명 【식물】 chêne *m*. ¶ ~로 만든 de chêne; en chêne ((massif)).

◆**_숲** 명 forêt *f* de chênes.

참다 타 supporter, endurer; souffrir avec patience, prendre patience, patienter; tolérer; s'abstenir de *qc*; réprimer, refréner, réfréner ((*son* désir)), mettre un frein à *qc/qn*, brider, contenir, dompter, refouler, retenir, surmonter, vaincre; se contrôler, se maîtriser, se modérer, se retenir, se contenir, se contraindre, s'empêcher de + *inf*. ¶ 꾹[애써] ~ souffrir sans dire un mot, attendre patiemment; endurer avec beaucoup de retenue, se retenir avec beaucoup d'efforts pour ne pas ((rire)), se résigner. ¶ 모욕을 꾹 ~ endurer [supporter] un affront [une insulte] avec beaucoup de retenue. ¶ 웃음[화]을 꾹 ~ se retenir avec beaucoup d'efforts pour ne pas rire [pour ne pas se mettre en colère]. ¶ 억지로 ~ se retenir pour ne pas ((rire)), s'empêcher ((de rire)), se contrôler, se maîtriser, se modérer, se contenir, se contraindre, s'empêcher de+*inf*. ¶ 웃음[방귀, 대변, 소변, 기침, 졸음]을 ~ se retenir de rire [de lâcher un pet, de faire *ses* besoins, de faire un pipi, d'uriner, de tousser, de dormir]. ¶ 배고픔[고통, 통증]을 ~ supporter la faim [la peine, la douleur]. ¶ 모욕을 ~ supporter le mépris. ¶ 더 이상 참을 수 없다 Je ne peux pas en supporter davantage / Ma patience a des limites. ¶ 며칠만 더 참아 주시오 Prenez patience en attendant quelques jours. ¶ 화가 나도 참아라 Contrôle-toi même si tu es en colère / Contrôle ta colère! / Patience! ¶ 내 오늘은 참지만 다음에는 가만 안 놔둔다 Je reste calme aujourd'hui mais ce sera différent la prochaine fois. ¶ 참고 기다리다[견디다] attendre patiemment [prendre patience]. ¶ 참는 데도 한계가 있다 Ma patience a des limites. ¶ 참는 자에게 복이 있다 Tout vient à point à qui sait attendre.

***참을 인 자 셋이면 살인도 면한다** La patience est le meilleur bouclier contre les affronts.

참다못하다 타 ((verbe défectif)) ne plus pouvoir supporter, n'en plus pouvoir, être à bout de patience.

◆**참다못해** à bout de patience. ¶ 그 사람이 참다못해 한마디 했다 À bout de patience, il a dit un mot. ¶ 목사님의 모욕을 참다못해 그는 화를 버럭 냈다 Ne pouvant plus supporter les injures du pasteur, il laissa éclater sa colère.

참담 慘憺 명 ① 끔찍하고 절망적임 aspect *m* misérable [effrayant]. ¶ 사건 현장은 ~ 그 자체였다 Les lieux de l'accident étaient effroyables. ② 몹시 슬프고 괴로움 profonde tristesse *f* et douleur *f*.

◆**_하다** 형 ① 끔찍하고 절망적이다 paraître misérable; être pitoyable; inspirer la pitié. ¶ 그의 처지가 정말 ~하다 Il est vraiment dans une situation effroyable / Sa situation est vraiment effroyable. ¶ ~한 광경 un spectacle effrayant. ¶ ~한 현실 une réalité effrayante [désastreuse, dramatique, effroyable, épouvantable] ② 몹시 슬프고 괴롭다 ressentir une grande douleur, éprouver une très grande tristesse; être atteint(*e*) d'une grande douleur. ¶ 그는 심경[심정]이 ~했다 Il éprouvait une très grande tristesse / On le sentait profondément triste / Il était profondément triste. ¶ ~한 마음[기분] un moral triste et douloureux. ¶ ~한 기억 des souvenirs humiliants. ¶ ~한 패배를 당하다 essuyer une défaite humiliante [cuisante, écrasante].

참답다 형 être vrai(*e*), véritable; être fidèle, sincère, honnête. ¶ 자유의 참다운 의미 le véritable sens de la liberté. ¶ 참답게 살려고 노력하다 faire des efforts pour vivre comme il faut.

참대 명 【식물】 bambou *m*; *Phyllostachys reticulata* {*nsc*}. ¶ ~ 속껍질을 말려서 약재로 쓰다 sécher de l'écorce de bambou à des fins médicinales.

참돔 명 【동물】 pagel *m*, pagelle *f*; *Chrysophrys major* {*nsc*}.

참되다 형 être vrai(*e*), véritable; être fidèle, sincère, honnête. ¶ 참된 사랑[우정, 용기, 친구, 삶] un véritable amour [une amitié fidèle; un vrai courage; un(*e*) véritable ami(*e*), un(*e*) ami(*e*) fidèle; une vraie vie]. ¶ 무엇의 참된 의미 la signification véritable de *qc*, le sens profond de *qc*. ¶ 무엇[누구]의 참된 모습 l'apparence authentique [véritable] de *qc*/*qn*. 무엇의 참된 이치 la véritable raison de *qc*. ¶ 요즘은 참되게 살기 어렵다 De nos jours, il est difficile de vivre comme il faut [honnêtement].

참뜻 명 vrai sens *m*, signification *f* véritable, sens *m* profond; intention *f* profonde. ¶ 그 말의 ~을 이해하다[알아차리다, 깨닫다, 찾아내다, 짐작하다] comprendre [comprendre, réaliser, trouver, deviner] sa véritable intention [le sens profond de *ses* propos]. ¶ 여행의 ~은 새로운 세계와 만나 인식의 지평을 넓히는 데에 있다 Le sens profond d'un voyage se trouve dans l'élargissement de l'horizon de ses connaissances lors de la rencontre avec un autre [nouveau] monde.

참례 參禮 명 présence *f*, participation *f*. ◇_(를) **하다** assister à *qc*; être présent(*e*) à *qc*; prendre part à *qc*. ¶ 제사[차례, 결혼식, 장례식, 미사]에 ~하다 assister au culte des ancêtres [aux offrandes aux ancêtres, à une cérémonie de mariage, à un enterrement, à une messe].

참말 명 vérité *f*; histoire authentique; vrai *m*. ¶ ~ 같은 거짓말 un mensonge qui a l'air vrai. ◇_**이다** *être vrai(e)*. ¶ *그게 ~이니? Est-ce vrai?*

◆_**로** 부 vraiment, en vérité; réellement; très. ¶ ~로 그 사람을 만났어? Tu l'as vraiment rencontré(*e*)?

◆_**이지** 부 vraiment. ¶ ~이지 뭐가 뭔지 모르겠다 Je ne sais vraiment pas ce que c'est. 부 vraiment; réellement. ¶ 그 친구가 온 건 ~ 뜻밖의 일이었다 Je ne m'attendais pas vraiment à ce qu'il(elle) vienne.

참맛 명 ① 본래의 맛 son goût *m*; goût *m* d'origine [originel, initial]; *sa* véritable valeur; *sa* valeur originelle [primitive, initiale, première]. ¶ 무엇의 ~을 만끽하다 jouir du goût originel de *qc*; profiter de la véritable valeur de *qc*. ¶ 무엇의 ~이 살아나다 avoir *son* goût d'origine; avoir *sa* valeur d'origine [*sa* véritable valeur, *sa* valeur originelle, première, primitive]; retrouver *son* goût d'origine [originel]; retrouver *sa* véritable valeur [*sa* valeur originelle, *sa* valeur première, *sa* valeur primitive]. ② 진정한 의미 sens *m* véritable [profond]. ¶ 인생의~ le sens profond de la vie. ¶ 무엇의 ~을 알다[깨닫다, 느끼다] connaître le [se rendre compte du, sentir le] sens profond de *qc*.

참모 參謀 명 ① 【군사】 officier(*ière*) d'état-major. ¶ ~ 회의 une réunion d'état-major. ¶ ~ 본부 le commandement en chef des armées. ② conseill*er*(*ère*). ¶ ~ 역할을 하다 jouer le rôle de conseill*er*(*ère*). ¶ 누구의 ~로 일하다 être le(la) conseill*er*(*ère*) de *qn*. ¶ 조직의 ~로 기용하다 nommer le conseiller d'une organisation.

◆_**부** -部 명 【군사】 état-major *m*.

◆_**실** -室 명 【군사】 salle *f* d'état-major.

◆_**장** -長 명 【군사】 chef *m* d'état-major.

◆_**진** -陣 명 équipe *f* d'état-major. ¶ 막강한 ~진을 갖추고 있다 être doté(*e*) d'une solide équipe d'état-major.

◆_**차장** -次長 명 【군사】 chef *m* en second de l'état-major général.

◆_**총장** -總長 명 【군사】 commandant *m* en chef ((de l'aviation, des armées)). ¶ ~총장으로 취임하다 être commandant en chef ((des armées)).

◆**군수**_ 軍需- 명 【군사】 conseiller *m* du ravitaillement [de l'approvisionnement, de l'entretien] d'une armée.

◆**부관**_ 副官- 명 【군사】 adjudant *m* major; aide *m* de camp.

참모습 명 l'apparence *f* véritable [authentique] ((de *qn*)), la vraie nature *f* [la nature *f* profonde] ((de *qn*)), le vrai visage *m* [caractère] de *qn*, ((se montrer)) sous *son* vrai jour *m*, tel qu'on est. ¶ ~을 드러내다 se montrer sous *son* vrai jour, se montrer tel qu'on est, montrer *son* vrai visage [caractère], trahir [laisser paraître] *son* vrai caractère, révéler *son* vrai visage [*son* vrai caractère], se démasquer. ¶ 누구의 ~을 보다[깨닫다] percevoir la vraie nature de *qn* [la nature profonde] de *qn*. ¶ 인간의 ~은 겉만 보아서는 알 수 없다 On ne peut pas connaître véritablement quelqu'un par sa seule apparence.

참배 參拜 명 ① ((신에게)) culte *m*, adoration *f*. ¶ 신사 ~를 강요하다 ((les Japonais)) forcer [contraindre] ((un(*e*) Coréen(*ne*))) à aller prier dans un temple shintoïste ((pendant la période de colonisation de la Corée par le Japon)). ② ((무덤이나 기념비 앞에서)) ((corps diplomatique, délégation, personnalités éminentes, président de la République)) action de se rendre officiellement sur la tombe d'une personne illustre; ((citoyen ordinaire, visiteur)) recueillement *m* devant la tombe d'un homme illustre, action de se recueillir [de s'incliner] sur [devant] la tombe [la dépouille (mortelle)] d'un homme illustre. ¶ 국립묘지[위령탑] ~ visite d'un cimetière national [d'un monument aux morts, aux victimes; d'un cénotaphe]. ◇_(를) **하다[드리다]** ① aller prier ((à l'église)); adorer, rendre un culte à ((la divinité)). ¶ 부처님[신령님]께 ~하다 rendre un culte au Bouddha [à la divinité]. ¶ 사당에 ~하다 aller prier, se rendre à un temple. ② ((le président de la République, le corps diplomatique, des personnalités éminentes, une délégation)) se rendre officiellement sur la tombe d'une personne illustre; ((citoyen ordinaire, visiteur)) venir se recueillir [venir s'incliner] sur [devant] la tombe [la dépouille (mortelle)] d'un homme illustre. ¶ 누구 묘소를 ~하다 ((le président de la République, le corps diplomatique, une délégation)) se rendre officiellement sur la tombe d'une personne illustre; ((le citoy/en ordinaire)) venir se recueillir [venir s'incliner] sur [devant] la tombe [la dépouille (mortelle)] d'un homme illustre, rendre un dernier hommage à une personne illustre. ¶ 순교 유적지에 ~하다 se rendre sur les lieux de vestiges [sur les ruines] du martyre [du calvaire].

◆_객 -客 명 personne *f* [visiteur *m*] qui vient se recueillir [qui vient s'incliner] sur [devant] la tombe [la dépouille (mortelle)] d'un homme illustre. ¶ ~객들의 발길이 끊이지 않는다 Les visiteurs qui viennent rendre un dernier hommage à [qui viennent s'incliner [se recueillir] sur la dépouille de] l'illustre disparu affluent sans cesse.

참변 慘變 명 accident *m* tragique [atroce]. ¶ ~이 일어났다 Un accident tragique est arrivé. ¶ ~을 미연에 막다[방지하다, 면하다] éviter la catastrophe [le désastre, un accident tragique]. ¶ ~ 소식에 유족들이 통곡한다 La famille du défunt est en pleurs à la nouvelle du drame atroce [affreux, horrible] qui les frappe. ◇_(을) **당하다** être (la) victime d'un accident tragique [d'une calamité]. ¶ 이 집은 교통사고로 두 아이를 잃는 ~을 당했다 Cette famille a été victime d'un accident tragique: elle a perdu deux enfants dans un accident de la route.

참봉 參奉 명 【역사】 titre *m* de c*hambong* <dignitaire *m* du neuvième rang>. ¶ 김 ~ c*hambong* Kim. ¶ 그는 평생 ~도 벼슬이라고 으스대며 지냈다 Toute sa vie, il se venta de son titre de Chambong. ¶ 그는 언제나 자기 성에 ~을 붙여 주기를 바랐다 Toute sa vie, il aurait voulu qu'on ajoute à son nom de famille le titre de c*hambong*.

참빗 명 peigne *m* fin (de bambou). ¶ ~으로 머리를 빗다 se peigner les cheveux avec un peigne fin de bambou.

참사[1] 參事 명 conseill*er*(*ère*), secrétaire *mf*.

◆_관 -官 명 conseiller *m* ((d'une ambassade)). ¶ 주일 한국 대사관의 ~관 conseiller de l'ambassade de Corée du Sud au Japon.

참사[2] 慘事 명 désastre *m*, drame *m* affreux [horrible, atroce], tragédie *f*; accident *m* terrible, malheur *m*; calamité *f*, catastrophe; événement *m* [accident *m*] tragique. ¶ 엄청난 ~를 빚다 provoquer un drame [une catastrophe] épouvantable [un accident effroyable], déclencher [être à l'origine d']une catastrophe [un désastre, un cataclysme], causer [amener, entraîner] un désastre sans précédent ¶ 불의의 ~를 당하다[입다] être d'une victime d'un catastrophe; être frappé(*e*) par un désastre inattendu [par un coup de théâtre]. ¶ 끔찍한 ~가 벌어졌다[일어났다, 빚어졌다] Un accident tragique s'est produit / Une terrible catastrophe s'est produite.

◆대_ 大- 명 grand désastre *m*; catastrophe *f*, grand [terrible] malheur *m*.

참사랑 명 le vrai [le véritable] amour *m*. ¶ ~의 의미를 깨닫다[깨우쳐 주다] réaliser [faire réaliser] le sens du véritable amour.

참살[1] 斬殺 명 décapitation *f*, décollation *f*. ◇_(을) **하다** décapiter, raccourcir {litt}.

참살[2] 慘殺 명 참혹하게 죽임 action de tuer d'une manière atroce, massacre. ◇_되다 être tué(*e*) d'une manière atroce [épouvantable], être massacré(*e*). ¶ 제2차 세계대전 중 많은 유대인들이 독일군에 의해 ~되었다 De nombreux Juifs ont été tués [massacrés, éliminés, supprimés] d'une manière épouvantable [atroce] pendant la Seconde Guerre mondiale. ◇_하다 ¶ 적군은 무고한 양민들을 ~했다 L'armée ennemie a massacré de nombreux civils innocents.

참상 慘狀 명 scène *f* terrible [horrible]; spectacle *m* effrayant; état *m* pitoyable; situation *f* pitoyable. ¶ 전쟁의 ~을 목격하다[표현하다] être témoin du spectacle effrayant de la guerre. ¶ 그 ~은 차마 눈 뜨고 볼 수가 없었다 Ce spectacle était vraiment quelque chose d'horrible. ¶ 그 ~은 이루 말로 다 표현할 수가 없었다 Ce spectacle était indiciblement horrible.

참새 명 【동물】 moineau(*x*) *m*, passereau(*x*) *m*. ¶ ~들이 전깃줄 위에 나란히 앉아 있다 Les passereaux sont perchés sur le fil électrique. ¶ ~처럼 재잘거리다 piailler.

*~**가 방앗간을 그냥 지나치랴**? On ne résiste pas à ce qu'on aime.

참석 參席 명 présence *f*; assistance *f*; participation *f*. ¶ ~ 인원 les présents; l'assistance ((nombreuse)). ¶ 회의[전당대회] ~ participation à une réunion [à la grande assemblée du parti ((socialiste)), à l'assemblée générale annuelle du parti ((socialiste))]. ¶ ~ 여부를 확인하다 vérifier la présence de *qn*. ¶ 건강상의 이유로 ~이 어렵습니다 Il me sera difficile d'être présent(*e*) [d'être des vôtres] pour des raisons de santé. ◇_(을) **하다** être présent(*e*) à; assister à *qc*; participer à *qc*, prendre part à ((une réunion, une conférence)). ¶ 회의[모임,

수업, 예배, 미사]에 ~하다 assister à une réunion [à la réunion d'une association, à un cours, à un culte, à une messe]. ¶ 회원들이 모임에 대거 ~했다 Les membres de l'association étaient presque tous présents. ◇_(을) **시키다** faire assister *qn* ((à une réunion)). ¶ 평화협상에 외무장관을 ~시키다 faire assister le ministre des affaires étrangères à des négociations sur la paix.

◆**_자** -者 명 participant(*e*); ((총칭)) présents *mpl*, assistance *f* ((nombreuse)). ¶ ~자 명단 la liste des participants.

참선 參禪 명 méditation *f* bouddhique; zen *m*. ¶ ~ 수행 la pratique du zen. ¶ ~에 들다 entrer en méditation [en contemplation, en transe]. ◇_(을) **하다** pratiquer le zen; méditer. ¶ 하루 종일 앉아서 ~하다 méditer toute la journée assis(*e*); pratiquer tout la journée le zen assis(*e*); ne faire que méditer assis(*e*) toute la journée; se livrer à de longues méditations toute la journée.

참소 讒訴 명 calomnie *f*, diffamation *f*, fausse accusation *f*. ◇_(를) **하다** calomnier *qn*, diffamer; dire du mal de *qn*; médire de *qn*; décrier *qn*; descendre *qn* en flammes. ¶ 무고한 사람을 ~하다 calomnier un innocent. ◇_(가) **되다** être calomnié(*e*). ¶ 정적들에게 ~되다 être calomnié(*e*) [se faire calomnier, se faire descendre en flammes] par *ses* adversaires politiques. ◇_(를) **당하다[입다]** se faire calomnier. ¶ 경쟁자로부터 ~를 입다 se faire calomnier par un concurrent.

참수 斬首 명 décapitation *f*, décollation *f*. ◇_(를) **하다** décapiter; couper la tête à *qn*. ¶ 죄인을 ~하다 couper la tête d'un criminel. ◇_(가) **되다** être décapité(*e*). ◇_(를) **당하다** être décapité(*e*); se faire décapiter.

◆**_형** -刑 명 décapitation *f*, décollation *f*. ¶ ~형에 처하다[처해지다] être condamné(*e*) à la décapitation.

참숯 명 charbon *m* de bois de chêne.

참신하다 斬新— 형 être nouv*eau*(*elle*, *eaux*), origin*al*(*ale*, *aux*), moderne, neu*f*(*ve*). ¶ 참신한 아이디어 un idée novatrice. ¶ 참신한 작품 une œuvre moderne [originale]. ¶ 참신한 인물들로 물갈이를 하다 changer complètement *son* personnel.

참여 參與 명 participation *f* ((aux affaires publiques)). ¶ 현실 ~ participation aux affaires de la réalité. ¶ 여성의 정치[사회] ~를 확대하다 développer la participation des femmes à la politique [à la société]. ◇_(를) **하다** participer à *qc*; prendre part à *qc*; se joindre à *qc*; s'occuper de *qc*. ¶ 국정에 ~하다 prendre part aux affaires de l'Etat; prendre part au gouvernement. ◇_(를) **시키다** faire participer *qn*; faire s'engager *qn* dans. ¶ 누구를 연구팀[파티 준비, 계획, 프로젝트]에 ~시키다 faire participer *qn* à une équipe de recherche [aux préparatifs d'une fête, à un projet, à un projet d'étude]. ¶ 노동조합을 경영에 ~시키다 faire participer des associations [des syndicats] de travailleurs à la gestion d'une entreprise.

◆**_자** -者 명 participant(*e*).

◆**_국** -國 명 pays *m* participant; nation *f* participante.

◆**_문학** -文學 명【문학】la littérature engagée.

◆**_문학론** -文學論 명【문학】théorie *f* de la littérature engagée.

◆**_시** -詩 명【문학】la poésie engagée.

참예 參詣 명 visite *f* (d'un fidèle) au temple [à l'église]. ◇_(를) **하다** aller au culte; aller au temple pour prier; aller prier dans une église. ¶ 제사[성찬식, 예불]에 ~하다 aller au temple pour le culte de *ses* ancêtres [pour la communion; aller prier au temple bouddhique].

참외 명【식물】melon *m* jaune. ¶ ~를 깎아 먹다 éplucher des melons jaunes puis les manger.

◆**_밭** 명 champ *m* de melons jaunes.

참으로 부 réellement; vraiment; en vérité. ¶ ~ 춥고 긴 겨울이다 C'est un hiver vraiment froid et long [rigoureux et prolongé, où le froid dure [perdure]]. ¶ ~으로 기쁘다 être vraiment heureux(*se*). ¶ 그 사람은 ~ 영리하다 Il est vraiment intelligent. ¶ 그는 ~으로 위대한 정치가였다 C'est réellement un grand politicien. ¶ 그 사람의 주소를 알아둔 것은 ~으로 잘한 일이었다 On a vraiment bien fait de demander son adresse. ¶ ~ 딱한 일이다 C'est vraiment malheureux. ¶ ~ 딱한 사람이다 Cette personne me fait vraiment pitié / Cet homme semble très malheureux [vraiment malheureux]. ¶ ~ 이상한 일이다 C'est vraiment bizarre [étrange] / C'est très étonnant. ¶ ~ 이상한 사람이다 C'est un homme vraiment bizarre / C'est une personne vraiment bizarre [originale] / C'est vraiment un singulier personnage [un original] / C'est vraiment un drôle d'individu [de type {*fam*}] / C'est vraiment un excentrique [un individu bizarre, un individu louche].

참을성 —性 명 patience *f*, persévérance *f*, endurance *f*. ¶ ~을 기르다 éduquer *sa* patience; apprendre à être patient(*e*). ¶ ~이 부족하다 manquer de patience. ¶ ~ 있게 기다리다 (savoir) attendre patiemment. ◇_(이) **있다[없다]** être patient(*e*) [impatient(*e*)].

참의 參議 명【역사】conseiller *m* (des six ministères 六曹, dignitaire *m* du troisième rang).

참의원[1] **參議院** 명【정치】Chambre *f* des conseillers; Sénat *m*. ¶ ~에서 이번 안건을 부결하였다 Le projet de loi a été rejeté au Sénat.

참의원[2] **參議員** 명【정치】membre *m* de la Chambre des conseillers; sénateur *m*. ¶ ~으로 선출되다 être nommé(*e*) sénateur.

참작 參酌 명 considération *f*, prise *f* en considération. ◇_(을) **하다** prendre en considération; tenir compte de *qc*; considérer *qc*. ¶ 상황[실정, 공로, 연령]을 ~하다 prendre en considération les circonstances [tenir compte de la situation réelle, tenir compte

ㅊ

des mérites de *qn*, prendre en considération l'âge de *qn*]. ¶ 그의 의견을 ~해서 en tenant compte de son avis. ¶ 그가 병중이라는 사실[점]을 ~해서 en prenant en considération le fait qu'il soit malade. ◇_(이) 되다 être pris(*e*) en considération.

◆정상_ 情狀- 명【법률】circonstances *fpl* atténuantes [particulières].

참전 參戰 명 participation *f* à une guerre; intervention *f* dans un conflit. ¶ ~ 용사 vaillants soldats ayant participé à une guerre. ¶ 한국의 베트남 전쟁 ~ participation de la Corée à la guerre du Vietnam; intervention de la Corée dans la guerre du Vietnam. ¶ 미국의 ~으로 상황이 급변했다 La situation s'est renversée à cause de l'intervention des Américains dans le conflit. ◇_(을) 하다 participer à une guerre; intervenir dans un conflit. ¶ 한국전쟁에 ~하다 participer aux hostilités de la guerre de Corée; intervenir dans le conflit de la guerre de Corée. ¶ 연합군 측으로 걸프전에 ~하다 participer aux hostilités de la guerre du Golf au côté des alliés. ◇_(을) 시키다 faire participer à une guerre; faire intervenir dans un conflit. ¶ 대규모 병력을 ~시키다 faire intervenir *son* armée à grande échelle dans un conflit.

◆_국 -國 명 pays *m* participant à une guerre [intervenant dans un conflit].

◆_기 -記 명 journ*al*(*aux*) *m* de guerre.

참정 參政 명 participation *f* au gouvernement [aux affaires politiques]. ¶ 국민에게 ~의 문을 열어두다 ouvrir la porte des affaires politiques [de la politique] aux citoyens [aux gens du peuple].

◆_권 -權 명 droit *m* de vote; droits *mpl* politiques. ¶ ~권을 부여[박탈]하다 donner à *qn* le droit de vote [priver *qn* de *son* droit de vote, de *ses* droits politiques]. ¶ 선거는 일반국민이 ~권을 행사하는 유일한 기회다 L'élection est la seule occasion pour les gens du peuple de participer aux affaires politiques.

참조 參照 명 consultation *f*, référence *f*, confrontation *f*, comparaison *f*. ¶ 사전[관련 기사] ~ consultation d'un dictionnaire [d'articles en rapport avec le sujet d'étude]. ◇_(를) 하다 conférer; se référer à ((un texte)); voir [se reporter] à ((la page 10)); comparer ((avec un autre texte)). ¶ 다른 논문[참고문헌]을 ~하다 se référer à [consulter] une autre étude [la bibliographie]. ¶ 형법을 ~하다 consulter le droit pénal [la législation criminelle]. ¶ 이에 대해서는 35페이지[5장]을 ~하시오 Pour cela, reportez-vous *à la page 35 [au chapitre 5]*. ◇_(가) 되다 être consulté(*e*).

참조기 명【동물】ombrine *f*, *Pseudosciaena manchurica* {*nsc*}.

참치 명 thon *m*. ¶ ~ 통조림 thon en boîte[en conserve]. ¶ ~회 thon cru.

참칭 僭稱 명 ① prétention *f* à un rang [à un titre] (auquel on n'a pas droit). ② 자신을 왕이라 칭함 usurpation *f* du titre de roi. ◇_(을) 하다 s'arroger un titre; s'approprier un nom ((glorieux)). ¶ 박사를 ~하다 s'arroger le titre de docteur, se prétendre docteur (alors qu'on n'est pas docteur), se dire [se faire passer pour] docteur. ¶ 왕의 이름을 ~하다 usurper le titre de roi.

◆_왕 -王 명 roi *m* qui a usurpé son titre.

참판 參判 명【역사】vice-ministre(~-~*s*) *m* (des six ministères 六曹; dignitaire *m* du deuxième rang). ¶ 우리 선조 중 한 분은 ~벼슬을 하셨다 Un de mes ancêtres était dignitaire du deuxième rang.

참패 慘敗 명 défaite *f* complète [écrasante, magistrale, cuisante, sévère, humiliante], échec complet [cuisant], grande [grosse, dure, grave, lourde] défaite, ((prendre une)) déculottée *f* {*fam*}, fessée *f* {*fam*}, ((prendre une)) (belle) raclée *f* {*fam*}, ((prendre une)) branlée *f* {*vulg*}, ((recevoir une)) pile *f* {*fam*}, ((faire prendre la)) piquette *f* {*fam*}, ((recevoir, prendre)) une dérouillée [la dérouillée] {*fam*}, ((prendre une)) tannée *f* {*fam*}. ¶ ~의 쓰라린 경험 expérience amère d'une défaite cuisante. ¶ ~를 안겨주다 infliger une défaite humiliante à *qn*. ¶ 결과는 0대10의 ~였다 On a été battu sur le score sans appel de dix à zéro. ◇_(를) 하다[당하다] subir [essuyer] une défaite humiliante [cuisante, écrasante, totale], subir un rude échec; être battu(*e*) à plate(s) couture(s) {*fam*}, se faire écraser {*fam*} par ((une équipe)), recevoir une pile {*fam*}, prendre une branlée {*vulg*} [une tannée, une (belle) raclée, une déculottée, une fessée ((au tennis))] {*fam*}, recevoir [prendre] une [la] dérouillée {*fam*}. ¶ 누구와의 경기에서 ~하다 subir [essuyer] une défaite humiliante [cuisante, écrasante] face à ((une équipe)); être battu(*e*) à plates coutures par ((une équipe)); se faire écraser {*fam*} par ((une équipe)). ¶ 약팀에게 ~를 당하다 subir [essuyer] une défaite humiliante [cuisante, magistrale] [subir une déroute, essuyer une déroute] face à une équipe faible, se faire écraser par une équipe faible. ¶ 우파가 총선에서 좌파에게 ~를 당했다 La droite a subi une défaite humiliante face à la gauche.

참하다[1] 형 ① 모양이 곱고 말쑥하다 être en bon ordre; être bien tenu(*e*); être en parfait état; être propre. ② 행동이 바르고 얌전하다 être sage, joli(*e*), dou*x*(*ce*), calme, modeste, réservé(*e*). ¶ 참한 색시[아가씨, 규수, 여자] une jeune mariée [une demoiselle, une jeune fille, une femme] douce.

참하다[2] 斬- 타 décapiter; guillotiner. ¶ 죄인을 ~ décapiter un criminel.

참형 斬刑 명 décapitation *f*, décollation *f*. ¶ ~을 당하다 se faire décapiter, être décapité(*e*). ¶ ~에 처하다 condamner *qn* à la décapitation.

참호 塹壕 명【군사】tranchée *f*, fossé *m*, tranchée-abri(~s-~s) *f*. ¶ ~를 파다 creuser une tranchée. ¶ ~ 속에 숨다 se cacher dans une tranchée.

참혹하다 慘酷- 형 être cruel(*le*), atroce, misérable;

ㅊ

être horrible ((à voir)); être affreux(*se*), tragique; être pitoyable. ¶ 굶주리고 헐벗은 그들의 모습이 참혹했다 Affamés et entièrement dénudés, ils étaient dans un état pitoyable. ¶ 누구의 참혹한 모습 l'aspect pitoyable [misérable] de *qn*; l'état lamentable [pitoyable] de *qn*. ¶ 참혹한 생활을 하다 mener une vie misérable. ¶ 참혹한 죽음을 당하다 mourir d'une façon tragique. ¶ 참혹한 광경을 목격하다 assister à un spectacle atroce. ¶ 전쟁의 참혹함을 체험하다 faire l'expérience de la cruauté de la guerre. ¶ 참혹하게 죽다[살해되다] mourir [être assassiné(*e*)] d'une façon tragique.

참화 慘禍 명 désastre *m*, tragédie *f*, malheur *m*; calamité *f*; spectacle *m* atroce *m*; horreur *f* ((de la guerre)). ¶ 전쟁의 ~ horreurs [ravages] de la guerre. ¶ ~를 당하다[입다, 겪다] être victime d'un désastre [d'une calamité]. ¶ 전쟁의 ~를 입은 도시의 풍경 le spectacle (désolant) d'une ville ravagée par la guerre.

참회 懺悔 명 confession *f*. ¶ ~의 눈물을 흘리다 verser des larmes de repentir. ◇_(를) **하다** faire pénitence, se repentir. ¶ ~하는 마음이 있다[없다] avoir [ne pas avoir] envie de se repentir. ¶ 자신의 잘못[죄]을 진심으로[눈물로] ~하다 se repentir sincèrement de *ses* erreurs [de *ses* péchés] [avoir des larmes de repentir].
◆_**록** -錄 명 confession *f* ((de Saint Augustin)).

찹쌀 명 riz *m* gluant. ¶ ~을 섞었더니 밥이 찰지다 Le riz est collant parce qu'on l'a fait avec du riz glutineux. ¶ ~ 가루 poudre de riz glutineux. ¶ ~ 고추장 purée de piment rouge avec du riz glutineux. ¶ ~로 밥을 지어서 밥이 끈기가 있다
◆_**떡** 명 *tteok m* gluant.
◆_**밥** 명 riz *m* gluant.

창[1] 명 semelle *f*. ¶ 구두의 ~을 갈다 changer de semelles aux souliers. ¶ 신발에 ~을 대다 mettre des semelles aux chaussures. ¶ ~이 닳다 avoir *sa* semelle usée.
◆**이중**_ 명 double semelle *f*.

창[2] **槍** 명 lance *f*, javelot *m*, javeline *f*. ¶ ~과 방패의 대결 affrontement avec une lance et un bouclier. ¶ ~을 휘두르다 agiter une lance. ¶ ~으로 찌르다 frapper [transpercer] d'un coup de lance.
◆_**검** -劍 명 창과 검 épée *f*, sabre *m*. ¶ ~검을 휘두르다 brandir *son* épée. ¶ 누구에게 ~검을 겨누다 pointer *son* épée sur *qn*. ② 무기나 무력 force *f* armée, force *f* [puissance *f*] militaire. ¶ ~검으로 백성을 지배하다 gouverner le peuple par la force militaire.
◆_**대** 명 hampe *f*; bois *m* d'une lance. ¶ ~대를 쥐다[휘두르다] saisir [brandir] une lance.
◆_**던지기** 명 lancer *m* [lancement *m*] du javelot.

창[3] **窓** 명 fenêtre *f*; ((선박의)) hublot *m*. ¶ 마음의 ~ la fenêtre du cœur. ¶ ~을 열다[닫다] ouvrir [fermer] une fenêtre. ¶ ~을 내다 créer une ouverture, faire une fenêtre. ¶ ~을 두드리다 frapper à la fenêtre. ¶ ~ 너머로 보다 regarder par la fenêtre.
◆_**가** 명 bord *m* de fenêtre. ¶ ~가에 앉아서 assis(*e*) sur le rebord d'une fenêtre. ¶ ~가에 기대서서 debout près de la fenêtre.
◆_**구멍** 명 embrasure *f* d'une fenêtre, interstice *m* d'une fenêtre. ¶ ~구멍으로 찬바람이 들어온다 Le vent glacial entre par la fenêtre.
◆_**문** -門 명 fenêtre *f*. ¶ ~문으로 방에 들어가다 entrer par la fenêtre.
◆_**밖** 명 ((regarder)) par la fenêtre. ¶ ~밖을 내다보다 regarder par la fenêtre. ¶ ~밖으로 몸을 내밀다 se montrer à la fenêtre, s'incliner en dehors de la fenêtre.
◆_**살** 명 treillis *m*; treillage *m*, claire-voie(~s-~s) *m*; châssis *m*, chambranle *f*; grille *f*; ((감옥의)) barreaux *mpl* de prison.
*~**살 없는 감옥** un endroit où la liberté n'est pas totale, où l'on se sent prisonnier ((sans qu'il n'y ait de prison à proprement parler)), prison *f* ((au sens figuré)).
◆_**틀** 명 chambranle *m*, dormant *m*, châssis *m*.
◆_**유리** -琉璃 명 vitre *f*; carreau(*x*) *m*. ¶ ~유리를 닦다 nettoyer les vitres [les carreaux].

창[4] **唱** 명 *chang m* <sorte de chanson coréenne traditionnelle où les paroles sont prononcées>. ◇_(을) **하다** chanter un *chang*. ¶ 옆집에서 ~ 하는 소리가 들려온다 J'entends chanter un *chang* chez un voisin. ¶ 그는 장구도 잘 치고 ~도 잘 한다 Non seulement il joue bien du *janggu* mais encore il chante bien les *chang*.

창가[1] **唱歌** 명 *changga m* <chant lyrique coréen inspiré du lied et de la mélodie de la musique classique occidentale> ¶ ~를 부르다 chanter un *changga*.

창가[2] **娼家** 명 maison *f* [établissement *m*] de prostitution, maison *f* close, maison *f* de tolérance [de passe]; lupanar *m* {*fam*}, boxon {*vulg*}, bordel *m* {*vulg*}, claque *f* {*arg*}.

창간 創刊 명 parution *f* du premier numéro d'une revue; fondation *f* ((d'un journal, d'un périodique, d'une revue)). ¶ ~ 1주년 la première année de parution d'une revue. ¶ ~ 10주년 기념호 numéro spécial pour le 10e anniversaire de la fondation ((d'un journal, d'une revue)). ¶ ~ 특집[기념]으로 en tant que numéro spécial d'une revue. ¶ ~ 일자 la date de la fondation d'une revue. ¶ 1990년 ~ ((journal, revue)) fondé en 1990. ¶ ~에 착수하다 commencer à fonder une revue. ◇_(을) **하다** fonder ((un journal, une revue)). ¶ 잡지를 ~하다 fonder un revue. ◇_(이) **되다** être fondé(*e*). ¶ 이 신문은 1900년에 ~되었다 Ce journal a été fondé en 1900.
◆_**호** -號 명 premier numéro *m* d'une revue. ¶ ~호를 내다[발행하다] faire paraître [sortir] le premier numéro (d'une revue); lancer une revue. ¶ ~호에 내가 쓴 글이 실렸다 J'ai écrit un article dans le premier numéro de cette revue.

창건 創建 명 établissement *m*, fondation *f*, création

ㅊ

f, institution *f*. ¶ 국가의 ~ la création d'un état. ◇_(을) **하다** établir; fonder, créer. ¶ 절을 ~하다 construire un temple. ¶ 단체를 ~하다 fonder une association. ◇_(이) **되다** être fondé(*e*). ¶ 이 절은 ~된 지가 400년이 넘었다 Ce temple a été construit il y a plus de 400 ans.

창고 倉庫 명 entrepôt *m*; dépôt *m* de marchandises; hangar *m*, magasin *m*; dock *m*. ¶ ~ 회사 une entreprise de magasinage. ¶ 곡물 ~ un entrepôt de céréales, un hangar à récoltes. ¶ 무기 ~ un entrepôt d'armes (et de munitions), un dépôt d'armes. ¶ 약품[보급] ~ un entrepôt de médicaments [de ravitaillement]. ¶ 지하 ~ un entrepôt au sous-sol. ¶ ~에 보관하다 emmagasiner, mettre en magasin [en dépôt], entreposer; déposer ((des marchandises)) à l'entrepôt [en conservation]; conserver [stocker] ((des marchandises)) dans un entrepôt; stocker [entreposer] des marchandises dans [sous] un hangar. ¶ ~에 처박아두다 stocker des marchandises en magasin [en entrepôt]; enfermer dans un entrepôt. ¶ ~에서 꺼내다 sortir *qc* de l'entrepôt. ¶ ~로 쓰다 utiliser un endroit comme entrepôt. ¶ ~에 물건이 쌓여[꽉 채] 있다 L'entrepôt est rempli de marchandises. ¶ ~가 텅 비었다 L'entrepôt est complètement vide.

◆**_업** -業 명 magasinage *m*, entreposage *m*.

◆**_업자** -業者 명 magasinier *m*; entrepositaire *mf*.

◆**_지기** 명 magasin*ier*(*ère*); garde-magasin(~-~*s*) *m*.

창곡 倉穀 명 céréales *fpl* entassées dans un grenier.

창공 蒼空 명 ciel(*cieux*) *m* bleu; azur *m*; firmament *m*; voûte *f* céleste. ¶ ~을 날다 voler dans le ciel.

창구 窓口 명 ① 작은 창 fenêtre *f*, baie *f*. ② 접수대 guichet *m* ((d'une banque, d'une poste, d'une gare)). ¶ ~ 직원 employé d'un guichet. ¶ 매표 ~ un guichet de vente. ¶ 민원[안내] ~ le guichet pour les demandes civiles [d'informations]. ¶ ~가 붐빈다 Il y a de la bousculade au guichet ¶ ~에 기다리는 줄이 있다 Il y a une file d'attente devant le guichet. ③ 연락부서 fenêtre *f*. ¶ 북한과의 교류 ~를 일원화하다 unifier les fenêtres d'échanges avec la Corée du Nord.

창군 創軍 명 constitution *f* d'une armée. ¶ ~ 60주년 기념식 cérémonie du 60ème anniversaire de la constitution de l'armée.

창궐 猖獗 명 virulence ((d'une épidémie)); expansion *f* ((d'un mal)). ¶ 전염병의 ~ la virulence d'une épidémie. ◇_(을) **하다** sévir, faire rage; se répandre *très vite*; être virulent(*e*). ¶ 전국에 콜레라 [전염병]가 ~했다 Le choléra [L'épidémie] se répand [sévit, fait rage] dans tout le pays. ¶ 도적떼가 ~하고 있다 La bande de voleurs [La bande armée] envahit tout le pays.

창극 唱劇 명 【연영】 *changgeuk* <ancien opéra classique de Corée>.

◆**_단** -團 명 troupe *f* de *changgeuk*

창기 娼妓 명 prostituée *f*, fille *f* de joie, fille *f* publique {*vx*}, péripatéticienne *f*, putain *f* {*vulg*}, catin *f*.

창난젓 명 saumure *f* de boyaux de lieus jaunes. ¶ ~을 담그다 faire de la saumure de boyaux de lieus jaunes.

창녀 娼女 명 prostituée *f*, fille *f* de joie, fille *f* publique {*vx*}, péripatéticienne *f*, putain *f* {*vulg*}, catin *f* {*fam*}, professionnelle {*fam*}, pute *f* {*vulg*}, pétasse {*vulg*}, roulure *f* {*vulg*}, traînée *f* {*vulg*}, tapineuse *f* {*arg*}, gagneuse *f* {*arg*}; marchande *f* d'amour [de plaisir]; fille *f* des rues. ¶ 고급 ~ une prostituée de luxe; une hétaïre. ¶ ~를 사다 donner l'argent d'une passe à une prostituée. ¶ ~와 자다[관계를 갖다] coucher [avoir des relations] avec une prostituée. ¶ ~로 팔려가다 être vendue comme fille de joie. ¶ ~가 되다 devenir une fille de joie.

◆**_촌** -村 명 quartier *m* chaud.

창단 創團 명 formation *f* d'un groupe [d'une troupe ((de théâtre))]. ¶ ~ 기념식 cérémonie commémorative de la formation d'un groupe. ¶ ~ 멤버 membres qui ont formé un groupe. ¶ 국립국악원의 ~ formation de l'orchestre national de musique traditionnelle coréenne. ◇_(을) **하다** former un groupe. ¶ 극단을 ~하다 former une troupe de théâtre. ◇_(이) **되다** être formé(*e*). ¶ 그 발레단은 작년에 ~되었다 Ce corps de ballet a été formé l'année dernière.

◆**재_** 再 명 restructuration *f* d'un groupe.

창달 暢達 명 pousse *f*, croissance *f*. ¶ 언론 ~ croissance de l'importance de la presse. ¶ 민족 문화의 ~ croissance de l'importance de la culture populaire. ◇_(을) **하다** faire pousser [croître]. ¶ 지역 문화를 ~하다 augmenter l'importance de la culture régionale.

창당 創黨 명 formation *f* d'un parti politique. ¶ ~ 이념 théorie à l'origine d'un parti. ¶ ~에 필요한 실무 작업 travaux nécessaires à la formation d'un parti. ◇_(을) **하다** former, créer, organiser ((un parti politique)). ¶ 신당을 ~하다 former un nouveau parti politique. ◇_(이) **되다** se former.

◆**_대회** -大會 명 le congrès *m* constitutif d'un parti politique. ¶ 지구당 ~대회 le congrès constitutif d'un parti régional. ¶ 야당의 ~대회 le congrès constitutif du parti de l'opposition.

창대하다 昌大- 형 être plein(e) d'une force vigoureuse [prospère]. ¶ 네 시작은 미약하였으나 나중은 심히 창대하리라 Ton départ était un peu faible mais par la suite tu as vraiment gagné en puissance.

창덕궁 昌德宮 명 【고적】 le palais Changdeok.

창도 唱導 명 préconisation *f*, instigation *f*, introduction ((d'une nouvelle idée)). ¶ 근대 사상의 ~ introduction d'une pensée [d'un courant de pensées, d'une idée] moderne. ◇_(를) **하다** propager, répandre, promouvoir ((des idées nouvelles)); prêcher ((une religion)); avancer ((une théorie)). ¶ 새로운 사상을 ~하다 propager des idées nouvelles [une nouvelle idéologie], avancer une nouvelle idée.

◆_자 -者 명 promo*teur*(*trice*), divulga*teur*(*trice*), diffuseu*r*(*se*), propaga*teur*(*trice*), fonda*teur*(*trice*) ((d'une idée)).

창립 創立 명 fondation *f*, édification *f*, création *f*, établissement *m*, institution *f*, ouverture *f* ((d'une école)). ¶ ~ 기념일 le jour commémoratif de la fondation (d'une entreprise). ¶ 회사 ~ 10주년 le dixième anniversaire de la création de l'entreprise. ¶ 1990년 ~ ((une société)) fondée [créée, établie, ouverte] en 1990. ◇_(을) 하다 former, créer, constituer, organiser; fonder, établir, ouvrir ((une société)). ¶ 회사를 ~하다 établir [fonder, créer] une société. ◇_(이) 되다 être formé(*e*), créé(*e*), organisé(*e*); être fondé(*e*), établi(*e*).

◆_식 -式 명 cérémonie *f* [fête *f*] inaugurale.

◆_위원 -委員 명 comité *m* organisateur; membre *mf* du comité organisateur.

◆_이념 -理念 명 philosophie *f* [idée *f*] fondatrice [initiale] ((d'une école, d'une entreprise)).

◆_자 -者 명 fonda*teur*(*trice*); créa*teur*(*trice*); instaura*teur*(*trice*); instiga*teur*(*trice*).

◆_총회 -總會 명 assemblée *f* générale inaugurale.

창백하다 蒼白- 형 être pâle, blême, blafard(*e*), livide, blanc(*he*), pâlot(*te*), hâve, cadavérique. ¶ 안색[얼굴]이 몹시 ~ être terriblement pâle, avoir le teint [visage] très pâle, avoir le teint blafard, être blanc(*he*) comme un linge, être pâle comme un linge [comme la mort], avoir un air [une mine, une gueule {*fam*}] de déterré, avoir l'air d'un déterré. ¶ 창백한 얼굴[표정]로 avec un visage pâle [blême], d'un visage défait, avec un air [une mine, une gueule {*fam*}] de déterré. ¶ 얼굴이 창백하리만치 희다 être blanc(*he*) [pâle] comme un linge [comme la mort].

창법 唱法 명 façon *f* de chanter. ¶ 벨칸토 ~ bel canto *m inv*, l'art du chant selon le bel canto ((tradition de l'opéra italien des XVIIe et XVIIIe siècles)). ¶ ~이 특이하다[독특하다, 매력적이다] Sa façon de chanter est unique [spéciale, particulière, originale; charmante].

창부 娼婦 명 prostituée *f*, fille *f* de rue, fille *f* de joie, courtisane *f*; ((경멸적)) pute *f* {*vulg*}, putain *f* {*vulg*}, racoleuse *f* {*fam*}; tapineuse *f* {*arg*}. ¶ ~형의 여자 une femme un peu racoleuse.

창사 創社 명 fondation *f*, création *f*, établissement *m*, ouverture *f* ((d'une compagnie)). ¶ ~ 10주년 le dixième anniversaire de création d'une entreprise. ¶ ~ 이래로 depuis la fondation de la société. ◇_(를) 하다 créer, fonder, ouvrir ((une entreprise)). ¶ 작은 회사를 ~하다 fonder une petite entreprise, créer une petite société, ouvrir une petite compagnie.

창상 創傷 명 blessure *f*, coupure *f*, entaille *f*, balafre *f*; estafilade *f*, taillade *f*. ¶ ~을 입다 se faire une coupure [une entaille].

창생 蒼生 명 le peuple *m*; la foule *f*, la masse *f*, la multitude *f*. ¶ 억조(의) ~ une foule infinie, humanité.

창설 創設 명 fondation *f*, ouverture *f*, création *f*, établissement *m*, institution *f* ((d'une école)). ¶ 학원 ~ la fondation d'une académie, l'ouverture d'une école. ◇_(을) 하다 fonder, créer, établir, ouvrir, constituer, instituer. ¶ 고등학교를 ~하다 fonder [créer, ouvrir] un lycée. ¶ 국군[첩보부, 새로운 부서]을 ~하다 fonder [créer] une armée [le Service (secret) des renseignements, un nouveau service]. ◇_(이) 되다 être fondé(*e*), créé(*e*), établi(*e*), constitué(*e*), instauré(*e*). ¶ 유엔이 되었다 Les Nations unies ont été fondées [créées]. ¶ 그 회사는 ~된 지가 꽤 되었다 Cela fait assez longtemps que cette entreprise a été fondée / Ça fait un bail que ce bureau a été ouvert {*fam*}.

◆_자 -者 명 fonda*teur*(*trice*), instaura*teur*(*trice*), instiga*teur*(*trice*).

창성[1] 昌盛 명 prospérité *f*, croissance *f*, développement *m*, essor *m*. ◇_하다 prospérer, se développer; être prospère, florissant(*e*); s'étendre; marcher, réussir. ¶ 나라가 ~하기를 기원하다 espérer que l'État prospère, souhaiter que le pays se développe, s'attendre à ce que la nation prenne son essor.

창성[2] 創成 명 création *f*, fondation *f*, formation *f*. ¶ 우주(의) ~ la création de l'Univers. ◇_(을) 하다 créer, fonder, former, faire.

창세 創世 명 création *f* du monde. ¶ ~ 신화 le mythe de la création du monde. ¶ ~부터 지금까지 depuis la création du monde jusqu'à aujourd'hui, de la création du monde à nos jours.

◆_기 -記 명 ((성서)) la Genèse *f*.

창시 創始 명 fondation *f*, création *f*, commencement *m*; institution *f*. ¶ 종교의 ~ la fondation [création] d'une religion. ◇_(를) 하다 fonder, créer, faire naître, instituer. ¶ 마호메트가 이슬람교를 ~했다 Mahomet a fondé l'islam / L'islam [La religion islamique, La religion musulmane] a été fondé(*e*) par Mahomet. ¶ 이 학파는 그 분이 ~한 것이다 Cette école, c'est lui qui l'a fondée. ¶ 로큰롤을 ~한 사람 celui [la personne] qui a inventé le rock [le *rock and roll*], le créateur du rock'n roll. ◇_(가) 되다 être créé(*e*), fondé(*e*), être institué(*e*).

◆_자 -者 명 fonda*teur*(*trice*), créa*teur*(*trice*); auteur *mf*; initia*teur*(*trice*).

창씨 創氏 명 changement *m* de nom de famille.

◆_개명 -改名 명 【역사】 abrogation *f* du système patronymique coréen pour adopter un patronyme japonais ((sous l'occupation)).

창안 創案 명 élaboration *f*, ébauche *f*, conception *f*, idée *f* originale [plan *m* original] ((d'un projet)). ¶ 새로운 외래어 표기법의 ~ la création

ㅊ

[l'élaboration] d'un nouveau système de transcription des langues étrangères. ◇_(을) **하다** élaborer, concevoir, inventer, imaginer, créer. ¶ 새로운 방법[예술 형식]을 ~하다 élaborer une nouvelle méthode [forme d'art], concevoir une nouvelle méthode. ◇_(이) **되다** être élaboré(*e*), être conçu(*e*), être inventé(*e*), être imaginé(*e*), être créé(*e*).

창업 創業 명 ① ((사업의)) inauguration *f* d'une entreprise; ouverture *f* d'un magasin; ((창립)) établissement *m* ((d'une société)); fondation *f*, création *f*. ¶ ~ 이념 l'idée fondatrice [initiale] d'une entreprise, le concept de base d'une entreprise. ¶ ~ 교육 센터 centre de formation pour la création d'entreprise. ¶ ~ 지원 자금 fonds de soutien pour l'aide à la création d'entreprise, subvention pour la création d'entreprise. ¶ ~ 10주년을 기념하다 célébrer [commémorer] le dixième anniversaire d'ouverture d'une entreprise. ¶ 벤처 ~ 붐이 일고 있다 Il y a un boom de création des *start up* [des entreprises à capital risque]. ¶ 벤처 ~에서 코스닥 상장까지 de la fondation de la start up jusqu'à sa cotation au KOSDAQ. ② fondation *f* ((d'un État, d'une dynastie)). ¶ 왕조의 ~ la fondation d'une dynastie [d'une lignée de rois]. ◇_(을) **하다** fonder [créer, établir] une entreprise; commencer une affaire; monter un business; ouvrir un magasin [un commerce, une entreprise]. ¶ 벤처기업을 ~하다 créer [fonder, établir] une *start up*.

◆**_자** -者 명 fonda*teur*(*trice*) ((d'une entreprise)).

◆**_주** -主 명 fonda*teur*(*trice*) ((d'une entreprise)).

창연하다[1] **蒼然**– 형 ① 빛깔이 푸르다 être bleu(*e*), azuré(*e*), bleuâtre; ② 어둑어둑하다 être sombre, gris(*e*), obscur(*e*); ③ ((고색이)) paraître ancien(*ne*) [antique], avoir l'air antique, être patiné(*e*) par le temps. ¶ 이 산사는 고색이 ~ Ce temple de montagne (bouddhique) paraît ancien.

창연하다[2] **愴然**– 형 être triste, mélancolique, chagrin(*e*), maussade, morose; être découragé(*e*); être sombre, lugubre, morne. ¶ 창연한 기분 un sentiment de mélancolie, une humeur maussade.

창의 創意 명 création *f*, invention *f*. ¶ 이번 사업은 그 분의 ~에 의한 것이다 Ce projet a entièrement été conçu par lui.

◆**_적** -的 명관 créati*f*(*ve*), origin*al*(*ale*, *aux*), inventi*f*(*ve*), ingénieu*x*(*se*). ¶ ~적인 아이디어 une idée originale. ¶ ~적으로 사고하다 penser ingénieusement, avoir une pensée créative.

◆**_성** -性 명 originalité *f*, créativité *f*, inventivité *f*, ingéniosité *f*. ¶ ~성을 개발하다 développer *sa* créativité [*son* originalité, *son* inventivité]. ¶ 그는 ~성이 결여되어 있다 Il manque d'originalité [de créativité, d'ingéniosité].

◆**_력** -力 명 créativité *f*, originalité *f*, inventivité *f*. ¶ ~력을 발휘하다 utiliser *sa* créativité, exercer *son* inventivité. ¶ ~력이 풍부[부족]하다 faire preuve de beaucoup d'originalité [d'un manque d'originalité].

창자[1] 명 intestin *m*; entrailles *fpl*; boyau(*x*) *m*; tripe *f*. ¶ ~가 꼬이다 [뒤틀리다] avoir les boyaux tordus, avoir les entrailles complètement retournées, avoir les tripes nouées. ¶ ~가 끊어지는 듯이 아프다 souffrir comme si on avait les intestins qui se déchiraient.

창자[2] **唱者** 명 chanteu*r*(*se*).

창작 創作 명 ((창조)) création *f* ((artistique)); ((제작)) production *f* ((littéraire)); écriture *f* ((romanesque)); ((창작품)) création *f*, œuvre *f* originale. ¶ ~의 고통 douleur [souffrance] de la création. ¶ 소설(의) ~ création d'une œuvre romanesque. ¶ ~ 활동에 전념하다 se donner [se dévouer, se consacrer] entièrement à la création, se donner [se vouer] corps et âme à la création. ¶ ~에 종사하다 ((전념하다)) se donner [se consacrer] à la création, se dévouer à l'art; ((직업으로 삼다)) être dans le métier de la création; être écrivain, compositeur. ◇_(을) **하다** créer, écrire, faire ((une œuvre)). ¶ 새로운 작품을 ~하다 créer [produire] une nouvelle œuvre, élaborer un nouvel ouvrage. ¶ 노래를 ~하다 créer [composer] une chanson. ◇_(이) **되다** être créé(*e*), élaboré(*e*), composé(*e*), produit(*e*).

◆**_곡** -曲 명 musique *f* originale.

◆**_극** -劇 명 création *f*, œuvre *f* [pièce *f*] originale; ((한국의)) œuvre *f* coréenne. ¶ ~극을 무대에 올리다 mettre en scène une œuvre théâtrale originale [coréenne], monter une pièce de théâtre originale [coréenne].

◆**_력** -力 명 pouvoir *m* créateur, force *f* créatrice, originalité *f*.

◆**_물** -物 명 création *f*, œuvre *f* ((originale)); ouvrage *m*. ¶ 접수는 ~물에 한함 Ne seront acceptées [reçues] que des œuvres originales.

◆**_욕** -慾 명 inspiration *f* créatrice, désir *m* de créer, goût *m* de l'écriture. ¶ ~욕이 끓어오르다[~욕에 불타다] brûler de désir de créer *qc* [d'écrire une œuvre].

◆**_집** -集 명 collection *f* [série *f*] de nouvelles pièces.

◆**_품** -品 명 création *f*, réalisation *f* artistique.

◆**문예_과** 文藝科 명 département *m* de création littéraire.

창제 創製 명 invention *f*, création *f* ((d'un nouveau modèle)). ¶ 세종대왕의 한글 ~ création du *hangeul* [de l'alphabet coréen] par le grand roi Sejong. ◇_(를) **하다** inventer, créer. ¶ 세종이 한글을 ~했다 Le roi Sejong a créé [inventé] le *hangeul* [l'alphabet coréen]. ◇_(가) **되다** être créé(*e*), inventé(*e*).

창조 創造 명 création *f*. ¶ 새로운 가치의 ~ la création de nouvelles valeurs. ¶ 천지 ~ 이래 depuis la création du monde, depuis la création du ciel et de la terre. ◇_(를) **하다** créer, inventer. ¶ 태초에 신이 천지를 ~하였다 Au commencement, Dieu créa le ciel et la terre ((La Bible)). ¶ 이 인물은 작가가 완전히 ~해 낸 것이다 Ce personnage est une complète invention de l'auteur / Ce personnage a été totalement créé par l'écrivain. ¶ 새로운 역사[세계]를 ~하다 inventer une nouvelle Histoire, créer un nouveau monde. ◇_(가) **되다** être créé(*e*), être inventé(*e*).

◆_**적** -的 명관 ((esprit)) créa*teur*(*trice*); créati*f*(*ve*), inventi*f*(*ve*), nova*teur*(*trice*). ¶ ~적 재능 don [talent] pour la création; un génie créateur. ¶ 전통을 ~적으로 계승하다 s'inspirer de la tradition au profit de la créativité. ¶ ~적 진화 évolution créatrice.

◆_**성** -性 명 créativité *f*. ¶ ~성 개발 développement [épanouissement] de la créativité ((de *qn*)). ¶ ~성이 뛰어난 작품 un ouvrage qui traduit [qui dénote, qui révèle, dont ressort] une créativité impressionnante [importante].

◆_**력** -力 명 créativité *f*, inventivité *f*, force *f* créatrice, pouvoir *m* créateur. ¶ ~력을 기르다 développer [cultiver, former] la créativité ¶ ~력을 억압하다[죽이다] étouffer [réprimer, tuer] la créativité.

◆_**론** -論 명 créationnisme *m*, théorie *f* de la création des espèces, fixisme *m*.

◆_**물** -物 명 créature *f*, création *f*.

◆_**설** -說 명 théorie *f* de la création.

◆_**자** -者 명 créa*teur*(*trice*), inven*teur*(*trice*).

◆_**주** -主 명 le Créateur *m* divin.

창졸간 倉卒間 명 soudaineté *f*, brusquerie *f*. ¶ ~의 일이라 그 분의 이름도 묻지 못했다 Tout s'est passé avec tant de brusquerie, je n'ai même pas pu lui demander son nom / Comme tout s'est passé si soudainement, je n'ai même pas pu lui demander son nom.

◆_**에** 부 soudain, soudainement, brusquement, tout à coup, brutalement, subitement. ¶ ~에 당하다 être surpris(*e*) par un événement, être pris(*e*) au dépourvu; ((공격받다)) se faire attaquer [agresser, frapper, voler] soudainement. ¶ ~에 일어난 일 ce qui vient tout à coup d'arriver [de se produire], un événement qui est arrivé subitement.

창창하다 蒼蒼- 형 ① 푸르다 être bleu foncé *inv*, être azuré(*e*). ¶ 창창한 하늘 un ciel bleu [azuré]; l'azur. ¶ 오늘처럼 창창한 날은 야외로 나가기에 좋다 Avec un ciel bleu comme aujourd'hui, c'est bien d'aller prendre l'air / Une telle journée où le ciel est si bleu, il est bon d'aller faire un tour dehors. ② ((갈 길이 멀다)) avoir encore un long chemin à parcourir; ((장래가)) être prometteu*r*(*se*), plein(*e*) d'avenir. ¶ 앞길[앞날, 장래]이 ~ avoir un futur déjà tout tracé {*fam*}, avoir un bel avenir devant *soi* [en perspective], avoir de l'avenir, avoir un avenir prometteur [brillant, tout tracé {*fam*}], être promis(*e*) à un bel avenir, beaucoup promettre; toutes les routes *lui* sont ouvertes. ¶ 아직 갈 길이 ~ On a encore un long chemin à parcourir.

창천 蒼天 명 ciel *m* clair et dégagé [sans nuage].

창출 創出 명 création *f*, génération *f*, engendrement *m*, production *f*. ¶ 고용 ~ 효과 effet [résultat] de la création d'emplois. ¶ 새로운 아이디어의 ~ création [production, engendrement] de nouvelles idées. ◇_(을) **하다** créer; inventer, produire; engendrer; générer ((de nouvelles idées)). ¶ 새로운 신화를 ~하다 créer [fonder] un nouveau mythe. ¶ 고용을 ~하다 créer des emplois [de l'embauche]. ¶ 수요가 공급을 ~한다 La demande crée l'offre. ¶ 새로운 수요를 ~해 내다 créer une nouvelle demande. ◇_(이) **되다** être créé(*e*), être produit(*e*), être généré(*e*), être engendré(*e*).

◆**재**_ 再 명 maintien *m* au pouvoir. ¶ 정권(의) 재~ maintien au pouvoir du parti majoritaire ((lorsque le parti au pouvoir reste majoritaire)).

창포 菖蒲 명 acore *m*, acorus *m*, roseau(*x*) *m* aromatique.

◆_**물** 명 eau *f* aromatisée à l'acore. ¶ ~물에 머리를 감다 se rincer [se laver] les cheveux avec de l'eau aromatisée à l'acore.

창피 猖披 명 honte *f*, humiliation *f*, déshonneur *m*, ignominie *f*, infamie *f*, turpitude *f*. ¶ ~를 무릅쓰고 malgré la honte. ◇_(를) **당하다** se faire humilier, subir une humiliation [mortification]; être humilié(*e*), mortifié(*e*), être blessé(*e*) ((dans *son* amour propre)); essuyer un déshonneur. ¶ 그 사람에게 톡톡히 ~를 당했다 J'ai été cruellement humilié(*e*) par cette personne / J'ai été mis(*e*) plus bas que terre par cette personne {*fam*}. ◇_(를) **주다** faire honte à *qn*, humilier *qn*, couvrir *qn* de honte, rabaisser *qn*, mortifier *qn*, déshonorer *qn*. ¶ 네가 이렇게 내게 ~를 주다니[나를 ~ 주다니] Comment tu peux m'humilier à ce point! ◇_**이다** C'est une honte / C'est honteux [ignoble, indigne, infâme]! ¶ 이게 웬[무슨] ~냐? Quelle honte! / Qu'est-ce que c'est honteux! / Tu parles d'une honte! ¶ 온 집안의 ~다 C'est la honte de toute la famille! / Quelle honte pour la famille! / Ça fait la honte de la famille!

◆_**하다** 형 avoir honte de *qc*/*qn* / *+inf*, être honteu*x*(*se*). ¶ ~해서 얼굴이 빨개지다 rougir de honte; être rouge de honte. ¶ ~해서 얼굴을 들고 다닐 수 없다 J'ai tellement honte que je ne peux pas garder la tête haute [que je courbe l'échine, que je me cache] / Je suis mort(*e*) de honte {*fam*}. ¶ ~해서 쥐구멍에라도 숨고 싶은 심정이었다 J'avais tellement honte que je voulais rentrer sous terre / J'aurais voulu rentrer [être à cent pieds] sous terre tellement j'avais honte / Je souhaitais être (à) cent pieds sous terre tellement j'avais honte. ¶ 남 보기 ~하다 ne pas pouvoir garder la tête haute. ¶ 아이구 ~해라 Oh là là, qu'est-ce que j'ai honte! / Merde [Putain {*vulg*}], (c'est) la honte! {*fam*}. ¶ ~한 짓은 하지 마라 Ne fais rien de scandaleux [de honteux, de déshonorant]! / Pas de scandale! ¶ ~한 이야기지만 C'est honteux à dire ça mais ... / C'est une chose honteuse à raconter, mais ...

¶ ~하게 그러지 마라 Ne fais pas ça, tu risques de nous faire honte / Évite de nous ridiculiser [de nous faire honte].

◆_스럽다 형 se sentir honteux(*se*), avoir honte. ¶ ~스러워 말을 못 하겠다 J'ai tellement honte que je n'arriverai pas à sortir un mot.

창해 滄海 명 mer *f* immense, océan *m*.

창호 窓戶 명 portes et fenêtres *fpl*. ¶ ~ 공사 réfection des portes et fenêtres.

◆_지 -紙 명 papier *m* de riz amidonné (utilisé à la place des vitres pour les portes et fenêtres coulissantes). ¶ ~지를 바른 문 une porte empesée de papier amidonné.

창황히 蒼黃- 부 en grande hâte; à la hâte. ¶ 무리 지어 ~ 달아났다 Ils s'enfuirent en groupe [en bande] à toute vitesse [à toute allure, en grande hâte].

찾다 타 ① 구하다 (re)chercher, poursuivre; être en quête de *qc/qn*. ¶ 사람을 ~ chercher *qn*. ¶ 일자리를 ~ chercher du travail [du boulot {*fam*}, un travail]. ¶ 잃은 아이를 ~ chercher un enfant perdu. ¶ 단서를 ~ chercher des indices. ¶ 방법을 ~ chercher un moyen de+*inf*, être en quête d'une solution. ¶ 해결책을 ~ chercher une solution. ② 검색하다 consulter *qc*; chercher dans *qc*. ¶ 사전에서 단어를 ~ chercher un mot dans le dictionnaire. ¶ 전화번호부를 ~ chercher (le numéro de téléphone) dans l'annuaire. ③ (사람을) 부르다 chercher [appeler] *qn*. ¶ 아기가 엄마를 찾고 있다 Un bébé cherche sa maman. ¶ 선생님이 너를 찾으셨다 Le professeur te cherchait. ¶ 제가 없는 동안 저를 찾는 사람[전화]이 없었습니까? Est-ce qu'il y a quelqu'un qui m'a demandé au téléphone pendant mon absence? ④ 원하다 chercher; demander. ¶ 그 사람은 늘 외제만 찾는다 Il ne cherche toujours que des marques étrangères. ¶ 날씨가 추워지자 뜨거운 국물을 찾는 사람이 많아졌다 Ils sont nombreux à demander de plus en plus du bouillon chaud à cause du froid. ⑤ 발견하다 (re)trouver, découvrir; apercevoir; détecter, localiser; repérer. ¶ 분실했던 물건을 공원 벤치에서 찾았다 J'ai retrouvé un objet que j'avais perdu sur le banc d'un parc. ¶ 나는 고장의 원인을 찾았다 J'ai trouvé la cause de la panne. ¶ 문제의 해법이 찾아지지 않는다 Il n'est pas facile de trouver la solution à la question. ⑥ 방문하다 faire une visite chez *qn*, rendre visite à *qn*; se rendre, passer; se présenter chez *qn*; venir voir *qn*; aller voir *qn*. ¶ 사람이 잘 찾지 않는 조용한 산사 un temple (bouddhique) calme dans une montagne qui n'est pas très fréquenté. ¶ 나를 찾는 사람들을 따뜻이 대해 주었다 J'ai accueilli chaleureusement les gens qui me rendaient visite. ¶ 가끔 찾아 주십시오 Rendez-moi visite de temps en temps / Venez-me voir de temps en temps. ⑦ 돌려받다 aller chercher ((un objet confié à *qn*)); reprendre; récupérer; retirer ((de l'argent de la banque)). ¶ 우체국에서 소포를 ~ aller à la poste pour récupérer un colis [un paquet]. ¶ 은행에서 예금을 ~ retirer de l'argent à la banque. ⑧ 원상을 회복하다 remettre [rétablir] *qc* dans son état original [primitif]. ¶ 생활의 안정을 ~ retrouver une vie stable.

찾아가다 타 ① 방문하다 visiter. ¶ 고향집을 ~ rentrer dans *sa* famille [chez *ses* parents, voir *ses* parents], retourner dans *sa* maison familiale. ¶ 누구를 ~ aller voir *qn*, rendre visite à *qn*. ¶ 누구에게 ~ aller voir *qn*, rendre visite à *qn*. ② 가져가다 reprendre *qc*, récupérer *qc*. ¶ 맡긴 물건을 ~ reprendre un objet confié à *qn*. ¶ 맡겼던 아이를 ~ aller rechercher un(*e*) enfant chez *sa* gardienne [chez *son* assistante maternelle, chez *sa* nourrice]. ¶ 유실물을 ~ récupérer des objets perdus.

찾아내다 타 (re)trouver, découvrir; apercevoir; détecter, localiser; repérer; identifier. ¶ 잃어버린 아이를 군중 속에서 ~ repérer *son* enfant perdu dans [au milieu de] la foule. ¶ 서랍을 뒤져서 그 명함을 찾아냈다 J'ai retrouvé cette carte de visite après avoir fouillé dans un tiroir. ¶ 범인을 ~ identifier le criminel. ¶ 사망 원인을 ~ trouver la cause de la mort de *qn*.

찾아다니다 타 ① 방문하다 rendre régulièrement visite à *qn*: faire du porte-à-porte ((électorale)). ¶ 유권자들을 일일이 ~ faire une visite chez chaque électeur et chaque électrice, faire du porte-à-porte ((électorale)). ② 찾으러 다니다 ((무엇을)) chercher *qc* un peu partout [ici et là, çà et là, à gauche à droite]; ((사람을)) chercher partout *qn* ((*qn* de disparu, un enfant perdu)). ¶ 먹을 것을 ~ chercher ici et là de la nourriture [à manger] ((pour nourrir *ses* petits)).

찾아들다 재타 ① passer, se rendre. ¶ 그 숲에는 새들이 많이 찾아든다 Nombreux sont les oiseaux qui passent dans ce bois. ¶ 새들이 둥지를 찾아든다 Des oiseaux viennent chercher leur nid. ¶ 저녁 시간이 되자 아이들이 하나 둘씩 공부방으로 찾아들었다 Le soir venu, les enfants viennent un à un pour étudier. ② venir, passer. ¶ 슬픔[공허감]이 마음속에 찾아들었다 Une tristesse [Un vide] vient de traverser mon cœur. ¶ 마음에 안정이 ~ avoir un cœur tranquille et paisible. ¶ 숲에 어둠이 찾아들었다 L'obscurité vient de recouvrir le bois. ¶ 황혼이 찾아들었다 La nuit est tombée.

***황혼이** ~ arriver au crépuscule de *sa* vie.

찾아보다 타 ① 방문하다 faire une visite chez *qn*. ¶ 친지를 ~ faire une visite chez un parent, rendre visite à un parent, aller voir un parent. ¶ 찾아보는 이 하나 없다 Personne ne fait de visite. ② chercher; consulter. ¶ 모르는 단어를 사전에서 ~ chercher un mot inconnu dans le dictionnaire. ¶ 사전을 ~ chercher ((un mot)) dans le dictionnaire.

찾아뵈다 타 faire une visite chez *qn*, aller voir *qn*, rendre visite à *qn* ((de hiérarchiquement supérieur)). ¶ 선생님을 ~ aller voir un professeur, rendre visite à un professeur. ¶ 진작 찾아뵈어야

하는데 그러지 못해서 죄송합니다 Je suis désolé(*e*) de n'avoir pu vous rendre visite plus tôt [plus rapidement].

찾아뵙다 타 aller voir *qn* ((de hiérarchiquement supérieur)). ¶ 직접 찾아뵙고 말씀드려야 하는 건데 J'aurais dû passer plus tôt venir vous voir [vous rencontrer] personnellement.

찾아오다 자타 ① 방문하다 visiter; venir voir *qn*. ¶ 옛 제자가 나에게[를] 찾아왔다 Un de mes anciens élèves est venu me voir. ¶ 친구가 나를 보러 학교에[를] 찾아왔다 Mon ami est venu me voir à l'école. ¶ 아버지께서 갑자기 직장으로 나를 찾아오셨다 Mon père est venu me voir tout à coup dans mon bureau. ② 맡겼던 것을 가져오다 retirer ((un objet confié)) à *qn*. ¶ 은행에서 돈을 ~ retirer de l'argent de la banque. ¶ 수선 맡겼던 가방을 ~ reprendre un sac confié pour réparation. ③ 일어나다 arriver à *qn*. ¶ 이따금씩 찾아오는 위경련 des crampes d'estomac qu'on a de temps en temps. ¶ 우리 가족에게 불시에 찾아온 재난 un désastre qui est passé inopinément chez nous. ¶ 행운[불운, 기회, 뜻하지 않은 일]이 찾아온다 La chance [La malchance, L'opportunité, La surprise] passe [arrive].

채¹ 명 ((북, 장구의)) baguette *f* ((de tambour)); ((채찍)) fouet *m*, cravache *f*. ¶ ~가 부러졌다 La baguette ((de tambour)) s'est cassée [brisée].

◆**골프_** 명 club *m* de golf.

◆**북_** 명 baguette *f* de tambour.

◆**장구_** 명 baguette *f* de *janggu*.

◆**테니스_** 명 raquette *f* de tennis.

◆**파리_** 명 tue-mouche *m*, tapette *f* à mouche.

채² 분류 ① ((집)) ((classificateur, servant à compter les maisons ou les couvertures)) bâtiment *m*, maison *f* ((classificateur servant à compter des bâtiments)). ¶ 집 두 ~ deux maisons. ② ((이불)) couverture *f*, couette *f* ((classificateur servant à compter des couvertures)). ¶ 이불 한 ~ une couverture, une couette.

접미 bâtiment *m*. ¶ 집~ 같은 바위 un rocher grand comme une maison. ¶ 안~ ☞ 안채

채³ 명 légumes *mpl* finement coupés (en petits morceaux, en allumettes). ¶ ~를 무치다 mélanger des légumes finement coupés (avec d'autres *ingrédients et des assaisonnements*). ¶ ~(를) 썰다[치다] couper en petits morceaux.

◆**무_** 명 navet *m* finement coupé.

◆**오이_** 명 concombre *m* finement coupé.

채⁴ 부 pas encore; à peine (fini). ¶ ~ 익지 않은 사과 une pomme qui n'est pas tout à fait mûre. ¶ 작품이 ~ 완성되지 못했다 Son œuvre n'est pas encore achevée. ¶ 지은 지 한 달이 ~ 못 된 건물 un bâtiment construit il y a à peine un mois.

채⁵ 의명 dans l'état d'avoir fait *qc* ((exprime le maintien de l'état résultant)). ¶ 사람을 산 ~로 묻다 enterrer quelqu'un vivant, mettre en terre une personne encore vivante. ¶ 옷을 입은[벗은] ~(로) 잠자다 dormir tout habillé(*e*) [déshabillé(*e*)]. ¶ 신발을 신은 ~(로) 집에 들어가다 entrer à l'intérieur de la maison avec *ses* chaussures, entrer dans la maison [chez *qn*] sans ôter *ses* chaussures. ¶ 담배를 입에 문 ~(로) 말하지 마라 Ne parle pas la cigarette à la bouche [la clope au bec {*fam*}]. ¶ 선 ~로 있다 rester debout.

채광¹ 採鑛 명 extraction *f* d'un minerai; exploitation *f* minière. ¶ ~ 시설 installation pour l'extraction d'un minerai, puits de mine. ◇_(을) **하다** extraire un minerai; exploiter une mine; travailler à la mine.

채광² 採光 명 éclairage *m* naturel (d'une pièce grâce à une fenêtre). ¶ ~ 장치 un système d'éclairage. ¶ ~을 개선하다 améliorer l'éclairage. ¶ ~이 좋은 방 une pièce [une chambre] bien éclairée. ◇_(을) **하다** éclairer naturellement (par une baie vitrée, par une porte fenêtre). ◇_(이) **되다** être éclairé(*e*) naturellement (grâce à une lucarne). ¶ 이 방은 ~이 잘 된다 Cette chambre est bien éclairée.

◆**_법** -法 명 procédé *m* [méthode *f*] d'éclairage. ¶ 천연 ~법 un procédé d'éclairage naturel.

◆**_창** -窓 명 lucarne *f*, œil-de-bœuf(*~s-~-~*) *m*, faîtière *f*, tabatière *f*.

채굴 採掘 명 extraction *f*, exploitation *f*, fouille *f* ((d'une mine)). ¶ 지하자원의 ~ extraction des ressources souterraines [du sous-sol]. ◇_(을) **하다** extraire, exploiter, creuser, fouiller ((une mine)). ¶ 석탄[석유, 금]을 ~하다 extraire du charbon [du pétrole, de l'or]. ◇_(이) **되다** être extrait(*e*).

◆**_권** -權 명 droit *m* d'exploitation (d'une mine); concession *f* minière. ¶ ~권을 따내다 obtenir [acquérir] le droit d'exploitation (d'une mine).

◆**_량** -量 명 capacité *f* productive (d'une mine).

◆**_지** -地 명 aménagements *mpl* souterrains pour l'extraction d'un minerai, galeries *fpl* d'une mine, puits *mpl* d'une mine.

채권¹ 債券 명 obligation *f*, rente *f*, bon *m* ((du Trésor)). ¶ ~ 시장 marché des obligations. ¶ 소액 ~ obligations à petit taux de capitalisation. ¶ 장기[단기] ~ obligations à long [à court] terme. ¶ ~(의) 수익률 taux de rendement des obligations. ¶ ~을 발행하다 émettre des obligations [des bons du Trésor].

채권² 債權 명 【법률】 créance *f*. ¶ ~ 압류 saisie par créancier. ¶ 누구에게 ~을 양도하다 céder [transférer] une créance à *qn*. ¶ ~을 회수하다 récupérer la créance de *qn*.

◆**_국** -國 명 nation *f* titulaire d'une créance, nation *f* créancière.

◆**_반제** -返濟 명 【경제】 remboursement *m* d'un crédit.

◆**_법** -法 명 loi *f* sur les obligations.

◆**_자** -者 명 créanci*er*(*ère*). ¶ ~자들의 독촉에 시달리다 être poursuivi(*e*) [harcelé(*e*)] par la pression des créanciers.

채근 採根 명 ((채무)) pression *f*, harcèlement *m*, persécution *f*, invitation *f* pressante; ((식물)) déracinement *m* ((des arbres)). ¶ 나는 그의 ~에 그만 화를 냈다 À force de me faire harceler par lui, ma colère a finalement éclaté / J'ai fini par me mettre en colère [par me fâcher] à cause des pressions qu'il me faisait subir. ◇_(을) **하다** faire pression sur *qn*, pousser *qn* à+*inf*, harceler *qn*; déraciner, arracher ((une plante)); découvrir la cause. ¶ 돈을 빨리 갚으라고 채무자에게 ~하다 presser un débiteur de rembourser [de rendre] l'argent rapidement. ¶ 내가 알아서 할 테니까, ~ 좀 하지 마라 Je vais me débrouiller tout seul, arrête de me presser! ◇_(을) **받다** avoir de la pression, être pressé(*e*) de+*inf*, être poussé(*e*) à+*inf*. ¶ 오늘 집세를 ~ 받았다 Aujourd'hui j'ai reçu un avis de paiement du loyer / Aujourd'hui, on a fait pression sur moi pour le loyer. ¶ 일을 빨리 끝내 달라고 ~을 받다 recevoir l'ordre de finir au plus vite un travail, être poussé(*e*) à vite terminer le travail.

채널 영{channel} 명 ① 방송의 채널 chaîne *f* ((de télévision)). ¶ 텔레비전 ~을 선택하다 choisir une chaîne de télévision. ¶ 텔레비전 ~을 돌리다 changer de chaîne de télévision, zapper {*fam*}, ((캐나다)) pitonner. ② 통로 역할을 하는 것 voie *f*. ¶ [비]공식적인 ~을 통해 par la voie officielle [officieuse]. ¶ 외교(적) ~ la voie diplomatique.

채다[1] 자타 ☞ 차이다

채다[2] 타 avoir une intuition; pressentir; soupçonner; s'apercevoir de *qc*; comprendre. ¶ 눈치[낌새]를 ~ entrevoir les prémisses de *qc*; pressentir les signes de *qc*.

채다[3] 타 ① 훔치다 arracher; saisir (au passage); dérober; chiper {*fam*}, piquer {*fam*}. ¶ 손가방을 채서 달아나다 arracher un sac à main et s'enfuir. ② 잡아당기다 tirer d'un coup sec. ¶ 낚싯대를 잡아서 확 ~ tirer sur une ligne d'un coup sec. ¶ 물고기가 미끼를 확 채어 갔다 Le poisson a arraché l'hameçon d'un coup sec. ¶ 늑대가 다른 늑대의 먹이를 확 챘다 Le loup a arraché la proie d'un coup sec à un autre loup.

채도 彩度 명 chromie *f*, saturation *f* de la couleur. ¶ ~가 높은 색 une couleur saturée, une couleur dont le degré de pigmentation arrive à saturation; la saturation d'une couleur.

채뜨리다 타 tirer en avant (d'un coup sec); arracher ((*qc* des mains de *qn*)); chiper {*fam*}. ¶ 그 사람이 내 손에서 책을 채뜨려 빼앗았다 Il a arraché le livre des mains.

채록 採錄 명 enregistrement *m*, recueil *m*. ¶ 전래 동화의 ~ enregistrement [transcription] des contes traditionnels pour enfants. ◇_(을) **하다** enregistrer, consigner, recueillir, noter, prendre en note, transcrire, relever. ¶ 민요[구전 설화]를 ~하다 enregistrer [noter, transcrire] des chants folkloriques [des contes ancestraux, des légendes ancestrales]. ◇_(이) **되다** être enregistré(*e*), noté(*e*), transcrit(*e*), recueilli(*e*).

채마 菜麻 명 légumes *mpl*, plantes *fpl* potagères.
◆**_밭** 명 potager *m*, jardin *m* potager. ¶ ~밭을 가꾸다 cultiver un potager, faire de la culture maraîchère.

채무 債務 명 【법률】 dette *f*, redevance *f*, obligation *f* financière. ¶ ~ 변제 le remboursement d'une dette, l'acquittement [le paiement, le règlement] d'une dette. ¶ ~ 보증 une garantie, un gage, une caution, un cautionnement. ¶ ~ 불이행 le non-paiement d'une dette; le refus de paiement d'une dette. ¶ ~ 상환 le remboursement [l'acquittement, le paiement, le règlement] d'une dette. ¶ ~ 관계 relation entre débiteur et créancier; une dette envers *qn*. ¶ ~를 지다 contracter des dettes, s'endetter. ¶ ~를 이행하다 payer [acquitter, régler, rembourser] une dette. ¶ ~가 있다 avoir des dettes, être endetté(*e*).
◆**_국** -國 명 pays *m* endetté [débiteur, redevable].
◆**_자** -者 명 débi*teur*(*trice*).
◆**고정_** 固定- 명 【법률】 redevance *f* à long terme.
◆**연대_** 連帶- 명 【법률】 dette *f* commune

채반 -盤 명 ((그릇)) plateau(*x*) *m* d'osier; ((진미)) mets *mpl* délicats (que la jeune épouse apporte à ses parents ou beaux-parents).

채변 採便 명 prélèvement *m* des selles (pour analyse). ◇_(을) **하다** prélever des selles (pour analyse).

채보 採譜 명 transcription *f* musicale (du son à la partition) faite à l'oreille. ¶ 판소리의 ~ transcrire un *pansori* à l'oreille. ◇_(를) **하다** noter [transcrire] une composition musicale à l'oreille. ¶ 전래 민요를 ~하다 noter [transcrire] la partition des chants folkloriques traditionnels à l'oreille.

채비 -備 명 préparation *f*, organisation *f*; préparatifs *mpl*, arrangements *mpl*; dispositions *fpl*. ¶ 월동 ~ les préparatifs en prévision de l'hiver. ◇_(를) **하다**((갖추다)) se préparer; faire des préparatifs; organiser; disposer; arranger. ¶ 길[여행] 떠날 ~를 하다 se préparer pour partir en route; faire des préparatifs pour le voyage. ¶ 외출할 ~를 하다 se préparer à sortir, faire les préparatifs de sortie. ¶ 손님 맞을 ~를 하다 s'apprêter [se préparer] à recevoir des clients [des invités, des amis]. ¶ 다 왔으니 어서 내릴 ~를 해라 On est presque arrivé(*e*)s, prépare-toi à descendre. ◇_(가) **되다** être prêt(*e*), préparé(*e*), disposé(*e*). ◇_(를) **시키다** faire préparer. ¶ 하인에게 떠날 ~를 시키다 faire préparer le départ au domestique.

채산 採算 명 compte *m*, calcul *m* ((des profits et des pertes)). ¶ ~을 맞추다 faire le compte des profits et pertes. ¶ ~이 맞다 être profitable, être rentable, être lucrati*f*(*ve*), être payant(*e*); payer, rapporter. ¶ ~이 맞지 않다 ne pas être profitable, ne pas être rentable, ne pas être payant(*e*), ne pas être lucrati*f*(*ve*).
◆**_성** -性 명 rentabilité *f*. ¶ ~성이 있다[없다, 떨어졌

다] C'est rentable [Ce n'est pas rentable / Le taux de rentabilité a dégringolé]. ¶ ~성이 악화되었다[나아졌다] La rentabilité a diminué [s'est détériorée] / Le taux de rentabilité a baissé / Le taux de rentabilité a dégringolé [La rentabilité s'est améliorée / La rentabilité est devenue meilleure].

채색 彩色 명 coloration *f*; combinaison *f* des couleurs; couleurs *fpl* variées; coloris *m*. ¶ ~ 토기 une poterie colorée. ¶ 이 도자기는 ~이 현란하다 Cette porcelaine a une couleur tapageuse [voyante] / Cette poterie a une coloration éclatante / La couleur de cette faïence est éblouissante. ◇_(을) 하다 peindre; colorer; teindre, teinter. ¶ 무엇을 갖가지 색으로 ~하다 colorer *qc* de couleurs variées, peindre en multicolore. ¶ 미래를 핑크빛으로 ~하다 dessiner l'avenir avec optimisme. ◇_(이) 되다 être coloré(*e*), peint(*e*), teinté(*e*). ¶ 눈으로 온 천지가 하얗게 ~되었다 Avec la neige, tout le paysage est teinté [coloré] de blanc / Tout le paysage est blanchi par la neige.

채석 採石 명 extraction *f* de la pierre. ¶ ~ 작업 le travail d'extraction de la pierre. ◇_(을) 하다 extraire de la pierre.

◆_권 -權 명 droit *m* d'exploitation d'une carrière.

◆_장 -場 명 carrière *f*, marbrière *f*, meulière *f*.

◆_장이 명 carrier *m*, mineur *m*, tailleur *m*.

채소 菜蔬 명 légume *m*. ¶ ~ 농사 culture des légumes, culture potagère. ¶ ~ 장사 commerce des légumes. ¶ ~를 먹다[다듬다] manger [enlever les parties abîmées] des légumes. ¶ ~를 재배하다[가꾸다, 기르다] cultiver [faire pousser, semer] des légumes.

◆_밭 명 champ *m* de légumes, légumier *m*, potager *m*, jardin *m* potager.

◆_장수 명 marchand(*e*) de légumes [de primeurs].

채송화 菜松花 명 pourpier *m*, *Portulaca grandiflora* {*nsc*}.

채식 菜食 명 régime *m* végétarien. ¶ 육식보다 ~을 좋아하다 aimer mieux les légumes que la viande, préférer (manger) les légumes à la viande. ¶ ~을 권장하다 conseiller de suivre [d'adopter] un régime végétarien; pousser [inciter] à suivre un régime végétarien. ◇_(을) 하다 suivre un régime végétarien.

◆_동물 -動物 명 anim*al*(*aux*) *m* herbivore(s); herbivore *m*.

◆_주의 -主義 명 végétarisme *m*; végétalisme *m*.

◆_주의자 -主義者 명 végétarien(*ne*).

채신 명 conduite *f*, comportement *m*, façon *f* de se comporter [d'agir]. ◇_(이) 없다 se conduire mal, se comporter d'une façon indigne, avoir une conduite peu convenable. ¶ ~없이 나대다 se mêler indignement de tout, fourrer *son* nez partout {*fam*}. ¶ 아이들 앞에서 ~없게[없이] 굴다 se conduire mal devant les enfants, avoir une conduite peu convenable devant les enfants.

◆_사납다 형 ⟪conduite⟫ être indigne, mauvais(*e*), déshonorant(*e*), honteu*x*(*se*).

채신머리 명 【속어】 ⟪'채신'의 속된 말⟫ conduite *f*, comportement *m*, façon *f* de se comporter [d'agir]. ◇_(가) 없다 se conduire d'une façon indigne, manquer de sérieux. ¶ 왜 이렇게 ~(가) 없냐? Ce n'est pas une conduite à avoir! / Ce n'est pas une conduite convenable! / Ce comportement est indigne / Ta conduite est inadmissible / Quelle conduite indigne! / Quel manque de sérieux! / Tu manques vraiment de sérieux! / Pourquoi agis-tu si indignement [honteusement]? ¶ ~없이 속옷 바람으로 손님을 맞다 recevoir inconvenablement [honteusement, indignement] des invités en tenue légère [en petite tenue].

채용 採用 명 ① ⟪고용⟫ embauche *f*, embauchage *m*, engagement *m* (d'un salarié), recrutement *m*. ¶ ~ 계약[시험] contrat établi à l'embauche, contrat d'embauche [concours de recrutement, examen d'embauche]. ¶ ~ 기간 période d'embauche. ¶ ~ 박람회 foire de l'emploi, foire de recrutement [d'embauche]. ¶ ~ 조건 condition d'embauche, condition de recrutement. ¶ 공개 ~ recrutement ouvert (à tout le monde). ¶ 임시 ~ embauche provisoire [d'essai]; emploi à durée déterminée. ② ⟪채택⟫ adoption *f*, acceptation *f*, introduction *f*. ¶ 외래문화의 ~ acceptation [réception] d'une culture étrangère. ◇_(을) 하다 embaucher, recruter, engager ⟪du personnel⟫; adopter, accepter, introduire ⟪un système⟫. ¶ 직원을 ~하다 embaucher [recruter, employer] du personnel. ¶ 누구를 비서[조수]로 ~하다 embaucher [recruter, engager] *qn* comme secrétaire [assistant(*e*)]. ◇_(이) 되다 ⟪고용⟫ être embauché(*e*), recruté(*e*), être engagé(*e*); ⟪채택⟫ être adopté(*e*), accepté(*e*), introduit(*e*). ¶ 전임교수로 ~되다 être pris(*e*) [être embauché(*e*)] comme professeur titulaire.

◆_자 -者 명 employé(*e*), recru(*e*); personnel *m* embauché. ¶ 임시 ~자 un employé provisoire [temporaire].

채우다¹ 타 fermer; ⟪단추를⟫ boutonner. ¶ 문에 자물쇠를 ~ fermer une porte avec un cadenas, cadenasser une porte. ¶ 단추를 ~ boutonner ⟪*son* manteau⟫; se boutonner. ¶ 점퍼의 지퍼를 ~ remonter [fermer] la fermeture éclair de *son* blouson.

채우다² 타 garder [mettre] dans ⟪l'eau froide ou la glace⟫. ¶ 생선을 얼음에 ~ conserver du poisson dans (de) la glace. ¶ 수박[맥주]을 찬물에 ~ rafraîchir une pastèque [une bouteille de bière] dans (de) l'eau glacée.

채우다³ 타 ① 가득 차게 하다 remplir *qc*. ¶ 잔에 술을 ~ remplir un verre d'alcool. ¶ 잔을 ~ remplir un verre. ¶ 가마니를 쌀로 ~ remplir un sac de riz. ¶ 청중들이 강연장을 가득 ~ Le public remplit la salle de conférence. ② 부합되게 하다 rester jusqu'au bout (d'une période donnée); remplir; achever.

¶ 기한을 ~ remplir une échéance. ¶ 정원[인원]을 ~ arriver au quorum [au nombre fixé]. ¶ 임기를 ~ terminer *son* mandat. ¶ 할당받은 숫자를 ~ arriver au nombre attribué [assigné]. ¶ 한 섬을 더 채워 백 섬을 만들다 même en possédant déjà un grand nombre de sacs de riz on veut encore en avoir un de plus pour compléter son stock; ((속담)) L'avarice ne connaît pas de limite. ③ 만족스럽게 하다 satisfaire; contenter. ¶ 욕심[사리사욕, 잇속]을 ~ satisfaire *son* envie [*ses* convoitises, *son* intérêt personnel]. ¶ 배고픔을 ~ satisfaire *sa* faim, manger à satiété [jusqu'à satiété, à *sa* faim, copieusement], se rassasier; se remplir [se caler {*fam*}] le ventre [l'estomac, le ballon {*fam*}], se caler les joues {*fam*}, se remplir [s'emplir] la panse {*fam*}, satisfaire *son* estomac, se lester l'estomac {*fam*}, lester *son* estomac {*fam*}.

채우다[4] 타 mettre; passer. ¶ 누구의 손목에 수갑[쇠고랑]을 ~ mettre [passer] les menottes aux poignets de *qn* [aux mains de *qn*, à *qn*], menotter *qn*. ¶ 아이에게 기저귀를 ~ mettre une couche [une nouvelle couche, une couche propre] à un bébé, langer un bébé, changer un bébé. ¶ 목에 칼을 ~ passer [mettre] une planche autour du cou de *qn*.

채이다 재타 ((‘차이다’의 잘못)) ☞ 차이다

채점 採點 명 notation *f*, évaluation *f*, correction *f* ((des examens)). ¶ ~ 기준을 마련하다 déterminer le barème de correction [les critères d'évaluation]. ¶ ~ 결과가 나왔다 Les résultats de la correction sont disponibles. ¶ 답안지 ~ la notation des copies. ¶ ~이 후하다[박하다] La notation est généreuse [sévère]. ◇_(을) **하다** donner des notes, corriger. ¶ 답안지를 ~하다 noter [corriger] les copies d'examen. ¶ 100점 만점으로 ~하다 noter sur 100, donner une note sur 100. ¶ ~을 후하게[엄격하게] 하다 noter ((des copies d'examen)) généreusement [noter sévèrement, noter avec sévérité, sacquer {*fam*}, sabrer {*fam*}]. ◇_(이) **되다** être noté(*e*), corrigé(*e*), évalué(*e*). ¶ ~이 잘못 되다 être mal évalué(*e*).

◆_**관** -官 명 correc*teur*(*trice*), examina*teur*(*trice*).

◆_**자** -者 명 correc*teur*(*trice*), examina*teur*(*trice*).

◆_**위원** -委員 명 membre *m* du comité des examinateurs, membre *m* du jury.

◆_**표** -表 명 résultat *m* des corrections, note *f* d'évaluation.

채집 採集 명 collection *f*, collecte *f*, collectage *m*; récolte *f*, ramassage *m*; recueil *m*. ¶ 곤충 ~ une collection d'insectes. ¶ 약초 ~ 여행 voyage de collectage d'herbes médicinales. ◇_(을) **하다** faire une collection, collectionner, collecter, rassembler, recueillir. ¶ 식물[나비]을 ~하다 faire une collection de plantes [de papillons]. ¶ 데이터[정보]를 ~하다 collecter [rassembler, recueillir] des données [des informations]. ¶ 민담[속담]을 ~하다 recueillir des récits populaires [des proverbes]. ◇_(이) **되다** être collectionné(*e*), collecté(*e*), ramassé(*e*), recueilli(*e*).

채찍 명 fouet *m*; ((말채찍)) chambrière *f*, knout *m*, martinet *m*, cravache *f*. ¶ ~을 휘두르다 brandir [faire claquer] un fouet. ¶ 누구[동물]를 ~으로 때리다 frapper [battre] *qn* [un animal] avec un fouet [avec un martinet], donner des coups de fouet à *qn* [un animal]. ¶ ~에 맞다 recevoir des coups de fouet, se faire fouetter, se faire frapper avec un fouet.

◆_**질** 명 ① 채찍으로 때리는 일 flagellation *f*, fustigation *f*, coups *mpl* de fouet. ② ((독려)) encouragement *m*, incitation *f*, stimulation *f*. ¶ 더 잘하라는 ~질로 알겠습니다 Je prendrai cela comme un encouragement à faire encore mieux. ¶ 일을 빨리 하도록 ~질하다 encourager [inciter, pousser] *qn* à travailler plus vite.

*달리는 말에 ~질하다 encourager [inciter, pousser] *qn* qui travaille déjà (bien) de son plein gré à travailler encore davantage [à en faire plus], encourager *qn* qui travaille déjà (bien) de son plein gré, pour qu'il fasse encore mieux.

채취 採取 명 ① cueillette *f*, ramassage *m*, cueillaison *f*, récolte *f*; collecte *f* ((de coquillage)); extraction *f* ((de l'essence)). ¶ 수렵과 ~에 의한 생활 vie de cueilleur-chasseur. ¶ 표본 ~ collecte de spécimens. ② prise *f*. ¶ 지문[혈액] ~ prise des empreintes digitales [de sang]. ◇_(를) **하다** cueillir, récolter, ramasser ((des plantes)); collecter ((des perles)); arracher ((des plantes médicinales)). ¶ 미역[버섯]을 ~하다 ramasser [cueillir, récolter] des algues [des champignons]. ¶ 고구마에서 주정을 ~하다 faire [obtenir] de l'alcool avec des patates douces. ¶ 사건 현장에서 증거물[지문, 혈흔]을 ~하다 collecter des preuves [des empreintes digitales, des traces de sang] sur le lieu du crime. ◇_(가) **되다** être collecté(*e*), ramassé(*e*).

◆_**장** -場 명 lieu(*x*) *m* du crime.

채치다 타 ① 채찍질하다 fouetter; battre à coups de fouet. ¶ 말을 채쳐 달리다 fouetter un cheval pour le faire courir [galoper]. ② 다그치다 aiguillonner; presser *qn* (de faire *qc*, de répondre); stimuler *qn*, encourager *qn*. ¶ 채쳐 묻다 presser *qn* de répondre.

채칼 명 couteau(*x*) ((à légumes)).

채탄 採炭 명 extraction *f* [exploitation *f*] du charbon, extraction *f* houillère. ¶ ~ 작업 travail [opération] consistant à extraire du charbon. ◇_(을) **하다** extraire du charbon (d'un mine).

◆_**장** -場 명 mine *f* de charbon.

채택 採擇 명 ((채용)) adoption *f*, acceptation *f*, ((선택)) choix *m*, sélection *f*. ¶ ~ 여부를 결정하다 décider de l'adoption ou du rejet ((d'une proposition)); voter pour l'adoption ou le rejet ((d'un projet)). ◇_(을) **하다** adopter, accepter; choisir, sélectionner, décider, déterminer. ¶ 다수 의견을 ~하다 adopter [accepter] l'avis d'une grande majorité. ¶ 결의문을

~하다 adopter [prendre] une résolution. ¶ 이 책을 교재로 ~했다 On a pris [choisi] ce livre comme manuel. ¶ 어떤 방식을 ~할지 결정되지 않았다 On n'a pas encore décidé la méthode qu'on va prendre [adopter, choisir] / La méthode à adopter n'a pas encore été choisie. ◇_(이) **되다** être adopté(*e*), pris(*e*), accepté(*e*), choisi(*e*), sélectionné(*e*). ¶ 검인정 교과서로 ~되다 être sélectionné(*e*) comme manuel reconnu par le ministère de l'Éducation nationale. ¶ 재판에서 증거로 ~되다 être accepté(*e*) comme preuve au procès [le jour du jugement, au tribunal, par la justice].

◆**_료** -料 명 récompense *f* pour avoir été sélectionné(*e*), prix *m* de sélection.

채팅 영{chatting} 명 chat *m*, chat m, clavardage *m* {Québec}, causette *f*, messagerie *f* instantanée, *IM m* ◇_(을) **하다** chatter (avec *qn*).

채플 영{chapel} 명 culte *m* protestant donné dans une chapelle ((dans la chapelle d'un hôpital, d'une école ou d'un autre établissement)). ¶ ~ 시간 les heures de culte (protestant) (donné dans une chapelle).

채혈 採血 명 prélèvement *m* sanguin, prise *f* de sang. ◇_(을) **하다** prélever du sang, faire une prise de sang.¶ 가족 중에서 ~을 해서 환자에게 수혈하는 것이 좋다 Il est bon de prélever du sang à un membre de la famille pour le transfuser ensuite au patient.

책¹ 冊 명 livre *m*, ouvrage *m*, bouquin *m* {*fam*}. ¶ 물리학 ~ un livre de physique. ¶ 프랑스~ un livre français. ¶ 불어(로 된) ~ un livre (écrit) en français. ¶ ~의 제목[목차, 머리말, 표지] titre [table des matières, préface, couverture] de l'ouvrage. ¶ 재미있는[재미없는] ~ un livre drôle [pas drôle]. ¶ 유익한[쓸데없는] ~ un livre intéressant [inutile, nul]. ¶ 잘 팔리는[대중적인, 통속적인] ~un livre qui se vend bien [populaire, vulgaire]. ¶ 쉽게[술술] 읽히는 ~ un livre facile à lire, un livre qu'on lit facilement. ¶ ~을 쓰다 écrire [composer, faire] un livre. ¶ ~을 내다[펴내다, 출간하다, 출판하다] sortir [éditer, faire apparaître, publier] un livre. ¶ ~을 읽다[보다] lire un livre. ¶ ~을 뒤적이다[훑어보다] feuilleter [survoler, jeter un coup d'œil sur] un livre. ¶ ~을 펴다[덮다] ouvrir *[fermer] un livre.* ¶ ~을 정독하다 lire attentivement un livre. ¶ ~을 복사하다 reproduire un livre. ¶ 누구에게 ~을 읽어주다 lire un livre à *qn.* ¶ 서점에서 ~ 5권을 사다 acheter cinq livres dans une librairie. ¶ ~을 찢다 déchirer un livre. ¶ 프랑스어로 된 ~을 영어로 번역하다 traduire un livre écrit en français vers l'anglais. ¶ 도서관에서 ~을 빌리다[대출하다] emprunter un livre à la bibliothèque. ¶ 도서관에서 빌린 ~을 반납하다[돌려주다] rendre un livre emprunté à la bibliothèque. ¶ ~을 돌려 보다 faire circuler un livre ((entre amis)). ¶ ~을 제본하다 faire relier un livre. ¶ 서가에서 ~을 뽑아들다 prendre un livre au rayon d'une bibliothèque et le consulter. ¶ 무엇을 ~에서 찾아보다 chercher *qc* dans un livre. ¶ ~에서 눈을 떼지 않다 ne pas quitter les yeux d'un livre. ¶ ~에 낙서하다[밑줄을 긋다] griffonner [souligner (des passages)] dans un livre. ¶ ~에서 읽은 이야기 une histoire [un récit] lu(*e*) dans un livre. ¶ ~이 나왔다[발간되었다, 출간되었다, 출판되었다] Le livre est sorti [est paru, a été publié, a été édité]. ¶ ~이 눈에 들어오지 않다 ne pas arriver à lire un livre ((à cause de la fatigue, à cause d'un souci)).

◆**_가방** 명 serviette *f*, cartable *m*. ¶ ~가방을 메다[둘러메다] porter *son* cartable sur le dos, porter *son* cartable sur l'épaule.

◆**_갈피** 명 ((entre)) les pages *fpl*; marque-page(~-~*s*) *m*, signet *m*. ¶ 무엇을 ~갈피에 끼워[꽂아, 넣어] 두다 mettre [insérer, intercaler] *qc* entre les pages d'un livre.

◆**_꽂이** 명 étagère *f* à livres, rayon *m* (de bibliothèque). ¶ ~꽂이에 책을 꽂다 ranger des livres sur l'étagère [sur le rayon].

◆**_더미** 명 tas *m* [monticule *m*] de livres.

◆**_방** -房 명 librairie *f*, boutique *f* de livres.

◆**_벌레** 명 parasite *m* des livres, *Lépisme* {*nsc*}, poisson *m* d'argent; ((독서광, 독서가)) mordu(*e*) de livres, rat *m* de bibliothèque.

◆**_보** -褓 명 sangle *f*. ¶ ~보를 풀다[끄르다] défaire [dénouer] une sangle. ¶ ~보를 옆구리에 끼다 tenir [porter] un paquet sur la hanche dans une sangle.

◆**_장¹** -張 명 page *f*, feuille *f*. ¶ ~장을 넘기다 tourner une page. ¶ ~장이 군데군데 찢겨 있다 Certaines pages ont été déchirées par endroits.

◆**_장²** -欌 명 bibliothèque *f*, casier *m* à livres, armoire *f* à livres, étagère *f* à livres. ¶ ~장에 책을 넣어 두다 ranger des livres dans une bibliothèque.

◆**헌_** 명 livre *m* d'occasion, livre *m* usagé, bouquin *m* {*fam*}.

◆**헌_방** -房 명 boutique *f* de livres d'occasion; bouquiniste *mf*.

*~ **도둑은 도둑이 아니다** Un voleur de livres, ce n'est pas un voleur.

책² 責 명 reproche *m*, blâme *m*, réprimande *f*. ◇_(을) **하다** reprocher *qc* à *qn*; faire des reproches à *qn*; gronder; blâmer *qn*; réprimander *qn*.

*~(을) **잡다** reprocher *qc* à *qn*; faire des reproches à *qn*; gronder; blâmer *qn*; réprimander *qn*, attraper *qn* {*fam*}, remonter les bretelles {*fam*} à *qn*, secouer les puces {*fam*} à *qn*, sonner les cloches {*fam*} à *qn*, engueuler {*fam*} *qn*, enguirlander {*fam*} *qn*, passer un ((bon)) savon [une bonne engueulade {*fam*}] à *qn*, laver la tête à *qn*.

*~을 **잡히다** recevoir des reproches [une réprimande]; se faire gronder [houspiller, attraper {*fam*}, remonter les bretelles {*fam*}, secouer les puces {*fam*}, sonner les cloches {*fam*}, engueuler {*fam*}, enguirlander {*fam*}], recevoir un ((bon)) savon [une bonne engueulade {*fam*}]. ¶ ~ 잡힐

일을 하지 말아라 Ne fais rien qui puisse t'être reproché(*e*).¶ ~ 잡히기 싫어서 parce que je ne veux pas me faire attraper [engueuler {*fam*}, enguirlander {*fam*}] / parce que je n'ai aucune envie de recevoir un savon {*fam*}.

-책³ 策 접미 plan *m*, projet *m*; moyen *m*; mesure *f*. ¶ 대응~ mesure appropriée ((à une situation)). ¶ 강공~ mesure fictive. ¶ 개선~ mesure visant à améliorer ((les services administratifs)). ¶ 고육~ ((recourir à un)) expédient, palliatif. ¶ 미봉~ expédient, moyen de fortune, palliatif. ¶ 해결~ solution.

-책⁴ 責 접미 (personne *f*) responsable *m*; personne *f* en charge ((de *qc*)). ¶ 자금~ responsable financier. ¶ 조직~ organisa*teur*(*trice*).

책걸상 冊-床 명 pupitre *m* et banc *m* d'écolier.

책동 策動 명 manœuvre *f*, machination *f*, complot *m*; intrigue *f*. ¶ 불순분자[공산주의자]들의 ~을 사전에 봉쇄하다 étouffer dans l'œuf les machinations[complots] des dissidents[des communistes]. ◇_(을) **하다** manœuvrer; comploter; tramer un complot. ¶ 파업을 ~하다 déclencher [alimenter, pousser à, instiguer, être l'instiga*teur*(*trice*) d'] une grève. ¶ 배후에서 ~하다 manœuvrer dans les coulisses; intriguer.

책략 策略 명 ruse *f* de guerre; stratagème *m*; artifice *m*, tour *m*; malice *f*. ¶ ~을 꾸미다 user d'artifices [de ruses]; ruser, finasser. ¶ 온갖 ~을 쓰다 se servir de tous les moyens; user de toutes les ruses; avoir recours à tous les stratagèmes. ¶ ~이 풍부하다 avoir plus d'un tour dans son sac; être mal*in*(*igne*) comme un singe; être un fin stratège; être fine mouche {*fam*}; être un(*e*) mal*in*(*igne*). ¶ ~을 써서 en usant d'artifices [de ruses]. ¶ 누구의 ~에 놀아나다 se laisser prendre au jeu de *qn*.

◆_**가** -家 명 tacticien(*ne*) manœuvri*er*(*ère*).

책력 冊曆 명 almanach *m*, annuaire *m*.

책망 責望 명 reproche *m*, blâme *m*, réprimande *f*. ¶ 남에 대한 ~에 앞서 자신부터 돌아보자 Avant de blâmer les autres, il faut d'abord se poser des questions sur soi-même [se remettre en question]. ¶ 나는 ~은커녕 그 사람의 넋두리만 들었다 Au lieu de lui faire des reproches, je n'ai fait qu'écouter ses lamentations. ◇_(을) **하다** gronder; réprimander *qn*; faire des reproches à *qn*; blâmer. ¶ 자신을 ~하다 se reprocher à soi-même ((d'avoir agi sans réfléchir)). ¶ 배은망덕함을 ~하다 reprocher à *qn* son ingratitude. ¶ 누구의 잘못[과오, 부주의]을 ~하다 reprocher une faute à *qn* [reprocher à *qn* son inattention] ¶ 엄하게 ~하다 réprimander vertement; passer un savon à *qn* {*fam*}. ◇_(을) **받다[듣다]** être grondé(*e*); recevoir des reproches [une réprimande].

책무 責務 명 devoir *m*, tâche, obligation *f*, responsabilité *f*. ¶ 가족에 대한 ~ devoir envers sa famille. ¶ 지식인의 ~ le devoir des intellectuels. ¶ ~를 다하다[외면하다, 저버리다] [ne pas] accomplir [s'acquitter de] son devoir.

책봉 冊封 명 【역사】 investiture *f*. ◇_(을) **하다** conférer [donner] un titre de noblesse à *qn*, investir *qn* (du titre de *qc*); conférer l'investiture à *qn*; anoblir, introniser. ¶ 누구를 왕비로 ~하다 conférer le titre de reine à *qn*. ◇_(이) **되다** se faire conférer un titre de noblesse, être anobli(*e*); être désigné(*e*) ((roi, reine)), être intronisé(*e*). ¶ 태자로 ~되다 se faire conférer le titre de prince; être investi(*e*) prince.

◆_**식** -式 명 【역사】 cérémonie *f* d'investiture.

책사 策士 명 manœuvri*er*(*ère*); tacticie*n*(*ne*); intrigant(*e*); magouilleur {*fam*}. ¶ 그 정당에는 ~가 많다 Il y a beaucoup de politiciens peu scrupuleux [magouilleurs {*fam*}, combinards {*fam*}] dans ce parti politique.

책상 冊床 명 bureau *m*, table *f*, pupitre *m*. ¶ ~ 서랍 tiroirs d'un bureau. ¶ 사무용 ~ bureau. ¶ ~ 위에 놓인 사진 les photos posées sur un bureau. ¶ ~을 쾅쾅 내려치다 frapper très fort sur un bureau. ¶ ~에 앉다 s'asseoir à un bureau [à une table, à un pupitre]. ¶ ~에 엎드려 자다 dormir sur son bureau [pupitre].

◆_**다리** 명 position *f* d'une personne assise en tailleur[les jambes croisées]. ¶ ~다리를 하고 앉다 s'asseoir en tailleur[les jambes croisées].

◆_**머리** 명 partie *f* avant d'un bureau [d'une table].

◆_**물림** 명 personne *f* sans expérience.

◆_**보** -褓 명 nappe *f*.

책임 責任 명 ① 임무 devoir *m*, tâche *f*, responsabilité *f*. ¶ ~ 의식 le sens des responsabilités. ¶ 가족 부양의 ~ responsabilité familiale. ¶ ~을 완수하다[다하다] faire [accomplir] son devoir. ¶ ~을 회피하다[저버리다] manquer à ses responsabilités [à son devoir]; esquiver une responsabilité; se dégager [se décharger, s'exonérer] d'une responsabilité. ¶ ...할 ~을 (떠)맡다 prendre la responsabilité de+*inf*; assumer [accepter, prendre sur soi] la responsabilité de+*inf*; avoir [porter, endosser] la responsabilité de+*inf*; être chargé(*e*) de+*inf*. ¶ 누구에게 무엇을 ~을 지우다 rendre *qn* responsable de *qc*; rejeter la responsabilité de *qc* sur *qn*. ¶ 누구에게 ...할 ~을 맡기다 confier à *qn* la responsabilité de+*inf*. ¶ 누구에게 ...할 ~이 있다[없다] être [ne pas être] responsable de+*inf*. ¶ ~이 크다[무겁다, 막중하다] avoir de lourdes responsabilités. ¶ ~ 있는 지위에 있다 être dans une position de[à] responsabilité. ② 결과에 대하여 지는 부담, 제재 responsabilité *f*, obligation *f*. ¶ 연대 ~ responsabilité collective. ¶ 무한[유한] ~ responsabilité limitée [illimitée]. ¶ 사고에 대한 ~ responsabilité dans un accident. ¶ ~ 소재를 밝히다[명확히 하다] déterminer à qui revient une responsabilité. ¶ ~을 느끼다[통감하다] se sentir responsable. ¶ ~을 추궁하다[묻다] blâmer; rendre *qn* responsable de *qc*. ¶ ~을 추궁당하다 être l'objet de blâmes pour sa responsabilité ((dans une affaire de prêts)). ¶ ~을 누구에게 전가하다[떠넘기다, 미루다] rejeter la responsabilité ((d'une faute)) sur *qn*; faire retomber la responsabilité ((d'une faute)) sur *qn*; attribuer la responsabilité de *qc* à *qn*. ¶ ~이 그 사람에게 돌아온다[귀착된다] (Toute) la responsabilité repose sur lui / La responsabilité lui incombe, lui revient. ¶ 이것은 그 사람의 ~이다 Il en est responsable / C'est lui qui en est responsable / C'est lui qui s'en charge. ¶ 그것은 우리의 공동 ~이다 Nous en sommes tous (également) responsables / Nous partageons les responsabilités. ◇_(을) **지다** ① 어떤 일이나 의무를 맡다 être chargé(*e*). ¶ 그것은 내가 ~(을) 지겠다 Je vais m'en charger. ② 어떤 일의 결과에 대한 의무, 부담, 제재를 받다 prendre la responsabilité; assumer la responsabilité; avoir [porter, endosser] la responsabilité. ¶ 일에 대한 ~을 지고 물러나다 assumer [prendre] la responsabilité de l'affaire et se retirer.

◆**무_하다** 無- 형 ☞ 무책임.

◆**_성** -性 명 responsabilité *f*. ¶ ~성 있게 일을 처리하다 régler les choses [une affaire] de manière responsable; travailler avec le sens des responsabilités.

◆**_감** -感 명 sens *m* des responsabilités. ¶ ~감을 느끼다 se sentir responsable. ¶ ~감이 강하다 avoir un sens aigu des [de ses] responsabilités. ¶ ~감이 없다 n'avoir aucun sens des responsabilités, être irresponsable.

◆**_량** -量 명 nombre *m* de responsabilités. ¶ ~량을 채우다 s'acquitter de ses obligations; accomplir son devoir.

◆**_론** -論 명 responsabilité *f* ((politique du président)). ¶ 대통령의 정치적 ~론을 제기하다 remettre en cause [soulever le problème de] la responsabilité politique du président ((dans une affaire)); placer le président devant ses responsabilités (politiques).

◆**_보험** -保險 명 assurance *f* au tiers..

◆**_자** -者 명 responsable; préposé(*e*).

◆**_제** -制 명 régime *m* ((ministériel, présidentiel)). ¶ 대통령 ~제 régime présidentiel. ¶ 내각 ~제 régime ministériel.

책자 冊子 명 livre *m*; brochure *f*, pamphlet *m*; livret *m*. ¶ 여행 안내 ~ brochure touristique (pour un voyage). ¶ ~를 만들어 배포하다 faire une brochure et la distribuer.

◆**소_** 小- 명 petite brochure *f*, livret *m*, pamphlet *m*.

책정 策定 명 décision *f*. ¶ 가격 ~ 기준 (critères, norme de la) fixation des prix. ◇_(을) **하다** décider, fixer. ¶ 예산을 ~하다 établir un budget. ¶ 가격[임금]을 ~하다 fixer des prix [les salaires]. ¶ 도서 구입비로 100만원을 ~하다 fixer un montant d'un million de wons pour l'achat de livres; établir un budget d'un million de wons pour l'achat de livres. ◇_(이) **되다** être décidé(*e*), fixé(*e*). ¶ 지원금이 너무 높게 ~되었다 Le montant de la subvention a été fixé trop haut.

책하다 責- 타 faire des reproches à *qn*; blâmer *qn* ((pour *qc*)). ¶ 스스로를 ~ se reprocher *qc* [de+*inf*]. ¶ 누구의 허물을 ~ reprocher les défauts à *qn*. ¶ 누구에게 ...한 것을 ~ reprocher d'avoir fait *qc* à *qn*. ¶ 누구를[에게] ...다고 ~ reprocher *qc* à *qn*. ¶ 남을 책할 수 없다 On ne peut pas faire de reproches aux autres.

챔피언 영{champion} 명 ① 선수권자【운동】 champio*n*(*ne*). ¶ 세계 ~ 결정전 finale du championnat du monde. ¶ ~ 벨트를 거머쥐다 passer la ceinture de champion. ¶ 세계 ~에 도전하다 participer aux championnats du monde. ② 최고수 champio*n*(*ne*). ¶ 그 사람은 이 분야의 세계 ~이다 Il est un des meilleurs au monde dans ce domaine.

◆**_십** 명 championnat *m*.

챗국 명 soupe *f* à base de navet ou de concombre.

챙 명 visière *f*. ¶ ~이 넓은 모자 casquette avec une large visière. ¶ ~에 가려 얼굴이 안 보이다 ne pas voir *qn* parce qu'il est caché par sa visière.

챙기다 타 ① 정리하다 ranger, mettre de l'ordre ((dans *ses* papiers)), mettre *qc* en ordre. ¶ 짐[가방]을 ~ ranger une cargaison [une valise]. ¶ 서류를 ~ ranger *ses* documents, mettre en ordre *ses* documents, mettre de l'ordre dans *ses* documents [dans *ses* papiers], mettre *ses* papiers en ordre. ¶ 그 여자는 무슨 일이 있어도 남편 저녁 밥상은 꼭 챙겨준다 Quoi qu'il arrive, elle prépare toujours le repas de son mari [elle fait toujours à manger pour le soir à son mari]. ② 가지다 réclamer et posséder *qc*, prendre *qc*. ¶ 이익[이문]을 ~ prendre un profit, faire un profit [un bénéfice] ((sur une affaire)), retirer un bénéfice ((d'une affaire)), gagner de l'argent, tirer profit de *qc*. ¶ 자기 몫을 ~ avoir [prendre] *sa* part. ¶ 실속을 ~ penser à *son* intérêt personnel. ¶ 거금[거액]을 챙겨 달아나다 s'enfuir avec une grosse somme d'argent (en poche). ③ 빠뜨리지 않고 갖추다 préparer tout le nécessaire pour *qc*; prendre *qc* avec *soi*, emporter *qc*. ¶ 소지품을 ~ préparer *ses* affaires [*ses* effets personnels] ((pour un voyage)), préparer le nécessaire ((pour partir en voyage)). ¶ 필요한 물품들을 챙겨서 집을 나서다 quitter la maison après avoir préparé tout le nécessaire. ¶ 끼니 거르지 말고 꼭 챙겨 먹어라 Ne manque pas de prendre tous tes repas. ¶ 비서가 챙겨 준 서류 documents préparés par la secrétaire. ¶ 우산을 챙겨 들고 나오다 sortir en emportant un parapluie [avec un parapluie]. ¶ 끼니를 거르지 않고 밥을 꼭 챙겨 먹다 ne pas manquer de prendre tous *ses* repas, ne sauter aucun repas, prendre régulièrement tous *ses* repas, manger régulièrement en ne sautant aucun repas. ¶ 옷을 잘 챙겨 입다 vérifier que *sa* tenue est appropriée ((à la situation)) [que *sa* tenue est correcte, qu'on est bien habillé(*s*), que les vêtements ont été bien choisis], mettre des vêtements adaptés ((à telle ou telle situation, à la situation)). ④ 보살피다 bien s'occuper de *qn*. ¶ 동생을 잘 ~ bien s'occuper de *son* jeune frère [*sa* jeune soeur]. ¶ 자기 몸을 ~ prendre bien soin de *son* corps [de *sa* santé], bien se préoccuper de *sa* santé, entretenir son corps [sa santé]. ¶ 저 여자는 자기 남편만 챙긴다 Elle ne s'occupe [ne prend soin] que de son mari.

처¹ 妻 명 femme *f*, épouse *f*. ¶ 내연의 ~ concubine, compagne avec laquelle je vis maritalement, compagne par union libre. ¶ ~의 내조 덕분에 출세하다 réussir dans la société grâce aux soins de son épouse [grâce à son épouse]. ¶ ~를 얻다 prendre femme; se marier.

-처² 處 접미 bureau(*x*) *m*, service *m*, département *m*. ¶ 과학기술~ le Bureau de la Science et de la Technologie. ¶ 총무~ le service [le bureau, le département] des Affaires générales.

-처³ 處 접미 lieu(*x*) *m*, endroit *m*. ¶ 구입~ endroit où l'on fait des achats. ¶ 접수~ guichet. ¶ 근무~ lieu de travail, bureau.

처-⁴ 접두 avec force. ¶ ~먹다 se bâfrer {*fam*}, s'empiffrer {*fam*}, se goinfrer {*fam*}; se remplir [s'en mettre plein] la panse {*fam*}. ¶ ~박다 enfoncer avec force; pousser dans un coin. ¶ ~넣다 enfoncer (dans *qc*).

처가 妻家 명 famille *f* de l'épouse; maison *f* des beaux-parents d'un homme marié. ¶ ~ 덕을 보다 ((un homme)) être aidé [soutenu] (financièrement) par sa belle famille [par ses beaux parents]. ¶ ~ 식구들한테 미움을 받다 ((un homme)) ne pas être aimé par sa belle-famille. ¶ 명절에 ~에 들르다 aller chez sa belle-famille pour les fêtes. ¶ ~에 얹혀살다 ((un homme)) vivre chez sa belle-famille. ¶ 그 남자는 ~에 가 있다 Il est dans sa belle-famille.

◆**_살이** 명 vie *f* d'un jeune ménage chez les parents de l'épouse.

*__겉보리 서 말만 있으면 ~살이 안 한다__ Si un homme a un minimum d'argent (pour acheter son logement), il ne vit pas chez ses beaux-parents.

◆**_ㅅ집** 명 maison *f* des beaux-parents d'un homme marié.

*__~ㅅ집 말뚝만 보고도 절한다__ Il aime tellement sa femme qu'il est aux petits soins avec toute sa belle-famille.

처격 處格 명 【언어】 locatif *m*.

◆**_조사** -助詞 명 【언어】 particule *f* locative. ¶ 장소 보어는 ~조사가 뒤따르는 명사로 이루어진다. Un complément de lieu est constitué [se constitue] d'un nom (locatif) suivi d'une particule locative.

처결 處決 명 décision *f*, arrangement *m*. ¶ 무엇을 누구의 ~에 맡기다 remettre une décision à *qn*; laisser *qn* décider pour *qc*. ◇_(을) **하다[내리다]** prendre une décision, décider; arranger. ¶ 공정하게 ~하다 prendre une décision équitable. ◇_(이) **되다** être décidé(*e*).

처남 妻男 명 frère *m* de l'épouse; beau-frère(~x-~s) *m* ¶ ~ 매부 사이 entre beaux-frères.

◆**_댁** -宅 명 épouse *f* de son beau-frère [du frère de sa femme].

처넣다 타 【속어】 mettre, pousser ((dans un coin)); ((사람을)) jeter *qn* ((à l'eau, en prison)); bourrer. ¶ 책을 상자에 ~ bourrer une caisse de livres. ¶ 음식을 입에 ~ s'empiffrer, engloutir, bâfrer {*fam*}, se goinfrer {*fam*}, se bourrer ((de gâteaux)), se gaver ((de bonbons)), dévorer (de la nourriture), manger gloutonnement [avidement]; ((처먹다)) bouffer {*fam*}, boulotter {*fam*}. ¶ 쓰레기통에 ~ jeter *qc* dans une poubelle. ¶ 누구를 바다[물속]에 ~ jeter *qn* à la mer [à l'eau]. ¶ 누구를 감옥[감방]에 ~ jeter *qn* en prison, fourrer *qn* en prison [en taule {*fam*}, en tôle {*fam*}, en cabane {*fam*}, au trou {*fam*}, au gnouf {*arg*}, derrière les barreaux, au cachot, sous les verrous].

처녀 處女 명 ① 결혼하지 않은 성인 여자 vierge *f*, jeune fille *f*, demoiselle *f*, pucelle *f* {*fam*}. ¶ 어머니의 ~ 때[시절] 사진 photo de sa mère quand elle était jeune fille. ¶ 이웃 ~에게 반하다 tomber amoureux de la jeune fille des voisins. ¶ ~로 늙다 devenir une vieille fille. ¶ ~ 총각이 사랑을 나누다 s'aimer entre jeunes gens. ¶ 다 큰 ~가 무슨 짓이냐? Ce n'est pas une manière de se comporter pour une demoiselle! ¶ 저 아주머니는 꼭 ~ 같다 Cette femme mariée a l'air d'une vraie jeune fille. ② 숫처녀 명 pucelle *f*.

*__~가 애를 낳아도 할 말이 있다__ Quelle que soit la faute qu'on ait commise [Aussi coupable soit-on], on a toujours quelque chose à dire pour sa défense.

◆**_성** -性 명 virginité *f*, pucelage *m* {*fam*}. ¶ ~성을 잃다[빼앗기다, 지키다, 바치다] perdre sa virginité [se faire déflorer; préserver sa virginité; offrir sa virginité (à *qn*)].

◆**_막** -膜 명 【의학】 hymen *m*.

◆**_생식** -生殖 명 【의학】 parthénogenèse *f*.

◆**_장가** 명 noces blanches, noces avec une jeune fille vierge.

◆**노_ 老** 명 vieille fille *f*. ¶ 노~의 히스테리 hystérie d'une vieille fille.

◆**숫_** 명 vierge *f*, pucelle *f*.

관 premi*er*(*ère*). ¶ ~ 등정 une première. ¶ ~ 항해 le premier voyage d'un bateau [d'un marin]. ¶ ~ 비행 premier vol ((d'un avion, d'un aviateur)). ¶ ~ 출전 première participation ((à une compétition sportive, aux Jeux olympiques)).

◆**_림** -林 명 forêt *f* vierge.

◆**_작** -作 명 première œuvre *f* ((d'un auteur)). ¶ ~작을 발표하다 faire sa première publication; publier pour la première fois.

◆**_지** -地 명 terrain *m* [terre *f*] vierge. ¶ ~지를 개척하다 défricher une terre vierge.

처단 處斷 명 décision *f*; règlement *m*; punition *f*, châtiment *m*. ¶ 엄중 ~ punition sévère. ¶ 당사자의 ~은 물론 보증인에게까지 책임을 묻게 될 것이다 Il va sans dire que la peine affligeant l'intéressé sera étendue à son garant. ◇_(을) **하다** décider; régler; punir, châtier. ¶ 배신자[역적]를 ~하다 punir [châtier] un traître [un rebelle]. ¶ 법에 따라 ~하다 juger selon la loi. ◇_(이) **되다** être puni(*e*), châtié(*e*). ¶ 정적의 손에 ~되다 être calomnié(*e*) [se faire descendre en flammes {*fam*}] par son adversaire politique [par ses adversaires politiques]. ◇_(을) **받다[당하다]** être puni(*e*), châtié(*e*).

처때다 타 alimenter ((le feu)). ¶ 불을 ~ alimenter le feu.

처량 凄凉 어근 tristesse *f*, morosité *f*, solitude *f*, mélancolie *f*.

◆_**하다** 형 être désolé(*e*), triste, morne, lugubre; être plainti*f*(*ve*), solitaire, mélancolique. ¶ 신세가 ~하다 avoir un triste sort. ¶ ~한 모습 une triste mine. ¶ ~한 마음 une humeur mélancolique. ¶ ~한 웃음을 지어 보이다 montrer [afficher] un triste sourire. ¶ ~한 목소리[눈빛]로 구걸하다 mendier [faire la manche] d'une voix plaintive [avec un regard triste]. ¶ ~하게 울다[흐느끼다] pleurer tristement [pitoyablement].

◆_**맞다** 형 être désolé(*e*), triste, morne, lugubre; être plaintif(ve), solitaire, mélancolique. ¶ 혼자 사는 그 사람의 모습이 퍽 ~맞다 Cela fait vraiment pitié de le voir vivre seul. ¶ ~맞은 목소리 une voix plaintive.

◆_**히** 부 avec tristesse, tristement, avec mélancolie, mélancoliquement, pitoyablement.

-처럼 조 comme; comme si; aussi, si. ¶ 평상시~ comme d'habitude, comme d'ordinaire, comme à l'ordinaire, comme à l'accoutumée, comme de coutume. ¶ 거지~ 보이다 avoir l'air d'un mendiant [d'un clochard, d'un clodo {*fam*}]. ¶ 눈~ 희다 être blanc(*he*) comme (la) neige. ¶ 그 사람은 억만장자나 된 것~ 말한다 Il parle comme un milliardaire [comme quelqu'un de très riche]. ¶ 마치 자기 맘대로 할 수 있는 것~ 이야기하다 parler comme un seigneur [comme un roi]. ¶ 네가 생각하는 것~ 그렇게 간단치가 않다 Ce n'est pas aussi simple que tu le penses. ¶ 그 사람~ 착한 이도 없다 *Il* n'y a pas plus gentil [pas plus bon] que lui / C'est la bonté même [la gentillesse personnifiée, la gentillesse en personne] / C'est l'amabilité en personne [même, personnifiée] / Il a un cœur en or. ¶ 그 사람은 마치 그 일을 할 것~ 그러더니 결국 하지도 않았군 Il a agi comme s'il allait le faire, mais il ne l'a pas fait.

처리 處理 명 ① 정리 accomplissement *m*; arrangement *m* ((d'une affaire)), réalisation *f*, règlement *m* ((d'une affaire)); liquidation *f*; conduite *f* d'une affaire. ¶ 사건 ~ règlement d'une affaire; arrangement d'une affaire. ¶ 업무[사무] ~ accomplissement [règlement] d'un travail. ¶ 국정[행정] ~ traitement des affaires d'état [des affaires administratives]. ¶ 무혐의 ~ clôture d'une affaire par établissement d'un non-lieu [par absence de preuves] ¶ 전산 ~ traitement automatique. ¶ 자연언어 ~ traitement automatique de la langue [des langues]. ② 화학적, 물리적 과정을 거침 traitement *m* ((du minerai de fer)). ¶ 약품[화학] ~ traitement médicamenteux [chimique]. ¶ 방사선 ~ traitement des déchets radioactifs. ¶ 표면의 특수 ~ traitement particulier d'une surface. ¶ 핵폐기물 ~ traitement des déchets nucléaires. ¶ 사체 ~ gestion des cadavres ((par incinération ou par ensevelissement [inhumation])). ◇_(를) **하다** ① 정리하다 régler [arranger] ((une affaire)), arranger ((une difficulté)); liquider ((un différend)). ¶ 사무[사건]을 ~하다 arranger [régler] une affaire. ¶ 뒷일을 ~하다 prendre en charge la suite des affaires [de l'affaire]. ¶ 일을 신속하게 ~하다 faire [accomplir] vite un travail. ¶ 무엇을 도맡아서 ~하다 exécuter le travail qu'on s'est vu confier. ¶ 자기 일을 스스로 ~하다 régler *soi*-même *ses* propres affaires; se débrouiller tout(*e*) seul(*e*) (pour régler *ses* problèmes [pour régler *ses* affaires]); s'occuper *soi*-même de *ses* propres affaires; régler les choses [*ses* affaires] seul(*e*); s'occuper de [conduire, traiter] *ses* affaires seul(*e*). ¶ 골칫거리였던 문제를 깨끗이 ~하다 régler impeccablement un problème qui était un véritable casse-tête. ¶ 조속한 시일 내에 ~해 주십시오 Je voudrais que vous arrangiez cette affaire le plus tôt possible [que vous régliez cette affaire le plus rapidement possible] / Veuillez régler cette affaire le plus rapidement possible[dans les plus brefs délais]. ¶ 이 일은 적당히 알아서 ~해라 Débrouille-toi pour ce travail. ¶ 이 문제는 네가 적당히 잘 ~하기 바란다 Tâche de régler ce problème comme il faut / Je voudrais que tu arranges cette affaire / Je compte sur toi pour régler cette affaire. ② 물리적, 화학적 과정을 거치게 하다 traiter ((du minerai, des eaux d'égout)). ¶ 바닥을 방수제로 ~하다 imperméabiliser un sol, revêtir le sol d'un [traiter le sol avec] un produit d'étanchéité [d'une matière hydrofuge]. ¶ 부패를 방지하기 위해 시체를 포름알데히드로 ~하다 embaumer un cadavre ((avec du formol)) pour le préserver de la corruption {*vx*} [de la décomposition], pratiquer l'embaumement d'un corps ((en remplaçant le sang par du formol)). ◇_(가) **되다** ① 정리하고 마무리되다 se régler, s'arranger. ¶ 무효표[오답]로 ~되다 être considéré(*e*) comme un bulletin nul [une mauvaise réponse]. ¶ 이번 일은 네가 원하는 대로 잘 ~되었다 Cette affaire s'est réglée comme tu voulais / Ça s'est arrangé comme tu voulais, ton problème. ② 화학적, 물리적 과정을 거치다 être traité(*e*); être recouvert(*e*) de *qn*. ¶ 금으로 ~된 표면 une surface recouverte d'une feuille d'or ((objets plaqués or)). ¶ 이 방의 벽은

ㅊ

특수 방음재로 ~되었다 Les murs de cette pièce ont été insonorisés avec des matériaux spéciaux insonores.

◆_반 -班 명 équipe *f* chargée de la conduite ((des affaires de *qc*)); équipe *f* chargée du traitement ((de *qc*)).

◆_장 -場 명 station *f* de traitement ((des eaux usées)); station *f* d'épuration. ¶ 쓰레기[분뇨] ~장 station de traitement des déchets; déchetterie; décharge (publique) [station d'épuration (des fosses septiques)].

◆뒤_ 명 rangement *m*, remise *f* en ordre. ¶ 행사 뒤~를 하다 remettre de l'ordre dans la salle en pagaille après une fête.

◆미_ 未- 명 non traité(*e*).

◆일_ 명 règlement *m* d'une affaire; accomplissement *m* d'un travail. ¶ 편파적인 일~ règlement partial d'une affaire. ¶ 일~ 능력[솜씨]가 뛰어나다 être très habile dans le règlement des affaires; (savoir) très bien faire [mener] les choses; (savoir) très bien régler [très bien accomplir] un travail; être doué(*e*) pour ce travail; savoir très bien conduire [traiter] une affaire. ¶ 일~가 서투르다 [미숙하다] mal faire [mener] les choses; être peu doué(*e*) [maladroit(*e*)] pour un travail; manquer d'expérience pour un travail.

처마 명 bord *m* d'un toit; avant-toit (~~s) *m*, auvent *m*. ¶ ~ 밑에서 비를 피하다 s'abriter de la pluie sous un avant-toit [l'auvent]. ¶ ~ 끝에 달린 고드름 des stalactites de glace suspendues sous l'auvent.

처매다 타 panser ((une blessure)); faire un pansement. ¶ 다친 손가락을 붕대로 ~ panser un doigt blessé. ¶ 사지를 처매 놓다 panser tout le corps.

처먹다 타 【비어】 dévorer; manger gloutonnement; bouffer {*fam*}, enfourner {*fam*}, se remplir [s'en mettre plein] la panse {*fam*}; se gaver {*fam*}; s'empiffrer {*fam*}; se bourrer {*fam*}, se goinfrer {*fam*}. ¶ 일은 안 하고 밥만 처먹는다 ne pas travailler [ne pas faire son travail] mais ne faire que s'empiffrer [se goinfrer]. ¶ 나이를 처먹었으면 나잇값을 해야지 Si tu as vielli, il faut le montrer [te comporter autrement, avoir un comportement digne de ton âge] / Fais preuve de maturité (tu n'es plus un(*e*) gamin(*e*)!).

조동 【비어】 ① être fait(*e*) [fichu(*e*) {*fam*}, foutu(*e*) {*fam*}]. ¶ 너는 어떻게 생겨 처먹은 놈이기에 매번 사고만 치고 다니니? Qu'est-ce qu'il y a dans ta cervelle [ton moulino {*fam*}] pour que tu fasses des bêtises à longueur de journée? ② 착복하다 tout prendre pour soi [son propre bénéfice]. ¶ 그 사람이 혼자서 다 해 처먹은 것 같다 On dirait qu'il a tout pris pour lui.

처바르다 타 【비어】 ① se tartiner {*fam*} ((les joues de fond de teint, le visage avec une tonne de crème, une grosse couche de fond de teint)), ne pas y aller avec le dos de la cuillère pour se maquiller. ¶ 얼굴에 화장품을 ~ se tartiner le visage [la face {*fam*}, la tronche {*fam*}] ((d'une tonne de maquillage, avec une tonne de fond de teint, de rouge à lèvres et de fond de teint)), se maquiller outrageusement [de façon outrageuse]. ② ((뇌물을)) proposer de substantiels pots-de-vin, proposer des dessous-de-table considérables [importants, conséquents]. ¶ 상사에게 엄청나게 ~ proposer de substantiels pots-de-vin [des dessous-de- table importants [conséquents, considérables]], ne pas avoir (eu) peur de mettre le paquet {*fam*} pour soudoyer [pour acheter, pour corrompre] *son* supérieur.

처박다 타 ① enfoncer avec force. ¶ 얼굴을 베개에 ~ enfoncer son visage dans l'oreiller. ¶ 그 아이는 접시에 코를 처박으면서 먹는다 Ce garçon mange le nez dans l'assiette. ② 쑤셔넣다 pousser dans un coin; ((물속에)) jeter *qn* ((à l'eau)); ((누구를)) délaisser *qn* en ne s'en occupant pas, se désintéresser de *qn*, négliger; mettre *qn* sous l'éteignoir. ¶ 누구를 물속에 ~ jeter *qn* à l'eau. ¶ 상대를 시궁창에 ~ écraser un adversaire, battre un adversaire à plate(s) couture(s). ¶ 옷을 방 한 구석에 처박아 두다 mettre un vêtement dans un coin. ¶ 누구를 처박아두다 délaisser *qn* en ne s'occupant pas de lui(d'elle), se désintéresser de *qn*; ((인재를 썩히다)) mettre *qn* sous l'éteignoir, donner un poste médiocre à *qn* de qualifié, empêcher *qn* de briller. ¶ 나 같은 인재를 이런 곳에 처박아두고 썩히다니! Comment peut-on gaspiller les qualités de quelqu'un comme moi? / Quel gâchis de ne me faire faire que cette tâche [de ne me donner qu'un tel poste, de ne pas me donner plus de responsabilités, de me donner que cette tâche]?

처박히다 자 ① être enfoncé(*e*) avec force; être jeté(*e*). ¶ 깡패한테 멱살을 잡혀서 길바닥에 ~ être pris(*e*) au collet par un voyou et jeté(*e*) au sol [et précipité(*e*) par terre]. ② ((구석에)) être poussé(*e*) dans un coin. ¶ 서랍 깊이 처박혀 있던 꼬깃꼬깃한 종이를 찾아냈다 J'ai trouvé un morceau de papier froissé au fond d'un tiroir. ¶ 광에 처박혀 있던 운동기구들을 꺼내다 rechercher du matériel sportif [du matériel de musculation] entreposé [rangé] dans un hangar [dans une remise]. ③ 칩거하다 s'enfermer, s'emmurer, se claustrer, se cloîtrer, se confiner, se claquemurer ((chez *soi*, dans *sa* chambre)), se calfeutrer ((chez *soi* pour ne voir personne)); s'isoler, se retirer ((dans *son* pays natal)); ((처박혀 있다)) rester enfermé(*e*) [claustré(*e*), confiné(*e*), cloîtré(*e*)] ((dans *sa* chambre, chez *soi*)); ((처박혀 지내다)) passer *son* temps *qp* enfermé(*e*), rester enfermé(*e*) [cloîtré(*e*), claustré(*e*), confiné(*e*), claustré, emmuré(*e*)] *qp*; vivre retiré(*e*), vivre en ermite [comme un ermite]; mener une vie d'ermite [une vie érémitique {*litt*}, une vie ascétique]. ¶ 집구석에 처박혀 있다 rester coincé(*e*) [confiné(*e*), enfermé(*e*), claustré(*e*), cloîtré(*e*)] à la maison [chez *soi*], être confiné(*e*) dans *sa* chambre, vivre confiné(*e*) chez *soi*, s'enfermer [se cloîtrer, se confiner, se claustrer, s'emmurer, se claquemurer] dans *sa* chambre. ¶ 그렇게 방구석에만 처박혀 있지 말고 바깥 바람 좀 쐬라 Ne reste pas enfermé(*e*) à la maison tout le temps, prends un peu l'air [sors un peu].

처방 處方 명 ① 진단결과 prescription *f* ((d'un médecin)); ordonnance *f*. ¶ 이 서류에 ~이 나와 있다 La prescription se trouve sur ce document. ¶ 의사의 ~에 따라 약을 조제하다 (se faire) préparer des médicaments conformément à l'ordonnance du médecin. ¶ 이 약은 의사의 ~ 없이는 조제할 수 없다 Ce médicament est délivré seulement sur la prescription d'un médecin [sur ordonnance]. ② 처방전 ordonnance. ¶ ~을 쓰다 rédiger une ordonnance ((pour un patient)). ③ 대책 mesures *fpl*; remède *m*. ¶ 다양한 ~을 내놓다 proposer des mesures variées. ¶ 경제 문제에 대한 ~이 전문가마다 다르다 Les mesures (à prendre) pour traiter les problèmes économiques sont différents d'un spécialiste à l'autre. ◇_(을) **하다**[**내리다**] ① ((의사가)) prescrire une ordonnance. ② ((문제을 위해)) prendre des mesures; proposer des mesures.

◆_전 -箋 명 ordonnance. ¶ ~전을 써 주다 rédiger une ordonnance ((pour un patient)).

처벌 處罰 명 punition *f*; correction *f*; châtiment *m*; peine *f*; supplice *m*. ¶ ~을 면하다 éviter une punition. ¶ 그 사람에 대한 ~이 무기징역으로 감형되었다 Sa peine a été réduite à la détention à perpétuité. ¶ ~만이 능사가 아니다 Le châtiment, ce n'est pas tout. ◇_(을) **하다**[**내리다**] punir; infliger une punition [peine] à *qn*. ¶ 엄중히 ~하다 punir sévèrement; infliger une lourde peine à *qn*. ◇_(이) **되다** être puni(*e*); recevoir [subir] une peine [une punition]; se faire punir; se voir [faire] infliger une peine; encourir une peine. ◇_(을) **받다** être puni(*e*) [sanctionné(*e*)]; recevoir [subir] une peine [une punition]; se faire punir; se voir [faire] infliger une peine; encourir une peine. ¶ 엄한[엄중한, 가혹한, 관대한] ~을 받다 se voir infliger une lourde peine [une peine afflictive, infamante, une peine indulgente]. ¶ 교통위반으로 ~을 받다 être puni(*e*) pour violation au code de la route. ¶ ~을 달게 받다 accepter *son* châtiment [*sa* punition].

◆_법 -法 명 【법률】 code *m* pénal. ¶ 경범죄 ~법 code (de procédure) pénal(*e*) pour les délits légers.

◆형사_ 刑事- 명 châtiment *m* [peine *f*, sanction *f*, condamnation *f*] pénal(ale). ¶ 부패 공직자에 대한 형사~이 불가피하다 Il faut infliger une sanction pénale aux fonctionnaires corrompus.

처분 處分 명 ① règlement *m* ((d'une affaire)); traitement *m*; disposition *f*, mesure *f*. ¶ 폐기 ~ traitement des déchets. ¶ 누구의 ~에 맡기다 s'en remettre (entièrement) à *qn*. ¶ 법원의 이번 ~은 부당하다 La décision prise par le tribunal [du tribunal] est injuste. ¶ 적당한 ~을 바랍니다 J'espère que vous réglerez cette affaire d'une façon équitable. ② 판매, 양도 vente *f*, cession *f* ((des parts d'une société, de biens immobiliers)). ¶ 공매 ~ vente publique [au public] (des parts d'une société). ¶ 부동산의 ~ vente [cession] de biens immobiliers. ③ 조처 mesure *f* disciplinaire, punition *f*, peine *f*, châtiment *m*. ¶ 보호관찰 ~ mesure disciplinaire de placer *qn* sous surveillance; placement sous surveillance. ◇_(을) **하다**[**내리다**] ① prendre une mesure disciplinaire contre *qn*; régler une affaire ¶ 누구를 관대히[엄중히] ~하다 infliger une peine indulgente [une lourde peine] à *qn*. ② 판매양도하다 céder, vendre ((des biens, les parts d'une société)). ¶ 토지[재산]을 ~하다 céder [vendre] des terres [des biens]. ③ 법규를 적용하다 appliquer ((une loi)). ¶ 누구를 불기소로 ~하다 régler [mettre fin à] une affaire sans poursuite judiciaire [sans passer par la justice, à l'amiable]; décider de ne pas poursuivre *qn* en justice [de ne pas intenter un procès à *qn*]. ◇_(이) **되다** ① 처리되다 être puni(*e*), châtié(*e*), se voir infliger une peine. ② 양도되다 ((biens, parts d'une société)) être vendu(*e*)s, cédé(*e*)s. ③ 법규가 적용되다 ((une loi)) s'appliquer, être appliqué(*e*). ¶ 기소유예로 ~이 되다 ((mise en accusation)) être ajourné(*e*), se voir accorder un sursis. ◇_(을) **받다** être puni(*e*), châtié(*e*), se voir infliger une peine. ¶ 보호관찰 ~을 받다 être placé(*e*) sous (haute) surveillance.

◆가_ 假 명 【법률】 mesure *f* provisoire. ¶ 가~ 신청 demande de mesure provisoire.

처사[1] 處士 명 lettré *m* qui refuse de s'occuper des affaires publiques, lettré *m* qui a choisi de vivre à l'écart des affaires du monde, lettré *m* ermite. ¶ 산림에 거하는 ~ lettré vivant retiré dans la forêt.

처사[2] 處事 명 façon *f* d'agir; règlement *m* ((d'une affaire)); mesure *f* ((prise)). ¶ 부당한[불공평한] ~ mesure abusive [arbitraire, partiale, mesure injuste]. ¶ 온당한 ~ mesure raisonnable [juste]. ¶ 감정적인 ~ mesure sentimentale. ¶ 본부의 ~에 불만을 품다 se plaindre [protester contre, montrer [nourrir] du mécontentement à l'égard] des mesures prises par la direction générale. ¶ 나는 학교 당국의 ~를 이해할 수 없다 Je ne comprends pas les mesures prises par la direction de l'école.

처삼촌 妻三寸 명 oncle *m* de la femme de *qn*. *~ **뫼에 벌초하듯** à la légère, sans motivation réelle, pour la forme (uniquement).

처서 處暑 명 Cheoseo <fin *f* des grandes chaleurs de l'été, une des 24 divisions du calendrier luni-solaire, vers le 23 août>

처세 處世 명 manière *f* de se conduire dans le monde. ¶ ~에 능하다 se conduire avec beaucoup d'habilité dans la société. ¶ 너의 ~는 정말 이해할 수 없다 Je n'arrive pas du tout à comprendre ton comportement. ◇_(를) **하다** se conduire ((bien, mal)); faire son chemin en société. ¶ ~를 잘 하다 bien se conduire dans la vie [dans la société].

◆_**술** -術 명 art *m* de vivre; secret *m* du succès dans la vie; façon *f* de se conduire dans la société. ¶ ~술이 뛰어나다 se conduire avec beaucoup d'habilité dans la société. ¶ 정직이 그 사람의 ~술이다 L'honnêteté est son principe directeur.

처소 處所 명 ① 장소 endroit *m*, lieu *m*, place *f*. ② 거처 résidence *f*. ¶ 어디에 ~를 마련하다 construire un logement *qp*. ¶ 어디로 ~를 옮기다 déménager *qp*. ¶ 어디에 ~를 정하다 s'installer *qp*; choisir un endroit pour s'installer. ¶ 각자의 ~로 돌아가다 rentrer chacun de son côté. ¶ 여인네들의 ~에 드나들다 fréquenter [se rendre régulièrement chez] les femmes.

처신 處身 명 conduite *f*, façon *f* de se comporter; comportement *m*. ¶ 그 사람의 ~을 어떻게 평가해야 할지 모르겠다 Je ne sais pas ce qu'il faut penser de sa conduite [de son comportement]. ¶ ~이 단정하다 bien se conduire. ◇_(을) **하다** se comporter; se conduire, agir. ¶ 점잖게 ~하다 se conduire avec dignité. ¶ ~을 잘[똑바로] 하다 bien se conduire; bien se comporter [se conduire correctement; se comporter, se conduire comme il faut]. ¶ 도대체 어떻게 ~하고 다니기에 그런 소문이 도니? Mais qu'est-ce que tu as pu donc bien faire pour qu'on parle de toi comme ça [pour qu'on dise de telles choses sur toi]?

처연하다[1] *凄然*- 형 기운이 차고 쓸쓸하다. être triste [lugubre] et froid(*e*) [glacé(*e*)]. ¶ 곡식을 거두어들인 들녘에는 처연한 가을바람만 불고 있었다 Seul le vent triste et glacé d'automne soufflait dans les champs vidés de leurs récoltes.

◆**처연히** 부 avec froideur et tristesse.

처연하다[2] *悽然*- 형 애달프고 구슬프다 être triste; être mélancolique. ¶ 처연한 신세 un triste sort.¶ 나는 부모님의 묘소 앞에서 처연해졌다 J'étais envahi(e) par la [submergé(*e*) par la, inondé(*e*) de] tristesse devant la tombe de mes parents. ¶ 그 여자의 모습은 너무 처연했다 Elle avait l'air si triste. ¶ 늦가을의 처연한 정취 charme [sentiment] mélancolique de la fin de l'automne. ¶ 처연하게 들리는 바람 소리 son mélancolique du vent.

◆**처연히** 부 avec tristesse, tristement, avec mélancolie, mélancoliquement. ¶ 그 여자는 처연히 노래를 불렀다 Elle chantait tristement / Sa chanson était mélancolique.

처용 處容 명 【문학】 Cheoyong(nang) <auteur du Cheoyong-ga, le chant de Cheoyong>.

◆_**가** -歌 명 【문학】 Cheoyong-ga, le chant de Cheoyong <un des poèmes (écrit en 879 par Cheoyongnang 處容郞) les plus célèbres de la littérature ancienne, qui raconte comment il a surpris en rentrant chez lui tard le soir un homme dans le lit de sa femme>.

◆_**무** -舞 명 【예술】 danse *f* de Cheoyong; danse *f* de cour.

처우 處遇 명 traitement *m* ((de faveur, indigne)). ¶ ~ 개선 révision des conditions de travail ((des ouvriers, des travailleurs)). ¶ 노동자의 ~를 개선해야 한다 Il faut réviser [revoir] les conditions de travail des ouvriers. ◇_(를) **하다** traiter *qn* ((d'une façon indigne, correctement)). ◇_(를) **받다** se faire traiter; être traité(*e*).

처음 명 commencement *m*; origine *f*; abord *m*; départ *m*; début *m*. ¶ (맨) ~에 au (tout) début; (tout) d'abord; premièrement; au commencement. ¶ ~부터 끝까지 du commencement à la fin; du début jusqu'à la fin. ¶ ~과는 달리 à la différence du début. ¶ ~부터 다시 하다 recommencer tout depuis le début; recommencer à zéro; repartir à zéro. ¶ 나는 ~부터 이 일이 내키지 않았다 Dès le début, cela ne me plaisait pas [cela ne me disait guère]. ¶ 너는 ~보다 많이 나아졌다 Tu as fait de grands [gros] progrès par rapport au début. ¶ ~에는 그렇지 않았다 Au début, ce n'était pas comme ça. ¶ ~에는 다 그런 법이다 La première fois, c'est toujours comme ça. / Tout le monde commence [passe] par là. ◇_**이다** c'est la première fois. ¶ 나는 이곳이 ~이다 C'est la première fois que je viens ici / Je n'étais jamais venu ici auparavant. ¶ 그렇게 힘든 일은 ~이다 C'est la première fois que je fais un travail si pénible [fatigant] / Je n'avais jamais fait un travail si pénible [fatigant, contraignant, astreignant].

*~**이자 마지막으로** c'est la première fois mais c'est aussi la dernière.

◆_**으로** 부 pour la première fois. ¶ 생전 ~으로 pour la première fois de sa vie. ¶ ~으로 해 보는 일 quelque chose qu'on essaie de faire pour la première fois. 부 pour la première fois. ¶ ~ 보는 사람[얼굴] une personne que je vois pour la première fois [que je n'avais jamais vue auparavant]. ¶ ~ 듣는 이야기 une histoire que j'entends pour la première fois. ¶ 생전 ~ 겪는 일 un événement qui m'arrive pour la première fois de ma vie [qui ne m'était jamais arrivé auparavant]. ¶ 그 여자를 ~ 본 순간부터 dès que je l'ai vu(*e*). ¶ 내가 그 사람을 ~ 만났을 때 la première fois que je l'ai rencontré(e) [vu(e)]. ¶ 그런 일은 여기서는 ~ 있는 일이다 C'est la première fois qu'il arrive quelque chose comme ça ici. ¶ 나는 그 여자를 작년에 ~ 만났다 Je l'ai rencontrée pour la première fois l'année dernière. ¶ 나는 이곳에 ~ 와 본다 C'est la première fois que je viens ici. ¶ 나 그런 사람 ~ 봤어 C'est la première fois que je vois quelqu'un comme ça.

*~ **뵙겠습니다** Enchanté(*e*) de faire votre connaissance / Ravi(*e*) de vous connaître [de faire votre connaissance] / Très heureux(*se*) (de vous connaître).

처자[1] 處子 명 jeune fille *f*. ¶ 그 집 ~들은 다 얌전하다

ㅊ

Chez eux, les filles sont toutes très dociles [obéissantes].

처자[2] **妻子** 명 femme *f* et enfants *mpl*. ¶ ~를 남기고 죽다 laisser[mourir en laissant] (derrière *soi*) sa femme et ses enfants. ¶ ~를 돌보지 않다 ne pas s'occuper de sa femme et de ses enfants; ne pas s'occuper de sa famille. ☞ 처자식

처자식 妻子息 명 femme *f* et enfants *mpl*. ¶ ~을 부양하다[먹여 살리다, 돌보다] nourrir [faire vivre, s'occuper de] sa femme et ses enfants. ¶ ~을 버리다 abandonner sa femme et ses enfants. ¶ ~을 거느리고[이끌고, 데리고] à la tête de sa famille. ¶ 딸린 ~이 있다 avoir une femme et des enfants.

처절하다[1] **悽絶-** 형 être sinistre, tragique, épouvantable, désolé(*e*). ¶ 그 사람의 죽음은 처절했다 Sa mort fut tragique. ¶ 그 전투는 처절했다 Ce combat [Cette bataille, Cette lutte] fut tragique. ¶ 처절한 광경 spectacle tragique [épouvantable, sinistre]. ¶ 처절한 절규[비명] hurlements de terreur; hurlements tragiques; cris déchirants; cris de détresse [d'épouvante]. ¶ 처절하게 싸우다 se combattre [se battre] à mort [à outrance {*litt*}].

◆**처절히** 부 sinistrement, tragiquement. ¶ 그들은 처절히 사투를 벌였다 Ils se sont combattus [battus] à mort [à outrance {*litt*}] / Ce fut un combat acharné [désespéré].

처절하다[2] **凄切-** 형 être très désolé(*e*), triste, morne, lugubre; être très mélancolique, plaintif(*ve*), solitaire. ¶ 그 여자의 모습은 처절했다 Elle avait l'air très triste. ¶ 처절한 심정 triste état d'âme.

처제 妻弟 명 sœur *f* cadette de l'épouse; belle-sœur *f*. ¶ ~를 결혼시키다[시집보내다] marier la sœur cadette de sa femme.

처조카 妻- 명 neveu(*x*) *m* [nièce *f*] de sa femme.

처지 處地 명 situation *f*; condition *f*; état *m*; circonstances *fpl*; position *f*. ¶ 딱한[비참한, 불리한, 절망적인] ~에 있다[처하다] être [tomber] dans une situation pitoyable [misérable, désavantageuse, désespérée]. ¶ 어려운[곤란한] ~에 있다[처하다] être [tomber] dans une situation difficile [gênante, délicate, ennuyeuse, embarrassante]. ¶ 누구를 곤란한 ~에 몰아넣다 mettre *qn* dans une situation gênante [embarrassante]. ¶ ~를 바꿔 놓고 생각하다 se mettre à la place des autres. ¶ 누구의 ~를 동정하다 avoir pitié (de la situation) de *qn*; éprouver de la pitié pour *qn*. ¶ 자신의 딱한 ~를 하소연하다[한탄하다] se lamenter de sa situation misérable [difficile]. ¶ 서로의 ~를 이해하다[위로하다] se comprendre [se consoler] mutuellement. ¶ 저의 곤란한 ~를 이해해 주십시오 Comprenez que je suis dans une situation délicate [difficile] / Comprenez ma situation. ¶ 남의 ~에서 생각하다 se mettre à la place des autres [de *qn*]. ¶ 내 ~에 그런 사치는 바랄 수 없다 Mes moyens ne me permettent pas un tel luxe. ¶ 현재의 ~로서는[에서는] 그럴 수가 없다 C'est impossible dans l'état actuel des choses. ¶ ~가 뒤바뀌었다 La situation a complètement changé. ¶ 네 ~가 부럽다 Je t'envie / J'envie ta situation. ¶ 그 사람은 그렇게 말할 수 있는 ~가 못 된다 Il n'est pas bien placé [Il est mal placé] pour dire des choses pareilles [de telles choses]. ¶ 내가 네 ~라면 그렇게 하지 않을 것이다 Je ne ferais pas comme ça [ainsi] [Je ferais autrement] si j'étais à ta place / Si j'étais à ta place, je m'y prendrais autrement. ¶ 둘 다 비슷한 ~이다 Ils ont à peu près la même situation. ¶ 두 사람은 ~가 다르다 Ils ne sont pas dans la même situation. ¶ 그 때는 그럴 수밖에 없는 ~였다 Je ne pouvais pas faire autrement à l'époque. ¶ 피차 비슷한 ~에 dans une situation analogue. ¶ ~가 ~인지라 C'est difficile dans l'état actuel des choses / On n'est pas en bonne posture / On est en mauvaise posture / Je ne suis actuellement pas en mesure de ((t'aider)).

처지다 자 ① tomber au fond; aller au fond; s'enfoncer; couler. ¶ 빨랫줄이 아래로 처졌다 La corde à linge n'est pas tendue [est détendue, pend légèrement]. ¶ 배낭이 등에서 아래로 축 처졌다 Le sac à dos descend sur les fesses [n'est pas bien remonté]. ¶ 축 처진 가지 des branches pendantes. ② ((신체부위가)) être tombant(*e*), pendant(*e*). ¶ 그 사람은 어깨가 축 처졌다 Il a les épaules tombantes. ¶ 처진 가슴 une poitrine pendante [tombante]. ¶ 축 처진 엉덩이 des fesses tombantes. ¶ 눈 밑의 살이 처진 사람 une personne qui a des poches [des cernes, des valises {*fam*}] sous les yeux. ③ 뒤처지다 traîner; rester en arrière, avoir du retard, retarder, se laisser distancer [se laisser dépasser] ((par les autres)), perdre du terrain. ¶ 그 사람은 대열에서 뒤로 처졌다 Il restait seul en arrière / Il traînait à l'arrière / Il s'était laissé distancer à l'arrière. ④ 열등하다 être inférieur(*e*); être incompétent(*e*). ¶ 그 사람은 실력[성적]이 친구들에 비해 처진다 Il est moins bon [moins brillant, moins performant] que ses camarades [Il a de moins bonnes notes que ses camarades / Il a de moins bons résultats que ses camarades]. ¶ 그 사람은 인물이 좀 처진다 Il a un visage peu attirant [peu agréable, ingrat] / Il n'est pas très beau / Il n'est pas avantagé [mis en valeur] par son physique / Il est disgracieux. ¶ 우리 집은 재력이 좀 처진다 Nous avons des difficultés financières / Nous ne sommes pas à l'aise financièrement. ⑤ 맥없이 되다 être fatigué(*e*); perdre *sa* vigueur. ¶ 그 사람은 피곤해서 몸이 축 처졌다 Il est sans force à cause de la fatigue. ⑥ ((분위기가)) se refroidir. ¶ 분위기가 축 처졌다 L'ambiance s'est brutalement refroidie [calmée].

처지르다 타 bourrer ((un fourneau de charbon)); s'empiffrer, engloutir, se goinfrer {*fam*}, bâfrer {*fam*}, se gaver ((de bonbons)), se bourrer ((de gâteaux)) {*fam*}, dévorer ((de la nourriture)), manger comme un glouton {*fam*} [avidement, gloutonnement]; ((처먹다)) bouffer {*fam*}, boulotter {*fam*}. ¶ 그 사람은 아궁이에 장작을 처질렀다 Il a bourré la cheminée de bûches / Il a accumulé [entassé] des bûches dans la cheminée.

처참하다 悽慘- 형 être horrible, sinistre, épouvantable, atroce. ¶ 그 사람의 모습은 처참했다 Il avait l'air misérable. ¶ 처참한 광경 spectacle épouvantable, scène épouvantable [atroce]. ¶ 처참한 생활 vie misérable. ¶ 처참한 전쟁 guerre atroce. ¶ 처참한 상황 circonstances atroces. ¶ 처참하게 느끼다 trouver *qc* atroce [épouvantable].

◆**처참히** 부 atrocement, horriblement, dans des circonstances atroces. ¶ 양민들은 처참히 살해당했다 Des citoyens innocents ont été assassinés dans des circonstances atroces [sauvagement].

처첩 妻妾 명 femme *f* [première épouse *f*] ((épouse officielle)) et concubine(s) *f(pl)* ((épouses secondaires)) ((d'un homme riche)). ¶ ~ 간의 갈등 tensions entre la première épouse [l'épouse officielle] et les concubines [et les épouses secondaires] ((d'un homme riche)). ¶ ~을 거느리다 ((d'un homme riche)) avoir la charge de *sa* femme et d'une concubine [de *sa* première épouse et d'une épouse secondaire].

처치 處置 명 ① 조치, 처리 règlement *m* ((d'une affaire)), arrangement *m* ((d'une affaire)); mesures *fpl*, dispositions *fpl*. ¶ 적절한 ~ règlement approprié ((d'une affaire délicate)); mesures appropriées. ② 없애버림 liquidation *f*. ¶ ~ 곤란이다 ne pas savoir que faire avec *qc*. ② 치료 traitement *m*. ¶ 소독약을 바를 뿐 다른 ~는 불가능하다 On ne peut que désinfecter. Il n'y a pas d'autre traitement. ◇_(를) **하다** ① 조치하다 régler ((une affaire)), arranger ((une affaire)). ¶ 이 일은 당신이 알아서 ~하시오 Débrouille-toi pour régler cette affaire / Règle cette affaire à ta manière [comme tu l'entends]. ② 없애 버리다 liquider *qn*. ¶ 적을 ~해 버리다 se débarrasser d'un ennemi. ③ 치료하다 traiter. ¶ 환자를 신속히 ~하다 traiter le plus rapidement [dès que] possible un malade [un(*e*) patient(*e*)]. ◇_(가) **되다** ① 처리되다 se régler, s'arranger; être réglé(*e*). ② 없애지다 être liquidé(*e*). ③ 치료되다 ((des mesures)) être pris(*es*) pour un(*e*) malade, être appliqué(*es*) à un(*e*) patient(*e*).

◆**응급_ 應急_** 명 mesures *fpl* d'urgence.

처하다 處- 자 être dans telle ou telle situation. ¶ 어려움에 ~ être dans une situation embarrassante; se trouver dans une impasse; se trouver en face de difficultés. ¶ 위기에 ~ se trouver face au danger. ¶ 역경[곤경]에 ~ être dans l'adversité. ¶ 그 사람은 어려운 입장에 처했다 Il est dans une situation difficile [délicate]. ¶ 자신이 처한 현실 situation réelle dans laquelle on se trouve.

타 condamner *qn*. ¶ 누구를 구류에 ~ condamner *qn* à la détention. ¶ 누구를 엄벌에 ~ infliger une lourde peine à *qn*. ¶ 살인범을 사형[극형]에 ~ condamner le criminel à mort [à la peine capitale]. ¶ 피고를 징역 1년에 ~ condamner l'accusé à un an de prison ferme.

처형[1] 妻兄 명 belle-sœur *f*, sœur *f* aînée de la femme de *qn*.

처형[2] 處刑 명 condamnation *f* ((à une peine)); exécution *f* ((d'un condamné)). ¶ 단두대 ~ exécution à la guillotine [à l'échafaud]. ◇_(을) **하다** condamner, exécuter. ¶ 재판도 없이 즉석에서 ~하다 être condamné(*e*) tout de suite sans avoir été jugé(*e*). ◇_(이) **되다** être condamné(*e*), exécuté(*e*). ◇_(을) **당하다** être condamné(*e*), exécuté(*e*).

척[1] 의명 ((nom non autonome exprimant une semblance. Il s'emploie sous forme de radical verbal + -ㄴ/-는/-은 척하다.)) (faire)) semblant; simulation *f*, feinte *f*, prétention *f*, vanité *f*. ¶ 모르는 ~ 딴전을 부리다 faire semblant de ne pas comprendre; faire l'innocent [l'ignorant]. ¶ 못 이기는 ~ 따라오다 accepter[suivre *qn*] à contrecoeur [la mort dans l'âme, malgré *soi*]. ¶ 아무렇지도 않은 ~ 술술 털고 일어나다 se lever en secouant ses vêtements comme si de rien n'était. ◇_(을) **하다** faire semblant [mine] de *qc*; feindre; simuler; jouer la comédie. ¶ 아는 ~하다 faire semblant de savoir. ¶ 모르는[모른] ~하다 faire semblant de ne pas savoir [d'ignorer]; faire l'ignorant. ¶ 잘난 ~하다 faire l'intéressant(*e*); faire le malin; faire le faraud; fanfaronner; faire de la frime {*fam*}; la ramener {*fam*}; crâner {*fam*}; se la jouer {*fam*}; frimer {*fam*}; se la péter {vulg}, faire le crâneur {*fam*}; rouler les mécaniques {*fam*}; faire le zouave {*fam*}; en mettre plein la vue; épater la galerie; faire de l'épate; le faire à l'épate. ¶ 술에 취한 ~하다 faire semblant d'être saoul(*e*). ¶ 죽은 ~하다 faire semblant d'être mort(*e*); faire le mort. ¶ 태연한 ~하다 faire comme si de rien n'était; jouer l'indifférent(*e*). ¶ 순진한 ~하다 faire l'innocent(*e*); faire semblant d'être naïf. ¶ 못 들은 ~하다 faire semblant de ne pas avoir entendu *qc*. ¶ 들은 ~도 안 하다 se moquer éperdument [totalement, royalement] de ce que dit quelqu'un; ne prêter aucune attention aux dires de *qn*. ☞ 체[2]

척[2] 隻 명 antagonisme *m*; brouille *f*, hostilité *f*, ((se mettre *qn*)) à dos.

*~(이) **지다** être en opposition avec *qn*; être hostile l'un l'autre, être comme chien et chat; nourrir des hostilités avec *qn*; se mettre *qn* à dos; avoir de la rancune [rancœur] contre *qn*; nourrir une haine implacable contre *qn*; se brouiller avec *qn*. ¶ 나는 그 사람과 ~진 일은 없다 Je n'ai aucune raison de me brouiller avec lui. ¶ 누구와 ~지고 살다 vivre en ennemi avec *qn*; vivre comme chien et chat; être brouillé(*e*) avec *qn*.

척[3] 부 ① 단단히 ((un vêtement trempé colle)) étroitement ((au corps, à la peau)) ((idéophone évoquant la manière de s'attacher, de coller étroitement à la peau)). ¶ 젖은 옷이[바지가] 몸에

ㅊ

~ 달라붙는다 Le vêtement trempé colle (étroitement) à ma peau [Le pantalon trempé colle à mes cuisses] ② 서슴없이, 한번에 d'un seul coup, sans peine, sans difficulté, très facilement, d'une facilité déconcertante. ¶ 그 사람은 울퉁불퉁한 벽인데도 전단을 ~ 붙이고 가버렸다 Malgré les aspérités [Malgré les irrégularités] du mur, il y a collé très facilement [avec une facilité déconcertante] son affiche publicitaire et s'en est allé. ③ 수월하게 facilement; exactement. ¶ 시험에 ~ 붙다 réussir facilement [sans problème] (à) un examen. ¶ 예상이 ~ 맞아떨어졌다 Les prévisions se sont avérées justes [exactes]. ④ 재빠르게 au premier coup d'œil, très rapidement, immédiatement. ¶ 경례를 ~ 붙이다 saluer *qn* d'un geste digne. ¶ 그 사람은 안경을 ~ 썼다 Il a mis ses lunettes d'un geste digne. ¶ 한눈에 ~ 알아보다 reconnaître *qn/qc* au premier coup d'œil. ¶ 그 사람은 ~ 보면 안다 Il comprend tout au premier coup d'œil [très rapidement].

*~ **해[보]면 삼천리지[척이지]** Pour un expert comme moi [Pour quelqu'un comme moi], c'est évident [c'est tout à fait clair, je n'ai aucune hésitation, c'est clair et net, il n'y a pas à hésiter, ça s'impose, c'est manifeste, c'est indiscutable] / Un expert s'en rend toute de suite compte [fait tout de suite le diagnostic, réalise tout de suite que ((c'est un faux)).

◆_ _ 뿌 ☞ 척척

척[4] 뿌 ① 힘없이 mollement, sans force, sans énergie, lestement. ¶ 가지가 ~ 늘어진 나무 un arbre dont les branches pendent mollement, un arbre aux branches pendantes. ¶ 전선이 ~ 늘어졌다 Le fil électrique n'est pas bien tendu [est détendu]. ② 천연스레 sans hésitation; avec dignité, avec prestance, avec grâce. ¶ 지갑을 ~ 꺼내다 sortir rapidement [sans retard] son portefeuille ¶ 그 여자는 담배를 ~ 꺼내 물었다 Elle a mis sans hésiter une cigarette dans sa bouche. ¶ 방에 ~ 들어서다 entrer avec prestance dans une pièce.

척[5] 隻 분류 ((classificateur servant à compter les bateaux)). ¶ 배 한 ~ un bateau [navire].

척[6] 尺 분류 pied *m* (unité *f* de mesure). ¶ 그 사람은 키가 육 ~이다 Il mesure six pieds.

척결 剔抉 명 énucléation *f*, crevaison *f* ((des yeux)); extirpation *f*, expurgation *f*, extraction *f*, éradication *f*. ¶ 부패 ~ éradication de la corruption. ¶ 비리 ~에 앞장서다 accorder la priorité à l'éradication des fraudes. ◇_(을) **하다[시키다]** extirper, extraire, éradiquer, enlever, effacer, expurger, supprimer. ¶ 부정부패[비리]를 ~하다 éradiquer la corruption [les fraudes]. ◇_(이) **되다** être enlevé(*e*), effacé(*e*), extirpé(*e*), éradiqué(*e*).

척도 尺度 명 critère *m*, étalon *m*, règle *f*, mesure *f*, échelle *f*. ¶ 가치의 ~ l'échelle des valeurs. ¶ GNP는 경제력의 ~로 쓰인다 Le PIB sert de mesure de l'économie. ¶ 시험 성적이 실력의 ~가 된다 Les notes de l'examen permettent de mesurer les capacités (d'un élève).

척력 斥力 명 【물리】 force *f* de répulsion. ¶ 두 물체 사이의 ~ force de répulsion entre deux corps.

척박하다 瘠薄- 형 ① être aride, infertile, inféconde(*e*). ¶ 땅이 너무 ~ la terre est trop aride. ¶ 척박한 토양 un sol infertile. ② 인정 없다 être impitoyable, implacable, dur(*e*), rude, intransigeant(*e*), brut*al*(*ale*, *aux*). ¶ 도시는 원래 ~하다 La ville est foncièrement impitoyable. ¶ 척박한 현실 la brutale réalité.

척불론 斥佛論 명 【역사】 théorie *f* prônant l'éradication du bouddhisme.

척사 斥邪 명 【역사】 rejet *m* de la perversion et des hérésies. ¶ ~ 사상 la pensée prônant le rejet de la perversion et des hérésies. ¶ ~ 운동 mouvement de rejet de la perversion et des hérésies.

◆_**론** -論 명 théorie *f* prônant le rejet de la perversion et des hérésies.

척수 脊髓 명 moelle *f* épinière.

◆_**마비** -痲痺, -麻痺 명 paralysie *f* spinale.

◆_**반사** -反射 명 réflexe *m* spinal.

◆_**신경** -神經 명 nerf *m* spinal.

척주 脊柱 명 ☞ 척추

척척 뿌 ① 단단히 ((coller)) fort, fortement ((manière de s'attacher, de coller à *qc*)). ¶ 이 티셔츠는 몸에 ~ 달라붙는다 Ce t-shirt moule le corps [est moulant, est très ajusté]. ¶ 풀 묻은 종이가 손에 ~ 들러붙는다 Un papier recouvert de colle adhère fortement à ma main [me colle fortement aux mains]. ② 쉽게 facilement; rapidement; promptement; ((marcher, avancer)) comme prévu, comme sur des roulettes {*fam*} ((manière de convenir, de bien aller à *qc*)). ¶ 그 사람은 어려운 문제를 ~ 푼다 Il résout très facilement des problèmes difficiles / Il vient facilement à bout de problèmes difficiles. ¶ 그 여자는 질문에 ~ 대답했다 Elle a répondu très rapidement [du tac au tac] aux questions. ¶ 그 사람은 일을 ~ 처리한다 Il règle les affaires très rapidement [très facilement] / Il est très efficace en affaires. ¶ 일이 ~ 진행된다 Le travail avance rapidement comme prévu [en toute satisfaction] / Tout va remarquablement bien / Tout va [marche, se passe] comme sur des roulettes {*fam*} / Tout se passe à merveille / L'affaire avance sans problème / Toute l'opération se déroule sans coup férir / Cela [Tout] se passe [se déroule, marche, va] très bien [comme prévu, à merveille, comme sur des roulettes {*fam*}] / Ça marche très bien [comme prévu, comme sur des roulettes] / Tout marche [se passe, se déroule] sans problème / Tout se déroule sans le moindre incident [sans à-coups]. ③ 서로 잘 맞게 harmonieusement. ¶ 우리는 손발이 ~ 맞는다 Nous nous entendons très bien [à merveille] / Nous formons une (très) bonne équipe. ¶ 그와 나는 장단이 ~ 맞는다 Lui et moi, on s'entend très bien [à merveille] / Lui et moi, nous formons une (très) bonne équipe.

◆_박사 -博士 명 puits *m* de science, monsieur Je-sais-tout {fam}. ¶ 그 사람은 상식에는 ~박사야 C'est un vrai puits de science en culture générale.

척척하다 형 être mouillé(*e*), trempé(*e*). ¶ 물기가 아직 ~ être encore un peu humide. ¶ 비를 맞아서 옷이 ~ Mes vêtements sont trempés par la pluie. ¶ 젖은 옷이 척척하게 느껴진다 sentir ses vêtements trempés sur son corps. ¶ 척척한 땀 une sueur dégoulinante.

◆척척히 부 avec moiteur. ¶ 이마의 땀이 척척히 느껴진다 sentir la sueur tremper son front.

척추 脊椎 명 colonne *f* vertébrale, épine *f* dorsale, vertèbre *f*. ¶ ~가 휘다[부러지다] avoir la colonne vertébrale courbée [fracturée].

◆_교정 -矯正 명 redressement *m* de la colonne vertébrale.

◆_동물 -動物 명 vertébré *m*.

◆_마취 -痲醉 명 rachianesthésie *f*, anesthésie *f* rachidienne.

◆_전만 -前彎 명 【의학】 lordose *f*.

◆_후만 -後彎 명 【의학】 cyphose *f*.

◆무_동물 無-動物 명 invertébré *m*.

척화 斥和 명 refus *m* d'entente [de réconciliation]. ¶ ~를 주장하다 se prononcer contre toute entente [contre toute réconciliation].

◆_비 -碑 명 【역사】 stèle *f* dressée par le 35ème roi de la dynastie des Yi en 1871 pour marquer son refus de toute entente avec les puissances étrangères. ¶ ~비를 세우다 élever une stèle pour prévenir la population contre toute invasion étrangère.

◆_파 -派 명 partisans *mpl* du refus de l'entente (avec les puissances étrangères).

척후병 斥候兵 명 【군사】 patrouilleur *m*, éclaireur *m*. ¶ ~을 내보내다 envoyer un éclaireur.

천[1] 명 étoffe *f*, tissu *m*. ¶ ~을 끊다[사다] acheter du tissu (pour en faire un vêtement). ¶ ~을 짜다 tisser une étoffe. ¶ ~을 붉은 색으로 염색하다[물들이다] teindre un tissu en rouge. ¶ 어디에 ~을 대다 poser un tissu sur *qc*. ¶ 흰 ~을 몸에 두르다[감다] envelopper le corps d'une étoffe blanche. ¶ 어디에 검은 ~을 덮다[씌우다] couvrir *qc* d'un tissu noir. ¶ 무엇 위에 덮인 ~을 걷어내다[들추다] retirer un tissu qui recouvrait *qc*. ¶ 좋은 ~으로 옷을 만들다 faire un vêtement avec une belle étoffe [avec du beau tissu]. ¶ 무엇을 흰 ~으로 덮다 couvrir *qc* d'un *tissu blanc*.

◆_조각 명 morceau(*x*) *m* d'étoffe [de tissu].

천[2] **千** 관 mille *m*, millier *m*. ¶ ~분의 1 un millième. ¶ ~ 배나 되다 être multiplié(*e*) par mille. ¶ 학생 ~ 명 un millier d'étudiants. ¶ 그런 사람은 ~에 하나 만에 하나 있을까 말까 하다 Des personnes comme lui se comptent sur les doigts de la main.

-천[3] **川** 접미 canal *m*, cours *m* d'eau, chenal *m*. ¶ 천정~ un canal surélevé. ¶ 청계~ le canal Cheonggye. ¶ 중랑~ la rivière Jungnang.

천거 薦擧 명 recommandation *f*. ¶ 실력자의 ~로 중책을 맡다 se voir confier une lourde responsabilité par la recommandation d'une personne influente. ◇_(를) 하다 recommander, parler en bons termes de *qn*. ¶ 후보를 ~ 하다 recommander un(*e*) candidat(*e*). ¶ 누구를 회장직에 ~ 하다 recommander *qn* pour la présidence. ◇_(가) 되다 être recommandé(*e*). ◇_(를) 받다 être recommandé(*e*), recevoir une recommandation. ¶ 그는 막강한 실력자의 ~를 받았다 Il a été fortement recommandé(*e*) par une personne influente.

천견 淺見 명 connaissance *f* peu profonde [superficielle]. ¶ 저의 ~으로는 à mon humble avis[opinion].

◆_박식 -薄識 명 connaissances *fpl* superficielles.

천계 天界 명 cieux *mpl*, ciel *m*.

천고 千古 명 antiquité *f*, temps *mpl* reculés. ◇_의[에] de tout âge, éternel(*le*), immuable, impérissable. ¶ ~의 명언 une vérité éternelle. ¶ ~에 길이 빛날 업적 un travail qui brillera pour l'éternité.

천고마비 天高馬肥 명 «ciel dégagé et chevaux replets» ((caractéristiques de l'automne)). ¶ 가을은 ~의 계절이다 L'automne est la saison du «ciel dégagé et des chevaux replets».

천공[1] **天空** 명 ciel *m*, firmament *m*. ¶ ~을 날다 voler dans le ciel. ¶ ~에 떠 있다 flotter en l'air [dans le ciel].

천공[2] **穿孔** 명 perforation *f*, perforage *m*. ¶ ~을 뚫다 percer, perforer. ¶ 위[장]에 ~이 생기다 avoir l'estomac [l'intestin] perforé.

◆_기 -機 명 foreuse *f*, perforeuse *f*, perceuse *f*.

천구 天球 명 sphère *f* céleste.

◆_의 -儀 명 globe *m* céleste.

천국 天國 명 ① paradis *m*, royaume *m* des cieux [du ciel]. ¶ 지상 ~ le paradis terrestre [sur terre]. ¶ ~에 가다[들어가다] aller[entrer] au paradis. ¶ ~과 지옥을 오가다 passer d'un extrême à l'autre ((littéralement: «aller et venir entre paradis et enfer»)). ¶ ~의 문[열쇠] les portes [les clefs] du paradis. ¶ ~ 같다 paradisiaque. ② ((비유적)) paradis *m*. ¶ 흡연자[노동자, 동성애자, 여성] ~ le paradis des fumeurs [des ouvriers, des homosexuels, des femmes].

천군 天君 명 【역사】 maître *m* de cérémonie lors des offrandes aux esprits tutélaires (à l'époque des Trois Royaumes).

천군만마 千軍萬馬 명 des milliers et des milliers de soldats et de chevaux, une puissante armée. ¶ ~를 얻은 것 같다 être comme à la tête d'une puissante armée.

천근 千斤 명 mille livres *fpl*, un poids *m* immense [considérable]. ¶ 우리에게 그 사람의 말은 ~의 무게가 있다 Pour nous, ses paroles ont énormément de poids.

*~(과) 같다 être vraiment très lourd, peser des tonnes {fam}. ¶ 몸[마음]이 ~ 같다 avoir le corps [le cœur] qui pèse des tonnes; avoir le cœur gros. ¶ ~같이 무겁다 peser des tonnes.

◆_만근 -萬斤 부 incroyablement lourdement. ¶ ~만근 무겁다 peser incroyablement lourd.

천금 千金 명 beaucoup d'argent. ¶ ~을 주고도 살[바꿀] 수 없는 물건 un objet qu'on ne pourrait acheter même pour tout l'or du monde. ¶ ~ 같은 결승골 un but qualificateur qui vaut de l'or.

천기[1] 天氣 명 temps *m*, climat *m*, phénomènes *mpl* atmosphériques. ¶ ~가 불안정하다 Le temps est très instable.

천기[2] 天機 명 (grand) secret *m*; secret *m* de la nature. ¶ ~를 누설하다 révéler un (grand) secret. ¶ ~는 알 수 없다 ne pas pouvoir connaître [savoir, apprendre] un secret.

천년 千年 명 mille ans *mpl*, millénaire *m*.

*어느 ~에 jamais; Combien de temps devra [Combien de millénaires devront] s'écouler avant que ...? ne pas être prêt(*e*) [être loin] de+*inf*; le jour est loin où ..., ce n'est pas demain que ..., c(e n)'est pas demain la veille que ... {*fam*}, ce n'est pas pour bientôt, ce n'est pas pour tout de suite, ce n'est pas encore pour demain {*fam*}; quand les poules auront des dents; Tu ne risques pas de+*inf* .... de si tôt [((오용)) de sitôt]. ¶ 어느 ~에 그 많은 빚을 다 갚을까 Quand est-ce que je vais bien pouvoir rembourser toutes ces dettes?

◆_만년 -萬年 명 éternité *f*. ¶ 사람이 ~만년(을) 사는 게 아니다 Les hommes ne vivent pas éternellement.

천년왕국 千年王國 명 royaume *m* des cieux. ¶ 그들은 자기들만의 ~을 건설한다 Ils se bâtissent leur propre royaume éternel.

◆_설 -說 명 【기독】 légende *f* du royaume des cieux[de Dieu]. ¶ ~설을 믿다 croire au royaume des cieux[de Dieu].

천당 天堂 명 paradis *m*, royaume *m* des cieux [de Dieu], ciel m(cieux). ¶ ~에 가다[들어가다] aller [entrer] au paradis, décéder, mourir. ¶ ~에서 만나자 Retrouvons-nous au paradis.

천대 賤待 명 mépris *m*, dédain *m*, mauvais accueil *m*. ¶ 가난과 ~에 찌들다 être rongé(e) de par la *pauvreté et le mépris*. ◇_(를) 하다 traiter avec dédain [mépris], faire mauvais accueil à *qn*. ¶ 가난한 사람을 ~하다 traiter avec mépris les pauvres (gens). ◇_(를) 받다 être traité(*e*) avec dédain [mépris], être méprisé(*e*), recevoir (un) mauvais accueil. ¶ ~받을 짓을 하다 faire *qc* de méprisable. ¶ 고아로 ~를 받으며 자라다 grandir orphelin dans le mépris.

천덕꾸러기 賤— 명 personne *f* méprisée. ¶ ~ 노릇을 하다 être l'objet du[s'attirer le] mépris de tous. ¶ ~ 신세이다 être l'objet du mépris de tous (par fatalité). ¶ ~로 전락하다 devenir l'objet du mépris de tous.

천덕스럽다 賤— 형 être méprisable, abject, indigne, vil(*e*). ¶ 그 여자의 말은 너무 천덕스러웠다 Les paroles de cette femme sont trop méprisables. ¶ 천덕스러운 표정 une expression abjecte du [sur le] visage. ¶ 천덕스럽게 살다 vivre de façon abjecte [méprisable].

천도[1] 遷都 명 transfert *m* de la capitale, changement *m* de capitale. ¶ 수도의 ~ le transfert de la capitale. ◇_(를) 하다 changer de capitale, transférer la capitale. ¶ 개성에서 서울로 ~하다 transférer la capitale de Gaeseong à Séoul.

천도[2] 天道 명 Providence *f*, Ciel *m*, voies *fpl* de la Providence. ¶ ~를 어기다 transgresser les voies de la Providence.

천도교 天道教 명 【종교】 Cheondogyo <religion populaire et éclairée, fondée par Choi Je-u en 1861>.

천도복숭아 天桃— 명 pêche *f* céleste.

천동설 天動說 명 géocentrisme *m*, théorie *f* [système *m*] ptolémaïque. ¶ ~을 주장하다[믿다, 신봉하다] accorder son crédit [croire, adhérer] au système de Ptolémée.

천둥 명 tonnerre *m*. ¶ ~ 소리 un coup [grondement, roulement] de tonnerre. ¶ ~이 치다[울리다, 울다] le tonnerre retentit [gronde].

◆_번개 명 foudre *f*, tonnerre et éclair. ¶ ~번개가 치다 la foudre éclate [tombe]. ¶ ~번개를 동반한 소나기 une averse accompagnée de foudre.

천둥벌거숭이 명 personne *f* téméraire, risque-tout *m*, casse-cou *m*, tête *f* brûlée. ¶ 외딴 섬에서 배운 것 없이 ~로 자라다 grandir témérairement sur une île reculée sans rien apprendre. ¶ ~이던 게 어느 새 장부가 되었구나 Ce casse-cou est finalement devenu un adulte.

천렵 川獵 명 pêche *f* en eau douce. ¶ ~을 가다 aller pêcher en eau douce. ◇_을 하다 pêcher en eau douce.

천로역정 天路歷程 명 【문학】 le Voyage du Pèlerin.

천륜 天倫 명 lien *m* inaltérable (et naturel) entre parents et enfants [frères et sœurs], morale *f* familiale. ¶ ~을 어기다 contrevenir aux liens inébranlables entre parents et enfants. ¶ ~을 저버린 행동 un acte contraire à la morale familiale. ¶ ~을 끊다 rompre avec ses parents. ¶ ~은 인간의 힘으로 어찌할 수 없다 On ne peut rien faire contre les liens familiaux. / La force des hommes ne peut rien contre les liens inaltérables entre parents et enfants.

천리[1] 千里 명 mille *li mpl*, grande distance *f*. ¶ ~ 타향 une lointaine contrée. ¶ ~를 멀다 않고 sans se soucier de la distance.

*발 없는 말이 ~ 간다 les rumeurs vont vite.

◆_마 -馬 명 cheval *m* très rapide.

◆_ㅅ길 명 long chemin *m*, longue distance *f*..

*~ㅅ길도 한 걸음부터 C'est le premier pas qui compte

ㅊ

/ Il faut un début à tout.

◆_안 -眼 명 lucidité *f*, clairvoyance *f*, perspicacité *f*, pénétration *f*. ¶ ~안을 가진 사람 une personne très perspicace[clairvoyante, douée de pénétration].

천리² 天理 명 loi *f* naturelle, lois *fpl* de la nature. ¶ ~에 어긋나다 être contraire aux lois de la nature. ¶ ~에 순응하다 se soumettre[se conformer] aux lois de la nature.

천마총 天馬冢 명 【역사】 tombe *f* (royale) de Cheonmachong [du Cheval céleste] <tombe découverte à Gyeongju dans les années 1970, appelée ainsi à cause de la peinture de cheval qu'elle renferme et qui date de l'époque de Silla>.

천막 天幕 명 tente *f*, yourte *f*. ¶ ~ 생활 la vie sous la tente, une vie nomade. ¶ ~ 학교[교실, 교회] une tente faisant office d'école [de salle de classe, d'église]. ¶ 어디에 ~을 치다 dresser [monter, planter] une tente *qp*. ¶ ~을 걷다 défaire [ranger, plier] sa tente. ¶ ~ 안으로 들어가다 entrer sous une tente.

◆_집 명 tente *f* (d'habitation), yourte *f*, hutte *f*, tipi *m*, wigwam *m*.

◆_촌 -村 명 campement *m*, bivouac *m*, camping *m*.

천만 千萬 수관 dix millions *mpl*, myriade *f*. ¶ 서울의 인구는 ~이 넘는다 La population de Séoul dépasse les dix millions (d'habitants). / Séoul compte plus de dix millions d'habitants.

*~에 pas du tout / de rien! / ce n'est rien. ¶ ~에! 그 친구는 절대로 그럴 사람이 아니야 Pas du tout! Ce n'est absolument pas quelqu'un comme ça. ¶ 고맙습니다—~에요 Merci. - De rien.

*~의 말씀 remarque *f* inappropriée [exagérée, injustifiée]. ¶ ~의 말씀입니다 pas du tout / de rien! / ce n'est rien. ¶ ~의 말씀! 그 사람이 그럴 리가 없죠 Qu'est-ce que vous racontez! C'est impensable qu'il ait fait ça.

*~이다 ¶ 위험 ~이다 être extrêmement dangereux. ¶ 유감 ~이다 être franchement regrettable, vraiment déplorable.

◆_다행 -多幸 명 fortune *f* incroyable, chance *f* inouïe, bonheur *m* extrême. ¶ ~다행으로 par un très grand bonheur, fort heureusement. ¶ 그런 사고에서 그 정도밖에 안 다쳤으니 ~다행이다 C'est véritablement une chance extraordinaire qu'il ne se soit pas blessé plus dans cet accident.

◆_뜻밖 명 tout à fait imprévu [inattendu]. ¶ ~뜻밖에도 de manière tout à fait imprévue [inattendue]. ¶ ~뜻밖이다 être tout à fait imprévu(*e*) [inattendu(*e*)]. ¶ ~뜻밖의 일[말] un événement [une parole] tout à fait inattendu(*e*).

천만금 千萬金 명 une immense fortune *f*, un(plusieurs) milliard(s) *m*. ¶ ~을 준다 해도 난 그 일을 안 할 거야 Quand bien même on me donnerait des milliards, je ne ferai pas ce travail!

천만부당하다 千萬不當- 형 injustice *f* absolue. ¶ 천만부당한 이야기 une histoire de la plus grande injustice. ¶ 그 사람이 지금 포기하는 것은 천만부당한 일이다 C'est complètement injuste qu'il abandonne maintenant.

천명¹ 天命 명 volonté *f* divine, décret *m* céleste[divin, du Ciel], sort *m*, destin *m*, fatalité *f*, Providence *f*. ¶ ~을 거스르다[거역하다, 어기다] se dresser contre le décret du Ciel. ¶ ~을 알다 connaître la volonté du Ciel. ¶ 가난을 ~으로 알다[여기다] considérer la pauvreté comme son destin [sort]. ¶ ~에[을] 따르다 se résigner à son sort, se soumettre à la volonté divine. ¶ ~이 다하다 arriver à la fin de sa vie.

천명² 闡明 명 déclaration *f*, exposé *m* clair. ◇_(을)하다 expliquer, rendre clair, exposer clairement, déclarer, exprimer nettement. ¶ 모임의 취지를 모든 사람에게 ~하다 expliquer à tout le monde le but de la réunion. ¶ 그 정치가는 출마하지 않겠다고 분명히 ~했다 Ce politicien a exprimé très clairement qu'il ne se présenterait pas aux élections. ◇_(이)되다 être clairement exprimé(*e*).

◆재_ 再 명 réaffirmation *f*, réitération *f*, clarification *f*.

천문 天文 명 astronomie *f*, phénomène *m* astronomique. ¶ ~ 관측 observation astronomique. ¶ ~을 살피다[보다] regarder[observer] les étoiles. ¶ ~과 지리에 능하다 être doué(*e*)[bon(*ne*), compétent(*e*)] en astronomie et en géographie.

◆_대 -臺 명 observatoire *m* (astronomique).

◆_학 -學 명 astronomie *f*.

◆_학적 -學的 명 ① astronomique. ② 어마어마한 astronomique, exponentiel(*le*). ¶ ~학적인 숫자[액수]에 달하다 atteindre une somme [des chiffres] astronomique(*s*).

◆_학자 -學者 명 astronome *m*.

천민 賤民 명 homme *m* du peuple, personne *f* de basse condition [extraction], roturi*er*(*ère*), plébéien(*ne*). ¶ ~ 계급 les petites gens. ¶ ~ 집단 le bas peuple, la populace {*fam*}. ¶ ~ 출신 ((personne)) de basse extraction. ¶ ~ 생활 la vie du petit peuple. ¶ ~ 의식 conscience populaire. ¶ ~ 자본주의 le capitalisme de parias (*Pariakapitalismus*).

천박 淺薄 어근 manque *m* de profondeur, superficialité *f*.

◆_하다 형 manquer de profondeur, être superficiel(*le*), peu profond(*e*). ¶ 그 사람은 말을 ~하게 한다 Il parle de façon superficielle. ¶ ~한 사람[말투] une personne [un langage] superficiel(*le*).

◆_스럽다 형 être superficiel(*le*), peu profond(*e*), manquer de profondeur. ¶ 그 사람의 태도는 ~스럽다 Son comportement est superficiel [manque de profondeur]. ¶ 그 녀석은 ~스럽게 행동한다 Ce type se comporte d'une façon superficielle.

천방지축 天方地軸 명 témérité *f*, imprudence *f*, inconscience *f*. ¶ ~으로 돌아다니다 se promener imprudemment. ¶ 완전히 ~이다 être complètement inconscient(*e*).
부 la tête la première, sans réfléchir, à toute vitesse, tête baissée. ¶ ~ 날뛰다 se précipiter la tête la première, foncer tête baissée[à toute allure].

천벌 天罰 명 punition *f* [vengeance *f*] divine, châtiment *m* de Dieu[divin]. ¶ ~을 받다 être puni(*e*) par le Ciel. ¶ ~을 받아 마땅하다[싸다] mériter la colère de Dieu. ¶ ~을 받을 놈[짓] un type [un acte] qui mérite d'être châtié par le Ciel. ¶ 하늘이 누구에게 ~을 내리다 Le Ciel abat sa colère sur *qn*. ¶ 누구에게 ~이 내린다 La justice du Ciel s'abat sur *qn*.

천변 川邊 명 berge *f*, bord *m*, rive *f*. ¶ ~ 풍경 un paysage fluvial [de bord de fleuve]. ¶ 우리 집은 그 근처 ~에 있다 Notre maison est située près de cette rive.

천변만화 千變萬化 명 changements *mpl* innombrables [incessants], infinie variété *f*. ◇_(를) **하다** changer sans cesse. ¶ 계곡에 들어서니 경치가 ~를 하는구나 En pénétrant dans la vallée, le paysage prend une dimension kaléidoscopique.

천부 天賦 명 innéité *f*, don *m* naturel, caractère *m* inné, talent *m* (inné), capacité *f* innée. ¶ ~ 인권(론) (théorie des) droits naturels de l'homme. ¶ ~의 권리 droits naturels ((de l'homme)). ¶ ~의 재능 un don de la nature [inné].
◆_**적** -的 명관 inné(*e*), naturel(*le*), infus(*e*). ¶ ~적 소질 disposition naturelle. ¶ 그 사람의 재주는 ~적이다 Son talent est inné.

천부당만부당하다 千不當萬不當– 형 être d'une injustice absolue. ¶ 천부당만부당한 생각 une pensée d'une injustice absolue. ¶ 그 사람이 결혼했다는 것은 천부당만부당한 소리다 C'est de la pire injustice qu'il se soit marié.

천분 天分 명 don *m* naturel, talent *m* inné. ¶ 예술에 ~이 있다 avoir un don naturel pour les arts. ¶ ~이 뛰어난 사람 une personne extrêmement douée.

천사 天使 명 ① ange *m*. ¶ 하늘에서 ~들의 노랫소리가 들리다 entendre le chant des anges dans le ciel. ¶ ~ 같은 목소리 *une voix d'ange* [*angélique*] une personne mi-ange mi-démon. ② 착한 사람 ange. ¶ 그 사람은 완전히 ~다 C'est vraiment un ange!

천상[1] 天上 명 ciel(*cieux*) *m*, paradis *m*. ¶ ~의 음악 une musique céleste [éthérée]. ¶ ~의 목소리 une voix éthérée. ¶ ~에서의 복락을 구하다[희구하다, 약속하다] rechercher le [promettre le, aspirer au] bien-être céleste.
*~ **천하 유아독존** «Je suis le seul digne de respect sur la terre comme au ciel» ((prononcé par le bouddha Siddharta à sa naissance)).
◆_**계** -界 명 le monde des Cieux.

천상[2] 天常 부 ☞ 천생

천생 天生 명 innéité *f*, nature *f*. ¶ 그 사람은 ~의 시인이다 C'est un poète né. ¶ 그 사람이 수학을 잘하는 것은 ~이다 Il est doué pour les mathématiques par nature.
부 ① 타고난 모양 par nature, de naissance. ¶ 그 남자는 ~ 군인이 될 운명이었다 C'était son destin de devenir militaire [soldat]. ¶ 너는 ~ 사기꾼밖에 못 해먹겠군 Toi, de naissance, tu ne peux pas vivre autrement qu'en escroc. ② 어쩔 수 없이 inéluctablement, inévitablement, nécessairement. ¶ ~ 그렇게 하는 수밖에 없다 être absolument inévitable.
◆_**배필** -配匹 명 compag*non*(*gne*) prédestiné(*e*).
◆_**연분** -緣分 명 lien *m* providentiel, union *f* nouée par les dieux. ¶ 두 사람은 ~연분이다 Ils sont faits l'un pour l'autre.

천석꾼 千石– 명 riche propriétaire *m* terrien. ¶ 그 집은 몇 대째 계속 ~으로 살아 왔다 Cette famille vit de ses terres depuis plusieurs générations (successives).

천성 天性 명 nature *f*, disposition *f* naturelle, tempérament *m*. ¶ 그 녀석의 게으름은 ~이다 Ce type est paresseux de nature. ¶ 습관은 제2의 ~이다 L'habitude est une seconde nature. ¶ ~이 착하다 être d'une nature gentille.
◆_**적** -的 명관 naturel(*le*). ¶ ~적으로 naturellement.

천세 千歲 명 des lustres *mpl*, mille ans *mpl*.

천수 天壽 명 durée *f* de (la) vie. ¶ ~를 누리다[다하다] vivre pleinement sa vie [jusqu'à son terme].

천수답 天水畓 명 rizière *f* tributaire des eaux de pluie.

천시[1] 天時 명 occasion *f* providentielle. ¶ ~를 기다리다 attendre une occasion providentielle. ¶ ~는 우리 편에 있다 La chance est avec nous.

천시[2] 賤視 명 mépris *m*, dédain *m*. ¶ 학대와 ~ 속에 살다 vivre sous l'oppression et le dédain, vivre opprimé(*e*) et méprisé(*e*). ◇_(를) **하다** mépriser, dédaigner. ¶ 육체노동을 ~하다 mépriser le travail corporel. ◇_(가) **되다** être [faire, devenir] l'objet du mépris. ◇_(를) **받다** être méprisé(*e*), être [faire] l'objet du mépris.

천식 喘息 명 【의학】 asthme *m*. ¶ ~ 환자 un(*e*) asthmatique. ¶ 해소 ~ asthme bronchique. ¶ 그 사람은 ~이 있어서 기침을 많이 한다 Il tousse beaucoup à cause de son asthme.

천신굿 薦神– 명 【민속】 rite *m* chamaniste pour les moissons du printemps et de l'automne.

천신만고 千辛萬苦 명 toutes sortes de privations et de souffrances. ¶ ~ 끝에 après toutes sortes de privations et de souffrances. ¶ ~를 겪다 subir toutes sortes de privations et de souffrances.

천심 天心 명 volonté *f* divine, Providence *f*. ¶ 민심이 곧 ~이다 La voix du peuple est la voix de Dieu.

천애 天涯 명 terre *m* lointaine et étrangère. ¶ ~의 고아 un orphelin sans aucun soutien. ¶ 발 아래는 ~의 절벽이었다 sous mes pieds s'ouvrait un

ㅊ

précipice sans fond.

천양지차 天壤之差 명 opposition *f* extrême, le jour et la nuit. ¶ 두 사람의 생각[실력]은 ~이다 Leurs pensées[compétences] sont diamétralement opposées. ¶ 직접 만나서 부탁하는 것과 전화로 부탁하는 것은 ~이다 Entre demander directement de vive voix et le faire par téléphone, c'est le jour et la nuit.

천언만어 千言萬語 명 arguments *mpl* sans fin. ¶ ~로 만류하다[유혹하다] dissuader[séduire] par des arguments sans fin. ¶ 실천이 없이는 ~가 무슨 소용 있으랴? Toutes ces paroles ne servent à rien si elles ne sont pas mises en pratique?

천연 天然 명 nature *f*, état *m* naturel. ¶ ~ 고무[섬유, 비료] caoutchouc [fibre, engrais] naturel(*le*). ¶ ~ 동굴 une grotte naturelle. ¶ ~의 아름다움 beauté de la nature. ¶ ~의 요새 une forteresse naturelle. ¶ ~의 지리적 조건 les conditions géographiques naturelles.

◆_**스럽다** 형 ☞ 천연스럽다

◆_**스레** 부 naturellement, spontanément.

◆_**히** 부 naturellement.

◆_**적** -的 명관 naturel(*le*).

◆_**가스** 명 gaz *m* naturel.

◆_**기념물** -記念物 명 site *m* naturel [espèce *f* animale] classé(*e*) [protégé(*e*)].

◆_**산** -產 명 origine *f* sauvage [naturelle]. ¶ ~산 미역[김] des algues sauvages.

◆_**색** -色 명 couleur *f* (naturelle). ¶ ~색 사진[화면] une photographie [un écran] en couleurs.

◆_**석** -石 명 pierre *f* [roche *f*] naturelle.

◆_**섬유** -纖維 명 fibre *f* naturelle.

◆_**자원** -資源 명 ressources *fpl* naturelles.

천연덕스럽다 天然- 형 paraître naturel(*le*), sans artifice; sembler sincère. ¶ 그 사람의 태도는 너무도 천연덕스러웠다 Son attitude semblait un peu trop sincère. ¶ 그 여자는 천연덕스럽게 대답했다 Elle répondit sans artifice apparent [sans faire de manières].

◆**천연덕스레** 天然- 부 avec beaucoup de naturel, naturellement, sans artifice apparent. ¶ 그 사람은 천연덕스레 거짓말을 한다 Il ment avec beaucoup de naturel.

천연두 天然痘 명 【의학】 variole *f*, petite vérole *f*. ¶ ~ 균 le virus de la variole. ¶ ~ 자국 les marques de la variole. ¶ ~ 환자 un (malade) varioleux. ¶ ~에 걸리다 attraper la variole. ¶ ~를 앓다 souffrir de la variole.

천연스럽다 天然- 형 paraître naturel(*le*), sans artifice; sembler sincère. ¶ 아무 일도 없었다는 듯 천연스럽게 앉아 있다 être assis(*e*) naturellement comme si de rien n'était. ¶ 그 사람의 말투는 너무도 천연스러웠다 Sa façon de parler semblait un peu trop sincère. ¶ 그 사람은 아무 일도 없었다는 듯이 천연스럽게 웃었다 Il rit avec beaucoup de naturel comme si de rien n'était. être naturel(*le*).

◆**천연스레** 天然- 부 avec beaucoup de naturel, sans artifice apparent. ¶ 그 친구는 얼굴색 하나 안 변하고 천연스레 이야기했다 Il raconta son histoire avec beaucoup de naturel sans que son visage change de couleur une seule fois.

천왕 天王 명 roi *m* des Cieux.

천왕성 天王星 명 【천문】 Uranus *m*.

천우신조 天佑神助 명 grâce *f* du Ciel [de Dieu]. ¶ ~로 살아나다[어려움을 피하다] survivre [échapper à des difficultés] par la grâce de Dieu. ¶ ~가 아니었다면, 그 사람은 이번 사고에서 살아날 수 없었을 것이다 Sans la grâce du Ciel, il n'aurait pas pu survivre à cet accident.

천운 天運 명 sort *m*, destinée *f*, destin *m*, fortune *f*. ¶ 그 사람은 ~을 타고 났다 Il est béni par la fortune. ¶ ~이 따르다 suivre son destin. ¶ 그 남자가 그 여자를 만나게 된 것을 정말 ~이었다 C'était vraiment le destin qui l'a fait rencontrer cette femme.

천원 天元 명 【운동】 centre *m* de l'échiquier (du jeu de go).

천의무봉 天衣無縫 명 beauté *f* sans faille et sans artifice. ¶ 이 옷은 정말 ~이구나 Ce vêtement est véritablement parfait.

천인 天人 명 Ciel *m* et homme *m*.

◆_**공노하다** -共怒- 타 provoquer la colère des hommes et du Ciel. ¶ ~공노할 만행 une barbarie contre le Ciel et les hommes.

천일염 天日鹽 명 sel *m* séché au soleil.

천자 天子 명 empereur *m*. ¶ 감히 변방의 왕 따위가 ~의 명을 거역하려 드느냐 Comment un petit roi de province ose-t-il s'opposer à un ordre de l'empereur?

천자문 千字文 명 le poème aux mille caractères ((classique de la littérature chinoise qui sert de manuel pour l'apprentissage des caractères chinois)). ¶ ~을 떼다 achever la lecture du poème aux mille caractères.

천장 天障 명 plafond *m*. ¶ 둥근 ~ un dôme, une coupole. ¶ ~에서 물이 샌다 l'eau coule du plafond. ¶ ~에 매달려 있다 être accroché(*e*) au plafond. ¶ 파리가 ~에 붙어 있다 La mouche (s')est accrochée au plafond. ¶ 그 방은 ~이 높다[낮다] Cette chambre est haute [basse] de plafond.

*~**을 모르고** sans fin, sans cesse.

천재¹ 天才 명 génie *m*, prodige *m*. ¶ ~ 기질이 있다 avoir du génie. ¶ ~ 기질을 발휘하다 déployer son génie. ¶ ~ 교육 l'éducation des enfants surdoués. ¶ ~는 99 %의 노력과 1 %의 머리로 만들어진다 Le génie se conçoit pour 99 % par le travail et pour 1 % par le cerveau. ¶ 그 남자는 수학의 ~이다 C'est un génie des mathématiques.

◆_**적** -的 명관 génial(*ale*, *aux*), de génie. ¶ ~적인 음악가 un musicien de génie. ¶ 그 사람의 이번 발상은 정말 ~적이었다 Sa dernière idée était vraiment géniale.

◆_**성** -性 명 génie *m*. ¶ ~성을 발휘하다 déployer

ㅊ

son génie. ¶ 아이의 ~성을 일찍 발견하다 découvrir tôt le génie d'un enfant.

천재² 天災 명 catastrophe *f* [calamité *f*] naturelle, fléau *m* de la nature. ¶ 이번 사고는 ~가 아니라 인재였다 Cette catastrophe n'était pas le fait de la nature mais de l'homme.

◆_**지변** -地變 명 cataclysme *m*, catastrophe *f* [calamité *f*] naturelle, fléau *m* de la nature. ¶ ~지변에 의한 피해는 보상해 드리지 않습니다 Nous ne couvrons pas les dégâts causés par les catastrophes naturelles. ¶ ~지변이 일어났다 Il y a eu un cataclysme.

천재일우 千載一遇 명 chance *f* d'une vie, chance de sa vie, occasion *f* rarissime. ¶ 이번이야말로 나에게는 ~의 기회다 Cette fois-ci pour moi c'est une chance unique. ¶ 그 사람은 ~의 기회를 놓쳤다 Il a raté la chance de sa vie.

천적 天敵 명 ennemi *m* (naturel). ¶ 뱀은 쥐의 ~이다 Le serpent est l'ennemi naturel du rat. ¶ ~을 만나다 rencontrer son ennemi (naturel). ¶ 두 사람은 완전히 ~이었다 Ils sont véritablement des ennemis.

천정 天井 명 ((‘천장’의 잘못)) ☞ 천장

천정부지 天井不知 명 montée *f* en flèche. ¶ 물가가 ~로 오르다[치솟다] les prix montent [grimpent] en flèche.

천제¹ 天帝 명 【종교】 Dieu *m*, Créateur *m*.

천제² 天祭 명 【민속】 offrande *f* [culte *m*] aux divinités célestes [à Dieu]. ¶ ~를 지내다[올리다] dédier une offrande [vouer un culte] aux divinités célestes [à Dieu].

천주 天主 명 【천주】 Dieu *m*; Seigneur *m* (du ciel). ¶ ~님이시여, 저를 보호하소서 Mon Dieu, protégez-moi!

◆_**교** -教 명 catholicisme *m*; religion *f* catholique. ¶ ~교 신자 un catholique.

◆_**교도** -教徒 명 catholique.

◆_**교인** -教人 명 catholique.

◆_**교회** -教會 명 Église *f* catholique [romaine].

◆_**실의** -實義 명 【천주】 doctrine *f* catholique.

◆_**학** -學 명 【천주】 catholicisme *m*.

천지 天地 명 ① 하늘과 땅 ciel *m* et terre *f*; univers *m*. ¶ ~인 사상 une philosophie fondée sur la relation ciel-terre-homme. ¶ ~간에 사람이 으뜸이다 C'est l'homme *qui prédomine* dans l'univers. ② 세계 monde *m*. ¶ ~ 만물 toutes les créatures. ¶ ~ 창조 la création du monde. ¶ ~를 만드신 창조주 Le Créateur du monde. ¶ ~가 진동하다 La terre tremble. ¶ ~가 뒤집혀도 même si le ciel s'écroulait. ③ 무엇으로 가득한 곳 endroit *m* plein de *qc*. ¶ 서울은 까페 ~이다 À Séoul, ce ne sont pas les cafés qui manquent. ¶ 방안이 쓰레기 ~이다 C'est le bordel [le foutoir, le souk {*fam*}] dans cette chambre{*fam*}.

◆**별**_ 別- 명 autre monde *m*; monde *m* entièrement différent. ¶ 여기는 완전히 별~이구만 On se croirait dans un autre monde.

◆**신**_ 新- 명 monde *m* nouveau. ¶ 신~를 개척하다 défricher un monde nouveau. ¶ 신~를 찾아 떠나다 partir à la recherche d'un monde nouveau.

◆_**개벽** -開闢 명 création *f* du monde. ¶ ~개벽 이래로 depuis que le monde existe. ¶ 당장 ~개벽을 한다 해도 Même si on recréait le monde aujourd'hui.

◆_**차이** -差異 명 différence du tout au tout. ¶ 이 둘은 ~차이이다 Ils sont totalement différents.

천지신명 天地神明 명 esprits *mpl* du ciel et de la terre. ¶ 비나이다 비나이다 ~께 비나이다 Je pris, je prie tous les esprits du ciel et de la terre.

천지인 天地人 명 la relation ciel-terre-homme. ¶ ~ 사상 une philosophie fondée sur la relation ciel-terre-homme.

천직 天職 명 vocation *f*; mission *f*. ¶ 나는 이 일을 ~으로 생각하고 있다 Je me sens une vocation pour cette tâche.

천진 天眞 명 innocence *f*, naïveté *f*, ingénuité *f*.

◆_**하다** 형 être innocent(*e*). ¶ ~한 아이 un enfant innocent.

천진난만하다 天眞爛漫- 형 être innocent(*e*), naï*f*(*ve*), candide, ingénu(*e*). ¶ 모습이 ~ avoir l'air innocent [naïf]. ¶ 천진난만하게 웃다[행동하다] rire [agir] innocemment [avec candeur]. ¶ 아이들의 천진난만한 웃음 les rires innocents des enfants.

천진무구하다 天眞無垢- 형 être innocent(*e*), naï*f*(*ve*), candide, ingénu(*e*). ¶ 천진무구한 어린이[동심] un enfant innocent [la candeur de l'enfance].

천진스럽다 天眞- 형 être innocent(*e*), naï*f*(*ve*), candide, ingénu(*e*). ¶ 하는 행동이 ~ agir innocemment [avec candeur, naïvement]. ¶ 천진스럽게 웃다 rire naïvement. ¶ 천진스러운 얼굴 un visage innocent [naïf].

◆**천진스레** 天眞- 부 innocemment, naïvement. ¶ 천진스레 웃다 rire naïvement.

천진하다 天眞- 형 être innocent(*e*), naï*f*(*ve*), candide. ¶ 천진한 미소[소년] un sourire [un garçon] innocent. ☞ 천진스럽다

천차만별 千差萬別 명 variété *f* infinie. ¶ 같은 물건이라도 가게에 따라 값이 ~이다 Pour le même objet, on trouve tous les prix [des prix très variables] d'un magasin à l'autre.

천착 穿鑿 명 forage *m*, perforation *f*, excavation *f*; étude *f* approfondie. ¶ 지나친 ~을 피하다 éviter un forage excessif. ◇_(을) **하다** forer, perforer, excaver; étudier de façon approfondie. ¶ 한 문제를 ~하다 examiner minutieusement une question. ¶ 한 문제에 ~하다 faire des recherches approfondies sur un sujet. ◇_(이) **되다** être foré(*e*), perforé(*e*), excavé(*e*).

천천히 부 ① lentement; avec lenteur; posément; à vitesse ralentie; doucement ¶ ~ 걷다[말하다, 연주하다] marcher lentement [parler lentement, jouer lentement ((d'un instrument de musique))]. ¶ 일을 ~ 진행하다 avancer [progresser] très lentement dans un travail. ② 나중에 sans hâte; sans se presser;

sans précipitation. ¶ 급한 건 아니니까 ~ 해도 된다 Ce n'est pas urgent. Prenez (tout) votre temps / Ne vous pressez pas. ¶ 좀 더 놀다가 ~ 가라 Ne pars pas tout de suite [si vite, trop vite], reste encore un peu avec nous / Ne sois pas si pressé(*e*) de partir, reste encore un peu.

천첩 賤妾 명 concubine *f* de basse condition; je, moi ((marque d'humilité)). ¶ ~ 소생 enfant né d'une concubine de basse condition. ¶ ~의 부탁을 들어주사옵소서 Veuillez écouter mon humble demande!

천체 天體 명 【천문】 corps *m* céleste; astre *m*. ¶ ~를 관측하다 faire des observations astronomiques. ¶ ~의 운동 le mouvement des corps célestes; le cours des astres.

◆**_망원경** -望遠鏡 명 【천문】 télescope *m* [lunette *f*] astronomique.

◆**_물리학** -物理學 명 【천문】 astrophysique *f*.

천추 千秋 명 mille ans *mpl*; des siècles *mpl*. ¶ ~의 한을 남기다 laisser un regret éternel.

천출 賤出 명 bâtard(*e*); enfant né(*e*) d'une concubine de basse condition. ¶ 그 남자는 자신이 ~이라는 것이 평생의 한이었다 Il a gardé toute sa vie du ressentiment d'être né bâtard.

천치 天痴 명 idiot(*e*), imbécile, sot(*te*), bête, stupide. ¶ 그 아이는 정말 ~이다 Cet enfant est vraiment idiot. ¶ 이 바보 ~야 L'imbécile!

천칭 天秤 명 balance *f*. ¶ 내 별자리는 ~자리이다 Mon signe du zodiaque est la Balance / Je suis Balance. ¶ ~으로 약품의 무게를 재다 peser un médicament avec une balance.

천태만상 千態萬象 명 toutes sortes *fpl* d'aspects. ¶ 모인 사람들의 모습은 ~이었다 Les gens réunis sont de toutes sortes.

천편일률 千篇一律 명 monotonie *f*; manque *m* de variété. ¶ 그들의 보고서의 내용은 하나같이 ~이었다 Leurs comptes-rendus manquaient de variété.

◆**_적** -的 명관 monotone. ¶ 내용이 ~적인 교육 un enseignement monotone.

천하 天下 명 ① 세상 monde *m*. ¶ ~를 호령하다[통일하다, 정복하다] dominer [unifier, conquérir] le monde. ¶ ~를 얻다[잃다] conquérir [perdre] le monde. ¶ ~에 이름을 떨치다 se faire une réputation universelle. ¶ 이 ~에 불효막심한 놈 같으니라고 Tu es le type le plus ingrat du monde! ¶ ~와도 바꿀 수 없다 C'est ce qu'il y a de plus précieux au monde. ¶ ~의 영웅 un héros universel. ¶ ~의 공론 l'opinion publique. ¶ ~가 다 안다 Tout le monde le sait. ② 지배, 주도 하 sous la domination *f* de *qn*. ¶ 지금은 자본가[공화당] ~이다 C'est aujourd'hui le règne des riches [du parti républicain] / Aujourd'hui, les riches [Républicains] sont les maîtres.

*~**에 둘도 없는** unique au monde.

*~ **없어도** quoi qu'il arrive; coûte que coûte; à tout prix.

*~**의** ...(**이**)**라도** Même s'il est le(la) mondialement célèbre .... ¶ ~의 홍길동이라도 이것은 피할 수 없을 것이다 Personne ne pourra rien y faire [empêcher cela] / Il faudra que ça arrive, c'est fatal.

◆**_무적** -無敵 명 invincibilité *f*, ((être)) hors pair. ¶ 그 팀은 ~무적이다 Cette équipe est invincible [sans pareil, sans égal].

◆**_일색** -一色 명 beauté *f* inégalée [incomparable]. ¶ 그 처녀의 미모가 ~일색이라더라 La beauté de cette jeune fille est incomparable[sans égal].

◆**_일품** -一品 명 article *m* unique au monde; objet *m* sans pareil; être *m* hors (de) pair. ¶ 이 요리는 정말 ~일품이군 Ce plat est vraiment unique au monde / Ce plat est vraiment exquis.

◆**_장사** -壯士 명 homme *m* d'une force extraordinaire, hercule *m*.

◆**_제일** -第一 명 unique, inégalable, sans pareil. ¶ 그 맛이 ~제일이라! C'est d'un goût inégalable!

◆**_태평** 泰平 명 grande tranquillité *f*. ¶ 할 일은 많은데 저렇게 ~태평이다 Il est si paisible alors qu'il a tant de choses à faire.

◆**삼일_** 三日- 명 règne *m* de(pendant) trois jours [éphémère]. ¶ 쿠데타가 삼일~로 끝나다 Le coup d'État a fini après trois jours de règne.

◆**태평_** 泰平- 명 paix *f* universelle. ¶ 어진 임금의 치세 하에 세상은 태평~였다 Sous le règne du roi sage et avisé, le monde entier était en paix.

천하다 賤- 형 ① ((신분, 품격이)) être bas(*se*), vil(*e*), abject(*e*), ignoble; être banal(*e*), commun(*e*). ¶ 신분이 ~ être de basse condition. ¶ 천하게 사용되는 그릇 récipient à usage ordinaire. ¶ 천한 일 un sale travail [une vile besogne]. ② ((언행이)) être vulgaire, grossi*er*(*ère*). ¶ 천하게 굴다 se comporter ignoblement. ¶ 천한 말 un langage vulgaire [grossier].

천행 天幸 명 bienfait *m* du ciel; grâce *f* de Dieu. ¶ ~으로 목숨은 건졌다 Il a échappé par miracle à la mort. ◇**_이다** c'est une chance inouïe; s'estimer heureux(*se*) que+*subj*.; ce n'est rien à côté de ce qui aurait pu arriver [ça aurait pu être bien pire]. ¶ 그 만한 것만 해도 ~인줄 알아라 Considère que tu as eu une chance inouïe, ça aurait pu être beaucoup plus grave, tu peux remercier le ciel / Estime-toi heureux(*se*) [Tu peux t'estimer heureux], ça aurait pu être bien pire / Tu n'as pas de mal, sois content(*e*) [estime-toi heureux(*se*)], ce n'est rien à côté de ce qui aurait pu t'arriver.

천형 天刑 명 Châtiment *m* du ciel. ¶ 그 사람은 이마의 각인을 ~처럼 지니고 살았다 Il a vécu avec une marque sur le front comme si le Ciel l'avait puni.

천혜 天惠 명 faveur *f* [bienfait *m*] du Ciel. ¶ ~의 요새[항구, 자원] forteresse [port, ressources] favorisé(e, es) par la nature.

천황 天皇 명 empereur *m*.

◆**_제** -制 명 régime *m* impérial.

철[1] 명 saison *f*. ¶ 벚꽃 피는 ~ saison des cerisiers

en fleurs. ¶ 바캉스 ~ saison de vacances. ¶ (제) ~을 놓치다 manquer *la* saison ((des pommes)). ¶ 제 ~(을) 만나다 être dans *ses* beaux jours; être sur *son* terrain. ¶ ~(에) 따라 selon la saison. ¶ ~(이) 지난 tardi*f(ve)*, passé*(e)* de saison. ¶ 제 ~이 아닌 hors saison. ¶ ~ 바뀔 때마다 à chaque changement de saison.

철[2] 명 maturité *f* (d'esprit); raison *f*; bon sens *m*; discernement *m*; ((avoir du)) plomb *m* ((dans la cervelle)) {*fam*, *vx*}. ◇_**(이) 들다[나다]** devenir raisonnable [adulte, réfléchi*(e)*]; arriver à l'âge de raison; grandir (en sagesse, en vertu); devenir plus sage [plus vertueux]. ¶ 그 남자는 아직도 ~이 안 들었다 Il manque encore de maturité / Il n'est pas assez mûr pour son âge / Il est resté gamin {*fam*}. ¶ 너는 언제 ~ 들래? Quand seras-tu raisonnable? / Quand auras-tu du plomb dans la cervelle?{*fam*} / (Ce que tu peux être gamin*(e)*!) Quand grandiras-tu? [Quand seras-tu adulte?]. ◇_**(이) 없다** être irréfléchi*(e)*; être inconsidéré*(e)*, inconséquent*(e)*; ne pas avoir de plomb dans la cervelle; ne pas être adulte, être infantile, enfantin*(e)*, puéril*(e)*; manquer (encore) de maturité; ne pas être assez mûr*(e)* pour son âge; être resté*(e)* gamin*(e)* {*fam*}. ¶ ~없는 짓[아이] une conduite [un*(e)* enfant] irréfléchi*(e)* [immature]; un comportement infantile [immature]. ¶ 아이가 아직 ~이 없어서 그래요 Il se comporte ainsi, car il manque encore de maturité.

*~**모르다** manquer de maturité; manquer de discernement; ne pas avoir l'âge de raison; ne pas avoir de plomb dans la cervelle {*fam*}; ne pas être assez mûr*(e)* pour son âge; être resté*(e)* gamin*(e)* {*fam*}. ¶ ~모르는 어린아이 un*(e)* enfant qui manque de maturité. ¶ 아이가 ~모르고 한 짓이니 용서해 주세요 Pardonnez-lui, car c'est encore un gamin {*fam*} [enfant].

*~**들자 망령** Dès qu'on est raisonnable, on commence à déraisonner.

◆_**없이** 부 sans réflexion. ¶ ~없이 까불다 se comporter inconsciemment [comme un gamin {*fam*}]; agir de manière inconsidérée.

◆_**딱서니** 명 ☞ 철딱서니

◆_**부지** -不知 명 ☞ 철부지

철[3] 鐵 명 fer *m*. ¶ ~을 함유하다 contenir du fer; ((eau, roche)) être ferrugineu*x(se)*; ((minerai)) être ferreu*x(se)*. ¶ ~의 장막 un rideau de fer.

◆_**문** -門 명 porte *f* en fer [métallique].

철[4] 綴 명 liasse *f*. ◇_**(을) 하다** attacher ensemble; agrafer; mettre en liasse. ¶ 서류[신문]을 ~해 놓다 mettre des dossiers [journaux] en liasse. ◇_**(이) 되다** être attaché*(e)*, agrafé*(e)*.

◆**서류**_ 書類 명 liasse *f* de dossiers.

철갑 鐵甲 명 cuirasse *f*. ¶ ~을 두르다 cuirasser.

◆_**선** -船 명 (navire *m*) cuirassé *m*.

◆_**상어** 명 【동물】 requin *m* cuirassé.

철강 鐵鋼 명 acier *m*. ¶ ~ 산업 industrie de l'acier.

◆_**재** -材 명 matériel *m* en acier. ¶ 요즘 들어 ~재 수출이 급격히 감소하고 있다 Depuis peu, l'exportation des objets en acier diminue brusquement.

철거 撤去 명 évacuation *f*, démolition *f*, suppression *f*. ◇_**(를) 하다** évacuer; démolir. ¶ 무허가 건물을 ~하다 démolir un bâtiment construit sans autorisation. ◇_**(가) 되다** être évacué*(e)*; être démoli*(e)*.

◆_**민** -民 명 populations *fpl* évacuées.

◆_**반원** -班員 명 personne *f* chargée de l'évacuation.

철골 鐵骨 명 charpente *f* [armature *f*] métallique. ¶ ~ 구조[건물] bâtiment construit avec une charpente métallique.

철공소 鐵工所 명 usine *f* métallurgique; forge *f*.

철공장 鐵工場 명 ☞ 철공소

철광 鐵鑛 명 【광업】 mine *f* de fer; minerai *m* de fer.

◆_**석** -石 명 【광업】 minerai *m* de fer.

철교 鐵橋 명 pont *m* de [en] fer; pont de voie ferrée.

철군 撤軍 명 retrait *m* de troupes. ◇_**(을) 하다** se retirer, retirer *ses* troupes. ¶ 주둔지에서 ~하다 se retirer d'un territoire. ◇_**(을) 시키다** se retirer, sonner la retraite {vx}, battre en retraite.

철권 鐵拳 명 ((avoir une)) main *f* [poigne *f*] de fer. ¶ ~을 휘두르다 gouverner d'une main de fer, gouverner d'une manière (très) autoritaire, faire preuve d'une grande autorité [de la plus grande autorité], manifester une grande autorité.

◆_**통치** -統治 명 gouvernement *m* à poigne [autoritaire, musclé {*fam*}]. ¶ 그 사람은 집권하자마자 ~통치를 시작했다 Dès qu'il a pris le pouvoir, il a gouverné d'une main de fer [il a fait preuve d'une extrême autorité, il a manifesté une grande autorité].

철근 鐵筋 명 armature *f* en fer.

◆_**콘크리트** 명 béton *m* [ciment] *m* armé.

철기 鐵器 명 instrument *m* [objet *m*] en fer.

◆_**문화** -文化 명 civilisation *f* du fer.

◆_**시대** -時代 명 âge *m* de fer.

철길 鐵- 명 chemin *m* de fer; voie *f* ferrée.

철딱서니 명 【속어】 ((avoir du)) plomb *m* ((dans la cervelle)) {*fam*}; maturité *f* (d'esprit); raison *f*, bon sens *m*; discernement *m*.

철도 鐵道 명 chemin *m* de fer; voie *f* ferrée. ¶ ~ 운임[요금] tarif ferroviaire; frais de transport par chemin de fer. ¶ ~ 사고 un accident de chemin de fer. ¶ ~를 부설하다 poser une voie ferrée; construire une ligne de chemin de fer. ¶ ~편으로 가다[보내다, 부치다] voyager [envoyer, expédier] en [par le] train. ¶ 그 도시에 ~가 들어간다 Le train dessert cette ville. ¶ 서울 인천 간에 ~가 가설되었다 On a construit une voie ferrée entre Séoul et Incheon.

◆_**원** -員 명 employé*(e)* des chemins de fer;

cheminot *m*.

◆_청 -廳 명 Korail, Société *f* des Chemins de fer coréen.

◆고속_ 高速 명 chemin *m* de fer à grande vitesse.

철두철미하다 徹頭徹尾- 형 être compl*et*(*ète*); être radic*al*(*ale*, *aux*); être minutieu*x*(*se*); être approfondi(*e*). ¶ 철두철미하게 depuis le début jusqu'à la fin; d'un bout à l'autre; complètement, entièrement, parfaitement, tout à fait; à fond.

철렁 부 avec un sursaut. ¶ 그의 말에 가슴이 ~ 내려앉았다 À ces mots, j'eus un sursaut [je sursautai].

◆_하다 자 avoir un sursaut, sursauter.

철망 鐵網 명 ① toile *f* métallique; grillage *m*; treillis *m* métallique ② 철조망 (fils *mpl* de fer) barbelés *mpl*. ◇_(을) 치다[걷다] ① grillager, treillisser. ② entourer ((un terrain)) d'une cloture en fils de fer barbelés.

철면피 鐵面皮 명 (personne *f*) effronté(e), éhonté(e), impudent(e). ¶ 그 사람 아주 ~군 Ce type ne manque vraiment pas d'air! {fam}

철모 鐵帽 명 casque *m* militaire. ¶ ~ 쓴 군인 un militaire casqué.

철물 鐵物 명 quincaillerie *f*, ferraillerie *f*, objet *m* en fer.

◆_장수 명 quincailli*er*(*ère*) *f*.

◆_점 -店 명 quincaillerie *f*.

철벽 鐵壁 명. muraille *f* de fer; forteresse *f*. ¶ ~ 수비 une défense imprenable [impénétrable, invulnérable, impassable, parfaite].

◆_같다 형 être complet(*ète*); être minutieu*x*(*se*). ¶ 적의 방어 태세가 ~같다 La défense des adversaires est impassable [impénétrable]. ¶ ~같은 수비 une défense imprenable [impénétrable, invulnérable]. ¶ 누구의 앞을 ~같이 막아서다 opposer une défense de fer, barrer le passage à *qn* [empêcher *qn* de passer] très efficacement [très énergiquement, très fermement].

ㅊ

철병 撤兵 명 retrait *m* de troupes [de forces militaires]; évacuation *f* d'un territoire. ◇_(을) 하다 se retirer, retirer *ses* troupes. ¶ 미국은 월남에서 ~하였다 Les États-Unis se sont retirés du Vietnam. ◇_(을) 시키다 faire évacuer.

철봉 鐵棒 명 barre *f* de fer; ((운동용의)) barre *f* fixe. ¶ ~을 하다 faire des exercices à la barre fixe. ¶ ~에 매달리다 s'accrocher à la barre fixe.

◆_대 명 barre *f* de fer.

철부지 -不知 명 enfant immature [qui manque de maturité, puéril(*e*), qui est resté(*e*) gamin(*e*)]; enfant innocent(*e*) [naï*f*(*ve*)]; personne *f* sans discernement. ¶ 아무것도 모르는 ~ un(*e*) enfant complètement immature.

철분 鐵分 명 élément *m* ferreux. ¶ ~을 섭취하다 prendre des médicaments [aliments] ferreux. ¶ ~이 함유된 물 eau ferrugineuse. ¶ ~이 부족하여 빈혈에 걸렸다 être anémié(*e*) par manque de fer.

철사 鐵絲 명 fil *m* de fer. ¶ ~를 감다 enrouler *qc* avec du fil de fer. ¶ ~로 묶다 attacher *qc* avec du fil de fer.

◆_ㅅ줄 명 fil *m* de fer.

철새 명 【동물】 oiseau(*x*) *m* migrateur [de passage]. ¶ ~ 정치인 politicien qui change de parti facilement. ¶ ~처럼 여기저기 떠다니다 errer çà et là comme un oiseau migrateur. ¶ 을숙도는 ~들의 낙원이라 불리운다 L'île Eulsuk est appelée le paradis des oiseaux migrateurs.

◆겨울_ 명 oiseau(*x*) *m* migrateur de l'hiver.

◆여름_ 명 oiseau(*x*) *m* migrateur de l'été.

철석같다 鐵石- 형 être dur(*e*) comme fer; être ferme. ¶ 철석같은 약속 une promesse ferme.

◆**철석같이** 鐵石- 부 ((croire *qc*)) fermement, avec (une grande) conviction; ((croire à *qc*)) dur comme fer. ¶ 철석같이 믿다 croire dur comme fer ((à *qc* / que+*ind*)); croire fermement.

철선 鐵船 명 navire *m* en acier.

철수 撤收 명 retrait *m*, évacuation *f*. ◇_(를) 하다 retirer; évacuer. ¶ 적지에서 ~하다 se retirer d'un territoire ennemi. ◇_(를) 시키다 faire évacuer. ¶ 군대를 ~시키다 retirer des troupes.

철시 撤市 명 fermeture *f* des magasins [d'un marché]. ◇_(를) 하다 fermer les magasins [le marché]. ¶ 명절이라 (가게들이) 모두 ~해서 문 연 곳이 없다 Comme c'est un jour de fête, tous les magasins sont fermés.

철심 鐵心 명 noyau(*x*) *m* de fer. ¶ ~을 박다 enfoncer un noyau de fer.

철썩 부 vlan! v'lan! paf! ((onomatopée exprimant le bruit d'une claque, d'une gifle, d'un coup)). ¶ 뺨을[엉덩이를] ~ 때리다 donner [flanquer {*fam*}] une bonne claque [une claque énergique, une claque vigoureuse] sur la joue [sur les fesses, sur la fesse]. ¶ 파도가 바위에 ~ 부딪친다 Les vagues se brisent contre les rochers.

◆_거리다 자 . ((les vagues)) se briser contre ((les récifs)). ¶ ~거리는 파도 les vagues qui se brisent bruyamment ((contre les récifs)).

◆_ _ 부 vlan! paf! ((onomatopée exprimant le bruit d'une gifle, d'un coup)).

철야 徹夜 명 veillée *f* d'une nuit entière. ¶ ~ 작업 travail nocturne. ¶ ~ 근무 travail de nuit. ¶ ~로 일하다[공부하다, 간호하다] passer toute la nuit à travailler [passer toute la nuit à étudier, travailler toute la nuit ((pour préparer un examen)); veiller toute la nuit auprès d'un malade]. ◇_(를) 하다 veiller toute la nuit [jusqu'au jour]; passer une nuit blanche, ne pas fermer l'œil de la nuit, ne pas dormir de la nuit; passer la nuit debout; passer toute la nuit à+*inf*.

◆_농성 -籠城 명 grève *f* sur le tas (avec occupation des locaux) jusqu'au bout de la nuit [jusqu'au petit matin].

철옹성 鐵甕城 명 fortification *f* imprenable [inexpugnable]. ¶ ~ 같은 요새 une forteresse imprenable [inexpugnable]. ¶ 그 사람의 의지는 완전히 ~이었다 Il avait une volonté de fer.

철인[1] **哲人** 명 philosophe *m*; sage *m*. ¶ 플라톤은 고대의 대표적인 ~이다 Platon est un philosophe représentatif de l'Antiquité.

철인[2] **鐵人** 명 force *f* de la nature, surhomme *m*, superman *m*, superwoman *f*, être *m* exceptionnel, une bête *f* {*fam*}. ¶ 그런 고난을 겪고도 멀쩡하다니, 그는 정말 ~이구만 Pour avoir enduré tout cela et rester le même, c'est vraiment un surhomme.

◆**_삼종경기** -三種競技 명 【운동】 triathlon *m*. ¶ 그 선수는 ~삼종경기를 완주했다 Cet athlète a terminé le triathlon.

철자 綴字 명 orthographe *f*. ¶ ~를[가] 틀리다 être mal orthographié [faire une faute d'orthographe]. ¶ ~에 주의하다 faire attention à l'orthographe. ¶ ~가 맞다 être bien orthographié. ◇_(를) **하다** orthographier. ◇_(가) **되다** s'orthographier.

◆**_법** -法 명 règle *f* d'orthographe. ¶ ~법 개정 réforme de l'orthographe [orthographique].

철장 鐵欌 명 cage *f* (de fer). ¶ ~에 갇힌 호랑이 꼴이다 Il est comme un fauve en cage.

철재 鐵材 명 matériau(*x*) *m* de [en] fer. ¶ 저 건물은 ~를 많이 사용하여 지었다 Ce bâtiment a été construit avec beaucoup de matériaux en fer.

철저 徹底 명 minutie *f*. ¶ ~를 기하다 faire *qc* minutieusement.

◆**_하다** 형 être compl*et*(*ète*); être radic*al*(*ale*, *aux*); être minutieu*x*(*se*); être approfondi(*e*). ¶ 그 친구는 매사에 ~하다 Il va toujours jusqu'au fond des choses / Il ne néglige rien. ¶ ~한 공산주의자 un communiste convaincu. ¶ ~한 대책을 마련하다 préparer des mesures radicales.

◆**_히** 부 complètement, entièrement; à fond; radicalement; exhaustivement, minutieusement. ¶ ~히 조사하다[연구하다, 알아보다, 수색하다, 밝히다, 구명하다] examiner [étudier, faire des recherches, rechercher, élucider, faire des investigations] minutieusement [en profondeur].

철제 鐵製 명 objet *m* de [en] fer; produit *m* métallurgique. ¶ ~ 농기구 des outils agricoles en fer. ¶ ~ 가구 un meuble en fer.

철조망 鐵條網 명 réseau(*x*) *m* de barbelés. ¶ ~을 둘러친 정원 *un jardin entouré de barbelés*. ¶ ~을 뚫고 가다 se frayer un passage à travers des barbelés.

철주 鐵柱 명 poteau(*x*) *m* de fer. ¶ ~를 심다 planter des poteaux de fer.

철쭉 명 【식물】 azalée *f*. ¶ ~이 만발했다 Les azalées sont en fleurs.

철창 鐵窓 명 fenêtre *f* grillagée; prison *f*, geôle *f*, taule *f* {*fam*}. ¶ ~ 신세가 되다 devenir prisonni*er*(*ère*), recevoir une peine de prison. ¶ ~ 신세를 지다 être en prison. ¶ ~에 갇히다 être derrière les barreaux, être sous les verrous, être détenu(*e*) en prison, être en taule {*fam*} [au trou {*fam*}]. ¶ ~에서 신음하다 gémir derrière les barreaux.

철책 鐵柵 명 grille *f* de fer; barrière *f* de fer. ¶ ~을 치다 entourer *qc* d'une grille de fer.

◆**_선** -線 명 (ligne *f* de la) grille *f* de fer.

철천지원수 徹天之怨讐 명 grand ennemi *m* ennemi *m* juré [mortel], ennemi *m* de toujours; ressentiment *m* [rancune *f*] très profond(*e*); inimitié *f*. ¶ 그 일로 두 사람은 ~가 되었다 À cause de cette affaire, tous les deux ont gardé une profonde rancune l'un contre l'autre.

철철 부 à (grands) flots, abondamment. ¶ ~ 넘치다 déborder à grands flots, déborder ((de charme)), submerger, inonder. ¶ 그 사람은 피를 ~ 흘리고 있다 Son sang coule à (grands) flots [abondamment] / Il se vide de son sang.

철칙 鐵則 명 règle *f* inflexible. ¶ ...하는 것을 ~으로 삼다 avoir pour règle inflexible de+*inf*; se faire une règle inflexible de+*inf*. ¶ ...하는 것이 ~이다 C'est une règle inflexible de+*inf* / que+*subj*.

철커덕 부 crac, clic, clac, clic-clac, avec un bruit métallique [de ferraille], avec fracas, bruyamment ((onomatopée imitant un claquement sec, un claquement léger et répétitif)). ¶ 대문이 ~ 열렸다[잠겼다] Le portail s'est ouvert [s'est fermé] en claquant. ¶ 수갑을 ~ 채우다 passer bruyamment les menottes à *qn*. ¶ 탄환을 ~ 장전하다 faire claquer *son* fusil [*son* arme] en le [en la] rechargeant.

◆**_거리다** 자 faire un bruit de claquement, claquer; ((des objets qui s'entrechoquent)) faire du bruit, se heurter en faisant du bruit, faire du bruit en s'entrechoquant, tinter, cliqueter, faire un bruit de ferraille, ferrailler, émettre un son métallique, faire un bruit de ferraille; produire un claquement sec, faire entendre des bruits secs. ¶ ~거리는 소리를 내며 문이 잠겼다 La porte s'est fermée en claquant / La porte a claqué. ☞ 달가닥, 덜거덕

철컥 부 ☞ 철커덕

철탑 鐵塔 명 tour *f* en fer; pylône *m*. ¶ ~을 세우다 élever une tour en fer.

철통같다 鐵桶- 형 être imprenable, impénétrable. ¶ 감시가 ~ La surveillance est absolument sans relâche. ¶ 철통같은 방어선[수비] un cordon de défense[une défense] impénétrable.

◆**철통같이** 鐵桶- 부 d'une manière impénétrable, impénétrablement; sans relâche. ¶ 철통같이 지키다[막다] surveiller [garder] *qn*/*qc* sans relâche.

철퇴 鐵槌 명 massue *f* de fer. ¶ ~를 (얻어)맞다 recevoir un coup terrible. ◇_를 **내리다**[**가하다**] donner un coup sévère à *qn*; punir *qn* sévèrement. ¶ 부패한 공무원 사회에 ~를 가했다 On a puni sévèrement les fonctionnaires corrompus.

철판 鐵板 명 plaque *f* métallique; tôle *f*. ¶ ~ 요리 plat qui se prépare sur une plaque [un plateau] métallique. ¶ 공장에서 망치로 ~을 두드리는 소리가 요란하다 À l'usine, le bruit des marteaux frappant

les tôles est assourdissant.
*얼굴에 ~을 깔다 être éhonté(*e*), effronté(*e*), culotté(*e*) {*fam*}, gonflé(*e*) {*fam*}, impudent(*e*); ne pas manquer d'audace [d'air, d'aplomb]; avoir du toupet [culot].
◆_볶음밥 명 riz *m* sauté sur une plaque [un plateau] métallique.

철폐 撤廢 명 abolition *f*, suppression *f*. ◇_(를) **하다[시키다]** abolir, abroger ((une loi)); supprimer, lever ((une interdiction)). ¶ 이민 제한을 ~하다 supprimer les quotas d'immigration. ◇_(가) **되다** être aboli(*e*); être supprimé(*e*). ¶ 그 악법은 ~되었다 Cette mauvaise loi a été abolie.

철필 鐵筆 명 plume *f*; ((등사용)) style *m*, stylet *m*. ¶ ~로 쓰다 écrire à la plume [avec une plume]. ¶ ~로 긁다 écrire sur la cire des tablettes avec un style [stylet].

철학 哲學 명 philosophie *f*. ¶ 동양[서양] ~ philosophie orientale [occidentale]. ¶ 실증 ~ philosophie positive. ¶ 자연[사회] ~ philosophie de la nature [société]. ¶ 비판 ~ philosophie critique. ¶ ~을 전공하다 faire des études de philosophie.
◆_적 -的 명관 philosophique. ¶ ~적 사유 pensée philosophique.
◆_가 -家 명 philosophe.
◆_과 -科 명 département *m* de philosophie.
◆_사 -史 명 histoire *f* de la philosophie.
◆_자 -者 명 philosophe.
◆개똥_ 명 【속어】 philosophie *f* sans valeur [à deux balles {*pop*}].

철혈재상 鐵血宰相 명 chancelier *m* de fer. ¶ 비스마르크는 ~이라 불렸다 Bismarck était appelé Chancelier de fer.

철회 撤回 명 retrait *m*; révocation *f*. ◇_(를) **하다** retirer; révoquer, abroger. ¶ 수강신청을 ~하다 retirer son inscription à un cours. ¶ 요구를 ~하다 retirer une demande. ◇_(가) **되다** être retiré(*e*); être abrogé(*e*). ¶ 그 조치가 ~될 때까지 무기한 단식농성에 들어간다 On poursuit la grève de la faim jusqu'à ce que cette mesure soit retirée. ◇_(를) **시키다** faire retirer *qc*.

첨 명 ☞ 처음

첨가 添加 명 ① addition *f*. ② 【언어】 adjonction *f*; ajout *m*. ¶ 격조사의 ~ adjonction [ajout] d'une particule casuelle. ◇_(를) **하다[시키다]** ajouter, additionner; joindre. ¶ 화학 약품을 ~하다 ajouter un médicament chimique. ¶ 한마디 ~하다 ajouter un mot. ◇_(가) **되다** être ajouté(*e*).
◆_물 -物 명 additif *m*, complément *m*; supplément *m*.
◆_어 -語 명 ☞ 첨어
◆_제 -劑 명 additif *m* ((alimentaire)).

첨단 尖端 명 pointe *f*, extrémité *f*, bout *m*; avant-garde *f*; ((industries, technologie, techniques, recherches)) de pointe, à la pointe du progrès. ¶ ~ 분야[학문] domaine [science] à la pointe du progrès. ¶ 유행[시대]의 ~을 걷다[달리다] être à la dernière mode; être à l'avant-garde de *son* temps.
◆_산업 -産業 명 industries *fpl* de pointe.

첨벙 부 plouf!, flac!, floc!, splatch!, splitch!, splash!; en faisant un gros plouf [un grand splash], en splatchant bruyamment, dans un grand «splatch», dans un splatch retentissant, tombant (dans l'eau) lourdement avec un bruit sourd ((onomatopée du bruit d'un objet qui tombe dans l'eau profonde)). ¶ 물에 ~ 뛰어들다[빠지다] se jeter à l'eau [plonger dans l'eau] en splatchant bruyamment [dans un splatch retentissant], faire un splash, faire un plat, plonger en faisant un plat.
◆_거리다 자 clapoter: éclabousser abondamment (autour de *soi*). ¶ ~거리는 물소리 le clapotement, le clapotis. ¶ ~거리며 헤엄치다 nager bruyamment [en éclaboussant autour de *soi*, en éclaboussant abondamment].
◆_ _ 부 splish! splash!, splouch! splouch!, en éclaboussant autour de *soi*. ¶ 물에 ~~ 뛰어들다 entrer dans l'eau en courant et en éclaboussant autour de *soi* [en éclaboussant abondamment]. ¶ 냇가를 ~~ 뛰어다니다 courir sur le bord du ruisseau en éclaboussant abondamment. ☞ 텀벙

첨병 尖兵 명 avant-garde(~~s) *f*. ¶ 신학문의 ~ 역할을 하다 jouer un rôle d'avant-garde pour les sciences nouvelles. ¶ ~을 보내다 envoyer l'avant-garde. ¶ 그 남자는 ~으로서 적진에 가장먼저 투입되었다 Il s'est introduit le premier dans le camp ennemi comme avant-garde.

첨부 添附 명 addition *f*. ◇_(를) **하다[시키다]** joindre, annexer. ¶ 이력서[사본, 증명서, 사진]를 ~하여 서류를 제출하다 présenter son dossier en y joignant son curriculum vitae [une copie, une attestation, une photo]. ◇_(가) **되다** être joint(*e*); être annexé(*e*).
◆_파일 명 pièce *f* jointe, document *m* attaché.

첨사 添辭 명 【언어】 particule *f*.

첨삭 添削 명 correction *f*. ¶ ~을 가하다 corriger, retoucher. ¶ ~지도 action de diriger [de superviser] les corrections. ◇_(을) **하다** corriger, retoucher. ¶ 학생의 글[작문]을 ~하다 corriger les compositions des élèves. ◇_(이) **되다** être corrigé(*e*).

첨성대 瞻星臺 명 【고적】 observatoire *m* Cheomseongdae <construit à l'époque du royaume de Silla>.

첨어 添語 명 【언어】 (syntagme *m*, terme *m*, mot *m*) adjoint *m*.

첨예 尖銳 어근 acuité *f*.
◆_하다 형 être pointu(*e*), aigu(ë); être extrémiste, radical(*e*). ¶ ~하게 맞서다[대립하다] s'opposer violemment. ¶ 문제가 ~하게 나타나다 Le problème apparaît nettement. ¶ ~한 문제[모순] une question épineuse [une contradiction aiguë].
◆_화 -化 명 radicalisation *f*. ¶ 계층간 갈등의 ~화 radicalisation des conflits entre les différentes classes. ¶ 대립이 ~화하다 L'opposition grandit. ¶

갈등이 ~화된다 Le conflit se radicalise.

첨잔 添盞 명 fait de (re)servir de l'alcool à *qn* alors que son verre n'est pas encore tout à fait vidé. ¶ 한국에서는 ~을 하지 않습니다 En Corée, cela ne se fait pas de servir de nouveau de l'alcool dans un verre qui n'est pas encore tout à fait vide. ◇_(을) **하다** (re)servir de l'alcool à *qn* alors que son verre n'est pas encore tout à fait vide.

첨지 僉知 명 *cheomji* <appellation familière pour un homme d'un certain âge>. ¶ 김 ~는 동네에서 가장 나이가 많았다 Le vieux Kim était le doyen du quartier[la personne la plus âgée du quartier].

첨탑 尖塔 명 flèche *f* ((d'une cathédrale)); minaret *m*. ¶ ~을 세우다 dresser une flèche. ¶ ~들이 줄지어 서있다 Les flèches sont alignées.

첩[1] 妾 명 concubine *f* ((d'un homme riche)), épouse *f* secondaire ((d'un homme riche)) ((par opposition à la première épouse ou épouse officielle)). ¶ ~을 두다 entretenir [avoir, prendre] une concubine [une épouse secondaire]. ¶ ~으로 들어가다 devenir la concubine ((d'un homme riche)). ¶ 처~ 간의 알력 conflit entre la première épouse et les concubines [et les épouses secondaires] ((d'un homme riche)).

◆_**살이** 명 vie *f* de concubine ((d'un homme riche)). ¶ ~살이를 하다 avoir une vie de concubine ((d'un homme riche)).

첩[2] 貼 분류 paquet *m*, sachet *m* ((d'une dose de médicaments)). ¶ 약을 한 ~ 짓다 préparer un paquet de médicaments.

첩[3] 의명 ((unité pour compter les plats)). ¶ 7 ~ 반상 une table de sept plats.

-첩[4] 帖 접미 livre *m*. ¶ 사진~ un album de photo(graphie)s. ¶ 수~ un carnet. ¶ 그림~ un livre d'images. ¶ 서화~ un album de calligraphies et de peintures.

첩경 捷徑 명 raccourci *m*; chemin *m* de traverse; moyen *m* [méthode *f*] facile; voie *f* directe, voie *f* assurée ((vers *qc*)). ¶ 성공에 이르는 ~ voie directe qui mène au succès. ¶ 공부에는 ~이 없다 Il n'y a pas de méthode facile pour les études. ¶ 도박은 패가망신의 ~이다 Les jeux d'argent, c'est la voie assurée vers [conduisent de façon certaine à] la ruine totale de soi et de sa famille.

첩보 諜報 명 information *f*, renseignement *m*. ¶ ~ 활동 espionnage *m*. ¶ ~에 의하면 조만간 적의 이동이 있을 것 같다 D'après les renseignements, les ennemis vont bientôt se déplacer. ¶ ...라는 ~가 있다 On a des informations selon lesquelles ...

◆_**기관** -機關 명 service *m* de renseignements [d'informations].

◆_**망** -網 명 réseau *m* d'espionnage. ¶ ~망이 와해되다 Le réseau d'espionnage s'effondre.

◆_**부** -部 명 service *m* de renseignements.

◆_**영화** -映畫 명 film *m* d'espionnage. ¶ 그 남자는 ~영화를 광적으로 좋아한다 Il est fou [fanatique] de films d'espionnage.

◆_**원** -員 명 agent *m* secret, espion(*ne*).

◆_**전** -戰 명 bataille *f* d'informations. ¶ 경쟁 회사들 사이에 ~전이 치열하다 Il y a de terribles batailles d'informations entre les entreprises concurrentes.

첩어 疊語 명 【언어】 composé *m* redupliqué ((par exemple, 불긋불긋, 울긋불긋, 가가호호, 방방곡곡)).

첩자 諜者 명 espion(*ne*), agent *m* secret; mouchard(*e*), taupe *f* {*fam*}. ¶ ~ 노릇을 하다 espionner, faire de l'espionnage. ¶ ~를 보내다 envoyer des espions. ¶ ~가 침투했다 Un espion s'est infiltré. ¶ 우리들 사이에 ~가 있어서 기밀이 새어나갔다 Des informations secrètes ont filtré par un espion qui se trouvait parmi nous.

첩첩산중 疊疊山中 명 (au) fond *m* des montagnes, (en) pleine montagne *f*. ¶ 그는 ~에서 길을 잃었다 Il s'est perdu en pleine montagne. ¶ 갈수록 ~이다 On s'enfonce de plus en plus dans la montagne.

첩첩이 疊疊- 부 l'un(*e*) sur l'autre. ¶ 산으로 ~ 둘러싸이다 Ce village est entouré de montagnes. ¶ 낙엽이 ~ 쌓인다 Les feuilles mortes s'entassent [s'accumulent] ((sur le sol)) / Les feuilles mortes font des tas.

첫 관 premi*er*(*ère*). ¶ ~ 글자 la première lettre. ¶ ~ 학기[공연, 장면] le premier semestre [la première représentation, la première scène].

◆_**눈** 명 première vue *f*, premier coup *m* d'œil; première neige *f*. ¶ ~눈에 반하다 avoir le coup de foudre au premier regard.

◆_**사랑** 명 ① premier amour *m*. ¶ 너는 ~사랑을 언제 했니? Quand as-tu eu ton premier amour? ② ((비유적)) premier amour *m*. ¶ 나의 ~사랑은 중학교 국어선생님이다 Mon premier amour était le professeur de coréen de mon collège.

◆_**인상** -印象 명 première impression *f*. ¶ ~인상이 중요하다 La première impression est importante.

첫걸음 명 premiers pas *mpl*; premiers pas *mpl* ((vers le succès)); rudiments *mpl* ((de la grammaire)). ¶ 성공에의 ~ premiers pas vers le succès. ¶ 사회생활의 ~ premiers pas dans la vie sociale. ¶ ~을 내딛다 [떼어 놓다] faire *ses* premiers pas; commencer; faire *ses* débuts. ¶ ~부터 삐끗하다 trébucher dès *ses* premiers pas; les choses vont de travers dès le début. ¶ 모든 것은 ~이 중요하다 Pour toute chose, ce sont les premiers pas qui sont importants.

첫날 명 premier jour *m*. ¶ 공연[대회] ~ première (représentation) [premier jour d'une compétition].

첫날밤 명 nuit *f* de noces. ¶ ~을 보내다[치르다] passer la[*sa*] nuit de noces.

첫눈[1] 명 première vue *f*; premier coup *m* d'œil. ¶ ~에 d'un coup *m* d'œil; à première vue *f*. ¶ ~에 알아보다 reconnaître (*qn/qc*) à première vue. ¶ ~에 반하다 avoir un coup de foudre. ¶ 그 남자는 ~에도 상당한 멋쟁이로 보였다 Même à première vue, c'était quelqu'un de très élégant.

첫눈[2] 명 première neige *f*. ¶ ~이 내렸다[왔다] Les

premières neiges sont tombées. ¶ 올해는 ~이 늦는구나 Les premières neiges tardent cette année.

첫닭 명 premier chant *m* du coq. ¶ 그 사람은~ 소리에 소스라쳐 깨어났다 Il s'est réveillé, tressaillant au premier chant du coq. ¶ ~이 울다 entendre le premier chant du coq.

첫돌 명 premier anniversaire *m* ((d'un événement, d'un bébé)). ¶ 오늘은 우리 조카의 ~ 잔치다 Aujourd'hui, on fête le premier anniversaire de mon neveu. ¶ 내 동생은 ~을 지나자 걸어 다니기 시작했다 Mon (petit) frère a commencé à marcher juste après son premier anniversaire.

첫딸 명 première fille *f*. ¶ ~을 보다 avoir une première fille. ¶ ~은 살림 밑천이다 La première fille est bénéfique dans une famille.

첫마디 명 premier mot *m*; première parole *f* ((d'un ministre)). ¶ ~부터 욕을 퍼부어 대다 se lancer des injures dès le début. ¶ 그들은 만나자마자 ~가 대뜸 ...였다 Dès qu'ils se rencontrèrent, leurs premiers mots furent ... ¶ ~를 어렵게 떼고 부터는 거침없이 말을 이어갔다 Il ouvrit la bouche avec difficulté, puis il se mit à parler avec volubilité.

첫머리 명 commencement *m*, début *m*, tête *f* ((d'une liste)). ¶ 무엇을 ~에 싣다 publier *qc* en tête. ¶ 그 사람의 이름은 명단 ~에 있다 Son nom figure en tête de la liste / Son nom ouvre la liste.

첫무대 -舞臺 명 débuts *mpl* sur la scène. ¶ ~에 서다 débuter [faire *ses* débuts] dans le théâtre. ¶ 이번 공연이 한국에서 그 사람의 ~이다 Il monte pour la première fois sur scène en Corée.

첫발 명 premier pas *m*. ¶ 사회에 ~을 내딛다 faire un premier pas dans la société. ¶ 미지의 세계에 ~을 들여놓다 faire *ses* premiers pas dans un monde inconnu.

첫사랑 명 premier amour *m*; premières amours *fpl*{*litt*}. ¶ ~을 간직하다 garder des souvenirs [se souvenir] de *son* premier amour. ¶ ~을 잊지 못하다 ne pas oublier *son* premier amour. ¶ ~에 실패하다 échouer dans *son* premier amour. ◇_(을) **하다** vivre *son* premier amour.

첫새벽 명 point *m* [naissance *f*] du jour; aube *f*. ¶ ~에 일어나다 se lever au petit jour; se lever avec [comme] les poules. ¶ 그 아저씨는 ~부터 부산을 떨면서 집을 나섰다 Il sortit de chez lui au petit jour d'un air affairé.

첫서리 명 première gelée *f*. ◇_(가) **내리다** la première gelée de la saison s'abat ...

첫소리 명 ☞ 초성[1]

첫수 -手 명 premier coup *m* ((aux échecs ou au jeu de go)).

첫술 명 première cuillerée *f*.

*~**에 배부르랴** On ne peut pas être satisfait dès le commencement / On ne doit pas trop espérer du premier coup / Rome n'a pas été construit en un jour / Le premier pas est toujours le plus difficile.

첫아들 명 premier fils *m*. ¶ ~을 보다 avoir un premier garçon.

첫아이 명 premier enfant; aîné(*e*). ¶ 이 애가 우리 ~고, 얘가 둘째입니다 Voici notre aîné et voici notre cadet.

첫얼음 명 première glace *f*. ¶ 한강에 ~이 얼었다 Voici le premier gel du fleuve Han.

첫여름 명 début *m* [commencement *m*, premiers jours *mpl*] de l'été. ¶ 그 사람은 한국으로 와서 ~을 맞았다 Il a vécu les premiers jours de l'été en Corée.

첫인사 -人事 명 présentations *fpl*. ◇_(를) **나누다** faire les présentations; échanger les présentations. ¶ 나는 그들과 ~를 나누었다 Eux et moi, nous nous sommes présentés. ◇_(를) **드리다[올리다]** se présenter. ¶ 여러분께 ~을 드리게 되어 영광입니다 C'est un grand honneur que de me présenter à vous. ◇_(를) **하다** se présenter; échanger les présentations.

첫인상 -印象 명 première impression *f*. ¶ ~이 좋다[나쁘다] avoir une première impression favorable [défavorable]. ¶ ~이 상담의 성패를 좌우한다 Le succès ou l'échec de l'entretien dépend de la première impression.

첫잠 명 premier sommeil *m*. ¶ ~을 깨다 s'éveiller après un (petit) somme.

첫째 수관 premi*er*(*ère*); ((page)) un(*e*); primaire, initi*al*(*ale*, *aux*); avant tout [toute chose]. ¶ 매달 ~ 토요일 tous les premiers samedis du mois. ¶ ~ 난관[관문]을 돌파하다[통과하다] triompher d'une première difficulté [d'un premier obstacle]. ¶ ~로 도착하다 arriver le premier. ¶ 건강이 ~이다 La santé est ce qu'il y a de plus important / La santé passe avant tout.

명 aîné(*e*). ¶ ~가 둘째보다 몸이 약하다 L'aîné est plus faible que le cadet.

◆**_가다** 재 le [la, les] plus + *adj*. ¶ 세계에서 ~가는 부자 Le plus riche du monde.

첫추위 명 première période *f* de froid; premiers jours *mpl* froids. ¶ 올 들어 ~가 찾아왔다 C'est la première période de froid de cette année.

첫출발 -出發 명 commencement *m*. ¶ ~부터 뭔가 잘못됐다 Quelque chose n'allait pas dès le départ.

첫판 명 premier round *m* ((boxe)); premier tour *m* ((jeu de cartes)); première partie *f*. ¶ ~에서[을] 지다[이기다] être vainqueur [battu(*e*)] au premier tour. ¶ 그 사람은 ~을 지면 다음판도 영락없이 진다 Lorsqu'il est battu au premier tour, il se fait aussi toujours battre au second tour.

첫해 명 première année *f*. ¶ 시행 ~부터 문제점이 노출되고 있다 Des problèmes se posent dès la première année d'exécution ((du projet)). ¶ ~부터 많은 이익을 남기다 enregistrer de gros profits dès la première année.

청[1] 請 명 demande *f*, requête *f*. ¶ ~을 들어주다 satisfaire la requête de *qn*; répondre aux sollicitations de *qn*. ¶ 간곡히 ~을 하다 solliciter, supplier, demander de bien vouloir + *inf*; prier *qn* de+*inf*. ¶ ~에 못 이겨 ne pouvant pas repousser [rejeter] une demande [requête]; ne pouvant pas rester sourd(*e*) aux sollicitations de *qn*. ¶ 드릴 ~이 있다 avoir un service à demander à *qn*.

청[2] 淸 명 Qing. ¶ ~나라 상인 commerçant de la dynastie[Chine] des Qing. ¶ ~에 가는 사신으로 선발되었다 être choisi(*e*) comme ambassad*eur*(*rice*) de la dynastie des Qing.

청[3] 靑 명 bleu *m*; vert *m*.

-청[4] 廳 접미 office *m*, secrétariat *m* d'Etat, bâtiment *m*; bureau(*x*) *m* ((de l'administration)); salle *f* parquetée ((d'une maison coréenne)). ¶ 중앙~ Capitole. *m* ¶ 검찰~ parquet. ¶ 산림~ bureau des eaux et forêts. ¶ 전매~ régie des tabacs.

청각 聽覺 명 ouïe *f*. ¶ ~ 장애인 malentendant(*e*), non entendant(*e*), handicapé(*e*) auditi*f*(*ve*). ¶ ~이 발달되다 avoir une ouïe développée. ¶ ~이 예민하다 avoir l'ouïe fine.

◆**_교육** -敎育 명 enseignement *m* auditif.

◆**_기관** -器官 명 organe *m* de l'ouïe.

◆**_신경** -神經 명 nerf *m* auditif.

청강 聽講 명 assistance *f* à un cours (de faculté) sans y être inscrit(*e*) ((en tant qu'audi*teur*(*trice*) libre)). ◇_(을) **하다** assister à un cours (de faculté) sans y être inscrit(*e*) ((en tant qu'audi*teur*(*trice*) libre)) [à une conférence en tant qu'audi*teur*(*trice*)]. ¶ 이 강의는 많은 학생들이 ~한다 De nombreux étudiants suivent ce cours en tant qu'auditeurs libres.

◆**_생** -生 명 audi*teur*(*trice*) libre.

청개구리 靑- 명 【동물】 grenouille f arboricole japonaise, sorte de rainette japonaise, *Hyla (arborea) japonica* {nsc}. ¶ ~처럼 말을 안 듣다 n'en faire qu'à *sa* tête.

청결 淸潔 명 propreté *f*, netteté *f*. ¶ ~에 신경을 쓰다 faire attention à la propreté.

◆**_하다** 형 être propre, ne*t*(*te*). ¶ 집안[몸]을 ~하게 유지하다 maintenir *sa* maison [*son* corps] propre.

◆**_히** 부 proprement. ¶ 부엌을 ~히 하다 tenir une cuisine propre. ¶ 마음을 ~히 하다 avoir l'esprit serein.

청계 淸溪 명 verte vallée *f*.

청과물 靑果物 명 fruits *mpl* et légumes *mpl*.

청교도 淸敎徒 명 【기독】 puritain(*e*).

◆**_적** -的 명관 【기독】 puritain(*e*).

◆**_주의** -主義 명 【기독】 puritanisme *m*.

◆**_혁명** -革命 명 【역사】 révolution *f* puritaine.

청구 請求 명 réclamation *f*, demande *f*, requête *f*; facture *f*. ◇_(를) **하다** réclamer, demander, revendiquer; facturer. ¶ 대금을 ~하다 demander un paiement. ¶ 이혼을 ~하다 demander un divorce. ◇_(가) **되다** être réclamé(*e*), demandé(*e*), revendiqué(*e*), facturé(*e*).

◆**_권** -權 명 【법률】 droit *m* de revendication.

◆**_서** -書 명 note *f*, facture *f*.

◆**_액** -額 명 somme *f* demandée; montant *m* d'une note [d'une facture].

◆**_인** -人 명 réclamant(*e*); demand*eur*(*eresse*); partie *f* réclamante; revendica*teur*(*trice*).

◆**이혼_소송** 離婚訴訟 명 【법률】 procès *m* de divorce; demande *f* de divorce.

청국장 淸麴醬 명 *cheonggukjang m* <pâte de soja légèrement fermentée ou ragoût à base de cette pâte>. ¶ ~을 끓여 먹다 se faire un *cheonggukjang*.

청군 靑軍 명 équipe *f* bleue, les bleus *mpl* ((en Corée, lorsque l'on forme des équipes pour jouer, on a l'habitude de se répartir en équipes bleue et blanche 백군)).

청기와 靑- 명 tuile *f* bleue.

청년 靑年 명 jeune homme *m*; jeunes *mpl* [gens *mpl*], jeunesse *f*. ¶ 그 남자는 전도유망한 ~이다 C'est un jeune homme promis à un bel avenir [qui promet beaucoup].

◆**_기** -期 명 jeunesse *f*.

◆**_단** -團 명 association *f* de jeunes [de la jeunesse].

◆**_층** -層 명 couche *f* [tranche *f*] des jeunes, les jeunes *mpl*.

◆**_회** -會 명 association *f* de jeunes.

◆**기독교_회** 基督敎-會 명 Union *f* de la Jeunesse chrétienne; Y.M.C.A.

◆**기독교여자_회** 基督敎女子-會 명 Union *f* de la Jeunesse féminine chrétienne; Y.W.C.A.

청담 淸談 명 honnêteté *f*; intégrité *f*; probité *f*; désintéressement *m*.

청대 명 【식물】 bambou *m* vert.

청동 靑銅 명 bronze *m*.

◆**_기** -器 명 ustensile *m* en bronze. ¶ ~기 문화[시대] 명 culture [âge] de bronze.

◆**_빛** 명 couleur *f* bronze.

청둥오리 명 canard *m* sauvage.

청량 淸涼 어근 limpidité *f*, fraîcheur *f*.

◆**_하다** 형 être clair(*e*), limpide, frais(fraîche). ¶ ~한 가을 날씨 temps rafraîchissant de l'automne.

◆**_제** -劑 명 rafraîchissement *m*, produit *m* rafraîchissant.

◆**_음료** -飮料 명 boisson *f* rafraîchissante; rafraîchissement *m*.

청력 聽力 명 acuité *f* de l'ouïe, acuité *f* auditive. ¶ ~을 잃다 devenir sourd(*e*). ¶ ~이 좋다[나쁘다] avoir l'oreille fine [être sourd(*e*) d'oreille, être dur(*e*) d'oreille, être dur(*e*) de la feuille {*fam*}]; avoir l'ouïe fine [une mauvaise ouïe].

◆**_계** -計 명 【의학】 audiomètre *m*.

◆**_시험** -試驗 명 examen *m* de l'acuité auditive.

◆**_측정** -測定 명 mesure *f* de l'acuité auditive.

청렴 淸廉 명 honnêteté *f*, intégrité *f*, droiture *f*, incorruptibilité *f*; désintéressement *m*.

◆**_하다** 형 être honnête, probe, intègre, incorruptible. ¶ 부패한 관리와 ~한 관리 fonctionnaire corrompu et fonctionnaire incorruptible.

◆_결백하다 -潔白- 형 être honnête et pur(*e*).

◆_성 -性 명 honnêteté *f*, intégrité *f*, droiture *f*, incorruptibilité *f*; désintéressement *m*.

청록 靑綠 명 bleu-vert *m*, vert-bleu *m*.

◆_색 -色 명 couleur *f* bleu-vert.

청록파 靑鹿派 명 【문학】 groupe *m* *Cheongnok* <groupe formé par trois poètes Jo Ji-hun, Bak Mok-wol et Bak Du-jin qui publièrent ensemble un recueil de poèmes en 1946>.

청룡 靑龍 명 dragon *m* bleu.

◆_(언월)도 -(偃月)刀 명 sabre *m* oriental.

청림 靑林 명 forêt *f* verte.

청맹과니 靑盲- 명 ① 【의학】 amaurotique; personne *f* atteinte d'amaurose. ② aveugle (qui ne voit pas la réalité telle qu'elle est).

청명 淸明 명 sérénité *f* ((météo.)); clarté *f* brillante. <une des 24 divisions du calendrier luni-solaire, vers le 5 avril>.

◆_하다 형 être serein(*e*), clair(*e*), lumineu*x*(*se*). ¶ ~한 하늘[날씨] ciel clair [temps serein].

청문회 聽聞會 명 commission *f* d'enquête. ¶ ~를 열다 ouvrir une commission d'enquête. ¶ ~에서 증언하다 témoigner devant la commission d'enquête. ¶ ~에 증인으로 출두하다 comparaître devant la commission d'enquête en tant que témoin.

청바지 靑- 명 (blue) jean *m*. ¶ 물 빠진 ~ jean décoloré. ¶ ~을 입은 아가씨 une jeune fille en jean.

청백 淸白 어근 l'équipe *f* des bleus et l'équipe *f* des blancs; les bleus *mpl* et [contre] les blancs *mpl*.

◆_전 -戰 명 match *m* [jeu *m*] entre les bleus et les blancs ((opposant les bleus aux blancs, opposant l'équipe des bleus à l'équipe des blancs)).

청백리 淸白吏 명 fonctionnaire *m* d'une parfaite intégrité.

청백전 靑白戰 명 ☞ 청백

청부 請負 명 entreprise *f*; trav*ail*(*aux*) *m* à forfait. ¶ ~ 계약[공사]을 따내다 obtenir un contrat d'entreprise[un contrat pour des travaux dans l'entreprise]. ◇_(를) 맡다[하다, 받다] entreprendre un travail à forfait; prendre *qc* à forfait. ◇_(를) 맡기다[하다, 주다, 시키다] confier [donner, mettre] *qc* à l'entreprise (en adjudication).

◆_살인 -殺人 명 assassinat *m* commandité.

◆_살인업자 -殺人業者 명 tueur *m* professionnel, tueur *m* à gages.

◆_업 -業 명 entreprise *f*, profession *f* d'entrepreneur.

◆_업자 -業者 명 entrepreneu*r*(*se*) (de travaux publics, de construction).

청빈 淸貧 명 pauvreté *f* honnête.

◆_하다 형 être pauvre mais honnête. ¶ 그 남자는 공직 생활 30년 동안 ~하게 살았다 Il a vécu une vie pauvre mais honnête durant ses trente ans de service dans la fonction publique.

청사[1] 靑史 명 histoire *f*, annales *fpl*. ¶ ~에 이름을 남기다 transmettre *son* nom à l'histoire, inscrire *son* nom dans l'histoire. ¶ 이름이 ~에 빛나다 être l'objet des louanges de l'histoire.

청사[2] 廳舍 명 bâtiment *m* d'[de l'] administration; édifice *m* public. ¶ ~를 옮기다 changer de bâtiment d'administration. ¶ ~를 신축하다 construire un nouveau bâtiment d'administration.

청사진 靑寫眞 명 ① photocalque *m*, photocopie *f*. ¶ ~을 뜨다 faire un photocalque ((d'un plan de construction)). ② 구상 grandes lignes *fpl* d'un projet. ¶ 미래의 ~을 제시하다 présenter les grandes lignes de l'avenir.

청사초롱 靑紗-籠 명 lanterne *f* faite avec de la gaze bleue et rouge.

청산[1] 淸算 명 liquidation *f* ((d'une dette, d'une situation difficile)); règlement *m* ((d'un compte)). ◇_(을) 하다 liquider ((un compte, une affaire)); s'acquitter ((d'une dette)); régler, solder, balancer ((un compte)); payer ((une dette)); entrer en liquidation. ¶ 빚을 ~하다 payer ((une dette)); s'acquitter ((d'une dette)). ¶ 회사를 ~하다 liquider une société [une compagnie]. ¶ 인생을 ~하다 se suicider, en finir avec la vie. ¶ 과거를 ~하다 rompre avec *son* passé. ◇_(이) 되다 être liquidé(*e*), payé(*e*), réglé(*e*), soldé(*e*), balancé(*e*).

청산[2] 靑山 명 verte montagne *f*.

청산가리 靑酸加里 명 cyanure *m* de potassium. ¶ ~ 중독 empoisonnement cyanhydrique.

청산유수 靑山流水 명 éloquence *f*, facilité *f* de parole. ¶ ~로 이야기하다 parler avec une volubilité, avoir la parole facile; avoir la langue déliée [bien pendue]. ¶ ~처럼 말을 잘 하다 parler avec éloquence.

청상과부 靑孀寡婦 명 jeune veuve *f*.

청색 靑色 명 couleur *f* bleue; bleu *m*.

청석 靑石 명 【광업】 pierre *f* bleue.

청소 淸掃 명 nettoyage *m*, nettoiement ((des rues)). ◇_(를) 하다 nettoyer ((les allées du jardin)). ¶ 집안[방]을 ~하다 nettoyer la maison [la chambre]. ¶ 오물을 ~하다 enlever les ordures; vidanger. ◇_(를) 시키다 faire nettoyer. ◇_(가) 되다 être nettoyé(*e*).

◆_기 -機 명 aspirateur *m*. ¶ ~기를 돌리다 passer l'aspirateur; passer un coup d'aspirateur {*fam*}.

◆_부 -夫 명 balayeur *m*, boueur *m*, boueux *m*; éboueur *m*; technicien(*ne*) de surface.

◆_부 -婦 명 femme *f* de ménage.

◆_원 -員 명 balayeur *m*, boueur *m*, boueux *m*; éboueur *m*; technicien(ne) de surface.

◆_차 -車 명 camion *m* des éboueurs, benne *f* à ordures des éboueurs.

청소년 靑少年 명 jeunes *mpl*; jeunesse *f* jeunes gens *mpl*; adolescent *m*. ¶ ~ 범죄 délinquance juvénile.

◆_기 -期 명 jeunesse *f*.

청솔 靑- 명 pin *m* vert.

청송 靑松 명 pin *m* vert.

청수 淸水 명 eau(*x*) *f* claire [limpide].

ㅊ

청수하다 淸秀– 형 être beau(*belle*, *beaux*), joli(*e*). ¶ 그 남자는 이목구비가 ~ Il a de beaux traits de visage. ¶ 그 남자는 청수하게 생겼다 Il est beau. ¶ 청수한 사나이 beau [joli] garçon. ¶ 청수한 그 여자의 얼굴 son beau visage de jeune fille.

청순 淸純 어근 pureté *f*.

◆_**하다** 형 être pur(*e*). ¶ 그 소녀는 ~하다 Cette fille est pure et innocente. ¶ 그 여자는 ~하게 생겼다 Elle a une apparence pure et innocente. ¶ ~한 사랑 amour pur. ¶ ~한 이미지 image pure.

◆_**가련하다** -可憐 형 être pure et fragile. ¶ 그 소녀는 ~가련하게 보인다 Elle a l'air pure et fragile. ¶ ~가련한 여인 femme pure et fragile.

◆_**가련형** -可憐型 명 ((femme d'un)) genre *m*[type *m*] pur et fragile. ¶ ~가련형의 여배우 actrice du type pur et fragile.

◆_**미** -美 명 beauté *f* pure.

청승 靑蠅 명 attitude *f* [comportement *m*] pitoyable. ◇_(을) **떨다**[**부리다**] agir de façon à paraître pitoyable [misérable]. ◇_**이다** être pitoyable, misérable. ¶ 이렇게 비 오는데 우산도 없이 웬 ~이야! Sous cette pluie battante, tu as l'air vraiment pitoyable sans ton parapluie!

◆_**맞다** 형 faire pitié; avoir l'air misérable. ¶ 날씨도 참 ~맞다! Quel temps sinistre [maussade]! ¶ 그 여자는 ~맞게 혼자 빈집을 지키고 있다 Elle reste seule à la maison le vague à l'âme. ¶ ~맞은 울음소리 pleurs lamentables.

◆_**스럽다** 형 être malheureux(*se*), misérable, triste. ¶ 혼자 밥을 먹자니 ~스럽기 짝이 없다 Je me sens si misérable de manger seul(*e*). ¶ 빗소리가 ~스럽게 들려온다 J'entends la pluie tomber tristement.

◆_**스레** 부 lamentablement, misérablement, tristement, pitoyablement. ¶ ~스레 하소연을 늘어놓다 se plaindre lamentablement.

청신경 聽神經 명 nerf *m* auditif.

청신호 靑信號 명 ① feu *m* vert. ¶ ~에서 적신호로 바뀌다 passer du feu vert au feu rouge. ② ((좋은 징조)) ((donner le)) feu *m* vert ((à qc)), pleine autorisation *f* sans réserve. ¶ 그것은 수출 증대를 위한 ~다 Il s'agit d'un feu vert pour doper les exportations.

청심환 淸心丸 명 cordi*al*(*aux*) *m*; stimulant *m*, remontant *m*. ¶ ~ 한 알을 삼키다 avaler un stimulant.

청아하다 淸雅– 형 être élégant(*e*), gracieu*x*(*se*), raffiné(*e*). ¶ 그 여자의 모습은 정말 ~ Elle est l'élégance même. ¶ 그 여자의 목소리는 청아하게 들린다 On entend sa voix gracieuse. ¶ 그 여자의 청아한 자태 L'élégance de son apparence.

청약 請約 명 demande *m* (d'inscription). ¶ 공모주 ~ demande d'actions souscrites. ◇_(을) **하다** souscrire à *qc*; envoyer une souscription.

◆_**서** -書 명 dossier *m* de candidature; formulaire *m* de demande.

◆_**예금** -預金 명 dépôt *m* de souscription. ¶ ~예금에 들다[가입하다] ouvrir un compte de dépôt de souscription.

◆**주택**_ 住宅- 명 demande *f* de logement.

청어 靑魚 명 【동물】 hareng *m* ((frais, salé, fumé [saur])).

◆_**알** 명 œufs *mpl* de hareng.

◆_**회** -膾 명 hareng *m* cru.

◆**훈제**_ 燻製- 명 hareng *m* fumé.

청와대 靑瓦臺 명 palais *m* présidentiel coréen, la Maison *f* bleue <résidence officielle du président de la République de Corée>. ¶ ~ 대변인[비서실, 경호실] porte-parole [secrétariat, sécurité] présidentiel(*le*).

청요리 淸料理 명 cuisine *f* chinoise; plat *m* chinois. ¶ ~를 시켜 먹다 se faire livrer des plats chinois (pour *son* repas).

청운 靑雲 명 ① nuage *m* bleu. ② ((비유적으로)) poste *m* de haut rang. ¶ ~의 꿈[뜻]을 안고 avec un rêve ambitieux.

청원 請願 명 pétition *f* pour *qc*; requête *f*. ¶ ~이 들어가다 Une pétition est présentée [adressée]. ◇_(을) **하다** faire une pétition, pétitionner. ¶ ~을 들어주다 accueillir une pétition. ¶ ~을 받아들이다 accepter une pétition. ¶ ~을 각하하다[묵살하다] repousser [rejeter] une demande. ◇_(을) **받다** recevoir une pétition.

◆_**경찰** -警察 명 policier *m* chargé d'une mission de sécurité bien précise, policier *m* chargé de la sécurité ((dans une banque)); garde *m* [police *f*] de sécurité.

◆_**서** -書 명 pétition *f*, requête *f*, supplique *f*. ¶ ~서를 제출하다 présenter [adresser] une pétition.

청유문 請誘文 명 【언어】 phrase *f* exhortative. ¶ 한국어의 ~은 불어의 1인칭 복수 명령문에 해당한다. La phrase exhortative du coréen correspond à la phrase impérative plurielle de la première personne du français [à une phrase à la forme impérative de la première personne du pluriel en français].

청음[1] 淸音 명 ① **맑고 깨끗한 소리** son *m* clair et pur; voix *f* claire et pure. ¶**소녀의 낭랑한 청음이 귀에 쟁쟁하다** La voix claire et pure de la fillette me reste encore clairement dans les oreilles / J'ai encore la voix claire et pure de la fillette dans l'oreille. / J'entends encore la voix claire et pure de la fillette. / La voix claire et pure de la fillette retentit encore à mes oreilles. / Il me semble encore entendre la voix claire et pure de la fillette. ② 【언어】 **무성음**. consonne *f* muette; son *m* muet.

청음[2] 聽音 명 dictée *f* musicale.

◆_**기** -機 명 audiophone *f*; détecteur *m* de son.

청일전쟁 淸日戰爭 명 【역사】 guerre *f* sino-japonaise.

청자[1] 靑瓷 명 céladon *m*.

◆_**색** -色 명 couleur *f* céladon.

◆**고려**_ 高麗- 명 céladon *m* de Goryeo.

청자[2] 聽者 명 interlocu*teur*(*trice*), audi*teur*(*trice*).

청장 廳長 명 secrétaire *m* d'Etat, administrateur

ㅊ

m, directeur général m. ¶ 경찰~ préfet de police.

청장년 靑壯年 명 jeunes *mpl* et adultes *mpl*.

◆_**기** -期 명 âges *mpl* jeunes et adultes.

청정 淸淨 어근 pureté *f*. ¶ 공기 ~ 장치 dispositif d'épuration de l'air.

◆_**하다** 형 être pur(*e*), intègre, chaste. ¶ 그 바다는 ~하다 Cette mer est propre. ¶ 마음을 항상 ~하게 가져야 한다 Il faut toujours avoir le cœur pur. ¶ ~한 마음 cœur pur.

◆_**히** purement. ¶ 몸과 마음을 ~히 하십시오 Gardez le corps et l'esprit purs.

◆_**에너지** 명 énergie *f* propre.

◆_**해역** -海域 명 mer *f* propre.

청주 淸酒 명 alcool *m* de riz clair; saké *m*.

청중 聽衆 명 auditoire *m*, assistance *f*, public *m*. ¶ ~을 감동시키다 [매혹시키다, 열광시키다] émouvoir [charmer, enthousiasmer] le public. ¶ ~을 많이 끌어모으다 rassembler un large public[un auditoire nombreux]. ¶ 그 사람은 ~의 기립박수를 받았다 Il s'est fait ovationner debout par le public / Le public l'a applaudi debout / Le public lui a fait une standing-ovation / Le public s'est levé et lui a fait une ovation [l'a ovationné] / Debout [Se levant], le public lui a fait une ovation [l'a ovationné]. ¶ 폭넓은 ~ public varié.

◆_**석** -席 명 auditoire *m*.

청지기 廳- 명 concierge *m*, valet *m*.

청진 聽診 명 auscultation *f*. ◇_(**을**) **하다** ausculter ((un malade)).

◆_**기** -器 명 stéthoscope *m*. ¶ ~기를 가슴에 대다 examiner un malade avec un stéthoscope.

청천 靑天 명 ciel(*cieux*) *m* bleu.

*~ **하늘에 날벼락 같은** tel(*le*) un coup de tonnerre dans un ciel serein; ((une nouvelle)) foudroyant(*e*), ((un coup dur)) totalement imprévu(*e*), absolument imprévisible.

청천벽력 靑天霹靂 명 grosse surprise *f* qui fait l'effet d'un coup de tonnerre, événement *m* surprenant [totalement imprévu] ((tel(*le*)) un coup de tonnerre dans un ciel serein)), nouvelle *f* foudroyante, coup *m* dur absolument imprévisible, tuile *f* inattendue {*fam*} ((se dit d'une difficulté ou d'une catastrophe survenant soudainement)). ¶ ~ 같은 이야기 une nouvelle foudroyante.

청첩 請牒 명 invitation *f*. ¶ ~을 내다 inviter *qn*. ◇_(**을**) **하다** inviter *qn*. ◇_(**을**) **받다** recevoir une invitation.

◆_**장** -狀 명 carte *f* [lettre *f*] d'invitation. ¶ ~장을 발송하다[보내다] envoyer une carte d'invitation.

청청하다[1] 靑靑- 형 être verdoyant(*e*), vert(*e*)[bleu(*e*)]. ¶ 소나무는 겨울에도 ~ Le pin verdoie même en plein hiver. ¶ 그 공원에는 나무들이 청청하게 우거져 있다 Ce parc est rempli d'arbres verdoyants.

*독야_ ☞ 독야청청

◆**청청히** 靑靑- 부 dans toute *sa* verdure; ((비유적으로)) dignement. ¶ 대나무 숲이 청청히 우거져 있다 La forêt de bambou est verdoyante.

청청하다[2] 淸淸- 형 ((son)) être clair(*e*) et limpide. ¶ 종소리가 청청하게 울렸다 Le son de la cloche retentit clairement. ¶ 청청한 음성 voix claire et limpide.

◆**청청히** 부 clairement, limpidement. ¶ 방울소리가 들판에 청청히 울렸다 Les sons des clochettes retentirent clairement dans la plaine.

청초하다 淸楚- 형 être pur(*e*), limpide; ((vêtement)) avoir un style simple et épuré. ¶ 코스모스의 모습이 ~ Les cosmos sont d'une beauté pure. ¶ 청초하게 핀 들국화 pureté des chrysanthèmes sauvages en fleur. ¶ 청초한 소녀 fille pure.

◆**청초히** 淸楚 부 purement, limpidement. ¶ 진달래가 청초히 피어 있다 Les azalées en fleur exhalent une beauté pure.

청춘 靑春 명 jeunesse *f*; printemps *m* de la vie. ¶ ~을 불태우다[바치다, 보내다] consumer [consacrer, passer] *sa* jeunesse. ¶ ~의 열정[꿈, 야망] ardeur [rêve, ambition] juvénile (de la jeunesse). ¶ 그 남자는 아직도 ~이다 Il est encore jeune.

◆_**남녀** -男女 명 jeunes filles *fpl* et jeunes garçons *mpl*.

◆_**사업** -事業 명 affaires *fpl* de cœur, (la) drague *f* {*fam*}. ¶ ~사업이 잘 돼 가고 있니? Tes affaires de cœur, ça avance?

청출어람 靑出於藍 명 disciple *m* supérieur à *son* maître.

청취 聽取 명 écoute *f*, audition *f* (radiophonique). ¶ 불어 ~ 연습 exercices d'écoute [de compréhension auditive] du français. ¶ ~ 소감 opinion après avoir écouté *qc*. ◇_(**를**) **하다** prendre l'écoute, entendre ((les témoins d'un accident)), écouter. ¶ 라디오 방송을 ~하다 écouter des programmes à la radio. ¶ 의견을 ~하다 être à l'écoute de l'opinion des autres.

◆_**율** -率 명 taux *m* d'audition.

◆_**자** -者 명 audi*teur*(*trice*).

청컨대 請- 부 s'il vous plaît; je vous prie de+*inf*; de grâce. ¶ ~ 제 부탁 좀 들어주세요 Je vous prie d'accepter [d'agréer, d'approuver, de recevoir favorablement] ma demande. ¶ ~ 제발 떠나지 마세요 De grâce, ne m'abandonnez pas [ne me quittez pas, ne me laissez pas tout(*e*) seul(*e*)].

청탁[1] 淸濁 명 pureté *f* et impureté *f*. ¶ 물의 ~ pureté et impureté de l'eau.

청탁[2] 請託 명 requête *f*, sollicitation *f*, demande *f*. ¶ ~을 들어 주다 répondre aux sollicitations de *qn*. ¶ ~을 거절하다 rejeter [repousser] les sollicitation de *qn*. ◇_(**을**) **하다** demander, solliciter. ¶ 취직을 ~하다 solliciter un emploi. ¶ 잘 봐 달라고 ~하다 solliciter la bienveillance de *qn*. ¶ 친척으로부터 사업권을 따게 해달라는 ~이 들어왔다 Un parent m'a demandé de faire en sorte qu'il obtienne les droits d'exploitation. ◇_(**을**) **받다** recevoir une sollicitation.

청포 淸泡 명 gelée *f* de farine de haricots mungo.
◆**_묵** 명 gelée *f* de farine de haricots mungo.

청포도 靑葡萄 명 raisin *m* blanc.

청풍 淸風 명 vent *m* frais; brise *f*.
◆**_명월** -明月 명 fraîcheur *f* du vent et clair *m* de lune.

청하다 請- 자타 ① ((해달라고)) demander, prier. ¶ 우리는 그 분에게 노래를 청했다 Nous lui avons demandé de chanter (une chanson). ¶ 그 분은 내게 악수를 청했다 Il m'a demandé de lui serrer la main. ¶ 나는 그 분에게 도움을 청했다 Je l'ai prié(*e*) de m'aider. ¶ 우리는 그 사람에게 기다려주기를 청했다 Nous l'avons prié d'attendre. ¶ 그는 나에게 더 머물 것을 청했다 Il m'a prié de rester plus longtemps. ¶ 그는 나에게 즉시 떠나 달라고 청했다 Il m'a demandé de partir tout de suite [sur-le-champ, immédiatement]. ¶ 우리는 선생님께 학생을 혼내주도록 청했다 Nous avons demandé au professeur de le punir. ② ((달라고)) solliciter; commander *qc*. ¶ 나는 그 사람에게 물 한 잔을 청했다 Je lui ai commandé un verre d'eau. ¶ 장군은 그 분에게 군자금을 청했다 Le général lui a sollicité des fonds de guerre. ③ 초대하다 inviter, appeler, convier. ¶ 결혼식[잔치]에 손님을 ~ inviter des gens à une cérémonie de mariage [à un banquet]. ④ ((잠을)) essayer de s'endormir. ¶ 그는 잠을 청했다 Il a essayé de s'endormir [de trouver le sommeil].

청혼 請婚 명 demande *f* en mariage. ¶ ~을 받아들이다 accepter une demande en mariage. ¶ ~을 거절하다 refuser une demande en mariage. ¶ 여러 곳에서 ~이 들어오다 recevoir plusieurs demandes en mariage. ◇_(을) **하다** demander *qn* en mariage; demander la main (d'une jeune fille). ◇_(을) **받다** recevoir une demande en mariage.

청화백자 靑華白瓷 명 porcelaine *f* blanche avec un dessin bleu. ¶ ~ 화분 pot de fleur en porcelaine blanche avec un dessin bleu.

청회색 靑灰色 명 gris-bleu *m*; couleur *f* gris-bleu.

체[1] 명 tamis *m*. ¶ ~로 치다[거르다] passer au tamis, tamiser. ¶ ~에 걸리다[걸러지다] être tamisé(*e*); être passé(*e*) au tamis.
◆**_질** 명 tamisage *m*, blutage *m*. ¶ 밀가루를 ~질하다 tamiser la farine.

체[2] 의명 (faire) semblant *m*, simulation *f*, feinte *f*. ¶ 그 남자는 항상 유식한 ~ 떠들어 댄다 Il ne cesse de parler comme s'il savait tout. ¶ 나는 못 이기는 ~ 허락했다 J'ai accepté comme si je ne pouvais résister. ◇_(를) **하다** simuler, feindre, faire semblant [mine]; jouer la comédie. ¶ 그 사람은 나를 모르는 ~했다 Il a fait semblant de m'ignorer. ¶ 그 친구가 나를 아는 ~ 했다 Il m'a fait un signe de reconnaissance. ¶ 그 녀석이 나를 못 본 ~했다 Ce type a agi comme s'il ne m'avait pas vu. ¶ 그 사람은 내 말을 못 알아들은 ~ 했다 Il a fait semblant de ne rien comprendre à ce que je disais. ¶ 그 여자는 내 말을 들은 ~도 하지 않았다 Elle a agi comme si elle ne m'avait pas entendu(*e*).

체[3] 감 peuh! ¶ ~, 별꼴 다 보겠네 Peuh! Quelle drôle de situation! ¶ ~, 하는 수 없지 Peuh! Tant pis.

-체[4] **體** 접미 ① 글꼴 modèle *m* d'écriture, écriture *f*, caractères *mpl*. ¶ 글씨~ écriture; caractères. ¶ 서~ écriture ((cursive, gothique)). ¶ 명조~ (caractères) romains. ¶ 고딕~ caractères gothiques. ¶ 흘림~ caractères cursifs. ¶ 이탤릭~ le caractère italique, l'italique ((mettre un mot en italique). ② 문체 style *m*. ¶ 구어~ style oral [parlé]. ¶ 문어~ style écrit. ③ 도형 figure *f* [forme *f*] (géométrique). ¶ 평면~ figure plane [qui a deux faces planes]. ¶ 육면~ hexaèdre. ④ 조직 organisation *f*, système *m*. ¶ 기업~ entreprise. ¶ 조직~ organisation; système. ⑤ 물체 corps *m*. ¶ 결정~ cristal; cristallisation. ⑥ 몸 constitution *f*. ¶ 건강~ bonne constitution [santé]. ¶ 허약~ constitution délicate, santé fragile.

체감[1] **遞減** 명 diminution *f* progressive. ¶ 수확 ~의 법칙 loi de diminution progressive de la récolte. ◇_(을) **하다** diminuer progressivement. ◇_(이) **되다** diminuer progressivement.

체감[2] **體感** 명 sensation *f* (subjective). ¶ ~ 경기가 낮다 On sent que les affaires ne marchent pas bien. ◇_(을) **하다** sentir. ◇_(이) **되다** être senti(*e*).
◆**_온도** -溫度 명 température *f* sentie.

체격 體格 명 constitution *f*, corpulence *f*. ¶ ~에 맞는[어울리는] 옷 vêtement à *sa* taille. ¶ ~이 좋다[크다] être de bonne [forte] constitution.

체결 締結 명 conclusion *f*. ◇_(을) **하다** conclure. ¶ 조약[계약]을 ~하다 conclure un traité [un contrat]. ◇_(이) **되다** se conclure, être conclu(*e*).

체계 體系 명 système *m*. ¶ ~를 세우다 systématiser. ¶ 새로운 철학 ~를 만들어내다 créer un nouveau système philosophique. ¶ ~(가) 있다[없다] [ne pas] être systématique.
◆**_적** -的 명관 systématique. ¶ ~적으로 systématiquement.
◆**_성** -性 명 système *m*.
◆**_화** -化 명 systématisation *f*. ¶ ~화하다 systématiser. ¶ 학문을 ~화하다 systématiser la science[l'étude, le savoir].

체공시간 滯空時間 명 durée *f* de vol. ¶ ~이 길다[짧다] la durée du vol est longue [courte]; être un vol de longue [de courte] durée.¶ 그 선수는 점프력이 좋아 ~이 길다 Cet athlète, ayant une bonne impulsion, reste longtemps en l'air [donne l'impression de planer] avant de retomber sur le sol.

체구 體軀 명 corps *m*, corpulence *f*. ¶ 거대한 ~ corps énorme. ¶ ~가 작다[왜소하다] être d'une petite constitution. ¶ ~가 당당하다[건장하다] être de forte corpulence.

체급 體級 명 【운동】 poids *m*; catégorie *f* de poids. ¶ ~을 올리다[내리다] passer dans la catégorie de

ㅊ

poids supérieure [inférieure]; monter [descendre] en grade dans une catégorie de poids. ¶ 같은 ~의 선수 joueur de la même catégorie de poids.

체납 滯納 명 retard *m* de versement. ◇_(을) **하다** être en retard dans le versement. ¶ 세금을 ~하다 être en retard dans le versement d'un impôt. ¶ 임금을 ~하다 être en retard dans le paiement de salaire. ◇_(이) **되다** Le versement est retardé. ¶ 그는 만 유로의 세금이 ~되어 있다 Il a 10 000 euros d'impôt impayé.

◆**_액** -額 명 montant *m* d'un arriéré.

◆**_자** -者 명 personne *f* qui n'a pas payé ses impôts en temps voulu.

체내 體內 명 (intérieur *m* du) corps *m*. ¶ ~의 수분이 빠지다 avoir le corps déshydraté. ¶ ~에 축적되다[쌓이다] s'accumuler dans le corps.

◆**_골격** -骨格 명 【동물】 charpente *f* du corps.

◆**_기생충** -寄生蟲 명 【동물】 endoparasite *m*.

◆**_당분** -糖分 명 【생물】 sucre *m* dans le corps.

◆**_수정** -受精 명 【생물】 fécondation *f* interne.

체념 諦念 명 résignation *f*. ¶ 그는 이제 완전히 ~상태다 Maintenant, il est complètement résigné. ◇_(을) **하다** se résigner à *qc* /+ *inf*, renoncer à *qc* /+ *inf*. ¶ 시험에 통과하는 것을 ~하다 renoncer à réussir l'examen. ¶ 아직 ~하기에는 이르다 Il est trop tôt pour renoncer.

◆**_적** -的 명관 résigné(*e*).

체대[1] 體大 명 bonne constitution *f*, corps *m* énorme.

체대[2] 體大 명 ((‘체육대학’의 준말)) ☞ 체육

체득 體得 명 acquisition *f* d'une expérience. ◇_(을) **하다** faire l'expérience de *qc*, apprendre *qc* par expérience. ¶ 경험을 통해서 진리를 ~하다 apprendre la vérité à la lumière des faits de l'expérience. ◇_(이) **되다** être appris(*e*) par expérience. ¶ ~된 지식 connaissance apprise par expérience.

체력 體力 명 force *f* physique. ¶ ~을 기르다[단련하다] travailler *sa* force physique; entretenir *sa* forme. ¶ ~을 비축하다 garder *ses* forces. ¶ ~이 약해지다[떨어지다] perdre *ses* forces, s'affaiblir. ¶ ~이 좋다 avoir la (grande) forme.

◆**_검사** -檢査 명 test *m* pour évaluer la force physique de *qn*.

◆**_장** -章 명 test *m* scolaire d'évaluation de la force physique ((pour des lycéens ou collégiens)).

◆**_증진** -增進 명 augmentation *f* de la force physique.

체류 滯留 명 séjour *m*. ¶ ~ 기간을 연장하다 prolonger *son* séjour. ◇_(를) **하다** séjourner. ¶ 잠시 ~하다 faire un bref séjour.

◆**_증** -證 명 carte *f* de séjour.

◆**_허가** -許可 명 permis *m* de séjour. ¶ ~허가를 받다 avoir *son* permis de séjour.

◆**불법_** 不法- 명 séjour *m* illégal.

◆**불법_자** 不法-者 명 clandestin *m*.

체면 體面 명 honneur *m*, dignité *f*, réputation *f*. ¶ ~을 더럽히다[구기다, 잃다] perdre *sa* face, se déshonorer, perdre *sa* dignité. ¶ ~을 살리다 sauver la face. ¶ ~을 유지하다 défendre *son* honneur, conserver *sa* dignité. ¶ ~을 중히 여기다 tenir à *sa* réputation. ¶ ~을 차리다 sauver les apparences [la face]. ¶ ~이 깎이다 être déshonoré(*e*). ¶ ~이 말이 아니다 être déshonoré(*e*), se déshonorer ¶ ~이 서다 sauver les apparences [la face]. ¶ ~이 없다 ne pas avoir la dignité ((de *son* statut, de *sa* position)). ¶ ~이 있지 어떻게 그럴 수 있나? Si tu tiens à ta réputation, comment peux-tu agir ainsi?

◆**_치레** 명 souci *m* des apparences [des honneurs]. ¶ ~치레하지 말고 많이 들어라 Sers-toi sans faire de chichis {*fam*}. / Ne te gêne pour te servir.

체모[1] 體貌 명 honneur *m*, réputation *f*. ¶ ~를 갖추다 avoir de la dignité. ¶ ~ 있는 집안 famille honorable. ☞ 체면

체모[2] 體毛 명 poil *m* corporel; pilosité *f*.

◆**무_증** 無-症 명 【의학】 absence de pilosité *f*.

체벌 體罰 명 punition *f* corporelle, châtiment *m* corporel. ¶ ~을 금지하다 interdire les châtiments corporels. ◇_(을) **하다[가하다]** infliger [donner] une punition corporelle. ◇_(을) **받다[당하다]** recevoir une punition corporelle.

체불 滯拂 명 retard *m* de paiement. ◇_(을) **하다** retarder le paiement. ¶ 임금을 ~하다 retarder le paiement de salaire.

◆**_액** -額 명 montant *m* impayé.

체세포 體細胞 명 cellules *fpl* somatiques. ¶ ~ 복제 reproduction cellulaire. ¶ ~ 분열 division cellulaire.

체수 體- 명 taille *f* du corps. ¶ ~가 크다[작다] être de grande [petite] taille.

체스 영{chess} 명 échecs *mpl*. ¶ ~를 두다 jouer aux échecs.

체신 遞信 명 communication *f*. ¶ ~ 행정 administration du secteur de la communication.

◆**_부** -部 명 ministère *m* de la Communication.

체액 體液 명 【생물】 liquide *f* organique du corps humain, humeur *f* {*vx*}. ¶ ~의 분비 sécrétion du liquide organique.

◆**_병리** -病理 명 【의학】 pathologie *f* des humeurs.

체언 體言 명 【언어】 substantif *m*, mot(s) *m(pl)* non fléchi(*s*) *m* ((prédicat *m*, mot fléchi, flexif 용언)).

체열 體熱 명 fièvre *f*. ¶ ~을 떨어뜨리다 faire chuter la fièvre.

체온 體溫 명 température *f* (du corps). ¶ ~을 재다 prendre *sa* température. ¶ ~을 조절하다 régulariser la température. ¶ ~이 올라가다[내려가다, 떨어지다] La température monte [baisse].

◆**_계** -計 명 thermomètre *m* médical.

체외 體外 명 extérieur *m* du corps. ¶ ~로 내보내다[배출하다] évacuer, éliminer, excréter.

◆**_수정** -受精 명 【생물】 fécondation *f* externe.

체위 體位 명 posture *f*, position *f*. ¶ ~를 바꾸다

changer de posture.

체육 體育 명 éducation *f* physique; gymnastique *f*, gym *f* {*fam*}, sport *m*. ¶~ 시설 équipement sportif. ¶~을 장려하다 encourager la culture physique.
◆_**계** -界 명 milieu *m* sportif, monde *m* sportif.
◆_**관** -館 명 gymnase *m*, salle *f* de gymnastique; salle *f* de sports, salle *f* omnisports.
◆_**대학** -大學 명 faculté *f* d'éducation physique.
◆_**대회** -大會 명 compétition *f* [épreuve *f*] sportive.
◆_**복** -服 명 vêtement *m* de sport, survêtement *m*. ¶~복으로 갈아입다 mettre un vêtement de sport.
◆_**인** -人 명 sporti*f*(*ve*), homme *m* sportif.
◆_**회** -會 명 association *f* sportive.
◆**대한_회** 大韓會 명 Association *f* Athlétique de Corée.
◆**사회_** 社會- 명 gymnastique *f* publique, collective et extra-scolaire, gymnastique *f* publique, collective pour adultes.

체인 영{chain} 명 chaîne *f*. ¶~ 목걸이 chaîne de cou. ¶타이어에 ~을 감다 mettre les chaînes [des chaînes à neige] aux roues d'une voiture.
◆_**점** -店 명 chaîne *f* ((de magasins, de restaurants)). ¶패스트푸드 ~점 chaîne de restauration rapide. ¶~점을 차리다[내다] ouvrir une chaîne ((de magasins, d'hôtels, de restaurants)).

체재¹ 體裁 명 style *m*, forme *f*, apparence *f*, arrangement *m*, présentation *f*. ¶~를 다듬다[손질하다, 바꾸다, 개편하다] améliorer [soigner, changer, modifier] la présentation (de *qc*). ¶~를 갖추다 avoir une bonne présentation, avoir un style convenable. ¶~가 잡히다 être organisé(*e*), être arrangé(*e*).

체재² 滯在 명 séjour *m*. ¶나의 파리 ~ 기간은 1주일이었다 J'ai séjourné à Paris pendant une semaine. ¶~ 기간을 연장하다 prolonger un séjour. ◇_(**를**) **하다** séjourner. ¶파리에 1주일 동안 ~하다 séjourner à Paris pendant une semaine.
◆_**비(용)** -費(用) 명 frais *mpl* de séjour.

체적 體積 명 【수학】 volume *m*. ¶~을 재다[구하다] mesurer le volume de *qc*, cuber *qc*.

체전 體典 명 fête *f* sportive [d'athlétisme]. ¶전국~ fête sportive nationale. ¶전국 소년~ fête sportive nationale des jeunes.

체제 體制 명 système *m*, organisation *f*, régime *m*. ¶~ 내로 편입되다 s'intégrer au régime. ¶자본주의 ~ régime *m* capitaliste. ¶새로운 ~를 확립하다 établir un nouveau régime. ¶~를 바꾸다[개편하다] changer de système. ¶~에 순응하다[저항하다] obéir [résister] au régime.

체조 體操 명 gymnastique *f*. ¶~ 경기 concours de gymnastique. ¶~ 경기장 gymnase. ¶~ 교사 professeur de gymnastique. ¶~ 선수 gymnaste. ◇_(**를**) **하다** faire de la gymnastique.
◆**기계_** 機械- 명 【운동】 gymnastique *f* aux agrès.
◆**미용_** 美容 명 gymnastique *f* pour garder la ligne, aérobic *f*.
*__달밤에 ~ 하다__ faire *qc* d'incongru.

체중 體重 명 poids *m* (du corps). ¶~을 달다[재다] peser; se peser. ¶~이 늘다[줄다] prendre [perdre] du poids. ¶~이 ... 킬로그램 나가다 peser ... kilos. ¶~이 얼마나 나갑니까? Combien pesez-vous?
◆_**계** -計 명 pèse-personne *m*, balance *f*.

체증 滯症 명 ① indigestion *f*. ¶~이 내려가다 soigner un problème d'indigestion. ② 교통 정체 embouteillage *m*, bouchon *m* {*fam*}. ¶~이 풀리다 [뚫리다, 해소되다] L'embouteillage se dégage. ¶~이 심하다 Il y a un gros embouteillage / L'embouteillage est terrible.
*__십년 묵은 ~이 내리다__ être soulagé(*e*) [se soulager] (d'une inquiétude); ; avoir un poids en moins sur la poitrine [sur l'estomac, sur la conscience, sur les [sur *ses*] épaules, sur le cœur] ; ça m'ôte un poids de la poitrine [de la conscience], ça m'ôte [m'enlève, me tire] une épine du pied. ¶드디어 작업을 끝내니 십년 묵은~이 내려간 것 같다 Ayant enfin terminé ce travail, je me sens soulagé(*e*) d'un grand poids [j'ai un poids sur la poitrine en moins, ça m'ôte un poids de la poitrine].
◆**교통_** 交通- 명 embouteillage *m*; trafic *m* dense. ¶교통~에 발이 묶이다 être bloqué(*e*) dans un embouteillage.

체질 體質 명 constitution *f*, nature *f*, complexion *f* {*litt*}; habitus *m*. ¶~을 개선하다 améliorer l'habitus, avoir un meilleur habitus. ¶기업의 ~을 개선하다 améliorer l'organisation d'une entreprise. ¶~에 따라 약을 골라서 쓰다 choisir un médicament en fonction de *sa* constitution. ¶~이 약하다 être de [avoir une] constitution délicate.
◆_**적** -的 명관 de [par] nature, (de) par *sa* constitution[complexion {*litt*}]. ¶~적으로 그런 음식을 싫어한다 détester ce genre de nourriture par nature[de par *sa* complexion].
◆_**화** -化 명 prise *f* d'habitude ¶~화하다 s'habituer à + *inf*/*qc*, prendre l'habitude de+*inf*. ¶~화되다 être habitué(*e*) à *qc*/*inf*. ¶그는 늦게 자고 일찍 일어나는 것이 ~화되어 있다 Il est habitué à se coucher tard et à se lever tôt.

체취 體臭 명 ① 냄새 odeur *f* corporelle. ¶~를 풍기다 [발하다] dégager une odeur. ¶~가 심하다 avoir une odeur forte. ② 느낌 caractéristique *f* propre à *qn*. ¶이 소설에서는 저자의 ~를 느낄 수 있다 Dans ce roman, on peut sentir la personnalité propre[très forte] de l'auteur.

체크¹ 영{check} 명 carreau(*x*) *m*. ¶~ 무늬 dessin écossais, (motif à) carreaux.

체크² 영{check} 명 vérification *f*, ((체크표시)) action de cocher d'une croix. ◇_(**를**) **하다** vérifier, ((체크표시)) pointer, faire le pointage de; cocher ((d'une croix, un nom sur une liste)). ¶문이 잠겼는지 다시 ~하다 vérifier de nouveau si la porte est fermée. ¶중요한 고객들의 이름에 ~를 하다 cocher [pointer] le nom des clients importants. ◇_(**가**) **되다** être vérifié(*e*). ¶명단 위에는 몇몇 이름들이 ~가 되어

ㅊ

있었다 Sur la liste, quelques noms sont cochés.
체크아웃 외{checkout} 명 action de régler *sa* note [de rendre la clef]. ◇_(을) **하다** régler *sa* note.
체크인 외{check-in} 명 action de remplir une fiche d'hôtel. ◇_(을) **하다** remplir une fiche d'hôtel. ¶ 호텔을 ~하다 remplir une fiche d'hôtel.
체통 體統 명 dignité *f*, prestige *m*, honneur *m*. ¶ ~을 잃다 perdre *sa* dignité. ¶ ~을 차리다[지키다] conserver *sa* dignité. ¶ ~이 서다 sauver la face. ☞ 체면
체포 逮捕 명 arrestation *f*, arrêt *m*. ◇_(를) **하다** arrêter, procéder à une arrestation *f*. ¶ 범인을 ~하다 arrêter le coupable. ◇_(가) **되다[당하다]** être arrêté(*e*). se faire arrêter ¶ 절도 혐의로 ~되다 être arrêté(*e*) sous inculpation de vol.
◆**_영장** -令狀 명 mandat *m* d'arrêt. ¶ ~영장을 발부하다 lancer un mandat d'arrêt. ¶ ~영장을 청구하다 demander un mandat d'arrêt. ¶ ~영장을 기각하다 rejeter un mandat d'arrêt.
체하다 滯- 자 avoir une indigestion, souffrir d'une indigestion; ((비유적)) commettre des erreurs. ¶ 체했다 J'ai eu une indigestion / Le repas [Ça] m'est resté sur l'estomac / Ça [Le repas, Mon déjeuner] a du mal à passer [ne passe pas, n'est pas passé] / Je me suis collé une indigestion {*fam*} / J'ai l'estomac embarrassé. ¶ 그 여자는 먹은 것이 체했다 Elle a mal digéré (ce qu'elle a mangé) / Ça lui est resté sur l'estomac / Elle s'est collé {*fam*} une indigestion. ¶ 체했는지 속이 울렁거린다 [답답하다] J'ai des nausées [Je me sens mal], j'ai sans doute fait une indigestion. ¶ 그러다(가) 체할라 Si tu manges ainsi, tu vas avoir une indigestion [tu risques (d'avoir) une indigestion, tu auras mal au ventre] / ((비유적)) Tu risques de commettre des erreurs si tu fais les choses si rapidement [avec précipitation].

체험 體驗 명 expérience *f*. ¶ ~ 수기 récit de *ses* expériences. ¶ 생생한 ~ vif souvenir d'une expérience. ¶ 귀중한[값진] ~ précieuse expérience. ¶ 혹독한 ~ expérience éprouvante. ¶ ~을 통해서 배우다 apprendre par expérience. ◇_(을) **하다** faire l'expérience de *qc*. ¶ 전쟁을 ~한 세대 génération qui a fait l'expérience de la guerre.
◆**_담** -談 명 histoire *f* vécue; récit *m* de *ses* propres expériences.
체형[1] 體型 명 forme *f* du corps; type *m* physique, physique *m*; corpulence *f*. ¶ 서구적인[동양적인] ~ type physique occidental [oriental]. ¶ 평균 ~ corpulence moyenne [typique]. ¶ 한국인의 ~에 맞는 옷 vêtement qui va bien au physique des Coréens. ¶ 식생활의 변화에 따라 ~도 변한다 La forme du corps change en fonction de l'alimentation.
체형[2] 體刑 명 peine *f* corporelle, châtiment *m* corporel. ¶ 누구에게 ~을 과하다 infliger une peine corporelle à *qn*. ¶ 누구를 ~에 처하다 infliger une peine corporelle à *qn*.
체화 體化 명 assimilation *f*. ◇_(를) **하다** assimiler. ¶ 스승의 가르침을 ~하다 assimiler les leçons du maître. ◇_(가) **되다** s'assimiler; être assimilé(*e*).
첼로 이 명 【음악】 violoncelle *m*. ¶ ~ 협주곡을 연주하다 jouer le concerto pour violoncelle. ¶ ~를 켜다 jouer du violoncelle.
첼리스트 외{cellist} 명 violoncelliste. ¶ 세계적인 ~ violoncelliste connu(*e*) dans le monde entier, violoncelliste de renommée mondiale.
쳇바퀴 명 monture *f* d'un crible. ¶ ~ 도는 생활 vie routinière.
***다람쥐 ~ 돌 듯** comme un écureuil qui tourne sur une roue; avec une récurrence routinière.
쳐가다 타 enlever, emporter. ¶ 쓰레기를 ~ ramasser les ordures. ¶ 인분을 ~ recueillir des excréments humains pour s'en servir d'engrais ((en Corée, jusque dans les années 80, on se servait des excréments humains comme engrais)).
쳐내다 타 ① 치워 내다 enlever, nettoyer, emporter, ôter. ¶ 오물을 ~ nettoyer les ordures. ¶ 송장을 ~ emporter un cadavre. ② 밖으로 치다 frapper *qc* (à l'extérieur). ¶ 공을 라인 밖으로 ~ envoyer la balle au-delà des lignes [au-delà des limites du terrain, hors des limites du terrain, hors des lignes].
쳐다보다 타 ① 올려다 보다 regarder ((de bas en haut)), contempler ((le ciel)). ¶ 하늘을 ~ regarder [contempler] le ciel. ¶ 그는 천장만 쳐다보았다 Il ne faisait que fixer le plafond / Il fixait le plafond sans arrêt [sans interruption]. ② ((얼굴을 들어)) fixer *qn*, regarder *qn* fixement. ¶ 그는 나의 얼굴을 빤히 쳐다보았다 Il m'a regardé(*e*) fixement / Il m'a fixé(*e*). ¶ 그는 시계를 쳐다보았다 Il a jeté un coup d'œil à l'horloge / Il a levé rapidement les yeux vers l'horloge. ③ 우러러보다 admirer *qn*, avoir du respect pour *qn*, tenir *qn* en haute estime. ¶ 나는 쳐다볼 수 있는 형님이 계시다 J'ai un frère que j'admire. ④ 기대하다 espérer, attendre de *qn/qc*. ¶ 서민들은 정부만 쳐다본다 Le peuple ne compte que sur le gouvernement. ¶ 우리 가족은 누나만 쳐다보고 산다 Ma famille compte uniquement sur ma grande sœur / Ma famille fait tout reposer sur les épaules de ma grande sœur.
쳐다보이다 자 se trouver; être vu(*e*). ¶ 똑바로 쳐다보이는 집이 우리 집이다 La maison qui se trouve en face est la nôtre.
쳐들다 타 ① lever, soulever, relever; hisser. ¶ 그는 의자[책]을 머리 위로 쳐들었다 Il a soulevé une chaise [un livre] au-dessus de sa tête. ② ((손, 머리 따위를)) lever ((la main, la tête)). ¶ 손[팔]을 ~ lever la main [le bras]. ¶ 머리[고개]를 ~ relever la tête. ¶ 얼굴을 ~ relever le visage.
***고개를 ~** ① ((당당하게)) agir de manière assurée. ¶ 나는 언제 그 분 앞에서 고개를 쳐들 수 있을까? Quand serai-je capable d'agir avec assurance devant lui? ② 나타나다 apparaître; prendre forme;

se faire remarquer. ¶ 그들의 불만이 서서히 고개를 쳐들기 시작했다 Leur mécontentement apparaissait de plus en plus.

쳐들어가다 자 ① ((공격하여)) faire incursion ((dans un pays)); envahir. ¶ 남의 나라에[로] ~ envahir un autre pays. ¶ 적진으로 ~ pénétrer un front ennemi. ② 들이닥치다 arriver en foule; entrer brusquement. ¶ 우리는 그 사람의 집에[으로] 쳐들어 갔다 Nous nous sommes présentés en foule chez lui.

쳐들어오다 자 ① ((공격하여)) (venir) envahir. ¶ 외적이 우리나라로 쳐들어왔다 Les ennemis ont envahi notre pays. ② 들이닥치다 se présenter en foule chez *qn*. ¶ 친구들이 갑자기 우리 집으로 쳐들어왔다 Mes amis sont arrivés brusquement chez moi. ¶ 후배들이 내 하숙방으로 쳐들어왔다 Mes jeunes camarades d'université [d'école] sont entrés brusquement dans ma chambre de pension.

쳐부수다 타 détruire, briser, démolir. ¶ 적[적군]을 ~ détruire l'ennemi [les soldats ennemis].

쳐올리다 타 ① frapper [envoyer] *qc* vers le haut. ¶ 공을 공중으로 ~ envoyer la balle vers le haut [en l'air]. ② ((머리를)) se faire couper les cheveux. ¶ 머리를 짧게 ~ se faire couper les cheveux courts.

쳐주다 자타 ① 맞추어 주다 compter, calculer, payer, offrir un prix ((aux clients)). ¶ 헌책 한 권에 500원을 쳐주었다 On m'a offert cinq cents wons pour un vieux livre. ② 간주하다 tenir pour, considérer comme; reconnaître. ¶ 그 친구는 나를 형으로[이라고] 쳐주었다 Il me considérait comme son frère aîné. ¶ 우리는 그 사람이 약속을 지킨 것으로 쳐주었다 Nous avons reconnu qu'il tenait sa promesse. ¶ 그 친구가 이겼다고 쳐주자 Considérons qu'il a gagné. ③ 높이 평가하다 accorder une grande valeur à *qn/qc*. ¶ 우리[우리의 능력]를 쳐주는 사람이 없다 Personne ne nous estime [ne nous reconnaît] [Personne ne reconnaît nos capacités [nos qualités, nos aptitudes]].

쳐죽이다 타 battre à mort. ¶ 누구를 ~ battre *qn* à mort.

초[1] 명 bougie *f*, chandelle *f*, cierge *m*. ¶ ~에 불을 켜다 allumer une bougie. ¶ ~의 희미한 불빛 lumière voilée d'une bougie.

◆**_ㅅ농** *-膿* 명 cire *f* qui coule d'une bougie.

◆**_ㅅ대** *-臺* 명 candélabre *m*, bougeoir *m*.

◆**_ㅅ불** 명 flamme *f* d'une bougie. ¶ ~ㅅ불을 밝히다 allumer une bougie.

◆**양_** 洋- 명 bougie *f*, cierge *m*.

초[2] 秒 명 seconde *f*. ¶ ~를 세다 compter les secondes. ¶ 시간을 ~로 계산하다 calculer le temps en secondes. ¶ 몇 ~를 더 기다리자 Attendons encore quelques secondes. ¶ 30~가 지났다 Trente secondes sont passées.

*~**를 다투다** être urgent(*e*). ¶ 이것은 ~를 다투는 문제다 C'est une affaire de secondes / C'est une affaire très urgente [pressante]. ¶ 세상은 ~를 다투어 발전한다 Le monde se développe à vitesse grand V.

◆**_속** -速 명 ☞ 초속

◆**_읽기** - 명 ① 【바둑】 comptage *m* des dernières secondes au jeu de go lorsqu'on fait une partie à la pendule. ¶ ~읽기에 몰리다 dépasser le temps imparti dans une partie de go. ② 급박함 compte *m* à rebours; imminence *f*, dernière ligne *f* droite; d'un instant [moment] à l'autre; d'une minute à l'autre. ¶ ~읽기에 들어가다 commencer le compte à rebours; être imminent(e); ((la date)) approcher; entrer dans la dernière ligne droite; être au bord du gouffre; être près de ((la retraite)); ((l'heure)) être proche.

◆**_침** -針 명 aiguille *f* des secondes.

초[3] 草 명 brouillon *m*, avant-projet *m*. ¶ 글[논문]의 ~를 잡다 rédiger l'avant-projet d'un texte.

초[4] 醋 명 vinaigre *m*. ¶ 그는 냉면에 ~를 약간 쳤다 Il a mis un filet de vinaigre dans les nouilles froides. ¶ ~는 시큼하다 Le vinaigre est acide. ¶ 오이 무침에 ~가 너무 많이 들어갔다 Il y a trop de vinaigre dans la salade de concombres.

*~**(를) 치다** mettre *son* grain de sel [intervenir] au mauvais moment [quand il ne faut pas], faire une gaffe [un impair], gaffer, dire une bourde {*fam*}, mettre les pieds dans le plat, gâcher (le plaisir de *qn*, une affaire), faire une réflexion malvenue [maladroite], être maladroit(*e*), faire une réflexion qui tombe très mal, saboter ((les affaires de *qn*)), semer la pagaille dans *qc*, perturber {*fam*}, mettre [foutre] la merde {*vulg*} ((dans les affaires de *qn*)). ¶ 제발 ~치는 소리 그만 해! Arrête de freiner mes élans [mon enthousiasme]! ¶ 그는 내가 하는 일에 사사건건 ~를 친다 Il me décourage dans tout ce que j'entreprends.

초[5] 初 의명 début *m*. ¶ 5월 ~(에) au début mai. ¶ 다음 달 ~(에) au début du mois prochain. ¶ 학기 ~(에) au début du semestre. ¶ 내년 ~(에) au début de l'année prochaine. ¶ 금세기 ~(에) au début de ce siècle. ¶ 80년대 ~(에) au début des années 80.

-초[6] -礁 접미 (sorte de) pierre *f*. ¶ 산호~ corail.

-초[7] -草 접미 herbe *f*. ¶ 일년~ plante annuelle. ¶ 다년~ plante vivace. ¶ 물망~ myosotis.

-초[8] -哨 접미 (sorte de) poste *m*. ¶ 감사~ poste de garde.

초-[9] 超 접두 supra-, au-dessus, au-delà. ¶ ~자연 phénomène surnaturel. ¶ ~음파 onde ultrasonore. ¶ ~현실주의 surréalisme. ¶ ~능력 pouvoir surnaturel. ¶ ~강대국 les grandes puissances. superpuissances.

초-[10] 初 접두 ① 초기 commencement *m*, début *m*. ¶ ~가을 début de l'automne. ¶ ~여름 début de l'été. ¶ ~겨울 premiers jours de l'hiver. ¶ ~봄 premiers jours du printemps. ¶ ~저녁 début de soirée. ② 처음 ¶ ~하루 le premier jour du mois. ¶ ~대면 première entrevue [rencontre].

초가 草家 명 chaumière *f*.

◆_삼간 -三間 명 petite chaumière *f*.
*빈대 잡으려다 ~삼간 태우다 perdre le tout [tout perdre] en s'acharnant sur les détails [en voulant régler un détail, en voulant régler un problème de détail].
◆_집 명 chaumière *f*.
초가을 初- 명 début *m* de l'automne. ¶ ~ 날씨 temps du début de l'automne.
초간 初刊 명 【출판】 première édition *f*, édition *f* princeps.
◆_본 -本 명 【출판】 première édition *f*, édition *f* princeps.
초개 草芥 명 fétu *m* de paille. ¶ ~ 같은 인생 vie sans valeur. ¶ 목숨을 ~ 같이 버리다[여기다] supprimer [sacrifier] *sa* vie comme si elle n'était rien du tout.
초겨울 初- 명 début *m* de l'hiver. ¶ ~ 날씨가 제법 쌀쌀하다 Ce début d'hiver est assez froid.
초경[1] 初經 명 premières règles *fpl*. ¶ 그녀는 15살에 ~을 했다 Elle a eu ses premières règles à 15 ans.
초경[2] 初更 명 début *m* de soirée ((entre 19 heures et 21 heures)). ¶ 그는 ~ 무렵에 집을 나섰다 Il est sorti de la maison en début de soirée.
초계 哨戒 명 【군사】 patrouille *f*. ¶ ~병을 세우다 placer un patrouilleur. ¶ ~ 중이다 être en patrouille. ¶ ~를 나가다 aller en patrouille.
◆_기 -機 명 【군사】 patrouilleu*r*(*se*).
◆_정 -艇 명 【군사】 patrouilleu*r*(*se*).
◆_비행 -飛行 명 【군사】 vol *m* de patrouille.
초고 草稿 명 brouillon *m*, esquisse *f*, ébauche *f*. ¶ ~를 집필하다 faire un brouillon.
초고속 超高速 명 grande vitesse *f*. ¶ ~기차 train ultrarapide. ¶ ~ 비행기 avion ultrarapide. ¶ ~ 인터넷 internet à haut débit. ¶ ~으로 승진하다 monter dans la hiérarchie en brûlant les étapes. ¶ 이곳에서는 모든 일의 진행이 ~이다 Ici, tout se passe très rapidement.
초고추장 醋-醬 명 *chogochujang m* <sauce vinaigrée à base de pâte de piment>. ¶ ~에 찍어 먹다 tremper *qc* dans la sauce vinaigrée à base de pâte de piment.
초고층 超高層 명 nombre *m* d'étages très important, ((bâtiment)) très élevé(*e*), très haut(*e*). ¶ ~ 빌딩[아파트] un bâtiment très élevé, une très grande tour, un gratte-ciel [un ensemble de très grands immeubles d'habitation, un ensemble de très grandes tours résidentielles].
초과 超過 명 excédent *m*, excès *m*, surplus *m*. ¶ ~ 생산 production excédentaire. ¶ ~ 근무 수당 indemnité des heures supplémentaires. ¶ 목표를 ~ 달성하다 dépasser le but fixé. ¶ 정원 ~ dépassement du nombre fixé de personnes. ◇_(를) **하다** dépasser, excéder. ¶ 제한 시간을 ~하다 dépasser la limite de temps. ¶ 수입이 지출을 ~하다 avoir des recettes qui excèdent la dépense. ◇_(가) **되다** être dépassé(*e*). ¶ 정원이 ~되었다 Le nombre fixé de personnes est dépassé.
◆_량 -量 명 quantité *f* de l'excédent.
◆_분 -分 명 excédent *m*.
◆_액 -額 명 somme *f* excédentaire.
초교 初校 명 【출판】 première correction *f*. ¶ ~를 보다 faire une première correction.
◆_지 -紙 명 【출판】 première épreuve *f*.
초국가주의 超國家主義 명 ultranationalisme *m*.
◆_자 -者 명 ultranationaliste.
초극 超克 명 surpassement *m*. ¶ 삶으로부터의 ~ détachement dans la vie. ◇_(을) **하다** surpasser, surmonter. ¶ 고통을 ~하다 surmonter une souffrance.
초근목피 草根木皮 명 racine *f* et écorce *f*, nourriture *f* misérable [frugale]. ¶ ~로 연명하다 subsister avec très peu de nourriture.
초급 初級 명 premier degré *m*; niveau *m* élémentaire. ¶ ~ 강의 [문법, 회화, 교재] cours [grammaire, conversation, manuel] élémentaire [pour débutant]. ¶ ~ 프랑스어 강좌 cours de français pour débutant.
◆_대학 -大學 명 faculté *f* dont le cursus est en deux ans.
◆_반 -班 명 classe *f* de débutants.
◆_장교 -將校 명 officier *m* subalterne.
초급하다 焦急- 형 être pressant(*e*) [impatient(*e*)]; être irascible. ¶ 초급한 목소리 voix impatiente.
◆**초급히** 焦急- 부 prestement. ¶ 초급히 떠나다 partir prestement.
초기 初期 명 début *m*, commencement *m*, première période *f*, premier stade *m*. ¶ ~ 작품 premières œuvres, œuvres du début. ¶ 중세 ~ début du Moyen Âge. ¶ 병을 ~에 치료하다 traiter une maladie au début.
초년 初年 명 enfance *f*, jeunesse *f*: première période *f*. ¶ ~ 고생은 사서도 한다 Les difficultés connues dans la jeunesse sont précieuses pour la vie.
◆_병 -兵 명 jeune recrue *f*.
◆_생 -生 명 nouvelle recrue *f*.
초능력 超能力 명 pouvoir *m* surnaturel. ¶ ~을 발휘하다 utiliser *son* pouvoir surnaturel. ¶ ~이 생기다 avoir un pouvoir surnaturel.
◆_자 -者 명 personne *f* douée d'un pouvoir surnaturel. ¶ ~자들의 모임이 있다 Il y a une réunion pour les personnes douées d'un pouvoir surnaturel.
초단 初段 명 premier *dan m* ((dans la classification des joueurs)). ¶ 그는 아마 바둑 ~이다 Il est premier *dan* au jeu de go en amateur. ¶ 그는 태권도[유도, 합기도] ~의 실력이다 Il est premier *dan* de taekwondo [judo, aïkido]. ¶ 그는 드디어 ~을 땄다 Il a enfin obtenu le premier *dan*.
초단파 超短波 명 【물리】 très haute fréquence *f*, ondes *fpl* ultra-courtes. ¶ ~방송 émission sur les ondes ultra-courtes. ¶ ~통신 communication sur les ondes ultra-courtes.
◆극_ 極- 명 【물리】 micro-onde *f*.

초당 草堂 명 petit pavillon *m* couvert de paille généralement séparé du bâtiment principal.

초당파 超黨派 명 politicien(*ne*)s qui se situent au-dessus des partis; membres *mpl* qui cherchent des solutions sans se limiter aux intérêts de leur parti politique. ¶ 초당(파) 외교 négociation dépassant les intérêts des partis politiques.

◆**_적** -的 명관 qui se situe au-dessus des partis. ¶ 외교적 문제에 ~적으로 대처하다 prendre des mesures qui dépassent les positions divergentes des partis dans les affaires diplomatiques.

초대[1] 招待 명 invitation *f*. ¶ ~를 거절하다 refuser [décliner] une invitation. ¶ ~에 응하다 accepter [répondre à] une invitation. ◇_(를) **하다** inviter *qn*; convier *qn* ((à une réception)). ¶ 친구를 집으로 ~하다 inviter un(*e*) ami(*e*) chez *soi*. ¶ 이번 모임에 귀하를 ~합니다 Nous vous convions à cette réunion. ◇_(가) **되다** être invité(*e*) [convié(*e*) ((à une réception))]. ¶ 식장에 ~된 하객들 les invités [convives] d'une réception. ◇_(를) **받다** recevoir une invitation; être invité(*e*). ¶ 저녁식사에 ~받다 recevoir une invitation à un dîner; être invité(*e*) à (un) dîner.

◆**_권** -券 명 billet *m* d'invitation. ¶ 음악회 ~권 billet d'invitation à un concert.

◆**_석** -席 명 place *f* réservée aux invités.

◆**_장** -狀 명 carte *f* d'invitation. ¶ ~장을 띄우다[보내다] envoyer des cartes d'invitation.

◆**_전** -展 명 vernissage *m*. ((d'une vernissage)); avant-première(~-~*s*) *f* ((d'un spectacle)). ¶ 누구의 ~전이 열린다 Le vernissage d'une exposition [L'avant-première d'un spectacle] de *qn* est programmé(*e*).

초대[2] 初代 명 premi*er*(*ère*). ¶ ~ 대통령[회장] le premier président.

초대형 超大型 명 de très grande taille. ¶ ~ 냉장고 réfrigérateur de très grande taille. ¶ ~ 화면 écran de très grande taille. ¶ 그 건물의 시설들은 하나같이 다 ~이어서 사람들을 압도했다 Les installations de ce bâtiment étaient telles [si grandes] que tout le monde était impressionné / La taille des installations de ce bâtiment impressionnait les gens / Tout le monde était impressionné par la taille des installations de ce bâtiment.

초동[1] 樵童 명 garçon *m* qui travaille comme bûcheron, jeune bûcheron *m*.

초동[2] 初動 어근 début *m*; commencement *m*. ¶ ~수사에 늑장을 부리다 avancer doucement [traîner] au début de l'enquête.

초두 初頭 명 début *m*; commencement *m*. ¶ 20세기 ~에 au début du 20ème siècle.

◆**_음** -音 명【언어】son *m* initial ((d'une syllabe)).

초등 初等 어근 premier degré *m*; ((éducation, enseignement)) élémentaire, primaire. ¶ ~ 수학[대수, 기하] mathématiques élémentaires [algèbre élémentaire, géométrie élémentaire].

◆**_교육** -教育 명 enseignement *m* primaire; éducation *m* élémentaire.

◆**_학교** -學校 명 école primaire.

◆**_학생** -學生 명 élève de l'école primaire; écoli*er*(*ère*).

초라하다 형 être piteu*x*(*se*), pitoyable; être déplorable, minable; ((vêtements)) être miteu*x*(*se*). ¶ 옷차림이 ~ être pauvrement vêtu(*e*), être dans une tenue déplorable. ¶ 초라한 옷[모습] vêtements miteux [apparence pitoyable]. ¶ 초라한 집 maison à l'aspect misérable [dans un triste état].

초래 招來 명 cause *f*, origine *f*. ◇_(를) **하다** causer, entraîner, donner lieu; amener, provoquer *qc*. ¶ 파국을 ~하다 amener une catastrophe. ¶ 엄청난 결과를 ~하다 avoir de graves conséquences [répercussions]. ◇_(가) **되다** être provoqué(*e*). ¶ 작은 실수 때문에 큰 사고가 ~되었다 Une petite bévue est à l'origine de cette catastrophe / Cette catastrophe est due à une bévue [étourderie].

초례 醮禮 명【민속】(cérémonie *f* de) mariage *m*. ¶~를 치르다[지내다] se marier.

◆**_상** -床 명【민속】repas *m* de noces.

◆**_청** -廳 명【민속】salle *f* de mariage.

초로[1] 初老 명 début *m* de la vieillesse. ¶ ~의 남자 homme d'un certain âge. ¶ ~의 나이에 접어들다 arriver à un certain âge; entrer dans la vieillesse.

초로[2] 草露 명 rosée *f*. ¶ 인생은 ~와 같다 La vie est éphémère. ¶ ~와 같은 제 목숨을 살려주시니 감사할 뿐입니다 Je vous remercie d'avoir sauvé mon humble vie.

초록[1] 抄錄 명 extrait *m*, résumé *m*, abrégé *m*. ¶ 논문 ~ résumé d'un article [((석사)) d'un mémoire de master, ((박사)) d'une thèse]. ¶ 영문 ~ résumé en anglais. ¶ 논문의 마지막에 ~을 싣다 ajouter [insérer] un résumé à la fin d'un article. ◇_(을) **하다** faire un résumé; résumer; compiler des extraits.

초록[2] 草綠 명 vert *m*; couleur *f* verte; (의) vert(*e*).

*~**은 동색** On est toujours du côté des siens / Qui se ressemble s'assemble / Les loups ne se mangent pas entre eux.

◆**_빛** 명 couleur *f* verte.

◆**_색** -色 명 vert *m*; couleur *f* verte.

초롱[1] 명분류 bidon *m*; un bidon *m*, un baril *m* ((d'essence)). ¶ 석유 한 ~ un bidon [baril] d'essence.

초롱[2] -籠 명 lanterne *f* (vénitienne).

◆**_같다** 형 être étincelant(*e*), luisant(*e*), scintillant(*e*).

◆**_ _** 부 d'une façon scintillante [pétillante], lumineusement, clairement. ¶ ~~ 빛나다 scintiller, pétiller.

◆**_ _하다** 형 être scintillant(*e*), pétillant(*e*), étincelant(*e*), brillant(*e*), luisant(*e*), éclatant(*e*), rayonnant(*e*), lumineu*x*(*se*), radieu*x*(*se*), clair(*e*); être éveillé(*e*), réveillé(*e*), avoir l'air très éveillé(*e*). ¶ 눈빛[눈망울]이 ~하다 avoir un regard étincelant,

ㅊ

avoir un regard pétillant, avoir les yeux étincelants [brillants, scintillants, pétillants, clairs, limpides]. ¶ 아이들은 12시가 넘었건만 눈이 ~~ 했다 Bien que minuit soit passé [Bien que minuit ait sonné], les enfants avaient l'air encore très éveillés. ¶ 정신이 더욱 ~~해지다 avoir un esprit plus éveillé. ¶ ~~한 목소리로 말하다 s'exprimer d'une voix claire.

◆_불 명 lumière *f* d'une lanterne (vénitienne).

초롱초롱 뿐 ☞ 초롱[2]

초막 草幕 명 hutte *f* couverte de chaume. ¶ 그는 야산에 ~을 짓고 기거했다 Il vivait dans une hutte sur une colline.

초만원 超滿員 명 plein(*e*), bondé(*e*). ¶ ~을 이루다 être plein(*e*), être bondé(*e*); se remplir, se bonder. ¶ ~이다 être plein(*e*), être bondé(*e*).

초면 初面 명 première rencontre *f*. ¶ ~에 실례가 많았습니다 Pour une première rencontre, j'ai été très maladroit(*e*). ¶ 그와 나는 ~이다 C'est la première fois que je le vois [rencontre].

초목 草木 명 végétation *f*. ¶ ~이 울창한 곳에는 샘이 숨어 있을 거야 On devine une source [la présence d'une source] là où la végétation est riche.

초미 焦眉 명 extrême urgence *f*. ◇_의 d'extrême urgence *f*; ((affaire)) urgent(*e*), imminent(*e*), pressant(*e*). ¶ ~의 관심사[문제] question urgente; affaire urgente [imminente, pressante].

초반[1] 初盤 명 début *m*, première moitié *f* ¶ 20대 ~의 여자 une femme âgée de 20 à 25 ans; une femme d'une vingtaine d'années. ¶ ~에는 우세했으나 후반으로 갈수록 불리해졌다 Au début, nous avions le dessus, mais plus la partie a avancé et plus notre position s'est affaiblie.

◆_전 -戰 명 phase *f* initiale ((d'une campagne électorale)).

초반[2] 礎盤 명 fondations *fpl*. ¶ 이 집은 ~을 돌로 만들어서 튼튼하다 Cette maison est solide parce que les fondations sont en pierres.

ㅊ

초밥 醋- 명 *sushi m*.

◆김_ 명 ((mets japonais)) boulette *f* de riz assaisonné et vinaigré enveloppée [roulée] dans une feuille d'algues séchées; (sorte de) *gimbap m* contenant du riz vinaigré.

초배 初褙 명 première *f* couche de papier ((sur un mur qu'on tapisse)). ◇_(를) 하다 mettre une première couche de papier pour tapisser un mur. ¶ 신문지로 ~하다 mettre une première couche de papier journal pour tapisser un mur.

◆_지 -紙 명 papier *m* servant à mettre une première couche pour tapisser un mur.

초벌 初- 명 premier(*ère*) ((mouture, esquisse, cuisson des céramiques)). ¶ 그는 ~ 원고를 완성했다 Il a terminé la première mouture de son article. ¶ ~로 그리다 faire une esquisse.

◆_구이 명 première cuisson *f*.

◆_칠 -漆 명 première couche *f* (de peinture).

초범 初犯 명 premier délit *m*; personne *f* coupable d'un premier délit. ¶ 그는 ~인 만큼 정상을 참작할 것이다 Comme c'est son premier délit, on retiendra des circonstances atténuantes à son égard [on peut être un peu plus indulgent avec lui].

초병 哨兵 명 sentinelle *f*, factionnaire *m*. ¶ ~을 배치하다[세우다] placer une sentinelle ((à l'entrée d'un camp)).

초보 初步 명 ① 첫 발 premiers pas *mpl*. ② 초급 éléments *mpl* ((de grammaire)); b.a.-ba *m*, a b c ((du métier)); rudiments *mpl*; ((의)) rudimentaire, élémentaire, pour les débutants *mpl*. ¶ ~ 운전자 jeune conducteur encore inexpérimenté; conducteur apprenti. ¶ ~ 단계 phase initiale. ¶ ~ 딱지를 떼다 ne plus en être à *ses* débuts; ne plus être un(*e*) débutant(*e*). ¶ 라틴어[프랑스어] ~ les rudiments de la grammaire latine [rudiments de français; français pour (les) débutants]; un débutant en latin [en français] ¶ 그는 이 방면에 있어서는 아직 ~다 Il est encore inexpert dans ce domaine / Dans ce domaine, ce n'est encore qu'un apprenti.

◆_적 -的 명관 rudimentaire, élémentaire, pour les débutants *mpl*. ¶ ~적인 단계 phase initiale. ¶ 이런 ~적인 것도 모른단 말이야 Ne me dis pas que tu ne connais même pas le b.a.-ba! / Tu ne connais même pas ça! C'est pourtant le b.a.-ba!

◆_자 -者 명 débutant(*e*), novice, personne *f* inexpérimentée; apprenti(*e*). ¶ ~자를 위한 pour les débutants.

초복 初伏 명 *chobok* <première canicule, première grosse chaleur des trois grandes chaleurs de l'année ou *sambok*>.

초본 抄本 명 extrait *m*. ¶ 호적 ~ extrait de l'état civil. ¶ 주민등록 ~ extrait de l'acte de naissance.

초봄 初- 명 début *m* [commencement *m*] du printemps; premiers jours *mpl* du printemps. ¶ 오늘은 ~ 날씨 치고는 매우 덥다 Aujourd'hui, il fait très chaud! Pourtant, on n'est qu'au début du printemps! / La journée est anormalement [exceptionnellement] chaude pour un début de printemps / Aujourd'hui, nous sommes au-dessus des normes saisonnières pour un début de printemps.

초봉 初俸 명 salaire *m* de départ [de début de carrière] ¶ 그는 ~ 백만원부터 시작해서 오늘날에 이르렀다 Il a démarré avec un salaire d'un million de wons [un million de wons de salaire] mais il est maintenant passé à un bien meilleur salaire. ¶ ~이 200만원이다 Le salaire de départ [de début de carrière] est de deux millions de wons / On démarre avec un salaire de deux millions de wons.

초분 草墳 명 【민속】 tombe *f* de paille <rite (ancestral) des funérailles consistant à enterrer les gens [défunts] sur les côtes du sud-ouest de la Corée en les recouvrant de paille ou d'herbes>.

초비상 超非常 명 extrême urgence *f*. ¶ ~ 상태

situation d'extrême urgence. ¶ ~이 걸리다 être dans une situation d'extrême urgence.

초빙 招聘 명 invitation *f*. ¶ 정중한 ~ invitation courtoise. ¶ 외부 인사의 ~ invitation de personnalités notables. ¶ ~에 응하다 accepter une invitation. ◇_(을) **하다** inviter *qn*; proposer à *qn* ((un poste)). ¶ 기술자를 ~하다 faire venir un technicien. ¶ 교수로 ~하다 proposer à *qn* un poste de professeur. ◇_(이) **되다** être invité(*e*), se voir proposer ((un poste)). ¶ 이번 학기에 강사로 ~되었다 Pour ce semestre, on m'a proposé un poste de chargé de cours. ◇_(을) **받다** être invité(*e*). ¶ 이 방면의 전문가로 내가 ~받았다 J'ai été invité(*e*) en tant qu'expert dans ce domaine / On m'a invité(*e*) en tant qu'expert dans ce domaine.

◆_**교수** -敎授 명 professeur *m* invité.

초산[1] 初産 명 premier accouchement *m*. ¶ 이번이 ~이라 아이가 예정일 보다 늦게 나왔다 Cette fois-ci, comme c'était son premier accouchement, elle a accouché plus tard que la date (initialement) prévue.

초산[2] 硝酸 명 acide *m* nitrique. ¶ ~이 쇠를 녹인다 L'acide nitrique corrode les métaux.

초상[1] 肖像 명 portrait *m* ((de face, grandeur nature)); (화폐의) effigie *f*. ¶ 누구의 ~을 그리다 peindre [dessiner] le portrait de *qn*; faire le portrait de *qn*. ¶ 젊은날의 ~ portrait de l'enfance.

◆_**권** -權 명 droit *m* de regard de la personne représentée sur l'utilisation faite du portrait ((conformément au droit au respect de la vie privée)).

◆_**화** -畵 명 portrait *m*.

◆_**화가** -畵家 명 portraitiste.

초상[2] 初喪 명 deuil *m*; période *f* allant du décès de *qn* à *son* enterrement. ¶ ~을 당하다 perdre *qn*; être en deuil. ¶ ~을 치르다 se mettre en deuil; célébrer les funérailles [les obsèques] de *qn*. ◇_(이) **나다** y avoir un décès dans une famille; être en deuil.

◆_**집** 명 famille *f* en deuil. ¶ ~집 분위기 ambiance de deuil; ambiance macabre. ¶ 어째 분위기가 ~같으냐 Pourquoi l'ambiance est-elle si macabre [sinistre]? / Que l'ambiance est macabre [sinistre]! / Quelle sinistre ambiance! On se croirait à un enterrement / L'ambiance est bien macabre!

◆**줄**_ 명 décès *mpl* en série.

초생달 初生- 명 ☞ 초승달

초서 草書 명 (écriture *f*) cursive *f*. ¶ ~로 된 고문서를 해독하다 interpréter un vieux texte écrit en cursive.

초석 礎石 명 première pierre *f*; pierre *f* angulaire. ¶ ~을 놓다[마련하다] poser la première pierre ((d'un édifice)). ¶ 세계평화의 ~이 되다 devenir la première pierre de la paix mondiale.

초선 初選 명 première élection *f*. ¶ 그는 이번이 ~이다 C'est sa première élection.

◆_**의원** -議員 명 député *m* élu pour la première fois.

초성[1] 初聲 명 【언어】 son *m* consonantique initial d'une syllabe.

◆_**자음** -子音 명 【언어】 consonne *f* initiale d'une syllabe.

초성[2] -聲 명 voix *f* de récitation[déclamation], voix *f* lorsqu'on lit un texte ou un poème. ¶ ~이 좋다 avoir une belle voix lorsqu'on récite[lit, déclame] un texte ou un poème.

초소 哨所 명 bureau *m* d'inspection; ((검문소)) point *m* [poste *m*] de contrôle. ¶ ~를 세우다[짓다] construire un point de contrôle [un poste de garde]. ¶ ~에서 보초[경비]를 서다 être en sentinelle [faction] [monter la garde; faire le guet; être de garde, être de planton, être en vigie] dans un point de contrôle. ¶ 전방 ~에 배치되다 être affecté dans un poste frontière tout près du 38e parallèle [de la ligne de démarcation], être affecté à un poste de contrôle à la frontière entre les deux Corées.

초속 秒速 명 vitesse *f* par seconde. ¶ ~ 30미터 vitesse de trente mètres par seconde. ¶ ~ 60미터로 à la vitesse de soixante mètres (par) seconde. ¶ ~20미터의 강풍 vent très violent d'une vitesse de 20 mètres seconde.

초순 初旬 명 première décade *f* (du mois). ¶ 5월 ~에 dans les premiers jours de mai; au début du mois de mai. ¶ ~에서 중순 사이에 entre la première et la deuxième décade du mois.

초스피드 超- 명 célérité *f*. ¶ ~로 일을 처리하다 terminer un travail avec une étonnante célérité. ¶ ~로 달려오다 accourir à toute vitesse [dare-dare {fam}].

초승달 初- 명 premier quartier *m* de lune. ¶ ~같은 눈썹 sourcils en demi-lune [arc-de-cercle].

초시 初試 명 première épreuve *f* du concours d'État sous l'ancien régime ((destiné à recruter de hauts fonctionnaires)). ¶ 그는 ~에 합격하였다 .Il a réussi la première épreuve du concours d'État.

초시간적 超時間的 명 extratemporel(*le*); atemporel(*le*). ¶ ~ 가치 valeur extratemporelle. ¶ ~ 용법 【언어】 valeur atemporel.

초식 草食 명 herbivore; ((사람)) végétarien(*ne*). ◇_(을) **하다** être herbivore; ((사람)) être végétarien(*ne*). ¶ 염소의 구강구조는 ~을 하는데 알맞게 되어 있다 La gueule de la chèvre est faite pour manger des végétaux.

◆_**동물** -動物 명 【동물】 herbivore *m*.

초심[1] 初心 명 pensée *f* initiale, intention *f* première. ¶ ~을 잃어서는 안 된다 Il ne faut jamais perdre l'enthousiasme du début. ¶ ~을 지키다 aller jusqu'au bout de *sa* première intention; réaliser *son* premier souhait [*son* intention première]. ¶ ~으로 돌아가다 revenir à *son* intention première.

◆_**자** -者 명 débutant(*e*), novice *mf*; inexpérimenté(*e*). ¶ ~자 코스 piste pour les débutants.

ㅊ

초심[2] **初審** 명 première enquête *f* [instance *f*]. ¶ ~의 판결 jugement en première instance. ¶ 그는 ~에서 사형을 선고받았다 Il a été condamné à mort [à la peine capitale] dès le premier jugement [lors de la (en) première instance].

초안 草案 명 avant-projet(~-~s) *m*; projet *m*, plan, ébauche *f* ((d'un roman)). ¶ 헌법 ~ projet de constitution. ¶ 무엇의 ~을 작성하다 rédiger l'avant-projet de *qc*. ¶ ~을 잡다 rédiger un avant-projet. ◇_(을) **하다** rédiger un avant-projet; faire un projet [une ébauche]. ¶ 연설문을 ~하다 retranscrire un discours au brouillon; rédiger une ébauche de discours.

초야[1] **草野** 명 endroit *m* reculé [isolé, écarté, abandonné, sauvage, solitaire], coin *m* perdu [retiré, paumé {*fam*}]. ¶ ~로 내려오다 descendre dans un endroit reculé. ¶ ~에 묻혀 살다 vivre isolé(*e*) du reste du monde; vivre dans un coin complètement paumé {*fam*}.

초야[2] **初夜** 명 nuit *f* de noces. ¶ ~를 보내다[맞다] passer la nuit de noces.

초여름 初- 명 début *m* de l'été.

초연[1] **初演** 명 première représentation *f*; création *f* ((d'une pièce)); première audition *f*. ¶ 이 곡은 이번 연주가 국내 ~이다 Cette musique sera jouée pour la première fois dans le pays. ◇_(을) **하다** créer ((un spectacle)); donner une première. ¶ 세계적 명성의 발레단이 한국에서 ~을 한다 Un des corps de ballet les plus célèbres au monde entier vient donner une première en Corée. ◇_(이) **되다** être créé(*e*).

초연[2] **招宴** 명 invitation *f* à un banquet. ◇_(을) **하다** inviter à un banquet.

초연하다 超然- 형 être détaché(*e*) ((des biens de ce monde)), désintéressé(*e*); être au-dessus de *qc*. ¶ 돈 문제에 ~ être désintéressé(*e*) par l'argent. ¶ 초연한 자세[태도]를 취하다 prendre un air détaché [indifférent].

◆**초연히** 부 avec indifférence [détachement]. ¶ 수많은 소문 속에서도 그는 초연히 자기 일만 했다 Il a continué son travail sans nullement se soucier des nombreuses rumeurs [malgré les nombreuses rumeurs] qui circulaient.

초엽 初葉 명 début *m* ((du 20ème siècle)). ¶ 20세기 ~에 au début du vingtième siècle. ¶ 조선 ~의 시기에는 au début de l'ère Jos대n.

초원 草原 명 prairie *f*, plaine *f*, pré *m*; steppe *f*; (남미의) Pampa *f*; (북미의) les Prairies. ¶ 광활한 ~을 누비다 se promener dans la vaste plaine.

초월 超越 명 transcendance *f*, dépassement *m*. ◇_(을) **하다** transcender *qc*, dépasser *qc*, être au-dessus de *qc*. ¶ 상상을 ~하다 dépasser l'imagination. ¶ 시공을 ~하다 dépasser les frontières du temps et de l'espace. ¶ 국경을 ~한 사랑 amour qui dépasse les frontières. ¶ 속세를 ~한 듯한 태도 attitude qui se détache des choses de ce bas monde. ◇_(이) **되다** être dépassé(*e*).

◆**_적** -的 명관 transcendant(*e*). ¶ ~적인 존재 existence transcendante. ¶ ~적인 힘에 의존하다 dépendre d'une force transcendante.

◆**_성** -性 명 transcendance *f*, caractère *m* transcendant.

◆**_자** -者 명 surhomme *m*.

초유[1] **初有** 명 commencement *m*, début *m*. ¶ 사상 ~의 일 événement sans précédent. ¶ 이렇게 사람이 많이 온 것은 이 공연장이 생긴 이래로 ~의 일이다 C'est la première fois qu'autant de gens viennent dans la salle de spectacle depuis sa création.

초유[2] **初乳** 명 premier lait *m* (d'une accouchée), colostrum *m*. ¶ 아이에게 ~를 먹이다 donner le lait maternel des premiers jours à un bébé.

초음속 超音速 명 vitesse *f* supersonique. ¶ ~ 제트기 jet supersonique; avion à réaction supersonique [avion supersonique].

초음파 超音波 명 onde *f* ultrasonique; ultrason *m*. ¶ ~ 탐지기 détecteur d'ultrasons. ¶ ~ 검사 échographie.

초인 超人 명 surhomme *m*. ¶ ~의 경지에 도달하다 arriver à une limite surhumaine.

◆**_적** -的 명관 ((effort)) surhumain(*e*). ¶ ~적인 힘을 발휘하다 déployer une force surhumaine.

초인간적 超人間的 명 ((effort)) surhumain(*e*).

초인종 超人鐘 명 sonnette *f*. ¶ ~을 울리다 sonner.

초임[1] **初賃** 명 salaire *m* de départ [de début de carrière]. ¶ 대졸 ~이 200만 원 정도이다 Lorsqu'on sort diplômé d'une université, on démarre avec un salaire d'environ deux millions de wons.

초임[2] **初任** 명 première nomination *f*; première fonction *f*; premier(*ère*). ¶ ~ 검사 premier procureur. ¶ ~ 판사 premier juge.

초입 初入 명 entrée *f* ((d'un village)). ¶ 마을 ~에서 기다리다 attendre à l'entrée d'un village.

초자아 超自我 명 【철학】 surmoi.

초자연 超自然 명 surnaturel(*le*).

◆**_적** -的 명관 surnaturel(*le*). ¶ ~적 현상[힘] phénomène surnaturel [force surnaturelle].

초장[1] **初場** 명 début *m*; lieu *m* de la première épreuve; ((증권)) début *m* du marché. ¶ ~부터 잡쳤다 C'est foutu {*pop*} [fichu {*pop*}, le fiasco {*fam*}] dès le début. ¶ ~부터 기분 나쁘게 왜이래 Pourquoi tu m'énerves dès le début du travail?

초장[2] **醋醬** 명 *chojang* *m* <((초간장))sauce de soja avec du vinaigre; ((초고추장)) sauce [purée] de piments vinaigrée>. ¶ 오징어를 ~에 찍어 먹다 manger du calmar avec du *chojang* [de la sauce de piments vinaigrée].

초저녁 初- 명 début *m* de soirée; début *m*, commencement *m*. ¶ 그는 ~부터 술을 마신다 Il boit déjà de l'alcool [lève déjà le coude {*fam*}] en début de soirée.

◆**_잠** 명 premier sommeil *m* ((qui suit l'endormissement, dans le premier tiers de la nuit));

première phase *f* du sommeil. ¶ ~잠이 많다 dormir profondément dans le premier tiers de la nuit.

초전도 超傳導 명 【물리】 superconduction *f*.

◆_**체** -體 명 corps *m* superconducteur.

초점 焦點 명 ① foyer *m*; point *m* de mire; point *m* essentiel. ¶ 카메라의 ~을 맞추다 faire la mise au point (de *son* appareil photo). ¶ 무엇에 ~을 맞추다 mettre au point ((un appareil)), faire une mise au point de *qc*; focaliser ((un faisceau lumineux)). ¶ ~을 잃다[흐리다] ne pas avoir une image nette; voir flou; s'écarter du sujet. ¶ ~이 흐려지다 ne pas avoir une image nette; voir flou. ¶ 논의의 ~이 무엇이냐? Quel est le point essentiel de la discussion? ② 【언어】 focus *m*; foci *mpl*.

초정 草亭 명 pavillon *m* dont le toit est recouvert de roseaux. ¶ 그들은 ~에서 몰래 만났다 Ils se sont rencontrés secrètement dans le pavillon.

초조 焦燥 명 ① impatience *f*. ② inquiétude *f*, anxiété *f*.

◆_**하다** 형 être impatient(*e*), inqui*et*(*ète*), anxieu*x*(*se*). ¶ 소식이 없어 ~하다 être inqui*et*(*ète*) de ne pas avoir de nouvelles. ¶ ~해 하다 être impatient(*e*); être dévoré(*e*) d'inquiétude. ¶ ~하게 기다리다 attendre impatiemment. ¶ ~한 기색이 역력하다 avoir l'air très inqui*et*(*ète*).

◆_**히** 부 impatiemment.

◆_**감** -感 명 sentiment *m* d'inquiétude. ¶ ~감을 감추지 못하다 ne pas pouvoir cacher *son* inquiétude.

초주검 初- 명 ((être)) à moitié mort(*e*) ((de fatigue)). ◇_(**이**) **되다** ((être)) à moitié mort(*e*) ((de fatigue)); être crevé(*e*) {*fam*}, nase [naze] {*fam*}, harassé(*e*); ne plus en pouvoir; être exténué(*e*); être à bout de forces; tomber [mourir] de fatigue; être épuisé(*e*); être éreinté(*e*), esquinté(*e*), accablé(*e*) de fatigue, extrêmement fatigué(*e*); être fourbu(*e*), recru(*e*), vanné(*e*) {*fam*}, moulu(*e*) {*fam*} (de fatigue), rompu(*e*) (de fatigue); être à plat; être brisé(*e*) de fatigue, être hors service [H.S.] {*fam*}; être vidé(*e*) {*fam*}, claqué(*e*) {*fam*}, sur les dents [rotules, genoux] {*fam*}, chiné(*e*) {*fam*}, pompé(*e*) {*fam*}, lessivé(*e*) {*fam*}, K.-O {*fam*}. ¶ ~이 돼서 돌아오다 rentrer à moitié mort(*e*) ((de fatigue)). ◇_**을 만들다** épuiser *qn*; pousser *qn* à bout, éreinter *qn*, harasser *qn*, abattre *qn*, tuer *qn*, démolir *qn*, user *qn*. ¶ ~을 만들어 놓다 épuiser *qn*; pousser *qn* à bout; mettre *qn* K.-O.; user *qn*.

초죽음 初- 명 ((‘초주검’의 잘못)) ☞ 초주검

초지[1] **草地** 명 pâturage *m*, herbage *m*, prairie *f*, pâtis *m*. ¶ 소들이 넓은 ~에서 풀을 뜯어먹고 있다 Les vaches broutent de l'herbe dans les pâturages.

초지[2] **初志** 명 première intention *f*, volonté *f* première [initiale].

◆_**일관** -一貫 명 en conformité avec *sa* première intention. ¶ ~일관하다 aller jusqu'au bout de *sa* première intention; réaliser un désir longtemps caressé; réaliser *son* premier souhait [*son* intention première]. ¶ 똑같은 주장으로 ~일관하다 aller jusqu'au bout de *sa* première intention. 부 jusqu'au bout de *sa* première intention. ¶ 그는 ~일관 자기주장을 굽히지 않았다 Il est allé jusqu'au bout de sa première intention.

초진 初診 명 première consultation *f*. ¶ ~의 결과가 나오다 avoir les résultats de la première consultation. ◇_(**을**) **하다** examiner pour la première fois ((un malade)). ◇_(**을**) **받다** être examiné(*e*) pour la première fois.

초창기 初創期 명 début *m*, commencement *m*. ¶ ~ 멤버 membres présents depuis la fondation [depuis le début]. ¶ ~에는 미숙한 점이 많았다 Au début, je ne connaissais pas encore bien mon métier [j'avais encore beaucoup à apprendre].

초청 招請 명 invitation *f*. ¶ ~ 강연 conférence. ¶ ~ 인사 personnes invitées. ¶ ~을 거절하다 refuser [décliner] une invitation. ¶ ~에 응하다 accepter une invitation. ◇_(**을**) **하다** inviter. ¶ 생일파티에 친구들을 ~하다 inviter *ses* amis à une fête d'anniversaire. ◇_(**을**) **받다** être invité(*e*). ¶ 학술대회에 ~을 받다 être invité(*e*) à participer à un concours scientifique. ¶ ~을 받아 외국 학교에 가다 être invité(*e*) dans une université étrangère.

◆_**장** -狀 명 (lettre *f* d')invitation *f*. ¶ ~장을 보내다[발송하다] envoyer des invitations.

초췌하다 憔悴- 형 être extrêmement maigre, amaigri(*e*), squelettique, décharné(*e*); être émacié(*e*) ((de fatigue)). ¶ 근심으로 얼굴이 초췌해지다 avoir le visage émacié par les soucis. ¶ 초췌한 얼굴[모습] visage émacié de fatigue.

초침 秒針 명 trotteuse *f*; aiguille *f* des secondes.

초콜릿 영{chocolate} 명 chocolat *m*. ¶ ~처럼 달다 être sucré(*e*) comme le chocolat. ¶ 그 여자와 입맞춤은 ~처럼 달콤했다. Lorsque je l'ai embrassée, je me suis senti transporté au septième ciel.

초탈 超脫 명 dépassement *m*; état *m* extatique, parfaite béatitude *f*. ¶ ~의 경지에 이르다 parvenir à un état extatique, atteindre la parfaite béatitude. ◇_(**을**) **하다** dépasser; se détacher de *qc*. ¶ 속세를 ~하다 se détacher des choses de ce monde.

초토 焦土 명 terre *f* brûlée. ◇_**가 되다** être mis(*e*) à feu et à sang.

◆_**화** -化 명 action de réduire en cendres [de mettre à feu et à sang]; mise *f* à feu et à sang. ¶ ~화 작전 tactique de la terre brûlée. ¶ ~화(를) 하다[시키다] mettre un pays à feu et à sang. ¶ 적진을 ~화하다 mettre le territoire ennemi à feu et à sang; anéantir l'ennemi. ¶ ~화(가) 되다 être brûlé(*e*); être mis(*e*) à feu et à sang.

초특급 超特急 명 grand rapide *m*. ¶ ~ 열차 grand rapide; train express; train à grande vitesse. ¶ ~으로 일을 처리해 주다 expédier une affaire, régler une affaire très rapidement [en deux temps trois mouvements {*fam*}].

초파리 醋- 명 【동물】 mouche *f* du vinaigre;

drosophile *f*.

초파일 初八日 명 【불교】 anniversaire *m* de la naissance du Bouddha (historique), nativité *f* du Bouddha ((cérémonie bouddhique le 8 du quatrième mois du calendrier lunaire)). ¶ ~에 연등 행사를 하다 célébrer la naissance de Bouddha.

초판[1] **初-** 명 premier tour *m*; début *m*, commencement *m*. ¶ ~에는 잘 나가다가 샛길로 빠졌다 Au début, ça marchait bien mais ensuite j'ai eu des problèmes.

초판[2] **初版** 명 【출판】 édition *f* originale (princeps); première édition *f*; premier tirage *m*. ¶ ~을 내다 faire un premier tirage. ¶ ~이 매진되었다 La première édition est épuisée.

◆**_본** -本 명 【출판】 édition *m* originale. ¶ '악의 꽃'의 ~본을 사다 acheter l'édition originale des *Fleurs du Mal*.

초하다 草- 타 écrire le premier brouillon. ¶ 연설문을 ~ écrire le premier brouillon d'un discours.

초하루 初- 명 premier jour *m* du mois. ¶ 4월 ~ premier jour du mois d'avril; le premier avril.

초학자 初學者 명 débutant(*e*).

초행 初行 명 premier voyage *m*. ¶ 나도 여기는 ~이라 길을 잘 모른다 Moi non plus je ne connais pas très bien le chemin car c'est la première fois que je viens ici.

◆**_길** 명 premier voyage *m*; première fois *f* que l'on fait un trajet. ¶ 이번이 ~길이니 많은 준비를 해야할 것이다 Il faudra bien se préparer parce que c'est la première fois que nous allons là-bas.

초현대식 超現代式 명 ultramoderne. ¶ ~ 건물[시설] bâtiment ultramoderne [équipement ultramoderne].

초현대적 超現代的 명 ultramoderne; hypermoderne {*fam*}. ¶ ~ 시설 équipement ultramoderne. ¶ 건물 내부를 ~으로 꾸미다 décorer l'intérieur d'un bâtiment de manière ultramoderne.

ㅊ

초현실 超現實 명 surréalisme *m*.

◆**_적** -的 명관 surréaliste. ¶ ~적인 묘사 description surréaliste.

◆**_주의** -主義 명 surréalisme *m*. ¶ ~주의 작가[작품, 경향] auteur [œuvre, tendance] surréaliste. ¶ ~주의적 surréaliste.

초혼[1] **初婚** 명 premier mariage *m*. ¶ 그는 이번이 ~이 아니다 Ce n'est pas la première fois qu'il se marie. ◇_(을) **하다** se marier pour la première fois.

초혼[2] **招魂** 명 【민속】 appel *m* de l'âme. ◇_(을) **하다** [**부르다**] appeler l'âme de *qn*.

촉[1] **鏃** 명 *pointe f; plume f* ((d'un stylo)). ¶ 만년필 ~이 뭉툭해졌다 La plume du stylo à encre est usée.

◆**펜_** 명 plume *f* d'un stylo ((à encre)); pointe *f* d'un stylo ((bille)).

◆**화살_** 명 pointe *f* d'une flèche. ¶ 화살~에 독을 묻히다 mettre du poison sur la pointe d'une flèche.

촉[2] **燭** 명 ((lampe de 100)) bougie *f*. ¶ 60 ~ 전구 lampe [ampoule] de 60 bougies.

촉각 觸覺 명 (sens *m* du) toucher *m*; (의) tactile. *~**을 곤두세우다** réagir au quart de tour {*fam*}.

촉감 觸感 명 toucher. ¶ 거친 ~ toucher rugueux. ¶ ~이 부드럽다[좋다] être doux(*ce*) [agréable] au toucher.

촉구 促求 명 demande *f* pressante. ¶ 개혁의 ~ demande pressante de réforme. ◇_(를) **하다** demander de façon pressante. ¶ 문제의 조속한 해결을 ~하다 demander de façon pressante que l'on résolve rapidement le problème. ◇_(가) **되다** être demandé(*e*) de façon pressante. ¶ 정부 주도의 행정 개혁이 ~되고 있다 Une réforme administrative sous la direction du gouvernement est demandée de façon pressante.

촉급하다 促急- 형 être pressé(*e*), pressant(*e*), urgent(*e*). ¶ 시간이 ~ On a peu de temps devant nous / On est pris par le temps / On est pressés. ¶ 촉급한 상황 situation pressante.

촉망 囑望 명 espérance *f*, espoir *m*. ¶ ~의 대상이 되다 devenir *qn* dont on attend beaucoup. ◇_(이) **되다** promettre. ¶ 장래가 ~되는 청년 jeune homme plein de promesses [qui promet, qui a un brillant avenir devant lui]. ◇_(을) **받다** promettre. ¶ ~ 받는 작가 auteur qui promet [qui a un brillant avenir, dont on attend beaucoup]. ¶ 그 선수는 주위의 ~을 받고 있다 On attend beaucoup de cet athlète dans son entourage.

촉매 觸媒 명 【화학】 catalyseur *m*. ¶ ~ 작용[반응] catalyse [réaction catalytique]. ¶ ~ 역할을 하다 jouer le rôle de catalyseur.

◆**_제** -劑 명 catalyseur *m*. ¶ ~제를 넣다[첨가하다] mettre un catalyseur.

촉박하다 促迫- 형 être pressant(*e*), urgent(*e*), imminent(*e*). ¶ 기일[시간]이 ~ Il ne nous reste plus beaucoup de temps (avant la date limite) / On est seulement à quelques jours de la date limite. ¶ 일정이 너무 ~ Le programme est trop pressant. ¶ 차 시간이 너무 촉박하여 지체할 수가 없다 On ne peut pas se permettre d'arriver en retard, tellement les horaires de train sont contraignants.

촉발 觸發 명 détonation *f* par contact; émoi *m*, émotion *f*. ¶ ~ 장치 détonateur. ◇_(을) **하다[시키다]** ① détonner par contact. ② déclencher. ¶ 국민의 분노를 ~하다 déclencher la colère du peuple. ¶ 그의 말이 오해를 ~했다 Ses propos ont été le détonateur [sont à l'origine] du malentendu. ◇_(이) **되다** être déclenché(*e*); être à l'origine de, être le détonateur [le déclencheur] de *qc*; ((감정이)) être ému(*e*), touché(*e*). ¶ 분란이 ~되다 être à l'origine [être le déclencheur] d'une agitation [d'une émeute]. ¶ 그 일이 있고 난 후 두 사람 사이에는 사랑이란 감정이 ~되었다 Cet événement a été le détonateur de leur amour [a marqué le début de leur amour, a fait naître entre eux un sentiment d'amour].

촉새 명 ① 【동물】 moineau(*x*) *m* montagnard;

Emberiza spodocephala {*nsc*}. ② personne *f* trop agitée; personne *f* frivole; cervelle *f* d'oiseau [de moineau]; tête *f* de linotte; écervelé *m*, hurluberlu *m* {*fam*}; personne *f* fofolle {*fam*} [irréfléchie, loufoque {*fam*}, farfelue {*fam*}]. ¶ ~처럼 까불다 agir avec frivolité; s'agiter, gesticuler. ¶ 이런 ~같은 놈 Quel agité, celui-là {*fam*} / Quel hurluberlu, celui-là {*fam*} / Il est un peu foufou! {*fam*}

촉수 觸手 명 tentacule *f.*

촉진 促進 명 accélération *f*; stimulation *f.* ¶ 수출의 ~ ((nouvelle)) impulsion donnée aux exportations. ◇_(을) **하다[시키다]** accélérer ((l'exécution d'un projet, le mouvement du sang)); hâter ((le progrès de la civilisation)); presser ((une affaire)); faire avancer ((un travail)); donner de l'impulsion ((au commerce extérieur)); activer ((la digestion)); stimuler ((l'appétit)); favoriser ((la croissance)); promouvoir. ¶ 경제 발전을 ~하다 donner de l'impulsion à l'économie. ◇_(이) **되다** être stimulé(*e*), favorisé(*e*). ¶ 양국의 화해 기류가 ~되었다 La réconciliation entre les deux pays a été stimulée.

◆_**제** -劑 명 activateur *m* ((de croissance)). ¶ 성장~제 activateur de croissance.

촉촉하다 형 être humide. ¶ 풀밭이 ~ La prairie est humide. ¶ 그 사람의 눈이 ~ Ses yeux sont humides.

◆**촉촉이** 부 avec humidité. ¶ 촉촉이 젖다 être mouillé(*e*), humecté(*e*). ¶ 비가 촉촉이 내리다 Il pleuviote.

촉탁 囑託 명 action de charger *qn* de *qc*. ¶ ~ 업무 trava*il*(*aux*) commandé. ¶ ~ 사원 employé(*e*) temporaire. ◇_(을) **하다** charger *qn* de *qc*; confier une responsabilité à *qn*. ¶ 어떤 문제의 연구를 누구에게 ~하다 charger *qn* de l'étude d'un problème. ◇_(을) **받다** être chargé(*e*) d'une responsabilité. ¶ 억지로 ~받은 일 travail imposé. ◇_**이 들어오다** être sollicité(*e*) pour un travail.

촌[1] 寸 분류 ① degré *m* de parenté. ¶ 그 애와 너는 몇 ~ 사이니? Quel lien de parenté as-tu avec lui? ② ((길이)) pouce *m*, *chon m* <1 *chon* [*chi*] = 3,33 cm>.

◆_**수** -數 명 degré *m* de parenté. ¶ ~수를 따지다 calculer le degré de parenté. ¶ ~수가 가깝다[멀다] être un(*e*) proche parent(*e*) [parent(*e*) éloigné(*e*)].

촌[2] 村 명 village *m*, campagne *f.* ¶ ~에서 자라다 grandir à la campagne.

◆_**스럽다** 형 être peu dégourdi(*e*), campagnard(*e*), rustre.

◆_**놈**, _**닭**, _**뜨기** 명 rustaud *m*, péquenaud *m*, péquenot m{*fam*}, plouc *m* {*fam*}, paysan *m*, cul-terreux(~*s*-~) *m* {*fam*}, pedzouille *m* {*fam*}, bouseux *m* {*fam*}, croquant *m* {*péj*}. ¶ ~놈 티가 나다 avoir l'air rustre; avoir l'air d'un plouc {*fam*} [péquenaud {*fam*}], avoir l'air de sortir de *sa* campagne profonde, avoir des allures de campagnard, avoir un côté campagnard. ¶ 그것도 모르는 ~놈 같으니 Espèce de rustre [plouc {*fam*}, péquenaud {*fam*}, pedzouille {*fam*}] qui ne sait même pas cela! ¶ 그들은 그곳에서 완전히 ~닭 장에 나온 꼴이었다 Ils se trouvaient là comme débarquant dans un autre univers [comme venant d'un autre monde] / Ils se trouvaient là complètement paumés [désorientés, déphasés]. ¶ 아이들은 그 아이를 ~뜨기라 놀렸다 Les enfants se moquaient de lui en le traitant de paysan.

◆_**사람** 명 campagnard *m*, paysan(*ne*), rural(*e*).

◆_**장** -長 명 chef *m* d'un village.

◆_**티** 村- 명 air *m* campagnard [rustre], allures *fpl* de campagnard, côté *m* campagnard. ¶ ~티를 내다 agir comme un rustre. ¶ ~티를 벗지 못하다 ne pas pouvoir se défaire de *ses* allures de campagnard [de *son* côté campagnard]. ¶ ~티가 나다 avoir l'air campagnard [d'un plouc {*fam*}, d'un péquenaud {*fam*}], avoir des allures de campagnard, avoir un côté campagnard. ¶ 그 놈은 ~티가 줄줄 흐르다 Ce type donne l'impression de venir de la campagne profonde / Ce type a l'air d'un vrai pedzouille {*fam*}.

◆**대학**_ 大學 명 quartier *m* universitaire.

◆**빈민**_ 貧民 명 bidonville *m*; zone *f.*

◆**지구**_ 地球- 명 village *m* planétaire.

◆**창녀**_ 娼女- 명 quartier *m* des prostituées, quartier *m* chaud, quartier *m* des plaisirs.

-촌[3] -村 접미 village *m* ((olympique)). ¶ 선수~ infrastructures sportives; village olympique, structure d'accueil des athlètes.

촌[4]- 村- 접두 campagne *f.* ¶ ~구석 coin [trou] {*fam*} perdu; pleine campagne, campagne profonde; trou complètement paumé {*fam*}, bled [patelin] perdu [paumé] {*fam*}. ¶ ~마을 village de campagne, bled {*fam*}, patelin {*fam*}.

촌가 村家 명 ferme *f*; mas *m.*

촌각 寸刻 명 court instant *m.* ¶ ~을 다투는 일 affaire urgente. ¶ ~이 급하다 être urgent(*e*).

촌극 寸劇 명 ① *sketch m*; courte scène *f.* ¶ ~을 공연하다 monter un sketch. ② événement *m* cocasse. ¶ ~을 빚다 provoquer un événement cocasse. ¶ 그 사건은 한바탕 ~으로 끝났다 Cette affaire a fini par un gag. ¶ ~이 벌어지다 Un événement cocasse se déroule.

촌놈 村- 명 ☞ 촌[2]

촌닭 村- 명 ☞ 촌[2]

촌뜨기 村- 명 ☞ 촌[2]

촌락 村落 명 village *m*; hameau(*x*) *m.* ¶ ~ 공동체 communauté rurale. ¶ ~을 이루다 former un village.

촌로 村老 명 ancien *m* d'un village. ¶ ~들의 경험을 경청하다 être à l'écoute de l'expérience des anciens.

촌민 村民 명 paysan(*e*), rural(*e*), villageois(*e*).

촌부 村婦 명 femme *f* de la campagne; paysanne *f*; rurale *f.*

촌사람 村- 명 ☞ 촌[2]

ㅊ

촌수 寸數 명 ☞ 촌[1]

촌스럽다 村- 형 ☞ 촌[2]

촌음 寸陰 명 bref instant *m*; court intervalle *m*. ¶ ~을 아껴서 공부하다 travailler sans perdre une minute.

촌장 村長 명 ☞ 촌[2]

촌지 寸志 명 petit cadeau *m* (d'argent offert aux professeurs ou aux journalistes), ((donner ou recevoir une)) enveloppe *f*, dessous-de-table *m inv*, pot-de-vin(~s-~-~) *m*, bakchich *m*. ¶ 학부모들은 교사에게 ~를 건넸다 Les parents d'élèves ont donné [remis] discrètement [secrètement] des enveloppes [un dessous de table, une commission, un cadeau d'argent] aux enseignants.

촌철살인 寸鐵殺人 명 Un simple mot peut toucher les gens. ¶ ~의 문장 un texte mordant [percutant]. ¶ ~이라더니 C'est bien vrai, un simple mot peut toucher les gens!

촌충 寸蟲 명 【동물】 ténia *m*; ver *m* solitaire.

촌티 村- 명 ☞ 촌[2]

촌평 寸評 명 courte critique *f*. ¶ 유명 작가에 대한 ~ brève critique sur un auteur célèbre. ◇_(을) **하다** faire une brève critique. ¶ 평론가가 작품을 ~하다 Un commentateur fait une brève critique de l'œuvre.

촐랑거리다 자 ① ((액체가)) clapoter. ¶ 물동이에 물이 촐랑거린다 L'eau clapote dans la cruche. ② ((사람이)) folâtrer, se conduire de manière irréfléchie [frivole, irresponsable], se conduire n'importe comment. ¶ 촐랑거리며 돌아다니다 folâtrer, se conduire de manière irréfléchie [frivole, irresponsable]. ¶ 저놈이 저렇게 촐랑거리는 꼴을 못 봐주겠군 Il est gênant [désagréable] de le voir se conduire de manière si irréfléchie [frivole, irresponsable]. ☞ 촐싹거리다

촐랑대다 자 ☞ 촐랑거리다

촐랑이 명 personne *f* frivole. ¶ 이런 ~같으니, 좀 얌전히 있어라 Toi qui as la bougeotte, reste un peu tranquille!

촐싹거리다 자 folâtrer, se conduire de manière irréfléchie [frivole, irresponsable], se conduire n'importe comment. ¶ 너무 촐싹거리지 말고 얌전히 좀 있어 Arrête de te conduire n'importe comment [de faire n'importe quoi] et reste un peu tranquille. ☞ 촐랑거리다

촐싹대다 자 ☞ 촐싹거리다

촘촘하다 형 être dru(*e*); être serré(*e*). ¶ 글씨가 너무 ~ L'écriture est trop serrée / Il a écrit trop serré. ¶ 촘촘하게 꿰매다[심다] *coudre [planter] serré.*

◆**촘촘히** 부 serré. ¶ 나무를 촘촘히 심다 planter des arbres de façon serrée. ¶ 촘촘히 짠 바구니 panier tressé serré.

촛농 -膿 명 cire *f* qui coule d'une bougie. ¶ ~이 떨어지다 La cire coule de la bougie. ¶ ~이 엉겨붙었다 La cire d'une bougie s'est figée.

촛대 -臺 명 chandelier *m*, candélabre *m*, bougeoir *m*. ¶ ~에 불을 밝히다 allumer un bougeoir.

촛물 명 ☞ 촛농

촛불 명 flamme *f* [lumière *f*] d'une bougie [chandelle]. ¶ ~을 켜다[끄다] allumer [éteindre] une bougie. ¶ ~에 책을 읽다 lire à la lumière d'une bougie.

촛점 -點 명 (('초점'의 잘못)) ☞ 초점

총[1] 銃 명 fusil *m*; pistolet *m*, revolver *m*. ¶ ~을 쏘다 tirer un coup de fusil. ¶ ~을 어깨에 메다 ((행위)) mettre le fusil sur l'épaule, ((상태)) porter l'arme sur l'épaule. ¶ 독재자의 억압에 맞서 ~을 들다 se dresser contre l'oppression d'un dictateur les armes à la main. ¶ ~에 맞다 recevoir un coup de fusil.

◆**_받이** 명 chair *f* à canon. ¶ 우리야 ~받이 신세지 Nous, on vaut pas plus que de la chair à canon!

◆**_잡이** 명 cow-boy *m*. ¶ 서부의 ~들 les cow-boys de l'Ouest.

총[2] 總 관 en tout, au total. ¶ ~ 다섯 명이다 Ça fait cinq personnes en tout.

총-[3] 總 접두 tout [toute, tous, toutes]; tot*al*(*ale*, *aux*), glob*al*(*ale*, *aux*), génér*al*(*ale*, *aux*). ¶ ~목록 liste complète. ¶ ~수입 revenu total [global]. ¶ ~인구 population totale. ¶ ~파업 grève générale.

총각 總角 명 célibataire *m*; jeune homme *m* à marier. ¶ ~ 행세를 하다 se conduire en célibataire.

◆**_김치** 명 *chonggak kimchi m* <petits navets avec leurs feuilles préparés dans une saumure pimentée>.

◆**_무** 명 petit navet *m*.

총감 摠監 명 【역사】 inspecteur *m* général.

총감독 總監督 명 organisa*teur*(*trice*) général(*e*). ¶ 그 사람은 이번 행사의 ~으로 임명되었다 Il a été nommé organisateur général de cette célébration.

총검 銃劍 명 arme *f*, fusil *m* à baïonnette; baïonnette *f* au canon. ¶ 시위를 ~으로 진압하다 étouffer la manifestation baïonnette au canon.

◆**_술** -術 명 art *m* de la baïonnette, escrime *f* à la baïonnette. ¶ ~술 훈련을 하다 s'entraîner au combat à la baïonnette. ¶ ~술을 배우다 apprendre l'art de la baïonnette.

총격 銃擊 명 coup *m* de fusil; décharge *f*, fusillade *f*. ¶ 요란한 ~ fusillade bruyante. ¶ ~이 계속된다 La fusillade continue. ◇_(을) **하다**[**가하다**] tirer [décharger *son* arme] sur *qn*. ¶ 쌍방 간에 계속 ~을 가하고 있다 Des deux côtés, on se tire dessus sans arrêt.

◆**_전** -戰 명 bataille *f* de tirs. ¶ ~전을 벌이다 déclencher un combat à l'arme à feu. ¶ ~전이 벌어진다 Un combat à l'arme à feu se déclenche.

총결산 總決算 명 bilan *m*; liquidation *f*. ¶ 이 작품은 그 사람의 인생의 ~이라 할 수 있다 On peut dire que cette œuvre est le fruit de toute sa vie. ◇_(을) **하다** régler un compte; liquider. ¶ 지난 연구를 ~하다 faire le bilan général de *ses* recherches antérieures.

총경 總警 명 officier *m* de police. ¶ 그 남자는 ~으로 승진했다 Il a été promu officier de police.

총계 總計 명 tot*al*(*aux*) *m*; somme *f* totale. ¶ ~ 십만

ㅊ

원이 나왔다 Au total, ça fait cent mille wons. ◇_(를) **하다[내다]** faire le total (des sommes); totaliser (des chiffres).

총공격 總攻擊 명 attaque *f* générale. ¶ ~을 감행하다 tenter une attaque générale. ¶ 무엇에 대하여 ~을 개시하다 lancer une attaque générale contre *qc*. ◇_(을) **하다** lancer [déclencher] une attaque générale. ◇_(을) **받다** subir une attaque générale.

총괄 總括 명 résumé *m*, récapitulation *f*; synthèse *f*; généralisation *f*; supervision *f* générale. ¶ ~ 평가 évaluation générale. ◇_(을) **하다** résumer, récapituler; synthétiser; généraliser; superviser. ¶ ~해서 말하면 généralement parlant; en résumé; en un mot. ¶ 회사의 모든 일을 ~하다 superviser toutes les affaires de l'entreprise.

◆**_적** -的 명관 génér*al*(*ale*, *aux*), glob*al*(*ale*, *aux*). ¶ ~적으로 이해하다 saisir globalement.

총구 銃口 명 gueule *f* de canon ((pour un fusil, une mitrailleuse, un canon)). ¶ 누구에게 ~를 겨누다 viser *qn* avec un fusil, braquer un fusil sur *qn*. ¶ ~가 불을 뿜는다 Le canon fait feu.

총국 總局 명 station *f* centrale d'émission. ¶ KBS 대전 ~ station centrale d'émission de la chaîne KBS de Daejeon.

총궐기 總蹶起 명 soulèvement *m* général. ◇_(를) **하다** se soulever tous à la fois. ¶ 국민이 ~해서 독재에 맞선다 Le peuple tout entier se dresse contre la dictature.

총기[1] 聰氣 명 intelligence *f*, sagacité *f*. ¶ 눈에 ~가 가득하다 Ses yeux pétillent d'intelligence. ¶ ~가 남다르다 avoir une intelligence peu commune. ◇_ **가 있다** être intelligent(*e*).

총기[2] 銃器 명 arme *f* légère. ¶ ~를 소지하다 posséder [détenir] une arme légère. ¶ ~를 난사하다 tirer à l'aveuglette à l'arme légère. ¶ ~를 함부로 다루다 manier imprudemment une arme légère.

총대 銃- 명 fût *m* (d'un fusil). ¶ ~를 메다 mettre l'arme sur l'épaule.

*~**를 메다** tenter [se lancer dans] une entreprise [une démarche] délicate [difficile] et périlleuse [dangereuse].

총독 總督 명 gouverneu*r*(*se*) général(*e*) (d'une colonie); vice-roi (~-s) *m* ((des Indes)). ¶ 새 ~이 부임했다 *Le nouveau gouverneur a rejoint son poste.*

◆**_부** -部 명 gouvernement *m* (général).

총동원 總動員 명 mobilisation *f* générale. ◇_(을) **하다** mobiliser (tout le monde). ¶ 학생들을 ~해서 응원하다 supporter [soutenir] en mobilisant tous les étudiants. ◇_(이) **되다** être mobilisé(*e*). ¶ 돌잔치에 온 가족이 ~되었다 Toute la famille a été mobilisée pour le premier anniversaire de l'enfant.

◆**_령** -令 명 ordre *m* de mobilisation générale. ¶ ~령을 내리다[발하다] décréter la mobilisation générale; lancer un ordre de mobilisation générale.

총득점 總得點 명 total *m* de points. ¶ ~이 15점이다 Le total de points est de 15 points.

총람 總覽 명 supervision *f* générale; répertoire *m*. ¶ 한국 지명 ~ répertoire des noms de lieux de Corée.

총량 總量 명 quantité *f* totale. ¶ 올해 수입 마늘의 ~이 얼마나 됩니까? Quelle est la quantité totale de l'ail importé cette année?

◆**_제** -制 명 système *m* de régulation limitant la quantité totale (de production ou d'importation) d'un produit.

총력 總力 명 ensemble *m* des forces; toute *son* énergie *f*. ¶ ~ 외교[안보] tout pour la diplomatie [sécurité]. ¶ ~을 기울이다 mettre toute *son* énergie; consacrer toutes *ses* forces; faire tout ce qu'on peut.

◆**_전** -戰 명 guerre *f* totale. ¶ ~전을 펼치다 faire la guerre totale.

총론 總論 명 généralités *fpl*; traité *m* général; introduction *f* générale; remarques *fpl* générales. ¶ 민법 ~ traité de droit civil. ¶ 각론에 들어가기 전에 ~부터 이야기하자면 Si on parle d'abord des généralités avant d'entrer dans les détails.

총리 總理 명 Premier ministre *m*; président *m* du Conseil. ¶ 대한민국의 ~ Premier ministre de la République de Corée.

◆**_실** -室 명 bureau *m* du Premier ministre.

◆**국무_** 國務- 명 Premier ministre *m*.

◆**부_** 副- 명 vice-premier ministre *m*.

총망라 總網羅 명 réunion *f* plénière, rassemblement *m* plénier; réunion *f* d'un tout. ◇_(를) **하다** inclure, englober; réunir, rassembler, assembler. ¶ 각계 인사를 ~한 집필진 équipe de rédaction réunissant des spécialistes dans tous les domaines. ◇_(가) **되다** être inclus(*e*) [englobé(*e*), réuni(*e*), rassemblé(*e*), assemblé(*e*)].

총면적 總面積 명 étendue *f* [superficie *f*; surface *f*] totale. ¶ ~이 백 평방킬로미터가 된다 La superficie couvre 100 kilomètres carrés.

총명 聰明 명 intelligence *f*, sagacité *f*.

◆**_하다** 형 être intelligent(*e*) [sagace]. ¶ 그 남자는 어려서부터 ~하였다 Il a manifesté son intelligence depuis sa plus tendre enfance.

총목록 總目錄 명 catalogue *m* général; liste *f* complète. ¶ ~을 뒤지다 fouiller [chercher] dans une liste complète.

총무 總務 명 affaires *fpl* générales; Secrétaire *m* général. ◇_(를) **하다[맡다]** exercer la charge de Secrétaire général.

◆**_과** -課 명 bureau *m* des Affaires générales.

◆**_부** -部 명 département *m* des Affaires générales.

◆**_이사** -理事 명 directeur *m* des Affaires générales, chef *m* du bureau des Affaires générales.

◆**_처** -處 명 service *m* [*bureau*(*x*) *m, département m*] des Affaires générales.

총본부 總本部 명 siège *m* général; centre *m*; bureau(*x*) *m* central; direction *f* générale. ¶ 유엔의 ~ siège général des Nations unies. ¶ ~가 서울에

있다 Le centre se trouve à Séoul.

총본산 總本山 명 siège *m*; centre *m*. ¶ 세계 가톨릭의 ~ siège *m* de l'Église catholique universelle. ¶ 비디오 게임 개발의 ~ centre d'exploitation de jeux vidéo.

총부리 銃- 명 bouche *f* de fusil. ¶ ~를 들이대다[겨누다, 돌리다] mettre en joue un fusil; braquer un fusil sur *qn*. ¶ 권력은 ~에서 나온다 Le pouvoir vient des canons.

총사령 總司令 어근 commandement *m* général.
◆_관 -官 명 commandant *m* en chef; généralissime *m* (des armées alliées); génér*al*(*aux*) *m* en chef.
◆_부 -部 명 état-major *m*.

총사퇴 總辭退 명 démission *f* collective (des ministres); démission *f* générale (du Cabinet). ◇_(를) **하다** démissionner ensemble. ¶ 국회의원들이 ~했다 Tous les députés ont démissionné.

총살 銃殺 명 fusillade *f*. ¶ 만약 바른대로 말하지 않으면 ~이다 Si tu ne dis pas la vérité, je te fais fusiller. ◇_(을) **하다** fusiller; passer par les armes. ◇_(이) **되다** être fusillé(*e*). ◇_(을) **당하다** être passé(*e*) par les armes; se faire fusiller.
◆_형 -刑 명 (exécution *f* par) fusillade *f*. ¶ ~형을 선고받다 être condamné(*e*) à être fusillé(*e*). ¶ ~형에 처하다 fusiller.

총상 銃傷 명 blessure *f* par balle. ◇_(을) **입다** recevoir une balle. ¶ 팔에 ~을 입다 recevoir une balle dans le bras.

총생산 總生産 명 produit *m* brut.
◆국내_ 國內- 명 produit *m* intérieur brut.
◆국민_ 國民- 명 produit *m* national brut.

총서 叢書 명 collection *f*, série *f*. ¶ 프랑스 문학 ~ collection de littérature française. ¶ 이 작품은 한국 문학 ~에 들어 있다 Cette œuvre fait partie de la collection de la littérature coréenne.

총선 總選 명 élection *f* générale. ☞ 총선거

총선거 總選擧 명 élection *f* générale. ¶ ~를 실시하다[갖다, 치르다] procéder à [avoir, faire] des élections générales. ¶ ~에 대비하다 préparer les élections générales. ¶ ~는 올해 실시된다 Cette année auront lieu les élections générales. ◇_(를) **하다** faire des élections générales.

총설 總說 명 introduction *f*, généralités *fpl*. ¶ 어원 연구 ~ introduction à l'étymologie.

총성 銃聲 명 détonation *f*; bruit *m* d'une décharge. ¶ ~이 울린다 Une détonation retentit. ¶ ~이 요란하다 Les détonations font du vacarme.

총소득 總所得 명 revenu *m* total. ¶ ~이 삼천만 원이다 Le revenu total est de trente millions de wons.

총소리 銃- 명 détonation *f*; bruit *m* d'une décharge. ¶ ~가 난다[그친다] Les armes parlent [se taisent]. ¶ ~가 요란하다 Les détonations font du vacarme.

총수[1] 總帥 명 ((군대)) chef *m* d'état-major; ((기업)) président *m* directeur général (d'une société); ((정당)) chef *m* [président(*e*)] (d'un parti politique). ¶ 삼군 ~ chef d'état-major interarmées. ¶ 대기업[재벌] ~ président directeur général d'une grande entreprise [d'un trust]. ¶ 집권당의 ~ le chef du parti au pouvoir.

총수[2] 總數 명 nombre *m* total. ¶ ~를 헤아리다 faire le total. ¶ 시위 참가자 ~가 백만에 달하다 Le nombre total des manifestants atteint un million.

총수입 總收入 명 revenu *m* brut.

총신[1] 銃身 명 canon *m* de fusil.

총신[2] 寵臣 명 serviteur favori *m* de l'état.

총싸움 銃- 명 combat *m* à l'arme à feu. ◇_(을) **하다** se battre à l'arme à feu.

총아 寵兒 명 enfant préféré(*e*); favori(*te*). ¶ 문명의 ~ enfant chéri(*e*) de la culture. ¶ 시대의 ~ homme du jour; personnalité à la mode [en vogue]. ¶ 문단의 ~ enfant chéri(*e*) du monde littéraire; écrivain populaire.

총알 銃- 명 balle *f* (de fusil). ¶ 총에 ~을 재다[장전하다] charger un fusil. ¶ ~을 빼다 extraire une balle. ¶ ~이 날아간다 La balle est partie.
*~**같이 달려오다** arriver comme une balle[flèche].
◆_받이 명 soldat *m* en première ligne.
◆_세례 -洗禮 명 baptême *m* du feu. ¶ ~세례를 받다 recevoir le baptême du feu.

총애 寵愛 명 faveur *f*, bonnes grâces *fpl*; prédilection *f*; ((기독교)) amour *m* de Dieu. ¶ 누구의 ~를 얻다[잃다] obtenir [perdre] les bonnes grâces de *qn*. ◇_(를) **하다** favoriser; adorer. ◇_(를) **받다** être le(la) favori(te) de *qn*; être en faveur auprès de *qn*. ¶ 형은 부모님의 ~를 한 몸에 받고 자랐다 Mon frère aîné a grandi entouré des bonnes grâces de nos parents.

총액 總額 명 tot*al*(*aux*) *m*; somme *f* totale; montant *m* global. ¶ ~ 임금제 système de rémunération selon un montant global fixé à l'avance. ¶ 시가 ~ montant global des valeurs cotées en bourse. ¶ ~ 천만 원이다 Au total, ça fait dix millions de wons.

총연맹 總聯盟 명 confédération *f* générale. ¶ 노동단체 ~ Confédération Générale du Travail (C.G.T).

총연습 總練習 명 répétition *f* générale. ◇_(을) **하다** faire la répétition générale. ¶ ~에 한 명도 빠지면 안 된다 Personne ne doit être absent à la répétition générale.

총연합 總聯合 명 fédération *f* [coalition *f*, alliance *f*] générale.

총열 銃- 명 canon *m* (de fusil).

총영사 總領事 명 consul *m* général. ¶ 주파리 ~ consul général résidant à Paris. ¶ ~로 부임하다 prendre son poste pour celui du consul général.
◆_관 -館 명 consulat *m* général.

총원 總員 명 tous les membres *mpl*; tout le personnel *m*. ¶ 우리 반은 ~이 40명이다 Dans notre classe, nous sommes quarante au grand complet.

총의 總意 명 volonté *f* générale. ¶ 국민의 ~를 얻다 obtenir l'adhésion nationale. ¶ 국민의 ~를 모으다 rassembler la volonté nationale. ¶ 회원들의 ~를 묻다 solliciter l'avis de tous les membres.

ㅊ

총인구 總人口 명 population *f* totale.
◆**_조사** -調査 명 recensement *m* de toute la population.
총인원 總人員 명 tous les membres *mpl*; tout le personnel *m*.
총장 總長 명 recteur *m*; président(*e*). ¶ 그분은 우리 대학의 ~으로 취임했다 Il est devenu président de notre université.
◆**_실** -室 명 bureau *m* du président.
◆**부_** 副- 명 vice-président (~-~s).
◆**사무_** 事務- 명 secrétaire *m* général.
◆**참모_** 參謀- 명 chef *m* d'état-major.
총재 總裁 명 président(*e*); ((기업)) gouverneur *m* (d'une société); ((정당)) chef *m* [président(*e*)] (d'un parti politique). ¶ ~ 권한 대행 suppléance du président. ¶ 중앙은행 ~ gouverneur d'une banque centrale.
◆**부_** 副- 명 vice-président (~-~s).
◆**명예_** 名譽- 명 président *m* honoraire [émérite].
총점 總點 명 note *f* finale. ¶ 그 학생은 ~을 80점 받았다 Cet élève a obtenu 80 points en tout. ¶ ~이 80점이다 La note finale est de 80 points.
총지휘 總指揮 명 commandement *m* général; direction *f* générale. ◇_(를) **하다** avoir le commandement [la direction] général(*e*). ◇_(를) **받다** être sous la conduite générale.
◆**_관** -官 명 chef *m* d'état-major. ¶ ~관으로 부임하다 prendre la fonction de chef d'état-major.
◆**_자** -者 명 directeur *m* général.
총진군 總進軍 명 défilé *m* général. ◇_(을) **하다** organiser un défilé général.
총질 銃- 명 tir *m* (au fusil). ◇_(을) **하다** faire feu; tirer.
총집결 總集結 명 rassemblement *m* [regroupement *m*, ralliement *m*, attroupement *m*] général. ◇_(을) **하다** s'assembler [se regrouper, s'attrouper]. ¶ 서울역 광장에 ~한 농민들이 시위를 벌였다 Rassemblés sur la place de la gare de Séoul, les paysans ont organisé une manifestation.
총집합 總集合 명 rassemblement *m* [regroupement, ralliement, attroupement] général. ◇_(을) **하다** s'assembler [se regrouper, s'attrouper]. ¶ 각국에서 온 선수들이 공항에 ~했다 Des athlètes venus de divers pays se sont rassemblés.
총채 명 époussette *f*, plumeau *m*. ¶ ~로 먼지를 떨다[털다] épousseter avec un plumeau.
총책 總責 명 ☞ 총책임자
총책임자 總責任者 명 responsable *m* général, premi*er*(*ère*) responsable. ¶ 서울 지역 ~ premi*er*(*ère*) responsable de la région de Séoul. ¶ 편집부 ~ rédac*teur*(*trice*) en chef.
총천연색 總天然色 명 couleur *f* naturelle. ¶ ~ 영화 film en couleurs. ¶ ~의 사진 photographie en couleurs.
총체 總體 명 totalité *f*, tout *m*, ensemble *m*.
◆**_적** -的 명관 génér*al*(*ale*, *aux*), tot*al*(*ale*, *aux*). ¶ ~적인 문제 question générale. ¶ ~적 난국 une crise générale.
◆**_성** -性 명 généralité *f*, totalité *f*.
총총[1] 부 ((marcher)) d'un pas rapide, d'un pas pressé. ¶ ~ 걷다 marcher d'un pas rapide [pressé], avoir une démarche précipitée.
◆**_거리다[대다]** 자 marcher d'un pas rapide [d'un pas pressé], avoir une démarche précipitée. ¶ 어린 아이 하나가 총총거리며 걸어 온다 Un enfant vient vers nous d'un pas pressé.
◆ **걸음** 명 pas *m* rapide [pressé].
총총[2] 叢叢 부 ((pousser)) dru(*e*). ¶ 나무가 ~ 들어서 있다 La végétation est drue.
◆**_하다** 형 être dru(*e*). ¶ 아름드리 나무가 ~하게 들어선 숲 une forêt drue.
◆**_히** 부 ((pousser)) dru(*e*). ¶ 잡초가 ~히 자라고 있다 Les mauvaises herbes poussent drues.
총총[3] 부 ((하늘에 별이)) ((briller)) en amas et en très grande quantité. ¶ 하늘에 별이 ~ 떠 있다 Des amas d'étoiles brillent dans le ciel [sont très visibles dans le ciel].
◆**_하다** 형 ((étoiles)) être très visibles dans le ciel, briller en amas dans le ciel.
◆**_히** 부 ((briller)) en amas et en très grande quantité.
총총[4] 悤悤 부 précipitamment, à la hâte; rapidement, promptement. ¶~ 사라지다 ¶ 이만 ~ Salutations! ((expression utilisée pour terminer une lettre précipitamment)).
◆**_하다** 형 être très pressé(*e*). ¶ 일정이 쉴 틈도 없이 ~하게 돌아갔다 Le programme de la journée s'est déroulé très rapidement sans le moindre répit.
◆**_히** 부 précipitamment, à la hâte; rapidement, promptement. ¶~히 길을 떠나다 partir à la hâte [précipitamment].
총출동 總出動 명 départ *m* général. ◇_(을) **하다** partir tous [toutes] ensemble. ¶ 어제 밤 화재에 소방차가 ~했다 La nuit dernière, toutes les voitures de pompiers se sont rendues sur les lieux de l'incendie. ¶ 그 사람을 환영하느라 온 마을 사람들이 ~했다 Tous les villageois l'ont accueilli.
총칙 總則 명 règle *f* générale; règlement *m* général. ¶~을 정하다 établir une règle générale.
총칭 總稱 명 nom *m* [terme *m*] générique. ◇_(을) **하다** désigner sous un nom générique. ¶ 이런 것들을 ~해서 고체연료라고 한다 Le nom générique de ces choses est « combustibles solides ». ◇_(이) **되다** être désigné(*e*) sous un nom générique.
◆**_적** -的 관명 ① qui est générique. ② 【언어】 générique. ¶ ~적 표현 une expression [un terme] générique.
총칼 銃- 명 fusil *m* et sabre *m*; armes *fpl*. ¶ ~을 가진 도적떼 bande de brigands armés (de fusils et de sabres). ¶ ~을 휘두르다 brandir les armes. ¶ ~에 맞다[쓰러지다] subir une attaque armée [tomber sous les armes]. ¶ ~로 위협하다 menacer

avec des armes.

◆_정치 -政治 명 politique *f* du fusil.

총탄 銃彈 명 balle *f* (de fusil). ¶ 적에게 ~을 퍼붓다 mitrailler l'ennemi. ¶ 가슴에 ~을 맞다 recevoir une balle dans la poitrine. ¶ ~에 맞아 쓰러지다 tomber sous un coup de feu. ¶ ~이 빗발친다 Il pleut des balles.

◆_세례 -洗禮 명 baptême *m* du feu. ¶ ~세례를 받다 recevoir le baptême du feu.

총통 總統 명 Chef *m* suprême; chef *m* d'État. ¶ ~을 뽑다 choisir le chef de l'État. ¶ ~에[으로] 취임하다 accéder à la fonction suprême de l'État.

총통화 總通貨 명 【경제】 masse *f* monétaire d'un pays. ¶ ~ 증가율 taux de croissance de la masse monétaire d'un pays.

총투자 總投資 명 【경제】 investissement *m* général.

총파업 總罷業 명 grève *f* générale. ¶ 내일 자정을 기해 ~에 들어간다 Demain à zéro heure précise, débute la grève générale. ◇_(을) 하다 faire la grève générale.

총판 總販 명 commerce *m* exclusif; vente *f* exclusive.

총평 總評 명 critique *f* d'ensemble. ¶ ~을 하다 porter une critique d'ensemble. ¶ 심사위원의 ~을 듣다 écouter la critique d'ensemble des membres du jury.

총포 銃砲 명 ① 총 fusil *m*; arme *f* à feu. ¶ ~를 소지하다 posséder [détenir] un fusil [une arme à feu]. ② 총과 대포 fusil *m* et canon *m*.

◆_상 -商 명 armurier *m*.

총학생회 總學生會 명 assemblée *f* générale des étudiants.

◆_장 -長 명 président *m* de l'assemblée générale des étudiants.

총합 總合 명 synthèse *f*; ensemble *m*. ¶ ~이 얼마냐? En tout, ça fait combien?

총화 總和 명 ① 화합 harmonie *f* [accord *m*, entente *f*] total(*e*). ¶ ~ 단결 union et harmonie totales. ¶ 국민 ~ union totale de la nation. ② 결실 résultat *m* total; somme *f*. ¶ 이 작품은 평생 노력의 ~이다 Cette œuvre est le résultat des efforts de toute une vie.

총회 總會 명 assemblée *f* générale; assemblée [réunion *f*] plénière; synode *m*. ¶ 임시[정기] ~ assemblée générale [réunion plénière] extraordinaire [ordinaire]. ¶ 주주 ~ assemblée générale des actionnaires. ¶ 유엔 ~ Assemblée générale des Nations unies. ¶ ~를 소집하다 convoquer l'assemblée générale. ¶ ~를 개최하다[열다] ouvrir une assemblée générale. ¶ ~에서 선출하다[결정하다, 의결하다] élire [prendre une décision, adopter une résolution] en assemblée générale.

촬영 撮影 명 prise *f* de vue; tournage *m*; filmage *m*; photographie *f*, photo *f*. ¶ ~ 기사 un(*e*) opéra*teur*(*trice*) de prise de vue, un cameraman (des cameramen). ¶ ~ 금지 interdiction de prendre des photographies [de filmer]. ¶ 야외[옥외] ~ une photographie en plein air; un tournage extérieur. ¶ 수중 ~ une photographie sous-marine; un tournage sous-marin. ◇_(을) 하다 tourner ((un film)); filmer *qc*; photographier *qc*; prendre une photographie de *qc*; prendre *qc* en photo(graphie). ¶ 사진을 ~하다 photographier *qc*; prendre une photographie de *qc*; prendre *qc* en photo(graphie). ◇_(이) 되다 être tourné(*e*); être photographié(*e*).

◆_기 -機 명 caméra *f*.

◆_소 -所 명 studio *m*.

◆_장 -場 명 studio *m* (de tournage); lieu *m* de tournage.

최- 最 접두 le(*la*, *les*) plus [moins]. ¶ ~남단 la partie située à l'extrême sud; la partie la plus au sud. ¶ ~고조 le point culminant, l'apogée, le comble. ¶ ~전방 au premier rang, en première ligne, au front.

최강 最强 명 le(*la*) plus fort(*e*); le(*la*) plus puissant(*e*). ¶ 세계 ~ le plus fort du monde. ¶ ~(의) 전력 la force militaire la plus puissante.

최고[1] 最高 부 au maximum, le plus. ¶ 오늘이 ~ 춥다 Aujourd'hui, c'est la journée la plus froide (de la saison). ¶ 가격이 ~ 10 %까지 올랐다. Le prix est monté de pas moins de 10 %.

명 maxim*um*(*ma*) *m*; le numéro un; acmé *m*; ((의)) maxim*al*(*ale*, *aux*); suprême; l*e* (*la*, *les*) plus élevé(*e*, *es*). ¶ ~ 기록 le record le plus élevé. ¶ ~ 가격 le prix maximum. ¶ ~ 기관 l'organe [le conseil] suprême. ¶ ~ 속도 la vitesse maximale [maximum]; la vitesse de pointe. ¶ ~ 기온 la(les) température(*s*) maximale(*s*). ¶ ~ 재판소 la Cour Suprême ((de Cassation)). ¶ ~ 점수 la meilleure note. ¶ ~ 학부 l'université; un établissement d'enseignement supérieur. ¶ ~ 사령관 le commandant en chef. ¶ ~ 수준에 달하다 atteindre le niveau le plus élevé. ¶ 오늘이 ~로 춥다 Aujourd'hui, c'est la journée la plus froide (de la saison). ¶ 이 물건이 ~다 Cet article [Ce produit] est d'excellente qualité / Cet article est le meilleur.

◆_급 -級 명 ((de)) première qualité *f*, ((de)) premier choix *m* [((de)) premier ordre *m*]; ((de)) première catégorie *f*. ¶ ~ 위스키[옷] un whisky de premier choix [le vêtement de première qualité].

◆_도 -度 명 le plus haut niveau *m*; la pointe *f*; niveau *m* le plus élevé; ((au)) maximum *m*. ¶ 기술이 ~에 이르렀다 Les techniques sont arrivées au plus haut niveau [à la pointe du progrès]. ¶ 문명이 ~로 발달했다 La civilisation est arrivée à son apogée [à son point culminant]. ¶ 기온이 ~로 올랐다 Les températures ont atteint leur maximum [le degré le plus élevé].

◆_봉 -峰 명 ① sommet *m* le plus élevé ((d'une chaîne de montagnes)); point *m* le plus culminant. ¶ 무슨 산의 ~에 오르다 grimper jusqu'au point le plus culminant. ② ((비유적)) sommet *m*, apogée *f*. ¶ 그 사람의 문학은 당대 ~이었다 Sa littérature

[Sa production littéraire] a été la meilleure de son temps [de son époque].

◆_선 -善 명 【철학】 vertu *f* suprême.

◆_점 -點 명 meilleure note *f*; total *m* des points le plus élevé. ¶ ~을 받다 obtenir la meilleure note.

◆_치 -値 명 valeur *f* maximale. ¶ ~치를 기록하다 atteindre la valeur maximale.

최고[2] 催告 명 【법률】 sommation *f*; mise *f* en demeure. ◇_(를) **하다** sommer ((un débiteur)); mettre *qn* en demeure. ◇_(를) **받다** être sommé(*e*).

◆_장 -狀 명 【법률】 lettre *f* de sommation [mise *f* en demeure].

최고[3] 最古 명 le(*la*) plus ancien(*ne*); le(*la*) plus vie*ux*(*vieille*). ¶ ~의 유적[유물] les vestiges les plus anciens.

최고급 最高級 명 최고[1]

최고도 最高度 명 최고[1]

최고령 最高齡 명 le(*la*) plus âgé(*e*), le(*la*) plus vieux(*vieille*).

◆_자 -者 명 personne *f* la plus âgée [la plus vieille]; vétéran *m*.

최고봉 最高峰 명 ☞ 최고[1]

최고선 最高善 명 ☞ 최고[1]

최고액 最高額 명 somme *f* maximale. ¶ 사상 ~의 상금 la prime la plus élevée [la plus payante], la récompense la plus lucrative (dans l'histoire de ce concours).

최고위 最高位 명 le(*la*) plus élevé(*e*); le(*la*) plus haut(*e*). ¶ ~ 관리[간부] le cadre le plus élevé, le cadre supérieur occupant le poste le plus élevé.

최고점 最高點 명 ☞ 최고[1]

최고조 最高潮 명 le plus haut niveau *m*; sommet *m*; apogée *f*, acmé *m*, zénith *m*. ¶ ~에 달하다[이르다] atteindre le plus haut niveau [le plus haut sommet]; être à *son* zénith, à *son* apogée, atteindre *son* acmé, arriver au point culminant ((de *sa* vie)). ¶ 컨디션이 ~에 달하다 arriver au sommet de *sa* forme.

최근 最近 명 récemment; il y a quelques temps; dernièrement; ces temps-ci; ces jours-ci. ¶ ~의 일 un événement très récent. ¶ ~(의) 경향 une tendance actuelle. ¶ 아주 ~에 dernièrement; il y a (très) peu de temps; tout récemment. ¶ ~ 3년간에 durant ces trois dernières années. ¶ ~ 들어 그 사람을 만난 적이 없다 Je ne l'ai pas revu [rencontré] dernièrement [ces temps-ci].

최근세 最近世 명 époque *f* récente; période *f* moderne.

◆_사 -史 명 histoire *f* contemporaine; histoire *f* ((de la Corée)) moderne.

최남단 最南端 명 partie *f* située la plus au sud; partie *f* située à l'extrême sud. ¶ 반도의 ~에 위치하다 être situé(*e*) le plus au sud [à l'extrême sud] de la péninsule coréenne.

최다 最多 명 nombre *m* maximum, le plus grand nombre *m* ((de *qn*/*qc*)). ¶ ~ 득점 la note maximale; le score le plus élevé. ¶ 이 경기에 사상 ~ 인원이 왔다 C'est le plus grand nombre de personnes de l'histoire du stade qui sont venues au match / De l'histoire du stade, c'est le plus grand nombre de personnes qui sont venues à ce match. ¶ ~로 au maximum.

부 au grand maximum. ¶ 나는 ~ 30개까지 가능하다 Je peux en faire (au) maximum 30 (mais pas plus).

최단 最短 명 le(*la*) plus court(*e*). ¶ ~ 거리 la distance la plus courte. ¶ ~ 경로 le chemin [le trajet] le plus court. ¶ ~ 시일 내에 le plus tôt possible; dès que possible. ¶ 1시간 내에 ~ 기록 le record de rapidité établi en moins d'une heure.

최대 最大 부 au maximum. ¶ ~ 10리터를 담을 수 있는 그릇 un récipient pouvant contenir au maximum 10 litres.

명 maximum *m*; ((의)) le(*la*) plus grand(*e*); maximum (*inv*); maxim*al*(*ale*, *aux*). ¶ ~ 속도 la vitesse maximale; la vitesse de pointe. ¶ ~ 용량 la quantité maximale. ¶ ~ 다수의 ~ 행복 le plus grand bonheur de la plupart des gens. ¶ 일본 역사상 ~ 규모의 지진 le plus grand tremblement de terre de l'histoire du Japon. ¶ 세계 ~의 도시 la plus grande ville du monde. ¶ 사상 ~의 주가 폭락 la plus grande chute boursière de l'histoire. ¶ 실력을 ~로 발휘하다 développer *ses* capacités au maximum, développer à fond *ses* capacités {*fam*}.

◆_화 -化 명 maximalisation *f*. ¶ 효용을 ~화하다 utiliser *qc* au maximum; optimiser le fonctionnement ((d'une machine)).

◆_공약수 -公約數 명 【수학】 le plus grand diviseur *m* commun ((약어 PGDC)).

◆_치 -値 명 valeur *f* maximale.

◆_한도 -限度 명 maxim*um* (*maxima*). ¶ ~한도로 au maximum.

최대한 最大限 명 maxim*al*(*ale*, *aux*). ¶ ~의 편의 le confort maximum. ¶ ~의 능력을 발휘하다 déployer [développer] au maximum *ses* capacités. ¶ ~으로 양보하다 faire le maximum de concessions. ¶ ~으로 노력하다 faire le maximum d'efforts; faire tous *ses* efforts possibles.

부 au maximum. ¶ 기회를 ~ 이용하다 profiter au maximum d'une occasion. ¶ ~ 협조하겠소 Je vous aiderai du mieux que je pourrai / Je ferai le maximum / Je ferai tout ce qui est en mon pouvoir. ¶ ~ 많이 받아내다 recevoir le maximum. ¶ 소리를 ~ 줄이다 baisser le son au maximum. ¶ ~ 5명 탈 수 있는 차 une voiture dans laquelle peuvent monter au maximum 5 personnes.

최루 催淚 어근 effet *m* lacrymogène.

◆_성 -性 명 lacrymogène *mf*. ¶ ~성 드라마[영화] une série télévisée [un film] qui fait pleurer [rend très triste].

◆_가스 명 gaz *m* lacrymogène.

◆_탄 -彈 명 grenade *f* [bombe *f*] lacrymogène. ¶ ~탄을 쏘다 lancer une bombe [une grenade] lacrymogène.

최면 催眠 명 hypnose *f*; sommeil *m* hypnotique; magnétisme *m*. ¶ ~ 상태 un état hypnotique. ¶ ~을 걸다 hypnotiser *qn*, magnétiser *qn*. ¶ ~에 걸리다[빠지다] tomber en état d'hypnose. ¶ ~에서 깨어나다 se réveiller d'une hypnose [d'un sommeil hypnotique].

◆_술 -術 명 hypnotisme *m*; magnétisme *m*. ¶ ~술을 걸다 hypnotiser *qn*, magnétiser *qn*. ¶ ~술에 걸리다 être hypnotisé(*e*), magnétisé(*e*).

◆_술사 -術師 명 hypnotiseur *m*; magnétiseur *m*.

◆_제 -劑 명 hypnotique *m*.

최북단 最北端 명 partie *f* située la plus au nord; partie *f* située à l'extrême nord. ¶ ~에 위치하다 être situé(*e*) le plus au nord [dans la partie la plus au nord, à l'extrême nord] ((de la péninsule coréenne)).

최상 最上 명 le plus haut degré *m*; (의) le(*la*) meilleur(*e*); ((de)) première qualité *f*; ((de)) premier choix *m* [((de)) premier ordre *m*]; excellent(*e*). ¶ ~의 컨디션[조건] la meilleure condition physique [la meilleure condition]. ¶ ~의 행복 le comble du bonheur, le bonheur suprême. ¶ ~의 선택 le meilleur choix. ¶ 무엇을 ~으로 친다 considérer *qc* comme le nec plus ultra, considérer *qc* comme le(*la*) meilleur(*e*).

최상급 最上級 명 ① le(*la*) meilleur(*e*). ¶ ~의 기술자 le(*la*) meilleur(*e*) technicien(*ne*). ¶ ~의 대우 le meilleur accueil [le meilleur traitement]. ② 【언어】 superlatif *m*.

최상위 最上位 명 le plus haut degré *m*. ¶ ~ 1 % 안에 들다 entrer dans le 1 % des meilleurs. ¶ ~ 빈도의 단어 le mot à très forte occurrence; un mot qui revient le plus souvent.

◆_층 -層 명 classes *fpl* sociales les plus élevées, milieu *m* social le plus élevé, la très haute société *f*, le très grand monde *m*.

최상층 最上層 명 étage *m* le plus élevé. ¶ 건물의 ~ l'étage le plus élevé d'un bâtiment.

최상품 最上品 명 article *m* de premier choix [première qualité].¶ ~만 엄선하다 ne retenir que les articles de premier choix.

최선 最善 명 ① le mieux *m*; ((의)) le(*la*) meilleur(*e*); le maximum; l'extrême. ¶ ~을 기울이다 essayer [tâcher] de faire le maximum. ¶ ... 데에 ~을 다하다 faire de *son* mieux pour *qc*/*inf*; faire tout *son* possible pour *qc*/*inf*; faire le maximum pour *qc*/*inf*; faire tout ce qui est en *son* pouvoir pour *qc*/*inf*. ¶ ~의 방도[방법] le meilleur moyen; la meilleure méthode [la meilleure façon]. ¶ ~의 노력 un effort extrême. ¶ ...하는 게 ~이다 Le mieux c'est de+*inf*.

◆_책 -策 명 mesure *f* extrême; mesures *fpl* draconiennes [drastiques]. ¶ ~책을 강구하다 rechercher des mesures draconiennes [drastiques] pour *qc*/*inf*.

최선두 最先頭 명 le(*la*) premi*er*(*ère*). ¶ ~를 달리다 courir le(*la*) premi*er*(*ère*). ¶ ~에 서다 être le(*la*) premi*er*(*ère*) ((à faire *qc*)). ¶ ~에 나서다 être le(*la*) premi*er*(*ère*) ((à faire *qc*)); se mettre en première position.

최성기 最盛期 명 âge *m* d'or; apogée *f*, acmé *m*, zénith *m*, point *m* culminant ((de la vie)).

최소 最小 부 au minimum. ¶ 내가 ~ 20만원이 필요하다 J'ai besoin d'au moins 200 mille wons / Il me faut au minimum 200 mille wons.

명 le(*la*) plus petit(*e*); le(*la*) moindre *mf*; minim*um* (minim*a*); ((의)) le(*la*) plus petit(*e*); le(*la*) moindre *mf*; minim*al*(*ale*, *aux*). ¶ ~로 줄이다 réduire *qc* au minimum; limiter ((les dégâts)) au minimum. ¶ ~의 비용[인원]으로 최대의 성과를 올리다 produire le maximum de rendement avec le minimum de frais [de personnel].

◆_한 -限 명부 (au) minimum; au moins. ¶ ~한 20만원이 필요하다 avoir besoin d'au moins 200 mille wons.

◆_한도 -限度 명부 (au) minimum *m*.

◆_화 -化 명 minimisation *f*. ¶ 비용을 ~화하다 minimiser les frais.

◆_공배수 -公倍數 명 【수학】 le plus petit (dénominateur) commun multiple.

◆_대립쌍 -對立雙 명 【언어】 paire *f* minimale.

◆_대립어 -對立語 명 【언어】 paire *f* minimale.

◆_치 -値 명 valeur *m* minimale.

최소한 最小限 명 minim*al*(*ale*, *aux*). ¶ ~의 양심은 있어야 한다 Il faut avoir le minimum d'honnêteté. ¶ 손해가 ~에 그쳤다 On a minimisé [limité] les dégâts / Les dégâts ont été limités au minimum. ¶ ~ 한 시간은 걸린다 Il (me) faut au moins une heure / Il faut au moins compter une heure / Ça prend au moins une heure.

부 au moins; minimum. ¶ ~ 이 정도는 되어야 한다 Il faut au moins ça.

최신 最新 명 dernière nouveauté *f*; ((의)) derni*er*(*ère*); tout(*e*) nouv*eau*(*elle*, *eaux*); ((modèle)) dernier cri *m*. ¶ ~ 뉴스 les dernières nouvelles; les nouvelles toutes fraîches. ¶ ~ 정보[기술] les informations de dernière heure [une technique de pointe]. ¶ ~ 유행 의상 un vêtement à la dernière mode; un modèle dernier cri. ¶ ~의 과학기술 les techniques scientifiques de pointe.

◆_식 -式 명 style *m* nouveau; style *m* très moderne; style *m* ultramoderne. ¶ ~식 시설 un équipement [une installation] ultramoderne.

◆_작 -作 명 dernier ouvrage *m*; la dernière œuvre *f* de *qn*.

◆_형 -型 명 dernier modèle *m*; modèle *m* récent; nouveauté *f*. ¶ ~형 자동차 une voiture dernier modèle.

최악 最惡 명 le(*la*) pire; le(*la*) plus mauvais(*e*). ¶ ~의 상황[경우, 시나리오, 조건]에 대비하다 se préparer à la pire des situations [au pire des cas, au pire des scénarios, aux plus mauvaises conditions]. ¶ ~의 결과를 낳다 avoir les pires résultats. ¶ 상황이 ~으로 치닫다 arriver dans la pire des situations. ¶ 결과가 ~이다 On ne peut pas faire plus mauvais / C'est le pire qui puisse arriver.

최연소 最年少 명 le(*la*) plus jeune. ¶ ~로 합격하다 être le(*la*) plus jeune à réussir un examen.

◆**_자** -者 명 élève *mf* le(*la*) plus jeune.

최연장자 最年長者 명 le(*la*) plus âgé(*e*); le(*la*) plus vie*ux*(vi*eille*); doyen(*ne*).

최우등 最優等 명 supériorité *f*; premier rang *m*; ((의)) supérieur(*e*); excellent(*e*); le(*la*) meilleur(*e*). ¶ ~으로 졸업하다 sortir major ((de l'université)); être major de *sa* promotion, sortir premi*er*(*ère*) ((de l'école)).

◆**_생** -生 명 le(*la*) premi*er*(*ère*) (de la classe).

최우선 最優先 명 prime abord *m*. ¶ ~ 과제 une tâche préliminaire. ¶ 공부를 ~으로 하다[삼다] faire passer les études avant tout. ¶ 학업에 ~을 두다 faire passer *ses* études avant tout.

◆**_적** -的 명관 préliminaire. ¶ ~적으로 avant tout; en tout premier lieu; tout d'abord.

최우수 最優秀 명 le(*la*) meilleur(*e*). ¶ ~ 성적 le très bon [meilleur] bulletin; la meilleure note.

◆**_상** -賞 명 le plus grand prix *m* (le Grand Prix *m*). ¶ ~상을 받다[수상하다] recevoir le plus grand prix (le Grand Prix).

최음제 催淫劑 명 aphrodisiaque *m*. ¶ ~를 복용하다 prendre [absorber] un aphrodisiaque.

최장 最長 명 le(*la*) plus long(*ue*). ¶ ~ 시간[거리] le plus longtemps possible [la distance la plus longue]; la durée la plus longue. ¶ ~으로 1주일까지 걸릴 수 있다 Cela durera tout au plus une semaine. 부 tout au plus. ¶ ~ 1주일까지 걸릴 수 있다 Cela durera tout au plus une semaine.

최저 最低 부 au moins; (au) minimum. ¶ ~ 5만원은 든다 Cela coûte(ra) au moins [minimum] 50 000 wons. ¶ ~ 70점은 맞아야 한다 Il me faut minimum obtenir la note de 70 sur 100.
명 minimum *m*; le(*la*) plus bas(*se*); minim*al*(*ale*, *aux*). ¶ ~ 가격 le prix le plus bas. ¶ ~ 기온 les températures minimales. ¶ ~ 생활 le niveau(*x*) de vie le plus bas; l'état d'extrême indigence. ¶ ~ 생계비 le minimum vital. ¶ ~ 수준 le niveau le *plus bas*. ¶ ~ 임금 *le salaire minimum*. ¶ 물가가 98년 이후 ~ 수준이다 Les prix ont atteint leur niveau le plus bas depuis 1998. ¶ ~로 5만원은 든다 Cela coûte(ra) au moins [minimum] 50 000 wons.

◆**_음** -音 명 basse *f*.

최적 最適 명 le(*la*) plus convenable *mf*; le(*la*) mieux approprié(*e*), idéal(*e*); le(*la*) meilleur(*e*); qui convient le mieux. ¶ 무엇을 하기에 ~의 환경[조건] l'environnement [les conditions] idéal(*es*) pour faire *qc*; l'environnement qui convient le mieux pour faire *qc*. ¶ 이 곳은 주택지로서 ~이다 Cet endroit est idéal pour un quartier résidentiel / C'est un endroit qui est le plus convenable pour en faire un quartier résidentiel.

최전방 最前方 명 au premier rang *m*; en première ligne *f*; au front *m*. ¶ ~에서 근무하다 travailler en première ligne.

최전선 最前線 명 ① 【군사】 première ligne *f*, front *m*. ¶ ~에 나가다 monter en première ligne; monter au front. ¶ ~에 배치되다 être envoyé(*e*) [placé(*e*)] en première ligne; être envoyé(*e*) au front. ② première ligne *f*, front *m*; premier plan *m*. ¶ 업무의 ~에서 뛰다 travailler en première ligne.

최종 最終 명 le(*la*) derni*er*(*ère*); (의) derni*er*(*ère*); définiti*f*(*ve*); fin*al*(*ale*, *aux*). ¶ ~ 심사 le jugement final [sans appel]. ¶ ~ 결정 la décision définitive [irrévocable, sans appel]. ¶ ~ 결론[결과, 판결] la conclusion définitive [le résultat définitif, le jugement sans appel]. ¶ ~ 목적지[목표] la destination finale [le but final, le but ultime]. ¶ ~ 단계 la dernière étape.

◆**_적** -的 명관 définiti*f*(*ve*); fin*al*(*ale*, *aux*); derni*er*(*ère*). ¶ ~적으로 en définitive; définitivement; finalement; à la fin; en dernier lieu.

◆**_생산물** -生産物 명 【경제】 production *f* finale.

◆**_안** -案 명 projet *m* final.

◆**_전** -戰 명 phase *f* finale ((des qualifications)). ¶ 예선 ~전을 치르다 participer à [atteindre] la phase finale des qualifications.

◆**_회** -回 명 dernière représentation *f*; dernière séance *f*.

최첨단 最尖端 명 ((de)) pointe *f*. ¶ ~ 시설 un équipement [une installation] de pointe[de dernier cri]. ¶ ~(의) 무기 des armes de pointe[de dernier cri]. ¶ 유행의 ~을 걷다 suivre la toute dernière mode.

최초 最初 명 début *m*; commencement *m*; premi*er*(*ère*); initi*al*(*ale*, *aux*); origin*al*(*ale*, *aux*). ¶ 세계 ~ le (*la*) premi*er*(*ère*) dans le monde. ¶ ~의 경험[일] la première expérience [le premier travail] de *sa* vie. ¶ ~로 au départ; à l'origine; pour la première fois.

최하 最下 명 le(*la*) plus bas(*se*). ¶ ~ 가격 le prix le plus bas. ¶ ~ 수준 le niveau le plus bas. ¶ ~ 점수 la note la moins bonne [la plus mauvaise, la plus basse]. ¶ ~ 계급 le plus bas degré; le dernier rang. ¶ ~의 점수를 받다 obtenir la moins bonne note. ¶ ~로 떨어지다 tomber au plus bas.
부 au moins [minimum]. ¶ ~ 3만원까지 깎아 주다 faire baisser le prix jusqu'à au moins 30000 wons.

최하급 最下級 명 rang *m* [niveau *m*] le plus bas.

최하위 最下位 명 le(*la*) plus bas(*se*) rang *m* [position *f*]. ¶ ~를 기록하다 atteindre le niveau le plus bas; être le(*la*) plus bas(*se*) dans le classement.

최하층 最下層 명 bas-fonds *mpl* ((de la société)), classe *f* sociale la plus défavorisée. ¶ 사회의 ~ 사람들 les bas-fonds de la société; les personnes

ㅊ

les plus défavorisées de la société.

◆_민 -民 명 personnes *fpl* les plus défavorisées.

최하품 最下品 명 article *m* bas de gamme.

최혜국 最惠國 명 les nations *fpl* les plus avantagées selon les accords ((de Tokyo)); nations *f* les plus favorisées ((NPF)). ¶ ~ 대우 les nations presque aussi avantagées que les plus favorisées selon les accords ((de Tokyo)). ¶ ~ 조항 l'article concernant les nations les plus favorisées.

최후 最後 명 ((맨끝)) dernier(*ère*); ((결말)) fin *f*, mort *f*, décès *m*, dernier jour *m*, dernier soupir *m*, dernier sommeil *m*, sommeil éternel *m*. ¶ ~ 순간에 au dernier moment, au moment ultime, à la dernière minute. ¶ ~를 마치다 toucher à *sa* fin; mourir, décéder, rendre le dernier soupir. ¶ 비참한 ~를 맞다[맞이하다, 보내다] finir *sa* vie d'une façon misérable [passer misérablement *ses* derniers jours]. ¶ ~까지 저항하다 résister jusqu'au bout [jusqu'à la fin, jusqu'à ce que (la) mort s'en suive]; passer par toutes les extrémités avant de jeter le dernier soupir. ¶ ~까지 싸우다[남다] se battre[rester] jusqu'au bout [jusqu'à la fin, jusqu'à ce que la mort s'en suive], lutter jusqu'au bout. ¶ ~에 웃는 자 le dernier qui rit. ¶ ~의 심판 le Jugement dernier. ¶ ~의 만찬 la Sainte Cène, la Cène. ¶ ~의 순간에 이르다 toucher à *sa* fin; arriver au dernier moment [au moment ultime, au moment final]. ¶ ~의 수단을 쓰다 recourir à des moyens extrêmes.

◆_진술 -陳述 명 dernière plaidoirie *f*; dernière déposition *f*.

◆_통첩 -通牒 명 ultimatum *m*; sommation *f*, injonction *f*, mise *f* en demeure. ¶ ~통첩을 보내다 envoyer [adresser] un ultimatum ((à un pays)).

쵸콜릿 명{chocolate} 명 ☞ 초콜릿

추[1] 錘 명 ① 저울의 추 poids *m*; plomb *m*. ¶ ~를 달다 attacher un poids à *qc*; plomber ((un filet, une ligne)). ② 시계추 pendule *f*, balancier *m*. ¶ 시계의 ~가 왔다 갔다 한다 Le balancier de la pendule se balance.

-추[2]- 접미 ((사동의 뜻)) faire+*inf* ((suffixe flexionnel du causatif ou semi-causatif)) 맞추다 ajuster / 늦추다 retarder.

추가 追加 명 addition *f*; supplément *m*. ¶ ~ 비용 une dépense supplémentaire; des frais supplémentaires. ¶ ~ 시험 l'examen de rattrapage [de repêchage {*fam*}]; un examen supplémentaire. ¶ ~ 조항 des clauses supplémentaires; un article additionnel. ¶ ~ 주문을 하다 faire une commande supplémentaire. ¶ 10 % ~징수 la perception [la levée, la cotisation] supplémentaire de 10 %. ◇_(를) 하다 ajouter *qc* à *qc*; rajouter *qc* à *qc*; joindre *qc* à *qc*; mettre *qc* en plus. ¶ 맥주를 ~하다 commander plus de bière. ¶ 한 페이지 ~할 때마다 천 원씩 더 받습니다 Pour toute page supplémentaire, il faudra me payer 1000 wons. ◇_(가) 되다 être en supplément; être ajouté(*e*). ¶ 5 개의 한국 신기록이 ~되다 ajouter 5 nouveaux records à la Corée du Sud.

◆_적 -的 명관 supplémentaire; additionnel(*le*).

◆_경정예산 -更正豫算 명 budget *m* additionnel.

추격 追擊 명 poursuite *f*, chasse *f*. ◇_(을) 하다 poursuivre *qn*, être aux trousses de *qn*, serrer de près *qn*, pourchasser *qn*; donner la chasse à *qc*/*qn*. ¶ 적을 맹렬히 ~하다 serrer de près l'ennemi; talonner l'ennemi, poursuivre farouchement l'ennemi. ◇_(을) 당하다 être poursuivi(*e*), pourchassé(*e*), talonné(*e*). ¶ 범인은 끝까지 ~을 당했으나 결국 도망갔다 Le criminel a été poursuivi jusqu'au dernier moment mais il a finalement réussi à prendre la fuite.

◆_전 -戰 명 chasse *f* poursuite. ¶ 주인공과 경찰은 끝없는 ~전을 벌였다 La police a effectué une course poursuite du héros / La police a fait une chasse à l'homme / La police a traqué sans arrêt le héros.

◆맹_ 猛- 명 poursuite *f* acharnée [sans merci].

추경 追更 어근 supplémentaire.

◆_예산 -豫算 명 budget *m* supplémentaire.

추계[1] 推計 명 estimation *f*, appréciation *f*, évaluation *f*, expertise *f*, calcul *m* approximatif. ◇_(를) 하다[내다] estimer *qc*; évaluer *qc*; apprécier *qc*; faire un calcul approximatif; calculer par approximation. ◇_(가) 되다 être estimé(*e*), évalué(*e*); être calculé(*e*) par approximation. ¶ 총비용이 10억쯤 될 것으로 ~된다 On estime approximativement que les dépenses s'élèvent au total à environ un milliard de wons.

◆_비용 -費用 명 frais *mpl* prévus, frais *mpl* estimés.

◆_학 -學 명 statistique *f* approximative, stochastique *f*.

◆_한도[한계] -限度[限界] 명 limite *f* approximative, limite *f* stochastique.

추계[2] 秋季 어근 automne *f*, saison *f* d'automne. ¶ ~ 운동회[체육대회] une compétition [une fête] sportive d'automne.

추곡 秋穀 명 céréales *fpl* récoltées à l'automne.

◆_수매 -收買 명 collecte *f* de céréales ((par les propriétaires terriens à l'automne)); achat *m* de céréales récoltées à l'automne ((par le gouvernement)).

◆_수매가 -收買價 명 prix *m* de la collecte de céréales récoltées à l'automne; prix *m* d'achat de céréales récoltées à l'automne ((par le gouvernement)).

◆_수매량 -收買量 명 quantité *f* de céréales récoltées à l'automne ((achetées par le gouvernement)).

추곡가 秋穀價 명 le prix *m* officiel fixé à l'automne par le gouvernement pour les céréales.

추구[1] 追求 명 poursuite *f* ((de l'idéal)); recherche *f* ((du profit)); quête *f* ((du bonheur)); chasse *f* ((du bonheur)). ◇_(를) 하다 poursuivre [pourchasser] *qc* ((un idéal)), rechercher ((la gloire)); (quêter ((la vérité)), être en quête ((du bonheur)). ¶ 명예[권력,

ㅊ

부, 행복, 쾌락]를 ~하다 aspirer à l'honneur [aspirer au pouvoir, aspirer à la fortune, être en quête du bonheur, rechercher le plaisir]. ◇_(가) **되다** être recherché(*e*), poursuivi(*e*), pourchassé(*e*).

◆**행복_권** 幸福權 명 droit *m* à la recherche [à la poursuite, à la quête] du bonheur.

추구[2] 追究 명 recherche *f*, investigation *f*.

추궁 追窮 명 enquête *f*; recherche *f* minutieuse; investigation *f*; poursuite *f*; interrogatoire *m* serré. ¶ 책임 ~ une demande d'explications. ◇_(을) **하다** exiger des comptes à *qn*, demander une explication à *qn*; interroger *qn*, questionner *qn*, mettre [tenir, placer] *qn* sur la sellette. ¶ 사건 당일의 행적에 대해 ~하다 interroger *qn* [questionner *qn*] sur ce qu'il a fait avec précision le jour du crime. ¶ 책임을 ~하다 demander une explication à *qn*; exiger [demander] des comptes à *qn*; presser [accabler] *qn* de questions sur *sa* responsabilité, interroger *qn* sur *sa* responsabilité, questionner *qn* sur *sa* responsabilité, mettre [tenir, placer] *qn* sur la sellette, mettre *qn* en face de *ses* responsabilités. ◇_(을) **당하다[받다]** subir une enquête; être poursuivi(*e*); être accablé(*e*) de questions.

추근거리다 자 harceler, importuner ((une femme)); faire des avances ((à une femme)) se jeter à la tête de *qn* {*fam*} , draguer ((une femme)). ¶ 여자에게 ~ harceler [importuner] une femme; faire des avances à une femme, se jeter à la tête d'une femme, courir après une femme, draguer une femme {*fam*}. ¶ 그 여자에게 추근거리지 마라, 임자가 있는 몸이야 Ne lui fais pas d'avances [Ne la drague pas {*fam*}], elle est déjà prise. ¶ 그렇게 추근거리면 가만 안 둘 거야 Si tu continues à m'importuner, tu vas voir ce que tu vas voir [tu en paieras les conséquences]. ¶ 그 여자는 주변에 추근거리는 남자가 많다 Il y a beaucoup d'hommes qui tournent autour de [qui courent après, qui font des avances, qui draguent] cette femme. ☞ 집적거리다

추근대다 타 ☞ 추근거리다

추근추근 부 avec insistance; inlassablement; avec ténacité [avec persistance]; obstinément. ¶ 자꾸 ~ 묻다 importuner [assommer, harceler] *qn* de questions; accabler [presser] *qn* de questions. ¶ 여자를 ~ 따라다니다 courir après une femme, poursuivre obstinément une fille de *ses* assiduités.

추기 追記 명 ① 후기 postface *f*; épilogue *m*. ② 추가 post-scriptum *m inv*; note *f* ajoutée; addenda (addendum) *m inv*; addition *f* ((à un livre)); supplément *m*. ◇_(를) **하다** ajouter ((une remarque, un mot)); écrire un addendum ((à un document)). ◇_(가) **되다** être ajouté(*e*). ¶ ~ 사항 une clause ajoutée.

추기경 樞機卿 명 【천주】 cardin*al*(*aux*) *m*.

추기다 타 ☞ 부추기다

추남 醜男 명 homme *m* laid [hideux, moche, mochard {*fam*}, vilain, tocard {*fam*}]; laideron *m*.

추녀[1] 醜女 명 femme *f* laide [hideuse (moche, mocharde {*fam*}, vilaine, tocarde {*fam*}); laideron *m*; laideronne *f*.

추녀[2] 명 avant-toit (~-~*s*) *mpl*.

추념 追念 명 commémoration *f*; souvenir *m*; mémoire *f*; ((추도)) commémoration de la mort de *qn*. ◇_(을) **하다** commémorer ((*qc*, le souvenir de *qn*)); se souvenir de *qn*. ¶ 고인을 ~하기 위해 모이다 se réunir en souvenir [mémoire] du défunt, se rassembler pour commémorer le souvenir du défunt.

◆**_식** -式 명 cérémonie *f* commémorative; commémoration *f*.

추다[1] 타 flatter *qn*. ¶ 추어주면 안 좋아할 사람 없다 Tout le monde aime être flatté.

*__맥을 못__ ~ avoir un faible pour les flatteries, aimer les flatteries.

*__추었다 내렸다 하다__ alterner les compliments et les critiques.

추다[2] 타 danser, sauter (de joie). ¶ 왈츠[폴카]를 ~ danser une valse. ¶ 어깨춤을 ~ danser de joie en remuant des épaules. ◇**춤(을)_** ① danser. ¶ 장단[박재]에 맞춰 춤을 ~ danser au rythme. ¶ 춤을 덩실덩실 ~ ((기뻐서)) danser (en bondissant) de joie [en étant transporté(*e*) de joie], danser avec de grands mouvements dans un transport de plaisir; ((전통무용)) danser avec des gestes lents, amples et ondulés ((danse coréenne)). ② 변동하다 fluctuer énormément. ¶ 물가가 춤을 ~ Les prix fluctuent énormément / Les prix ont de grandes amplitudes [variations].

*__남의 장단에 춤을__ ~ se laisser mener par *qn*; obéir aux trente-six volontés de *qn*.

추다[3] 타 뒤지다 fouiller ((une armoire, ses poches; dans une armoire, dans *ses* poches)). ¶ 장롱을 다 추어도 찾는 것은 안 나왔다 On a fouillé toute l'armoire mais il n'y avait rien.

추대 推戴 명 élévation *f* ((au trône)). ◇_(를) **하다** élever *qn* à une haute dignité; recommander [préconiser, désigner] *qn* comme ((président(*e*)); ((단체가)) être sous la présidence de *qn*. ¶ 회장으로 ~하다 recommander [préconiser, désigner] ((M. Kim)) comme président. ◇_(가) **되다** être désigné(*e*) [recommandé(*e*), préconisé(*e*)] pour le poste de ((directeur). ¶ 누가 정식으로 사장으로 ~되다 être recommandé(*e*) [préconisé(*e*), désigné(*e*)] officiellement comme président. ◇_(를) **받다** être recommandé(*e*) [préconisé(*e*), désigné(*e*)] comme ((directeur)).

◆**_식** -式 명 intronisation *f*.

추도 追悼 명 regret *m* (au moment de) la mort de *qn*, condoléances *fpl*. ¶ 전사자들에 대한 ~ 연설을 하다 faire une oraison funèbre pour les soldats morts au combat; faire un discours en la mémoire des soldats morts au combat. ◇_(를) **하다** pleurer *qn*; déplorer [être affligé(*e*) de] la mort de *qn*. ◇_(를) **받다** être regretté(*e*).

◆**_사** -辭 명 oraison *f* funèbre, discours *m* commémoratif.

◆**_식** -式 명 service *m* funèbre; cérémonie *f* en service d'un défunt, cérémonie *f* commémorative; service *m* commémoratif.

◆**_회** -會 명 service *m* commémoratif; réunion *f* des funérailles.

추돌 追突 명 collision *f* ((entre deux véhicules)); télescopage *m* ((de voitures)). ¶ ~ 사고 une collision entre deux véhicules; un télescopage de voitures; un carambolage; un accrochage. ◇_(을) **하다** entrer en collision avec ((un autre véhicule)). ¶ 고속도로에서 자동차가 3중 ~한 사건이 있었다 Il y a eu un carambolage sur l'autoroute.

추락 墜落 명 ① chute *f*, tombée *f*; dégringolade *f* {*fam*}, plongeon; ((경제)) krash *m*; ((비행기의)) chute *f*, crash *m*; précipitation *f*). ② déchéance *f*; perte *f*. ◇_(을) **하다** tomber, faire une chute, chuter, choir, dégringoler, ramasser un gadin {*fam*}, valdinguer {*fam*}, s'étaler {*fam*}, se casser la gueule [la figure] {*fam*}, se ficher par terre {*fam*}, se foutre par terre {*fam*}; ((비행기가)) s'écraser, se crasher. ◇_(이) **되다** ① tomber; faire une chute, chuter, choir, dégringoler, ramasser un gadin {*fam*}, valdinguer {*fam*}, s'étaler {*fam*}, se casser la gueule [la figure] {*fam*}, se péter la gueule {*fam*}, se ficher par terre {*fam*}, se foutre par terre {*fam*}; ((비행기가)) se crasher. ¶ 거꾸로 ~하다 tomber la tête la première. ¶ 비행기가 ~한 지점 le lieu du crash (de l'avion), l'endroit où l'avion s'est crashé [est tombé]. ② ((비유적)) tomber; déchoir ((dans l'estime de *qn*)); perdre la faveur ((du public)). ¶ 위신[명성]이 ~되다 perdre de *son* prestige; tomber dans l'estime de *qn* [perdre la faveur ((du public))].

◆**_사** -死 명 mort *f* à la suite d'une chute. ¶ 절벽에서 ~사하다 se tuer en tombant d'une falaise; faire une chute mortelle.

추레하다 형 être minable, misérable; être fripé(*e*), défraîchi(*e*); être sale, malpropre; manquer d'apparence. ¶ 차림새가 ~ être mal vêtu(*e*) [mal habillé(*e*)]; avoir une tenue mal soignée [des vêtements mal soignés]. ¶ 늙어서 추레해 지다 devenir fripé(*e*) avec l'âge; se rider avec l'âge. ¶ 추레한 옷차림 une tenue fripée [mal soignée]; une tenue misérable.

추렴 명 collecte *f*, cotisation *f*, quête *f*, contribution *f*. ◇_(을) **하다** cotiser; collecter [réunir] des fonds; faire une collecte [une quête]; ((각자 부담)) partager les frais. ¶ 조금씩 ~해서 비용을 모으다 réunir les fonds petit à petit grâce à une collecte.

추론 推論 명 raisonnement *m*; inférence *f*, déduction *f*; argumentation *f*. ◇_(을) **하다** raisonner sur *qc*; inférer de *qc*; déduire de *qc*; conclure *qc* de *qc*. ¶ 이러한 사실들로부터 ~해 보면 si l'on essaie de raisonner d'après ces faits. ◇_(이) **되다** être inféré(*e*), déduit(*e*).

◆**_식** -式 명 【논리】 procédé *m* de déduction.

추리 推理 명 raisonnement *m*; déduction *f*, inférence *f*. ◇_(를) **하다** raisonner sur *qc*; déduire *qc* de *qc*; inférer *qc*. ¶ 범인의 행적을 ~하다 retrouver les traces d'un criminel par déduction. ¶ 결론을 ~하다 en déduire la conclusion. ◇_(가) **되다** être déduit(*e*), inféré(*e*).

◆**_력** -力 명 pouvoir *m* [faculté *f*] de raisonnement [de déduction].

◆**_소설** -小說 명 (roman *m*) policier *m*.

◆**간접[직접]_** 間接[直接]- 명 【논리】 déduction *f* indirecte [directe].

◆**귀납[연역]_** 歸納[演繹]- 명 【논리】 raisonnement *m* par induction [par déduction].

◆**연결_** 連結- 명 【논리】 inférence *f* corrélée; corrélation *f*.

추리다 타 faire le tri de *qc*, trier, choisir, sélectionner. ¶ 학생 작품들 중에서 잘 된 것을 ~ choisir la meilleure œuvre parmi celles des élèves. ¶ 좋은 것들만 추려서 보내다 sélectionner ceux qui sont de bonne qualité. ¶ 추리고 추린 de premier choix, trié sur le volet. ***뼈도 못** ~ (y) laisser des plumes; laisser *sa* vie au combat, (y) laisser *sa* peau; essuyer une lourde perte, tout perdre. ¶ 그 사람에게 걸렸다가는 뼈도 못 추릴 것이다 Si tu croises sa route, tu vas y laisser ta peau [des plumes].

추모 追慕 명 souvenir *m* respectueux ((d'un défunt)). ¶ ~예배를 드리다 rendre un culte en souvenir d'un défunt. ◇_(를) **하다** chérir le souvenir [la mémoire] de *qn*. ¶ 고인을 ~하다 chérir le souvenir du défunt. ◇_(가) **되다** ((le souvenir de *qn*, la mémoire de *qn*)) être chéri(*e*). ◇_(를) **받다** ((le souvenir de *qn*, la mémoire de *qn*)) être chéri(*e*).

◆**_비** -碑 명 stèle *f* funéraire érigée à la mémoire de *qn*; stèle *f* funéraire commémorative. ¶ ~비 제막식 la (cérémonie de l')inauguration d'une stèle funéraire.

◆**_식** -式 명 cérémonie *f* à la mémoire du défunt.

추문 醜聞 명 scandale *m*. ¶ ~을 일으키다 causer un scandale; donner lieu à un scandale. ¶ ~에 시달리다 souffrir d'un scandale. ¶ ~의 주인공이 되다 devenir la cible d'un scandale. ¶ ~이 떠돈다 Une mauvaise rumeur circule. ¶ ~이 사실로 밝혀졌다 Le scandale s'est révélé être vrai.

추물 醜物 명 objet *m* laid [moche, détestable]; chose *f* hideuse à voir; laideron(*ne*); personne *f* laide [affreuse].

추밀원 樞密院 명 【역사】 ((영국)) Conseil *m* privé du roi; ((중국)) service *m* gouvernemental ((s'occupant des affaires militaires en Chine à l'époque Tang et Song)).

추방 追放 명 exil *m*; bannissement *m*; expulsion *f*, extradition *f*. ◇_(을) **하다** exiler; bannir; expulser;

exclure; chasser; envoyer *qn* en exil; extrader ((un terroriste)). ¶ 정치범을 국외로 ~하다 extrader un criminel politique. ¶ 공직에서 ~하다 exclure *qn* d'une administration. ◇_(이) **되다** être exclu(*e*), banni(*e*), expulsé(*e*), exilé(*e*). ◇_(을) **당하다** être exclu(*e*), banni(*e*), expulsé(*e*); se faire expulser.

◆_**령** -令 명 décret *m* d'expulsion.

◆_**운동** -運動 명 mouvement *m* d'expulsion; mouvement *m* d'extradition.

추분 秋分 명 équinoxe *f* d'automne. <une des 24 divisions du calendrier luni-solaire, vers le 23 septembre>. ¶ ~이 되다 arriver à l'équinoxe d'automne.

◆_**점** -點 명 【천문】 point *m* de l'équinoxe d'automne.

추사체 秋史體 명 【미술】 style *m* de calligraphie de Kim Jeong-hi ((calligraphe du temps du royaume de Jos대n)).

추산 推算 명 calcul *m* approximatif; supputation *f*, estimation *f*, évaluation *f*. ¶ 비용~ chiffre prévu pour les dépenses. ¶ 정부 ~에 따르면 selon l'estimation approximative du gouvernement. ◇_(을) **하다** évaluer, estimer; calculer de façon approximative; supputer. ¶ 3년 정도 걸릴 것으로 ~하다 J'estime que cela prendra trois ans [qu'il faudra trois ans]. ◇_(이) **되다** être estimé(*e*), évalué(*e*). ¶ 그 분의 재산은 ... 정도로 ~되고 있다 On évalue sa fortune à ...

추상[1] 抽象 명 abstraction *f*; abstrait(*e*). ◇_(을) **하다** abstraire, faire une abstraction.

◆_**적** -的 명관 abstrait(*e*). ¶~적 관념 une idée abstraite. ¶ 지극히 ~적인 내용 un contenu très abstrait. ¶ ~적으로 abstraitement.

◆_**성** -性 명 caractère *m* abstrait.

◆_**화** -化 명 abstraction *f*.

◆_**명사** -名詞 명 【언어】 nom *m* abstrait.

◆_**미** -美 명 beauté *f* abstraite.

◆_**예술** -藝術 명 【미술】 art *m* abstrait.

◆_**파** -派 명 【미술】 art *m* abstrait. abstractionnisme *m*.

◆_**화** -畵 명 【미술】 peinture *f* abstraite.

추상[2] 秋霜 명 gelée *f* automnale; sévérité *f*, dureté *f*, rigueur *f*.
*~(과) **같다** être sévère, dur(*e*), rigoureux(*se*); être rude, intransigeant(*e*). ¶~ 같은 질책 une réprimande sévère.

추상[3] 追想 명 rétrospection *f*, souvenir *m*, mémoire *f*; réminiscence *f*. ◇_(을) **하다** se souvenir de *qc*, se rappeler *qc*, se remémorer *qc*. ¶ 과거의 기억을 ~하다 se rappeler les souvenirs du passé.

추석 秋夕 명 (la grande fête *f* de) Chuseok <la fête des récoltes [des moissons] le 15 du huitième mois lunaire (le 15e jour de la 8e lune), appelée aussi la Fête de la mi-automne, la Fête de la lune voire en Chine «la Fête de la réunion»>. ¶ ~맞이 대 바겐세일 les grandes soldes (à l'occasion) de la fête de Chuseok. ¶ ~을 쇠다[맞다, 보내다] célébrer [passer] (le jour de, la grande fête de) Chuseok.

◆_**날** 명 le jour *m* de Chuseok.

◆_**빔** 명 vêtements *mpl* [habits *mpl*] neufs pour la fête de Chuseok.

◆_**연휴** -連休 명 les congés *mpl* de Chuseok. ¶ ~연휴 중에는 민족 대이동이 일어난다 Durant les congés de Chuseok, il y a un grand déplacement au niveau national. ¶ ~연휴 때는 자가용을 몰고 오지 않는 게 상책이죠 Il est fortement recommandé de ne pas prendre sa voiture pendant [durant] les congés de Chuseok. ¶ ~연휴 기간 동안 휴진합니다 Pas de consultation pendant les congés de Chuseok.

추세 趨勢 명 tendance *f*, orientation *f*, courant *m*; tournure *f* ((d'un événement)). ¶ 세계적~ tendance universelle. ¶ 일반적 ~ tendance générale. ¶ 감소 ~ tendance à la baisse. ¶ 요즘의 ~가 그렇다 C'est le courant d'aujourd'hui. ¶ ~를 따르다 suivre le courant. ¶ ...하는 ~를 보이다 avoir une tendance à *qc* / +*inf*. ¶ 이런 ~라면 경제 전망은 어두울 것이다 D'après la tournure des événements, les perspectives économiques sont sombres.

추수[1] 秋收 명 récolte *f*, moisson *f* ((du blé)); rentrée *f* des récoltes. ¶~ 때 le temps des récoltes. ¶~ 시기를 놓치다 manquer le temps des récoltes. ◇_(를) **하다** faire la moisson, moissonner, faire la récolte, récolter, faire les blés; rentrer les récoltes. ¶ 벼를 ~하다 faire la moisson du blé.

◆_**감사절** -感謝節 명 【기독】 le jour *m* d'action de grâces.

◆_**기** -期 명 la période *f* des moissons.

추수[2] 追隨 명 action de suivre ((un courant)). ◇_(를) **하다** suivre ((un courant)).

◆**대중_주의** 大衆-主義 명 populisme *m*.

추스르다 타 ① ((몸을)) se tenir en équilibre; être en équilibre; se maîtriser, se surmonter, se retenir, se dominer. ¶ 몸을 ~ se tenir en équilibre sur un pied. ② ((옷을)) ranger, mettre en ordre, arranger ((*sa* tenue)), mettre de l'ordre dans, remettre ((*ses* vêtements)) correctement; remettre en ordre ((une situation catastrophique)). ¶ 바지를 ~ remettre *son* pantalon correctement [comme il faut]. ③ 칭찬하다 flatter, cajoler (un enfant). ¶ 업은 아이를 ~ cajoler un enfant qu'on porte sur son dos. ④ 수습하다 ranger, mettre en ordre; arranger; manier; régler. ¶ 시신을 ~ parer un cadavre. ¶ 사태를 ~ régler [résoudre] une situation. ¶ 북받쳐 오르는 감정을 ~ se maîtriser, contrôler *ses* émotions [sentiments].

추신 追伸 명 post-scriptum *m*, ((약자)) p.s.

추악하다 醜惡- 형 être laid(*e*), hideux(*se*); être dégoûtant(*e*), répugnant(*e*), sale, dégueulasse {*vulg*}. ¶ ~한 모습을 드러내다 révéler la laideur. ¶ ~한 짓 un comportement scandaleux.

추앙 推仰 명 révérence *f*, vénération *f*, respect *m*;

ㅊ

adoration *f*, culte *m*. ¶ ~의 대상이 되다 être vénéré(*e*). ◇_(을) **하다** révérer *qn*, vénérer *qn*; adorer *qn*; éprouver du respect [de la vénération]. ¶ 누구를 무엇으로 ~하다 ◇_(이) **되다** être vénéré(*e*). ◇_(을) **받다** être vénéré(*e*). ¶ 영웅으로 ~받다 être vénéré en tant que héros.

추어올리다 타 ① soulever; tirer *qc* vers le haut, hisser; hausser; relever; porter *qn* ((à bout de bras)); remonter ((*son* pantalon, *ses* lunettes)), relever, remettre en place, réajuster ((*ses* lunettes)). ¶ 흘러내리는 바지를 자꾸 ~ ne pas arrêter de remonter *son* pantalon qui descend sans arrêt. ② 칭찬하다 flatter *qn*; louer *qn*/*qc* avec exagération; faire l'éloge de *qn*; vanter ((les mérites de *qn*)); prôner (la grâce d'une femme); exalter *qn*. ¶ 추어올려 주니까 좋아하더라 Il a beaucoup aimé que je le flatte.

추어탕 鰍魚湯 명 *chueotang m* <soupe dans laquelle on a cuit des loches>. ☞ 미꾸라지

추억 追憶 명 souvenir *m*; réminiscence *f*, mémoire *f*; rétrospection *f*. ¶ 아름다운 ~ un beau souvenir. ¶ 아련한 ~ réminiscence. ¶ 옛 ~을 되새기다 raviver de vieux souvenirs. ¶ ~에 잠기다 être plongé(*e*) dans *ses* souvenirs. ¶ ~이 깃들어[담겨] 있는 곳 un lieu [un endroit] chargé de souvenirs. ¶ ~이 떠오르다 Les souvenirs surgissent dans la mémoire. ◇_(을) **하다** se souvenir de, se rappeler, se remémorer. ¶ 어린 시절을 ~하다 se souvenir de *son* enfance.

◆**_거리** 명 matière *f* à souvenir.

◆**_담** -談 명 conversation *f* à propos de souvenirs communs anciens [à propos des souvenirs d'antan, à propos d'expériences communes anciennes].

추워하다 자 avoir froid. ¶ 아이가 너무 추워하는 것 같아서 집 안으로 들어갔다 L'enfant semblait avoir froid, alors nous sommes retournés à la maison.

추월 追越 명 dépassement *m*. ¶ ~ 경쟁을 벌이다 se dépasser l'un après l'autre concurremment, faire la course. ◇_(을) **하다** dépasser ((une voiture, un camion)), doubler. ¶ 앞 차를 ~하다 dépasser [doubler] le véhicule précédent [qui précède, qui se trouve devant]. ◇_(이) **되다** se faire dépasser [doubler], être dépassé(*e*), doublé(*e*).

추위 명 froid *m*, froidure *f* {*litt*}. ¶ 혹독한 ~ un froid âpre [cruel, cinglant, mordant, pénétrant, perçant (jusqu'aux os), mortel, cuisant, piquant, intense, vif, rigoureux, glacial, polaire, sibérien, noir, de canard, de loup], un grand froid. ¶ ~를 타다[느끼다] être frileux(*se*), craindre le froid, être très sensible au froid [avoir froid]. ¶ ~를 이기다 bien résister au froid, endurer *[supporter] le froid*. ¶ ~에 벌벌 떨다 grelotter de froid, frissonner de froid. ¶ 이 화초는 ~에 강하다[잘 견딘다] Cette plante supporte bien le froid [résiste bien au froid]. ¶ 매서운 ~가 몰려오다 Un froid cinglant [âpre, cruel, mordant, piquant, cuisant, perçant (jusqu'aux os), pénétrant, piquant] nous envahit [nous submerge, nous enveloppe]. ¶ ~가 풀렸다 Le froid a régressé [s'est radouci] / Le temps s'est réchauffé [s'est radouci]. ¶ 본격적인 ~가 시작되다 commencer la saison des grands froids.

추이 推移 명 passage *m*, changement *m*; développement *m*, déroulement *m*, évolution *f*, tournure *f*. ¶ 사태의 ~를 지켜보다[살피다] surveiller le développement [la tournure, l'évolution, le déroulement] de l'affaire. ¶ ~가 주목된다 Le passage est surveillé.

추인 追認 명 ratification *f*. ◇_(을) **하다** ratifier. ◇_(이) **되다**[(을) **받다**] être ratifié(*e*). ¶ 사후에 ~을 받다 être ratifié(*e*) après…

추임새 명 【음악】 *chuimsae m* <interjection pour donner la cadence à un chant traditionnel coréen Chang>. ¶ ~를 넣다 lancer une interjection pour donner la cadence à un chant traditionnel coréen Chang; ((비유적)) donner raison à *qn* ((souvent pour lui faire plaisir, pour le flatter)), abonder dans le sens de *qn*. ☞ 얼씨구

추잡 醜雜 어근 obscénité *f*, indécence *f*.

◆**_하다** 형 être obscène, indécent(*e*), grossi*er*(*ère*), vulgaire; être scandaleu*x*(*se*). ¶ 사생활이 ~하다 Sa vie privée est scandaleuse. ¶ ~한 사건에 말려들다 être engagé(*e*) à un événement scandaleux. ¶ ~한 소문 un scandale. ¶ ~한 음담패설 ragots [propos, histoires] obscènes.

추장 酋長 명 chef *mf* de tribu [de clan]. ¶ 인디언 부족의 ~ un chef de tribu indienne.

추저분하다 醜- 형 être sale, malpropre; être immonde, dégoûtant(*e*); être ordurier(*ère*), obscène; être négligé(*e*), maltenu(*e*), peu soigné(*e*). ¶ 하는 짓이 ~ Son comportement est grossier. ¶ 추저분하게 자란 머리털 des cheveux peu soignés [mal entretenus]. ¶ 추저분한 차림으로 en tenue débraillée. ¶ 추저분한 집 une maison malpropre.

추적 追跡 명 poursuite *f*, chasse *f*. ¶ ~을 따돌리다[피하다] éviter la poursuite. ¶ 누구를 ~ 중이다 être en train de chasser *qn*. ¶ 끈질긴 ~ 끝에 après la chasse acharnée. ◇_(을) **하다** poursuivre *qn*; suivre *qn* à la trace; se mettre à la poursuite de *qn*. ¶ 용의자를 ~하다 poursuivre le suspect. ¶ 생전의 그 분의 삶을 ~하다 retracer la vie de cette personne avant sa mort. ◇_(이) **되다** être chassé(*e*), poursuivi(*e*). ◇_(을) **당하다**[**받다**] être chassé(*e*), poursuivi(*e*).

◆**_권** -權 명 droit *m* de poursuite.

◆**_기** -機 명 période *f* de poursuite. chasseur *m*, avion *m* de chasse.

◆**_자** -者 명 poursuivant(*e*).

추적추적 부 misérablement et tristement. ¶ 가을비가 ~ 내린다 La pluie de l'automne tombe tristement.

추접스럽다 醜- 형 être sale, malpropre, crasseu*x*(*se*); être sordide; être indécent(*e*); obscène, ordurier(*ère*), vil(*e*). ¶ 추접스러운 술책 un moyen malhonnête. ¶ 추접스럽게 굴다 agir

ㅊ

malhonnêtement [vulgairement, grossièrement]. ¶ 음식을 추접스럽게 먹다 manger salement [comme un cochon, de façon peu raffinée, sans élégance], ne pas manger proprement.

추정 推定 명 ① présomption *f*, supposition *f*, hypothèse *f*, conjecture *f*. ¶ 그것은 단지 ~에 불과하다 Ce n'est qu'une supposition. ¶ ~이 들어맞았다 L'hypothèse s'est avérée juste [vraie]. ② ((견적)) estimation *f*, évaluation *f*, déduction *f*. ◇_(을) **하다** présumer, conjecturer, supposer, estimer; prévoir, deviner; déduire. ¶ 경찰은 그 사람이 죽은 것으로 ~하고 있다 La police présume sa mort. ◇_(이) **되다** être présumé(*e*), supposé(*e*), prévu(*e*), deviné(*e*), déduit(*e*), estimé(*e*). ¶ 희생자 수는 ...명으로 ~된다 On estime [On évalue] le nombre des victimes à ...

◆**_가격** -價格 명 prix *m* estimé.

◆**_범죄자** -犯罪者 명 présumé *m* coupable.

◆**_액** -額 명 prix *m* estimé.

추종 追從 명 ① action de suivre *qn*. ¶ 그 회사는 생산능력에 있어서 타사의 ~을 불허한다 La productivité de cette entreprise défie toute concurrence. ② 믿고 따름 obéissance *f* aveugle; assujettissement *m*, soumission *f*, asservissement *m*. ¶ ~ 세력 suiveurs, imitateurs, épigones {*litt*}. ◇_(을) **하다** suivre (les traces de) *qn*; imiter *qn*; être aux ordres de *qn*; être le disciple [le partisan] de *qn*. ¶ 많은 젊은이들이 그를 ~하고 있다 Beaucoup de jeunes le suivent [suivent son exemple, suivent ses recommandations, suivent ses conseils. suivent ses préceptes, l'imitent, l'écoutent, sont influencés par lui, subissent son influence].

***타의 ~을 불허하다** être sans rival [sans pareil, incomparable, hors pair].

◆**_자** -者 명 partisan(*e*), disciple *mf*, secta*teur*(*trice*) {*vx*}. ¶ 그 분에게는 ~자가 많다 Il a un grand nombre de partisans [de disciples].

추증 追贈 명 promotion *f* à titre posthume. ◇_(을) **하다** promouvoir ((au grade supérieur)) à titre posthume. ◇_(이) **되다** être promu(*e*) à titre posthume.

추진 推進 명 propulsion *f*, mise *f* en mouvement, poussée *f*. ¶ 이 운동의 ~ 세력 force de propulsion de ce mouvement. ◇_(을) **하다[시키다]** pousser en avant, donner une impulsion à, faire avancer, propulser, promouvoir. ¶ 새로운 사업을 ~하다 monter une nouvelle entreprise. ◇_(이) **되다** être poussé(*e*) en avant, propulsé(*e*), promu(*e*).

◆**_력** -力 명 force *f* motrice [propulsive], poussée *f*, énergie *f*. ¶ ~력이 강하다 avoir de l'énergie, être énergique, être très entreprenant(*e*).

◆**_모체** -母體 명 source *f* d'énergie.

◆**_제** -劑 명 (로켓 등의) propulseur *m* de fusées.

추징 追徵 명 perception *f* ((d'une somme)) supplémentaire. ◇_(을) **하다** percevoir [lever] un supplément d'impôts; imposer une taxe supplémentaire [un impôt additionnel]. ¶ 세금을 ~하다 imposer une taxe supplémentaire. ◇_(이) **되다** ((taxe)) être imposé(*e*) en supplément.

◆**_금** -金 명 supplément *m* ((à une somme déjà versée)). ¶ ~금을 내다[납부하다] payer un supplément à une somme déjà versée.

◆**_세** -稅 명 taxe *f* supplémentaire.

추천 推薦 명 recommandation *f*, référence *f*. ¶ ~ 도서목록 liste des ouvrages recommandés. ¶ 누구의 ~으로 sur la recommandation de *qn*. ◇_(을) **하다** recommander *qn*; proposer *qn*. ¶ 누구를 후보로 ~하다 recommander *qn* comme candidat. ¶ 학생을 회사에 ~하다 recommander un étudiant à une entreprise. ◇_(이) **되다** être recommandé(*e*).

◆**_서** -書 명 lettre *f* de recommandation, lettre *f* de référence.

◆**_자** -者 명 personne *f* recommandée.

◆**_장** -狀 명 lettre *f* de recommandation.

추첨 抽籤 명 tirage *m* au sort. ¶ ~으로 순서[순번]을 정하다 établir l'ordre par tirage au sort. ◇_(을) **하다** tirer au sort. ¶ 컴퓨터 ~을 하다 tirer au sort par ordinateur.

◆**_권** -券 명 billet *m* de loterie.

◆**_번호** -番號 명 chiffres *mpl* tirés au sort.

◆**_제** -制 명 système *m* de tirage au sort.

추출 抽出 명 ① 【화학】 extraction *f* ((par distillation)). ¶ 여러 가지 용매로 ~을 시도하다 essayer une extraction avec plusieurs solvants. ② 뽑아내다 échantillonnage *m*. ◇_(을) **하다** extraire ((par distillation)); échantillonner. ¶ 무엇에서 필요한 물질을 ~하다 extraire les éléments nécessaires de *qc*. ◇_(이) **되다** être extrait(*e*).

◆**_견본** -見本 명 échantillon *m*.

◆**_물** -物 명 extrait *m*. ¶ 인삼 ~물 essence de ginseng.

추측 推測 명 conjecture *f*, supposition *f*. ¶ ~에 불과하다 C'est pure imagination. ¶ ~만 무성하다 Il n'y a que des suppositions. ¶ ~이 들어맞았다 Les prévisions se sont avérées justes [vraies]. ¶ ~이 빗나갔다 Les prévisions se sont avérées fausses. ◇_(을) **하다** conjecturer, faire des conjectures; supposer; prévoir, deviner. ¶ ~했던 대로 되다 évoluer comme prévu. ¶ ~할 길이 없는 impénétrable, impondérable. ◇_(이) **되다** être supposé(*e*), être conjecturé(*e*). ¶ 그 분은 이미 사망한 것으로 ~된다 On présume sa mort.

추켜들다 타 lever *qc* en l'air, porter ((un enfant)) à bout de bras; hausser, relever, redresser; brandir ((un sabre)). ¶ 머리를 ~ relever [redresser] la tête. ¶ 횃불을 ~ lever un flambeau [une torche] dans les airs. ¶ 얼굴을 하늘로 ~ lever le visage vers le ciel. ¶ 누구를[무엇을] 향해 주먹을 추켜들고 en tendant le poing vers *qn/qc*, les poings tendus vers *qn/qc*.

추켜세우다 타 élever, ériger, dresser; ((칭찬하다)) flatter *qn*, exalter ((les mérites de *qn*)), louer *qn/qc* avec exagération, faire l'éloge de *qn*, vanter ((les

ㅊ

mérites de *qn*)); prôner (la grâce d'une femme). ¶ 사장을 훌륭한 기업인으로 ~ flatter le directeur comme s'il était un grand industriel. ¶ 가끔씩 추켜 세워 주어야 신이 나서 일을 잘 한다 Il faut parfois faire appel à la vanité des gens pour qu'ils travaillent bien. ¶ 일을 잘 한다고 ~ flatter *qn* en disant qu'il travaille bien.

추켜올리다 타 ① remonter ((*son* pantalon, *ses* lunettes)), relever, remettre en place, réajuster ((*ses* lunettes)). ¶ 자꾸 흘러내리는 바지를 ~ remonter *son* pantalon qui descend sans arrêt. ② ((칭찬하다)) flatter *qn*; louer *qn/qc* avec exagération; faire l'éloge de *qn*; vanter ((les mérites de *qn*)); prôner (la grâce d'une femme); exalter *qn*. ¶ 영웅이라고 ~ flatter *qn* en disant qu'il est un héros.

추키다 타 lever, élever, relever, soulever, redresser. ¶ 머리를 ~ lever [redresser, relever] la tête.

추태 醜態 명 conduite *f* scandaleuse [déshonorante, obscène, choquante]. ¶ 이게 무슨 ~냐? Quelle conduite (scandaleuse)! ◇_(를) **부리다[보이다]** se tenir mal en public, se conduire indécemment.

추파 秋波 명 œillade *f*. ◇_**를 보내다[던지다]** lancer des œillades, faire les yeux doux à *qn*, faire de l'œil à *qn* {*fam*}; draguer *qn* {*fam*}.

추풍낙엽 秋風落葉 명 chute *f* des feuilles à l'automne. ¶ ~처럼 우수수 떨어지다 tomber comme des feuilles à l'automne.

추하다 醜- 형 être laid(*e*); être sale, malpropre, souillé(*e*), crasseux(*se*); être vil(*e*). ¶ 보기에 너무 ~ avoir un aspect répugnant [repoussant], être très déplaisant(*e*) à voir. ¶ 추하게 굴다 se conduire vulgairement [de façon indigne]. ¶ 추한 모습을 보이다 donner de *soi* une image vulgaire [médiocre], se montrer [se conduire] comme quelqu'un de médiocre [de sale].

추행 醜行 명 conduite *f* scandaleuse [obscène, déshonorante, infâme]; infamie *f*; turpitude *f*; inconduite *f*. ◇_(을) **하다[범하다, 저지르다]** commettre des actes indécents. ◇_(을) **당하다** supporter une inconduite; subir une infamie.

◆**성_ 性** 명 (강간) viol *m* ; (성희롱) harcèlement *m* sexuel. ¶ 성~범으로 잡히다 être arrêté(*e*) pour viol ou harcèlement *m* sexuel.

추호 秋毫 명 un rien *m*, un soupçon *m* de, ((pas)) l'ombre ((d'un remords, d'un doute)), ((pas)) un sou *m*, un grain *m*, une once *f*, un atome *m*, un brin ((de bon sens, de jugeote)), ((pas)) la moindre parcelle *f* ((de vérité dans cette histoire)), une pointe *f* de. ¶ ~의 le(la) moindre; ((추호도 ... 없다)) ((pas)) du tout, ((pas)) le moins du monde, ((même)) un semblant ((de vérité)). ¶ 그 사람은 ~의 가책도 느끼지 않았다 Il ne regrette pas le moins du monde / Il n'éprouve pas l'ombre d'un remords / Il n'éprouve pas le moindre remords [regret]. ¶ 그 녀석은 ~의 양심도 없다 Il n'a [Il n'éprouve] pas le moindre scrupule.

◆**_도** 부 aucunement. ¶ 나는 그런 생각은 ~도 없었다 Je n'ai aucunement pensé ainsi. ¶ 양심에 거리끼는 것은 ~도 없다 Je n'ai pas le moindre remords [aucun remords] / Je n'ai strictement rien à me reprocher / J'ai la conscience parfaitement tranquille.

추후 追後 명 plus tard; un autre jour; à [dans] l'avenir; après, ultérieurement. ¶ ~ 일정 emploi du temps ultérieur. ¶ ~로 미루다 remettre *qc* à plus tard, reporter *qc*, repousser *qc*, différer *qc*. ¶ ~에 결정하기로 하다 remettre une décision à plus tard.

축[1] 軸 명 axe *m* ((d'une roue)); pivot *m*, tourillon *m*; rame *f*, essieu(*x*) *m*. ¶ 무엇 / 누구를 ~으로 하여 autour de *qn/qc*.

◆**가로_** 명 axe *m* horizontal.

◆**세로_** 명 axe *m* vertical.

◆**주_ 主-** 명 axe *m* principal.

◆**지_ 地-** 명 axe *m* de la terre.

◆**횡[수평]_ 橫[水平]-** 명 axe *m* horizontal.

축[2] 縮 명 déficit *m*; perte *f*. ◇_(이) **나다[지다]** perdre, subir une perte; manquer. ¶ 몸이 ~나다 maigrir, s'amaigrir; dépérir. ◇_(을) **내다** avoir un déficit; subir une perte. ¶ 재산을 ~내다 perdre *sa* fortune. ¶ 밥만 ~내다 être un parasite ((de la société)), se conduire comme un parasite (social); ((무위도식)) mener une vie oisive [croupissante, inactive].

축[3] 의명 groupe *m*, coterie *f*, bande *f*. ¶ ...한 ~에 들다[끼다, 속하다] appartenir à un groupe, figurer [se ranger, se classer, compter] parmi un groupe, participer à ((une affaire)). ¶ 그런 놈은 사람 ~에 들지도 않는다 Ce genre d'individu n'est pas digne d'être un homme.

축[4] 부 mollement; d'un air languissant [abattu]; paresseusement; langoureusement. ¶ ~ 늘어진 뱃살 bourrelets de graisse retombant mollement [faisant des plis] sur le ventre. ¶ ~ 처진 눈 yeux tombants. ¶ 팔[어깨]이 ~ 늘어지다[처지다] pendre [faire retomber] les bras [les épaules]. ¶ 밧줄을 ~ 늘어뜨리다 lâcher la corde.

축[5] 분류 *chuk m* <unité de quantité (un *chuk* = 20 calamars séchés)>. ¶ 오징어 한 ~ 20 calamars séchés.

축[6] 祝 명 oraison *f*, prière *f*. ¶ ~ 결혼[개업, 발전] vœux pour un mariage [pour une fondation, pour la prospérité]. ¶ ~ 생일 joyeux anniversaire.

축가 祝歌 명 chant *m* (exécuté en l'honneur de *qn*) de célébration. ¶ 성탄 ~ un chant de Noël.

축구 蹴球 명 football *m*. ¶ ~ 선수 un(*e*) joueur(*se*) de football, un(*e*) footballeur(*se*). ¶ ~ 시합[경기] un match de football. ¶ ~ 협회 une fédération de football ((la fédération française [coréenne] de football)). ¶ ~를 하다 jouer au football.

◆**_단 -團** 명 équipe *f* de football.

◆**_장 -場** 명 terrain *m* de football.

◆**미식_ 美式-** 명 【운동】 football *m* américain.

축농증 蓄膿症 명 【의학】 sinusite *f*. ¶ ~에 걸리다 avoir [contracter, souffrir d', être atteint(*e*) d']une

ㅊ

sinusite.

축대 築臺 명 mur *m* de soutènement; talus *m*. ¶ ~를 쌓다 faire un mur de soutènement. ¶~가 무너졌다 Le mur de soutènement s'est écroulé.

축도[1] 縮圖 명 miniature *f*. ¶ 백분의 일 ~ carte à l'échelle de 1 %.

축도[2] 祝禱 명 bénédiction *f*. ◇_(를) **하다** donner la bénédiction.

축력 畜力 명 puissance *f* des animaux domestiques.

축문 祝文 명 texte *m* de félicitations. ¶~을 쓰다 écrire un mot de félicitations. ¶~을 읽다 lire un message de félicitations.

축배 祝杯 명 toast *m*. ¶~를 들다[올리다] lever *son* verre ((à la santé de toute le monde, en espérant que l'année soit bonne, pour *qc*, pour honorer *qn*)), porter un toast, trinquer.

축복 祝福 명 bénédiction *f*; vœux *mpl* de bonheur. ¶ 신의 ~이 있기를! Dieu vous bénisse! ◇_(을) **하다** bénir, donner *sa* bénédiction; former des vœux pour *qn*. ¶ 신랑 신부의 앞날을 ~하다 bénir les nouveaux mariés. ¶ 우리를 ~해 주시옵소서 Bénissez-nous! ◇_(을) **받다** être béni(*e*). ¶ ~ 받은 민족 peuple béni du Ciel.

◆**기도** -祈禱 명 【기독】 prière *f* ((pour être béni)).

축사[1] 祝辭 명 discours *m* de félicitations. ◇_(를) **하다** adresser des félicitations, prononcer un discours de félicitations.

◆**결혼**_ 結婚 명 discours *m* de félicitations pour un mariage.

축사[2] 縮寫 명 réduction *f*. ◇_(를) **하다** réduire; faire une copie réduite de *qc*. ¶ ~하여 en réduction. ¶ 지도를 1,000 분의 1로 ~하다 réduire une carte au 1 / 1000. ¶ 사진을 ~하다 réduire la taille d'une photo, faire une réduction (de la taille) d'une photo.

◆**_도** -圖 명 reproduction *f* à petite échelle, format *m* réduit, réduction *f*.

◆**_사진** -寫眞 명 photo *f* réduite.

◆**_지도** -地圖 명 carte *f* réduite.

축산 畜産 명 élevage *m* (de bestiaux). ¶ ~ 농가 ferme d'élevage de bestiaux.

◆**_업** -業 명 élevage *m*.

◆**_업자** -業者 명 éleveu*r*(*se*).

◆**_학** -學 명 zootechnie *f*.

축생 畜生 명 bête *f*; bétail(*bestiaux*) *m*.

◆**_도** -道 명 【불교】 parcours *m* de réincarnation en animal.

축성 築城 명 construction *f* d'un château fort [d'un mur de fortification, de remparts]. ◇_(을) **하다** construire un château fort [des remparts].

◆**_술** -術 명 art *m* de la fortification.

축소 縮小 명 réduction *f*, diminution *f*. ◇_(를) **하다**[**시키다**] réduire, diminuer. ¶ 군비를 ~하다 réduire des armements; désarmer. ¶ 비용[경비]을 ~하다 réduire des dépenses. ¶ 인원을 ~하다 réduire le nombre de personnes. ◇_(가) **되다** être réduit(*e*), diminué(*e*).

◆**_판** -版 명 édition *f* abrégée. ¶ 운동 경기는 인생의 ~판이다 La compétition sportive représente à petite échelle la vie.

축쇄판 縮刷版 명 【인쇄】 ((édition)) petit format *m*; format *m* réduit.

축수 祝手 명 supplication *f*, adjuration *f*. ◇_(를) **하다**[**빌다**, **드리다**, **올리다**] prier en joignant les mains, prier les mains jointes; supplier, implorer. ¶ 병을 낫게 해 달라고 ~하다 prier pour le rétablissement de la santé ((de *qn*)).

축시[1] 祝詩 명 poème *m* destiné à marquer [à honorer] la célébration de tel événement ou de tel anniversaire. ¶ ~를 낭송하다[읽다] lire à voix haute [lire] un poème destiné à marquer [à honorer] la célébration de tel événement ou de tel anniversaire.

축시[2] 丑時 명 l'heure *f* du bœuf ((selon le zodiaque chinois, de 1 heure à 3 heures du matin)).

축약 縮約 명 ① abrégé *m*. ② 【언어】 réduction *f*. ◇_(을) **하다**[**시키다**] abréger, réduire. ¶ 원작을 절반 분량으로 ~하다 réduire le texte d'origine de moitié [la longueur du texte d'origine de moitié]. ◇_(이) **되다** être abrégé(*e*).

축원 祝願 명 prière *f*, vœu(*x*) *m*. ◇_(을) **하다** prier, faire une prière. ¶ 그 분이 무사하기를 ~하다 prier Dieu pour qu'il(elle) soit sain(*e*) et sau*f*(*ve*). ¶ 세계 평화를 ~하다 prier pour la paix dans le monde.

◆**_문** -文 명 prière *f*.

축음기 蓄音機 명 phonographe *m*; gramophone *m*; tourne-disque(~~*s*) *m*. ¶ ~를 틀다 faire marcher un phonographe. ¶ ~에서 음악이 흘러나온다 La musique sort d'un phonographe.

축의금 祝儀金 명 somme *f* d'argent pour contribuer aux frais d'une cérémonie, ((결혼식)) contribution (financière) à un mariage. ¶ ~을 내다 faire un don d'argent pour contribuer aux frais d'une cérémonie ((de mariage)). ¶ ~을 걷다 collecter les dons d'argent faits pour contribuer aux frais d'une cérémonie (de mariage).

축이다 타 humecter, mouiller, imbiber d'eau; arroser. ¶ 목을 ~ apaiser [étancher, assouvir] *sa* soif, se désaltérer. ¶ 흙을 물에 ~ arroser la terre. ¶ 수건을 물에 ~ mouiller une serviette avec de l'eau, imbiber d'eau une serviette.

축일 祝日 명 fête *f*; jour *m* férié. ¶ ~을 맞이하다 être un jour férié.

축자 逐字 어근 littér*al*(*ale*, *aux*)

◆**_적** -的 명관 littér*al*(*ale*, *aux*), mot à mot.

◆**_역** -譯 명 traduction *f* mot à mot [littérale] du texte d'origine [originel, de départ, primitif]. ¶ ~역(을) 하다 faire une traduction (trop) littérale du texte d'origine.

축재 蓄財 명 thésaurisation *f*, accumulation *f* de richesses. ◇_(를) **하다** thésauriser, accumuler des richesses.

◆**부정**_ 不正- 명 accumulation *f* de richesses par

ㅊ

des moyens illicites.

축적 蓄積 명 accumulation *f*, emmagasinage *m*. ¶ 자본의 ~ accumulation de capitaux. ¶ 재산의 ~에 전념하다 se consacrer totalement à la thésaurisation. ◇_(을) **하다[시키다]** accumuler, amasser, emmagasiner. ¶ 지식을 ~하다 emmagasiner des connaissances. ◇_(이) **되다** être accumulé(*e*), amassé(*e*), emmagasiné(*e*). ¶ 경험[기술]이 ~되다 accumulation d'expérience [de techniques].

◆_**물** -物 명 accumulation *f*, emmagasinage *m*.

◆**자본_론** 資本-論 명 【경제】 théorie *f* de l'accumulation de capitaux.

축전[1] **祝典** 명 fête *f* commémorative, commémoration *f*; cérémonie *f*; célébration *f*. ¶ 모교 창립 50주년 기념 ~에 참석하다 assister à la célébration du cinquantenaire de la fondation de *son* école.

축전[2] **祝電** 명 télégramme *m* de félicitations. ¶ ~을 보내다[치다] envoyer un télégramme de félicitations.

축전기 蓄電器 명 condensateur *m*.

축전지 蓄電池 명 accumulateur *m*, accu *m* {*fam*}; batterie *f* (d'accumulateurs).

축제 祝祭 명 fête *f*; gala *m*; festivités *fpl*. ¶ ~ 분위기 une ambiance de fête. ¶ 문화 ~ une fête culturelle. ¶ ~를 벌이다 célébrer une fête.

◆_**일** -日 명 jour *m* férié.

축조 築造 명 construction *f*, érection *f*. ¶ ~ 중이다 être en cours de construction. ◇_(를) **하다** construire. ¶ 성[건물]을 ~하다 construire un château [un bâtiment, un édifice]. ◇_(가) **되다** être construit(*e*).

축조심의 逐條審議 명 examen *f* article par article. ◇_(를) **하다** examiner article par article.

축지법 縮地法 명 méthode *f* pour contracter l'espace.

축척 縮尺 명 échelle *f* ((d'une carte)). ¶ 이 지도는 5만분의 1 ~이다 Cette carte est à l'échelle de 1 / 50000.

축첩 蓄妾 명 concubinage *m*. ◇_(을) **하다** entretenir une concubine, avoir une maîtresse.

◆_**제도** -制度 명 coutume *f* de concubinage.

축축 부 très mollement; d'un air languissant [abattu]. ¶ ~ 늘어지다[처지다] pendre; tomber très mollement. ¶ 수양버들이 가지를 ~ 늘어뜨린다 Les branches du saule pleureur tombent mollement.

축축하다 형 être humide, moite, mouillé(*e*). ¶ 옷이 땀에 젖어 ~ Les vêtements sont trempés de sueur. ¶ 비가 와서 땅이 ~ Le sol est humide après la pluie. ¶ 비를 맞아 머리가 축축하게 젖었다 Les cheveux sont mouillés à cause de la pluie.

◆**축축이** 부 humidement. ¶ 축축이 젖다 être mouillé(*e*), trempé(*e*). ¶ 눈가가 축축이 젖었다 Ses yeux sont mouillés de larmes.

축출 逐出 명 expulsion *f*, exclusion *f* ((d'un parti)). ◇_(을) **하다** expulser, chasser; exclure. ¶ 사회에서 누구를 ~하다 exclure *qn* d'une société. ¶ 적을 영토에서 ~하다 chasser l'ennemi de son territoire. ¶ 강제로 ~하다 expulser de force [par la force]. ¶ 해당행위를 한 의원들을 당에서 ~하다 exclure les membres d'un parti. ◇_(이) **되다** être expulsé(*e*), chassé(*e*), exclu(*e*). ¶ 조직에서 ~되다 être exclu(*e*) d'un groupe [d'une organisation].

축포 祝砲 명 salve *f* d'honneur. ¶ 21발의 ~를 쏘다[울리다] tirer une salve de vingt et un coups de canon.

축하 祝賀 명 félicitations *fpl*. ¶ ~ 공연[파티] un banquet, un festin ((en l'honneur de *qn*)). ¶ ~ 인사[편지, 전화, 연설]을 하다[받다] présenter [adresser] *ses* félicitations [*sa* lettre de félicitations, *son* discours de félicitations, un appel de félicitations] à *qn*. ¶ ~의 뜻으로 à titre de félicitations. ◇_(를) **하다** féliciter. ¶ 합격[생일, 졸업, 결혼]을 ~하다 féliciter *qn* pour *son* succès à un examen [*qn* pour *son* anniversaire, *qn* pour *son* diplôme de fin d'études, *qn* pour *son* mariage]. ◇_(를) **받다** recevoir des félicitations, être félicité(*e*).

◆_**객** -客 명 invité(*e*) d'une fête.

◆_**연** -宴 명 banquet *m*, festin *m*. ¶ ~연을 열다 faire un festin.

◆_**주** -酒 명 champagne *m*, pot *m* offert en guise de félicitations. ¶ ~주를 내다 offrir le champagne[un verre] pour féliciter *qn*.

축협 畜協 명 coopérative *f* des éleveurs. ¶ ~에서 영농자금을 융자받다 être soutenu(*e*) pour *ses* capitaux agricoles par la coopérative des éleveurs.

춘경 春耕 명 labour *m* [labourage *m*] de printemps. ¶ 농촌에서는 벌써 ~을 시작했다 Le labour du printemps est déjà commencé en campagne.

춘계 春季 어근 printemps *m*, saison *f* printanière. ¶ ~ 소풍[야유회] une sortie de printemps, une excursion au printemps. ¶ ~방학 les vacances de printemps.

춘곤증 春困症 명 la fatigue *f* du printemps. ¶ 봄이 되니 ~이 온다 Au printemps, je ressens de la fatigue [j'éprouve de la fatigue, je me sens fatigué(*e*)].

춘궁기 春窮期 명 période *f* de disette du printemps. ¶ ~를 초근목피로 견디다[버티다] passer le cap de la période de disette [de la période critique] du printemps en se nourrissant de racines et d'écorces [en ayant recours aux racines et écorces pour se nourrir]. ¶ 옛날에는 ~에 많은 사람이 굶어 죽었다 Autrefois, il y avait beaucoup de morts lors de la période de disette du printemps / Autrefois, beaucoup de gens mouraient à cause de la famine du printemps.

춘부장 春府丈 명 votre père *m* ((terme honorifique)). ¶ ~께 안부 전해 주십시오 Saluez votre père pour moi. ¶ ~께서는 별고 없으십니까? Comment va votre père?

춘분 春分 명 équinoxe *m* de printemps ; équinoxe *m* [point *m*] vernal. <une des 24 divisions du calendrier luni-solaire, vers le 21 mars>. ¶ ~이

지나니 봄기운이 완연하구나 Après l'équinoxe vernal, on sent que c'est vraiment le printemps.

춘삼월 春三月 명 troisième mois *m* du calendrier lunaire; ((비유적으로)) belle saison *f* de la vie d'une personne. ¶ 꽃 피고 새 우는 ~이 돌아왔구나 La belle saison du printemps est de retour avec ses belles fleurs et le chant des oiseaux.

춘심 春心 명 ① sentiments *mpl* de gaieté et de légèreté. ② attrait *m* pour l'autre sexe. ¶ 불현듯 ~을 느끼다 se sentir pousser des ailes. ¶ ~이 동하다 se sentir attiré(*e*) par l'autre sexe.

춘정 春情 명 désirs *mpl* [pensées *fpl*] érotiques; désirs *mpl* charnels [sensuels], appétit *m* sexuel; passion *f*; concupiscence *f*. ¶ ~을 억제하지 못하다 ne pas pouvoir freiner *ses* désirs charnels. ¶ ~이 담긴 눈길로 바라보다 regarder ((une femme)) avec concupiscence.

춘추 春秋 명 ① printemps *m* et automne *m*. ¶ ~로 일년에 두 번 deux fois par année, c'est-à-dire au printemps et en automne. ② âge *m* ((terme honorifique)). ¶ ~가 몇이십니까? Quel âge avez-vous, monsieur [madame]? 명 【책명】 Chroniques *fpl* de Lu ((un des cinq classiques du canon confucianiste)).

◆**_관** -館 명 【역사】 établissement *m* administratif chargé de la description de divers faits sociaux sous les royaumes de Goryeo et Jos대n.

◆**_복** -服 명 vêtements *mpl* de demi-saison.

◆**_시대** -時代 명 【역사】 époque des Printemps et Automnes (qui précède celle des Royaumes combattants) ((VIIe au Ve siècle av. J-C)).

◆**_전국시대** -戰國時代 명 【역사】 époques des Printemps et Automnes et des Royaumes combattants.

춘풍 春風 명 brise *f* printanière; vent *m* de printemps.

춘하추동 春夏秋冬 명 printemps *m*, été *m*, automne *m* et hiver *m*, quatre saisons *fpl* de l'année; toute l'année *f*. ¶ 그 여자는 ~ 철마다 나들이를 가곤 했다 Elle avait l'habitude de sortir [d'aller prendre l'air, de faire des périples] à chaque saison.

춘향 春香 명 Chunhyang, nom de l'héroïne d'un conte très populaire en Corée *Chunhyangjeon* (춘향전), conte qui relate l'histoire d'un amour interdit *à l'époque féodale ((une jeune princesse* amoureuse refuse de trahir la fidélité qu'elle a promise à son aimé)).

◆**_제** -祭 명 festival *m* (culturel) de Chunhyang ((a lieu chaque année au printemps à Namwon dans la province nord du Jeolla)).

춘향가 春香歌 명 【음악】 chant *m* de Chunhyang.

춘향전 春香傳 명 【문학】 Histoire *f* de Chunhyang (*Chunhyangjeon*)(roman classique, 무차두.

춘화 春畵 명 dessin *m* [peinture *f*, photo *f*] pornographique [obscène]; pornographie *f*. ¶ 그 남자는 먹고살기 위해서 ~를 그려야만 했다 Il a dû dessiner des pornographies pour vivre.

출가[1] 出家 명 départ *m* de la maison; entrée *f* en religion. ◇_(를) **하다** quitter *sa* famille; entrer en religion, prononcer ses voeux. ¶ 머리 깎고 산에 들어가 ~하다 quitter *sa* maison pour devenir moine (bouddhiste). ¶ ~해서 불도를 닦다 entrer en bouddhisme et suivre *son* chemin de moine.

출가[2] 出嫁 명 mariage *m* (d'une jeune fille). ◇_(를) **하다** se marier avec *qn*, épouser *qn*. ¶ 그 여자는 ~해서 애 낳고 잘 산다 Elle est mariée et heureuse avec sa famille. ◇_(를) **시키다** marier une femme avec [à] *qn*. ¶ 딸들을 다 ~시키다 marier toutes *ses* filles.

◆**_외인** -外人 명 femme *f* considérée comme ne faisant plus partie de sa famille après son mariage.

출간 出刊 명 publication *f*; parution *f*; édition *f*. ¶ 이 작품의 ~을 계기로 à l'occasion de la publication de cette œuvre. ◇_(을) **하다** publier ((un livre)). ¶ 소설을 ~하다 publier un roman. ◇_(이) **되다** être publié(*e*), sortir. ¶ 그 작가의 새로운 작품이 ~되었다 Sa nouvelle œuvre est sortie.

출감 出監 명 libération *f* ((d'un détenu)) après l'expiration de sa peine; sortie *f* de prison. ◇_(을) **하다** être mis(*e*) en liberté; être libéré(*e*) de prison. ¶ 교도소에서 ~하다 être sorti(*e*) de prison. ¶ ~하자마자 또 범죄를 저지르다 commettre encore [de nouveau] un crime dès *sa* sortie de prison, récidiver dès *sa* sortie de prison.

출강 出講 명 aller donner un cours. ◇_(을) **하다** faire des cours *mpl*; donner des cours (dans une université). ¶ 그 선생님은 여러 대학에 ~하고 있다 Cet enseignant [Ce professeur] donne des cours dans plusieurs universités. ¶ 지방으로 ~하다 donner des cours dans des universités en province.

출격 出擊 명 【군사】 sortie *f*, attaque *f*. ¶ ~ 명령을 기다리다 attendre l'ordre [le commandement] d'une attaque. ¶ 항시 ~ 태세를 갖추다 être toujours prêt(*e*) à attaquer. ◇_(을) **하다** faire une sortie; effectuer une sortie. ¶ 전투기들이 ~한다 Des avions de chasse [chasseurs] effectuent des sorties. ¶ 적진으로 ~하다 foncer sur un camp ennemi.

출고 出庫 명 sortie *f* (de marchandises d'un entrepôt). ¶ ~ 가격 prix de vente en gros d'une marchandise. ◇_(를) **하다** sortir (des marchandises d'un entrepôt). ◇_(가) **되다** ((une marchandise)) être sorti(*e*). ¶ 지난 주 ~된 제품 un produit sorti la semaine dernière.

출구 出口 명 sortie *f*, issue *f*. ¶ 투표 후 ~ 조사 sondage auprès des sortants du bureau de vote. ¶ ~를 찾을 수가 없다 Je ne peux pas trouver la sortie. ¶ 이 답답한 상황을 벗어날 ~가 없다 Je ne vois pas comment je pourrais me tirer de cette situation difficile.

출국 出國 명 départ *f* (du pays); sortie *f* du territoire. ¶ ~ 금지 조치 mesures d'interdiction de sortie du territoire. ◇_(을) **하다** quitter le pays, sortir du territoire. ¶ 그 사람은 내일 ~해서 다음 주에 귀국한다 Il part demain et rentre [revient] (en Corée) la

ㅊ

semaine prochaine. ¶ 프랑스로 ~하다 partir pour la France. ◇_(을) **시키다** laisser *qn* partir pour l'étranger; forcer *qn* à quitter le pays.

출근 出勤 명 action de se rendre à *son* travail; présence *f* (à *son* bureau). ¶ ~ 시간 heure(*s*) (de pointe) auxquelles [à laquelle] se rendent les gens à leur travail; horaire de début de l'activité professionnelle. ◇_(을) **하다** aller [se rendre] à *son* bureau [au travail], aller travailler. ¶ ~을 일찍[늦게] 하다 aller [se rendre] de bonne heure à son bureau, aller tôt au travail [arriver tard à *son* bureau]; aller travailler de bonne heure [aller tard au travail]. ¶ 본사로[에] ~하다 aller travailler au siège social.

◆**_부** -簿 명 cahier *m* [registre *m*] de présence. ¶ ~부에 도장을 찍다 signer le cahier de présence.

◆**_길** 명 chemin *m* du travail. ¶ ~길이 붐빈다 La circulation est dense sur le chemin du travail. ¶ ~길에 잠깐 들르다 passer un instant [momentanément] chez *qn* en allant au travail [sur le chemin du travail, sur la route du travail].

출금 出金 명 sortie *f* d'argent; dépense *f*, déboursement *m*, paiement *m*. ¶ ~ 전표 note de dépense d'argent. ◇_(을) **하다** retirer ((de l'argent)), sortir ((une somme)); débourser, dépenser, payer. ¶ 잔액을 전액 ~하다 vider un compte. ¶ 현금카드로는 70만원까지 ~할 수 있다 On peut retirer avec une carte de retrait jusqu'à 700 000 wons.

출납 出納 명 dépenses *fpl* et recettes *fpl*; caisse *f*. ¶ ~ 장부[사무, 업무] livre de comptabilité [caisse, comptabilité]. ¶ 무기의 ~을 맡아보다 se charger de l'entrée et de la sortie des armes. ◇_(을) **하다** faire la caisse.

◆**_계** -係 명 caisse *f*; comptable.

◆**_원** -員 명 caissi*er*(*ère*).

◆**금전_부** 金錢簿 명 livre *m* de comptes [caisse].

출동 出動 명 départ *m* (pour le front); intervention *f*. ¶ ~ 준비 préparation de départ [d'intervention]. ¶ 폭동 진압을 위해 군대의 ~을 요청하다 demander l'envoi de troupes contre des insurgés. ◇_(을) **하다** monter en ligne; se rendre sur les lieux; être envoyé(*e*). ¶ 군대가 국경 방면에[으로] ~하고 있다 Les armées se déplacent vers la frontière. ◇_(을) **시키다** détacher ((une compagnie)); envoyer ((des troupes)). ¶ 시위 진압을 위해 경찰[군대]을 ~시키다 envoyer la police [des troupes militaires] afin de réprimer des manifestants. ¶ 구조대를 ~시키다 envoyer l'équipe de secours.

출두 出頭 명 action de se présenter ((à la police)). ◇_(를) **하다** se présenter ((à un commissariat de police)); comparaître ((devant un tribunal)). ¶ 법정[검찰]에 증인 자격으로 ~하다 comparaître devant un tribunal [procureur] à titre de témoin. ◇_(를) **시키다** convoquer *qn*. ¶ 법정에 증인으로 ~시키다 convoquer *qn* au tribunal comme témoin.

출렁거리다 자 clapoter. ¶ 바닷물이 ~ L'eau clapote à la surface de la mer. ¶ 어깨까지 내려온 머릿결이 ~ Les cheveux sur ses épaules se meuvent.

출렁대다 자 ☞ 출렁거리다

출렁이다 자 ☞ 출렁거리다

출력 出力 명 ① 【물리】 puissance *f*, rendement *m* ((d'une machine)); débit *m* ((d'un générateur, d'une pompe)). ¶ 최대 ~이 30마력쯤 된다 Sa puissance maximale est approximativement de trente chevaux. ② 【컴퓨】 sortie *f* de données dans un système informatique. ¶ ~ 장치 dispositif [appareil] de sortie. ¶ 입력과 ~ entrée et sortie de données. ◇_(을) **하다** sortir (des données); ((프린터로)) imprimer ((des documents)). ¶ 문서를 프린터로 ~해서 보다 lire des documents après les avoir imprimés. ¶ A4용지로 ~하면 20장쯤 된다 Cela fait environ vingt pages en format A4. ◇_(이) **되다** ((données)) être sorti(*e*); ((프린터로)) être imprimé(*e*).

출마 出馬 명 sortie *f* à cheval; candidature *f*. ¶ ~ 선언 annonce de *sa* candidature. ◇_(를) **하다** se porter candidat ((à une élection)), se présenter aux élections. ¶ 국회의원 선거에 ~하다 se présenter aux élections des députés. ¶ 당 총재 경선에 ~하다 poser *sa* candidature à l'élection du président du parti (politique). ¶ 고향에서 ~하다 se présenter aux élections dans *son* pays natal. ¶ 부통령 후보로 ~하다 poser *sa* candidature à l'élection du vice-président. ◇_(를) **시키다** pousser *qn* à poser sa candidature.

◆**_자** -者 명 candidat(*e*).

◆**불_** 不- 명 ne pas se présenter (à l'élection). ¶ 불~ 선언 déclaration de non-présentation (à une élection).

출몰 出沒 명 apparition *f* et disparition *f*; sortie *f* et entrée *f*. ◇_(을) **하다** apparaître et disparaître; apparaître [se montrer] par intervalles. ¶ 도적떼가 ~했다 Une bande de voleurs surgit. ¶ 이 근처에는 해적선이 가끔 ~한다 On voit parfois des bateaux pirates près d'ici.

출발 出發 명 départ *m*. ¶ ~ En route! / Allons-y! / On y va. ¶ ~ 신호 sign*al*(*aux*) de départ. ¶ ~ 시간 heure de départ. ¶ ~ 준비를 하다 faire des préparatifs de départ; se préparer à partir [au départ]. ¶ ~부터 잘못되다 mal commencer; prendre un mauvais départ. ◇_(을) **하다** partir; se mettre en route; commencer par. ¶ 서울을[에서] ~하다 quitter [partir de] Séoul. ¶ 파리로 ~하다 partir pour Paris. ¶ 막 ~하려는 참이다 être sur le point de partir. ¶ 이제까지 한 일을 철저히 재검토하는 것에서 ~하다 commencer par une révision approfondie [minutieuse] de ce qu'on a fait jusqu'ici. ◇_(을) **시키다** laisser partir *qn*; forcer *qn* à partir.

◆**_선** -線 명 ligne *f* de départ.

◆**_점** -點 명 départ *m*; point *m* de départ. ¶ 무엇을 ~점으로 삼다 prendre *qc* comme point de départ.

◆**_지** -地 명 lieu(*x*) *m* de départ.

◆**새_** 명 nouveau départ *m*. ¶ 새로운 사람으로 새~하

다 prendre un nouveau départ dans la vie; changer *sa* vie.

출범 出帆 명 ① ((배의)) démarrage *m*; départ *m* d'un navire. ¶ ~ 직전의 선박 bateau en partance. ② 시작 démarrage d'un organisme. ¶ 신당의 ~ le démarrage du nouveau parti (politique). ◇_(을) **하다[되다]** démarrer; quitter le port; lever l'ancre; prendre la mer; mettre les voiles. ¶ 제6공화국이 ~하다 La sixième République a commencé. ◇_(을) **시키다** faire démarrer. ¶ 대책위원회를 공식 ~시키다 faire démarrer officiellement un comité de mesures [dispositions].

◆_**식** -式 명 cérémonie *f* d'ouverture.

출병 出兵 명 envoi *m* de troupes; expédition *f*. ¶ 미국의 ~ 요구를 받아들이다[거부하다] accepter [refuser] la demande américaine d'un envoi de troupes. ◇_(을) **하다** envoyer [expédier] des troupes. ¶ 베트남에 ~하다 envoyer des troupes au Viêt-Nam. ◇_(을) **시키다** donner l'ordre d'envoyer des troupes.

출사 出仕 명 entrée *f* dans l'administration. ◇_(를) **하다** entrer dans l'administration.

출사표 出師表 명 lettre *f* qu'on écrivait avant l'expédition des troupes à l'intention du roi pour bien montrer sa volonté de se battre.

*~**를 던지다** faire preuve de ténacité pour gagner un concours [un match important].

출산 出産 명 accouchement *m*, délivrance *f*. ¶ ~ 후 몸조리가 중요하다 Il est important de bien se soigner après l'accouchement. ◇_(을) **하다** donner naissance à un enfant; accoucher. ¶ 건강한 딸을 ~하다 accoucher d'une fille bien portante [en bonne santé].

◆_**율** -率 명 taux *m* de naissance. ¶ 임신 중에 약물을 복용하면 기형아 ~율이 높아진다 Le risque de malformation néonatal est plus important chez les femmes qui [augmente si les femmes] ont pris des médicaments pendant la(leur) grossesse.

◆_**휴가** -休暇 명 congé *m* de maternité.

출상 出喪 명 levée *f* du corps. ◇_(을) **하다** emporter le cercueil (de la maison). ¶ 아침 8시에 ~하다 La levée du corps aura lieu à huit heures du matin.

출생 出生 명 naissance *f*. ¶ 그 사람의 ~ 및 성장 과정은 베일에 가려져 있다 *Sa naissance et son* enfance restent obscures. ◇_(을) **하다** naître; être né(*e*). ¶ 가난한 집에 ~하다 être né(*e*) dans une famille pauvre. ¶ 한국에서 ~하다 être né(*e*) en Corée.

◆_**률** -率 명 taux *m* des naissances [de natalité]. ¶ ~률이 감소하다[증가하다] Le taux de natalité diminue [augmente]. ¶ ~률이 높다[낮다] Le taux de natalité est élevé [bas].

◆_**지** -地 명 lieu(*x*) *m* de naissance.

◆_**신고** -申告 명 déclaration *f* de naissance. ¶ 출생 후 한 달 이내에 ~신고를 해야 한다 Vous avez un mois pour déclarer la naissance d'un enfant.

◆_**증명서** -證明書 명 acte *m* de naissance. ¶ ~증명서를 떼 와라 va chercher[demander] un acte de naissance (à la mairie).

출석 出席 명 présence *f*. ¶ ~ 체크[점검] contrôle des présences. ¶ ~ 인원 personnes présentes; assistance. ¶ ~을 부르다 faire l'appel. ◇_(을) **하다** assister à *qc*; être présent(*e*) ((en classe)); participer à *qc*; suivre ((un cours)). ¶ 수업[회의, 예배, 교회]에 ~하다 être présent(*e*) en classe [participer à une réunion, assister au culte (d'une église)]. ◇_(을) **시키다** faire participer à *qc*.

◆_**률** -率 명 assiduité *f*. ¶ 그 학생은 ~률이 높다[낮다] Cet élève assiste régulièrement aux cours [Cet élève assiste irrégulièrement aux cours / Cet élève est souvent absent].

◆_**부** -簿 명 cahier *m* [registre *m*] de présence.

◆_**자** -者 명 personne *f* présente; assistance *f*.

◆_**표** -表 명 feuille *f* de présence.

출세 出世 명 réussite *f* (sociale); avancement *m*; promotion *f*, succès *m* (dans la vie). ¶ 누구의 ~에 방해가 되다 compromettre la carrière de *qn*; faire obstacle à l'avancement de *qn*. ¶ ~가 빠르다 faire une carrière rapide. ◇_(를) **하다** réussir dans le monde; faire *son* [du] chemin; faire une belle carrière; arriver à une haute situation. ¶ 동창생들 중에서 그가 제일 ~했다 C'est lui qui a le mieux réussi dans la vie parmi ses camarades d'école. ◇_(를) **시키다** aider *qn* à réussir. ¶ 자식[남편]을 ~시키다 aider *son* fils [*son* mari] à réussir.

*~ **가도를 달리다** être sur le chemin du succès.

◆_**자** -者 명 personne *f* qui a réussi.

◆_**작** -作 명 œuvre *f* qui a établi la renommée de *qn*.

◆_**주의** -主義 명 arrivisme *m*.

◆_**길** 명 chemin *m* du succès; chemin *m* d'une belle carrière. ¶ ~길이 열리다 promettre une belle carrière.

출소 出所 명 mise *f* en liberté ((d'un détenu)) après l'expiration de sa peine. ¶ ~의 날만 기다리다 n'attendre que le jour de *sa* mise en liberté. ◇_(를) **하다** être libéré(*e*) de prison; sortir de prison. ¶ 형무소에서 ~하다 sortir de prison. ◇_(를) **시키다** libérer *qn* de l'emprisonnement.

◆_**자** -者 명 personne *f* libérée de prison.

출신 出身 명 condition *f*, rang *m*, classe *f*, origine *f*. ¶ ~ 지역[학교] lieu [école] d'origine. ¶ 비천한 ~ d'origine modeste. ¶ ~이 좋다[나쁘다] venir d'une bonne famille [famille modeste]. ¶ 그 사람은 서울[농촌] ~이다 Il est de Séoul [de la campagne]. ¶ 그 사람은 파리 7 대학 ~이다 Il est sorti [originaire] de l'Université de Paris 7. ¶ 그 사람은 어디 ~이냐? D'où est-il? / De quelle région est-il? / Il vient de quelle école [université]? / Il est sorti [originaire] de quelle école [université]?

◆_**성분** -成分 명 tendance *f* idéologique d'origine.

◆_자 -者 명 natif(ve) ((de la région du Jeolla)); ancien(ne) élève ((de l'Université X)), personne f originaire ((de ...)). ¶ 명문 대학 ~자 personne sortie [ancien(ne) élève] d'une université renommée.

출애굽 出埃及 명 Exode f.

◆_기 -記 명 le Livre m de l'Exode.

출어 出漁 명 départ m [appareillage m] pour la pêche. ¶ ~ 수역 lieu de pêche; zone réservée de pêche; pêcherie. ◇_(를) 하다[나가다] ((navire)) partir [appareiller] pour la pêche. ¶ 북태평양으로 ~하다 Des bateaux partent pour la pêche dans le nord du Pacifique. ¶ 파도가 높아서 ~를 하지 못하다 On ne peut pas partir pour la pêche à cause des grosses vagues.

출역 出役 명 travail m; service m. ¶ 강제 ~ travail forcé. ◇_(을) 하다 aller travailler. ¶ 댐 건설 공사에 ~하다 aller travailler pour la construction d'un barrage.

출연[1] 出演 명 apparition f ((sur la scène, à l'écran, à la télévision, etc.)). ◇_(을) 하다 paraître, faire une apparition; se produire; jouer. ¶ 영화[TV, 연극, 드라마]에 ~하다 jouer dans un film [à la télévision, dans une pièce de théâtre, dans un feuilleton télévisé]. ¶ 토크쇼에 ~하다 faire une apparition dans une émission de variétés. ¶ 주인공[단역]으로 ~하다 jouer le rôle principal [être figurant(e)]. ◇_(을) 시키다 donner un rôle.

◆_료 -料 명 cachet m (d'un acteur).

◆_자 -者 명 interprète, acteur(trice). ¶ ~자 전원이 무대에 올라가 인사를 하다 Tous les interprètes montent sur la scène pour saluer.

◆찬조_ 贊助- 명 apparition f d'un acteur pour promouvoir qc.

출연[2] 出捐 명 don m, donation f; contribution f; souscription f. ¶ 정부 ~ 기관 établissement gouvernemental qui soutient financièrement qc. ◇_(을) 하다 contribuer; verser une contribution à; faire un don. ¶ 재단에 기금을 ~하다 faire une donation à la fondation.

출영 出迎 명 accueil m. ¶ ~ 인파 foule (de personnes) venue accueillir. ◇_(을) 하다[나가다] accueillir [aller accueillir] qn; aller chercher qn. ¶ 공항에[으로] ~을 나가다 aller chercher qn à l'aéroport. ◇_(을) 받다 être accueilli(e) par qn.

출옥 出獄 명 sortie f de prison; libération f. ¶ ~ 후의 생활이 막막하다 L'avenir est incertain [désespérant] après la sortie de prison. ◇_(을) 하다 être libéré(e) de prison. ¶ 형기를 마치고 ~하다 sortir de prison après une expiration de peine. ¶ 감옥에서 ~하다 sortir de prison. ◇_(을) 시키다 libérer qn.

◆가_ 假- 명 libération f conditionnelle.

◆만기_ 滿期- 명 sortie f de prison après une expiration de peine.

출원 出願 명 demande f; candidature f ((à un examen)); inscription f ((à un examen)). ◇_(을) 하다 faire une demande; présenter [adresser, formuler] une demande ((aux autorités)); s'inscrire à ((un examen)). ¶ 특허를 ~하다 déposer un brevet d'invention. ¶ 신기술을 특허로 ~하다 déposer un brevet d'invention d'une nouvelle technologie. ◇_(이) 되다 La demande est déposée.

출입 出入 명 entrée f et sortie f; fréquentation f. ¶ 경찰청 ~ 기자 journaliste autorisé à entrer au Département de la police. ¶ 외부인의 ~을 금하다[막다] interdire l'accès aux visiteurs. ¶ 그의 집에는 사람들의 ~이 잦다 Il a beaucoup de visites. ◇_(을) 하다 entrer et sortir; fréquenter. ¶ 자유로이 ~하다 fréquenter ((un établissement)) librement. ◇_(을) 시키다 permettre à qn de fréquenter (un endroit ou qn).

◆_구 -口 명 porte f, entrée f, sortie f. ¶ ~구가 붐비다 [북새통을 이루다] Il y a une bousculade à l'entrée [la sortie] / On se bouscule pour entrer [sortir].

◆_금지 -禁止 명 défense f d'entrer; entrée f interdite. ¶ 미성년자 ~금지 Entrée interdite aux mineurs. ¶ 관계자 외 ~금지 Défense d'entrer [Entrée interdite] à toute personne extérieure [étrangère] au service / Entrée réservée au personnel / Entrée interdite aux visiteurs / (Passage) réservé au personnel de [du] service / Interdit au public / Passage interdit.

◆_문 -門 명 (porte f d') entrée f.

출입국 出入國 명 arrivée f et départ m (à l'aéroport). ¶ ~ 관리 사무소 Bureau d'Immigration; douane. ¶ ~ 요원 agent [employé(e)] du Bureau d'Immigration; douanier.

출자 出資 명 placement m (de fonds dans une entreprise); apport m; mise f de fonds; financement m (d'une entreprise par une banque); investissement m. ◇_(를) 하다 placer son argent ((dans une entreprise)); investir de l'argent [des capitaux] ((dans une entreprise)); financer ((une entreprise)). ¶ 친구 회사에 ~하다 Investir de l'argent dans l'entreprise d'un ami. ¶ 여러 명이 ~를 하여 회사를 설립하다 créer une société avec des fonds communs. ¶ 정부와 민간이 함께 ~해서 세운 기업 entreprise financée conjointement par des secteurs public et privé. ◇_(를) 받다 être financé(e).

◆_금 -金 명 fonds mpl; argent m placé. ¶ ~금을 회수하다 faire rentrer des fonds.

◆_자 -者 명 bailleur(eresse) de fonds; commanditaire.

◆공동_ 共同- 명 mise f de fonds en commun; placement m collectif.

출장[1] 出張 명 voyage m d'affaires; tournée f; déplacement m; mission f (officielle). ¶ ~ 중이다 être en voyage d'affaires; être en déplacement. ¶ 해외[지방] ~ voyage m d'affaires à l'étranger [en province]. ¶ ~을 다니다 faire des voyages d'affaires. ¶ ~에서 돌아오다 rentrer [revenir] d'un voyage d'affaires. ◇_(을) 가다[떠나다] aller [partir] en voyage d'affaires. ¶ 해외로 ~을 가다[떠나다] partir en voyage d'affaires à l'étranger.

◆_비 -費 명 frais *mpl* [indemnité *f*] de déplacement.

◆_소 -所 명 succursale *f*; agence *f*.

출장[2] 出場 명 apparition *f* (dans un lieu), participation *f* (à une compétition). ¶ ~ 경기 수 taux de participation à une compétition sportive. ¶ 그는 5 경기 ~ 정지 처분을 받았다 Il a été suspendu pour les cinq prochains matchs. ¶ 그는 어깨 부상으로 ~ 여부가 불투명하다 Sa participation est incertaine vu qu'il est blessé à l'épaule. ◇_(을) 하다 apparaître; se présenter (dans un lieu); prendre part à une compétition. ¶ 중요한 경기에 ~하다 participer à une compétition importante. ◇_(을) 시키다 faire participer *qn* à *qc*.

출전 出戰 명 départ *m* au combat; participation *f* à une compétition sportive. ¶ ~ 선수 명단 liste des joueurs participants. ◇_(을) 하다 monter en première ligne; partir [aller] au combat; participer à une compétition. ¶ 올림픽[월드컵]에 ~하다 participer aux Jeux olympiques [à la Coupe du monde (de football)]. ◇_(을) 시키다 faire participer. ¶ 해외 대회에 팀을 ~시켜서 상대팀의 전력을 탐색하다 faire participer une équipe aux compétitions internationales pour évaluer le niveau des équipes adverses.

◆_국 -國 명 pays *m* participant.

◆_권 -權 명 qualification *f* pour participer à une compétition. ¶ 월드컵 본선 ~권을 따내다 être qualifié(*e*) pour la phase finale de la Coupe du monde.

출정[1] 出征 명 départ *m* pour le front [la guerre]. ¶ ~ 군인 soldat partant pour le front; (soldat) mobilisé. ◇_(을) 하다 partir pour le front; monter au front. ¶ 의용군으로 ~하다 partir pour le front comme volontaire. ¶ 전선으로 ~하다 partir pour le front de guerre; monter en première ligne.

◆_식 -式 명 cérémonie *f* officielle pour les soldats qui partent pour le front.

출정[2] 出廷 명 comparution *f* (devant un tribunal). ◇_(을) 하다 comparaître (devant un tribunal, en justice). ¶ 선고공판에 ~하다 comparaître devant un tribunal pour entendre la sentence.

출제 出題 명 présentation *f* d'un sujet (d'examen). ¶ ~ 위원 membre du comité des examens. ¶ 공동 ~ présentation d'un sujet d'examen décidé en commun. ¶ ~를 의뢰하다 demander à *qn* la présentation d'un sujet d'examen. ◇_(를) 하다 présenter un sujet d'examen. ¶ 그가 시험 문제를 ~했다 C'est lui qui a présenté le sujet d'examen. ◇_(가) 되다 être présenté(*e*) comme sujet d'examen. ¶ 어려운 문제가 많이 ~됐다 On présente beaucoup de questions difficiles / Beaucoup de questions difficiles sont présentées.

◆_자 -者 명 personne *f* qui présente des sujets d'examen.

출중하다 出衆- 형 exceller (dans un art, en musique); se distinguer; surpasser les autres; être excellent(*e*); l'emporter sur les autres; être transcendant(*e*). ¶ 그의 재능은 다른 사람보다 ~ Ses habiletés surpassent celles des autres. ¶ 출중한 작가 écrivain de grande valeur. ¶ 그는 어학에 출중한 재능이 있다 Il a un talent extraordinaire pour les langues / Il est extrêmement doué pour les langues.

출처 出處 명 cause *f*, origine *f*, provenance *f*, source *f*. ¶ 소문의 ~를 캐다 remonter à la source d'une rumeur; remonter à l'origine d'une rumeur. ¶ ~를 묻다 demander la source de *qc*. ¶ ~를 밝히다 déclarer [révéler] l'origine (d'une nouvelle). ¶ 그 소문의 ~가 불분명하다 On ne sait pas d'où vient cette rumeur. ¶ ~가 확실한[불확실한] 소식 nouvelle de source sûre [douteuse].

출출하다 형 avoir un (petit) creux, avoir une petite faim; sentir la faim; commencer à avoir faim. ¶ 배가 ~ sentir la faim, commencer à avoir faim; avoir un peu faim; avoir un (petit) creux, avoir une petite faim. ¶ 출출해서 야식을 먹었다 On a soupé [a (re)pris] un petit en-cas [une collation, un petit quelque chose {*fam*}] à une heure avancée de la nuit parce qu'on avait une petite faim. ¶ 출출하던 차에 잘 먹었다 Sentant la faim, j'ai mangé avec appétit [je me suis régalé(*e*)].

출타 出他 명 sortie *f*, déplacement *m*. ¶ ~ 중이다 être sorti(*e*); être absent(*e*). ◇_(를) 하다 sortir, se déplacer. ¶ 아버지는 지금 ~하고 안 계십니다 Mon père n'est pas là en ce moment / Mon père s'est absenté.

출토 出土 명 déterrement *m*, exhumation *f*. ◇_(를) 하다 déterrer, exhumer. ¶ 고대 유물을 ~하다 déterrer [découvrir, exhumer] des reliques [vestiges, objets d'antiquité]. ◇_(가) 되다 être déterré(*e*), exhumé(*e*). ¶ 이번에 서울에서 ~된 토기 poterie (en terre cuite) récemment exhumée à Séoul.

◆_품 -品 명 objet *m* déterré.

출퇴근 出退勤 명 allée *f* et venue *f* (de la maison au bureau). ◇_(을) 하다 faire la navette entre *son* domicile et *son* travail. ¶ 근처 친척집에서 ~을 하다 faire la navette entre *son* travail et le domicile d'un parent qui habite à proximité. ¶ 본사로 ~하다 aller travailler au siège social.

◆_길 명 chemin *m* [trajet *m*, parcours *m*, itinéraire *m*] du domicile au travail. ¶ ~길에 마주치는 사람들 personnes que l'on rencontre sur *son* trajet pour aller au travail.

출판 出版 명 publication *f*, édition *f*. ¶ ~ 계약 contrat d'édition. ¶ 자비 ~ édition aux frais de l'auteur. ¶ ~의 자유 liberté de la presse. ◇_(을) 하다 publier ((un livre)); éditer ((des encyclopédies)). ¶ 시집을 ~하다 publier un recueil de poèmes. ◇_(이) 되다 être publié(*e*). ¶ 막 ~된 소설 roman qui vient de paraître [sortir].

◆_계 -界 명 milieu *m* de l'édition.

◆_권 -權 명 droit *m* de reproduction; copyright *m*. ¶ ~권 소유 tous droits de reproduction réservés.

◆_물 -物 명 publication *f*. ¶ ~물에 의한 명예훼손 diffamation causée par une publication.
◆_부 -部 명 service *m* de la publication.
◆_사 -社 명 maison *f* d'édition.
◆_업 -業 명 métier *m* de l'édition.
◆_인 -人 명 éditeur *m*.
◆_기념회 -記念會 명 réception *f* donnée pour fêter la parution (d'un ouvrage).

출품 出品 명 exposition *f* (d'objets à une foire). ◇_(을) **하다** exposer *qc*. ¶ 전시회에 작품을 ~하다 présenter une (des) œuvre(s) à une exposition. ◇_(이) **되다** être exposé(*e*). ¶ 올해 ~된 작품들은 수준이 높다 Les œuvres exposées cette année sont d'un niveau élevé.

출하 出荷 명 action de préparer des marchandises à la vente. ◇_(를) **하다** mettre *qc* sur le marché, mettre *qc* en vente. ◇_(가) **되다** être mis(*e*) en vente. ¶ 각종 채소가 다량 ~되었다 On a mis sur le marché une grande quantité de légumes variés.
◆_량 -量 명 quantité *f* de marchandises mises sur le marché.

출항[1] 出港 명 départ *m* ((d'un navire)); sortie *f* (du port). ¶ ~을 금지하다[허가하다] mettre l'embargo sur un navire [autoriser un navire] à quitter le port. ◇_(을) **하다** quitter le port; prendre la mer. ¶ 어제 부산항에서 ~한 배가 침몰했다 Hier un bateau qui avait quitté le port de Busan a fait naufrage.

출항[2] 出航 명 départ *m* (d'un navire, d'un avion); sortie *f* (de port, d'aéroport). ¶ 날씨 때문에 모든 항공기의 ~이 금지되었다 À cause du mauvais temps, tous les départs d'avion sont annulés. ◇_(을) **하다** quitter un port; démarrer; lever l'ancre; prendre la mer.

출행 出行 명 départ *m* pour une longue route. ◇_(을) **하다** partir pour une longue route.

출현 出現 명 apparition *f*. ◇_(을) **하다** faire une apparition; apparaître, surgir. ¶ 이 집에는 유령이 가끔 ~한다 Des fantômes hantent parfois cette maison. ¶ 서울 상공에 UFO가 ~했다 Un ovni [objet volant non identifié] est apparu au-dessus de Séoul. ¶ 신종 컴퓨터 바이러스가 ~했다 Un nouveau virus informatique est apparu. ◇_(을) **시키다** faire apparaître [surgir].

출혈 出血 명 ① écoulement *m* de sang; hémorragie *f*. ¶ ~이 멎었다 L'hémorragie s'est arrêtée. ¶ ~이 심하다 avoir une forte hémorragie; perdre beaucoup de sang; saigner beaucoup. ② 손실 perte *f*; hémorragie *f*. ¶ ~ 경쟁 concurrence à perte. ¶ ~을 감수하고 판매하다 vendre à perte. ◇_(을) **하다** perdre du sang; saigner ((du nez)); avoir une hémorragie.
◆내_ 內- 명 【의학】 hémorragie *f* interne.
◆뇌_ 腦- 명 【의학】 hémorragie *f* cérébrale.

춤 명 danse *f*. ¶ ~ 실력이 대단하다 bien danser, être un(*e*) bon(*ne*) danseu*r*(*se*). ¶ 댄스 교습소에서 ~을 배우다 apprendre à danser dans un cours de danse. ◇_(을) **추다** ① danser ((une valse avec *qn*)). ¶ 저와 ~추시겠습니까? Puis-je vous inviter à danser? / Voulez-vous danser avec moi? ② ((변동)) varier; changer; se balancer (beaucoup). ¶ 주가가 ~을 추다 Le cours des actions oscille [est instable].
*남의 장단에 ~추다 être manipulé(*e*) par une autre personne, être mené(e) par le bout du nez.
◆_곡 -曲 명 danse *f*.
◆_꾼 명 danseu*r*(*se*); ama*teur*(*trice*) passionné(*e*) de danse.
◆_바람 명 passion *f* déraisonnable pour la danse. ¶ ~바람이 나다 ne pas maîtriser *sa* passion pour la danse.
◆_사위 명 【예술】 mouvement *m* spécifique d'une danse.
◆_판 명 danse *f* en groupe, activités *fpl* dansantes. ¶ ~판이 벌어지다 Les gens dansent.
◆어깨_ 명 haussement *m* d'épaules; roulement *m* d'épaules. ¶ 어깨~을 덩실덩실 추다 danser en roulant des épaules.

춥다 형 ((날씨가 주어일 때)) faire froid; ((사람이 주어일 때)) avoir froid. ¶ 날씨가 추워지다 Le temps se rafraîchit. ¶ 추워서 방에 불을 때다 mettre le chauffage (dans une chambre) parce qu'il (y) fait froid. ¶ 추워서 얼어 죽다 mourir gelé(*e*) [de froid]. ¶ 추워서 옷을 껴입다 revêtir [mettre] un vêtement sur un autre [s'habiller chaudement, bien se couvrir] parce qu'il fait froid. ¶ 추운 날씨에 오시느라 고생이 많았습니다 Vous avez pris la peine de venir par ce temps froid. ¶ 추운 지방 pays froid.

충 忠 명 fidélité *f* au roi, loyauté *f*. ¶ ~과 효를 중시하다 valoriser la loyauté et la piété filiale.

충격 衝擊 명 choc *m*, coup *m*, percussion *f*. ¶ ~을 완화하다 amortir un choc. ¶ 지진으로 인한 ~에도 견딜 수 있는 건물[설계] (plan d'un) bâtiment antisismique [qui résiste à un tremblement de terre]. ¶ 소식을 듣고 ~을 받다 être bouleversé(*e*) par une nouvelle. ◇_(을) **주다** donner un choc [coup] à *qn*. ¶ 그에게는 ~을 줄 필요가 있다 Il a besoin d'un choc. ◇_(을) **받다** être bouleversé(*e*); être sous le choc. ¶ 그는 그 소식을 듣고 ~을 받았다 Il a eu un choc à l'écoute de cette nouvelle.
◆_적 -的 명관 bouleversant(*e*). ¶ ~적인 소식 nouvelle bouleversante.
◆_요법 -療法 명 traitement-choc *m*; traitement *m* par électrochocs ((médical)).

충견 忠犬 명 un chien *m* fidèle, un bon chien *m*, un toutou {*fam*} *m*. ¶ ~ 노릇을 톡톡히 하다 être comme un chien fidèle; suivre *qn* comme un toutou; être le toutou {*fam*} (fidèle) de *qn*. ¶ 저 개는 주인을 구한 ~이다 Ce chien est le chien fidèle qui a sauvé son maître. ¶ 누구의 ~이 되다 être le chien fidèle de *qn*; suivre *qn* comme un toutou {*fam*}.

충고 忠告 명 conseil *m*; ((격려)) exhortation *f*, ((훈계, 상소)) remontrance *f*. ¶ 누구의 ~를 받아들이다[따르다] suivre le(s) conseil(s) [l'avis] de *qn*. ¶ 그는

ㅊ

남의 ~를 잘 듣지 않는다 Il n'écoute pas bien les conseils des autres. ¶ 너의 ~는 고맙지만 Je te remercie de tes conseils mais ... ◇_(를) **하다** donner un conseil à *qn*; faire une remontrance à *qn*. ¶ 그는 나에게 그 일을 그만두라고 ~했다 Il m'a conseillé d'abandonner ce travail [de renoncer à ce travail].

충군 忠君 명 fidélité *f* (au roi), dévouement *m*. ◇_(을) **하다** servir *son* souverain [*son* maître] avec fidélité; être dévoué(*e*).

충당 充當 명 affectation *f* d'une somme pour combler un manque. ◇_(을) **하다** affecter des fonds ((pour combler un déficit)); assigner ((une somme d'argent au paiement d'une rente)). ¶ 사비로 행사 비용을 ~하다 assigner le paiement d'un événement à *ses* frais personnels. ◇_(이) **되다** être affecté(*e*), être assigné(*e*). ¶ 이걸로는 최소한의 비용도 ~이 안 된다 Avec cette somme-là, on ne pourra même pas combler les frais minimums [minima].

충돌 衝突 명 ① 부딪침 choc *m*; collision *f*; heurt *m*; rencontre *f* brutale. ¶ 승용차와 화물차의 ~ collision entre une voiture et un camion (de transports). ② 갈등 conflit *m*, désaccord *m*, opposition *f*. ¶ 의견 ~ un désaccord [un conflit] d'opinions. ¶ 이해의 ~ un conflit d'intérêts. ¶ 보수파와 진보파의 ~ conflit [opposition] entre les conservateurs et les progressistes. ¶ ~을 일으키다 provoquer [être à l'origine d']un heurt [un conflit]. ◇_(을) **하다** entrer en collision, heurter *qc* [*qn*, contre *qc*]; se heurter à *qc*; entrer en conflit. ¶ 선박 두 대가 ~해서 침몰했다 Deux navires [Deux bateaux] ont coulé après être entrés en collision. ¶ 시위대가 경찰과 ~ 했다 Il y a eu des heurts entre les manifestants et la police [et les forces de l'ordre].

◆**정면_** 正面- 명 heurt *m* de front [de plein fouet]; collision *f* de front. ¶ 두 차가 정면~했다 Les deux voitures se sont heurtées de plein fouet.

충동 衝動 명 impulsion *f* ((sexuelle)); mouvement *m* ((intérieur)); élan *m* d'affection; poussée *f* ((de l'instinct)). ¶ ~을 억제하다 retenir une impulsion; ne pas céder à une impulsion. ¶ 어디론가 훌쩍 떠나고 싶은 ~을 느끼다 ressentir l'envie soudaine de vouloir partir quelque part. ¶ ~에 이끌려 sous l'impulsion de ((la colère)). ◇_(을) **하다** exciter, inciter *qn* à+*inf*; pousser *qn* à+*inf*. ¶ 순진한 애를 ~하여서 나쁜 짓을 하게 하다 inciter un enfant naïf à commettre de vilaines choses [des méfaits].

◆**_적** -的 명관 impulsi*f*(*ve*). ¶ ~적으로 impulsivement. ¶ ~적이다 être impulsi*f*(*ve*).

◆**_구매** -購買 명 achats *mpl* impulsifs.

◆**_질** 명 incitation *f*. ¶ ~질(을) 하다 pousser [inciter] *qn* à faire *qc*; attirer, entraîner *qn*. ¶ 후배들을 ~질해서 말썽을 일으키다 causer des problèmes [des ennuis] en excitant les cadets.

충만 充滿 명 plénitude *f*, surabondance *f*. ◇_(이) **되다** se remplir; se combler.

◆**_하다** 형 être plein(*e*), rempli(*e*); être comble; être à *son* comble. ¶ 그의 머리는 미래에 대한 꿈으로 ~했다 Sa tête est pleine de rêves pour l'avenir. ¶ 기쁨으로 ~한 삶 une vie très heureuse.

충복 忠僕 명 serviteur *m* fidèle [dévoué]. ¶ 왕의 ~ un serviteur fidèle du roi. ¶ 공무원은 국민의 ~이 되어야 한다 Les fonctionnaires doivent servir fidèlement les citoyens [doivent être dévoués aux citoyens].

충분조건 充分條件 명 【수학】 condition *f* suffisante. ¶ 2의 배수는 짝수이기 위한 ~이다 Être un multiple de deux est la condition suffisante pour être un chiffre pair. ¶ 사랑과 이해심은 아동 교육의 필요조건이지 ~은 아니다 L'amour [L'affection] et la compréhension sont des conditions nécessaires mais pas suffisantes pour l'éducation des enfants.

충분하다 充分- 형 être suffisant(*e*), satisfaisant(*e*); suffire. ¶ 이 일을 하는 데 그 돈으로 ~ Cette somme d'argent suffit pour faire ce travail. ¶ 한 마디로 ~ Un (seul) mot suffit. ¶ 행복을 얻기 위해 돈만으로는 충분치 않다 L'argent ne suffit pas au bonheur / L'argent ne fait pas tout / Il ne suffit pas d'avoir de l'argent pour être heureux. ¶ 시간은 ~ On a assez [suffisamment] de temps / On a tout le temps / On a le temps qu'il faut. ¶ 충분한 시간을 갖다 avoir assez [suffisamment] de temps; avoir le temps qu'il faut; avoir le temps nécessaire. ¶ 혼자 먹기에 충분한 양 quantité suffisante pour une personne.

◆**충분히** 부 suffisamment, assez; bien. ¶ 그럴 만한 이유가 충분히 있다 Il y a une raison suffisante à cela. ¶ 충분히 생각한 뒤에 결정해라 Prends le temps qu'il faut pour te décider / Prends ta décision après avoir bien réfléchi [après mûre réflexion].

충성 忠誠 명 fidélité *f*, loyauté *f*, dévouement *m*. ¶ 임금에게 ~을 맹세하다 jurer fidélité au roi. ¶ ~을 다하다 être entièrement fidèle à *qn*; être totalement dévoué(*e*) se dévouer entièrement. ◇_(을) **하다** être fidèle, dévoué(*e*). ¶ 나라에 ~하다 être fidèle [dévoué(*e*)] à *sa* patrie.

◆**_스럽다** 형 être fidèle, dévoué(*e*). ¶ ~스러운 신하들 des sujets fidèles [dévoués]; des ministres fidèles [dévoués].

◆**_심** -心 명 fidélité *f*, dévouement *m*. ¶ 부하의 ~심을 시험하다 tester la fidélité de *ses* subordonnés [de *ses* subalternes].

충신 忠臣 명 ministre *m* fidèle [dévoué]. ¶ 그는 역사에 길이 남을 ~이었다 C'est un ministre fidèle qui laissera son nom dans l'histoire. ¶ ~과 간신을 구별하다 différencier les ministres fidèles des infidèles.

충실[1] 忠實 명 fidélité *f*, sincérité *f*, honnêteté *f*.

◆**_하다** 형 être fidèle, sincère, honnête. ¶ 직무에 ~하다 être fidèle à *son* poste. ¶ 가정에 ~한 사람 une personne fidèle à *sa* famille.

◆_히 부 sincèrement, fidèlement, honnêtement. ¶ 약속을 ~히 이행하다 être fidèle à *sa* promesse; respecter [tenir] *sa* promesse. ¶ 부모의 말을 ~히 따르다 obéir fidèlement à *ses* parents; suivre fidèlement la volonté de *ses* parents.

충실[2] **充實** 명 ① honnêteté *f*, sincérité *f*, probité *f*. ② 건강함 force *f*, vigueur *f*, robustesse *f*.

◆_하다 형 ① être honnête, sincère, sérieux(*se*). ¶ 하루를 ~하게 보내다 avoir [passer] une journée bien remplie. ¶ 내용이 ~한 사전 un dictionnaire assez complet. ②건강하다 être robuste, vigoureux(*se*), fort(*e*); être bien portant(*e*). ¶ 몸이 ~하다 être robuste; être bien portant(*e*).

◆_히 부 avec vigueur, vigoureusement; honnêtement, sincèrement.

충심[1] **衷心** 명 grand cœur *m*; ((de)) tout cœur *m*; ((avec)) beaucoup de dévouement *m*; bonne foi *f*. ¶ ~에서 우러나온 말 des paroles qui viennent du fond du cœur; des paroles [des propos] sincères. ¶ ~으로 de tout cœur; de grand cœur; sincèrement. ¶ ~으로 환영하다[감사하다] accueillir *qn* cordialement [remercier *qn* de tout cœur, sincèrement].

충심[2] **忠心** 명 fidélité *f*. ¶ 폐하, 저의 ~을 의심치 마시옵소서 Maître, veuillez ne pas mettre en doute [veuillez croire en] ma fidélité [mon dévouement].

충양돌기 蟲樣突起 명 【의학】 appendice *m* (vermiculaire).

충언 忠言 명 conseil *m*; remontrance *f*. ¶ 귀에 거슬리는 ~도 잘 받아들여야 한다 Il faut accepter tous les conseils même ceux qui ne nous plaisent pas. ◇_(을) 하다 conseiller *qn*, donner des conseils à *qn*; faire une remontrance à *qn*. ¶ 왕에게 그 일을 포기하라고 ~하다 conseiller au roi d'abandonner cette affaire.

충용 忠勇 명 loyauté *f* [dévouement *m*] et vaillance *f* [courage *m*, bravoure *f*].

충원 充員 명 affectation *f* ((de *qn* à un poste vacant)). ¶ 우리 회사는 당분간 ~ 계획이 없다 Pour l'instant, nous n'avons pas l'intention de compléter l'effectif [les effectifs] de notre société [entreprise]. ◇_(을) 하다 combler une vacance [un poste vacant]; prendre un poste vacant; combler les effectifs ((d'une compagnie)). ¶ 모자라는 인원을 ~하다 combler les effectifs d'une compagnie [d'une entreprise]. ¶ 기획부에 3명을 ~하다 combler trois postes supplémentaires dans le service [la section] de la planification. ◇_(이) 되다 être comblé(*e*).

충의 忠義 명 fidélité *f* ((à *son* maître)); dévouement *m* ((au souverain)). ¶ 그들은 순수한 ~의 발로로서 의병을 일으켰다 Ils ont levé une milice pour manifester leur (totale) fidélité à la patrie [pour manifester leur patriotisme] / Des milices (populaires) se sont soulevés [Une milice s'est soulevée] par patriotisme.

충일 充溢 명 débordement *m*, exubérance *f*, profusion *f*, surabondance *f*, trop-plein(~-~*s*) *m*. ◇_(이) 되다[(을) 하다] déborder; être surabondant(*e*); être débordant(*e*) ((de santé, de vie)). ¶ 무엇으로 ~되어 있다 être débordant(*e*) de *qc*.

충적층 沖積層 명 【지리】 lit *m* alluvial.

충적세 沖積世 명 【지리】 holocène *m*.

충전[1] **充塡** 명 obturation *f* ((d'une dent cariée)); plombage *m* ((d'une dent cariée)). ◇_(을) 하다 obturer ((la cavité d'une dent cariée avec un amalgame, une dent avec un alliage ou un amalgame)); plomber ((avec de l'or)). ¶ 틈을 ~하다 obturer la cavité ((d'une dent cariée)); plomber ((une dent cariée)); obturer une dent avec un alliage ou un amalgame.

◆_물 -物 명 amalgame *m*.

충전[2] **充電** 명 charge *f* ((d'une batterie d'accumulateurs)); électrisation *f*. ◇_(을) 하다 ① charger ((la batterie d'une voiture, d'un téléphone portable)); électriser *qc*. ¶ 휴대전화 배터리를 ~하다 charger la batterie de *son* [d'un] (téléphone) portable. ② reprendre des forces; reprendre du poil de la bête {*fam*}; récupérer. ¶ 시골에서 며칠 쉬면서 새로운 에너지를 ~하다 récupérer [reprendre des forces] en se reposant quelques jours à la campagne. ◇_(이) 되다 se charger; être chargé(*e*).

◆_기 -器 명 appareil *m* servant à recharger *sa* batterie.

◆재_ 再 명 rechargement *m* ((d'une batterie)). ¶ 재~의 시간을 갖다 prendre le temps de recouvrer *ses* forces.

충절 忠節 명 fidélité *f*, dévouement *m*. ¶ ~을 지키다 servir ((*son* souverain, *son* maître)) avec fidélité. ¶ 그 신하들의 ~은 역사에 길이 남을 것이다 La loyauté [La fidélité] des sujets (loyaux) restera (gravée) dans l'histoire.

충정[1] **衷情** 명 sentiment *m* profond; sincérité *f*. ¶ ~을 털어놓다 ouvrir *son* cœur; s'épancher auprès de *qn*; se confier à *qn*, se livrer à *qn*. ¶ ~에서 우러나온 충고 un conseil qui vient du fond du cœur. ¶ ~ 어린 선물 un cadeau offert de tout cœur.

◆우국_ 憂國- 명 patriotisme *m*.

충정[2] **忠情** 명 sentiment *m* profond, sincérité *f*, dévouement *m*. ¶ 왕은 그들의 ~을 믿어 의심치 않았다 Le roi [Le souverain], croyant à leur dévouement, ne s'est pas méfié d'eux.

충족 充足 명 satisfaction *f*, suffisance *f*. ◇_(을) 하다 [시키다] être satisfaisant(*e*), suffisant(*e*); suffire, satisfaire ((aux conditions requises; aux normes)). ¶ 요구조건을 ~하다 satisfaire aux conditions requises; présenter [remplir] les conditions requises. ◇_(이) 되다 satisfaire. ¶ 좀처럼 ~되지 않는 소유욕 une avidité insatiable.

◆_감 -感 명 sentiment *m* de satisfaction.

충직 忠直 어근 fidélité *f*, honnêteté *f*, droiture *f*, dévouement *m*, sincérité *f*.

◆_하다 형 être fidèle, sincère, honnête, droit(*e*), dévoué(*e*). ¶ ~한 신하들이 곁에 있어 마음이 든든하다 Je me sens en pleine sécurité car mes sujets me sont fidèles.

◆_스럽다 형 être fidèle, sincère. ¶ 그는 ~스럽게 자신의 본분을 다했다 Il a fait sincèrement son devoir [rempli ses fonctions] jusqu'au bout / Il a fait [satisfait à, suivi, rempli, accompli] avec droiture son devoir jusqu'au bout.

◆_히 부 sincèrement, fidèlement, avec droiture. ¶ ~히 자신의 맡은 바를 수행하는 사람이 성공한다 Celui qui accomplit ses missions comme il faut est voué au succès.

충천 衝天 명 propriété d'être très haut; propriété d'être à *son* comble. ◇_(을) 하다 ① être très haut; ((montagne)) être très élevé(*e*). ② ((비유적)) être à *son* comble. ¶ 사기가 ~하다 avoir le moral au beau fixe; avoir un moral d'acier.

충청도 忠淸道 명 【지명】 la province *f* [la région *f*] du Chungcheong.

충충하다 형 être terne, sombre; ((eau)) être trouble. ¶ 날씨가 ~ Le ciel [temps] est couvert [nuageux] / Le ciel est gris [lourd, menaçant]. ¶ 벽지 색깔이 ~ La couleur du papier peint s'est ternie. ¶ 피부가 충충한 빛이 돈다 Ma peau s'est ternie.

충치 蟲齒 명 dent *f* cariée [gâtée, creuse]; carie *f* (dentaire). ¶ ~를 예방하다 prévenir les caries dentaires. ¶ ~를 치료하다 soigner [plomber] une dent cariée, soigner une carie. ¶ ~를 뽑다 arracher des dents cariées. ¶ ~가 생기다 avoir une carie [des caries (dentaires)].

충혈 充血 명 congestion *f* ((cérébrale, pulmonaire)); engorgement *m* ((des poumons)). ◇_(이) 되다 être injecté(*e*) de sang. ¶ 눈이 빨갛게 ~되었다 Les yeux sont injectés de sang.

충혼 忠魂 명 l'âme de la personne morte pour la patrie. ¶ ~을 기리다 prier pour l'âme de ceux qui ont donné leur vie pour la patrie.

충효 忠孝 명 fidélité *f* au roi [au souverain] et piété *f* filiale. ¶ ~ 사상 esprit de fidélité au roi et piété filiale.

췌언 贅言 명 propos *mpl* [paroles *fpl*] superflu(*e*)s [inutiles]; futilités *fpl*. ¶ ~을 요하지 않다 ne pas exiger de propos supplémentaires, être clair(*e*). ◇_(을) 하다 tenir des propos superflus; parler inutilement; dire des choses inutiles [des paroles superflues]; dire des futilités.

췌장 膵臟 명 【의학】 pancréas *m*.

◆_암 -癌 명 【의학】 pancréatite *f*.

취 명 【식물】 herbe *f* sauvage coréenne proche des épinards; aster *f* parfumée [odorante] comestible et sauvage; *Aster scaber* {*nsc*}.

◆_나물 명 ① ((식물)) aster *f* parfumée [odorante] comestible et sauvage; *Aster scaber* {*nsc*}. ② ((음식)) plat *m* d'accompagnement fait à base d'aster scaber blanchie et assaisonnée avec du sel, de la ciboule, de l'huile, du bœuf, etc.

취객 醉客 명 personne *f* ivre; ivrogne(*sse*); pochard(*e*) {*pop*}. ¶ ~들이 소란을 피웠다 Des ivrognes ont fait un boucan du diable [un boucan infernal] {*fam*}.

취급 取扱 명 ① 다룸 maniement *m*; traitement *m* ((d'une question)). ② 거래 manutention *f* ((de marchandises)). ③ ((위험물질을)) traitement *m*; manipulation *f* ((des drogues)). ¶ ~ 부주의로 폭발하다 exploser par mégarde [à cause d'une faute d'attention, à cause d'une faute de négligence]. ¶ ~ 주의 Fragile. ◇_(을) 하다 traiter *qn* ((comme un domestique)); traiter ((une question, un problème superficiellement)); s'occuper de *qc*; manier [manipuler] ((un appareil)); prendre *qn* pour ((un lâche, un imbécile)). ¶ 문제를 피상적으로 ~하다 traiter un problème d'urgence. ¶ 죄인 ~(을) 하다 s'occuper d'un criminel. ¶ 조심해서 ~해야 하는 물질 substance matérielle qu'il faut manipuler délicatement. ¶ 우리 가게에서는 그 제품을 ~하지 않습니다 Dans notre boutique, nous ne vendons pas cette marchandise. ◇_(이) 되다 être traité(*e*), considéré(*e*) comme; être manipulé(*e*). ¶ 외국시장에서는 그 상품이 저가품으로 ~된다 Cette marchandise est considérée comme un produit de basse qualité [de qualité médiocre, de mauvaise qualité] sur le marché extérieur. ◇_(을) 당하다[받다] être traité(*e*); être pris(*e*) pour; être considéré(*e*) comme. ¶ 바보 ~(을) 당하다 être pris(*e*) pour un(*e*) imbécile [pour un(*e*) demeuré(*e*), pour un(*e*) débile (mental(*e*))].

취기 醉氣 명 ivresse *f*, enivrement *m*, griserie *f*. ¶ ~를 느끼다 se sentir (un peu, légèrement) gris(*e*) [gai(*e*), éméché(*e*), pompette {*fam*}]. ¶ ~가 돈다[오른다] Je me sens un peu [légèrement] gris(*e*) [gai(*e*), éméché(*e*), pompette {*fam*}] / L'alcool commence à me monter à la tête. ¶ ~가 사라지다 se dégriser, se dessaouler, se dessoûler.

취담醉談 명 propos *mpl* d'ivrogne.

취득 取得 명 acquisition *f*, obtention *f*. ◇_(을) 하다 acquérir, se procurer *qc*; gagner *qc*; obtenir *qc* de *qn*. ¶ 토지를 ~하다 faire l'acquisition d'une terre, acquérir une terre. ¶ 운전면허를 ~하다 obtenir le permis de conduire. ¶ 한국 국적을 ~하다 obtenir la nationalité coréenne. ¶ 학사 학위를 ~하다 obtenir une licence. ◇_(이) 되다 être acquis(*e*), obtenu(*e*).

◆_세 -稅 명 taxe *f* à l'achat (de biens immobiliers).

◆_자 -者 명 acquér*eur*(*esse*); personne *f* titulaire ((d'un diplôme, d'une licence)).

◆학위_ 學位- 명 obtention *f* d'un diplôme.

취락 聚落 명 village *m*, hameau(*x*) *m*, agglomération *f*.

취로사업 就勞事業 명 【사회】 (('생계 지원 사업'으로 순화)) plan *m* de création d'emplois. ¶ ~을 시행하다[벌이다] élaborer un plan de création d'emplois.

◆_장 -場 명 marché *m* des plans de création

ㅊ

d'emplois.

취미 趣味 명 ① 여가활동 passe-temps *m inv*; violon *m* d'Ingres; hobby *m*. ¶ ~로 하는 일 un passe-temps; un violon d'Ingres; un hobby. ¶ ~가 무엇입니까? Quels sont vos [Quel est votre] passe-temps? / Quels sont vos loisirs? ¶ 그는 수영이 ~이다 Il aime nager / Il nage pour le plaisir. ② 관심 goût *m*; intérêt *m*. ¶ 그림에 ~를 갖다 s'intéresser à un tableau. ¶ 무엇에 ~가 있다[없다] s'intéresser [ne pas s'intéresser] à *qc*; avoir du goût [ne pas avoir de goût] pour ((la musique)). ¶ 사람마다 ~가 다르다 À chacun ses goûts.

◆**_생활** -生活 명 passe-temps *m inv*. ¶ ~생활을 즐기다 jouir d'un passe-temps.

취사[1] 取捨 명 sélection *f*, choix *m*, tri *m*. ¶ ~의 기로에 서다 parvenir [se trouver] à un carrefour; se situer au carrefour ((de plusieurs tendances)). ¶ 버려야 할 것과 버리지 말아야 할 것 사이의 ~가 쉽지 않다 Ce n'est pas facile de faire le tri entre ce que l'on doit jeter et ce que l'on doit garder. ◇_(를) **하다** sélectionner, choisir, faire une sélection.

◆**_선택** -選擇 명 choix *m*, sélection, tri *m*. ¶ 여러 가지 것 중에서 적절히 ~선택하다 choisir convenablement un objet parmi plusieurs.

취사[2] 炊事 명 cuisine *f*. ¶ 내가 ~ 당번이다 C'est mon tour de faire la cuisine [la tambouille {*fam*}]. ¶ ~ 금지 défense [interdiction] de faire la cuisine. ◇_(를) **하다** faire la cuisine, cuisiner, préparer un repas, faire à manger, faire le repas.

◆**_도구** -道具 명 ustensiles *mpl* [batterie *f*] de cuisine.

◆**_병** -兵 명 cuisinier *m* dans l'armée.

◆**_장** -場 명 cuisine *f*.

취생몽사 醉生夢死 명 vie *f* oisive [inutile]. ◇_(를) **하다** vivre dans l'oisiveté; mener une vie inutile.

취소 取消 명 annulation *f* ((d'une commande)); révocation *f* ((d'un testament)); rétractation *f*; résiliation *f* ((d'un bail)). ◇_(를) **하다[시키다]** annuler ((une commande, un rendez-vous, une fête)); résilier ((un contrat)); décommander ((une robe)); révoquer ((un ordre)); se rétracter; rétracter ((une promesse, un engagement)). ¶ 기자회견을 ~하다 annuler une conférence de presse. ¶ 약속을 ~하다 annuler un rendez-vous; décommander un rendez-vous, se décommander. ¶ 주문한 음식을 ~시키다 annuler une commande; décommander un plat. ¶ 호텔 예약을 ~하다 annuler une réservation. ◇_(가) **되다** être annulé(*e*). ¶ 모임이 ~되었다 La réunion est [a été] annulée.

취약 脆弱 어근 fragilité, faiblesse *f*, débilité *f*. ¶ ~ 부문 une catégorie [une classe, une branche, un groupe, une section] faible.

◆**_하다** 형 être fragile, faible, débile. ¶ 우리 팀은 수비가 ~하다 Notre équipe a une faible défense / Notre défense est faible. ¶ 한국 기업의 대외경쟁력이 ~하다 La compétitivité internationale [sur le marché international] des entreprises coréennes est faible / Les entreprises coréennes ne sont pas très compétitives à l'étranger [sur le marché international].

◆**_성** -性 명 fragilité *f*, faiblesse *f*. ¶ 그 팀은 공격력에 있어서 ~성을 보였다 Cette équipe a montré ses faiblesses [sa faiblesse] dans l'attaque.

◆**_점** -點 명 point *m* faible. ¶ ~점을 보강하다 renforcer *son* point faible. ¶ 우리는 우리 자신의 ~점을 철저히 분석해야 한다 Nous devons analyser minutieusement nos points faibles.

취업 就業 명 trav*ail*(*aux*) *m*; entrée *f* en fonction, entrée *f* dans une profession; embauche *f*. ¶ ~ 인구 la population active. ¶ ~ 희망자 un demandeur d'emploi. ¶ ~을 알선하다 recommander *qn* pour un poste [pour un travail, pour un emploi]. ¶ 요즘은 ~이 어렵다 Ces temps-ci, il est difficile de trouver du travail. ◇_(을) **하다** se mettre au travail, entrer en fonction, entrer dans une profession; prendre un emploi; trouver du [un] travail; se faire embaucher; prendre possession d'un poste. ◇_(이) **되다** être engagé(*e*), être recruté(*e*) embauché(*e*); se faire engager [embaucher]. ◇_(을) **시키다** engager *qn*; embaucher *qn*; donner du travail à *qn*.

◆**_난** -難 명 difficultés *fpl* d'embauche.

◆**_률** -率 명 taux *m* d'embauche.

◆**_문** -門 명 débouchés *mpl*. ¶ 대학 졸업자의 ~문이 갈수록 좁아지고 있다 Il y a de moins en moins de débouchés pour les jeunes diplômés de l'université.

◆**_자** -者 명 personne *f* active.

◆**위장_** 僞裝 명 embauche *f* déguisée. ¶ 공장에 위장~하다 se faire embaucher de façon déguisée dans une usine.

취임 就任 명 entrée *f* en fonction [en charge] ((d'un magistrat)); prise *f* de fonction ((d'un ministre)). ¶ ~ 인사차 들르다 passer pour faire un discours d'entrée [de prise] de fonction. ◇_(을) **하다** prendre possession d'un poste; entrer en fonction; prendre la direction ((d'une entreprise)); accéder au poste de. ¶ 사장[장관]직에 ~하다 prendre la direction ((d'une entreprise)) [entrer en fonction de ministre]. ◇_(을) **시키다** faire entrer en fonction *qn*; faire accéder *qn* à un poste.

◆**_사** -辭 명 discours *m* d'entrée en fonction [de prise de fonction].

◆**_식** -式 명 cérémonie *f* de prise de fonction.

취입 吹入 명 enregistrement *m*; insufflation *f*. ◇_(을) **하다** enregistrer ((une chanson)); insuffler. ¶ 음반[레코드]를 ~하다 enregistrer ((de la musique)) sur (un) disque.

취재 取材 명 le fait de réunir [de récolter, de glaner] des informations; recueil *m* d'informations ((sur un événement)) (pour un journal); reportage *m*;

couverture *f* ((d'un événement, d'une manifestation, de l'actualité, d'un fait divers)). ¶~ 여행 un voyage d'enquête [d'information], un voyage de documentation ((pour écrire un roman)). ¶~ 기자 un reporter; un(*e*) journaliste. ¶~ 경쟁이 치열하다 La concurrence (entre journalistes) [pour assurer la couverture d'un événement, de l'actualité] est acharnée [âpre, serrée, sévère] / Dans le journalisme, la concurrence est acharnée. ◇_(를) 하다 recueillir des informations ((sur un événement)) (pour un journal); s'informer d'((un événement)); se renseigner sur *qc*, prendre des renseignements sur *qc*; couvrir ((un événement)). ¶기자들이 와서 이 사건에 대해 ~해 갔다 Des journalistes sont venus recueillir des informations sur cette affaire [s'informer sur cette affaire, s'informer sur cet événement, enquêter sur le terrain]. ◇_(가) 되다 ((information)) être recueilli(*e*).

◆_원 -源 명 source *f* d'information. ¶~원을 확보하다 étendre la source d'information.

◆_진 -陣 명 équipe *f* de reporters [de journalistes]. ¶~진을 파견하다 envoyer une équipe de reporters [de journalistes].

취조 取調 명 enquête *f*, interrogatoire *m*. ◇_(를) 하다 faire une enquête, faire subir un interrogatoire, soumettre *qn* à un interrogatoire. ¶용의자[범인]을 ~하다 faire subir un interrogatoire à un suspect [à un criminel]; interroger un suspect [un criminel]. ◇_(를) 받다[당하다] subir un interrogatoire; être soumis(*e*) à un interrogatoire; être interrogé(*e*) ((par la police)). ¶경찰[형사]의 ~를 받다 être interrogé(*e*) par la police [par un inspecteur].

◆_관 -官 명 enquêteur *m*.

◆_실 -室 명 chambre *f* d'interrogatoire.

취주 吹奏 명 【음악】 action de jouer un air sur un instrument à vent; action de jouer d'un instrument à vent, action de sonner ((du cor, de la trompette)). ¶~곡을 연주하다 jouer un air sur un instrument à vent. ◇_(를) 하다 jouer ((un air)) (sur un instrument à vent); sonner ((du cor, de la trompette, du clairon)).

◆_악기 -樂器 명 【음악】 instrument *m* à vent; cuivres *mpl*; bois *mpl*.

◆_악단 -樂團 명 【음악】 harmonie *f*; ((금관의)) fanfare *f*.

취중 醉中 명 ivresse *f*, ébriété *f*. ¶~ 진담 (En général) on dit ce que l'on pense lorsqu'on est saoul [soûl] / On ne dissimule pas la vérité quand on est soûl / On est plus à l'aise pour dire ce que l'on pense quand on est soûl / On parle sans réserve [sans hypocrisie] quand on est soûl]. ¶~ 객기 courage (hors de propos) [témérité] sous l'emprise de l'alcool [puisé(*e*) dans l'alcool, favorisé(*e*) par l'alcool]. ¶~에 친구를 때리다 frapper un(*e*) ami(*e*) en état d'ébriété [sous le coup de la boisson]. ¶~에 실수를 하다 faire [commettre] une bévue [un impair, une erreur, une bêtise, une sottise, une connerie {*vulg*}, une bourde {*fam*}, une gaffe {*fam*}] sous le coup de la boisson. ¶~에 실언[망언]을 하다 laisser échapper une parole malheureuse [maladroite] sous le coup de la boisson. ¶아무리 ~이라지만 너무 했다 Il a beau être saoul, il dépasse les bornes [il est allé trop loin, il y a des limites].

취지 趣旨 명 ((생각)) opinion *f*, idée *f*, esprit *m* ((d'une loi)); ((목적)) objet *m*, but *m*; ((의의, 요지)) teneur *f* ((d'un document)); sens *m* (général), signification; point *m* essentiel ((d'une question)); résumé *m*, substance *f*, contenu *m*. ¶설립 ~ le but de la création ((d'une société)). ¶~를 살리다 sauver l'esprit de *qc*. ¶~를 밝히다 révéler l'esprit de *qc*. ¶~만 전달하면 된다 Il suffit de transmettre le sens général. ¶...하자는 ~로 à l'effet de; dans le but de. ¶~에 맞다[어긋나다] aller dans le bon sens [aller à l'encontre] ((d'une loi; de la bonne conduite)). ¶~는 좋았지만 ... L'idée était bonne mais ... ¶~는 잘 알겠지만 ... Je sais ce que vous voulez dire [ce que vous pensez] mais ... / Je comprends très bien le sens de votre démarche mais ...

취직 就職 명 obtention *f* d'un emploi [d'une place, d'un travail]. ¶~ 자리를 찾다 chercher un emploi [un poste, une situation, une place, un travail, du travail, du boulot {*fam*}]. ¶~ 시험을 보다 passer un concours pour entrer dans une société [dans une entreprise]. ¶~시험 공부를 하다 préparer un concours pour entrer dans une compagnie. ◇_(을) 하다 obtenir un emploi [une place]; trouver un poste [un travail, une place, un job {*pop*}]. ¶대학을 졸업하고 회사에 ~하다 entrer dans une entreprise [compagnie] à la fin de *ses* études. ¶좋은 데 ~하려면 si tu veux trouver un bon poste. ◇_(이) 되다 trouver du travail [boulot {*pop*}]; trouver un travail [une situation, un job, une place, un boulot {*pop*}]. ¶그는 학교를 졸업하자마자 ~이 되었다 Il a trouvé du travail [du boulot] dès la fin de ses études. ◇_(을) 시키다 pourvoir *qn* d'un emploi; placer *qn* à un poste; trouver du travail à *qn*; donner du travail à *qn*; (faire) engager [embaucher] *qn*. ¶제자를 회사에 ~시키다 placer l'un(*e*) de *ses* ancien(*ne*)s élèves à un poste.

◆_난 -難 명 difficultés *fpl* d'embauche; manque *m* de débouchés. ¶요즘 ~난이 심각하다 Cela devient difficile de trouver du travail [du boulot {*fam*}].

취체 取締 명 contrôle *m*, direction *f*, surveillance *f*. ◇_(를) 하다 contrôler, surveiller.

취침 就寢 명 coucher *m*. ¶~ 시간 l'heure du coucher; l'heure de se coucher [d'aller au lit]. ¶~ 전에 avant de se coucher. ◇_(을) 하다 se coucher, se mettre au lit; aller au lit [au plumard {*fam*}]; aller dans [rejoindre] les bras de Morphée. ¶군대에서는 저녁 10시에 ~한다 À l'armée, il faut se coucher à dix heures.

ㅊ

취타 吹打 명 【음악】 une bande *f* musicale d'une procession royale.

취하 取下 명 retrait *m* ((d'une demande)). ¶ 고소 ~로 풀려나다 se voir retirer une plainte. ◇_(를) **하다** retirer ((une demande, une plainte)). ¶ 소송[고소, 소]를 ~하다 retirer une plainte. ◇_(가) **되다** être retiré(*e*).

취하다¹ 取- 타 ① 가지다 choisir, adopter; prendre, s'emparer de *qc*. ¶ 남의 물건을 ~ prendre l'objet de *qn* (sans *son* autorisation), prendre [arracher] *qc* des mains de *qn*, s'emparer de *qc*, ravir *qc*, voler *qc*, usurper *qc*. ¶ 친구에게서[한테서] 돈을 ~ emprunter de l'argent à un ami. ¶ 장점을 ~ choisir *ses* points forts. ② ((태도, 방법, 형식을)) adopter [prendre] une position [une méthode]. ¶ 분명한 태도를 ~ prendre [adopter] une position nette [claire]. ¶ 차려 자세를 ~ prendre la position du garde-à-vous. ¶ 합리적 방법을 ~ adopter une méthode rationnelle. ¶ 이 글은 소설 형식을 취하고 있다 Ce texte adopte la forme d'un roman. ③ 행하다 effectuer. ¶ 연락을 ~ prendre contact avec *qn*, contacter *qn*. ¶ 적절한 행동을 ~ effectuer des actions convenables. ¶ 조치를 ~ prendre des mesures. ④ 흡수하다 absorber ((des aliments)). ¶ 수분을 ~ absorber [boire] de l'eau. ¶ 단백질을 ~ absorber [prendre] des protéines. ⑤ 이익을 얻다 faire [réaliser, prendre] des bénéfices [des profits, des gains]. ¶ 우리는 그 사업에서 많은 이익을 취했다 Nous avons réalisé de gros bénéfices dans cette affaire. ¶ 폭리를 ~ réaliser des bénéfices excessifs [exagérés]. ⑥ 삼다 adopter, prendre. ¶ 그 분 말씀을 교훈으로 취했다 J'ai tiré une leçon de ses paroles. ¶ 그 건물들은 모두 고딕식으로 취하고 있다 Ces bâtiments ont tous un style gothique.

취하다² 醉- 재 ① s'enivrer, se griser, se soûler, se saouler, être sous l'effet (de l'alcool ou d'une drogue). ¶ 그 친구는 (술에[술이]) 많이 취했다 Il est complètement soûl [ivre, bourré {*fam*}, beurré {*fam*}, pété {*fam*}, pinté {*fam*}, blindé {*fam*}, brindezingue {*fam*}, cuit {*fam*}, cuité {*fam*}, noir {*fam*}, paf {*fam*}, plein {*fam*}, rond {*fam*}, schlass {*fam*}, torché {*fam*}, nurgé {*fam*}] / Il est ivre mort. ¶ 감기약에 취했다 Je subis les effets [les inconvénients] d'un médicament contre la grippe / Je suis groggy à cause d'un médicament contre la grippe. ¶ 잠에 ~ être enivré(*e*) [grisé(*e*)] de sommeil. ¶ 그 여자는 꽃향기에 취했다 Elle était enivrée par le parfum des fleurs. ② 열중하다 être *pris(e) par qc*, être *passionné(e)*, enthousiasmé(*e*) par *qc*; être enivré(*e*); grisé(*e*). ¶ 그는 나의 이야기에 취했다 Il était passionné par mon histoire. ¶ 분위기에 ~ être enivré(*e*) par l'ambiance. ¶ 흥에 ~ être excité(*e*), être transporté(*e*) de plaisir.

◆**대_** 大- 재 être complètement ivre, être ivre mort(*e*), avoir trop bu d'alcool. ¶ 그는 술에 대취했다 il est complètement ivre d'alcool.

취학 就學 명 entrée *f* à l'école. ¶ ~ 연령 l'âge scolaire. ¶ ~ 아동 un(*e*) enfant scolarisé(*e*). ◇_(을) **하다** entrer à l'école. ¶ 초등학교에 ~하다 entrer à l'école primaire. ◇_(을) **시키다** mettre [envoyer] ((un(*e*) enfant)) à l'école.

◆**_률** -率 명 taux *m* de scolarité [de scolarisation]. ¶ ~률이 예전에 비해서 현격히 떨어졌다 Le taux de scolarisation a beaucoup baissé par rapport au passé.

◆**_전교육** -前敎育 명 enseignement *m* préscolaire.

취한 醉漢 명 ivrogne *m*; pochard(*e*); poivrot *m* {*pop*}.

취항 就航 명 mise *f* en service ((d'un bateau, d'un avion)). ¶ ~을 허가하다 autoriser la mise en service ((d'un bateau, d'un avion)). ◇_(을) **하다** être mis(*e*) en service; faire le service entre ((Paris et Séoul)). ¶ 미주 노선에 ~하다 être mis(*e*) en service sur les lignes américaines; faire le service entre les États-Unis et la Corée.

취향 趣向 명 tendance *f*, goût *m*. ¶ 자기 ~에 맞게[따라] suivant son goût. ¶ 누구의 ~에 맞추다 s'adapter aux goûts de *qn*. ¶ ~이 특이하다 avoir des goûts spéciaux [une tendance spéciale].

취흥 醉興 명 excitation *f* (due à l'effet de l'alcool). ¶ ~을 돋우다 exciter *qn* sous l'effet de l'alcool. ¶ ~에 겨워 춤추다 danser excité(*e*) par l'alcool [sous l'effet de l'alcool, sous le coup de la boisson].

츄리닝 영{training} 명 survêtement *m*, ((être en)) jogging *m*.

측¹ 側 의명 côté *m*; parti *m*, partie *f*. ¶ 어느 한 ~에서는 반대의견도 나왔다 Il y a eu objection d'un côté. ¶ ... 하려는 ~의 입장 la position vis-à-vis de ceux qui ...

-측² 側 접미 côté *m*; parti *m*, partie *f*. ¶ 남~ le côté sud [méridional]; ((한국)) la partie sud [méridionale] de la Corée. ¶ 우~ le côté droit. ¶ 좌~ le côté gauche. ¶ 주최~ le côté des organisateurs. ¶ 반대~ ((반대방향)) le côté opposé; ((반대하는 측)) le côté [la partie, ceux] qui s'oppose(nt). ¶ 귀~ vous. ¶ 아군~ (le côté de) notre armée, (le côté de) nos forces, le côté des alliés, les alliés. ¶ 상대~ 입장 la position de l'adversaire. ¶ 검찰~ le côté du parquet. ¶ 신랑~ 식구들 les membres de la famille (du côté) du (futur) mari. ¶ 우[좌]~으로 vers la droite[la gauche].

측간 廁間 명 cabinets *mpl* extérieurs, toilettes *fpl* extérieures.

측근 側近 명 ① ((장소)) voisinage *m*; alentours *mpl*, entours *mpl*. ¶ ~에서 모시다 faire venir des alentours. ¶ 누구를 ~에 두다 faire venir *qn* près de *soi*. ② ((사람)) entourage *m*; membre *m* de l'entourage de *qn*. ¶ 그는 왕의 ~이다 Il fait partie de l'entourage du roi.

◆**_자** -者 명 (*son*) entourage *m*.

측량 測量 명 mesure *f*, mesurage *m*, arpentage *m* ((d'une propriété)); sondage *m*. ¶ ~ 기사 un arpenteur(-géomètre). ◇_(을) **하다** mesurer,

ㅊ

arpenter ((un champ)); jauger, sonder ((la profondeur de l'eau)); calculer, prévoir, mesurer. ¶ 거리를 ~하다 mesurer la distance ((d'un endroit à un autre)). ¶ 바다의 깊이를 ~하다 sonder la profondeur de la mer. ◇_(이) 되다 être sondé(e). ¶ 깊이가 ~이 안 된다 Il est difficile de sonder la profondeur (de l'eau).

◆_술 -術 명 géodésie *f*, arpentage *m*.

측면 側面 명 ① 옆면 côté *m*, flanc *m*, profil *m*; surface *f* latérale. ¶ ~ 돌파 enfoncement des lignes ennemies. ¶ 적을 ~에서 공격하다 attaquer l'ennemi de flanc; prendre l'armée ennemie de flanc. ② 부면 aspect *m*, angle *m*, facette ((d'un problème)); point *m* de vue; ((sur le)) plan *m*; ((avoir)) un côté ((méchant)); *sa* version ((des faits)). ¶ 경제적인 ~에서 sur le plan économique. ¶ 그에게는 그런 ~이 있다 Il a aussi ce côté-là. ¶ 준비가 소홀했던 ~이 있다 Il y a l'aspect négligé des préparatifs.

◆_도 -圖 명 (plan *m* de) profil *m*; coupe *f*.

◆_지원 -支援 명 aides *fpl* indirectes.

측백나무 側柏- 명 【식물】 thuya *m*, *Biota orientalis* {*nsc*}.

측우기 測雨器 명 pluviomètre *m*.

측은 惻隱 명 sympathie *f*, compassion *f*, commisération *f*, pitié *f*.

◆_하다 형 être pitoyable; être digne de pitié; attirer la sympathie. ¶ 거지를 보니 측은한 생각이 들었다 J'ai éprouvé de la pitié en voyant ce mendiant.

◆_히 惻隱 부 ((prendre *qn*)) en pitié; avec sympathie. ¶ ~히 여기다 avoir pitié de *qn*; prendre *qn* en pitié.

◆_지심 -之心 명 pitié *f*; (sentiment *m*) de compassion *f*.

측정 測定 명 mesure *f*, mesurage *m*; sondage *m*; estimation *f*, calcul *m*. ◇_(을) 하다 mesurer, sonder; estimer, calculer. ¶ 혈압을 ~하다 mesurer la tension de *qn*. ¶ 정확하게 ~하다 mesurer avec précision. ◇_(이) 되다 être mesuré(*e*), sondé(*e*); être estimé(*e*), calculé(*e*).

◆_기 -器 명 instrument *m* de mesure.

◆_법 -法 명 ① méthode *f* de mesurage. ② 【수학】 mesurage *m*.

층¹ 層 명 ① couche *f*; assise *f*, strate *f*. ¶ 머리에 ~(이) 지다 avoir les cheveux mal coupés; avoir des escaliers dans les cheveux. ② étage *m*. ¶ 꼭대기 ~ le dernier étage. ¶ ~마다 방이 3개씩 있다 Il y a trois pièces à chaque étage.

층² 層 분류 étage *m*. ¶ 3~ le deuxième étage. ¶ 지상 15~ le quatorzième étage.

층³ 層 접미 ① classe, catégorie *f*, couche *f* sociale. ¶ 고위~ la classe dirigeante; la haute société. ¶ 귀족~ la classe des nobles, la noblesse. ¶ 상류~ la classe dirigeante (de la société); la haute société. ② 지층 étage *m*; couche *f* (géologique), filon *m*, veine *f*, gisement *m*, lit *m*, banc *m*; assises *fpl*, strate *f*. ¶ 석탄~ un filon [une veine] de houille; un gisement de houille, un bassin houiller.

◆아래_ 명 étage *m* inférieur; étage du dessous; ((au)) dessous *m*.

◆위_ 명 étage *m* supérieur; étage du dessus; ((au)) dessus *m*.

층계 層階 명 escalier *m*; perron *m*. ¶ ~를 올라가다 monter un escalier. ¶ ~를 뛰어 내려오다 descendre un escalier en courant [quatre à quatre], dévaler l'escalier quatre à quatre {*fam*}. ¶ ~로 내려가다 descendre un escalier.

◆_참 -站 명 palier *m* [étage *m*].

층상 層狀 명 stratification *f*.

층수 層數 명 nombre *m* d'étages.

층운 層雲 명 【지리】 stratus *m*.

층위 層位 명 【언어】 strate *f*.

◆_대립 -對立 명 【언어】 opposition *f* de strates.

층적운 層積雲 명 【지리】 strato-cumulus *m inv*.

층층 層層 명 chaque étage *m*; étage par étage. ¶ 우리는 ~마다 비상계단을 설치했다 On a installé un escalier de secours à chaque étage. ¶ 그는 책을 ~으로 쌓았다 Il a entassé des livres les uns sur les autres. ¶ ~의 시댁 어른 nombreux membres aînés de la famille du mari (dont l'épouse doit s'occuper).

◆_이 부 à [en] plusieurs couches [étages, niveaux]. ¶ 우리는 벽돌을 ~이 쌓았다 Nous avons empilé plusieurs étages de briques. ¶ 그는 화분을 ~이 놓아 두었다 Il a disposé les pots de fleurs à différents niveaux. ¶ 산에는 ~이 진달래가 피었다 Des azalées ont fleuri partout sur la montagne.

◆_대 -臺 명 base *f* de l'escalier.

◆_다리 명 escalier *m*.

◆_시하 -侍下 명 vie *f* avec les parents de plusieurs générations. ¶ 층층~에서 시집살이를 하다 vivre avec *sa* belle-famille de plusieurs générations.

치¹ 齒 명 dent *f*.

***~가 떨리다** ((노여움)) grincer des dents ((d'indignation, de colère, de haine)); être exaspéré(*e*), agacé(*e*), crispé(*e*), énervé(*e*), irrité(*e*), horripilé(*e*); en avoir assez [marre] de *qc*/*qn*, ne plus supporter; être allergique à *qc*/*qn*, ne pas apprécier *qc*/*qn*, haïr ((*qn*/*qc*)), avoir *qc* en haine, détester *qc*/*qn*. ¶ 그 생각만 하면 ~가 떨린다 Rien qu'à y penser [Rien que d'y repenser], j'en ai les dents qui grincent / Cette idée me met hors de moi.

***~를 떨다** grincer des dents ((de colère, d'indignation, de haine)); être exaspéré(*e*), agacé(*e*), crispé(*e*), énervé(*e*), irrité(*e*), horripilé(*e*): être allergique à *qc*/*qn*, ne pas apprécier *qc*/*qn*, haïr ((*qn*/*qc*)), avoir *qc* en haine, détester *qc*/*qn*; ne pas supporter [sentir {*fam*}, blairer {*fam*}, encadrer {*fam*}] *qn*; ne pas apprécier *qn* ((ce type *me* rend malade)).

치² 의명 ① ((사람)) individu *m*, type *m* {*fam*}, mec *m* {*fam*}, gars *m* {*fam*}. ¶ 저런 ~하고는 상대를 안 한다 Je n'ai aucune envie d'avoir une relation

ㅊ

avec un type comme lui / Je ne veux avoir aucune relation avec un individu pareil / Je ne veux rien échanger avec ce genre d'individu / Je refuse toute relation avec ce genre d'individu. ¶ 젊은 ~들 jeunes mecs. ② ((물건)) chose *f*, bidule *m*, machin *m*, truc *m*. ¶ 어제 ~보다 크다 C'est plus grand que le truc d'hier. ③ ((분량)) portion *f*, ration *f*, quantité *f*. ¶ 이달 ~ 식량 la ration de ce mois. ¶ 하루 ~ 식량 ration journalière.

치[3] 분류 ((단위)) pouce *m*. ¶ 한 ~ 앞도 내다볼 수 없다 (하나도 안 보이다) n'avoir aucune visibilité; ((비유적)) ne pas voir plus loin que le bout de *son* nez; l'avenir [le résultat, l'issue] demeure complètement incertain(*e*).

치[4] 감 Euh!; Tiens! ¶ ~ 할 말 없으니까 괜히 딴소리야 Tiens, tu ne trouves rien à dire [tu n'as aucun argument, tu es à court d'argument, tu n'as aucune réponse, tu ne sais pas quoi dire], alors tu changes de sujet.

-치[5] **値** 접미 niveau(*x*) *m*. ¶ 기대~ au niveau espéré, à la hauteur de *ses* espérances. ¶ 평균~ niveau moyen, moyenne. ¶ 최고~ le niveau le plus haut.

치-[6] 접두 vers le haut. ¶ ~뜨다 ouvrir les yeux (avec détermination). ¶ ~받다 se heurter brutalement. ¶ ~솟다 ((prix)) monter brusquement.

치간음 齒間音 명 【언어】 (consonne *f*) interdentale *f*.

치경 齒莖 명 【의학】 gencive *f*.

◆_**음** -音 명 【언어】 (consonne *f*) alvéo-dentale *f*.

-치고 조 ① 모두 sans exception. ¶ 자식~ 사랑스럽지 않은 자식 없다 Les enfants sont tous adorables sans exception. ¶ 새끼~ 예쁘지 않은 것이 없다 Les enfants sont tous adorables sans exception. ② 비해서는 par rapport à une norme [à un critère]; pour ..., vu ..., quand on considère ... ¶ 중학생~ 키가 큰 편이다 Il est plutôt grand par rapport aux autres collégiens.

-치고는 조 pour ..., vu ..., quand on considère ...; par rapport à *qc*/*qn*. ¶ 중국산 핸드백 ~ 비싸다[비싼 편이다] C'est cher [plutôt cher] pour un sac à main chinois. ¶ 값싼 물건~ 쓸 만하다 C'est un bon produit pour ce que ça coûte / Vu ce que ça coûte, c'est un bon produit / C'est un produit qui a un bon rapport qualité-prix. ¶ 2천원~ 맛있는 편이다 Pour deux mille wons, c'est plutôt bien [c(e n)'est pas mal du tout]. ¶ 그 친구는 나이~ 젊어 보인다 Il fait jeune pour son âge. ¶ 그는 외국인~ 한국말을 잘 하는 편이다 Pour un étranger, il parle assez bien coréen. ¶ 그는 젊은 사람~ 점잖다 Il est très sage quand on considère son âge / Vu son âge, il est très sage.

치고받다 재 ① se battre. ¶ 두 사람은 주먹을 치고받았다 Les deux personnes se sont battues à coups de poing. ② 말싸움하다 se disputer, se chamailler, se quereller. ¶ 그 사람들은 매일 치고받는다 Ils se disputent [se chamaillent, se querellent] tous les jours.

-치고서 조 ☞ -치고

-치곤 조 ☞ -치고는

치골 恥骨 명 【의학】 os *m* fessier.

치과 齒科 명 odontologie *f*. ¶ ~에 다니다 voir un dentiste régulièrement, aller souvent chez un dentiste, aller régulièrement chez le dentiste, bénéficier de soins dentaires chez un dentiste.

◆_**의사** -醫師 명 dentiste *mf*, chirurgien(*ne*) dentaire.

치국 治國 명 gouvernement *m* d'un pays. ◇_(을) **하다** gouverner un pays.

◆_**평천하** -平天下 명 gouvernement *m* d'un pays et maintien *m* de la paix sur terre.

치근[1] **齒根** 명 【의학】 racine *f* dentaire.

치근[2] 어근 action d'importuner.

◆_**거리다**[**대다**] 재 demander avec insistance; importuner [embêter, harceler] ((une femme)); faire des avances ((à une femme)) se jeter à la tête de *qn*, draguer ((une femme)), courir après ((une femme)). ¶ 그 남자는 그 여자에게 계속 ~거린다 Il ne cesse de l'importuner [de la harceler, de lui courir après, de lui tourner autour, de lui faire des avances].

◆_ _ 부 avec insistance, importunément. ¶ 그는 그 여자를 자꾸 ~~ 귀찮게 군다 Il ne cesse de l'embêter [de l'importuner, de la harceler].

◆_ _**하다** 재 importuner *qn*, harceler *qn*, embêter *qn*. ¶ 그 놈은 항상 나에게 ~~한다 Ce type m'embête tout le temps.

치근덕 어근 ☞ 치근[2]

치기[1] **稚氣** 명 puérilité *f*, enfantillage *m*. ¶ ~를 부리다 faire des enfantillages, se conduire comme un(*e*) enfant [comme un(*e*) gamin(*e*)]. ¶ ~에서 그런 행동을 할 수도 있다 À cause de son côté enfantin, il se comporte comme ça parfois. ¶ ~가 있다 être puéril(*e*), enfantin(*e*), infantile. ¶ ~ 어린 짓[생각] un comportement [un idée] infantile [puéril(*e*)].

-치기[2] 접미 ((행위)) vol *m* à la tire; ((행동)) conduite *f* méprisable [frauduleuse]; tricherie *f*; ((사람)) voleu*r*(*se*) à la tire, chapardeu*r*(*se*). ¶ 소매~ ((행위)) vol à la tire; ((사람)) un(*e*) voleu*r*(*se*) à la tire, un pickpocket, un(*e*) tireu*r*(*se*) {*vx*}. ¶ 날~ vol à la tire; pickpocket; voleu*r*(*se*) à la tire; vol à l'arraché ou personne commettant ce genre de vol ((vol commis par *qn* souvent monté sur une moto qui arrache le sac à main ou le portefeuille d'une personne au passage)). ¶ 들~ un vol ≪à l'arraché≫ ((vol commis par *qn* souvent monté sur une moto qui arrache le sac à main d'une personne au passage)). ¶ 새~ intrusion dans une file d'attente. ¶ 차~ vol à l'arraché en voiture.

◆_**배** -輩 명 bande *f* de voleurs; gang *m*.

치다[1] 재타 ① ((사물을)) frapper; battre. ¶ 책상을 꽝 ~ frapper fort sur la table. ¶ 어깨를 툭 ~ frapper (amicalement) d'un coup de main sur l'épaule.

ㅊ

② ((사람을)) frapper [battre] *qn*. ¶ 그 여자는 내 뺨을 세게 쳤다 Elle m'a frappé(*e*) fort au visage / Elle m'a giflé(*e*). ¶ 그 남자가 나를 쳤다 Il m'a frappé(*e*). ¶ 그 아버지는 자식들을 매로 쳤다 Ce père a fouetté ses enfants. ③ ((팽이를)) fouetter une toupie. ¶ 팽이를 ~ fouetter une toupie. ④ ((야구)) frapper ((une balle)). ¶ 안타를[홈런을] ~ ((baseball)) frapper un coup sûr [faire un *home run*]. ⑤ ((마음을)) frapper, émouvoir, toucher *qn*. ¶ 그의 말이 내 가슴 깊은 곳을 쳤다 Sa parole m'a ému(*e*) [frappé(*e*)]. ⑥ ((못을)) enfoncer. ¶ 벽에 못을 ~ enfoncer un clou dans le mur. ⑦ ((박수)) battre des mains, applaudir. ¶ 박수[손뼉]를 치다 applaudir [battre des mains]. ⑧ ((타자)) taper à la machine. ¶ 타이프[타자, 타자기]를 ~ taper à la machine. ¶ 컴퓨터(의) 자판을 ~ taper sur le clavier (d'un ordinateur). ¶ 원고를 컴퓨터[타자기]로 ~ écrire un article à l'ordinateur[à la machine à écrire]. ⑨ ((종을)) faire sonner (la cloche). ¶ 그 분이 종을 쳤다 Il a fait sonner la cloche. ¶ 마침내 종이 쳤다 La cloche a enfin sonné. ⑩ ((전신을)) envoyer (un télégramme). ¶ 그 사람은 부모님께 전보를 쳤다 Il a envoyé un télégramme à ses parents. ¶ 소대장은 본부에 무전을 ~ Le chef de section a envoyé un message radio au quartier général. ¶ 누구에게 삐삐를 ~ ((호출하다)) biper *qn*, tenter de joindre *qn* à l'aide d'un biper [bipeur, alphapage]. ⑪ ((자동차가)) se faire écraser par une voiture. ¶ 그 차가 사람을 쳤다 Un homme s'est fait écrasé par cette voiture / Cette voiture a écrasé un homme. ⑫ 공격하다 combattre, frapper, attaquer. ¶ 적을 ~ attaquer l'ennemi. ¶ 적들은 우리를 사방에서 치고 들어왔다 Les ennemis ont frappé de toutes parts. ⑬ 공박하다 critiquer *qn*[les idées de *qn*]. ¶ 우리가 너무 세게 치고 나갔다 Nous avons trop critiqué. ¶ 그는 나의 허점을 치고 들어왔다 Il a révélé[dénoncé] mes défauts. ⑭ ((나뭇가지를)) abattre, couper, élaguer. ¶ 그는 전지가위로 나무의 가지를 쳤다 Il a abattu un arbre. ⑮ 깎다 se faire couper les cheveux. ¶ 머리를 짧게 ~ se faire couper les cheveux courts. ¶ 커트를 ~ se faire couper les cheveux. ⑯ ((목을)) couper [trancher] la tête de *qn*, décapiter. ¶ 죄인의 목을 ~ Trancher la tête d'un criminel. ⑰ ((쇠붙이를)) travailler ((un métal)) à chaud, forger ((un métal)), battre ((le fer à chaud sur l'enclume)). ¶ 무쇠를 쳐서 낫을 만들다 forger une faucille à partir de fonte chauffée (à blanc). ⑱ ((떡을)) pilonner. ¶ 떡을 ~ pilonner du riz cuit pour en faire du *tteok*. ¶ 떡메를 ~ pilonner. ⑲ ((체로)) tamiser, cribler ((de la farine)). ¶ 체로 밀가루를 ~ tamiser [cribler] de la farine. ¶ 체를 ~ cribler, passer au crible. ¶ 딱지를 ~ jouer au *ttakji*. ⑳ ((점을)) dire la bonne aventure à *qn*; prédire l'avenir à *qn*. ¶ 점을 ~ prédire l'avenir à *qn*. ㉑ ((회를)) couper en morceaux. ¶ 회를 ~ découper du poisson cru en cubes. ㉒ ((열매를)) éplucher un fruit. ¶ 대추를 ~ éplucher un jujube. ㉓ ((시각을)) sonner. ¶ 벽시계가 두 시를 쳤다 L'horloge a sonné deux heures. ㉔ 세차게 흔들다 agiter la tête; agiter la queue; battre des ailes. ¶ 새가 날개를 친다 L'oiseau bat des ailes. ¶ 닭이 홰를 쳤다 Le coq [La poule] bat des ailes.

***가슴을** ~ se frapper la poitrine. ¶ 그는 너무 안타까워서 ~을 쳤다 Il était tellement impatient qu'il se frappait la poitrine.

***뒤통수를** ~ attaquer *qn* par derrière [dans le dos], prendre *qn* en traître, attaquer *qn* en traître [traîtreusement, sournoisement (par derrière, dans le dos de *qn*)], surprendre la confiance [la bonne foi] de *qn*, trahir *qn*. ¶ 그 친구가 나의 뒤통수를 칠 줄은 몰랐다 Je ne m'attendais pas à ce qu'il me trahisse [à une telle trahison].

***등을** ~ extorquer [soutirer, escroquer, dépouiller, soustraire] de l'argent à *qn*, escroquer *qn*. ¶ 그 녀석은 친구의 등을 쳐 먹었다 Ce type a escroqué son ami.

***무릎을** ~ se frapper les cuisses. ¶ 그는 됐다고 무릎을 쳤다 Il s'est frappé les cuisses en se disant «ça y est, c'est fait» [car tout s'était passé comme il le voulait].

***종** ~ finir, terminer. ¶ 그 사람은 인생 종 쳤다 Sa vie est finie.

***뺨**~ n'avoir rien à envier à *qn*, être largement [facilement] aussi que *qn*, surpasser *qn/qc*, éclipser *qn*. ¶ 그 사람은 전문가 뺨친다 Il est largement [facilement] aussi performant [compétent] qu'un spécialiste [qu'un expert]. ¶ 그의 연기력은 웬만한 배우 뺨친다 Il n'a rien à envier à un acteur.

***계란으로 바위 치기다** Contre cognée serrure ne peut; une lutte impossible.

치다[2] 타 ((‘치이다’의 잘못)) ☞ 치이다[1]

치다[3] 타 ① passer un examen. ¶ 나는 어제 시험을 쳤다 J'ai passé un examen hier.

치다[4] 타 ① 계산에 넣다 compter, calculer, considérer; payer. ¶ 우리는 사과 한 개를 500원으로 쳤다 Nous avons compté cinq cents wons pour une pomme. ¶ 우리 회사는 군대 경력을 3년으로 친다 Notre compagnie compte le service militaire comme trois années d'expérience / Notre entreprise considère le service militaire comme équivalent à trois années d'expérience. ¶ 그까지 치면 모두 5명이다 Avec lui(elle), on est cinq au total. ¶ 물건 값을 후하게 ~ payer *qc* généreusement. ② 간주하다 compter *qn/qc* pour [comme, parmi]. ¶ 나는 그 아이를 친구로 치지 않는다 Je ne le compte pas parmi mes amis. ¶ 보석 중 다이아몬드를 최고로 친다 On considère le diamant comme la plus belle des pierres précieuses [comme la pierre précieuse la plus belle]. ¶ 사람들은 그 사람을 쳐주지 않는다 Tout le monde l'ignore [fait comme s'il n'existait pas, le considère comme nul]. ③ 가정하다 supposer. ¶ 네 말이 맞는다고 치자 Supposons que

tu aies raison. ¶ 이 문제는 해결된 것으로 치자 Supposons que l'affaire soit réglée. ¶ 이걸로 점심은 먹은 셈 치자 Disons qu'avec ça, on a déjeuné [que cela nous aura servi de déjeuner, qu'on se contente de ça comme déjeuner]. ¶ 그 사람이 잘못했다손 치더라도 Même s'il a fait une erreur… ④ 기준삼다 considérer. ¶ 재능으로 치자면 그 사람이 제일이다 Si on considère le talent, c'est lui le meilleur.
* **…은 둘째(로) 치고** sans compter *qc/qn*. ¶ 밥은 둘째 치고 죽도 못 먹는다 On est dans la misère la plus totale / On est dans une misère noire / On est dans la dèche {*fam*}.

치다⁵ 타 ① agir vite. ¶ 헤엄[물장구]을 ~ nager [barboter dans l'eau]. ¶ 발버둥을 ~ agiter les bras et les jambes, se débattre ((comme un (beau) diable, comme un possédé, comme un forcené)), s'ébrouer, s'agiter, se débattre; ((비유적)) se démener ((comme un (beau) diable)), faire tout pour+*inf*, se remuer, s'agiter ((comme un diable dans un bénitier)), faire des pieds et des mains, se donner beaucoup de peine, se donner du mal [un mal de chien, un mal fou], se bouger {*fam*}, se démener, se décarcasser, se casser le cul {*vulg*}, se démancher, se mettre en quatre, se dépenser, se battre, se bagarrer pour obtenir *qc*, jouer serré, monter au créneau, ne pas se laisser faire, se défoncer {*fam*}. ¶ 몸부림을 ~ se débattre, se tordre ((de douleur)); se tourner et se retourner ((dans *son* lit)), se démener; se rouler par terre ((pour un enfant qui fait une colère)); ((비유적)) se débattre contre les difficultés de la vie, lutter, se battre, batailler ((pour survivre)). ¶ 달음질을 ~ courir. ¶ 요동을 ~ (*se*) balancer, osciller, s'ébranler. ② ((웃음을)) sourire un peu. ¶ 눈웃음을 ~ adresser un regard à *qn*, faire les yeux doux à *qn*. ¶ 코웃음을 ~ sourire [rire] d'un air moqueur, ricaner. ③ 일으키다 éprouver [provoquer] un sentiment négatif [de dégoût]. ¶ 우리는 그 분의 뻔뻔한 행동에 넌더리[진저리, 몸서리]를 쳤다 Nous avons éprouvé de la répugnance [du dégoût, de l'aversion] pour ses actes effrontés [impudents]. ④ ((나쁜 행위를)) faire *qc* de mal, commettre *qc*; ((장난 따위를)) jouer un (vilain) tour [une (vilaine) farce] à *qn*. ¶ 누구에게 장난을 ~ faire [jouer] un tour [une farce] à *qn*. ¶ 허풍을 ~ leurrer *qn*, mener *qn* en bateau {*fam*}, se foutre de la gueule de *qn* {*vulg*}, monter un bateau à *qn* {*fam*}, mettre *qn* en boîte {*fam*}, faire marcher *qn*. ¶ 그는 우리에게 허풍을 쳤다 Il nous a leurré(*e*)s [*mené(e)s en bateau* {*fam*}, monté un bateau {*fam*}, fait marcher, mis(*es*) en boîte {*fam*}]. ¶ 누구에게 사기를 ~ tromper [duper] *qn*, faire une escroquerie, escroquer *qn*, arnaquer *qn* {*fam*}. ¶ 누구에게 공갈을 ~ menacer *qn*, intimider *qn*, user d'intimidation; faire du chantage *qn*, faire chanter *qn*. ¶ 누구에게 난리를 ~ troubler *qn*, provoquer une situation de crise. ¶ 그는 나를 땅바닥에 패대기쳤다 Il m'a fait tomber par terre / Il m'a envoyé(*e*) par terre / Il m'a jeté(*e*) au sol / Il m'a précipité(*e*) au sol. ¶ 그는 책을 바닥에 내동댕이쳤다 Il a jeté un livre par terre. ¶ 헹가래를 ~ faire sauter *qn* dans les airs, porter *qn* en triomphe. ¶ 도망을 ~ prendre la fuite, fuir, s'enfuir. ⑤ 저지르다 commettre [faire] ((une erreur, une maladresse, un impair, une bévue, une bourde, une boulette {*fam*})), faire ((une bêtise, une sottise, une gaffe {*fam*})); provoquer ((un accident)); créer ((un problème)), causer ((des difficultés, des complications)); aboutir à ((un échec)). ¶ 그 친구가 사고를 쳤다 Il a commis une bévue [un impair] / Il a fait une bêtise [une sottise, une gaffe {*fam*}, une erreur, une connerie {*vulg*}, une bévue, une bourde {*fam*}]. ¶ 그 사람이 마침내 일을 쳤다 Il a fini par commettre une grave erreur [par faire une bêtise, par faire une connerie {*vulg*}]. ⑥ ((소리를)) jeter, pousser ((des cris)); élever [hausser] la voix; crier fort. ¶ 그는 우리에게 고래고래 소리(를) 쳤다 Il a poussé des cris dans notre direction. ¶ 선생님은 우리들에게 호통을 쳤다 Le professeur nous a sévèrement réprimandé(*e*)s. ¶ 누구에게 고함(을) ~ hurler. ¶ 아이들은 배고프다고 엄마에게 아우성(을) 쳤다 Les enfants ont hurlé à leur mère qu'ils avaient faim. ¶ 야단을 ~ gronder [réprimander] sévèrement.
* **곤두박질을** ~ tomber tête première. ¶ 주가가 곤두박질을 쳤다 Le cours des actions a brusquement chuté.
* **꼬리를** ~ draguer *qn* {*fam*}, courtiser *qn*, faire des avances (pour séduire *qn*). ¶ 그 여자가 먼저 나에게 꼬리를 쳤다 C'est elle qui m'a dragué en premier {*fam*}.
* **땡땡이를** ~ 【속어】 sécher ((un cours, la classe)) {*fam*}, manquer {*pop*} ((la classe)), s'absenter, faire l'école buissonnière.
* **뒷걸음질을** ~ reculer, régresser. ¶ 경기가 뒷걸음질을 치고 있다 La conjoncture économique régresse.
* **맞장구를** ~ approuver, manifester *son* consentement [*son* approbation, *son* assentiment]. ¶ 그 사람은 내 말에 맞장구를 쳤다 Il m'a approuvé(*e*).
* **뺑소니를** ~ ((자동차 사고)) commettre un délit de fuite; fuir, s'enfuir, se sauver, prendre la fuite, prendre la poudre d'escampette, déguerpir, décamper, s'esquiver, s'en aller [disparaître] furtivement, filer (à l'anglaise), se tirer (en douce) {*fam*}, se casser {*fam*}, s'arracher {*fam*}.
* **선수를** ~ prendre les devants [l'initiative]. ¶ 그 사람이 먼저 선수를 쳤다 Il a pris l'initiative.
* **아우성을** ~ hurler, crier. ¶ 서민들이 못 살겠다고 아우성을 치고 있다 Le peuple crie son mécontentement à cause de la vie difficile.
* **줄행랑을** ~ prendre la fuite, prendre la poudre d'escampette, s'enfuir à toutes jambes [à toute vitesse, à la débandade], se sauver à toute vitesse,

ㅊ

prendre *ses* jambes à *son* cou, jouer des jambes [des flûtes], décamper {*fam*}, déguerpir, filer, se carapater {*fam*}.

***큰소리(를)** ~ faire le fanfaron, fanfaronner {*vx*}, se vanter, se la jouer {*fam*}, parler [poser] pour la galerie, plastronner pour la galerie; exagérer. ¶ 큰소리 치더니 꼴좋다 Te voilà pris qui croyait prendre.

***판을** ~ régner, dominer, exercer une grande influence, prospérer, foisonner, pulluler, se répandre [se propager] partout, être partout répandu(*e*), battre *son* plein. ¶ 요즘 폭력 영화가 판을 친다 Ces jours-ci les films violents pullulent [règnent, ont la cote]. ¶ 시내 영화관에 온통 폭력물이 판을 친다 Les cinémas de la ville sont envahis par des films violents. ¶ 부정부패가 판을 치고 있다 La corruption se propage partout.

***활개를** ~ effectuer une démarche orgueilleuse. ¶ 그들이 활개를 치고 돌아다닌다 Ils sont les maîtres ici.

***히트를** ~ avoir un gros succès. ¶ 그 영화는 큰 히트를 쳤다 Ce film a eu un succès fou [énorme].

치다[6] ① ((기상현상)) il fait. ¶ 비바람이 친다 Il pleut et il y a du vent. ¶ 눈보라가 친다 La neige tombe en [par] rafales. ¶ 벼락이 친다 La foudre éclate. ¶ 천둥[번개]이 친다 Il y a du tonnerre [des éclairs] / Il y a un orage. ② ((물결)) déferler. ¶ 파도가 친다 Les vagues déferlent.

치다[7] 타 ① 긋다 tracer, tirer. ¶ 나는 그 단어에 밑줄을 쳤다 J'ai souligné le mot. ¶ 그 분은 달력에 동그라미를 쳤다 Il a entouré la date sur le calendrier. ② (붓으로 묵화를) 그리다 dessiner à l'encre de Chine. ¶ 난을 ~ dessiner une orchidée à l'encre de Chine.

치다[8] 타 ① ((양념을)) mettre, ajouter ((des épices)). ¶ 음식에 양념을 ~ ajouter des épices dans un mets. ¶ 찌개에 조미료를 ~ mettre des assaisonnements dans une soupe. ¶ 음식에 소금[설탕, 고춧가루, 후춧가루, 간장, 식초]을 ~ mettre du sel [du sucre, des piments, du poivre, de la sauce de soja, du vinaigre] dans un plat. ② ((기름을)) huiler ((une machine, un récipient)). ¶ 자전거에 기름을 ~ graisser une bicyclette. ¶ 프라이팬에 기름을 ~ mettre de l'huile dans une poêle. ③ ((약을)) vaporiser un produit chimique agricole [de l'insecticide]. ¶ 논에 농약을 ~ vaporiser un produit chimique sur une rizière. ¶ 방에 살충제를 ~ vaporiser de l'insecticide dans la chambre.

***초(를)** ~ gâcher (le plaisir de *qn*), saboter, mettre *son* grain de sel, semer la pagaille dans, mettre [foutre] la merde {*vulg*} ((dans les affaires de *qn*)). ¶ 그 녀석은 항상 내 일에 초를 친다 Ce type sabote tout le temps mes affaires. ¶ 그는 내가 하는 일에 사사건건 초를 친다 Il critique [juge] négativement toutes mes actions / Il me décourage dans [Il gâche] tout ce que j'entreprends / Il sabote [Il abîme, Il démolit, Il détériore] tout ce que j'entreprends / [Il fout la merde {*vulg*} dans tout ce que j'entreprends. ¶ 제발 초치는 소리 그만 해! Arrête de freiner mes élans [mon enthousiasme]!

치다[9] 타 ① ((커튼 따위를)) mettre, tendre ((des rideaux)); poser, installer, dresser ((une tente)). ¶ 창문에 커튼을 ~ poser des rideaux sur une fenêtre. ¶ 발을 ~ poser un store. ¶ 병풍을 ~ installer un paravent. ② 둘러서 막다 entourer de *qc*. ¶ 방에 칸막이를 ~ cloisonner une chambre. ¶ 마당에 울타리를 ~ poser des clôtures autour de la cour. ¶ 창문에 철망을 ~ grillager une fenêtre. ¶ 모기장을 ~ poser une moustiquaire. ¶ 철조망을 ~ poser une clôture de barbelés. ③ ((천막 등을)) mettre, tendre ((des rideaux)); poser, installer; dresser ((une tente)). ¶ 야영지에 천막[텐트]을 ~ dresser une tente. ④ (임시로 살 데를) 만들어 세우다 installer un lieu de camping où l'on peut vivre provisoirement. ¶ 진을 ~ camper. ⑤ 펴서 벌여 놓다 tendre ((un piège, un filet)). ¶ 덫을 ~ dresser [tendre] un piège. ¶ 그물[투망]을 ~ tendre un filet. ⑥ ((거미줄을)) filer, ourdir, tisser. ¶ 거미 한 마리가 방에 거미줄을 쳤다 Une araignée a tissé sa toile dans la chambre. ⑦ 감거나 두르다 attacher *qc* avec une lanière. ¶ 그 여자는 머리에 댕기를 쳤다 Elle porte un ruban attaché à ses cheveux (tressés).

***연막을** ~ émettre [jeter] un écran de fumée. ¶ 그는 나를 안심시키려고 연막을 치는 것이 분명하다 C'est bien clair qu'il jette un écran de fumée pour me rassurer.

***경을** ~ punir sévèrement, maudire *qn*, envoyer *qn* au diable. ¶ 이런 경을 칠 놈 같으니라고 Quel salaud! / Sois maudit! / (Va) au diable!

***산 입에 거미줄 치랴**? Chaque jour apporte sa pitance / On ne mourra pas de faim / On trouvera toujours quelque chose à manger.

치다[10] 타 tresser, natter, confectionner. ¶ 가마니를 ~ tresser un sac (pour y mettre du riz). ¶ 돗자리를 ~ tisser une natte.

치다[11] 타 ① 연주하다 jouer ((d'un instrument de musique)). ¶ 피아노를 ~ jouer du piano. ¶ 그 여자는 피아노곡을 한 곡 쳤다 Elle a joué un morceau de piano classique. ¶ 북을 ~ battre du [le] tambour [la caisse], frapper sur un tambour, jouer du tambour; tambouriner ((une marche)). ¶ 장구를 ~ battre du [le] *janggu*, frapper sur un *janggu*, jouer du *janggu*. ¶ 기타를 ~ jouer de la guitare. ② 운동을 하다 jouer ((aux cartes, à un sport)). ¶ 탁구[테니스, 당구]를 ~ jouer au ping-pong [au tennis, au billard]. ¶ 배드민턴을 ~ jouer au badminton.

***뒷북(을)** ~ s'affairer [faire les choses] quand il est trop tard [lorsque cela n'est plus nécessaire], fermer l'écurie lorsque les chevaux sont (déjà) dehors, prendre des précautions [dispositions] quand le mal est arrivé [quand il n'est plus temps de l'éviter], prendre des dispositions trop tard / Il est trop tard de [pour] fermer l'écurie lorsque les chevaux sont déjà dehors [quand le cheval s'est sauvé] / Après la mort, le médecin. ¶ 다들 뒷북만 치고 있다 Tout le monde s'affaire quand cela n'est plus nécessaire.

***북 치고 장구** ~ faire tout tout seul, être le(la) seul(*e*) à travailler. ¶ 그 혼자 북 치고 장구 치고 다 한다 Il fait tout (et) tout seul / C'est lui seul qui travaille / Il est le seul à travailler / C'est lui qui fait tout / Il n'y a que lui qui bosse {*fam*} / Il est au four et au moulin.

치다[12] 타 ① enlever ((les ordures)); curer ((un égout)), curer ((un puits)); nettoyer. ¶ 마당의 눈을 ~ déblayer la neige de la cour. ¶ 집안의 쓰레기를 ~ ramasser les ordures ménagères. ¶ 집안을 ~ nettoyer la maison. ¶ 변소를 ~ nettoyer les toilettes [la cuvette des toilettes]. ② 물길을 만들다 creuser ((un canal)). ¶ 도랑을 ~ creuser une rigole. ③ ((‘치우다의 잘못)) 닦다 nettoyer (avec un chiffon). ¶ 상을 ~ nettoyer la table.

***도랑 치고 가재 잡고** avoir le beurre et l'argent du beurre, faire d'une pierre deux coups, faire coup double; la cerise sur le gâteau.

치다[13] 타 ① 기르다 nourrir, élever; faire l'élevage de. ¶ 돼지[오리, 누에]를 ~ élever des cochons [des canards, des vers à soie]. ② 낳다 mettre bas. ¶ 돼지가 새끼를 쳤다 Une truie a mis bas des porcelets. ③ 생기다 ((bourgeons)) pousser, sortir, éclater; tendre *ses* branches, se ramifier; tendre *ses* activités. ¶ 나무가 가지를 친다 L'arbre tend ses branches. ¶ 이 이론[학설]은 가지를 많이 쳤다 Cette théorie a eu de nombreuses ramifications. ¶ 이 학파[종파]는 가지를 쳤다 Cette école [secte] s'est divisée en différentes branches. ④ 묵게 하다 tenir ((une pension)). ¶ 하숙을 ~ tenir une pension.

치다[14] 타 jouer ((aux cartes)). ¶ 화투[카드, 포커]를 ~ jouer aux *hwatu* [aux cartes, au poker].

치다꺼리 명 soin *m*, charge *f* ((d'une personne)); arrangement *m*, règlement *m* ((d'une affaire)). ◇_(를) **하다** s'occuper de *qn*/*qc*, soigner *qn*, veiller sur *qn*, prendre soin de *qn*, prendre en charge *qn*; aider *qn*; arranger, régler, liquider ((une affaire)). ¶ 노인의 ~를 하다 s'occuper d'un vieillard. ¶ 동생들을 ~하다 prendre en charge *ses* frères et sœurs. ¶ 아들이 사고 친 것을 ~하다 régler une situation conflictuelle provoquée par *son* fils.

치닥거리 명 ☞ 치다꺼리

치닫다 자 ① courir à toutes jambes [en toute hâte]. ¶ 사슴들이 숲 속으로 치달았다 Les cerfs ont couru *vers la forêt en toute hâte*. ② ((비유적)) se précipiter vers *qc*. ¶ 그 일은 종국[파국]을 향해 치닫고 있었다 L'affaire tirait à sa fin. ¶ 정국이 위기 국면으로 치닫고 있다 La situation politique se précipite vers une crise.

치달리다 자 courir en toute hâte. ¶ 언덕길을 ~ monter la pente (d'une colline) en toute hâte.

치대다 타 ① 문지르다 pétrir ((de la farine)); frotter ((un linge)). ¶ 그 여자는 걸레를 치댔다 Elle a frotté un chiffon pour le laver. ¶ 그 여자는 밀가루 반죽을 치댔다 Elle a pétri de la farine. ¶ 그 여자는 빨래판에 빨래를 치댔다 Elle a frotté le linge avec ses mains sur une planche à laver. ② 맞부딪치다 se heurter. ¶ 그들은 서로 어깨를 치댔다 Il se sont heurtés les épaules / Ils se sont donnés un coup d'épaule. ③ 조르다 demander en pleurnichant; geindre, se plaindre; dire *qc* en pleurnichant; faire une colère [un caprice], importuner *qn* pour obtenir *qc*. ¶ 아이가 계속 엄마에게 치댄다 L'enfant n'arrête pas de se plaindre à sa mère en pleurnichant.

치도곤 治盜棍 명 bâton *m* ((qu'on employait dans le temps pour punir un criminel)); châtiment *m*. ◇_(을) **당하다** recevoir des coups de bâton, se faire châtier sévèrement.

치떠보다 자 ☞ 칩떠보다

치뜨다 타 lever les yeux. ¶ 그는 눈을 치떴다 Il a levé les yeux.

치렁치렁 부 ((se balancer)) légèrement. ¶ 그 여자는 온갖 장신구를 ~ 달고 있다 Elle porte toutes sortes d'accessoires.

◆_**하다** 형 être tombant(*e*), pendu(*e*). ¶ 그 분은 머리가 ~하다 La chevelure de cette femme lui tombe sur la figure. ¶ 옷자락이 ~한 치마 la jupe qui traîne par terre.

치레[1] 명 ① 치장 apparence *f*; décor *m*; toilette *f*. ¶ ~에 신경을 쓰다 soigner *son* apparence. ② 허식 attitude *f* affectée, chiqué *m*, bluff *m*; apprêt *m*, recherche *f*, pose *f*. ¶ ~에 치우친 말 un cliché, une formule consacrée. ¶ 회의는 실속 없이 ~로 흘렀다 Apparemment la réunion s'est bien déroulée mais, en fait, elle n'a servi à rien. ◇_(를) **하다** affecter, feindre, simuler.

-치레[2] 접미 ① 꾸밈 apprêt *m*, affectation *f*. ¶ 겉~ apparences trompeuses. ¶ 인사~ formules de salut, salutations d'usage [usuelles]. ② 치름 réception *f*, accueil *m*. ¶ 손님~ l'accueil des invités. ¶ 병~ une maladie chronique. ¶ 잔병~ une petite maladie chronique.

치료 治療 명 traitement *m* médic*al*(*aux*), soins *mpl* médicaux; thérapie *f*; thérapeutique *f*. ¶ 응급 ~ premiers soins d'urgence. ¶ 입원 ~ soins hospitaliers. ¶ 통원 ~ soins de routine. ◇_(를) **하다** soigner, traiter, guérir, donner des soins médicaux. ◇_(가) **되다** être soigné(*e*), être guéri(*e*). ¶ 이 병은 ~가 잘 안 된다 C'est une maladie difficile à soigner. ◇_(를) **받다** suivre un traitement médical. ¶ 유능한 의사에게 ~를 받다 se faire soigner par un médecin compétent.

◆_**법** -法 명 technique *f* de soins thérapeutiques. ¶ 새로운 ~법이 개발되었다 On a mis au point une nouvelle technique de soins thérapeutiques.

◆_**비** -費 명 frais *mpl* de traitements, frais *mpl* médicaux. ¶ ~비를 마련하다 trouver de quoi payer les frais médicaux.

◆_제 -劑 명 médicament *m*.

◆물리_ 物理- 명 physiothérapie *f*, traitement *m* physiothérapeutique. ¶ 물리~를 받다 suivre une physiothérapie.

치루다 타 ☞ 치르다

치르다 타 ① 지불하다 payer, régler, acquitter. ¶ 나는 그 사람에게 돈을 치렀다 Je l'ai payé(*e*). ¶ 주인에게 물건 값을 치렀다 J'ai payé mon achat au marchand. ¶ 그는 하숙비를 선불로 치렀다 Il a payé un loyer d'avance à la pension. ② 갚다 payer. ¶ 너도 그 일에 대한 대가를 치러야 한다 Toi aussi, tu dois payer pour cette affaire. ③ 해 내다 faire [passer] *qc*; faire l'expérience de *qc*; recevoir ((des invités)). ¶ 그 분은 큰일을 치렀다 Il a accompli une affaire importante. ¶ 우리는 3일 동안 잔치를 치렀다 Nous avons donné une fête pendant trois jours. ¶ 어제 장례를 치렀다 Nous avons célébré des funérailles hier. ¶ 입학시험을 치렀다 J'ai passé le concours d'entrée à l'université. ④ 겪다 subir une épreuve difficile. ¶ 그는 두어 차례 옥고를 치렀다 Il a déjà purgé deux peines d'emprisonnement. ⑤ ((의무를)) faire par obligation. ¶ 그는 아직 형기를 치르고 있다 Il purge toujours une peine d'emprisonnement. ⑥ 대접하다 recevoir ((des invités)). ¶ 그 여자는 많은 손님을 치렀다 Elle a reçu du monde.

*홍역을 ~ passer [traverser] une mauvaise période [une mauvaise passe, une passe difficile, une période noire, une période critique, une période de perturbation(s)]; passer par de rudes épreuves. ¶ 그 여자는 스캔들 때문에 홍역을 치렀다 Elle est passée par de rudes épreuves à cause d'un scandale / Elle a traversé une mauvaise période [une mauvaise passe, une passe difficile, une période noire, une période de perturbation(s)] à cause d'un scandale.

치마 명 jupe *f*; jupette *f*, minijupe. ¶ 짧은 ~를 입다 porter une jupette [une minijupe].

◆_폭 -幅 명 ampleur *m* d'une jupe.

*~폭이 넓다 ((비유)) se mêler des affaires d'autrui.

◆_ㅅ바람 명 ((비유)) intervention *f* officieuse des mères d'élèves auprès des enseignants.

*~ㅅ바람을 일으키다 ((une mère d'élève)) intervenir officieusement auprès des professeurs en vue d'obtenir une faveur pour *son* enfant.

◆_ㅅ자락 명 pan *m* [volant *m*] d'une jupe.

치매 癡呆 명 【의학】 démence *f* (sénile) (de type Alzheimer), la maladie *f* d'Alzheimer, alzheimer *m*; ((농담 삼아)) sénilité *f*, gâtisme *m*. ¶ 조발성 ~ démence [gâtisme] précoce. ¶ 노인성 ~ la démence sénile, la maladie d'Alzheimer, l'alzheimer. ¶ ~에 걸리다 être atteint(*e*) de la maladie d'Alzheimer; ((농담 삼아)) devenir (précocement) sénile, être déjà sénile [gâteux(*se*)]. ¶ ~가 오다 être touché(*e*) par la maladie d'Alzheimer; ((농담 삼아)) devenir (précocement) sénile [gâteux(*se*)]. ¶ 나 왜 이러니? ~인가봐 Qu'est-ce qui m'arrive? Je suis déjà sénile [gâteux(*se*)] ou quoi? [Serais-je précocement sénile?].

치명 致命 명 attentat *m* à la vie.

◆_적 -的 명관 mortel(*le*). ¶ ~적인 실수[타격] une erreur fatale [un coup mortel]. ¶ 그 사건이 그 사람에게 ~적이었다 Cette affaire lui a été fatale.

◆_상 -傷 명 blessure *f* mortelle. ¶ ~상을 입다[입히다] se faire une blessure mortelle [infliger une blessure mortelle à *qn*].

◆_타 -打 명 coup *m* mortel [fatal]. ¶ ~타를 날리다 porter [donner] un coup mortel à *qn*.

치밀다 재 ① ((감정, 생각이)) sentir *qc* monter ((en *soi*)). ¶ 그는 화가 머리끝까지 치밀었다 Il a eu un accès de colère. ¶ 나는 이런 생각이 불쑥 치밀었다 Cette idée m'est venue soudainement. ② ((말이)) être en train de sortir (en parlant d'un mot). ¶ 나는 그 말이 목젖까지 치밀었다 Le mot m'est remonté jusqu'à la gorge. ¶ 나는 욕지거리가 목구멍으로 치밀었다 Les injures me sont remontées à la gorge [à la bouche]. ③ ((구역질이)) avoir la nausée[un mal de cœur]; être pris de nausée. ¶ 나는 갑자기 구역질이 치밀었다 J'ai brusquement eu la nausée. ④ ((열 따위가)) ((la chaleur)) jaillir. ¶ 땅에서 열기가 훅훅 치밀어 올랐다 La chaleur souterraine a jailli avec force. ⑤ 들어 올리다 soulever, lever vers le haut. ¶ 나는 창문 턱 위로 상반신을 치밀어 올렸다 Je me suis levé le buste pour sortir par la fenêtre. ¶ 나는 머리를 그 틈으로 치밀었다 J'ai passé ma tête à travers ce petit intervalle.

◆치밀어 오르다 재 ((la colère)) monter, avoir un accès de *qc*. ¶ 나는 분노가 치밀어 올랐다 J'ai eu un accès de colère / J'ai senti la colère monter.

치밀하다 緻密- 형 ① 꼼꼼하다 être minutieux(*se*), méticuleux(*se*). ¶ 그 계획은 매우 ~ C'est un projet méticuleusement préparé. ¶ 그 이론은 치밀하게 구성되었다 C'est une théorie finement construite. ¶ 치밀한 성격 un caractère méticuleux. ② 촘촘하다 être fin(*e*), serré(*e*). ¶ 이 섬유의 조직은 매우 ~ Ce tissu est très fin.

◆치밀히 緻密- 부 minutieusement, finement, méticuleusement. ¶ 우리는 그 사건을 치밀히 조사했다 Nous avons mené une enquête minutieuse.

치받다 재타 ① heurter fortement; percuter ((un mur)); cogner; emplafonner {*fam*}; tamponner; emboutir. ¶ 자동차가 벽을 세게 치받았다 La voiture a heurté le mur de plein fouet / La voiture a percuté le mur. ¶ 나는 그의 턱을 머리로 치받았다 Je lui ai donné un coup de tête au menton. ② 대항하다 cogner; donner un coup; buter; taper; attaquer. ¶ 그는 윗사람을 치받아 버렸다 ((물리적)) Il a donné un coup de tête à son supérieur / ((비유적)) Il a refusé avec obstination [violemment] d'obtempérer à son supérieur. ③ ((감정이)) ((colère)) monter. ¶ 분노가 갑자기 그의 목구멍을 치받았다

Soudain, la rage lui est montée à la tête / Soudain il a suffoqué de colère / Soudain la fureur lui est montée jusqu'aux yeux / Soudain il a senti la moutarde lui monter au nez. ¶ 그 사람은 치받는 분기를 눌렀다 Il a dominé sa colère qui montait.

치받치다 재타 ① soulever, lever, élever, relever; hisser; ((결과상태)) soutenir, tenir, maintenir, porter. ¶ 그 여자는 가방을 치받쳐 들어 짐칸에 올렸다 Elle a soulevé son sac pour le mettre dans le porte-bagages. ¶ 받침돌이 탑을 치받치고 있다 Le support de pierre soutient [maintient] la pagode. ¶ 그 사람은 내 턱을 손으로 치받쳤다 Il m'a soulevé le menton ((pour m'intimider)). ② ((얼굴 따위를)) relever la tête; tourner la tête vers le haut. ¶ 그는 얼굴을 치받치고 나를 쳐다보았다 Il a relevé le visage et m'a regardé [fixé, lancé un regard]. ③ 북받치다 monter. ¶ 그 사람은 분노가 머리끝까지 치받쳤다 Sa colère lui est montée jusqu'à la tête. ¶ 나는 감격이 마음속에서 치받쳐 올랐다 J'ai été saisi(*e*) au cœur par l'émotion / Une vague d'émotion m'est montée au cœur. ¶ 그 사람은 서러움에 치받쳐 울고 말았다 La tristesse l'a envahi et finalement il s'est mis à pleurer / Finalement, dominé par la tristesse, il s'est mis à pleurer. ④ ((바람, 불길 따위가)) s'élever, jaillir; monter; grimper; se lever. ¶ 바람이 산 정상까지 치받쳐 올라왔다 Le vent s'est levé au sommet de la montagne. ¶ 불길이 치받쳐 올랐다 Les flammes ont grimpé à toute vitesse.

치부[1] 致富 명 enrichissement *f*, acquisition *f* de richesses. ¶ 그 사람의 ~ 과정에는 석연치 않은 점이 많다 Il y a bien des choses suspectes [beaucoup de choses suspectes, beaucoup de choses pas très claires] dans la façon dont il a fait fortune. ◇_(를) **하다** s'enrichir, faire fortune. ¶ 부정한 방법으로 ~를 하다 faire fortune [s'enrichir] illégalement [d'une manière frauduleuse, d'une manière illicite, d'une manière peu honnête, d'une façon malhonnête].

치부[2] 恥部 명 parties *fpl* génitales [honteuses {*vx*}], parties *fpl* intimes, organes *mpl* génitaux; ((비유)) dessous *mpl* peu honorables, aspects *mpl* honteux [peu honorables, cachés], honte *f*, déshonneur *m*. ¶ ~를 가리다 cacher [dissimuler] *ses* parties honteuses {*vx*} [*ses* parties intimes, *ses* organes génitaux]. ¶ ~를 드러내다 laisser entrevoir des aspects [des éléments] peu honorables [honteux].

치부[3] 置簿 명 ((기록)) inscription *f*, enregistrement *m* ((*des recettes et dépenses*)); ((책)) registre *m*, livre *m* de compte; ((생각)) considération *f*. ◇_(를) **하다** inscrire, enregistrer; considérer. ¶ 자신의 잘못은 없다고 ~하다 considérer que ce n'est pas de *sa* faute. ◇_(가) **되다** être inscrit(*e*), enregistré(*e*).

◆**_책** 冊 명 livre *m* de compte, registre *m*; ((비유)) chose *f* tombée dans les oubliettes.

치사[1] 致死 어근 meurtre *m*, homicide *m*. ¶ 고문 ~ 사건 une affaire de torture menant au décès.

◆**_량** -量 명 dose *f* mortelle.

◆**과실_** 過失- 명 【법률】 homicide *m* involontaire [par imprudence].

치사[2] 致詞 명 hommage *m*. ¶ 다음은 교장 선생님의 ~ 말씀이 있겠습니다 Maintenant, Monsieur le Proviseur va prononcer son hommage. ◇_(를) **하다** rendre hommage à *qn*.

◆**공_** 功- 명 vantardise *f*.

◆**공_** 空- 명 louange *f* vide (de sens) [creuse, sans valeur]. ¶ 공~ 듣자고 그런 얘기 한 건 아니다 Si j'ai dit cela, ce n'était pas pour entendre une louange [des compliments] vide(s) [creux(*se*), sans valeur].

치사[3] 恥事 어근 déshonneur *m*, indignité *f*, infamie *f*, ignominie *f*, opprobre *m*.

◆**_하다** 형 être ignoble, méprisable, ignominieux(*se*), indigne, infâme, abject(*e*), bas(*se*), mesquin(*e*). ¶ ~하게 굴다 se conduire d'une manière méprisable [indigne, abjecte, déshonorante]. ¶ ~하게 매달리고 싶지는 않다 Je ne veux plus insister indignement. ¶ ~한 사람 une personne ignominieuse [méprisable]. ¶ ~한 행동 une conduite ignominieuse [méprisable, déshonorante, indigne, abjecte].

◆**_스럽다** 형 être ignoble, abject(*e*), ignominieux(*se*). ¶ ~스러워서 더 이상 그 사람에게 부탁하고 싶지 않다 Il serait trop déshonorant pour moi de lui demander une faveur.

◆**_찬란하다** -燦爛- 형 être des plus méprisables, des plus ignobles.

치사랑 명 amour *m* filial.

치산 治山 명 ((묘지)) entretien *m* d'un tombeau; ((산)) administration *f* des montagnes [des forêts]. ◇_(을) **하다** entretenir un tombeau, administrer les montagnes.

◆**_치수** -治水 명 protection *f* des forêts et aménagement *m* des eaux.

치상[1] 治喪 명 funérailles *fpl*, enterrement *m*. ¶ ~ 준비 préparation des funérailles. ◇_(을) **하다** organiser les funérailles.

치상[2] 致傷 명 blessure *f*. ¶ 과실 ~ une blessure involontaire [par imprudence]. ¶ 강간 ~ blessure d'un viol.

치석 齒石 명 tartre *m*, plaque *f* dentaire. ¶ ~을 제거하다 éliminer la plaque dentaire, se faire détartrer les dents ((par ultrasons)), se faire faire un détartrage des dents.

치성 致誠 명 dévotion *f*. ¶ ~을 드리다[올리다] se dévouer entièrement, vouer une profonde dévotion. ◇_(을) **하다** se dévouer sincèrement à *qc* [pour *qn* / +*inf*].

치세 治世 명 ① gouvernement *m*; règne *m*. ¶ 그 왕의 현명한 ~는 길이 기억될 것이다 On se souviendra longtemps de la sagesse du règne de ce roi. ¶ 새로운 왕의 ~가 시작되었다 Le règne du nouveau roi a commencé. ② 태평한 세상 monde *m* paisible. ¶ 난세의 영웅과 ~의 영웅 le héros du monde désordonné et celui du monde paisible. ◇_(를) **하다** gouverner; régner.

치솟다 자 ① ((물이)) jaillir; ((불길이)) monter, s'élever ((vers le ciel)); s'élancer. ¶ 분수가 힘 있게 하늘로 치솟아 오른다 Le jet d'eau jaillit [s'élève] avec force [avec vigueur, impétueusement] vers le ciel. ¶ 불길이 하늘로 치솟았다 Des flammes montaient [s'élevaient] vers le ciel. ② ((값이)) flamber; monter en flèche; grimper. ¶ 물가가 치솟았다 Il y a une flambée des prix / Les prix montent en flèche. ③ ((감정이)) monter avec force. ¶ 나는 용기가 치솟았다 J'ai senti le courage m'envahir / Je me suis donné du courage / Je me suis armé(*e*) de courage / J'ai pris mon courage à deux mains. ¶ 그는 분노가 치솟았다 Il a senti la colère l'envahir / Il s'est enflammé de colère.

치수[1] **-數** 명 taille *f*; pointure *f*. ¶ 신체 ~ taille du corps. ¶ 옷[구두]의 ~를 재다 mesurer la taille des vêtements [la pointure des chaussures].

치수[2] **治水** 명 administration *f* des eaux, gestion *f* des eaux. ¶ ~ 공사[사업] travaux *mpl* de canalisation [d'endiguement]. ◇_(를) **하다** administrer[aménager] les eaux, régulariser et entretenir les eaux.

치아 齒牙 명 dent *f*. ¶ ~가 가지런하다 avoir les dents régulières [harmonieuses, régulièrement disposées], avoir une belle dentition [denture], avoir de belles dents, avoir une bonne dentition.

치안 治安 명 ordre *m* public. ¶ 민생 ~ sécurité publique. ¶ ~을 유지하다 maintenir l'ordre public

◆_**대** -隊 명 police *f*; gendarmerie *f*.

◆_**본부** -本部 명 Direction *f* centrale de l'Ordre public.

치약 齒藥 명 dentifrice *m*; pâte *f* dentifrice.

치어다보다 타 lever les yeux sur *qc/qn*; poser ses yeux sur *qn/qc*; dévisager *qn*; fixer *qc/qn*; regarder *qn* dans les yeux; scruter *qn*. ¶ 얼굴을 빤히 ~ lever *ses* yeux sur le visage de *qn*; fixer le visage de *qn*; scruter le visage de *qn*.

치어리더 영{cheerleader} 명 Pom pom girl *f*.

치열 齒列 명 dentition *f*, denture *f*. ¶ ~ 교정 orthopédie dento-faciale, orthodontie. ¶ ~이 고르다[가지런하다] avoir les dents régulières [harmonieuses, régulièrement disposées], avoir une belle dentition [denture], avoir de belles dents, avoir une bonne dentition.

치열하다 熾烈- 형 être serré(*e*), rude, acharné(*e*), âpre. ¶ 경쟁은 매우 치열했다 La compétition était rude [serrée]. ¶ 그들은 치열하게 싸웠다 Ils se sont battus avec acharnement. ¶ 치열한 전투 un combat acharné, un dur [rude] combat.

◆**치열히** 熾烈- 부 avec acharnement, rudement, âprement. ¶ 그들은 치열히 논쟁했다 Ils ont débattu avec acharnement.

치오르다 자타 ① ((불길이)) monter, s'élever; grimper. ¶ 불길이 치올랐다 Des flammes s'élevaient [montaient] ((vers le ciel, dans le ciel)). ② ((경사진 길, 산)) monter, grimper. ¶ 산길을 단숨에 치올라 가다 grimper [monter, faire l'ascension] d'une traite dans la montagne.

치올리다 타 relever *qc*; soulever *qc*; remonter, remettre en place, réajuster ((*ses* lunettes qui glissent sur le nez)). ¶ 그 사람은 흘러내리는 안경을 자꾸 치올린다 Il ne fait que remonter [remettre en place] ses lunettes qui glissent sur son nez sans cesse / Il n'arrête pas de remonter [de remettre en place] ses lunettes qui glissent sur son nez sans arrêt. ¶ 그 사람은 어깨를 으쓱 치올렸다 Il a soulevé ses épaules. ¶ 그 사람은 우리 쪽을 치올려 봤다 Il a tourné la tête (en la relevant) vers nous.

치와와 영{Chihuahua} 명 【동물】 (chien(*ne*)) chihuahua *m*.

치외법권 治外法權 명 exterritorialité *f*, extraterritorialité *f*. ¶ ~ 지대 une zone extraterritoriale.

치욕 恥辱 명 honte *f*, déshonneur *m*, infamie *f*. ¶ ~을 갚다 venger *son* déshonneur. ¶ 그것이 나에겐 엄청난 ~이었다 C'était pour moi une honte insupportable [indicible]. ◇_**을 당하다** essuyer une honte, être submergé(*e*) de honte. ◇_**을 주다** humilier *qn*, déshonorer *qn*, infliger un affront à *qn*.

◆_**스럽다** 형 être honteux(*se*), déshonorant(*e*), humiliant(*e*). ¶ 우리 집안에 ~스러운 일이다 C'est une affaire honteuse dans notre famille.

◆_**적** -的 명관 honteux(*se*), déshonorant(*e*), humiliant(*e*). ¶ 자신의 패배를 인정하는 것이 그에게는 말할 수 없이 ~적이었다 Reconnaître [Accepter] une défaite était pour lui une humiliation insupportable. ¶ ~적인 패배 une défaite honteuse [humiliante].

◆_**감** -感 명 sentiment *m* de honte.

치우다 타 ① 버리다 jeter *qc*; vider *qc*; éliminer *qc*; évacuer *qc*; se débarrasser de *qc*; balancer {*fam*}, bazarder {*fam*}, dégager, virer {*fam*}. ¶ 쓰레기를 ~ jeter des ordures. ¶ 골동품들은 다 갖다 치워 버려 Débarrasse-moi de [Bazarde-moi {*fam*}, Balance-moi {*fam*}, Vire-moi {*fam*}] toutes ces vieilleries [antiquités]. ② 옮기다 enlever *qc*; pousser *qc*; retirer *qc*; mettre *qc* de côté. ¶ 신문 좀 치우세요 Enlevez ce journal. ¶ 이 손 좀 치워라 Retire ta main / Ôte ta main [tes mains]. ③ 제거하다 enlever *qc*; ôter *qc*; supprimer *qc*. ¶ 칸막이를 ~ enlever la cloison. ③ 청소하다 mettre de l'ordre dans ((*ses* affaires)); mettre en ordre ((la pièce, la maison)); ranger ((une armoire)); arranger ((le salon)); nettoyer *qc*. ¶ 방을 ~ mettre en ordre la pièce; nettoyer la pièce [la chambre]; arranger la pièce. ¶ 방 좀 치우고 살아라 Fais-moi le plaisir de ranger ta chambre de temps en temps. ④ ((밥상을)) enlever *qc*; ranger *qc*; nettoyer ((une table)).

ㅊ

¶ 밥상을 ~ desservir [débarrasser] la table; nettoyer la table; enlever la table basse ((sur laquelle est servi le repas)). ¶ 여보, 상 치우는 것 좀 도와줘 ((식탁 위를 치우고 정리하는 일)) Chéri, aide-moi à débarrasser la table, s'il te plaît / ((상이 너무 커서 혼자 들지 못하겠으니 같이 들어 옮겨달라는 말)) Chéri, aide-moi à emporter [à déplacer, à transporter, à sortir] la table basse (du repas) ((jusqu'à la cuisine, hors du séjour, hors de la pièce commune)), s'il te plaît. ⑤ 끝내다 finir *qc*; arrêter de faire *qc*; mettre fin à *qc*. ¶ 골치 아픈 이야기는 그만 치워라 Arrête de raconter tes histoires [avec tes histoires] qui me fatiguent / Arrête avec tes histoires, ça me fatigue / Arrête, tu m'énerves [me fatigues, m'emmerdes {*vulg*}, me fais chier {*vulg*}] avec tes histoires. ⑥ 먹어 버리다 manger; finir; balayer {*fam*}; ingurgiter; engloutir; absorber; gober; dévorer; ingérer; bouffer {*fam*}. ¶ 나는 남은 음식을 거의 다 치웠다 J'ai mangé [fini, ingurgité, englouti, bouffé {*fam*}] presque tous les restes / J'ai fini pratiquement toute la nourriture qui restait. ⑦ 시집보내다 **【속어】** marier ((une de *ses* filles, *sa* fille)); caser {*fam*} ((une fille)), se débarrasser {*fam*} ((d'une fille)). ¶ 그 사람은 막내딸을 치웠다 Il a casé sa dernière fille[sa fille cadette]{*fam*}. ⑧ 옮기다 déplacer; déménager; changer de place. ¶ 나는 그 물건을 다른 곳으로 치웠다 J'ai déplacé [mis] cette chose dans un autre endroit. ¶ 의자를 ~ changer la chaise de place; déplacer une chaise. va finir ((*qc*)); terminer, achever ((*qc*)). ¶ 그들은 음식을 다 먹어 치웠다 Ils ont balayé [fini] tout ce qui restait de nourriture / Ils ont terminé tous les restes. ¶ 나는 일을[숙제를] 다 해 치웠다 J'ai fini tout ce que j'avais à faire [tous mes devoirs]. ¶ 그 사람은 세간을 팔아 치웠다 Il a vendu [liquidé] tous ses meubles.

치우치다 자 pencher; faire pencher; incliner; être oblique, obliquer; perdre l'équilibre; être déséquilibré(*e*); 편파적이다 être parti*al*(*ale*, *aux*); prendre parti ((pour *qn*/*qc*)); avoir un penchant ((pour *qn*/*qc*)); ((ce jugement)) être tendancieu*x*(*se*). ¶ 수출이 너무 미국에[으로] 치우쳐 있다 La balance des exportations penche trop du côté des États-Unis. ¶ 어느 한 쪽으로 치우치면 안 된다 Il ne faut pas faire pencher la balance d'un seul côté / Il ne faut pas être partial. ¶ 그 사람은 인정에 너무 치우친다 Il est trop sentimental / Il met trop l'accent sur les sentiments. ¶ 한 쪽에[으로] 치우친 판결 jugement partial; arbitrage tendancieux.

치유 治癒 명 guérison *f*, rétablissement *m*, retour *m* à la santé. ¶ 병 ~를 위해 요양을 가다 aller au sanatorium pour retrouver la santé, entrer dans un sana {*fam*} pour guérir. ◇_(를) **하다** guérir ((un malade, une maladie)). ¶ 병을 ~하다 guérir *qn*, rendre la santé à *qn*. ◇_(가) **되다** guérir, se rétablir. ¶ 병이 ~되다 guérir [se rétablir] ((d'une maladie)).

치음 齒音 명 **【언어】** dentale *f*, consonne *f* dentale.

치읓 명 *chieut m* <appellation de la dixième lettre de l'alphabet coréen>.

치이다[1] 자 ① 깔리다 se faire écraser; être écrasé(*e*); se faire écrabouiller {*fam*}. ¶ 그 사람은 차에 치였다 Il s'est fait écraser [écrabouiller {*fam*}] (par une voiture). ② ((덫에)) se faire piéger; se faire prendre au piège; se laisser prendre au piège; se prendre au piège; tomber dans un piège. ¶ 토끼가 덫에 치였다 Un lapin s'est fait prendre au piège [a été piégé, a été pris au piège, est tombé dans un piège, s'est fait piéger]. ¶ 그 사람은 자신의 덫에 치였다 Il s'est fait prendre à son propre piège. ③ 위압당하다 être écrasé(*e*); se faire écraser; être étouffé(*e*); être dominé(*e*); être opprimé(*e*); subir l'ascendant de *qn*. ¶ 그 사람은 형들한테 치여서 기를 못 편다 Comme il est étouffé par ses frères aînés, il ne peut pas s'épanouir [déployer ses ailes, se développer]. ¶ 조직에 치여서 개인의 자유가 없다 Comme chacun est écrasé par le système, il n'y a pas de liberté individuelle. ④ 일에 몰리다 être écrasé ((de boulot)) {*fam*}, crouler sous le [sous une avalanche de] travail, être débordé(*e*) ((de travail)), être submergé(*e*) de travail [par les occupations, par le travail], être dépassé(*e*) par l'ampleur d'un travail, être noyé(*e*) ((de travail)); avoir une montagne de choses à faire [de travail], avoir des tas [une tonne] de choses à faire, avoir une tonne de travail, avoir beaucoup [fort] à faire, avoir un travail fou {*fam*} [un travail monstre {*fam*}], ne plus savoir où donner de la tête. ¶ 그 사람은 일에 치여서 숨 돌릴 틈도 없다 Comme il est écrasé de boulot, il n'a même pas le temps de respirer / Comme il est débordé de travail, il n'a même pas le temps de souffler / Il a tellement de choses à faire qu'il n'a même plus le temps de souffler / Il croule sous une avalanche de travail, il n'a même plus le temps de souffler.

치이다[2] 자 ((천의 올이)) se tasser; se resserrer; ((솜)) s'amasser; s'entasser ((d'un côté)); former une bourre. ¶ 이 옷감은 잘 치인다 Les fibres de ce tissu se resserrent. ¶ 이불솜이 한쪽으로 치였다 Le rembourrage de la couette s'entasse [s'amasse] d'un seul côté.

치이다[3] 자 coûter, valoir; revenir; calculer. ¶ 한 개에 100원씩 치인 셈이다 Ça coûte [vaut, revient à] 100 wons pièce.

치자[1] **治者** 명 ((통치자)) chef *m* d'État, homme *m* d'État, ((권력자)) homme *m* de pouvoir.

치자[2] **梔子** 명 **【식물】** fruit *m* du gardénia.
◆_**나무** 명 gardénia *m*.

치장 治粧 명 décoration *f*, ornementation *f*, enjolivement *m*, embellissement *m*. ◇_(을) **하다** décorer, orner, enjoliver, embellir. ¶ 머리를 꽃으로 ~하다 couronner *sa* tête de fleurs. ¶ 집안을 예쁘게 ~하다 embellir l'intérieur de la maison. ◇_(이)

되다 être décoré(*e*), orné(*e*), enjolivé(*e*), embelli(*e*). ¶ 예쁘게 ~된 건물 un bâtiment [un immeuble, un édifice] enjolivé [embelli].

치적 治積 명 bonne action *f* politique, réussite *f* [apport *m*, contribution *f*] politique. ¶ ~을 쌓다 multiplier [accumuler] les succès politiques. ¶ ~을 남기다 laisser derrière soi une grande contribution à la patrie. ¶ 왕의 ~을 찬양하다[미화하다, 열거하다, 평가하다, 정리하다] honorer [embellir, énumérer, estimer, établir] les grandes réalisations politiques du roi.

치정 癡情 어근 passion *f* adultère; liaison *f* dangereuse [adultère]. ¶ ~ 사건 une affaire d'adultère. ¶ 두 사람은 ~ 관계이다 Tous deux sont liés par une passion adultère. ¶ ~에 의한[관련된, 얽힌] 살인[범죄] un meurtre [un crime] passionnel.
◆_극 -劇 명 drame *m* passionnel.

치조 齒槽 명 alvéole *f*.
◆_음 -音 명 【언어】 consonne *f* alvéolaire.

치졸하다 稚拙- 형 être infantile et grossi*er*(*ère*), puérile et mesquin(*e*), enfantin(*e*) et piètre. ¶ 그런 식으로 행동을 하는 것은 너무 ~ Il est vraiment puéril(*e*) et mesquin de se conduire ainsi. ¶ 치졸하게 행동하다[말하다] se conduire [parler] d'une manière infantile et grossière. ¶ 치졸하게도 그는 나의 돈을 떼먹었다 Par lâcheté [Par mesquinerie], il ne m'a pas rendu l'argent que je lui ai prêté [il ne m'a pas remboursé(*e*)]. ¶ 치졸한 행동 une conduite infantile et grossière, un comportement puéril et mesquin.

치죄 治罪 명 punition *f*, châtiment *m*; sanction *f*, condamnation *f*, répression *f*. ◇_(를) **하다** punir, châtier; sanctionner, condamner. ¶ 범인을 ~하다 punir un criminel. ◇_(를) **받다** être puni(*e*), châtié(*e*); être condamné(*e*), sanctionné(*e*). ¶ 누구에게서[로부터] ~를 받다 se faire punir par *qn*. ◇_(를) **당하다** être puni(*e*); se faire punir. ¶ 누구에게서[로부터] ~를 당하다 se faire punir par *qn*.

치중 置重 명 importance *f* accordée; attachement *m*; priorité *f*. ◇_(을) **하다** accorder [attacher, prêter, donner] de l'importance à *qc*; s'attacher à *qc*; faire grand cas de *qc*. ¶ 우리는 경제의 양적 성장에 ~해 왔다 Nous avons accordé une grande importance *à la croissance économique*. ¶ 그 친구는 너무 노는 것[데]에만 ~한다 Il aime trop se divertir / Il attache [accorde] trop d'importance aux loisirs. ◇_(이) **되다** la priorité est accordée à *qc*, la priorité est de+*inf*. ¶ 세제가 간접세에 ~되어 있다 Dans le système d'impôt actuel, une grande partie des recettes fiscales provient des impôts indirects. ¶ 한국의 외국어 교육은 영어에 너무 ~되어 있다 On accorde trop d'importance à l'anglais [On met trop l'accent sur l'anglais] dans l'enseignement des langues étrangères en Corée. ¶ 그들의 관심은 돈을 버는 것[데]에만 ~되어 있다 Leur grande priorité est de gagner de l'argent.

치즈 명{cheese} 명 fromage *m*.
◆_케이크 명 gâteau(*x*) *m* au fromage.

치질 痔疾 명 【의학】 hémorroïde *f*. ¶ ~ 환자 un(*e*) patient(*e*) souffrant d'hémorroïdes. ¶ ~로 고생하다 souffrir d'hémorroïdes. ¶ ~이 생기다 avoir des hémorroïdes. ¶ ~이 완치되다 guérir complètement [être traité(*e*) avec un plein succès] de *ses* hémorroïdes.
◆수_ 명 【의학】 hémorroïde *f* externe.
◆암_ 명 【의학】 hémorroïde *f* interne.

치커리 명{chicory} 명 chicorée *f*, endive *f*.

치켜들다 타 lever (haut) *qc*, ((아이를)) porter ((un enfant)) à bout de bras; brandir ((un bâton, un étendard)), arborer ((un drapeau)); monter *qc*; tourner vers *qc*. ¶ 횃불[칼, 몽둥이, 술잔, 푯말, 피켓, 주먹]을 높이 ~ lever haut une torche [brandir une épée, brandir un bâton, lever un verre, lever [brandir] un étendard, lever un piquet, lever le poing]. ¶ 고개를[머리를, 얼굴을] 뻣뻣이[똑바로] 치켜들고 la tête haute, de façon [de manière] effrontée [sans respect, irrespectueusement]. ¶ 그 학생은 버릇없게도 선생님이 타이르시는데 고개를 뻣뻣이 치켜들고 눈을 똑바로 쳐다보았다 La tête haute, l'élève regardait droit dans les yeux irrespectueusement [de manière effrontée, sans respect] le professeur qui le sermonnait. ¶ 턱을 ~ lever le menton.

치켜뜨다 타 écarquiller ((les yeux)), ouvrir grand ((les yeux)). ¶ 눈을[눈초리를] 위로[사납게, 똑바로] ~ écarquiller les yeux vers le haut [faire les gros yeux à *qn*, lancer un œil mauvais, jeter un œil furibond, ouvrir grand les yeux avec agressivité; tenir les yeux grand ouverts]. ¶ 이 버릇없는 놈아, 어디서 눈을 치켜뜨고 난리야! Comment oses-tu me faire les gros yeux [me dévisager de telle façon], espèce de malotru [de grossier personnage, de mal élevé]! / T(u)'as fini de me regarder comme ça! [Ne me regarde pas comme ça!, Qu'est-ce que t(u)'as à me regarder comme ça?] Espèce de grossier personnage [de mal élevé]!

치켜세우다 타 ① 올리다 relever ((*son* col)); lever ((les sourcils)); froncer ((les sourcils)). ¶ 눈썹을 치켜세우고 쏘아보다 lancer un regard perçant sur *qn* en fronçant les sourcils; foudroyer *qn* du regard. ¶ 외투 깃을 ~ relever le col de *son* manteau. ② 칭찬하다 flatter; encenser *qn*; louer *qn*/*qc* (avec exagération); faire l'éloge de *qn*; vanter ((les mérites de *qn*)); prôner ((la grâce d'une femme)); exalter *qn*. ¶ 누구[무엇]를 ~ flatter *qn*; louer *qn*/*qc* avec exagération; faire l'éloge de *qn*; vanter ((les mérites de *qn*)); prôner ((la grâce d'une femme)); exalter *qn*. ¶ 그 사람은 우리를 애국자라고 치켜세웠다 Il nous a flatté en disant que nous étions patriotes. ¶ 그 직원은 사장의 아들을 치켜세웠다 Cet(*te*) employé(*e*) a flatté le fils du patron.

치켜올리다 타 ① 올리다 porter *qn* ((à bout de bras)); remonter ((*son* pantalon, *ses* lunettes)), relever, remettre en place, réajuster ((*ses* lunettes)). ¶ 아이를 ~ porter un enfant à bout de bras. ¶ 흘러내린 안경을 ~ remonter [relever, remettre en place, réajuster] *ses* lunettes qui ont glissé sur le nez. ¶ 눈꼬리를 ~ froncer les sourcils. ¶ 흘러내리는 바지를 자꾸 ~ ne pas arrêter de remonter *son* pantalon qui descend sans arrêt. ¶ 화장실에서 바지를 치켜올리며 나오는 것은 정말 꼴불견이다 Je ne supporte pas de voir des gens remonter leurs pantalons en sortant [à la sortie] des toilettes. ¶ 그 투수는 공을 하나 던질 때마다 바지를 치켜올리는 버릇이 있었다 Ce lanceur a la fâcheuse habitude de toujours remonter son pantalon après chaque lancer. ② 칭찬하다 flatter *qn*; louer *qn/qc* avec exagération; faire l'éloge de *qn*; vanter ((les mérites de *qn*)); prôner (la grâce d'une femme); exalter *qn*. ¶ 그 사람은 나를 훌륭한 학자라고 치켜올렸다 Il m'a flatté(*e*) en me disant que j'étais un(*e*) bon(*ne*) chercheu*r*(*se*).

치키다 타 remonter, relever, lever, remettre en place. ¶ 그 아저씨는 자꾸 흘러내리는 바지를 치켰다 Cet homme n'arrête pas de remonter son pantalon qui descend sans arrêt. ¶ 눈을 ~ hausser les yeux; rouler des yeux furibonds; avoir les yeux qui sortent de la tête; lever les yeux ((au ciel)).

치킨 영{chicken} 명 poulet *m* (le plus souvent frit). ¶ 양념 ~ un poulet frit présenté [servi] avec une sauce aigre douce et pimentée.

◆**_집** 명 boutique *f* où l'on peut commander et consommer sur place du poulet essentiellement frit.

◆**프라이드_** 영{fried chicken} 명 poulet *m* frit.

치타 영{chetah} 명 【동물】 guépard *m*.

치통 齒痛 명 mal(*aux*) *m* de dents; ((의학)) odontalgie *f*. ¶ ~으로 고생하다 souffrir d'un mal de dents. ¶ ~이 나다 avoir mal aux dents.

ㅊ

치하[1] 治下 명 règne *m*; gouvernement *m*. ¶ 그것은 일제 ~의 일이다 Cela s'est passé sous l'occupation japonaise. ¶ 나치 ~에서 sous l'occupation nazie. ¶ 독재 정권 ~에서 반정부활동을 하다 avoir des activités anti-gouvernementales sous le régime dictatorial.

치하[2] 致賀 명 félicitations *fpl*, compliment *m*; louange *f*, éloge *m*; applaudissements *mpl*. ¶ 우수 공무원에 대한 장관의 ~가 오늘 있었다 Aujourd'hui, le ministre a félicité les meilleurs fonctionnaires. ◇**_(를) 하다** ((축하)) faire des compliments à *qn* ((après un succès)), adresser des félicitations à *qn* à l'occasion de *son* mariage, complimenter, féliciter *qn* ((pour *son* succès)); ((칭찬)) louer, applaudir *qn*, faire l'éloge de *qn*, exalter les mérites de *qn*. ¶ 사장은 우수 사원들을 ~했다 Le patron a récompensé ses meilleurs employés. ¶ 누구의 노고[공로]를 ~하다 féliciter *qn* pour *ses* efforts [pour *ses* contributions] méritoires, louer *qn* pour *son* travail. ¶ 대통령은 올림픽에서 선수들이 금메달을 딴 것을 높이 ~했다 Le président de la République a félicité les [a honoré les, a adressé des félicitations aux] athlètes qui ont remporté une médaille d'or. ◇**_(를) 받다** recevoir les félicitations de *qn*.

치한 癡漢 명 ① 못난이 idiot *m*, imbécile *m*, sot *m*. ② 호색한 satyriasique *mf*, obsédé(*e*) sexuel(*le*), névrosé(*e*) sexuel(*le*), érotomane *mf*, peloteu*r*(*se*) {*fam*}, tripoteu*r*(*se*) {*fam*}. ¶ ~을 물리치다[퇴치하다] repousser [chasser] un obsédé sexuel. ¶ 그는 ~으로 몰렸다 Il est pris pour un obsédé sexuel [pour un névrosé sexuel, pour un satyriasique]. ¶ ~에게 못된 짓을 당하다 se faire violer par un obsédé sexuel. ¶ ~의 습격을 받다 se faire attaquer par un érotomane. ¶ 그 여자를 덮치려던 ~이 우리들에게 붙잡혔다 Nous avons appréhendé un obsédé sexuel [un érotomane] qui s'apprêtait à violer cette fille.

치핵 痔核 명 【의학】 hémorroïde *f*.

치환 置換 명 ① 【화학】 substitution *f*, permutation *f*. ¶ ~ 작용 réaction de substitution. ¶ 두 원소 간에 ~이 일어났다 Il s'est produit une substitution entre les deux éléments [atomes]. ② 【수학】 substitution *f*. ¶ X와 Y의 ~ substitution de X pour [par] Y. ◇**_(을) 하다[시키다]** substituer. ¶ 수소를 산소와 ~하다 substituer de l'oxygène a de l'hydrogène ((un oxygène à deux hydrogènes)). ¶ X와 Y를 ~하다 substituer X à Y [Y à X]. ¶ A를 B로 ~하다 substituer B à A, remplacer A par B. ◇**_(이) 되다** ((A)) se substituer à ((B)). ¶ 산소와 수소가 ~되었다 De l'oxygène a été substitué à de l'hydrogène. ¶ X가 Y로 ~되었다 Y s'est substitué à X.

◆**_법** -法 명 règle *f* de substitution.

◆**_반응** -反應 명 réaction *f* de substitution.

칙령 勅令 명 édit *m*, ordonnance *f* royale, ordre *m* royal. ¶ ~을 내리다 publier un édit [une ordonnance royale]. ¶ 왕의 ~으로 par ordre royal.

칙명 勅命 명 édit *m*, ordonnance *f* royale, ordre *m* royal. ¶ ~을 공포하다 publier une ordonnance royale. ¶ ~에 의하여 par ordre royal.

칙사 勅使 명 envoyé(*e*) royal(*e*), messag*er*(*ère*) royal(*e*). ¶ ~ 대접을 하다 accueillir *qn* comme un messager royal. ¶ ~ 대접을 받다 être accueilli comme un messager royal. ¶ ~를 파견하다 envoyer un messager du roi. ¶ 왕의 ~를 환대하다 accueillir chaleureusement un messager du roi.

칙살스럽다 형 être mesquin(*e*); être sordide. ¶ 칙살스런 사람 une personne mesquine [pingre, avare]. ¶ 그는 보기에도 칙살스러운 데가 있다 Il a l'air mesquin.

칙서 勅書 명 lettre *f* royale. ¶ ~를 내리다 adresser une lettre royale. ¶ ~를 전하다 transmettre une lettre royale.

칙칙폭폭 부 tchou! tchou! tchou!, tchouf! tchouf! tchouf!, tchouc! tchouc! tchouc!, tch tch tch ((onomatopée qui évoque le bruit du train qui roule, d'une locomotive à vapeur en marche)). ¶ ~ 소리를 내며 기차가 달려간다 Le train roule en faisant tch tch.

칙칙하다 형 ① ((색깔이)) ((une couleur)) être (trop) triste. ¶ 그 남자의 양복은 너무 칙칙해 Son costume est trop triste. ¶ 칙칙한 색 une couleur (trop) triste. ② ((초목, 털이)) être dru(*e*), épais(*se*), touffu(*e*), fourni(*e*). ¶ 칙칙한 머리털 des cheveux touffus [épais]. ¶ 칙칙한 숲 une forêt touffue. ③ 음습하다 être [paraître] (sombre et) triste. ¶ 그 방은 칙칙한 느낌이 든다 La chambre paraît sombre et triste.

친- 親- 접두 ① consanguin(*e*), de naissance; ((친부, 친모)) ((père, mère, parents)) biologique, vrai(*e*), naturel(*le*); ((친가, 아버지 쪽)) du côté *m* paternel, paternel(*le*). ¶ ~부모와 양부모 les parents biologiques et les parents adoptifs. ¶ ~형제 frères et sœurs consanguins [biologiques], *ses* (vrais) frères et sœurs. ¶ ~할머니 ((외할머니에 대하여)) grand-mère *f* paternelle; ((의붓 할머니에 대하여)) grand-mère biologique *f*. ② pro-. ¶ ~미 세력 les forces pro-américaines. ¶ ~정부 신문 un journal pro-gouvernemental.

친가 親家 명 ① 본가 parenté *f* paternelle. ¶ ~ 식구 membres de la famille paternelle. ② 친정 famille *f* de naissance. ¶ ~에 다녀오다 visiter *sa* famille de naissance.

친고죄 親告罪 명 【법률】 crime *m* qui ne peut être jugé que si les victimes ou les personnes désignées par la loi portent elles-mêmes plainte ((pour viol, diffamation, etc)).

친교 親交 명 amitié *f*, lien *m* [rapport *m*, relation *f*] amical(*e*) [d'amitié]. ¶ ~를 맺다 se lier d'amitié avec *qn*, nouer une relation d'amitié avec *qn*. ¶ 예배 후 ~의 시간을 가지다 avoir des relations conviviales [des échanges amicaux, des échanges chaleureux] après le culte. ¶ ~가 있다 avoir des relations amicales avec *qn*. ¶ 누구와 ~가 두텁다 être très proche de *qn*, partager une amitié profonde avec *qn*. ◇_(를) **나누다[가지다]** partager le sentiment d'appartenance. ¶ 선후배들과 ~를 나누다 partager des liens d'amitié avec des camarades plus âgés et plus jeunes [avec *ses* camarades, avec *ses* aînés et *ses* cadets].

친구 親舊 명 ① 동무 *ami(e)*, camarade *mf*, copain(copine), compag*non*(*gne*); pote *m* {*pop*}. ¶ 학교[동네] ~ un(*e*) ami(*e*) d'école [de quartier], un(*e*) camarade d'école [de classe], un condisciple d'université [de lycée]. ¶ 친한[절친한, 둘도 없는] ~ un(*e*) ami(*e*) proche [cher(*ère*), intime]. ¶ 오랜[옛] ~ un(*e*) vieil(*le*) [ancien(*ne*)] ami. ¶ ~ 집에서 놀다 s'amuser chez un ami. ¶ ~를 사귀다 fréquenter un(*e*) ami(*e*) [des ami(*e*)s], avoir des fréquentations; se faire des amis. ¶ 질이 안 좋은 ~를 사귀다 avoir de mauvaises fréquentations [des fréquentations douteuses, des amis douteux]. ¶ ~를 집에 초대하다 inviter un ami à la maison [chez *soi*]. ¶ ~를 만나다 rencontrer [voir] un(*e*) ami(*e*). ¶ ~와 약속이 있다 avoir rendez-vous avec un(*e*) ami(*e*). ¶ ~와 싸우다[말다툼하다] se disputer avec un ami. ¶ ~와 절교하다 ne plus voir un(*e*) ami(*e*), se brouiller avec un(*e*) ami(*e*). ¶ ~들과 어울리다 fréquenter *ses* amis, être avec des amis. ¶ 친한 ~끼리 저녁 식사를 하다 dîner entre amis, dîner avec des amis proches. ¶ ~로[처럼] 지내다 être comme des amis. ¶ 그는 ~가 많다[없다] Il a beaucoup [peu] d'amis. ¶ 그는 남자 ~도 많고 여자 ~도 많다 Il a beaucoup d'amis et amies. ¶ ~가 되다 devenir amis. ¶ 그는 자연과 ~가 되었다 Il est devenu un ami de la nature. ¶ 우리는 20년래의 ~ 이다 Nous sommes amis depuis 20 ans. ② 사람, 녀석 individu *m*, type *m* {*fam*}, il(elle), tu. ¶ 저 ~ 왜 저래? Qu'est-ce qu'il lui prend à celui-là? / Il (ne) va vraiment plus très bien [il (ne) va pas très bien], celui-là! ¶ 이 ~ 아직도 정신 못 차렸네 Quand seras-tu enfin raisonnable? / Quand vas-tu enfin réagir [te corriger]? ¶ 참 재미있는 ~군 C'est un original [un phénomène] / C'est un homme fantasque [bizarre, farfelu, loufoque] / C'est un individu bizarre / C'est un drôle de personnage [d'énergumène, d'individu, de type, de coco {*fam*}, de pistolet {*fam*}, de zèbre {*fam*}, de zig {*fam*}, de zigoto {*fam*}), zozo {*fam*}, de moineau {*fam*}, de numéro {*fam*}, d'oiseau {*fam*}, de phénomène {*fam*}].

*~ **따라 강남 가다** suivre un(*e*) ami(*e*) partout [rester fidèle à un(*e*) ami(*e*)] pour le meilleur et pour le pire.

◆**남자_ 男子-** 명 petit ami *m*, *son* ami *m*, *son* copain {*fam*}. ¶ 남자~와 헤어지다 se séparer de *son* petit ami, se brouiller [rompre] avec *son* petit ami. ¶ 남자~와 교제하다[사귀다] avoir un petit ami.

◆**여자_ 女子-** 명 petite amie *f*, *son* amie *f*, *sa* copine {*fam*}. ¶ 여자~에게 차이다 se faire trahir [se faire abandonner, se faire plaquer {*fam*}, se faire larguer {*fam*}] par *sa* petite amie.

친권 親權 명 【법률】 droit *m* [autorité *f*, puissance *f*] paternelle. ¶ ~을 행사하다 exercer le droit paternel. ¶ ~을 포기하다 renoncer au droit paternel.

◆**_자** -者 명 【법률】 tu*teur*(*trice*) légal(*e*).

친근감 親近感 명 sentiment *m* d'amitié, sympathie *f*. ¶ ~을 느끼다 éprouver de la sympathie pour *qn*. ¶ ~을 표시하다[나타내다, 드러내다, 보이다] manifester[montrer, révéler, laisser voir] de la sympathie. ¶ ~을 주는 인상 une physionomie sympathique. ¶ ~이 들다[느껴지다, 가다] se sentir proche de *qn*. ¶ ~ 있게 avec sympathie, sympathiquement.

친근하다 親近- 형 ① 친하다 être proche, amical(*e*), famili*er*(*ère*), intime. ¶ 그는 이웃 사람들과 친근하게 지낸다 Il entretient des relations de bon voisinage [de bonnes relations de voisinage] / Il vit en bon voisinage (avec ses voisins). ¶ 친근한 사이 une relation conviviale. ② 정겹다 être proche, cordi*al*(*ale*, *aux*), sympathique, chaleureu*x*(*se*). ¶ 친근하게 느껴지다 se sentir proche de *qn*. ¶ 그의 태도가 나에게는 아주 친근하게 와 닿는다 Il m'inspire une certaine sympathie.

◆**친근히** 부 sympathiquement, chaleureusement, cordialement. ¶ 친근히 대하다 se montrer sympathique envers *qn*, accueillir *qn* chaleureusement [cordialement].

친남매 親男妹 명 frères *mpl* et sœurs *fpl* consanguins [biologiques], (vrais) frères *mpl* et sœurs *mpl*. ¶ ~ 이상으로 가깝다 être plus proche que de vrais frères et sœurs. ¶ 그들은 ~나 다름없다 Ils sont comme de vrais frères et sœurs. ¶ ~처럼 지내다 bien s'entendre avec *qn* comme si c'était *son* frère ou *sa* sœur.

친누이 親- 명 sœur *f* consanguine.

친동생 親同生 명 frère et sœur *mpl* cadets consanguins. ¶ ~처럼 돌보다[아끼다, 데리고 다니다, 여기다, 생각하다] s'occuper de [aimer, accompagner, considérer] *qn* comme *ses* frères et sœurs. ¶ 그는 ~처럼 나를 잘 따랐다 Il m'a écouté(*e*) comme un frère.

친딸 親- 명 fille *f* biologique [naturelle]. ¶ 양녀를 ~처럼 키우다 élever une fille adoptive comme *sa* propre fille. ¶ 며느리를 ~처럼 여기다[생각하다, 대하다] considérer sa belle-fille comme *sa* propre fille. ¶ ~이나 다름없다 être comme *sa* propre fille.

친로파 親露派 명 【역사】 faction *f* pro-russe.

친모 親母 명 ☞ 친어머니

친목 親睦 명 relation *f* amicale, bonne entente *f*, concorde *f*. ¶ ~을 도모하다 chercher à créer des relations amicales avec *qn*. ¶ ~을 다지다 consolider les liens d'amitié avec *qn*. ¶ 단순히 ~을 위한 모임[행사] réunion pour célébrer simplement des liens d'amitié.

◆**_계** -契 명 groupe *m* d'amis se réunissant régulièrement et cotisant pour une caisse pouvant servir à tout le monde [qui peut servir de dépannage aux uns ou aux autres].

◆**_단체** -團體 명 amicale *f*, association *f* amicale, club *m* d'ami(*e*)s.

◆**_회** -會 명 amicale *f*, association *f* amicale, club *m* d'ami(*e*)s.

친미 親美 어근 pro-américain(*e*). ¶ ~ 관계 une position pro-américaine. ¶ ~ 국가 un pays pro-américain. ¶ ~ 성향 une tendance pro-américaine ¶ ~ 세력 forces pro-américaines. ¶ ~ 정책 une politique pro-américaine. ¶ ~ 인사 une personnalité pro-américaine.

◆**_적** -的 명관 pro-américain(*e*).

◆**_파** -派 명 faction pro-américaine.

친밀 親密 어근 intimité *f*.

◆**_하다** 형 être très ami(*e*), être très intime, être très proche de *qn*. ¶ 두 사람은 매우 ~한 사이이다 Ces deux personnes sont très amies [très proches]. ¶ ~한 관계를 유지하다 maintenir une amitié très forte avec *qn*.

◆**_히** 부 intimement. ¶ ~히 지내다 vivre une amitié profonde.

◆**_성** -性 명 caractère *m* intime; intimité *f*.

◆**_감** -感 명 sentiment *m* d'intimité. ¶ ~감을 느끼다 se sentir intime avec *qn* [proche de *qn*].

◆**_도** -度 명 degré *m* d'intimité.

친부 親父 명 ☞ 친아버지

친부모 親父母 명 parents biologiques *mpl*. ¶ 양부모와 ~ les parents adoptifs et les parents biologiques. ¶ ~에게 버림받다 être abandonné(*e*) [rejeté(*e*)] par *ses* parents biologiques.

친분 親分 명 connaissance *f*; relations *fpl*; amitié *f*. ¶ 누구와 ~을 맺다[갖다, 트다] faire la connaissance de *qn*; se lier d'amitié avec *qn*; se mettre en relation avec *qn*; nouer une relation avec *qn*; entrer en relation avec *qn*; cultiver *ses* relations. ¶ 고위층과의 ~을 이용하다 entretenir des relations avec des gens au pouvoir [avec la classe dirigeante]; utiliser pour *soi* ses relations avec la classe dirigeante, tirer profit de *ses* relations avec la classe dirigeante. ¶ 누구와의 ~을 끊다 cesser [rompre] une relation avec *qn*, couper les ponts avec ⦅un vieil ami⦆, se brouiller avec ⦅un ami⦆. ¶ 누구와 ~이 있다[없다] avoir des [ne pas avoir de] relations amicales avec *qn*; connaître [ne pas connaître] *qn*. ¶ 누구와 ~이 두텁다 être très [étroitement, intimement] lié(*e*) avec *qn*.

◆**_관계** -關係 명 relations *fpl* amicales.

친상 親喪 명 deuil *m* de *ses* parents. ¶ ~을 치르다 prendre le deuil; se mettre en deuil. ◇**_을 당하다[입다]** porter le deuil de *ses* parents, être en deuil de *ses* parents; perdre *ses* parents ⦅dans un accident de la route⦆.

친서 親書 명 ① lettre *f* autographe, lettre *f* personnelle. ¶ 누구에게 왕의 ~를 전달하다 remettre à *qn* une lettre personnelle du roi. ② 친히 글씨를 씀 action d'écrire de *sa* propre main. ◇**_(를) 하다** écrire de *sa* propre main.

친선 親善 명 amitié *f*; bons rapports *mpl*; relations *fpl* d'amitié. ¶ ~ 관계를 맺다 nouer une [faire] amitié avec *qn*. ¶ 국제 ~ 축구 대회 un match amical de football international. ¶ ~ 사절[사절단]을 파견하다 envoyer une délégation pour une visite de courtoisie. ¶ ~을 도모하다 cultiver l'amitié de *qn*.

◆**_게임** 명 match *m* amic*al*(*aux*).

◆**_경기** -競技 명 match *m* amic*al*(*aux*).

◆**_대회** -大會 명 compétition *f* amicale; tournoi *m* amical.

◆**_방문** -訪問 명 visite *f* de courtoisie. ¶ 어디를 ~방문하다 faire une visite de courtoisie.

친소 親疎 명 degré *m* relatif d'intimité. ¶ ~간에 qu'on soit intime ou non, qu'on soit proche ou distant. ¶ ~ 관계를 잘 고려해서[따져서] en tenant compte du fait qu'on soit proche ou distant.

친손자 親孫子 명 petit-fils(~*s*-~) *m* (par le fils), fils *m* de *son* fils, petit-fils *m* qui porte *son* nom. ¶ ~와 외손자 mes petits-fils; mes petits-enfants. ¶ ~를 보다 avoir un petit-fils (par *son* fils). ☞ 외손자

친숙하다 親熟- 형 ① être familier(*ère*). ¶ 그는 왠지 모르게 친숙한 얼굴이다 Son visage me semble [me donne l'impression d'être] familier. ¶ 친숙한 분위기 une ambiance familière. ② être intime avec *qn* [proche de *qn*]; bien s'entendre avec *qn*. ¶ 그는 나와 ~ Nous sommes intimes / Je suis proche de lui. ¶ 우리는 서로 친숙하게 지낸다 Nous sommes intimes [proches les uns des autres] / Nous nous entendons bien.

친아들 親- 명 fils *m* biologique [naturel].

친아버지 親- 명 *son* vrai père *m*, père *m* biologique [naturel]. ¶ 그 사람은 이 아이의 ~가 아니라 양아버지이다 Il n'est pas le (vrai) père biologique de cet enfant, mais son père adoptif.

친아우 親- 명 frère *m* cadet biologique; sœur *f* cadette biologique.

친애하다 親愛- 타 aimer *qn*; avoir [éprouver, ressentir] de l'affection pour *qn*. ¶ 친애하는 유권자 여러분! Mes chers concitoyens! / Mes chers électeurs!

친어머니 親- 명 vraie mère *f*, mère *f* biologique [naturelle]. ¶ 그 사람은 ~와 양어머니를 모두 모시고 있다 Il s'occupe de sa vraie mère et de sa mère adoptive [nourricière].

친언니 親- 명 sœur *f* aînée biologique.

친엄마 親- 명 ☞ 친어머니

친우 親友 명 ami(*e*) intime; grand(*e*) ami(*e*); meilleur(*e*) ami(*e*). ¶ ~가 되다 devenir ami(*e*) intime. ¶ 그 사람들은 둘도 없는 ~이다 Ce sont deux amis inséparables. ☞ 친구

친위 親衛 어근 garde *f*. ¶ ~ 부대 un corps de garde; une troupe de garde.

◆**_대** -隊 명 corps *m* de garde; troupe *f* de garde. ¶ 그 사람은 임금의 ~대에 소속해 있다 Il appartient au corps de garde royal.

◆**_병** -兵 명 garde *m* du corps.

친인척 親姻戚 명 parents *mpl* et alliés *mpl*. ¶ 대통령의 ~들이 정계에 진출했다 Les parents et les alliés *du président sont entrés dans* le monde politique.

친일 親日 명 pro-japonais(*e*), qui est pour le Japon. ¶ ~ 매국노[인사, 분자, 단체, 세력, 정권, 정부] traître [personne importante, personne, organisation, force, pouvoir, gouvernement] pro-japonais(*e*). ¶ ~ 정책 une politique pro-japonaise. ¶ ~ 행위 une action pro-japonaise. ¶ ~의 극치를 달리다 être on ne peut plus pro-japonais(*e*). ◇_(을) **하다** faire un acte de collaboration avec les Japonais pendant l'occupation [pendant la période d'occupation japonaise]. ¶ ~을 한 사람[죄] ceux qui ont travaillé pour le Japon lors de l'occupation des Japonais en Corée [crime de collaborer avec les Japonais lors de l'occupation des Japonais en Corée].

◆**_적** -的 명관 pro-japonais(*e*).

◆**_파** -派 명 japonophile *m*; pro-japonais(*e*) *mf*; coterie *f* pro-japonaise; acolyte *m* pro-japonais.

친자 親子 명 vrai enfant *mf*, enfant biologique. ¶ ~ 여부를 조사하다 effectuer un test de [tester la] paternité de *son* enfant.

◆**_확인소송** -確認訴訟 명【법률】procès *m* de reconnaissance de paternité.

친자매 親姉妹 명 vraies sœurs *fpl*, sœurs biologiques *fpl*.

친자식 親子息 명 enfant *mf* biologique. ¶ ~처럼 아끼다[돌보다, 대하다, 기르다, 생각하다, 여기다] aimer, choyer [s'occuper de, traiter, nourrir, considérer, prendre en considération] ((un(*e*) enfant)) comme *son* propre enfant. ¶ 이 아이는 내 ~이나 다름없다 C'est comme si c'était mon propre enfant / Je le considère comme mon propre enfant.

친전 親展 명 lettre *f* confidentielle. ¶ 봉투에 누구 ~이라고 쓰여 있다 Il est écrit «Confidentiel» sur l'enveloppe.

친절 親切 명 gentillesse *f*, bonté *f*, obligeance *f*, bienveillance *f*, amabilité *f*. ¶ ~ 봉사 service courtois [aimable]. ¶ ~을 베풀다 faire preuve de bienveillance envers *qn*, faire une gentillesse envers *qn*. ¶ ~을 보이다 montrer de la bienveillance à *qn*. ¶ 남의 ~을 악용하다 abuser de la gentillesse des autres. ¶ ~을 가장한 sous le masque de la gentillesse. ¶ 제게 ~을 베풀어주셔서 감사합니다 Je vous remercie des gentillesses que vous avez eues pour moi. ¶ ~이 몸에 배다 être l'amabilité en personne [même, personnifiée], être la bonté même [la gentillesse personnifiée, la gentillesse en personne], avoir un cœur en or. ¶ 그 사람의 지나친 ~은 부담스럽다 Sa gentillesse excessive me pèse.

◆**_하다** 형 être gentil(*le*), aimable, bon(*ne*), obligeant(*e*), bienveillant(*e*). ¶ 모든 사람에게 ~하다 être gentil(*le*) [aimable] avec tout le monde, être affable avec tout le monde. ¶ 정말 ~하시군요 Que vous êtes aimable! ¶ ~하게 대하다[모시다] traiter avec amabilité; accueillir d'un air bonhomme, recevoir aimablement. ¶ ~하게 설명하다[가르쳐 주다] expliquer [apprendre] à *qn* avec gentillesse [avec bonté]. ¶ 그 사람은 ~하게도 나를 공항까지 전송해 주었다 Il a eu la gentillesse de *m'*accompagner [de me reconduire] à l'aéroport. ¶ ~한 대접을 받다 être reçu(*e*) avec beaucoup d'amabilité; être bien accueilli(*e*).

◆**_히** 부 avec amabilité; aimablement; avec gentillesse. ¶ ~히 안내하다 guider *qn* gentiment.

친정¹ 親政 명 règne *m* direct du roi. ¶ 국왕 ~ 체제 gouvernement [régime] par la direction du roi. ¶ ~ 체제를 강화하다 renforcer le régime par la direction du roi. ¶ ~을 선포하다 proclamer le règne direct du roi. ◇_(을) **하다** ((le roi)) gouverner en personne. ¶ 새 임금이 ~을 할 기회가 왔다 Le nouveau roi a saisi une occasion d'un règne direct.

친정² 親庭 명 famille *f* d'une femme mariée; maison *f* des parents d'une femme mariée. ¶ ~ 식구 famille d'une femme mariée. ¶ ~ 어머니 mère d'une femme mariée. ¶ ~ 나들이 visite d'une femme mariée chez *ses* parents. ¶ 아이를 ~에 맡기다 confier un enfant aux soins des parents de la mère. ¶ ~에 가다[다녀오다] ((une femme)) aller [rentrer de] chez *ses* parents. ¶ 나는 ~이 부산이다 La maison de mes parents est à Busan / Mes parents habitent (à) Busan.

◆_살이 명 vie *f* d'une femme mariée chez *ses* parents.

◆_집 명 maison *f* où a grandi une femme mariée.

친족 親族 명 parent *m*, proche *m* (parent). ¶ ~ 결혼 un mariage consanguin, un intermariage. ¶ ~ 회의를 열다 tenir un conseil de famille. ¶ 가까운 ~ un proche parent. ¶ 먼 ~ un parent éloigné. ¶ 나는 이곳에 ~이라고는 하나도 없다 Je n'ai aucun parent ici.

◆_관계 -關係 명 parenté *f*.

◆_어휘 -語彙 명 【언어】 lexique *m* sur la parenté; vocabulaire *m* sur la parenté.

◆방계_ 傍系- 명 parents *mpl* collatéraux.

◆직계_ 直系- 명 parents *mpl* en ligne directe, parenté *f* directe.

친지 親知 명 ami(*e*) intime; connaissance *f*. ¶ 가족 ~만 초청하다 inviter seulement les gens de *sa* famille et *ses* connaissances. ¶ ~가 많다 avoir beaucoup de connaissances [de contacts].

친척 親戚 명 parent(*e*); famille *f*, allié(*e*); ((집합적)) parenté *f*, parentèle *f*. ¶ ~ 관계 parenté. ¶ 가까운[먼] ~ un proche parent [un parent éloigné]. ¶ 아버지 편[부계]의 ~ un parent du côté paternel. ¶ 어머니 편[모계]의 ~ un parent du côté maternel. ¶ 그 사람들은 ~ 간이다 Ils sont parents. ¶ 그 사람은 나의 ~이다 C'est un parent. ¶ 명절에 ~들이 다 모였다 Toute la famille s'est réunie [rassemblée, retrouvée] pour ce jour de fête. ¶ 아저씨뻘 되는 ~ un oncle éloigné [germain]. ¶ 먼 ~뻘 되는 사람 un parent éloigné [germain].

***먼 ~보다 가까운 이웃이 낫다** Un bon voisin vaut mieux qu'un parent éloigné.

◆_집 명 maison *f* d'un parent.

◆일가_ 一家- 명 parents *mpl* et alliés *mpl*.

친친 부 d'une façon serrée, d'une façon ajustée ((façon d'enrouler *qc* avec une ficelle ou une bande plusieurs fois d'une façon tendue)). ¶ 팔목에 붕대를 ~ 감다 enrouler un poignet dans des bandes serrées; emmailloter un poignet d'une bande en tendant bien.

친탁 親- 명 ressemblance *f* avec *son* père. ◇_(을) **하다** tenir de *son* père, ressembler à *son* père. ¶ 그 사람의 첫째 아들은 ~을 했다 Le fils aîné ressemble beaucoup à son père.

친필 親筆 명 ((manuscrit *m*, lettre *f*)) écrit de *sa* propre main. ¶ ~ 편지 une lettre autographe. ¶ ~로 서명하다 signer un autographe. ¶ 이 글은 왕의 ~이다 Cela a été écrit de la main du roi.

친하다 親- 형 être intime, lié(*e*) avec *qn*, proche de *qn*. ¶ 그 여자는 홍 선생과 ~ Cette femme est proche avec monsieur Hong. ¶ 친하게 지내다 être intime avec *qn* [proche de *qn*]; bien s'entendre avec *qn*. ¶ 친한 친구 un(*e*) ami(*e*) intime. ¶ 친한 사람끼리 entre amis; dans l'intimité. ¶ 우리는 10년 전부터 친한 사이이다 Nous sommes très amis depuis 10 ans. ¶ 친한 사이에도 예의는 있다 L'amitié n'exclut pas la politesse.

친할머니 親- 명 ((의붓할머니에 대하여)) grand-mère biologique *f*; ((외할머니에 대하여)) grand-mère *f* paternelle.

친할아버지 親- 명 ((의붓할아버지에 대하여)) grand-père biologique *m*; ((외할아버지에 대하여)) grand-père *m* paternel.

친형 親兄 명 frère *m* aîné.

친형제 親兄弟 명 vrais frères *mpl* (et sœurs *fpl*), frères *mpl* (et sœurs *fpl*) biologiques. ¶ 우리는 ~처럼 지내는 사이이다 Nous sommes comme deux frères. ¶ 두 사람은 ~ 이상으로 가깝다 Ils sont encore plus proches que deux frères.

친화 親和 명 bons termes *mpl*; concorde *f*; bonne entente *f*; harmonie *f*. ¶ 조직 내 구성원들 사이의 ~를 도모하다[이룩하다] faire en sorte que tous les membres de l'équipe soient en bons termes. ¶ ~가 깨졌다 L'amitié [L'harmonie] est rompue.

◆_적 -的 명관 en harmonie avec *qc/qn*. ¶ 환경 ~적인 소재를 사용한 제품 produit qui utilise les matières biologiques.

◆_력 -力 명 affinité *f*. ¶ ~력을 키우다 renforcer *ses* affinités.

친히 親- 부 en personne; personnellement; lui-même, elle(s)-même(s); eux-mêmes. ¶ 왕이 ~ 어디에 납신다 Le roi se présente *qp* en personne. ¶ 왕이 ~ 궁궐 밖까지 나와서 누구를 마중을 한다 Le roi va accueillir *qn* en personne à l'entrée extérieure du Palais. ¶ 선생님이 우리에게 ~ 커피를 끓여 주셨다 Le professeur nous a fait un café lui-même.

칠¹ 七 관 sept. ¶ ~은 행운의 숫자이다 Le sept est le numéro de la chance. ¶ ~ 페이지 보세요 Regardez (à la, la) page sept. ¶ 제 ~ 예술 le septième art. ¶ ~분의 삼 trois septièmes.

칠² 漆 명 ① peinture *f*. ¶ 벽에 ~을 입히다 peindre un mur. ¶ ~을 벗겨내다 enlever la peinture. ¶ ~이 벗겨졌다 La peinture s'est enlevée [a disparu] / La peinture s'est écaillée. ② ((행위)) enduit *m*. ¶ 비누 ~ savonnage. ¶ 페인트 ~ peinture. ¶ 기름 ~ action d'huiler *qc*. ¶ 초벌 ~ premier enduit. ◇_(을) **하다** peindre; enduire *qc* de *qc*. ¶ 벽에 페인트를 ~하다 peindre un mur. ¶ 벽을 페인트로 ~하다 enduire un mur de peinture. ¶ 벽을 희게 ~하다 peindre un mur en blanc. ¶ 벽에 페인트로 ~을 하다

enduire un mur de peinture. ¶ 구두에 약을 ~하다 cirer des souliers. ¶ 벽에 회 ~을 하다 blanchir un mur à la chaux. ¶ 몸에 비누 ~을 하다 se savonner. ¶ 부품에 기름 ~을 하다 huiler une pièce d'une machine.

◆떡_ 명 maquillage *m* excessif [abusif, outrageux]; barbouillage *m*; plusieurs couches *fpl* de maquillage ⦅un pot de peinture {*fam*}, se tartiner les joues d'une tonne de maquillage⦆. ¶ 화장을 떡~하고 다니는 여자 un vrai pot de peinture. ¶ 그들은 이번 행사를 돈으로 떡~을 했다 Ils ont vraiment jeté de l'argent par la fenêtre pour cet évènement.

◆먹_ 명 ① action de salir [de barbouiller, de charbonner ⦅un mur d'inscriptions⦆, de maculer, de noircir] ⦅le visage noir comme du charbon⦆. ② action de souiller [de ternir] le nom de *qn*, action de salir *qn*, atteinte *f* à l'honneur de *qn*. ¶ 먹~을 하다 porter atteinte à l'honneur de *qn*; déshonorer *qn*; tacher le nom de *qn*; souiller [ternir] le nom [l'honneur, la réputation de *qn*, l'image de *qn*]; salir la réputation de *qn*; entacher l'honneur de *qn*.

*__누구의 이름[얼굴]에 먹~(을) 하다__ porter atteinte à l'honneur de *qn*, déshonorer *qn*, tacher le nom de *qn*, souiller [ternir] le nom [l'honneur, la réputation de *qn*, l'image de *qn*], salir la réputation de *qn*, entacher l'honneur de *qn*. ¶ 그 사람은 부모 얼굴에 먹~을 했다 Il a sali [souillé] la réputation de ses parents / C'est la honte de [le déshonneur pour] ses parents. ¶ 내 얼굴[이름]에 먹~을 해도 분수가 있지 어떻게 그럴 수가 있니? Comment tu peux me déshonorer [tacher mon nom, souiller ma réputation]? J'ai aussi une dignité, moi!

◆옻_ 명 laque *f*.

칠거지악 七去之惡 명 sept raisons *fpl* valables pouvant justifier la répudiation de *son* épouse [pouvant justifier de répudier *sa* femme].

칠기 漆器 명 laque *m*; récipient *m* en bois laqué. ¶ ~의 대가 un maître dans le laque.

◆나전_ 螺鈿- 명 objet *m* laqué incrusté de nacre, objet *m* de laque [laqué] incrusté de nacre; laque *f* incrustée de nacre.

칠뜨기 七- 명 ⦅칠삭둥이⦆ enfant *mf prématuré(e)*; *idiot(e)*, *imbécile mf*, sot(*te*), demeuré(*e*), crétin(*e*) des Alpes {*fam*}, âne, abruti(e) {*fam*}. ¶ ~ 같은 놈 Imbécile! / Crétin (des Alpes)! {*fam*} / Espèce de demeuré(*e*)! {*fam*}.

칠렁칠렁 부 ⦅s'écouler, déborder⦆ par vagues, par vaguelettes, en ondoyant; plein(*e*) à ras bord; jusqu'au bord; ⦅plein(*e*), prêt(*e*)⦆ à déborder ⦅onomatopée exprimant le fait d'être plein à déborder⦆. ¶ 물이 ~ 흘러내린다 L'eau s'écoule par vaguelettes / L'eau déborde en ondoyant.

◆_하다 형 déborder en ondoyant; s'écouler par vaguelettes. ¶ 강에 물이 ~한다[하다] L'eau du fleuve déborde en ondoyant.

칠면조 七面鳥 명 【동물】 dindon *m*, dinde *f*, ⦅새끼⦆ dindonneau(*x*) *mpl*. ¶ ~ 요리 un plat de dinde. ¶ ~를 사육하다 élever des dindes. ¶ ~ 같이 변덕스러운 사람 une personne versatile [capricieuse].

칠보 七寶 명 ① sept trésors *mpl*; sept pierres *fpl* précieuses ⦅or, argent, lapis, crist*al*(*aux*), corail,. agate, perle⦆. ② 세공품 pièce *f* d'orfèvrerie très colorée [multicolore, très joyeuse, très gaie, très chatoyante]. ¶ ~ 노리개로 치장하다 se parer d'un *norigae* multicolore [très coloré, très joyeux, très chatoyant] ⦅les femmes portent le *norigae* à l'attache de leur *hanbok* pour lui donner de la beauté et de l'éclat⦆.

◆_단장 -丹粧 명 présentation *f* très colorée [très joyeuse, très gaie, chatoyante], ensemble *m* [tenue *f*] très coloré(*e*) [très chatoyante].

칠복 七福 명 sept bonheurs *mpl*. ¶ ~을 누리다 vouloir atteindre le bonheur suprême.

칠사남북공동성명 七四南北共同聲名 명 【역사】 le Communiqué *m* conjoint du quatre juillet des Corées du Sud et du Nord.

칠삭둥이 七朔- 명 enfant *mf* prématuré(*e*) ⦅enfant né(*e*) prématurément au septième mois de la grossesse⦆; ⦅바보, 칠뜨기⦆ crétin(*e*) (des Alpes), demeuré(*e*) *mf*, idiot(*e*), abruti(*e*). ¶ ~를 낳다 accoucher avant terme. ¶ ~처럼 굴다 se comporter [se conduire] comme un idiot [comme un demeuré]. ☞ 팔삭둥이

칠색[1] 七色 명 sept couleurs *fpl*. ¶ ~ 무지개 un arc-en-ciel multicolore [complet, avec toutes ses couleurs], ⦅littéralement: un arc-en-ciel aux sept couleurs⦆.

칠색[2] 漆色 명 lustre *m* laqué. ¶ ~이 바래다 perdre *son* éclat.

칠석 七夕 명 le septième jour *m* du septième mois lunaire. ¶ 칠월 ~ le 7 du septième mois lunaire.

칠성판 七星板 명 【민속】 planche *f* mise sous le cadavre; planche *f* mortuaire contenant sept trous représentant la grande Ourse. ¶ ~에 누운 시신 un cadavre étendu sur une planche mortuaire.

칠순 七旬 명 70 jours *mpl*; 70 ans *mpl* ⦅âge coréen⦆. ¶ 그 사람은 누가 봐도 ~ 노인처럼 보이지 않는다 Il ne fait pas du tout ses 70 ans. ¶ ~을 맞다 arriver à *son* 69e anniversaire. ¶ 그 사람은 ~을 바라보는 나이이다 Il va bientôt avoir 70 ans / Il va bientôt franchir le cap des 70 ans. ¶ ~을 훨씬 넘긴 나이이다 Il a dépassé les 70 ans. ¶ ~까지 살다 vivre jusqu'à 70 ans. ¶ 그 사람은 ~이 넘었다 Il a franchi le cap des 70 ans.

◆_잔치 명 banquet *m* du 69ème anniversaire. ¶ ~ 잔치를 하다 donner un banquet pour *son* 69ème anniversaire; fêter *son* 70ème anniversaire.

칠십 七十 수관 soixante-dix. *m. inv.* ☞ 이십

◆_대 代 명 septuagénaire *mf*.

칠언 七言 명 【문학】 sept caractères chinois.

◆_시 -詩 명 poème *m* en sept caractères.

◆_절구 -絶句 명 quatrain *m* en sept caractères.

칠월 七月 명 juillet *m*, mois *m* de juillet. ¶ 한국은 ~이 가장 덥다 En Corée, juillet est le mois le plus chaud de l'année. ☞ 구월

◆_왕정 -王政 명 【역사】 la Monarchie *f* de Juillet.

◆_혁명 -革命 명 【역사】 la Révolution *f* de Juillet.

칠음 七音 명 【음악】 ((음악)) les sept notes *fpl* de la gamme; ((언어)) les sept sons *mpl* de la phonétique chinoise.

칠일 七日 명 ① 제 7일 le sept. ② 이레 sept jours *mpl*. ☞ 삼일

칠장 漆欌 명 commode *f* [armoire *f*] laquée.

칠장이 漆匠- 명 laqueur *m*.

칠전팔기 七顚八起 명 lutte *f* inlassable [incessante]; persévérance *f* malgré plusieurs échecs [malgré l'adversité]. ¶ ~(의) 정신 inflexibilité; esprit persévérant. ¶ ~의 굳은 의지 une volonté de fer. ¶ 인생은 ~이다 La vie est une lutte incessante. ◇_(를) 하다 persévérer malgré les difficultés; lutter infatigablement [jusqu'au bout] contre un adversaire, bien résister à toutes les épreuves, tenir ferme malgré toutes les difficultés. ¶ 그 사람은 이 사업에서 ~를 했다 Cet homme a tenu le coup [résiste] malgré les difficultés de cette affaire.

칠정 七情 명 les sept sentiments *mpl* humains: joie, colère, tristesse, peur, amour, haine, envie.

칠종성법 七終聲法 명 【언어】 règle *f* des sept sons consonantiques finaux d'une syllabe.

칠칠맞다 형 ((행동)) être lourdaud(*e*), maladroit(*e*), gâcheu*r*(*se*), être un traîne-savate; ((차림새)) être mal soigné(*e*), mal peigné(*e*), débraillé(*e*), être un souillon; ((사람)) être lourdaud(*e*), maladroit(*e*); être étourdi(*e*), distrait(*e*); être négligent(*e*), manquer de soin; être inexact(*e*), lâche; ((일)) être négligé(*e*), relâché(*e*). ¶ 너는 하는 짓이 왜 그리 칠칠맞냐[맞지 못하냐]? Pourquoi es-tu si maladroit(*e*) [si étourdi(*e*)]? ¶ 칠칠맞게[맞지 못하게] 굴다 avoir une conduite peu régulière [maladroite]; faire *qc* sans méthode; manquer de méthode; faire *qc* sans soin. ¶ 칠칠맞은[맞지 못한] 사람 une personne maladroite [lourde], un(*e*) lourdaud(*e*); une personne étourdie [distraite]; une personne mal soignée. ☞ 칠칠하다

칠칠하다 형 ((행동)) être prompte(*e*), agile; ((차림새)) être propre, net(*te*). ¶ 칠칠치 못하게 물건을 잘 흘리고 다니다 perdre *ses* objets; laisser traîner *ses* objets avec négligence [avec insouciance, sans réflexion, négligemment].

칠판 漆板 명 tableau(*x*) *m* (noir). ¶ ~을 지우다 effacer le tableau. ¶ 백묵[분필]으로 ~에 쓰다[판서하다] écrire au tableau avec de la craie.

◆_지우개 명 éponge *f*, chiffon *m*.

칠현금 七絃琴 명 【음악】 harpe *f* à sept cordes; lyre *f* heptacorde; heptacorde *m*. ¶ ~을 타다 jouer de la lyre heptacorde.

칠흑 같다 漆黑- 형 être noir(*e*) de [comme] jais; être noir(*e*) comme du charbon. ¶ 칠흑 같이 어둡다 Il fait noir comme dans un four. ¶ 칠흑 같은 밤[어두움] une nuit d'encre [l'obscurité totale].

칡 명 【식물】 maranta *m*, arrow-root(~-~*s*) *mpl*. ¶ 산에서 ~을 캐다 arracher une racine de maranta dans la montagne.

◆_넝쿨 명 broussailles *fpl* de maranta.

◆_덩굴 명 sarment *m* [tige *f* grimpante] de maranta.

◆_뿌리 명 racine *f* de maranta, arrow-root(~-~*s*) *m*.

◆_즙 -汁 명 jus *m* de la racine de maranta.

◆_차 -茶 명 thé *m* de la racine de maranta.

침[1] 명 salive *f*, crachat *m*. ¶ ~을 질질 흘리다 baver abondamment; ((비유적)) baver d'envie. ¶ ~을 퉤[칵] 뱉다 cracher. ¶ ~을 삼키다 avaler [ravaler] *sa* salive. ¶ 누구 얼굴에 ~을 뱉다 cracher au visage [à la face] de *qn*. ¶ ~을 꿀꺽 삼키다 avaler [ravaler] *sa* salive; ((부러워하다)) envier, convoiter *qc*. ¶ ~을 튀기면서 떠들어대다 envoyer des postillons [postillonner] en parlant. ¶ 편도선이 부어서 ~ 넘기기가 힘들다 J'avale difficilement ma salive [avec difficulté ma salive] parce que j'ai une angine [((의학)) une inflammation des amygdales, une amygdalite]. ¶ 손가락에 ~을 바르다[묻히다] mouiller *son* doigt de salive. ¶ ~이 나오다 sécréter de la saliver, saliver. ¶ ~이 튀다 envoyer des postillons, postillonner. ¶ ~이 고인다 L'eau me vient à la bouche. ¶ 맛난 음식을 보니 ~ 넘어간다 Rien que de voir ce plat, j'en ai l'eau à la bouche / La seule vue de ce plat me fait saliver [me fait monter l'eau a la bouche]. ¶ ~이 마르다 avoir la bouche sèche [desséchée]; ((비유적)) être extrêmement [très] anxieu*x*(*se*) [inquie*t*(*ète*), tendu(*e*)], être sur des charbons ardents, être sur le gril {*fam*}.

*(입에) ~이 마르게[도록] ne parler que de *qc*, n'avoir qu'un mot à la bouche ((au point de ne plus avoir de salive)); répéter plusieurs fois [indéfiniment, cent fois] la même chose, ressasser, rabâcher sans cesse la même chose, seriner. ¶ 입에 ~이 마르도록[마르게] 칭찬하다 ne pas tarir d'éloges sur [à l'égard de] *qn/qc*, louer *qn* sans mesure [avec emphase], louer longuement *qn/qc*, louer excessivement *qn*, ne pas être avare de louanges, ne pas économiser [ménager] les louanges pour + *inf*, couvrir *qn* d'éloges [de fleurs], prodiguer des éloges à *qn*, couvrir [combler, accabler] *qn* de louanges [d'éloges], prodiguer des louanges à *qn*, faire un éloge éclatant de *qn/qc*, chanter les louanges de *qn*; glorifier *qn/qc*, encenser *qn*, flatter *qn*, accabler *qn* de louanges et de flatteries, louanger *qn* {*litt*}, honorer d'hommages excessifs, porter [élever, mettre] *qn/qc* aux nues, porter *qn* au pinacle, magnifier ((les victoires, la mémoire d'un héros)), vanter ((la beauté d'une femme)), exalter {*litt*} ((*qn*,

les mérites de *qn*)), déborder {*fam*} [être débordant(*e*)] d'éloges pour *qn*, se répandre [se confondre] en éloges pour *qn*. ¶ 그는 ~에 침이 마르도록 자식 자랑을 한다 Il n'ouvre la bouche que pour faire l'éloge de ses enfants. ¶ 선생님은 그 학생을 입에 ~이 마르게[도록] 칭찬했다 Le professeur n'a pas tari d'éloges pour cet élève. ¶ 내가 입에 ~이 마르게 이야기했건만 그 친구는 내 말을 듣지 않았다 Je lui ai répété de nombreuses fois, mais il ne m'a jamais écouté(*e*) [mais il n'en a jamais tenu compte] / J'ai beau lui répéter cent fois [indéfiniment] la même chose, il ne m'a jamais écouté(*e*) / C'est la (é)nième fois que je lui répète ça, mais il fait toujours la sourde oreille.

***입(술)에 ~이나 바르고 말해라** Arrête de mentir! / Mon œil! / Ne mens pas! / Ne dis pas de mensonge! Arrête de mentir! / Tu mens comme tu respires / Il est un peu trop gros ton mensonge, tu ne crois pas? / Je te vois venir (avec tes gros sabots)! / Je trouve ça (un peu) gros / C'est (un peu) gros (ton mensonge) / C'est gros comme une maison / N'essaie pas de mentir / Je sais que tu mens / Tu n'espères tout de même pas que je vais te croire? / Quel mensonge! / Je ne suis pas si crédule [naïf] que j'en ai l'air! / ((입에 발린 소리)) Ne dis pas ce que tu ne penses pas! / Tu n'as pas besoin de me dire ça! / N'exagère pas!

***누워서 ~ 뱉기** La calomnie revient au calomniateur [retombe sur le médisant, retombe sur l'auteur des calomnies] / La calomnie retombe sur son auteur ((littéralement: Quand vous crachez en l'air, cela vous retombe dessus)). ¶ 네가 그런 말을 하는 건 누워서 ~ 뱉기다 En parlant ainsi, c'est toi que tu insultes [tu t'insultes toi-même].

***제 얼굴에 ~ 뱉기** La calomnie revient au calomniateur [retombe sur le médisant] / Sa calomnie lui retombera dessus / Sa calomnie se retournera contre lui.

◆**군_** 명 salive *f*, eau(*x*) *f*. ¶ 군~이 돌다 ((l'eau)) venir à la bouche de *qn*, être alléché(*e*) par *qc*; saliver (d'envie); se lécher les babines [les badigoinces {*fam*}]; se pourlécher (les babines).

침² 針 명 ((동식물의 가시)) aiguillon *m*, piquant *m*, *épine f*; ((벌)) *dard m*; ((시계)) *aiguille f*. ¶ 벌~에 쏘였다 J'ai été piqué(*e*) par une abeille / Une abeille m'a piqué(*e*). ¶ 시계의 ~ les aiguilles d'une montre.

침³ 鍼 명 【한의】 aiguille *f* ((d'acuponcture, d'acupuncture)); acuponcture *f*, acupuncture *f*. ¶ ~을 놓다 pratiquer l'acupuncture. ¶ ~을 한 대[방] 맞다 bénéficier d'un traitement d'acuponcture.

침강 沈降 명 【지리】 sédimentation *f*; précipitation *f*; affaissement *m*; effondrement *m*. ¶ 대륙의 ~ sédimentation d'un continent. ◇_(을) **하다[되다]** sédimenter, s'affaisser, s'écrouler. ¶ 이 지역은 서서히 ~하고 있다 Cette région s'affaisse peu à peu.

◆**_속도** -速度 명 【지리】 vitesse *f* de sédimentation.

◆**_해안** -海岸 명 【지리】 côte *f* à rias.

침공 侵攻 명 attaque *f*, assaut *m*, invasion *f*, envahissement *m*. ¶ 독일의 소련 ~ l'invasion de la Russie par l'Allemagne. ¶ 대대적인 ~ une grande attaque. ¶ 적의 ~에 대비하다 parer à une attaque de l'armée ennemie. ◇_(을) **하다** attaquer, monter une attaque contre *qn*, envahir, assaillir. ¶ 독일은 기습적으로 폴란드를 ~했다 L'Allemagne a attaqué par surprise la Pologne. ¶ 일본은 한반도를 통해 대륙으로 ~했다 Le Japon s'est lancé à l'assaut du continent [a envahi le continent] en passant par la Corée. ◇_(을) **받다** être assailli(*e*). ¶ 프랑스는 독일의[로부터] ~을 받았다 La France a été envahie par l'Allemagne. ◇_(을) **당하다** être attaqué(*e*), assailli(*e*), envahi(*e*). ¶ 폴란드는 독일에게 ~을 당했다 La Pologne a été attaquée par l'Allemagne.

침구¹ 鍼灸 명 【한의】 acuponcture *f*, acupuncture *f*.

침구² 寢具 명 literie *f*, matériel *m* de couchage. ¶ ~를 갈다 changer *sa* literie; ((시트를)) changer les draps, ¶ ~를 깔다 installer [étendre] *sa* literie. étendre [dérouler] *son* matelas (sur le sol), disposer *sa* literie [*son* couchage]. ¶ ~를 정돈하다[정리하다] ranger [replier, enrouler] *sa* literie [*son* couchage, *son* matelas].

침낭 寢囊 명 sac *m* de couchage, lit-sac *m*. ¶ ~ 속에 들어가서 자다 entrer dans *son* sac de couchage pour y dormir. ¶ ~에서 빠져나오다 sortir de *son* sac de couchage.

침노 侵擄 명 invasion *f*, attaque *f*. ¶ 외적의 ~ invasion d'un ennemi extérieur. ◇_(를) **하다** envahir, empiéter sur. ¶ 외적이 우리나라를 ~했다 L'ennemi extérieur a envahi notre pays. ◇_(를) **당하다[입다, 받다]** être envahi(*e*).

침대 寢臺 명 lit *m*. ¶ ~ 밑에 숨다 se cacher sous un lit. ¶ ~ 시트를 갈다 changer les draps. ¶ ~ 모서리에 머리를 부딪치다 se cogner la tête contre le coin du lit. ¶ ~에 눕다 se mettre au lit, aller au lit [se coucher], se glisser entre les draps [sous la couverture, sous l'édredon, sous la couette; rester au lit. ¶ ~에 쓰러지다 [걸터앉다] s'effondrer sur le lit [être assis(*e*) sur un lit]. ¶ ~에서 일어나다 sortir du lit, se lever. ¶ ~에서 떨어지다 tomber du lit. ¶ ~가 삐거덕거린다 Le lit grince.

◆**_보** -褓 명 drap de lit *m*; dessus *m* de lit.

◆**_차** -車 명 wagon-lit(*~s-~s*) *m*, voiture-lit(*~s-~s*) *f*.

◆**_칸** 명 compartiment *m* à couchettes.

◆**더블_** 명 lit *m* à deux places, lit *m* double, grand lit *m*.

◆**싱글_** 명 lit *m* pour une personne, lit *m* à une place, lit *m* simple.

침략¹ 侵掠 명 pillage *m*, spoliation *f*. ¶ ~ 행위를 규탄하다 blâmer le pillage. ¶ 외적의 ~ pillage d'un ennemi étranger. ¶ 도시를 적의 ~에 내맡기다 livrer une ville au pillage. ◇_(을) **하다** piller, spolier,

ㅊ

saccager. ¶ 외적이 그 지방을 ~했다 L'ennemi étranger a pillé cette région. ◇_(을) **당하다[받다]** être pillé(*e*).

침략² 侵略 명 invasion *f*, envahissement *m*, agression *f*. ¶ 일본의 조선 ~ l'invasion de la Corée par le Japon. ¶ 나치스가 저지른 ~ agression commise par les Nazis. ¶ 미국의 경제적 ~ invasion économique des États-Unis. ¶ ~을 감행하다 risquer une attaque. ¶ 적의 ~에 대항하다[맞서다] se battre contre l'agresseur; résister à l'envahisseur. ¶ 적의 ~에 대비하다 parer à une agression. ¶ 외적의 ~에 시달리다 subir l'agression de l'ennemi étranger. ◇_(을) **하다** agresser, envahir. ¶ 일본은 중국을 ~했다 Le Japon a envahi la Chine. ◇_(을) **받다** être envahi(*e*). ¶ 그 나라는 자주 외적의[으로부터] ~을 받았다 Ce pays a été souvent envahi [a souvent subi des invasions étrangères]. ◇_(을) **당하다** être envahi(*e*). ¶ 폴란드는 독일에게 ~을 당했다 La Pologne a été envahie par l'Allemagne.

◆**_적** -的 명관 agressi*f*(*ve*). ¶ 일본의 ~적 행위 invasion par le Japon.

◆**_성** -性 명 agressivité *f*.

◆**_국** -國 명 pays *m* agresseur; agresseur *m*.

◆**_자** -者 명 envahisseur *m*, agresseur *m*.

◆**_전쟁** -戰爭 명 guerre *f* d'agression.

◆**_주의** -主義 명 politique *f* agressive.

침례 浸禮 명 【기독】 baptême *m* par immersion; immersion *f* baptismale. ¶ ~를 주다 donner [administrer, conférer] un baptême par immersion. ¶ ~를 받다 recevoir le baptême par immersion.

◆**_교** 教 명 【기독】 église *f* baptiste.

◆**_교도** 教徒 명 【기독】 baptiste mf, croyant(*e*) baptiste *mf*.

◆**_교회** -教會 명 【기독】 église *f* baptiste.

침모 針母 명 couturière *f*.

침목 枕木 명 traverse *f*; longrine *f*. ¶ 철로에 ~을 대다 munir une voie ferrée de traverses.

침몰 沈沒 명 submersion *f*, engloutissement *m*; ((난파)) naufrage *m*. ¶ 배를 ~ 위기에서 구출하다 sauver un bateau du naufrage. ¶ ~ 직전이다 être sur le point d'être naufragé(*e*). ¶ 폭풍에 의한 배의 ~ submersion d'un navire par la tempête. ◇_(을) **하다** ① couler, sombrer, s'enfoncer, faire naufrage. ¶ 그 배는 서서히 ~해 갔다 Ce bateau sombrait peu à peu / Ce bateau s'enfonçait peu à peu dans les eaux. ② 잠식당하다 submerger; être submergé(*e*), envahi(*e*). ¶ 우리말이 외국어의 홍수 속에 ~하고 있다 La langue coréenne est envahie [submergée, contaminée] par des langues étrangères telles que l'anglais, le français, etc. ③ 패하다 être sonné(*e*). ¶ 상대방 선수는 훅 한 방에[에 의해, 으로] ~하고 말았다 L'adversaire a été sonné par un crochet. ◇_(을) **당하다** être submergé(*e*). ¶ 그 배는 어뢰에 의해 ~을 당했다 Ce navire a coulé après avoir été torpillé. ◇_(을) **시키다** submerger, naufrager. ¶ 폭풍이 그 여객선을 ~시켰다 La tempête a submergé le paquebot. ◇_(이) **되다** être submergé(*e*). ¶ 그 배는 거센 파도에[에 의해, 로] ~되고 말았다 Ce bateau a été submergé par une violente lame de fond.

◆**_선** -船 명 navire *m* naufragé; bateau *m* coulé. ¶ ~선을 인양하다 renflouer un bateau coulé.

침묵 沈默 명 silence *m*, mutisme *m*. ¶ 그 사람은 ~만을 지키고 있었다 Il refusait de parler. ¶ 그 여자가 마침내 오랜 ~을 깼다[깨뜨렸다] Elle a enfin rompu un long silence. ¶ 그 방 안에는 무거운 ~이 흘렀다 Il s'est fait [Il régnait] un lourd silence dans cette chambre. ◇_(을) **하다** garder le silence; rester silencieu*x*(*se*), se taire. ¶ 그 사람은 계속 ~하고 있다 Il persiste dans son silence. ¶ 그 사람은 그 일에 대해서 ~했다 Il n'a pas parlé de ce travail / Il est resté très discret sur ce travail. ¶ 그 여자는 그 남자를 만난 것[데]에 대해서 ~하고 있다 Elle a gardé le silence sur sa rencontre avec lui / Elle n'a pas (du tout) parlé de sa rencontre avec lui. ◇_(을) **시키다** imposer le silence à *qn*; faire taire *qn*. ¶ 정부는 강압적 조치로 국민들을 ~시켰다 Le gouvernement a imposé le silence au peuple par une mesure répressive.

*~**은 금이다** (La parole est d'argent mais) le silence est d'or.

◆**_시위** -示威 명 manifestation *f* silencieuse.

침방 寢房 명 ☞ 침실

침범 侵犯 명 invasion *f*, envahissement *m*, empiétement *m*, violation *f*. ¶ 외적의 국경 ~ violation d'une frontière par un pays ennemi. ¶ 중앙선 ~ franchissement de la ligne blanche [de la ligne médiane, de la ligne continue]. ¶ 가택 ~ une violation de domicile. ◇_(을) **하다** envahir, empiéter, violer. ¶ 외적이 그 나라를[에, 로] ~했다 L'ennemi étranger a envahi ce pays. ¶ 누구의 권한을 ~하다 empiéter sur le domaine de *qn*. ¶ 누구의 가택을 ~하다 violer le domicile de *qn*. ¶ 우리나라 영해[영토, 영공]을 ~하다 envahir nos eaux territoriales [notre territoire, notre espace aérien]. ¶ 다른 사람의 영역[땅]을 ~하다 empiéter sur le domaine [sur le terrain] d'un autre. ¶ 누구의 권리를 ~하다 empiéter sur les droits de *qn*. ◇_(을) **받다** être violé(*e*), envahi(*e*). ¶ 그 나라는 외적으로부터 ~을 받았다 Ce pays a été envahi par l'ennemi étranger. ◇_(을) **당하다** être empiété(*e*), envahi(*e*). ¶ 그 지방은 외적에게 ~을 당했다 Cette région a été envahie par l'ennemi étranger.

침봉 針峯 명 porte-fleurs *m inv*. ¶ ~에 꽃을 꽂다 piquer des fleurs sur un porte-fleurs.

침불안석 寢不安席 명 sommeil *m* troublé [agité, perturbé] par les soucis. ◇_(을) **하다** avoir un sommeil troublé [perturbé] par les soucis, ne pas pouvoir bien dormir (à cause de nombreux soucis). ¶ 그 사람은 걱정 때문에 ~하고 있다 Ses soucis l'empêchent de bien dormir. ◇_**이다** avoir un sommeil troublé [perturbé] par les soucis, ne pas pouvoir bien dormir (à cause de nombreux soucis). ¶ 너는 왜 이리 ~이냐? Qu'est-ce qui t'empêche de trouver le sommeil? / Quels soucis t'empêchent de dormir? / Pourquoi est-ce que tu n'arrives pas à dormir? ¶ 그 사람은 밤새도록 ~이었다 Dévoré d'inquiétude [Rongé d'inquiétude, Étreint par l'angoisse, Tourmenté par ses soucis], il n'a pas fermé l'œil de la nuit [il a très mal dormi toute la nuit, il a eu un sommeil perturbé toute la nuit]. ☞ 좌불안석

침상 寢牀 명 lit *m*. ¶ ~에 눕다 se mettre au lit, aller au lit [se coucher], se glisser entre les draps [sous la couverture, sous l'édredon, sous la couette]. ¶ ~에서 내려오다 sortir du lit, se lever. ¶ 방 한 구석에 ~이 놓여 있다 Le lit est placé [se trouve] dans un coin de la chambre. ¶ 환자가 많아서 ~이 모자라다 Il manque des lits parce qu'il y a beaucoup de patients / Les lits manquent en raison de l'afflux des malades / On manque de lits (libres) [On n'a pas assez de lits (libres)] en raison du nombre de malades [en raison de l'afflux des malades] / On ne peut accueillir tous les malades en raison de leur nombre / On n'a pas assez de lits pour accueillir tous les malades.

침선 針線 명 ☞ 바느질

침소 寢所 명 chambre *f* à coucher. ¶ ~에 들다 entrer dans une chambre à coucher. ¶ 누구의 ~에 들르다 passer voir *qn* dans *sa* chambre.

침소봉대 針小棒大 명 exagération *f*, emphase *f*, surestimation *f*, grandiloquence *f*. ◇_(를) **하다** surestimer, exagérer, gonfler, en dire plus qu'il n'en faut, en rajouter {*fam*}, en remettre {*fam*}; fanfaronner, grossir, amplifier ⦅les faits⦆, broder; se vanter, bluffer {*fam*}. ¶ 그 사람은 자신의 공을 ~했다 Il exagérait ses exploits en les racontant. ¶ 그 사람은 항상 ~해서 말한다 Il parle toujours avec emphase. ¶ 위험을~하여 말하다 exagérer un danger. ◇_(를) **시키다** exagérer, surestimer. ¶ 나는 그 사람의 말을 ~시켰다 J'ai exagéré ses propos. ◇_(가) **되다** être exagéré(*e*).

침수 浸水 명 inondation *f*, submersion *f*. ¶ 폭우로 ~ 피해가 우려되고 있다 On craint que les inondations ne fassent des dégâts. ¶ 호우에 의한 도로의 ~ *inondation* d'une route causée par les fortes pluies [par les grosses pluies, par des pluies diluviennes]. ◇_(가) **되다** être inondé(*e*), submergé(*e*). ¶ 폭우에[에 의해, 로] 곳곳이 ~되었다 Tout a été inondé par les fortes pluies. ¶ 홍수로 많은 농경지[가옥]가 ~되었다 Les inondations recouvraient de nombreuses terres labourées [de nombreuses maisons]. ¶ 지하실이 ~되었다 La cave a été inondée.

침술 鍼術 명 【한의】 acupuncture *f*, acuponcture *f* (chinoise). ¶ ~을 행하다 exercer l'acupuncture (chinoise). ¶ 누구에게서 ~을 배우다[익히다] apprendre l'acupuncture auprès de *qn*. ¶ ~에 능하다 s'y connaître en acupuncture.

◆**_사** -師 명 【한의】 acupunc*teur*(*trice*); acuponc*teur*(*trice*).

침식[1] 寢食 명 sommeil *m* et repas *m*; vivre *m* et couvert *m*; ⦅offrir⦆ le gîte *m* et le couvert *m* (à *qn*). ¶ ~을 잊다 ⦅travailler⦆ jusqu'à en oublier le sommeil et les repas; se consacrer entièrement à *qc*; se donner corps et âme à *qc*. ¶ ~을 같이하다 vivre ensemble sous le même toit. ¶ 어디에서 ~을 해결하다 trouver un gîte pour la nuit; trouver le gîte et le couvert quelque part.

침식[2] 浸蝕 명 érosion *f*; affouillement *m*. ¶ 바위가 ~으로 많이 패였다 Les rochers ont beaucoup été érodés. ◇_(을) **하다**[**시키다**] éroder ⦅les roches⦆; affouiller ⦅la rive⦆; ronger, creuser, excaver. ¶ 파도가 바위를 ~시켰다 Les vagues ont érodé les rochers. ◇_(이) **되다** s'éroder; se creuser, s'excaver, se ronger; être rongé(*e*), creusé(*e*), excavé(*e*). ¶ 바위는 바람과 물에 의해 ~된다 Les rochers s'érodent au contact du vent et de l'eau. ◇_(을) **당하다** être érodé(*e*); être rongé(*e*), creusé(*e*), excavé(*e*). ¶ 이 해안은 조수에 의해 ~을 많이 당했다 Cette côte a beaucoup été creusée [excavée, érodée] par les marées [les courants marins].

◆**_분지** -盆地 명 bassin *m* d'érosion.

◆**_평야** -平野 명 plaine *f* d'érosion.

침식[3] 侵蝕 명 invasion *f*, imprégnation *f*. ◇_(을) **하다** manger [envahir, gagner] peu à peu. ¶ 그 사상은 우리의 정신세계를 심각하게 ~했다 Cette idée a beaucoup influencé nos esprits. ◇_(이) **되다** être envahi(*e*) [imprégné(*e*), gagné] peu à peu par *qc*. ¶ 시민의 자유가 국가 권력에 의해 ~되고 있다 La liberté des citoyens est confisquée [accaparée, usurpée] peu à peu par la puissance de l'Etat. ◇_(을) **당하다** être mangé(*e*) [envahi(*e*), imprégné(*e*), gagné(*e*)] peu à peu par *qc*. ¶ 국내 시장이 외제 상품에 ~당하고 있다 Le marché intérieur est envahi [gagné] peu à peu par les produits étrangers.

침실 寢室 명 chambre *f* (à coucher). ¶ 밤이 깊어 각자 ~로 들어간다 Quand la nuit tombe, chacun rentre dans sa chambre (à coucher).

침엽수 針葉樹 명 【식물】 conifère *m*. ¶ ~와 활엽수 des conifères et des arbres latifoliés.

◆**_림** -林 명 forêt *f* de conifères. ¶ 울창한 ~림 une forêt dense de conifères.

침울 沈鬱 명 mélancolie *f*, tristesse *f*, souci *m*; morosité *f*. ¶ ~에 빠지다 tomber dans la mélancolie; déprimer, faire une dépression.

◆**_하다** 형 être sombre, morne, mélancolique, triste, soucieu*x*(*se*); être maussade; être morose; être d'humeur mélancolique; être déprimé(*e*); avoir le cafard [le bourdon], avoir des idées noires, avoir un coup de cafard. ¶ ~해 보이다 avoir l'air déprimé(*e*) [dépressi*f*(*ve*)]. ¶ ~한 표정을 짓다 prendre un air mélancolique; faire une triste mine.

◆_히 뷔 mélancoliquement, tristement, avec tristesse.

침윤 浸潤 명 ① ((습기)) infiltration *f.* ¶ 송진은 습기의 ~을 막는다[예방한다] La résine (de pin) empêche l'humidité de s'infiltrer. ② ((사상, 경향)) imprégnation *f.* ¶ 나는 그 이데올로기의 ~을 받았다 J'ai été imprégné(*e*) de cette idéologie / J'ai été profondément influencé(*e*) par cette idéologie. ③ ((균)) infiltration *f*, infiltrat *m*. ¶ 그 사람의 폐에서 결핵균의 ~이 발견되었다 On a découvert des bacilles de la tuberculose [de Kock] dans ses poumons. ◇_(을) **하다[시키다]** envahir *qn*. ¶ 절망이 나를 ~했다 Le désespoir m'a envahi(*e*). ◇_(을) **당하다** être envahi(*e*), imprégné(*e*). ¶ 나는 허무에 ~당했다 J'ai été envahi(*e*) par un sentiment de vide. ◇_(이) **되다** être imprégné(*e*). ¶ 그 사람은 공산주의에 ~되었다 Il était imprégné du communisme.

침입 侵入 명 ① invasion *f*; envahissement *m*; pénétration *f*, intrusion *f*. ¶ 외세의 조선 ~ l'invasion de la Corée par les puissances étrangères. ¶ 무단 ~ entrée non autorisée. ¶ 집에 무단 ~을 하다 entrer par effraction dans une maison. ¶ 불법 ~ une effraction. ¶ 적의 ~을 격퇴하다 repousser l'attaque de l'ennemi; chasser l'envahisseur. ② ((병의)) infiltration *f*. ¶ 균의 ~을 막다 empêcher les bacilles de s'infiltrer. ◇_(을) **하다** ① envahir ((un pays)); ((cambrioleur)) s'introduire dans ((une maison)); pénétrer. ¶ 외적이 자주 그 지방을 ~했다 Les armées étrangères ont souvent envahi cette région. ¶ 몽고는 고려를 여러 차례 ~했다 La Mongolie a pénétré à plusieurs reprises [plusieurs fois] Goryeo. ② 병 pénétrer. ¶ 그 균은 보통 장기에 ~한다 En général, ce bacille pénètre les intestins. ◇_(을) **받다** être envahi(*e*). ¶ 우리는 적의[으로부터] ~을 받았다 Nous avons été envahis par l'armée ennemie [par l'ennemi]. ◇_(을) **당하다** être envahi(*e*). ¶ 프랑스는 독일의[로부터] ~을 당했다 La France a été envahie par l'Allemagne. ◇_(을) **시키다** faire pénétrer, envahir. ¶ 우리는 약간의 병력을 적진에[으로] ~시켰다 Nous avons fait pénétrer une partie de nos forces armées sur le territoire ennemi.

◆_군 -軍 명 armée *f* d'invasion.

◆_자 -者 명 envahisseu*r*(*se*); intrus(*e*).

◆주거_ 住居- 명 violation *f* de domicile.

침잠 沈潛 명 absorption *f*, contemplation *f* ((de soi)). ¶ 자아의 ~ l'absorption totale de *soi*; la contemplation de *soi*. ◇_(을) **하다[되다]** ① sombrer, couler, s'engloutir, plonger, pénétrer. ② s'absorber ((dans son travail, dans la lecture)), se donner totalement à *qc*; se plonger ((dans un roman)); se vouer entièrement à *qc*; être perdu(*e*) [absorbé(*e*)] dans *ses* pensées. ③ être profondément enfoui(*e*). ¶ 너 자신에게 ~해라 Pénètre profondément à l'intérieur de toi-même. ◇_(을) **시키다** pénétrer profondément à l'intérieur de *qn*. ¶ 자신을 무아의 경지로 ~시키시오 Pénétrez profondément à l'intérieur de vous-même pour parvenir à un état extatique [au dépassement total de vous-même].

침장이 鍼- 명 ☞ 침쟁이

침쟁이 鍼- 명 【속어】 ① 침술사 acupunc*teur*(*trice*); acuponc*teur*(*trice*). ② 아편중독자 opiomane *mf*; morphinomane *mf*.

침전 沈澱 명 ① ((화학)) précipitation *f*. ② ((퇴적)) sédimentation *f*. ◇_(을) **하다[되다]** se déposer; se précipiter; former un précipité. ¶ 분필 가루가 서서히 ~했다 La craie s'est lentement déposée. ¶ 그 사람에 대한 복잡한 감정들이 ~되어 갔다 Les sentiments complexes à son égard se sont dissipés. ◇_(을) **시키다** déposer *qc*. ¶ 부유물을 ~시키다 (faire se) déposer des particules flottantes.

◆_물 -物 명 dépôt *m*; précipité *m*; ((퇴적물)) sédiment *m*.

침전지 沈澱池 명 bassin *m* de clarification.

침착 沈着 명 sang-froid *m*, flegme *m*; aplomb *m*; calme *m*; tranquillité *f*, sérénité *f*. ¶ ~을 되찾다 retrouver *son* sang-froid [*son* calme; *ses* esprits]. ¶ ~을 잃다 perdre *son* sang-froid [*son* calme, *ses* esprits].

◆_하다 형 être calme, tranquille, flegmatique; être posé(*e*), rassis(*e*); garder *son* sang-froid [*son* aplomb]. ¶ ~하게 말하다[행동하다, 대응하다, 대피하다] parler posément [se comporter calmement, réagir avec flegme, se mettre à l'abri d'un danger avec flegme]. ¶ ~한 태도[성격] une attitude flegmatique [un caractère calme], un comportement calme [tranquille]. ¶ ~한 표정[어조, 목소리]로 말하다 parler d'un air [ton, d'une voix] calme; parler d'un air placide [d'un ton calme, posément].

◆_성 -性 명 sang-froid *m*. ¶ ~성을 잃다 perdre *son* sang-froid. ¶ ~성이 있다[없다] avoir du sang-froid [ne pas avoir de sang-froid].

침체 沈滯 명 ① ((경기, 사업)) stagnation *f*, marasme *m* ((des affaires)); dépression *f*. ¶ 사업이 ~ 중이다 Les affaires sont stagnantes / Les affaires sont en stagnation. ¶ 경기가 ~ 상태[국면]에 빠졌다 L'économie est dans le plus grand marasme [en crise]. ¶ 내 사업은 ~를 거듭하고 있다 Mes affaires ne marchent vraiment pas / Mes affaires sont dans le marasme. ¶ 고유가가 경기 ~를 부채질하고 있다 Les prix élevés [La valeur élevée]du pétrole influencent [attisent, avivent, excitent] le marasme économique. ¶ 경기가 ~의 늪에서 빠져나왔다 L'économie est sortie de son marasme. ② ((마음)) apathie *f*, inertie *f*. ¶ 정신의 ~ 상태 un état dépressif. ◇_(가) **되다** être stagnant(*e*); être inerte. ¶ 경기가 ~되었다 L'économie est stagnante. ¶ 우리 팀은 사기가 극도로 ~되었다 Notre équipe a le moral à zéro. ¶ 이 회사는 분위기가 ~되어 있다 Dans cette société, il y a une ambiance dépressive. ◇_(를) **시키다** plonger ((l'économie)) dans le marasme. ¶ 고금리가

경제를 ~시켰다 Le taux d'intérêt élevé a plongé l'économie dans le marasme.

◆_**하다** 형 être apathique; être déprimé(*e*), dépressi*f*(*ve*). ¶ ~한 내 심리 상태 mon état dépressif. ¶ ~한 분위기 une ambiance [une atmosphère] dépressive.

◆_**기** -期 명 période *f* de stagnation; marasme *m*. ¶ 한국 경제는 ~기를 겪었다[경험했다] L'économie coréenne a connu le marasme [la crise économique]. ¶ ~기에 접어들다 entrer dans une période de stagnation. ¶ ~기에서 벗어나다 sortir du marasme.

침침하다 沈沈- 형 ① 어두컴컴하다 être sombre, obscur(*e*), ténébreu*x*(*se*), nuageu*x*(*se*). ¶ 날씨가 ~ Il fait sombre / Il fait gris. ¶ 전등이 ~ Cette lampe éclaire mal. ¶ 침침한 실내 (l'intérieur d'une) pièce sombre. ② 잘 보이지 않다 avoir la vue faible [basse]. ¶ 눈이 ~ J'ai la vue faible [basse].

침탈 侵奪 명 pillage *m*; saccage *m*; sac *m*. ¶ 외적의 문화재 ~ le pillage des monuments historiques par les bandits étrangers. ◇_(을) **하다** piller *qc*; saccager *qc*; mettre à sac *qc*. ¶ 일본은 조선을 ~했다 Le Japon a mis à sac la Corée. ◇_(을) **당하다** être pillé(*e*), saccagé(*e*), mis(*e*) à sac. ¶ 그 나라는 외적에게 자주 ~당했다 Ce pays a souvent été pillé par les bandits étrangers. ◇_(을) **받다** être pillé(*e*); être saccagé(*e*); être mis(*e*) à sac. ¶ 조선은 일본의~을 받았다 La Corée a été pillée par le Japon.

침통 鍼筒 명 coffret *m* [boîte *f*] pour aiguilles d'acupuncture.

침통하다 沈痛- 형 ((사람이)) être attristé(*e*); ((사물, 사건이)) être déchirant(*e*), navrant(*e*), poignant(*e*), touchant(*e*); être très douloureu*x*(*se*). ¶ 침통한 모습 un air sombre et attristé. ¶ 침통한 표정[목소리, 어조]로 d'un air[d'une voix, d'un ton] attristé. ¶ 침통한 심정을 금할 길이 없다 On ne peut que se sentir attristé.

침투 浸透 명 ① pénétration *f*; absorption *f*; infiltration *f*; osmose *f*. ¶ 그 약은 ~가 빠르다 Ce médicament pénètre [se diffuse] rapidement dans le corps. ② ((적진에)) infiltration *f*, pénétration *f*, envahissement *m*. ¶ 우리는 적의 해안 ~에 대비했다 Nous nous sommes préparés contre l'infiltration *de l'ennemi sur la côte*. ③ ((사상, 문화의)) pénétration *f*; imprégnation *f*. ¶ 불온한 사상의 ~를 방지하다 lutter contre la pénétration d'idées inquiétantes [hérétiques]. ◇_(를) **하다** pénétrer dans *qc*; s'infiltrer dans *qc*, s'introduire dans *qc*; s'ancrer dans *qc*; gagner peu à peu *qc*; s'imprégner dans *qc*; envahir *qc*. ¶ 물이 외벽으로 ~하고 있다 L'eau est en train de s'infiltrer dans le mur extérieur. ¶ 우리는 적의 후방에 ~했다 Nous avons pénétré [infiltré] l'arrière-garde. ¶ 왜색 문화가 청소년에까지 깊숙이 ~했다 La culture japonaise [jap] s'est profondément imprégnée [ancrée] même chez les jeunes. ¶ 자본주의 사상이 모든 대중에 ~했다 Les idées capitalistes se sont totalement [complètement] infiltrées parmi les masses. ¶ 세균[병균]이 그 사람의 몸속에 ~했다 Les bactéries ont gagné peu à peu tout [se sont infiltrées dans] son corps. ◇_(를) **시키다** faire entrer, faire pénétrer, faire s'infiltrer. ¶ 특공대를 적진에 ~시키다 faire entrer [faire s'infiltrer] un commando dans le camp ennemi. ◇_(가) **되다** s'ancrer; s'imprégner; être infiltré(*e*), pénétré(*e*), imprégné(*e*). ¶ 미국적 사고방식이 우리에게 적잖이 ~됐다 La manière de pensée américaine nous a beaucoup imprégnés. ¶ 한국 불교는 현실에 깊이 ~되어 있다 Le bouddhisme est profondément ancré dans la vie courante des Coréens.

◆_**성** -性 명 perméabilité *f*.

◆_**작용** -作用 명 action *f* osmotique; osmose *f*.

◆_**조** -組 명 【군사】 force *f* d'intervention, force *f* spéciale; commando *m* qui a pour mission de pénétrer dans le camp ennemi.

침팬지 영{chimpanzee} 명 【동물】 chimpanzé *m*.

침하 沈下 명 affaissement *m*; tassement *m*; dénivellation *f*; dénivellement *m*; effondrement *m*. ¶ 둑의 ~ l'affaissement d'un remblai; l'effondrement d'une digue. ◇_(를) **하다**[(가) **되다**] s'affaisser; se tasser; s'effondrer. ¶ 비가 온 후 지반이 ~했다 Après la pluie, on a assisté à un affaissement de terrain. ◇_(를) **시키다** faire s'effondrer.

침해 侵害 명 empiètement *m*; violation *f* ((de frontière)); infraction *f*; usurpation *f*; contrefaçon *f*. ¶ 저작권 ~ la violation des droits d'auteur. ¶ 학생들의 교권 ~ un empiètement des élèves sur les prérogatives de l'enseignant. ¶ 그런 행동은 그 사람에 대한 인격 ~이다 Ce genre de comportement est une violation de sa dignité humaine. ◇_(를) **하다** empiéter sur ((les droits des autres, un brevet)); usurper ((un droit)); contrefaire ((un objet breveté)); violer ((un droit)); porter atteinte ((aux droits d'auteur)); léser, violer ((les droits d'auteur)); attenter à ((la liberté de *qn*)). ¶ 경찰이 피의자의 인권을 ~했다 La police a violé [a empiété sur] les droits du prévenu. ◇_(가) **되다** être usurpé(*e*), violé(*e*), enfreint(*e*). ¶ 약자의 권리가 ~되지 말아야 한다 Les droits des personnes faibles ne doivent pas être usurpés [violés] / On ne doit pas porter atteinte aux droits des personnes démunies. ◇_(를) **당하다** se faire usurper; être usurpé(*e*), violé(*e*). ¶ 나는 그 집의 소유권을 ~당했다 On a usurpé mon droit de propriété sur cette maison. ¶ 그 사람은 이웃에게 사생활을 ~당했다 Les voisins ont porté atteinte à sa vie privée.

침흘리개 명 personne *f* [enfant *m*] qui bave, baveu*r*(*se*).

칩 영{chip} 명 ① 집적회로 puce *f* (électronique). ② ((노름의)) plaque *f*; jeton *m*.

◆**마이크로_** 명 puce *f* (électronique); circuit *m* intégré.

칩거 蟄居 명 retraite *f*; solitude *f*. ¶ 그 사람은 ~에 들어갔다 Il a commencé à vivre en solitaire [en ermite, comme un ermite]. ◇_(를) **하다** rester cloîtré(*e*), reclus(*e*); vivre retiré(*e*); vivre en ermite [comme un ermite]; mener une vie d'ermite [une vie érémitique {*litt*}, une vie ascétique]. ¶ 그 사람은 집에 ~하고 있다 Il reste cloîtré(*e*) [confiné(*e*)] chez lui / Il mène une vie d'ermite [une vie érémitique {*litt*}] / Il vit en ermite [comme un ermite]. ¶ 외부와의 연락을 끊고 ~하다 vivre coupé(*e*) de toute relation avec le monde extérieur; vivre en autarcie.

◆_**생활** -生活 명 vie *f* retirée; vie *f* d'ermite; vie *f* ascétique; vie *f* érémitique {*litt*}; vie *f* solitaire, cloîtrée, recluse. ¶ 그 사람은 ~생활을 하고 있다 Il mène une vie d'ermite [érémitique {*litt*}] / Il vit en ermite [comme un ermite].

칩떠보다 타 jeter un regard mauvais à *qn*; faire les yeux durs à *qn*; faire des gros yeux à *qn*. ¶ 누구를 칩떠보며 고함을 치다 crier contre *qn* en lui jetant un regard mauvais.

칫솔 齒- 명 brosse *f* à dents. ¶ 그 남자는 ~을 입에 문 채 말했다 Il parlait une brosse à dents dans la bouche. ¶ ~로 이를 닦다 se brosser les dents avec une brosse à dents.

칫수 -數 명 ☞ 치수[1]

칭기스칸 명 【인명】 Genghis [temudjin] Khan (1162-1227).

칭병 稱病 명. prétexte *m* de maladie; simulation *f* de maladie. ◇_(을) **하다** prétendre être malade; s'excuser ((d'avoir manqué un cours)) pour raison de santé; prétexter une maladie ((pour s'absenter)). ¶ 그 사람은 ~하고 집에만 있다 Il reste à la maison sous prétexte d'être malade. ¶ ~을 하고 직장에 안 나가다 prétexter d'être malade pour ne pas aller travailler.

칭송 稱頌 명 éloge *f*; louange *f*; admiration *f*; compliment *m*. ¶ 그 여자는 ~의 대상이다 C'est elle qu'on admire [dont on fait l'éloge]. ¶ 그 사람이 성실하다는 ~이 자자하다 Tout le monde dit de lui qu'il est sincère. ◇_(을) **하다** louer ((la conduite de *qn*)); admirer *qn*, applaudir *qn*; faire l'éloge de *qn*; glorifier ((Dieu, les héros)). ¶ 우리는 그 사람의 정직함을 ~했다 Nous avons loué [félicité] son honnêteté. ¶ 사람들은 그 사람을 최고의 선수로[라고] ~한다 On dit de lui que c'est un des plus grands athlètes. ¶ 선수들은 그가 최고의 감독이라고 ~한다 Les athlètes le reconnaissent comme le plus grand entraîneur [coach]. ¶ 사람들은 그 사람이 친구 대신 희생한 것을 ~한다 On dit de lui qu'il s'est sacrifié pour ses amis. ¶ 사람들은 그 사람이 매우 성실하다고 ~한다 On dit de lui qu'il est très honnête. ◇_(이) **되다** se faire admirer; être glorifié(*e*). ¶ 그 사람은 대중들로부터 최고의 예술가로 ~되었다 Il est reconnu comme l'un des plus grands artistes / On fait son éloge comme l'un des plus grands artistes. ◇_(을) **받다[듣다]** recevoir des compliments de *qn*; être couvert(*e*) d'éloges par *qn*. ¶ 그 사람은 모든 사람의 ~을 받는다 Tout le monde le couvre d'éloges / Cette personne reçoit des compliments de tout le monde. ¶ 그 여자는 효녀로 ~을 받는다 On admire sa piété filiale / Elle reçoit des félicitations pour sa piété filiale.

칭얼거리다 자 dire [se plaindre] en pleurnichant; larmoyer; pleurer en poussant des cris [des hurlements], pleurer bruyamment, pousser des gémissements, geindre, pleurnicher, chialer {*fam*}, chigner {*fam*}, chouiner {*fam*}; grogner, grognonner; rouspéter; ((떼를 쓰다)) importuner *qn*, harceler *qn* de demandes déraisonnables; ((enfant)) faire une colère [faire des caprices, importuner *qn*, casser les pieds à *qn*] pour obtenir *qc*; insister pour faire *qc*; s'entêter à vouloir faire *qc*. ¶ 아기가 젖 달라고 [장난감 사 달라고] 자꾸 칭얼거린다 Le bébé n'arrête pas de piailler [de brailler {*fam*}, de rouspéter, de pleurnicher] pour qu'on lui donne le sein [L'enfant fait sans cesse des colères [des caprices] pour qu'on lui achète un jouet]. ¶ 아기가 밤새 칭얼거리다가 조금 전에야 잠이 들었다 Le bébé a braillé toute la nuit et vient juste de s'endormir. ¶ 내 여자친구는 요즘 나만 보면 옷을 사달라고 칭얼거려 Ces jours-ci, ma petite amie me harcèle [me relance] sans cesse pour que je lui achète des vêtements. ¶ 칭얼거리며 엄마를 찾는 아이 enfant qui cherche [réclame] sa mère en pleurnichant. ¶ 칭얼거리는 아이를 달래다 calmer un enfant qui geint.

칭얼대다 자 ☞ 칭얼거리다

칭얼칭얼 부 d'une façon piailleuse [brailleuse {*fam*}]; d'une façon grincheuse; d'une façon larmoyante ((onomatopée qui évoque la façon d'un bébé ou d'une femme de pleurnicher ou de se plaindre)). ¶ 아기가 ~ 보챈다 Le bébé piaille en pleurnichant / Le bébé pleure en poussant des cris [des hurlements] / Le bébé braille {*fam*} [hurle].

◆_**하다** 자 dire *qc* [se plaindre] en pleurnichant; geindre, larmoyer, grogner, grognonner, rouspéter; ((잉잉거리다)) pleurer en poussant des cris [des hurlements], pleurer bruyamment, sangloter, pousser des gémissements, pleurnicher, chigner {*fam*}, chialer {*fam*}, chouiner {*fam*}, brailler {*fam*}, hurler; ((떼를 쓰다)) importuner *qn*, harceler *qn* de demandes déraisonnables; ((enfant)) faire une colère [faire des caprices, importuner *qn*, casser les pieds à *qn*] pour obtenir *qc*; insister pour faire *qc*; s'entêter à vouloir faire *qc*. ☞ 칭얼거리다

칭찬 稱讚 명. louange *f*; éloge *f*; admiration *f*; compliment *m*. ¶ 모두가 그 사람에 대해서 ~을 아끼지 않았다 Tout le monde l'a couvert(*e*) d'éloges. ¶ ~에 인색하다 faire peu de compliments, être avare de compliments. ¶ 그 사람이 효자라는 ~이 자자하다 Tout le monde le félicite pour sa piété filiale. ◇_(을) **하다** louer *qn*; admirer *qn*; faire l'éloge de *qn*; faire des compliments à *qn*. ¶ 극구 ~하다 porter *qn* aux nues; combler *qn* d'éloges. ¶ 시어머니는 며느리를 입이 마르게[도록] ~했다 La belle-mère a comblé d'éloges sa belle-fille. ¶ 선생님은 그 학생의 태도를 ~하셨다 Le professeur l'a félicité(*e*) pour son attitude. ¶ 우리는 그 사람이 모범생임을 ~했다 Nous l'avons qualifié d'étudiant modèle / Nous l'avons félicité(*e*) d'être un(*e*) étudiant(*e*) modèle. ¶ 사람들은 그 남자가 효자라고 ~한다 Les gens le qualifient avec éloges de fils dévoué envers ses parents. ¶ 사람들은 그 사람이 예의바르다고 ~한다 On dit de lui avec éloge [emphase] qu'il est très poli. ¶ 선생님은 그를 성실한 학생이라고 ~하셨다 Le professeur l'a félicité(*e*) d'être un(*e*) bon(*ne*) étudiant(*e*). ◇_(을) **받다[듣다]** recevoir des compliments; être couvert(*e*) d'éloges. ¶ 그 학생은 선생님으로부터 ~을 받았다 Cet élève a été couvert d'éloges par le professeur / Il a reçu des compliments de son professeur / Il a été complimenté par son professeur. ¶ 그 학생은 늘 선생님께 ~을 듣는다 Cet élève se fait toujours complimenter par le professeur / Le professeur le complimente toujours.

칭칭 부 d'une façon serrée, d'une façon ajustée ((façon d'enrouler *qc* avec une ficelle ou une bande plusieurs fois d'une façon tendue)). ¶ ~ 감다[휘어 감다, 감싸다] enrouler [entourer, envelopper, emmailloter] *qc* plusieurs fois d'une façon serrée [d'une façon tendue] ((avec une bande)). ¶ 내 친구는 붕대가 ~ 감긴 손을 들어 보였다 Il m'a montré sa main solidement bandée. ¶ ~ 묶다 lier [ficeler, serrer] solidement *qc*, attacher solidement *qc*. ¶ ~ 동여매다 nouer [attacher] fortement tout autour de *qc*.

칭탁 稱託 명 prétexte *m*, excuse *f*. ◇_(을) **하다** alléguer [donner, fournir] une (bonne) excuse; chercher inventer une excuse; chercher [trouver, prendre] un prétexte à *qc* [pour faire *qc*]; prétexter ((une maladie, un malaise, que+*ind*)); alléguer ((quelque excuse de santé, que+*ind*)); fournir un prétexte à [pour] ((une absence)); se trouver une (bonne) excuse ((pour refuser)); user de [avoir recours à des] faux-fuyants; user de subterfuges; trouver une échappatoire [un prétexte]; prétexter; prendre [tirer] prétexte d'((un malaise)) pour ((pouvoir partir)). ¶ 그 사람은 병을 ~하며 집에서 쉬었다 Il est resté chez lui sous prétexte d'être malade. ¶ 그 사람은 몸이 아프다고 ~하며 초대를 거절했다 Il a refusé l'invitation prétextant d'être malade [sous prétexte d'être malade].

칭하다 称- 타 ① appeler *qn*; nommer *qn*, dénommer *qn*. ¶ 그 분을 부장으로 ~ l'appeler directeur. ¶ 스스로 황제라 ~ se nommer empereur. ¶ 김이라고 칭하는 사나이 un nommé Kim, un certain Kim, un homme appelé Kim, un dénommé Kim. ② 사칭하다 usurper le nom [l'identité] de *qn*. ¶ 그 여자는 친구를 칭하고 내 방에 들어갔다 Elle a pénétré dans ma chambre en usurpant le nom de ma copine [en prenant le nom de ma copine].

칭호 稱號 명 nom *m*; appellation *f*, dénomination *f*; titre *m* ((de comte, de docteur)); grade *m*; qualification *f*. ¶ 무엇이라는 ~를 얻다[받다] se faire appeler; prendre le grade de ((docteur)). ¶ 누구에게 무엇이라는 ~를 수여하다[붙이다] conférer [donner, décerner] un titre à *qn*. ¶ 무엇이라는 ~로 불리다[통하다] se faire appeler, se faire nommer. ¶ 누구에게 무엇이라는 ~가 붙다 être connu(*e*) sous le nom de; se faire appeler.

ㅋ 명 *kieuk m* ((onzième lettre consonantique de l'alphabet coréen)).

카 감 gloups, rhaaaaa ((onomatopée utilisée après avoir avalée une gorgée d'alcool fort)). ¶ ~! 술맛 좋다 Cet alcool est agréable au palais! / Cet alcool, ça fait du bien par où ça passe {*pop*}!

카나리아 영{canaria} 명 canari *m*, serin *m*.

카네이션 영{carnation} 명 œillet *m*.

카논 영{canon} 명 ☞ 캐논

카누 영{canoe} 명 canoë *m*; canoë-kayak(*~s-~s*) *m*, pirogue *f*, kayak *m*. ¶ ~ 경주 (compétition de) kayak. ¶ ~를 젓다 faire avancer un canoë à la pagaie.

카니발 영{carnival} 명 carnaval *m*, fête *f* foraine. ¶ ~을 열다 ouvrir un carnaval. ¶ 내일 ~이 열린다 Demain commence [débute] le carnaval.

카덴짜 이 명 cadence *f*.

카드 영{card} 명 ① 양식 carte *f*, formulaire *m*. ¶ 신청 ~ formulaire de demande ((d'emploi)), dossier de candidature, dossier d'inscription. ¶ 회원 ~ carte d'adhérent [de membre]. ② 트럼프 carte *f* (à jouer). ¶ ~ 시합 partie de cartes. ¶ ~를 치다 jouer aux cartes. ¶ ~로 노름을 하다 parier en jouant aux cartes. ③ ((플라스틱으로 된)) carte *f*. ¶ 신용 ~ une carte de crédit. ④ 축하카드 carte *f*. ¶ 생일 ~ une carte d'anniversaire. ⑤ 두꺼운 종이 carton *m*; carte *f*. ¶ 옐로 ~ un carton jaune. ⑥ 【컴퓨】 carte *f*. ¶ 사운드 ~ une carte son. ⑦ 묘책 carte *f*, plan *m* ingénieux. ¶ 여당은 그 문제를 마지막 ~로 낼 것 같다 Il semble que le parti gouvernemental va jouer sa dernière carte.

카드뮴 영{cadmium} 명 【화학】 cadmium *m* ((Cd)).

카디건 영{cardigan} 명 gilet *m*; cardigan *m*. ¶ ~을 입다[걸치다] mettre [enfiler] un gilet.

카라멜 영{caramel} 명 caramel *m*.

카랑카랑 부 *d'une* façon haute et éclatante [vive, perçante, aiguë, incisive]. ¶ ~ 울리는 목소리 voix qui retentit d'une façon éclatante.

◆**_하다** 형 ((목소리가)) être éclatant(*e*), fort(*e*), tonitruant(*e*), retentissant(*e*), bien sonore, distinct(*e*); être vi*f*(*ve*); être perçant(*e*), aigu(*ë*), incisi*f*(*ve*). ¶ 저 선생님은 나이가 많이 드셨는데도 아직 목소리 하나는 ~하다 Malgré son âge avancé, ce professeur a encore une voix éclatante [forte, tonitruante, retentissante, bien sonore, distincte].

카레 영{curry} 명 ① 향신료 curry *m*, cari *m*. ¶ ~ 요리 un curry ((d'agneau, de volaille)). ② 카레라이스 riz *m* au curry. ¶ 나는 ~를 시켰다 J'ai commandé un riz au curry.

◆**_라이스** 영{- rice} 명 riz *m* au curry.

카르텔 독 명 【경제】 cartel ((de production, de vente)); trust *m* ((de l'acier, du pétrole)).

◆**석유_** 石油 명 trust *m* du pétrole.

카리스마 독 명 charisme *m*. ¶ ~가 있다 avoir du charisme.

◆**_적** -的 명 charismatique.

카메라 영{camera} 명 ① appareil *m* (de) photo, appareil *m* photographique; caméra *f*. ¶ ~로 사진을 찍다 prendre des photos avec un appareil photo. ¶ ~를 들이대다 diriger un appareil photo [la caméra] sur *qn/qc*. ¶ ~ 앵글 angle d'appareil photo. ② radar *m* ¶~가 쫙 깔려 있어. 조심해. Il y a des radars partout, fais attention.

◆**_맨** 영{cameraman} 명 ((사진)) photographe *mf*; ((TV)) caméraman (caméramans, cameramen) *m*; cadreur *m*, opérateur *m* de prises de vue (de cinéma, de télévision). ¶ 신문사의 ~맨 photographe d'une agence de presse.

카메오 영{cameo} 명 【연영】 brève apparition *f* ((d'une grande vedette)). ¶ 그는 그 영화에 ~로 출연했다 Il a fait une brève[courte] apparition dans ce film.

카멜레온 영{chameleon} 명 ① ((동물)) caméléon *m*. ② ((사람)) girouette *f*, personne *f* très versatile [fantasque, lunatique, inconstante], caméléon *m* {*vx*}.

카바 영{cover} 명 ((‘커버’의 잘못)) ☞ 커버

카바레 프{cabaret} 명 cabaret *m*.

카바이드 영{carbide} 명 【화학】 carbure *m* (de calcium).

◆**_등** -燈 명 lampe *f* à carbure [à acétylène].

카바이트 명 ☞ 카바이드

카본 영{carbon} 명 carbone *m* ((C)).

카세트 영{cassette} 명 ① 재생장치 radiocassette *f*. ¶ ~에 테이프를 넣다 insérer [mettre] une cassette dans une radiocassette. ② 테이프 cassette *f.* ¶ 무엇을 ~에 녹음하다 enregistrer [mettre] *qc* sur une cassette.

◆_테이프 영{cassette tape} 명 cassette *f.*

카센터 영{car center} 명 garage *m.* ¶ ~에 차를 맡기다 laisser *sa* voiture au garage.

카스테라 포 명 ☞ 카스텔라

카스테레오 영{car stereo} 명 autoradio *m.* ¶ ~를 틀다[켜다] allumer l'autoradio. ¶ ~를 끄다 éteindre l'autoradio.

카스텔라 포 명 gâteau(*x*) *m* [biscuit *m*] de Savoie. ((퀘백어)) gâteau(*x*) *m* éponge.

카스트 영{caste} 명 caste *f.* ¶ ~ 제도 le système des castes.

카약 그 명 kayak *m.* ¶ ~을 타다 faire du kayak.

카오스 그 명 chaos *m.*

◆_이론 -理論 명【수학】théorie *f* du chaos.

카우보이 영{cowboy} 명 cow-boy(~-~*s*) *m.*

◆_모자 -帽子 명 chapeau(*x*) *m* de cow-boy, feutre *m* à larges bords.

카운셀러 영{counselor} 명 ☞ 카운슬러

카운슬러 영{counselor} 명 conseiller *m.* ¶ ~와 상담하다 avoir un entretien avec [consulter] un conseiller.

카운슬링 영{counselling} 명 conseils *mpl*, consultation *f*; assistance *f* socio-psychologique; aide *f* psycho-pédagogique. ◇_(을) 하다 conseiller, donner des conseils. ◇_(을) 받다 recevoir des conseils; se faire conseiller, être conseillé(*e*).

카운터 영{counter} 명 ① 계산대 comptoir *m*; caisse *f*; ((호텔)) réception *f.* ¶ 물건을 ~에 맡기다 confier ses affaires à la réception. ¶ ~에 앉다 s'asseoir au comptoir. ¶ ~에 문의하다 demander des informations à la réception. ② ((일)) travail *m* de caissi*er*(*ère*); ((사람)) caissi*er*(*ère*). ¶ 슈퍼마켓에서 ~로 일하다 travailler à la caisse d'un [comme caissi*er*(*ère*) dans un] supermarché.

카운트 영{count} 명 compte *m.* ◇_(를) 하다 faire le compte, compter; compter [marquer] les points, tenir la marque [le score]. ¶ 다운된 선수에게 ~를 하다 faire le compte des 10 secondes du knock-out.

◆_다운 영{countdown} 명 compte *m* à rebours. ¶ ~다운에 들어가다 commencer le compte à rebours.

카지노 이 명 casino *m.*

카카오 영{cacao} 명 cacao *m.* ¶ ~ 나무 cacaoyer *m*, cacaotier *m.*

카키색 영{kaki} 명 kaki *m inv.* ¶ ~ 천 un tissu kaki.

카타르시스 그 명 catharsis *f.* ¶ ~를 느끼다 ressentir une catharsis.

카탈로그 영{catalogue} 명 catalogue *m.*

카테고리 영{category} 명 catégorie *f.*

카톨릭 명 ☞ 가톨릭

카투사 영{KATUSA} 명 KATUSA *m* ((Korean Augmentation Troops to the United States Army)) <Coréen faisant son service militaire dans l'armée américaine stationnée en Corée du Sud>. ¶ ~로 군복무를 하다 faire *son* service militaire en tant que KATUSA.

카툰 영{cartoon} 명 dessin *m* (humoristique).

카페 프{café} 명 ① café *m*, bar(-tabac) *m*, troquet *m* {*fam*}, bistro(t) *m.* ¶ ~에서 커피를 마시다 boire [prendre] un café dans un troquet [dans un bistro(t)]. ②【컴퓨】forum *m* de discussion.

카페리 영{car-ferry} 명 ferry(-boat)(~-~*s*) *m*, bac *m* (pour voitures). ¶ ~를 타다 prendre le ferry.

카페모카 프{café mocha} 명 moka *m.*

카페오레 프{café au lait} 명 café *m* au lait.

카페인 영{caffein} 명 caféine *f.* ¶ ~을 없앤 커피 du café décaféiné, du déca {*fam*}. ¶ ~을 함유하다 contenir de la caféine.

카페테리아 에 명 cafétéria *f.*

카펫 영{carpet} 명 tapis *m.* ¶ ~을 깔다 mettre un tapis.

카폰 영{car phone} 명 téléphone *m* de voiture. ¶ ~을 달다 mettre un téléphone dans la voiture.

카푸치노 이 명 cappuccino *m.*

카풀 영{car pool} 명 covoiturage *m.* ◇_(을) 하다 faire du covoiturage.

카프리치오 이 명【음악】capriccio *m*, caprice *m.*

카피 영{copy} 명 ① 복사 photocopie *f.* ¶ 이 서류 ~를 부탁해요 J'aimerais une photocopie de ce document, s'il vous plaît / Faites-moi une photocopie de ce document, s'il vous plaît. ② 광고문안 texte d'un projet de publicité. ¶ 광고 ~ copie de publicité; texte d'une publicité; texte publicitaire. ◇_(를) 하다 ① 복사하다 faire des photocopies, photocopier. ¶ 논문을 ~하다 photocopier une thèse. ②【컴퓨】enregistrement *m.* ¶ 디스켓에 ~하다 enregistrer sur une disquette. ③ 표절 copie *f*, plagiat *m.* ¶ 우리 회사 제품을 그대로 ~하다 copier les articles [produits] de notre entreprise tels qu'ils sont présentés.

카피라이터 영{copywriter} 명 rédac*teur*(*trice*) publicitaire.

칵 부 avec force, fortement; avec vigueur, vigoureusement, avec énergie, énergiquement ((onomatopée qui évoque le bruit de se racler la gorge)). ¶ 가래침을 ~ 뱉다 expectorer un glaire.

◆_~ 부 ((onomatopée qui évoque le bruit de se racler la gorge à plusieurs reprises)).

◆_~거리다[대다] 자 se racler fortement la gorge à plusieurs reprises. ¶ 가래침을 뱉으려고 ~~거리다 se racler fortement la gorge à plusieurs reprises pour expectorer des glaires. ¶ ~~거리며 침을 내뱉다 se racler fortement la gorge à plusieurs reprises puis cracher [projeter un crachat]. ¶ 그 사람은 목에 뭐가 걸렸는지 ~~거린다 Il se racle fortement la gorge à plusieurs reprises comme s'il avait quelque chose d'accroché.

칵테일 영{cocktail} 명 cocktail *m.* ¶ ~을 마시다 boire un cocktail. ◇_(을) 하다 faire un cocktail, mélanger ((deux boissons)). ¶ 소주와 콜라를 ~해서 마시다 mélanger du *soju* avec du coca(-cola).

◆_바 **영**{- bar} 명 bar *m* américain, cocktail-bar *m*.

◆_파티 **영**{- party} 명 cocktail *m*.

칸[1] 명 ① partition *f*, compartiment *m*. ¶ 책장 아래 ~ partie inférieure d'une bibliothèque. ② espace *m*, blanc *m*. ¶ 빈 ~을 채우다 remplir les espaces vides.

◆_막이 명 ☞ 칸막이

분류 ① wagon *m*, voiture *f*. ¶ 이 기차는 객차가 모두 몇 ~이냐? Ce train est composé de combien de voitures? ② marche *f*. ¶ 계단을 한 ~ 한 ~ 오르다 monter un escalier marche par marche.

칸[2] 분류 maison *f*. ¶ 집 한 ~ 없는 위인 personne qui ne peut se permettre la location ou l'achat d'un logement.

-칸[3] 접미 voiture *f*, wagon *m*; compartiment *m*. ¶ 앞~ voiture de tête. ¶ 화물~ wagon de marchandises.

칸나 **영**{canna} 명 【식물】 *Canna indica* var. *orientalis* {*nsc*}.

칸델라 **네** 명 lanterne *f*.

칸막이 명 cloison *f*; paravent *m*, rideau *m*, écran *m*. ¶ ~를 하다[세우다] mettre une cloison [un paravent, un rideau].

칸초네 **이** 명 chanson *f* italienne.

칸칸이 부 dans chaque case [compartiment, casier, séparation]; de case en case, case par case. ¶ ~ 들어찬 물건들 les affaires qui sont mises [disposées, installées] dans chaque case.

칸타타 **이** 명 cantate *f*. ¶ ~를 부르다 chanter une cantate. ¶ 크리스마스[부활절]~ cantate de Noël[de Pâques].

칼[1] 명 couteau *m*, sabre *m*, poignard *m*, épée *f*, canif *m*. ¶ ~ 솜씨 art de manier l'épée; habileté à manier l'épée. ¶ ~ 쓰는 법 art de manier l'épée. ¶ 이 ~은 잘 든다[무디다] Ce couteau coupe bien [est émoussé, ne coupe pas bien]. ¶ ~을 갈다 aiguiser un couteau. ¶ ~을 차다 ((행위)) ceindre [mettre] une épée; ((상태)) porter une épée. ¶ ~을 빼다[뽑다] sortir [dégainer, tirer] une épée ((du fourreau)), tirer un poignard ((de sa gaine)) ¶ ~을 집어넣다 rengainer [remettre] une épée [un poignard] ((dans sa gaine))]. ¶ ~로 찌르다 donner un coup d'épée [de couteau, de poignard] à *qn*; percer d'un coup de couteau, poignarder *qn*. ¶ ~에 손이 베다 se couper au doigt [à la main] avec un couteau; se *faire une* coupure au doigt; ((결과상태)) avoir une coupure au doigt.

*~**로 물 베기** un coup d'épée dans l'eau, une action vaine, un effort inutile. ¶ 부부싸움은 ~로 물 베기다 Les scènes de ménage finissent toujours par s'arranger / Deux époux qui se disputent finiront toujours par se réconcilier / Les querelles entre époux ne sont qu'un feu de paille [ne durent pas longtemps].

*~**(을) 갈다** ((싸움)) préparer une agression [une attaque]; ((복수)) préparer une vengeance, avoir la vengeance dans le cœur; ((수련)) aiguiser *ses* armes, se préparer soigneusement, bien se préparer. ¶ 그 사람, 오랫동안 ~을 갈더니 실력이 부쩍 늘었다 Grâce à sa préparation soigneuse [Grâce à un entraînement sérieux et intensif], il a fait de nets progrès.

*~**(을) 맞다** être puni(*e*); en payer le prix [les conséquences]. ¶ 너 그렇게 남에게 피해 주다가 ~ 맞는 수가 있다 Si tu continues à nuire aux autres, ça finira par te retomber dessus [tu en paieras un jour les conséquences [le prix], ça ne restera pas impuni].

*~**을 뽑다** finir par prendre une décision ferme; commencer. ¶ 망설이지 말고 ~을 뽑아라 Arrête de tergiverser, prends une décision [décide-toi].

*~**을 품다** avoir des intentions meurtrières.

***목에 ~이 들어와도 할 말을 하다** ne pas reculer devant qc.

◆_같다 형 être précis(*e*), juste, exact(*e*), parfait(*e*); être ponctuel(*le*). ¶ 계산이 ~같다 Le compte y est juste.

◆_같이 부 ((arriver)) juste à l'heure, pile à l'heure {*fam*}, avec une ponctualité d'horloge, avec une ponctualité rigoureuse, avec une extrême ponctualité. ¶~같이 시간을 지키다 être très ponctuel(*le*) ((à un rendez-vous)), être (toujours) exact(*e*) ((à un rendez-vous)), arriver à l'heure exacte, être réglé(*e*) comme un chronomètre, arriver avec une ponctualité d'horloge [avec une ponctualité rigoureuse, avec une extrême ponctualité], faire preuve d'une extrême ponctualité [d'une ponctualité sans faille]. ¶ ~같이 끝내다 terminer exactement [pile {*fam*}] dans les temps [dans les délais].

◆_끝 명 pointe *f* de couteau.

◆_날 명 tranchant *m* ((d'un couteau, d'une épée, d'un rasoir)); lame *f* ((d'un couteau)). ¶ 시퍼런 ~날 lame effrayante [très tranchante]. ¶ ~날을 세우다 aiguiser [affiler] un couteau.

◆_바람 명 vent *m* très violent, vent *m* impétueux, vent *m* terrible. ¶ 매서운 ~바람 vent glacial; vent âpre; vent qui cingle la figure [le visage].

◆_부림 명 effusion *f* de sang. ¶ ~부림을 하다 frapper qn d'un coup de poignard, se battre sabre au clair; se battre à l'épée. ¶ ~부림이 났다 Il y a eu une effusion de sang / Le sang a coulé. ¶ ~부림 나고 싶지 않으면 (말)조심해 Si tu tiens à la vie [Si tu tiens à ta peau], fais attention (à ce que tu dis) [tu as intérêt à faire attention (à ce que tu dis)]. ¶ ~부림에 이르다 en venir à tirer l'épée. ¶ 사소한 일로 ~부림까지 가다 en arriver à tirer l'épée pour un rien.

◆_자국 명 marque *f* (de couteau); cicatrice *f*, balafre

f. ¶ 무엇에 ~자국을 내다 faire une marque [égratignure]. ¶ 얼굴에 ~자국이 있다 avoir une balafre.

◆_자루 명 manche *m* de couteau, poignet *m* [garde *m*] d'une épée [d'un sabre]. ¶~자루 끝 extrémité du manche d'un couteau [de la garde d'une épée]. ***~자루를 잡다[쥐다]** avoir le dernier mot; être le maître, avoir le dessus; avoir le droit de décider *qc*.

◆_잡이 명 ((백정)) boucher *m*; ((검객)) ((appellation péjorative d'une)) personne *f* qui manipule bien l'épée, fine [bonne] lame *f*, bonne épée *f*, bon escrimeur *m*, escrimeur *m* habile.

◆_질 명 travail *m* au couteau; usage *m* d'un couteau; maniement *m* de l'épée. ¶~질(을) 하다 couper, tailler, trancher, découper; travailler au couteau, manier l'épée.

◆_집[1] 명 fourreau(*x*) *m*; gaine *f* ((d'un poignard)); étui *m* ((d'un couteau, d'une arme blanche)). ¶ ~을 ~집에 넣다 rengainer son épée, remettre l'épée dans son fourreau, remettre un poignard dans sa gaine, remettre un couteau dans son étui.

◆_집[2] 명 strie *f*, coupure *f*. ¶ 오징어에 ~집을 내다 faire des stries sur un calamar.

◆_춤 명 danse *f* du sabre. ¶ 무희가 ~춤을 춘다 Les danseuses exécutent la danse du sabre.

◆면도_ 面刀- 명 rasoir *m*.

◆부엌_ 명 couteau *m* de cuisine.

◆주머니_ 명 couteau *m* de poche, canif *m*, opinel *m*.

◆톱_ 명 couteau-scie(*~x-~s*) *m*.

칼[2] 명 【역사】 ((죄인에게 씌우던 형틀)) pilori *m* ¶ ~을 쓴 죄인 criminel qui a le cou dans un pilori. ¶~을 씌우다 mettre le cou d'un criminel dans un pilori.

칼국수 명 *kalguksu m* <soupe à base de nouilles faites à la main, cuites avec des pommes de terres, des courgettes, des oignons, etc.>.

칼라[1] 영{color} 명 ☞ 컬러

칼라[2] 영{collar} 명 col *m*.

칼럼 영{column} 명 chronique *f* dans un journal, billet *m* (dans un journal). ¶ 잡지에 ~을 연재하다 publier [écrire] régulièrement une chronique dans une revue; tenir quelques colonnes dans un périodique. ¶ 그 공란은 정차~이 들어갈 자리다 Cet espace blanc est réservé à la chronique politique. ¶ ~을 쓰다 écrire une chronique [un billet] dans un journal.

칼럼니스트 영{columnist} 명 chroniqueur *m*; échotier(*ère*).

칼로리 영{calorie} 명 calorie *f*. ¶ ~ 많은 음식 aliment riche en calories. ¶ ~가 높다[낮다] être riche [pauvre] en calories.

분류 calorie *f*.

칼륨 독 명 【화학】 potassium *m*, kalium *m* {*vx*} ((K)).

칼리 독 명 ☞ 칼륨

칼뱅교 -教 명 calvinisme *m*.

칼새 명 【동물】 martinet *m*.

칼슘 영{calcium} 명 【화학】 calcium *m* ((Ca)). ¶ ~이 부족하여 생긴 병 une maladie due à une carence en calcium.

칼집 명 ☞ 칼

칼치 명 ☞ 갈치

칼칼하다 형 ① 목이 마르다 avoir la gorge sèche, être assoiffé(*e*), avoir soif. ② 목소리가 높다 avoir une voix aiguë et puissante, avoir une voix stridente [perçante]. ¶ 칼칼한 목소리 une voix aiguë et puissante, une voix stridente [perçante]. ③ 매콤하다 être un peu piquant(*e*) [pimenté(e)]. ¶ 국물이 ~ Le bouillon est piquant [pimenté].

캄캄하다 형 ① 어둡다 être très noir(*e*), très sombre, faire noir comme dans un four. ¶ 캄캄한 밤 une nuit très noire, une nuit noire d'encre. ② 잘 모르다 ne pas avoir d'informations ((au sujet de *qc*)); ignorer totalement ((un fait)), être un parfait béotien ((en la matière)), être profane ((dans un domaine)), ne rien savoir en matière de *qc*. ¶ 소식이 ~ ne pas avoir d'informations, n'avoir aucune information ((au sujet de *qc*)). ¶ 불문학에 대해서 그는 ~ Il ne sait rien [Il est un parfait béotien] en matière de littérature française.

***(눈)앞이 ~** ((암담함)) tout est noir, voir tout en noir, ne pas voir d'issue, ne savoir que faire, ne pas savoir comment on va s'en sortir. ((충격)) être extrêmement choqué(*e*), avoir un grand choc ((Il *lui* semblait que le ciel allait s'effondrer / Le sol sembla se dérober sous *ses* pieds)); ((낙담)) être complètement démoralisé(*e*) [déprimé(*e*)] ((en pensant à son avenir)), être extrêmement inquiet(*ète*) ((pour *son* avenir)); ((앞날이)) ((avenir)) être très sombre, très inquiétant(*e*), désespérant(*e*), démoralisant(*e*), déprimant(*e*), compromis(*e*), se présenter mal. ¶ 그는 그 소식을 듣고[듣는 순간] 앞이 캄캄했다 Il lui semblait que le ciel allait s'effondrer au moment où il a entendu cette nouvelle / Le sol sembla se dérober sous ses pieds au moment où il apprit la nouvelle. ¶ 앞날을 생각하니 눈앞이 ~ Il est très [extrêmement] inquiet pour mon avenir.

캉캉 프{cancan} 명 french cancan *m*. ¶ ~을 추다 danser le french cancan.

캐내다 타 ☞ 캐다

캐논 영{canon} 명 【음악】 canon *m*.

캐다 타 ① déterrer; déraciner; ((감자 따위를)) arracher ((des pommes de terre, des racines)); extraire, tirer ((de la houille, du charbon)); dégager; extirper; retirer. ¶ 감자를 ~ déterrer [arracher] des pommes de terre. ¶ 조개를 ~ déterrer des coquillages [coques]. ¶ 금을 ~ extraire de l'or. ¶ 약초를 캐러 가다 aller déterrer des herbes [plantes] médicinales. ② ((생각, 사실 따위를)) examiner ((un problème)); creuser ((une question)); approfondir ((un sujet));

faire des recherches sur *qc*, rechercher, déterrer, découvrir ((un secret)); dénicher; extirper; tirer. ¶ 범죄 사실을 ~ rechercher la vérité du crime; ((심문하다)) harceler *qn* de questions pour qu'il avoue sa culpabilité. ¶ 무엇에 대해서 ~ examiner *qc*; faire des recherches [investigations] sur *qc*. ¶ 비밀을 ~ déterrer [dénicher, découvrir] un secret. ¶ 그 사람이 지금 무슨 생각을 하고 있는지를 캐내 봐라 Essaie de savoir ce qu'il pense maintenant / Essaie de voir quelle idée il a en ce moment / Essaie de trouver ce qu'il a dans la tête actuellement.

캐디 영{caddie} 명 caddie *m*, caddy *m*, cadet *m*.
◆**_비** -費 명 frais *mpl* pour payer le caddie.

캐러밴 영{caravan} 명 caravane *f*.

캐럴 영{carol} 명 chant *m* [chanson *f* populaire] de Noël. ¶ ~을 부르다 chanter des chants de Noël.

캐럿 영{carat} 분류 carat *m*. ¶ 1 ~ 짜리 다이아몬드 diamant d'un carat.

캐리어[1] 영{carrier} 명 porte-baggages *inv*.

캐리어[2] 영{career} 명 ☞ **커리어**

캐리커처 영{caricature} 명 caricature *f*. ¶ 누구의 ~를 그리다 faire la caricature de *qn*, caricaturer *qn*.

캐릭터 영{character} 명 ((성격)) caractère; ((중요 등장 인물)) personnage *m*; personnage *m* imaginaire [de bande dessinée, de B.D.].

캐묻다 타 ☞ 캐어묻다

캐비닛 영{cabinet} 명 armoire *f*.

캐비아 영{caviar} 명 caviar *m*.

캐스터 영{caster} 명 ((방송국 등의)) présenta*teur*(*trice*) de journal télévisé. ¶ 뉴스 ~ présenta*teur*(*trice*) de journal télévisé. ¶ 기상 ~ présenta*teur*(*trice*) de la météo.

캐스터네츠 영{castanets} 명 (paire *f* de) castagnettes *fpl*.

캐시미어 영{cashmere} 명 cachemire *m*, cashemire *m*. ¶ ~ 스카프 écharpe en cachemire.

캐어묻다 타 interroger *qn*, questionner *qn*; cuisiner *qn* {*fam*}; presser [harceler, bombarder {*fam*}] de questions *qn*. ¶ 이것저것 ~ bombarder {*fam*} *qn* de questions; lancer des questions dans tous les sens ((sans visée précise)); poser des questions par ci par là [au hasard]. ¶ 어머니는 딸에게 전날 무슨 일을 했는지를 꼬치꼬치 캐어물었다 La mère a harcelé sa fille de questions pour découvrir ce qu'elle avait fait la veille / La mère a pressé de questions sa fille pour savoir ce qu'elle avait fait la veille.

캐주얼 영{casual} 명 ((vêtements)) sport *inv*, ((tenue)) décontracté(*e*).

캐치프레이즈 영{catchphrase} 명 slogan *m* accrocheur. ¶ ~를 내걸다 afficher [suspendre, exposer] un slogan accrocheur. ¶ ...을 ~로 하다[삼다] faire de ... *son* slogan accrocheur.

캑 부 ((onomatopée qui évoque un toussotement sec ou un raclement de gorge)). ¶ 숨이 막혀서 ~ 하는 소리를 낸다 Comme il étouffe, il se racle bruyamment la gorge / Étouffant, il émet un raclement de gorge. ¶ 침을 ~ 뱉다 cracher bruyamment [avec un grand bruit].
◆**_ _** 부 ((onomatopée qui évoque un toussotement sec ou un raclement de gorge)). ¶ 숨이 ~~ 막히다 être complètement étouffé(*e*); avoir la gorge complètement prise.
◆**_ _거리다[대다]** 자 tousser, toussoter; se dégager en toussant d'une petite toux sèche. ¶ 목에 가시가 걸려 ~~거리다 tousser à cause d'une arrête dans la gorge. ¶ 그 사람은 목에 뭐가 걸렸는지 계속 ~~거린다 Il ne fait que toussoter parce qu'il a je ne sais quoi dans la gorge.

캔 영{can} 명 canette *f*. ¶ ~ 커피[맥주] canette de café [bière].
분류 canette *f*. ¶ 맥주 두 ~ deux canettes de bière.

캔디 영{candy} 명 sucre *m* candy, bonbon(*s*) *m*(*pl*); sucette *f*. ((막대 달린 것들의 총칭)) bonbons *mpl*; sucreries *fpl*, confiseries *fpl*.

캔버스 영{canvas} 명 【미술】 toile *f*, canevas *m*; ((틀)) châssis *m*.

캘린더 영{calender} 명 calendrier *m*.

캠코더 영{camcorder} 명 caméscope *m*. ¶ 아기의 첫 걸음마를 ~로 찍다 filmer les premiers pas de *son* enfant au caméscope.

캠퍼스 영{campus} 명 campus *m*. ¶ 대학 ~ campus universitaire.

캠페인 영{campaign} 명 campagne *f*. ¶ 자연 보호 ~ campagne de protection de la nature. ¶ ~을 벌이다 lancer une campagne. ◇**_(을) 하다** organiser une campagne.

캠프 영{camp} 명 ① 야영막사 tente *f* de camping. ¶ 어디에 ~를 치다 installer [mettre, dresser] une tente de camping *qp*. ② 야영 camping *m*. ¶ ~를 떠나다 partir faire du camping; partir camper.
◆**_파이어** 영{-fire} 명 feu(*x*) *m* de camp.

캠핑 영{camping} 명 camping *m*. ¶ ~(을) 가다 aller faire du camping, aller camper. ◇**_(을) 하다** faire du camping, camper.

캡 영{cap} 명 ① 모자 chapeau(*x*) *m*, casquette *f*. ② 만년필 따위의 뚜껑 capuchon *m* ((d'un stylo à encre)). ③ 【구어】 최고 super, génial, formidable. sensationnel(*le*), sensass {*fam*}, d'enfer {*fam*}, terrible {*fam*}. ◇**_이다** C'est d'enfer [super, génial, formidable, fantastique].

캡슐 영{capsule} 명 capsule *m*.

캡틴 영{captain} 명 capitaine *m* ((d'une équipe de football)).

캥거루 영{kangaroo} 명 kangourou *m*.

캥기다 자 ☞ 켕기다

커 감 ☞ 카

-커녕 조 loin de, ((être)) à cent lieues de+*inf*; tant s'en faut; plutôt que ((de+*inf*)); bien au contraire; contrairement; en revanche. ¶ 수출이 늘기는~ 매년 줄어들고 있다 Loin d'augmenter, les exportations diminuent chaque année [se réduisent d'année en année]. ¶ 그 녀석은 고마워 하기는~ 도리어 화를 냈다 Au lieu [Loin de] de me remercier, il s'est mis en colère / Il ne m'a pas remercié; bien au contraire il s'est mis en colère [m'a crié après]. ¶ 결점 때문에 싫어지기는~ 오히려 나는 그 남자가 더 좋아졌다 Loin de le détester à cause de ses défauts, j'ai commencé à l'aimer davantage. ¶ 그 사람을 책하기는~ 넋두리만 들어줬다 Au lieu de lui faire des reproches, je n'ai fait qu'écouter ses lamentations. ¶ 그 녀석은 나에게 용서를 빌기는~ 오히려[거꾸로] 화를 내었다 Non seulement il ne m'a pas demandé pardon, mais bien au contraire il s'en est pris à moi.

*__밥(은)~ 죽도 못 먹는다__ On est dans une situation on ne peut plus difficile / On est dans une misère noire / On est dans la dèche {*fam*}.

커닝 영{cunning} 명 tricherie *f*. ◇_(을) **하다** tricher, copier sur *son*(*sa*) voisin(*e*).

커다랗다 형 être très grand(*e*); être énorme, gigantesque, immense. ¶ 그는 손이 아주 ~ Il a des mains énormes. ¶ 커다란 손실 de grosses pertes, des pertes considérables. ¶ 커다란 놈이 울긴 왜 울어? Pourquoi pleures-tu, grand garçon? ¶ 깜짝 놀라서 눈을 커다랗게 뜨다 ouvrir grand les yeux [de grands yeux] d'étonnement, écarquiller les yeux d'étonnement.

커다래지다 자 devenir (très) grand(*e*), énorme, immense; devenir large; grandir; élargir. ¶ 그 말에 그의 눈이 금새 커다래졌다 Ses yeux se sont écarquillés à ces paroles.

커리어 영{career} 명 carrière *f*. ¶ 에서 ~를 쌓다 faire carrière dans *qc*. ¶ 그 사람은 산업계에 들어가서 재빨리 ~를 쌓았다 Il est entré dans l'industrie et y a fait rapidement carrière.

커리큘럼 영{curriculum} 명 【교육】 programme *m* d'études. ¶ ~을 짜다 établir un programme d'études.

커뮤니케이션 영{communication} 명 communication *f*. ¶ 누구와 ~이 이루어지다 communiquer avec *qn*. ¶ 우리들은 서로 ~이 잘 안 된다 Nous ne nous entendons pas bien / On ne s'entend pas bien tous les deux / Nous ne sommes pas faits pour nous entendre tous les deux. ◇_(을) **하다** communiquer avec *qn*, être en contact [en relations] avec *qn*.

커뮤니티 영{community} 명 communauté *f*.

커미션 영{commission} 명 commission *f*. ¶ 15 %의 ~을 받다[먹다] toucher [prendre] une commission de 15 %. ¶ ~을 요구하다 demander une commission.

커버 영{cover} 명 ((덮개)) couverture *f*, housse *f*; enveloppe *f*; ((책의)) jaquette *f*; couverture *f*; ((침대 커버)) dessus-de-lit *m*. ¶ ~를 씌우다[덮다] couvrir ((un meuble d'une housse)). ◇_(를) **하다** se charger de *qc*; prendre *qc* en charge, s'occuper de *qc*, porter la responsabilité de *qc*. ¶ 많은 일을 혼자서 ~하다 assumer seul(*e*) plusieurs tâches [activités], s'occuper seul(*e*) de nombreuses tâches.

◆**_스토리** 영{cover story} 명 article-couverture *m*; article-vedette *m*. ¶ 그 이야기가 이 잡지의 ~스토리를 장식했다 Cette histoire a fait la couverture [la une] de ce magazine / Cette histoire a été mise en première page de ce magazine / Cette histoire a eu les honneurs de la première page [de la couverture].

커브 영{curve} 명 ① courbe *f*, virage *m*, tournant *m*. ¶ ~ 길 un virage, un tournant. ¶ 급~ un virage dangereux. ¶ ~를 돌다 prendre [négocier] un virage, aborder un virage. ② 【운동】 야구에서 공이 굽어들어 옴 ((balle)) à effet. ¶ ~ 공 une balle courbe; une balle à effet. ¶ ~를 잘 던지다 être doué(*e*) pour les balles à effet.

커서 영{cursor} 명 【컴퓨】 curseur *m*.

커지다 자 ((부피가)) gonfler, enfler; ((크기가)) s'agrandir; ((문제가)) s'aggraver; ((부담이)) être alourdi(*e*). ¶ 일이 커졌다 La situation s'est aggravée. ¶ 의혹이 커졌다 Les doutes se sont accrus. ¶ 국민들의 조세 부담이 커졌다 Les charges fiscales du peuple sont alourdies.

커터 영{cutter} 명 cutter *m*. ¶ ~로 종이를 자르다 couper du papier au cutter.

커텐 명 ☞ 커튼

커트 영{cut} 명 ① ((삭제)) suppression *f*; ((차단)) interruption *f*. ¶ 그 부분이 ~를 당했다 Cette partie a été supprimée. ② ((머리의)) coupe *f* (de cheveux). ¶ ~ 머리 des cheveux coupés court; une coupe [une coiffure] à la garçonne. ¶ ~를 치다 faire une coupe. ③ 【운동】 action de couper la balle ((au tennis, au ping-pong)). ◇_(를) **하다** ① 차단하다 couper *qn*, interrompre *qn*. ¶ 이야기를 중간에 ~를 하다 couper au milieu d'une [de la] conversation, interrompre une conversation en son milieu [en plein milieu]; couper la parole [la chique {*fam*}, le sifflet {*fam*}] à *qn*, interrompre (brutalement) *qn*. ② ((머리를)) faire une coupe à *qn*; se faire faire une coupe, se faire couper les cheveux ¶ ~하러 왔습니다 Je viens pour une coupe de cheveux. ¶ 미장원에서 머리를 ~하다 se faire faire une coupe chez le coiffeur [dans un salon de coiffure]; venir chez le coiffeur pour une coupe de cheveux. ③ 【운동】 couper ((la balle au tennis, au ping-pong)).

커트라인 영{cut line} 명 seuil *m* d'admissibilité. ¶ 입시에서 ~에 걸려 떨어지다 être juste [à peine] au-dessous du seuil d'admissibilité au concours d'entrée, être tout juste recalé(*e*), échouer [être recalé(*e*)] in extremis au concours d'entrée, être parmi [dans] les premiers recalés au concours d'entrée. ¶ ~을 넘다 dépasser le [être au-dessus du] seuil d'admissibilité.

커튼 영{curtain} 명 rideau(*x*) *m* ((de douche)); rideaux *mpl* ((de fenêtres)). ¶ ~을 달다 mettre des rideaux. ¶ ~을 열다[젖히다, 올리다] ouvrir [écarter, lever] les rideaux. ¶ ~을 내리다[치다] baisser [fermer] les rideaux.

커프스 명{cuffs} 명 boutons *mpl* de manchette. ¶ ~를 하다 ((행위)) mettre [((상태)) porter] *ses* boutons de manchette.

커플 명{couple} 명 couple *m*.

커플링 명{couple ring} 명 (anneau *m* d')alliance *f* (pour le couple). ¶ ~을 맞추다 acheter deux alliances pour le couple.

커피 명{coffee} 명 ① ((열매, 가루)) ((grains de)) café *m*. ¶ ~ 콩 des grains de café. ¶ 분말 ~ du café moulu. ¶ 원두 ~ du café en grains. ¶ 인스턴트 ~ du café instantané. ¶ ~를 볶다 griller [torréfier] le café. ¶ ~를 재배하다 cultiver du café [des caféiers]. ② ((음료)) café *m* ((en tant que boisson)), jus *m* {*pop*}, caoua [kawa] *m* {*fam*}. ¶ 진한 ~ un café fort [serré]. ¶ 연한 ~ un café léger [allongé]. ¶ ~를 내리다 faire infuser [préparer] du café. ¶ ~를 끓이다[타다] faire [préparer] le [un, du] café. ¶ ~를 마시다 boire [prendre] du café [un café]. ¶ ~ 한 잔 드릴까요? Voulez-vous une tasse de café [un café]? ¶ ~에서 커피를 뽑아 먹다 (*se*) prendre [se servir] un café au distributeur.

◆_**나무** 명 【식물】 caféier *m*.

◆_**색** -色 명 couleur *f* café.

◆_**숍** 명{coffee shop} 명 salon *m* de thé, café *m*.

◆_**잔** -盞 명 tasse *f* à café.

◆_**포트** 명{coffeepot} 명 cafetière *f* électrique.

◆**모카_** 명{mocha coffee} 명 (café *m*) moka *m*.

컥컥 부 ((onomatopée d'un bruit d'étouffement, d'étranglement)). ¶ 숨이 ~ 막힌다 Je suis complètement étouffé(*e*)! / Je suffoque! / Je manque d'oxygène! ¶ 숨이 ~ 막히는 더위 une chaleur suffocante.

컨디션 명{condition} 명 condition *f* physique; forme *f*; pêche *f* {*fam*}. ¶ ~을 조절하다 contrôler sa condition physique. ¶ ~을 유지하다 rester [se maintenir] en forme; entretenir sa condition physique [sa forme]. ¶ ~을 되찾다 se remettre en forme, retrouver la forme. ¶ ~이 좋다 être [se sentir] en (pleine) forme, être en (bonne) forme, être en bonne condition physique; avoir la pêche {*fam*}; avoir la frite {*fam*}; avoir [péter {*fam*}, tenir] la forme. ¶ ~이 나쁘다 ne pas être en forme, ne pas avoir la pêche {*fam*}; ne pas aller bien, être mal en point. ¶ ~이 최상이다 être au mieux de sa forme; être dans une forme éblouissante; péter la forme {*fam*}; être en pleine forme; être en excellente condition physique, être frais(fraîche) comme l'œil.

컨베이어 명{conveyer} 명 transporteur *m*, convoyeur *m*; convoyage *m*, convoiement *m*. ¶ ~ 시스템 convoyage, convoiement.

◆_**벨트** 명{conveyer belt} 명 convoyeur *m*, tapis *m* roulant.

컨설턴트 명{consultant} 명 consultant *m*, expert-conseil *m*.

컨소시엄 명{consortium} 명 consortium *m*. ¶ ~을 구성하다 former [constituer] un consortium. ¶ ~에 참여하다 prendre part à [être membre d']un consortium.

컨테이너 명{container} 명 conteneur *m*; container *m*. ¶ ~ 부두 terminal (à conteneurs). ¶ ~ 수송 conteneurisation. ¶ ~ 차량 un véhicule destiné à transporter des conteneurs; un (camion) porte-conteneurs; un transconteneur. ¶ ~에 싣다 mettre ((des marchandises)) en conteneurs; conteneuriser.

◆_**선** -船 명 (navire *m*) porte-conteneurs *m inv*.

컨텍스트 명{context} 명 contexte *m*.

컨트롤 명{control} 명 contrôle *m*. ¶ ~이 좋은 투수 un lanceur précis. ¶ 그 학생들은 도무지 ~이 안 된다 Ces étudiants [élèves] sont incontrôlables. ◇_(을) **하다** contrôler. ¶ 자신의 감정을 ~하다 contrôler *ses* (propres) sentiments. ¶ 일의 진행을 ~하다 contrôler le déroulement d'un événement.

컨트리음악 -音樂 명{country-} 명 【음악】 musique *f* country. ¶ ~을 연주하다[부르다] jouer [chanter] de la musique country.

컨트리클럽 명{country club} 명 club *m* de loisirs (à la campagne).

컬러 명{color} 명 ① 색깔 couleur *f*. ¶ 다양한 ~ couleurs variées. ② 성격 personnalité *f*, individualité *f*, originalité *f*, particularité *f*. ¶ 팀 ~ particularité [originalité] d'un groupe; particularité d'une équipe.

컬렉션 명{collection} 명 collection *f* ((d'hiver, d'été)).

컬컬하다 형 ① 목이 마르다 avoir la gorge sèche, être assoiffé(*e*), avoir soif. ② 목소리가 크고 높다 avoir la [une] voix aiguë et puissante, avoir une voix stridente [perçante]. ☞ 칼칼하다

컴백 명{comeback} 명 come-back *m inv*, rentrée *f* (sur scène), retour *m* sur le devant de la scène, retour *m* ((d'une personnalité, d'une vedette)) dans l'actualité. ◇_(을) **하다** faire un [*son*] come back, faire *sa* rentrée (sur scène) ((sur telle scène, dans tel rôle)), revenir sur scène, revenir sur (le devant de) la scène, remonter sur les planches, revenir sur (le devant de) la scène.

컴컴하다 형 ① 어둡다 être noir(*e*), obscur(*e*), sombre. ¶ 날이 금세 컴컴해졌다 Il a fait brusquement sombre / La nuit est tombée brusquement. ¶ 컴컴한 동굴 grotte très sombre. ☞ 캄캄하다 ② 음흉하다 être sournois(*e*), dissimulé(*e*). ¶ 속이 ~ être sournois(*e*), dissimulé(*e*). ¶ 컴컴한 속셈 arrière-pensée sournoise; pensée [intention] sournoise. ③ 희망이 없다 ((avenir)) être extrêmement [très] sombre, très inquiétant(*e*), désespérant(*e*), compromis(*e*), se présenter mal. ☞ 캄캄하다

컴파일러 명{compiler} 명 【컴퓨】 compilateur *m*.

컴퍼스 명{compass} 명 ① ((문구)) compas *m*; ((나침반)) boussole *f* de marine, ((자이로스코프의))

compas *m* gyroscopique, gyrocompas *m*. ② 보폭 ouverture *f* des jambes. ¶ ~가 길다 avoir de grandes jambes [de longues jambes]; être monté(*e*) sur des échasses.

컴퓨터 영{computer} 명 ordinateur *m*, P.C. *m*, bécane *f* {*fam*}. ¶ ~ 게임 un jeu (vidéo) sur ordinateur [sur PC], un jeu pour ordinateur, un jeu d'ordinateur, un jeu informatique. ¶ ~ 그래픽 des images de synthèse; ((분야)) l'infographie. ¶ ~ 단말기 un terminal. ¶ ~ 바이러스 un virus informatique. ¶ ~를 치다 faire *qc* sur ordinateur. ¶ ~를 켜다 allumer [mettre en route] l'ordinateur. ¶ ~를 끄다 éteindre l'ordinateur. ¶ ~를 재부팅시키다 (faire) redémarrer un ordinateur. ¶ ~에 프로그램을 깔다 installer des programmes [des logiciels] sur l'ordinateur [sur *son* ordinateur].

컵 영{cup} 명 ① ((유리잔)) verre *m*; ((종이컵, 일회용 컵)) gobelet *m*, godet *m*; ((머그컵)) grande tasse *f*, tasse *f* (américaine). ¶ ~에 물을 따르다 verser de l'eau dans un verre. ② 우승컵 coupe *f*. ¶ 데이비스~ 테니스 대회 La Coupe Davis. ¶ 우승~을 타다 gagner la coupe. ③ ((브래지어의)) bonnets *mpl* (d'un soutien-gorge).

◆**_라면** 명 barquette *f* de nouilles instantannées [ramen].

분류 verre *m*. ¶ 물 한 ~ un verre d'eau. ¶ 맥주 두 ~ deux verres de bière.

컷 영{cut} 명 ① 장면 scène *f*. ¶ 한 ~을 찍다 filmer une scène. ② 삭제 coupure *f*, suppression *f*, censure *f*, ciseaux *mpl* de la censure. ☞ 커트 ③ 삽화 illustration *f*, image *f*. ¶ ~을 넣다 illustrer ((un livre)); mettre des illustrations. ◇**_(을) 하다** couper ((arrêter la prise de vues, arrêter la prise de son)). ◇**_(이) 되다** être coupé(*e*). ◇**_(을) 당하다** être coupé(*e*). ¶ 폭력 장면이 ~을 당했다 Une scène de violence a été coupée [supprimée, censurée].

분류 scène *f*, image *f*. ¶ 삽화 두 ~ deux illustrations. ¶ 필름 세 ~ trois scènes d'un film.

감 【연영】 ((영화)) Coupez!

컹컹거리다 자 ((gros chien)) aboyer sourdement; gueuler sourdement, hurler sourdement; pousser des aboiements graves. ¶ 개가 컹컹거리며 짖는다 Le chien aboie sourdement.

컹컹대다 자 ☞ 컹컹거리다

케이 영{K} 분류 carat *m*. ¶ 18 ~ 금반지 une bague en or 18 carats.

케이블 영{cable} 명 câble *m*. ¶ ~ TV la télévision par câble(*s*), le câble, la câblodistribution, la télédistribution (par câble), la télévision par câble. ¶ ~을 연결하다 relier *qc* avec un câble.

케이블카 영{cable car} 명 téléphérique *m*, funiculaire *m*.

케이스 영{case} 명 ① 갑 coffre *m*, coffret *m*; étui. ¶ 화장품 ~ un coffret de maquillage; un coffret de fards; un coffret de cosmétiques [de produits de beauté]. ② 경우 cas *m*. ¶ 시범 ~ (cas d')essai. ¶ 그는 운이 안 좋았던 ~이다 C'est lui, le cas malchanceux [le cas qui n'a pas eu de chance] / Lui, il n'avait pas de chance.

케이크 영{cake} 명 gâteau(*x*) *m*. ¶ 생일 ~ un gâteau d'anniversaire. ¶ ~를 자르다 couper un gâteau. ¶ 생크림~ une génoise nappée de crème chantilly et décorée de fruits ((gâteau le plus populaire en Corée)). ¶ 치즈~ un cheese-cake, un gâteau au fromage blanc.

케첩 영{ketchup} 명 ketchup *m*. ¶ ~을 치다 mettre [verser] du ketchup. ¶ ~을 바르다 étaler du ketchup.

케케묵다 형 ① 낡다 être vi*eux*(vi*eille*, vi*eux*). ¶ 케케묵은 골동품 des vieilleries, des antiquités, des antiquailles. ② 뒤떨어지다 être démodé(*e*), désu*et*(*ète*), suranné(*e*), obsolète, passé(*e*) de mode, avoir fait son temps. ¶ 케케묵은 생각 une idée désuète [surannée]. ¶ 케케묵은 문구 un cliché. ¶ 머리가 케케묵은 사람 (personne à l')esprit rétrograde.

켈트인 -人 영{Celt-} 명 les Celtes *mpl*.

켕기다 자 ① 팽팽해지다 être tendu(*e*); être raide; être raidi(*e*); être bandé(*e*). ¶ 밧줄이 ~ La corde est raide [tendue]. ② 불안해지다 être contrarié(*e*); être inqui*et*(*ète*), préoccupé(*e*); être tourmenté(*e*), tracassé(*e*) ((par *qc*/*qn*)); s'inquiéter, se tracasser, se tourmenter de *qc*; se sentir mal à l'aise; se sentir embarrassé(*e*), se sentir gêné(*e*); ne pas avoir la conscience [l'esprit] tranquille [en paix], avoir mauvaise conscience, avoir *qc* [un poids, une faute] sur la conscience, avoir des problèmes de conscience, avoir *qc* à se reprocher, avoir des repentirs, avoir des scrupules, être pris(*e*) de remords; ((remords)) peser sur l'esprit [sur la conscience] de *qn*, peser à *qn*, tourmenter *qn*, turlupiner *qn* {*fam*}, travailler *qn*. ¶ 그 여자는 무엇인가 켕기는 데가 있는 모양이다 Elle a quelque chose qui l'inquiète / Elle est préoccupée par quelque chose / Cette fille a l'air d'être embarrassée par quelque chose / Elle semble gênée par quelque chose / Elle n'a pas la conscience [l'esprit] tranquille, on dirait / J'ai bien l'impression qu'elle nous cache quelque chose. ¶ 너 켕기는 거 있지? Y'a quelque chose qui te tracasse, n'est-ce pas? {*fam*} / T'as pas la conscience tranquille, n'est-ce pas? {*fam*} / T'as mauvaise conscience ou quoi? {*fam*} / J'ai bien l'impression que tu me caches quelque chose, je me trompe? / Toi, tu me caches quelque chose, n'est-ce pas? ¶ 마음이 ~ être mal à l'aise, se sentir mal à l'aise; se sentir embarrassé(*e*); se sentir gêné(*e*), ne pas avoir la conscience [l'esprit] tranquille [en paix], avoir mauvaise conscience, avoir *qc* [un poids, une faute] sur la conscience, avoir *qc* à se reprocher, être pris(*e*) de remords, avoir des repentirs, ((remords)) peser à *qn* sur l'esprit [sur la conscience].

*****뒤가** ~ ☞ 마음이 켕기다

ㅋ

켜 명 couche *f*. ¶ 흙먼지가 ~를 이루고 앉아있다 Il y a des couches de poussière.

분류 couche *f*. ¶ 세 ~로 쌓다 y avoir trois couches.

◆__이 부 en plusieurs couches. ¶ 물건들이 ~~이 쌓여 있다 Les objets sont accumulés en plusieurs couches.

◆__로 부 plusieurs couches, des couches. ¶ 먼지가 ~~로 앉았다 Il y a des couches de poussière.

켜다[1] 타 allumer; frotter, craquer ((une allumette)). ¶ 전깃불을 ~ allumer la lumière. ¶ 성냥을 ~ frotter [craquer] une allumette. ¶ 텔레비전을 ~ allumer la télévision.

***눈에 불을** ~ avoir l'œil [le regard] vif, avoir l'œil qui s'allume; avoir l'œil [le regard] perçant [scrutateur].

***눈에 쌍심지를** ~ avoir un regard foudroyant; avoir un regard qui jette des flammes.

켜다[2] 타 ① ((현악기를)) jouer. ¶ 바이올린을[첼로를, 해금을] ~ jouer du violon [du violoncelle, du *haegeum*]. ② ((목재를)) scier dans le sens de la longueur [dans le sens du fil]. ¶ 재목을 ~ scier du bois dans le sens de la longueur. ¶ 통나무를 ~ scier des troncs d'arbre [un tronçon d'arbre] de bois dans le sens de la longueur [dans le sens du fil]. ¶ 박을 ~ ¶ scier une calebasse [une courge] dans le sens de la longueur.

켜다[3] 타 boire [avaler, ingurgiter] ((un verre d'eau)) d'un trait [d'une seule gorgée]. ¶ 물 한 사발을 단숨에 ~ boire [avaler, ingurgiter] un bol d'eau d'un trait.

***헛물을** ~ faire des efforts vains [en vain], se fatiguer pour rien {*fam*}.

켜다[4] 타 ((기지개를)) s'étirer, faire des étirements [des élongations]. ¶ 자고 일어나면 꼭 기지개를 켜는 것이 건강에 좋다고 한다 On dit qu'il est bon pour la santé de faire des étirements au réveil.

켠 의명 ☞ 편[2]

켤레 분류 paire *f*. ¶ 장갑 한 ~ une paire de gants [((벙어리장갑)) de moufles]. ¶ 구두 한 ~ une paire de chaussures [de souliers]. ¶ 양말 한 ~ une paire de chaussettes.

켸켸묵다 형 (('케케묵다'의 잘못)) ☞ 케케묵다

코[1] 명 ① nez *m*; ((고양이, 개 따위의)) museau(*x*) *m*, ((코끼리의)) trompe *f*, ((돼지의)) groin *m*. ¶ ~를 막다[잡다] se boucher [se pincer] le nez. ¶ ~로 숨을 쉬다 respirer avec le nez, aspirer par le nez. ¶ ~가 예민하다 avoir du flair. ¶ ~가 막히다 avoir le nez bouché. ② 콧물 le nez *m* qui coule; morve *f*. ¶ ~를 풀다 se moucher, moucher *son* nez. ¶ ~를 흘리다 *avoir* le nez qui coule. ③ 버선, 신의 앞 끝 l'extrémité *f* antérieure [l'extrémité avant] d'une chaussette ou l'avant [l'extrémité *f* antérieure, ((뾰족한)) la pointe] d'une chaussure.

***~가 꿰이다** se faire piéger [se faire avoir {*fam*}] à cause de *ses* faiblesses [de *son* point faible, de *son* défaut].

***~가 납작해지다** perdre la face; être humilié(*e*); se faire remettre à sa place; se faire rabattre le caquet {*fam*}.

***~[콧대]가 높다[세다]** être hautain(*e*), être fi*er*(*ère*), orgueilleu*x*(*se*), être arrogant(*e*), avoir un air hautain, avoir une attitude pleine d'orgueil, être gonflé(*e*) d'orgueil.

***~가 땅에 닿게[닿도록] 절을 하다** s'abaisser [s'incliner] en avant et très bas dans une attitude d'extrême respect; se prosterner devant *qn* [aux pieds de *qn*].

***~가 삐뚤어지게 마시다** se piquer le nez, se soûler [se saouler], s'enivrer, se bourrer la gueule {*vulg*}.

***~가 빠지다** faire triste mine; être déçu(*e*), désappointé(*e*), dépité(*e*); avoir l'air déçu(*e*) [dépité(*e*)]; être soucieu*x*(*se*); baisser la tête, être confus(*e*), honteu*x*(*se*).

***~가 쉰댓[석] 자나 빠졌다** être tout dépité(*e*); être extrêmement déçu(*e*); avoir le moral à zéro [dans les chaussettes {*fam*}, au plus bas], se sentir déprimé(*e*); faire une mine de dix pieds de long; être rongé(*e*) par les soucis [rongé(*e*) d'inquiétude, dévoré(*e*) d'inquiétude].

***~개[~ㅅ등이, ~ㅅ날이] 시큰하다** avoir les larmes aux yeux; être ému(*e*), touché(*e*).

***~ 묻은 돈** l'argent de poche des enfants.

***~ 먹은 소리** une voix nasillarde.

***내 ~가 석자** Je ne sais déjà pas comment m'en sortir moi-même, je ne peux t'aider / J'ai beaucoup d'autres choses à faire moi-même [Je suis beaucoup trop occupé(e)] pour pouvoir t'aider / Débordé(e) personnellement, je ne peux t'aider.

***엎어지면 ~ 닿을 데 있다** être à deux pas [à quelques pas, tout près, juste à côté] d'un endroit.

***~(를) 골다** ronfler.

***~를 맞대다** être nez à nez [face à face] avec *qn*.

***~를 찌르다** piquer le nez.

***큰 ~ 다치다** le payer cher, perdre la face.

***다 된 밥에[죽에] ~를 빠뜨리다[다 된 밥에 재를 뿌리다]** intervenir [mettre *son* grain de sel] au mauvais moment [quand il ne faut pas], faire une gaffe [un impair], gaffer, dire une bourde, mettre les pieds dans le plat, gâcher (le plaisir de *qn*, une affaire), faire une réflexion malvenue [maladroite], être maladroit(*e*), faire une réflexion qui tombe très mal, saboter ((les affaires de *qn*)), semer la pagaille dans, perturber.

◆_감기 -感氣 명 rhume *m* (de cerveau), rhume *m*, 【의학】 rhinite *f*, refroidissement *m*, froid *m*. ¶ ~감기에 걸리다 attraper un rhume, s'enrhumer, prendre froid. 【의학】 présenter [avoir] une rhinite.

◆_걸이 명 anneau(*x*) *m* (nasal, dans le nez). ¶ 요즘은 ~걸이가 유행이다 Aujourd'hui, avoir un anneau dans le nez est à la mode.

***귀에 걸면 귀걸이 ~에 걸면 ~걸이** changer de conduite, d'opinion, de langage, suivant les circonstances;

ㅋ

souffler le chaud et le froid; changer constamment d'avis; ne pas savoir ce que l'on veut; être versatile.
◆_끝 명 ① bout *m* du nez. ② ((버선 등의)) l'extrémité *f* antérieure [l'extrémité avant] d'une chaussette ou l'avant [l'extrémité *f* antérieure, la pointe] d'une chaussure. ¶ 고무신 ~끝만 바라보다 ((une fille)) garder les yeux baissés, baisser les yeux [le regard].
*~끝이 찡하다 avoir les larmes aux yeux; être ému(*e*) [touché(*e*)].
*~끝도 안 보인다[~끝도 볼 수 없다] On ne le(la) voit jamais / Il(Elle) ne montre même pas le bout de son nez.
◆_담배 명 tabac *m* à priser.
◆_대답 -對答 명 réponse *f* forcée. ¶ ~대답(을) 하다 répondre sans entrain; faire une réponse forcée. ¶ ~대답을 삼가라 Il faut s'abstenir de répondre sans entrain [de faire une réponse forcée].
◆_딱지 명 crotte *f* de nez ((mucosité nasale desséchée)). ¶ ~딱지를 파다 [후비다] se fourrer [mettre] les doigts dans son [le] nez, se nettoyer [se curer {*fam*}] le nez.
*~딱지만 하다 être tout(*e*) petit(*e*). ¶ ~딱지만 한 une pièce très exiguë, une pièce [minuscule de très petite taille, riquiqui {*fam*}], une chambre de bonne, un cagibi, un placard à balai.
◆_뚜레 명 anneau(*x*) *m* nasa*l*(*aux*) ((de la vache)).
◆_맹맹이 명 voix *f* nasillarde. ¶ ~맹맹이 소리로 말하다 parler du nez [d'une voix nasillarde], nasiller.
◆_ㅅ날 명 arête *f* du nez. ¶ ~ㅅ날이 오뚝하다 avoir le nez saillant [un nez proéminent, un long nez].
◆_ㅅ등 명 arête *f* du nez. ¶ 그 사람의 ~ㅅ등에 땀이 맺힌다 La sueur lui perle au nez / Des gouttes de sueur perlent sur son nez.
*~ㅅ등이 시큰하다 être attendrissant(*e*), émouvant(*e*), touchant(*e*), avoir la goutte au nez à cause de l'émotion.
◆_ㅅ병 -病 명 maladie *f* du nez, furoncle *m*.
◆_ㅅ속 명 intérieur *m* des narines.
◆_ㅅ수염 -鬚髥 명 moustache *f*. ¶ ~ㅅ수염을 기르다 laisser pousser *sa* moustache. ¶ ~ㅅ수염을 기른 남자 un homme qui porte [a] une moustache, un homme moustachu, un moustachu.
◆_ㅅ잔등 명 bout *m* du nez.
◆_안경 -眼鏡 명 binocle *f*, lorgnon *m*, pince-nez *m inv*.
◆_쟁이 명 【속어】 ((littéralement «long nez», terme dépréciatif pour désigner les Occidentaux)).
◆_주부 명 personne *f* au gros nez.
◆_찡찡이 명 nasilleu*r*(*se*). ¶ ~찡찡이 소리로 말하다 parler du nez [d'une voix nasillarde], nasiller.
◆_털 명 poils *mpl* du nez, vibrisses *fpl*. ¶ ~털을 뽑다 (s')arracher les poils du nez.
◆_흘리개 명 morveux(*se*) {*pop*}; gamin(*e*).
◆개발_ 명 nez *m* épaté [camus], nez *m* retroussé.
◆들창_ -窓 명 nez *m* retroussé [en trompette], nez *m* camus.
◆딸기_ 명 nez *m* d'ivrogne.
◆매부리_ 명 nez *m* aquilin, nez *m* crochu.
◆주먹_ 명 nez *m* en patate.

코[2] 명 maille *f*. ¶ ~를 엮다 tresser des mailles. 분류 maille *f* ((de filet)), point *m*. ¶ 한 ~ 두 ~ 정성 들여 뜨다 tricoter assidûmemt [avec soin, avec application].

코끼리 명 éléphant *m*.
*~ 비스킷이다 On (ne) risque pas de s'étouffer / Ça (ne) va pas nous nourrir.

코냑 프{cognac} 명 cognac *m*.

코너 영{corner} 명 ① 모퉁이 coin *m*. ¶ ~를 돌다 tourner au coin de la rue. ② 매장 rayon *m*. ¶ 숙녀복 ~ le rayon des vêtements pour femmes. ③ 【운동】 쪽 coin *m* (d'un boxeur) ((rouge ou bleu)). ¶ 청[홍] ~ le coin bleu [le coin rouge]. ④ 구석 ((pousser *qn* dans un)) coin *m*; situation *f* difficile. ¶ ~에 몰리다 être poussé(*e*) dans un coin, être acculé(*e*); être dans une situation difficile, être coincé(*e*) par *qn*, être mis(*e*) au pied du mur.

코너킥 영{corner kick} 명 ((축구)) corner *m*. ◇_(을) 하다[차다] tirer un corner.

코드[1] 영{code} 명 ① 규약, 관례 code *m*, règles *fpl*. ¶ 행동 ~가 다른 두 집단 deux communautés dont le code du comportement est différent, deux collectivités dont les règles de conduite sont différentes. ② 약호, 기호 code *m*. ③ 기호 체계 code *m*.

코드[2] 영{chord} 명 【음악】 accord *m* ((de guitare)). ¶ G ~ l'accord G. ¶ ~ 전환 un changement d'accord.

코드[3] 영{cord} 명 fiche *f* d'alimentation, fiche *f* (mâle), broche *f*. ¶ ~를 꽂다[뽑다] enfoncer une fiche dans une prise, [retirer la fiche d'une prise], brancher ((un appareil)) sur une prise [débrancher ((un appareil))].

코디 영{coordination} 명 ① 코디네이션 ☞ 코디네이션 ② 코디네이터 conseill*er*(*ère*) vestimentaire [pour l'habillement]. ◇_(를) 하다 administrer [proposer, procurer] des conseils vestimentaires à *qn*, conseiller *qn* pour l'habillement.

코디네이션 영{coordination} 명 administration *f* de conseils vestimentaires, action de conseiller pour l'habillement. ◇_(을) 하다 administrer [proposer, procurer] des conseils vestimentaires à *qn*, conseiller *qn* pour l'habillement.

코디네이터 영{coordinator} 명 conseill*er*(*ère*) vestimentaire [pour l'habillement].

코란 영{Koran} 명 【종교】 le Coran *m*.

코러스 영{chorus} 명 【음악】 chœur *m*, chorale *f*. ◇_(를) 하다[넣다] faire partie du chœur [d'un chœur, d'une chorale].

코로나 영{corona} 명 【천문】 couronne *f*.

코르덴 일 명 velours *m* côtelé [à côtes]. ¶ ~ 양복 un costume de [en] velours côtelé. ¶ ~ 바지 un pantalon de velours (côtelé).

코르셋 영{corset} 명 corset *m*. ¶ ~을 하다[차다] mettre [((결과상태)) porter] un corset.

코르크 영{cork} 명 bouchon *m*. ¶ ~를 따다 déboucher une bouteille. ¶ ~ 따개 un tire-bouchon(~-~*s*).

코린트식 -式 영{Corinth-} 명 corinthien(*ne*).

코메디 영{comedy} 명 ☞ 코미디

코멘트 영{comment} 명 commentaire *m*, remarque *f*. ¶ 무엇에 대한 전문가의 ~ des commentaires d'un spécialiste sur *qc*. ◇_(를) **하다** faire des commentaires, commenter, faire une [des] remarque(*s*), remarquer. ◇_(를) **받다[듣다]** avoir droit à des remarques [à des commentaires], être l'objet de remarques.

코미디 영{comedy} 명 comédie *f*. ◇_(를) **하다** faire une comédie.

코미디언 영{comedian} 명 comédien(*ne*), comique *mf*.

코믹 영{comic} 관 comique. ¶ ~ 드라마[영화] un feuilleton comique [une comédie].

◆_**하다** 형 être comique, amusant(*e*), drôle; être marrant(*e*) {*pop*}, rigolo(*te*) {*fam*}. ¶ ~한 역할 un rôle comique. ¶ 상황이 아주 ~하다 La situation est très comique. ¶ 그는 ~하게 생겼다 Il a un visage [une tête] comique.

코밑 명 lèvre *f* supérieure, sillon *m* de la lèvre supérieure.

*~**에 닥치다[다가오다]** être imminent(*e*), proche, immédiat(*e*); être urgent(*e*), pressant(*e*). ¶ 시험이 ~에 닥쳤는데[시험이 ~으로 다가왔는데] 저렇게 놀고만 있다니 La date de l'examen approche à grands pas [est très proche] mais toi, tu ne fais que t'amuser! / Tu ne fais que t'amuser alors qu'on est à la veille de l'examen. ☞ 코앞

***바로 ~에 있다** avoir le nez sur *qc*, avoir *qc* sous le nez [sous les yeux], avoir le nez dessus.

***바로 ~에다 두고 무엇을 찾다** chercher *qc* alors qu'on l'a juste sous le nez [alors qu'on a le nez dessus].

◆_**수염** -鬚髥 명 moustache *f*.

코발트 영{cobalt} 명 【화학】 cobalt *m*.

◆_**색[빛]** -色 명 bleu *m* de cobalt, bleu *m* azur. ¶ ~색 바다 une mer bleu azur.

코브라 영{cobra} 명 【동물】 cobra *m*.

코빼기 명 blair *m* {*fam*}, blase *m* {*fam*}, nase *m* {*fam*}, pif *m* {*fam*}, tarin *m* {*fam*}.

*~**도 내밀지[나타나지] 않다, ~도 볼 수 없다[못 보다, 안 보이다]** On ne le(la) voit jamais / On ne le(la) voit plus / Il(Elle) a disparu (de la circulation) {*fam*} / *Il(Elle) ne se montre plus* / Il(Elle) ne donne plus signe de vie. ¶ 그는 ~도 내밀지[보이지] 않는다 Il(Elle) fait le mort. ¶ 그 아이 요즘 ~도 볼 수 없네. 화난 것 아냐? On ne le voit pas ces derniers jours. Est-il en colère? ¶ 그때 우리가 싸운 이후로 그 사람은 ~도 안 보인다 Depuis notre dispute de l'autre jour, on ne le voit plus.

코뿔소 명 【동물】 rhinocéros *m*.

코사인 영{cosine} 명 【수학】 cosinus *m* (noté *cos*).

코스 영{course} 명 ① 노정 parcours *m*, trajet *m*; chemin *m*, itinéraire *m* ((touristique)). ¶ 산책 ~ une promenade, le parcours d'une promenade. ¶ 하이킹 ~ un chemin [un sentier] de grande randonnée, ((약어)) un G.R.. ¶ 한나절 ~ un trajet d'une demi-journée. ¶ 어려운[험한] ~ un chemin [sentier] difficile; ((스키장의)) une piste difficile, une piste rouge [noire, olympique]. ¶ 평이한[쉬운] ~ un chemin [parcours, sentier] facile, un itinéraire facile; ((스키장의)) une piste facile, une piste verte [bleue]. ¶ ~를 정하다 faire un itinéraire. ¶ 관광 ~를 따라가다 suivre un itinéraire touristique, faire un circuit touristique. ¶ 이 등산 ~는 하루 노정으로는 너무 길다 Ce parcours de randonnée en montagne est trop long pour être effectué en une journée. ② 메뉴 menu *m* ((souvent coûteux dans un restaurant de qualité)). ¶ 만찬 ~ un dîner complet. ¶ 저는 A ~로 하겠습니다 Pour moi, ce sera le menu A / Je prendrai le menu A. ③ 교육 과정 cursus *m*. ¶ 박사 ~ le cursus de doctorat. ¶ ~를 밟다 suivre un cursus. ④ 【운동】 piste *f*. ¶ 트랙의 안쪽 ~를 택하다 choisir l'intérieur de la piste.

◆**풀_** 영{full course} 명 ① ((요리)) menu *m* complet. ¶ 저녁 식사가 풀 ~로 나왔다 Ce soir, on nous a servi le menu complet. ② 【운동】 마라톤에서 42.195km의 거리 ¶ 마라톤 풀~를 완주하다 faire une course sur la totalité du parcours du marathon, faire un marathon complet.

코스모스 영{cosmos} 명 【식물】 cosmos *m*.

코알라 영{koala} 명 【동물】 koala *m*.

코앞 명 sous le nez (de *qn*). ¶ 바로 ~에서 avoir le nez sur *qc*, avoir le nez dessus, avoir *qc* sous le nez [sous les yeux]. ☞ 코밑

*~**에 닥치다[다가오다]** être imminent(*e*), proche; être urgent(*e*), pressant(*e*). ¶ 졸업시험이[기말고사가, 중간고사가] ~에 닥쳐서 눈코 뜰 새 없다 L'examen de fin d'études [L'examen final, Le partiel] approche à grands pas, je ne sais plus où donner de la tête.

코웃음 명 rire *m* moqueur [narquois, méchant, sardonique], ricanement *m*, sourire *m* de mépris. ¶ ~을 웃다 rire au nez de *qn*, ricaner, railler, rire d'un air moqueur, faire un pied de nez à *qn*.

코일 영{coil} 명 bobine *f*. ¶ 감응 ~ une bobine d'induction. ¶ 환상 ~ enroulement toroïdal. ¶ ~을 감다 enrouler [rouler] *qc* sur une bobine.

코치 영{coach} 명 ① 지도 instruction *f*. ② 【운동】 지도 entraînement *m*. ③ 【운동】 지도자 entraîneur *m* adjoint, adjoint *m* de l'entraîneur principal. ¶ 야구팀 ~ l'entraîneur adjoint d'une équipe de baseball. ◇_(를) **하다** ① 가르치다 conseiller *qn*, donner des conseils à *qn*. ¶ 나는 그 사람에게 다른 사람의 마음을 읽는 법을 배우라고 ~했다 Je lui ai conseillé d'apprendre à lire dans le cœur des autres. ② 【운동】 지도하다 entraîner *qn*. ¶ 그 사람은 국가

ㅋ

대표 탁구 선수들을 ~한다 C'est lui qui entraîne l'équipe nationale de tennis de table. ◇_(를) **받다** ① 지도를 받다 recevoir des conseils de *qn*, se faire conseiller par *qn*. ② 【운동】 훈련을 받다 être entraîné(*e*) par *qn*.

코칭 영{coaching} 명 entraînement *m* (d'une équipe).
◆**_스태프** 영{coaching staff} 명 le staff *m* [l'équipe *f*] des entraîneurs.

코카인 영{cocaine} 명 cocaïne *f*. ¶ ~을 (복용)하다 prendre [consommer] de la cocaïne. ¶ ~을 들이키다[흡입하다] snif(f)er {*fam*} [priser] de la cocaïne.

코코넛 영{coconut} 명 noix *f* de coco.

코코아 영{cocoa} 명 ① ((가루)) cacao *m* (en poudre, solubilisé). ② ((차)) chocolat *m* ((chaud)). ¶ ~ 한 잔 드시겠습니까? Vous voulez boire un chocolat (chaud)? / Je vous sers un chocolat (chaud)?
◆**_나무** 명 【식물】 cacaoyer *m*.
◆**_차** -茶 명 chocolat *m* (chaud).

코트[1] 영{coat} 명 manteau(*x*) *m*. ¶ 모피[밍크] ~ un manteau de fourrure, une fourrure [un manteau de vison, un vison {*fam*}]. ¶ ~를 입다 mettre [enfiler] un manteau.

코트[2] 영{court} 명 court *m*, terrain *m* ((de tennis)). ¶ 테니스 ~ un court, un terrain de tennis.

코팅 영{coating} 명 revêtement *m*; couche *f*, enduit *m*, glaçage *m*, glaçure *f*, vernis *m*, enduisage *m*, couchage *m*. ¶ 프라이팬의 눌음 방지 ~ le revêtement antiadhésif d'une poêle à frire. ◇_(을) **하다** ((자동차, 마루, 가구 따위를)) étaler [étendre, appliquer] un enduit ((sur une surface)), passer une couche de ((vernis sur ...)), enduire *qc* de *qc*; glacer; ((그림 따위를)) plastifier. ¶ 사진을 ~하다 plastifier une photo. ¶ ~을 해서 표면이 매끄럽다 La surface est lisse grâce au glaçage. ◇_(이) **되다** être plastifié(*e*). ¶ ~된 카드[사진] une carte [une photo] plastifiée.

코펠 독 명 ensemble de gamelles *fpl* pour le camping.

코피 명 saignement *m* de nez. ¶ ~를 흘리다[~를 쏟다, ~가 나다, ~가 터지다] saigner du nez.
◆**쌍_** 雙 명 saignement *m* des deux narines. ¶ 쌍~가 터지다 saigner des deux narines.

코하다 자 【아어】 faire dodo. ¶ 이제 코할 시간이다. 코 자(라) Maintenant c'est le temps de faire dodo [d'aller faire dodo]. Fais de beaux rêves.

콕 부 ① 세게 ((piquer)) d'un coup sec, d'un seul geste, avec force ((onomatopée qui évoque une façon de piquer d'un coup sec)). ¶ 바늘로 ~ 찌르다 (*se*) piquer d'un coup sec [d'un seul geste] avec une aiguille. ② 꼭꼭 ¶ 방에 ~ 틀어박혀 있다 s'enfermer dans *sa* chambre, rester enfermé(*e*) [claustré(*e*), confiné(*e*), cloîtré(*e*)] dans *sa* chambre [chez *soi*], se confiner [se claustrer] dans *sa* chambre, se calfeutrer ((chez *soi* pour ne voir personne)), s'enfermer, s'emmurer, se cloîtrer, se confiner ((chez *soi*)).

콘도 영{condo} 명 ☞ 콘도미니엄

콘도미니엄 영{condominium} 명 condominium *m*, appartement *m* en copropriété.

콘돔 영{condom} 명 préservatif *m*, capote *f* (anglaise) {*fam*}, condom {*vx*}. ¶ ~을 착용하다 mettre un préservatif [une capote {*fam*}] [utiliser un préservatif, se protéger ((dans *ses* rapports sexuels))]. ¶ 성행위시 ~을 사용하다 faire l'amour avec un préservatif, avoir des rapports sexuels protégés [avec un préservatif].

콘서트 영{concert} 명 concert *m*. ¶ ~를 열다[갖다, 개최하다, 하다] donner [organiser] un concert.
◆**_홀** 영{concert hall} 명 salle *f* de concert.

콘센트 영{concentic plug} 명 prise *f* de courant, prise *f* (électrique). ¶ ~에 플러그를 꽂다 brancher sur la prise de courant.

콘체르토 이 명 【음악】 concerto *m*.

콘크리트 영{concrete} 명 béton *m*. ¶ ~ 건물 un immeuble en béton.

콘택트 영{contact} 명 ((verres de)) contact. ¶ ~ 렌즈 des lentilles, des verres de contact.

콘택트렌즈 영{contact lens} 명 lentilles *fpl* (cornéennes), verres *fpl* de contact. ¶ ~를 끼다[끼고 있다] mettre [porter] des lentilles [des verres de contact].

콘테스트 영{contest} 명 concours *m*. ¶ 요리 ~ un concours de cuisine. ¶ ~를 열다[갖다, 개최하다, 하다] ouvrir [organiser] un concours.

콘텐츠 영{contents} 명 contenu *m*. ¶ ~를 개발하다 créer du contenu.
◆**_산업** -産業 명 industrie *f* du contenu.
◆**문화_** 文化-- 명 contenu *m* culturel.

콘트라베이스 영{contrabass} 명 contrebasse *f*.

콘티 영{continuity} 명 script *m*. ¶ ~를 짜다 écrire le script.

콘플레이크 영{corn flake} 명 corn-flakes *mpl*, cornflakes *mpl*, flocons *mpl* de maïs grillés, céréales *fpl*.

콜걸 영{call girl} 명 prostituée *f*, putain *f* {*fam*}, péripatéticienne *f* {*pop*}, pute *f* {*vulg*}, catin *f*. ¶ ~을 부르다 appeler une prostituée.

콜금리 –金利 영{call-} 명 【경제】 taux *m* d'intérêt sur les prêts à courte échéance [à très court terme].

콜드크림 영{coldcream} 명 cold-cream(~-~*s*) *m*. ¶ ~을 바르다 mettre du cold-cream.

콜라 영{cola} 명 coca-cola *m*, coca *m* {*fam*}. ¶ ~ 한 잔 주세요 Un coca, s'il vous plaît.

콜라주 프{collage} 명 collage *m*. ¶ ~ 기법 collage.

콜레라 영{cholera} 명 【의학】 choléra *m*.
◆**_균** -菌 명 germe *m* du choléra; microbe *m* cholérique.

콜레스테롤 영{cholesterol} 명 【의학】 cholestérol *m*. ¶ 동물성 지방의 섭취는 ~ 수치를 높인다 L'ingestion [La consommation] de graisses animales fait monter le cholestérol / Les graisses animales font monter le cholestérol.

콜로세움 라 명 【건축】 le Colisée *m*.

콜록 부 keuf, kof ((onomatopée qui évoque un bruit

de quintes de toux)). ¶ ~ 기침을 하다 tousser.

◆_거리다[대다] 자 tousser, toussoter. ¶ ~거리는 기침 소리 toussotement.

◆_ _ 부 en toussotant, en toussant; keuf keuf, kof, kof. ¶ 밤새 ~~ 기침을 하다 avoir un quinte de toux [toussoter, tousser] toute la nuit.

콜론 영{colon} 명 deux-points *m inv.*

콜콜 부 ☞ 쿨쿨

콜택시 영{call taxi} 명 taxi *m* que l'on peut appeler [commander] par téléphone. ¶ ~를 부르다 appeler [commander] un taxi par téléphone.

콤마 영{comma} 명 virgule *f.*

콤바인 영{combine} 명 【농업】 ((탈곡기)) batteuse *f.*

콤비 영{combination} 명 ① 단짝 partenaire *m*, coéquipi*er*(*ère*); équipe *f.* ¶ 좋은 ~ un bon partenaire [un(*e*) bon(*ne*) coéquipi*er*(*ère*)]; une belle équipe. ¶ 누구와 ~를 이루다 faire équipe avec *qn*. ② 남자 양복 costume *m* pour homme dont la veste et le pantalon sont dépareillés. ¶ 그 사람은 ~를 즐겨 입는다 Il met [porte] souvent des costumes dont la veste et le pantalon sont dépareillés.

콤파스 영{compass} 명 ☞ 컴퍼스

콤팩트 영{compact} 명 compact *m*, poudre *f* compacte.

콤팩트디스크 영{compact disk} 명 disque *m* compact, compact-disc *m*, ((약자)) CD *m*.

콤플렉스 영{complex} 명 【심리】 complexe *m* (d'infériorité), sentiment *m* d'infériorité. ¶ ~가 많다 être bourré(*e*) de complexes. ◇_**가 있다** être complexé(*e*), avoir un complexe, avoir des complexes {*fam*}, avoir un complexe d'infériorité. ¶ 그 여자는 작은 키에 대해 항상 ~를 지니고 있다 Elle est toujours complexée par rapport à sa taille.

콧구멍 명 narines *fpl*, trous *mpl* de nez {*pop*}. ¶ ~을 파다 fourrer [mettre] des doigts dans son [le] nez, se curer [se nettoyer] le nez.

*~**만 하다** être tout(*e*) petit(*e*). ¶ ~만 한 방 une pièce très exiguë [minuscule, de très petite taille, riquiqui {*fam*}], une chambre de bonne, un cagibi, un placard à balai.

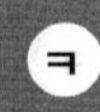

콧김 명 ① souffle *m* nasal. ¶ ~을 뿜다 souffler (par le nez). ② 영향력 pouvoir *m*, autorité *f*, influence *f*. ¶ ~이 세다 avoir une forte influence ((dans un domaine)), avoir du pouvoir ((sur *qn*)), avoir de l'autorité ((sur *qn*)), avoir beaucoup d'influence ((sur *qn*)) jouir d'une grande influence ((auprès de *qn*)). ¶ 우리 부서에서는 그 사람이 가장 ~이 세다 Il a le plus d'autorité dans notre service [dans notre secteur].

콧노래 명 chantonnement *m*, fredonnement *m*. ¶ ~를 부르다[하다, 흥얼거리다] chantonner, fredonner ((un air)).

*~**가 절로 나다** être heureu*x*(*se*) [content(*e*)] au point de chantonner à son insu.

콧대 명 ① 콧날 arête *f* du nez. ¶ ~를 높이다 se faire refaire le nez (pour qu'il soit plus haut); faire de la chirurgie esthétique [plastique] pour se faire rehausser le nez. ② 거만한 태도 air *m* arrogant, hautain.

*~**가 꺾이다** se faire rabaisser [rabattre] *son* orgueil, se faire remettre à *sa* place.

*~**가 높다[세다]** être hautain(*e*), orgueilleu*x*(*se*), fi*er*(*ère*)(de *soi*), arrogant(*e*), enflé(*e*) (de *ses* succès), avoir un air hautain, avoir une attitude pleine d'orgueil; ((눈이 높다)) être difficile à satisfaire.

*~**를 꺾다** rabaisser [rabattre] l'orgueil de *qn*, détruire l'orgueil [les prétentions] de *qn*; remettre *qn* à sa place. ¶ 이번에는 잘난체하는 그 여자의 ~를 꺾어 놓고 싶어 Cette fois-ci, j'aimerais remettre en place cette fille qui se prend au sérieux. ¶ 그놈의 ~를 팍 꺾어 놓아야 한다 Il faut remettre ce type à sa place.

*~**를 낮추다** devenir modeste, ne plus être orgueilleu*x*(*se*).

*~**를 세우다** prendre un air prétentieux [arrogant].

콧물 명 morve *f*, chandelle *f* {*fam*}. ¶ ~을 흘리다 avoir le nez qui coule, avoir la goutte [la morve] au nez {*fam*}. ¶ 나는 ~이 흐르고, 목도 아프고, 기침도 많이 난다 J'ai le nez qui coule, j'ai mal à la gorge et je tousse beaucoup.

콧방귀 명 reniflement *m* moqueur; rire *m* moqueur [narquois, méchant, sardonique], ricanement *m*, sourire *m* de mépris. ◇_를 뀌다 ne pas écouter, ne pas prêter attention; traiter *qc* légèrement, se moquer ((d'un conseil)); faire peu de cas de *qc*/*qn* ((d'un avertissement)), ne faire aucun cas de *qc*/*qn*, faire fi ((de *qc*, des conseils de *qn*)), faire bon marché de *qc*, négliger *qc*, dédaigner *qc*, mépriser *qc*/*qn*, passer outre.

콧배기 명 ☞ 코빼기

콧소리 명 nasillement *m*. ¶ ~를 내다 nasiller, parler du nez [d'une voix nasillarde]. ¶ ~로 말하다 parler du nez. ¶ ~가 섞인 목소리 une voix nasillarde.

콩 명 légumineuses *fpl*; ((대두)) soja *m*; ((완두)) pois *m*; ((강낭콩)) haricot *m*; ((잠두콩)) fève *f*. ¶ ~을 심다 planter des légumineuses; planter des pois [des haricots]; planter du soja. ¶ ~을 갈다 moudre [concasser, broyer] des graines de soja. ¶ ~을 볶다 faire sauter [faire revenir] des graines de légumineuses ((pois, haricots, soja)) (dans une poêle).

*~ **심은 데 ~ 나고 팥 심은 데 팥 난다** récolter ce qu'on a semé / Qui sème le vent récolte la tempête / On n'a que ce qu'on mérite / On n'a que ce qu'on récolte / On se lève comme on se couche / ((인과응보)) la récompense des actes passés; le *karma*. ¶ 그러게 내가 뭐라고 그랬니? 다 ~ 심은 데 ~ 나고, 팥 심은 데 팥 나는 거야. 뿌린 대로 거두는 법이지 Qu'est-ce que je t'avais dit? On n'a que ce qu'on récolte.

***~으로 메주를 쑨다고 해도 믿지 않다[곧이듣지 않다]** ((신용을 잃다)) ne rien croire de ce qu'un menteur raconte ((se dit de *qn* qui ne tient jamais ses promesses ou qui ment sans cesse)). ¶네 말은 이제 ~으로 메주를 쑨다고 해도 안 믿는다 Comment veux-tu que je te crois? Toi qui mens à longueur de journée [qui n'arrêtes pas de mentir].

***~ 한쪽도 나눠 먹다** être très proches [intimes], s'entraider.

◆**_가루** 명 farine *f* de soja.

***~가루 집안** une famille désunie [éclatée].

***~가루가 되다** ((une famille)) se désunir, se briser, éclater. ¶재산 문제로 그 집안은 ~가루가 되었다 À cause d'un problème de succession, cette famille s'est brisée [a éclaté].

◆**_고물** 명 poudre *f* de pois. ¶~고물을 묻힌 인절미 *injeolmi* recouvert [enrobé] de poudre de pois.

◆**_과** -科 명 les légumineuses *fpl*. ¶~과에 속하는 식물 une (plante) légumineuse.

◆**_국** 명 soupe *f* de soja.

◆**_국수** 명 *kongguksu m* <soupe froide avec des nouilles dans un bouillon laiteux à base de graines de soja concassées>.

◆**_기름** 명 huile *f* de soja. ¶~기름을 짜다 extraire l'huile du soja. ¶~기름을 바르다 mettre de l'huile de soja.

◆**_깍지** 명 cosse *f*, gousse *f* ((de légumineuses)). ¶~깍지를 까다 ôter la cosse, écosser.

***눈에 ~깍지가 끼다[씌다]** être aveuglé(*e*) par l'amour, perdre son sens critique à cause de l'amour ((l'amour rend aveugle)). ¶눈에 ~깍지가 씌었는지 이 남자는 저 여자가 뭘 해도 예쁘다고 한다 Je ne sais pas si c'est l'amour qui le rend aveugle ou quoi mais il trouve admirable tout ce que dit cette femme.

◆**_꼬투리** 명 cosse *f*.

◆**_깻묵** 명 tourteau(*x*) *m* de soja.

◆**_떡** 명 *tteok m* garni [fourré] de haricots.

◆**_밭** 명 champ *m* de haricots.

***마음이 ~밭에 가 있다** avoir la tête ailleurs, penser à autre chose, être présent(*e*) sans être là. ¶지금 저놈 마음이 ~밭에 가 있는 게야. 분명 그 아가씨 생각하고 있을 걸 Il a la tête ailleurs maintenant, *on ne peut pas dire qu'il soit* véritablement avec nous. Il pense sans doute à cette jeune fille de l'autre jour.

◆**_버무리** 명 *tteok m* fourré [garni] de haricots.

◆**_알** 명 graine *f* de soja.

***간이 ~알만 하다[해지다]** avoir les foies blancs, avoir les chocottes [les dents] {*fam*}, être atterré(*e*), être *fou*(*folle*) d'épouvante, avoir une peur bleue [prendre peur].

◆**_엿** 명 *yeot m* [nougat *m* coréen] garni de cacahouètes.

◆**_잎** 명 fane *f* de soja.

◆**_자반** -佐飯 명 *kong-jaban m* <soja mijoté à la sauce de soja>.

◆**_장** -醬 명 *kongjang m* <soja grillé et assaisonné>.

◆**_죽** -粥 명 bouillie *f* de riz garni de légumineuses ((haricot, soja)).

◆**땅_** 명 cacahouète *f* [cacahuète *f*]; arachide *f*. ¶땅~ 기름 de l'huile d'arachide.

◆**완두_** 명 petits pois *mpl*.

콩나물 명 pousses *fpl* [germes *fpl*] de soja. ¶~을 키우다 planter et cultiver du soja.

***~ 시루 같다** être serré(*e*)s comme des sardines [comme des harengs] (en boîte) {*fam*}, être très serré(*e*)s, dans une endroit comble, être surpeuplé(*e*), bondé(*e*), comble, (trop) plein(*e*) (à craquer), ((un wagon)) être bourré(*e*) {*fam*}. ¶버스가 ~ 시루 같이 미어터져서 숨도 제대로 쉴 수 없다 On ne peut plus respirer dans ce bus tellement il est bondé [plein à craquer] [tellement les passagers sont serrés les uns contre les autres].

◆**_국** 명 soupe *f* aux pousses de soja.

◆**_무침** 명 *muchim m* de pousses de soja <pousses de soja blanchies et assaisonnées>.

콩닥 부 ((le cœur fait)) boom, ((le cœur bat)) très fort, à tout rompre ((idéophone évoquant la sensation provoquée par les battements rapides ou irréguliers du cœur déclenchés par une émotion)). ¶그 여자를 본 순간 가슴이 ~ 뛰었다 À l'instant même où j'ai vu cette fille, mon cœur s'est mis à battre très fort [à battre la chamade].

◆**_거리다[대다]** 자 ((가슴이)) palpiter, battre très fort, battre la chamade. ¶가슴이 하도 ~거려서 그 사람의 얼굴을 바로 쳐다볼 수가 없다 Je sentais mon cœur battre si fort que je n'arrivais pas à le regarder droit dans les yeux.

콩밥 명 ① riz *m* cuit avec des haricots. ② 【속어】 죄수의 밥 ancien menu *m* des prisons équivalent du pain sec et de l'eau en français, ((être à)) l'eau *f* et au pain *m* sec.

***~ 맛을 보다** être à l'eau et au pain sec, faire de la prison [de la taule {*fam*}].

***~ 신세를 지다** être à l'eau et au pain sec, faire de la prison; être en prison [en tôle {*fam*}, derrière les barreaux].

***~을 먹다** être à l'eau et au pain sec, faire de la prison [de la taule {*fam*}, de la tôle {*fam*}]; être en prison [en taule {*fam*}, en cabane {*fam*}, en cage, sous les verrous].

***~(을) 먹이다** mettre *qn* à l'eau et au pain sec, mettre [fourrer] *qn* en prison ([en taule {*fam*}, en tôle {*fam*}, en cabane {*fam*}]).

콩새 명 【동물】 gros-bec(~-~*s*) *m*.

콩쥐팥쥐전 -傳 명 【문학】 *Kongjwipatjuijeon* (Histoire de Kongjwi et Patjwi) <titre d'un conte dont l'auteur est inconnu. L'héroïne qui est maltraitée par sa belle-mère et sa belle-sœur finit par se marier avec le préfet de la ville; conte coréen rappelant celui de Cendrillon>.

콩콩[1] 부 ((onomatopée qui évoque un bruit sourd et répété)). ¶ 가슴이 ~ 뛴다 Mon cœur palpite / Mon cœur bat la chamade / Mon cœur bat très vite [à tout rompre] / Je sens mon coeur qui bat très fort [qui tape] / Mon cœur s'emballe.

콩콩[2] 부 ((강아지 소리)) ouah ouah, wouf wouf! ¶ 강아지가 ~ 짖다 Le chien fait wouf wouf! / Le chien jappe.

콩콩거리다 자 ① ((아이들이)) sautiller [sauter, gambader] ((sur un plancher)). ¶ 마루가 콩콩거리는 소리 bruit de sautillement sur le plancher. ¶ 복도에서 콩콩거리면서 뛰지 마라 Ne fais pas de bruit en courant dans le couloir! / Ne cours pas lourdement dans le couloir! ② ((가슴이)) palpiter, battre la chamade, battre très fort [à tout rompre]. ¶ 그 여자만 만나면 가슴이 콩콩거린다 Dès que je la vois, mon cœur s'emballe [s'affole, s'agite] / À sa seule vue, mon cœur s'emballe [mon cœur bat la chamade].

콩콩대다 ☞ 콩콩거리다

콩쿠르 프{concours} 명 concours *m*. ¶ 피아노 ~ un concours de piano. ¶ ~를 열다[개최하다] ouvrir [organiser] un concours. ¶ ~에서 상을 타다 avoir [emporter, remporter] un prix dans un concours.

콩트 프{conte} 명 conte *m*.

콩팥 명 【의학】 rein *m*. ¶ ~ 이식 수술 une transplantation rénale, une greffe de rein. ☞ 신장[4]

콱 부 ① crac!; paf! ((onomatopée qui évoque une façon d'enfoncer ou de planter violemment)); ((enfoncer un poignard)) d'un coup sec; avec force, fortement, ((planter)) violemment. ¶ 칼로 ~ 등을 찌르다 enfoncer d'un coup sec un poignard dans le dos de *qn*; planter violemment une épée dans le dos de *qn*; traverser d'un seul coup le dos de *qn* d'une lame. ¶ 밧줄을 ~ 잡아당기다 tirer de toutes *ses* forces sur une corde. ¶ ~ 밀어내다 repousser violemment. ¶ 손을 ~ 쥐다 saisir fortement la main de *qn*. ② ((막거나 막힘)) ((de façon à boucher)) complètement. ¶ 말문이 ~ 막히다 perdre *sa* parole; demeurer [rester] sans voix; être totalement interloqué(*e*); rester totalement muet(*te*) ((d'étonnement, de stupeur)). ¶ 숨이 ~ 막히다 être complètement étouffé(*e*); s'étouffer d'un coup; manquer totalement de souffle; suffoquer. ¶ 숨이 ~ 막히는 더위 une chaleur suffocante. ¶ 쥐구멍을 돌로 ~ 막아버렸다 J'ai complètement bouché le trou de souris avec une pierre / J'ai mis une pierre de façon à boucher complètement le trou de souris. ③ ((감정)) ((vouloir mourir ou tuer)) d'un seul coup, tout de suite. ¶ 그냥 ~ 죽고 싶다 J'ai envie de mourir tout de suite. ¶ 그 녀석 그냥 ~ 죽여버릴까 보다 Je ne sais pas ce qui me retient [pourquoi je me retiens (de ...)] (de le tuer, de lui casser la gueule {*fam*}) / J'ai envie de le tuer celui-là.

◆ _ _ 부 ① crac-crac!; toc-toc! ((onomatopée qui évoque une façon d'enfoncer ou de planter violemment)); avec force, fortement, violemment. ¶ 머리를 ~~ 쥐어박다 donner des tapes sur la tête de *qn*; toquer sur la tête de *qn*; faire toc-toc sur la tête de *qn*. ② (de façon à boucher) complètement, totalement. ¶ 숨이 ~~ 막힌다 être complètement étouffé(*e*); manquer totalement de souffle; suffoquer.

콸콸 부 glouglou ((onomatopée qui évoque un bruit de liquide s'écoulant avec force et abondamment)); abondamment, beaucoup, copieusement. ¶ 수돗물이 ~ 넘친다 L'eau du robinet déborde abondamment en glougloutant. ¶ 물이 ~ 쏟아지다 L'eau coule à grand débit [abondamment].

◆ **_거리다[대다]** 자 glouglouter, faire glouglou.

쾅 부 ① 부딪히는 소리 pang!; gong!; avec un bruit sourd; avec fracas ((onomatopée évoquant le bruit de petits objets qui se heurtent)). ¶ 머리를 ~ 부딪치다 se cogner la tête contre *qc/qn*. ¶ ~ 하고 떨어지다 tomber bruyamment [avec bruit, avec fracas]. ¶ 책상을 ~ 두드리다 cogner fortement du poing sur la table. ¶ 문을 ~ 닫다 faire claquer [fermer] violemment une porte. ② 폭발하는 소리 boum!; ((exploser)) avec un bruit assourdissant, bruyamment; avec fracas. ¶ ~ 하고 폭발하다 exploser [éclater, détonner, sauter, péter {*fam*}] avec un bruit assourdissant [bruyamment, avec fracas].

◆ _ _ 부 boum-boum!; pang- pang!; gong-gong!; avec un bruit sourd; avec fracas ((onomatopée évoquant le bruit de petits objets qui se heurtent)). ¶ 문을 ~~ 두드리다 frapper fortement à la porte. ¶ 대포 소리가 ~~ 울린다 Des coups de canon s'élèvent dans un bruit assourdissant / On entend le bruit retentissant du canon / Le bruit du canon monte d'une façon assourdissante.

◆ **_ _거리다[대다]** 재타 faire un bruit sourd [fracassant, assourdissant, retentissant]. ¶ ~~거리는 음악 소리 musique assourdissante. ¶ ~~대며 복도를 오가다 passer dans le couloir en faisant un bruit retentissant de pas. ¶ 대문을 ~~거리며 사람을 부르다 appeler quelqu'un en frappant bruyamment à la porte.

쾌 분류 ((unité qui sert à désigner vingt merlans séchés)). ¶ 북어 한 ~ vingt merlans séchés.

쾌감 快感 명 plaisir *m*; volupté *f*. ¶ ~을 느끼다[맛보다] éprouver [goûter] un (*des*) plaisir(*s*).

쾌거 快擧 명 exploit *m*; performance *f*, record *m*.

◇ **_를 이루다[올리다]** réaliser un exploit. ¶ 올림픽 육상에서 ~를 올리다 réaliser un véritable exploit athlétique aux Jeux olympiques.

쾌남아 快男兒 명 gaillard *m*, gai [joyeux] luron *m*, joyeux drille *m*, bon vivant *m*. ¶ ~의 기질을 타고났다 C'est un gai [joyeux] luron / C'est un joyeux drille [un bon vivant].

쾌락[1] 快樂 명 plaisir *m*; volupté *m*, jouissance *f*.

¶ 독서의 ~ plaisir de la lecture. ¶ 육체적[관능적] ~ un plaisir physique [des sens], un plaisir sensuel [charnel]. ¶ ~을 추구하다 recherchér le plaisir. ¶ ~에 빠지다[젖다] se livrer [s'adonner] aux plaisirs.

◆_적 -的 명 voluptueu*x*(*se*), sensuel(*le*), charnel(*le*).

◆_주의 -主義 명 épicurisme *m*, hédonisme *m*.

◆_주의자 -主義者 명 épicurien(*ne*), hédoniste *mf*.

쾌락[2] **快諾** 명 acceptation *f*, accord *m*, agrément *m*, approbation *f*, assentiment *m*, consentement *m*, permission *f*. ◇_(을) **하다** donner [accorder] avec plaisir son consentement, consentir [acquiescer, accepter] volontiers, consentir de bon cœur, ne pas se faire prier. ¶ 나의 요청을 ~하다 consentir de bon cœur [de bon gré] ma demande. ◇_(을) **받다[얻다]** obtenir facilement le consentement de *qn*.

쾌보 快報 명 bonne nouvelle *f*. ¶ 전승의 ~ la bonne nouvelle d'une victoire. ¶ ~를 듣다 apprendre [recevoir] une bonne nouvelle.

쾌복 快服 명 guérison *f* complète, rétablissement *m* complet. ☞ 쾌차

쾌속 快速 명 grande vitesse *f*. ¶ ~ 질주 une course à grande vitesse, une course folle. ¶ ~으로 à grande [à pleine, à toute] vitesse.

◆_선 -船 명 bateau(*x*) *m* rapide.

◆_정 -艇 명 vedette *f* rapide.

쾌유 快癒 명 rétablissement *m* rapide et complet, guérison *f* rapide et complète. ◇_(를) **하다** se rétablir complètement et rapidement, vite [rapidement] guérir, vite se rétablir complètement, guérir vite et bien; être vite complètement [totalement] guéri(*e*) [rétabli(*e*)]. ¶ ~(하시기)를 빕니다 Je vous souhaite un rétablissement prompt [rapide] et complet [une guérison rapide et complète] / Je vous souhaite une prompte guérison. ☞ 쾌차

쾌재 快哉 명 cri *m* de joie. ¶ ~를 부르다 crier de joie, pousser des cris de joie.

쾌적하다 快適- 형 상쾌하고 즐겁다 être confortable, agréable, être d'un grand confort; ⦅공기가⦆ être bon; respirable. ¶ 쾌적한 환경 environnement agréable. ¶ 쾌적한 분위기 ambiance agréable. ¶ 그 식당은 공기가 ~ L'air est respirable dans ce *restaurant* / *On respire bien dans* ce restaurant / L'atmosphère de ce restaurant est respirable / Ce restaurant n'est pas enfumé.

쾌조 快調 명 bonne marche *f*, bon fonctionnement *m*. ¶ ~를 보이다 bien marcher, bien fonctionner.

쾌주 快走 명 course *f* rapide. ◇_(를) **하다** courir vite [à grande vitesse, rapidement, à fond].

쾌차 快差 명 ☞ 쾌유

쾌척 快擲 명 don *m*. ◇_(을) **하다** faire un don à *qn*, faire don de *qc* à *qn*. ¶ 고아원에 천만 원을 ~하다 faire un don de dix millions de wons à un orphelinat.

쾌청하다 快晴- 형 ⦅le temps⦆ être magnifique superbe; faire très beau. ¶ 날씨가 ~ Il fait très beau / Il fait un temps magnifique / Le temps est superbe. ¶ 쾌청한 하늘 un ciel bleu [clair].

쾌하다 快- 형 ① ⦅기분이⦆ être de [en] bonne humeur [de bon poil {*fam*}], être d'excellente [de joyeuse, de charmante] humeur. ¶ 마음이 ~ être de bonne humeur. ② ⦅병이⦆ être guéri(*e*), être rétabli(*e*). ¶ 병이 ~ La maladie est guérie / On a guéri la maladie. ¶ 어머니께서는 쾌치 못하시다 Ma mère n'est pas encore guérie.

쾌활하다 快活- 형 être allègre, enjoué(*e*), folâtre, gai(*e*), gaillard(*e*), guilleret(*te*), hilare, jovi*al*(*ale*, *aux*), joyeu*x*(*se*), réjoui(*e*), être de bonne humeur [d'(une) humeur joviale, de joyeuse humeur, de charmante humeur]. ¶ 성격이 ~ avoir un caractère jovial, être allègre, jovi*al*(*ale*, *aux*). ¶ 쾌활하게 웃다 rire avec gaieté [gaiement, joyeusement].

쾌히 快- 부 ① 유쾌히 agréablement; joyeusement; gaiement; plaisamment. ② 기꺼이 avec joie, avec plaisir; de bon cœur; de bonne humeur, volontiers; de plein gré; de bonne grâce. ¶ 그 사람은 내 제안에 ~ 응했다 Il a accepté avec joie ma proposition. ¶ ~ 승낙하다 approuver avec joie, donner *son* consentement avec plaisir. ¶ 선물을 ~ 받아들이다 accepter un cadeau de bon cœur, recevoir un cadeau avec plaisir. ¶ 제안에 ~ 응하다 répondre volontiers [positivement] à une proposition.

쾨쾨하다 형 sentir le renfermé; ⦅홀아비 냄새⦆ sentir le fauve [le vieux bouc, le vieux croûton {*fam*}]. ¶ 냄새가 ~ Ça sent le renfermé / ⦅홀아비 냄새⦆ Ça sent le fauve [le vieux bouc, le vieux croûton {*fam*}]. ¶ 남자 혼자 사는 방이라 쾨쾨한 냄새가 난다 Comme c'est une chambre où un homme vit seul, ça sent le vieux bouc [le fauve]. ☞ 퀴퀴하다

쿠데타 프{coup d'État} 명 coup *m* d'État. ¶ 군사 ~ coup d'État de l'armée. ◇_를 **하다[일으키다]** faire un coup d'État. ◇_가 **일어나다** Un coup d'État a lieu [survient, éclate].

쿠리다 형 ☞ 구리다

쿠션 영{cushion} 명 ① suspension *f*. ¶ 이 차[소파]는 ~이 좋다 La suspension de cette voiture est (très) bonne [Ce canapé est bien rembourré / Ce canapé est très confortable]. ② coussin *m*. ¶ ~을 베고 자다 dormir avec un coussin sous la nuque. ③ 【운동】 bande *f*. ¶ 스리 ~ ⦅faire⦆ trois bandes ⦅pour la dernière boule à la fin d'une partie de billard⦆. ¶ ~을 치다 toucher la bande, jouer par la bande.

쿠키 영{cookie} 명 ① biscuit *m* de type [qui a la consistance du] sablé *m* (diversement garni dont les cookies font partie). ② 【컴퓨】 cookie *m*.

쿠폰 영{coupon} 명 coupon *m*. ¶ 할인 ~ un coupon de réduction. ¶ ~을 받다 recevoir un coupon.

쿡 부 ① ⦅toucher *qn* avec le doigt⦆ discrètement. ¶ 손가락으로 ~ 찌르다 toucher discrètement *qn* avec le doigt pour attirer son attention, toucher discrètement le flanc de *qn* avec le doigt, faire comprendre discrètement à *qn* du doigt [en le touchant]. ② ((laisser échapper un rire)) discrètement, de manière contenue. ¶ ~ 웃음을 터뜨리다 laisser échapper un rire contenu.

◆_ _ 부 à petits coups répétés ((onomatopée imitant une façon d'enfoncer *qc* à plusieurs reprises)). ¶ 옆구리를 ~~ 찌르다 toucher *qn* avec le doigt à plusieurs reprises pour attirer son attention, toucher à plusieurs reprises le flanc de *qn* avec le doigt, faire comprendre à *qn* du doigt [en le touchant à plusieurs reprises]. ¶ 손발이 ~~ 쑤신다 avoir des élancements [des douleurs lancinantes, des douleurs aiguës] dans les pieds et les mains; avoir les mains et les pieds qui élancent. 감 hi hi! hé hé! ((pousser)) de petits rires. ¶ ~~ 웃다 ricaner; pouffer de rire; pousser de petits rires.

◆_ _**거리다[대다]** 자 ((웃음)) ricaner; pousser de petits rires; ((고통)) avoir une douleur lancinante. ¶ ~~거리며 웃다[기침을 하다] pousser de petits rires [toussoter]. ¶ 허리가 ~~대며 쑤신다 avoir des élancements [des douleurs lancinantes] dans la hanche.

쿨렁거리다 자 ① ((eau d'une cuve)) clapoter; remuer; être balancé(*e*); être agité(*e*); bouger; ((des paquets)) bringuebaler, brinquebaler, brimbaler. ② ((un pantalon)) être bouffant(*e*); bouffer. ¶ 단지를 흔드니 쿨렁거리는 소리가 들린다 On entend un clapotis [clapotement] dans le pot que j'agite. ¶ 뒤 트렁크[적재함]에서 뭔가가 쿨렁거린다 Il y a quelque chose qui brimbale [bringuebale] dans le coffre [à l'arrière du camion].

쿨렁대다 자 ☞ 쿨렁거리다

쿨룩 부 ☞ 콜록

쿨룩거리다 자 ☞ 콜록

쿨룩대다 자 ☞ 콜록

쿨쿨 부 zzz ((onomatopée qui évoque un bruit de dormeur)). ¶ ~ 자다 dormir en faisant zzz; dormir profondément; dormir à poings fermés, dormir comme un loir [une souche, une marmotte, un sonneur]. ¶ 바깥에서는 난리가 났는데 그는 태평하게 잠만 ~ 자고 있었다 Alors que dehors tout le monde s'affolait, lui dormait tranquillement [à poings fermés, profondément].

쿵 부 ① ((부딪힘)) boum!; badaboum!; ramdam!; patatras! ((onomatopée évoquant le bruit d'objets qui se heurtent; bruit sourd)). ¶ ~ 떨어지다 tomber en faisant un grand bruit [en faisant boum]. ② ((폭발)) boum!; baoum! ((onomatopée évoquant le bruit d'explosion ou de tir à canon)). ¶ ~ 하는 대포소리 un grand bruit de canon; un bruit assourdissant [retentissant] de canon. ③ ((북소리)) boum boum; rantanplan [rataplan]. ¶ ~ 울리다 ((le roulement du tambour)) s'élever.

◆_**하다** 자 faire boum. ¶ 그 소식에 가슴이 ~했다 À cette nouvelle mon cœur a fait boum / En entendant cette nouvelle, mon sang n'a fait qu'un tour.

◆_ _ 부 boum!, boum boum! ((onomatopée évoquant le bruit d'objets qui se heurtent)). ¶ 심장이 ~~ 뛴다 Le cœur fait boum / Le cœur bat fortement / Le cœur s'affole [s'agite, s'emballe, palpite]. ¶ ~~ 울리는 대포 소리 bruit retentissant des canons.

◆_ _**거리다[대다]** 자 ① faire un grand bruit; faire boum-boum. ¶ ~~거리며 걷지 마라 Ne marche pas en faisant trop de bruit / Ne marche pas bruyamment. ② ((심장)) palpiter, battre fortement [violemment], battre la chamade. ¶ 가슴이 ~~거린다 Mon cœur bat fortement [très vite, la chamade, à tout rompre] / Je sens mon coeur qui bat très fort [qui tape] / Mon cœur s'emballe / Le cœur palpite.

쿵덕 부 ((onomatopée évoquant le broiement d'une meule ou d'un mortier)). ¶ 물레방아가 ~ 하며 돌아간다 Le moulin à vent tourne en broyant bruyamment.

◆_**거리다[대다]** 자타 ((onomatopée évoquant le broiement dans une meule ou dans un mortier)). ¶ 물레방아가 ~거리며 벼를 찧고 있다 Le moulin à vent broie le blé bruyamment.

쿵쾅 부 boum!; boum boum! ((onomatopée évoquant le bruit d'objets qui se heurtent)). ¶ ~ 포탄 터지는 소리 bruit d'explosion; bruit retentissant [assourdissant] d'un canon.

◆_**거리다[대다]** 자타 faire un grand bruit; faire un grand boum boum. ¶ 가슴이 ~거린다 Mon cœur bat fortement [violemment] / Mon cœur s'emballe. ¶ 복도에서 아이들이 ~거리며 뛰노는 소리가 들린다 On entend le bruit de course retentissant des enfants dans le couloir. ¶ 옆집에서 악기를 ~거리는 소리가 난다 On entend un bruit fort d'instruments de musique monter de la maison d'à côté.

쿵쿵 부 ☞ 쿵

쿵쿵거리다 자타 ☞ 쿵

쿵쿵대다 자타 ☞ 쿵

쿼터[1] 영{quarter} 분류 ① ((부피)) quote-part(*~s-~s*) *f.* ② 【운동】 quart-temps(*~s-~*) *m.* ¶ 1 ~ le premier quart-temps.

쿼터[2] 영{quota} 명 quota(*~s*) *m.* ¶ ~ 시스템 système de quotas. ¶ 수입 ~ quotas d'importation.

쿼터백 영{quarterback} 명 【운동】 stratège *m* (souvent en position d'arrière), *quarter-back m*, quart-arrière *m.*

퀭하다 형 être enfoncé(*e*), cave {*litt*}, être creusé(*e*), creux(*se*). ¶ 눈이 ~ avoir les yeux enfoncés [caves {*litt*}]. ¶ 양 볼이 퀭하게 들어갔다 Ses joues sont très creusées.

퀴즈 영{quiz} 명 ① quiz(z) *m*, jeu-concours(*~x-~*) *m* (radiophonique, télévisé), jeu(*x*) *m* (radiophonique, télévisé); ((퀘벡)) jeu-questionnaire(*~x-~s*) *m*, émission-questionnaire(*~s-~s*), jeu(*x*) de questions-réponses; ((잡지)) série *f* de questions; ((문제)) devinette *f*, énigme *m*, question *f*; charade *f*; logogriphe *m*; jeu(*x*) *m* de mots. ¶ ~ 대회 un quiz, un jeu-concours (radiophonique, télévisé). ¶ ~ 프로 un(e émission de) quiz, un quiz télévisé, un jeu (radiophonique, télévisé). ¶ ~를 내다 poser [proposer] une énigme [une devinette, une question]. ¶ ~를 풀다 trouver [déchiffrer, résoudre, éclaircir, élucider] une énigme, trouver le mot de l'énigme, trouver la réponse à une question; ((퀴즈 프로)) trouver [donner] la bonne réponse à une question d'un quiz. ② 시험 rapide contrôle *m* des connaissances, interrogation *f* rapide (orale ou écrite). ¶ 다음 시간에 ~를 보겠습니다 Lors du prochain cours vous aurez un contrôle [une interrogation rapide].

퀴퀴하다 형 sentir le renfermé; ((냄새)) sentir le fauve [le vieux bouc, le vieux croûton {*fam*}]. ¶ 퀴퀴한 냄새 une odeur de renfermé; une odeur de fauve [de vieux bouc].

퀵서비스 영{quick service} 명 service *m* (rapide de livraison au moyen d'un) coursier.

큐피드 영{Cupid} 명 Cupidon *m*. ¶ ~의 화살 les flèches de Cupidon [de l'Amour].

크기 명 taille *f*, grandeur *f*, dimensions *fpl*; grosseur *f*; étendue *f*, envergure *f*. ¶ ~ 순서대로 par ordre de grandeur. ¶ 실물 ~의 그림 un tableau grandeur nature. ¶ 이 집 ~만 하다 être de la même taille que cette maison. ¶ ~를 재다 mesurer la taille de *qc*.

크낙새 명 【동물】 pic *m* à ventre blanc, *Dryocopus javensis* {*nsc*}.

크다[1] 형 ① ((크기가)) être grand(*e*). ¶ 그 사람은 키가 ~ Il est grand / Il est de grande taille. ¶ 그 여자는 눈이 ~ Elle a de grands yeux. ¶ 큰 키의 남자 un homme grand. ¶ 글씨를 크게 쓰다 écrire (en) gros. ② ((치수가)) être grand(*e*). ¶ 옷[신발]이 ~ Le vêtement est grand [ample] [Les chaussures sont grandes]. ¶ 옷을 크게 입다 porter des vêtements grands [larges, amples]. ③ ((추상적)) être grand(*e*), gros(*se*), important(*e*), lourd(*e*), terrible. ¶ 씀씀이가 ~ être un(*e*) grand(*e*) dépensi*er*(*ère*), ne pas regarder à la dépense. ¶ 그 사람의 책임이 ~ Sa responsabilité est lourde. ¶ 큰 혼란 une grande confusion. ¶ 물가가 크게 올랐다 Les prix ont beaucoup augmenté. ④ ((영향이)) être grand(*e*), *terrible*. ¶ 그 사람의 실망이 ~ Sa déception est grande. ¶ 큰 충격 un choc terrible. ¶ 누구의 영향을 크게 받다 être beaucoup influencé(*e*) par *qn*. ⑤ ((액수, 양이)) être gros(*se*), important(*e*). ¶ 액수가 ~ La somme est importante [considérable, grosse] / C'est une grosse somme d'argent. ⑥ ((소리가)) être gros(*se*), fort(*e*). ¶ 큰 목소리 une voix forte [puissante, retentissante, sonore, éclatante, vibrante, de stentor, qui porte loin], une grosse voix. ¶ 크게 말하다 parler haut [fort]. ¶ 좀 더 크게 말씀하세요 Veuillez parler plus fort s'il vous plaît / Pourriez-vous parler plus fort s'il vous plaît? ⑦ ((생각이)) être grand(*e*), gros(*se*). ¶ 아량이 ~ avoir un gros [grand] cœur. ⑧ ((가능성이)) être fort ((possible)), ((chances)) être grand(*e*). ¶ 가능성이 ~ être fort possible [probable], il y a de fortes chances que+*subj*. ⑨ 뛰어나다 être grand(*e*), important(*e*), remarquable. ¶ 그 사람의 공이 ~ faire *qc* de remarquable. ¶ 큰 인물 un grand personnage. ¶ 큰 결심 une décision importante. ¶ 큰 업적 un résultat remarquable. ¶ 크게 되다 devenir un grand homme.

***큰 걸음을 내딛다** faire un grand pas.

◆크게 부 ((대체로, 대강)) en gros, grossièrement, grosso modo, sans entrer dans le détail, approximativement. ¶ 크게 두 부류로 나누다 séparer en deux grandes classes. ¶ 크게 보아 두 가지 가능성이 있다 Il y a deux grandes possibilités.

◆크게는 부 largement, majoritairement. ¶ 작게는 나의 운명이, 크게는 나라의 운명이 걸린 일이다 Cette affaire est partiellement liée à ma destinée mais surtout [plus directement] liée à l'avenir du pays.

크다[2] 자 ① ((키가)) grandir; pousser. ¶ 너 키가 많이 컸구나 Tu as beaucoup grandi [poussé]. ② 성장하다 être grand(*e*); devenir adulte. ¶ 나는 커서 선생님이 되고 싶다 Quand je serai grand(*e*) je veux devenir [être] professeur. ¶ 많이 컸네! Comme *il* a grandi! / *Il* a grandi! / *Il* a beaucoup [bien] grandi [poussé]. ¶ 그 자식 많이 컸네! Ce type a prospéré [progressé] / Ce type a pris du volume / Ce n'est plus l'homme que nous connaissions / ((서열 관계)) Maintenant, c'est devenu un caïd [un dur] / Il est devenu très puissant [très fort] / Il a pris beaucoup d'importance. ③ ((회사가)) se développer; réussir; s'agrandir. ¶ 그의 회사가 많이 컸다 Son entreprise s'est beaucoup agrandie [a bien réussi].

크래커 영{cracker} 명 biscuit *m*.

크랭크인 영{crank in} 명 【연영】 début *m* [démarrage *m*, mise *f* en route] du tournage. ◇_(을) **하다** commencer à filmer [à tourner], commencer le tournage.

크러스트 영{crust} 명 écorce *f* [croûte *f*] terrestre.

크레디트카드 영{credit card} 명 carte *f* de crédit.

크레용 프{crayon} 명 crayon *m* de couleur.

크레인 영{crane} 명 grue *f*.

크레졸 영{cresol} 명 【화학】 résine *f* crésol.

크레파스 영{crayon pastel} 명 (crayon *m*) pastel *m*. ¶ ~를 칠하다 colorier avec des (crayons) pastels.

크로마뇽인 -人 프{Cro-Magnon-} 명 homme *m* de Cro-Magnon.

크로스바 영{crossbar} 명 【운동】 barre *f* horizontale [transversale].

크로스컨트리 영{cross country} 명 cross(-country)(~-countries) *m*. ¶ ~ 선수 un coureur de cross, un crossman. ◇_(를) **하다** faire du cross(-country), pratiquer le cross(-country).

크로켓 프{croquette} 명 croquettes *fpl* ((de pommes de terre, de poisson)).

크로키 프{croquis} 명 【미술】 croquis *m*.

크롬 독 명 【화학】 chrome *m* ((Cr)).

크루즈미사일 영{cruise missile} 명 【군사】 missile *m* de croisière.

크리스마스 영{Christmas} 명 【기독】 Noël *m*. ¶~ 캐럴 des chansons (populaires) de Noël.

◆_**실** 영{-seal} 명 timbre *m* tuberculinique.

◆_**이브** 영{-eve} 명 la veille *f* de Noël.

◆_**카드** 영{-card} 명 carte *f* de Noël.

◆_**트리** 영{-tree} 명 sapin *m* de Noël.

크리스천 영{Christian} 명 chrétien(*ne*).

크리스털 영{cristal} 명 cristal *m*. ¶~ 유리 cristal.

크리스트교 -敎 영{Christ-} 명 religion *f* chrétienne. ☞ 기독교

크리켓 영{cricket} 명 【운동】 cricket *m*.

크림 영{cream} 명 ① 프림 crème *f*. ¶ 커피에 ~을 넣다 mettre de la crème dans le [son] café. ② 로션 crème *f*. ¶ 손에 ~을 바르다 se mettre [s'appliquer] de la crème sur les mains. ③ 아이스크림 crème *f* glacée.

◆_**빵** 포 명 choux *m* à la crème.

◆_**수프** 영{-soup} 명 potage *m* à la crème.

◆**생_** 生- 명 crème *f* fraîche. ¶ 생~ 케이크 une génoise nappée de crème fraîche et de fruits frais.

큰기침 명 heum, heum ((onomatopée imitant un raclement de gorge pour arrêter l'attention de *qn*)). ¶~ 소리를 내다 toussoter [se racler la gorge] (volontairement) pour avertir. ◇_(을) **하다** toussoter [se racler la gorge] (volontairement) pour avertir.

큰길 명 avenue *f*, boulevard *m*.

큰놈 명 fils *m* aîné, fille *f* aînée ((terme affectif de déférence)). ¶ 우리 집 ~입니다 C'est mon fils aîné [ma fille aînée].

큰누이 명 sœur *f* aînée.

큰달 명 mois *m* de 31 jours.

큰댁 -宅 명 ① 맏형의 집 maison *f* [famille *f*] du frère aîné. ② 본처의 집 maison *f* où habite la femme légitime.

큰돈 명 grosse somme *f* [somme *f* importante] (d'argent). ¶~을 만지다 toucher une grosse somme [une somme importante]. ¶~을 벌다 gagner une grosse somme [gagner beaucoup d'argent]. ¶~이 생기다 décrocher une grosse somme [le jackpot {*fam*}, le gros lot], gagner [ramasser, toucher] le jackpot {*fam*}.

큰딸 명 fille *f* aînée.

큰마누라 명 femme *f* légitime.

큰마음 명 ① 큰 결심 grande résolution *f*., résolution *f* prise difficilement après mûre réflexion. ② 관대함 cœur *m* généreux, grand cœur *m*, générosité *f*. ◇_(을) **먹다** ① se résoudre enfin à+*inf*. (après mûre réflexion); s'accorder pour la première fois depuis longtemps ((un petit plaisir)), se faire un (petit) plaisir [se faire plaisir avec *qc*, se permettre *qc*] pour la première fois depuis longtemps. ¶~을 먹고 새 옷을 사다 se résoudre enfin à s'acheter [à s'offrir] un vêtement, s'acheter [s'offrir] pour la première fois depuis longtemps un vêtement, se faire plaisir en s'achetant pour la première fois depuis longtemps un vêtement. ② agir généreusement. ¶~을 먹고 아이에게 장난감을 사주었다 J'ai fait (un) plaisir [une gâterie] à mon enfant en lui achetant [offrant] un jouet.

큰말 명 【언어】 mot *m* exprimant une grande intensité par une imitation phonétique.

큰맘 명 ☞ 큰마음

큰매부 -妹夫 명 mari *m* de la sœur aînée; beau-frère(*~x-~s*) *m*.

큰며느리 명 ☞ 맏며느리

큰물 명 ① (grand) monde *m*. ¶~에서 놀아야 성공하지 Il faut aller dans le monde pour réussir. ② 홍수 inondation *f*. ¶~로 집이 잠겼다 La maison est inondée [submergée par les eaux].

*__큰물(이) 지다__ être inondé(*e*).

큰방 -房 명 grande chambre *f*; grande salle *f*.

큰북 명 【음악】 grosse caisse *f*.

큰불 명 grand incendie *m*. ◇_(이) **나다** un incendie se déclare. ◇_(을) **내다[놓다]** provoquer un incendie.

큰비 명 pluie *f* diluvienne [pluie *f* torrentielle], déluge *m*; grosse pluie *f*, très forte pluie *f*, cataractes *fpl*. ¶~가 내린다[온다] Une grosse pluie s'abat / Une pluie diluvienne [torrentielle] tombe / Il tombe des cataractes.

큰사람 명 grand homme *m*. ¶~으로 성장하다 devenir un grand homme. ¶ 보아하니 너는 ~이 되기는 틀렸다 À mon avis, tu ne seras pas un grand homme.

큰사위 명 mari *m* de la fille aînée; premier gendre *m* d'une famille.

큰살림 명 gros ménage *m*. ¶~을 꾸려나가다 gérer un gros ménage; être à la tête d'un gros ménage. ¶~을 도맡다 être en charge d'un gros ménage. ◇_(을) **하다** gérer un gros ménage.

큰소리 명 ① 야단 hurlement *m*; cri *m*; voix *f* haute; grand cri *m*. ¶~가 나다 pousser des cris. ② 호언 parole *f* pleine d'assurance. ¶ 나는 ~ 한 번 못 하고 살았다 J'ai toujours vécu soumis(*e*). ◇_(를) **치다** ① 꾸짖다 gronder *qn*, réprimander *qn*, sermonner *qn*. ¶ 아이에게 ~를 치다 gronder un enfant; réprimander un enfant. ② 호언하다 faire le fanfaron, fanfaronner, se vanter; exagérer. ¶ 아무 문제 없다고 ~치다 se vanter en prétendant qu'il n'y a aucun problème. ¶ 언젠가 ~치고 살 날이 올 것이다 Viendra le jour où on pourra dire tout ce qu'on veut dire.

큰손 명 gros bonnet *m* {*fam*}. ¶ 그는 재계의 ~ 중 한 사람이다 C'est un des gros bonnets du milieu financier.

큰손녀 -孫女 명 petite-fille *f* aînée.

큰스님 명 grand bonze *m*, grand maître *m* bouddhique.

큰아가씨 명 ① Madame ((titre donné par [terme

ㅋ

utilisé par] la domestique pour s'adresser à la fille aînée de la famille ou à la femme du fils aîné de la famille)). ② 맏시누이 ((terme honorifique [déférent] utilisé par l'épouse pour appeler la sœur aînée de son époux)).

큰아기 명 jeune fille *f*, fille *f* aînée; femme *f* du fils aîné.

큰아들 명 fils *m* aîné.

큰아버지 명 frère *m* aîné du père, oncle *m* paternel (aîné).

큰아씨 명 ☞ 큰아가씨

큰아이 명 fils *m* aîné; fille *f* aînée.

큰애 명 ☞ 큰아이

큰애기 명 ☞ 큰아기

큰어머니 명 tante *f*. ((femme du frère aîné du père, épouse de l'oncle paternel aîné)).

큰언니 명 sœur *f* aînée, grande sœur *f*.

큰오빠 명 frère *m* aîné, grand frère *m*.

큰일 명 ① 중요한 일 affaire *f* importante; grand événement *m*. ¶ 나라의 ~을 맡다 être chargé(*e*) d'une affaire importante du pays. ② ((집안의)) (grand) événement *m*; (grosse) cérémonie *f*. ¶ 우리 집은 올해 누나의 결혼이라는 ~을 치렀다 Cette année, nous avons eu un grand événement, le mariage de ma sœur. ③ 문젯거리 souci *m*; ennui *m*; (grand) malheur *m*, catastrophe *f*, ((c'est)) la cata {*fam*}. ¶ 아들 녀석이 늘 ~을 치고 다닌다 Mon fils crée toujours des ennuis. ◇_(이) **나다** un grand malheur arrive; avoir de gros ennuis; se heurter à de grosses difficultés. ¶ ~났다 Il est arrivé quelque chose de très grave / Catastrophe! / C'est la catastrophe [la cata {*fam*}] / Quel malheur! ¶ ~났다 마을이 다 타버렸어 Quel malheur! Le village a été complètement ravagé par les flammes. ¶ 조금만 늦었으면 ~날 뻔했어 On a failli y laisser notre peau / Un peu plus et on y laissait notre peau [on y passait]! / On l'a échappé belle! / On a eu chaud! {*fam*} / On a évité la catastrophe. ¶ 잘못하면 ~난다 Si on ne fait pas attention, on va avoir de gros ennuis.

*~**을 치르다** ((긍정적)) vivre des moments importants, assister à des événements considérables [notables]; ((부정적)) passer par de rudes épreuves; traverser des moments difficiles.

*~**을 저지르다** commettre [faire] une grande erreur.

큰절[1] 명 prosternation *f*, action de se courber jusqu'au sol ((attitude de profond respect que l'on manifeste vis-a-vis des aînés ou des anciens dans des conditions particulières comme les grandes fêtes, les mariages ou les enterrements, ou dans des circonstances particulières comme la toute première rencontre avec ses futurs beaux-parents)). ◇_(을) **하다**[**올리다**] se courber jusqu'au sol, se prosterner ((devant *ses* aînés, devant les anciens)). ¶ 명절날 아이들은 어른들께 ~을 한다 Les jours de fête, les enfants se prosternent devant les anciens [devant les aînés].

큰절[2] 명 grand temple *m* bouddhique. ¶ ~에서 불공을 드리다 prier dans un grand temple bouddhique.

큰조카 명 fils *m* aîné du frère aîné, aîné *m* de *ses* neveux.

큰집 명 famille *f* du frère aîné du père.

큰처남 -妻男 명 frère *m* le plus âgé de *son* épouse, aîné *m* de *ses* beaux-frères. ☞ 작은처남

큰코다치다 자 avoir une mauvais expérience; vivre un moment difficile; recevoir un mauvais coup; ((위협)) payer cher. ¶ 그렇게 까불다간 큰코다친다 Si tu agis à la légère, tu vas le payer cher / Si tu te conduis mal, tu vas recevoir la monnaie de ta pièce / Si tu ne te tiens pas tranquille [Si tu continues à faire l'imbécile, tu vas te casser la figure / Si tu n'es pas sérieux, tu risques de vivre une mauvaise expérience. ¶ 얕잡아봤다가는 그 사람에게 큰코다친다 Si tu le sous-estimes, tu vas le payer cher / Si tu le prends à la légère, tu risques d'y laisser des plumes.

큰키나무 명 【식물】 futaie *f*.

큰할머니 명 femme *f* du frère aîné du grand-père, épouse *f* du grand-oncle paternel aîné.

큰할아버지 명 frère *m* aîné du grand-père, grand-oncle *m* paternel.

큰형 -兄 명 frère *m* aîné.

큰형수 -兄嫂 명 femme *f* du frère aîné, belle sœur *f*.

클라리넷 영{clarinet} 명 【음악】 clarinette *f*. ¶ ~을 불다[연주하다] jouer de la clarinette.

클라이맥스 영{climax} 명 point *m* culminant, apogée *f*, sommet *m*, faîte *m*, pic *m*, cime *f* ((des honneurs)), zénith *m*, acmé *mf*, summum *m*, maximum *m*, apothéose *f*, comble *m*, *top m* {*fam*}. ¶ ~에 오르다[이르다, 다다르다] arriver à *son* apogée, arriver au sommet [à l'apogée] ((de *sa* gloire)), être au faîte ((de *sa* popularité)).

클래식 영{classic} 명 classique.

◆**_음악** -音樂 명 musique *f* classique. ¶ 그 여자는 ~(음악)을 즐겨 듣는다 Elle aime beaucoup écouter de la musique classique.

◆**_하다** 형 être classique. ¶ ~한 건축물 une architecture classique.

클랙슨 영{klaxon} 명 klaxon *m*. ¶ ~을 누르다[울리다] appuyer sur le klaxon; klaxonner.

클러치 영{clutch} 명 【기계】 embrayage *m*. ¶ ~를 넣다 embrayer. ¶ ~를 밟다 appuyer sur la pédale d'embrayage, embrayer.

◆**_페달** 영{-pedal} 명 pédale *f* de débrayage [d'embrayage].

클럽 영{club} 명 ① 장소 club *m*. ¶ 나이트 ~ une boîte (de nuit), une discothèque, un night-club(~-~s) {*vx*}. ¶ 헬스 ~ un club [un centre] de remise en forme. ② 단체 club *m*; cercle *m*. ¶ 독신자 ~ un club de célibataires.

클렌징크림 영{cleansing cream} 명 crème *f* de

ㅋ

nettoyage.

클로버 영{clover} 명 trèfle *m*.

◆네잎_ 명 trèfle *m* à quatre feuilles.

클로즈업 영{closeup} 명 ① ((촬영)) gros plan *m*, plan *m* rapproché [serré]. ¶ ~ 사진 la photo d'un objet en gros plan, un gros plan. ② 부각 gros plan *m* ((sens figuré)), zoom *m*. ◇_(을) **하다[시키다]** faire un gros plan [un zoom] sur ((les nouveautés)), zoomer. ◇_(이) **되다** passer en gros plan; ((비유적으로)) être sous les projecteurs (de l'actualité), être sous le feu des projecteurs, être sous les feux de la rampe, être en vedette, se faire remarquer, se mettre en évidence, attirer l'attention, les feux de l'actualité sont braqués sur ...

클리닉 영{clinic} 명 clinique *f*. ¶ 불임 ~ clinique spécialisée dans le traitement de la stérilité.

클리닝 영{cleaning} 명 ☞ 드라이클리닝

클릭 영{click} 명 clic *m*. ¶ ~ 버튼 endroit où l'on clique. ◇_(을) **하다** cliquer.

◆더블_ 영{double-} 명 double-clic(~*s*-~*s*) *m*. ¶ 더블~하다 effectuer un double-clic, double-cliquer, cliquer deux fois.

클립 영{clip} 명 trombone *m*. ¶ 종이에 ~을 끼우다 attacher des feuilles avec un trombone.

큼지막하다 형 être grand(*e*); être gros(*se*). ¶ 대문에 큼지막하게 그 사람의 문패가 붙어 있었다 Sa grosse plaque nominale est clouée devant le portail.

큼직이 부 en grand; grand; spacieusement; (en) gros ((caractère)). ¶ 글자를 ~ 쓰다 écrire (en) gros. ¶ 사업을 ~ 벌리다 faire des affaires d'une grande ampleur. ¶ 집을 ~ 짓다 bâtir avec (une grande) ampleur une maison. ¶ 마음을 ~ 먹다 se décider fermement. ¶ 무슨 일이 있어도 흔들리지 않겠다고 마음을 ~ 먹었다 Je suis fermement décidé(*e*) à ne plus me laisser intimider quoi qu'il arrive.

큼직큼직 부 en grand, en gros. ¶ 글자를 ~ 쓰다 écrire (en) gros.

◆_하다 형 être grand(*e*), vaste, gros(*se*), ample. ¶ 그 여자는 눈이 ~하다 Elles a de grands yeux.

큼직하다 형 être grand(*e*), vaste, gros(*se*), ample. ¶ 사과가 먹기 좋을 만큼 ~ La pomme est assez grosse pour être mangée. ¶ 큼직한 글씨 une grosse écriture. ¶ 큼직하게 썰다 couper en gros morceaux.

킁킁 부 snif snif ((onomatopée qui évoque l'action de renifler)). ¶ 개가 ~ 냄새를 맡더니 얼른 범인을 찾아냈다 Dès que le chien a reniflé, il a découvert[repéré] le criminel.

◆_거리다[대다] 타 renifler. ¶ 그 사람은 계속 코를 ~거렸다 Il n'a fait que renifler / Il ne cesse pas de renifler / Il continue à renifler.

키[1] 명 ① taille *f*, grandeur *f*. ¶ 그 남자는 ~가 크다[작다] Il est grand [petit] / Il est de grande [petite] taille. ¶ ~가 자라다 grandir. ② 높이 taille *f*, grandeur *f*, longueur *f*, hauteur *f*. ¶ ~ 작은 소나무 un pin de petite taille.

◆_다리 명 homme *m* de grande taille; grand échalas *m*, grande perche *f* {*fam*}. ¶ ~다리 아저씨 Papa longues jambes ((roman américain pour la jeunesse, de Jean Webster)).

키[2] 명 van *m*; vannette *f*. ¶ ~로 까부르다 vanner.

◆_질 명 vannage *m*. ¶ ~질을 하다 vanner.

키[3] 명 gouvernail *m*. ¶ ~를 잡다 être au gouvernail; saisir le gouvernail. ¶ ~를 돌리다 tourner le gouvernail.

키[4] 영{key} 명 ① 열쇠 clef *f*, clé *f*. ¶ ~로 문을 따다[열다] ouvrir la porte avec une clef. ② 실마리 clef *f*; solution *f*; indice *m*. ③ 건반 clavier *m*; touche *f*. ¶ 피아노의 ~를 누르다 appuyer sur une touche de piano; taper sur le clavier. ④ 자판 clavier *m* ((d'un ordinateur)); touche *f*.

*~**를 쥐다** détenir la clef [solution] de *qc*. ¶ 그 사람이 이 문제에 대한 ~를 쥐고 있다 C'est lui qui a la solution à ce problème.

◆_보드 영{-board} 명 ① 【컴퓨】 clavier *m* ((d'un ordinateur)). ¶ ~보드의 자판을 누르다 taper sur le clavier ((d'un ordinateur)). ② 【음악】 clavier *m*. ¶ ~보드를 치다 appuyer [jouer] sur le clavier; taper sur le clavier.

키다 자 avoir la pépie, être assoiffé(*e*), avoir très soif, avoir une soif de pendu. ¶ 짜게 먹었더니 내가 물이 자꾸 킨다 Comme j'ai mangé trop salé, j'ai la pépie [je suis assoiffé(*e*)].

키득거리다 자 glousser, rire en poussant de petits cris, pousser des gloussements. ¶ 자기들끼리 ~ glousser en bande, rire entre eux [elles] en poussant de petits cris, faire des parties de rigolade {*fam*}. ¶ 키득거리며 웃다 glousser, pousser des gloussements. ¶ 뭔데 너희들은 그리 키득거리냐? Pourquoi est-ce que vous gloussez comme ça?

키득대다 자 ☞ 키득거리다

키스 영{kiss} 명 baiser *m* (sur la bouche). ¶ 뜨거운[진한] ~ un baiser ardent [brûlant]. ◇_(를) **하다** embrasser *qn* (sur la bouche). ¶ 뺨[볼, 손]에 ~하다 faire une bise à *qn* sur la joue [faire un baiser à *qn* sur la joue, embrasser *qn* sur la joue; faire un baisemain ((à une dame)), baiser la main ((d'une dame))].

키우다 타 élever ((un enfant, un animal)); cultiver, nourrir ((un rêve)); négliger ((une maladie)). ¶ 개를 ~ élever un chien. ¶ 자식들을 ~ élever *ses* enfants. ¶ 꿈을 ~ cultiver [nourrir] un rêve. ¶ 병을 ~ négliger une maladie, laisser *sa* maladie s'aggraver.

키위 영{kiwi} 명 kiwi *m*.

키읔 명 *kieuk m* <appellation de la onzième lettre de l'alphabet coréen>.

키포인트 영{key point} 명 élément *m* [détail *m*] clé, point *m* capital [crucial, fondamental], essentiel *m*, ((그림의)) intérêt *m* ((d'un tableau)); ((계획의)) point *m* essentiel ((d'un projet)); ((작전의)) point *m* stratégique ((d'une opération)).

킥[1] 영{kick} 명 【운동】 coup *m* de pied, tir *m*, shoot *m*.

ㅋ

◆**페널티_** 명{penalty-} 명 【운동】 ⦅tirer, réussir un⦆ penalty(ys, ies) m, coup m de pied de réparation; ⦅승부차기⦆ ⦅épreuve des⦆ tirs *mpl* au but.

◆**프리_** 명{free-} 명 【운동】 coup *m* franc.

킥² 부 hi!, hé! ⦅onomatopée imitant le bruit qu'on fait en essayant de retenir un rire irrésistible⦆. ¶ 그 사람은 ~ 나오려던 웃음을 참느라 혼났다 Il a eu du mal à retenir [à réprimer] le rire irrésistible [le fou rire] qui l'envahissait.

킥복싱 명{kickboxing} 명 【운동】 full-contact *m*.

킥킥 부 hi hi! hé hé! ⦅onomatopée imitant un bruit de petits rires⦆. ¶ ~ 웃다 glousser; pousser de petits gloussements; pousser de petits rires.

◆**_거리다[대다]** glousser; pousser de petits gloussements. ¶ 친구의 실수를 보고 ~거리다 glousser en voyant son ami faire des bêtises.

킬러 명{killer} 명 tueur(se) (à gages). ¶ ~를 고용하다 engager un tueur (à gages).

킬로 명{kilo} 분류 ① ☞ 킬로그램 ② ☞ 킬로미터

킬로그램 명{kilogram} 분류 kilogramme *m*, ⦅생략⦆ kilo *m*. ¶ 우리 딸은 몸무게가 요새 15 ~ 나간다 Actuellement, ma fille pèse 15 kilos. ¶ 쇠고기 1 ~만 주세요 Un kilogramme de bœuf, s'il vous plaît.

킬로미터 명{kilometer} 분류 kilomètre *m*. ¶ 여기서 그곳까지는 50 ~ 거리이다 D'ici à là-bas, il y a 50 kilomètres. ¶ 시간당 60 ~로 달리다 faire 60 kilomètres à l'heure [du 60 kilomètres-heure].

킬로와트 명{kilowatt} 분류 【물리】 kilowatt *m*.

킬킬 부 hi hi!, hé hé! ⦅onomatopée imitant un bruit de petits rires⦆. ¶ ~ 웃다 glousser; pousser de petits gloussements; pousser de petits rires.

◆**_거리다[대다]** 자 glousser; pousser de petits gloussements; pousser de petits rires. ¶ 소녀들이 ~거리기 시작했다 Des filles ont commencé à glousser [pousser de petits gloussements].

킹사이즈 명{king-size} 명 (très) grande taille *f*. ¶~ 침대 un très grand lit ⦅à⦆ deux places⦆.

킹킹거리다 자 couiner, piailler, geindre, gémir, pleurnicher, pousser des gémissements, larmoyer, grogner, grognonner, rouspéter; peiner, aboyer, pousser de petits cris. ¶ 아기가 킹킹거리면서 젖을 달라고 보챈다 Le bébé réclame le sein en couinant [en geignant] / Le bébé braille {*fam*} pour qu'on lui donne le sein [sa tétée].

킹킹대다 자 ☞ 킹킹거리다

ㅌ 명 *tieut m* ((douzième lettre consonantique de l'alphabet coréen)).

타[1] **他** 명 étranger(ère); autre; autrui *m*. ¶ ~의 모범이 되다 être exemplaire devant les autres; servir d'exemple aux autres. ¶ ~의 추종을 불허하다 être sans rival(*e*); être hors (de) pair [hors ligne]; être sans pareil(*le*), incomparable.

타[2] **打** 분류 【운동】 coup *m*. ¶ 한 ~ 차이로 이기다 gagner à un coup près. ¶ 그 사람은 한 ~ 차이로 지고 말았다 Il a perdu à un coup près. ② frappe *f*. ¶ 타자를 분당 몇 ~ 치세요? Vous tapez combien de caractères par minute?

타[3] **他** 관 autre; étranger(ère). ¶ ~ 대학 une autre université. ¶ ~ 지방 une autre province.

타-[4] **他** 접두 étranger(ère); différent(*e*). ¶ ~교 une autre religion; une autre école. ¶ ~국 un autre pays.

타개 打開 명 triomphe *m*; maîtrise *f*; action de surmonter. ¶ 난국 ~의 묘책 des stratégies surprenantes pour surmonter une situation difficile. ◇_(를) **하다** surmonter; maîtriser; franchir; dominer. ¶ 위기를 ~하다 surmonter une crise. ¶ 난관을 ~하다 surmonter une situation difficile. ◇_(가) **되다** être surmonté(*e*); être maîtrisé(*e*). ¶ 난국이 ~되었다 La crise est surmontée.

◆**_책** -策 명 solution *f*, issue *f*, moyen *m*. ¶ 불황의 ~책을 강구하다 chercher des moyens de surmonter une conjoncture morose.

타겟 명{target} 명 ☞ 타깃

타격 打擊 명 ① coup *m* dur. ② 손실 choc *m*; atteinte *f*, traumatisme *m*. ¶ 그것은 나에게 있어 큰 ~이었다 C'était pour moi un grand choc [traumatisme]. ¶ 화재 때문에 도시가 받은 ~이 아주 크다 L'incendie a fait de très gros dégâts dans cette ville. ③ ((야구)) frappe *f*. ¶ 그 타자는 멋진 ~ 솜씨를 보였다 Le batteur a montré son talent en frappant la balle. ◇_(을) **하다** frapper la balle ((au baseball)), donner un coup de batte. ◇_(을) **주다**[**입히다**, **가하다**] provoquer un traumatisme chez *qn*, causer un choc psychologique à *qn*, choquer (fortement) *qn*, affecter *qn*, traumatiser *qn*, ((un malheur)) frapper *qn*, affliger *qn*. ¶ 그 사건은 그 여자에게 강한 ~을 주었다 Cet incident l'a beaucoup affectée. ◇_(을) **받다**[**입다**] être affecté(*e*), traumatisé(*e*), être (fortement) choqué(*e*); être frappé(*e*), affligé(*e*) ((par un malheur)). ¶ 그 사람은 그 일로 치명적인 ~을 받았다 Il a été fortement traumatisé par cet événement.

◆**_왕** -王 명 【운동】 le meilleur batteur.

타결 妥結 명 accord *m*, entente *f*, solution *f*, issue *f*, compromis *m*, terrain *m* d'entente. ◇_(을) **하다**[**보다**] trouver un accord [une solution, un compromis, un terrain d'entente]; aboutir [parvenir, arriver] à un compromis [un terrain d'entente]. ¶ 노사 관계 문제를 ~하다 trouver un accord entre les employés et la direction. ◇_(이) **되다** ((accord, compromis, terrain d'entente)) être établi(*e*), trouvé(*e*). ¶ 교섭은 원만히 ~되었다 La négociation s'est soldée par un bilan positif.

타계 他界 명 autre monde *m*, ((dans)) au-delà *m*, outre-tombe *m*; décès *m*, mort *f*, disparition *f*. ¶ 그 사람의 갑작스러운 ~는 우리 모두에게 충격을 주었다 Nous étions tous choqués par sa disparition brutale. ◇_(를) **하다** ne plus être de ce monde; mourir, décéder, trépasser. ¶ 숙환으로 ~하다 mourir des suites d'une longue maladie. ¶ 그 사람은 어제 밤 11시에 ~하였습니다 Sa mort est survenue à 23 heures hier.

타고나다 재타 être doué(*e*) pour *qc*; avoir des dons [des dispositions innées, des prédispositions ((artistiques, pour la musique, à faire de la musique))] pour *qc*, être prédisposé(*e*) à faire *qc*; être né(*e*) ((poète)), être fait(*e*) pour ((les langues)). ¶ 허약한 체질로 ~ être fragile de nature; être d'un naturel délicat; être faible de constitution. ¶ 그 사람은 겁쟁이로 타고났다 Il est peureux de nature. ¶ 행운[불행]을 ~ être né(*e*) sous une bonne [mauvaise] étoile. ¶ 그 사람은 일복을 타고났다 Il a le travail dans le sang / Il a la bosse {*fam*} du travail. ¶ 타고난 정의감 sens inné de la justice. ¶ 타고난 기억력 une mémoire exceptionnelle. ¶ 그 사람은 수학에 타고난 재주가 있다 Il est doué pour les mathématiques / Il a des dons pour les mathématiques. ¶ 그 사람은 타고난 장사꾼이다 Il a des prédispositions pour le commerce / Il est doué [fait] pour le commerce / Il est prédisposé à faire du commerce / Il a la bosse {*fam*} du commerce / Il a des aptitudes pour le commerce. ¶ 그 사람은 타고난 시인이다 Il est né poète / Il a des dons pour la poésie. ¶ 타고난 팔자는 어쩔 수 없다 On ne peut rien faire contre son destin / On est sans arme face à sa destinée.

타관 他關 명 pays *m* étranger; région *f* étrangère *f*; ville *f* étrangère. ☞ 타향

타교 他校 명 autre école *f*; école *f* différente. ¶ ~ 학생 un(*e*) élève d'une autre école.

타구¹ 唾具 명 crachoir *m*. ¶ ~에 침을 뱉다 cracher dans un crachoir.

타구² 打毬 명 【운동】 polo *m*; *tagu m* <jeu coréen équivalent du polo>. ¶ 직선 ~ une balle droite.

타국 他國 명 pays *m* étranger. ¶ 낯선 ~에서 생활하다 vivre dans un pays étranger. ¶ 친지를 ~으로 떠나보내다 voir un proche partir à l'étranger.

◆_인 -人 명 étrang*er*(*ère*).

타기 唾棄 명 élimination *f*; rejet *m*; refus *m*; dégoût *m*. ◇_(를) **하다** éliminer; rejeter; refuser; écarter; détester; éprouver du dégoût. ¶ 그것은 우리가 ~해야 할 점이다 C'est ce que nous devons éliminer.

타깃 영{target} 명 ① 과녁 cible *f*. ¶ 총알이 ~을 정확하게 뚫었다 La balle a atteint le centre de la cible [la cible en plein milieu, la cible en plein dans le mille {*fam*}]. ② 목표 cible *f* (à atteindre); objectif *m*. ¶ 이 팀을 ~으로 삼자 Prenons cette équipe comme équipe à battre. ¶ 노인을 ~으로 마케팅을 하다 faire du marketing avec comme cible la clientèle du troisième âge, viser dans *sa* campagne commerciale la clientèle du troisième âge, prendre pour cible la clientèle du troisième âge.

타내다 타 obtenir, recevoir ((de l'argent)). ¶ 그 아이는 어머니한테서 용돈을 타냈다 Ce garçon a obtenu [reçu] de l'argent de poche de sa mère. ¶ 정부에서 보조금을 ~ recevoir une subvention du gouvernement; être subventionné(*e*) par l'État.

타다¹ 자 ① ((불에)) brûler; prendre feu; flamber, s'enflammer; cramer {*fam*}; se consumer. ¶ 종이가 탄다 Le papier brûle [prend feu, s'enflamme, crame {*fam*}, se consume]. ¶ 축축한 나무는 잘 안 탄다 *Le bois humide ne brûle* [ne s'enflamme] pas bien [brûle difficilement] / Le feu ne prend pas bien avec du bois humide. ¶ 마른 나무는 잘 탄다 Le bois sec brûle bien [facilement] / Le feu prend bien avec du bois sec. ¶ 숲이 거의 완전히 타 버렸다 La forêt a pratiquement brûlé / La forêt a été presque complètement incendiée. ¶ 난로에 불이 타고 있다 Il y a du feu dans le poêle / Le feu brûle dans le poêle. ¶ 노을이 타고 있다 Le soleil couchant [levant] enflamme le ciel. ¶ 석양에 하늘이 타는 듯하다 On dirait que le ciel brûle au soleil couchant / On a l'impression que le ciel est embrasé au soleil couchant / On a l'impression d'un incendie en plein ciel au soleil couchant. ¶ 타지 않는 ((matière)) ininflammable; ignifuge, ignifugé(*e*); incombustible, infusible; apyre. ¶ 타기 쉬운 ((matière)) facile à brûler; (facilement) inflammable; combustible. ② ((햇볕에)) bronzer; brunir; être bronzé(*e*) [noirci(*e*)] par le soleil; noircir au soleil. ¶ 햇볕에 탄 피부 peau bronzée [noircie] par le soleil; ((화상)) peau brûlée [cuite] au [par le] soleil. ③ ((음식물이)) brûler; cramer {*fam*}. ¶ 탄 밥 du riz brûlé [cramé {*fam*}]. ④ ((목, 입, 입술이)) brûler; être *sec*(*sèche*); ((목이)) être déshydraté(*e*), desséché(*e*), assoiffé(*e*), mourir de soif, avoir la pépie. ¶ 목이 탄다 J'ai la gorge en feu / La gorge me brûle / Je meurs de soif / J'ai la pépie. ¶ 입안이 탄다 La bouche est sèche [déshydratée, desséchée]. ⑤ 감정, 욕구가 강하다 brûler, s'enflammer, prendre feu; se consumer; s'embraser; être dévoré(*e*) par un feu; être brûlant(*e*), ardent(*e*). ¶ 타는 정열 une passion brûlante [ardente]. ¶ 타는[타는 듯한] 목마름 une soif dévorante.

***애가[애간장이]** ~ être anxieu*x*(*se*); être angoissé(*e*); être inqui*et*(*ète*); être nerveu*x*(*se*).

***똥줄[똥끝]이** ~ être inqui*et*(*ète*), soucieu*x*(*se*), tourmenté(*e*), angoissé(*e*), nerveu*x*(*se*); être dévoré(*e*) d'inquiétude; être impatient(*e*); s'impatienter; brûler d'impatience; ne plus pouvoir se tenir; avoir le feu aux fesses [au cul] {*fam*}, être bousculé(*e*), être sous pression. ¶ 다음 주까지 이 논문을 내야 하는데 아직 서론도 못 썼으니 똥줄이 탈 노릇이다 Je suis censé(*e*) rendre [Il faut que je rende, Je dois rendre] cet article la semaine prochaine mais je n'ai même pas rédigé l'introduction. J'ai vraiment le feu aux fesses {*fam*} [Je suis vraiment sous pression].

타다² 타 ① 넣다 mettre ((du sucre dans le café)); additionner ((du vinaigre à la purée de piment)); ajouter ((de l'ail dans la sauce)); couper ((du vin avec de l'eau)); mélanger ((de l'huile et [à, avec, dans] du vinaigre)); diluer ((du miel dans de l'eau)); mixer ((du lait dans la farine)). ¶ 커피에 설탕을 ~ ajouter [mettre] du sucre dans le café. ¶ 포도주에 물을~ mettre de l'eau dans le vin, couper du vin avec de l'eau. ¶ 물에 약을 ~ mettre un comprimé effervescent dans de l'eau. ¶ 상대방 몰래 물에 수면제를 ~ mettre [introduire] un somnifère dans le verre de *qn* à son insu. ② 만들다 préparer, faire ((du thé, du café)). ¶ 커피[홍차]를 ~ faire [préparer] du café [du thé noir]. ¶ 할아버지께 꿀물 좀 타 드려라 Prépare un bol d'eau miellée ((préparation d'eau chaude avec du miel, miel dilué dans de l'eau chaude)) au grand-père.

타다³ 자타 ① ((탈것을)) prendre, emprunter ((un moyen de transport)); faire ((du ski, du toboggan, de la balançoire)). ¶ 기차를 ~ prendre un [le] train, emprunter le train, aller *qp* en train. ¶ 비행기를

~ prendre un [l']avion; emprunter l'avion. ¶ 배를 ~ prendre un [le] bateau; emprunter le bateau. ¶ 택시를 ~ prendre un taxi. ¶ 버스를 ~ prendre ((시내)) un (auto)bus [((시외)) un (auto)car; ((시내)) le bus, l'autobus; ((시외)) le car, l'autocar], emprunter le bus. ¶ 자전거를[말을] ~ prendre le vélo [la bicyclette], aller *qp* à vélo [à bicyclette] [se déplacer à cheval]. ¶ 말을 타고 있다 être à cheval; être monté(*e*) sur un cheval; être à califourchon sur un cheval. ¶ 그 사람은 니스 행 마지막 열차를 탔다 Il a pris le dernier train pour Nice. ¶ 나는 내 차를 타고 갈게 Je vais prendre ma voiture. ¶ 스키를 타러 가다 partir pour faire du ski; aller faire du ski. ② ((탈것에)) prendre; s'asseoir; monter dans ((un train)), s'embarquer, monter à bord ((d'un bateau, d'un avion)), monter ((à vélo, à bicyclette)). ¶ 앞자리에 타세요 Montez devant [à l'avant] / Mettez-vous devant [à l'avant] / Mettez-vous à côté du conducteur / Prenez la place du mort {*fam*}. ¶ 거기에 타라 Mets-toi [assieds-toi] là-bas. ¶ 어서 차에 타세요 Montez vite dans la voiture. ¶ 그 배에는 500명의 선객이 타고 있었다 Dans ce bateau, 500 passagers s'étaient embarqués [étaient montés à bord]. ③ ((놀이기구를)) faire ((un jeu)). ¶ 그네[시소]를 ~ faire de la balançoire [de la bascule]. ¶ 미끄럼을 ~ faire de la glissade. ¶ 회전목마를 ~ faire du manège. ④ ((장소를)) prendre, emprunter ((une route)); suivre ((un cours d'eau, un chemin)); emprunter ((l'autoroute)); monter ((sur les épaules)); grimper ((sur un arbre)); gravir ((la montagne)). ¶ 나무를 ~ grimper un arbre [sur un arbre, le long d'un arbre]. ¶ 산을 ~ grimper à la montagne; escalader la montagne; gravir la montagne. ¶ 고속도로를 타라 Prends [Emprunte] l'autoroute. ¶ 한강을 타고 오르면 서울이 나와요 Si on prend [suit] la route du fleuve Han, on arrive à Séoul. ¶ 비탈을 타고 내려가다 descendre la pente. ¶ 눈물이 볼을 타고 내리고 있다 Les larmes glissent [coulent] le long des joues. ¶ 친구의 어깨를 타고 담을 넘어가다 monter sur les épaules d'un ami et faire le mur. ⑤ ((줄 따위를)) ((오르다)) monter ((à la corde)); ((내려가다)) descendre ((par la corde)). ¶ 줄을 타고 올라가다[내려가다] monter à la corde [descendre par la corde]. ¶ 소방수가 줄을 타고 2층으로 올라가 아이를 구해냈다 Les pompiers ont sauvé un enfant en grimpant à l'aide d'une corde au premier étage. ⑥ ((매스컴을)) apparaître ((dans les médias)). ¶ 방송을 너무 자주 타는 것은 좋지 않다 Ce n'est pas bien d'apparaître trop souvent dans les médias / Ce n'est pas souhaitable d'être trop diffusé(*e*) par les médias / Ce n'est pas idéal de montrer trop souvent sa tête dans les médias {*fam*}. ⑦ ((유체를)) prendre la vague [le courant]. ¶ 파도를 ~ prendre la vague [le courant]. ¶ 급물살을 ~ descendre les rapides [le courant rapide (d'une rivière)]. ⑧ ((비유적)) être porté(*e*) par ((le vent)). ¶ 바람을 타고 멜로디가 우리에게로 흘러 왔다 Portée par le vent, la mélodie arrivait jusqu'à nous / Mêlée au vent, la musique arrivait par vagues jusqu'à nous. ¶ 그의 목소리가 전파를 타고 왔다 Sa voix arrivait sur les ondes / Sa voix était portée par les ondes. ¶ 그 곡은 갑작스런 인기를 타고 있어요 Cette chanson a soudain pris son envol / Cette chanson est soudain montée au hit-parade. ⑨ ((기회를)) saisir ((l'occasion)); profiter de *qc* pour faire *qc*. ¶ 부동산 붐을 타고 부자가 되다 s'enrichir en profitant de la vogue de l'immobilier, devenir riche en tirant avantage du succès retentissant des affaires immobilières. ¶ 조기교육 바람을 타고 사교육이 비대해지고 있다 Les instituts privés sont en train de de s'enrichir [de se faire du beurre {*fam*}] en profitant de la vogue [de la mode, de la tendance] à faire de l'enseignement très précoce aux enfants [à faire de l'enseignement aux enfants en bas âge. ¶ 사람들이 방심한 틈을 타서 도망가다 s'enfuir au moment où les gens sont distraits, se sauver en profitant du moment où les gens ne font pas attention, profiter d'un moment d'inattention pour se sauver.

***한 배를** ~ être embarqué(*e*)s dans le même bateau, être (tous) (embarqué(*e*)s) dans la même galère, être dans la même situation; être obligé(*e*) de partager le même sort. ¶ 이왕 한 배를 탔으니 한 번 잘해 봅시다 Puisqu'on est tous embarqués dans le même bateau [dans la même galère], appliquons-nous [faisons les choses le mieux possible, serrons-nous les coudes] / Puisque nous sommes embarqués dans le même bateau [dans la même galère], coordonnons (bien) nos efforts [travaillons dans le même sens, pagayons dans le même sens] / Puisqu'on doit de toute façon partager le même sort, nous devons coopérer à notre succès.

타다⁴ 타 ① 수령하다 recevoir, obtenir, toucher ((un salaire)). ¶ 월급을 ~ recevoir [toucher] un [*son*] salaire, toucher *ses* appointements. ¶ 용돈을 ~ recevoir de l'argent de poche. ¶ 상을 ~ remporter [obtenir] un prix. ¶ 박사 학위를~ obtenir le titre de docteur, être admis(*e*) au grade de docteur. ② 타고나다 être né(*e*) sous ((une bonne ou mauvaise étoile)). ¶ 그는 기구한 운명을 타고 태어났다 Il est né sous une mauvaise étoile. ¶ 그 아이는 설악산의 정기를 탔기에 위대한 인물이 될 거야 Cet enfant sera un grand homme car il a reçu l'énergie vitale de la montagne Seorak.

타다⁵ 타 ① 찧다 moudre ((du blé, des pois)) (sans les réduire totalement en farine). ② 가르다 diviser [séparer] en deux. ¶ 박을~ couper [diviser] une gourde [une calebasse] en deux.

***가리마를** ~ se faire une raie ((de côté, au milieu)); ((결과상태)) avoir [porter] la raie ((au milieu, sur

le côté)).

타다[6] 타 ① 민감하게 반응하다 être sensible à *qc*, craindre *qc*. ¶ 간지럼을~ être chatouilleux(*se*), être sensible au chatouillement, craindre les chatouilles. ¶ 추위를~ être frileux(*se*), être sensible au froid, craindre le froid. ② ((계절을)) ressentir [subir] les effets d'une saison, être sensible aux effets ((d'une saison)), subir les ardeurs ((du printemps)). ¶ 여름을~ mal supporter la chaleur estivale. ¶ 봄을 ~ ((마음이 들뜨다)) être excité(*e*) [échauffé(*e*)] par le printemps [au moment du printemps], être dans tous *ses* états au moment du printemps [à la saison du printemps], subir les ardeurs du printemps, ressentir la montée de sève du printemps; avoir besoin de changement au moment du printemps; ((les femmes)) avoir envie d'une aventure [de rencontrer un autre homme] à l'époque du printemps, éprouver du désir [avoir du désir, avoir des désirs, ressentir les désirs] au printemps. ¶ 가을을 ~ devenir mélancolique à l'époque [à la saison] de l'automne. ¶ 여자들은 봄을 타고 남자들은 가을을 탄다 C'est au printemps que les femmes ont envie d'avoir une aventure [ont besoin de changement, ont des désirs, éprouvent du désir, ressentent les désirs] tandis que pour les hommes c'est en automne / C'est à l'époque [à la saison] du printemps que les femmes sont le plus sensible au désir [ressentent le plus le désir] alors que pour les hommes c'est à l'automne. ¶ 봄을 타는지 요즘 따라 졸음이 쏟아진다 Ces derniers jours je ne peux m'empêcher de somnoler, on dirait que c'est le printemps qui me fait cet effet [qui me donne ces réactions, qui entraîne ces réactions chez moi, qui est à l'origine de cet état [de cette fatigabilité]]. ③ ((감정을)) ¶ 부끄럼을~ être timide. ¶ 노염을 ~ se froisser, être agacé(*e*), se vexer, se fâcher, prendre la mouche. ④ ((분위기를)) être pris(*e*) [emballé(*e*)] par ((l'ambiance)), se laisser influencer [entraîner] par *qc*. ¶ 분위기를 (너무 쉽게) ~ se laisser influencer [entraîner] (trop facilement) par l'ambiance du moment, être pris(*e*) par l'ambiance, être emballé(*e*) par l'ambiance, s'enflammer (trop *rapidement) dans l'ambiance ((du carnaval))*. ¶ 이 옷은 유행을 크게 타지 않아요 Ce vêtement est classique [indémodable]. ⑤ ((때를)) prendre facilement ((la saleté)), se salir facilement. ¶ 흰색 양말은 때[더러움]를 잘 탄다 Les chaussettes blanches sont très salissantes.

***손을** ~ ((훔치다)) prendre *qc*, ravir *qc*, subtiliser *qc*, s'emparer de *qc*, voler *qc*, faire main basse sur *qc*; ((만지다)) toucher *qc*. ¶ 자리를 비운 사이에 금고가 누군가의 손을 탔다 Durant mon absence, quelqu'un s'est emparé de la caisse. ¶ 사람들의 손을 타지 않게 흰 드레스를 커버 안에 넣어 두었다 J'ai gardé ma robe blanche dans une housse pour éviter que les gens ne la salisse en la touchant.

타다[7] 타 jouer. ¶ 거문고[가야금]를 ~ jouer du *geomungo* [du *gayageum*]. ¶ 스승이 한 가락 타면 제자가 따라 연주한다 Quand le maître joue un passage, l'élève le suit.

타다[8] 타 éplucher [battre, étaler] ((le coton)). ¶ 솜을 ~éplucher [battre, étaler] le coton.

타닥타닥 부 en tapotant. ¶ 책상의 먼지를 ~ 털다 épousseter un bureau. ¶ 개의 등을 ~ 두드려 주다 caresser [flatter] le dos d'un chien.

타당 妥當 어근 pertinence *f*; justesse *f*; convenance *f*.

◆**_하다** 형 être pertinent(*e*), juste, convenable. ¶ ~한 보수 un salaire convenable [raisonnable]; une juste récompense. ¶ 그 사람의 의견이 ~하다 Son opinion est pertinente.

◆**_성** -性 명 à-propos *m inv*; pertinence *f*; bien-fondé *m*. ¶ ~성 조사 une étude de faisabilité. ¶ 그 사람의 주장은 ~성이 없다 Son argument est dépourvu de pertinence.

타도[1] **他道** 명 autre département *m*; autre région *f*. ¶ ~ 출신 *qn* originaire d'un autre département [d'une autre région].

타도[2] **打倒** 명 renversement *m*. ¶ 독재자 ~를 외치는 학생들 des étudiants criant "à bas le dictateur". ◇_(를) **하다** renverser, mettre à bas, abattre, démolir, anéantir. ¶ 파시즘을 ~하자 À bas le fascisme!

타동 他動 어근 【언어】 transitif *m*.

◆**_사** -詞 명 【언어】 verbe *m* transitif. ¶ 이 동사는 불완전[완전] ~사이다 Ce verbe est un verbe transitif incomplet [complet]. ¶ ~는 목적어의 존재로 정의된다. Un verbe transitif se définit par la présence d'un complément d'objet / Les verbes transitifs se définissent par la présence d'un complément d'objet.

◆**_사구문** -詞構文 명 【언어】 construction *f* transitive.

◆**_사문** -詞文 명 【언어】 phrase *f* à construction transitive.

타락 墮落 명 corruption *f*, avilissement *m*, dépravation *f*, déchéance *f* morale, décadence *f*. ¶ 품성의 ~ dépravation de personnalité. ¶ 예술의 ~ décadence de l'art. ¶ 양심의 ~ corruption de la conscience. ◇_(을) **하다** s'avilir; dépraver; dégrader. ¶ ~한 정치인 un homme politique corrompu. ¶ 그 사람은 아주 ~해버렸다 Il est complètement corrompu. ◇_(이) **되다** être corrompu(*e*). ¶ 오늘날의 정치는 완전히 ~되었다 Aujourd'hui, la politique est complètement corrompue. ◇_(을) **시키다** corrompre; avilir. ¶ 순진한 청년을 ~시키다 dépraver un jeune naïf. ¶ 민중의 의식을 ~시키다 corrompre la conscience du peuple.

타래 명 écheveau(*x*) *m*; rouleau(*x*) *m*. ¶ ~를 엮다 assembler plusieurs écheveaux ((un groupe de plusieurs écheveaux)).

분류 écheveau(*x*) *m*; rouleau(*x*) *m*. ¶ 새끼 두 ~ deux rouleaux de corde de paille. ¶ 실 세 ~ trois écheveaux de fil.

타력¹ 打力 명 【운동】 puissance *f* de frappe. ¶ ~이 좋은 타자 un frappeur puissant.

타력² 他力 명 pouvoir *m* [aide *f*] d'un(*e*) autre; secours *m*. ¶ ~에 의존하다 être dépendant(*e*) de l'aide d'un autre.

타령 打令 명 ① 《국악》 *taryeong m*, chant *m* [chanson *f*, mélodie *f*] traditionnel(*le*), chant *m* populaire coréen. ¶ 각설이 ~ chant de *gakseori*, chant du mendiant. ¶ 그 여자는 ~을 잘 부른다 Elle chante bien les *taryeong*, chants populaires coréens. ② 뇌까림 plainte *f*, refrain *m*. ¶ 팔자 ~ plainte sur son destin; action de se lamenter [pleurer] sur son sort. ¶ 맨날 그 ~이다 C'est toujours la même chanson. ¶ 그는 먹는 ~뿐이다 Il ne parle que de bouffe {*fam*}. ◇_(을) **하다** se plaindre à plusieurs reprises; ne pas arrêter de se plaindre. ¶ 할머니는 고향에 돌아가겠다고 늘 ~하신다 Ma grand-mère répète toujours qu'elle veut retourner dans son pays natal.

◆**_장단** -長短 명 rythme *m* du *taryeong* 《12 mesures sur 8》.

◆**새_** 명 chant *m* sur les oiseaux <chanson traditionnelle coréenne>.

◆**신세_** 身世- 명 plainte *f* sur son sort [sa vie], action de se lamenter [pleurer] sur son sort.

◆**_조** -調 명 rythme *m* du chant traditionnel.

타민족 他民族 명 peuple *m* étranger; autre peuple *m*.

타박 명 critique *f*, reproche *m*; mépris *m*; dénigrement *m*. ◇_(을) **하다**[**놓다**, **주다**] redire; critiquer; reprocher, rouspéter, faire des remarques [reproches], bougonner contre *qc*, râler {*fam*}; mépriser. ¶ 음식을 ~하다 trouver à redire aux plats; faire des remarques sur la nourriture; se plaindre de la nourriture; râler au sujet de la nourriture {*fam*}. ¶ 사사건건 ~을 주다 trouver à redire à tout [à la moindre parole], critiquer toutes choses, tout critiquer, chercher la petite bête partout. ¶ 시어머니는 며느리의 모든 일에 ~을 놓는다 La belle-mère critique sa bru sur tout ce qu'elle fait. ◇_(을) **맞다** être critiqué(*e*).

타박거리다 자 marcher d'un pas lourd. ¶ 타박거리며 걸어가다 marcher d'un pas pesant [lourdement].

타박대다 자 ☞ 타박거리다

타박상 打撲傷 명 coup *m*; contusion *f*, meurtrissure *f*, bleu *m*, ecchymose *f*; bosse *f*. ¶ ~을 입다 avoir des contusions; se faire un bleu; se faire une bosse.

타박타박 부 ☞ 터벅터벅

타박타박하다 형 être *sec*(*sèche*). ¶ 떡이 타박타박해서 먹기 힘들다 Le *tteok* est si sec qu'on a du mal à le manger [à l'avaler].

타방 他方 명 autre direction *f*; autre côté *m*. ¶ ~ 소식 des nouvelles d'ailleurs.

타부 명{taboo} 명 ☞ **터부**

타블로이드판 -版 명 tabloïd(*e*). ¶ ~ 신문 tabloïd(*e*), quotidien populaire.

타사 他社 명 autre société *f*; autre entreprise *f*.

타산 打算 명 intérêt *m*; calcul *m*; compte *m*. ¶ ~에 밝다 bien calculer ses intérêts. ¶ ~이 빠르다 calculer rapidement ses intérêts. ¶ ~이 맞다 être rentable, profitable, payant(*e*); rapporter, payer. ◇_(을) **하다** calculer ses intérêts. ¶ 그 사람은 모든 일을 ~하면서 한다 Il agit toujours selon ses intérêts.

◆**_적** -的 명관 calcula*teur*(*trice*); intéressé(*e*). ¶ 그 남자는 ~적인 성격이다 Il a un esprit calculateur. ¶ 그 사람은 매사를 ~적으로 생각한다 Il ne pense qu'à ses intérêts.

타산지석 他山之石 명 《tirer》 leçon *f* de *qc*; leçon *f* des expériences d'autrui. ¶ 누구[무엇]를 ~으로 삼다 [l'expérience d'autrui] sert de leçon à soi; tirer une leçon de *qc* [l'expérience d'autrui]; tirer une leçon de l'expérience de *qn*.

타살¹ 他殺 명 meurtre *m*; assassinat *m*; homicide *m*; crime *m*. ¶ ~의 혐의를 받다 être soupçonné(*e*) d'assassinat. ¶ 그 사람의 사인은 ~로 밝혀졌다 Il s'est avéré qu'il a été assassiné. ¶ 자살인지 ~인지를 수사하고 있다 Une enquête est ouverte pour savoir s'il s'agit d'un suicide ou d'un meurtre. ◇_(을) **하다** assassiner; tuer. ◇_(이) **되다** être assassiné(*e*), tué(*e*). ¶ ~된 사람 une personne assassinée. ◇_(을) **당하다** être assassiné(*e*), tué(*e*). ¶ 그 여자는 ~당했다 Elle a été assassinée.

타살² 打殺 명 action *f* d'assommer [de tuer] *qn* 《à coups de gourdin, à coups de poings》. ◇_(을) **하다** assommer [tuer] *qn* 《à coups de gourdin, à coups de poings》. ¶ 누구를 몽둥이로 ~하다 assommer *qn* à coups de gourdin. ◇_(이) **되다** être assommé(*e*) 《à coups de gourdin》. ¶ ~된 흔적 des traces [preuves] d'assassinat par contusion.

타석 打席 명 《야구》 présence *f* à la batte; nombre *m* de présences à la batte; batte *f*. ¶ ~에 서다[들어서다] passer à la batte, être à la batte.

타선¹ 打線 명 《야구》 les frappeurs *mpl* [《퀘벡》 les batteurs *mpl*], le groupe *m* des frappeurs [《퀘벡》 des batteurs]. ¶ ~이 좋다 avoir de bons frappeurs [《퀘벡》 de bons batteurs].

타선² 唾線 명 【의학】 glande *f* salivaire.

타성¹ 惰性 명 habitude *f*, inertie *f*. ¶ ~으로 par habitude. ¶ ~에 젖다 être habitué(*e*).

◆**_적** -的 명관 habituel(*le*); routine *f*, inerte; poussé(*e*) par habitude. ¶ ~적인 삶 une vie de routine; la routine.

타성² 他姓 명 autre nom *m* de famille.

타수 打數 명 분류 《야구》 《nombre de》 balles *fpl* frappées. ¶ 저 선수는 오늘 경기에서 5 ~ 3 안타를 기록했다 Ce joueur de baseball a réalisé [effectué, réussi] aujourd'hui 3 coups sûrs sur 5 balles frappées.

타스 명{dozen} 분류 douzaine *f*. ☞ 다스

타악기 打樂器 명 batterie *f*, percussions *fpl*. ¶ ~를 연주하다 jouer de la batterie.

타액 唾液 명 salive *f*. ¶ ~ 분비 sécrétion de la salive. ¶ ~이 분비되다 sécréter de la salive.

◆_**선** -腺 명【의학】glande *f* salivaire.

타오르다 자 ① brûler, flamber. ¶ 나뭇단이 천천히 타오른다 Le fagot de bois brûle lentement. ¶ 장작불이 벌겋게 타오른다 Les bûches se consument dans les flammes rougeoyantes [en rougeoyant]. ¶ 불길이 활활 타오른다 Les flammes sont vives / Les flammes montent vigoureusement [joyeusement] ((vers le ciel)) / De grandes flammes s'élèvent vivement. ② embraser. ¶ 해가 붉게 타오르고 있다 Le soleil est brûlant. ¶ 저녁놀이 하늘가에 타오르고 있다 Le soleil couchant embrase l'horizon. ¶ 단풍이 붉게 타오르고 있었다 Les feuilles ont pris une teinte rouge feu. ③ être luisant(*e*). ¶ 그의 눈은 증오로 이글이글 타오르고 있었다 Il avait des yeux luisants de haine / Ses yeux étaient luisants de haine. ¶ 그는 타오르는 정염을 억제할 수 없었다 Il ne pouvait calmer son désir brûlant [ardent].

타워 영{tower} 명 tour *f*.

타원 楕圓 명 ovale *m*; ellipse *f*.

◆_**체** -體 명 ellipsoïde *m*.

◆_**형** -形 명 ovale *m*.

타월 영{towel} 명 serviette *f* [de toilette]; éponge *f*; serviette-éponge(*~s-~s*) *f*. ¶ ~로 얼굴을[이마를] 닦다 s'essuyer le visage[le front] avec une serviette; s'éponger le visage [le front] avec une serviette.

*~**을 던지다** jeter l'éponge.

타율¹ 他律 명 hétéronomie *f*, absence *f* d'autonomie.

◆_**적** -的 명관 hétéronome; dépendant(*e*) de *qc*. ¶ ~적인 행동 un acte hétéronome.

타율² 打率 명【운동】moyenne *f* d'un batteur [à la batte]. ¶ ~이 높다[낮다] avoir une moyenne élevée [basse].

타의 他意 명 volonté *f* d'autrui; de force. ¶ 자의든 ~든 간에 que ce soit voulu ou non; bon gré mal gré; de gré ou de force. ¶ ~에 의해 마지못해 하다 se plier à la volonté d'autrui.

***자의 반 ~ 반** bon gré mal gré.

타이¹ 영{tie} 명【운동】match *m* nul. ¶ ~ 기록 un record égalé. ¶ ~를 이루다 faire match nul, faire un nul. ☞ 무승부

타이² 영{tie} 명 ☞ 넥타이

타이르다 타 donner des conseils, conseiller; sermonner. ¶ 말로 잘 ~ donner [prodiguer] de bons conseils. ¶ 그의 잘못을 ~ sermonner *qn* sur son erreur. ¶ 선생이 학생들을 잘 타일러서 집에 돌려보냈다 Le professeur a sermonné les élèves fautifs avant de les renvoyer chez eux. ¶ 경거망동하지 말라고 그를 타일렀다 Je lui ai conseillé de réagir discrètement.

타이머 영{timer} 명 minuteur *m*.

타이밍 영{timing} 명 synchronisation *f*; réglage *m*; chronométrage *m*; minutage *m*; moment *m* précis; bon moment *m*. ¶ ~을 맞추다 synchroniser. ¶ ~을 놓치다 rater le bon moment.

타이어 영{tire} 명 pneu *m*. ¶ ~를 갈다 changer un pneu. ¶ ~가 펑크가 났다 Le pneu (de la voiture) a crevé / Les pneus sont crevés / On a crevé.

타이츠 영{tights} 명 collant *m*, paire *f* de collants, collants *mpl*. ¶ ~를 신다[하다] mettre [enfiler] un collant [une paire de collants, des collants].

타이트하다 영{tight-} 형 ① 꽉 끼다 être serré(*e*), étroit(*e*); être tendu(*e*); être ajusté(*e*), étriqué(*e*). ¶ 이 옷은 허리가 너무 ~ Ce vêtement serre trop à la taille. ¶ 넥타이를 너무 타이트하게 조이지 마라 Ne serre pas trop ta cravate. ② ((일, 생활이)) être chargé(*e*); être lourd(*e*); être rempli(*e*); être juste. ¶ 일정이 너무 ~ L'emploi du temps est trop chargé. ¶ 나는 요즘 생활이 너무 ~ Mon emploi du temps est trop chargé ces jours-ci / J'ai un emploi du temps trop chargé ces jours-ci / Je suis surbooké(*e*) {*fam*} [débordé(*e*)] ces jours-ci / Je ne sais plus où donner de la tête ces jours-ci.

타이틀 영{title} 명 ① 제목 titre *m*. ② 선수권 titre *m* (de champion). ¶ 세계 ~ 보유자 le détenteur du titre de champion du monde.

◆_**곡** -曲 명 chanson *f* phare d'un album, (chanson *f*) hit *m* d'un album, meilleure chanson *f* d'un album.

◆_**매치** 명 match *m* de championnat, match *m* officiel avec titre en jeu.

◆_**뮤직** 명 (musique *f* de) générique *m* ((d'une émission)).

타이프 영{type} 명 machine *f* à écrire. ¶ ~(를) 치다 taper à la machine; dactylographier.

◆_**라이터** 명 machine *f* à écrire.

타이피스트 영{typist} 명 dactylo(graphe) *mf*.

타이핑 영{typing} 명 dactylographie *f*. ◇_(을) **하다** taper à la machine; dactylographier.

타인 他人 명 autrui *m*; autre personne *f*, tierce personne *f*. ¶ 누구에게 ~ 취급을 하다 prendre ses distances avec *qn*; feindre d'ignorer *qn*. ¶ ~은 참견을 마시오 Occupe-toi [Mêle-toi] de tes affaires [oignons {*fam*}] / Mêle-toi de ce qui te regarde / De quoi je me mêle?

타일 영{tile} 명 tuile *f*, carreau *m*. ¶ ~을 깔다[붙이다] poser un carrelage; carreler.

타임 영{time} 명 temps *m*; moment *m*; pause *f*, temps *m* mort. ¶ ~을 부르다 demander un temps mort.

◆_**머신** 명 machine *f* à remonter le temps.

◆_**아웃** 명 arrêt *m*; pause *f*. ¶ 경기의 ~아웃을 알리는 호루라기 소리 coup de sifflet indiquant la fin d'un match.

◆_**캡슐** 명 capsule *f* témoin (devant servir de document historique).

타입 영{type} 명 type *m*; genre *m*. ¶ 그 남자는 내 ~이 아니다 Il n'est pas mon type [genre].

타자¹ 他者 명 autrui *m*.

타자² 打字 명 dactylographie *f*. ¶ ~를 치다

dactylographier; taper à la machine.

◆_기 -機 명 machine *f* à écrire. ¶ ~로[를] 치다 taper à la machine, dactylographier.

타자³ 打者 명 【운동】 frappeur *m*; batteur *m*. ¶ 타율이 매우 높은 ~ un frappeur qui a une moyenne très élevée.

◆장_ 長 명 frappeur *m* puissant.

◆지명_ 指名- 명 frappeur *m* désigné.

타작 打作 명 battage *m* ((du riz, du blé)). ¶ ~ 소리 le bruit du battage. ¶ 보리 ~ le battage de l'orge. ◇_(을) 하다 battre ((le riz)). ¶ 농부가 거둬들인 곡식을 ~한다 Un paysan bat le grain qu'il a récolté.

타전 打電 명 envoi *m* d'un télégramme [d'une missive]. ◇_(을) 하다 envoyer un télégramme [un message radio]. ¶ 현지 상황을 본사에 ~하다 envoyer un télégramme à la maison mère pour faire part de la situation locale. ¶ 그는 부친에게 돈을 보내 달라고 ~했다 Il a envoyé un télégramme à son père pour qu'il lui envoie de l'argent.

타점¹ 打點 명 【운동】 frappe *f* gagnante; bonne frappe *f*. ¶ ~을 올리다 faire une frappe gagnante.

타점² 他店 명 autre point *m*; autre magasin *m*.

타제석기 打製石器 명 【고적】 outils *mpl* en pierre polie datant du néolithique.

타조 駝鳥 명 【동물】 autruche *f*.

◆_알 명 œuf *m* d'autruche.

타종¹ 打鐘 명 action de sonner une cloche. ¶ ~ 소리를 듣다 entendre sonner une cloche. ◇_(을) 하다 sonner [faire tinter] une cloche. ¶ 스님이 ~하실 시각이다 Il est temps que le moine sonne la cloche.

타종² 他種 명 autre espèce *f*; autre type *m*; autre race *f*; autre nature *f*.

타종³ 他宗 명 【불교】 autre religion *f*; autre secte *f*.

타지¹ 他地 명 région *f* étrangère; pays *m* étranger.

◆_인 -人 명 étranger(*ère*).

타지² 他紙 명 autre feuille *f*; autre papier *m*.

타지다 자 être décousu(*e*), être déchiré(*e*). ¶ 이불이 타졌다 La couverture est décousue. ¶ 장갑에 실밥이 타져서 손가락이 비죽이 나와 있다 Le doigt sortait du gant décousu. ¶ 가방이 타졌다 Le sac est décousu.

타지방 他地方 명 autre région *f*; autre département *m*.

타지역 他地域 명 autre région *f*.

타진 打診 명 sondage *m*; enquête *f*. ◇_(을) 하다 sonder; faire savoir; faire connaître; pressentir. ¶ 다른 사람들의 의향을 ~하다 sonder l'opinion des autres. ¶ 자신의 생각을 누구에게 ~하다 faire savoir son opinion à *qn*.

타처 他處 명 autre lieu(*x*) *m*; autre place *f*; ailleurs ¶ ~로 떠나다 partir ailleurs. ¶ ~에서 생활하다 vivre ailleurs [dans un autre lieu].

타파¹ 他派 명 autre faction *f*.

타파² 打破 명 destruction *f*; abolition *f*; anéantissement *m*; extermination *f*; suppression *f*. ◇_(를) 하다 détruire; abolir; anéantir; se défaire de *qc*. ¶ 미신을 ~하다 abolir la superstition. ¶ 나쁜 인습을 ~하다 se défaire des mauvaises mœurs. ◇_(가) 되다 être détruit(*e*), aboli(*e*), anéanti(*e*). ¶ 오늘날 과거의 신분제도는 ~되었다 Aujourd'hui, le système des castes d'autrefois est aboli.

타합 打合 명 accord *m*, compromis *m*, terrain *m* d'entente; entente *f*. ◇_(을) 하다[보다, 짓다] trouver un accord [une solution, un compromis, un terrain d'entente]; aboutir [parvenir, arriver] à un compromis [un terrain d'entente]. ¶ 누구와 무엇에 대해 ~을 하다 s'entendre avec *qn* sur *qc*; se mettre d'accord avec *qn* sur *qc*.

타향 他鄕 명 pays *m* étranger; région *f* étrangère. ¶ ~에서 지내다 vivre dans un pays étranger.

◆_살이 명 vie *f* déracinée; vie *f* dans un pays étranger. ¶ ~살이를 하다 vivre dans un pays étranger.

타협 妥協 명 compromis *m*, terrain *m* d'entente; accommodement *m*; concession *f*; transaction *f*; accord *m*; conciliation *f*. ¶ ~의 여지가 전혀 없다 Il n'y a aucune possibilité de parvenir à un compromis / Aucun compromis n'est possible. ¶ ~에 이르다 parvenir [arriver, aboutir] à un accord [compromis]. ◇_(을) 하다[보다, 이루다] trouver un accord [compromis]; aboutir à un compromis; arriver à un compromis; parvenir à un compromis [un terrain d'entente]. ¶ 대화를 통해 ~하다 parvenir à un accord grâce à des dialogues. ¶ 노사가 극적으로 ~했다 Les employés et la direction ont fini par trouver un accord. ◇_(이) 되다 Un compromis est trouvé. ¶ 그 문제는 순조롭게 ~되었다 Pour cette question, un terrain d'entente a été trouvé facilement.

◆_적 -的 명관 conciliant(*e*); d'accord; d'entente. ¶ ~적 태도를 취하다 adopter une attitude favorable à un compromis; être prêt(*e*) à concéder.

◆_안 -案 명 compromis *m*; modus *m* vivendi. ¶ ~안을 제시하다 proposer un compromis.

◆_점 -點 명 terrain *m* d'entente. ¶ ~점을 찾다 trouver un terrain d'entente.

◆대_ 大- 명 grand compromis *m*, grand accord *m*. ¶ 노사간의 대~이 마침내 이루어졌다 Un grand compromis a été établi entre les ouvriers et les patrons. ¶ 대~(이)되다 arriver à un grand compromis; (un grand compromis) se réaliser. ¶ 대~(을)하다 faire un grand compromis; consentir (arriver) à un compromis

탁 부 ① tac; toc, clac, crac. ② ((끊어짐)) d'un (seul) coup, tout à coup, soudain, soudainement, subitement, brusquement; en claquant, avec fracas ((onomatopée d'un bruit soudain)); ((철문 따위가)) en grinçant. ¶ 문을 ~ 닫고 나가다 sortir en fermant violemment la porte. ¶ 맥이 ~ 풀렸다 La tension [La pression, L'inquiétude] est retombée d'un seul coup / Nous nous sommes senti(*e*)s d'un seul coup

ㅌ

moins tendu(*e*)s [soulagé(*e*)s]. ¶ 마음을 ~ 놓다 se sentir tout soulagé(*e*). ¶ 기가 ~ 질리다 être stupéfait(*e*), être pétrifié(*e*) de peur. ¶ 가슴이 ~ 막히다 suffoquer (de colère). ¶ ~ 트인 시야 une vue panoramique, un beau panorama ((sur toute la vallée)). ¶ ~ 터놓고 이야기하다 parler ouvertement [à cœur ouvert, franchement] ((à *qn*)), discuter à cœur ouvert ((avec *qn*)), parler franchement ((à *qn*)), raconter des confidences intimes ((à *qn*)), s'épancher ((auprès de *qn*)), se livrer ((à *qn*)), se confier ((à *qn*)), ouvrir [épancher] *son* cœur [*sa* pensée] à *qn*. ¶ 침을 여러 번 [아무데나] ~ 뱉다 cracher à plusieurs reprises [n'importe où].

탁견 卓見 명 opinion *f* excellente. ¶ 그 분의 의견은 ~이었다 Son opinion était excellente.

탁구 卓球 명 【운동】 ping-pong *m*, tennis *m* de table. ¶ ~(를) 치다 jouer au ping-pong [tennis de table].

◆**_대** -臺 명 table *f* de ping-pong.

◆**_장** -場 명 salle *f* de ping-pong.

탁론 卓論 명 raisonnement *m* remarquable; argument *m* excellent. ¶ 고정관념을 뛰어넘는 ~ argument excellent qui dépasse les idées reçues.

탁류 濁流 명 torrent *m* boueux. ¶ 사회에 흐르는 부정의 ~ un torrent boueux d'injustices qui s'engouffre dans la société. ¶ ~가 흐른다 Un torrent boueux coule.

탁발 托鉢 명 【불교】 mendicité *f* religieuse. ◇**_(을) 하다** demander l'aumône [la charité], mendier, faire la manche, tendre la main. ¶ 마을에 ~하러 가다 aller au village pour mendier [pour demander l'aumône].

◆**_승** -僧 【불교】 명 moine *m* mendiant.

탁발하다 卓拔- 형 ☞ 탁월하다

탁본 拓本 명 reproduction *f* par frottage. ◇**_(을) 하다[뜨다]** reproduire par frottage.

탁상 卓上 명 table *f*.

◆**_공론** -空論 명 discussion *f* inutile [oiseuse, byzantine, futile, stérile]; discussion *f* abstraite, vue *f* de l'esprit; ((정치의)) discussions *fpl* de café du Commerce {*fam*}. ¶ ~공론을 벌이다 discuter du sexe des anges {*fam*}; discuter dans le vide; faire de la stratégie en chambre {*fam*}; avoir de *vaines discussions; se livrer à* des discussions byzantines [oiseuses], s'adonner à des discussions stériles; se perdre dans de vaines élucubrations, refaire le monde. ¶ 그것은 ~공론에 불과하다 Ce ne sont que des mots (creux) / C'est juste une vue de l'esprit.

◆**_시계** -時計 명 pendulette *f* de bureau.

탁설 卓說 명 excellente opinion *f*; excellent discours *m*.

탁송 託送 명 envoi *m*, expédition *f*. ◇**_(을) 하다** envoyer, expédier. ¶ 급한 서류를 항공편으로 ~하다 expédier un document urgent par avion. ¶ 백화점에서는 물건을 ~해 준다 Les grands magasins font des envois de marchandises (aux clients).

◆**_료** -料 명 frais *mpl* d'envoi [d'expédition].

◆**_전보** -電報 명 télégramme *m* envoyé par l'intermédiaire de *qn*.

탁아소 託兒所 명 crèche *f*, pouponnière *f*, garderie *f*, jardin *m* d'enfants. ¶ 아기를 ~에 맡기다 mettre son enfant à la pouponnière; déposer son enfant à la crèche; laisser son enfant à la garderie.

탁월하다 卓越- 형 être excellent(*e*), remarquable; exceller, se distinguer. ¶ 그 소설가는 인물묘사가 ~ Ce romancier excelle à décrire des personnages. ¶ 그 사람은 그런 일을 해결하는 데에 ~ Il excelle à résoudre ce type de problèmes. ¶ 탁월한 이론 théorie excellente. ¶ 탁월한 능력 compétence excellente. ¶ 그 사람은 탁월한 사회학자이다 C'est un excellent sociologue.

탁음 濁音 명 【언어】 sonore *f*.

탁자 卓子 명 table *f*. ¶ 둥근 ~ table ronde. ¶ ~를 두드리며 격론을 벌이다 avoir une discussion orageuse [discuter ferme] en tapant sur la table.

탁주 濁酒 명 ☞ 막걸리

탁탁 부 ① ((불이 튐)) clac! crac!; en crépitant ((onomatopée qui imite le crépitement du feu)). ¶ ~하다 crépiter, pétiller. ¶ 장작불이 ~ 튄다 Les bûches crépitent. ¶ ~ 튀는 소리 crépitement. ② ((연이어)) l'un(*e*) après l'autre, successivement, ¶ 기관총에 맞아 병사들이 ~ 쓰러졌다 Les soldats touchés [atteints] par les balles de la mitrailleuse tombaient les uns après les autres. ¶ 발을 ~ 구르다 piétiner, trépigner. ¶ 가진 돈을 ~ 털다 dilapider *sa* fortune jusqu'au dernier sou. ③ 훌륭히 rapidement, promptement. ¶ 사건은 ~ 처리되었다 L'affaire a été rapidement réglée / On a réglé l'affaire rapidement. ④ ((침을)) ((cracher)) à plusieurs reprises. ¶ 침을 ~ 뱉다 cracher à plusieurs reprises. ⑤ ((숨이)) en haletant, en suffoquant. ¶ 숨이 ~ 막히다 haleter, suffoquer.

탁하다 濁- 형 ① ((물리)) être trouble, impur(*e*). ¶ 공기가 ~ L'air est impur. ¶ 탁한 물 une eau trouble [troublée]. ② ((목소리가)) être rauque. ¶ 탁한 목소리 une voix rauque. ③ 타락하다 être pourri(*e*). ¶ 탁한 세상 un monde pourri.

탄 炭 명 ① 석탄 houille *f*, charbon *m*. ¶ ~을 캐다 extraire de la houille. ② 연탄 briquette *f* de charbon, aggloméré *m*. ¶ ~을 갈다 changer de briquettes de charbon. ¶ ~이 꺼진다 Le feu de briquette de charbon s'éteint.

◆**_질** -質 명 qualité *f* du charbon. ¶ ~질을 높이다 améliorer la qualité du charbon. ¶ ~질이 떨어진다 [형편없다] La qualité du charbon se dégrade [est mauvaise].

◆**_차** -車 명 wagon *m* de charbon. ¶ ~차가 갱내로 들어섰다 Le wagon de charbon est entré dans la mine.

◆**_층** -層 명 couche *f* de houille. ¶ ~층을 발견하다 découvrir une couche de houille.

탄² 彈 명 obus *m*, bombe *f*. ¶ 파괴력이 큰 ~ obus d'une grande force destructrice; obus extrêmement destructeur.

◆_**도** -道 명 trajectoire *f*. ¶ 대륙간[중거리] ~도 미사일 missile balistique intercontinental [de portée moyenne]. ¶ ~도를 그리다 tracer une trajectoire en forme de courbe.

◆_**띠** 명 cartouchière *f*. ¶ ~띠를 허리에 두르다[차다] ceindre une cartouchière à la taille.

◆_**알** 명 projectile *m*; balle *f*; obus *m*. ¶ ~알을 장전하다[재다] charger le fusil; charger à balles.

◆_**피** -皮 명 douille *f*. ¶ ~피를 줍다 ramasser des douilles.

◆_**환** -丸 명 projectile *m*; balle *f*, obus *m*. ¶ ~환이 머리에 박히다 être touché(*e*) par une balle à la tête. ¶ 총에 ~환을 장전하다 charger un fusil.

탄광 炭鑛 명 houillère *f*, mine *f* de charbon. ¶ ~지대 région de mines de charbon. ¶ ~에서 일하다 travailler à la mine.

◆_**촌** -村 명 village *m* de mineurs.

탄내 명 (odeur *f* de) brûlé *m*, (odeur *f* de) roussi *m* [cramé {*fam*}]. ¶ ~가 나다 sentir le brûlé [le roussi, le cramé {*fam*}].

탄력 彈力 명 élasticité *f*, souplesse *f*, flexibilité *f*. ¶ ~이 붙다 s'accélérer; avancer de plus en plus vite. ¶ ~이 강하다[좋다] avoir une bonne élasticité [souplesse]. ◇_(**이**) **있다** être élastique, souple, flexible. ¶ ~ 있는 피부 peau élastique. ¶ ~ 있게 대처하다 faire face à *qc* avec souplesse.

◆_**적** -的 명관 élastique, souple, flexible. ¶ ~적인 재정 정책 politique financière souple [flexible]. ¶ 업무를 ~적으로 수행하다 exécuter un travail avec souplesse.

◆_**성** -性 명 élasticité *f*, souplesse *f*. ¶ 가격의 ~성 élasticité des prix.

◆**고**_ 高 명 haute élasticité *f*. ¶ 고~ 섬유 fibre de haute élasticité.

탄로 綻露 명 divulgation *f*, révélation *f*. ◇_(**가**) **나다**[**되다**] être divulgué(*e*), révélé(*e*), dévoilé(*e*); se révéler, se divulguer, se dévoiler. ¶ 그 일은 결국 ~나고 말았다 Cette affaire a fini par être révélée. ¶ 거짓말이 ~가 났다 Le mensonge a été dévoilé.

탄복 歎服 명 admiration *f*, émerveillement *m*. ◇_(**을**) **하다** admirer, émerveiller, s'extasier. ¶ 모두 그의 영민함에 ~했다 Tout le monde a admiré son intelligence. ¶ ~할 만한 글재주 un talent littéraire admirable.

탄산 炭酸 명 【화학】 acide *m* carbonique. ¶ ~ 음료 boisson gazeuse.

◆_**가스** 명 gaz *m* carbonique.

탄생 誕生 명 naissance *f*; nativité *f*. ¶ 아이의 ~ naissance d'un bébé [enfant]. ¶ 새로운 국가의 ~ naissance d'un nouveau pays. ◇_(**을**) **하다** naître, venir au monde. ¶ 위대한 인물이 ~했다 Un grand homme est né. ¶ 예수는 구유에서 ~했다 Jésus est né dans une crèche. ◇_(**이**) **되다** être né(*e*). ¶ 그 사람의 노력으로 최신 기술대학이 ~되었다 C'est par ses efforts qu'est née cette faculté de sciences ultramoderne. ◇_(**을**) **시키다** faire naître. ¶ 새로운 양식을 ~시키다 faire naître une nouvelle mode.

◆_**일** -日 명 anniversaire *m*, jour *m* de naissance. ¶ 부처님의 ~일을 축하하다 célébrer l'anniversaire de Bouddha.

탄성¹ 歎聲 명 exclamation *f*, cri *m* d'admiration. ¶ 아름다운 자연경관이 ~을 자아내게 한다 On s'exclame à la vue d'un beau paysage. ◇_**을 지르다**[**올리다**] pousser des cris d'admiration [des exclamations]. ◇_**을 발하다** s'exclamer.

탄성² 彈性 명 élasticité *f*. ¶ ~을 가진 고무줄 élastique souple. ¶ ~이 뛰어나다 avoir une bonne élasticité.

◆_**계수** -係數 명 【물리】 coefficient *m* d'élasticité.

◆_**고무** 명 gomme *f* élastique.

◆_**체** -體 명 corps *m* élastique.

탄소 炭素 명 【화학】 carbone *m*. ¶ ~ 동화작용 assimilation chlorophyllienne; photosynthèse.

탄수화물 炭水化物 명 glucide *m*, hydrate *m* de carbone. ¶ ~은 우리 몸에 꼭 필요한 영양소이다 Les glucides sont des éléments nutritifs nécessaires à notre corps.

탄식 歎息 명 soupir *m*, plainte *f*, gémissement *m*, lamentation *f*. ◇_(**을**) **하다** soupirer, gémir, se lamenter. ¶ 자신의 불운을 ~하다 se lamenter sur son infortune [sort]. ¶ 청춘을 헛되이 보낸 것을 ~하다 se lamenter d'avoir gaspillé sa jeunesse. ¶ 어머니의 ~하는 소리 les lamentations [gémissements] d'une mère.

탄신 誕辰 명 naissance *f*.

◆_**일** -日 명 anniversaire *m*, jour *m* de naissance.

탄압 彈壓 명 oppression *f*, répression *f*. ¶ ~ 정책 politique d'oppression. ¶ ~에 맞서다 résister à l'oppression. ◇_(**을**) **하다** opprimer, réprimer. ¶ 자유를 ~하다 opprimer la liberté. ¶ 검열 제도는 예술가들을 ~한다 La censure opprime les artistes. ◇_(**을**) **받다**[**당하다**] être opprimé(*e*), réprimé(*e*). ¶ 독재정부의 ~을 받다 être opprimé(*e*) par le régime dictatorial.

◆_**적** -的 명관 oppressi*f*(*ve*), répressi*f*(*ve*).

탄약 彈藥 명 munitions *fpl*. ¶ ~ 상자 boîte de munitions. ¶ ~을 운반하다 transporter des munitions.

◆_**고** -庫 명 entrepôt *m* de munitions.

◆_**대** -帶 명 bande *f* (de mitrailleuse).

◆_**통** -筒 명 cartouche *f*, cartouchière *f*; gargousse *f*, gargoussier *m*.

탄원 歎願 명 supplication *f*, sollicitation *f*, imploration *f*. ◇_(**을**) **하다** implorer, supplier, prier. ¶ 자신의 무고함을 눈물로 ~했다 plaider son innocence avec des larmes. ¶ 죄를 사해달라고 ~하다 supplier de pardonner son crime.

◆_**서** -書 명 pétition *f*, supplique *f*. ¶ 언론기관에 ~서를 제출하다 présenter une supplique à la presse.

◆_**자** -者 명 pétitionnaire.

탄저병 炭疽病 명 【농업】 (maladie *f* du) charbon *m,* septicémie *f* par le *Bacillus anthracis* {*nsc*}. ¶ ~에 감염되다 être contaminé(*e*) par le bacille [par la bactérie] de la maladie du charbon. ¶ ~증세를 보이다 présenter la maladie du charbon.

탄전 炭田 명 terrain *m* [bassin *m*] houiller. ¶ ~의 개발 exploitation d'un terrain houiller.

탄주 彈奏 명 【음악】 exécution *f*, interprétation *f*. ¶ 피아노 ~ interprétation au piano. ◇_(를) **하다** exécuter, interpréter. ¶ 쇼팽의 피아노 소품을 ~하다 exécuter un petit morceau pour piano de Chopin.

◆_**법** -法 명 【음악】 technique *f* (de jeu) d'un instrument de musique.

◆_**자** -者 명 musicien(*ne*); exécutant(*e*).

탄착 彈着 명 impact *m*.

◆_**거리** -距離 명 portée *f* (d'un fusil).

◆_**점** -點 명 point *m* d'impact.

탄창 彈倉 명 chargeur *m* de balles. ¶ ~을 끼우다 introduire un chargeur. ¶ ~에 총알을 넣다 charger un fusil.

탄탄하다[1] 형 ① 튼튼하다 être solide, fort(*e*), robuste, ferme. ¶ 차체가 ~ La carrosserie est solide [robuste]. ¶ 탄탄한 근육 muscle robuste. ② 짜임새가 있다 être bien construit(*e*), structuré(*e*). ¶ 이 소설은 구성이 ~ La structure de ce roman est bien construite.

탄탄하다[2] 坦坦- 형 ① 단단하다 être ferme. ¶ 이곳은 땅이 ~ Le sol est ferme ici. ② ((l'avenir de *qn*)) être assuré(*e*). ¶ 그 남자는 앞길이 ~ Son avenir est assuré.

◆_**대로** -大路 명 chemin *m* pavé[route *f* pavée] qui s'étend tout(*e*) droit(*e*); bonne route *f*, bonne *f* voie. ¶ 그 여자의 앞날은 ~대로다 Elle est promise à un brillant avenir. ¶ 그의 사업은 ~대로를 달렸다 Son entreprise a été prospère / Son affaire a bien prospéré.

탄탄히 부 solidement, fortement, fermement. ¶ 벽돌을 탄탄히 쌓다 fixer solidement des briques.

탄하다 타 blâmer, critiquer. ¶ 남의 태도를 ~ critiquer l'attitude des autres. ¶ 아이들이 버릇이 없다고 ~ blâmer le manque de discipline chez les enfants. ¶ 백성들이 군주의 우유부단함을 탄한다 Le peuple blâme le roi pour son manque de fermeté.

탄핵 彈劾 명 accusation *f*, condamnation *f*; destitution *f*; censure *f*. ◇_(을) **하다** mettre en accusation, accuser; destituer ((un haut responsable politique, le président de la République)). ¶ 반대파를 ~하다 accuser les groupes d'opposition [adverses].

◆_**안** -案 명 motion *f* de censure; proposition *f* de destitution ((d'un haut responsable politique, du président de la République)). ¶ 정부 ~안을 제출하다 présenter une motion de censure contre le gouvernement.

◆_**연설** -演說 명 diatribe *f*. ¶ ~연설을 하다 lancer une diatribe ((contre *qn*)).

◆_**재판소** -裁判所 명 cour *f* [juridiction *f*] chargée de la destitution d'un haut responsable politique ((du président de la République)).

탄화 炭火 명 【화학】 carbonisation *f*, carburation *f*. ◇_(를) **하다** être carbonisé(*e*). ◇_(를) **시키다** carboniser; carburer.

◆_**물** -物 명 【화학】 carbure *m*.

◆_**법** -法 명 【수공】 mode *m* de carbonisation.

◆_**수소** -水素 명 【화학】 hydrocarbure *f*.

◆_**작용** -作用 명 【화학】 carbonisation *f*.

탈[1] 명 ① masque *m*. ¶ ~을 쓰다[벗다] se mettre un masque; se masquer [se démasquer]. ② ((비유)) masque *m*.

***무엇의 ~을 쓰다** prendre le masque de *qc* [de l'hypocrisie]. ¶ 인간의 ~을 쓰고 어떻게 그럴 수가 있니? Comment peux-tu faire ça en tant qu'être humain? / Comment un être humain [un homme] peut-il faire ça [peut-il avoir une telle conduite, peut-il commettre un tel acte]?

***~을 벗기다** démasquer *qn*

◆_**놀음** 명 【민속】 théâtre *m* masqué.

◆_**바가지** 명 masque *m*. ¶ ~바가지를 쓰다 se masquer.

◆_**춤** 명 danse *f* masquée. ¶ ~춤을 추다 exécuter [interpréter] une danse masquée.

탈[2] 頉 명 ① 병 indisposition *f*, maladie *f*, malaise *m*. ¶ 몸에 ~이 나다 être [se sentir] indisposé(*e*) [mal]. ② 변고 incident *m*, accident *m*. ¶ ~이 났다[생겼다] Il est arrivé un accident / Il s'est produit un accident. ¶ 그 친구는 아무 ~도 없다 Il est sain et sauf. ③ 트집 défaut *m*, matière *f* à dispute [à critiques], *qc* à redire à *qn*. ¶ ~을 잡다 chercher des histoires à *qn*, chercher matière à dispute [à critiques], critiquer *qn* ((sans raison)), criticailler *qn* {*fam*}, chercher la petite bête à *qn*, chercher des poux (dans la tête) ((à *qn*)) {*fam*}, chercher querelle ((sur des riens)); avoir [trouver] à redire à *qn*; trouver à redire ((sur des vétilles)); pinailler {*fam*}, chicaner {*fam*}, discutailler. ◇_**이다** être un défaut. ¶ 그 사람은 너무 순진한 것이 ~이다 Son défaut, c'est sa naïveté excessive.

◆_**없이** 부 sans accident [incident]. ¶ ~없이 진행되다 se dérouler sans incident. ¶ ~없이 지내다 vivre sans problème.

◆**배**_ 명 indigestion *f*, troubles *mpl* digestifs, mal *m* au ventre, ennuis *mpl* gastriques. ¶ 배~이 나다 avoir une indigestion [des troubles digestifs]; avoir mal au ventre; avoir l'estomac embarrassé.

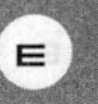

탈-[3] 脫 접두 ((préfixe qui indique la séparation, la privation)). ¶ ~냉전 fin de la guerre froide. ¶ ~구조주의 déstructuralisme; post structuralisme.

탈것 명 véhicule *m*. ¶ 이 길에는 ~이 별로 없다 Il y a peu de véhicules dans cette rue.

탈격 奪格 명 【언어】 ablatif *m*.

탈고 脫稿 명 achèvement *m* de la rédaction ((d'un roman)). ◇_(를) **하다** achever de rédiger, terminer un manuscrit. ¶ 소설을 ~하다 achever d'écrire un roman. ¶ 자서전을 ~하였다 j'ai achevé d'écrire mon autobiographie. ◇_(가) **되다** ((la rédaction d'un roman)) être achevé(*e*). ¶ 그 작가의 소설이 곧 ~될 것이다 Son roman va bientôt être achevé. ¶ 그 작품은 이미 ~되었다 Son œuvre est déjà achevée.

탈곡 脫穀 명 battage *m*. ◇_(을) **하다** battre *qc*. ¶ 보리를 ~하다 battre l'orge. ¶ 발로 밟아서 ~하다 battre *qc* avec les pieds.

◆**_기** -機 명 batteuse *f*.

◆**_장** -場 명 aire *f* de battage.

탈구 脫臼 명 【의학】 désarticulation *f*; luxation *f*; déboîtement *m*, dislocation *f*, entorse *f*. ¶ ~를 교정하다 remettre en place une articulation. ◇_(를) **하다** se démettre, se luxer, se désarticuler. ¶ 그 환자의 어깨가 ~했다 Ce patient s'est démis l'épaule. ¶ 그 여자의 왼팔이 ~했다 Elle s'est démis le bras gauche.

탈당 脫黨 명 défection *f*, désertion *f*. ¶ ~ 성명을 발표하다 faire une déclaration pour annoncer son départ du parti. ◇_(을) **하다** quitter son parti, se retirer d'un parti. ¶ 그 정치가는 공산당을 ~했다 Il s'est retiré du parti communiste.

탈락 脫落 명 exclusion *f*; omission *f*; élimination *f*. ¶ 예선 ~ élimination en épreuve éliminatoire; élimination au premier tour. ◇_(을) **하다** être éliminé(*e*), exclu(*e*). ¶ 공천에서 ~하다 être exclu(*e*) de la candidature d'un parti. ¶ 그 여자는 최종 면접에서 ~했다 Elle a été éliminée [écartée] lors du dernier entretien / Sa candidature a été rejetée [écartée] lors du dernier entretien. ¶ 이번에 ~하면 다시는 기회가 없다 Si l'on est éliminés cette fois-ci, on ne pourra jamais retrouver une autre occasion comme celle-ci. ◇_(이) **되다** être éliminé(*e*). ¶ ~되지 않게 주의를 기울이다 faire attention à ne pas se faire éliminer. ◇_(을) **시키다** éliminer, exclure.

◆**_생** -生 명 étudiant(*e*) éliminé(*e*).

◆**_자** -者 명 candidat(*e*) éliminé(*e*).

탈루 脫漏 명 fraude *f* ((fiscale)). ◇_(를) **하다** frauder ((le fisc)), ne pas déclarer ((une grosse somme d'argent)). ¶ 세금을 ~하다 frauder le fisc, ne pas déclarer ((une grosse somme d'argent)). ◇_(가) **되다** ((le fisc)) être fraudé(*e*).

탈모 脫毛 명 chute *f* des cheveux; calvitie *f*. ¶ ~ 방지 prévention de la calvitie [chute des cheveux]. ¶ ~ 증세를 보이다 commencer à perdre ses cheveux; commencer à se dégarnir; avoir un début de calvitie. ¶ 그 아저씨는 ~로 고생하고 있다 Sa chute de cheveux lui donne du souci / Sa calvitie lui donne du souci.

◆**_방지제** -防止劑 명 【의학】 produit *m* pour cheveux antichute, produit *m* antichute cheveux.

◆**_증** -症 명 【의학】 calvitie *f*; alopécie *f*.

탈바꿈 명 ① 【동물】 변태 métamorphose *f*. ② 변모 transformation *f*, métamorphose *f*. ◇_(을) **하다** ① se métamorphoser. ¶ 송충이가 ~한다 Une chenille se transforme [se métamorphose]. ② se transformer, se métamorphoser, changer. ¶ 우리 경제는 자립형 경제로 ~해야 한다 L'économie de notre pays doit se transformer en une économie indépendante. ¶ 그는 세련된 남자로 완전히 ~하였다 Il s'est totalement métamorphosé en (un) homme raffiné. ◇_(을) **시키다** transformer, métamorphoser. ¶ 산업 연구 단지로 ~시키다 transformer *qc* en zone de recherche industrielle.

탈법 脫法 명 contournement *m* de la loi. ¶ ~ 행위 illégalité *f*; acte *m* illégal. ¶ ~행위를 하다[저지르다] commettre une illégalité. ¶ 그 남자는 ~ 행위로 구속되었다 Il a été arrêté à cause d'un acte illégal. ◇_(을) **하다** tourner [contourner] la loi.

◆**_적** -的 명관 illégal(*ale*, *aux*). ¶ ~적 절차 une procédure illégale.

탈상 脫喪 명 fin *f* du deuil. ◇_(을) **하다** quitter le deuil, terminer *son* deuil. ¶ 그 남자는 ~하고 출사했다 Il est entré dans l'administration après avoir terminé son deuil [après son deuil].

탈색 脫色 명 décoloration *f*. ◇_(을) **하다** décolorer, déteindre. ¶ 옷을 ~하다 décolorer un vetement. ¶ 머리를 ~한 여자 une femme aux cheveux décolorés. ◇_(이) **되다** être décoloré(*e*), se décolorer. ¶ ~된 옷 un vetement décoloré. ¶ 나뭇잎이 햇빛에 ~된다 Le soleil décolore les feuilles.

◆**_법** -法 명 technique *f* de décoloration.

◆**_제** -劑 명 décolorant *m*.

탈선 脫線 명 ① ((기차, 전차의)) déraillement *m*. ¶ ~ 사고가 났다 Il y a eu un déraillement / Un train a déraillé. ② ((말, 행동의)) déraillement *m*, égarement *m*, aberration *f*, transgression *f*, dérèglement *m*, déviation *f*. ¶ ~ 행위 comportements déviants. ¶ 청소년의 ~을 막다[방지하다] prévenir le comportement déviant des adolescents. ¶ 아이들의 ~을 조장하다 favoriser le comportement déviant des jeunes. ¶ 청소년의 ~이 사회 문제다 Les comportements déviants des adolescents sont un problème de société. ◇_(을) **하다** ① ((기차, 전차가)) dérailler, dévier, être dévié(*e*). ¶ 강설로 기차가 ~했다 Le train a déraillé à cause des chutes de neige / Les chutes de neige ont fait dérailler le train. ② ((말, 행동이)) dévier, partir dans une mauvaise direction, prendre un mauvais chemin, suivre une mauvaise pente, être sur une mauvaise pente, tourner mal, prendre un comportement déviant, s'écarter du bon chemin [de *sa* route], se détourner (de *son* chemin), quitter le droit chemin, dériver; s'égarer; se dérégler.

◆**_적** -的 명관 déviant(*e*). ¶ ~적 행동 comportements déviants.

탈세 脫稅 명 fraude *f* fiscale. ¶ ~ 혐의 suspicion de fraude fiscale. ¶ ~를 방치하다 ne rien faire pour empêcher la fraude fiscale, avoir une attitude indulgente [clémente, coulante {*fam*}] pour les

ㅌ

auteurs [responsables] de fraude fiscale, ne pas traquer la fraude fiscale. ◇_(를) **하다** frauder le fisc. ¶ 거액을 ~하다 ne pas déclarer une grosse somme d'argent (aux impôts, au fisc). ¶ 소득세를 ~하다 frauder l'impôt sur le revenu.

◆_**자** -者 명 fraudeu*r*(*se*) du fisc.

◆_**액** -額 명 montant *m* de fraude fiscale.

탈속 脫俗 명 renoncement *m* au monde. ◇_(을) **하다** quitter le monde, renoncer au monde. ¶ ~하여 생활하다 vivre détaché(*e*) du monde; vivre en ermite. ¶ 그 남자는 ~하여 스님이 되었다 Il a quitté le monde pour devenir moine [bonze].

탈수 脫水 명 déshydratation *f*, essorage *m*. ¶ 소금의 ~ 효과 effet de déshydratation du sel. ¶ 이 세탁기는 ~ 기능이 뛰어나다 Cette machine à laver [Ce lave-linge] essore très bien. ¶ 환자가 ~ 증세를 보이고 있다 Le(La) patient(*e*) présente des symptômes de déshydratation. ◇_(를) **하다** déshydrater, essorer. ¶ 세탁기로 ~하다 essorer avec une machine à laver. ¶ 빨래를 ~하여 널다 étendre du linge après l'avoir essoré. ◇_(가) **되다** être déshydraté(*e*), essoré(*e*). ¶ ~된 빨래를 건조대에 널다 étendre du linge essoré sur le séchoir.

◆_**기** -機 명 essoreuse *f*.

탈신 脫身 명 fuite *f* [évitement *m*] d'un danger. ◇_(을) **하다** éviter [fuir] un danger. ¶ 포로는 간신히 ~을 하였다 Un prisonnier de guerre a difficilement réussi à s'évader [à retrouver sa liberté].

탈영 脫營 명 désertion *f*. ◇_(을) **하다** déserter. ¶ 부대를[에서] ~하다 abandonner l'armée; déserter. ¶ 무단 ~하여 도망 다니다 s'enfuir après avoir abandonné l'armée [avoir déserté]. ¶ 소대원 한 명이 ~했다 Un membre de la section a déserté.

◆_**병** -兵 명 (soldat *m*) déserteur *m*.

◆_**자** -者 명 déserteur *m*.

탈옥 脫獄 명 évasion *f* de prison. ¶ ~을 감행하다 faire une tentative d'évasion; tenter une évasion; tenter de se sauver de la prison. ◇_(을) **하다** s'évader [se sauver] de prison; se faire la belle {*fam*}. ¶ 죄수가 교도소에서 ~했다 Un prisonnier s'est évadé (de prison) [s'est fait la belle {*fam*}]. ¶ 형무소를 ~하다 s'évader d'une prison. ◇_(을) **시키다** faire s'évader. ¶ 간수가 그 죄수를 ~시켰다 Un gardien de prison l'a fait s'évader.

◆_**수** -囚 명 prisonni*er*(*ère*) évadé(*e*).

탈의실 脫衣室 명 cabine *f* d'essayage; ((수영장의)) vestiaires *mpl*; cabine *f* de bain. ¶ 남자[여자] ~ vestiaires pour hommes [pour femmes].

탈자 脫字 명 faute *f* typographique de type lettre manquante ou mot manquant, omission *f* d'une lettre ou d'un mot, bourdon *m*. ¶ ~를 고치다 corriger des fautes typographiques de type lettres manquantes ou mots manquants. ¶ ~를 찾다 chercher [trouver] des fautes typographiques de type lettres manquantes ou mots manquants.

탈장 脫腸 명 【의학】 hernie *f*. ¶ ~ 증세를 보이다 présenter les symptômes d'une hernie. ◇_(을) **하다** avoir une hernie.

◆_**증** -症 명 【의학】 hernie *f*.

탈주 脫走 명 évasion *f*, fuite *f*. ¶ ~를 기도하다[감행하다] tenter une évasion. ◇_(를) **하다** s'évader, s'enfuir. ¶ 감옥에서 ~하다 s'évader d'une prison; se sauver de prison. ¶ 국외로 ~하다 s'évader à l'étranger. ¶ 그는 ~하려다 발각되었다 Sa tentative d'évasion a été découverte.

◆_**병** -兵 명 déserteur *m*.

◆_**자** -者 명 fugiti*f*(*ve*).

탈지면 脫脂綿 명 【의학】 coton *m* hydrophile.

탈지분유 脫脂粉乳 명 lait *m* en poudre écrémé [sans gras].

탈진 脫盡 명 épuisement *m*, fatigue *f* extrême. ¶ ~ 상태 état d'épuisement. ¶ ~으로 쓰러지다 tomber d'épuisement. ◇_(을) **하다** être épuisé(*e*), lessivé(*e*) {*fam*}; s'épuiser. ¶ 울다가 ~하다 tomber d'épuisement après avoir beaucoup pleuré.

탈출 脫出 명 évasion *f*, fuite *f*. ¶ ~을 시도하다 tenter de fuir. ¶ ~에 성공하다 réussir à s'évader. ◇_(을) **하다** s'évader, s'enfuir. ¶ 적국에서 ~하다 s'évader d'un pays ennemi. ¶ 그 죄수는 서울을 ~했으나 경찰에 체포되었다 Ce prisonnier s'est évadé de Séoul, mais il a été arrêté par la police. ◇_(을) **시키다** faire fuir. ¶ 가족들을 ~시키는 데 성공하다 réussir à faire fuir *sa* famille.

◆_**구** -口 명 sortie *f* de secours.

◆_**기** -記 명 histoire *f* d'évasion.

◆_**병** -兵 명 (soldat *m*) déserteur *m*.

탈춤 명 danse *f* masquée ((sorte de théâtre coréen avec masques traditionnels le plus souvent en bois)). ¶ 신명 나는 ~ une danse masquée joyeuse et dynamique [entraînante]. ¶ ~을 추다 exécuter une danse masquée.

탈취[1] 脫臭 명 désodorisation *f*. ◇_(를) **하다** désodoriser.

◆_**제** -劑 명 désodorisant *m* d'odeurs ((pour réfrigérateur)), absorbeur *m* d'odeurs ((pour réfrigérateur)). ¶ 냉장고 안에 ~제를 넣다 mettre un désodorisant absorbeur d'odeurs dans le réfrigérateur, mettre un désodorisant dans le réfrigérateur pour atténuer [pour absorber] les mauvaises odeurs.

탈취[2] 奪取 명 prise *f*, capture *f*. ◇_(를) **하다** prendre *qc* (de force); capturer, enlever, ôter; dévaliser; s'emparer de *qc*. ¶ 자동차를 ~하다 s'emparer d'une voiture. ¶ 여행객의 금품을 ~하다 dévaliser un voyageur (de passage). ◇_(를) **당하다** être enlevé(*e*), pris(*e*). ¶ 식량을 ~당했다 On nous a pris des vivres. ¶ 적들에게 재물을 ~당한 주민들 des habitants dévalisés par des ennemis. ◇_(가) **되다** être enlevé(*e*), pris(*e*). ¶ 진지가 적들에게 ~되었다 Une position a été prise par l'ennemi.

탈탈 부 avec fracas; avec bruit, bruyamment; en claquant; en cahotant, en bringuebalant, en

ㅌ

hoquetant; en tremblant; en grinçant ((onomatopée du bruit provoqué par un entrechoquement, un cliquetis)). ¶ 손수레를 ~ 끌고 가다 tirer une charrette à bras toute bringuebalante.

◆_거리다[대다] 자 cahoter, bringuebaler, hoqueter; claquer; trembler; branler; produire un claquement sec; entrechoquer ((des cailloux)), faire du bruit avec *qc*, faire tinter ((son grelot)), ferrailler, faire entendre des bruits secs; rouler avec fracas; s'ébranler; ((철문 따위가)) grincer. ¶ ~거리며 언덕길을 오르는 고물 차 une vieille guimbarde [une vieille carcasse {*fam*}, un vieux tacot {*fam*}, un tas de ferraille {*fam*}] qui monte la colline en cahotant [en hoquetant].

탈퇴 脫退 명 sécession *f*; démission *f*. ¶ ~ 선언 déclaration de démission. ◇_(를) 하다 quitter ((son parti)), faire sécession, se retirer. ¶ 모임을 ~하다 se retirer d'une réunion. ¶ 동아리에서 ~하다 quitter un cercle. ¶ 조합에서 ~하다 quitter le syndicat. ¶ 국제연맹에서 ~하다 quitter la Société des Nations. ◇_(를) 당하다 être forcé(*e*) de quitter. ◇_(를) 시키다 faire quitter.

◆_서 -書 명 lettre *f* de démission.

탈피 脫皮 명 ① 【동물】 mue *f*. ¶ 매미의 ~ mue de la cigale. ② 벗어남 émancipation *f*. ¶ 낡은 인습 제도로부터의 ~ émancipation de vieilles convenances. ◇_(를) 하다 ① 【동물】 허물을 벗다 muer. ¶ 뱀은 여름에 ~한다 Le serpent mue en été. ② 벗어나다 se défaire de *qc*, se libérer de *qc*, s'émanciper. ¶ 구태를 ~하다 se libérer de vieilles habitudes. ¶ 빈곤을 ~하다 sortir de la pauvreté.

◆_(가) 되다 être émancipé(*e*). ¶ 전형적인 방식에서 ~되다 s'émanciper des coutumes.

탈학교교육 脫學校教育 명 【교육】 éducation *f* sans école.

탈환 奪還 명 reprise *f*, reconquête *f*. ¶ 고지 ~에 성공하다 réussir à reconquérir un sommet. ◇_(을) 하다 reprendre, reconquérir. ¶ 수도 서울을 ~하다 reprendre la capitale, Séoul.

◆재_ 再- 명 (deuxième) reprise *f*, (deuxième) reconquête *f*.

탐 貪 명 avidité *f*, cupidité *f*, convoitise *f*. ¶ ~이 많다 être avide [âpre] à *qc*. ◇_(을) 하다 convoiter *qc*; être cupide, avide. ¶ 남의 여자를 ~하다 convoiter la femme d'autrui. ¶ 색을 ~하다 être lubrique, luxurieux(*se*), être obsédé(*e*) par le sexe faible. ◇_(을) 내다 convoiter *qc*; avoir envie de *qc*; désirer *qc*, vouloir *qc*. ¶ 그렇게 한꺼번에 ~을 내서는 안 된다 Il ne faut pas vouloir trop de choses à la fois. ◇_(이) 나다 ((상황 따위가)) être enviable, désirable; ((과자 따위가)) faire [donner] envie. ¶ 정권이 ~이 나서 쿠데타를 일으키다 provoquer un coup d'État par convoitise du pouvoir. ¶ 부귀영화가 ~이 나다 convoiter [avoir envie de] la richesse et l'honneur.

탐관오리 貪官汚吏 명 fonctionnaire *m* corrompu. ¶ ~의 횡포 despotisme du fonctionnaire corrompu. ¶ ~를 숙청하다 purger les fonctionnaires corrompus.

탐구 探究 명 recherche *f*, étude *f*, investigation *f*. ¶ ~에 몰두하다 s'adonner à l'étude. ◇_(를) 하다 faire des recherches sur *qc*; approfondir, rechercher, étudier *qc*. ¶ 진리를 ~하다 rechercher la vérité. ¶ 학문을 ~하다 approfondir une science. ¶ 근본 문제를 ~하다 rechercher la cause fondamentale [le problème fondamental]. ◇_(가) 되다 être approfondi(*e*), étudié(*e*). ¶ 이 이론은 새로운 차원에서 ~되어야 한다 Cette théorie doit être étudiée suivant un autre axe [sous un autre angle].

◆_심 -心 명 esprit *m* chercheur. ¶ 그 사람은 ~심이 많은 사람이다 C'est un esprit chercheur.

◆_자 -者 명 chercheur(*se*).

탐닉 耽溺 명 passion *f* aveugle. ¶ 그릇된 ~에 빠져 젊은 시절을 보내다 passer *sa* jeunesse en s'adonnant à de mauvaises passions. ◇_(을) 하다 s'adonner, s'abandonner, se laisser aller, s'appliquer à *qc*; se plonger dans *qc*. ¶ 쾌락에 ~하다 se laisser aller à une vie de plaisirs. ¶ 주색에 ~하다 se plonger dans la débauche, vivre dans la débauche et l'ivrognerie.

탐독 耽讀 명 absorption *f* dans la lecture. ◇_(을) 하다 se plonger dans la lecture; s'adonner à la lecture; s'absorber dans une lecture. ¶ 밤새도록 소설책을 ~하다 se plonger dans la lecture d'un roman toute la nuit.

탐라 耽羅 명 【역사】 Tamna <royaume qui occupait l'île de Jeju à l'époque des Trois Royaumes>.

탐문 探問 명 investigation *f*, enquête *f*. ¶ 범인 ~을 시작하다 lancer une enquête sur le prévenu. ◇_(을) 하다 faire une enquête; enquêter sur *qc*. ¶ 범인의 행방을 ~하다 poursuivre à la trace un coupable. ¶ 친구의 소식을 ~하다 demander des nouvelles d'un(*e*) ami(*e*).

◆_수사 -搜査 명 investigation *f* (d'une enquête).

탐미 耽美 명 amour *m* de la beauté. ◇_(을) 하다 adorer la beauté. ¶ 무엇을 ~하다 adorer *qc*.

◆_적 -的 명관 esthétique. ¶ ~적인 소설 roman de l'école esthétique.

◆_주의 -主義 명 esthétisme *m*.

◆_주의자 -主義者 명 esthète *mf*.

탐방[1] 探訪 명 visite *f* (en vue d'un reportage). ¶ 텔레비전 ~ 취재 un reportage télévisé. ¶ 모교 ~ visite dans *son* (ancienne) école. ¶ 명승고적 ~ visite des sites célèbres. ◇_(을) 하다 visiter ((un lieu)); rendre visite à *qn*, aller voir *qn*; faire une visite en vue d'un reportage. ¶ 국회를 ~하다 faire une visite à l'Assemblée nationale. ¶ 사건 현장을 ~하다 faire une visite sur le lieu d'un crime.

◆_객 -客 명 visiteur(*se*).

◆_기 -記 명 reportage *m*.

◆_기자 -記者 명 reporter *m*.

탐방[2] 부 plouf!, flac!, floc!; splatch!, splitch!,

ㅌ

splash!; en tombant (dans l'eau) lourdement avec un bruit sourd ((onomatopée du bruit d'un objet qui tombe dans l'eau)). ¶ ~ 물속으로 떨어지다 tomber lourdement dans l'eau.

◆_거리다[대다] 재 ((물이)) clapoter; barboter, patauger; éclabousser abondamment (autour de *soi*). ¶ 아이들이 개울에서 ~거렸다 Les enfants barbotaient dans l'eau. ☞ 텀벙

탐사 探査 명 enquête *f*, recherche *f* (attentive), investigation *f*, exploration *f*; prospection *f* ((pétrolière)). ¶ 화성 ~ exploration de Mars. ¶ 석유 ~ prospection pétrolière. ¶ 지질 ~ recherche sur la nature du terrain [sur la géologie]. ◇_(를) 하다 explorer; faire des recherches sur *qc*, faire des investigations sur *qc*; faire une enquête. ¶ 달을 ~하다 explorer la lune. ¶ 전국 각지를 ~하다 explorer toutes les régions du pays.

◆_단 -團 명 équipe *f* d'exploration.

◆_대 -隊 명 équipe *f* d'exploration.

◆_팀 영{-team} 명 équipe *f* d'exploration.

탐상 探賞 명 admiration *f* d'un beau paysage, excursion *f* dans des sites merveilleux. ◇_(을) 하다 admirer un beau paysage, faire une excursion dans un site magnifique. ¶ 금강산을 ~하다 visiter et admirer le mont Geumgang.

탐색 探索 명 recherche *f*, investigation *f*, enquête *f*, exploration *f*. ¶ ~ 작전 opération d'investigation. ◇_(을) 하다 rechercher, explorer *qc*; faire une enquête sur *qc*. ¶ 지형을 ~하다 explorer la disposition d'un terrain, faire des recherches sur la topographie. ¶ 구석구석 ~하다 rechercher dans ses moindres détails, chercher dans tous les coins et recoins, chercher de fond en comble. ¶ 누구의 의중을 ~하다 chercher les intentions de *qn*.

◆_기 -機 명 appareil *m* d'investigation.

◆_망 -網 명 enquête *f* organisée.

◆_선 -船 명 vaisseau *m* d'exploration.

◆_전 -戰 명 engagement *m* de reconnaissance.

탐스럽다 貪- 형 être enviable, appétissant(*e*), désirable; faire envie. ¶ 탐스러운 사과 une pomme appétissante. ¶ 그 나무는 열매가 탐스럽게 열렸다 Cet arbre a des fruits appétissants. ¶ 탐스러운 여자 une femme désirable.

탐식 貪食 명 gourmandise *f*, voracité *f*, gloutonnerie *f*. ◇_(을) 하다 manger *qc* avidement. ¶ ~하면 배탈이 난다 La gourmandise fait mal au ventre. ¶ 그 사람은 ~하는 버릇이 있다 Il a l'habitude de manger avidement.

◆_가 -家 명 gourmand(*e*), vorace *mf*, glouton(*ne*).

탐심 貪心 명 avidité *f*; esprit *m* avide, cupide. ¶ 돈에 대해 ~을 품다 être avide d'argent. ☞ 탐욕

탐욕 貪慾 명 avidité *f*, cupidité *f*, convoitise *f*. ¶ ~을 채우다 satisfaire [contenter] *son* avidité. ¶ ~에 눈이 멀다[어둡다] être aveuglé(*e*) par la convoitise des richesses [par l'intérêt]. ¶ ~으로 가득 찬 세상 monde rempli d'avidité. ¶ ~이 많다 être âpre au gain. ◇_을 내다[부리다] vouloir trop; être avide de *qc*.

◆_스럽다 형 être avide, cupide; ((눈빛)) être concupiscent(*e*). ¶ ~스러운 눈빛 un regard concupiscent. ¶ ~스럽게 먹어치우다 manger avec voracité.

◆_적 -的 명관 avide, vorace, cupide, rapace {*fam*}. ¶ ~적인 인간 un homme (au tempérament) cupide [rapace], un vautour, un rapace, un requin. ¶ ~적으로 행동하다 se comporter avec cupidité, se comporter comme un rapace, avoir un comportement de rapace; ne penser qu'à accumuler des biens.

탐정 探偵 명 ((일)) enquête *f*, ((군사상의)) espionnage *m*; ((사람)) détective (privé). ¶ 사건을 ~에게 의뢰하다 confier une affaire à un détective (privé). ◇_(을) 하다 faire une enquête (secrète) sur *qc*. ¶ 실종된 사람의 행방을 ~하다 enquêter sur les traces d'un(*e*) disparu(*e*).

◆_극 -劇 명 pièce *f* [comédie *f*] policière.

◆_물 -物 명 genre *m* policier; ((영화)) film *m* policier; ((연속극)) série *f* policière; ((소설)) roman *m* policier.

◆_소설 -小說 명 roman *m* policier.

◆_수사 -搜査 명 enquête *f* secrète.

◆군사_ 軍事- 명 espionnage *m*.

◆비밀_ 秘密- 명 agent *m* secret.

◆사립_ 私立- 명 détective *m* privé.

탐조 探照 명 éclairage *m*. ¶ ~ 시설 matériel d'éclairage. ◇_(를) 하다 éclairer *qc* avec des projecteurs. ¶ 배를 ~하다 éclairer un navire avec des projecteurs.

◆_등 -燈 명 projecteur *m*.

탐지 探知 명 détection *f*. ◇_(를) 하다 ((지뢰 따위를)) détecter, ((비밀을)) découvrir ((un secret)); repérer; retrouver l'origine ((d'un appel téléphonique)); ((낌새를)) entrevoir ((les prémisses de *qc*)), pressentir ((les signes de *qc*)). ¶ 비밀을 ~하다 découvrir un secret.

◆_기 -機 명 détecteur *m*. ¶ 거짓말 ~기 détecteur de mensonges. ¶ 음파 ~기 sonar *m*. ¶ 전파 ~기 détecteur d'ondes, radar *m*. ¶ 지뢰 ~기 détecteur de mines. ¶ 초음파 ~기 détecteur d'ultra-sons.

탐탁하다 형 être plaisant(*e*), agréable; être satisfaisant(*e*), content(*e*); plaire, satisfaire, contenter. ¶ 탐탁한 자료가 없다 Il n'y a pas de documents satisfaisants. ¶ 탐탁해 하지 않다 être mécontent(*e*) de *qn/qc*. ¶ 탐탁하지 않은 손님 visiteu*r*(*se*) [client(*e*)] qui ne plaît pas [qui n'est pas (le(*la*)) bienvenu(*e*)]. ¶ 탐탁하지 않은 표정 un air mécontent [insatisfait]. ¶ 그 사람과 동행하는 것은 별로 탐탁하지 않다 Ce n'est pas très agréable d'accompagner cet homme. ¶ 그 사람의 반응은 그다지 탐탁하지 않았다 Cela ne lui plaît pas tellement / Sa réaction n'a pas été des plus accueillantes.

탐하다 貪- 타 envier, désirer, convoiter, être avide de *qc*. ¶ 음식을 ~ avoir envie de manger (des aliments). ¶ 남의 물건을 ~ convoiter le bien d'autrui. ¶ 부귀와 명예를 ~ désirer la richesse et l'honneur.

탐해등 探海燈 명 projecteur *m*.

탐험 探險 명 exploration *f*, expédition *f*. ¶ 아프리카 ~ exploration de l'Afrique. ¶ 극지 ~ une expédition polaire. ¶ 미지의 세계로 ~을 떠나다 partir à l'exploration d'un monde inconnu. ◇_(을) **하다** explorer *qc*. ¶ ~하러 가다 partir en exploration. ¶ 섬을 ~하다 explorer une île.

◆_**가** -家 명 explora*teur*(*trice*).

◆_**대** -隊 명 équipe *f* d'explorateurs. ¶ ~대를 조직하다 organiser [former] une équipe d'explorateurs.

◆_**선** -船 명 bateau(*x*) *m* d'exploration.

◆_**소설** -小說 명 roman *m* d'exploration.

◆_**여행** -旅行 명 expédition *f*.

탑 塔 명 tour *f*; ((교회의 종탑)) clocher *m* ((d'une église)), ((성당의 첨탑)) flèche *f* ((d'une cathédrale)), ((동양 사원의)) pagode *f*, stûpa *m*. ¶ 에펠 ~ la tour Eiffel ¶ ~을 세우다[쌓다] construire [élever] une tour. ¶ ~을 돌다 tourner autour d'un stûpa.

◆_**돌이** 명 tour *m* d'un stûpa. ¶ ~돌이를 하다 faire le tour d'un stûpa.

◆**목**_ 木- 명 tour *f* de bois.

◆**석**_ 石- 명 tour *f* de pierre.

◆**종**_ 鐘- 명 clocher *m*, campanile *m*.

◆**첨**_ 尖- 명 flèche *f*.

◆**기념**_ 記念- 명 colonne *f*; monument *m* commémoratif.

◆**뾰족**_ 명 flèche *f*.

탑골공원 塔-公園 명 【지리】 jardin *m* de la Pagode [Tapgol] ((à Seoul)).

탑승 搭乘 명 embarquement *m* ((des passagers à bord d'un bateau, d'un avion, d'un train)). ¶ ~ 대기실 salle d'attente pour [avant] l'embarquement. ¶ ~ 수속 formalités [démarches] pour l'embarquement. ¶ ~ 안내 brefs conseils pour l'embarquement; assistance [aide] à l'embarquement des passagers par le personnel d'accueil; ((구두로)) annonce pour prévenir les voyageurs de l'imminence [du caractère immédiat] de l'embarquement. ◇_(을) **하다** s'embarquer, monter dans [à bord d'] ((un avion, un bateau, un train, un (auto)bus, un (auto)car)), monter en ((avion)). ¶ 파리행 비행기에 ~하다 prendre l'avion pour Paris. ¶ 속히 ~해 주십시오 Veuillez monter immédiatement dans l'avion. ◇_(을) **시키다** faire monter à bord, faire embarquer ((des passagers)).

◆_**객** -客 명 passag*er*(*ère*).

◆_**권** -券 명 titre *m* de transport; billet *m* ((de train, de bateau, d'avion)); ((전철)) ticket *m* ((de métro)); ((정기권)) carte *f* orange.

◆_**원** -員 명 membre *m* de l'équipage; ((집합적)) équipage *m*.

◆_**자** -者 명 passag*er*(*ère*).

탑신 塔身 명 tronc *m* de tour. ¶ ~을 세우다 élever le tronc de tour.

탑재 搭載 명 chargement *m*, embarquement *m*. ¶ 화물 ~ chargement de marchandises. ◇_(를) **하다** charger *qc* de *qc*; embarquer *qc* sur *qc*. ¶ 핵무기를 ~하다 charger des armes nucléaires. ¶ 미사일을 ~한 비행기 un avion porteur de [armé de, doté de] missiles. ¶ 305밀리 대포를 ~한 군함 cuirassé armé de canons de 305 mm.

◆_**기** -機 명 avion *m* de charge.

◆_**량** -量 명 capacité *f* de charge.

◆_**물** -物 명 marchandises *fpl* chargées.

탓 명 ① 원인 erreur *f*, faute *f*, défaut *m*, cause *f*, motif *m*. ¶ 계획의 실패를 남의[자기] ~으로 돌리다 rejeter l'échec du projet sur autrui [sur *soi*]. ¶ 궂은 날씨 ~에 외출하지 못하다 ne pas pouvoir sortir à cause du mauvais temps. ¶ 내성적인 성격 ~에[으로] 남들과 어울리지 못하다 s'entendre difficilement avec d'autres personnes à cause de *sa* timidité. ¶ 지하철 노조가 파업한 ~에 학교에 지각하다 arriver en retard à l'école à cause de la grève du métro. ② 나름 motif *m*, prétexte *m*. ¶ 모든 게 다 생각할 ~이다 Tout dépend de la manière de penser. ◇_(을) **하다** rejeter *sa* faute sur ((autrui)); accuser *qn* de *qc*; blâmer *qn* pour [de] *qc*; reprocher *qc* à *qn*. ¶ 아내의 실수를 ~하다 blâmer la faute de *sa* femme. ¶ 부모 ~을 하다 rejeter *sa* faute sur *ses* parents. ¶ 누구를 ~할 것인가? À qui la faute? ¶ 운명을 ~하다 accuser le destin. ¶ 공연히 날씨 ~만 하다 accuser pour rien le mauvais temps. ¶ 그 사람만 ~할 수도 없다 Ce n'est pas entièrement de sa faute / Ce n'est pas le(la) seul(*e*) fauti*f*(*ve*) / On ne peut tout de même pas lui faire porter seul le chapeau {*fam*}. ¶ ~할 데가 없는 글 écriture impeccable. ◇_**이다[이 아니다]** [ne pas] être la faute de *qn*/*qc*. ¶ 모든 것이 내 ~이다 Tout est (de) ma faute. ¶ 그건 그 사람의 나이 ~이다 Cela tient à son âge / Voilà ce que c'est que de vieillir {*fam*}. ¶ 그 아이가 벌을 받은 것은 약속에 늦은 ~이다 C'est parce qu'il est arrivé en retard au rendez-vous qu'il a été puni. ¶ 이번 사고는 그 사람의 ~이 아니다 Il n'est pas responsable de cet accident.

*__안 되면 조상__ ~ (Avec lui), c'est toujours la faute des autres / C(e n)'est jamais (de) sa faute, c'est toujours celle des autres.

탕[1] 湯 명 bouillon *m* (épais); soupe *f*, potage *m*, consommé *m* de viande [de poisson]; ((찌개)) ragoût *m*; ((탕약)) décoction *f*. ¶ ~을 끓이다 préparer une soupe [un bouillon, un ragoût]. ¶ ~을 마시다 prendre de la soupe [du bouillon, du ragoût].

◆_**거리** 명 ingrédients *mpl* pour faire une soupe.

◆**감자**_ 명 *gamjatang m* <ragoût pimenté avec pommes de terre et échine de porc [longe de porc]>.

◆**곰**_ 명 *gomtang m* <bouillon gras de bœuf, soupe grasse de bœuf, soupe d'os à moelle de bœuf bouillie pendant très longtemps, bouillon réalisé en faisant bouillir des os et de la viande de bœuf

auquel on ajoute à table du sel, de la ciboule et du poivre noir>.

◆**매운_** 명 *maeuntang m* <soupe très épicée de poisson>.

◆**쌍화_** 雙和- 명 *ssanghwatang m* <décoction de quelques ingrédients pharmaceutiques orientaux>.

탕[2] **湯** 명 bain *m*. ¶ ~에 들어가다 entrer dans un bain thermal.

◆**온_** 溫- 명 bain *m* chaud.

◆**냉_** 冷- 명 bain *m* froid.

탕[3] 부 pan!; ((fermer la porte)) violemment, en claquant ((la porte)). ¶ ~ 하고 총소리가 들렸다 Pan! On entendit retentir un coup de feu. ¶ 문을 ~ 닫다 fermer la porte violemment, claquer la porte.

탕[4] 의명 affaire *f*, cas *m* ((classificateur des affaires, des cas)). ¶ 하루에 두 ~을 뛰다 régler deux affaires [deux tâches] en une journée [dans la journée]; ((아르바이트)) faire deux petits boulots dans la journée. ¶ 아르바이트를 하루에 두 ~ 뛰다 faire deux petits boulots dans la journée.

◆**한_** 명 un (gros) coup *m*, une (grosse) affaire *f*; ((욕)) un flot *m* ((d'invectives)); ((싸움)) une scène *f* ((de lutte)). ¶ 한~ 하다 faire un (gros) coup. ¶한~주의 mentalité selon laquelle certaines personnes pensent pouvoir s'enrichir par un coup de chance ((d'un seul coup)), mentalité [illusion] de pouvoir faire fortune d'un seul coup (au jeu), mentalité des gens qui pensent que la vie est comme une partie de loto.

탕감 蕩減 명 annulation *f*, remise *f* ((d'une dette)). ¶ 조세 ~ annulation de l'impôt. ¶ 부채 ~ remise de la dette. ◇_(을) **하다[시키다]** annuler, remettre ((la dette)). ¶ 빚[이자]을 ~해 주다 annuler la dette [l'intérêt].

탕건 宕巾 명 bonnet *m* de crin. ¶ ~을 쓰다 mettre un bonnet de crin.

탕기 湯器 명 bol *m* à soupe; pot *m* à médicament. ¶ ~로 한약을 달이다 faire du bouillon médicinal dans un pot, faire bouillir des médicaments dans un pot.

탕솥 湯- 명 marmite *f* à bouillon; marmite ((pour préparer le potage)).

탕수육 糖水肉 명 *tangsuyuk m* <porc pané et frit à la sauce aigre-douce>.

탕아 蕩兒 명 enfant *m* [fils *m*] prodigue; libertin *m*, débauché *m*.

탕약 湯藥 명 décoction *f* de quelques ingrédients pharmaceutiques orientaux, décoction *f* médicinale. ¶~을 달이다 préparer une décoction médicinale dans de l'eau bouillante.

탕자 蕩子 명 débauché *m*, viveur *m*.

탕진 蕩盡 명 dissipation *f* {*litt*} ((d'un patrimoine)), dilapidation *f*, gaspillage *m*. ¶ 가산 ~ dissipation {*litt*} de *sa* fortune. ¶ 국고 ~ dissipation {*litt*} des caisses de l'État. ◇_(을) **하다** dissiper, dilapider, gaspiller, croquer {*fam*} [claquer {*fam*}] ((un héritage)). ¶ 전 재산을 ~하다 dilapider toute *sa* fortune. ¶ 국력을 ~하다 dilapider [gaspiller] les ressources [les richesses] nationales; négliger [mal gérer] les intérêts nationaux. ¶ 그 학생은 등록금을 몽땅 유흥비로 ~했다 Cet élève a dilapidé tout l'argent de ses frais d'inscription pour s'amuser. ◇_(이) **되다** être dissipé(*e*) {*litt*}, dilapidé(*e*), gaspillé(*e*). ¶ 전쟁으로 국가의 재력이 ~되었다 La puissance économique du pays est dissipée {*litt*} à cause de la guerre. ¶ 기력이 ~되었다 La force est dissipée {*litt*} / L'énergie est épuisée.

탕탕 부 pan! pan!, boum! boum! ((onomatopée qui sert à transcrire un bruit sec, une détonation, le claquement d'un corps sur un autre corps)). ¶ ~ 두 방의 총소리가 들렸다 Pan! pan! on a entendu deux coups de feu. ¶ 큰 소리를 ~ 치다 se vanter, exagérer; faire le fanfaron, fanfaronner {*litt*}, parler [poser] pour la galerie, plastronner pour la galerie, parler pour rien.

탕평론 蕩平論 명 【역사】 théorie *f* politique de l'impartialité ((du royaume de Joseon)).

탕평책 蕩平策 명 【역사】 politique *f* d'impartialité ((menée sous le royaume de Joseon pour enrayer les querelles de factions nobles)).

태[1] **胎** 명 placenta *m*, membranes *fpl* placentaires [fœtales], enveloppe *f* fœtale.

◆**_ㅅ줄** 명 cordon *m* ombilical. ¶ ~ㅅ줄을 자르다 [끊다] couper [sectionner] le cordon ombilical.

태[2] **態** 명 ① 태도 air *m*, allure *f*. ¶ 말하는 ~를 보니 사기꾼이다 À sa façon de parler, (on sent que) c'est un escroc. ② 맵시 forme *f*, figure *f*, apparence *f*, allure *f*. ¶ ~가 곱다 avoir belle apparence [belle allure]; avoir de l'allure [de la classe, du chic, de l'élégance], avoir beaucoup d'allure, avoir de la prestance. ③ 【언어】 voix *f* ((active, passive)). ◇**_가 나다** avoir l'air ((gracieux)), avoir l'allure [le physique, la prestance]. ¶ 우아한 ~가 나다 avoir une belle apparence, avoir l'air gracieux, être élégant(*e*). ¶ 멋 부린 ~가 난다 On voit qu'elle a fait des efforts pour se faire belle. ◇**_를 내다[부리다]** rechercher l'élégance, rechercher la belle apparence, soigner *sa* toilette. ¶ ~를 부리지 않고 자연스럽게 꾸미다 décorer *qc* de façon naturelle et sans recherche.

태고 太古 명 haute Antiquité *f*, temps *mpl* anciens. ¶ ~의 신비 mystère très ancien [antique].

◆**_적** -的 명관 (très) ancien(*ne*), remontant à la nuit des temps, antique, ancestr*al*(*ale*, *aux*). ¶ ~적부터 de toute antiquité, depuis un temps immémorial, de temps immémorial, depuis la nuit des temps, de tout temps, de toute éternité, depuis toujours, depuis que le monde est monde.

◆**_사** -史 명 histoire *f* ancienne, Antiquité *f*.

태공 太公 명 prince *m*, grand duc *m*.

태교 胎教 명 éducation *f* prénatale; soin *m* prénatal.

¶ ~에 좋은 음악 musique qui a une bonne influence sur le fœtus. ◇_(를) **하다** prêter attention à ce qui pourrait être bénéfique au développement physique et psychique du fœtus, suivre l'éducation prénatale. ¶ 그 여자는 ~를 한다고 동화책을 읽는다 Elle lit des contes pour enfants pour l'éducation prénatale du bébé.

태국 泰國 명 【지리】 Thaïlande *f.*

태권도 跆拳道 명 *taekwondo m* <art martial d'origine coréenne qui a pour but de développer toutes les facultés spirituelles et physiques de l'homme>.

태극 太極 명 *taegeuk m*, ((중국어)) *taichi m*, Grandeur *f* absolue ((dans la philosophie chinoise, source du principe duel du *yin* et du *yang*)); signe *m* [symbole *m*] du *yin* et du *yang*. ¶ ~ 무늬 le motif [le signe] du *yin* et du *yang*.

◆**_기** -旗 명 drapeau *m* national coréen. ¶ ~기를 게양하다[달다] hisser [lever] le drapeau coréen [déployer le drapeau coréen].

◆**_선** -扇 명 éventail *m* avec les signes du *yin* et du *yang*.

태기 胎氣 명 (symptômes *mpl*, indication *f* de) grossesse *f.* ¶ ~를 느끼다 avoir le sentiment d'être enceinte. ¶ ~를 보이다 avoir [présenter] des symptômes de grossesse. ◇_**가 있다** avoir [présenter] des symptômes de grossesse; être [se sentir] enceinte. ¶ 그 여자는 ~가 있어 산부인과에 갔다 Ayant le sentiment d'être enceinte [Présentant des symptômes de grossesse], elle est allée chez le gynéco(logue).

태깔 態- 명 forme *f* et couleur *f.* ¶ ~이 곱다 avoir de l'allure [du chic, de l'élégance, de la prestance, de la classe, de la gueule {*fam*}], avoir beaucoup d'allure. ¶ 이리저리 ~을 보며 옷을 고르다 choisir *ses* vêtements méticuleusement [minutieusement], être exigeant(*e*) dans le choix de *ses* vêtements. ◇_**이 나다** avoir de l'allure [du chic, de l'élégance, de la prestance, de la classe, de la gueule {*fam*}], avoir beaucoup d'allure; faire bien, faire bel effet, en jeter {*fam*}, être classe {*fam*}; avoir vraiment l'air de .... ¶ 옷이 ~이 난다 Ces vêtements ont du chic [de la classe, de l'élégance] / Ces vêtements sont élégants / Ces vêtements sont classes {*fam*}. ¶ 그의 누이는 이제 제법 숙녀 ~이 난다 Sa sœur a vraiment l'air d'une femme maintenant. ◇_**을 부리다** montrer un caractère arrogant, faire démonstration d'arrogance.

태껸 명 【운동】 *taekkyeon m* <art martial pratiqué à mains nues. Les Coréens l'exercent depuis des temps primitifs et le considèrent comme la forme originelle de tous les arts martiaux pratiqués en Corée>.

태내 胎內 명 intérieur *m* de l'utérus ((de la matrice, dans le sein (maternel))).

태도 態度 명 attitude *f*, manière *f* de se tenir; tenue *f*, air *m*.; manière *f* [façon *f*] de penser, opinion *f.* ¶ 학습 ~ attitude dans l'apprentissage. ¶ 전화 받는 ~가 좋다[나쁘다] avoir une bonne [mauvaise] manière de répondre au téléphone. ¶ 우유부단한 ~ attitude indécise [irrésolue, évasive]. ¶ 일본인들의 한국에 대한 ~ attitude des Japonais vis-à-vis de la Corée. ¶ 인생을 사는 ~ manière de vivre *sa* vie. ¶ ~를 일변하다 changer brusquement [complètement] d'attitude. ¶ 그 사람은 매사에 진지한 ~로 임한다 Tout ce qu'il entreprend, il le fait sérieusement [avec sérieux] / Il fait tout sérieusement. ¶ 그 문제에 대한 그 사람의 ~는 확고하다 Il a une attitude ferme face à ce problème. ◇_**이다[가 아니다]** avoir l'air de+*inf.* ¶ 그 사람은 나를 얕보는 ~였다 Il avait l'air de me mépriser. ¶ 그 사람이 말하는 것을 보면 진지한 ~는 아니다 Vu sa manière de parler [Vu son ton], il n'a pas l'air sérieux. ◇_**를 가지다** avoir une [telle ou telle] attitude. ¶ 자녀 교육에 대한 확고한 ~를 갖다 avoir une attitude nette [ferme] pour l'éducation des enfants. ◇_**를 보이다** montrer une [telle ou telle] attitude. ¶ 어른들에게 공손한 ~를 보이다 bien se tenir devant les personnes âgées. ◇_**를 취하다** adopter une attitude; prendre position ¶ 명확한[애매한] ~를 취하다 adopter une attitude nette [incertaine]. ¶ 체제에 대해 비판적인 ~를 취하다 prendre une position critique vis-à-vis du régime politique.

태동 胎動 명 ① ((아기의)) mouvement *m* fœtal [du fœtus]. ¶ 아기의 ~을 느끼다 sentir les mouvements du bébé dans *son* ventre, sentir le bébé bouger dans *son* ventre. ② 징후 mouvement *m* initial; premiers indices *mpl*, signe *m*, indication *f.* ¶ 봄의 ~을 느끼다 sentir le retour [la renaissance] du printemps. ¶ 신당 결성의 ~이 보인다 On peut s'apercevoir qu'un nouveau parti va naître. ◇_(을) **하다** ① ((아기가)) bouger [remuer] dans le ventre de *sa* mère. ② commencer à naître [à apparaître]. ¶ 민족의식이 ~한다 Une conscience nationale commence à naître. ◇_(을) **시키다** faire naître; provoquer l'apparition de, susciter la naissance [la création] de. ¶ 환경운동을 ~시키다 provoquer l'apparition [susciter la naissance, susciter la création] de mouvements de défense de l'environnement.

◆**_기** -期 명 période *f* de mouvement initial.

태두 泰斗 명 grande autorité *f*, autorité *f* reconnue. ¶ 국어학계의 ~ une autorité reconnue dans le domaine de la [en matière de] linguistique coréenne.

태만 怠慢 명 ((소홀)) négligence *f*; ((게으름)) paresse *f.* ¶ 당국의 ~을 비난하다 critiquer la négligence des autorités, attaquer [critiquer] les autorités pour négligence dans leur service. ¶ 직무 ~으로 해고당하다 être congédié(*e*) pour négligence dans *son* service [le travail, *son* travail]. ◇_**을 부리다** ne pas être sérieux(*se*) (au travail).

◆_하다 [형] être négligeant(*e*), paresseux(*se*). ¶ 맡은 일에 ~하다 être négligeant(*e*) dans *son* travail.

태몽 胎夢 [명] rêve *m* présage de conception. ¶ ~을 꾸다 faire un rêve laissant présager qu'on est enceinte ou qu'un proche parent l'est.

태반[1] 太半 [명] majorité *f*, la plupart *f* (des gens); la plus grande partie *f*. ¶ 사람들의 ~은 그 의견에 반대했다 La plupart des gens s'opposaient à cette opinion. ¶ 소장품의 ~이 화재로 소실되었다 La grande partie des collections a été détruite par l'incendie.

태반[2] 胎盤 [명] placenta *m*; arrière-faix *m inv*.

◆_염 -厭 [명] inflammation *f* du placenta.

◆_형성 -形成 [명] formation *f* du placenta.

태백성 太白星 [명] Vénus *f*. ☞ 금성

태부족 太不足 [명] manque *m*, pénurie *f*, carence *f*, défaut *m*. ◇_이다 manquer beaucoup ¶ 가뭄 해갈을 위한 용수가 ~이다 Il manque beaucoup d'eau pour parer à la sécheresse.

◆_하다 [형] être très à court (d'argent); manquer beaucoup de *qc*; être très insuffisant(*e*). ¶ 이 일을 벌이기에는 돈이 ~하다 Il me manque beaucoup d'argent pour entamer cette affaire.

태산 泰山 [명] haute montagne *f*. ¶ 부모의 은혜는 ~보다 높다 On ne peut pas mesurer tout ce que l'on doit à ses parents / La reconnaissance que l'on doit à ses parents [La dette qu'on a envers ses parents] est aussi haute qu'une montagne [aussi vaste [profonde] qu'un océan, aussi vaste que la mer]. ¶ 할 일이 ~이어서 무엇부터 해야 할지 모르겠다 J'ai tellement de choses à faire que je ne sais pas par où commencer.

*~같다[이다] être grand(*e*) comme une montagne; avoir une montagne [une tonne] de ((travail)), avoir des tas de ((choses à faire)). ¶ 할 일이 ~ 같다[이다] avoir une montagne de choses à faire [de travail], avoir des tas [une tonne] de choses à faire, avoir une tonne de travail, crouler sous le [sous une avalanche de] travail, être submergé(*e*) de travail [par les occupations, par le travail], être débordé(*e*), être dépassé(*e*) par l'ampleur d'un travail, être noyé(*e*) ((de travail)), avoir du travail à n'en plus finir; ne plus savoir où donner de la tête; avoir (encore) du pain sur la planche {*fam*}, avoir un travail fou [monstre] {*pop*}, avoir fort à faire. ¶ ~같이 믿다 mettre toute *sa* confiance en *qn*.

*갈수록 ~(이다) La situation va de pire en pire.

태산준령 泰山峻嶺 [명] montagne *f* haute et escarpée.

*~을 넘고 또 넘다 traverser [surmonter] toutes les difficultés.

태생 胎生 [명] naissance *f*, origine *f*. ¶ 그는 서울 ~이다 Il est originaire de Séoul. ¶ ~이 의심스럽다 avoir des doutes sur *son* origine.

태세 態勢 [명] attitude *f*, position *f*, posture *f*. ¶ 전투 ~ position de combat. ◇_를 하다[취하다, 갖추다] se mettre en posture de *qc*; être prêt(*e*) à+*inf*; se mettre en état [mesure] de+*inf*; se préparer à+*inf*. ¶ 덤빌 ~를 하다 se mettre en posture d'attaque [en position de combat]. ◇_이다 être en posture [en position] de *qc*/*inf*. ¶ 그 사람은 화가 나서 덤비기라도 할 ~였다 Furieux, il s'est mis en posture d'attaque.

태아 胎兒 [명] fœtus *m*, embryon *m*.

태양 太陽 [명] soleil *m*, astre *m* solaire. ¶ 눈부신 ~ soleil rayonnant. ¶ 민족의 ~ le soleil du peuple. ¶ ~이 떠오른다 Le soleil se lève.

◆_계 -系 [명] système *m* solaire.

◆_광선 -光線 [명] rayon *m* solaire.

◆_력 -曆 [명] calendrier *m* solaire.

◆_빛 [명] lumière *f* solaire.

◆_숭배 -崇拜 [명] culte *m* [mythe *m*] solaire.

◆_신 -神 [명] dieu *m* du soleil; ((그리스 신화)) Hélios *m*; Apollon *m*.

◆_열 -熱 [명] chaleur *f* [énergie *f*] solaire ¶ ~열 발전 production électrique solaire, production d'électricité à partir de l'énergie solaire.

태어나다 [자] ① être né(*e*). ¶ 가난한 집에 ~ être né(*e*) dans une famille pauvre. ¶ 팔자 좋게[사납게] ~ être né(*e*) sous une bonne [mauvaise] étoile, être né(*e*) sous un astre favorable, être né(*e*) sous un heureux aspect, être né(*e*) coiffé(*e*). ¶ 첫째 아이가 태어났을 때 lors de la naissance de mon premier enfant. ¶ 어젯밤에 5마리의 강아지가 태어났다 Hier soir, sont nés cinq chiots. ¶ 태어나서부터 비상한 아이였다 Cet enfant est né doué. ② ((비유적)) être né(*e*). ¶ 이런 배경에서 노동자 문학이 태어났다 La littérature ouvrière est née dans ce contexte (social).

태업 怠業 [명] grève *f* perlée. ¶ ~을 중단하고 조업을 재개하다 recommencer à travailler après une grève perlée. ¶ ~에 들어가다 se mettre à faire une grève perlée, se mettre à ralentir l'activité de l'entreprise. ◇_(을) 하다 faire une grève perlée, ralentir l'activité de l'entreprise en signe de protestation. ¶ ~하는 사람이 많다 Beaucoup de personnes font une grève perlée.

태연 泰然 [명] calme *m*, indifférence *f*, sang-froid *m*, flegme *m*, assurance *f*. ¶ ~을 가장하다 faire semblant d'être calme. ¶ ~을 유지하다 garder *son* sang-froid.

◆_하다 [형] être calme, imperturbable. ¶ ~한 태도 attitude imperturbable. ¶ 욕을 먹어도 ~하다 écouter froidement des injures. ¶ 네가 곤경에 처한 것을 보고 내가 ~하게 있을 수 없다 Tes difficultés ne me laissent pas indifférent(*e*) / Comment rester indifférent(*e*) quand je vois la situation dans laquelle tu te trouves.

◆_히 [부] avec calme, avec flegme. ¶ 자신의 죄를 ~히 자백하다 confesser un péché calmement, avouer une faute calmement.

◆_스럽다 [형] être calme, imperturbable. ¶ 침착하고 ~스러운 태도 attitude calme et imperturbable. ¶ ~스럽게 말하다 parler de façon imperturbable.

◆_스레 ㊁ avec indifférence; avec calme. ¶ ~스레 거짓말하다 mentir sans être perturbé(*e*). ¶ ~스레 웃다 rire avec indifférence.

◆_자약 -自若 ㊄ imperturbabilité *f*, calme *m*. ¶ 그 사람은 아무리 위기상황이라도 ~자약하다 Quoi qu'il arrive, il est imperturbable / Dans toutes les situations de crise, il garde son sang-froid. ¶ 시종일관 ~자약하다 être constamment calme.

태엽 胎葉 ㊄ ressort *m* ((d'une montre, d'un jouet mécanique)), spir*al*(*aux*) *m*. ¶ ~을 감다 tendre un ressort; ((시계, 장난감 따위의)) remonter ((une montre, un jouet)). ¶ ~이 풀렸다 Le ressort s'est détendu [s'est cassé].

*~이 풀리다 【속어】 se relâcher (dans *son* travail), s'endormir (sur le rôti) {*fam*}, ralentir *ses* efforts [*son* travail], avoir du mou, se laisser aller, relâcher la [*sa*] tension, se détendre, se décontracter, décompresser, dételer, relâcher la vigilance, la tension (nerveuse) tombe, l'étau se desserre, se reposer, prendre un peu de relâche [de repos]. ¶ 한동안 휴가를 지내고 왔더니 ~이 풀려 일이 손에 잡히지 않는다 Après s'être reposé(*e*) pendant si longtemps, c'est maintenant dur de reprendre le travail.

◆_장치 -裝置 ㊄ ((시계의)) mouvement *m* (d'horloge), rouages *mpl* ((d'une montre)); ((장난감 따위의)) mécanisme *m* ((d'un jouet)).

태우다[1] ㊅ ① ((연소)) brûler *qc* ((sur le feu)); incendier ((une forêt)); ((검게 그을리다)) carboniser *qc*, calciner *qc*; ((소진시키다)) réduire ((une ville)) en cendres)), détruire ((une maison)) par le feu; ((시체를 화장하다)) incinérer ((un cadavre)). ¶ 장작을 ~ brûler une bûche. ¶ 낙엽을 ~ brûler les feuilles mortes. ② ((담배를)) fumer. ¶ 그는 초조하여 연신 담배만 태운다 Son inquiétude [Son angoisse] le pousse à fumer cigarette sur cigarette / Il fume cigarette sur cigarette pour dissiper [pour calmer] son angoisse [son stress]. ③ ((햇볕에)) (*se*) (faire) bronzer au soleil, se dorer au soleil; ((la peau)) se hâler, brunir, noircir; prendre un bain de soleil; ((지나치게)) prendre un coup de soleil. ¶ 햇빛에 몸을 ~ (*se*) (faire) bronzer au soleil, faire bronzette, prendre un bain de soleil. ¶ 그는 살갗을 너무 태웠다 Il a eu [pris, attrapé, chopé {*fam*}] un coup de soleil. ④ ((실수로)) laisser brûler *qc* sur le feu. ¶ 밥을 ~ laisser brûler [((그슬리다)) roussir] le riz. ¶ 바지를 ~ brûler *son* pantalon ((en le repassant, avec un fer à repasser)). ⑤ ((감정을)) entretenir la flamme ((de la vengeance)). ¶ 그는 복수의 불길을 가슴 속에 태우고 있었다 En lui brûlait la flamme de la vengeance.

*애를[속을] ~ s'attrister, s'affliger, se tourmenter; s'inquiéter, se ronger [se manger] les sangs, se ronger d'inquiétude, se faire du mauvais sang, se faire un sang d'encre, se turlupiner, se soucier, se tracasser, se faire du souci [des soucis]; se faire de la bile [du mouron, des cheveux] {*fam*}, se biler {*fam*}; se préoccuper. ¶ 왜 이렇게 사람의 속을 태우는 거니? Pourquoi me tourmentes-tu autant?

*가슴을 ~ languir d'amour ((pour *qn*)). ¶ 사랑으로 가슴을 ~ languir d'amour.

태우다[2] ㊅ ① ((탈것에)) prendre *qn* en voiture; mettre *qn* ((au train, dans l'autobus)); faire monter *qn* ((à cheval, dans une voiture)). ¶ 누구를 배[비행기]에 ~ embarquer ((les passagers)) dans le bateau [dans l'avion], faire monter [faire entrer] ((les passagers)) dans le [à bord du] bateau [dans l'avion, à bord de l'avion]. ¶ 나는 노인을 버스에 태워 드렸다 J'ai aidé un vieil homme [une vieille dame] à monter dans l'autobus [dans le bus, ((시외)) dans l'autocar, dans le car]. ¶ (네 차에) 나 좀 태워 줘 Peux-tu me déposer quelque part? ¶ 나는 고속도로 입구에서 히치하이커를 태웠다 J'ai pris un auto-stoppeur à l'entrée de l'autoroute. ¶ 손님을 뒷자리에 ~ ((un taxi)) prendre un(*e*) client(*e*) sur le siège arrière. ¶ 이 관광버스는 40명의 승객을 태울 수 있다 Cet autocar de tourisme peut transporter [contenir] 40 personnes. ¶ 군인들을 태운 5척의 배 cinq navires transportant des troupes militaires. ② ((놀이기구를)) faire faire de la balançoire ((à un enfant)); mettre un(*e*) enfant sur ((un toboggan)). ¶ 아이를 그네[시소]를 ~ pousser un(*e*) enfant sur une balançoire, faire faire de la balançoire [de la bascule] à un(*e*) enfant. ¶ 내가 미끄럼을 태워 줄게 Je vais te mettre sur le toboggan / Je vais t'aider à monter sur le toboggan.

*비행기(를) ~ flatter *qn*, mener *qn* en bateau {*fam*}, monter un bateau à *qn* {*fam*}, faire marcher *qn* {*fam*}. ¶ 괜히 비행기 태우지 마세요 Arrêtez de me flatter, c'est gênant [ça me gène, ça me met mal à l'aise].

태우다[3] ㊅ faire une raie ((dans la chevelure d'un enfant, dans les cheveux d'un enfant)). ¶ 아이의 가르마를 ~ faire une raie dans la chevelure d'un enfant [dans les cheveux d'un enfant].

태우다[4] ㊅ chatouiller ((*qn*, les côtes *qn*)). ¶ 아이를 간지럼을 ~ chatouiller un enfant. ¶ 간지럼 그만 태워! Arrête de me chatouiller!

태음 太陰 ㊄ lune *f*.

◆_력 -曆 ㊄ calendrier *m* lunaire.

◆_인 -人 ㊄ *tae-eumin m* <personne à la constitution du type du grand *yin* [*tai-yin*] ((dans la médecine philosophique traditionnelle chinoise qui divise les types de constitution en quatre: petit *yin* [*xiao-yin*], grand *yin* [*tai-yin*], petit *yang* [*xiao-yang*], grand *yang* [*tai-yang*]>.

태자 太子 ㊄ prince *m* héritier; ((프랑스 왕가)) Dauphin *m*.

◆_비 -妃 ㊄ femme *f* [épouse *f*] du prince héritier.

태장 笞杖 ㊄ flagellation *f*, bastonnade *f*, fustigation *f* {*litt*}, (volée *f* de) coups *mpl* de bâton [fouet].

ㅌ

¶~을 맞다 recevoir le fouet, être fouetté(*e*), bastonné(*e*), flagellé(*e*), recevoir des coups de bâton [des coups de fouet, une volée de coups de bâton] recevoir la bastonnade.

태조 太祖 명 【역사】 fondateur *m* [premier roi *m*] d'une dynastie.

태중 胎中 명 (période *f* de la) grossesse *f*; (pendant la) grossesse *f*. ¶~에는 몸가짐을 조심해야 한다 Il faut prendre beaucoup de précautions pendant la grossesse.

태질 명 mise *f* au sol [à terre]. ◇_(을) **하다[치다]** jeter à terre (avec force). ¶누구를 바닥에 ~하다[치다] jeter *qn* à terre. ◇_(을) **당하다** être jeté(*e*) à terre, se faire jeter à terre; se faire violemment corriger.

태초 太初 명 commencement *m* du monde, aube *f* des temps. ¶~에[부터] au [depuis le] commencement du monde, à [depuis] l'aube des temps.

태클 영{tackle} 명 tacle *m*. ¶~을 걸다 effectuer un tacle.

*~(을) **걸다** 【은어】 mettre des bâtons dans les roues à *qn*, entraver ((les projets de *qn*)); importuner *qn*, enquiquiner *qn* {*fam*}; contredire *qn*, reprendre *qn*, faire des remarques désobligeantes à *qn*; ((트집을 잡다)) chercher des histoires à *qn*, chercher matière à dispute, criticailler *qn* {*fam*}, chercher la petite bête à *qn*, critiquer sans raison; avoir [trouver] à redire à *qn*. ¶그 친구는 사사건건 ~을 건다 Il trouve à redire à tout. ◇_(을) **하다** tacler, faire un tacle.

태평 太平 명 paix *f*, tranquillité *f*. ¶그는 ~으로 잠만 잔다 Très tranquille, il ne fait que dormir. ◇_**이다** être tranquille, paisible. ¶그 사람은 매사에 ~이다 C'est un optimiste en tout.

◆_**하다** 형 être tranquille, paisible; être en paix. ¶천하가 ~하다 Le monde entier est en paix. ¶~한 사람 personne tranquille [paisible]. ¶마음을 ~하게 먹다 avoir un cœur tranquille.

◆_**스럽다** 형 être tranquille, paisible. ¶~스러운 얼굴 mine tranquille, visage paisible. ¶~스럽게 말하다 parler avec tranquillité, parler paisiblement.

◆_**가** -歌 명 hymne *m* à la paix.

*~**가를 부르다** traverser une période de rêve paisible et prospère.

◆_**성대** -聖代 명 règne *m* paisible. ¶~성대를 누리다 avoir une période de règne paisible.

태평양 太平洋 명 Pacifique *m*; océan *m* Pacifique.

◆_**전쟁** -戰爭 명 【역사】 guerre *f* du Pacifique.

◆_**함대** -艦隊 명 flotte *f* du Pacifique.

◆**남**_ 南- 명 Pacifique *m* (du) Sud.

태풍 颱風 명 typhon *m*; ((인도양, 아라비아해)) cyclone *m* (tropical); ouragan *m*. ¶~의 눈 l'œil du typhon [du cyclone]. ¶강력한 ~ un violent typhon, un puissant typhon, un typhon extrêmement puissant, un grand typhon. ¶A[B, C]급 ~ un typhon de puissance A[B, C]. ¶~이 분다 Le typhon fait rage / Un typhon s'abat ((sur le pays)). ¶~의 영향권 내에 있다 se trouver dans la zone des typhons. ¶~이 전국을 강타했다 Un typhon a ravagé tout le pays / Un typhon s'est abattu sur tout le pays.

태형 笞刑 명 peine *f* du fouet; flagellation *f*; fustigation *f*. ¶~을 가하다 infliger la peine du fouet à *qn*; infliger des coups de fouet [de martinet] à *qn*; donner des coups de fouet à *qn*; fouetter *qn*; fustiger *qn*.

태환 兌換 명 【경제】 conversion *f* (d'une somme d'argent liquide en valeurs). ¶~ 지폐 un billet convertible.

택배 宅配 명 (service *m* de) livraison *f* à domicile; ((소포)) colis *m* délivré à domicile. ¶~로 보내다 envoyer ((un paquet)) avec livraison à domicile, faire livrer ((un colis, un paquet)) à domicile. ¶ 오늘 아침 내게 ~가 왔다 Ce matin, j'ai reçu à domicile un colis / Ce matin, on m'a livré un colis à domicile.

◆_**회사** -會社 명 entreprise *f* de livraison à domicile.

택시 영{taxi} 명 taxi *m*. ¶~를 타다 prendre un taxi. ¶~를 부르다 appeler un taxi.

◆_**미터 영**{taximeter} 명 compteur *m* d'un taxi.

◆_**비** -費 명 prix *m* [tarif *m*] de la course *f*.

택일[1] **擇日** 명 choix *m* du jour favorable. ◇_(을) **하다** prendre un jour; choisir un jour favorable ((pour un mariage)); fixer [prendre] une date (favorable). ¶결혼 날짜를 ~하다 fixer une date (favorable, propice) pour le mariage; choisir un jour favorable [propice] pour le mariage.

택일[2] **擇一** 명 choix *m* (d'une chose entre plusieurs). ◇_(을) **하다** choisir une chose entre plusieurs; n'en choisir qu'un seul. ¶이것과 저것 중에서 ~하다 choisir l'un des deux; choisir entre celui-ci et celui-là. ¶여러 개 중에서 ~해야 한다 Il faut n'en choisir qu'un seul.

◆**양자**_ 兩者- 명 choix *m* entre les deux.

택임 擇任 명 action de choisir *qn* pour un travail [action de confier un travail à *qn*]. ◇_(을) **하다** choisir *qn* pour un travail; confier un travail à *qn*. ¶부장은 이번 일에 그 사람을 ~했다 Le sous-directeur l'a choisi(*e*) pour ce travail [lui a confié ce travail].

택지 宅地 명 terrain *m* à bâtir [à lotir]. ¶~ 개발 une exploitation d'un terrain à bâtir. ¶~를 조성하다 aménager un terrain à bâtir.

택진 宅診 명 consultation *f* chez le médecin. ¶의사에게 ~을 받다 se faire consulter par un médecin dans *son* cabinet médical, se faire examiner chez un médecin. ◇_(을) **하다** Le médecin consulte ((un patient)) dans son cabinet.

택하다 擇- 타 choisir *qc*, opter pour *qc*, faire [fixer, arrêter] *son* choix sur *qc*. ¶친구를 ~ choisir *ses* amis. ¶둘 중 하나를 ~ choisir entre deux choses. ¶여러 사람 가운데서 ~ choisir *qn* parmi plusieurs

ㅌ

personnes. ¶ 이 중에서 어느 것을 택하시겠습니까? Lequel de ces objets allez-vous prendre [choisissez-vous, fera l'objet de votre choix]? ¶ 셋 중에 하나를 택하게 하다 laisser *qn* faire *son* choix parmi trois choses. ¶ 불어를 전공으로 ~ choisir de faire des études de français [choisir le département de français] à l'université, s'engager dans des études de français. ¶ 치욕보다는 죽음을 ~ préférer la mort au déshonneur. ¶ 나는 항복하느니 차라리 죽음을 택하겠다 Je préfère mourir plutôt que de me rendre.

택혼 擇婚 명 choix *m* d'un(*e*) conjoint(*e*) pour (le mariage *m* de) *son* enfant. ◇_(을) **하다** choisir un(*e*) conjoint(*e*) ((pour *son* enfant)). ¶ 옛날에는 부모가 자식을 대신해서 ~하였다 Autrefois, les parents choisissaient un(*e*) conjoint(*e*) pour leurs enfants.

탤런트 영{talent} 명 ac*teur*(*trice*) de télé(vision); vedette *f* [artiste *mf*] du petit écran.

탬버린 영{tambourine} 명 tambourin *m*.

탭댄스 영{tap dance} 명 claquettes *fpl*, danse *f* à claquettes.

탯줄 胎— 명 cordon *m* ombilical. ¶ ~을 자르다[끊다]. couper le cordon ombilical.

탱고 영{tango} 명 【예술】 tango *m*.

탱자 명 【식물】 orange *f* sauvage.

◆_**나무** 명 【식물】 poncirus *m* trifolié, citron *m* du Nord, trifoliate *m* orange; *Poncirus trifoliata* {*nsc*}.

탱크 영{tank} 명 tank *m*; réservoir *m*; citerne *f*; char *m* d'assaut.

탱크로리 영{tank lorry} 명 camion-citerne(*~s-~s*) *m*, citerne *f*, citerne *f* routière.

탱탱 부 d'aspect bien ferme [tendu, dur]. ¶ 얼굴이 ~ 부었다 avoir le visage très enflé [((의학)) œdématié].

◆_**하다** 형 être tendu(*e*), raide; être ferme. ¶ 피부가 ~하다 avoir la peau tendue [ferme]. ¶ 바람을 넣은 공이 ~하다 Le ballon rempli d'air est ferme [bien gonflé]. ¶ ~한 껍질 une peau ferme; une peau dure.

탱화 幀畵 명 【불교】 image *f* [portrait *m*, effigie *f*] de Bouddha à accrocher au mur.

터[1] 명 ① 자리 terre *f*, sol *m*; emplacement *m*; terrain *m*; ((장소)) lieu(*x*) *m*; endroit *m*. ¶ 빈 ~ un terrain vide. ¶ 이 ~에 공장이 들어선다 L'usine va être construite sur ce terrain. ¶ ~를 닦다 préparer [niveler] ((un terrain pour y construire une maison)); jeter les fondations ((d'une maison)). ¶ 시내 한복판에 ~를 잡다 s'installer en plein cœur de la ville [en plein centre-ville]. ¶ 집 지을 ~를 마련하다 jeter les fondations d'une maison. ¶ 이곳은 장사하기에 ~가 좋다 Ici, c'est un bon emplacement pour faire du commerce. ¶ 이곳은 예전에 절이 있던 ~이다 C'est ici que se trouvait autrefois le temple / C'est ici l'emplacement du temple détruit. ② 바탕, 기반 bases *fpl*; fondement *m*; assise *f* ((d'un pont, d'un régime)). ¶ 유전 공학 연구의 ~를 닦다 préparer les bases de recherches génétiques. ¶ 민주주의가 확고하게 ~를 잡았다 La démocratie s'est fermement installée.

*~**가 세다** ((lieu)) porter malheur.

◆**낚시**_ 명 lieu *m* de pêche.

◆**놀이**_ 명 aire *f* de jeux (pour les enfants).

◆**일**_ 명 bureau(*x*) *m*, lieu *m* de travail, travail *m*

◆**장**_ **場** 명 (place *f* du) marché *m*.

◆**집**_ 명 terrain *m* à bâtir, terrain *m* constructible; lotissement *m*; terrain *m* [emplacement *m*] où se trouve la maison.

터[2] 의명 ① 상황, 처지 position *f*, situation *f*, ((관계)) relation *f*, termes *mpl*. ¶ 나는 그 사람과 알고 지내던 ~였다 Je le connaissais / Lui et moi, on se connaissait. ② 예정, 짐작 devoir+*inf*; avoir l'intention *f* de+*inf*; projet *m*; compter+*inf*; se proposer de+*inf*. ¶ 내가 내일 갈 ~이니 집에 있어요 Comme je compte te rendre visite demain, reste chez toi. ¶ 목마를 ~인데 뭐 좀 마셔요 Tu dois avoir soif, alors bois quelque chose [alors prends quelque chose à boire]. ¶ 그 사람에게 전화하려던 ~에 그 사람이 나를 찾아왔다 Au moment où j'allais lui téléphoner, il est venu me voir [rendre visite].

터널 영{tunnel} 명 tunnel *m*; passage *m* souterrain. ¶ ~을 뚫다 creuser un tunnel. ¶ ~에 들어가다 entrer dans un tunnel [dans un passage souterrain].

터놓다 타 ① ((공간을)) dégager, ouvrir. ¶ 물이 흐르도록 둑을 ~ dégager la digue pour laisser couler l'eau. ¶ 임시로 길을 ~ ouvrir le passage provisoirement. ¶ 이번 조처는 양국 간의 길을 터놓았다 Cette mesure a permis aux deux pays de s'ouvrir l'un à l'autre. ② s'ouvrir ((à *qn*)), se livrer ((à *qn*)), s'épancher ((auprès de *qn*)), parler franchement [à cœur ouvert, ouvertement], dire le fond de *sa* pensée; confier à *qn* ((*ses* secrets, *ses* projets, un souci)); confesser ((la vérité)); ((비밀을)) révéler [divulguer, déceler, dévoiler] ((un secret)). ¶ 마음속을 ~ raconter des confidences intimes ((à *qn*)), parler à cœur ouvert ((à *qn*)), ouvrir [épancher] *son* cœur [*sa* pensée] ((à *qn*)), dévoiler (le fond de) *son* cœur ((à *qn*)), se confier ((à *qn*)), se livrer ((à *qn*)), s'ouvrir à *qn*; confier *son* histoire intime ((à *qn*)), dire *sa* pensée, discuter à cœur ouvert; s'épancher ((auprès de *qn*)); donner libre cours à *ses* sentiments. ¶ 우리는 점점 서로 이런 저런 얘기를 터놓기 시작했다 Nous commençons peu à peu à nous confier l'un à l'autre. ¶ 우리는 서로 터놓고 지내는 사이다 Nous n'avons aucun secret l'un pour l'autre / On se dit tout.

***흉금을** ~ s'ouvrir à *qn*, se livrer à *qn*, raconter des confidences intimes à *qn*, s'épancher auprès de *qn*, parler à cœur ouvert [franchement] à *qn*.

터덜거리다 자타 ① ((걸음을)) marcher d'un pas lourd [traînant]; se traîner. ¶ 걸음을 ~ marcher d'un pas lourd [d'un pas traînant]; se traîner. ¶ 그는 터덜거리며 언덕을 오르고 있었다 Il gravissait la colline.

E

② claquer; cahoter; trembler; branler, bringuebaler; produire un claquement sec; entrechoquer ((des cailloux)), faire du bruit avec *qc*, faire tinter ((*son* grelot)), ferrailler, faire entendre des bruits secs; rouler avec fracas; s'ébranler; ((철문 따위가)) grincer. ¶ 터덜거리는 수레 la charrette qui cahote. ¶ 버스가 터덜거리며 달리고 있다 Un autobus cahote (sur le chemin).

터덜대다 재타 ☞ 터덜거리다

터덜터덜 부 ((marcher)) d'un pas très lourd, d'un pas traînant, à pas lourds, avec peine; en cahotant, en bringuebalant; avec un bruit métallique, en cliquetant, en faisant des cliquetis. ¶ ~ 걷다 marcher d'un pas très lourd. ¶ ~굴러가는 마차 une charrette qui cahote. ¶ ~ 자전거를 몰다 conduire une bicyclette qui roule en faisant des cliquetis.

터득 攄得 명 maîtrise *f*, compréhension *f*; appréhension *f*. ◇_(을) **하다** comprendre *qc*; concevoir *qc*; saisir *qc*. ¶ 진리[원리]를 ~하다 comprendre une vérité [un principe]. ¶ 독서의 요령을 ~하다 saisir la manière de lire ((pour comprendre une œuvre)). ¶ 장사의 비결을 ~하다 comprendre le secret du commerce. ¶ 공부를 어떻게 해야 하는지를 ~하다 comprendre comment il faut s'y prendre pour étudier.

터뜨리다 타 ① crever, faire éclater, écraser ((un œuf)). ¶ 타이어를 ~ crever un pneu. ¶ 풍선을 ~ crever un ballon. ¶ 종기를 ~ crever un abcès. ② ((꽃이 망울을)) éclore, s'ouvrir, s'épanouir. ¶ 꽃망울을 ~ ((la fleur)) s'ouvrir, s'épanouir, éclore. ③ ((폭탄을)) faire exploser ((une bombe)). ¶ 다이너마이트[폭탄]를 ~ faire exploser de la dynamite [une bombe]. ④ ((웃음, 울음을)) faire éclater de rire *qn*. ¶ 웃음을 터뜨리게 하다 faire éclater de rire *qn*, provoquer chez *qn* l'hilarité [un éclat de rire, une franche rigolade {*fam*}]. ¶ 울음을 ~ éclater en sanglots. ⑤ ((감정을)) laisser exploser ((*sa* colère)); laisser s'extérioriser [voir, transparaître] *ses* émotions; libérer ((*ses* émotions)). ¶ 감정을 ~ laisser sortir *ses* émotions, laisser *ses* émotions s'extérioriser, laisser voir [transparaître] *ses* émotions, libérer *ses* émotions. ¶ 분노를 ~ laisser exploser *sa* colère. ⑥ 폭로하다 ((비밀을)) révéler, divulguer, déceler; ((사건을)) faire éclater ((une affaire au grand jour)), mettre au grand jour, dévoiler ((un mystère)); ébruiter ((une affaire)), crier sur les toits, dévoiler [lever le voile sur] ((un complot, un scandale)). ¶ 비밀을 ~ révéler [divulguer, déceler] un secret. ¶ 당국은 아직 사건을 터뜨리지 않고 있다 Les autorités n'ont pas encore révélé l'affaire [n'ont pas encore fait éclater l'affaire]. ¶ 그들은 결국 문제를 터뜨리고 말았다 Ils ont enfin fait éclater l'affaire / Ils ont enfin mis l'affaire au grand jour / Ils ont enfin levé le voile sur l'affaire.

터럭 명 cheveu(*x*) *m*; poil *m*.

* ...**할 마음[생각]은 ~만큼도 없다** ne pas avoir la moindre intention de+*inf*.

터무니 명 bonne raison *f*, bon fondement *m*. ◇_(가) **없다** être déraisonnable, insensé(*e*), incroyable. ¶ ~없는 이야기 des énormités; des extravagances; des absurdités. ¶ ~없는 요구 une demande absurde [déraisonnable]; ((demander)) l'impossible. ¶ 너의 말은 ~없다 C'est absurde ce que tu dis! / Ce que tu dis est absurde [n'a pas de sens]! / Cela n'a pas de sens ce que tu dis!

◆**_없이** 부 extrêmement, incroyablement. ¶ 가격이 ~없이 비싸다 Le prix est exorbitant / Le prix est incroyablement élevé / Ça coûte les yeux de la tête [la peau des fesses {*fam*}, la peau du cul {*vulg*}] / C'est hors de prix.

터미널 영{terminal} 명 ((버스)) (gare *f*) terminus *m* ((d'autobus, d'autocars)), gare *f* routière; ((열차)) complexe *m* ferroviaire; ((공항)) termin*al*(*aux*) *m* ((d'un aéroport)), aérogare *f*; ((컴퓨터)) ((console d'un)) termin*al*(*aux*) *m* ((terminal d'ordinateur)), station *f* de travail. ¶ 버스 ~ ((시내)) (gare) terminus d'autobus; ((시외)) (gare) terminus d'autocars [de cars]; gare routière.

터벅터벅 부 ((marcher)) d'un pas lourd, d'un pas traînant, à pas lourds, avec peine. ¶ ~ 걸어가다 marcher d'un pas lourd [d'un pas traînant], marcher avec peine, se traîner.

터번 영{turban} 명 turban *m*. ¶ 머리에 ~을 쓰다[감다, 두르다] se coiffer d'un turban, envelopper *sa* tête d'un turban, se mettre un turban autour de la tête, s'envelopper la tête d'un turban.

터부 영{taboo} 명 tabou *m*, sujet *m* tabou; sujet *m* interdit; mot *m* tabou. ¶ 무엇이 ~로 되어 있다 ((Ne parlez pas de cela,)) c'est un sujet interdit [tabou] ((dans cette maison)) / Il ne faut pas parler de corde dans la maison d'un pendu.

◆**_시** -視 명 fait de considérer *qc* comme un (sujet) tabou. ¶ 무엇을 ~시(를) 하다 considérer *qc* comme un (sujet) tabou.

터부룩하다 형 ((cheveux, barbe)) être touffu(*e*) et en désordre; être hirsute, ébouriffé(*e*), échevelé(*e*); ((sourcils)) être broussailleu*x*(*se*), ((cheveux, barbe)) être inculte; être peu soigné(*e*), désordonné(*e*); avoir ((les cheveux, la barbe)) en bataille; ((cheveux)) être en désordre [en bataille, en broussaille]; être échevelé(*e*), décoiffé(*e*), dépeigné(*e*), ébouriffé(*e*). ¶ 수염이 ~ avoir une barbe hirsute; avoir la barbe en bataille [inculte]. ¶ 머리가 ~ être ébouriffé(*e*), s'être coiffé(*e*) avec un pétard {*fam*}; avoir une tignasse hirsute; avoir les cheveux hirsutes; avoir la tête hirsute; avoir la chevelure ébouriffée; avoir les cheveux broussailleux; avoir les cheveux en bataille [en broussaille, en désordre, emmêlés, en coup de vent].

터빈 영{turbine} 명 turbine *f*. ¶ 증기[가스] ~을 돌리다

faire fonctionner la turbine à vapeur [à gaz].

터수 명 ① 형편 position *f*; condition *f* financière d'une famille. ¶ ~가 나아지다 aller mieux sur le plan financier. ② 관계 relation *f*; termes *mpl*. ¶ 우리 ~에 못할 말이 뭐가 있냐? On n'a pas de secret entre nous, n'est-ce pas? / Il n'y pas de secret entre nous, n'est-ce pas? / Entre nous, tu peux tout me dire. Vas-y, je t'écoute. ③ 처지나 상황 moment *m*; circonstances *fpl*; situation *f*. ¶ 지금 ...할 ~가 아니다 Maintenant, ce n'est pas le moment de ...

터울 명 différence *f* d'âge (entre frères et sœurs); intervalle *f* entre deux naissances. ¶ ~이 지다 avoir ((deux ans)) de différence [d'écart]. ¶ 이 두 형제는 두 살 ~이다 Ces deux frères se suivent à deux ans d'intervalle / Ces deux frères ont deux ans de différence [d'écart].

터전 명 emplacement *m*; terrain *m*; lieu *m*; ((기초)) bases *fpl*, fondation *f*, fondements *mpl*. ¶ 삶의 ~ un lieu de vie. ¶ 문학의 ~ les bases de la littérature. ¶ ~을 잡다 s'établir; (s'installer, s'implanter, s'ancrer, se fixer). ¶ ~을 마련하다 préparer [niveler] ((un terrain pour y construire une maison)); jeter les fondations ((d'une maison)); préparer la voie à ((une négociation)); jeter [établir] les bases ((d'une négociation)); jeter [poser] les fondements ((d'un empire)). ¶ ~을 잃다 perdre *son* emplacement. ¶ 국가의 ~을 닦다 jeter les fondations d'un État.

터주 -主 명 【민속】 esprit *m* protecteur du sol [du terrain, de la terre] (où est bâtie une maison). ◆_ㅅ**대감** -大監 un ancien *m*; un vieux *m*; un vétéran *m* ((de l'enseignement)); un vieux routier *m* ((de la politique, des affaires)); un vieux *m* de la vieille; un vieux briscard *m* {*fam*}; vieux loup *m* de mer.

터주다 타 ① enlever un obstacle, ôter *qc* de la route, dégager [déblayer] ((la route, la voie)); frayer [laisser] un passage à *qn*. ¶ 사람들에게 지나갈 수 있도록 길을 ~ dégager la voie pour laisser passer les gens. ② ((비유적)) ouvrir ((la voie à *qn*)). ¶ 그는 우리 사이의 대화의 물꼬를 터주었다 Il a servi d'intermédiaire pour qu'on entame la conversation. ¶ 그는 내게 그 가게의 외상을 터주었다 Il m'a laissé ouvrir un compte créditeur dans son magasin. ¶ 후진들을 위하여 길을 ~ ouvrir la voie aux jeunes.

터지다 자 ① se déchirer, se briser, se rompre, crever, éclater. ¶ 옷[주머니]이 터졌다 Le costume est décousu. ¶ 풍선[타이어]이 터졌다 Le ballon [le pneu] est crevé. ¶ 둑이 터졌다 La digue s'est *rompue*. ¶ 종기가 터졌다 L'abcès est crevé. ¶ 수도관이 터졌다 Le conduit d'eau s'est rompu. ② ((신체가)) ((la panse)) éclater ((au sens figuré)), ((manger à en faire)) péter {*fam*} ((la sous-ventrière)). ¶ 목이 터져라 외쳐대다 crier de toutes *ses* forces. ¶ 슬픔으로 가슴이 터질 것 같다 en avoir gros sur le cœur. ¶ 그는 배가 터지게 먹었다 Il a mangé à s'en faire éclater la panse {*fam*} / Il a mangé à s'en faire péter la sous-ventrière {*fam*} / Il a mangé comme quatre [comme un ogre]. ③ 폭발하다 éclater, exploser, faire explosion. ¶ 다이너마이트가 터졌다 La dynamite vient d'exploser. ④ 쏟아져 나오다 saigner ((du nez)). ¶ 코피가 터졌다 Il saigne [saignait] du nez. ⑤ 표출되다 laisser éclater ((*sa* colère)). ¶ 그는 분통이 터졌다 Il a laissé éclater [exploser] sa colère / Il a explosé {*fam*} (de rage) / Il est sorti de ses gonds. ¶ 극장에서 함성[박수]이 터진다 Des cris [des applaudissements] éclatent dans le théâtre. ⑥ 갈라지다 se crevasser, se fendiller, se fendre, se fissurer, se lézarder, se gercer. ¶ 추위에 손이 ~ avoir des crevasses [des gerçures] aux mains [avoir les mains gercées] à cause du froid. ¶ 가뭄으로 논바닥이 터진다 La sécheresse crevasse le fond de la rizière. ⑦ 얻어맞다 se faire battre, recevoir des coups; être battu(*e*). ¶ 그는 깡패에게 죽도록 터졌다 Il a été battu(*e*) à mort par un voyou. ⑧ 폭로되다 ((secret, complot)) être dévoilé(*e*), divulgué(*e*), révélé(*e*), décelé(*e*); ((scandale)) éclater. ¶ 최고 인기 가수의 스캔들이 한 달 전에 터졌다 Le scandale autour du célèbre chanteur a éclaté il y a un mois. ¶ 그 문제가 터지면서 곤란한 일이 많이 생겼다 La révélation de cette affaire a créé beaucoup d'embarras. ⑨ 발생하다 ((la guerre)) éclater, se déclarer; avoir lieu, se produire. ¶ 전쟁이 터졌다 La guerre a éclaté / La guerre est déclarée. ¶ 사건이 터졌다 Un accident s'est produit. ¶ 난리가 터졌다 Une catastrophe a eu lieu. ⑩ 뚫리다 ((la voie)) s'ouvrir. ¶ 뱃길이 터졌다 La voie est ouverte pour les bateaux. ⑪ ((골이)) être marqué [inscrit, mis]. ¶ 결승골이 터졌다 Le but décisif vient d'être marqué / Ils ont marqué [inscrit] le but décisif / Ils ont tué le match. ⑫ 트이다 être ouvert(*e*), libre, vaste; être étendu(*e*), spacieux(*se*), vaste, large; s'étendre à perte de vue. ¶ 넓게 확 터진 도로 une route très élargie. ⑬ 밀려들다 arriver en grand nombre [tous en même temps]; ((복이)) commencer à sourire à *qn*. ¶ 그 사람 요즘 복이 터졌다 Ces derniers jours la chance lui sourit. ¶ 일복이 ~ avoir du travail à profusion, avoir une montagne de choses à faire [de travail], avoir des tas [une tonne] de choses à faire {*fam*}, avoir une tonne de travail {*fam*}, crouler sous le [sous une avalanche de] travail, être submergé(*e*) de travail [par les occupations, par le travail], être débordé(*e*), être dépassé(*e*) par l'ampleur d'un travail, être noyé(*e*) ((de travail)), avoir du travail à n'en plus finir; ne plus savoir où donner de la tête; avoir (encore) du pain sur la planche {*fam*}, avoir un travail fou [monstre] {*pop*}, avoir fort à faire. ⑭ ((과장, 강조)) être plus que+Adj, être hyper+Adj {*fam*}, être trop+Adj. ¶ 좁아 터진 교실 une salle de classe trop [ridiculement] petite [vraiment très exiguë, minuscule], une classe de classe riquiqui {*fam*}. ¶ 순해[게을러, 느려] 터진

아이들 enfants plus que dociles [plus que paresseux, plus que lents], des enfants hyper dociles [paresseux, lents] {*fam*}. ¶ 불어 터진 국수 des nouilles hyper ramollies {*fam*} [beaucoup trop cuites, qu'on a laissé cuire beaucoup trop longtemps dans l'eau, (réduites) en bouillie].

***박이 터지도록** ((se disputer)) violemment. ¶ 그 둘은 만나기만 하면 만날 박이 터지도록 싸운다 Ils ne peuvent pas se rencontrer sans se disputer violemment.

***속이** ~ bouillonner ((de rage)), être sur le point d'exploser [de péter les plombs] {fam}, être à bout (de nerfs), être à cran, avoir les nerfs {*fam*}, être très [super {*fam*}, hyper {*fam*}] énervé(*e*), irrité(*e*), être furieux(*se*), furax {*fam*}, hors de *soi*. ¶ 어휴 속 터져! Je sens que je vais péter les plombs / Je suis sur le point de péter les plombs [d'exploser] / Je suis à bout {*fam*} / J'ai les nerfs {*fam*}.

***대박이** ~ connaître [obtenir, remporter] un grand succès, faire un malheur {*fam*}, être un grand succès [une grande réussite], très bien marcher, ((les affaires)) marcher du tonnerre [d'enfer, du feu de Dieu, terrible] {*fam*}, faire fureur {*fam*}, faire un tabac {*fam*}, casser la baraque {*fam*}; faire fortune. ¶ 이번에 대박이 탁 터지면 내가 한 턱 낼게 Si l'affaire est un grand succès [marche très bien], je paie la tournée.

터치 영{touch} 명 ① 접촉 contact *m*; toucher *m*. ¶ 그 남자의 ~를 느꼈다 J'ai senti son contact. ② 짧게 논함 action *f* d'aborder [d'évoquer] un sujet. ¶ 그 기사는 가벼운 ~에 그쳤다 Cet article a juste mentionné [parle d'] un fait sans pour autant entrer dans les détails. ¶ 교육 문제를 가볍게 ~만 하다 ne faire qu'aborder [évoquer] légèrement les problèmes éducatifs [d'éducation]. ③ ((미술)) coup *m* de pinceau; trait *m* de plume. ¶ 강렬한 ~의 그림 un tableau fait à coups de pinceau énergiques. ④ 【운동】 touche *f*. ◇_(를) 하다 toucher *qn*. ¶ 몸에 ~를 하다 toucher *qn*. ¶ 주자가 ~를 했다 Le coureur a passé le relais à un autre coureur.

◆**_다운** 영{touchdown} 명 【운동】 essai *m* ((au football américain)).

◆**_라인** 영{touchline} 명 【운동】 ligne *f* de touche.

◆**_아웃** 영{touch out} 명 【운동】 balle *f* sortie du terrain de jeu après avoir touché un joueur de l'équipe adverse.

터트리다 타 ☞ 터뜨리다

터프가이 영{tough guy} 명 (vrai) dur *m*, homme *m* virile, mâle *m*.

턱[1] 명 menton *m*; mâchoires *f*, ganache *f* {*fam*}; ((곤충 따위의)) mandibule *f*. ¶ ~에 부스럼이 나다 avoir des boutons sur le menton. ¶ ~이 빠지다 se décrocher la mâchoire. ¶ 손으로 ~을 괴다 se tenir le menton.

***~이 빠지게[빠지도록] 웃다** rire à se décrocher la mâchoire.

***~으로 사람을 부리다** mener *qn* par le bout du nez.

◆**_밑** 명 ① dessous *m* du menton. ② en face de *qn*; sous ses yeux. ¶ ~밑에서 범인을 놓치다 rater le criminel alors qu'il était juste devant *soi*.

◆**_뼈** 명 mâchoire *f*; maxillaire *m*.

◆**_수염** 명 barbe *f*.

◆**_짓** 명 ((faire un)) signe *m* du menton. ¶ ~짓을 하다 faire un signe du menton. ¶ ~짓으로 의사를 표시하다 exprimer *sa* reconnaissance par un signe du menton.

◆**위[아래]_** 명 maxillaire *m* supérieur [inférieur].

◆**주걱_** 명 menton *m* en galoche.

턱[2] 명 saillie *f*, bosse *f*, partie *f* proéminente; ((문턱)) pas *m* de porte; seuil *m*. ¶ ~에 걸리다 trébucher sur le seuil. ¶ ~(이) 지다 faire saillie; avancer; être saillant(*e*). ¶ ~진 언덕 une colline saillante.

◆**고개_** 명 sommet *m* d'un col.

◆**문_** 門 명 pas *m* de porte; seuil *m*.

턱[3] 명 ((payer une)) tournée *f*, ((payer un)) verre *m*, ((payer un)) coup {*fam*}. ¶ 한 ~을 내다[쓰다] payer une tournée; arroser ((un succès, la nomination de *qn* à un poste)). ¶ 승진 ~을 내다 payer une tournée pour fêter *sa* promotion.

턱[4] 부 ① ((안심)) totalement, complètement, parfaitement ((rassuré(*e*))). ¶ 마음을 ~ 놓다 être totalement rassuré(*e*) [tranquillisé(*e*)]; oublier toute inquiétude. ¶ 사람을 ~ 믿어버리다 avoir une confiance absolue en *qn*. ② ((잡음)) d'un coup, brusquement, sans hésitation. ¶ 손을 ~ 잡다 serrer franchement la main de *qn*. ¶ 손을 ~ 내밀다 tendre la main ((à *qn*)) sans la moindre hésitation. ③ 갑자기 d'un coup, brusquement, en un instant. ¶ 가다가 ~ 멈추다 s'arrêter tout d'un coup [brusquement, en un instant]. ¶ 그는 갑자기 ~ 쓰러져 버렸다 Il s'est brusquement effondré / Il s'est brutalement évanoui. ④ 태연히 sans crainte, sans hésitation. ¶ 무대에 ~ 나서다 paraître en scène [monter sur les planches] sans timidité [sans appréhension, sereinement, tranquillement].

턱[5] 의명 ① 까닭 raison *f*; motif *m*. ¶ 그 사람이 올 ~ 없다 Il n'y pas de raison qu'il vienne. ¶ 그럴 ~이 없다 Ce n'est pas possible / Cela m'étonnerait (beaucoup que+*subj*). ¶ 내 기분을 그 사람이 알 ~이 없어요 Il ne peut pas savoir ce que je ressens. ② 정도 degré *m*; point *m*. ¶ 저는 매일 그 ~이고 나아지는 게 없습니다 J'en suis toujours au même point / Cela n'avance pas.

턱걸이 명 ① ((faire une)) traction *f* ((à la barre fixe)). ¶ ~를 열 개 하다 faire dix tractions. ② 가까스로 à peine; de justesse. ¶ 시험에서 ~로 통과하다 réussir de justesse à un examen; être juste au-dessus du seuil d'admissibilité à un examen, atteindre tout juste le seuil d'admissibilité à un examen. ③ 의지해 지냄 parasitisme m. ④ ((씨름에서)) prise *f* au menton. ◇_(를) 하다 ① faire des tractions. ② réussir de justesse ((à un examen)). ③ vivre aux dépens [aux crochets] d'autrui, vivre en parasite chez *qn*. ④ faire une prise au menton ((de l'adversaire)).

턱시도 명{tuxedo} 명 smoking *m*; ((se mettre)) en smoking *m* [blanc, en bras de chemise]; smok *m* {*fam*}; tenue *f* de soirée, habit *m*; ((être en)) pingouin *m* {*fam*}.

턱없다 형 ① 근거 없다 être déraisonnable, insensé(*e*), déplacé(*e*); être sans fondement, être infondé(*e*), injustifié(*e*), gratuit(*e*). ¶ 턱없는 거짓말 un trop gros mensonge; un mensonge ridicule, un mensonge absurde; un mensonge énorme; un gros bobard {*fam*}, des bobards {*fam*}, un boniment, un baratin {*fam*}. ¶ 턱(도) 없는 소리를 하다 dire [raconter] des énormités [une énormité, des absurdités, des sottises, des extravagances, des boniments, des bobards {*fam*}]. ¶ ...하는 것은 턱없는 짓이다 C'est absurde [insensé] de+*inf*; C'est pure folie de+*inf*; Cela n'a pas de sens de+*inf*. ② 수준이나 기준에 많이 모자라다 être (encore) loin ((de la réussite)); ne pas être prêt(*e*) de+*inf*. ¶ 그 사람은 성공하기에는 턱없는 실력이다 Il n'est pas prêt de réussir / Il n'a vraiment pas le niveau / Il est loin d'avoir le niveau [d'être à la hauteur].

◆**턱없이** 부 ① 많이 beaucoup, énormément, incroyablement, immodérément, excessivement, exagérément, démesurément, exorbitamment. ¶ 교원 수가 턱없이 부족하다 On manque vraiment (de beaucoup) d'enseignants. ¶ 턱없이 싸다[비싸다] être incroyablement bon marché [incroyablement cher(*ère*), exorbitant(*e*)]. ② 이유 없이 sans raison. ¶ 턱없이 미워하다 détester [exécrer] *qn* sans raison; haïr *qn* à mort; ne pas pouvoir supporter [souffrir {*fam*}, encadrer {*fam*}, sentir {*fam*}, blairer {*fam*}] *qn*; ne pas pouvoir voir *qn* en peinture.

턱턱 부 ① 척척 rapidement, avec facilité, avec aisance, facilement, sans effort. ¶ 일을 ~ 처리하다 faire un travail rapidement; faire un travail facilement [sans effort]. ¶ 상대방의 말을 ~ 받아넘기다 avoir le sens de la répartie facile. ② 연이어 l'un(*e*) après l'autre, les un(*e*)s après les autres, à la suite, successivement. ¶ 그는 단칼로 적들을 ~ 쓰러뜨렸다 Il lui suffisait d'un seul coup de sabre pour faire tomber les ennemis les uns après les autres. ③ ((숨이)) en haletant, en suffoquant. ¶ 숨이 ~ 막힌다 On étouffe! ¶ 숨이 ~ 막히는 더위 une chaleur accablante [étouffante, suffocante, insoutenable].

털 명 ① ((동물, 사람의 털)) poil *m*; ((깃털)) plume *f*; ((양털)) laine *f*; toison *f*; ((솜털)) duvet *m*; ((말, 사자 따위의 갈기와 꼬리)) crin *m*; ((돼지의 털)) soie *f*. ¶ ~을 뽑다[깎다] retirer des poils ([tondre des poils; tondre la laine]); plumer ((un poulet)); (s')épiler, épiler les poils; épiler les duvets]. ¶ ~을 다듬다[고르다] se refaire la barbe [se faire tailler la barbe]. ¶ ~이 많다[적다] être [peu] poilu(*e*), velu(*e*); être barbu(*e*), moustachu(*e*). ¶ ~이 난다[빠진다] Les poils poussent [tombent]. ② 모 duvet *m*; poil *m*. ¶ ~로 안감을 대다 avoir une doublure en duvet. ③ ((과일의 털)) duvet *m*. ¶ 복숭아 ~ le duvet d'une pêche.

*__미운 ~이 박히다__ être dans le collimateur de *qn*; être une source d'irritation constante pour *qn*; être la bête noire de *qn*; avoir *qn* en horreur; avoir *qn* dans le collimateur [dans le nez, dans le pif {*fam*}]; ne pas pouvoir sentir [ne pas pouvoir supporter, ne pas pouvoir blairer {*fam*}] *qn*; avoir *qn* à l'œil, ne pas pouvoir supporter [ne pas pouvoir souffrir {*fam*}] *qn*; ne pas pouvoir voir *qn* en peinture {*fam*}, ne pas pouvoir encadrer *qn* {*fam*}.

◆**_가죽** 명 fourrure *f*. ¶ ~가죽으로 만든 옷을 입다 mettre une fourrure.

◆**_끝** 명 ① bout *m* de cheveu. ② ((미량)) brin *m* de *qc*; ((pas)) le moindre ((doute)). ¶ ~끝만큼도 의심할 여지가 없다 Il n'y pas le moindre doute. ¶ ~끝만큼도 마음에 거리낌이 없다 J'ai la conscience parfaitement tranquille / Je n'ai strictement rien à me reprocher. ¶ ~끝 하나라도 건드리면 재미없다 Si tu touches à un seul de *ses* cheveux, je te tue / Si tu touches à un seul poil de *sa* tête, je vais te faire passer un sale quart d'heure [tu vas le sentir passer, tu ne vas pas t'amuser].

◆**_모자** -帽子 명 bonnet *m* en laine.

◆**_목도리** 명 écharpe *f* en laine.

◆**_보** 명 personne *f* poilue; barbu *m*; moustachu *m*.

◆**_복숭아** 명 pêche *f* à peau duveteuse.

◆**_실** 명 fil *m* de laine; laine *f* à tricoter. ¶ ~실로 짠 양말 des chaussettes de laine (tricotées). ¶ ~실로 조끼를 짜다 tricoter un gilet [un chandail].

◆**_양말** -洋襪 명 bas *mpl* [chaussettes *fpl*] de laine.

◆**_옷** 명 lainage *m*; laine *f* {*fam*}; tricot *m*; vêtement *m* de laine ((pull-over *m*, gilet *m*, tricot *m*)), (vêtement *m* de) fourrure *f*; manteau *m* de fourrure.

◆**_장갑** -掌匣 명 gants *mpl* de laine.

◆**_토시** 명 manchon *f* de fourrure. ¶ ~를 끼다[하다]. mettre un manchon de fourrure.

◆**머리_** 명 cheveu(*x*) *m*; chevelure *f*.

털다 타 ① 제거하다 ôter [enlever] ((la poussière des meubles)), épousseter, dépoussiérer ((un tapis, un appartement)), battre ((un tapis)); brosser ((un vêtement)); donner un coup de brosse à ((un pantalon)); secouer, faire tomber ((la cendre d'une cigarette dans un cendrier, par terre)). ¶ 먼지를 ~ ôter [enlever] la poussière ((des meubles)), épousseter ((des meubles, des bibelots, avec un chiffon, avec un plumeau)); dépoussiérer ((un tapis)); brosser ((*ses* vêtements, *ses* souliers)), donner un coup de brosse pour enlever la poussière; faire la poussière [les poussières] {*pop*}. ¶ 솔로 먼지를 ~ donner un coup de brosse pour enlever la poussière [pour dépoussiérer, pour épousseter]. ¶ 이불에서 먼지를 ~ secouer une couverture pour en faire tomber la poussière. ¶ 아무렇지도 않은 척 술술 털고 일어나다 se lever en secouant *ses* vêtements comme si de rien n'était. ¶ 비듬을 ~ ôter [épousseter, se débarrasser, enlever] des pellicules. ¶ 손을 ~ s'épousseter les mains. ¶ 이불을 ~ battre une couverture. ¶ 옷에서 담뱃재를 ~ faire tomber les cendres de cigarette de *ses* vêtements, se brosser [se secouer] pour faire tomber les cendres de cigarette de *ses* vêtements. ¶ 옷을 여기서 털지 마라, 먼지가 너무 날린다 Ne secoue pas tes vêtements ici, il y a trop de poussière. ② 비우다 épuiser ⦅des fonds⦆; dépenser ⦅des fonds, jusqu'au dernier sou⦆, dilapider ⦅*sa* fortune⦆; vider ⦅*sa* bourse⦆. ¶ 주머니를 ~ faire le fond de *ses* poches, vider *sa* bourse [ses économies] (jusqu'au bout), se dépouiller de tout *son* argent, se ruiner ⦅pour faire un cadeau⦆. ¶ 저금을 ~ dépenser *ses* économies. ¶ 사비를 ~ épuiser *son* pécule, dépenser tout *son* pécule. ¶ 그는 재산을 다 털어 버렸다 Il a dépensé [dilapidé] sa fortune jusqu'au dernier sou. ③ 빼앗다 prendre *qc*, s'emparer de *qc*, voler *qc*, dérober *qc*, extorquer ⦅de l'argent⦆, piller ⦅un magasin⦆. ¶ 은행 금고를 ~ cambrioler [forcer] le coffre-fort d'une banque. ¶ 누구의 주머니를 ~ faire les poches à *qn*. ¶ 금품[은행]을 ~ dérober [voler] des objets de valeur; cambrioler une banque. ¶ 남의 지갑을 ~ vider le [voler le] portefeuille de *qn*, alléger *qn* de *son* portefeuille {*fam*}. ¶ 도둑이 그 집에서 귀중품을 다 털어 갔다 Le voleur s'est emparé de [a emporté] tous les objets de valeur. ④ guérir, se remettre, se rétablir. ¶ 과거 고뇌를 훌훌 털어 버리다 guérir des souffrances du passé. ⑤ vider. ¶ 가루약을 입에 털어 넣다 vider un sachet de poudre de médicament dans *sa* bouche.

***자리를 털고 일어나다** se rétablir, guérir, se remettre ⦅d'une maladie⦆; être guéri(*e*) [quitter *son* lit de malade]. ¶ 어서 자리를 털고 일어나시길 바랍니다 Je vous souhaite de guérir très vite [de vous rétablir très vite] / Je vous souhaite un prompt rétablissement.

***손을** ~ se retirer ⦅d'une affaire⦆, abandonner [laisser tomber] ⦅une affaire⦆; se détacher ⦅des jeux d'argent⦆. ¶ 일에서 손을 ~ se retirer d'une affaire, abandonner [laisser tomber] une affaire. ¶ 저 사람은 노름판에서 손을 털었다 Cette personne ne joue plus aux jeux d'argent [s'est détachée des jeux d'argent, n'est plus dépendante du jeu, ne joue plus].

털리다 자 ① 떼어지다 s'enlever, se détacher, s'en aller. ¶ 이 옷은 먼지가 잘 털린다 Cet habit est facile à brosser. ¶ 담뱃재가 좀체 털리지 않는다 Il est difficile d'enlever les cendres (de la pipe). ② ⦅노름판에서⦆ perdre ⦅au jeu⦆. ¶ 도박판에서 전 재산을 다 털렸다 Il a perdu toute sa fortune au casino. ③ 빼앗기다 se faire voler [cambrioler], être cambriolé(*e*). ¶ 소매치기한테 지갑을 ~ se faire voler *son* portefeuille par un pickpocket. ¶ 강도에게 은행이 털렸다 La banque a été cambriolée.

털버덕거리다 자 patauger, barboter, patouiller ⦅dans la boue⦆. ¶ 아이들이 흙탕길을 털버덕거리며 지나갔다 Les enfants pataugeaient [barbotaient] dans le chemin boueux.

털버덕대다 자 ☞ 털버덕거리다

털썩 부 avec un bruit sourd, ⦅s'affaisser, s'écrouler, s'effondrer, s'abattre, tomber⦆ comme une masse, en se laissant tomber, sans force; ⦅avoir peur; être saisi(*e*) de peur⦆ soudainement, brusquement, tout à coup. ¶ 의자에 ~ 주저앉다 s'effondrer [s'écrouler {*fam*}, s'affaisser] dans un fauteuil. ¶ ~ 무릎을 꿇다 tomber à genou. ¶ 간이 ~ 내려앉았다 être glacé(*e*) d'épouvante, être pétrifié(*e*) de peur, être mort(*e*) de peur, avoir une peur bleue; être saisi(*e*) de peur; être stupéfié(*e*); ressentir les battements de *son* cœur [*son* cœur qui bat plus fort, *son* cœur [pouls] qui s'accélère].

◆**_거리다[대다]** 자 bondir. ¶ 차가 흔들리자 짐들이 ~거렸다 Les bagages bondissaient à chaque mouvement que faisait la voiture.

털어놓다 타 ① ⦅물건을⦆ vider, épuiser, enlever en entier. ② s'ouvrir ⦅à *qn*⦆, se livrer ⦅à *qn*⦆, s'épancher ⦅auprès de *qn*⦆, parler franchement [à cœur ouvert, ouvertement], dire le fond de *sa* pensée; confier à *qn* ⦅*ses* secrets, *ses* projets, un souci⦆; confesser ⦅la vérité⦆; dévoiler, révéler, déceler. ¶ 마음속을 ~ raconter des confidences intimes ⦅à *qn*⦆, parler à cœur ouvert ⦅à *qn*⦆, ouvrir [épancher] *son* cœur [*sa* pensée] ⦅à *qn*⦆, dévoiler (le fond de) *son* cœur ⦅à *qn*⦆, ⦅속내 이야기를⦆ dire le fond de *sa* pensée, se confier ⦅à *qn*⦆, se livrer ⦅à *qn*⦆, s'ouvrir à *qn*; confier *son* histoire intime ⦅à *qn*⦆, dire *sa* pensée, discuter à cœur ouvert; s'épancher ⦅auprès de *qn*⦆; donner libre cours à *ses* sentiments. ¶ 그 친구는 나에게만 마음속을 털어놓았다 Il s'est confié uniquement à moi. ¶ 비밀[범죄 사실, 계획]을 ~ révéler [dévoiler] un [*son*, *ses*] secret(*s*) [*son* crime, *ses* projets]. ¶ 과거를 사실대로 ~ dévoiler tout *son* passé. ¶ 털어놓고 이야기하면 pour tout dire, pour parler franchement. ¶ 이 일은 아직 아무에게도 털어놓지 않았다 Je n'ai révélé cette affaire à personne.

털어먹다 타 dilapider, gaspiller; dépenser. ¶ 전 재산을 ~ gaspiller [dépenser] toute *sa* fortune.

털털 부 ① ⦅먼지를⦆ en époussetant. ¶ 먼지를 ~ 털어내다 ôter [enlever] la poussière, épousseter. ¶ 담요를 ~ 털다 épousseter la couverture. ② 모조리 ⦅donner⦆ tout ⦅*son* argent⦆ jusqu'au dernier sou [jusqu'au dernier franc]; ⦅vider *ses* économies⦆ jusqu'au bout ⦅faire le fond de *ses* poches⦆. ¶ 있는 돈을 ~ 털어 친구에게 주다 donner tout *son* argent à un(*e*) ami(*e*). ¶ 주머니를 ~ 털다 faire le fond de *ses* poches, vider *sa* bourse [*ses* économies] (jusqu'au bout, jusqu'au dernier sou), se dépouiller

ㅌ

de tout *son* argent, se ruiner ((pour faire un cadeau)). ③ ((자동차)) en cahotant, en bringuebalant, en hoquetant; ((오토바이)) en pétaradant; avec fracas; avec bruit, bruyamment; en claquant; en tremblant; en grinçant ((onomatopée du bruit provoqué par un entrechoquement, un cliquetis)). ¶ 오토바이가 ~ 소리를 내며 간다 Une moto avance en pétaradant.

◆_거리다 자 cahoter, bringuebaler, hoqueter; claquer; trembler; branler; produire un claquement sec; rouler avec fracas; s'ébranler; ((철문 따위가)) grincer. ¶ ~거리는 자동차 une voiture cahotante [toute bringuebalante, qui cahote].

털털하다 형 être cool {*fam*}, décontracté(*e*), relax {*fam*}, coolos {*fam*}. ¶ 털털한 사람[성격]. une personne cool [relax, décontractée] [un caractère cool]. ¶ 옷을 털털하게 입다 s'habiller décontracté [décontract {*fam*}]; mettre une tenue décontractée [relax {*fam*}]. ¶ 왜 그렇게 털털하게 행동하니? Pourquoi te comportes-tu ainsi de manière si décontractée [si cool {*fam*}]? / Tu ne crois pas que tu es un peu trop décontracté(*e*) [cool {*fam*}]?

텀벙 부 plouf!, flac!, floc!, splatch!, splitch!, splash!; en faisant un gros plouf [un grand splash], en splatchant bruyamment, dans un grand «splatch», dans un splatch retentissant, en tombant (dans l'eau) lourdement avec un bruit sourd ((onomatopée du bruit d'un objet qui tombe dans l'eau)). ¶ 물에 ~ 뛰어들다[빠지다] se jeter à l'eau [plonger dans l'eau] en splatchant bruyamment [dans un splatch retentissant], faire un splash, faire un plat, plonger en faisant un plat.

◆_하다 자 faire un grand plouf [un grand splash, un grand splatch, un splatch retentissant]. ¶ ~ 하는 물소리를 들었다 J'ai entendu un grand floc [un grand splash, un grand splatch, un splatch retentissant]. ¶ 돌이 ~하고 물에 떨어진다 Une pierre tombe dans l'eau avec un grand plouf.

◆_거리다[대다] 자 ((물이)) clapoter; barboter, patauger; éclabousser abondamment (autour de *soi*). ¶ 아이들이 ~거리며 물장구를 친다 Les enfants barbotent joyeusement dans l'eau. ¶ 아이들이 연못에서 ~거리며 놀았다 Les enfants barbotaient joyeusement dans l'étang.

텁석 부 fortement, solidement; soudain, subitement, soudainement, tout à coup, d'une façon inattendue [imprévue] ((idéophone exprimant un geste ample, soudain et brutal)); sans trop réfléchir, sur un coup de tête. ¶ ~ 덤비다 se précipiter sur *qc/qn*, se ruer, se jeter, foncer sur ((*sa* proie)). ¶ ~ 쥐다 prendre [saisir] *qc* tout à coup.

텁석부리 명 homme *m* barbu. ¶ ~ 수염 une barbe hirsute [en bataille, en broussaille, inculte].

텁수룩하다 형 ((수염이나 머리털이)) être mal peigné(*e*), en désordre, en bataille, désordonné(*e*), ébouriffé(*e*), échevelé(*e*), broussailleux(*se*), inculte, hérissé(*e*), touffu(*e*); être velu(*e*). ¶ 텁수룩한 머리 des cheveux hirsutes [en bataille, en broussaille, inculte(*e*)]; une chevelure ébouriffée; des cheveux broussailleux. ¶ 수염을 텁수룩하게 기르다 laisser pousser *sa* barbe n'importe comment, laisser pousser *sa* barbe comme de la mauvaise herbe. ☞ 덥수룩하다

텁텁하다 형 ① ((맛이)) être désagréable, fade; ((입안이)) avoir la bouche pâteuse. ¶ 맛이 ~ être fade, insipide. ¶ 입안이 ~ avoir la bouche pâteuse. ② 습하다 être [faire] humide, lourd(*e*). ¶ 공기[날씨]가 ~ L'air est humide [Il fait lourd, chaud et humide]. ③ 소탈하다 être peu prétentieux(*se*), simple, être sans prétention [sans affection]; être cool, décontracté(*e*), relax {*fam*}. ¶ 그 사람은 텁텁한 편이다 Il est plutôt peu prétentieux / C'est une personne plutôt simple.

텃논 명 rizière *f* voisine de la maison.

텃밭 명 champ *m* voisin de la maison. ¶ ~을 가꾸다[일구다]. faire pousser des légumes dans *son* jardin. ***여기는 나의 ~이다** Ici, c'est chez moi.

텃새 명 【동물】 oiseau *m* résident.

텃세 -勢 명 avantage *m* du premier occupant. ¶ ~가 심하다[세다] être très fermé(*e*). ◇_(를) **하다[부리다]** être fermé(*e*) [sectaire], peu accueillant(*e*) pour ceux qui n'appartiennent pas à *son* milieu; faire valoir *sa* position.

텅¹ 부 complètement ((vide)). ¶ 방 안은 ~ 비어 있었다 La chambre était complètement vide. ¶ 머리가 ~ 빈 사람 une tête sans cervelle, un(*e*) écervelé(*e*), une personne qui a la tête vide [qui n'a rien dans la tête. ¶ 머리가 ~ 빈 것 같다 J'ai l'impression d'avoir la tête complètement vide.

텅² 부 en sonnant creux, avec un son creux. ¶ ~ 소리를 내며 떨어지다 tomber bruyamment.

텅텅¹ 부 tout à fait, complètement ((vide)); entièrement. ¶ 방이 ~ 비어 있다 La salle est complètement vide.

텅텅² 부 en sonnant creux, avec un son creux. ¶ 문을 ~ 두드렸다 Quelqu'un frappa bruyamment à la porte. ¶ 큰 소리만 ~ 치다 exagérer; faire le fanfaron, fanfaronner {*litt*}, parler [poser] pour la galerie, plastronner pour la galerie, se vanter; parler pour rien.

테 명 ① cerceau *m*; cercle *m*; bord *m* ((d'un chapeau)). ¶ 무엇 주위에 ~를 두르다 encercler quelque chose, encadrer quelque chose. ¶ 검은 ~의 모자 un chapeau à bord(*s*) noir(*s*). ② ((안경)) cadre *m*; bordure *f*; monture *f*. ¶ ~ 없는 안경 des lunettes sans monture.

◆나이_ 명 anneau(*x*) *m* de croissance, cerne *m*.

◆안경_ 眼鏡- 명 monture *f*.

테너 영{tenor} 명 【음악】 ténor *m*.

테니스 영{tennis} 명 【운동】 tennis *m*. ¶ ~를 치다[하다]. jouer au tennis [faire du tennis].

테두리 명 ① 가장자리에 한 장식 cadre *m* ((en bois)); monture *f*, bord *m* ((d'un chapeau)); bordure *f*. ¶

~를 두르다[치다, 하다]. encadrer; border le col ((d'un manteau avec de la fourrure)); ((술로)) franger ((un tapis)); ((리본으로)) liserer ((une robe)). ② 가장자리 bord *m* ((d'un chapeau)); bordure *f.* ¶ 잔디밭의 ~ la bordure d'une pelouse. ¶ ~를 레이스로 장식한 손수건 un mouchoir bordé de dentelle. ③ 범위, 한계 cadre *m*; limite *f*; plafond *m* ((d'un budget). ¶ 무엇의 ~ 속에서 dans le cadre de ((*ses* fonctions)); dans les limites de ((*ses* moyens)). ¶ 예산의 ~를 정하다 fixer le plafond d'un budget. ¶ 학교의 ~를 못 벗어나다 ne pas pouvoir sortir du cadre de l'école.

테라스 영{terrace} 명 terrasse *f.*

테라코타 이 명 terre *f* cuite, terracotta *m.*

테러 영{terror} 명 (acte *m* de) terreur *f*; attentat *m* terroriste. ◇_(를) **하다** commettre un acte de terreur [un attentat terroriste]. ◇_(를) **당하다** être victime d'un acte de terreur [d'un attentat terroriste].

◆_**단** -團 명 organisation *f* [groupe *m*] terroriste; commando *m* de terroristes.

◆_**범** -犯 명 terroriste *mf.*

테러리스트 영{terrorist} 명 terroriste *mf.*

테러리즘 영{terrorism} 명 terrorisme *m.*

테마 독 명 thème *m*; sujet *m.* ¶ 소설의 ~를 정하다 décider du thème d'un roman.

◆_**공원** -公園 명 parc *m* d'attractions à thèmes.

테스트 영{test} 명 test *m.* ¶ ~를 거치다[받다]. passer par un test [subir un test]. ¶ ~를 통과하다 passer un test avec succès; réussir (à) un test. ◇_(를) **하다** faire passer un test; tester *qn/qc.*

테이블 영{table} 명 table *f.*

테이프 영{tape} 명 ① 띠 bande *f*, ruban *m.* ¶ ~로 장식을 하다 décorer *qc* avec des rubans. ¶ 준공 ~를 끊다 inaugurer *qc*, couper le ruban inaugural. ¶ 결승 ~를 끊다 arriver le(*la*) premi*er*(*ère*). ② 녹음 테이프 bande *f* magnétique; cassette *f* ((audio, vidéo)). ¶ 카세트 ~ une cassette. ¶ ~에 녹음하다 enregistrer *qc* sur une cassette ((audio, vidéo)). ③ 접착 테이프 scotch *m.* ¶ 종이에 ~를 붙이다 mettre du scotch sur du papier; recoller du papier avec du scotch.

◆**녹음**_ 錄音- 명 cassette *f* ((audio, vidéo)) (enregistrable).

테제 독 명 ① 명제 【철학】 thèse *f.* ② 정치적 강령 programme *m* d'un parti politique.

테크노크라시 영{technocracy} 명 technocratie *f.*

테크닉 영{technic} 명 technique *f.* ¶ 고도의 ~ une technique de pointe. ¶ ~이 좋다 avoir une bonne technique. ¶ ~을 익히다[배우다] s'approprier [apprendre] une technique.

텍스트 영{text} 명 ① 교과서 livre *m* scolaire; manuel *m.* ¶ 수업 ~ un manuel (de classe). ¶ ~를 정하다 décider d'un manuel; choisir un manuel. ② 글 texte *m.* ¶ ~를 읽다 lire un texte. ② 【언어】 texte *m.* ¶ 문장들이 ~를 이룬다 Des phrases forment un texte.

텐트 영{tent} 명 tente *f.* ¶ ~를 치다 dresser [monter] une tente. ¶ ~를 걷다[접다]. déplanter [plier] une tente, enlever une tente.

◆_**촌** -村 명 terrain *m* de camping, camping *m.*

텔레마케팅 영{telemarketing} 명 télémarketing *m*, marketing *m* téléphonique. ◇_(을) **하다** faire du télémarketing, faire du marketing téléphonique.

텔레뱅킹 영{telebanking} 명 télébanque *f*, téléservice *m* bancaire; banque *f* domicile; (*internet banking*) banque *f* virtuelle, cyberbanque *f*; banque *f* en ligne, banque *f* sur Internet; banque *f* électronique; opérations *fpl* bancaires gérées [décidées, commandées] depuis son domicile.

텔레비 영{television} 명 ☞ 텔레비전

텔레비전 영{television} 명 télé *f* {*fam*}; télévision *f*, télé *f* {*fam*}; ((기계)) poste *m* de télévision, téléviseur *m*; petit écran *m.*

텔레파시 영{telepathy} 명 télépathie *f*; transmission *f* de pensée. ¶ 우리들 사이에는 ~가 통한다 La télépathie passe bien entre nous.

텔렉스 영{telex} 명 télex *m.* ¶ 누구에게 무엇에 대해 ~를 보내다 envoyer *qc* à *qn* par télex, télexer *qc* à *qn.*

템포 이 명 ① 사건이 전개되는 빠르기 tempo *m*; rythme *m*; mouvement *m.* ¶ 이야기의 ~를 늦추다 ralentir le tempo de la conversation; parler moins vite. ② 【음악】 tempo *m.* ¶ 빠른 ~ un tempo rapide.

토 吐 명 particule *f* ((exprimant les cas)); postposition *f.* ¶ ~를 달다[붙이다]. mettre les particules (dans un texte écrit en caractères chinois).

***~를 달다** avoir [trouver] à redire à *qn*; reprendre *qn*; chercher la petite bête [des poux (dans la tête)] à *qn.* ¶ 말끝마다 ~를 달다 trouver à redire à tout; chercher la petite bête partout.

토건 土建 명 construction *f.* ¶ ~ 사업 une entreprise de construction.

◆_**업** -業 명 entreprise *f* de construction; génie *f* civile.

◆_**업자** -業者 명 entrepreneur *m* de construction.

토관 土管 명 tuyau *m* de terre cuite.

토구 土寇 명 bande *f* de brigands [de malfaiteurs].

토굴 土窟 명 caverne *f*, antre *m.* ¶ ~을 파다 creuser une caverne. ¶ ~에 숨다 se cacher dans une caverne.

토기[1] 土器 명 poterie *f*, faïence *f.* ¶ ~를 굽다 cuire une poterie. ¶ ~를 만들다 fabriquer une poterie.

◆_**장이** 명 poti*er*(*ère*).

토기[2] 吐氣 명 nausée *f*; haut-le-cœur *m* {*inv*}. ¶ ~를 느끼다 avoir des nausées [hauts-le-cœur]; avoir envie de vomir [de gerber {*fam*}].

토끼 명 ((집토끼)) lapin *m*; ((산토끼)) lièvre *m*; ((암산토끼)) hase *f.* ¶ ~ 사냥 chasse aux lièvres. ¶ ~를 치다[키우다, 기르다] élever des lapins.

***놀란 ~ 눈을 하다** ouvrir de grands yeux [des yeux ronds]; ouvrir [faire] des yeux comme des soucoupes; rouler des billes {*fam*}; écarquiller *ses* yeux d'étonnement; être béant(*e*) d'étonnement [de

ㅌ

surprise].

***두 마리 ~ 를 잡으려다 하나도 못 잡는다** Il vaut mieux tenir que courir / Mieux vaut tenir que courir / courir deux lièvres à la fois / On ne peut pas avoir le beurre et l'argent du beurre en même temps.

◆_띠 명 signe *m* du lapin. ¶ 저는 ~띠입니다 Je suis du signe du lapin / Mon signe chinois est le lapin / Je suis ≪lapin≫.

◆_잠 명 sommeil *m* léger; sommeil *m* agité. ¶ ~잠을 자다 mal dormir; avoir un sommeil léger; avoir un sommeil agité; passer une mauvaise nuit.

◆_장 -欌 명 clapier *m*; cabine *f* à lapin.

◆_풀 명 trèfle *m* des prés; trèfle *m* blanc. ¶ ~풀을 뜯다 arracher des trèfles.

◆집_ 명 lapin(*e*).

◆산_ 山- 명 lièvre *m*; ((암산토끼)) hase *f*.

토너 영{toner} 명 toner *m*. ¶ 프린터의 ~를 갈다[끼우다] mettre un nouveau toner dans *son* imprimante.

토너먼트 영{tournament} 명 tournois *mpl* ((de tennis, de ping-pong)). ¶ ~ 대회 les tournois.

토네이도 영{tornado} 명 tornade *f*.

토닥거리다 타 tapoter. ¶ 어미가 아기를 다정스럽게 토닥거린다 Une mère tapote affectueusement son bébé.

토담 土- 명 mur *m* en terre.

◆_집 명 hutte *f* en terre.

토대 土臺 명 ① ((건조물의)) fondations *fpl* ((d'un édifice)); bases *fpl* ((d'une colonne)). ¶ ~를 쌓다[세우다] jeter [faire] les fondations ((d'un édifice)). ② ((일의)) bases *fpl*; fondement *m*; assise *f* ((d'un régime)). ¶ ~를 닦다 préparer la voie à ((une négociation)); jeter [établir] les bases ((d'une négociation)). ¶ 발전의 ~를 마련하다 préparer les bases du développement. ¶ 무엇을 ~로 삼다 être fondé(*e*) [se fonder] sur *qc*; s'appuyer sur *qc*. ◇_(를) **하다** se fonder sur. ¶ 문화는 그 시대정신에 ~하여 형성된다 La culture se forme sur les bases de l'esprit de l'époque.

토라지다 자 bouder, faire la tête [la moue, la lippe]. ¶ 그 여자는 토라진 모습[표정]을 하고 있다 Elle faisait une mine boudeuse. ¶ 그 아이는 단단히[잔뜩] 토라져 있다 Cet enfant boude sérieusement. ¶ 무엇 때문에 토라진 거니? Pourquoi tu boudes ainsi?

토란 土卵 명 식물 colocase *f*; taro *m*.

◆_국 명 soupe *f* de colocase [de taro].

토로 吐露 명 épanchement *m* ((du cœur)), révélation *f* ((de *ses* sentiments)). ¶ 심중의 ~ la révélation de *sa* pensée la plus profonde [de *sa* véritable intention, de *son* intention réelle, de *ses* pensées profondes, du fond de *sa* pensée, du fond de *son* cœur, de *ses* sentiments (les plus) profonds. ◇_(를) **하다** épancher; révéler ((*son* cœur, *ses* sentiments)); confier ((*ses* secrets à *qn*)); montrer, découvrir ((*ses* sentiments)); parler à *qn* à cœur ouvert. ¶ 누구에게 흉금[심정]을 ~하다 ouvrir *son* cœur à *qn*; s'ouvrir à *qn*; parler à *qn* à cœur ouvert; révéler [confier] *ses* sentiments à *qn*. ¶ 누구에게 불만을 ~하다 se plaindre à *qn*.

-토록 조 ((... 정도까지)) jusqu'à; ((그토록)) tellement, à ce point. ¶ 평생~ toute la vie. ¶ 영원~ éternellement. ¶ 종일~ toute la journée, jusqu'au soir. ¶ 아~ 부탁하는 데도 안 들어주니? J'ai beau te le demander, tu refuses encore de m'aider.

토론 討論 명 discussion *f*; débat *m*; délibération *f*. ¶ 열띤[활발한] ~ une discussion âpre [échauffée, véhémente, violente, orageuse, passionnée, chaude]. ¶ 그 문제에 관한 ~ un débat sur cette question. ¶ ~을 시작하다[끝내다]. ouvrir [clore] une discussion. ¶ ~에 붙이다 mettre ((une question, un sujet)) en discussion; soumettre *qc* à la discussion; mettre *qc* en débat; porter [animer] le débat sur *qc*; prêter [être sujet, fournir matière] à (la) discussion; faire l'objet d'une discussion; engager la conversation sur un sujet. ◇_(을) **하다[벌이다]** discuter ((un problème, sur *qc*)); débattre ((une question)). ¶ 누구와 인생을[에 대하여] ~을 하다 discuter sur la vie avec *qn*. ¶ 우리는 앞으로 어떻게 할 것인지를 ~하고 있다 Nous discutons pour savoir comment nous allons faire plus tard. ◇_(이) **되다** être débattu(*e*); être discuté(*e*). ¶ 여러 가지 문제가 ~되었다 De nombreuses questions ont été débattues.

◆_자 -者 명 débatteu*r*(*se*); invité(*e*) ((d'une émission-débat)).

◆_장 -場 명 forum *m*; tribune *f*.

◆_회 -會 명 débat *m*; réunion *f* [conférence *f*] contradictoire.

◆공개_ 公開- 명 débat *m* public.

토마토 영{tomato} 명 tomate *f*.

◆_케첩 영{-ketchup} 명 ketchup *m*.

토막[1] 명 ① morceau(*x*) *m*; pièce *f* ((de bois)), bloc *m* ((de bois)); bribe *f* ((de conversation)); tranche *f* ((de viande)). ¶ 생선을 ~을 내다 couper du poisson en tranches; couper des tranches de poisson. ¶ ~이 나다 être mis(*e*) [être réduit(*e*)] en pièces [en morceaux]. ② ((이야기, 강연 등의)) passage *m*; partie *f*. ¶ ~ 소식 une brève nouvelle. ¶ ~ 시간 une tranche horaire. ¶ ~ 기사 un petit article; un court article.

***부처님 가운데** ~ C'est un ange / On dirait un ange / C'est un saint.

분류 morceau(*x*) *m*; pièce *f* ((de bois)); tranche *f* ((de viande)). ¶ 생선을 세 ~으로 자르다 couper trois tranches [morceaux] de poisson. ¶ 국토가 두 ~으로 잘렸다 Le territoire s'est divisé en deux.

◆_ _ 명 pièce par pièce, morceau par morceau; des morceaux *mpl*; des pièces *fpl* ((de bois)); des tranches *fpl* ((de viande)). ¶ 생선 ~~에 양념을 고루 얹다 épicer des tranches de poissons. ¶ ~~의 시간을 잘 활용하다 bien utiliser des tranches horaires [*son* emploi du temps].

㊕ ((couper *qc*)) en morceaux, ((mettre *qc*)) en pièces. ¶ 생선을 ~~ 자르다 couper du poisson en tranches; couper des tranches de poisson. ¶ 어린 시절의 추억이 ~~ 떠오른다 Mes souvenirs d'enfance reviennent petit à petit [me viennent doucement à l'esprit] / Je me souviens peu à peu de mes souvenirs d'enfance.

토막[2] 土幕 ㊔ hutte *f* de terre. ¶ ~을 짓다 construire une hutte de terre.

토목 土木 ㊔ travaux *mpl* de construction.

◆_**건축** -建築 ㊔ industrie *f* du bâtiment et des travaux publics.

◆_**공사** -工事 ㊔ travaux *mpl* de construction. ¶ ~공사를 맡다[하다]. faire des travaux de construction.

◆_**공학** -工學 ㊔ génie *m* civil.

◆_**과** -課 ㊔ 【교육】 ponts *mpl* et chaussées *fpl*.

◆_**기사** -技師 ㊔ ingénieur *m* civil; ingénieur *m* des ponts et chaussées.

토박이 土- ㊔ indigène *mf*; aborigène *mf*; autochtone *mf*. ¶ 서울 ~ un(*e*) vrai(*e*) Séoulite; une personne née à Séoul. ¶ 그 사람은 이 지역 ~이다 Il est du coin {*fam*} [du quartier].

◆_**말** ㊔ ① langue *f* ou dialecte *m* de *sa* région de naissance. ② ((고유어)) mot *m* purement autochtone.

토방 土房 ㊔ pièce *f* avec un sol en terre battue.

토벌 討伐 ㊔ expédition *f* punitive; répression *f*; subjugation *f*; assujettissement *m*. ¶ 공비 ~에 나서다 partir pour combattre les guérilleros [la guérilla, les partisans] communiste(*s*), partir pour réprimer les soulèvements communistes. ◇_(을) **하다** réprimer ((une révolte)), contrer ((un adversaire)). ¶ 적을 ~하다 réprimer l'ennemi. ◇_(이) **되다** être réprimé(*e*). ¶ 반란군이 정부군에게 모두 ~되었다 La rébellion a été réprimée par les soldats du gouvernement.

◆_**군** -軍 ㊔ corps *m* expéditionnaire; troupe *f* chargée d'une expédition punitive.

◆_**대** -隊 ㊔ corps *m* expéditionnaire.

토벽 土壁 ㊔ mur *m* de torchis; mur *m* en terre. ¶ ~을 쌓다[세우다]. faire un mur de torchis [monter un mur de terre].

토분 土墳 ㊔ tombe *f fabriquée rapidement* avec de la terre.

토비 土匪 ㊔ bande *f* de brigands [de malfaiteurs]. ¶ ~를 소탕하다 nettoyer [purger] les bandes de brigands.

토사[1] 土砂 ㊔ terre *f* et sable *m*. ¶ ~ 유출 l'extraction de terre et de sable. ¶ 강둑에 ~가 쌓였다 Sur la berge [Sur le quai, Sur la digue, Sur la chaussée (de retenue)] se sont entassés de la terre et du sable.

토사[2] 吐瀉 ㊔ vomissement *m* et diarrhée *f*; gastroentérite *f*; troubles *mpl* gastro-intestinaux. ◇_(를) **하다** vomir et avoir une diarrhée; avoir des troubles gastro-intestinaux. ¶ 심한[심하게] ~를 하다 avoir une gastroentérite aiguë.

◆_**곽란** -癨亂 ㊔ diarrhée *f* accompagnée de vomissements; gastroentérite *f* aiguë.

◆_**물** -物 ㊔ nausée *f* et diarrhée *m*.

토산 土産 ㊔ ((du)) terroir *m*, ((de la)) région *f*; autochtone. ¶ ~ 버섯 des champignons autochtones. ¶ 이 지방 ~인 물건 un produit régional [de la région]; un produit du terroir.

◆_**물** -物 ㊔ produits *mpl* du terroir [régionaux, de la région].

◆_**품** -品 ㊔ produits *mpl* du terroir [régionaux, de la région].

토색질 討索- ㊔ extorsion *f*; exaction *f*; chantage *m*; racket *m*. ¶ ~이 심하다 Ici, le racket est monnaie courante. ¶ ~을 일삼다 s'adonner au racket. ◇_(을) **하다** extorquer *qc* à *qn*; forcer *qn* par le chantage à faire *qc*; faire chanter *qn*; faire du chantage à *qn*.

토성[1] 土星 ㊔ 【천문】 Saturne *m*.

토성[2] 土城 ㊔ rempart *m* de terre; fort *m* [fortification *f*] en terre. ¶ ~을 쌓다 construire un fort en terre. ¶ ~이 허물어졌다 Le rempart de terre s'est écroulé.

토속 土俗 ㊔ (vieille) coutume *f* régionale [locale, populaire]; coutume *f* folklorique. ¶ ~ 음식 plat traditionnel. ¶ ~의 세계 monde des vieilles coutumes et croyances.

◆_**적** -的 ㊔㊖ vieux(*vieille*), traditionnel(*le*), ((médecine)) populaire.

◆_**화** -化 ㊔ folklorisation *f*.

◆_**민요** -民謠 ㊔ chanson *f* folklorique.

◆_**신앙** -信仰 ㊔ vieille croyance *f* [croyance *f* populaire].

◆_**주** -酒 ㊔ alcool *m* traditionnel.

◆_**품** -品 ㊔ produit *m* traditionnel.

◆_**학** -學 ㊔ étude *f* des vieilles coutumes locales [régionales]; ((민속학)) folklore *m*; ((민족학)) ethnologie *f*, ethnographie *f*.

토슈즈 영{toeshoes} ㊔ chausson *m* de danse.

토스 영{toss} ㊔ ① 무엇을 위로 던짐 lancer *m*. ② ((배구)) lancer *m*. ¶ 빠르고 정확한 ~ lancer rapide et précis. ◇_(를) **하다** faire un lancer.

토스트 영{toast} ㊔ toast *m*, pain *m* grillé.

토스터 영{toaster} ㊔ grille-pain *m inv*, toasteur *m*.

토시 ㊔ manchon *m*. ¶ ~를 끼다 mettre un manchon.

토실토실 ㊕ d'aspect potelé [bien portant]. ¶ 그 아이는 ~ 살이 쪘다 Cet enfant est potelé [bien en chair].

◆_**하다** ㊗ être potelé(*e*), dodu(*e*), joufflu(*e*), mafflu(*e*) {*litt*}, plein(*e*), rebondi(*e*), rond(*e*), bien en chair, bien portant(*e*). ¶ ~한 어린아이 un(*e*) enfant potelé(*e*). ¶ 얼굴이 ~하다 un visage joufflu [aux joues pleines].

토씨 ㊔ 【언어】 particule *f*. ¶ ~를 붙이다 mettre une particule.

토악질 吐- ㊔ vomissement *m*. ◇_(을) **하다** vomir, rendre; dégueuler {*fam*}.

ㅌ

토양 土壤 명 ① sol *m*; terrain *m*; terre *f*; terroir *m*. ¶ 비옥한[기름진] ~ sol [terre, terrain] fertile [riche]. ¶ ~을 일구다 débroussailler, défricher un terrain; mettre des terres en valeur. ② 기초 bases *fpl*; fondement *m*. ¶ 서구적 ~ bases occidentales. ¶ 위대한 예술의 ~ les bases d'un grand art.
◆_균 -菌 명 【생물】 bactérie *f* du sol.
◆_오염 -汚染 명 pollution *f* [contamination *f*] du sol.
◆_침식 -浸蝕 명 【지리】 érosion *f* [affouillement *m*] d'un terrain.

토요일 土曜日 명 samedi *m*. ☞ 금요일

토의 討議 명 délibération *f*; discussion *f*; débat *m*; débats *mpl*. ¶ ~ 중 en discussion [débat]. ¶ ~ 사항 sujet de discussion. ¶ 진지한[열렬한] ~ discussion sérieuse [ardente]. ¶ ~를 시작하다[종결하다] commencer [interrompre, clore, clôturer] les débats [la discussion]. ¶ ~에 붙이다 mettre ((une question)) en débat [en discussion]. ¶ 오랜 ~ 끝에 결론이 났다 Après de longues délibérations, une décision a été prise. ¶ 오늘 중요한 ~가 있었다 Aujourd'hui, on a assisté à un débat important. ◇_(를) 하다 débattre ((une question)), délibérer sur [de] *qc*, discuter de [sur] *qc*. ¶ 회사의 문제점을[에 대하여] 누구와 ~를 하다 discuter des problèmes d'une entreprise avec *qn*. ¶ 어떤 방식으로 대처해야 할 지 ~를 하다 discuter [débattre] pour savoir comment on va s'y prendre. ◇_(가) 되다 être débattu(*e*); faire l'objet d'une discussion. ¶ 오늘 회의에서는 세 가지 문제가 ~되었다 Lors de la réunion d'aujourd'hui, trois problèmes ont été débattus.
◆_안 -案 명 projet *m* de discussion.

토인 土人 명 ① 미개인 indigène, autochtone. ② 흑인 un(*e*) Noir(*e*); un homme [une femme] de couleur.

토정비결 土亭秘訣 명 horoscope *m* chinois.

토종 土種 명 espèce *f* indigène; ((produits)) du terroir *m* [de la région *f*, du pays *m*]; ((produits *mpl*)) locaux; ((gâteau)) (fait) maison. ¶ ~ 닭 poulet fermier. ¶ ~ 벌 abeille indigène. ¶ ~ 꿀 miel du terroir. ¶ ~ 농산물 produits du terroir [de la région, locaux]. ¶ ~ 식물 plante indigène.

토지 土地 명 ((땅)) terre *f*, terrain *m*; ((소유지)) propriété *f* (foncière); domaine *m*; ((흙)) sol *m*; terre *f*. ¶ 비옥한 ~ terre fertile; sol fertile [riche, fécond, productif]. ¶ ~를 소유하다 posséder des terres [un terrain, une propriété foncière, un domaine]. ¶ ~를 경작하다 cultiver [labourer] une terre. ¶ ~를 개량하다 amender [améliorer] une terre.
◆_개혁 -改革 명 réforme *f* agraire.
◆_대장 -臺帳 명 cadastre *m*.
◆_법 -法 명 loi *f* agraire.
◆_세 -稅 명 impôt *m* foncier.
◆_소유권 -所有權 명 (droit *m* de) propriété *f* foncière.
◆_조사 -調査 명 enquête *f* foncière.

토질 土質 명 nature *f* [qualité *f*] d'une terre [du sol]; fertilité *f* du sol. ¶ ~이 떨어지다 ((sol)) être peu fertile [peu fécond, peu productif]. ¶ ~이 좋다[비옥하다, 기름지다, 메말랐다, 나쁘다] C'est un sol [une terre, un terrain] fertile [un sol riche, fécond, productif; une terre aride; une terre stérile, un terrain pauvre, un sol maigre].
◆_역학 -疫學 명 【지리】 mécanique *f* des sols.

토착 土着 명 autochtone, indigène. ¶ ~ 동식물 animaux et plantes indigènes. ¶ ~ 문화 culture aborigène.
◆_적 -的 명관 autochtone, indigène.
◆_화 -化 명 installation *f* de *qc* dans un pays. ¶ 민주주의의 ~화 installation d'une démocratie. ¶ ~화(를) 하다[시키다] installer *qc* dans un pays. ¶ ~화(가) 되다 s'installer dans un pays.
◆_민 -民 명 autochtone *m*, indigène *m*, aborigènes *mpl*. ¶ ~민 보호주의 politique de protection [de sauvegarde] des aborigènes [indigènes]. ¶ 이 곳 ~민들의 생활이 어려워지고 있다 La vie de ces indigènes devient difficile.
◆_신앙 -信仰 명 croyance *f* locale [vielle croyance *f*].

토코페롤 영{tocopherol} 명 【화학】 tocophérol *m*.

토크쇼 영{talk show} 명 infovariétés *fpl*, *talk-show*(~-~*s*) *m*, parlerie *f*, émission-débat *f*.

토큰 영{token} 명 jeton *m* ((d'autobus)). ¶ 버스 ~ jeton *m* d'autobus.

토테미즘 영{totemism} 명 totémisme *m*.

토템 영 명 totem *m*. ¶ ~ 신앙 culte du totem. ¶ ~ 연구가 chercheur spécialiste des totems.

토픽 영{topic} 명 sujet *m*. ¶ 오늘의 ~ le sujet d'aujourd'hui. ¶ 그것은 좋은 ~이다 C'est un bon sujet [un sujet intéressant].

토하다 吐- 타 ① vomir, rendre ((*son* déjeuner)), dégorger; cracher ((du sang)). ¶ 그는 먹은 것을 모두 토해 버린다 Il vomit tout ce qu'il mange. ¶ 피를 ~ cracher du sang. ¶ 속이 미식거리고 토할 것 같다 avoir des nausées, avoir envie de vomir. ② 내뿜다 faire jaillir; lancer. ¶ 화산이 용암을 토한다 Le volcan projette de la lave. ¶ 검은 연기를 ~ laisser échapper une fumée noire. ¶ 더러운 물을 토해내는 하수구 égout qui dégorge de l'eau sale. ③ ((말, 생각, 느낌을)) 입 밖으로 내다 ((토하다)) émettre; avancer ((une opinion)); avouer ((*son* erreur)); pousser ((un soupir)); ((생각)) avouer ((le fond de *sa* pensée)), dire tout ce que l'on a sur le cœur. ¶ 한숨을 ~ soupirer, pousser un soupir. ¶ 신음을 ~ gémir, pousser des gémissements. ¶ 울분을 ~ laisser éclater *son* indignation. ¶ 마음속의 생각들을 토해 내다 avouer le fond de sa pensée; dire tout ce qu'on a sur le cœur.
***기염을** ~ parler avec verve; s'enthousiasmer; s'animer; s'exalter.
***사자후를** ~ s'exalter; parler avec feu [avec flamme, avec passion].

ㅌ

*열변을 ~ parler avec véhémence [avec verve, avec fougue, avec éloquence, avec passion, avec feu, avec flamme]; livrer un discours enflammé.

토혈 吐血 명 crachement *m* de sang; hémoptysie *f*; vomissement *m* de sang, hématémèse *f*. ◇_(을) 하다 cracher du sang; vomir du sang.

토호 土豪 명 grand propriétaire *m* terrien [foncier].

톡 부 ① ((튀어나옴)) avec un renflement, en saillie. ¶ 배가 ~ 튀어나오다 être ventru(*e*), avoir un gros ventre [du ventre, du bide {*fam*}, une bonne brioche {*fam*}, de la brioche {*fam*}], être bedonnant(*e*), avoir de l'embonpoint. ¶ 저 아이는 눈이 ~ 튀어나왔다 Cet enfant a les yeux saillants. ② ((손가락으로)) ¶ ~ 치다[건드리다] donner une chiquenaude à *qn*/*qc*. ¶ 이 기계는 ~ 건드리기만 해도 작동된다 Une chiquenaude peut déclancher l'opération de cette machine. ③ ((터짐, 부러짐)) crac; en faisant crac, avec un bruit sec; d'un coup sec. ¶ ~ 터지다 éclater. ¶ ~ 부러지다 se briser d'un coup sec. ④ ((튐)) en envoyant [en projetant] ((des postillons)). ¶ 침이 ~ 튀다 postillonner. ⑤ ((쏘아붙임)) ¶ ~ 쏘다[쏘아붙이다] avoir des paroles acerbes.

◆_ _ 부 ① en tapotant. ¶ 손가락으로 ~~ 치다 tapoter avec les doigts. ② ((éclater)) l'un(*e*) après l'autre, les un(*e*)s après les autres, successivement. ¶ 풍선들이 ~~ 터진다 Les ballons éclatent les uns après les autres. ③ en bondissant. ¶ 벼룩이 ~~ 뛴다 La puce bondit. ④ ¶ ~~ 쏘다[쏘아붙이다] avoir des paroles virulentes.

톡톡하다 형 ① ((천이)) être serré(*e*). ¶ 톡톡한 천[옷감, 피륙] un tissu [une étoffe, un drap] serré(*e*). ② ((국물이)) être épais(*se*), consistant(*e*). ¶ 찌개가 ~ Le ragoût est consistant [épais]. ¶ 톡톡하게 끓인 찌개 un ragoût cuit avec consistance. ③ 많다 être nombreux(*se*), important(*e*); ((심하다)) être grave, sévère, rude. atroce, affreux(*se*). ¶ (장사에서) 톡톡한 재미를 보다 faire de belles [de bonnes] affaires. ¶ 톡톡한 대가[형벌]을 치르다 payer *qc* (très) cher; payer (très) cher son crime [purger une lourde peine]. ¶ 맡은 바 역할을 톡톡하게 잘 치루다 très bien jouer son rôle; jouer son rôle à la perfection. ¶ 톡톡하게 망신을 당하다 subir une sévère humiliation; être couvert(*e*) de honte; perdre complètement la face; être sévèrement déshonoré(*e*) [humilié(*e*)]; se voir [se faire] déshonorer [humilier]; se payer gravement [sévèrement] la honte {*fam*}.

◆톡톡히 부 ① ((천이)) de manière très serrée. ¶ 천을 ~ 짜다 tisser un tissu [une étoffe] de manière très serrée. ② ((국물이)) avec consistance. ¶ 찌개를 ~ 끓이다 cuire un ragoût avec consistance. ③ ((많이)) beaucoup; à profusion; à foison; très; fort; ((심하게)) rudement, sévèrement, atrocement, horriblement, affreusement. ¶ 죄 값을 톡톡히 치르다 payer (très) cher son crime. ¶ 이익을 톡톡히 보다 faire beaucoup d'intérêts; faire de gros intérêts; rapporter gros à *qn*. ¶ 꾸중을 톡톡히 듣다 se faire gronder vertement; se faire sévèrement gronder; être sévèrement grondé(*e*).

톤[1] 영{tone} 명 ① 억양, 어조 ton *m*. ¶ ~이 낮은[높은] 목소리 voix grave [aiguë]. ② 색조, 분위기 ton *m*. ¶ 파스텔 ~ ton pastel.

톤[2] 영{ton} 분류 tonne *f*; tonneau(*x*) *m*; tonnage *m*; jauge *f*. ¶ 5천 ~짜리 기선 bateau à vapeur [steamer] de 5 000 tonnes (de jauge) [d'une jauge de 5 000 tonneaux, qui jauge 5 000 tonneaux]. ¶ 10 ~을 적재하는 배 navire d'une jauge de 10 tonneaux [tonnes]; bateau [navire] qui transporte 10 tonnes [de 10 tonnes, dont la capacité de transport [tonnage] est de 10 tonnes [tonneaux]. ¶ 이 배는 몇 ~입니까? Ce bateau [navire] fait combien de tonnes (de jauge)? / Quel est le tonnage de ce bateau [navire]?

톨 분류 grain *m* ((de riz)). ¶ 밤 한 ~ une châtaigne. ¶ 쌀 한 ~이라도 흘리지 마라 Ne fais [laisse] rien tomber, ne serait-ce qu'un seul grain de riz! / Ne fais [laisse] pas tomber le moindre grain de riz!

톨게이트 영{tollgate} 명 péage *m*. ¶ ~를 통과하다 franchir le péage.

톱[1] 명 scie *f*. ¶ ~으로 켜다 scier.

◆_질 명 action de scier. ¶ ~질(을) 하다 scier. ¶ 슬금슬금 ~질하다 scier délicatement.

◆_날 명 lame *f* d'une scie.

◆_니 명 dent *f* de scie.

◆_밥 명 sciure *f*.

◆실_ 명 scie *f* à découper; scie *f* à chantourner.

◆전기_ 電氣_ 명 scie *f* électrique.

톱[2] 영{top} 명 top *m* {*fam*}; premi*er*(*ère*). ¶ ~으로 진출하다 arriver au top {*fam*} [en première place]. ¶ 내내 ~으로 달리다 être toujours le premier [la première]; être toujours en tête ((du classement)).

◆_뉴스 영{top news} 명 ((신문의)) gros *mpl* titres; ((T.V., 라디오의)) grands titres *mpl*;((voici les)) titres *mpl* de l'actualité; la une *f* (des journaux, de tous les journaux). ¶ ~뉴스로 다루다 faire de *qc* ((une affaire, une histoire)) un gros titre [la une (des journaux, de tous les journaux)]; mettre un article dans les gros titres [en gros titre, en première page, à la une, en manchette dans les journaux]; traiter un article en gros titre.

◆_기사 -記事 명 article *m* qui fait la une (des journaux, de tous les journaux), article *m* en première page, article *m* à la une; article *m* en gros titre, article *m* en manchette (dans les journaux).

◆_타자 -打者 명 【운동】 meilleur batteur *m*.

톱니바퀴 명 roue *f* dentée; roue *f* d'engrenage. ¶ ~를 맞물리게 하다 engrener ((deux roues dentées)). ¶ ~가 맞물다 s'engrener. ¶ ~가 돌다 ((roue dentée)) tourner.

◆_장치 -裝置 명 engrenage *m*.

톱상어 -魚 명 【동물】 poisson *f* scie.

톳[1] 명 【식물】 algue *f* brune, comestible, *Hizikia fusiforme* {*nsc*}. ¶ ~을 뜯다 ramasser des *hizikia*.
톳[2] 분류 김 100장 묶음 un paquet de *gim* [de feuilles d'algues séchées] ((une centaine de feuilles)). ¶ 김 두 ~ deux paquets de *gim*.
통[1] 명 ① tour *m*; grosseur *f*; pourtour *m*. ¶ 소매 ~이 넓다 avoir des manches larges. ② ((신체의)) tour *m* ((de taille, de hanches)). ¶ 허리 ~이 절구통이다 avoir un sacré tour de taille [un tour de taille énorme]; avoir les hanches larges [rondes]. ③ ((생각의)) largeur *f* d'esprit *m*; générosité *f*; ambition *f*. ¶ 그는 ~이 큰 사람이다 C'est un homme de grande entreprise [de grand cœur, magnanime, clément, généreux].
통[2] 명 grosseur *f*, taille *f*. ¶ ~이 큰 수박을 사다 acheter une grosse pastèque.
분류 ((classificateur utilisé pour les gros objets ronds (choux chinois, pastèques))). ¶ 배추[수박] 두 ~ deux choux chinois [deux pastèques].
통[3] **桶** 명 boîte *f*; récipient *m*; tonneau *m*; tonne *f*; baril *m*; ((술통)) fût *m*, futaille *f*; ((석유통)) baril *m*; ((물통)) sceau(*x*) *m* ((d'eau)). ¶ ~을 따다 ouvrir un tonneau [un baril, une boîte]. ¶ ~에 넣어두다 mettre *qc* dans un tonneau [dans un baril].
◆**_조림** 명 (boîte *f* de) conserve *f* ((de viande)).
◆**도시락_** 명 boîte *f* à repas, panier *m* à repas; boîte *f* dans laquelle on emporte son repas [son casse-croûte].
◆**석유_** 石油 명 bidon *m* d'essence. 명 fût *m*, futaille *f*.
◆**물_** 명 sceau *m* d'eau; récipient *m* contenant de l'eau; bouteille *f* d'eau.
분류 boîte *f* ((de gâteaux)); baril *m* ((d'huile)). ¶ 과자 한 ~ une boîte de gâteaux. ¶ 기름 열 ~ dix barils d'huile.
통[4] 의명 ① ((이유)) à cause de *qc*; pendant. ¶ 그는 난리 ~에 죽었다 Il est mort pendant la guerre. ¶ 떠드는 ~에 잠을 못 잤다 Je n'ai pas réussi à dormir [Je n'ai pas pu dormir] à cause du bruit. ¶ 전쟁 ~에 부모를 잃다 perdre ses parents pendant la guerre. ② 무리 bande *f*; équipe *f*. ¶ 한 ~이 되다 faire bande, former une équipe.
◆**북새_** 명 tourbillon *m*; situation *f* confuse. ¶ 북새 ~에 한몫 보다 pêcher en eau trouble; tirer profit d'une situation confuse.
통[5] **通** 분류 ① exemplaire *m* ((classificateur utilisé pour les lettres, les documents, etc.)). ¶ 서류 세 ~ trois exemplaires de ce document. ¶ 편지 한 ~ 보내다 envoyer une lettre. ② ((통신)) coup *m* de téléphone ((classificateur utilisé pour les appels téléphoniques)). ¶ 전화를 한 ~ 걸다 donner [passer] un coup de téléphone [un coup de fil]; passer un appel téléphonique.
통[6] 부 ((ne pas)) du tout, absolument ((pas)), vraiment ((rien)), le moins du monde; complètement. ¶ 그는 ~ 소식이 없다 Il ne donne aucune nouvelle. ¶ ~ 신경을 안 쓰다 ne pas du tout se préoccuper [se soucier] de *qc*, ne pas se préoccuper [se soucier] le moins du monde de *qc*, être absolument indifférent(*e*) à *qn*/*qc*, se moquer [se ficher {*fam*}, se foutre {*vulg*}] éperdument [complètement, se contreficher {*fam*}, royalement {*fam*}] de *qc*, n'en avoir rien à faire [à cirer {*fam*}, s'en taper {*fam*} [s'en balancer {*fam*}, s'en ficher {*fam*}, s'en contreficher {*fam*}, s'en foutre {*vulg*}. ¶ ~ 쓸모가 없다 être complètement inutile. ¶ 그 물건은 ~ 안 팔린다 Cette marchandise ne se vend pas du tout [se vend très mal, se vend avec beaucoup de difficultés, est très difficile à vendre, est très difficile à écouler, n'est pas du tout prisée]. ¶ 나는 그것을 ~ 기억하지 못한다 Je ne m'en souviens absolument pas / Je ne m'en souviens plus du tout / Ça ne me rappelle [Ça ne m'évoque] vraiment rien. ¶ 무슨 말인지 ~ 모르겠다 Je ne comprends pas du tout.
-통[7] **-通** 접미 connaisseu*r*(*se*) ((en musique)); expert(*e*); personne *f* qui s'y connaît en ((voitures de sport)). ¶ 경제~ expert en économie, personne qui fait autorité en matière d'économie. ¶ 그는 재정~이다 Il fait autorité en matière de finances. / C'est un expert en finances. / Il s'y connaît en finances. ¶ 그는 프랑스~이다 Il connaît très bien la France. / Il sait tout sur la France.
◆**소식_** 消息- 명 sources *fpl* bien informées.
통각 痛覺 명 sensation *f* de douleur; sensibilité *f* à la douleur; algésie *f*; algesthésie *f*. ¶ ~ 마비 insensibilité à la douleur; analgésie; anesthésie algique.
◆**_계** -計 명 algomètre *m*; algésimètre *m*.
◆**_공포증** -恐怖症 명 algophobie *f*; odynophobie *f*.
◆**_과민증** -過敏症 명 hyperalgésie *f*.
통감[1] **統監** 명 ((사람)) résident *m* général; ((행위)) surveillance *f*, supervision *f*.
통감[2] **痛感** 명 sensation *f* profonde; sentiment *m* profond. ¶ ~을 표명하다 exprimer [manifester] un sentiment profond. ◇_(을) **하다** ressentir [éprouver] vivement. ¶ 자신의 한계를 ~하다 se rendre compte de *ses* propres limites. ¶ 무엇의 중요성[필요성]을 ~하다 ressentir vivement la nécessité de *qc*. ¶ 건강이 무엇보다 중요하다는 것을 ~하다 réaliser que la santé est ce qu'il y a de plus important.
통겨지다 자 ☞ 퉁겨지다
통견 洞見 명 pénétration *f*; discernement *m*; clairvoyance *f*. ◇_(을) **하다** pénétrer ((les intentions de *qn*)); saisir ((les mobiles de *qn*)) avec lucidité [perspicacité]. ¶ 한국 사회의 미래를 ~하다 voir avec clairvoyance [lucidité] le futur de la société coréenne.
◆**_력** -力 명 pénétration *f*; clairvoyance *f*.
통계 統計 명 statistiques *fpl*. ¶ ~ 조사[분석] enquête *f* statistique. ¶ ~ 분석 analyses statistiques. ¶ ~

자료 données statistiques. ¶ 사망 ~ statistiques de mortalité [de morbidité]. ¶ 출산 ~ statistiques de natalité. ¶ ~를 내다[뽑다] dresser [arrêter, élaborer] des statistiques sur *qc*; faire des statistiques sur *qc*; faire des stats {*fam*}.

◆_적 -的 명관 statistique. ¶ ~적으로 statistiquement. ¶ ~적으로 보면 d'après les statistiques.

◆_국 -局 명 bureau *m* des statistiques.

◆_청 -廳 명 bureau(*x*) *m* des statistiques.

◆_치 -値 명 statistiques *fpl*.

◆_표[도표] -表[圖表] 명 tableau *m* [graphique *m*] statistique.

◆_학 -學 명 statistique *f*.

◆인구_ 人口- 명 statistiques *fpl* démographiques.

통고 通告 명 notification *f*; avis *m*, communication *f*. ¶ 법원 출두 ~ citation à comparaître au [devant un] tribunal; (avis de) convocation au tribunal. ¶ 임대 계약을 해지한다는 ~가 왔다 Un avis de fin de contrat de loyer m'est parvenu. ◇_(를) 하다 notifier *qc* à *qn*; donner avis de *qc* à *qn*; avertir *qn* de *qc*; communiquer *qc* à *qn*. ¶ 회사 측에 파업을 ~하다 donner un avis de grève au patronat [au syndicat patronal]; avertir le patronat [le syndicat patronal] d'une grève. ¶ 학생들에게 기일 안에 등록 하라고 ~하다 aviser les étudiants de s'inscrire avant la date limite. ◇_(를) 받다 recevoir un avis; se faire aviser [informer]. ¶ 집주인으로부터 집세를 올린다는 ~를 받다 recevoir un avis [se faire aviser] du propriétaire comme quoi il augmente le loyer. ◇_(가) 되다 être communiqué(*e*).

◆_서 -書 명 avis *m*, note *f*, notification *f*.

◆_장 -狀 명 avis *m*, note *f*, notification *f*.

통곡 痛哭 명 lamentations *fpl*. ¶ ~ 소리 cris de lamentations. ◇_(을) 하다 se lamenter.

통과 通過 명 ① passage *m* ((d'un train, d'un cortège)). ¶ 정문 ~ passage par l'entrée principale. ¶ 철조망 ~ passage à travers des (fils de) barbelés. ¶ 차량 ~를 금하다 interdire le passage de véhicules. ② 그대로 지나침 passage *m* sans s'arrêter. ③ 합격, 승인 réussite ((à un examen)); adoption *f* ((d'une loi)); passage *m* ((d'une loi)). ¶ 법안의 국회 ~ adoption d'une loi par l'Assemblée nationale. ◇_(를) 하다 ① *passer* ((*dans une rue, à travers un* bois, sur un pont)); traverser ((un pont, un cours d'eau)); franchir ((une frontière)). ¶ 도심을 ~하다 passer le centre-ville. ¶ 국경을 ~하다 passer [franchir] la frontière. ¶ 세관을 ~하다 passer (à) la douane. ② passer sans s'arrêter; ne pas s'arrêter. ¶ 기차가 몇 개의 역을 그냥 ~하였다 Le train ne s'est pas arrêté à toutes les gares. ③ passer (avec succès). ¶ 예선을 ~하다 franchir le cap des épreuves éliminatoires; passer les présélections. ¶ 검열에 ~하다 passer la censure. ¶ 그 사람은 서류 심사를 ~했다 Son manuscrit a été accepté par le jury [a été présélectionné]. ¶ 법안이 국회 심의를 ~했다 Cette loi est passée à l'Assemblée nationale. ◇_(가) 되다 passer (avec succès); être adopté(*e*), voté(*e*). ¶ 논문이 심사에 ~되었다 Ce mémoire (de fin d'études, de maîtrise) [Cette thèse (de doctorat), Cette publication] a été accepté(*e*) par le jury / Ce mémoire [manuscrit] a reçu l'approbation [l'accord] du jury / Ce mémoire [manuscrit] a été retenu par le jury / Le jury a donné son accord pour la soutenance. ¶ 국회에서 법안이 ~되었다 Cette loi a été adoptée par [votée à] l'Assemblée nationale / Cette loi est passée (à l'Assemblée nationale). ◇_(를) 시키다 ① ((허용)) faire passer. ¶ 차량을 정문으로 ~시키다 faire passer les voitures [véhicules] par l'entrée principale. ② ((투과)) laisser passer. ¶ 유리는 광선을 ~시키는 성질이 있다 Le verre a la propriété (physique) de laisser passer les rayons du soleil. ③ ((승인)) faire passer [adopter] ((un projet)), approuver, agréer. ¶ 이사회는 그 안건을 만장일치로 ~시켰다 Le conseil d'administration a fait passer [a adopté] ce projet [a agréé ce dossier] à l'unanimité.

◆_의례 -儀禮 명 rites *mpl* de passage; initiation *f*. ¶ ~의례를 거치다 subir les [se plier aux] rites de passage.

◆무사_ 無事- 명 passage [traversée] sans incident.

통관 通關 명 dédouanement *m*. ¶ ~ 수속 formalités de douane. ¶ ~ 신고서 déclaration à la douane. ¶ ~ 절차 formalités de douane. ◇_(을) 하다 passer à la douane.

◆_세 -稅 명 droits *mpl* de douane.

통괄 統括 명 généralisation *f*; récapitulation *f*; synthèse *f*, unification *f*. ¶ ~ 처리 traitement global. ◇_(을) 하다 généraliser; résumer, récapituler; faire une synthèse, synthétiser; unifier, réunir en un tout. ¶ 업무를 ~하다 coordonner les travaux de différentes équipes. ◇_(이) 되다 être généralisé(*e*), résumé(*e*), récapitulé(*e*); être synthétisé(*e*).

◆_적 -的 명관 génér*al*(*ale*, *aux*), synthétique. ¶ ~적 관리 gestion générale; coordination des travaux de différentes équipes. ¶ 문제들을 ~적으로 처리하다 régler globalement tous les problèmes.

통교 通交 명 échanges *mpl* diplomatiques. ◇_(를) 하다 avoir des échanges diplomatiques. ¶ 일본과 ~하다 avoir des échanges diplomatiques avec le Japon. ¶ 두 나라가 ~를 한다 Ces deux pays ont des échanges diplomatiques.

통권 通卷 명 【출판】 nombre *m* de volumes. ¶ ~ 10호 numéro 10 d'une revue.

통근 通勤 명 aller [se rendre] à son travail. ¶ ~ 시간 heures d'affluence [de pointe] (où les gens se rendent à leur travail). ¶ ~ 버스[열차] bus de banlieue [train de banlieue]; bus [train] (des heures de pointe). ◇_(을) 하다 aller à son [au] travail, se rendre à son [au] travail. ¶ 버스로[지하철로] ~하다 aller [se rendre] à son travail en bus [en métro].

◆_차 -車 명 train *m* de banlieue.

통금 通禁 명 défense *f* de passer [circuler]; (야간) couvre-feu *m*. ¶ ~ 시간 heure du couvre-feu. ¶ ~ 사이렌 sirène du couvre-feu. ¶ ~ 해제 fin [levée] du couvre-feu.

통기 通氣 명 ventilation *f*, aération *f*; aérage *m*. ¶ ((광산의)) ~공 une prise d'air, un trou d'aération; un évent; une porte d'aérage; un soupir*ail*(*aux*). ¶ ~ 갱 un puits d'aération. ¶ ~ 조정 장치 un dispositif [un système] d'aération. ¶ ~ 공간[관, 실] un trou d'aération [une conduite [un tuyau, un canal] d'aération, une salle d'aération]. ¶ 자연[인공] ~ une aération naturelle [artificielle].

통기다 타 ☞ 퉁기다

통기타 筒- 영{-guitar} 명 guitare *f* sèche.

통김치 명 *gimchi m* fait de choux entiers.

통나무 명 tronc *m* d'arbre; bille *f*; tronçon *m* de bois. ¶ ~를 태우다 brûler des troncs d'arbres. ¶ ~를 자르다 couper des troncs d'arbres.

◆_다리 명 pont *m* fait d'un tronc d'arbre.

◆_배 명 pirogue *f*; bateau *m* [barque *f*] fait d'un tronc d'arbre.

◆_집 명 hutte *f* en troncs d'arbres.

통념 通念 명 opinion *f* commune [généralement admise]; lieu *m* commun. ¶ ~을 깨다 aller à l'encontre des idées reçues. ¶ 그것은 사회의 ~이다 C'est une idée reçue. / C'est un lieu commun.

통달 通達 명 maîtrise *f* ((d'un art)); grande habilité *f*; très bonne connaissance *f*; connaissance *f* parfaite. ◇_(을) 하다 ① 훤히 알다 être fort(*e*), expert(*e*), calé(*e*) {*fam*} en *qc*; être versé(*e*) ((dans les beaux arts)); s'y connaître en *qc*, tout savoir sur *qc*, bien connaître *qc*. ¶ 프랑스 역사에 ~하다 bien connaître l'histoire de France; être expert(*e*) en histoire de France; tout savoir sur l'histoire de France; être incollable {*fam*} sur l'histoire de France. ¶ 자동차에 관해 모든 것을 ~하다 tout savoir sur les voitures; s'y connaître en voitures. ② 알리다 informer [avertir, aviser] *qn* de *qc*. ¶ 회원들에게 회칙 변경을 ~하다 informer les membres des changements du règlement d'une réunion.

통닭 명 poulet *f* entier.

◆_구이 명 poulet *m* rôti entier; poulet *m* rôti.

◆_집 명 brasserie-restaurant *f* où l'on déguste essentiellement des poulets entiers rôtis à la broche.

◆양념_ 명 poulet *m* entier mariné dans une sauce piquante.

통독 通讀 명 lecture *f* complète ((d'un livre, d'un roman)); lecture *f* ((d'un texte)) en entier. ◇_(을) 하다 lire en entier [complètement] ((un roman)). ¶ 소설을 ~하다 lire en entier [complètement] un roman; lire un roman jusqu'au bout.

통렬하다 痛烈- 형 ① 매섭다 être violent(*e*), impétueu*x*(*se*); être dur(*e*), âpre, mordant(*e*). ¶ 통렬한 비판[풍자] des critiques mordantes [une satire cinglante]. ¶ 통렬한 이 한 수로 바둑이 끝났다 La partie de *go* [de *baduk*] s'est terminée sur ce coup décisif. ② 후련하다 être éclatant(*e*). ¶ 좌중간을 가르는 통렬한 2루타 un coup de batte éclatant qui passe en plein milieu de la partie gauche du terrain de baseball et qui permet au batteur d'atteindre la deuxième base.

◆통렬히 부 âprement, durement, sévèrement. ¶ 통렬히 비판하다[비난하다] critiquer âprement [durement, sévèrement].

통례 通例 명 usage *m* général. ¶ ~에 따라 selon l'usage général. ¶ ~를 무시하다[어기다, 따르다] ne pas respecter les [aller à l'encontre des, suivre les] idées reçues. ¶ ...하는 것이 ~이다 C'est l'usage (commun) de ....

통로 通路 명 ① passage *m*; chemin *m*; (숲 따위의) trouée *f*, percée *f*. ¶ 공원[정원] ~ allée de jardin. ¶ (극장) 좌석 사이의 ~ allée entre les rangs de fauteuils (au cinéma, au théâtre). ¶ ~를 찾다 chercher un passage. ¶ ~를 열다 ouvrir [frayer] un passage. ¶ ~를 막다[방해하다] barrer [fermer] le passage à *qn*, encombrer [gêner, obstruer] un passage. ¶ ~를 확보하다 agrandir un passage [une route]. ¶ ~ 옆 좌석을 주세요. Donnez-moi une place (assise) côté couloir, s'il vous plaît. ② 전달 수단 voie *f*. ¶ 정상적인 ~ voie normale [habituelle]; moyen licite [légitime].

통론 通論 명 traité *m* ((d'économie politique)). ¶ 문학 ~ un traité de littérature.

통마늘 명 ail *m* entier en bulbe, bulbe *m* d'ail en entier.

통문 通文 명 (lettre *f*) circulaire *f*. ¶ ~을 돌리다[띄우다] envoyer une (lettre) circulaire.

통박 痛駁 명 critique *f* violente [âpre]. ◇_(을) 하다 critiquer violemment [âprement], adresser une dure critique. ¶ 누구의 과오를 ~하다 critiquer violemment l'erreur de *qn*. ◇_(을) 당하다 se faire critiquer violemment.

통반장 統班長 명 représentants *mpl* élus d'un *tong* et d'un *ban* ((le *tong* représentant entre 100 et 200 foyers et le *ban* une dizaine de foyers)).

통보 通報 명 notification *f*, information *f*; avis *m*. ¶ 합격 ~ avis de réussite ((à un examen, à un concours)). ◇_(를) 하다 notifier [informer, avertir, aviser] *qn* de *qc*. ¶ 입사 지원자에게 심사 결과를 ~하다 informer les candidats du résultat de leur entretien. ¶ 세입자에게 집을 비우라고 ~하다 informer le locataire qu'il doit quitter l'appartement. ¶ 누구에게 회의 날짜를 연기한다고 ~하다 avertir *qn* qu'on a reporté la date de la réunion. ◇_(가) 되다 se faire informer [avertir]; être communiqué(*e*). ¶ 모임 날짜가 회원들에게 ~되었다 La date de la réunion a été communiquée aux membres.

◆기상_ 氣象- 명 bulletin *m* météorologique.

통분 痛憤 명 indignation *f*. ¶ 끓어오르는 ~을 억제하지 못하다 ne pas pouvoir retenir son indignation.

ㅌ

◆_하다 명 être indigné(*e*); s'indigner, s'emporter violemment. ¶ ~하기 짝이 없다 être très indigné(*e*). ◆_히 부 avec indignation. ¶ 무엇을 ~히 생각하다[여기다] considérer *qc* avec indignation.

통뼈 명 os *mpl* massifs.

통사[1] **通史** 명 histoirfe *f* ((de la Corée)) depuis l'Antiquité jusqu'à nos jours; histoire *f* complète ((d'un pays)). ¶ 한국 ~ histoire de la Corée (de l'Antiquité jusqu'à nos jours).

통사[2] **統辭** 명 【언어】 syntaxe *f*. ¶ ~ 이론 traité syntaxique. ¶ ~ 구조 structure syntaxique. ¶ ~ 관계 relations syntaxiques.

◆_론 -論 명 【언어】 syntaxe *f*. ¶ 한국어 ~론 syntaxe du coréen.

통사정 通事情 명 imploration *f*, supplication *f*. ◇_(을) **하다** implorer [supplier] *qn*. ¶ 친구에게 도와 달라고[도와 줄 것을] ~하다 supplier un ami de l'aider.

통산 通算 명 total *m*; somme *f*. ¶ ~ 100호 홈런 le centième *home run* d'un joueur de baseball. ¶ ~ 다섯 번째 우승 la cinquième victoire au total. ◇_(을) **하다** faire le total [la somme]; additionner ((les frais)). ¶ 본예산과 추가 예산을 ~하다 additionner le budget initial à un budget supplémentaire. ¶ ~해서 3 년간 외국에 머물다 passer au total trois ans à l'étranger.

통상[1] **通常** 명 ordinaire *m*. ¶ ~의 절차 procédures habituelles.

◆_적 -的 명관 ordinaire. ¶ ~적으로 ordinairement.

◆_복 -服 명 vêtement *m* de tous les jours.

◆_우편 -郵便 명 courrier *m* normal.

통상[2] **通商** 명 commerce *m* (extérieur); relations *fpl* commerciales, échanges *mpl* commerciaux; négoce *m* ((des denrées extérieures, de céréales)); trafic *m*; affaires *fpl*. ¶ ~ 관계 relations commerciales. ¶ ~ 규모 échelle commerciale. ¶ ~ 외교 relations diplomatiques commerciales. ¶ 양국 간의 ~을 확대하다 développer les relations commerciales entre deux pays. ◇_(을) **하다** faire le commerce de; commercer avec; avoir des relations commerciales avec ((l'étranger)). ¶ 외국과 ~하다 avoir [entretenir] des relations commerciales avec l'étranger.

◆_국 -國 명 *partenaire(s) m commercial(aux)*.

◆_법 -法 명 【법률】 droit *m* commercial, droit *m* des affaires.

◆_조약 -條約 명 【정치】 accord *m* commercial; traité *m* commercial; traité *m* de commerce.

통설 通說 명 ① opinion *f* généralement [communément] admise; idée *f* reçue [courante]. ¶ ~에[을] 따르다 suivre l'opinion générale. ¶ ~에 의하면 d'après [selon] l'opinion générale [l'opinion courante]; on dit communément que+*ind*. ¶ 권력은 반드시 부패한다는 것이 ~이다 On dit communément que les gens au pouvoir sont toujours corrompus. ② 해설 commentaire *m* général. ◇_(을) **하다** faire un commentaire général.

통성명 通姓名 명 présentations *fpl*. ¶ 우리는 아직 ~도 없는 사이이다 Nous ne nous connaissons même pas / Nous n'avons même pas été encore présentés. ◇_(을) **하다** faire connaissance (l'un avec l'autre), se présenter réciproquement. ¶ 두 사람이 서로 ~하다 faire connaissance (l'un avec l'autre), se présenter réciproquement. ¶ 옆자리 사람과 ~하다 faire connaissance avec son voisin.

통속[1] **通俗** 명 coutume *f* commune (à tout un pays); ce qui est commun [populaire]. ¶ ~에서 벗어나지 못하다 ne pas pouvoir sortir du modèle donné [du moule]; ne pas pouvoir sortir [se libérer] du quotidien [du cliché, du style conventionnel]; ne pas pouvoir briser le moule.

◆_적 -的 명관 populaire, vulgaire, commun(*e*), ordinaire. ¶ ~적인 기사 article de vulgarisation. ¶ 이 문제는 ~적으로 다루어지고 있다 Le sujet est traité de façon vulgaire.

◆_성 -性 명 caractère *m* populaire.

◆_화 -化 명 vulgarisation *f*, popularisation *f*.

◆_극 -劇 명 【연영】 pièce *f* (de théâtre) vulgaire [populaire].

◆_문학 -文學 명 【문학】 littérature *f* populaire.

◆_소설 -小說 명 【문학】 roman *m* populaire.

◆_어 -語 명 【언어】 langue *f* populaire.

◆_어원 -語源 명 【언어】 étymologie *f* populaire.

◆_음악 -音樂 명 【음악】 musique *f* populaire.

◆_체 -體 명 style *m* populaire.

통속[2] 의명 ① 무리 groupe *m*, bande *f*; société *f* secrète; équipe *f*. ¶ 그는 그들과 한 ~이 되어 반란을 꾀했다 Il s'est associé avec cette bande de conspirateurs pour fomenter son soulèvement. ② 밀약 accord *m* secret. ¶ 나는 그들이 무슨 ~인지 짐작할 수 없다 Je ne peux pas deviner quel accord secret ils ont conclu.

통솔 統率 명 commandement *m*, direction *f*, conduite *f*. ¶ 부대의 지휘 ~을 맡다 assumer le commandement de cette unité. ¶ 누구의 ~ 하에 있다 être sous la direction [la conduite, le commandement] de *qn*. ¶ ~이 어려운 아이들 des enfants difficiles à contrôler. ◇_(을) **하다** diriger, commander, conduire, prendre la direction de *qc*. ¶ 학생들을 ~하다 diriger les élèves. ◇_(을) **받다** être dirigé(*e*); être sous la direction [la conduite, le commandement] de *qn*. ¶ 누구의 ~을 받다 être dirigé(*e*) par *qn*. ◇_(이) **되다** se contrôler. ¶ 인원이 많아서 ~이 제대로 안 된다 Il est difficile d'assumer la direction [le commandement] ((de cette unité)) car l'effectif y est surchargé.

◆_권 -權 명 commandement *m*.

◆_력 -力 명 leadership *m*, direction *f*, habilité *f* à commander, qualité *f* de chef. ¶ ~력이 있다[없다] [ne pas] savoir diriger [commander]; [ne pas] avoir l'étoffe d'un chef. ¶ ~력이 있는 사람 meneu*r*(*se*) d'hommes.

◆_자 -者 명 dirigeant(*e*), chef *m*, direc*teur*(*trice*).

통수 統帥 명 commandement *m* suprême. ◇_(를) **하다** commander en chef; diriger, gouverner. ¶ 전군을 ~하다 exercer le commandement suprême sur toute l'armée.

◆_권 -權 명 autorité *f* du commandement suprême.

◆_권자 -權者 명 commandant *m* suprême. ¶ 국가의 최고 ~권자 commandant suprême de l'État.

통시 通時 명 【언어】 diachronie *f*.

◆_적 -的 명관 【언어】 diachronique. ¶ ~적 현상 phénomène diachronique.

◆_언어학 -言語學 명 【언어】 linguistique *f* diachronique.

◆_음운론 -音韻論 명 【언어】 phonologie *f* diachronique.

◆_태 -態 명 【언어】 diachronie *f*.

통신 通信 명 ① (télé)communication *f*, correspondance *f*, transmission *f* (des nouvelles). ¶ ~ 기기[장비] appareils [équipement(*s*)] de télécommunication. ¶ ~ 수단 moyen de (télé)communication. ¶ 원격 ~ communication à longue distance, télécommunication. ¶ 컴퓨터 ~ communication par ordinateur. ¶ 정보 ~ 기술 technologie d'information et de communication. ¶ ~이 두절되었다 La communication a été coupée. ② 보도 dépêche *f*, communiqué *m*. ¶ 파리 주재 기자의 ~에 의하면 selon une dépêche de l'envoyé à Paris. ◇_(을) **하다** communiquer, transmettre (des informations); être en correspondance avec *qn*. ¶ 외국과 ~하다 communiquer avec l'étranger. ¶ 신문사에 ~하다 envoyer des informations à un journal.

◆_강의 -講義 명 cours *m* par correspondance.

◆_대학 -大學 명 université *f* par correspondance.

◆_란 -欄 명 correspondance *f*, courrier *m*.

◆_망 -網 명 réseau(*x*) *m* de communication. ¶ ~망을 넓히다 élargir le réseau de communication. ¶ ~망에 접속하다 connecter au service de communication.

◆_문 -文 명 bulletin *m*, correspondance *f*. ¶ 가정 ~문 correspondance de l'école (entre professeurs et parents d'élèves). ¶ ~문을 주고받다 correspondre avec *qn*.

◆_병 -兵 명 【군사】 estafette *f*, soldat *m* aiguilleur.

◆_비 -費 명 frais *mpl* de communication.

◆_사 -士 명 agent *m* de liaison; télégraphiste, radiotélégraphiste.

◆_사 -社 명 agence *f* de presse. ¶ 프랑스 ~사 Agence France Presse (AFP).

◆_소 -所 명 bureau(*x*) *m* de communications.

◆_원 -員 명 correspondant(*e*), envoyé(*e*), reporter *m*.

◆_위성 -衛星 명 satellite *m* artificiel de télécommunications.

◆_판매 -販賣 명 vente *f* par correspondance; vente *f* en ligne. ¶ ~ 판매로 물건을 구입하다 acheter des marchandises par correspondance.

통어 統御 명 contrôle *m*, maîtrise *f*. ◇_(를) **하다** contrôler, maîtriser; gouverner ((une nation)), régner ((sur un peuple)), commander (à) ((*ses* hommes)); avoir ((les élèves)) bien en main. ¶ 감정을 ~ se contrôler.

◆_력 -力 명 maîtrise *f* de soi, self-control *m*, domination *f* de *soi*-même. ¶ ~력이 있다[없다] [ne pas] savoir se contrôler; [ne pas] savoir rester maître de soi.

통역 通譯 명 ① ((행위)) traduction *f* orale [simultanée]; interprétation *f* ((simultanée)). ¶ 순차[동시] ~ interprétation consécutive [simultanée]. ¶ 누구의 ~으로 par l'interprétation de *qn*; avec la traduction de *qn*. ② ((사람)) interprète. ¶ ~을 고용하다[데려오다] engager [faire venir] un(*e*) interprète. ¶ 누구를 ~으로 삼다 prendre *qn* comme interprète. ¶ 이 강연의 ~은 김씨이다 L'interprète de cette conférence est M. Kim. ◇_(을) **하다** interpréter, traduire. ¶ 장관의 (말을) ~을 하다 servir d'interprète à un ministre. ¶ 한국어를 불어로 ~하다 traduire du coréen vers le français. ¶ 강연을 수화로 ~하다 traduire la conférence en langage des signes.

◆_관[사, 원] -官[士, 員] 명 interprète.

통용 通用 명 circulation *f*; usage *m* populaire. ¶ 화폐의 ~ circulation monétaire. ◇_(을) **하다** faire circuler ¶ 새 화폐를 ~하다 faire circuler la nouvelle monnaie ¶ 유로화를 ~하다 faire circuler l'euro. ◇_(이) **되다** circuler; être valable, valide, courant(*e*); avoir cours. ¶ 영어는 세계 어디서나 ~된다 L'anglais se parle partout dans le monde. ¶ 백화점에서 상품권이 ~된다 Les bons d'achats sont couramment utilisés dans les grands magasins. ¶ 이 단어는 다른 뜻으로 ~될 수 있다 Ce mot peut avoir un autre sens [signifier autre chose].

◆_어 -語 명 langue *f* courante

◆_문 -門 명 porte *f* de service

◆_화폐 -貨幣 명 monnaie *f* courante

통원 通院 명 action d'aller à l'hôpital. ¶ ~ 치료를 받다 aller à l'hôpital pour être soigné(*e*) [se faire soigner]. ◇_(을) **하다** aller à l'hôpital. ¶ 그는 일 년여를 ~하면서 치료를 받았다 Il est allé à l'hôpital pendant un an pour se faire soigner.

통음 痛飮 명 intempérance *f* dans la consommation d'alcool; excès *m* de boisson. ◇_(을) **하다** boire à satiété [tout son soûl, jusqu'à plus soif]; boire comme un trou [comme une éponge] {*fam*}; boire excessivement [immodérément]. ¶ 독한 술을 ~하다 boire de l'alcool fort en quantité excessive.

◆_난무 -亂舞 명 conduite *f* désordonnée provoquée par l'alcool[l'ivresse]. ¶ ~난무하다 boire et danser follement; se conduire de façon désordonnée sous l'influence de l'alcool.

통일 統一 명 ① unification *f*, réunification *f* (d'un pays). ¶ ~ 전쟁 lutte pour la réunification. ¶ ~ 정책 politique de réunification. ¶ 한반도의 ~ réunification de la péninsule coréenne. ② 일치시킴

standardisation *f*, uniformisation *f*, unité *f*. ¶ 복장의 ~ uniformisation des tenues. ¶ 의견의 ~ conformité d'opinions. ③ 집중 concentration *f*. ¶ 정신의 ~ concentration de l'esprit. ◇_(을) **하다[시키다]** ① unifier, unir. ¶ 나라를 ~하다 unifier un pays. ② 일치시키다 uniformiser; standardiser. ¶ 행동을 ~하다 agir uniformément. ¶ 옷을 붉은 색으로 ~하다 s'habiller uniformément en rouge. ◇_(이) **되다** ① s'unifier, être unifié(*e*). ② 일치되다 être uni(*e*); être uniformisé(*e*); être standardisé(*e*). ¶ 의견이 ~되지 않았다 Ils avaient des opinions différentes / Ils étaient d'avis différents / Leurs opinions étaient divergentes / Ils ne partageaient pas le même avis / Il n'étaient pas du même avis.

◆**_적** -的 명관 uniforme; cohérent(*e*). ¶ ~적 관점[결론] points de vue [conclusions] unifié(*e*)s [cohérent(*e*)s].

◆**_성** -性 명 unité *f*, cohérence *f*, cohésion *f*, conformité *f*. ¶ ~이 있다[없다] avoir une cohérence; être cohérent(*e*) [ne pas avoir de cohérence; ne pas être cohérent(*e*)].

◆**_론** -論 명 théorie *f* de l'unification.

◆**_미** -美 명 beauté *f* uniforme.

◆**_안** -案 명 projet *m* de l'uniformisation de ((l'orthographe)). ¶ 맞춤법 ~안 projet de l'uniformisation de l'orthographe.

◆**_체** -體 명 organisation *f* unie. ¶ 문화적 ~체 organisation culturelle unie.

◆**_전선** -戰線 명 【사회】 front *m* commun.

◆**_천하** -天下 명 unification *f* d'un pays; domination *f* du monde entier. ¶ ~천하를 이룩하다 arriver à unifier un pays; dominer le monde entier.

◆**정신_** 精神- 명 concentration *f* de l'esprit; recueillement *m*.

통장[1] 通帳 명 livret *m* de compte. ¶ ~을 만들다[발급하다] avoir [délivrer] un nouveau livret de compte. ¶ ~을 새로 발급받다 recevoir un livret de compte nouvellement délivré. ¶ ~에 치부하다, 기록하다 inscrire [enregistrer] sur le livret de compte.

◆**예금_** 預金 명 livret de banque [livret de caisse d'épargne].

◆**저금_** 貯金 명 livret de banque [livret de caisse d'épargne].

◆**적금_** 積金 명 *livret m de compte* d'épargne.

통장[2] 統長 명 représentants *mpl* élus d'un *tong* ((le *tong* représentant entre 100 et 200 foyers)).

통장작 -長斫 명 bois *f* de chauffage en rondins. ¶ ~을 태우다 brûler du bois de chauffage en rondins. ¶ ~을 쪼개다 fendre du bois de chauffage en rondins.

통절히 부 vivement. ¶ 책임을 ~ 느끼다 posséder un grand sens des responsabilités, avoir un sens accru des responsabilités.

통점 痛點 명 【의학】 point *m* douloureux.

통정 通情 명 ① ((육체적)) liaison *f* (amoureuse). ¶ 유부남과 유부녀의 ~ liaison entre un homme marié et une femme mariée. ② ((마음의)) entente *f*. ③ 통사정 confidence *f*. ◇_(을) **하다** ① ((육체적)) avoir une liaison. ¶ ...와 ~하다 avoir une liaison avec *qn*. ② ((심정을)) ouvrir son cœur; se confier à *qn*. ¶ 어릴 적부터 ~을 하고 지낸 친구 confident(*e*) depuis l'enfance. ③ 통사정하다 se confier à *qn*. ¶ 판사에게 자신의 억울함[사정]을 ~하다 protester son innocence devant le juge; parler au juge de sa situation difficile.

통제 統制 명 contrôle *m*, réglementation *f*. ¶ 물가[교통, 출입, 언론] ~ contrôle des prix [de la circulation, de l'entrée, de la presse]. ¶ ~를 강화하다 renforcer le contrôle [la réglementation]. ¶ ~를 풀다 lever le contrôle; assouplir la réglementation. ¶ ~를 벗어나다 se libérer [sortir] du contrôle. ¶ ~에 따르다 suivre le règlement. ¶ ~가 심하다 Le contrôle est fort / La réglementation est sévère. ◇_(를) **하다[시키다]** contrôler [réglementer]. ¶ 일반인의[에게] 출입을 ~하다 interdire l'entrée aux gens. ◇_(가) **되다** être contrôlé(*e*), dirigé(*e*), réglementé(*e*). ¶ ~된 사회 une société dirigée [contrôlée]. ¶ 화물차의 통행이 ~되다 Le passage des camions est contrôlé. ¶ 그 사건에 대한 보도가 ~되었다 La couverture journalistique de cet événement a été contrôlée. ◇_(를) **받다** être sous (*le*) contrôle de *qn/qc*; être surveillé(*e*). ¶ 언론이 정부의 ~를 받고 있다 La presse est sous (le) contrôle du gouvernement. ¶ 자동차 수입이 ~를 받는다 L'importation des voitures est réglementée.

◆**_적** -的 명관 réglementé(*e*); interdit(*e*); contrôlé(*e*). ¶ ~적인 조치 des mesures de contrôle.

◆**_성** -性 명 contrôle *m*. ¶ ~성을 띠는 일련의 조치들 une série de mesures de contrôle.

◆**_권** -權 명 droit *m* de contrôle [de réglementation].

◆**_력** -力 명 pouvoir *m* de contrôle. ¶ 교육이 사회에 대한 ~력을 잃었다 L'éducation a perdu le contrôle sur la société.

◆**_품** -品 명 article *m* réglementé; marchandise *f* réglementée.

◆**_가격** -價格 명 【경제】 contrôle *m* des prix; prix *m* réglementé.

◆**_경제** -經濟 명 【경제】 économie *f* dirigée.

◆**_구역** -區域 명 zone *f* interdite. ¶ 비행 ~ 구역 zone interdite au vol.

통조림 桶- 명 (boîte *f* de) conserve *f*, boîte *f*, ((des haricots, des petits pois)) en boîte *f* [en conserve *f*]. ¶ 참치[과일, 복숭아] ~ boîte de thon, thon en boîte [fruits au sirop, pêches au sirop]. ¶ 육류를 ~으로 가공하다 mettre de la viande en conserve.

통증 痛症 명 douleurs *fpl*. ¶ 류마티스성 ~ douleurs rhumatismales. ¶ ~을 완화하다 soulager des douleurs. ¶ 가슴에 심한 ~을 느끼다 ressentir de vives douleurs à la poitrine. ¶ 팔에 ~이 오다 avoir des douleurs aux bras. ¶ 다리의 ~이 심하다 avoir très mal aux jambes.

통지 通知 명 annonce *f*, avis *m*, notification *f*,

communication *f*; faire-part *m inv* ((de mariage, de décès)). ¶ 추후[사전] ~ avis ultérieure [préalable]. ¶ 신체검사[입영] ~ avis d'examen médical [avis d'incorporation]. ◇_(를) **하다[보내다, 넣다]** faire savoir [faire part de] *qc* à *qn*; informer *qn* de *qc*; aviser *qn* de *qc*; notifier *qc* à *qn*; communiquer *qc* à *qn*. ¶ 누구에게 무엇이라고[...하라는] ~를 하다 donner avis à *qn* que+*ind* [*subj*]. ¶ 세입자에게 계약만료를 ~하다 informer le locataire de l'expiration du contrat. ◇_(를) **받다** être informé(*e*); recevoir un avis. ¶ 학교로부터[에서] 시험결과를 ~받다 être informé(*e*) des résultat des examens par l'école. ◇_(가) **되다[가다, 오다]** recevoir un avis; aviser *qn* de+*inf*. ¶ 부모님께 학교에 다녀가시라고 ~가 되었다 On a avisé les parents de venir à l'école / Les parents ont reçu de l'école un avis leur demandant de venir. ¶ 학교에서 졸업장을 찾아가라는 ~가 왔다 J'ai reçu de l'école un avis m'invitant à retirer mon certificat de fin d'études.

◆_서 -書 명 note *f*, lettre *f* d'avis. ¶ 입영 ~서 avis d'incorporation. ¶ 세금납부 ~서 avis de paiement d'une taxe.

◆_표 -表 명 【교육】 bulletin *m* scolaire, carnet *m* [relevés *mpl*] de notes (scolaires). ¶ 성적[생활] ~표 bulletin [carnet] de notes scolaires, carnet [bulletin] scolaire, relevés de notes.

통짜다 재 ① 맞추다 monter, assembler. ② 무리짓다 s'entendre; se mettre d'accord (pour former un groupe). ¶ 통짜고 음모하다 comploter, faire un complot. ¶ 통짜고 남을 속이다 s'entendre pour tromper *qn*. ¶ 누구와 통짜고 행동하다 agir de connivence avec *qn*.

통째[1] 桶- 부 au goulot, directement à la bouteille. ¶ 물을 ~ 마시다 boire de l'eau au goulot [directement à la bouteille].

통째[2] 부 tout entier(*ère*), en entier, en bloc, en gros, globalement. ¶ 고기 덩어리를 ~ 먹다 avaler un morceau de viande sans mâcher, engloutir un morceau de viande.

◆_로 부 tout entier, en entier. ¶ 닭 한 마리를 ~로 삶다 bouillir un poulet tout entier.

통찰 洞察 명 clairvoyance *f*, pénétration *f*, perspicacité *f*. ◇_(을) **하다** voir le fond des choses; pénétrer [saisir, lire] (les intentions de *qn*). ¶ 사태를 냉철하게 ~하다 observer l'événement avec lucidité. ¶ 사물의 본질을 ~하다 voir le fond des choses. ¶ 누구의 마음을 ~하다 pénétrer les intentions de *qn*.

◆_력 -力 명 clairvoyance *f*, pénétration *f*, perspicacité *f*. ¶ 그는 날카로운 ~력이 있다 Il est très perspicace.

통첩 通牒 명 avis *m*, notification *f*, communication *f* (d'un avis). ¶ ~을 기다리다 attendre un avis. ¶ ~이 왔다[내려왔다] Un avis est arrivé [venu, tombé]. ¶ 즉시 이 땅을 떠나라고 ~이 왔다 On a reçu un avis de quitter le pays immédiatement. ¶ 본부로부터 생산을 중단하라는 ~이 내려왔다 Nous avons reçu une note du bureau central nous demandant d'arrêter la production. ◇_(을) **하다[보내다, 띄우다]** adresser un avis; envoyer une notification; avertir *qn* de *qc*; annoncer *qc*; faire part à *qn* de *qc*; notifier *qc* à *qn*. ¶ 적에게 항복하라고 ~하다 notifier à l'ennemi de se rendre [de rendre les armes]. ◇_(을) **받다** recevoir un avis; être informé(*e*). ¶ 집주인으로부터 즉시 집을 비우라는[고] ~을 받다 recevoir un avis du propriétaire nous demandant de vider [d'évacuer] la maison [l'appartement] dans les plus brefs [dans les meilleurs] délais.

◆외교_ 外交- 명 note *f* diplomatique.

◆최후_ 最後- 명 ultimatum *m*. ¶ 최후~을 보내다 adresser un ultimatum.

통촉 洞燭 명 compréhension *f* (d'un supérieur). ◇_(을) **하다** se montrer compréhensi*f*(*ve*).

통치 統治 명 gouvernement *m*, administration *f*, règne *m*. ¶ 국가 ~의 원칙 principes du gouvernement de l'État. ¶ 누구의 ~ 하에 있다 être gouverné(*e*) par *qn*; être sous le règne de *qn*. ◇_(를) **하다** gouverner ((un pays)), régner ((sur un peuple)), administrer. ¶ 국가를 ~하다 gouverner [administrer] un pays. ◇_(가) **되다** être gouverné(*e*), administré(*e*). ¶ 민주적으로 ~되는 사회 société démocratique; démocratie. ◇_(를) **받다** être gouverné(*e*) par *qn*; être sous le règne de *qn*. ¶ 한국은 일본의 ~를 받았다 La Corée a été gouvernée par le Japon.

◆_권 -權 명 souveraineté *f*, gouvernement *m*. ¶ ~권을 행사하다 exercer la souveraineté. ¶ ~권을 위임받다 accéder à la souveraineté; être chargé(*e*) de la souveraineté; être mandataire de la souveraineté. ¶ ~권을 장악하다 prendre en mains le gouvernement ((d'un pays)).

◆_(권)자 -(權)者 명 souverain(*e*) (d'un État).

◆_력 -力 명 capacité *f* de gouverner [d'administrer]. ¶ ~력을 발휘하다 montrer sa capacité à gouverner.

◆_계급 -階級 명 classe *f* dirigeante.

◆_기관 [기구] -機關 [機構] 명 organe *m* [organisation *f*] de gouvernement.

◆식민_ 植民- 명 gouvernement *m* colonial.

◆신탁_ 信託- 명 régime *m* de tutelle.

통치마 명 jupe *f* tube.

통칙 通則 명 règle *f* générale; principe *m*. ¶ ~을 따르다 suivre la règle générale. ¶ ~을 준수하다 respecter la règle générale.

통칭 通稱 명 nom *m* courant, nom *m* familier; appellation *f* courante. ¶ 장 밥티스트 뽀끌랭, ~ 몰리에르 Jean-Baptiste Poquelin, dit Molière. ¶ 그의 통칭은 큰 형님이었다 On l'appelait habituellement Grand Frère. ◇_(을) **하다** nommer habituellement, appeler. ¶ 흔히 만화를 제 9의 예술이라고 ~한다 La bande dessinée est souvent appelée le neuvième art. ◇_(이) **되다** (être) appelé(*e*), dit(*e*). ¶ 음악의

아버지라고 ~되는 바하 Bach, dit le père de la musique.

통탄 痛歎 명 lamentation *f*, affliction *f*; vif regret *m*. ¶ ~으로 가득 차다 être rempli(*e*) d'affliction. *~**을 금할 수 없다** ne pas pouvoir s'empêcher d'être affligé(e) de *qc*. ¶ 작금의 정치상황에 대해 ~을 금할 수 없다 Je ne peux pas m'empêcher de déplorer la situation politique actuelle. ◇_**(을) 하다** lamenter *qc*; se lamenter sur ((son sort)); déplorer *qc* (que+*subj*); s'affliger de *qc*. ¶ 그의 죽음은 ~할 일이다 Il est bien regrettable qu'il soit mort. ¶ 현 세태를[에 대해] ~하다 déplorer la situation actuelle. ¶ 망국의 한을 ~하다 se lamenter de la fin du pays; se lamenter sur le triste sort du pays.

통탕 재 ☞ 퉁탕

통털다 타 (('통틀다'의 잘못)) ☞ 통틀다

통통 부 en bondissant. ¶ ~ 튀어 오르다 bondir.

◆_**거리다[대다]** 재 crépiter.

◆_**배** 명 canot *m*.

통통하다 형 être grassouillet(*te*), potelé(*e*), replet(*ète*), rondelet(*te*), être gras(*se*), dodu(*e*) {*fam*}, rondouillard(*e*) {*fam*}; rond(*e*) (comme une caille); avoir de l'embonpoint. ¶ ~한 얼굴 un visage rebondi [joufflu, replet]. ¶ 강아지가 ~하게 살이 쪘다 Le chien est grassouillet.

통틀다 타 englober, comprendre, inclure. ¶ 문화란 인간과 관련된 모든 것을 통트는[통튼] 개념이다 La culture est une notion qui englobe tout ce qui concerne les êtres humains.

통팥 명 haricot *m* rouge (non moulu).

◆_**빵** 명 pain *m* aux haricots rouges.

통폐합 統廢合 명 fusion *f*, réunion *f*. ¶ 정부 조직의 ~ fusion [réunion] des organisations gouvernementales. ◇_**(을) 하다[시키다]** unifier, fusionner, réunir. ¶ 언론사를 ~ réunir des bureaux de presse. ¶ H 재벌이 계열사들을 ~했다 Le *chaebeol* (*jaebeol*) H a fusionné ses filiales. ◇_**(이) 되다** être réuni(*e*), fusionné(*e*). ¶ 사내 노조들이 단일 노조로 ~되었다 Les syndicats de l'entreprise ont été unifiés.

통풍[1] 通風 명 aération *f*, ventilation *f*, aérage *m*. ◇_**(을) 하다[시키다]** aérer. ¶ ~을 원활하게 하다 bien aérer; assurer une bonne aération. ¶ ~을 시키려고 창을 열다 *ouvrir la fenêtre pour aérer*. ◇_**(이) 되다** être aéré(*e*). ¶ 이 방은 ~이 잘 된다 Cette chambre est bien aérée.

◆_**관** -管 명 conduit *m* d'aération.

◆_**구** -口 명 prise *f* d'air. ¶ ~구를 내다 faire une prise d'air.

◆_**기** -機 명 ventilateur *m*.

◆_**장치** -裝置 명 système *m* d'aération.

◆_**창** -窓 명 ventouse *f*, ((지하실의)) soupir*ail*(*aux*) *m*.

통풍[2] 痛風 명 【의학】 goutte *f*. ¶ ~ 환자 goutteu*x*(*se*). ¶ ~에 걸리다 être atteint(*e*) de la goutte.

통하다 通- 재타 ① ((전류가)) passer; ((전류를)) donner ((du courant électrique)); ((혈액, 공기가)) circuler ((dans le corps)); ((전화가)) fonctionner, marcher, obtenir une communication. ¶ 전기가 잘 통합니까? Est-ce que le courant électrique circule bien? ¶ 이제 공기가 통한다 On a de nouveau de l'air [un peu d'air]. ¶ 피가 체내를 통한다 Le sang circule dans le corps. ¶ 피가 잘 통한다 Le sang circule bien ((dans sa jambe)) / La circulation du sang se fait bien / Il a une bonne circulation sanguine. ¶ 전화가 통하지 않는다 Le téléphone ne marche [fonctionne] pas. ② ((길이)) mener à; ouvrir sur; communiquer avec; desservir. ¶ 엘리베이터가 각 층에 통하고 있다 Chaque étage est desservi par un ascenseur. ¶ 이 문은 마당으로[과] 통한다 Cette porte ouvre sur le jardin. ¶ 두 마을 사이에는 강이 통한다 La rivière coule entre ces deux villages / La rivière sépare ces deux villages. ③ ((말이)) se comprendre; communiquer. ¶ 그들은 몸짓으로 뜻이 통한다 Ils communiquent par les gestes. ④ ((마음이)) (bien) s'entendre ((avec *qn*)), bien communiquer. vivre en bonne [en parfaite] intelligence. ¶ 누구와 (서로) 마음[의사]이 ~ s'entendre (bien) avec *qn*. ¶ 그 친구와 나는 잘 통해 On s'entend bien lui et moi [tous les deux] / On communique bien [à merveille] / Nous sympathisons bien, lui et moi / Il y a de l'entente entre nous / Lui et moi, on vit en bonne [en parfaite] intelligence. ⑤ ((언어가)) se faire comprendre ((des autres)), (pouvoir) communiquer ((avec un Français)), parler ((une langue)), s'exprimer; être intelligible, compréhensible. ¶ 중국 여행에서 말이 통하지 않아 답답했다 Ne pouvant pas communiquer pendant mon voyage en Chine, je me sentais frustré(*e*) [ça m'énervait]. ¶ 말이 통하지 않아 의사소통이 아주 어렵다 Ne parlant pas la même langue, on a du mal à communiquer. ¶ 페루에서는 무슨 말이 통하나요? Quelle langue est parlée [parle-t-on] au Pérou? / Quelles langues sont parlées au Pérou? ¶ 그는 5개 국어에 통하고 있다 Il parle cinq langues. ⑥ 관련이 있다 se correspondre; avoir une relation avec *qc*, être lié(*e*) à *qc*, être en relation avec *qc*; se rapporter [se rattacher] à *qc*; avoir rapport à *qc*; se rattacher à *qc*, avoir trait à *qc*, concerner *qc*. ¶ 미술은 문학과도 통한다 Peinture et littérature sont étroitement liées. ⑦ 효력이 있다 ((ne pas)) marcher ((avec *qn*)), ((ne pas)) se laisser influencer par *qc*. ¶ 그 사람에게는 돈이 통하지 않는다 Il ne se laisse pas acheter. ¶ 나에게는 그런 수작이 통하지 않는다 Je ne marche pas dans ce genre de combine / Avec moi, ça ne marche pas. ⑧ 통과하다 passer par ((la fenêtre)); passer par ((l'intermédiaire, l'entremise, la médiation de *qn*). ¶ 창문을 통해서 밖으로 뛰어내렸다 Il a sauté par la fenêtre / Il s'est jeté par la fenêtre. ¶ 사람을 통해서 par l'intermédiaire [par l'entremise, par la médiation] de *qn*. ⑨ 여겨지다 être considéré(*e*) [regardé(*e*)]

comme; passer pour ((un imbécile)); être connu(*e*) sous le nom de. ¶ 그 교수님은 이 분야의 권위자로 통한다 Ce professeur est considéré comme une autorité dans ce domaine. ¶ 그 여자는 미인으로 통한다 Elle passe pour une belle femme. ¶ 사정에 통한 사람 une personne qui est bien informée de la situation. ¶ ~이라는 이름으로 ~ être connu(*e*) sous le nom de.... ⑩ 매개하여 par ((la radio)). ¶ 라디오를 통해서 알다 par la radio. ⑪ ((어디를 통해서)) à travers ((tout le pays)). ¶ 전국을 통해서 dans [à travers] tout le pays. ¶ 전 세계를 통해서 dans [à travers] le monde entier. ¶ 그것은 전 세계를 통해서 단 하나뿐이다 Il est unique au monde.
*__정을__ ~ avoir des relations.

통학 通學 명 action d'aller [de se rendre] à l'école de(puis) *son* domicile familial. ¶ ~ 거리[시간] distance [temps] pour se rendre de *son* domicile familial à l'école. ¶ 원거리 ~을 하다 avoir un long trajet pour se rendre à l'école. ◇_**(을) 하다** aller à l'école de(puis) *son* domicile familial [de(puis) chez *soi*]. ¶ 도보[버스, 전철, 기차]로 ~하다 aller à l'école à pied [en bus, en métro, en train] de(puis) *son* domicile familial [de(puis) chez *soi*]. ◇_**(을) 시키다** envoyer [faire aller] ((*son* enfant)) à l'école tous les jours depuis *son* domicile familial. ¶ 아들을 이웃 대도시로 ~을 시키다 envoyer *son* fils depuis *son* domicile familial à l'école d'une grande ville voisine.
◆_**구역** -區域 명 circonscription *f* scolaire.
◆_**버스** 명 car *m* de ramassage scolaire; ((퀘벡어)) autobus *m* scolaire.
◆_**생** -生 명 (élève) externe.
◆_**열차** -列車 명 train *m* pour écoliers et étudiants.

통한 痛恨 명 douleur *f* profonde; profond regret *m*. ¶ ~의 세월을 보내다 passer le temps en profonds regrets. ¶ ~의 눈물을 흘리다 verser des larmes d'amertume. ◇_**(을) 하다** regretter profondément *qc*. ¶ 자신의 무지[과오]를 ~하다 regretter profondément son ignorance [erreur].

통할 統轄 명 direction *f*, administration *f*, contrôle *m*. ◇_**(을) 하다** administrer, diriger, contrôler. ¶ 행정 각부는 장관이 ~을 한다 C'est le ministre qui dirige les services d'administration. ¶ 헌병이 이 지역의 치안을 ~한다 Les gendarmes assurent la sécurité de la région.
◆_**구역** -區域 명 circonscription *f*.
◆_**권** -權 명 pouvoir *m* de contrôle.

통합 統合 명 ① unification *f*, union *f*, fusion *f*. ¶ 유럽의 정치적 ~ union politique de l'Europe. ¶ 의견 ~ conformité d'opinions. ② 【언어】 ((axe, rapport)) syntagmatique. ¶ ~ 관계 rapport syntagmatique. ◇_**(을) 하다[시키다]** unifier, fusionner, (ré)unir; intégrer, annexer, rattacher *qc* à *qc*. ¶ 유럽을 ~하려는 움직임 mouvement pour l'union de l'Europe. ¶ 두 회사를 ~하다 fusionner deux compagnies. ¶ 물리교육과를 물리학과에 ~하다 annexer le département de pédagogie de la physique à celui de physique. ◇_**(이) 되다** être (ré)uni(*e*), intégré(*e*), fusionné(*e*), unifié(*e*).
◆_**적** -的 명관 synthétique, intégré(*e*), uni(*e*)
◆_**성** -性 명 intégration *f*.
◆_**력** -力 명 pouvoir *m* d'intégration.
◆_**체** -體 명 organisation *f* intégrée.

통행 通行 명 passage *m*, circulation *f*, allées et venues *fpl*. ¶ ~을 돕다 aider la circulation. ¶ ~을 방해하다 empêcher [entraver] la circulation. ¶ 갓길 ~을 금하다 interdire la circulation sur la voie d'urgence. ¶ 차량의 시내 ~을 막다 bloquer la circulation des voitures au centre-ville. ¶ ~이 막힌다 La circulation est bloquée [entravée, gênée]. ¶ ~이 원활하다[불편하다] La circulation est fluide [difficile]. ◇_**(을) 하다** passer, circuler ¶ 이 길은 차로 ~할 수 있다 Ce chemin est carrossable. ¶ 많은 차량이 이 터널을[로] ~한다 Beaucoup de voitures passent par ce tunnel. ◇_**(을) 시키다** faire circuler; faire passer. ¶ 한 차선[우회도로]으로 차량을 ~시키다 faire circuler les véhicules par une voie [un détour]. ◇_**(이) 되다** pouvoir circuler; être praticable.
◆_**권** -權 명 droit *m* de passage.
◆_**로** -路 명 passage *m*.
◆_**료** -料 명 péage *m* [droits *mpl* de passage]. ¶ 고속도로 ~료 péage de l'autoroute.
◆_**세** -稅 명 péage *m* [droits *mpl* de passage].
◆_**인** -人 명 passant(*e*), piéton(*ne*).
◆_**증** -證 명 laissez-passer *m inv*, permis *m* de passer.
◆_**금지** -禁止 명 interdiction *f* de circuler ¶ ~금지를 풀다[해제하다] lever l'interdiction de circuler.
◆**일방**_ 一方- 명 (circulation *f* à) sens *m* unique.
◆**우측[좌측]** _ 右側[左側]- 명 circulation *f* à droite [à gauche].

통혼 通婚 명 ① mariage *m* (entre familles ou classes données). ¶ 서로 다른 신분의 ~을 금하다 interdire le mariage entre deux familles de classe différente. ¶ 동성동본의 ~을 법으로 금하다 interdire par la loi le mariage des gens de même nom et de même souche. ② ((통고)) demande *f* en mariage. ¶ ~을 넣다[거절하다] faire [refuser] une demande en mariage, demander la main de *qn*. ¶ ~이 들어오다 se faire demander en mariage. ◇_**(을) 하다** se marier (avec *qn*), épouser *qn*. ¶ 평민의 딸과 ~한 왕자 le prince qui s'est marié avec une fille du peuple.

통화[1] **通貨** 명 【경제】 monnaie *f* courante; espèces *fpl* (numéraires); numéraire *m*. ¶ ~의 유통 circulation monétaire. ¶ ~를 줄이다[늘이다] réduire [augmenter] la circulation monétaire. ¶ 수입 초과가 ~ 유출을 초래했다 L'excès des importations a provoqué une sortie de devises.
◆_**가치** -價値 명 valeur *f* [pouvoir *m*] de la monnaie.
◆_**관리** -管理 명 contrôle *m* [administration *f*] de la monnaie.
◆_**량** -量 명 quantité *f* de monnaie en circulation.

ㅌ

◆_발행고 -發行高 명 montant *m* de monnaie (en circulation).
◆_수축 -收縮 명 déflation *f* monétaire.
◆_안정 -安定 명 stabilisation *f* monétaire.
◆_안정기금 -安定基金 명 fond *m* de stabilisation monétaire.
◆_유입 -流入 명 afflux *m* de devises.
◆_유출 流出 명 sortie *f* de devises.
◆_저락 -低落 명 dévaluation *f* monétaire.
◆_정책 -政策 명 politique *f* monétaire.
◆_조절 -調節 명 régulation *f* monétaire.
◆_팽창 -膨脹 명 inflation *f* monétaire.
◆_통제 -統制 명 contrôle *m* monétaire.
◆국제_기금 國際基金 명 Fonds *m* monétaire international (FMI).

통화[2] 通話 명 communication *f* (téléphonique). ¶ ~ 중에 au cours d'une communication. ¶ ~ 중입니다 La ligne est occupée. ¶ 공중전화는 한 ~에 얼마냐 Combien coûte une communication sur un téléphone public? ◇_(를) **하다** téléphoner; donner un coup de téléphone à *qn*; parler par téléphone. ¶ 나는 어제 어머니와 ~했다 Hier, j'ai eu une communication téléphonique avec ma mère / Hier, j'ai eu ma mère au téléphone. ¶ 그와 30분간 ~했다 J'ai parlé avec lui au téléphone pendant une demi-heure. ◇_(가) **되다** avoir *qn* au téléphone; avoir une communication téléphonique ¶ 여러 번 시도 끝에 드디어 그와 ~가 됐다 Au bout de plusieurs essais, j'ai enfin pu l'avoir au téléphone.
◆_료 -料 명 prix *m* d'une communication. ¶ ~료는 3분마다 40원씩이다 Le tarif pour communication téléphonique [pour les communications téléphoniques] est de quarante wons pour trois minutes.

통회 痛悔 명 regret *m* profond; repentir *m*. ¶ ~의 기도 prière de repentance. ◇_(를) **하다** se repentir (de *qc*). ¶ 자기의 잘못을 ~하다 se repentir de ses erreurs.

퇴각 退却 명 retraite *f*, recul *m*, repli *m*. ¶ 예정된 ~ recul prévu. ¶ ~을 명하다 donner un ordre de retraite. ¶ ~을 엄호하다 couvrir le recul. ◇_(을) **하다** battre en retraite, se replier; reculer; plier bagage, se retirer. ¶ 후방으로 ~하다 se retirer en arrière, *se* replier vers l'arrière. ¶ 적은 ~을 하고 있다 L'ennemi bat en retraite. ◇_(을) **시키다** replier ((des troupes)); évacuer ((un territoire, un pays)). ¶ 부대를 ~시키다 replier des troupes.
◆_선 -線 명 ligne *f* de retraite.
◆_로 -路 명 voie *f* de retraite. ¶ 적군의 ~로를 차단하다 bloquer [couper] la voie de retraite des ennemis.
◆_명령 -命令 명 ordre *m* de retraite. ¶ 사령관은 ~명령을 내렸다 Le commandant a ordonné de se replier [de faire machine arrière, de battre en retraite].

퇴거 退去 명 ① ((물러남)) évacuation *f* ((d'une place)); expulsion *f*. ¶ 현 이장에게 ~를 권고하다 conseiller au chef du village de quitter sa fonction ② 이전 retrait *m* ((à la campagne)). ¶ ~를 명하다 expulser *qn* du territoire. ◇_(를) **하다** ① 물러나다 se retirer ② 이전하다 quitter ((le pays)). ¶ 마을 대표는 그들에게 마을에서 즉시 ~할 것을 요구했다 Le représentant du village leur a demandé de quitter les lieux immédiatement. ◇_(를) **시키다** évacuer *qn*. ¶ 주민을 수재 지역에서 ~시키다 évacuer les habitants de la région sinistrée par les eaux.

퇴고 堆敲 명 finition *f*, amélioration *f*, finalisation *f*. ¶ ~의 과정을 거친 원고 un manuscrit qui a été amélioré; un manuscrit léché. ¶ ~를 마치다 apporter les dernières retouches [une dernière retouche]; parfaire, parachever, finaliser; fignoler, peaufiner {*fam*}; finir, polir. ¶ ~에 ~를 거듭하다 revoir plusieurs fois ((un texte, un manuscrit)). ◇_(를) **하다** parfaire, perfectionner, parachever, peaufiner {*fam*}, fignoler {*fam*}; finir [polir] ((une phrase, une œuvre littéraire ou artistique)) avec un soin minutieux; affiner; travailler ((sur un texte, sur un manuscrit)) pour l'améliorer [le corriger], apporter des retouches ((à un texte)); lécher. ¶ 기사를 ~하다 peaufiner un article.

퇴교 退校 명 expulsion *f* [renvoi *m*] (d'un élève); arrêt *m* en cours d'études. ¶ 학생에게 ~ 처분을 내리다 renvoyer un élève de l'école. ◇_(를) **하다** arrêter ses études. ¶ 중도 ~하다 quitter l'école avant la fin de ses études; arrêter ses études. ◇_(를) **당하다** être renvoyé(*e*) de l'école. ◇_(를) **시키다** renvoyer ((un élève)) de l'école. ¶ 교장은 문제 학생을 ~시켰다 Le directeur de l'école a renvoyé un élève à problèmes.

퇴군 退軍 명 retraite *f* d'une armée. ¶ 총사령관은 전군에 ~을 명령했다 Le commandant [Le général] en chef a ordonné la retraite de toute l'armée. ◇_(을) **하다** ((armée)) se retirer; opérer une retraite. ¶ 지휘관은 작전상 ~하기로 결정했다 Le commandant a décidé d'une retraite stratégique de ses troupes.

퇴근 退勤 명 sortie *f* du bureau. ¶ ~ 시간 heure de la fermeture des bureaux. ¶ ~ 후에 만나자 Rendez-vous après le travail. ◇_(을) **하다** quitter le bureau; rentrer du bureau [du boulot {*fam*}]. ¶ 6시에 회사에서 ~하다 quitter le bureau à six heures.
◆_길 명 chemin *m* de retour (du travail). ¶ ~길에 좀 만나자 Rencontrons-nous [Rendez-vous] après le travail.

퇴기 退妓 명 prostituée *f* retirée [qui ne travaille plus].

퇴락 頹落 명 délabrement *m*, dégradation *f*. ◇_(을) **하다** se délabrer, se dégrader; tomber en ruines. ¶ ~한 명가 une famille illustre déchue; une réputation [une renommée] anéantie.
*~**의 길을 걷다** marcher à la ruine [à sa perte], aller [courir, travailler] à sa ruine [à la ruine],

ㅌ

aller à la ruine [à sa ruine, à sa fin], emprunter [prendre] le chemin de la décadence, courir à sa perte [à sa ruine].

퇴로 退路 명 voie *f* de retraite. ¶ ~를 열다 ouvrir la retraite. ¶ 적의 ~를 차단하다[막다] couper la retraite à l'ennemi.

퇴물 退物 명 ① ((물건)) objet *m* obsolète; objet *m* usagé; article *m* [objet] refusé. ¶ 새 컴퓨터가 한두 해 사이에 ~이 되는 경우가 많다 Il arrive souvent qu'un ordinateur neuf devienne un objet obsolète au bout d'un ou deux ans seulement. ② ((사람)) un(*e*) bon(*ne*) à rien. ¶ 젊은 나이에 벌써 ~ 취급을 받다[당하다] être déjà considéré comme un bon à rien alors qu'on est encore jeune.

퇴보 退步 명 rétrogression *f*, régression *f*, recul *m*. ¶ 문명의 ~ recul de la civilisation. ¶ 진보가 있으면 ~도 있다 Si on peut progresser, on peut aussi régresser. ◇_(를) **하다** reculer, régresser, rétrograder. ¶ 그는 최근 실력이 많이 ~했다 Il a beaucoup perdu ces jours-ci.

퇴비 堆肥 명 【농업】 fumier *m*, compost, terreau *m*. ¶ ~를 만들다 faire du fumier. ¶ ~를 주다 fumer la terre, mettre du fumier dans la terre.

퇴사[1] 退社 명 démission *f* (de son poste), retraite *f*; renvoi *m* [congédiement *m*] (d'un(*e*) employé(*e*)). ¶ ~조치 renvoi [congédiement] (d'un(*e*) employé(*e*)). ¶ 그는 회사로부터 ~조치를 당했다 Il a été renvoyé [congédié, remercié, licencié] de son entreprise. ◇_(를) **하다** démissionner (de son poste), donner sa démission, se démettre de ses fonctions; se retirer des affaires (pour prendre sa retraite), quitter une compagnie. ¶ 그는 회사를 ~했다 Il a démissionné / Il s'est démis de ses fonctions.

퇴사[2] 退舍 명 action de quitter un pensionnat. ◇_(를) **하다** quitter ((une pension, un pensionnat)). ¶ 기숙사에서 ~하다 quitter la pension [le pensionnat, la résidence universitaire].

퇴색 退色 명 ① ((색의)) décoloration *f*. ② ((의미의)) altération *f*. ◇_(을) **하다**[_(이) **되다**] ① ((색이)) se décolorer, déteindre ((au soleil, au lavage)); ((couleur)) passer, pâlir, se faner, se délaver. ¶ ~한 책 표지 couverture (de livre) décolorée. ¶ ~한 집 une maison dont les murs sont délavés. ¶ ~하기 쉬운 qui se décolore facilement. ¶ ~하지 않는 en grand [en bon] teint. ¶ ~이 된 담벼락이 그 집의 역사를 말해주는 듯했다 Le mur délavé traduisait l'ancienneté de cette maison. ② ((의미가)) se détériorer; s'abîmer; perdre de sa popularité; *en prendre un coup* {*fam*}. ¶ 세월이 흐르자 그들의 명분도 많이 ~하게 되었다 Avec le temps, leur image de marque [leur réputation, leur dignité] se détériora [en prit un coup {*fam*}]. ¶ 그 운동은 이제 많이 ~되었다 Ce sport a perdu de sa popularité à présent / Ce sport n'est plus très populaire de nos jours.

퇴소 退所 명 ① démission *f* (de son poste), retraite *f*, retrait *m*; renvoi *m* [congédiement *m*] (d'un(*e*) employé(*e*)). ② fin *f* d'un camp d'entraînement. ◇_(를) **하다** ① démissionner (de son poste), donner sa démission; se démettre de ses fonctions; se retirer des affaires (pour prendre sa retraite). ② terminer un camp d'entraînement. ¶ 훈련소에서 ~하다 terminer un camp d'entraînement.

◆**_식** -式 명 cérémonie *f* de fin d'un entraînement.

퇴역 退役 명 retraite *f*. ◇_(을) **하다** quitter le service actif; prendre *sa* retraite. ¶ 그 장교는 비리사건으로 불명예스럽게 ~했다 Cet officier a dû quitter le service avec le déshonneur pour des affaires de corruption.

◆**_장교** -將校 명 officier *m* retraité [en retraite].

퇴영 退嬰 명 rétrogression *f*, recul *m*, rétrogradation *f*. ◇_(을) **하다** rétrograder.

◆**_적** -的 명관 rétrograde; conserva*teur*(*trice*).

◆**_주의** -主義 명 conservatisme *m*.

퇴원 退院 명 sortie *f* de l'hôpital. ¶ ~ 환자 patient(*e*) qui est sorti(*e*) de l'hôpital. ¶ ~ 절차를 밟다 remplir les formalités de sortie d'hôpital. ¶ ~ 수속을 마치다 terminer les formalités de sortie d'hôpital. ◇_(을) **하다** sortir de [quitter] l'hôpital. ¶ 그는 방금 ~했다 Il vient de sortir de l'hôpital. ◇_(을) **시키다** autoriser ((un patient)) à sortir de l'hôpital. ¶ 환자를 ~시키다 autoriser un patient à sortir de l'hôpital.

퇴위 退位 명 abdication *f*. ◇_(를) **하다** abdiquer. ¶ 황제는 황태자에게 자리를 물려주고 ~했다 L'empereur a abdiqué en faveur de son fils. ◇_(를) **시키다** faire abdiquer ((un roi)). ¶ 군부가 쿠데타를 일으켜 왕을 ~시켰다 L'armée fit abdiquer le roi [obligea le roi à abdiquer] par un coup d'État / Le roi fut obligé d'abdiquer à cause d'un coup d'État [suite à un coup d'État].

퇴임 退任 명 démission *f*, retraite *f*. ¶ 그는 정년 ~을 했다 Il a pris sa retraite parce qu'il a atteint la limite d'âge [à cause de la limite d'âge]. ¶ 그는 명예로운 ~을 했다 Il a pris une retraite émérite. ◇_(을) **하다** donner sa démission, démissionner de son poste, se démettre de ses fonctions; prendre sa retraite. ¶ 장관이 ~한다 Le ministre s'est démis de ses fonctions.

◆**_식** -式 명 fête *f* du départ en retraite de *qn*. ¶ 그의 ~식에 많은 사람들이 몰려 왔다 De nombreuses personnes sont venues assister à la fête de son départ en retraite.

퇴장 退場 명 ① sortie *f*. ¶ 주인공의 ~ sortie du héros. ② 【운동】 expulsion *f*; carton *m* rouge. ¶ ~을 명하다 ordonner à *qn* de quitter ((la salle, le terrain de sport)); expulser ((un joueur)); donner un carton rouge ((à un joueur)). ◇_(을) **하다** quitter ((une salle)); sortir, s'en aller. ¶ 배우가 ~하자 막이 내렸다 À la sortie des acteurs, le rideau est descendu. ¶ 신랑 신부가 ~할 때 하객들이 모두 박수를 쳤다 Lorsque les nouveaux mariés ont quitté la salle, les invités ont tous applaudi. ¶ 야당 의원들이

ㅌ

전부 ~해 버렸다 Tous les députés du parti d'opposition ont quitté la salle de réunion. ◇_(을) **당하다** se faire expulser, être expulsé(*e*); recevoir un carton rouge. ¶ 그는 경기 중에 반칙을 해서 ~당했다 Il a été expulsé [s'est fait expulser] pour faute.

퇴적 堆積 명 【지리】 sédimentation *f*, dépôt *m*. ¶ ~ 작용 sédimentation. ◇_(을) **하다** 침전이 되다 se déposer; se précipiter; former un précipité. ◇_(이) **되다** se déposer; se précipiter. ¶ 이 지형은 오랜 세월 동안 토사가 ~되어 생긴 것이다 Ce terrain est le résultat de la sédimentation [du dépôt] de terre et de sable pendant des années / Ce terrain a été formé par sédimentation.

◆**_물** -物 명 【지리】 sédiment *m*.

◆**_암** -巖 명 【지리】 roche *f* sédimentaire.

◆**_층** -層 명 【지리】 couche *f* sédimentaire.

◆**_평야** -平野 명 【지리】 plaine *f* alluviale.

퇴정 退廷 명 【법률】 action de quitter le tribunal. ¶ 판사가 소란을 피운 방청객들에게 ~을 명했다 Le juge a ordonné aux personnes bruyantes de l'auditoire [de l'assistance] de quitter le tribunal [la salle d'audience]. ◇_(을) **하다** quitter le tribunal; quitter la salle d'audience. ¶ 방청객들이 전원 ~했다 Tout l'assistance [Tout l'auditoire] a quitté le tribunal.

퇴조 退潮 명 ① 썰물 reflux *m*; marée *f* descendante. ② ((세력의)) affaiblissement *m*; perte *f* d'influence, décadence *f*. ¶ 근래에 언론의 비판정신이 ~를 보이고 있다 Ces jours-ci, l'esprit critique de la presse s'est affaibli. ◇_(를) **하다** s'affaiblir; devenir faible, faiblir; être décadent(*e*). ¶ 문인들의 창작 정신이 ~하고 있다 L'esprit créatif des hommes littéraires [gens de lettres, écrivains] est en perdition.

퇴직 退職 명 retraite *f*, démission *f*. ¶ ~을 명하다 mettre *qn* à la retraite. ¶ 그는 갑자기 ~을 결심했다 Il a décidé brusquement de prendre sa retraite. ◇_(을) **하다** quitter un emploi; démissionner (de son poste), donner sa démission, se démettre de ses fonctions; prendre sa retraite. ¶ 일선에서 ~하다 quitter le front. ¶ 그는 작년에 ~했다 Il a pris sa retraite l'année dernière.

◆**_금** -金 명 allocation *f* de retraite.

◆**_자** -者 명 retraité(*e*).

◆**_수당** -手當 명 gratification *f* de retraite.

◆**_연금** -年金 명 (pension *f* de) retraite *f*, pension *f*.

◆**명예_** 名譽- 명 retraite *f* anticipée.

◆**정년_** 停年- 명 retraite *f* par limite d'âge.

◆**조기_** 早期- 명 retraite *f* anticipée.

퇴진 退陣 명 retraite *f*, démission *f*. ¶ 국무총리의 ~을 재촉하다 presser le premier ministre de donner sa démission. ¶ 부도덕한 정권의 ~을 요구하다 demander la démission du gouvernement corrompu. ◇_(을) **하다** battre en retraite; lever le camp; se retirer, décamper. ¶ 내각이 책임을 지고 일괄 ~했다 Tous les membres du gouvernement ont démissionné pour assumer cette responsabilité [les conséquences].

퇴짜 退- 명 rejet *m*, refus *m*, ((essuyer une)) rebuffade *f*. ¶ ~(를) 놓다 rejeter, refuser, repousser, opposer un refus ((à une demande)). ¶ (이성에게) 매정하게 ~를 맞다 être victime d'une sèche rebuffade [d'une rebuffade désagréable, d'une rebuffade méprisante], être éconduit sèchement ((par une femme)).

퇴청 退廳 명 sortie *f* des bureaux. ◇_(을) **하다** sortir de *son* [du] bureau; quitter le bureau.

퇴치 退治 명 extermination *f*, suppression *f*. ¶ 바퀴벌레 ~ extermination des cafards. ¶ 문맹 ~ 운동 lutte contre l'illettrisme. ◇_(를) **하다** chasser, supprimer, exterminer. ¶ 해충을 ~하다 supprimer les insectes nuisibles. ¶ 전염병을 ~하다 supprimer les maladies contagieuses. ¶ 문맹을 ~하다 lutter contre l'illettrisme.

퇴폐 頹廢 명 dégénération *f*, corruption *f*, décadence *f*. ¶ 도덕의 ~ décadence morale; corruption. ¶ 사회 풍조가 갈수록 ~와 환락에 젖어가고 있다 Avec le temps, les mœurs de la société dégénèrent.

◆**_적** -的 명관 décadent(*e*); ((milieu, littérature)) malsain(*e*). ¶ ~적 풍조 mœurs décadentes. ¶ ~적 문화 littérature malsaine. ¶ ~적(인) 사고 pensées malsaines. ¶ 그 소설은 너무 ~적이다 Ce roman est trop malsain.

◆**_주의** -主義 명 décadence *f*, décadentisme *m*.

퇴학 退學 명 abandon *m* des études. ¶ ~ 처분을 당하다 être renvoyé(*e*) de l'école [du bahut {*fam*}]; ((대학)) être renvoyé(*e*) de l'université [de la fac {*fam*}]. ◇_(을) **하다** abandonner ses études. ¶ 중도에 ~하다 quitter l'école avant la fin de ses études; abandonner ses études. ◇_(을) **시키다** renvoyer ((un élève, un étudiant)). ¶ 불량학생을 ~시키다 renvoyer de mauvais étudiants. ◇_(을) **당하다[맞다]** être renvoyé(*e*) de l'école [du bahut {*fam*}]; ((대학)) être renvoyé(*e*) de l'université [de la fac {*fam*}]. ¶ 그는 학교에서 ~당했다 Il a été renvoyé de l'école [du bahut {*fam*}].

◆**_생** -生 명 élève *mf* renvoyé(*e*).

퇴행 退行 명 rétrogression *f*, régression *f*, recul *m*. ¶ 역사를 왜곡하는 것은 발전이 아니라 ~이다 Déformer l'histoire n'est pas un progrès mais au contraire une régression. ◇_(을) **하다** reculer, régresser. ¶ 사람이 늙으면 어린아이로 ~한다 En vieillissant, une personne redevient un enfant [retombe en enfance].

◆**_성** -性 명 caractère *m* régressif; régression *f*.

◆**_기** -期 명 période *f* de régression.

퇴화 退化 명 atrophie *f*, régression *f*, dégénérescence *f* ((d'un organe, d'une civilisation)). ¶ ~ 작용 (processus de) dégénérescence. ◇_(를) **하다** s'atrophier, dégénérer, s'abâtardir. ¶ 사용하지 않는 기관은 ~한다 Un organe qu'on n'utilise pas s'atrophie.

◆**_기관** -器官 명 【생물】 rudiment *m*; organe *m*

atrophié.

툇마루 退- 명 seuil *m* [petit parquet *m*] de bois devant la porte d'entrée. ¶ ~에 걸터앉다 s'asseoir sur le seuil les jambes pendantes.

투 套 의명 ((nom non autonome ou dépendant, exprimant l'aspect, le style, la manière, la forme ou le ton. Il s'emploie après un nom ou la forme déterminante du verbe, radical + -는)) forme *f*, style *m*, manière *f*, façon *f*. ¶ 편지 ~ une forme épistolaire. ¶ 한문 ~의 글 un écrit inspiré par la littérature chinoise classique. ¶ 그의 말하는 ~가 귀에 거슬린다 Son ton ne me plaît pas. ¶ 그는 나에게 놀리는 ~로 말했다 Il m'a parlé d'un ton moqueur. ¶ 그는 공부는 이제 안중에 없다는 ~로 말한다 Il parle maintenant de ses études d'un ton complètement désintéressé.

◆**말_** 명 ton *m*. ¶ 거친 말~ un ton bourru [grossier]; ((parler)) avec rudesse, grossièrement, avec violence, sans aucun scrupule. ¶ 경박한 말~ un ton frivole. ¶ 부드러운 말~ une voix douce [agréable, tendre].

투견 鬪犬 명 ① 싸움개 chien *m* de combat. ② 개싸움 combat *m* de chiens. ◇_(을) **하다** ((chiens)) se battre. ¶ ~하는데 가 보자 Allons voir un combat de chiens.

◆**_장** -場 명 lieu *m* où se déroulent des combats de chiens.

투계 鬪鷄 명 ① 싸움닭 coq *m* de combat. ② 닭싸움 combat *m* de coqs. ◇_(를) **하다** ((coqs)) se battre.

◆**_장** -場 명 lieu *m* [arène *f*] où se déroulent des combats de coqs.

투고 投稿 명 envoi *m* d'un manuscrit (à un journal); manuscrit *m* (envoyé à un journal). ¶ 독자의 ~ envoi d'un manuscrit par les lecteurs. ¶ ~를 권하다 conseiller [proposer] à *qn* d'envoyer un manuscrit. ¶ 독자들의 항의성 ~가 잇달았다 Les lecteurs n'ont pas cessé d'envoyer des manuscrits de protestation [pour protester] / Les protestations des lecteurs ont afflué. ◇_(를) **하다** envoyer un manuscrit ((à une revue)); collaborer à ((un magazine)). ¶ 신문에 수필을 ~하다 écrire un essai pour un journal.

◆**_란** -欄 명 le courrier *m* [la rubrique *f*] des lecteurs. ¶ 독자 ~란 le courrier [la rubrique] des lecteurs.

◆**_자** -者 명 collabora*teur*(*trice*).

투과 透過 명 passage *m* ((d'un rayon)). ¶ 빛의 ~를 막다 barrer le passage de la lumière. ◇_(를) **하다** ((rayon)) passer, traverser. ¶ X레이는 인체를 ~한다 Les rayons X traversent le corps humain. ◇_(가) **되다** passer. ¶ 이 액체는 빛이 ~될 때 화학 반응을 일으킨다 *Ce liquide montre une réaction* chimique au contact de la lumière. ◇_(를) **시키다** laisser passer. ¶ 이 물질은 빛을 ~시킨다 Cette substance laisse passer la lumière / Cette substance est translucide.

◆**_성** -性 명 perméabilité *f*.

◆**_도** -度 명 degré *m* de perméabilité.

◆**_율** -率 명 taux *m* de pénétration [d'émission] (de la lumière). ¶ 빛의 ~율이 높다[낮다] La lumière pénètre facilement [difficilement].

투광기 投光器 명 projecteur *m*.

투구[1] 명 casque *m*. ¶ ~를 쓰다 mettre un casque; ((쓰고 있다)) porter un casque.

투구[2] **投球** 명 【운동】 lancement *m* ((d'une balle)); lancer *m*. ¶ 저 투수는 오늘 ~ 내용이 좋다 Ce lanceur a fait de bons lancers aujourd'hui / Ce lanceur a été bon aujourd'hui. ◇_(를) **하다** lancer ((une balle, une boule)). ¶ 전력을 다해 ~하다 lancer une balle de toutes ses forces. ¶ 그 사람은 ~하는 자세가 잘못 되었다 Il n'était pas dans la bonne position [posture] pour lancer la balle.

◆**_수** -數 명 nombre *m* de lancers. ¶ 저 투수는 오늘 경기에서 ~수가 너무 많다 Ce lanceur a fait trop de lancers aujourd'hui.

투기[1] **妬忌** 명 envie *f*, jalousie *f*. ¶ ~가 심하다 être très jalou*x*(*se*). ◇_(를) **하다** être jalou*x*(*se*); porter envie à *qn*. ¶ 첩에 대해 본부인 이 ~하는 것은 당연하다 C'est normal que la première épouse soit jalouse de la seconde. ¶ 미친 듯이 ~하는 *fou*(*folle*) de jalousie.

◆**_심** -心 명 jalousie *f*. ¶ 그 여자는 불같이 일어나는 ~심을 억제할 수 없었다 Elle n'a pas pu maîtriser cette forte jalousie.

투기[2] **投機** 명 spéculation *f*. ¶ 부동산 ~ spéculation sur les terrains. ¶ ~로 전 재산을 잃다 perdre sa fortune pour avoir fait de la spéculation. ◇_(를) **하다** spéculer; faire de la spéculation ((sur les terrains)). ¶ 부동산에 ~를 하다 faire de la spéculation sur les terrains.

◆**_성** -性 명 spéculation *f*; esprit *m* spéculateur. ¶ ~성 사업 entreprise spéculatrice [à l'esprit spéculateur]. ¶ ~성이 크다 avoir un grand esprit spéculateur.

◆**_가** -家 명 spécula*teur*(*trice*).

◆**_꾼** 명 spéculateur *m*.

◆**_심** -心 명 esprit *m* spéculateur. ¶ ~심을 일으키다 exciter [provoquer] l'esprit de spéculation.

◆**_업자** -業者 명 spécula*teur*(*trice*).

◆**_열** -熱 명 frénésie *f* de la spéculation. ¶ 물가의 변동이 ~열을 야기했다 Les fluctuations des prix ont donné lieu à une spéculation effrénée.

◆**_사업** -事業 명 entreprise *f* spéculatrice [à l'esprit spéculateur].

투덕거리다 타 frapper fort et à plusieurs reprises. ¶ 흙을 삽으로 ~ frapper fort la terre avec une pelle.

투덕투덕 부 ((onomatopée qui évoque le bruit produit par une pelle)). ¶ 흙을 ~ 삽으로 두드리다 frapper fort la terre avec une pelle.

투덜거리다 자 se plaindre, bougonner, grommeler, grogner, maugréer {*litt*}; rouspéter {*fam*}, râler {*fam*}, ronchonner {*fam*}, pester {*fam*}. ¶ 그는 일 할 때마다 투덜거린다 Il se plaint toujours lorsqu'il travaille / Il n'arrête pas de ronchonner lorsqu'il travaille. ¶ 그는 자기 일이 마음에 들지 않는다고

투덜거린다 Il se plaint sans cesse disant que son travail ne lui plaît pas / Il se plaint tous les jours de son travail. ¶ 투덜거리는 사람 un(*e*) bougon(*ne*), un grognon, un (vieux) ronchon, une ronchonne; un(*e*) grincheux(*se*).

투덜대다 자 ☞ 투덜거리다

투덜투덜 부 en grommelant. ¶ 그는 회사 일에 대해 늘 ~ 불평을 한다 Il se plaint toujours de son travail [boulot {*fam*}].

◆**_하다**[**거리다**, **대다**] 자 se plaindre, bougonner, grommeler, grogner, maugréer {*litt*}; rouspéter {*fam*}, râler {*fam*}, ronchonner {*fam*}, pester {*fam*}.

투망 投網 명 ① action de jeter l'épervier. ② 그물 épervier *m*. ¶ ~을 치다 lancer un épervier. ◇_(을) **하다** jeter un épervier.

투매 投賣 명 vente *f* au rabais [en solde]; solde *f*; liquidation *f* ((d'un stock)). ◇_(를) **하다** vendre ((des marchandises)) au rabais; solder ((des invendus)); liquider ((un stock)). ¶ 증권시장에서 자포자기한 고객들이 ~를 한다 À la Bourse [Sur le marché de la Bourse], les clients désespérés vendent à perte [liquident] leurs actions.

◆**_꾼** 명 personne *f* qui vend au rabais [qui liquide ses stocks].

투명 透明 어근 transparence *f*, limpidité *f*.

◆**_하다** 형 ① être transparent(*e*); ((eau)) être limpide; ((verre)) être clair(*e*). ¶ ~한 보석 une pierre précieuse transparente. ¶ ~한 눈동자 pupille claire [limpide]. ② être transparent(*e*), clair(*e*). ¶ 일 처리가 ~ être transparent(*e*) dans sa manière de travailler. ¶ 경영을 ~하게 하다 gérer avec transparence, avoir une gestion transparente.

◆**반_** 半- 명 translucidité *f*. ¶ 반~의 à demi-transparent; translucide.

◆**불_** 不- 어근 opacité *f*. ¶ 불~하다 être opaque.

◆**_유리** 명 verre *m* opaque.

◆**_도** -度 명 (degré *m* de) transparence *f*.

◆**_인간** -人間 명 homme *m* invisible.

◆**_체** -體 명 corps *m* transparent.

투박 어근 rudesse *f*, grossièreté *f*.

◆**_하다** 형 être rude, grossi*er*(*ère*), peu raffiné(*e*); être mal dégrossi(*e*). ¶ ~한 질그릇 vase d'argile [de terre cuite] âpre au toucher. ¶ ~한 옷차림 une tenue grossière. ¶ ~한 음성 une voix grossière.

◆**_스럽다** 형 être rude, grossi*er*(*ère*); être mal dégrossi(*e*). ¶ ~스러운 태도 une attitude grossière [cavalière]. ¶ ~스럽게 말하다 parler grossièrement.

투병 鬪病 명 lutte *f* contre la maladie. ¶ ~ 중이다 être en train de lutter contre une maladie; être en train de lutter pour guérir. ¶ 그는 3년의 ~ 생활을 했다 Il a lutté pendant trois ans pour guérir. ◇_(을) **하다** faire des efforts pour guérir; lutter contre la maladie. ¶ 그는 오랫동안 ~을 했지만 결국 작년에 세상을 떠났다 Il a longtemps lutté pour guérir, mais il a fini par succomber l'année dernière.

투사¹ 投射 명 ① 【물리】 projection *f*. ¶ 빛의 ~ projection de la lumière. ② 【심리】 projection *f*. ¶ 평범한 사람의 갑작스런 일탈은 종종 억눌린 무의식의 ~인 경우가 많다 Il arrive souvent qu'un écart brutal (du droit chemin) [une déviation brutale] d'un être ordinaire soit la projection de son inconscient. ◇_(를) **하다** projeter ((une ombre)). ◇_(가) **되다** ((une ombre)) être projeté(*e*).

◆**_각** -角 명 【물리】 angle *m* d'incidence.

◆**_광선** -光線 명 【물리】 rayon *m* incident.

투사² 鬪士 명 ① combattant *m*. ¶ 로마의 ~ un combattant romain. ② militant(*e*). ¶ 자유의 ~ champion de la liberté. ¶ 진리의 ~ un(*e*) militant(*e*) de la vérité. ¶ 사회주의의 ~ un(*e*) militant(*e*) socialiste. ¶ 혁명의 ~ révolutionnaire ardent. ¶ 민주주의 회복을 위해 싸우는 용감한 ~가 되다 devenir un militant courageux combattant pour le retour de la démocratie.

◆**_형** -型 명 type *m* du militant. ¶ 그는 전형적인 ~형이다 C'est un militant typique.

투서 投書 명 envoi *m* d'une lettre (pour révéler des faits cachés). ¶ 비리를 폭로하는 ~를 보내다 envoyer une lettre pour dénoncer des affaires de corruption. ¶ 익명의 ~를 받다 recevoir une lettre de dénonciation anonyme. ¶ ~가 들어왔다 Une lettre de dénonciation est arrivée. ¶ ~가 빗발친다 Les lettres de dénonciation affluent. ◇_(를) **하다** envoyer une lettre ((à un journal)); envoyer un article ((à un journal)). ¶ 상급 기관에 ~하다 envoyer une lettre à un haut organisme.

◆**_란** -欄 명 courrier *m* [rubrique *f*] des lecteurs.

◆**_함** -函 명 boîte *f* aux réclamations [aux suggestions].

투석 投石 명 ① jet *m* de pierre. ② 던진 돌 pierre *f* lancée. ◇_(을) **하다** lancer [jeter] des pierres à [sur] *qn*; lapider *qn*. ¶ 시위대가 경찰을 향해 ~을 했다 Les manifestants ont lancé des pierres sur les forces de l'ordre.

◆**_전** -戰 명 lutte *f* menée à jets de pierres; guerre *f* des pierres; Intifada *f*. ¶ 시내에서 ~전이 벌어졌다 Dans le centre-ville, les gens ont mené une lutte à jets de pierres [les gens ont commencé à jeter des pierres].

-투성이 접미 couvert(*e*) de; plein(*e*) de. ¶ 땀~ couvert(*e*) de sueur. ¶ 상처~ couvert(*e*) de blessures. ¶ 피~가 되다 être couvert(*e*) de sang. ¶ 주근깨~인 얼굴 un visage couvert [tavelé, parsemé] de taches de rousseur. ¶ 이 책은 먼지~이다 Ce livre est poussiéreux [couvert de poussière].

투수¹ 投手 명 【운동】 lanceu*r*(*se*). ¶ ~의 공을 받다 recevoir une balle d'un lanceur. ¶ ~가 공을 던지다 ((lanceur)) lancer une balle.

◆**_력** -力 명 force *f* du lanceur.

◆**_전** -戰 명 guerre *f* [duel *m*] de lanceurs.

◆**구원_** 救援 명 lanceur *m* de relève, releveur *m*, stoppeur *m*.

◆마무리_ 명 finisseur *m* (au base-ball), lanceur *m* finisseur.

◆선발_ 先發 명 lanceur *m* partant.

◆승리[패전]_ 勝利[敗戰]- 명 lanceur *m* gagnant [perdant].

◆완투_ 完投 명 lanceur *m* qui reste tout au long de la partie.

◆왼손잡이_ 명 lanceur *m* gaucher.

투수² 透水 명 perméabilité *f*.

◆_력 -力 명 perméabilité *f*.

◆_성 -性 명 perméabilité *f*; ((형용사)) perméable.

◆_율 -率 명 taux *m* de perméabilité.

◆_층 -層 명 couche *f* perméable.

투숙 投宿 명 descente *f* à un hôtel. ◇_(을) 하다 descendre ((dans un hôtel)); loger ((dans un hôtel)). ¶ 이틀간 여관에 ~하다 passer deux nuits dans un motel.

◆_객 -客 명 client(*e*) d'un hôtel. ¶ 경찰이 ~객 명단을 조사했다 La police a enquêté sur la liste des clients de l'hôtel.

투시 透視 명 ① fait de voir à travers *qc*. ② ((X선의)) radioscopie *f*; examen *m* par radioscopie. ③ ((천리안)) clairvoyance *f*. ◇_(를) 하다 voir à travers *qc*. ¶ 중요한 것은 현실의 문제점들을 ~할 수 있는 능력을 갖추는 것이다 L'important, c'est d'être lucide quant aux problèmes de la réalité.

◆_도 -圖 명 plan *m* perspectif.

◆_력 -力 명 puissance *f* perspective.

투신¹ 投信 명 ((‘투자신탁’의 준말)) gestion *f* de portefeuilles de valeurs mobilières [de SICAV]; placeu*r*(*se*). ☞ 투자

투신² 投身 명 ① suicide *m* en se jetant de haut. ② 헌신 lancement *m*, engagement *m* ((dans la politique)). ◇_(을) 하다 ① se jeter ((du 20ᵉ étage)). ¶ 강물에 ~하다 se jeter à l'eau (pour se suicider); se suicider en se jetant [en se foutant {*fam*}] à l'eau. ② se consacrer à *qc*; se lancer dans ((la politique)); s'engager dans *qc*. ¶ 정계에 ~하다 se lancer dans la politique; s'engager dans la politique.

◆_자살 -自殺 명 suicide *m* en se jetant de haut. ¶ 고층빌딩에서 ~자살을 하다 se suicider en se jetant du haut d'un gratte-ciel.

투실투실 부 les joues pleines. ¶ 돼지가 살이 ~ 쪘다 Le cochon est dodu.

◆_하다 형 ☞ 토실토실

투약 投藥 명 dosage *m* ((d'une préparation)); médication *f*. ¶ ~ 시간을 잘 지키지 않으면 병이 낫지 않는다 Si on ne respecte pas l'heure à laquelle *on doit prendre un médicament*, on ne guérit pas. ◇_(을) 하다 ((médecin)) prescrire [administrer] un médicament. ¶ 환자에게 ~하다 prescrire [administrer] des médicaments à un malade [à un patient]. ¶ 신경안정제를 ~하다 prescrire des calmants [un calmant, un tranquillisant, un sédatif].

투여 投與 명 dosage *m* ((d'une préparation)); médication *f*. ¶ 약물의 ~ administration [prescription] d'un médicament. ◇_(를) 하다 prescrire [administrer] des médicaments ((à un(*e*) patient(*e*))). ¶ 의사가 환자에게 항생제를 ~했다 Le médecin a prescrit des antibiotiques au patient [à son(*sa*) patient(*e*)].

투영 投影 명 ① 그림자 ombre *f*, reflet *m*. ¶ 불빛의 ~ reflet de la lumière. ② 반영 projection *f*, reflet *m*. ◇_(을) 하다 projeter. ¶ 자신의 소망을 그 일에 ~하다 projeter *ses* désirs sur *qc*. ◇_(을) 시키다 refléter. ¶ 달이 자신의 그림자를 호수 위에 ~시키고 있었다 La lune reflète son image [sa clarté, sa lumière] dans le lac / La lune se reflète dans le lac. ◇_(이) 되다 se refléter. ¶ 물 위에는 두 사람의 그림자가 ~되고 있었다 Les ombres de ces deux personnes se reflètent sur l'eau.

투옥 投獄 명 emprisonnement *m*, incarcération *f*. ◇_(을) 하다[시키다] mettre [jeter] *qn* en prison; emprisonner *qn*, incarcérer *qn*. ¶ 대통령은 폭력배들을 모두 ~하라고 명했다 Le président de la République a ordonné de jeter en prison [d'incarcérer] tous les voyous. ◇_(이) 되다 être en prison, être détenu(*e*) en prison. ¶ 그는 정치범으로 ~되었다 Il est en prison pour délit politique.

투우 鬪牛 명 ① 소 taureau(*x*) *m* de combat. ¶ ~와 맞서 싸우다 se battre avec un taureau. ② 소싸움 course *f* de taureaux; corrida *f*; combat *m* de taureaux. ¶ ~를 보러 가다 aller voir une corrida. ◇_(를) 하다 ((taureaux)) se battre.

◆_사 -士 명 toréador *m*, torero *m*, matador *m*, picador *m*.

◆_장 -場 명 arène *f*.

투원반 投圓盤 명 【운동】 ① 접시 disque *m*. ¶ ~을 던지다 lancer un disque. ② ((행위)) lancement *m* du disque. ¶ ~ 종목에 참가하다 participer à l'épreuve du lancement du disque.

◆_선수 -選手 명 discobole *m*; lanceu*r*(*se*) de disque.

투입 投入 명 engagement *m*; investissement *m*. ¶ 새로운 자본의 ~이 필요하다 Il faut investir de nouveaux capitaux. ¶ 공권력의 ~이 임박했다 L'intervention de la police est imminente. ◇_(을) 하다 engager ((une troupe dans un combat)); investir ((des fonds dans une affaire)). ¶ 자본을 ~하다 investir des capitaux ((dans une entreprise)). ¶ 2개 사단[전 병력]을 ~하다 engager deux divisions [toutes les forces]. ¶ ~한 자본을 회수하다 récupérer [faire rentrer] les capitaux investis. ◇_(이) 되다 être investi(*e*).

◆_구 -口 명 fente *f* [ouverture *f*, orifice *m*] pour introduire ((des pièces de monnaie dans un distributeur automatique)). ¶ 자판기의 동전 ~구가 막혔다 La fente [L'ouverture] pour introduire des pièces de monnaie dans le distributeur automatique est bouchée [obstruée].

투자 投資 명 ① ((사업)) investissement *m*. ¶ ~ 성향 propension [penchant] à l'investissement. ¶ 정보산

ㅌ

업에 대한 정부의 막대한 ~ lourds investissements du gouvernement pour les industries de l'information. ¶ ~ 계획을 세우다 faire [dresser] un plan d'investissement. ② ((비유적)) investissement *m*. ¶ 자기개발을 위한 시간 ~ le temps investi pour *son* développement. ◇_(를) **하다** ① ((사업)) investir ((des capitaux dans une entreprise)); placer *son* argent ((dans des terrains)). ¶ 유리한 ~를 하다 faire un investissement [un placement] avantageux. ¶ 주식에 ~하다 investir ((cent mille wons)) en actions. ¶ 그는 이 회사에 ~했다 Il a investi dans cette entreprise [dans cette société]. ② ((비유적)) investir. ¶ 그는 그 젊은이의 미래에 ~했다 Il a investi dans le futur de cette jeune personne. ◇_(가) **되다** être investi(*e*).

◆**_금융** -金融 명 financement *m* [crédit *m*] d'investissements.

◆**_비** -費 명 frais *mpl* d'investissements.

◆**_신탁** -信託 명 gestion *f* de portefeuilles de valeurs mobilières [de SICAV]; placeu*r*(*se*).

◆**_액** -額 명 somme *f* d'investissement.

◆**_율** -率 명 taux *m* de rendement [de rentabilité] d'un investissement.

◆**_자** -者 명 investisseur *m*. ¶ ~자를 물색하다 chercher des investisseurs.

◆**_자본** -資本 명 capit*al*(*aux*) *m* investi.

◆**_회사** -會社 명 société *f* d'investissement.

투쟁 鬪爭 명 ① lutte *f*, combat *m*, campagne *f*. ¶ 임금 인상을 위한 ~ une campagne pour l'augmentation des salaires. ② lutte *f*, combat *m*. ¶ 공산 반군 독재 정부에 대한 기나긴 ~ la très longue lutte contre la dictature militaire communiste. ◇_(을) **하다** lutter, se battre. ¶ 무엇을 위해 ~하는가? Pour quelle cause se bat-on?

◆**_적** -的 명관 combati*f*(*ve*). ¶ ~적인 역사 une histoire tourmentée [agitée] ((par de nombreux combats)).

◆**계급_** 階級- 명 lutte *f* des classes.

◆**단식_** 斷食- 명 grève *f* de la faim.

◆**임금_** 賃金- 명 lutte *f* [campagne *f*, revendication *f*] pour l'augmentation des salaires.

◆**정치_** 政治- 명 lutte *f* politique.

투전 投錢 명 *tujeon m* ((jeu de paris que l'on fait en lançant des pièces de monnaie)). ◇_(을) **하다** jouer au *tujeon*, faire une partie de *tujeon*.

◆**_꾼** 명 joueur *m* de *tujeon*, flambeur *m* de *tujeon*.

◆**_판** 명 (tapis *m* de) jeu *m* de *tujeon*.

투정 명 plainte *f*, jérémiades *fpl*, doléances *fpl*; mécontentement *m*. ¶ 밥상을 앞에 두고 반찬 ~을 해서는 안 된다 Il ne faut pas faire de remarques (désobligeantes) sur les plats d'accompagnement à table / Il ne faut pas critiquer la cuisine à table / Tu dois manger ce qu'on te sert [ce qu'il y a dans ton assiette] sans faire de remarques désobligeantes [sans donner d'avis désobligeants]. ¶ 누구 앞이라고 ~이냐 Pour qui est-ce que tu me prends pour te plaindre comme ça? ¶ 반찬 ~이 심하다 faire sans arrêt des remarques désobligeantes [faire sans cesse des critiques, émettre tout le temps des critiques] sur les plats d'accompagnements, se plaindre tout le temps de la nourriture. ◇_(을) **하다[부리다]** manifester *son* mécontentement [*sa* mauvaise humeur], se plaindre, râler {*fam*}, grogner, maugréer, rouspéter, ronchonner, bougonner, grommeler. ¶ 그 아이는 툭하면 ~을 부린다 Cet(*te*) enfant rouspète pour un rien [tout le temps, sans arrêt, sans cesse] / Cet(*te*) enfant se plaint [râle {*fam*}] à longueur de journée / Cet(*te*) enfant a toujours quelque chose à redire. ¶ ~ 부리지마 Cesse de bougonner! / Arrête de te plaindre [de rouspéter]! / T(u n)'en as pas marre de râler {*fam*}?

투지 鬪志 명 esprit *m* combatif, combativité *f*, mordant *m*. ¶ ~를 되살리다 retrouver *son* mordant [*son* esprit combatif]. ¶ ~를 가지고 도전하다 entreprendre quelque chose avec combativité. ¶ 그 사람은 ~를 잃었다 Il a perdu sa combativité [son esprit combatif]. ¶ ~에 불타다 être plein(*e*) de mordant. ¶ ~(가) 만만하다 être plein(*e*) de combativité.

투창 投槍 명 【운동】 ① ((창)) javelot *m*. ② ((행위)) lancer *m* [lancement *m*] du javelot. ◇_(을) **하다** lancer le javelot.

◆**_선수** -選手 명 lanceu*r*(*se*) de javelot.

투척 投擲 명 lancer *m*, lancement *m*, jet *m*. ¶ 테러범의 갑작스런 폭탄 ~으로 많은 사람들이 부상을 당했다 Beaucoup de personnes ont été blessées par le jet soudain des bombes des terroristes. ◇_(을) **하다** lancer, projeter, jeter. ¶ 수류탄을 ~하다 lancer une grenade.

투철하다 透徹- 형 être immuable, infaillible, indéfectible, être à toute épreuve. ¶ 그 사람은 책임감이 ~ Il a un sens très profond des responsabilités. ¶ 투철한 사명감을 지니다 posséder une vocation infaillible. ¶ 투철한 각오 une détermination à toute épreuve.

투포환 投砲丸 명 【운동】 ① marteau(*x*) *m*. ¶ 철제 ~을 던지다 lancer un marteau de [en] fer. ② ((행위)) lancer *m* [lancement *m*] du marteau. ◇_(을) **하다** lancer le marteau.

◆**_선수** -選手 명 lanceu*r*(*se*) de marteau.

투표 投票 명 vote *m*, scrutin *m*; suffrage *m*; ((표)) voix *f*. ¶ ~ 결과를 발표하다 annoncer [proclamer, dévoiler] les résultats d'un scrutin [d'une élection]. ¶ ~에 붙이다 soumettre au vote, mettre aux voix. ¶ ~로 선출하다 élire par voie de scrutin. ¶ 회장은 전 회원의 ~로 선출되었다 Le président a été élu par le vote de tous les membres. ◇_(를) **하다** voter. ¶ ~하러 가다 aller [se rendre] aux urnes. ¶ 찬성[반대] ~를 하다 voter pour [contre] ((un projet)). ¶ 누구에게 ~하다 voter pour *qn*.

◆**_권** -權 명 droit *m* de vote. ¶ ~권은 민주 시민의

소중한 권리이다 Le droit de vote est un droit précieux pour un citoyen.

◆_소 -所 명 bureau *m* de vote.

◆_용지 -用紙 명 bulletin *m* de vote.

◆_율 -率 명 taux *m* de participation à un scrutin.

◆_자 -者 명 votant(*e*), élec*teur*(*trice*).

◆_장 -場 명 bureau(*x*) *m* de vote.

◆_참관인 -參觀人 명 témoin *m* de vote.

◆_함 -函 명 urne *f* (électorale).

◆무기명_ 無記名- 명 vote *m* à bulletins secrets, vote *m* secret.

◆비밀_ 秘密- 명 vote *m* à bulletins secrets, vote *m* secret.

◆신임_ 信任- 명 vote *m* de confiance.

투피스 영{two-piece} 명 deux-pièces *m*.

◆_정장 -正裝 명 ensemble *m* deux-pièces; tailleur *m*; tailleur-pantalon(~*s*-~*s*).

투하 投下 명 ① ((폭탄의)) lâcher *m*, largage *m*, lancer *m*, lancement *m*, bombardement *m*. ¶ 미국의 원폭 ~가 2차 대전 종전의 결정적 계기가 되었다 Le lancement de la bombe atomique par les Américains a été le moment crucial [décisif] de la fin de la Deuxième [Seconde] Guerre mondiale. ② 투여 investissement *m*. ¶ 자본과 노동력의 ~ l'investissement dans le capital et dans la main d'œuvre. ◇_(를) 하다 lancer [larguer, lâcher] ((une bombe)), bombarder; investir. ¶ 폭탄을 ~하다 lancer [larguer, lâcher] une bombe, bombarder. ¶ 여유 노동력을 집중적으로 ~하다 investir de la main d'œuvre superflue dans tout un secteur. ◇_(가) 되다 être lâché(*e*), largué(*e*), lancé(*e*), parachuté(*e*). ¶ 포위된 아군에게 물자가 비행기로 긴급히 ~되었다 Du ravitaillement a été parachuté [largué par avion] à notre troupe encerclée.

투항 投降 명 reddition *f*, capitulation *f*. ¶ ~의 의사를 밝히다 révéler [faire savoir] *sa* volonté de capituler [de se rendre]. ◇_(을) 하다 se rendre, capituler, rendre les armes, se soumettre. ¶ ~할 것을 권하다 conseiller de se rendre [de capituler, de rendre les armes]. ¶ 적병 2명이 ~해 왔다 Deux soldats ennemis se sont rendus [soumis]. ¶ 적군이 백기를 들고 ~했다 L'ennemi s'est rendu en agitant un drapeau blanc.

투혼 鬪魂 명 esprit *m* combatif, combativité *f*, mordant *m*. ¶ 불굴의 ~을 보이다 faire preuve d'une combativité [d'une force] inébranlable. ¶ ~을 발휘하다 déployer *son* esprit combatif.

툭 부 ① ((소리)) avec un petit bruit. ¶ 사과가 ~ 떨어졌다 La pomme est tombée avec un petit bruit. ¶ 그 녀석이 나를 ~ 치고 지나갔다 Ce type m'a bousculé. ② ((돌출)) avec un renflement, d'un coup. ¶ ~ 튀어나온 광대뼈 des pommettes saillantes. ③ ((끊어짐)) d'un coup, soudainement. ¶ 줄이 갑자기 ~ 끊어졌다 La corde s'est rompue d'un seul coup. ¶ 비닐봉지가 ~ 터졌다 Le sac plastique s'est brusquement déchiré. ④ 퉁명스럽게 d'un ton désagréable. ¶ 그는 불쾌한 어조로 친구에게 ~ 말을 내뱉었다 Il a dit d'un ton désagréable ce qu'il avait à dire à son ami. ⑤ 시원스럽게 ouvertement, franchement. ¶ ~ 터놓고 말하다 se confier ((à un(*e*) ami(*e*))). ¶ 이 집은 앞이 ~ 터져 있어 전망이 좋다 On a une belle vue de cette maison car il n'y a aucun bâtiment devant.

◆_ _ 부 ① toc toc. ② avec des bosses ici et là. ¶ 옷을 ~~ 털고 일어났다 Il s'est levé après avoir secoué ses vêtements / Il a brossé ses vêtements [enlevé les miettes de ses vêtements] puis s'est levé / Il épousseta les miettes de ses vêtements puis se leva. ¶ ~~ 치다[건드리다] tapoter ((sur la table)).

툭탁 부 ☞ 뚝딱[1]

툭탁거리다 자 se battre [se bagarrer, se disputer] avec *qn*; échanger des coups de poing; ((툭탁거리기 시작하다)) en venir aux mains; se battre à coups de poing. ¶ 두 사람은 걸핏하면 툭탁거리며 싸운다 Ils se disputent à la moindre occasion.

툭툭 부 ☞ 툭

툭하면 부 pour un rien; sans aucune raison; à tout propos. ¶ 그녀는 ~ 토라진다 Elle boude pour un rien. ¶ ~ 성내는 사람 une personne très soupe au lait [qui a la tête près du bonnet] {*fam*}, une soupe au lait {*fam*}, personne très irascible. ¶ 그들은 ~ 싸운다 Ils se battent à tout propos.

툰드라 러 명 【지리】 toundra *f*.

툴툴거리다 자 se plaindre, grommeler, ronchonner, bougonner, grogner {*fam*}, rouspéter, râler {*fam*}. ¶ 그는 자기 봉급이 적다고 툴툴거렸다 Il s'est plaint d'être trop peu payé.

툴툴대다 자 ☞ 툴툴거리다

퉁상스럽다 형 être bourru(*e*), grossi*er*(*ère*), mal dégrossi(*e*). ¶ 그 사람은 말투가 ~ Sa façon de parler est grossière et bourrue. ¶ 퉁상스럽게 말하다 parler de façon mal dégrossie [impolie].

퉁[1] 부 boum. ¶ 북을 ~ 울리다 battre du tambour.

퉁[2] 명 ((핀잔)) blâme *m*, réprimande *f*, remontrance *f*. ¶ 누구에게 ~을 받다 être grondé(*e*) [réprimandé(*e*)] par *qn*, se faire gronder [engueuler {*fam*}, enguirlander {*fam*}, remonter les bretelles, passer un savon {*fam*}, sonner les cloches {*fam*}] par *qn*, recevoir un savon {*fam*} de *qn*.

퉁겨주다 타 révéler ((un secret)); faire savoir *qc* à *qn*. ¶ 적에게 비밀을 ~ révéler un secret à l'ennemi. ¶ 내일 떠날 거라고 친구에게 ~ faire savoir à un ami qu'on partira le lendemain.

퉁겨지다 자 ① ((사물이)) se déboîter, se démettre, se disjoindre; ((인물이)) surgir. ¶ 충돌의 충격으로 승객 한 명이 차 밖으로 퉁겨져 나갔다 Un passager a été expulsé du véhicule [de la voiture] par la violence du choc. ¶ 어둠 속에서 갑자기 고양이 한 마리가 퉁겨져 나왔다 Tout à coup, un chat a surgi de l'obscurité. ② 드러나다 se révéler; laisser échapper ((une parole malheureuse)). ¶ 자기도 모르

게 그 말이 입 밖으로 퉁겨져 나왔다. Il a laissé échappé ces mots sans le vouloir [par inadvertance, par mégarde]. ¶ 그는 화가 나서 자신도 모르게 거친 말이 입에서 퉁겨져 나왔다 Il a laissé échapper une parole malheureuse sous le coup de la colère.

퉁기다 타 ① ((줄을)) pincer les cordes ((d'une guitare)). ¶ 기타[가야금, 줄]를 ~ pincer les cordes d'une guitare [pincer les cordes d'un *gayageum*, pincer des cordes]. ② ((공 따위를)) faire rebondir ((le ballon, la balle)). ¶ 공을 벽에 ~ faire rebondir la balle contre un mur. ③ 튀게 하다 éclabousser ((*qn* avec de l'eau)), faire gicler, faire jaillir. ¶ 물[흙]을 ~ éclabousser *qn* avec de l'eau [faire gicler de la boue]. ¶ 폭발한 비행기의 파편이 산 여기저기에 퉁겼다 Les débris de l'avion sont répandus un peu partout dans la montagne / On a retrouvé les débris de l'avion un peu partout dans la montagne. ¶ 비행기는 파편을 퉁기며 추락했다 L'avion qui s'est écrasé a explosé en mille morceaux. ¶ 아이들이 서로 물을 퉁기면서 장난을 한다 Les enfants jouent en s'éclaboussant d'eau. ④ ((손가락으로)) donner une chiquenaude [pichenette]. ¶ 손가락으로 이마를 ~ donner des pichenettes sur le front de *qn*. ¶ 그는 친구의 이마를 손가락으로 퉁겼다 Il a donné des pichenettes sur le front de son ami. ⑤ ((끼인 것을)) faire sortir, déboîter, démettre, disjoindre. ¶ 받침목을 퉁겨 버리다 repousser [dégager, retirer] une cale.
자 ① rebondir, surgir. ¶ 용수철이 퉁겨 올랐다 Le ressort a surgi ((de la boîte)). ¶ 공이 벽에 퉁겼다 La balle a rebondi contre le mur. ② 수락하지 않다 être têtu(*e*), entêté(*e*); faire le(la) difficile. ¶ 그 사람 참 되게 퉁기네 Il est vraiment difficile (avec les femmes). ¶ 널 좋아하니까 너무 퉁기지 마라 Je t'aime alors arrête de me repousser.
***배짱(을)** ~ faire le(la) difficile.

퉁명스럽다 형 être brut*al*(*ale*, *aux*), brusque, bourru(*e*), cassant(*e*). ¶ 그 사람은 손님을 대하는 태도가 아주 ~ Son comportement est très brusque à l'égard des invités [des clients]. ¶ 퉁명스럽게 말하다 parler d'une façon rude [d'un ton cassant]. ¶ 퉁명스러운 대답 une réponse rude.

퉁방울 명 grelot *m* en laiton. ¶ ~처럼 생긴 눈 des yeux globuleux [exorbités].
◆_**눈** 명 œil(*yeux*) *m* globuleux.

퉁소 명 【음악】 *tungso m* <pipeau de bambou coréen>. ¶ ~를 불다 jouer du *tungso*.

퉁탕 부 ① en faisant du vacarme, ((monter l'escalier)) à grand bruit. ② ((총소리)) tac tac tac.
◆_ **거리다[대다]** 자 faire du bruit [du vacarme, du boucan {*fam*}, du ramdam {*fam*}, chambard {*fam*}]. ¶ ~거리며 뛰지 마라 Ne fais pas de bruit [raffut, boucan {*fam*}] en courant ((dans le couloir)) / Ne cours pas bruyamment ((dans le couloir, dans les escaliers)). ¶ 피아노를 ~거리며 친다 Il joue du piano très bruyamment.

퉁퉁 부 ((monter l'escalier)) à grand bruit, en faisant du bruit; boum boum, tac tac. ☞ 통통

퉁퉁하다 형 être bouffi(*e*) (de graisse), boursouflé(*e*), enflé(*e*), gonflé(*e*), rebondi(*e*), plein(*e*), rond(*e*), mafflu(*e*) {*litt*}, vultueu*x*(*se*); avoir tendance à l'embonpoint. ¶ 얼굴이 ~ avoir un visage bouffi [boursouflé, empâté]. ¶ 배가 퉁퉁하게 나왔다 avoir de l'embonpoint, être ventripotent, ventru(*e*), bedonnant(*e*), bedonner, avoir du ventre [du bide {*fam*}], avoir de la brioche {*fam*}, avoir une bonne brioche {*fam*}, avoir un gros ventre, une grosse bedaine {*fam*}.

퉤 부 ((onomatopée du crachat)). ¶ 그는 갑자기 ~ 하고 침을 뱉는다 Soudain, il crache avec bruit.

퉤퉤 부 ☞ 퉤

튀기 명 ☞ 트기

튀기다[1] 자타 ① ((공, 용수철이)) (faire) rebondir, surgir. ¶ 탁구공을 벽에 ~ faire rebondir la balle de ping-pong sur le mur. ¶ 용수철이 튀겨 올랐다 Le ressort a surgi ((de la boîte)). ¶ 공이 바닥에 튀겨 올랐다 Le ballon [La balle] a rebondi sur le sol. ② ((줄이)) pincer les cordes ((d'une guitare)). ¶ 줄[가야금]을 ~ pincer les cordes ((d'une guitare)) [pincer les cordes d'un *gayageum*]. ③ ((물, 침이)) faire gicler, éclabousser ((*qn* avec de l'eau)). ¶ 물방울을 ~ éclabousser *qn* avec de l'eau, faire gicler de l'eau. ¶ 침을 튀기며 이야기하다 postillonner, envoyer des postillons (en parlant). ④ ((주판을)) pousser *qc* du doigt. ¶ 손가락으로 주판알을 ~ faire coulisser les boules d'un boulier avec les doigts.
***파편을** ~ 【속어】 postillonner; envoyer des postillons.

튀기다[2] 타 ① (faire) frire. ¶ 생선을 기름에 ~ frire du poisson [des poissons] dans l'huile. ¶ 오징어 튀김을 ~ faire frire des beignets de calamar. ② souffler. ¶ 쌀을 ~ souffler du riz. ¶ 튀밥을 ~ souffler du riz; souffler des *twibap*. ¶ 뻥튀기를 ~ souffler des galettes d'orge [des *ppeongtwigi*].

튀김 명 friture *f*. ¶ 고구마[새우, 야채, 오징어] ~ des patates douces frites [des crevettes frites, des légumes frits, des calamars frits]. ¶ ~을 먹다 manger des ((aliments)) frits, manger une friture de *qc*. ¶ ~을 튀기다[만들다] faire une friture de *qc*, faire frire *qc*.
◆_**기** -器 명 friteuse *f*.
◆_**집** 명 friterie *f*.
◆**감자**_ 명 frites *fpl*, pommes *fpl* allumettes. ¶ 감자~ 큰 걸로 하나 주세요 Je voudrais un grand cornet [une grande portion] de frites, s'il vous plaît. ¶ 오늘 점심 때 치즈버거와 감자~을 먹었어요 Aujourd'hui, à midi, j'ai mangé un cheeseburger avec des frites.

튀다 자 ① 솟아오르다 rebondir. ¶ 공이 잘 튄다 La balle rebondit bien. ② 흩어지다 rejaillir, gicler. ¶ 불씨가 탁탁 튄다 Des étincelles (re)jaillissent /

Le feu jette des étincelles. ¶ 불꽃이 튄다 Des flammes jaillissent. ¶ 흙탕물이 튄다 De la boue gicle. ¶ 옷에 음식물이 튄다 De la nourriture gicle sur les vêtements. ¶ 그 사람은 말할 때, 침이 튀어 Il postillonne quand il parle. ③ 도망가다 s'enfuir, décamper, déguerpir, déloger. ¶ 사기를 쳐 먹고 ~ détaler après avoir commis une escroquerie. ¶ 재는 어디로 튈지 아무도 모른다 Il est imprévisible. ④ 두드러지다 être criard(*e*), voyant(*e*). ¶ 튀는 옷을 입다 mettre des vêtements aux couleurs criardes [voyantes]. ¶ 너무 튀는 것은 좋지 않다 Il faut éviter ce qui est trop voyant [tape-à-l'œil]. ¶ 요즘 젊은이들은 톡톡 튀는 것을 좋아한다 Ces jours-ci, les jeunes aiment les couleurs voyantes. ⑤ 갈라지고 터지다 pétiller, crépiter. ¶ 불 속에 장작이 탁탁 튀는 소리를 낸다 Du bois sec crépite (en brûlant) / On entend le bois sec crépiter dans le feu.

*__불똥이__ ~ être touché(*e*) [atteint(*e*)] par ricochet [par la bande, par contrecoup, indirectement]. ¶ 불똥이 나에게로 튀었다 Ce n'était pas moi qui était visé(*e*) [C'était un autre qui était visé] mais j'ai été touché(*e*) par ricochet.

*__불꽃(이)__ ~ entrer en fureur; s'emporter; ((colère)) éclater. ¶ 두 사람의 설전은 불꽃이 튀었다 Ils ont eu une violente altercation. ¶ 그 눈에서 불꽃이 튀었다 Des flammes ont jailli de ses yeux.

튀어나가다 자 sortir aussitôt [sur le champ, immédiatement]. ¶ 상관의 명령에 지체 없이 앞으로 ~ sortir aussitôt sur l'ordre d'un supérieur.

튀어나오다 자 ① 불쑥 나오다 sortir soudainement; surgir. ¶ 방에서 ~ sortir soudainement de la chambre. ¶ 어둠 속에서 괴물이라도 튀어나올 것 같았다 On aurait dit qu'un fantôme surgissait de l'obscurité. ¶ 어디서 튀어나온 놈이냐? D'où est-ce qu'il sort, celui-là? ¶ 잃어버린 편지가 그의 호주머니에서 튀어나왔다 La lettre qu'il avait perdue est soudain sortie de sa poche. ② 비어져 나오다 être saillant(*e*). ¶ 이마가 ~ avoir le front saillant. ③ ((말이)) laisser échapper ((une parole malheureuse)). ¶ 나도 모르게 그 말이 불쑥 튀어나왔다 J'ai laissé échapper cette parole malheureuse. ¶ 여기저기서 질문이 튀어나왔다 Des questions fusaient de gauche et de droite [de partout].

*__눈이__ ~ ((coûter)) les yeux de la tête [la peau des fesses {*fam*}]. ¶ 눈이 튀어나올 정도로 비싸다 Cela coûte les yeux de la tête [la peau des fesses {*fam*}].

튕기다 자타 ① ((자동사)) rebondir. ¶ 총알이 철판에 맞고 튕겨 나갔다 La balle a rebondi sur la plaque *métallique*. ¶ 공이 골대에 맞고 튕겨 나왔다 La balle a rebondi sur le poteau [la barre transversale]. ② ((타동사)) 물체에 순간적으로 힘을 가하여 탄력을 받아 움직이게 하다 pousser *qc* du doigt. ¶ 물을 ~ éclabousser *qn* avec de l'eau. ¶ 수판알을 ~ faire coulisser les boules d'un boulier avec les doigts. ¶ 손가락으로 바둑알을 ~ faire avancer un pion du jeu de go avec les doigts. ③ ((줄을)) pincer les cordes ((d'une guitare)). ¶ 기타 줄을 ~ pincer les cordes d'une guitare. ④ 수락하지 않다 être têtu(*e*), entêté(*e*); avoir l'esprit de contradiction. ¶ 너무 튕기지 마라 Ne fais pas trop le difficile.

튜너 영{tuner} 명 【물리】 tuner *m*, syntoniseur *m*.

튜바 영{tuba} 명 【음악】 tuba *m*.

튜브 영{tube} 명 ① tube *m* ((de dentifrice)). ¶ 치약의 ~를 끝까지 짜서 쓰다 utiliser jusqu'au bout un tube de dentifrice. ② ((타이어의)) chambre *f* à air, tuyau(*x*) *m* en plastique, pneu *m*, (grosse) bouée *f*. ¶ 해수욕장에서 ~를 타고 놀다 s'amuser avec une grosse bouée dans l'eau au bord de la mer. ¶ 펑크가 나서 타이어의 ~를 때우다 réparer la chambre à air d'un pneu crevé. ③ 관 tuyau(*x*) *m*, tube *m*. ¶ 오염된 액체가 ~를 통해 흘러들고 있었다 Un liquide pollué coulait au travers du tuyau.

튤립 영{tulip} 명 【식물】 tulipe *f*.

트기 명 ① ((동물)) bâtard(*e*), croisement *m*, hybride *mf*. ¶ 노새는 말과 당나귀 사이에서 난 ~이다 La mule est le fruit du croisement entre une jument et un âne / La mule est l'hybride de l'âne et de la jument. ② 혼혈아 métis(*se*), mulâtre *mf*, eurasien(*ne*). ¶ 그 아기는 얼굴 생김새가 꼭 ~ 같다 Ce bébé a vraiment les traits de visage d'un métis.

트다[1] 자 ① 싹 naître, sortir, pointer, germer; éclore, s'ouvrir. ¶ 싹이 ~ bourgeonner. ¶ 움이 ~ germer, bourgeonner. ② 살이 벌어지다 se gercer, avoir des crevasses. ¶ 손이 ~ avoir des crevasses aux mains. ¶ 손등이 ~ avoir des crevasses aux mains. ¶ 살갗이 ~ avoir des crevasses. ¶ 입술이 ~ avoir les lèvres gercées, se gercer les lèvres. ③ 글렀다 être faux(*sse*), erroné(*e*); ((affaire)) être compromis(*e*), mal engagé(*e*). ¶ 잘되기는 텄다 L'affaire est compromise / L'affaire est mal engagée / C'est mal parti. ④ 날이 밝다 ((horizon)) s'éclairer ((au soleil levant)). ¶ 동[먼동](이) 튼다 le jour se lève. ¶ 동이 트기 전에 avant le lever du jour. ¶ 동이 틀 무렵에 au petit jour. ¶ 먼동이 터 온다 Le jour se lève.

트다[2] 타 ① ((통로를)) percer, ouvrir, frayer ((une route, un passage)). ¶ 길을 ~ percer [ouvrir] une route [un passage]; percer [frayer] un chemin. ¶ 물꼬를 ~ ((논의)) ouvrir la vanne d'une rizière; ((관계의)) servir de vanne régulatrice ((dans l'établissement de relations diplomatiques)); commencer une (nouvelle) relation avec *qn*. ¶ 성공에의 길을 ~ se frayer une voie vers le succès. ② ((관계를)) commencer une (nouvelle) relation avec *qn*; établir de nouvelles relations avec *qn*. ¶ 누구와 거래를 ~ établir des relations commerciales avec *qn*. ¶ 교분을 ~ nouer une amitié avec *qn*; se lier d'amitié avec *qn*. ¶ 서로 트고 지내다 commencer à *se* tutoyer. ¶ 말을 ~ commencer à se tutoyer. ③ ((장애물을)) abattre ((une cloison)). ¶ 벽[칸막이]을 ~ abattre un mur [une cloison]. ¶ 두 방을 터서 하나로 합치다 faire de deux pièces une seule.

***도(가)** ~ être incollable ((dans un domaine, sur ce chapitre)); être un véritable expert ((dans ce domaine)). ¶ 그는 이 방면에는 완전히 도(가) 텄다 C'est un véritable expert dans ce domaine / Il est vraiment incollable dans ce domaine / Il est incollable sur ce chapitre.

트라이앵글 영{triangle} 명 【음악】 triangle *m*. ¶ ~을 치다 jouer du triangle.

트랙 영{track} 명 ① ((육상)) piste *f*. ¶ ~ 경기 les épreuves sur piste. ¶ 그 사람은 ~을 반도 못 돌고 쓰러졌다 Il s'est écroulé avant même d'avoir fait un demi-tour de piste. ② ((전자)) piste *f*, bande *f*. ¶ 사운드 ~ une piste [une bande] sonore.

트랙터 영{tractor} 명 tracteur *m*. ¶ ~를 운전하다 conduire un tracteur.

트랜스미션 영{transmission} 명 transmission *f*. ¶ 차의 ~을 갈다 (faire) changer la transmission de *sa* voiture; (faire) changer l'arbre de transmission de *sa* voiture.

트랜지스터 영{transistor} 명 ① ((공학)) transistor *m*. ¶ 전자 공학 발전의 기폭제는 ~의 발명이었다 Ce qui a déclenché le développement de l'électronique fut l'invention du transistor. ② ((라디오)) transistor *m*, poste *m* de radio à transistor. ¶ 그 사람은 주머니에서 소형 ~를 꺼내서 크게 틀었다 Il a sorti de sa poche un petit transistor et l'a mis très fort.

◆**_라디오** 영{-radio} 명 poste *m* de radio à transistor, transistor *m*.

트랩 영{trap} 명 rampe *f* ((d'un avion)). ¶ 그 사람은 손을 흔들면서 비행기 ~을 내려 왔다 Il est descendu de l'avion par la rampe en agitant la main.

트러블 영{trouble} 명 trouble *m*, désagrément *m*, dérangement *m*, ennui *m*. ◇_(이) **나다** un trouble apparaît [naît]. ◇_(을) **일으키다[만들다]** causer des ennuis [des désagréments, des dérangements, des troubles].

트럭 영{truck} 명 camion *m*; ((대형)) poids *m* lourd; ((소형)) camionnette *f*. ¶ ~ 운전사 un(*e*) camionneu*r*(*se*). ¶ 화물 ~ un camion de marchandises. ¶ 5톤 ~ un (camion de) 5 tonnes.

트럼펫 영{trumpet} 명 【음악】 trompette *f*. ¶ ~을 불다 jouer de la trompette.

트럼프 영{trump} 명 ① 카드 cartes *fpl* à jouer. ¶ ~를 섞다 battre les cartes. ¶ ~를 나누다 distribuer [donner] les cartes, faire la donne. ¶ 그 사람의 방에는 ~들이 여기저기 널려져 있었다 Des cartes à jouer étaient éparpillées ici et là [traînaient un peu partout] dans sa chambre / De nombreuses cartes à jouer jonchaient le sol / Le sol était recouvert de cartes à jouer. ② 게임 jeu(*x*) *m* de cartes. ¶ 그 사람은 친구들과 밤새워 ~를 쳤다 Il a joué aux cartes toute la nuit avec ses amis.

트렁크 영{trunk} 명 ① valise *f*; ((대형)) malle *f*. ¶ 그 사람은 ~에 옷가지를 몇 개만 넣고 길을 떠났다 Il a pris la route avec seulement quelques vêtements dans sa malle. ② ((자동차의)) coffre *m* ((d'une voiture)). ¶ ~를 열어줘 Ouvre le coffre, s'il te plaît. ¶ 짐을 ~ 안에 넣다 mettre les bagages dans le coffre. ¶ 이건 너무 커서 도저히 ~ 안에 안 들어간다니까 Jamais, ça ne rentrera dans le coffre, c'est beaucoup trop gros [volumineux] / C'est beaucoup trop volumineux pour pouvoir rentrer dans le coffre. ¶ 파리의 택시는 ~에 짐을 실으면 짐 값을 별도로 내야 한다 Dans les taxis parisiens, il faut payer un supplément pour les bagages mis dans le coffre.

트레머리 명 chignon *m*, coiffure *f* en chignon. ◇_(를) **하다** se coiffer en chignon, se faire un chignon.

트레이닝 영{training} 명 entraînement *m*. ¶ 지난 겨울의 ~ 효과가 이제 나타나는군 L'entraînement de l'hiver dernier a fini par porter ses fruits. ◇_(을) **하다** s'entraîner. ¶ 그 사람은 동계 훈련 기간에 하드 ~을 했다 Il s'est entraîné dur pendant la période hivernale.

◆**_복** -服 명 survêtement *m* (de jogging), jogging *m*, training *m*. ¶ 그 사람은 검은 색 ~복을 입었다 Il a mis un survêtement noir.

◆**_셔츠** 명 sweat-shirt(~-~*s*) *m* [blouson *m*] de survêtement; haut *m* de survêtement [de jogging].

◆**_슈즈** 명 chaussures *fpl* de sport, baskets *fpl*, tennis *mpl*.

◆**_캠프** 명 stage *m* d'entraînement; camp *m* d'entraînement. ¶ 한국에 ~캠프를 차리다 faire un stage d'entraînement en Corée; installer un camp d'entraînement en Corée.

◆**_팬츠** 명 bas *m* [pantalon *m*] de survêtement [de jogging].

트레이드 영{trade} 명 【운동】 transfert *m* ((d'un footballeur d'un club à un autre)). ¶ 현금 ~ un transfert monnayé. ¶ 그 사람은 다른 팀으로의 ~를 거부했다 Il a refusé son transfert vers une autre équipe. ◇_(를) **하다[시키다]** transférer ((un joueur d'un club de football à un autre)), effectuer le transfert ((d'un joueur d'un club dans un autre club)); échanger ((un joueur contre un autre)). ¶ 구단은 그 선수를 다른 팀 선수 2명과 ~했다 L'équipe a échangé ce joueur contre deux joueurs d'une autre équipe. ◇_(가) **되다** ((un joueur)) être transféré(*e*) ((dans un autre club)); être échangé(*e*).

트레이드마크 영{trademark} 명 ① 상표 marque *f* de fabrique [de commerce]. ¶ 그 회사의 ~가 바뀌었다 Cette entreprise a changé de marque de fabrique. ② 특징 marque (distinctive), signe *m* distinctif. ¶ 저 기술은 저 선수의 ~이다 Cette technique est la marque distinctive [la caractéristique, le geste qui a fait la réputation] de ce joueur / C'est le geste qui a fait la réputation de ce joueur / C'est le geste [le coup {*fam*}] de ce joueur.

트레인 영{train} 명 ((robe de mariée à)) traîne *f*.

트레일러 영{trailer} 명 remorque *f*, caravane *f*.

트로피 영{trophy} 명 trophée *m*, coupe *f*. ¶ 우승 ~ le trophée de la victoire. ¶ ~를 타다 remporter un trophée [la coupe].

트롬본 영{trombone} 명 【음악】 trombone *m*.

트리오 영{trio} 명 【음악】 ① 삼중창 trio *m* vocal; trio *m* de chanteurs. ¶ 남성 ~ 중창 un trio masculin. ¶ ~로 부르다 chanter en trio. ② 삼중창단 또는 삼중주단 trio *m* instrumental. ¶ 저 애들은 ~다 Ces enfants forment un trio.

트릭 영{trick} 명 truc *m*, supercherie *f*, tricherie *f*, stratagème *m*. ¶ 고도의 ~ un stratagème très sophistiqué. ¶ ~을 쓰다 user d'un stratagème, user de ruse, ruser.

트림 명 rot *m*, éructation *f*, renvoi *m*; ((갓난아기의)) rototo *m* {*fam*}. ¶ ~ 소리 un rot {*fam*}. ◇_(을) **하다** faire [lâcher] un rot, roter {*fam*}, éructer. ◇_**이 나다[올라오다]** avoir des renvois, roter {*fam*}, faire un renvoi; des renvois remontent. ¶ 콜라를 마시니 ~이 계속 난다 Boire du coca me fait roter sans arrêt / J'ai sans cesse des renvois [Je rote {*fam*} tout le temps] quand je bois du coca.
◆용_ 龍 명 rot *m* fait avec bruit volontairement. ¶ 용~을 하다 lâcher un gros rot {*fam*}. ¶ 맹물 먹고 용~을 하기는 ... Il n'y a pas de quoi se [te] vanter.

트릿하다 형 ① ((속이)) avoir l'estomac lourd, avoir l'estomac barbouillé [encombré, dérangé], se sentir mal, avoir une barre sur l'estomac. ¶ 어제 술을 너무 많이 마셔서 속이 ~ Hier j'ai tellement bu que j'ai l'estomac (tout) barbouillé [que j'ai une barre sur l'estomac, que je n'ai aucun appétit, que je n'ai aucune envie de manger]. ② 흐릿하다 être confus(*e*), vague. ¶ 그 사람은 하는 짓이 ~ Ses gestes sont un peu confus. ¶ 트릿한 목소리 une voix sourde.

트위스트 영{twist} 명 twist *m*.

트이다 자 ① s'ouvrir. ¶ 길이 트인다 Un chemin s'ouvre ((à travers bois, à travers champs)). ¶ 이젠 살 길이 트였다 (Ouf!) Je commence à respirer maintenant. ¶ 물꼬가 트였다 Il s'est établi une nouvelle relation ((entre ...)) / De nouvelles relations ont débuté ((entre..)). ② ((관계가)) commencer à s'établir. ¶ 거래가 트였다 Des relations commerciales [transactions] ont commencé à s'établir. ¶ 두 나라 사이에 국교가 트였다 Des relations commencent à s'établir entre les deux pays. ③ 장애물이 제거되다 s'étendre, s'ouvrir ((devant les yeux de *qn*)). ¶ 앞이 확 트인다 L'horizon s'ouvre devant nos yeux. ¶ 골짜기가 우리 눈앞에 트였다 La vallée s'ouvrit devant nous. ¶ 벽이 트여서 두 방이 하나로 합쳐졌다 Le mur [La cloison] ayant *été abattu(e), ces deux pièces* n'en forment plus qu'une. ¶ 앞이 많이 트인 옷 un vêtement très échancré [décolleté]. ¶ 갑자기 안개가 걷히고 시야가 트였다 Soudain, le brouillard se levant [se dissipant], l'horizon s'est éclairci. ¶ 운이 ~ La fortune commence à me sourire / La fortune me sourit. ¶ 목[목청]이 ~ avoir une voix bien timbrée; avoir un bon creux. ④ 생각이 깨다 être libéra*l*(*ale*, *aux*), être compréhensi*f*(*ve*); avoir l'esprit large. ¶ 트인 사람 personne à l'esprit large [compréhensive]. ¶ 속이 확 트인 사람 personne à l'esprit large [ouvert]. ¶ 문리가 ~ commencer à comprendre; ouvrir les yeux sur une réalité; réaliser *qc*; comprendre la logique des choses.
***숨통이** ~ mieux respirer; obtenir un sursis; donner de l'oxygène à *qn*; être pour *qn* une bouffée d'oxygène.
***귀가 번쩍** ~ dresser l'oreille; prêter une oreille attentive; être tout yeux, tout oreilles; être tout ouïe.

트집 명 ① 흠 cassure *f*, rayure *f*, brisure *f*, fissure *f*, fêlure *f*, égratignure *f*. ¶ 담뱃대에 ~이 갔다 La pipe a une égratignure [une rayure]. ② 불평, 떼 défaut *m*, travers *m*, tare *f*. ¶ 괜한[어린애] ~ les geignements inutiles [les geignements d'un jeune enfant]. ◇_**(을) 부리다** geindre, pleurnicher. ¶ 어머니에게[앞에서] 공연히 ~을 부리다 geindre pour rien [inutilement] devant *sa* mère. ¶ 동생이 학교에 가지 않겠다고 ~을 부렸다 Mon petit frère a pleurniché en disant qu'il n'irait pas à l'école. ◇_**(을) 잡다** dénigrer ((*qn*)), décrier ((*qn*)), critiquer (sans raison), criticailler {*fam*}, chercher des histoires [la petite bête, des poux (dans la tête) à *qn*, contredire *qn*, faire des remarques désobligeantes à *qn*, critiquer *qn* sans raison, reprendre *qn*, chercher matière à critiques [à critiquer, à criticailler {*fam*}, à dispute, à discussion]; ((말꼬리를)) profiter d'une expression malheureuse; chercher querelle à *qn* pour un lapsus. ¶ 괜한 일로 ~을 잡다 criticailler pour une affaire de rien du tout. ¶ 그 사람은 사사건건 ~ 잡는다 Il trouve à redire à tout / Il cherche la petite bête partout. ¶ 그 여자는 늘 동생 ~을 잡는다 Elle n'arrête pas de pointer les défauts de sa sœur. ¶ 그 사람은 ~ 잡을 데가 없다 Il n'y a rien à redire [à ajouter] sur lui / Il n'y a rien à lui reprocher / Il est parfait / Il est sans défaut / Il n'a pas le moindre défaut / Il n'a aucun défaut. ¶ ~을 잡기 좋아하는 사람 un(*e*) criticailleu*r*(*se*), un(*e*) coupeu*r*(*se*) de cheveux en quatre {*fam*}, un(*e*) enculeu*r*(*se*) de mouches {*fam*}, un(*e*) aboyeu*r*(*se*), un(*e*) chicani*er*(*ère*). ◇_**(이) 나다** être vexé(*e*), mécontent(*e*), contrarié(*e*). ¶ 너 또 공연히 ~이 나서 그러지? C'est parce que t'es à nouveau vexé, n'est-ce pas?
◆_거리 명 matière *f* à critiques [à critiquer, à criticailler {*fam*}]; matière *f* à [source *f* de] dispute [discussion]. ¶ ~거리를 찾다 chercher quelque chose à dénigrer. ¶ ~거리가 생기다 trouver quelque chose à critiquer [matière à dispute, matière à critiques, *qc* à redire]. ¶ 조그만 실수가 ~거리가 된다 La moindre erreur donne lieu à critiques [entraîne des critiques, est source de critiques].
◆_쟁이 명 critiqueu*r*(*se*).

◆생_ 生- 명 critique *f* toute gratuite [non fondée]. ¶ 생~을 부리다[잡다] critiquer [dénigrer] à tort, critiquer sans raison, trouver à redire à tout; reprendre *qn*; chercher la petite bête (partout) [des histoires, des poux (dans la tête)] ((à *qn*)); criticailler {*fam*}.

특가 特價 명 prix *m* de solde, prix *m* soldé, prix *m* avantageux [intéressant], prix-réclame(~-~*s*) *m* {*vx*}. ¶ 세일 기간에 상품을 ~로 판매한다 Pendant la période des soldes, les produits sont vendus à bas prix [à un prix très avantageux, à un prix très intéressant].

◆_품 -品 명 article *m* en solde, article *m* soldé; ((식품)) promotion *f*.

특감 特監 명 inspection *f* exceptionnelle. ◇_(을) 하다 procéder à une inspection exceptionnelle. ◇_(을) 받다 se voir imposer une inspection exceptionnelle. ☞ 감사[2]

특강 特講 명 conférence *f*, cours *m* magistral exceptionnel; congrès *m*, conseil *m*, assemblée *f*. ¶ 사전학 ~ un cours exceptionnel de lexicographie. ¶ 유럽연합에 관한 국회의원의 ~ conférence des députés autour de l'Union européenne. ¶ 생성문법 ~을 개설하다 mettre en place [ouvrir] un cours exceptionnel de grammaire générative. ¶ 학교에서 노동법 ~이 열리다 tenir une conférence à l'école sur les lois du travail. ◇_(을) 하다 donner une conférence [un cours exceptionnel]. ¶ 유로화에 대한 ~을 하다 donner une conférence sur le passage à l'euro. ◇_(을) 받다[듣다] écouter une conférence, assister à un cours magistral exceptionnel. ¶ 황 교수의[로부터] 경제학 ~을 받다[듣다] écouter [assister à] une conférence du professeur Hwang sur l'économie.

◆_비 -費 명 honoraires *mpl* de conférence. ¶ ~비를 받다 recevoir des honoraires de conférence.

◆_료 -料 frais *mpl* de conférence. ¶ ~료를 내다[지불하다] payer les frais de conférence.

특공대 特攻隊 명 commando *m*, unité *f* d'assaut spéciale, brigade *f* d'intervention spéciale. ¶ 테러 진압 ~ un commando [une brigade (d'intervention)] anti-terrorisme. ¶ 그 남자는 ~에 자원했다 Il s'est porté volontaire pour une opération commando.

◆_장 -長 명 chef *m* de commando.

특권 特權 명 privilège *m*, prérogative *f*; ((외교관 따위의)) immunité *f*. ¶ ~을 누리다 jouir [bénéficier] d'un privilège, être privilégié(*e*). ¶ ~을 행사하다 user de *son* privilège. ¶ 누구에게 ~을 주다 accorder [donner, concéder] un privilège à *qn*, privilégier *qn*. ¶ 누구의 ~을 박탈하다 supprimer [retirer] les privilèges de *qn*. ¶ 그 사람은 모든 곳을 검문 없이 돌아다닐 수 있는 ~을 가지고 있다 Il a le privilège de pouvoir se promener n'importe où sans subir de contrôle d'identité.

◆_적 -的 명관 privilégié(*e*). ¶ 그 사람은 ~적 지위를 누린다 Il occupe une position privilégiée.

◆_계급 -階級 명 classe *f* privilégiée.

◆_사회 -社會 명 société *f* privilégiée.

◆_의식 -意識 명 privilège *m*. ¶ ~의식을 가지다 se sentir [se croire] privilégié(*e*).

◆_[계]층 -[階]層 명 classe *f* privilégiée. ¶ 우리 사회 ~[계]층의 자각이 절실할 때다 Il est grand temps que les classes privilégiées de notre société prennent conscience de leurs prérogatives.

◆외교_ 명 immunité *f* diplomatique.

◆의원_ 명 immunité *f* parlementaire.

특근 特勤 명 service *m* spécial, heures *fpl* supplémentaires, heures *fpl* sup {*fam*}, extras *mpl* {*fam*}. ◇_(을) 하다 faire des heures supplémentaires [des heures sup {*fam*}, des extras {*fam*}]. ◇_(이) 있다[없다] devoir [ne pas devoir] faire des heures supplémentaires. ¶ 이번 일요일에 ~이 있다 Ce dimanche je dois faire des heures sup {*fam*} [supplémentaires].

◆_수당 -手當 명 indemnité *f* pour les heures supplémentaires.

특급[1] 特急 명 rapidité *f*, express. ¶ 그 사람은 ~으로 일을 처리해 주었다 Il a conclu [réglé] cette affaire en un rien de temps [en deux temps, trois mouvements, en un tour de main].

◆_열차 -列車 명 (train *m*) express, (train *m*) rapide. ¶ 서울행 ~열차를 타다 prendre l'express pour Séoul.

특급[2] 特級 명 haut rang *m*, rang *m* spécial, catégorie *f* luxe. ¶ ~ 호텔[시설] un hôtel [des installations] de haut rang; un hôtel [des installations] quatre étoiles [de catégorie luxe]. ◇_이다 être de haut rang.

특기[1] 特技 명 (point *m*) fort *m*, talent *m* particulier, compétence *f* particulière. ¶ ~를 살리다 développer [valoriser] *ses* points forts. ¶ ~를 숨기다 dissimuler [cacher] *son* point fort. ¶ 어떤 ~를 가지고 계십니까? Avez-vous un talent particulier? Lequel? / Avez-vous quelque compétence particulière? / Avez-vous un don particulier? / Y a-t-il un exercice dans lequel vous êtes particulièrement performant(*e*) [adroit(*e*)]? ¶ ~가 많다[적다] avoir beaucoup [peu] de points forts. ¶ 그 아이는 사람을 웃기는 ~를 가졌다 Cet(*te*) enfant a le don de [un talent particulier pour] faire rire les gens. ¶ 사회에서 성공하기 위해서는 적어도 하나 이상의 ~가 있어야 한다 Pour réussir dans la société, il faut avoir au moins une compétence particulière.

◆_생 -生 명 étudiant(*e*) dispensé(*e*) du concours d'entrée à l'université grâce à un talent particulier sportif ou autre. ¶ 체육 ~생 un(*e*) étudiant(*e*) dispensé(*e*) du concours d'entrée à l'université grâce à un talent sportif.

◆_자 -者 명 personne *f* douée d'une compétence particulière [d'un talent particulier].

◆주_ 主- 명 ① (point *m*) fort *m*; compétence *f* particulière, talent *m* particulier. ② 【군사】 qualification *f* pratique d'un soldat pendant *son* service militaire.

특기² 特記 명 mention *f* spéciale. ¶ ~ 사항 un point [un élément] à mentionner spécialement. ◇_(를) 하다 mentionner spécialement, souligner, remarquer. ¶ ~할 만한 업적 un travail digne d'être mentionné. ¶ 그 사건[문제]은 ~할 만하다 Cette affaire [Cette question] mérite d'être mentionnée. ¶ 그 사람이 그 일에 실패했다는 것은 ~할 만하다 Il faut noter [relever] qu'il a échoué dans ce travail.

특단 特段 명 ((d'un)) niveau *m* [degré] *m* exceptionnel, ((de)) rang *m* particulier [exceptionnel]. ¶ ~의 대책을 마련하다 mettre en place [établir] des mesures [des dispositions] particulières [exceptionnelles, d'un niveau exceptionnel]. ¶ ~의 조치를 취하다 prendre des mesure [des dispositions] particulières [exceptionnelles].

특등 特等 명 rang *m* spécial, catégorie *f* spéciale, excellence *f*. ¶ ~으로 뽑혔다 être sélectionné(*e*) [primé(*e*)] avec une mention spéciale. ¶ 복권에서 ~에 당첨됐다 remporter [toucher] au loto un prix spécial.

◆ **_사수** -射手 명 tireur(*se*) d'élite.
◆ **_상** -賞 명 prix *m* spécial, grand prix *m*.
◆ **_석** -席 명 place *f* d'honneur [spéciale].
◆ **_품** -品 명 article *m* de qualité supérieure.

특례 特例 명 exception *f*, cas *m* exceptionnel [spécial, particulier]. ¶ ~를 만들다 faire une exception ((en faveur de [pour] *qn*)). ¶ ~로 입학하다 entrer dans une université de manière exceptionnelle.

◆ **_법** -法 명 loi *f* spéciale.
◆ **병역_** 兵役- 명 service *m* militaire exceptionnel ((comme coopérant, comme scientifique du contingent)).

특매 特賣 명 vente *f* de soldes. ¶ 중국산 배추 ~ vente promotionnelle de choux chinois originaires de Chine. ¶ 한우 저가 ~ vente à prix exceptionnel de viande de bœuf coréen. ◇_(를) 하다 vendre à un prix exceptionnel. ¶ 아동복을 ~하다 vendre en soldes [solder, brader] des vêtements pour enfants. ◇_(가) 되다 être soldé(*e*), vendu(*e*) à un prix exceptionnel. ¶ 백화점에서 브라질 커피가 ~되고 있다 Le café brésilien est vendu à un prix spécial dans les grands magasins.

◆ **_장** -場 명 rayon *m* de soldes.
◆ **_점** -店 명 boutique *f* de soldes.
◆ **_품** -品 명 article *m* en solde [soldé], article *m* en réclame.

특명 特命 명 ① ordre *m* spécial [exceptionnel]. ¶ ~ 전권 대사 un ambassadeur extraordinaire et plénipotentiaire. ¶ ~을 완수하다 s'acquitter d'une mission spéciale. ¶ ~을 내리다[받다] donner [recevoir] un ordre spécial. ② 【군사】 ordre *m* spécial [extraordinaire, exceptionnel], mission *f* spéciale. ¶ 제대 ~ une démobilisation par ordre spécial. ¶ ~을 받다 être chargé(*e*) d'une mission spéciale; être spécialement chargé(*e*) de *qc*/*inf*. ¶ ~을 받고 떠나다 partir en mission spéciale.

특무 特務 명 service *m* spécial. ¶ 그 사람은 비밀리에 ~를 수행할 것을 지시 받았다 Il a reçu pour instructions d'accomplir une tâche spéciale dans le plus grand secret.

◆ **_상사** -上士 명 【군사】 adjudant *m*, sergent *m* major, juteux *m* {*arg*}.

특별 特別 어근 particularité *f*, singularité *f*, spécificité *f*. ¶ ~ 음식[메뉴] une nourriture spéciale [un menu spécial]. ¶ 그 사람만은 ~이다 Lui seul est (un cas) spécial [un cas particulier, un cas à part].

◆ **_하다** 형 être spéci*al*(*ale*, *aux*), particuli*er*(*ère*), singuli*er*(*ère*), exceptionnel(*le*), extraordinaire, être à part. ¶ 성격이 ~하다 avoir une personnalité singulière [particulière, à part]. ¶ 나에게는 그 사람이 ~하다 C'est quelqu'un que j'estime particulièrement [beaucoup] / C'est quelqu'un que je considère avec beaucoup d'estime. ¶ ~한 목적이 있다 avoir un objectif spécial. ¶ ~한 경우에만 en cas exceptionnel. ¶ ~한 사람 une personne singulière [particulière, exceptionnelle, à part].

◆ **_나다** 형 ((un aspect)) être spéci*al*(*ale*, *aux*), particuli*er*(*ère*), singuli*er*(*ère*), exceptionnel(*le*), extraordinaire. ¶ 그 사람은 ~난 데가 있다 Il a un côté [quelque chose de] spécial.

◆ **_히** 부 spécialement, exceptionnellement, particulièrement, singulièrement, en particulier. ¶ ~히 어려운 문제 un problème particulièrement difficile. ¶ ~히 주목할 만한 사건[일] un incident [une affaire] particulièrement remarquable. ¶ ~히 취급하다 traiter de façon spéciale. ¶ 초콜릿을 좋아하십니까? - ~히 좋아하지는 않습니다 Vous aimez les chocolats? - Pas spécialement [particulièrement]! [Sans plus] [Je ne me relèverais pas la nuit pour en manger]. ¶ 오늘은 ~히 춥다 Il fait particulièrement froid aujourd'hui.

◆ **_기** -機 명 avion *m* spécial, avion *m* spécialement affrété pour la circonstanceparticulier. ¶ ~기 편으로 귀국하다 rentrer au pays par un vol spécial [dans un avion spécialement affrété dans ce but].
◆ **_기획** -企劃 명 projet *m* spécial.
◆ **_대우** -待遇 명 traitement *m* de faveur. ¶ ~대우를 받다 recevoir un traitement de faveur.
◆ **_법** -法 명 loi *f* spéciale.
◆ **_사면** -赦免 명 grâce *f* [amnistie *f*] exceptionnelle.
◆ **_석** -席 명 place *f* d'honneur [spéciale], siège *m* d'honneur.
◆ **_수당** -手當 명 allocation *f* [indemnité *f*] spéciale.
◆ **_시** -市 명 ville *f* spéciale.
◆ **_예산** -豫算 명 ((임시의)) budget *m* extraordinaire; ((추가의)) budget *m* supplémentaire.
◆ **_위원회** -委員會 명 comité *m* spécial, commission *f* spéciale.
◆ **_조치** -措置 명 mesures *fpl* spéciales.
◆ **_주문** -注文 명 commande *f* particulière. ¶ ~주문을

한 옷 un vêtement commandé tout spécialement (pour une occasion).

◆_취급 -取扱 명 traitement *m* de faveur [spécial, particulier, d'exception]. ¶ ~취급하다 traiter *qc*/*qn* à part, réserver un traitement spécial [particulier] à *qn*; ((특별히 대접하다)) accorder à *qn* un traitement de faveur, faire une exception pour *qn* [en faveur de *qn*]. ¶ 그 사람만 ~취급을 할 수는 없다 On ne peut pas lui donner uniquement [à lui seul] un traitement spécial / On ne peut pas faire (une) exception uniquement pour lui [en sa faveur].

◆_활동 -活動 명 activité *f* extrascolaire.

◆_회계 -會計 명 compte *m* spécial.

◆_회원 -會員 명 membre *m* honoraire.

◆_회의 -會議 명 ((국회의)) session *f* extraordinaire ((de l'Assemblée nationale)).

◆_호 -號 명 numéro *m* spécial.

◆_휴가 -休暇 명 congé *m* exceptionnel.

특보[1] 特報 명 flash *m* (spécial), reportage *m* spécial. ◇_**(를) 하다** diffuser un flash spécial, faire [donner] un reportage spécial ((sur *qc*)), donner une émission spéciale. ¶ 텔레비전에서는 이 사건을 ~하고 있었다 Ils ont montré un reportage spécial sur cette affaire à la télévision.

◆뉴스_ 명 flash *m* d'information. ¶ 뉴스~를 알려드리겠습니다 Et maintenant, voici un flash d'information.

특보[2] 特輔 명 conseill*er*(*ère*) présidentiel(*le*) [d'État]. ¶ 경제 ~ conseill*er*(*ère*) d'État à l'économie. ¶ 대통령은 그 사람을 의전 담당 ~로 임명했다 Le président de la République l'a nommé conseiller spécial en charge du protocole.

특사[1] 特赦 명 amnistie *f* ((extraordinaire)), grâce *f* spéciale [exceptionnelle], pardon *m* spécial. ¶ 크리스마스[광복절] ~ amnistie de Noël [du jour de l'indépendance de la Corée]. ¶ ~로 풀려나다 bénéficier d'une amnistie, être amnistié(*e*), gracié(*e*). ¶ ~에 포함되다 être inclus(*e*) [compris(*e*)] dans l'amnistie. ¶ 그 사람은 이번 ~에서 빠졌다 Il a été écarté de l'amnistie extraordinaire. ◇_**(를) 하다[내리다]** amnistier [gracier] *qn*. ¶ 설날을 맞아 ~를 내리다 décréter une amnistie à l'arrivée du nouvel an. ◇_**(를) 받다** être amnistié(*e*), gracié(*e*). ¶ 장기수 10명이 ~를 받았다 Dix personnes condamnées à des peines lourdes ont été graciées.

특사[2] 特使 명 délégué(*e*) spécial(*e*), envoyé(*e*) spécial(*e*), émissaire *mf*, messag*er*(*ère*) chargé(*e*) d'une mission spéciale [particulière], chargé(*e*) d'une mission spéciale. ¶ ~를 파견하다 envoyer un(*e*) délégué(*e*) spécial(*e*). ¶ 외국으로 ~를 보내다 envoyer *qn* en mission spéciale à l'étranger.

◆외교_ 外交 명 émissaire *mf*. ¶ 그 사람은 외교~로서 그 나라에 급파되었다 Il a été dépêché d'urgence dans ce pays en qualité d'émissaire.

특산물 特産物 명 spécialité *f* régionale [d'une région]. ¶ 이 지역의 ~ une spécialité régionale [de la région]. ¶ ~을 팔다 vendre des spécialités régionales. ¶ 올리브는 지중해의 ~이다 L'olive est une spécialité des pays méditerranéens.

특산품 特産品 명 ☞ 특산물

특색 特色 명 particularité *f*, caractéristique *f*, cachet *m*, singularité *f*. ¶ 자기의 ~을 발휘하다 déployer *sa* singularité. ¶ 한국의 ~을 살린 미술품 une œuvre d'art qui met en avant la particularité de la Corée. ¶ 이 영화는 대사가 없는 것이 ~이다 La particularité de ce film est qu'il n'y a aucun dialogue. ◇_**(을) 갖추다** posséder une particularité. ◇_**(이) 있다[없다]** avoir une [être sans] particularité. ¶ ~있는 문체 un style particulier. ¶ 별다른 ~이 없는 공예품 un objet artisanal sans caractéristique particulière. ¶ 이 건물은 지붕이 유럽풍이라는 ~이 있다 Ce bâtiment a la particularité d'avoir un toit à l'européenne.

특선 特選 명 ① premier choix *m*, surchoix *m*. ¶ ~ 요리[상품, 영화] une cuisine [un article, un film] de premier choix. ② ((세일)) promotion *f*, soldes *fpl*. ¶ 여름[겨울] 상품 ~ soldes d'été [d'hiver]. ¶ 백화점에서 스키 용품 ~이 열리고 있다 Les grands magasins font une promotion sur les articles de ski. ③ ((입상)) obtention *f* d'un prix (spécial). ¶ 백일장에서 ~을 차지하다 remporter un prix à un concours d'écriture [à un concours de composition (écrite), à un concours de dissertation]. ¶ ~으로 뽑히다 être choisi(*e*) [retenu(*e*), sélectionné(*e*)] pour l'obtention d'un prix. ◇_**(을) 하다** obtenir [remporter] un prix (spécial). ¶ 미술 대회에서 ~을 하다 obtenir un prix dans un concours artistique. ◇_**(이) 되다** être de choix. ¶ ~된 요리[상품, 영화] une cuisine[un article, un film] de premier choix.

◆_작 -作 명 œuvre *f* primée [ayant obtenu un prix spécial].

◆_품 -品 명 article *m* de choix.

특설 特設 명 établissement *m* spécial, installation *f* spéciale. ¶ ~ 무대[매장, 링, 링크]를 설치하다 assembler spécialement [pour une occasion] une scène [un point de vente, un ring, une patinoire]. ◇_**(을) 하다** installer [établir, créer, monter, assembler] spécialement.

특성 特性 명 caractéristique *f*, caractère *m* particulier [spécifique], propriété *f* caractéristique. ¶ 자신의 ~을 살리다 mettre en avant *son* caractère propre. ¶ 구장의 ~을 잘 파악해야 좋은 경기를 할 수 있다 Il faut bien saisir les caractéristiques du terrain pour pouvoir faire [jouer] un bon match. ¶ 웃는 것은 인간의 ~이다 ≪Le rire est le propre de l'homme≫ (Rabelais, 1534).

◆_화 -化 명 caractérisation *f*.

특소세 特消稅 명 (('특별소비세'의 준말)) 【경제】 TVA *f* ((taxe sur la valeur ajoutée)) spéciale sur certains produits de luxe. ¶ ~를 낮추다[내리다, 인하하다] baisser la TVA sur les produits de luxe.

특수[1] **特殊** 명 particularité *f*, singularité *f*. ¶ ~ 기능 une fonction spéciale. ¶ ~와 보편 le particulier et l'universel.

◆**_하다** 형 être particuli*er*(*ère*), spéci*al*(*ale*, *aux*), singuli*er*(*ère*), extraordinaire, être à part. ¶ ~한 기술 une technique particulière. ¶ ~한 사정 une situation particulière. ¶ ~한 경우 un cas particulier [exceptionnel].

◆**_성** -性 명 particularité *f*, singularité *f*, spécificité *f*. ¶ 민족적 ~성 particularité d'un peuple. ¶ 지역의 ~성 particularité régionale.

◆**_화** -化 명 particularisation *f*.

◆**_강** -鋼 명 aciers *mpl* spéciaux.

◆**_문자** -文字 명 symbole *m*.

◆**_부대** -部隊 명 brigade *f* [unité *f*] spéciale.

◆**_우편물** -郵便物 명 courrier *m* spécial ((en recommandé, par livraison spéciale, etc.)).

◆**_제작** -製作 명 fabrication *f* spéciale.

◆**_조사** -助詞 명 【언어】 ((appelé aussi '보조사')) particule *f* spéciale, particule *f* modale ((particule qui peut non seulement se placer derrière un syntagme nominal mais, à la différence des autres particules, également ailleurs comme derrière un adverbe : 은/는, 도, 까지, 부터, 야, 만, 마저, 조차, etc.)). ¶ ~조사 '은/는'은 우선적으로 주제의 표지로 분석된다. La particule spéciale [La particule modale] '-*eun*/-*neun*' ('은/는') s'analyse d'abord [en premier lieu] comme la marque de thème / La particule spéciale '-*eun*/-*neun*' ('은/는') sert avant tout à marquer le thème d'une phrase.

◆**_층** -層 명 classe *f* privilégiée.

◆**_학교** -學校 명 école *f* spécialisée.

◆**_학급** -學級 명 classe *f* spécialisée.

특수[2] **特需** 명 hausse *f* de la demande, demande *f* exceptionnelle. ¶ 추석 ~를 노리다 guetter la hausse de la demande des fêtes de Chuseok. ¶ 크리스마스 ~로 물가가 많이 올랐다 Avec la hausse de la demande à Noël, les prix ont beaucoup augmenté.

특실 **特室** 명 ((호텔)) chambre *f* de catégorie luxe, chambre *f* de luxe, chambre *f* supérieure; ((병원)) chambre *f* particulière. ¶ 그 사람은 호텔의 ~에 묵었다 Il a dormi dans une chambre de (catégorie) luxe [dans une chambre supérieure] de l'hôtel. ¶ 그 여자는 그 사람을 호텔의 ~로 안내했다 Elle l'a conduit jusque dans une chambre de luxe de l'hôtel. ¶ 그 사람은 ~에 입원해 있다 Il est hospitalisé dans une chambre particulière.

특약 **特約** 명 contrat *m* spécial. ¶ ~ 사항[판매, 보험] clause spécifique [vente par contrat spécial, assurance par contrat spécial]. ¶ ~에 의해[으로] 이익을 챙기다 faire du profit avec [grâce à] un contrat spécial. ◇_(을) **하다[맺다, 체결하다]** passer un contrat spécial. ¶ 누구와 무엇에 관한 ~을 하다[맺다, 체결하다] passer un contrat spécial avec *qn* sur *qc*.

◆**_점** -店 명 concessionnaire *m*, dépositaire *m*, agence *f*.

특용 **特用** 명 usage *m* spécial. ◇_(을) **하다** employer spécialement.

◆**_작물** -作物 명 récolte *f* à usage spécial (non alimentaire).

특위 **特委** 명 (('특별위원회'의 준말)) commission *f* spéciale, comité *m* spécial. ¶ 비리 청산을 위해 국회 차원의 ~를 구성하다 former une commission spéciale au niveau de l'Assemblée nationale pour l'éradication des fraudes.

특유 **特有** 명 particularité *f*, caractéristique *f*. ¶ 한국 ~의 풍습 une coutume particulière [propre] à la Corée. ¶ 어떤 작가 ~의 문체 un style caractéristique d'[propre à] un auteur.

◆**_하다** 형 être particuli*er*(*ère*), propre, caractéristique, spécifique. ¶ 그 사람의 ~한 몸짓 ses gestes caractéristiques [propres à lui].

◆**_성** -性 명 particularité *f*, caractéristique *f*.

특이 **特異** 어근 particularité *f*, singularité *f*, originalité *f*, caractère *m* unique. ¶ ~ 형태 une forme particulière [inhabituelle].

◆**_하다** 형 être particuli*er*(*ère*), singuli*er*(*ère*), original(*e*), unique, propre, bien à *soi*; être peu commun(*e*), insolite; être inhabituel(*le*). ¶ ~한 재능 un talent singulier. ¶ ~문화[관습] une culture [une habitude] originale. ¶ 문체가 ~하다 avoir un style original [particulier, singulier, bien à *soi*, propre].

◆**_성** -性 명 particularité *f*, singularité *f*, originalité *f*, caractère *m* unique; caractère *m* peu commun [insolite, inhabituel]. ¶ 한국 문화의 ~성 une particularité de la culture coréenne.

◆**_체질** -體質 명 allergie *f*; idiosyncrasie *f*; anaphylaxie *f*.

특장 **特長** 명 grande qualité *f*, grand intérêt *m*, grand mérite *m*, intérêt *m* principal; idée-force(~*s*-~*s*) *f*. ¶ 제품의 ~ la grande qualité [le grand intérêt, le grand mérite, l'intérêt principal] de ce produit.

특장차 **特裝車** 명 véhicules *mpl* à chargement particulier ((camion-benne(~*s*-~*s*) *m*, camion-grue (~*s*-~*s*) *m*, etc.)).

특전 **特典** 명 faveur *f* (spéciale), privilège *m* (exceptionnel). ¶ ~을 누리다 jouir d'un privilège exceptionnel. ◇_(을) **주다** accorder une faveur [un privilège]. ¶ 장학생에게는 수업료 면제의 ~이 있다 Les boursiers bénéficient d'une exemption des droits d'inscription.

특정 **特定** 명 désignation *f* [détermination *f*] spéciale. ¶ ~의 몇몇 사람 quelques personnes spécialement désignées. ¶ ~ 목표[인물, 국가, 업체]를 염두에 두다 garder en tête *son* objectif [*son* personnage, *son* pays, *son* entreprise] désigné(*e*). ¶ ~ 계층[지역]의 사람들 des personnes d'une classe [d'une région] déterminée. ¶ ~ 업종에 종사하는 사람 une personne qui se consacre à un secteur d'industrie déterminé. ¶ ~ 계약[행위] un contrat [un comportement] spécifique.

◆_하다 형 être déterminé(*e*), désigné(*e*), spécifié(*e*). ¶ ~한 계층 une classe déterminée. ¶ ~한 목적 없이 sans but particulier [fixe]. ¶ ~한 몇몇 사람들 quelques personnes désignées.

◆_물 -物 명 objet *m* [article *m*] désigné.

◆_인 -人 명 personne *f* désignée. ¶ ~인을 지목하다 désigner une personne (particulière).

◆_일 -日 명 jour *m* fixé.

특제 特製 명 fabrication *f* spéciale. ¶ ~ 요리 un plat sur commande [de confection spéciale]. ¶ 그 노인네는 지팡이를 ~로 주문했다 Ce vieil homme [Ce vieillard] a passé une commande spéciale pour sa canne.

◆_품 -品 명 article *m* hors série [de fabrication spéciale].

특종 特種 명 exclusivité *f*, scoop *m*. ¶ 무엇을 ~으로 다루다 traiter *qc* en exclusivité. ¶ 이 사건은 ~이다 Cette affaire est un scoop [une exclusivité, une primeur]. ◇_(을) 잡다[하다] obtenir un scoop, faire sensation avec un scoop, créer l'exclusivité [l'événement] avec un scoop. ¶ 이번에 애송이 기자가 ~을 했다 Cette fois-ci, c'est un tout jeune journaliste qui a créé l'événement.

◆_기사 -記事 명 article *m* en exclusivité.

특진[1] 特進 명 avancement *m* [promotion *f*] spécial. ¶ ~ 대상자 le bénéficiaire d'une promotion spéciale. ¶ 일계급 ~ un avancement extraordinaire d'un grade [d'un niveau, d'un cran, d'un rang]. ◇_(을) 하다 obtenir un avancement spécial, être promu(*e*) spécialement. ¶ 그 사람은 공로로 2 계급 ~을 했다 Sa contribution lui a valu d'être promu de deux grades [crans, niveaux, rangs].

특진[2] 特診 명 consultation *f* privée ((avec un professeur de médecine renommé)). ¶ 내과 ~ une consultation privée de médecine interne ((avec [par] le professeur X)). ¶ ~을 신청하다 demander à bénéficier d'[à avoir] une consultation privée ((auprès du professeur (de médecine) X)). ◇_(을) 하다[받다] donner [avoir, bénéficier d']une consultation privée.

특질 特質 명 caractéristique *f*, particularité *f*, caractère *m* spécial, propriété *f* caractéristique. ¶ 조사가 발달했다는 사실은 한국어가 교착어라는 ~을 보여 주는 것이다 Le fait que les particules auxiliaires soient développées montre que le coréen a la particularité d'être une langue agglutinante. ¶ 각 지방마다 저마다의 ~이 있다 Chaque région a ses caractéristiques propres.

특집 特輯 명 édition *f* spéciale. ¶ (설날) ~ 방송 une émission spéciale (pour le nouvel an lunaire). ¶ 한국일보의 ~ 기사 un article exceptionnel du quotidien Hanguk. ¶ 총선이 이번 호 ~이다 Les élections générales constituent le dossier spécial de ce numéro. ¶ 무엇을 ~으로 하다[삼다, 다루다] prendre *qc* pour [comme] sujet particulier. ◇_(을) 하다 faire un dossier spécial. ¶ 무엇을[에 대해] ~을 하다 faire un dossier spécial sur *qc*.

◆_호 -號 명 numéro *m* spécial ((d'une revue sorti à l'occasion d'un événement)). ¶ 창간 ~호를 내다 faire un numéro spécial pour le premier lancement.

특징 特徵 명 caractéristique *f*, particularité *f*, trait *m* caractéristique [particulier, singulier], caractère *m* particulier, signe *m* particulier [distinctif]. ¶ 무엇의 ~ la(*les*) caractéristique(*s*) de *qc*. ¶ 각양각색의 ~ toutes sortes de particularités. ¶ 이 건물은 서구적인 ~을 보인다[가졌다]. Ce bâtiment présente des caractéristiques occidentales. ¶ 이번 행사의 ~을 부각시키다 mettre en relief les particularités de cette manifestation. ¶ ~이 드러나다 présenter des caractéristiques. ¶ 간결함은 그 사람 문체의 ~이다 La brièveté est une des caractéristiques de son style. ◇_(이) 있다[없다] avoir un(*e*) [ne pas avoir de] particularité [caractéristique, trait particulier, signe distinctif]. ¶ 이 노래는 사람을 슬프게 만드는 ~이 있다 Cette chanson a la particularité de rendre les gens tristes. ¶ ~없는 건물 un bâtiment sans signe distinctif.

◆_적 -的 명관 particuli*er*(*ère*), singuli*er*(*ère*), caractéristique. ¶ ~적인 모습 une apparence caractéristique. ¶ ~적으로 돋보이는 무늬 un motif qui ressort tout particulièrement.

특징짓다 特徵– 타 caractériser *qc*/*qn*; avoir ((une cicatrice à la joue gauche)) pour signe particulier. ¶ 한 민족을 특징짓는 것은 언어다 C'est la langue qui caractérise un peuple. ¶ 신석기 시대를 특징짓는 토기 céramiques caractéristiques du néolithique. ¶ 그는 현대 사회를 표류하는 배로 특징짓는다 Il compare la société actuelle [contemporaine] à un bateau à la dérive. ¶ 무엇을 ...이라고 ~ donner une caractéristique à *qc*; comparer *qc* à *qc*.

특차 特次 명 ordre *m* spécial, procédure *f* exceptionnelle [particulière]. ¶ ~ 모집 un recrutement extraordinaire. ¶ ~로 대학에 합격하다 être reçu(*e*) à l'université par procédure exceptionnelle.

특채 特採 명 embauche *f* spéciale. ¶ ~ 임용 un embauchage spécial. ¶ 공무원[경력사원] ~ une embauche spéciale [exceptionnelle] de fonctionnaires [de personnels expérimentés]. ¶ ~로 대기업에 들어가다 entrer dans une grande entreprise par embauche spéciale. ◇_(를) 하다 embaucher spécialement [exceptionnellement]. ¶ 문학 전문 기자를 ~하다 embaucher spécialement un journaliste littéraire. ◇_(가) 되다 être embauché(*e*) spécialement. ¶ 그 사람은 해외영업 사원으로 ~가 되었다 Il a été pris exceptionnellement comme employé dans une succursale étrangère.

특청 特請 명 requête *f* [demande *f*] spéciale. ◇_(을) 하다 faire une requête [une demande] spéciale.

특출 特出 명 distinction *f*, excellence *f*, supériorité *f*, éminence *f*, élévation *f*.

◆_하다[나다] 형 être (largement) au-dessus du lot,

émerger [se détacher] du lot, être hors du commun, être exceptionnel(*le*), remarquable, éminent(*e*), excellent(e), supérieur(*e*) sur les autres, être un(*e*) champion(*ne*), exceller, se distinguer, se faire remarquer. ¶ ~난 학생 un(*e*) élève excellent(*e*). ¶ ~한 재능[미모, 언변] un talent [une beauté, une façon de parler] exceptionnel(*le*) [hors du commun]. ¶ 그 사람은 외교관으로서의 자질이 ~하다 Sa qualité en tant que diplomate est exceptionnelle. ¶ 노래실력이 ~ avoir des dons remarquables pour la chanson. ¶ 공부에 ~ être supérieur(*e*) dans les études. ¶ ~나게 춤을 잘 추다 danser remarquablement bien.

특파 特派 명 envoi *m* spécial. ¶ ~ 대사 un ambassadeur extraordinaire. ◇_(를) **하다**[**시키다**] envoyer *qn* en mission spéciale, dépêcher *qn*. ¶ 기자를 현장에 ~하다 dépêcher un(*e*) journaliste sur place comme envoyé(*e*) spécial(*e*), envoyer un(*e*) journaliste sur les lieux comme correspondant(*e*). ◇_(가) **되다** être envoyé(*e*) en mission spéciale, être dépêché(*e*). ¶ 분쟁지역에 UN 군이 ~되었다 Les forces armées [Les troupes] des Nations unies [Les forces de l'ONU, Les casques bleus] ont été envoyé(*e*)s dans la zone de conflit.

◆**_원** -員 명 envoyé(*e*) spécial(*e*), correspondant(*e*). ¶ 파리 ~원의 보도 information d'un correspondant à Paris.

특품 特品 명 article *m* de qualité spéciale [hors catégorie]. ¶ ~으로 물건을 구입하다 acquérir un article de la meilleure qualité. ¶ 이것은 구하기 힘든 ~입니다 C'est un article d'une qualité supérieure et difficile à trouver.

특필 特筆 명 mention *f* spéciale. ◇_(을) **하다** faire [accorder] une mention spéciale, noter [signaler] tout particulièrement.

◆**대서_** 大書 명 mention *f* en gros caractères. ¶ 사건을 대서~하다 mentionner une affaire en gros titres. ¶ 모든 신문에 대서~되다 être mentionné(*e*) en gros titres dans tous les journaux.

특허 特許 명 brevet *m* ((d'invention)), licence *f* spéciale, permis *m*. ¶ ~ 출원 un dépôt [une demande] de brevet d'invention. ¶ ~를 소유하고 있다 détenir un brevet. ◇_(를) **내다** obtenir un brevet. ◇_(를) **받다** recevoir une licence spéciale. ◇_(를) **얻다** obtenir une licence spéciale.

◆**_권** -權 명 droit *m* de détention d'un brevet [de propriété ((industrielle)), d'exploitation exclusive], droit *m* d'exclusivité. ¶ ~권을 행사하다 faire jouer [user de] *son* droit d'exclusivité.

◆**_청** -廳 명 bureau *m* des brevets.

◆**_품** -品 명 article *m* [produit *m*] breveté.

◆**_등록** -登錄 명 immatriculation *f* d'un brevet.

◆**_법** -法 명 loi *f* relative au brevetage et à la propriété industrielle.

◆**_심사** -審査 명 examen *m* de brevet.

◆**_제도** -制度 명 système *m* de la propriété industrielle.

특혜 特惠 명 traitement *m* de faveur, traitement *m* préférentiel, favoritisme *m*, népotisme *m*. ¶ ~ 관세 des droits de douane préférentiels. ¶ ~의 의혹을 받다 être soupçonné(*e*) de favoritisme [de népotisme]. ¶ ~를 누리다 jouir d'un traitement préférentiel. ◇_(를) **주다** accorder un traitement préférentiel. ◇_(를) **받다** bénéficier d'un traitement préférentiel.

◆**_세율** -稅率 명 tarif *m* douanier préférentiel.

특활 特活 명 ((‘특별활동’의 준말)) 【교육】 activité *f* extrascolaire. ¶ ~ 수업 un cours extrascolaire.

특효 特效 명 efficacité *f* spéciale, vertu *f* miraculeuse. ¶ 무엇에 ~(이)다 être très efficace pour [contre] *qc*. ¶ 이 약은 신경통에 ~가 있다 Ce médicament est très efficace contre la névralgie. ¶ 위장병에는 규칙적인 운동이 ~다 Une activité sportive régulière est très efficace contre les troubles de l'appareil digestif.

◆**_약** -藥 명 médicament *m* très efficace; médicament *m* aux vertus miraculeuses.

◆**_제** -劑 명 remède *m* miracle.

특히 特- 부 particulièrement, spécialement, surtout, avant tout; entre autres; en particulier; notamment; exceptionnellement. ¶ ~ 문학에 흥미를 느끼다 s'intéresser (tout) particulièrement à la littérature. ¶ ~ 중요한 문제 un problème particulièrement important [d'une importance particulière]. ¶ ~ 건강에 주의하세요 Surtout, faites attention à votre santé. ¶ 이 점에 ~ 주의해야 한다 Il faut faire particulièrement attention à ce point. ¶ 그가 ~ 강조한 점은 이것이다 C'est surtout là-dessus [sur ce point] qu'il insiste. ¶ ~나 노약자는 빙판길에 더 주의해야 한다 Les personne âgées doivent très particulièrement faire attention [doivent prêter une attention très particulière] aux chemins glissants. ¶ 그는 버섯 요리를 ~ 좋아한다 Il aime surtout les plats avec des [à base de] champignons.

튼실하다 형 être solide, robuste, fort(*e*). ¶ 저 나무에서는 튼실한 열매가 열린다 Cet arbre a toujours de très beaux fruits. ¶ 튼실한 몸 un corps robuste [bien charpenté]. ¶ 튼실하게 지은 집 une maison bâtie solidement.

튼튼하다 형 ① être solide, robuste, durable. ¶ 튼튼한 밧줄 une corde solide. ¶ 재무 구조가 튼튼한 기업 une entreprise financièrement solide. ¶ 뿌리가 ~ avoir de solides [de bonnes] racines, être bien enraciné(*e*); ((비유적)) avoir de bonnes bases [des bases solides]. ¶ 기초가 ~ avoir de solides fondations [bases]. ¶ 무쇠처럼 ~ être solide comme un roc. ② 건강하다 être robuste, en bonne santé, résistant(*e*), bien portant(*e*), fort(*e*). ¶ 이가 ~ avoir les dents en bonne santé, avoir de bonnes dents. ¶ 다리가 ~ avoir de bonnes jambes. ¶ 튼튼하게 자라다 grandir en bonne santé.

◆**튼튼히** 부 solidement, fermement. ¶ 구두를 튼튼

히 만들어 주시오 Faites des chaussures robustes, s'il vous plaît! ¶ 짐을 튼튼히 묶다 attacher fermement *ses* bagages. ¶ 기초를 튼튼히 하다 construire une base solide. ¶ 마르크시즘으로 튼튼히 무장하다 être solidement armé(*e*) du marxisme, avoir le marxisme pour arme solide.

틀 명 ① moule *m*, matrice *f*. ¶ ~을 짜다 fabriquer un moule. ¶ ~로 찍다 mouler. ¶ ~을 잡다 donner une forme à *qc*, mettre *qc* en forme. ② ((액자의)) 액자의 틀 cadre *m*. ¶ ~을 짜다 réaliser [fabriquer] un cadre (pour un tableau) [le cadre d'un tableau]. ③ 골격 ossature *f*, charpente *f*, armature *f*. ¶ 민족 문학의 ~을 잡기 위해 노력하라 Fais des efforts pour [Efforce-toi de] donner à la littérature populaire sa charpente. ¶ 그 사람의 사업도 차츰 ~이 잡혀갔다 Son entreprise a aussi pris forme petit à petit. ¶ 그 사람은 교사로서 제법 ~이 잡혔다 Il s'est bien intégré [adapté] à son rôle d'enseignant. ④ 형식 forme *f*, cadre *m*. ¶ 편협한 ~의 사고방식을 버려라 Cesse d'être aussi étriqué dans tes pensées. ¶ 주어진 삶의 ~을 못 벗어나다 ne pas pouvoir s'extirper (hors) du cadre de vie qui *nous* est donné. ⑤ 풍모 allure *f*, prestance *f*, aspect *m* extérieur. ¶ ~이 좋은 사람 une personne d'une belle prestance [apparence]. ⑥ 기계 machine *f*. ⑦ 재봉틀 machine *f* à coudre.

*~**에 맞추다** essayer de faire rentrer *qc* dans un moule [dans un cadre] préétabli. ¶ 일정한 틀에 맞추다 보니 생각이 경직될 수밖에 없었다 Ma pensée ne pouvait que se raidir essayant de la rentrer dans un moule [dans un cadre] préétabli.

*~**에 박히다** être stéréotypé(*e*), conventionnel(*le*). ¶ ~에 박힌 stéréotypé(*e*). ¶ ~에 박힌 말 une expression consacrée, un cliché.

◆**_니** 명 dentier *m*. ¶ ~니를 하다 porter un dentier. ¶ ~니가 빠졌다 avoir perdu *son* dentier.

◆**솜_** 명 effilocheuse *f* de coton.

◆**재봉_** 裁縫 명 machine *f* à coudre.

틀다 타 ① ((방향을)) tourner ((à droite, dans une autre direction)). ¶ 뱃머리를 ~ changer de cap; virer de bord. ¶ 커브를 ~ prendre un virage. ¶ 사거리에서 오른쪽으로 (방향을) ~ Tournez à droite au (prochain) carrefour. ¶ 프로젝트의 방향을 약간 틀게 되었다 *Le projet a légèrement été remanié*. ② ((몸을)) se tordre ((de douleur)). ¶ 몸을 비비 ~ se tordre dans tous les sens. ¶ 고통을 못 이겨 몸을 ~ se tordre de douleur. ③ 돌려서 열다 ouvrir ((un robinet)); tourner ((une poignée de porte)). ¶ 수도꼭지를 ~ ouvrir le robinet. ¶ 더운물을 틀어 놓다 ouvrir le robinet d'eau chaude. ¶ 수도가 얼지 않도록 조금 틀어 놓다 laisser le robinet légèrement ouvert afin que les conduites ne gèlent pas. ④ 작동시키다 allumer, mettre en route. ¶ 라디오[TV, 전축, 선풍기, 에어컨]을 ~ allumer la radio [la télé(vision), la chaîne hifi, le ventilateur, la clim(atisation)]. ¶ 난방[스팀]을 ~ mettre en route le chauffage. ¶ 음악을 크게 틀어 놓다 mettre la musique à fond. ¶ 유명 가수의 노래를 틀어 주다 faire passer ((à la radio)) une chanson d'un chanteur connu. ⑤ ((채널을)) mettre ((la une, la deux)). ¶ 9번을 ~ mettre la (chaîne) neuf. ¶ 여긴 재미없으니 딴 데 틀어 봐라 Comme ce programme n'a aucun intérêt, change de chaîne [mets une autre chaîne]. ⑥ ((솜을)) effilocher ((du coton)). ¶ 솜을 ~ effilocher du coton. ⑦ ((일을)) fausser; gâcher, faire échouer [rater {*fam*}], compromettre *qc*. ¶ 내 마음에 안 들면 (일을) 틀어 버리는 수가 있다 Si je ne suis pas content(*e*), je peux faire échouer votre projet [je peux tout faire rater]. ⑧ ((머리를)) (*se*) faire ((un chignon)). ¶ 상투를 ~ ((un homme)) se faire un chignon (arrivé à l'âge adulte). ¶ 머리를 틀어 올리다 (*se*) faire un chignon. ⑨ ((신체를)) s'asseoir ((en tailleur)). ¶ 똬리를 ~ se lover ((un serpent)); s'enrouler sur soi-même; se pelotonner. ¶ 가부좌를 ~ s'asseoir en tailleur, le pied gauche sur la cuisse droite et vice versa. ⑩ ((말을)) déformer ((les propos d'un autre)). ¶ 말을 배배 틀어서 하다 déformer les propos d'un autre.

***주리를** ~ torturer *qn*.

***둥지[둥우리]를** ~ nicher, faire *son* nid; s'installer quelque part.

틀리다 재 ① faire une erreur [une faute], commettre une erreur, se tromper (de), avoir tort, être dans l'erreur; se méprendre sur *qc*; être faux(*sse*), erroné(*e*). ¶ 3번 문제를 ~ mal répondre à la question trois. ¶ 맞춤법이 틀린 표기 une faute d'orthographe. ¶ 교재 속에서 틀린 것을 찾아내다 trouver une erreur dans le manuel. ¶ 그의 말은 분명히 틀렸다 Il a sûrement tort / Il se trompe sûrement. ¶ 판단[계산]이 틀렸다 Le jugement est erroné [Les calculs sont faux; l'addition est fausse]. ¶ 그건 틀린 생각이다 C'est une erreur de penser ainsi / Tu te trompes. ¶ 내 생각[기억]이 틀리지 않으면 à moins que je ne me trompe; je me trompe fort, ou ... ¶ 일기예보가 틀렸다 Les prévisions météorologiques se sont avérées fausses / La météo s'est trompée. ¶ 주소[전화번호]가 틀렸다 L'adresse est fausse[Le numéro de téléphone est faux] / Ils n'ont pas écrit la bonne adresse [Ils ne m'ont pas donné le bon numéro de téléphone / Je me suis trompé(*e*) de numéro]. ¶ 틀리게 표기하다 faire une faute d'orthographe. ② 어렵게 되다 ((affaire)) être compromis(*e*), mal engagé(*e*); être sur une mauvaise voie; être mal parti(*e*) pour+*inf*. ¶ 우리 계획은 이제 틀렸다 Maintenant, notre projet est mal engagé. ¶ 자식 덕을 보기는 틀렸다 Je ne peux pas compter sur mon fils pour s'occuper de moi plus tard / Mon fils ne m'aidera pas plus tard / Mon fils n'aura pas les moyens de m'aider plus tard [de s'occuper de moi plus tard]. ¶ 일을 계속하기는 틀렸다 Il est difficile de continuer ce travail. ③ 휘어지다 se tordre, être tordu(*e*); gauchir, se courber, se

gondoler, se déformer. ¶ 몸이 비비 ~ se tordre dans tous les sens. ¶ 나무판자가 틀렸다 La planche s'est gondolée [a gauchi, s'est déformée]. ④ 언짢게 되다 se sentir [se trouver] mal à l'aise; être indisposé(*e*), ne pas être dans *son* assiette {*fam*}; être de mauvaise humeur [de mauvais poil {*fam*}]; se froisser. ¶ 비위[심사]가 ~ se sentir [se trouver] mal à l'aise; être indisposé(*e*), ne pas être dans *son* assiette {*fam*}; être de mauvaise humeur [de mauvais poil {*fam*}]; se froisser; déplaire à *qn*. ¶ 그는 나한테 뭐가 틀렸는지 묻는 말에 대꾸도 안 한다 Je ne sais pas ce qui lui déplaît chez moi mais il ne répond pas à mes questions. ⑤ 나빠지다 ((relations)) se détériorer, se froisser; aller de travers {*fam*}, marcher mal; prendre une mauvaise tournure; être brouillé(*e*) avec *qn*. ¶ 두 사람은 뭐가 틀렸는지 서로 말도 안 한다 Je ne sais pas ce qu'ils ont tous les deux mais ils ne se parlent plus. Ils ont l'air de s'être brouillés [d'êtres brouillés].
*수 ~ ne pas être content(*e*) [satisfait(*e*)] de *qc*, ne pas plaire à *qn*, ne pas satisfaire *qn*. ¶ 수틀리면 나도 가만 안 있겠어 Si ça ne marche pas comme je l'avais entendu [comme je le voulais, comme je le souhaitais], je ne me laisserai pas faire [je réagirai]. ¶ 수틀리면 너도 개처럼 해 Si ça ne te plaît pas [Si tu n'es pas content(*e*)], fais comme lui.
㉻ ((‘다르다’의 오용)) être différent(*e*), différer de *qc*. ¶ 비싼 물건이 확실히 ~ Lorsqu'on achète quelque chose de cher, la qualité est sûrement différente [la qualité est incomparable, on voit clairement la différence]. ¶ 약속이 틀리지 않니? Tu es sûr(*e*) d'avoir tenu ta promesse?

틀림 ㉿ erreur *f*, faute *f*, différence *f*. ¶ 그 사람의 행동과 말에 ~이 있는 것 같다 Il semble qu'il y ait des contradictions dans son comportement et dans ses propos. ¶ 아이의 언행에 ~이 있는 것은 부모의 책임이다 Les parents sont responsables de l'incorrection [de la grossièreté] de la conduite et du comportement de cet(*te*) enfant. ◇_(**이**) **없다** ① 사실이다 être certain(*e*), sûr(*e*), absolument correct(*e*), infaillible. ¶ 네 말이 ~없는 사실이렸다 Ce que tu dis est parfaitement [rigoureusement] juste / Ce que tu dis ne fait pas l'ombre d'un doute. ¶ 한 치의 ~도 없다 ne pas faire l'ombre d'un doute. ② 완벽하게 하다 être parfait(*e*), être sans faille. ¶ 그 여자는 ~이 없다 Elle est parfaite.
◆_**없이** ㉾ certainement, sans faute, infailliblement, sûrement, exactement. ¶ ~ 문을 잠갔겠지? On a bien fermé à clé [bien verrouillé] la porte, non?

틀어넣다 ㉺ enfoncer; introduire de force; faire entrer de force; fourrer. ¶ 약을 입에 ~ faire avaler de force un médicament à *qn*. ¶ 구멍에 종이를 ~ introduire de force un papier dans un trou. ¶ 옷을 트렁크에 잔뜩[구역구역] ~ bourrer le coffre de vêtements.

틀어막다 ㉺ ① boucher, obturer. ¶ 구멍을 ~ boucher un trou. ¶ 귀를 ~ se boucher les oreilles. ¶ 코를 휴지로 ~ se boucher le nez avec un mouchoir. ② ((비유적)) empêcher *qn* de+*inf*. ¶ 입을 ~ empêcher *qn* de parler. ¶ 검열로 언론의 자유를 ~ museler la presse par la censure.

틀어박다 ㉺ ① enfoncer ((une vis)). ¶ 무릎사이에 고개를 틀어박고 울었다 Il a pleuré la tête dans ses genoux. ② 넣어 두다 laisser ((dans un coin)). ¶ 창고에 물건을 틀어박아 두다 laisser dormir des marchandises dans un entrepôt.

틀어박히다 ㉶ ① être coincé(*e*). ¶ 좁은 구멍에 틀어박힌 지폐를 꺼내다 retirer des billets coincés dans un trou étroit. ② 보관되다 être rangé(*e*) dans un coin; rester à l'écart dans un coin. ¶ 다락에 틀어박혀 있던 선풍기를 꺼내다 aller chercher un ventilateur resté dans un coin du grenier. ③ 밖에 나가지 않다 rester confiné(*e*) [enfermé(*e*)]. ¶ 집안에 틀어박혀 있다 rester enfermé(*e*) chez soi [à la maison]. ④ 깊이 들어가 있다 être caché(*e*) (dans un coin), être dissimulé(*e*), dérobé(*e*). ¶ 안쪽에 틀어박혀 있는 밀실 une chambre secrète; une chambre dérobée.

틀어잡다 ㉺ ① saisir fermement. ¶ 멱살을 ~ saisir *qn* au collet. ② ((비유적)) captiver ((le cœur de *qn*)). ¶ 마음을 ~ captiver le cœur de *qn*.

틀어쥐다 ㉺ ① saisir fermement. ¶ 멱살[손목, 배]을 ~ saisir *qn* au collet [saisir *qn* par le poignet, se tenir le ventre lorsqu'on a mal au ventre]. ¶ 손에 돈을 틀어쥐고 있다 être riche; avoir beaucoup d'argent en main. ② 장악하다 empoigner, prendre les rennes. ¶ 집안의 경제권[재정]을 ~ tenir les cordons de la bourse. ¶ 그는 반 아이들을 손아귀에 틀어쥐고 있다 Il a pris en main les élèves de la classe.

틀어지다 ㉶ ① se tordre, gauchir, se courber, se gondoler, se déformer. ¶ 나무판자가 틀어졌다 La planche s'est gondolée [a gauchi]. ②빗나가다 dévier; s'enfoncer de travers; prendre une mauvaise [autre] direction. ¶ 이야기의 방향이 틀어졌다 La conversation a pris une autre tournure. ③ 성사되지 못하다 aller de travers, marcher mal; se détériorer; prendre une mauvaise tournure. ¶ 협상[거래, 교섭, 계획, 일]이 틀어졌다 Les négociations [Les affaires, Les négociations, Le projet, Le travail] marche(nt) mal. ④ 멀어지다 se brouiller, être brouillé(*e*); avoir un désaccord. ¶ 사이[관계]가 ~ se brouiller, être brouillé(*e*). ¶ 저 두 사람은 요새 틀어졌다 Depuis quelque temps, ces deux personnes sont brouillées.

틈 ㉿ ① ((공간)) interstice *m*, espace *m*, fente *f*, crevasse *f*, lézarde *f*, fissure *f*, trou *m*. ¶ ~이 생기다 se fendre, se crevasser, se fissurer, se lézarder, se fendiller. ¶ ~이 있다 être fendu(*e*), crevassé(*e*), fissuré(*e*), lézardé(*e*), fendillé(*e*). ¶ 조금도 ~이 없다 ne pas avoir la moindre fente [la moindre fissure, le moindre petit espace]. ¶ 바위에 ~이 생긴다 Le rocher se fendille [se fissure]. ¶ 사람들 ~에 끼다 se glisser parmi la foule. ② ((시간)) temps *m* libre, loisir *m*. ¶ 쉴 ~이 없다 ne pas avoir le temps de souffler, ne pas avoir de répit [le moindre répit]. ¶ 너무 바빠서[정신이 없어서] 연락할 ~이 없었다 J'étais tellement occupé(*e*) [débordé(*e*)] que je n'ai pas eu le temps de t'appeler. ③ 기회 chance *f*, occasion *f*, opportunité *f*. ¶ ~을 노리다 guetter une occasion, attendre le bon moment. ¶ 어느 ~엔가 à une certaine occasion; à *son* insu. ④ 허점 point *m* faible. ¶ ~을 보이다 dévoiler *ses* points faibles. ⑤ ((인간관계)) distance *f*, désaccord *m*, mésentente *f*, tiraillement *m*, friction *f*. ¶ 둘 사이에 ~이 벌어졌다[생겼다] Un désaccord majeur [Une mésentente majeure] s'est installée entre eux deux. ◇_(**이**) **나다** avoir [trouver] un moment [le temps]. ¶ ~나면 연락해라 Appelle-moi si tu as un moment. ¶ 한 번 놀러 갈 ~이 나지를 않는다 Je n'ai pas le temps de te rendre visite [de passer te voir]. ◇_(**을**) **내다** prendre un moment [le temps]. ¶ ~을 내서 한 번 놀러 오너라 Prends un moment et viens nous voir. ◇_(**을**) **타다** saisir une occasion, profiter d'une occasion, tirer profit [avantage] de. ¶ 모두가 방심하고 있는 사이를 ~타 공격해 왔다 Ils ont attaqué en profitant du moment où tout le monde avait relâché son attention [manquait de vigilance]. ¶ 방심한 ~을 타다 profiter d'un moment d'inattention. ¶ 야음을 ~타서 침입하다 s'infiltrer [s'introduire] à la faveur de la nuit [en profitant de l'obscurité de la nuit].

◆**_바구니** 명 interstice *m*, espace *m*, crevasse *f*. ¶ 강대국들의 ~바구니에서 ((coincé(*e*))) entre les [au milieu des] grandes puissances.

◆**_새** 명 ① ((공간)) fissure *f*, fente *f*, lézarde *f*, interstice *m*, brèche *f*. ¶ ~새를 비집고 들어가다 se glisser par une fente, se frayer un passage [un chemin]. ¶ 철통같은 방공망에 ~새가 생겼다 Une brèche s'est faite dans leur impénétrable cordon de défense. ② ((시간)) temps *m*, moment *m*, instant *m*, seconde *f*. ¶ 그 짧은 ~새에 도망가다 s'enfuir dans ce court instant.

◆**_새시장** -市場 명 marché *m* niche. ¶ ~새시장을 공략하는 것이 우리 회사가 살길이다 C'est dans la conquête d'*un marché niche que notre* entreprise trouvera sa survie. ¶ ~새시장을 노리다 viser un marché niche.

◆**문_** 門 명 fente *f* d'une porte. ¶ 문~으로 바람이 들어온다 Le vent pénètre [s'infiltre] par la fente de la porte.

*__물 샐 ~ 없다__ être sans faille, infranchissable. ¶ 물 샐 ~ 없는 경계[방어망] une surveillance [une ligne de défense] sans faille [parfaite].

*__발 디딜[들여놓을] ~도 없다__ être surabondant(*e*), être tellement bondé(*e*) (de monde) qu'il est impossible d'y mettre les pieds [d'y faire un pas, de mettre un pied devant l'autre].

틈바구니 명 interstice *m*, espace *m*, crevasse *f*. ¶ ~에 끼어 꼼짝도 못하다 être complètement coincé(*e*) [paralysé(*e*)]. ¶ 그 남자는 두 사람의 세력 다툼 ~에 끼어 마음고생이 심하다 Coincé entre eux deux au milieu de leur lutte de pouvoir, il souffre beaucoup.

틈바귀 명 ☞ 틈바구니

틈서리 명 bord *m* d'une fente. ¶ ~에 끼다 se glisser dans une fente.

틈틈이 부 ① ((공간)) à chaque fente [interstice]. ¶ 벽 ~ 바람이 송송 들어온다 Le vent s'infiltre partout où il peut entrer. ② ((시간)) aux moments de loisir; à *ses* moments libres. ¶ 바쁜 가운데서도 ~ 공부하다 étudier à *ses* rares moments libres.

의명 ① ((공간)) à chaque fente [interstice]. ¶ 조약돌이 깔린 ~ 잡초가 나있다 Il y a de mauvaises herbes qui ont poussé entre les cailloux [dans le gravier]. ② ((시간)) à chaque occasion; aux moments de loisir; à *ses* moments libres. ¶ 일하는~ 책을 들여다보다 lire à *ses* moments libres.

틔다 자 ☞ 트이다

틔우다[1] 타 faire naître; faire éclore. ¶ 싹을 ~ faire naître [sortir, pointer] (des bourgeons). ¶ 꽃망울을 ~ faire éclore [s'ouvrir] ((des boutons de fleurs)).

틔우다[2] 타 donner ((de l'oxygène)). ¶ 목을 ~ éclaircir *sa* voix; rendre *sa* voix bien timbrée. ¶ 시야를 ~ ((비유)) faire ouvrir les yeux à *qn*. ¶ 숨통을 ~ donner de l'oxygène à *qn*; donner une bouffée d'oxygène à *qn*.

티[1] 명 ① poussière *f*. ¶ 눈에 ~가 들어가다 avoir une poussière dans l'œil. ② 흠 fêlure *f*, défaut *m*. ¶ 옥에도 ~가 있다 Personne [Nul] n'est parfait / Rien n'est parfait.

◆**_없다** 형 être immaculé(*e*), pur(*e*), être sans défaut, irréprochable, être sans faille. ¶ ~없는 목소리 une voix sans défaut.

◆**_없이** 부 sans défaut, sans faille; honnêtement, proprement. ¶ ~없이 맑은 얼굴 un visage clair et pur.

티[2] 의명 genre *m*, air *m*, façon *f*, allure *f*, manière *f*. ¶ 막내 ~ l'air d'un cadet. ◇_(**를**) **내다** se donner [prendre] un air. ¶ 배운 ~를 내다 montrer qu'on a de la culture. ¶ 그 사람은 꼭 못 배운 ~를 낸다 Ça se voit tout de suite qu'il n'a pas beaucoup d'éducation.

◆**처녀_** 處女- 명 air *m* d'une jeune fille. ¶ 이제는 처녀~가 나는구나 Tu as maintenant l'air d'une jeune fille.

◆**선생_** 先生- 명 air *m* [allure *f*] de professeur.

◆**시골_** 명 allure *f* rustique. ¶ 그 여자는 시골~가 난다 Cette femme a l'air d'une campagnarde.

티격태격 부 ((se disputer)) violemment. ¶ ~ 싸우다 se disputer, se quereller. ¶ ~ 말다툼을 하다 se disputer, se quereller, avoir une prise de bec {*fam*} [un heurt, une explication] avec *qn*.

◆**_하다** 자 se disputer, se quereller, se chamailler.

ㅌ

¶ 서로 ~하면서 싸우다 se disputer très violemment. ¶ ~하다가도 금세 화해하다 se réconcilier après s'être vertement chamaillés.

티껍다 형 **【비어】** trouver *qn/qc* sale [infecte, ignoble, humiliant(*e*), avilissant(*e*), dégradant(*e*), dégueulasse {*fam*}]. ¶ 티꺼우면 관둬라 Si tu trouves ça ignoble [infecte], laisse tomber [abstiens-toi]! / Si ça ne te plaît pas, laisse tomber! / Si ça te fait chier {*vulg*}, laisse tomber [oublie]! ¶ 이 짓도 티꺼워서 못 해 먹겠다 J'en ai assez de ce sale boulot [qu'on me file le sale boulot {*fam*}] / J'en ai assez qu'on me fasse faire les sales besognes, je n'ai plus envie de les faire / J'en ai assez de ces tâches ingrates, je ne veux [peux] plus continuer [je n'en peux plus]. ¶ 티껍게 굴다 agir d'une façon dégueulasse [comme un salaud] {*vulg*}.

티끌 명 ① 먼지 poussière *f*, grain *m* (de poussière). ¶ ~이 앉다 se couvrir de poussière. ¶ ~ 하나 없이 깨끗하다 être (propre) sans une poussière. ② ((조금)) un tout petit peu. ¶ 여기를 떠날 마음은 ~만큼도 없다 Il ne m'est même jamais venu à l'esprit de partir d'ici.

*~ **모아 태산** Les petits ruisseaux font les grandes rivières.

티눈 명 cor *m* au pied. ¶ 발에 ~이 생기다 attraper [avoir] des cors au pied.

티백 영{tea bag} 명 sachet *m* de thé. ¶ ~ 녹차 du thé vert en sachets.

티브이 영{TV} 명 télé(vision) *f*. ¶ ~를 보다[시청하다] regarder la télé(vision).

티샤쓰 영{tee shirt} 명 ☞ 티셔츠

티샷 영{tee shot} 명 **【골프】** drive *m*, coup *m* de départ ((au golf)).

티셔츠 영{tee shirt} 명 t(*ee*)-shirt(~-~*s*) *m*; ((옷깃이 있는 티셔츠)) polo *m*. ¶ 반팔 티셔츠 un t-shirt à manches courtes. ¶ 날이 더워 ~가 온통 땀에 젖었다 Il fait tellement chaud que mon tee-shirt est trempé de sueur.

티슈 영{tissue} 명 mouchoir *m* en papier (jetable), *kleenex m*. ¶ 화장용 ~ mouchoir *m* en papier (jetable). ¶ 물 ~ des lingettes.

티스푼 영{teaspoon} 명 cuillère *f* [cuiller *f*] à café, petite cuillère *f*.

티읕 명 *tieut m* <appellation de la douzième lettre de l'alphabet coréen>.

티켓 영{ticket} 명 ① 표 ticket *m*, billet *m*. ¶ 경기장에 들어가기 위해 ~을 사다 acheter un billet pour entrer dans le stade. ② 권한, 자격 droit *m*. ¶ 올림픽 출전 ~을 따다 gagner *son* ticket pour les Jeux olympiques. ¶ 총선행 ~을 손에 넣다 gagner *son* ticket pour les élections générales.

티타임 영{teatime} 명 heure *f* du thé. ¶ ~을 갖다 prendre le thé.

티티새 명 merle *m*. ¶ ~의 울음소리 les sifflements du merle.

티푸스 독 명 **【의학】** typhus *m*; (fièvre *f*) typhoïde *f*; paratyphoïde *f*.

◆**_균** -菌 독 명 agent *m* de la typhoïde, bacille *m* d'Eberth.

틴에이저 영{teenager} 명 adolescent(*e*).

팀 영{team} 명 ① **【운동】** équipe *f*. ¶ 어느 ~이 이길 것 같습니까? À votre avis, quelle équipe [qui] va l'emporter? ¶ 프랑스 ~에 우승컵을 수여하다 remettre la coupe de la victoire à l'équipe de France. ¶ 양~ 모두 무득점으로 비겼다 Les deux équipes ont fait match nul. ¶ 우리 ~은 아깝게도 일 대 영으로 상대 팀에 무릎을 꿇고 말았다 Malheureusement, notre équipe a dû s'incliner sur le score de un à zéro. ¶ 우리 ~은 B조 수위로 8강에 올랐다 Notre équipe s'est qualifiée pour les quarts de finale en terminant en tête du groupe B [de la poule B]. ¶ 과연 어느 ~이 승리할지 귀추가 주목된다 On est vraiment curieux de savoir quelle équipe va gagner. ② 무리, 집단 équipe *f*, groupe *m*. ¶ 학생들을 두 ~으로 나누다 répartir les élèves en deux groupes. ¶ 이번에 경제~에서 새로운 계획을 수립했다 Cette fois-ci l'équipe en charge de l'économie a mis sur pied un nouveau projet.

팀워크 영{teamwork} 명 travail *m* [jeu *m*] d'équipe; esprit *m* d'équipe. ¶ 경기에 이기려면 ~가 좋아야 한다 Si on veut remporter ce match, il faut que notre jeu d'équipe soit bon. ¶ 우리는 ~가 잘 짜여진 팀이다 Nous sommes une équipe très forte dans le jeu [dans le travail] d'équipe.

팀장 -長 명 chef *m* [capitaine *m*] d'une équipe.

팀파니 이 명 timbales *fpl*.

팀플레이 영{team play} 명 jeu(*x*) *m* d'équipe, jeu *m* d'ensemble, jeu *m* collectif; travail *m* en groupe, travail *m* collectif, travail *m* d'équipe. ◇_(를) **하다[펼치다]** développer un jeu collectif; travailler en groupe, faire un travail d'équipe [un travail collectif].

팁 영{tip} 명 pourboire *m*, pourliche *m* {*fam*}. ◇_(을) **주다[받다]** donner [recevoir] un pourboire, donner la pièce ((à *qn*)).

ㅍ 명 *pieup m* ((treizième consonne de l'alphabet coréen)).

파[1] 명 ciboule *f*, cive *f*, oignon *m* d'hiver, oignon *m* d'Espagne, ail *m* fistuleux, *Allium fistulosum* {*nsc*} ((plante (liliacées), à bulbe allongé, proche du poireau)). ¶ ~를 뽑다 arracher [déterrer] des ciboules. ¶ ~를 썰다 couper des ciboules. ¶ 찌개에 ~를 넣다 mettre des ciboules dans une soupe.

◆**_김치** 명 *gimchi* fait avec des ciboules. ¶ ~를 담그다 préparer le *gimchi* avec des ciboules; faire tremper le *gimchi* de ciboules dans la saumure. *~**김치가 되다** être à ramasser à la petite cuillère {*fam*}, être sur les rotules[sur les genoux] {*fam*}; ne plus en pouvoir; être au bout du rouleau; être au bout de *ses* forces; être épuisé(*e*), exténué(*e*); être nase [naze] {*fam*}; être ramollo {*fam*}; être raplapla {*fam*}; être flagada {*fam*}. ¶ 그 사람은 대청소 후에 ~김치가 되었다 Il est complètement sur les rotules après avoir fait le grand nettoyage.

◆**_전** -煎 명 *pajeon m* <galette aux ciboules et fruits et mer>. ¶ ~전을 부치다 faire des *pajeons*.

◆**_뿌리** 명 racine *f* de la ciboule.

파[2] 派 명 secte *f*, école *f*, parti *m*; groupe *m*; faction *f*, coterie *f*. ¶ 따로 ~를 만들다[구성하다] faire bande à part [fonder une secte]. ¶ 그 사람들은 같은 ~에 속한다 Ils sont du même parti / Ils sont de la même coterie [de la même secte, de la même école, de la même faction].

◆**고전_** 古典- 명 école *f* classique.

◆**낭만_** 浪漫- 명 école *f* romantique.

파[3] 이 명 【음악】 fa *m*.

파[4] 波 접미 onde *f*.

◆**전자_** 電子- 명 onde *f* électromagnétique.

◆**충격_** 衝擊- 명 ondes *fpl* de choc.

파격 破格 명 exception *f*, licence *f* ((poétique)); ((언어)) anacoluthe *f*, solécisme *m*. ¶ ~ 세일 soldes à des prix imbattables [défiant toute concurrence]. ◇_(을) **주다[가하다]** faire une exception. ¶ 문체에 ~을 주다 faire un solécisme.

◆**_적** -的 명관 exceptionnel(*le*); sans précédent; extraordinaire, inouï(*e*), étonnant(*e*); jamais vu(*e*) {*fam*}; anormal(*e*), spécial(*e*). ¶ ~적(인) 가격 un prix défiant toute concurrence; un prix imbattable; un prix exceptionnel, un prix unique. ¶ ~적(인) 대우 un traitement sans précédent [sans équivalent]. ¶ ~적(인) 방법 un moyen sans précédent [extraordinaire]. ¶ ~적(인) 조건[제의] des conditions exceptionnelles [une proposition exceptionnelle]. ¶ ~적(인) 승진을 하다 obtenir un avancement exceptionnel. ¶ ~적으로 가격을 내리다 baisser le prix de façon extraordinaire; proposer des prix défiant toute concurrence [toute compétition]. ¶ 그 여자의 의상이 ~적이다 Ses vêtements sont étonnants [très particuliers, originaux, exceptionnels].

파견 派遣 명 envoi *m*; expédition *f* ((de troupes)). ¶ ~ 근무자 un salarié sous contrat à durée déterminée [en CDD]. ¶ 전투병 ~ une expédition de troupes de combat, un envoi de troupes de combat. ¶ ~을 나가다[나오다] être envoyé(*e*), délégué(*e*). ◇_(을) **하다** envoyer ((un correspondant, une délégation)); déléguer ((des représentants)); dépêcher ((un messager)). ¶ 직원을 해외지사에 ~하다 déléguer un représentant dans une filiale étrangère. ¶ 누구를 특파원으로 프랑스에 ~하다 envoyer *qn* comme correspondant [comme envoyé spécial] en France. ◇_(이) **되다** être envoyé(*e*); être délégué(*e*); être dépêché(*e*).

◆**_국** -國 명 pays *m* d'expédition.

◆**_군** -軍 명 corps *m* expéditionnaire.

◆**_단** -團 명 délégation *f*.

◆**_대** -隊 명 contingent *m*; détachement *m*.

◆**_원** -員 명 envoyé(*e*); délégué(*e*).

◆**_지** -地 명 lieu d'expédition [d'envoi].

파경 破鏡 명 ① 이혼 divorce *m*. ② 거울 miroir *m* cassé, glace *f* brisée. ③ ((비유적 의미)) croissant *m* de lune. ¶ ~의 조짐 un signe de divorce; un signe de séparation. ¶ ~을 맞다 être victime d'un divorce, subir un divorce. ¶ ~에 이르다 en arriver au divorce [à la séparation].

파계 破戒 명 transgression *f* [violation *f*] d'un commandement [d'un ordre]. ◇_(를) **하다** transgresser [violer] un commandement.

◆**_승** -僧 명 【불교】 moine *m* [bonze *m*] dépravé

[débauché, dévoyé].

파고 波高 명 ① hauteur *f* des vagues. ¶ 서해에는 육 미터의 ~가 예상된다 On prévoit des vagues de six mètres dans la mer de l'Ouest. ¶ 동해의 ~는 육 미터로 예상된다 On prévoit des vagues de six mètres dans la mer de l'Est [sur les côtes orientales]. ② 영향 niveau(*x*) *m*. ¶ 긴장의 ~가 높아진다 La tension s'accroît [monte, augmente, s'élève, s'accentue, devient plus forte]. ¶ 충격의 ~가 낮아진다 Le choc diminue [s'affaiblit].

파고다 명 pagode *f*.

파고다공원 고 -公園 명 ☞ 탑골공원

파고들다 재타 ① s'infiltrer, s'enfoncer profondément ((dans la défense d'une équipe)). ¶ 이불 속으로 ~ se mettre bien au chaud sous les couvertures. ¶ 엄마 품속으로 ~ se blottir dans les bras de *sa* maman [mère]. ¶ 상대팀의 왼쪽을 ~ s'infiltrer dans la défense gauche de l'adversaire. ② 침투하다 s'infiltrer profondément. ¶ 요즘 광고는 젊은 여성들을 파고들어야 성공할 수 있다 De nos jours, pour marcher, les publicités doivent s'adresser aux jeunes femmes / De nos jours, il faut que la publicité s'adresse aux jeunes femmes pour être efficace. ¶ 중국 시장에 ~ s'infiltrer dans le marché chinois. ③ 조사하다 examiner ((une affaire)) de près [à fond]; approfondir ((une affaire)). ¶ 사건의 진상을 ~ examiner de près une affaire. ¶ 집요하게 ~ examiner obstinément [avec acharnement] *qc*. ¶ 이 사건을 파고들면 뭔가 나올 것 같다 Si on fouille dans cette affaire, on trouvera sans doute quelque chose.

파괴 破壞 명 destruction *f*; anéantissement *m*; démolition *f*; ruine *f*; dévastation *f*; délabrement *m*. ¶ ~ 본능 un instinct destructif [de destruction]. ¶ 대량 ~ 무기 des armes de destruction massive. ¶ 유적 ~ la dégradation des vestiges historiques; le saccage du patrimoine historique. ¶ 환경[생태계, 가정] ~ la destruction de l'environnement [du milieu écologique, l'anéantissement de la famille]. ¶ 규범[질서]의 ~ la destruction de l'ordre. ◇_(를) **하다[시키다]** détruire *qc*, anéantir *qc*; casser *qc*, briser *qc*; ruiner *qc*, démolir *qc*, saccager *qc*. ¶ 기물을 ~하다 briser le mobilier de *qn*; endommager les biens de *qn*. ¶ ~하기 힘든 indestructible; invincible, imbattable; incassable, infrangible {*litt*}, solide. ◇_(가) **되다** être détruit(*e*), anéanti(*e*); être cassé(*e*), brisé(*e*); être ruiné(*e*), démoli(*e*), saccagé(*e*). ¶ 건물이 완전히 ~되었다 Le bâtiment a été complètement [entièrement] démoli [détruit, rasé]. ¶ 폭격으로 ~된 도시 une ville détruite par les bombardements.

◆_**적** -的 명관 destruc*teur*(*trice*); destructi*f*(*ve*); subversi*f*(*ve*). ¶ ~적 행동[성격] une action subversive [un tempérament subversif, un tempérament destructeur].

◆_**력** -力 명 force *f* destructrice; pouvoir *m* destructif ((d'un explosif)).

◆_**분자** 分子 명 élément *m* subversif; personne *f* destructrice.

◆_**시험** -試驗 명 épreuve *f* de rupture.

◆_**자** -者 명 destruc*teur*(*trice*); dévasta*teur*(*trice*).

◆_**주의** -主義 명 vandalisme *m*.

◆_**행위** -行爲 명 (acte *m* de) vandalisme *m*; action *f* subversive; sabotage *m*.

파구 波丘 명 【물리】 crête *f* [sommet *m*] d'une vague *f*.

파국 破局 명 catastrophe *f*; désastre *m*; dénouement *m* tragique; écoulement *m*; effondrement *m*; ruine *f*. ¶ ~을 맞다[맞이하다] finir en catastrophe; toucher à la catastrophe. ¶ ~에 이르다 en arriver à la catastrophe. ¶ 경제적 ~에 직면하다 mener en ligne droite à la catastrophe financière; être au bord de la catastrophe [du désastre] sur le plan économique; passer près [être à deux doigts] d'une catastrophe économique. ¶ ~으로 치닫다 courir vers la ruine [à la catastrophe], aller [courir, travailler] à *sa* ruine [à la ruine]; être acculé(*e*) à la ruine; être au bord de la ruine; marcher à la ruine. ¶ ~으로 몰아가다 conduire [mener] *qn/qc* à la ruine; causer la ruine de *qn/qc*; accélérer [précipiter] la ruine de *qn/qc*; provoquer [causer, amener, réduire, acculer] *qn/qc* à la ruine; provoquer une catastrophe. ¶ ~이 오다 être au bord de la catastrophe [du désastre].

◆_**적** -的 명관 fatal(*e*); désastreu*x*(*se*); catastrophique. ¶ ~적(인) 상황 une situation désastreuse, un état catastrophique. ¶ ~적(인) 대결 un affrontement fatal; une lutte à mort.

파급 波及 명 développement *m*; extension *f*; conséquence *f* indirecte; répercussion *f*. ◇_(을) **하다** propager, répandre, étendre, influencer, gagner ((une région, toute la région, tout le pays)), répercuter. ¶ 대기오염은 생활 전반에 여러 문제를 ~했다 La pollution de l'air a créé d'autres problèmes vitaux. ◇_(이) **되다** se propager, se répandre, s'étendre, influencer, se reproduire, se répercuter. ¶ 사건이 전국적으로 ~되었다 L'événement s'est propagé sur le plan national [a pris une ampleur nationale] / Cette affaire s'est répandue [s'est étendue] dans tout le pays.

◆_**효과** -效果 명 conséquence *f* indirecte; répercussion *f*.

파기 破棄 명 ① destruction *f*; anéantissement *m*; rupture *f*. ② 무효 annulation *f* ((d'un traité)); rupture *f* ((d'un contrat)); résiliation *f*, dénonciation *f* ((d'un traité)); cassation *f* ((d'un testament)); abrogation *f*; abolition *f*. ¶ 공문서의 ~ une destruction de documents officiels. ¶ 조약[계약]의 ~ la dénonciation d'un traité [la rupture d'un contrat]. ◇_(를) **하다** rompre, annuler, casser ((un jugement)); abroger ((une loi, un arrêt)), abolir. ¶ 원심을 ~하다 annuler une décision d'un tribunal de première instance. ¶ 계약을 ~하다 rompre [briser] un contrat. ◇_(가) **되다** être détruit(*e*), anéanti(*e*); être résilié(*e*), annulé(*e*), rompu(*e*), aboli(*e*). ¶ ~된 문서 des documents détruits.

파김치 명 ☞ 파[1]

파내다 타 ① déterrer, exhumer, extraire; fouiller; faire des fouilles. ¶ 금을 ~ extraire de l'or ((d'une mine)). ¶ 무덤에서 시체를 ~ exhumer [déterrer] un cadavre. ¶ 강바닥의 흙을 ~ enlever la boue du lit d'une rivière; draguer une rivière. ¶ 귀에서 귀지를 ~ enlever le cérumen de *ses* oreilles; se nettoyer les oreilles. ② 제거하다 rayer un nom ((d'une liste)). ¶ 호적에서 누구의 이름을 ~ rayer le nom de *qn* du registre d'état civil.

파노라마 영{panorama} 명 panorama *m*. ¶ ~ 같은 경치 une vue panoramique, un panorama. ¶ 감동의 ~ un panorama [un éventail] des émotions. ¶ 사랑과 우정의 ~ un panorama de l'amour et de l'amitié. ¶ 서울야경은 하나의 ~였다 Séoul la nuit était comme[ressemblait à] une carte postale.

◆**_사진** -寫眞 명 photo *f* panoramique, panorama *m*.

파다 타 ① creuser, excaver, percer. ¶ 땅을 ~ creuser [fouiller] la terre. ¶ 코(를) ~ se curer le nez. ¶ 귀이개로[면봉으로] 귀를 ~ se nettoyer les oreilles avec un cure-oreille [un coton-tige]. ¶ 어디에 무엇을 ~ creuser ((un trou)) *qp*. ¶ 구멍[구덩이, 굴, 우물, 무덤]을 ~ creuser un trou [un fossé, un tunnel, un puits, une tombe]. ② 새기다 sculpter, graver, ciseler. ¶ 도장을 ~ graver un sceau. ¶ 바위에 글씨를 ~ graver ((*ses* initiales)) sur un rocher. ③ 도려내다 être échancré(*e*). ¶ 등 쪽을 많이 판 옷 un vêtement très échancré dans le dos. ④ 조사하다 examiner ((une question)) de près [à fond]; approfondir ((une question)). ¶ 이 사건은 파 보면 뭔가 나올 거다 Si on examine la question de plus près, on finira par trouver quelque chose. ⑤ 노력하다 étudier avec assiduité, potasser {*fam*}. ¶ 수학을 열심히 파다 étudier les mathématiques avec assiduité; potasser les maths {*fam*}.

***한 우물(을)** ~ ne se consacrer qu'à une seule chose.

***스스로 무덤을** ~ creuser *sa* (propre) tombe.

파다하다[1] 播多- 형 être très répandu(*e*). ¶ 그 사람이 횡재했다는 소문이 ~ Le bruit [la rumeur] court partout qu'il a gagné beaucoup d'argent de façon inattendue [d'un seul coup]. ¶ 이상한 소문이 마을[장안, 세간]에 ~ Un bruit bizarre court partout dans le village [dans la capitale, dans la société]. ¶ 소문이 파다하게 퍼졌다 Le bruit s'est répandu partout [en tout lieu]. ¶ 그 사람이 죽었다는 말이 친구들 사이에 파다하게 나돌았다 Le bruit selon lequel il est mort s'est répandu parmi [chez] tous ses amis.

파다하다[2] 頗多- 형 être très nombreux(*se*); être abondant(*e*); être très fréquent(*e*); arriver bien souvent; c'est monnaie courante. ¶ 그러한 예가 ~ Une chose pareille arrive bien souvent / Cela arrive très fréquemment. ¶ 파다하게 있는 일이다 C'est monnaie courante / Une chose pareille arrive bien souvent.

파닥 어근 battant (des ailes); frétillant; flottant.

◆**_거리다[대다, 이다]** 재타 ☞ 파닥거리다

◆**_ _** 부 en battant (des ailes); en frétillant. ¶ ~~ 날개를 치다 battre des ailes.

파닥거리다 재타 ① ((새가)) battre des ailes; se trémousser. ② ((물고기가)) se débattre, frétiller. ¶ 날개를 ~ battre des ailes. ¶ 파닥거리는 물고기들 des poissons qui frétillent. ③ ((깃발이)) flotter (au vent). ¶ 바람에 파닥거리는 깃발 un drapeau qui flotte [claque] au vent; un drapeau qui ondoie dans le vent; un drapeau qui se déploie au vent.

파당 派黨 명 faction *f*; parti *m*; camp *m*; cabale *f*; clique *f*; coterie *f*; ligue *f*; groupe *m*. ¶ ~ 간의 암투 une sourde hostilité entre partis. ¶ ~을 모으다 unir plusieurs partis. ¶ ~을 짓다[형성하다, 구성하다] former un groupe [créer une faction]. ¶ 여러 ~으로 분열되다[찢어지다] être divisé(*e*) en partis.

파도 波濤 명 vague *f*; lame *f*; flots *mpl*; houle *f*. ¶ ~ 소리 le bruit des vagues; le mugissement de la mer. ¶ 3 미터의 ~ une vague de trois mètres de haut. ¶ ~를 헤치고 나아가다 fendre les vagues. ¶ ~가 친다 Les vagues se brisent. ¶ ~가 인다 Les vagues déferlent. ¶ ~가 높다[(거)세다] Les vagues sont hautes [La mer est agitée]. ¶ ~가 낮다[약하다, 잔잔하다] La mer est calme [les vagues sont faibles]. ¶ ~가 가라앉는다 La mer se calme / Les vagues se calment [s'apaisent]. ¶ ~가 밀려든다 Les vagues viennent mourir ((sur le rivage)). ¶ ~가 부서졌다 Une vague s'est abattue [s'est brisée] ((contre un rocher)).

◆**_타기** 명 surf *m*. ¶ ~타기를 하다[즐기다] faire du surf, surfer [aimer surfer].

파동 波動 명 ① 【물리】 ondulation *f*. ¶ 물결의 ~ l'ondulation des vagues. ② ((사회적, 경제적)) variation *f*; crise *f* ((politique, de l'énergie)); convulsion *f*; bouleversement *m*; agitation *f*; fluctuation *f*. ¶ 석유[정치] ~ la crise du pétrole [une crise politique, un bouleversement politique]. ¶ 증권 ~ la crise de la Bourse. ¶ 쌀값 ~을 겪다 traverser une crise du prix du riz.

◆**_성** -性 명 【물리】 influence *m* ondulatoire.

◆**_설** -說 명 【물리】 ((빛의)) théorie *f* ondulatoire (de la lumière).

◆**_역학** -力學 명 【물리】 mécanique *f* ondulatoire.

파들파들 부 ((onomatopée du tremblement)). ¶ ~ 떨다 trembler.

파뜩 부 en un rien de temps; en un clin d'œil; en l'espace d'un éclair; brusquement. ¶ 생각이 ~ 떠올랐다 Une idée m'est venue brusquement [a soudainement traversé mon esprit]. ¶ 정신이 ~ 들다 reprendre rapidement *ses* esprits. ¶ ~ 잠이 깨다 se réveiller en sursaut. ☞ 퍼뜩

파라다이스 영{paradise} 명 paradis *m*.
파라독스 명 ☞ 패러독스
파라문 婆羅門 명 【불교】 ☞ 바라문
파라볼라안테나 영{parabola antenna} 명 【물리】 antenne *f parabolique*, parabole *f*.
파라솔 프{parasol} 명 parasol *m*.
파라핀 영{paraffin} 명 【화학】 paraffine *f*.
파란 波瀾 명 ① vague *f*; houle *f*; lame *f*; flots *mpl*. ☞ 파랑² ② 사건 trouble *m*; agitation *f*. ¶ ~을 일으키다 fomenter des troubles; troubler l'ordre public; jeter [semer] le trouble ((dans une famille)); troubler la paix ((du ménage de *qn*)). ¶ 전년도 우승팀을 꺾는 ~을 연출하다 créer [réaliser] l'exploit de battre l'équipe championne de l'année dernière. ¶ ~이 일었다 Des troubles ont eu lieu [ont éclaté]. ③ 변화 vicissitudes *fpl*; péripéties *fpl*; succès *mpl* et revers *mpl*; hauts *mpl* et bas *mpl, aléas mpl*. ¶ ~ 많은 생애 une vie mouvementée [agitée, orageuse]; une vie pleine de vicissitudes. ¶ ~을 겪다 traverser [connaître, passer par] des hauts et des bas, alterner les bons et les mauvais moments.
◆**_곡절** -曲折 명 péripéties *fpl*; vicissitudes *fpl*. ¶ 숱한 ~곡절을 겪다 traverser de dures péripéties [épreuves]. ¶ ~곡절 많은 생애 une vie pleine de vicissitudes.
◆**_만장** -萬丈 명 vicissitudes *fpl*; péripéties *fpl*. ¶ ~만장의 일생 une vie pleine de vicissitudes. ¶ ~만장을 겪다 avoir bien des malheurs, traverser beaucoup d'épreuves, connaître tous les malheurs [toutes les difficultés] de la vie, passer par les pires malheurs, en voir des vertes et des pas mûres {*fam*}, en voir de dures [de toutes les couleurs] {*fam*}, en voir dans *sa* vie {*fam*}.
◆**_만장하다** -萬丈- 형 être mouvementé(*e*) [agité(*e*)], être plein(*e*) de péripéties. ¶ 그 사람이 프랑스에서 겪은 일들은 매우 ~만장했다 Il a connu en France de nombreuses péripéties / La vie qu'il a connue en France était très agitée / Les événements qu'il a connus en France étaient très mouvementés [agités]. ¶ ~만장한 삶 une vie pleine de péripéties. ¶ ~만장한 근대사 une histoire contemporaine très mouvementée [bouleversée].
파랑¹ 명 couleur *f* bleue, bleu *m*. ¶ ~ 대문[잉크, 물감] une grande porte bleue [une encre bleue; un tube de peinture bleue, une teinture bleue]. ¶ ~을[으로] 칠하다 peindre en bleu [avec du bleu].
◆**_새** 명 oiseau *m* bleu.
◆**_색** -色 명 couleur bleue *f*, bleu *m*.
파랑² 波浪 명 vague *f*; flots *mpl*; houle *f*.
◆**_주의보** -注意報 명 avis *m* de mer agitée. ¶ 동해안에 ~주의보를 내리다 donner un avis de mer agitée sur la mer de l'Est [sur les côtes orientales].
파랗다 형 ① être bleu(*e*); être vert(*e*). ¶ 하늘이 ~ Le ciel est bleu. ¶ 바닷물이 ~ La mer est bleue. ¶ 파랗게 물들이다 teindre en bleu. ¶ 파란 눈의 사나이 un homme aux yeux bleus. ¶ 파란 잎 des feuilles vertes. ¶ 파란 하늘 un ciel bleu. ② ((낯빛이)) être pâle, blême. ¶ 얼굴이 파래 가지고 대들다[화를 내다]. avoir le visage rouge de colère; s'entêter contre *qn* avec le visage rouge de colère.
***파랗게 질리다** devenir tout(*e*) pâle, devenir blanc(*che*) comme un linge, blêmir.
파래 명 【수산】 cheveux *mpl* de mer, chevelure *f* d'algue; ((sorte d'algue maritime comestible)), *Monostroma nitidu* {*nsc*}.
파래지다 자 devenir bleu(*e*). ¶ 추워서 얼굴이 ~ devenir bleu(*e*) à cause du froid. ¶ 그는 그 말을 듣고 얼굴이 파래졌다 À ces mots, son visage est devenu tout bleu.
파렴치 破廉恥 명 immodestie *f*; impudeur *m*; effronterie *f*; impudence *f*; absence *f* de tout sentiment de honte; infamie *f*, ignominie *f*, indignité *f*. ¶ ~ 범죄[행위] un crime infâme [un acte ignoble]. ¶ 그 사람의 ~를 비난하다 critiquer *son* impudence [*son* effronterie].
◆**_하다** 형 être impudent(*e*), effronté(*e*); être honteux(*se*), ignoble, infâme. ¶ 그는 하는 짓이 ~하다 Ce qu'il fait est honteux. ¶ 그런 ~한 놈하고는 상종을 말아야지 Ne fréquente pas ce genre d'individu ignoble. ¶ ~한 행동 un acte ignoble [infâme].
◆**_범** -犯 명 criminel(*le*) infâme [ignoble].
◆**_죄** -罪 명 crime *m* infâme.
◆**_한** -漢 명 individu *m* ignoble. ¶ ~한으로 변신하다 devenir un individu ignoble.
파르르 부 ① ((떨림)) en frissonnant, en tremblant. ¶ 그의 입술이 ~ 떨렸다 Ses lèvres tremblaient. ¶ 그 일을 생각만 해도 나는 전신이 ~ 떨린다 Rien qu'à y repenser, j'en tremble encore. ¶ ~ 경련을 일으키다 avoir des convulsions. ② ((끓음)) ((bouillir)) tout d'un coup. ¶ ~ 끓다 ((lait)) monter. ③ ((화냄)) de colère. ¶ ~ 화를 내다 se fâcher, se mettre en colère; se froisser, s'offusquer, prendre la mouche {*fam*}. ¶ 분노로 ~ 치를 떨다 serrer les dents (lorsqu'on est en colère). ④ ((불에)) se consumer lentement. ¶ 나뭇잎이 ~ 타 들어간다 Les feuilles se consument lentement.
파르스름하다 형 être verdâtre, bleuâtre. ¶ 입술이 ~ avoir les lèvres bleuâtres. ¶ 머리를 빡빡 깎아서 ~ avoir la tête bleuâtre après l'avoir complètement rasée. ¶ 파르스름한 불빛[안개] une lumière bleuâtre [un brouillard bleuâtre].
파릇파릇 부 ((être vert)) par endroits; être très vert(*e*). ¶ 새싹[나뭇잎]이 ~ 돋아났다 Les bourgeons commencent à pousser [poindre, sortir] [Les feuilles des arbres commencent à pousser].
◆**_하다** 형 être vert(*e*) par endroits. ¶ ~한 잔디밭 pelouse qui commence à verdir. ¶ ~하게 생긴 배추 choux chinois bien verts.
파릇하다 형 être verdâtre; ((새싹)) commencer à verdir [à pousser]. ¶ 새싹[신록]이 ~ Les bourgeons

commencent à verdir [La pelouse commence à pousser].

파리 명 【동물】 mouche *f*. ¶ ~를 잡다 attraper des mouches. ¶ 부채로 ~를 쫓다 chasser les mouches avec un éventail. ¶ 설탕에는 ~가 모인다[꼬인다] Le sucre attire les mouches.

*~(를) 날리다 ((affaires)) ne pas marcher. ¶ 증권시장은 ~를 날리고 있다 La Bourse, c'est la bérézina [ça ne marche vraiment pas].

*~ 목숨 une vie éphémère; une vie de peu de valeur; une existence insignifiante.

◆_떼 명 nuée *f* de mouches.

◆_똥 명 chiure *f* de mouche.

◆_약 -藥 명 insecticide *m*.

◆_채 명 tapette *f* à mouches, chasse-mouches *m inv*. ¶ ~채로 파리를 잡다 attraper des mouches avec une tapette à mouches[avec un chasse-mouches].

◆똥_ 명 mouche *f* à merde {*fam*}.

파리하다 형 être maigre, émacié(*e*), décharné(*e*), étique, hâve, squelettique; être pâle, blême. ¶ 입술이 ~ avoir les lèvres décharnées; avoir les lèvres blêmes. ¶ 그 남자는 며칠 앓은 사람처럼 파리해 보였다 Il avait l'air squelettique [émacié] comme s'il avait été malade plusieurs jours / Il paraissait amaigri et pâle comme s'il avait été malade plusieurs jours. ¶ 파리한 얼굴 un visage émacié.

파마 영{permanent} 명 permanente *f*. ¶ ~가 풀리다 ((une permanente)) se défaire. ◇_(를) 하다 se faire faire une permanente [se faire friser, se faire une permanente].

◆_머리 명 cheveux *mpl* permanentés [frisés]. ¶ ~머리를 한 여인 une femme avec une permanente.

파먹다 타 ① ((벌레가)) manger, piquer ((les fruits)); abîmer. ¶ 벌레가 사과를 파먹었다 Les insectes ont mangé [piqué] les pommes. ¶ 만두의 속만 ~ manger seulement l'intérieur des *mandu* [des raviolis coréens]. ② ((땅을)) travailler la terre; être paysan. ¶ 땅[흙] 파먹는 신세 un destin de paysan.

파면 罷免 명 destitution *f*; révocation *f*; congédiement *m*; renvoi *m*. ¶ 부하 직원을 ~ 조치하다 renvoyer [congédier] *ses* subalternes [*ses* employés]. ◇_(을) 하다[시키다] destituer [révoquer] ((un fonctionnaire)); congédier ((un salarié)); relever [démettre] *qn* de *ses* fonctions. ¶ 사장은 당장 그 사람을 ~했다 Le directeur l'a renvoyé [l'a démis de *ses* fonctions, l'a congédié] aussitôt. ◇_(이) 되다[(을) 당하다] être destitué(*e*), révoqué(*e*); être congédié(*e*); être renvoyé(*e*), démis(*e*) [relevé(*e*)] de *ses* fonctions. ¶ 직무 태만으로 ~되다 être renvoyé(*e*) [congédié(*e*)] pour négligence.

파멸 破滅 명 perte *f*; ruine *f*; catastrophe *f*; chute *f*; destruction *f*. ¶ ~의 길을 걷다 être au bord de l'abîme. ¶ ~을 자초하다 aller à la ruine, courir à *sa* perte. ◇_(을) 하다[(이) 되다] se perdre; tomber en ruine, être ruiné(*e*). ◇_(을) 시키다 ruiner [perdre] *qn*; entraîner [causer] la ruine de *qn/qc*.

파문[1] 波紋 명 ① ronds *mpl* (dans l'eau), rides *fpl* (sur l'eau). ¶ 잔잔한 수면에 ~이 인다 Des ondes s'élargissent [Des rides se propagent] à la surface de l'eau. ② 여파 retentissement *m*; répercussion *f*. ¶ 경제계에 ~을 던지다 avoir de graves répercussions [conséquences] sur le monde financier, avoir un profond retentissement sur le monde économique. ¶ 장관의 구속은 정계에 ~을 일으켰다 L'arrestation du ministre a eu un fort retentissement dans le monde politique. ③ 물결모양 moire *f*. ¶ ~이 있는 비단 une soie qui présente des moires.

파문[2] 破門 명 excommunication *f*; anathème *m*. ◇_(을) 하다 excommunier *qn*, anathématiser *qn*. ¶ 제자를 ~하다 excommunier un disciple. ◇_(이) 되다[(을) 당하다] être frappé(*e*) d'excommunication, être excommunié(*e*) par *qn*. ¶ 그 사람은 교회에서 ~당했다 Il a été excommunié (par l'Église).

파묻다 타 ① enterrer, ensevelir, enfouir, cacher; remblayer ((un fossé)); combler ((un creux, un puits)). ¶ 보물을 땅속에 ~ enterrer un trésor. ¶ 시체를 땅속에 ~ enterrer un cadavre. ¶ 산 채로 ~ enterrer *qn* vivant(*e*). ② ((몸을)) se cacher ((le visage dans les mains)). ¶ 소파에 몸을 ~ s'affaler sur le canapé. ¶ 베개에 얼굴을 ~ se cacher le visage dans l'oreiller. ③ 숨기다 garder ((un souvenir, un secret)) pour *soi*-même, cacher [dissimuler] *qc* au fond de *son* cœur. ¶ 사건을 역사 속에 ~ enterrer une affaire. ¶ 마음속에 오랫동안 파묻어 둔 비밀 un secret enfoui dans *son* cœur.

파묻히다 자 ① être enterré(*e*), enfoui(*e*), enseveli(*e*), recouvert(*e*), caché(*e*). ¶ 눈에 ~ être enseveli(*e*) sous la neige; avoir disparu sous la neige. ¶ 흙더미에 ~ être enseveli(*e*) [enfoui(*e*)] sous terre. ② ((몸을)) être affalé(*e*) sur *qc*; être enveloppé(*e*) dans *qc*; être plongé(*e*) dans *qc*. ¶ 소파에 파묻힌 채 TV를 보다 regarder la télé(vision), affalé(*e*) sur le canapé. ¶ 엄마 품속에 ~ être blotti(*e*) dans les bras de *sa* mère. ③ 칩거하다 vivre caché(*e*) ((à la campagne)); être [vivre] enfermé(*e*) dans ((sa chambre)). ¶ 시골[서재]에 파묻혀 살다 vivre caché(*e*) à la campagne [vivre enfermé(*e*) dans *son* bureau]. ④ ((일에)) crouler ((sous le travail)). ¶ 일[공부]에 파묻혀 살다 crouler sous le travail. ⑤ 감추어지다 être couvert(*e*) ((par les huées)); ((une affaire)) être enterré(*e*). ¶ 여러 가지 의혹 속에 파묻힌 사건 une affaire enterrée [enfouie, ensevelie] sous des suspicions. ¶ 야유에 파묻힌 연설 un discours couvert par les huées.

파발 擺撥 명 【역사】 poste *m*; relais *m* de poste. ¶ ~을 보내다[띄우다] envoyer [dépêcher] un relais de poste. ¶ ~로 급보를 전하다 envoyer un message urgent par la poste. ¶ ~이 왔다[당도했다] Un courrier est arrivé.

ㅍ

◆_꾼 명 coursier *m*; messager *m*.

◆_마 -馬 명 cheval(*aux*) *m* de poste. ¶ ~마를 띄우다 envoyer un messager sur un cheval de poste; envoyer un coursier.

파벌 派閥 명 clan *m*; faction *f* ((d'un parti politique)), coterie *f*. ¶ ~ 정치 une politique de faction. ¶ ~을 짓다[구성하다] former un clan. ¶ ~을 없애다 supprimer des [les] clans. ¶ 여러 ~로 갈라지다[분열되다] se diviser en (plusieurs) clans.

◆_싸움 명 rivalité *f* entre clans.

파병 派兵 명 envoi *m* de troupes [d'un contingent militaire]. ◇_(을) **하다** envoyer un contingent (militaire) [des troupes]. ¶ 해외로 부대를 ~하다 envoyer un contingent dans un pays étranger. ◇_(이) **되다** être envoyé(*e*) (par *qn/qc*).

파본 破本 명 livre *m* abîmé [détérioré, endommagé]; livre *m* défectueux [qui présente des défauts]. ¶ ~은 바꾸어 드립니다 Je vais vous échanger ce livre défectueux.

파삭파삭 부 d'aspect friable, avec un aspect friable, avec une consistance friable, comme un sablé, d'une consistance sableuse [croustillante, craquante, croquante]. ¶ 과자가 입 속에서 ~ 부서진다 Les biscuits [Les sablés] s'effritent facilement dans la bouche.

◆_하다 형 être d'une consistance sableuse [croustillante], être friable, sablé(*e*). ¶ 비스킷이 ~하다 Les biscuits [Les sablés] sont friables.

파산 破産 명 faillite *f*; banqueroute *f*; ruine *f*; déconfiture *f* {*fam*} ((d'une usine)). ¶ ~ 위기 un risque de faillite. ¶ ~ 선고를 하다[받다] déclarer *qn* [être déclaré(*e*)] en faillite; prononcer la faillite de *qn*. ¶ ~ 직전에 있다 être au bord de la faillite [de la ruine]. ◇_(을) **하다** faire faillite [banqueroute] ¶ 그 사람은 투기에 실패하여 ~했다 Il s'est ruiné [Il a fait faillite] à la suite de spéculations malheureuses.

◆_법 -法 명 loi *f* concernant les cas de faillite.

◆_자 -者 명 failli(*e*); banqueroutier(*ère*).

◆_관재인 -管財人 명 syndic *m* de faillite.

◆_채무자 -債務者 명 personne *f* en faillite.

◆_청산인 -清算人 명 syndic *m* de faillite.

파상 波狀 명 ① 물결모양 ondulation; ((형용사)) ondulé(*e*); ondoyant(*e*); ondulatoire. ¶ ~ 무늬 des imprimés ondulatoires. ② 되풀이 vagues *fpl* successives. ¶ ~ 공격[공세]를 가하다[퍼붓다] attaquer par vagues successives; lancer une série d'attaques.

◆_적 -的 명관 ondulé(*e*); onduleux(*se*); ondulatoire. ¶ ~적(인) 공격[공세] une attaque par vagues successives.

◆_문 -紋 명 moire *f*.

파상풍 破傷風 명 【의학】 tétanos *m*. ¶ ~ 예방접종 un vaccin contre le tétanos. ¶ ~ 치료 un traitement contre le tétanos; un sérum antitétanique. ¶ ~에 걸리다 contracter le tétanos.

파생 派生 명 ① dérivation *f*. ¶ 경기침체로 인한 심각한 문제의 ~ l'apparition de graves problèmes dus à la stagnation économique. ② 【언어】 dérivation *f*. ¶ 굴절과 ~ une flexion et une dérivation. ◇_(을) **하다** dériver [provenir, tirer *son* origine] de ((l'allemand)), avoir *son* origine dans *qc*; avoir pour origine. ¶ 환경오염으로부터 많은 새로운 질병이 ~하였다 Beaucoup de nouvelles maladies ont pour origine la pollution de l'environnement. ◇_(이) **되다** être dérivé(*e*) ((du latin, du grec)). ¶ 영어의 많은 단어가 라틴어에서 ~되었다 Beaucoup de mots anglais sont dérivés du latin. ◇_(을) **시키다** ① être à l'origine de *qc*; donner naissance à *qc*. ¶ 이것이야말로 모든 사회문제를 ~시키는 근원이다 C'est justement cela qui est à l'origine de tous les problèmes sociaux. ② 【언어】 dériver. ¶ 동사에서 명사를 ~시키다 dériver un nom d'un verbe.

◆_적 -的 명관 dérivé(*e*); secondaire. ¶ ~적 문제 un problème secondaire[dérivé]. ¶ ~적 의미 un sens dérivé.

◆_동사 -動詞 명 【언어】 verbe *m* dérivé ((d'un nom, d'un (mot) mimétique)).

◆_명사 -名詞 명 【언어】 nom *m* dérivé ((d'un verbe, d'un adjectif)).

◆_법 -法 명 【언어】 dérivation *f*.

◆_부사 -副詞 명 【언어】 adverbe *m* dérivé ((d'un adjectif)).

◆_어 -語 명 【언어】 mot *m* dérivé, dérivé *m*.

◆_접두사 -接頭辭 명 【언어】 préfixe *m* dérivatif.

◆_접미사 -接尾辭 명 【언어】 suffixe *m* dérivatif.

◆_접사 -接辭 명 【언어】 affixe *m* dérivatif.

◆_형용사 -形容詞 명 【언어】 adjectif *m* (verbe *m* de qualité) dérivé.

◆_형태론 -形態論 명 【언어】 morphologie *f* dérivative.

파선 破船 명 ((조난)) naufrage *m*; ((난파선)) navire *m* naufragé. ◇_(을) **하다**[**당하다**] naufrager; faire naufrage [être naufragé(*e*)]. ¶ 배는 암초에 걸려 ~했다 Le bateau a fait naufrage sur un récif. ◇_(이) **되다** être naufragé(*e*).

파손 破損 명 dégât *m*; détérioration *f*, dégradation *f*, déprédation *f*, endommagement *m*, délabrement *m*; casse *f*, bris *m*, dommage *m*; ((화물)) avarie *f*. ¶ ~ 주의! Attention, fragile! ¶ 기계[기물]의 ~ la détérioration d'une machine [des bris de meubles]. ◇_(을) **하다**[**시키다**] détériorer *qc*, abîmer *qc*, dégrader *qc*, délabrer *qc*, endommager *qc*, casser *qc*, briser *qc*, esquinter *qc* {*fam*}, bousiller *qc* {*fam*}. ¶ 기물을 ~하다 briser [casser, abîmer, endommager] le mobilier de *qn*. ◇_(을) **당하다**[**입다**] subir des dégâts [une avarie]; se détériorer; s'abîmer; s'endommager. ¶ 이 상품이 심하게 ~당했다 Ce produit s'est beaucoup abîmé [détérioré]. ◇_(이) **되다** se détériorer, s'abîmer, s'endommager; être abîmé(*e*), endommagé(*e*), détérioré(*e*). ¶ ~된 상품 des produits abîmés [avariés]. ¶ ~되기 쉬운

fragile.

파송 派送 명 ☞ 파견

파쇼 이 명 fascisme *m*; facho *m*. ¶ ~ 정권 un gouvernement fasciste. ¶ ~의 앞잡이 le chef des fachos. ¶ ~ 타도! A bas les fachos! ☞ 파시즘

파수 把守 명 ((경계하여 지킴)) surveillance *f*; guet *m*; garde *f*; ((사람)) surveillant(*e*); guetteur *m*; gardien(*ne*); homme *m* de vigie; garde *m*. ¶ 엄중한 [물 샐 틈 없는] ~ une étroite surveillance; une surveillance sévère. ¶ ~를 보다[서다] faire le guet, guetter, être à l'affût; être sur *ses* gardes; être au guet; être en vigie; être de garde [de faction], monter la garde; garder, surveiller; être de planton. ¶ ~를 두다[세우다] faire surveiller *qn/qc*; mettre ((un soldat)) de planton. ◇_(를) **하다** faire le guet; guetter; être sur *ses* gardes; être au guet; être en vigie; être de garde [faction]; monter la garde, garder, surveiller; être de planton. ¶ 성을 ~하다 faire le guet dans un château.

◆**_꾼** 명 homme *m* de veille [vigie]; vigie *f*, homme *m* de guet; guetteur *m*; gardien(*ne*); factionnaire *m*; garde *m*.

◆**_막** -幕 명 guérite *f*; poste *m* de guet.

◆**_병** -兵 명 sentinelle *f*; factionnaire *m*; planton *m*; garde *m*.

파스 독 명 décontractant *m* musculaire; compresse *f* glacée; ((미국상표)) Ben-Gay. ¶ ~를 바르다 appliquer une compresse glacée [un décontractant musculaire].

파스칼 프{pascal} 명 【컴퓨】 ① ((programmer en)) pascal *m*, le (langage) pascal *m* ((langage informatique)). ② ((압력의 단위)) pascal *m* ((약어 Pa)).

파스타 이 명 pâtes *fpl*, nouilles *fpl* {*fam*}. ¶ ~를 먹다 manger des pâtes [des nouilles {*fam*}].

파스텔 영{pastel} 명 pastel *m*. ¶ ~ 계통의 색상 une couleur pastel.

◆**_화** -畵 명 pastel *m*; tableau(*x*) *m* au pastel.

파슬리 영{parsley} 명 persil *m*. ¶ ~를 다지다[뿌리다] hacher du persil [saupoudrer ((un plat)) de persil haché].

파시 波市 명 marché *m* aux poissons (saisonnier). ¶ ~가 선다[열린다] Le marché aux poissons se tient ((*qp*)). ¶ ~가 파한다 Le marché aux poissons ferme ses portes. ¶ 이 섬에선 지금 ~가 한창이다 Sur cette île, ces temps-ci, le marché aux poissons bat son plein / Sur cette île, le marché aux poissons se tient actuellement.

파시스트 이 명 fasciste *mf*. ¶ ~ 국가 un pays fasciste. ¶ 네오 ~ un(*e*) néofasciste. ¶ ~를 색출하다 pourchasser les fascistes.

파시즘 이 명 fascisme *m*. ¶ ~ 운동 des mouvements fascistes. ¶ ~을 신봉하다 adhérer à l'idéologie fasciste.

파악 把握 명 compréhension *f*; vérification *f*; identification *f*. ¶ 인원[신원, 현황] ~ La vérification des personnes [l'identification des personnes, la compréhension de l'état actuel]. ¶ 분위기 ~을 못하다 ne pas saisir l'ambiance. ¶ 진상 ~에 나서다 aller jusqu'au fond des choses; saisir la vérité [le fond des choses]. ¶ 사태의 ~이 쉽지 않다 Ce n'est pas facile d'avoir en main la situation / Ce n'est pas facile de saisir la situation. ◇_(을) **하다** saisir *qc*; comprendre *qc*. ¶ 요점[의미, 사태]을 ~하다 saisir les points essentiels [le sens de *qc*, la situation]. ¶ 문제를 철저히 ~하다 comprendre à fond un problème. ¶ 그 사람은 내 뜻을 거의 ~하지 못하고 있다 Il ne comprend presque rien à ce que je veux [à ce que je lui demande]. ◇_(이) **되다** être compris(*e*); être saisi(*e*).

파안대소 破顔大笑 명 un grand (éclat *m* de) rire *m*; un rire *m* tonitruant, un rire *m* franc, un rire éclatant. ◇_(를) **하다** pousser un grand éclat de rire; partir d'un grand éclat de rire; faire entendre bruyamment *son* rire, exploser d'un grand rire, se tordre de rire, se bidonner {*pop*}.

파업 罷業 명 grève *f*. ¶ ~ 결의 une décision de faire la grève. ¶ 화물차 운전사들의 ~ la grève des routiers [des camionneurs]. ¶ SNCF의 ~ la grève de la SNCF. ¶ ~ 중이다 être en grève. ¶ ~을 선언[결의, 주도, 중지]하다 déclarer [décider, mener, mettre un terme à] une grève. ¶ ~에 들어가다 entrer en grève. ¶ ~에 가담하다 participer [prendre part] à une grève. ◇_(을) **하다** faire la [se mettre en] grève. ¶ 임금 인상을 위해 일주일간 ~을 하다 faire la grève pendant une semaine pour obtenir une hausse des salaires.

◆**_권** -權 명 droit *m* de grève.

◆**_자** -者 명 gréviste *mf*.

◆**_지령** -指令 명 ordre *m* de grève. ¶ ~지령을 내리다 lancer un ordre de grève. ¶ ~지령이 떨어졌다 Un ordre [Un avis] de grève est tombé.

◆**무기한_** 無期限- 명 grève *f* illimitée.

◆**부분_** 部分- 명 grève *f* partielle.

◆**총_** 總- 명 grève *f* générale.

파열 破裂 명 ① éclatement *m*; crevaison *f*. ¶ 타이어의 ~ la crevaison des pneus. ¶ 심장[혈관, 동맥, 장기] ~ la rupture du cœur [des vaisseaux sanguins, des artères, des viscères]. ② 【언어】 explosion *f*. ◇_(을) **하다** éclater, crever. ¶ 수도관이 ~했다 La canalisation d'eau a éclaté. ◇_(이) **되다** se crever; ((브레이크가)) lâcher. ¶ 브레이크가 ~되었다 Les freins ont lâché.

◆**_음** -音 명 【언어】 (consonne *f*) explosive *f*.

◆**_점** -點 명 point *m* d'explosion.

◆**_전압** -電壓 명 【전기】 voltage *m* explosif.

파옥 破獄 명 évasion *f* d'une prison. ¶ ~ 도주를 꾀하다 tenter de s'évader de prison. ◇_(을) **하다** s'évader [s'échapper] de prison.

파우더 영{powder} 명 ((화장품, 분)) poudre *f* ((libre, compacte, colorée, incolore)), poudre *f* de riz {*vx*}, fard *m* poudre; ((베이비 파우더)) talc *m*. ¶ 베이킹

~ de la levure de boulanger.

파운데이션 영{foundation} 명 fond *m* de teint. ¶ ~을 바르다 mettre du fond de teint. ¶ ~으로 떡칠한 얼굴 un visage outrageusement maquillé avec du fond de teint; un vrai pot de peinture {*fam*}.

파운드 영{pound} 명 《화폐》 livre *f* (sterling); 《무게》 livre *f* (453,592g).

◆**_화** -貨 명 livre *f* (sterling). ¶ ~화로 바꾸다 changer *son* argent en livres.

파울 영{foul} 명 ① coup *m* défendu [irrégulier]; 《권투》 coup *m* bas [déloyal]; faute *f*; 《축구》 charge *f* irrégulière. ¶ 고의적인 ~ une faute volontaire. ¶ ~을 선언하다[불다]. déclarer une faute. ¶ ~로 퇴장 당하다 être expulsé(*e*) pour avoir commis une faute; être exclu(*e*) (pour une faute). ② 파울볼 《야구》 fausse balle *f*. ¶ 홈런성 ~ une fausse balle qui aurait pu donner lieu à un coup de circuit. ¶ ~을 치다 frapper une fausse balle. ◇**_(을) 하다**[**범하다**] frapper une fausse balle.

◆**_볼** 명 【운동】 fausse balle *f*.

파워 영{power} 명 pouvoir *m*; autorité *f*; force *f*; puissance *f*. ¶ 여성의 ~ le pouvoir des femmes; la force des femmes. ¶ ~를 형성하다 former une autorité. ¶ ~를 얻다 accéder au pouvoir, prendre le pouvoir. ¶ ~를 잃다[상실하다] perdre *son* pouvoir, perdre *son* autorité. ¶ ~가 세다 être fort(*e*) [puissant(*e*)]; avoir beaucoup de puissance [beaucoup de force], avoir un pouvoir important, avoir une forte autorité. ¶ ~가 약하다 être faible; disposer d'une faible puissance. ¶ 그 사람은 조직을 이끌만한 ~가 있다 Il a les compétences [les qualités] pour diriger une organisation. ¶ ~가 있는[없는] 사람 un homme influent [peu influent]; un homme [une femme] au pouvoir, un homme puissant.

파월 播越 명 【역사】 envoi *m* de soldats coréens dans le Nord Vietnam pendant la guerre du Vietnam. ◇**_(을) 하다** envoyer des soldats coréens dans le Nord Vietnam pendant la guerre du Vietnam.

◆**_장병** -將兵 명 soldat *m* coréen envoyé dans le Nord Vietnam pendant la guerre du Vietnam.

파이[1] 그 명 【수학】 pi *m* *inv* 《noté π》.

파이[2] 영{pie} 명 tarte *f*. ¶ 사과 ~ une tarte aux pommes.

파이다 자 ☞ 패다[2]

파이팅 영{fighting} 명 ① cri *m* d'encouragement. ¶ ~을 외치다 pousser des cris d'encouragement; encourager 《*qn*, une équipe, *son* équipe》. ② esprit *m* combatif; combativité *f*. ¶ 그 선수 ~이 좋다 Ce joueur est combatif / Ce joueur a l'esprit combatif. 감 Allez 《la France》! ¶ ~! Allez!

파이프 영{pipe} 명 ① 관 tuyau *m*; conduit *m*, conduite *f*; tube *m*; canalisation *f*. ¶ 수도 ~ des conduites d'eau; une canalisation d'eau. ¶ ~를 설치하다[묻다] installer [enterrer] la canalisation [des conduites]. ¶ ~를 교체하다 changer la canalisation. ¶ ~로 물을 끌어오다 amener de l'eau par une canalisation. ¶ ~가 낡다 avoir de vieilles canalisations; les canalisations sont vétustes. ¶ ~가 샌다 Le tuyau fuit / Les conduites fuient. ② ((담배)) pipe *f*. ¶ ~ (담배)를 피우다 fumer une pipe. ¶ ~를 물다 avoir une pipe en bouche. ¶ ~를 꼭꼭 재우다 bourrer une pipe. ¶ ~를 빨다 fumer une [la] pipe. ¶ ~를 털다 débourrer une pipe.

◆**_라인** 영{-line} 명 pipeline *m*; ((가스)) gazoduc *m*; ((석유)) oléoduc *m*.

파이프오르간 영{pipe organ} 명 orgue *m*, grandes orgues *mpl* (d'une église). ¶ ~ 소리 un son [une musique] d'orgue. ¶ ~을 치다[키다, 연주하다] jouer de l'orgue.

파인 영{pine} 어근 ananas *m*.

◆**_애플** 영{-apple} 명 ananas *m*.

◆**_주스** 영{-juice} 명 jus *m* d'ananas.

파인더 영{finder} 명 viseur *m* (de caméra). ¶ 뷰 ~ un viseur. ¶ 자동조절 직시 ~ un viseur direct avec flash automatique. ¶ ~에 들어온 물체[여인] un objet [une femme] saisi(*e*) par le viseur.

파인애플 영{pineapple} 명 ananas *m*. ¶ ~ 쥬스 du jus d'ananas. ¶ ~ 통조림 tranches d'ananas au sirop (en conserve).

파일[1] 영{file} 명 ① 서류철 dossier *m*, document *m*; classeur *m*, chemise *f*; fichier *m*. ¶ 신문 ~ un dossier d'articles de journaux, un classeur de coupures de journaux. ¶ ~을 찾다[조사하다] chercher [fouiller dans] un dossier. ¶ ~을 보관하다 conserver [garder] des dossiers [des documents, des fichiers]. ② 【컴퓨】 fichier *m*, document *m* 《informatique》. ¶ ~ 확장자 extension de fichier. ¶ ~을 첨부하다 attacher un fichier [un document]. ¶ 실행 ~ un fichier d'exécution. ¶ 프로그램 ~ un fichier de programme. ¶ 자료[데이터] ~ un fichier de données. ¶ 첨부(된) ~ un document [un fichier] attaché, une pièce jointe, un fichier annexé, 《오용》 un attachement. ¶ 손상된 ~ un fichier endommagé. ¶ ~을 불러오다[읽다] ouvrir [lire] un fichier. ¶ ~을 열다[닫다] ouvrir [fermer] un fichier. ¶ ~을 복사하다 copier un fichier. ¶ ~을 다운받다 télécharger un fichier. ¶ ~을 삭제하다 supprimer [effacer] un fichier. ¶ ~을 작성하다 réaliser [rédiger, écrire] un fichier. ¶ ~을 저장하다 enregistrer un fichier. ¶ 누구에게 ~을 전송하다[보내다] envoyer [transmettre, faire parvenir] un fichier à *qn*.

◆**_명** -名 명 【컴퓨】 nom *m* de fichier.

◆**_북** 명 classeur *m*.

파일[2] 八日 명 【불교】 nativité *f* de Bouddha 《le 8 avril du calendrier lunaire》.

◆**_등** -燈 명 【불교】 lanterne *f* bouddhique (allumée pour fêter la nativité de Bouddha).

파일[3] 영{pile} 명 【건설】 pieu *m*; piquet *m*, poteau(*x*) *m*; pilot *m*; pal *m*, palis *m*. ¶ 철제 ~ un piquet en fer [métallique]. ¶ ~을 박다 planter [enfoncer] un piquet.

◆_해머 영{-hammer} 명 masse *f*.

파일럿 영{pilot} 명 pilote *mf*.

파자마 영{pyjama} 명 pyjama *m*. ¶~ 차림으로 en pyjama. ¶~를 입다 mettre [enfiler] *son* pyjama. ¶~를 벗다 enlever [ôter] *son* pyjama. ¶~로 갈아입다 se mettre en pyjama.

파장[1] 波長 명 ① 【물리】 longueur *f* d'onde. ¶~을 맞추다 régler la longueur d'onde. ¶~이 같다 être sur la même longueur d'onde. ¶~이 길다[짧다] avoir une longue [courte] longueur d'onde. ② (여파) répercussion *f*; contrecoup *m*, retentissement *m*, onde *f* de choc. ¶사건의 ~ répercussion [contrecoup] d'un évènement [d'un incident]. ¶신문 기사의 ~ répercussion d'un article de journal. ¶엄청난 ~을 (불러)일으키다 provoquer [soulever] des répercussions gigantesques. ¶~을 몰고 오다 soulever [amener] des répercussions. ¶~이 크다[작다] Les répercussions sont grandes [minimes]. ¶~이 ...까지 미치다 Le contrecoup [L'onde de choc] s'étend jusqu'à ...

◆_계 -計 명 【물리】 ondemètre *m*.

파장[2] 罷場 명 fermeture *f* du marché. ¶~ 분위기 une atmosphère de fermeture. ¶~ 시세 prix de fermeture [de liquidation]. ◇_(을) 하다 fermer (le magasin), fermer boutique. ◇_(이) 되다 être fermé(*e*).

파쟁 派爭 명 dispute *f* interne entre des factions politiques adverses; rivalité *f* entre des groupes politiques. ¶~을 벌이다 provoquer [créer] des disputes politiques. ¶~을 일삼다 se livrer à des disputes politiques. ¶~이 심하다 Les rivalités politiques sont devenues graves [sérieuses].

파적 破寂 명 distraction *f*; divertissement *m*, amusement *m*. ¶심심 ~ un passe-temps. ¶잡담으로 ~을 삼다 tuer le temps en bavardage.

◆_거리 명 passe-temps *m inv*. ¶~거리를 찾다 chercher un passe-temps. ¶마땅한 ~거리가 없다 Il n'y a aucun divertissement qui nous convienne [qui nous plaise] / Il n'y a pas de divertissement intéressant ici.

파전 -煎 명 <galette aux ciboules et fruits et mer>. ¶~을 부치다 préparer des *pajeon*.

파종 播種 명 semailles *fpl*, ensemencement *m*, semis *m*. ¶~ 시기를 놓치다 *dépasser la* période des semailles, rater le moment de l'ensemencement. ◇_(을) 하다 semer, ensemencer. ¶밭에 ~을 하다 ensemencer sur la terre, semer les graines dans les champs. ¶보리[밀]을 ~하다 semer des graines d'orge [de blé].

◆_기[1] -期 명 période *f* [temps *m*] de semailles.

◆_기[2] -機 명 semoir *m*.

파죽지세 波竹之勢 명 invincibilité *f*; force *f* herculéenne. ¶~로 나아가다 détruire [écraser] tout sur *son* chemin, pulvériser tout sur *sa* route, avancer avec force. ¶~로 적진을 돌파하다 faire une percée en puissance [en force] dans le camp ennemi.

파지 破紙 명 papier *m* froissé; papier *m* brouillon *m*; papier *m* à jeter. ¶~를 모으다 entasser des papiers à jeter. ¶~를 재활용하다 recycler [réutiliser] de vieux papiers. ¶~가 많이 생겼다 Beaucoup de papiers à jeter se sont accumulés / Il y a tout un tas de papiers à jeter.

파직 罷職 명 destitution *f*, révocation *f*, congé *m*; renvoi *m*. ¶~을 면하다[면하기 어렵다] (arriver à) échapper au licenciement [à l'exclusion]; s'arranger pour ne pas être renvoyé(*e*) [être dans une situation où il est difficile d'échapper au licenciement [où le licenciement est quasi-inévitable ◇_(을) 하다[시키다] destituer, révoquer; mettre un terme aux fonctions, renvoyer. ¶부패한 공무원을 ~하다[시키다] renvoyer un fonctionnaire véreux [pourri, corrompu]. ◇_(이) 되다[(을) 당하다] être révoqué(*e*), destitué(*e*) (de *ses* fonctions), renvoyé(*e*), viré(*e*) {*fam*}, foutu(*e*) à la porte {*fam*}, mis(*e*) à la porte, se faire renvoyer [virer {*fam*}, mettre à la porte {*fam*}, mettre dehors {*fam*}, balancer {*fam*}, dégommer {*fam*}]. ¶뇌물 수수로 ~이 되다 être destitué(*e*) [renvoyé(*e*)] à cause d'un pot de vin.

파찰음 破擦音 명 【언어】 (consonne *f*) affriquée *f*.

파천황 破天荒 명 sans précédent; inouï(*e*); inégalable; incomparable; unique. ¶~의 사건 un événement sans précédent [inouï].

파초 芭蕉 명 【식물】 plantain *m*.

파출부 派出婦 명 femme *f* de ménage. ¶~소개소 bureau d'embauche des employés de travaux ménagers. ¶~를 쓰다 employer [embaucher] une femme de ménage. ¶~를 부르다 faire appel à une femme de ménage. ¶~로 일하다 travailler comme [en tant que] femme de ménage.

파출소 派出所 명 poste *m* de police. ¶~에 신고하다 faire une déclaration [un signalement, une déposition] au poste de police. ¶~에 잡혀가다[끌려가다] être emmené(*e*) [conduit(*e*)] au poste de police [être traîné(*e*) au poste de police].

파충류 爬蟲類 명 【동물】 reptiles *mpl*.

파카 영{parka} 명 parka *mf*. (오리털) anorak *m*, doudoune *f*.

파킨슨씨병 -氏病 명 maladie *f* de Parkinson.

파탄 破綻 명 (실패) faillite *f*; ruine *f*; échec *m*; (결렬) rupture *f*; (파산) faillite *f*; banqueroute *f*;(파열) rupture *f*; destruction *f*; déchirure *f*; cassure *f*. ¶가정[재정, 인격] ~ éclatement familial [faillite (financière), troubles de personnalité]. ¶결혼 생활이 ~에 이르렀다 Il y a une crise au sein de la vie conjugale / Le couple est au bord de la rupture. ◇_(을) 하다 faire faillite, faire banqueroute; être liquidé(*e*); être foutu(*e*) {*fam*}; être en pleine débâcle; échouer; arriver à la rupture; être déchiré(*e*); se rompre, se briser. ¶경제가 ~하다 L'économie est en pleine débâcle / L'économie est en crise. ◇_(을) 내다 pousser à la ruine, conduire

ㅍ

à la rupture, pousser à l'échec. ¶ 정부의 실정이 경제를 ~냈다 La mauvaise administration du gouvernement a poussé l'économie du pays à la faillite / La mauvaise politique économique du pays a conduit à la crise. ◇_(이) **나다** être en faillite; être en crise; échouer; arriver à la rupture; atteindre un point de non retour.

파토스 그 명 pathos *m*.

파트 영{part} 명 ① 부분 partie *f*. ¶ 세 ~로 나누다 diviser en trois parties. ¶ 이 논문은 세 ~로 구성된다 Cet article est construit [formé, composé] en [de] trois parties. ② 부서 secteur *m*; service *m*. ¶ 판매 ~를 구성하다 mettre en place [organiser] le service de vente. ¶ 영업 ~에서 일하다 travailler dans le secteur des ventes [dans le secteur commercial].

파트너 영{partner} 명 partenaire *mf*; ((직장)) collègue *mf*; coéquipi*er*(*ère*); ((무도회의)) cavali*er*(*ère*). ¶ 새 ~ un(*e*) nouv*eau*(*elle*) partenaire. ¶ 직장 ~ un(*e*) collègue. ¶ 축제 ~를 구하다 chercher un(*e*) cavali*er*(*ère*) pour aller à la fête de l'université.

파트타임 영{part time} 명 temps *m* partiel. ¶ ~ 일자리를 구하다 chercher un travail à temps partiel. ¶ ~으로 일하다 travailler à temps partiel.

파티 영{party} 명 fête *f* ((d'anniversaire, d'adieu)), soirée *f*, réception *f*, ((애들)) goûter *m* d'enfants, pot *m* [cocktail *m*] ((de départ, d'adieu)). ¶ 생일 ~ une fête d'anniversaire. ¶ 댄스 ~ une soirée dansante. ¶ 가든 ~ une garden-party, une réception mondaine donnée dans un jardin ou dans un parc, une réception mondaine donnée en plein air. ¶ 결혼 축하[기념] ~ une fête d'anniversaire de mariage. ¶ 조촐한 ~ une soirée simple, une petite fête. ¶ 성대한 ~ une soirée somptueuse [grandiose]. ¶ ~를 열다 organiser une fête, inviter des amis, donner une réception [une soirée]. ¶ ~에 참석하다 participer à une fête, être dans une fête [dans une soirée]. ¶ ~가 열린다 La fête commence.

파파노인 皤皤老人 명 personne *f* très âgée; personne *f* âgée aux cheveux blancs.

파파라치 이 명 paparazzi *mpl*. ¶ 그 배우는 ~의 끈질긴 추적을 받고 있다 Cet acteur est harcelé par des paparazzi.

파파야 영{papaya} 명 【식물】 papaye *f*.

파편 破片 명 fragment *m*; morceau(*x*) *m*; éclat *m*; débris *m*. ¶ 포탄의 ~ un éclat d'obus [de mine, de bombe]. ¶ 유리 ~ des morceaux [des fragments, des éclats] de verre. ¶ 박힌 유리 ~을 뽑다[빼다] extraire [enlever] un morceau de verre enfoncé. ¶ ~을 피하다 éviter les éclats. ¶ ~에 맞다 être touché(*e*) par un éclat, être blessé(*e*) par un débris. ¶ ~이 튄다 Les morceaux [Les fragments, Les éclats] se dispersent [s'éparpillent]. ¶ ~이 몸에 박혔다 Un éclat [Un morceau] s'est enfoncé dans la peau [dans la chair].

파피루스 영{papyrus} 명 papyrus *m*.

파하다 罷- 자타 finir, arrêter, terminer. ¶ 학교가 파한 후 après l'école. ¶ 회사는 다섯 시 반에 파한다 Les bureaux ferment à cinq heures et demie. ¶ 일을 ~ finir [terminer] un travail. ¶ 술자리는 12시가 다 돼서야 파했다 Le pot [La soirée arrosée] d'hier s'est terminé(*e*) à minuit. ¶ 모임을 일찍 ~ terminer tôt une réunion.

파행 跛行 명 boiterie *f*, claudication *f*. ¶ ~ 국회 une Assemblée nationale instable. ¶ ~을 겪다 connaître une situation instable [de crise]. ¶ ~을 보이다 laisser voir [montrer, présenter] un déséquilibre. ¶ ~으로 치닫다 atteindre un certain déséquilibre, arriver dans une période instable, entrer dans une période de crise.

◆_**적** -的 명관 déséquilibré(*e*); boiteu*x*(*se*); banc*al*(*ale*, *aux*), instable, incohérent(*e*). ¶ ~적(인) 상황 une situation instable. ¶ ~적(인) 정치 une politique incohérente. ¶ ~적으로 진행되는 경기 un match [une rencontre] déséquilibré(e).

◆_**성** -性 명 ((à)) caractère *m* déséquilibré; irrégularité *f*. ¶ 교육의 ~성을 개혁[비판]하다 corriger [critiquer] les irrégularités [le déséquilibre] du système éducatif, changer [critiquer] le système boiteux de l'éducation.

파헤치다 타 ① creuser, excaver, percer, fouiller. ¶ 땅을 ~ creuser [fouiller] la terre. ¶ 무덤을 ~ creuser une tombe. ¶ 흙[눈]을 ~ creuser [fouiller] la terre [creuser dans la neige]. ② 조사하다 examiner ((une question)) de près [à fond], approfondir ((une question)); faire des fouilles; étudier avec assiduité, potasser {*fam*}. ¶ 비리를 ~ traquer les affaires de corruption. ¶ 사건의 진상을 ~ rechercher la vérité d'une affaire.

파혼 破婚 명 rupture *f* [annulation *f*] de fiançailles. ¶ ~을 결심하다[선언하다] décider [annoncer] la rupture des fiançailles. ◇_(을) **하다** rompre des fiançailles. ¶ 약혼자와 ~하다 rompre *ses* fiançailles, se séparer de [rompre avec] *son*(*sa*) fiancé(*e*). ◇_(을) **당하다** subir [être la victime de] la rupture de *ses* fiançailles. ¶ 약혼자에게[으로부터] ~당하다 être la victime de la rupture de *ses* fiançailles (de la part de *son*(*sa*) fiancé(*e*)).

팍 부 ① violemment, avec violence; avec un bruit sourd, plouf, patapouf, floc; ((s'enfoncer)) profondément. ¶ ~ 치다 frapper *qn* très fort. ¶ 한 대 ~ 쥐어박다 donner une (petite) tape [un petit coup] ((avec les phalanges)) sur la tête ((d'un étudiant)). ¶ 네 이 녀석을 ~ 때려 줄까 보다 Je sens que je vais te frapper, toi {*fam*}. ¶ 칼로 ~ 찌르다 enfoncer un poignard ((dans le dos de *qn*)); lacérer de coups de couteau. ② ((쓰러짐)) ((s'effondrer)) soudainement. ¶ ~ 쓰러지다[주저앉다, 고꾸라지다] s'effondrer [s'écrouler {*fam*}, s'affaler, s'abattre, tomber] comme une masse. ③ ((생각, 느낌이)) soudainement. ¶ 그런 생각이 ~ 들었다 Soudain, cette idée m'est venue à l'esprit [m'a traversé l'esprit]. ④ ((기, 콧대를)) complètement, entièrement. ¶ 기가 ~ 질리다[꺾이다] être complètement découragé(*e*), déprimé(*e*), abattu(*e*), démoralisé(*e*); se faire river le clou {*fam*}; se faire rabattre le caquet {*fam*}; se faire remettre à *sa* place. ¶ 그놈의 콧대를 ~ 꺾어 놓아야 한다 Il faut remettre ce type à sa place [lui rabattre le caquet {*fam*}, lui river son clou {*fam*}, lui clouer le bec {*fam*}, le remballer {*fam*}]. ¶ 너 때문에 김이 ~ 샜잖아 À cause de toi, je n'ai plus du tout envie ((d'aller voir ce film, de travailler)) / Tu m'as complètement découragé(*e*) [coupé(*e*) l'envie de+*inf*].

파삭 부 ① ((주저앉음)) avec un bruit sourd, ((s'affaisser, s'abattre, s'écrouler, tomber)) comme une masse, en se laissant tomber, sans force. ¶ ~ 주저앉다 s'affaisser [s'abattre, s'écrouler {*fam*}, tomber] comme une masse. ② ((바스라짐)) en éclats, en mille morceaux, en miettes; en poussière. ¶ ~ 무너지다[내려앉다] s'écrouler; se désagréger; tomber en poussière. ¶ ~ 깨지다 se briser [se réduire] en éclats [en mille morceaux, en miettes].
◆_하다 재 être friable, fragile.

파팍 부 ① ((연타)) violemment, avec violence; avec un bruit sourd, plouf, patapouf, floc; ((s'enfoncer)) profondément. ¶ ~ 찌르다[치다] lacérer de coups de couteau [frapper *qn* très fort]. ② ((쓰러짐)) ((tomber)) l'un(*e*) après l'autre, les un(*e*)s après les autres, successivement. ¶ 병사들이 추풍낙엽처럼 ~ 쓰러졌다 Les soldats sont tombés comme des mouches les uns après les autres {*fam*}. ③ ((생각, 느낌이)) vivement. ¶ 그래서는 안 되겠다는 생각이 ~ 들었다 J'ai bien réalisé [intégré] qu'il ne fallait pas faire comme ça. ¶ 느낌[필]이 ~ 온다 Je le ressens [Je le sens {*fam*}] à fond [profondément] / Je ressens tout ça parfaitement. ④ violemment; en grande quantité. ¶ 저놈들의 콧대를 ~ 꺾어 놓아야지 Il faut remettre ce type à sa place [lui rabattre le caquet {*fam*}, lui river son clou {*fam*}, lui clouer le bec {*fam*}, le remballer {*fam*}, l'envoyer au diable {*fam*}]. ¶ 돈이 ~ 들어오다 gagner soudainement une grosse somme d'argent. ¶ 어깨를 ~ 좀 두드려라 Tape-moi fort sur les épaules, s'il te plaît. ¶ 담배 냄새를 ~ 풍기다 répandre l'odeur de la cigarette [du tabac]. ⑤ ((돈을)) ((dépenser)) sans compter. ¶ 돈을 ~ 내다[쓰다] ne pas regarder à la dépense, être dépensi*er*(*ère*).

파팍하다 형 ① 물기가 적다 être *sec*(*sèche*); être déshydraté(*e*); être farineu*x*(*se*); être poudreu*x*(*se*). ¶ 밥이 진기가 없어 ~ Le riz n'est pas assez hydraté, il est trop sec. ¶ 너무 파팍해. 국이 있었으면 좋겠어 Ça manque de liquide, ce repas. Ce serait bien qu'on ait une soupe avec [le repas passerait mieux si on avait une soupe avec]. ¶ 여보 국 좀 끓여줘. 너무 파팍해서 못 먹겠어 Chérie, fais-moi une soupe s'il te plaît. C'est trop sec pour que j'avale quoi que ce soit [J'ai besoin de quelque chose de liquide (pour que le repas passe mieux]. ¶ 파팍한 모래흙 sable sec. ☞ 뻑뻑하다 ② 살기 힘들다 être dur(*e*), difficile, pénible. ¶ 요즘은 경기가 안 좋아서 살기가 ~ Ces temps-ci, à cause de la récession économique, la vie est difficile [dure]. ¶ 파팍한 직장 생활 une vie de travail pénible [dure, difficile]. ③ ((다리가)) se sentir les jambes lourdes. ¶ 파팍한 다리 jambes lourdes.

판¹ 명 ① ((장소)) ((nom non autonome ou dépendant, exprimant une circonstance ou une situation. Il s'emploie après un déterminatif ou après la forme déterminante du verbe sous forme de radical + -ㄴ/-는/-은/-ㄹ/-을.)) lieu(*x*) *m*, endroit *m*. ② ((판국)) scène *f*; situation *f*. ¶ 이러한 ~에 dans une telle situation, en pareille circonstance. ¶ 위급한 ~에 dans une situation dangereuse, en état d'urgence. ¶ 시내 영화관이 온통 폭력물 ~이다 Les cinémas de la ville sont envahis par des films violents. ③ ((때)) moment *m*; ((경우)) occasion *f*. ¶ 사람이 죽고 살 ~이다 C'est une question de vie ou de mort. ④ ((승부)) partie *f*, match *m*, rencontre *f* (sportive), jeu(*x*) *m*; ((무술)) combat *m*. ¶ ~을 깨다 arrêter [interrompre] la partie [le match, la rencontre; le combat]. ¶ ~을 벌이다 faire une partie, jouer (aux cartes). ¶ ~을 뒤집다 annuler la partie; renverser *son* jeu; retourner *ses* cartes. ¶ 세 ~을 이기다[지다] gagner [perdre] trois parties. ¶ ~에 끼어들다 entrer dans le jeu [dans la partie], participer au jeu. ¶ ~이 벌어지다 Le match [La rencontre; Le combat] a lieu [se dispute, se déroule]. ◇_(을) **두다[겨루다]** faire une partie. ¶ 바둑 세 ~을 두다 faire trois parties de go. ¶ 씨름 한 ~을 겨루다 disputer un combat de lutte coréenne.
*~**을 치다** régner en maître, être le maître [le roi], dominer, exercer une grande influence, prospérer, foisonner, pulluler, se répandre, être répandu(*e*). ¶ 요즘 폭력 영화가 ~을 친다 Ces jours-ci les films violents pullulent [règnent, ont la cote].
***막 ...할 ~이다** être sur le point de+*inf*, s'apprêter à+*inf*.
***살 ~(이) 나다** être chanceu*x*(*se*), avoir de la chance, avoir de la veine [du pot] {*fam*}.
◆막_ 명 ((au)) dernier moment *m*, ((dans)) les dernières minutes *fpl* [secondes] ((d'une rencontre sportive, d'un match)), ((en)) fin *f* ((de partie)); in extremis. ¶ 막~ 뒤집기[역전] un revirement de dernière minute, retournement [renversement] de la situation dans les dernières minutes du match [in extremis, en fin de partie, en (toute) fin de match]. ¶ 경기가 막~에 패싸움으로 변했다 La rencontre s'est transformée [a dégénéré] en pugilat [en lutte, en bagarre] dans les (toutes) dernières minutes du match [en (toute) fin de match].
◆노름_ 명 jeu *m*. ① 도박장 maison *f* de jeu(x), casino *m*, tripot *m*. ② 노름을 하는 판 partie *f* (de casino). ¶ ~판에 뛰어들다 se laisser happer [séduire]

par le jeu; tomber dans le piège du jeu; s'adonner au jeu (d'argent)

◆**싸움_** 명 partie *f* de lutte; bagarre *f*; dispute *f*.

판² 板 명 planche *f*, panneau(*x*) *m*, plaque *f*. ¶ ~을 만들다 fabriquer [faire] une planche [un panneau].

◆**_유리** -琉璃 명 plaque *f* de verre.

◆**금속_** 金屬- 명 plaque *f* de métal.

◆**목_** 木- 명 planche *f* de bois.

◆**장기_** 將棋- 명 échiquier *m*, damier *m*.

◆**철_** 鐵- 명 plaque *f* de fer.

◆**칠_** 漆- 명 tableau(*x*) *m* ((noir)).

판³ 版 명 ① plaque *f*. ¶ 나무[쇠]로 만든 ~ une plaque en bois [en fer]. ② 인쇄판 matrice *f*. ¶ ~을 짜다 composer (un cliché).

의명 édition *f*. ¶ 1970년 ~ 사전 un dictionnaire édité [sorti] en 1970. ¶ 제 삼 ~을 찍다 imprimer [faire sortir] la troisième édition.

*~**에 박다[박히다]** être stéréotypé(*e*), être le cliché (de *qc*). ¶ ~에 박힌 일상 une vie routinière [répétitive, banale]. ¶ ~에 박은 연설을 하다 faire un discours conventionnel [formel], avoir un discours stéréotypé.

*~**에 박다** être la copie conforme de *qc*/*qn*, être exactement pareil(*le*) (que *qc*/*qn*). ¶ 그 아이는 제 아버지를 ~에 박았어 C'est la copie conforme de son père / C'est le sosie de son père / Cet(*te*) enfant est le portrait (craché {*fam*}) de son père / C'est tout le portrait de son père / C'est son père tout craché {*fam*} / Cet(*te*) enfant est l'image vivante [le portrait vivant, tout le portrait] de son père.

◆**목_** 木- bloc *m* de bois ((destiné à être gravé)). ¶ 목~ 인쇄 xylographie.

◆**금속_** 金屬- 명 plaque *f* métallique ((destinée à être gravée)). ¶ 금속~ 인쇄 la chalcographie, la sidérographie.

◆**개정_** 改訂- 명 édition *f* révisée [revue, corrigée].

◆**증보_** 增補- 명 édition *f* augmentée.

◆**지방_** 地方- 명 édition *f* locale.

◆**초_** 初- 명 première édition *f*.

-판⁴ 判 접미 format *m*, dimension *f*, taille *f*.

◆**명함_** 名銜- 명 format *m* d'une carte de visite.

◆**사륙_** 四六- 명 【출판】 édition *f* in-douze, format *m* elzévirien.

◆**이[사, 팔]절_** 二[四, 八]折- 명 【출판】 ((format)) *in-folio m inv* [*in-quarto m inv*, *in-octavo m inv*].

판가름 명 jugement *m*; arbitrage *m*; décision *f*, évaluation *f*, ((결말)) issue *f*, dénouement *m* ((d'une affaire)); ((결전)) partie *f* décisive, match *m* décisif. ◇_(을) **하다[짓다, 내다]** juger; arbitrer; trancher, donner *sa* décision [*sa* conclusion]. ¶ 우열을 ~하다 évaluer les compétences; évaluer les qualités et des défauts; faire le bilan d'une situation, évaluer [peser] le pour et le contre. ¶ 누가 옳은지 ~내기 어렵다 Il est difficile de dire qui a raison. ◇_(이) **나다** être décidé(*e*); être arbitré(*e*); ((décision)) être pris(*e*); ((l'issue, l'aboutissement d'une affaire, d'une guerre)) être décidé(*e*). ¶ 그 일에 대해서는 곧 ~이 날 것이다 On connaîtra bientôt [sous peu] l'aboutissement [l'issue] de cette affaire.

판각 板刻 명 【출판】 gravure *f* sur bois, xylographie *f*. ◇_(을) **하다** graver sur du bois. ¶ 불교경전을 ~하다 graver le Tripitaka [le canon bouddhiste] sur du bois.

◆**_본** -本 명 【출판】 impression *f* xylographique.

◆**_술** -術 명 【출판】 gravure *f* sur bois, xylographie *f*.

◆**_화** -畫 명 estampe *f* (sur bois ou cuivre); taille-douce(~*s*-~*s*) *f*.

판검사 判檢事 명 juge *mf* et procureur *m*; magistrat *m*; magistrature *f*.

판결 判決 명 jugement *m*, décision *f*, sentence, arrêt *m* ((d'un tribunal)). ¶ 사건의 ~ jugement rendu sur une affaire, décision prise sur une affaire. ¶ 유죄[무죄] ~ condamnation [acquittement]. ¶ 공평한 ~ un jugement équitable. ¶ ~을 언도[재심, 파기]하다 prononcer [réviser, casser] un jugement. ¶ ~에 승복[불복]하다 accepter [refuser] le jugement (du tribunal). ¶ ~이 선고되었다 La sentence est prononcée / le jugement est rendu. ◇_(을) **하다[내리다]** juger, prononcer un verdict, donner une sentence, rendre un arrêt. ¶ 피고에게 무엇을 하라고 ~하다 condamner l'accusé à faire *qc*. ◇_(을) **받다** être jugé(*e*) ((coupable ou innocent)); recevoir la sentence. ◇_(이) **나다** rendre ((le jugement, l'arrêt)), prononcer ((la sentence)).

◆**_문** -文 명 ((texte)) sentence *f*, verdict *m*, décision *f*.

◆**_례** -例 명 jurisprudence *f*.

◆**_서** -書 명 sentence *f* écrite.

◆**_유예** -猶豫 명 sursis *m* à statuer.

◆**_이유** -理由 명 raison *f* d'une sentence, motivation *f* des jugements.

◆**무죄_** 無罪- 명 acquittement *m*.

◆**유죄_** 有罪- 명 condamnation *f*.

◆**최종_** 最終- 명 décision *f* finale.

판공비 辦公費 명 fonds *m* de roulement, fonds *m* de dépense, compte *f* dépense. ¶ ~를 책정하다 fixer les fonds de roulement.

판관 判官 명 juge *mf*, magistrat(*e*) *mf*, gens *mpl* de robe.

판국 -局 명 situation *f*; circonstance *f*; état *m* de chose. ¶ 위험한 ~에 dans une situation dangereuse [périlleuse, délicate]. ¶ 이런 ~에 dans une telle [dans cette] situation, dans de telles circonstances, en pareil cas. ¶ 모두 단합해야할 ~에 분열이라니! Au lieu de vous diviser, vous devriez vous rassembler! / Dans une telle situation, tout le monde devrait se serrer les coudes! / Dans de telles circonstances, il faut s'unir et non se diviser. ¶ 이 ~에 농담이 나오냐? Tu plaisantes même dans une situation pareille? / Je ne crois pas que ce soit le moment de plaisanter! ¶ 돌아가는 ~이 이상하다 Les circonstances actuelles sont étranges / Cette situation est curieuse.

판권 版權 명 【출판】 droits *mpl* d'auteur, copyright *m*, propriété *f* intellectuelle. ¶ ~을 가지다[소유하다] avoir le copyright, posséder les droits d'auteur. ¶ ~을 얻다 obtenir le copyright [les droits d'auteur]. ¶ ~을 사다 payer [régler] les droits d'auteur. ¶ ~을 넘기다 céder les droits d'auteur [le copyright]. ¶ ~을 침해하다 violer les droits d'auteur, usurper le copyright.

◆**_소유** -所有 명 possession *f* de droits d'auteur.

◆**_소유자** -所有者 명 propriétaire *mf* de droits d'auteur.

◆**_양도** -讓渡 명 cession *f* de droits d'auteur.

◆**_침해** -侵害 명 violation *f* de droits d'auteur; contrefaçon *f*.

판금 板金 명 【공업】 plaque *f* [plaquette *f*] métallique. ¶ ~ 가공 procédure métallurgique.

◆**_공** -工 명 métallurgiste *m*, métallo *m* {*fam*}.

판넬 명 ☞ 패널

판다 영{panda} 명 panda *m*.

판단 判斷 명 jugement *m*, interprétation *f*, estimation *f*; décision *f*; jugement *m*, interprétation *f*, opinion *f*. ¶ 신중한[옳은, 공정한, 잘못된] ~ un jugement prudent [correct; équitable, impartial; erroné]. ¶ 나의 ~으로는 d'après mon propre jugement, d'après moi, à mon avis, selon moi, à mon sens. ¶ 그것은 당신 ~에 맡기겠다 Je vous laisse en décider / Je vous laisse juger par vous-mêmes / Faites-vous votre propre opinion. ¶ ~에 착오가 있다 Il y a une erreur de jugement / C'est une mauvaise interprétation / Ce jugement est erroné. ◇_(을) **하다[내리다]** juger; estimer; décider; interpréter. ¶ 잘못 ~하다 ne pas pouvoir bien juger, mal juger, juger faussement. ¶ 외관상으로 ~하다 juger sur les apparences. ¶ 네가 ~할 일이다 C'est à toi de juger / C'est une chose dont tu dois décider par toi-même. ¶ 남을 경솔히 ~하지 말라 Ne juge pas les autres à la légère. ◇_(이) **되다[서다]** arriver à se faire un jugement. ¶ 그 분이 어떤 사람인지 ~이 되지 않는다 Je n'arrive pas à savoir qui il est / Je n'arrive pas à me faire une idée de cette personne / Je ne réussis pas à cerner cette personne.

◆**_력** -力 명 jugement *f*; capacité *f* de raisonner; discernement *m*; entendement *m*; compréhension *f*. ¶ ~력 비판(칸트의 저서) *Critique de la faculté de juger* ((œuvre de Kant)). ¶ ~력을 잃다 perdre tout discernement [*sa* capacité de raisonner]. ¶ ~력이 흐려졌다 Son jugement s'est embrouillé.

판도 版圖 명 ① 영토 territoire *m*; zone *f*. ② 범위 champ *m* [zone *f*, sphère *f*] d'influence, donne *f*. ¶ ~ 변화 changement de zone d'influence. ¶ 자동차 시장의 ~ situation du marché de l'automobile. ¶ 정치권의 ~ donne politique. ¶ ~를 넓히다 étendre [agrandir] le territoire d'un pays, étendre [repousser] les frontières d'un pays. ¶ 시장의 ~를 바꾸다[바꿔놓다] changer la situation du marché. ¶ 누구의 ~로 들어가다 se laisser influencer par *qn*. ¶ ~가 달라진다[바뀐다, 변한다] La zone d'influence change.

판도라 고 명 【문학】 Pandore *f*.

◆**_의 상자** -箱子 명 ((ouvrir)) la boîte *f* de Pandore.

판독 判讀 명 interprétation *f*, lecture *f*, déchiffrement *m*, décodage *m*, décryptage *m*. ¶ 암호[비문]~ décodage d'un code secret [d'une épitaphe]. ¶ ~ 가능한 고문서 un ancien texte déchiffrable [pouvant être décodé]. ¶ 이것만으로는 ~이 어렵다[불가능하다] C'est difficile [impossible] de déchiffrer seulement avec ça. ◇_(을) **하다** déchiffrer, décoder, décrypter; interpréter; lire. ¶ 비문을 ~하다 déchiffrer l'épitaphe. ¶ 잘못 ~하다 mal déchiffrer, ne pas pouvoir bien décoder. ◇_(이) **되다** être déchiffré(*e*), décodé(*e*), décrypté(*e*); être interprété(*e*).

◆**_기** -機 명 décodeur *m*.

판돈 명 mise *f*, enjeu(*x*) *m*, cave *f*. ¶ 거액의 ~ une grosse [grande] mise. ¶ 엄청난 ~을 걸고 en misant une grande somme. ¶ ~을 끌어당기다[쓸다] ramasser la mise. ¶ ~을 걸다[내다] miser de l'argent, déposer une mise. ¶ ~이 크다[많다] La mise est importante [grosse]. ¶ ~이 작다[적다] La mise est petite [maigre].

판례 判例 명 précédent *m* jurisprudentiel, jurisprudence *f*. ¶ ~를 남기다 émettre un jugement qui fera office de [qui servira à l'avenir de] jurisprudence. ¶ ~를 인용하다 citer [se référer à] un précédent jurisprudentiel. ¶ ~를 따르다 faire référence à [appliquer, faire appel à, se servir de] la jurisprudence. ¶ ~를 뒤집다 renverser un précédent jurisprudentiel. ¶ ...라는 ~가 있다 Il y a un précédent jurisprudentiel qui dit [expose] que... ¶ 그런 ~가 없다 Il n'y a pas eu de tel précédent jurisprudentiel.

◆**_법** -法 명 【법률】 jurisprudence *f*.

◆**_집** -集 명 recueil *m* de jurisprudence.

판로 販路 명 marché *m*; débouché *m*; ouverture *f*. ¶ 국내산업의 ~ débouché pour l'industrie intérieure. ¶ 신상품의 ~를 개척하다[열다] trouver [ouvrir] un nouveau marché. ¶ ~를 넓히다 développer [élargir, étendre] le marché (des nouveaux produits). ¶ 파리[세계 시장]에 ~를 개척하다 s'ouvrir au marché parisien [mondial]. ¶ 철강제품의 ~가 열리다[막히다] Le marché des produits [des matériaux] métallurgiques s'est ouvert [fermé].

판막 瓣膜 명 【생물】 valvule *f*. ¶ ~에 이상이 있다 Il y a un problème à une valvule.

◆**심장_** 心臟 명 【생물】 valvule *f* cardiaque.

◆**심장_증** 心臟症 명 【의학】 insuffisance *f* valvulaire. ¶ 심장~증이 있다 présenter une insuffisance valvulaire. ¶ 심장~증에 걸리다 être

ㅍ

atteint(*e*) d'une insuffisance valvulaire.

판매 販賣 명 vente *f*; écoulement *m*; commerce *m*; commercialisation *f*. ¶ ~ 전략[가격, 기간] stratégie [prix, période] de vente. ¶ 중고품[약품, 수입품] ~ vente de produits d'occasion [pharmaceutiques, importés]. ¶ 절찬 ~ 중 en vente, sur le marché et très apprécié du public. ¶ 가전제품 ~가 증가한다[감소하다] La vente des produits ménagers augmente [diminue] / La vente des produits électroménagers est en hausse [en baisse]. ¶ 자동차 ~가 부진하다 La vente des voitures stagne [piétine]. ◇_(를) **하다** vendre, faire la vente de *qc*; commercialiser, lancer sur le marché. ¶ 무엇을 싸게[비싸게] ~하다 vendre *qc* bon marché [cher]. ◇_(가) **되다** se vendre; être vendu(*e*); être commercialisé(*e*). ¶ 시중에 ~되는 강장제[건강식품] un fortifiant [un stimulant] en vente sur le marché. ¶ 이 가게에서는 전 품목이 도매가[할인가, 염가, 고가]로 ~된다 Dans cette boutique, tous les articles sont vendus au prix de gros [à prix réduit, à bas prix, au prix fort].

◆**_가** -價 명 prix *m* de vente, prix *m* marchand. ¶ ~가 인상[인하, 폭등, 폭락] augmentation [baisse, hausse subite, baisse subite] du prix de vente. ¶ ~가가 높다[낮다] Le prix de vente est élevé [bas].

◆**_고** -高 명 chiffre *m* d'affaires. ¶ 사상 유례없는[기록적인] ~고를 올리다[기록하다] faire [enregistrer] un chiffre d'affaires exceptionnel [sans égal].

◆**_권** -權 명 droit *m* de vente. ¶ 무엇의 ~권을 얻다[잃다] obtenir [perdre] le droit de vente pour *qc*.

◆**_기** -機 명 distributeur *m* (automatique). ¶ 담배[커피] ~기 un distributeur de cigarettes [à café].

◆**_난** -亂 명 problème *m* de vente. ¶ 심각한[극심한] ~난을 겪다 avoir de sérieux [de gros] problèmes de vente, avoir de sérieux [de graves] problèmes pour écouler la marchandise.

◆**_대** -臺 명 éventaire *m*; étalage *m*; étal *m*; devanture *f*. ¶ 가두 ~대에 놓인 신문 des journaux posés en devanture d'un kiosque. ¶ 이동[임시] ~대를 설치하다 installer un éventaire.

◆**_량** -量 명 vente *f*; quantité *f*, stock *m* ((de marchandises à vendre)). ¶ 무엇의 ~량을 조절하다 gérer le stock de *qc*. ¶ 석유 ~량을 대폭 늘이다[줄이다, 증대시키다] augmenter [diminuer, accroître] sensiblement la vente de pétrole. ¶ 핸드폰 ~량이 증가했다[감소했다] La vente des téléphones mobiles a augmenté [a baissé].

◆**_망** -網 명 réseau(*x*) *m* commerci*al*(*aux*), filière *f*. ¶ 거미줄 같은 ~망 un réseau commercial ramifié. ¶ ~망을 개척하다[확장하다] exploiter un réseau commercial, explorer un nouveau secteur commercial, créer un nouveau réseau d'activités commerciales. ¶ ~망이 넓어진다[줄어든다] Le réseau commercial est en train de s'étendre [de se réduire].

◆**_부** -部 명 service *m* des ventes.

◆**_비** -費 명 coût *m* de distribution. ¶ ~비를 늘이다[줄이다, 확충하다, 감축하다, 삭감하다] augmenter [baisser, accroître, diminuer, réduire] le coût de distribution. ¶ ~비가 높다[낮다] Le coût de distribution est élevé [bas]. ¶ ~비가 많이[적게] 드는 사업 une affaire qui entraîne beaucoup [peu] de coûts de distribution.

◆**_소** -所 명 point *m* de vente; guichet *m* de vente; magasin *m*, boutique *f*. ¶ 승차권[입장권] ~소 guichet de vente de billets [de billets d'entrée].

◆**_수익** -收益 명 bénéfice *m*, marge *f* bénéficiaire, gain *m*, profit *m*. ¶ ~수익이 높다[크다] Le bénéfice est élevé [grand, considérable]. ¶ ~수익이 낮다[적다] La marge bénéficiaire est étroite / Le bénéfice est peu élevé / Le gain est minime.

◆**_술** -術 명 technique *f* de vente. ¶ ~술이 좋다[뛰어나다] avoir une bonne [une excellente] technique de vente.

◆**_액** -額 명 chiffre *m* d'affaires. ¶ ~액 증가[감소] augmentation [baisse] du chiffre d'affaires. ¶ 연간 ~액이 1억 달러에 달하다[못 미치다] atteindre [ne pas dépasser] un milliard de dollars de chiffre d'affaires annuel.

◆**_업** -業 명 commerce *m*. ¶ 의류 ~업에 뛰어들다[종사하다] se lancer [travailler] dans l'industrie du vêtement.

◆**_업자** -業者 명 commerçant(*e*).

◆**_원** -員 명 vendeu*r*(*se*), préposé(*e*) aux ventes.

◆**_원가** -原價 명 prix *m* de revient.

◆**_인** -人 명 vendeu*r*(*se*); marchand(*e*).

◆**_자** -者 명 distributeur *m*.

◆**_점** -店 명 magasin *m*, boutique *f*, point *m* de vente. ¶ 할인 ~점 un magasin à prix d'escompte [d'articles soldés], un magasin de marchandises au rabais, une boutique de soldes, une solderie, un discounter, un discounteur; ((상설할인매점)) une boutique de soldes permanents, un magasin discount qui casse les prix; un magasin pratiquant le hard discount. ¶ 특산물 ~점 un magasin de produits régionaux.

◆**_처** -處 명 point *m* de vente.

◆**_품** -品 명 marchandise *f*.

◆**자동_기** 自動-機 명 distributeur *m* automatique.

◆**특가_** 特價- 명 vente *f* à prix réduit [au rabais], soldes *fpl*; promotion *f*.

판명 判明 명 éclaircissement *m* ((d'une situation)); exactitude *f* ((d'un fait)); confirmation ((d'un fait)). ◇_(을) **하다[짓다]** éclaircir, mettre au clair, clarifier; élucider; déterminer; identifier; vérifier. ¶ 사고의 원인을 ~하다 déterminer la cause d'un accident. ¶ 그 분의 병을 암으로 ~하다 diagnostiquer sa maladie comme étant un cancer, confirmer [vérifier] que sa maladie est un cancer. ¶ 소문의 사실 여부를 ~하다 vérifier la véracité d'une rumeur. ¶ 소문이 사실인지 (아닌지)를 ~하다 vérifier si cette rumeur est vraie ou fausse. ◇_(이) **되다[나다]** être vérifié(*e*); être prouvé(*e*); être identifié(*e*); être découvert(*e*); s'avérer. ¶ 피살자의 신원이 ~되었다 L'identité de la victime [de la personne assassinée] a été découverte / La victime a été identifiée. ¶ 그 기사는 허위로 ~되었다 Cet article s'est avéré faux. ¶ 그 기사가 허위라는 것이 ~되었다 La fausseté de cet article a été découverte / L'information de cet article s'est révélée fausse. ¶ 그의 거처가 확실히 ~되었다 On a découvert avec exactitude [avec précision] le lieu de sa résidence [de son domicile].

판목[1] 版木 명 bloc *m* de bois ((destiné à être gravé)).

판목[2] 板木 명 planche *f* [bloc *m*] de bois.

판문점 板門店 명 Panmunjeom <village qui fut le siège de l'accord d'armistice de la guerre de Corée en 1953>.

판박이 版- 명 ① décalcomanie *f.* ② 닮은 사람 la copie *f* conforme de *qn,* le sosie *m* de *qn,* tout le portrait *m* [le portrait *m* (vivant), l'image *f* vivante] de *qn*. ¶ 그 아이는 아버지의 ~이다 C'est la copie conforme de son père / C'est le sosie de son père / Cet(*te*) enfant est le portrait (craché {*fam*}) de son père / C'est tout le portrait de son père / C'est son père tout craché {*fam*} / Cet(*te*) enfant est l'image vivante [le portrait vivant] de son père / Cet(*te*) enfant ressemble tout à fait à son père / C'est tout à fait son père / Cet enfant ressemble à son père sous toutes les coutures [d'une manière frappante, comme deux gouttes d'eau] / Cet(*te*) enfant ressemble en tous points [parfaitement] à son père / Son père ne peut le(la) renier / Cet enfant a (vraiment) tout de son père / Cet enfant tient (vraiment) de son père.

판별 判別 명 distinction *f,* discernement *m*, jugement *m*; différenciation *f*. ¶ 진위 ~ discernement de la vérité d'avec la fausseté, distinction entre le vrai et le faux. ◇_(을) **하다** distinguer; discerner; juger; différencier. ¶ 사태를 ~하다 juger la situation [les circonstances]. ¶ 옳고 그름을 ~하다 distinguer entre le bien et le mal, discerner le bien du mal. ¶ 진품과 모조품을 ~하다 distinguer l'imitation de l'original, distinguer le vrai du faux. ¶ 쌍둥이 형제는 ~하기가 힘들다 C'est difficile de faire la différence entre des jumeaux. ◇_(이) **되다** être distingué(*e*); être discerné(*e*); être différencié(*e*); être jugé(*e*).

◆_**력** -力 명 discernement *m*, jugement *m*. ¶ 냉철한 ~력을 기르다 développer son jugement / éveiller son discernement. ¶ 그는 날카로운 ~력이 있다[을 가졌다] Il a un pouvoir aigu de discernement / Il a une faculté très fine de jugement / Il sait trancher les choses avec discernement.

◆_**식** -式 명 【수학】 discriminant *m* (d'une équation algébrique).

판본 板本 명 ouvrage *m* xylographique; ouvrage *m* tiré à partir de clichés. ¶ 여러 개의 ~을 소유하다 posséder plusieurs ouvrages imprimés par xylographie.

판사 判事 명 【법률】 juge *mf*. ¶ ~의 판결 le verdict [la décision] du juge. ¶ ~가 판결을 내린다 Le juge prononce son verdict [son jugement].

◆_**장** -長 명 【법률】 président(*e*) du tribunal.

◆_**직** -職 명 【법률】 magistrature *f*.

◆**배석**_ 陪席- 명 【법률】 juge *mf* assesseur.

◆**수석**_ 首席- 명 【법률】 président(*e*) d'un tribunal.

◆**예심**_ 豫審- 명 【법률】 juge *mf* d'instruction.

판서[1] 判書 명 【역사】 ministre *m*; fonction *f* de ministre ((à l'époque de Goryeo et de Joseon)).

판서[2] 板書 명 écriture *f* sur tableau noir. ¶ ~와 설명으로 강의를 진행하다 donner un cours [faire *son* cours] en écrivant des explications sur le tableau noir. ◇_(를) **하다** écrire sur le tableau noir.

판세 -勢 명 ((도박)) issue *f* ((d'une affaire, d'un combat, d'un match, d'une partie)); donne *f*; ((형세)) tournure *f*; situation *f*; état *m* des choses; conjoncture *f*. ¶ 싸움[경기]의 ~ l'issue d'un combat [d'un match, d'une partie]. ¶ ~를 읽다[점치다] prédire [deviner] l'issue ((d'un combat, d'un match, d'une partie)); faire des pronostics ((sur l'issue de *qc*)). ¶ ~를 관망하다 observer la situation. ¶ ~를 뒤엎다 renverser la situation. ¶ ~가 좋다[나쁘다] La situation est bonne [mauvaise] / La situation est favorable [défavorable]. ¶ ~가 기울다 La victoire penche pour *nous* [*lui*, *elle*] / La situation tourne en *sa* faveur.

판소리 명 【음악】 *pansori m* <long récit dramatique mi-déclamé mi-chanté par un artiste soliste accompagné au *janggo* (장고)>. ¶ ~ 춘향가[심청가] le *pansori* du chant de la fidèle Chunhyang [du drame de la jeune Sim Cheong]. ¶ ~를 듣다 écouter un *pansori*. ◇_(를) **하다[부르다]** chanter [proférer] un *pansori*.

판수 명 aveugle *mf*; ((점장이)) aveugle *mf* divinateur [possédant le don de voyance]; diseu*r*(*se*) de bonne aventure. ¶ ~가 점을 친다 Un aveugle diseur de bonne aventure est en train de prédire l'avenir / Un aveugle possédant le don de voyance est en train de dire la bonne aventure.

판시 判示 명 【법률】 jugement *m* dans un cas donné. ◇_(를) **하다** juger ((de telle façon)) dans un cas donné. ¶ ...라고 ~하다 juger [décider] que+*ind*. ¶ 판사는 회사 측에서 원고에게 치료비를 지급하라고 ~했다 Le juge a décidé que l'entreprise paierait les frais de soins à la partie plaignante / Le juge a condamné la société à payer les frais de soins de la partie plaignante.

판유리 板琉璃 명 plaque *f* de verre. ¶ ~를 끼우다 mettre une plaque de verre. ¶ ~를 갈다 changer de plaque de verre ((sur une table, sur un meuble)).

판이하다 判異- 형 être entièrement [radicalement] différent(*e*) de *qc*; être diamétralement opposé(*e*) à *qc*. ¶ 그들은 서로의 주장이 ~ Leurs points de vue sont tout à fait différents [diamétralement opposés] / Leurs opinions [Leurs avis] sont entièrement [radicalement] différent(e)s / Leurs avis sont diamétralement discordants. ¶ 두 사람이 판이하게 다르다 Ces deux personnes sont diamétralement opposées / Ces deux individus sont totalement différents. ¶ 원안과 판이한 법안 un projet de loi complètement opposé à l'original.

판자 板子 명 planche *f* (de bois). ¶ 얇은 ~ une planche mince [fine, peu épaisse]. ¶ ~를 놓다 poser une planche.

◆_**때기** 명 planche *f*; planchette *f*; latte *f* de bois.

◆_**문** -門 명 porte *f* faite d'une planche de bois.

◆_**ㅅ집** 명 baraque *f* [cabane *f*] en planches.

◆_**촌** -村 명 quartier *m* de baraques, bidonville *m*.

판재 板材 명 planches *fpl* pour cercueils.

판정 判定 명 jugement *m*; décision *f*; arrêt *m* ((du tribunal, du jury)); verdict *m*; arbitrage *m*. ¶ ~ 기준 le critère; le critérium {*vx*}. ¶ 심판의 ~ une décision de l'arbitre. ¶ ~을[에] 따르다 suivre un jugement. ¶ ~을 번복하다 réviser le verdict. ¶ ~으로 이기다 gagner ((un match)) sur décision ((de l'arbitre)). ¶ ~에 불복하다 aller à l'encontre d'un verdict [d'une décision ((du tribunal))]; ne pas respecter une décision ((d'un arbitre)). ◇_(을) **하다**[**내리다**] juger *qc*; décider *qc*; arrêter *qc*/de+*inf*; rendre un verdict. ¶ 피고를 무죄로 ~하다 innocenter le prévenu. ¶ 피고가 무죄라고 ~했다 Le prévenu [L'accusé] a été déclaré [jugé] innocent [a été innocenté]. ¶ 회사가 부실하다는 ~을 내렸다 L'état financier de l'entreprise a été jugé fragile [critique] / L'entreprise a été jugé fragile. ◇_(을) **받다** être jugé(*e*); recevoir un verdict. ¶ 신체검사[운전시험]에서 합격[불합격] ~을 받다 [ne pas] être admis à l'examen médical [à l'examen du permis de conduire]. ◇_(이) **되다**[**나다**] être jugé(*e*), décidé(*e*), ((un verdict)) être rendu(*e*). ¶ 이 샘물은 식수로 부적격하다고 ~되었다[났다] Cette eau de source a été jugée non potable. ¶ ...라는 ~이 났다 Il a été jugé [décidé] que+*ind*.

◆_**승** -勝 명 【운동】 victoire *f* sur une décision de l'arbitre. ¶ ~승을 하다 gagner un match sur décision de l'arbitre.

◆_**의문문**[**질문**] -疑問文[質問] 명 【언어】 interrogation *f* globale.

◆_**패** -敗 명 【운동】 défaite *f* sur une décision de l'arbitre. ¶ ~패를 당하다 perdre un match sur décision de l'arbitre.

판지[1] **判旨** 명 compte(-)rendu *m* du verdict.

판지[2] **板紙** 명 carton *m*.

판촉 販促 명 promotion *f* des ventes. ¶ ~ 광고 une publicité pour la promotion des ventes. ¶ ~ 행사[활동] un évènement [une activité] pour la promotion des ventes. ¶ ~ 사원 un(*e*) employé(*e*) pour la promotion des ventes. ¶ 컴퓨터[휴대폰] ~ une promotion des ventes d'ordinateurs [de téléphones portables]. ¶ ~ 계획[작전]을 세우다 faire des projets [opérer une manœuvre, mettre en place une stratégie] pour promouvoir les ventes. ¶ ~ 작전을 벌이다 opérer une manœuvre [exécuter un plan tactique] pour promouvoir les ventes. ¶ ~에 열을 올리다 s'enthousiasmer pour la promotion des ventes. ¶ ~ 경쟁이 벌어졌다 On assiste à une vive concurrence pour la promotion des ventes ¶ ~ 전쟁이 벌어졌다 La guerre pour la promotion des ventes a été déclarée. ◇_(을) **하다**[**벌이다**] faire la promotion des ventes, promouvoir les ventes. ¶ 신제품 ~을 하다 faire la promotion des ventes pour un nouveau produit.

◆_**전** -戰 명 guerre *f* de la promotion des ventes. ¶ ~전을 벌이다 être en guerre pour la promotion des ventes. ¶ ~전에 돌입하다 entrer en concurrence dans la promotion des ventes. ¶ ~전이 뜨겁다 La concurrence pour la promotion des ventes est acharnée [âpre, rude, sévère, vive].

판치다 자 régner en maître, être le maître [le roi], être prédominant(*e*), dominer, exercer une grande influence, prospérer, foisonner, pulluler, se répandre [se propager] partout, être partout répandu(*e*), battre *son* plein. ¶ 유흥가에 깡패들이 판친다 Les voyous règnent en maître [sont les rois, sont les maîtres] dans les quartiers chauds. ¶ 요즘엔 가짜가 판친다 Ces jours-ci, les contrefaçons inondent [envahissent] le marché / Ces temps-ci, les contrefaçons pullulent. ¶ 요즘 폭력 영화가 판친다 Ces jours-ci, les films violents pullulent [sont prédominants, ont la cote, envahissent le marché]. ¶ 부정부패가 판치고 있다 La corruption se propage partout. ¶ 불의가 판치는 세상 un monde où règne l'injustice.

판타지 영{fantasy} 명 ① 【문학】 fantaisie *f*. ¶ 이 작품은 ~가 풍부하다 Ce livre est plein de fantaisie. ② 【음악】 fantaisie *f*.

◆_**소설** -小說 명 roman *m* fantastique, fantastique *m*.

판타지아 영{fantasia} 명 【음악】 fantaisie *f*.

판토마임 명 ☞ 팬터마임

판판이 부 ① chaque fois; à chaque tour [partie]. ¶ ~ 지다[이기다] échouer [gagner] chaque fois. ② à toute occasion. ¶ ~ 거짓말만 하다 mentir à toute occasion [tout le temps, comme on respire]. ¶ ~ 놀고먹다 mener une vie oisive.

판판하다 형 être plat(*e*), plan(*e*), uni(*e*), égal(*e*). ¶ 판판한 지붕 un toit plat. ¶ 길이 ~ La route est toute plate.

판화 版畫 명 【미술】 gravure *f*, estampe *f*. ¶ ~ 전시회 une exposition de gravures sur bois.

◆_**술** -術 명 【미술】 technique(s) *f*(*pl*) de gravure.

◆_**칼** 명 【미술】 ciseleur *m*.

판형 版型 명 【출판】 format *m* d'un livre. ¶ 책의 ~을 정하다 décider du [définir le] format d'un livre.

¶ ~을 뜨다 faire imprimer un livre.

팔[1] 명 ① bras *m*. ¶ ~을 괴다 s'accouder, poser les coudes sur *qc*. ¶ ~을 들다 lever les bras. ¶ ~을 벌리다[내밀다, 뻗다, 뻗치다, 펴다] ouvrir *ses* bras [étendre les bras]. ¶ ~을 걷다 retrousser *ses* manches. ¶ ~을 붙잡다 saisir le bras de *qn*; saisir *qn* par le bras. ¶ ~을[이] 다치다 se blesser au bras. ¶ ~을 벌려서 저지하다 empêcher *qn* d'agir [arrêter les mouvements de l'ennemi] en écartant [en étendant] les bras. ¶ 누구와 ~을 끼고 걷다 marcher bras dessus bras dessous avec *qn*. ¶ ~에 완장을 두르다 avoir un brassard. ¶ ~에 책을 끼다 mettre un livre sous le bras. ¶ ~에 상처를 입다 se blesser au bras. ② 《기계》 bras *m*; manche *f*. ¶ 기중기 ~ le bras d'une grue, la flèche d'une grue.

*~**을 걷고 나서다** retrousser [relever] *ses* manches (pour se mettre au travail avec ardeur, pour aider *qn*, pour intervenir), montrer *sa* [s'avancer avec une] ferme résolution.

*~**을 걷어붙이다** relever [retrousser] *ses* manches (pour se mettre au travail avec ardeur, pour aider *qn*, pour intervenir), se mettre au travail avec ardeur, prendre une part active à *qc*; montrer *sa* [s'avancer avec une] ferme résolution.

*~**이 안으로 굽다** On est toujours du côté des siens [de ses semblables].

◆**_굽** 명 coude *m*. ☞ 팔꿈치

◆**_굽혀펴기** 명 tractions *fpl*, pompes *fpl* {*fam*}. ¶ ~굽혀펴기를 하다 faire des tractions [pompes].

◆**오른_** 명 bras *m* droit.

◆**왼_** 명 bras *m* gauche.

팔[2] 八 명 huit. ¶ 제 ~의 huitième.

***이마에 ~ 자를 그리다** froncer les sourcils; se renfrogner.

팔각 八角 명 huit angles *mpl*; 【의학】 octogonal(*e*). ¶ ~ 기둥 un pilier octogonal.

◆**_정** -亭 명 pavillon *m* octogonal.

◆**_형** -形 명 octogone *m*.

팔걸이 명 bras *m*; accoudoir *m*; accotoir *m*. ¶ 의자에 ~를 붙이다 fixer des bras à une chaise. ¶ ~가 없는 의자 une chaise sans bras [sans accoudoir].

◆**_의자** -椅子 명 fauteuil *m*.

팔괘 八卦 명 【민속】 les huit trigrammes *mpl* servant à vérifier les phénomènes de l'univers.

팔꿈치 명 coude *m*. ¶ ~로 턱을 괴다 s'appuyer sur *son* menton. ¶ ~로 꾹 찌르다 donner un coup de coude à *qn*; pousser *qn* du coude.

팔난봉 명 libertin *m*; débauché *m*; coureur *m*; noceur *m*.

팔다 타 ① vendre. ¶ 싸게[비싸게] ~ vendre *qc* (à) bon marché [cher]. ¶ 이익을 보고 ~ vendre à profit. ¶ 밑지고 ~ vendre à perte. ¶ 외상으로 ~ vendre à crédit. ¶ 정가로[할인해서] ~ vendre *qc* au prix marqué [au rabais]. ¶ 700원에 ~ vendre *qc* 700 wons. ¶ 한 개 100원에 ~ vendre 100 wons (la) pièce. ¶ 미터당 얼마에 ~ vendre au mètre. ¶ 팔 수 있는 vendable. ¶ 팔 물건 marchandise [article] à vendre. ¶ 팔러 다니다 colporter. ¶ 얼굴을 ~ 《연예인》 se montrer (à la télé(vision)). ¶ 웃음을 ~ 《prostituées》 sourire pour aguicher les hommes; lancer [jeter, décocher] un sourire [une œillade]. ¶ 1원도 싸게 팔 수 없다 C'est mon dernier prix. ¶ 이것은 얼마에 팝니까 Combien demandez-vous pour cela? ¶ 저 가게에서는 쌀을 판다 On vend du riz dans cette boutique. ¶ 그것은 미도파 백화점에서 팔고 있다 Vous pouvez acheter cela dans le grand magasin Midopa. ¶ 1000원에 팔아서는 수지가 안 맞는다 On ne peut pas rentrer dans ses frais en vendant cet article 1 000 wons. ¶ 그런 책은 잘 팔리지 않을 것이다 Ce livre ne se vendra pas (facilement). ② 배반하다 vendre, trahir 《*sa* patrie, *son* pays, un ami》. ¶ 조국을 ~ trahir *sa* patrie [*son* pays]. ¶ 친구를 ~ vendre [trahir] un(*e*) ami(*e*). ¶ 양심을 ~ trahir [agir contre] *sa* conscience 《pour une petite somme d'argent》; faire preuve de malhonnêteté. ¶ 절개를 ~ vendre *son* honneur. ③ 《한눈, 정신을》 détourner, écarter 《les yeux》; ne pas faire attention. ¶ 한눈을 ~ détourner les yeux; regarder ailleurs; ne pas faire attention. ¶ 정신[마음]을 ~ porter *son* attention ailleurs; être dans la lune [dans les nuages, sur une autre planète] {*fam*}, rêver, être distrait(*e*); écouter d'une oreille distraite; penser à autre chose. ④ (쌀을) 사다 acheter. ¶ 쌀을 ~ acheter du riz.

***몸을 ~** se prostituer; se vendre; faire le trottoir {*fam*}, tapiner {*fam*}.

***이름을 ~** ☞ 이름

***품을[땀을] ~** gagner de l'argent à la sueur de *son* front.

팔다리 명 ① bras *mpl* et jambes *fpl*; membres *mpl*. ¶ ~ 운동 un exercice des bras et des jambes. ¶ ~를 뻗다 étendre *ses* quatre membres; s'allonger de tout *son* long. ¶ ~가 쑤신다 J'ai mal aux bras et aux jambes. ② fidèle *m* serviteur; serviteur *m* fidèle [dévoué]. ¶ 누구의 ~ 노릇을 하다 se dévouer totalement pour *qn*; servir *qn* avec dévouement; être à l'entière disposition de *qn*; être constamment à la disposition de *qn*; être le fidèle serviteur de *qn*; être le bras droit de *qn*.

팔도 八道 명 les huit provinces *fpl* de (la) Corée; toute la Corée *f*. ¶ ~를 돌아다니다 parcourir toute la Corée.

◆**_강산** -江山 명 paysages *mpl* de (la) Corée.

◆**_유람** -遊覽 명 voyage *m* touristique dans toute la Corée.

팔도음정 八度音程 명 【음악】 octave *f*; 《les huit notes *fpl* de la》 gamme *f*.

팔등신 八等身 명 corps *m* bien proportionné [harmonieux, bien balancé {*fam*}, bien bâti, bien fait]; qui a de jolies formes; 《femme》 bien fait(*e*), bien balancé(*e*) {*fam*}, aux formes harmonieuses. ¶ ~ 미인 une femme bien proportionnée; une femme bien faite [fichue, foutue, roulée {*fam*}, balancée {*fam*}]. ¶ ~의 몸매 un corps bien proportionné [bien balancé {*fam*}]; ((femme aux)) formes harmonieuses. ¶ 그 여자는 ~이다 Elle est bien faite / Elle est bien foutue [roulée, fichue, balancée] {*fam*} / C'est une fille bien faite.

팔딱 뿐 brusquement. ¶ 자리에서 ~ 일어나다 se lever brusquement de *son* siège. ¶ ~ 성을 내다 faire [piquer {*fam*}] une crise (de nerfs), s'énerver brutalement, faire une crise de colère, exploser (de colère), laisser éclater [exploser] *sa* colère.

◆_거리다[대다, 이다] 재 ((가슴이)) battre, palpiter; tressaillir; ((물고기, 개구리가)) frétiller, se débattre, s'agiter, sauter, bondir. ¶ 그 사람은 가슴이 ~거린다 Son cœur bat fort. ¶ ~대는 물고기 un poisson qui se débat.

◆_ _ 뿐 ((battre)) très fort, à tout rompre; ((물고기)) ((frétiller)) de toutes *ses* forces, vigoureusement. ¶ 가슴이 ~~ 뛴다 Mon cœur bat très fort / Mon cœur palpite / Mon cœur bat la chamade [à tout rompre]. ¶ ~~ 뛰는 생선 un poisson qui frétille vigoureusement. ¶ 미치고 ~~ 뛰겠네 Ça me rend fou [dingue {*fam*}]! / Je suis sur le point d'exploser / Je suis arrivé(*e*) à bout de patience / Je sens que je vais péter les plombs {*fam*}.

◆_ _하다 재 battre; palpiter. ¶ 너무 놀라 아직도 가슴이 ~~한다 (J'ai été choqué(*e*),) j'en ai encore le cœur qui bat. ¶ ~~한 성미 un tempérament [un caractère] fougueux [explosif, impulsif, coléreux, colérique, bilieux, irascible, impétueux, soupe au lait] ((avoir la tête près du bonnet, être soupe au lait, monter comme une soupe au lait, avoir le sang chaud)).

팔뚝 명 avant-bras *m inv*. ¶ ~이 굵다 avoir un avant-bras musclé. ¶ ~ 크기 만한 고기 un beau [bon, gros] morceau de poisson.

팔락 뿐 ((voler, s'agiter)) au vent ((idéophone qui évoque un ondoiement)). ¶ 바람에 책장이 ~ 넘어갔다 Le vent a fait tourner les pages du livre.

◆_거리다[대다, 이다, 하다] 재타 s'agiter [être agité(*e*), flotter, claquer, se déployer] ((au vent)), ondoyer ((dans le vent)). ¶ 나뭇잎이 ~거리며 떨어진다 Les feuilles des arbres tombent, emportées par le vent. ¶ 태극기를 ~거리며 흔들다 faire ondoyer [faire claquer] au vent le drapeau coréen.

팔랑개비 명 ① moulin *m* à vent en papier. ② personne *f* qui ne tient pas en place [qui a la bougeotte {*fam*}]. ¶ ~를 돌리며 놀다 s'amuser avec [*à faire tourner*] un moulin à vent en papier. ¶ ~가 돈다 Le moulin à vent en papier tourne.

팔랑거리다 재타 battre; flotter [claquer] ((au vent)), s'agiter, être agité(*e*) ((au vent)), ondoyer ((dans le vent)), se déployer ((au vent)). ¶ 깃발이 바람에 팔랑거린다 Le drapeau est agité par le vent [par la brise] / Le drapeau flotte [claque, s'agite] au vent / Le drapeau ondoie dans le vent / Le drapeau se déploie au vent. ¶ 나뭇잎이 바람에 팔랑거린다 Les feuilles des arbres s'agitent au vent. ¶ 나비가 날개를 팔랑거린다 Les papillons battent des ailes. ¶ 아이가 팔랑거리며 뛰어온다 L'enfant vient en sautillant.

팔랑대다 재 ☞ 팔랑거리다

팔랑팔랑 뿐 ((s'agiter)) légèrement, ((être agité(*e*))) d'un mouvement léger ((idéophone qui évoque un ondoiement)). ¶ 깃발이 바람에 ~ 나부낀다 Le drapeau s'agite [flotte, claque, se déploie] au vent / Le drapeau ondoie dans le vent. ¶ 나뭇잎이 바람에 ~ 나부낀다 Les feuilles s'agitent légèrement sous le souffle du vent. ¶ 꽃잎이 ~ 날려 떨어진다 Les pétales descendent bercés par le vent.

팔레트 프{palette} 명 【미술】 palette *f*.

팔리다 재 ① se vendre; être vendu(*e*). ¶ 즉시 ~ partir immédiatement [très rapidement] après la mise en vente, ((un article)) être très rapidement épuisé(*e*), ((ce produit, on se l'arrache!; sitôt arrivés, sitôt vendus)). ¶ 1000원에 ~ être vendu(*e*) à 1 000 wons. ¶ 날개가 돋친 듯이 ~ partir [se vendre] comme des petits pains; ((ce produit)) «on se l'arrache!», être rapidement épuisé(*e*), très demandé(*e*). ¶ 저 가게는 물건이 잘 팔린다 Cette boutique fait de bonnes affaires. ¶ 잘 팔리는 물건 une marchandise [un article] qui se vend bien [très demandé(*e*)]. ¶ 잘 안 팔리는 물건 une marchandise [un article] difficile à vendre [qui ne se vend pas, difficile à écouler, qui se vend (très) mal, qui se vend avec beaucoup de difficultés, qui n'est pas prisé(*e*)]. ¶ 가장 잘 팔리는 책 un best-seller. ② ((정신, 주의력이)) être distrait par *qc/qn*; être absorbé(*e*) par *qc*, être pris(*e*) par *qc*, être distrait(*e*) par autre chose; être fasciné(*e*) par ((une femme)). ¶ 정신이 딴 데 ~ être dans la lune, être [se perdre] dans les nuages, être complètement ailleurs, être distrait(*e*) par autre chose, penser à autre chose, s'abandonner à une rêverie, rêver, rêvasser, se perdre dans des rêveries. ¶ 이야기에 정신이 ~ être absorbé(*e*) dans la conversation. ¶ 여자에게 정신이 ~ être fasciné(*e*) par une femme. ¶ 그림에 눈이 ~ être fasciné(*e*) par un tableau. ③ 알려지다 être populaire, devenir célèbre, être connu(*e*) de tous [de partout]. ¶ 얼굴이 ~ être connu(*e*) de tous [de partout].

***쪽(이)** ~ 【속어】 avoir la honte (de *sa* vie), se payer la honte {*fam*}. ¶ 어휴 쪽 팔려! La honte! / J'ai la honte! / C'est la honte! / Je me suis payé [tapé] la honte {*fam*}.

팔만대장경 八萬大藏經 명 【책명】 quatre-vingt mille Tripitaka koreana ((écrits bouddhiques gravés sur planches de bois)).

팔매 명 ① jet *m* ((de pierres, de cailloux)); lancement *m*. ② 작은 돌 caillou(*x*) *m*. ¶ ~가 닿을 거리 la portée d'un jet (de pierre). ◇_(를) 하다[치다] jeter ((un caillou)); lancer ((une pierre)).

◆_질 명 jet *m* ((de pierres, de cailloux)); lancement *m*.

◆돌_ 명 caillou(*x*) *m*. ¶ 돌~를 치다[던지다] jeter [lancer] des pierres [des cailloux].

◆_질 명 jet *m* ((de pierres, de cailloux)); lancement *m*. ¶ ~질의 명수 un bon lanceur ((de pierres, de cailloux)). ¶ ~질로 새를 잡다 attraper un oiseau en jetant [en lançant] des pierres. ◇_(을) **하다** jeter [lancer] des pierres. ¶ ~을 하며 놀다 s'amuser à jeter [à lancer] des pierres [des cailloux]. ¶ 돌멩이를 ~하다 jeter [lancer] des cailloux.

팔면 八面 명 ① huit côtés *mpl*; huit directions *fpl*. ② chaque côté *m*; tous les côtés *mpl*; toutes les directions *fpl*. ③ 수학 huit faces *fpl*.

◆_체 -體 명 【수학】 octaèdre *m*. ¶ ~체 도형 une forme octaédrique.

팔모 八- 명 ①팔각 huit angles *mpl*. ¶ ~의 octogon*al*(*ale*, *aux*). ¶ ~가 진 기둥 un pilier octogonal. ②다방면 dans toutes les directions; sous tous *ses* angles. ¶ ~로 생각을 해봐도 J'ai bien réfléchi au problème sous tous ses angles [sous tous les points de vue possibles] mais ...

◆_꼴 명 octogone *m*.

◆_상 -床 명 table *f* octogonale.

◆_정 -亭 명 pavillon *m* octogonal.

◆_항아리 -缸- 명 jarre *f* [pot *m*] octogonale.

팔목 명 poignet *m*. ¶ ~을 잡다 saisir [attraper] le poignet de *qn*; saisir [attraper] *qn* par le poignet. ¶ ~에 시계를 차다 mettre une montre au [à *son*] poignet. ¶ ~이 부러지다 se casser [se fracturer] le poignet.

◆_시계 -時計 명 montre-bracelet(*~s-~s*) *f*; bracelet-montre(*~s-~s*) *m*.

팔방 八方 명 ① les huit directions *fpl*; les huit côtés *mpl*. ② toutes les directions *fpl*; ((de)) tous les côtés *mpl*; ((de)) chaque côté *m*; ((de)) tous les horizons *mpl*. ¶ ~을 살피다 regarder dans toutes les directions [de tous les côtés]. ¶ ~으로 수소문하다 écouter des rumeurs venant de tous les côtés pour obtenir une information. ¶ ~에서 몰려든 사람들 Les gens venus de tous azimuts [de partout].

◆사방_ 四方- 명 toutes les directions *fpl*; ((de)) tous les côtés *mpl*; ((de)) chaque côté *m*; tous les horizons *mpl*.

팔방미인 八方美人 명 ① femme *f* d'une beauté parfaite [belle et intelligente]. ② personne *f* qui connaît tout, encyclopédie *f* vivante, puits *m* de science, personne *f* très savante. ¶ 그 사람은 ~이다 Il connaît tout / C'est un puits de science / C'est une encyclopédie vivante.

팔베개 명 bras *m* qui sert d'oreiller [d'appui]. ¶ 아빠의 ~ le bras de papa sur lequel *je* peux appuyer *ma* tête [qui *me* sert d'oreiller]. ¶ ~를 베다 appuyer *sa* tête sur *son* bras. ¶ ~를 하고 눕다 s'allonger la tête sur *son* bras.

팔분쉼표 八分-標 명 【음악】 demi-soupir (*~-~s*) *mpl*.

팔분음표 八分音標 명 【음악】 croche *f*.

팔불출 八不出 명 bon(*ne*) à rien; propre *mf* à rien; incapable *mf*. ¶ 자식 자랑은 ~이라지만 C'est bête de se vanter [de tirer vanité, de s'enorgueillir] de ses enfants mais ...

팔삭동이 八朔童- 명 ☞ 팔삭둥이

팔삭둥이 八朔- 명 ① prématuré(*e*) de huit mois; enfant *mf* prématuré(*e*) [né(*e*) prématurément], prématuré(*e*). ¶ ~ 아기 un bébé né après huit mois de grossesse [né(*e*) prématurément]; un enfant prématuré(*e*). ¶ ~를 낳다 mettre au monde un enfant un mois avant la fin de *sa* grossesse; mettre au monde un(*e*) enfant prématuré(*e*). ② faible *mf* d'esprit; idiot(*e*); crétin(*e*) (des Alpes).

팔소매 명 manche *f*. ¶ 누구의 ~를 붙잡다 saisir [attraper] la manche [le bras] de *qn*; saisir [attraper] *qn* par la manche [le bras].

*~를 걷어붙이다[걷어올리다] relever [retrousser] *ses* manches (pour se mettre au travail avec ardeur, pour aider *qn*, pour intervenir), se mettre au travail avec ardeur, prendre une part active à *qc*; montrer *sa* [s'avancer avec une] ferme résolution.

팔순 八旬 명 80 ans. ¶ ~ 잔치 un festin donné en l'honneur des 80 ans d'une personne. ¶ ~ 노모 (*ma*) vieille mère âgée de 80 ans. ¶ ~을 넘기다 dépasser les 80 ans; passer *ses* 80 ans. ¶ ~을 바라보는 노인 un vieillard qui va bientôt avoir 80 ans. ¶ ~이 되다 devenir un octogénaire.

팔심 명 force *f* des bras. ¶ ~을 기르다 se muscler les bras. ¶ ~이 세다[약하다] avoir de la force dans les bras [ne pas avoir de force dans les bras].

팔십 八十 수관 quatre-vingt(s) *m*. ☞ 이십

◆_대 명 octogénaire *mf*.

팔씨름 명 bras *m* de fer. ¶ 두 사람 사이에 ~이 벌어졌다 Il y a eu un bras de fer entre deux personnes. ◇_(을) **하다[벌이다]** faire un bras de fer avec *qn*. ¶ 누구와 ~을 하다 faire un bras de fer avec *qn*.

팔아넘기다 타 trahir. ¶ 경쟁사에 회사비밀을 ~ trahir *son* entreprise en révélant ses secrets à une entreprise concurrente, dévoiler les secrets de *son* entreprise auprès d'une entreprise concurrente. ¶ 나라를 ~ trahir *son* pays.

팔아먹다 타 ① 판매 vendre. ¶ 땅을 ~ vendre la terre. ¶ 얼굴을 팔아먹고 살다 se servir de *son* apparence physique pour gagner *sa* vie. ② 돈을 벌기 위해 노동력을 제공하다 travailler pour gagner *sa* vie. ¶ 품을 ~ travailler pour un salaire journalier. ③ 배반하다 trahir; usurper, voler. ¶ 조국을 ~ trahir *sa* patrie. ¶ 친구를 ~ trahir un(*e*) ami(*e*). ¶ 누구의 이름을 ~ usurper le nom de *qn*.

팔오금 명 creux *m* du bras. ¶ ~을 펴다 étendre *son* bras. ¶ ~이 저리다 avoir des fourmis dans les bras.

팔월 八月 명 août *m*, mois *m* d'août. ☞ 구월

◆_ 한가위 명 【민속】 le 15 du huitième mois (du calendrier) lunaire; la fête *f* des moissons

ㅍ

(Chuseok).

팔자[1] 八字 명 destin *m*; destinée *f*; sort *m*; fortune *f*; chance *f*; ((bonne, mauvaise)) étoile *f*. ¶ ~ 좋은 사람 une personne qui est née sous une bonne étoile. ¶ ~ 좋게 낮잠을 자다 avoir la chance de pouvoir faire la sieste; être heureux(*se*) de pouvoir dormir en pleine journée. ¶ ~를 잘[잘못] 타고나다 être né(*e*) sous une bonne [mauvaise] étoile. ¶ 불행을 ~로 돌리다 attribuer [imputer] un malheur au destin, accuser le destin de *son* malheur. ¶ 그 사람은 일찍 죽을 ~이다 Il était écrit qu'il mourrait jeune. ¶ ~가 기구하다[사납다] être né(*e*) sous une mauvaise étoile [sous un mauvais signe]. ¶ ~가 세다 être né(*e*) sous une mauvaise étoile.

***사람 ~ 시간문제** La chance sourit à tout le monde / La chance te sourira aussi un jour ou l'autre / Tôt ou tard, la chance te sourira.

***~를 고치다** ((une femme)) se remarier; s'enrichir d'un coup.

***~에 없다** être inespéré(*e*), inattendu(*e*), imprévu(*e*). ¶ ~에 없는 횡재를 하다 avoir une chance inespérée.

***~가 늘어지다** être dans l'aisance; être à l'aise financièrement; avoir une situation confortable; mener une vie confortable.

***모두가 내 ~야** C'est ma destinée / Il faut que j'accepte le destin.

◆ **_소관** -所關 명 qui relève [dépend] du destin. ¶ ~소관으로 돌리다 s'en remettre à *son* destin.

◆ **_타령** -打令 명 plainte *f* de *son* sort.

팔자[2] 八字 명 ((en)) forme *f* de huit; en huit. ((en)) forme du chiffre 8 en caractère chinois. ¶ ~ 모양의 수염 une moustache tombante [retombante].

팔자걸음 八字- 명 marche *f* en éventail. ◇ **_(을) 하다[걷다]** marcher les pieds en éventail, marcher les pieds en canard, marcher à la 10h10 {*fam*}; prendre un air important ((en marchant)).

팔자땜 八字- 명 malheur *m* qui permet d'en éviter un plus grand. ¶ 이번 일[사고]을 ~으로 여기다[삼다] considérer un incident comme un malheur qui permet d'en éviter un plus grand. ◇ **_(을) 하다** subir un malheur qui permet d'en éviter un plus grand. ¶ 이번 사고로 ~을 했다[한 셈이다] On aura plus de chance la prochaine fois / Je pense avoir, par cet incident, évité un plus grand malheur.

팔짝 부 ☞ 펄쩍

팔짱 명 ① croisement *m* des bras. ¶ ~을 끼다 se croiser les bras. ¶ ~을 낀 자세 les bras croisés. ¶ ~을 끼고 방관하다 rester les bras croisés. ② bras *dessus* bras dessous. ¶ 누구의 ~을 끼다 se mettre bras dessus bras dessous; ((결과상태)) être bras dessus bras dessous, se tenir par le bras. ¶ 둘이 ~을 끼었다 Ils sont bras dessus bras dessous / Ils se tiennent par le bras.

***~(을) 끼고 보다** rester les bras croisés (à ne rien faire); ne pas bouger le petit doigt, se rouler *ses* pouces.

***~(을) 지르다[꽂다]** mettre les mains dans *ses* manches.

팔찌 명 bracelet *m*; bande *f* servant à serrer la manche droite d'un archer. ¶ 금[은, 옥]~ un bracelet en or [en argent, en jade]. ¶ ~를 끼다[차다; 하다] mettre un bracelet.

팔척장신 八尺長身 명 géant(*e*). ¶ ~의 거구 un géant; un colosse; un véritable hercule. ¶ 그 사람은 ~이다 C'est un géant.

팔촌 八寸 명 ① 치수 huit pouces *mpl*. ② 친척 cousin(*e*)s issu(*e*)*s* d'issu(*e*)s de germain(*e*)s, cousin(*e*)s du troisième degré, cousin(*e*)s éloignés [lointains]. ¶ 그 사람과 나는 ~ 간이다 On est cousins issus d'issus de germains / On est cousins du troisième degré / On est cousins éloignés. ¶ 그 사람은 나의 ~ 동생이다 C'est un(*e*) cousin(*e*) du troisième degré / C'est un(*e*) cousin(*e*) issu(*e*) d'issu(*e*) de germain(*e*) / C'est un(*e*) cousin(*e*) éloigné(*e*).

***사돈의 ~** être des parents éloignés [lointains].

팔팔 부 avec vivacité; ((날거나 뛰는 모양)) en faisant des bonds; ((끓는 모양)) à gros bouillons. ¶ 물고기가 ~ 살아 헤엄쳐 다닌다 Les poissons nagent avec vivacité. ¶ 물이 ~ 끓는다 L'eau bout à gros bouillons / L'eau bout très fort. ¶ 몸이 ~ 끓다 avoir une grosse fièvre, être bouillant(*e*) [brûlant(*e*)] de fièvre, être très fiévreux(*se*). ¶ 어린애가 좋아서 ~ 뛴다 L'enfant bondit de joie [fait des bonds de joie].

***~ 뛰다** bondir de joie, faire des bonds de joie; ((분해서)) bondir de colère.

팔팔하다 형 ① être vif(*ve*), rapide, actif(*ve*), agile. ¶ 나이는 많으나 아직 ~ Je suis vieux(*vieille*) [âgé(*e*)] mais je suis encore bien vif(*ve*) pour mon âge. ¶ 팔팔하게 살아있다 être encore bien vif(*ve*), actif(*ve*). ¶ 팔팔한 나이 l'âge où l'on est encore vif(*ve*). ② être vif(*ve*); avoir un caractère emporté. ¶ 성질이 ~ avoir un caractère emporté.

팔푼이 八- 명 idiot(*e*); imbécile *mf*; crétin(*e*); nigaud(*e*); niais(*e*); nullard(*e*) {*fam*}. ¶ ~ 짓을 하다 faire l'imbécile [le zouave, le pitre]; jouer au con {*vulg*}; faire des âneries [des bêtises {*fam*}, des conneries {*vulg*}, des idioties, des imbécillités]. ¶ ~ 노릇을 하다 se conduire [se comporter, agir] comme un imbécile; jouer au con {*vulg*}. ¶ ~처럼 굴다 se conduire [se comporter, agir] comme un imbécile; jouer au con {*vulg*}. ¶ ~라고 놀리다 traiter *qn* d'imbécile [d'idiot(*e*), de crétin, de con {*vulg*}].

팜유 -油 영{palm-} 명 huile *f* de palme.

팜플렛 명 ☞ 팸플릿

팝 명 ☞ 팝송

팝송 영{pop song} 명 chanson *f* pop anglo-saxonne. ¶ 내가 즐겨듣는[좋아하는] ~ les chansons pop que j'aime. ¶ ~을 듣다[부르다] écouter [chanter] des chansons pop. ¶ ~을 많이 알다 connaître beaucoup de chansons pop.

팝콘 영{popcorn} 명 pop-corn *m inv.*
팡파르 프{fanfare} 명 fanfare *f.* ¶ ~ 소리 le son de la fanfare. ¶ ~를 울리다[불다] faire sonner la fanfare. ¶ ~와 함께 그 사람이 등장했다 Il est entré [apparu] avec la fanfare.
팡파지다 형 ☞ 펑퍼지다
팡파짐하다 형 ☞ 펑퍼짐하다
팡팡 부 ① ((jaillir, tomber)) avec force; abondamment. ② ((소리가)) pan! pan!
팥 명 haricots *mpl* rouges.
◆**_고물** 명 poudre *f* de haricots rouges *mpl* dont on enrobe les gâteaux.
◆**_떡** 명 *tteok m* recouvert d'un glaçage de haricots rouges.
◆**_밥** 명 riz *m* cuit avec des haricots rouges.
◆**_소** 명 pâte *f* de haricots rouges. ¶ ~소를 넣은 송편 des *tteok* fourrés à la pâte de haricots rouges.
◆**_죽** -粥 명 bouillie *f* de riz et de haricots rouges.
◆**동지_죽** 冬至-粥 명 【민속】 bouillie *f* de riz et de haricots rouges ((on mange cette bouillie tradionnellement le jour du solstice d'hiver)).
패[1] 牌 명 ① fiche *f*, étiquette *f*, tablette *f*, plaque *f.* ¶ ~를 달대[붙이다] mettre une étiquette. ¶ ~를 차다 porter une plaque ((d'identité)). ② ((카드놀이)) carte *f*, pli *m*, ((avoir un beau)) jeu *m*, ((avoir une belle)) main *f.* ¶ ~를 돌리다 distribuer des cartes. ¶ ~를 떼다 couper les cartes. ¶ 화투로 ~를 떼다 remporter des plis au *hwatu.* ¶ ~가 나쁘다[좋다] avoir un mauvais [beau] jeu; avoir une belle main. ¶ 내가 ~가 풀렸다 Mon jeu s'est débloqué. ③ 별명 étiquette *f*, mauvaise [fâcheuse] réputation *f.* ¶ 사기꾼이라는 ~를 달고 살다 avoir une étiquette [une réputation] d'escroc.
패[2] 牌 명 groupe *m*; clan *m*; bande *f*; équipe *f.* ¶ 우리 ~ notre [mon] groupe [équipe]. ¶ 젊은 ~ des jeunes, une bande de jeunes. ¶ ~를 짓다[이루다] former une bande [une équipe, un groupe]. ¶ ~를 가르다[나누다] se diviser en groupes. ¶ ~가 나뉜다 [갈린다] Un groupe [Une bande] se devise.
◆**_싸움** 명 dispute *f* [rivalité *f*] entre bandes rivales.
분류 groupe *m.* ¶ 세 ~로 나누다 diviser *qc* en trois groupes.
패가망신 敗家亡身 명 ruine *f* totale de *soi*-même et de *sa* famille. ◇_(을) **하다** ruiner et déshonorer *sa* famille. ¶ 무엇으로[에 빠져] ~하다 ruiner et déshonorer *sa* famille à cause de *qc.* ◇_(을) **당하다** ((une famille)) être ruinée et déshonorée. ¶ 아들 때문에 ~을 당하다 ((une famille)) être ruinée et déshonorée à cause de *son* fils. ◇_(을) **시키다** ruiner et déshonorer [et humilier, et jeter le discrédit sur] *sa* famille. ¶ 외동아들이 술[노름]에 빠져 ~시켰다 Le fils unique a ruiné et déshonoré sa famille en devenant alcoolique [en s'adonnant au jeu]
패가하다 敗家- 자 ((une famille)) se ruiner; ((une famille)) être ruinée. ¶ 그 집이 패가했다 Sa famille est ruinée.
패각 貝殼 명 coquille *f*, écaille *f.*
패거리 牌- 명 bande *f* ((de voyous)), clique *f.* ¶ 나쁜 ~와 어울리다 avoir de mauvaises fréquentations.
패관 稗官 명 【역사】 *paegwan m* ((fonctionnaire qui était chargé de collecter et de noter les rumeurs du pays pour le roi à l'époque de Joseon)).
◆**_문학** -文學 명 【문학】 littérature *f* de *paegwans.*
◆**_소설** -小說 명 【문학】 roman *m* de *paegwans.*
패군 敗軍 명 armée *f* en défaite.
◆**_지장** -之將 명 général *m* vaincu.
패권 霸權 명 suprématie *f*, maîtrise *f*, autorité *f*; hégémonie *f*, domination *f*, commandement *m*; puissance *f* suprême. ¶ 누구와 ~을 다투다 lutter pour la suprématie; ((경기에서)) disputer un championnat. ¶ ~을 노리다 convoiter la suprématie [un titre de champion]. ¶ ~을 쥐다[차지하다] détenir la suprématie ((dans une partie mondiale)); détenir un titre ((de champion)); être champion(*ne*) en titre. ¶ 해상의 ~을 쥐다 dominer les mers; avoir la maîtrise des mers. ¶ 세계 시장에서 상업상의 ~을 다투다 lutter pour obtenir la suprématie sur le marché mondial. ¶ ~이 우리에게로 돌아왔다 Nous avons retrouvé la suprématie / Nous avons repris notre titre de champion.
◆**_주의** -主義 명 hégémonisme *m.*
패기 霸氣 명 ① 용기 courage *m.* ② 굳센 기상 air *m* triomphal. ③ 야망 ambition *f*, aspiration *f*; grandes aspirations *fpl.* ¶ ~에 찬 얼굴 un visage plein d'ambition. ◇_(**가**) **있다**[**없다**] être ambitieu*x*(*se*); être plein(*e*) de courage, d'entrain, d'énergie [ne pas être ambitieu*x*(*se*); manquer d'ambition]. ¶ 그 사람은 ~가 있다[없다] Il est [n'est pas] ambitieux / Il est plein de courage [Il manque d'ambition]. ¶ ~ 있는[없는] 젊은이 des jeunes ambitieux [qui manquent d'ambition]. ◇_(**가**[**에**]) **넘치다** déborder d'énergie. ¶ ~ 넘치는 사람 une personne débordant d'énergie.
◆**_만만** -滿滿 어근 plein(*e*) d'ambition. ¶ 그 사람은 늘 ~만만하다 Il est toujours plein d'ambition.
◆**_발발** -勃勃 어근 plein(*e*) d'ambition. ¶ ~발발한 신세대 une nouvelle génération pleine d'ambition; une nouvelle génération très ambitieuse.
패널 영{panel} 명 commission *f* d'enquête; comité *f*; table *f* ronde; conférenci*er*(*ère*).
◆**_토론** -討論 명 débat *m*; table *f* ronde.
패다[1] 타 couper, fendre, casser ((du bois)). ¶ 장작을 ~ fendre du bois [des bûches].
패다[2] 자 ① ((구덩이가)) se creuser; être creusé(*e*); faire creuser ((la terre)) à *qn.* ¶ 낙숫물에 땅이 팼다 L'eau des gouttières a creusé la terre. ¶ 비에 땅이 패서 도랑이 생겼다 La pluie a creusé des rigoles dans le sol / La pluie a raviné la terre. ② ((옷이)) être décolleté(*e*), échancré(*e*). ¶ 앞이 [뒤가] 많이 패인 드레스 robe décolletée devant [dans le dos]. ③ ((주름, 보조개가)) se creuser; être creusé(*e*). ¶

이마에 주름살이 깊게 패었다 Sur mon front, se sont creusées des rides. ¶ 그 여자는 볼에 보조개가 패어 있다 Elle a une fossette.

패다[3] 자 ((épis)) sortir; monter en épis. ¶ 벼이삭이 패었다 Les plants de riz sont montés en épis. ¶ 보리가 아직 채 패지 않았다 Les blés ne sont pas encore en épis.

패다[4] 재 때리다 battre, frapper ((à coups redoublés)), donner des coups à *qn*. ¶ 몽둥이로 ~ battre ((*qn*)) avec un bâton, donner des coups de bâton ((à *qn*)). ¶ 개 패듯이 ~ battre *qn* comme plâtre, frapper *qn* violement, frapper *qn* à mort, passer *qn* à tabac {*fam*}, frapper *qn* jusqu'au sang, tabasser *qn* {*fam*}, rosser *qn* {*fam*}, rouer *qn* de coups, frapper *qn* à tour de bras [de toutes *ses* forces]. ¶ 두들겨 ~ frapper *qn*, battre *qn* sans merci, tabasser {*fam*}, passer à tabac {*fam*}, rosser *qn* {*fam*}, rouer *qn* de coups.

패대기 명 action de jeter *qc* violemment de colère. ◇_(를) **치다** jeter *qc* violemment de colère.

패덕 悖德 명 dépravation *f*; immoralité *f* ((d'une action)); action *f* immorale. ¶ 신의를 저버린 ~ la dépravation rejetant la loyauté. ¶ ~을 일삼다 mener une vie de bâton de chaise; vivre dans la débauche; se livrer à la débauche.

◆**_적** -的 명관 immor*al*(*ale, aux*), débauché(*e*), corrompu(*e*), dépravé(*e*), amor*al*(*ale, aux*). ¶ ~적 행동 une action [une conduite] immorale; des actes de débauche.

◆**_자** -者 명 dépravé(*e*); personne *f* corrompue [dépravée]; chenapan *m*; coquin *m*; scélérat *m*; misérable *m*; vaurien *m*; crapule *f*; fripouille *f* {*fam*}.

◆**_행위** -行爲 명 acte *m* de dépravation.

패도 霸道 명 tyrannie *f*. ¶ ~ 정치 une (politique de) tyrannie; une dictature.

패드 영{pad} 명 ① épaulettes *fpl*; faux-seins *mpl* ((rembourrage *m* des soutien-gorges pour donner du volume aux seins)); tournure *f* ((rembourrage porté sous la robe, au bas du dos)); faux cul *m* {*vulg*}. ② 생리대 serviette *f* hygiénique; tampon *m* hygiénique [périodique]. ③ ((의자, 침대)) coussinet *m*; ((침대 패드)) protège-matelas *m inv*; alaise *f*, alèse *f*. ¶ 침대 ~ un protège-matelas; une alaise, une alèse. ④ ((상처)) protège-cheville *m inv*; jambière *f*; plastron *m*.

패랭이[1] 명 *paeraengi m* <chapeau grossier en bambou porté par les personnes en deuil ou les roturiers>. ¶ ~를 쓰다[벗다] mettre [enlever] *son paeraengi*.

패랭이[2] 명 【식물】 œillet *m* chinois, *Dianthus sinensis* {*nsc*}.

◆**_꽃** 명 【식물】 œillet *m* chinois.

패러글라이딩 영{paragliding} 명 parapente *m*. ◇_(을) **하다** faire du parapente.

패러다임 영{paradigm} 명 concept *m*; paradigme *m*. ¶ 그 시대의 ~ Le concept [paradigme] de l'époque. ¶ 새로운[낡은] ~ un nouveau [un vieux] paradigme. ¶ ~을 바꾸다 changer de concept. ¶ ~이 바뀐다[변화한다] Le concept change.

패러독스 영{paradox} 명 paradoxe *m*.

패러디 영{parody} 명 【문학】 parodie *f*. ¶ 정치 ~ parodie de la politique. ¶ 요즘은 ~가 유행이다 Ces jours-ci, la parodie est en vogue. ◇_(를) 하다 parodier, imiter. ¶ 그 영화는 이 작품을 ~한 것이다 Ce film est une parodie de cette œuvre.

◆**_소설** -小說 명 roman *m* parodié.

◆**_작품** -作品 명 parodie *f*, œuvre *f* parodiée.

패류 貝類 명 【수산】 coquillages *mpl*; crustacés *mpl*.

패륜 悖倫 명 immoralité *f*; dépravation *f*; perversité *f*; débauche *f*. ¶ 부모를 폭행하는 ~ l'immoralité de persécuter *ses* parents. ¶ ~을 저지르다[범하다] commettre une action immorale [des actes de débauche]. ¶ ~을 일삼다 mener une vie de bâton de chaise; vivre dans la débauche; se livrer à la débauche.

◆**_적** -的 명관 immor*al*(*ale, aux*), débauché(*e*), corrompu(*e*), dépravé(*e*), amor*al*(*ale, aux*), pervers(*e*).

◆**_성** -性 명 immoralité *f*; dépravation *f*; perversité *f*.

◆**_아** -兒 명 personne *f* immorale [dépravée].

패망 敗亡 명 défaite *f*; ruine *f*. ¶ 독일의 ~ la défaite de l'Allemagne. ◇_(을) **하다** être battu(*e*), vaincu(*e*); être mis(*e*) en déroute. ¶ ~한 제국 Un empire mis en déroute. ¶ 세계대전에서[으로] ~하다 être battu(*e*) [vaincu(*e*)] dans une guerre mondiale.

패물 佩物 명 objet *m* de parure; bijou(*x*) *mpl*; colifichet *m*. ¶ ~을 주렁주렁 달다 être couvert(*e*) de bijoux. ¶ ~을 (내다) 팔다 vendre *ses* bijoux. ¶ ~을 예물로 받다 recevoir des bijoux comme [en] cadeau de mariage.

패배 敗北 명 défaite *f*; déroute *f*; débandade *f*; perte *f* ((d'une bataille)); échec *m*; les revers *mpl* ((d'une armée)). ¶ 참담한[깨끗한] ~ une défaite complète; une lourde défaite; une défaite magistrale; une défaite cuisante [écrasante]; une défaite humiliante; une grave [dure] défaite. ¶ ~를 인정하다[자인하다] s'avouer vaincu(*e*); reconnaître *sa* défaite; accepter ((loyalement, sportivement)) *sa* défaite. ¶ ~를 거듭하다 accumuler les défaites. ◇_(를) **하다**[**당하다, 맛보다**] être battu(*e*), vaincu(*e*), mis(*e*) en déroute; subir [essuyer] une défaite; essuyer [subir] un revers; essuyer un échec [une défaite]; mordre la poussière; succomber; ((경기에서)) perdre une partie [un match]; essuyer une défaite; être battu(*e*). ¶ 경기에서 완전히[아깝게, 근소한 차로] ~하다 essuyer une lourde défaite [perdre un match de très peu]. ¶ 결승전에서 3대 2로 ~하다 perdre en finale sur le score de deux buts à trois. ◇_(를) **시키다** battre, vaincre; écraser {*fam*}, faire prendre une piquette {*fam*}, donner une raclée {*fam*}. ¶ 적을 ~시키다 battre [vaincre] l'ennemi; mettre l'ennemi en déroute.

*~**의 쓴잔을 마시다** goûter à l'amertume de la défaite.

◆_**감** -感 명 sentiment *m* de défaite. ¶ ~감을 느끼다[맛보다] ressentir un sentiment de défaite [goûter à la défaite]. ¶ ~감에 젖다[휩싸이다, 빠지다] être envahi(*e*) par un sentiment de défaite.

◆_**자** -者 명 (personne *f*) vaincu(*e*); perdant(*e*) *mf*.

패배주의 敗北主義 명 défaitisme *m*. ¶ ~를 떨쳐버리다 ne pas se laisser envahir par le défaitisme. ¶ ~에 빠지다[젖다] tomber dans le défaitisme. ¶ ~에서 벗어나다[헤어나다] sortir du défaitisme. ¶ ~에서 헤어[벗어]나지 못하다 ne pas pouvoir se dégager [sortir] du défaitisme.

◆_**적** -的 명관 défaitiste. ¶ ~적(인) 발상[사고, 태도] une idée [une pensée, une attitude] défaitiste.

◆_**자** -者 명 défaitiste *mf*.

패병 敗兵 명 soldat *m* vaincu.

패색 敗色 명 signes *mpl* de défaite; mauvais signes *mpl* dans une bataille. ¶ ~이 짙다[완연하다] La défaite est incontestable / Il est évident qu'on va perdre / On ne peut que perdre.

패션 영{fashion} 명 mode *f*. ¶ 첨단 ~ la mode dernier cri. ¶ 올 봄에 유행할 ~ ce qui sera à la mode ce printemps. ¶ ~ 감각이 뛰어나다[처지다] bien s'habiller, s'habiller élégamment [s'habiller de façon maladroite]. ¶ ~에 민감하다 se soucier de la mode.

◆_**모델** 명 mannequin *mf*.

◆_**디자이너** 명 styliste *mf*; grand(*e*) couturi*er*(*ère*).

패션쇼 영{fashion show} 명 défilé *m* de mode. ¶ 겨울의상 ~ un défilé de mode pour (les) vêtements d'hiver. ¶ 수영복 ~ un défilé de maillots de bain. ¶ 기성복[고급맞춤복] ~ un défilé de prêt-à-porter. ¶ ~를 열다[개최하다, 갖다] commencer [organiser, faire] un défilé de mode.

패소 敗訴 명 procès *m* perdu; perte *f* d'un procès. ¶ ~의 당사자 la partie qui a perdu un procès. ¶ 원고 ~ 판결 le verdict condamnant la partie plaignante [le(*la*) plaignant(*e*)]. ◇_**(를) 하다[당하다]** perdre un procès; échouer dans une action judiciaire. ¶ 재판[이혼소송]에서 ~하다 perdre un procès [échouer dans une demande de divorce]. ◇_**(가) 되다** ((procès)) être perdu.

◆_**인** -人 명 partie *f* perdante.

◆_**자** -者 명 partie *f* perdante.

패스 영{pass} 명 ① 표 passe *m*, carte *f* de transport, carte *f* orange. ¶ 만 원짜리 ~ un passe de dix mille wons. ¶ 지하철[교통, 정기] ~를 끊다 acheter une carte orange [de transport, d'abonnement]. ② 여권 passeport *m*. ¶ 나가실 때 미리 ~를 준비해주십시오 En sortant, veuillez tenir prêts vos passeports. ③ 합격 réussite *f* ((à un examen)), obtention *f* ((d'un diplôme)). ¶ 의사고시[입학시험] ~ réussite à un concours de médecine [à un examen d'entrée]. ④ 【운동】 passe *f*. ¶ 상대편의 ~를 끊다[차단하다] intercepter une passe de l'équipe adverse. ¶ ~에 능하다[서툴다] être bon [mauvais] passeur. ¶ ~가 좋다[나쁘다] faire une bonne [une mauvaise] passe. ⑤ 건너뜀 je passe (mon tour). ¶ ~! Je passe (mon tour). ☞ 통과 ◇_**(를) 하다** 【운동】 passer ((le ballon, la balle, le témoin)), faire une passe; ((통과하다)) passer avec succès, réussir ((à un examen)). ¶ 사법고시에[를] ~하다 réussir le concours de la magistrature. ¶ 다음 주자에게 배턴을 ~하다 passer le témoin au coureur suivant. ¶ 공격수에게[전방으로] 공을 ~하다 passer la balle aux attaquants [vers l'avant]. ¶ 전진[백] ~를 하다 faire une passe en avant [en arrière]. ¶ 짧게[길게, 빠르게] ~하다 faire une passe courte [longue, rapide]. ◇_**(를) 받다** recevoir une passe. ¶ 수비수로부터 공을 ~받다 recevoir la balle de la défense.

패스트푸드 영{fast food} 명 *fast-food*(~-~*s*) *m*, restauration *f* (à service) rapide, le prêt-à-manger *m*.

◆_**점** -店 명 fast-food *m*.

패스포트 영{passport} 명 passeport *m*. ☞ 여권[1]

패습 悖習 명 mauvaise habitude *f*, habitude *f* fâcheuse, mauvais pli *m*, sale habitude [manie *f*]. ¶ ~을 없애다[일소하다, 뿌리 뽑다] se défaire [se débarrasser] d'une mauvaise [d'une sale {*fam*}] habitude.

패싸움 牌- 명 rixe *f* [querelle *f*, bagarre *f*] entre bandes, mêlée *f*. ¶ 말다툼이 ~으로 번졌다 L'altercation verbale s'est transformée en mêlée / La dispute a dégénéré en rixe / L'altercation verbale s'est terminée en pugilat / Ils ont commencé par s'insulter puis ils en sont venus aux mains [aux poings]. ◇_**(을) 하다[벌이다, 붙다, 일으키다]** se bagarrer [se battre, se quereller, provoquer une bagarre]. ¶ 양 팀 선수들이 ~을 벌였다 Les joueurs des deux équipes se sont jetés dans une grande bagarre / Les joueurs des deux équipes en sont venus aux mains [aux poings]. ¶ 우리 반이 축구부와 ~을 했다 Notre classe s'est battue avec l'équipe de foot(ball). ◇_**(이) 나다[붙다, 터지다, 일어나다]** Une bagarre [Une rixe, Une querelle] éclate. ¶ 관중과 선수들이[선수들 사이에] ~이 붙었다 Une bagarre a éclaté entre les spectateurs et les joueurs.

패악 悖惡 명 perversité *f*, vice *m*, méchanceté *f*, dépravation *f*. ◇_**(을) 부리다[떨다]** faire preuve de perversité.

◆_**하다** 형 être pervers(*e*), vicieu*x*(*se*), corrompu(*e*), dépravé(*e*), méchant(*e*). ¶ 인간의 마음은 ~하다 Le cœur des hommes est pervers [corrompu, dépravé]. ¶ ~한 짓 un acte pervers [vicieux].

◆_**스럽다** 형 être pervers(*e*), vicieu*x*(*se*), plein(*e*) de perversité. ¶ ~스러운 언사 un langage [des propos] pervers.

패이다 자 ((‘패다[2]’의 잘못)) ☞ 패다[2]

패인 敗因 명 cause *f* [facteur *m*] d'une défaite. ¶

결정적 ~ la cause principale [le facteur déterminant] de la défaite. ¶ ~을 분석하다 analyser les causes de la défaite. ¶ 자만심이 ~이었다 Notre fierté a conduit à notre défaite / Notre orgueil a causé notre défaite.

패자[1] 敗者 명 perdant(*e*), vaincu(*e*). ¶ 승자와 ~ les vainqueurs et les perdants.

*~는 말이 없다 Les perdants ont toujours tort.

◆_**부활전** -復活戰 명 épreuve(*s*) *f*(*pl*) de repêchage. ¶ ~부활전에 나가다 se présenter [participer] aux épreuves de repêchage.

◆_**전** -戰 명 match *m* entre les perdants.

패자[2] 覇者 명 champion(*ne*), tenant(*e*) [déten*teur*(*trice*)] du titre, grand vainqueur *m*. ¶ 올해 씨름판의 ~ le grand champion de lutte coréenne cette année. ¶ 전년도 ~와 대전하다 jouer contre [affronter] le champion de l'année précédente, affronter le tenant du titre.

패자[3] 悖子 명 enfant *m* dépravé.

패잔병 敗殘兵 명 armée *f* en déroute, troupe *f* en (pleine) débâcle [débandade]. ¶ ~을 규합하다 rallier [rassembler] les troupes en débâcle. ¶ ~을 소탕하다 chasser [faire disparaître] une armée en déroute.

패장 敗將 명 généra*l*(*aux*) *m* vaincu.

패전 敗戰 명 ① ((전쟁)) défaite *f* militaire. ② ((경기)) défaite *f* sportive. ¶ ~을 거듭하다 subir une série [une succession] de défaites, accumuler [aligner] les défaites. ¶ ~의 멍에를 쓰다 porter le joug de la défaite. ◇_**(을) 하다** subir [essuyer] une défaite, être vaincu(*e*), battu(*e*), perdre ((une bataille, une guerre, un match)).

◆_**국** -國 명 pays *m* vaincu, nation *f* vaincue.

◆_**투수** -投手 명 【운동】 lanceur *m* perdant.

패주[1] 敗走 명 déroute *f*, débâcle *f*, débandade *f*, fuite *f*. ¶ ~를 거듭하다 ne cesser d'être mis(*e*) en déroute. ◇_**(를) 하다** être en déroute, s'enfuir, prendre la fuite, se débander. ¶ 남쪽[산속]으로 ~ prendre la fuite vers le sud [s'enfuir dans la montagne]. ◇_**(를) 시키다** mettre *qn* en déroute. ¶ 적을 ~시키다 mettre l'ennemi en déroute.

◆_**병** -兵 명 soldat *f* en déroute.

패주[2] 貝柱 명 【동물】 muscle *m* charnière (des coquillages [des mollusques] bivalves).

패총 貝塚 명 tas *m* [amoncellement *m*] de coquillages.

패키지 영{package} 명 package *m*, packager *m*, lot *m*; marché *m* global; contrat *m* global; achat *m* forfaitaire.

◆_**딜** 명 accord *m* global; contrat *m* global; achat *m* forfaitaire.

◆_**상품** -商品 명 lot *m*, package *m*.

◆_**여행** -旅行 명 voyage *m* organisé.

패킹 영{packing} 명 emballage *m*. ¶ 누수방지용 고무 ~ un emballage plastique étanche.

패턴 영{pattern} 명 type *m*, modèle *m*, style *m*, figure *f*, structure *f*, schéma *m*; ((형지 型紙)) patron *m*; ((형용사)) de coutume, habituel(*le*). ¶ ~ 인식 reconnaissance de formes. ¶ 소비 ~ disposition de la dépense. ¶ 행동 ~ figure de comportement, façon d'agir. ¶ 생활 ~을 바꾸다 changer de style de vie.

패퇴[1] 敗退 명 défaite *f*. ¶ ~를 거듭하다 subir une série [une succession] de défaites, accumuler [aligner] les défaites. ◇_**(를) 하다** être battu(*e*), vaincu(*e*); battre en retraite. ¶ ~하는 적을 쫓다 poursuivre [pourchasser] l'ennemi dans sa retraite. ¶ 끊임없이 ~하는 국군 l'armée nationale qui est en constante défaite.

패퇴[2] 敗頹 명 extinction *f*, disparition *f*, chute *f*. ¶ 공산주의의 ~ la chute du communisme. ◇_**(를) 하다** s'éteindre, disparaître. ¶ 세시 풍속이 ~했다 Les coutumes du nouvel an se sont éteintes [ont disparu]. ◇_**(가) 되다** disparaître, s'éteindre.

패하다 敗- 재 être vaincu(*e*), battu(*e*); subir [essuyer] une défaite; perdre ((une partie, une bataille)). ¶ 싸움에 ~ perdre une bataille. ¶ 전쟁에 ~ être vaincu(*e*) à la guerre. ¶ 소송에서 ~ perdre un procès. ¶ 5대 1로 ~ être battu(*e*) par 5 à 1 [sur le score de 5 à 1]. ¶ 그는 800표 차이로 패했다 Il a été battu ((aux élections)) avec un écart de 800 voix. ¶ 전쟁에서 이웃나라에 ~ être vaincu(*e*) à la guerre par un pays voisin, perdre la guerre contre [face à] un pays voisin. ② ((살림이)) faire faillite. ③ ((몸이)) être très affaibli(*e*); s'anémier. ¶ 그의 몸은 요즘 몹시 패했다 Sa santé s'est beaucoup affaiblie ces derniers temps.

패혈증 敗血症 명 【의학】 septicémie *f*. ¶ ~을 앓다 souffrir [être atteint(*e*)] de septicémie, présenter une septicémie.

팩[1] 부 ((changer)) brusquement ((de direction)). ¶ 고개를 ~ 돌리다 tourner la tête brusquement.

◆_**하다** 재 piquer [faire] une crise de nerfs, piquer une crise de colère [de rage], piquer une [*sa*] crise {*fam*}, criser, faire *son* caca nerveux {*fam*}, exploser soudainement (de colère), laisser éclater [exploser] *sa* colère, péter les plombs {*fam*}, sortir de *ses* gonds. ¶ ~하는 성질 un tempérament [un caractère] fougueux [explosif, impulsif, coléreux, colérique, bilieux, irascible, impétueux, soupe au lait] ((avoir la tête près du bonnet, être soupe au lait, monter comme une soupe au lait, avoir le sang chaud)). ¶ ~하고 토라지다[골을 내다] faire soudainement la tête [la gueule {*fam*}, la grimace], prendre soudainement un air renfrogné, se renfrogner brutalement.

팩[2] 부 ((tomber)) sans force, sans résister. ¶ ~ 쓰러지다 s'affaisser, s'effondrer.

◆_**하다** 재 tomber sans force, s'affaisser, s'effondrer. ¶ ~하고 쓰러지다 s'affaisser, s'effondrer. ☞ 픽

팩[3] 영{pack} 명 ① ((피부관리)) masque *m*. ¶ 오이

~ un masque au concombre. ② ((용기)) emballage *m*, sachet *m*, bouteille *f* plastique, brique *f* ((de lait)); pack *m* ((de bière)); cornet *m* (de papier) ((de frites)), poche *f*, sac *m*, sachet *m*. ¶ 우유[음료수] ~ une brique de lait [un pack de ((bière))]. ¶ 비닐 ~ un sachet en plastique, un sachet [un sac] plastique {*fam*}, une poche en plastique. ◇_(을) 하다 (*se*) faire un masque ((à l'argile, aux plantes)). ¶ 얼굴에 진흙으로 ~을 하다 se faire un masque à l'argile.

팩스 영{fax} 명 fax *m*, télécopie *f*. ¶ ~ 번호 un numéro de fax. ¶ ~를 보내다 envoyer un fax. ¶ ~로 서류를 보내다 envoyer un document par fax [par télécopie].

팩시밀리 영{facsimile} 명 fac-similé(~-~*s*) *m*. ¶ ~로 전문을 보내다 envoyer le texte complet en fac-similé.

팬[1] 영{fan} 명 fan *mf*, admira*teur*(*trice*). ¶ ~ 사인회 une séance d'autographes. ¶ 영화[축구, 음악] ~ un(*e*) fan [fana {*fam*}, fondu(*e*) {*fam*}, mordu(*e*) {*fam*}] de cinéma [un fanatique du football, de musique].

◆_레터 영{-letter} 명 lettre *f* [courrier *m*] d'un fan [d'un(*e*) admira*teur*(*trice*)], courrier *m* envoyé par un fan [par un(*e*) admira*teur*(*trice*)].

◆_클럽 영{-club} 명 fan-club(~-~*s*) *m*. ¶ 누구의 ~클럽을 만들다[조직하다, 구성하다] créer le fan-club de *qn*. ¶ 누구의 ~클럽에 가입하다 s'inscrire dans le fan-club de *qn*; devenir membre du fan-club de *qn*.

◆열성_ 熱誠 명 groupie *mf*, fan *mf* passionné(*e*). ¶ 누구의 열성~이다 être le(la) groupie de *qn*.

팬[2] 영{fan} 명 ventilateur *m*. ¶ ~이 조용히 돌아간다 Le ventilateur tourne silencieusement. ☞ 선풍기

팬[3] 영{pan} 명 poêle *f*. ¶ ~에 계란을 부치다 faire cuire un œuf sur une poêle.

◆프라이_ 명 poêle *f* (à frire).

팬지꽃 영{pansy-} 명 【식물】 pensée *f*.

팬츠 영{pants} 명 ((운동용)) culotte *f*, culotte *f* courte, *short m*.

◆핫_ 명 ((운동용)) culotte *f*, culotte *f* courte, *short m*.

팬케이크 영{pancake} 명 pancake *m*, crêpe *f* américaine.

팬터마임 영{pantomime} 명 pantomime *f*, mime *m*. ¶ ~을 하다 faire de la pantomime.

팬티 영{panty} 명 ① culotte *f*. ¶ 수영 ~ une culotte [un maillot] de bain. ② ((속옷)) ((여자)) (petite) culotte *f*; ((남자)) ((삼각)) slip *m*, ((사각)) caleçon *m*; string *m*, cache-sexe(~-~(*s*)) *m*. ¶ ~를 입다[갈아입다] mettre un(*e*) [changer de] culotte [slip, caleçon]. ¶ ~를 벗다[벗기다] enlever *sa* culotte [*son* slip, *son* caleçon] [enlever la culotte [le slip, le caleçon] de *qn*].

◆_스타킹 명 collant *m*.

팬히터 영{fan heater} 명 radiateur *m* soufflant. ¶ ~를 켜다[틀다] allumer [mettre en marche] un radiateur soufflant. ¶ ~를 끄다 éteindre [fermer, arrêter] le radiateur soufflant.

팸플랫 명 ☞ 팸플릿

팸플릿 영{pamphlet} 명 catalogue *m*, brochure *f*, dépliant *m*. ¶ ~을 만들다 faire un catalogue. ¶ ~을 돌리다 distribuer des dépliants [des brochures].

팻말 명 poteau(*x*) *m* indicateur(*s*); tableau(*x*) *m* d'affichage. ¶ 통행금지 ~ un poteau portant un panneau d'interdiction de passer. ¶ ~을 세우다 dresser un poteau indicateur.

팽 부 en rond. ¶ 팽이가 ~ 돌다 La toupie tourne sur elle-même. ¶ 나는 머리가 ~ 돈다 J'ai des vertiges / J'ai la tête qui tourne / J'ai le tournis {*fam*} / Je vois tout tourner. ¶ 술기운이 ~ 돌다 ressentir les effets de l'alcool. ¶ 눈이 ~ 돌다 avoir le tournis {*fam*}, avoir la tête qui tourne, avoir un [des] étourdissement(*s*), être pris(*e*) d'étourdissement [de vertige], avoir [éprouver] un vertige [des vertiges], voir tout tourner. ¶ 그 여자는 뒤도 안 보고 ~ 돌아서 갔다 Elle s'est retournée sans hésiter une seconde. ¶ 코를 ~ 풀다 se moucher bruyamment.

팽개치다 타 jeter *qc* par terre, balancer {*fam*} ((un objet)), lancer *qc*, flanquer {*fam*}, jeter *qc* (au loin), rejeter; ((내버려두다)) négliger ((*son* travail, *ses* études)), laisser *qn* tout seul; abandonner ((un travail)); laisser ((une question)) en suspens, laisser ((*son* travail, une tâche)) inachevé(*e*). ¶ 책가방을 ~ jeter [balancer {*fam*}] *son* cartable par terre. ¶ 일[공부]을 ~ négliger le travail [les études]. ¶ 가족을 팽개쳐 두다 négliger la famille; oublier *sa* famille. ¶ 그런 문제를 그냥 팽개쳐 두어서는 안 된다 Il ne faut pas laisser une question pareille en suspens [sans réponse].

팽그르르 부 tourner en rond rapidement. ¶ 팽이가 ~ 돈다 La toupie tourne rapidement.

팽글팽글 부 à toute vitesse. ¶ 팽이가 ~ 돈다 La toupie tourne à toute vitesse. ¶ 바람개비가 ~ 돈다 La girouette tourne à toute vitesse.

팽나무 명 【식물】 micocoulier *m* de Chine, *Celtis sinensis* var. *japonica* {*nsc*}.

팽대하다 膨大― 형 s'accroître, augmenter, se répandre, s'étendre. ¶ 요즘 젊은이들 사이에 그런 풍조가 ~ Cette tendance s'accroît parmi les jeunes d'aujourd'hui. ¶ 그런 경향이 팽대해 있다 Cette tendance se confirme.

팽만 膨滿 명 ballonnement *m*, flatulence *f*, météorisme *m*. ¶ 복부의 ~ ballonnement du ventre.

◆_감 -感 명 sensation *f* de ballonnement. ¶ 견딜 수 없는 ~감 une sensation de ballonnement insupportable.

◆_하다 형 être gonflé(*e*) de *qc*. ¶ 온 방안에 긴장감이 ~하다 Toute la salle est pleine de tension.

팽배 澎湃 명 déferlement *m*, montée *f*, jaillissement *m*. ¶ 이기주의[위기감, 지하경제]의 ~ la montée de l'égoïsme [du sentiment de crise, de l'économie souterraine]. ◇_(를) **하다** déferler, jaillir, monter, grimper. ¶ 불신감[과소비 경향]이 ~해 있다 La méfiance [La tendance à la surconsommation] grimpe. ¶ 독립의 열망이 ~해 있다 Le désir d'indépendance est en plein jaillissement. ¶ 잘 살아 보자는 분위기가 ~해 있다 L'aspiration à une vie meilleure est croissante dans l'air.

팽이 명 toupie *f*. ¶ ~를 돌리다[치다] faire tourner [lancer, fouetter] une toupie.

팽이버섯 명 【식물】 collybie *f* à pied velouté, *Flammulina velutipes* {*nsc*}.

팽창 膨脹 명 gonflement *m*, dilatation *f*, croissance *f*, expansion *f*, augmentation *f* (de volume). ¶ ~과 수축 dilatation et contraction, gonflement et rétrécissement. ¶ 양적 ~ une augmentation quantitative. ¶ 도시[통화, 인구, 세력]의 ~ l'expansion d'une ville [de la monnaie, de la population, du pouvoir]. ¶ 비용의 ~ augmentation des dépenses. ¶ 기체의 ~ la dilatation des gaz. ¶ ~이 일어나다 connaître une expansion [une augmentation]. ◇_(을) **하다** enfler, gonfler, se dilater, se développer, augmenter (de volume). ¶ 통화[인구, 신도시]가 ~한다 La monnaie en circulation est [La population est, Les villes nouvelles sont] en pleine augmentation. ¶ 세출[경제규모]이 해마다 ~한다 Les dépenses annuelles [à taille de l'économie] augmentent. ◇_(이) **되다** être dilaté(*e*), enflé(*e*), gonflé(*e*), développé(*e*). ◇_(을) **시키다[일으키다]** faire enfler, gonfler, dilater, augmenter, développer. ¶ 금속[기체]을 ~시키다 dilater des métaux [des gaz].

◆**_계** -計 명 dilatomètre *m*.

◆**_률** -率 명 taux *m* d'expansion.

◆**_주의** -主義 명 expansionnisme *m*.

팽팽 부 en rond; en cercle. ¶ 머리가 ~ 돌다 avoir le tournis {*fam*}, avoir la tête qui tourne, avoir un [des] étourdissement(s), être pris(*e*) d'étourdissement [de vertige], avoir [éprouver] un vertige [des vertiges], voir tout tourner. ¶ 팽이가 ~ 돈다 La toupie tourne rapidement. ¶ 눈알이 ~ 돌다 voir tout tourner, avoir la tête qui tourne; avoir [éprouver] un vertige [des vertiges], avoir un étourdissement, avoir le tournis {*fam*}.

***눈이 ~ 돌아가다** ne plus savoir où donner de la tête.

팽팽하다[1] 형 ① ((줄이)) être raide, tendu(*e*), bandé(*e*). ¶ 줄이 ~ La corde est raide [tendue]. ② ((분위기가)) être tendu(*e*) (à l'extrême), être sur le point d'exploser, être au bord de l'explosion. ¶ 교실 안에 팽팽한 긴장감이 돈다 Dans la salle de classe règne une tension extrême. ③ ((둘의 힘이)) être bien équilibré(*e*), être à force égale. ¶ 두 주장이 팽팽하게 맞서고 있다 Les deux opinions s'opposent étroitement.

◆**팽팽히** 부 de façon bien tendue; à force égale. ¶ 줄을 팽팽히 당기다 tendre une corde. ¶ 팽팽히 맞서다 s'opposer à force égale.

팽팽하다[2] 膨膨- 형 être ferme, lisse, être sans une ride. ¶ 얼굴이 주름 하나 없이 ~ Son visage est tout lisse sans aucune ride.

◆**팽팽히** 부 de façon à maintenir lisse et sans ride. ¶ 피부를 팽팽히 유지하다 entretenir *sa* peau de façon à la maintenir ferme.

퍼내다 타 puiser ((de l'eau)); vider ((un récipient avec une écuelle)); écoper. ¶ 두 손으로 물을 ~ puiser de l'eau au creux de *ses* mains [avec *ses* mains]. ¶ 독의 쌀을 ~ prendre du riz dans une jarre (avec une calebasse). ¶ 솥에서 국을 ~ prendre du bouillon dans une marmite. ¶ 배에 고인 물을 ~ écoper un bateau [un canot, une barque].

퍼더버리다 자 s'asseoir de façon peu décente. ¶ 땅바닥에 퍼더버리고 앉다 s'asseoir par terre de façon peu décente.

퍼덕거리다 자타 s'agiter [être agité(*e*), flotter, claquer, se déployer] au vent, être agité(*e*) par le vent, ondoyer dans le vent; ((새가)) battre des ailes; se trémousser; ((물고기가)) frétiller, se débattre. ¶ 퍼덕거리는 물고기 un poisson frétillant [qui frétille]. ¶ 새가 퍼덕거린다 Un oiseau bat des ailes. ¶ 닭이 날개를 퍼덕거린다 Un coq bat des ailes. ¶ 바람에 깃발이 퍼덕거린다 Le drapeau s'agite au vent / Le drapeau flotte [claque] au vent / Le drapeau ondoie dans le vent / Le drapeau se déploie au vent.

퍼덕대다 자타 ☞ 퍼덕거리다

퍼덕이다 자타 ☞ 퍼덕거리다

퍼드덕 부 ① ((새가)) dans un léger bruissement d'ailes (produits par de petits oiseaux). ¶ 새들이 ~ 날아올랐다 Les oiseaux s'envolèrent en battant leurs petites ailes [dans un léger bruissement d'ailes]. ② ((물고기가)) en frétillant.

◆**_거리다[대다]** 타 ① ((새가)) faire un léger bruissement d'ailes; battre *ses* petites ailes. ② ((물고기가)) frétiller. ¶ 새들이 날개를 ~거린다 Les oiseaux battent leur petites ailes.

퍼뜨리다 타 répandre, propager, contaminer; ((소문을)) faire circuler [faire courir ((un bruit)), répandre, semer] ((un bruit sur *qc/qn*)), crier ((une nouvelle)), trompeter ((une nouvelle)). ¶ 마을에 전염병을 ~ propager l'épidémie dans tout le village, contaminer tout le village. ¶ 그 여자가 온 동네에 그 소문을 퍼뜨렸다 Cette femme a répandu la rumeur [fait courir le bruit, fait circuler la rumeur] dans tout le village.

퍼뜩 부 tout à coup, soudainement, en un rien de temps, en un clin d'œil. ¶ 나에게 좋은 생각이 ~ 떠올랐다 Tout à coup, une très bonne idée m'est venue à [m'a traversé] l'esprit. ¶ 나는 식당에 가방을 놓고 온 것이 ~ 생각났다 Je me suis rendu compte que j'avais laissé mon sac [mon cartable, ma serviette] au restaurant. ¶ 정신이 ~ 들다 reprendre

ㅍ

brutalement conscience, reprendre conscience d'un seul coup, reprendre [retrouver] brutalement *ses* esprits, revenir brutalement à *soi*.

퍼렇다 형 ☞ 파랗다

퍼레이드 영{parade} 명 parade *f*, défilé *m*. ¶ 환영 ~ une parade de bienvenue.

퍼마시다 타 boire ((de l'alcool)) jusqu'à plus soif [jusqu'à être soûl, jusqu'à l'ivresse]. ¶ 술을 진탕 ~ boire de l'alcool jusqu'à plus soif [jusqu'à être soûl, jusqu'à l'ivresse].

퍼먹다 타 manger avec une cuillère. ¶ 밥을 숟가락으로 ~ manger du riz avec une cuillère.

퍼붓다 자타 verser ((de l'eau)); accabler *qn* de *qc*, agonir *qn*, lancer ((des reproches)). ¶ 욕설을 ~ accabler d'injures, se répandre en invectives ((contre *qn*)). ¶ 질문을 ~ accabler *qn* de questions. ¶ 공격을 ~ attaquer avec férocité. ¶ 비가 억수같이 퍼붓는다 Il pleut à verse [à flots, à torrents, à seaux] / Il tombe des trombes d'eau [des cataractes, des cordes] / Il pleut des cordes / La pluie tombe à torrents / Il tombe une pluie torrentielle [diluvienne] / Il pleut comme vache qui pisse {*fam*}.

퍼석퍼석 부 d'aspect friable, avec un aspect friable, avec une consistance friable, comme un sablé, d'une consistance sableuse [croustillante, craquante, croquante]. ☞ 파삭파삭

퍼센트 영{percent} 명 pour cent. ¶ 백 ~ cent pour cent, complètement, entièrement.

퍼센티지 영{percentage} 명 pourcentage *m*. ¶ 낮은 ~를 보이다 montrer un faible pourcentage. ¶ ~를 높이다 élever le pourcentage de *qc*. ¶ ~를 조정하다 réguler [ajuster, moduler] le pourcentage de *qc*.

퍼스트레이디 영{first lady} 명 la première dame *f* ((de France)).

퍼주다 자타 ① servir ((du riz)) à *qn* ((avec une spatule)). ¶ 누구에게 밥을 (듬뿍) ~ servir (copieusement, généreusement) du riz à *qn*. ② 남에게 도움을 베풀다 aider *qn*. ¶ 그는 늘[허구한 날] 남에게 퍼주기만 한다 Il ne pense qu'à donner aux autres ce qu'il possède.

퍼즐 영{puzzle} 명 puzzle *m*. ¶ ~ 게임 un puzzle. ¶ ~을 맞추다 faire un puzzle. ¶ ~을 하다 faire un puzzle. ¶ 그는 ~을 참 잘 한다 Il est doué pour faire des puzzles.

퍼지다 자 ① s'évaser, s'écarter; être évasé(*e*). ¶ 아래쪽이 퍼진 스커트 une jupe évasée. ¶ 강 하류가 부채꼴 모양으로 퍼져 있다 L'estuaire du fleuve s'évase [se déploie] en forme d'éventail. ② ((소식, 현상)) se répandre, se propager, gagner; ((소문)) circuler de bouche à oreille. ¶ 소문[소리]이 퍼진다 La rumeur [Le bruit] se répand. ¶ 그의 명성은 전국에 퍼졌다 Sa réputation [Sa renommée, Son renom] s'est répandu(*e*) [s'est propagé(*e*)] dans tout le pays. ¶ 전염병은 삽시간에 마을에 퍼졌다 L'épidémie s'est répandue très vite dans tout le pays / L'épidémie a gagné très vite tout le pays. ¶ 온 몸에 암세포가 ~ Le cancer s'est répandu [s'est propagé, s'est disséminé] dans tout le corps / Le cancer s'est généralisé / Le cancer a donné [produit, engendré] des métastases disséminées partout dans le corps. ¶ 술기운이 퍼진다 Les effets de l'alcool se font sentir. ¶ 널리 퍼진 미신 superstition très répandue. ③ ((국수)) être trop cuit(*e*), trop ramolli(*e*), réduit(*e*) en bouillie. ¶ 라면이 너무 퍼졌다 Les nouilles instantanées sont trop cuites [trop ramollies, réduites en bouillie]. ④ 살이 쪄서 벌어지다 grossir. ¶ 엉덩이가 옆으로 ~ grossir des fesses [des hanches, des cuisses]. ⑤ ((몸이)) 몸이 늘어지다 s'avachir, s'étaler. ¶ 소파에 퍼져 눕다 s'avachir [s'étaler] sur le canapé. ⑥ 늘어나다 ((sa descendance)) se disperser [se disséminer, être disséminé(*e*)] sur toute la terre. ¶ 자손이 온 땅에 ~ avoir une nombreuse descendance.

퍼지르다 자타 ① 흐트러지다 se comporter de façon peu décente. ¶ 퍼지르고[퍼질러] 앉다 s'asseoir par terre (de façon peu décente); s'écrouler. ② 욕하다 se répandre ((en invectives contre *qn*)), couvrir ((*qn* d'injures, d'invectives)). ¶ 누구에게 악다구니를 ~ se répandre en invectives contre *qn*, couvrir *qn* d'invectives [d'injures], lancer des invectives à [contre] *qn*, invectiver *qn*, invectiver contre *qn* {*vx*}, injurier *qn*, traiter *qn* de tous les noms. ③ 먹어대다 boire ((de l'alcool)) jusqu'à plus soif [jusqu'à être soûl. jusqu'à l'ivresse], se soûler. ¶ 날마다 술을 ~ boire tous les jours, se soûler tous les jours. ¶ 술을 퍼질러 마시다 boire jusqu'à plus soif [jusqu'à l'ivresse, jusqu'à être soûl]. ④ ((배설물을)) aller sans cesse à la selle, ((아이)) aller faire caca sans arrêt {*fam*}; ((아이)) demander toujours à faire caca {*fam*}; ((아이를)) avoir de très nombreux enfants, faire de nombreux enfants, faire des enfants en série, être très prolifique [une (mère) lapine {*fam*}], se reproduire comme des lapins. ¶ 며느리가 딸만 내리 퍼질러 낳는다고 엄청나게 구박을 받는다 La vieille dame reproche à sa bru de ne donner naissance qu'à des filles.

퍼팅 영{putting} 명 ((골프)) putt *m*, putting *m*, coup *m* roulé, rouler *m*. ¶ ~의 귀재 le champion des putt(*s*). ◇ _(을) **하다** faire un putt [un rouler]. ¶ 그는 ~을 참 잘 한다 Il est très fort pour les putt(*s*).

퍽[1] 부 avec force. ¶ 칼로 (등을) ~ 찌르다 enfoncer un couteau (dans le dos de *qn*), frapper *qn* d'un coup de poignard, poignarder *qn* (dans le dos). ¶ 그는 ~ 소리가 나게 맞았다 Il a reçu un bon [solide] coup de poing. ¶ ~ 쓰러지다 tomber avec un bruit sourd. ¶ 풍선이 ~ 터졌다 Le ballon (de baudruche) a éclaté. ¶ 가스 불이 ~ 하고 붙었다 Le feu de la cuisinière à gaz s'est allumé d'un bruit sec.

퍽[2] 부 très; bien; beaucoup; terriblement. ¶ ~ 어려운 일 un travail très difficile. ¶ ~ 기쁘다 être très heureux(*se*), très content(*e*), ravi(*e*), être aux anges;

être fort satisfait(*e*). ¶ ~ 덥다 Il fait très chaud / Il fait une chaleur insupportable [insoutenable, accablante, suffocante, torride, caniculaire]. ¶ ~ 인상적이다 être fort [très] impressionnant(*e*). ¶ 너 ~ 컸구나 Comme tu as grandi! ¶ 나는 ~ 재미있었다 Je me suis bien amusé(*e*) [éclaté(*e*) {*fam*}].

퍽석 副 ① ((주저앉음)) avec un bruit sourd, ((s'affaisser, s'écrouler, s'effondrer, s'abattre, tomber)) comme une masse, en se laissant tomber, sans force, sans énergie. ¶ ~ 의자에 주저앉다 s'effondrer [s'écrouler {*fam*}, s'affaler] dans un fauteuil. ¶ 그 여자는 정신을 잃고 ~ 주저앉았다 Elle perdit connaissance et s'affaissa. ② ((부서짐)) en mille morceaux, en miettes.

퍽퍽 副 ((찌름)) plusieurs surprises; ((쓰러짐)) sans force, l'un(*e*) après l'autre; ((쏟아짐)) ((tomber)) dru, à verse, à torrents; ((빠짐)) floc! floc! ¶ 칼로 ~ 찌르다 lacérer *qn* de coups de couteau, frapper *qn* à coups de poignard. ¶ 긴 행군 끝에 병사들이 ~ 쓰러졌다 Après une longue marche épuisante, les soldats se sont écroulés les uns après les autres. ¶ 진흙에 발목이 ~ 빠져 들어갔다 Ses pieds s'enfoncèrent dans la boue jusqu'aux chevilles.

퍽퍽하다 형 ① être sec(*sèche*); être déshydraté(*e*); être farineux(*se*); être poudreux(*se*); être peu souple, dur(*e*); être étroit(*e*) d'esprit. ¶ 고구마가 ~ Les patates douces sont farineuses. ② ((다리가)) avoir des lourdeurs dans ((les jambes)). ¶ 많이 걸었더니 다리가 ~ J'ai tellement marché que j'ai des lourdeurs dans les jambes.

펀드 영{fund} 명 fonds *m inv*, patrimoine *m*, portefeuille *m*.

펀드매니저 영{fund manager} 명【경제】 gestionnaire *m* de patrimoines [de portefeuilles].

펀뜻 副 en un instant, tout à coup, soudain, en un clin d'œil. ¶ 나에게 ~ 좋은 생각이 떠올랐다 Tout à coup, une bonne idée m'est venue [m'a traversé] l'esprit. ¶ 나는 그의 이름이 ~ 생각나지 않는다 Son nom ne me revient pas immédiatement / Son nom m'échappe tout à coup. ☞ 언뜻

펀치 영{punch} 명 ①【운동】 punch *m* (d'un boxeur); coup *m* de poing ((d'un boxeur)); ((스트레이트)) direct *m* ((du droit)), ((훅)) crochet *m* ((du gauche)), ((어퍼컷)) uppercut *m*, ((스윙)) swing *m*. ¶ 케이오[무쇠] ~ le coup de poing décisif entraînant le K.O. [à l'origine du K.O.]. / le terrible punch (d'un boxeur), un punch foudroyant. ¶ ~를 날리다 envoyer [assener] ((un direct du gauche, un crochet du droit, un uppercut (foudroyant) du droit, un (furieux) swing du droit)). ¶ ~가 작렬하다 frapper fort, frapper dur [brutalement], cogner, savoir frapper. ¶ ~가 터지다 assener une série de coups de poing. ② 천공기 poinçonneuse *f*, perforeuse *f*, composteur *m*. ¶ ~로 구멍이 뚫린 기차표 un billet de train composté [poinçonné].

◆**강_** 强 명【운동】 coup *m* de poing foudroyant.

펀칭 영{punching} 명 ① 천공 compostage *m*. ②【운동】 coup *m* de poing. ¶ ~으로 공을 막아내다 arrêter le ballon du poing.

펀펀하다 형 ☞ 판판하다

펄 명 ☞ 개펄

펄떡 副 toc.

◆**_거리다[대다, 이다]** 재타 ((가슴이)) battre, palpiter; tressaillir; ((물고기, 개구리가)) frétiller, sautiller, se débattre, s'agiter, sauter, faire des bonds, bondir. ¶ 가슴이 ~거린다 Mon cœur palpite très fort / Mon cœur bat la chamade [à tout rompre].

◆**_ _** 副 ((battre)) très fort, à tout rompre; ((물고기)) ((frétiller)) de toutes *ses* forces.

◆**_ _하다** 재 battre; palpiter. ☞ 팔딱

펄럭 副 ((voler, s'agiter)) au vent ((idéophone qui évoque un ondoiement)). ¶ 바람에 커튼이 ~ 흔들렸다 Les pans de rideaux volent au vent.

◆**_거리다[대다, 이다]** 재타 s'agiter [être agité(*e*), flotter, claquer, se déployer] ((au vent)), ondoyer ((dans le vent)). ¶ 깃발이 바람에 ~거린다 Le drapeau s'agite [flotte, claque, se déploie] au vent / Le drapeau ondoie dans le vent. ¶ 코트를 ~거리며 걸어가다 marcher les pans de manteaux volant au vent. ¶ 책장을 ~이다 feuilleter.

◆**_ _** 副 ((s'agiter)) légèrement, ((être agité(*e*))) d'un mouvement léger ((idéophone qui évoque un ondoiement)). ¶ ~~ 나부끼는 깃발 un drapeau qui flotte [qui s'agite, qui claque, qui se déploie] au vent [qui ondoie dans le vent].

펄스 영{pulse} 명【전기】 impulsion *f*.

펄썩 副 ((s'élever, se soulever)) en volutes; ((주저앉는 모양)) en se laissant tomber, sans force, avec un bruit sourd, ((s'effondrer, s'affaler, s'écrouler, s'abattre, tomber)) comme une masse. ¶ 흙먼지가 ~ 일다 se soulever [s'élever] en volutes ((des nuages de poussière se soulèvent)). ¶ 땅바닥에 ~ 주저앉다 s'effondrer [s'affaisser, s'écrouler {*fam*}, tomber] par terre.

◆**_거리다** 재 être agité(*e*).

◆**_대다** 재 agiter.

◆**_ _** 副 ((연기나 먼지가)) ((soulever, s'élever)) en volutes. ☞풀썩

펄쩍 副 soudain; soudainement; d'un coup. ¶ ~ 뛰어오르다 bondir; sursauter. ¶ 문을 ~ 열다 ouvrir la porte brusquement. ¶ 사실무근이라고 ~ 뛰다 renier fortement. ¶ 정신이 ~ 나다 reprendre brutalement conscience, reprendre conscience d'un seul coup; tout d'un coup, reprendre [retrouver] brutalement *ses* esprits, revenir brutalement à *soi*.

◆**_거리다[대다]** 재타 sursauter.

◆**_ _** 副 en faisant des bonds. ¶ ~~ 뛰며 좋아하다 bondir [sauter] de joie, faire des bonds de joie. ☞ 팔짝

펄펄 副 ① ((끓다)) à gros bouillons; ((뜨거운 모양)) très ((chaud)). ¶ 물이 ~ 끓고 있다 L'eau bout à gros bouillons / L'eau bout très fort. ¶ 그는 몸이 ~ 끓는다

ㅍ

Il est brûlant [bouillant] de fièvre / Il est très fiévreux. ¶ 열이 ~ 나다 être brûlant(*e*) [bouillant(*e*)] de fièvre. ② ((깃발이)) ((le drapeau s'agite au vent)) lentement. ¶ 깃발이 바람에 ~ 나부낀다 Le drapeau s'agite lentement sous la brise légère. ¶ 생선이 살아서 ~ 뛴다 Le poisson encore vivant [fraîchement pêché] se débat. ③ ((눈이)) ((la neige tombe)) à gros flocons. ¶ 눈이 ~ 내린다 Il neige à gros flocons. ¶ 먼지가 ~ 나는 신작로 la nouvelle route couverte de poussière [toute poussiéreuse].

◆_하다 형 ① être vi*f*(*ve*), coléreu*x*(*se*), colérique, irascible, emporté(*e*); être d'humeur vive. ② être animé(*e*), vigoureu*x*(*se*), acti*f*(*ve*), bien portant(*e*). ¶~한 장정[사내] un homme vigoureux [bien portant, se portant comme un charme {*fam*}, ne faisant pas son âge]. ¶ 힘이 ~하다 jouir d'une santé robuste.

펄펄뛰다 자 bondir ((de joie, de colère)). ¶ 분해서 ~ bondir de colère. ¶ 아니라고 ~ renier fortement. ¶ 아버지는 펄펄뛰며 반대한다 Son père s'y oppose énergiquement [fermement].

펄펄하다 형 être vi*f*(*ve*), animé(*e*), vigoureu*x*(*se*), acti*f*(*ve*), énergique, alerte. ¶ 나이에도 불구하고 그 노인은 아직 ~ Malgré son âge avancé, ce vieil homme est encore très énergique [vif, vigoureux] [reste très dynamique, est très bien conservé, a encore une santé de fer, garde bon pied, bon œil {*fam*}, se porte comme un charme {*fam*}]. ☞ 팔팔하다

펄프 영{pulp} 명 pulpe *f* (à papier), pâte *f* (à papier). ¶~ 공장 une usine (de fabrication) de pâte à papier. ¶~ 제조기 un appareil servant à la confection de la pulpe, un pilon.

펌프 영{pump} 명 pompe *f*. ¶~를 박다 installer une pompe. ¶~로 물을 긷다 tirer de l'eau avec une pompe, pomper de l'eau.

◆_질 명 pompage *m*. ¶~질을 하다 pomper.

펑 부 ① ((소리)) crac!; pan. ¶~ 소리를 듣다 entendre une explosion. ¶~ 하는 폭음 bruits d'explosion. ¶~ 하고 마개가 빠졌다 Le bouchon est sorti en faisant pan. ② 시원하게 un poids en moins sur la poitrine. ¶ 가슴이 ~ 뚫리다 avoir un poids en moins sur la poitrine, se sentir soulagé(*e*).

◆_ _ 부 ((물이)) ((couler, jaillir)) à flots, avec force, abondamment, violemment; ((눈이)) ((neiger)) à gros flocons; ((pleuvoir)) à verse, à torrents, à seaux. ¶ 물이 ~~ 잘 나온다 L'eau coule à flots. ¶ 눈이 ~~ 내린다[쏟아진다] Il neige à gros flocons. ¶ 총소리가 ~~ 울렸다 Pan! Pan! On entendit des coups de fusil.

펑크[1] 영{puncture} 명 ① crevaison *f*. ¶ 차에 ~를 내다 crever les pneus d'une voiture. ¶ 타이어가 ~가 났다 Le pneu est crevé. ② 【속어】 일이 잘못됨 absence *f*, défaut *m* de comparution, cause *f* d'annulation. ¶ 방송 녹화[약속]를 ~내다 ne pas venir à l'enregistrement de l'émission [ne pas venir à un rendez-vous, manquer un rendez-vous, faire faux bond à *qn*, poser un lapin à *qn* {*fam*}]. ¶ 배우 한 명이 일정 전체를 ~를 냈다 Un acteur a manqué à tous les engagements que son équipe prévoyait dans la journée. ¶ 스케줄이 ~가 나다 avoir un trou inattendu dans *son* emploi du temps, avoir un rendez-vous annulé.

펑크[2] 영{punk} 명 punk *m*. ¶~ 문화[음악, 미술] la culture [la musique, l'art] punk.

◆_족 -族 명 punks *mpl*.

펑퍼짐하다 형 être large. ¶ 몸이 ~ avoir le corps large. ¶ 둔덕이 ~ La butte est large.

펑펑 부 ☞ 팡팡

페가수스 영{Pegasus} 명 【문학】 Pégase.

페널티 영{penalty} 명 【운동】 faute *f*. ¶~를 선언하다 siffler une faute. ¶ ((심판이)) 수비수에게 ~를 선언하다 siffler une faute contre un défenseur.

◆_킥 명 【운동】 penalty *m*, coup *m* de pied de réparation. ¶~킥을 차다 tirer un penalty [un coup de pied de réparation]. ¶~킥을 골로 연결시키다 transformer [réussir] un penalty.

◆_에어리어 명 【운동】 surface *f* de réparation.

◆_지역 -地域 명 【운동】 surface *f* de réparation, les seize mètres *fpl*, zone *f* de penalty.

페니실린 영{penicillin} 명 【의학】 pénicilline *f*.

페달 영{pedal} 명 pédale *f*. ¶ 자전거의 ~을 힘껏 밟다 appuyer de toutes *ses* forces sur les pédales d'un vélo. ¶ 피아노의 ~을 밟다 appuyer sur la pédale d'un piano.

페디큐어 영{pedicure} 명 pédicure *f*; vernis *m* à ongle pour les ongles des orteils. ¶~를 바르다 se mettre du vernis à ongle sur les ongles des orteils.

페레스트로이카 러 명 perestroïka *f*. ¶~ 정책 la politique de la perestroïka ((politique qui s'est accompagnée d'une transparence de la vie politique qui caractérise cette politique de la perestroïka)).

페리 영{ferry} 명 ☞ 카페리

페미니스트 영{feminist} 명 féministe *mf*.

페미니즘 영{feminism} 명 féminisme *m*.

페스트 영{pest} 명 【의학】 peste *f*. ¶~의 유행 une épidémie de peste. ¶~에 걸리다 attraper la peste. ¶~가 창궐한다 La peste ravage le pays. ¶~가 생긴다[발생한다] La peste apparaît [surgit].

◆_균 -菌 명 【생물】 bacille *m* de la peste, bacille *m* de Yersin (*Yersinia Pestis*).

페스티발 영{festival} 명 festival *m*. ¶~을 열다 ouvrir un festival.

페어플레이 영{fair play} 명 loyauté *f*, bonne foi *f*, fair-play *m inv*. ¶~ 정신 esprit de fairplay. ◇_(를) 하다 être fair-play [beau joueur, loy*al*(*ale*, *aux*), réguli*er*(*ère*)], se montrer beau joueur.

◆_상 -賞 명 prix *m* du fair-play.

페이스[1] 영{face} 명 face *f*, visage *m*.

페이스[2] 영{pace} 명 pas *m*, allure *f*, cadence *f*, rythme *m*. ¶ ~가 너무 빠르다[느리다] être trop rapide [lent(*e*)], avoir une allure trop rapide [aller trop lentement], adopter [prendre] un rythme [une cadence, une allure] trop rapide; courir [((un cycliste)) rouler] à une cadence trop rapide. ¶ ~를 늦추다 diminuer la cadence [le rythme], baisser [diminuer] *sa* vitesse. ¶ ~를 당기다 accélérer le rythme, augmenter *son* allure, presser [accélérer] l'allure, augmenter la cadence [la vitesse]; passer la surmultipliée {*fam*}, mettre le turbo {*fam*}. ¶ ~를 조절하다 adapter *sa* cadence, régler [moduler, adapter] *sa* vitesse, réguler l'allure, régler le pas [l'allure, *sa* cadence], faire varier *sa* vitesse.

페이스페인팅 영{face painting} 명 maquillage *m* d'enfants, maquillage *m* ludique, peinture *f* faciale (à l'occasion de festivités : anniversaires, festivals ou carnavals). ◇_(을) **하다** se faire maquiller le visage (à l'occasion de festivités : anniversaires, festivals ou carnavals).

페이지 영{page} 명 page *f*. ¶ ~를 넘기다 tourner une page. ¶ ~를 열다[펼치다] ouvrir à une page. ¶ 역사의 한 ~를 장식하다 écrire une page de l'Histoire. ¶ 민중사의 첫 ~를 장식하다 écrire la première page de l'histoire du peuple.

페이퍼백 영{paperback} 명 【출판】 libre *m* broché; livre *m* de poche. ¶ 책을 ~ 판본으로 출간하다 publier [sortir] un livre en édition de poche.

페인트 영{paint} 명 peinture *f*. ¶ ~를 칠하다 passer une couche de peinture. ¶ ~가 벗겨진다 La peinture s'enlève [se détache, s'écaille].

◆_**칠** 명 action de passer une couche de peinture. ¶ ~칠을 하다 peindre, mettre une couche de peinture.

페트 명 PET (polyéthylène *m* téréphtalate ou polytéréphtalate *m* d'éthylène-glycol; Tergal *m*).

◆_**병** -甁 명 bouteille *f* en plastique, bouteille *f* PET.

페퍼민트 영{peppermint} 명 【식물】 menthe *f* poivrée. ¶ ~껌 chewing-gum à la menthe poivrée. ¶ ~향을 첨가하다 parfumer à la menthe poivrée. ¶ ~향이 들어있는 parfumé(*e*) à la menthe poivrée.

펜 영{pen} 명 stylo *m*, feutre *m*, stylo feutre *m*. ¶ ~ 글씨 écriture au stylo [manuscrite]. ¶ 가는[굵은] ~ un stylo fin [épais]. ¶ ~을 들다[놓다] prendre [poser] *son* stylo [*sa* plume]. ¶ ~으로 글을 쓰다 écrire avec un stylo [au stylo].

◆_**대** 명 plume *f*, stylo *m*. ¶ ~대를 잡다 prendre *son* stylo [*sa* plume]. ¶ ~대를 놓다 poser *son* stylo [*sa* plume].

◆_**촉** -鏃 명 pointe *f* d'un stylo.

◆_**클럽** 명 le PEN club (international) *m*.

펜던트 영{pendant} 명 pendentif *m*, sautoir *m*.

펜싱 영{fencing} 명 【운동】 escrime *f*. ¶ ~ 교사 un moniteur d'escrime, un maître d'armes. ¶ ~ 선수 un(*e*) escrimeu*r*(*se*). ¶ ~ 시합 un tournoi d'escrime. ¶ ~ 칼 un fleuret, un sabre, une épée. ¶ ~을 하다 faire de l'escrime, tirer (les armes).

펜치 영{pincers} 명 tenaille *f*, pince *f*.

펜팔 영{pen pal} 명 correspondant(*e*). ¶ 누구와 ~을 하다 correspondre par lettre(*s*) avec *qn*. ¶ ~로 사귄 친구 un(*e*) correspondant(*e*).

펭귄 영{penguin} 명 【동물】 manchot *m*.

펴내다 타 publier. ¶ 책[시집]을 ~ publier un livre [un recueil de poèmes]. ¶ 학교신문을 ~ publier le journal scolaire.

펴낸이 명 【출판】 édi*teur*(*trice*).

펴다 타 ① ((벌리다)) étaler, étendre, ouvrir; ((굽은 것을)) rendre *qc* droit; ((말린 것을)) déferler ((une voile)). ¶ 구김살을 ~ faire disparaître ((un faux pli)), repasser les plis d'un vêtement; repasser ((un vêtement, un pantalon, une chemise)), défriper ((une robe froissée)); défroisser. ¶ 날개를 ~ déployer les ailes. ¶ 몸을 ~ s'étendre, s'allonger, s'étaler. ¶ 어깨를 ~ garder les épaules droites; ((비유적)) avoir un poids en moins sur les épaules, se sentir déchargé(*e*) d'une responsabilité, se sentir soulagé(*e*). ¶ 가슴을 ~ bomber la poitrine [le torse]; se cambrer; redresser le buste, se redresser. ¶ 손가락을 ~ ouvrir la main. ¶ 허리를 ~ se redresser. ② ((접힌 것을)) déplier, dérouler, déployer, ouvrir. ¶ 우산을 ~ ouvrir [déployer] un [*son*] parapluie. ¶ 신문을 ~ ouvrir [déplier] un journal. ¶ 이부자리를 ~ étendre [dérouler] *son* matelas (sur le sol), faire un [*son*] lit; disposer [préparer] *sa* literie [*son* matériel de couchage]. ¶ 책의 10페이지를 펴라 Ouvrez le [votre] livre (à la) page 10. ¶ 지도가 책상 위에 펴져 있었다 Une carte géographique était étalée [ouverte, étendue] sur la table. ③ ((얼굴, 표정)) retrouver ((le sourire)), ne plus faire de ((grimace)), se dérider. ¶ 얼굴[표정, 인상]을 ~ retrouver le sourire [la bonne humeur]; ne plus faire de grimace, se dérider, devenir plus gai(*e*). ④ ((마음을)) se calmer, se tranquilliser, se sentir à l'aise; ((기를)) se mettre à *son* aise: améliorer la situation de *qn*. ¶ 기를 ~ se mettre à *son* aise [à l'aise]. ¶ 기를 못 ~ être incapable de réagir devant *qn*, trembler ((à la pensée de *qc*, devant *sa* femme, devant *son* supérieur)), être intimidé(*e*) [terrorisé(*e*)] par *qn*. ¶ 오금을 못 ~ être très intimidé(*e*); être sous la domination [sous la coupe] de *qn*, être dominé(*e*) par *qn*. ¶ 학생들이 엄한 선생님 앞에서 기를 못 편다 Le professeur est tellement sévère que les élèves sont très tendus [contractés, intimidés] devant lui [sont mal à l'aise en sa présence] / Le professeur intimide complètement les élèves. ¶ 그는 나의 옹색함을 펴 주었다 Il m'a aidé(*e*) à sortir d'une difficulté [d'une impasse] financière. ④ ((생각 따위를)) promulguer, proclamer, propager, étendre, développer; transmettre. ¶ 지식을 ~ transmettre le savoir. ¶ 소신을 ~ transmettre *sa* foi [*sa* conviction]. ¶ 반론

을 ~ protester ouvertement. ¶ 주장을 ~ développer *son* point de vue. ¶ 이론을 ~ proposer une théorie. ⑤ ((세력, 작전 따위를)) étendre, déployer. ¶ 세력을 ~ étendre [déployer] *sa* puissance. ¶ 작전을 ~ déployer une stratégie.

펴이다 재 ☞ 펴지다

펴지다 재 ① ((우산이)) s'ouvrir, se déployer; ((구김이)) se défroisser; ((굽은 것이)) se redresser; être redressé(*e*). ¶ 다림질을 했더니 옷의 구김이 펴졌다 J'ai repassé les vêtements qui maintenant sont bien défroissés [ne sont plus froissés]. ¶ 이 철사는 망치로 잘 펴지지 않는다 Ce fil de fer ne se redresse pas facilement avec un marteau / On a des difficultés à redresser ce fil de fer avec un marteau. ② ((접힌 것이)) s'ouvrir, se déployer. ¶ 이 우산은 잘 안 펴진다 Ce parapluie s'ouvre difficilement / J'ai du mal à ouvrir ce parapluie. ¶ 지도가 책상 위에 펴져 있었다 Une carte géographique était étalée [ouverte, étendue] sur la table. ③ ((얼굴이)) se détendre, se dérider. ¶ 굳었던 얼굴이 펴진다 Le visage se détend. ¶ 그의 굳었던 얼굴이 펴졌다 Il a retrouvé le sourire [la bonne humeur]. ④ 넉넉해지다 ((la vie)) devenir plus aisé(*e*), pouvoir enfin vivre aisément, vivre enfin à l'aise. ¶ 살림[형편]이 펴진다 La vie devient plus aisée [facile] / On peut enfin vivre aisément / On n'a plus besoin de se serrer la ceinture {*fam*} [de faire attention à *ses* dépenses] / On vit enfin à l'aise / On est enfin à l'aise (financièrement).

편[1] 便 명 parti *m*, côté *m*, camp *m*, cause *f*. ¶ 엄마, 내 ~이지? Maman, tu es de mon côté [tu me soutiens], n'est-ce pas? ¶ 걱정 마. 그 친구는 우리 ~이라구 Inutile de t'inquiéter, il est de notre côté [il est avec nous]. ¶ 약자의 ~에 서다 prendre le parti des plus faibles. ¶ 자기 ~에 끌어들이다 mettre *qn* de *son* côté, rallier *qn* à *sa* cause. ¶ 적의 ~에 넘어가다 passer dans le camp adverse, changer de camp. ◇_(을) **가르다** diviser en groupes [en équipes]. ¶ ~을 갈라 축구를 하다 jouer au foot(ball) en formant deux équipes. ◇_(을) **들다**[(이) **되다**] se ranger [se mettre] du côté de *qn*, pendre parti pour [en faveur de] *qn*, prendre fait et cause pour *qn*, embrasser le parti de *qn*, prendre la défense de *qn*, défendre *qn*, soutenir *qn* contre *qn*. ¶ 항상 약한 자를 ~들다 se ranger toujours du côté des plus faibles. ¶ 여보, 내 ~ 들어줘야지 Tu dois prendre ma défense, chéri(*e*). ¶ 왜 항상 걔 ~ 들어? Pourquoi tu prends toujours sa défense? / Pourquoi c'est toujours lui que tu défends? / Pourquoi tu es toujours de son côté? ◇_(을) **먹다** former un groupe, se ranger ensemble, s'associer. ¶ 누구와 ~먹다 former un groupe [s'associer] avec *qn*. ¶ 여럿이 ~먹어서 한 사람을 상대하다 former un groupe avec plusieurs personnes et en affronter une seule.

◆**_싸움** 명 bagarre *f* (entre deux groupes), échauffourée *f*. ¶ ~싸움이 벌어지다 Une bagarre se déclenche [éclate, a lieu].

편[2] 便 의명 ((nom non autonome ou dépendant, exprimant le côté, la direction, le moyen de transport)) ① 쪽, 방향 côté *m*, direction *f*. ¶ 양 ~에 des deux côtés. ¶ 왼 ~에 à gauche, du côté gauche. ¶ 한 ~으로는 d'un (certain) côté ((de l'autre)). ② 그룹 groupe *m*, parti *m*, côté *m*, camp *m*. ¶ 우리 ~ notre groupe [équipe, camp]. ¶ 상대 ~ le groupe [le camp] adverse, le parti opposé, l'autre côté. ¶ 차 값은 초대한 ~이[에서] 부담한다 C'est celui qui invite qui paie les consommations. ③ 경향 tendance *f*, penchant *m*. ¶ 그 사람은 게으른[침착한] ~ 이다 Il est plutôt [assez] paresseux [calme]. ¶ 아직은 여유가 좀 있는[없는] ~이다 Il nous reste encore de la marge [Il ne nous reste plus beaucoup de marge]. ④ 방법 moyen *m* ((d'expédition, de transmission)). ¶ 친구 ~에 소식을 전하다 transmettre des nouvelles par l'intermédiaire d'un ami. ¶ 항공[배]~으로 책을 보내다 envoyer un livre par avion [par bateau]. ¶ 열차 ~으로 떠나다 partir en train. ⑤ ((비교)) option *f*, choix *m*, alternative *f*. ¶ 차를 타느니 걸어가는 ~이 더 빠르다[낫다] Ça paraît plus rapide [mieux] d'y aller à pied plutôt que de prendre la voiture.

편[3] 編 의명 compilation *f*, recueil *m*, édition *f*. ¶ 한글학회 ~ compilé(*e*) [édité(*e*)] par l'Académie de la langue coréenne.

편[4] 篇 의명 volume *m*, tome *m*, livre *m*, chapitre *m*, section *f*, partie *f*. ¶ 상[중, 하] ~ le premier [deuxième, troisième] volume [tome]. ¶ 제 1 ~ le premier chapitre; la première partie. ¶ 한 ~의 시 un poème.

편견 偏見 명 préjugé *m*, préconception *f*, parti *m* pris, idée *f* préconçue, opinion *f* toute faite. ¶ 인종적[종교적] ~ un préjugé racial [religieux]. ¶ ~을 가지다 avoir des préjugés [des préconceptions]. ¶ ~에 사로잡히다[빠지다] être retenu(*e*) par *ses* [plein(*e*) de] préjugés.

편경 編磬 명 【음악】 *pyeongyeong m* <carillon en pierre, instrument à percussion traditionnel coréen>.

편곡 編曲 명 arrangement *m* ((pour piano)), transcription *f* (musicale). ¶ 김 씨 ~의 곡 un morceau de musique arrangé par monsieur Kim. ¶ 민요의 현대적 ~ l'adaptation contemporaine d'un chant folklorique. ◇_(을) **하다** arranger, transcrire, adapter. ¶ 악곡을 바이올린[4부 합창]곡으로 ~하다 transcrire [arranger] un morceau de musique pour violon [(un) chœur à quatre voix]. ◇_(이) **되다** être arrangé(*e*), transcrit(*e*), adapté(*e*). ¶ ~이 잘못된 곡 un morceau mal transcrit.

편년 編年 명 compilation *f* historique selon l'ordre chronologique. ¶ ~ 작업 un travail de compilation (historique) selon l'ordre chronologique.

◆**_사** -史 명 chroniques *fpl*, annales *fpl*.

◆**_체** -體 명 ordre *m* chronologique.

ㅍ

편달 鞭撻 명 encouragement *m*, exhortation *f*. ¶ ~을 부탁하다 demander des encouragements [d'encourager *qn*]. ◇_(을) **하다** encourager, inciter, stimuler, aiguillonner. ¶ 저를 가일층 ~해 주십시오 Donnez-moi encore davantage de conseils et d'encouragements, s'il vous plaît.

◆**지도_** 指導 명 instructions *fpl* et encouragements *mpl*. ¶ 많은 지도~을 부탁드립니다 Je vous prie de ne pas épargner vos conseils et vos encouragements.

편당 偏黨 명 faction *f*, clan *m*, groupe *m*, parti *m*, cabale *f*. ◇_(을) **하다[짓다]** former une faction. ¶ ~을 하여 당의 단합을 저해하다 empêcher l'union du parti en créant une faction.

편대 編隊 명 【군사】 formation *f* en escadrille [en colonne], escadrille *f*, colonne *f*. ¶ 전투기 ~ une escadrille d'avions de chasse. ¶ 밀집 ~를 이루다 se mettre en colonnes serrées [en rangs serrés]. ¶ ~를 형성하다[짜다] se mettre en escadrille [en colonnes]. ¶ ~를 유지하다 maintenir une formation en escadrille. ¶ ~에 끼다 s'insérer dans une colonne [escadrille].

◆**_비행** 飛行 명 【군사】 vol *m* en escadrille. ¶ ~비행을 하다 voler en escadrille.

◆**_장** -長 명 【군사】 chef *m* d'escadrille.

편도[1] **片道** 명 aller *m* simple; voie *f* à sens unique. ¶ ~ 4차선 quatre voies à sens unique. ¶ ~ 승차권 un (billet) aller simple. ¶ ~ 요금 le tarif d'un aller simple. ¶ 요금은 ~ 2만원이다 C'est vingt mille wons pour un aller simple.

편도[2] **扁桃** 명 ☞ 편도선

편도선 扁桃腺 명 【의학】 amygdale *f*. ¶ ~ 절제수술 ablation des amygdales. ¶ ~이 붓다 avoir les amygdales gonflées.

◆**_염** -炎 명 【의학】 amygdalite *f*, angine *f* rouge, inflammation *f* des amygdales. ¶ ~염을 앓다 souffrir d'une amygdalite. ¶ ~염에 걸리다 attraper une angine rouge. ¶ ~염에 시달리다 souffrir d'une amygdalite.

편두통 偏頭痛 명 【의학】 migraine *f*. ¶ 만성 ~ une migraine ophtalmique. ¶ ~을 앓다 souffrir de migraines, avoir des migraines, être migraineu*x*(*se*). ¶ ~을 치료하다 soigner une migraine. ¶ ~에 걸리다 avoir la migraine. ¶ ~에 시달리다 souffrir de migraines. ¶ ~이 나다 avoir la [une] migraine.

편람 便覽 명 ① 편리하게 둘러보게 함 commodité *f* [facilité *f*] de lecture. ¶ 법령의 ~ commodité de lecture de la loi. ② 편람을 위한 책 manuel *m*, guide *m*, abrégé *m*, précis *m*, vade-mecum *m inv*. ¶ 학생 ~ le guide [le manuel] des étudiants.

◆**_도** -圖 명 plan *m*.

◆**_표** -表 명 plan *m*.

편력 遍歷 명 ① pérégrinations *fpl*. ¶ 교통의 발달은 국토의 ~을 용이하게 해 준다 Le développement des voies de circulation facilite les déplacements à l'intérieur du pays. ② accumulation *f* des expériences. ¶ 그 남자는 여성 ~이 많다 Il a beaucoup d'expérience avec les femmes. ◇_(을) **하다** faire des pérégrinations, parcourir. ¶ 전국을 ~하다 parcourir [arpenter] tout le pays.

편리 便利 명 commodité *f*, facilité *f*, maniabilité *f*, confort *m*. ¶ 공중의 ~를 도모하다 s'attacher au [viser le] confort (du) public. ¶ 누구에게 ~를 제공하다 offrir à *qn* du confort [des commodités]. ¶ 누구의 ~를 보아주다 veiller au confort de *qn*.

◆**_하다** 형 être pratique, commode, maniable, confortable. ¶ 교통이 ~하다 être bien desservi(*e*) (par les transports en commun). ¶ 이 물건은 운반이[에] ~하다 Cet objet est très pratique à transporter. ¶ 이곳은 교통수단이 ~하게 되어있다 Cet endroit est très bien desservi par les transports en commun.

◆**_성** -性 명 commodité *f*, facilité *f*, maniabilité *f*, confort *m*.

편린 片鱗 명 écaille *f*; petite partie *f*; infime portion *f*; fraction *f*; parcelle *f*. ¶ 기억[과거]의 ~들이 떠오른다 Des fractions de souvenir [du passé] me reviennent en mémoire [à l'esprit].

편마암 片麻巖 명 【광업】 gneiss *m*.

편모[1] **偏母** 명 mère *f* veuve. ¶ ~를 모시다 vivre avec *sa* mère veuve.

◆**_슬하** -膝下 명 tutelle *f* de *sa* mère (seule et) veuve. ¶ ~슬하에 있다 être sous la tutelle de *sa* seule mère, vivre avec *sa* mère seule. ¶ ~슬하에서 자라다[지내다] grandir avec [sous l'autorité d']une mère veuve.

편모[2] **片貌** 명 face *f*, aspect *m*. ¶ 말투로 누구의 한 ~를 짐작하다 deviner un côté [un aspect] de *qn* par *sa* façon de parler.

편모[3] **鞭毛** 명 【생물】 flagelle *m*.

◆**_균** -菌 명 【생물】 cellule *f* flagellaire, zoïde *m*.

◆**_류** -類 명 【생물】 flagellé *m*.

◆**_식물** -植物 명 【식물】 plante *f* flagellaire, zoïde *m* (végétal).

◆**_운동** -運動 명 【생물】 mouvements *mpl* flagellaires.

편무 片務 명 devoir *m* [obligation *f*, responsabilité *f*] unilatéral(*e*).

◆**_적** -的 명관 unilatér*al*(*ale, aux*). ¶ ~적(인) 의무[계약, 조약] un devoir [un contrat, un traité] unilatéral. ¶ 그 조약은 ~적이다 Ce traité est unilatéral. ¶ ~적으로 계약을 맺다 s'engager unilatéralement.

편물 編物 명 ① ((뜨개질)) tricotage *m*, tricot *m*, crochet *m*. ¶ ~을 하다 tricoter, faire du tricot [du crochet]. ② ((뜨개질 제품)) tricot *m*. ¶ ~ 제품[옷] un produit [un vêtement] tricoté.

편법 便法 명 expédient *m*, méthode *f* facile, procédé *m* pratique. ¶ ~ 운영 une gestion commode et pratique. ¶ 일시적 ~ un expédient temporaire. ¶ ~을 쓰다[사용하다] recourir à un expédient. ¶ ~을 동원하다 ne pas hésiter à utiliser [à recourir à] un expédient. ¶ ~으로 이기다 vaincre avec une méthode facile.

편벽 偏僻 명 partialité *f*, manque *m* d'équité. ¶~에 빠지다[사로잡히다] être en proie à la partialité.

◆_하다 형 être parti*al*(*ale, aux*), injuste, manquer d'équité. ¶~한 성품 un tempérament partial. ¶~한 농촌 une zone rurale déséquilibrée.

◆_되다 형 être parti*al*(*ale, aux*), injuste, manquer d'équité. ¶~되게 평가하다 juger avec partialité. ¶~된 견해[사랑] un point de vue [un amour] partial.

◆_되이 부 d'une manière partiale. ¶~되이 사랑하다 aimer avec partialité.

편서풍 偏西風 명 【지리】 vents *mpl* (dominants) d'ouest. ¶사막 모래가 ~을 타고 왔다 Le sable du désert est venu, transporté par les vents dominants de N.E. et S.E..

편성 編成 명 organisation *f*, formation *f*, composition *f*. ¶반[조] ~ la composition d'une classe [d'une équipe]. ¶프로그램~ composition d'un programme, programmation. ◇_(을) **하다** organiser, former, composer. ¶예산을 ~하다 établir un projet de budget. ¶학급을 ~하다 composer une classe. ¶함대를 ~하다 former un escadron. ¶혼성 여단을 ~하다 former une brigade mixte. ¶2개 중대로 ~하다 répartir ((des troupes)) en deux compagnies. ¶군대는 전시 ~을 하고 있다 L'armée est sur le pied de guerre. ¶프로그램을 새롭게 ~하다 recomposer un programme, refaire la programmation. ◇_(이) **되다** être composé(*e*). ¶이 학급은 30명으로 ~되어 있다 Cette classe est composée de trente élèves. ¶10량으로 ~된 열차 un train (composé) de dix wagons.

◆예산_ 豫算- 명 préparation *f* du budget.

◆재_ 再- 명 réorganisation *f*. ¶강좌 재~ la réorganisation d'un cours.

편수 編修 명 préparation *f* d'un texte; rédaction *f* ((d'un texte)); compilation *f*. ¶교과서 ~ rédaction d'un manuel. ◇_(를) **하다** compiler, composer, préparer ((un texte)); rédiger. ¶교과서를 ~하다 rédiger un manuel.

◆_관 -官 명 fonctionnaire *m* chargé de la rédaction (des manuels scolaires).

◆_국 -局 명 service *m* de rédaction (des manuels scolaires).

편술 編述 명 *préparation f d'un texte*; rédaction *f* (d'un journal); compilation *f*. ◇_(을) **하다** compiler, composer, préparer (un texte); écrire.

편승 便乘 명 action de monter dans la voiture de *qn*; action de tirer avantage de *qc*. ¶시내까지 ~을 부탁하다 demander à *qn* de le(la) déposer en ville. ◇_(을) **하다** monter dans la voiture de *qn*; tirer profit[avantage] de *qc*, saisir ((une occasion)). ¶시류[사회 분위기]에 ~하다 tirer profit des tendances [de l'atmosphère sociale]. ¶기회에 ~하다 profiter de l'occasion, saisir l'occasion. ¶대통령 전용기에 ~ 하다 monter dans l'avion privé du président de la République.

편식 偏食 명 alimentation *f* mal équilibrée. ¶심한 ~ un régime alimentaire excessivement mal équilibré. ¶~은 발육에 해롭다 Un régime alimentaire mal équilibré nuit à la croissance. ◇_(을) **하다** suivre un régime alimentaire mal équilibré.

◆_증 -症 명 【의학】 symptôme *m* de malnutrition.

편안 便安 명 paix *f*, tranquillité *f*; aise *f*, confort *m*. ¶일신의 ~만 생각하다 ne penser qu'à son propre confort.

◆_하다 형 être en paix; être tranquille; aller bien; être bien portant(*e*); être facile, confortable. ¶가족들 모두 ~하시지요? Toute votre famille va bien? ¶~하게 잠을 자다 dormir d'un sommeil tranquille. ¶~한 옷차림 une tenue confortable. ¶~한 분위기의 식당 un restaurant à l'ambiance confortable. ¶~한 안락의자 un fauteuil confortable.

◆_히 부 paisiblement, tranquillement, en paix; confortablement. ¶침대에 ~히 눕다 s'allonger confortablement sur le lit. ¶마음을 ~히 갖다 se sentir à l'aise; avoir l'esprit reposé. ¶아무 걱정 없이 ~히 공부하다 étudier l'esprit tranquille.

편애 偏愛 명 partialité *f*, prédilection *f*, favoritisme *m*. ¶아버지의 막내에 대한 ~ prédilection du père pour le cadet. ¶~가 심하다 avoir une prédilection excessive ((pour *qn*/*qc*)). ◇_(를) **하다** avoir une prédilection pour *qn*; faire preuve de favoritisme. ¶모범생을 ~하다 avoir une prédilection pour les étudiants exemplaires.

편영 片影 명 ombre *f*, point *m*; moucheture *f*. ¶적의 ~조차도 볼 수가 없다 Il n'y a aucune trace d'ennemis.

편육 片肉 명 tranche *f* de viande bouillie.

편의 便宜 명 commodité *f*, convenance *f*, facilité *f*, avantage *m*. ¶~시설 installation de commodité. ¶교통[운송](의) ~ facilité de transport. ¶~상 그렇게 처리하다 traiter l'affaire d'une certaine manière pour des raisons de commodité. ¶~를 도모하다 pourvoir à la commodité; penser à [considérer] l'intérêt de *qn*. ¶온갖 ~를 제공하다 fournir toutes sortes de commodités. ¶누구의 ~를 봐주다 faciliter (la tâche à) *qn*.

◆_성 -性 명 commodité *f*, convenance *f*, facilité *f*, avantage *m*.

◆_점 -店 명 magasin *m* ouvert 24 heures sur 24.

◆_주의 -主義 명 opportunisme *m*.

◆_주의자 -主義者 명 opportuniste.

편의대 便衣隊 명 troupe *f* en civil ((qui pénètre en territoire ennemi)).

편이 便易 어근 facilité *f*, commodité *f*, maniabilité *f*.

◆_하다 형 être commode, convenable, maniable, facile. ¶휴대하기에 ~하다 être facile à porter. ¶~한 사전 un dictionnaire commode.

편익 便益 명 avantage *m*, profit *m*, facilité *f*, commodité *f*; faveur *f*. ¶상호 ~을 위해서 pour le profit mutuel. ¶ ~을 도모하다 chercher à faciliter *qc*. ◇_(을) **주다** accorder un avantage à *qn*. ◇_(을) **받다[얻다]** obtenir une faveur.

편입 編入 명 ① incorporation *f*. ¶ 서울특별시로의 ~ être incorporé(*e*) dans la ville métropolitaine de Séoul. ② ((교육기관)) entrée *f* [admission *f*] en cours d'études dans un autre établissement. ¶ 명문교 ~ entrée [admission] en cours d'études dans une université prestigieuse. ◇_(을) **하다** 자 être admis(e) [entrer] en cours d'études ((dans une autre université)). ¶ A대학교에 ~하다 être admis(*e*) [entrer] en cours d'études dans l'université A. 타 incorporer, classer, inclure. ¶ 어떤 부류로 ~하다 classer [mettre] *qc* dans telle ou telle catégorie. ¶ 예산에 ~하다 inclure ((*qc*)) dans le budget. ◇_(이) **되다** être incorporé(*e*); être admis(*e*) en cours d'études dans une autre université. ¶ 시에 ~되다 être incorporé(*e*) dans une ville. ¶ 4학년에 ~되다 être admis(*e*) en cours d'études en quatrième année dans une autre université. ¶ 보병에 ~되다 être versé(*e*) dans l'infanterie. ◇_(을) **시키다** 타 ① classer, incorporer, inclure. ② ((학교에)) faire entrer ((*son* enfant)) en cours d'études dans une autre université; ((une université)) admettre en cours d'études un étudiant venant d'une autre université.

◆**_생** -生 명 étudiant(*e*) [élève] admis(*e*) en cours d'études dans une autre université.

◆**_시험** -試驗 명 concours *m* [examen *m*] pour une admission en cours d'études dans une autre université.

편자[1] 명 fer *m* à cheval. ¶ ~를 박는 사람 maréchal-ferrant. ¶ 말에 ~를 박다[신기다] ferrer un cheval.

***개발에** ~ jeter des perles aux pourceaux; donner de la confiture aux cochons.

편자[2] **編者** 명 rédac*teur*(*trice*); édi*teur*(*trice*).

편재[1] **遍在** 명 omniprésence *f*, ubiquité *f*. ◇_(를) **하다** être omniprésent(*e*); se trouver partout; être répandu(*e*) partout. ¶ 절대자의 힘이 ~하고 있다 La force de l'Absolu est omniprésente. ¶ ~하는 신 Dieu omniprésent.

편재[2] **偏在** 명 mauvaise répartition *f*. ¶ 부의 ~ une mauvaise répartition des richesses. ◇_(가) **되다** être mal réparti(*e*).

편저자 編著者 명 compilateur *m*, assembleur *m*.

편제 編制 명 formation *f*, organisation *f*. ¶ 부대의 ~ organisation de l'armée. ¶ 중앙군 위주의 ~ organisation centralisée de l'armée. ¶ 전시[평시] ~ organisation de l'armée en temps de guerre [de paix]. ◇_(를) **하다** former, organiser. ¶ 2개 중대로 ~하다 répartir (des troupes) en deux compagnies. ◇_(가) **되다** être organisé(*e*), composé(*e*), formé(*e*). ¶ 1개 소대는 4 개의 분대로 ~되어 있다 Une section est composée de quatre escouades.

편종 編鐘 명 【음악】 *pyeonjong m* <carillon de cloches de phonolithes et de lames de métal>.

편중 偏重 명 prépondérance *f*, prédilection *f*. ¶ 부의 ~ une mauvaise répartition des richesses. ¶ 지능 교육의 ~ une éducation trop intellectuelle. ◇_(을) **하다** donner trop d'importance à *qc*. ◇_(이) **되다** être mal équilibré(*e*). ¶ 특정 지역에 ~된 인사 un remaniement du personnel en faveur d'une région spécifique.

편지 便紙 명 lettre *f*, billet *m*, mot *m*; épître *f*, courrier *m*. ¶ 5일자 ~ une lettre datée du cinq. ¶ ~를 쓰다 écrire une lettre. ¶ ~를 주고받다 s'échanger [s'écrire] des lettres. ¶ ~를 부치다 poster une lettre. ¶ ~를 봉하다 cacheter une lettre. ¶ ~를 보내다 envoyer une lettre. ¶ ~를 받다 recevoir une lettre. ¶ ~를 펴보다 ouvrir [décacheter] une lettre. ¶ 그는 ~도 한 장 써놓지 않고 갔다 Il est parti sans avoir laissé un mot. ¶ ~로 신청하다[주문하다] faire une demande par courrier, passer une commande par courrier. ¶ ~가 오다 recevoir une lettre. ◇_(를) **하다** écrire une lettre. ¶ 도착하시면 ~해 주세요 Écrivez-moi quand vous serez arrivé. ¶ 나는 다음 달에 도착한다고 ~를 했다 Je lui ai écrit que j'arriverais le mois prochain. ¶ 그가 뭐라고 ~했냐? Qu'est-ce qu'il a dit dans sa lettre?

◆**_내왕** -來往 명 correspondance *f*; échange *m* de lettres.

◆**_사연** -事緣 명 contenu *m* d'une lettre.

◆**_지** -紙 명 papier *m* à lettre.

◆**_통** -筒 명 boîte *f* aux lettres.

◆**사례_** 謝禮- 명 lettre *f* de remerciements.

◆**안부_** 安否- 명 lettre *f* s'informant de la santé de *qn*, lettre *f* de courtoisie.

◆**연애_** 戀愛- 명 lettre *f* d'amour; billet *m* doux.

편직물 編織物 명 tricot *m*.

편집[1] **偏執** 명 obstination *f*, entêtement *m*, opiniâtreté *f*, ténacité *f*, obsession *f*. ¶ 그는 ~이 심하다 Il est paranoïaque.

◆**_적** -的 명관 obsessionnel(*le*).

◆**_광** -狂 명 monomanie *f*; monomane; monomaniaque.

◆**_병** -病 명 【의학】 paranoïa *f*. ¶ ~병 환자 un(*e*) paranoïaque.

◆**_증** -症 명 【의학】 paranoïa *f*. ¶ ~증이 있다 être paranoïaque.

편집[2] **編輯** 명 rédaction *f*, compilation *f*. ¶ 잡지[신문] ~ rédaction d'une revue [d'un journal]. ¶ ~ 회의를 열다 tenir un comité de rédaction. ◇_(을) **하다** rédiger, compiler, composer. ¶ 잡지를 ~하다 s'occuper de la rédaction d'une revue.

◆**_국** -局 명 direction *f* de rédaction.

◆**_마감** 명 bouclage *m* (d'une revue, d'un quotidien).

◆**_부** -部 명 service *f* de rédaction.

◆**_실** -室 명 salle *f* de rédaction.

◆**_인** -人 명 rédac*teur*(*trice*).

◆**_자** -者 명 rédac*teur*(*trice*).

◆_장 -長 명 rédacteur *m* en chef (d'un journal).

◆_진 -陣 명 équipe *f* de rédaction.

편차 偏差 명 différence *f*, décalage *m*, écart *m*; déviation *f*, déclinaison *f* (magnétique). ¶ 두 결과치 사이의 ~ différence entre deux résultats. ¶ 학력의 ~ différence de niveau d'éducation. ¶ 지나친 ~ décalage excessif. ¶ ~를 줄이다 réduire la différence. ¶ ~가 크다[작다] avoir une grande [petite] différence. ◇_(가) 있다[없다] Il y a une [il n'y a pas de] différence. ¶ 참가팀들 간에 실력 ~가 있다 Il y a une différence de niveau entre les équipes participantes. ¶ 학생들의 실력에 ~가 있다 Il y a une différence de niveau entre les étudiants.

◆표준_ 標準- 명 【수학】 déviation *f* normale.

편찬 編纂 명 【출판】 rédaction *f*, publication *f*. ¶ 사전 ~ rédaction [publication] d'un dictionnaire. ¶ ~ 원칙[지침] principe de rédaction. ¶ 한불사전은 지금 ~중이다 Un dictionnaire coréen-français est en préparation. ◇_(을) 하다 rédiger. ¶ 사전을 ~하다 préparer un dictionnaire. ◇_(이) 되다 être présenté(*e*), préparé(*e*), rédigé(*e*). ¶ 이 사전은 잘 ~되어 있다 Ce dictionnaire est bien fait [présenté] / C'est un bon dictionnaire.

◆_위원회 -委員會 명 【출판】 comité *m* de rédaction.

◆_자 -者 명 【출판】 rédac*teur*(*trice*), compila*teur*(*trice*).

편찮다 便- 형 être incommode, inconfortable; être malade, indisposé(*e*), incommodé(*e*), avoir mal ((terme honorifique)), être souffrant(*e*). ¶ (몸이) 편찮아서 결석하다 s'absenter pour cause de maladie. ¶ 어디 편찮으십니까? Êtes-vous souffrant(e)?

편취 騙取 명 fraude *f*, frustration *f*, escroquerie *f*; filouterie *f* {*fam*}. ¶ 재산[금전] ~ escroquerie de biens [d'argent]. ◇_(를) 하다 obtenir *qc* par fraude; frauder, frustrer *qn* de *qc*; escroquer *qc* à *qn*. ¶ 남의 재산을 ~하다 escroquer les biens de *qn*. ¶ 금전을 ~하다 escroquer de l'argent à *qn*.

◆_자 -者 명 fraudeu*r*(*se*), escroc *m*.

편파 偏頗 명 partialité *f*, favoritisme *m*; préférence *f*; manque *m* d'équité; discrimination *f*. ¶ ~ 시비 débat sur la partialité (de *qc*). ◇_(가) 되다 être parti*al*(*ale*, *aux*), inéquitable. ¶ ~됨이 없이 avec impartialité; *impartialement*, *équitablement*.

◆_적 -的 명관 parti*al*(*ale*, *aux*), inéquitable, inique. ¶ ~적(인) 시각 un point de vue inéquitable. ¶ ~적으로 보다[판단하다] voir [juger] les choses de manière partiale. ¶ 그 판결은 ~적이다 Ce jugement est partial.

편편하다 便便- 형 être libre, tranquille; être en paix, être à l'aise.

◆편편히 便便 부 librement; tranquillement. ¶ 편편히 지내다 mener une vie confortable; vivre en paix.

편평 扁平 명 égalité *f* (du terrain).

◆_하다 형 être plat(*e*), uni(*e*); être plan(*e*). ¶ 길이 ~하다 La route est toute plate. ¶ 도로표면을 ~하게 고르다 niveler une route. ¶ ~한 지붕 un toit plat.

편하다 便- 형 être bien à l'aise; être calme, tranquille; être libre de tout souci; être commode, confortable, maniable, pratique. ¶ 마음이 ~ avoir l'esprit tranquille. ¶ 몸이 ~ se sentir confortable. ¶ 작은 가방이 들기(에) ~ Un petit sac est plus maniable (qu'un grand sac). ¶ 이 옷은 입고 벗기(에) ~ Ce vêtement est facile à porter et à enlever. ¶ 편하게 살다 vivre sans souci. ¶ 편하게 쉬다 se reposer tranquillement, se délasser, prendre du repos; se détendre. ¶ 마음을 편하게 하다[갖다] se libérer de tout souci. ¶ 집에서처럼 편하게 하세요 Faites comme chez vous. ¶ 편한 일 un travail facile.

◆편히 便 부 aisément, facilement; sans difficulté; tranquillement. ¶ 집에서 편히 놀다 se reposer tranquillement à la maison.

편향 偏向 명 propension *f*, penchant *m*, inclination *f*; tendance *f*, déflexion *f*. ¶ 서구[개인적, 당파적] ~ une propension à l'occidentalisation [une propension à tout rapporter à soi, une tendance partisane]. ◇_(이) 되다 avoir tendance à. ¶ 그의 생각은 사회주의로 ~되어 있다 Sa pensée s'incline vers le socialisme. ¶ 서구 문화에 ~된 시각 un point de vue influencé par la culture occidentale.

◆_적 -的 명관 incliné(*e*), partisan(*e*). ¶ ~적(인) 시각 [논리, 사고, 보도] un point de vue [une logique, une pensée, une nouvelle] partisan(*e*).

편협 偏狹 명 étroitesse *f* (petitesse *f*) d'esprit, mesquinerie *f*; intolérance *f*, sectarisme *m*. ¶ ~에 빠지다[기울다] tomber dans la mesquinerie. ¶ ~에서 벗어나다 sortir du sectarisme.

◆_하다 형 être étroit(*e*) d'esprit, sectaire; être mesquin(*e*). ¶ 무엇을 ~하게 해석하다 interpréter *qc* de façon étroite. ¶ ~한 사고방식[독서습관, 편견] un mode de pensée [une habitude de lecture, un préjugé] sectaire.

◆_심 -心 명 étroitesse *f* d'esprit, sectarisme *m*; partialité *f*.

편형동물 扁形動物 명 【동물】 plathelminthes *mpl*, platodes *mpl*.

펼치다 타 ① ouvrir ((un journal)), étendre, étaler; déployer ((*ses* ailes, un parapluie)); déplier ((une carte routière)); dérouler. ¶ 책을 ~ ouvrir un livre. ¶ 우산을 ~ ouvrir [déployer] un parapluie. ¶ 눈앞에 펼쳐진 넓은 평야 Une vaste plaine qui s'étend à perte de vue. ② ((꿈, 계획을)) réaliser ((un rêve)). ¶ 야망[꿈]을 ~ réaliser *son* ambition [*son* rêve]. ③ ((행위를)) mener ((une enquête)). ¶ 탐문 수사를 펼치다 mener une enquête.

평¹ 評 명 critique *f*, commentaire *m*; compte(-)rendu *m*. ¶ 이웃에게 좋은[착하다는] ~을 듣다 Il est considéré comme quelqu'un de bon par ses voisins. ¶ 그는[에 대한] ~이 좋다[나쁘다] Il a une bonne [mauvaise] réputation. ¶ 그가 성실하다는 ~이 (나) 있다 Il est considéré comme quelqu'un de sérieux.

◇_(을) 하다[가하다, 내리다] critiquer, faire un compte rendu [des commentaires]. ¶ 시사[작품]을 ~하다 faire un commentaire sur les actualités [une œuvre]. ¶ 누구를 좋게[나쁘게] ~하다 faire un commentaire favorable [défavorable] sur *qn*.

평² 坪 의명 *pyeong m* <unité de mesure correspondant à environ 3,3 m²>.

평-³ 平- 접두 commun(*e*), ordinaire, norm*al*(*ale*, *aux*), courant(*e*).

◆_교사 -教師 명 enseignant(*e*) sans [n'ayant pas de, dépourvu de] responsabilités administratives.

◆_사원 -社員 명 (simple) employé(*e*).

◆_지대 -地帶 명 terrain *m* plat; plaine *f*.

평가¹ 平價 명 pair *m*; parité *f*.

◆_절상 -切上 명 【경제】 réévaluation *f*. ¶ 원화를 ~절상하다 réévaluer le won. ¶ 달러가 ~절상되다 Le dollar a été réévalué.

◆_절하 -切下 명 【경제】 dévaluation *f*.

평가² 評價 명 évaluation *f*, estimation *f*, appréciation *f*. ¶ ~가 좋은[나쁜] 사람[작품] Une personne de bonne [mauvaise] réputation [une œuvre de bonne [mauvaise] critique]. ¶ 정당한[부당한, 과분한, 미진한] ~ une évaluation juste [mauvaise, exagérée, imparfaite]. ◇_(를) 하다[내리다] évaluer, estimer; apprécier, priser. ¶ 인물[작품, 성적]을 ~하다 juger la valeur d'une personne [d'une œuvre], évaluer les résultats. ¶ 손해[금액]를 ~하다 estimer des dommages [coûts]. ¶ 높이 ~하다 estimer beaucoup. ¶ 누구[무엇]에 대해 좋게[나쁘게] ~하다 donner une bonne [mauvaise] estimation de *qn*/*qc*. ¶ 누구[무엇]에 대해 높게[낮게, 과대] ~하다 estimer beaucoup [sous-estimer, surestimer] *qn*/*qc*. ¶ 누구[무엇]에 대해 ...라고 ~하다 estimer de *qn*/*qc* que+*ind*. ¶ 부동산 가액을 3억으로 ~하다 estimer la valeur de l'immobilier à 300 millions de wons. ◇_(를) 받다 être estimé(*e*); apprécié(*e*); évalué(*e*). ¶ 동료들에게[서] 좋은[나쁜, 좋게, 나쁘게] ~를 받다 avoir une bonne [mauvaise] réputation auprès de *ses* collègues de travail. ◇_(가) 되다 être estimé(*e*), apprécié(*e*), évalué(*e*). ¶ 그 보석은 천 유로로 ~된다 Ce bijou est évalué à mille euros.

◆_가격 -價格 명 【경제】 valeur *f* estimative.

◆_용 -用 명 pour estimation *f*. ¶ ~용 컴퓨터 프로그램 programme informatique pour estimation.

◆_서 -書 명 rapport *m* d'expertise. ¶ 연구결과에 대한 ~서를 작성하다 établir un rapport d'expertise des résultats de recherche.

◆_손실 -損失 명 【경제】 perte *f* d'évaluation.

◆_절하 -切下 명 dévaluation *f*, sous-estimation(~-~*s*) *f*. ¶ ~절하하다 sous-estimer *qc* / *qn*, sous-évaluer *qc*, estimer *qn* en dessous de *sa* valeur. ¶ 여성의 능력을 ~절하하다 sous-estimer les capacités des femmes.

◆_전 -戰 명 match m amical [rencontre f amicale] pour tester [pour mieux situer] la valeur de son équipe [ayant une importante valeur test], match *m* test. ¶ 프랑스 팀과 ~전을 하다[치르다] disputer un match amical face à [contre] la France pour tester la valeur de son équipe [pour mieux situer la valeur de son équipe]. ¶ ~전에서 이기다 remporter un match amical ayant une importante valeur test.

◆_회 -會 명 comité *m* [commission *f*] d'évaluation.

평강 平康 명 paix *f*, bien-être *m inv*. ¶ 마음에 ~을 갖다 avoir l'esprit en paix.

◆_하다 형 être tranquille; être en paix; se porter bien. ¶ 항상 ~하시기를 빕니다 Que la paix soit toujours avec vous!

평결 評決 명 【법률】 décision *f* après délibération; verdict *m*, sentence *f*. ¶ 원고에 유리한[불리한] ~ un verdict en faveur [en défaveur] du plaignant. ◇_(을) 하다[내리다] rendre un verdict; décider; rendre une sentence. ¶ 누구를 무죄로[라고] ~하다 acquitter (un accusé, un prévenu), déclarer *qn* innocent [non coupable]. ¶ 회사가 치료비를 배상하도록[하라고] ~하다 rendre un verdict sommant la société d'indemniser les frais de traitement. ◇_(을) 받다[(이) 되다] être déclaré(*e*). ¶ 재판부로부터 무죄라고[로] ~받다 être déclaré(*e*) innocent(*e*) par le tribunal. ¶ 그에게 유죄가 ~되었다 Il a été condamné.

평교사 平教師 명 enseignant *m* (du primaire ou du secondaire) sans [dépourvu de, n'ayant pas de] responsabilités administratives. ¶ ~로 재직하다[일하다] travailler comme enseignant (du primaire ou du secondaire) sans responsabilités administratives.

◆_회 -會 명 association *f* des enseignants dépourvus de responsabilités administratives d'un collège ou d'un lycée.

평교수 平教授 명 professeur *m* (d'université) sans [dépourvu de, n'ayant pas de] responsabilités administratives. ¶ ~로 정년퇴임을 하다 prendre *sa* retraite en tant que professeur sans avoir jamais eu de responsabilités administratives.

◆_회 -會 명 association *f* des professeurs dépourvus de responsabilités administratives au sein d'une université.

평균 平均 명 moyenne *f*. ¶ ~ 이상[이하] au-dessus [au-dessous] de la moyenne. ¶ ~ 성적[수입] une note [un revenu] moyen(*ne*). ¶ ~ 10 미터의 깊이 une profondeur de 10 mètres de moyenne. ¶ 월[하루] ~ 노동시간 la moyenne des heures de travail par mois [par jour]. ¶ ~보다 높다[낮다] être au-dessus (au-dessous) de la moyenne. ¶ ~에 못 미치다 ne pas parvenir à la moyenne. ¶ 그는 월수입이 ~ 십 만원이 된다 Son revenu est en moyenne de cent mille wons par mois. ¶ 그는 하루 ~ 7시간 일한다 Il travaille en moyenne sept heures par jour. ◇_(을) 하다[내다] être dans la moyenne [faire la moyenne]. ¶ ~하여 en moyenne. ¶ ~해서 35라는 수가 나온다 Nous arrivons à une moyenne de 35.

◆_적 -的 명관 moyen(*ne*). ¶ ~적(인) 지식수준[발전

속도] le niveau intellectuel [la vitesse de croissance] moyen(*ne*).

◆_대 -臺 명 tranche *f* moyenne.

◆_수 -數 명 moyen *m*.

◆_수명 -壽命 명 longévité *f* moyenne.

◆_연령 -年齡 명 âge *m* moyen.

◆_오차 -誤差 명 erreur *f* moyenne.

◆_율 -率 명 taux *m* moyen.

◆_점 -點 명 [note *f*] moyenne.

◆_치 -値 명 valeur *f* moyenne.

평균대 平均臺 명 barre *f* fixe. ¶ ~ 연기에서 만점을 받다 obtenir une note parfaite à la barre fixe. ¶ 실수로 ~에서 떨어지다 tomber de la barre fixe par erreur.

평년 平年 명 année *f* ordinaire [normale, moyenne]. ¶ ~ 기온 la température normale (pour la saison). ¶ 강우량이 ~과 같다[다르다] La pluviosité est la même que [est différente de] celle des années précédentes. ¶ 물가가 ~보다 두 배나 뛰었다 Le niveau des prix a doublé par rapport aux années précédentes.

◆_값 명 valeur *f* normale (moyenne). ¶ ~값을 웃도는 기온[물가상승률] une température [un taux d'augmentation des prix] au-delà du niveau habituel.

◆_작 -作 명 récolte *f* normale [habituelle]. ¶ ~작 수준 de niveau habituel. ¶ 올해 작황은 ~작이다 La récolte a été moyenne cette année.

◆_치 -値 명 valeur *f* normale [habituelle]. ¶ ~치를 웃도는[넘는] 실적 un résultat au-delà du niveau habituel.

평단 評壇 명 milieux *mpl* des critiques littéraires [artistiques], (la) scène *f* critique. ¶ ~의 평가[혹평, 호평]을 받다 être estimé(*e*)[conspué(*e*)] par les critiques; recevoir une critique favorable [sévère]. ¶ 올해 ~의 가장 큰 수확 la plus grande moisson de critiques littéraires de l'année.

평등 平等 명 égalité *f*, parité *f*, équité *f*. ¶ 경제적[사회적] ~ égalité économique [sociale]. ¶ 남녀 ~ égalité des sexes [entre les hommes et les femmes]. ¶ 기회 ~ égalité des chances. ¶ ~를 보장하다 garantir [assurer] l'égalité. ¶ ~을 누리다 jouir de l'égalité. ¶ ~이 보장되다 L'égalité est garantie.

◆_하다 형 être égal(*ale, aux*). ¶ 만인은 법 앞에 ~하다 Tous les hommes sont égaux devant la loi. ¶ ~하게 분배하다[대하다] répartir en parts égales [traiter les personnes sans discrimination]. ¶ ~한 권리 des droits égaux.

◆_히 부 de façon égale. ¶ ~히 기회를 주다 accorder une opportunité égale.

◆_화 -化 명 égalisation *f*.

◆_권 -權 명 droit *m* à l'égalité.

◆_사상 -思想 명 idéologie *f* égalitaire; égalitarisme *m*.

◆_선거 -選擧 명 principe *m* de vote égalitaire.

◆_조약 -條約 명 traité *m* égalitaire.

◆_주의 -主義 명 égalitarisme *m*.

평론 評論 명 ① critique *f*, commentaire *m*, observations *fpl*, critiques *fpl*. ② 평론문 critique *f*. ¶ 시사[문학] ~ critique sur l'actualité [la littérature]. ¶ 문학 ~을 쓰다[보다, 읽다] écrire [lire] une critique littéraire. ¶ 시사 ~을 듣다 écouter un commentaire sur les actualités. ◇_(을) 하다 faire la critique de *qc*; commenter; faire un commentaire sur *qc*. ¶ 시국 ~을 하다 faire un commentaire sur la situation actuelle. ¶ 영화 ~을 하다 faire une critique de film. ◇_(이) 되다 être critiqué(*e*), commenté(*e*).

◆_가 -家 명 critique *m* (littéraire), commenta*teur*(*trice*).

◆_계 -界 명 monde *m* de la critique.

◆_집 -集 명 recueil *m* de critique. ¶ ~집을 내다[출간하다, 출판하다] publier un recueil de critiques.

평면 平面 명 surface *f* plate [régulière, plane]; plan *m*, niveau(*x*).

◆_적 -的 명관 plan(*e*); plat(*e*); réguli*er*(*ère*); simpliste. ¶ ~적인 시각 un point de vue simpliste. ¶ ~적으로 문제에 접근하다 avoir une approche simpliste de la question.

◆_도 -圖 명 projection *f* horizontale; plan *m*. ¶ 건물의 ~도 le plan d'un immeuble.

평미리치다 平- 타 niveler; égaliser. ¶ 밭이랑을 ~ aplanir les sillons dans un champ.

평민 平民 명 peuple *m*; commun *m* du peuple. ¶ ~ 출신 d'origine populaire.

◆_적 -的 명관 démocratique; du peuple; simple, humble. ¶ ~적인 태도 une attitude simple.

◆_계급 -階級 명 classe *f* populaire.

◆_층 -層 명 couche *f* populaire.

평발 平- 명 pied *m* plat. ¶ ~로 군대를 면제받다 être exempté de service militaire pour cause de pieds plats.

평방 平方 어미 carré *m* ((d'un nombre)); ((mètre)) carré.

◆_근 根 명 【수학】 racine *f* carrée (d'un nombre n).

◆_미터 분류 mètre *m* carré. ¶ 1~ 미터당 2명이 들어가다 2 personnes par mètre carré. ☞ 제곱 ¶ 10 ~의 넓이 une superficie de 10 mètres carrés. ¶ 30 ~의 스튜디오 un atelier de 30 mètres carrés. ¶ 이 집은 100 ~이다 Cette maison fait 100 mètres carrés.

평범 平凡 명 caractère *m* simple et ordinaire; banalité *f*; vulgarité *f*.

◆_하다 형 être ordinaire, simple, banal(*e*), monotone, ennuyeu*x*(*se*), médiocre, être peu intéressant(*e*). ¶ ~하게 살다 mener une vie simple. ¶ 그날도 ~하게 지났다 Ce jour passa aussi sans incident [sans événement marquant]. ¶ ~한 사람[외모, 얼굴] une personne ordinaire [un visage sans traits bien marqués]. ¶ ~한 말[내용, 논리] une parole [un contenu, une logique] banal(*e*). ¶ ~해 보이는

남자 un homme paraissant ordinaire.

◆_히 뿐 de façon ordinaire, simple, banale, monotone. ¶~히 살다[지내다] vivre fort simplement.

평복 平服 명 habit *m* de tous les jours; tenue *f* ordinaire. ¶~ 차림의 군인 un militaire en civil. ¶~을 입다 mettre des habits de tous les jours. ¶~으로 갈아입다 se changer [enlever *son* costume] pour mettre [pour enfiler] des vêtements de tous les jours. ◇_(을) **하다** porter des habits de tous les jours. ¶~한 경찰 un policier en civil.

평사원 平社員 명 (simple) employé(e). ¶~에서 대리로 승진하다 être promu(e) de simple employé(e) à manager.

평상[1] 平床 명 lit *m* en bois. ¶마당에 ~을 깔다[놓다] mettre le lit en bois dans la cour. ¶~에서 자다 dormir sur un lit en bois.

평상[2] 平常 명 temps *m* ordinaire. ¶~ 걸음[생활] des pas normaux [une vie quotidienne]. ¶~의 기분 une humeur habituelle. ¶~으로 돌아오다 revenir en temps normal. ¶흥분을 가라앉히고 ~의 마음을 되찾다 se calmer et retrouver son humeur normale.

◆_복 -服 명 vêtement de tous les jours. ¶~복 차림으로 출근하다 aller au travail en vêtement de tous les jours.

◆_시 -時 명 en temps normal [ordinaire, usuel]. ¶~시의 행동 des comportements normaux. ¶무엇이 ~시와 다르다[같다] 뿐 *qc* est [n'est pas] différent de l'ordinaire. ¶그는 ~시 침착하다 Il est calme d'ordinaire. ¶~시 위기에 대비해야 한다 En temps normaux, il faut se préparer aux dangers éventuels.

◆_심 -心 명 sang-froid *m inv*; calme *m*. ¶~심을 잃다 perdre son sang-froid. ¶~심을 되찾다 retrouver son calme. ¶흥분을 가라앉히고 ~심으로 돌아오다 se calmer et retrouver son humeur normale.

평생 平生 명 toute la vie *f*. ¶~의 한[목표] regret de toute une vie [objectif à vie]. ¶~에 단 한번 une seule fois dans la vie. ¶~을 두고 pour toute la vie, durant toute la vie. ¶~을 편안하게 살다 passer toute sa vie sans connaître de difficultés. 뿐 ¶그는~ 독신으로 지냈다 Il est resté célibataire pendant toute sa vie. ¶그와의 약속을~ 잊지 않다 Je n'oublierai jamais la promesse que je lui ai faite.

◆_교육 -教育 명 【교육】 formation *f* continue; formation *f* professionnelle continue, formation *f* continue(*lle*) pendant toute la durée de la vie professionnelle, mise *f* à jour des connaissances professionnelles pendant toute la vie.

◆한_ 명 toute une vie. ¶국문학 연구에 한~을 바치다 Il a consacré toute sa vie aux études de la littérature coréenne.

◆_토록 뿐 toute la vie. ¶무엇을 ~토록 잊지 못하다 ne jamais pouvoir oublier *qc*. ¶~토록 일만 하다 Toute sa vie, il n'a fait que travailler.

◆_소원 -所願 명 désir *m* de toute une vie. ¶세계일주를 하는 것이 그녀의 ~소원이었다 Le désir de toute sa vie était de faire le tour du monde.

◆_직장 -職場 명 emploi *m* à vie.

◆_회원 -會員 명 membre *m* à vie (d'une association).

평서문 平敍文 명 【언어】 phrase *f* déclarative.

평성 平聲 명 【언어】 ton *m* plat.

평소 平素 명 temps *m* ordinaire; jour *m* ordinaire. ¶~의 행동[태도] un comportement [une attitude] habituel(*le*). ¶~와 다른 점이 없다 Il n'y a rien d'extraordinaire. ¶~보다 일찍 일어나다 se lever plus tôt que d'habitude. ¶~에 입던 옷 vêtement porté d'ordinaire.

뿐 ¶~ 말이 없던 그녀 elle qui était d'habitude peu bavarde. ¶~ 내 이야기를 잘 들어주던 친구 l'ami qui d'habitude était à l'écoute de mes paroles.

평수 坪數 명 surface *f*, superficie *f*. ¶~에 따른 매매가 prix de vente et d'achat en fonction de la superficie. ¶그녀는 ~를 늘여 이사했다 Elle a déménagé dans une demeure plus spacieuse. ¶이 집은 ~가 크다 Cette maison est spacieuse [vaste].

평순모음 平脣母音 명 【언어】 voyelle *f* non arrondie.

평시 平時 명 temps *m* de paix; temps *m* ordinaire. ¶사과가 ~보다 비싸다 Les pommes sont plus chères que d'ordinaire. ¶~에 자주 가는 공원 le parc où je vais souvent d'habitude.

평시조 平時調 명 【문학】 *pyeongsijo m* <forme poétique coréenne composée de 45 caractères>.

평신도 平信徒 명 【기독】 simple fidèle *mf*; laïc(*que*).

평안 平安 명 paix *f*, tranquillité *f*, calme *m*, quiétude *f*, sérénité *f*, aise *f*. ¶마음의 ~ paix du cœur, sérénité. ¶~을 잃다[되찾다] perdre [retrouver] la paix.

◆_하다 형 être en paix; être tranquille, calme, serein; être à l'aise; bien se porter. ¶가정이 ~하다 La famille est en paix [baigne dans la quiétude]. ¶모두가 ~하게 잘 산다 Tout le monde va bien.

◆_히 뿐 en paix, paisiblement; tranquillement; sans souci, à l'aise. ¶마음을 ~히 가지세요 Soyez tranquille / Ne vous inquiétez pas.

평안도 平安道 명 【지명】 province *f* du Pyeongan.

평야 平野 명 plaine *f*. ¶넓은 ~ une vaste plaine. ¶끝없이 펼쳐진 ~ une plaine qui s'étend à perte de vue. ¶~의 한가운데 au beau milieu d'une plaine. ¶~를 가로지르다 traverser une plaine.

평양 平壤 명 【지명】 Pyongyang.

평언 平言 명 【언어】 registre *m* [niveau *m* de langue] neutre [ordinaire] ((par opposition au registre honorifique)).

평영 平泳 명 【운동】 brasse *f*. ¶~에서 1위를 하다 arriver [être] le(la) premi*er*(*ère*) à la brasse. ◇_(을) **하다** nager la brasse.

◆_선수 -選手 명 nageur(*se*) de brasse.

평온[1] 平溫 명 température *f* moyenne; température *f* habituelle [normale].

평온[2] 平穩 명 calme *m*, repos *m*, tranquillité *f*, sérénité *f*. ¶ 마음의 ~ sérénité (du cœur). ¶ ~을 얻다 trouver le calme [la tranquillité, la sérénité]. ¶ ~을 되찾다 [회복하다] retrouver [rétablir] le calme [la tranquillité, la sérénité]. ¶ ~을 유지하다 conserver [maintenir] le calme [la tranquillité, la sérénité].
◆**_하다** 형 être calme, tranquille, paisible, serein(*e*). ¶ ~한 표정 un visage serein; une expression sereine. ¶ ~한 사회 une société calme [tranquille, paisible, sans agitation, sans violence]. ¶ ~한 바다 une mer calme [peu agitée].
◆**_히** 부 calmement, tranquillement, sereinement. ¶ ~히 살다[지내다] vivre tranquillement [mener une vie tranquille].

평원 平原 명 plaine *f*, prairie *f*. ¶ (드)넓은 ~ une plaine vaste [spacieuse]. ¶ 거대한[큰] ~ une immense plaine. ¶ 끝없이 펼쳐진 ~ une plaine s'étendant à perte de vue. ¶ ~을 달리다 courir dans la plaine. ¶ ~을 가로지르다 traverser une plaine.

평음 平音 명 【언어】 (consonne *f*) douce ((≠ consonne forte)).

평의 評議 명 ① 논의 entretien *m*, délibération *f*; discussion *f*; conférence *f*. ¶ 문제를 ~에 붙이다 soumettre une question à une assemblée. ② 논의의 결과 résultat *m* d'un entretien. ¶ ~가 결정되다 conclure un entretien. ◇_(를) **하다** discuter, débattre ((un problème)); délibérer ((d'une question)); conférer ((avec son avocat)). ◇_(가) **되다** être l'objet d'un entretien.
◆**_회** -會 명 conseil *m*, comité *m* ((d'administration)).

평이하다 平易- 형 être facile, simple. ¶ 글이 ~ Le texte est facile. ¶ 시험 문제가 ~ Les questions de l'examen sont faciles. ¶ 평이하게 말하다 parler simplement. ¶ 평이하게 설명하다 expliquer simplement. ¶ 평이한 문체[대답] un style [une réponse] simple.

평일 平日 명 jour *m* ordinaire [ouvrable]; ((en, dans la)) semaine *f*. ¶ ~과 같다[다르다] [ne pas] être comme en semaine. ¶ ~에(는) 출근하고 휴일에 쉰다 On travaille dans la semaine et on se repose le week-end. ¶ ~ 같으면 1시간 걸릴 길 la route qui d'habitude demande une heure.

평작 平作 명 ① 평년작 récolte *f* moyenne [normale]. ¶ ~ 수준의 벼농사 récolte moyenne du riz. ¶ 포도농사가 ~이 예상된다 On prévoit une récolte de raisins moyenne. ② 【농업】 culture *f* par nivellement. ¶ ~을 하다 cultiver par nivellement.

평전[1] 評傳 명 biographie *f*. ¶ 누구의 ~ biographie de *qn*. ¶ ~을 쓰다[읽다] écrire [lire] une biographie.

평전[2] 平田 명 ① 평야에 있는 밭 champ *f* vaste et plat. ② 높은 곳에 있는 평평한 땅 plateau *m*.

평점 評點 명 note *f*, estimation *f* (de la qualité). ¶ 서비스 ~ estimation de la qualité du service. ¶ 좋은 ~을 주다[받다] donner [recevoir] une bonne note. ¶ ~이 나쁘다[좋다] avoir de bonnes [mauvaises] notes.

평정[1] 平靜 명 calme *m*, quiétude *f*, sang-froid *m inv*; sérénité *f* ((de l'âme)), tranquillité *f*; ((평온)) placidité *f*. ¶ 마음의 ~ sérénité (de l'âme [de l'esprit]). ¶ ~을 잃다 perdre *sa* sérénité; perdre *son* calme [*son* sang-froid, la tête]. ¶ ~을 (되)찾다 retrouver *sa* tranquillité d'esprit [*son* calme, la tranquillité]; s'apaiser, se calmer. ¶ 마음의 ~을 지키다 garder *sa* sérénité d'esprit; garder [conserver] *son* calme [*son* sang-froid]. ◇_(이) **되다** être calmé(*e*), apaisé(*e*), rasséréné(*e*). ¶ ~된 마음 une âme apaisée.
◆**_하다** 형 être calme, serein(*e*), tranquille; se rasséréner. ¶ 마음이 ~하다 avoir l'esprit serein. ¶ ~하게 느끼다 se sentir calme [serein(*e*), tranquille]. ¶ ~한 상태 un état calme [serein, tranquille].

평정[2] 平定 명 répression *f*, étouffement *m*; pacification *f*. ¶ 점령 지역의 ~을 지키다 maintenir la répression dans une région occupée. ◇_(을) **하다** réprimer ((une révolte, une émeute)); apaiser, dompter, étouffer ((une rébellion)); soumettre ((des rebelles)), mater; pacifier ((un pays)). ¶ 반란을 ~하다 mater [réprimer] une révolte [émeute]. ¶ 천하[유럽]를 ~하다 soumettre le monde [l'Europe]. ◇_(이) **되다** être réprimé(*e*), soumis(*e*).

평조 平調 명 【음악】 (une des) gamme(s) *f* de la musique traditionnelle.

평준화 平準化 명 nivellement *m*; égalisation *f*; aplanissement *m*. ¶ 학력[실력]의 ~ nivellement du niveau scolaire [des capacités]. ¶ 월급의 상향[하향] ~ nivellement du salaire par le haut [bas]. ¶ ~가 이루어지다 se niveler, s'aplanir. ◇_(를) **하다[시키다]** niveler, aplanir. ¶ 생활[문화] 수준을 ~시키다 niveler le niveau de vie [culture]. ◇_(가) **되다[(를) 하다]** se niveler, s'aplanir. ¶ 학력이 ~되다 avoir le même niveau d'études. ¶ 학교시설이 ~하다 Les établissements scolaires ont le même niveau d'équipements. ¶ 소득 수준이 ~하다 Les revenus sont nivelés.

평지 平地 명 terrain *m* plat; plaine *f*.
◆**_풍파** -風波 명 trouble *m* [dérangement *m*, perturbation *f*] imprévu(*e*) [inopiné(*e*)]. ¶ ~풍파를 일으키다 causer des troubles imprévus [inopinés]. ¶ ~풍파가 일어나다 Des troubles inattendus éclatent.

평직 平織 명 lissage *m* d'une étoffe unie; tissu *m* [étoffe *f*] uni(*e*).
◆**_물** -物 명 tissu *m* [étoffe *f*] uni(*e*).

평천하 平天下 명 pacification *f* universelle. ◇_(를) **하다** pacifier le monde.
***수신제가 치국~** Pour gouverner le monde[accomplir de grandes choses], il faut commencer par se maîtriser soi-même et ses proches.

평칭 平稱 명 【언어】 forme *f* [terme *m*] neutre.

평탄 平坦 명 ① ((바닥)) égalité *f*; régularité *f*. ¶

ㅍ

~ 대로 une avenue bien régulière. ¶ 도로의 ~ 작업 nivellement d'une route. ② ((마음)) calme *m*, quiétude *f*, tranquillité *f*; paix *m*; bon fonctionnement *m*. ¶ 마음의 ~ paix du cœur, quiétude de l'esprit.

◆ **_하다** 형 être égal(*ale*, *aux*); être calme, tranquille, paisible; être doux(*ce*). ¶ 길을 ~하게 하다 niveler une route. ¶ ~한 삶[생활]을 살다[누리다] mener une vie calme. ¶ ~치 않은 심사[일생] une disposition d'esprit [une vie] troublée. ¶ ~한 길 une route plate.

◆ **_히** 부 tranquillement. ¶ 길이 ~히 나 있다 La route s'étire tout droite. ¶ 마음을 ~히 가지다 avoir un cœur égal et tranquille. ¶ 만사가 뜻대로 ~히 되지 않는다 Rien ne va comme on veut.

평판¹ 平版 명 ① planche *f*. ② 【출판】 인쇄판 lithographie *f*; offset *m*.

◆ **_인쇄** -印刷 명 【출판】 lithographie *f*; offset *m*.

평판² 評判 명 réputation *f*; renom *m*, renommée *f*, notoriété *f*; popularité *f*; critique *f*; opinion *f* publique; cotation *f*. ¶ 그 집[식당]에 대한 ~ la renommée de cette maison [de ce restaurant]. ¶ 그 학생[여자; 사람]에 대한 ~ la réputation de cet(*te*) élève [de cette femme, de cette personne]. ¶ ...라는 ~을 얻다 se faire une réputation de .... ¶ ~를 잃다 perdre *sa* réputation; perdre de *sa* popularité. ¶ ~을 유지하다 garder [préserver, conserver] *sa* réputation. ¶ ~이 떨어지다 avoir la cote en baisse; perdre de *son* prestige [de *sa* popularité]. ¶ 누구[무엇]에 대한 ~이 좋다[나쁘다] avoir une bonne réputation [renommée]; être réputé(*e*), renommé(*e*) [avoir une mauvaise réputation [renommée], ((maison, rue, quartier)) être mal famé(*e*); être impopulaire]. ¶ ~이 높다[낮다] jouir d'une bonne réputation [voir sa réputation en baisse]. ¶ ~이 좋아지다[나빠지다] La réputation s'améliore [se détériore]. ◇_(을) **하다** critiquer; juger; estimer. ¶ 남을 ~하는 일 la critique d'autrui. ◇_(이) **되다** être critiqué(*e*); se faire critiquer. ◇_(이) **나다[자자하다]** avoir de la notoriété [être universellement réputé(*e*); jouir d'une grande renommée]. ¶ 그 식당은[에 대해서] 좋은 ~이 나 있다 Ce restaurant a une bonne réputation ((pour sa bonne cuisine)). ¶ 그 식당이 음식을 잘 한다는[고] ~이 자자하다 Ce restaurant jouit d'une grande renommée pour sa bonne cuisine / Tout le monde reconnaît que ce restaurant fait de la bonne cuisine. ◇_(이) **있다** être célèbre, fameux(*se*), renommé(*e*), réputé(*e*). ¶ 그 녀석이 거짓말을 잘 한다는 ~이 있다 Ce type est réputé pour être menteur / Ce type a la réputation de mentir [d'être menteur] / On dit que ce type est un menteur.

평평하다 平平- 형 être plat(*e*); être plan(*e*). ¶ 평평하게 하다 aplanir, niveler. ¶ 평평한 바위 un rocher plat. ¶ 평평한 들판 des champs plats.

평풍 명 paravent *m*. ¶ ~을 둘러치다 dresser un paravent. ☞ 병풍

평행 平行 명 parallélisme *m*. ¶ 철로와 도로가 ~으로 놓여있다 La route et la voie ferrée sont parallèles / La route est parallèle à la voie ferrée. ◇_(을) **하다** être parallèle. ¶ 막대기 두 개가 ~하게 놓여있다 Deux bâtons sont posés parallèlement. ¶ 강과 ~한 길 une rue parallèle au fleuve [à la rivière]. ◇_(이) **되다** être parallèle.

◆ **_각** -角 명 angle *m* parallèle.

◆ **_면** -面 명 face *f* [plan *m*] parallèle.

◆ **_봉** -棒 명 【운동】 barres *fpl* parallèles.

◆ **_사변형** -斜邊形 명 【수학】 parallélogramme *m*.

◆ **_선** -線 명 (ligne *f*) parallèle *f*. ¶ ~선을 유지하다 ((les parallèles)) rester parallèle, ne pas se rejoindre; être inconciliable.

◆ **_육면체** -六面體 명 【수학】 parallélépipède *m*.

평형 平衡 명 équilibre *m*; balance *f*. ¶ ~을 이루다 s'équilibrer. ¶ ~을 유지하다[잃다] garder [perdre] l'équilibre. ¶ ~이 깨지다 être déséquilibré(*e*).

◆ **_감각** -感覺 명 sens *m* de l'équilibre. ¶ ~감각을 잃다 perdre le sens de l'équilibre. ¶ 그의 ~감각이 무뎌진다 Son sens de l'équilibre s'émousse.

◆ **_상태** -狀態 명 état *m* d'équilibre.

평화 平和 명 paix *f*, calme *m*, tranquillité *f*, harmonie *f*. ¶ 지구[가정]의 ~ la paix mondiale [des ménages]. ¶ ~를 깨뜨리다 briser la paix. ¶ ~를 얻다 obtenir la paix. ¶ ~를 이루다 établir la paix. ¶ ~를 위협하다 menacer la paix. ¶ ~를 지키다[수호하다] maintenir [protéger] la paix. ¶ 이웃 나라와 ~를 유지하다 maintenir la paix avec un pays voisin. ¶ ~가 깨졌다 La paix est rompue.

◆ **_적** -的 명관 pacifique. ¶ ~적(인) 방법[수단] un moyen [une mesure] pacifique. ¶ ~적 정권교체[집회] changement pacifique du pouvoir politique [manifestation pacifique ou pacifiste]. ¶ 분쟁을 ~적으로 해결하다 résoudre [régler] un conflit pacifiquement.

◆ **_스럽다** 형 être paisible; être en paix; être tranquille, calme. ¶ ~스러운 얼굴 un visage paisible.

◆ **_롭다** 형 être paisible; être en paix; être tranquille, calme. ¶ ~롭게 살다[지내다] vivre paisiblement [en paix]. ¶ ~로운 전원 풍경[생활] un paysage [une vie] paisible de la campagne.

◆ **_봉사단** -奉仕團 명 Corps de la paix.

◆ **_조약** -條約 명 traité *m* de paix. ¶ ~조약을 맺다[체결하다] conclure [signer] un traité de paix. ¶ ~조약을 파기하다 détruire la paix, rompre un traité de paix.

◆ **_주의** -主義 명 pacifisme *m*.

◆ **_통일** -統一 명 unification *f* pacifique.

폐¹ 肺 명 【의학】 poumon *m*. ¶ ~(의) 기능 fonction pulmonaire. ¶ 그 환자는 ~가 나쁘다[좋지 않다] L'état de ses poumons est déplorable [inquiétant, préoccupant].

◆ **_결핵** -結核 명 【의학】 tuberculose *f* pulmonaire;

ㅍ

phtisie *f*. ¶ ~결핵을 앓다 avoir une tuberculose pulmonaire. ¶ ~결핵에 걸리다 être atteint(*e*) de tuberculose pulmonaire. ¶ ~결핵으로 사망하다 mourir de tuberculose pulmonaire.

◆ **_동맥** -動脈 명 【의학】 artère *f* pulmonaire.

◆ **_렴** -炎 명 【의학】 pneumonie *f*.

◆ **_수종** -水腫 명 【의학】 œdème *m* pulmonaire.

◆ **_암** -癌 명 【의학】 cancer *m* du poumon.

◆ **_정맥** -靜脈 명 【의학】 veine *f* pulmonaire.

폐[2] **弊** 명 vice *m*, abus *m*; usage *m* pernicieux; trouble *m*, dérangement *m*, gêne *f*, empêchement, ennui *m*. ¶ 누구에게 ~를 끼치다 déranger *qn*; causer de la gêne [des ennuis] à *qn*; susciter des embarras [des difficultés] à *qn*; embêter *qn*. ¶ 누구에게 ~가 되다 déranger *qn*, embarrasser *qn*, ennuyer *qn*; être redevable à *qn*. ¶ 그간 ~가 많았습니다 Pendant tout ce temps-là, je vous ai bien dérangé(*e*) [je vous ai causé bien des ennuis] / Je regrette de vous avoir causé [donné] tant d'embarras pendant tout ce temps.

폐가[1] **弊家** 명 mon humble demeure *f* [foyer *m*]; ma maison *f*. ¶ ~를 찾아주셔서 영광입니다 C'est un honneur pour moi que vous soyez venu(*e*(*s*)) chez moi [dans mon humble demeure, dans mon humble foyer].

폐가[2] **廢家** 명 maison *f* abandonnée; famille *f* éteinte [sans descendants]. ¶ 오랫동안 버려져 있는 ~ une maison abandonnée depuis longtemps. ◇_(가) **되다** ((une maison)) être abandonnée; ((une famille)) s'éteindre, ne plus avoir de descendant(*s*).

폐간 廢刊 명 suppression *f* [arrêt *m*] de la publication ((d'un journal, d'une revue)). ¶ 신문[잡지, 정기 간행물](의) ~ suppression d'un journal [d'une revue, d'un périodique]. ◇_(을) **하다[시키다]** arrêter la publication ((d'un journal)); supprimer ((un journal)). ¶ 신문을 ~[하다]시키다 supprimer un journal. ◇_(이) **되다** cesser de paraître. ¶ 문학잡지가 ~되다 Une revue littéraire cesse de paraître.

폐경기 肺經期 명 【의학】 (période *f* de la) ménopause *f*.

폐관 閉館 명 fermeture *f* (d'un édifice public). ¶ ~ 시간[일] heure [jour] de fermeture (d'un édifice public). ¶ 금일 ~ fermé aujourd'hui. ◇_(을) **하다** fermer. ¶ 도서관[전시실]을 20시에 ~하다 La bibliothèque [La salle d'exposition] ferme à 20 heures. ¶ 오늘 ~합니다 Aujourd'hui on ferme. ◇_(이) **되다** être fermé(*e*).

폐광 廢鑛 명 【광업】 mine *f* abandonnée [fermée]; fermeture *f* d'une mine. ¶ ~ 결정 décision de la fermeture d'une mine. ¶ ~이 늘어난다 Il y a de plus en plus de mines abandonnées. ◇_(을) **하다** fermer une mine. ◇_(이) **되다** ((une mine)) être fermé(*e*).

폐교 廢校 명 fermeture *f* d'une école; école *f* abandonnée [fermée]. ¶ 시골 학교의 ~ fermeture d'une école de campagne. ¶ 이 학교의 ~가 결정되었다 La fermeture de cette école a été décidée / On a décidé de fermer cette école. ¶ ~가 속출하고 있다 Les écoles ferment les unes après les autres. ◇_(를) **하다** fermer ((une école)). ◇_(가) **되다** ((une école)) fermer; être fermé(*e*).

폐기 廢棄 명 ① rejet *m*; abandon *m*. ¶ ~ 물질[시설, 잠수함] déchets [équipement jeté, sous-marin(~-~*s*) mis à la casse]. ② 무효로 함 annulation *f*. ¶ 약속[조약, 법안]의 ~ annulation d'une promesse [d'un traité, d'un projet de loi]. ◇_(를) **하다[시키다]** rejeter; annuler. ¶ 서류[책, 유리병]을 ~하다 jeter des papiers [un livre, une bouteille]. ¶ 평화[무역] 협정을 ~하다 dénoncer un traité de paix [un accord d'échange]. ◇_(가) **되다** être jeté(*e*), dénoncé(*e*).

◆ **_물** -物 명 déchets *mpl*. ¶ 음식 ~물 déchets de nourriture. ¶ ~물 처리[재활용] traitement [recyclage] des déchets.

◆ **_장** -場 명 déchetterie *f*; décharge *f*. ¶ 핵 ~장 une poubelle nucléaire.

폐기종 肺氣腫 명 【의학】 emphysème *m* pulmonaire.

폐단 弊端 명 abus *m*, vice *m*; mauvaise coutume *f* [habitude *f*]. ¶ 봉건주의[관료주의]의 ~ les abus du féodalisme [de la bureaucratie]. ¶ ~을 없애다[일소하다, 혁파하다] faire disparaître [détruire, supprimer] des abus. ¶ ...하는 ~을 드러내다[보이다] des abus de+*inf* se manifestent. ¶ ...하는 ~이 있다 avoir la mauvaise habitude de+*inf*. ¶ 우리사회에는 질적인 것보다 양적인 경제 성장을 중시하는~이 있다 Notre société a la mauvaise habitude d'accorder trop d'importance à la croissance quantitative sans se préoccuper du développement qualitatif.

폐륜 廢倫 명 célibat *m*.

폐막 閉幕 명 chute *f* du rideau; clôture *f*; fin *f*. ¶ 월드컵[칸 영화제]의 ~ clôture de la Coupe du monde [du festival (du cinéma) de Cannes]. ¶ ~을 알리다 annoncer la fin. ¶ ~을 하루 앞 둔 올림픽 les Jeux olympiques à la veille de leur clôture. ◇_(을) **하다** finir, clore, terminer. ◇_(이) **되다** s'achever. ¶ 공연은 10시에 ~된다 Le spectacle [La représentation] se termine à dix heures. ¶ 성대한 공연과 함께 올림픽이 ~되었다 Un spectacle grandiose a clôturé les Jeux olympiques.

◆ **_식** -式 명 cérémonie *f* de clôture. ¶ ~식을 거행하다 célébrer une cérémonie de clôture.

폐문 閉門 명 ① 닫힌 문 porte *f* condamnée. ¶ 동쪽 문은 ~이다 La porte à l'est est condamnée. ② 문닫음 condamnation *f* ((d'une porte)). ◇_(을) **하다** condamner une porte. ¶ 안전상의 문제로 정문을 ~하다 condamner la porte d'entrée principale pour une question de sécurité. ◇_(이) **되다** ((une porte)) être condamné(*e*).

폐물 廢物 명 (objet *m* de) rebut *m*; déchet *m*; objet *m* [chose *f*] inutilisable. ¶ ~ 처리 traitement des déchets. ¶ ~을 이용하다 utiliser des objets de rebut

ㅍ

[des déchets]. ¶ ~로 취급하다 traiter comme un rebut. ¶ ~로 치부되다 être considéré(*e*) comme un rebut. ¶ ~이 되다 devenir inutilisable. ¶ ~ 취급을 당하다 être traité(*e*) comme un rebut.

폐백 幣帛 명 ① ((음식)) mets *mpl* apprêtés par la mariée pour sa belle-famille ((lors de la cérémonie de mariage traditionnelle)). ¶ ~이 많다[적다] offrir de nombreux [peu de] mets à sa belle-famille. ② ((예식)) cérémonie *f* traditionnelle de présentation de la mariée à sa belle-famille ((qui clôt la célébration des noces traditionnelles)). ◇_(을) **하다[올리다]** se présenter à sa belle-famille ((pour la mariée)). ◇_(을) **받다** faire bon accueil aux salutations de la belle-fille.

폐병 肺病 명 maladie *f* des poumons; tuberculose *f*, phtisie *f*. ¶ ~을 앓다 avoir une maladie des poumons [avoir les poumons malades]. ¶ ~에 걸리다 être atteint(*e*) d'une maladie des poumons. ¶ ~이 나다 contracter une maladie des poumons. ¶ ~이 낫다 se remettre d'une maladie des poumons.

◆**_환자** -患者 명 tuberculeux(*se*); poitrinaire. ¶ 그 아저씨는 ~환자처럼 안색이 창백했다 Son visage était pâle comme celui d'un poitrinaire.

폐부 肺腑 명 ① 폐 poumons *mpl*, poitrine *f*. ¶ ~ 깊숙이 신선한 공기[담배연기]를 들이마시다 respirer profondément de l'air frais [inhaler la fumée de tabac]. ② ((마음)) fond *m* du cœur. ¶ 그 사람의 말이 ~ 깊숙이 파고들었다 Ses propos m'ont pénétré jusqu'au fond du cœur.

*~**를 찌르다** fendre le cœur, transpercer le cœur. ¶ ~를 찌르는 말[지적] des propos pénétrants [une remarque pénétrante].

폐사[1] 弊社 명 notre entreprise *f* [société *f*]. ¶ ~에서 아이디어 공모전을 개최합니다 Dans notre société, on organise un concours d'idées.

폐사[2] 廢寺 명 temple *m* bouddhiste abandonné [à l'abandon].

폐사[3] 斃死 명 mort *f* brutale. ◇**_하다** tomber raide mort; périr [mourir] brutalement. ¶ 조류 독감으로 닭들이 집단 ~했다 Des oiseaux sont morts brutalement en groupe de la grippe aviaire.

폐색 閉塞 명 ① blocus *m*, obstruction *f*. ¶ 혈관[장] ~ obstruction d'un vaisseau sanguin [occlusion intestinale, iléus]. ② ((동결로)) obstruction *f* par le gel. ◇_(을) **하다** bloquer, obstruer.

◆**_기** -器 명 block *m*.

◆**_전** -栓 명 embolie *f* [congestion *f*] pulmonaire.

◆**_전선** -前線 명 front *m* de hautes ou de basses pressions.

폐선 廢船 명 bateau(*x*) *m* [navire *m*] hors service; épave *f*.

폐쇄 閉鎖 명 ① ((통로, 기관)) fermeture *f*. ¶ 작업장[학교, 탄광, 활주로] ~ fermeture d'une salle de travail [d'une école, d'une mine, d'une piste d'envol]. ② ((교류)) arrêt *m* des échanges. ◇_(를) **하다[시키다]** fermer; bloquer. ¶ 활주로[터널]을 ~하다 fermer une piste d'envol [un tunnel]. ¶ 대외 접촉 창구를 ~하다 couper [bloquer] les relations extérieures. ◇_(를) **당하다** être conduit(*e*) [réduit(*e*)] à la fermeture. ¶ 학교가 ~를 당했다 L'école a été forcée de fermer ses portes. ◇_(가) **되다** être condamné(*e*), fermé(*e*), bloqué(*e*). ¶ 강의실이 ~되었다 La salle de cours a été condamnée. ¶ ~된 사회[국가] une société [un pays] fermé(*e*).

◆**_적** -的 명관 fermé(*e*), introverti(*e*), replié(*e*) sur soi. ¶ ~적(인) 구조[사회, 태도] une structure [une société, une attitude] fermée [repliée sur elle-même].

◆**_성** -性 명 caractère *m* fermé, nature *f* fermée. ¶ 강한 ~성을 띠다 être d'une nature très fermée.

◆**_공** -孔 명 foramen *m* obturateur.

◆**_기** -機 명 culasse *f*.

◆**_부류** -部類 명 【언어】 classe *f* fermée.

◆**_음** -音 명 【언어】 (consonne *f*) occlusive *f*.

폐수 廢水 명 eau(*x*) *f* usée; eau(*x*) *f* d'égout. ¶ ~ 방류 déversement des eaux usées.

◆**_처리** 處理 명 traitement *m* [assainissement *m*] des eaux usées. ¶ ~처리 시설 équipement de traitement [assainissement] des eaux usées.

폐습 弊習 명 mauvaises coutumes *fpl*, mauvais usages *mpl*. ¶ ~을 고치다[바로잡다] corriger [rectifier] de mauvaises coutumes. ¶ ~을 타파하다[청산하다] liquider [supprimer] de mauvaises coutumes.

폐어[1] 廢語 명 【언어】 mot *m* désuet [inusité, tombé en désuétude]; langue *f* morte.

폐어[2] 肺魚 명 【동물】 dipneuste *m*.

◆**_류** -類 명 【동물】 dipneustes *mpl*.

폐업 廢業 명 abandon *m* d'une affaire; fermeture *f* (d'une boîte, d'un magasin). ¶ ~ 신고 déclaration de fermeture (d'une boîte, d'un magasin). ¶ 식당[백화점, 약국] ~ fermeture d'un restaurant [d'un grand magasin, d'une pharmacie]. ◇_(을) **하다** fermer boutique; se retirer des affaires. ¶ 변호사는 ~했다 Cet avocat a fermé son cabinet. ¶ 그 회사는 자금난으로 ~하게 되었다 L'entreprise est obligée de fermer à cause de difficultés financières.

폐위 廢位 명 déposition *f*, destitution *f*, déchéance *f*. ¶ 왕비 ~를 시도[음모]하다 tenter de [comploter pour] déposer la reine. ◇_(를) **하다[시키다]** déposer, détrôner, destituer. ¶ 왕[왕비]를 ~하다 déposer [détrôner, destituer] un roi [une reine]. ◇_(가) **되다** être déposé(*e*), destitué(*e*), détrôné(*e*).

폐음절 閉音節 명 【언어】 syllabe *f* fermée.

폐인 廢人 명 infirme, invalide, impotent(*e*); bon(*ne*) à rien; épave *f*. ¶ 그 사람은 ~이나 다름없다 C'est quasiment une épave. ¶ 어린 자식을 잃은 충격으로 ~이 되다 être complètement anéanti(*e*) [faire une dépression profonde et prolongée, devenir l'ombre de *soi*-même, ne plus être que l'ombre de *soi*-même] suite au choc de la perte d'un enfant en bas âge. ¶ 사업 실패로 ~이 되다 tomber dans la déchéance après la faillite de ses affaires.

폐일언하고 廢一言- 🄟 en un mot, bref. ¶ ~ 일을 시작합시다 Ne nous attardons pas [Ne restons pas bloqués] sur ces points, Ne nous arrêtons pas à ces problèmes], commençons à travailler [mettons-nous au travail].

폐장¹ 肺臟 명 poumon *m*. ☞ 폐¹

폐장² 閉場 명 fermeture *f* (d'un lieu). ¶ ~ 시간[일자] heure(*s*) [jour(*s*)] de fermeture. ¶ 해수욕장[증시, 백화점] ~ fermeture de la plage [clôture de la Bourse, fermeture d'un grand magasin]. ◇_(을) **하다** fermer. ¶ 백화점은 20시에 ~한다 Les grands magasins ferment à vingt heures. ◇_(이) **되다** être fermé(*e*). ¶ 해수욕장들은 8월말 ~된다 Les plages sont fermées fin août.

폐절 廢絶 명 extinction *f*; ruine *f*. ¶ 귀족지배[악법, 규정]의 ~ extinction du règne de l'aristocratie [dissolution d'une mauvaise loi, dissolution de règles]. ◇_(을) **하다** éteindre, faire disparaître, dissoudre. ◇_(이) **되다** s'éteindre, disparaître; tomber en ruine.

◆_**가** -家 명 famille *f* éteinte.

◆_**종** -種 명 race *f* disparue.

폐점 閉店 명 ① 폐업 arrêt *m* de l'exploitation (d'un commerce); fermeture *f* définitive (d'un magasin). ¶ 은행들의 ~ 혹은 도산이 늘어나고 있다 Les fermetures ou les faillites des banques se multiplient. ② 영업 종료 fermeture *f* quotidienne. ¶ 백화점 ~ 시간 heure de fermeture d'un grand magasin. ¶ ~을 알리는 방송 annonce de la fermeture d'un magasin. ◇_(을) **하다** fermer. ¶ 가게를 10시에 [일찍, 늦게] ~하다 fermer le magasin à dix heures [tôt, tard]. ◇_(이) **되다** être fermé(*e*).

폐정 閉廷 명 levée *f* [clôture *f*] d'une audience. ¶ 판사는 ~을 선포했다 Le juge a déclaré la levée de l'audience. ◇_(을) **하다** lever [clore] une audience. ¶ 그 법정은 2시에 ~했다 Le tribunal a levé [fermé] l'audience à deux heures. ◇_(이) **되다** être levé(*e*), clos(*e*).

폐지 廢止 명 abolition *f*, suppression *f*, annulation *f*, abrogation *f*. ¶ 통금[노예제, 사형(제도)] ~ levée du couvre-feu [abolition de l'esclavagisme, de la peine de mort]. ◇_(를) **하다[시키다]** lever, abolir, supprimer, annuler, abroger. ¶ 법안[제도]을 ~하다 abroger une loi [abolir un système]. ◇_(가) **되다** être aboli(*e*), supprimé(*e*), annulé(*e*), abrogé(*e*).

폐질 廢疾 명 maladie *f* incurable. ¶ ~에 걸리다 attraper [être atteint(*e*) d']une maladie incurable.

폐차 廢車 명 ① voiture *f* hors de service, épave *f*. ¶ ~의 부품을 활용하다 récupérer les pièces détachées d'une voiture à la casse. ② ((행위)) mise *f* à la casse d'une voiture. ◇_(를) **하다** mettre une voiture à la casse.

폐출혈 肺出血 명 【의학】 hémorragie *f* pulmonaire.

폐품 廢品 명 rebuts *mpl*; déchets *mpl*. ¶ ~ 수집 collectage des déchets. ¶ ~을 모으다[수집하다] ramasser [collecter] des déchets. ¶ ~을 재활용하다 recycler des déchets.

폐풍 弊風 명 mauvaises coutumes *fpl* [pratiques *fpl*, mœurs *mpl*]. ¶ ~을 타파하다 supprimer de mauvaises pratiques. ¶ ~에 젖다 avoir de mauvaises mœurs [pratiques]. ☞ 폐습

폐하 陛下 명 Sa Majesté *f* (S.M.); ((호칭)) Votre Majesté *f*, Sa Majesté *f*.

폐하다 廢- 🄣 abolir, arrêter, fermer. ¶ 군주제를 ~ abolir la monarchie. ¶ 식음을 ~ s'abstenir de boire et de manger. ¶ 직위를 ~ perdre *son* poste. ¶ 장사를 ~ fermer l'entreprise.

폐합 廢合 suppression *f* et adjonction *f* [réorganisation *f*]. ¶ 행정구역[업무부서, 계열사]의 ~ réorganisation des subdivisions administratives [des postes du service, des groupes affiliés]. ◇_(을) **하다** réorganiser. ◇_(이) **되다** être réorganisé(*e*).

◆_**정리** -整理 명 réorganisation *f*.

폐해 弊害 명 mal(*maux*) *m*; effet *m* pernicieux; influence *f* néfaste. ¶ ~를 끼치다 avoir un mauvais effet; exercer une influence néfaste ((sur *qn*/*qc*)). ¶ ~를 제거하다 supprimer des effets pernicieux.

폐허 廢墟 명 vestiges *mpl*; décombres *mpl*, ruine *f*. ¶ ~만 남은 건물 un immeuble en ruine. ¶ ~를 딛고 일어서다 construire sur des ruines. ¶ ~로 변하다 aller à la ruine. ¶ ~가 되다 tomber en ruine; menacer de tomber en ruine.

폐활량 肺活量 명 capacité *f* respiratoire. ¶ ~을 재다 [측정하다] mesurer la capacité respiratoire. ¶ ~이 크다[작다] avoir une grande [faible] capacité respiratoire. ¶ ~이 뛰어나다 avoir une excellente capacité respiratoire.

◆_**계** -計 명 spiromètre *m*.

폐회 閉會 명 clôture *f* [levée *f*] d'une séance. ¶ ~ 선언 déclaration de clôture de séance. ¶ 임시국회 [정상회담] ~ clôture d'une session extraordinaire du Parlement [d'une conférence au sommet]. ◇_(를) **하다** terminer une réunion; clore [lever] une séance; clôturer une session. ◇_(가) **되다** être levé(*e*), clôturé(*e*).

◆_**사** -辭 명 allocution *f* d'une clôture de séance. ¶ ~사를 하다 prononcer [faire] une allocution de clôture de séance.

◆_**식** -式 명 cérémonie *f* de clôture.

폐흉막 肺胸膜 명 【의학】 plèvre *f*. ☞ 늑막

포¹ 捕 명 tranche *f* de viande séchée [poisson séché]. ¶ 고기~ tranche de viande séchée. ¶ 대구~ tranche de morue séchée; merluche. ¶ 북어~ tranche de merlan jaune séché. ¶ 오징어 ~ tranche de cal(a)mar séché. ¶ 육~ tranche de viande séchée. ¶ ~를 뜨다 couper de la viande ou du poisson en tranches.

포² 砲 명 ① ((무기)) canon *m*. ¶ ~를 쏘다 canonner; tirer au canon, tirer un coup de canon. ¶ ~를 설치하다 mettre un canon en batterie. ¶ ~를 이동하다 transporter un canon. ¶ ~가 터지는 소리 bruit [grondement] du canon. ② ((장기)) *po* <nom d'une

ㅍ

pièce majeure du jeu d'échecs asiatique>. ¶ ~와 졸 *po* et pions. ¶ ~를 떼고 장기를 두다 jouer aux échecs sans les *po*.

분류 sac *m*. ¶ 밀가루 ~ sac de farine. ¶ 사료 두 ~ deux sacs d'aliments pour animaux.

포가 砲架 명 affût *m* [bâti *m*] de canon. ¶ ~를 벌리다 installer un canon sur son affût. ¶ ~를 고정시키다 fixer l'affût de canon. ¶ ~에 올리다 mettre un canon sur son bâti.

포개다 타 ① mettre *qc* sur *qc*. ¶ 책들을 포개어 놓다 empiler des livres. ¶ 누구의 손 위에 자기의 손을 ~ poser *sa* main sur celle de *qn*. ¶ 귤상자를 사과상자에 ~ mettre [poser, installer] la cagette de clémentines sur celle de pommes. ② 접다 replier, enrouler. ¶ 이불을 ~ replier [ranger, enrouler] *sa* literie. ¶ 신문을 포개어 말다 plier et rouler le journal.

포격 砲擊 명 tir *m* d'artillerie, canonnage *m*, bombardement *m*, pilonnage *m*. ◇_(을) **하다[가하다]** tirer au canon; canonner, bombarder, pilonner. ¶ 적군이 본부를 ~하다 L'ennemi a bombardé le quartier général. ¶ 적 사령부에 ~를 가하다 bombarder le quartier général ennemi. ◇_(을) **받다[당하다]** être bombardé(*e*) [essuyer un tir d'artillerie].

포경[1] 捕鯨 명 pêche *f* à la baleine. ¶ ~을 금지하다 interdire la pêche à la baleine.

◆**_선** -船 명 baleinière *f*.

포경[2] 包莖 명 phimosis *m*.

◆**_수술** -手術 명 opération *f* du phimosis. ¶ ~수술을 하다 opérer du phimosis. ¶ ~수술을 받다 être opéré(*e*) du phimosis.

포고 布告 명 proclamation *f*, promulgation *f*; déclaration *f*. ◇_(를) **하다[내리다]** proclamer, promulguer ((des décrets, des édits)); déclarer ((la guerre)); décréter ((l'état de siège)). ¶ 입산금지 ~를 내리다 proclamer l'interdiction de pénétrer dans la montagne. ¶ 사냥을 금한다는[고] ~를 하다 proclamer l'interdiction de chasser.

◆**_령** -令 명 proclamation *f*, déclaration *f*, édit *m*. ¶ ~령 위반 contravention des édits. ¶ 무엇에 대한 ~령을 내리다 promulguer des édits concernant *qc*.

◆**_문** -文 명 édit *m*.

◆**선전_** 宣戰- 명 déclaration *f* de guerre. ¶ 이라크에 선전~를 하다 déclarer la guerre à l'Iraq.

포곡조 布穀鳥 명 coucou *m*. ☞ 뻐꾸기

포괄 包括 명 inclusion *f*; compréhension *f*. ◇_(을) **하다** englober ((toutes les idées dans une seule théorie)); comprendre ((*qc* dans un ensemble)); inclure. ¶ 이 보고서는 현 상황에 대한 분석을 ~하고 있다 Ce rapport inclut l'analyse globale sur la situation actuelle.

◆**_적** -的 명관 glob*al*(*ale*, *aux*); compréhensi*f*(*ve*). ¶ ~적으로 globalement. ¶ ~적(인) 의미[개념] sens [notion] global(*e*) [général(*e*)].

◆**_성** -性 명 caractère *m* global [général, large].

포교 布教 명 propagande *f* religieuse; apostolat *m*; propagation *f* de la foi. ◇_(를) **하다** propager ((une religion)). ¶ 기독교를 널리 ~하다 évangéliser ((un pays, les ouvriers)).

포구[1] 浦口 명 petit port *m*. ¶ ~에 정박하다 relâcher [faire relâche, faire escale, stationner, mouiller en grande rade, amarrer ((un navire)), jeter l'ancre] dans un petit port.

포구[2] 砲口 명 gueule *f* d'un canon. ¶ ~를 오른쪽으로 돌리다 tourner la gueule du canon à droite. ¶ ~가 전[후]방을 향하다 La gueule du canon est tournée vers l'avant [vers l'arrière].

포군 砲軍 명 fusilier *m*. ¶ ~의 지원을 받다 être appuyé(*e*) [soutenu(*e*)] par les fusiliers. ¶ ~에게 지원을 요청하다 demander l'appui des fusiliers.

포근하다 형 ① ((촉감이)) être moelleu*x*(*se*), confortable; être dou*x*(*ce*). ¶ 포근한 겨울 날씨 un hiver doux. ¶ 포근한 이불 une couverture moelleuse. ¶ 타월로 포근하게 몸을 감싸다 couvrir doucement le corps avec une serviette. ② ((마음이)) être agréable. ¶ 포근한 기분 un sentiment agréable. ¶ 포근한 인상을 주다 donner une impression douce. ¶ 포근하게 느끼다 ressentir avec douceur.

◆**포근히** 부 doucement, tendrement. ¶ 누구를 포근히 감싸주다 enlacer *qn* tendrement.

포기[1] 抛棄 명 renonciation *f* ((à un droit, à une charge)); abandon *m* ((de *ses* droits, d'un projet)); délaissement *m* ((d'un héritage)). ¶ 계획 ~ abandon d'un projet. ¶ 점령지 ~ renoncer au territoire occupé. ◇_(를) **하다** renoncer, abandonner, délaisser. ¶ 저항[결혼, 시험, 출전]을 ~하다 renoncer à la révolte [au mariage, à l'examen, à la compétition]. ¶ 삶[이사계획]을 ~하다 renoncer à *soi*-même, se sacrifier; se laisser aller, ne plus se battre, ne plus lutter, démissionner [renoncer au déménagement; abandonner le projet de déménager]. ◇_(이) **되다** être abandonné(*e*), délaissé(*e*).

포기[2] 명 ((une)) plante *f*; ((une)) racine *f* ((classificateur servant à compter les végétaux, les plantes)). ¶ 이 배추는 ~가 실하다 Ce choux chinois est bien ferme.

◆**_김치** 명 *gimchi m* de choux chinois entiers.

분류 ((classificateur servant à compter les végétaux, les plantes)). ¶ 배추 두 ~ deux choux chinois. ¶ 풀 한 ~ une gerbe d'herbes sauvages.

포대[1] 布袋 명 sac *m* (en toile). ¶ 밀가루[쌀] 한 ~ un sac de farine [riz].

포대[2] 砲臺 명 batterie *f* [artillerie]. ¶ ~를 구축하다[세우다] dresser [disposer, établir] une batterie. ¶ ~를 보수하다. restaurer une batterie.

포대기 명 ① couverture *f* de bébé ((dont on se sert soit pour envelopper le nourrisson soit pour le porter sur *son* dos)). ¶ 아기를 ~로 감싸다 envelopper le bébé dans une couverture. ② grand sac *m*. ¶ 잡동사니를 ~에 담다 mettre des objets divers dans un grand sac.

포도 葡萄 명 raisin *m*. ¶~를 따다 cueillir du raisin. ¶~로 포도주를 담그다 faire du vin avec du raisin.
◆_**나무** 명 vigne *f*.
◆_**덩굴** 명 pampre *m*.
◆_**밭[원]** -[園] 명 vignoble *m*; vigne *f*.
◆_**씨** 명 pépin *m* de raisin.
◆_**주** -酒 명 vin *m*. ¶고급[보통] ~주 grand vin; vin d'un bon cru [vin ordinaire]. ¶적[백] ~주 vin rouge [blanc].

포도당 葡萄糖 명 glucose *m*.

포도동 부 dans un bruissement d'ailes. ¶비둘기가 ~ 날아올랐다 Un pigeon s'est envolé dans un bruissement d'ailes.
◆_**하다[거리다, 대다]** 자 faire un bruit d'ailes. ¶새가 갑자기 ~하며 날아오른다 Un oiseau s'envole brusquement en faisant un bruit d'ailes.
◆_ _ 부 dans un grand bruissement d'ailes.

포도청 捕盜廳 명 【역사】 commissariat *m* de police ((à l'époque de Joseon (1392-1910))).
*목구멍이 ~(이다) La faim [La misère] peut vous amener à la délinquance [peut vous obliger à des actes délictueux] / On est prêt à faire n'importe quoi [à commettre des actes délictueux] pour gagner sa vie quand on vit dans la misère.

포동포동 부 aux formes replètes [rondes et pleines]. ¶~ 살찐 아이 un enfant potelé.
◆_**하다** 형 être repl*et*(*ète*), grassouillet(*te*), potelé(*e*), dodu(*e*), joufflu(*e*), mafflu(*e*) {*litt*}, rebondi(*e*), plein(*e*), bien en chair, rondelet(*te*). ¶~한 뺨 joues rebondies [pleines, mafflues {*litt*}], ((un visage)) joufflu. ¶~한 손 mains potelées.

포드닥 부 ① ((날개짓)) dans un léger bruissement d'ailes (produits par de petits oiseaux). ¶참새가 ~ 날아올랐다 Un moineau s'envola en battant ses petites ailes [dans un léger bruissement d'ailes]. ② ((petits poissons)) en frétillant.
◆_**하다[거리다, 대다]** 자 ① ((새가)) faire un léger bruissement d'ailes. ② ((물고기가)) frétiller.
◆_ _ 부 dans un léger bruissement d'ailes. ¶참새들이 ~~ 날갯짓을 하며 하늘로 향한다 Les moineaux s'envolent vers le ciel dans un léger bruissement d'ailes. ☞ 푸드득

포럼 英 명 【역사】 forum *m*. ¶~을 열다 ouvrir un forum.

포로 捕虜 명 prisonni*er*(*ère*) (de guerre); capti*f*(*ve*). ¶~를 석방하다 libérer [délivrer, relâcher] un prisonnier. ¶~가 되다 être prisonni*er*(*ère*). ¶~로 잡히다 être constitué(*e*) prisonni*er*(*ère*). ¶~로 잡다 faire prisonni*er*(*ère*).
◆_**교환** -交換 명 échange *m* de prisonniers.
◆_**인도** -引導 명 remise *f* de prisonnier.
◆_**송환** -送還 명 renvoi *m* de prisonnier.
◆_**수용소** -收容所 명 camp *m* de prisonniers.

포르노 英{porno} 명 pornographie *f*, porno *m* {*fam*}; ((형용사)) pornographique, porno {*fam*}, cochon(*ne*). ¶~ 배우 un(*e*) ac*teur*(*trice*) porno {*fam*}. ¶~ 영화[산업] un (film) porno {*fam*}, un film de cul {*vulg*}, un film cochon [la pornographie, l'industrie du porno {*fam*}].

포르르 부 légèrement; doucement. ¶참새 한 마리가 ~ 날아와 앉았다 Un moineau vient se percher doucement (sur une branche). ¶바람에 나뭇잎이 ~ 떨린다 Les feuilles des arbres s'agitent légèrement au gré du vent.

포만 飽滿 명 satiété *f*; saturation *f*.
◆_**하다** 형 être saturé(*e*), rassasié(*e*).
◆_**감** -感 명 satiété *f*, sentiment *m* de saturation. ¶~감을 느끼다 être saturé(*e*), rassasié(*e*). ¶~감에 젖다 baigner de satiété.

포말 泡沫 명 écume *f*; mousse *f*. ¶~이 일다 écumer, baver. ¶~처럼 사라지다 fondre comme neige au soleil; disparaître très rapidement sans laisser de traces; s'évaporer [se dissiper] rapidement. ¶~로 부서지다 se briser comme l'écume. ☞ 거품

포맷 英{format} 명 【컴퓨】 (opération *f* de) formatage *m*. ◇_(을) 하다 formater ((une disquette, un disque dur)). ¶이 컴퓨터는 ~을 해야 한다 Il faut formater cet ordinateur.

포목 布木 명 drap *m*; calicot *m*; étoffe *f*.
◆_**상** -商 명 drapi*er*(*ère*); marchand *m* drapier.
◆_**전** -廛 명 draperie *f*.

포문 砲門 명 gueule *f* d'un canon. ¶긴 ~을 내민 장갑차 le blindé duquel sort la longue gueule du canon.
*~을 열다 entamer *qc*, commencer à+*inf*. ¶지도부에 대해 비난의 ~을 열기 시작하다 commencer à critiquer les dirigeants. ¶협상의~을 열다 entamer les négociations.

포물선 抛物線 명 parabole *f*. ¶~을 그리며 날아가다 décrire une trajectoire parabolique; voler en décrivant une trajectoire parabolique. ¶~을 그리다 décrire[tracer, dessiner] une parabole.

포박 捕縛 명 arrestation *f*, capture *f*. ¶~을 풀다 libérer un prisonnier; relâcher un prisonnier. ◇_(을) 하다[시키다] arrêter, appréhender *qn*, capturer *qn*. ¶포로를 ~하다 ligoter [enchaîner] un prisonnier. ◇_(을)당하다 être ligoté(*e*), enchaîné(*e*). ◇_(이) 되다 ¶그 사람은 팔과 다리가 ~된 채 투옥되었다 Il a été incarcéré les mains et les jambes attachées.

포병 砲兵 명 artilleur *m*. ¶~ 장교 officier d'artillerie. ¶~ 대대[연대] bataillon [régiment] d'artillerie. ¶~으로 군복무를 하다 faire *son* service militaire dans l'artillerie.
◆_**대** -隊 명 artillerie *f*.

포복 匍匐 명 rampement *m*, reptation *f*; action de ramper ou de marcher à quatre pattes; ((적진)) progression *f* en rampant ou en position très basse, accroupi(*e*) et courbé(*e*) [penché(*e*) en avant] ((le dos horizontal)). ¶낮은(높은) ~으로 전진하다 ((troupes)) avancer [progresser] en rampant [en

ㅍ

se baissant fortement; en position très basse, accroupi(*e*) et courbé(*e*) [penché(*e*) en avant]]. ◇_(을) **하다** ramper; marcher à quatre pattes. ¶ ~하여 적진에 다가가다 s'approcher du camp ennemi en rampant.

포복절도하다 抱腹絶倒- 자 se tordre de rire, se tenir les côtes de rire, se plier [se tordre] de rire, être plié(*e*) (en deux), être plié(*e*) de rire, avoir la rate qui va éclater (tellement on rit), hurler [mourir] de rire, se bidonner {*fam*}, se boyauter {*fam*}, se fendre la pipe [la pêche, la gueule, la poire] {*fam*}, se dilater la rate; rire comme un bossu [une baleine]; rire à en pleurer [aux larmes], rire à en faire pipi dans *sa* culotte; se poiler {*fam*}, se bidonner {*fam*}, se gondoler {*fam*}; se boyauter. ¶ 그는 배꼽을 움켜쥐면서 포복절도했다 Il s'est tenu les côtes de rire / Il s'est tordu de rire / Il était plié (en deux) {*fam*}. ¶ 포복절도할 이야기 une histoire tordante [hilarante, poilante {*fam*}, bidonnante {*fam*}].

포볼 영{four ball} 명 ((야구)) but *m* sur balles.

포부 抱負 명 aspiration *f*, ambition *f*. ¶ 원대한 ~를 지니다 avoir de hautes visées [des ambitions élevées]. ¶ ~를 밝히다 exprimer *ses* aspirations. ¶ ~를 말하다 parler de *ses* aspirations.

포상 褒賞 명 prix *m*, récompense *f*. ¶ ~ 휴가 congé de récompense. ¶ 국가 유공자에 대한 ~ récompense pour les personnes qui ont rendu de grands services à la patrie. ◇_(을) **하다** donner un prix [une récompense]. ¶ 효행을 ~하다 donner un prix pour les actes de piété filiale. ¶ 성실한 공무원을 ~하다 donner un prix aux fonctionnaires fidèles. ◇_(을)**받다** être gratifié(*e*) d'un prix [d'une récompense]. ¶ 나라에서 ~을 받다 être récompensé(*e*) par le pays.
◆_**금** -金 명 prix *m*.

포석[1] 布石 명 ① disposition *f* des pions ((au jeu de go)). ¶ ~을 잘못하다 mal disposer *ses* pions. ¶ ~을 마치다 finir de disposer *ses* pions. ② 미리 손을 씀 disposition *f* ((politique)). ¶ 정치적 ~ disposition politique. ◇_**을 깔다[놓다]** prendre *ses* dispositions ((pour l'avenir)).

포석[2] 鋪石 명 pavé *m*, dalle *f*. ¶ ~을 깐 길 voie dallée, route pavée, rues pavées. ¶ ~을 깔다 paver ((une route)).

포석정 鮑石亭 명 pavillon *m* Poseok(jeong) ((pavillon situé à Gyeongju datant de l'époque de Silla)).

포섭 包攝 명 ① ralliement *m* à *sa* cause. ¶ ~ 작전[공작] *stratégie pour gagner [pour rallier] qn à sa cause*. ¶ ~의 대상 cible à rallier. ¶ 적군을 ~하다 gagner l'ennemi à *sa* cause. ② 포함 inclusion *f*, compréhension *f*. ◇_(을) **하다** ① rallier [gagner] *qn* à *sa* cause, rallier *qn*, ramener *qn* à *soi*, convertir ((des dissidents, des opposants)) à *sa* cause. ¶ 누구를 ~하여 자기 편으로 삼다 rallier [gagner] *qn* à *sa* cause. ② 포함하다 contenir *qc*; comprendre *qc/qn*; inclure *qc*, renfermer *qc*, subsumer. ¶ 상위개념은 하위개념을 ~한다 La notion supérieure subsume la notion inférieure. ◇_(이) **되다[(을) 당하다]** ① être rallié(*e*) du côté de *qn*. ¶ 적에게 ~되어 스파이짓을 하다 espionner *son* propre pays en traître, espionner pour le compte des ennemis. ② être subsumé(*e*), inclus(*e*), compris(*e*). ¶ 인간이라는 개념은 동물이라는 개념에 ~된다 L'être humain est inclus dans la catégorie des animaux.

포성 砲声 명 bruit *m* [grondement *m*] du canon. ¶ ~이 울린다 Le canon tonne [gronde]. ¶ ~이 들린다 On entend le grondement du canon / On entend le canon tonner.

포수[1] 砲手 명 chasseur *m*; fusilier *m*.

포수[2] 捕手 명 attrapeur *m* ((en Europe)); receveur *m* ((au Québec)).

포술 砲術 명 canonnage *m*.

포스터 영{poster} 명 affiche *f*, poster *m*; placard *m*. ¶ 사원 모집 ~ affiche de recrutement. ¶ ~를 붙이다 coller [placarder] une affiche, afficher.

포스트모더니즘 영{postmodernism} 명 postmodernisme *m*.

포승 捕繩 명 corde *f* (pour ligoter les criminels). ¶ ~을 묶다 attacher *qn* solidement avec une corde, attacher ((les mains ou les jambes d'un prisonnier)) avec une corde; ligoter ((un prisonnier, un criminel)). ¶ ~을 풀다 délier les mains ((d'un prisonnier)), relâcher, libérer, détacher, rendre la liberté à ((un prisonnier)).
◆_**줄** 명 corde *f* (pour ligoter les criminels).

포식 飽食 명 satiété *f*. ◇_(을) **하다** manger à [jusqu'à] satiété, se rassasier; manger *qc* [à souhait, à discrétion, copieusement, abondamment, en grande quantité, de manière abondante]. ¶ 고기를 ~하다 manger de la viande en grande quantité; manger beaucoup de viande; manger de la viande à satiété [à discrétion, à souhait]. ¶ 오랜만에 ~을 했다 Cela faisait longtemps [Ça faisait une paye {*fam*}] que je n'avais pas mangé [festoyé] comme ça / Il y avait longtemps que je n'avais pas fait un repas aussi copieux / Ça faisait un bail que je n'avais pas mangé aussi copieusement {*fam*}.

포신 砲身 명 canon *m* ((d'un fusil)). ¶ ~을 돌리다 tourner le canon (d'un fusil). ¶ ~이 굵다 Le calibre du canon est gros. ¶ ~이 어디를 향하다 Le canon est pointé vers ...

포악 暴悪 명 atrocité *f*, violence *f*, sauvagerie *f*. ◇_(을)**부리다[떨다]** devenir sauvage.
◆_**하다** 형 être sauvage, violent(*e*), atroce. ¶ ~한 군주 un souverain atroce.
◆_**성** -性 명 atrocité *f*, violence *f*, sauvagerie *f*. ¶ ~성을 드러내다 faire preuve de violence [de sauvagerie], se montrer violent(*e*) [sauvage].

포연 砲煙 명 fumée *f* de canon [poudre]. ¶ ~ 속으로 dans la fumée de canon. ¶ ~ 사이로 entre les fumées de canons. ¶ ~이 가득한 전쟁터 un champ de bataille

ㅍ

couvert par la fumée des canons. ¶ ~이 자욱하다 être complètement envahi(*e*) par la fumée des canons. ¶ ~을 꿰뚫다 passer malgré le tir ennemi.

포열 砲列 명 batterie *f.*

포옥 부 profondément. ¶ (품에) ~ 안기다 se blottir dans [entre] les bras de *qn*. ¶ ~ 익히다[끓이다] faire cuire [bouillir] longtemps, faire mijoter. ¶ 몸이 ~ 가라앉다 se sentir las(*se*) [épuisé(*e*), lessivé(*e*), au bout du rouleau, à bout de forces], être sur les rotules, être à ramasser à la petite cuillère {*fam*}. ¶ 한숨을 ~ 내쉬다 pousser un soupir profond.

포옹 抱擁 명 embrassement *m* {*litt*}; embrassade *f*, accolade *f*, étreinte *f*, enlacement *m*. ¶ 뜨거운[가벼운] ~ embrassade chaleureuse [tendre embrassade, enlacement]. ◇_(을) **하다** serrer *qn* dans *ses* bras, étreindre *qn* ((sur *son* cœur, sur *sa* poitrine)), enlacer *qn*. ¶ 서로 ~하다 s'étreindre, se serrer dans les bras, s'enlacer.

포용 包容 명 ((포괄)) compréhension *f*, inclusion *f*; ((관용)) tolérance *f*, générosité *f*. ◇_(을) **하다** comprendre, inclure; tolérer. ¶ 남을 너그럽게 ~하다 tolérer les autres avec générosité.

◆**_성** -性 명 magnanimité *f*, générosité *f*.

◆**_력** -力 명 générosité *f*. ¶ 남다른 ~력 générosité extraordinaire. ¶ ~력을 지니다[가지다] avoir un esprit de grande envergure, avoir l'esprit large; être d'une grande générosité; être généreu*x*(*se*), tolérant(*e*), compréhensi*f*(*ve*), magnanime. ¶ ~력이 있다 être généreu*x*(*se*), tolérant(*e*), compréhensi*f*(*ve*), magnanime. ¶ ~력이 부족하다 manquer de générosité [tolérance]; être peu tolérant(*e*) [intolérant(*e*), incompréhensi*f*(*ve*)]; avoir l'esprit étroit; être étroit d'esprit.

◆**_심** -心 명 générosité *f*, tolérance *f*.

포워드 영{forward} 명 【운동】 avant *m*.

◆**센터_** 영{center-} 명 【운동】 avant-centre(~*s*-~*s*) *m*.

포위 包圍 명 encerclement *m*, enveloppement *m*; siège *m*; investissement *m*. ¶ ~ 공격[태세] attaque enveloppante [position de siège]. ¶ ~를 풀다 lever le siège [le blocus]. ¶ ~를 뚫다 briser [rompre] l'encerclement, percer la ligne des assiégeants. ◇_(를) **하다** encercler ((un lieu)), boucler ((un quartier)); envelopper ((l'armée ennemie)), assiéger ((une place forte)), investir ((une ville)). ¶ 성 주위를 겹겹으로 ~하다 assiéger un château. ◇_(가) **되다**[(를) **당하다**] être encerclé(*e*), enveloppé(*e*), assiégé(*e*). ¶ 적에게 ~를 당하다 être assiégé(*e*) par l'ennemi.

◆**_망** -網 명 encerclement *m*, cordon *m* de sécurité, mailles *fpl* policières. ¶ ~망을 좁혀 들어가다 resserrer l'encerclement; resserrer le cordon de sécurité. ¶ ~망을 벗어나다 échapper à l'encerclement (ennemi); passer à travers les mailles du cordon de sécurité.

포유 哺乳 명 allaitement *m*. ◇_(를) **하다** allaiter ((un enfant)); nourrir ((un enfant)) au sein.

◆**_동물** -動物 명 mammifère *m*.

포인터¹ 영{pointer} 명 pointeur *m* laser. ¶ ~로 가리키다 indiquer [désigner] un endroit précis [indiquer précisément un endroit, pointer un détail] à [sur] l'écran à l'aide d'un pointeur laser.

포인터² 영{pointer} 명 【동물】 pointer *m*, pointeur *m*; chien *m* d'arrêt

포인트 영{point} 명 ① 핵심 élément *m* [détail *m*] clé, point *m* capital, point *m* essentiel ((d'un projet)), essentiel *m*, intérêt *m* ((*d'un tableau*)), point *m* stratégique ((d'une opération)). ¶ 이 그림의 ~ l'intérêt [le détail clé] de ce tableau. ¶ 계획의 ~ le point essentiel du projet. ¶ 작전의 ~ le point stratégique de l'opération. ② 득점 point *m*. ¶ ~를 따다 gagner des points. ¶ ~를 잃다 perdre des points. ◇_**를 두다** focaliser [concentrer] l'attention sur *qc*; mettre en évidence, souligner *qc*.

분류 득점이나 지수point *m*. ¶ 물가 지수가 몇 ~가 올랐다 L'indice des prix a grimpé [a monté, est en hausse] de quelques points. ¶ 몇 ~가 내려가다[올라가다] baisser [hausser] de quelques points.

포자 胞子 명 spore *f*.

◆**_낭** -囊 명 sporange *m*.

◆**_체** -体 명 sporophyte *m*.

◆**_식물** -植物 명 plante *f* sporophyte.

포장¹ 包裝 명 emballage *m*, empaquetage *m*. ¶ 상품 ~ emballage des marchandises. ¶ ~을 뜯다[풀다] déchirer l'emballage, défaire un paquet [ouvrir l'emballage, ouvrir un paquet, déballer ((des marchandises))]. ◇_(을) **하다** emballer ((des marchandises)); empaqueter ((des livres)); faire un paquet de *qc*. ¶ ~하는 사람 emballeur, empaqueteur. ¶ 예쁜 종이로 선물을 ~하다 emballer le cadeau avec un joli papier. ¶ 미사여구로 ~하다 parler avec un langage [style] fleuri [recherché, splendide], dire des phrases ronflantes [de belles phrases, de belles paroles]. ◇_(이) **되다** être emballé(*e*).

◆**_물** -物 명 paquet *m*.

◆**_비** -費 명 frais *mpl* d'emballage.

◆**_지** -紙 명 papier *m* d'emballage.

포장² 鋪裝 명 revêtement *m* du sol; ((포석으로)) pavage *m*, pavement *m*; ((아스팔트로)) asphaltage *m*. ¶ 아스팔트 ~ asphaltage. ◇_(을) **하다** revêtir ((une rue de goudron)), recouvrir ((une chaussée, une route)) avec du macadam; recouvrir ((une route)) de bitume [d'asphalte]; paver ((un chemin)), goudronner, bitumer ((une route)), asphalter ((une route, une rue, un trottoir)), macadamiser. ¶ 도로를 ~하다 asphalter [goudronner, paver] les routes. ◇_(이) **되다** être asphalté(*e*), goudronné(*e*), pavé(*e*), macadamisé(*e*). ¶ ~된 도로 route goudronnée [asphaltée, bitumée].

◆**비_도로** 非-道路 명 route qui n'est pas pavée [asphaltée, bitumée, goudronnée].

포장³ 布帳 명 bâche *f*. ¶ ~을 치다[두르다] couvrir [recouvrir] ((un étalage)) d'une bâche; bâcher ((un camion)). ¶ ~을 들추다 dévoiler [enlever] une bâche.

포장⁴ 褒章 명 médaille *f* ((du mérite agricole)). ¶ 누구에게 ~을 수여하다 conférer [décerner, remettre] à *qn* une médaille; médailler *qn*; honorer [décorer] *qn* d'une médaille. ¶ 누구로부터[에게] ~을 받다 recevoir une médaille de *qn*; se faire médailler par *qn*.

포장마차 布帳馬車 명 ① 간이주점 (roulotte *f* bâchée qui fait) gargote *f* ambulante [de rue]. ¶ ~에서 한 잔 하다 boire ((un verre)) dans une gargote ambulante. ② ((마차)) roulotte *f* bâchée. ¶ ~로 이동하다 transporter des marchandises dans une roulotte bâchée.

포주 抱主 명 entremetteu*r*(*se*), proxénète; souteneur *m*, maquer*eau*(*elle*, *eaux*) {*pop*}.

포즈 영{pose} 명 pose *f*. ◇_(를) **잡다[취하다]** prendre une pose.

포지션 영{position} 명 ① 위치 position *f*, emplacement *m*. ¶ ~을 잘 잡다 bien se placer, se placer correctement; avoir un bon emplacement. ② 역할 position *f*, rôle *m*, fonction *f*, place *f*, poste *m*. ¶ 저 선수의 ~은 뭐냐 Quelle est la position de ce joueur? / À quelle place joue ce joueur? ¶ 중요한 ~을 맡다 avoir une fonction [un rôle] important(*e*); occuper [avoir] un poste important; avoir un bon poste; avoir un poste élevé; se faire confier [attribuer] un rôle important. ¶ ~을 잘 소화해내다 bien diriger [assimiler] *son* rôle [*sa* position].

포진 布陣 명 disposition *f* d'un camp. ◇_(을) **하다** prendre position ((sur une colline)), camper ((devant les lignes ennemies)), établir *son* camp. ¶ 전면에 ~을 하다 camper devant les lignes.

포착 捕捉 명 saisie *f*. ¶ 순간 ~ saisie d'un instant. ◇_(을) **하다** prendre *qc*, saisir *qc*, attraper *qc*. ¶ ~하기 어려운 insaisissable, incompréhensible. ¶ 요점[기회, 증거, 단서, 혐의]을 ~하다 saisir le point essentiel ((d'un problème)) [l'occasion, une preuve, un indice, la suspicion]. ◇_(이) **되다** être saisi(*e*). ¶ 적군의 움직임이 아군에게 ~되었다 Le mouvement de l'ennemi a été saisi par notre armée.

포츠머스조약 -条約 명 【역사】 traité *m* de Portsmouth.

포커 영{poker} 명 poker *m*. ◇_**를 치다** jouer au poker; faire une partie de poker.

◆_ **페이스** 영{-face} 명 visage *m* impassible.

포커스 영{focus} 명 mise *f* au point, foyer *m*; ((초점)) point *m* de mire, point *m* essentiel, priorité *f*, attention *f*. ◇_(를) **맞추다** ((사진)) faire la mise au point ((de *son* appareil photo)), mettre au point ((un appareil de photo)); focaliser ((un faisceau lumineux)); ((눈이)) se fixer sur *qc*, accommoder sur *qc*; ((사람이)) fixer *son* regard sur *qc*; ((초점)) centrer (l'attention) sur *qc*, accorder la priorité à *qc*, traiter essentiellement de *qc*, se concentrer sur *qc*, axer essentiellement sur *qc*, insister sur *qc*, mettre l'accent sur *qc*, focaliser [concentrer] l'attention sur *qc*. ¶ 인물 분석에 ~를 맞추다 centrer le travail sur l'analyse des personnages.

포켓 영{pocket} 명 poche *f*. ¶ ~ 속 intérieur d'une poche; dans la poche. ¶ 지갑을 ~에 넣다 mettre *son* porte-feuille dans *sa* poche.

◆_**볼** 영{-ball} 명 billard *m* américain.

◆_**북** 영{-book} 명 livre *m* (en édition) de poche.

◆_**형** -型 명 format *m* poche; en (édition de) poche.

포크 영{fork} 명 fourchette *f*.

포크댄스 영{folk dance} 명 【운동】 danse *f* folklorique. ¶ ~를 추다 faire de la danse folklorique.

포크레인 영{fork crane} 명 grue *f* (portique); chariot *m* élévateur.

포크송 영{folksong} 명 【음악】 chanson *f* folklorique. ¶ ~ 가수 un(*e*) chanteu*r*(*se*) folk.

포탄 砲弾 명 obus *m*. ¶ ~이 비 오듯 하다 Il pleut des obus. ¶ ~이 비 오듯 떨어진다 Les obus pleuvent / Il pleut des obus. ¶ ~이 작렬한다 Les obus éclatent / Les obus pètent {*fam*}((dans tous les coins)).

포탈 逋脱 명 fraude *f* fiscale. ¶ 세금 ~ fraude fiscale. ◇_(을) **하다** tromper le fisc; ((관세를)) frauder à la douane. ¶ 조세를 ~하다 frauder le fisc.

◆**조세_범** 租税-犯 명 fraudeu*r*(*se*) du fisc.

포태 胞胎 명 conception *f*, grossesse *f*. ¶ ~ 중에 pendant la grossesse. ◇_(를) **하다** concevoir; tomber [être] enceinte. ¶ 아이를 ~하다 tomber [être] enceinte. ◇_(를)**시키다** mettre [rendre] ((une femme)) enceinte; rendre ((une femme)) grosse {*vulg*}, engrosser {*vulg*} ((une femme)); faire un enfant à ((une femme)) {*fam*}; féconder {*vulg*} ((une femme)).

포터 영{porter} 명 porteur *m*. ¶ ~를 부르다 appeler un porteur ((sur le quai d'une gare)).

포테이토칩 영{potato chip} 명 chips *fpl*, pommes *fpl* chips.

포트¹ 영{pot} 명 bouilloire *f*. ¶ 전기[커피] ~ bouilloire *f* électrique [cafetière électrique].

포트² 영{port} 명 【정보】 port *m* ((USB, parallèle)); porte *f* (d'accès), point *m* d'accès. ¶ 입력[출력] ~ port d'entrée [de sortie]. ¶ 프린터 ~ port imprimante; LPT.

포트폴리오 영{portfolio} 명 portfolio *m*. ¶ ~를 만들다[작성하다] réaliser un portfolio.

포플러 영{poplar} 명 peuplier *m*.

포플린 영{poplin} 명 popeline *f*.

포피 包皮 명 ① ((동물)) peau(*x*) *f*. ② ((식물)) prépuce *m*.

◆_**절단** -切断 명 circoncision *f*.

포학 暴虐 명 tyrannie *f*, cruauté *f*, atrocité *f*, violence *f*. ¶ ~을 일삼다 se laisser facilement aller à la violence. ◇_(을) **부리다** faire régner la tyrannie [la violence, l'atrocité].

◆_하다 형 être tyrannique, atroce, cruel(*le*), violent(*e*). ¶ ~한 군주 tyran. ¶ 성격이 ~하다 avoir un caractère violent [tyrannique, cruel, atroce]; être tyrannique, atroce, cruel(*le*), violent(*e*).

◆_무도하다 -無道- 형 être tyrannique et manquer de vertu [indiscipliné(*e*)]. ¶ ~무도한 인간 personne tyrannique et indisciplinée.

◆_성 -性 명 tyrannie *f*, cruauté *f*, atrocité *f*, violence *f*. ¶ ~성을 보이다[드러내다] faire preuve de tyrannie [de cruauté, de violence]; se montrer cruel(*le*).

포함[1] 包含 명 ① inclusion *f*. ② 【논리】 compréhension *f*. ◇_(을) 하다 contenir *qc*; comprendre *qc*/*qn*, inclure *qc*, renfermer *qc*, englober *qc*/*qn* dans *qc*. ¶ 이 광석은 금속분을 많이 ~하고 있다 Ce minerai contient une forte proportion de métal. ¶ 나를 ~해서 모두 여섯 명이다 On est six y compris moi. ◇_(이) 되다 être compris(*e*), être inclus(*e*), être contenu(*e*). ¶ 이 명단에는 외국인 들이 ~되어 있다 Des étrangers figurent sur cette liste. ◇_(을) 시키다 inclure, insérer. ¶ 누구를 명단에 ~시키다 inclure [insérer] *qn* dans la liste. ◇_관계 -關係 명 【수학】 inclusion *f*.

포함[2] 砲艦 명 【군사】 canonnière *f*.

포합 抱合 명 ① 포옹 embrassade *f*, accolade *f*, étreinte *f*. ② 【화학】 combinaison *f*. ◇_(을) 하다 embrasser, accorder, combiner. ◇_(이) 되다 être embrassé(*e*), accordé(*e*), combiné(*e*).

◆_물 -物 명 【화학】 combinaison *f*.

◆_어 -語 명 【언어】 langue *f* polysynthétique.

포화[1] 砲火 명 ① feu(*x*) *m* des canons. ¶ ~에 휩싸인 도시 une ville sous le feu des canons. ② 총포를 쏨 canonnade *f*. ¶ 맹렬한 ~ vive canonnade. ¶ 연속적인 ~ feu continu. ¶ ~를 집중하다 concentrer le tir. ¶ ~를 멈추다 cesser le feu. ③ 총포 fusil *m* et canon *m*. ¶ ~를 겨누다 mettre *qn* en joue, viser *qn* avec un fusil, braquer un fusil sur *qn*, pointer *son* [une] arme [*son* fusil, un fusil] sur *qn* [en direction de *qn*]. ¶ 갖은 ~를 동원하다 mobiliser toutes les armes à feu. ¶ ~가 불을 뿜다 faire feu sur *qn*/*qc*.

◆십자_ 十字- 명 feux *mpl* croisés. ¶ 비판 여론의 십자~를 맞다 être sous le feu [être l'objet] des critiques [de la critique].

포화[2] 飽和 명 saturation *f*. ¶ ~ 상태 état de saturation. ¶ 이 지역은 인구가 ~ 상태에 이르렀다 Cette région est surpeuplée. ◇_(가) 되다 être saturé(*e*), être en état de saturation. ¶ 용액 속에 염화나트륨이 ~돼 있다 Le chlorure de sodium est saturé dans la solution.

◆_성 -性 명 saturabilité *f*.

◆_점 -点 명 point *m* de saturation.

◆과_ 過- 명 sursaturation *f*.

◆불_ 不- 명 manque *m*, insuffisance *f*.

◆인구_ 人口- 명 surpopulation *f*.

포환 砲丸 명 ① boulet *m* de canon. ② 【운동】 poids *m*. ¶ ~ 던지기 lancement du poids. ¶ ~을 멀리 던지다 lancer le poids au loin.

◆투_ 投- 명 【운동】 lancement *m* du poids.

포획 捕獲 명 ① prise *f*; pêche *f* ((de la baleine)). ¶ 무분별한 짐승 ~ prise des animaux sans discernement. ② ((적군의)) capture *f* ((de navires ennemis)). ¶ 적군 ~ capture de l'ennemi. ◇_(을) 하다 prendre *qc*; capturer *qc*; pêcher *qc*. ¶ 고래를 ~하다 pêcher la baleine. ◇_(이) 되다 être pris(*e*), capturé(*e*). ¶ 적 정찰병이 ~되었다 L'éclaireur ennemi a été capturé [a été fait prisonnier].

◆_고[량] -高[量] 명 quantité *f* prise.

◆_물 -物 명 prise *f*, capture *f*; coup *m* de filet.

포효 咆哮 명 ① rugissement *m*. ¶ 사자[호랑이]의 ~ rugissement du lion [du tigre]. ② ((비유적)) rugissement *m* ((de la mer)), hurlement *m* ((du vent)). ¶ 바다의 ~ rugissement de la mer. ◇_(를) 하다 rugir, hurler.

폭[1] 부 soudainement; profondément. ¶ 고개를 ~ 숙이다 baisser soudainement la tête. ¶ 곰국을 ~ 끓이다 laisser mijoter la soupe de viande. ¶ 달걀이 ~ 곯았다 Les œufs sont complètement pourris. ¶ 도랑에 ~ 빠지다 tomber au fond d'un fossé. ¶ 바늘로 ~ 찌르다 enfoncer une aiguille profondément. ¶ 보자기에 ~ 싸다 envelopper *qc*/*qn* dans un carré de tissu. ¶ 잠이 ~ 들다 dormir d'un sommeil profond. ¶ ~ 쉬다 bien se reposer, jouir d'un repos complet, prendre un bon repos. ☞ 푹[1]

폭[2] 幅 명 ① largeur *f*. ¶ ~ 1미터의 통로 passage d'un mètre de large. ¶ 2미터의 ~ deux mètres de large. ¶ ~이 2미터이다 avoir deux mètres de large [de largeur]; être large [être d'une largeur, avoir une largeur] de deux mètres. ¶ ~이 넓은[좁은] 도로 rue large [étroite]. ② 범위, 여지 étendue *f* ((de l'influence)); ((offrir un grand)) choix *m*, éventail *m*, gamme *f* ((des prix)); marge *f*. ¶ 선택의 ~이 좁다 Il n'y a pas beaucoup de choix / Le choix est limité [restreint]. ¶ 독서[독자]의 ~이 넓다 avoir une lecture très variée [avoir un vaste [large] public]. ¶ ~을 넓히다[좁히다] élargir, étendre [rétrécir] ((son influence, le champ de ses expériences, la sphère de son activité)); élargir [resserrer] ((le cercle)). ◇_(이) 넓다 être large, étendu(*e*). ¶ ~넓은 활동[지식] activité étendue [connaissances étendues]. ¶ 사람을 ~넓게 사귀다 avoir des relations très étendues. ¶ 문제를 ~넓게 다루다 traiter le problème globalement.

폭[3] 幅 분류 pièce *f*. ¶ 무명 한 ~ une pièce de coton. ¶ 한 ~의 그림 une peinture, un tableau, une toile. ¶ 여덟 ~ 병풍 paravent à huit panneaux.

폭거 暴擧 명 action *f* violente. ¶ ~를 자행하다 faire [commettre] une action violente. ¶ ~를 저지르다 commettre une action violente. ¶ ~를 감행하다 se risquer à faire une action violente. ¶ ~를 막다[저지하다] arrêter une action violente. ¶ ~를 개탄하다 déplorer une action violente.

폭격 爆擊 명 bombardement *m* (aérien); canonnage

ㅍ

m; pilonnage *m*. ¶ 무차별 ~ bombardement à l'aveugle, pilonnage acharné (sans cible particulière). ¶ 맹렬한 ~을 퍼붓다 pilonner avec acharnement. ◇_(을) **하다** bombarder ((une ville)), canonner ((une position ennemie)); pilonner. ¶ 적의 기지를 ~하다 bombarder la base militaire de l'ennemi. ◇_(을) **받다[당하다]** être bombardé(*e*). ¶ 파리가 소이탄의 ~을 받았다 Paris a été bombardée avec des bombes incendiaires.

◆**_기** -機 명 bombardier *m*.

폭군 暴君 명 tyran *m*, despote *m*; autocrate *m*. ¶ ~ 행세를 하다 se conduire en [se comporter comme un] tyran.

폭도 暴徒 명 émeuti*er*(*ère*)s; révolté(*e*)s; insurgés *mpl*; séditieux *mpl*. ¶ ~를 소탕하다 éliminer [faire disparaître] les insurgés. ¶ ~를 제압하다 réprimer une révolte.

폭동 暴動 명 émeute *f*, révolte *f*, sédition *f*, insurrection *f*. ¶ ~을 일으키다 s'insurger ((contre la dictature)); se révolter, se soulever. ¶ ~을 진압하다 réprimer une révolte. ¶ ~이 일어났다[발생했다, 터졌다] Une émeute a éclaté [a eu lieu]. ¶ ~에 가담하다 participer à une émeute.

폭등 暴騰 명 hausse *f* [augmentation *f*] subite ((du prix de *qc*)); forte hausse *f*; envolée *f*, flambée *f*. ¶ 가격[유가, 환율, 주가] ~ une envolée [une hausse soudaine] des prix [du prix du pétrole, du taux de change, des cours de la Bourse]. ◇_(을) **하다** ((prix)) augmenter subitement; faire un bond; flamber; s'envoler. ¶ 주가가 ~했다 Les cours de la Bourse ont connu une hausse soudaine [une envolée] / Les cours de la Bourse ont flambé. ¶ 석유 값이 4 배로 ~했다 Le prix de l'essence a soudainement été multiplié par quatre.

◆**_세** -勢 명 envolée *f*, flambée *f*. ¶ ~세를 보이다 connaître une hausse brutale [spectaculaire]; flamber. ¶ ~세를 진정시키다 freiner une hausse spectaculaire. ¶ ~세가 가라앉았다[진정되었다] La flambée ((des prix)) s'est ralentie. ¶ ~세가 한풀 꺾였다 La hausse spectaculaire s'est infléchie [a fléchi].

폭락 暴落 명 baisse *f* subite ((du prix du blé)); effondrement *m* ((des cours de la Bourse)); chute *f* ((d'une monnaie)). ¶ 가격[유가, 환율, 주가] ~ une baisse soudaine [un effondrement] des prix [du prix du pétrole, du taux de change, des cours de la Bourse]. ◇_(을) **하다** baisser subitement; s'effondrer. ¶ 주가가 ~했다 Les cours de la Bourse se sont effondrés.

◆**_세** -勢 명 baisse *f* brutale, effondrement *m*. ¶ ~세를 보이다 connaître une baisse brutale. ¶ 주가의 ~세가 지속된다 Les cours de la Bourse continuent de s'effondrer.

폭력 暴力 명 violence *f*; force *f* brutale. ¶ 누구에게 ~을 휘두르다 faire violence à *qn*; brutaliser *qn*. ¶ ~을 쓰다[가하다] avoir recours à [employer, user de] la violence. ¶ ~에 호소하다 recourir à la violence. ¶ ~은 ~을 부른다 La violence appelle la violence.

◆**_적** -的 명관 violent(*e*). ¶ ~적 방식[행동] une méthode violente [un comportement violent]. ¶ ~적으로 대처하다 réagir violemment [avec violence].

◆**_성** -性 명 caractère *m* violent; violence *f*, brutalité *f*. ¶ ~성이 심한 영화 un film très violent.

◆**_단** -團 명 bande *f* de malfaiteurs [voyous]; gang *m*.

◆**_배** -輩 명 voyou *m*, loubard *m* {*fam*}. ¶ 조직 ~배 voyous qui font partie d'une bande organisée [d'une association] de malfaiteurs [d'un gang, d'une organisation criminelle].

◆**_범** -犯 명 agresseur *m*.

폭로 暴露 명 divulgation *f*, révélation *f* ((d'un secret)). ◇_(를) **하다[시키다]** mettre au grand jour; divulguer ((un secret)); dévoiler, éventer, révéler ((un secret, un complot)). ¶ 누구의 정체[스캔들, 과거, 비리]를 ~하다 révéler la vraie nature [la face cachée, le passé, les magouilles {*fam*}] de *qn*. ◇_(가) **되다** être découvert(*e*). ¶ 음모가 ~되었다 Le complot fut découvert.

폭리 暴利 명 bénéfices *mpl* excessifs. ¶ ~를 취하다[보다, 얻다] prendre des bénéfices excessifs.

폭발 爆發 명 explosion *f*, éclatement *m*; éruption *f*. ¶ ~ 사고 une explosion. ¶ 가스 ~ une explosion de gaz [un grisou] ((dans une galerie de mine)); un coup de grisou. ¶ 화산[여객기, 지뢰]의 ~ éruption d'un volcan [explosion d'un avion, explosion d'une mine]. ¶ 감정[분노, 불만]의 ~ une explosion [un débordement] ((de joie, d'enthousiasme)); un déferlement ((d'enthousiasme, de haine)); une effusion [une explosion de colère, un mécontentement soudain et grandissant]. ¶ 인구 ~ explosion démographique. ¶ 인기 ~이다 avoir un très grand succès; faire fureur; faire un malheur [un tabac {*fam*}]; casser la baraque; se tailler un franc succès; avoir beaucoup de succès; avoir un succès éclatant; rencontrer un vif succès ((auprès de *qn*)); faire un véritable carton (plein) {*fam*}. ¶ 이 제품은 요새 인기 ~이다 Ces jours-ci, ce produit, on se l'arrache. ¶ 이 연극은 몇 달 동안 인기 ~이었다 La pièce (de théâtre) a fait un tabac pendant plusieurs mois. ◇_(을) **하다** faire explosion, exploser, éclater; faire éruption. ¶ 울분[감정]이 ~하다 laisser éclater [exploser] *sa* colère. ◇_(을) **시키다** dynamiter; faire sauter ((un édifice, un pont)) (par explosion). ¶ 건물을 ~시키다 faire sauter un édifice.

◆**_적** -的 명관 explosi*f*(*ve*). ¶ ~적 관심[반응]을 얻다 jouir d'une réputation excellente; remporter un grand succès [un succès fracassant]; connaître un grand succès auprès du public; avoir [obtenir] un très grand succès [un immense succès, un succès énorme, un succès extraordinaire, un succès éclatant]; jouir d'une grande popularité; faire

ㅍ

fureur; faire un malheur [un tabac] {*fam*}; casser la baraque {*fam*}; se tailler un franc succès; avoir beaucoup de succès; avoir un succès éclatant; rencontrer un vif succès (auprès de *qn*); un succès bœuf; faire florès {*vx*}. ¶ ~적 에너지 une énergie explosive. ¶ 그 배우의 인기는 가히 ~적이다 Cet acteur connaît un grand succès [se taille un franc succès] auprès du public.

◆_**성** -性 명 caractère *m* explosif.

◆_**력** -力 명 force *f* explosive. ¶ ~력이 있다[크다] être explosi*f*(*ve*) [très explosi*f*(*ve*)].

◆_**물** -物 명 explosif *m*.

◆_**음** -音 명 (bruit *m* d')explosion *f*. ¶ 요란한 ~음 une explosion très forte. ¶ ~음이 진동한다 On entend les vibrations de l'explosion.

폭사[1] 暴死 명 mort *f* subite [soudaine] et atroce. ◇_(를) **하다** mourir subitement et de manière atroce.

폭사[2] 爆死 명 mort *f* par explosion. ◇_(를) **하다** être tué(*e*) par une explosion. ¶ 수류탄에 ~하다 être tué(*e*) par une explosion de grenade.

폭삭 부 entièrement; tout à fait. ¶ 지붕이 ~ 내려앉았다 La toiture s'est effondrée. ¶ 그 친구는 얼굴이 ~ 늙었다 Il a pris un coup de vieux. ¶ 아버지의 사업이 ~ 망했다 L'affaire de mon père a fait faillite. ¶ 먼지가 ~ 일었다 Les poussières se sont soulevées brusquement. ¶ 사과가 ~ 썩었다 Les pommes sont complètement pourries.

폭서 暴暑 명 très forte chaleur *f*, grandes [grosses] chaleurs *fpl*, chaleur *f* torride, canicule *f*, chaleur *f* caniculaire [de plomb, intenable, accablante, suffocante, étouffante], fournaise *f*, étuve *f*.

폭설 暴雪 명 forte (chute *f* de) neige *f*. ¶ ~을 만나다 rencontrer de fortes chutes de neige; être surpris(*e*) par une tempête de neige. ¶ ~이 내리다 neiger fortement. ¶ ~이 쏟아지고 있다 Il neige fortement / Il y a de fortes chutes de neige. ¶ ~로 길이 막혔다 [교통이 두절되었다] Le chemin est impraticable [Le trafic a été interrompu] à cause de fortes chutes de neige.

폭소 爆笑 명 éclat *m* de rire. ¶ 누구의 ~를 자아내다 essayer de faire (éclater de) rire *qn*. ¶ ~가 터지다[쏟아져 나오다] éclater de rire, rire aux éclats [à gorge déployée], partir d'un grand éclat de rire, partir d'un gros rire. ◇_(를) **하다**[**터뜨리다**] éclater de rire, rire aux éclats [à gorge déployée], partir d'un grand éclat de rire, partir d'un gros rire. ¶ 친구의 농담에 ~하다 éclater de rire [partir d'un grand éclat de rire] à la plaisanterie d'un ami.

폭식 暴食 명 gloutonnerie *f*, goinfrerie *f* {*fam*}; voracité *f*. ¶ ~은 건강에 해롭다 La gloutonnerie nuit à la santé. ◇_(을) **하다** manger avec gloutonnerie; se goinfrer; se remplir la panse {*fam*}; manger voracement [goulûment]; bâfrer {*fam*}. ¶ 며칠 굶은 사람처럼 ~하다 manger voracement comme un affamé.

◆_**증** -症 명 boulimie *f*. ¶ ~증에 걸리다 être boulimique.

폭신 어근

◆_**하다** 형 être moelleu*x*(*se*), souple, bien rembourré(*e*), dou*x*(*ce*). ¶ ~한 안락의자 un fauteuil bien rembourré.

◆__**하다** 형 être moelleu*x*(*se*), souple, bien rembourré(*e*), dou*x*(*ce*). ¶ ~~한 침대 un lit moelleux. ☞ 푹신하다

폭압 暴壓 명 oppression *f* violente; répression *f*; abus *m* d'autorité. ¶ ~ 정치 tyrannie; despotisme. ¶ 정치적 ~ oppression politique. ¶ ~을 겪다 connaître l'oppression [la répression]. ¶ ~이 극에 달하다 atteindre un niveau d'extrême oppression. ¶ ~에 시달리다 être opprimé(*e*). ¶ ~ 정치에 항거하다 se révolter contre le despotisme ((du tyran)), s'insurger contre la tyrannie ((du roi)). ◇_(을) **하다** [**자행하다**] opprimer *qn*, réprimer *qn*. ¶ 국민[농민]을 ~하다 opprimer le peuple.

폭약 爆藥 명 explosif *m*. ¶ ~을 터뜨리다 faire sauter des explosifs. ¶ 어디에 ~을 장치하다[장착하다] installer des explosifs quelque part; miner ((un lieu, une carrière, une surface)). ¶ ~이 터지다 sauter, exploser.

폭양 曝陽 명 soleil *m* brûlant; soleil *m* de plomb; canicule *f*. ¶ ~이 내리쬐고 있다 Il fait un soleil de plomb / Le soleil tape dur.

폭언 暴言 명 propos *mpl* [paroles *fpl*] violent(*e*)s; injures *fpl*. ¶ ~을 던지다[퍼붓다] vomir des injures {*fam*}. ¶ ~을 일삼다 abuser de propos injurieux [violents]; se laisser facilement aller à la violence verbale; être injurieux(*se*); tenir sans arrêt des propos violents [injurieux]. ◇_(을) **하다** tenir des propos violents; vomir des injures {*fam*}. ¶ 누구에게 ...라고 ~을 하다 vomir des injures à *qn* {*fam*} en le traitant de ...; traiter *qn* de ...

폭염 暴炎 명 très forte chaleur *f*, grandes [grosses] chaleurs *fpl*, chaleur *f* torride, canicule *f*, chaleur *f* caniculaire [de plomb, intenable, accablante, suffocante, étouffante], fournaise *f*, étuve *f*. ¶ 긴 ~으로 à cause d'une longue canicule. ¶ 물놀이로 ~을 식히다[잊다] oublier les fortes chaleurs en s'amusant dans l'eau. ¶ 최근에 ~이 기승을 부린다 Ces jours-ci, il fait un temps caniculaire.

폭우 暴雨 명 pluie *f* violente [torrentielle, diluvienne]; déluge *m*. ¶ ~가 오다[내리다] pleuvoir à seaux [à torrents, à flots, à verse], tomber [pleuvoir] des cordes [des hallebardes], tomber des trombes d'eau [des cataractes]; il tombe une pluie torrentielle [diluvienne]; des pluies torrentielles [diluviennes] s'abattent ((sur la ville)). ¶ ~가 쏟아지다[퍼붓다] pleuvoir à seaux [à torrents, à verse, à flots]; tomber [pleuvoir] des hallebardes [des cordes], pleuvoir comme vache qui pisse {*fam*}, la pluie tombe à torrents [à verse], il tombe des cataractes [des cordes, des trombes d'eau, une pluie torrentielle, une pluie diluvienne]; des pluies torrentielles [diluviennes] s'abattent ((sur la région)). ¶ ~로 집이 무너졌다 La maison s'est écroulée à la suite de pluies torrentielles / Des pluies torrentielles sont à l'origine de [ont provoqué] l'écroulement de la maison.

폭위 暴威 명 grande violence *f*. ¶ ~를 떨치다[부리다, 휘두르다] ravager ((toute une région)); faire ravage ((dans une région)).

폭음[1] 暴飮 명 excès *m* de boisson, abus *m* d'alcool. ¶ 연이은 ~ plusieurs soirées consécutives trop arrosées. ¶ ~을 일삼다 s'adonner à la boisson; être porté(*e*) sur la boisson; être alcoolique; aimer la bouteille {*fam*}. ¶ 지나친 ~은 건강을 해친다 Boire avec excès [Trop boire] nuit à la santé. ◇_(을) **하다** boire trop d'alcool [des boissons alcoolisées avec excès]; s'enivrer, picoler {*fam*}, se soûler (la gueule) {*vulg*}, se bourrer la gueule {*vulg*}; biberonner {*fam*}, pinter, se beurrer {*fam*}, se cuiter {*fam*}, prendre une cuite [une biture] {*fam*}, se torcher {*vulg*}, s'en mettre une {*fam*}; lever le coude.

◆**_폭식** -暴食 명 excès *m* de table. ¶ ~폭식을 하다 boire et manger avec excès [à l'excès].

폭음[2] 爆音 명 bruit *m* d'explosion; détonation *f*; bruit *m* assourdissant. ¶ 무엇이 ~을 낸다 faire un bruit assourdissant. ¶ ~이 울려 퍼졌다 Il se produisit un bruit assourdissant.

폭정 暴政 명 tyrannie *f*; despotisme *m*. ¶ ~ 아래 신음하다 gémir sous la tyrannie. ¶ ~을 펴다 gouverner en tyran. ¶ ~을 견디다 se révolter contre le despotisme ((du tyran)), s'insurger contre la tyrannie ((du roi)). ¶ ~에 시달리다 subir une tyrannie; souffrir d'un gouvernement despotique.

폭주[1] 暴走 명 course *f* folle [sauvage] ((de motos, de voitures)). ¶ 오토바이[자동차]의 ~ course (sauvage) de motos [de voitures]. ◇_(를) **하다** conduire à une vitesse excessive, faire de la vitesse {*fam*} ((sur la route)).

◆**_족** -族 명 bande *f* (de jeunes voyous) à moto; loubards *mpl* motorisés (bruyants et provocateurs); bande *f* de motards; horde *f* sauvage. ¶ 오토바이 ~족 une bande de motards.

폭주[2] 輻輳 명 affluence *f* ((de bateaux, des commandes)); encombrement *m* ((de voitures)). ¶ 업무량(의) ~ excès de travail; surmenage. ◇_(를) **하다** ((voitures)) affluer; ((rue)) être encombré(*e*) ((de voitures)). ¶ 자동차 주문이 ~한다 Les commandes de voitures affluent. ¶ 항의 전화[민원, 기사]가 ~한다 Les protestations par téléphone [Les réclamations, Les articles] affluent.

폭주[3] 暴酒 명 excès *m* de boisson, abus *m* d'alcool; cuite *f* {*fam*}; biture {*fam*}. ¶ ~는 위에 해롭다 Boire trop d'alcool nuit à l'estomac. ◇_(를) **하다** boire trop d'alcool [avec excès]; s'enivrer; se soûler (la gueule), se bourrer (la gueule) {*fam*}, s'en mettre une {*fam*}, se pinter {*fam*}, se beurrer {*fam*}, se cuiter {*fam*}, se noircir {*fam*}, se biturer, biberonner {*fam*}, se prendre une cuite [une biture] {*fam*}; se piquer le nez {*fam*}, se murger {*arg*}, se torcher {*vulg*}; picoler {*fam*}, lever le coude {*fam*}.

폭주[4] 暴注 명 ① averse *f*; trombes *fpl* d'eau, hallebardes *fpl*, cataractes *fpl*; déluge *m*; pluie *f* torrentielle [diluvienne, violente]. ② forte diarrhée *f* [colique *f*]; chiasse *f* {*fam*}. ¶ ~를 만나다 essuyer [être pris(*e*) par, être saucé(*e*) {*fam*} par] une averse. ¶ 비가 ~로 내리붓다 pleuvoir à verse [à flots, à seaux, à torrents], tomber des cordes [des hallebardes, des cataractes, des trombes d'eau]; il tombe une pluie torrentielle [diluvienne], pleuvoir comme vache qui pisse {*vulg*}. ◇_(를) **하다** ① pleuvoir à verse [à flots, à seaux, à torrents], tomber des cordes [des hallebardes, des cataractes, des trombes d'eau], pleuvoir comme vache qui pisse {*vulg*}. ② avoir une forte diarrhée [colique]; avoir la chiasse {*fam*}.

폭죽 爆竹 명 pétard *m*. ¶ ~을 터뜨리다 allumer [faire claquer, faire partir] des pétards. ¶ ~이 터졌다 Des pétards ont éclaté.

◆**_놀이** 명 jeu *m* consistant à faire claquer des pétards. ¶ ~놀이를 하다 (s'amuser à) faire claquer [péter] des pétards.

폭증 暴增 명 augmentation *f* explosive [très rapide, brutale et spectaculaire], accroissement *m* [hausse *f*] brutal(*e*) et spectaculaire, expansion *f* soudaine et spectaculaire, explosion *f* ((démographique, des ventes)), boom *m* ((des prix, démographique)), flambée *f* [envolée *f* spectaculaire] ((des prix)). ¶ 도시 인구의 ~ explosion de la population urbaine, explosion démographique urbaine, boom démographique urbain. ◇_(을) **하다**[(이) **되다**] connaître une hausse brutale et spectaculaire, connaître une envolée spectaculaire, s'accroître [augmenter] brutalement [de manière brutale et spectaculaire], ((les ventes, les prix)) exploser {*fam*}; ((les prix)) s'envoler.

폭취 暴醉 명 ivresse *f* profonde; {*fam*} ((tenir une)) sacrée cuite *f*. ◇_(를) **하다** s'enivrer [se saouler] copieusement, se beurrer {*fam*}, se péter {*fam*}, se bourrer (la gueule) {*vulg*}, se cuiter {*fam*}, prendre une (sacrée) cuite {*fam*} [une biture {*fam*}], se piquer le nez {*fam*}, s'en mettre une {*fam*}, se torcher {*vulg*}.

폭탄 爆彈 명 bombe *f*. ¶ ~을 터뜨리다 faire éclater [sauter, exploser] une bombe. ¶ ~을 투하하다 lancer [jeter] des bombes; bombarder. ¶ ~이 터진다 Une bombe explose.

◆**_선언** -宣言 명 déclaration *f* foudroyante.

◆**원자_** 原子- 명 bombe *f* atomique.

◆**수소_** 水素- 명 bombe *f* H [à hydrogène].

◆**시한_** 時限- 명 bombe *f* à retardement.

폭파 爆破 명 destruction *f* par explosion. ¶ ~ 장치

un détonateur. ◇_(를) **하다[시키다]** faire sauter ((un édifice)); dynamiter; faire sauter par explosion. ¶ 다리를 ~하다 faire sauter un pont. ◇_(가) **되다** exploser, sauter par explosion; être dynamité(*e*). ¶ 폭탄이 ~되었다 Une bombe a explosé. ¶ 다리가 ~되었다 Un pont a sauté [a été dynamité]. ◇_(를) **당하다** être dynamité(*e*). ¶ 이 건물이 ~를 당했다 Cet édifice a été dynamité.

폭포 瀑布 명 chute *f* d'eau; cascade *f*; cataracte *f*. ¶ 나이아가라 ~ les chutes [cataractes] du Niagara.

◆_**수** -水 명 eau *f* d'un cascade [cataracte].

폭폭 부 profondément; parfaitement. ¶ 날이 ~ 찌다 Il fait très chaud / Il fait une chaleur insupportable [insoutenable, accablante, suffocante, torride, caniculaire] / Il fait une chaleur! {*fam*} / Quelle chaleur! / Quelle canicule! / Quelle étuve! / C'est une vraie fournaise ici! / J'ai très [trop] chaud! / On crève de chaleur ici! {*fam*} / Il fait un soleil de plomb / Ça tape fort {*fam*}. ¶ 모래[눈]에 발이 ~ 빠지다 Les pieds s'enfoncent profondément dans le sable [dans la neige]. ¶ 빨래를 ~ 삶다 faire bouillir le linge. ¶ 부모님 속을 ~ 썩이다 donner beaucoup de soucis à *ses* parents. ¶ 한숨을 ~ 쉬다 pousser un soupir profond. ¶ 바늘로 ~ 찌르다 piquer avec une aiguille à plusieurs reprises. ☞ 푹[1]

폭풍 暴風 명 vent *m* violent, ouragan *m*, tempête *f*. ¶ ~이 발생한다[인다] Une tempête se lève [souffle, se déchaîne, fait rage]. ¶ ~이 잠잠해졌다 La tempête s'est calmée. ¶ ~이 서울을 엄습했다 La tempête s'est abattue sur Séoul. ¶ ~이 불어 닥치다 être frappé(*e*) [touché(*e*)] par une tempête.

◆_**권** -圈 명 aire *f* cyclonale; région *f* [zone *f*] de tempête. ¶ ~권에서 벗어나다 quitter [sortir d'] une zone de tempête.

◆_**경보** -警報 명 avis *m* de tempête; annonce *f* d'un ouragan. ¶ ~경보 발효 avis de tempête; annonce d'un ouragan.

◆_**주의보** -注意報 명 avis *m* de tempête.

폭풍우 暴風雨 명 ouragan *m*, tempête. ¶ ~를 만나다 essuyer une tempête. ¶ ~가 인다[휘몰아친다] La tempête se lève. ¶ ~로 인한 피해 dégâts causés par la tempête.

폭한[1] 暴寒 명 froid *m* violent et subit; vague *f* de froid. ¶ ~이 밀어[들이]닥치다 être touché(*e*) par une vague de froid.

폭한[2] 暴漢 명 malfaiteur *m*, terroriste *m*. ¶ ~이 날뛰는 세상 un monde où règne la terreur [le terrorisme]. ¶ 수상이 ~에게 피습 당했다 Le Premier ministre a été l'objet d'une agression.

폭행 暴行 명 ① acte *m* de violence; coups *mpl* et blessures *mpl*; brutalité *f*. ② ((성폭행)) viol *m*. ◇_(을) **하다[가하다, 저지르다, 휘두르다]** ① commettre des violences sur *qn*, maltraiter, malmener, violenter; se livrer à des actes de violence; brutaliser *qn*; faire violence à *qn*; user de violence; avoir recours à la violence; rudoyer *qn*. ¶ 누구에게 ~을 하다 frapper *qn* brutalement; maltraiter *qn*, violenter *qn*, brutaliser *qn*; commettre des violences sur *qn*; exercer des sévices sur *qn*. ② ((성폭행)) violer ((une femme)); faire violence à ((une femme)). ◇_(을) **당하다** ① être frappé(*e*) brutalement par *qn*; être battu(*e*), être maltraité(*e*), violenté(*e*), brutalisé(*e*); se faire molester ((par la foule)). ② ((성폭행)) être violé(*e*) par *qn*; se faire molester ((par la foule)).

◆_**범** -犯 명 agresseur *m*.

◆_**죄** -罪 명 acte *m* de violence passible de poursuites judiciaires, acte *m* de violence criminel, voies *fpl* de fait.

◆**성**_ 性 명 viol *m*, agression *f* sexuelle.

폰뱅킹 영{phone banking} 명 opérations *fpl* bancaires par téléphone. ¶ ~으로 송금하다 effectuer un virement d'argent par téléphone. ◇_(을) **하다** effectuer des opérations bancaires par téléphone.

폰트 영{font} 명 police *f* (de caractères), fonte *f*. ¶ 글자의 ~를 늘이다[키우다] agrandir la police (de caractères). ¶ 글자의 ~를 줄이다[작게 하다] réduire la police (de caractères).

폴더 영{folder} 명 【컴퓨】 dossier *m* ((électronique)), répertoire *m* {*vx*}. ¶ ~를 만들다 créer un dossier. ¶ 상위 ~ un dossier en amont. ¶ 하위 ~ un sous-dossier.

폴딱 부 avec légèreté. ¶ ~ 뛰다 sautiller. ¶ 장애물을 ~ 뛰어넘다 sauter [franchir] une barrière avec aisance.

◆_**거리다[대다, 이다]** 자 sautiller.

◆_ _ 부 en sautillant. ¶ 아이가 제자리에 ~~ 뛴다 L'enfant sautillait sur place. ☞ 팔딱

폴라로이드카메라 영{Polaroid camera} 명 (appareil *m*) Polaroïd *m*.

폴로 영{polo} 명 polo *m*. ¶ ~ 게임 un match de polo.

폴리스 영{polis} 명 【사회】 polis.

폴리에스테르 영{polyester} 명 polyester *m*. ¶ ~ 70 %, 면 30 % 70 % polyester, 30 % coton.

폴싹 부 ((s'élever, se soulever)) en volutes; ((주저앉는 모양)) en se laissant tomber, sans force, avec un bruit sourd, ((s'effondrer, s'affaler, s'écrouler, s'abattre, tomber)) comme une masse. ¶ ~ 주저앉다 s'effondrer [s'affaler, s'écrouler {*fam*}, s'abattre, tomber] comme une masse. ¶ ~ 늙다 prendre un coup de vieux.

◆_**거리다[대다]** 자 se soulever [s'élever] en volutes. ¶ 도로 위에 먼지가 ~댔다 De la route se soulevaient [s'élevaient] des nuages de poussière / On voyait des nuages de poussière s'élever de la route.

◆_ _ 부 ((se soulever, s'élever)) en volutes. ¶ 모닥불에서 연기가 ~~ 난다 Du feu de camp s'élève en volutes de la fumée.

폴짝 부 d'un saut léger. ¶ ~ 뛰어 시내를 건너다

traverser un ruisseau d'un seul saut. ¶ 개구리가 ~ 뛴다 Les grenouilles sautillent.

◆_거리다[대다] 자 sautiller. ¶ 강아지가 ~대며 주인을 따라간다 Un petit chien sautille en suivant son maître.

폴폴 부 ((끓는 모습)) en frémissant; ((연기가)) ((se soulever, s'élever)) en volutes. ¶ ~ 끓는 물 de l'eau frémissante. ¶ (방에서) 연기가 ~ 난다 Dans la pièce s'élèvent des volutes de fumée. ¶ 먼지가 ~ 난다 Des nuages de poussière se soulèvent / ((À l'horizon)) se soulèvent des nuages de poussière / On voit se soulever des nuages de poussière. ¶ 맛있는 냄새가 ~ 난다 On sent de bons effluves ((sortir de la casserole)).

◆_거리다[대다] 자 ((끓는 모습)) frémir; soulever des nuages de poussière.

폼 명{form} 명 ((avoir de la)) classe *f*, allure *f*, prestance *f*; ((avoir du)) chic *m*. ¶ 그 선수는 ~이 좋다[나쁘다] Cet(*te*) athlète a une bonne [mauvaise] posture. ◇_(이) 나다 avoir de la classe [de l'allure, de la gueule {*fam*}, du chic]; avoir belle allure [fière allure; grande allure]; avoir beaucoup de classe [d'allure]; avoir l'air de quelqu'un; en jeter {*fam*}; faire bien; faire bel effet; faire grand effet; dégager {*fam*}. ¶ ~ 나게 옷을 입다 s'habiller chic; bien s'habiller; être bien habillé(*e*) [sapé(*e*) {*fam*}]; être habillé(*e*) classe {*fam*}.

*~(을) 잡다 ① 시작하려하다 s'apprêter à; être sur le point de; faire mine de. ¶ 내가 떠나려고 막 ~을 잡는데 그가 왔다 Je m'apprêtais à partir lorsqu'il est arrivé. ② 으쓱거리다 faire l'intéressant; faire le malin; faire le faraud; fanfaronner; faire *sa* frime {*fam*}; la ramener {*fam*}; crâner {*fam*}, se la jouer {*fam*}, se la péter {*fam*}, frimer {*fam*}; faire le crâneur {*fam*}; rouler les mécaniques {*fam*}; faire le zouave {*fam*}; en mettre plein la vue; épater la galerie; faire de l'épate; le faire à l'épate; se vanter; (어깨에 힘을 주다) se pavaner; montrer avec fierté une belle image de *soi*; se vanter de *son* apparence; se rengorger comme un paon; prendre de grands airs, prendre un air important, prendre un air fanfaron; s'afficher ((dans la rue)). ¶ 새 차[스포츠카]를 타고 ~을 잡다 crâner {*fam*} [frime, se la jouer] au volant d'une voiture neuve; crâner dans *sa* nouvelle voiture; frimer avec *sa* nouvelle voiture de sport.

*~(을) 재다 se la jouer {*fam*}, se la péter {*fam*}, frimer {*fam*}, crâner {*fam*}; épater la galerie.

*~으로 uniquement pour faire bien; pour l'apparence; pour la galerie {*fam*}. ¶ 책을 ~으로 들고 다니다 porter un livre sous le bras uniquement pour faire bien [pour l'apparence].

퐁당 부 plouf!, flac!, floc!, splatch!, splitch!, splash!; en faisant un gros plouf [un grand splash], en splatchant bruyamment, dans un grand «splatch», dans un splatch retentissant, en tombant (dans l'eau) lourdement avec un bruit sourd ((onomatopée du bruit d'un objet qui tombe dans l'eau profonde)). ¶ 물에 ~ 뛰어들다[빠지다] se jeter à l'eau [plonger dans l'eau] en splatchant bruyamment [dans un splatch retentissant], faire un splash, faire un plat, plonger en faisant un plat. ¶ 돌멩이가 물에 ~ 빠졌다 Une pierre est tombée dans l'eau avec un grand plouf [en faisant floc].

◆_거리다[대다] 자 ((물이)) clapoter; barboter, patauger; éclabousser abondamment (autour de *soi*). ¶ ~거리는 소리 le clapotis, le clapotement. ¶ ~대며 놀다 barboter joyeusement ((dans l'eau)).

◆_ _ 부 plouf!, flac!, floc!, splatch!, splitch!, splash!; en faisant un gros plouf [un grand splash], en splatchant bruyamment, dans un grand «splatch», dans un splatch retentissant, en tombant (dans l'eau) lourdement avec un bruit sourd ((onomatopée du bruit d'un objet qui tombe dans l'eau)).

표[1] 表 명 table *f*, tableau(*x*) *m*; liste *f*, index *m* ((des noms cités)); diagramme *m*; graphique *m*.¶ ~를 만들다[그리다] dresser [faire] une liste ((des erreurs)). ¶ ~를 작성하다 dresser [faire] une liste ((des erreurs)). ¶ ~로 나타내다 représenter sous forme de tableau [diagramme, graphique].

◆_하다 타 exprimer, manifester, témoigner ((*sa* reconnaissance, *sa* gratitude)). ¶ 사의를 ~하다 exprimer [témoigner] *sa* gratitude [témoigner, manifester de la reconnaissance à *qn*]; faire [présenter] des excuses. ¶ 누구에게 조의를 ~하다 présenter [exprimer, faire, offrir] *ses* condoléances à *qn*. ¶ 누구에게 경의를 ~하다 exprimer *son* respect pour *qn*; montrer du respect envers *qn*.

◆시간_ 時間- 명 horaires *mpl*; emploi *m* du temps. ¶ 열차 시간~ horaires des trains. ¶ 수업 시간~ emploi du temps (scolaire).

표[2] 票 명 ① billet *m* ((de train, de théâtre)); ticket *m* ((de métro, d'autobus, de restaurant universitaire)). ¶ 서울까지 갈 수 있는 ~ un billet pour Séoul. ¶ ~를 찍다 poinçonner un billet; (개찰구에) composter un billet. ¶ ~를 사다[끊다, 예매하다, 구하다] acheter [prendre, réserver, se procurer] un billet. ¶ ~를 팔다 vendre un billet. ¶ ~가 매진되었다 Il n'y a plus de billets / ((극장, 영화관)) Il n'y a plus de places. ② 투표 voix *f*, suffrage *m*, vote *m*. ¶ ~를 얻다 obtenir [recueillir, réunir] des votes. ¶ 누구에게 ~를 던지다 voter pour *qn*. ¶ ~가 갈라졌다 Les suffrages sont partagés. ¶ 백만 ~의 압도적 차이로 당선되다 être élu(*e*) avec une avance écrasante d'un million de voix.

◆_밭 명 région *f* favorable à un parti. ¶ ~밭을 일구다 faire des efforts dans [pour] une région favorable à *son* parti.

◆기권_ 棄權- 명 abstention *f*.

◆무효_ 無效- 명 vote *m* nul.

◆**반액**_ 半額- 명 billet *m* demi-tarif.

◆**예매**_ 豫買- 명 billet *m* avec réservation obligatoire.

◆**왕복**_ 往復- 명 (billet *m*) aller-retour *m*.

◆**편도**_ 片道- 명 (billet *m*) aller-simple *m*.

◆**할인**_ 割引- 명 billet *m* à prix réduit; billet *m* avec réduction.

표[3] 標 명 ① 표적 preuve *f*, témoignage *m*. ¶ 양국간의 우정의 ~로서 en témoignage (comme symbole) de l'amitié mutuelle des deux pays. ② 표식 signe *m*, symbole *m*, marque *f*, repère *m*. ¶ 십자 모양의 ~ signe [symbole, marque] en forme de croix. ◇_(를) **하다** marquer *qc*; mettre une marque; exprimer ((*sa* gratitude)). ¶ 붉은 연필로 ~를 하다 marquer au crayon rouge ((un passage intéressant)). ◇_(가) **나다** on voit que+*ind*. ¶ 거짓말을 한 ~가 난다 On voit que tu as menti. ¶ 일한 ~가 난다 On voit que tu as travaillé.

표결[1] 票決 명 décision *f* (par vote); scrutin *m*. ¶ ~ 방식[결과] mode de scrutin [résultat d'un scrutin]. ¶ ~에 붙이다 procéder au scrutin [vote]. ◇_(을) **하다** décider par vote; voter

표결[2] 表決 명 décision *f* ((au sujet d'un projet de loi)). ◇_(을) **하다** décider, prendre une décision ((au sujet d'un projet de loi)). ¶ 안건을 ~하다 prendre une décision au sujet d'un projet de loi. ◇_(이) **되다** être décidé(*e*), voté(*e*). ¶ 국회에서 ~된 법안 un projet de loi voté par l'Assemblée.

◆_**권** -權 명 droit *m* de décision.

표고[1] 명 lentin *m* du chêne, *Lentinus edodes* {*nsc*}.

◆_**버섯** 명 lentin *m* du chêne ((champignon comestible très parfumé)), *Lentinus edodes* {*nsc*} ((surnommé "champignon de longévité", plus connu en France sous son nom japonais: *shi(i)take*)).

표고[2] 標高 명 altitude *f*; au-dessus du niveau de la mer. ¶ ~가 낮다 être à basse altitude. ¶ ~가 1000미터인 산 une montagne dont l'altitude est à 1 000 mètres au-dessus du niveau de la mer.

◆_**차** -差 명 dénivelé *m*, dénivelée *f*, dénivellation *f*, dénivellement *m*.

표구 表具 명 marouflage *m*. ◇_(를) **하다** maroufler ((une peinture)). ¶ 그림을 ~하다 maroufler une peinture.

◆_**사** -師 명 ouvri*er*(*ère*) en marouflage.

표기[1] 表記 명 inscription *f*; mention *f* ((sur *qc*)); transcription *f*, orthographe *f*. ¶ ~를 바로잡다 corriger des coquilles [des fautes d'orthographe]. ¶ ~가 한국어의 로마자 표기법에 어긋난다 La transcription n'est pas conforme aux règles de la romanisation des mots coréens. ◇_(를) **하다** mentionner *qc* sur la face extérieure ((d'un objet)). ¶ 한글을 로마자로 ~하다 transcrire le *hangeul* [l'alphabet coréen] en caractères romains. ¶ 이력서에 대졸이라고 ~하다 mentionner *son* diplôme de fin d'études universitaires [le fait qu'on a terminé *ses* études universitaires, le fait qu'on est diplômé(*e*) du second cycle universitaire] dans *son* C.V. ◇_(가) **되다** être transcrit(*e*). ¶ 한자로 ~되다 être transcrit(*e*) en caractères sino-coréens.

◆_**법** -法 명 【언어】 graphie *f*; système *m* de notation [de transcription]. ¶ 외래어 ~법 système de transcription des mots d'origine étrangère. ¶ 로마자 ~법 système de transcription du coréen en caractères romains; romanisation.

표기[2] 標記 명 marque *f*, signe *m*, repère *m*. ¶ 약속한 ~로 메시지를 전하다 transmettre un message codé. ◇_(를) **하다** marquer *qc*; mettre une marque [un repère].

표독 慓毒 어근 férocité *f*, brutalité *f*.

◆_**하다[스럽다]** 형 être féroce, brut*al*(*ale*, *aux*). ¶ ~한 여자 une femme agressive. ¶ ~스러운 얼굴 un visage agressif. ¶ ~하게[스럽게] 말하다 parler d'un ton agressif [agressivement].

표류 漂流 명 dérive *f*. ¶ 난파선의 ~ dérive d'un navire en détresse (sous l'effet du vent ou des courants). ¶ 감정[정책]의 ~ dérive de sentiments [d'une politique]. ◇_(를) **하다** aller [être] à la dérive, dériver; flotter au gré des vents [courants]. ¶ 망망대해를 ~하다 dériver sur les océans. ¶ 국정이 ~중이다 Les affaires de l'État sont en pleine dérive / L'administration [Le gouvernement du pays] est en pleine dérive.

◆_**기** -記 명 récit *m* écrit *a posteriori* comme un journal par un naufragé.

◆_**선** -船 명 navire *m* à la dérive.

◆_**자** -者 명 naufragé(*e*).

표리 表裏 명 ① 겉과 속 avers *m* et revers *m*; endroit *m* et envers *m*; les deux faces *fpl*. ¶ ~일체 les deux faces d'une même médaille. ¶ 그 두 발언은 ~ 일체를 이룬다(밀접한 관계가 있다) Ces deux remarques [propos, discours, réflexions] sont très proches l'un(*e*) de l'autre. ② 언행과 속마음 comportement *m* et sentiment *m*; duplicité *f*. ¶ ~가 일치하지 않다 avoir deux visages; avoir un caractère trompeur [illusoire]; être perfide.

*~**가 없다** être fran*c*(*che*), sincère, honnête. ¶ ~가 없는 진실한 사람 une personne honnête [sincère].

*~**가 있다** manquer de franchise. ¶ ~가 있는 행동 un comportement qui manque de franchise.

*~(**가**) **부동하다** avoir deux visages; avoir un caractère trompeur [illusoire]; être perfide. ¶ ~부동한 사람 un homme faux, un fourbe, un faux jeton {*fam*}.

표면 表面 명 ① surface *f* ((de la terre)); face *f*. ② ((바깥)) extérieur *m*, dehors *m*. ¶ ~과 이면이 다르다 L'extérieur est différent de l'intérieur. ¶ 가구의 ~을 닦다 nettoyer la surface d'un meuble. ③ ((외견)) apparence *f*. ¶ ~ 상의 이유 raison apparente. ¶ ~에 나타나다 paraître au dehors.

◆_**적** -的 명관 extérieur(*e*), externe. ¶ ~적 양상 aspect extérieur; apparence. ¶ ~적인 견지 point de vue extérieur [externe]. ¶ ~적으로 en apparence, apparemment.

◆_화 -化 명 manifestation *f*. ¶ ~화하다 (*se*) manifester. ¶ ~화되다 se manifester.

◆_구조 -構造 명 【언어】 structure *f* de surface.

◆_형 -形 명 【언어】 forme *f* de surface.

표명 表明 명 expression *f*, manifestation *f*. ¶ 의사 ~ expression de *sa* volonté. ◇_(을) **하다** exprimer ((*sa* pensée)), manifester ((*sa* volonté)); énoncer ((un avis)); formuler ((une objection)); témoigner ((*sa* reconnaissance, *sa* gratitude)). ¶ 찬성[반대]을 ~하다 se déclarer pour [contre] ((un candidat)). ¶ 사의[유감]를 ~하다 témoigner *sa* reconnaissance [montrer *sa* déception]. ◇_(이) **되다** être exprimé(*e*); se manifester; être formulé(*e*).

표박 漂泊 명 ① vie *f* errante, vagabondage *m*. ② dérive *f*. ◇_(을) **하다** ① errer; aller à l'aventure; vagabonder. ② partir à la dérive.

표방 標榜 명 ((faire)) profession *f* de ((socialisme)). ¶ 민주주의의 ~ profession de foi démocratique. ◇_(을) **하다** professer ((une opinion)); faire profession ((de socialisme)); s'affirmer ((démocrate)). ¶ 중립을 ~하다 professer la neutralité. ◇_(이) **되다** être professé(*e*).

표밭 票- 명 région *f* favorable à un parti. ¶ ~을 일구다 faire des efforts dans [pour] une région favorable à *son* parti. ¶ 이 지역은 민주당의 ~이다 Cette région est favorable au parti démocrate.

표백[1] 漂白 명 blanchiment *m*. ◇_(을) **하다** blanchir. ¶ 빨래를 깨끗이 ~하다 blanchir le linge. ◇_(이) **되다** être blanchi(*e*).

◆_제 -劑 명 eau *f* de Javel.

표백[2] 表白 명 expression *f*, manifestation *f*, aveu(*x*) *m*, confession *f*. ¶ 감정[심경]의 ~ manifestation de *ses* sentiments [de *ses* états d'âme]. ◇_(을) **하다** exprimer ((une idée)), manifester ((une intention)); avouer [confesser] ((un crime)). ◇_(이) **되다** être exprimé(*e*), manifesté(*e*).

표범 豹- 명 panthère *f*, léopard *m*; ((남미의)) jaguar *m*.

표변 豹變 명 changement *m* soudain. ◇_(을) **하다** changer du jour au lendemain; retourner *sa* veste {*fam*}. ¶ 태도개[를] ~하다 retourner *sa* veste {*fam*}. ◇_(이) **되다** être changé(*e*) [transformé(*e*)] du jour au lendemain. ¶ ~된 태도로 avec une attitude radicalement opposée.

표본 標本 명 ① 표준 modèle *m*, type *m*. ¶ 무엇을 ~으로 삼다 prendre *qc* comme [pour] modèle. ¶ 무엇을 ~으로 삼아 à l'exemple de, sur le modèle de. ¶ 그는 참스승의 ~이다 C'est le type même du professeur. ② 견본 échantillon *m*, spécimen *m*. ¶ 곤충 ~을 만들다 traiter un insecte pour le conserver comme spécimen ((en le passant au formol)). ③ 통계 조사 échantillon *m*. ¶ 청소년[근로자] ~을 대상으로 한 설문조사 sondage réalisé sur des adolescents [travailleurs].

◆_실 -室 명 galerie *f*, salle *f* d'exposition.

◆_조사 -調査 명 sondage *m*.

표상 表象 명 représentation *f*, symbole *m*, emblème *f*, idée *f*, image *f*. ¶ 국기는 한 나라의 ~이다 Le drapeau national est l'emblème du pays. ¶ 비둘기는 평화의 ~이다 La colombe est le symbole de la paix. ◇_(을) **하다** représenter, symboliser. ◇_(이) **되다** être représenté(*e*), symbolisé(*e*).

표석[1] 表石 명 ☞ 묘표

표석[2] 標石 명 bloc *m* [roche *f*] erratique.

표시[1] 表示 명 indication *f*, manifestation *f* ((de *sa* volonté)); expression *f*, représentation *f*. ¶ 의사 ~ manifestation de *sa* volonté. ¶ 성의[관심]의 ~ manifestation de *sa* bonne foi [de *son* intérêt]. ◇_(를) **하다** indiquer, manifester, exprimer, représenter, témoigner ((*sa* reconnaissance, *sa* bonne foi, *sa* sincérité)). ¶ 애정을 ~하다 exprimer *son* affection. ¶ 불쾌한 ~를 하다 exprimer [manifester] *son* mécontentement. ◇_(가) **되다**[**나다**] il est manifeste que+*ind*; on voit que+*ind*. ¶ 그가 그 여자를 좋아한다는 ~가 난다 On voit qu'il est attiré par cette femme.

◆_등 -燈 명 lampe *f* témoin, témoin *m* lumineux, indicateur *m* lumineux, voyant *m* (lumineux).

표시[2] 標示 명 indication *f* ((de direction)). ¶ 경계 ~ les bornes des limites. ¶ 가격 ~를 달다 indiquer le prix sur un produit. ◇_(를) **하다** indiquer. ¶ 지도에 지름길을 ~하다 indiquer un raccourci sur un plan. ◇_(가) **되다** être indiqué(*e*). ¶ 상품에 원산지 ~가 되어 있다 Sur les produits est indiqué le lieu de fabrication (d'origine).

◆_등 -燈 명 signal(*aux*) *m* lumineux visible la nuit.

표식 標識 명 ☞ 표지[3]

표어 標語 명 slogan *m*, devise *f*. ¶ 금연운동을 위한 ~를 짓다 écrire un slogan pour les mouvements antitabac. ¶ ...라는 ~를 내걸다 afficher le slogan ...; lancer le slogan ... ¶ ...라는 ~가 붙다 avoir pour slogan ...; être associé(*e*) au slogan ... ¶ ...을 ~로 삼다 faire de ... un slogan.

표음 表音 명 phonétisme *m*. ◇_(을) **하다** représenter *qc* phonétiquement.

◆_문자 -文字 명 【언어】 phonogramme *m* ((opposé à idéogramme)), écriture *f* phonétique.

◆_주의 표기법 -主義 表記法 명 【언어】 phonographie *f*.

표의 表意 명 représentation *f* idéographique. ◇_(를) **하다** représenter *qc* en idéographie.

◆_문자 -文字 명 idéogramme *m* ((opposé à phonogramme)), écriture *f* idéographique.

◆_주의 표기법 -主義 表記法 명 【언어】 idéographie *f*, écriture *f* idéographique.

표적[1] 表迹 명 ① signe *m*, marque *f*, repère *m*. ② 흔적 trace *f*, piste *f*. ¶ ~을 남기다 laisser des traces. ◇_(을) **하다** marquer *qc*; mettre une marque. ¶ 붉은 연필로 ~을 하다 mettre[faire] une marque au crayon rouge.

표적² 標的 명 cible *f*; but *m*; point *m* de mire. ¶ ~을 겨냥하다 viser une cible. ¶ ~을 맞히다 atteindre une cible. ¶ 무엇을 ~으로 삼다 considérer *qc* comme une cible; prendre *qc* comme point de mire. ¶ ~이 되다 être pris(*e*) pour cible.

◆**_물** -物 명 cible *f*; point *m* de mire.

◆**_사격** -射擊 명 tir *m* à la cible.

표절 剽竊 명 plagiat *m*; placage *m*; pillage *m*; démarquage *m*. ¶ ~ 작품 œuvre plagiée. ¶ 모방과 ~은 다르다 Imiter, ce n'est pas plagier. ◇**_(을) 하다** plagier, démarquer ((un auteur)); faire du plagiat; piller ((un passage chez un auteur)). ¶ 남의 노래를 ~하다 plagier une chanson. ◇**_(이) 되다** être plagié(*e*). ¶ 작품이 남에게 ~되다 voir une de *ses* œuvres plagiée.

◆**_시비** -是非 명 soupçon *m* de plagiat. ¶ ~시비가 붙다 être plus ou moins considéré(*e*) comme un plagiat; être soupçonné(*e*) d'être un plagiat. ¶ ~시비로 공방을 벌이다 se disputer pour savoir si c'est un plagiat ou non.

표정 表情 명 expression *f*, mine *f*, visage *m*. ¶ 밝은[어두운, 쓸쓸한] ~ expression radieuse; visage radieux; mine rayonnante [visage sombre, triste mine]. ¶ 즐거운[슬픈, 화난, 놀란] ~ mine joyeuse [triste, en colère, étonnée]. ¶ 불만스러운[근심스러운, 곤혹스러운, 미심쩍은, 어리둥절한] ~ visage [air] mécontent [insatisfait, soucieux, embarrassé, douteux, perplexe, gêné]. ¶ ~을 고치다 changer d'expression. ¶ 누구의 ~을 살피다 observer l'expression de *qn*. ¶ ~이 풍부하다[없다] être expressi*f*(*ve*) [sans expression]. ¶ 그의~이 굳어졌다 Son visage s'est figé. ¶ 지금 이 시각 전국 각지의 ~을 전해 드리겠습니다 À présent, je vais vous montrer des images de chaque région à cette heure-ci.

◆**무_** 無- 명 sans expression *f*; peu expressi*f*(*ve*). ¶ 무~한 얼굴 un visage impassible; une physionomie peu expressive.

표제 標題 명 titre *m*; rubrique *f*. ¶ 연설(문)에 ~를 붙이다[달다] mettre un titre à un discours. ¶ 무엇을 ~로 삼다[정하다, 하다] faire de *qc* un titre [une rubrique].

◆**_어** -語 명 entrée *f* ((dans un dictionnaire)).

◆**_음악** -音樂 명 musique *f* à programme; musique *f* descriptive.

표주박 瓢- 명 calebasse *f*, gourde *f*.

표준 標準 명 ① 기준 standard *m*, norme *f*; critère *m*. ¶ ~ 시간 temps universel. ¶ 무엇의 ~을 정하다 décider du modèle standard[de la norme] de *qc*. ¶ ~에 따라[의해서] 판단[결정]하다 juger [décider] selon un standard. ¶ 무엇을 ~으로 정하다[삼다] décider *qc* comme standard. ② 평균 moyenne *f*. ¶ ~ 이상[이하]의 au-dessus [au-dessous] de la moyenne. ¶ 한국 남성의 ~ 키 taille moyenne des hommes coréens.

◆**_적** -的 명관 ① 기준 standard *inv*. ¶ ~적(인) 가치 valeur standard. ¶ ~적(인) 모델 modèle standard. ¶ ~적(인) 양식 un style [un mode] standard. ② 평균적 moyen(*ne*), norm*al*(*ale*, *aux*). ¶ ~적 생각[키] idée générale [taille moyenne]. ¶ ~적인 생활수준 un niveau de vie moyen.

◆**_화** -化 명 standardisation *f*.

◆**_가격** -價格 명 prix *m* standard.

◆**_말** 명 langue *f* commune [standard].

◆**_발음** -發音 명 【언어】 prononciation *f* standard [prononciation *f* correcte; bonne prononciation ((d'une langue, du coréen))].

◆**_발음법** -發音法 명 【언어】 mode *m* de prononciation standard; règles *fpl* de la bonne prononciation ((d'une langue, du coréen)).

◆**_어** -語 명 【언어】 langue *f* standard [d'usage, usuelle].

◆**_어 규정** -語 規定 명 【언어】 règles *fpl* de la langue standard [d'usage, usuelle].

◆**_점수** -點數 명 note *f* normalisée.

◆**_편차** -偏差 명 déviation *f* normale.

◆**_형** -形 명 modèle *m*; type *m* standard.

표지¹ 表紙 명 couverture *f*. ¶ 책 ~ couverture, couvre-livre. ¶ ~를 씌우다 couvrir (un livre); relier (un livre).

표지² 標紙 명 marque *f*, note *f*; ((증명)) certificat *m*, accusé *m* (de réception).

표지³ 標識 명 ① signal *m*, (poteau(*x*) *m*) indicateur *m*. ¶ 어디에 ~를 붙이다 afficher un indicateur sur *qc*. ¶ 도로에 ~를 세우다 installer un panneau indicateur sur la route. ② 【언어】 marque *f*.

◆**_판** -板 명 poteau(*x*) *m* indicateur, panneau(*x*) *m* de signalisation; plaque *f* indicatrice. ¶ ~판을 세우다 installer un panneau indicateur.

◆**도로_** 道路- 명 poteau(*x*) *m* indicateur; panneau *m* de signalisation; plaque *f* indicatrice.

◆**항공_** 航空- 명 balise *f*, [집합적으로] balisage *m*.

표징 表徵 명 signe *m*, marque *f*, symbole *m*, indication *f*.

표찰 標札 명 étiquette *f*. ¶ ~을 붙이다[달다] attacher [mettre] une étiquette. ¶ ~을 떼다 détacher une étiquette.

표창¹ 表彰 명 citation *f* (pour un haut fait). ¶ 누구에게 ~을 수여하다 reconnaître publiquement (les mérites de *qn*); citer *qn* ((à l'ordre de l'armée)). ◇**_(을) 하다** reconnaître publiquement. ¶ 우수작을 ~하다 reconnaître publiquement de bonnes œuvres. ◇**_(이) 되다[(을)받다]** être reconnu(*e*) publiquement. ¶ 효부로 ~되다 être reconnu(*e*) publiquement comme une belle-fille dévouée à ses beaux-parents.

◆**_식** -式 명 cérémonie *f* de remise d'un diplôme d'honneur.

◆**_장** -狀 명 diplôme *m* d'honneur; citation *f*.

표창² 鏢槍 명 petite arme *f* de jet ((javeline *f*, dard *m*)). ¶ ~을 던지다 lancer une petite arme de jet [une javeline].

표출 表出 명 manifestation *f*, démonstration *f*; expression *f*. ¶ 감정[갈등, 개성]의 ~ manifestation de *son* émotion [d'un conflit, de *sa* personnalité]. ◇_(을) **하다[시키다]** manifester, montrer, exprimer. ¶ 적대감을 ~하다 manifester [exprimer] de l'hostilité (envers [contre] *qn*). ◇_(이) **되다** se manifester, se montrer, s'exprimer, apparaître; être montré(*e*). ¶ 욕구는 밖으로 ~된다 Le désir se manifeste extérieurement. ¶ 욕구불만은 공격성으로 ~된다 La frustration se manifeste sous forme d'agressivité.

표층 表層 명 couche *f* extérieure; surface *f*. ¶ ~ 구조 structure d'une surface.

표토 表土 명 surface *f* de la terre.

표표하다 飄飄- 형 ① 가볍다 être légèrement agité(*e*) par le vent. ¶ 몸이 표표하게 가볍다 se sentir lég*er*(*ère*) comme un drapeau agité par le vent. ② 정처없다 être sans destination précise. ¶ 표표하게 떠나다 partir sans destination précise.

◆**표표히** 부 légèrement, comme un drapeau agité par le vent. ¶ 깃발이 바람에 표표히 나부낀다 Le drapeau est légèrement agité par le vent.

표피 表皮 명 ((동물)) épiderme *m*; ((식물)) écorce *f*. ¶ 씨의 ~ écorce de graine [semence].

◆**_적** -的 명관 superficiel(*le*). ¶ 문제를 ~적으로 다루다 traiter un problème superficiellement.

◆**_세포** -細胞 명 cellule *f* épidermique.

표하다[1] 表- 타 exprimer, témoigner. ¶ 누구에게 경의를 ~ présenter *ses* respects à *qn*. ¶ 사의를 ~ témoigner *sa* reconnaissance. ¶ 조의를 ~ présenter [offrir, exprimer, faire] *ses* condoléances. ¶ 누구에게 동감[공감]을 ~ exprimer *son* accord [*sa* sympathie] à *qn*. ¶ 누구에게 섭섭함을 exprimer *ses* regrets à *qn*. ¶ 아쉬움을 ~ exprimer *ses* remords à *qn*.

표하다[2] 標- 타 marquer. ¶ 붉은 연필로 ~ marquer au crayon rouge. ¶ 기억할 만한 구절에 ~ marquer un passage à retenir.

표현 表現 명 expression *f*, représentation *f*; [문장, 어법] tournure *f*. ¶ 자연스러운[서툰, 정확한] ~ expression [tournure] naturelle [peu naturelle, correcte]. ¶ 완곡한 ~ expression euphémique [détournée]; circonlocution; périphrase; euphémisme. ¶ 직설적인[심한] ~ expression directe [violente]. ¶ 누구에 대한 감사의 ~으로 en témoignage de *sa* reconnaissance pour *qn*. ¶ ~의 자유 liberté d'expression. ◇_(을) **하다** exprimer ((la joie)); représenter ((la nature)); traduire ((un sentiment)). ¶ 누구에게 사랑[호감]을 ~하다 témoigner [manifester] *son* amour [de la sympathie] à *qn*. ¶ 고민을 말로 ~하다 exprimer *ses* inquiétudes. ¶ 말로 ~할 수 없는 inexprimable, indicible; au-delà de toute expression (possible). ◇_(이) **되다** être exprimé(*e*), être représenté(*e*).

◆**_적** -的 명관 expressi*f*(*ve*). ¶ ~적 기능 fonction expressive. ¶ ~적인 면 côté expressif.

◆**_력** -力 명 (capacité *f* d') expression *f*. ¶ ~력이 뛰어나다 avoir une excellente capacité d'expression.

◆**_법** -法 명 mode *m* d'expression; façon *f* d'exprimer.

◆**_주의** -主義 명 expressionnisme *m*.

푯대 標- 명 poteau(*x*) *m* de signalisation. ¶ ~를 세우다 installer un poteau de signalisation.

푯돌 標- 명 borne *f* (indicatrice).

푯말 標- 명 poteau(*x*) *m* (indicateur); borne *f* (frontière). ¶ ~을 박다[세우다] planter [installer] un poteau. ¶ ...라고 씌어 있는 ~ poteau où il est inscrit ...

푸 감 pff. ¶ ~! 지독하게 덥구나 Pff! Quelle chaleur (épouvantable)! ¶ 담배연기를 ~하고 내뿜다 expirer [souffler] une bouffée de cigarette.

푸가 목 명 【음악】 fugue *f*. ¶ ~를 연주하다 interpréter [jouer] une fugue.

푸근하다 형 ① ((느낌이)) ((fauteuil)) être moelleu*x*(*se*) [confortable, bon(*ne*)]; ((temps)) être dou*x*(*ce*) [agréable]. ¶ 푸근한 공기 air doux. ¶ 날씨가 푸근하게 풀렸다 Le temps s'est adouci. ② ((마음과 성격이)) être chaleureu*x*(*se*). ¶ 푸근한 인심 bienveillance, bonté, générosité, chaleur. ¶ 사람이 ~ être dou*x*(*ce*); bienveillant(*e*); généreu*x*(*se*); chaleureu*x*(*se*). ☞ 포근하다

푸념 명 plainte *f*. ¶ ~을 늘어놓다[털어놓다] se plaindre de *qc* à [auprès de] *qn*; faire grief à *qn* de *qc*. ◇_(을) **하다** se plaindre de *qn* [*qc*]; grogner, grommeler.

푸다 타 puiser; verser ((à la louche)), remplir ((un bol)); servir ((le riz avec une spatule)). ¶ 공기에 밥을 푸다 remplir un bol de riz. ¶ 그릇에 국을 ~ verser de la soupe dans un bol [dans une assiette creuse]. ¶ 주걱으로 밥을 ~ prendre du [servir le; se servir de] riz avec une spatule. ¶ 솥에서 밥[국]을 ~ retirer du riz [du bouillon] d'une marmite. ¶ 펌프로 지하수를 퍼 올리다 pomper de l'eau. ¶ 흙을 퍼 나르다 transporter de la terre. ¶ 변소를 ~ vider la fosse septique.

푸닥거리 명 exorcisme *m*. ◇_(를) **하다** exorciser (un démon).

푸대 명 sac *m*. ☞ 부대[1]

푸대접 -待接 명 mauvais accueil *m*; accueil *m* froid [glacial]. ◇_(을) **하다** traiter *qn* avec froideur; accueillir *qn* froidement. ◇_(을) **받다[당하다]** être traité(*e*) avec froideur; être mal accueilli(*e*); être accueilli(*e*) froidement. ¶ 그는 거기서 ~을 받았다 Il a été mal accueilli là-bas / On l'a mal accueilli là-bas.

푸덕 부 ((새가)) ((un grand oiseau)) ((battre des ailes)) vigoureusement; ((물고기가)) ((un gros poisson)) en frétillant vigoureusement [de toutes *ses* forces], en se débattant. ¶ 큰 새 한 마리가 ~ 날아올랐다 Un grand oiseau s'envola dans un vigoureux battement d'ailes.

ㅍ

◆_거리다[대다] 타 ((새가)) ((un grand oiseau)) battre vigoureusement des ailes; ((물고기가)) ((un gros poisson)) frétiller vigoureusement, se débattre. ¶ 큰 새가 날개를 ~거린다 Un grand oiseau bat vigoureusement des ailes.

◆_ _ 부 ((새가)) ((un grand oiseau)) ((battre des ailes)) vigoureusement; ((물고기가)) ((un gros poisson)) en frétillant vigoureusement [de toutes *ses* forces], en se débattant.

푸두둥 부 ☞ **푸덕**

푸드덕 부 ☞ **푸덕**

푸드득 부 ☞ **푸덕**

푸들 영{poodle} 명 【동물】 caniche *m*.

푸들푸들 부 en tremblant. ¶ 몸을 ~ 떨다 trembler, frissonner. ¶ 다리를 ~ 떨다 avoir les jambes qui tremblent.

◆_하다 재타 trembler, avoir des tremblements, être pris(*e*) de tremblements. ¶ 손이 ~하며 떨리다 avoir des tremblements des mains, être pris(*e*) de tremblements des mains, trembler des mains, trembler des doigts, sucrer les fraises {*fam*}. ☞ 부들부들

푸딩 영{pudding} 명 crème dessert *f*, pouding *m*, *pudding m*. ¶ ~을 만들다 préparer une crème dessert.

푸르다 형 être bleu(*e*) [azuré(*e*)]; [녹색] être vert(*e*). ¶ 푸른 하늘[바다] ciel [mer] bleu(*e*). ¶ 서슬이 ~ être incisi*f*(*ve*), méchant(*e*).

푸르데데하다 형 être bleuâtre; [녹색] être verdâtre. ¶ 푸르데데하게 색이 변한 종 cloche dont la couleur a viré au bleuâtre.

푸르딩딩하다 형 être bleuâtre.

푸르르 부 ((끓는 모습)) en frémissant; ((떠는 모습)) en frissonnant ((quelques instants)) ((onomatopée qui traduit [qui mime] un bref épisode de frissons)). ¶ 몸을 ~ 떨다 avoir un frisson, avoir un bref épisode de frissons [de tremblements], frissonner quelques instants, trembler un instant. ¶ 물이 ~ 끓는다 L'eau commence à bouillir [à bouillonner] / L'eau frémit / L'eau est frémissante. ☞ 부르르

푸르스름하다 형 être bleuâtre; ((녹색)) être verdâtre. ¶ 푸르스름한 불빛 une lumière bleuâtre.

푸르죽죽하다 형 être bleuâtre.

푸릇푸릇 부 avec des taches de verdure. ¶ 새싹이 ~ 돋다 Les bourgeons verts poussent (par endroits). ¶ 온몸이 ~ 멍투성이다 Le corps est couvert de bleus [de meurtrissures] / Le corps est meurtri.

◆_하다 형 être vert(*e*) par endroits. ¶ ~한 들판 une plaine verte par endroits, une plaine avec de nombreuses taches de verdures. ☞ 파릇파릇

푸새[1] 명 herbes *fpl*. ¶ ~가 자라나 있는 길 chemin où les herbes ont poussé.

푸새[2] 명 amidonnage *m*, empesage *m*. ◇_(를) 하다 amidonner, empeser. ¶ 와이셔츠에 ~를 하다 amidonner une chemise.

푸서리 명 lande *f*.

푸석 어근 friable.

◆_하다 형 être friable. ¶ 머리카락이 ~하다 avoir les cheveux raides et ternes. ¶ 밥이 ~하다 Le riz est sec. ¶ ~하게 부은 얼굴 visage bouffi.

◆_ _ 부 d'apparence friable. ¶ 먼지를 ~~ 날리다 soulever des nuages de poussière.

◆_ _하다 형 être friable. ¶ ~~한 흙덩이 une motte friable.

푸석돌 명 pierre *f* friable.

푸성귀 명 légumes *mpl*; plante *f* potagère; salade *f*. ¶ ~를 심다 planter des légumes. ¶ ~를 따다 cueillir des légumes. ¶ ~를 다듬다 enlever les parties abîmées des légumes; enlever les feuilles abîmées d'une salade.

푸시시 부 sans force. ¶ ~ 일어나다 se relever sans force. ¶ ~ 웃음을 웃다 sourire; rire,

◆_하다 형 être en désordre. ¶ 푸시시한 얼굴 un visage chiffonné [endormi, un peu bouffi]. ☞ 부시시

푸주 -廚 명 boucherie *f*.

◆_ㅅ간 -間 명 boucherie *f*. ¶ ~ㅅ간을 차리다 ouvrir une boucherie.

푸지다 형 être abondant(*e*); être copieu*x*(*se*) [plantureu*x*(*se*)]; être plein(*e*) de *qc*; être rempli(*e*) de *qc*; abonder en *qc*; fourmiller de *qc*. ¶ 음식이 ~ La nourriture [table] est copieuse. ¶ 푸지게 차리다[장만하다] préparer copieusement de la nourriture. ¶ 푸지게 먹다 manger copieusement.

푸짐하다 형 être abondant(*e*); être riche. ¶ 푸짐한 식사를 하다 manger copieusement; avoir une table copieuse. ¶ 식탁에는 음식이 푸짐하게 놓여 있다 La table est bien garnie.

푸푸 부 ((soupirer)) bruyamment. ¶ 한숨을 ~ 내쉬다 soupirer bruyamment.

푹[1] 부 ① 깊이 en profondeur, profondément. ¶ 발이 모래 속에 ~ 빠지다[들어가다] Les pieds s'enfoncent profondément dans le sable. ¶ ~ 찌르다 piquer en profondeur. ¶ 눈이 ~ 꺼졌다 avoir les yeux creux. ¶ ~ 패인 곳 un fossé profond. ② ((신체)) ¶ 고개를 ~ 숙이다 baisser la tête. ¶ 모자를 ~ 뒤집어쓰다 enfoncer *son* chapeau jusqu'aux oreilles. ③ 충분히 bien, profondément. ¶ ~ 삶다 faire bouillir très longuement. ¶ ~ 쉬다 bien se reposer, jouir d'un repos complet, prendre un bon repos. ¶ ~ 젖다 être trempé(*e*) jusqu'aux os [des pieds à la tête, comme une soupe]. ¶ 잠을 ~ 자다 dormir profondément. ¶ 잠이 ~ 들다 plonger dans un profond sommeil. ④ 흠뻑 complètement. ¶ 재즈에 ~ 빠져 산다 Je suis littéralement fasciné(*e*) par le [complètement mordu(*e*) du] jazz. ¶ 나는 그 여자에게 ~ 빠졌다 Je suis complètement fasciné [Je suis subjugué] par cette femme. ⑤ 크게 profondément. ¶ 한숨을 ~ 쉬다 pousser un soupir profond.

◆_ _ 부 profondément; extrêmement. ¶ 칼로 ~~ 찌르다 donner plusieurs coups de poignard à *qn*.

¶ 모래 속에 발이 ~~ 빠지다 Les pieds s'enfoncent profondément dans le sable. ¶ 날이 ~~ 찐다 Il fait très chaud / Il fait une chaleur insupportable [insoutenable, accablante, suffocante, torride, caniculaire] / Il fait une chaleur! {*fam*} / Quelle chaleur! / Quelle canicule! / Quelle étuve! / C'est une vraie fournaise ici! / J'ai très [trop] chaud! / On crève de chaleur ici! {*fam*} / Il fait un soleil de plomb / Ça tape fort {*fam*}.

푹² 부 ⦅s'affaisser, s'écrouler, s'effondrer, s'abattre, tomber⦆ comme une masse, en se laissant tomber, sans force. ¶ ~ 쓰러지다[고꾸라지다] s'affaisser [s'écrouler {*fam*}, s'effondrer, s'abattre, tomber] comme une masse.

푹신하다 형 ⦅fauteuil⦆ être moelleu*x*(*se*); être bien rembourré(*e*); être dou*x*(*ce*). ¶ 푹신한 소파[침대] un canapé [un lit] moelleux.

푹하다 형 ⦅temps, hiver⦆ être dou*x*(*ce*); ⦅climat⦆ être tempéré(*e*) [clément(*e*)]. ¶ 날씨가 ~ Le temps est doux.

푼¹ 분류 sou *m*, liard *m*. ¶ 몇 ~ 안 되는 돈 peu d'argent, quelques sous, trois francs six sous. ¶ 한 ~도 없다 ne pas avoir un sou; être sans le sou. ¶ 한 ~ 줍쇼! Une pièce, s'il vous plaît.

푼² 분류 ① 1/10 인치 *pun m* <unité de mesure équivalente à 0,303 centimètre>. ② 1/10 할 un pour cent. ¶ 5~ 대의 연간 이자율 intérêt annuel de cinq pour cent.

푼더분하다 형 ⦅얼굴이⦆ être joufflu(*e*); ⦅joues⦆ être plein(*e*); être rebondi(*e*); ⦅성품이⦆ être bon(*ne*). ¶ 푼더분한 얼굴을 가진 (au visage) joufflu(*e*); aux joues pleines et rebondies. ¶ 푼더분한 급료를 받다 toucher un bon salaire. ¶ 성품이 ~ être bon(*ne*), généreu*x*(*se*). ¶ 푼더분하게 살다 vivre aisément.
◆**푼더분히** 부 aisément.

푼돈 명 monnaie *f*. ¶ ~을 모으다 faire de petites économies. ¶ ~을 아껴 목돈을 만들다 économiser une somme rondelette en amassant sou après sou.

푼수 명 bête, idiot(*e*), sot(*te*), imbécile, crétin(*e*). ¶ ~를 떨다 faire une bêtise.
◆**_짓** 명 bêtise *f*. ¶ ~짓을 하다 faire des bêtises.

푼푼이 부 sou par sou, sou après sou. ¶ ~ 번[모은] 돈 de l'argent amassé sou par sou [sou après sou].

풀¹ 명 herbe *f*. ¶ ~을 뽑다[뜯다] enlever [arracher] les herbes; désherber (un champ cultivé). ¶ ~이 돋아나고 있다 L'herbe pousse.

풀² 명 ⦅접착용⦆ colle *f*; ⦅옷, 천에 먹이는⦆ empois *m*; colle *f* d'amidon. ¶ ~로 붙이다 coller (une affiche). ¶ ~을 쑤다 préparer de l'empois [de l'amidon]. ◇_(**을**)**먹이다** empeser (du linge); amidonner (un col). ¶ ~을 잘 먹인 (chemise) bien amidonné(*e*); (linge) fraîchement empesé(*e*). ◇_(**이**)**서다** être bien amidonné(*e*) [empesé(*e*)].

풀³ 영{pool} 명 piscine *f*.
◆**_장** -場 명 piscine *f*. ¶ 실내[옥외] ~장 piscine couverte [en plein air].

풀⁴ 명 vivacité *f*, animation *f*. ◇_(**이**) **죽다** ⦅옷이⦆ perdre son empesage; ⦅기세가⦆ être abattu(*e*) [déprimé(*e*)]; avoir mauvais moral. ◇_**이 없다** être triste, découragé(*e*); être déprimé(*e*).

풀가사리 명 algue *f* rouge, *Gloiopeltis furcata* {*nsc*}.

풀기 -氣 명 ⦅옷의⦆ empesage *m*; ⦅활기⦆ vitalité *f*, vivacité *f*, vigueur *f*. ¶ ~가 죽은 qui a perdu *son* empesage. ¶ ~가 있는 bien amidonné(*e*). ¶ ~가 빠지다 perdre *son* empesage. ¶ ~가 빳빳하다 bien amidonné(*e*).
*~**가 없다** être triste [découragé(*e*); déprimé(*e*)].

풀꽃 명 fleur *f* sauvage. ¶ 이름 없는 ~ fleur sauvage inconnue [sans nom].

풀다¹ 타 ① dénouer ⦅un nœud, des lacets de chaussures⦆; délacer ⦅*ses* chaussures⦆; défaire ⦅un nœud, un paquet, *sa* cravate⦆. ¶ 끈을 ~ dénouer une ficelle, dénouer [délier] une corde. ¶ 구두끈을 ~ dénouer des lacets (de chaussures), délacer *ses* chaussures [souliers]. ¶ 바느질한 것을 ~ défaire une couture; découdre ⦅une manche⦆. ¶ 소포의 끈을 ~ déficeler [défaire] un paquet. ¶ 헝클어진 실을 ~ débrouiller [démêler] des fils. ¶ 머리를 ~ dénouer [détacher] *ses* cheveux, défaire *son* chignon; ⦅une femme⦆ prendre le deuil. ¶ 보따리[짐]를 ~ défaire *son* balluchon [une valise, *ses* valises, *ses* bagages]. ¶ 안전벨트를 ~ détacher la [*sa*] ceinture de sécurité. ¶ 옷의 단추를 ~ défaire les boutons de *ses* vêtements, se déboutonner; déboutonner ⦅*sa* chemise⦆. ¶ 안전장치를 ~ défaire le cran de sécurité. ② 해결하다 résoudre ⦅un problème⦆, solutionner ⦅un problème, une difficulté⦆; démêler ⦅une énigme⦆; interpréter ⦅les présages⦆. ¶ 문제를 ~ résoudre un problème; solutionner {*fam*} un problème. ¶ 궁금증[수수께끼]을 ~ satisfaire une curiosité, assouvir [contenter, satisfaire] *sa* curiosité [résoudre une énigme, trouver une énigme, démêler une énigme, déchiffrer une énigme, trouver la solution d'une énigme, trouver le mot de l'énigme; trouver une devinette]. ¶ 암호[점괘]를 ~ décrypter un code [interpréter les présages]. ③ ⦅의심, 원한을⦆ dissiper ⦅les doutes de *qn*, les soupçons de *qn*, les craintes de *qn*, un malentendu⦆, faire disparaître, lever, éclaircir ⦅un doute⦆; ⦅원한을⦆ apaiser ⦅la rancune, la colère⦆. ¶ 의심[의혹, 오해]을 ~ dissiper [faire disparaître, lever, éclaircir] un doute [les doutes de *qn*] [dissiper des soupçons, écarter des soupçons; dissiper un malentendu, faire cesser un malentendu, éliminer un malentendu, éclaircir un malentendu, démêler un malentendu]. ¶ 화[분, 노여움]을 ~ apaiser [calmer] la colère de *qn* [apaiser la fureur de *qn*]; assouvir *sa* rage, calmer *sa* colère, se calmer, s'apaiser, libérer *son* cœur d'un sentiment de colère; se rasséréner; passer l'éponge {*fam*}. ¶ 원한을 ~ apaiser une rancœur; apaiser *sa* rancune contre *qn*, assouvir *sa* rancune contre *qn*; se venger ((de *qn*, d'un affront)), assouvir *sa* vengeance; régler une ((vieille)) rancune. ¶ 울적한 기분을 ~ chasser les idées noires [le cafard de *qn*]; relever [redonner, remonter, regonfler] le moral de *qn*; remettre *qn* de bonne humeur; (*se*) distraire, (*se*) divertir, (*se*) changer les idées. ¶ 그만 기분 푸세요 Oubliez vos idées noires! / Calmez-vous! / Décompressez! / Retrouvez la bonne humeur! ¶ 평생의 한을 ~ régler une vieille rancune. ④ 이루다 exaucer, combler ((un vœu, les désirs de *qn*, un souhait)). ¶ 소원을 ~ exaucer un vœu [les vœux de *qn*]; exaucer un souhait; combler les désirs de *qn*. ⑤ 해소하다 assouvir, satisfaire ((*sa* faim)), étancher ((*sa* soif)), calmer ((la soif)); éliminer, chasser ((la fatigue)); se remettre des fatigues du voyage; ((스트레스를)) éliminer le stress, se déstresser. ¶ 노독[피로]을 ~ se reposer pour chasser la fatigue du voyage, se reposer des fatigues du voyage, se remettre ((des fatigues du voyage)), se délasser [éliminer la fatigue, chasser la fatigue]. ¶ 시장기[갈증]를 ~ apaiser [satisfaire, assouvir] *sa* faim [calmer la soif de *qn*, apaiser la soif de *qn*, étancher la soif de *qn*, désaltérer *qn*; apaiser *sa* soif, étancher *sa* soif, se désaltérer]. ¶ 긴장을 ~ se détendre, se décontracter, décompresser. ⑥ 해제하다 lever ((une prohibition, une interdiction, le siège, le blocus)). ¶ 구금을 ~ libérer ((un prisonnier)). ¶ 포위를 ~ lever le siège. ⑦ 보내다 envoyer ((des troupes, des agents de police)); libérer ((un animal)); débloquer ((une somme d'argent, des fonds)). ¶ 사람[맹견]을 ~ envoyer un homme [libérer un chien méchant]. ¶ 군대를 풀어서 폭도를 진압하다 envoyer l'armée pour réprimer les insurgés. ¶ 우리 속의 동물을 풀어 주다 libérer les animaux enfermés dans une cage. ¶ 돈[예산, 자금, 기금]을 ~ débloquer une somme [un budget, des fonds]. ⑧ 쉽게 하다 vulgariser, expliquer plus simplement. ¶ (어려운 말을) 풀어서 이야기하다 vulgariser; expliquer ((les choses)) plus simplement [avec des mots simples]; rendre un discours compliqué plus accessible ((à un large public)). ⑨ 용해하다 dissoudre ((du sel dans de l'eau)), faire dissoudre ((du savon dans l'eau)); délayer ((une couleur avec de l'huile)); diluer ((dans l'eau)). ¶ 팔레트에 물감을 ~ délayer une couleur sur une palette. ¶ 끓는 물에 된장을 ~ (faire) dissoudre de la pâte de soja dans (de) l'eau bouillante. ¶ 가루비누를 물에 ~ faire dissoudre la lessive dans l'eau.

***몸을** ~ ① s'échauffer; se dégourdir, relâcher *ses* muscles; se relâcher, se détendre. ② 해산하다 accoucher de [enfanter de, donner le jour à, donner naissance à, mettre au monde] ((un enfant)), accoucher.

***속을** ~ se débarrasser de la gueule de bois, se dégriser, dessoûler, désenivrer {*litt*}.

***실마리를** ~ trouver la clef de *qc*.

풀다[2] 타 (*se*) moucher. ¶ 코를 ~ se moucher.

풀떡거리다 자 ((심장이)) palpiter; battre; ((뛰다)) faire des bonds, se débattre, frétiller. ¶ 물고기가 살아서 풀떡거리고 있다 Le poisson encore en vie [fraîchement pêché] se débat.

풀럭거리다 자 claquer [s'agiter, flotter] au vent. ¶ 깃발이 바람에 풀럭거린다 Le drapeau claque au vent.

풀리다 자 ① 끈이 se défaire, se délier, se dénouer. ¶ 매듭[붕대]이 ~ Le nœud [Le pansement] se défait. ¶ 실밥이 풀렸다[풀어졌다] Les fils sont partis. ¶ 당신 구두끈이 풀렸습니다 Le lacet de votre chaussure est défait / Les lacets de vos chaussures sont défaits. ¶ 파마머리가 풀린다[풀렸다] La coiffure permanentée se défait / La [Ma] permanente se défait [s'est défaite]. ② 해결되다 se résoudre, s'arranger, se satisfaire. ¶ 문제[난제]가 풀린다 Un problème [une difficulté] se résout [s'arrange]. ¶ 암호가 풀렸다 Le code est décrypté. ¶ 궁금증이 풀렸다 Ma curiosité est satisfaite / J'ai satisfait [assouvi] ma curiosité. ③ 호전되다 prendre une bonne tournure, s'arranger; s'améliorer. ¶ 일이 잘 풀렸다 Les choses ont bien tourné / Les choses se sont bien arrangées ((à la fin)). ¶ 경기가 풀린다 La conjoncture économique s'améliore. ④ 없어지다, 누그러지다 se dissiper, s'apaiser, s'assouvir, se calmer, ((la température)) s'adoucir, ((le temps, la température)) se radoucir; disparaître. ¶ 혐의[오해, 의심]가 풀렸다 Les soupçons [Les malentendus, Les doutes] se sont dissipés. ¶ 분[화]이 풀렸다 Sa colère [rage] s'est apaisée / Il s'est calmé. ¶ 이제야 기분이 풀렸다 Maintenant, je ne suis plus fâché(*e*) / Maintenant, ça va mieux / Maintenant, j'ai retrouvé la bonne humeur. ¶ 피로가 풀린다 La fatigue disparaît [se dissipe]. ¶ 추위가 풀렸다 Le temps s'est (quelque peu) radouci / La température s'est radoucie [s'est adoucie] / Le temps [La température] s'est réchauffé(*e*) / On constate un léger réchauffement des températures. ¶ 이제 얼었던 몸이 풀린다 À présent, mon corps commence à se réchauffer. ⑤ 해제되다 ((prohibition, interdiction, siège, blocus)) être levé(*e*); ((prisonnier)) être libéré(*e*). ¶ 구금[금지령, 포위]이 풀렸다 être libéré [L'interdiction est levée, Le siège est levé]. ⑥ 유통되기 시작하다 entrer [être mis(*e*)] en circulation. ¶ 돈[자금]이 풀렸다 L'argent a été mis en circulation. ⑦ 녹다 fondre; se dissoudre; se délayer. ¶ 소금은 물에 잘 풀린다 Le sel fond [se dissout] bien dans l'eau.

풀무 명 soufflet *m* (de forge). ¶ 손~ soufflet à main. ◆ **_질** 명 actionnement *m* d'un soufflet (de forge). ¶ ~질(을) 하다 actionner un soufflet (de forge).

풀밭 명 herbage *m*, prairie *f*, pré *m*.

풀백 영{fullback} 명 【운동】 arrière(-gauche, droit).

풀벌레 명 insecte *m* qui vit sur l'herbe. ¶ ~ 소리 chant des insectes; stridulation.
풀빛 명 verdure *f*; couleur *f* de l'herbe. ¶ ~을 띠다 tirer sur le vert; être teinté(*e*) en vert. ¶ 짙은[옅은] ~ vert foncé [tendre].
풀뿌리 명 racine *f* de l'herbe. ¶ ~ 민주주의 démocratie populaire.
풀섶 명 ☞ 풀숲
풀숲 명 fourré *m*.
풀썩 부 ⟪s'élever, se soulever⟫ en volutes; ⟪주저앉는 모양⟫ en se laissant tomber, sans force, avec un bruit sourd, ⟪s'effondrer, s'affaler, s'écrouler, s'abattre, tomber⟫ comme une masse. ¶ 먼지를 ~ 일으키다 soulever des nuages de poussière. ¶ ~ 주저앉다 s'effondrer [s'affaler, s'écrouler {*fam*}, s'abattre, tomber] comme une masse.
◆ **_거리다[대다]** 자 se soulever en volutes; s'élever en volutes. ¶ 먼지가 ~거린다 On voit se soulever des nuages de poussière / Des nuages de poussière se soulèvent / ⟪À l'horizon⟫ se soulèvent des nuages de poussière.
◆ **_ _** 부 ⟪se soulever, s'élever⟫ en volutes.
풀쐐기 명 chenille *f*.
풀어내다 타 ① (réussir à) débrouiller, démêler; réussir à défaire ⟪un nœud, un paquet, *sa* cravate⟫. ② (réussir à, parvenir à) résoudre ⟪un problème⟫, solutionner {*fam*} ⟪un problème, une difficulté⟫; démêler ⟪une énigme⟫. ③ ⟪의심을⟫ (réussir à) dissiper ⟪les soupçons de *qn*, les craintes de *qn*, un malentendu⟫, (réussir à) faire disparaître, lever, éclaircir, dissiper ⟪un doute⟫; ⟪원한을⟫ (réussir à) apaiser ⟪une rancœur, *sa* rancune contre *qn*⟫, (réussir à) assouvir ⟪*sa* rancune contre *qn*, *sa* vengeance⟫. ¶ 어려운 문제를 ~ réussir [parvenir] à résoudre des problèmes difficiles. ¶ 해답을 ~ réussir à donner de bonnes réponses; réussir à répondre à une question; trouver la solution d'un problème. ¶ 적대감을 ~ dissiper [apaiser, faire disparaître] un sentiment hostile [un sentiment d'hostilité, une animosité].
풀어놓다 타 ① 배치하다 disposer ⟪des hommes⟫; envoyer, dépêcher. ¶ 전국에 형사들을 풀어놓다 dépêcher des inspecteurs dans tout le pays. ② 털어놓다 s'ouvrir à *qn*, se confier à *qn*, épancher *son* cœur, s'épancher. ¶ 속마음[이야기]를 ~ s'ouvrir à *qn*, se confier à *qn*, s'épancher [parler à cœur ouvert à *qn*].
풀어지다 자 ① se défaire, se délier, se dénouer. ¶ 끈이 풀어졌다 La ficelle s'est dénouée / La corde s'est dénouée [déliée]. ② ⟪면이⟫ devenir mou(molle), se ramollir. ¶ 국수가 풀어졌다 Les nouilles sont devenues molles. ③ 이완되다 se relâcher, se détendre. ¶ 긴장된 근육이 안마를 통해 풀어진다 Les muscles se relâchent grâce au massage. ¶ 긴장이 ~ la tension (nerveuse) tombe; se détendre, décompresser. ¶ 맥이 ~ ⟪force⟫ manquer à *qn*; ⟪맥이 빠지다⟫ se décourager, s'effondrer; être démoralisé(*e*), découragé(*e*), désappointé(*e*), déçu(*e*), effondré(*e*); se désintéresser de *qc*, ne plus ressentir d'intérêt pour *qc*. ④ 없어지다 se dissiper, disparaître, s'effacer, s'éclaircir. ¶ 오해가 풀어졌다 Le malentendu s'est dissipé [éclairci]. ¶ 나쁜 감정이 모두 풀어졌다 Nous avons oublié toutes nos rancœurs [tous nos ressentiments] / Nous n'éprouvons plus de rancœur [ressentiments] l'un pour l'autre / Les mauvais sentiments que nous éprouvions à l'égard l'un de l'autre ont disparu / Nous sommes revenus à de meilleurs sentiments (l'un pour l'autre). ⑤ 누그러지다 ⟪le temps, la température⟫ se radoucir, ⟪la température⟫ s'adoucir, se réchauffer. ¶ 날씨[추위]가 풀어졌다 Le temps s'est (quelque peu) radouci / Le temps s'est réchauffé [La température s'est (quelque peu, sensiblement) (r)adoucie / Les températures se sont réchauffées] / On constate un léger réchauffement des températures. ⑥ 생기를 잃다 devenir morne. ¶ 풀어진 눈으로 바라보다 regarder avec un regard morne ⑦ 용해되다 fondre; se dissoudre; se délayer. ¶ 덜 풀어진 설탕[물감] sucre mal fondu [couleur mal délayée].
풀어헤치다 타 défaire ⟪ses bagages⟫; assouvir, contenter, satisfaire ⟪*sa* curiosité⟫; résoudre ⟪une énigme⟫; éclaircir, clarifier, élucider ⟪une affaire⟫, débrouiller ⟪un cas compliqué⟫, résoudre, débroussailler ⟪une question difficile⟫; effacer, faire disparaître; dissiper ⟪un malentendu⟫, faire disparaître, lever, éclaircir ⟪un doute⟫. ¶ 보따리를 ~ défaire *son* balluchon; défaire *ses* bagages [valises]. ¶ 궁금증을 ~ satisfaire une [*sa*] curiosité. ¶ 사건의 진상을 ~ éclaircir une affaire; élucider une affaire; tirer au clair une affaire; faire la lumière sur une affaire.
풀이 명 ① 해설 interprétation *f*, explication *f*. ¶ 시 구절 ~ interprétation [explication] de la strophe (d'un poème). ② 해결 solution *f*. ¶ 문제 ~ solution d'une question. ¶ ~가 맞다[틀리다] La solution est correcte [fausse]. ¶ 그 문제의 ~는 이해하기가 어렵다 Il est difficile de comprendre l'explication de la question. ◇ **_(를) 하다** interpréter, expliquer; résoudre. ◇ **_(가) 되다** être interprété(*e*) [expliqué(*e*); résolu(*e*)].
풀잎 명 brin *m* d'herbe. ¶ ~에 맺힌 이슬 rosée déposée sur l'herbe.
풀쩍 부 d'un saut léger, avec agilité. ¶ ~ 담을 뛰어넘다 sauter un mur avec agilité.
◆ **_거리다[대다, 이다]** 자타 fermer et ouvrir ⟪une porte⟫ à plusieurs reprises; entrer et sortir sans cesse [à n'importe quelle heure]. ¶ 이 방 저 방 방문을 ~거리다 fermer et ouvrir toutes les portes à plusieurs reprises.
◆ **_ _** 부 ⟪entrer et sortir⟫ sans cesse; à plusieurs reprises.

ㅍ

◆_ _하다 자타 fermer et ouvrir ((une porte)) brusquement à plusieurs reprises; entrer et sortir sans cesse [à n'importe quelle heure].

풀치 명 petit trichiure *m*, *Trichiurus lepturus* {*nsc*}.

풀칠 명 action d'étendre de la colle. ◇_(을) 하다 étendre de la colle; badigeonner de colle. ¶ 종이에 ~을 하다 étendre de la colle sur un papier.

*입[목구멍]에 ~(을) 하다 avoir juste [à peine] de quoi vivre [de quoi subvenir à *ses* besoins], avoir du mal à joindre les deux bouts, avoir juste ce qu'il faut pour vivre, tirer le diable par la queue {*fam*}, avoir des fins de mois difficiles; gagner difficilement *son* pain [*sa* vie], avoir des revenus tout juste [à peine] suffisants pour subvenir à *ses* besoins, subsister difficilement [avec peine, péniblement], vivoter [survivre] péniblement, subsister [vivoter] tant bien que mal, avoir peine à vivre avec de maigres ressources, gagner tout juste *sa* vie, gagner à peine de quoi vivre, vivre chichement [petitement, au jour le jour, médiocrement], végéter. ¶ 요즘 입에 ~하기도 힘들다 Ces jours-ci, on a du mal à joindre les deux bouts [on tire le diable par la queue {*fam*}].

풀풀 부 ((bouillir)) à gros bouillons; à gros flocons. ¶ 눈이 ~ 날린다 Il neige à gros flocons. ¶ 술 냄새를 ~ 풍기다 empester l'alcool.

◆_거리다 자 se soulever; s'agiter. ¶ 먼지가 ~거린다 Les poussières se soulèvent / La poussière se soulève.

풀피리 명 brindille *f* d'herbe (dont on se sert pour produire un sifflement [pour siffler]). ¶ ~를 불다 siffler avec une brindille d'herbe.

품[1] 명 ① 넓이 tour *m* de poitrine. ¶ 양복 ~을 줄이다[늘이다] rétrécir [élargir] un veston. ¶ ~을 재다 mesurer le tour de poitrine. ¶ ~이 넓다[크다] ((manteau)) être large [ample]. ¶ ~이 좁다 ((veste)) être serré(*e*). ② 가슴 poitrine *f*; sein *m*. ¶ 엄마 ~에 안긴 아기 bébé porté dans les bras de sa mère. ¶ ~에 안다 embrasser *qn*; prendre *qn* dans *ses* bras. ¶ 칼을 ~에 품고 un couteau dans le sein. ③ 보호 sein *m* ((de la famille)). ¶ 자연의 ~으로 au sein de la nature; en pleine nature. ¶ 가족[고향, 조국]의 ~안으로 돌아가다 retourner au sein de la famille [*son* pays natal, la patrie].

◆_속 명 dans le sein [les bras]. ¶ 누구의 ~속으로 파고들다 se jeter dans les bras de *qn*.

◆_안 명 dans le sein [les bras]; dans la mémoire. ¶ 추억을 ~안에 간직하다 garder les souvenirs en mémoire.

*~ 안의 자식이다 Les enfants ne sont sous la coupe de leurs parents que quand ils sont petits.

품[2] 명 travail *m*; labeur *m*. ¶ ~을 팔다 travailler pour un salaire. ¶ ~을 들이다 se donner beaucoup de peine [travailler beaucoup; faire un effort] ((pour *qc*)). ¶ ~을 갚다 rendre service à *qn* en récompense de son aide. ¶ ~이 많이[적게] 들다 demander beaucoup [peu] de peine [travail].

◆_값[삯] 명 salaire *m*, paye *f*, paie *f* (des ouvriers). ¶ ~삯을 주다[받다] donner [recevoir] un salaire; payer [être payé(*e*)]. ¶ ~삯 이 후하다[높다] donner un bon salaire [un salaire élevé], bien payer, payer grassement; avoir [recevoir, toucher] un bon salaire [un salaire élevé], avoir une bonne paye. ¶ ~삯이 낮다 mal payer, donner un petit salaire; être mal payé(*e*), avoir [recevoir, toucher] un petit salaire. ¶ ~삯이 밀리다 La paye est en retard.

◆_팔이 명 ouvri*er*(*ère*) à la journée; journali*er*(*ère*).

품[3] 의명 apparence *f*; personnalité *f*; conduite *f*. ¶ 말하는 ~ façon de parler. ¶ 사람 된 ~ caractère, nature *f*. ¶ 그 아이는 생긴 ~이 자기 아버지를 닮았다 Il a l'apparence de son père / Il ressemble à son père. ¶ 말을 꺼내는 ~으로 보아 vu *sa* façon d'entamer la conversation [d'aborder le sujet].

-품[4] 品 접미 produit *m*, article *m*. ¶ 골동~ antiquité. ¶ 모조~ article contrefait; imitation. ¶ 수입~ produit importé; article d'importation. ¶ 화장~ produit de beauté.

품격 品格 명 distinction *f*, prestance *f*; dignité *f*; noblesse *f*. ¶ ~을 떨어뜨리다 altérer la prestance de *qn*, causer un préjudice à la prestance de *qn*, altérer la qualité de la présentation de *qn*; noircir [entacher] la réputation de *qn*. ¶ ~을 높이다 rehausser la prestance de *qn*. ¶ ~이 높다[낮다] avoir de la dignité [avoir peu de dignité]. ¶ ~이 있는[없는] 행동 conduite qui a de la distinction [qui manque de distinction].

품계 品階 명 rang *m*, classe *f*, ordre *m*. ¶ ~를 올리다 promouvoir. ¶ ~가 오르다 être promu(*e*) à un rang supérieur; avoir une promotion.

품귀 品貴 명 rareté *f* ((des denrées)); pénurie *f* ((de charbon)); raréfaction *f* ((d'une marchandise)). ◇_(를) 하다[(가) 되다] être rare. ¶ 요즘은 야채가 ~해서 값이 비싸다 Ces jours-ci, les légumes coûtent cher à cause de leur rareté.

◆_현상 -現象 명 phénomène *m* de pénurie. ¶ 선풍기가 ~현상을 빚다 avoir une pénurie de ventilateurs.

품다[1] 타 ① prendre [porter] ((un enfant)) dans *ses* bras; embrasser *qn*; étreindre *qn*; serrer *qn* sur *son* cœur [sur *sa* poitrine, dans *ses* bras]. ¶ 아기를 ~ prendre [porter] un enfant dans *ses* bras; serrer *son* enfant dans *ses* bras [sur *son* cœur, sur *sa* poitrine]. ¶ 품에 단도를 ~ porter [avoir] un poignard sur *soi*; cacher [dissimuler] un poignard. ② ((알을)) couver ((des œufs)). ¶ 알을 ~ couver des œufs. ③ ((생각을)) entretenir ((des préjugés, un désir, un projet)); caresser ((un projet, un espoir, un rêve)); nourrir ((une passion, de la haine)); ressentir ((de la sympathie, de la haine)); concevoir ((un projet, de l'amitié, de la haine)). ¶ 원대한 꿈[포부, 희망]을 ~ caresser un grand rêve [caresser [avoir] de grandes ambitions; caresser de grands espoirs, fonder de grands espoirs en *qn/qc*]. ¶ 앙심[악감정, 불만, 연정]을 ~ nourrir des rancunes, éprouver du ressentiment, éprouver de la rancune [de la rancœur] contre *qn*, garder rancune, nourrir une haine implacable, ressentir de l'antipathie, nourrir de ((vieilles)) haines; éprouver du mécontentement; nourrir une passion].

*가시를 ~ avoir une repartie [répartie] mordante.

*독을 ~ avoir une repartie [répartie] venimeuse.

품다[2] 타 propulser; gicler. ¶ 양수기로 물을 ~ pomper de l'eau; ((aller)) chercher de l'eau à la pompe. ¶ 웃음을 참지 못하고 입안의 물을 품고 말았다 Ne pouvant retenir mon rire, j'ai craché l'eau que j'avais en bouche.

품돈 명 salaire *m* (d'un ouvrier).

품등 品等 명 qualité *f*, classe *f*. ¶ 상품에 ~을 매기다 classer des marchandises (d'après leur qualité). ¶ ~별로 분류하다 classer ((des articles)) selon la qualité.

품명 品名 명 nomenclature *f*. ¶ 농수산물의 ~과 규격을 표준화하는 제도 la nomenclature et la standardisation des produits agricoles et de la mer.

품목 品目 명 catégorie *f*, liste *f* (d'articles). ¶ 다양한 ~ diverses catégories. ¶ ~ 별로 전시하다 exposer des articles par catégories. ¶ ~을 정하다 décider (de) la catégorie (d'articles).

품사 品詞 명 【언어】 partie *f* du discours.

품성 品性 명 caractère *m*, nature *f*. ¶ 좋은[나쁜] ~을 지니다 avoir un bon [mauvais] caractère. ¶ ~을 타고나다 avoir un (bon, mauvais) caractère de nature; être né(*e*) avec un (bon, mauvais) caractère. ¶ ~이 훌륭한 사람 personne d'un caractère noble. ◇_을 기르다[닦다, 도야하다] se former (le caractère, l'esprit).

품세 명 【운동】 *pumse m* <une série de mouvements de combats codifiés contre des adversaires imaginaires en taekwondo>. ¶ ~가 좋다[나쁘다] bien [mal] réaliser ses *pumse*.

품앗이 명 entraide *f* dans le travail (des champs). ¶ ~로 일을 하다 s'entraider dans le travail (des champs). ◇_(를) 하다 s'entraider.

품위 品位 명 distinction *f*, dignité *f*, noblesse *f*, raffinement *m*. ◇_(가) 있다 être noble, raffiné(*e*). ◇_(가) 없다 ne pas être noble [raffiné(*e*)]; manquer de noblesse [dignité, raffinement]. ◇_(를) 지키다[잃다] garder [perdre] *sa* dignité [*sa* noblesse].

품의 稟議 명 ◇_(를) 하다 en référer (à un supérieur avant de prendre une décision).

품절 品切 명 épuisement *m* (d'un stock). ◇_(이) 되다 ne plus avoir ((article, marchandise)); ((article)) être épuisé(*e*). ¶ 이 상품은 벌써 ~되었다 Nous n'avons plus cet article en magasin.

품종 品種 명 espèce *f*, race *f*. ¶ ~을 개량하다 améliorer une race [espèce].

품질 品質 명 qualité *f*. ¶ ~을 높이다 améliorer la qualité. ¶ ~이 좋다[높다] être de (bonne) qualité [de qualité supérieure]. ¶ ~이 나쁘다[낮다, 형편없다] être de mauvaise qualité [de qualité inférieure].

◆_관리 -管理 명 contrôle *m* de la qualité.

품팔이 명 ((일)) travail *m* à la journée; ((사람)) (ouvri*er*(*ère*)) journali*er*(*ère*); ouvri*er*(*ère*) à la journée. ¶ 바느질 ~ travail de couture (pour vivre). ¶ ~를 나가다 travailler à la journée. ¶ 그 남자는 ~로 하루하루를 연명한다 Il vit au jour le jour du travail à la journée. ◇_(를) 하다 travailler à la journée.

◆_꾼 명 (ouvri*er*(*ère*)) journali*er*(*ère*); ouvri*er*(*ère*) à la journée.

◆날_ 명 travail *m* à la journée.

품평 品評 명 évaluation *f*, critique *f*. ¶ 작품에 대한 ~ évaluation [critique] sur l'ouvrage [l'œuvre]. ¶ ~이 좋다[나쁘다] avoir une bonne [mauvaise] critique. ◇_(을) 하다 évaluer, critiquer, faire une évaluation [critique].

◆_회 -會 명 concours *m* (de produits); exposition *f*; ((견본시장)) foire *f*; ((농, 축산물의)) comice *m* agricole. ¶ ~회를 열다 organiser un concours (de produits) [une exposition, une foire].

품행 品行 명 conduite *f*, comportement *m*. ¶ ~이 나쁘다 mal se conduire; manquer [ne pas avoir] de conduite. ¶ 그 여자는 ~이 방정하다 Elle se conduit bien / Elle a une bonne conduite / Elle a de la conduite / Elle est irréprochable dans sa conduite.

풋[1] 부 pfff; ((rire)) nerveusement ((onomatopée d'un petit éclat de rire, d'un rire nerveux)). ¶ ~ 하고 웃음을 터뜨리다 avoir un petit éclat de rire; rire nerveusement.

풋-[2] 접두 ((덜 익은)) ((fruit)) vert(*e*) [pas (encore) mûr(*e*)]; ((초심의)) novice ((dans *qc*)). ¶ ~고추 piment vert.

풋감 명 plaquemine *f* verte, kaki *m* pas encore mûr.

풋것 명 fruits *mpl* nouveaux; légumes *mpl* [céréales *fpl*] de l'année.

풋고추 명 piment *m* vert.

풋곡식 명 céréales *fpl* de l'année.

풋과실 명 ☞ 풋과일

풋과일 명 fruit *m* vert [pas encore mûr].

풋김치 명 *gimchi m* fait de jeunes choux blancs [chinois].

풋나기 명 (('풋내기'의 잘못)) ☞ 풋내기

풋나물 명 légume *m* vert; herbe *f* comestible [verte].

풋내 명 odeur *f* de jeunes légumes; inexpérience *f*. ◇_(가)나다 sentir l'odeur de jeunes légumes; ((비유적)) être inexpérimenté(e).

풋내기 명 novice, bleu *m* {*fam*}, blanc-bec(*~s-~s*) *m* {*fam*}, béjaune *m* {*vx*}, bec-jaune(*~s-~s*) *m*. ¶ ~ 기자 un(*e*) journaliste novice. ¶ ~ 티가 나다 avoir l'air bien novice. ¶ 그 사람은 아직도 ~이다 Il est encore novice.

풋담배 명 tabac *m* vert.

풋대추 명 jujube *m* vert; ((말리지 않은)) jujube *m*

non séché.

풋사랑 명 amour *m* puéril [de jeunesse].

풋잠 명 sommeil *m* léger. ◇_(**이) 들다** s'endormir légèrement; somnoler.

풋풋하다 형 être fr*ais*(*aîche*). ¶ 풋풋한 향기 odeur fraîche. ¶ 풋풋한 마음[정] attachement affectueux.

풍[1] 風 명 exagération *f*, vantardise *f*, hâblerie *f*, forfanterie *f*, fanfaronnade *f*, bluff *m* {*fam*}. ¶ ~이 세다 être très vantard(*e*) [bluffeu*r*(*se*), fanfaron(*ne*)]. ◇_(**을) 떨다** exagérer; dire des hâbleries; faire le fanfaron; bluffer {*fam*}.

◆_**쟁이** 명 hâbleu*r*(*se*), vantard(*e*), fanfaron(*ne*); bluffeu*r*(*se*) {*fam*}. ☞ 허풍

풍[2] 風 명 paralysie *f*. ◇_(**을) 맞다**[(**이) 들다**] être atteint(*e*) [frappé(*e*)] de paralysie. ☞ 풍병

풍[3] 楓 명 ① 단풍 érable *m*, feuilles *fpl* d'automne. ② ((화투)) carte *f* de l'érable ((au *hwatu*)).

-풍[4] 風 접미 manière *f*, style *m*. ¶ 유럽~의 집 maison de style européen [à l'européenne]. ¶ 프랑스~으로 à la (manière) française. ¶ 영국~을 따르다 se conformer [se soumettre] aux mœurs anglaises; adopter la manière [le style] anglais(*e*).

◆**도회**_ 都會- 명 style *m* urbain.

풍각쟁이 風角- 명 saltimbanque *m*.

풍경[1] 風景 명 paysage *m*, scène *f*, site *m*, vue *f*. ¶ 서울의 ~ vue de Séoul. ¶ 설날의 ~ scènes du nouvel an lunaire.

◆_**화** -畫 명 paysage *m*.

◆_**화가** -畫家 명 (peintre *m*) paysagiste *mf*.

풍경[2] 風磬 명 clochette *f* éolienne. ¶ ~ 소리 son de la clochette éolienne. ¶ ~이 바람에 흔들린다 La clochette éolienne est bercée par le vent.

풍광 風光 명 site *m*, paysage *m*; scène *f*; vue *f*. ¶ 아름다운 ~ site admirable [magnifique]. ¶ ~이 뛰어난 별장 villa avec une vue magnifique.

풍금 風琴 명 harmonium *m*. ¶ ~ 소리 son de l'harmonium. ¶ ~을 치다[타다] jouer de l'harmonium.

풍기 風紀 명 mœurs *fpl*; moralité f (publique); ((규율)) discipline *f*. ¶ ~를 문란케 하다[어지럽히다] corrompre les mœurs. ¶ ~를 바로 잡다 rétablir la discipline. ¶ 그 기숙사는 ~가 문란하다[어지럽다] Les mœurs sont relâchées dans cette pension.

◆_**문란** -紊亂 명 corruption *f* [relâchement *m*] des mœurs; baisse *f* de la moralité (publique).

풍기다 타자 ((냄새를)) exhaler ((une odeur)), dégager ((une émanation)), répandre ((un parfum)); ((냄새가)) émaner, s'exhaler, se dégager, se répandre, sentir; ((좋은 냄새)) embaumer, parfumer; ((악취)) sentir mauvais, puer, empester, cocotter {*fam*}, fouetter {*fam*}, schlinguer {*pop*}. ¶ 좋은[나쁜] 냄새가 풍긴다 Ça sent bon [mauvais]. ¶ 이 방은 고약한 냄새를 풍긴다 Ça sent mauvais dans cette chambre / Ça empeste dans cette chambre. ¶ 장미에서 좋은 향기가 풍긴다 Un parfum agréable s'exhale des roses. ¶ 서구적인 인상을 ~ avoir une apparence physique qui ressemble à celle des Occidentaux. ¶ 남국의 정취가 풍긴다 On ressent une ambiance [une atmosphère] exotique propre aux pays du Sud [méridionaux]. ¶ 그 사람은 인간미가 물씬 풍긴다 Il se dégage quelque chose de très humain chez lui.

풍년 豊年 명 année *f* d'abondance. ¶ ~이 들다 avoir une année d'abondance; avoir une bonne récolte. ¶ 금년은 ~이 될 것 같다 Nous devrions avoir une bonne récolte cette année.

◆_**가** -歌 명 【음악】 *pungnyeon-ga m* <chants populaires pour remercier d'avoir eu de très bonnes récoltes [d'abondantes récoltes], pour remercier d'avoir eu une année de moisson abondante>. ¶ ~가를 부르다 chanter des *pungnyeon-ga* (pour remercier d'avoir eu une année de moisson abondante).

풍덩 부 flac! floc! plouf!; en faisant floc [plouf]; en faisant un grand plouf [un gros floc dans l'eau]; ((tomber dans l'eau)) avec un gros floc [plouf], en faisant une grande gerbe, ((plonger dans l'eau)) dans un grand éclaboussement ((onomatopée évoquant le bruit d'une chute dans l'eau)). ¶ 그는 ~ 물속에 뛰어 들었다 Il plongea en faisant un grand plouf / Il a plongé dans un grand éclaboussement [en faisant une grande gerbe]. ¶ ~ 하는 물소리 gros floc dans l'eau.

◆_**거리다** 자 faire floc; éclabousser; faire gicler de l'eau, s'asperger d'eau; patauger, barboter, s'agiter dans l'eau. ¶ 물속에서 ~거리다 barboter, patauger; s'agiter [s'amuser] dans l'eau.

◆**~**_ 부 flac! floc! plouf!; en faisant un grand plouf [un gros floc dans l'eau], dans un grand éclaboussement; en faisant une grande gerbe; avec un gros plouf [floc].

풍뎅이 명 hanneton *m*.

풍도 風度 명 attitude *f*; air *m*, apparence *f*.

풍란 風蘭 명 espèce *f* d'orchidée *f* ((originaire de Corée et du Japon)), *Neofinetia falcata f* {*nsc*}.

풍랑 風浪 명 tempête *f* (en mer). ¶ ~을 헤치고 나아가다 fendre la tempête. ¶ ~이 일고 있다 La tempête se lève. ¶ 해상에는 ~이 심하다 Il y a une grosse tempête en mer. ¶ ~과 싸우다 ((marins)) lutter contre la tempête.

풍력 風力 명 force *f* du vent; houille *f* incolore; ((풍속)) vitesse *f* du vent. ¶ ~ 발전 production d'énergie éolienne.

◆_**계** -計 명 anémomètre *m*.

◆_**발전기** -發電機 명 éolienne *f*.

풍로 風爐 명 réchaud *m*. ¶ 석유 ~ réchaud à pétrole.

풍류 風流 명 ① 운치와 멋 goûts *mpl* raffinés [artistiques]; élégance *f*, raffinement *m*. ¶ ~를 알다 avoir des goûts raffinés [artistiques]. ② 멋스럽게 놂 appréciation *f* des beaux paysages. ¶ ~를 즐기다 admirer de beaux paysages; apprécier les beaux paysages; être épris(*e*) de beaux paysages. ③ 음악

musique *f.*

◆_객 -客 명 amateur(*trice*) de [personne *f* qui apprécie les, personne *f* éprise de] beaux paysages.

풍림 風林 명 forêt *f* brise-vent; beau paysage *m* forestier.

풍만하다 豊滿- 형 être opulent(*e*), plantureux(*se*), être bien en chair. ¶ 풍만한 가슴 une poitrine opulente [plantureuse].

풍모 風貌 명 air *m*, allure *f*, maintien *m*. ¶ 당당한 ~ un air digne [imposant]. ¶ 그 여자의 ~에 끌리다 être attiré par l'allure de cette femme.

풍문 風聞 명 bruit *m*, rumeur *f*. ¶ 그 사람에 대한 좋지 않은 ~ un mauvais bruit sur lui. ¶ ...라는 ~이 (나)돌다 On dit que+*ind.* ¶ ~이 꼬리에 꼬리를 물고 퍼지다 Le bruit se répand comme une traînée de poudre. ¶ ~에 시달리다 être importuné(*e*) par la rumeur. ¶ ~으로 알다[듣다] apprendre par la rumeur.

풍물 風物 명 ① paysage *m*. ¶ 중국 ~에 친숙하다 Les paysages chinois me sont familiers. ¶ 차창에 비치는 ~ paysage vu par la fenêtre ((d'un train)). ¶ 기이한 ~을 보다 voir un paysage drôle. ② ((악기)) instruments *mpl* de musique des paysans coréens. ¶ ~ 소리 les sons des instruments de musique des paysans coréens. ¶ ~을 치다[울리다] jouer des instruments de musique des paysans coréens.

◆_꾼 명 joueur *m* d'instruments de musique des paysans coréens.

◆_기행 -奇行 명 acrobaties *fpl* accompagnées de musique des paysans coréens.

◆_놀이 명 *pungmulnori m* <*samulnori*, musique de danse folklorique exécutée au son des quatre instruments à percussion traditionnels.

◆_장이 명 fabricant *m* d'instruments de musique des paysans coréens.

◆_패 명 bande *f* de joueurs de *pungmulnori* ou *samulnori*.

풍미[1] 風味 명 ① goût *m*, saveur *f*. ¶ 국의 ~를 더하다 rendre la soupe plus savoureuse. ② 됨됨이 élégance *f*. ¶ ~가 넘치다 être élégant(*e*).

풍미[2] 風靡 명 vogue *f*. ◇_(를) 하다 être en vogue. ¶ 일세를 ~하다 connaître une vogue extraordinaire pour une génération.

풍병 風病 명 paralysie *f*. ☞ 풍[2]

풍부하다 豊富- 형 être abondant(*e*), plantureux(*se*), riche. ¶ 풍부한 지식 de vastes connaissances. ¶ 비타민이 풍부한 음식 un aliment riche en vitamines. ¶ 자원이 풍부한 나라 pays qui a des ressources abondantes. ¶ 석유 매장량이 ~ Les réserves de pétrole sont abondantes. ¶ 경험[상상력]이 ~ avoir beaucoup d'expériences [avoir de l'imagination]. ¶ 그 사람은 어휘를 풍부하게 구사하다 Son vocabulaire est riche.

◆풍부히 부 abondamment, en abondance, beaucoup. ¶ 내용을 풍부히 하다 enrichir le texte.

풍비박산 風飛雹散 명 dispersion *f*, éparpillement *m*. ◇_(을) 하다[(이) 되다, 나다] se disperser, s'éparpiller. ¶ 집안이 ~이 나다 Toute la famille s'est dispersée.

풍상 風霜 명 difficulté *f*; souffrance *f*, douleur *f*. ¶ 모진 ~을 겪다 subir des souffrances atroces. ¶ ~에 시달리다[찌들다] être en grande difficulté.

풍선 風船 명 ballon *m* de baudruche. ¶ ~을 불다 souffler dans un ballon de baudruche. ¶ ~을 터뜨리다 faire éclater un ballon de baudruche. ¶ ~이 터지다 Le ballon de baudruche éclate.

◆_껌 명 chewing-gum *m* ou bubble-gum *m* pour faire des bulles.

◆고무_ 명 ballon *m* de [en] caoutchouc; ballon *m* de baudruche.

풍설[1] 風雪 명 vent *m* et neige *f*, tempête *f* de neige. ¶ ~을 무릅쓰고 malgré la tempête de neige. ¶ ~이 몰아치다 La tempête de neige se déchaîne [fait rage]. ¶ ~이 날리다 La tempête de neige souffle.

풍설[2] 風說 명 bruit *m*, rumeur *f*. ¶ 부질없는[공연한] ~ rumeur sans fondement. ¶ 항간의 ~ bruit qui court (dans la ville). ¶ 온갖 ~을 낳다 créer toutes sortes de rumeurs.

풍성하다 豊盛- 형 être abondant(*e*), plantureux(*se*), riche. ¶ 풍성한 수확 récolte abondante. ¶ 곡식[과일]이 ~ Les céréales [fruits] sont abondantes.

◆풍성히 부 abondamment, en abondance, copieusement. ¶ 풍성히 차린 음식 repas copieux.

풍세 風勢 명 intensité *f* [vitesse *f*] du vent. ¶ ~를 얻은 불길 feu ranimé par le vent. ¶ ~가 바뀐다 Le vent tourne.

풍속[1] 風俗 명 coutume *f*, mœurs *fpl*, usage *m*. ¶ 루이 14세 때의 ~ coutume de l'époque de Louis XIV. ¶ 같은[다른] ~ des mœurs identiques [différentes]. ¶ 특이한 ~ une coutume singulière. ¶ ~을 배우다[익히다] apprendre la coutume. ¶ ~을 어지럽히다 perturber les mœurs. ¶ ~이 어지럽다[문란하다] Les mœurs sont perturbées. ¶ ~이 사라지다 Les mœurs disparaissent.

◆_도 -圖 명 peinture *f* de mœurs.

◆_화 -畵 명 dessin *m* de mœurs.

◆_사범 -事犯 명 crime *m* contre les mœurs; atteinte *f* aux mœurs.

◆_소설 -小說 명 roman *m* de mœurs.

풍속[2] 風速 명 vitesse *f* du vent. ¶ 최대[최고] ~ vitesse maximale du vent. ¶ ~이 초당 10미터이다 La vitesse du vent est de 10 mètres par seconde.

◆_계 -計 명 anémomètre *m*.

풍수 風水 명 géomancie *f*, *fengshui m*.

◆_설 -說 명 théorie *f* de la configuration terrestre, théorie *f* du vent et de l'eau, théorie *f* de la géomancie.

◆_지리 -地理 명 théorie *f* qui se base sur la configuration terrestre pour déterminer l'emplacement adéquat pour une sépulture.

◆_지리설 -地理說 théorie *f* qui fait appel à la configuration terrestre pour déterminer l'emplacement adéquat pour une sépulture, théorie *f* de la géomancie.

풍수해 風水害 명 dégât *m* causé par une tempête. ¶ ~ 방지 대책을 세우다 mettre en place[prendre] des mesures préventives contre les dégâts d'une tempête. ¶ ~ 상습 지역 région où il y a toujours des tempêtes. ¶ 반복되는 ~ les dégâts des tempêtes qui se répètent. ◇_**를 입다[당하다]** subir des dégâts par[à cause d']une tempête.

풍습 風習 명 coutume *f*, mœurs *fpl*, usage *m*. ¶ 옛날 ~ ancienne coutume. ¶ 오래된[새로운] ~ vieille [nouvelle] coutume. ¶ 고장의 ~을 따르다 suivre la coutume de la région. ¶ 그들에게는 문신을 하는 ~이 있다 Ils ont coutume de se faire tatouer.

풍신 風神 명 ① dieu *m* des vents; Éole *m*. ② 풍채 air *m*, allure *f*, apparence *f*, aspect *m*. ¶ 당당한 ~ air [aspect] imposant. ¶ ~이 볼품없는 사나이 un homme médiocre. ¶ ~이 좋은 사람 homme de belle allure.

풍악 風樂 명 musique *f* traditionnelle coréenne. ¶ ~을 울리다 jouer de la musique traditionnelle coréenne.

풍어 豊漁 명 pêche *f* abondante. ¶ ~로 생선값이 떨어졌다 Le prix du poisson a chuté à cause d'une pêche trop fructueuse.

◆_**제** -祭 명 fête *f* [culte *m*] des pêcheurs ((dans l'espoir d'avoir des pêches fructueuses, pour attirer la bénédiction sur les pêches futures)). ¶ ~제를 지내다[올리다] célébrer le culte [la fête] des pêcheurs (où l'on espère obtenir les pêches les plus productives possibles).

풍염하다 豊艶- 형 être opulent(*e*). ¶ 여자의 풍염한 자태 l'opulence des formes d'une femme.

풍요 豊饒 명 abondance *f*, profusion *f*, richesse *f*. ¶ 물질적[정신적] ~ abondance matérielle [morale]. ¶ ~ 속의 빈곤 pauvreté dans l'abondance [dans la richesse]. ¶ ~를 누리다 vivre dans l'abondance [dans l'aisance].

◆_**하다[롭다]** 형 être abondant(*e*). ¶ ~한 삶[사회] une vie [une société] riche. ¶ ~로운 생활 une vie abondante; une vie de château. ¶ 노후를 ~롭게 보내다 vieillir dans l'abondance.

풍우 風雨 명 orage *m*, tempête *f*. ¶ ~가 심해진다 La tempête se déchaîne [fait rage]. ¶ ~가 몰아친다 La tempête se lève [souffle].

풍운 風雲 명 ① vent *m* et nuages *mpl*. ¶ ~의 조화 les mystères de la nature, l'imprévisibilité des vents et des nuages ② 기운 énergie *f* surnaturelle [exceptionnelle]. ¶ ~의 사나이 un homme qui a connu de dures épreuves. ¶ ~을 타고나다 être exceptionnellement doué(*e*) de naissance; naître sous une bonne étoile. ③ 분위기 signes *mpl* précurseurs. ¶ 어두운 ~이 감돈다 Les signes précurseurs d'une grave crise apparaissent.

풍운아 風雲兒 명 héros *m* qui a connu de dures épreuves.

풍월 風月 명 ① 자연 beauté *f* de la nature. ¶ ~을 벗삼다 être en communion avec la nature. ② 시 poésie *f* [poème *m*] qui loue la nature. ¶ ~을 하다[읊다] faire de la poésie. ③ 지식 connaissances *fpl* superficielles. ¶ 그래도 들은 ~은 있다고 ... Il en sait quand même quelque chose.

***서당개 삼 년에[년이면] ~을 읊는다** ☞ 서당

풍유법 諷喩法 명 【문학】 allégorie *f*.

풍자 諷刺 명 satire *f*. ¶ 통렬한 ~ satire violente. ¶ 신랄한 ~ satire virulente. ¶ ~가 날카롭다 C'est une satire vive. ◇_**(를) 하다** faire la satire de *qc*. ¶ 사회 비리를 ~한 소설 roman qui fait la satire des vices de la société.

◆_**적** -的 명관 satirique. ¶ ~적(인) 묘사[작품] description [ouvrage] satirique.

◆_**성** -性 명 caractère *m* satirique.

◆_**극** -劇 명 comédie *f* satirique.

◆_**소설** -小說 명 roman *m* satirique.

◆_**시** -詩 명 poème *m* satirique.

◆_**화** -畵 명 dessin *m* satirique.

풍작 豊作 명 récolte *f* abondante.

풍장 명 instruments *mpl* de musique des paysans. ¶ ~을 갖추다 équiper d'instruments de musique des paysans. ¶ ~을 치다 jouer des instruments de musique des paysans.

풍재 風災 명 dégâts *mpl* causés par un vent violent. ¶ ~ 방지[예방] 대책 prévention contre les vents violents. ¶ ~를 당하다[입다] subir des dégâts à cause de vents violents [liés aux vents violents], être frappé(*e*) par des vents violents.

풍전등화 風前燈火 명 extrême précarité *f*, situation *f* extrêmement dangereuse. ¶ ~의 위기 extrême urgence. ¶ ~ 같이 위태롭다 ne tenir qu'à un fil.

풍정 風情 명 ① affection *f*. ¶ ~을 자아내다 susciter de l'affection. ¶ ~을 되새기다 remâcher *son* affection. ② 물정 état *m*, situation *f* ((actuelle)), circonstances *fpl*. ¶ 세상 ~을 알다[모르다] connaître [ne pas connaître] la vie. ¶ 이국 ~에 밝다[어둡다] connaître [ne pas connaître] bien la vie à l'étranger.

풍조 風潮 명 penchant *m*, inclination *f*, tendance *f*. ¶ 사치 ~ tendance au luxe. ¶ 퇴폐 ~ tendance décadente. ¶ 세상 ~를 따르다[거스르다] suivre [s'opposer à] la tendance. ¶ 인명을 경시하는 ~가 있다 On a tendance à mépriser la vie humaine.

풍족 豊足 명 abondance *f*, richesse *f*. ¶ 물질적 ~을 누리다 vivre dans la richesse.

◆_**하다** 형 être abondant(*e*). ¶ ~한 자원[자금] ressources [fonds] abondant(*e*)s. ¶ ~하게 살다 vivre dans l'abondance.

풍지박산 명 (('풍비박산'의 잘못)) ☞ 풍비박산

풍진[1] 風塵 명 ① poussière *f* entraînée par le vent. ¶ ~이 일다 soulever de la poussière. ② 시련 danger *m*, épreuve *f*, peine *f*. ¶ ~을 겪다 subir des épreuves.

◆_**세상** -世上 명 état *m* de misère.

풍진[2] 風疹 명 rubéole *f*. ¶ ~에 걸리다 attraper la rubéole.

풍질 風疾 명 paralysie *f*.

풍차 風車 명 moulin *m* à vent. ¶ ~를 돌리다 faire fonctionner un moulin à vent. ¶ ~가 돈다 Le moulin à vent tourne [est en marche].

풍채 風采 명 air *m*, allure *f*, apparence *f*. ¶ ~가 좋다[의젓하다, 늠름하다] avoir une belle allure. ¶ ~가 당당한 사람 une personne d'allure imposante [majestueuse].

풍취 風趣 명 goût *m*; beau paysage *m*. ◇_(가)있다 être élégant(*e*) [chic].

풍치[1] 風致 명 ① 좋은 경치 beau paysage *m*. ② 격에 어울리는 멋 élégance *f*. ¶ ~가 좋다 être élégant(*e*).

풍치[2] 風齒 명 maux *mpl* de dents. ¶ ~가 생기다 avoir mal aux dents. ¶ ~로 고생하다 souffrir de maux de dents.

풍토 風土 명 ① climat *m*. ¶ 낯선 ~에 적응하다 s'habituer [s'accoutumer] à un climat étranger. ¶ 이 식물은 우리나라의 ~에 맞다 Cette plante peut bien s'adapter à notre climat. ② ((사회)) atmosphère *f*, climat *m*. ¶ 보수적인 ~ 에서 살다 vivre dans une atmosphère conservatrice.

◆_병 -病 명 maladie *f* endémique.

풍파 風波 명 ① vent *m* violent et vagues *fpl* déchaînées. ② 분란 conflit *m*; dispute *f*, querelle *f*; épreuve *f*. ¶ 세상 ~를 겪다 traverser [passer par] de dures épreuves. ¶ 심한 ~ rudes épreuves. ¶ 집안에 ~를 일으키다 susciter une querelle dans la famille. ¶ ~가 많다[없다] y avoir beaucoup de querelles [disputes] [ne pas y avoir de querelles [disputes]].

◆평지_ 平地- 명 conflit *m*. ¶ 공연히 평지~를 일으키다 réveiller inutilement un conflit.

풍해 風害 명 dégât *m* causé par le vent. ¶ ~를 입다 être touché(*e*) par des dégâts causés par le vent. ¶ ~가 심한 지방 région très touchée par les dégâts causés par le vent.

풍향 風向 명 orientation *f* [direction *f*] du vent. ¶ ~이 바뀐다 Le vent tourne.

◆_계 -計 명 girouette *f*, anémoscope *m*.

풍화 風化 명 désagrégation *f*. ◇_(를) 하다 désagréger. ◇_(가) 되다 se désagréger.

◆_작용 -作用 명 désagrégation *f*.

풍흉 豊凶 명 bonne ou mauvaise récolte *f*. ¶ ~을 점치다 prédire ce que sera la récolte.

퓨즈 영{fuse} 명 fusible *m*, plomb *m* (fusible). ¶ ~를 갈아 끼우다 changer les fusibles. ¶ ~가 나갔다 Les plombs [fusibles] ont sauté / Ça a disjoncté.

프라그 명 plaque *f* dentaire, tartre *m*.

프라이 영{fry} 명 friture *f*. ¶ 계란 ~ œufs au [sur le] plat.

프라이드 영{pride} 명 orgueil *m*, fierté *f*. ¶ ~가 강하다 avoir de la fierté. ¶ ...하는 것을 ~로 생각하다 avoir la fierté de+*inf*.

프라이버시 영{privacy} 명 intimité *f*, vie *f* privée. ¶ 누구의 ~를 존중하다 respecter la vie privée de *qn*.

프라이팬 영{frypan} 명 poêle *f* (à frire).

프락치 러 명 agent *m* secret.

프랑 프{franc} 명 franc *m*. ¶ 20 ~짜리 지폐 un billet de vingt francs.

◆_화 -貨 명 franc *m*.

프랑스 프{France} 명 France *f*. ¶ ~ 책 le livre français ¶ ~ 요리 ~ la cuisine française.

◆_어 -語 명 français *m*. ¶ ~어를 (말)하다 parler français. ¶ ~어는 어렵지 않다 Le français n'est pas difficile.

◆_인 -人 명 Français(*e*).

프랑카드 명 ☞ 플래카드

프랜차이즈 영{franchise} 명 【경제】 franchise *f*. ¶ 패스트푸드점이 미국에서 급속도로 성장한 것은 ~ 덕분이다 Si les fast-food se sont développés à la vitesse grand V aux États-Unis, c'est grâce à la franchise.

프러포즈 영{propose} 명 demande *f* en mariage. ◇_(를) 하다 demander la main de *qn*. ◇_(를)받다 être demandé(*e*) en mariage par *qn*.

프런트 영{front} 명 accueil *m*. ¶ 호텔 ~에 열쇠를 맡기다 laisser la clé de la chambre à l'accueil de l'hôtel.

프런티어 영{frontier} 명 【역사】 pionni*er*(*ère*). ¶ ~ 정신 esprit pionnier.

프레스센터 영{press center} 명 【언론】 centre *m* de presse.

프레스토 명 【음악】 presto. ¶ ~로 연주하다 jouer presto.

프레온가스 영{Freon gas} 명 【화학】 (gaz *m*) fréon *m*.

프레임 영{frame} 명 ① ((자동차)) châssis *m*; ((배)) carcasse *f* d'un bateau; ((자전거)) cadre *m* ((d'un vélo)). ¶ 차가 충돌해서 ~이 휘었다 Le châssis de ma voiture s'est tordu [s'est faussé, s'est gauchi] suite à une collision. ② 틀 cadre *m*, encadrement *m*. ¶ ~에 그림을 넣다 encadrer un tableau. ③ 【사진】 centrage *m* d'une photo. ¶ ~이 잘 잡힌 작품 une photo bien centrée.

프렌치토스트 영{French toast} 명 pain *m* doré; pain *m* perdu.

프로[1] 영{program} 명 émission *f*; programme *m*. ¶ 라디오 ~ émission [programme] radiophonique. ¶ 그 여자는 여러 ~를 진행한다 Elle présente plusieurs émissions.

프로[2] 영{professional} 명 professionnel(*le*). ¶ ~ 야구 선수 un joueur de baseball professionnel.

프로[3] 네 명 pour cent *m*; pourcentage *m*. ¶ 요금이 10~ 인상되다 Le prix a augmenté de 10 pour cent. ☞ 퍼센트

프로그래머 영{programmer} 명 programmeur. ¶ 게임 ~가 신종 인기직업이다 Programmeur de jeux d'ordinateur (vidéos, en ligne) est une nouvelle profession très recherchée.

프로그래밍 영{programming} 명 programmation

ㅍ

f.

◆_언어 -言語 명 langage *m* de programmation.

프로그램 영{program} 명 ① 교육과정 programme *m.* ¶재활 ~ programme de réhabilitation [réadaptation]. ¶~을 이수하다 suivre le programme. ② ((방송)) programme *m.* ¶~을 짜다[편성하다] programmer. ¶~을 개편하다 changer de programme. ③ 【정보】 logiciel *m.* ¶운영[응용] ~ logiciel d'exploitation [d'application]. ¶~을 깔다[설치하다] installer un logiciel. ¶~을 다운받다 télécharger un logiciel.

프로덕션 영{production} 명 production *f*; ((영화 제작)) studio *m* de cinéma; ((예능 프로덕션)) agence *f* de production.

프로듀서 영{producer} 명 produc*teur*(*trice*); metteur en scène, réalisa*teur*(*trice*).

프로문학 -文學 명 【문학】 littérature *f* prolétarienne.

프로세서 영{processor} 명 processeur *m.*

프로젝트 영{project} 명 projet *m*, plan *m.* ¶~ 팀 équipe du projet. ¶대형 ~를 맡다 se charger d'un grand projet. ◇_를 따다 obtenir une subvention pour un projet.

프로테스탄트 영{Protestant} 명 【기독】 protestant(e).

프로테스탄티즘 영{Protestantism} 명 【기독】 protestantisme *m.*

프로토콜 영{protocol} 명 protocole *m.*

프로판 독 명 propane *m.*

◆_가스 명 (gaz *m*) propane *m.*

프로판가스 영{propane gas} 명 propane *m.*

프로퍼갠더 영{propaganda} 명 propagande *f.*

프로펠러 영{propeller} 명 hélice *f*; propulseur *m.*

프로필 프{profil} 명 profil *m.* ¶누구의 ~을 소개하다 présenter le profil de *qn.* ¶자신의 간략한 ~을 적다 esquisser *son* profil.

프롤레타리아 프{prolétariat} 명 prolétariat *m.*

◆_문학 -文學 명 【문학】 littérature *f* prolétarienne.

프롤로그 영{prologue} 명 prologue *m.*

프롬프터 영{prompter} 명 prompteur, télésouffleur *m.* ¶~를 켜다 allumer le prompteur.

프리랜서 영{freelancer} 명 collabora*teur*(*trice*) indépendant(*e*), free-lance(~-~*s*) *mf.* ¶~로 일하다[뛰다] travailler en indépendant [en free-lance, à *son compte*].

프리마돈나 이 명 【음악】 prima donna(prime donne) *f*, grande diva *f.* ¶그 여자는 무명의 소프라노에서 세계적인 ~로 떠올랐다 Elle est passée du rang de soprano méconnue au rang de grande diva.

프리미엄 영{premium} 명 ① prime *f.* ¶300유로의 ~ une prime de 300 euros. ¶~을 주고 사다 acheter avec une prime. ② 추가 혜택 prime *f.* ¶~이 있다 donner une prime.

프리섹스 영{free sex} 명 sexualité *f* débridée, sans limites et sans précautions élémentaires. ◇_(를) 하다 avoir une sexualité débridée.

프리즘 영{prism} 명 prisme *m.* ¶~을 통해 보다 regarder à travers un prisme.

프리킥 영{free kick} 명 【운동】 coup *m* franc *m.* ¶한국팀은 후반전에 ~으로 추가 득점을 했다 La Corée a marqué [inscrit] un but supplémentaire sur coup franc à la deuxième mi-temps. ◇_(을) 하다 tirer un coup franc.

프린터 영{printer} 명 imprimante *f.* ¶잉크젯[레이저] ~ une imprimante à jet d'encre [une imprimante laser]. ¶최신형 ~ une imprimante dernier cri.

프린트 영{print} 명 ① 인쇄물 imprimé *m.* ¶~ 20장 20 pages d'imprimés. ② 인쇄 행위 impression *f.* ◇_(를) 하다 imprimer. ¶자료를 ~하다 imprimer des documents. ◇_(가) 되다 être imprimé(*e*).

◆_용지 -用紙 명 feuille *f* pour imprimante, papier pour imprimante.

프림 명 crème *f* en poudre pour le café.

프티부르주아 프{petit bourgeois} 명 【사회】 petit bourgeois *m.*

플라멩코 에 명 【예술】 flamenco *m.* ¶~를 추다 danser le flamenco.

플라스크 영{flask} 명 pyrex *m.*

플라스틱 영{plastic} 명 plastique *m*, matière *f* plastique. ¶~ 물통[장난감] bouteille [jouet] en plastique.

플라자 에 명 centre *m* commercial, centre *m* de shopping.

플라타너스 라 명 platane *m.*

플라토닉러브 영{platonic love} 명 【철학】 amour *m* platonique. ◇_(를) 하다 aimer platoniquement *qn*, aimer *qn* d'un amour platonique.

플랑크톤 영{plankton} 명 plancton *m.*

플래스틱 영{plastic} 명 ☞ 플라스틱

플래시 영{flash} 명 ① lampe *f* de poche. ¶~를 비추다 éclairer avec une lampe de poche. ¶~를 켜다 allumer une lampe de poche. ② éclair *m.* ¶~를 터트리다 lancer des éclairs.

*~ 세례를 받다 être mitraillé(*e*) par les flashs.

플래카드 영{placard} 명 ((데모의)) pancarte *f*; affiche *f*, écriteau(*x*) *m*, placard *m.* ¶~를 들고 시위하다 manifester avec une pancarte. ¶...라고 쓴 ~ une pancarte sur laquelle est écrit que ...; un écriteau portant ...

플랜 영{plan} 명 plan *m.* ¶~을 짜다[세우다] dresser [établir] un plan.

◆마스터_ 영{-plan} 명 plan *m* directeur.

플랜트 영{plant} 명 matériel *m*, biens *mpl* d'équipement. ¶~ 수출 exportation d'équipements (industriels).

플랫 영{flat} 명 【음악】 bémol *m.* ¶b ~ un si bémol.

플랫폼 영{platform} 명 plate-forme(~*s*-~*s*) *f.* ¶3번 ~에 sur la plate-forme n°3. ¶~에 내리다 descendre sur la plate-forme. ¶기차가 3번 ~에[으로] 도착한다 Le train arrive à la plate-forme n°3.

플러그 영{plug} 명 prise *f* (mâle). ¶~를 꽂다[뽑다, 빼다] brancher *qc* sur la prise [débrancher *qc*].

플러스 영{plus} 명 ① plus *m.* ¶~ 표시를 하다 marquer le (signe) plus. ¶~로 표하다 marquer avec le plus.

② 양극 pôle *m* positif. ¶ 어느 쪽이 ~지? Lequel est le pôle positif? ③ 더하기 plus *m*, signe *m* de l'addition. ④ 이익, 잉여 avantage *m*; ((être, constituer)) un plus, un atout *m* ((majeur)). ◇_(를) **하다** faire X+Y, additionner. ¶ 2에[와] 3을 ~하다 faire 2+3; additionner deux et trois. ◇_(가) **되다** être [constituer] un plus [un atout majeur] pour *qc*. ¶ 경력에 ~가 되다 être [constituer] un plus [un atout majeur] pour la carrière de *qn*.

플레이[1] 영{play} 명 ① jeu *m*. ¶ 좋은[두드러진] ~를 펼치다 jouer bien [remarquablement]. ¶ 파인 ~ un jeu excellent. ② 작동 marche *f*. ¶ ~ 스위치를 누르다 [켜다] appuyer sur le bouton de marche. ③ 조작 manipulation *f*, manœuvre *f*, tripotage *m* {*fam*}. ¶ 언론 ~를 하다 manipuler la presse.

플레이[2] 영{play} 감 allez. ¶ ~! ~! Allez! Allez!

플레이보이 영{playboy} 명 playboy *m*.

플레이어 영{player} 명 ① lecteur *m*. ¶ CD ~ un lecteur de CD. ② 【운동】 joueu*r*(*se*). ¶ 그는 어느 포지션에 갖다놔도 돼는 멀티 ~이다 C'est un joueur polyvalent qui peut jouer à tous les postes.

플로피디스크 영{floppy disk} 명 【정보】 disquette *f*.

플롯 영{plot} 명 intrigue *f*. ¶ 엉성한 ~ une intrigue mal conçue.

플뢰레 프{fleuret} 명 fleuret *m*.

플루토늄 영{plutonium} 명 plutonium *m* ((Pu)).

플루트 영{flute} 명 ☞ 플룻

플룻 영{flute} 명 flûte *f*. ¶ ~ 연주자 un(*e*) joueu*r*(*se*) de flûte, un(*e*) flûtiste. ¶ ~을 불다[연주하다] jouer de la flûte.

피[1] 명 ① sang *m*. ¶ ~를 흘리다 perdre du sang, saigner; verser [répandre, faire couler] le sang. ¶ ~를 흘리지 않고 sans effusion de sang. ¶ ~를 멎게 하다 arrêter le sang. ¶ ~를 토하다 cracher du sang. ¶ ~를 뽑다 faire une prise de sang. ¶ ~를 빨다 sucer le sang. ¶ ~가 묻은 옷 vêtement taché [souillé] de sang. ¶ ~가 흐른다 Le sang coule. ¶ ~는 혈관을 돈다 Le sang circule dans les veines. ¶ ~가 나오도록 때리다 fouetter jusqu'au sang. ¶ ~가 뚝뚝 떨어지다 saigner abondamment. ② 혈통 sang *m*. ¶ 그 사람은 명문의 ~를 받고 있다 Il est d'un sang bleu [noble].

***~가 거꾸로 솟다** Le sang me monte à la tête [au visage]. ¶ ~가 거꾸로 솟는 듯한 분노를 느꼈다 Mon sang n'a fait qu'un tour.

***~(가) 끓다** avoir le sang chaud. ¶ ~ 끓는 청춘 jeunesse bouillonnante.

***~가 뜨겁다** avoir le sang chaud. ¶ ~가 뜨거운 사람 personne passionnée.

***~(가) 마르다** se faire un sang d'encre, se ronger les sangs, s'inquiéter terriblement [à l'extrême]. ¶ ~가 마를 정도로 걱정하다 se faire un sang d'encre.

***~는 물보다 진하다** Les liens du sang l'emportent toujours / Les liens du sang sont les plus importants.

***~도 눈물도 없다** être cruel(*le*), inhumain(*e*), impitoyable, sans pitié; être sans cœur; avoir un cœur de pierre [de marbre]; avoir une pierre à la place du cœur.

***~를 나누다** être du même sang. ¶ ~를 나눈 형제 des frères de sang.

***~(를) 말리다** 몹시 괴롭히거나 애가 타게 만들다 inquiéter *qn* terriblement; impatienter *qn*, donner beaucoup de soucis [un sang d'encre] à *qn*, mettre *qn* à bout de nerfs, épuiser *qn* sur le plan nerveux, être une épreuve terrible [être très éprouvant] sur le plan nerveux, être une torture nerveuse, tenir *qn* sur le gril. ¶ 이번 경기는 좀처럼 승부가 나지 않아 양 팀 감독의 피를 말렸다. Comme aucune des deux équipes n'a gagné, ce match a mis les deux entraîneurs à bout de nerfs [ce match a épuisé nerveusement les deux entraîneurs, ce match a été une épreuve terrible sur le plan nerveux pour les deux entraîneurs].

***~(를) 보다** avoir une conséquence sanglante.

***~를 부르다** entraîner des conséquences sanglantes.

***~는 못 속인다** Bon sang ne peut mentir. ¶ 역시 ~는 못 속인다 Bon sang ne peut mentir / Il(Elle) a de qui tenir / C'est bien le fils de son père [de sa mère] / Les chiens ne font pas des chats.

***~에 주리다** être avide de sang [carnage], avoir des envies de meurtre.

***~와 살을 깎아내는 고통** une douleur déchirante[atroce].

***~바다를 이루다** faire d'affreuses tueries, faire un massacre, faire couler une mer de sang.

***머리[대가리]에 ~도 안 마른 녀석** un type encore jeune et inconsidéré; un type (encore) trop jeune [inexpérimenté]; un (jeune) blanc-bec, un béjaune [bec-jaune] {*vx*}; un gamin; un (petit) morveux {*fam*} [péteux {*fam*}]; un (petit) merdeux {*vulg*}; un type [jeune homme] qui a encore le nez qui pisse le lait {*fam*} (Si on lui pressait le nez, il en sortirait du lait {*fam*}).

***그 사람은 찔러도 ~ 한 방울 안 날 사람이다** Cet homme n'a pas de cœur / Cet homme est sans pitié / C'est (vraiment) un sans-cœur / Cet homme a un cœur dur [de pierre, de marbre] / Cet homme a une pierre à la place du cœur / C'est un homme glacial [de glace, de marbre, dur, insensible, sec, imperturbable, cruel, dur, endurci, impitoyable, implacable, inexorable].

***새발의 ~** être insignifiant(*e*), sans valeur; ce n'est qu'un tout petit peu; ce n'est qu'une chose minime [infime, dérisoire]; ce n'est rien par rapport ((à moi)); ((par rapport à ce que j'ai subi)) ce n'est rien du tout. ¶ 우리 문제는 다른 사람들의 문제에 비하면 ~ 발의 피다 Nos problèmes sont dérisoires par rapport à ceux des autres. ¶ 내가 당한 거에 비하면 너는 ~ 발의 피지 Ce n'est rien par rapport à moi / Par rapport à ce que j'ai subi ce n'est rien du tout [tu peux t'estimer heureu*x*(*se*)]. ☞

조족지혈

◆_고름 명 sanie *f*.

◆_눈물 명 larmes *fpl* de sang.

◆_땀 명 ((suer)) sang *m* et eau *f*; efforts *mpl* désespérés. ¶ ~땀을 흘리며 애쓰다 suer sang et eau; faire des efforts désespérés.

◆_멍 명 bleu *m*, ecchymose *f*, hématome *m*. ¶ 다리에 ~멍이 들다 avoir des bleus sur les jambes.

◆_바다 명 mer *f* de sang. ¶ 그 도시는 ~바다가 되었다 Cette ville s'est transformée en mer de sang.

◆_스기 명 teint *m*, couleurs *fpl*, carnation *f*. ¶ ~스기 없는 얼굴 visage [teint] pâle [blême].

◆_투성이 명 sanglant(*e*), ensanglanté(*e*). ¶ ~투성이가 된 병사 un soldat ensanglanté [en sang].

피[2] 명 panic *m* (ou panisse), millet *m* des oiseaux, millet *m* du Japon, *Echinochloa crusgalli* var. *frumentacea* {*nsc*} ((qui peut pousser au milieu des rizières, considéré comme une mauvaise herbe vivace pour le riz car sa racine entre en concurrence avec celle du riz)). ¶ 논에서 ~를 뽑다 éliminer [enlever] le panic de la rizière.

피[3] 감 bah!;pfut ..., pff(t) ...! ¶ ~, 그런 말이 어딨어 Pfft ...! je (ne) te crois pas.

-피[4] 皮 접미 cuir *m*; fourrure *f*. ¶ 악어[여우]~ cuir de crocodile [fourrure de renard].

피-[5] 被 접두 bénéficiaire. ¶ ~보험자 assuré. ¶ ~선거권 éligibilité.

피검 被檢 명 arrestation *f*. ◇_(이) 되다 être arrêté(*e*), se faire arrêter. ¶ 경찰에[에게] ~이 되다 être arrêté(*e*) par la police.

◆_자 -者 명 personne *f* arrêtée.

피겨스케이팅 영{figure skating} 명 patinage *m* artistique.

피격 被擊 명 attaque *f*; agression *f*; attentat *m*. ¶ 민항기 ~ attaque contre un avion civil. ◇_(이) 되다[(을)받다, 당하다] être attaqué(*e*), assailli(*e*); se faire attaquer, subir une attaque; se faire attaquer; être attaqué(*e*), assailli(*e*). ¶ 장관이 ~되었다 Le ministre a été attaqué. ¶ 괴한에게 ~을 당하다 se faire attaquer par un individu suspect [un homme louche].

피고 被告 명 ① ((민사)) défend*eur*(*eresse*). ② ((형사)) prévenu(*e*); accusé(*e*).

◆_석 -席 명 banc *m* des accusés.

◆_인 -人 명 prévenu(*e*); accusé(*e*).

피고름 명 mélange *m* de pus et de sang. ¶ ~을 짜내다 faire sortir un mélange de pus et de sang ((d'un abcès profond)). ¶ ~이 생기다[나다]. Un mélange de pus et de sang sort ((de la plaie, de l'abcès)).

피고용인 被雇傭人 명 ☞ 피고용자

피고용자 被雇傭者 명 embauché(*e*), employé(*e*), engagé(*e*); personne *f* engagée.

피곤 疲困 명 fatigue *f*; lassitude *f*; épuisement *m*, éreintement *m*, exténuation *f*. ¶ ~을 느끼다 éprouver de la fatigue; être gagné(*e*) par la fatigue; se sentir fatigué(*e*) [las(*se*)]. ¶ ~이 몰려오다 être gagné(*e*) par la fatigue. ¶ ~에 지친 목소리 une voix exténuée [fatiguée]. ¶ ~에 찌들다 être exténué(*e*), être fourbu(*e*), être harassé(*e*), être vidé(*e*) {*fam*} crevé(*e*) {*fam*}, être claqué(*e*) {*fam*}, pompé(*e*) {*fam*}, vanné(*e*) {*fam*}.

◆_하다 형 être fatigué(*e*); être exténué(*e*), éreinté(*e*), épuisé(*e*); être las(*se*); être fourbu(*e*), être harassé(*e*), être vidé(*e*) {*fam*} crevé(*e*) {*fam*}, être claqué(*e*) {*fam*}, pompé(*e*) {*fam*}, vanné(*e*) {*fam*}. ¶ ~한 생활 une vie fatigante, une vie crevante {*fam*}, une vie épuisante [éreintante, exténuante]. ¶ ~한 사람 ((남을 피곤하게 하는 사람)) une personne fatigante [ennuyante, lassante]; ((피곤에 지친 사람)) une personne fatiguée [épuisée, surmenée, exténuée, usée, vannée {*fam*}]. ¶ 극도로 ~하다 être extrêmement fatigué(*e*); être exténué(*e*), épuisé(*e*), lessivé(*e*) {*fam*}; être au bout du rouleau; ne plus en pouvoir. ¶ 눈을 ~하게 하는 색깔 une couleur qui fatigue les yeux.

피골 皮骨 명 la peau *f* et les os *mpl*.

*~이 상접하다 n'avoir plus que la peau sur les os; être squelettique; être d'une maigreur squelettique; avoir un visage décharné; être étique.

피구 避球 명 balle *f* aux prisonniers. ¶ ~를 하다 jouer à la balle aux prisonniers.

◆_경기 -競技 명 compétition *f* de balle aux prisonniers.

◆_시합 -試合 명 partie *f* de balle aux prisonniers.

피규제자 被規制者 명 personne *f* subissant un contrôle.

피나다 자 faire des efforts extrêmes, faire de grands efforts, se donner beaucoup de peine [de mal]; suer sang et eau; en baver {*fam*}. ¶ 피나는 노력 efforts désespérés, efforts intenses [acharnés], de grands [violents] efforts, efforts extrêmes, effort suprême. ¶ 피나는 싸움 un combat sanglant [acharné, âpre, ardent, intense, impitoyable]. ¶ 피나게 연습하다 s'entraîner très dur.

피나무 명 tilleul *m* du Japon, *Tilia amurensis japonica* {*nsc*}.

피난 避難 명 évacuation *f*, exode *m*. ¶ ~을 떠나다 partir en exode, fuir. ◇_(을) 하다[가다] se réfugier, trouver refuge; s'abriter, se mettre à l'abri, se retirer ((dans un lieu sûr)). ¶ 남쪽으로 ~하다 trouver refuge vers le Sud.

◆_길 명 chemin *m* d'exil. ¶ ~길에 누구와 헤어지다 se séparer de *qn* sur le chemin de l'exil.

◆_민 -民 명 réfugié(*e*).

◆_살이 명 vie *f* de réfugié.

◆_선 -船 명 bateau(*x*) *m* de réfugiés, boat people *m inv*.

◆_소[처] -所[處] 명 abri *m*; refuge *m*; asile *m*; lieu *m* sûr.

◆_지 -地 명 terre *f* d'asile; terre *f* d'accueil.

피날레 이 명 【음악】 ((ouverture et)) final(*e*) *m*. ¶ 오늘 행사의 ~ le final(*e*) de la fête d'aujourd'hui.

¶ ~를 장식하다 clôturer ((un spectacle)) sur un clou final; faire le final(*e*); être le clou du final(*e*).

피눈물 명 ① larmes *fpl* de sang. ② 원통함 gros désespoir *m*; grosse déception *f*. ¶ ~을 흘리다 verser [répandre] des larmes de sang. ③ 고생스러움 efforts *mpl* désespérés. ◇_(이)나다 pleurer des larmes de sang; être extrêmement désespéré(*e*). ¶ ~ 나던 시절 un temps de douleur et de privation; une époque tirant sang et larmes; une époque arrachant toutes les larmes du corps; une époque dramatique.

피다[1] 자 ① fleurir, éclore, s'épanouir, ((fleur)) s'ouvrir; ((피어 있다)) ((arbre)) être en fleur(*s*), être fleuri(*e*). ¶ 국화는 가을에 핀다 Les chrysanthèmes fleurissent en automne. ¶ 튤립이 피어 있다 Les tulipes sont en fleur(s). ② ((불이)) prendre. ¶ 불이 핀다 Le feu prend. ③ ((얼굴이)) rayonner ((de joie, de bonheur)), s'épanouir; avoir bonne mine, être épanoui(*e*). ¶ 그 여자아이는 얼굴이 피었다 Son visage rayonne / Son visage est épanoui / Cette enfant a bonne mine / Cette enfant a le teint fleuri. ④ 나아지다 s'améliorer; ((un don, un talent)) s'épanouir; grandir, progresser, aller mieux, prospérer, se développer, pousser, s'étendre, marcher, réussir, fleurir, fructifier. ¶ 요즘엔 형편[살림]이 핀다 Ces temps-ci, j'ai un meilleur train de vie [ma situation financière s'améliore, mes conditions de vie s'améliorent]. ⑤ 형성되다 se former, se développer. ¶ 벽에 곰팡이가 피었다 Des moisissures se sont déposées [sont apparues] sur les murs. ⑥ ((웃음, 기쁨이)) s'épanouir, rayonner ((de joie, de bonheur)). ¶ 웃음꽃이 ~ rayonner de joie [de bonheur], être très heureux(*se*), être aux anges.

*꽃이 ~ ((une civilisation)) s'épanouir, connaître un boom [un essor], prospérer, se développer, s'étendre, marcher, réussir. ¶ 그 시대는 인문학이 꽃이 피었던 시대이다 Les sciences humaines ont été très en vogue à l'époque / Il y a eu un engouement inhabituel pour les sciences humaines à l'époque / Les sciences humaines ont suscité un engouement inhabituel à l'époque.

피다[2] 타 ((‘피우다’의 잘못)) ☞ 피우다[2]

피대[1] **皮帶** 명 ① courroie *f*. ¶ ~를 걸어 놓다 mettre une courroie. ② ((팔에)) brassard *m*. ¶ ~를 차다 mettre un brassard ((autour du bras)).

피대[2] **皮俗** 명 sac *m* à main en cuir.

피동 被動 명 ① passivité *f*. ② 【언어】 passif *m*.

◆_**적** -的 명관 passif(*ve*). ¶ ~적으로 살다 vivre passivement.

◆_**문** -文 명 【언어】 phrase *f* passive; phrase *f* à la voix passive.

◆_**사** -辭 명 【언어】 verbe *m* passif, verbe *m* à la voix passive.

◆_**주** -主 명 【언어】 patient *m*.

◆_**태** -態 명 【언어】 voix *f* passive, passif *m*.

◆_**형** -形 명 forme *f* passive.

피둥피둥 부 ((idéophone de la corpulence, des rondeurs)). ¶ ~ 살이 찌다 grossir (beaucoup), devenir rondelet(*te*), prendre du poids [beaucoup de poids, des kilos], s'arrondir, prendre de l'embonpoint, engraisser {*pop*}.

◆_**하다** 형 ((몸이)) être gros(*se*), corpulent(*e*), étoffé(*e*), fort(*e*), robuste, être bien en chair [bien rembourré {*fam*}], gras(*se*), grassouillet(*te*), empâté(*e*), rebondi(*e*), repl*et*(*ète*), potelé(*e*), dodu(*e*). ¶ ~한 사장 un P.-d.g.. bien en chair. ¶ 살이 ~하다 être corpulent(*e*) [fort(*e*), obèse]; être bien en chair.

피드백 영{feedback} 명 ① (feed-back *m inv*) information *f* en retour; retour *m* d'information; réactions *fpl*; impressions *fpl*; confirmation ou infirmation d'information. ¶ ~ 작용[현상, 효과] une réaction [un phénomène, des effets] en retour. ¶ ~이 이루어지다 recevoir des informations en retour. ② 【컴퓨】 réaction *f* parasite; rétroaction *f*; feed-back *m*. ◇_(을) 하다[시키다] informer en retour. ◇_(이) 되다 être informé(*e*) en retour.

피디 영{PD} 명 ((연극/영화/음악)) produc*teur*(*trice*); ((TV/라디오)) metteur en scène, réalisa*teur*(*trice*).

피디에이 영{PDA} 명 【통신】 PDA *m*

피딱지 명 croûte *f* (de sang coagulé). ¶ ~가 앉았다 Une croûte s'est formée / J'ai une croûte / Ça a fait une croûte. ¶ ~가 엉겨 붙었다 Une croûte s'est formée.

피땀 명 sang *m* et eau *f*. ¶ ~ 어린 노력 des efforts désespérés. ¶ ~을 흘리다 suer sang et eau.

피똥 명 selles *fpl* sanguinolentes. ¶ ~을 싸다 avoir des selles sanguinolentes; ((비유적)) en chier {*vulg*}, en baver (des ronds de chapeau), peiner, souffrir.

피라미 명 【동물】 sorte de vairon *m*, *Zacco platypus* {*nsc*}.

피라미드 영{pyramid} 명 ① pyramide *f*. ② ((조직)) pyramide *f*. ¶ ~를 이루다 former [dresser] une pyramide.

◆_**형** -形 명 pyramid*al*(*ale*, *aux*).

피란 避亂 명 ☞ 피난

피랍 被拉 명 enlèvement *m*, détournement *m*. ◇_(이) 되다[당하다] être enlevé(*e*), emmené(*e*) de force, kidnappé(*e*). ¶ ~된 비행기 un avion détourné, un avion pris en otage.

피력 披瀝 명 explication *f*, révélation *f*. ¶ 수상 소감의 ~ un discours [une allocution] après la remise d'une médaille [d'un prix]. ◇_(을) 하다 s'ouvrir à *qn*; s'épancher; ouvrir [épancher] *son* cœur à *qn*; se confier, se livrer à *qn*; s'expliquer. ¶ 자신의 견해를 ~하다 exposer [confier] *son* point de vue. ◇_(이) 되다 être exposé(*e*), exprimé(*e*). ¶ 이 책에는 저자의 생각이 잘 ~되어 있다 Ce livre traduit [exprime] bien la pensée de l'auteur.

피로 疲勞 명 fatigue *f*; épuisement *m*; exténuation *f*; lassitude *f*. ¶ ~를 느끼다 éprouver de la fatigue, être gagné(*e*) par la fatigue, se sentir fatigué(*e*) [épuisé(*e*), exténué(*e*), crevé(*e*) {*fam*}, claqué(*e*) {*fam*}, vanné(*e*) {*fam*}, vidé(*e*) {*fam*}]. ¶ ~를 견디다 supporter la fatigue. ¶ ~가 쌓이다 accumuler la fatigue. ¶ ~가 몰려오다 être gagné(*e*) par la fatigue. ◇_**를 풀다** éliminer *sa* fatigue. ¶ 아직도 ~가 덜 풀렸다 Je suis encore fatigué(*e*) / Je suis encore sous le coup de fatigue.

◆_**하다** 형 être fatigué(*e*), exténué(*e*), épuisé(*e*); être crevé(*e*) {*fam*}, fourbu(*e*), harassé(*e*), vidé(*e*) {*fam*}, être claqué(*e*) {*fam*}, vanné(*e*) {*fam*}. ¶ 몹시 ~하다 être très fatigué(*e*), mort(*e*) de fatigue; être sur les rotules; ne plus en pouvoir, être au bout du rouleau; avoir un coup de pompe {*fam*}.

◆_**감** -感 명 sentiment *m* de fatigue; sentiment *m* de lassitude; sentiment *m* d'épuisement. ¶ ~감을 느끼다 éprouver de la fatigue; se sentir fatigué(*e*) [las(*se*), épuisé(*e*), exténué(*e*), crevé(*e*) {*fam*}, fourbu(*e*), harassé(*e*), vidé(*e*) {*fam*}, être claqué(*e*) {*fam*}, vanné(*e*) {*fam*}]. ¶ ~감이 들다 se sentir fatigué(*e*) [épuisé(*e*), exténué(*e*) crevé(*e*) {*fam*}, fourbu(*e*), harassé(*e*), vidé(*e*) {*fam*}, claqué(*e*) {*fam*}, vanné(*e*) {*fam*}; être gagné(*e*) par la fatigue.

피로연 披露宴 명 repas *m* de noces; fête *f* arrosée (en présence des nouveaux mariés et de leurs meilleurs amis respectifs après la cérémonie de mariage.) ¶ ~을 베풀다 donner un repas de noces; faire une fête arrosée après la cérémonie de mariage.

피뢰침 避雷針 명 paratonnerre *m*. ¶ ~을 세우다 installer [dresser, fixer] un paratonnerre.

피륙 명 pièce *f* d'étoffe, tissu *m*, étoffe *f*.

피리 명 ① *piri m* <petit hautbois cylindrique d'origine chinoise (*guanzi*) utilisé dans les musiques d'intérieur (banquets) et de plein air (cérémonies confucéennes)>. ② flûte *f*, fifre *m*. ¶ ~를 불다[연주하다] jouer du *piri*; jouer de la flûte [du fifre].

◆**버들_** 명 fifre *m* [flûte *f*] fait(*e*) avec des feuilles de saule pleureur.

◆**풀_** 명 fifre *m* [flûte *f*] en roseau; fifre *m* fait avec des feuilles d'arbre ou des brins d'herbe.

피마자 蓖麻子 명 ricin *m*.

◆_ **기름** 명 huile *f* de ricin.

피막 皮膜 명 pellicule *f*; couche *f*; peau(*x*) *f*.

피맺히다 자 se blesser par contusion; ((yeux)) être meurtri(*e*); être déchirant(*e*), sanglant(*e*). ¶ 피맺힌 사연 une histoire déchirante. ¶ 피맺힌 음성[절규] une voix déchirante [des cris déchirants, des cris sanglants].

피망 프{piment} 명 【식물】 poivron *m*. ¶ 청(홍) ~ poivron vert [rouge].

피멍 명 ① bleu *m*; hématome *m*; ecchymose *f*; contusion *f*; purpura *m*. ¶ 다리에 ~이 들다 avoir un bleu [un hématome] à la jambe. ② 마음의 상처 chagrin *m* d'amour. ¶ 가슴에 ~이 들다 avoir un chagrin d'amour.

피보험자 被保險者 명 assuré(*e*).

피보호자 被保護者 명 personne *f* protégée par *qn*; protégé(*e*).

피복[1] 被服 명 habillement *m*; vêtements *mpl*; habits *mpl*.

◆_**비** -費 명 frais *mpl* d'habillement [vestimentaires].

◆_**상** -商 명 marchand(*e*) *m* de vêtement(*s*); boutique *f* de vêtements.

피복[2] 被覆 명 ① couverture *f*; revêtement *m*. ② ((전선의)) gaine *f* d'un fil électrique; guipage *m*. ◇_(**을**) **하다** recouvrir *qc* de *qc*; gainer *qc*; guiper *qc*. ¶ 겉을 비닐로 ~하다 recouvrir *qc* de plastique.

◆_**선** -線 명 fil *m* guipé [sous gaine].

피부 皮膚 명 peau *f*, épiderme *m*; 【의학】 cutané(*e*); épidermique. ¶ 창백한 ~ une peau blanche; une peau pâle. ¶ ~가 거칠다 avoir la peau rugueuse [rêche]. ¶ ~가 부드럽다[매끄럽다] avoir la peau lisse [douce, de satin]. ¶ ~가 약하다 avoir la peau sensible [délicate].

◆_**감각** -感覺 명 sensation *f* cutanée.

◆_**과** -科 명 dermatologie *f*.

◆_**과의** -科醫 명 dermatologiste *mf*, dermatologue *mf*.

◆_**병** -病 명 maladie *f* de la peau; dermatose *f*; affection *f* cutanée.

◆_**비뇨기과** -泌尿器科 명 dermatologie *f* et vénérologie *f*.

◆_**색** -色 명 teint *m* de la peau.

◆_**신경** -神經 명 nerf *m* cutané.

◆_**조직** -組織 명 tissu *m* cutané [épidermique].

◆_**호흡** -呼吸 명 respiration *f* cutanée [épidermique].

피붙이 명 lien *m* de sang; lien *m* sanguin; lien *m* de parenté; famille *f*. ¶ ~라고는 형뿐입니다 Je n'ai que mon grand frère comme famille.

피브이시 영{PVC} 명 P.V.C *m inv*. ¶ ~로 만든 관 un tuyau [un conduit] en PVC.

피비린내 명 ① odeur *f* de sang. ¶ 고기의 ~ l'odeur du sang [du jus] de la viande. ② 잔혹함 sanglant(*e*). ¶ ~ 나는 싸움 un combat sanglant, une bataille sanglante.

피사체 被寫體 명 sujet *m*; objet *m* (d'un tournage).

피살 被殺 명 massacre *m*; meurtre *m*; assassinat *m*. ¶ 대통령 ~ 소식 l'annonce [la nouvelle] de l'assassinat du président de la République. ◇_(**이**) **되다**[(**을**) **당하다**]. être tué(*e*), assassiné(*e*); se faire tué(*e*) [assassiné(*e*)].

◆_**자** -者 명 personne *f* assassinée [abattu(*e*), descendu(*e*) {*fam*}].

피상 皮相 명 ① apparence *f*. ② superficialité *f*.

◆_**적** -的 명관 ((connaissances, critique)) superficiel(*le*). ¶ 문제를 ~적으로 다루다[보다] traiter superficiellement un problème [une question].

피상속인 被相續人 명 personne *f* qui transmet un

ㅍ

héritage; testa*teur*(*trice*); auteur *m* d'un testament.

피서 避暑 명 vacances *fpl* d'été, congés *mpl* d'été. ◇_(를) **하다** éviter [fuir] les chaleurs; aller en villégiature; partir en vacances (d'été). ¶ 시골[바닷가]에서 ~하다 partir en vacances (au mois de juillet, au mois d'août) à la campagne [au bord de la mer]; passer l'été à la campagne [au bord de la mer]. ◇_(를)**가다** partir en vacances d'été, prendre des congés estivaux. ¶ 바닷가로 ~를 가다 partir en vacances au bord de la mer.

◆**_객** -客 명 estivant(*e*); vacanci*er*(*ère*) (d'été); ((7월달)) juillettiste *mf*; ((8월달)) aoûtien(*ne*).

◆**_지** -地 명 station *f* estivale, (lieu *m* de) villégiature *f*.

◆**_철** 명 saison *f* des vacances d'été, saison *f* de l'annuelle villégiature.

피선 被選 명 ◇_(이) **되다** être élu(*e*). ¶ 위원장으로 ~되다 être élu(*e*) président(*e*) d'un comité.

피선거권 被選擧權 명 (droit *m* d') éligibilité *f*.

피선거인 被選擧人 명 éligible *mf*.

피수식어 被修飾語 명 【언어】 déterminé *m*.

피스톤 영{piston} 명 piston *m*. ¶ ~ 운동 un mouvement ((rectiligne alternatif)) du piston.

피습 被襲 명 attaque *f*; agression *f*; attentat *m*. ¶ ~ 장소 le lieu d'un attentat; le lieu d'une agression. ◇_(을) **하다** attaquer *qn*/*qc*, assaillir *qn*. ¶ 괴한들이 의원의 사무실을 ~했다 Des individus suspects ont attaqué le bureau du député. ◇_(이) **되다**[(을) **당하다**] être attaqué(*e*), assailli(*e*); se faire attaquer.

피시 영{PC} 명 P.C. *m*; ordinateur *m*. ¶ ~ 앞에 붙어 있다 être assis(*e*) devant un PC; être collé(*e*) à *son PC*. ¶ ~를 구입하다 acheter un P.C. [un ordinateur]. ¶ ~로 작업하다 travailler avec [sur] un P.C. [un ordinateur].

피식 부 en ricanant. ¶ ~ 웃다 ricaner.

◆**_ _** 부 en ricanant. ¶ ~ 웃으며 쳐다보다 regarder en ricanant.

피신 避身 명 fuite *f*, refuge *m*. ¶ 고달픈 ~ 생활 une vie de fugitif. ¶ 누구를 어디로 ~을 보내다 mettre *qn* à l'abri [sous couvert]. ◇_(을) **하다**[**가다**] se réfugier, s'abriter de *qc*, se mettre à l'abri; fuir ((devant un danger)). ¶ 그 사람은 친구 집에 ~해 있다 Il s'est réfugié chez un [*son*] ami.

◆**_처** -處 명 refuge *m*, abri *m*, lieu *m* sûr; cachette *f*, planque *f* {*pop*}; retraite *f*.

피아 彼我 명 lui et moi; eux et nous. ¶ ~의 구별 없이 ((soigner les blessés)) sans distinction de camps. ¶ ~ 간에 심한 손상을 입었다 Les dommages ont été immenses des deux côtés.

피아노 영{piano} 명 piano *m*. ¶ ~ 협주곡 un concerto pour piano. ¶ ~를 치다[연주하다] jouer du piano.

◆**그랜드_ 영**{grand-} 명 piano *m* à queue; piano *m* de concert.

피아니스트 영{pianist} 명 pianiste *mf*.

피안 彼岸 명 ① autre côté *m*; au-delà *m*. ¶ ~의 삶 la vie de l'au-delà. ② 【불교】 *Pâravitâ f*, *Nirvâna m*, *nirvana m*. ¶ ~을 갈구하다 aspirer au *nirvana*.

피압박 被壓迫 명 oppression *f*. ¶ ~ 민족 un peuple opprimé.

피어나다 자 ① fleurir, éclore, s'épanouir, ((fleur)) s'ouvrir; ((피어 있다)) ((arbre)) être en fleur(*s*), être fleuri(*e*). ¶ 꽃이 피어난다 La fleur éclot [s'ouvre, s'épanouit]. ② ((김, 연기가)) s'élever. ¶ 김이 모락모락 피어난다 La fumée s'élève en nuages épais. ③ ((기쁨이)) rayonner ((de joie, de bonheur)), s'épanouir; avoir bonne mine, être épanoui(*e*), avoir le ((teint)) fleuri. ¶ 얼굴이 꽃처럼 피어났다 Son visage rayonne de beauté / Elle a le teint fleuri / Son visage est épanoui / Cette enfant a bonne mine. ④ ((웃음이)) naître sur les lèvres de *qn*, ((un sourire)) passer [glisser] sur les lèvres de *qn*. ¶ 입가에서 미소가 피어났다 Un sourire naquit [glissa, passa] sur ses lèvres. ⑤ ((추억이)) avoir [garder] ((la nostalgie de *qc*)). ¶ 나는 고향에 대한 그리움이 피어난다 J'ai la nostalgie de mon pays natal.

피어오르다 자 ((fumée, vapeur)) se dégager, s'échapper, sortir; ((la fumée)) s'élever ((droit dans le ciel)), monter. ¶ 연기[김]이 피어오른다 De la fumée se dégage / La fumée s'élève [monte] / De la vapeur se dégage [s'échappe].

피에로 프{pierrot} 명 pierrot *m*.

피엑스 영{PX} 명 PX *m* <supérette dans une caserne américaine qui vend des produits à prix détaxés>.

피우다[1] 타 피다[1]의 사동형 ① épanouir. ¶ 모란이 꽃을 활짝 피우고 있다 La pivoine de Chine est en pleine fleur. ② ((불을)) allumer ((un feu, du feu)); fumer ((une cigarette)); brûler ((de l'encens)). ¶ 모닥불을 ~ allumer un feu en plein air; allumer un feu de camp [de bivouac]. ¶ 향을 ~ brûler de l'encens. ***꽃을** ~ faire fleurir [s'épanouir] ((une civilisation)), faire connaître un essor, faire prospérer, développer, étendre.

피우다[2] 타 ① ((담배를)) fumer, griller {*fam*} ((une cigarette)). ¶ 담배를 ~ fumer; fumer [griller {*fam*}] une cigarette, fumer une clope {*fam*}, s'en griller une {*fam*}. ② 퍼뜨리다 répandre, exhaler, dégager ((une odeur, un parfum)). ¶ 냄새를 ~ répandre [dégager, exhaler] une odeur [un parfum]. ¶ 먼지를 ~ faire de la poussière; soulever un nuage [un tourbillon] de poussière. ③ 부리다 faire preuve de ((ruse, habilité)), faire montre de ((compréhension, de *son* talent)), montrer ((sa dextérité)), faire démonstration de *qc*; se montrer ((courageux)), déployer ((un grand courage)), mettre ((*ses* talents)) en œuvre; user de ((finesse)), recourir à ((la ruse)). ¶ 게으름을 ~ relâcher *ses* efforts; rester oisi*f*(*ve*). ¶ 고집을 ~ se montrer obstiné(*e*), faire montre d'opiniâtreté, faire démonstration de son acharnement. ¶ 난봉을 ~ vivre dans la débauche. ¶ 딴전을 ~ faire l'innocent(*e*); faire semblant de ne pas comprendre. ¶ 바람을 ~ tromper son épou*x*(*se*). ¶ 소란을 ~ provoquer des troubles. ¶ 재주를 ~ mettre *ses* talents en œuvre; faire preuve de talent [d'habileté]; faire montre de *son* talent; montrer *sa* dextérité.

피읖 명 *pieup m.* ((la treizième lettre consonantique de l'alphabet coréen)).

피의자 被疑者 명 prévenu(*e*).

피인용문 被引用文 명 【언어】 discours *m* rapporté.

피임[1] **被任** 명 nomination *f.* ◇_(이) **되다** être nommé(*e*). ¶ 회장으로 ~되다 être nommé(*e*) direc*teur*(*trice*).

피임[2] **避妊** 명 contraception *f.* ◇_(을) **하다** pratiquer un moyen contraceptif; prendre la pilule (contraceptive).

◆_**기구** -器具 명 contraceptif *m*; préservatif *m.*

◆_**법** -法 명 moyen *m* de contraception; méthode *f* contraceptive.

◆_**수술** -手術 명 opération *f* de stérilisation.

◆_**약** -藥 명 contraceptif *m*; pilule *f.* ¶ 사후 ~약 la pilule du lendemain.

피자 이 명 pizza *f.* ¶ ~ 한 조각 un morceau [une part] de pizza. ¶ ~를 먹다 manger une pizza. ¶ ~를 시키다[주문하다]. commander [se faire livrer] une pizza.

피장파장 명 kif *m* {*fam*}, kif-kif (bourricot) {*fam*}, blanc bonnet *m et* bonnet *m* blanc, la même chose, du pareil au même {*fam*}. ¶ ~의 잘못 une faute partagée [réciproque]. ◇_**이다** C'est la même chose / C'est du pareil au même {*fam*} / C'est kif-kif (bourricot) {*fam*} / C'est du kif {*fam*} / C'est du pareil au même / Cela revient au même / C'est blanc bonnet *et* bonnet blanc / L'un n'est pas meilleur que l'autre / Ils(Elles) se valent.

피정복자 被征服者 명 personne *f* conquise.

피조물 被造物 명 créature *f.*

피조사자 被調査者 명 personne *f* qui subit une enquête; personne *f* interrogée.

피죽 -粥 명 gruau *m* [bouillie *f*] de millet noir. ¶ ~을 먹다 manger du gruau [de la bouillie] de millet noir.

피지 皮脂 명 sébum *m* ((sécrétion grasse produite par les glandes sébacées de la peau)). ¶ ~를 분비하다 sécréter du sébum.

◆_**선** -腺 명 glandes *fpl* sébacées.

피지배 被支配 명 dominé(*e*). ¶ ~ 관계 une relation dominant-dominé.

◆_**자** -者 명 personne *f* dominée par *qn*; ((le dominant et le)) dominé *m.*

◆_**층** -層 명 ((classe *f* dirigeante et)) classe *f* dirigée.

피진 皮疹 명 efflorescence *f*, exanthème *m*; éruption *f* cutanée.

◆**대뇌**_ 大腦- 명 exanthème *m* au cerveau.

◆**대뇌신**_ 大腦神- 명 exanthème *m* au cerveau.

피질 皮質 명 cortex *m.*

◆**대뇌**_ 大腦- 명 cortex *m* cérébral.

피차 彼此 명 l'un(*e*) et l'autre; tous [toutes] les deux; chacun(*e*). ¶ ~가 피곤한 일 un travail fatigant pour les deux [pour l'un et l'autre]. ¶ ~에 해롭다 être noci*f*(*ve*) pour les deux [pour l'un et l'autre]. 부 entre les deux; des deux côtés; de part et d'autre; tous(toutes) les deux; chacun(*e*); mutuellement, réciproquement. ¶ ~ 만족하지 않는다 ne pas être contents [satisfaits] ni l'un ni l'autre; être mécontents des deux côtés. ¶ ~ 마찬가지다 C'est la même chose / C'est kif-kif (bourricot) {*fam*} / C'est du kif {*fam*} / / C'est du pareil au même {*fam*} / Cela revient au même / C'est bonnet blanc et blanc bonnet / L'un n'est pas meilleur que l'autre / Ils(Elles) se valent. ¶ 우리는 ~ 일반입니다 Nous en sommes là tous les deux.

피처 영{pitcher} 명 【야구】 lanceur *m.*

피천 被薦 명 recommandation *f.* ◇_(이) **되다** être recommandé(*e*).

피치 명 ① ((작업, 생산)) cadence *f*, rythme *m*, allure *f.* ② 【운동】 cadence *f*, rythme *m*, allure *f.* ③ 【음악】 ton *m.* ◇_**를 올리다**[**가하다**] accélérer le rythme, augmenter [presser] la cadence, presser [accélérer] l'allure, mettre les bouchées doubles [triples], passer la surmultipliée {*fam*}, mettre le turbo {*fam*}, appuyer sur l'accélérateur, se secouer {*fam*} ((au travail)), redoubler d'efforts [d'ardeur] ((au travail)). ¶ 작업 속도에 ~를 올리다 travailler plus vite, aller plus vite dans un travail, augmenter *sa* vitesse d'exécution, augmenter la vitesse du déroulement du travail, mettre les bouchées doubles [triples], accélérer, mettre le turbo {*fam*}, appuyer sur l'accélérateur, mettre la surmultipliée {*fam*}, mettre (toute) la gomme {*fam*}, mettre les gaz {*fam*}, redoubler de force [d'ardeur] au travail, se secouer {*fam*} au travail, accélérer le rythme.

피치자 被治者 명 personne *f* dirigée.

피칭 영{pitching} 명 【야구】 lancer *m.* ¶ 좋은 ~을 하다 faire un bon lancer; ((lanceur)) faire un bon match, réaliser une bonne performance.

피켓 영{picket} 명 pancarte *f.* ¶ ~을 흔들다 brandir une pancarte.

피콜로 영{piccolo} 명 pic(c)olo *m.* ◇_**를 불다**[**연주하다**] jouer du piccolo.

피크 영{peak} 명 apogée *f*, sommet *m* ((de *sa* gloire)); comble *m*; maximum *m*; ((au)) meilleur *m* [mieux *m*] de *sa* forme; *son* plus haut niveau; niveau *m* record. ¶ ~에 달하다 atteindre *son* plus haut niveau; être à *son* apogée [au sommet]; être au faîte ((de *sa* popularité)); atteindre *son*[un] maximum. ¶ ~를 이루다 être au sommet [à *son* apogée]; être au faîte ((de *sa* popularité)).

◆_**타임** 영{-time} 명 prime time *m*; heures *fpl* de plus forte écoute [audience]; périodes *fpl* de pointe; heures *fpl* de pointe, heures *fpl* d'affluence.

피투성이 명 ((être)) taché(*e*) de sang, ((être)) en sang. ¶ ~가 되다 être taché(*e*) [couvert(*e*)] de sang, être en sang, être ensanglanté(*e*). ¶ 온몸이 ~로 변하다 être ensanglanté(*e*).

피트 영{feet} 명 【도량】 pied *m* (anglais) (=30,48 cm).

피폐 疲弊 명 épuisement *m*; appauvrissement *m* ((d'un pays)). ¶ 재정의 ~ un épuisement des finances. ¶ 격심한 민생의 ~ un appauvrissement considérable du peuple.

◆**_하다** 형 s'épuiser, s'appauvrir. ¶ 형의 ~한 모습 l'air épuisé de mon grand frère. ¶ 농촌은 ~해 있다 Les campagnes sont dans un état déplorable [catastrophique, désastreux].

피폭자 被爆者 명 victime *f* d'une explosion.

피피엠 영{ppm} 명 ppm, PPM, P.P.M., parties *fpl* par million. ¶ ~ 수치가 높아졌다[낮아졌다] Le PPM a augmenté [baissé].

피하 皮下 명 ((의)) sous-cutané(*e*), hypodermique.

◆**_조직** -組織 명 tissu *m* sous-cutané.

◆**_주사** -注射 명 injection *f* sous-cutanée [hypodermique]; piqûre *f* sous-cutanée. ¶ ~주사를 하다[놓다]. faire une piqûre [une injection] sous-cutanée.

◆**_지방** -脂肪 명 graisse *f* des tissus sous-cutanés.

◆**_출혈** -出血 명 hémorragie *f* sous-cutanée.

피하다 避- 타 ① éviter, esquiver, échapper à *qc/qn*. ¶ 무서워서 공을 ~ esquiver la balle [s'écarter lorsque quelqu'un envoie la balle] parce que l'on a peur. ② 회피하다, 모면하다 chercher à échapper à *qc*; éviter, fuir; se réfugier, s'abriter, se mettre à l'abri; ((책임, 의무를)) esquiver ((une difficulté, une obligation)), fuir devant ((*ses* responsabilités)); se dérober à ((*son* devoir, *ses* obligations)), éluder ((une question)), se défiler, se récuser. ¶ 위험을 ~ éviter [fuir] le danger. ¶ 더위를 ~ fuir la chaleur. ¶ 곤란한 질문을 ~ éluder une question épineuse. ¶ 그는 가정이야기를 피한다 Il évite de parler de sa famille. ¶ 답변을 ~ éviter de répondre. ¶ 징병을 ~ se dérober à l'obligation du service militaire. ¶ 책임을 ~ esquiver une responsabilité. ③ fuir, se cacher, éviter. ¶ 사람을 ~ fuir le monde. ¶ 사람의 눈을 피해서 살다 vivre caché. ¶ 몸을 ~ se cacher. ¶ 비를 ~ s'abriter de la pluie ¶ 바쁜 시간대를 ~ éviter les heures de pointe. ¶ 과로를 ~ éviter le surmenage.

***피치 못할** inévitable. ¶ 피치 못할 사정[사연] un empêchement majeur.

피해 被害 명 dommage *m*; dégât *m*; ravage *m* ((de la guerre, d'un incendie)); méfait *m* ((de la grêle)). ¶ 엄청난 ~ de grands [de gros] dégâts; des dégâts importants [considérables]. ¶ ~가 크다[적다] Les dégâts sont importants [minimes]. ¶ ~를 면하다 échapper à ((un cataclysme)), éviter les dégâts. ¶ 태풍으로 벼농사에 큰 ~가 있었다 Le typhon a fait de grands dégâts dans la récolte de riz. ◇**_(를) 주다[가하다, 입히다]**. causer [provoquer, infliger] des dégâts [des dommages]; endommager *qc*. ¶ 우박이 과일에 ~를 입혔다 La grêle a endommagé les fruits. ◇**_(를)당하다[입다, 보다]**. subir un dommage [des dégâts].

◆**_망상** -妄想 명 manie *f* de la persécution.

◆**_보상** -補償 명 dédommagement *m* des dégâts.

◆**_액** -額 명 montant *m* des dégâts [des dommages].

◆**_의식** -意識 명 conscience *f* d'être victime.

◆**_자** -者 명 victime *f*; sinistré(*e*).

피험자 被驗者 명 sujet *m* d'expérience; cobaye *m*.

피혁 皮革 명 peau(*x*) *f*, cuir *m*.

◆**_공** -工 명 tanneur *m*; maroquinier *m*; peaussier *m*.

◆**_공업** -工業 명 tannerie *f*; maroquinerie *f*; peausserie *f*.

◆**_제품** -製品 명 objet *m* en cuir, maroquinerie *f*.

픽 부 ① 힘없이 sans force, sans énergie, mollement. ¶ ~ 쓰러지다 tomber sans force; s'affaisser. ② 조롱조로 d'un ton moqueur. ¶ ~ 웃다 railler; se moquer de *qn*. ③ ((소리)) avec un sifflement. ¶ ~ 하고 타이어의 바람이 빠졌다 Le pneu s'est dégonflé avec un sifflement. ¶ 줄이 ~ 끊어졌다 La corde s'est déchirée en faisant un bruit. ¶ ~ 하고 방귀를 뀌었다 lâcher un pet en faisant un bruit.

◆**_ _** 부 ① 힘없이 sans force, sans énergie, mollement. ¶ 아이들이 ~~ 쓰러졌다 Les enfants se sont effondrés d'épuisement [se sont effondrés, épuisés] l'un après l'autre. ② 조롱조로 d'un ton moqueur. ¶ ~~ 웃다 rire d'un ton moqueur, railler, tourner *qn* en dérision, se moquer de *qn*, ricaner.

◆**_ _거리다[대다]** 자 rire d'un ton moqueur, railler, tourner *qn* en dérision, se moquer de *qn*, ricaner. ¶ ~~거리며 웃다 rire d'un ton moqueur, railler, ricaner. ¶ 남의 말에 ~~거리다 railler ce que disent les autres.

픽셀 영{pixel} 명 pixel *m*. ¶ ~을 낮게[높게] 설정하다 régler le nombre de pixels vers le bas [vers le haut], utiliser peu de [beaucoup de] pixels, régler la sensibilité [la définition, la précision] de *son* appareil, augmenter [diminuer, abaisser] la résolution de l'image [de l'écran].

픽션 영{fiction} 명 fiction *f*.

픽업 영{pickup} 명 ① action de passer prendre *qn*, action de prendre [de ramasser, de laisser monter] *qn* en route. ② 선발 sélection *f*; ((스카웃)) recrutement *m* (d'un joueur dans un club). ③ ((트럭)) petite camionnette *f* (découverte, à plateau découvert), pick-up *m inv*. ¶ ~ 트럭 petite camionnette (découverte, à plateau découvert), pick-up *m inv*. ¶ ~을 몰다 conduire une petite camionnette découverte [un pick-up]. ◇**_(을) 하다** ① prendre [ramasser, laisser monter] *qn* en route; passer prendre *qn*. ¶ 세 시에 널 ~하러 갈게 Je passerai te prendre à 3 heures / Je viendrai te prendre [te chercher] à 3 heures. ② sélectionner ((un joueur)); ((스카웃하다)) recruter ((un joueur dans *son* club)); découvrir [dénicher] ((de futurs grands joueurs, de nouveaux talents)). ¶ 선수를 ~하다 sélectionner un joueur. ◇_(이) 되다 être sélectionné(*e*); ((스카웃되다)) être recruté(*e*) ((dans un club)). ¶ 이 선수는 100만 달러에 ~되었다 Ce joueur a été recruté [acheté] pour un million de dollars.

핀[1] 영{pin} 명 badge *m*; broche *f*, ((머리핀)) épingle *f* à cheveux; ((넥타이)) épingle *f* de cravate. ¶ 넥타이~ une épingle de cravate. ¶ 머리~ une épingle à cheveux; une barrette dans les cheveux. ¶ 옷~ un badge; une broche. ¶ 머리에 ~을 꽂다 mettre une épingle [une barrette] dans *ses* cheveux; attacher *ses* cheveux avec une épingle (à cheveux) [avec une barrette].

핀[2] 영{pin} 명 ((볼링)) quille *f*. ¶ ~을 쓰러뜨리다 faire tomber une quille.

핀[3] 영{pin} 명 【골프】 drapeau(*x*) *m* de trou (au golf).

핀셋 프{pincette} 명 pincette *f*, pince *f* fine; pince *f* à épiler. ¶ ~으로 솜을 집다 saisir un morceau de coton avec une pincette [une pince à épiler].

핀잔 명 reproche *m*; blâme *m*; réprimande *f*; remontrance *f*. ◇_(을) 하다[주다] blâmer *qn* ((la conduite de *qn*)); faire [adresser] des reproches ((à *qn*)); reprendre *qn*. ¶ 어머니는 늘 내가 불평만 한다고 ~을 주신다 Ma mère me reproche toujours de me plaindre [râler {*fam*}, rouspéter] sans arrêt [tout le temps]. ◇_(을) 받다[듣다, 당하다] essuyer [s'attirer, subir] des reproches; se faire critiquer, se faire disputer; encourir le blâme de *qn*; se faire remonter les bretelles, se faire tancer, se faire admonester, se faire morigéner; recevoir un bon savon {*fam*}. ¶ 교수에게 ~을 듣다 se faire critiquer [disputer] par le professeur, subir des reproches du professeur.

핀트 네 명 ① 초점 *focus m*; mise *f* au point ((en photographie)). ¶ ~가 맞다 être exact [juste]. ¶ ~빗나가다[어긋나다]. manquer le point important, passer à côté de l'essentiel [à côté du plus important, à côté du point central]. ¶ ~를 맞추다 centrer *son* attention sur *qc*, se focaliser sur *qc*; faire la mise au point ((d'un appareil photo)). ② 요점[주제] le sujet *m*. ¶ ~가 빗나간 질문[대답] une question qui *s'éloigne du sujet [une réponse hors de propos,* une réponse en dehors du sujet].

필[1] 筆 명 ① 붓 pinceau(*x*) *m*. ② 필기도구 matériel *m* nécessaire pour écrire; stylo *m*. ¶ ~을 잡다[들다] saisir le pinceau; commencer à écrire. ¶ 이만 ~을 놓겠습니다 ((편지글 끝에)) Je m'arrête d'écrire / J'arrête ma prose.

필[2] 匹 분류 tête *f* de bétail. ¶ 말 두 ~ deux chevaux.

필[3] 疋 명분류 rouleau(*x*) *m* d'étoffe. ¶ ~로 사다 acheter ((de l'étoffe)) au rouleau. ¶ 무명 두 ~ deux rouleaux de coton. ¶ 비단 세 ~을 끊다 découper trois rouleaux de soie.

필[4] 筆 분류 rizière *f*. ¶ 논 세 ~ trois rizières.

필[5] 畢 접미 fin *f*, issue *f*. ¶ 등기~ ((계약서에)) passé à l'enregistrement; déjà enregistré. ¶ 납세~ payé, réglé ¶ 병역~ la fin du service militaire; la libération, la quille {*fam*}.

필경 畢竟 부 enfin; à la fin; finalement; après tout; au bout du [en fin de] compte. ¶ 그 사업은 ~ 망하고 말 것이다 Cette affaire finira par faire faillite. ¶ ~ 그 남자는 그 여자와 결혼하고 말 것이다 Il finira par l'épouser. ¶ ~에는 그 사람이 나를 찾아올 것이다 Il finira par venir me voir.

필기 筆記 명 prise *f* de notes. ¶ 노트 ~ ((prendre)) des notes. ¶ 꼼꼼한 ~ ((prendre)) des notes détaillées. ◇_(를) 하다 écrire, noter, prendre des notes. ¶ 수업 내용을 열심히 ~하다 prendre consciencieusement des notes à [pendant] un cours.

◆_구 -具 명 matériel *m* (pour écrire).

◆_시험 -試驗 명 (examen *m*) écrit *m*; épreuve *f* écrite.

◆_장 -帳 명 cahier *m*.

◆_체 -體 명 style *m* manuscrit.

필담 筆談 명 conversation *f* par écrit. ¶ ~으로 의사소통을 하다 s'entretenir par écrit; communiquer par écrit avec *qn*. ◇_(을) 하다[나누다, 주고받다]. s'entretenir par écrit. ¶ 누구와 ~을 하다 s'entretenir par écrit avec *qn*.

필답 筆答 명 réponse *f* écrite. ◇_(을) 하다 répondre par écrit.

◆_고사[시험] -考査[試驗] 명 (examen *m*) écrit *m*; épreuve *f* écrite. ¶ 구술시험에 앞서 ~고사를 보다 passer les épreuves écrites [les écrits] avant les épreuves orales [les oraux].

필독 必讀 명 nécessité *f* de lire. ◇_(을) 하다 devoir lire un livre. ¶ 이 책은 꼭 ~해야 한다 Il faut absolument lire ce livre.

◆_서 -書 명 livre *m* qu'il faut lire; livre *m* incontournable.

필두 筆頭 명 ((être en)) tête *f* de liste; chef *f* de file ((de l'opposition)). ¶ 주장을 ~로 선수들이 운동장에 들어왔다 Les athlètes sont entrés dans le stade avec en tête leur capitaine [leur chef d'équipe].

필드 영{field} 명 ① terrain *m*. ¶ ~를 종횡무진하다 courir partout sur [sillonner, occuper pleinement] le terrain. ② 전문분야 domaine *m*, spécialité *f*.

◆_경기 -競技 명 activités *fpl* de plein air ((surtout la chasse et la pêche)).

필라멘트 영{filament} 명 【물리】 filament *m*. ¶ 이 전구의 ~는 끊어졌다 Le filament de cette ampoule s'est rompu.

필력 筆力 명 ① force *f* [vigueur *f*] du style. ¶ ~이 있다 avoir du style. ② 문장력 capacité *f* de bien écrire. ¶ ~이 있는 작가 un bon écrivain. ¶ ~이 대단하다 (*Il*) écrit très bien.

필로폰 네 명 métamphétamine *f*, amphétamine *f*, désoxyéphédrine *f*, speed *m* {*fam*}, bombido *f*, bombita *f*. ¶ ~ 밀매 사건 une affaire de contrebande d'amphétamines. ¶ ~을 상습 복용하다 prendre habituellement des amphétamines.

필름 영{film} 명 film *m*, pellicule *f*.

*~**이 끊기다** ne plus se souvenir de rien à cause de l'alcool [d'une soirée trop arrosée]; être complètement ivre [pinté(*e*) {*fam*}], être ivre mort(*e*) au point de ne plus pouvoir se souvenir de rien].

필마 匹馬 명 un cheval *m*. ¶ ~로 à cheval.

◆**단기_** 單騎- 명 cavalier *m* seul (sans valet).

◆**단창_** 單槍- 명 cavalier *m* seul et peu armé.

필멸 必滅 명 mort *m* inévitable; ((의)) mortel(*le*), périssable. ¶ 사람은 ~의 운명이다 L'homme est mortel / Tout le monde est mortel.

필명 筆名 명 nom *m* de plume; pseudonyme *m* (littéraire); nom *m* de guerre. ¶ ~을 쓰다[사용하다]. écrire sous un pseudonyme [sous le pseudonyme de ...]. ¶ ...라는 ~을 지니다 avoir le pseudonyme X; avoir pour pseudonyme *qc*.

필묵 筆墨 명 pinceau *m* et encre *f* de Chine; plume *f* et encre *f*.

필법 筆法 명 technique *f* calligraphique; manière *f* de peindre.

필봉 筆鋒 명 force *f* [vigueur *f*] du style. ¶ ~을 휘두르다 s'attaquer à *qn* en écrivant ((un article dans un journal)); rédiger un écrit polémique contre *qn*. ¶ ~이 날카롭다 avoir un style mordant [corrosif, incisif].

필부[1] 匹夫 명 un homme *m*; homme *m* commun [ordinaire, comme tout le monde]. ¶ 그 사람은 ~에 지나지 않는다 Ce n'est qu'un homme commun.

필부[2] 匹婦 명 une femme *f*; femme *f* commune [ordinaire, comme tout le monde].

필사[1] 必死 명 mort *f* inévitable; ((의)) désespéré(*e*). ¶ ~의 노력[힘] des efforts désespérés [une énergie désespérée]; des efforts acharnés [une énergie acharnée]. ¶ ~의 힘을 기울이다[다하다] y mettre toutes *ses* forces.

◆**_적** -的 명관 désespéré(*e*), acharné(*e*), forcené(*e*), héroïque. ¶ ~적으로 노력하다 faire des efforts désespérés, faire des efforts acharnés. ¶ ~적으로 덤비다[저항하다] se jeter à corps perdu [résister avec acharnement].

필사[2] 筆寫 명 copiste *mf*. ◇_(를) **하다** faire une copie. ◇_(가) **되다** être copiste.

◆**_본** -本 명 copie *f*.

필생 畢生 명 vie *f* entière. ¶ ~의 대작 une œuvre capitale [maîtresse] de la vie de *qn*. ¶ ~의 대사업 la grande œuvre de la vie de *qn*.

ㅍ

필설 筆舌 명 plume *f* [pinceau(*x*) *m*] et langue *f*; écrit *m* et parole *f*. ¶ ~로는 기록할[남길, 다할, 말할, 표현할, 형언할] 수 없는 au-delà de toute expression; indicible, inexprimable, ineffable, indescriptible.

필수[1] 必須 명 nécessité *f* absolue; ((objets, produits)) de première nécessité *f*. ¶ ~ 조항 des articles [clauses, conventions] obligatoires.

◆**_적** -的 명관 nécessaire, obligatoire, indispensable, essentiel(*le*).

◆**_요건** -要件 명 condition *f* *sine qua non* [indispensable].

◆**_요소** -要素 명 éléments *mpl* indispensables [essentiels].

◆**_조건** -條件 명 condition *f* indispensable [*sine qua non*].

◆**_항목** -項目 명 article *m* indispensable.

필수[2] 必修 명 obligatoire.

◆**_과목** -科目 명 matière *f* obligatoire.

필수[3] 必需 명 ((objets, produits)) de première nécessité *f*. ¶ ~ 약품 un médicament de première urgence; une trousse de première urgence. ¶ ~ 용품 des objets [produits] indispensables [de première nécessité].

◆**_품** -品 명 produits *mpl* indispensables [de première nécessité]; le strict nécessaire *m*.

필승 必勝 명 victoire *f* assurée. ¶ ~의 신념[자세] une foi inébranlable en la victoire. ¶ ~의 각오[의지] une détermination de gagner, ((avoir la)) ferme intention de gagner, la volonté ferme [absolue, inébranlable, farouche, inflexible, irréductible] de gagner. ¶ ~을 기하고 avec la ferme volonté de vaincre. ¶ ~을 다짐하다 se jurer de gagner [vaincre].

필시 必是 부 sûrement; sans aucun doute; à coup sûr, pour sûr. ¶ 그 친구는 ~ 성공할 것이다 Il n'y a pas de doute qu'il réussisse / Il réussira sans aucun doute. ¶ 그 여자는 ~ 되돌아올 것이다 Elle reviendra sans aucun doute [sûrement].

필역 畢役 명 fin *f* des travaux ((de construction d'un pont)). ◇_(을) **하다** terminer les travaux [la construction] ((d'un pont)).

필연 必然 명 nécessité *f*. ¶ 무엇을 ~으로 여기다 considérer *qc* comme inéluctable [incontournable]. ¶ 우리의 재회는 ~이다 Nous devons impérativement nous revoir (un jour).

◆**_적** -的 명관 nécessaire, inéluctable, inévitable, obligatoire. ¶ ~적인 결과로서 comme résultat inéluctable. ¶ 그 결과 ~적으로 전쟁이 일어날 것이다 Alors la guerre éclatera fatalement.

◆**_성** -性 명 nécessité *f*.

◆**_코** 부 nécessairement, obligatoirement, inévitablement. ¶ ~코 그 사람을 이겨야 한다 Il faut absolument le battre.

필요 必要 명 nécessité *f*, besoin *m*. ¶ ~ 물품[사항] des produits nécessaires [des articles nécessaires]. ¶ ~ 이상으로 plus qu'il ne faut. ¶ ~에 따라 par nécessité. ¶ ...할 ~를 느끼다 éprouver le besoin de+*inf*. ◇_(가) **있다** devoir; il faut+*inf*/que+*subj*; il est nécessaire de+*inf*/que+*subj*. ¶ 그럴 ~가 있을까? Est-ce nécessaire? ¶ 당신은 그 사람을 만날 ~가 있다 Vous devez le rencontrer / Il faut que vous le voyiez. ◇_(가)**없다** être inutile; ne pas avoir besoin de *qc*/*qn*. ¶ 그런 사람은 ~없다 Je n'ai pas besoin de quelqu'un comme lui. ¶ 네 도움은 ~없다 Je n'ai pas besoin de ton aide. ¶ 서두를 ~ 없다

Il est inutile de se presser / Ce n'est pas la peine de se presser. ◇_로 하다 avoir besoin de *qc*; nécessiter, exiger. ¶ 막대한 투자를 ~로 하는 계획 un projet qui nécessite de grands investissements. ¶ 너를 ~로 하는 사람이 많다 Beaucoup de gens ont besoin [dépendent] de toi.

◆_하다 형 être nécessaire; avoir besoin de *qc*; nécessiter, exiger. ¶ ~하다면 si (cela est, c'est) nécessaire; si besoin est; en cas de besoin; s'il le faut. ¶ ~한 경우 au cas où, le cas nécessaire, si cela est nécessaire, si besoin est, s'il le faut. ¶ 등록에[하는 데] ~한 비용 les frais nécessaires pour l'inscription. ¶ 취직에[하기 위해] ~한 학력 diplôme requis pour obtenir un poste. ¶ 너의 도움이 ~해 J'ai besoin de ton aide. ¶ 이 사업에는 많은 시간[비용]이 ~하다 Cette entreprise [affaire] nécessite beaucoup de temps [de grandes dépenses]. ¶ 나는 생활비로 매달 10만원이 ~하다 Il me faut cent mille wons chaque mois [par mois] pour vivre. ¶ 지금 내가[게] ~한 것은 너의 격려다 C'est de tes encouragements [de ton soutien] dont j'ai besoin maintenant. ¶ 당신은[에게는] 충분한 휴식이 ~하다 Vous avez besoin de suffisamment de repos. ¶ ~한 만큼 가져가십시오 Prenez ce dont vous avez besoin. ¶ ...하는 것이 ~하다 Il est nécessaire de+*inf*/que+*ind*.

◆_성 -性 명 nécessité *f*. ¶ 무엇의 ~성을 느끼다 éprouver le besoin de *qc*; ressentir la nécessité de *qc*.

◆_경비 -經費 명 frais *mpl* nécessaires.

◆_량 -量 명 quantité *f* nécessaire.

◆_시 -時 명 temps *m* nécessaire.

◆_악 -惡 명 m*al*(m*aux*) *m* nécessaire.

◆_조건 -條件 명 condition *f* nécessaire.

◆_충분조건 -充分條件 명 condition *f* nécessaire et suffisante.

◆_품 -品 명 produits *mpl* de première nécessité; denrées *fpl* de première nécessité; le strict nécessaire *m*.

*~는 발명의 어머니이다 Nécessité est mère d'industrie.

필유곡절 必有曲折 명 Rien n'arrive sans raison.

필자 筆者 명 auteur *m*, rédac*teur*(*trice*). ¶ 이 기사의 ~ l'auteur de cet article. ¶ ~의 의견으로는 selon le point de vue de l'auteur. ¶ ~는 그 남자이다 C'est lui l'auteur.

필적[1] 筆跡 명 (main *f* d') écriture *f*; graphisme *m*. ¶ 누구의 ~을 모방하다 imiter l'écriture de *qn*. ¶ ~이 뛰어나다 avoir la plume facile. ¶ 이 편지는 여자의 ~이다 Cette lettre est de la main d'une femme. ¶ ~을 보니 그 사람의 글씨임에 틀림없다 D'après l'écriture, je suis sûr(*e*) que c'est lui / Vu l'écriture, c'est sûrement lui l'auteur (de cette lettre). ¶ 나는 곧 그 여자의 ~을 알아보았다 J'ai tout de suite reconnu son écriture.

◆_감정 -鑑定 명 expertise *f* graphologique. ¶ ~감정을 하다 faire examiner ((une lettre)) par un graphologue, soumettre ((une lettre)) à un test de graphologie. ¶ 누구[어디]에 ~감정을 의뢰하다[부탁하다] soumettre ((une lettre)) un examen graphologique.

필적[2] 匹敵 명 rivalité *f*; égalité *f*. ◇_(을) 하다 égaler. ¶ 그 사람의 작품에 ~할 만한 걸작 un chef-d'œuvre qui égale le reste de ses œuvres. ¶ 그 여자에 ~할 만한 경쟁자 une personne qui puisse rivaliser avec elle. ¶ ~할 자가 없다 être sans égal [rival, pareil]; être hors (de) pair [hors ligne]; ne pas avoir *son* pareil [*sa* pareille]; être inégalable, incomparable, éminent(*e*), unique, supérieur(*e*); dépasser [surpasser, dominer] les autres; être le meilleur [la meilleure].

필지[1] 筆紙 명 plume *f* [pinceau(*x*) *m*] et papier *m*. ¶ 날카로운 ~ une plume acérée. ¶ ~로 다할 수 없다 être au-delà de toute expression; être inexprimable.

필지[2] 必至 명 infaillibilité *f*. ¶ 혁명을 ~라고 보다 considérer la révolution comme inéluctable.

필지[3] 筆地 분류 lot *m* (de terrain). ¶ 두 ~의 논[밭] deux lots de terrain.

필진 筆陣 명 camp *m* ((d'auteurs)) (qui participe à une controverse); rédaction *f*, rédacteurs *mpl* ((d'un journal)). ¶ 화려한 ~ une belle [remarquable] rédaction.

필첩 筆帖 명 ((서첩)) livre *m* [collection *f*] de peintures et de calligraphies; ((수첩)) carnet *m*.

필체 筆體 명 style *m* (d'écriture). ¶ 잘 쓰는 ~ un beau style (d'écriture). ¶ ~가 좋다[나쁘다] avoir un beau style [un mauvais style] (d'écriture); avoir une belle plume, avoir la plume facile.

필치 筆致 명 ((필력)) touche *f* (d'écriture); ((문체)) style *m*. ¶ 가벼운 ~로 dans un style léger. ¶ ~가 좋다[나쁘다] avoir un beau [mauvais] style (d'écriture); avoir une belle plume, avoir la plume facile.

필터 영{filter} 명 filtre *m*. ¶ ~로 무엇을 거르다 filtrer *qc*.

필통 筆筒 명 trousse *f*; plumier *m*. ¶ 연필을 ~에 담다 mettre des crayons dans une trousse.

필하다 畢- 자타 finir, terminer, achever, clôturer. ¶ 예배를 ~ terminer l'office. ¶ 학업을 ~ terminer *ses* études. ¶ 병역을 ~ terminer *son* temps de service. ¶ 하루의 일을 ~ terminer une journée de travail.

필하모니 독 명 【음악】 philharmonie *f*, orchestre *m* philharmonique. ¶ 베를린 ~ l'orchestre philharmonique [la philharmonie] de Berlin.

필화 筆禍 명 ennui *m* [tracas *m*] à la suite d'un écrit. ◇_(를)당하다[입다] s'attirer des ennuis par *ses* écrits.

◆_사건 -事件 명 ennuis *mpl* provoqués par *ses* écrits.

필히 必- 부 absolument; sans faute, impérativement, coûte que coûte. ¶ 필기도구를 ~ 지참하시오 Il faut impérativement se présenter muni d'un crayon. ¶ 회의에 ~ 참석하시오 Il faut absolument participer à la réunion.

핍박 逼迫 명 tension *f* ((des relations)); urgence *f*, pression *f*, persécution *f*. ¶ 독재자의 ~ les persécutions d'un tyran. ¶ 재정적 ~ des difficultés financières. ¶ 정신적 ~ une pression psychologique. ¶ 종교적 ~을 견디다[참다] résister aux persécutions religieuses. ◇_(을) **하다** exercer une pression sur *qn*; persécuter. ¶ 누구를 ~하다 exercer une pression sur *qn*; persécuter *qn*. ◇_(을) **받다[당하다]** être pressé(*e*) [harcelé(*e*)] par *qn*; être persécuté(*e*). ¶ 누구의[로부터] ~을 받다 être pressé(*e*) par *qn*; être persécuté(*e*) par *qn*.

핏기 -氣 명 teint *m*; couleurs *fpl*; carnation *f*. ¶ ~ 없는 얼굴 une mauvaise mine; le teint pâle [blême]; un visage blême [pâle, cireux]; une mine [gueule {*fam*}] de déterré; une face blême. ¶ ~를 잃다 perdre *ses* couleurs. ¶ 얼굴에 ~가 돌다[있다] reprendre des couleurs [avoir de (belles) couleurs]. ¶ ~가 없다[가시다] avoir mauvaise mine; avoir le teint pâle [blême, blafard(*e*), terreux(*se*)]; être pâle, livide, pâlichon(*ne*) {*fam*}, pâlot(*te*) {*fam*}; être pâle [blanc(*che*)] (comme un linge, comme la mort, comme un cachet d'aspirine {*fam*}).

핏대 명 vaisseau(*x*) *m* sanguin; veine *f*. ◇_(를)**올리다[내다, 세우다]** s'emporter, se mettre en colère; parler avec vivacité. ◇_(가)**오르다[나다, 서다]** s'emporter, se mettre en colère; parler avec vivacité. ¶ ~가 선 이마 un front où saillent nettement les vaisseaux sanguins; un front aux veines saillantes.

핏덩어리 명 ① caillot *m* de sang. ¶ ~가 목에서 넘어 오다 avoir du sang qui remonte dans la gorge. ② 갓난아이 enfant *m* nouveau-né; petite fille *f* nouveau-née(~-~*s*); nouveau-né(~-~(*e*)*s*) *m*. ¶ ~을 버리다 abandonner un nouveau-né.

핏덩이 명 ☞ 핏덩어리

핏발 명 congestion *f*. ¶ ~(이) 선 눈 des yeux injectés de sang. ◇_(을) **세우다** congestionner. ◇_(이)**서다** se congestionner.

핏방울 명 goutte *f* de sang. ¶ 상처에 ~이 맺히다 avoir une blessure saignante [une plaie sanglante].

핏빛 명 rouge *m* sang *inv*. ¶ ~이 나다[돌다] devenir rouge sang. ¶ ~으로 물들다 prendre une coloration rouge sang.

핏자국 명 tache *f* de sang. ¶ ~이 선명하다 avoir une tache de sang nette. ¶ ~으로 얼룩지다 être taché(*e*) de sang.

핏줄 명 ① vaisseau(*x*) *m* sanguin. ② 혈통 sang *m*, parenté *f*, lignée *f*, descendance *f*; filiation *f*; postérité *f*. ¶ ~이 끊어졌다 La famille[la lignée] s'est éteinte. ¶ ~이 이어진다 La lignée continue. ¶ ~을 찾다 chercher *ses* liens de parenté. ¶ 누구의 ~을 받다 descendre de *qn*; être descendant(*e*) de *qn*. ◇_**을 잇다** établir *sa* filiation.

***~은 속일 수 없다** On ne peut pas cacher ses origines / On est toujours trahi par ses origines.

핏줄기 명 ① vaisseau(*x*) *m* sanguin. ¶ ~가 퍼져있다 Les vaisseaux sanguins sont répartis sur tout le corps. ② 피 filet *m* de sang; traînées *fpl* de sang. ¶ 코에서 가는 ~가 흘러내린다 De maigres filets de sang coulent de son nez / Il[Elle] saigne un peu du nez. ③ 혈연 sang *m*, parenté *f*, lignée *f*, descendance *f*, filiation *f*.

핑 부 ① ((현기증)) avec une sensation de vertige. ¶ 머리가 ~ 돌다 avoir la tête qui tourne; avoir [éprouver] un vertige [des vertiges], avoir un étourdissement, avoir le tournis {*fam*}. ② ((눈물이)) les larmes aux yeux. ¶ 눈물이 ~ 돌다 avoir les larmes aux yeux. ③ 빨리 très rapidement, d'une vitesse vertigineuse. ¶ 어서 ~ 갔다 와라 Vas-y tout de suite et reviens vite! ④ ((날아가다)) avec un sifflement. ¶ 총알이 ~ 날라 왔다 Une balle a sifflé au-dessus de nos têtes. ⑤ 도는 모양 en rond, ((tourner)) sur *soi*-même. ¶ 공중에서 한바퀴 ~ 돌더니 떨어졌다 C'est tombé après avoir fait un tour en l'air.

◆_ _ 부 ① d'une vitesse vertigineuse. ¶ 팽이가 ~~ 돌다 La toupie tourne sur elle-même très rapidement. ② avec une sensation de vertige. ¶ 눈앞이 ~~ 돌다 avoir une sensation de vertige, voir tout tourner, avoir le tournis {*fam*}. ③ avec un sifflement. ¶ 총알이 ~~ 나는 전쟁터 un champ de bataille où les balles rasent les têtes [sifflent au-dessus des têtes].

***머리가 ~ 돌다** avoir la tête qui tourne, voir tout tourner, avoir le tournis {*fam*}.

핑계 명 excuse *f*, échappatoire *m*, prétexte *m*, subterfuge *m*, faux-fuyant(~-~*s*) *m*. ¶ 그럴 듯한 ~를 둘러대다 alléguer [donner, fournir] une bonne excuse [une excuse valable]; trouver un bon prétexte [un prétexte valable]; se trouver une bonne excuse ((pour+*inf*)). ¶ 아프다는 ~[감기를 ~]로 학교를 빼먹다 prétexter un malaise [une grippe] pour manquer l'école; ne pas aller en cours [manquer l'école, sécher les cours {*fam*}] sous prétexte d'être malade [d'être grippé(*e*)]. ¶ 적당한 ~를 붙여 놀러가다 aller s'amuser en donnant un bon prétexte. ¶ 무슨 ~가 그렇게 많니 Tu ne crois pas que tu as trop d'excuses? ◇_(를) **대다** alléguer [donner, fournir] une ((bonne)) excuse; chercher [inventer, se trouver] une excuse ((pour *qc*/+*inf*)); chercher [trouver, prendre] un prétexte à *qc* [pour faire *qc*]; prétexter ((une maladie, un malaise, que+*ind*)). ¶ 구차한 ~를 대다 fournir de mauvaises excuses [une excuse qui n'est pas valable, un mauvais prétexte]. ¶ 바쁘다는 ~를 대고 모임에 빠지다 ne pas venir à une réunion sous prétexte d'être occupé(*e*). ¶ ~대지 마 Ne cherche pas de prétexte [d'excuse]. ◇_(를) **삼다** alléguer *qc*. ¶ ~ 삼아 sous prétexte de *qc*/*inf* [que+*ind*]. ¶ 심부름을 ~삼아 외출하다 sortir sous prétexte d'aller faire une

ㅍ

commission. ¶ 사업을 ~삼아 친구와 술을 마시다 boire avec un ami sous prétexte de faire des affaires.

◆_거리 명 excuse *f*, échappatoire *m*, prétexte *m*, subterfuge *m*, faux-fuyant(~-~*s*) *m*. ¶ 조퇴하려고 ~거리를 찾다 chercher [inventer] une excuse [chercher un prétexte] pour sortir avant l'heure [pour quitter le bureau avant l'heure].

*~**가 좋다** La belle excuse! / Tu pourrais trouver mieux comme excuse, tu ne crois pas?

*~ **없는 무덤 없다** Tous les prétextes sont bons.

핑그르르 부 ① en rond, ((tourner)) sur *soi*-même. ¶ 낙엽이 ~ 돌며 떨어진다 Les feuilles mortes tombent en faisant des ronds dans l'air. ② ((현기증)) avec une sensation de vertige. ¶ 머리가~ 돌다 avoir la tête qui tourne; avoir [éprouver] un vertige [des vertiges], avoir un étourdissement, avoir le tournis {*fam*}. ③ ((눈물이)) les larmes aux yeux, la larme à l'œil. ¶ 눈물이 ~ 돌다 avoir les larmes aux yeux [la larme à l'œil].

핑글핑글 부 en rond, ((tourner)) sur *soi*-même. ¶ 눈이 ~ 돌다 voir tout tourner, avoir la tête qui tourne; avoir [éprouver] un vertige [des vertiges], avoir un étourdissement, avoir le tournis {*fam*}. ¶ 천장이 ~ 돌다 avoir la sensation que le plafond tourne.

핑크 영{pink} 명 rose *m*.

◆_빛 명 (couleur *f*) rose *m*.

◆_색 -色 명 (couleur *f*) rose *m*.

핑퐁 영{ping-pong} 명 ① ((탁구)) ping-pong *m inv*, tennis *m* de table. ② 주고받기 (sens figuré de) ping-pong *m inv* ((fait d'être envoyé(*e*) d'un bord à l'autre sans progresser)).

◆_게임 영{-game} 명 ping-pong *m inv*, tennis *m* de table.

핑핑하다 형 être gonflé(*e*), dilaté(*e*). ¶ 얼굴이 부어서 ~ avoir le visage boursouflé. ☞ 팽팽하다[2]

ㅎ 명 *hieut m* ((la dernière lettre consonantique coréenne)).

하[1] **下** 명 sous, dessous, en dessous; inférieur(*e*). ¶ 상, 중, ~ haut(*e*), intermédiaire, bas(*se*); bon(*ne*), moyen(*ne*), mauvais(*e*); le(*la*) premi*er*(*ère*), le(*la*) second(*e*), le(*la*) troisième; ((책)) premier tome, deuxième tome, troisième tome. ¶ 평균보다 ~이다 être en dessous de la moyenne, inférieur(*e*) à la moyenne.

의명 sous. ¶ 누구의 감독[지도, 통치, 지배, 감시] ~에 sous le contrôle [sous la direction, sous le règne, sous le gouvernement, sous la surveillance] de *qn*.

하[2] 부 trop; excessivement, horriblement; à l'excès, outre mesure. ¶ ~ 비싸다 être excessivement [horriblement] cher, être hors de prix. ¶ ~ 졸라대다 importuner *qn* pour obtenir *qc*. ¶ ~ 피곤해서 잠들고 말았다 J'étais tellement fatigué(*e*) que je me suis endormi(*e*).

하[3] 감 ((interjection)) Ah! ¶ ~, 참 기가 막혀서 Ah! C'est vraiment ahurissant [stupéfiant]! / Ah! je suis complètement abasourdi(*e*) [ébahi(*e*)]! / Ah! Ça alors, je ne sais vraiment pas quoi dire!

하감 下鑑 명 lecture *f* par un(*e*) supérieur(*e*) ((d'un document présenté par un subordonné)). ◇_(을) **하다** lire un document ((reçu d'un subordonné)).

하강 下降 명 ① descente *f*, chute *f*, tombée *f*. ¶ 비행기의 ~ descente d'un avion. ② ((기온 따위의)) descente *f*, chute *f*, baisse *f*. ¶ 기온의 ~ baisse [chute] de température. ③ 악화 chute *f*, baisse *f*. ④ ((하늘에서)) descente *f*. ¶ 선녀의 ~ la visite [le passage] d'une fée. ◇_(을) **하다** descendre, tomber, chuter, baisser. ¶ 기온이 화씨 30도로 ~했다 La température est tombée à 30 degrés Fahrenheit.

◆**_기류** -氣流 명 【지리】 courant *m* d'air *descendant*.

하객 賀客 명 invité(*e*) [convive *mf*] venu(*e*) pour présenter *ses* félicitations. ¶ ~들의 축하를 받다 être félicité(*e*) [congratulé(*e*)] par les[*ses*] invités.

하계[1] **夏季** 어근 saison *f* estivale. ¶ ~ 방학 les vacances d'été: ((프랑스)) les grandes vacances *fpl* (d'été). ¶ ~ 올림픽 les Jeux olympiques d'été.

◆**_휴가** -休暇 명 vacances *fpl* [congés *mpl*] d'été.

하계[2] **下界** 명 monde *m*; terre *f*. ¶ ~의 일 les affaires [les choses] de ce monde. ¶ ~를 내려다 보다 regarder la terre ((du ciel)).

-하고[1] 조 ① ((particule circonstancielle d'accompagnement ou de comparaison)). avec *qn*, en compagnie de *qn*. ¶ 나~ 같이 가자 Viens avec moi! ¶ 친구~ 싸웠다 Je me suis disputé avec un ami. ¶ 나는 엄마~ 많이 닮았다 Je tiens beaucoup de ma mère / Je ressemble beaucoup à ma mère. ¶ 그 친구는 나~ 동갑이다 Il a le même âge que moi. ¶ 너는 나~ 참 다르구나 Tu es si différent(*e*) de moi. ¶ 나는 형~ 두 살 차이다 J'ai deux ans de moins que mon grand frère. ② ((접속 조사)) ((particule de liaison ou d'énumération des mots)) et. ¶ 배~ 감~ 사과를 샀다 J'ai acheté des poires, des kakis, et des pommes.

-하고[2] 조 ((인용)) ((suffixe verbal de citation)). dire : «...». ¶ '쳇' ~ 그 사람이 말했다 Il a dit : «Zut!» / «Zut!» a-t-il dit. ¶ '나도 같이 가' ~ 동생이 따라나섰다 « Je viens avec toi », a dit mon petit frère avant de me suivre.

-하고는 조 ((비난)) ((quasi-particule, dérivée du verbe 하다, exprimant la qualité avec ton de reproche)). ¶ 하는 짓~, 원! Regarde comment [comme] tu te conduis! ¶ 원, 사람~ Regarde comment [comme] tu es!

하고많다 형 être nombreu*x*(*se*), innombrable, incalculable, sans nombre. ¶ 하고많은 사람 중 왜 하필 나한테 그런 일을 시키지? Pourquoi parmi tant de monde, c'est à moi qu'on confie une telle affaire? / Pourquoi m'a-t-on choisi(*e*) pour me confier une telle affaire?

하곡 夏穀 명 【농업】 céréales *fpl* d'été. ¶ ~ 수매가 le prix des céréales d'été fixé par le gouvernement.

하관[1] **下棺** 명 descente *f* d'un cercueil dans un caveau. ◇_(을) **하다** descendre un cercueil dans un caveau.

하관[2] **下官** 명 fonctionnaire *mf* subalterne.

하관[3] **下觀** 명 mâchoire *f*. ¶ ~이 넓다[좁다] avoir une mâchoire large [étroite]. ¶ ~이 둥글다[뾰족하다] avoir un menton rond [pointu].

*~**이 빨다** avoir une mâchoire étroite et pointue.

하교[1] **下校** 명 fin *f* de l'école. ¶ ~ 시간 heure de fin des cours. ¶ ~ 길에 au retour de [après] l'école.

¶ ~가 늦어졌다 La fin des activités scolaires de la journée est retardée / Ce soir, la sortie de la classe [de l'établissement] a été retardée. ◇_(를) **하다** rentrer de l'école.

하교[2] 下敎 명 ① ordre *m*, consigne *f*, directive *f*, instruction *f*. ¶ ~를 따르다 observer [suivre, obéir à] un ordre. ¶ ~를 어기다 désobéir à [enfreindre, ne pas respecter, transgresser] un ordre [une consigne]. ② 왕의 명령 ordre *m* roy*al*(*aux*). ¶ ~를 기다리다 attendre un ordre royal. ◇_(를) **하다**[**내리다**] donner un ordre royal.

하구 河口 명 embouchure *f*, bouche *f*, estuaire *m*. ¶ 강~에는 갈대밭이 있다 Il y a un champ de roseaux à l'embouchure de ce fleuve.

하권 下卷 명 dernier volume *m* d'un livre composé de deux ou trois.

하극상 下剋上 명 désobéissance *f*, insubordination *f*, rébellion *f*. ¶ ~ 행위는 엄벌에 처해진다 Tout acte d'insubordination [de rébellion] est très sévèrement puni [est puni avec beaucoup de rigueur]. ¶ ~을 저지르다 commettre un acte d'insubordination, se rebeller.

하급 下級 명 rang *m* inférieur, classe *f* inférieure.

◆_**관리** -官吏 명 ((fonctionnaire)) subalterne *mf*.

◆_**관청** -官廳 명 ((bureau d'une)) administration *f* inférieure.

◆_**생** -生 명 élève *mf* d'une classe inférieure.

◆_**선원** -船員 명 marin *m* de grade inférieur, matelot *m*.

◆_**장교** -將校 명 officier *m* subalterne.

◆_**재판소** -裁判所 명 tribun*al*(*aux*) *m* inférieur(*s*).

하기[1] 下記 명 ((mention)) ci-dessous. ¶ ~와 같이 comme suit [tel que mentionné] ci-dessous. ◇_(를) **하다** mentionner ci-dessous, sous-mentionner.

◆_**사항** -事項 명 point *m* [disposition *f*] suivant(*e*).

하기[2] 夏期 명 été *m*. ¶ ~에 en été.

◆_**강습회** -講習會 명 cours *m* d'été.

◆_**방학** -放學 명 vacances *fpl* d'été; ((프랑스)) les grandes vacances *fpl* (d'été).

◆_**휴가** -休暇 명 vacances *fpl* [congés *mpl*] d'été.

하기는 부 en effet; en réalité; vraiment; à vrai dire; de toute façon; d'ailleurs; tout compte fait. ¶ ~ 네 말이 맞긴 맞다 En effet, tu as raison. ¶ ~ 그래 C'est vrai en tout cas. ¶ 난 거기 안 갈 거야; ~ 갈 수도 없지만 Je ne veux pas y aller. De toute façon, je ne peux pas.

하기야 부 C'est vrai que ... ¶ ~ 스무 살이면 이제 어른이지 C'est vrai qu'à vingt ans, maintenant tu es adulte.

하긴 부 ☞ 하기는

하꼬방 일 명 ((mot japonais)) cabane *f* [baraque *f*] en planches, abri *m* de fortune. ¶ 산동네 ~에 살다 habiter dans un abri de fortune [dans un bidonville].

하나[1] 수 un(*e*); unique; seul(*e*). ¶ ~에 100원짜리 사과 pommes à 100 wons la pièce. ¶ ~에 셋을 더하면 넷이다 1 plus 3 égale(nt) 4. ¶ 그것 ~ 주시오 Donnez-m'en un. ¶ 그 분은 나에게 엽서 ~ 보내지 않았다 Il ne m'a pas envoyé [écrit] une seule carte. 명 ① 일치 un(*e*); union *f*. ¶ 뜻을 ~로 모으다 s'accorder, faire converger les opinions. ② 여러 개 중 하나 un(*e*). ¶ 나도 죄인 중의 ~이다 Je suis un des coupables, moi aussi. ③ 유일 존재 unique, seul(*e*). ¶ 너 ~만을 의지하다 Je ne compte que sur toi seul(*e*). ¶ 나에게는 ~뿐인 어머니 Ma mère est unique pour moi. ¶ 단 ~의 un(*e*) seul(*e*) [unique]. ④ 단지 그것 seul(ement), unique(ment). ¶ 전화 거는 것 ~ 보고 그 분의 가정교육이 나빴다는 것을 알 수 있다 Rien qu'à l'écouter parler au téléphone, on devine qu'il est mal élevé. ¶ 모든 것은 자네 결심 ~에 달려있다 Tout dépend de ta décision / De ta décision dépendra la suite des événements. ¶ 그는 제 이름 ~ 쓸 줄 모른다 Il ne sait même pas écrire son nom. ⑤ 일종의 un(*e*). ¶ 그것은 ~의 종교가 되었다 C'est devenu une (sorte de) religion. ◇_(**가**) **되다** s'unir. ¶ 온 국민이 ~가 되어 국난을 극복했다 C'est en s'unissant que le peuple a surmonté la crise nationale.

*~ **가득** tout(*e*) plein(*e*). ¶ 입안 ~ 가득 밥이 있다 Sa bouche est pleine de riz / Il a la bouche pleine.

*... ~**는** pour V/N, pour ce qui est de V/N. ¶ 그 사람, 노래 ~는 참 잘 해 Pour chanter, il chante très bien / Pour ce qui est de chanter, il est excellent [il n'a pas son pareil].

*~**를 보면 열을 안다** À voir l'œuvre on connaît l'artisan / Cette action trahit ta personnalité / Cette action est bien significative de ta façon de faire [de fonctionner] / Ton action nous dévoile [nous révèle] ta personnalité / Au travers de ton action, on comprend bien ton fonctionnement [ta façon de fonctionner].

*~**만 알고 둘은 모르다** avoir une vision très primaire des choses, avoir des connaissances et un jugement sans profondeur, ne voir les choses que superficiellement; regarder [voir] par le petit bout de la lorgnette.

*~**에서**[**부터**] **열까지** depuis A jusqu'à Z, de A à Z, de manière exhaustive, complètement, entièrement, du début à la fin. ¶ ~에서 열까지 제대로 된 것이 하나도 없다 Rien n'est fait comme il faut, de A à Z.

◆_**같다** 형 égal(*e*), pareil(*le*), même. ¶ 부모 마음은 다 ~같다 Tous les parents pensent [réagissent, aiment] de la même façon / Tous les parents sont les mêmes.

◆_**같이** 부 tout, sans exception; pareillement, également. ¶ 애들이 ~같이 잘생겼다 Les enfants sont tous beaux (sans exception).

◆_ _ 명 un(*e*) à [par] un(*e*), minutieusement, méticuleusement, soigneusement. ¶ 그림 ~~를 자세히 살펴보다 regarder bien les tableaux un par un, examiner soigneusement les tableaux un à un. ¶ 잘못된 점들을 ~~ 짚어보다 réviser [examiner] les fautes une par une.

하나[2] 부 pas du tout, pas le moins du monde. ¶ 너희들은 즐거울지 모르지만 나는 ~도 즐겁지 않다 Vous, vous éclatez peut-être (comme des bêtes), mais moi pas du tout {*fam*} / Vous appréciez peut-être, mais moi, pas du tout / Vous aimez peut-être, mais moi, je ne prends pas du tout plaisir à ce genre d'activités. ¶ 뭐가 뭔지 ~도 모르겠다 Je n'y comprends absolument rien. ¶ 나는 ~도 아쉬울 것이 없다 Je ne regrette rien / Je n'éprouve [Je n'ai] pas le moindre regret. ¶ ~도 의심할 여지가 없다 Il n'y a pas l'ombre d'un doute.

하나[3] 부 mais; cependant. ¶ 어느 부부나 다 싸운다. ~ 그런 방식으로 싸우는 부부는 많지 않다 Tous les couples se disputent, mais rares sont ceux qui se querellent ainsi.

하나님 명 Dieu, Seigneur ((dénomination de Dieu utilisé uniquement dans les églises protestantes)). ¶ 전지전능하신 ~ Dieu tout-puissant. ¶ ~의 은혜 la grâce de Dieu. ¶ ~을 믿다 croire en Dieu, être croyant(*e*). ¶ ~께 빌다 prier Dieu. ☞ 하느님

하녀 下女 명 servante *f*, domestique *f*, bonne *f*, fille *f* [femme *f*] de service. ¶ ~의 도움으로 à [avec] l'aide d'une servante. ¶ ~에게 차 심부름을 시키다 faire préparer du thé par une servante.

하념 下念 명 préoccupation *f* pour un inférieur. ◇_(을) **하다** s'inquiéter au sujet d'un inférieur.

하눌타리 명 cucurbitacée *f* grimpante chinoise, *Trichosanthes kiriowii* {*nsc*}.

하느님 명 dieu(*x*) *m*, divinité *f*, esprit *m*; Dieu *m*, Seigneur *m*, Ciel *m*, Divine *f* Providence. ¶ ~께 빌다 prier Dieu.

*~ **맙소사** Mon Dieu! / À Dieu ne plaise / Hélas! / Ô ciel! / Juste ciel!

하늘[1] 명 ① 공중 ciel *m*. ¶ 맑은[흐린] ~ un ciel clair [couvert, gris, nuageux]. ¶ ~을 나는 새 un oiseau qui vole dans le ciel. ¶ ~ 높이 날다 voler haut dans les airs. ¶ 환성이 ~을 찌른다 Les cris de joie s'élèvent [montent] jusqu'au ciel. ¶ ~에 구름 한 점 없다 Il n'y a pas l'ombre d'un nuage dans le ciel / Il n'y a pas un seul nuage [aucun nuage] dans le ciel / On ne voit aucun nuage dans le ciel / Le ciel est limpide [tout bleu, clair], sans nuage [sans un seul nuage] / Le ciel est entièrement dégagé. ¶ 두 사람의 실력 차는 ~과 땅이다 Il existe entre eux une énorme différence de niveau [une différence de niveau considérable] / Ils ne jouent pas dans la même catégorie/ Un fossé [Un gouffre] *les sépare*. ¶ ~에 계신 우리 아버지 Notre père qui êtes {*vx*} [qui est] aux cieux. ② 하느님 Dieu *m*, Seigneur *m*, Divine *f* Providence. ¶ ~의 도움으로 grâce à la (Divine) Providence, par la grâce de Dieu. ¶ ~을 원망하다 en vouloir à Dieu. ¶ 나는 ~을 우러러 한 점 부끄럼이 없다 Je n'ai rien commis de honteux aux yeux de Dieu.

*~(과) **같다** être innombrable, indénombrable, incalculable, incommensurable, indéterminable, inestimable, immense, sans bornes, infini(*e*). ¶ 부모님의 ~과 같은 은혜 le bienfait immense reçu de ses parents, le caractère incommensurable de la reconnaissance que l'on doit à ses parents [de la gratitude que l'on doit à ses parents, de la dette que l'on a envers *ses* parents].

*~**과 땅이다[땅 차이다]** être comme le jour et la nuit ((C'est le jour et la nuit)) / Il existe une différence considérable entre A et B / Un fossé [Un gouffre] *les* sépare / Il y a un monde [un abîme] entre A et B / Il existe entre eux une énorme différence [une différence considérable].

*~ **높은 줄 모르고** sans limites, sans bornes, sans restriction(*s*), sans frein ¶ 물가가 ~ 높은 줄 모르고 치솟는다 Les prix grimpent sans cesse.

*~**도 끝 갈 날이 있다** Il y a une fin à tout.

*~**에 맡기다** s'en remettre au ciel, se fier au jugement de Dieu.

*~**에서 떨어졌나 땅에서 솟았나** Il a surgi de nulle part.

*~**은 스스로(를) 돕는 자를 돕는다** Aide-toi et le ciel t'aidera.

*~**을 봐야 별을 따지** On n'a rien sans rien / Il faut faire des efforts si on désire des résultats / Pour obtenir quelque chose, il faut faire ce qu'il faut.

*~**을 지붕삼다** vagabonder, être sans domicile (fixe).

*~**을 찌르다** s'élever très haut(*e*), être très courageux(*se*).

*~**의 별 따기** décrocher la lune, obtenir l'impossible ((*qc* de quasi impossible)). ¶ 복권에 당첨되는 거는 ~에 별 따기지 Il est pratiquement [quasi] impossible de gagner à la loterie [au loto] / Les chances de gagner au loto sont quasi nulles / La probabilité de gagner au loto est quasi nulle. ¶ 대기업에 입사하는 것은 ~에 별 따기이다 Les chances d'obtenir un poste dans une grande entreprise sont pratiquement [quasi] nulles / Il est quasi impossible d'obtenir un poste dans une grande entreprise.

*~**이 노랗다[노래지는 것 같았다]** être extrêmement choqué(*e*), avoir un grand choc [Il me semblait que le ciel allait s'effondrer / Le sol sembla se dérober sous mes pieds]. ¶ 그 소식을 듣는 순간 ~이 노래지는 것 같았다 Il me semblait que le ciel allait s'effondrer au moment où j'ai entendu cette nouvelle / Le sol sembla se dérober sous mes pieds au moment où j'appris la nouvelle.

*~**이 두 쪽이 나도** coûte que coûte, quoi qu'il arrive, au risque de *sa* vie.

*~**이 무너져도 솟아날 구멍이 있다** On peut toujours trouver une solution même dans le pire des cas / Il y a toujours une solution même dans les pires situations.

*~**이 캄캄하다** L'avenir est très sombre, tout est noir, voir tout en noir, avoir une vision très pessimiste des choses [de l'avenir], ne pas voir

d'issue, ne savoir que faire, ne pas savoir comment on va s'en sortir, être désespéré(*e*), être catastrophé(*e*); ⸨l'avenir⸩ être très inquiétant(*e*), désespérant(*e*); être dans le trou, être extrêmement inqui*et*(*ète*) pour *son* avenir, être démoralisé(*e*) [déprimé(*e*), catastrophé(*e*)] en pensant ⸨aux obstacles immédiats, à la tâche qui reste à faire, à *son* avenir⸩ ¶ 내일까지 이 일을 다 해야 한다니. 생각만 해도 ~이 캄캄하다 Quand je pense qu'il faut finir ce travail pour demain, je suis catastrophé(*e*) [je ne sais pas comment je vais m'en sortir, je me demande bien comment je vais faire]. ¶ 그는 그 소식을 듣고~이 캄캄했다 Il était très [extrêmement] inquiet pour son avenir [Il était catastrophé, Il était démoralisé, Il voyait tout noir] après avoir entendu cette nouvelle / À cette nouvelle, il a été extrêmement choqué [il a eu un grand choc] / Il lui semblait que le ciel allait s'effondrer au moment où il a entendu cette nouvelle / Le sol sembla se dérober sous ses pieds au moment où il apprit la nouvelle. ¶ 아버지가 돌아가시자 그 사람은 ~이 캄캄했다 Au moment où son père est décédé, il lui sembla que le ciel allait s'effondrer [le sol sembla se dérober sous ses pieds].

◆_**나라** 명 royaume *m* des cieux, paradis *m*.

◆ **색** -色 명 bleu *m* ciel.

하늘[2] 어근 ⸨mimétisme⸩ mouvement *m* ondulant.

◆_**거리다[대다]** 자타 être duveteux(*se*), pelucheux(*se*), très lég*er*(*ère*), dou*x*(*ce*). ¶ 바람에 ~거리는 코스모스 une fleur de cosmos flottant au vent comme une plume. ¶ 치맛자락을 ~대며 걷다 marcher en agitant légèrement le pan [le bas] de *sa* jupe.

◆_ _ 부 très légèrement, tout doucement; comme une plume. ¶ 꽃들이 바람에 ~~ 흔들린다 Les fleurs se meuvent [se balancent] doucement dans le vent.

하늘다람쥐 명 【동물】 petit écureuil *m* volant coréen [eurasiatique], *Pteromys volans aluco* {*nsc*}.

하늘밥도둑 명 【동물】 courtilière *f* [taupe-grillon *m*] oriental(*e*), *Gryllotalpa africana* {*nsc*}. ☞ 땅강아지

하늘소 명 【동물】 *lucane m, cerf-volant(~s-~s) m.* ¶~의 유충 une larve de cerf-volant.

하늬바람 명 vent *m* d'ouest.

*~**에 곡식이 모질어진다** être mécontent(*e*) et s'emporter même quand les conditions sont favorables.

하다[1] 자타 ① 행하다 faire, exécuter; effectuer ⸨un travail, une opération⸩; s'occuper à *qc*. ¶ 일을~ travailler. ¶ 공부를 ~ faire des études, étudier, travailler, bosser {*fam*}; prendre des leçons. ¶ 해야 할 일을~ faire ce qu'il y a à faire [ce qu'on a à faire]. ¶ 자살을 ~ se suicider. ¶ 할 수 있다 être capable de+*inf*; pouvoir. ¶ 할 수 없다 être incapable de+*inf*; ne pas pouvoir. ¶ 운동을 ~ faire de l'exercice. ¶ 정구를 ~ faire du tennis. ¶ 당신은 그 돈으로 무엇을 할 작정이오 Qu'est-ce que vous allez faire avec cet argent? ¶ 하려면 하라 Fais-le si tu veux! ¶ 그 여자는 하품만 한다 Elle ne fait que bâiller. ¶ 너는 무슨 짓을 다 해도 좋다고 생각했느냐 Te crois-tu tout permis? ¶ 대체 네 동생은 무엇을 하고 있는 거야? Mais enfin [bon sang] qu'est-ce qu'il fait [fabrique {*fam*}, fout {*fam*}], ton frère? ¶ 대체 그 아이는 무슨 생각을 하고 있는 거야? Mais bon sang à quoi peut-il donc bien penser celui-là? ② 종사하다, 경영하다, 역할을 맡다, 전공하다 faire ⸨un métier, *ses* études⸩, être dans ⸨l'enseignement⸩; ⸨역할을 맡다⸩ jouer ⸨le rôle de⸩; faire ⸨de la géographie, de l'italien⸩, faire des études ⸨d'ingénieur⸩. ¶ 사업을 ~ être dans les affaires. ¶ 술집을 ~ tenir un bar. ¶ 무역을 ~ être dans le commerce extérieur. ¶ 교원 노릇을 ~ être dans l'enseignement. ¶ 거지 노릇을 ~ mendier. ¶ 공무원 노릇을 ~ être dans la fonction publique; être fonctionnaire. ¶ 놀부역을 ~ jouer le rôle de Nolbu. ¶ 학문을 ~ faire des études. ¶ 언어학을 ~ faire de la linguistique; étudier la linguistique. ¶ 문학을 ~ faire de la littérature; étudier la littérature. ③ 경험하다 faire l'expérience de *qc*. ¶ 고생을~ avoir de la difficulté. ¶ 체험을 ~ faire l'expérience de *qc*. ④ 값이 나가다 faire ⸨150 euros⸩, coûter, valoir. ¶ 만원 하는 시계 une montre à [de, qui coûte] 10 000 wons. ¶ 그것 얼마 하나요? Cela fait [coûte, vaut] combien? / Combien cela fait-il? ¶ 이것은 한 개에 1000원 합니다 Cela coûte 1 000 wons pièce. ⑤ ⸨음식, 기호품을⸩ prendre ⸨un repas⸩; boire ⸨de l'alcool⸩. ¶ 술을 ~ boire (de l'alcool). ¶ 점심을 ~ prendre le déjeuner; déjeuner. ¶ 그 사람은 술도 담배도 하지 않는다 Il ne boit ni ne fume. ⑥ 착용하다 mettre, porter ⸨un vêtement, un accessoire⸩. ¶ 귀걸이를 ~ mettre [porter] des boucles d'oreilles. ¶ 거지같은 옷차림을 ~ s'habiller [être habillé(*e*)] comme un clochard, être mal habillé(*e*); être débraillé(*e*), être habillé(*e*) n'importe comment, avoir l'air d'un(*e*) bohémien(*ne*), être ficelé(*e*) [fichu(*e*)] comme l'as de pique {*fam*}, être fagoté(*e*) [ficelé(*e*)] comme un sac {*fam*}, être mal fagoté(*e*) [ficelé(*e*)] {*fam*}. ⑦ 장만하다 acheter, offrir; se procurer, préparer, se munir de *qc*. ¶ 생일에 아내에게 금반지를 해 주다 offrir à *sa* femme une bague en or pour *son* anniversaire. ¶ 산에서 나무를 ~ ramasser du bois dans la montagne. ⑧ (태도, 자세를) 취하다 prendre ⸨une expression, une attitude, une position⸩; faire une mine ⸨de dix pieds de long⸩; prendre ⸨un air outré, un air chagrin⸩, avoir ⸨l'air triste⸩. ¶ 어깨동무를 ~ se mettre la main sur l'épaule. ¶ 울상을 ~ prendre un air éploré [un air pleurnichard]; avoir un visage éploré, avoir l'air pleurnichard; avoir l'air geignard {*fam*}. ¶ 슬픈

표정을 ~ prendre un air triste [sombre, malheureux, chagrin]; avoir l'air triste [chagrin]; faire triste mine. ⑨ 의사소통을 하다 envoyer ((une lettre à *qn*)), donner ((un coup de téléphone à *qn*, un conseil à *qn*)); parler ((français, coréen)), dire que+*ind*. ¶ ~에게 ...고 편지[전화]를 ~ envoyer une lettre [donner un coup de téléphone, donner un coup de fil] à *qn* pour dire *qc*. ¶ 누구에게 ...고 충고를 ~ conseiller *qc* à *qn*. ¶ 한국어를 ~ parler coréen. ¶ 그 사람은 집에 가겠다고 한다 Il dit qu'il veut rentrer chez lui. ⑩ 차지하다 occuper ((une place)). ¶ 1등을 ~ occuper la première place. ¶ 수석을 ~ être premier ((dans *sa* classe)); être [sortir] major ((d'une grande école)). ⑪ 모임을 갖다 faire, organiser, donner, offrir ((une soirée, un banquet, une fête)). ¶ 동료들과 함께 회식을 ~ passer la soirée avec des collègues de bureau; partager un repas convivial entre collègues de bureau; passer une soirée arrosée avec des collègues autour d'un bon repas; se réunir avec ses collègues pour partager un repas bien arrosé. ¶ 잔치를 ~ donner [offrir] un banquet ((en l'honneur de *qn*)). ⑫ 연주하다 faire ((du violon)), jouer ((du violon)). ¶ 바이올린을 ~ jouer du violon. ⑬ 원인이 되다 être à l'origine de *qc*, causer, provoquer. ¶ 그로 해서 상처를 받은 사람이 한둘이 아니다 Nombreux sont ceux qui ont été blessés à cause de cela [suite à cela, suite à cet incident]. ⑭ 경유하다 traverser un endroit, passer par un endroit ((pour se rendre *qp*)), aller *qp* en passant par un endroit; aller *qp* via un endroit. ¶ 경주로 해서 오다 passer par Gyeongju pour venir; venir en passant par Gyeongju. ⑮ 간주하다 prendre *qc/qn* pour [comme] *qc*; considérer *qc/qn* comme *qc/qn*. ¶ 그 얘기는 없었던 것으로 하자 N'en parlons plus! ¶ 술을 맥주로 ~ prendre de la bière comme alcool. ⑯ 향하다 se diriger vers, orienter. ¶ 몸을 앞으로 ~ se pencher en avant, s'incliner. ⑰ 생각하다, 바라다 penser, avoir l'impression que+*ind*; souhaiter, désirer. ¶ 너와 대화를 가졌으면 한다 Je souhaite parler avec toi / J'aimerais [Je voudrais] parler avec toi. ¶ 그 녀석이 나를 무시하는 것이 아닌가 하고 화가 났다 J'étais fâché(*e*) car j'avais l'impression qu'il me méprisait. ⑱ 반복하다 répéter une action plusieurs fois, faire à plusieurs reprises la même action. ¶ 그 사람은 계속 왔다 갔다 한다 Il répète son va-et-vient / Il fait les cent pas / Il marche de long en large / Il tourne comme un ours en cage. ¶ 나는 그 책을 보고 또 보고 했다 J'ai lu ce livre à plusieurs reprises. ¶ 불이 켜졌다 꺼졌다 한다 Le feu continue à reprendre et à s'éteindre. ⑲ 가려서 말하다 sans parler de *qc/qn*. ¶ 너나 할 것 없이 n'importe qui; tout le monde (sans distinction). ¶ 누구나 할 것 없이 à l'unanimité, unanimement; n'importe qui; tout le monde (sans distinction); tous, sans exception. ¶ 어른 아이 할 것 없이 tout le monde sans distinction d'âge ((les vieux comme les jeunes)). ¶ 너나 할 것 없이 누구라도 대학 진학을 목표로 공부한다 Tout le monde étudie [Tous, sans exception, étudient] dans le but [avec pour objectif] d'entrer à l'université. ⑳ ((인용의 기능)) ¶ '아' 하는 소리가 났다 On a entendu "Ah!". ㉑ ((사역)) faire faire, faire+*inf*. ¶ 누군가가 오게 ~ faire venir *qn*. ¶ 그만 가보도록 해라 Tu peux t'en aller. ㉒ 의도하다 avoir l'intention de+*inf*, vouloir+*inf*, désirer+*inf*. ¶ 서울에 가고자 ~ avoir l'intention d'aller à Séoul.

* **...하면** ((lorsqu'on)) dit. ¶ 한국 하면 생각나는 것을 말해 보세요 Dites-moi ce qui vous vient à l'esprit quand on dit "Corée"!

* **...해서** ¶ 저녁쯤 해서 보자 On se voit dans la soirée.

* **...다 하면** une fois que+*ind*, une fois+*p.p.* ¶ 그 여자는 나갔다 하면 두 시간이다 Une fois qu'elle est sortie [Une fois sortie, Une fois dehors], elle ne revient pas avant au moins deux heures / Quand elle sort, c'est pour au moins deux heures.

* **뭐니 뭐니 해도** quoi qu'on en dise.

* **걸음을** ~ se rendre *qp*.

* **목구멍[입]에 풀칠을** ~ avoir juste [à peine] de quoi vivre [de quoi subvenir à *ses* besoins], avoir du mal à joindre les deux bouts, avoir juste ce qu'il faut pour vivre, tirer le diable par la queue, avoir des fins de mois difficiles; gagner difficilement *son* pain [*sa* vie], avoir des revenus tout juste [à peine] suffisants pour subvenir à *ses* besoins, subsister difficilement [avec peine, péniblement], vivoter [survivre] péniblement, subsister [vivoter] tant bien que mal, avoir à peine de quoi vivre, gagner tout juste *sa* vie, gagner à peine de quoi vivre, vivre chichement [petitement, au jour le jour, médiocrement], végéter.

* **자리를 (함께)** ~ rencontrer *qn*; venir; honorer de *sa* présence; participer ((à une réunion)), se rassembler.

* **머리를** ~ se coiffer.

하다² 조동 ① ((필요, 의무)) ((verbe auxiliaire d'obligation. Il s'emploie sous forme de radical du verbe principal + -아야/-어야 하다)) devoir, il faut+*inf*. ¶ 곧 나는 떠나야 한다 Je dois bientôt partir. ¶ 학교에 가야 할 것 같다 Il faut aller à l'école. ¶ 무엇보다 마음이 고아야 한다 Il faut avoir un bon cœur avant tout. ② ((반복상)) ((verbe auxiliaire, exprimant l'habitude ou l'action répétée du passé. Il s'emploie sous forme de radical du verbe principal + -고는/-곤 하다)) ¶ 나는 시간만 나면 교회에 가곤 했다 Dès que j'avais du temps libre, j'allais à l'église. ③ ((한정)) ((verbe auxiliaire, qui sous-entend la limitation ou l'idée contrariée '*mais* …'. Il s'emploie sous forme de radical du verbe principal + -기는/-긴 하다)) c'est vrai que+*ind*. ¶ 선생님이 가끔 오시기는 한다 C'est vrai que le professeur passe de temps en temps. ¶ 그 여자가

예쁘기는 ~ C'est vrai qu'elle est jolie. ④ ((상황)) ((verbe auxiliaire, qui sous-entend la situation ou la raison. Il régit une proposition subordonnée avec des suffixes flexionnels conjonctifs, sous forme de radicaldu verbe principal + -고 하니/하니까/하므로)) en être ainsi. ¶ 네 아빠도 안 오고 하니 밥이나 먹자 Comme ton père ne vient pas, nous allons manger entre nous.

-하다³ 접미 ① ((suffixe verbalisateur ou verbalisant, qui s'ajoute à un nom exprimant une action ou une qualité)) ((동사화)) ¶ 사랑~ aimer. ¶ 공부~ étudier, travailler. ¶ 시작~ commencer, se mettre à. ¶ 기빠~ se mettre en joie, se réjouir, se féliciter. ② ((형용사화)) ¶ 정직~ être honnête [franc(*he*), sincère, droit(*e*)]. ¶ 겸손~ être humble, être modeste. ¶ 순수~ être pur(*e*) [innocent(*e*), candide, pudique]. ¶ 분주~ être occupé(*e*) [pressé(*e*)].

하다못해 副 ① enfin, à la fin, finalement, en fin de [au bout du] compte. ② au moins; faute de mieux. ¶ 못 오면 ~ 전화라도 해야 할 게 아니냐 Si tu ne pouvais pas venir, tu aurais pu nous appeler [prévenir] au moins, tu ne crois pas? ¶ ~ 고맙단 말이라도 해 주었으면 좋았을걸 J'aurais bien aimé qu'il(elle) me dise au moins «merci».

하단¹ **下段** 명 bas *m*. ¶ 계단의 ~부 le bas d'un escalier. ¶ 이층 침대의 ~ le bas d'un lit à deux étages. ¶ 신문 지면의 ~ le bas d'une page de journal.

하단² **下端** 명 bas *m*. ¶ 글의 ~ la fin d'un texte. ¶ 돛대의 ~ le pied du mât. ¶ 강의 ~ le cours inférieur d'une rivière.

◆**_부** -部 명 partie *f* du bas.

하단³ **下壇** 명 descente *f* de la chaire [de la tribune, de l'estrade]. ¶ 야유하여 ~시키다 obliger *qn* à quitter l'estrade par des huées [en le huant]. ◇_(을) **하다** descendre de l'estrade [de la tribune, de la chaire].

하달 下達 명 transmission *f*; instruction *f*; ordre *m*. ◇_(을) **하다** transmettre, communiquer. ¶ 상부의 명령을 ~하다 transmettre un ordre de l'administration supérieure. ◇_(이) **되다** être transmis(*e*). ¶ 명령이 ~되었다 L'ordre a été transmis. ◇_(을) **받다** recevoir la transmission d'un ordre.

◆**상명_** 上命- 명 *transmission f* de l'ordre d'un supérieur à son subordonné.

하답 下答 명 réponse *f* ((d'un supérieur)). ◇_(을) **하다** répondre, donner une réponse ((à des subalternes)).

하대 下待 명 ① 낮게 대우함 accueil *m* froid [glacial]; traitement *m* irrespectueux. ② 낮춤말을 씀 tutoiement *m*. ◇_(를) **하다** manquer d'égards envers *qn*; tutoyer *qn* ((quand on ne devrait pas)). ◇_(를) **받다** se faire traiter sans égards [mal, comme un chien, comme un domestique].

하도 副 trop ... pour; tellement [si] ... que. ¶ ~ 기뻐서 [슬퍼서] être tellement heureux(*se*) [triste] que ... ¶ ~ 기가 막혀서 말문이 막혔다 J'étais tellement choqué(*e*) que je ne pouvais pas dire un mot. ¶ 그 학생은 ~ 가난해서 책 살 돈도 없었다 Cet étudiant était tellement pauvre qu'il n'avait même pas de quoi payer ses livres.

하도급 下都給 명 sous-traitance *f*. ¶ ~ 공사 travaux de sous-traitance.

하드디스크 영{hard disk} 명 【컴퓨】 disque *m* dur. ¶ ~를 포맷하다 formater un disque dur. ¶ ~에 여유 공간이 별로 없다 Il n'y a pas beaucoup d'espace libre sur le disque dur. ¶ ~에 파티션을 만들다 faire plusieurs [des] partitions sur *son* disque dur, partitionner *son* disque dur.

하드보일드 영{hard-boiled} 명 【문학】 roman *m* noir. ¶ ~ 문체 style *hard-boiled* [dur à cuire].

하드웨어 영{hardware} 명 matériel *m*; hardware *m*. ¶ ~상의 문제 un problème au niveau du matériel.

하드커버 영{hardcover} 명 【출판】 couverture *f* cartonnée. ¶ ~로 장정을 하다 relier ((un livre)) avec une couverture cartonnée. ¶ 책을 ~로 내다 publier[sortir] un livre avec une couverture cartonnée.

하등¹ **下等** 명 infériorité *f*; rang *m* [classe *f*; qualité *f*] inférieur(*e*). ¶ ~에 속하는 상품 une marchandise [un article, un produit] de qualité inférieure [de mauvaise qualité, de qualité médiocre].

◆**_하다** 형 être inférieur(*e*); être bas(*se*).

◆**_동물** -動物 명 anim*al*(*aux*) *m* inférieur(*s*).

◆**_품** -品 명 objet *m* [article *m*] de qualité inférieure.

하등² **何等** 명 rien; pas du tout; aucun(*e*). ¶ ~의 의미도 없다 ne vouloir rien dire, ne rien signifier ((ça ne veut rien dire)). ¶ 무엇과 ~의 관계도 없다 n'avoir aucun rapport avec *qc*. ¶ ...해야 할 ~의 이유가 없다 Il n'y a pas la moindre raison de+*inf.* 副 aucunement, nullement. ¶ ~ 쓸모도 없다 n'être bon(*ne*) à rien, ne servir à rien. ¶ ~ 의심할 여지도 없다 Il n'y a pas le moindre doute là-dessus. ¶ 그런 것은 나에게 ~ 신기할 것도 없다 Ce n'est pas du tout nouveau pour moi / Je n'ai pas de raison d'être surpris(e) d'une chose pareille. ¶ 그의 태도는 ~ 나아진 것이 없다 Son attitude ne s'est pas du tout améliorée / Il n'a pas amélioré son comportement / Il n'a amélioré en rien son comportement / Il n'a pas amélioré [modifié] son comportement.

하락 下落 명 chute *f*, baisse *f*, perte *f*. ¶ 가격 ~ baisse du prix. ¶ 체중 ~ perte de poids. ¶ 질적 ~ baisse de qualité. ¶ 인기 ~ perte [baisse, chute] de (la cote de) popularité. ◇_(을) **하다** chuter, baisser, tomber. ¶ 가격[주가]이 ~하다[급락하다] Les prix [Le cours des actions (à la Bourse), Le cours des actions cotés en Bourse, Les cours des actions à la Bourse, Le cours de la Bourse] baiss(ent) [chute(nt)]. ◇_(이) **되다** être baissé(*e*), diminué(*e*). ◇_(을) **시키다** baisser, diminuer.

◆**_세** -勢 명 tendance *f* à la baisse. ¶ ~세가 이어지다

La tendance à la baisse continue.
◆_장 -場 명 marché *m* à la baisse.
하략 下略 명 suppression *f* de la partie terminale et secondaire du texte. ◇_(을) **하다** supprimer [escamoter, passer sous silence, laisser de côté, délaisser] la partie terminale et secondaire [et peu importante] du texte.
하량 下諒 명 prise *f* en considération. ¶ ~을 바랍니다 Je sollicite votre bienveillance pour prendre ma demande en considération.
◆_(을) **하다** prendre en considération.
하례 賀禮 명 célébration *f*. ◇_(를) **하다[올리다]** célébrer; présenter *ses* vœux.
◆_식 -式 명 cérémonie *f* de célébrations. ¶ ~식을 갖다 organiser une cérémonie pour célébrer *qn*, se réunir pour fêter *qn/qc*.
하루 명 ① un jour *m*, une journée *f*. ¶ 단 ~ un seul jour / une seule journée. ¶ ~(에) 세 번 trois fois par jour. ¶ ~ 이틀에 en un jour ou deux, en très peu de temps. ¶ 꼬박 ~가 걸리다 Ça prend un jour entier [toute une journée]. ¶ 우리는 ~도 만나지 않는 날이 없었다 Il ne se passait pas un seul jour sans que nous ne nous rencontrions. ¶ ~는 24시간이다 Un jour comprend 24 heures. ② 아침부터 저녁까지 (toute une) journée *f*, du matin au soir. ¶ ~ 종일 일하다 travailler toute la journée [du matin au soir]. ¶ ~ 일 travail d'un jour. ¶ 오늘 ~도 다 갔다 C'est la fin de la journée (de travail). ¶ 오늘은 정말 지루한 ~였다 Aujourd'hui, c'était vraiment une journée ennuyeuse. ③ 어떤 날 un jour *m*. ¶ ~는 집에 와 보니 어머니가 안 계셨다 Un jour, quand je suis rentré(*e*) à la maison, maman n'était pas là.
*~**가 다르다** sentir qu'on change de jour en jour. ¶ 아이들 크는 것은 ~가 다르다 Les enfants grandissent à vue d'œil. ¶ ~가 다르게 병세가 호전되다 Il va de mieux en mieux jour après jour / Son état de santé s'améliore tous les jours / Chez ce patient, chaque jour, on voit des progrès.
*~**가 멀다하고** tous les jours sans exception. ¶ 그 분은 ~가 멀다하고 나를 찾아왔다 Il est venu me voir tous les jours.
*~**가 새롭다** devenir différent(*e*) d'un jour à l'autre, changer d'un jour à l'autre.
*~ **세 끼 밥 먹듯** très facilement; très fréquemment, naturellement, par habitude, sans peine; ⟪mentir⟫ comme l'on respire. ¶ ~세 끼 밥 먹듯 거짓말 하다 mentir comme l'on respire.
◆_ _ 명 chaque jour; tous les jours. ¶ ~~가 견디기 어려운 고통의 연속이었다 Ce n'était qu'une suite de souffrances difficiles à supporter jour après jour. ¶ ~~가 다르게 커 가다 grandir à vue d'œil. 부 jour après jour, de jour en jour, d'un jour à l'autre, tous les jours. ¶ 밤이 ~~ 길어진다 Les nuits s'allongent de jour en jour. ¶ 지불을 ~~ 늦추다 différer un paiement de jour en jour.

◆_**같이** 부 avec persistance, avec constance, constamment. ¶ 십 년을 ~같이 언어학 공부를 하다 étudier la linguistique pendant dix ans avec persistance [constamment].
◆_**바삐** 부 très vite; le plus vite [tôt] possible; au plus vite [tôt]. ¶ 나는 그 분이 ~바삐 돌아오기를 바란다 J'espère qu'il reviendra le plus vite possible.
◆_**빨리[속히]** 부 très vite; le plus vite [tôt] possible; au plus vite[tôt]. ¶ ~빨리 통일이 되기를 바라다 espérer la réunification du pays dans le plus court délai.
◆_ㅅ**강아지** 명 chiot *m*.
*~ㅅ**강아지 범 무서운 줄 모른다** L'inconscient n'a pas peur du danger / Celui qui n'a pas d'expérience n'a pas peur du danger / L'ignorant [Celui qui ne sait rien] n'a pas peur du danger.
◆_ㅅ**밤** 명 une nuit *f*. ¶ ~ㅅ밤 사이에 en une nuit. ¶ ~ㅅ밤의 잠자리를 빌려주다 offrir asile à *qn* pour une nuit, loger *qn* une nuit. ¶ ~ㅅ밤을 새우다 passer une nuit blanche.
*~ㅅ**밤에 만리장성을 쌓다** coucher ensemble {*pop*}, consommer.
◆_**살이** 명 éphémère *m*. ¶ ~살이 같은 인생 (la [notre]) vie comme un éphémère.
◆_**아침에** 부 en un jour; un matin, au réveil; d'un coup; soudain, soudainement. ¶ ~아침에 부자가 되다 devenir riche d'un coup [brutalement, de façon inattendue]. ¶ ~아침에 이루어지지 아니하다 ne pas se faire en un jour.
***로마는 ~아침에 이루어지지 않았다** Rome ne s'est pas faite en un jour.
◆_**이틀** 명 un jour *m* ou deux. ¶ ~이틀만 더 기다리면 si on attendait encore un jour ou deux.
◆_**치** 명 pour un jour *m*, pour une journée *f*. ¶ ~치 식량 nourriture [à manger] pour un jour.
◆_**해** 명 une journée *f*, un (jour de) soleil *m*. ¶ ~해가 다 지나갔다 La journée est finie.
하루거리 명 【의학】 paludisme *m*, malaria *f*. ¶ ~를 앓다 être atteint(*e*) [souffrir] de paludisme. ¶ ~에 걸리다 être atteint(*e*) [souffrir] de paludisme.
하류[1] 下流 명 aval *m*; cours *m* inférieur. ¶ 한강 ~에 en aval [sur le cours inférieur] du fleuve Han.
하류[2] 下流 명 bas-fonds *mpl*, basse classe *f*.
◆_**계급** -階級 명 basse classe *f*.
하륙 下陸 명 débarquement *m*; déchargement *m*. ◇_(을) **하다** débarquer; décharger.
하릴없다 형 être inévitable; être certain(*e*), indubitable, exact(*e*), précis(*e*). ¶ 달리 ~ Il n'y a pas d'autre moyen / Il est impossible de faire autrement.
◆**하릴없이** 부 ① 어쩔 수 없이 sans pouvoir faire autrement, à contrecœur, malgré *soi*. ¶ 하릴없이 기다릴 수밖에 없다 On ne peut faire autre chose que d'attendre. ② 목적 없이 sans idée, sans pensée, sans but, sans conscience. ¶ 하릴없이 어정대다 rôder [traîner, flâner, errer] sans but.

하마[1] 下馬 명 descente *f* de cheval. ◇_(를) **하다** descendre de cheval.

◆**_석** -石 명 marchepied *m* pour monter ou descendre de cheval.

◆**_평** -評 명 opinion *f* du public ((concernant le candidat à un poste)).

하마[2] 河馬 명 【동물】 ¶ hippopotame *m*. ¶ ~처럼 입이 크다 avoir une bouche grande comme celle d'un hippopotame.

하마터면 부 presque; à peu près; ((passer)) près de ((la catastrophe)); à un doigt de *qc*, à deux doigts de *qc*, ((être)) à deux doigts de ((la mort, de mourir)); un peu plus et ((il y passait)) {*fam*}; il s'en est fallu d'un doigt [d'un cheveu]; faillir, manquer de+*inf*, ((être)) tout près de *qc*. ¶ ~ 큰일 날 뻔했다 On l'a échappé belle / On était à deux doigts de la catastrophe / On est passé tout près de la catastrophe. ¶ ~ 넘어질 뻔했다 Il a failli tomber. ¶ 그 사람은 ~ 차에 치일 뻔했다 Il a failli se faire écraser par une voiture / Il a manqué de se faire écraser [renverser] par une voiture.

하명 下命 명 ordre *m*, commandement *m*, injonction *f*; commande *f*. ¶ 누구의 ~에 의하여 par ordre de *qn*, sur l'ordre de *qn*. ◇_(을) **하다[내리다]** ordonner, donner l'ordre de+*inf*. ¶ 관계 기관에 ~을 하다 donner l'ordre de+*inf* à l'organisme concerné.

하모니 영{harmony} 명 harmonie *f*, accord *m*. ¶ 영상과 음악의 ~ l'harmonie de l'image et de la musique. ¶ ~를 이루다 s'harmoniser, s'assortir.

하모니카 영{harmonica} 명 【음악】 harmonica *m*. ¶ ~를 불다 jouer de l'harmonica.

하묘 下錨 명 ancrage *m*. ◇_(를) **하다** jeter l'ancre, ancrer. ¶ 배가 ~하고 있다 Un bateau est en train d'ancrer.

하문 下問 명 question *f* ((posée à un subordonné)). ◇_(을) **하다** poser une question ((à un subordonné)). ◇_(을) **받다** écouter la question ((d'un supérieur)).

하물 何物 명 charge *f*, chargement *m*, cargaison *f*, fret *m*, marchandise *f*. ¶ ~ 인수인 preneur(*se*) [récep*teur*(*trice*)] des cargaisons. ¶ ~ 취급소 le bureau des cargaisons. ¶ ~의 중량을 달다 peser une cargaison.

하물며 부 à plus forte raison, a fortiori; encore plus [moins]. ¶ 그 일은 어른에게도 어려운데 ~ 애들이 할 수 있을까? Cela est difficile même pour un adulte; à plus forte raison, comment un enfant en serait-il capable?

하반기 下半期 명 deuxième semestre *m*; deuxième [seconde] moitié *f* de l'année. ¶ ~의 수출 실적 résultat d'exportation du deuxième semestre.

하반부 下半部 명 seconde moitié *f*.

하반신 下半身 명 le bas *m* du corps; la partie *f* inférieure du corps, la partie *f* du corps située sous la ceinture. ¶ ~이 마비되었다 être paralysé(*e*) des membres inférieurs [des jeux jambes].

하변 下邊 명 【수학】 base *f* ((d'un triangle)). ¶ 삼각형의 ~ la base d'un triangle.

하복 夏服 명 vêtement *m* [tenue *f*] d'été, tenue *f* estivale. ¶ ~을 입다[벗다] mettre [enlever] une tenue d'été.

하복부 下腹部 명 bas-ventre *m*; hypogastre *m*. ¶ ~를 강타하다 frapper fort dans le bas-ventre.

하부 下部 명 partie *f* inférieure; bas *m*; dessous *m*.

◆**_구조** -構造 명 infrastructure *f*.

◆**_조직** -組織 명 infrastructure *f*, infra-système *m*.

하사[1] 下賜 명 acte *m* de donner. ◇_(를) **하다** donner, accorder, décerner, conférer, remettre. ¶ 훈장을 ~하다 décerner [remettre] une médaille ((à *qn*)). ◇_(가) **되다** être donné(*e*), accordé(*e*), décerné(*e*), conféré(*e*), remis(*e*). ◇_(를) **받다** recevoir. ¶ 왕께 ~받은 물건 objet conféré par le roi.

◆**_품** -品 명 objet *m* conféré par le roi.

하사[2] 下士 명 【군사】 sergent *m*.

◆**_관** -官 명 【군사】 sous-officier(~-~*s*) *m*; officier *m* marinier.

하사[3] 何事 명 tout *m*; toutes choses *fpl*; n'importe quoi. ¶ ~를 막론하고 dans tous les cas; malgré tout.

◆**정신일도_불성** 精神一到不成 명 Vouloir, c'est pouvoir.

하산 下山 명 ① descente *f* d'une montagne. ② 세상으로 내려옴 retour *m* au monde. ◇_(을) **하다** ① descendre ¶ 등산객들이 ~한다 Les randonneurs descendent de la montagne. ② 포기하다 abandonner, jeter l'éponge. ¶ 그는 좀처럼 ~할 기미가 없다 Il ne donne pas l'impression de vouloir abandonner. ③ 더 이상 배울 것이 없다 n'avoir plus rien à apprendre. ¶ 이제 그만 ~해도 되겠는 걸 Tu n'as plus rien à apprendre à présent. ④ 환속하다 mettre fin à *sa* vie de religieux [à une retraite religieuse]. ¶ 스님이 ~한다 Un moine bouddhiste met un terme à sa vie de religieux. ◇_(을) **시키다** faire descendre; mettre fin à une éducation spéciale.

하선[1] 下船 명 débarquement *m*. ◇_(을) **하다** débarquer, mettre pied à terre. ◇_(을) **시키다** faire [laisser] débarquer.

하선[2] 下線 명 soulignage *m*. ¶ ~을 치다[긋다] souligner.

하소연 명 prière *f*, supplication *f*, sollicitation *f*. ◇_(을) **하다** prier, supplier, solliciter. ¶ 고통을 ~하다 se plaindre de ses souffrances. ¶ ~해도 소용없다 Ça ne sert à rien de supplier / C'est inutile de supplier.

하수[1] 下水 명 eaux *fpl* usées (d'égout).

◆**_공사** -工事 명 travaux *mpl* d'assainissement (des eaux).

◆**_관** -管 명 tuyau(*x*) *m* d'égout.

◆**_구** -口 명 égout *m*.

◆**_도** -道 명 égout *m*; tuyau(*x*) *m* d'égout.

◆**_처리장** -處理場 명 station *f* d'épuration (des eaux

usées).

하수[2] 下手 명 ① 아랫수 maladresse *f.* ② 실력없는 이 personne *f* moins habile [forte, douée, bonne] ((qu'une autre)) ((au jeu de go, aux échecs orientaux)). ¶ 그 사람은 나보다 한참 ~이다 Il est très inférieur à moi / Il est très loin de m'égaler / Il est beaucoup moins fort [moins bon] que moi / Un fossé [Un gouffre] nous sépare / Il existe un monde [un abîme] entre nous / Nous ne jouons pas dans la même catégorie ((au jeu de go, aux échecs orientaux)). ☞ 상수[1]

하수인 下手人 명 homme *m* de main, sbire *m*, nervi *m*; acolyte *m*, sous-fifre *m* {*fam*}. ¶ 누구의 ~ 노릇을 하다 être l'homme de main [le sbire, le nervi] de *qn*.

하숙 下宿 명 pension *f.* ¶ ~ 생활을 하다 vivre en pension; vivre dans une pension de famille; prendre pension chez un particulier. ¶ ~을 옮기다 changer de pension, déménager. ¶ ~을 치다[내다] prendre *qn* chez *soi* en pension, prendre des pensionnaires chez *soi.* ¶ ~을 구하다 chercher une pension. ◇_(을) **하다** vivre en pension; vivre dans une pension de famille; prendre pension chez un particulier.

◆**_방** -房 명 chambre *f* de pension.

◆**_비** -費 명 frais *mpl* de pension. ¶ ~비를 내다 payer *sa* pension.

◆**_생** -生 명 pensionnaire *mf.*

◆**_인** -人 명 pensionnaire *mf.*

◆**_집** 명 pension *f.* ¶ ~집 주인 hôte(*sse*) de pension.

하순 下旬 명 dernière décade *f*, dix derniers jours *mpl* ((du mois)). ¶ 3월 ~ les dix derniers jours du mois de mars. ¶ 나는 내달 ~ 경에 돌아오겠습니다 Je reviendrai vers la fin du mois prochain.

하야 下野 명 démission *f* ((du président de la République). ¶ 대통령의 ~ la démission du président de la République. ◇_(를) **하다** ((le président de la République)) démissionner, donner *sa* démission, quitter [se retirer de] *ses* fonctions.

하야말갛다 형 ☞ 허여멀겋다

하양 명 couleur *f* blanche, blanc *m.*

하얗다 형 ① être blan*c*(*che*). ¶ 하얀 집[눈] une maison [la neige] blanche. ¶ 피부가 ~ avoir la peau blanche [claire, propre]. ② 창백하다 être blan*c*(*che*), pâle, blafard(*e*), blême. ¶ 얼굴이 하얗게 질리다 devenir tout(*e*) pâle, devenir blan*c*(*che*) comme un linge, blêmir, pâlir [blêmir, blanchir] de peur; devenir pâle [blême, livide] de peur; être bleu(*e*) de peur. ③ ((une nuit)) être blan*c*(*che*). ¶ 하얗게 밤을 새다 passer une nuit blanche.

하얘지다 자 ① devenir blan*c*(*che*), blanchir; ((cheveux)) blanchir, s'argenter, grisonner. ¶ 눈이 내려 세상이 하얘졌다 Le monde a blanchi sous la neige. ¶ 그 남자는 머리가 하얘진다 Ses cheveux blanchissent [s'argentent, grisonnent] / Il grisonne. ② 창백해지다 blanchir ((de rage, de peur)), devenir pâle, pâlir, blêmir. ¶ 얼굴이 종잇장처럼 하얘졌다 Son visage est devenu pâle comme un linge [blanc comme un cachet d'aspirine].

하여가 何如歌 명 Hayeoga *m* <titre d'un *sijo* de Yi Bang-won(1367-1422)>.

하여간 何如間 부 ((아무튼)) de toute(s) façon(s), de toute manière, en tout cas, dans tous les cas, quoi qu'il en soit, quoi qu'il advienne [arrive]; ((결국)) après tout, au fond; ((이럭저럭)) tant bien que mal. ¶ ~ 내일 다시 오겠습니다 De toute façon, je reviens demain. ¶ ~ 해보겠습니다 De toute façon, je vais essayer. ¶ ~ 약속한 시간에 거기 있어 주시오 De toute façon, soyez là à l'heure convenue! ¶ ~ 고맙습니다 Merci en tout cas. ¶ ~ 되는 일이 없다니까 Rien ne marche de toute façon.

하여금 부 ((faire faire *qc*, laisser faire *qc*)) à *qn* [par *qn*]. ¶ 그 사람은 나로 ~ 삶의 의지를 되찾게 해주었다 Il m'a redonné le courage de vivre.

하여튼 何如- 부 en tout cas; ((결국)) après tout, au fond. ¶ ~ 잘 만났다 En tout cas, ça tombe bien que tu sois là / En tout cas, tu tombes bien. ¶ 그 사람 성격은 잘 모르지만 ~ 일은 잘 한다 Je ne peux rien dire sur son caractère, mais en tout cas, (je sais qu')il travaille bien.

하역 荷役 명 chargement et déchargement *mpl*; embarquement et débarquement *mpl.* ◇_(을) **하다** charger et décharger; embarquer et débarquer.

◆**_인부** -人夫 명 débardeu*r*(*se*), docker *m.*

◆**_장** -場 명 lieu(*x*) *m* de chargement et déchargement.

하연 賀宴 명 banquet *m*, festin *m.* ¶ ~을 베풀다 donner un banquet.

하염없다 형 ① 그침이 없다 ne pas avoir de fin, être interminable. ¶ 하염없는 눈물 larmes qui coulent sans fin [cesse]. ② 멍하게 있다 avoir l'air absent [rêveu*r*(*se*)]. ¶ 하염없는 표정[얼굴]으로 바라보다 regarder d'un œil distrait.

◆**하염없이** 부 ① 끊임없이 sans fin, sans cesse ¶ 눈물을 하염없이 흘리다 pleurer à n'en plus finir, pleurer sans s'arrêter. ② 멍하게 distraitement, rêveusement, l'air absent. ¶ 하염없이 먼 산만 바라보다 regarder une montagne au loin, l'air absent.

하오 下午 명 après-midi *mf.* ¶ ~ 두시에 à deux heures de l'après-midi.

하옥 下獄 명 【고어】 emprisonnement *m*, incarcération *f.* ◇_(을) **하다** mettre en prison, emprisonner, incarcérer. ¶ 저 놈을 당장 ~하여라 Qu'on le mette [le jette] en prison à l'instant [tout de suite, immédiatement]! ◇_(이) **되다** être mis(*e*) en prison, emprisonné(*e*), incarcéré(*e*).

하우스 영{house} 명 ((비닐하우스)) serre *f.*

◆**비닐_** 영{vinyl-} 명 serre *f.*

하원 下院 명 【정치】 Assemblée *f* nationale; Chambre *f* des députés; Chambre basse (des Communes); Chambre des représentants. ¶ ~에서 내린 결정 décision de l'Assemblée nationale.

◆**_의원** -議員 명 【정치】 député(*e*); membre *m* de

la Chambre des Communes [des représentants].

◆_의장 -議長 명【정치】Président *m* de l'Assemblée nationale [la Chambre des députés].

하위 下位 명 rang *m* inférieur. ¶~ 공직자 un(*e*) fonctionnaire [un(*e*) employé(*e*)] subalterne.

◆_권 -圈 명 le bas *m* du tableau, groupe *m* de queue ((par opposition au groupe de tête)), les moins bons éléments *mpl*. ¶~권에 머물다 rester dans le bas du tableau [dans le groupe de queue, parmi les moins bons éléments].

◆_범주 -範疇 명【언어】sous-catégorie *f*.

◆_범주화 -範疇化 명【언어】sous-catégorisation *f*.

◆_부류 -部類 명【언어】sous-classe *f*.

◆_분류 -分類 명【언어】sous-classification *f*.

◆_어 -語 명【언어】hyponyme *m*.

◆최_ 最 명 le dernier *m*, la dernière *f* ((d'une course)); rang *m* le plus bas. ¶예선에서 최~를 기록하다 occuper le rang le plus bas lors des qualifications.

하의[1] 下衣 명 vêtement *m* pour la partie inférieure du corps; bas *m* d'un jogging [d'un survêtement, d'un tailleur]; pantalon *m*, short *m*, jupe *f* ((tout vêtement *m* couvrant la partie inférieure du corps à l'exception des sous-vêtements)). ¶~를 입다[벗다] mettre [enlever] un pantalon [un short, une jupe, le bas d'un survêtement].

하의[2] 賀意 명 ((présenter)) des félicitations *fpl*. ¶~를 표하다 présenter des félicitations.

하의[3] 下意 명 opinion *f* populaire.

하이라이트 영{highlight} 명 les temps forts *mpl* ((du match, du festival)); le clou *m* ((du spectacle, de la soirée)). ¶스포츠 ~ les temps forts des événements sportifs ((du week-end)). ¶오늘 프로그램의 ~ le clou de l'émission d'aujourd'hui.

하이에나 영{hyena} 명【동물】hyène *f*.

하이킹 영{hiking} 명 (grande) randonnée *f* (à pied, pédestre) en montagne, grande balade *f* [longue promenade *f*] en montagne; longue course *f* [marche] en montagne; grande excursion *f* ((à pied, à vélo, en V.T.T.)); périple *m*; trekking *m*. ¶~ 코스 un chemin de grande randonnée, un G.R., un sentier de grande randonnée. ¶자전거 ~ une randonnée à vélo. ◇_(을) 하다[가다] faire une randonnée (pédestre); partir en excursion, faire une excursion, faire une grande balade en montagne.

하이테크 영{high tech} 명 haute technologie *f*, technologie *f* de pointe, technologie *f* (très) avancée [sophistiquée]. ¶~ 제품 articles de pointe, articles dérivés des techniques de haute technologie, articles très sophistiqués.

하이틴 영{high teen} 명 adolescent(e). ¶그 애는 아직 ~이다 C'est encore un(e) adolescent(e).

하이파이 영{hi-fi} 명【전기】hi-fi *f*.

◆_오디오 영{-audio} 명 audio *m* haute-définition.

하이픈 영{hyphen} 명 trait *m* d'union. ¶~을 넣다 mettre un trait d'union. ¶~이 있는 avec (un) trait d'union.

하이힐 영{high heeled shoes} 명 (chaussures *fpl* à) talons *mpl* hauts; ((뾰족구두)) (chaussures *fpl* à) talons *mpl* aiguilles. ¶~을 신다 mettre des (chaussures à) talons hauts.

하인 下人 명 domestique *m*, valet *m*, larbin *m* {*fam*}. ¶~을 두다 prendre [avoir] un domestique; conserver un domestique à *son* service; avoir un domestique à *son* service [chez *soi*]. ¶~에게 심부름을 시키다 charger un domestique d'une commission.

하인배 下人輩 명 domestiques *mpl*, laquais *mpl*.

하자 瑕疵 명 défaut *m*, imperfection *f*. ¶~가 있는[없는] 물건 un produit [un article] ayant un défaut [n'ayant pas de défaut].

하잘것없다 형 être insignifiant(*e*), peu important(*e*). ¶하잘것없는 일로 다투다 se disputer pour un rien [pour une broutille], se brouiller pour une bagatelle.

◆하잘것없이 부 de manière insignifiante. ¶인생이 하잘것없이 느껴졌다 Je n'attachais plus d'importance à la vie / Je ressentais la vie comme insignifiante.

하절기 夏節期 명 (saison *f* de) l'été *m*.

하중 荷重 명 charge *f*, poids *m*. ¶~ 시험 un essai de charge. ¶안전 ~ charge de sécurité. ¶제한 ~ la charge limite, la charge admissible; la charge maximale. ¶~을 지탱하다[견디다, 이기다] supporter une charge.

하지[1] 夏至 명 solstice *m* d'été. <une des 24 divisions du calendrier luni-solaire, vers le 21 juin>

하지[2] 下肢 명 membres *mpl* inférieurs, jambes *fpl*. ¶~가 약하다 avoir de mauvaises jambes [des jambes fluettes, des jambes flageolantes].

하지마는 부 ☞ 하지만

하지만 부 mais, cependant, toutefois, néanmoins. ¶술은 싫어한다. ~ 맥주는 좀 마신다 Je déteste l'alcool, mais je peux quand même boire de la bière. ¶나도 잘못이 있다. ~ 그 사람도 잘한 것은 없다 Je reconnais mes fautes, mais il était en tort lui aussi.

하직 下直 명 ((prendre)) congé *m*; départ *m*. ¶~ 인사 *salutations* pour prendre congé de *qn*. ¶~을 고하다 faire *ses* adieux à *qn*. ◇_(을) 하다 prendre congé de *qn*; se retirer, quitter *qn*. ¶고향을 ~하다 quitter *son* pays natal.

*인생[세상]을 ~하다 mourir, quitter ce monde.

하차 下車 명 descente *f* du train [de voiture]. ◇_(를) 하다 ① descendre du train [de voiture]. ¶그는 대구에서 ~했다 Il est descendu à Daegu. ¶다음 정류장에서 ~하다 descendre [s'arrêter] à la prochaine station [au prochain arrêt]. ② 중단하다 s'arrêter à mi-chemin, ne pas aller jusqu'au bout. ◇_(를) 시키다 faire descendre *qn*.

◆중도_ 中道 명 arrêt *m* [abandon *m*] à mi-chemin

[en cours de route].

하찮다 형 ① 대수롭지 않다 être insignifiant(*e*), minime, infime; être sans valeur; être de peu d'importance, peu important(*e*); être banal(*e*). ¶ 사람 목숨을 하찮게 여기다 considérer la vie des hommes comme insignifiante. ¶ 하찮은 일 (des) chose(s) insignifiante(s) [peu importante(s)], des vétilles; une bagatelle, une broutille; une affaire sans importance; ((pour)) un rien; un travail ennuyeux [sans intérêt]. ② 훌륭하지 않다 être modeste. ¶ 하찮은 솜씨[직장] des aptitudes modestes [un travail modeste].

◆**하찮이** 부 à la légère. ¶ 이건 하찮이 여길 일이 아니다 Ce n'est pas quelque chose qu'il faut prendre à la légère.

하천 河川 명 rivière *f*, cours *m* d'eau. ¶ ~을 건너다 traverser un cours d'eau [une rivière]. ¶ ~(바닥의 토사)을 준설하다 draguer un chenal. ¶ ~이 넘쳤다 [범람했다] La rivière a débordé / Les eaux de la rivière ont débordé / La rivière est en crue / La rivière est sortie de son lit.

하청 下請 명 sous-traitance *f*. ◇_(을) **주다[맡기다]** sous-traiter ((une affaire)) à ((un sous-traitant)); confier ((une affaire)) à ((un sous-traitant)). ◇_(을) **받다** se faire confier ((une sous-traitance)).

◆**_업체** -業體 명 sous-traitant (~-~s) *m*, sous-entrepreneur (~-~s) *m*, marchandeur *m*.

하체 下體 명 partie *f* inférieure du corps; jambes *fpl*; sexe *m*. ¶ ~가 튼튼하다 avoir de la force dans les jambes, avoir de bonnes jambes [des jambes solides], avoir des jambes de vingt ans, être solide sur *ses* jambes. ¶ ~가 상체보다 더 길다 avoir les jambes plus longues que le reste du haut du corps, avoir de longues jambes. ¶ ~가 발달한 체격 ((avoir)) de la force dans les jambes [des jambes de vingt ans, de bonnes jambes, des jambes solides]; ((être)) solide sur *ses* jambes.

하층 下層 명 couche *f* [classe *f*] inférieure; étage *m* inférieur.

◆**_계급** -階級 명 basse classe *f*.

◆**_민** -民 명 bas [petit] peuple *m*, populace *f*, populo *m* {*fam*}, les masses *fpl*, les couches *fpl* populaires, plèbe *m* {*vx*}.

◆**_사회** -社會 명 bas-fonds *mpl*.

하치장 荷置場 명 dépôt *m*, entrepôt *m*. ¶ 쓰레기 ~ un dépôt d'ordures. ¶ 화물 ~ un dépôt de marchandises.

하키 영{hockey} 명 【운동】 hockey *m*. ◇_(를) **하다** faire du hockey.

◆**아이스_** 영{ice-} 명 hockey *m* sur glace.

◆**필드_** 영{field-} 명 hockey *m* sur gazon.

하트 영{heart} 명 cœur *m*.

하편 下篇 명 second [deuxième] tome *m*; tome *m* II. ¶ 이 소설은 아직 ~이 발간되지 않았다 Le second tome de ce roman n'est pas encore paru.

하품[1] 명 bâillement *m*. ¶ ~이 나다[나오다] bâiller. ¶ 피곤해서 ~이 나온다 Je bâille de sommeil. ¶ ~이 날 정도로 지루하다 bâiller d'ennui, s'ennuyer à mourir [à périr, à crever {*fam*}, comme un rat mort {*fam*}, à cent sous de l'heure], s'ennuyer copieusement [odieusement], mourir [périr, crever {*fam*}] d'ennui, se faire chier à mort {*vulg*} [un max {*arg*}]. ◇_(을) **하다** bâiller. ¶ ~을 늘어지게 하다 bâiller comme une carpe. ¶ 입이 찢어져라 ~(을) 하다 bâiller à se [s'en] décrocher la mâchoire.

하품[2] 下品 명 article *m* de mauvaise qualité [de qualité inférieure]. ¶ 상품과 ~을 구별하다 distinguer les articles de qualité [de choix, de luxe] de ceux de mauvaise qualité.

하프 영{harp} 명 【음악】 harpe *f*. ¶ ~를 켜다[연주하다] jouer de la harpe.

하프라인 영{half line} 명 【운동】 ligne *f* médiane. ¶ ~을 넘다 dépasser [franchir] la ligne médiane. ¶ ~ 부근에서 공방을 벌이다 (se) livrer bataille au milieu de terrain.

하프시코드 영{harpsichord} 명 【음악】 clavecin *m*.

하필 何必 부 et dire que ...; pourquoi diable ...; ((tomber)) mal à propos, vraiment mal, c'est vraiment pas de chance! {*fam*}, ((반어적으로)) c'est bien ma chance [ma veine]! ¶ 왜 ~ 이렇게 바쁜 날로 모임 날짜를 잡은 거야? Pourquoi diable as-tu choisi une journée aussi chargée pour la réunion? Tu ne pouvais pas choisir une autre date, non? ¶ ~이면 오늘 같은 날 조카들이 올 게 뭐람 Et il a fallu que ce soit aujourd'hui que mes neveux viennent. C'est vraiment pas de chance!

하하 부 ha! ha! ¶ ~ 웃다 rire à grands cris, faire ha! ha!

감 Ah! mince!; mince alors! ¶ ~, 낭패로군! Ah! mince! quelle catastrophe! / Ah! mince! C'est la Berezina! / Ah! mince! c'est dramatique [tragique]!

◆**_거리다[대다]** 자 rire à gorge déployée [aux éclats, comme un bossu {*fam*}, à ventre déboutonné].

하하하 감 ha, ha! ¶ ~ 소리내어 웃다 rire en faisant ha, ha, ha, rire à gorge déployée, rire fort, partir d'un gros rire.

하학 下學 명 fin *f* d'une journée à l'école; fin *f* des cours. ¶ ~ 시간 l'heure de la fin des cours. ◇_(을) **하다** quitter l'école. ¶ ~한 아이들이 우르르 몰려가고 있었다 Les enfants sortaient en masse après la classe [après les cours, après l'école].

하한 下限 명 ((prix)) le plus bas; limite *f* inférieure [la plus basse]. ¶ ~ 가격으로 사다 acheter au prix le plus bas. ¶ 백만 원을 ~으로 하다 descendre jusqu'à un million de wons, proposer comme dernier prix un million de wons.

◆**_가** -價 명 prix *m* le plus bas. ¶ 주식이 연일 ~가를 기록했다 La Bourse a enregistré la cote la plus basse plusieurs jours de suite.

◆**_선** -線 명 limite *f* inférieure. ¶ 이 지점이 ~선이다 C'est la limite inférieure.

하해 河海 명 rivières *fpl* et océans *mpl*. ¶ 부모님의

은혜는 ~와 같다 Les bienfaits que nos parents nous ont rendus sont aussi immenses que les océans / La reconnaissance que l'on doit à ses parents [La dette qu'on a envers ses parents] est aussi vaste [profonde] qu'un océan [aussi vaste que la mer, aussi haute qu'une montagne] / On ne peut pas mesurer tout ce que l'on doit à ses parents.

하행 下行 명 en route (vers la province); ((des voitures)) qui descendent en province; dans le sens Séoul-province.

◆**_선** -線 명 ((autoroute dans)) le sens *m* Séoul-province. ¶ 상행선과 ~선 ((autoroute)) dans le sens province-Séoul et ((autoroute)) dans le sens Séoul-province. ¶ 고속도로 ~선에서 큰 사고가 났다 Il y a eu un gros accident sur l'autoroute dans le sens Séoul-province.

하향 下向 명 descente *f*, chute *f*, baisse *f*, phase *f* descendante. ¶ ~ 곡선을 그리다 dessiner une courbe descendante. ¶ 대학을 ~ 지원하다 postuler pour une université de renommée moindre. ¶ 목표를 ~ 조정하다 réajuster un objectif à la baisse. ◇_(을) **하다** descendre; être en baisse [sur le déclin]. ¶ 물체가 ~한다 Un corps chute. ¶ 그 사람은 지위가 ~했다 Sa position a chuté.

◆**_세** -勢 명 tendance *f* à la baisse; mauvaise pente *f*. ¶ ~세를 보이다[타다] montrer une tendance à la baisse.

하현 下弦 명 【천문】 dernier quartier *m* de la Lune, Lune *f* à son dernier quartier.

◆**_달** 명 Lune *f* à son dernier quartier [à son déclin]. ☞ 상현

하혈 下血 명 【의학】 hémorragie *f*. ◇_(을) **하다** faire une hémorragie, perdre du sang. ¶ 이 산모가 ~을 했다 Cette mère a fait une hémorragie (en accouchant).

하회 下回 명 prochaine fois; fois d'après; réponse *f*. ¶ ~를 기다리다 attendre la fois d'après; attendre la réponse.

하회탈 河回- 명 【민속】 masques *mpl* du village de Hahoe.

◆**_춤** 명 【민속】 danse *f* des masques du village de Hahoe.

학[1] 鶴 명 【동물】 grue *f*.

학[2] 學 어근 science *f*.

◆**_적** -的 명관 scientifique. ¶ ~적 가치가 있다 avoir une valeur scientifique. ¶ ~적 성과를 거두었다 Il a obtenu des résultats scientifiques.

-학[3] 學 접미 -logie, -tique, science *f* [étude *f*] de ... ¶ 국어~ la linguistique coréenne, les études linguistiques du coréen. ¶ 불문~ les études de langue et littérature françaises. ¶ 경제~ l'économie, les sciences économiques. ¶ 사화~ la sociologie.

학계 學界 명 monde *m* des savants; les sciences *fpl*; milieux *mpl* académiques. ¶ ~의 권위 une autorité [un expert] dans le monde de la science [des sciences], dans les milieux académiques. ¶ ~에 큰 공헌을 하다 contribuer au progrès des sciences. ¶ ~에 자문을 요청하다 demander des conseils dans le monde des sciences [des savants]. ¶ 그는 ~에 큰 영향력이 있다 Il a le bras long dans le monde des sciences.

학과[1] 學科 명 discipline *f*; programme *m* d'études; section *f*, département *m*, U.F.R. *f* ((de langue et littérature françaises)). ¶ 전공 ~를 선택하다 choisir *sa* discipline [*son* U.F.R., *son* département].

◆**_목** -目 명 matière *f* scolaire.

◆**_장** -長 명 direc*teur*(*trice*) [chef *m*] de l'U.F.R [du département] ((de Biologie)).

학과[2] 學課 명 leçon *f*, cours *m*. ¶ ~ 시간표 l'emploi du temps, le programme des cours. ¶ ~ 공부에 힘쓰다 se préoccuper de *ses* études. ¶ ~를 예습하다 préparer *ses* cours.

학관 學館 명 institut *m*, centre *m* d'études. ¶ ~에 등록하다 s'inscrire dans un institut.

학교 學校 명 école *f*; ((총칭어)) établissement *m* scolaire [d'enseignement]; ((초등학교)) école *f* primaire; ((중학교)) collège *m*; ((고등학교)) lycée *m*; ((중고등학교)) bahut *m* {*fam*}, boîte *f* {*arg*}; ((대학교)) université *f*, institution *f*. ¶ ~ 친구 un(*e*) camarade de classe. ¶ ~를 나오다[졸업하다] sortir (diplômé(*e*)) ((초등학교)) de l'école primaire [((중학교)) du collège, ((고등학교)) du lycée, ((대학교)) de l'université]. ¶ ~를 중퇴하다 arrêter *ses* études en cours de route. ¶ ~에 가다 aller à l'école [en classe]; ((대학교)) aller à l'université. ¶ ~에 보내다 envoyer [mettre] *son* enfant à l'école. ¶ ~에 들어가다[입학하다] entrer ((초등학교)) à l'école primaire [((중학교)) au collège, ((고등학교)) au lycée, ((대학교)) à l'université]. ¶ ~는 8시에 시작한다 Les cours commencent à huit heures. ¶ ~가 끝난 다음에 만나자 Rendez-vous après la classe [après les cours, après l'école].

*~ **구경도 못하다**[**근처에도 못 가보다**] n'avoir jamais mis les pieds à l'école.

◆**_교육** -教育 명 enseignement *m* scolaire.

◆**_문법** -文法 명 grammaires *fpl* scolaires.

◆**_장** -長 명 ((초등학교, 중학교)) direc*teur*(*trice*) ((d'une école, d'un collège)); ((고등학교)) proviseur *m* ((d'un lycée)).

◆**고등_** 高等- 명 lycée *m*.

◆**대_** 大- 명 université *f*.

◆**주일_** 主日- 명 catéchisme *m*, école *f* du dimanche.

◆**중_** 中- 명 collège *m*.

◆**초등_** 初等 명 école *f* primaire [élémentaire].

학구[1] 學究 어근 ① étude *f*, recherche *f*. ② savant(e); chercheu*r*(*se*); homme *m* d'étude.

◆**_적** -的 명관 ((débat)) académique; savant(*e*); scientifique; érudit(*e*), d'érudit ((travaux)); scolastique ((philosophie)). ¶ ~적 태도 une attitude de chercheur. ¶ ~적 분위기 une atmosphère [une ambiance] académique [d'étude]. ¶ 그는 매우 ~적인 사람이다 C'est un homme d'étude / Il aime la recherche / C'est un grand chercheur. ¶ 제자들을 ~적으로 이끌다 vouloir faire de *ses* étudiants des chercheurs.

◆_열 -熱 명 ardeur *f* à l'étude. ¶ ~열이 높다 aimer l'étude; être studieu*x*(*se*).

◆_파 -派 명 élève *mf* bourreau de travail, élève *mf* studieu*x*(*se*), élève *mf* obsédé(*e*) par *son* travail [ne pensant qu'à travailler], élève *mf* travailleu*r*(*se*), bûcheu*r*(*se*) {*fam*}, (sacré(*e*)) bosseu*r*(*se*) {*fam*}, élève *mf* piocheu*r*(*se*) {*fam*}, polar *mf* {*arg*}.

학구² 學區 명 circonscription *f* scolaire.

◆_제 -制 명 système *m* de circonscription scolaire. ¶ ~제를 실시하다 mettre en place un système de circonscription scolaire.

학군 學群 명 groupe *m* d'écoles (réparties pour des raisons administratives); groupe *m* scolaire; circonscription *f* scolaire. ¶ ~을 신설하다 mettre en place [créer, fonder] une circonscription scolaire. ¶ 그는 8~ 출신이다 Il est sorti de la huitième circonscription scolaire ⟪qui a une excellente réputation, Gangnam⟫.

◆_제 -制 명 système *m* des circonscriptions scolaires.

학군단 學軍團 명 ⟪영어⟫ le Reserve Officers and Training Corps (ROTC), unité *f* d'entraînement des officiers de réserves. ¶ ~ 후보생 officier élève; étudiants qui font une préparation militaire parallèlement à leurs études; ⟪영어⟫ un ROTC.

학규 學規 명 règles *fpl* [règlement *m*] d'une école. ¶ ~를 지키다 respecter le règlement d'une école. ¶ ~를 어기다 enfreindre le règlement d'une école.

학급 學級 명 classe *f*. ¶ ~당 평균 학생 수 moyenne du nombre d'élèves par classe; effectif moyen par classe. ¶ ~을 편성하다 répartir par classes. ¶ 그는 자기 ~에서 키가 제일 크다 C'est l'élève le plus grand dans sa classe.

◆_회의 -會議 명 réunion *f* des élèves d'une classe. ¶ ~회의를 열다 ouvrir [commencer] la réunion des élèves d'une classe.

학기 學期 명 semestre *m*. ¶ 그 학생은 이번 ~에는 등록을 하지 않았다 Cet(*te*) élève ne s'est pas inscrit(*e*) pour ce semestre. ¶ 한국에서 1 ~는 3월에 시작된다 En Corée, le premier semestre débute au mois de mars. ¶ ~가 바뀌었다 On a changé de semestre / C'est un nouveau semestre.
[분류] un semestre *m*. ¶ 한 ~ 휴학하다 interrompre *ses* études pour un semestre.

◆_말 -末 명 fin *f* du semestre. ¶ ~말 시험 l'examen final.

◆_중 -中 명 en cours de semestre. ¶ ~중에 휴학하다 interrompre *ses* études en cours de semestre. ¶ ~중에 외국에 다녀오다 faire un voyage à l'étranger en cours de semestre.

◆_초 -初 명 début *m* du semestre.

◆신_ 新 명 nouveau semestre *m*. ¶ 신~가 시작되었다 Un nouveau semestre a commencé.

학내 學內 명 à l'intérieur du campus, dans le campus. ¶ ~ 분규 conflit entre la direction de l'école et les élèves. ¶ ~ 집회 une assemblée [un meeting] à l'intérieur du campus.

학년 學年 명 année *f* scolaire; année *f* universitaire. ¶ 그 여자는 6 ~이다 Elle est en sixième année de l'école primaire. ¶ 너는 몇 ~이냐? En quelle année es-tu? ¶ 나는 불문과 1 ~입니다 Je suis en première année du département de langue et littérature françaises. ¶ ~이 올라가다 passer dans la classe supérieure.

◆_도 -度 명 année *f* scolaire; année *f* universitaire.

◆_말 -末 명 fin *f* de l'année scolaire.

◆_별 -別 명 année par année scolaire; selon l'année scolaire où un élève se trouve.

◆_제 -制 명 système *m* des années scolaires.

◆_초 -初 명 début *m* de l'année scolaire.

학년생 學年生 명 élève en nième [énième] année. ¶ 중학교 1~ un(*e*) élève de première année de collège; ⟪프랑스⟫ un(*e*) élève de sixième.

학당 學堂 명 école *f*, institut *m*.

학대 虐待 명 mauvais traitement *m*; coups *mpl*, violence *f*, maltraitance *f*, sévices *mpl*. ¶ 아동 ~ maltraitance des enfants; mauvais traitements [sévices] sur enfants. ¶ 동물 ~ mauvais traitement [maltraitance] des animaux; abus à l'égard des animaux. ¶ ~를 견디다 supporter un mauvais traitement. ◇_(를) **하다** maltraiter, malmener, brutaliser, martyriser; exercer des sévices sur *qn*. ¶ 동물을 ~하다 maltraiter les animaux. ◇_(를) **받다** [**당하다**] se faire maltraiter [malmener]; être brutalisé(*e*) [martyrisé(*e*)] par *qn*. ¶ 끔찍한 ~를 받다 être la victime d'un mauvais traitement; être la victime de sévices.

학덕 學德 명 savoir *m* [érudition *f*] et vertu *f*. ¶ ~이 높은 선비 un homme de savoir et de vertu.

학도 學徒 명 étudiant(*e*); chercheu*r*(*se*). ¶ 전국의 백만 ~들이 총궐기하다 Un million d'étudiants de tout le pays se sont soulevés.

◆_병 -兵 명 étudiant *m* mobilisé.

◆_호국단 -護國團 명 Association *f* patriotique des étudiants et des lycéens.

학동 學童 명 élève *mf* de l'école primaire; écoli*er*(*ère*).

학력¹ 學力 명 connaissances *fpl*, savoir *m*; niveau *m* des connaissances. ¶ ~을 평가하다 faire une évaluation des connaissances. ¶ ~이 저하되었다 Le niveau des connaissances a baissé. ¶ ~이 향상되다 faire des progrès, progresser, s'améliorer; atteindre un meilleur niveau, élever *son* niveau de connaissances.

◆_고사 -考査 명 examen *m* des connaissances acquises [de l'acquisition des connaissances]; ⟪대입⟫ ancienne appellation du baccalauréat coréen.

학력² 學歷 명 études *fpl*, formation *f*. ¶ 최종 ~을

기입하다 inscrire *son* dernier diplôme obtenu. ¶ ~을 제한하다 imposer un certain niveau d'études pour engager *qn*. ¶ ~을 불문하고 채용하다 engager *qn* sans tenir compte de *sa* formation [sans tenir compte des diplômes scolaires, sans prendre en compte les diplômes scolaires]. ¶ ~이 높다 avoir fait beaucoup d'études.

◆**고_** 高 명 diplômé(*e*) d'études supérieures; diplômé(*e*) de hautes études. ¶ 고~ 실업자 une personne bardée de diplômes [aux nombreux diplômes, possédant de nombreux diplômes] au chômage.

학령 學齡 명 âge *m* scolaire. ¶ ~ 아동이 증가했다 Les enfants en âge scolaire sont de plus en plus nombreux. ¶ ~은 나라마다 다르다 L'âge scolaire diffère selon les pays.

학리 學理 명 théorie *f*; principe *m* scientifique.

학맥 學脈 명 relations *fpl* avec *ses* camarades de classe. ¶ ~을 잇다 conserver *ses* relations avec *ses* anciens camarades de classe. ¶ ~을 형성하다 former des relations avec *ses* camarades de classe.

학명 學名 명 nom *m* scientifique; nom *m* binomin*al*(*aux*), binôme *m* ((par opposition au nom vernaculaire d'une espèce animale ou végétale)). ¶ ~을 붙이다 donner un nom scientifique.

학문 學問 명 étude *f*, science *f*; connaissances *fpl*, savoir *m*, science *f*. ¶ ~을 닦다 s'adonner tout(*e*) enti*er*(*ère*) à l'étude. ¶ ~에 뜻을 두다 projeter de faire des études [de s'adonner à l'étude]. ¶ ~에 정진하다[힘쓰다] appliquer *son* esprit à l'étude, s'appliquer à l'étude; être assidu(*e*) (à l'étude [au travail]); se donner au travail [à l'étude]; se consacrer à l'étude; se livrer à un travail [à l'étude]. ¶ ~이 높다 avoir des connaissances approfondies [profondes]. ◇_(을) **하다** faire de la recherche. ¶ ~할 뜻을 세우다 former le projet de faire des études, décider de se consacrer aux études scientifiques.

◆**_적** -的 명관 scientifique. ¶ ~적인 태도 une attitude scientifique. ¶ ~적인 성과를 거두다 avoir des résultats scientifiques.

학번 學番 명 numéro *m* d'étudiant; ((입학연도)) promotion *f*, promo *f* {*fam*}. ¶ 너는 몇 ~이냐? En quelle année es-tu entré(*e*) à l'université? / Tu es de quelle *promotion* [de quelle promo {*fam*}]? ¶ 나는 ~이 그보다 더 높다 Je suis entré(*e*) à l'université plus tôt que lui. ¶ 학생은 학번이 뭡니까? Quel est votre numéro d'étudiant?

학벌 學閥 명 clan *m* universitaire; coterie *f* [clique *f*] de savants. ¶ ~을 따지다 tenir compte de la formation (universitaire) de *qn*. ¶ ~을 내세우다 mettre en relief la formation (universitaire) de *qn*; faire étalage de [souligner, se complimenter de] *sa* bonne formation. ¶ ~을 짓다 se grouper entre anciens élèves d'une même école. ¶ ~이 좋다 être issu(*e*) [diplômé(*e*)] d'une bonne université [école]. ¶ ~이 없다 être issu(*e*) [diplômé(*e*)] d'une mauvaise université [école]; ne pas être diplômé(*e*).

◆**_주의** -主義 명 doctrine *f* des coteries de savants.

학병 學兵 명 étudiant *m* mobilisé. ¶ ~으로 참전하다 participer à une guerre en tant qu'étudiant mobilisé.

학보 學報 명 journal *m* universitaire, revue *f* universitaire. ¶ 그는 ~ 편집장이다 C'est le rédacteur en chef du journal universitaire. ¶ ~를 발행하다 faire paraître un journal universitaire. ¶ ~에 기사를 싣다 faire paraître [publier] un article dans une revue universitaire.

◆**_사** -社 명 journal *m* universitaire. ¶ ~사 기자 un(*e*) journaliste qui travaille pour un journal universitaire.

학부[1] 學府 명 université *f*, établissement *m* d'enseignement supérieur. ¶ 최고 ~를 나오다 sortir diplômé(*e*) de la meilleure université du pays.

학부[2] 學部 명 ① ensemble *m* [rassemblement *m*] de plusieurs départements [U.F.R.], section *f*; faculté *f*. ¶ 신입생을 ~별로 모집하다 recruter des étudiants de première année en les regroupant par section. ② licence *f*. ¶ ~ 과정을 이수하고 대학원에 입학하다 commencer un mastère après avoir terminé *sa* licence.

◆**_제** -制 명 «le système *m* des sections» <système d'après lequel on entre dans une section et qui permet de choisir *son* département [*son* U.F.R.] parmi celles offertes par la faculté>.

◆**문_** 文- 명 faculté *f* des lettres.

◆**경제_** 經濟 명 faculté *f* d'économie; section *f* Économie. ☞ 계열

학부모 學父母 명 parents *mpl* d'élèves. ¶ ~들이 학교 운영에 참여한다 Les parents d'élèves participent à la gestion de l'école.

◆**_회** -會 명 association *f* de parents d'élèves.

학부형 學父兄 명 parents *mpl* d'élèves.

학비 學費 명 frais *mpl* [droits *mpl*] de scolarité, frais *mpl* d'études. ¶ ~를 벌다 gagner l'argent nécessaire pour payer *ses* frais de scolarité. ¶ ~를 대다 payer *ses* frais de scolarité. ¶ ~를 마련하다[조달하다] trouver l'argent nécessaire pour payer *ses* frais de scolarité. ¶ ~로 쓰다 consacrer une somme d'argent à *ses* frais de scolarité.

학사[1] 學士 명 licencié(*e*). ¶ ~ 학위를 받다 obtenir le diplôme de licence; être licencié(*e*).

◆**_모** -帽 명 toque *f* de diplômé(*e*).

◆**문_** 文- 명 licencié(*e*) ès lettres.

◆**법_** 法 명 licencié(*e*) en droit.

학사[2] 學事 명 affaires *fpl* scolaires. ¶ ~ 운영을 감사하다 contrôler la gestion des affaires scolaires. ¶ ~ 업무에 차질을 빚다 faire des faux pas dans les affaires scolaires.

◆**_일정** -日程 명 calendrier *m* des affaires scolaires.

학살 虐殺 명 massacre *m*, tuerie *f*, carnage *m*; génocide *m*; holocauste *m*. ¶ 대량 ~ massacre en grand nombre. ¶ 무차별적인 ~ massacre sans pitié.

¶ ~을 자행하다 tremper *ses* mains dans le sang. ◇_(을) **하다** massacrer; faire un carnage de; exterminer. ¶ 양민을 ~하다 massacrer la population civile innocente. ◇_(이) **되다** être massacré(*e*), tué(*e*). ¶ 수많은 사람이 침략자에게 ~되었다 Beaucoup de gens ont été massacrés par les envahisseurs. ◇_(을) **당하다** être massacré(*e*), tué(*e*). ¶ 전쟁 중에 ~당한 시민들 citoyens tués pendant la guerre.

◆_**자** -者 명 auteur d'un massacre. ¶ ~자를 처벌하다 punir les auteurs d'un massacre.

◆**대_** 大- 명 grand carnage *m*.

학생 學生 명 élève *mf*; ((초등학교)) écolie*r*(*ère*); ((중학교)) collégien(*ne*); ((고등학교)) lycéen(*ne*); ((대학생)) étudiant(*e*). ¶ 그는 모든 면에서 모범 ~이다 C'est un élève modèle sur tous les plans. ¶ ~ 시위 une manifestation estudiantine.

◆_**과** -科 명 service *m* de la scolarité.

◆_**복** -服 명 uniforme *m* scolaire.

◆_**생활** -生活 명 vie *f* scolaire et [ou] étudiante.

◆_**운동** -運動 명 mouvement *m* étudiant. ¶ 그들은 ~운동에 가담한 전력이 있다 Ils ont participé à des mouvements étudiants.

◆_**증** -證 명 carte *f* d'étudiant. ¶ 도서관 출입시 ~증 검사를 한다 Ils contrôlent les cartes d'étudiants à l'entrée de la bibliothèque.

◆_**처** -處 명 bureau *m* [service *m*] des affaires disciplinaires et sociales des étudiants.

◆_**층** -層 명 couche *f* sociale des étudiants; catégorie *f* d'étudiant.

◆_**회** -會 명 association *f* des élèves.

◆_**회관** -會館 명 bâtiment *m* réservé aux étudiants, bâtiment *m* des étudiants.

학생부 學生部 명 bureau(*x*) *m* où sont réglés les problèmes disciplinaires, bureau(*x*) *m* des affaires disciplinaires. ¶ ~에 불려가다 être convoqué(*e*) dans le bureau des affaires disciplinaires.

학설 學說 명 doctrine *f*; théorie *f*. ¶ ~을 정립하다 fonder [bâtir] une théorie. ¶ ~을 공박하다 réfuter une théorie.

◆**신_** 新- 명 nouvelle théorie *f*. ¶ 신~을 제창하다 fonder une nouvelle théorie.

학수고대 鶴首苦待 명 ((faire)) le pied *m* de grue. ◇_(를) **하다** attendre *qn* avec impatience; faire le pied de grue; croquer le marmot; faire le planton [le poireau]; s'enraciner, prendre racine. ¶ 그가 오기를 ~하고 있다 Je l'attends avec impatience. ¶ 그의 귀환을 ~하고 있다 J'attends avec impatience son retour.

학술 學術 명 science *f*; ((형용사)) académique. ¶ ~ 강연 une conférence académique. ¶ ~ 교류 des échanges académiques. ¶ ~ 토론 un débat académique. ¶ ~ 활동 des activités académiques. ¶ ~ 진흥 la promotion académique.

◆_**적** -的 명관 académique. ¶ ~적으로 가치 있는 발견 une découverte intéressante sur le plan académique. ¶ 이 지역은 ~적인 면에서 가치가 높다 Cette région est très développée sur le plan académique. ¶ ~적 업적을 남기다 laisser des travaux académiques [d'illustres travaux académiques] à la postérité.

◆_**논문** -論文 명 article *m* d'une revue académique; étude *f* académique.

◆_**대회** -大會 명 colloque *m*; congrès *m* ((de médecine)); symposium *m*, forum *m*; table *f* ronde; journée *f* d'étude.

◆_**용어** -用語 명 terme *m* académique.

◆_**지** -誌 명 revue *f* académique.

학술원 學術院 명 Académie *f* nationale des sciences. ¶ ~에 들어가다 entrer à l'Académie nationale des sciences; devenir académicien(*ne*).

학습 學習 명 études *fpl*, apprentissage *m*. ¶ ~ 효과 bénéfices [effets bénéfiques, résultats positifs] de l'apprentissage; efficacité de l'apprentissage. ¶ ~ 태도가 좋다[좋지 않다] avoir une bonne attitude de travail, être attenti*f*(*ve*) en classe, être sérieu*x*(*se*) dans *ses* études [avoir une mauvaise attitude de travail, être peu attenti*f*(*ve*) en classe, être peu sérieu*x*(*se*) dans *ses* études]. ¶ 교과 ~ apprentissage d'une matière. ¶ 외국어 ~ apprentissage des langues étrangères. ◇_(을) **하다** travailler, étudier, apprendre. ¶ 새로운 이론을 ~하다 étudier [apprendre] une nouvelle théorie. ◇_(이) **되다** être étudié(*e*); être enseigné(*e*). ◇_(을) **시키다** enseigner [apprendre] *qc* à *qn*. ◇_(을) **받다** se faire enseigner *qc*; apprendre *qc* de *qn*.

◆_**자** -者 명 apprenant(*e*).

◆_**장** -帳 명 cahier *m* (de brouillon).

◆_**지** -紙 명 papier *m* de brouillon.

◆_**지도** -指導 명 direction *f* d'études.

학승 學僧 명 【불교】 ① moine *m* savant. ② moine *m* qui fait des études.

학식 學識 명 science *f*, érudition *f*, savoir *m*; connaissances *fpl*. ¶ ~을 갖추다[지니다] avoir [posséder] des connaissances ((très vastes)); être érudit(*e*), instruit, cultivé(*e*). ¶ ~과 덕망을 두루 갖추다 être un homme de savoir et de vertu. ¶ ~이 풍부하다 être érudit(*e*), très savant(*e*), très instruit(*e*) [très cultivé(*e*)]; être un homme de grand savoir. ¶ ~이 있다[없다] être érudit(*e*), instruit(*e*), cultivé(*e*), savant(*e*) [être un(e) ignorant(e), être sans instruction]. ¶ ~이 높다[깊다, 뛰어나다] avoir des connaissances approfondies [étendues], avoir de vastes connaissances [des connaissances profondes] sur ((la peinture)); être un homme de grand savoir; être très instruit(*e*) [cultivé(*e*)].

학업 學業 명 *ses* études *fpl*. ¶ ~ 성적이 우수하다 avoir d'excellentes notes; avoir un très bon bulletin. ¶ ~을 (끝)마치다 terminer *ses* études. ¶ ~을 중도에 포기하다[중단하다] abandonner *ses* études [s'arrêter en cours d'études]. ¶ ~에 태만하다 négliger *ses* études. ¶ ~에 전념하다 se consacrer

entièrement à *ses* études; s'appliquer à *ses* études. ¶~에 지장을 초래하다 faire obstacles aux études de *qn*.

학연 學緣 명 attaches *fpl* universitaires. ¶~, 지연 등으로 뒤얽힌 사회 une société enchevêtrée [embrouillée] par les attaches universitaires et régionales. ¶인사에서 ~이나 지연을 배제하다 supprimer les attaches universitaires et régionales dans l'administration du personnel.

학예 學藝 어근 sciences *fpl* et arts *mpl*.

◆**_란** -欄 명 colonne *f* des sciences et arts.

◆**_면** -面 명 page *f* des sciences et arts.

◆**_부** -部 명 cercle *m* des sciences et des arts ⦅un des groupes d'activités extrascolaires⦆.

◆**_(발표)회** -發表會 명 ⦅전시회⦆ exposition *f* des sciences et des arts; ⦅발표회⦆ spectacle *m* scolaire.

학용품 學用品 명 fournitures *fpl* scolaires. ¶~을 아껴 쓰다 faire des économies sur les fournitures scolaires. ¶아이에게 ~을 사주다 acheter des fournitures scolaires à *ses* enfants.

학우 學友 명 camarade *mf* de classe; condisciple *mf*. ¶우리 과 한 ~가 시위 중에 다쳤다 Un élève de notre département [de notre U.F.R.] s'est blessé lors d'une manifestation.

◆**_회** -會 명 réunion *f* [association *f*] des camarades de classe.

학원[1] 學園 명 ⦅학교⦆ école *f*, université *f*; campus *m* [complexe *m*] universitaire; monde *m* universitaire. ¶~ 비리 la corruption dans les écoles. ¶~ 자율화 la mise en autonomie [la libéralisation] du monde universitaire [des universités].

◆**_가** -街 명 quartier *m* où sont concentrés les établissements d'enseignement.

학원[2] 學院 명 institut *m* [école *f*] (privé(*e*)); centre *m* d'études; académie *f*. ¶~ 강사 un(*e*) enseignant(*e*) d'un institut (privé). ¶입시[요리] ~ une école privée de préparation aux concours d'entrée des universités [une école de cuisine]. ¶운전면허 ~ une école de conduite [une auto-école]. ¶외국어 ~ un institut (privé) de langues étrangères. ¶~에 다니다[등록하다] suivre des cours dans un institut privé [s'inscrire dans un institut privé].

◆**_가** -街 명 quartier *m* où sont concentrés les instituts privés.

학위 學位 명 diplôme *m* (universitaire); grade *m* [titre *m*] universitaire. ¶~를 주다[수여하다] remettre [conférer, décerner] un diplôme. ¶~를 따다[받다] obtenir [recevoir] un diplôme. ¶~를 마치다 obtenir un diplôme; être admis(*e*) au grade de ⦅docteur ès lettres⦆.

◆**_논문** -論文 명 ⦅박사⦆ thèse *f* (de doctorat), ⦅석사⦆ mémoire *m* (de master, de fin d'études). ¶~논문 심사 soutenance (de thèse, de mémoire). ¶~논문을 대학에 제출하다 déposer une thèse [un mémoire] à l'administration universitaire.

◆**박사_** 博士- 명 diplôme *m* de doctorat; doctorat *m*.

◆**석사_** 碩士- 명 diplôme *m* de master

◆**학사_** 學士- 명 diplôme *m* de licence [de licencié]; licence *f*.

학자 學者 명 savant(*e*); érudit(*e*), scientifique *mf*. ¶세계적으로 유명한 ~ savant(*e*) connu(*e*) dans le monde entier; savant(*e*) de renommée mondiale. ¶~인 체하다 prendre [se donner] des airs de savant; être [se montrer] pédant(*e*); faire l'érudit(*e*). ¶그 사람의 태도는 ~답다 C'est un homme qui se conduit en vrai érudit / C'est un vrai savant.

◆**_연하다** -然 자 être [se montrer] pédant(*e*); prendre [se donner] des airs de savant; faire l'érudit. ¶나는 그 사람의 ~연하는 태도가 못마땅하다 Je n'aime pas son pédantisme [sa pédanterie, ses airs de pédant] / Son pédantisme [Sa pédanterie] me déplaît.

◆**_적** -的 명관 digne d'un savant. ¶그 사람은 ~적인 소양을 갖춘 사람이다 Il a une culture de savant. ¶남의 글을 도용하는 것은 ~적 양심을 저버린 행위이다 S'approprier [Usurper] les écrits d'autrui est un acte qui va à l'encontre de la déontologie.

학자금 學資金 명 frais *mpl* d'études, frais *mpl* [droits *mpl*] de scolarité. ¶~을 대주다 financer les études de *qn*; payer les études à *qn*. ¶~을 마련하다 se procurer [trouver] les frais de scolarité. ¶~을 융자받다 emprunter de l'argent pour payer les études de *qn* [*ses* études]. ☞ 학비

학장 學長 명 ① ⦅종합대학⦆ doyen *m* ⦅d'une faculté⦆. ¶~ 회의 conseil des doyens. ¶공과대학 ~ doyen de la faculté de technologie. ② ⦅단과대학⦆ président *m*.

학적 學籍 명 inscription *f* (à un établissement scolaire). ¶~을 옮기다 transférer *son* registre scolaire; changer d'école [d'université, d'établissement scolaire]. ¶그 학생은 서울대학교에 ~을 두고 있다 Cet(*te*) élève est inscrit(*e*) à l'Université nationale de Séoul.

◆**_과** -科 명 service *m* de la scolarité; administration *f*.

◆**_부** -簿 명 registre *m* scolaire.

학점 學點 분류 crédit *m*. ¶3~의 불문법을 수강하다 suivre le cours de grammaire française apportant [valant] crédits. ¶4 ~을 따다[취득하다, 이수하다] obtenir quatre crédits. ¶졸업을 하려면 120 ~을 이수해야 한다 Il faut obtenir un total de 120 crédits pour être diplômé de l'université.

명 note *f*. ¶그 학생은 이번 학기에 불문학개론에서 A ~을 받았다 Ce semestre, il a eu [obtenu] un A en «Introduction à la littérature française».

학정 虐政 명 politique *f* cruelle [oppressive]; tyrannie *f*, despotisme; oppression *f*. ¶분노한 백성들이 왕의 ~에 항거하여 난을 일으켰다 Le peuple en colère s'est insurgé contre la tyrannie du roi. ¶무고한 시민들이 군부의 ~에 시달리고 있다 Des citoyens innocents souffrent sous l'oppression du régime

militaire.

학제 學制 명 【교육】 système *m* scolaire; système *m* d'enseignement (scolaire). ¶ ~상 고등학교까지 마치려면 12년이 걸린다 Suivant le système scolaire, il faut compter 12 ans pour arriver à la fin des études secondaires. ¶ ~를 개편하다 réformer le système scolaire; procéder à la réforme du système scolaire.

학질 瘧疾 명 【의학】 paludisme *m*, malaria *f*. ¶ ~을 앓다 souffrir du paludisme; être atteint de paludisme. ¶ ~에 걸리다 contracter le paludisme.
*~**을 떼다** être dégoûté(*e*) [écœuré(*e*)] de *qc*/*qn*; en avoir assez de *qc*/*qn*, en avoir marre {*fam*} de *qc*/*qn*, en avoir plein le dos {*fam*}, en avoir ras le bol [cul] {*fam*}, en avoir *sa* claque {*fam*}; ne plus en pouvoir. ¶ 그 녀석이 어찌나 귀찮게 구는지 아주 ~을 뗐다니까 Ce type [mec] m'embête [m'emmerde {*fam*}] tellement que j'en ai eu marre {*fam*} de lui! / J'en ai vraiment assez de lui, il m'empoisonne la vie [il me fait chier {*vulg*} à un point, tu verrais]! / Je ne peux plus le sentir [fam] [le souffrir, le blairer {*fam*}, le pifer {*pop*}, l'encadrer {*fam*}] ce mec [type]! tu verrais comme il me rend la vie impossible [dingue]!

학창 學窓 어근 école *f*, institution *f*.
◆ **_생활** -生活 명 vie *f* scolaire, vie *f* étudiante [d'étudiant]. ¶ 즐거운 ~생활을 하다 passer d'heureuses années scolaires.
◆ **_시절** -時節 명 période *f* de *sa* scolarité; période *f* universitaire, années scolaires *mpl*. ¶ ~시절이 그립다 Mes années scolaires me manquent.

학칙 學則 명 【교육】 règlement *m* scolaire (d'une école). ¶ ~을 정하다 établir le règlement scolaire. ¶ ~을 위반하다 transgresser [enfreindre] le règlement scolaire. ¶ ~을 개정하다 modifier [réformer, réviser] le règlement scolaire. ¶ 그 학생은 ~에 따라서 처벌을 받았다 Cet élève a été puni [sanctionné] conformément au règlement scolaire.

학파 學派 명 école *f*, secte *f*. ¶ 스토아~ l'école stoïcienne. ¶ 자유주의[중상주의, 중농주의] ~ école libérale [mercantile, physiocrate]. ¶ 신흥[새로운] ~를 이루다 former une nouvelle école.

학풍 學風 명 esprit *m* [tendance *f*] d'une école; tradition *f* d'une école. ¶ ~을 세우다 établir l'esprit d'une école. ¶ ~을 이어가다[존중하다] hériter [respecter] l'esprit d'une école. ¶ 학교마다 ~이 서로 다르다 Chaque établissement scolaire défend un esprit propre à lui.

학형 學兄 명 camarade *m* (d'études); 《호칭》 Camarade *m* et ami *m*; Monsieur; vous (à un camarade d'études). ¶ 같은 과의 여러 ~들이 내게 도움을 주었다 Plusieurs élèves du département m'ont aidé [donné un coup de main].

학회 學會 명 ① société *f* savante; association *f*; académie *f*. ¶ 한국불어불문~ Société coréenne de Langue et Littérature françaises. ¶ ~활동을 하다 participer aux activités d'une association. ¶ ~를 조직하다[설립하다, 세우다] créer [fonder] une société. ¶ ~에 가입하다 adhérer à une société; devenir membre d'une société. ¶ 요즈음 우리 ~가 활성화되고 있다 Notre association s'anime ces derniers temps / Ces jours-ci, les membres de notre association deviennent plus actifs. ② 학술대회 congrès *m*, colloque *m*.

한[1] 관 ① 하나 un(*e*). ¶ ~ 달 un mois. ¶ ~ 사람 une personne. ¶ 차 ~ 대 une voiture. ② 같은 même. ¶ ~ 집에 살다 habiter sous le même toit. ¶ ~ 집안 사람 membre de la famille. ¶ 그들은 ~ 패이다 Ils sont du même camp. ③ 어떤 quelconque; un(*e*) certain(*e*); un(*e*). ¶ 동해안의 ~ 마을 un village [bled {*fam*}] situé sur la côte est. ④ 대략 à peu près; environ; aux alentours (de *qc*). ¶ ~ 20분 environ 20 minutes. ¶ ~ 열 사람 à peu près dix personnes; une dizaine de personnes. ¶ ~ 10만 원 정도 environ cent mille wons.
*~ **귀로 듣고 ~ 귀로 흘리다** Cela (lui) rentre par une oreille et (lui) sort par l'autre; ne pas prêter attention 《aux conseils de *qn*》.
*~ **다리 걸치다** participer à *qc*, prendre part à; avoir part à *qc*.
*(**누구와**) ~ **몸이 되다** faire corps avec *qn*.
***겨우 ~ 손 놓다** se libérer à peine du travail [de la tâche].
*~ **줌밖에 안 되다** cela ne fait pas grand-chose.
*~ **번 속지 두 번은 안 속는다** On se laisse tromper une seule fois, pas deux / Je ne me laisserai pas avoir une deuxième fois.
*~ **번 실수는 병가지상사** Une erreur, cela peut arriver à tout le monde.
*~ **입 건너 두 입** 《se faire connaître par》 le bouche à oreille; de bouche à oreille; passer [circuler] de bouche en bouche.
*~ **입으로 두 말 하기** tenir un double langage; revenir sur *ses* dires, revenir sur *sa* parole [ce qu'on a dit, *son* opinion, *sa* promesse]; se rétracter, se dédire 《d'une promesse, d'une affirmation, d'un engagement》; manquer à *sa* parole, se contredire; manquer à *sa* promesse; se contredire, dire le contraire de ce qu'on avait avancé peu avant; dire autre chose; se désavouer; se raviser; retirer *sa* parole; désavouer les propos qu'on avait tenus [une opinion qu'on avait soutenue]; rétracter ce qu'on a dit.
*~ **치 걸러 두 치** Une différence d'un pouce, ce n'est pas mince.
*~ **치 앞을 못 보다** manquer de prévoyance, ne pas avoir la moindre prévoyance; ne pas voir plus loin que le bout de *son* nez.

한[2] **恨** 명 ① 한탄 chagrin *m*; désolation *f*, affliction *f*, lamentation *f*, regret *m*. ② 원한 ressentiment *m*, rancune *f*, rancœur *f*. ¶ 망향의 ~ un profond regret du pays natal. ¶ (누구에게) ~을 품다 avoir de la rancune [rancœur] contre *qn*; nourrir une haine implacable. ¶ (누구의) ~을 풀다 venger *qn*. ¶ (누구에 대한) ~을 풀다 assouvir sa rancune contre *qn*; se venger de *qn*. ¶ ~을 달래다 assouvir [apaiser] la rancune. ¶ 가슴에 ~이 맺히다[서리다] avoir un profond ressentiment au fond du cœur; être pris d'un profond remords. ¶ 이 일만 성사되면 나는 죽어도 ~이 없다 Je donnerais ma vie pour que cette affaire aboutisse. ◇_(을) **하다** en vouloir à *qn*; avoir du ressentiment [de la rancune, de la rancœur] contre *qn*. ¶ 내가 누구를 ~하겠는가 A qui pourrais-je en vouloir? ¶ 기약 없는 이별을 ~하다 regretter la séparation sans promesse de retrouvailles.

*~**이 가슴에 사무치다** éprouver [avoir] un regret au plus profond de son âme.

◆**_스럽다** 형 être désolé(*e*); regretter (profondément, infiniment); avoir un profond regret. ¶ 나는 많이 배우지 못한 것이 ~스럽다 Je regrette profondément [infiniment] de ne n'avoir pas assez étudié.

한[3] 限 명 ((한계)) limite *f*, bornes *fpl*, fin *f*, terme *m*; ((기한)) ((nom non autonome. Il s'emploie après la forme déterminante du présent du verbe, c'est-à-dire le radical + -ㄴ/-는)) terme *m*, période *f*.

의명 tant que, aussi longtemps que; dans la mesure où; autant que+*subj*; à moins que+*subj*, sauf dans le cas de. ¶ 죽는 ~이 있더라도 끝까지 싸우겠다 Je continuerai à me battre au péril de ma vie. ¶ 내가 아는 ~ 그 사람은 선량한 사람이다 Autant que je sache, c'est un brave homme. ¶ 특별한 문제가 없는 ~ 우리는 내일 출발한다 À moins qu'il y ait des problèmes graves, nous partirons demain / Sauf dans le cas de circonstances exceptionnelles, nous partirons demain. ◇_(이) **없다[있다]** ne pas avoir de limites, ne pas être limité(*e*), être sans limites [bornes]; être infini(*e*), immense, insatiable [avoir des limites, être limité(*e*)]. ¶ 사람의 욕망은 ~이 없다 Le désir humain n'a pas de limites / Le désir de l'homme est insatiable. ¶ (누가) 억울하기[부끄럽기] ~이 없다 éprouver un grand sentiment injuste [de honte]. ¶ 참는 데에도 ~이 있다 La patience a des limites. ¶ ~(이) 없이 infiniment, indéfiniment; à l'infini, ((s'étendre)) à *perte de vue; sans fin*. ¶ ~(이) 없이 넓은 바다 mer immense [qui s'étend à l'infini]. ¶ ~없이 슬프다 être infiniment triste; éprouver une tristesse infinie. ¶ ~없는 기쁨 une joie infinie; un immense plaisir.

◆**_하다** 재타 limiter. ¶ 회원을 30명으로 ~하다 limiter le nombre des membres à 30. ¶ 장애자에 ~하여 무료로 입장시키다 offrir [permettre] l'entrée gratuite uniquement aux handicapés. ¶ 오늘에 ~하여 특별 할인 판매를 한다 Vente en solde [à un prix exceptionnel] uniquement aujourd'hui.

한-[4] 접두 ① 큰 grand(*e*). ¶ ~길 grande route. ¶ ~시름 덜다 se débarrasser de *ses* soucis majeurs. ② 한창인, 한가운데 plein(*e*) ((jour, nuit)); cœur *m* ((de l'hiver)). ¶ ~가운데 en plein centre; en plein milieu ((de la rue)); au beau milieu ((de la chaussée)). ¶ ~겨울에 en plein hiver; au cœur [plus fort] de l'hiver. ¶ ~밤중에 en pleine nuit; au beau milieu de la nuit. ¶ 길 ~복판 en pleine rue, en plein milieu de la rue [chaussée]; au beau milieu de la chaussée. ③ 바깥 ((en)) plein *m* air, extérieur *m*, dehors *m*. ¶ ~데서 잠을 자다 dormir [coucher] en plein air [à la belle étoile, dehors].

한가득 부 pleinement. ¶ 주머니에 사탕을 ~ 넣다 remplir *ses* poches de bonbons. ¶ 그들은 승리의 기쁨을~ 안고 돌아왔다 Ils sont rentrés pleins de la joie de leur victoire.

한뜻 명 une seule[même] volonté, un même élan.¶ 많은 사람들이 한마음 ~으로 불우이웃돕기 성금을 모았다 De nombreuses personnes ont réuni dans un même élan de sympathie des fonds pour aider les sinistrés.

한가락 명 mélodie *f*, air *m*. ¶ 노래나 ~ 불러 보게 Allez! Chante-moi[nous] une petite chanson. ¶ ~ 뽑다 chanter une chanson (avec allégresse, avec fierté). ◇_(을) **하다** se faire un nom, faire autorité ((dans un domaine)); jouir d'une réputation établie. ¶ 그 사람은 이 방면에서 ~ 하는 사람이다 Il s'est fait un nom dans ce domaine / Il jouit d'une réputation établie dans ce domaine / Cette personne est une autorité dans ce domaine.

한가롭다 閑暇- 형 être libre; avoir du temps libre; avoir du(*des*) loisir(*s*). ¶ 네가 오랜만에 한가롭구나 Tu as l'air libre pour une fois / Pour une fois que tu as du temps / Pour la première fois depuis longtemps, tu as du temps libre. ¶ 나는 주말에는 한가롭게 지낸다 J'ai du temps libre le week-end (alors que je n'ai pas de temps pendant la semaine). ¶ 한가로운 오후를 즐기다 passer agréablement l'après-midi à flâner.

◆**한가로이** 閑暇- 부 (tout) à loisir; paisiblement; tranquillement; librement. ¶ 꽃 사이를 나비가 한가로이 날아다니고 있었다 Les papillons volaient à loisir d'une fleur à l'autre.

한가운데 명 ((au)) milieu(*x*) *m* ((de)), ((au)) centre *m* ((de)), ((au)) cœur *m* ((de la forêt)). ¶ 생의 ~ au beau milieu de *sa* vie. ¶ 길 ~에서 au milieu de la rue; en pleine rue. ¶ 과녁의 ~를 맞추다 atteindre le centre d'une cible; faire mouche, taper dans le mille. ¶ 그 아이는 축구공에 얼굴 ~를 맞았다 Il a reçu le ballon de foot en plein visage. ¶ 정치적 소용돌이[격변, 격동]의 ~에 서 있다 être en plein milieu des bouleversements politiques. ¶ 그 공원은 서울 ~에 있다 Ce parc se trouve au centre de Séoul [en plein Séoul].

한가위 명 【민속】 ((autre nom de la grande fête familiale de)) Chuseok *m* <fête des moissons [des récoltes], le quinzième jour du huitième mois lunaire, sorte de Thanksgiving Day coréen>. ¶ 더도 말고 덜도 말고 ~만 같아라 Ah, ce serait

tellement bien si c'était Chuseok toute l'année! ☞ 추석, 중추절, 팔월 대보름, 가배절

한가지 명 ① 《일종》 une sorte *f*, une espèce *f*, 《변종》 une variété *f*. ¶ 그것도 ~ 방법이 될 수 있다 Cela peut être aussi un moyen [une méthode, une solution]. ② 매한가지 le(*la*) même, la même chose *f*, même, identique, pareil(*le*), équivalent(*e*). ¶ 이러나저러나 결국 ~이다 (Au bout du compte,) tout cela revient (absolument) au même / C'est du pareil au même / C'est la même chose.

한가하다 閑暇- 형 être libre; avoir du temps libre; avoir du(*des*) loisir(*s*). ¶ 나는 요즈음 ~ Je suis libre ces jours-ci / J'ai du temps libre ces jours-ci [en ce moment]. ¶ 영화관이 ~ Le cinéma est presque vide. ¶ 그 사람은 늘 한가하게 지낸다 Il est toujours libre. ¶ 한가한 시절 période [époque] libre; 《장사》 période creuse, saison creuse.

◆**한가히** 閑暇- 부 (tout) à loisir; paisiblement; tranquillement; librement. ¶ 소 떼가 한가히 풀을 뜯고 있다 Un troupeau de vaches broute paisiblement.

한갓 부 simplement, seulement. ¶ 그것은 ~ 시간의 문제일 뿐이다 Ce n'est qu'une question de temps. ¶ 그것은 ~ 핑계에 불과하다 Ce n'est qu'un prétexte. ¶ 그 계획은 ~ 꿈에 지나지 않는다 Ce projet n'est qu'un rêve.

한갓지다 형 ① être calme, tranquille, paisible, silencieux(*se*). ¶ 아무도 오지 않으니 한갓지고 좋다 Comme personne ne vient [on n'est dérangé par personne], on est bien tranquille ici. ¶ 한갓진 곳[시간] un lieu calme; un endroit tranquille [les heures creuses]. ② 평온하다 avoir la conscience [l'esprit] tranquille [en paix]. ¶ 일을 다 끝내니 내가 마음이 ~ Comme j'ai fini le travail, j'ai la conscience [l'esprit] tranquille.

한강 漢江 명 【지명】 fleuve *m* Han.

한걱정 명 (grand) ennui *m*; (grand) souci *m*. ¶ ~(을) 덜다 éprouver un soulagement; se débarrasser de *ses* soucis majeurs. ◇_(을) **하다** se préoccuper beaucoup de *qn/qc*; s'inquiéter grandement, se faire un sang d'encre, se ronger les sangs. ¶ 외국에 사는 아들 때문에 ~ 하다 s'inquiéter beaucoup pour *son* fils qui vit à l'étranger.

한걸음 명 un pas *m*. ¶ ~ 내딛다[떼어놓다] faire un pas; avancer d'un pas. ¶ ~ (앞으로) 나아가다[다가서다, 다가가다, 다가오다] avancer d'un pas; faire un pas en avant. ¶ ~ 뒤로 물러서다 reculer d'un pas; faire un pas en arrière. ¶ ~ 양보하다 《비유》 céder le passage à *qn*; faire une concession à *qn*. ¶ ~도 물러서지 않다 ne pas reculer même d'un pas; 《비유》 ne faire aucune concession. ¶ ~만 잘못 디디면 si on fait [faisait] un seul faux pas. ¶ 여기서 ~ 더 나아가 말하자면 ... en poussant un peu plus la discussion. ¶ ~에 달려가다[달려오다] arriver [venir] d'une seule traite. ¶ ~ ~이 다 중요하다 Chaque pas est important.

*__천리 길도 ~부터__ L'important est de commencer / Pas à pas on va loin.

한겨울 명 plein hiver *m*; cœur *m* de l'hiver. ¶ ~의 모진[매서운] 추위를 견디다 supporter le froid glacial du plein hiver. ¶ ~을 나다 passer le plus gros de l'hiver. ¶ 그 사람은 ~에도 얇은 옷만 입고 다닌다 Il ne porte que des vêtements légers même en plein hiver [au cœur de l'hiver].

한결 부 remarquablement, notablement, nettement, considérablement; sensiblement; d'une façon frappante; 《한층》 encore (bien) plus; plus encore; (bien) davantage; plus+Adj/Adv. ¶ 네가 도와주니 전보다 ~ 더 쉽다 C'est nettement plus facile avec ton aide. ¶ 통증이 ~ 덜하다 Les douleurs se sont considérablement apaisées / Cela fait nettement moins mal qu'avant.

한결같다 형 être [rester] toujours le(*la*) même; rester inchangé(*e*) [invariable, identique]; se montrer constant(*e*), adopter [garder] une attitude constante [cohérente]; être cohérent(*e*), constant(*e*), stable. ¶ 그 남자의 그 여자에 대한 마음은 ~ Sa pensée [Son amour] pour elle ne change pas / Il a une constante pensée pour elle / Il garde le même amour pour elle. ¶ 그 사람은 모든 일에 한결같은 태도를 보인다 Il adopte toujours la même attitude dans [face à] toutes les situations. ¶ 독자들의 한결같은 반응에 그 작가는 놀라워했다 Cet écrivain s'est étonné que les lecteurs réagissent toujours de la même façon.

◆**한결같이** 부 toujours, constamment, continuellement; invariablement, de manière identique; avec cohérence. ¶ 그 남자는 그 여자를 한결같이 사랑해 왔다 Il a gardé le même amour pour elle. ¶ 사람들이 한결같이 밝다 Les gens sont tous gais. ¶ 그 장면을 본 사람들은 한결같이 눈물을 흘리지 않을 수 없었다 Tous les gens qui ont assisté à cette scène n'ont pas pu s'empêcher de pleurer.

한계 限界 명 limite *f*, bornes *fpl*; domaine *m*, sphère *f*. ¶ ~ 상황[시점] situation [point] limite; situation [point] critique. ¶ ~ 내에서 dans les limites de. ¶ ~를 짓다[정하다, 긋다, 분명히 하다] fixer [établir, tracer, marquer] des limites à *qc*; limiter [borner, délimiter] (clairement) *qc*. ¶ (정해진) ~를 넘다 passer [dépasser] la(*les*) limite(*s*); 《도를 지나치다》 dépasser les bornes [les limites de la bienséance], exagérer, aller trop loin, abuser, pousser [jeter, lancer] le bouchon un peu (trop) loin {*fam*}; charrier (dans les bégonias) {*fam*}, pousser (trop loin) {*fam*} 《la plaisanterie》. ¶ ~를 드러내다[노정하다] montrer *ses* limites. ¶ ~를 극복하다[뛰어넘다] franchir [dépasser] les limites. ¶ 능력의 ~를 느끼다[절감하다] prendre [prendre pleinement] conscience de *ses* limites. ¶ 인내심의 ~를 시험하다 tester les limites de la patience. ¶ 자신의 ~를 알다[자각하다] connaître *ses* limites [reconnaître les limites de *ses* forces [de *son* talent]]. ¶ ~에 달하다

[이르다, 부딪히다] arriver à la limite; ((능력)) atteindre *ses* limites; arriver à la limite de *ses* forces. ¶ ~가 드러나다 les limites apparaissent [se révèlent].

◆_성 -性 명 limites *fpl*. ¶ ~성을 극복하다 dépasser [franchir] les limites. ¶ 이 고용정책은 근본적으로 ~성을 지니고 있다 Cette politique d'emploi a des limites intrinsèques [a des limites dans son fondement même]. ¶ 본질적인 ~성이 드러나다 les limites intrinsèques se manifestent.

◆_비용 -費用 명 【경제】 coût *m* marginal.

◆_선 -線 명 limite *f*. ¶ ~선을 정하다[명시하다, 긋다] fixer, poser [marquer, tracer] la limite.

◆_점 -點 명 point *m* limite.

◆_효용 -效用 명 【경제】 utilité *f* marginale.

한고비 명 moment *m* critique; moment *m* le plus difficile; point *m* culminant; apogée *f*. ¶ ~(를) 넘기다 passer le moment difficile [critique]; échapper à la crise. ¶ 병세가 ~를 넘었다 La phase critique de la maladie est maintenant passée. ¶ 추위가 ~ 넘어갔다 La saison la plus froide est passée / Il commence à faire moins froid / Nous avons passé le plus gros de l'hiver.

한과 韓菓 명 confiserie *f* traditionnelle coréenne.

한구석 명 coin *m* (caché, retiré, perdu, éloigné, isolé, écarté, paumé {*fam*}), trou *m* {*fam*} (perdu), patelin *m* {*fam*} [bled *m* {*fam*}] perdu; recoin *m*. ¶ 건물 ~을 차지하고 있다 occuper un coin du bâtiment. ¶ 교실 ~에 놓다 mettre [placer] *qc* dans un coin de la salle de classe. ¶ 시골 ~에 처박혀 있다 habiter dans la campagne profonde [en pleine campagne], vivre isolé dans la campagne profonde, vivre dans un village isolé [enclavé]; vivre isolé [habiter] dans un patelin {*fam*} [bled {*fam*}] perdu [un trou complètement paumé {*fam*}]. ¶ 마음[가슴] ~에 남아 있다 rester dans le coin de *son* cœur. ¶ 그 사람의 얼굴[표정] ~에 어두운 빛이 비친다 Une ombre se lit (quelque part) sur son visage. ¶ 가슴 ~이 텅 비어 있다 se sentir vide dans le coin de *son* cœur. ¶ 그 남자는 어느 ~ 나무랄 데가 없다 Il est parfait sur tous les plans / On n'a vraiment rien à lui reprocher.

한국 韓國 명 Corée *f*. ¶ ~ 정부 gouvernement coréen. ¶ ~ 역사상 처음으로 *pour la première fois dans* l'histoire coréenne [de la Corée]. ¶ ~ 사정에 밝다 être (bien) au courant des affaires coréennes; s'y connaître dans les affaires coréennes. ¶ ~에서 en Corée.

◆_적 -的 명관 coréen(*ne*). ¶ ~적인 것이 세계적인 것일 수 있다 Ce qui est coréen peut être international. ¶ 그 소설에는 ~적 정서가 배어 있었다 Ce roman était imprégné d'un sentiment coréen.

◆_화[1] -化 명 coréanisation *f*.

◆_화[2] -畵 명 peinture *f* coréenne.

◆_계 -系 명 origine *f* coréenne. ¶ ~계 프랑스인 Français(*e*) d'origine coréenne.

◆_말 명 langue *f* coréenne; ((apprendre le)) coréen *m*.

◆_사 -史 명 histoire *f* de (la) Corée.

◆_산 -産 명 fabrication *f* coréenne; fabriqué(*e*) en Corée. ¶ ~산 전자제품 produits électroniques de fabrication coréenne [fabriqués en Corée].

◆_식 -式 명 style *m* coréen; à la coréenne. ¶ ~식으로 식사하다 manger à la coréenne; manger coréen.

◆_어 -語 명 langue *f* coréenne; coréen *m*.

◆_인 -人 명 Coréen(*ne*).

◆_제 -製 명 fabrication *f* coréenne. ¶ ~제 자동차 voiture de fabrication coréenne; voiture fabriquée en Corée.

◆_판 -版 명 version *f* coréenne. ¶ ~판 워터게이트 사건 version coréenne du scandale du Watergate.

◆_학 -學 명 études *fpl* coréennes.

◆_형 -形 명 modèle *m* [type *m*] coréen; modèle *m* [type *m*] propre à la Corée.

한군데 명 une (seule) place, un (seul) endroit *m*; le même endroit *m*. ¶ 모두의 시선이 ~로 쏠렸다 Les regards de tout le monde ont convergé vers le même endroit. ¶ 초점을 ~로 모으다 ((비유)) focaliser [concentrer] l'attention sur la même chose. ¶ 돈이 ~로 몰려 있다 L'argent est mal réparti. ¶ (사람들이) ~에 모이다 s'assembler [se réunir] au même endroit. ¶ 그 사람이 갈 만한 곳은 ~밖에 없다 Il n'y a qu'un seul endroit où il puisse aller. ¶ 짚이는 곳이 ~ 있다 Je devine quelque chose. ¶ 그 여자는 어느 ~ 의지할 곳이라고는 하나도 없다 Elle n'a vraiment personne sur qui compter.

한근심 명 (grand) souci *m*; (grand) ennui *m*. ¶ ~(을) 놓다[덜다] éprouver un soulagement; se débarrasser de *ses* soucis majeurs. ◇_(을) 하다 se préoccuper beaucoup de *qn/qc*; s'inquiéter grandement; avoir un grand souci; se faire un sang d'encre; se ronger les sangs.

한글 명 【언어】 *hangeul m*; alphabet coréen *m*. ¶ ~ 전용 usage exclusif du *hangeul*. ¶ ~ 한자 병용 usage simultané du *hangeul* et des caractères sino-coréens. ¶ ~을 창제하다 inventer l'alphabet coréen. ¶ ~을 배우다[익히다] apprendre l'alphabet coréen [la langue coréenne]. ¶ ~을 떼다 finir l'apprentissage de l'alphabet coréen [du *hangeul*]. ¶ ~로 쓰다 écrire en alphabet coréen [en *hangeul*].

◆_날 명 le jour *m* [la journée *f*] du *hangeul*; jour *m* de l'anniversaire commémoratif de la promulgation de l'alphabet coréen ((le 9 octobre)).

◆_맞춤법 --法 명 【언어】 les règles *fpl* de l'orthographe [règles *fpl* orthographiques] du coréen [du *hangeul*]; système *m* orthographique de l'alphabet coréen [du hangeul].

◆_맞춤법통일안 - -法統一案 명 【언어】 projet *m* de standardisation du système orthographique de l'alphabet coréen [du *hangeul*].

◆_학회 -學會 명 Société *f* de langue coréenne.

한기 寒氣 명 froid *m*, air *m* froid. ¶ ~를 느끼다

avoir froid, sentir le froid, éprouver une sensation de froid. ¶ ~에 몸을 떨다 trembler de froid. ¶ ~가 뼛속까지 사무치다 être transi(*e*) de froid; avoir froid jusqu'à la moelle des os. ¶ ~가 가시다 ne plus avoir froid. ¶ 방안에 ~가 돌다[감돌다, 느껴지다] sentir le froid [éprouver une sensation de froid] dans la chambre. ¶ 온몸에 ~가 들다 sentir le froid dans tout le corps. ¶ 방바닥에서 ~가 올라오다 éprouver une sensation de froid en provenance du plancher de la chambre.

한길 명 grande route *f*, rue *f*. ¶ ~을 건너다 traverser la grande route [rue]. ¶ ~에서 놀다 jouer sur la grande route; jouer dans la rue.

◆_**가** 명 bas-côté *m* de la grande route. ¶ ~가에 노점상들이 늘어서 있다 Les marchands ont pris place sur le long de la grande route.

한꺼번에 부 d'un (seul) coup, en une seule fois, d'une seule venue, d'un jet, d'un trait, d'une (seule) traite, d'une (seule) haleine; ((동시에)) à la fois, en même temps. ¶ 집에 오니 피로가 ~ 느껴졌다 Une fois rentré(*e*) chez moi, j'ai senti la fatigue m'envahir tout d'un coup. ¶ 그 사람은 전 재산을 ~ 잃었다 Il a perdu toute sa fortune d'un seul coup. ¶ 정상에 오르자 시내가 ~ 시야에 들어왔다 Parvenu au sommet, tout le centre-ville s'étendait sous mes yeux. ¶ 모든 사람이 ~ 출발했다 Tout le monde est parti en même temps. ¶ ~ 이백 명을 수용할 수 있는 방 une chambre pouvant accueillir jusqu'à 200 personnes.

한껏 부 autant qu'on peut; autant que possible; ((jouir)) pleinement. ¶ 그 여자는 어디를 가는지 멋을 ~ 부리고 집을 나섰다 Elle s'est endimanchée autant que possible [Elle s'est habillée avec une extrême élégance, Elle s'est mis en grande toilette, Elle s'est mise sur son trente et un, Elle s'est fait on ne peut plus belle {*fam*}] pour aller je ne sais où. ¶ 오랜만에 ~ 즐겼다 Cela faisait (très) longtemps [une éternité, un bail {*fam*}] que je ne m'étais pas autant amusé(e). ¶ 자신의 아름다움을 ~ 뽐내다 être très fi*er*(*ère*) de *sa* beauté; se vanter [se faire gloire, se rengorger] de *sa* beauté; montrer sa propre beauté avec (une extrême) fierté.

한끼 명 un repas *m*. ¶ ~ 식사 un repas. ¶ ~ 해결하다[거르다] prendre [sauter] un repas. ¶ ~ 대접하다 offrir un repas. ¶ 하루에 ~밖에 못 먹다 ne pouvoir prendre [faire] qu'un repas par jour.

한나절 명 demi-journée *f*. ¶ ~ 코스 trajet d'une demi-journée. ¶ ~ 내내[~이 지나도록] tout au long d'une demi-journée. ¶ ~ 꼬박 une bonne demi-journée; une demi-journée entière. ¶ 그 일을 끝내는 데 ~ 정도 걸린다 Il faut une demi-journée pour finir ce travail. ¶ 여기서 거기까지는 ~ 거리이다 D'ici à là, il faut compter une demi-journée / C'est un trajet d'une demi-journée.

한날 명 même jour *m*. ¶ ~ 한시에 au même jour et à la même heure.

한낮 명 plein [grand] jour *m*. ¶ ~의 뜨거운 태양[햇빛] la chaleur du soleil du grand jour. ¶ 벌건 ~에 en plein jour; en pleine lumière. ¶ 거리에는 ~인데도 오가는 사람들이 없었다 Même en plein jour, il n'y avait aucun passant dans les rues / Même en plein jour, les rues étaient désertes.

한낱 부 ((n'est)) rien que, simplement, seulement. ¶ 이제 그 증서는 ~ 휴지 조각에 불과했다 Maintenant, ce certificat n'est plus qu'un bout de papier. ¶ 그들이 꿈꾸는 억만장자는 ~ 부질없는 꿈이 되어 버렸다 Ils voulaient devenir milliardaires, mais tout s'est évanoui en fumée.

한눈[1] 명 ① 한 번 봄 du premier coup d'œil; au premier regard. ¶ ~에 알아보다 reconnaître *qn/qc* du premier coup d'œil. ¶ ~에 알아차리다[간파하다] deviner [comprendre, découvrir] une chose du premier coup d'œil. ¶ 그 남자는 그 여자에게 ~에 반했다 La première fois qu'il l'a vue, ce fut le coup de foudre. ¶ 그 사람은 ~에도 몹시 고집스러운 성격으로 보였다 Même au premier regard, on pouvait savoir que c'était une tête de mule. ② ((시야)) vue *f* panoramique. ¶ ~에 들어오다 avoir une vue panoramique au premier regard. ¶ ~에 내려다보이다[내다보이다] avoir une vue panoramique sur. ¶ 이 방에서는 바다가 ~에 내려다 보인다 De cette chambre, on a une vue panoramique sur la mer / Cette chambre donne sur la mer.

한눈[2] 명 action de lancer un regard rapide. ◇_(을) **팔다** ① rêver, être distrait(*e*) [inattenti*f*(*ve*), rêveu*r*(*se*)], avoir un air absent, être ailleurs, avoir la tête ailleurs [en l'air, dans la lune, dans les nuages], avoir l'esprit ailleurs. ¶ 학교가 끝나면 ~팔지 말고 곧장 집으로 오너라 Après l'école, rentre directement à la maison sans t'attarder en chemin [sans flâner]. ② 다른 곳을 쳐다보다 regarder ailleurs; détourner les yeux [*son* regard]; avoir les yeux attirés ((par les jolies filles qui passent)). ¶ 그렇게 ~팔고 걸으니 넘어지지 C'est normal que tu tombès, si tu ne fais pas attention où tu mets les pieds! ¶ 다른 여자에게 ~을 팔다 regarder [s'intéresser à] une autre femme. ③ 방심하다 avoir un moment d'inattention.

한다하는 관 célèbre; réputé(*e*), influent(*e*), éminent(*e*). ¶ 동네에서 ~ 사람들은 모두 모였다 Toutes les personnalités influentes du quartier se sont réunies.

한달음 명 une (seule) traite *f*. ◇_**에** d'une (seule) traite; sans faire de pause. ¶ ~에 달려오다[달려가다, 뛰어가다] arriver [venir] d'une (seule) traite, accourir.

한담 閑談 명 causerie *f*, bavardage *m*, babillage *m*, causette *f* {*fam*}. ¶ ~을 즐기다 bavarder agréablement; s'entretenir à loisir avec *qn*; aimer [causer, bavarder, papoter]. ¶ ~으로 시간을 보내다 passer du temps [*son* temps] à causer [à bavarder].

◇_(을) **하다**[**나누다**] parler [converser] de choses et d'autres; faire la causette [un brin de causette, une petite causette] {*fam*}; causer [bavarder, discuter] avec *qn*, s'entretenir à loisir avec *qn*; babiller; papoter, tchatcher {*fam*}; tailler une bavette {*fam*}; discuter le bout de gras {*fam*}. ¶ ~이나 나누면서 세월을 보낼 때가 아니다 Ce n'est pas le moment de bavarder [papoter].

한대 寒帶 명 【지리】 zone *f* glaciale. ¶ ~ 지방 zone glaciale; région froide. ¶ ~ 기후 climat de la zone glaciale. ¶ ~ 식물[동물] flore [faune] de la zone glaciale; plantes [animaux] des régions froides.

한더위 명 grande chaleur *f*; chaleur *f* intense [accablante, caniculaire]; (jours *mpl* de la) canicule *f*. ¶ 여름철 ~에 모두들 지쳐 했다 Pendant la canicule, tout le monde se sentait épuisé. ¶ ~에 접어들었다 La période des grandes chaleurs approche. ¶ 8월의 ~에도 모두 구슬땀을 흘리며 열심히 일했다 Malgré la chaleur caniculaire du mois d'août, tout le monde a travaillé dur, trempé de sueur. ¶ 이제 여름철 ~는 지나간 듯하다 La chaleur caniculaire [La canicule] semble maintenant passée.

한데[1] 명 une place *f*, un endroit *m*; même endroit *m*. ☞ 한군데

한데[2] 명 dehors *m*; plein air *m*. ¶ ~에서 자다 coucher dehors [en plein air, à la belle étoile]; dormir à la belle étoile. ¶ 집이 파산하여 온 식구가 ~로 나앉을 판이다 À la suite de la faillite, toute la famille est sur le point de se retrouver à la rue [sur le pavé, sans toit].

한데[3] 부 or, mais. ¶ ~ 정말 내일 그 일을 하기는 할 겁니까? Mais, allons-nous vraiment faire cela demain?

한도 限度 명 limite *f*, bornes *fpl*. ¶ 정해진 ~ 내에서 dans les limites fixées. ¶ 내가 아는 ~ 내에서 dans la mesure de mes connaissances; autant que je sache. ¶ 최소 ~로 au minimum. ¶ ~를 넘어서다 dépasser les bornes [les limites, la mesure]. ¶ 10만 원을 일인당 기부금의 최대 ~로 정하다 fixer le montant maximum du don par personne à cent mille wons. ☞ 한계

한동안 부 ((pendant)) un certain temps *m*, un long moment *m*, longtemps, un bon moment *m*. ¶ 나는 ~ 그 사람을 만나지 못했다 Il y a longtemps que je (ne) l'ai (pas) vu / Ça fait (très) longtemps [un bon moment, une éternité] que je ne l'ai pas vu. ¶ 그 사람은 ~ 얼굴이 안 보였었다 Il ne s'est pas montré pendant un certain temps / Il n'a pas montré le bout de son nez pendant un certain temps. ¶ ~ 뜸했었다 On est restés longtemps sans nouvelle. ¶ 충격을 받아서 ~ 말을 잇지 못하다 Sous le choc, il est resté silencieux un long moment. ¶ 그 남자는 ~ 망설이다가 결국 아무 말도 못하고 돌아갔다 Il a hésité pendant un certain temps, mais est finalement parti sans avoir pu (lui) dire un seul mot.

한두 관 un(*e*) ou deux; une poignée *f* de *qc*, quelques. ¶ ~ 사람 une ou deux personnes; quelques personnes. ¶ 내가 너한테 ~ 번 속았어야지 Comment te croire puisque j'ai été trompé(*e*) plus d'une fois? / Tu m'as trompé(*e*) [Tu m'as fait le coup {*fam*}] trop souvent. Comment te croire maintenant? ¶ 나한테 그렇게 한 것이 ~ 번이 아니지 Ce n'est pas la première fois que tu me fais le [ce] coup {*fam*} [que tu me traites comme ça] / Tu m'as fait le coup trop souvent [mille fois] / C'est la (é)nième [ixième] fois que tu me fais le coup.

한두째 수관 le(*la*) premi*er*(*ère*) ou le(*la*) deuxième. ¶ 앞에서 ~ 줄에 앉다 s'asseoir au premier ou deuxième rang. ¶ 그 학생은 항상 자기 반에서 성적이 ~라고 자랑했다 Cet élève s'est vanté de toujours occuper la première ou deuxième place dans sa classe.

한둘 수 un(*e*) ou deux, quelques. ¶ 넓은 운동장에 사람들이 ~ 있을 뿐이었다 Il n'y avait qu'une ou deux personnes dans la cour immense de l'école. ¶ 나뭇잎이 ~ 떨어지기 시작한다 Les feuilles commencent à tomber ici et là.

한들한들 부 ① ((remuer)) légèrement. ¶ 바람에 나무 끝이 ~ 흔들렸다 Le vent agitait légèrement [faisait vibrer] les branches / Les branches de l'arbre étaient légèrement agitées par le vent / Les branches de l'arbre frémissaient au vent. ② d'un pas léger. ¶ ~ 걸어가다 marcher d'un pas léger comme l'air.
◆_**거리다**[**대다**, **하다**] 자 remuer [branler] légèrement, s'agiter légèrement; trembler légèrement, trembloter, vaciller, frémir, chanceler; se balancer. ¶ 바람에 나뭇잎이 ~거린다 Les feuilles des arbres frémissent au vent / Le feuillage frémit au vent. ¶ 몸을 ~거리다 se balancer.

한때 명 ① 어느 한 시기 jadis, autrefois, naguère; à un moment donné; un certain temps [moment], une période *f*, une époque *f*. ¶ 그런 장사는 여름철 ~ 장사이다 Ce genre de commerce ne marche qu'en été. ¶ 오랜만에 한가하게 휴일 ~를 보냈다 Cela faisait longtemps [un bail {*fam*}] que je n'avais pas profité librement [pleinement] de mes congés / Pour la première fois depuis longtemps, j'ai enfin pu profiter librement [pleinement] de mes congés / Pour la première fois depuis longtemps, j'ai enfin pu profiter d'un week-end tranquille [paisible] [j'ai enfin pu avoir [passer] un week-end tranquille]. ¶ 그 여자도 ~는 미인이란 소리를 들었었다 Jadis, d'elle aussi, on disait qu'elle était très belle [que c'était une très belle femme]. ¶ 놀 수 있는 것도 ~뿐이다 On ne peut pas s'amuser tout le temps. ② 동시 au même moment; en même temps, à la fois, simultanément. ¶ 손님들이 꼭 ~에 몰린다 Les clients se ruent toujours au même moment [en même temps].
부 autrefois, jadis, naguère; il fut une époque où. ¶ ~ 나도 잘 나갈 적도 있었다 Il fut une époque

[un temps] où, moi aussi, j'étais un homme très demandé [j'avais la cote, j'étais très apprécié, j'étais populaire, j'avais beaucoup de succès (auprès des femmes)]. ¶ 그 사람도 ~ 잘 살았었다 Autrefois, cet homme [cette femme], lui [elle] aussi menait une vie aisée [vivait dans l'aisance].

한란 寒蘭 명 【식물】 sorte d'orchidée *f* asiatique, *Cymbidium kanran Cymbidium kanran {nsc}*.

한란계 寒暖計 명 thermomètre *m*.

한랭 寒冷 어근 froid *m*. ¶ ~ 기단 masse d'air froid.

◆**_하다** 형 être froid(*e*).

◆**_기류** -氣流 명 【지리】 courant *m* froid.

◆**_전선** -前線 명 【지리】 front *m* froid.

한량 閑良 명 personne *f* oisive; oisif *m*. ¶ ~처럼 놀기만 하다 mener une vie oisive; rester oisi*f*(*ve*).

한량없다 限量- 형 être sans limites [fin, bornes], être infini(*e*), illimité(*e*); ne pas avoir [connaître] de limites. ¶ 나는 그 소식을 듣고 기쁘기가 한량없었다 J'ai éprouvé une joie infinie lorsque j'appris cette nouvelle / Cette nouvelle m'a fait un immense plaisir. ¶ 인간의 허영심은 ~ La vanité humaine n'a [ne connaît] pas de limites.

◆**한량없이** 限量- 부 sans fin, infiniment; on ne peut plus, au plus haut point, extrêmement, horriblement, affreusement, terriblement, immensément, colossalement. ¶ 한량없이 흐뭇하다 être infiniment [on ne peut plus, extrêmement] satisfait(*e*) [content(*e*)].

한로 명 Hanro. <une des 24 divisions du calendrier luni-solaire, vers le 8 octobre>

한류 寒流 명 【해양】 courant *m* marin froid. ¶ ~가 흐르는 해역[수역] zone maritime où passe un courant froid. ¶ 난류와 ~가 교차하는 곳 endroit où deux courants marins, l'un chaud, l'autre froid se rencontrent.

한류 韓流 명 "Vague *f* coréenne", vague *f* d'intérêt pour la Corée, mode *f* de la culture populaire coréenne, engouement *m* massif pour la culture populaire coréenne. ¶ 동남아와 중국에서의 ~ 열풍 la vague d'intérêt pour la Corée en Chine et dans les pays de l'Asie du Sud-Est.

한림원 翰林院 명 【역사】 Hallimwon ((Académie *f* des Lettres)).

한마디 명 ① 짧은 말 un mot *m*; quelques mots *mpl* [paroles *fpl*]. ¶ (누구에게) ~ 던지다[내뱉다] lancer un mot à *qn*. ¶ ~ 건네다 écrire un mot à *qn*. ¶ ~ 일러 주다 donner un conseil à *qn*. ¶ ~ 덧붙이다 ajouter un mot. ¶ 옆에서 ~ 거들다 dire un mot pour défendre *qn*. ¶ ~로 말해서 en un mot, (en) bref; pour résumer. ¶ ~로 (딱 잘라서) 거절하다 refuser (tout) net [catégoriquement]. ¶ ~로 요약하기가 어렵다 Il est difficile de résumer en un mot. ¶ 그 여자는 그 말 ~에 토라져 버렸다 À ces mots, elle s'est mise à bouder [faire la tête, faire la gueule {*fam*}]. ¶ 달콤한 말 ~에 넘어가다 se laisser tromper [attraper] par un mot flatteur. ¶ 그 말 ~가 나에게 큰 힘이 되었다 Ce seul mot m'a été d'un immense secours. ② ((부정극어)) pas un seul [traître] mot *m*. ¶ 그는 나에게 ~ 말도 없이 떠나가 버렸다 Il m'a quitté sans dire un (seul) mot [sans mot dire]. ¶ ~도 안 틀리고[놓치고] 따라하다[되풀이하다] répéter sans se tromper d'un seul mot [sans aucun trou]. ¶ 미안하다는 말 ~ 없다 ne pas dire un (seul) mot d'excuses. ¶ 나는 그 사람의 말을 ~도 알아들을 수 없었다 Je n'ai pas pu comprendre un seul mot de ce qu'il a dit. ◇**_(를) 하다** ① dire un mot [quelques mots] à *qn*. ¶ 선생님께서 제자들에게 ~ 하시죠 Monsieur, je vous invite à dire un mot [quelques mots] à vos élèves. ¶ ~도 하지 않다 ne rien dire; ne pas dire [prononcer] un seul [traître] mot; ne pas souffler mot, ne pas piper. ¶ 나는 영어는 ~도 못 한다 Je ne sais pas un mot d'anglais / Je suis nul en anglais. ② 나무라다 dire deux mots à *qn*, réprimander *qn*, gronder *qn*, disputer *qn*, crier après *qn*, enguirlander *qn {fam}*, engueuler *qn {fam}*, remonter les bretelles à *qn {fam}*, sonner les cloches à *qn {fam}*, secouer les puces à *qn {fam}*, tirer les oreilles à *qn {fam}*, passer un savon [une engueulade *{fam}*] à *qn {fam}*. ¶ 그 녀석에게 ~ 할까 하다가 참았다 J'ai voulu lui dire deux mots, mais finalement je m'en suis abstenu(*e*) [je me suis retenu(*e*)]. ◇**_(를) 듣다** se faire gronder [réprimander, disputer, enguirlander *{fam}*, rouspéter, attraper *{fam}*, remonter les bretelles] par *qn*; recevoir un bon savon [une bonne engueulade *{fam}*]. ¶ 나는 일처리를 잘못 해서 상사에게 ~ 들었다 Je me suis fait gronder [attraper *{fam}*] par mon supérieur pour un travail mal fait / J'ai reçu une bonne engueulade *{fam}* de mon supérieur pour un travail mal fait.

한마음 명 un seul cœur *m*; unanimité *f*; accord *m*; concorde *f*; ((à)) l'unisson *m*; commun accord *m*; de concert. ¶ ~으로 뭉치다 s'unir d'un commun accord. ¶ ~이 되어 à l'unanimité, unanimement; d'un commun accord; en chœur; à l'unisson; tous ensemble.

*~ **한뜻** en parfait accord. ¶ 우리는 늘 ~ 한뜻으로 일한다 Nous travaillons toujours en parfait accord. ¶ ~ 한뜻이 되다 réaliser une entente parfaite [une symbiose].

한말 韓末 명 【역사】 fin *m* de la dynastie des Yi (1897-1910). ¶ ~의 격동기 période de bouleversements vers la fin de la dynastie des Yi.

한목소리 명 ((d'))une voix *m* commune [unanime]; ((à)) l'unisson *m*. ¶ ~를 내다 s'exprimer d'une voix commune. ¶ ~로[가 되어] d'une voix commune [unanime]; en chœur; à l'unisson; à l'unanimité, unanimement, d'un commun accord; tous ensemble.

한목숨 명 vie *f* de *qn*. ¶ ~ 다 바쳐 나라를 지키다 défendre le pays au péril de *sa* vie. ¶ 정의를 위해

~ (내)던지다 défendre la justice au péril de *sa* vie.

한몫 명 ① 수익분 une part *f*; une portion *f*; un contingent *m*; un lot *m*. ¶ ~ 챙기다[보다, 잡다, 벌다] prendre part ((aux bénéfices)). ¶ ~ 단단히(크게) 보다 gagner une grosse somme (d'argent); faire [réaliser] de gros bénéfices; gagner gros. ¶ ~ 떼어주다 céder une part à *qn*. ② 역할 un rôle *m*. ¶ ~ 거들다 apporter une contribution à *qc*. ¶ ~ 끼다[끼어 들다] avoir part à *qc*; participer à *qc*; avoir un rôle dans *qc*. ◇_(을) **하다** jouer un rôle (important) dans *qc*. ¶ ~ 톡톡히[단단히] 하다 jouer un rôle important dans *qc*; y être pour beaucoup dans *qc*.

한문 漢文 명 ① chinois *m* classique. ② 【언어】 textes *mpl* (ou littérature *f*) écrits uniquement en caractères chinois. ③ 【문학】 littérature *f* chinoise classique; littérature *f* écrite uniquement en caractères chinois. ¶ ~ 실력 connaissances du chinois classique. ¶ ~을 배우다[가르치다] apprendre [enseigner] le chinois classique. ¶ ~으로 된[쓰인] 글 les textes écrits en chinois classique.

◆**_자** -字 명 idéogrammes *mpl* du chinois classique; caractères *mpl* chinois. ☞ 한자

◆**_체** -體 명 style *m* du chinois classique. ¶ ~체의 글 textes écrits en chinois classique.

◆**_학** -學 명 【문학】 littérature *f* chinoise classique.

한물 명 (pleine) saison *f*; sommet *m*, apogée *f* de *qc*, comble *m*, ((être au)) faîte *m* ((de la gloire)), point *m* culminant. ¶ 요즈음 포도가 ~이다 Ces jours-ci, c'est la pleine saison des raisins / C'est maintenant [en ce moment] la pleine saison des raisins. ¶ 이제 딸기는 ~ 갔다(지났다) La saison des fraises est maintenant finie.

한물가다 자 ① 제철이 지나다 ((saison d'un fruit)) finir, ne plus être fra*is*(*îche*). ¶ 딸기가 한물가서 좋은 물건이 없다 La saison des fraises étant finie, il n'y en a pas de bonnes. ② 싱싱함이 떨어지다 ne plus être fra*is*(*aîche*); perdre de *sa* fraîcheur. ¶ 그 생선가게에는 한물간 생선밖에 없다 Ce poissonnier ne vend que des poissons qui ne sont pas frais. ③ 한창때가 지나다 se démoder, perdre sa popularité; avoir perdu de *sa* popularité, être passé(*e*) de mode, ne plus être populaire, ne plus être de la première jeunesse. ¶ 그 사람은 이제 한물간 사람이다 Ses plus beaux jours sont passés / Il n'est plus de la première jeunesse. ¶ 음반이 안 팔리는 것을 보니 이제 그 가수도 한물간 가수임에 틀림없다 Ses disques ne se vendent plus, ce chanteur a désormais lui aussi perdu sa popularité.

한미 韓美 어근 Corée *f* du Sud et États-Unis *mpl*; entre la Corée *f* du Sud et les États-Unis *mpl*; coréano-américain(*e*). ¶ ~ 연합 사령부 le quartier général [le QG interallié] coréano-américain; le commandement de défense des forces mutuelles entre Corée du Sud et États-Unis.

◆**_관계** -關係 명 relations *fpl* entre la Corée du Sud et les États-Unis.

◆**_협정** -協定 명 accords *mpl* entre Corée du Sud et États-Unis; Convention *f* entre la Corée du Sud et les États-Unis.

한미하다 寒微- 형 être pauvre; être de milieu modeste. ¶ 그 사람은 한미하게 산다 Il vit modestement [pauvrement, d'une façon pauvre, d'une façon modeste] / Il mène une vie modeste. ¶ 그 사람은 한미한 집안의 출신이다 Il est d'origine [d'un milieu] modeste / Il est issu d'un milieu pauvre / Il est né dans une famille pauvre.

한민족 韓民族 명 peuple *m* coréen; les Coréens *mpl*; nation *f* coréenne. ¶ ~ 체육대회 championnat national d'athlétisme. ¶ ~ 축제 fête coréenne [du peuple coréen]. ¶ ~의 정서 le sentiment [la sensibilité] du peuple coréen [des Coréens, de la nation coréenne].

한밑천 명 fortune *f*, capital *m*; biens *mpl*. ¶ ~(을) 장만하다 constituer un capital [des biens, une somme d'argent]; avoir une somme d'argent; avoir un pécule {*vx*}; faire [bâtir] fortune. ¶ ~(을) (단단히) 잡다 saisir la fortune; faire fortune; se faire du fric {*fam*}. ¶ ~(을) 떼어주다 faire don d'une somme d'argent à *qn*, donner une somme d'argent à *qn*. ¶ ~(이) 생기다 obtenir la fortune; obtenir une somme d'argent.

한바탕 부 terriblement, grandement. ¶ ~ 웃다 éclater de rire bruyamment. ¶ ~ 난리가 났다 Il y a eu une scène terrible. ¶ ~ 소동이 벌어졌다 Il y a eu un tumulte [un grand remue-ménage]. ¶ ~ 법석을 떨다 faire du tapage; faire un tapage infernal [un boucan d'enfer {*fam*}]. ¶ ~ 전쟁을 치르다 faire une terrible scène. ¶ 소나기라도 ~ 퍼부을 듯 한 날씨이다 Il semble qu'il va pleuvoir à verse. ¶ ~ 싸우다[말다툼을 하다] avoir une dispute terrible, avoir une scène ((avec *qn*)). ¶ ~ 욕을 퍼붓다 éclater en injures. ¶ ~ 자랑을 늘어놓다 se vanter de *qc*; parler de *qc* avec fierté. ¶ ~의 소란이 지나간 뒤 après le chahut.

◆**_하다** 자 se disputer bruyamment avec *qn*, avoir une dispute terrible, avoir une scène avec *qn*. ¶ 돈 문제로 친구와 ~하다 se disputer avec un ami à cause d'un problème d'argent.

한반도 韓半島 명 péninsule *f* coréenne. ¶ ~의 통일 la réunification de la péninsule coréenne. ¶ ~를 둘러싼 국제정세 la situation politique autour de la péninsule coréenne, l'état de la politique internationale dans les environs [autour] de la péninsule coréenne [dans la région de la péninsule coréenne]. ¶ 휴전선은 ~를 동서로 가르고 있다 La ligne de démarcation [Le 38ᵉ parallèle] divise la péninsule coréenne d'est en ouest.

한발¹ 旱魃 명 sécheresse *f*; aridité *f*. ¶ ~ 피해가 극심하다 Les dégâts causés par la sécheresse sont graves [alarmants]. ¶ ~ 대책을 세우다 prendre des mesures contre la sécheresse. ¶ ~에 대비하다 se préparer [prendre des mesures] contre la sécheresse. ¶ ~이 계속된다 La sécheresse perdure [dure, continue, persiste].

한발[2] 부 d'un pas; légèrement, d'un poil {*fam*}. ¶ ~ 앞서나가다 avancer d'un pas [légèrement]. ¶ ~ 물러서다 reculer d'un pas. ¶ ~ 늦다 être légèrement en retard, être en retard d'un poil {*fam*}.

한발짝 부 d'un pas. ¶ ~ 물러서다 reculer d'un pas; faire une concession. ¶ 어디에 ~ 들여놓다 s'impliquer dans *qc*. ¶ ~ 나아가다[다가서다, 다가가다] avancer [s'approcher] d'un pas. ¶ 어디에서 ~도 나아가지[벗어나지] 못하다 ne pas avancer du tout [se retirer]. ¶ ~도 움직일 수가 없다 ne pas pouvoir bouger du tout. ¶ ~도 밖에 나가지 않다 ne pas sortir du tout.

한밤 명 milieu *m* de la nuit; pleine nuit *f*; (au) cœur *m* de la nuit; à minuit *m*. ¶ ~의 데이트 un rendez-vous nocturne; une rencontre en pleine nuit [au beau milieu de la nuit]. ¶ ~의 절규 un hurlement nocturne, un cri en pleine nuit.

한밤중 -中 명 (au beau) milieu *m* de la nuit; (en) pleine nuit *f*; (pendant) la nuit *f*; (au cours de) la nuit *f*. ¶ 그 사람은 ~에 날벼락을 맞았다 Il a été frappé par une mauvaise nouvelle en pleine nuit / Il a été foudroyé par l'annonce d'un drame [d'une très mauvaise nouvelle] en pleine nuit / On lui a porté [a assené] un mauvais coup en pleine nuit / On lui a annoncé une mauvaise nouvelle en pleine nuit / Il a été averti en pleine nuit d'une très mauvaise nouvelle / Il a été accablé par l'annonce d'une mauvaise nouvelle en pleine nuit. ¶ 그 여자는 ~이 되어도 돌아올 줄을 몰랐다 Elle n'est même pas rentrée la nuit tombée / En pleine nuit elle n'est toujours pas revenue.

*~**이다** être dans le noir (le plus complet) [dans la nuit, dans le brouillard]; ne pas être du tout au courant, ne rien comprendre à *qc*. ¶ 너는 아직도 ~이구나, 그걸 여태 몰랐다니 Tu es encore dans le brouillard, et tu ne sais toujours rien [pas]!

한방[1] **-房** 명 une pièce *f*, une chambre *f*, une seule pièce *f*, la même pièce *f*. ¶ ~ 가득 une pièce pleine à craquer. ¶ ~을 쓰다 utiliser une seule pièce [la même pièce].

한방[2] **韓方** 명 【한의】 médecine *f* orientale [chinoise]. ¶ ~ 치료 thérapie pratiquée [soins pratiqués] par la médecine orientale. ¶ ~ 약재 des produits pharmaceutiques orientaux [chinois], des produits [des substances] de la pharmacopée orientale [chinoise], des plantes médicinales chinoises, des produits médicinaux orientaux; (une préparation de) substances médicamenteuses orientales; un médicament oriental [chinois], un remède oriental [chinois]. ¶ ~에서는 자연 약재를 많이 쓴다 Dans la médecine orientale on utilise beaucoup les produits naturels pour la fabrication des médicaments.

한배 명 (du) même ventre *m* [des mêmes entrailles *fpl*]; (de la) même mère *f*; ((동물의)) portée *f*. ¶ ~에서 난 형제 frères et sœurs nés de la même mère [ayant la même mère, issus de la même mère]. ¶ 우리 집 개가 ~에 강아지를 일곱 마리나 낳았다 Chez nous la chienne a eu une portée de sept chiots [petits, petits chiens] / Chez nous la chienne a fait sept chiots.

한번 -番 부 ① une fois. ¶ 저도 ~ 해 보겠습니다 Je voudrais moi aussi essayer (une fois). ¶ 아무리 상황이 어려워도 일단 ~ 해 보기는 해야 한다 Il faut essayer au moins une fois même si la situation est difficile. ¶ 얼마인지 값이나 ~ 물어 봐 Demande le prix juste pour voir! ¶ 어디 나도 ~ 해 볼까! Je tente ma chance? ② 기회 있을 때 quand cela vous convient; quand vous pourrez. ¶ 언제 ~ 놀러 오세요 Venez chez moi quand cela vous convient! ③ 지난 기회 une fois. ¶ ~은 이런 일도 있었다 Il m'est arrivé une fois ..... ¶ 그러다가 ~은 큰 사고를 낼 뻔했다 Une fois, cela a failli tourner à la catastrophe. ④ 강조 ((chanter)) bien. ¶ 너 말 ~ 잘했다 Tu l'as bien dit. ¶ 동네 인심 ~ 고약하구나 Qu'est-ce que les gens sont peu accueillants dans ce village! ¶ 노래 ~ 잘하네 Qu'est-ce qu'il chante bien!

한복 韓服 명 *hanbok m* <costume [habit] traditionnel coréen>. ¶ ~을 짓다[맞추다] (*se*) faire faire un *hanbok* sur mesure; commander [passer la commande d']un *hanbok* fait [taillé] sur mesure. ¶ ~을 한 벌 지어 입다 porter un *hanbok* fait sur mesure. ¶ ~을 곱게 차려 입은 사람들 personnes portant avec élégance [avec raffinement] un costume coréen.

한복판 명 (au) milieu *m* de *qc*; (au) centre *m* de *qc*; (au) cœur *m* de *qc*; en plein(*e*). ¶ 가슴 ~을 치다[찌르다] frapper *qn* en plein cœur [en pleine poitrine]; poignarder *qn* en plein cœur. ¶ 운동장 ~에 au milieu du stade. ¶ 길 ~에서 싸우다 se battre en pleine rue [au milieu de la rue]. ¶ 대낮에 시내 ~에서 살인 사건이 일어났다 Un assassinat s'est déroulé en plein jour au centre ville.

한불 韓佛 어근 (la) Corée *f* du Sud et (la) France *f*; ((film)) coréen(*ne*) français(*e*); ((relations)) franco-coréen(*ne*). ¶ ~ 문화 교류가 잘 이루어지고 있다 Les échanges culturels entre la Corée du Sud et la France se déroulent bien [se poursuivent bien].

◆**_관계** -關係 명 relations *fpl* entre la Corée du Sud et la France; relations *fpl* coréano-françaises.

◆**_사전** -辭典 명 dictionnaire *m* coréen-français.

◆**_협력** -協力 명 coopération *f* entre la Corée du Sud et la France; entraide *f* [entente *f*] coréano-française.

한사군 漢四郡 명 【역사】 Hansagun <quatre commanderies chinoises de la dynastie Han au

Nord du fleuve Han sur la péninsule coréenne de instaurées en 108 av. J.-C.>.

한사코 限死- 부 à tout prix, coûte que coûte; avec fermeté, obstinément; avec acharnement; désespérément. au risque [péril] de sa vie; bravant [défiant] la mort. ¶ 나는 그것을 ~ 반대했다 Je m'y suis opposé(*e*) fermement / Je m'y suis catégoriquement opposé(*e*). ¶ 그 녀석은 내가 말리는데도 ~ 그 일을 하겠다고 우겼다 Il s'est obstiné à faire ce travail malgré mes efforts pour l'en dissuader. ¶ 그 친구는 나의 도움을 ~ 거부했다 Il a refusé mon aide obstinément / Il a catégoriquement refusé mon aide.

한산대첩 閑山大捷 명 【역사】 la bataille *f* navale de l'île de Hansan ((Cette bataille a été menée, en mai 1592, par le général Yi Sun-sin contre les Japonais près de l'île de Hansan au sud-est de la péninsule coréenne)).

한산하다 閑散- 형 être calme, tranquille, paisible; être sans activité; être désert(*e*); être libre, ne pas être occupé(*e*); avoir du temps libre. ¶ 거리가 이 시간에는 ~ À cette heure-ci, les rues sont tranquilles [peu animées]. ¶ 불경기라서 거래가 ~ À cause de la récession (de l'économie) les affaires marchent au ralenti. ¶ 한산한 모습[풍경] une apparence [un paysage] tranquille [calme paisible]; un paysage inactif.

한서 漢書 명 ① ouvrages *mpl* écrits en chinois classique. ② ((책명)) Annales *fpl* des Han ((compilées par l'historien chinois Ban-gu (32-92))).

한설 寒雪 명 neige *f* gelée.

한세상 -世上 명 ① 일생 toute la vie *f*. ¶~을 살다[보내다] vivre [passer] toute *sa* vie. ¶~을 마감하다 finir *sa* vie, arriver à la fin de *sa* vie. ¶ 이래도 ~ 저래도 ~인데 그게 무슨 상관이겠니? À quoi ça sert de passer sa vie à faire ceci ou cela? / En fin de compte, à quoi sert la vie? ② 한창 때 belle époque *f* (de la vie); apogée *f* (de *sa* vie); sommet *m*; (au) zénith *m* ((de *sa* gloire)). ¶ ~(을) 만나다 être au plus haut point de *son* existence, atteindre le sommet dans *sa* vie; atteindre *son* firmament, être à l'apogée [au zénith] de *sa* vie [de *sa* carrière, de *sa* gloire].

한센병 -病 영{Hansen-} 명 【의학】 maladie *f* de Hansen, lèpre *f*. ¶ ~에 걸리다 attraper la lèpre.

한소끔 부 un peu, un moment. ¶ 찌개가 맛있게 되려면 ~ 잘 끓어야 한다 Pour préparer un bon *jjigae*, il faut le laisser mijoter un bon moment. ¶ ~ 잘 잤다 J'ai fait un bon petit somme / J'ai fait [piqué] un bon petit roupillon {*fam*}.

한속 명 ((같은 뜻)) même intention *f*; même esprit *m*; même acabit *m*; ((음모)) complot *m*; conspiration *f*. ¶ 그 사람들은 ~이다 Ils sont du même acabit [de la même espèce, de la même nature] / Ils sont tous les mêmes / On peut les considérer comme appartenant à la même catégorie d'individus / On peut les ranger dans le même sac. ¶ 그 사람들은 ~이 되어 나를 모함했다 Ils se sont tous ligués contre moi et ils me tiennent / Avec leur conspiration, ils m'ont pris au piège [m'ont piégé(*e*)] / Ils ont monté une conspiration et ils me tiennent dans leurs filets {*fam*}.

한솥밥 명 même marmite *f*, même chaudron *m*, même râtelier *m*; mêmes repas *mpl*.
*~(을) **먹다** partager les mêmes choses [la même existence], vivre avec *qn*. ¶ 그 사람과 ~ 먹으면서 식구처럼 지냈다 Il est devenu un membre de la famille.

한수 -手 명 ① ((실력)) coup *m*; tour *m*; truc *m*; manière *f*. ¶ 다른 사람보다 ~ 위[아래]이다 être meilleur(*e*) [plus fort(*e*)] [être moins bon(*ne*), être moins fort(*e*), être moins doué(*e*)] ((aux échecs, au jeu de go, en sport)) qu'un autre. ¶ ~ 배우다[가르치다] apprendre [enseigner] un truc [un coup, un tour, une combine]. ② ((바둑)) déplacement *m*; coup *m*; partie *f*. ¶ ~ 무르다 rejouer *son* coup, revenir en arrière; ((체스)) adouber ((j'adoube)). ¶ ~ 물러도 될까요? Est-ce que je peux rejouer mon coup [revenir en arrière]? ¶ 이 ~로 승부가 끝난다 La partie se termine sur ce coup. ¶ 오로지 이 ~밖에 없다 C'est le seul coup à jouer / Il n'y a pas d'autre coup possible. ◇_(를) **하다** faire une partie. ¶ 저하고 바둑 ~ 하시지요 Faisons une partie de go ensemble.

한순간 -瞬間 명 un moment *m*, un instant *m*, une fraction *f* de seconde; une minute *f*. ¶ ~의 실수로 à cause d'un instant d'inattention [d'un très court moment de distraction], à cause d'une distraction d'une fraction de seconde; par inadvertance, par mégarde. ¶ 10년간의 노력이 ~에 물거품이 되었다 Tous mes efforts pendant dix ans ont été réduits en poussière en un instant / Dix ans d'efforts sont tombés à l'eau en l'espace d'un instant / Mes dix ans de travail ont été balayés en une minute. 부 en [pendant] un moment; en [pendant] un instant; tout à coup; en une minute. ¶ ~ 망설이다 hésiter [tergiverser] pendant un moment; ne pas savoir quoi faire pendant un instant. ¶ 나는 그 여자에게서 ~도 눈을 떼지 못하였다 Je n'ai pas pu détacher mes yeux [enlever mon regard] de cette fille, ne serait-ce qu'un instant. ¶ 그런 생각이 ~ 머릿속을 스쳐 지나갔다 Cette idée m'a traversé l'esprit [la tête] pendant un bref instant. ¶ ~ 나는 정신이 아찔했다 D'un seul coup j'ai eu le tournis [le vertige] {*fam*} / Tout à coup je n'ai plus su où j'étais / Tout à coup j'ai eu un trou / Soudain, j'ai tourné dans le vide {*fam*}.

한술 명 une cuillère *f* pleine; une pleine cuillerée *f*; une cuillère *f* (pleine) [pleine cuillerée *f*, bouchée *f*] ((de riz, de nourriture)), une cuillerée *f* (de soupe); une cuillère [cuillerée, bouchée] (de riz, de soupe); ((manger)) un morceau *m*, ((faire)) un petit repas

m, ((prendre)) un repas *m* simple; ((manger)) un petit peu, ((casser)) la [une] croûte *f* {*fam*} [la graine *f* {*fam*}]. ¶ 밥 ~ 뜨다 manger un morceau, faire un petit [bref] repas, prendre un repas simple; manger un petit peu, casser la [une] croûte [la graine] {*fam*}.

*~ **더 뜨다** être pire [meilleur(*e*)] que les autres; être encore plus [encore moins] que les autres; être sans égal par rapport aux autres. ¶ 그는 ~ 더 떴다 Il a fait bien pire.

*~ **밥에 배부르랴** On ne doit pas trop espérer du premier coup / On ne peut pas être satisfait dès le commencement / Paris [Rome] ne s'est pas faite en un jour.

한숨¹ 명 ((호흡)) souffle *m*, respiration *f*; pause *f*, repos *m*. ¶ 밤새 ~도 눈을 붙이지 못하다 ne pas pouvoir fermer l'œil de la nuit. ¶ ~ 자다 faire [piquer {*fam*}] un (petit) somme, dormir un peu, piquer [faire] un roupillon {*fam*}, pioncer {*fam*} un peu; ((점심 후)) faire la [une petite] sieste. ¶ ~ 푹 자다 dormir profondément; dormir comme un loir; dormir sur *ses* deux oreilles; roupiller {*fam*}, pioncer {*fam*}, (en) écraser {*fam*}, passer une bonne nuit de repos. ¶ ~ 자 두어야 밤에 일을 할 수 있다 Il faut dormir un peu [Il faut faire une sieste] dans la journée pour pouvoir travailler la nuit. ¶ ~도 못 자다 ne pas pouvoir dormir du tout. ¶ ~ 주무시다 faire un somme, dormir un peu; ((점심 후)) faire la [une petite] sieste ((terme honorifique)).

◇_**(을) 돌리다[놓다]** faire une pause, reprendre haleine, prendre un peu [quelques instants] de repos, s'arrêter un moment, souffler [se reposer] un instant [quelques minutes, un peu], décompresser un instant; ((비유적)) être sorti(*e*) d'une situation difficile, avoir passé le moment critique, pouvoir enfin respirer. ¶ 이제야 겨우 ~ 돌리게 되었다 Enfin, on peut faire une pause. ¶ ~ 돌리고 다시 시작하자 Soufflons [Reposons-nous] un peu [un instant, quelques minutes] avant de reprendre / Faisons une pause avant de recommencer [avant de reprendre] / On fait une pause et on reprend [recommence].

한숨² 명 soupir *m*. ¶ ~ 소리 le bruit d'un soupir. ¶ ~을 (푹푹) 내쉬다 soupirer; pousser de profonds soupirs. ¶ 깊은 ~을 내뱉다[토하다]. pousser de profonds soupirs. ¶ ~을 몰아쉬다 soupirer profondément, pousser un grand soupir. ¶ 눈물과 ~으로 점철된 삶 une vie faite de larmes et de soupirs. ¶ ~ 섞인 목소리 une voix mêlée [entrecoupée] de soupirs. ¶ ~이 나오다 pousser un soupir; soupirer. ¶ 그 소식을 들으니 나는 ~만 나왔다 À l'écoute de cette nouvelle, je n'ai laissé échapper qu'un soupir.

◇_**을 쉬다[짓다]** soupirer, pousser un soupir. ¶ 땅[방바닥]이 꺼져라 ~을 쉬다 pousser les plus profonds soupirs, soupirer [pousser des soupirs] à rendre l'âme. ¶ (휴 하고) 안도의 ~을 쉬다 pousser un soupir [un ouf, des ouf] de soulagement.

한숨에 부 d'un seul jet, d'un seul trait; ((avaler, sécher un verre)) d'un trait [d'un seul coup]; sans reprendre haleine, d'une lampée {*fam*}. ¶ 그 소식을 듣고 나는 ~ 달려갔다 Après avoir appris la nouvelle, je m'y suis rendu sans tarder. ¶ 술을 ~ 들이켰다 J'ai vidé mon verre d'un trait [d'une lampée {*fam*}] / J'ai fait cul sec {*fam*}.

한시¹ **漢詩** 명 【문학】 poésie *f* chinoise; poème *m* chinois [en chinois]. ¶ ~를 짓다 écrire un poème chinois [en chinois].

한시² **一時** 명 ① 잠시 une seconde *f*; une minute *f*, un moment *m*; un instant *m*. ¶ ~도 쉴 틈이 없다 ne pas avoir une minute à *soi*, ne pas avoir une minute tranquille, ne pas avoir le temps de respirer, n'avoir aucun moment de distraction [de détente, de repos], être toujours sous pression; ne pas pouvoir se distraire [se libérer, se dégager] un seul instant. ¶ ~도 마음 편할 날이 없다 ne pas avoir un moment sans souci [sans préoccupation], ne jamais avoir l'esprit tranquille. ¶ ~도 방심할 수 없다 ne pas pouvoir baisser la garde ne serait-ce qu'un seul instant, devoir toujours être vigilant(*e*). ¶ 그 말을 ~도 잊어서는 안 된다 Il faut toujours avoir ces mots-là présents à l'esprit. ¶ ~라도 빨리 이곳을 떠나고 싶다 vouloir partir d'ici aussi vite que possible; vouloir quitter cet endroit au plus vite [le plus tôt possible]. ¶ ~도 집에 붙어 있지 않다 ne pas rester scotché(*e*) chez *soi* une minute de plus{*fam*}; ne pas rester englué(*e*) à *sa* piaule {*arg*}, ne serait-ce qu'une seconde; ne pas rester figé(*e*) chez *soi* une seule minute. ¶ ~도 그 사람의 곁을 떠나지 않다 ne pas quitter [lâcher] *qn* d'une semelle {*fam*}, ne pas quitter *qn* d'un pas, suivre *qn* partout, suivre *qn* comme un caniche [comme un mouton, comme *son* ombre], accompagner *qn* partout, être pendu(*e*) [être suspendu(*e*), s'accrocher] aux basques de *qn*, être toujours sur le dos [sur les talons] de *qn*, ne pas lui lâcher les baskets un seul instant {*fam*}. ¶ 두 사람은 ~도 떨어지지 않으려 한다 Ces deux personnes ne veulent pas se quitter une seule minute [ne serait-ce qu'une minute] / Ces deux-là ne veulent pas se lâcher d'une semelle {*fam*}. ② 동시 au même instant *m* [moment *m*]; à la même minute *f* [seconde *f*]. ¶ 한날 ~에 태어나다 naître au même moment et le même jour.

*~**(가) 급하다** C'est urgent / C'est une question de minute / Le temps presse.

◆_**바삐** 부 au plus vite; plus rapidement. ¶ ~바삐 이곳을 떠나라 Pars au plus vite! / Quitte ce lieu au plus vite! ¶ ~바삐 가족들을 만나고 싶어 하다 vouloir rencontrer *sa* famille au plus vite; vouloir voir les *siens* au plus vite [rapidement].

한시름 명 un(*e*) grande inquiétude *f* [anxiété *f*, souci *m*, angoisse *f*].

*~(을) 놓다[덜다] se délivrer [se débarrasser, se libérer] de *ses* soucis (majeurs), se remettre d'une inquiétude, éprouver un soulagement, se sentir soulagé(*e*) [libéré(*e*)]; s'alléger, avoir un poids en moins sur la conscience, décompresser, se remettre d'une inquiétude, enlever un poids de la conscience. ¶ (나는) 과년한 딸을 시집보내고 ~ 놓았다 Je me suis enfin débarrassé(*e*) du souci de devoir marier ma plus vieille fille.

*~(이) 놓이다 se délivrer [se débarrasser, se libérer] de *ses* soucis (majeurs), se remettre d'une inquiétude, éprouver un soulagement, se sentir soulagé(*e*) [libéré(*e*)]; s'alléger, avoir un poids en moins sur la conscience, décompresser. ¶ 은행 빚을 벗고 나니 (내가) 이제야 ~ 놓인다 Maintenant que j'ai réglé mes dettes à la banque, je me sens libéré(*e*).

한시적 限時的 명 provisoire; passag*er*(*ère*); temporaire; momentané(*e*); limité(*e*); transitoire. ¶ ~으로 provisoirement; passagèrement; temporairement; momentanément; transitoirement. ¶ ~인 조치 des mesures provisoires [temporaires].

한식[1] 寒食 명 la grande fête de Hansik <le 105e jour suivant le solstice d'hiver ou au début du mois d'avril; autrefois une des trois grandes fêtes nationales coréennes avec le nouvel an lunaire et Chuseok (추석); journée de recueillement sur les tombes [tumuli] des ancêtres et d'offrande de nourriture traditionnelle coréenne froide, sorte de fête des Morts coréenne>. ¶ ~날 성묘를 하다 faire une offrande de nourriture sur les tombes [tumuli] le jour du Hansik.

한식[2] 韓食 명 plat *m* [repas *m*, nourriture *f*] coréen. ¶ ~으로 먹을까 양식으로 먹을까? On prend un repas coréen ou occidental? / On mange coréen ou occidental? {*fam*} / On prend de la nourriture coréenne ou occidentale?

◆ **_집** 명 restaurant *m* coréen.

한식[3] 韓式 명 style *m* coréen; mode *f* coréenne. ¶ ~으로 지은 집 une maison construite selon le style coréen; maison de style coréen; maison [une habitation] à la coréenne.

한심스럽다 寒心- 형 paraître [être] lamentable, déplorable, désolant(*e*), malheureu*x*(*se*), pitoyable, fâcheu*x*(*se*), regrettable. ¶ 그 녀석 하는 짓이 어찌나 한심스러운지 Que son attitude est désolante [déplorable]! / Ce qu'il fait est vraiment désolant! / Sa façon de faire est lamentable! / C'est déplorable de voir ce qu'il fait! / Que c'est malheureux, ce qu'il fait! ¶ 그런 나 자신이 ~ Ma façon d'être est pitoyable / Je me sens lamentable!

한심하다 寒心- 형 être lamentable, déplorable, désolant(*e*), malheureu*x*(*se*), pitoyable, fâcheu*x*(*se*), regrettable, médiocre, minable. ¶ 그 사람 행동은 참으로 ~ Son comportement est vraiment déplorable / Son attitude est tout à fait lamentable / Sa façon de faire est vraiment regrettable / Ce qu'il fait, c'est vraiment nul {*fam*}. ¶ 그걸 하나 해결을 못하다니 너 참 ~ Que tu n'arrives pas à faire ça, c'est vraiment lamentable! / Tu ne peux même pas faire ça, tu es vraiment lamentable / Tu ne peux même pas résoudre ce problème, tu es vraiment minable! / Tu ne sais même pas faire ça, c'est vraiment déplorable! ¶ 그 여자는 나를 한심하다는 듯이 쳐다보았다 Elle m'a fixé [regardé, observé] comme si j'étais lamentable / Elle m'a dévisagé d'un air qui me disait que j'étais médiocre [minable]. ¶ 나를 너무 그렇게 한심하게 보지 말아다오 Ne me dévisage pas de cette manière comme si j'étais minable [médiocre] / Suis-je si médiocre? Arrête de me dévisager comme ça! / Ne me regarde pas avec cet air-là comme si j'étais minable / Ne me regarde pas avec ces yeux-là qui ont l'air de dire que je suis lamentable.

한아름 명 une brassée *f* ((de fleurs, de foin)). ¶ 둘레가 ~이 넘는 나무 un tronc d'arbre qu'on peut à peine entourer des deux bras.
부 un bouquet, une brassée ((de fleurs)); un panier ((de fraises sauvages)); une montagne [une pile de] ((cadeaux)). ¶ 꽃다발을 ~ 안겨 주다 couvrir *qn* de bouquets de fleurs. ¶ 꽃다발을 ~ 안고[들고] 서 있다 rester debout en tenant une brassée de fleurs. ¶ 산딸기를 ~ 따오다 cueillir tout un panier de fraises sauvages. ¶ 선물을 ~ 안겨주다 offrir une montagne [une pile] de cadeaux.

한약 韓藥 명 【한의】 médicament *m* oriental [chinois]; remède *m* oriental [chinois]; pharmacopée *f* chinoise. ¶ ~을 짓다 préparer [faire préparer] un remède oriental [chinois]; fabriquer [faire fabriquer] des produits pharmaceutiques orientaux [chinois]]; faire [se faire faire] une préparation de substances médicamenteuses orientales. ¶ ~을 달이다 faire une décoction de [faire bouillir à petit feu, bouillonner, faire bouillotter des] produits pharmaceutiques orientaux. ¶ ~을 몇 첩 먹다 prendre plusieurs sachets [plusieurs poches] de médicaments orientaux.

◆ **_국[방]** -局[房] 명 officine *f* [pharmacie *f*] de produits orientaux [chinois]; officine *f* [pharmacie *f*] orientale [chinoise].

◆ **_사** -師 명 pharmacien(*ne*) [apothicaire *m*] spécialisé(*e*) en produits pharmaceutiques orientaux [chinois]; pharmacien(*ne*) spécialisé(*e*) en pharmacopée chinoise.

◆ **_재** -材 명 produits *mpl* [substances *fpl*] de la pharmacopée orientale [chinoise].

한양 漢陽 명 【지명】 Hanyang <ancien nom de Séoul sous le royaume de Joseon>.

한어 漢語 명 【언어】 langue *f* chinoise; mot *m*

(d'origine) chinois; expression *f* chinoise.

◆_병음 -倂音 명 【언어】 romanisation *f* Pinyin ((système de transcription alphabétique et phonétique des idéogrammes chinois adopté en Chine)).

한여름 명 plein été *m*; milieu *m* de l'été; cœur *m* de l'été. ¶~의 무더위[폭염, 불볕더위] la chaleur étouffante [la canicule, la chaleur torride, la fournaise, l'étuve] de plein été. ¶~에 접어들다 arriver au milieu de l'été [en plein été].

한역[1] 韓譯 명 traduction *f* ((d'un texte français)) en coréen. ◇_(을) **하다** traduire en coréen; faire une traduction en coréen. ◇_(이) **되다** être traduit(*e*) en coréen.

한역[2] 漢譯 명 traduction *f* en chinois. ◇_(을) **하다** traduire en chinois, faire une traduction en chinois. ¶ 중국에서 팔리어 불경을 ~하다 traduire le texte bouddhique Pali en chinois en Chine. ◇_(이) **되다** être traduit(*e*) en chinois.

한영 韓英 어근 (la) Corée *f* du Sud et (la) Grande Bretagne *f*; coréen(*ne*)-anglais(*e*). ¶~ 수호 통상 조약 traité de commerce et d'amitié entre la Corée du Sud et la Grande-Bretagne.

◆_사전 -辭典 명 dictionnaire *m* coréen-anglais.

한옆 명 un côté *m*; un coin *m*; un angle *m*. ¶~으로 비키다 se mettre de côté [se mettre sur le côté, s'écarter] (pour laisser passer). ¶~으로 치우다 déplacer [mettre] *qc* sur un côté [à côté]. ¶ 차가 길 ~에 멈추어 섰다 Une voiture s'est arrêtée sur le bas-côté de la route.

한옥 韓屋 명 maison *f* traditionnelle coréenne; maison *f* de style ancien coréen. ¶ 나는 ~에 산다 Je vis [J'habite] dans une maison traditionnelle coréenne [dans une maison de style coréen].

한우 韓牛 명 (viande *f* de) bœuf *m* coréen. ¶~를 사육하다 élever des vaches coréennes [des bœufs coréens]. ¶ 쇠고기는 ~가 맛이 있다고 생각하는 한국 사람들 les Coréens qui pensent que c'est la viande de bœuf coréenne qui est la meilleure.

한울 명 【종교】 Hanul ((Ciel selon la religion Cheondogyo)).

한움큼 명 une poignée *f* ((de riz)). ¶~의 모래 une poignée de sable. ¶~ 움켜쥐다 prendre une poignée ((de sel)).

한의 韓醫 명 ☞ 한의사

한의사 韓醫師 명 【한의】 médecin *m* en médecine orientale [chinoise]; spécialiste *mf* de médecine orientale [chinoise].

한의원 韓醫院 명 【한의】 clinique *f* de médecine orientale [chinoise].

한의학 韓醫學 명 【한의】 (études *fpl* de) médecine *f* orientale [chinoise].

한인 韓人 명 Coréen(*ne*); personne *f* coréenne; individu *m* coréen. ¶~ 사회 communauté coréenne; société coréenne.

◆_회 -會 명 association *f* des Coréens.

한일 韓日 어근 Corée *f* et Japon *m*; coréano-japonais(*e*); coréen(*ne*)-japonais(*e*). ¶~ 관계 relations coréano-japonaises [entre la Corée et le Japon]. ¶~ 친선 경기 un match amical entre la Corée et le Japon.

◆_회담 會談 명 conférence *f* [entretien *m*] entre la Corée et le Japon.

한입 명 une bouchée *f*; un morceau *m*. ¶~ 가득 먹다 prendre une grosse bouchée; manger une pleine bouchée. ¶~에 삼키다 avaler *qc* d'une seule bouchée.

한자 漢字 명 【언어】 caractère *m* sino-coréen; idéogramme *m* sino-coréen. ¶~를 사용하다 utiliser les caractères sino-coréens [les idéogrammes sino-coréens]. ¶~로 쓰다 écrire en caractères sino-coréens.

◆_말 명 expressions *fpl* en sino-coréen.

◆_어 -語 명 【언어】 mot *m* d'origine sino-coréenne et pouvant s'écrire en caractères sino-coréens.

◆_음 -音 명 prononciation *f* des caractères sino-coréens.

한자리 명 ① 같은 자리 même endroit *m*; même place *f*; même lieu *m*. ¶~에 모이다 se rencontrer [se retrouver, se réunir] au même endroit. ¶ 그 아이는 잠시도 ~에 가만히 앉아 있지를 못한다 Cet enfant ne peut pas rester tranquille au même endroit, ne serait-ce qu'une minute / Cet enfant ne peut pas tenir en place, ne serait-ce une minute. ② 직위 une place *f*; un poste *m*; une fonction *f*. ¶~ 얻다 obtenir un poste [une place]. ¶~ 달라고 애걸하다 supplier *qn* pour avoir un poste. ¶~ 하다 se faire une bonne place ((dans une compagnie)).

한잔 -盞 명 une tasse *f* ((de thé)); un verre *m* ((d'alcool)). ¶ 커피 ~ 주세요 Un café, s'il vous plaît! / Donnez-moi une tasse de café / Servez-moi une tasse de café. ¶~ 마시다 boire un verre ((d'eau, d'alcool)). ¶ 차를 ~ 더 드시겠습니까? Prendriez-vous encore une tasse de thé [de café] ((ou autre boisson chaude))? / Désirez-vous une autre tasse de thé [de café] ((ou autre boisson chaude))? / Voulez-vous prendre un autre thé [un autre café] ((ou autre boisson chaude))? ¶ 오랜만에 술이나 ~ 할까? Ça fait longtemps qu'on n'a pas bu ensemble, on prend un verre? / Ça fait un bail [une paye], on prend un pot? {*fam*}. ¶~ 사다 payer un verre [un pot {*fam*}]. ◇_(을) **하다** prendre un verre [un coup {*fam*}, un pot {*fam*}].

*~ **걸치다** prendre un coup {*fam*} [un pot {*fam*}].

한잠 명 un somme *m*. ¶~도 못자다 ne pas pouvoir dormir du tout, ne pas pouvoir fermer l'œil de la nuit. ¶~ 푹[늘어지게] 자다 faire un somme profond [bien récupérateur], faire un somme récupérateur; faire une bonne sieste.

한재 旱災 명 dégâts *mpl* causés par la sécheresse. ¶~를 당하다[입다] subir des dommages dus à la sécheresse. ¶~가 나다 y avoir des dégâts causés par la sécheresse.

한적하다 閑寂- 형 être tranquille, calme, paisible, reposant(*e*); être retiré(*e*) [éloigné(*e*)] du monde. ¶ 거리가 ~ La rue est tranquille [calme]. ¶ 그 노부부는 한적하게 살고 있었다 Ce vieux couple vivait tranquillement [paisiblement, calmement]. ¶ 한적한 시골 campagne tranquille [paisible, calme].

◆**한적히** 부 tranquillement, calmement, paisiblement. ¶ 그 집은 숲 속에 한적히 있다 Cette maison se trouve [est] retirée dans une forêt profonde / Cette habitation est tranquillement installée au beau milieu d'une forêt.

한정 限定 명 limitation *f*, délimitation *f*, restriction *f*, circonscription *f*; ((논리)) détermination *f*, définition *f*. ¶ 오늘 백화점에서 수영복을 ~ 판매한다고 한다 On dit qu'il y a aujourd'hui une vente exceptionnelle de maillots de bain dans les grands magasins. ¶ ~ 없이 sans limite; sans restriction. ◇_(을) **하다[시키다]** limiter ((le nombre des étudiants)); restreindre ((le nombre d'inscriptions des étudiants)); borner ((un village)); mettre une limite [des bornes à]; circonscrire ((une épidémie aviaire)); déterminer ((le sujet d'une thèse)); définir ((le thème d'un débat)). ¶ 회원을 100명으로 ~하다 limiter le nombre des membres à 100. ¶ 지원 자격을 대학 졸업생으로 ~하다 restreindre aux seuls diplômés de l'université la possibilité de se présenter pour un poste, délimiter les postes vacants aux seuls universitaires, permettre seulement aux diplômés de l'université de postuler. ◇_(이) **되다** être limité(*e*), délimité(*e*), restreint(*e*), circonscrit(*e*), déterminé(*e*), défini(*e*). ¶ 지면이 ~되어 있기 때문에 더 이상의 원고를 받을 수 없다 Étant donné que le nombre de pages est limité, on ne peut plus accepter davantage de manuscrits [de tapuscrits, d'articles] / En raison du nombre limité de pages, nous ne pouvons plus recevoir d'articles. ¶ 이 문제는 단지 현시점에만 ~되는 것이 아니다 Ce problème n'est pas seulement limité à aujourd'hui / Cette question ne se limite pas qu'à ce problème actuel / Ce problème ne touche pas seulement le présent / Çe n'est pas seulement une question qui touche le présent. ¶ 이 카드의 사용 지역은 국내로만 ~된다 L'utilisation de cette carte est limitée seulement au territoire / Cette carte ne marche que dans le pays / On ne peut utiliser cette carte que dans les limites du territoire national.

◆**_적** -的 명관 ① limitati*f*(*ve*); limité(*e*); restricti*f*(*ve*); restreint(*e*); déterminé(*e*). ¶ 이것은 위급한 상황일 경우 ~적으로 사용될 수 있다 Cette chose a une utilisation limitée en cas d'urgence / Cette chose peut être utilisée en cas d'urgence. ② 【언어】 déterminati*f*(*ve*). ¶ 이 경우는 관계대명사의 ~적 용법으로 해석된다 Dans ce cas-là, le pronom relatif est interprété comme ayant une valeur restrictive [déterminative].

◆**_량** -量 명 quantité *f* limitée. ¶ ~량을 초과하다 dépasser la quantité limitée [permise].

한족[1] 漢族 명 peuple *m* Han; ethnie *f* chinoise.

한족[2] 韓族 명 peuple *m* coréen; ethnie *f* coréenne.

한주먹 명 un grand coup *m* (de poing). ¶ ~에 때려눕히다 envoyer [expédier] *qn* au tapis d'un seul coup de poing, mettre KO [assommer] *qn* d'un seul coup de poing ¶ ~ 거리도 안 되는 놈이 까불고 있어! Quand on est si minable, on se cache [on se tait, on ne la ramène pas, on se fait petit, on se tient à carreaux].

한줄기 명 une ligne *f*, un filet *m* ((de fumée, d'air, de salive)); un rayon *m* ((de soleil)); un jet *m* ((d'eau, d'urine)); un raie *m* ((de lumière)); ((소나기 빗줄기)) une grosse averse *f*; ((같은 계통)) même lignée *f*. ¶ ~ 희망 un rayon d'espoir; un fil d'espoir; un poil d'espoir {*fam*}. ¶ 암울한 현실 속에서 ~ 빛이 되다 être un rayon de lumière dans cette sombre réalité; devenir un raie {*litt*} [un rayon] de soleil dans une réalité noire. ¶ ~ 비가 내렸다 Une grosse averse est tombée / Il a plu des cordes [des hallebardes] / Il a plu à verse [à flots, à torrents, à seaux] / Il est tombé des cataractes [des trombes d'eau, des hallebardes] / La pluie est tombée à verse.

한줌 명 une (petite) poignée *f*. ¶ 쌀 ~ une (petite) poignée de riz.

한중 韓中 어근 la Corée *f* du Sud et la Chine *f*; coréen(*ne*)-chinois(*e*); coréano-chinois(*e*). ¶ ~ 관계 relations entre la Corée du Sud et la Chine; relations coréano-chinoises. ¶ ~ 무역 commerce entre la Corée du Sud et la Chine. ¶ ~ 합작영화 production cinématographique coréano-chinoise.

한증 汗蒸 명 soin *m* du corps par sudation [par transpiration, par perspiration]. ◇_(을) **하다** prendre un bain de vapeur.

◆**_막** -幕 명 bain *m* de vapeur [turc]; sauna *m*; étuve *f*; sudatorium *m*.

◆**_탕** -湯 명 sauna *m*; étuve *f*.

한지[1] 韓紙 명 papier *m* traditionnel coréen ((papier de bois de mûrier)). ¶ ~에 그림을 그리다 peindre sur du papier coréen. ¶ 창에 ~를 바르다 coller du papier coréen sur la fenêtre.

한지[2] 漢紙 명 papier *m* chinois <papier inventé en 105 par un Chinois sous la dynastie chinoise des Han>.

한직 閑職 명 poste *m* insignifiant [perdu, ayant peu d'importance], poste *m* de tout repos [sans astreinte, peu astreignant]; sinécure *f*, trou *m* {*fam*}; planque *f* {*fam*}. ¶ ~으로 밀려나다 être muté(*e*) dans un trou [dans un poste insignifiant]; subir une mutation dans un poste perdu. ¶ 그 사람은 평생 ~에만 머물렀다 Il a exercé toute sa vie des postes peu importants [postes de deuxième, troisième zone, postes de second ordre, postes

mineurs].

한집 명 ① 같은 집 même maison *f*; même toit *m*; même habitation *f*. ¶ 우리는 ~에서 하숙한다 Nous sommes logés sous le même toit [dans la même maison]. ② 가족 une famille *f*; même famille *f*. ¶ 그 사람들은 ~ 식구나 다름없다 Ils sont comme de la famille / Ils sont des intimes de la famille.

한집안 명 ① 가족 famille *f*; membres *mpl* d'une même famille. ¶ 우리는 이웃들과 ~처럼 지낸다 Nous avons des relations quasi familiales avec nos voisins. ② 일가친척 parenté *f*; même clan *m* familial. ¶ ~에 대통령이 둘이 나왔다 D'une même famille, sont sortis deux présidents de la République.

한쪽 명 un côté *m*, un coin *m*; un angle *m*. ¶ ~ 구석에 앉아 있다 être assis(*e*) dans un coin. ¶ 사태의 ~ 면만 바라보지 말고 전체적으로 보아야 한다 Il ne faut pas voir les choses seulement sous un seul angle, il faut voir les choses sous divers aspects [en considérant plusieurs aspects] / Il ne faut pas avoir une vision réductrice [restreinte] des choses, mais voir l'ensemble / Il ne faut pas s'intéresser à un seul côté des choses, mais voir tous les côtés à la fois.

한차례 -次例 명 une fois *f*; un tour *m*; une partie *f*. ¶ ~(의) 태풍이 지나간 듯하다 avoir l'impression qu'un cyclone est passé. ¶ 또 ~(의) 폭소가 터지다 éclater encore une fois de rire.

부 une fois. ¶ 비나 ~ 시원하게 내렸으면 Si pour une fois [Si enfin] une pluie rafraîchissante tombait.

한참 명부 (pendant) longtemps; (pendant) un bon moment *m*; (pendant) un certain temps *m*; pendant quelques temps *m*. ¶ ~을 걷다 marcher un bon moment [pendant un certain temps]. ¶ ~ 동안 기다리다 attendre pendant un bon moment [un certain temps]. ¶ ~ 말이 없다 ne pas parler pendant longtemps; rester silencieux(*se*) pendant un certain temps; ne pas dire [sortir] un mot pendant un bon moment.

한창 명 《절정》 apogée *f*; sommet *m*; zénith *m*; comble *m*; point *m* culminant; le plus haut point *m*; pic *m*. ¶ 꽃이 ~이다 Les fleurs sont complètement épanouies [fleuries]. ¶ 요사이는 딸기가 ~이다 Ces jours-ci, c'est la pleine saison des fraises.

◆_나이 명 âge *m* de plénitude [d'épanouissement]; le bel âge *m*; (pleine) force *f* de l'âge; la fleur *f* de l'âge; pleine jeunesse *f*. ¶ ~나이인데, 못할 것이 무엇이겠냐? Tu es jeune, il n'y a rien que tu ne pourrais pas faire / À cet âge d'épanouissement [En pleine force de l'âge], que ne pourrais-je pas faire?

◆_때 명 période *f* d'épanouissement [de plénitude]; pleine force *f* de l'âge; bel âge *m*; le meilleur moment *m*; jeunesse *f*. ¶ ~때 재미있게 놀아라 Profite bien de ton bel âge. ¶ 나도 ~때에는 힘깨나 썼다 Moi aussi j'étais fort quand j'étais jeune.

부 au plus fort; au plus haut; au plus haut point. ¶ ~ 자라는 어린이 un(*e*) enfant en pleine croissance. ¶ 거리가 ~ 붐비다 Les rues grouillent [fourmillent] de monde / Les rues sont grouillantes de monde / Il y a un monde fou dans les rues {*fam*} / Il y a une énorme foule [un monde fou {*fam*}] dans les rues.

한천[1] 旱天 명 temps *m* sec; temps *m* de sécheresse *f*; ciel *m* en temps de sécheresse.

한천[2] 寒天 명 saison *f* hivernale. ¶ 낙목 ~의 겨울 l'hiver aux arbres dépouillés et au ciel glacé.

한철 명 une saison *f*; meilleure [bonne] saison *f*; période *f* d'épanouissement [de maturité, de plénitude], bonne période *f* [passe *f*], période *f* faste, période *f* [moment *m*] de gloire, moment *m* de grandeur; un bon moment *m*. ¶ ~을 만나다 être dans une bonne période [dans une bonne passe, dans une période faste]; traverser une bonne saison [une bonne période, une bonne passe]. ¶ 수박은 여름이 ~이다 L'été est la meilleure saison pour les pastèques / L'été, c'est la saison de pastèques / L'été, c'est la saison idéale pour les pastèques. ¶ 누구에게나 ~이 있는 법이다 Tout le monde a sa période de gloire / Tout le monde a son moment de grandeur.

한추위 명 grand froid *m*; froid *m* sévère [glacial, intense].

한층 -層 부 plus; encore plus. ¶ 그 사람은 실력이 ~ 더 향상되었다 Il a fait encore plus de progrès. ¶ 그들은 ~ 더 목소리를 높였다 Ils ont encore plus haussé leur voix / Ils ont haussé leur voix de quelques tons.

한치[1] 명 un pouce *m*. ¶ ~ 앞도 볼 수 없다 《하나도 안 보이다》 n'avoir aucune visibilité; 《비유적》 avoir la vue courte, ne pas voir plus loin que le bout de *son* nez; ne pas pouvoir prévoir l'avenir; l'avenir [le résultat, l'issue] demeure complètement incertain(*e*).

한치[2] 명 【수산】 sorte de petit calmar *m* [calamar *m*], *Doryteuthis bleekeri* {*nsc*}. ¶ ~ 회를 먹다 manger des petits calmars crus.

한칼 명 un coup *m* de lame [de couteau, d'épée, de sabre]. ¶ ~에 적장을 죽이다 tuer [assassiner] le chef ennemi d'un coup d'épée [de sabre]. ¶ 적을 ~에 베다 pourfendre *son* ennemi d'un coup d'épée; trancher la tête de *son* ennemi d'un coup de sabre.

한탄 恨歎 명 plainte *f*; lamentation *f*; regret *m*. ¶ ~이 절로 나오다 Des plaintes sortent spontanément. ◇_(을) 하다 se plaindre; se lamenter; gémir de *qc*; déplorer *qc*; regretter *qc*; pleurer *qn*. ¶ ~만 하고 있지 말고 용기를 내라 Du courage, ne fais pas que te lamenter / Sois fort(*e*), ne fais pas que te plaindre / Arrête de gémir, reprends courage [ne te laisse pas aller] / Arrête de chialer

ㅎ

comme ça, prends ton courage à deux mains {*fam*}. ¶ 그 남자는 자기의 신세를 ~했다 Il s'est plaint de son sort [de sa situation]. ◇_(을) **되뇌이다** ressasser les mêmes plaintes.

◆_**스럽다** 형 être lamentable, déplorable, regrettable. ¶ 진작 이렇게 하지 못한 것이 ~스러울 뿐입니다 C'est tout bonnement déplorable [vraiment dommage, vraiment regrettable] qu'on n'ait pas pu faire cette chose auparavant.

한탕 명 un (gros) coup *m*, une (grosse) affaire *f*; ((욕)) un flot *m* ((d'invectives)); ((싸움)) une scène *f* ((de lutte)). ◇_(을) **하다** faire un (gros) coup. ¶ 그 사람은 마지막으로 ~하고 손을 씻자고 제안했다 Il a proposé de faire un dernier coup avant de jeter l'éponge {*fam*} / Il a proposé de monter un coup final avant de se ranger.

◆_**주의** -主義 명 mentalité *f* selon laquelle certaines personnes pensent pouvoir s'enrichir par un coup de chance ((d'un seul coup)), mentalité *f* [illusion *f*] de pouvoir faire fortune d'un seul coup ((au jeu)), mentalité *f* des gens qui pensent que la vie est comme une partie de loto. ¶ 사회에 만연한 ~주의적 사고 때문에 도박장이 계속 늘고 있다 A cause de la grande fréquence de cette mentalité selon laquelle certaines personnes pensent pouvoir s'enrichir d'un seul coup, les maisons de jeux sont en expansion [prolifèrent, ont le vent en poupe].

한턱 명 une tournée *f*. ¶ 친구 집들이에 가서 ~ 잘 얻어먹었다 J'ai bien mangé et bien bu à la pendaison de crémaillère d'un(*e*) ami(*e*). ¶ ~을 내다[쓰다] payer une tournée. ¶ 거하게 ~ 내다 payer une sérieuse [une bonne, une généreuse, une sacrée {*fam*}] tournée.

-한테 조 à *qn*; pour *qn*; par *qn*; de *qn*. ¶ 나는 동생~ 돈을 주었다 J'ai donné de l'argent à mon petit frère. ¶ 나는 선생님~ 질문을 했다 J'ai posé une question à mon professeur. ¶ 그 아이는 개~ 돌을 던졌다 L'enfant jeta une pierre au chien. ¶ 그것은 누구~ 온 편지냐? Pour qui est cette lettre? ¶ 당신은 그것을 누구~ 들었소? De qui l'avez-vous entendu?

-한테다가 조 à *qn*; pour *qn*; par *qn*; de *qn*. ¶ 그 사람은 우리~ 돈을 주었다 Il nous a donné de l'argent. ¶ 나는 그 친구~ 부탁을 했다 J'ai demandé à cet ami de me rendre service.

-한테로 조 ① ((이동)) vers *qn*. ¶ 그 사람은 나~ 다가왔다 Il s'est approché de moi. ¶ 기자들은 모두 그~ 몰려갔다 Tous les journalistes se sont rués vers lui. ② ((비이동)) en direction de *qn*, vers *qn*. ¶ 상이 누구~ 돌아갈까? Qui va obtenir le prix? ¶ 나는 그 여자~ 눈길이 갔다 Mon regard est tourné vers elle.

-한테서 조 de *qn*; de la part de *qn*. ¶ 그 사람~ 소식이 왔다 Il m'a donné des nouvelles. ¶ 친구~ 온 편지 une lettre de la part d'un ami. ¶ 그 이야기는 누구~ 들었니? De qui l'as-tu entendu?

한통속 명 même groupe *m* [coterie *f*, clan *m*]; complice *m*; gang *m*; cercle *m*; bande *f*. ¶ ~이 되다 devenir [être] complice avec *qn*; être lié(*e*) à *qn*. ¶ 너도 걔들과 ~이구나 Ah c'est ça, toi aussi tu es dans le même clan qu'eux! / Toi aussi, tu es de la même bande! / Ah, toi aussi tu fais partie de la même bande qu'eux!

한파 寒波 명 vague *f* de froid. ¶ ~가 닥치다[몰려오다] Une vague de froid est en train de déferler. ¶ ~가 전국을 엄습했다 Une vague de froid s'est abattue sur tout le pays.

한판 명 un tour *m*; une partie *f*; un jeu *m*. ¶ 장기를 ~ 두다 faire une partie d'échecs. ◇_(을) **하다[벌이다]** faire une partie. ¶ 씨름을 ~ 하다 faire un combat de lutte. ¶ 잔치를 ~ 벌이다 organiser un banquet [un festin, une fête, une réception]. ¶ 오랜만에 친구와 승부를[시합을] ~ 벌였다 Pour la première fois depuis longtemps, j'ai enfin disputé une partie [un match] avec un(*e*) ami(*e*).

한패 -牌 명 quelqu'un du même clan [du même parti]; un complice *m*. ¶ ~가 되다 être du même clan que *qn*; devenir complice de *qn*. ¶ 모두 ~이다 Ils sont tous du même clan.

한편[1] -便 명 ① 같은 편 même côté *m*; même clan *m*; même groupe *m*. ¶ 적을 ~으로 만들다 faire de *son* ennemi un allié; faire venir *son* ennemi de *son* côté. ② 한 부분 une partie *f*; une part *f*. ¶ 방 ~을 차지하다 occuper une partie d'une pièce [d'une chambre]. ③ 어떤 측면 d'un côté, d'un autre côté; d'une part, d'autre part. ¶ ~으로는 정중하지만, (다른) ~으로는 거만한 태도 le comportement d'un côté modeste, mais d'un autre côté orgueilleux. ¶ ~ 대견하면서도 ~ 걱정스럽다 D'une part c'est satisfaisant, mais d'autre part c'est inquiétant. ④ 동시에 en même temps. ¶ 학업에 힘쓰는 ~ 체력도 단련하다 faire des efforts pour les études et en même temps s'entretenir le corps [s'entretenir physiquement].

한편[2] -便 부 ① d'un côté ... d'un autre côté; d'une part ... d'autre part. ¶ ~ 기쁘지만 다른 ~ 마음이 무겁다 D'un côté, je suis content(*e*), mais d'un autre côté, cela me fait de la peine [cela me chagrine]. ② 반면 alors que. ¶ 그 남자는 떠났고 ~ 그 여자는 도착했다 Il est parti alors qu'elle arrivait.

한평생[1] -平生 명 toute une vie *f*. ¶ 이곳은 우리 아버지가 ~을 보낸 곳이다 Ici, c'est un endroit où mon père a passé toute sa vie.

한평생[2] 限平生 부 toute la vie, avant *sa* mort, jusqu'à *sa* mort. ¶ 그 남자는 ~ 독신으로 지냈다 Il est resté célibataire toute sa vie / Il a toujours été célibataire. ¶ 나는 ~ 그 사람을 잊을 수 없을 것이다 De toute ma vie, je ne l'oublierai jamais.

한풀 부 ((diminuer, refroidir, perdre)) un peu. ¶ 더위가 ~ 꺾였다 La canicule est passée / Il fait un peu moins chaud maintenant. ¶ 그 사람의 열의가 ~ 꺾였다 Il a (un peu) perdu son enthousiasme / Son enthousiasme s'est refroidi [s'est relâché]

/ Cela a refroidi [calmé, tué, brisé] son enthousiasme / Il est sans grand enthousiasme maintenant.

한풀이 恨- 명 vengeance *f*; vendetta *f*; représailles *fpl*. ◇_(를) **하다** se venger; tirer vengeance.

한하다[1] 限- 재 limiter; restreindre; fixer une limite. ¶ 100명에 한하여 기념품이 증정되었다 Des lots ont été offerts dans la limite de 100 personnes / Nous avons offert un lot aux cent premiers arrivés. ¶ 이곳은 장애자에 한해서 주차가 허용된다 Seuls les handicapés peuvent garer leur voiture ici.

한하다[2] 恨- 타 se lamenter; se plaindre. ¶ 그 사람은 자신의 운명을 한했다 Il s'est lamenté [a pleuré] sur son sort. ¶ 그 사람은 자신이 배우지 못한 것을 한했다 Il s'est plaint de n'avoir pas fait d'études.

한학 漢學 명 étude *f* des classiques chinois; sinologie *f*.

한해[1] 旱害 명 dégâts *mpl* causés par la sécheresse. ¶ ~를 입다 subir des dégâts dus à la sécheresse; souffrir de la sécheresse.

한해[2] 寒害 명 dégâts *mpl* causés par le froid.

한화 韓貨 명 argent *m* coréen, monnaie *f* coréenne, devise *f* coréenne, won *m*. ¶ 미화를 ~로 환전하다 changer la devise américaine en devise coréenne, changer de l'argent américain contre de l'argent coréen, changer des dollars contre des wons. ¶ 봉급을 ~로 받다 toucher un salaire en argent coréen, être payé(*e*) en wons.

할 割 의명 dix pour cent. ¶ 1 ~ dix pour cent. ¶ 3 ~의 타율 ((faire)) trente pour cent en moyenne à la batte de baseball.

할거 割據 명 partage *m* des terres [d'un territoire]. ◇_(를) **하다** ((des seigneurs)) se partager des territoires; s'accaparer des terres; protéger *ses* terres; défendre *son* propre territoire. ¶ 삼국시대는 군웅이 ~하는 시대다 L'époque des Trois Royaumes est une période de rivalité entre les seigneurs.

할당 割當 명 attribution *f* ((d'une part)); assignement *m* ((de parts)); affectation *f* ((d'une part du budget)); répartition *f* ((de l'impôt)); distribution *f* ((des rôles d'une pièces de théâtre)); allocation *f* ((de ressources)); quote-part *f*; quota *m*; ((배급)) rationnement *m*. ◇_(을) **하다[시키다]** attribuer ((une part à un héritier)); assigner ((un lot dans une répartition)); affecter ((des crédits à la reconstruction)); répartir ((une somme entre plusieurs personnes)); distribuer ((des rôles d'une pièce de théâtre)); diviser ((un héritage)). ¶ 본사에서 올해의 판매량을 각 지점에 ~하였다 Le siège social a assigné à chaque succursale son quota de vente [le chiffre d'affaire] de l'année. ◇_(이) **되다** être attribué(*e*), assigné(*e*), affecté(*e*), réparti(*e*), distribué(*e*), divisé(*e*). ¶ 모든 사원들에게 새로운 업무가 ~되었다 De nouvelles tâches ont été attribuées [assignées, données] à tous les employés de la compagnie / Le personnel tout entier s'est vu assigner de nouvelles tâches / Chaque membre du personnel a été affecté à de nouvelles tâches. ◇_(을) **받다** se faire assigner [attribuer, donner, affecter] *qc*. ¶ 우리가 ~받은 예산은 업무를 수행하기에는 너무나 부족한 액수였다 Le budget qui nous a été affecté [remis] était un montant trop restreint pour assumer [faire] notre travail / On s'est fait attribuer une somme nettement insuffisante pour réaliser nos tâches / Le budget que nous avons reçu était vraiment insuffisant pour couvrir tous nos travaux [réalisations].

◆**_량** -量 명 quota *m* de vente; quota *m*.

◆**_액** -額 명 quote-part *f*; contribution *f*; cotisation *f*; écot *m*; quotité *f*.

◆**_제** -制 명 système *m* de quotas.

할딱거리다 타 haleter, suffoquer, s'essouffler, respirer avec gêne [avec beaucoup de peine, difficilement]; être à bout de souffle, hors d'haleine, essoufflé(*e*), haletant(*e*). ¶ 그 사람은 숨을 할딱거렸다 Il respirait difficilement [avec beaucoup de peine] / Il suffoquait / Il était à bout de souffle / Il était essoufflée / Il avait du mal à respirer.

할딱대다 타 ☞ 할딱거리다

할딱이다 타 ☞ 할딱거리다

할딱할딱 부 ((respirer)) avec gêne, difficilement, avec beaucoup de peine; en haletant; à perdre haleine. ¶ 그 여자는 ~ 숨을 몰아쉬었다 Elle respirait difficilement [avec beaucoup de peine] / Elle suffoquait / Elle était à bout de souffle / Elle était essoufflée / Elle avait du mal à respirer.

할렐루야 히 명감 alléluia *m*.

할렘 영{Harlem} 명 Harlem. ¶ ~에 살다 vivre à Harlem.

할례 割禮 명 circoncision *f*. ◇_(를) **하다** circoncire; pratiquer une circoncision sur *qn*. ◇_(를) **받다** être circoncis(*e*); se faire circoncire.

할로겐 독 명 halogène *m*. ¶ ~ 등[램프] une lampe (à) halogène.

할망구 명 【속어】 femme *f* âgée, veille dame *f*; grand-mère *f*; vieille *f*; vieillarde *f*; ancienne *f* {*fam*}; centenaire *mf* {*fam*}; croulante *m* {*fam*}; vioque {*fam*}; mémère *f*.

할머니 명 ① grand-mère *f*; mère-grand {*anc*} grand-maman *f*, bonne-maman *f*, mamie *f*, mamy *f*, mémé *f* {*pop*}; aïeule *f*. ② 노파 vieille dame *f*; vieille femme *f*. ③ ((호칭)) mamie *f*, mammy, mémé *f* ((appellation affectueuse d'une femme âgée)). ¶ ~에게 자리를 양보하다 céder *sa* place aux femmes âgées [aux vieilles dames, aux dames âgées].

할머님 명 grand-mère *f*; personne *f* âgée; grand-maman *f*, bonne-maman *f*; vieille dame *f*; femme *f* [dame *f*] âgée.

할멈 명 ((아내)) ma vieille *f*; ((경멸)) vieille *f*, vieillarde *f*, mémère *f*, vieille bique *f*, décrépite, sénile, croulante, vieille rombière *f*; ((늙은 하녀)) vieille bonne *f*.

할미 명 grand-mère *f*; mémé *f*; mamie *f*; grand-maman *f* , bonne-maman *f*.

할미꽃 명 【식물】 anémone *f* sauvage de Corée; *Pursatilla koreana* {*nsc*}.

할미새 명 【동물】 bergeronnette *f*, hochequeue *m*, lavandière *f*.

할복 割腹 명 éventrement *m* (rituel); éventration *f* (rituelle); ((일본어)) *hara-kiri* (~-~s) *m*, *seppuku m*. ◇_(을) **하다** s'éventrer; se faire *hara-kiri*. ¶ 그 사람은 자신의 결백을 증명하기 위해서 ~을 하였다 Il s'est éventré [s'est fait *hara-kiri*] pour prouver son innocence [qu'il est innocent].

◆**_자살** -自殺 명 suicide *f* par éventrement; ((일어)) *hara-kiri m*, *seppuku m*. ¶ 그는 적장의 앞에서 ~자살 하였다 Il s'est fait *hara-kiri* devant le chef ennemi.

할부 割賦 명 paiement *m* [versement *m*] échelonné; versement *m* partiel; traites *fpl* échelonnées. ¶ 이번 백화점 세일에서 모든 품목에 대해 3개월 무이자 ~판매를 한다 Pendant la période des soldes dans les grands magasins, on vend tous les articles avec un crédit de trois mois sans agios [sans intérêt, sans frais d'agios]. ¶ 나는 새 옷을 ~로 샀다 J'ai acheté un nouveau vêtement à crédit. ◇_(를) **하다** payer à crédit; payer [régler] par versement échelonné.

◆**_금** -金 명 dividende *m*. ¶ ~금이 밀렸다 accumuler *ses* dividendes.

◆**_금융** -金融 명 location-vente *f* financière.

◆**_금융사** -金融社 명 agence *f* financière de location-vente.

할아버님 명 grand-père *m*; personne *f* âgée; vieux monsieur *m*.

할아버지 명 ① grand-père *m*; grand-papa *m*, bon-papa *m*; papi *m*, papy *m*; pépé *m*; aïeul *m*. ② 노인 vieil homme *m*; vieux monsieur *m*. ③ ((호칭)) grand-père *m*, papi *m*, papy *m*, pépé *m* ((appellation affectueuse d'un homme âgé)).

할아범 명 vieux *m*, vieillard *m*; ancien *m*; vieille barbe *f* {*pop*}; vieux machin *m*; ((경멸)) vioque *mf*; croulant; décrépit; sénile; vieux bouc.

할아비 명 grand-père *m*; grand-papa *m* , bon-papa *m*; papi *m*; pépé *m*; aïeul *m*.

할애 割愛 명 fait *m* d'accorder ((une heure à un visiteur)). ◇_(를) **하다** accorder ((une heure à un visiteur)); réserver *qc* à *qn*. ¶ 요즈음은 신진작가에게 지면을 ~하는 잡지가 드물다 Aujourd'hui, peu de magazines [rares sont les magazines qui] accordent [cèdent] des colonnes aux nouveaux auteurs. ¶ 이렇게 저에게 시간을 ~해 주시니 감사합니다 Je vous remercie de m'accorder votre temps. ◇_(가) **되다** être accordé(*e*), réservé(*e*). ¶ 각 발표자에게 ~된 시간은 20분입니다 Il a été accordé 20 minutes à chaque intervenant [participant].

할양 割讓 명 cession *f* ((d'une partie du territoire à un autre pays)); abandon *m* ((d'une partie de *qc*)); transmission *f*; donation *f*; transfert *m*. ◇_(을) **하다** céder ((une partie du territoire à un autre pays)); abandonner *qc* à *qn*; transmettre *qc* à *qn*; donner *qc* à *qn*; transférer *qc* à *qn*. ◇_(이) **되다** être cédé(*e*), abandonné(*e*). ◇_(을) **받다** recevoir *qc* par cession [par abandon].

할인 割引 명 réduction *f*, remise *f*, rabais *m*; baisse *f*, escompte *m*; discount *m*; bonification *f*. ¶ 지금 그 가게에서는 점포 정리 ~ 판매를 하고 있다 Cette boutique fait maintenant des réductions [des remises] avant la fermeture totale / Ces jours-ci, ce magasin vend à prix bradés jusqu'à la liquidation totale des stocks. ¶ 요즈음에는 신용카드 소지자에게 ~ 혜택을 주는 경우가 많다 Ces temps-ci, on octroie souvent des réductions aux clients qui possèdent des cartes de crédit / À présent, on accorde facilement des remises aux gens qui ont des cartes de crédit. ◇_(을) **하다** faire une réduction [une remise, un escompte, un rabais]. ¶ 이번 정기세일에서는 정가에서 30 % ~한 가격으로 상품을 판매하고 있다 Pendant la période des soldes, on vend (aux clients) des produits avec trente pour cent de réduction. ¶ 오늘 이 가게는 오후 6시 이후 모든 손님에게 ~을 해 준다 Aujourd'hui, à partir de six heures dans cette boutique, on fait des remises à tous les clients. ◇_(이) **되다** ((가격이)) être réduit(*e*), escompté(*e*), baissé(e). ¶ 우리 점포에서는 물건을 ~된 가격으로 판매하지 않습니다 Notre boutique ne vend pas de produits à prix réduits / Chez nous, on ne fait pas de réductions.

◆**_권** -券 명 bon *m* de réduction.

◆**_율** -率 명 pourcentage *m* de réduction [de remise, de rabais, d'escompte].

◆**_점** -店 명 grande surface *f*, hypermarché *m*; magasin *m* de marchandises au rabais, boutique *f* de soldes, solderie *f*, discounter *m* , discounteur *m*; ((상설할인매점)) boutique *f* de soldes permanentes, magasin *m* discount qui·casse les prix, magasin *m* pratiquant le hard discount.

◆**_판매** -販賣 명 vente *f* de marchandises au rabais; liquidation *f*; vente *f* de produits en liquidation; vente *f* d'articles en solde; vente *f* de marchandises mises en soldes.

할증 割增 명 supplément *m* ((de salaire)); majoration *f* ((de prix)); prime *f*. ¶ 자정이 넘으면 택시는 ~요금을 받는다 Après minuit, le tarif des taxis est majoré. ◇_(을) **하다** augmenter ((de 10 pour cent)), majorer un prix; payer un supplément, donner une prime. ◇_(이) **되다** être augmenté(*e*), majoré(*e*).

◆**_금** -金 명 prix *m* [tarif *m*] majoré.

◆**_료** -料 명 prix *m* [tarif *m*] majoré.

할퀴다 타 ① 긁다 égratigner *qn*, griffer *qn*; donner un coup [des coups] de griffe à *qn*. ¶ 그 여자가 나를 손톱으로 할퀴었다 Elle m'a griffé avec ses

ongles. ¶ 고양이가 내 얼굴을 할퀴었다 Le chat m'a griffé le visage. ② 피해를 입히다 dévaster. ¶ 수마가 할퀴고 간 자리 une région dévastée par les inondations. ¶ 전쟁이 할퀴고 간 상처 les ravages causés par la guerre.

핥다 타 ① lécher ((un plat)); ((고양이 따위)) laper ((du lait)). ¶ 아이들이 아이스크림을 혀로 핥고 있다 Les enfants lèchent la glace avec leur langue. ¶ 개가 손등을 핥았다 Le chien m'a léché (le dos de) la main. ② 스쳐 지나다 lécher ((le sable)). ¶ 파도가 모래톱을 핥고 있었다 Les vagues léchaient le sable.

***수박 겉핥기** ☞ 수박

핥아먹다 타 lécher ((un plat)); ((고양이 따위)) laper ((du lait)). ¶ 그녀가 아이스크림을 혀로 핥아먹고 있다 Elle est en train de lécher sa glace. ¶ 고양이가 우유를 핥아먹었다 Le chat a lapé son lait.

함 函 명 ① 상자 boîte *f*, caisse *f*, coffret *m*; coffre *m*. ¶ 물건을 ~에 넣다 mettre des affaires dans une boîte [un coffret, un coffre]. ② ((결혼풍습)) (sorte *f* de) dot *f* (du futur époux), *ham m* <coffret envoyé par la famille du futur époux à la famille de la future épouse la veille du mariage (aujourd'hui ce coffret est apporté directement soit par un ami du mari, soit par un de ses proches) contenant les présents offerts par la famille du futur époux à la famille de la future épouse dont une lettre, une étoffe de soie bleue et rouge, d'autres tissus, des bijoux, etc.>. ¶ 신랑이 신부 집에 ~을 가지고 갔다 Le futur époux a apporté le *ham* chez sa future belle-famille. ¶ ~을 지다 mettre [porter] le *ham* sur *son* dos. ¶ ~을 받다 ((la famille de la future épouse)) recevoir le *ham*. ¶ ~을 보내다 envoyer le *ham* (à la famille de la future épouse). ¶ ~이 들어왔다 Le *ham* est arrivé ((chez la famille de la future épouse)).

함구 緘口 명 silence *m* (sur la vérité). ¶ 용의자는 수사관의 질문에 대해 ~로 일관했다 Le suspect n'a répondu à aucune question de l'enquêteur [l'inspecteur]. ◇_(를) **하다** se taire; garder le silence ((sur *qc*)); taire ((la vérité)). ◇_(를) **시키다** faire garder le silence à *qn*.

◆**_령** -令 명 défense *f* de parler ((d'une affaire)); bâillonnement *m* de la presse. ¶ ~령을 내리다 ordonner le silence ((sur *qc*)) à *qn*; bâillonner [museler] ((la presse)); supprimer la liberté de parole.

함께 부 ① ensemble, avec *qn*; en compagnie de *qn*. ¶ 나는 아내와 ~ 주말을 보냈다 J'ai passé le weekend avec mon épouse. ¶ 나는 그 사람과 ~ 기쁨을 나누었다 J'ai partagé cette joie avec lui. ② 동시에 au même moment, simultanément. ¶ 우리의 영혼은 죽음과 ~ 사라질까? Est-ce que notre âme disparaît au moment de la mort?

◆**_하다** 자 faire *qc* ensemble; travailler [agir] de concert. ¶ 그들은 고생을 ~했다 Ils ont passé des moments difficiles ensemble. ¶ 모두들 행동을 ~했다 Ils ont agi ensemble.

함대 艦隊 명 【군사】 flotte *f* (de guerre); escadre *f*.

함락 陷落 명 ① ((성체)) reddition *f*, capitulation *f*, chute *f* ((d'une place forte assiégée)). ② ((도시)) effondrement *m*, dépression *f*, affaissement *m*. ¶ 도시의 ~이 임박하자 시민들은 모두 피난을 준비했다 Tous les citoyens ont préparé leur fuite [départ] dès qu'ils ont appris (l'imminence de) la chute de la ville. ◇_(을) **하다**[**시키다**] capituler, se rendre, rendre les armes; prendre ((une place fortifiée)); ((사람이)) céder, succomber ((aux instances de *qn*)); ((도시가)) s'effondrer, s'affaisser. ◇_(이) **되다** capituler, se rendre, rendre les armes; prendre ((une place fortifiée)); ((사람이)) céder, succomber ((aux instances de *qn*); tomber aux mains ((de l'ennemi)); ((도시가)) s'effondrer, s'affaisser. ¶ 그 성은 한 달 만에 결국 적군에게 ~되었다 Ce château a finalement été pris en un mois par l'armée ennemie.

함량 含量 명 contenu *m*; teneur *f* ((en or)); titre *m*. ¶ 칼슘 ~이 많은 음식 aliment riche en calcium. ¶ ~을 분석하다 analyser le contenu de *qc*. ¶ ~이 미달되어 있다 avoir une teneur pauvre ((en calcium)); être pauvre en *qc*.

◆**_미달** -未達 명 teneur *f* pauvre ((en calcium)); pauvreté *f* du contenu; contenu *m* pauvre. ¶ ~미달의 논문 article [mémoire, thèse] insuffisamment fondé(*e*) [manquant de rigueur, d'un niveau insuffisant].

함몰 陷沒 명 ① affaissement *m* ((d'un terrain)); effondrement *m*; dépression *f*, creux *m*. ② 멸망 ruine *f*. ◇_(을) **하다**[(이) **되다**] s'affaisser; s'effondrer; être ruiné(*e*). ¶ 그는 교통사고로 두개골이 ~하는 중상을 입었다 Il a été grièvement blessé dans un accident de la route avec un enfoncement de la voûte crânienne. ¶ 이 호수는 지층이 ~되어 생겼다 Ce lac s'est formé à la suite de l'effondrement de portions de la croûte terrestre.

함박 명 bol *m* en bois, écuelle *f* (en bois). ☞ 함지박

***~만 하다** être très heureux(*se*); être aux anges. ¶ 그는 합격 소식에 입이 ~만 해졌다 Quand il a appris son succès [la réussite à son examen], il a sauté [bondi] de joie.

함박꽃 명 【식물】 ① ((작약)) pivoine *f*. ② ((목련)) fleur *f* de magnolia.

***~이 피다** être très heureux(*se*); être une très bonne nouvelle. ¶ 집안에 새로 아기가 태어나자 ~이 피었다 La naissance du nouveau-né a apporté beaucoup de bonheur dans la famille.

함박눈 명 gros flocons *mpl* de neige. ¶ 밤새도록 ~이 펑펑 내렸다 Il a neigé à gros flocons toute la nuit / La neige est tombée à gros flocons toute la nuit.

함박웃음 명 sourire *m* radieux.

함부로 부 ① 되는 대로 sans faire de distinction; à tort et à travers, sans réfléchir. ¶ ~ 약을 쓰지

마세요. Ne prenez pas de médicaments à la légère [sans raison valable] / Consommez raisonnablement les médicaments. ¶ 나무를 ~ 자르지 마세요. Ne coupez pas d'arbres sans raison. ¶ 그 주부는 돈을 ~ 쓴다 Cette femme au foyer dépense l'argent à tort et à travers / Cette femme au foyer est très dépensière. ¶ 그 녀석은 길거리에 침을 ~ 뱉는다 Ce type crache n'importe où dans la rue. ② 버릇없이 sans réfléchir, à tort et à travers. ¶ 그 사람은 말을 ~ 한다 Il parle à tort et à travers [sans réfléchir]. ¶ 말을 ~ 하지마! Ne parle pas à tort et à travers / Réfléchis avant de parler / Tourne sept fois ta langue dans ta bouche avant de parler / Surveille ton langage.

함빡 부 ① 넉넉하게 complètement; tout à fait. ¶ 우리 어머니는 웃음을 ~ 머금었다 Ma mère fit un grand sourire. ② 푹 ((mouillé, trempé)) jusqu'aux os, comme une soupe. ¶ 남편의 와이셔츠가 땀에 ~ 젖었다 La chemise de mon mari est trempée de sueur.

함석 명 【광물】 zinc *m*; tôle *f* galvanisée.

함선 艦船 명 【군사】 vaisseaux *mpl*; navires *mpl* (de guerre et de commerce).

함성 喊聲 명 cri *m* (de guerre). ¶ 승리의 ~ des cris de victoire. ¶ ~을 지르다 ((la foule)) pousser des cris. ¶ ~이 터졌다 Des cris éclatèrent. ¶ ~이 들리다 entendre des cris.

함수 函數 명 【수학】 fonction *f*.

◆ **_관계** -關係 명 【수학】 relation *f* fonctionnelle.

함양 涵養 명 formation *f*, culture *f*. ◇_(을) **하다** cultiver ((l'intelligence)); développer ((*son* savoir, *sa* personnalité)). ¶ 음악을 통해 정서를 ~하다 développer la sensibilité grâce à la musique. ¶ 이번 합숙훈련의 목표는 건전한 정신을 ~하는 것이다 Le but de ce séminaire est de développer un esprit sain. ◇_(이) **되다** se développer; être cultivé(*e*), être développé(*e*).

함유 含有 명 contenance *f*, inclusion *f*, teneur *f*. ◇_(를) **하다** contenir *qc*; comprendre *qc*, inclure *qc*, renfermer *qc*. ¶ 이 식품은 비타민 C를 다량 ~하고 있다 Cet aliment contient beaucoup de vitamine C / Cet aliment est riche en vitamine C. ¶ 임산부는 철분과 칼슘을 ~한 음식을 많이 섭취해야 한다 Les femmes enceintes doivent prendre [absorber] des aliments renfermant du fer et du calcium. ◇_(가) **되다** contenir *qc*; comprendre *qc*, inclure *qc*, renfermer *qc*. ¶ 카페인이 많이 ~된 식품은 몸에 해롭다 Les aliments riches en caféine nuisent à la santé.

◆ **_량** -量 명 teneur *f* ((en or)); proportion *f*.

함의 含意 명 ① sous-entendu *m*, sens *m* caché. ② 【언어】 implication *f*. ◇_(를) **하다** ① sous-entendre, avoir un sens caché. ② 【언어】 impliquer. ◇_(가) **되다** être sous-entendu(*e*), caché(*e*). ¶ 그 사람의 말에 ~되어 있는 의미는 이해하기가 무척 어려웠다 Le sens caché de ses propos était très difficile à comprendre.

함자 銜字 명 votre [son] nom *m* ((terme honorifique)). ¶ 선생님의 ~가 어떻게 되십니까? Veuillez me dire votre nom, s'il vous plaît? / Quel est votre nom, s'il vous plaît, monsieur?

함장 艦長 명 【군사】 capitaine *m*, commandant *m* (d'un navire de guerre).

함정[1] **陷穽** 명 trappe *f*, fosse *f*, piège *m*. ¶ ~을 놓다 dresser [tendre] un piège. ¶ ~을 파다 creuser une fosse [trappe]; fabriquer un piège. ¶ ~에 빠지다 se laisser prendre au piège de *qn*. ¶ ~에 걸려들다 se laisser prendre au piège de *qn*, être pris(*e*) au piège. ¶ ~에 누구를 빠뜨리다 prendre *qn* au piège, piéger *qn*, attraper *qn*.

함정[2] **艦艇** 명 【군사】 vaisseau *m* [navire *m*] de guerre.

함지 명 baquet *m*; cuvier *m*. ¶ 떡을 ~에 담다 mettre de la pâte de riz [du *tteok*] dans un baquet.

함지박 명 bol *m* en bois, écuelle *f* (en bois).

함진아비 명 porteur *m* du *ham* (chez la fiancée la vieille du mariage).

함체 艦體 명 【군사】 coque *f* (d'un navire de guerre).

함축 含蓄 명 ① implication *f*; action de garder dans *son* cœur. ② signification *f*. ¶ 당국자는 기자들에게 그 문제에 대한 묘한 ~을 풍기는 말을 하였다 Les autorités ont donné aux journalistes des informations très implicites. ③ 【언어】 implicature *f*. ◇_(을) **하다** impliquer ((une idée)); être significati*f*(*ve*); suggérer; être implicite. ¶ 이 문장은 여러 가지 의미를 ~하고 있다 Cette phrase a plusieurs interprétations possibles. ◇_(이) **되다** être implicite. ¶ 문면에 ~된 의미를 잘 파악해야 대의를 제대로 이해할 수 있다 Il faut comprendre le sens implicite d'un texte pour pouvoir en saisir correctement l'idée générale.

◆ **_적** -的 명관 implicite; significati*f*(*ve*); ((une pensée, un sens)) profond(*e*); plein(*e*) de signification. ¶ 그의 말은 ~적인 의미를 담고 있다 Ses propos ont un sens caché / Il y a des sous-entendus dans ses propos. ¶ 학술논문에서는 되도록이면 ~적 표현은 자제하는 것이 좋다 Il est préférable, si possible, de ne pas utiliser d'expressions implicites dans les articles scientifiques.

◆ **_성** -性 명 implication *f*; signification *f*. ¶ 시의 언어는 ~성이 있다 La langue dans la poésie est implicite.

◆ **_미** -美 명 beauté *f* implicite.

◆ **규약적_** 規約的- 명 【언어】 implicature *f* conventionnelle.

◆ **대화상의_** 對話上- 명 【언어】 implicature conversationnelle.

함포 艦砲 명 【군사】 canon *m* (d'un navire).

◆ **_사격** -射擊 명 【군사】 tir *m* au canon (à partir d'un navire); ((일제사격)) bordée *f*.

함흥차사 咸興差使 명 messager *m* qui ne revient

ㅎ

pas [qui tarde à venir]. ¶ 한번 가더니 ~로구만 Il est parti, mais il n'est jamais revenu / Il est parti, mais on est toujours sans nouvelle de lui.

합 合 명 somme *f* totale [globale]; tot*al*(*aux*) *m*; montant *m*. ¶ 3에 5를 더하면 ~이 얼마지? Combien font trois et cinq? ¶ 물건 값이 ~이 10만원이나 되었다 Le prix total (de la marchandise) s'élève à environ cent mille wons. ◇_**하다** se mettre ensemble; assembler. ¶ 그들은 5개월간의 별거 끝에 다시 ~했다 Ils se sont remis ensemble après cinq mois de séparation. ¶ 그 집은 작은방과 거실을 ~하여 서재로 이용했다 Dans cette maison, ils ont réuni [assemblé] la petite pièce et le salon pour en faire un bureau.

합격 合格 명 ① réussite *f* ((à un examen, à un concours)); passage *m* ((d'un examen)) avec succès; admission *f* ((d'un candidat à une école, à une université)). ¶ 그의 사법 시험 ~을 축하하기 위해 친구들이 모두 모였다 Tous ses amis se sont réunis pour célébrer [pour fêter] sa réussite au concours d'admission à la magistrature. ¶ 어머니는 나의 대학 ~을 기원하기 위해 백일 불공을 드렸다 Ma mère est allée au temple bouddhique pendant cent jours pour prier pour mon admission à l'université. ② 적합 conformité *f*, convenance *f*, adéquation *f*, affinité *f*. ¶ 그만하면 그 애는 네 신부 감으로 ~이다 Cette fille est un bon parti pour toi. ◇_(을) **하다**[**되다**] réussir ((à un concours)); passer ((un examen)) avec succès; être admis(*e*) ((à une école, à une université)); être reçu(*e*) ((à un examen)). ¶ 그는 드디어 운전면허시험에 ~하였다 Il a enfin réussi [eu] son permis de conduire. ◇_(을) **시키다** admettre ((un(*e*) candidat(*e*))).

◆_**권** -圈 명 zone *f* d'admissibilité, liste *f* des admissibles. ¶ 그는 서울대 ~권에는 들지 못한다 Il ne fait pas partie des admissibles à l'entrée à l'Université nationale de Séoul.

◆_**률** -率 명 taux *m* d'admission; taux de réussite ((à un examen)). ¶ 그 학원은 사법시험 ~률이 높은 것으로 유명하다 Cet institut (privé) est réputé avoir un taux de réussite très élevé au concours de la magistrature / Le taux de réussite très élevé de cet institut au concours de la magistrature est réputé.

◆_**선** -線 명 barre *f* d'admission [de réussite]. ¶ 예년에 비해 대학 ~선이 낮아졌다 La barre d'admission a baissé par rapport aux années précédentes.

◆_**자** -者 명 candidat(*e*) reçu(*e*); admis(*e*). ¶ 올해는 시험이 작년보다 쉬워져서 ~자가 배로 늘었다 Le nombre de candidats admis a doublé par rapport à l'année dernière car l'examen était plus facile.

◆_**증** -證 명 certificat *m* d'admission [de réussite]. ¶ 그는 설레는 마음으로 ~증을 받으러 갔다 Très excité, il est allé chercher son certificat d'admission [de réussite].

합계 合計 명 ((행위)) totalisation *f*, addition *f*; ((액)) tot*al*(*aux*) *m*, montant *m* (total), addition *f*. ¶ 그에게 빚진 돈의 ~가 5백 유로가 넘는다 Il me doit en tout plus de 500 euros. ◇_(를) **하다**[**내다**] faire le total, calculer le montant total, totaliser *qc*; faire l'addition [la somme] de *qc*. ¶ 전체 과목의 시험 성적을 ~해 보니 지난 번 시험보다 평균이 다소 떨어졌다 Si l'on totalise les notes dans toutes les matières, la moyenne a légèrement baissé par rapport à l'examen précédent.

◆_**란** -欄 명 colonne *f*. du montant total.

◆_**액** -額 명 tot*al*(*aux*) *m*; montant *m* [somme *f*] total(*e*).

합기도 合氣道 명 【운동】 *hapkido m*. ◇_(를) **하다** faire du *hapkido*, pratiquer le *hapkido*.

합금 合金 명 alliage *m*. ¶ ~을 만들다 fabriquer un alliage.

합당 合黨 명 fusion *f* de deux [plusieurs] partis. ¶ 여당이 제2여당과의 ~을 비밀리에 추진한 사실이 드러났다 On a appris que le parti au pouvoir allait secrètement fusionner avec le deuxième parti de la majorité. ◇_(을) **하다** fusionner [fondre] ((des partis)) en un seul. ¶ 몇 개의 정당들이 이번 선거의 승리를 위해 ~할 것 같다 Plusieurs partis vont sans doute fusionner afin de gagner ces élections. ◇_(이) **되다** fusionner avec *qc*/*qn*. ¶ 총선 전에 소수 정당들이 여당에 ~될 것이다 À la veille des élections législatives, les partis minoritaires vont fusionner avec le parti de la majorité.

합당하다 合當- 형 être convenable, approprié(*e*), bien choisi(*e*); être adéquat(*e*), apte. ¶ 그 일에 누가 합당할까? Qui conviendrait le mieux pour ce travail? ¶ 그렇게 해야 이치에 ~ Il faut agir ainsi pour faire preuve de bon sens. ¶ 가격이 ~ Les prix sont raisonnables. ¶ 나이와 경력에 합당한 대우 traitement en rapport avec *son* âge et *son* expérience professionnelle.

합동 合同 명 ① union *f*, unification *f*; ensemble *m*; association *f*, fusionnement *m*, fusion *f*, coalition *f*, combinaison *f*. ¶ 한미 간에는 매년 ~ 군사 훈련을 한다 Chaque année, les États-Unis et la Corée du Sud font ensemble des manœuvres militaires. ¶ 군경이 이 사건을 ~으로 수사하기로 하였다 L'armée et la police ont décidé d'enquêter ensemble sur cette affaire. ② 【수학】 congruence *f*. ¶ ~이다 être congruent(*e*). ◇_(을) **하다** s'unir, fusionner, se fondre; faire *qc* de concert. ¶ 민간인들과 군인들이 모두 ~하여 이번 수해 복구 작업에 나섰다 Les civils et les militaires ont travaillé tous ensemble [ont uni leurs forces] pour réparer les dégâts causés par les inondations.

◆_**결혼식** -結婚式 명 cérémonies *fpl* de mariage groupées.

◆_**유세** -遊說 명 campagne *f* électorale plurielle.

◆_**작전** -作戰 명 opération *f* combinée ((de plusieurs armées)).

합류 合流 명 ① ((냇물)) affluent *m*; confluent *m*; confluence *f* ((de deux cours d'eau)). ② ((합동)) jonction *f*, union *f*, réunion *f*. ◇_(를) **하다**[(가) **되다**] ((deux cours d'eau)) confluer; ((une rivière, un cours d'eau)) se jeter ((dans un fleuve, dans un autre cours d'eau)); se joindre à; s'unir à; rejoindre. ¶ 이 지점에서 욘 강은 센 강과 ~한다 C'est là que l'Yonne se jette dans la Seine. ¶ 그는 뒤늦게야 국가대표팀에 ~하게 되었다 Il est entré tardivement dans l'équipe nationale. ◇_(를) **시키다** joindre, unir.

◆_**점** -點 명 confluent *m* de deux cours d'eau.

합리 合理 어근 accord *m* avec la raison.

◆_**적** -的 명관 raisonnable, rationnel(*le*), logique; pragmatique, posé(*e*), sensé(*e*). ¶ ~적인 사고 pensée rationnelle [logique]. ¶ ~적으로 일을 처리하다 travailler de façon rationnelle [avec pragmatisme, avec réalisme]; rationaliser le travail. ¶ 그 어느 때보다도 ~적 경영이 요구되는 시기이다 C'est une période où il faut tout particulièrement avoir une gestion prudente [pragmatique, planifiée].

◆_**성** -性 명 rationalité *f*.

◆_**화** -化 명 rationalisation *f*. ¶ 자기 ~화에 급급하다 vouloir toujours avoir raison [se justifier]; vouloir toujours justifier *sa* conduite (après coup). ¶ ~화된 식민 통치 gouvernement colonial motivé [justifié]. ¶ 학습 체제를 ~화하다 organiser (de manière rationnelle) [optimiser, motiver] un système éducatif. ¶ 자신의 실수를 ~화하다 chercher à justifier *ses* fautes. ¶ 조직을 ~화시키다 optimiser une organisation [un système, une structure]. ¶ 자신의 잘못을 ~화시키다 (chercher à) justifier *ses* fautes.

◆_**론** -論 명 rationalisme *m*.

◆_**주의** -主義 명 rationalisme *m*.

◆_**주의자** -主義者 명 rationaliste.

합목적 合目的 명 conforme au but.

◆_**적** -的 명관 conforme au but.

◆_**성** -性 명 conformité *f* à un but.

합방[1] 合邦 명 unification *f* ((de deux pays)); annexion *f*. ◇_(을) **하다** unifier; annexer. ¶ 한국과 일본은 1905년에 ~했다 Le Japon a annexé la Corée en 1905 / La Corée a été annexée par le Japon en 1905. ◇_(이) **되다** être unifié(*e*), annexé(*e*). ¶ 한국은 일본에 강제로 ~되었다 La Corée a été annexée de force par le Japon. ◇_(을) **시키다** annexer.

◆**한일**_ 韓日- 명 【역사】 annexion *f* de la Corée par le Japon.

합방[2] 合房 명 action de coucher (ensemble). ◇_(을) **하다** coucher (ensemble).

합법 合法 명 légalité *f*, légitimité *f*. ¶ 법원은 그의 행위가 ~이라고 판결하였다 Le tribunal a jugé son acte légitime.

◆_**적** -的 명관 légal(*e*), légitime; régulier(*ère*); conforme à la loi; licite. ¶ ~적 단체 association légale. ¶ 문제를 ~적으로 해결하다 apporter une solution légitime à un problème. ¶ ~적인 절차를 거치다 passer par des formalités [procédures] légales; ((합법적인 절차를 거쳐서)) par la légitimité [la légalité].

◆_**성** -性 명 légalité *f*, légitimité *f*.

◆_**화** -化 명 légalisation *f*. ¶ ~화하다 légaliser, légitimer. ¶ ~화되다 être légalisé(*e*), légitimé(*e*). ¶ ~화시키다 légaliser, légitimer. ¶ 무엇의 ~화를 고려하다 réfléchir sur [étudier] la légalisation de *qc*.

합병 合併 명 ① association *f*; union *f*, fusion *f*. ② ((법률)) annexion *f*. ◇_(을) **하다** associer, (ré)unir; fusionner; annexer. ¶ 두 기업이 ~했다 Deux entreprises ont fusionné. ¶ 두 회사를 ~했다 Deux sociétés [compagnies] ont fusionné. ¶ 한 나라가 다른 나라를 ~했다 Un pays en a annexé un autre. ¶ A 회사가 B 회사와 ~하여 C 회사가 된다 une entreprise A fusionne avec une entreprise B pour devenir une entreprise C. ◇_(이) **되다** fusionner; être annexé(*e*). ¶ 군소 정당들이 ~되었다 Les petits partis minoritaires ont fusionné. ¶ 소기업이 대기업에[과] ~되었다 Les petites entreprises ont fusionné avec une grande compagnie.

◆_**증** -症 명 【의학】 complication(s) *f*(*pl*). ¶ ~증이 생기다 avoir des complications.

합본 合本 명 ① reliure *f* (de plusieurs volumes compilés en un seul). ② compilation *f* ((de plusieurs volumes)). ◇_(을) **하다** compiler ((des documents)). ¶ 논문집을 1권부터 4권까지 ~하다 compiler les quatre premiers numéros [volumes] d'une revue académique. ◇_(이) **되다** être compilé(*e*).

합산 合算 명 addition *f*, tot*al*(*aux*) *m*. ◇_(을) **하다** additionner, totaliser; faire les totaux; calculer le montant total. ¶ 작년도 매출액과 올해의 매출액을 ~하다 additionner le montant des ventes de l'année dernière avec celui de cette année. ¶ 외상값을 모두 ~하다 faire le total des sommes payées à crédit. ◇_(이) **되다** être additionné(*e*); être totalisé(*e*). ¶ 청구금액에는 봉사료가 ~되어 있다 Le service est compris (dans la facture).

◆_**액** -額 명 montant [somme] total(*e*); total(aux) *m*; addition *f*.

합석 合席 명 action de s'asseoir en compagnie de *qn*. ◇_(을) **하다** se réunir; s'asseoir en compagnie de *qn*; s'asseoir à la même table que *qn*; assister à une réunion avec *qn*; manger à la même table que *qn*; partager *sa* table avec *qn* au restaurant. ¶ 우리는 우연히 낯선 사람들과 ~하게 되었다 Nous avons par hasard été mis avec des gens que nous ne connaissions pas. ◇_(을) **시키다** asseoir ensemble ((plusieurs personnes)), mettre ((plusieurs personnes)) ensemble; mettre ((plusieurs personnes)) côte à côte [ensemble], regrouper [rassembler, réunir] plusieurs personnes autour d'une table. ¶ 친구를 ~시켜도 될까요? Puis-je mettre ces deux amis ensemble? / Puis-je les mettre à la même table?

합선 合線 명 court-((circuit *m*)). ¶ 전기 ~ court-circuit. ¶ ~에 의한 화재 incendie causé par un court-circuit. ◇_(이) **되다** se mettre en court-circuit; être court-circuité(*e*). ¶ 전선이 ~되어 있다 Il y a un court-circuit.

합성 合成 명 composition *f*; synthèse *f*; ((사진)) montage *m*; combinaison *f*. ¶ 사진[음성]의 ~ photomontage; montage photographique; montage de photos [montage sonore]. ◇_(을) **하다** combiner; synthétiser; ((사진)) monter. ¶ 그 사진과 이 사진을 ~했다 On a fait un photomontage avec ces deux photos. ¶ 사람의 음성에 기계음을 ~하다 déformer [masquer] une voix humaine par des sons artificiels. ◇_(이) **되다** se combiner; être synthétisé(*e*); être associé(*e*), réuni(*e*), combiné(*e*). ¶ 여러 가지 물질이 ~되어 있다 De nombreuses substances ont été combinées.

◆**_고무** 명 caoutchouc *m* synthétique.

◆**_동사** -動詞 명 【언어】 verbe *m* composé. ¶ 두 어근의 조합으로 이루어진 ~동사 verbe composé formé de l'assemblage de deux radicaux.

◆**_명사** -名詞 명 【언어】 nom *m* composé.

◆**_물** -物 명 (corps *m*) composé *m*; produit *m* synthétique.

◆**_법** -法 명 【언어】 composition *f* ((opposée à dérivation)).

◆**_부사** -副詞 명 【언어】 adverbe *m* composé.

◆**_섬유** -纖維 명 textile *m* synthétique.

◆**_세제** -洗劑 명 détergent *m* synthétique.

◆**_수지** -樹脂 명 résine *f* synthétique.

◆**_어** -語 명 【언어】 mot *m* composé; composé *m*.

◆**_음** -音 명 【언어】 son *m* composé.

◆**_조사** -助詞 명 【언어】 particule *f* composée. ¶ '에서부터'는 ~조사로 간주된다. La forme -'eseo-buteo' (에서부터) est considérée comme un particule composé. / On considère la forme -'eseo-buteo' (에서부터) une particule composée.

◆**_피혁** -皮革 명 cuir *m* synthétique [artificiel]; similicuir *m*.

◆**_형용사** -形容詞 명 【언어】 adjectif *m* [qualitatif *m*] composé.

합세 合勢 명 jonction *f* [union *f*] de forces. ◇_(를) **하다** joindre [unir] des forces. ¶ 우리도 시위 대열에 ~하였다 Nous avons nous aussi uni nos forces dans les rangs de la manifestation. ¶ 누구와 ~하여 무엇을 하다 unir *ses* forces pour faire *qc* avec *qn*; collaborer avec *qn* (pour faire *qc*). ¶ 이제 너까지 ~를 해서 나를 괴롭히는구나 Maintenant, toi aussi tu t'y mets; toi aussi tu m'embêtes [me fais de la peine, me fais souffrir].

합숙 合宿 명 ① logement *m* en commun. ② ((운동선수의)) camp *m* [centre *m*] d'entraînement. ¶ 그 팀은 동계 ~에 들어갔다 Cette équipe est entrée en camp d'entraînement d'hiver. ◇_(을) **하다** vivre en commun [en communauté]; loger ensemble. ¶ 선수촌에서 ~하다 loger ensemble dans le village des athlètes. ◇_(을) **시키다** faire loger ensemble.

◆**_소** -所 명 pension *f*; pensionnat *m*; dortoir *m*; camp *m* d'entraînement.

◆**_훈련** -訓練 명 camp *m* [centre *m*] d'entraînement (pendant lequel on vit ensemble [en communauté]); séminaire *m*.

합승 合乘 명 action de monter dans le même véhicule; action de prendre un taxi déjà occupé [de partager un taxi (avec des inconnus)]. ¶ 택시 ~ action de prendre un taxi déjà occupé [de partager un taxi (avec des inconnus)]. ◇_(을) **하다** monter dans la même voiture; ((deux personnes)) partager un taxi; prendre [monter dans] un taxi qui est déjà occupé. ¶ 친구의 차에 ~을 하다 monter dans la voiture d'un ami. ¶ 집 방향으로 가는 택시에 ~하다 monter dans [prendre] un taxi déjà occupé qui va en direction de *son* domicile; partager un taxi (avec des inconnus) pour rentrer chez *soi*. ¶ 방향이 같은 사람끼리 ~하다 partager un taxi avec les gens qui vont dans la même direction.

합심 合心 명 accord *m*, concert *m*. ¶ 기업가와 근로자가 ~으로 일한다 Les chefs d'entreprise travaillent de concert avec les ouvriers. ◇_(을) **하다** être en accord (parfait) avec *qn*; agir de concert avec *qn*. ¶ 우리 모두 ~하여 이 난국을 타개합시다 Mobilisons-nous pour surmonter ces difficultés [cette crise, cette situation critique].

합의[1] 合意 명 consentement *m* ((mutuel)); accord *m*; entente *f*. ¶ ~ 이혼 divorce par consentement mutuel. ¶ 쌍방의 ~ 하에 par accord des deux partis; par consentement mutuel. ¶ 누구의 ~를 얻어내다 recevoir l'accord de *qn*. ¶ 토론 끝에 ~를 이끌어내다 trouver un terrain d'entente [arriver, parvenir à un accord] au terme d'une discussion. ¶ ~에 이르다 arriver [parvenir] à un accord [trouver un terrain d'entente] au terme d'une discussion; négocier un accord. ¶ 충분한 ~가 이루어지다 arriver à un accord satisfaisant [un compromis (qui satisfait tout le monde)]. ¶ ~가 쉽게[어렵게] 이루어지다 arriver facilement [difficilement] à un accord [consentement] mutuel. ◇_(를) **하다[보다]** être [tomber] d'accord sur un point; s'accorder sur un point. ¶ 누가 누구와 ...하기로 ~하다 s'accorder sur *qc* avec *qn*; tomber d'accord sur *qc* avec *qn*. ¶ 양국이 이 원칙에 ~했다 Les deux pays sont tombés d'accord sur ce principe. ◇_(가) **되다** s'accorder. ¶ 당사자 간에 ~된 사항 points [questions, articles, clauses] sur lesquel(*le*)s les intéressés sont d'accord.

◆**_점** -點 명 terrain *m* d'entente. ¶ ~점을 찾다 chercher [trouver] un terrain d'entente

합의[2] 合議 명 délibération *f*, consultation *f*. ◇_(를) **하다** délibérer sur *qc*; discuter sur *qc*. ¶ 그와 이 문제를[에 대해] ~하기로 했다 J'ai décidé de discuter avec lui à ce sujet [de ce problème].

◆_제 -制 명 système *m* consultatif.
◆_체 -體 명 corps *m* consultatif.
합일 合一 명 fusion *f*, unification *f*, union *f*. ¶ 국론의 ~ union de l'opinion publique. ◇_(을) 하다 (s')unir, (s')unifier. ¶ 여러 의견을 ~하다 unifier plusieurs points de vue. ¶ 사람들의 의견이 ~했다 Ils se sont accordés. ◇_(이) 되다 s'unir, s'unifier. ¶ 내 생각이 그의 생각과 ~되었다 Je suis tombé(*e*) d'accord avec lui.
합자 合資 명 【경제】 mise *f* de fonds en commun; commandite *f*. ◇_(를) 하다 commanditer; mettre des fonds en commun. ¶ 외국인과 ~하여 회사를 설립하다 monter une société [compagnie] (en commandite) avec l'étranger.
◆_회사 -會社 명 【경제】 commandite *f*; société *f* en commandite.
합작 合作 명 collaboration *f*; trav*ail*(*aux*) *m* en commun; coproduction *f*. ¶ 한국과 프랑스 ~으로 en coproduction franco-coréenne. ¶ 남북 ~으로 만든 영화 film en coproduction des deux Corées. ◇_(을) 하다 collaborer à ((un projet)), travailler en collaboration; produire [réaliser] *qc* en collaboration [en partenariat]. ¶ 이 두 기업은 ~해서 자동차를 생산했다 Ces deux entreprises ont produit une voiture en collaboration.
◆_영화 -映畵 명 film *m* en coproduction.
◆_품 -品 명 produit *m* [marchandise *f*] issu(*e*) d'une collaboration.
◆_회사 -會社 명 association *f* d'entreprises, joint(-)venture *f*, coentreprise *f*.
합장[1] 合掌 명 【불교】 action de joindre les (deux) mains. ◇_(을) 하다 joindre les mains ((pour prier)). ¶ 나는 스님께 ~을 했다 J'ai salué le bonze en joignant les mains.
◆_배례 -拜禮 명 【불교】 salutation *f* faite en joignant les mains.
합장[2] 合葬 명 enterrement *m* dans un même tombeau [caveau]; sépulture *f* commune. ◇_(을) 하다 enterrer dans un même tombeau [caveau]. ¶ 어머니를 아버지와 ~해 드렸다 J'ai enterré ma mère avec [dans le même caveau que] mon père. ◇_(이) 되다 être enterré(s) dans le même caveau. ¶ 일가족이 ~이 되었다 Toute la famille a été enterrée dans le même caveau.
합주 合奏 명 【음악】 exécution *f* [interprétation *f*] d'une œuvre musicale à plusieurs [de concert]; concert *m*. ¶ 관현악 ~ exécution d'un morceau de musique par un orchestre; concert exécuté par un orchestre. ¶ 바이올린과 피아노의 ~ duo pour violon et piano. ◇_(를) 하다 jouer *qc* de concert. ¶ 교향곡을 ~하다 interpréter (de concert) une symphonie.
◆_곡 -曲 명 【음악】 concert *m*; pièce *f* de musique pour un ensemble.
◆_단 -團 명 ensemble *m*.
◆_회 -會 명 concert *m*.

합죽선 合竹扇 명 éventail *m* en bambou.
합죽이 명 vieillard *m* édenté [sans dents]. ¶ ~ 노인 vieillard édenté [sans dents].
합죽하다 형 être édenté(*e*), ne plus avoir de dents. ¶ 우리 할머니는 입이 ~ Ma grand-mère n'a plus de dents.
합중국 合衆國 명 【정치】 fédération *f*; états *mpl* unis.
◆미_ 美- 명 États-Unis *mpl* (d'Amérique).
합집합 合集合 명 【수학】 ((A)) union ((B)); A∪B (opposé à intersection 교집합; A∩B).
합창 合唱 명 chœur *m*. ¶ 2[3, 4, 5]부 ~ chœur à deux [trois, quatre, cinq] parties [voix]. ◇_(을) 하다 chanter en chœur. ¶ 국가를 ~하다 chanter en chœur l'hymne national.
*~을 하다 s'accorder pour *qc*; être parfaitement du même avis; former un bloc. ¶ 아예 ~을 하는구나 Ils sont vraiment en parfait accord.
◆_곡 -曲 명 chœur *m*.
◆_단 -團 명 chorale *f*, chœur *m* ((d'enfants)).
◆_단원 -團員 명 choriste.
◆_대 -隊 명 chorale *f*; chœur *m*.
◆남성_ 男聲- 명 choriste *m*.
◆여성_ 女聲- 명 choriste *f*.
◆혼성_ 混聲- 명 chœur *m* mixte.
합체 合體 명 union *f*, fusion *f*, incorporation *f*. ◇_(를) 하다 fusionner; s'unir à *qc*. ¶ 부품을 본체에[와] ~하다 assembler les pièces détachées à l'unité centrale. ◇_(가) 되다 s'unir, fusionner.
합치 合致 명 conformité *f*, concordance *f* ((des témoignages)); correspondance *f* ((d'idées, de sentiments entre plusieurs personnes)); accord *m*. ¶ 누구와 ...하기로 ~를 보다 s'accorder avec *qn* sur *qc* [pour+*inf*]. ◇_(를) 하다[(가) 되다] coïncider; concorder avec *qc*; correspondre à; cadrer avec *qc*; s'accorder. ¶ 서로 의견이 ~하다[되다] être en accord (mutuel) [tomber d'accord]; trouver un accord mutuel. ¶ 내 생각은 그의 뜻과 ~한다[된다] Je pense comme lui / Il y a conformité d'opinions entre nous.
합치다 合- 재타 ① joindre; réunir. ¶ 나는 우리 회사를 그 사람의 회사와 합쳤다 J'ai fusionné notre société avec la sienne. ¶ 두 이론을 ~ fusionner deux théories. ② 뒤섞다 mélanger. ¶ 노란색과 파란색을 합치면 초록색이 된다 On obtient la couleur verte en mélangeant du jaune avec du bleu. ③ 더하다 additionner, ajouter. ¶ 식비에 교통비를 합치면 15만 원이다 Si l'on additionne les frais de repas aux frais de transport, cela fait 150 000 wons. ¶ 식사 시간과 쉬는 시간을 합쳐 두 시간이 지났다 Cela nous a pris deux heures pour manger et pour nous reposer. ④ 하나로 모으다 unir, joindre, réunir. ¶ 우리는 힘을 합쳤다 Nous avons uni nos forces. ¶ 그들은 살림을 합쳤다 Ils ont décidé de vivre ensemble. ⑤ 하나가 되다 se rencontrer, se rejoindre, s'unir. ¶ 세 강이 여기서 합친다 À cet

endroit se situe le confluent de trois rivières / Trois rivières [cours d'eau] confluent à cet endroit [en ce lieu]. ¶ 두 국가가 합쳐 한 국가가 되었다 Deux nations se sont unifiées pour n'en former qu'une.

합판 合板 명 【건설】 contreplaqué *m*. ¶ 프린트 ~ contreplaqué imprimé.

합하다 合- 재타 ① joindre; réunir. ¶ 우리는 두 사전을 합해서 하나로 만들었다 Nous avons réuni les 2 dictionnaires pour en faire un seul. ② 뒤섞다 mélanger. ¶ 노랑을 파랑과 합하면 초록이 된다 Le jaune mélangé au bleu donne du vert / Si l'on mélange la couleur jaune à la couleur bleue, on obtient du vert / On obtient la couleur verte en mélangeant du jaune avec du bleu. ③ 더하다 additionner, ajouter. ¶ 2에 3을 합하면 5이다 Deux plus trois égale(nt) cinq / Deux et trois font cinq. ④ 하나로 모으다 unir, réunir, joindre. ¶ 나는 그와 힘을 합했다 J'ai uni mes forces aux siennes. ⑤ 하나가 되다 se rencontrer, se rejoindre, s'unir. ¶ 음과 양이 서로 합해서 우주 전체를 이룬다 Le yin et le yang se complètent pour former l'univers. ¶ 내가 합하여 큰 강이 된다 Les petits ruisseaux font les grandes rivières.

합헌 合憲 명 【법률】 conformité *f* à la constitution, constitutionnalité *f*. ¶ 그 법률은 ~이라고 판결되었다 Cette loi a été jugée conforme à la constitution. ¶ 제기된 헌법소원에 ~판결이 나왔다 Le recours constitutionnel sollicité a reçu son verdict de constitutionnalité.

합환주 合歡酒 명 【민속】 coupe *f* nuptiale. ¶ ~를 주고받다 échanger les coupes nuptiales. ¶ 신랑과 신부가 첫날밤에 ~를 마셨다 Les (nouveaux) mariés ont échangé les coupes nuptiales la première nuit de leur mariage.

핫- 접두 ((vêtement)) ouaté(*e*) ¶ ~바지 ① pantalon ouaté. ② lourdaud.

핫도그 영{hotdog} 명 *hot-dog m*.

핫라인 영{hotline} 명 ① 【정치】 téléphone *m* rouge. ¶ 남북한 사이에 ~을 구축하다 installer le téléphone rouge entre les deux Corée.② 【통신】 ligne *f* ouverte jour et nuit.

핫바지 명 ① pantalon *m* ouaté. ② ((경멸)) lourdaud *m*. ¶ 누구를 ~로 아는 거야, 뭐야? Qui est-ce que tu prends pour un(*e*) imbécile? / Tu me prends pour un(*e*) imbécile ou quoi? ¶ 그는 나를 늘 ~로 여기고 무시했다 Il m'a toujours pris(*e*) pour un(*e*) imbécile [un moins que rien].

핫케이크 영{hotcake} 명 crêpe *f*.

핫팬츠 영{hot pants} 명 *mini-short m* ((en jean)).

항¹ 項 의명 ① 각각의 조목 paragraphe *m*, alinéa *m*. ¶ 민법 제 1조 제 3~ article premier, paragraphe trois du code civil. ¶ 양측은 10개 ~에 합의하였다 Les deux partis sont arrivés [parvenus] à un accord sur 10 clauses. ② 【수학】 terme *m*. ¶ 방정식의 1~ premier terme d'une équation. ¶ 비례~ terme inversement proportionnel. ¶ 미지~ terme inconnu. ③ 【언어학】 ((valence)) argument *m*; actant *m* (dans le sens d'argument). ¶ 1[2, 3]~ 동사 verbe à un [deux, trois] argument(s) [actant(s)]; verbe monovalent (à une valence) [divalent, trivalent].

-항² 港 접미 port *m*. ¶ 부산[인천]~ port de Busan [d'Incheon]. ¶ 자유~ port franc.

항-³ 抗 접두 anti.

◆ **_균** -菌 명 【생물】 antibactéries *m*.

◆ **_독소** -毒素 명 【생물】 antitoxine *f*.

◆ **_생제** -生劑 명 【생물】 antibiotique *m*.

◆ **_암제** -癌劑 명 【의학】 anticancer *m*.

◆ **_혈청** -血清 명 【생물】 antisérum *m*.

◆ **_히스타민제** -劑 명 【의학】 antihistamine *f*.

항간 巷間 명 monde *m*, quartier *m*; ville *f*. ¶ ~에 떠도는 이야기가 심상치 않다 Il court un bruit insolite [étrange] dans le quartier. ¶ ~에서 들리는 바에 의하면 그 회사가 곧 파산할 것이라고 한다 D'après la rumeur, cette compagnie va bientôt faire faillite.

항거 抗拒 명 résistance *f*, opposition *f*; révolte *f*; insubordination *f*, insoumission *f*. ¶ 독재자에 대한 민중의 ~ soulèvement [révolte] du peuple contre le tyran. ◇_(를) **하다** résister ((à l'autorité)); s'opposer à; se révolter contre ((un souverain)), se soulever contre. ¶ 독재[불의]에 ~하다 se soulever contre la tyrannie [se révolter contre une injustice].

항고 抗告 명 【법률】 ① ((상소)) recours *m*; appel *m*. ② ((항소)) pourvoi *m* en appel ③ ((상고)) pourvoi *m* en cassation. ◇_(를) **하다** recourir contre une décision; faire appel.

◆ **_심** -審 명 【법률】 examen *m* d'une action en recours.

항공 航空 명 aviation *f*; navigation *f* aérienne.

◆ **_권** -券 명 billet *m* d'avion. ¶ 휴가철에는 외국여행객들이 몰려서 ~권을 구하기가 쉽지 않다 Il n'est pas facile de trouver un billet d'avion pendant les vacances parce que les touristes étrangers sont trop nombreux.

◆ **_교통관제** -交通管制 명 contrôle *m* des transports aériens.

◆ **_기** -機 명 avion *m*.

◆ **_기상학** -氣象學 명 météorologie *f* aéronautique; aérologie *f*.

◆ **_기지** -基地 명 base *f* aérienne.

◆ **_모함** -母艦 명 【군사】 porte-avions *m* inv.

◆ **_법** -法 명 【법률】 droit *m* aérien.

◆ **_사** -士 명 aviateur *m*.

◆ **_사진** -寫眞 명 photographie *f* aérienne.

◆ **_수송** -輸送 명 transport *m* aérien.

◆ **_시설** -施設 명 installations *fpl* aéronautiques.

◆ **_요금** -料金 명 prix *m* d'un billet d'avion.

◆ **_우편** -郵便 명 poste *f* aérienne; courrier *m* aérien. ¶ ~우편으로 보내는 것이 비싸지만 빠르다 C'est cher par voie aérienne [d'expédier son courrier par avion], mais c'est rapide.

◆_우표 -郵票 명 étiquette *f* "par avion".
◆_의학 -醫學 명 médecine *f* aéronautique.
◆_지도 -地圖 명 carte *f* aéronautique.
◆_편 -便 명 vol *m*; par avion.
◆_학 -學 명 aéronautique *f*.
◆_학교 -學校 명 【교육】 école *f* d'aéronautique; école *f* de pilotage.
◆국제_협회 國際協會 명 Association *f* internationale du transport aérien (AITA).
◆대한_사 大韓社 명 compagnie *f* aérienne Korean Air.
◆민간_규제 民間規制 명 réglementation *f* de l'aviation civile.

항구[1] 恒久 명 permanence *f*; éternité *f*; perpétuité *f*.
◆_적 -的 명관 permanent(*e*), perpétuel(*le*), éternel(*le*), impérissable. ¶ ~적인 대책을 마련해야 한다 Il faut adopter des mesures durables (permanentes). ¶ 이번 조약의 체결로 이 지역의 ~적 평화가 보장될 것이다 Avec la conclusion de ce traité, une paix durable sera garantie dans la région.
◆_성 -性 명 permanence *f*.
◆_화 -化 명 perpétuation *f*.

항구[2] 港口 명 port *m*. ¶ ~에 들어가다[들르다] entrer [faire une escale] dans un port. ¶ 태풍주의보로 인해 선박들이 ~에 정박해 있다 Les navires sont à l'ancre dans le port suite aux avis de tempête.
◆_도시 -都市 명 ville *f* portuaire; port *m*.
◆_세 -稅 명 taxe *f* portuaire.

항균성 抗菌性 명 【생물】 antibactérialité *f*.
◆_물질 -物質 명 substance *f* antibactérielle.

항도 港都 명 ville *f* portuaire; port *m*.

항등식 恒等式 명 【수학】 identité *f*.

항렬 行列 명 degré *m* de parenté. ¶ ~을 따지다 établir [calculer] le degré de parenté. ¶ 나이는 내가 더 적지만 ~로는 그 사람의 할아버지뻘이 된다 Je suis moins âgé, mais par les degrés de parenté, je suis de la ligne collatérale de son grand-père. ¶ ~이 높다 être d'un degré supérieur [appartenir à un degré supérieur] dans l'échelle familiale; être un parent ascendant. ¶ 나와 그 사람은 같은 ~이다 Nous sommes parents collatéraux.
◆_자 -字 명 caractère *m* [nom *m*] commun à la ligne collatérale d'une famille.

항로 航路 명 【교통】 ① ((뱃길)) route *f* maritime, ligne *f* de navigation. ¶ ~를 정하다[바꾸다] choisir une route [changer de cap]. ¶ 남쪽으로 ~를 잡다 mettre le cap sur le sud; faire route vers le sud. ② ((항공로)) ligne *f* aérienne. ¶ 서울 파리 간 정기 ~가 증편되었다 La ligne régulière Séoul-Paris a été multipliée.
◆_도 -圖 명 【교통】 carte *f* de navigation.
◆_목표 -目標 명 【교통】 borne *f* maritime.
◆_변경 -變更 명 【교통】 changement *m* de route.
◆_표지 -標識 명 【교통】 balise *f*; phare *m*.
◆구주[미주]_ 歐洲[美洲]- 명 【교통】 ligne *f* européenne [américaine].
◆규정[자유]_ 規定[自由]- 명 【교통】 route *f* régulée [libre].
◆대서양_선 大西洋線 명 【교통】 ligne *f* transatlantique.
◆비행_ 飛行- 명 【교통】 ligne *f* aérienne.
◆외국_ 外國- 명 【교통】 ligne *f* étrangère.
◆정기[부정기]_ 定期[不定期]- 명 【교통】 service *m* régulier [irrégulier].

항만 港灣 명 port *m*; baie *f*. ¶ 이 항구의 ~ 시설이 더 보완될 필요가 있다 Il serait nécessaire de compléter l'équipement portuaire de ce port.
◆_공사 -工事 명 travaux *mpl* de construction portuaire.
◆_운송 -運送 명 transport *m* naval.
◆_청 -廳 명 bureau(*x*) *m* des affaires portuaires.
◆_하역 -荷役 명 chargement *m* et déchargement *m* des cargaisons dans un port.

항명 抗命 명 désobéissance *f*; insubordination *f*. ¶ 상급자에 대한 ~ insubordination aux membres des classes supérieures. ◇_(을) 하다 désobéir. ¶ 상관의 명령에 ~하다 désobéir aux ordres d'un supérieur.
◆_죄 -罪 명 【군사】 mutinerie *f*; insubordination *f*.

항모 航母 명 ((‘항공모함’의 준말)) porte-avions *m inv*. ¶ ~ 전단 une flotte [un groupe] de porte-avions, une flotte aéronavale.

항목 項目 명 article *m*; chapitre *m*; rubrique *f*. ¶ ~별로 철저히 검토하다 examiner minutieusement article par article. ¶ 무엇을 ~별로 나누다 diviser *qc* par chapitre. ¶ 문제가 된 세 번째 ~은 최종안에서 삭제하기로 하였다 Nous avons décidé de supprimer dans le projet définitif le troisième article qui posait problème.

항문 肛門 명 【의학】 anus *m*.
◆_과 -科 명 【의학】 proctologie *f*. ¶ ~과 의사 un(*e*) proctologue.

항법 航法 명 navigation *f*.
◆_사 -士 명 navigateur *m*, pilote *m*.

항변 抗辯 명 défense *f*; plaidoyer *m*; plaidoirie *f*; protestation *f*. ¶ 강한 ~ une puissante plaidoirie, une ferme protestation. ¶ 한마디 ~도 못하다 ne pas dire un mot pour *sa* défense. ◇_(을) 하다 défendre; plaider (en faveur de) *qn*; protester. ¶ 누구에게 ...라고 ~하다 protester auprès de *qn* en disant ...
◆_조 -調 명 ton *m* de protestation. ¶ ~조로 말하다[나오다] parler sur le ton de la protestation, intervenir avec l'air de protester.

항복 降伏 명 capitulation *f*, reddition *f*. ¶ 조건부[무조건] ~ une reddition conditionnelle [sans conditions]. ¶ ~을 권하다[거부하다] conseiller [refuser] de se rendre. ◇_(을) 하다 capituler, se rendre, rendre [déposer] les armes. ¶ 적군에 ~하다 se rendre à l'ennemi. ◇_(을) 시키다 soumettre.
◆_기 -旗 명 drapeau *m* blanc.

항상 恒常 閅 toujours; constamment; sans cesse, sans arrêt; habituellement, ordinairement. ¶ 그 사람은 ~ 바쁘다 Il est toujours occupé. ¶ 그 사람은 ~ 후회한다 Il regrette constamment. ¶ 행운이 ~ 그대와 함께 하기를! Je vous souhaite du bonheur pour toujours [un bonheur éternel].

◆_**성** -性 명 【생물, 심리】 homéostasie *f*.

항생 抗生 어근 【의학】 antibiotique *m*.

◆_**제** -劑 명 【의학】 (médicament *m*) antibiotique *m*. ¶ ~제 과다 복용 une consommation abusive [excessive] d'antibiotiques.

◆_**물질** -物質 명 【의학】 antibiotique *m*.

항성 恒星 명 【천문】 étoile *f* (fixe).

◆_**시[일, 년]** -時[日, 年] 명 【천문】 temps *m* [jour *m*, année *f*] sidéral(*e*).

◆_**주기** -週期 명 【천문】 cycle *m* sidéral.

항소 抗訴 명 【법률】 appel *m*; recours *m*; pourvoi *m*. ¶ ~를 제기[기각]하다 proposer de faire appel [rejeter une demande d'appel]. ¶ ~를 포기하다 renoncer à faire appel [à se pourvoir en appel]. ◇_(를) **하다** faire appel, se pourvoir en appel, recourir contre. ¶ 고등법원에 ~하다 faire appel d'un jugement de première instance.

◆_**심** -審 명 【법률】 audience *f* en appel.

◆_**장** -狀 명 【법률】 convocation *f* en appel.

항속 航速 명 vol *m* continu.

◆__**거리** --距離 명 autonomie *f* de vol ((d'un avion)).

항시 恒時 閅 toujours; constamment; sans cesse; habituellement, ordinairement. ¶ 그 직원[사원]은 ~ 출근이 늦다 Cet employé arrive tous les jours en retard au [à son] bureau / Cet employé est [arrive] toujours en retard à son travail [à son bureau].

항심 恒心 명 constance *f*.

항아리 명 jarre *f*; pot *m*; cruche *f*. ¶ 꿀 ~ un pot de miel. ¶ 물 ~ une jarre d'eau. ¶ ~를 머리에 이고 가다 marcher [se déplacer] en portant [avec] une cruche sur la tête.

항암 抗癌 어근 【의학】 anticancéreux(*se*).

◆_**제** -劑 명 【의학】 médicament *m* anticancéreux.

◆_**치료** -治療 명 【의학】 traitement *m* contre [pour] le cancer. ¶ 그 사람은 ~치료를 받고 있다 Il suit [reçoit, subit] actuellement un traitement contre [pour] le cancer / Il bénéficie actuellement d'un traitement pour le cancer.

항용 恒用 閅 constamment; habituellement, ordinairement; toujours. ¶ 그것은 ~ 문제가 된다 Cela pose toujours problème. ¶ 우리는 대도시에서 교통정체를 ~ 겪는다 Les grandes villes ont toujours un problème de circulation / Il y a toujours des encombrements dans les grandes villes.

항원 抗原 명 【생물】 antigène *m*.

◆_**균** -菌 명 【생물】 antigène *m* microbien.

항의 抗議 명 protestation *f*; réclamation *f*. ¶ 격렬한 ~ une protestation vigoureuse. ¶ ~가 빗발친다 Les réclamations affluent. ◇_(를) **하다** protester, faire une protestation, déposer une réclamation. ¶ 그 사람은 자신의 해고가 부당한 것이라고 회사에 ~했다 Il a protesté auprès de sa société en disant que son licenciement était injustifié. ◇_(를) **받다** recevoir des protestations [des réclamations].

◆_**성** -性 명 caractère *m* protestataire [de protestation]. ¶ ~성 메일[전화] un (e-)mail [un appel (téléphonique)] de protestation. ¶ 그 사람의 말은 ~성이 짙었다 Ses propos étaient plutôt protestataires.

◆_**문[서]** -文[書] 명 protestation *f* écrite; lettre *f* de protestation. ¶ ~문을 작성[발표]하다 écrire [diffuser] une lettre de protestation. ¶ ~서를 보내다 [제출하다] envoyer [soumettre] une lettre de protestation.

항일 抗日 명 résistance *f* contre le Japon; résistance *f* anti-japonaise. ¶ 그 사람은 ~ 의식이 투철한 사람이었다 Il était anti-japonais jusqu'à la moelle {*fam*}/ Il était farouchement anti-japonais.

◆_**운동** -運動 명 mouvement *m* de résistance contre le Japon.

◆_**투쟁** -鬪爭 명 lutte *f* de résistance contre le Japon.

항쟁 抗爭 명 opposition *f*; lutte *f*; résistance *f*. ¶ 시민의 반정부 ~ opposition du peuple contre le gouvernement. ¶ ~을 진압하다 réprimer l'opposition. ◇_(을) **하다[벌이다]** s'opposer à *qn*/*qc*; résister à *qc*/*qn*; lutter contre *qc*/*qn*. ¶ 독재에 ~하다 s'opposer [résister] à un dictateur.

항전 抗戰 명 résistance *f*. ¶ ~의 의지 la volonté de résistance ((à l'envahisseur)). ¶ 독립군의 ~ la résistance des indépendantistes. ◇_(을) **하다** résister à; tenir tête à. ¶ 적군에 ~하다 résister à l'ennemi.

항차 閅 ① à plus forte raison; a fortiori; encore plus. ② ((부정)) encore moins. ¶ 지금도 일이 많은데 ~ 그 일까지 어떻게 하려고 하니? Comment veux-tu faire ce travail alors que tu es déjà débordé(*e*)?

항체 抗體 명 【생물】 anticorps *m*. ¶ 어떤 병에 대한 ~가 생기다 produire [fabriquer] des anticorps contre une maladie.

항해 航海 명 navigation *f*; traversée *f*; voyage *m* par mer. ¶ 험난한 ~ une traversée périlleuse. ¶ 처녀 ~ le premier voyage (d'un bateau). ¶ ~를 떠나다[마치다] partir en mer [terminer une traversée]. ¶ 무사한 ~를 빕니다 Je prie pour que la traversée se fasse sans incident [sans ennui, sans problème]. ¶ 인생은 기나긴 ~이다 La vie est comme une longue traversée / La vie est comme un grand voyage. ◇_(를) **하다** naviguer; voyager par mer; traverser un océan; parcourir les mers. ¶ 태평양을 ~하다 traverser l'océan Pacifique.

◆_**사** -士 명 【교통】 second-capitaine *m*.

◆_**술** -術 명 【교통】 navigation *f*; art *m* nautique; marine *f*.

◆_**일지** -日誌 명 【교통】 journ*al*(*aux*) *mpl* de bord.

항히스타민제 抗-劑 명 antihystaminique *m*. ¶ ~를

맞다 se faire injecter un traitement à base de médicaments antihystaminiques [à base d'antihystaminiques], se faire faire des injections d'antihystaminiques, se faire injecter des antihystaminiques.

해[1] 명 ((태양)) soleil *m*. ¶ 아침 ~ soleil du matin, soleil matinal. ¶ 떠오르는 ~ le soleil levant. ¶ ~가 난 날 un jour ensoleillé, une journée ensoleillée. ¶ ~가 잘 드는 방 une chambre bien ensoleillée. ¶ ~가 뜬다 Le soleil [Le jour] se lève. ¶ ~가 진다 Le soleil se couche [est à son déclin] / La nuit tombe. ¶ ~가 기운다 Le jour décline / Le soleil commence à descendre / Le soleil est à son déclin. ¶ ~가 떨어지기 전에 귀가하다 rentrer (chez *soi*) avant la tombée de la nuit [avant la tombée du jour, avant que la nuit ne tombe, avant qu'il ne fasse nuit]. ¶ 여름은 ~가 길다 Les jours sont longs en été. ¶ 겨울은 ~가 짧다 Les jours sont courts en hiver.

*~**가 서쪽에서 뜨다[뜨겠다]** être bien étonnant(*e*), être un (véritable) miracle / Tout arrive, même l'imprévisible / C'est incroyable / Je n'en reviens pas / J'en tombe des nues / ((Le jour où ...)) les poules auront des dents. ((littéralement: le soleil se lèvera à l'ouest)). ¶ 네가 지각을 안 하는 날은 ~가 서쪽에서 뜰 날이야 Le jour où tu seras à l'heure, les poules auront des dents. ¶ 네가 지각을 안 하다니 [네가 우리를 초대하다니] 내일은 서쪽에서 ~가 뜨겠다 Il est bien étonnant [C'est un (véritable) miracle] que tu ne sois pas en retard [que tu nous invites] / Mais dis-moi, je rêve! Tu n'es pas en retard [Tu es à l'heure]!

*~**와 달이 바뀌다** Le temps s'écoule.

해[2] 명 année *f*, an *m*. ¶ 그 사람이 죽은 ~ l'année de sa mort. ¶ 내가 그곳에 살던 마지막[첫] ~ la dernière [la première] année où j'ai vécu là. ¶ 길고 지루한 한 ~ un année longue et ennuyeuse. ¶ 책의 ~ l'année du livre. ¶ 세계 여성의 ~ l'année mondiale de la femme. ¶ 이번 ~에 cette année. ¶ 다음 ~에 l'année prochaine. ¶ ~마다 chaque année, tous les ans. ¶ 몇[여러] ~ 전에 il y a plusieurs années, quelques années auparavant. ¶ 어느 ~엔가 une certaine année. ¶ 어느 ~ 가을에 un certain automne. ¶ ~가 바뀌다 changer d'année. ¶ ~가 갈수록[거듭될수록] plus les années [les ans] passent. ¶ 한 ~가 다 간다 C'est la fin de l'année. ¶ 그 사람이 죽은 지 여러 ~가 되었다 Ça fait plusieurs années qu'il est mort. ¶ 한 ~ 한 ~ 그 사람의 얼굴에 주름살이 늘어간다 Année après année, son visage se ride de plus en plus / À mesure que les années passent, son visage se ride de plus en plus.

◆**새**_ 명 nouvelle année *f*, nouvel an *m*. ¶ 새~ 인사 vœu(*x*) de bonne année. ¶ 새~ 복 많이 받으세요 Bonne année! / Tous mes vœux pour la nouvelle année! / Mes meilleurs vœux de bonne année!

◆**올**_ 명 cette année *f*.

◆**지난**_ 명 l'année *f* dernière. ¶ 지난~ 겨울 l'hiver dernier.

◆**지지난**_ 명 il y a deux ans.

해[3] 부 ((rire)) bêtement. ¶ 입을 ~ 벌리고 웃다 rire bêtement; ricaner; faire entendre un rire saccadé.

해[4] 解 명 **[수학]** solution *f* ((d'une équation)). ¶ 방정식의 ~를 구하다 chercher la solution d'une équation.

해[5] 害 명 mal(*aux*) *mpl*; tort *m*; atteinte *f*; dommage *m*; méfait *m*. ¶ 농작물에 ~를 입히는 곤충 les insectes nuisibles pour les productions agricoles [en agriculture]. ¶ 남에게 ~를 끼치다 porter atteinte à autrui. ¶ ~를 보다[입다, 당하다] souffrir d'un méfait; souffrir d'un dégât. ◇_(**가**) **되다** être nuisible; porter atteinte; faire du mal. ¶ 칭찬도 지나치면 ~가 된다 Trop de compliments peuvent nuire. ¶ 자신에게 ~되는 일은 절대 하지 않다 ne faire en aucun cas quelque chose qui puisse causer du tort à *soi*-même. ◇_**하다** faire du mal à *qn*; nuire à *qc*; endommager *qc*. ¶ 남을 ~하다 faire du tort [du mal] à autrui. ¶ 건강을 ~하다 nuire à la santé.

◆_**롭다** 형 être nocif(*ve*), nuisible, mauvais(*e*) pour la santé. ¶ 인체에 ~로운 물질 une substance nuisible à la santé. ¶ 건강에 ~롭다 être nuisible à la santé, être mauvais(*e*) [nocif(*ve*)] pour la santé, nuire à la santé. ¶ 담배는 특히 청소년에게 ~롭다 Le tabac est particulièrement nocif pour les jeunes.

해-[6] 접두 de l'année. ¶ ~콩 soja de l'année. ☞ 햇-

-해[7] 一海 접미 mer *f*, océan *m*. ¶ 다도~ une mer qui est entourée de petites îles. ¶ 동~ la mer de l'Est. ¶ 북극~ l'océan Arctique.

해갈 解渴 명 ① ((갈증)) apaisement *m* [étanchement *m*] de la soif; désaltération *f*. ② ((가뭄)) apaisement *m* de la sécheresse. ¶ 오늘 내린 비가 ~에 도움이 되었다 La pluie qui est tombée aujourd'hui a aidé à apaiser la sécheresse. ◇_(**을**) **하다** apaiser [étancher] *sa* soif, se désaltérer, apaiser la sécheresse. ¶ 가뭄을 ~하다 délivrer de la sécheresse. ◇_(**이**) **되다** être apaisé(*e*), étanché(*e*), désaltéré(*e*).

해감 海- 명 vase *f*, limon *m*. ¶ 조개의 ~을 빼다 retirer la vase des coquillages.

해거름 명 coucher *m* du soleil; tombée *f* du jour [de la nuit], la nuit *f* tombante, crépuscule *m*. ¶ ~에 à la tombée du jour, à la nuit tombante, au coucher du soleil, au crépuscule, à l'heure du crépuscule, entre chien et loup, à la brune.

해결 解決 명 solution *f*; résolution *f*; règlement *m*; arrangement *m*. ¶ 원만한 ~ un arrangement à l'amiable. ¶ ~을 보다 arriver à une solution [à un arrangement , à résoudre (un problème)]. ¶ ~에 나서다 prendre l'initiative de la résolution. ¶ ~이 나다 être réglé(*e*), solutionné(*e*), résolu(*e*). ◇_(**을**) **하다** résoudre, solutionner, régler. ¶ 쉽게 ~할 수 있는 문제 un problème facile à régler. ¶ 분쟁을 평화적으로 ~하다 régler un conflit d'une manière pacifique. ¶ 숙식을 ~하다 régler le problème du gîte et du couvert. ¶ 이 문제는 시간이 ~해 줄 것이다 C'est le temps qui réglera ce problème. ◇_(이) **되다[나다]** être réglé(*e*), solutionné(*e*), résolu(*e*), se résoudre, s'arranger. ¶ 문제[사건, 고민, 의문]가 ~되었다 Le problème [L'affaire, Le souci, La question] est réglé(*e*). ¶ 등록금이 ~되었다 La question des frais d'inscription est réglée. ¶ 결국 그 일은 ~이 났다 Finalement cette affaire s'est arrangée.

◆**_사** -士 명 libéra*teur*(*trice*); personne *f* capable de résoudre (le problème).

◆**_책** -策 명 solution *f*, arrangement *m*. ¶ ~책을 마련하다[모색하다] trouver [chercher] une solution [un arrangement].

◆**미_** 未- 명 non résolution *f*. ¶ 미~ 문제 un problème non résolu.

해경 海警 명 garde-côte(~-~s) *m*; police *f* maritime.

해고 解雇 명 renvoi *m*; licenciement *m*; congédiement *m*. ¶ 부당한 ~ un licenciement injuste. ◇_(를) **하다[시키다]** renvoyer *qn*, licencier *qn*, congédier *qn*, donner *son* congé à *qn*, remercier *qn*, mettre [foutre] *qn* à la porte {*fam*}, mettre *qn* dehors {*fam*}, virer *qn* {*fam*}. ¶ 사원을 ~하다 licencier [renvoyer, donner *son* congé à] un employé. ◇_(가) **되다** être licencié(*e*), renvoyé(*e*), remercié(*e*), mis(*e*) [foutu(*e*)] à la porte {*fam*}, mis(*e*) dehors {*fam*}; recevoir *son* congé, se faire balancer [dégommer, vider, virer] {*fam*}. ¶ 그 사람은 근무태만으로 ~되었다 Il a été renvoyé pour négligence professionnelle. ◇_(를) **당하다** être renvoyé(*e*), licencié(*e*), congédié(*e*), remercié(*e*), mis(*e*) [foutu(*e*)] à la porte {*fam*}, mis(*e*) dehors {*fam*}; recevoir *son* congé, se faire balancer [dégommer, vider, virer] {*fam*}; recevoir *son* congé.

◆**_자** -者 명 personne *f* qui licencie.

◆**_수당** -手當 명 indemnité *f* de licenciement.

◆**_통지** -通知 명 notification *f* de licenciement [de renvoi].

해골 骸骨 명 ① squelette *m*. ¶ 건축 현장에서 ~이 발견되어 경찰이 수사에 나섰다 Les policiers ont commencé à enquêter après qu'on a découvert un squelette sur le chantier. ② 【속어】 머리 crâne *m* {*fam*}, cervelle *f* {*fam*}, ciboulot *m* {*fam*}, calebasse *f* {*fam*}. ¶ ~이 복잡하다[아프다] être un casse-tête pour *qn* [avoir mal au crâne {*fam*}]. ③ 비쩍 마른 상태 squelette *m*. ¶ ~같은 얼굴 un visage squelettique [décharné, cadavérique, très amaigri, creusé, de mort vivant], un visage (très) émacié [rabougri, plissé, très maigre], un visage en lame de couteau. ¶ ~처럼 마르다 être (d'une maigreur) squelettique, être maigre comme un clou [comme un cent de clous, comme un coucou, comme un hareng saur], être sec comme un coup de trique [comme un cotret], être décharné(*e*), desséché(*e*), étique, n'avoir que la peau et les os, on lui voit [compterait] les côtes. ¶ 그 사람은 거의 ~이 다 되었다 Il n'a plus que la peau sur les os [la peau et les os] / On lui voit [compterait] les côtes / C'est devenu un squelette ambulant.

◆**_바가지** 명 【속어】 squelette *m*; sac *m* [paquet *m*] d'os, squelette *m* ambulant.

해괴망측하다 駭怪罔測- 형 être extrêmement bizarre [étrange], bizarroïde {*fam*}. ¶ 그 일은 너무나 ~ Cette affaire est des plus étranges. ¶ 그 사람은 옷차림이 ~ Sa tenue est des plus étranges. ¶ 별 해괴망측한 짓 다 있네 Il y a vraiment toutes sortes d'actes bizarres. ¶ 별 해괴망측한 꼴 다 보겠네 Il y a vraiment toutes sortes de situations bizarroïdes.

해괴하다 駭怪- 형 être étrange, bizarre. ¶ 그 소문은 참 ~ Cette rumeur est vraiment bizarre. ¶ 해괴한 일 une affaire étrange. ¶ 해괴한 생각 une drôle de pensée.

해구[1] 海寇 명 pirate *m*; forban *m*.

해구[2] 海溝 명 【지리】 abysse *m*; fosse *f* sous-marine.

해구[3] 海口 명 entrée *f* d'une baie [d'un port].

해구[4] 海狗 명 【동물】 phoque *m*.

◆**_신** -腎 명 pénis *m* du phoque.

해군 海軍 명 【군사】 marine *f*, armée *f* navale; armée *f* de mer, forces *fpl* navales. ¶ ~을 확장하다 accroître *ses* forces navales. ¶ ~에 들어가다 entrer dans la marine.

◆**_력** -力 명 【군사】 puissance *f* navale.

◆**_기지** -基地 명 【군사】 base *f* navale.

◆**_대학** -大學 명 école *f* supérieure de la marine.

◆**_본부** -本部 명 【군사】 quartier *m* général de la marine.

◆**_사관(장교)** -士官(將校) 명 【군사】 officier *m* de la marine.

◆**_사관학교** -士官學校 명 【군사】 académie *f* navale.

◆**_참모총장** -參謀總長 명 【군사】 chef *m* des opérations navales.

◆**_함선** -艦船 명 【군사】 navire *m* de guerre.

해금[1] 解禁 명 levée *f* d'une interdiction [d'un embargo]. ¶ ~ 가요 chansons affranchies de l'interdiction qui les frappait. ◇_(을) **하다** lever une interdiction [un embargo]. ¶ 금서였던 책들을 ~하다 lever l'interdiction sur les livres proscrits. ◇_(이) **되다** ((embargo)) être levé(*e*).

해금[2] 奚琴 명 【음악】 *haegeum m* <instrument de musique coréen traditionnel à deux cordes dont on joue avec un archet>.

해꼬지 명 ☞ 해코지

해내다 타 achever; accomplir, venir à bout ((d'une tâche)), mener à bonne fin ((son travail)); s'acquitter ((d'un devoir)). ¶ 누구도 그 일을 해내지 못했다 Personne n'a pu accomplir cette tâche / Jusqu'à présent, personne n'y est arrivé. ¶ 어떤 일이라도 해내겠습니다 Je suis prêt(*e*) à accomplir n'importe quelle tâche / Je suis prêt(*e*) à tout.

해녀 海女 명 plongeuse *f*. ¶ 진주 잡이 ~ une pêcheuse

de perle.

해님 명 le soleil *m*, l'astre *m* solaire; ((동화책)) Monsieur le Soleil.

해달 海獺 명 【동물】 loutre *f* de mer.

해답 解答 명 ① 정답 solution *f*, réponse *f*. ② 해결책 corrigé *m*. ¶ ~을 구하다[얻다] chercher [obtenir] la solution. ¶ ~을 찾다 trouver la solution.

◆ **_지** -紙 명 feuille *f* des réponses.

해당 該當 명 correspondance *f*, conformité *f*. ¶ ~ 부서[분야, 조건, 사항, 조항] le poste [le domaine, la condition, la situation, l'article] correspondant(*e*). ◇_(을) **하다** correspondre à *qc*. ¶ 이 부분이 이 논문의 결론에 ~한다 Cette partie correspond à la conclusion de cet article [de ce mémoire (de maîtrise), de cette thèse (de doctorat)]. ¶ 이 조건에 ~하는 사람들 Les personnes qui remplissent cette condition. ¶ 이 말에 ~하는 불어 표현이 없다 Il n'y a pas d'expression qui corresponde à ce mot en français. ◇_(이) **되다** correspondre. ¶ 너도 이번 조사 대상에 ~된다 Toi aussi, tu es concerné(*e*) [visé(e)] par cette enquête.

◆ **_란** -欄 명 rubrique *f* correspondante.

◆ **_자** -者 명 personne *f* qui remplit les conditions exigées; intéressé(*e*).

해당화 海棠花 명 【식물】 rose *f* sauvage.

해대다 자타 ① 함부로 말하다 se rebiffer ((contre un supérieur)). ¶ 누구에게 욕을 ~ se rebiffer contre *qn*. ¶ 누구에게 잔소리를 ~ faire des reproches sans cesse à *qn*; criticailler *qn*; rouspéter sans cesse contre *qn*; harceler [asticoter] *qn*. ② 대들다 tenir tête à *qn*, faire front à *qn*, résister à ((son père)), se dresser contre *qn*, se révolter, se soulever contre *qn*; braver, contrer; s'opposer (ouvertement) à ((son père)); protester contre *qn*; se rebiffer contre *qn*. ¶ 나는 아내에게 한바탕 해댔다 Je me suis rebiffé contre ma femme / J'ai tenu tête à ma femme. ¶ 그 아이는 어제 부모님께 심하게 해댔다 Hier, il a vivement tenu tête à ses parents. ③ 몰아쳐서 하다 continuer sans cesse à+*inf*. ¶ 그 사람은 아무 말 없이 일만 해댔다 Il n'a fait que [Il a continué à] travailler sans dire un mot [sans mot dire].

해도 海圖 명 【교통】 carte *f* marine. ¶ ~를 보고 운항하다 naviguer en regardant [avec] la carte.

해독[1] 害毒 명 influence *f* corruptrice; mauvaise influence *f*; infection *f*; méfait *m*. ¶ 술의 ~ les méfaits de l'alcool. ¶ 사회에 ~을 끼치다 corrompre la société.

해독[2] 解毒 명 désintoxication *f*. ¶ ~ 작용 (le processus de) désintoxication. ¶ ~에 필요한 약 un médicament nécessaire à la désintoxication. ◇_(을) **하다** désintoxiquer. ◇_(이) **되다** être désintoxiqué(*e*).

◆ **_제** -劑 명 médicament *m* contre les intoxications et les empoisonnements.

해독[3] 解讀 명 décryptage *m*; déchiffrage *m*; décodage *m*. ¶ 암호[상형문자, 한문] ~ déchiffrer un code [déchiffrer un hiéroglyphe, décrypter des caractères chinois]. ◇_(을) **하다** déchiffrer, décoder, décrypter. ¶ 고대 문자를 ~하다 déchiffrer une écriture antique. ◇_(이) **되다** être déchiffré(*e*), décodé(*e*), décrypté(*e*).

◆ **_기** -器 명 décodeur *m*.

해돋이 명 lever *m* du soleil. ¶ ~에 au lever du jour [du soleil]. ¶ 매년 1월 1일에는 ~를 보려는 사람들이 동해로 몰린다 Chaque année, le premier janvier, des gens se rassemblent du côté de la mer de l'Est pour voir le [pour assister au] premier lever de soleil de l'année.

해동 解凍 명 dégel *m*, décongélation *f*, fonte *f* (des neiges). ¶ 음식의 ~ décongélation d'aliments surgelés. ◇_(을) **하다[시키다]** (faire) dégeler, (faire) décongeler. ¶ 고기를 ~하다 (faire) décongeler de la viande. ¶ 올해는 일찍 ~할 것이다 Cette année, le dégel [la fonte des neiges] viendra tôt. ◇_(이) **되다** dégeler, être dégelé(*e*); décongeler, être décongelé(*e*). ¶ 강물이 ~되었다 Le fleuve est dégelé.

◆ **_기** -期 명 période *f* du dégel [de la fonte des neiges].

해뜩해뜩 부 se débattre, frétiller. ¶ 멸치들이 모래톱에 ~ 뛰어오른다 Les anchois se débattent [frétillent] sur le sable.

◆ **_하다** 형 être tacheté(*e*) [moucheté(*e*)] de blanc. ¶ 그 옷은 색깔이 ~하다 Ce vêtement est tacheté de blanc.

해로[1] 海路 명 【교통】 voie *f* maritime [de mer]. ¶ ~로 par voie de mer, par voie maritime.

해로[2] 偕老 명 longue vie *f* commune ((d'un couple)). ¶ 백년 ~를 약속하다[맹세하다] jurer de vivre ensemble jusqu'à la mort [jusqu'à ce que la mort *les* sépare]. ¶ 두 분의 ~를 진심으로 빌었다 J'ai prié sincèrement pour qu'ils vivent tous les deux ensemble le plus longtemps possible. ◇_(를) **하다** vivre longtemps ensemble, vieillir ensemble. ¶ 사랑하는 사람과 평생을 ~하고 싶어 하다 vouloir passer toute *sa* vie en compagnie de la personne qu'on aime.

해롱거리다 자 ① gesticuler, agir à la légère, se conduire comme un enfant mal élevé; ((술에 취해서)) perdre toute *sa* lucidité, ne plus être dans *son* état normal; être pris(*e*) de vertige [d'un étourdissement], avoir la tête qui tourne. ¶ 그 아저씨는 술을 많이 마신 후 해롱거렸다 Après avoir bu beaucoup, il n'était plus dans son état normal [il a perdu toute sa lucidité] / Après avoir bu beaucoup, l'alcool lui montait à la tête. ② ((이성의 매력에)) être sous le charme, être désarmé(*e*) devant *qn*, être troublé(*e*), décontenancé(*e*); perdre (tous) *ses* moyens; se pâmer, tomber en pâmoison {*vx*}; être béant(*e*) d'admiration, baver d'admiration. ¶ 그 남자는 그 여자를 보자 해롱거렸다 À la seule vue de cette femme, il était sous le charme [il était complètement désarmé, il perdait tous ses

moyens, il était tout troublé, décontenancé] / Cette femme le troublait complètement / La seule présence de cette femme lui faisait perdre tous ses moyens.

해롱대다 자 ☞ 해롱거리다

해롱해롱 부 ((agir)) à la légère, à l'étourdie, étourdiment, inconsidérément, de manière inconsidérée. ¶ 그 아저씨는 술이 많이 취해서 ~ 까분다 Il ne se tient pas tranquille [s'agite, gesticule, se comporte inconsidérément, se comporte bizarrement] parce qu'il est saoul. ¶ 우리는 그 여자만 보면 ~ 정신이 없다 À chaque fois qu'on la voit, on est sous le charme [désarmés, décontenancés, troublés] / Seule sa présence nous magnétise [enivre].

◆_하다 자 ① agir à l'étourdie [étourdiment, inconsidérément, de manière inconsidérée]; ((술에 취해서)) être pris(*e*) de vertige [d'un étourdissement], avoir la tête qui tourne, griser. ¶ 그 남자는 늘 술이 취해 ~했다 Il était toujours sous l'effet de l'alcool. ② ((이성의 매력에)) être sous le charme, être désarmé(*e*) devant *qn*, être troublé(*e*), décontenancé(*e*); perdre (tous) *ses* moyens, se pâmer, tomber en pâmoison {*vx*}. ¶ 남자들은 그 여자만 보면 ~한다 Tous les hommes se pâment devant cette femme {*vx*} / Tous les hommes tombent en pâmoison devant cette femme {*vx*} / Tous les hommes sont désarmés par son charme / Cette femme fait perdre aux hommes tous leurs moyens / Tous les hommes sont baba devant elle {*fam*}.

해류 海流 명 【지리】 courant *m* marin.

◆_도 -圖 명 【지리】 carte *f* des courants marins.

해리[1] 海里 분류 mille *m* (marin, nautique) ((1852 m)). ¶ 2백 ~ 경제 수역을 선포하는 국가들이 늘고 있다 Les pays qui établissent des zones économiques maritimes de 200 milles sont de plus en plus nombreux.

해리[2] 解離 명 dissociation *f*. ◇_(를) 하다[시키다] se dissocier [dissocier]. ◇_(가) 되다 se dissocier; être dissocié(*e*).

◆_도 -度 명 【화학】 degré *m* [seuil *m*] de dissociation.

해마 海馬 명 【동물】 ① ((물고기)) hippocampe *m*. ② ((하마)) hippopotame *m*. ③ ((해상)) morse *m*.

해마다 부 chaque année. ¶ 그 문제는 ~ 반복된다 Ce problème est soulevé chaque année. ¶ 그 회의는 ~ 거행된다 Cette réunion a lieu chaque année.

해말갛다 형 avoir le teint clair. ¶ 해말간 웃음 un sourire radieux.

해말쑥하다 형 avoir un (joli) teint clair. ¶ 그 사람은 얼굴빛이 ~ Il a un joli teint clair (au visage).

해맑다 형 ① ((표정이)) avoir le teint clair. ¶ 그 여자의 얼굴은 소녀처럼 해맑았다 Elle avait le visage d'un teint aussi clair que celui d'une petite fille. ¶ 그 여자는 해맑게 웃었다 Elle riait joyeusement. ¶ 해맑은 미소 un sourire radieux. ② ((눈동자가)) avoir un reflet cristallin. ¶ 그 아이의 눈빛이 해맑았다 Les yeux de cet enfant avaient un reflet cristallin. ③ ((빛이나 날씨가)) être radieu*x*(*se*). ¶ 해맑은 아침 햇살 les rayons radieux du matin. ④ ((소리가)) ((voix)) être cristallin(*e*), de cristal, de rossignol, argentin(*e*), pur(*e*), frais(fraîche), lég*er*(*ère*), limpide, très clair(*e*), lumineu*x*(*se*), chantant(*e*). ¶ 해맑은 새 울음소리 le chant cristallin des oiseaux. ¶ 해맑은 목소리 une voix cristalline [de cristal, de rossignol, argentine, très claire, lumineuse].

해맞이 명 accueil *m* de la nouvelle année [journée]. ¶ ~를 하다 accueillir la nouvelle année [journée].

해머 영{hammer} 명 marteau(*x*) *m*.

해먹 영{hammock} 명 hamac *m*. ¶ ~을 치다 accrocher [gréer] un hamac. ¶ ~에서 자다 dormir dans un hamac.

해먹다 자타 ① 가로채다 détourner ((des fonds publics)), escroquer de l'argent. ¶ 국민이 낸 세금을 ~ détourner les impôts payés par le peuple. ¶ 그 사람들은 끼리끼리 ~ Ils profitent de leurs pouvoirs pour ramasser de l'argent entre eux. ② 업으로 삼다 gagner *sa* vie [*sa* croûte {*fam*}, *son* pain {*fam*}] ((en faisant *qc*)). ¶ 불경기라 장사 해먹기도 어렵다 La conjoncture est si mauvaise qu'il est difficile de gagner sa vie dans les affaires.

해면[1] 海面 명 surface *f* de la mer. ¶ 익사체가 ~으로 떠올랐다 Le corps du noyé remonta à la surface (de l'eau).

해면[2] 海綿 명 【동물】 éponge *f*.

◆_동물 -動物 명 【동물】 spongiaires *mpl*.

◆_조직 -組織 명 【생물】 tissu *m* spongieux; parenchyme *m*.

◆_질 -質 명 【생물】 spongiosité *f*.

◆_체 -體 명 【생물】 corps *m* spongieux.

◆목욕용_ 沐浴用- 명 éponge *f* de bain [de toilette].

해명 解明 명 élucidation *f*, explication *f*; éclaircissement *m*. ¶ 누구에게 무엇에 대해 ~을 요구하다 demander à *qn* des explications sur *qc*. ¶ 무엇에 대한 ~에 나서다 prendre l'initiative [prendre sur *soi* la responsabilité] d'expliquer *qc*. ◇_(을) 하다 expliquer, élucider, clarifier. ¶ 진상[사유]을 ~하다 exposer la vérité [les raisons]. ¶ 기사 내용이 사실과 다르다고 ~하다 montrer que le fond de l'article diffère de la vérité. ◇_(이) 되다 être expliqué(*e*), élucidé(*e*), clarifié(*e*). ¶ 사고의 원인은 아직 ~되지 않았다 Les causes de l'accident restent inexpliquées.

해몽 解夢 명 interprétation *f* des rêves.

*꿈보다 ~이 좋다 L'interprétation (du rêve) est meilleure que le rêve lui-même. ◇_(을) 하다 interpréter un rêve. ¶ 누구의 꿈을 ~하다 interpréter le rêve de *qn*.

해묵다 자 s'éterniser, durer longtemps, perdurer, traîner en longueur; ((고구마, 감자)) être conservé(*e*) une année [un an]; être très vieux(vieil, vieille). ¶ 해묵은 감정[우정, 친구] un sentiment durable [une amitié de longue date, un ami de longue date]. ¶ 해묵은 논쟁[이데올로기] une polémique [une idéologie] qui perdure. ¶ 해묵은 사진첩[의자, 소나무] un album de photos très vieux [une très vieille chaise, un sapin très vieux]. ¶ 해묵은 과제 un problème qui traîne (en longueur). ¶ 해묵은 고구마[감자] des patates douces [des pommes de terre] conservées un an. ¶ 해묵은 이야기를 왜 또 끄집어내는 거냐? Pourquoi nous ressors-tu encore cette vieille histoire?

해물 海物 명 produit *m* de la mer; fruits *mpl* de mer. ¶ 나는 ~ 요리를 좋아한다 J'aime la cuisine aux fruits de mer.

◆_**잡탕** -雜湯 명 ragoût *m* de fruits de mer.

해미 명 épais brouillard *m* maritime. ¶ ~가 끼어서 배의 운항이 어려웠다 Il était difficile de naviguer car un épais brouillard s'était levé en mer.

해바라기[1] 명 ① 【식물】 tournesol *m*; hélianthe *m*. ② ((비유적)) servilité *f*, obséquiosité *f* (face au pouvoir).

◆_**성** -性 명 héliotropisme *m*; servilité *f*; obséquiosité *f*. ¶ 그 사람은 ~성 인간이다 C'est un être très servile.

해바라기[2] 명 fait [action] de se mettre au [sous le] soleil. ◇_(를) **하다** se mettre au [sous le] soleil. ¶ 그 사람은 늘 양지바른 쪽에 앉아서 ~를 했었다 Il s'asseyait toujours sous le soleil dans les endroits les plus exposés [ensoleillés].

해박하다 該博- 형 être érudit(*e*), savant(*e*). ¶ 누구의 해박한 지식 connaissances étendues de *qn*. ¶ 법률 상식에 해박한 사람 une personne qui connaît très bien le droit, une personne très compétente en droit. ¶ 그 사람은 모든 문제[여러 방면]에 해박한 사람이다 C'est quelqu'un de très érudit sur toutes les questions [sur tous les plans].

해발 海拔 명 【지리】 altitude *f*. ¶ 한라산은 ~ 1950미터이다 Le mont Halla culmine à 1 950 mètres. ¶ 이 곳은 ~ 고도가 높아서 숨쉬기가 어렵다 Il est difficile de respirer dans cet endroit à haute altitude.

해방 解放 명 libération *f*. ¶ 8.15 ~ la Libération (de la Corée de l'occupation japonaise). ¶ 압제로부터의 ~ la délivrance de l'oppression. ¶ 35년간의 일제 통치에서 드디어 ~을 맞았다 Nous avons enfin été libérés [délivrés] de trente-cinq années de gouvernement colonial japonais. ◇_(을) **하다** libérer; délivrer; mettre en liberté; émanciper. ¶ 노예를 ~하다 affranchir un esclave. ◇_(이) **되다** être libéré(*e*), délivré(*e*), mis(*e*) en liberté, affranchi(*e*). ¶ 드디어 일에서 ~되었다 Je suis enfin libéré(*e*) de mon travail. ¶ 그는 완고한 아버지에게서 드디어 ~이 되자 어찌할 줄 몰라 했다 Enfin libéré du joug de son père intraitable, il ne savait que faire. ◇_(을) **시키다** mettre en liberté, délivrer, libérer.

◆_**가** -歌 명 *haebangga m*, chant *m* pour la Libération du joug japonais.

◆_**감** -感 명 sentiment *m* de libération. ¶ ~감이 들다[~감을 맛보다] éprouver un sentiment de libération.

◆_**구** -區 명 secteur *m* [zone *f*] libéré(e).

◆_**신학** -神學 명 【기독】 théologie *f* de la libération.

◆**노예**_ 奴隸- 명 émancipation *f* des esclaves.

◆**여성**_ 女性- 명 【사회】 libération *f* [émancipation *f*] de la femme. ¶ 여성~ 운동 mouvement pour l'émancipation de la femme.

해법 解法 명 solution *f*, clef *f* ((d'un problème)). ¶ 그 문제에 대하여 뾰족한 ~을 찾지 못했다 On n'a pas trouvé de bonne solution à ce problème. ¶ 그 사람은 그 문제에 대한 명쾌한 ~을 제시하였다 Il a proposé une solution claire à ce problème.

해변 海邊 명 côte *f*; plage *f*; bord *m* [rivage *m*] de la mer; région *f* côtière. ¶ 오랜만에 ~을 거니니 마음이 편안해졌다 En marchant sur la plage, ce que je n'avais pas fait depuis longtemps, je me suis calmé(*e*).

◆_**가** 명 bord *m* de la mer, plage *f*.

해병 海兵 명 【군사】 fusilier *m* marin, marine *m* (américain). ¶ 한번 ~은 영원한 ~이다 «Marine» un jour, «marine» toujours / Fusilier marin un jour, fusilier marin toujours.

◆_**대** -隊 명 【군사】 infanterie *f* de marine. ¶ 그 남자는 ~대 소속이었다 Il appartenait à l'infanterie de marine.

해보다 자타 essayer; tenter. ¶ 할 수 있는 데[되는 데]까지 해보다 essayer tout ce qu'*on* peut; faire tout *son* possible [le maximum], faire tout ce qui est en *son* pouvoir. ¶ 나하고[와] 한번 해보자는 거냐? Tu veux te battre (avec moi)? / Tu me cherches? {fam} / Tu cherches la bagarre? / Tu veux qu'on en vienne aux mains? / Si tu cherches, tu vas me trouver{fam}.

해부 解剖 명 【생물】 dissection *f*; anatomie *f*; autopsie *f*; vivisection *f*. ◇_(를) **하다** disséquer; autopsier, faire l'autopsie ((d'un cadavre)); pratiquer la vivisection sur ((un animal)). ¶ 개구리를 ~하다 disséquer une grenouille. ¶ 시체를 ~하다 faire l'autopsie d'un cadavre.

◆_**학** -學 명 【생물】 anatomie *f*.

해빙 解氷 명 fonte *f* des glaces; dégel *m*. ¶ ~ 무드의 조성 préparation d'une atmosphère de dégel. ¶ 양국간에 ~의 분위기가 감돌았다 Il y avait une ambiance de dégel entre les deux pays. ¶ 분쟁지역에서 ~의 조짐이 보였다 Il y avait des symptômes de dégel dans la région en conflit. ◇_(을) **하다** dégeler. ◇_(이) **되다** se dégeler. ¶ 강이 ~될 때까지 기다리다 attendre (jusqu'à ce) que la rivière dégèle.

◆_**기** -期 명 période *f* de dégel.

해사 海士 명 ((‘해군사관학교’의 준말)) école *f* des officiers de marine. ¶ ~ 생도 un élève de l'école des officiers de marine.

해사하다 형 être joli(*e*); être agréable. ¶ 그 여자는

얼굴이 ~ Elle a un joli visage. ¶ 해사하게 웃다 rire [sourire] agréablement. ¶ 해사한 면모[옷차림] une apparence [une tenue] jolie [agréable].

해산¹ 解散 명 dissolution *f* ((d'un parti, d'une assemblée, d'une société)); levée *f* ((d'une séance)); dispersion *f*. ¶ 국회 ~ dissolution de l'Assemblée nationale. ¶ 시위대의 강제 ~ dispersion des manifestants par la force. ◇_(을) **하다** dissoudre; lever; disperser; se disperser. ¶ 학교에 도착하면 바로 ~한다 Dès qu'on arrive à l'école, on se disperse. ¶ 시위 군중은 자진 ~하였다 Les manifestants se sont dispersés d'eux-mêmes. ◇_(이) **되다** être dissous(*te*); être levé(*e*); être dispersé(*e*). ¶ 시위대는 경찰의 무력에 의해 ~되었다 Les manifestants ont été dispersés par les forces de police. ◇_(을) **시키다** dissoudre; disperser.

해산² 解産 명 accouchement *m*, délivrance *f*, enfantement *m*. ¶ ~ 촉진제 ocytocine stimulant pour provoquer[déclencher] l'accouchement. ¶ ~의 고통 la douleur de l'accouchement; une douleur extrême. ¶ 첫 ~ premier accouchement. ¶ 산모의 ~이 임박했다 L'accouchement est imminent. ◇_(을) **하다** accoucher, enfanter, délivrer. ¶ 남애[여애]를 ~하다 accoucher d'un garçon [une fille].

◆**_기** -期 명 période *f* de l'accouchement; période *f* prévue pour l'accouchement.

◆**_달** 명 mois *m* de l'accouchement. ¶ ~달이 가까워 온다 Le mois de l'accouchement approche. ¶ 내달이 ~달이다 L'accouchement est pour le mois prochain.

해산물 海産物 명 fruits *mpl* de mer. ¶ 시장에는 신선한 ~이 많이 있었다 Au marché, il y avait beaucoup de fruits de mer frais.

해삼 海蔘 명 【동물】 holothurie *f*, concombre *m* de mer.

해상 海上 명 sur la mer; par mer; en mer. ¶ 어제부터 ~에는 폭풍주의보가 내려졌다 Depuis hier, un avis de tempête en mer a été lancé [émis] (par les autorités). ¶ ~에서 폭풍을 만나면 누구나 당황하게 된다 Tout le monde s'effraie quand on rencontre une tempête en mer.

◆**_무역** -貿易 명 commerce *m* maritime.

◆**_봉쇄** -封鎖 명 blocus *m* maritime.

해상도 解像度 명 résolution *f* ((d'une image numérique, d'une impression)), définition *f*. ¶ 이번 우리 회사에서 개발한 모니터는 ~가 매우 높다 L'écran (de téléviseur) que notre compagnie vient de mettre au point a une très haute résolution (des images).

해상법 海商法 명 【법률】 droit *m* maritime.

해석 解釋 명 ① 설명 explication *f*, commentaire *m*, interprétation *f*. ¶ 경전 ~ une explication [un commentaire] des livres sacrés. ¶ 자구 ~ une interprétation littérale. ¶ 법의 ~ une interprétation de la loi. ¶ 유권 ~을 내리다 donner l'interprétation des autorités. ② 번역 traduction *f*. ¶ 영문[불문] ~ une traduction en anglais [français]. ¶ 원전 ~ une traduction du texte original. ③ ((작품, 작가의)) interprétation *f*. ¶ 문학작품의 ~ interprétation d'une œuvre littéraire. ¶ 보들레르에 대한 다양한 ~ diverses interprétations de Baudelaire. ¶ 모차르트 ~의 권위자 un(*e*) spécialiste qui fait autorité dans l'interprétation de Mozart. ¶ 베토벤 바이올린 협주곡의 뛰어난 ~ une interprétation extraordinaire d'un concerto de violon de Beethoven. ◇_(을) **하다** ① ((설명)) expliquer, interpréter, commenter. ¶ 여러 가지로 ~하다 expliquer de plusieurs façons. ¶ 그 사람의 행동은 선의로 ~할 수 없다 On ne peut pas interpréter ses actions en bien. ¶ 그 사람은 늘 모든 일을 자기 식으로 ~한다 Il interprète toujours tout à sa façon. ¶ 현재 내 입장에서는 이 문제에 대해서 ~하기가 곤란하다 Dans ma position actuelle, il est difficile de commenter cette question. ② ((번역)) interpréter, traduire. ¶ 그것은 이중적으로 ~할 수 있는 말이다 C'est une expression qui peut s'interpréter de deux façons. ③ ((작품, 작가의)) interpréter. ¶ 그 연주자는 모차르트에 대한 새로운 ~을 들려준다 Ce musicien donne une nouvelle interprétation de Mozart. ◇_(이) **되다** ① ((설명)) s'expliquer; être interprété(*e*), être commenté(*e*). ¶ 침묵은 긍정으로 ~되곤 한다 Le silence est souvent interprété comme un assentiment. ¶ 그의 연설은 정부에 대한 비난으로 ~되었다 Son discours a été considéré comme une attaque contre le gouvernement. ② ((번역)) être interprété(*e*), traduit(*e*). ¶ ~이 안 되는 부분은 사전을 찾아보세요 Consultez le dictionnaire pour la partie que vous ne pouvez pas traduire. ③ ((작품, 작가의)) être interprété(*e*). ¶ 그 작가는 그 동안 많은 부분이 왜곡되어 ~되었다 Jusqu'ici, cet écrivain a été mal interprété dans une large mesure.

◆**_상** 上 명 dans l'interprétation. ¶ ~상의 오류 une erreur d'interprétation.

◆**_학** -學 명 【철학】 (science *f*) herméneutique *f*.

해설 解說 명 explication *f*, commentaire *m*; exposé *m*. ¶ 그 사람의 ~은 항상 조리가 있다 Ses explications sont toujours cohérentes. ¶ 시험이 끝난 후 문제에 대한 ~이 있었다 Après l'examen, on a eu l'explication du sujet. ◇_(을) **하다** expliquer, commenter; exposer. ¶ 신부님이 신자들에게 교리를 ~하셨다 Le prêtre a donné aux fidèles un exposé sur la doctrine chrétienne. ¶ 앞으로 1년 동안 그가 야구 ~을 하기로 결정되었다 On a décidé qu'il commenterait les matchs de baseball pendant un an. ◇_(이) **되다** être expliqué(*e*); être commenté(*e*).

◆**_기사** -記事 명 article *m* de commentaire.

◆**_문** -文 명 texte *m* de commentaire.

◆**_자** -者 명 commentat*eur*(*trice*); interprète.

◆**_집** -集 명 recueil *m* de commentaires.

해소 解消 명 dissolution *f*, liquidation *f*, annulation *f*, résiliation *f*, solution *f*, arrangement *m*. ¶ 스트레스 ~ défoulement. ¶ 실업 문제의 ~ une solution au problème du chômage. ◇_(를) **하다** dissoudre;

rompre; annuler, résilier; résoudre, arranger, régler. ¶ 빈부 격차를 ~할 대책을 세워야한다 Il faut prendre des mesures pour résoudre le problème de l'écart entre les riches et les pauvres. ◇_(가) 되다 être annulé(*e*); être résolu(*e*), arrangé(*e*), réglé(*e*). ¶ 드디어 양국 간의 오랜 갈등이 ~되었다 Ce vieux conflit entre les deux pays a enfin été résolu. ◇_(를) 시키다 résoudre, régler, arranger. ¶ 갈등을 ~시키다 résoudre un conflit.

해송 海松 명 【식물】 pin *m* maritime; pin *m* à grandes pignes.

해수[1] 海水 명 eau(*x*) *f* de mer. ¶ 유조선의 난파로 인해 ~가 오염되었다 L'eau de mer a été polluée à cause du naufrage d'un pétrolier.

◆_**면** -面 명 surface *f* de la mer. ¶ 지구의 온난화로 인해서 ~면이 상승하고 있다 Le niveau de la mer augmente à cause du réchauffement du globe.

◆_**사우나** 명 sauna *m* d'eau de mer.

◆_**욕** -浴 명 bain *m* de mer. ¶ 해마다 여름이면 ~욕을 즐기는 사람들로 바닷가는 인산인해를 이룬다 Chaque été, une foule innombrable de baigneurs s'entassent sur la plage. ¶ 수영 금지 구역에서 ~욕하던 사람들이 익사하였다 Les gens qui se baignaient dans la zone interdite se sont noyés.

◆_**욕장** -浴場 명 plage *f*; station *f* balnéaire.

해수[2] 咳嗽 명 toux *f*. ¶ 할아버지는 심한 ~로 고생하신다 Mon grand-père souffre d'une terrible toux.

해시계 -時計 명 cadran *m* solaire.

해신 海神 명 dieu(*x*) *m* de la mer; divinité(s) *f* marine(s); Neptune *m*, Poséidon *m*.

해쓱하다 형 être pâle. ¶ 그 사람은 얼굴이 해쓱하게 되었다 Son visage est devenu pâle. ¶ 그 여자는 감기 후 얼굴이 해쓱해져 나타났다 Elle est apparue toute pâle après sa grippe. ¶ 해쓱한 얼굴 un visage pâle.

해악 害惡 명 mal(*aux*) *m*, malheur *m*; vice *m*; dommage *m*, dégât *m*. ¶ 담배가 인간에게 끼치는 ~은 이루 말할 수 없다 On ne peut dire tous les maux que le tabac cause aux humains.

해안 海岸 명 côte *f*. ¶ 우리는 그 섬의 ~을 따라 항해하였다 Nous avons navigué en longeant la côte de cette île. ¶ ~에 닿다 arriver à la côte, accoster. ¶ 폭풍으로 인해 ~에 정박된 선박들이 많았다 Il y avait beaucoup de bateaux à l'ancre à cause de la tempête.

◆_**가** 명 plage *f*; bord *m* de (la) mer; rivage *m*. ¶ 우리는 오랫동안 말없이 ~가를 거닐었다 Nous avons marché longuement en silence sur la plage.

◆_**경비대** -警備隊 명 unité *f* de surveillance des côtes, police *f* côtière.

◆_**선** -線 명 ligne *f* côtière.

해약 解約 명 【법률】 annulation *f*; résiliation *f*. ¶ ~ 통지 annonce d'annulation [de résiliation]. ¶ ~ 반환금 un remboursement pour résiliation. ¶ 일방적인 ~ annulation arbitraire; résiliation unilatérale. ¶ ~을 통보 받다 recevoir l'annonce d'une annulation. ◇_(을) 하다 annuler; résilier. ¶ 계약을 ~하다 annuler un contrat. ◇_(을) 당하다 se faire annuler *qc*.

해양 海洋 명 océan *m*, mer *f*. ¶ ~ 생물[식물] la faune [la flore] marine. ¶ 공해로 인해 ~ 생태계가 자꾸만 파괴되고 있다 L'écosystème de l'océan se dégrade de plus en plus à cause de la pollution.

◆_**성** -性 명 caractère *m* océanique [maritime]. ¶ ~성 기후 un climat océanique [maritime].

◆_**경찰** -警察 명 police *f* maritime.

◆_**경찰대** -警察隊 명 police *f* maritime.

◆_**국가** -國家 명 (importante) puissance *f* maritime, pays *m* ayant développé ses activités maritimes [d'importantes activités maritimes].

◆_**기상대** -氣象臺 명 station *f* de météorologie maritime.

◆_**법** -法 명 【법률】 droit *m* maritime.

◆_**자원** -資源 명 ressources *fpl* maritimes.

◆_**학** -學 명 【해양】 océanographie *f*.

해어지다 자 s'user. ¶ 너덜너덜 해어진 저고리 une veste usée.

해역 海域 명 【해양】 zone *f* maritime.

해열 解熱 명 【의학】 chute *f* de la fièvre. ◇_(을) 시키다 faire tomber la fièvre. ¶ 환자를 ~ 시키다 faire tomber la fièvre d'un malade. ◇_(이) 되다 La fièvre tombe. ¶ 환자가 ~이 잘 안 된다 On n'arrive pas à faire tomber la fièvre du malade.

◆_**제** -劑 명 【의학】 médicament *m* contre la fièvre; fébrifuge *m*.

해오라기 명 【동물】 héron *m* blanc.

해왕성 海王星 명 【천문】 Neptune *m*.

해외 海外 명 (pays *m*) étranger *m*. ¶ 그 사람은 5년 동안 신문사의 ~ 특파원으로 일하였다 Il a travaillé pendant cinq ans comme envoyé spécial outre-mer pour un journal. ¶ 많은 범법자들이 ~로 도피하였다 Beaucoup de criminels se sont enfuis à l'étranger. ¶ 그 친구는 오랫동안 ~에서 살았다 Il a vécu longtemps à l'étranger.

◆_**시장** -市場 명 marché *m* étranger.

◆_**무역** -貿易 명 commerce *m* extérieur.

◆_**여행** -旅行 명 voyage *m* à l'étranger.

해운 海運 명 【교통】 transport *m* par mer; transports *mpl* maritimes. ¶ 그 남자는 ~ 회사에 다닌다 Il travaille dans une compagnie de transports maritimes. ¶ 이 지역은 항구를 끼고 있어서 ~에 종사하는 인구가 많다 Comme cette région est située à côté d'un port, beaucoup de gens travaillent dans les transports maritimes.

◆_**업** -業 명 【경제】 industrie *f* des transports maritimes; secteur *m* d'expédition par voies maritimes.

해웃값 명 tarif *m* des services d'une prostituée, salaire *m* d'une prostituée; montant *m* [prix *m*] de la passe.

해웃돈 명 argent *m* donné à une prostituée. ☞ 해웃값

해원 解冤 명 vengeance *f*. ¶ 무당은 죽은 사람들의 ~을 위해 굿판을 벌였다 Le chaman a célébré une cérémonie pour apaiser les morts.

해이 解弛 명 relâchement *m*; détente *f*. ¶ 야당은 민생 문제에 대한 정부의 ~를 질타했다 Les partis de l'opposition ont critiqué le gouvernement d'avoir négligé les problèmes concernant la vie du peuple.

◆**_하다** 형 être distrait(*e*); se relâcher, se détendre. ¶ 그런 ~한 마음으로 무엇이 되겠다는 거냐? Qu'est-ce que tu vas devenir si tu es toujours aussi distrait(*e*)?

해일 海溢 명 【지리】 raz *m* de marée. ¶ ~이 일어나다 [발생하다, 밀려오다] Un raz de marée se produit [arrive].

해임 解任 명 révocation *f*, destitution *f*, licenciement *m*. ¶ 담당자의 ~을 요구하다 demander la révocation d'un responsable. ◇_(을) **하다** révoquer; destituer; licencier. ¶ 사장은 직무 태만을 이유로 그 직원을 ~했다 Le patron l'a licencié(*e*) pour négligence professionnelle. ◇_(이) **되다** être licencié(*e*); être révoqué(*e*), destitué(*e*), remercié(*e*). ¶ 그 남자는 아무런 이유 없이 갑자기 그 직책에서 ~되었다 Il a été soudainement révoqué de sa fonction sans raison.

해장 解酲 명 action de calmer *ses* brûlures d'estomac [faire passer *sa* gueule de bois] le lendemain d'une soirée trop arrosée. ¶ 술을 많이 마신 다음날 ~에는 북어국이 최고다 La soupe de merlan séché est ce qu'il y a de mieux pour calmer ses brûlures d'estomac [pour faire passer sa gueule de bois] le lendemain d'une soirée trop arrosée. ◇_(을) **하다** prendre de la soupe avec un verre d'alcool à jeun pour calmer *ses* brûlures d'estomac [pour faire passer *sa* gueule de bois] le lendemain d'une soirée trop arrosée. ¶ 그는 지난밤의 술로 쓰린 속을 ~하기 위해 식당에 갔다 Il est allé au restaurant pour calmer ses brûlures d'estomac dues à l'alcool qu'il avait ingurgité la veille au soir.

◆**_국** 명 ① soupe *f* préparée (par *son* épouse) pour faire passer *sa* gueule de bois le lendemain d'une soirée trop arrosée. ② *haejangguk m* <soupe pimentée que l'on prend pour faire passer *sa* gueule de bois le lendemain d'une soirée trop arrosée>. ¶ 부인은 이른 아침부터 남편의 ~국을 끓였다 La femme a préparé dès le petit matin une soupe pour son mari qui avait beaucoup bu la veille (au soir).

◆**_술** 명 alcool *m* qu'on prend à jeun pour faire passer *sa* gueule de bois. ¶ ~술 한 잔 하자 Buvons un verre à jeun pour nous remettre de notre soirée d'hier.

해저 海底 명 fond *m* marin. ¶ ~ 1만 미터까지 탐사하다 faire des recherches jusqu'à 10 000 mètres au-dessous du niveau de la mer. ¶ 정부는 ~ 탐사에 예산을 지원하기로 하였다 Le gouvernement a décidé de subventionner les recherches sur les fonds marins. ¶ 유럽과 영국 간의 ~ 터널이 개통되었다 On a inauguré le tunnel sous-marin entre l'Europe et l'Angleterre.

해적 海賊 명 pirate *m*, forban *m*; corsaire *m*. ¶ 최근 한반도 연해에서 중국의 ~들이 출몰하고 있다 Depuis peu, des pirates chinois sont apparus sur les côtes de la péninsule coréenne.

◆**_선** -船 명 bateau(*x*) *m* pirate.

◆**_질** 명 piraterie *f*.

◆**_판** -版 명 édition *f* pirate. ¶ 요즘 시중에 나돌고 있는 ~판 CD에 대한 대대적인 수사가 벌어졌다 On a fait une enquête globale sur les CD pirates qui sont actuellement en circulation.

해전 海戰 명 【군사】 combat *m* naval; bataille *f* navale. ¶ ~을 치르다 se livrer à un combat naval.

해제¹ 解除 명 annulation *f*, suppression *f*, résiliation *f*; levée *f*, mainlevée *f*. ¶ 통행금지 ~ levée du couvre-feu. ¶ 계엄령 즉각 ~ levée immédiate de l'état de siège. ¶ 이라크는 미국에게 자국에 대한 경제 제재의 ~를 요구했다 L'Irak a demandé aux États-Unis la mainlevée des sanctions économiques. ◇_(를) **하다** annuler; supprimer; résilier; lever. ¶ 공습경보를 ~하다 sonner la fin d'une alerte aérienne. ¶ 이번에 정부는 수도권 근교의 그린벨트를 ~하였다 Le gouvernement vient de supprimer les limitations de la zone verte dans les environs de Séoul. ◇_(를) **시키다** annuler; supprimer; résilier; lever. ¶ 경보를 ~시키다 sonner la fin d'une alerte. ¶ 점령군은 아군의 무장을 ~시켰다 L'armée d'occupation a désarmé nos soldats. ◇_(가) **되다** être annulé(*e*), supprimé(*e*), résilié(*e*), levé(*e*). ¶ 드디어 통금이 ~되었다 Enfin, on a levé le couvre-feu.

◆**_경보** -警報 명 sonnerie *f* de la fin d'une alerte.

◆**무장_** 武裝 명 désarmement *m*. ¶ 우리는 불시에 무장~를 당하였다 Nous avons été désarmés à l'improviste.

해제² 解題 명 notice *f* [explication *f*] bibliographique. ¶ 책의 부록으로 ~를 붙이다 ajouter une notice bibliographique en appendice d'un livre. ◇_(를) **하다** faire une notice bibliographique.

해조 海藻 명 【수산】 algue *f*, goémon *m*; varech *m*.

◆**_류** -類 명 【수산】 algues *fpl*.

해지 解止 명 annulation *f* ((d'un contrat)). ◇_(를) **하다** annuler, rendre nul ((un contrat)). ¶ 계약을 ~하다 annuler un contrat.

해지다 자 s'user. ¶ 옷소매가 다 해졌다 La manche est tout usée. ¶ 옷 궁둥이가 해지게 미끄럼을 탔다 On a fait des glissades au point d'avoir le derrière du pantalon tout usé. ¶ 해진 구두 des chaussures usées. ¶ 해진 옷[양말]을 깁다 raccommoder un vêtement usé [des chaussettes usées].

해직 解職 명 révocation *f*, destitution *f*; renvoi *m*. ¶ ~ 노동자 un travailleur renvoyé. ¶ ~ 기자 un(*e*) journaliste renvoyé(*e*) [licencié(*e*)]. ◇_(을) **하다** révoquer; destituer. ◇_(이) **되다** être renvoyé(*e*); être licencié(*e*). ¶ 그는 ~된 뒤로 변변한 일을 찾지

ㅎ

못했다 Il n'a pas trouvé de travail satisfaisant [acceptable] depuis son licenciement. ◇_(을) **당하다** se faire renvoyer; être licencié(*e*). ¶ 졸지에 20명의 근로자가 ~을 당했다 Vingt travailleurs se sont fait renvoyer tout d'un coup.

해질녘 명 crépuscule *m*; coucher *m* du soleil. ¶ 아버지는 ~이 되어서야 집에 돌아오신다 Mon père ne rentre pas à la maison avant le coucher du soleil.

해찰하다 자 être distrait(*e*), inattenti*f*(*ve*), rêveu*r*(*se*), ailleurs; avoir la tête ailleurs, l'esprit ailleurs, l'air absent(*e*), avoir la tête dans les nuages [dans la lune]. ¶ 길거리에서 ~ flâner dans les rues; se balader dans les rues {*fam*}. ¶ 그 아이는 수업 시간 중에도 해찰하기 일쑤다 Cet enfant ne se concentre jamais, même en classe / Cet enfant est toujours distrait [est toujours rêveur, a toujours la tête ailleurs] même en classe.

해체 解體 명 ① ((조직, 질서의)) dissolution *f*; déconstruction *f*; destruction *f*. ¶ 팀의 ~ dissolution d'une équipe. ¶ 사회질서의 ~ destruction de l'ordre social. ② ((물건의)) mise *f* en pièces; démontage *m*; décomposition *f*; dissection *f*; démolition *f*. ¶ ~ 작업 un travail de démontage. ¶ 선체의 ~ démolition d'un navire. ◇_(를) **하다** démonter; disséquer; décomposer; démolir. ¶ 오래된 건물을 ~하기 위해서 폭약을 사용하기로 했다 On a décidé d'utiliser des explosifs pour la démolition d'un vieux bâtiment. ¶ 이 사건은 전통적 질서를 ~하는 시발점이 되었다 Cet incident a été le point de départ de la destruction de l'ordre traditionnel. ◇_(가) **되다** être dissou*s*(*te*); être détruit(*e*); être disséqué(*e*), décomposé(*e*). ¶ 이미 가부장적 제도가 ~된 지 오래다 Il y a déjà longtemps que le système patriarcal a été détruit [a disparu]. ¶ 그 록그룹은 팀원들의 불화로 인하여 ~되었다 Ce group de rock s'est dissous à cause d'un désaccord entre ses membres. ◇_(를) **시키다** dissoudre; disséquer; démonter.

◆_**론** -論 명 【철학】 théorie *f* de la déconstruction.

◆_**주의** -主義 명 【철학】 déconstructivisme *m*.

해초 海草 명 【수산】 plante *f* [herbe *f*] marine; algue *f*, goémon *m*, varech *m*.

◆_**류** -類 명 【수산】 herbes *fpl maritimes*.

해충 害蟲 명 insecte *m* nuisible; vermine *f*. ¶ 정부는 ~박멸에 온 힘을 쓰고 있다 Le gouvernement fait tous ses efforts pour exterminer la vermine.

해치다 타 ① 손상을 입히다 nuire à *qc*; endommager *qc*, abîmer *qc*; gâcher *qc*, gâter *qc*, faire tort à *qc*. ¶ 공익을 ~ nuire à l'intérêt public. ¶ 고층 아파트가 경관을 해치고 있다 Les grands immeubles d'habitation gâchent le paysage [nous dérobent le paysage, obstruent [limitent, bouchent, dérobent] la vue, masquent le paysage [la vue]]. ¶ 담배는 건강을 해친다 Les cigarettes nuisent à la santé / Fumer nuit à la santé. ② 다치게 하다, 죽이다 causer [porter] préjudice à *qn*; ((감정을)) blesser [froisser, offenser] *qn*; faire (du) tort [(du) mal] à *qn*, blesser *qn*; tuer *qn*. ¶ 어떤 이유로도 사람[인명]을 해칠 수는 없다 Rien ne peut justifier un meurtre / Un meurtre ne peut être justifié par aucune cause. ¶ 닥치는 대로 행인을 해치다 attaquer des passants innocents sans aucune raison.

해치우다 타 ① 끝내다 se débarrasser de *qc*; expédier [bâcler {*fam*}] ((un travail, une besogne)); s'acquitter vite d'((un travail, un devoir)); finir à la hâte ((un travail, une besogne)); finir [terminer] rapidement [avec une extrême rapidité] ((un travail)). ¶ 일을 말끔하게[쉽게, 간단히] ~ finir [expédier, s'acquitter d', se débarrasser d'] un travail [une besogne] complètement [facilement, sans difficulté]. ¶ 청소[설거지, 빨래, 돈 계산]를 ~ finir à la hâte [avec une extrême rapidité] le nettoyage [la vaisselle, la lessive, *ses* comptes]. ¶ 숙제를 ~ expédier *ses* devoirs. ② 다 먹어 버리다 engloutir, avaler, absorber, dévorer, engouffrer, ingurgiter, manger avec voracité. ¶ 혼자 2인분의 음식[식사]을 ~ finir [engloutir] tout seul des plats pour deux personnes. ③ 죽이다 se débarrasser de *qn*; supprimer ((un opposant)), neutraliser ((la sentinelle, un adversaire)); éliminer ((un adversaire)). ¶ 정적[적의 보초]을 소리 없이[감쪽같이] 해치우다 neutraliser discrètement [définitivement] un adversaire politique [la sentinelle], éliminer un adversaire politique [la sentinelle].

해커 영{hacker} 명 【컴퓨】 pirate *m* informatique. ¶ ~들의 침입을 차단하다 bloquer l'intrusion des pirates informatiques.

해코지 害- 명 action de faire du mal aux autres. ◇_(를) **하다** faire du mal aux autres. ¶ 그런 일로 남을 ~해야겠니? Dois-tu faire du mal aux autres pour une telle chose? ¶ 그 사람은 남들이 자신을 ~할까 봐 항상 두려워했다 Il avait toujours peur que les autres lui fassent du mal.

해킹 영{hacking} 명 piratage *m* (informatique). ¶ ~ 프로그램 programme de piratage informatique. ¶ ~을 방지하다 empêcher le piratage informatique. ◇_(을) **하다** pirater. ◇_(이) **되다**[(을) **당하다**] être piraté(*e*) [être victime de piratage informatique].

해탈 解脫 명 【불교】 délivrance *f*, affranchissement *m*; détachement *m*. ◇_(을) **하다** être délivré(*e*); se détacher.

해태[1] **海苔** 명 【수산】 algue *f* comestible.

해태[2] **懈怠** 명 paresse *f*, fainéantise *f*, indolence *f*, inaction *f*, oisiveté *f*, désœuvrement *m*.

해트트릭 영{hat trick} 명 【운동】 coup *m* du chapeau. ¶ ~을 기록하다 réaliser le coup du chapeau.

해파리 명 【동물】 méduse *f*.

해풍 海風 명 brise *f* marine; vent *m* du large.

해프닝 영{happening} 명 incident *m* imprévu;

événement *m* artistique, happening *m*. ¶ ~을 벌이다 organiser un événement artistique. ¶ 그 사건은 오해에서 비롯된 단순한 ~이었다 C'était un incident peu important provoqué par un malentendu.

해학 諧謔 명 humour *m*, plaisanterie *f*. ¶ 그의 글에는 ~과 익살이 넘친다 Son texte est plein d'humour et de drôleries.

◆_**적** -的 명관 humoristique. ¶ 그 연극에는 ~적 표현이 많다 Il y a beaucoup d'expressions humoristiques dans cette pièce de théâtre.

◆_**성** -性 명 caractère *m* humoristique. ¶ 그 사람의 작품에는 ~성이 돋보인다 Ses œuvres sont marquées par l'humour.

해해 부 ((rire)) bêtement. ¶ ~ 웃다 rire bêtement, ricaner.

◆_**거리다[대다]** 자 rire bêtement; ricaner; faire entendre un rire saccadé. ¶ 그 사람은 연방 ~거리며 웃었다 Il a continué à rire bêtement [ricaner]. ¶ 그 여자는 아무 말도 않고 ~거리기만 했다 Elle n'a fait que rire bêtement sans rien dire. ¶ 뭐가 좋아서 아침부터 ~대? Qu'est-ce qui te fait rire si bêtement dès le matin?

◆_**하다** 자 rire bêtement, ricaner. ¶ 친구가 ~하고 웃었다 Mon ami a ri bêtement.

해협 海峽 명 【지리】 détroit *m*; bras *m* de mer.

◆**대한-** 명 【지리】 Détroit de Corée

해후 邂逅 명 rencontre *f*. ¶ 뜻하지 않은 그 사람과의 ~ une rencontre inattendue avec lui. ¶ 그들은 10년 만에 감격적인 ~를 맞았다 Ils ont eu une rencontre [des retrouvailles] très émouvante[s] après dix ans de séparation. ◇_**(를) 하다** rencontrer. ¶ 이산가족들은 이번에 극적인 ~를 하였다 Les membres des familles séparées se sont rencontrés cette fois d'une façon dramatique.

핵 核 명 ① 중심 noyau *m*. ¶ 이번 문제가 증권가의 폭풍의 ~으로 떠올랐다 Cette affaire va déclencher une tempête à la Bourse. ② 【군사】 핵무기 nucléus *m*. ¶ 은밀하게 ~ 개발이 추진되고 있다 Des armes nucléaires sont en train d'être développées secrètement. ¶ ~ 공격에 대비해야 한다 Il faut se préparer contre une attaque nucléaire. ③ 【물리, 생물, 식물, 지리】 noyau(*x*) *m*. ④ 【언어】 noyau *m*.

◆_**가족** -家族 명 famille *f* nucléaire. ¶ 산업사회로 들어서면서 ~가족이 많아지고 있다 Les familles nucléaires augmentent dans les sociétés industrialisées. ¶ ~가족화로 인한 아이들의 교육 문제가 심각하게 대두되고 있다 Il y a de sérieux problèmes concernant l'éducation des enfants dans les familles nucléaires.

◆_**막** -膜 명 【생물】 membrane *f* nucléaire.

◆_**무기** -武器 명 【군사】 arme *f* nucléaire. ¶ ~무기 감축을 위한 논의가 진행되고 있다 Des discussions sont en cours pour la réduction des armes nucléaires.

◆_**물리학** -物理學 명 【물리】 physique *f* nucléaire.

명 【물리】 réaction *f* nucléaire.

◆_**반응** -反應 명 【물리】 réaction *f* nucléaire. ¶ 연쇄적인 ~반응 une réaction nucléaire en chaîne.

◆_**보유국** -保有國 명 【군사】 puissance *f* nucléaire. ¶ 전 세계적으로 ~보유국이 늘고 있다 Sur le plan international, il y a de plus en plus de puissances nucléaires.

◆_**분열** -分裂 명 ① 【생물】 fission *f* [scission *f*] nucléaire. ② 【물리】 fission *f* [scission *f*] nucléaire.

◆_**산** -酸 명 【생물】 acides *mpl* nucléiques.

◆_**실험** -實驗 명 essai *m* nucléaire ¶ ~실험이 금지되었다 Les essais nucléaires sont interdits.

◆_**어** -語 명 【언어】 noyau *m*.

◆_**연료** -燃料 명 【물리】 combustible *m* nucléaire.

◆_**융합** -融合 명 【물리】 fusion *f* nucléaire.

◆_**폐기물** -廢棄物 명 déchets *mpl* nucléaires. ¶ ~폐기물의 처리가 심각한 문제로 대두되었다 Le traitement des déchets nucléaires est devenu un grave problème.

◆_**폭발** -爆發 명 【물리】 explosion *f* atomique.

◆_**폭탄** -爆彈 명 【군사】 bombe *f* atomique.

핵심 核心 명 noyau(*x*) *m*; fond *m*; essentiel *m*; cœur *m*, centre *m*. ¶ 그 사람은 그 운동의 ~ 인물이다 Il est au centre de ce mouvement. ¶ 그 친구는 항상 문제의 ~을 집어낸다 Il remarque toujours l'essentiel d'un problème. ¶ 그 여자는 ~에서 벗어난 질문을 하여 모두를 당황하게 했다 Elle a embarrassé tout le monde en posant des questions hors de propos.

◆_**적** -的 명관 centr*al*(*ale*, *aux*); essentiel(*le*). ¶ 그 남자는 이곳에서 ~적인 역할을 맡고 있다 Il joue ici un rôle central.

◆_**체** -體 명 élément *m* essentiel.

핸드백 영{handbag} 명 sac *m* à main. ¶ ~을 메다 porter un sac à main (sur l'épaule).

핸드볼 영{handball} 명 【운동】 hand(-)ball *m*. ¶ ~ 선수 un joueur de handball, handballeur. ¶ ~ 경기를 하다 faire un match de handball.

핸드북 영{handbook} 명 manuel *m*, guide *m*.

핸드폰 영{hand phone} 명 (téléphone *m*) portable *m*, téléphone *m* mobile. ¶ ~을 받다 recevoir un appel sur son (téléphone) portable. ¶ ~을 꺼 두다 laisser un portable en déconnexion [éteint]. ¶ ~으로 전화하다 téléphoner avec [d'] un portable.

핸들 영{handle} 명 volant *m*. ¶ ~을 잡다 prendre [tenir] le volant. ¶ ~을 꺾다 tourner le volant. ¶ ~을 놓치다 lâcher le volant.

핸들링 영{handling} 명 【운동】 main *f*. ¶ 우리 팀은 상대팀의 ~반칙으로 페널티킥을 얻었다 Notre équipe a obtenu un penalty grâce à une main de l'équipe adverse.

핸디캡 영{handicap} 명 handicap *m*. ¶ ~을 극복하다 surmonter un handicap. ¶ ~이 있다 avoir un handicap.

핸섬하다 영{handsome-} 형 être b*eau*(b*elle*); être gracieu*x*(*se*); être généreu*x*(*se*). ¶ 그 남자 차림이

~ Il a une tenue élégante. ¶ 핸섬한 용모[남자] un beau visage [un bel homme].

핸즈프리 영{hands free} 명 (kit *m*) main(s) *m(pl)* libre(s). ¶ 휴대폰 ~ (세트)를 설치하다 installer un kit mains libres sur son téléphone portable.

핼쑥하다 형 être pâle, blafard(*e*), blême. ¶ 핼쑥하게 여위다 maigrir au point d'être pâle. ¶ 얼굴이 핼쑥한 여인 une femme avec un visage pâle.

햄 영{ham} 명 jambon *m*.

햄버거 영{hamburger} 명 hamburger *m*.

햄스터 영{hamster} 명 【동물】 hamster *m*.

햅쌀 명 riz *m* nouveau (de l'année). ¶ 추석에는 ~로 송편을 빚는다 On fait des *songpyeon* avec du riz nouveau pour la grande fête de Chuseok.

햇- 접두 nouveau(nouvelle). ¶ ~과일 fruits de début de saison. ¶ ~병아리 un poussin qui vient de naître; un novice. ¶ ~감자 une pomme de terre nouvelle (de l'année). ¶ ~곡식 une céréale nouvelle (de l'année).

햇님 명 (('해님'의 잘못)) ☞ 해님

햇무리 명 halo *m* (autour du soleil). ¶ ~가 지면 비가 온다는 말이 있다 On dit qu'il va pleuvoir quand il y a un halo autour du soleil.

햇발 명 rayon *m* du [de] soleil. ¶ 눈부신 아침 ~에 눈을 떴다 Un rayon de soleil matinal éblouissant m'a réveillé(*e*).

햇병아리 명 ① poussin *m* qui vient de naître. ② 신참, 풋내기 un novice. ¶ 그 남자는 이제 막 사회에 발을 들여 놓은 ~에 불과했다 Il n'était qu'un novice qui faisait ses premiers pas dans la société.

햇볕 명 soleil *m*. ¶ ~을 쬐다 se réchauffer au soleil. ¶ 그 여자는 ~에 그을려서 까맣게 탔다 Elle est toute bronzée (pour s'être exposée) au soleil. ¶ ~이 쨍쨍 내리쬔다 Le soleil tape dur. ¶ ~이 어찌나 뜨거운지 밖에 나갈 수가 없었다 Je n'ai pas pu aller dehors à cause d'un soleil de plomb.

◆**_정책** -政策 명 【정치】 «politique *f* d'ensoleillement» du président sud-coréen Kim Dae-jung, «politique *f* de la main tendue» à [envers] la Corée du Nord; politique *f* de rapprochement avec la Corée du Nord.

햇빛 명 rayon *m* de soleil. ¶ 그 여자는 하루 종일 ~만 쬐고 있었다 Elle ne faisait que se chauffer au soleil toute la journée. ¶ 눅눅해진 이불을 ~에 말리다 faire sécher au soleil des couvertures humides. ¶ 방안에 ~이 비치기 시작했다 Le soleil a commencé à éclairer la chambre.

*~**을 보다** voir le jour. ¶ 그 사람의 작품은 결국 ~도 보지 못하고 묻혀 버렸다 Ses œuvres ont finalement été enterrées sans voir le jour.

햇살 명 rayon *m* de soleil. ¶ 모래알이 ~에 반짝인다 Les grains de sable brillent au soleil. ¶ 아침 ~이 퍼진다 Les rayons du soleil matinal se répandent.

햇솜 명 ouate *f* nouvelle; coton *m* nouveau (de l'année). ¶ 가볍고 푹신한 ~ ouate légère et douce.

햇수 -數 명 nombre *m* d'années. ¶ 결혼한 지 벌써 ~로 10년째이다 Ça fait déjà dix ans qu'on est mariés / On est déjà mariés depuis dix ans.

햇순 -筍 명 bourgeon *m* nouveau. ¶ ~이 나다 bourgeonner.

햇콩 명 soja *m* de l'année.

햇팥 명 haricot *m* rouge de l'année.

행[1] 行 명 ligne *f*; vers *m*. ¶ ~을 바꾸다 changer de ligne. ¶ 비뚤어진 ~을 바로잡다 redresser une ligne oblique. ¶ 10쪽 첫 번째 ~에 밑줄을 쳐라! Souligne la première ligne de la page 10!

-행[2] -行 접미 à destination de. ¶ 부산~ à destination de Busan. ¶ 서울~ 기차를 타고 집으로 갔다 Je suis allé(*e*) chez moi par le train à destination de Séoul.

행각 行脚 명 activité *f* de longue date[longtemps poursuivie]; pèlerinage *m*; voyage (à pied). ¶ 그 남자는 10년 넘게 사기 ~을 벌였다고 한다 Il paraît qu'il a fait des escroqueries pendant plus de dix ans. ¶ 그 사람의 도피 ~은 삼년여 만에 끝났다 Sa fuite s'est terminée au bout de trois ans. ¶ 그들의 친일 ~이 파헤쳐졌다 Leurs activités pro-japonaises ont été mises en lumière [ont été mises au jour, ont été mises en évidence, ont été révélées]. ¶ 그들의 애정 ~은 오랫동안 인구에 회자되었다 Leur conduite amoureuse a été un objet de discussion pendant longtemps.

행간 行間 명 ① interligne *m*. ¶ ~을 띄우다 élargir les interlignes. ¶ ~이 넓다 Les interlignes sont larges. ② 숨은 뜻 signification *f* cachée, sous-entendu(~-~*s*) *m*. ¶ ~을 읽다 comprendre les sous-entendus, lire entre les lignes. ¶ 책을 읽을 때는 ~을 잘 살펴야한다 Quand on lit, il faut prêter attention aux sous-entendus.

행구 行具 명 nécessaire *m* de voyage.

행군 行軍 명 marche *f* (d'une troupe). ¶ ~ 대열 une colonne de marche ¶ 산악 ~ une marche en montagne. ¶ 군대가 ~을 시작했다 Les troupes se sont mises en marche. ¶ 끝없는 ~에 병사들이 쓰러지기 시작했다 Les soldats se sont mis à s'écrouler à la fin d'une marche interminable. ◇**_(을) 하다** marcher.

행글라이더 영{hang glider} 명 deltaplane *m*, aile *f* delta. ¶ ~를 타다 voler en deltaplane, faire du deltaplane, faire du vol libre.

행글라이딩 영{hang gliding} 명 deltaplane *m*, vol *m* libre. ◇**_(을) 하다** faire du deltaplane, pratiquer le vol libre.

행낭 行囊 명 sac *m* (postal). ¶ 그 남자는 ~ 하나 짊어지고 길을 나섰다 Il s'est mis en route avec un sac.

행동 行動 명 action *f*; comportement *m*, conduite *f*, mouvement *m*. ¶ ~ 범위가 넓다 avoir une marge de manœuvre large. ¶ 드디어 나는 ~의 자유를 얻었다 J'ai enfin obtenu une liberté d'action. ¶ 대담한 ~ une action audacieuse. ¶ 적대적 ~ des comportements hostiles. ¶ 그는 오랫동안 마음속에 품었던 일을 ~으로[에] 옮겼다 Il a traduit dans les

actes ce qu'il avait longtemps gardé en tête. ¶ 경찰은 그의 ~을 주시하기로 하였다 La police a décidé d'avoir l'œil sur sa conduite. ¶ 그 누구에게도 개인의 ~의 자유를 구속할 권리는 없다 Personne n'a le droit de restreindre la liberté d'action individuelle. ¶ ~이 민첩하다[둔하다] être agile [lourd(*e*)] d'action. ◇_(을) **하다** agir, se comporter, se conduire. ¶ 그는 이상한 ~을 한다 Il a des comportements incompréhensibles [bizarres]. ¶ 당신은 좀 더 신중히 ~해야 되겠다 Il faut vous conduire plus prudemment. ¶ 어떻게 ~했기에 그런 말을 듣는 거냐? Comment as-tu agi pour avoir de telles critiques? ¶ 그들도 우리와 ~을 함께[같이] 하기로 하였다 Ils ont décidé d'agir de concert avec nous. ¶ 그는 늘 신사답게 ~한다 Il se conduit toujours en monsieur bien élevé [en homme du monde].

◆**_거지** -擧止 명 comportement *m*, manières *fpl*. ¶ 네 ~거지가 그게 뭐냐? Qu'est-ce que c'est que ces manières? ¶ 그 사람의 ~거지가 수상하다 Son comportement est suspect / Il a un comportement suspect.

◆**_대** -隊 명 groupe *m* d'action.

◆**_력** -力 명 force *f* d'action, initiative *f*. ¶ 그는 ~력이 없다[부족하다] Il n'a pas [manque] d'initiative.

◆**_반경** -半徑 명 marge *f* de manœuvre, rayon *m* d'action. ¶ ~반경이 넓다 avoir une marge de manœuvre large.

◆**_주** -主 명 【언어】 agent *m*.

◆**_주의** -主義 명 ① 【문학】 humanisme *m* de l'action. ② 【심리】 béhaviorisme *m*, comportementalisme *m*.

◆**_파** -派 명 homme *m* d'action. ¶ 그 사람은 ~파이다 C'est un homme d'action / Il est très actif.

◆**군사_** 軍事- 명 action *f* [opération *f*] militaire; mouvement *m* de troupe.

◆**단체_** 團體- 명 action de groupe.

◆**자유_** 自由- 명 acte *m* libre.

행락객 行樂客 명 estivant(*e*); vacanci*er*(*ère*). ¶ 피서철이 되자 ~들로 인해 길이 혼잡해졌다 À l'approche des vacances, les rues étaient bondées de vacanciers.

행랑 行廊 명 corps *m* de bâtiment rattaché à la grande porte (d'une résidence). ¶ ~ 식구 un domestique. ¶ ~에 살다 vivre comme domestique.

◆**_방** -房 명 chambre *f* de domestique.

◆**_살이** 명 vie *f* de domestique. ¶ ~살이(를) 하다 vivre en tant que domestique.

◆**_채** 명 bâtiment *m* des domestiques.

행려 行旅 명 voyage *m*; voyageur *m*. ¶ 그 사람은 아무런 연고도 없는 ~로 취급되었다 Il a été traité comme un voyageur sans aucun parent. ¶ 오랜 ~ 끝에 그 친구는 집으로 돌아왔다 Il est rentré à la maison après un long voyage. ◇_(를) **하다** voyager.

◆**_병자** -病者 명 voyageur *m* tombé malade en chemin.

행렬 行列 명 ① cortège *m* ((funèbre, d'un souverain)); défilé *m* ((de manifestants, de visiteurs)); procession *f* ((religieuse)); queue *f*, file *f* ((d'attente)). ¶ 모두들 한 줄로 ~을 지어 비상구로 빠져 나갔다 Tout le monde a été évacué en rang par la sortie de secours. ¶ 군인들의 ~과 피난민들의 ~이 서로 뒤섞여 있었다 Le cortège des militaires et celui des réfugiés se sont mêlés. ② 【수학】 matrice *f*.

◆**_식** -式 명 【수학】 matrice *f*.

행로 行路 명 ① chemin *m*, route *f*; itinéraire *m*; trajet *m*. ¶ 우리의 답사 ~가 결정되었다 Nous avons décidé quel itinéraire suivre pour nos enquêtes. ② 인생의 길 vie *f*, existence *f*, carrière *f*. ¶ 그 사람의 인생 ~는 고달팠다 Il a mené une existence exténuante.

행방 行方 명 direction *f*, piste *f*. ¶ 누구의 ~을 알다[모르다] savoir [ignorer] où *qn* est passé(*e*). ¶ 누구의 ~을 수소문하다[추적하다] se renseigner sur [poursuivre] la trace de *qn*. ¶ 그 사람의 ~이 묘연하다 Il n'a laissé aucune trace.

◆**_불명** -不明 명 disparition *f*. ¶ ~불명(이) 되다 disparaître (sans laisser de trace).

행보 行步 명 ① 걸음 marche *f* à pied; voyage *m*. ¶ 살을 에는 추위로 인해 탐험대의 ~는 수월하지 않았다 Le voyage de l'équipe d'explorateurs n'a pas été facile parce qu'il a fait un froid mordant [à cause d'un froid mordant]. ¶ 집을 나서는 그 사람의 ~는 매우 가벼워 보였다 Ses pas avaient l'air très légers quand il sortit de la maison. ② 목표를 향해 나아감 positionnement *m*; action *f*; pas *m*. ¶ 그 사람은 항상 정세에 발 빠른 ~를 거듭해 왔다 Il a toujours su se mettre au diapason des circonstances. ¶ 그 사건 이후로 그 사람의 정치적 ~가 주목된다 Son positionnement politique à la suite de cette affaire attire l'attention.

행복 幸福 명 bonheur *m*; félicité *f*. ¶ ~의 추구 recherche du bonheur. ¶ ~의 절정 le comble du bonheur. ¶ 인생의 ~ le bonheur de la vie. ¶ ~을 누리다 jouir du bonheur. ¶ 인간은 누구나 ~을 추구할 권리가 있다 Tout homme a le droit de rechercher le bonheur. ¶ 나는 당신의 ~만을 빕니다 Je vous souhaite tout le bonheur du monde. ¶ ~에 겹다 être empli(*e*) de bonheur, être comblé(*e*) de bonheur. ¶ 그 남자는 신혼의 ~에 흠뻑 젖어 있다 Il transpire le bonheur des premiers temps du mariage / Il est transcendé [illuminé] par le bonheur des premiers temps du mariage.

◆**_하다** 형 être heureu*x*(*se*). ¶ 그 여자는 더없이 ~해 보였다 Elle avait l'air plus heureuse que jamais. ¶ 그 사람은 평생을 ~하게 살았다 Il a vécu toute sa vie dans le bonheur. ¶ 그 남자는 언제나 그 여자를 ~하게 해 주겠다고 약속했다 Il lui a promis qu'il la rendrait toujours heureuse.

◆**_스럽다** 형 se sentir heureu*x*(*se*).

◆**_감** -感 명 sensation *f* de bonheur. ¶ ~감을 느끼다

se sentir heureux(*se*). ¶ 그 사람은 생애 처음으로 ~감을 맛보았다 Il a vécu la première sensation de bonheur de sa vie.

행사[1] 行使 명 ① ((권력, 권리를)) exercice *m* ((du pouvoir, d'un droit)). ¶ 권리 ~ exercice d'un droit. ¶ 권력 ~ exercice du pouvoir. ¶ 실력 ~ exercice du pouvoir. ¶ 재산권 ~ exercice du droit de propriété. ¶ 국민의 기본권 ~ exercice des droits fondamentaux d'un citoyen. ② action *f*; acte *m*. ¶ 이게 무슨 돼먹지 못한 ~요? Qu'est-ce que c'est que cet acte ignoble? ◇_(를) **하다** exercer ((un pouvoir, *son* droit)); user ((d'un droit, d'un privilège)). ¶ 권리를 ~하다 exercer un pouvoir. ¶ 특권을 ~하다 user d'un privilège. ¶ 무력을 ~하다 recourir [faire appel] à la force. ¶ 투표권을 ~하다 exercer *son* droit de vote. ¶ 그 사람은 누구에게나 실력 ~를 하려고 들었다 Il tentait toujours d'exercer son pouvoir sur les autres. ¶ 정부가 외교적 압력을 ~했다 Le gouvernement a exercé des pressions diplomatiques.

행사[2] 行事 명 activité *f*, événement *m*; cérémonie *f*, manifestation *f*. ¶ ~ 예정일 le jour de l'événement prévu. ¶ ~를 개최하다 organiser un événement. ¶ ~를 마련하다 prévoir une manifestation. ¶ ~를 준비하다 préparer une cérémonie. ¶ ~를 취소하다 annuler un événement. ¶ 우리 고장에 ~를 유치하다 accueillir un événement dans notre région. ¶ ~의 거행 exécution d'une cérémonie. ¶ 기념식 ~ une cérémonie de commémoration.

◆**_장** -場 명 lieu(*x*) *m* de l'événement.

◆**연중_** 年中- 명 événement *m* [rite *m*] annuel; fête *f* [cérémonie *f*] annuelle.

◆**정례_** 定例- 명 événement *m* régulier[habituel].

행상 行商 명 colportage *m*. ¶ ~을 다니다 colporter (des marchandises). ¶ 어머니는 해가 뜨기도 전에 ~을 나가셨다 Ma mère est sortie colporter des marchandises avant même le lever du soleil. ¶ 그 여자는 ~으로 가족들을 먹여 살렸다 Elle a nourri toute la famille en colportant des marchandises. ◇_(을) **하다** colporter (des marchandises); faire le colportage de *qc*.

행색 行色 명 apparence *f*, aspect *m*, air *m*; attitude *f*, comportement *m*, conduite *f*. ¶ 그들의 초라한 ~은 말로 표현할 수 없을 정도였다 Les mots pouvaient difficilement traduire le niveau [la sévérité] de leur misère / La sévérité de leur misère était difficile à décrire avec des mots [à traduire par des mots]. ¶ ~이 남루한 사람이 식당 안으로 들어서자 모두 그 사람을 바라보았다 Lorsqu'un homme en loques entra dans le restaurant, tout le monde le regarda. ¶ 그들은 어디론가 떠날 ~이었다 Ils avaient l'air de s'apprêter à partir quelque part.

행선지 行先地 명 destination *f*. ¶ 그들은 아무도 자신들의 ~를 몰랐다 Personne parmi eux ne connaissait leur destination. ¶ 급격한 기상 변화로 인하여 우리는 ~를 바꿀 수밖에 없었다 Nous avons été obligés de changer de destination en raison d'un changement de climat soudain.

행성 行星 명 【천문】 planète *f*.

행세[1] 行世 명 conduite *f*, comportement *m*; manières *fpl*. ◇_(를) **하다** se conduire ((dignement)). ¶ 거지 ~를 하다 se comporter comme un mendiant. ¶ 그 남자는 늘 점잖게 ~한다 Il se comporte toujours dignement.

행세[2] 行勢 명 influence *f*. ◇_(를) **하다** être influent(*e*). ¶ 그 남자는 ~깨나 하는 집안 출신이다 Il vient d'une famille assez influente.

행시 行試 명 ((‘행정고시’의 준말)) concours *m* administratif. ¶ ~를 준비하다[치다] préparer [passer] un concours administratif. ¶ ~에 붙다 réussir un concours administratif.

행실 行實 명 conduite *f*, comportement *m*. ¶ 누구의 나쁜 ~을 고치다[바로잡다] corriger les mauvaises habitudes de *qn*. ¶ ~이 좋다[바르다] se conduire bien [décemment]. ¶ ~이 점잖다 se conduire dignement. ¶ ~이 나쁘다 se conduire mal. ¶ ~이 단정하다 avoir un comportement irréprochable.

행여 幸- 부 par hasard; par un coup de chance; (si) par bonheur, par aventure. ¶ ~ 아들이 돌아올까 하고 대문을 열어 두다 laisser le portail ouvert dans [avec] l'espoir que le fils revienne un jour. ¶ ~ 기차를 놓칠세라 서둘러 집을 나서다 partir précipitamment de chez soi de peur de rater le train. ¶ ~ 아는 사람이라도 만날까 봐 얼굴을 가리다 se cacher le visage de peur d'être reconnu par *qn*.

◆**_나** 부 par hasard; par un coup de chance; (si) par bonheur, par aventure; avec [dans] l'espoir, en espérant que. ¶ ~나 하고 요행을 바라다 espérer un coup de chance. ¶ ~나 시험에 실패할까 봐 (벌벌) 떨다 trembler de peur d'échouer à l'examen. ¶ ~나 그 여자를 만날 수 있을까 하고 그 여자의 집 앞을 서성대다 rôder autour de sa maison avec [dans] l'espoir de pouvoir la rencontrer [revoir].

행운 幸運 명 chance *f*; bonne [heureuse] fortune *f*, bonheur *m*; veine *f* {*fam*}. ¶ ~을 빌다[기원하다] souhaiter bonne chance. ¶ 당신의 ~을 빕니다 Je vous souhaite bonne chance. ¶ 나는 모처럼 ~을 잡았다 C'est un coup de chance inespéré [une aubaine] pour moi. ¶ 그 사람은 우리에게 ~을 가져다 준 사람이다 C'est lui qui nous a apporté la chance. ¶ 그 사람은 ~의 사나이이다 C'est un homme chanceux [un veinard {*fam*}].

◆**_아** -兒 명 personne *f* chanceuse.

행원 行員 명 employé(*e*) de banque.

행위 行爲 명 acte *m*, action *f*, comportement *m*, conduite *f*. ¶ 보복 ~ un acte de représailles. ¶ 적대 ~ un acte d'hostilité. ¶ 호객 ~ rabattage; racolage. ¶ 도덕적 ~ un acte moral. ¶ 영웅적 ~ un acte héroïque. ¶ 그것은 범죄 ~에 해당한다 Il s'agit d'un acte criminel. ◇_(를) **하다** agir, se conduire, se

comporter. ¶ 너는 올바른 ~를 한 거야 Tu as agi correctement.

◆_자 -者 명 auteur *m* ((d'une action)); contrevenant(*e*) (réel), offenseur *m* [agresseur *m*] (véritable).

◆법률_ 法律- 명 acte *m* juridique.

◆부정_ 不正- 명 acte *m* illicite.

◆불법_ 不法 명 infraction *f* à la loi; acte *m* illégal.

◆상_ 商 명 commerce *m*; opération *f* commerciale.

◆자선_ 慈善 명 acte *m* de charité.

◆정당_ 正當- 명 acte *m* légitime [justifiable].

행인 行人 명 passant(*e*); piéton(*ne*).

행자 行者 명 【불교】 jeune moine *m*, novice; postulant(*e*). ¶ 절에서 ~ 수행을 하다 se soumettre aux exercices d'ascèse des novices dans un temple.

행장[1] 行裝 명 nécessaire *m* de voyage. ¶ ~을 차리다 [꾸리다] faire sa valise.

행장[2] 行狀 명 ① conduite *f*, comportement *m*. ② nécrologie *f*.

행장[3] 行長 명 président *m* d'une banque.

행적 行蹟 명 carrière *f*; trace *f*; vie *f* ((des saints)); œuvres *fpl* (de *qn*). ¶ 누구의 ~을 추적하다 poursuivre la trace de *qn*. ¶ 경찰의 감시를 받던 용의자가 ~을 감추었다 Le suspect qui était sous la surveillance de la police a disparu. ¶ 그 사람은 문학사에 위대한 ~을 남겼다 Il a laissé de grandes œuvres dans l'histoire de la littérature. ¶ 그 사건 이후로 그 사람의 ~이 묘연하다 Depuis cette affaire, on ne retrouve plus sa trace.

행전 行纏 명 jambière *f*, guêtre *f*; (bande *f*) molletière *f*. ¶ ~을 치다 mettre des guêtres; se guêtrer. ¶ ~을 고쳐 메다 changer de guêtre.

행정 行政 명 administration *f*. ¶ 그 사람은 오랜 ~ 경험이 있다 Il a une longue expérience administrative. ¶ ~을 맡다 se charger des travaux administratifs.

◆_적 -的 명관 administrati*f*(*ve*). ¶ 이번 문제는 ~적으로 꽤 까다롭다 Cette question est assez complexe sur le plan administratif.

◆_가 -家 명 administra*teur*(*trice*).

◆_구역 -區域 명 zone *f* administrative.

◆_권 -權 명 pouvoir *m* administratif [exécutif].

◆_기관 -機關 명 autorité *f* administrative. ¶ 각 ~기관에 대한 감사가 시작되었다 Les inspections de chaque autorité administrative ont commencé.

◆_력 -力 명 capacité *f* administrative.

◆_부 -府 명 exécutif *m*; administration *f*; service *m* administratif.

◆_소송 -訴訟 명 contentieux *m* administratif.

◆_수반 -首班 명 chef *m* du gouvernement.

◆_지도 -指導 명 direction *f* administrative.

◆_직 -職 명 poste *m* administratif.

◆_처분 -處分 명 mesure *f* administrative.

◆_학 -學 명 administration *f*.

행주 명 torchon *m*, lavette *f*. ¶ ~로 그릇을 닦다 essuyer la vaisselle avec un torchon. ¶ 어머니는 밥상을 ~로 훔치셨다 Ma mère a essuyé la table avec une lavette.

◆_질 명 action *f* d'essuyer ((la vaisselle ou la table)) avec un torchon. ¶ 나는 엄마를 도와 밥상을 ~질했다 J'ai aidé ma mère en essuyant la table avec un torchon.

◆_치마 명 tablier *m*. ¶ ~치마를 두르다 mettre un tablier. ¶ 젖은 손을 ~치마에 닦다 essuyer ses mains mouillées sur le tablier.

행진 行進 명 ① marche *f*, défilé *m* (de manifestants). ¶ 가두 ~ un défilé dans la rue. ¶ 평화 ~ un défilé pacifique. ¶ ~을 멈추다 arrêter le défilé [la marche]. ② 사건의 연속 succession *f* de *qc*. ¶ 신기록 ~ une succession de nouveaux records. ¶ 무역 흑자 ~이 이어지다 Les excédents commerciaux se poursuivent. ◇_(을) 하다 se poursuivre. ¶ 군대[시위대]가 거리를[에서] ~하다 L'armée [Les manifestants] défile [défilent] dans la rue. ◇_을 계속하다 se poursuivre. ¶ 종합주가지수가 3일째 신기록 ~을 계속하고 있다 Les indices boursiers généraux continuent à battre leur record depuis trois jours.

◆_곡 -曲 명 marche *f*. ¶ ~곡풍의 노래 une chanson de marche.

◆대_ 大- 명 grande marche. ¶ 묘기 대~ une longue succession de tours d'adresse.

행차 行次 명 déplacement *m*, voyage *m* (d'un haut personnage). ¶ 왕의 ~가 지나간다 Le cortège du roi passe. ◇_(를) 하다 ((haut personnage)) se déplacer; se rendre; voyager. ¶ 어인 일로 이런 누추한 곳까지 ~하셨습니까? Qu'est-ce qui vous mène jusqu'à cette humble demeure?

*(원님) ~ 뒤에 나팔 불기 ☞ 원님

행태 行態 명 acte *m*, comportement *m*, conduite *f*. ¶ 음주 ~ acte de boire de l'alcool, consommation d'alcool. ¶ 재벌들의 파렴치한 ~ actes ignobles des conglomérats. ¶ 사재기 ~가 다시 고개를 들었다 Les accaparements reprennent de plus belle.

행패 行悖 명 mauvaise conduite *f*. ¶ ~를 일삼다 se conduire mal. ¶ 폭력배들의 ~가 심하다 Les bandes de malfaiteurs usent trop de violence. ◇_(를) 부리다[하다] user de violence; faire violence à *qn*; se conduire mal; outrager *qn*, faire outrage à *qn*. ¶ 술 먹고 ~를 부리다가 그는 경찰에 붙잡혔다 Il a été arrêté par la police, pour s'être mal conduit après avoir bu.

행하다 行- 재타 ① faire, effectuer ((une expérience, des réformes)); s'acquitter de *qc*; accomplir, remplir ((*son* devoir)), pratiquer ((une opération)). ② 범하다 commettre ((un crime, un meurtre)). ③ 거행하다 célébrer ((une cérémonie)); tenir, exécuter. ¶ 선[악]을 ~ faire le bien [le mal]. ¶ 예수님은 기적을 행하셨다 Jésus a accompli des miracles. ¶ 그때 모두 엄숙하게 의식을 행하고 있었다 Tout le monde était en train de célébrer la cérémonie en toute sérénité. ¶ 말은 쉽고 행하기는

어렵다 C'est plus facile à dire qu'à faire / Facile à dire! / Cela est vite dit! ¶ 분부[말씀]대로 행하겠습니다 À vos ordres! / Je vais suivre la consigne / Je vais me conformer aux ordres [instructions].

향[1] 香 명 parfum *m*, encens *m*. ¶ 죽은 사람의 넋을 기리며 ~을 피우다 brûler de l'encens à la mémoire du défunt. ¶ ~이 타다 brûler du parfum [de l'encens].

◆**_내** 명 odeur *f* d'encens; parfum *m*. ¶ ~내를 피우다 dégager une odeur d'encens. ¶ 그 방은 ~내로 가득했다 Cette salle était bien parfumée. ¶ 빈소 앞은 ~내와 담배 연기로 자욱했다 La chapelle ardente était dense de fumée de cigarettes et d'odeur d'encens.

◆**_불** 명 fumée *f* de l'encens. ¶ ~불을 피우고 묵념을 하다 allumer de l'encens et méditer en silence. *~**불 없는 젯밥** Il manque l'essentiel [le principal] / C'est comme un repas sans pain / C'est comme un bon repas sans vin / C'est comme un arbre sans feuilles.

향[2] 香 명 parfum *m*, odeur *f*. ¶ 커피의 ~ une odeur de café. ¶ 그 꽃은 ~이 짙다[연하다] Le parfum de cette fleur est fort [faible].

◆**_내** 명 bonne odeur *f*, parfum *m*. ¶ ~내를 풍기다 exhaler un bon parfum. ¶ ~내가 나다 être parfumé(*e*). ¶ ~내 좋은 모과차 un thé au coing bien parfumé.

향[3] 向 명 direction *f*; exposition *f* (d'une maison), orientation *f*. ¶ ~이 바르다 La direction est correcte.

◆**남_** 南- 명 (une maison) exposé(*e*) vers le sud.

◆**북_** 北- 명 (une maison) exposé(*e*) vers le nord.

향가 鄕歌 명 【문학】 *hyangga m* <poésie antique de l'époque de Silla>.

◆**_문학** -文學 명 littérature *f* de *hyangga*.

◆**_집** -集 명 recueil *m* de *hyangga*.

향교 鄕校 명 【역사】 école *f* confucianiste.

향그럽다 형 sentir bon, être (agréablement) parfumé(*e*). ¶ 냄새가 ~ L'odeur est bonne.

향긋하다 형 sentir bon, exhaler une odeur de parfum, être (agréablement) parfumé(*e*). ¶ 차의 향기가 ~ Le thé est parfumé. ¶ 집안에 들어서자 난초 향이 향긋하게 났다 Sitôt qu'on entra dans la maison, on sentit une douce odeur d'orchidée. ¶ 향긋한 냄새 une odeur parfumée.

◆**향긋이** 부 agréablement. ¶ 가을 냄새가 향긋이 묻어나 있다 Le parfum de l'automne s'en dégage légèrement.

향기 香氣 명 parfum *m*, senteur *f*, arôme *m*. ¶ 엷은 장미꽃 ~ un léger parfum de rose. ¶ ~를 맡다 sentir un parfum. ¶ ~를 풍기다 exhaler un parfum. ¶ 백합 ~에 취하다 s'enivrer du parfum du lys. ¶ 진한 커피 ~에 잠이 깨다 se réveiller au fort parfum du café. ¶ ~가 좋다 avoir une bonne odeur. ¶ 꽃 ~가 집안에 가득하다 La maison est emplie du parfum des fleurs. ¶ 짙은[은은한] ~가 나다 exhaler une forte [légère] odeur.

◆**_롭다** 형 être parfumé(*e*), embaumé(*e*), aromatique. ¶ 과일 냄새가 ~롭게 나다 sentir une bonne odeur de fruits. ¶ ~로운 냄새 une odeur parfumée. ¶ ~로운 꽃 une fleur parfumée.

향나무 香- 명 【식물】 genévrier *m* de Chine, *Juniperus chinensis* {*nsc*}.

향년 享年 명 âge *m* (à la mort). ¶ 그는 ~ 58세로 눈을 감았다 Il a disparu à l'âge de 58 ans. ¶ ~ 83세를 일기(一期)로 별세하다 décéder à l'âge de 83 ans.

향도[1] 嚮導 명 guide *m*, conduite *f*, direction *f*. ¶ ~를 앞세워 길을 가다 poursuivre *son* chemin sous la direction d'un guide. ¶ 누구를 ~로 세우다 prendre *qn* pour guide.

향도[2] 香徒 명 croque-mort *m*.

◆**_가** -歌 명 chant *m* accompagnant un défilé funèbre.

향락 享樂 명 jouissance *f*, plaisir *m*. ¶ ~만을 추구하다[일삼다] ne rechercher que le plaisir. ¶ ~에 빠지다 vivre [se plonger] dans les plaisirs.

◆**_적** -的 명관 épicurien(*ne*), hédoniste. ¶ ~적인 분위기 une atmosphère épicurienne. ¶ 요즘의 ~적 세태는 문제이다 Les tendances d'aujourd'hui à ne rechercher que du plaisir constituent un gros problème. ¶ ~적 풍조가 만연해 있다 Les tendances à ne rechercher que du plaisir sont largement répandues.

◆**_산업** -産業 명 industrie *f* du plaisir.

◆**_주의** -主義 명 épicurisme *m*. ¶ ~주의에 물들다 s'imprégner [se plonger] dans le plaisir.

향로 香爐 명 brûle-parfum *m inv*, encensoir *m*; cassolette *f*. ¶ 놋쇠 ~ un encensoir en laiton. ¶ 향 세 개비를 ~에 꽂다 mettre trois batons d'encens sur l'encensoir.

향료 香料 명 aromate *m*, épice *f*. ¶ 딸기 ~를 넣다[섞다] aromatiser de fraise.

향리[1] 鄕里 명 pays *m* natal. ¶ ~에 있는 가족 famille qui réside dans le pays natal. ¶ 도회 생활에서 벗어나 ~에서 휴가를 보내다 se dérober à la vie citadine et passer les vacances dans *son* pays natal.

향리[2] 鄕吏 명 【역사】 bas fonctionnaire *m* ((poste hérité de génération en génération)). ¶ ~ 집안 출신 originaire d'une famille de bas fonctionnaires.

향미 香味 명 saveur *f*, goût *m*. ¶ 봄나물의 향긋한 ~ la saveur parfumée des herbes comestibles du printemps. ¶ 엽차의 신비한 ~ la saveur mystérieuse du thé.

향방 向方 명 direction *f*, voie *f* à suivre; destination *f*. ¶ ~을 결정하다 décider la voie à suivre. ¶ 누구의 ~을 알 수 없다 ne pas savoir où *qn* est parti. ¶ 여론의 ~을 가늠할 수가 없다 ne pas être en mesure de prévoir les réactions de l'opinion publique. ¶ 우승컵의 ~에 모두의 관심이 쏠려 있다 L'attention de tous est rivée sur la question de savoir qui remportera la coupe. ¶ ~이 불투명하다 La voie à suivre est incertaine. ¶ 앞으로의 그의 ~이 주목된다

L'attention est rivée sur la voie qu'il suivra.

향배 向背 명 le pour *m* ou le contre *m*; réaction *f*. ¶ 모든 것이 여론의 ~에 달려있다 Tout dépend des réactions de l'opinion publique. ¶ 민심의 ~가 드러난다 Les réactions du public se révèlent.

향상 向上 명 amélioration *f*; élévation *f*, montée *f*, progrès *m*. ¶ 품질[생산성] ~을 위해 노력하다 faire des efforts pour améliorer la qualité [la productivité]. ¶ 노동자의 권익 ~에 힘쓰다 faire des efforts pour améliorer les droits et intérêts des ouvriers. ◇_(이) **되다** s'améliorer, faire des progrès, s'élever. ¶ 소득[생활] 수준이 ~된다 Le niveau des revenus [de vie] s'améliore. ¶ 영어 실력이 ~되다 faire des progrès en anglais. ¶ 학업 성적이 ~되다 obtenir de meilleures notes scolaires. ¶ 체력[지구력]이 ~되다 améliorer les capacités physiques [la résistance]. ◇_(을) **시키다** faire faire des progrès à *qc*; élever ((le niveau culturel)); améliorer ((*son* état)). ¶ 기억력을 ~시키는 약[음식] un médicament [une nourriture] améliorant la mémoire. ¶ 기술 수준을 ~시키다 améliorer [faire progresser] le niveau technologique. ¶ 여성의 지위를 ~시키다 améliorer le statut de la femme.

향수[1] 香水 명 parfum *m*. ¶ 그에게서는 늘 진한 ~ 냄새가 난다 Il sent toujours une forte odeur de parfum. ¶ ~ 냄새가 진하게 풍긴다 Une forte odeur de parfum s'exhale. ¶ ~를 뿌리다 se mettre du parfum, se parfumer. ¶ ~를 한 방울 찍어 손목에 바르다 se mettre une goutte de parfum sur le poignet.

◆_**병** -瓶 명 flacon *m* de parfum.

향수[2] 鄕愁 명 mal *m* du pays; nostalgie *f*. ¶ 그는 먼 이국에서 ~를 느꼈다 Loin de sa patrie, il a souffert du mal du pays. ¶ 어린 시절의 ~를 누구에게 불러일으키다 éveiller chez *qn* la nostalgie de l'enfance. ¶ 할아버지는 술로 ~를 달래셨다 Le grand-père a apaisé sa nostalgie en buvant. ¶ ~에 젖다[잠기다] être pris(*e*) de nostalgie.

◆_**병** -病 명 mal *m* du pays, nostalgie *f*. ¶ ~병에 시달리다 souffrir de nostalgie. ¶ 그는 타지 생활 1년 만에 ~병에 걸렸다 Après une année de vie à l'étranger, il a commencé à souffrir du mal du pays.

향신료 香辛料 명 épice *f*. ¶ 음식에 ~를 넣다 mettre des épices dans les plats.

향악 鄕樂 명 【음악】 musique *f* traditionnelle (de Corée).

◆_**기** -器 명 instrument *m* de musique traditionnelle. ¶ ~기를 연주하다 jouer des instruments de musique traditionnelle.

향약 鄕約 명 【역사】 code *m* des provinces.

향연[1] 饗宴 명 banquet *m*, festin *m*. ¶ 봄의 ~ le Sacre du printemps. ¶ 외국의 사신을 위해 ~을 베풀었다 On a organisé un banquet en l'honneur des légats étrangers. ¶ 손님들을 위해 성대한 ~을 준비하다 préparer un banquet fastueux en l'honneur des invités.

향연[2] 香煙 명 fumée *f* d'encens; tabac *m* parfumé. ¶ 불당에 ~이 서리어 있다 Le temple bouddhique est imprégné de fumée d'encens.

향유[1] 享有 명 jouissance *f*, possession *f*. ¶ 문화의 ~ 계층 la classe sociale bénéficiaire de la culture. ¶ 그러한 문화의 ~ 계층은 매우 적다 Très peu de gens ont accès à cette culture. ¶ 물질적 ~ jouissance matérielle. ¶ 부의 ~ possession de richesse. ◇_(를) **하다** jouir (d'une grande liberté); avoir la jouissance de *qc*. ¶ 자유를 ~할 권리 le droit à la liberté. ¶ 문화생활을 ~할 수 있는 공간 un espace permettant de jouir de la vie culturelle. ¶ 젊음과 쾌락을 ~하다 jouir de la jeunesse et des plaisirs. ¶ 문화생활을 ~하다 jouir d'une vie culturelle. ¶ 풍족한 삶을 ~하다 jouir d'une vie aisée. ¶ 자유[특권]를 마음껏 ~하다 jouir d'une grande liberté [de privilèges]. ◇_(가) **되다** être possédé(*e*); être accessible. ¶ 일부 계층에서만 자유가 ~된다 Seules certaines classes possèdent la liberté.

향유[2] 香油 명 huile *f* parfumée (aromatique). ¶ ~를 붓다 verser de l'huile parfumée.

향응 饗應 명 excellent accueil *m*; divertissement *m*. ¶ ~을 받다 être reçu(*e*) comme un(*e*) prince(*sse*); se faire offrir un festin; accepter les faveurs (de *qn*). ¶ 누구에게 ~을 베풀다[제공하다] régaler *qn*; offrir un festin à *qn*. ¶ 그의 집에서는 날마다 ~이 베풀어졌다 On organisait des festins tous les jours chez lui. ◇_(을) **하다** régaler *qn*; offrir un festin à *qn*. ¶ 싸움에서 이긴 후 군사들을 ~하다 régaler les soldats après la victoire dans une bataille.

향일성 向日性 명 【식물】 héliotropisme *m*.

향정신성의약품 向精神性醫藥品 명 【약학】 psychotrope *m*.

향찰 鄕札 명 【역사】 écriture *f* de l'époque de Silla ((consistant à transcrire le coréen à l'aide des caractères chinois)).

향초 香草 명 herbe *f* aromatique; tabac *m* parfumé.

향촌 鄕村 명 campagne *f*, village *m*, communauté *f* rurale. ¶ ~ 주민 habitant d'une communauté rurale, un(*e*) villageois(*e*); un(*e*) campagnard(*e*). ¶ ~ 사회 société rurale.

향취 香臭 명 ① parfum *m*, bonne odeur *f*; odeur *f* suave. ¶ 쑥 연기가 ~를 풍긴다 La fumée de l'armoise exhale une bonne odeur. ¶ ~가 진동하다 être imprégné(*e*) d'une bonne odeur. ② 독특한 분위기 caractéristique *f*, particularité *f*. ¶ 우리 문화의 ~ une caractéristique propre à notre culture.

향토 鄕土 명 pays *m* (natal). ¶ 각지의 ~ 음식을 먹어보다 goûter à la cuisine de chacune des régions. ¶ ~ 문화를 지키다 sauvegarder la culture typique de *son* pays natal. ¶ ~를 지키다 préserver [sauvegarder] *son* pays natal. ¶ ~에 대한 강한 애착 un grand attachement à *son* pays natal.

◆_**적** -的 명관 folklorique, local(*e*). ¶ 그에게서는 ~적인 분위기가 난다 Il y a quelque chose de folklorique en lui[qui se dégage de lui]. ¶ ~적인 소재로 글을 쓰다 écrire un article sur un thème folklorique. ¶ 그의 작품에서는 ~적 서정이 물씬 풍긴다 Son œuvre est caractérisée par un lyrisme folklorique.

◆_**민** -民 명 folklore *m*.

◆_**민요** -民謠 명 chant *m* folklorique.

◆_**색** -色 명 couleur *f* locale. ¶ 그 소설은 ~색이 짙게 풍긴다 Ce roman exhale fortement une couleur locale.

◆_**애** -愛 명 amour *m* du pays natal.

◆_**예비군** -豫備軍 명 【군사】 réserviste *m* local.

향하다 向- 자타 ① faire face à *qc*; être devant ((une glace)). ¶ 선생님은 숙제를 안 해 온 학생들에게 벽을 향해 서 있도록 했다 Le professeur a placé les élèves qui n'ont pas fait leurs devoirs face au mur / Le professeur a mis au piquet les élèves qui n'ont pas fait leurs devoirs. ¶ 나는 항상 정면을 향해서 서 있었다 J'étais toujours debout devant la façade. ¶ 창문이 남쪽으로 향해 있다 La fenêtre donne sur le côté sud. ¶ 그 사람이 나를 향해 손을 흔들었다 Il m'a fait un signe de la main. ¶ 그 남자의 시선은 아까부터 한쪽 구석에 서 있는 그 여자에게 향해 있었다 Depuis un moment, son regard est fixé sur la femme qui se tenait debout dans un coin. ② 목표로 하다 se diriger vers ((la porte, le sud)); s'avancer vers ((l'ennemi)); s'acheminer vers ((le bois)); partir pour ((la France)). ¶ 우리는 적진을 향해 진격했다 Nous avons avancé sur la position ennemie. ¶ 일과를 마치고 집으로 향하는 사람들의 발길이 바빴다 Après avoir fini leur journée, les gens se pressaient pour rentrer chez eux. ¶ 날이 지기 전에 숙소로 향했다 Nous nous sommes dirigés [acheminés] vers l'hôtel avant que le jour [la nuit] tombe. ③ 마음이 쏠리다 faire [porter] attention à *qc*. ¶ 그 여자를 향한 나의 마음은 언제나 변함이 없다 Mes sentiments pour elle ne changent pas. ¶ 그 사람의 관심은 늘 영화로만 향했다 Le cinéma est la seule chose qui l'ait toujours intéressé. ④ 목표로 삼다 se tourner vers. ¶ 민주화를 향한 대장정 le long parcours vers la démocratie. ⑤ 두다 diriger ((les bras)) vers ((le ciel)). ¶ 두 팔을 하늘로 ~ lever les bras vers le ciel. ¶ 그 사람은 머리를 산 쪽으로 향하고 누웠다 *Il s'est allongé, la* tête en direction de la montagne. ¶ 시선을 정면으로 향한 채 서 있다 rester debout le regard fixé droit devant.

*~**을 향해** en direction de *qc*/*qn*; contre [à l'égard de, envers] *qn*. ¶ 그 선생은 학생을 향해 폭력을 휘둘렀다 Cet enseignant a brutalisé un élève.

향학열 向學熱 명 enthousiasme *m* [zèle *m*, ardeur *f*, passion *f*, engouement *m*] pour les études. ¶ ~로(에) 불타오르다 brûler de désir de faire des études. ¶ ~이 높다 Le désir d'étudier est grand. ¶ ~이 식다 perdre *son* engouement pour les études. ¶ 그의 꺼지지 않는 ~은 존경스럽다 J'éprouve du respect pour son éternelle passion pour les études.

향합 香盒 명 boîte *f* à encens.

향후 向後 명 futur *m*, avenir *m*; dès maintenant, dès à présent, dès [à partir d'] aujourd'hui; désormais. ¶ ~ 10년간이 문제이다 Les 10 ans à venir posent problème. ¶ ~ 국제 정세에 대해 대책을 마련하다 prévoir des mesures pour faire face aux situations futures internationales. ¶ ~의 한국 경제 l'avenir de l'économie coréenne.

허[1] 虛 명 point *m* faible, faiblesse *f*, lacune *f*, faille *f*, défaut *m* de la cuirasse [de l'armure], talon *m* d'Achille ((de *qn*)), déficience *f*. ¶ 호시탐탐 누구의 ~를 노리다 guetter les faiblesses de l'autre, guetter la faille.

*~**를 찌르다** mener une attaque surprise (contre l'ennemi); prendre *qn* au dépourvu; attaquer *qn* en visant ses points faibles. ¶ 그는 상대의 ~를 찔렀다 Il a attaqué son adversaire en visant ses points faibles.

◆_**하다** 형 ① 실하지 못하다 être faible, délicat(*e*), fragile. ¶ 마음이 ~하다 avoir le cœur vide. ② 속이 비다 être vide. ¶ 뱃속이 ~하다 J'ai le ventre vide. ¶ 속이 ~하실 텐데 요기라도 하시지요 Mangez quelque chose, puisque vous avez le ventre creux. ③ 약하다 être faible, délicat(*e*), fragile. ¶ 기력이 ~해 지다 s'affaiblir. ¶ 몸이 ~하니 그는 자꾸 식은땀을 흘렸다 Le corps s'étant affaibli, il avait des sueurs froides.

허[2] 감 Ah! Oh! Hélas! ¶ ~, 이것 참 야단이로군! Oh! C'est un gros problème, ça!

허가 許可 명 permission *f*; autorisation *f* ((d'exploiter une mine)); permis *m* ((de conduire)); licence *f* ((d'importation, de pêche)); admission *f* ((à une école)). ¶ 건축[영업] ~ un permis de construire [d'exploitation commerciale]. ¶ 당국의 ~ 없이 sans la permission des autorités compétentes. ¶ 정부의 ~가 있어야만 seul avec l'autorisation du gouvernement. ◇_**(를) 하다** permettre *qc* à *qn*; donner à *qn* la permission de+*inf*; autoriser *qn* à+*inf*; donner [accorder] à *qn* l'autorisation de+*inf*. ¶ 가두집회를 ~하다 autoriser un rassemblement dans la rue. ¶ 정치범의 망명을 ~하다 autoriser l'exil d'un réfugié politique. ¶ 7살 미만 아동의 초등학교 입학을 ~하다 donner l'admission à l'école primaire aux enfants de moins de 7 ans. ¶ 그린벨트 지역에 건물 짓는 것을 ~하다 permettre de construire des bâtiments sur la ceinture verte. ◇_**(가) 되다[나다, 떨어지다]** être permis(*e*) [autorisé(*e*)], avoir l'aval de *qn*. ¶ 행정당국의 ~가 나다 obtenir l'aval des administrations [autorités administratives]. ¶ 신청하자마자 바로 ~가 떨어지다 obtenir l'autorisation peu après avoir déposé la demande. ¶ 그것은 ~된 사항이 아니다 Ce n'est pas une chose autorisée. ¶ 이번 시위는 정부에 의해 합법적으로 ~된 것이다 Cette manifestation a été légalement autorisée par le gouvernement. ◇_**(를) 받다[얻다, 맡다]** obtenir une permission [autorisation]. ¶ 주인[당국]의 ~를

받아서 avec la permission du propriétaire [des autorités]. ¶ 대학 입학 ~를 받다 être admis(*e*) à l'université. ◇_(를) **내주다** accorder une permission [autorisation]. ¶ 마구잡이로 ~를 내줘서 업소들이 난립한다 Il y a beaucoup trop de commerces parce qu'on a délivré des autorisations à l'excès.

◆_**서** -書 명 permis *m*.

◆_**제** -制 명 système *m* d'autorisation. ¶ ~제에서 신고제로 바뀌다 passer d'un système d'autorisation à un système de déclaration.

◆_**증** -證 명 licence *f*, permis *m*, autorisation *f* écrite.

허겁지겁 부 à la hâte; en (toute) hâte, précipitamment, avec précipitation, très rapidement, en quatrième vitesse {*fam*}. ¶ 남편은 ~ 방으로 뛰어들었다 Le mari s'est précipité dans la chambre. ¶ 경찰을 보자 강도는 ~ 도망쳤다 Le cambrioleur s'est sauvé en toute hâte [s'est enfui précipitamment] à la vue des policiers. ¶ ~ 밥을 먹다 manger à la hâte [très rapidement], manger avec un lance-pierre [en quatrième vitesse], engloutir [engouffrer] un repas.

◆_**하다** 자 se hâter, se presser, se dépêcher; faire diligence; (se) paniquer, s'affoler, se troubler, se démonter, se décontenancer, perdre contenance [*son* sang-froid]. ¶ ~하지 말고 차분하게 해라 Ne (te) panique [t'affole] pas, reste calme [du calme, remets-toi, reprends-toi, fais les choses doucement]!

허공 虛空 명 espace *m*; vide *m*; air *m*; ((하늘)) ciel(*cieux*) *m*. ¶ 나의 희망이 ~ 속으로 사라지는 순간이었다 C'était le moment où mes espoirs se sont envolés [évaporés, anéantis] / C'était le moment de l'anéantissement [de la fin] de mes espoirs. ¶ 멍하니 ~만을 바라보았다 Je ne faisais que regarder vaguement dans le vide [en l'air].

*~**에 뜨다** être aux anges. ¶ ~에 뜬 기분이다 J'ai l'impression d'être aux anges.

허구 虛構 명 ① 거짓 fabrication *f* ((de fausses nouvelles)); invention *f*, histoire *f* inventée. ¶ 그의 증언은 ~로 드러났다 Son témoignage s'est révélé faux. ② 【문학】 fiction *f*.

◆_**적** -的 명관 fictif(*ve*). ¶ ~적 상상력 imagination fictive. ¶ ~적 인물 un personnage fictif. ¶ 이야기를 ~적으로 지어냈다 On a fictivement forgé une histoire / On a fabriqué une histoire.

◆_**성** -性 명 nature *f* fictive, fiction *f*. ¶ 사실에 ~성을 가미하다 embellir une histoire réelle. ¶ 정책의 ~성이 드러났다 La politique s'est révélée fausse.

허구한 관 tous les jours, depuis longtemps; tout le temps. ¶ ~ 세월 동안 depuis longtemps. ¶ ~ 날 술만 먹다 boire tous les jours. ¶ ~ 날 늦게 들어오니? Tu rentres tard, tous les jours?

허근 虛根 명 racine *f* imaginaire.

허기 虛飢 명 faim *f*. ¶ ~를 느끼다 sentir la faim, être gagné(*e*) par la faim. ¶ ~를 채울 만한 것을 찾다 chercher *qc* pour calmer [pour tromper] *sa* faim. ◇_(가) **지다** avoir faim, avoir un creux (à l'estomac). ¶ 몹시 ~가 지다 avoir grand faim, avoir très faim, crever [mourir] de faim {*fam*}, être très affamé(*e*), avoir l'estomac dans les talons {*fam*}, avoir une faim de loup, avoir une faim extrême; la faim *me* tiraille. ¶ 그 아이는 ~져 쓰러졌다 Cet enfant est tombé de faim. ¶ ~진 배를 채우다 calmer *sa* faim.

◆_**증** -症 명 faim *f*, famine *f*. ¶ 빵을 몇 조각 먹고 가까스로 ~증을 면하다 En prenant quelques morceaux de pain, il a tout juste évité de mourir de faim.

허깨비 명 ((환영)) vision *f*, ((유령)) fantôme *m*; spectre *m*, apparition *f*, revenant *m*. ¶ 누구를 ~로 아는 거냐? Tu me prends pour qui? / Tu me prends pour un con {*fam*} [pour un demeuré {*fam*}]? ¶ 그 사람은 기력이 쇠해서인지 자꾸만 ~가 보인다 Peut-être parce qu'il est dans un état d'extrême faiblesse, il voit sans arrêt des choses qui n'existent pas.

허나 부 mais; cependant. ¶ 그 책 꼭 사준다. ~ 오늘은 아니다 Je te promets de t'acheter le livre, mais pas aujourd'hui.

허니문 영{honeymoon} 명 lune *f* de miel, voyage *m* de noces. ¶ ~ 여행 lune de miel, voyage de noces.

허다하다 許多- 형 être nombreux(*se*), abondant(*e*); être plein(*e*) de, rempli(*e*) de; être fréquent(*e*), partout; abonder en. ¶ 그런 사례는 ~ Nous avons un grand nombre d'exemples de ce genre. ¶ 그런 일은 우리 주변에서 허다하게 볼 수 있다 Nous pouvons voir très souvent ce genre d'affaires autour de nous / On tombe très souvent sur de telles affaires / On rencontre très souvent ce genre d'affaires / Ce genre d'affaires est monnaie courante / Ce genre d'affaires est banal. ¶ 허다한 사람 de nombreuses personnes.

◆**허다히** 許多 부 en grand nombre, abondamment. ¶ 그런 일은 허다히 많다 Il y a un grand nombre d'affaires de ce genre.

허덕거리다 자타 ① 숨이 가쁘다 haleter, suffoquer, s'essouffler, respirer avec gêne [avec beaucoup de peine, difficilement]; être à bout de souffle, hors d'haleine, essoufflé(*e*), haletant(*e*). ¶ 그 사람은 숨이 차서 허덕거렸다 Il était à bout de souffle [hors d'haleine] / Il suffoquait / Il respirait difficilement. ¶ 숨을 ~ haleter, respirer avec gêne [avec beaucoup de peine, difficilement]; perdre haleine. ② 애를 쓰다 faire de grands efforts, peiner, souffrir, avoir du mal [des difficultés] à+*inf*, se donner beaucoup de mal, galérer, ramer {*fam*}, trimer {*fam*}. ¶ 그 직원은 자기에게 맡겨진 일도 제대로 못하고 허덕거렸다 Il peinait à assurer le travail qui lui était attribué. ¶ 직원들은 밀려드는 주문을 감당하지 못하고 허덕거린다 Les employés ont du mal à faire face à la ruée des commandes.

¶ 그 사람은 평생을 가난에 허덕거렸다 Il a souffert de la pauvreté toute sa vie. ¶ 자금난으로 허덕거리던 회사가 결국 부도를 내고 말았다 La société souffrant de difficultés financières a fini par faire faillite.

허덕대다 자타 ☞ 허덕거리다

허덕이다 자타 ☞ 허덕거리다

허덕허덕 부 ① 숨이 가쁘게 ((respirer)) avec gêne, difficilement, avec beaucoup de peine; en haletant; à perdre haleine. ¶ ~ 숨을 몰아쉬다 respirer avec gêne [avec beaucoup de peine, difficilement], haleter, suffoquer; s'essouffler; être à bout de souffle [hors d'haleine]; perdre haleine. ② 힘들게 péniblement, avec peine [fatigue, difficulté], difficilement. ¶ ~ 살아오다 mener une vie pénible; peiner [galérer {*fam*}] toute *sa* vie; trimer toute une vie.

◆ **_하다[대다]** 자 faire de grands efforts, peiner, souffrir, avoir du mal [des difficultés] à+*inf*, se donner beaucoup de mal, galérer, ramer {*fam*}, trimer {*fam*}. ¶ 애 하나 키우는 데에도 ~하다 avoir du mal à élever un seul enfant.

허두 虛頭 명 commencement *m*, début *m* ((d'un discours, d'un récit)). ¶ ~를 꺼내다 commencer à parler. ¶ 어디서부터 ~를 내어야 할지 모르겠다 Je ne sais par où commencer. ¶ 글의 ~에서 이미 밝힌 바와 같이 Comme nous l'avons déjà mentionné au début.

*~**를 떼다** commencer *son* discours. ¶ 그 사람은 작년의 가뭄을 예로 들면서 ~를 뗐다 Il a commencé son discours en prenant comme exemple la sécheresse de l'année dernière.

허둥거리다 자 se précipiter; se débattre, se démener; (se) paniquer, s'affoler, perdre contenance [la tête, *son* sang-froid]; se troubler, se démonter {*fam*}. ¶ 그 사람은 진흙탕 속에서 빠져 나오려고 허둥거렸지만 허사였다 Il se débattait de toutes ses forces [se démenait comme un beau diable] pour se tirer du bourbier dans lequel il s'était enlisé, mais en vain. ¶ 경찰을 본 그들은 어쩔 줄을 모르고 허둥거렸다 À la vue des policiers, ils ont été paniqués. ¶ 갈피를 잡지 못하고 허둥거리는 그 사람의 모습은 참으로 가관이었다 C'était vraiment drôle de le voir aussi décontenancé [paniqué, affolé], ne sachant que faire! / Ce qu'il avait l'*air ridicule*, aussi décontenancé, ne sachant que faire! ¶ 불길을 잡으려고 ~ courir partout pour maîtriser l'incendie. ¶ 그는 당황해서 허둥거렸다 Il était pris de panique / Il était paniqué [affolé]. ¶ 그는 일에 치여 허둥거린다 Il croule sous le travail / Écrasé par le travail, il peine.

허둥대다 자 ☞ 허둥거리다

허둥지둥 부 à la hâte, en (toute) hâte, précipitamment, avec précipitation; en quatrième vitesse {*fam*}. ¶ 늦잠을 자서 시간에 늦은 나는 ~ 집을 나섰다 Je suis sorti(*e*) de chez moi en toute hâte car je m'étais réveillé(*e*) trop tard.

◆ **_하다** 자 se hâter, se presser, se dépêcher; faire diligence; (*se*) paniquer, s'affoler, se troubler, se démonter, se décontenancer, perdre contenance [*son* sang-froid]. ¶ 그 사람이 어찌나 ~하는지 나도 덩달아 정신이 하나도 없었다 Il était tellement décontenancé [paniqué, affolé] que je l'étais moi aussi.

허둥허둥 부 ☞ 허둥지둥

허드레 명 petit bout *m*; objet *m* sans valeur. ¶ 이것은 집에서 그냥 ~로 입는 옷이다 C'est un vêtement que l'on porte comme tenue de travail à la maison.

◆ **_꾼** 명 homme *m* à tout faire.

◆ **_ㅅ물** 명 eau *f* non potable d'utilisation courante.

◆ **_ㅅ일** 명 travaux *mpl* subalternes, tâches *fpl* ingrates [pénibles], des petits boulots, toutes sortes de petits travaux, menus travaux *mpl*, (ne nécessitant pas de qualification, sans grand intérêt), corvée *f*, sale besogne *f*, sale boulot *m* {*fam*}. ¶ 그 사람은 온 동네의 허드렛일을 마다하지 않고 한다 Il ne refuse pas de faire les travaux subalternes de tout le village. ¶ 그 친구는 허드렛일을 해 주면서 밥이나 얻어먹고 삽니다 Il gagne son pain [sa vie] en faisant des travaux subalternes [en faisant toutes sortes de petits travaux.

허들 영{huddle} 명 【운동】 course *f* de haie(s) *f*(*pl*). ¶ ~에서 금메달을 따다 remporter la médaille d'or à la course de haies.

허락 許諾 명 ((승인)) approbation *f*; consentement *m*, assentiment *m*; ((허가)) permission *f*, autorisation *f*; licence *f*; admission *f*. ¶ 주인의 ~ 없이 sans permission du maître. ¶ 누구의 ~이 있어야만 seulement avec la permission de *qn*. ◇_(을) **하다** approuver, consentir à ((un projet)); agréer ((une démission)); permettre *qc* à *qn*; donner à *qn* la permission de+*inf*, autoriser *qn* à+*inf*; donner [accorder] à *qn* l'autorisation de+*inf*; admettre *qn* ((dans un parti)). ¶ 누구에게 외출을 ~하다 donner à *qn* la permission de sortir, autoriser *qn* à sortir. ¶ 선뜻[두말없이, 흔쾌히, 즉석에서, 주저없이] ~하다 donner joyeusement [sans mot dire, avec grand plaisir, immédiatement, sans hésitation] à *qn* la permission de+*inf*. ¶ 방을 마음껏 사용하도록 ~하다 donner la permission de se servir de la pièce comme *ils* le souhaitent [selon *leur* bon plaisir]. ¶ 부모님이 그 남자와의 결혼을 ~하셨다 Ses parents ont consenti au mariage avec lui. ¶ 그 사람은 우리가 그곳을 둘러보는 것을 ~했다 Il nous a donné la permission de visiter l'endroit. ¶ 당신이 ~하신다면 avec votre permission, si vous le permettez. ¶ 사정[시간, 건강]이 ~하면 si les circonstances le permettent, si les circonstances s'y prêtent, s'il est possible [si le temps le permet, si *sa* santé le *lui* permet]. ¶ 자존심이 ~(하)지 않는 일 une affaire interdite pour des questions d'orgueil [de dignité, d'amour propre]. ◇_(이) **되다[떨어지다]** être permis(*e*). ¶ 우리의 외출은 주말에만 ~되었다 Notre sortie n'est permise que pour les week-ends. ¶ 드디어 상부로부터 ~이 떨어졌다 La permission est enfin donnée par l'administration supérieure. ◇_(을) **받다[얻다, 맡다]** recevoir [obtenir] la permission de+*inf*. ¶ 엄마한테 ~을 받다 recevoir [obtenir] la permission de *sa* mère, obtenir le consentement de *sa* mère. ¶ 선생님의 ~을 받아서 avec la permission [avec le consentement] de *son* professeur. ¶ 우리 부모님의 ~을 얻기가 쉽지 않다 Il n'est pas facile d'obtenir la permission [le consentement] de mes parents. ***몸을 ~하다** permettre des gestes intimes; se donner à *qn*.

허례 虛禮 명 apparence *f* extérieure, démonstrations *fpl* extérieures sans intérêt, inutiles démonstrations *fpl* extérieures de richesses. ¶ ~를 금지하다 interdire d'étaler *ses* richesses [de déballer *sa* richesse, de montrer trop ostensiblement *ses* richesses, ne pas montrer ce que l'on a, avoir de la pudeur par rapport à *ses* biens]. ¶ ~만 차리는 사람 une personne qui ne s'intéresse qu'à l'apparence extérieure [qu'aux formes]. ¶ 그 말에는 가식이나 ~가 없다 Dans ses paroles tout est essentiel [profond] et vrai [honnête].

◆**_허식** -虛飾 명 démonstrations *fpl* extérieures sans intérêt, inutiles démonstrations *fpl* extérieures de richesses, étalage *m* inutile de *ses* richesses. ¶ ~허식에 빠진 결혼 문화 culture de mariage trop attachée à l'apparence [aux démonstrations extérieures sans intérêt [superflues], à l'étalage inutile de *ses* richesses]. ¶ 잘못된 ~허식의 풍조는 바로잡아야 한다 Il faut renoncer à [Il faut éradiquer] ces pratiques de démonstrations extérieures sans intérêt / Il faut renoncer à ces inutiles démonstrations extérieures de richesses [à cet étalage inutile de ses richesses].

허름하다 형 ① 남루하다 être minable; ((옷 따위)) être râpé(*e*), usé(*e*), élimé(*e*), fatigué(*e*); ((가구 따위)) être pauvre, minable. ¶ 그 사람은 차림새가 ~ Sa tenue est usée [misérable]. ¶ 옷을 허름하게 입다 s'habiller pauvrement. ¶ 허름한 책 un livre usé. ¶ 허름한 술집 une taverne [un bar, un troquet {*fam*}, un bistro(t) {*fam*}] minable. ¶ 허름한 여인숙 une auberge à deux sous. ② 싸다 ne pas être cher(*ère*); être sans valeur, de pacotille. ¶ 허름한 물건으로 사와라 Va acheter une babiole [de la camelote].

허리 명 ① taille *f*, reins *mpl*, (bas *m* du) dos *m*, hanche *f*, côté *m*. ¶ 날씬한 ~ taille fine [svelte]. ¶ ~를 구부리다[숙이다] se courber, se voûter. ¶ ~를 곧게 펴다 se tenir droit, se redresser; s'étirer. ¶ ~를 꼿꼿이 세우고 걸어라 Marche en te tenant droit. ¶ 그 할아버지는 ~가 구부러지셨다 Ce grand-père [Ce vieillard] est voûté. ¶ ~가 아파요 J'ai mal aux reins [au dos]. ② 가운데 부분 partie *f* centrale, moitié *f*. ¶ 말의 ~를 끊다 couper la parole [la chique {*fam*}] à *qn*, interrompre *qn*. ¶ 물이 방파제 ~까지 찼다 L'eau est montée jusqu'à la moitié de la digue. ③ 허리 부분 taille *f*, ceinture *f*. ¶ 이 옷은 ~가 없는 박스형이다 Ce vêtement est de style droit sans taille [sans ceinture].

***~를 펴다** pouvoir vivre aisément, ne pas avoir besoin de se serrer la ceinture. ¶ 돈이 있어야 좀 ~를 펼게 아닙니까? Pour vivre à l'aise, ne faut-il pas avoir de l'argent?

***~가 꼿꼿하다** se tenir droit, ne pas être voûté(*e*) [cassé(*e*)], ne pas avoir les reins cambrés. ¶ 그 노인은 칠십이란 나이에도 불구하고 ~가 꼿꼿하다 Bien qu'il ait soixante-dix ans [Malgré ses soixante-dix ans], il se tient droit [il n'est pas voûté [cassé], il n'a pas les reins cambrés].

***~가 휘청거리다** se saigner aux quatre veines. ¶ 아이들의 공부를 시키기에 ~가 휘청거렸다 On s'est saigné aux quatre veines pour les études des enfants.

***~가 끊어지다** se tenir les côtes, se plier, se tordre ((de rire)). ¶ ~가 끊어지게 웃다 se tenir les côtes de rire, se plier [se tordre] de rire, être plié(*e*) (en deux) {*fam*}.

◆**_끈** 명 ceinture *f*. ¶ 그 친구는 밥을 너무 많이 먹어서 ~끈을 풀고 앉아 있었다 Il a tellement mangé qu'il a dû défaire [desserrer] sa ceinture. ¶ 그 사람은 ~끈을 움켜쥐고 뛰기 시작했다 Il a commencé à courir, en tenant sa ceinture.

◆**_띠** 명 ceinture *f*. ¶ ~띠를 매다 se mettre [se boucler, se serrer, s'attacher] la ceinture; faire ceinture. ¶ 그 여자는 ~띠를 바짝 조였다 Elle a serré sa ceinture au dernier cran.

***~띠를 늦추다** prendre la vie du bon côté. ¶ ~띠를 늦출 새도 없다 On n'a pas le temps de jouir (pleinement) de la vie / On n'a pas le temps de prendre la vie du bon côté.

***~띠를 졸라매다** faire attention à *ses* dépenses, serrer [tenir serrés] les cordons de la bourse, se serrer la ceinture. ¶ 빚을 지지 않으려고 ~띠를 졸라매다 Pour ne pas s'endetter, on s'est serré la ceinture.

◆**_선** -線 명 ligne *f* de la taille. ¶ 그 여자는 ~선을 강조한 원피스를 입었다 Elle s'est habillée avec une robe serrée à la taille.

◆**_짬** 명 reins *mpl* ou intérieur *m* de la ceinture ((d'un pantalon, d'une jupe)).

◆**_춤** 명 (intérieur *m* de la) ceinture *f* d'un pantalon, d'une jupe; espace *m* entre la ceinture de la jupe et le sous-vêtement. ¶ 그 사람은 담배를 ~춤에 넣고 다니는 습관이 있었다 Il avait l'habitude de porter [de mettre] ses cigarettes à la ceinture.

◆**_통** 명 tour *m* de hanches; tour *m* de taille. ¶ 그의 ~통은 아주 굵다 Il a une taille large / Il a un tour de taille important. ¶ 바지 ~통이 너무 커서 자꾸만 흘러내린다 Comme le tour de taille du pantalon est trop grand, il descend tout le temps.

허리케인 영{hurricane} 명 ouragan *m*, cyclone *m*.

허망 虛妄 어근 vide *m*; fausseté *f*, mensonge *m*.

◆**_하다** 형 être vain(*e*), faux(*sse*); être sans

fondement; être absurde, futile. ¶ 열심히 준비했는데 대회가 취소되어 얼마나 ~했는지 모른다 M'étant préparé(*e*) avec acharnement à cette compétition qui a été finalement annulée, j'ai mesuré la profondeur de l'absurdité de la situation [j'ai ressenti intensément la vanité de cette situation, j'ai vécu douloureusement l'absurdité de la situation]. ¶ ~하게 죽다[사라지다] mourir [disparaître] pour rien [inutilement, de façon absurde, stupidement, connement {*fam*}]. ¶ 산다는 게 갑자기 ~하게 느껴진다 Je sens brusquement la futilité [l'absurdité] de la vie / Soudainement, je sens que la vie est absurde. ¶ ~한 말 des paroles [des propos] sans intérêt [vain(*e*)s, vides de sens, sans signification, insignifiant(*e*)s, qui ne servent à rien]. ¶ ~한 소문 un bruit sans fondement, une rumeur qui ne repose sur rien. ¶ ~한 계획 vain projet. ¶ ~한 기분[생각]이 들다 se sentir vain. ¶ 인생이란 그렇게 ~한 것이다 La vie est tellement absurde.

◆_**스럽다** 형 être vain(*e*), faux(*sse*); être sans fondement; ((사람이)) se sentir très petit(*e*) devant certaines situations très absurdes. ¶ 몇 년간의 우리의 노력이 수포로 돌아가서 몹시 ~스러웠다 Comme tous nos efforts sont restés sans effet [sans résultat], nous avons vécu douloureusement l'absurdité de la situation [de l'affaire] [nous avons ressenti douloureusement cette affaire absurde, nous nous sommes sentis très petits devant l'absurdité de la situation].

허무 虛無 명 néant *m*, vanité *f*, futilité *f*. ¶ 인생의 ~를 느끼다 sentir que la vie est futile.

◆_**하다** 형 être vain(*e*), vide, futile. ¶ ~하게 그만두다[죽다, 끝나다, 무너지다] abandonner [mourir, finir, s'effondrer] vainement. ¶ 산다는 것이 ~하게 느껴진다 Je sens que la vie est vaine [futile, absurde]. ¶ ~한 죽음[결말, 삶] mort vaine [conclusion vaine, vie futile].

◆_**맹랑하다** -孟浪 형 être vain(*e*) [faux(*sse*) et sans fondement]. ¶ ~맹랑한 이야기[소문, 망상, 공상, 상상] une histoire [une rumeur, une illusion, une fantaisie, une imagination] fausse et sans fondement. ¶ ~맹랑한 말[꿈] un mot [un rêve] faux et sans fondement.

◆_**감** -感 명 sentiment *m* de vide. ¶ ~감에 빠지다 éprouver [avoir] un sentiment de vide. ¶ ~감이 들다[엄습하다] être surpris(*e*) par un sentiment de vide.

◆_**주의** -主義 명 nihilisme *m*. ¶ ~주의를 극복하다 surmonter le nihilisme. ¶ 정치적 ~주의가 만연하다[팽배하다] Le nihilisme politique est très répandu [se propage].

◆_**주의적** -主義的 명 nihiliste. ¶ ~주의적인 태도 une attitude nihiliste.

◆_**주의자** -主義者 명 nihiliste *mf*.

허물[1] 명 ① peau(*x*) *f*, épiderme *m*. ¶ ~이 일어나다 peler, avoir la peau qui pèle, se desquamer. ¶ 해수욕장에서 하루 종일 놀았더니 ~이 벗겨졌다 Après avoir passé toute la journée à la plage [Après une journée passée à la plage], je pèle. ¶ (선)크림을 바를 걸. 목이랑 어깨가 완전히 탔어. 틀림없이 ~이 벗겨질 거야 J'aurais dû mettre de la crème solaire, j'ai pris un sacré coup de soleil dans la nuque et sur les épaules. Je vais sûrement peler. ② 껍질 mue *f* (de serpent); coque *f* [enveloppe *f*] d'une chrysalide [d'une nymphe]. ¶ 뱀이 ~을 벗는다 Le serpent mue. ¶ 애벌레가 ~을 벗고 성충이 되었다 La larve est sortie de la coque [de l'enveloppe] de la chrysalide [de la nymphe] pour devenir un insecte adulte ((imago)) [((나비)) pour se transformer en papillon]. ③ ((비유적)) masque *m* trompeur. ¶ 애국자라는 그 사람의 ~이 벗겨졌다 On lui a fait enlever son masque de faux patriote.

허물[2] 명 erreur *f*, bévue *f*, faute *f*; défaut *m*, imperfection *f*. ¶ ~을 들추어내다 relever les défauts de *qn*; chercher des défauts; trouver un défaut à *qc*; chercher des poux (dans la tête) à *qn*, chercher la petite bête, chicaner, chinoiser, ratiociner, ergoter sur des vétilles, chipoter ((sur les moindres détails)), pinailler, vétiller, discutailler, discuter sur des détails, épiloguer, chercher querelle sur des riens; trouver à redire sur des vétilles, chercher des histoires, chercher matière à dispute; couper les cheveux en quatre; enculer les mouches {*fam*}. ¶ ~을 용서하다 pardonner la faute à *qn*. ¶ 남의 ~을 덮어 주다 dissimuler [pardonner] la faute d'autrui, fermer les yeux sur la faute de *qn*. ¶ 지난날의 ~을 다 잊어버리다 oublier toutes les fautes passées.

◇_(을) **하다** gronder. ¶ 누구를 ~하다 gronder *qn*. ¶ 그 사람의 그런 농담쯤은 ~할 것도 없다 Il n'est pas nécessaire de le gronder à cause d'une telle plaisanterie.

허물다 타 ① ((구체물을)) détruire ((un bâtiment, un mur, les fondements d'un édifice)), démolir ((une maison, un mur, bâtiment)), abattre ((un mur, une cloison)), raser ((un bâtiment, une fortification, une muraille)), démanteler ((un fort)). ¶ 담을 ~ abattre un mur, démolir un mur, détruire un mur. ¶ 오래된 건물을 허물고 그 자리에 새 건물을 짓기로 했다 Nous avons décidé de détruire le vieil immeuble pour en construire un autre. ② ((추상물을)) se débarrasser de *qc*, se libérer de *qc*; abattre [faire tomber] ((les cloisons entre les classes, entre les êtres)). ¶ 구시대적 관습을 ~ se débarrasser des coutumes du passé. ¶ 고정관념을 ~ se débarrasser [se libérer] d'une idée toute faite [d'idées reçues, d'une idée reçue, des préjugés, des idées préconçues, des stéréotypes, des lieux communs, des clichés]. ¶ 두 사람 사이의 불신의 벽을 허물어야 한다 Il faut faire tomber [abattre] les barrières [les cloisons] entre ces deux personnes / Il faut faire disparaître la méfiance qui divisent[règnent

entre] ces deux personnes. ¶ 그 사람은 의연한 자세를 허물지 않았다 Il a su garder sa sérénité.

허물어뜨리다 타 ① ((구체물을)) détruire ((un bâtiment, un mur, les fondements d'un édifice)), démolir ((une maison, un mur, bâtiment)), abattre ((un mur, une cloison)), raser ((un bâtiment, une fortification, une muraille)), démanteler ((un fort)); anéantir, briser, faire sombrer [s'effondrer]. ¶ 벽을 ~ abattre [démolir, détruite] un mur. ¶ 적의 기습 공격은 우리 군의 방어선을 허물어뜨렸다 À cause de l'attaque surprise [éclair] de l'ennemi, notre ligne de défense s'est effondrée / L'attaque surprise de l'ennemi a anéanti [a fait s'effondrer] notre ligne de défense. ② ((추상물을)) détruire ((un argument, une théorie, une certitude)), éliminer, renverser, se débarrasser de *qc*, se libérer de *qc*; abattre [faire tomber] ((les cloisons entre les classes, entre les êtres)). ¶ 이러한 허례허식은 우리가 허물어뜨려야 할 첫 번째 대상이다 C'est une priorité que d'abandonner [d'éliminer] ces vaines civilités / Il est urgent d'abandonner [d'éliminer] ces vaines civilités / Nous devons abandonner toutes ces civilités inutiles en toute priorité / Il faut maintenant abandonner ce type de civilités inutiles [ces civilités inutiles]. ¶ 그 사람의 날카로운 지적은 우리의 주장을 한순간에 허물어뜨리는 것이었다 Sa critique pertinente a mis à néant [a démoli, a cassé, a neutralisé] en un instant nos arguments. ¶ 그 학생의 농담 한 마디가 우리의 경직된 분위기를 허물어뜨렸다 La plaisanterie de cet élève a détendu l'ambiance. ③ ((자세를)) démordre de ((*son* avis)). ¶ 그 사람은 결코 처음의 자세를 허물어뜨리지 않았다 Il est resté ferme sur ses principes du début jusqu'à la fin / Il n'a pas démordu de son avis jusqu'à la fin.

허물어지다 자 ① ((구체물이)) se détruire, se démolir, s'écrouler, s'effondrer; crouler; tomber en ruine. ¶ 허물어진 성곽을 다시 세우다 reconstruire des remparts détruits. ¶ 자동차가 들이받는 바람에 담장이 허물어졌다 Une voiture a heurté le mur et celui-ci s'est effondré. ② ((추상물이)) s'effondrer, s'écrouler, s'affaiblir, disparaître. ¶ 그 남자의 사탕발림에 절대로 넘어가지 않겠다던 그 여자의 결심은 점점 허물어지고 있었다 Sa volonté ferme de résister à ses belles paroles s'affaiblit petit à petit. ¶ 우리의 기대는 순식간에 허물어졌다 Tous nos espoirs ont été détruits [ont été ruinés, sont partis en fumée, ont fondu, se sont envolés] en un instant. ¶ 사회기강이 점점 허물어지고 있다 Notre société perd sa discipline petit à petit. ¶ 자세가 ~ se tenir mal, ne pas se tenir droit(*e*), avoir une mauvaise posture.

허물없다 형 être sans façon, ne pas faire de chichis, être simple et sans cérémonies; être intime avec *qn*, être à tu et à toi avec *qn*, avoir des rapports familiers avec *qn*. ¶ 나는 그 친구와 허물없는 친구 사이이다 Nous sommes à tu et à toi / Nous avons des relations en toute simplicité [sans manières {*fam*}] / Nous sommes des amis avec des rapports simples sans manières {*fam*} [sans chichi(s)].

◆**허물없이** 부 sans façon; à cœur ouvert. ¶ 나는 그 친구와 허물없이 지내는 사이이다 Je suis sans façon avec lui / Je suis à tu et à toi avec lui / J'ai des relations simples avec lui / Nous avons des relations sans manières [des relations en toute simplicité].

허밍 영{humming} 명 **[음악]** fredonnement *m*; bourdonnement *m*. ◇_**을 하다** fredonner. ¶ 이 부분은 ~으로 노래합니다 On fredonne cette partie.

허방 명 trou *m*; creux *m*; dépression *f*. ¶ ~을 딛지 않도록 조심해라 Fais attention de ne pas mettre le pied dans un trou. ¶ ~에 빠지다 tomber dans un trou. ¶ ~에 빠뜨리다 faire tomber dans un trou. *~**을 짚다** mal calculer, faire de mauvais calculs; se tromper sur *qc*, se méprendre sur ((le compte de *qn*)), se planter {*fam*}.

허벅다리 명 cuisse *f*. ¶ 그 사람은 전쟁 중에 ~에 관통상을 입었다 Pendant la guerre, une balle lui a traversé la cuisse. ¶ 물이 ~까지 차올랐다 L'eau montait jusqu'aux cuisses.

허벅지 명 intérieur *m* de la cuisse. ¶ ~를 드러내는 미니스커트 une minijupe qui montre [laisse paraître, laisse voir] l'intérieur des cuisses. ¶ ~를 살짝 꼬집다 pincer légèrement l'intérieur de la cuisse.

허브[1] 영{herb} 명 herbes *fpl* aromatiques [odoriférantes].

◆**_티** 영{-tea} 명 infusion *f*, tisane *f*. ¶ ~티를 마시다 boire une tisane.

허브[2] 영{hub} 명 ① ((바퀴의)) moyeu(*x*) *m*. ② ((중심)) centre *m*, épicentre *m*, plaque *f* tournante, carrefour *m*. ¶ ~ 공항 un hub, une plate-forme de correspondances. ¶ 인천공항은 동북아의 ~ 공항으로 건설되었다 On a construit l'aéroport d'Incheon comme plate-forme de correspondances pour l'Asie du Nord-Est.

허비 虛費 명 gaspillage *m*, gâchis *m*; dépense *f* inutile. ◇_**(를) 하다** gaspiller, dépenser *qc* inutilement. ¶ 돈을 ~하다 jeter *son* argent par les fenêtres; gaspiller *son* argent. ¶ 시간[시일, 세월, 청춘, 젊은 시절, 젊음]을 ~하다 gaspiller *son* temps [*ses* jours, *son* temps, *sa* jeunesse, le printemps de *sa* vie]. ¶ 정열을 ~하다 gaspiller *son* argent et *son* temps à cause d'une passion. ¶ 쓸데없는 일에 하루[오후]를 ~하다 perdre *sa* journée pour des sottises [pour des problèmes sans intérêt, dans une affaire absurde, pour rien, inutilement dans des conneries {*fam*}]. ¶ 사람을 기다리느라 길바닥에서 1시간을 ~하다 perdre une heure dans la rue à attendre quelqu'un. ¶ 탄약[총알, 포탄]을 ~하다 gaspiller des munitions [des balles, des obus]. ◇_**(가) 되다** être gaspillé(*e*); être dépensé(*e*) inutilement. ¶ 무계획적으로 일을 진행한 까닭에 ~된

시간이 너무 많았다 On a gaspillé trop de temps, parce qu'on a mené des travaux sans projet. ☞ 낭비

허비적거리다 타 gratter ((avec les ongles)). ¶ 손으로 모래를 ~ gratter le sable avec les ongles.

허비적대다 타 ☞ 허비적거리다

허사[1] 虛事 명 tentative *f* vaine [inutile]; avortement *m* ((d'un projet)); échec *m* ((dans une entreprise)), insuccès *m*. ¶ ~로 돌아가다 échouer, avorter, faire chou blanc; n'aboutir à rien, s'en aller en fumée, tomber à l'eau [dans le lac], ((projet)) être à l'eau [dans le lac]; ((espoirs)) s'évaporer, s'envoler, être anéanti(*e*). ◇_**가 되다** ne servir à rien, n'aboutir à rien, s'en aller en fumée; être inutile, vain(*e*), infructueu*x*(*se*), ne pas porter *ses* fruits. ¶ 열심히 노력했으나 모든 일이 ~가 되었다 Nous avons travaillé dur mais nos efforts n'ont pas été récompensés / Tous nos efforts n'ont [n'auront] servi à rien / Tous nos efforts ont été réduits à néant / Tous ces efforts pour rien! / Nous avons fait tout cela pour rien / Nous nous sommes fatigués [Nous nous sommes donné de la peine] pour rien. ◇_**이다** ¶ 끝까지 설득해 봤지만 ~였다 On a essayé de le persuader jusqu'à la fin, mais on n'a abouti à rien [mais sans succès, mais en vain].

허사[2] 虛辭 명 【언어】 mot *m* explétif; mot *m* vide; mot *m* grammatical; mots-outils *mpl*.

허상 虛像 명 ① fausse image *f*, apparence *f* trompeuse; ((환영)) mirage *m*, illusion *f*. ¶ ~을 파헤치다 corriger une fausse image, rétablir la réalité. ¶ ~을 좇다 chasser une fausse image. ¶ ~에 불과하다 ne pas dépasser [se réduire à] une fausse image. ¶ 우리는 ~에 사로잡혀서 현실을 직시하지 못하고 있다 Déroutés [Trompés] par une fausse image [par un mirage], on ne peut pas voir la réalité telle qu'elle est [on ne perçoit pas la réalité des choses]. ② 【물리】 image *f* virtuelle.

허섭스레기 명 ordures *fpl*, déchets *mpl*, (petits) restes *mpl*. ¶ ~를 바깥에 내놓다 sortir les poubelles, mettre les ordures dehors. ¶ 이삿짐을 싸고 남은 ~ ce qui reste (à jeter) après avoir tout empaqueté pour le déménagement. ¶ ~같은 일상 un quotidien de merde {*fam*}.

허세 虛勢 명 vantardise *f* ((sans en avoir les compétences, sans en avoir les moyens)), ((ce n'est que du)) vent *m*, bluff *m* {*fam*}, esbroufe *f* {*fam*}, baratin *m* {*fam*}, épate *f* {*fam*}, boniment {*fam*}, chiqué *m* {*fam*}, frime *f* {*fam*}; ((만용)) faux courage *m*; faux enthousiasme *m*; fausse ardeur *f*, ((허풍)) fanfaronnade *f*, vantardise *f*, hâblerie, forfanterie *f*, gasconnade *f*, rodomontade *f*. ¶ ~를 꺾다[일축하다] remettre à *sa* place *qn* qui bluffe {*fam*}, rétablir la vérité auprès de *qn* qui bluffe. ¶ ~에 눌리다 être intimidé(*e*) [impressionné(*e*)] [se laisser convaincre [influencer, intimider, abuser] par le bluff {*fam*} [par l'esbroufe {*fam*}] de *qn*. ¶ 그의 고집은 ~에 불과하다 Son entêtement [Son obstination] n'est que de la vantardise [ne sous-tend pas de véritables qualités]. ¶ ~가 몸에 배어 있다 être imprégné(*e*) de vantardise, être plein(*e*) de forfanterie, n'être que hâblerie [vantardise]; c'est la vantardise faite homme, ce n'est que de la vantardise, ne faire que du bluff {*fam*}. ¶ 그 사람의 목소리에는 ~가 배어들어 있었다 Il avait la voix teintée de vanité. ¶ 그 친구는 ~가 심하다 Il ne fait que bluffer {*fam*} / Il n'est que vantardise / Ce n'est que du vent. ◇_**(를) 부리다** se vanter de *qc* sans en avoir les compétences [les moyens], y aller à l'esbroufe {*fam*}, ne faire que du bluff {*fam*}, pratiquer le bluff {*fam*}, bluffer, faire de l'esbroufe {*fam*}, esbroufer {*fam*}; ((만용)) se prétendre courageux; ((허풍)) se vanter, fanfaronner, faire le fanfaron, plastronner, prendre de grands airs, crâner {*fam*}, frimer {*fam*}. ¶ 공연히[쥐뿔도 없으면서] ~만 부리다 se prétendre courageu*x*(*se*) sans l'être. ¶ 돈이 많은 척 ~를 부리다 se prétendre riche. ¶ 사람들은 취중에 ~를 부린다 En état d'ivresse [Sous l'effet de l'alcool], on se prétend courageux.

허송 虛送 명 perte *f* de temps. ◇_**(을) 하다** passer *son* temps à ne rien faire; gaspiller [perdre] *son* temps (à des riens), musarder, muser, lambiner, glandouiller {*fam*}. ¶ 술로 세월을 ~하다 être inacti*f*(*ve*) [inefficace] à cause de l'alcool. ¶ 시험 결과를 기다리느라 2주를 ~하다 ne rien faire pendant deux semaines en attendant les résultats d'un examen [dans l'attente des résultats d'un examen].

허송세월 虛送歲月 명 perte *f* de temps ; temps *m* passé à ne rien faire. ◇_**(을) 하다** passer *son* temps à ne rien faire; gaspiller [perdre] *son* temps à+*inf* (à des riens), musarder, muser, lambiner, glandouiller {*fam*}. ¶ 눈물로 ~하다 être paralysé(*e*) par la douleur [par le chagrin], devenir inefficace à cause du chagrin [de la douleur, de la dépression] qui *nous* affecte, être tellement abattu(*e*) [triste, déprimé(*e*)] qu'on ne fait plus rien [qu'on est devenu inefficace]. ¶ 아무 생각 없이 젊었을 때 ~하다가는 나중에 후회한다 Si on gaspille son temps pendant sa jeunesse, on le regrettera plus tard.

허수 虛數 명 【수학】 nombre *m* irréel. ¶ ~와 실수 nombre irréel et nombre réel.

허수아비 명 ① épouvantail *m*. ¶ 논 가운데에 ~가 세워졌다 On a mis un épouvantail au milieu de la rizière. ② ((비유적)) sot(*te*); incapable *mf*. ¶ ~ 노릇을 하다 n'être qu'un fantoche. ¶ 그 사람은 아무런 실세도 가지지 못한 ~에 불과하다 Ce n'est qu'un incapable sans aucun pouvoir réel. ¶ 그 친구는 상관이 시키는 대로밖에 할 수 없는 ~이다 Ce n'est qu'un incapable qui ne peut qu'obéir aux ordres d'un supérieur / Il est incapable d'initiatives personnelles.

허술하다 형 ① 보잘것없다 être pauvre, minable,

misérable. ¶ 그 사람은 일부러 옷을 허술하게 입고 나왔다 Il est sorti en s'habillant volontairement comme un pauvre / Il s'est volontairement habillé comme un pauvre / Il est sorti volontairement habillé de façon très modeste. ¶ 그 사람은 허술한 집에 산다 Il habite dans une maison d'aspect misérable [peu engageant]. ② 치밀하지 못하다 être lâche, relâché(*e*), déficient(*e*), insuffisant(*e*), faire défaut, avoir des failles [des imperfections], ne pas être parfait(*e*); ne pas être bien organisé(*e*); ne pas être méticuleu*x*(*se*) [approfondi(*e*)], être superficiel(*le*). ¶ 수비가 ~ avoir des failles dans *sa* défense, avoir une défense déficiente, avoir une piètre défense, avoir une défense inefficace [une mauvaise défense]. ¶ 경비망이 어찌나 허술한지 누구라도 그곳에 침입할 수 있을 정도였다 La sécurité était tellement inefficace [piètre, mauvaise] que n'importe qui pouvait s'introduire [pénétrer] à l'intérieur. ¶ 그 친구는 사람이 좀 ~ Il n'est pas bien minutieux. ¶ 허술한 검사 un examen superficiel [rapide]. ③ 소홀하다 être étourdi(*e*), inattentif(*ve*), distrait(*e*); être imprudent(*e*), négligent(*e*), insouciant(*e*), indifférent(*e*); être peu sévère. ¶ 내 말을 허술하게 듣지 마라 Ne m'écoute pas que d'une oreille [d'une oreille distraite, distraitement] / Fais attention à ce que je te dis / Ne fais pas semblant d'écouter / Écoute-moi attentivement.

◆**허술히** 부 sans attention, sans prudence, imprudemment, ((n'écouter)) que d'une oreille, ((écouter)) d'une oreille distraite, distraitement. ¶ 집을 허술히 짓다 construire une maison sans respecter les règles élémentaires de sécurité [de bonne construction]. ¶ 돈을 허술히 쓰다 dépenser imprudemment de l'argent. ¶ 말을 허술히 듣다 écouter ce qu'on dit sans y prêter réellement attention, n'écouter que d'une oreille, écouter d'une oreille distraite [distraitement].

허스키하다 형 être rauque, voilé(*e*). ¶ 허스키한 목소리 une voix rauque.

허식 虛飾 명 affectation *f*; manque *m* de naturel; ostentation *f*, parade *f*, étalage *m*, apparat *m*. ¶ 이제는 모든 ~을 버리고 실속을 차려야 할 때이다 Arrêtons-nous de nous intéresser à la forme et recentrons-nous sur le fond.

허실 虛實 명 ① vanité *f* et sincérité *f*; points *mpl* forts et points *mpl* faibles, mérites *mpl* et défauts *mpl*, avantages *mpl* et inconvénients *mpl*. ¶ 상대방의 ~을 알아내다 détecter [repérer] les points forts et les points faibles de l'adversaire. ¶ 현 제도의 ~을 철저히 조사하다 examiner [étudier] minutieusement les points forts et les points faibles [les mérites et les défauts] du système actuel. ② 진위 vrai *m* et faux *m*. ¶ 그 사람 말의 ~을 밝혀야 한다 Il faut vérifier la véracité de ses dires.

허심탄회하다 虛心坦懷- 형 être franc(*che*), sincère, direct(*e*), ouvert(*e*). ¶ 허심탄회하게 이야기하다[논의하다, 마음을 털어놓다] parler [discuter, s'ouvrir à *qn*] franchement [avec franchise, avec sincérité]; parler ouvertement ((à *qn*)), parler à cœur ouvert ((à *qn*)), ouvrir le fond de *son* cœur ((à *qn*)). ¶ 허심탄회한 회의[논의, 대화, 자세, 태도] une réunion [un débat, une conversation, une position, une attitude] ouverte.

허약 虛弱 명 faiblesse *f*, infirmité *f*, débilité *f*; 【의학】 asthénie *f*. ¶ ~ 체질 개선 amélioration d'une constitution chétive.

◆**_하다** 형 être faible, chéti*f*(*ve*), débile, délicat(*e*), malingre, maladi*f*(*ve*), fragile. ¶ 몸[체질]이 ~하다 avoir un corps faible [une constitution chétive], avoir une [être de] constitution fragile. ¶ 심장[위장]이 ~하다 avoir le cœur fragile [l'estomac fragile]. ¶ ~해 보이다 paraître [avoir l'air] faible. ¶ 태어날 때부터 ~하다 Il est faible depuis sa naissance. ¶ 한국 경제의 체질이 ~하다 L'économie coréenne est faible de nature.

허여되다 許与- 자 être autorisé(*e*), permis(*e*), accordé(*e*). ¶ 모든 사람들에게 그런 권리가 허여돼 있다 Ces droits sont accordés à tout le monde. ¶ 나에게 외출하는 것이 허여되었다 Je suis autorisé(*e*) à sortir.

허여멀겋다 형 ① 하얗다 ((teint)) être clair(*e*), blan*c*(*che*). ¶ 여인의 허여멀건 살이 옷 사이로 보이자 그는 고개를 돌렸다 Lorsqu'il a vu apparaître la chair [la peau] blanche [nue] de cette femme sous ses vêtements, il a détourné le regard / Lorsque ses vêtements ont laissé voir la peau blanche [nue] de cette femme, il a détourné son regard. ② 잘생기다 être b*eau*(*belle*). ¶ 그 남자는 얼굴만 ~ En dehors de son physique agréable, il n'a rien d'intéressant / Seul son aspect physique est intéressant / En dehors de son aspect physique, il n'a rien de positif / Il est beau, mais ça s'arrête là {*fam*} / Il a seulement une belle tête [gueule {*fam*}].

허영 虛榮 명 vanité *f*; vaine gloire *f*. ¶ ~과 사치 la vanité et le luxe. ¶ 그 사람은 ~의 화신이다 C'est la vanité en personne. ¶ 그 사람은 순 ~덩어리다 Il est la vanité même. ¶ 그 사람은 ~에 들떠 현실감이 없었다 Comme il est gonflé de vanité, il n'a pas le sentiment de la réalité [il n'a aucun sentiment de réalité].

◆**_심** -心 명 vanité *f*. ¶ ~심을 채우다 satisfaire *sa* vanité. ¶ 그런 광고는 사람들의 ~심을 부추긴다 Une telle publicité excite la vanité des gens.

허옇다 형 ① être très blan*c*(*che*). ¶ 그의 어깨에는 비듬이 허옇게 내렸다 Il y avait des pellicules blanches sur ses épaules. ¶ 그 사람은 허연 담배 연기만 내뿜고 있었다 Il faisait des nuages [des tourbillons] de fumée blanche. ② 핏기가 없다 être très pâle. ¶ 그 사람은 얼굴이 허옇게 떴다 Il est très pâle. ¶ 그의 위협에 나는 얼굴이 허옇게 질려 버렸다 À cause de sa menace, je deviens tout(*e*) pâle (d'effroi).

허욕 虛慾 명 vaine ambition *f*; avidité *f*, cupidité *f*. ¶ ~을 채우다 satisfaire l'avidité. ¶ 그 사람은 늘 ~에 들떠 있다 Une vaine cupidité l'agite sans cesse. ¶ 그 사람은 ~에 눈이 멀었다 Il est aveuglé par une vaine ambition. ¶ ~이 많은 사람 une personne cupide [avide, âpre au gain], un rapace. ◇_(을) **부리다** convoiter [désirer] avec avidité. ¶ ~을 부리지 말고 분수를 지키면서 살아야 한다 On ne doit pas convoiter avec avidité, mais vivre en n'allant pas au-delà de sa condition.

허용 許容 명 ① 허락 permission *f*, autorisation *f*. ¶ ~ 범위를 결정하다 décider [déterminer] la limite permise. ② ((득점을)) encaissement *m* d'un but. ◇_(을) **하다** permettre à *qn* de+*inf*[*qc* à *qn*]; autoriser *qn* à+*inf*; accorder la permission [l'autorisation] de+*inf*; admettre que+*ind*; ((득점을)) concéder un but. ¶ 촬영기자의 사진촬영을 ~하다 permettre au reporter-photographe de prendre des photos. ¶ 기자들의 취재를 ~하다 permettre l'enquête des journalistes, permettre aux journalistes de faire une enquête. ¶ 아이가 방에 들어오는 것을 ~하다 permettre à *son* enfant d'entrer dans la chambre, autoriser *son* enfant à entrer dans la chambre. ¶ 아들이 담배 피우는 것을 ~하다 permettre à *son* fils de fumer, autoriser *son* fils à fumer. ¶ 골[중거리슛, 코너킥, 페널티킥, 홈런]을 ~하다 concéder un but [un tir à mi-distance, un corner, un penalty, un *home run*]. ¶ 역전골을 ~하다 concéder [permettre] le but de la victoire par renversement de la situation. ¶ 법이 ~하는 범위 내에서 dans la limite permise par la loi. ◇_(이) **되다** être permis(*e*); être autorisé(*e*). ¶ 이런 일은 ~된 바가 없다 Une telle chose n'a jamais été permise. ¶ 주말만 외박이 ~된다 Il n'est autorisé de dormir hors de la maison [chez des amis] que pendant le week-end.

◆**_량** -量 명 quantité *f* autorisée.

허우대 명 prestance *f*. ¶ 그 사람은 ~만 멀쩡하다 Il n'a rien d'autre que sa belle prestance / Il n'a que belle allure / Il n'a que sa prestance pour lui / Seul son aspect physique est intéressant / En dehors de son aspect physique, il n'a rien de positif / En dehors de son physique agréable, il n'a rien d'intéressant.

허우적 부 d'une façon désespérée; ((s'agiter)) violemment, ((se débattre)) de toutes ses forces, ((se démener)) comme un beau diable; en agitant les mains et les pieds (dans tous les sens). ¶ 허공을 ~ 휘어잡다 lever les bras au ciel (d'une façon désespérée).

◆**_거리다[대다]** 자타 ① balancer les bras; patauger, barboter; s'agiter violemment [dans tous les sens], se débattre (de toutes ses forces) ((contre le courant)), se démener (comme un beau diable), se remuer; patouiller {*fam*}; chanceler. ¶ 그 사람은 물에서 빠져 나오려고 두 손을 ~거렸다 Il se débattait de toutes ses forces [se démenait comme un beau diable] pour sortir de l'eau à l'aide de ses bras. ¶ 그 사람은 잠결에 두 팔을 ~거리면서 식은땀을 흘렸다 Il se débattait violemment dans son sommeil en agitant ses deux bras dans tous les sens et avait des sueurs froides / Dans son sommeil, il était couvert de sueurs froides, ses bras s'agitant (violemment) dans tous les sens. ¶ 그는 가위에 눌렸는지 팔을 ~거렸다 Sans doute à cause d'un cauchemar, il se débattait violemment dans son sommeil en agitant les bras dans tous les sens. ② 헤매다 se débattre [se démener] pour sortir d'une situation difficile. ¶ 그 남자는 그 상황을 벗어나려고 ~거렸지만, 소용없었다 Il se débattait pour sortir de cette situation, mais en vain. ¶ 그 남자는 아직도 손을 씻지 못하고 전과자들과 어울리면서 범죄의 늪에서 ~거렸다 Il n'arrivait pas à se sortir des milieux criminels, fréquentant des repris de justice.

◆**_ _** 부 d'une façon désespérée; ((s'agiter)) violemment, dans tous les sens; ((se débattre)) de toutes ses forces, ((se démener)) comme un beau diable. ¶ 그 사람은 그곳을 벗어나려고 ~~ 온몸을 움직였다 Il se débattait de toutes ses forces [se démenait comme un beau diable] pour sortir de ce lieu.

허우허우 부 ((숨가쁘게)) ((respirer)) avec gêne, difficilement, avec beaucoup de peine; ((힘들게)) péniblement, avec peine [fatigue, difficulté], difficilement. ¶ ~ 숨을 몰아쉬다 respirer avec beaucoup de peine [avec gêne, difficilement], haleter, suffoquer. ¶ 할머니는 손을 ~ 내저었다 La vieille dame a péniblement fait un geste de refus de la main.

허울 명 apparence *f*, aspect *m*, air *m*, dehors *m*, extérieur *m*. ¶ ~ 좋아 사장이지 아무런 실속도 없다 Il n'a que la prestance d'un patron, mais pas les qualités fondamentales. ¶ 그 회사는 ~만 근사하지 파산직전이라고 한다 L'entreprise a belle allure, mais en fait [en réalité], elle est au bord de la faillite [elle risque de faire faillite, elle est sur le point de déposer le bilan, elle est au bord du dépôt de bilan, elle est en pleine déconfiture, elle est foutue {*fam*}, elle est pourrie {*fam*}].

허위 虛僞 명 ① fausseté *f*, mensonge *m*. ¶ ~ 선전 fausse propagande [publicité]. ¶ ~ 진단서 un faux certificat médical. ¶ 이번 기사는 ~ 보도로 밝혀졌다 Cet article s'est révélé une fausse information. ¶ ~ 자백을 하다 faire un faux aveu. ¶ ~로 증언[진술]하다 faire un faux témoignage [dire des faussetés]. ② 【논리】 faux raisonnement *m*. ③ 【철학】 sophisme *m*.

◆**_의식** -意識 명 fausse conscience *f*.

허위적거리다 자 ☞ 허우적

허위적대다 자 ☞ 허우적

허위허위 부 ☞ 허우허우

허장성세 虛張聲勢 명 fanfaronnade *f*, vantardise

f, forfanterie *f*, gasconnade *f*, rodomontade *f*. ¶ ~를 일삼다 fanfaronner constamment. ¶ ~를 부리다 faire une fanfaronnade.

허전하다 형 ① ((속이)) avoir faim; avoir l'estomac vide [le ventre creux]. ¶ 아침을 먹은 지 얼마 되지도 않았는데, 속이 ~ Il n'y a pas longtemps que j'ai pris le petit déjeuner, mais j'ai déjà de nouveau faim [mais j'ai déjà un petit creux {*fam*}, mais je recommence déjà à avoir faim]. ② 텅 빈 느낌이다 ressentir un vide [un manque]. ¶ 아들이 없으니 집이 아주 ~ Comme mon fils n'est pas là, la maison me semble vide / Le départ de mon fils fait [laisse] un grand vide dans la maison. ③ 쓸쓸하다 se sentir isolé(*e*) [seul(*e*), délaissé(*e*)]; être esseulé(*e*); regretter l'absence de *qn*. ¶ 남자친구가 떠난 후 그 여자는 마음이 몹시 허전했다 Après le départ de son petit ami, elle s'est sentie tellement seule / Son petit ami lui manque terriblement. ¶ 딸을 시집 보내고 나니 내 마음이 몹시 ~ Depuis le mariage de ma fille, je me sens tellement seul(*e*). ④ ((호주머니가)) avoir la bourse légère, être à court d'argent. ¶ 호주머니가 ~ avoir la bourse légère, être à court d'argent, être fauché(*e*) {*fam*}, à sec {*fam*}, n'avoir plus un sou en poche [un rond sur *soi* {*fam*}].

허점 虛點 명 point *m* faible [sensible, vulnérable], côté *m* faible, défaut *m*, faiblesse *f*, imperfection *f*, vulnérabilité *f*, défaut de la cuirasse, talon *m* d'Achille. ¶ ~을 노리다 guetter la faiblesse de *qn*, jouer sur la faiblesse de *qn*, rechercher le point faible [sensible, vulnérable] de *qn*. ¶ ~을 파고들다 attaquer le défaut [la faiblesse, le point faible], jouer sur la faiblesse de *qn*. ¶ ~을 보이다 montrer *ses* défauts [*sa* [*ses*] faiblesse(s), *son* [*ses*] côté(s) faible(s), *son* [*ses*] point(s) faible(s), *sa* vulnérabilité]. ¶ ~이 많다 avoir beaucoup de défauts [de faiblesses, de points faibles].

허접쓰레기 명 ☞ 허섭스레기

허청거리다 재타 chanceler, tituber, vaciller. ¶ 다리가 ~ ne pas être solide sur *ses* jambes. ¶ 다리를 허청거리며 걷다 marcher en titubant. ¶ 지친 나는 허청거리며 겨우 집에 도착했다 Épuisé(*e*), je suis rentré(*e*) chez moi en titubant / Épuisé(*e*), j'ai peiné [eu du mal] pour regagner mon domicile.

허청대다 재타 ☞ 허청거리다

허청허청 부 en titubant, d'un pas chancelant [mal assuré]. ¶ ~ 걸어가다 marcher en titubant [d'un pas chancelant].

허탈 虛脫 명 prostration *f*, abattement *m*; ((의학)) collapsus *m*. ¶ 총체적인 ~ 상태에 빠지다 tomber dans un état de prostration générale [totale]. ¶ ~과 실의에 빠지다 tomber dans la prostration et la déception.

◆**_하다** 형 être prostré(*e*), abattu(*e*). ¶ 믿었던 그가 우리를 배신하자 갑자기 ~해 졌다 Celui, en qui nous avons cru, nous a trahi et nous sommes abattus. ¶ 오랫동안 추진했던 일이 무산돼서 우리는 ~했다 Nous sommes abattus, puisque l'affaire que nous avions montée depuis longtemps est tombée à l'eau [a échoué]. ¶ ~하게 웃다 rire distraitement. ¶ ~한 표정으로 avec un air prostrée. ¶ ~한 기분이 들다 se sentir prostré(*e*).

◆**_감** -感 명 sentiment *m* de prostration. ¶ ~감을 느끼다 se sentir prostré(*e*). ¶ ~감에 빠지다[젖다] tomber dans un sentiment de prostration. ¶ ~감에서 벗어나지 못하다 ne pas pouvoir échapper à la prostration.

허탕 명 vain effort *m*, effort *m* inutile, peine *f* perdue. ◇**_(을) 치다** faire de vains efforts, se fatiguer [se donner de la peine] pour rien; se perdre en efforts inutiles; ((헛걸음)) se déplacer *qp* pour rien. ¶ 그 친구를 만나러 갔으나 ~ 치고 돌아왔다 On est allé(*e*)s le voir, mais on s'est déplacé(*e*)s pour rien. ¶ 경찰이 출동했으나 범인의 흔적도 보지 못하고 ~만 쳤다 La police est intervenue, mais ses efforts sont restés vains et n'ont pas permis de retrouver la trace du criminel. ◇**_이다** faire de vains efforts, se fatiguer [se donner de la peine] pour rien; se perdre en efforts inutiles. ¶ 오늘도[이번에도] 또 ~이다 Aujourd'hui encore, tous mes efforts étaient vains. ¶ 그를 잡기 위해 백방으로 노력했지만 ~이었다 On a fait tous les efforts possibles pour l'arrêter, mais en vain.

허투루 부 sans soin, négligemment, grossièrement. ¶ 어른 앞에서는 말 한 마디라도 ~ 말하지 말아라 Fais bien attention à ce que tu dis devant les personnes âgées / Mesure bien tes propos devant les personnes âgées / Réfléchis bien avant de parler devant les personnes âgées. ¶ 돈을 ~ 쓰다 dépenser de l'argent sans réfléchir [à tort et à travers, n'importe comment]; jeter l'argent par les fenêtres; ne pas regarder à la dépense.

허튼 관 lég*er*(*ère*), frivole, vain(*e*), inutile, sot(*te*), absurde. ¶ ~ 농담 une plaisanterie absurde [sans intérêt]. ¶ 아무 것도 모르면서 ~ 말 하지 마라 Ne parle pas pour ne rien dire, (alors que) tu n'y connais rien.

◆**_소리** 명 parole *f* vaine [inutile]; plaisanterie *f*; ((débiter, dire des)) balivernes *fpl*, ((raconter, débiter des)) sornettes *fpl*; propos *mpl* incohérents, absurdités *fpl*, âneries *fpl*, bêtises *fpl*, sottises *fpl*, conneries *fpl* {*fam*}; paroles *fpl* en l'air, mensonge *m*, bobards *mpl* {*fam*}, salades *fpl* {*fam*}, craque *f* {*fam*}, boniment *m* {*fam*}, blague *f*. ¶ ~소리 하지 말아라 Ne dis pas de sottises / Ne dis pas n'importe quoi / Ne parle pas pour ne rien dire / Arrête tes sornettes / Arrête tes craques [tes boniments] {*fam*} / Arrête de raconter des salades {*fam*} [des bobards {*fam*}] / Arrête de nous mener en bateau {*fam*}. ¶ ~소리를 아무렇게나 지껄이다 dire n'importe quoi et n'importe comment, débiter [dire des] balivernes, raconter [débiter] des sornettes; tenir des propos incohérents [absurdes], tenir des propos délirants [insensés, incontrôlables], dire des absurdités [des âneries, des bêtises, des sottises, des conneries *fpl* {*fam*}].

◆_**수작** -酬酌 명 parole *f* vaine [inutile]; sottises *fpl*, absurdités *fpl*, bêtises *fpl*, âneries *fpl*, conneries *fpl* {*fam*}. ¶ ~수작을 부렸다간 큰 일 날 줄 알아라 T(u n)'as pas intérêt à essayer de me tromper [à faire des conneries {*fam*}, à faire le con {*fam*}] / T'as intérêt à te tenir à carreaux [à te tenir tranquille] / Si tu essaies de me berner [de me mener en bateau], tu le paieras très cher [ça va mal finir [tourner] pour toi]. ¶ ~수작하지 마라 T'as pas intérêt à faire de conneries / Ne fais pas le con! {*fam*} / Tiens-toi tranquille! / T'as intérêt à te tenir à carreaux [à te tenir tranquille] / Ne va pas trop loin / Garde tes distances / Respecte tes limites. ¶ ~수작을 부리다 avoir une conduite insensée [absurde, incohérente, déconnante {*fam*}], faire des sottises [des bêtises, des actes insensés], faire le con {*fam*}, faire des conneries {*fam*}; ⦅말⦆ tenir des propos délirants [insensés, incontrôlables]. ¶ 술에 취해 ~수작을 하다 avoir une conduite insensée [absurde, incohérente, grossière] sous l'effet de la boisson, faire des sottises [des actes insensés] à cause de l'alcool [sous le coup de la boisson], tenir des propos délirants [insensés, incontrôlables] sous le coup [sous l'effet] de la boisson.

◆_**짓** 명 sottise *f*, bêtise *f*, connerie *f* {*fam*}. ¶ 내가 감시하고 있으니 ~짓 할 생각은 꿈도 꾸지 마라 T(u n)'as pas intérêt à faire une bêtise [T'as intérêt à te tenir à carreaux [à ne pas faire le con {*fam*}, à ne pas faire l'imbécile]], parce que je te surveille.

허파 명 poumon *m*; mou *m* ⦅de veau, d'agneau⦆.

*~**에 바람이 들다** ① 실없이 웃다 être pris(*e*) d'un fou rire, rire sans raison, rire pour un rien, rire bêtement. ¶ ~에 바람이 들었나, 얘가 왜 이리 낄낄대는 거야? Pourquoi tu ris sans raison, es-tu pris d'un fou rire? ② 허세를 부리다 se vanter de *qc* sans en avoir les compétences [les moyens], y aller à l'esbroufe {*fam*}, ne faire que du bluff {*fam*}, pratiquer le bluff {*fam*}, bluffer, faire de l'esbroufe {*fam*}, esbroufer {*fam*}; ⦅만용⦆ se prétendre courageu*x*(*se*); ⦅허풍⦆ se vanter avec exagération, fanfaronner, faire le fanfaron, plastronner, prendre de grands airs, se donner de grands airs, faire l'intéressant, se la jouer {*fam*}, se la péter {*fam*}, crâner {*fam*}, frimer {*fam*}: exagérer, dire des hâbleries; faire du baratin {*fam*}; ⦅허황된 생각을 품다⦆ se faire des idées folles, avoir des projets insensés, se faire de fausses illusions, ne rêver que de choses qui manquent de sérieux. ¶ 저 남자는 ~에 바람만 잔뜩 들어 있다니까. Il ne fait que bluffer {*fam*} / Il n'est que vantardise / Ce n'est que du vent.

◆_**꽈리** 명 alvéole *f* pulmonaire.

허풍 虛風 명 exagération *f*, vantardise *f*, hâblerie *f*; forfanterie *f*, fanfaronnade *f*; ⦅허세⦆ bluff *m*, esbroufe *f* {*fam*}, baratin {*fam*}, boniment *m* {*fam*}, blabla *m* {*fam*}; ⦅ce n'est que⦆ du vent *m*. ¶ 그의 ~에 넘어갔다 On s'est laissé convaincre [influencer, intimider, abuser] par son bluff {*fam*} [par son esbroufe {*fam*}] / Il nous a eus au bluff [à l'esbroufe, au baratin {*fam*}]. ¶ 그 녀석의 ~에 나는 질렸다 Je suis saturé(*e*) [J'en ai assez] de ses vantardises [de l'entendre se vanter]. ¶ 나는 그의 말을 ~으로 생각했는데 그게 아니었다 J'ai cru qu'il exagérait [que ses paroles étaient excessives], mais il disait vrai [mais il disait la vérité, mais ce n'était que la vérité]. ¶ ~이 심한 어조 un ton gascon. ¶ 그는 ~이 세다[심하다] Il ne fait que bluffer {*fam*} / Il n'est que vantardise / Ce n'est que du vent. ¶ (그것은) 터무니없는 ~이다 En voilà une blague! ¶ 그의 말은 ~이 절반 이상이다 Il y a plus de la moitié d'exagérations dans ses paroles. ¶ 그의 말에는 다소 ~이 (섞여) 있다 Il y a plus ou moins d'exagérations dans ses paroles. ◇_**(을) 떨다[치다]** ⦅허세⦆ se vanter de *qc* sans en avoir les compétences [les moyens], y aller à l'esbroufe {*fam*}, ne faire que du bluff {*fam*}, pratiquer le bluff {*fam*}, bluffer, faire de l'esbroufe {*fam*}, esbroufer {*fam*}; ⦅만용⦆ se prétendre courageux; ⦅허풍⦆ se vanter, fanfaronner, faire le fanfaron, plastronner, prendre de grands airs, crâner {*fam*}, frimer {*fam*}; exagérer, dire des hâbleries; se vanter avec exagération; se donner de grands airs, faire l'intéressant, se la jouer {*fam*}, se la péter {*fam*}; se targuer de *qc*; leurrer *qn*, mener *qn* en bateau {*fam*}, monter un bateau à *qn* {*fam*}, mettre *qn* en boîte {*fam*}, faire marcher *qn*, raconter des boniments {*fam*}; faire du baratin {*fam*}, faire du boniment, faire [débiter] des boniments. ¶ 그 사람은 늘 ~만 친다 Il ne fait que bluffer {*fam*} / Il n'est que vantardise / Ce n'est que du vent. ¶ 그는 우리에게 ~을 쳤다 Il nous a eus au bluff {*fam*} [à l'esbroufe {*fam*}, au baratin {*fam*}] / Il nous a leurrés [a menés en bateau {*fam*}, a mis en boîte {*fam*}, a fait marcher]. ¶ ~ 떠는 남자치고 제대로 된 남자를 못 봤다니까 Je n'ai jamais vu un gars bien qui soit prétentieux [qui se vante, qui se donne des grands airs, qui fasse son [l']intéressant]. ¶ ~ 좀 그만 떨어라 Arrête de faire le fanfaron [d'exagérer] / Arrête de crâner [de frimer] {*fam*} / Arrête de te la jouer {*fam*} [de te prendre pour je ne sais trop qui].

◆_**스럽다** 형 être vantard(*e*), fanfaron(*ne*), bluffeu*r*(*se*) {*fam*}, baratineu*r*(*se*) {*fam*}. ¶ 그가 어찌나 ~스러운지 우리는 아무도 그의 말을 믿지 않았다 Il est tellement bluffeur [baratineur] que personne d'entre nous ne croit ce qu'il dit.

◆_**선이** -扇 명 hâbleu*r*(*se*), vantard(*e*), fanfaron(*ne*); bluffeu*r*(*se*), {*fam*}, baratineu*r*(*se*) {fam}.

◆_쟁이 명 hâbleur(se), vantard(e), prétentieux(se), fanfaron(ne); bluffeur(se) {fam}, baratineur(se) {fam}. ¶ 그 ~의 말은 접어들어야 한다 Ses paroles sont un peu exagérées, il faut les relativiser.

허하다[1] 虛- 형 ① ((속이)) avoir faim; avoir l'estomac vide [le ventre creux], avoir un (petit) creux. ¶ 속이 허한 게 뭐라도 좀 먹어야 할 듯싶다 J'ai un (petit) creux, je grignoterais bien quelque chose. ② ((마음이)) se sentir isolé(e), seul(e), esseulé(e). ¶ 마음이 ~ se sentir isolé(e), seul(e), esseulé(e). ③ ((몸이)) être faible, délicat(e), fragile. ¶ 몸이 ~ être faible, délicat(e), fragile. ④ 무의미하다 être injustifié(e), sans raison. ¶ 허하게 웃다 rire sans raison aucune, rire sans cause [pour rien].

허하다[2] 許- 타 permettre, autoriser; donner une permission [autorisation] à *qn*; admettre que+*subj*. ¶ 법이 허하는 범위 내에서 dans le cadre où la loi l'autorise. ¶ 개가를 ~ autoriser le remariage. ¶ 누구에게 ...하는 것을 ~ autoriser *qn* à+*inf*.

허허 부감 ((rire)) bruyamment; ha! ha! ¶ 그 사람은 ~ 웃음을 터뜨렸다 Il a bruyamment éclaté de rire.

허허롭다 虛虛- 형 se sentir vide [seul(e)]. ¶ 허허롭게 웃다 sourire d'un air triste. ¶ 허허로운 웃음 un sourire mélancolique.

허허벌판 명 plaine *f* immense, vaste plaine *f*. ¶ 그곳은 끝도 보이지 않는 ~이었다 C'était une pleine immense [une vaste plaine] qui s'étendait à perte de vue.

허허실실 虛虛實實 명 À malin, malin et demi / À bon chat bon rat ((stratégie d'après laquelle on attaque la faiblesse de l'ennemi et on en prend la substance)).

허혼 許婚 명 consentement *m* à un mariage. ◇_(을) **하다** agréer une demande en mariage, consentir à un mariage. ¶ 이웃집 청년에게 ~하다 agréer [accepter] la demande en mariage d'un jeune homme voisin. ¶ 부모님이 ~한 사람과 혼인하다 épouser la personne dont les parents ont consenti au mariage. ◇_(을) **받다** recevoir un consentement pour un mariage.

허황되다 虛荒- 형 être faux(sse); être mal fondé(e); être sans fondement; être incroyable; manquer de sérieux, être déraisonnable. ¶ 그 사람은 생각이 ~ Sa pensée est invraisemblable / Ses pensées manquent de sérieux. ¶ 책의 내용이 ~ Le contenu du livre est incroyable. ¶ 허황되게 말하다 parler sans fondement. ¶ 그의 모험담은 아주 허황되게 들렸다 Ses aventures avaient l'air d'une incroyable histoire irréelle. ¶ 허황된 말 parole sans fondement. ¶ 허황된 계획 un faux projet, un projet qui manque de sérieux. ¶ 그 사람은 허황된 꿈만 키웠다 Il n'a rêvé que de choses qui manquaient de sérieux / Il a fait seulement de faux projets.

허황하다 虛荒- 형 ☞ 허황되다

헉 부 ((respirer)) avec gêne, difficilement, avec beaucoup de peine; en haletant; à perdre haleine. ¶ ~ 하고 숨이 막히다 suffoquer; s'étouffer.

◆_ _ 부 ((respirer)) avec gêne, difficilement, avec beaucoup de peine; en haletant; à perdre d'haleine. ¶ 그 사람은 ~~ 하고 가쁜 숨을 쉬었다 Il avait la respiration difficile / Il avait du mal à respirer / Il suffoquait.

◆_ _거리다[대다] 재타 ① suffoquer, haleter, être hors d'haleine [à bout de souffle, essoufflé(e)]. ¶ 그 여자는 숨을 ~~거렸다 Elle suffoquait / Elle était hors d'haleine [à bout de souffle, essoufflée]. ② 힘들어하다 faire de grands efforts, peiner, souffrir, avoir du mal [des difficultés] à+*inf*, se donner beaucoup de mal, galérer {*fam*}, ramer {*fam*}, trimer {*fam*}. ¶ 먹고사느라고 늘 ~~거린다 Il a du mal à gagner sa vie. ¶ 그는 일이 많아서 ~~댄다 Il peine à cause de la quantité importante de travail qu'il a [qu'on lui donne] / Il est harassé [étouffé, écrasé] par la quantité de travail qu'on lui donne. ③ 욕심을 내다 baver après *qc*. ¶ 우리 집 개는 먹을 것만 보면 ~~거린다 Mon chien bave après la nourriture.

헉헉거리다 재 ☞ 헉

헉헉대다 재 ☞ 헉

헌 관 vieux(vieil, vieille); usé(e), usagé(e), avachi(e), suranné(e); hors d'usage. ¶ ~ 옷[신발] un vêtement usé [usagé], un vieil habit, une friperie [des chaussures usées, des chaussures avachies].

*~ **집 고치기** avoir des ennuis en série.

◆_것 명 objet *m* usé; ((중고)) objet *m* d'occasion. ¶ ~것을 고쳐 쓰다 réparer un objet usé [détérioré, abîmé].

◆_책 -冊 명 livre *m* d'occasion. ¶ ~책방 une librairie d'occasion, un magasin de livres d'occasion. ¶ ~책으로 공부를 하다 étudier avec un livre d'occasion.

헌금 獻金 명 ① contribution *f* (en argent, financière). ¶ 정치 ~ une contribution financière en faveur d'un parti politique. ¶ 대가성이 없는 ~ une contribution financière sans retour [gratuite]. ¶ ~이 많이 들어오다 avoir une grosse contribution financière (en argent). ② 【기독】 quête *f*, collecte *f*; offrande *f*. ¶ 신도들에게 ~을 걷다 faire la quête auprès des croyants. ¶ 교인들의 ~을 축내다 gaspiller l'offrande des croyants. ¶ 교인들의 ~으로 유지되다 Cette église se maintient par [grâce à] l'offrande des fidèles [des croyants]. ◇_(을) **하다[내다]** offrir de l'argent; faire une offrande; verser une contribution. ¶ 수입의 10분의 1을 교회에 ~하다 donner un dixième du revenu au temple (protestant). ◇_(을) **받다** recevoir la quête [la collecte, l'offrande]. ¶ 거액의 ~을 받다 recevoir une quête [collecte, offrande] importante, recevoir une grosse somme d'argent par une quête [collecte, offrande].

◆_함 -函 명 coffret *m* de quête [de collecte,

d'offrande], panier *m* d'offrande.

◆**감사_** 感謝 명 【기독】 quête *f* [collecte *f*, offrande *f*] de remerciement.

◆**십일조_** 十一租 명 【기독】 quête *f* de la dîme.

헌납 獻納 명 contribution *f*, offrande *f*, don *m*. ◇_(을) **하다** offrir; faire don de *qc*. ¶ 지방 특산물을 임금께 ~하다 offrir au roi des spécialités régionales. ¶ 국가[교회, 학교, 자선단체, 사회]에 재산을 ~하다 offrir *ses* biens [*sa* fortune] [faire une donation] à l'État [au temple (protestant); à une école, à un établissement scolaire; à une association caritative, à une œuvre de charité; à la société]. ◇_(이) **되다** être offert(*e*). ◇_(을) **받다** recevoir une contribution [une offrande].

헌법 憲法 명 【법률】 Constitution *f*. ¶ ~을 제정하다 créer une Constitution. ¶ ~을 개정하다 réviser [modifier] une Constitution. ¶ 새 ~ 개정안을 국민투표에 부치다 soumettre à un référendum le projet de modification de la Constitution.

◆ **_기관** -機關 명 institution *f* constitutionnelle.

◆ **_소원** -訴願 명 recours *m* constitutionnel.

◆ **_재판소** -裁判所 명 conseil *m* constitutionnel.

◆ **_학** -學 명 droit *m* constitutionnel.

헌병 憲兵 명 【군사】 membre *m* de la police militaire; police *f* militaire. ¶ 그 친구는 ~으로 복무했다 Il a servi [Il est entré en service] en tant que membre de la police militaire. ¶ 군인들이 소동을 피우자 ~들이 진압에 나섰다 Les soldats ayant provoqué le désordre, la police militaire est intervenue.

◆ **_대** -隊 명 【군사】 police *f* militaire.

헌사 獻辭 명 dédicace *f*. ¶ ~를 쓰다 écrire une dédicace, dédicacer. ¶ ~를 바치다 offrir une dédicace; dédicacer.

헌신 獻身 명 dévouement *m*, sacrifice *m* de soi; abnégation *f*; oubli *m* de soi. ¶ ~의 노력 effort *m* dévoué [désintéressé]. ¶ ~으로 환자의 시중을 들다 soigner [veiller sur] un malade avec dévouement. ◇_(을) **하다** se dévouer à [pour] *qn*; se consacrer à; se sacrifier pour. ¶ 직장을 위해서 평생 동안 ~하다 se dévouer à son travail pendant toute sa vie. ¶ 그 사람은 평생을 교육계에 ~했다 Il s'est dévoué au milieu enseignant pendant toute sa vie. ¶ 국토 수호에 ~하다 se dévouer à la protection du territoire.

◆ **_적** -的 명관 dévoué(*e*), désintéressé(*e*). ¶ 그녀의 ~적 사랑이 그를 살렸다 Elle lui a sauvé la vie avec son amour dévoué. ¶ 그 사람은 ~적으로 고아들을 돌본다 Il s'occupe avec dévouement des orphelins. ¶ 그 사람은 매사에 ~적이다 Il se dévoue pour tout ce qu'il entreprend.

헌신짝 명 chaussure *f* usée; soulier *m* usé; ((비유)) ((comme un)) vieux chiffon *m*, ((se ficher de *qc* comme)) de l'an *m* quarante [de *sa* première chemise *f*, de *sa* première culotte *f*]. ¶ 그 사람은 나와의 약속을 ~같이 여긴다 Il considère les promesses qu'il me fait comme sans valeur / Il ne tient pas sa parole à mon égard. ¶ 그 사람은 나를 ~처럼 버렸다 Il m'a abandonnée comme un vieux chiffon.

*~ **버리듯 하다** jeter *qc* comme un vieux chiffon; se débarrasser de *qc* comme d'un vieux chiffon; abandonner *qn* sans scrupule [avec indifférence].

헌장 憲章 명 charte *f*. ¶ ~을 준수하다 respecter [observer fidèlement] la charte. ¶ 당의 ~을 채택하다 adopter [choisir] la charte d'un parti.

◆**유엔_** 명 Charte *f* des Nations Unies.

헌정[1] 憲政 명 gouvernement *m* [régime *m*] constitutionnel. ¶ 파행 정국으로 인해 ~이 중단되는 사태에 이르렀다 La situation politique désastreuse [catastrophique] a entraîné [a été à l'origine de] l'annulation de la Constitution [a obligé à ne pas respecter la Constitution, a empêché de respecter la constitution] / La Constitution a dû être abandonnée à cause de la situation politique désastreuse / Il a été impossible de continuer à respecter la Constitution en raison de la situation politique catastrophique.

◆ **_사** -史 명 histoire *f* du gouvernement constitutionnel. ¶ 이것은 ~사에 길이 남을 사건이다 C'est un événement qui restera pour toujours [à jamais] dans l'histoire du gouvernement constitutionnel.

헌정[2] 獻呈 명 présentation *f* de *qc* à ((un supérieur)). ◇_(을) **하다** offrir, dédier, présenter. ¶ 이 책을 어머님 영전에 ~합니다 Je dédie ce livre à feue sa mère.

헌칠하다 형 être élégant(*e*); être grand(*e*) et distingué(*e*). ¶ 용모가 ~ être élégant(*e*); être grand(*e*) et distingué(*e*).

헌혈 獻血 명 don *m* de sang. ◇_(을) **하다** faire don de *son* sang. ¶ 긴급히 ~할 사람을 찾다 chercher d'urgence un donateur de sang.

헌화 獻花 명 action de déposer des fleurs sur ((un tombeau)). ¶ ~와 분향 dépôt de fleurs [gerbes] sur un tombeau et encensement. ◇_(를) **하다** déposer des fleurs ((sur un tombeau)). ¶ 독립 운동자 묘소에 ~를 하다 déposer des fleurs dans le cimetière des gens morts pour l'indépendance de la Corée. ¶ 현충탑에 ~하고 참배하다 déposer des fleurs devant la tour commémorative des morts au champ d'honneur puis aller prier à la mémoire de ces gens.

◆ **_가** -歌 명 Heonhwaga (poésie antique de l'époque de Silla.

헐가 歇價 명 ☞ 헐값

헐값 歇- 명 prix *m* bas; vil prix *m*; ((헐값에)) ((pour)) une bouchée *f* de pain [une bagatelle *f*, trois francs *mpl* six sous, presque rien, trois fois rien]. ¶ 그 남자는 자기 차를 ~에 팔 수 밖에 없었다 Il n'a pu vendre sa voiture que pour une bagatelle. ¶ 자금난에 몰려 그는 자기 집을 ~에 내놓았다 Endetté, il a dû vendre sa maison pour pas grand-chose. ¶

그 사람은 동생의 책들을 고물장수에게 ~으로 팔아 넘겼다 Il a vendu les livres de son petit frère à un brocanteur pour presque rien.

헐겁다 형 être desserré(*e*), mal serré(*e*), lâche, détendu(*e*); être mal assujetti(*e*); être branlant(*e*), défait(*e*), délié(*e*). ¶ 문이 낡아 빗장이 ~ Comme la porte est vieille, la bâcle [barre] ne tient plus très bien [est branlante].

헐근거리다 자 haleter, suffoquer; perdre haleine; être essoufflé(*e*); être hors d'haleine, à bout de souffle. ¶ 그 사람이 헐근거리며 뛰어왔다 Il a couru vers moi à perdre haleine.

타 ((숨을)) perdre ((haleine)). ¶ 숨을 ~ perdre haleine; haleter, suffoquer, respirer avec gêne [avec beaucoup de peine, difficilement]; être à bout de souffle, essoufflé(*e*).

헐다[1] 자 ① ((피부가)) s'ulcérer. ¶ 상처가 곪아서 피부가 헐었다 La plaie ayant suppuré, la peau s'est ulcérée. ¶ 술을 너무 많이 마셔서 위가 헐었다 J'ai tellement bu que j'ai fait [présenté, souffert d'] un ulcère d'estomac. ¶ 나는 피곤하면 입안이 금방 헌다 J'ai des aphtes dans la bouche quand je suis fatigué(*e*). ② ((옷이)) s'user. ¶ 헐어 빠진 침대 un vieux lit. ¶ 수도관이 헐어서 물이 샌다 Les conduites d'eau étant vétustes, il y a des fuites (d'eau). ¶ 옷이 너무 헐어서 입기가 곤란했다 Ce vêtement était trop usé pour être porté.

헐다[2] 타 ① 무너뜨리다 détruire ((un bâtiment, un mur, les fondements d'un édifice)), démolir ((une maison, un mur, bâtiment)), abattre ((un mur, une cloison)), raser ((un bâtiment, une fortification, une muraille)), démanteler ((un fort)). ¶ 건물을 ~ détruire [démolir, raser] un bâtiment. ¶ 담장을 헐어 내다 abattre [démolir, détruire] un mur. ② 꺼내 쓰다 retirer [sortir] ((un aliment qu'on avait conservé)). ¶ 김장독을 헐어 김치를 꺼냈다 J'ai déterré la jarre du *gimchi* pour l'hiver (jarre enfouie sous la terre) de laquelle j'ai retiré du *gimchi*. ③ 돈을 쓰다 casser un (gros) billet. ¶ 만 원짜리를 ~ casser un billet de 10 000 wons. ¶ 적금을 헐어 치료비로 썼다 J'ai résilié un contrat de compte à terme pour payer les frais médicaux.

헐떡거리다 자 ① haleter, suffoquer, s'essouffler, respirer avec gêne [avec beaucoup de peine, difficilement]; être à bout de souffle, hors d'haleine, essoufflé(*e*), haletant(*e*). ¶ 그 아저씨는 조금만 뛰어도 숨이 차서 헐떡거린다 Il lui suffit de courir un peu pour être essoufflé. ¶ 그 아이는 무엇이 급한지 헐떡거리며 집으로 뛰어 들어갔다 L'enfant s'est précipité dans la maison avec un air très pressé. ¶ 그 사람은 몹시 헐떡거리면서 가쁜 숨을 내쉬었다 Il respirait mal et haletait / Il respirait difficilement / Il avait du mal à respirer / Il suffoquait. ② 헐거워서 벗겨지다 s'user. ¶ 고무신이 헐떡거리니 하나 사야겠다 Ces chaussures en caoutchouc étant trop usées, il faudra en acheter une nouvelle paire. ③ 애를 먹다 faire de grands efforts, peiner, souffrir, avoir du mal [des difficultés] à+*inf*, se donner beaucoup de mal, galérer {*fam*}, ramer {*fam*}, trimer {*fam*}. ¶ 그들은 오랫동안 가난에 헐떡거렸다 Ils ont souffert pendant longtemps à cause de leur pauvreté.

타 ((숨을)) perdre ((haleine)). ¶ 그 사람은 숨을 헐떡거리며 뛰어왔다 Il a couru vers moi à perdre haleine.

헐떡대다 자 ☞ 헐떡거리다

헐떡이다 자 ☞ 헐떡거리다

헐떡헐떡 부 ((respirer)) avec gêne, difficilement, avec beaucoup de peine; en haletant; à perdre haleine. ¶ 그 사람은 아무 말도 하지 못하고 숨만 ~ 내쉬었다 Sans rien dire, il n'a fait que haleter [il a repris son souffle].

◆_하다 자 respirer avec gêne [avec beaucoup de peine, difficilement], haleter, suffoquer. ¶ ~ 하더니 숨이 지다 suffoquer avant de mourir; avoir une respiration difficile [respirer difficilement, respirer avec gêne] avant de mourir; râler avant de mourir; avoir un dernier râle et mourir; mourir après un dernier râle.

헐뜯다 타 dire du mal de *qn*, médire de *qn*, dénigrer, décrier *qn*, diffamer *qn*, attaquer *qn*, critiquer *qn*, calomnier *qn*; casser du sucre sur le dos de *qn* {*fam*}; déblatérer sur *qn* {*fam*}; clabauder sur [contre] *qn* {*litt*}. ¶ 없는 곳에서 누구를 ~ dire du mal de *qn* derrière son dos; casser du sucre sur le dos de *qn*. ¶ 그들은 만나기만 하면 서로 헐뜯으면서 싸운다 Ils s'attaquent l'un l'autre dès qu'ils se rencontrent. ¶ 그 직원은 상사를 무능력하다고 헐뜯는다 Cet employé dit du mal de son supérieur en critiquant son incompétence.

헐렁하다 형 ① 크다 être lâche, desserré(*e*), délié(*e*), défait(*e*), branlant(*e*); être trop ample. ¶ 옷이 ~ Ce vêtement est trop grand. ② 실없다 être indigne de confiance, être peu sûr(*e*), douteu*x*(*se*), sujet(*te*) à caution, être récusable, peu sincère, vain(*e*), futile. ¶ 왠지 헐렁해 보이는 사람 personne indigne de confiance; homme sur lequel on ne peut pas compter.

헐렁헐렁 부 sans serrer, lâchement, d'une manière lâche; de façon frivole, frivolement, avec frivolité.

◆_하다 형 ① être desserré(*e*), lâche, détendu(*e*), branlant(*e*), délié(*e*), défait(*e*), mal serré(*e*), mal fixé(*e*), mal assujetti(*e*). ¶ 내 옷은 무척 ~해 보였다 Mon vêtement avait l'air très ample. ② se conduire avec frivolité, agir sans réflexion; manquer de sérieux [rigueur]. ¶ 그 녀석은 ~한 사람으로 통한다 Ce type est connu pour son manque de rigueur.

헐레벌떡 부 en haletant; en toute hâte; à perdre haleine; ((respirer)) avec gêne, difficilement, avec beaucoup de peine. ¶ 그는 ~ 뛰어 왔다 Il a couru vers moi à perdre haleine.

◆_거리다[대다, 이다] 자 haleter, suffoquer, s'essouffler, respirer avec gêne [avec beaucoup de peine, difficilement]; être à bout de souffle, hors d'haleine, essoufflé(*e*), haletant(*e*). ¶ ~거리며 달려오다 courir à perdre haleine.

헐리다 자 être détruit(*e*). ¶ 초가집들이 헐리고 기와집이 들어선다 Les chaumières seront détruites et des maisons couvertes de tuiles seront construites. ¶ 판잣집들이 마구잡이로 헐리고 있다 Les baraques en planches sont détruites n'importe comment.

헐벗다 자 ① 가난하다 être pauvrement vêtu(*e*), mal habillé(*e*). ¶ 헐벗고 굶주리는 백성들 peuple pauvrement vêtu et affamé. ② 흙이 드러나다 être ravagé(*e*) par ((la guerre)). ¶ 전쟁으로 헐벗은 산과 들만이 남았다 Il ne reste que les montagnes et les plaines ravagées par la guerre. ③ ((나무가)) être dépouillé(*e*) ((de son feuillage)), dénudé(*e*). ¶ 헐벗은 가로수 des arbres dépouillés de leur feuillage [arbres dénudés] en bordure de route.

헐어빠지다 자 être délabré(*e*), être usé(*e*) (jusqu'à la corde), ((chaussures)) être éculé(*e*), ((veste, manteau)) être râpé(*e*) ((aux manches)). ¶ 헐어빠진 외투 un manteau râpé.

헐하다 歇- 형 ① 싸다 être bon marché, peu coûteu*x*(*se*), ((prix)) être dérisoire. ¶ 나는 그것을 헐한 값에 샀다 J'ai acheté cela pour presque rien [pour une bouchée de pain, pour une bagatelle, pour trois fois rien, à bas prix, pour un prix dérisoire]. ② 수월하다 être facile, simple. ¶ 생각보다 일이 헐하게 끝나다 terminer plus simple que prévu. ③ 대수롭지 않다 être lég*er*(*ère*); ((peine)) être peu sévère. ¶ 네 잘못도 헐하지는 않다 Toi aussi, tu y es pour beaucoup.

험[1] 명 tare *f*, vice *m*, défaut *m*, imperfection *f*. ¶ ~을 잡다 dire du mal de *qn*, médire de *qn*, calomnier; trouver à redire. ¶ ~이 있다 avoir de nombreux défauts; être défectueu*x*(*se*). ¶ 그 남자의 얼굴에는 주름이 많고, ~이 많기 때문에 따로 수술을 해야 했다 Il a fallu l'opérer tellement il avait de rides et de marques au visage.

험[2] 감 onomatopée *f* imitant un raclement de gorge, un toussotement (pour avertir *qn*, pour attirer l'attention de *qn*); hem. ¶ ~, ~, 하고 헛기침을 하다 Hem! toussoter (pour avertir *qn*, pour attirer l'attention de *qn*).

험구 險口 명 calomnie *f*, médisance *f*, dénigrement *m*. ¶ ~를 늘어놓다[내뱉다] calomnier *qn*, diffamer *qn*, médire, dire du mal de *qn*, dénigrer, avoir des paroles dénigrantes. ◇_(를) **하다** calomnier *qn*, diffamer *qn*, médire, dire du mal de *qn*. ¶ 친구를 동네방네 ~하고 다니다 dire du mal de tous *ses* amis.

◆**_가** -家 명 calomnia*teur*(*trice*), diffama*teur*(*trice*).

험난하다 險難- 형 ① être dangereu*x*(*se*), périlleu*x*(*se*), hasardeu*x*(*se*), plein(*e*) de risques, peu sûr(*e*). ¶ 험난한 계곡을 지나자 평지가 나타났다 Après une vallée dangereuse, on est arrivés à un terrain plat. ② 고생스럽다 être difficile, périlleu*x*(*se*), pénible. ¶ 그 사람은 험난한 세상을 잘도 헤쳐 왔다 Il a surmonté de nombreuses difficultés dans la vie / Il n'a pas eu la vie facile tous les jours.

험담 險談 명 calomnie *f*, médisance *f*, dénigrement *m*. ¶ ~을 내뱉다[퍼붓다, 늘어놓다] calomnier *qn*, diffamer *qn*, médire, dire du mal de *qn*, dénigrer. ¶ 그 남자는 그 여자에 대한 ~을 늘어놓았다 Il a dit du mal d'elle. ¶ 그 사람은 ~을 일삼는다 Il passe son temps à calomnier les autres / Il dit toujours du mal des autres. ◇_(을) **하다** calomnier *qn*, diffamer *qn*, médire, dire du mal de *qn*, dénigrer. ¶ 그 녀석은 나만 없으면 내 ~을 한다고 한다 Ce type dit toujours du mal de moi dans mon dos.

험로 險路 명 ① 험한 길 route *f* difficile [dangereuse], descente *f* [montée *f*] dangereuse. ¶ 그 길은 차 한 대가 간신히 지나갈 수 있는 ~였다 Cette route était si dangereuse que même une seule voiture avait du mal à circuler [passer]. ¶ 이제 우리의 여정에서 ~는 모두 지났다 À présent, nous avons passé la partie la plus difficile [périlleuse, escarpée] du trajet [de notre itinéraire, de notre promenade]. ② 험한 삶 vie *f* périlleuse [pleine d'embûches]. ¶ 어린 것이 혼자 어떻게 이 ~를 헤쳐 나갈까? Comment un enfant arriverait-il à se sortir seul de ces embûches [à s'en sortir]?

험산 險山 명 montagne *f* escarpée [ardue, abrupte]. ¶ 그는 ~만을 골라 등반하는 것이 취미이다 Il choisit toujours volontairement les montagnes les plus abruptes [difficiles, escarpées]. ¶ 그들은 깎아지른 듯한 ~에 정착하고 사는 부족이었다 C'était une tribu qui s'était installée dans une montagne escarpée comme découpée au couteau.

험상 險相 명 ① rudesse *f*, aspérité *f*, rugosité *f*. ② air menaçant [farouche]. ¶ ~을 짓다 prendre un air menaçant. ◇_**이다** avoir l'air menaçant. ¶ 그 남자는 (얼굴이) ~이다 Il a l'air menaçant.

◆**_궂다** 형 avoir l'air menaçant(*e*); être sinistre, effrayant(*e*); faire peur à voir. ¶ ~궂게 생기다 avoir l'air menaçant; être effrayant(*e*). ¶ ~궂은 인상 physionomie sinistre.

◆**_스럽다** 형 avoir l'air menaçant(*e*); être sinistre, effrayant(*e*). ¶ ~스러운 눈매 regard menaçant. ¶ 거칠고 ~스러운 바다 mer agitée [houleuse, déchaînée].

험악하다 險惡- 형 ① être dangereu*x*(*se*); être escarpé(*e*). ¶ 산세가 ~ La montagne est escarpée. ② ((분위기가)) être sérieu*x*(*se*), grave, alarmant(*e*), préoccupant(*e*), tendu(*e*). ¶ 분위기가 상당히 ~ C'est fou ce que l'ambiance est tendue [grave]. ③ ((인심이)) être inquiétant(*e*), menaçant(*e*), farouche. ¶ 참으로 인심이 험악한 동네로구나 C'est vraiment un quartier peu fréquentable. ④ être sérieu*x*(*se*), grave. ¶ 그 소식을 듣자 그의 얼굴은 험악하게 일그러졌다 Après avoir entendu cette nouvelle, son visage est devenu grave.

험준하다 險峻- 형 ((pente)) être escarpé(*e*), abrupt(*e*), raide. ¶ 지형이 험준한 천연의 요새 forteresse naturelle dont le terrain est escarpé. ¶ 험준한 인생의 고비를 넘다 passer des moments critiques [la phase critique de *sa* vie].

험하다 險- 형 ① être rude; ((pente)) être raide, escarpé(*e*), abrupt(*e*). ¶ 그 산은 골짜기가 ~ Cette montagne est escarpée. ¶ 우리는 가까스로 험한 지역을 빠져나왔다 Nous avons passé difficilement une région escarpée. ② ((생김새가)) être menaçant(*e*); avoir l'air farouche, menaçant(*e*). ¶ 그 남자는 인상이 ~ Il a l'air menaçant. ¶ 그녀의 손은 거친 일을 많이 해서 몹시 험했다 Sa main était très abîmée pour avoir fait des tâches difficiles [pénibles]. ③ ((날씨가)) être menaçant(*e*); ((분위기가)) être sérieu*x*(*se*), grave, alarmant(*e*), tendu(*e*). ¶ 날씨가 험해서 비행기가 이륙할 수 없었다 Le temps étant menaçant, l'avion n'a pas pu décoller. ¶ 분위기가 험해 지다 L'ambiance est tendue. ④ ((음식, 옷이)) être pauvre. ¶ 험한 음식도 개의치 않다 pouvoir aussi manger des plats pauvres; ne pas être difficile pour la nourriture. ⑤ ((일이)) être difficile, ardu(*e*), pénible, astreignant(*e*). ¶ 그는 험한 일을 많이 해서 나이보다 늙어 보인다 Il a l'air beaucoup plus vieux que son âge à cause de le vie qu'il a menée. ⑥ 비참한 être sérieux, grave, alarmant(*e*), tendu(*e*). ¶ 험한 꼴을 보다 voir un spectacle terrible; vivre une situation grave; se trouver face à une situation grave.

협수룩하다 형 être pauvre, minable, misérable; ((수염이)) être hirsute, touffu(*e*), hérissé(*e*); ((머리카락이)) être ébouriffé(*e*). ¶ 수염이 ~ avoir la barbe hirsute. ¶ 협수룩한 옷차림 tenue pauvre [râpée, usée, sale, fripée]; tenue qui présente mal.

헙헙하다 형 ① 너그럽다 avoir bon cœur, généreu*x*(*se*), libér*al*(*ale*, *aux*); prendre les choses du bon côté. ¶ 부탁을 헙헙하게 들어주다 accepter généreusement les demandes d'autrui. ② 허망하다 être instable; être vain(*e*), absurde. ¶ 모두 떠나 버리니 헙헙한 마음이 들다 Comme tout le monde s'en va, j'ai le cœur vide. ③ 헤프다 ne pas être durable, s'user facilement, ne pas durer. ¶ 돈을 헙헙하게 쓰다 ne pas regarder à la dépense; gaspiller l'argent; jeter l'argent par les fenêtres; être (un(*e*) grand(*e*)) dépensi*er*(*ière*), être un panier percé, être prodigue.

헛- 접두 ① 보람없는 vain(*e*), inutile; vide; fau*x*(*sse*). ¶ ~걸음 démarche [déplacement, voyage] inutile; fait de se déplacer [se déranger] pour rien [inutilement, pour des prunes {*fam*}]; fait de prendre inutilement la peine de venir quelque part. ¶ ~수고 vains efforts, peine perdue, travail inutile. ¶ ~살다 avoir eu une vie misérable; avoir pourri sa vie; avoir gâché sa vie. ¶ 나이를 ~먹다 avoir un comportement digne d'un gamin, ne pas avoir un comportement digne de *son* âge; se comporter [se conduire] comme un(*e*) gamin(*e*); être resté(*e*) [être encore] un(*e*) gamin(*e*). ② 잘못된 ((faire un)) faux ((pas)). ¶ ~디디다 faire un faux pas, trébucher. ③ 무의미한 fau*x*(*sse*), hypocrite. ¶ ~웃음을 짓다 sourire avec hypocrisie; faire un sourire hypocrite; rire par fausse courtoisie.

헛간 -間 명 grange *f*, débarras *m*.

헛갈리다 자 ① ((정신이)) être perturbé(*e*), ne plus savoir où donner de la tête. ¶ 아이들이 떠들어서 정신이 헛갈린다 Les enfants sont tellement bruyants que je ne sais plus où donner de la tête. ② ((걸음이)) trébucher; se prendre les pieds dans. ¶ 걸음이 헛갈린다 trébucher; se prendre les pieds dans. ③ 혼동되다 se mélanger [s'emmêler {*fam*}] les crayons [les pédales, les pieds, les pinceaux]; s'embrouiller; confondre ((deux choses)); ne pas pouvoir distinguer deux choses; faire l'amalgame; cafouiller {*fam*}. ¶ 길이 헛갈린다 Je m'y perds; je ne sais plus où je suis. C'est beaucoup trop compliqué, ici. ¶ 이것과 저것은[이 두 가지는] 항상 헛갈린다 Je les confonds toujours / Je confonds toujours ceci avec cela. ¶ 그 말의 뜻이 헛갈린다 Je ne comprends pas bien le sens de cela. ¶ 나는 그녀의 이름이 헛갈렸다 Je m'y perds avec son nom. ¶ 나이를 먹으니 방금 읽은 내용도 헛갈리곤 한다 Avec l'âge, on ne se souvient pas toujours de ce qu'on vient de lire. ¶ 어머니와 애인에게 줄 선물을 헛갈리는 바람에 한바탕 소동이 있었다 Il était arrivé un incident parce que j'avais confondu le cadeau de ma mère avec celui de ma petite amie.

헛걸음 명 démarche *f* [déplacement *m*, voyage *m*] inutile; fait de se déplacer [se déranger] pour rien [inutilement, pour des prunes {*fam*}], fait de prendre inutilement la peine de venir quelque part. ¶ 공연히 ~ 말고 돌아가시지요 Ne vous déplacez pas pour rien, faites plutôt demi-tour [rentrez plutôt chez vous]. ¶ 찾아간 곳에 친구가 없어서 ~만 쳤다 Je suis venu(e) pour rien [Je me suis dérangé(e) pour rien] puisque mes amis n'étaient pas là. ◇_(을) **하다** se déplacer pour rien; prendre inutilement la peine d'aller [de venir] *qp*; se déranger pour rien [inutilement, pour des prunes {*fam*}]. ¶ 그 친구는 괜히 ~만 했다 Il s'est dérangé inutilement [pour rien] / Il s'est déplacé pour rien / Il est venu pour rien / Il aurait mieux fait de rester chez lui, il est venu pour rien.

헛것 명 ① 헛일 efforts *mpl* vains [inutiles], peine *f* perdue; travail *m* inutile. ¶ 예산이 증액되지 않아서 우리의 계획은 모두 ~이 되고 말았다 Tous nos projets sont tombés à l'eau, le montant du budget n'ayant pas augmenté [le montant du budget n'ayant pas été atteint] / Faute de budget [de crédits] supplémentaire(s), tous nos projets sont tombés à l'eau. ② 허깨비 fantasme *m*, apparition *f*, vision *f*, hallucination *f*, mirage *m*, illusion *f*, chimère *f*. ¶ 며칠 밥을 못 먹었더니 ~이 다 보였다 N'ayant pas mangé pendant plusieurs jours, j'avais des apparitions [je voyais (comme) des mirages, j'avais la berlue {*fam*}, j'avais des hallucinations, j'avais des visions].

헛고생 -苦生 명 vains efforts *mpl*, peine *f* perdue, travail *m* inutile. ◇_(을) **하다** se fatiguer [se donner de la peine] pour rien; faire des efforts inutiles [pour rien]; travailler pour le roi de Prusse [inutilement]; agir en pure perte. ¶ 진작 말을 하지 괜히 ~만 했잖아 Tu aurais dû me le dire tout de suite [déjà il y a longtemps], cela t'aurait éviter tous ces efforts pour rien [tu ne te serais pas fatigué pour rien].

헛구역질 -嘔逆- 명 nausée *f*. ¶ 그 여자는 속이 안 좋아서 자꾸 ~이 났다 Elle ne sent pas bien, elle a sans cesse la nausée. ◇_(을) **하다** avoir mal au cœur, avoir la nausée; avoir des renvois. ¶ 그 여자는 입덧 때문에 자꾸 ~을 했다 À cause de sa grossesse, elle a sans arrêt des nausées.

헛기침 명 toussotement *m*. ◇_(을) **하다** toussoter. ¶ 할아버지께선 무안하신지 자꾸만 ~만 하셨다 Grand-père n'arrêtait pas de toussoter peut-être parce qu'il était confus [parce qu'il ne savait plus où se mettre]. ¶ 그는 문 앞에서 몇 번 ~을 하였으나 집안에서는 대답이 없었다 Il toussota plusieurs fois devant la porte pour signaler sa présence, mais il n'eut aucune réponse (en retour).

헛나가다 재 manquer *sa* cible; ((말이)) laisser échapper ((une parole malheureuse)); dire une bêtise [faire une gaffe {*fam*}, faire une bourde {*fam*}]. ¶ 술이 취해 말이 헛나갔다 J'ai laissé échapper une parole malheureuse sous le coup de la boisson. ¶ 수전증 때문에 손이 자꾸 헛나간다 À cause de tremblements, je n'arrive pas à attraper les choses correctement. ¶ 발이 그만 헛나갔다 J'ai fait un mauvais pas / Je me suis emmêlé les pieds / J'ai trébuché.

헛농사 -農事 명 récolte *f* vaine. ¶ 1년 동안 죽으라고 지은 농사가 모두 ~가 되어 버렸다 Il avait travaillé d'arrache-pied pour son exploitation agricole pendant un an, mais ce fut peine perdue.

헛다리 명 méprise *f*, confusion *f*.
*~**를 긁다** se fatiguer pour rien; faire des efforts inutiles [pour rien]; travailler pour le roi de Prusse [*inutilement*]; n'aboutir [ne parvenir] à rien. ¶ 범인은 이미 도주했는데 경찰은 ~만 긁은 셈이었다 Le criminel [malfaiteur] est déjà très loin [s'est déjà enfui très loin], la police s'est fatiguée pour rien.
*~**를 짚다** ① se méprendre; se tromper sur *qn/qc*. ② être déçu(*e*); être frustré(*e*) dans son attente. ¶ 그 녀석이 나를 부자로 본 것은 완전히 ~ 짚은 것이다 S'il croit que je suis riche, il se met le doigt dans l'œil [il se trompe complètement].

헛돈 명 argent *m* gaspillé. ¶ 괜히 ~ 쓰지 말고 집에 가서 저녁이나 먹자 Ne gaspillons pas cet argent pour rien, rentrons plutôt à la maison pour manger.

헛돌다 재 ① tourner à [dans le] vide, patiner. ¶ 전축 바늘이 자꾸 헛돈다 L'aiguille de l'électrophone tourne dans le vide. ¶ 차가 진흙탕에 빠져 바퀴가 헛돈다 Les roues de la voiture enlisées dans la boue patinent. ② 나아가지 못하다 ne pas progresser, ne pas avancer, avancer bien peu, patiner, s'enliser, ne guère avancer, piétiner, stagner, marquer le pas; faire du surplace. ¶ 가도가도 제자리만 헛도는 것 같다 avoir l'impression de ne guère avancer [de ne pas avancer, de piétiner, de faire du surplace]. ③ ((토론이)) ne pas progresser, ne guère avancer, ne pas avancer, ((les négociations)) patiner, ((l'enquête, la négociation)) piétiner, marquer le pas, faire du surplace, s'enliser; tourner en rond, se mordre la queue {*fam*}. ¶ 토론이 헛돌기만 한다 On n'arrive pas à entrer dans le vif du sujet.

헛되다 형 ① 실속없다 être vain(*e*), futile, inutile, infructueux(*se*). ¶ 헛된 수작을 부리다 dire des sottises [des âneries, des niaiseries]. ¶ 헛된 투자를 하다 investir inutilement. ② 허황하다 être vide, creux(*se*), faux(sse). ¶ 헛된 소문을 믿다 croire une fausse rumeur. ¶ 헛된 망상에 사로잡히다 se faire de fausses illusions. ③ 허무하다 perdre *son* temps à des futilités. ¶ 헛되이 사라진 젊음 jeunesse perdue.

헛되이 부 en vain, vainement, inutilement, pour rien. ¶ 휴가를 ~ 보내다 gaspiller *ses* vacances. ¶ ~ 사라진 모처럼의 기회 une occasion rare qui part en fumée [une occasion inespérée qui n'aboutit à rien, une chance inespérée entièrement gaspillée].

헛듣다 타 ① écouter sans faire attention, n'écouter que d'une oreille, ne pas porter attention ((aux paroles de *qn*)). ¶ 내 말을 헛들은 게로군 Tu ne m'as pas écouté(e) / Tu n'as pas fait attention à ce que je t'ai dit. ② 잘못 듣다 mal entendre [comprendre] *qc*; entendre [comprendre] de travers ((une phrase)); se méprendre sur ((le sens des paroles de *qn*)). ¶ 그가 실패했다고 사람들이 말하자 나는 헛들은 것이 아닌가 싶었다 Je ne pouvais pas en croire mes oreilles quand on m'a dit qu'il avait échoué.

헛디디다 타 ① ((발을)) faire un faux pas, trébucher. ¶ 그 사람은 발을 헛디뎌 넘어졌다 Il est tombé après avoir fait un faux pas [après avoir trébuché]. ② ((어디를)) trébucher ((sur une pierre)). ¶ 돌을 ~ trébucher sur une pierre. ¶ 날이 어두워 구덩이진 곳을 헛딛고 말았다 Il a trébuché dans un fossé car il faisait noir.

헛물 명 efforts *mpl* inutiles, vains efforts *mpl*, travail *m* inutile. ¶ ~을 들이키다 se fatiguer pour rien; faire des efforts inutiles [pour rien]; travailler pour le roi de Prusse [inutilement]; n'aboutir [ne parvenir] à rien; agir en pure perte. ◇_(을) **켜다** se fatiguer pour rien; faire des efforts inutiles [pour rien]; travailler pour le roi de Prusse [inutilement];

n'aboutir [ne parvenir] à rien; faire *qc* pour des prunes {*fam*}; agir en pure perte. ¶ 그 사람은 ~만 켰다 Il s'est (vraiment) fatigué pour rien / Tous ses efforts n'ont abouti à rien.

헛바람 명 fait de rêver [d'être loin de la réalité, de ne pas avoir les pieds sur terre, de ne pas être réaliste]. ¶ 배우가 되겠다고? 그 여자는 ~만 잔뜩 들어서 큰일이다 Elle dit qu'elle rêve d'être artiste? Eh bien! Elle rêve [Elle est loin de la réalité, Elle n'a pas les pieds sur terre, Elle n'est pas réaliste]! La pauvre!

헛바퀴 명 ((une voiture)) action de tourner dans le vide. ¶ 차들은 눈에 미끄러지면서 ~만 돌았다 Les voitures, glissant sur la neige, n'avançaient pas.

헛발 명 faux pas *m*. ¶ 그는 한눈팔다가 ~을 디뎌 다리를 다쳤다 Il s'est blessé (à) la jambe à cause d'un faux pas.

헛발질 명 tir *m* raté [manqué]. ◇_(을) **하다** ((au football)) manquer [rater] le ballon; frapper dans le vide. ¶ 그는 공을 강하게 차려다가 ~을 했다 Il s'apprêtait à tirer très fort dans le ballon, mais il l'a raté.

헛배 명 estomac *m* gonflé (sans avoir mangé). ¶ 나는 먹은 것도 없는데 ~가 불렀다 Je n'ai rien mangé, mais bizarrement j'ai l'impression d'avoir l'estomac plein / J'ai l'estomac gonflé [J'ai l'impression d'avoir l'estomac plein] alors que je n'ai (strictement) rien mangé.

헛배우다 자 apprendre *qc* pour rien. ¶ 그 일 하나 제대로 처리하지 못하다니 이제까지 헛배웠구나 Ce qu'il a appris jusqu'à maintenant n'aura servi à rien: il est incapable de faire une tâche correctement [d'assurer une seule tâche].

헛살다 타 gâcher [rater] *sa* vie; avoir vécu pour rien. ¶ 이 나이 먹도록 제주도 한번 못 가 봤다니 나는 헛산 거야 À mon âge, je n'ai toujours pas été une seule fois sur l'île de Jeju, c'est à se demander si ma vie valait le coup de vivre. ¶ 그 일이 있은 후 그 남자는 자신이 헛살았다는 말만 했다 Après ce qui lui est arrivé, il répète qu'il a gâché sa vie [vécu pour rien].

헛세월 -歲月 명 temps *m* perdu. ¶ 그는 ~만 보냈다 Il n'a fait que perdre son temps.

헛소동 -騷動 명 fausse émeute *f* [agitation]. ¶ 그 일은 한바탕 ~으로 끝났다 Cet incident se finit en émeute.

헛소리 명 ① ((débiter, dire des)) balivernes *fpl*, ((raconter, débiter des)) sornettes *fpl*; propos *mpl* incohérents, absurdités *fpl*, âneries *fpl*, bêtises *fpl*, sottises *fpl*, conneries *fpl* {*fam*}. ¶ 그는 늘 ~만 늘어놓는다 Il tient toujours des propos incohérents / Il dit toujours des âneries [des sottises, des bêtises]. ¶ 그가 한 말을 당시에는 모두들 ~로만 여겼다 À ce moment-là, personne ne l'a pris au sérieux. ② délire *m*. ¶ 그는 3 일 내내 열에 시달리더니 급기야 ~까지 해댔다 Après trois jours de fièvre, il a fini par délirer. ◇_(를) **하다** dire des absurdités [des âneries], tenir des propos incohérents; délirer, parler en l'air.

헛소문 -所聞 명 bruit *m* dénué de fondement; rumeur *f* sans fondement; faux bruit *m*, fausse rumeur *f*. ¶ 그는 나에 대한 ~을 퍼뜨리고 다녔다 Il a fait circuler un faux bruit [de faux bruits, de fausses rumeurs] sur moi [à mon sujet]. ¶ 그녀에 관한 ~만 무성했지 그녀에 대해서는 실상 아무도 몰랐다 Il y a eu beaucoup de fausses rumeurs à son sujet, mais personne ne la connaissait vraiment. ¶ 민심이 흉흉해지면서 나라가 망할 것이라는 ~이 떠돌기 시작했다 L'opinion publique s'aggravant [étant de plus en plus mauvaise], on a commencé à faire circuler le bruit que le pays allait à la ruine.

헛손질 명 ① geste *m* inconscient ((d'un malade qui délire)). ② action de toucher à *qc* sans raison. ③ coup *m* manqué. ◇_(을) **하다** ① gesticuler de façon inconsciente. ¶ 그는 열에 들떠 ~을 해댔다 Il a fait un geste inconscient à cause de l'excitation. ② toucher à *qc* sans raison, toucher à tout. ③ manquer un coup. ¶ 모기를 잡으려는 그의 동작은 결국 ~로 끝났다 Il a essayé d'attraper un moustique, mais il a finalement manqué son coup.

헛수고 명 peine *f* perdue, travail inutile. ¶ 결국에 가서는 모든 것이 다 ~였다 Finalement, on aura fait tout cela pour rien / Finalement, tous nos efforts auront été inutiles [n'auront abouti à rien]. ◇_(를) **하다** se fatiguer [se donner de la peine] pour rien; faire des efforts inutiles [pour rien]; travailler pour le roi de Prusse [inutilement]; n'aboutir à rien; agir en pure perte. ¶ 결국 나는 ~만 한 셈이었다 Finalement, j'ai l'impression d'avoir travaillé [de m'être fatigué, d'avoir fait tout ça] pour rien [inutilement, pour des prunes {*fam*}]. ¶ ~하지 말고 빨리 집에 들어가라 Ne te fatigue pas pour rien [inutilement], rentre plutôt chez toi.

헛웃음 명 rire *m* forcé; sourire *m* affecté [contraint]. ¶ ~만 나오다 avoir un rire forcé.

헛일 명 efforts *mpl* inutiles, vains efforts *mpl*; peine *f* perdue, travail inutile. ¶ 나는 그 여자를 살리기 위해서 모든 방법을 다 동원했지만 ~이었다 J'ai fait tout ce qui était en mon pouvoir pour la sauver, mais cela n'aura servi à rien. ¶ 지난 몇 년 동안의 노력이 하루아침에 ~이 되었다 Tous les efforts que j'ai faits pendant ces années se sont avérés inutiles [n'ont abouti à rien].

헛점 명 ((‘허점’의 잘못)) ☞ 허점

헛짚다 타 ① mettre la main au mauvais endroit. ¶ 손을 헛짚어서 넘어졌다 Il est tombé car il a mal choisi l'endroit où poser sa main. ② mal comprendre; mal deviner; confondre, se méprendre, se tromper sur *qn/qc*. ¶ 그 사람은 늘 상황을 헛짚어서 손해를 보았다 Il a toujours été perdant parce qu'il a toujours mal su apprécier la situation. ¶ 경찰은 그 사람을 범인으로 헛짚었다

La police l'a désigné à tort comme coupable.

헛탕 명 (('허탕'의 잘못)) ☞ 허탕

헛하다 타 faire *qc* pour rien [inutilement]. ¶ 지금까지 공부를 헛했구나! Tu as travaillé pour rien jusqu'à maintenant! ¶ 아직도 못 알아듣는 걸 보니 내가 설명을 헛했어 Je me demande bien pourquoi je me suis donné la peine de t'expliquer tout ça puisque tu ne comprends toujours pas / Ma longue explication a l'air d'avoir été inutile puisque tu as l'air de ne toujours pas comprendre / À quoi bon t'expliquer longuement tout ça puisque tu ne comprends toujours pas.

헛헛하다 형 avoir faim, être affamé(*e*); être triste. ¶ 끼니를 굶어 뱃속이 ~ être affamé(*e*) ayant sauté un repas. ¶ 외롭고 헛헛한 심정을 달랠 길이 없다 On ne peut pas consoler [apaiser, calmer] le cœur d'une personne triste et fragile [au cœur vide].

헛헛헛 부 ha ha ha! ((gros (éclat de) rire fait par un homme adulte)). ¶ 그 사람은 ~ 웃음을 터뜨렸다 Il a eu un rire gras / Il a eu un gros éclat de rire / Il est parti d'un gros éclat de rire.

헝겊 명 morceau(*x*) *m* de tissu. ¶ 나는 어렸을 때부터 ~을 가지고 놀았다 Je me suis dès ma plus tendre enfance amusé(e) avec des morceaux de tissu. ¶ ~으로 인형을 만들다 fabriquer une poupée avec des morceaux de tissu. ¶ 스님은 응급조치로 ~으로 다리를 묶어 지혈했다 Le bonze a arrêté l'hémorragie (à la jambe) par un garrot.

헝클다 타 ① 엉키게 하다 brouiller; embrouiller; emmêler. ¶ 아이가 실을 온통 헝클어서 풀기가 어려웠다 L'enfant a tellement emmêlé les fils qu'il était difficile de les démêler. ② 뒤섞어 놓다 mélanger. ¶ 책들[옷들]을 헝클어 놓다 laisser les livres [les vêtements] en désordre. ¶ 그 녀석은 내가 정리해 둔 파일을 헝클기 일쑤였다 Il mélange souvent les fichiers que j'ai rangés. ③ 착잡하게 하다 ébranler, bouleverser. ¶ 그 사람들이 우리의 관계를 헝클어 놓고 말았다 Ils ont détruit [ont fragilisé] notre relation. ¶ 그 여자는 나를 달래기는커녕 내 속만 헝클고 돌아갔다 Au lieu de me consoler, elle m'a plutôt bouleversé l'esprit [m'a troublé] et s'en est allée.

헝클리다 자 être emmêlé(*e*); être troublé(*e*). ¶ 헝클린 마음 cœur troublé.

헝클어뜨리다 타 ① mettre *qc* en désordre. ¶ 그 사람은 1시간 동안이나 매만진 내 머리를 단 1분만에 헝클어뜨렸다 Il m'a décoiffée en une minute alors que j'avais mis une heure à me coiffer [à me préparer]. ② 부수다 détruire. ¶ 그 사람은 내가 만들어 놓은 모래성을 헝클어뜨리고는 도망쳤다 Il s'est sauvé après avoir détruit le château de sable que j'avais construit. ③ 착잡하게 하다 troubler, brouiller, embrouiller. ¶ 그 사람은 내 마음을 헝클어뜨렸다 Il m'a troublée.

헝클어지다 자 ① s'ébouriffer. ¶ 바람에 머리가 헝클어졌다 avoir les cheveux ébouriffés à cause du vent. ¶ 그는 늘 머리가 헝클어진 채로 나다닌다 Il a toujours les cheveux ébouriffés. ② 어지럽게 되다 s'embrouiller, s'emmêler, s'enchevêtrer. ¶ 정리된 물건들이 모두 헝클어졌다 Les affaires se sont emmêlées. ③ ((감정, 생각이)) se compliquer. ¶ 그로 인해 내 결심은 헝클어졌다 À cause de cela, ma décision est devenue encore plus complexe.

헤 부 bouche bée, bouche grande ouverte. ¶ 입을 ~ 벌리다 être [rester] bouche bée. ¶ ~ 하고 웃다 sourire d'un air bête.

◆_ _ 부 la gueule grande ouverte {*fam*}. ¶ 그는 기분이 좋아서 ~~ 웃었다 Il était tellement content qu'il souriait la bouche grande ouverte.

◆_ _**거리다[대다]** 부 입을 조금 벌리고 속없이 빙그레 자꾸 웃다 sourire comme un imbécile, sourire la bouche grande ouverte, avoir la banane (sur le visage) {*fam*}.

헤게모니 독 명 hégémonie *f*, suprématie *f*; souveraineté *f*, direction *f*, autorité *f*. ¶ 그 두 사람 사이에는 ~ 다툼이 치열했다 Ils se sont disputés tous les deux violemment pour savoir qui allait prendre la direction [le pouvoir]. ¶ ~를 잡다 prendre la direction de *qc*. ¶ ~를 다투다 se battre pour prendre la direction de *qc*.

헤다 타 ① 세다 compter, calculer. ¶ 돈을 ~ compter l'argent. ¶ 그는 이사 갈 날을 손가락으로 헤어 봤다 Il a compté sur ses doigts le nombre de jours qu'il restait avant le déménagement. ¶ 문득 날짜를 헤어 보니, 방학도 얼마 남지가 않은 것 같다 Lorsque j'ai compté le nombre de jours, j'ai vu qu'il n'en restait que très peu avant les vacances. ¶ 별 헤는 밤 nuit étoilée. ② 이해하다 comprendre. ¶ 그는 어머님의 깊은 뜻을 헤지 못한다 Il ne peut pas comprendre la véritable intention de sa mère.

헤드라이트 영{headlight} 명 phares *mpl*; veilleuses *fpl*. ¶ ~를 켜다 allumer ses phares; allumer ses veilleuses. ¶ ~를 밝히다 allumer ses veilleuses, éclairer.

헤드라인 영{headline} 명 ((신문의)) gros titre *m*; grand titre *m*, manchette *f*. ¶ 기사의 ~ le gros titre d'un article. ¶ ~을 뽑다[잡다] choisir les grands titres d'un journal. ¶ 신문의 ~을 장식하다 faire la une (des journaux).

헤드폰 영{headphone} 명 casque *m*. ¶ ~을 끼다 mettre un casque (sur ses oreilles). ¶ ~을 쓰다 mettre un casque (sur ses oreilles).

헤딩 영{heading} 명 tête *f*. ¶ 그의 멋진 ~ 골은 결국 결승골이 되었다 Son magnifique but de la tête a finalement été celui de la victoire. ¶ ~을 하다 faire une tête. ¶ 그는 ~으로 골을 넣었다 Il a marqué un but de la tête.

헤딩슛 영{heading shoot} 명 【운동】 tête *f* ((au football)). ◇_(을) **하다** faire une tête.

헤라 라 명 Héra (épouse de Zeus, déesse du foyer), Junon (femme de Jupiter chez les Romains).

헤라클레스 그 명 【문학】 Hérak lès, Hercule.

헤매다 타 ① errer; vaguer; rôder; flâner. ¶ 꿈속을

~ être somnolent(*e*); être plongé(*e*) dans un profond sommeil. ¶ 나는 낯선 도시를 헤맸다 J'ai erré dans une ville inconnue. ¶ 하루 종일 거리를 헤매고 다녔더니 기운이 빠졌다 Je suis épuisé(*e*) après avoir traîné dans les rues toute la journée. ② 갈피를 못 잡다 être embarrassé(*e*), perplexe; ne savoir que faire. ¶ 나는 수학 문제만 보면 늘 헤맨다 Je suis toujours perdu(*e*) [perplexe] quand il s'agit de maths / Je ne suis jamais à l'aise avec les maths. ¶ 그 녀석은 질문을 받자 대답도 제대로 못하고 헤맸다 Quand je lui ai posé une question, il semblait si confus qu'il n'a pu me donner une réponse satisfaisante. ③ 허덕이다 souffrir ((de la famine)); être à l'agonie. ¶ 기아선상을 ~ souffrir de la famine. ¶ 그 사람은 사경을 헤매고 있다 Il est à l'agonie.

헤모글로빈 영{hemoglobin} 명 hémoglobine *f*. ¶ ~ 결핍증 une anémie.

헤벌리다 자 ouvrir la bouche; ((헤벌리고)) ((être)) bouche bée. ¶ 그 녀석은 입을 헤벌리고 여자를 바라보았다 Il la regardait bouche bée. ¶ 그 사람은 입을 헤벌리고 자고 있었다 Il dormait la bouche ouverte [les lèvres entrouvertes].

헤벌어지다 자 avoir la bouche bée [entrouverte]; ((입이)) être ouvert(*e*). ¶ 그 남자는 여자만 보면 입이 헤벌어진다 Chaque fois qu'il voit une femme, il reste la bouche ouverte [bouche bée, ébahi] / Chaque fois qu'il voit une femme, il est comme paralysé [il perd tous ses moyens, il ne se contrôle plus, il garde la bouche ouverte sans pouvoir faire quoi que ce soit [sans savoir quoi faire]] / Il est tout bête [Il est comme paralysé] devant les femmes. ¶ 그는 선물을 받자 좋아서 입이 헤벌어졌다 Très heureux [surpris] de recevoir son cadeau, il est resté bouche bée [est resté ébahi] [il est resté la bouche ouverte].

헤벌쭉하다 형 être grand ouvert(*e*). ¶ 헤벌쭉한 얼굴로 고개를 끄덕이다 acquiescer avec un visage rayonnant.

헤비급 -級 명 (catégorie *f* des) poids *mpl* lourds. ¶ ~ 챔피언 le champion dans la catégorie des poids lourds.

헤비메탈 영{heavy metal} 명 ((musique)) hard rock *m*, *heavy metal m*. ¶ ~ 가수 un chanteur de hard rock, un chanteur de musique *heavy metal*.

헤식다 형 être déçu(*e*), découragé(*e*), cassant(*e*), friable; ((마음이)) être sensible. ¶ 어이가 없어 그는 헤식은 웃음만 머금었다 C'était si énorme [insensé] qu'il ne put que feindre un sourire [qu'il ne put qu'esquisser un faux sourire]. ¶ 헤식은 표정으로 머리만 긁적이다 se gratter la tête d'un air indécis.

헤아리다 타 ① 세다 compter; prendre en considération; tenir compte de *qc*. ¶ 날짜를 헤아려 보다 compter les jours, attendre impatiemment. ¶ 그 남자는 남은 돈을 헤아려 보았지만 턱없이 모자랐다 Il a vérifié la somme d'argent qui lui restait, mais c'était largement insuffisant. ¶ 아이는 엄마를 만날 날을 헤아리며 지냈다 L'enfant attendait avec impatience [impatiemment] le jour où il retrouverait sa mère / L'enfant passait ses journées à compter les jours qui le séparaient des retrouvailles avec sa mère [du jour où il retrouverait sa mère]. ② 수에 이르다 s'élever à un certain nombre important. ¶ 십만을 헤아리는 대군이 쳐들어왔다 Une armée d'environ 100 000 soldats nous a envahis. ¶ 경기장에 모여든 관중이 수천 명을 헤아릴 정도였다 Les spectateurs réunis à l'intérieur du stade se comptaient par milliers / Il y avait plusieurs milliers de spectateurs à l'intérieur du stade. ③ 가늠하다 estimer; prévoir *qc*. ¶ 그 남자는 그 여자의 마음을 헤아릴 수가 없었다 Il ne pouvait pas saisir ce qu'elle pensait [voulait]. ¶ 그 사람들은 헤아릴 길 없는 슬픔에 빠져 있었다 Une profonde tristesse s'empara d'eux.

헤어나다 타 ① se tirer ((d'une situation difficile)); échapper à ((un danger)). ¶ 어둠 속에서 ~ sortir des jours sombres. ¶ 위기에서 ~ s'échapper [se sortir] de la crise. ¶ 그 사람은 가난에서 헤어나려고 발버둥을 쳤다 Il s'est battu [Il a fait beaucoup d'efforts] pour se sortir de la pauvreté. ¶ 나는 그 남자의 굴레를 헤어나려고 노력했지만 허사였다 J'ai essayé en vain d'échapper à son emprise. ② ((떨쳐 버리다)) se débarrasser de *qc*. ¶ 그 남자는 피해의식에서 헤어나지 못한다 Il n'arrive pas à se débarrasser de son complexe de persécution. ¶ 나는 아들을 잃은 슬픔에서 헤어날 수가 없었다 Je n'ai pas pu surmonter la douleur de la perte de mon fils.

헤어드라이어 영{hair dryer} 명 sèche-cheveux *m inv*.

헤어스타일 영{hairstyle} 명 (style *m* de) coiffure *f*. ¶ 그녀는 ~을 자주 바꾼다 Elle change souvent de coiffure. ¶ 그녀의 새로운 ~은 사람들의 주목을 끌었다 Sa nouvelle coiffure n'est pas passée inaperçue.

헤어지다 자 ① se séparer de *qn*; quitter *qn*. ¶ 그 사람들은 저녁을 먹고 모두 헤어졌다 Ils se sont tous quittés après avoir dîné ensemble. ¶ 나는 친구와 헤어져 집으로 왔다 Après avoir quitté un ami, je suis rentré(*e*) chez moi. ¶ 우리는 헤어져야 한다는 아쉬움에 어찌할 바를 몰랐다 Nous avons eu beaucoup de peine au moment de nous quitter [au moment de notre séparation]. ② 관계를 끊다 quitter *qn* définitivement; divorcer d'avec *qn*; rompre avec *qc*. ¶ 그 남자는 그 여자와 헤어졌다 Il l'a quittée définitivement / Il a rompu avec elle / Ils ont rompu / Ils ne sont plus ensemble / C'est fini entre eux. ¶ 사랑하는 사람과 헤어진다는 것은 큰 충격이 된다 C'est un grand choc [très dur] de se séparer d'un être aimé. ③ 살갗이 터지다 ((la peau)) se gercer. ¶ 그 사람은 피곤해서 입술이 다 헤어졌다 Il est tellement fatigué qu'il a les lèvres gercées [fissurées]. ¶ 입안이 다 헤어졌다 avoir des aphtes.

헤엄 명 natation *f*, nage *f*. ¶ 그의 ~ 솜씨는 수영선수 수준이었다 Il nageait aussi bien qu'un nageur professionnel. ◇_(을) **치다** nager. ¶ 그는 ~을 잘 쳤다 Il a bien nagé. ¶ 바다를 ~쳐 건너가다 traverser la mer à la nage. ¶ 어항 안에서 금붕어들이 ~친다 Les poissons rouges nagent dans l'aquarium. *~ **잘 치는 놈 물에 빠져 죽고, 나무에 잘 오르는 놈 나무에서 떨어져 죽는다** Il n'est si bon cheval qui ne bronche.

헤이그만국평화회의 -萬國平和會議 명 【역사】 la conférence de la Haye sur la paix (1907).

헤죽거리다 자 sourire d'un air satisfait [d'un air amusé]; sourire d'un air ironique [d'un air moqueur]. ¶ 실없이 헤죽거리지 마 Arrête de rire bêtement!

헤지다 자 ☞ 헤어지다

헤집다 타 ① fouiller, fouiner, fureter; retourner ((la terre)). ¶ 무언가 찾으려고 쓰레기 더미를 ~ fouiller les poubelles pour trouver quelque chose. ¶ 그 남자는 장롱을 헤집어서 아내가 숨겨 둔 돈을 찾아냈다 Il a fouillé dans l'armoire et trouvé l'argent caché par son épouse. ¶ 그 아이는 무엇을 찾으려고 하는지 온 집안을 헤집어 놓았다 L'enfant a fouillé la maison de fond en comble [a fouillé la maison de la cave au grenier, a retourné la maison, a mis la maison sens dessus dessous] pour trouver je ne sais quoi. ② 사이를 통과하다 aller partout. ¶ 우리는 어둠을 헤집고 다녔다 Nous sommes allés partout dans l'obscurité. ¶ 우리는 날이 어둡도록 낙엽과 풀섶을 헤집고 다녔다 Nous sommes allé(e)s partout à travers les buissons et les feuilles mortes jusqu'à la tombée de la nuit. ③ 마구 떠오르다 ((un sentiment)) envahir. ¶ 두려움이 가슴을 헤집고 드는 듯했다 Une peur envahissait mon être entier [tout mon corps].

헤치다 타 ① 풀어 젖히다 se découvrir ((d'une veste)), se dévêtir ((d'une veste)). ¶ 그 사람은 더운지 가슴을 풀어 헤쳤다 Il a sûrement [peut-être] chaud, il a la poitrine à découvert [à nu, dévoilée]. ¶ 그 여자는 보자기를 헤치고 먹을 것을 꺼냈다 Elle a défait son ballot et a sorti de la nourriture. ② 흩어지게 하다 disperser *qc*; éparpiller *qc*. ¶ 헤쳐 모여! Rassemblez-vous de nouveau. ③ 좌우로 물리치다 fendre ((la foule)); se frayer [s'ouvrir] ((un chemin, un passage)). ¶ 그 남자는 사람들을 헤치고 앞으로 나아갔다 Il s'est frayé un chemin dans [à travers] la foule / Il a fendu la foule. ¶ 그 사람은 안개 속을 헤치고 우리에게로 달려왔다 Il a couru [s'est précipité] vers nous à travers le brouillard / Il a foncé dans le brouillard vers nous. ④ 뚫고 통과하다 avancer en se frayant un chemin. ¶ 배가 성난 파도를 헤쳐 나간다 Un bateau avance en fendant les vagues furieuses. ¶ 병사들은 정글을 헤치고 앞으로 나갔다 Les soldats avançaient en se frayant un chemin dans la jungle. ⑤ 이겨 나가다 survivre; surmonter. ¶ 그렇게 심약해서야 어떻게 험한 세상을 헤쳐 나가겠느냐? Comment peux-tu survivre dans ce monde sans pitié [cruel] en étant si vulnérable [si fragile]? ☞ 헤어나다

헤프다 형 ① 빨리 없어지다 ne pas être durable; s'user vite [facilement]. ¶ 이 비누는 좀 ~ Ce savon s'use vite. ② 알뜰하지 않다 ne pas regarder à la dépense; gaspiller *son* argent; jeter l'argent par les fenêtres; être (un(*e*) grand(*e*)) dépensi*er*(*ère*), gaspilleu*r*(*se*); être un panier percé, être prodigue. ¶ 그는 돈을 헤프게 쓴다 Il ne regarde pas à la dépense. / Il est dépensier. / C'est un grand dépensier. ¶ 그는 조금의 시간도 헤프게 쓰는 법이 없었다 Il n'a jamais gaspillé la moindre seconde. ③ 삼가지 않다 ne pas savoir tenir un secret, avoir la langue bien pendue; avoir la langue (bien) affilée; avoir la langue déliée; être bavard(*e*), volubile. ¶ 그는 말이 ~ Il a la langue bien pendue. ¶ 웃음이 헤프면 실없게 보인다 Si l'on sourit trop, ça a l'air hypocrite [faux]. ④ 정숙치 못하다 être hypocrite, fau*x*(*sse*), ((fille, femme)) être facile, lég*er*(*ère*). ¶ 나는 헤픈 사람으로 오해를 받았다 On se méprend à croire que je suis une femme facile [légère].

◆**헤피** 부 en gaspillant, avec prodigalité, à profusion. ¶ 돈을 헤피 쓰다 ne pas regarder à la dépense; gaspiller *son* argent; jeter l'argent par les fenêtres; être (un(*e*) grand(*e*)) dépensi*er*(*ère*), être un panier percé, être prodigue.

헤헤 부 ☞ 헤

헥타르 영{hectare} 의명 hectare *m*.

헬기 -機 영{helicopter-} 명 hélicoptère *m*. ☞ 헬리콥터

헬레니즘 영{Hellenism} 명 【역사】 hellénisme *m*. ¶ ~ 문화 culture hellénique. ¶ ~ 미술 art de la Grèce antique.

헬렐레 부 comme un ivrogne, comme en état d'ébriété[ivresse], comme si on avait un verre dans le nez {*fam*}, comme si on était bourré(e) {*fam*}, comme si on s'était bourré(e) la gueule {*fam*}. ¶ ~ 웃지만 말고 대답해 봐 Ne rigole pas comme si tu étais bourré(e) et réponds un peu!

◆_**하다** 자타 se comporter comme en état d'ivresse. ¶ 그 아이는 먹는 것만 보면 ~한다 Dès qu'il voit quelque chose à manger, cet enfant agit comme le dernier des ivrognes.

헬륨 영{helium} 명 hélium *m*. ¶ ~을 채운 비행선 ballon gonflé à l'hélium. ¶ 행성들의 주성분은 주로 수소와 ~이다 Les composants principaux des planètes sont l'hydrogène et l'hélium.

헬리콥터 영{helicopter} 명 hélicoptère *m*. ¶ 그는 ~를 타고 현장에 출동했다 Il est arrivé sur les lieux en [à bord d'un] hélicoptère. ¶ 구조용 ~가 도착했다 L'hélicoptère de sauvetage est arrivé. ¶ 산불이 심하여 산불진화용 ~가 접근을 할 수 없었다 Le feu était tel que l'hélicoptère ne pouvait pas s'approcher.

헬멧 영{helmet} 명 casque *m*. ¶ 이 공장에서는 ~ 착용이 의무입니다 Dans cette usine, le port du casque est obligatoire. ¶ ~을 쓰다 mettre un casque.

헬스클럽 영{health club} 명 club *m* de remise en forme. ¶ 그녀는 ~에서 몸매를 다듬는다[관리한다] Elle entretient sa ligne dans un club de remise en forme.

헷갈리다 타 ☞ 헛갈리다

헹가래 명 action de faire sauter *qn* en l'air (pour féliciter ou punir). ◇_(를) **하다[치다, 올리다]** faire sauter *qn* en l'air; porter *qn* en triomphe. ¶ 졸업식에서 선생님을 ~치다 porter en triomphe *son* instituteur lors d'une cérémonie de fin d'études.

헹구다 타 rincer. ¶ 빨래를 ~ rincer le linge. ¶ 머리를 ~ (*se*) rincer les cheveux.

혀 명 langue *f*. ¶ 음식을 먹다가 ~를 깨물다 se mordre la langue en mangeant. ¶ ~를 내밀며 놀리다 se moquer de *qn* en tirant la langue. ¶ 뜨거운 음식에 ~를 데다 se brûler la langue en mangeant trop chaud. ¶ ~로 핥다 lécher avec la langue. ¶ ~에서 살살 녹다 fondre doucement dans la bouche.

*~**를 굴리다** se la jouer. ¶ ~를 굴려 발음하다 prononcer en se la jouant. ¶ 어른 앞에서 함부로 ~를 굴리다 parler à tort et à travers devant les personnes âgées [devant les anciens].

*~**를 깨물다** serrer les dents. ¶ ~를 깨물며 수모를 견디다 supporter un affront, les dents serrées.

*~**를 내두르다** en être [rester] bouche bée [baba {*fam*}, ébahi(*e*), stupéfait(*e*)] (d'étonnement, de surprise, d'admiration); être béant d'admiration devant ((la verve de *qn*)); être bouche bée devant *qn*; ne pas en revenir; être émerveillé(*e*); tomber des nues. ¶ 누구의 뻔뻔스러움에 ~를 내두르다 en être [rester] bouche bée devant l'audace de *qn*. ¶ 어린아이의 실력이 보통이 아니라며 ~를 내두르다 être béat(e) d'admiration devant les capacités extraordinaires d'un enfant.

*~**를 놀리다** parler à tort et à travers. ¶ 조심성 없이 함부로 ~를 놀리다 parler à tort et à travers, parler sans réfléchir, ne pas surveiller *son* langage.

*~**를 빼물다** ① faire la moue, bouder. ② tirer la langue; avoir la langue pendante.

*~**를 차다** faire claquer *sa* langue en signe de désapprobation (ou de pitié). ¶ 누구의 몰염치한 행동에[을 보고] ~를 차다 faire claquer sa langue pour désapprouver la conduite effrontée [la conduite éhontée, l'impudence] de *qn*.

*~**가 꼬부라지다** se soûler; se bourrer la gueule {*fam*}. ¶ ~가 꼬부라지게 술을 마시다 se soûler, s'enivrer, se bourrer, se biturer, se noircir, se cuiter {*fam*}, prendre une cuite {*fam*}, se beurrer la gueule {*fam*}.

*~**가 굳다** ne plus pouvoir parler; avoir la langue paralysée. ¶ 당황하여 ~가 굳어서 한마디도 하지 못하다 ne plus pouvoir parler tellement on est troublé [déconcerté].

*~**가 닳도록 말하다[이야기하다]** ressasser *qc*; rabâcher *qc*; répéter cent fois la même chose [le même discours]; rebattre les oreilles de *qn*; radoter; répéter une chanson; seriner *qn*; répéter d'une manière fastidieuse.

*~**가 돌아가는 대로** parler à tort et à travers [sans réfléchir], ne pas surveiller *son* langage. ¶ 벌어진 입이라고 ~가 돌아가는 대로 그렇게 함부로 말하지 마라 Tourne sept fois ta langue dans ta bouche avant de parler / Ne parle pas à tort et à travers / Réfléchis avant de parler / Surveille ton langage.

*~**가 빠지게** ((travailler)) d'arrache-pied, sans repos ni trêve, sans relâche, sans répit, sans cesse, sans arrêt, du matin au soir; ((travailler)) très durement, comme un forçat, comme un bagnard, comme un esclave, comme un nègre {*fam*}, comme une bête (de somme), comme un fou, comme un malade, comme un bœuf, comme une brute, comme un forcené. ¶ 종일토록 ~가 빠지게 일하다 travailler d'arrache-pied du matin au soir, cravacher dur {*fam*} toute la journée, travailler très durement [comme un forçat, comme un bagnard, comme un esclave, comme un nègre, comme une bête (de somme), comme un fou, comme un malade, comme un bœuf, comme une brute, comme un forcené] toute la journée, se tuer [se crever] au travail toute la journée {*fam*}, cravacher dur toute la journée {*fam*}.

*~**(가) 짧다** avoir un cheveu sur la langue; zézayer, bléser, zozoter {*fam*}. ¶ 그는 ~가 짧다 Il a un cheveu sur la langue. / Il zozote. ¶ ~ 짧은 소리를 하다 zézayer, bléser, zozoter {*fam*}.

◆**_끝** 명 bout *m* la de langue. ¶ ~끝에 감도는 달콤함 ((paroles)) mielleuses. ¶ ~끝으로 맛을 보다 goûter avec le bout de la langue.

◆**_ㅅ바늘** 명 bouton *m* sur la langue. ¶ ~ㅅ바늘이 돋다[나다] avoir des boutons sur la langue.

◆**_ㅅ바닥** 명 langue *f*. ¶ ~ㅅ바닥으로 싹싹 핥다 lécher avec la langue.

혀끝 명 bout *m* de la langue. ¶ 그는 술로 ~을 축였다 Il a trempé sa langue dans l'alcool. ¶ ~에 도는 감촉이 정말 좋은 포도주임을 알려주고 있었다 Ce que l'on ressentait au bout de la langue nous disait que ce vin était vraiment un bon vin. ¶ 피곤해서 ~에 돌기가 났다 J'ai des boutons sur (le bout de) la langue à cause de la fatigue. ¶ 사탕이 ~에서 살살 녹는다 Le bonbon fond doucement dans la bouche. ¶ ~으로 맛을 보다 goûter avec le bout de la langue.

혁대 革帶 명 ceinture *f*. ¶ ~를 하다 mettre [boucler] *sa* ceinture. ¶ ~를 풀다 défaire *sa* ceinture.

혁명 革命 명 révolution *f*. ¶ ~ 세력 partisans de la révolution. ¶ ~을 완수하다 achever les tâches révolutionnaires. ¶ ~을 일으키다 soulever [amener, provoquer] une révolution. ¶ ~이 일어났다 La révolution a éclaté. ¶ ~이 성공했다 La révolution a porté ses fruits. ◇_(을) **하다[일으키다]** soulever [amener, provoquer] une révolution. ¶ 이번 기회에

의식을 ~하여야 할 것이다 Cette fois-ci, il faut changer d'esprit / Il faut profiter de cette occasion pour changer complètement les esprits [les consciences, l'esprit ((du peuple))].

◆_적 -的 명관 révolutionnaire, radical(ale, aux). ¶ ~적 사건 incident révolutionnaire. ¶ ~적 변화 changement révolutionnaire. ¶ ~적 사고 전환이 요구된다 On demande un changement radical de pensée. ¶ 그것이 우리 사회에 끼친 영향은 과히 ~적이다 Cet événement a énormément influencé notre société. ¶ 그의 작품은 ~적인 내용을 담고 있다 Son ouvrage est révolutionnaire.

◆_가¹ -家 명 révolutionnaire *mf*. ¶ 그는 타고난 ~가였다 C'était un révolutionnaire né.

◆_가² -歌 명 chant *m* révolutionnaire. ¶ 다함께 ~가를 소리 높여 불렀다 Nous avons tous chanté ensemble des chants révolutionnaires (à gorge déployée).

◆_군 -軍 명 armée *f* révolutionnaire.

◆_정부 -政府 명 gouvernement *m* révolutionnaire.

◆프랑스대_혁명 -大- 명 【역사】 la Révolution française.

혁신 革新 명 révolution *f* ((d'un système)); innovation *f* ((dans la littérature)). ¶ ~ 세력 force innovatrice. ¶ 기술 ~ innovation technologique. ¶ 교육의 ~ réforme de l'Éducation. ¶ 그의 교육론은 방법과 내용에서 일대 ~을 불러일으켰다 Sa théorie pédagogique était révolutionnaire. ◇_(을) **하다** rénover *qc*; innover en *qc*; réformer *qc*. ¶ 정치를 ~한 신정부 nouveau gouvernement ayant changé de [réformé sa] politique. ¶ 그 회사는 유통구조를 ~하여 가격을 낮추는 데 성공했다 Cette société a réussi à faire baisser les prix en réformant le système de distribution. ◇_(이) **되다** être rénové(*e*); être innové(*e*); être réformé(*e*). ¶ 우선 정신이 ~되어야 삶을 혁신할 수 있다 Il faut d'abord changer d'état d'esprit pour pouvoir changer de vie.

◆_적 -的 명관 rénova*teur*(*trice*), nova*teur*(*trice*), progressiste. ¶ ~적 이데올로기 idéologie progressiste. ¶ 그들은 ~적 개선 방안을 내놓았다 Ils ont énormément amélioré [réformé] ce projet (de loi). ¶ 그 여자의 변신은 ~적이었다 On n'avait jamais vue une telle métamorphose [un revirement si brutal] / Son revirement fut spectaculaire. ¶ 전시장에는 ~적이고 실험적인 작품들이 많았다 Il y avait beaucoup d'œuvres expérimentales et novatrices à l'exposition.

◆_안 -案 명 plan rénovateur.

◆_정당 -政黨 명 parti *m* progressiste.

◆_주의 -主義 명 progressisme *m*, réformisme *m*, révisionnisme *m*.

◆_파 -派 명 parti *m* progressiste. ¶ 수구파가 정권을 잡고 ~파를 타도했다 Le parti conservateur a battu son adversaire progressiste et a pris le pouvoir [s'est emparé du pouvoir].

혁파 革罷 명 abolition *f* [suppression *f*] ((des vieux systèmes)). ¶ 그들은 구제도의 ~를 위해서 온 힘을 기울였다 Ils ont fait le maximum pour abolir le vieux système. ◇_(를) **하다[시키다]** abolir ((un vieux système)); supprimer. ¶ 봉건적 사고방식은 ~ 해야 한다 Il faut supprimer la pensée féodale [moyenâgeuse]. ◇_(가) **되다** être aboli(*e*). ¶ 반상 제도는 ~되었다 Le système hiérarchique social a disparu [a été aboli].

혁혁하다 赫赫- 형 être éclatant(*e*), brillant(*e*), illustre. ¶ 혁혁한 전과를 올리다 remporter une victoire éclatante. ¶ 혁혁한 업적을 남기다 laisser d'illustres travaux.

현¹ 弦 명 ① 활 corde *f* ((d'un arc)). ¶ 그는 과녁을 향해 ~을 힘껏 당겼다 Il a tiré fort sur la corde de l'arc en direction de la cible. ② 【수학】 corde *f* (segment qui joint deux points d'un arc de courbe); hypoténuse *m*. ¶ 삼각형의 ~의 길이가 다른 두 변보다 긴 것을 둔각 삼각형이라 한다 On appelle un triangle à angle obtus [un triangle obtusangle, un triangle amblygone] un triangle dont la longueur de l'hypoténuse est supérieure à la somme de celle des deux autres côtés.

현² 絃 명 【음악】 corde *f*. ¶ 연주 도중에 바이올린의 ~이 끊어졌다 Une corde du violon s'est rompue lors de l'interprétation du morceau.

◆_악기 -樂器 명 【음악】 instrument *m* à cordes.

현³ 現 관 présent *m*; temps *m* présent. ¶ ~ 정권의 부패함에 온 국민이 일어섰다 Le peuple entier s'est insurgé contre la corruption du gouvernement actuel. ¶ 그는 ~ 서울시장이다 Il est actuellement le maire de Séoul. ¶ 전 회장과 ~ 회장이 이취임식을 하였다 L'ancien et le nouveau directeur ont fait la cérémonie de passation de pouvoir [de prise de fonction].

현⁴ 縣 명 préfecture *f*. ¶ 예전에는 말단 행정은 ~에서 처리했다 L'administration de troisième classe se faisait dans les préfectures autrefois.

현감 縣監 명 【역사】 préfet *m*; mandarin *m*. ¶ 우리 할아버지는 ~ 벼슬을 지냈다 Mon grand-père était préfet.

현격하다 懸隔- 형 ((différence)) être grand(*e*). ¶ 그들의 입장은 현격하게 다르다 Leur position est radicalement différente. ¶ 현격한 차이를 보이다 montrer une grande différence.

◆현격히 懸隔 부 grandement, considérablement. ¶ 수입이 현격히 줄어들었다 Les recettes ont considérablement diminué / Cela rapporte beaucoup moins qu'auparavant.

현관 玄關 명 ① vestibule *m*, porche *m*. ② entrée *f* ((d'une maison)). ¶ ~에 들어서다 entrer dans le vestibule. ¶ 그는 ~까지 나와서 선생님을 배웅했다 Il l'a raccompagné jusqu'au perron [jusque dans l'entrée].

◆_문 -門 명 porte *f* d'entrée. ¶ ~문을 열다 ouvrir la porte d'entrée.

현군 賢君 명 roi *m* sage; bon monarque *m*.

현금¹ **現金** 명 argent *m* comptant; fonds *mpl*; ((payer en)) espèces *fpl*, liquide *m* {*fam*}, ((payer)) cash *m* {*fam*}. ¶ ~수송 envoi d'espèces. ¶ ~으로 지불하다 régler en espèces; payer en espèces [en liquide]; payer cash {*fam*} [comptant]. ¶ ~으로 사다[팔다] acheter [vendre] au comptant. ¶ 수표를 ~으로 바꾸다 changer un chèque contre du liquide; toucher un chèque. ¶ 결제를 ~으로 하시겠습니까, 카드로 하시겠습니까? Vous payez [réglez] en liquide [en espèces] ou par chèque? / Vous préférez payer [régler] en liquide ou par chèque? ¶ 나는 수중에 ~이 없다 Je n'ai pas de liquide sur moi. / Je suis à sec.

◆**_화** -化 명 changement *m* en espèces. ¶ 수표를 ~화하다 toucher un chèque; changer un chèque en espèces.

◆**_결제** -決濟 명 【경제】 règlement *m* en espèces.

◆**_인출기[자동지급기]** -引出機[自動支給機] 명 distributeur *m* (automatique) de billets.

현금² **現今** 명 (temps *m*) présent *m*; maintenant, en ce moment; actuellement. ¶ ~의 사태는 실로 개탄할 만하다 La situation actuelle est vraiment déplorable.

현기 眩氣 명 vertige *m*, étourdissement *m*.

◆**_증** -症 명 vertige *m*, étourdissement *m*. ¶ 그는 갑자기 아찔한 ~증을 느꼈다 Il a soudainement été pris d'un vertige. / Tout d'un coup, il a eu la tête qui tournait. ¶ 나는 갑자기 ~증이 나서 그 자리에 주저앉았다 Soudainement pris(*e*) d'un vertige, je me suis effondré(*e*).

현달하다 顯達- 형 réussir dans la vie [dans le monde]; faire *son* chemin; faire une belle carrière; s'élever [arriver] à une haute situation. ¶ 현달한 선비 savant [érudit] qui a fait son chemin.

현대 現代 명 temps *m* présent; notre temps *m*; présent *m*; époque *f* contemporaine [moderne]. ¶ ~ 의학의 발달로 많은 질병이 정복되어 인간의 생명이 연장되었다 Grâce aux progrès de la médecine moderne, on peut maintenant guérir beaucoup de maladies jusqu'alors incurables et ainsi prolonger la durée de vie. ¶ 한국전쟁을 경계로 하여 한국은 ~로 넘어왔다 La Corée du Sud est passée dans le monde moderne après la guerre de Corée. ¶ ~는 과학 기술 문명의 시대이다 L'époque moderne se définit comme l'ère des sciences et des technologies.

◆**_적** -的 명관 contemporain(*e*), moderne. ¶ 그는 ~적 감각을 최대한으로 살린 사극을 쓰고 있다 Il est en train d'écrire un drame historique empreint d'un style très moderne. ¶ 최첨단의 ~적인 시설이 갖추어진 경기장이 건설될 예정이다 Ils ont pour projet la construction d'un stade très moderne avec toutes les technologies de pointe actuelles.

◆**_성** -性 명 modernité *f*.

◆**_화** -化 명 modernisation *f*. ¶ 한국음악의 ~화를 위해 노력하다 faire des efforts pour moderniser la musique coréenne. ¶ 기계 설비를 ~화할 필요가 있다 Il faut moderniser l'équipement des machines. ¶ ~화된 판소리는 고전적인 맛이 없다 Ce *pansori* modernisé n'est pas comme le [est très différent du] *pansori* classique.

◆**_극** -劇 명 【연영】 théâtre *m* contemporain. ¶ ~극과 고전극의 경쟁은 연극계의 발전을 위해 바람직한 것이다 La concurrence entre théâtre contemporain et théâtre classique est nécessaire [est plutôt une bonne chose] dans le monde du théâtre.

◆**_물** -物 명 【연영】 film contemporain; pièce *f* moderne. ¶ 저 배우는 주로 ~물에 많이 출연한다 Cet acteur joue essentiellement dans des pièces modernes [des films contemporains].

◆**_미** -美 명 beauté *f* [esthétisme] moderne. ¶ 이 건축물은 ~미와 고전미가 조화를 이루고 있다 Cet édifice harmonise la beauté [l'esthétisme] ancienne et la [l'esthétisme] beauté moderne

◆**_병** -病 명 maladie *f* la plus fréquente dans la société actuelle, nouveau m*al*(*aux*) *m* de la société. ¶ 스트레스가 ~병의 주요 원인이다 C'est le stress qui est le facteur principal [Le stress est le facteur principal] des maladies les plus fréquentes dans la société actuelle.

◆**_사** -史 명 【역사】 histoire *f* contemporaine. ¶ 그 전투는 ~사의 방향을 결정한 중대한 고비였다 Ce combat [Cette guerre, Cette bataille] fut l'un des tournants décisifs [un tournant décisif] de l'histoire contemporaine.

◆**_식** -式 관 style *m* moderne. ¶ 그들은 ~식 건물을 보고 어리둥절했다 Ils étaient un peu perdus devant ce bâtiment (de style) moderne.

◆**_어** -語 명 mot *m* contemporain.

◆**_인** -人 명 contemporain *m*. ¶ ~인의 삶에 있어서 가장 큰 적은 스트레스다 Dans la vie actuellement, le pire ennemi c'est le stress.

◆**_전** -戰 명 【군사】 guerre *f* contemporaine. ¶ ~전은 과거와 달리 전면전이다 Les guerres aujourd'hui sont des guerres totales.

◆**_판** -版 명 version *f* moderne [contemporaine]. ¶ 이 연극은 춘향전의 ~판이다 C'est la version moderne du film «Le chant de la fidèle Chunhyang». ¶ 인신매매는 ~판 노예제도나 다름없다 Le trafic d'êtres humains est la forme moderne (du système) de l'esclavage.

◆**_풍** -風 명 style *m* moderne.

현란하다¹ **絢爛**- 형 être splendide, magnifique, superbe, éblouissant(*e*), somptueu*x*(*se*); être brillant(*e*), éclatant(*e*), étincelant(*e*); ((색깔)) être gai(*e*). ¶ 현란한 드리블 기술을 보이다 montrer [faire preuve d']une éblouissante [étonnante] technique de drible. ¶ 현란하게 칠해진 색채 un coloris gai.

현란하다² **懸欄**- 형 être en désordre, désordonné(*e*). ¶ 현란하게 걸린 간판들 enseignes accrochées [installées] dans le plus grand désordre [sans aucune cohérence].

현령 縣令 명 【역사】 échelon *m* suprême d'un

fonctionnaire de l'époque Silla jusqu'à l'époque de Joseon.

현명하다 賢明- 형 être sage, intelligent(*e*), sagace, perspicace, sensé(*e*). ¶ 이 상황에 현명하게 대처해야 한다 Il faut faire face à cette situation avec sagacité. ¶ 현명한 선택 choix sage [intelligent]. ¶ 덕이 있고 현명한 인물 personne vertueuse et sage.

◆**현명히** 賢明 부 sagement, intelligemment, sensément. ¶ 현명히 대처하다 prendre sagement des mesures adéquates.

현모 賢母 명 mère *f* vertueuse [sage].

◆**_양처** -良妻 명 bonne épouse *f* et mère *f* vertueuse ¶ 우리 어머니는 전형적인 ~양처였다 Notre mère était un modèle (à la fois) de bonne épouse et de mère vertueuse.

현몽 現夢 명 apparition *f* en rêve d'une personne décédée ou d'un esprit. ¶ 이 관음상은 절의 주지가 ~을 얻어 발견한 것이라 한다 On dit que le maître du temple bouddhiste a découvert cette statue de bodhisattva suite à un rêve. ◇_(을) **하다** apparaître en rêve. ¶ 조상이 자손의 꿈에 ~을 하기도 한다 Chez certaines personnes, il arrive parfois que des ancêtres apparaissent en rêve.

현묘하다 玄妙- 형 être mystérieu*x*(*se*), secr*et*(*ète*). ¶ 현묘한 이치를 깨닫다 comprendre la raison secrète.

현무 玄武 명 【민속】 Hyeonmu, dieu *m* du Nord, esprit *m* (gardien) du Nord.

현무암 玄武巖 명 【지리】 basalte *m*.

현물 現物 명 objet *m*; article *m*, marchandise *f*. ¶ 차관을 ~로 갚다 rembourser un emprunt en nature. ¶ 무역대금을 ~로 결제하다 régler en nature le coût commercial. ¶ 물물교환은 ~로 거래를 하는 것이다 Le troc consiste en un échange d'objets.

현미 玄米 명 riz *m* non raffiné [mondé].

◆**_밥** 명 riz *m* cuit non raffiné.

현미경 顯微鏡 명 【물리】 microscope *m*. ¶ ~을 들여다보다 regarder au microscope. ¶ ~으로 관찰하다 observer au microscope.

현상¹ 現狀 명 état *m* actuel; situation *f* actuelle; statu quo *m*. ¶ 현재 여건에서는 ~을 유지하기도 힘들다 Dans les circonstances actuelles, il est même difficile de maintenir le statu quo. ¶ 정부는 ~을 극복하려는 의지가 부족한 듯하다 Le gouvernement ne semble pas avoir la volonté de surmonter la situation actuelle. ¶ ~을 잘 파악해야 대책을 세울 수가 있다 Il faut bien saisir l'état actuel pour pouvoir prendre des mesures.

◆**_유지** -維持 명 maintien *m* du statu quo. ¶ ~유지만 해도 다행이다 C'est déjà pas mal qu'on puisse maintenir le statu quo.

현상² 現象 명 phénomène *m*; apparence *f*. ¶ 핵가족화 ~ phénomène de famille nucléaire. ¶ 열대야 ~으로 잠을 이루기가 힘들다 Il est difficile de trouver le sommeil à cause de ces nuits aux chaleurs tropicales. ¶ 피부 노화 ~을 방지하는 화장품 cosmétiques contre le vieillissement de la peau.

◆**_계** -界 명 monde *m* du phénomène.

◆**_학** -學 명 【철학】 phénoménologie *f*.

현상³ 現像 명 développement *m*. ¶ 좋은 인화를 위해서는 ~시간을 지켜야 한다 Pour un bon tirage (photo), il faut respecter le temps de développement. ◇_(을) **하다** développer. ¶ 암실에서 필름을 ~하다 développer une pellicule dans une chambre noire. ◇_(이) **되다** être développé(*e*).

◆**_기** -機 명 agrandisseur *m*.

◆**_액** -液 명 révélateur *m*.

현상⁴ 懸賞 명 prix *m*; mise *f* à prix; concours *m*. ¶ 경찰은 용의자를 ~ 수배했다 La police a organisé une enquête sur un suspect avec mise à prix.

◆**_광고** -廣告 명 affiche *f* avec mise à prix.

◆**_금** -金 명 (montant *m* d'une) récompense *f*; (montant *m* d'un) prix *m*. ¶ 그 범인에게 ~금 500만원이 걸려 있다 Sa tête est mise à prix à cinq millions de wons. ¶ ~금을 두 배로 올렸다 On a doublé le montant du prix[de la récompense].

현생 現生 명 ce [bas] monde *m*.

◆**_인류** -人類 명 현재의 인류와 같은 종에 속하는 인류 homme *m* actuel, être *m* humain dans son état actuel de développement ((dans une conception évolutionniste)), dernier des quatre stades de l'évolution de l'humanité. ¶ ~ 인류는 호모 사피엔스라고 불린다 On appelle l'homo sapiens le dernier stade de développement de l'être humain.

현세 現世 명 ce (bas) monde *m*; vie *f* présente. ¶ ~의 복락만을 위해 기도하는 사람들이 많다 Il y a beaucoup de gens qui ne prient que pour le bonheur en ce bas monde.

◆**_적** -的 명관 terrestre. ¶ 그 종교는 ~적 세계관을 표방하였다 Cette religion a professé une vision du monde séculaire. ¶ ~적 가치만을 추구하는 삶은 한계가 있다 La vie qui ne recherche que les valeurs terrestres a ses limites.

◆**_주의** -主義 명 sécularisme *m*.

현손 玄孫 명 arrière-arrière-petit-fils *m*.

현수교 懸垂橋 명 【건설】 pont *m* suspendu. ¶ 새로 세워진 ~는 그 도시의 미관을 한층 돋보이게 했다 Le pont suspendu nouvellement construit a rehaussé la beauté de la ville.

현수막 懸垂幕 명 banderole *f*. ¶ ~을 걸다 accrocher une banderole. ¶ 거리마다 국회의원 후보들의 ~이 걸려 있다 À chaque rue sont accrochées les banderoles des candidats députés.

현숙하다 賢淑- 형 être vertueu*x*(*se*). ¶ 현숙한 아내 une femme[épouse] vertueuse.

현시¹ 現時 명 temps *m* présent; heure *f* actuelle; aujourd'hui. ¶ 그 사람의 선행은 ~를 사는 우리에게 시사하는 바가 많다 Ses actes de bonté nous parlent beaucoup en ces temps présents.

현시² 顯示 명 manifestation *f*, révélation *f*. ◇_(를) **하다** manifester; révéler. ¶ 그것은 무엇인가를 ~하려는 신의 계시였다 C'était une révélation de Dieu qui voulait manifester quelque chose.

현시대 現時代 명 époque *f* actuelle; temps *m* présent. ¶ ~의 문제점은 무엇인가? Quels sont les problèmes actuels? ¶ ~가 요구하는 인재는 어떤 사람인가? De quel genre d'homme notre époque a-t-elle besoin?

현시점 現時點 명 moment *m* présent. ¶ ~에서 볼 때 민생문제가 가장 시급한 현안이다 Vu la conjoncture présente, les problèmes concernant la vie du peuple constituent les points les plus urgents à résoudre.

현신 現身 명 ① action de se présenter devant un supérieur. ② 현세에서의 몸 réincarnation *f*. ¶ 구렁이를 죽은 삼촌의 ~으로 받아들이다 considérer le serpent comme la réincarnation d'un oncle défunt. ◇_(을) **하다** se présenter devant un supérieur. ¶ 누구에게 ~하다 se présenter devant *qn*. ¶ 왕비는 그 여자가 ~할 것을 겨우 허락했다 La reine l'a tout juste autorisée à se présenter.

현실 現實 명 réalité *f*. ¶ 이 작품은 분단 ~이 잘 반영되어 있다 Cette œuvre reflète bien la réalité du divorce (entre les deux Corées). ¶ 그는 ~을 직시하지 못하고 망상에만 사로잡혀 있다 Empêtré dans ses illusions, il ne peut voir la réalité en face. ¶ 내가 평생 품어 왔던 꿈이 드디어 ~로 다가왔다 Le rêve que j'ai couvé toute ma vie est enfin devenu réalité.

◆_**적** -的 명관 réel(*le*), actuel(*le*); réaliste. ¶ 그것은 우리에게 닥친 ~적 문제였다 C'était un réel problème auquel nous étions confrontés. ¶ 그 계획은 ~적으로 불가능하다 Ce projet est impossible à réaliser. ¶ 그들은 ~적인 방안을 제시하지 못하고 있다 Ils sont incapables de proposer un plan réaliste. ¶ 그는 그 누구보다도 ~적이다 Il est plus réaliste que quiconque.

◆_**성** -性 명 réalité *f*. ¶ 그것은 ~성 없는 계획이다 C'est un projet irréaliste. ¶ 뭔가 ~성을 띤 대안이 마련되어야 한다 Il faut préparer une solution de rechange marquée de réalisme.

◆_**화** -化 명 réalisation *f*; actualisation *f*. ¶ 꿈이 ~화되다 Le rêve se réalise. ¶ 그의 계획을 ~화하기에는 무리가 많이 따른다 La réalisation de son projet inclut beaucoup de contraintes.

◆_**감** -感 명 sens *m* de la réalité[des réalités]. ¶ 그의 이야기에서는 ~감을 느낄 수 없었다 À partir de son discours, on était dans l'incapacité d'appréhender la réalité. ¶ 그 사람은 도대체가 ~감이 없다 Il n'a aucun sens de la réalité. ¶ 이 작품은 ~감이 떨어진다 Cette œuvre manque de réalisme [vraisemblance réaliste].

◆_**도피** -逃避 명 fuite *f* de la réalité. ¶ 그러한 행동은 ~도피일 뿐이다 Une telle action n'est qu'une fuite de la réalité.

◆_**주의** -主義 명 【철학】 réalisme *m*. ¶ 그것은 ~주의적 작품이다 C'est une œuvre réaliste. ¶ 그는 ~주의자이다 C'est un réaliste.

◆_**참여** -參與 명 engagement *m*. ¶ 그는 학생 때부터 예술가의 ~참여를 주장해 왔다 Depuis le temps de ses études, il a revendiqué l'engagement des artistes. ¶ 그는 언제나 ~참여에 앞장서 왔다 Il n'a jamais été le dernier à s'engager.

현악 絃樂 명 【음악】 musique *f*. à cordes.

◆_**기** -器 명 【음악】 instrument *m* à cordes; cordes *fpl*.

◆_**사중주** -四重奏 명 【음악】 quatuor *m* à cordes.

현안 懸案 명 question *f* pendante [en suspens]; question *f* non résolue; affaire *f* non tranchée. ¶ 남북문제가 국정 ~으로 떠올랐다 Le problème des deux Corées apparaît comme une affaire d'État non encore résolue. ¶ 임금 인상 문제가 노사협상의 주요 ~이다 L'augmentation des salaires est la question cruciale en suspens dans les négociations [dans le dialogue] entre le patronat et les syndicats.

현업 現業 명 trav*ail*(*aux*) *m* actuel; occupation *f* présente; métier *m* actuel. ¶ ~을 떠나있다 avoir arrêté *son* activité professionnelle actuelle, ne plus travailler, être en retraite. ¶ 그는 ~에 만족하며 산다 Il est satisfait de son travail actuel.

현역 現役 명 ① fonction *f* actuelle. ¶ 그는 예순이 넘어서도 ~으로 활발히 활동하고 있다 Même après 60 ans, il travaille activement dans sa fonction. ¶ 그는 지난해에 ~에서 물러났다[은퇴했다] L'an dernier il a quitté ses fonctions [a pris sa retraite]. ② 【군사】 service *m* actif. ¶ 그는 ~으로 3년 간 복무했다 Il a fait 3 ans de service militaire.

◆_**병** -兵 명 【군사】 soldat *m* de l'armée active, soldat *m* en service.

현인 賢人 명 sage *m*. ¶ 예언자들과 ~들이 왕자의 탄생을 축하하러 왔다 Les prophètes et les sages sont venus congratuler la naissance du prince.

현자 賢者 명 sage *m*.

*~**의 돌** 【철학】 pierre *f* philosophale.

현장 現場 명 ① lieu(*x*) *m*; terrain *m*. ¶ 그들은 실제 작업에 앞서 ~ 답사를 나갔다 Ils se sont rendus sur le terrain avant de se mettre au travail. ② 사건이 일어난 곳 lieu *m* du crime. ¶ 살인사건이 일어난 ~이 경찰에 의해 봉쇄되었다 Le lieu de l'assassinat a été bouclé par la police. ③ 일이 진행되는 곳 lieu *m* de travail. ¶ ~ 경험이 풍부한 사람이 우리에게 필요하다 Nous avons besoin de gens qui ont beaucoup d'expérience sur le terrain. ¶ 그는 시공기간 동안 공사 ~을 떠나지 않았다 Il n'a pas quitté le chantier pendant toute la durée de la construction. ¶ ~에[으로] 출동하다 se rendre sur le terrain.

◆_**성** -性 réalité *f*.

◆_**감** -感 ambiance *f* du terrain, ambiance *f* [couleur *f*] locale ((comme si on y était)); réalisme *m*. ¶ 그의 설명은 ~감이 부족했다 Son explication manquait de réalisme. ¶ 그의 묘사는 ~감이 떨어진다 Sa description manque de réalisme.

◆_**감독** -監督 명 contremaître *m*.

◆_**검증** -檢證 enquête *f* sur le terrain [sur les lieux]. ¶ 경찰이 ~검증을 했다 La police a enquêté sur le terrain.

현재 現在 명 ① (temps *m*) présent *m*. ¶ ~ 주소를 기입하라 Inscrivez votre adresse actuelle. ¶ 우리의 미래는 ~에서 출발한다 Notre avenir commence dans le présent. ② 현세 【불교】 ce (bas) monde *m*. ③ 현재시제 【언어】 présent *m*. ¶ 초시적 ~ présent atemporel.

부 ① 지금 à présent, présentement. ¶ ~ 우리는 근대화의 과정에 있다 À présent, nous sommes dans le processus de modernisation. ¶ 그는 ~ 병원에 있다 Il est présentement à l'hôpital. ② 말한 그 순간 au moment présent. ¶ 오후 6시 ~ 접수가 마감되었다 À 18 heures présentement, la réception est fermée.

◆_**시제** -時制 명 【언어】 (temps *m*) présent *m*. ¶ ~시제로 된 문장 phrase au présent.

현저하다 顯著- 형 être remarquable [frappant(*e*), notable]. ¶ 지출이 현저하게 증가하다 Les dépenses ont notoirement augmenté. ¶ 현저한 변화를 보이다 changer notoirement.

◆**현저히** 顯著- remarquablement, notoirement. ¶ 휴가 기간이 되자 도심의 차량이 현저히 줄었다 Dès la période des congés, la circulation du centre-ville se réduit considérablement.

현정권 現政權 명 pouvoir *m* politique [régime *m*] actuel, gouvernement *m* en fonction[au pouvoir]. ¶ ~은 정통성을 갖추지 못했다 Le gouvernement actuel n'a pu conserver sa légitimité.

현정부 現政府 명 gouvernement *m* actuel. ¶ 통일 문제가 ~의 가장 큰 현안이다 La réunification reste la plus grande question en suspens pour le gouvernement actuel.

현존 現存 명 existence *f* actuelle. ¶ ~ 문화재 biens culturels existants. ¶ ~의 사회체제 système social actuel. ¶ 그는 2차 대전에 참가했던 몇 안 되는 ~ 인물이다 Il est un des rares survivants ayant participé à la Deuxième Guerre mondiale. ¶ 그의 ~ 작품은 거의 없다 Peu de ses œuvres subsistent.

◇_(을) **하다** exister (actuellement); subsister. ¶ ~하는 유명 인사 personnage célèbre [célébrité] en vie.

◆_**량** -量 명 【생물】 biomasse *f*.

현주소 現住所 명 ① adresse *f* actuelle. ¶ 주소 난에 본적과 ~를 따로 기입하게 되어 있었다 Dans la case « adresse », il fallait inscrire séparément l'adresse permanente et l'adresse actuelle. ② 현 상황 situation *f* actuelle. ¶ 남북 관계의 ~는 어디인가? Où en sont les relations Nord-Sud? ¶ 학교 교육의 ~는 어디인가? Où en est-on de l'éducation scolaire?

현지 現地 명 lieu(*x*) *m*; endroit *m*; place *f*. ¶ 그는 ~ 사정에 익숙한 사람을 안내원으로 고용했다 Il a employé comme guide une personne qui connaissait bien les lieux. ¶ 취재팀은 전쟁이 일어난 ~로 취재를 위해 어제 출국했다 Hier, une équipe de reporters a quitté le pays pour se rendre sur place dans le but de recueillir des informations sur la guerre.

◆_**답사** -踏査 명 enquête *f* sur les lieux.

◆_**로케이션** 영{-location} 명 décor *m* réel, ((film tourné en)) extérieur *m* réel.

◆_**법인** -法人 명 personne *f* juridique locale.

◆_**인** -人 명 indigène, autochtone. ¶ 그들은 히말라야 등반을 위해 ~인을 세르파로 고용했다 Pour l'ascension de l'Himalaya, ils ont fait appel des guides sherpas.

현직 現職 명 poste *m* [emploi *m*] actuel; occupation *f* [profession *f*] actuelle. ¶ 그는 ~ 경찰관이다 C'est un agent de police en activité. ¶ ~ 장관의 비리로 여론이 들끓고 있다 La concussion d'un ministre actuel [en exercice] agite l'opinion publique. ¶ ~에 있을 때 quand on est en activité [poste].

현찰 現札 명 argent *m* comptant [liquide *m*]; fonds *mpl*. ¶ 외국 여행을 할 때 ~을 몸에 지니고 다니는 것은 위험하다 Quand on voyage à l'étranger, il est dangereux de porter sur soi de l'argent liquide. ¶ 그는 늘 ~로 계산한다 Il règle toujours en liquide.

현충일 顯忠日 명 jour *m* commémoratif des morts au champ d'honneur.

현판 懸板 명 panonceau *m*; enseigne *f*. ¶ 그는 법률사무소라는 큰 ~을 직접 달았다 Il a accroché lui-même un grand panonceau indiquant «cabinet juridique».

◆_**식** -式 명 cérémonie *f* d'inauguration. ¶ 그는 사무실의 ~식을 성대하게 거행했다 Il a célébré en grande pompe la cérémonie d'inauguration de son cabinet.

현품 現品 명 article *m*, marchandise *f*. ¶ ~이 내일 저녁 도착할 것이니 찾아가시오 Comme l'article arrivera demain soir, venez le chercher.

현하 現下 명 à l'heure actuelle; en ce moment. ¶ ~의 정세 situation actuelle.

현학[1] 衒學 명 pédanterie *f*, pédantisme *m*. ¶ ~을 뽐내다 étaler *sa* pédanterie. ¶ ~과 궤변으로 일관하다 persister dans *sa* pédanterie et *son* argutie.

◆_**적** -的 명관 pédant(*e*). ¶ ~적으로 말하다 parler sur un ton pédant. ¶ ~적인 태도 attitude pédante. ¶ 그의 말은 너무 ~적이어서 이해하기가 힘들다 Ses propos sont trop pédants pour qu'on le comprenne bien.

현학[2] 顯學 명 grand(*e*) érudit(*e*), savant(*e*) éminent(*e*), grand lettré *m*. ¶ 국문학계 최고의 ~ le plus éminent lettré de la littérature coréenne.

현행 現行 명 (en) vigueur *f*. ¶ ~ 법률 loi en vigueur. ¶ ~ 제도 régime en vigueur. ¶ 무엇을 ~대로 유지하다 maintenir *qc* en vigueur.

◆_**범** -犯 명 【법률】 malfaiteur *m* pris en flagrant délit. ¶ ~범으로 체포하다 être pris(*e*) en flagrant délit.

◆_**법** -法 명 droit *m* en vigueur.

현혹 眩惑 명 séduction *f*, fascination *f*, envoûtement *m*. ◇_(을) **하다** séduire; fasciner; envoûter. ¶ 거짓 친절로 사람[사람의 마음]을 ~하다 séduire *qn* [le cœur de *qn*] par une fausse gentillesse. ¶ 화려한 포장으로 사람들의 눈을 ~하다 attirer le regard des gens par un emballage somptueux. ◇_(이) **되다**|**당하**

다] être séduit(*e*) [fasciné(*e*), envoûté(*e*)]; être sous le coup de la séduction [la fascination, l'envoûtement]. ¶ 미사여구에 ~되다 être séduit(*e*) par de belles paroles. ¶ 겉모습에 쉽사리 ~되다 être facilement séduit(*e*) par les apparences.

현황 現況 명 état *m* actuel; situation *f* actuelle; circonstances *fpl* actuelles; conditions *fpl* présentes. ¶ 전투 ~ état actuel des combats. ¶ ~을 살피다 scruter la situation actuelle. ¶ ~을 파악하다 saisir la situation actuelle.

혈 穴 명 caverne *f*; grotte *f*.

혈관 血管 명 【의학】 vaisseau *m* sanguin.

혈구 血球 명 【생물】 globule *m*.

혈기 血氣 명 ① 원기 vigueur *f* physique; force *f*; vivacité *f*. ¶ 얼굴에 ~가 없다 avoir le visage abattu. ② 의기 moral *m*; entrain *m*. ¶ 그는 젊은 ~를 주체할 수 없었다 Il ne pouvait maîtriser sa jeune vigueur. ¶ ~가 왕성하다 être plein de vigueur [d'énergie, d'entrain]; avoir bon moral.

혈뇨 血尿 명 【의학】 hématurie *f*; pissement *m* de sang {*fam*}.

혈담 血痰 명 【의학】 crachat *m* [expectoration *f*] sanguinolent(*e*).

혈당[1] 血糖 명 【의학】 glycémie *f*.

혈당[2] 血黨 명 membres *mpl* d'une bande qui font un pacte de sang. ¶ ~들의 모임 rassemblement de membres liés par un pacte de sang.

혈류 血流 명 circulation *f* sanguine.

◆**_량** -量 명 flux *m* sanguin.

혈맥 血脈 명 vaisseau(*x*) *m* sanguin. ¶ ~을 잇다 assurer la lignée.

혈맹 血盟 명 pacte *m* de sang. ¶ ~의 관계 lien créé par pacte de sang. ¶ ~을 맺다 nouer un lien par pacte de sang.

혈색 血色 명 teint *m*; couleur *f* (du visage). ¶ ~을 잃다 pâlir. ¶ ~이 좋다[나쁘다] avoir bonne [mauvaise] mine. ¶ 얼굴에 ~이 돌다 reprendre des couleurs ((pour un visage)).

◆**_소** -素 명 【생물】 hémoglobine *f*.

혈서 血書 명 texte *m* écrit avec *son* sang. ¶ ~를 쓰다 écrire un texte avec *son* sang.

혈세 血稅 명 impôt *m* très lourd. ¶ ~를 거두어들이다 lever un impôt très lourd.

혈소판 血小板 명 【의학】 plaquettes *fpl* sanguines.

혈안 血眼 명 yeux *mpl* injectés de sang. ◇**_이 되다** être frénétique; effréné(*e*); éperdu(*e*). ¶ 그는 일자리를 구하려고 ~이 됐다 Il se démène comme un damné pour trouver un emploi. ¶ 무엇을 하는 데에 ~이 되다 se lancer éperdument dans *qc*. ◇**_이다** se vouer à corps perdu. ¶ 그는 돈을 버느라고 ~이었다 Il ne pensait qu'à gagner du fric {*fam*}.

혈압 血壓 명 【의학】 tension *f* artérielle. ¶ ~을 재다 prendre la tension. ¶ ~이 오르다 La tension artérielle monte. ¶ ~이 높다 avoir de la tension.

◆**고_** 高 명 【의학】 hypertension *f*.

◆**저_** 低 명 【의학】 hypotension *f*.

혈액 血液 명 【의학】 sang *m*. ¶ ~ 검사 analyse du sang.

◆**_순환** -循環 명 【의학】 circulation *f* sanguine.

◆**_은행** -銀行 명 banque *f* du sang.

◆**_형** -型 명 【의학】 groupe *m* sanguin. ¶ ~형이 맞지 않아 수혈을 못하다 ne pouvoir recevoir du sang par incompatibilité de groupe sanguin. ¶ 그의 ~형은 A[B, AB, O]형이다 Son groupe sanguin est A [B, AB, O].

혈연 血緣 명 lien *m* du sang; parenté *f*. ¶ ~ 공동체 groupe de même parenté.

◆**_적** -的 명관 de parenté. ¶ ~적인 유대관계를 가지다 avoir des relations de parenté.

◆**_관계** -關係 명 lien *m* du sang; parenté *f*. ¶ 끈끈한 ~관계 solides liens de parenté.

혈우병 血友病 명 【의학】 hémophilie *f*.

혈육 血肉 명 sang *m* et chair *f*; enfants *mpl*; famille *f*. ¶ ~의 정 affection familiale. ¶ ~을 나눈 형제 frère consanguin. ¶ 슬하에 ~이 없다 ne pas avoir d'enfant(s) dans la famille.

혈장 血漿 명 【의학】 plasma *m* sanguin.

혈전[1] 血戰 명 guerre *f* sanglante [acharnée]. ¶ ~ 끝에 승리를 거두다 arracher la victoire à l'issue d'une guerre sanglante. ¶ ~을 벌이다[치르다] guerroyer avec acharnement [mener une guerre acharnée]. ¶ ~이 벌어지다 Une guerre sanglante se déroule.

혈전[2] 血栓 명 【의학】 caillot *m*.

혈족 血族 명 parent(*e*); parenté *f*; lien *m* du sang.

혈중 血中 명 dans le sang. ¶ ~ 알코올 농도 taux d'alcool dans le sang.

혈청 血清 명 【의학】 sérum *m* sanguin [immunisant].

혈통 血統 명 race *f*; sang *m*; lignée *f*; ascendance *f*; pedigree *m* ((pour les animaux)). ¶ ~을 잇다 assurer la lignée. ¶ 뛰어난 ~을 지니다 être de bonne race. ¶ 양반의 ~을 이어받다 être de race aristocratique, avoir du sang bleu (qui coule dans *ses* veines). ¶ ~이 그런 걸 어쩌겠느냐? Que pouvait-on en attendre d'autre avec une telle lignée?

혈투 血鬪 명 combat *m* sanglant. ¶ ~를 벌이다 mener un combat sanglant. ¶ ~에 ~를 거듭하다 continuer à se battre avec acharnement.

혈혈단신 孑孑單身 명 solitaire; tout(*e*) seul(*e*); sans famille. ¶ ~ 외토리 tout(*e*) seul(*e*) sans famille. ¶ ~으로 험난한 세파를 견디다 supporter tout(*e*) seul(*e*) les dures vicissitudes de la vie. ¶ 그는 ~으로 남하한 사람이다 C'est un homme qui a gagné la Corée du Sud tout seul.

혈흔 血痕 명 trace *f* [tache *f*] de sang. ¶ ~이 남다 rester taché(*e*) de sang.

혐오 嫌惡 명 aversion *f*; répugnance *f*; dégoût *m*; horreur *f*; abomination *f*. ¶ 인간 ~ misanthropie. ¶ 타락한 세상에 대한 ~ répugnance face à un monde décadent. ¶ 나는 그의 비열한 행동에 심한 ~를 느낀다

Je ressens une profonde aversion pour son comportement lâche. ¶ 무엇[누구]에 대한 ~로 가득하다 être rempli(*e*) de dégoût envers *qc*[*qn*]. ◇_(를) **하다** avoir de l'aversion [du dégoût, en horreur]; répugner; détester. ¶ 세상[전쟁]을 ~하다 avoir le monde [la guerre] en horreur. ¶ 누구를 몹시 ~하다 détester profondément *qn*.

◆_**스럽다** 형 être dégoûtant(*e*) [abominable, horrible, détestable]. ¶ 나는 그가 ~스럽다 Il m'est détestable. ¶ 누구의 태도가 ~스럽게 느껴지다 trouver abominable l'attitude de *qn*.

◆_**감** -感 명 sentiment *m* de dégoût. ¶ 누구에게 ~감을 주다[일으키다] inspirer du dégoût à *qn* [provoquer du dégoût chez *qn*]. ¶ 무엇에[누구에게] ~감을 느끼다 éprouver du dégoût envers *qc* [*qn*]. ¶ ~감이 일어나다[치솟다] avoir un sentiment de dégoût.

◆_**증** -症 명 phobie *f*; sentiment *m* de dégoût pathologique, répulsion *f* pathologique, mépris *m* viscéral. ¶ 인간 ~증 une misanthropie pathologique, un mépris viscéral pour le genre humain.

혐의 嫌疑 명 soupçon *f*, suspicion *f*. ¶ 범죄 ~ soupçon de crime [délit]. ¶ 살인 ~ soupçon d'assassinat. ¶ ~를 받다 être soupçonné(*e*) [suspecté(*e*)]. ¶ ~를 벗다[씻다] dissiper un soupçon [laver de tout soupçon].

◆_**자** -者 명 suspect(*e*). ¶ 테러 ~자 suspect(*e*) terroriste [de terrorisme].

협객 俠客 명 justicier(*ère*), homme *m* chevaleresque.

협곡 峽谷 명 gorge *f*, ravin *m*. ¶ 굽이진 ~ gorge en méandre.

협공 挾攻 명 attaque *f* des deux côtés [sur deux fronts, sur les flancs]. ¶ 수륙 ~ 작전 stratégie d'attaque par terre et par mer. ◇_(을) **하다** attaquer des deux côtés [sur deux fronts, sur les flancs]; prendre entre deux feux. ¶ 좌우에서 적을 ~하다 attaquer l'ennemi sur sa droite et sur sa gauche. ◇_(을) **당하다[받다]** être pris(*e*) entre deux feux.

협궤 挾軌 명 chemin de fer *m* étroit. ¶ ~ 열차 train à voie étroite.

협동 協同 명 coopération *f*, collaboration *f*. ¶ ~ 정신 esprit de coopération. ◇_(을) **하다** coopérer, *collaborer*. ¶ 누구와 ~하여 일을 처리하다 coopérer avec *qn* pour régler une affaire.

◆_**적** -的 명관 coopérati*f*(*ve*). ¶ ~적 노사관계 relation de coopération entre ouvriers et patrons. ¶ ~적인 태도 attitude coopérative.

◆_**성** -性 명 coopération *f*.

◆_**농장** -農場 명 ferme *f* coopérative.

◆_**심** -心 명 esprit *m* de coopération. ¶ ~심을 발휘하다 faire preuve d'esprit de coopération.

◆_**조합** -組合 명 coopérative *f*.

협력 協力 명 collaboration *f*, coopération *f*. ¶ 상호 ~ 관계 rapports de coopération mutuelle. ¶ 양국간 경제 ~ 방안 programme de coopération économique entre deux pays. ¶ 누구의 ~을 구하다 demander le concours de *qn*. ¶ ~을 아끼지 않다 ne pas être avare de *sa* collaboration. ◇_(을) **하다** coopérer, collaborer. ¶ 힘닿는 데까지 누구에게 ~하다 collaborer avec *qn* dans la mesure de *ses* forces. ¶ 이웃과 ~하여 골목의 눈을 치우다 dégager la ruelle de la neige avec le concours des voisins. ¶ 문제 해결을 위해 서로 ~하다 s'entraider pour la solution d'un problème.

◆_**자** -者 명 collabora*teur*(*trice*), coopérant(*e*).

◆_**업체** -業體 명 entreprise *f* partenaire.

◆_**체** -體 명 société *f* coopérative.

협박 脅迫 명 menace *f*. ¶ ~ 편지 lettre de menaces. ¶ 공갈 ~ chantage. ¶ 누구의 ~에 못 이겨 돈을 내놓다 donner de l'argent sous la menace de *qn*. ◇_(을) **하다** menacer; user de menaces. ¶ 채무자들을 ~하여 돈을 받아내다 récupérer *son* argent en menaçant *ses* débiteurs. ¶ 가족을 해치겠다고[돈을 내놓으라고] 누구를 ~하다 menacer *qn* de nuire à sa famille [en lui réclamant de l'argent]. ◇_(을) **당하다[받다]** être menacé(*e*). ¶ 누구에게[로부터] 수차례에 걸쳐 ~당하다 être menacé(*e*) plusieurs fois par *qn*.

◆_**문** -文 명 écrit *m* de menaces.

◆_**범** -犯 명 coupable de menaces.

◆_**장** -狀 명 lettre *f* de menaces. ¶ 누구에게 ~장을 보내다 envoyer une lettre de menaces à *qn*. ¶ 돈을 내놓으라는 ~장이 날아들다 recevoir une lettre de menaces demandant de verser de l'argent.

◆_**조** -調 명 ton *m* menaçant. ¶ ~조의 말 paroles sur un ton menaçant. ¶ 요구에 응하지 않자 ~조로 나오다 prendre un ton menaçant face au refus d'une demande.

협상 協商 명 négociation *f*; négociations *fpl*, pourparlers *mpl*; entente *f*. ¶ ~ 의사를 밝히다 déclarer son intention de négocier. ¶ 임금~ négociations salariales. ¶ ~의 여지를 남기다 laisser place à la négociation. ¶ 여당과 야당의 ~ négociations entre la majorité et l'opposition. ¶ ~을 재개하다 relancer la négociation. ¶ ~에 임하다 en venir à négocier. ◇_(을) **하다[벌이다]** négocier [engager la négociation]. ¶ 회사 측과 임금 인상 문제를 ~하다 négocier les problèmes d'augmentation de salaire avec la direction de l'entreprise. ¶ 무역 개방 문제를 놓고 일본과 ~을 벌이다 amorcer la négociation avec le Japon pour l'ouverture des échanges commerciaux. ¶ 현안에 대해 ~할 뜻을 밝히다 signifier *sa* volonté de négocier une affaire en suspens.

◆_**국** -國 명 pays *m* participant.

◆_**안** -案 명 proposition *f*. ¶ ~안을 내놓다[제시하다] déballer [faire] une proposition. ¶ ~안을 받아들이다[수용하다] accepter [agréer] une proposition.

협심 協心 명 accord *m*; unisson *m*. ◇_(을) **하다** être d'accord [à l'unisson]. ¶ 누구와 ~하여 일을 처리하다 régler une affaire en accord avec *qn*. ¶ 온 국민이 ~하여 경제 위기를 극복하다 Tout le peuple à l'unisson surmonte la crise économique.

협심증 狹心症 명 【의학】 angine *f* de poitrine.

협약 協約 명 convention *f*, accord *m*; pacte *m*, arrangement *m*; traité *m*, compromis *m*, contrat *m*, marché *m*; entente *f*. ¶ 상호 경제 원조 ~ accord pour entraide économique. ¶ ~을 위반하다 transgresser un accord. ¶ 저자와의 ~에 의해 en accord avec l'auteur. ¶ 환경 보전을 위한 세계 ~에 가입하다 entrer dans la convention internationale pour la protection de l'environnement. ◇_(을) **하다**[**맺다**] conclure un accord [traité, pacte, arrangement]; établir une convention. ¶ 회사 측과 근로 조건을 ~하다 conclure avec la direction de l'entreprise un accord sur les conditions de travail. ¶ 기업체들이 과당경쟁을 하지 않기로[않을 것을] ~하였다 Les entreprises ont passé un accord pour ne pas se livrer à la concurrence sauvage.

◆**단체_** 團體 명 【법률】 convention *f* collective.

협업 協業 명 trav*ail*(*aux*) *m* en collaboration. ◇_(을) **하다** faire un travail en collaboration.

협연 協演 명 【음악】 concert *m* (avec orchestre ou divers instrumentistes). ¶ 피아노 ~ concert avec piano. ◇_(을) **하다**[**가지다**] donner un concert. ¶ 오케스트라와 ~하다 donner un concert avec orchestre. ¶ 세계적인 연주자들이 모여 ~하다 donner un concert avec les meilleurs artistes mondiaux réunis.

◆**_자** -者 명 concertiste.

협의[1] 協議 명 délibération *f*, discussion *f*; consultation *f*; conférence *f*, arrangement *m*; débat *m*. ¶ 사전 ~ délibération préliminaire. ¶ 수차례의 ~를 거치다 délibérer en plusieurs séances. ◇_(를) **하다** délibérer; discuter; consulter; conférer. ¶ 경제 정책을 실무자들과 ~하다 discuter de politique économique avec des personnes habilitées. ¶ 당면 문제에 대해 누구와 ~하다 discuter avec *qn* de questions urgentes. ¶ 누구와 대책을 ~하다 délibérer avec *qn* de mesures à prendre. ◇_(가) **되다** être mis(*e*) en délibération [discussion, consultation]. ¶ 그 문제는 이미 ~된 사안이다 Cette question est un sujet déjà débattu.

◆**_조항** -條項 명 【사회】 clause *f* de délibération.

◆**_체** -體 명 corps *m* consultatif. ¶ ~체를 구성하다 constituer un corps consultatif.

◆**_회** -會 명 conseil *m*.

협의[2] 俠義 명 sens *m* strict. ¶ ~의 민주주의 démocratie au sens strict du mot. ¶ 평등에 대한 ~의 해석 interprétation stricte de la notion d'égalité. ¶ 무엇을 ~로 해석하다 prendre *qc* au sens strict.

협잡 挾雜 명 fraude *f*, fourberie *f*, tromperie *f*, escroquerie *f*, tricherie *f*. ◇_(을) **하다**[**부리다**] tricher sur *qc*; tromper *qn*, duper *qn*; faire [commettre] une escroquerie. ¶ 사기꾼과 ~하여 공금을 횡령하다 détourner des fonds en faisant de l'escroquerie à l'aide d'un complice.

◆**_꾼** 명 escroc *m*; imposteur *m*; fraudeu*r*(*se*).

◆**_질** 명 acte *m* d'escroquerie.

협정 協定 명 accord *m*, convention *f*, pacte *m*; arrangement *m*. ¶ 제네바 ~ la Convention de Genève. ¶ 평화 ~ accords de paix. ¶ 한미 행정 ~ Accord sur le statut des forces américaines en Corée (SOFA). ¶ ~을 체결하다 conclure un arrangement [un pacte]; signer [faire] une convention [un pacte, un accord, un traité]. ◇_(을) **하다**[**맺다**] conclure un arrangement [un pacte]; se mettre d'accord. ◇_(이) **되다** être conclu(*e*).

◆**_가격** -價格 명 【경제】 prix *m* fixé par un accord.

◆**_관세** -關稅 명 【경제】 tarif *m* douanier conventionnel.

◆**_서** -書 명 convention *f*, accord *m*, pacte *m*. ¶ ~서에 체결[사인]하다 conclure [signer] un accord. ¶ ~서를 교환하다 faire des accords communs [réciproques].

협조[1] 協助 명 coopération *f*, collaboration *f*, concours *m*; aide *f*. ¶ 시민들의 자발적인 ~ collaboration spontanée des citoyens. ¶ ~를 구하다[요청하다] demander le concours [le soutien, l'aide] de *qn*. ¶ ~를 얻다 recevoir le soutien [l'aide] de *qn*. ¶ ~를 아끼지 않다 ne pas ménager *son* aide; ne pas ménager *sa* peine [ne pas épargner *sa* peine, *ses* efforts] pour aider *qn*; faire de *son* mieux pour aider *qn*; faire tout *son* possible pour aider *qn*; faire le maximum pour aider *qn*; faire tout ce qui est en *son* pouvoir pour aider *qn*; faire feu de tout bois pour aider *qn*. ¶ 관련 기관의 ~로 문제를 해결하다 résoudre un problème par la collaboration des organismes intéressés. ◇_(를) **하다** collaborer [concourir] avec *qn*; coopérer à *qc*. ¶ 일의 진행을 위해 모든 것을 ~하다 faire de *son* mieux pour assurer le déroulement ((du projet)). ¶ 누구에게 ~하다 collaborer [concourir] avec *qn*. ¶ 경찰 수사에 ~하다 collaborer aux enquêtes de la police. ◇_(를) **받다** recevoir le soutien [l'aide] de *qn*.

협조[2] 協調 명 힘을 합하여 조화를 이룸 entraide *f*; aide *f* mutuelle; concours *m*, coopération *f*. ¶ 노사 ~ coopération direction-syndicat [entre le patronat et les syndicats]. ¶ 국제적인 ~를 도모하다 chercher à favoriser l'(entr)aide internationale. ◇_(를) **하다** s'entraider; se prêter concours mutuellement; coopérer; arriver à un accord; s'arranger avec *qn*. ¶ 문제가 해결되도록 누구와[서로] 최대한 ~하다 faire de *son* mieux pour régler un problème.

◆**_적** -的 명관 conciliant(*e*). ¶ ~적 노사 관계 rapports conciliants entre le patronat et les ouvriers. ¶ ~적인 태도 attitude conciliante.

협주 協奏 명 【음악】 accompagnement *m*. ¶ 바이올린 ~ accompagnement au violon. ◇_(를) **하다** accompagner.

◆**_곡** -曲 명 【음악】 concerto *m*. ¶ 모차르트의 피아노 ~곡 제 1번 1er concerto pour piano (et orchestre) de Mozart.

◆**_자** -者 명 accompagna*teur*(*trice*).

협착 狹窄 명 étroitesse *f*; rétrécissement *m*; constriction *f*. ◇_(이) 되다 être étroit(*e*), rétrécis(*e*), restreint(*e*).

◆_음 -音 명 【언어】 constrictive *f*.

◆_증 -症 【의학】 rétrécissement *m* ((de l'œsophage)).

협찬 協贊 명 concours *m*. ¶ 찬조금 ~ contribution financière. ◇_(을) 하다 prêter *son* concours à ((une exposition)). ¶ 수재민 돕기에 의류를 ~하다 donner des vêtements pour venir en aide aux sinistrés. ◇_(을) 받다 avec l'aide [le concours] de. ¶ 방송사의 ~을 받아 공연하다 faire un spectacle avec le concours de la télévision.

협회 協會 명 association *f*, société *f*. ¶ 문인~ association littéraire. ¶ 축구 ~ club de football. ¶ ~를 결성하다 former une association; fonder une société.

혓바늘 명 bouton *m* sur la langue. ¶ ~이 나다[돋다] avoir des boutons sur la langue.

혓바닥 명 surface *f* de la langue. ¶ ~을 날름거리다 agiter la langue. ¶ ~을 함부로 놀리다 parler à tort et à travers.

형[1] 兄 명 ① 친족 grand frère *m*, frère *m* aîné. ¶ 사촌~ cousin plus âgé que *soi*. ¶ ~과 동생 grand frère et petit frère. ② 남자들 사이에서 손위의 사람을 부르는 말 garçon *m* plus âgé que *soi* (pour les hommes); ancien *m*, aîné *m*. ¶ ~ 아우 하는 사이 relation d'amitié entre un aîné et son cadet.

*~ 만한 아우 없다 On ne peut jamais arriver à la hauteur d'un (frère) aîné.

◆_님 명 aîné *m*, ancien *m*.

형[2] 刑 명 peine *f*, punition *f*; sanction *f* pénale; pénalité *f*; ((체형)) correction *f*; ((벌금형)) amende *f*. ¶ 누구에게 ~을 선고하다[언도하다] prononcer une sentence contre *qn*. ¶ ~을 집행하다 exécuter une sentence; ((사형)) exécuter *qn*. ¶ ~이 집행되다 être exécuté(*e*). ¶ 그는 오늘 ~이 확정된다 Il sera exécuté aujourd'hui.

형[3] 兄 의명 garçon *m* [homme *m*] plus âgé que *soi* ((pour les hommes)); ancien *m*, aîné *m*. ¶ 김 ~, 같이 갑시다 Monsieur Kim, allons-y ensemble.

형[4] 型 의명 modèle *m*; style *m*, forme *f*. ¶ 새로운 ~의 물건 nouveau modèle ((de voiture)).

-형[5] 形 접미 forme *f*, format *m*. ¶ 계란~ forme ovale. ¶ 삼각~ (forme) triangulaire. ¶ 사각~ (forme) carré(*e*). ¶ 유선~ forme aérodynamique. ¶ 피라미드~ forme pyramidale.

-형[6] 型 접미 modèle *m*; type *m*, forme *f*. ¶ 기본~ modèle d'origine [de base]. ¶ 최신~ nouveau modèle; dernier modèle. ¶ 비만~ ((personne)) prédisposé(*e*) à l'obésité.

형광 螢光 명 fluorescence *f*. ¶ ~을 발산하다 émettre une fluorescence; être fluorescent(*e*).

◆_등 -燈 명 ① lumière *f* fluorescente; tube *m* fluorescent. ¶ ~을 켜다[끄다] allumer [éteindre] une lumière fluorescente. ② 둔한 사람 personne *f* dure à la détente {*fam*}; personne *f* lente à comprendre [réagir]; personne *f* qui a du retard à l'allumage {*fam*} [qui a toujours un train [métro] de retard {*fam*}, qui est toujours en retard d'une guerre {*fam*}]. ¶ 그 사람은 ~이다 Il a du retard à l'allumage {*fam*} / Il est lent à réagir / Il est dur à la détente {*fam*} / Il comprend vite, mais il faut lui expliquer longtemps / Il a toujours un train [métro] de retard {*fam*} / Il est toujours en retard d'une guerre {*fam*}. ¶ 그 사람 워낙 ~이다 Il est vraiment dur à la détente {*fam*} / Il faut vraiment lui expliquer longtemps / Il a vraiment du retard à l'allumage {*fam*}.

◆_물질 -物質 명 substance *f* fluorescente.

형구 刑具 명 instrument *m* de torture [supplice].

형국 形局 명 aspect *m*; situation *f*, phase *f*. ¶ 불리한 ~ situation désavantageuse. ¶ 자칫 잘못하면 내 목이 달아날 ~이었다 Un peu plus et j'y passais / J'ai bien failli y passer / C'était moins une.

형극 荊棘 명 épine *f*; souffrance *f*, peine *f*. ¶ ~의 길을 걷다 marcher sur un chemin de croix. ¶ ~의 삶을 살다 avoir une vie remplie d'épreuves.

형기 刑期 명 durée *f* d'une peine. ¶ ~를 마치다[채우다] finir de purger *sa* peine; purger *sa* peine jusqu'au bout; finir [terminer] *sa* peine; voir *sa* peine prendre fin. ¶ 그는 이번 달로 ~가 만료된다 Sa peine prend fin [expire, arrive à son terme] ce mois-ci.

형님 兄- 명 ① 형[1]의 높임 ((appellation respectueuse d'un frère aîné)). ② 손위 인척 ((appellation respectueuse d'un(*e*) aîné(*e*) ou d'un membre de *sa* famille (en particulier lorsqu'une belle-sœur appelle une belle-sœur aînée))).

형량 刑量 명 durée *f* d'une peine. ¶ ~을 낮추다 faire bénéficier à *qn* d'une remise de peine; diminuer la peine de *qn*. ¶ 1년의 ~을 선고하다 prononcer une peine d'un an de prison. ¶ ~이 가벼워지다 voir *sa* peine s'alléger.

형리 刑吏 명 *hyeongni m* <fonctionnaire de l'administration régionale chargée d'infliger des peines aux criminels à l'époque de Joseon>.

형무소 刑務所 명 prison *f*, pénitencier *m*.

형방 刑房 명 【역사】 *hyeongbang m* <bureau de l'administration chargée d'infliger des peines aux criminels au temps de Joseon>.

형벌 刑罰 명 peine *f*, punition *f*. ¶ ~을 가하다[주다] punir *qn*; appliquer [infliger, imposer] une peine à *qn*. ¶ ~을 받다 encourir une peine. ¶ ~에 처하다 appliquer [infliger, imposer] une peine à *qn*. ¶ ~로 다스리다 punir *qn*, châtier, *qn*; corriger *qn*.

◆_권 -權 명 droit *m* pénal.

형법 刑法 명 ① droit *m* pénal [criminel]; législation *f* criminelle. ② code *m* pénal.

형부 兄夫 명 beau-frère(*~x-~s*) *m*; mari *m* de la sœur aînée d'une femme.

형사[1] 刑事 명 inspecteur de police; détective *m*. ¶ ~ 기동대 gendarmerie mobile; Compagnie républicaine de sécurité, CRS. ¶ ~에게 쫓기다 être poursuivi(*e*) [recherché(*e*)] par un inspecteur de police.

◆_**대** -隊 명 troupe *f* de policiers.

형사² 刑事 명 【법률】 crime *m*; ((형용사)) pénal(*e*), criminel(*le*), en matière criminelle. ¶ ~ 사건 un crime, une affaire pénale [criminelle].

◆_**범** -犯 명 【법률】 criminel(*le*), inculpé(*e*).

◆_**법** -法 명 【법률】 code *m* pénal.

◆_**소송법** -訴訟法 명 【법률】 code *m* de procédure pénale.

형상¹ 形狀 명 forme *f*, configuration *f*, figure *f* ((géométrique)). ¶ 인간의 ~을 표현한 조각 statue qui représente un être humain. ¶ 도무지 ~을 알아볼 수가 없다 Il est complètement déformé / Il est méconnaissable.

◆_**기억합금** -記憶合金 명 【공업】 alliage *m* à mémoire de forme.

형상² 形象 명 ① '형상¹'과 같음 forme *f*, configuration *f*, figure *f* ((géométrique)). ② 관념 따위의 표현 figuration *f*.

◆_**화** -化 명 figuration. ¶ ~화하다 figurer. ¶ ~화되다 être figuré(*e*).

형색 形色 명 forme *f* et couleur *f*; apparence *f*. ¶ 초라한 ~ apparence pitoyable. ¶ ~이 말이 아니다 Ce n'est pas beau à voir.

형석 螢石 명 【광업】 fluorine *f*.

형설 螢雪 명 étude *f* assidue. ¶ ~의 공을 쌓다 travailler assidûment.

형성 形成 명 formation *f*. ¶ 인격 ~ formation du caractère [de la personnalité]. ¶ 자본 ~ formation de capitaux. ¶ 민족 국가의 ~ formation d'un État. ◇_(**을**) **하다**[**시키다**] former. ¶ 여론을 ~하다 éveiller l'opinion publique. ¶ 가치관을 ~하다 établir (correctement) l'échelle des valeurs (morales). ¶ 이주민들이 집단 거주지를 ~하였다 Les immigrés ont formé une habitation communautaire. ◇_(**이**) **되다** se former. ¶ 그곳에 마을이 ~되었다 Le village s'est formé ici. ¶ 인격이 ~되는 시기 période où le caractère se forge. ¶ 그들 사이에는 공감대가 ~되어 있다 Il s'est créé un lien de sympathie ente eux deux.

◆_**기** -期 명 période *f* de formation. ¶ 아동의 인격 ~기 période de la formation du caractère d'un enfant; période où le caractère d'un enfant se forge.

형세 形勢 명 ① 형편 situation *f*, état *m* de choses, conjoncture *f*. ¶ ~가 곤궁하다 être pauvre, indigent(*e*), nécessiteux(*se*). ¶ 집안 ~가 차츰 나아지다 aller de mieux en mieux sur le plan économique. ② 사정, 상황 perspective *f*, circonstances *fpl*. ¶ ~가 불리하다 Les circonstances sont peu favorables. ③ 웅장한 인상 grandeur *f*, magnificence *f*, splendeur *f*. ¶ 설악산의 ~ la splendeur du Mont Seorak. ¶ ~가 당당하다 être grand(*e*), grandiose, magnifique, splendide.

형수 兄嫂 명 belle-sœur *f*, épouse *f* d'un frère aîné (d'un homme).

◆_**님** 명 ((appellation respectueuse de l'épouse d'un (frère) aîné)).

형식¹ 形式 명 ① forme *f*, ((pure)) formalité *f*. ② mode *m*. ¶ ~상으로는 아무런 문제가 없다 Sur le plan formel [Pour la forme], il n'y a aucun problème. ¶ 회의의 ~ style d'une réunion. ¶ 질의응답 ~의 시험 épreuve orale. ¶ 자유로운 ~의 글 style libre. ¶ ~을 갖추다[차리다] être en bonne et due forme. ¶ ~에 얽매이다 s'attacher trop à la forme. ¶ 그것은 순전히 ~에 불과하다 Ce n'est qu'une simple formalité. ¶ ~보다는 실질을 더 중시하다 attacher plus d'importance au contenu qu'à la forme.

◆_**적** -的 명관 formel(*le*); de pure forme. ¶ ~적으로 진행되다 se dérouler formellement. ¶ ~적인 절차 procédures formelles. ¶ ~적인 대화[인사]를 나누다 échanger quelques mots formels [se présenter pour la forme]; échanger des salutations formelles.

◆_**성** -性 명 caractère *m* formel.

◆_**화** -化 명 formalisation *f*. ¶ ~화하다 formaliser. ¶ ~화되다 se formaliser.

◆_**논리** -論理 명 【언어】 logique *f* formelle.

◆_**명사** -名詞 명 【언어】 nom *m* grammatical.

◆_**미** -美 명 beauté *f* formelle; formalisme *m*.

◆_**의미론** -意味論 명 【언어】 sémantique *f* formelle.

◆_**주의** -主義 명 formalisme *m*. ¶ ~주의에 빠지다 tomber dans le formalisme.

◆_**형태소** -形態素 명 【언어】 morphème *m* grammatical.

형식² 型式 명 modèle *m*. ¶ 앞바퀴 구동 ~의 자동차 voiture à traction avant.

형언 形言 명 description *f*, expression *f*. ◇_(**을**) **하다** décrire, exprimer par la parole. ¶ ~할 수 없는[~못할] 고통 des souffrances indicibles [indescriptibles]. ¶ 그때의 기쁨은 무어라 ~하기 어려웠다 Ma joie était indicible [indescriptible].

형용 形容 명 ① forme *f*, figure *f*, apparence *f*. ② qualification *f*. ③ description *f*. ④ métaphore *f*. ◇_(**을**) **하다** qualifier, exprimer, décrire *qc*. ¶ ~하기 어려운 고통 des souffrances indicibles [indescriptibles]. ¶ 그 아름다움이란 말로 ~할 수 없다 Sa beauté est au-delà de toute qualification. ◇_(**이**) **되다** être qualifié(*e*).

◆_**사** -詞 명 【언어】 adjectif *m*; qualitatif *m*. ¶ ~사구 syntagme adjectival. ¶ ~사 구문 construction adjectivale. ¶ ~사적으로 쓰인 명사 substantif employé comme adjectif.

◆_**사문** -詞文 명 【언어】 phrase *f* adjectivale.

형이상학 形而上學 명 【철학】 métaphysique *f*.

◆_**적** -的 명관 métaphysique.

형이하학 形而下學 명 【철학】 science *f* physique.

◆_**적** -的 명관 physique.

형장¹ 刑場 명 lieu(*x*) *m* d'exécution. ¶ ~의 이슬로 사라지다 périr sur l'échafaud. ¶ 사형수가 ~으로 끌려갔다 Le condamné a été mené à l'échafaud.

형장² 刑杖 명 ((coups de)) fouet *m*, flagellation *f*.

¶ ~을 맞다 être fouetté(*e*); se faire corriger à coups de verges [fouet]; se faire flageller [fustiger].

형적 形迹 명 trace *f*, indice *m*, marque *f*, empreinte *f*. ¶ ~을 감추다 brouiller la piste. ¶ 누구의 ~을 알 길이 없다 Il n'a pas laissé d'empreinte.

형제 兄弟 명 ① ⦅남자의⦆ frères *mpl*. ② ⦅여자의⦆ sœurs *fpl*. ③ ⦅동포, 교우의⦆ frères *mpl*. ¶ 의좋은 ~ frères qui s'entendent bien. ¶ 나는 ~만 있는 집에서 자랐다 J'ai grandi dans une famille où il n'y avait que des garçons.

◆ **_애** -愛 명 amour *m* fraternel. ¶ 그들은 ~애가 남다르다[돈독하다] Ces frères s'entendent particulièrement bien / L'amour fraternel n'est pas un vain mot chez eux / Il y a entre eux un véritable amour fraternel [un amour fraternel sincère].

◆ **_자매** -姉妹 명 frères *mpl* et sœurs *fpl*, fratrie *f*. ¶ ~자매들이 한 자리에 모였다 Tous les frères et sœurs s'étaient réunis / La fratrie était au grand complet.

◆ **_지간** -之間 명 entre frères *mpl* (et sœurs *fpl*); fraternel(*le*). ¶ ~지간의 우애가 깊다 L'amour fraternel est (un amour) sincère.

형조 刑曹 명 【역사】 ministère *m* de la Justice (à l'époque de Goryeo et Joseon).

형질 形質 명 ① 【생물】 forme *f* et nature *f*. ② caractéristique *f*. ¶ 그 품종은 ~이 우수하다 Cette espèce [Cette race] a de très bonnes caractéristiques.

형체 形體 명 forme *f* (extérieure); apparence *f*, aspect *m*. ¶ ~를 갖추다 prendre forme. ¶ ~를 알아볼 수 없을 정도다 être complètement déformé(*e*); être méconnaissable. ¶ ~조차 찾아볼 수 없다 être complètement déformé(*e*). ¶ ~만 남았다 Il ne reste plus que le squelette. ¶ ~가 없다 être déformé(*e*).

형태 形態 명 ① 생김새 forme *m*, aspect *m*, apparence *f*. ¶ 건물의 배치 ~ disposition des bâtiments. ¶ 특이한 ~의 옷 vêtement dont la forme est particulière. ② 구조 forme *f*, type *m*. ¶ 다양한 ~의 압박을 가하다 exercer des moyens de pression divers. ¶ 일정한 ~를 갖추다 avoir une forme bien définie. ③ 【언어】 forme *f*. ④ 【언어】 morphe *m*.

◆ **_적** -的 명관 formel(*le*). ¶ ~적인 차이 différence de forme. ¶ 이 두 사물은 ~적으로 유사하다 Ces deux objets *se ressemblent morphologiquement*.

◆ **_론** -論 명 【언어】 morphologie *f*.

◆ **_미** -美 명 beauté *f* physique; beauté *f* de la forme. ¶ ~미를 갖추다 avoir une belle forme [apparence]; présenter bien.

◆ **_변화** -變化 명 【언어】 variation *f* morphologique.

◆ **_소** -素 명 【언어】 morphème *m*. ¶ 불연속 ~소 morphème discontinu. ¶ 영 ~소 morphème zéro.

◆ **_소 구조조건** -素 構造條件 명 conditions *fpl* structurelles des morphèmes [morphologiques].

◆ **_소적 표기법** -素的 表記法 명 représentation *f* morphologique.

◆ **_음소** -音素 명 【언어】 morphophonème *m* (예: 사이 ㅅ).

◆ **_음운규칙** -音韻規則 명 【언어】 règle *f* morphophonologique.

◆ **_주의** -主義 명 【언어】 morphologie *f*.

형통 亨通 명 conformité *f* aux désirs de *qn*. ◇_(을) **하다** être conforme aux désirs de *qn*; répondre à l'attente de *qn*. ¶ 만사가 ~하시기를 빕니다 Je prie pour que tout marche à souhait [tout aille bien].

◆ **만사_** 萬事- tout marche à souhait; tout va bien. ¶ 그렇게만 된다면 만사~이다 Il suffirait que cela s'arrange pour que tout aille bien.

형틀 刑- 명 instrument *m* de supplice. ¶ ~에 묶다 attacher ⦅un criminel⦆ sur un instrument de supplice pour l'interroger [pour un interrogatoire, pour lui faire passer un interrogatoire].

형편 形便 명 ① 상황 situation *f*, état *m*, cours *m* ⦅des événements⦆; marche *f* actuelle des choses; tournure *f* ⦅des événements⦆; circonstances *fpl*; état *m* des choses. ¶ ~에 따라 계획을 수정하다 modifier le plan selon la tournure que prendront les choses. ¶ 지금 ~으로는 다른 일에 신경을 쓸 수가 없다 Dans l'état actuel des choses [Dans les circonstances actuelles], on ne peut être préoccupé que par cela. ¶ 그곳은 ~이 좀 어때? Quelle est la situation actuelle là-bas? ② 살림살이 train *m* de vie; situation *f* économique. ¶ 우리 ~에 이만큼 먹고사는 것도 과분하다 Nous avons du mal à équilibrer le budget, mais nous pouvons déjà nous estimer heureux. ¶ ~이 넉넉하다 être à l'aise; vivre dans l'aisance. ¶ ...할 ~이 아니다 ne pas être en mesure de+*inf*; ne pas avoir les moyens de+*inf*. ¶ ~이 딱하다 être pauvre. ¶ ~이 어렵다[말이 아니다] être pauvre, être dans une situation financièrement difficile, avoir une situation familiale précaire, vivre dans la précarité, avoir du mal à joindre les deux bouts, avoir des fins de mois difficiles, tirer le diable par la queue, avoir des revenus tout juste [à peine] suffisants pour subvenir à *ses* besoins, avoir peine à vivre avec de maigres ressources, avoir juste [à peine] de quoi vivre [de quoi subvenir à *ses* besoins], vivoter péniblement, survivre péniblement, vivre chichement [petitement, au jour le jour], vivre dans la misère; ne pas avoir de quoi manger [de quoi vivre], subsister [vivoter] tant bien que mal, subsister difficilement [avec peine, péniblement], végéter. ¶ 그 사람은 끼니를 잇기도 어려운 ~이다 Il a du mal à joindre les deux bouts / Il tire le diable par la queue. ¶ 집안 ~이 날이 갈수록 어려워진다 La situation (économique de la famille) se détériore [empire] de jour en jour. ◇_(이) **없다** ① 나쁘다 être mauvais(*e*), médiocre. ¶ 판매 실적이 ~없다 Les résultats des ventes ne sont pas très prometteurs. ¶ 그 집의 요리는 맛이 ~없다 Ils ne font pas bien la cuisine. ¶ 성적이 ~없게 나왔다 Ton bulletin est nul. ¶ 그는 ~없는 사람이다 C'est une personne sans valeur. / C'est un vaurien [un voyou, un sale type, un type peu recommandable]. ② 중요치 않다 être insignifiant(*e*), minime; être sans importance.

◆_없이 뭐 considérablement; ((essuyer une défaite)) à plate couture. ¶ 우리 팀은 이번 경기에서 ~없이 졌다 Nous avons été battus à plate couture / Nous avons subi [essuyé] une défaite complète [humiliante] / Nous avons perdu sur un score sans appel. ¶ 집값이 작년에 비해서 ~없이 떨어졌다 Les prix de l'immobilier ont considérablement chuté par rapport à l'année dernière.

형평 衡平 명 équité *f*, équilibre *m*; balance *f* des forces; équité *f*, impartialité *f*. ¶ ~을 잃다 perdre l'équilibre. ¶ ~에 맞다 être équitable. ¶ ~에 어긋나다 ne pas être équitable.

◆_성 -性 명 équilibre *m*, impartialité *f*. ¶ ~성을 잃다 perdre l'équilibre. ¶ ~성을 고려하다 tenir compte de l'équilibre.

형해 形骸 명 charpente *f*, ossature *f*, squelette *f*. ¶ 무너진 건물의 ~ la charpente d'un édifice effondré. ¶ 앙상하게 ~만 남은 전통 tradition dont il ne reste plus grand-chose. ¶ 죽은 자의 ~조차 찾지 못했다 On n'a même pas pu retrouver son squelette.

형형색색 形形色色 명 toutes sortes *fpl*; toutes espèces *fpl*; ((형형색색의)) de divers sortes *fpl*, divers, de toutes les couleurs. ¶ ~의 꽃들 toutes sortes de fleurs.

혜서 惠書 명 lettre *f* (reçue d'un supérieur). ¶ 위로의 ~를 보내다 envoyer une lettre (d'un supérieur).

혜성 彗星 명 ① 【천문】 comète *f*. ¶ ~이 떨어졌다 J'ai vu (le passage d')une comète. ② ((비유적)) début *m* éclatant. ¶ ~같이[처럼] 등장한 사람 personne qui a fait un début [entrée] éclatant(*e*).

혜안 慧眼 명 œil *m* perspicace, vue *f* clairvoyante; perspicacité *f*, clairvoyance *f*, lucidité *f*. ¶ 멀리 내다볼 줄 아는 ~을 가지다[지니다] être clairvoyant(*e*). ¶ 그는 ~이 있어서 이런 일에 대비를 했다 Grâce à sa lucidité [clairvoyance], il a pu faire face à la situation.

혜택 惠澤 명 bienfait *m*, faveur *f*, avantage *m*. ¶ 세금 ~ avantages fiscaux. ¶ 문명의 ~ bienfaits de la civilisation. ¶ ~을 주다 faire une faveur à *qn*. ¶ ~을 누리다[받다, 보다, 입다] obtenir une faveur [des bienfaits] de *qn*. ¶ 국세의 ~이 국민들에게 골고루 돌아가고 있다 Les avantages fiscaux sont répartis équitablement entre tous les citoyens.

호[1] 號 명 pseudonyme *m*, nom *m* de plume. ¶ ~를 짓다 donner un pseudonyme à *qn*. ¶ ~를 부르다 appeler *qn* par *son* pseudonyme. ¶ 퇴계는 이황의 ~이다 Toegye est le pseudonyme de Yi Hwang.

호[2] 弧 명 【수학】 arc *m*.

호[3] 壕 명 【군사】 tranchée *f*. ¶ ~를 파다 creuser une [des] tranchée(s).

호[4] 號 분류 ① ((suffixe nominal)) numéro *m*. ¶ 그는 22 ~에 산다 Il habite au (numéro) 22. ② ((순서)) numéro *m*. ¶ 203 ~ 강의실 salle (de classe) numéro 203. ③ 간행 번호 numéro *m* ((spécial d'une revue)). ¶ 신년특집~ numéro spécial pour la nouvelle année. ¶ 이번 ~에 내 논문이 실리기로 되어 있다 Mon article sera publié [paraîtra] dans ce numéro. ④ ((활자의 크기)) taille *f* (d'affichage) des caractères. ¶ 10 ~ 활자로 인쇄되다 ((un texte)) être imprimé en taille 10. ⑤ ((畫布의 크기)) format *m* ((d'une toile)). ¶ 이 그림은 10 ~이다 C'est une toile de format dix.

호[5] 戶 분류 ((classificateur servant à compter les maisons)) maison *f* (particulière); famille *f*; porte *f*. ¶ 이 동네에는 29여 ~가 모여 산다 Dans ce quartier habitent 29 familles.

호[6] 뭐 pff ((onomatopée qui évoque un son [un bruit] de souffle)). ¶ 손을 ~ 하고 불다 souffler sur *ses* mains ((pour les réchauffer)).

◆_ _ 뭐 ((국음)) ((onomatopée qui évoque le son [le bruit] que l'on fait en soufflant sur *qc* de très chaud, de bouillant)). ¶ 추위로 곱은 손을 ~~ 불다 souffler sur *ses* mains gelées ((pour les réchauffer)). ¶ 국을 ~~ 불어가며 먹다 manger de la soupe en soufflant dessus pour la refroidir.

호[7] 감 Oh! ¶ ~! 놀라운 일이로군! Oh! c'est étonnant!

-호[8] -號 접미 ((suffixe nominal indiquant le nom d'un train, d'un bateau, d'un avion, d'une fusée ou d'une navette spatiale)). train *m*; bateau *m*, avion *m*, fusée *f*; navette *f* spatiale. ¶ 새마을~ train Saemaeul <train express de première catégorie qui ne dessert que les grandes villes>. ¶ 무궁화~ train Mugunghwa <train express de deuxième catégorie qui dessert les grandes et les moyennes villes>. ¶ 비둘기~ train de campagne, train omnibus, train Bidulgi <train de troisième catégorie qui dessert les petites villes>. ¶ 아폴로~ la navette spatiale Apollo.

-호[9] -湖 ((suffixe nominal indiquant le nom d'un lac)) lac *m*. ¶ 바이칼~ le lac Baïkal.

호-[10] 好- 접두 bon(*ne*), beau(*el*, *elle*, *eaux*). ¶ ~경기 bonne compétition. ¶ ~시절 belle saison; temps [saison] propice. ¶ ~적수 adversaire de taille; émule.

호-[11] 胡- 접두 chinois(*e*). ¶ ~콩 cacahouète, cacahuète, arachide. ¶ ~떡 petit pain chinois (fourré avec du sucre). ¶ ~주머니 poche.

호가 呼價 명 prix *m* offert [demandé]. ¶ ~ 백만 원의 외투 manteau proposé pour un million de wons. ¶ ~가 높다 Ils demandent un prix élevé.

◇_(를) 하다 donner un prix. ¶ 천만 원을 ~하는 물건 marchandise proposée à [pour] dix millions de wons.

호가호위 狐假虎威 명 gain *m* de pouvoir en empruntant la puissance d'autrui. ◇_(를) 하다 gagner en pouvoir en empruntant la puissance d'autrui.

호각[1] 號角 명 sifflet *m*. ¶ ~ 소리 son émis par un sifflet. ¶ ~을 불다 donner un coup de sifflet; siffler.

호각² 互角 명 égalité *f*; ((jeu, force)) égal(*ale*, *aux*); ((partie, match, rencontre)) équilibré(*e*). ¶ ((경기가)) ~을 이루다 être égal(*ale*, *aux*), être de force égale; faire jeu égal ((avec *qn*)); jouer ((au football)) à l'égal ((des joueurs professionnels)).

◆_**지세** -之勢 명 (être de) force *f* égale. ¶ 오늘 경기는 ~지세를 이루었다 Aujourd'hui, les deux équipes ont fait jeu égal / Aujourd'hui, nous avons assisté à un match très serré [une partie égale] / Aujourd'hui, les deux équipes étaient (presque) de force égale / Aujourd'hui, ce fut une partie égale [équilibrée]. ¶ ~이다 être de force égale.

호감 好感 명 bonne impression *f*, sympathie *f*. ¶ ~을 갖다[느끼다] avoir [éprouver] de la sympathie pour *qn*. ¶ ~을 사다 se faire aimer, plaire à *qn*; flatter *qn*. ¶ ~을 표시하다 exprimer de la sympathie à l'égard de *qn*. ¶ ~이 가다 inspirer de la sympathie à *qn*; trouver *qn* sympathique.

호강 명 luxe *m*, magnificence *f*, faste *m*, somptuosité *f*. ¶ ~에 겨운 소리를 하다 se plaindre alors qu'on vit dans l'opulence. ¶ 우리 형편에 이런 호사스러운 생활은 분에 넘치는 ~이다 C'est un luxe que je ne peux pas me permettre. ◇_(**을**) **하다**[**누리다**] mener un train de vie fastueux [luxueux]; vivre dans le luxe; vivre [nager] dans l'opulence. ¶ 친구 잘 둔 덕분에 내가 ~하는구나 Je vis dans le luxe grâce à mon ami(*e*). ¶ 있는 ~ 없는 ~ 다 하다 vivre [nager] dans la plus grande opulence. ◇_(**을**) **시키다** faire vivre *qn* dans le luxe [dans l'opulence]. ¶ 부모님을 ~시켜 드리다 faire vivre *ses* parents dans le luxe.

◆_**스럽다** 형 être luxueux(*se*), fastueux(*se*). ¶ 자식 잘 둔 덕에 ~스럽게 살다 vivre dans le luxe [l'opulence] grâce à *ses* enfants.

호객 呼客 명 racolage *m*. ¶ ~ 행위 racolage. ◇_(**을**) **하다** faire du racolage dans la rue; racoler (des clients dans la rue), rabattre; solliciter des clients.

호걸 豪傑 명 héros *m*; homme *m* vaillant; hercule *m*, colosse *m*; personnage *m* homérique. ¶ 그 남자는 ~의 풍모를 갖춘 사람이었다 C'était un véritable hercule [colosse]. ¶ 천하의 ~ un véritable hercule [colosse].

호격 呼格 명 【언어】 vocatif *m*.

◆_**어** -語 명 mot *m* en apostrophe.

◆_**조사** -助詞 명 particule *f* vocative.

호경기 好景氣 명 prospérité *f* ((des affaires, d'une compagnie)); animation *f* ((du marché)), boom *m*. ¶ ~를 누리다 avoir la prospérité; jouir de la prospérité. ¶ ~를 타다 prospérer.

호곡 號哭 명 (cri *m* de) lamentation *f*, gémissements *mpl*. ¶ 구슬픈 ~ 소리 gémissements. ◇_(**을**) **하다** pousser des gémissements; se lamenter.

호구¹ 戶口 명 nombre *m* de maisons [familles, ménages, foyers]; population *f*, nombre *m* d'habitants. ¶ ~를 조사하다[파악하다] recenser la population. ¶ ~가 증가했다 La population a augmenté.

호구² 虎口 명 ① gueule *f* de tigre. ② grand péril *m*, crise *f*. ¶ ~를 벗어나다 échapper à un grand danger; sortir d'un mauvais pas; se tirer d'affaire; se sauver de *qc*; s'en sortir. ¶ ~에 들어가다 descendre dans la fosse aux lions {*fam*}, tomber dans la gueule du loup {*fam*}; prendre un risque, risquer sa vie [peau {*fam*}]; entrer dans une passe difficile.

호구³ 糊口 명 subsistance *f*, gagne-pain *m inv*; ((gagner)) *sa* vie. ◇_(**를**) **하다** avoir juste [à peine] de quoi vivre [de quoi subvenir à *ses* besoins], avoir du mal à joindre les deux bouts, avoir juste ce qu'il faut pour vivre, tirer le diable par la queue, avoir des fins de mois difficiles; gagner difficilement *son* pain [*sa* vie], avoir des revenus tout juste [à peine] suffisants pour subvenir à *ses* besoins, subsister difficilement [avec peine, péniblement], vivoter [survivre] péniblement, subsister tant bien que mal, gagner tout juste *sa* vie, gagner à peine de quoi vivre, vivre chichement [petitement, médiocrement, au jour le jour], végéter. ¶ ~하기도 바쁘다 avoir du mal à joindre les deux bouts {*fam*}; tirer le diable par la queue {*fam*}; ne pas pouvoir joindre les deux bouts.

◆_**지책** -之策 명 moyens *mpl* de subsistance. ¶ ~지책을 마련하다[세우다] assurer à *sa* famille des moyens de subsistance; entretenir *sa* famille.

호구⁴ 虎口 명 pigeon *m* {*fam*}, poire *f* {*fam*}, imbécile, sot(*te*), naïf(*ve*), nigaud(*e*), gobe-mouche *m*, niais(*e*); jobard *m* {*fam*}, gogo *m* {*fam*}, jocrisse *m* {*vx*}. ¶ 누구를 ~로 알아? Tu me prends pour un pigeon ou quoi?

호국 護國 명 protection *f* de la nation. ¶ ~ 신앙 foi protectrice de la nation. ¶ ~ 영령 âmes protectrices de la nation. ¶ ~ 정신 esprit protecteur de la nation.

호기¹ 好機 명 occasion *f* favorable; bonne [belle] occasion *f*; moment *m* convenable [favorable, propice]; instant *m* favorable. ¶ ~를 잡다 saisir une bonne occasion; prendre la balle au bond. ¶ ~를 놓치다 manquer [laisser passer, rater {*fam*}] une (bonne) occasion.

호기² 豪氣 명 caractère *m* intrépide; tempérament *m* héroïque; intrépidité *f*, audace *f*, hardiesse *f*. ¶ ~를 떨다[보이다, 부리다] se montrer vaillant(*e*).

◆_**롭다** 형 être intrépide, héroïque; être ferme et brave; être hardi(*e*), audacieux(*se*). ¶ 영웅들의 ~로운 대화 discours plein de hardiesse des héros. ¶ 그는 ~롭게 술집으로 들어섰다 Il est entré dans le bar comme dans un saloon.

호기심 好奇心 명 curiosité *f*. ¶ ~을 유발시키다 piquer [exciter] la curiosité de *qn*. ¶ ~에 가득 찬 눈 des yeux remplis de curiosité. ¶ ~이 나다 s'intéresser à *qc*.

호남¹ 好男 명 ☞ 호남아

호남2 **湖南** 명 【지명】 la région *f* du Honam, les provinces *fpl* du Jeolla (Jeolla Namdo et Jeolla Bukdo). ¶ ~ 평야 les plaines du Honam.

◆_**선** -線 명 ligne *f* de chemin de fer du Honam ((entre Daejeon et Mokpo, reliant Daejeon à Mokpo)).

호남아 好男兒 명 bel homme *m*; beau [joli] garçon *m*; adonis *m*, apollon *m*, éphèbe *m*.

호도 糊塗 명 palliatif *m*, expédient *m*, moyen *m* de fortune; pis-aller *m inv*. ¶ 진실의 ~ action de maquiller [farder, cacher] la vérité. ◇_(를) **하다** dissimuler, cacher, maquiller, farder ((la vérité)). ¶ 사건의 본질을 ~하다 maquiller [farder, cacher] la vérité. ¶ 여론을 ~하다 manipuler l'opinion publique.

호되다 형 être atroce, horrible, affreux(*se*); être violent(*e*), rude, fort(*e*), extrême, excessif(*ve*). ¶ 호되게 얻어맞다 être grondé(*e*) [se faire gronder] vertement; être réprimandé(*e*) sévèrement; se faire passer un savon, recevoir un bon savon {*fam*}; se faire remonter les bretelles; se faire engueuler {*vulg*}; se faire gourmander [tancer {*litt*}]; se faire sonner les cloches; se faire incendier {*fam*}. ¶ 호된 시련 épreuve sévère. ¶ 호된 경험 une pénible [rude] expérience, une expérience éprouvante [douloureuse]. ¶ 정부는 국민으로부터 호된 비판을 받았다 Le gouvernement a été sévèrement critiqué par le peuple.

호두 명 【식물】 noix *m*.

◆_**나무** 명 noyer *m*.

호들갑 명 agitation *f*, énervement *m*. ¶ 별 것도 아닌데 웬 ~이냐? Pourquoi tu t'agites [t'excites] pour si peu? ◇_**을 떨다**[**부리다**, **피우다**] s'agiter; s'exciter.

◆_**스럽다** 형 être agité(*e*). ¶ 그는 왜 그리 ~스러운지 모르겠다 Je ne sais pas pourquoi il est si agité. ¶ 어찌나 ~스럽게 구는지 정신이 하나도 없었다 Je ne sais plus où donner de la tête tellement il y a d'agitation ici.

◆_**스레** 부 ((s'agiter)) dans tous les sens. ¶ 그녀는 ~스레 몸을 흔들었다 Elle s'agitait dans tous les sens.

호떡 胡- 명 *hotteok m* <petite crêpe ou galette d'origine chinoise fourrée au sucre>.

◆_**장수** 명 marchand(*e*) de *hotteok*.

◆_**집** 명 commerce *m* ambulant de *hotteok*.

*~**집에 불나다** faire un vacarme [un boucan] du diable, faire un bruit effroyable, être très bruyant(*e*).

호락호락 부 facilement. ¶ 그 사람은 그 정도 위협에 ~ 넘어갈 사람이 아니야 Ce n'est pas le genre de personne à se laisser intimider facilement par ce type de menace / Ce n'est pas une personne qui cède facilement à une telle menace [à de telles menaces]. ¶ 우리가 이렇게 ~ 당할 사람으로 보이느냐? Avons-nous l'air de personnes si faciles à duper? / Selon toi, sommes-nous aussi dupes [naïfs, crédules, faciles à duper?] / Est-ce qu'on a l'air si naïfs que ça? {*fam*}.

◆_**하다** 형 être facile, aisé(*e*); ne pas demander beaucoup d'efforts. ¶ 그 사람은 그렇게 ~한 사람이 아니다 Ce n'est pas une personne si facile à persuader [à convaincre]. ¶ 그 여자가 그렇게 ~하게 승낙했을 리가 없다 Je n'arrive pas à croire qu'elle lui ait si facilement donné son autorisation.

호란 胡亂 명 ① désordre *m*, confusion *f*. ② invasion *f* mandchoue.

◆**병자**_ 丙子- 명 【역사】 invasion *f* mandchoue de l'an 1636 [l'année *byeongja*].

호랑나비 虎狼- 명 【동물】 machaon *m*; grand porte-queue *m*.

호랑이 虎狼- 명 【동물】 tigre(*sse*).

*~ **굴에 가야 ~ 새끼를 잡는다** Qui ne risque rien n'a rien.

*~**도 제 말하면 온다** Quand on parle du loup, on en voit la queue.

*~**에게 물려가도 정신만 차리면 산다** À cœur vaillant, rien d'impossible / Il faut savoir garder son sang-froid en toutes circonstances.

호래아들 명 malotru *m*, butor *m*, mufle *m*, rustre *m*.

호령 號令 명 ordre *m*, commandement *m*; injonction *f*. ¶ 그 사람의 ~이 떨어지자 부하들은 혼비백산했다 Son ordre a complètement bouleversé l'esprit de ses subalternes. ◇_(을) **하다** crier un ordre, ordonner, commander ((*qc* à *qn*)); donner un ordre; hurler; pousser des hurlements; crier. ¶ 그 남자는 천하를 ~하던 사람이었다 C'était un homme de pouvoir sans pareil.

◆**불**_ 명 réprimande *f* violente.

호로 胡虜 명 métèque *m* {*fam*}.

◆_**자식** -子息 명 malotru *m*, butor *m*, mufle *m* {*fam*}, rustre *m* {*fam*}. ☞ 호래아들

호롱 명 lampe *f* à pétrole.

◆_**불** 명 lampe *f* à pétrole. ¶ ~불을 밝히다[켜다] allumer une lampe à pétrole.

호루라기 명 sifflet *m*. ¶ ~를 불다 donner un coup de sifflet.

호루루기 명 ☞ 호루라기

호르몬 영{hormone} 명 hormone *f*. ¶ ~이 분비되다 L'hormone est sécrétée.

◆_**제** -劑 명 préparation *f* hormonale.

호른 영{horn} 명 【음악】 cor *m*. ¶ ~을 불다 jouer du cor, souffler dans un cor.

호리 毫釐 명 quantité *f* minime.

호리다 타 fasciner *qn*, charmer *qn*, ensorceler *qn*, éblouir *qn*; séduire *qn*, ravir *qn*, captiver *qn*. ¶ 그 여자는 남자를 호리는 재주가 있다 Elle a le don [la manière, la technique] pour séduire les hommes / Elle connaît la manière [Elle sait comment faire, Elle s'est comment s'y prendre] pour séduire les hommes.

호리병 -瓶 명 bouteille *f* en forme de calebasse;

gourde *f*.

호리호리 부 minceur *f*, finesse *f*.

◆**하다** 형 être mince, fin(e). ¶ 그는 ~한 편이다 Il est plutôt mince.

호마 胡馬 명 cheval(*aux*) *m* mandchou (de Chine).

호명 呼名 명 ((faire l')) appel *m*. ◇_(을) **하다** appeler *qn* par son nom; désigner *qn* par son nom. ¶ 제가 ~을 하면 앞으로 나오세요 Avancez quand j'appelle votre nom. ◇_(이) **되다** être appelé(*e*) par *son* nom. ¶ 그 사람은 ~이 되자마자 앞으로 달려 나갔다 Il a couru en avant dès qu'on l'a appelé.

호모 영{homo} 명 homo *m*, homosexuel *m*, pédé *m* {*pop*}, pédéraste *m*, gay *m* {*fam*}, pédale *f* {*pop*}, tante *f* {*pop*}, tapette {*pop*}, lope(*tte*) *f* {*pop*}, folle *f* {*pop*}.

호미 명 【농업】 sarcloir *m*. ¶ ~로 김을 매다 désherber avec un sarcloir. ¶ ~로 땅을 파다 creuser la terre avec un sarcloir.

*~**로 막을 것을 가래로 막는다** Un point à temps en vaut cent.

◆**_질** 명 sarclage *m*. ¶ ~질을 하다 sarcler, extirper, désherber.

호밀 胡- 명 【식물】 seigle *m*.

호박[1] 명 【식물】 potiron *m*; citrouille *f*, courge *f*; courgette *f*.

*~**이 넝쿨째로 굴러 떨어졌다** Quelle aubaine! / Il a gagné le gros lot / Il a eu un sacré coup de chance [un bol inouï {*fam*}].

◆**_꽃** 명 fleur *f* de citrouille.

◆**_벌** 명 frelon *m*.

◆**_엿** 명 bonbon *m* caramélisé à la citrouille.

◆**_죽** -粥 명 bouillie *f* de citrouille.

◆**_씨** 명 semence *f* de citrouille.

***뒤로 ~씨를 까다** être hypocrite [sournois]; feindre d'être innocent.

호박[2] **琥珀** 명 【광업】 ambre *m* jaune; succin *m*.

호반 湖畔 명 bord *m* d'un lac. ¶ ~의 도시 ville située en bordure d'un lac.

호방하다 豪放- 형 être magnanime, généreux(*se*). ¶ 그 남자는 매우 호방한 사람이다 Il est très magnanime. ¶ 여기는 선조들의 호방한 기상이 느껴지는 곳이다 Dans cet endroit, on sent l'esprit magnanime de nos ancêtres.

호배추 胡- 명 chou(*x*) *m* chinois [de Chine].

호봉 號俸 명 niveau(*x*) *m* de salaire; échelon *m* de salaire. ¶ ~을 책정하다 établir le niveau de salaire. ¶ ~이 높다 avoir un salaire [un niveau de salaire, un échelon de salaire] élevé. ¶ ~이 올라가다 passer à un niveau [échelon] de salaire supérieur; avancer [monter] d'un échelon; être augmenté; avoir un meilleur salaire. ¶ 너는 몇 ~이니? À quel échelon de salaire es-tu? / Quel est ton échelon de salaire?

호부 護符 명 porte-bonheur *m*, grigri *m*, amulette *f*. ¶ ~를 지니고 다니다 porter [avoir sur soi] un porte-bonheur.

호사 豪奢 명 luxe *m*, magnificence *f*, faste *m*, somptuosité *f*. ¶ ~를 누리다[부리다] mener un train de vie fastueux; vivre dans le luxe [l'opulence]; mener grand train de vie.

◆**_스럽다** 형 être luxueux(*se*), fastueux(*se*), somptueux(*se*). ¶ 집을 ~스럽게 꾸미다 décorer la maison très luxueusement. ¶ ~스러운 생활 une vie luxueuse.

호사가 好事家 명 (grand) actif *m*; travailleur(*se*); touche-à-tout *m inv*; mêle-tout *m inv*, homme *m* à l'esprit entreprenant; bavard(*e*), moulin *m* à paroles, robinet *m* d'eau tiède. ¶ ~들이 꾸며낸 이야기 une histoire inventée [fabriquée] de toutes pièces. ¶ ~들의 입방아 le bavardage de moulins à paroles.

호사다마 好事多魔 명 Un événement heureux est souvent gâté par des ennuis; il n'y a pas de fête sans lendemain.

호상[1] **好喪** 명 deuil *m* propice [faste] ((d'une personne qui a vécu heureuse et longtemps)), mort *f* heureuse. ¶ ~을 당하다 connaître un deuil faste ((d'un parent mort au terme d'une longue et heureuse vie)). ¶ 건강하게 여든 살을 살고 돌아가셨으니 ~이다 Fort de ses quatre-vingt ans, il s'est éteint content.

호상[2] **護喪** 명 personne *f* qui s'occupe des cérémonies lors de funérailles, entrepreneur *m* de pompes funèbres *m*. ¶ ~을 맡다 s'occuper des cérémonies lors de funérailles. ◇_(을) **하다** organiser des funérailles.

호상[3] **互相** 명 mutualité *f*, réciprocité *f*.

호색 好色 명 luxure *f*, lascivité *f*, lubricité *f*, débauche *f*. ¶ ~에 빠지다 être lubrique, lascif(*ve*), licencieux(*se*), érotique, libidineux(*se*).

◆**_개한** -家漢 명 libidineux *m*; coureur *m* [de jupons], séducteur *m*, homme *m* à femmes, dom Juan *m*.

호소 呼訴 명 appel *m*; supplication *f*, sollicitation *f*, instances *fpl*. ¶ 그들의 애절한 ~에 모두 감동했다 On a tous été bouleversés par leurs supplications pathétiques. ◇_(를) **하다** faire appel à *qn*; adresser [présenter] une pétition [requête] à *qn*, en appeler à *qn/qc*. ¶ 그는 의사에게 통증을 ~했다 Il fait appel au médecin au sujet de sa douleur. ¶ 지나가는 사람들에게 도와달라고 ~했지만 아무도 도와주지 않았다 Malgré ses supplications, personne ne l'a aidé(e).

◆**_력** -力 명 force *f* convaincante. ¶ 그 사람의 말은 ~력이 있다 Ses paroles sont convaincantes. ¶ 그 여자의 노래에는 강한 ~력이 있다 Sa chanson est très émouvante.

◆**_문** -文 명 pétition *f*, requête *f*.

호송 護送 명 escorte *f*, convoi *m*. ¶ 경찰의 ~을 받다 être escorté(*e*) par la police. ¶ 이번에 우리가 죄수의 ~을 담당했다 Cette fois, c'était nous qui nous étions occupés de l'escorte du prisonnier. ◇_(을) **하다** escorter, convoyer, accompagner. ¶ 죄수를 ~하던

차량이 전복되었다 Le véhicule qui convoyait les prisonniers s'est renversé. ◇_(이) 되다 être escorté(*e*), convoyé(*e*), accompagné(*e*). ¶ 형이 확정된 수감자들이 교도소로 ~되었다 Leur sentence prononcée, les prisonniers furent conduits en prison sous bonne escorte.

◆_선 -船 명 navire *m* convoyeur [d'escorte]; escorteur *m*.

◆_차 -車 명 voiture *f* cellulaire; panier *m* à salade {*fam*}.

호수[1] 湖水 명 lac *m*. ¶ ~에 배를 띄우다 lancer un bateau sur le lac. ¶ 내 마음은 잔잔한 ~와 같다 Mon cœur est comme le lac tranquille.

◆_ㅅ가 명 bord *m* du lac.

호수[2] 號數 명 numéro *m* de maison [d'appartement]. ¶ 아파트의 ~ numéro d'appartement.

호수[3] 戶數 명 nombre *m* de maisons [de familles, de ménages]. ¶ 마을의 ~ le nombre de maisons du village.

호스 영{hose} 명 arrosage *m*, tuyau *m*. ¶ 소방 ~ une lance d'incendie. ¶ ~로 물을 뿌리다 envoyer de l'eau avec une pompe, arroser avec un tuyau.

호스테스 영{hostess} 명 ☞ 호스티스

호스티스 영{hostess} 명 serveuse *f* de bar *m*; barmaid *f*; entraîneuse *f*.

호스피스 영{hospice} 명 hospice *m*.

호시절 好時節 명 belle saison *f*; temps *m* [saison *f*] propice. ¶ ~을 맞다 avoir une belle saison. ¶ ~도 다 갔다 La belle saison est bien passée.

호시탐탐 虎視眈眈 부 guetter ((le bon moment, l'occasion favorable; l'héritage de *qn*)); épier; être à l'affût de *qc*; être aux aguets; convoiter. ¶ ~ 기회를 노리다 guetter [attendre] l'occasion favorable [le bon moment]. ¶ 도적들은 ~ 그 사람의 집에 들어갈 기회를 노렸다 Les voleurs ont guetté l'occasion de cambrioler sa maison.

호식 好食 명 bonne cuisine *f* [nourriture *f*], gastronomie *f*.

호신 護身 명 défense *f* personnelle. ¶ ~ 무기 arme de défense personnelle.

◆_술 -術 명 techniques *fpl* d'autodéfense. ¶ ~술을 배우다[익히다] apprendre les techniques d'autodéfense.

◆_용 -用 명 pour la défense personnelle. ¶ ~용 권총 pistolet d'autodéfense.

호심 湖心 명 centre *m* d'un lac.

호언 豪言 명 fanfaronnade *f*, hâblerie *f*, vantardise *f*. ◇_(을) 하다 fanfaronner. ¶ 반드시 자기가 이긴다고 그 사람은 ~을 했다 Il a déclaré en se vantant qu'il remporterait la victoire.

◆_장담 -壯談 명 vantardise *f*, fanfaronnade *f*. ¶ 그 사람은 이번에는 꼭 성공하리라고 ~장담하였다 Il jure fermement qu'il va bien réussir cette fois. ¶ 그가 그리 ~장담을 하니 한번 믿어 보자 Croyons-le d'autant plus qu'il le jure si fortement.

호연지기 浩然之氣 명 courage *m* de la vertu; satisfaction *f* totale, sentiment *m* de soulagement total. ¶ ~를 기르다[키우다] se ressourcer, reprendre des forces psychiques, retrouver de l'énergie; se libérer ((de contrariétés)).

호연하다 浩然- 형 être grandiose, magnifique, majestueux(*se*), superbe; être étendu(*e*), spacieux(*se*), vaste. ¶ 호연한 자세 une attitude grandiose, un air majestueux.

호열자 虎列刺 명 choléra *m*. ☞ 콜레라

호외 號外 명 édition *f* spéciale; numéro *m* spécial [d'un journal]. ¶ ~를 발행하다 publier un numéro spécial. ¶ ~를 돌리다[뿌리다] distribuer [faire circuler] un numéro spécial. ¶ 중대사건을 ~로 보도하다 annoncer un événement important dans une édition spéciale. ¶ ~요 ~! Demandez l'édition spéciale!

호우 豪雨 명 déluge *m*; pluie *f* torrentielle [diluvienne]; forte pluie *f*. ¶ ~ 피해 des dégâts dus à de fortes pluies. ¶ 장마철 ~ grosse pluie de la mousson. ¶ ~가 내린다[쏟아진다] Il pleut abondamment [à verse, à torrents].

◆_경보 -警報 명 alerte *f* au déluge. ¶ ~경보가 발령됐다 Une alerte au déluge a été déclarée.

◆집중_ 集中- 명 pluie *f* torrentielle localisée.

호위[1] 護衛 명 garde *f*, escorte *f*. ◇_(를) 하다 escorter *qn*, garder *qn*; protéger ((la vie de *qn*)). ¶ 그 분은 대통령을 ~하는 사람이다 Cette personne est le garde du corps du président. ◇_(를) 받다 être escorté(*e*), gardé(*e*), protégé(*e*). ¶ 오토바이의 ~를 받다 être escorté(*e*) par des motards. ¶ 국왕 내외는 군대에 의해 ~를 받았다 Le roi et la reine sont escortés par l'armée.

◆_대 -隊 명 troupe *f* d'escorte, garde *f*.

◆_병 -兵 명 escorte *f*; garde *m* du corps.

호위[2] 扈衛 명 garde *m* du palais. ◇_(를) 하다 garder le palais. ¶ 궁궐을 ~하다 garder le palais.

호위[3] 虎威 명 force *f* [influence *f*] des puissants. ¶ 그 사람이 감투를 쓰고 ~를 부리는데 가관이다 C'est du beau qu'il abuse de son influence après avoir été nommé à un poste!

호응 呼應 명 ① réponse *f*, réplique *f*. ¶ 많은 이의 ~을 불러일으키다 susciter l'accord d'une majorité. ¶ 지지자들의 ~에 힘입어 그 사람은 지친 몸을 일으켰다 Il s'est relevé, le corps fatigué, grâce au soutien de ses partisans. ¶ 그의 연설에 대한 청중의 ~은 컸다 La réponse de l'audience à son discours a été très forte et positive. ② 【언어】 accord *m*. ¶ 주어와 술어의 ~ accord du sujet avec le prédicat. ◇_(을) 하다 agir de concert avec *qn*; répondre à *qc*; agir de connivence avec *qn*. ¶ 그가 연설한 뒤 군중들이 이에 ~하여 궐기하였다 En réponse à son discours, le peuple s'est mis en action. ◇_(을) 받다[얻다] recevoir une réponse, une réplique, un accord. ¶ 새로운 정책은 국민들의 ~을 받지 못했다 La nouvelle politique n'a pas reçu l'accord du peuple.

호의[1] 好意 명 bienveillance *f*; bonne intention *f*; bonne volonté *f*; complaisance *f*, bonté *f*, amabilité *f*, obligeance *f*, gentillesse *f*; bons offices *mpl*. ¶ ~를 가지다 éprouver de la sympathie. ¶ ~를 베풀다 se montrer bienveillant(*e*); rendre service à *qn*, accorder [faire] une faveur à *qn*. ¶ 누구의 ~를 받아들이다[거절하다] accepter [refuser] les faveurs de *qn*. ¶ 남들의 ~를 경계하다 se méfier de la faveur des autres. ¶ 누구의 ~에 보답하다 rendre la politesse à *qn*; rendre la pareille à *qn*; renvoyer l'ascenseur {*fam*} à *qn*; payer *qn* de retour; revaloir ((예: Je te le revaudrai bien / Je te revaudrai ça)). ¶ 누구의 ~에 감사를 표시하다 remercier de la bienveillance de *qn*.

◆_**적** -的 명관 bienveillant(*e*), sympathique. ¶ 누구에게 ~적인 태도를 보이다 se montrer bienveillant(*e*) envers *qn*, témoigner de bienveillance [sympathie, complaisance] à *qn*. ¶ 누구를 ~적으로 대하다 être sympathique avec *qn*. ¶ 그 사람은 내게 ~적인 사람이다 Il m'est sympathique.

호의[2] 好誼 명 intimité *f*; relations *fpl* amicales.

호의호식 好衣好食 명 bons habits *mpl* et bonne nourriture *f*; vie *f* luxueuse; opulence *f*. ◇_(을) **하다** mener un train de vie fastueux; vivre dans le luxe [l'opulence]. ¶ 그는 아무런 걱정 없이 ~하면서 하루하루를 지냈다 Il a mené un train de vie fastueux sans souci.

호인 好人 명 homme *m* bon; brave homme *m*.

호재 好材 명 facteur *m* encourageant, indication *f* favorable. ¶ ~로 작용하다 opérer comme facteur encourageant. ¶ 이는 내게 더할 나위 없는 ~이다 C'est une excellente indication qui m'est on ne peut plus favorable.

호적[1] 戶籍 명 état *m* civil. ¶ ~에 올리다 inscrire à l'état civil. ¶ ~에 오르다 être inscrit(*e*) à l'état civil. ¶ 누구의 ~에 입적하다 être inscrit(*e*) à l'état civil de *qn*. ¶ ~에서 누구의 이름을 파내다 effacer[retirer, ôter, enlever] (le nom de) *qn* sur les registres d'état civil.

◆_**등본** -謄本 명 extrait *m* de l'état civil. ¶ ~등본을 떼다 demander un extrait de l'état civil.

◆_**초본** -抄本 명 extrait *m* de naissance.

◆_**부** -簿 명 registre *m* de l'état civil.

호적[2] 胡笛 명 sirène *f*, sifflet *m*. ¶ ~을 불다 siffler; donner un coup de sifflet.

호적수 好適手 명 adversaire de taille, émule, riv*al*(*ale*, *aux*). ¶ ~를 만나다 rencontrer un adversaire de taille.

호전[1] 好戰 명 bellicisme *m*; agressivité *f*; militarisme *m*; humeur *f* belliqueuse.

◆_**적** -的 명관 belliqueu*x*(*se*), guerri*er*(*ère*), agressi*f*(*ve*). ¶ ~적인 태도 un comportement belliqueux. ¶ ~적인 사람 une personne agressive.

◆_**성** -性 명 bellicisme *m*; agressivité *f*; militarisme *m*; humeur *f* belliqueuse.

호전[2] 好轉 명 amélioration *f* ((de la situation)), progrès *m*. ¶ 병세에 아무런 ~이 없다 Il n'y a aucune amélioration de la maladie. ◇_(을) **하다** s'améliorer, prendre une bonne tournure; tourner bien. ¶ 그의 건강이 점점 ~하고 있다 Il va de mieux en mieux. ¶ 양국 간의 관계가 ~했다 Il s'est produit une amélioration dans les relations entre ces deux pays. ◇_(이) **되다** s'améliorer, prendre une bonne tournure. ¶ 병세[증세]가 ~되다 La maladie prend une bonne tournure. ¶ 경기가 ~된다 La situation économique prend une bonne tournure. ◇_(을) **시키다** améliorer. ¶ 병을 ~시키다 améliorer l'état de santé ((d'un patient)); guérir la maladie.

호젓하다 형 être désert(*e*), être isolé(*e*), écarté(*e*), reculé(*e*); être solitaire, triste, esseulé(*e*); être calme, tranquille, paisible, silencieu*x*(*se*). ¶ 나는 호젓한 시골에서 한가하게 여생을 보내고 싶다 Je veux passer le reste de ma vie dans la campagne tranquille.

◆**호젓이** 부 seul. ¶ 그 남자는 애인과 단 둘이 호젓이 있는 기회를 만들고 싶었다 Il voulait avoir une occasion d'être seul avec sa petite amie.

호조[1] 好調 명 bon état *m*; bonne condition *f*, bonne marche *f*, bon fonctionnement *m*. ◇_**를 보이다[띠다]** présenter une [se montrer en] bonne marche, un bon état, une bonne condition. ¶ 올해 수출이 ~를 보이고 있다 Les exportations de cette année se portent bien. ◇_**이다** être en bon état.

호조[2] 戶曹 명 【역사】 ministère *m* des Finances.

호조건 好條件 명 bonne condition *f*, condition *f* intéressante. ¶ ~을 제시하다 proposer de bonnes conditions. ¶ ~을 지니다 avoir une bonne condition.

호족 豪族 명 famille *f* puissante. ¶ 지방 ~ une puissante famille de province.

호주[1] 戶主 명 chef *m* de famille; maître(*sse*) de maison.

◆_**제** -制 명 système *m* patriarcal de désignation du chef de famille (auprès de l'état civil). ¶ ~제 폐지 운동 mouvement pour l'abolition du système patriarcal de désignation du chef de famille.

호주[2] 濠洲 명 Australie *f*. ¶ ~ 사람 Australien(*ne*).

호주머니 胡- 명 poche *f*. ¶ ~를 뒤지다 fouiller une poche. ¶ ~를 털다 vider *sa* bourse. ¶ ~에 손을 넣다[찌르다] enfoncer la main dans *sa* poche. ¶ ~가 두둑하다 avoir les poches pleines [bien remplies].

호청 명 (('홑청'의 잘못)) ☞ 홑청

호출 呼出 명 appel *m*; convocation *f*. ¶ 검찰[경찰]의 ~ 명령 une convocation du ministère public [de la police]. ¶ 국장실에서 ~이 왔다 Il y a un appel du chef. ◇_(을) **하다** convoquer *qn*; biper *qn*, essayer de joindre *qn* sur son bipe(u)r. ¶ 삐삐로 누구를 ~하다 biper *qn*, appeler *qn* sur *son* pager [pageur, biper, bipeur]. ¶ 저를 ~하신 분을 바꿔주시겠어요? Pourriez-vous me passer la personne qui m'a appelé(*e*) sur mon bipeur, s'il vous plaît! ◇_(이) **되다** être appelé(*e*), convoqué(*e*). ¶ 경찰에 ~되다 être convoqué(*e*) par la police. ◇_(을) **받다** recevoir un appel; ((의사가)) être bipé(*e*). ¶ 그는 사장의 ~을 받았다 Il a reçu un appel du chef.

◆_기 -機 명 pager *m* [pageur *m*], biper *m*, bipeur *m*.

호치키스 영{Hotchkiss} 명 agrafeuse *f*. ¶ 종이에 ~를 찍다 agrafer des feuilles de papier.

호칭 呼稱 명 ① nom *m*, titre *m*, dénomination *f*, appellation *f*. ¶ ~을 바꾸다 changer d'appellation. ¶ 누구에게 사장이라는 ~을 쓰다 appeler *qn* patron. ② 【언어】 terme *m* d'adresse. ◇_(을) 하다 appeler *qn*. ¶ 사람들은 그에게 '회장님'이라고 ~을 했다 Les gens l'appelaient monsieur le président. ◇_(이) 되다 s'appeler.

호콩 胡- 명 【식물】 cacahuète *f*, cacahouète *f*; arachide *f*.

호쾌하다 豪快- 형 être robuste, dynamique. ¶ 그는 성격이 ~ C'est un homme dynamique. ¶ 그는 호쾌한 웃음을 웃었다 Il a un rire homérique.

◆호쾌히 豪快 부 avec plaisir, sans hésitation. ¶ 그는 나의 도움 요청에 호쾌히 응낙했다 Il a accepté ma demande avec plaisir.

호탕하다 豪宕- 형 être large, généreu*x*(*se*), grand(*e*). ¶ 그는 성격이 ~ Il a un cœur généreux. ¶ 호탕한 웃음 un rire homérique.

호텔 영{hotel} 명 hôtel *m*. ¶ ~ 투숙객 client(*e*) d'un hôtel. ¶ ~에 묵다[숙박하다, 투숙하다] loger, séjourner.

◆_업자 -業者 명 hôteli*er*(*ère*).

호통 명 rugissement *m*, hurlement *m*, vocifération *f*. ¶ 그분의 ~에 모두들 겁을 먹었다 On avait peur à son hurlement. ¶ 아버지의 ~이 떨어졌다 Le père a hurlé. ◇_(을) 치다 rugir, hurler; vociférer, vitupérer {*litt*}, réprimander, admonester, gronder. ¶ 선생님은 우리에게 ~을 치셨다 Le professeur nous a grondé(*e*)s. ¶ 그분은 자식들에게 다시는 그런 일을 하지 말라고 ~을 치셨다 Il a crié à ses enfants de ne jamais répéter cela.

호투 好投 명 【운동】 bon lancer *m*. ¶ 그 투수의 ~로 우리 팀은 승리를 거두었다 Nous avons gagné grâce à ses bons lancers. ◇_(를) 하다 bien lancer. ¶ 투수가 ~했다 Le lanceur a bien fait [joué].

호패 號牌 명 【역사】 *hopae m* <plaque d'identité au 19ᵉ siècle en Corée>.

호평 好評 명 bonne réputation *f* [renommée *f*]; critique *f* favorable. ¶ 그 작품에 대한 평론가들의 ~은 엄청났다 La critique sur cette œuvre a été extrêmement favorable. ◇_(을) 하다 faire une critique favorable de *qc*. ¶ 평론가들은 그의 작품이 현대미술의 새로운 지평을 열었다고 ~했다 Les critiques disent qu'il a ouvert un nouvel horizon à l'art moderne. ¶ 비평가들이 ~한 영화는 재미는 별로 없는 경우가 많다 La plupart des films bien accueillis par la critique ne sont pas intéressants. ◇_(이) 되다 être critiqué(*e*) favorablement. ◇_(을) 받다[얻다] recevoir une critique favorable. ¶ 이 작품은 많은 사람의 ~을 받았다 Cette œuvre a bénéficié de nombreuses critiques favorables.

호프[1] 영{hope} 명 espoir *m*. ¶ 그 사람은 우리의 ~다 Il est notre espoir.

호프[2] 독 명 ① ((생맥주)) bière *f* pression. ② ((맥줏집)) brasserie *f* (où l'on vend essentiellement de la bière pression). ¶ ~ 한 잔 하다 prendre une bière pression.

◆_집 명 brasserie *f* (où l'on vend essentiellement de la bière pression). ¶ ~집에서 맥주를 마시다 boire de la bière dans une brasserie.

호피 虎皮 명 peau *f* de tigre.

호헌 護憲 명 défense *f* de la Constitution; défense *f* du régime constitutionnel. ◇_(을) 하다 défendre la Constitution.

호형호제 呼兄呼弟 명 amitié *f* intime [fraternelle]. ◇_(를) 하다 s'appeler l'un l'autre frère. ¶ 우리는 ~하는 사이이다 Nous sommes comme des frères l'un pour l'autre.

호혜 互惠 명 réciprocité *f*; faveurs *fpl* mutuelles. ¶ ~ 평등의 원칙 principe de réciprocité.

◆_적 -的 명관 favorable mutuellement. ¶ ~적인 관계 une relation favorable aux différentes parties. ¶ ~적인 조치를 취하다 prendre une mesure favorable à tous.

호호[1] 부 ((rire)) d'une manière charmante, d'un rire charmeur. ¶ 그 여자는 ~ 웃었다 Elle a ri d'une manière charmante / Elle a eu un rire charmeur.

◆_거리다[대다] 자 continuer à rire d'une manière charmante. ¶ 그 여자는 뭐가 그리 좋은지 연신 ~거린다 Elle continue à rire pour je ne sais quelle raison [pour une raison qui m'est inconnue].

호호[2] 부 ((onomatopée suggérant l'action de souffler fort en ouvrant grand la bouche, pour faire de la buée par exemple)). ¶ 입김을 ~ 불다 souffler. ¶ 상처를 ~ 불다 souffler sur une plaie. ¶ 언 손을 ~ 불어 녹이다 souffler sur *ses* mains pour les réchauffer.

◆_거리다[대다] 자 souffler (fort). ¶ 국이 뜨거워 연신 ~거리며 먹는다 manger sa soupe brûlante en soufflant dessus.

호호백발 皜皜白髮 명 cheveux *mpl* blancs. ¶ ~의 노인 un vieillard aux cheveux blancs.

호화 豪華 어근 luxe *m*, magnificence *f*, splendeur *f*, faste *m*; somptuosité *f*. ¶ ~ 별장 une villa magnifique. ¶ ~ 주택 une maison luxueuse.

◆_롭다 형 être luxueu*x*(*se*), magnifique, splendide, faste, somptueu*x*(*se*). ¶ ~롭게 살다 vivre dans le luxe; mener un train de vie luxueux. ¶ ~로운 생활 une vie luxueuse.

◆_스럽다 형 être luxueu*x*(*se*), magnifique, splendide, faste, somptueu*x*(*se*). ¶ 무엇을 ~스럽게 꾸미다 décorer *qc* luxueusement. ¶ ~스러운 예물 des cadeaux ((de mariage)) luxueux.

◆_판 -版 명 aspect *m* somptueux [luxueux, faste]; édition *f* de luxe. ¶ ~판으로 잔치를 벌이다 organiser un banquet somptueux [un faste banquet].

ㅎ

호화찬란하다 豪華燦爛- 형 être luxueux(*se*), magnifique, splendide, faste, somptueux(*se*). ¶ 호화찬란한 궁전 un palais luxueux.

호환 互換 명 remplacement *m*, compatibilité *f*. ¶ 이 제품은 타 회사의 제품과 ~이 자유롭다 Ce produit est compatible avec celui d'une autre compagnie. ¶ ~이 가능하다 C'est compatible / Il est compatible. ◇_(을) **하다** remplacer.

◆_**성** -性 명 compatibilité *f*. ¶ ~성이 있다 Il y a compatibilité.

호황 好況 명 situation *f* prospère; bon état *m* de choses; conjoncture *f* favorable; prospérité *f*; animation *f* ((du marché)); activité *f*, boom *m*. ¶ ~을 타다 profiter d'une situation prospère. ¶ ~을 누리다[맞다] connaître la prospérité [une conjoncture favorable]. ¶ 제조업은 ~으로 돌아서고 있다 L'industrie manufacturière entre dans une conjoncture favorable.

호흡 呼吸 명 respiration *f*, haleine *f*, souffle *m*. ¶ ~을 가다듬다 reprendre *son* souffle, reprendre haleine. ¶ ~을 조절하다 contrôler *sa* respiration. ¶ ~이 가쁘다 avoir la respiration coupée, être hors d'haleine, perdre haleine. ¶ ~이 멎다(멈추다). ne plus respirer. ◇_(을) **하다** respirer.

*~**을 같이하다** agir de concert.

*~**을 맞추다**(~**이 맞다**) s'accorder; aller bien avec *qn*; s'entendre avec *qn*; agir de concert avec *qn*.

◆_**기** -器 명 【의학】 appareil *m* respiratoire.

혹[1] 명 ① bosse *f*. ¶ 그 남자는 이마에 커다란 ~이 있다 Il a une grosse bosse sur le front. ¶ 단봉낙타는 등에 ~이 단 하나 있다 Le dromadaire a une seule bosse (dorsale). ② 상처 bosse *f*. ¶ 이마에 ~이 나다 se faire une bosse sur le front. ③ ((식물의)) excroissance *f*, loupe *f*; ④ 짐스러운 것 fardeau(*x*) *m*, charge *f*. ¶ ~을 달다 avoir un fardeau, être chargé(*e*) de *qc*. ¶ ~처럼 붙어 다니다 être toujours ensemble. ¶ 그 아이는 내게 ~과 같은 존재이다 Il est un fardeau [un boulet] pour moi.

*~ **떼러 갔다가** ~ **붙여 온다** Tel qui cherche de la laine s'en retourne tondu ((aller chercher de la laine et revenir tondu)); Tel est pris qui croyait prendre / C'est le voleur volé / La chèvre a pris le loup / Le trompeur trompé.

◆_**부리** 명 bossu(*e*). ¶ ~부리 영감 père bossu.

혹[2] **或** 부 par hasard, si jamais, si (par hasard); si d'aventure; supposé que+*subj*; au cas où+*cond*, des fois que+*cond* {*pop*}. ¶ ~ 길이 막혀서 늦을지도 몰라 Je risque d'être en retard à cause des embouteillages [s'il y a des embouteillages]].

혹간 或間 부 parfois, de temps en temps, quelquefois. ¶ ~ 그럴 수도 있다 Cela peut arriver de temps en temps.

혹독하다 酷毒- 형 être sévère, dur(*e*), rigoureux(*se*), violent(*e*). ¶ 그는 나에게 너무도 혹독하게 굴었다 Il était très sévère avec moi. ¶ 혹독한 추위 un froid sévère [rigoureux, de canard, de loup]. ¶ 혹독한 시련 une épreuve sévère.

◆**혹독히** 酷毒- 부 sévèrement, durement, violemment, cruellement. ¶ 나는 그들에게 혹독히 당했다 Ils m'ont fait souffrir cruellement.

혹사 酷使 명 surmenage *m*; abus *m*, emploi *m* abusif[excessif], surexploitation *f*. ◇_(를) **하다** surmener *qn*; accabler [écraser, surcharger] *qn* de travail. ¶ 그는 두 눈을 지나치게 ~한 탓에 시력이 급속도로 떨어졌다 Comme il n'a pas ménagé ses yeux, sa vue a baissé brusquement / Sa vue a baissé subitement à cause du surmenage de ses yeux. ◇_(를) **당하다** être surmené(*e*), être accablé(e) [écrasé(e), surchargé(e)] de travail. ¶ 아이들이 ~ 당하고 있다 Les enfants sont accablés de travail. ¶ 그 사람 밑에서 어찌나 ~를 당했는지 그는 얼굴이 반쪽이 되었다 Il est tellement accablé de travail que son visage s'est émacié.

혹서 酷暑 명 grande [grosse] chaleur *f*; chaleur *f* intense [accablante, étouffante, insoutenable, caniculaire], canicule *f*. ¶ ~에 시달리다 souffrir des grandes chaleurs. ¶ ~가 주춤하다 La chaleur intense a un peu diminué.

혹성 惑星 명 【천문】 planète *f*.

혹세무민하다 惑世誣民- 자 égarer [séduire] le peuple; mystifier l'opinion publique. ¶ 혹세무민하는 사이비 종교 une secte religieuse qui séduit [qui trompe] le peuple.

혹시 或是 부 ① 만일 par hasard, si jamais, si (par hasard); si d'aventure; supposé que+*subj*; au cas où+*cond*, des fois que+*cond* {*pop*}. ¶ ~ 그 사람을 만나게 되면 내 대신 안부 좀 전해 주렴 Si jamais tu le rencontres, dis-lui bonjour de ma part. ¶ ~ 실패하더라도 좌절하지는 마라 Ne te décourage pas même si tu échoues. ② 짐작대로 ¶ 나는 그 분이 ~ 편찮으신 것은 아닌가 걱정했었습니다 J'avais peur qu'il soit tombé malade. ③ 미심쩍지만 par hasard. ¶ ~ 우리 전에 인사하지 않았던가요? Est-ce qu'on s'est déjà présenté, par hasard?

*~**가 사람 잡는다** Il ne faut jamais dire «(si) jamais».

◆_**나** 부 par hasard; si jamais. ¶ 나는 ~나 그 사람이 돌아올까 하고 무작정 기다렸다 J'ai attendu son éventuel retour sans vraiment y croire.

◆_**라도** si jamais, au cas où. ¶ 내가 ~라도 그 사람들의 맘을 불편하게 하지 않았나 모르겠다 J'espère que je ne les ai pas gênés sans le vouloir.

혹심하다 酷甚- 형 être sévère, violent(*e*), extrême, rude, excessi*f*(*ve*). ¶ 혹심한 가뭄으로 농민들이 고통받고 있다 Les paysans souffrent d'une sévère sécheresse.

혹여 或如 부 par hasard; si jamais, si (par hasard); si d'aventure; supposé que+*subj*; au cas où+*cond*, des fois que+*cond* {*pop*}. ¶ ~ 내가 잃어버린 지갑을 발견하면 연락해 주세요 Si jamais vous retrouvez mon portefeuille, je vous prie de me contacter / Prière de me contacter si vous retrouvez mon portefeuille.

혹염 酷炎 명 grande chaleur *f*; chaleur *f* intense[accablante, caniculaire]. ☞ 혹서

혹은 或- 부 ou, ou bien, ou alors, ou encore. ¶ 나는 이틀 ~ 사흘 동안 집밖에 나오지 않을 것이다 Je ne sortirai pas de chez moi pendant 2 ou 3 jours. ¶ 관중들은 ~ 서 있기도 하고 ~ 앉기도 하면서 편안하게 그의 노래를 들었다 Les spectateurs tantôt debout, tantôt assis ont écouté calmement ses chansons.

혹자 或者 명 quelqu'un, certaines personnes, certains. ¶ ~는 그것이 옳다고도 하지만 나는 그렇게 생각하지 않는다 Certaines personnes penseront que c'est vrai, mais je ne le crois pas.

혹평 酷評 명 critique *f* sévère [impitoyable, dure]; jugement *m* sévère. ¶ 비평가들은 그의 작품에 대해 ~을 서슴지 않았다 Les critiques n'ont pas hésité à critiquer sévèrement son œuvre. ¶ 그 작품에 대한 평론가들의 ~은 엄청났다 La critique de cette œuvre a été impitoyable / Les critiques ont été particulièrement sévères contre cette œuvre. ◇_(을) **하다** critiquer [juger] sévèrement [impitoyablement]; faire une critique sévère de *qc*; porter un jugement sévère sur *qc*. ¶ 여론은 이번 정부의 조치를 일제히 ~했다 L'opinion publique a jugé sévèrement cette mesure du gouvernement. ¶ 비평가들이 그 영화를 졸작이라고 ~하였다 Les critiques ont jugé [estimé] ce film sans valeur. ◇_(이) **되다** être critiqué(*e*), jugé(*e*) sévèrement. ◇_(을) **받다[얻다]** être critiqué(*e*), jugé(*e*) sévèrement. ¶ 이 작품은 많은 사람의 ~을 받았다 Cette œuvre a été critiquée sévèrement par beaucoup de personnes.

혹하다 惑- 자 être enchanté(*e*); être charmé(*e*). ¶ 나는 그 사람의 감언이설에 혹해서 돈을 다 날렸다 Trompé(*e*) [Séduit(*e*)] par ses belles promesses, j'ai perdu toute ma fortune.

혹한 酷寒 명 froid *m* sévère.

혼 魂 명 âme *f*; esprit *m*; mânes *mpl*. ¶ ~을 빼기다 être absolument enchanté(*e*), complètement ravi(*e*); être comme ensorcelé(*e*), envoûté(*e*). ¶ ~이 나가다 ((매우 힘이 들다)) perdre l'esprit; ((꾸지람을 듣다)) se faire gronder, réprimander. ◇_(이) **나다** se faire gronder ¶ 누구에게 호되게 ~이 나다 se faire gronder, réprimander vertement par *qn*. ¶ 선생님께 ~나다 se faire gronder par *son* professeur. ◇_(을) **내다** gronder *qn*, réprimer *qn*. ¶ 누구를 호되게 ~을 내다 gronder vertement *qn*.
*무서워서 ~나다 mourir de peur.
*배고파서 ~나다 mourir de faim.

혼계영 混繼泳 명 【운동】 relais *m* natation, course *f* de relais à quatre nages.¶ 독일 팀은 ~에 강하다 L'équipe allemande est forte en relais natation.

혼기 婚期 명 nubilité *f*, âge *m* nubile. ¶ ~를 놓치다[넘기다] passer l'âge du mariage. ¶ ~를 (꽉) 채우다 être en âge de se marier. ¶ ~가 (다) 되다 être en âge de se marier, arriver à l'âge nubile.

혼담 婚談 명 pourparlers *mpl* de mariage. ¶ 누구의 ~ les pourparlers de mariage de *qn*. ¶ ~을 꺼내다 entrer en [entamer des] pourparlers de mariage. ¶ 누구와 ~이 오가다 être en pourparlers de mariage avec *qn*. ¶ ~이 (급)진전되다[무르익다] Les pourparlers de mariage vont très bien. ¶ ~이 성사되다 arranger les pourparlers de mariage. ¶ ~이 깨지다[물 건너가다] Les pourparlers de mariage ont été rompus.

혼돈 混沌 명 chaos *m*, confusion *f*, désordre *m*. ¶ ~ 상태이다 être en désordre. ¶ ~을 초래하다[야기하다, 가져오다] causer du désordre. ¶ ~에 빠뜨리다 faire tomber dans la confusion. ¶ ~에 빠지다[휩싸이다] être confus(*e*); être en désordre, tomber en [dans le] désordre. ◇_(이) **되다** être confus(*e*); être en désordre, tomber en [dans le] désordre. ¶ 그 사람이 두서없이 말을 하는 통에 우리는 ~되었다 Nous étions confus devant ses balbutiements. ◇_(을) **시키다** confondre, déconcerter, déstabiliser, désorienter, semer la confusion. ¶ 적을 ~시키다 déstabiliser l'ennemi. ¶ 경찰 수사를 ~시키기 위한 전략 une stratégie pour semer la confusion dans la police.

◆_**하다** 형 être confus(*e*). ¶ ~한 이 세상을 어떻게 헤쳐 나갈까? Comment subsister dans ce monde confus?

◆_**스럽다** 형 être confondant(*e*). ¶ 사람들마다 하는 이야기가 달라서 ~스럽다 Nous sommes confondus par les discours si différents de toutes les personnes.

◆_**되다** 자 être confondu(*e*), déconcerté(*e*); être rendu(*e*) confus(*e*). ¶ 젊은이들의 ~된 가치관 le système de valeurs rendu sens dessus dessous par les jeunes.

혼동 混同 명 confusion *f*, mélange *m*. ¶ ~을 일으키다 confondre, faire une confusion. ¶ ~이 일어났다 Il y a eu confusion. ◇_(을) **하다** confondre *qc* avec *qc*; mélanger ((deux idées)). ¶ 학생들의 이름을 ~하다 confondre les noms des élèves [étudiants]. ¶ 무엇[누구]을 무엇[누구]과[로] ~하다 confondre *qc*/*qn* avec *qc*/*qn*. ¶ 공과 사를 ~하다 confondre l'intérêt public avec *ses* propres intérêts; ne pas faire de distinction entre *sa* vie publique et *sa* vie privée, confondre les domaines privés et publics. ¶ 목적과 수단을 ~하다 confondre la fin et le moyen. ¶ 목소리를 ~하다 confondre la voix. ◇_(이) **되다** être confus(*e*), confondu(*e*). ¶ 이 두 가지가 자꾸 ~된다 Je n'arrête pas de confondre ces deux choses.

혼란 混亂 명 désordre *m*, bouleversement *m*, confusion *f*, trouble *m*; cohue *f*. ¶ ~ 상태이다 se trouver confus(*e*); être troublé(*e*); être désorganisé(*e*), être en pleine confusion. ¶ 극심한 ~ 상태에 있다 être très [extrêmement] confus(*e*); être en grand désordre, en pleine confusion. ¶ ~의 와중에 dans les tourbillons du trouble. ¶ ~을

틈타 en tirant profit du désordre [trouble]. ¶ ~을 겪다 être agité(*e*) par des troubles, être en proie à la confusion, subir un bouleversement. ¶ ~을 일으키다 bouleverser [perturber] *qn/qc*; désorganiser *qc*; semer le désordre [le trouble]. ¶ ~을 야기하다[초래하다, 가져오다, 조성하다] causer du désordre [amener le désordre, jeter la confusion, mettre *qc* en désordre]. ¶ ~을 막다[방지하다] arrêter le trouble [protéger contre le désordre]. ¶ ~을 수습하다 faire cesser le désordre. ¶ ~을 잠재우다 calmer [faire disparaître] un trouble. ¶ 이 문제는 청소년들의 가치관에 ~을 가져왔다 Cette question a semé la confusion dans le système des valeurs des jeunes. ¶ 큰 ~에 빠지다[빠져들다, 휩싸이다] être en plein désarroi; être dans le chaos. ¶ ~에 빠뜨리다 mettre *qc* en désordre, semer le trouble. ¶ ~이 일어나다[일다, 생기다, 오다, 빚어지다, 야기되다, 초래되다] être plongé(*e*) dans le désordre [la confusion, la cohue], connaître un bouleversement, être troublé(*e*), être agité(*e*) par des troubles. ¶ ~이 가중되다[심화되다] Le désordre est amplifié [s'est aggravé]. ¶ 사회적 ~이 심각한 수준에 이르렀다 Le désordre social a atteint un niveau alarmant. ◇_(을) **시키다** troubler *qc/qn*; causer du désordre, provoquer la confusion. ¶ 적을 ~시키다 troubler l'ennemi.

◆**_하다** 형 être confus(*e*); être en désordre. ¶ 머리가 ~하다 perdre la tête; être perplexe, être embrouillé(*e*), être confus(*e*); être bouleversé(*e*). ¶ 관객이 많이 몰려서 공연장은 ~했다 Une foule de spectateurs semait la cohue dans la salle de concert. ¶ ~한 정국 une situation politique en plein désordre. ¶ ~한 사회 질서를 바로잡다 rétablir l'ordre social bouleversé.

◆**_스럽다** 형 être embarrassé(*e*), troublé(*e*), déconcerté(*e*), désorienté(*e*). ¶ 어떻게 해야 좋을지 ~스럽다 être embarrassé(*e*); ne savoir que faire. ¶ 정부의 시책은 오히려 국민들을 더욱 ~스럽게 만들었다 Les mesures du gouvernement ont plutôt déconcerté le peuple.

◆**_되다** 자 être désorganisé(*e*); être troublé(*e*), confus(*e*). ¶ ~된 사회상을 반영하다 refléter l'image d'une société désorganisée [en désordre]. ¶ 주최측은 행사 준비를 제대로 하지 못하여 ~된 모습을 보였다 Les organisateurs se montrèrent déconcertés du fait de leur manque de préparation.

◆**_기** -期 명 période *f* de trouble [de chaos]. ¶ ~기를 거쳐 안정기에 접어들다 En passant par le chaos, on entre dans une période de stabilité [d'équilibre]. ¶ ~기를 이용하여[틈타] en profitant de la période de trouble.

◆**_상** -相 명 phase *f* [aspect *m*] du désordre. ¶ 가치관의 ~상을 보여주다 exposer un aspect désordonné du système de valeurs.

◆**대_** 大- 명 chaos *m*.

혼란하다[1] 昏亂- 형 se troubler, perdre la tête; être perplexe, confus(*e*), embarrassé(*e*), bouleversé(*e*), troublé(*e*). ¶ 나는 그 일로 정신[마음, 머리]이 ~했다 J'ai été bouleversé(*e*) par cette affaire / J'ai perdu la tête avec cette affaire.

혼란하다[2] 混亂- 형 être confus(*e*); être en désordre. ¶ 나라[사회, 정치]가 ~ Le pays [la société, la politique] est en désordre.

혼령 魂靈 명 âme *f*. ¶ 죽은 ~의 명복을 빌다 prier pour le repos (éternel) de l'âme d'un défunt. ¶ 누구의 ~을 부르다[위로하다, 쫓다] appeler [consoler, chasser] l'âme de *qn*. ¶ 누구의 ~이 떠돈다 L'âme de *qn* erre.

혼례 婚禮 명 ① 혼인 예법 étiquette *f* [protocole *m*] (des cérémonies) de mariage, cérémonial *m* nuptial. ¶ ~를 가르치다 apprendre ((à *qn*)) le protocole des noces. ② 혼례식 (cérémonie *f* de) mariage *m*; noces *fpl*; ((교회에서의)) bénédiction *f* nuptiale. ¶ 누구와 ~를 올리다[치르다] se marier avec *qn*; épouser *qn*.

◆**_복** -服 명 robe *f* de mariée; habit *m* de marié.

◆**_상** -床 명 table *f* [autel *m*] de mariage.

◆**_식** -式 cérémonie *f* de mariage. ¶ 전통 ~식을 치르다[올리다] célébrer un mariage traditionnel.

혼미 昏迷 명 ① ((의식의)) confusion *f*, trouble *m*. ¶ ~ 상태에 빠지다 tomber dans une situation de trouble. ② ((상황의)) désordre *m*, chaos *m*. ¶ 정국은 한 치 앞을 알 수 없는 ~를 거듭했다 La situation politique a engendré de nouveau un chaos [trouble] imprévisible.

◆**_하다** 형 ① ((의식이)) être confus(*e*); être troublé(*e*). ¶ 정신이 ~하다 avoir l'esprit confus [troublé]. ② ((상황이)) être instable; être en désordre. ¶ ~한 정국[상황]을 헤쳐 나가다[타개하다] surmonter une situation politique précaire; trouver une issue à une situation instable.

혼방 混紡 명 mélange *m* de textiles. ¶ ~ 직물[비율] tissu mixte [taux (de pourcentage) mixte]. ¶ 합성섬유와의 ~ mélange avec un textile synthétique. ◇_(을) **하다** mélanger des textiles. ¶ 모사를 면사와 ~한 옷감 tissu mélangé de laine et de coton. ◇_(이) **되다** être mélangé(*e*).

혼배 婚配 명 sacrement *m* du mariage. ◇_(를) **하다** accomplir le sacrement du mariage.

혼백 魂魄 명 âme *f*. ¶ 구천을 떠도는 ~ les âmes qui circulent sur les sombres rivages [en enfer]. ¶ 누구의 ~을 불러내다[위로하다] appeler [consoler] l'âme de *qn*.

혼비백산 魂飛魄散 명 peur *f* panique. ¶ ~이 되어 pris(*e*) d'une peur panique. ◇_(을) **하다** perdre l'esprit, paniquer; être saisi(*e*) d'une peur panique. ¶ ~해서 달아나다[도망치다] céder à la panique et prendre *ses* jambes à *son* cou. ¶ ~해서 흩어지다 détaler [fuir] dans un sauve-qui-peut, se disperser dans la panique la plus totale.

혼사 婚事 명 mariage *m*; noces *fpl*. ¶ ~를 치르다 célébrer un mariage. ¶ ~를 앞당기다[늦추다]

avancer [retarder, remettre] le mariage. ¶ ~가 성사되다[이루어지다] Le mariage a lieu. ¶ ~가 깨지다 Le mariage est brisé [rompu]. ¶ ~가 늦어지다 Le mariage est retardé [ajourné].

*~ **말하는데 장사[상사] 말한다** répondre en dehors du sujet [à côté].

◆ **_ㅅ길** 명 opportunité *f* de mariage. ¶ ~ㅅ길을 막다 interrompre une opportunité de mariage. ¶ ~ㅅ길이 막히다[트이다] Une opportunité de mariage est avortée [se présente].

◆ **_ㅅ말** 명 intention *f* de mariage. ¶ ~ㅅ말을 건네다[넣다] révéler [parler de] *son* intention de mariage. ¶ ~ㅅ말이 나다 Une opportunité de mariage se présente. ¶ ~ㅅ말이 오가다 échanger les intentions de mariage.

혼선 混線 명 ① ((통신상의)) embrouillage *m*, brouillage *m*. ¶ ~으로 소리가 잘 안 들리다 La communication (téléphonique) est brouillée. ② 혼란 confusion *f*, imbroglio *m*. ¶ ~을 거듭하다 répéter la confusion. ¶ ~을 빚다[일으키다] semer la confusion. ¶ ~이 빚어지다[일어나다] Un imbroglio se produit. ◇_(이) **되다** être embrouillé(*e*); confus(*e*).

혼성[1] 混成 명 mélange *m*. ¶ 남녀 ~으로 여행을 가다 partir en voyage avec un groupe mixte ((ouvert aux filles et aux garçons)).

◆ **_경기** -競技 명 compétition *f* mixte.

◆ **_팀** 명 équipe *f* mixte. ¶ ~팀을 이루다[구성하다] faire [composer] une équipe mixte. ¶ ~팀을 짜다 composer une équipe mixte.

혼성[2] 混聲 명 【음악】 voix *pl* mixtes. ¶ ~ 2중창[합창단] duo [chorale, chœur] à deux voix [parties] mixtes.

혼수[1] 昏睡 명 ① sommeil *m* profond [de plomb]. ② 의식 불명 coma *m*; état *m* comateux; léthargie *f*; hypnose *f*.

◆ **_상태** -狀態 명 coma *m*. ¶ ~상태에 빠지다[들어가다] tomber [entrer] dans le coma. ¶ ~상태에 있다 être dans un état comateux. ¶ ~상태에서 깨어나다[벗어나다] se réveiller [sortir] du coma.

혼수[2] 婚需 명 trousseau(*x*) *m* (de mariage). ¶ ~ 장만 achat des trousseaux. ¶ ~를 준비하다[마련하다] préparer [se procurer] des trousseaux. ¶ 바리바리 ~를 해 오다 apporter beaucoup de trousseaux.

◆ **_ㅅ감** 명 trousseau(*x*) *m*. ¶ ~ㅅ감을 장만하다[마련하다, 준비하다] acheter [se procurer, préparer] des trousseaux.

◆ **_철** 명 saison *f* du mariage. ¶ ~철을 맞아 à l'occasion de la saison du mariage. ¶ ~철이 다가오다 La saison du mariage approche.

혼숙 混宿 명 action de se retrouver dans une chambre d'hôtel [de coucher ensemble à l'hôtel], partage *m* d'une chambre (d'hôtel) entre hommes et femmes [garçons et filles]. ¶ 집단 ~ ((garçons et filles)) partie de débauche en groupe [à laquelle participent plusieurs personnes] dans un hôtel. ◇_(을) **하다** se retrouver [se rencontrer, se donner rendez-vous, coucher ensemble] dans une chambre d'hôtel. ¶ 남녀 청소년들이 여관방에서 ~을 한다 Garçons et filles couchent ensemble dans un hôtel bas de gamme [bon marché].

혼식 混食 명 ① repas *m* composé de mets variés. ② riz *m* cuit avec des céréales. ¶ ~을 장려하다 encourager *qn* à manger du riz cuit avec des céréales. ◇_(을) **하다** manger du riz cuit avec des céréales. ¶ 쌀과 잡곡을 ~하다 mélanger du riz avec des céréales.

혼신 渾身 명 tout le corps *m*. ¶ ~의 힘[노력]을 다하다 utiliser toutes *ses* forces; rassembler tout *son* courage. ¶ ~을 바치다[기울이다] consacrer toute *son* énergie à *qc*; se donner [se dévouer] corps et âme à *qc*; ne vivre que pour *qc*. ¶ ~을 바쳐[기울여] 봉사하다 rendre service à *qn* avec tout *son* cœur; se consacrer entièrement à des œuvres de bienfaisance. ¶ ~을 바쳐[기울여] 일하다 travailler avec tout *son* cœur, se donner corps et âme à un travail, se consacrer entièrement à un travail [à une tâche, à une œuvre], s'adonner entièrement à un travail, se vouer à un travail.

혼약 婚約 명 fiançailles *fpl*. ¶ ~을 파하다 rompre *ses* fiançailles. ◇_(을) **하다[맺다]** se fiancer.

혼연 渾然 명 tout *m*; totalité *f*. ¶ 토속신앙과 ~을 이룬 러시아 정교 L'Église orthodoxe russe qui a assimilé les croyances régionales.

◆ **_하다** 형 être entièrement pur(*e*) (sans la moindre trace de mélange). ¶ ~한 정기를 모으다 rassembler une énergie complètement pure.

◆ **_스럽다** 형 être entièrement pur(*e*); être d'une harmonie parfaite [totale]. ¶ 누구의 ~스러운 얼굴 un visage parfaitement harmonieux.

◆ **_히** 부 purement; entièrement; en totalité. ¶ 무엇과 ~히 융합되다 s'unir (entièrement) à [avec] *qc*.

◆ **_일체** -一體 명 totalité *f*. ¶ ~일체를 이루다 se confondre; former un tout; se fondre en un tout. ¶ ~일체가 되다 former un tout.

혼영 混泳 명 【운동】 course *f* (individuelle) à quatre nages. ¶ ~에서 2위를 하다 terminer deuxième à la course à quatre nages.

혼용 混用 명 mélange *m*; usage *m* multiple. ¶ 국한문 ~ l'emploi confondu du coréen et des caractères chinois. ◇_(을) **하다** employer en mélangeant. ¶ 영어와 불어를 ~하다 employer un mélange d'anglais et de français. ¶ 한글과 한자를 ~하다 employer un mélange d'alphabet coréen et de caractères sino-coréens, utiliser ensemble le *hangeul* et les caractères chinois. ¶ 한약과 양약을 함부로 ~하면 안 된다 Il ne faut pas mélanger aveuglément un médicament traditionnel et un médicament occidental. ◇_(이) **되다** être mélangé(*e*). ¶ 여러 가지 기법들이 ~되어 있다 Plusieurs techniques sont mélangées.

혼인 婚姻 명 mariage *m*; noces *fpl*. ¶ ~ 예식[잔치]에

초대하다 inviter *qn* à une cérémonie [un repas; une réception] de mariage. ¶ 동성동본 ~ 금지 조항 l'article [la clause] d'interdiction de mariage entre personnes de même nom et de même souche [branche]. ¶ ~을 정하다 décider [fixer] le mariage. ¶ ~을 앞두다 attendre le mariage. ¶ ~이 성립되다 Le mariage a lieu. ◇_(을) **하다** se marier (avec *qn*); épouser *qn*; contracter un mariage. ¶ ~할 나이가 되다[지나다] arriver en [dépasser l'] âge de se marier. ¶ 사귄 지 얼마 안 된 사람과 ~하다 épouser *qn* avec lequel [laquelle] on sort depuis peu. ◇_(을) **시키다** marier *qn*. ¶ 딸을 친구의 아들과 ~시키다 marier sa fille au fils de son ami.

◆**_날** 명 jour *m* du mariage [des noces]. ¶ ~날을 정하다[잡다] fixer [décider de] la date des noces. ¶ ~날을 받아 놓다 fixer la date du mariage.

◆**_빙자간음** -憑藉姦淫 명 escroquerie *f* au mariage ((consistant à prêter un serment de mariage dans le seul but d'obtenir certains avantages substantiels alors même que l'on est déjà engagé avec une autre personne)).

◆**_서약** -誓約 명 serment *m* de mariage; promesse *f* solennelle de mariage. ¶ ~서약을 하다 faire un serment de mariage.

◆**_식** -式 명 cérémonie *f* nuptiale; ((종교 예식)) bénédiction *f* nuptiale. ¶ ~식을 치르다 célébrer une cérémonie de mariage.

◆**_신고** -申告 명 déclaration *f* de mariage (à la mairie).

◆**_적령기** -適齡期 명 âge *m* nubile.

혼자 명 seul(*e*). ¶ 이건 나 ~의 생각이다 C'est mon idée, à moi seul(e). ¶ 나 ~라는 생각 l'idée que je suis seul(*e*). ¶ ~가 되다 rester seul(*e*). ¶ 그 사람은 ~가 아니었다 Il n'était pas seul. ¶ 그렇게 말한 사람은 나 ~뿐이었다 Il n'y a que moi qui aie parlé ainsi. ¶ 사람은 ~서는 아무것도 할 수 없다 L'homme ne peut rien faire tout seul.
부 seul(*e*). ¶ ~ 살다 vivre seul; vivre en célibataire. ¶ 방을 ~ 쓰다 avoir une chambre pour soi seul. ¶ ~ 밥을 먹다 prendre un repas seul. ¶ 그 남자는 무슨 일이든 ~ 했다 Il a toujours fait les choses tout seul. ¶ ~ 내버려두다 laisser *qn* seul.

◆_(**가**) **되다** être célibataire. ¶ 어머니는 이십대에 ~되셨다 Ma mère était de nouveau seule à vingt ans.

◆**_ㅅ말** 명 monologue *m*, soliloque *m*. ¶ ~ㅅ말을 하다 monologuer, parler tout(*e*) seul, se parler à soi-même. ¶ 그 여자는 ~ㅅ말로 무엇인가 중얼거렸다 Elle a murmuré quelque chose pour elle-même.

혼작 混作 명 culture *f* mixte. ◇_(을) **하다** faire des cultures mixtes.

혼잡 混雜 명 encombrement *m*; cohue *f*, embarras *m*; bousculade *f*, affluence *f*, désordre *m*, confusion *f*. ¶ ~ 통행료 le péage durant les heures d'affluence. ¶ ~을 틈타 en profitant d'une bousculade. ¶ ~을 빚다[이루다] causer [entraîner] un encombrement [du désordre]. ¶ 교통 ~을 피하기 위해 지하철을 이용하다 prendre [utiliser] le métro pour éviter l'affluence du trafic. ¶ 교통 ~이 일어나다[가중되다] La circulation est encombrée.

◆**_하다** 형 être encombré(*e*), bondé(*e*), comble, embarrassé(*e*), désordonné(*e*), confus(*e*). ¶ 장내가 ~하오니 질서를 지켜 주십시오 Je vous prie de respecter l'ordre parce que la salle est trop comble.

◆**_스럽다** 형 être en désordre; être encombré(*e*). ¶ 피서객들의 차량으로 고속도로는 ~스러웠다 L'autoroute était encombrée à cause des véhicules des vacanciers.

◆**대_** 大- 명 bel embarras *m*. ¶ 거리는 많은 차량 때문에 대~을 이루었다 Des véhicules en grand nombre encombrent la rue.

혼잣말 명 monologue *m*. ◇_(을) **하다[되다]** se parler à soi-même, parler tout(*e*) seul(*e*), faire un monologue.

혼전[1] 混戰 명 mêlée *f*; ((백병전)) (combat *m*) corps à corps *m inv*. ¶ ~ 끝에 무승부를 기록하다 faire match nul après une mêlée. ¶ ~을 거듭하다 continuer de [à] se battre corps à corps. ¶ 양 팀이 ~을 벌이고 있다 Les deux équipes [parties] se battent dans une mêlée. ¶ ~이 거듭되다 Des mêlées se succèdent. ¶ 선수들 사이에 ~이 있다 Les joueurs se battent corps à corps.

혼전[2] 婚前 명 état *m* prénuptial [d'avant le mariage]. ¶ ~ 관계[동거] relation sexuelle prénuptiale [cohabitation prénuptiale, cohabitation avant le mariage, vie commune avant le mariage]. ¶ ~에 아이를 낳다 accoucher d'un enfant avant le mariage.

혼절하다 昏絶- 자 perdre connaissance; s'évanouir. ¶ 어머니는 그 소식을 듣고 혼절하셨다 Ma mère a perdu connaissance [s'est évanouie, a défailli, a perdu connaissance, a fait un malaise] en apprenant la nouvelle.

혼쭐 魂- 명 (*ses*) esprits *mpl*. ◇_(을) **내다[빼다, 빼놓다]** effrayer *qn*; réprimander *qn*. ¶ 누구를 단단히 ~을 내 주다 gronder [effrayer] *qn* vertement. ¶ 언젠가는 그 녀석을 ~을 내 주려고 벼르고 있었다 Je guettais l'occasion pour effrayer un jour ce type. ◇_(이) **나다[빠지다]** être effrayé(*e*); passer un mauvais moment [quart d'heure]. ¶ ~이 나서 도망가다 s'enfuir effrayé(*e*). ¶ 선생님한테 들켜서 ~이 났다 J'ai été pris sur le fait par un professeur et j'ai passé un mauvais quart d'heure. ¶ 그 녀석들 아마 ~이 났을 거야 Ces types ont dû avoir une peur bleue.

혼찌검 魂- 명 gronderie *f*, admonestation *f*, réprimande *f*, engueulade *f* {*fam*}, savon *m* {*fam*}. ◇**_을 내다[놓다]** adresser une sévère réprimande à *qn*. ¶ 녀석들을 ~을 내 줘야 한다 Il faut donner une leçon à ces types. ◇**_이 나다** être réprimandé(*e*), grondé(*e*), engueulé(*e*) {*fam*}. ¶ 이렇게 ~이 나 보기는 처음이다 C'est la première fois que je me suis fait gronder si durement / C'est la première fois

que je reçois une telle engueulade {*fam*}. ◇_을 **당하다** se faire gronder [réprimander]; recevoir une bonne engueulade {*fam*} [un bon savon {*fam*}]. ¶ 그러다가 한 번 단단히 ~을 당할 거다 Vous allez payer cela sévèrement une fois pour toutes.

혼처 婚處 명 parti *m* possible ((pour une femme, pour un homme)), mari *m* [femme *f*] potentiel(*le*); candidat(*e*) ((pour un mariage)). ¶ 누구의 ~를 찾다[구하다] chercher [trouver] un bon parti. ¶ 누구의 ~를 정하다 choisir *son* futur époux [*son* futur mari, *sa* future femme]. ¶ 마땅한 ~가 없다 Il n'y a pas de bon parti. ¶ 어디에 좋은 ~가 있다 Il y a un bon parti [parti convenable] quelque part. ¶ 정해둔 ~가 있다[없다] avoir un [ne pas avoir de] fiancé(*e*). ¶ (좋은) ~가 나다[생기다] Un (bon) parti se présente.

혼탁 混濁 명 ① turbidité *f*, impureté *f*, pollution *f*. ¶ ~을 막다[방지하다] arrêter [protéger *qc* contre] la turbidité. ¶ 하천의 ~이 심각한 수준에 이르다 La turbidité de la rivière atteint un niveau dangereux. ② 어지러움 état *m* trouble; confusion *f* ((d'une époque)). ¶ 선거가 과열되어 ~ 양상을 보였다 Les élections étaient si intenses [surchauffées] qu'elles paraissaient confuses.

◆**_하다** 형 ① être turbide; être impur(*e*), pollué(*e*). ¶ 실내 공기가 ~하다 L'air à l'intérieur est impur. ¶ 공장 폐수로 인해 하천의 물이 ~해지다 À cause des eaux usées des usines, l'eau du fleuve devient impure. ② 어지럽다 être confus(*e*), être en désordre, être troublé(*e*). ¶ 머리가 ~하다 avoir la tête confuse [embrouillée]. ¶ ~한 정치판 le milieu politique en désordre.

혼탕 混湯 명 bain *m* mixte.

혼합 混合 명 mélange *m*. ◇_(을) **하다[시키다]** mélanger *qc* à [avec] *qc*, marier *qc* à *qc*, fusionner, associer, assortir, combiner. ¶ 모래와 물을 1대3의 비율로 ~하다 mélanger du sable et de l'eau dans une proportion de un contre trois. ¶ 전통과 외래 요소를 ~하다 marier la tradition à des éléments étrangers. ¶ 여러 색을 ~하다 mélanger plusieurs couleurs. ◇_(이) **되다** se mélanger. ¶ 내용물이 잘 ~되도록 흔들어 주다 agiter pour bien mélanger le contenu. ¶ 둘이 절묘하게 ~되어 조화를 이룬다 Ces deux éléments se sont mélangés à merveille et sont parvenus à une certaine harmonie.

◆**_물** -物 명 mélange *m*, amalgame *m*.

혼혈 混血 명 croisement *m* de races; métissage *m*. ¶ ~로 태어나다 être né(*e*) métis(*se*). ¶ 그 남자는 ~이었다 Il était métis. ¶ 서양에는 ~이 많다 Il y a beaucoup de métis en Occident.

◆**_아** -兒 명 métis(*se*); ((흑백 혼혈)) mulâtre(*sse*); ((동서양의 혼혈)) Eurasien(*ne*); sang-mêlé *m inv*. ¶ 그 여자는 ~아로 태어났다 Elle est née métisse.

혼혼하다[1] 형 être chaud(*e*).

혼혼하다[2] **昏昏**- 형 être sombre, obscur(*e*); être inconscient(*e*); se sentir sombre [triste]. ¶ 정신이 ~ avoir l'esprit sombre; être inconscient(*e*).

홀[1] 영{hall} 명 salle *f* (de séjour); pièce *f*; ((영)) bar *m*. ¶ 넓은[전망 좋은] ~ une grande salle, une salle spacieuse [une pièce avec une belle vue]. ¶ ~이 손님들로 가득 차 있다 La salle est pleine de monde [de visiteurs].

◆**댄스_** 명 dancing *m*, bal *m*; piste *f* de danse.

홀[2] 영{hole} 명 【골프】 trou *m*.

홀-[3] 접두 mono-; seul(*e*). ¶ ~어미[아비] une mère veuve [un père veuf]. ¶ ~몸 célibataire.

홀가분하다 형 être léger(*ère*); être peu embarrassant(*e*); ((딸린 것이 없다)) se sentir léger(*ère*) [soulagé(*e*)]. ¶ 기분[마음]이 한결 ~ avoir le cœur plus léger et joyeux; se sentir plus libre. ¶ 모든 일이 끝나고 나니 그렇게 홀가분할 수가 없었다 Une fois le travail terminé, j'ai poussé un ouf de soulagement / La fin de ce travail a été pour moi une réelle délivrance / Je me suis senti(*e*) très léger(*ère*) à la fin de ce travail.

◆**홀가분히** 부 librement; joyeusement et légèrement. ¶ 그 아저씨는 모처럼 홀가분히 휴가를 떠났다 Pour la première fois depuis longtemps, il est parti librement en vacances.

홀대 忽待 명 accueil *m* peu chaleureux, traitement *m* sans égard; mauvais accueil *m*. ¶ ~를 견디다 못해 supportant difficilement un accueil discriminatoire. ◇_(를) **하다** accueillir *qn* de manière peu chaleureuse, traiter sans égard. ¶ 손님을 ~하다 faire mauvais accueil à un visiteur [client]. ¶ 국가에서 과학자들을 ~하고 있다 Le gouvernement [pays] néglige les scientifiques. ◇_(가) **되다** être accueilli(*e*) de manière peu chaleureuse, être traité(*e*) sans égard. ◇_(를) **받다[당하다]** recevoir [subir] un mauvais accueil. ¶ 집에서나 직장에서나 ~를 받다 être traité(*e*) sans égard chez soi comme au travail. ¶ ~를 받아서 서운하다 se sentir triste devant le manque d'égard dont on est la victime.

홀더 영{holder} 명 porte-((verre)) *m*. ¶ 컵 ~ un porte-gobelet.

홀드 영{hold} 명 ((권투, 레슬링, 등산)) prise *f*, ((야구)) «*hold m*» ((au baseball)) ((maintien de l'avantage [de l'avance] obtenu(*e*) par le premier lanceur)); ((은행)) blocage *m* d'un paiement. ◇_(를) **하다** maintenir, immobiliser, ne pas relâcher *qc*; ((은행이)) bloquer ((un paiement)); ((야구)) maintenir [conserver] l'avantage [l'avance] obtenu(*e*) par le premier lanceur. ¶ 은행이 지급을 ~했다 La banque a bloqué le paiement. ¶ 구원투수가 승리를 ~했다 Les releveurs ont maintenu [conservé] l'avantage [l'avance] obtenu(*e*) par le premier lanceur.

홀딱 부 ① 남김없이 ((se déshabiller)) complètement. ¶ 옷을 ~ 벗다 se déshabiller complètement, se dévêtir entièrement, se dépouiller complètement de *ses* vêtements, enlever tous *ses* vêtements, se mettre tout nu, se mettre dans le plus simple appareil, se mettre complètement à poil {*fam*}.

¶ 고등학생 티를 ~ 벗고 어른 티가 나다 se débarrasser [se défaire] de *son* côté [de *son* aspect] lycéen [jeune, gamin] pour avoir l'air vraiment mûr [adulte] [pour se présenter comme *qn* de mûr]. ② 빨리 d'un bond, d'un seul coup, ((boire)) d'une traite. ¶ 말 위로 ~ 올라타다 monter sur un cheval d'un bond. ¶ 술 한 잔을 ~ 비우다 vider un verre d'alcool d'un seul coup [d'un trait], faire cul sec {*fam*}. ③ ((재산 등을)) complètement. ¶ 그 남자는 노름으로 전 재산을 ~ 날렸다 Il a perdu toute sa fortune au jeu. ④ ((젖은 모양)) complètement ¶ 옷이 ~ 다 젖었다 Les vêtements sont complètement trempés. ⑤ ((반하거나 속아 넘어가는 모양)) ((s'éprendre)) à la folie; éperdument, follement. ¶ 누구에게 ~ 반하다 s'éprendre de *qn* à la folie. ¶ 무엇에 ~ 정신이 팔리다 avoir l'esprit occupé par *qc*, ne penser qu'à *qc* [qu'à ça], avoir l'esprit occupé en permanence par un problème. ¶ 누구에게 ~ 속아 넘어가다 se laisser complètement tromper par *qn*. ¶ 누구의 감언이설에 ~ 넘어가다 se laisser duper profondément [à fond, jusqu'au bout, entièrement] par les belles promesses de *qn*. ⑥ ((passer)) entièrement ((une nuit blanche)). ¶ 밤을 ~ 새다 passer une nuit blanche complète, ne pas fermer (du tout) l'œil de la nuit.

◆_**하다** 형 être charmé(*e*) par *qc*. ¶ 그 사람은 사기꾼의 말에 ~해서 큰돈을 날렸다 Dupé par un escroc, il y a laissé une fortune [une grosse somme d'argent].

홀라당 부 ① complètement, entièrement. ¶ 주머니를 ~ 뒤집다 retourner complètement une poche. ¶ 옷을 ~ 벗다 se déshabiller complètement, se dévêtir entièrement, se dépouiller complètement de *ses* vêtements, enlever tous *ses* vêtements, se mettre tout nu, se mettre dans le plus simple appareil, se mettre complètement à poil {*fam*}. ¶ 머리가 ~ 벗겨졌다 être complètement chauve [dégarni, déplumé], avoir perdu tous *ses* cheveux. ② ((재산 등이)) complètement, entièrement. ¶ 전 재산을 ~ 날리다 perdre toute *sa* fortune. ③ jusqu'au bout, à fond, ((tomber)) en plein ((dans le panneau)). ¶ 누구의 꾀임에 ~ 빠지다 se laisser totalement embobiner {*fam*} par *qn*; tomber en plein dans le panneau [dans le piège de *qn*].

홀랑 부 ☞ 홀라당

홀로 부 seul(*e*). ¶ ~ 살다[지내다] vivre seul(*e*). ¶ 나만 여기에 ~ 남았다 Je suis resté(*e*) seul(*e*) ici.

◆_**되다** 자 devenir veu*f*(*ve*). ¶ 결혼한 지 몇 달 만에 ~되다 perdre *son* mari [*sa* femme] quelques mois après le mariage.

홀로그램 영{hologram} 명 【물리】 hologramme *m*. ¶ 상품에 ~을 부착하다 coller un hologramme sur un article.

홀리다 자타 ① ensorceler, fasciner, envoûter, charmer. ② être ensorcelé(*e*), fasciné(*e*), envoûté(*e*), charmé(*e*). ③ se laisser tenter [séduire] par *qc*. ¶ 누구를 ~ ensorceler [charmer] *qn*. ¶ 그 남자는 사람을 홀리는 재주가 있다 Il est doué pour charmer les gens. ¶ 뭐에 홀린 것 아니냐? Es-tu ensorcelé(*e*) [envoûté(*e*)] par quelque chose? ¶ 그 사람은 마치 귀신에게라도 홀린 듯한 기분이었다 Il avait l'impression d'être hanté par l'âme d'un mort. ¶ 청중을 홀리게 하는 웅변술 un discours ensorcelant.

홀몸 명 célibataire. ¶ ~으로 살아가다 vivre en célibataire. ¶ ~이 되다 devenir célibataire. ¶ 그 여자는 이제 ~이 아니다 Elle n'est plus célibataire [seule].

홀소리 명 【언어】 voyelle *f*.

홀수 -數 명 【수학】 nombre *m* impair.

홀씨 명 【식물】 spore *f*.

◆_**체** -體 명 【식물】 sporophyte *m*.

◆_**주머니** 명 【식물】 sporange *m*.

홀아비 명 veuf *m*; père *m* resté seul. ¶ ~ 냄새가 물씬 나는 방 une chambre qui sent [empeste] le (vieux) bouc [le fauve {*fam*}] ((chambre impropre d'un célibataire)). ¶ ~가 되다 devenir veuf.

*~ **자식 동네마다 있다** Des goujats, il y en a toujours [partout].

*~**는 이가 서 말이고 홀어미는 은이 서 말이라** Une veuve peut bien vivre seule, tandis qu'un veuf ne peut pas vivre seul.

*~ **집 앞은 길이 보얗고 홀어미 집 앞은 큰길 난다** Personne ne va voir un veuf, mais ils sont nombreux à se présenter chez une veuve.

홀어머니 명 veuve *f*, mère *f* restée seule. ¶ 그 아이는 ~ 밑[슬하]에서 자랐다 Il a été élevé par sa mère restée veuve. ¶ ~를 모시다 s'occuper (bien) de sa mère restée seule.

홀어미 명 veuve *f*, mère *f* restée seule.

*~ **아이 낳듯** C'est une honte!

*~ **유복자 위하듯** être très dévoué(*e*) et se donner tout entier à *qc*; se donner corps et âme à *qc*; se dévouer corps et âme à ((une noble cause)); ne vivre que pour *qc*; se vouer à *qc*; se consacrer entièrement à *qc*.

홀연 *忽然* 부 soudainement, en un clin d'œil, soudain, subitement, tout à coup, ((s'évanouir)) brusquement, ((disparaître, s'évanouir)) comme par enchantement. ¶ ~ 종적을 감추다 disparaître [comme par enchantement, subitement] [s'évanouir brusquement, s'évanouir comme par enchantement] sans laisser aucune trace [sans laisser de traces].

◆_**히** 부 soudainement, en un clin d'œil, soudain, subitement, tout à coup; comme par enchantement.

홀인원 영{hole in one} 명 【골프】 *hole-in-one m*, trou *m* d'un coup. ◇_(을) **하다** réaliser un *hole-in-one*.

홀짝[1] 명 ① 【수학】 홀수와 짝수 nombres *m* pairs et impairs. ② 놀이 jeu *m* des nombres pairs et impairs ((qui consiste à deviner le nombre d'objets, le plus souvent des pièces de monnaie, dans une main)). ¶ ~을 하며 놀다 jouer au jeu des nombres pairs et impairs.

홀짝² 뷰 d'un trait; d'une (seule) traite, d'un seul coup. ¶ 술을 ~ 마시다 vider *son* verre (d'alcool) d'un trait [d'un seul coup], faire cul sec {*fam*}, sécher un verre {*fam*}. ¶ 코를 ~ 들이마시다 renifler bruyamment. ¶ 도랑을 ~ 뛰어 넘다 franchir un fossé d'un bond.

◆_거리다[대다, 이다] 타 boire à petits coups. ¶ 술을 ~거리다 boire à petits coups [siroter] de l'alcool.

◆__ 뷰 à petites gorgées.

홀쭉하다 형 ① être svelte; être délié(*e*); être mince; être fin(*e*); être maigre, frêle, grêle. ¶ 그 남자는 키만 홀쭉하게 크다 Il est grand et mince. ¶ 홀쭉한 사람 une personne mince. ¶ 홀쭉한 컵[병] un verre [une bouteille] oblong(*ue*). ② 안으로 오므라져 있다 être fin(*e*); être creux(*se*). ¶ 책을 다 꺼내니 가방이 홀쭉하다 Après avoir retiré tous les livres du sac, il est tout plat. ③ 야위다 être maigre; être creux(*se*), rentré(*e*). ¶ 그 여자는 며칠 새에 볼이 홀쭉해 졌다 Ses joues sont devenues creuses en quelques jours.

◆**홀쭉이** 명 personne *f* d'une maigreur squelettique, fantôme *m*.

홀태바지 명 pantalon *m* étriqué.

홀홀히 뷰 ① 함부로 avec négligence. ¶ 누구를 ~ 취급하다 traiter *qn* avec négligence. ② 홀연히 subitement, soudainement, tout à coup, comme par enchantement. ¶ ~ 나타나다[떠나다] surgir [partir] soudainement.

홈 명 rainure *f*, cannelure *f*. ¶ 바닥에 ~을 파다 tracer une rainure sur le sol. ¶ 어디에 ~이 패었다 Une rainure s'est creusée quelque part. ¶ ~이 깊다 La rainure est profonde.

홈게임 영{home game} 명 【운동】 match *m* à domicile.

홈그라운드 영{home ground} 명 【운동】 ((être sur)) *son* terrain. ¶ ~에서 경기하다 jouer sur *son* terrain [à domicile].

홈드레스 영{home dress} 명 robe *f* d'intérieur ((que portent en général les femmes au foyer)).

홈런 영{home run} 명 【운동】 *home run m*, ((퀘벡)) coup *m* de circuit. ¶ 시즌 20호 ~ le vingtième *home run* de la saison. ¶ ~을 치다 frapper un *home run*. ¶ (통산) ~ 500 개를 치다[기록하다] frapper [enregistrer] cinq cents *home runs* au total.

홈뱅킹 영{home banking} 명 opérations *fpl* bancaires gérées [décidées, commandées] depuis *son* domicile; ((폰뱅킹)) opérations *fpl* bancaires par téléphone; ((인터넷뱅킹)) banque *f* en ligne. ◇_(을) **하다** effectuer des opérations bancaires de chez *soi*.

홈빡 뷰 complètement. ¶ 비에 ~ 젖었다 être complètement mouillé(*e*) [trempé(*e*)] par la pluie, être trempé(*e*) comme une soupe [jusqu'aux os, des pieds à la tête] à cause de la pluie, avoir reçu une saucée [la saucée, une sacrée douche {*fam*}], être sacrément saucé(*e*) {*fam*}, s'être fait rincer [doucher, saucer] par la pluie {*fam*} ((l'orage, l'averse nous a douchés)).

홈쇼핑 영{home shopping} 명 téléshopping *m*.

홈인 영{home in} 명 action de croiser le marbre, action d'atteindre le marbre [la plaque du but], action de marquer un point ((au baseball)). ◇_(을) **하다** croiser le marbre, atteindre le marbre [la plaque du but], marquer un point ((au baseball)).

홈질 명 couture *f* à grands points, faufilage *m*. ¶ ~ 바늘 une aiguille pour le faufilage, une aiguille à faufiler. ◇_(을) **하다** coudre à grands points, faufiler, bâtir. ¶ 이불 홑청을 ~하다 coudre une courtepointe à grands points. ¶ 촘촘하게 ~하다 coudre à petits points.

홈통 -桶 명 ① gouttière *f*, chéneau(*x*) *m*; [tuyau(*x*) *m* de] descente *f*. ¶ 빗물이 ~으로(을 거쳐) 흐른다 L'eau de pluie coule par [à travers d']un tuyau de descente. ¶ ~이 깨지다[새다] Une gouttière s'est cassée [fuit]. ② 창의 홈 rainure *f*, cannelure *f*. ¶ 창문 ~의 먼지를 닦다 enlever la poussière dans les rainures de la fenêtre.

홈팀 영{home team} 명 【운동】 équipe *f* qui reçoit.

홈페이지 영{homepage} 명 【컴퓨】 page *f* d'accueil. ¶ ~를 만들다[띄우다, 디자인하다] composer [créer, concevoir] une page d'accueil. ¶ 누구의 ~를 보다 regarder la page d'accueil de *qn*. ¶ 누구의 ~에 들어가다 entrer dans la page d'accueil de *qn*. ¶ 누구의 ~에서 무엇을 다운받다 télécharger *qc* depuis la page d'accueil de *qn*.

홉 분류 ① ((술, 곡식의)) *hop* <unité de poids d'une céréale ou de l'alcool>. ¶ 쌀 한 ~ un *hop* de riz. ¶ 소주 두 ~들이 세 병을 사다 acheter trois bouteilles de *soju* de deux *hop*. ② ((공간의)) *hop* <unité de mesure de surface>. ¶ 한 평 구 ~의 공간 espace [superficie] d'un *pyeong* et de neuf *hop*.

홉뜨다 타 faire les gros yeux. ¶ 눈을 홉뜨고 쳐다보다 regarder *qn* avec de gros yeux.

홍길동전 洪吉童傳 명 【문학】 L'«Histoire de Hong Gil-dong» ((roman de Heo Gyun (1569-1618) qui milite pour l'égalité des classes sociales à l'époque de Joseon)).

홍당무 紅唐- 명 ① 【식물】 무의 일종 betterave *f* rouge. ② 【식물】 당근 carotte *f*.

*__얼굴이 ~가 되다__ devenir tout rouge, devenir écarlate; devenir rouge comme une tomate [une pivoine, une écrevisse]; s'empourprer (de honte). ¶ 누구의 얼굴이 ~가 되었다 (Le visage de) *qn* est devenu tout rouge (de honte) [s'est empourpré (de honte)].

홍두깨 명 ① ((도구)) gros rouleau(*x*) *m* de bois ((servant à enrouler la toile lorsqu'on la bat ou la foule)). ② ((소의)) gîte *m* à la noix.

*__아닌 밤중에__ ~ une idée extravagante; une bizarrerie.

*__~에 꽃이 핀다__ c'est un bonheur [une chance] inattendu(*e*); événement heureux et imprévu.

*~로 소를 몬다 bâcler *qc*, torcher *qc* {*fam*} ((un travail)).

*~가 치밀다 entrer dans une rage folle [une colère noire]; se mettre dans une colère noire; piquer une colère [crise] {*fam*}; piquer *sa* crise {*fam*}.

홍등가 紅燈街 명 lieu(*x*) *m* de plaisir; quartier *m* des plaisirs, quartier *m* de maisons closes, quartier *m* chaud. ¶ ~의 여왕 la reine des lieux de plaisir, la reine des lupanars, une reine de la nuit. ¶ ~에 드나들다 fréquenter un lieu de plaisir.

홍보 弘報 명 information *f* (publique); promotion *f*; publicité *f*. ¶ ~ 담당자[사원, 담당 이사] responsable [personnel, membre (chargé) d'un comité de direction] des relations publiques. ¶ ~ 책자[영화] brochures [films] d'information publicitaire. ¶ ~ 활동[업무, 기관, 전략] activités [affaires, organismes, stratégies] des relations publiques. ¶ ~에 열을 올리다 déployer tout *son* zèle pour la promotion de *qc*. ¶ 사장이 직접 회사 ~에 나서서 큰 효과를 보았다 La stratégie du directeur qui s'est chargé lui-même de la promotion de la société s'est avérée très efficace. ¶ ~가 부족하여 상품이 많이 팔리지 않는다 Les marchandises ne se vendent pas beaucoup par manque de publicité. ◇_(를) 하다 faire une publicité, faire la promotion de *qc*. ¶ 대대적으로[적극적으로] ~하다 faire une grande publicité; diffuser une publicité à grande échelle [activement].

◆_물 -物 명 brochure(s) *f*; magazine(s) *m* (d'information publicitaire); tract *m*; prospectus *m*. ¶ ~을 배포하다 distribuer des brochures. ¶ ~을 제작하다 composer des tracts.

◆_부 -部 명 service *m* [département *m*] des relations publiques.

◆_실 -室 명 bureau *m* des relations publiques.

홍살문 紅-門 명 portique *m* rouge (des palais, mausolées).

홍삼 紅蔘 명 ginseng *m* rouge.

홍색 紅色 명 couleur *f* rouge; rouge *m*; 【민속】 ((홍색 짜리)) nouvelle mariée *f*. ¶ ~ 치마[기] une jupe [un drapeau] rouge. ¶ 무엇이 ~을 띠다 revêtir la couleur rouge.

홍소 哄笑 명 gros rire *m*; éclat *m* de rire. ¶ ~를 터뜨리다 éclater de rire; rire aux éclats. ◇_(를) 하다 rire à gorge déployée, rire aux éclats, rire à ventre déboutonné; hurler de rire.

홍수 洪水 명 ① inondation *f*; déluge *m*. ¶ 마을이 ~로 큰 피해를 입었다 Le village a subi de gros dégâts à cause des inondations. ¶ 집[다리]가 ~에 휩쓸리다 La maison [Le pont] est ravagée par une inondation. ② ((비유적으로)) déluge *m*; flot *m*; grande affluence *f*. ¶ 자동차[정보, 광고, 출판물]의 ~ affluence [flot] de voitures [d'informations, de publicités, de publications]. ◇_가 나다 être inondé(*e*); avoir des inondations.

*~를 이루다 former un déluge; être inondé(*e*) par ((la foule)). ¶ 거리가 퇴근하는 사람들로 ~를 이루었다 La rue était inondée par une foule de gens qui sortaient de leur travail.

◆_경보 -警報 명 alarme *f* signalant les inondations.

◆_기 -期 명 période *f* des inondations.

◆_림 -林 명 forêt *f* protégeant contre les inondations.

◆_막이 명 barrage *m* contre les inondations.

◆_벽 -壁 명 mur *m* [barrage *m*] contre les inondations.

◆_예보 -豫報 명 prévision *f* d'une inondation.

홍시 紅柿 명 kaki *m* très mûr et mou.

홍안 紅顔 명 teint *m* vermeil. ¶ ~의 소년 un adolescent au teint vermeil.

홍어 洪魚 명 【수산】 raie *f*, *Raja kenojei* {*nsc*}.

◆_회 -膾 명 raie *f* (qu'on mange) crue; sashimi *m* de raie.

홍역 紅疫 명 【의학】 rougeole *f*. ¶ ~을 앓다 souffrir de la rougeole. ¶ ~에 걸리다 avoir la rougeole.

*~을 치르다 être troublé(*e*), passer une mauvaise période. ¶ 막내의 가출로 우리 가족은 한바탕 ~을 치렀다 Nous étions très troublés parce que le cadet a quitté la maison / Notre famille a passé une mauvaise période parce que le cadet a quitté la maison.

홍염 紅焰 명 flamme *f* rouge; 【천문】 protubérance *f* solaire.

홍예문 虹霓門 명 【건설】 porte *f* voûtée; arc *m* [voûte *f*] d'une porte.

홍옥 紅玉 명 rubis *m*; ((사과)) pomme *f* rouge.

홍익 弘益 어근 valeurs ((humaines)) universelles.

◆_인간 -人間 명 humanisme *m*, philosophie *f* [idéologie *f*] des organisations humanitaires.

◆_정신 -精神 명 esprit *m* humaniste.

홍익인간 弘益人間 명 humanitarisme *m*. ¶ ~의 건국 이념 idé*al*(*aux*) humanitaire(s) lors de la fondation d'une nation.

홍일점 紅一點 명 femme *f* seule parmi des hommes. ¶ 그 여자는 그 회사에서 ~이었다 Elle était la seule femme de son bureau.

홍조 紅潮 명 rougeur *f* du visage; ((바다)) lumière *f* écarlate (du soleil levant); ((월경)) règles *fpl*, menstrues *fpl*, menstruation *f*. ¶ 그 여자의 얼굴에 ~가 돌았다 Le rouge lui est monté au visage. ¶ 소년의 얼굴에 ~가 떠올랐다 Le visage du garçon est devenu écarlate.

홍차 紅茶 명 thé *m* (noir).

홍채 虹彩 명 【의학】 iris *m*.

홍포 紅布 명 tissu *m* rouge.

홍학 紅鶴 명 【동물】 flamand *m* (rose).

홍합 紅蛤 명 【수산】 moule *f*; *Mytilus crassitesta* {*nsc*}.

홑- 접두 ((préfixe nominal)) simple; ((vêtement)) sans doublure, non doublé(*e*). ¶ ~겹 ((vêtement)) sans doublure; non doublé(*e*). ¶ ~바지[치마] un pantalon [une jupe] sans doublure. ¶ ~옷 un vêtement non doublé. ¶ ~이불 une couverture sans doublure.

홑겹 명 ((vêtement)) sans doublure; non doublé. ¶ ~ 이불[치마, 바지] couverture [jupe, pantalon] sans doublure. ¶ ~으로 된 옷 un vêtement non doublé.

홑바지 명 pantalon *m* sans doublure.

홑옷 명 vêtement *m* sans doublure.

홑이불 명 couverture *f* sans doublure.

홑청 명 drap *m*. ¶ 이불 ~ drap de couverture.

화[1] 火 명 ① 【민속】 feu(*x*) *m* ((l'un des cinq éléments)); sud *m*, été *m*, rouge *m*. ② irritation *f*, colère *f*, rage *f*, ire *f* {*litt*}, rogne *f* {*fam*}. ¶ ~를 돋우다 provoquer la colère [la rage]. ¶ ~를 풀다 se calmer, apaiser *sa* colère. ¶ ~를 삭이다 apaiser *sa* colère. ¶ ~가 식었다 La colère est retombée. ¶ ~가 치민다[치밀어 오른다, 끓어오른다] La colère m'envahit [me soulève] / Mon cœur bouillonne de colère. ¶ ~가 가라앉는다 La colère se calme [s'apaise]. ◇_(를) **내다** se mettre en colère, s'irriter, se fâcher, se vexer, s'emporter, se hérisser, se mettre [foutre] en rogne {*fam*} [en boule {*fam*}], monter sur *ses* grands chevaux. ¶ 불 같이 ~를 내다 tempêter, tonner, fulminer ((contre *qn*)), exploser, entrer dans une colère noire, être dans une rogne terrible {*fam*}. ¶ 누구에게 ~내다 se mettre en colère contre *qn*, se mettre [se foutre] en rogne {*fam*} contre *qn*. ¶ 무엇 때문에 ~를 내다 se mettre en colère à cause de [contre] *qc*. ◇_(가) **나다** se mettre en colère, se fâcher, s'irriter, s'emporter, se vexer, sortir de *ses* gonds, laisser exploser *sa* colère. ¶ 무엇[누구] 때문에 그가 ~가 났다 Il est en colère contre [à cause de] *qc*/*qn*. ¶ 그 여자가 그를 ~나게 한다 Elle le met en colère [l'énerve, l'agace, l'irrite, l'horripile, l'exaspère, le met hors de lui, le jette hors de ses gonds, le crispe, le fait exploser de colère].

*~**가 머리끝까지 난다[치민다]** La colère m'envahit / Je sens la colère monter / Je sens la moutarde me monter au nez {*fam*}.

화[2] 禍 명 malheur *m*, mal *m*, sinistre *m*, ((큰 재해)) calamité *f*, désastre *m*. ¶ ~를 입다[당하다] être frappé(*e*) par le malheur. ¶ ~를 부르다 appeler un malheur. ¶ ~를 자초하다 s'attirer un malheur. ¶ ~를 피하다 éviter un malheur.

*~**가 복이 된다** À quelque chose malheur est bon.

*~**는 홀로 다니지 않는다** Un malheur n'arrive jamais seul.

화[3] 火 명 mardi *m*. ¶ 국어수업은 ~, 목, 토에 있다 Les cours de coréen sont le mardi, le jeudi et le samedi. ☞ 화요일

-화[4] 化 접미 ((suffixe nominal, exprimant la transformation)) -ification, -isation. ¶ 합리~ rationalisation. ¶ 보수~ conservation. ¶ 산업~ industrialisation. ¶ 기계~ mécanisation. ¶ 자동~ automatisation. ¶ 세계~ mondialisation. ¶ 대중~ massification. ¶ 도시~ urbanisation.

-화[5] 花 접미 ((suffixe nominal, indiquant le nom de fleur)) fleur *f*. ¶ 무궁~ hibiscus. ¶ 채송~ pourpier, *Portulaca grandiflora* {*nsc*}.

-화[6] 畫 접미 ((suffixe nominal, indiquant la peinture)) ((채색화)) peinture *f*, tableau(*x*) *m*, ((캔버스에 그린 유화)) toile *f*, ((단색화)) dessin *m*, ((스캐치)) croquis *m*, esquisse *f*, ((수채화)) aquarelle *f*, ((판화)) gravure *f*, estampe *f*, ((그림책의)) image *f*, ((삽화)) illustration *f*, ((초상화)) portrait *m*. ¶ 한국~ peinture coréenne. ¶ 서양~ peinture occidentale. ¶ 풍속~ peinture de mœurs.

-화[7] 貨 접미 ((suffixe nominal, indiquant la monnaie)) argent *m*; argent comptant; monnaie *f*, espèces *fpl*; pièce *f* de monnaie; fonds *mpl*. ¶ 달러~ dollar. ¶ 엔~ yen. ¶ 유로~ euro. ¶ 원~ won.

화가 畫家 명 peintre *m*, peintre-graveur *m*.

화간 和姦 명 fornication *f*; adultère *m*; rapports *mpl* illicites. ¶ 그 사건은 강간이 아니라 ~이었다 Cette affaire n'était pas un viol, mais de la fornication. ◇_(을) **하다** forniquer; commettre un adultère; avoir des rapports illicites.

화강석 花崗石 명 【지리】 granit *m*, granite *m*.

화강암 花崗巖 명 【지리】 granit *m*, granite *m*.

화경 火鏡 명 lentille *f* [verre *m*] convexe ((servant à allumer du feu)).

화계 話階 명 【언어】 niveau *m* de langue. ¶ 한국어의 ~ 구분은 단순히 문체의 문제가 아니다. La distinction des niveaux de langue n'est pas une simple question de style [stylistique] en coréen.

화공[1] 火攻 명 attaque *f* avec le feu. ¶ ~ 작전[전법] opération d'attaque avec le feu. ¶ ~을 벌이다 attaquer en mettant le feu. ¶ 적의 ~을 받다[당하다] être attaqué(*e*) par un ennemi mettant le feu.

화공[2] 畵工 명 peintre *m*; dessina*teur*(*trice*).

화공[3] 化工 어근 ingénierie *f* chimique. ¶ ~ 약품 produit de l'ingénierie chimique. ¶ ~ 업체 entreprise de l'ingénierie chimique.

◆_**과** -科 명 département *m* de l'ingénierie chimique.

화관 花冠 명 couronne *f* ornée de pierreries. ¶ ~을 쓰다 porter une couronne ornée de pierreries.

화교 華僑 명 résident(*e*) chinois(*e*) à l'étranger. ¶ ~ 학교 école des Chinois à l'étranger. ¶ ~ 사회 société chinoise à l'étranger.

화구 畫具 명 【미술】 matériel *m* d'un peintre. ¶ ~를 챙기다 préparer le matériel d'un peintre.

화근 禍根 명 cause *f* [source *f*, racine *f*, origine *f*] d'un malheur [d'un heurt, d'un mal]. ¶ ~을 불러들이다 provoquer un mal, être à l'origine [à la source] d'un mal(heur). ¶ 무엇의 ~을 없애다[뿌리뽑다] extirper les racines d'un mal de *qc*. ¶ ~을 없애야 후환이 없다 Il faut extirper les racines d'un mal pour ne pas avoir d'ennuis plus tard. ¶ 무엇의 ~이 되다 devenir les racines d'un mal de *qc*. ¶ 그 일이 ~이 되어 문제가 커졌다 La situation s'est aggravée avec cette affaire qui est venue provoquer un différend.

화급 火急 명 urgence *f*, imminence *f*. ¶ ~을 다투는[요하는] 일 une affaire urgente.

◆_**하다** 형 être urgent(*e*), pressant(*e*). ¶ ~하게 연락하다 contacter en urgence. ¶ 그는 그 소식을 듣자 ~하게 자리에서 일어섰다 Quand il a entendu cette nouvelle, il s'est levé de toute urgence. ¶ ~한 일이라는 연락을 받다 recevoir un appel disant que c'est urgent.

◆_**히** 부 en urgence. ¶ ~히 피하다[숨다] se réfugier; s'abriter; se mettre à l'abri [se cacher] en urgence. ¶ 일을 너무 ~히 처리하면 나중에 문제가 생길 수 있어 Tu peux avoir un problème plus tard si tu expédies le travail.

화기[1] 火氣 명 ① 불기운 feu(*x*) *m*; chaleur *f* du feu. ¶ 방에 훈훈한 ~가 감돈다 La chaleur du feu tournoie dans la chambre. ¶ (방에) ~ 하나 없다 Le feu est mort. ② 성난 기운 colère *f*. ¶ ~가 가시지 않는다 La colère ne disparaît pas. ¶ ~가 충천해 있다 être extrêmement en colère. ¶ ~가 치밀어 오르고 있다 La colère monte. ¶ ~가 느껴지다 sentir la colère monter. ③ 《덴 곳의》 chaleur *f*. ¶ 덴 곳이 ~로 화끈거린다 J'ai une sensation de chaleur là où je me suis brûlé(*e*).

화기[2] 火器 명 ① 《무기》 arme *f* à feu. ¶ ~의 발달 le développement de l'arme à feu. ② 《화로》 brasero *m*. ¶ ~ 엄금 attention matières inflammables. ¶ ~에 가까이 가다 s'approcher du brasero.

화기[3] 和氣 명 harmonie *f*, accord *m*; 《날씨》 beau temps *m* doux. ¶ 얼굴에 ~를 띠다 avoir un visage paisible. ¶ 그의 얼굴에 ~가 돈다 La paix se lit sur son visage. ¶ 집안에 ~가 감돈다[넘친다] Une atmosphère paisible règne dans la maison.

화기애애하다 和氣靄靄- 형 être amic*al*(*ale*, *aux*), paisible, calme. ¶ 그들은 화기애애하게 이야기를 나누고 있었다 Ils parlaient très amicalement. ¶ 화기애애한 분위기 une atmosphère amicale. ¶ 면담은 화기애애하게 진행되었다 L'entretien s'est fait très amicalement.

화끈 부 d'une manière brûlante [enflammée]. ¶ 얼굴이 ~ 달아오르다 avoir le sang [le rouge] qui monte au visage, avoir le visage [les joues] en feu; piquer un fard [un soleil], rougir brusquement, 《수치심에》 s'empourprer de honte, devenir écarlate [cramoisi(*e*)] (de honte), rougir jusqu'aux oreilles (de honte). ¶ 경기가 ~ 달아오르다 La croissance économique s'est enflammée subitement / La conjoncture économique s'est améliorée d'un seul coup.

◆_**거리다[대다]** 자 ressentir une sensation de brûlure; avoir 《les joues, le visage》 en feu; se mettre à rougir, rougir 《jusqu'aux oreilles; de honte, de colère》, s'empourprer 《de honte, de colère》, devenir écarlate [cramoisi(*e*)] 《de honte, de dépit》, devenir rouge 《comme une pivoine, une tomate, un coquelicot》, avoir 《le visage》 rougi [cramoisi, empourpré 《de colère》], avoir 《le visage, les joues》 en feu, 《visage》 être en feu; piquer un fard [un soleil], être rouge 《de colère》; avoir le sang [le rouge] qui monte au visage; 《열로》 être brûlant(*e*) de fièvre, 《열로 이마가》 avoir 《le front》 brûlant de fièvre, se sentir brûlant(*e*) de fièvre. ¶ 얼굴이 ~거리다 rougir 《jusqu'aux oreilles; de honte, de colère》, s'empourprer 《de honte, de colère》, devenir écarlate [cramoisi(*e*)] 《de honte, de dépit》, devenir rouge 《comme une pivoine, une tomate, un coquelicot》], avoir le visage rougi [cramoisi, empourpré 《de colère》], piquer un fard [un soleil], être rouge 《de colère》; avoir le visage en feu, avoir le sang [le rouge] qui monte au visage. ¶ 그 때 일을 생각하면 지금도 얼굴이 ~거린다 Quand j'y repense, cela me fait toujours rougir. ¶ 술 때문에 속이 ~거렸다 J'ai ressenti une brûlure [des douleurs cuisantes] à l'estomac à cause de l'alcool.

◆_**하다** 형 ① 《뜨거운 느낌이》 faire chaud, avoir chaud, ressentir la chaleur. ¶ 방 안이 너무 화끈해서 앉아 있을 수가 없다 Il fait si chaud dans la pièce qu'on ne peut y rester assis 《chauffage par le sol》. ② 《성격 등이》 être fran*c*(*che*) et ouvert(*e*), limpide. ¶ 성격이 ~하다 avoir un caractère franc et ouvert [un caractère limpide], avoir un caractère sans équivoque. ¶ 일을 ~하게 처리하다 terminer un travail rapidement, en terminer rapidement avec un travail. ¶ ~하게 놀다 s'amuser comme un petit fou [comme des (petits) fous, comme des dingues {*fam*}, à fond], s'éclater comme une bête [comme des bêtes, comme un fou, comme un malade, comme des (petits) fous, comme des dingues, comme un beau diable, comme jamais, à fond] {*fam*}, se défoncer {*fam*}.

◆_ _ 부 d'une manière brûlante [enflammée].

화끈거리다 자 ① ressentir une sensation de brûlure [de chaleur]; avoir 《les joues, le visage》 en feu. ¶ 덴 곳이 화끈거린다 J'ai une sensation de chaleur là où je me suis brûlé(*e*). ② 《흥분이나 긴장으로》 se mettre à rougir, rougir 《jusqu'aux oreilles; de honte, de colère》, s'empourprer 《de honte, de colère》, devenir écarlate [cramoisi(*e*)] 《de honte, de dépit》, devenir rouge 《comme une pivoine, une tomate, un coquelicot》, avoir 《le visage》 rougi [cramoisi, empourpré 《de colère》], avoir 《le visage, les joues》 en feu, 《visage》 être en feu; piquer un fard [un soleil], être rouge 《de colère》; avoir le sang [le rouge] qui monte au visage; 《열로》 être brûlant(*e*) de fièvre, 《열로 이마가》 avoir 《le front》 brûlant de fièvre, se sentir brûlant(*e*) de fièvre. ¶ 창피해서 얼굴이 화끈거린다 Je suis tout(e) rouge de honte / Je rougis jusqu'aux oreilles de honte.

화냥기 -氣 명 légèreté *f* [frivolité *f*, inconstance *f*] d'une femme.

화냥년 명 femme *f* légère [de mœurs légères], femme *f* frivole.

화냥질 명 action *f* frivole [volage]. ◇_(을) **하다** faire une action frivole [volage].

화농 化膿 명 【의학】 purulence *f*, suppuration *f*. ¶ ~을 일으키다 faire suppurer. ¶ ~이 생기다[일어나다] suppurer, abcéder, s'abcéder.

◆_**성** -性 명 【의학】 purulence *f*, suppuration *f*.

◆_**균** -菌 명 【의학】 microbe *m* pyogène.

화닥닥 부 ① ((se lever)) en sursaut; ((s'élancer)) précipitamment, brusquement; d'un bond; ((ouvrir une porte)) brusquement et avec fracas. ¶ ~ 뛰다 s'élancer [s'enfuir, déguerpir] précipitamment. ¶ ~ 놀라다 sursauter de surprise. ② 빠르게 très rapidement. ¶ 일을 ~ 해치우다 finir un travail avec une extrême rapidité [très rapidement].

화단[1] **花壇** 명 parterre *m*, plate-bande *f*. ¶ ~을 가꾸다 décorer [orner] un parterre [une plate-bande]. ¶ ~에 물을 주다 arroser un parterre.

화단[2] **禍端** 명 cause *f* [source *f*, racine *f*, origine *f*] d'un malheur [d'un heurt, d'un mal, d'un conflit]. ¶ ~을 만들다 provoquer un mal, être à l'origine d'un malheur, devenir la source d'un mal. ◇_(이) **되다** être la cause d'un mal. ¶ 그 일이 ~이 되었다 Cette affaire est la cause du mal. ¶ 그의 체납 벌금이 ~이 되어 재판에 회부되었다 Son amende restant impayée, cette affaire a été renvoyée au tribunal.

화단[3] **畫壇** 명 monde *m* de la peinture. ¶ 국내 ~의 경향[흐름] tendance des mouvements picturaux du pays. ¶ ~에 새바람이 불고 있다 Une nouvelle tendance émerge dans le monde de la peinture.

화답 和答 명 ① réponse *f* ((en musique)). ¶ 친구 노래에 대한 ~으로 pour répondre à la chanson d'un(*e*) ami(*e*). ② 부응하는 행위 réponse *f*. ¶ 친구의 도움에 대한 ~으로 en réponse à l'aide d'un(*e*) ami(*e*). ◇_(을) **하다** répondre. ¶ 마치 무엇에 ~이라도 하듯이 comme s'il répondait à *qc*. ¶ 노래로 ~하다 répondre avec une chanson. ¶ 관객들의 환호에 큰절로 ~하다 répondre au cri de joie des spectateurs avec une grande révérence. ¶ 그는 가족의 도움에 고시합격으로 ~했다 En récompense [retour] de l'aide de sa famille, il a passé avec succès le concours des hauts fonctionnaires. ¶ 팬들의 성원에 좋은 플레이로 ~하다 répondre à l'encouragement de *ses* fans par une bonne performance. ¶ 벗의 시에 ~하여 시를 지어 보낸다 J'envoie un poème à un(*e*) ami(*e*) en réponse au sien.

화대 花代 명 pourboire *m* [salaire *m*, rétribution *f*, paye *f*] d'une *gisaeng* [courtisane ou prostituée]. ¶ ~를 흥정하다 marchander les tarifs d'une prostituée. ¶ ~로 살아가다 vivre de la paye d'une prostituée. ¶ ~가 높다[세다] Les services d'une *gisaeng* sont [reviennent] chers.

화덕 火- 명 four *m*, fourneau(*x*) *m*; ((화로)) poêle *m*, brasero *m*. ¶ ~에 불을 피우다[지피다] alimenter un feu au four. ¶ ~에 빵을 굽다 griller du pain au four.

화동 花童 명 enfant *mf* qui apporte un bouquet de fleurs à l'occasion d'une cérémonie ou d'un événement sportif ou autre.

화두 話頭 명 ① commencement *m* [entame *f*] d'une conversation. ¶ ~를 꺼내다[던지다] entamer une conversation. ¶ ~를 떠올리다 penser au commencement d'une conversation. ¶ ~를 물고 늘어지다 prolonger une conversation. ② 【불교】 enseignement *m*. ¶ ~를 받다 recevoir un enseignement.

화들짝 부 d'un sursaut. ¶ 인기척에 ~ 놀라다 être surpris(*e*) par la présence de *qn*.

◆_**하다** 자 sursauter.

화딱지 火- 명 【속어】 rogne *f* {*fam*}. ¶ ~가 치밀다 se mettre en rogne {*fam*}, avoir les nerfs en boule [en pelote] {*fam*}, être fumasse {*fam*}, furax {*fam*}. ◇_(가) **나다** se mettre [se foutre] en rogne {*fam*}; être en rogne {*fam*} [en boule {*fam*}, en pétard {*fam*}], piquer une [*sa*] crise {*fam*}, prendre la mouche, laisser exploser *sa* colère, décharger *sa* bile. ¶ 그 녀석한테 속았다고 생각하니 너무 ~가 났다 Ça me fout en rogne quand je pense que j'ai pu me faire berner par ce type {*fam*}. ◇_(를) **내다** se mettre [se foutre] en rogne {*fam*} [en boule {*fam*}], piquer une [*sa*] crise {*fam*}. ¶ 괜한 사람한테 ~를 내다 se mettre en rogne contre *qn* qui n'en vaut pas la peine.

화랑[1] **畫廊** 명 galerie *f*. ¶ ~에서 전시회를 하다 faire une exposition dans une galerie.

화랑[2] **花郎** 명 【역사】 Hwarang *m* <groupe constitué du fleuron de la jeunesse du royaume de Silla>.

◆_**도**[1] -徒 명 【역사】 troupe *f* Hwarang.

◆_**도**[2] -道 명 【역사】 doctrine *f* [art *m*] des Hwarang.

화려하다 華麗- 형 ① être radieux(*se*), splendide, somptueux(*se*), magnifique. ¶ 눈부시게 ~ être radieux(*se*)[resplendissant(*e*), éblouissant(*e*)]. ¶ 화려하게 꾸미다 décorer magnifiquement. ¶ 거리의 불빛이 화려하게 빛났다 Les lumières dans la rue brillaient somptueusement. ¶ 화려한 옷[화장, 장식, 무늬] un vêtement [une toilette, une décoration, un motif] somptueux(*se*). ② 호화스럽다 être luxueux(*se*), somptueux(*se*). ¶ 그 여자는 화려한 삶을 꿈꾸며 살았다 Elle a vécu en rêvant d'une vie somptueuse. ③ 훌륭하다 être excellent(*e*), illustre, glorieux(*se*), mémorable, grand(*e*), éclatant(*e*), fameux(*se*), splendide. ¶ 그는 경력[업적, 과거]이 ~ Il a une carrière éclatante [Il a laissé de grands travaux, Il a un passé glorieux]. ¶ 그 선수는 화려하게 재기했다 Ce joueur s'est relevé avec brio. ④ être splendide, magnifique, grandiose. ¶ 화려한 문체[수식어, 미사여구] un style [un qualificatif, un langage] fleuri. ¶ 화려한 기교[연주] une technique [une exécution] grandiose.

화력 火力 명 ① pouvoir *m* [valeur *f*, capacité *f*]

ㅎ

calorifique. ¶ ~ 발전 production thermoélectrique. ¶ ~이 세다[강력하다] Le pouvoir calorifique est fort. ¶ ~이 약하다 Le pouvoir calorifique est faible. ② 【군사】 puissance *f* de feu militaire. ¶ ~ 지원 aide [soutien] de la puissance de feu. ¶ 막강한 ~ une forte puissance de feu. ¶ ~이 좋은[큰] 기관총 une mitrailleuse puissante.

◆_망 -網 명 【군사】 réseau *m* de forces armées.

◆_전 -戰 명 【군사】 bataille *f* de puissances de feu.

화로 火爐 명 poêle *m*, brasero *m*.

◆_ㅅ가 명 autour du poêle *m*. ¶ ~ㅅ가에 둘러앉다 s'asseoir autour du poêle.

◆_ㅅ불 명 feu *m* de poêle. ¶ ~ㅅ불을 끼고 앉다 s'asseoir tout près du poêle.

화류계 花柳界 명 demi-monde *m* {*vx*}, bas-fonds *mpl*. ¶ ~를 전전하다 aller et venir dans le demi-monde, fréquenter les milieux libertins. ¶ ~에 종사하다 travailler dans les bas-fonds. ¶ ~에 들어서다 entrer dans le demi-monde.

화륜선 火輪船 명 steamer *m*, navire *m* [bateau *m*] à vapeur.

화마 火魔 명 incendie *m*. ¶ ~ 때문에[~로] 폐허가 되다 être réduit(*e*) en cendres à cause de l'incendie. ¶ ~가 휩쓸고 지나간 장소 endroit ravagé par l'incendie.

화면 畵面 명 ① écran *m*; ((그림의)) surface *f* d'un tableau [d'une photo]. ¶ ~의 색상 couleur de l'écran. ¶ ~을 꽃으로 장식하다 décorer la surface d'un tableau avec des fleurs. ¶ ~에 담은 삶 la vie des gens saisie sur les photos. ② 영상 photographie *f*, photo *f*, photogramme *m*. ¶ ~을 잘 잡다 bien manipuler un photogramme. ¶ ~이 제대로 잡히지 않는다 Le photogramme n'est pas clairement ajusté. ¶ ~이 좋다[선명하다] Le photogramme est clair.

◆_구성 -構成 명 composition *f* de l'image [la photographie].

◆_전환 -轉換 명 changement *m* d'image.

◆_조정시간 -調整時間 명 heure *f* du réglage de l'écran, heure *f* de la mire.

◆_편집 -編輯 명 montage *m*; photomontage *m*.

화목[1] 和睦 명 harmonie *f*, bonne entente *f*, paix *f*, concorde *f*. ¶ 집안의 ~ l'harmonie du ménage. ¶ ~을 깨뜨리다 rompre une harmonie. ¶ ~을 돈독히 [도탑게] 하다 consolider l'harmonie.

◆_하다 형 être uni(*e*). ¶ ~하게 지내다 très bien s'entendre, s'aimer tendrement; vivre en paix [en harmonie], vivre en parfait accord. ¶ ~한 가정 un ménage uni.

◆_제 -祭 명 【종교】 holocauste *m* ((sacrifice marquant l'harmonie entre Dieu et son peuple)).

화목[2] 火木 명 bois *m* de chauffage, bûche *f*.

◆_림 -林 명 bois *m* de chauffage.

화목[3] 花木 명 arbre *m* à fleurs. ¶ ~을 심다 planter un arbre à fleurs.

화문 花紋 명 dessin *m* représentant des fleurs.

◆_석 -席 명 natte *f* de jonc à fleurs.

화물 貨物 명 marchandises *fpl*; ((선박의)) cargaison *f*, ((선박, 비행기의)) fret *m*. ¶ ~을 싣다 charger des marchandises. ¶ ~을 운반하다 transporter des marchandises.

◆_운송 -運送 명 transport *m* de marchandises.

◆_선 -船 명 cargo *m*. ¶ 선착장에 ~선이 정박해 있었다 Le cargo était amarré au wharf.

◆_열차 -列車 명 train *m* de marchandises.

◆_차 -車 명 camion *m*.

◆_칸 명 wagon *m* de marchandises.

화방 畵房 명 atelier *m*. ¶ 그 여자는 ~에 화생으로 입문했다 Elle est entrée dans un atelier de peinture comme apprentie.

화백[1] 畵伯 명 peintre *m*. ¶ 이중섭 ~ le peintre Yi Jung-seop.

화백[2] 和白 명 【역사】 Hwabaek <Conseil des nobles à l'époque de Silla>. ¶ 신라시대에는 ~ 회의에서 중요한 문제들을 토의했다 À l'époque de Silla, on discutait des problèmes importants lors du Hwabaek.

화법[1] 話法 명 ① façon *f* de parler. ¶ ~을 교정하다 corriger la façon de parler. ② 【언어】 discours *m* ((direct, indirect)). ¶ 직접 ~과 간접 ~ discours direct et discours indirect. ¶ 자유간접 ~ discours [style indirect libre].

화법[2] 畵法 명 art *m* de peindre, peinture *f*. ¶ 산수 ~ l'art [la technique] de la peinture de paysage. ¶ 전통적인 ~ l'art traditionnel de peindre.

화병[1] 花甁 명 vase *m* (à fleurs). ¶ ~에 꽃을 꽂다 mettre des fleurs dans un vase.

화병[2] 火病 명 névrose *f* (hystérique) ((provoquée par le refoulement accumulé de *son* ressentiment)), irritabilité *f* maladive ((mêlée d'animosité et de ressentiment)). ¶ ~으로 몸져눕다 garder le lit à cause d'un accès incontrôlé d'animosité. ¶ ~이 나다[들다] être malade de colère et de frustration.

화보[1] 畵報 명 journal *m* [revue *f*] illustré(*e*). ¶ 시사 ~ revue d'actualités illustrée.

화보[2] 畵譜 명 catalogue *m* de peinture. ¶ 중국 화가들의 ~가 전해졌다 Le catalogue des peintres chinois a été transmis.

화복 禍福 명 bonheur *m* et malheur *m*, adversité *f* et prospérité *f*. ¶ 길흉 ~ bonheur et calamités.

화부 火夫 명 ((불을 때는)) chauffeur *m* ((d'une locomotive)); ((화장터의)) incinérateur *m* de cadavres. ¶ 화장터의 ~ incinérateur de cadavres, personne travaillant dans un crématorium.

화분[1] 花盆 명 pot *m* de fleurs. ¶ ~에 심은 화초 plante en pot.

화분[2] 花粉 명 pollen *m*. ¶ ~의 pollinique. ¶ ~이 있는 pollinique.

화사하다 華奢− 형 ① ((날씨)) être luxueux(*se*), fastueux(*se*), somptueux(*se*), pompeux(*se*). ¶ 날씨가 ~ Le temps est somptueux. ¶ 화사한 햇살 de somptueux rayons de soleil. ② ((인물)) être radieux(se). ¶ 그 여자는 얼굴이 화사했다 Son visage était radieux. ¶ 오늘따라 그 여자는 매우 화사하게 차려 입었다 Aujourd'hui, elle portait des vêtements particulièrement fastueux.

화산 火山 명 volcan *m*. ¶ ~이 폭발했다 Le volcan a fait éruption.

◆_대 -帶 명 【지리】 zone *f* volcanique.

◆_성 -性 명 volcanique

◆_암 -巖 명 【지리】 roche *f* volcanique.

◆_재 명 cendres *fpl* ((d'un volcan)).

◆사_ 死- 명 volcan *m* éteint.

◆활_ 活- 명 【지리】 volcan *m* actif [en activité].

◆휴_ 休- 명 【지리】 volcan *m* endormi.

화살 명 flèche *f*. ¶ ~을 쏘다 tirer une flèche. ¶ ~에 맞다 être frappé(*e*) par une flèche. ¶ ~처럼 빠르다 être rapide comme une flèche. ¶ 세월은 ~과 같이 흐른다 Le temps s'envole [passe bien vite]. ¶ ~이 과녁에 적중했다 La flèche a frappé la cible.

*누구에게 ~을 돌리다 décocher ((une méchanceté à *qn*)), accabler *qn* de ((reproches, injures)), fulminer ((des reproches)) contre *qn*. ¶ 그들은 나에게 비난의 ~을 돌렸다 Ils m'ont accablé(*e*) de reproches.

◆_대 명 tige *f* d'une flèche.

◆_촉 -鏃 명 tête *f* [fer *m*, pointe *f*] d'une flèche.

화살표 -標 명 flèche *f*. ¶ ~ 방향으로 가십시오 Suivez la direction indiquée par la flèche.

화상[1] 火傷 명 【의학】 brûlure *f*. ¶ ~ 자국 des traces de brûlure. ◇_(을) 입다 se brûler. ¶ 손에 심한 ~을 입었다 se brûler gravement à la main.

화상[2] 畫像 명 ① portrait *m*. ¶ ~을 그리다 dessiner un portrait. ② 【속어】 얼굴 tronche *f* {*fam*}. ¶ 저 ~ 좀 안 볼 수 있으면 좋겠다 Si seulement on pouvait ne plus voir sa tronche! ③ ((경멸)) Toi! ¶ 이 ~아! 그것도 청소라고 한 거야? Toi, tu appelles ça nettoyer? ④ ((화면상의)) écran *m*, télévision *f*. ¶ 그 여자는 ~에서 본 것보다 더 예쁘다 Elle est plus belle en réalité qu'à la télé.

화상[3] 畫商 명 marchand(*e*) de tableaux. ¶ 그는 고미술품을 취급하는 ~이다 C'est un marchand de tableaux anciens.

화상[4] 華商 명 commerçant(*e*) chinois(*e*) à l'étranger.

화상회의 畫像會議 명 vidéoconférence *f*.

화색 和色 명 expression *f* douce du visage. ¶ ~을 띠다 avoir une expression douce sur le visage. ¶ 그의 얼굴에 ~이 돌았다 Une expression douce plane sur son visage.

화생방 化生放 명 ((armes, guerre)) chimique(s), ((armes, guerre)) biologique(s), ((armes, guerre)) atomique(s). ¶ ~ 훈련 exercices préventifs en cas d'attaque chimique, biologique ou atomique.

화석 化石 명 【지리】 fossile *m*. ¶ ~층 couche de fossile. ¶ 물고기 ~ fossile de poisson.

◆_화 -化 명 【지리】 fossilisation *f*. ¶ 그것은 이미 ~화된 것이다 Cela a été déjà fossilisé.

화선지 畫宣紙 명 papier *m* oriental.

화성[1] 火星 명 【천문】 Mars *m*. ¶ ~탐사선 sonde d'observation de Mars.

화성[2] 和聲 명 【음악】 harmonie *f*. ¶ ~법 technique d'harmonie.

화성암 火成巖 명 【지리】 roche *f* ignée.

화소 畫素 명 pixel *m*. ¶ ~를 높게[낮게] 설정하다 régler le nombre de pixels vers le bas [vers le haut], utiliser peu de [beaucoup de] pixels, régler la sensibilité [la définition, la précision] de *son* appareil, augmenter [diminuer, abaisser] la résolution de l'image [de l'écran].

화수분 명 réserves *fpl* inépuisables, trésor *m* inépuisable. ¶ 요즘 세상에 ~같이 돈이 펑펑 쏟아지는 사업이 있겠느냐? De nos jours, ça n'existe plus un business où l'argent coule à flots.

화술 話術 명 (art *m* de la) rhétorique *f*. ¶ 뛰어난 ~ un remarquable art de la parole. ¶ 그는 ~이 능란한 사람이다 Il parle [s'exprime] avec facilité [aisance] / Il a le don de la parole / Il a de l'éloquence / Il est disert {*litt*} / Il a de la tchatche {*fam*} / C'est un brillant causeur [un bon orateur, un orateur éloquent, un orateur disert {*litt*}].

화승[1] 火繩 명 mèche *f*. ¶ ~총 fusil à mèche.

화승[2] 花勝 명 victoire *f* de la floraison.

화시 話示 명 【언어】 deixis *f*.

◆_적 -的 명관 déictique *m*. ¶ ~적 용법은 언표 상황에 존재하는 대상을 가리킨다. L'emploi déictique désigne un objet qui est présent dans une situation d'énonciation / Les déictiques servent à désigner un objet qui est présent dans un situation d'énonciation.

화식[1] 火食 명 aliment *m* cuit. ¶ 인간은 불을 발견한 이후로 ~을 하게 되었다 L'homme a commencé à manger des aliments cuits quand il a découvert le feu.

화식[2] 和食 명 cuisine *f* japonaise. ¶ 그 여자는 한식이나 양식보다 ~을 좋아한다 Elle préfère la cuisine japonaise à la cuisine coréenne ou occidentale.

◆_집 명 restaurant *m* japonais.

화신[1] 化身 명 incarnation *f*, personnification *f*. ¶ 악마의 ~ le diable personnifié [en personne]. ¶ 그는 탐욕의 ~이다 Il est l'avarice même / C'est l'avarice en personne.

화신[2] 花信 명 signes *mpl* avant-coureurs de la floraison. ¶ 남쪽부터 시작되는 ~ la floraison qui s'annonce depuis le sud du pays.

화실 畫室 명 atelier *m* ((de peintre)). ¶ ~에서 작업하다 travailler dans un atelier.

화씨 華氏 명 【물리】 Fahrenheit. ¶ ~ 온도계 thermomètre Fahrenheit. ¶ ~ 72도 72 degrés Fahrenheit; 72°F.

화약 火藥 명 poudre *f* à canon. ¶ 대포에 ~을 재다 charger un canon. ¶ ~이 터지다 La poudre à canon explose.

*~을 지고 불로 들어간다 mettre [jeter] de l'huile

sur le feu, semer la zizanie, inciter [pousser] à la dispute. ¶ 그 사람의 행동은 ~을 지고 불로 들어가는 것과 같다 On dirait qu'il fait tout pour semer la zizanie.

◆**_고** -庫 명 poudrière *f*.

화엄 華嚴 명 【불교】 (école *f*) Huayan *m* <une des principales écoles du bouddhisme du Grand Véhicule chinois qui repose sur le concept d'interpénétration du principe et de tous les phénomènes subsumés dans la réalité absolue>.

◆**_경** -經 명 【불교】 Avatamsaka Sûtra *m*, sûtra *m* de la Guirlande de fleurs <sûtra servant de base à la doctrine développée par l'école Huayan>.

화염 火焰 명 flamme *f*, feu(*x*) *m*. ¶ 그 집은 순식간에 ~에 휩싸였다 Cette maison a été enveloppée [entourée, cernée, envahie, assaillie, dévorée] instantanément par les flammes.

◆**_병** -甁 명 cocktail *m* Molotov. ¶ ~병을 던지다 lancer un cocktail Molotov.

화요일 火曜日 명 mardi *m*. ☞ 금요일

화원[1] 花園 명 jardinet *m*. ¶ 그 집 마당에는 널따란 ~이 있다 Il y a un jardinet bien large dans la cour de cette maison.

화원[2] 火源 명 cause *f* d'un incendie. ¶ ~을 밝혀내다 découvrir la cause d'un incendie.

화음 和音 명 【음악】 accord *m*. ¶ 불협 ~ des accords dissonants. ¶ 기초~ un accord fondamental. ¶ 5도~ un accord de cinquième. ¶ 분산~ un accord brisé [arpégé]. ¶ 삼~ accord de trois sons; accord parfait. ¶ ~의 전향 un renversement d'accord ¶ 그는 ~에 맞추어서 노래를 불렀다 Il a chanté en respectant les accords. ¶ ~이 맞지 않아서 듣기가 거북했다 Ce n'était pas très écoutable parce que les accords étaient faux.

화의 和議 명 ① pourparlers *mpl* de paix. ¶ 그는 적과의 ~를 주장했다 Il a prôné d'entamer des pourparlers de paix avec l'ennemi(*e*). ② 【법률】 compromis *m*, composition *f*. ¶ 채무자가 채권자에게 ~를 신청[청]했다 Le débiteur a demandé un compromis au créancier. ¶ 채권자와 채무자 사이의 ~가 성립되었다 Un compromis entre le créancier et le débiteur a été établi. ◇_(**를**) **하다** faire des pourparlers de paix; trouver un compromis. ¶ 우리는 적과 ~하기 위해 휴전을 제안했다 Nous avons proposé *une trêve* avec *l'ennemi* pour entamer des pourparlers. ¶ 채권자와 채무자는 ~했다 Le créancier et le débiteur ont trouvé un compromis. ¶ 그는 채권자와 ~를 했다 Il a trouvé un compromis avec le créancier. ◇_(**를**) **시키다** faire trouver un compromis, amener à un compromis. ¶ 그는 채권자와 채무자를 ~시켰다 Il a amené créancier et débiteur à un compromis. ¶ 그는 나를 채권자와 ~시켰다 Il m'a fait trouver un compromis avec le créancier.

화이트데이 영{White day} 명 *White day*, fête *f* du 14 mars <réponse à la fête de la Saint-Valentin pendant laquelle ce sont les filles qui offrent en général des chocolats à leur petit ami>.

화이트칼라 영{White-collar} 명 col *m* blanc. ¶ ~와 블루칼라 간의 갈등 conflit entre les cols blancs et les cols bleus.

화인[1] 化人 명 sorcier *m*, magicien *m*, alchimiste *m*.

화인[2] 火印 명 marque *f* [au fer rouge], stigmate *m*. ¶ 그는 그리움의 ~을 내 가슴에 찍어놓고 도망간 남자이다 C'est un homme qui s'est enfui en marquant mon cœur au fer rouge.

화인[3] 火因 명 cause *f* d'un incendie. ¶~ 불명의 화재 un incendie dont on ne connaît pas la cause. ¶ ~을 조사하다 enquêter sur la cause d'un incendie. ¶ 과열이 ~으로 추정된다 La surchauffe est la cause présumée de l'incendie.

화자 話子 명 locu*teur*(*trice*).

화장[1] 火葬 명 crémation *f*, incinération *f*. ¶ 시신의 ~ crémation d'un cadavre. ¶ 정부는 국민들에게 ~을 권장하고 있다 Le gouvernement recommande la crémation au peuple. ◇_(**을**) **하다** incinérer ((un cadavre)). ¶ 우리는 시신을 ~했다 Nous avons inciné́ré un cadavre. ◇_(**이**) **되다** être incinéré(*e*). ¶ 시체 여러 구가 ~되었다 Plusieurs cadavres ont été incinérés. ◇_(**을**) **시키다** faire incinérer. ¶ 우리는 그의 시체를 ~시켰다 Nous avons fait incinérer son cadavre. ◇_(**을**) **당하다** être incinéré(*e*), subir la crémation. ¶ 그 사람의 시신은 강제로 ~당했다 Son cadavre a été incinéré sans consultation.

◆**_장** -場 명 four *m* crématoire, crématorium *m*.

◆**_터** 명 four *m* crématoire, crématorium *m*.

화장[2] 化粧 명 toilette *f*; soins *mpl* de beauté; maquillage *m*. ¶ 그 여자의 얼굴 ~ le maquillage sur son visage. ¶ ~을 고치다 refaire *son* maquillage, se remaquiller, se (re)faire une beauté; faire un brin de maquillage [de toilette], se rafraîchir ((avant d'aller dîner)), retoucher [rafraîchir] *son* maquillage, se ravaler la façade {*pop*}. ¶ ~을 다듬다 retoucher [rafraîchir] *son* maquillage. ¶ ~을 지우다 se démaquiller, enlever *son* fard. ¶ 그 여자는 ~이 짙다[엷다] Elle se maquille trop[discrètement]. ◇_(**을**) **하다** faire *sa* toilette, se maquiller, se farder; ((화장을 고치다)) se (re)faire une beauté. ¶ 그 여자는 (얼굴을) ~했다 Elle s'est maquillée / Elle s'est faite une beauté. ¶ 그 아가씨는 얼굴에 ~을 너무 짙게 했다 Cette fille s'est trop maquillée / Cette fille s'est maquillée [fardée] outrageusement / C'est un vrai pot de peinture, cette fille {*fam*}. ¶ 그 여자는 늘 곱게 ~한다 Elle est toujours bien maquillée. ◇_(**이**) **되다** être maquillé(*e*). ¶ 그 여자의 눈은 곱게 ~이 되었다 Ses yeux sont bien maquillés. ◇_(**을**) **시키다** maquiller ((un acteur de théâtre)), grimer ((un acteur en vieillard)), farder ((un acteur)). ¶ 우리는 그 아이를 ~시켰다 Nous avons maquillé l'enfant.

◆**_기** -氣 명 trace *f* de maquillage. ¶ ~기 없는 얼굴 un visage sur lequel il n'y a pas de trace de

maquillage.

◆_대 -臺 명 coiffeuse *f*.

◆_독 -毒 명 allergie *f* due au maquillage. ¶ ~독이 올라서 얼굴에 염증이 생겼다 Mon visage est enflammé à cause d'une allergie due au maquillage.

◆_법 -法 명 technique *f* de maquillage.

◆_수 -水 명 lotion *f* faciale (de beauté).

◆_지 -紙 명 ((휴지)) papier *m* hygiénique, papier-toilette *m*.

◆_품 -品 명 produit *m* de beauté, cosmétiques *mpl*. ¶ ~품을 사다 acheter un produit de beauté.

화장실 化粧室 명 toilettes *fpl*, W.-C. *mpl* [vécés *mpl* {*fam*}], waters *mpl* {*fam*}, chiottes {*fam*}; ((대변을 볼 때)) (le) trône *m* {*fam*}; ((소변을 볼 때)) petit coin *m*. ¶ ~에 가다 aller aux toilettes, aller aux waters; ((소변)) aller au petit coin; ((대변)) aller sur le trône {*fam*}. ¶ ~에 가고 싶은데요 Je voudrais aller aux toilettes / J'ai un besoin pressant [urgent] / ((대변)) J'ai envie d'aller à la selle. ¶ ~이 어디입니까? Où sont les toilettes? / Pourriez-vous m'indiquer les toilettes, s'il vous plaît madame [monsieur]? / Les toilettes, s'il vous plaît madame [monsieur]?

화재 火災 명 feu *m*; incendie *m*. ¶ ~를 신고하다 signaler un incendie. ¶ ~와 싸우다 combattre un incendie, se battre contre un feu. ¶ ~가 났다[일어났다] Un incendie s'est déclaré [vient d'éclater]. ¶ 겨울에는 ~가 많다 Il y a beaucoup d'incendies en hiver.

◆_경보기 -警報器 명 avertisseur *m* d'incendie, sirène *f* d'alerte [d'alarme] (signalant un incendie).

화적 火賊 명 ((강도)) des voleurs *mpl*; des cambrioleurs *mpl*; des brigands *mpl*; des bandits *mpl*; ((악당)) un gang *m*; des voyous *m*, des gangsters *mpl*; des brutes *fpl*; des fripouilles *fpl* {*fam*}; des vauriens *mpl*; des crapules *fpl* {*fam*}.

화전[1] 火田 명 【농업】 terrain *m* défriché par le feu. ¶ ~을 일구다 défricher des terrains par le feu.

◆_민 -民 명 cultivat*eur*(*trice*) qui défriche les terres par le feu.

◆_촌 -村 명 village *m* des cultivateurs qui défrichent les terres par le feu.

화전[2] 花煎 명 ① 꽃전 galette *f* de riz en forme de fleur. ② 부꾸미 crêpe *f* de céréales. ¶ ~을 부쳐 먹다 se faire des galettes de riz.

화점 花點 명 *hoshi* ((au jeu de go)).

화제[1] 話題 명 ① sujet *m* (de conversation); ((personne, livre)) dont on parle; en question. ¶ ~의 인물 personne dont on parle. ¶ ~를 바꾸다 changer de sujet (de conversation), changer de conversation. ¶ 최근 뉴스를 ~로 삼다 amener la conversation sur les dernières nouvelles; parler des dernières nouvelles. ¶ 그는 이번 일로 사람들의 ~에 올랐다 Il est devenu le principal sujet des conversations depuis cette affaire. ¶ ~가 풍부하다 être inépuisable en sujets de conversation. ② 【언어】 topique *m*; thème *m*. ¶ ~ 중심의 언어 une langue à proéminence topique.

◆_ㅅ거리 명 matière *f* à sujet (de conversation), matière *f* à discuter, sujet *m* de conversation. ¶ ~ㅅ거리가 되다 faire l'objet des commérages [des conversations], prêter aux commérages, être l'objet des ragots [de la rumeur], alimenter [nourrir] la rumeur publique, alimenter les conversations, être sur les lèvres de tout le monde; être dans toutes les bouches [dans la bouche de tout le monde]; provoquer du bruit autour de *soi*, être sur le tapis.

화제[2] 畵題 명 ① titre *m* d'un tableau. ② poème *m* inscrit au-dessus d'un tableau. ¶ 선생님께서 정해 준 ~에 따라 그림을 그렸다 Nous avons peint suivant le thème [en fonction du thème, du titre] que nous a donné [qu'a choisi] le professeur.

화조 花鳥 명 fleur *f* et oiseau(*x*) *m*; oiseau *m* qui cherche les fleurs. ¶ ~는 동양화의 주된 소재이다 Les fleurs et les oiseaux sont le sujet principal [le thème principal] de la peinture orientale.

화주[1] 火酒 명 alcool *m*; eau(*x*) *f* de vie.

화주[2] 貨主 명 expédit*eur*(*trice*); propriétaire *m* de marchandises expédiées (d'une cargaison).

화증 火症 명 irritation *f*, colère *f*. ¶ ~이 나다 s'irriter, se mettre en colère, se fâcher, se hérisser, s'emporter, se vexer.

화질 畵質 명 qualité *f* de l'image ((d'un écran de télévision)). ¶ 이 모니터는 ~이 좋다[나쁘다] L'image est bonne[mauvaise] sur cet écran.

화집 畵集 명 album *m* de toiles; collection *f* de peintures [de toiles]. ¶ 인상파 화가들의 ~ une collection de toiles des peintres impressionnistes.

화차[1] 火車 명 ① train *m*. ② ancien char *m* de guerre (coréen).

화차[2] 貨車 명 wagon *m* [train *m*] de marchandises; fourgon *m*.

화창하다 和暢- 형 ((temps)) être b*eau*(b*elle*, b*eaux*), magnifique, resplendissant(*e*), serein(*e*); ((cœur)) être calme, serein(*e*), tempéré(*e*). ¶ 날씨가 아주 ~ Il fait très beau / Il fait un temps magnifique [resplendissant]. ¶ 화창한 봄 un beau printemps. ¶ 이렇게 화창한 오후에 뭘 하고 있니? Qu'est-ce que tu fais par un si bel après-midi? ¶ 화창하게 갠 하늘이 더욱 높아 보였다 Le ciel a l'air d'autant plus haut qu'il est parfaitement dégagé.

화채 花菜 명 *hwachae m* <boisson froide sucrée contenant des morceaux de fruits, sorte de punch traditionnel à base de fruits et de fleurs. Les *hwachae* sont habituellement faits avec du jus de fruits ou de céréales, et adoucies par du sucre ou du miel, ou assaisonnées et colorées avec de l'*omija* (fruit aux «cinq goûts» de l'arbre de *Schisandra* chinois). Il y a également des *hwachae* faits à partir d'herbes médicinales traditionnelles, d'azalée ou de pin>. ¶ 시원한 ~를 대접하다 servir du *hwachae* à des invités.

화첩 畵帖 명 album *m* de dessins [de peintures].

화초 花草 명 plante *f* (décorative); fleur *f*. ¶ ~를 가꾸다 cultiver des plantes (vertes) [des fleurs]. ¶ ~를 심다 planter des fleurs [des plantes]; faire de l'horticulture [de la floriculture]. ¶ ~에 물을 주다 donner de l'eau aux plantes, arroser les plantes (vertes) [les fleurs].

화촉 華燭 명 ① bougie *f* colorée. ② (cérémonie *f* du) mariage.

*~을 밝히다 se marier.

화친 和親 명 amitié *f*, relations *fpl* amicales, entente *f* cordiale. ¶ 적국과의 ~을 꾀하다 chercher à avoir des relations amicales avec un pays ennemi. ◇_(을) 하다[맺다] avoir des relations amicales. ¶ 우리는 마침내 적국과 ~했다 Nous avons noué des relations amicales avec l'ennemi.

화톳불 명 ① ((야영)) feu(*x*) *m* de bivouac. ② ((축제)) feu(*x*) *m* de joie. ¶ ~을 피우다[놓다] allumer un feu de bivouac.

화통[1] 火- 명 colère *f* noire [terrible]; rage *f* folle. ¶ ~을 터뜨리다 laisser exploser *sa* colère, décharger *sa* bile, sortir de *ses* gonds; entrer dans une rage folle [dans une colère noire].

화통[2] 火筒 명 ① cheminée *f* de locomotive [de bateau à vapeur]. ② locomotive *f*.

*~을 삶아 먹다 avoir une (très) grosse voix, parler très fort. ¶ ~을 삶아 먹었나, 얘가 왜 이리 목소리가 커? Qu'est-ce que tu as mangé pour avoir une voix aussi forte [pour avoir une aussi grosse voix, pour parler (aus)si fort]?

화통하다 化通- 형 être (de tempérament) cool; être un bon vivant [un gai luron]. ¶ 그는 시원시원하고 ~ C'est un bon vivant [un gai luron, un joyeux drille]. ¶ 화통한 성격 un tempérament cool [décontracté et jovial].

화투 花鬪 명 *hwatu m* <jeu de cartes d'origine japonaise; quarante-huit petites cartes rigides qui servent à jouer au *hwatu*, au *minhwatu* (민화투), mais aussi à quantité d'autres jeux, dont le *go-stop* (고스톱) et le *godori* (고도리 五鳥 5 oiseaux). Elles sont reconnaissables à leurs dessins représentant de façon très stylisée les quatre saisons, au moyen de fleurs et de plantes. Ces motifs organisent douze séries de quatre, symbolisant les douze mois de l'année>. ¶ ~(를) 치다 jouer au *hwatu*.

◆_짝 명 carte *f* de *hwatu*.

◆_판 명 emplacement *m* où l'on joue au *hwatu*; partie *f* de *hwatu*. ¶ ~판을 벌이다 jouer au *hwatu*.

화판 畵板 명 tableau(*x*) *m* de chevalet (de peintre). ¶ ~에 종이를 고정시키다 mettre une feuille de dessin sur *son* chevalet.

화평 和平 명 paix *f*. ¶ ~을 제의하다 offrir la paix; faire des propositions de paix.

◆_하다 형 être paisible, calme, tranquille. ¶ ~한 시절[시대] une saison [une époque] paisible.

화폐 貨幣 명 monnaie *f*, numéraire *m*, espèces *fpl*. ¶ ~ 개혁 réforme monétaire. ¶ ~를 주조하다 frapper [fondre] une monnaie. ¶ 원화의 ~ 가치가 떨어졌다 La valeur monétaire du won a baissé.

◆_단위 -單位 명 unité *f* monétaire.

◆_경제 -經濟 명 économie *f* monétaire [fiduciaire].

화포 火砲 명 arme *f* à feu.

화폭 畵幅 명 peinture *f*, tableau(*x*) *m*, toile *f*. ¶ 그는 아름다운 경치를 ~에 담았다 Il a fait une toile de ce beau paysage / Il a mis ce beau paysage sur une toile.

화풀이 火- 명 action de libérer [de passer] *sa* colère sur *qn/qc*. ¶ 누구의 ~를 받아 주다 accepter que *qn* épanche [déverse, décharge] *sa* colère sur *soi*. ¶ 그 여자는 그 일에 대한[그 일의] ~를 내게 했다 Elle a épanché sa colère sur moi à cause de cette affaire. ¶ 그는 ~로 술을 마셨다 Il a bu de l'alcool pour libérer sa colère. ◇_(를) 하다 passer *sa* colère sur *qn/qc*; décharger *sa* bile contre *qn*, épancher [déverser] *sa* colère [*sa* bile] sur [contre] *qn*; décharger *sa* colère sur *qn*. ¶ 그는 공연히 내게 ~를 했다 Il a passé sa colère sur moi.

화풍 畵風 명 style *m* [manière *f*] d'un peintre [d'une école de peinture]. ¶ 초현실주의적인 ~ style surréaliste, ((tableau)) surréaliste. ¶ 고갱과 고흐는 ~이 서로 달랐다 Les styles de Gauguin et de Van Gogh étaient différents l'un de l'autre.

화필 畵筆 명 brosse *f*, pinceau(*x*) *m*. ¶ ~을 벗 삼다 vivre avec la peinture. ¶ 그 여자는 끝내 ~을 다시 잡지 않았다 Elle n'a plus jamais repris le pinceau.

화하다[1] 和- 형 ① ((날씨)) être doux(*ce*), tempéré(*e*). ¶ 날씨가 ~ Il fait doux. ¶ 화한 기운 une douce température. ② ((인물)) être paisible, calme. ¶ 화한 얼굴 un visage paisible.

화하다[2] 형 être frais(*aîche*). ¶ 양치질을 했더니 입안이 화했다 M'étant brossé les dents, j'ai la bouche fraîche. ¶ 화한 맛 un goût frais. ¶ 박하사탕 맛이 입안에 화하게 퍼진다 Grâce aux bonbons à la menthe, je sens la fraîcheur dans ma bouche.

화하다[3] 化- 자 se changer; se transformer [se métamorphoser] en *qc*; être réduit(*e*) en ((cendres)). ¶ 물이 포도주로 화했다 L'eau s'est transformée en vin. ¶ 일시에 잿더미로 화한 건물 un immeuble réduit en cendres en peu de temps. ¶ 온 방안이 울음바다로 화했다 Tout le monde s'est mis à pleurer dans la chambre / Tout le monde, dans la chambre, a fondu en larmes.

화하다[4] 和- 자 ① 합쳐지다 s'unir, s'assembler; être réuni(*e*), assemblé(*e*), rassemblé(*e*). ¶ 남과 북이 하나로 화한다면 Si le Nord et le Sud se réunifient un jour ... ② 화목하다 vivre en paix [en harmonie]; s'entendre bien; vivre en parfait accord; être harmonieux(*se*), uni(*e*). ¶ 두 나라가 서로 화한다. Les deux pays vivent en paix.

화학 化學 명 chimie *f*.

◆_적 -的 명관 chimique, synthétique. ¶ ~적 반응

réaction chimique. ¶ ~적으로 볼 때 d'un point de vue chimique [chimiquement parlant].

◆_공업 -工業 명 industrie *f* chimique.

◆_무기 -武器 명 arme *f* chimique.

◆_반응 -反應 명 réaction *f* chimique.

◆_비료 -肥料 명 engrais *m* chimique.

◆_섬유 -纖維 명 fibre *f* synthétique; ((직물)) textile *m* synthétique.

◆_식 -式 명 formule *f* chimique.

◆_자 -者 명 chimiste *mf*.

◆_조미료 -調味料 명 exhausteur *m* [révélateur *m*] de goût chimique.

화합¹ 化合 명 【화학】 combinaison *f*. ◇_(을) **하다** combiner. ¶ 그 물질이 수소와 ~하면 염산이 된다 Cette substance combinée à l'hydrogène donne [devient] de l'acide chlorhydrique. ¶ 수소와 산소를 ~하면 물이 된다 L'hydrogène combiné [associé] à l'oxygène donne de l'eau. ◇_(을) **시키다** combiner *qc* avec *qc*. ◇_(이) **되다** se combiner. ¶ 두 물질이 ~되면 물이 만들어진다 La combinaison de ces deux substances donne de l'eau.

◆_물 -物 명 corps *m* composé; combiné *m*.

화합² 和合 명 union *f*, accord *m*, entente *f*, harmonie *f*. ¶ 감정의 ~ l'union des sentiments. ¶ 양자(간)의 ~이 이루어졌다 Leur union s'est faite. ◇_(을) **하다** s'unir, s'accorder, (bien) s'entendre. ¶ 그 부부는 잘 ~한다 Ce couple vit en harmonie [en parfait accord]. ¶ 나는 그 여자와 ~할 수 있다 Je peux bien m'entendre avec elle. ◇_(이) **되다** s'unir, s'accorder, (bien) s'entendre. ¶ 그 형제는 서로 ~이 잘 된다 Ces deux frères s'entendent bien / Ils s'entendent bien entre frères. ◇_(을) **시키다** unir ((deux êtres)); accorder ((deux choses)), mettre *qc* en accord [en harmonie]. ¶ 올림픽은 세계의 모든 사람들을 ~시킨다 Les Jeux olympiques créent l'entente entre les peuples du monde entier.

화해 和解 명 ① réconciliation ((de deux amis brouillés)), raccommodement *m* ((d'un ménage)). ¶ 나는 그에게 ~를 청했다 Je lui ai demandé de se réconcilier avec moi. ¶ 그들의 ~가 극적으로 이루어졌다 Ils se sont réconciliés de façon dramatique. ② 【언어】 arrangement *m* ((avec *ses* créanciers)). ¶ 재판관은 그들에게 ~를 권했다 Le juge leur a conseillé de trouver un terrain d'entente [un compromis]. ¶ 소송 당사자간의 ~가 성립되었다 L'arrangement entre les deux parties plaignantes s'est bien fait. ◇_(를) **하다** se réconcilier, se raccommoder, se rabibocher {*fam*}. ¶ 나는 친구와 ~했다 Je me suis réconcilié(*e*) avec mon [cet] ami. ¶ 그들은 결국 ~했다 Ils se sont finalement réconciliés [rabibochés {*fam*}] / Ils ont fini par se réconcilier / Ils se sont finalement arrangés à l'amiable. ◇_(가) **되다** se réconcilier, se raccommoder, se rabibocher {*fam*}. ◇_(를) **시키다** réconcilier ((deux personnes brouillées)); raccommoder; remettre d'accord, rabibocher {*fam*}. ¶ 나는 그 남자를 그 여자와 ~시켰다 Je les ai réconciliés. ¶ 그 사람이 우리를 ~시켰다 C'est lui qui nous a réconciliés / C'est grâce à lui que nous sommes réconciliés [que nous nous sommes réconciliés, que nous ne sommes plus brouillés].

화행 話行 명 【언어】 acte *m* de parole; acte *m* d'énonciation.

화형 火刑 명 ① supplice *m* du feu; peine *f* du bûcher. ② autodafé *m*. ¶ 마녀를 ~에 처하다 condamner une sorcière au (supplice du) bûcher. ¶ ~으로 죄인을 처벌하다 infliger au criminel [condamner le criminel au, faire subir au criminel] le supplice du feu. ◇_(이) **되다**[(을) **당하다**] être condamné(*e*) au supplice du feu, être condamné(*e*) au bûcher. ¶ 잔다르크는 ~을 당했다 Jeanne d'Arc a été condamnée au (supplice du) feu [au bûcher]. ◇_(을) **시키다** condamner *qn* au (supplice du) bûcher [au supplice du feu]. ¶ 영국 놈들은 우리의 잔다르크를 ~시켰다 Ces salauds d'Anglais ont condamné notre Jeanne d'Arc au (supplice du) bûcher.

◆_식 -式 명 autodafé *m*.

화환 花環 명 couronne *f*, guirlande *f* [collier *m*] (de fleurs). ¶ ~을 사절하다 refuser la guirlande de fleurs [la couronne]. ¶ ~을 목에 걸어주다 mettre [passer] un collier de fleurs autour du cou de *qn*.

화훼 花卉 명 ① plante *f* décorative (à fleurs). ② ((그림)) peinture *f* représentant des fleurs. ¶ ~를 가꾸다 faire de la floriculture.

◆_단지 -團地 명 parquet *m* de fleurs.

확 부 ① soudainement; brutalement; fortement; brusquement; rapidement; complètement; totalement. ¶ 그 사람의 말을 들으니 소름이 ~ 끼쳤다 Son histoire m'a soudainement donné la chair de poule. ¶ 방문을 여니 담배 냄새가 ~ 풍겼다 L'odeur de cigarettes m'a envahi(e) les narines quand j'ai ouvert la porte de la chambre. ② brusquement. ¶ 바람이 불자 불길이 ~ 타올랐다 Le feu a pris brusquement à cause d'[avec] un coup de vent. ③ ((monter)) rapidement. ¶ 그 사람의 얼굴을 보자 내 얼굴이 ~ 달아올랐다 À la vue de son visage, j'ai rougi jusqu'aux oreilles. ¶ 추운 날에 술을 한 잔 마시면 술기운이 갑자기 ~ 달아오른다 L'effet de l'alcool se fait sentir plus rapidement quand il fait froid. ④ vigoureusement, énergiquement. ¶ 그는 성냥을 ~ 그었다 Il a frotté vigoureusement [énergiquement] une allumette. ⑤ ((disparaître)) complètement, totalement. ¶ 정상에 올라서니 시야가 ~ 트였다 Une fois au sommet, on a une vue totalement dégagée. ¶ 그 사람의 말에 나의 답답한 가슴이 ~ 뚫렸다 Ses paroles ont fait disparaître complètement mon malaise.

◆_ _ 부 vivement.

확고부동하다 確固不動- 형 être inébranlable, inflexible, ferme. ¶ 저의 결심[마음]은 확고부동합니다 Je suis déterminé(*e*)[J'ai pris ma décision]. Je ne reviendrai pas là-dessus. ¶ 확고부동한 신조 une conviction inébranlable.

확고하다 確固- 형 être ferme, inébranlable, solide, stable, fort(*e*), déterminé(*e*), résolu(*e*). ¶ 그 일에 대한 그의 신념은 ~ Il en est fermement [tout à fait] convaincu. ¶ 그의 결심은 너무나 확고해서 쉽게 흔들리지 않을 것이다 Sa résolution est si ferme qu'il ne sera pas facile de lui faire changer d'avis. ¶ 확고하게 마음을 먹다 prendre une résolution ferme.

◆**확고히** 確固- 부 fermement, avec fermeté, avec conviction. ¶ 확고히 마음을 굳히다 prendre une résolution ferme.

확답 確答 명 réponse *f* décisive [définitive], réponse *f* précise [catégorique]. ¶ ~을 피하다 éviter de donner une réponse définitive [précise]. ◇_(을) **하다[주다]** donner une réponse définitive [précise, catégorique]; assurer *qn* de *qc*. ¶ 적어도 내일까지는 ~을 주세요 Donnez-moi une réponse définitive au plus tard pour demain. ◇_(을) **받다** avoir une réponse catégorique [précise]. ¶ 나는 그 여자에게서 모임에 참석하겠다는 ~을 받았다 Elle m'a certifié [assuré, promis, garanti] qu'elle participerait à la réunion.

확대 擴大 명 ① ((범위의)) agrandissement, amplification *f*, grossissement *m*, élargissement *m*, extension *f*. ¶ 무역의 ~ extension du commerce extérieur [international]. ¶ 생산 설비의 ~ extension de l'équipement de production. ② ((사진 따위의)) renforcement *m*. ¶ 사진의 ~ 인화 un agrandissement d'une photographie. ◇_(를) **하다** agrandir, amplifier, grossir; prendre de l'extension. ¶ 그는 투자를 ~했다 Il a amplifié [augmenté] ses investissements. ¶ ~한 사진 une photographie agrandie ((au format X)), un agrandissement. ◇_(가) **되다** ((사건)) prendre de l'importance, prendre des proportions inattendues; ((전염병)) s'étendre. ¶ 전쟁이 ~되었다 La guerre s'est étendue. ◇_(를) **시키다** faire agrandir ((une photographie)); grossir ((mille fois)), ((commerçant)) s'agrandir. ¶ 교육 기회를 ~시켜야 한다 Il faut faire en sorte qu'un plus grand nombre de personnes ait accès à l'éducation [puissent bénéficier d'une éducation] / Il faut donner plus de chances [plus d'occasions] aux gens de tirer avantage de l'éducation.

◆**_경** -鏡 명 verre *m* grossissant; loupe *f*.

◆**_해석** -解釋 명 interprétation *f* tolérante [modérée] ((de la loi)).

확률 確率 명 ((forte, faible)) probabilité *f*. ¶ 높은[낮은] ~ forte [faible] probabilité. ¶ ~을 계산하다 faire [calculer] des probabilités. ¶ ~이 높다[크다] La probabilité est grande / Il y a de fortes chances que+*subj* / Il est fort probable que+*subj*. ¶ 복권이 당첨될 ~ la probabilité de gagner à la loterie. ¶ 이번 선거에서 세 사람이 동시에 떨어질 ~은 10 % 미만이다 Lors de ces élections, la probabilité que ces trois candidats échouent en même temps est inférieure à 10 %.

확립 確立 명 établissement *m*, consolidation, affermissement *m*. ¶ 교통질서 ~ affermissement de l'éthique routière. ◇_(을) **하다[시키다]** établir (solidement), consolider, affermir, asseoir ((*son* autorité)). ¶ 과학의 기틀을 ~하다 établir solidement les fondements [la base] des sciences. ¶ 국가의 기강을 ~하다 rétablir l'ordre dans le pays. ¶ 학생들에게 올바른 가치관을 ~시키다 inculquer de bonnes valeurs aux élèves. ◇_(이) **되다** se consolider, s'affermir. ¶ 교육의 자율성이 ~되어야 한다 L'autonomie de l'éducation doit s'affermir. ¶ 그는 인생의 목표가 ~되어 있다 Il a décidé ce qu'il voulait faire dans sa vie / Il a désormais un but dans sa vie.

확보 確保 명 ① 갖춤 assurance *f*, garantie *f*. ¶ 판매 시장 ~ obtention d'un marché (pour la vente). ¶ 증거 ~ détention d'une preuve. ② 보증 action de s'assurer de *qc*. ¶ 치안의 ~ garantie de la sécurité d'un pays. ¶ 안전(의) ~ garantie de sécurité. ◇_(를) **하다** détenir ((le pouvoir)), assurer ((la sécurité d'un pays)); s'assurer ((une position)). ¶ 사건에 대한 물증을 ~하다 détenir la preuve matérielle d'un événement. ¶ 교두보를 ~하다 se rendre maître d'une tête de pont, s'assurer [détenir, obtenir] une tête de pont. ¶ 국가 경쟁력을 ~하다 assurer la compétitivité d'un pays. ¶ 충분한 공간을 ~하다 détenir un espace [un territoire] suffisamment grand. ◇_(가) **되다** être assuré(*e*); être détenu(*e*). ¶ 그 사업의 예산이 ~되었다 Le budget de ce commerce a été garanti. ¶ 그 일을 위한 인력이 이미 ~되었다 Il y a déjà suffisamment de main-d'œuvre pour ce travail / La main-d'œuvre est déjà assurée pour ce travail. ◇_(를) **시키다** détenir.

확산 擴散 명 ① diffusion *f*. ¶ 유언비어의 ~ diffusion de fausses nouvelles. ¶ 핵무기의 ~을 막다 empêcher la prolifération des armes nucléaires. ② 【물리】 diffusion *f* ((de la lumière)). ¶ 미립자의 ~ diffusion de corpuscules. ◇_(을) **하다** diffuser. ◇_(이) **되다** ① 널리 퍼지다 se répandre, se diffuser, gagner du terrain. ¶ 데모가 전국적으로 ~되고 있다 La manifestation a gagné tout le pays. ¶ 화재가 건물 전체로 ~되었다 L'incendie s'est répandu dans tout l'édifice [dans tout le bâtiment]. ¶ 사건의 파문이 ~되고 있다 Les répercussions [Les conséquences] de cet événement prennent de plus en plus d'ampleur [sont de plus en plus fortes]. ② 고루 섞이다 se diffuser. ◇_(을) **시키다** diffuser, répandre, faire gagner du terrain à *qc*, faciliter [favoriser] la diffusion de *qc*. ¶ 컴퓨터 사용을 ~시키다 répandre l'utilisation des ordinateurs, faciliter [favoriser] la diffusion des ordinateurs. ¶ 문제를 ~시키다 aggraver le problème [la situation].

확성기 擴聲器 명 porte-voix *m*, mégaphone *m*. ¶ ~에 대고 말하다 parler avec un mégaphone. ¶

~로 알리다 annoncer *qc* à l'aide d'un porte-voix.

확신 確信 명 conviction *f*, persuasion *f*, assurance *f*, certitude *f*. ¶ 일이 잘 되리라는 ~을 가지시오 Soyez sûr(*e*) que tout ira bien. ¶ 나는 그의 능력에 대해 ~이 서지 않는다 Je doute de ses aptitudes. ¶ 나는 그가 성공하리라는 ~이 들었다 Je suis sûr(*e*) [certain(*e*), persuadé(e)] qu'il réussira. ¶ 그는 자신에 대한 ~이 있다 Il est sûr de lui. ¶ 나는 그에 대한 ~이 없다 Je ne suis pas sûre de ma relation avec lui. ◇_(을) **하다** être convaincu(*e*), persuadé(*e*), sûr(*e*) de *qc* [que+*ind*]; avoir la conviction [la certitude] de *qc* [que+*ind*]; n'avoir aucun doute. ¶ 나는 그의 결백을 ~한다 Je suis convaincu(*e*) de son innocence. ¶ 나는 상황이 호전될 것을 ~한다 Je suis sûr(*e*) que la situation s'améliorera. ¶ 나는 그 여자가 오리라고 ~한다 Je suis sûr(*e*) qu'elle viendra. ¶ 나는 그가 합격할 것으로 ~한다 Je suis convaincu(*e*) qu'il réussira son examen [qu'il sera admis (dans cette école)]. ◇_(을) **시키다** convaincre, assurer, persuader, certifier. ¶ 그의 성실성은 나에게 그의 성공을 ~시켜 주었다 Sa diligence [Son zèle] (au travail) m'a montré(e) avec certitude qu'il allait réussir.

확실 確實 어근 certitude *f*, clarté *f* ((d'une preuve)); infaillibilité *f*; authenticité *f*.

◆_**하다** 형 ① 사실임에 분명하다 être certain(*e*), clair(*e*), sûr(*e*); ((remède)) être infaillible; ((succès)) être assuré(*e*); ((fait, histoire)) être authentique; ((garantie)) être solide. ¶ 그 사람이 범인인 것이 ~하다 Il est évident que c'est lui le coupable / Sa culpabilité ne fait pas le moindre doute [ne fait plus l'ombre d'un doute] / Sa culpabilité est maintenant évidente [certaine] pour tout le monde. ¶ 신원이 ~하지 않은 사람을 채용하기는 곤란하다 Il est difficile d'engager quelqu'un dont on ne connaît pas avec certitude l'identité. ¶ ~한 증거 la preuve infaillible. ¶ 그 약은 ~하게 효과가 있었다 Ce médicament est sans aucun doute [assurément] efficace. ② ~하게 일 처리를 하다 faire le travail jusqu'au bout. ¶ 그는 일하는 것이 늘 ~ Quand il fait quelque chose, il va toujours jusqu'au bout. ¶ ~하게 일을 하다 travailler sans rien laisser dans l'ombre [de côté].

◆_**히** 부 certainement, sûrement, à coup sûr, pour sûr, assurément; sans faute, sans aucun doute. ¶ 일을 ~히 처리하다 régler un problème parfaitement [définitivement, précisément, méticuleusement]. ¶ 나는 그 일의 전말을 ~히 모른다 Je ne connais pas avec certitude les circonstances de cet événement. ¶ ~히 그는 몸이 안 좋다 Il est malade à coup sûr / Il est malade, cela ne fait pas l'ombre d'un doute.

◆_**시되다** -視 자 ((une victoire)) être considéré(*e*) comme certain(*e*), assuré(*e*); être gagné(*e*) d'avance. ¶ 당선이 ~시되다 avoir la victoire assurée ((à une élection)). ¶ 영국팀의 우승이 ~시된다 La victoire de l'Angleterre est maintenant pour ainsi dire certaine [ne fait plus l'ombre d'un doute, est considérée comme certaine, est considérée comme assurée].

◆_**성** -性 명 certitude *f*; authenticité *f*, infaillibilité *f*.

확약 確約 명 engagement *m* formel; promesse *f* sincère; assurance *f*; serment *m*. ¶ 결혼에 대한 ~ une promesse ferme de mariage, un engagement ferme de mariage. ◇_(을) **하다** promettre sincèrement; faire une promesse solide; donner *sa* parole; garantir; assurer. ¶ 그는 우리에게 재회를 ~했다 Il nous a promis sincèrement de nous rendre visite une prochaine fois. ¶ 그 여자는 우리에게 다시 만날 것을 ~했다 Elle nous a promis fermement de nous rendre visite une autre fois [de revenir nous voir]. ◇_(을) **받다** obtenir de *qn* la promesse ferme ((de ne pas ...)); recevoir la parole de *qn*. ¶ 나는 그 여자에게서 결혼에 대한 ~을 받았다 Elle a promis fermement de m'épouser / Elle m'a donné sa parole de m'épouser. ¶ 우리는 그 사람에게서 돈을 갚겠다는 ~을 받았다 Il nous a donné sa parole qu'il allait nous rembourser.

확언 確言 명 assertion *f*, affirmation *f*, assurance *f*; protestation *f*. ¶ 그는 공개적인 ~을 피했다 Il a évité de faire une assertion en public. ◇_(을) **하다** affirmer, assurer; protester. ¶ 나는 그 사실을 ~할 수 있다 Je peux affirmer ce fait. ¶ 나는 지금 그 일에 대해 어떤 ~도 할 수 없다 Aujourd'hui, je ne puis rien affirmer à ce sujet. ¶ 그는 자신이 직접 현장을 목격했다고 ~했다 Il a affirmé qu'il avait été témoin [qu'il avait vu la scène de ses propres yeux]. ¶ 나는 당신이 무슨 일을 맡게 될지 ~할 수 없다 Je ne peux pas dire avec certitude quel travail on vous confiera [quel travail vous sera confié].

확연하다 確然- 형 être certain(*e*), net(*te*), clair(*e*), sûr(*e*). ¶ 그 여자가 누구를 선택할 지는 이제 ~ On sait à coup sûr qui elle va choisir. ¶ 확연한 기색 une apparence nette. ¶ 그 사람이 범인이라는 것은 확연한 사실이다 Il est évident que c'est lui le coupable. ¶ 그의 모든 죄상이 만천하에 확연하게 드러났다 Sa culpabilité est maintenant évidente pour tout le monde.

◆**확연히** 부 certainement, clairement, nettement; à coup sûr, pour sûr. ¶ 확연히 드러나다[밝혀지다] apparaître clairement.

확인 確認 명 confirmation *f*, vérification *f*; affirmation *f*. ¶ ~ 소송 poursuite en justice confirmée. ¶ 검찰은 그 사건에 대한 사실 ~ 작업에 들어갔다 Le parquet a commencé à vérifier ces faits. ◇_(을) **하다** confirmer, vérifier; affirmer. ¶ 우리는 그 사건의 진상을 ~했다 Nous avons vérifié la véracité de cette affaire. ¶ 그것이 사실인지 아닌지 담당자에게 ~해라 Vérifie auprès du responsable si cela est vrai ou non. ¶ 우리는 그가 일찍 귀가한 것을 ~했다 Nous avons confirmé qu'il était rentré

ㅎ

tôt chez lui. ◇_(이) 되다 être confirmé, vérifié(*e*); être affirmé(*e*). ¶ 그의 신원이 아직 ~되지 않았다 Son corps n'a pas encore été identifié / Son identité n'a pas encore été confirmée. ¶ 검사 결과 그의 병은 암으로 ~되었다 Les résultats des examens ont confirmé qu'il était atteint d'un cancer. ¶ 그가 거짓말을 했다는 것이 ~되었다 Il a été vérifié qu'il avait menti. ◇_(을) 시키다 donner aux gens des preuves de *qc*. ¶ 사람들에게 자신의 능력을 ~시키다 donner aux gens des preuves de *ses* qualités.

◆_문 -文 명【언어】phrase *f* confirmative.

◆_서 -書 명 confirmation *f*.

◆_사살 -射殺 명 action de tirer une deuxième fois pour être sûr(*e*) qu'il(elle) ne pourra échapper à la mort [pour s'assurer [pour être sûr(*e*)] qu'il(elle) mourra sûrement, pour ne lui donner aucune chance de s'en sortir, pour lui éliminer toute chance de s'en sortir], action de donner le coup de grâce.

확장 擴張 명 extension *f* ((du commerce)); agrandissement *m*; élargissement ((des relations internationales)); expansion *f* ((du territoire)); développement *m*. ¶ 시설 ~ développement [extension] des installations. ¶ 사업 ~ développement d'une affaire. ¶ 도로 ~ 공사 travaux pour l'élargissement d'une route. ◇_(을) 하다[시키다] développer, étendre, élargir, agrandir. ¶ 세력을 ~하다 étendre *son* pouvoir. ¶ 점포를 ~하다 agrandir *son* magasin [*sa* boutique]. ¶ 우리는 그 대학을 종합 대학으로 ~시켰다 Nous avons transformé cette faculté en université. ◇_(이) 되다 se développer, s'étendre, s'élargir, s'agrandir; être agrandi(*e*). ¶ 의혹이 ~되고 있다 Les soupçons ont pris de l'ampleur.

확정 確定 명 détermination *f*, fixation *f* ((de l'impôt)); décision *f* ((concernant une question)). ¶ ~ 판결 le rendu d'un jugement [d'un verdict], le prononcé [la prononciation] d'un verdict, la lecture du jugement [d'un verdict]. ¶ 출국 일자의 ~ fixation de la date de la sortie de *son* pays [de *sa* patrie]. ◇_(을) 하다[짓다] déterminer, décider, fixer, arrêter. ¶ 우리는 계획을 ~했다 Nous avons définitivement arrêté ce projet. ¶ 우리는 그를 당선자로 ~지었다 Nous en avons fait définitivement notre élu. ¶ 우리는 해마다 이 대회를 개최하기로 ~했다 Nous avons décidé d'organiser chaque année ce concours. ◇_(이) 되다 être décidé(*e*), fixé(*e*), arrêté(*e*). ¶ 그의 당선이 ~되었다 On sait maintenant que son élection est certaine [définitive]. ¶ 모임 장소가 우리 집으로 ~되었다 Notre maison a été définitivement choisie comme lieu du rendez-vous [de la réunion]. ◇_(을) 시키다 décider, fixer, arrêter. ¶ 우리는 대회 일정을 ~시켰다 Nous avons arrêté le programme du concours.

◆_적 -的 명관 définiti*f*(*ve*); formel(*le*); fin*al*(*ale*, *als*, *aux*), décisi*f*(*ve*), irrévocable. ¶ ~적 판결 un jugement définitif [sans appel]. ¶ 그의 합격은 ~적이다 Son admission est définitive / Son admission ne fait plus l'ombre d'un doute. ¶ ~적으로 말하다 dire avec certitude.

◆_시 -視 명 fait de considérer *qc* comme fait(*e*) [comme acquis(*e*), comme définiti*f*(*ve*)]. ¶ 모두들 그들의 결혼을 ~시 했다 Tout le monde les considère comme mariés.

확증 確證 명 preuve *f* irréfutable [irrécusable, évidente, incontestable]. ¶ 그는 범행에 대한 ~을 잡았다 Il a maintenant la preuve incontestable de ce crime. ¶ 그는 어떤 ~도 제시하지 못했다 Il n'a pas pu encore fournir de preuve irréfutable. ¶ 그는 마침내 그 사건에 대한 ~을 얻었다 Il a fini par obtenir la preuve irréfutable sur cette affaire. ¶ 아직 아무런 ~이 없다 Il n'y a pas encore de véritable preuve. ◇_(을) 하다 donner des preuves irréfutables [irrécusables]. ¶ 검찰은 피의자의 유죄를 ~하지 못했다 Le parquet n'a pas pu encore trouver les preuves suffisantes [des preuves irrécusables] sur la culpabilité de l'accusé / Le parquet n'a pas encore de preuve évidente sur la culpabilité de l'accusé. ◇_(이) 되다 être prouvé(*e*) de manière irréfutable. ¶ 그의 유죄가 아직 ~되지 않았다 Sa culpabilité (dans ce crime) n'a pas encore été prouvée de manière indiscutable [de manière certaine, d'une façon certaine] / Sa culpabilité (dans ce crime) n'a pas encore été démontrée d'une façon probante.

확충 擴充 명 développement *m*; accroissement *m*; enrichissement *m*. ¶ 예산의 ~ accroissement du budget. ¶ 도로 ~ agrandissement de la route. ◇_(을) 하다 développer; accroître; agrandir; enrichir. ¶ 우리는 회사의 인원을 ~했다 Nous avons augmenté l'effectif de notre entreprise. ¶ 그들은 공항을 대규모로 ~했다 Ils ont agrandi l'aéroport à grande échelle. ◇_(이) 되다 se développer, s'accroître, s'enrichir; être développé(*e*). ¶ 부족한 시설이 ~되었다 On a remédié au manque d'installations. ◇_(을) 시키다 agrandir. ¶ 도서관을 ~시켜야 한다 Il faut agrandir la bibliothèque.

환¹ 丸 명 pilule *f*, bol *m*. ☞ 환약

환² 換 명【경제】mandat *m* ((postal)); lettre *f* de change; change *m*. ¶ ~을 발행하다 tirer une lettre de change. ¶ ~을 현금으로 바꾸다 changer un mandat contre de l'argent liquide [en espèces]. ¶ ~으로 송금하다 envoyer un mandat; envoyer ((100 mille wons)) par mandat postal.

◆_거래 -去來 명 transaction *f* de change.

◆_시세 -時勢 명 cours *m* du change.

◆_시장 -市場 명 marché *m* des changes.

◆_조작 -操作 명 opération *f* de change.

◆_환산표 -換算表 명 tableau(*x*) *m* de change.

◆내국_ 內國- 명 lettre *f* de change pour l'intérieur d'un pays.

◆어음_ 명 lettre *f* de change; traite *f*, effet *m*.

◆외국_ 外國- 명 lettre *f* de change pour l'étranger.

◆우편_ 郵便- 명 mandat *m* post*al*(*aux*);

mandat-poste (~*s*-~) *m*.

환각 幻覺 명 hallucination *f*, fantasme *m*; illusion *f*, vision *f*. ¶ ~을 일으키다 avoir des hallucinations; halluciner; produire des hallucinations. ¶ ~에 빠지다 être halluciné(*e*). ¶ ~에 사로잡히다 être victime d'une hallucination [d'une illusion]; être halluciné(*e*). ¶ ~에 시달리다 être victime d'une hallucination [d'une illusion].

◆_**예술** -藝術 명 art *m* psychédélique; spectacle *m* psychédélique.

◆_**음악** -音樂 명 musique *f* psychédélique.

◆_**제** -劑 명 substance *f* hallucinogène, hallucinogène *m*; stupéfiant *m*, narcotique *m*, drogue *f* (psychédélique).

◆_**증** -症 명 【의학】 hallucinose *f*; hallucination *f*.

환갑 還甲 명 soixantième anniversaire *m*. ¶ ~을 맞다[치르다] fêter [célébrer] *son* soixantième anniversaire, fêter *ses* soixante ans. ¶ ~이 지나다 dépasser la soixantaine.

*~ **진갑 다 지내다** être extrêmement âgé(*e*).

◆_**잔치** 명 banquet *m* du soixantième anniversaire; banquet *m* des soixante ans de *qn* [de *ses* soixante ans]. ¶ ~잔치를 베풀다 donner un banquet pour fêter le soixantième anniversaire de *qn*; fêter *son* soixantième anniversaire [*ses* soixante ans].

환경 環境 명 milieu *m*, ambiance, environnement *m*, entourage; climat *m*, circonstances *fpl*, situation *f*. ¶ ~ 보호 protection de l'environnement. ¶ ~ 오염 pollution de l'environnement. ¶ 새로운 ~에 적응하다 s'adapter à une nouvelle situation. ¶ 사람의 성품은 성장 ~에 좌우된다 Le caractère des gens est influencé par le milieu dans lequel ils ont été élevés. ¶ 그는 좋은 ~에서 자랐다 Il a été élevé dans un très bon milieu. ¶ 이 부근은 ~이 좋다 Ici, l'environnement est agréable.

◆_**적** -的 명관 relati*f*(*ve*) à l'environnement; environnement*al*(*ale*, *aux*), ((lessive)) écologique, vert(*e*). ¶ ~적인 요소를 고려하다 tenir compte des éléments écologiques [de l'environnement].

◆_**부** -部 명 ministère *m* de l'environnement.

◆_**공학** -工學 명 technologie *f* de l'environnement.

◆_**기준** -基準 명 critères *mpl* écologiques.

◆_**단체** -團體 명 groupe *m* écologique; association *f* pour la protection de l'environnement.

◆_**미화원** -美化員 명 technicien(*ne*) de surface ((dans les jardins publics)).

◆_**의학** -醫學 명 médecine *f* environnementale.

◆_**친화적** -親和的 관 respectueux(*se*) de l'environnement, propre, vert(*e*).

◆_**호르몬** 명{-hormone} 명 endocrine *f*.

◆**가정**_ 家庭- 명 milieu(*x*) *m* familial(*aux*).

◆**생활**_ 生活 명 milieu *m* de vie.

환곡 還穀 명 【역사】 prêt *m* de céréales que les fermiers remboursent au moment de la récolte.

환골탈태 換骨奪胎 명 ① ((사람)) transformation *f* complète, métamorphose *f*. ② ((작품)) adaptation *f* libre ((d'une œuvre littéraire)). ◇_(를) **하다** ① être complètement transformé(*e*). ② adapter librement.

환관 宦官 명 eunuque *m*.

환국 還國 명 retour *m* dans *sa* patrie. ¶ 임시 정부의 ~ retour du gouvernement temporaire dans son pays. ◇_(을) **하다** rentrer dans *sa* patrie [dans *son* pays d'origine]. ◇_(을) **시키다** renvoyer *qn* dans *son* pays (d'origine) [dans *sa* patrie].

환궁 還宮 명 retour *m* au palais. ¶ 왕의 ~ retour du roi au palais. ◇_(을) **하다** rentrer au palais.

환금 換金 명 ① échange *f* ((de marchandises)) contre de l'argent. ¶ ~ 가치 une valeur d'échange. ¶ ~ 작물 récolte d'échange ((de marchandises)) contre de l'argent. ② ((외환의)) change *m*. ¶ 달러 ~ change du dollar. ◇_(을) **하다** échanger ((des marchandises)) contre de l'argent; changer ((de l'argent)); réaliser ((une propriété)); convertir ((un titre)). ¶ 나는 가진 돈을 모두 달러로 ~했다 J'ai changé tout mon argent contre des dollars [en dollars].

환급 還給 명 remboursement *m*. ¶ 승객들은 요금의 ~을 요구했다 Les voyageurs ont demandé à être remboursés [se faire rembourser]. ◇_(을) **하다** rembourser ((une avance, un billet)). ¶ 미사용 상품권을 현금으로 ~하다 rembourser en espèces un bon d'achat non utilisé. ◇_(이) **되다** être remboursé(*e*). ¶ 과다 징수된 세금은 ~이 된다 Des impôts en surplus ont été remboursés. ◇_(을) **시키다** faire rembourser. ¶ 세금을 ~시키다 faire rembourser des impôts. ◇_(을) **받다** se faire rembourser; être remboursé(*e*). ¶ 나는 10만원을 ~받았다 Je me suis fait rembourser 100 mille wons.

환기[1] 喚起 명 rappel *m*. ◇_(를) **하다**[**시키다**] (*se*) rappeler, éveiller, réveiller. ¶ 학생들의 주의를 ~하다 appeler [attirer] l'attention des étudiants. ¶ 여론을 ~시키다 en appeler à l'opinion publique. ¶ 이 책은 나에게 옛 추억을 ~시켰다 Ce livre a réveillé en moi un vieux souvenir. ◇_(가) **되다** être éveillé(*e*). ¶ 여론이 다시 ~되어야 한다 Il faut alerter l'opinion publique.

환기[2] 換氣 명 aération *f*; aérage *m*; ventilation *f*. ¶ 실내 공기의 ~ ventilation de l'air intérieur. ◇_(를) **하다**[**시키다**] aérer; ventiler; renouveler l'air. ¶ 우리는 실내 (공기)를 ~시켰다 Nous avons aéré / Nous avons renouvelé l'air de la pièce. ◇_(가) **되다** être aéré(*e*). ¶ 그 방은 ~가 잘 되지 않는다 Cette pièce n'est pas bien aérée [ventilée] / Dans cette pièce, l'air est confiné.

◆_**구** -口 명 prise *f* d'air; bouche *f* d'aération.

◆_**통** -筒 명 ventilateur *m*.

◆_**팬** 명 ventilateur(-aérateur) *m*.

환난 患難 명 affliction *f*; difficulté *f*; tribulation *f*; détresse *f*; dure épreuve *f*. ¶ ~을 극복하다[이겨내다] surmonter [vaincre] des difficultés. ¶ ~을 겪다 passer par [essuyer, subir] de dures [rudes] preuves, en voir de dures [de toutes les couleurs, des vertes et des pas mûres] {fam} [avoir connu toutes les difficultés de la vie, en avoir vu de toutes les couleurs]. ¶ ~에 빠지다 être en détresse; être plongé(e) dans une profonde affliction.

환담 歡談 명 conversation *f* agréable; entretien *m* cordial. ¶ 아버님은 사람들과의 ~을 즐긴다 Mon père aime s'entretenir avec les gens. ◇_(을) **하다**[**나누다**] causer [s'entretenir] amicalement avec *qn*; converser gaiement. ¶ 대통령이 기자들과 ~을 했다 Le président s'est entretenu avec des journalistes.

환대 歡待 명 bon accueil *m*; accueil *m* cordial [chaleureux]; hospitalité *f*, bienvenue *f*. ¶ 예상 밖의 ~ un bon accueil inattendu. ◇_(를) **하다** offrir un bon accueil à *qn*; faire fête à *qn*; accueillir *qn* chaleureusement; donner [offrir] l'hospitalité à *qn*. ◇_(를) **받다** être chaleureusement reçu(*e*); être accueilli(*e*) à bras ouverts. ¶ 나는 그 사람들에게 극진한 ~를 받았다 J'ai été reçu(*e*) avec tous les honneurs [à bras ouverts] par ces gens / Ces gens m'ont accueilli(*e*) à bras ouvert.

환도 還都 명 retour *m* à la capitale. ¶ 마침내 서울 ~가 이루어졌다 Le retour à la capitale a enfin eu lieu. ◇_(를) **하다** retourner [revenir] à la capitale.

환등기 幻燈機 명 projecteur *m*.

환락 歡樂 명 plaisir *m*; réjouissance *f*. ¶ 도시의 ~ divertissement d'une ville. ¶ ~을 즐기다[추구하다] goûter un plaisir [courir après les plaisirs, rechercher le plaisir]. ¶ ~에 빠져 헤어나지 못하다 s'adonner [se livrer] aux plaisirs et en devenir dépendant(*e*).

◆_**가** -街 명 quartier *m* où se trouvent les lieux de plaisir [de divertissement]; ((매춘 등의)) quartier *m* chaud, quartier *m* de prostitution [des prostituées]. ¶ 학교 주변의 ~가 quartier chaud près de [non loin de] l'école. ¶ 조용하던 도시가 ~가로 변했다 Ce quartier, autrefois tranquille, est devenu mal famé [s'est transformé en quartier chaud].

환란 患亂 명 ① 재앙 calamité *f*, cataclysme *m*. ② 병란 soulèvement *m* militaire; mutinerie *f*. ¶ 조만간 ~이 닥칠 것을 예감하다 avoir le pressentiment [sentiment] qu'il va bientôt nous arriver un malheur.

환매[1] **換買** 명 troc *m*. ◇_(를) **하다** faire un troc, troquer *qc* contre *qc*. ◇_(가) **되다** être troqué(*e*).

환매[2] **還買** 명 réméré *m*; rachat *m*. ◇_(를) **하다** racheter, se racheter. ¶ 그 기업은 주식을 ~했다 Cette société a racheté des actions. ◇_(를) **시키다** faire racheter. ◇_(가) **되다** être racheté(*e*).

환멸 幻滅 명 désillusion *f*; désenchantement *m*; déception *f*, dégoût *m*. ¶ 돈에 대한 ~을 느끼다 perdre toute illusion au sujet de l'argent. ¶ 나는 그 사람의 태도에 ~을 느꼈다 J'ai été très déçu(*e*) par son attitude.

◆_**감** -感 désillusion *f*; désenchantement *m*; déception *f*, dégoût *m*. ¶ 나는 정치에 ~감을 느낀다 Je suis dégoûté(*e*) par la politique.

환부[1] **患部** 명 partie *f* atteinte [affectée, touchée, blessée, malade], lieu *m* de la douleur; plaie *f*; lésion *f*, blessure *f*. ¶ ~를 도려내다 extirper la partie atteinte. ¶ ~를 치료하다 soigner la partie atteinte [malade, blessée] du corps; soigner la blessure. ¶ ~를 건드리지 말아라 Ne touche pas à la plaie [à la lésion, à la partie malade, à la blessure]. ¶ ~가 쑤시고 아프다 Je sens une douleur lancinante à la partie blessée / Ma blessure me fait mal.

환부[2] **還付** 명 ① ((갚아야 할)) remboursement *m*. ② 양도받은 권리 rétrocession *f*. ③ 부당 취득 restitution *f*. ◇_(를) **하다** rembourser *qc* à *qn*; rétrocéder *qc*; restituer *qc*.

◆_**금** -金 명 remboursement *m*.

◆_**세** -稅 명 impôt *m* sur le remboursement.

◆_**가산금** -加算金 명 somme *f* additionnelle sur le remboursement; intérêt *m* d'un remboursement.

환불[1] **換拂** 명 change *m*. ◇_(을) **하다** changer. ¶ 그 사람은 수표를 현금으로 ~했다 Il a encaissé un chèque (contre de l'argent comptant).

환불[2] **還拂** 명 remboursement *m*. ¶ 관객들은 요금의 ~을 요구했다 Les spectateurs ont demandé le remboursement. ◇_(을) **하다** rembourser. ¶ 이 물건을 현금으로 ~해 주세요 Remboursez cet objet en espèces. ◇_(이) **되다** être remboursable. ¶ 이 물건은 ~이 됩니까? Est-ce qu'on peut rembourser cet objet? / Est-ce que cet objet est remboursable? ◇_(을) **받다** se faire rembourser. ¶ 그 사람은 정부로부터 세금을 ~받았다 Il s'est fait rembourser un impôt par le gouvernement. ◇_(을) **시키다** se faire rembourser. ¶ 그 사람은 산 물건을 ~시켰다 Il s'est fait rembourser un achat.

환산 換算 명 conversion *f*. ¶ 미터 ~ conversion en mètres. ◇_(을) **하다** convertir. ¶ 마일을 킬로미터로 ~하다 convertir des miles en kilomètres. ¶ 그 사람은 모든 것을 돈으로 ~한다 Il convertit tout en argent. ◇_(이) **되다** être converti(*e*). ¶ 사랑은 돈으로 ~될 수 없다 L'amour ne peut pas être converti en argent.

◆_**표** -表 명 table *f* de conversion.

환상 幻想 명 illusion *f*, chimère *f*, rêverie *f*, fantasme *m*; fantaisie *f*, vaine imagination *f*. ¶ 헛된 ~ une vaine illusion. ¶ 로맨틱한 ~ une illusion romantique. ¶ 그 사람은 신앙의 힘에 대한 ~을 갖고 있다 Il s'est fait des illusions sur la force de la foi. ¶ ~에 사로잡히다 se faire des illusions, se bercer de douces illusions. ¶ 그 여자는 ~ 속에 산다 Elle vit de chimères / Elle vit de fantasmes. ¶ 나는 결혼에 대한 ~이 깨졌다 J'ai perdu toute illusion sur le mariage. ¶ 나는 한국 남자에 대한 ~이 없다 Je ne me fais pas d'illusions sur les hommes coréens.

◆_**적** -的 명관 féerique, fantastique, chimérique. ¶ ~적인 이야기 une histoire féerique; un conte fantastique. ¶ 그 영화는 매우 ~적이다 Ce film est (vraiment) fantastique [merveilleux].

◆_곡 -曲 【음악】 명 fantaisie *f*.

환생 還生 ① résurrection *f*; retour *m* à la vie. ¶ 예수의 ~ la résurrection de Jésus. ② ((죽은 사람의)) réincarnation *f*. ¶ 죽은 아들의 ~ la réincarnation d'un fils mort. ◇_(을) **하다** ① ressusciter, revenir à la vie. ¶ 예수는 죽은 지 삼 일만에 ~하였다 Jésus-Christ est ressuscité le troisième jour après sa mort. ② renaître. ¶ 그는 다시 인간으로 ~하고 싶다 Il veut renaître dans la peau d'un homme. ◇_(을) **시키다** faire renaître.

환성 歡聲 명 cri *m* de joie; bravo *m*, acclamation *f*. ¶ 우리는 그 소식에 ~을 질렀다[올렸다] Nous avons poussé des cris de joie en apprenant cette nouvelle. ¶ 아이들의 ~이 터져 나왔다 Les enfants ont poussé des cris de joie.

환속 還俗 명 retour *m* à la vie séculière; retour *m* à l'état laïque. ¶ 그 스님은 ~을 결심했다 Ce moine bouddhiste a décidé de retourner à la vie laïque. ◇_(을) **하다** quitter la vie religieuse; retourner à la vie laïque; se défroquer. ◇_(을) **시키다** renvoyer à la vie laïque.

환송[1] 還送 명 renvoi *m*. ¶ ~ 물자 marchandises renvoyées. ◇_(을) **하다** renvoyer. ◇_(이) **되다** être renvoyé(*e*). ◇_(을) **시키다** renvoyer.

환송[2] 歡送 명 fête *f* d'adieu; démonstration *f* d'amitié (au départ de *qn*). ¶ ~ 행사 une fête d'adieu; une cérémonie d'adieu. ◇_(을) **하다** assister en nombre au départ de *qn* (pour lui souhaiter bon voyage); accompagner *qn* ((공항)) à l'aéroport [((기차역)) à la gare] (pour lui dire au revoir). ¶ 우리들은 대통령의 유럽 순방을 ~했다 On est venu souhaiter une bonne visite au président lors de son départ pour l'Europe. ◇_(을) **받다** être accompagné(*e*) de *qn* ((à l'aéroport, à la gare)). ¶ 나는 그 사람들의[로부터] ~을 받았다 Ils m'ont accompagné(e) ((공항)) à l'aéroport [((기차역)) à la gare].

◆_사 -辭 명 discours *m* d'adieu.

◆_연 -宴 명 banquet *m* d'adieu. ¶ ~연을 베풀다 donner un banquet d'adieu.

◆_회 -會 명 fête *f* [banquet *m*] d'adieu. ¶ ~회를 열다 se réunir pour souhaiter un bon voyage [adieu] à *qn*.

환수 還收 명 recouvrement *m*. ¶ 대출금의 ~ le recouvrement d'un prêt. ◇_(를) **하다** recouvrir, encaisser. ¶ 은행은 나의 대출금을 ~했다 La banque a recouvert mon prêt. ◇_(를) **시키다** (faire) recouvrir. ◇_(가) **되다** être recouvert(*e*), remboursé(*e*).

환승 換乘 명 correspondance *f*. ¶ ~ 주차장 parking; parc de stationnement pour correspondance. ◇_(을) **하다** changer (de métro, de ligne de métro; de train). ¶ 나는 그 역에서 지하철을 ~한다 Je change (de métro) à cette station.

◆_객 -客 명 passag*er*(*ère*) en transit.

◆_역 -驛 명 station *f* de correspondance.

환심 歡心 명 faveur *f*, bienveillance *f*, bonnes grâces *fpl*. ¶ 나는 그 사람의 ~을 얻었다 J'ai gagné sa faveur / Je me suis fait aimer de lui. ¶ 그 사람은 나의 ~을 사려고 했다 Il a cherché à me plaire / Il s'est efforcé de gagner mes bonnes grâces.

환약 丸藥 명 【한의】 pilule *f*, globule *m*; ((작은 알갱이)) granule *m*; ((달걀 모양의 큰 것)) bol *m*.

환언 換言 명 paraphrase *f*. ◇_(을) **하다** exprimer en d'autres termes, dire autrement, paraphraser, reformuler. ¶ 그 말을 ~하면 다음과 같다 en d'autres termes, autrement dit. ◇_(이) **되다** être dit(*e*) autrement, être paraphrasé(*e*).

환영[1] 歡迎 명 bon accueil *m*; bienvenue *f*. ¶ 대통령 ~ 인파 la foule qui souhaite la bienvenue au président. ¶ 열렬한 ~ un accueil enthousiaste [chaleureux]. ◇_(을) **하다** bien accueillir *qn*; faire bon accueil à *qn*; accueillir *qn* à bras ouverts; souhaiter la bienvenue à *qn*. ¶ 그 사람들은 나를 열렬히 ~했다 Ils m'ont fait un accueil enthousiaste / Ils m'ont chaleureusement accueilli(*e*). ¶ 그 사람들은 우리의 제안을 ~했다 Ils ont été enchantés [ravis] par notre proposition. ¶ 우리는 그 사람이 오는 것을 ~한다 Il est le bienvenu chez nous. ◇_(을) **받다** être le(*la*) bienvenu(*e*); être accueilli(*e*) à bras ouverts. ¶ 나는 많은 사람들의 ~을 받았다 J'ai été accueilli(*e*) chaleureusement [amicalement, à bras ouverts] par beaucoup de monde / Beaucoup de gens m'ont accueilli(*e*) à bras ouverts.

◆_객 -客 명 public *m* qui fait bon accueil.

◆_사 -辭 명 paroles *fpl* [discours *m*] de bienvenue; discours *m* d'accueil.

◆_회 -會 명 réception *f* donnée pour fêter l'arrivée de *qn*.

환영[2] 幻影 명 fantôme *m*; chimère *f*, vision *f*, illusion *f*. ¶ 죽은 아버지의 ~ le fantôme d'un père mort.

환웅 桓雄 명 【민속】 Hwan-ung, fils de l'Empereur céleste, descendu sur terre et installé sur la chaîne de montagnes Taebaek pour régner sur les humains. De ses noces avec Ung-nyeo naîtra le fameux Dangun, personnage mythique qui serait, dans la version nationaliste de l'histoire de la Corée, le fondateur de toute la "race" coréenne.

환원 還元 명 restitution *f*; restauration *f*; ((화학)) réduction *f*. ◇_(을) **하다** ① rendre *qc* à *son* état primitif; revenir à l'état normal; ramener, remettre. ¶ 이익을 사회에 ~하다 réintégrer les bénéfices dans les comptes de la société, réinvestir dans la société *ses* bénéfices. ② réduire, ramener. ¶ 그들은 모든 것을 돈으로 ~한다 Ils réduisent [ramènent] tout à l'argent. ◇_(이) **되다** être redistribué(*e*) à; se ramener, se remettre. ¶ 세금은 결국 어떤 형태로든 국민에게 ~되어야 한다 Les impôts doivent finir par être redistribués aux citoyens d'une quelconque façon. ◇_(을) **시키다** ramener, réduire, remettre. ¶ 우리는 물건 가격을 정상 가격으로 ~시켰다 On a réduit le prix de cette marchandise au prix normal [régulier].

환율 換率 명 【경제】 taux *m* de change; cours *m* de change. ¶ ~의 상승[하락] augmentation [diminution, réduction] du taux de change. ¶ ~을 안정시키다 stabiliser le taux de change. ¶ ~이 불안정하다 Le taux de change est instable. ¶ ~이 오른다[내린다] Le taux de change augmente [diminue].
◆**고정[변동]_제** 固定[變動]-制 명 système *m* de taux de change fixe [flottant].

환인 桓因 명 【민속】 Hwan-in, père de Hwan-ung, Empereur céleste ((dans la mythologie coréenne)).

환자 患者 명 malade *mf*, patient(*e*); ((개업의사의)) client(*e*); ((총칭)) clientèle *f*. ¶ ~를 보살피다[치료하다] s'occuper d'[soigner] un malade. ¶ ~를 운반하다[이송하다] transporter un malade à l'hôpital [transférer un malade dans un autre hôpital]. ¶ ~의 상태를 살피다 consulter l'état d'un(*e*) malade. ¶ 예약 ~를 받다 recevoir des malades sur rendez-vous. ¶ ~처럼 보이다 sembler malade. ¶ 이질 ~가 세 명 발생했다 Trois cas de dysenterie ont été signalés.
◆**_복** -服 명 chemise *f* de malade [d'hôpital].
◆**입원[외래]_** 入院[外來]- 명 malade *mf* hospitalisé(*e*) [malade *mf* venu(*e*) en consultation à l'hôpital].

환장 換腸 명 accès *m* de folie, état *m* de folie. ◇**_(을) 하다** ① devenir *fou*(*folle*), perdre la tête [la raison, l'esprit, la boule {*fam*}]; être hors de *soi*, *fou*(*folle*), exaspéré(*e*). ¶ 더워서 정말 ~하겠다 Cette chaleur va me rendre *fou*(*folle*). ¶ 내가 너 때문에 ~하겠어 Tu me mets hors de moi / Tu me rends *fou*(*folle*). ② 지나치게 몰두함 être *fou*(*folle*) [fanatique, fana {*fam*}, enragé(*e*), féru(*e*), mordu(*e*), fondu(*e*) {*fam*}] de ((musique, peinture, jazz, cinéma)), être toqué(*e*) {*fam*}. ¶ 그 사람은 돈에 ~했다 L'argent l'a rendu fou / L'argent lui a fait perdre la raison / Il ne pense qu'à l'argent. ¶ 그는 술에 ~했다 Il aime à la folie l'alcool.

환전 換錢 명 change *m*; mandat *m*. ◇**_(을) 하다** changer de l'argent. ¶ 그 사람은 원화를 달러로 ~하였다 Il a changé des wons en dollars.
◆**_소** -所 명 bureau(*x*) *m* de change.

환절기 換節期 명 ((au)) changement *m* de saison. ¶ ~에는 감기를 조심해야 한다 Il faut prendre garde *à ne pas attraper froid* au changement de saison. ¶ ~라서 일교차가 매우 심하다 Il y a une grande variation de température due au changement de saison.

환차손 換差損 명 【경제】 perte *f* due aux fluctuations du marché des devises. ¶ ~이 발생했다 souffrir une perte à cause d'une fluctuation du marché des devises. ¶ ~을 피하다 éviter une perte dans le change des devises.

환차익 换差益 명 intérêts *mpl* liés aux variations du taux de change du won. ¶ ~을 노리다 convoiter les intérêts liés aux taux de change du won, observer pour pouvoir profiter [bénéficier] des variations du taux de change du won. ¶ ~을 얻다[보다] gagner de l'argent [faire des bénéfices] en utilisant les [en profitant des] variations du taux de change du won.

환청 명 hallucinations *fpl* auditives. ¶ 그 사람은 ~이 들린다 Il a des hallucinations auditives / Il entend des voix. ¶ 그 여자는 ~에 시달린다 Elle souffre d'hallucinations auditives / Elle est tourmentée [gênée, perturbée] par des hallucinations auditives / Elle entend des voix. ¶ 나는 그 여자의 음성이 ~으로 들렸다 J'ai entendu sa voix lors de [pendant] mes hallucinations.

환풍 換風 어근 ventilation *f*.
◆**_구** -口 명 trou *m* d'aération. ¶ ~구를 뚫다 percer un trou d'aération.
◆**_기** -機 명 ventilateur *m*. ¶ ~기를 돌리다 faire tourner un ventilateur. ¶ ~기가 돌아간다 Le ventilateur tourne.

환하다 형 ① être clair(*e*), très lumineux(*se*), bien ensoleillé(*e*). ¶ 햇빛이 잘 들어서 방안이 ~ Cette chambre est très lumineuse car elle est bien ensoleillée [car elle jouit d'un bon ensoleillement, car elle est bien exposée au soleil, car elle est bien orientée]. ② 탁 트이다 être ouvert(*e*), libre, vaste; être étendu(*e*), spacieux(*se*), vaste, large; s'étendre à perte de vue. ¶ 정상에 올라서니 시야가 환했다 Arrivé(*e*) au sommet, la vue était bien dégagée [le paysage, l'horizon, le panorama] s'ouvrait bien devant moi / Arrivé(*e*) au sommet, j'ai découvert un vaste panorama devant moi / Arrivé(*e*) au sommet, un vaste paysage [un panorama] s'offrait à mes yeux [se déroulait devant moi]. ¶ 창문을 열자 환하게 트인 바다가 보였다 Lorsque j'ai ouvert la fenêtre, la mer s'étendait à perte de vue (devant moi). ③ 속내가 또렷하다 être clair(*e*), évident(*e*). ¶ 그 사람은 일의 내막을 환하게 알고 있었다 Il était bien au courant de l'événement. ④ 잘생기다 avoir un visage aux traits bien dessinés [aux traits gracieux, aux traits fins], avoir de beaux traits du visage, avoir un beau visage, avoir une physionomie agréable. ¶ 그 여자는 얼굴이 ~ Elle a un visage aux traits bien dessinés [aux traits gracieux] / Elle a de beaux traits du visage. ⑤ ((표정, 미소)) être rayonnant(*e*), radieux(*se*), resplendissant(*e*). ¶ 그 사람이 합격했다는 소식에 식구들의 표정이 환해졌다 En apprenant la nouvelle de son succès, les visages de ses proches se sont épanouis en un large sourire. ¶ 그 사람은 나를 보더니 환한 미소를 지었다 En me voyant, son visage se transforma en un sourire radieux. ⑥ 색이 밝다 être vi*f*(*ve*); être éclatant(*e*). ¶ 그 여자는 환한 색의 옷을 입고 있었다 Elle s'habillait en clair / Elle portait des vêtements clairs. ⑦ 잘 알다 très bien connaître *qc*, savoir [connaître] *qc* à fond [parfaitement, sur le bout du doigt, sur le bout des doigts], s'y connaître (parfaitement) en, en connaître un rayon [un bout]; être bien au courant de *qc*, s'y entendre ((pour cuisiner)), être ferré(*e*) sur un sujet [sur une question], être savant(*e*) ((sur un sujet, en histoire, en la matière)); être incollable ((en physique, sur ce chapitre)) {*fam*}, être orfèvre [expert(*e*), passé(*e*) maître] en la matière; être connaisseu*r*(*se*) ((en vins)), expert(*e*) ((dans un domaine, en la matière)), très versé(*e*) {*litt*} ((en architecture romane)). ¶ 그 사람은 컴퓨터에 대해서는 ~ Il connaît tous les secrets de l'informatique / L'informatique n'a pas de secret pour lui.

◆환히 부 ① brillamment, avec éclat. ¶ 불이 환히 켜져 있다 La lumière (électrique) brille avec éclat. ¶ 날이 환히 밝았다 Le soleil brille avec éclat. ¶ 밖이 환히 개었다 Le ciel est dégagé. ② 탁 트이게 ((s'étendre)) à perte de vue. ¶ 시내가 환히 내려다보인다 J'ai une vue ouverte et plongeante [panoramique] du centre ville. ③ 분명하게 clairement, parfaitement, ((connaître, savoir *qc*)) sur le bout du doigt [des doigts], très bien; évidemment. ¶ 상황을 환히 알다 être tout à fait [parfaitement] au courant de la situation.

환형동물 環形動物 명 【동물】 annélides *mpl*.

환호 歡呼 명 ovation *f*; acclamation *f*; cri *m* de joie. ¶ 우리는 그 사람들에게 ~를 보냈다 Nous leur avons fait une ovation / Nous les avons ovationnés [acclamés]. ¶ 그 사람은 청중들의 ~에 답했다 Il a répondu aux acclamations de l'auditoire [du public]. ¶ ~가 터졌다 Les cris de joie fusèrent de toutes parts. ◇_(를) **하다** ovationner *qn*; acclamer *qn*; crier de joie. ¶ 시민들은 그 사람에게 ~했다 Toute la population [L'assemblée, La foule] l'a acclamé(*e*) [ovationné(*e*)]. ◇_(를) **받다** se faire ovationner. ¶ 대통령은 국민들로부터 ~를 받았다 Le président s'est fait ovationner par le peuple.

◆_성 -聲 명 acclamation *f*; cri *m* de joie; cri *m* d'enthousiasme. ¶ ~성을 올리다[지르다] pousser des cris de joie, saluer par des cris de joie, acclamer, ovationner. ¶ ~성이 터져 나왔다 Les acclamations retentirent.

환희 歡喜 명 joie *f*, allégresse *f*, jubilation *f*; exultation *f*; plaisir *m*; délice *m*. ¶ ~의 눈물을 흘리다 verser des larmes [pleurer] de joie. ¶ ~에 넘치다[차다] déborder de joie, être rempli(*e*) de joie [d'allégresse]; jubiler.

활 명 ① arc *m*; arbalète *f*. ¶ ~을 쏘다 tirer à l'arc; détendre un arc; lancer une flèche avec un arc. ¶ ~을 당기다 bander [tendre] l'arc. ¶ ~에 화살을 재다 charger une arbalète; armer un arc avec une flèche. ② 【음악】 archet *m*. ¶ ~을 들어 바이올린을 연주하기 시작하다 prendre un archet et commencer à jouer du violon. ¶ ~을 튕기다 faire vibrer les cordes à l'aide d'un archet.

◆_시위 명 corde *f* d'un arc. ¶ ~시위를 힘껏 당기다 tendre la corde d'un arc avec force; bander un arc avec force.

◆_쏘기 명 tir *m* à l'arc.

◆_터 명 terrain *m* de tir à l'arc.

활강 滑降 명 ((스키)) descente *f* (à skis); glissade *f*. ◇_(을) **하다** descendre (à skis). ¶ 스키 선수가 멋있게 슬로프를 ~했다 Le skieur a descendu la pente en beauté / Le skieur a dévalé la pente sur ses skis avec une grande classe [adresse].

활개 명 ① membres *mpl* supérieurs, membres *mpl* inférieurs; bras *m*. ¶ 우리는 네 ~를 펴고[뻗고] 푹 잤다 Nous avons bien dormi étendus de tout notre long. ② 날개 ailes *fpl*. ¶ 수탉 한 마리가 ~를 쳤다 Un coq a fait battre ses ailes.

*~**를 치다** être les maîtres *qp*, régner en maître; parader, déambuler bruyamment, avoir une démarche orgueilleuse [prétentieuse], se pavaner, avoir une démarche chaloupée. ¶ 깡패들이 시장에서 ~를 치고 있다 Des voyous sont en train d'infester ce marché [d'envahir ce marché, de prendre possession de ce marché]. ¶ 불법 소프트웨어가 ~를 치고 있다 Le logiciel illégal se vend en toute impunité [sans être puni].

*~**를 펴다** se comporter sans aucune contrainte. ¶ 언제 여자가 ~를 펼 수 있을까? Quand est-ce que les femmes pourront se comporter librement?

◆_ㅅ짓 명 ((새)) battement *m* d'ailes; ((사람)) comportement *m* libre.

활극 活劇 명 ① scène *f* de lutte; bagarre *f*; rixe *f*; film *m* d'action. ¶ 그 사람은 서부 ~을 좋아한다 Il aime les westerns [les films western]. ② 격렬한 사건이나 장면 scène *f* de lutte. ¶ 대낮에 시내 한복판에서 한바탕 ~이 벌어졌다 Au grand jour, il y eut une scène de lutte en pleine rue.

◆서부_ 西部- 명 western *m*.

활기 活氣 명 vigueur *f*; entrain *m*; vivacité *f*; énergie *f*; animation *f*. ¶ ~를 주다 animer; activer. ¶ ~를 되찾다 reprendre de la vigueur. ¶ 그 사람들은 ~에 넘쳤다 Ils sont pleins de vie. ¶ 경기가 ~를 띤다 L'économie reprend vie / L'économie s'est redressée. ¶ ~가 있다[없다] être animé(*e*), plein(*e*) de vie [manquer d'entrain, manquer de vivacité, être sans vigueur]. ¶ ~ 찬 생활을 하다 mener une vie animée.

활달하다 豁達- 형 être acti*f*(*ve*), vivant(*e*), énergique, vi*f*(*ve*), dynamique, entreprenant(*e*). ¶ 그 사람은 성격이 ~ Il est actif [dynamique]. ¶ 그 사람은 매우 활달해 보인다 Il a l'air très actif [dynamique].

활동 活動 명 ① activité *f*; action *f*; opération *f*. ¶ 뇌의 ~ l'activité cérébrale. ¶ 화산 ~이 재개되었다 Le volcan est entré en activité / Le volcan s'est réveillé. ¶ 그 사람은 당분간 ~이 어려울 것이다 Il semble difficile qu'il travaille pour l'instant. ¶ ~이 편한 옷 un vêtement pratique pour travailler [pour le travail]. ② travail *m*, service *m*; activité *f*, action *f*. ¶ ~ 무대 un domaine d'activité; un champ d'action. ¶ 봉사 ~ un service bénévole. ◇_(을) **하다** ① agir;

travailler, se montrer acti*f*(*ve*). ¶ 박쥐는 밤에 ~한다 Les chauve-souris ont une activité nocturne. ② exercer une activité, travailler en tant que [comme]. ¶ 그 사람은 연극배우로 ~하고 있다 Il exerce la profession d'acteur de théâtre / Il est acteur de théâtre de profession / Il a comme profession acteur de théâtre.

◆_적 -的 명관 acti*f*(*ve*), dynamique, énergique, entreprenant(*e*). ¶ ~적 성격 caractère actif. ¶ 그 사람은 매우 ~적인 사람이다 Il est très actif.

◆_성 -性 명 activité *f*.

◆_가 -家 명 homme *m* d'action.

◆_력 -力 명 activité *f*; vitalité *f*; vigueur *f*; dynamisme *m*.

◆_비 -費 명 frais *m* d'activité.

◆_상 -狀 명 image *f* d'activité.

활등 명 courbe *f* d'arc, arceau(*x*) *m*. ¶ ~같이[처럼] 휘어지다 être courbé(*e*) comme un arc.

활딱 부 ① ((se déshabiller)) totalement. ¶ 그 남자는 덥다면서 옷을 ~ 벗어 던졌다 Il s'est déshabillé complètement en disant qu'il avait chaud. ¶ 문을 ~ 열어젖히다 ouvrir la porte toute grande. ② en pêle-mêle. ¶ 딸의 외박 때문에 온 집안이 ~ 뒤집혔다 Toute la maison est sous le choc car leur fille n'est pas rentrée à la maison hier soir [car leur fille n'a pas dormi à la maison la nuit dernière].

활력 活力 명 vitalité *f*; force *f* vitale; énergie *f*; vigueur *f*. ¶ ~을 되찾다 reprendre de la vitalité. ¶ ~을 불어넣다 revitaliser, revivifier. ¶ ~이 넘치다 déborder d'énergie [de vitalité, de vivacité], être plein(*e*) d'énergie, péter la forme {*fam*}.

◆_소 -素 명 tonique *m*.

◆_위축 -萎縮 명 【의학】 abiotrophie *f*.

◆과도_ 過度- 명 【의학】 sthénie *f*.

활로 活路 명 issue *f*; moyen *m* de subsistance. ¶ ~를 개척하다 chercher [trouver] une issue; chercher [trouver] un moyen de subsistance; se débrouiller pour vivre. ¶ ~를 뚫다[찾다] trouver un moyen de subsistance [de survivre]. ¶ ~가 열리다 trouver un moyen de subsistance.

활발하다 活潑- 형 ① être plein(*e*) de vivacité, être plein(*e*) d'animation, être plein(*e*) d'entrain [de vitalité, de vie, d'énergie], être énergique, dynamique; être vi*f*(*ve*), animé(*e*), acti*f*(*ve*), alerte. ¶ 그 사람은 성격이 ~ Il est d'un caractère actif [animé]. ¶ 아이들의 활발한 움직임이 좋아 보였다 C'était bien [agréable] de voir les enfants bouger avec autant de vivacité [d'énergie]. ¶ 그 사람은 매우 활발하게 활동했다 Il a fait preuve d'une grande activité / Il a déployé une grande activité / Il a travaillé énergiquement. ② 작용이 많다 être vi*f*(*ve*), animé(*e*); être acti*f*(*ve*). ¶ 양국 간에 활발한 교류가 이루어지고 있다 Les échanges entre les deux pays sont toujours actifs. ¶ 경제활동이 활발하게 이루어지고 있다 L'activité économique est prospère [a le vent en poupe] / Les affaires marchent bien.

◆활발히 부 avec vivacité, en pleine vie, vivement. ¶ 활발히 움직이다 bouger avec vivacité [avec beaucoup de vie].

활보 闊步 명 grands pas *mpl*; grandes enjambées *fpl*. ◇_(를) 하다 marcher à grands pas [à grandes enjambées]; se pavaner, parader, plastronner, avoir une démarche chaloupée, déambuler bruyamment, avoir une démarche orgueilleuse [prétentieuse], roules les épaules [les mécaniques {*fam*}]. ¶ 그 사람은 거리를 ~하였다 Il a parcouru la rue à grands pas. ¶ 대낮에 폭력배들이 거리를 ~한다 Des voyous se pavanent dans la rue au grand jour / Des voyous marchent dans la rue d'un air important [avec beaucoup d'exubérance].

활빈당 活貧黨 명 【역사】 bande *f* de voleurs chevaleresques; bande *f* de voleurs qui se chargeaient de venger les opprimés.

활석 滑石 명 【광물】 talc *m*.

활성 活性 명 activation *f*.

◆_화 -化 명 activation *f*. ¶ 외국기업의 투자 ~화를 위한 대책을 마련하다 Nous cherchons des solutions pour encourager [pour promouvoir] l'investissement des entreprises étrangères. ¶ 교류를 ~화 하다 activer les échanges. ¶ 시민 단체의 활동이 ~화 될 것으로 예상된다 On s'attend à plus de vivacité [de dynamisme] des mouvements des associations (de citoyens) [des associations non lucratives]. ¶ 노동시장을 ~화 시키기 위해 노력하다 s'efforcer de dynamiser le marché du travail.

◆_산소 -酸素 명 oxygène *m* [hydrogène *m*, azote *m*] activé.

◆_인자 -因子 명 élément *m* d'activation.

◆_제 -劑 명 activa*teur*(*trice*); substances *fpl* activatrices; activeur *m*; catalyseur *m*.

활약 活躍 명 activité *f*. ¶ 대단한[눈부신] ~ une grande activité [une activité prodigieuse]. ¶ 그 사람은 이번 사건의 해결에 뛰어난 ~을 보였다 Il a joué un rôle important [actif] dans le règlement de cette affaire. ¶ 그 사람의 ~이 가장 두드러졌다 Il a fait preuve de l'activité la plus étonnante. ◇_(을) 하다 être en pleine activité; déployer *son* activité; prendre une part active à *qc*; exercer une activité, travailler en tant que [comme]. ¶ 그 사람은 언론계에서 ~하고 있다 Il travaille dans le domaine de la presse. ¶ 그 사람은 오케스트라에서 단원으로 ~한다 Il travaille comme membre d'un orchestre.

활어 活魚 명 poisson *m* vivant.

활엽수 闊葉樹 명 【식물】 arbre *m* latifolié; arbre *m* à larges feuilles.

활용 活用 명 ① utilisation *f*, exploitation *f*; mise *f* en valeur. ¶ 자원의 ~ exploitation des ressources. ¶ 공간 ~ utilisation d'un espace. ② 【언어】 conjugaison *f*. ¶ 동사의 ~ la conjugaison des verbes. ◇_(을) 하다 ① utiliser, exploiter, profiter de. ¶ 국토를 효율적으로 ~하다 exploiter efficacement un territoire. ¶ 공터를 주차장으로 ~하다 utiliser un

espace vide comme parking. ¶ 새로운 이론을 제품 생산에 ~하다 utiliser une nouvelle théorie pour la production. ② 【언어】 conjuguer. ◇_(이) 되다 ① être utilisé(*e*), exploité(*e*). ¶ 그 기술은 여러 분야에서 ~되고 있다 Cette technique est exploitée dans plusieurs domaines. ¶ 그 연구 결과가 정책 결정에 자료로 ~되었다 Le résultat de cette recherche a été utilisé comme référence pour établir une politique. ② 【언어】 se conjuguer.

◆_어미 -語尾 명 【언어】 suffixe *m* flexionnel.

◆_형 -形 명 【언어】 formes *fpl* de conjugaison. ¶ 프랑스어 동사의 직설법 현재 ~형 les formes de conjugaison du présent de l'indicatif des verbes français.

◆재_ 再- 명 recyclage *m*. ¶ 쓰레기 재~ recyclage des ordures.

활음 滑音 명 【언어】 glide *m*.

◆_화 -化 명 【언어】 glissement *m*.

활자 活字 명 ① 【출판】 maquette *m* (d'impression). ¶ ~를 짜다 réaliser une maquette (d'impression). ② 글, 글꼴 caractère *m* (d'imprimerie); type *m* {*vx*}. ¶ ~의 오식 erreur typographique; faute d'impression [de frappe]; coquille. ¶ 큰 ~로 인쇄하다 imprimer ((un titre)) en gros caractères.

◆_화 -化 명 impression *f*, publication *f*. ¶ ~화 하다 faire imprimer ((une œuvre)); typographier. ¶ 내 소설이 ~화 된 것을 보고 감격했다 J'ai été ému(*e*) en voyant mon roman publié.

◆_본 -本 명 exemplaire *m* imprimé.

◆_체 -體 명 caractères *m* d'imprimerie.

◆_케이스 명 casse *f*.

◆금속_ 金屬- 명 typographie *f* métallique.

활주 滑走 명 roulement *m* sur le sol. ¶ 비행기가 ~를 시작했다 L'avion a commencé à rouler (sur la piste). ◇_(를) 하다 glisser; faire une glissade; rouler sur le sol; ((활공)) faire un vol plané.

◆_로 -路 명 piste *f* (d'envol, d'atterrissage); ((terme technique)) chemin *m* [piste *f*] de roulement.

활짝 부 ① 열린 모양 largement; en grand. ¶ 문을 ~ 열다 ouvrir grand la porte. ② 넓게 트인 모양 totalement; complètement. ¶ 눈앞이 ~ 트이다 avoir une vue totalement dégagée. ③ 꽃이 핀 모양 ((être)) en pleines fleurs; ((être)) complètement ((épanoui(*e*))). ¶ 꽃이 ~ 피다 Les fleurs sont complètement épanouies. ④ 웃는 모양 ((sourire)) largement, être tout ((sourire)). ¶ ~ 웃다 sourire largement, être tout sourire. ⑤ 날씨 ((être)) complètement ((dégagé)). ¶ 날이 ~ 개다 Le ciel est complètement dégagé. ⑥ ((얼굴)) ((s'épanouir)) complètement, ((retrouver)) totalement ((le sourire)). ¶ 그는 얼굴이 ~ 밝아졌다 Il a totalement retrouvé le sourire / Son visage est devenu radieux / Son visage s'est complètement épanoui [détendu].

활화산 活火山 명 【지리】 volcan *m* actif [en activité].

활활 부 ① ((옷을)) en un rien de temps, en un clin d'œil. ¶ 옷을 ~ 벗다 se déshabiller en un clin d'œil. ② ((불길이)) vivement, avec de grandes flammes. ¶ 불이 ~ 타올랐다 De grandes flammes s'élevaient vivement / Les flammes sont vives / Les flammes montent vigoureusement [joyeusement] ((vers le ciel)). ③ ((바람을)) ((agiter un éventail)) d'un geste lent. ¶ 부채로 ~ 바람을 날리다 agiter un éventail d'un geste lent.

활황 活況 명 animation *f*. ¶ ~을 띠다[보이다] être en pleine activité; ((marché)) être très animé(*e*). ¶ 증시의 ~으로 많은 수익을 올리다 faire de gros bénéfices grâce à un sursaut d'activité du marché boursier.

홧김 火- 명 accès *m* [mouvement *m*] de colère; ((agir sous l')) effet *m* [influence *f*] de la colère; ((dans)) le feu de la colère; ((sous)) l'empire de la colère. ¶ ~에 무엇을 하다 faire *qc* dans un accès [dans un mouvement] de colère; agir sous l'effet [l'influence] de la colère [dans le feu de la colère, sous l'empire de la colère].

홧홧 부 ((le visage, les joues)) en feu. ¶ 얼굴이 ~ 달아오르다 avoir le sang [le rouge] qui monte au visage, avoir le visage [les joues] en feu; piquer un fard [un soleil], rougir brusquement, ((수치심에)) s'empourprer de honte, devenir écarlate [cramoisi(*e*)] (de honte), rougir jusqu'aux oreilles (de honte).

황[1] 명 inutilité *f*, nul(*le*). ◇_이다 ¶ 해 봐야 말짱 ~이다 C'est inutile de le faire / Ça ne sert à rien de faire ça. ¶ 그 사람 영어 실력은 영 ~이다 Son anglais est nul.

황[2] 黃 명 jaune *m*.

◆_인종 -人種 명 race *f* jaune.

황[3] 黃 명 【화학】 sulfure *m*.

황갈색 黃褐色 명 jaune *m* brun. ¶ ~을 띠다 être jaune brunâtre. ¶ ~으로 변하다 changer en jaune brun.

황감하다 惶感- 형 avoir des sentiments respectueux; être saisi(*e*) d'une crainte respectueuse; être [se sentir] confus(*e*), obligé(*e*), gêné(*e*).

황공무지 惶恐無地 명 sentiment *m* respectueux; crainte *f* respectueuse; confusion *f*, gêne *f*. ¶ 저한테까지 마음을 써 주시니 ~로소이다 Je suis vraiment confus(*e*) que vous vous occupiez de moi.

황공스럽다 惶恐- 형 être [se sentir] confus(*e*), gêné(*e*), obligé(*e*); être à la fois reconnaissant(*e*) et gêné(*e*); éprouver une crainte respectueuse. ¶ 그 사람은 임금이 베푼 성은이 황공스럽게 느껴졌다 Il s'est senti confus devant tous les bienfaits prodigués par le roi.

황공하다 惶恐- 형 être [se sentir] confus(*e*), gêné(*e*), obligé(*e*); éprouver une crainte respectueuse.

황구 黃口 명 ① 아이 bambin(*e*). ② 새 oisillon *m*.

황국[1] 皇國 명 empire *m*.

황국[2] 黃菊 명 【식물】 chrysanthème *m* jaune.

황국사관 皇國史觀 명 【역사】 conception *f* de l'histoire basée sur l'impérialisme japonais.

황궁 皇宮 명 palais *m* impérial.

황금 黃金 명 ① 금 or *m*. ¶ ~으로 만든 장신구 des bijoux en or. ② 재물 or *m*; argent *m*; richesse *f*. ¶ ~의 노예가 되다 être esclave de l'argent. ¶ ~ 방석에 앉다 s'enrichir [faire fortune] brutalement; gagner [ramasser, toucher] le jackpot [le gros lot] {*fam*}; décrocher la timbale {*fam*}. ¶ ~에 눈이 멀다 être aveuglé(*e*) par l'argent. ③ 귀중한 것 or *m*; chose *f* précieuse. ¶ ~ 같은 기회를 놓치다 manquer une occasion en or. ¶ 이곳은 ~ 어장이다 Ici c'est un coin de pêche en or / Ici, on pêche très bien.

◆ **_기[시대]** -期[時代] 명 âge *m* d'or.

◆ **_만능주의** -萬能主義 명 toute-puissance *f* de l'or [l'argent].

◆ **_물결** 명 épis *mpl* dorés qui ondulent sous le vent. ¶ 추수철이 되자 들판은 ~물결로 뒤덮였다 A la période des moissons, les champs sont dorés [les épis dorés ondulent sous le vent].

◆ **_벌판** 명 champs *mpl* dorés.

◆ **_비[분할]** -比[分割] 명 nombre *m* d'or.

◆ **_빛[색]** -[色] 명 (couleur *f*) or *m*.

◆ **_신** -神 명 Mammon.

◆ **_연휴** -連休 명 jours *m* fériés successifs.

◆ **_정략** -政略 명 diplomatie *f* à coups de dollars; manœuvre *f* [stratagème *m*] de corruption ((d'un ennemi ou d'adversaire)), tactique *f* du pot-de-vin.

황급하다 遑急- 형 être pressant(*e*), urgent(*e*). ¶ 황급한 목소리 une voix pressée.

◆**황급히** 부 précipitamment, avec précipitation, à la hâte, en toute hâte. ¶ 그 사람은 어디론가 황급히 뛰어갔다 Il a couru quelque part précipitamment.

황기 黃旗 명 drapeau *m* jaune.

황녀 皇女 명 princesse *f* impériale.

황달 黃疸 명 【한의】 jaunisse *f*, ictère *m*. ¶ 간에 이상이 생겨 ~이 들었다 J'ai eu un ictère à la suite d'une affection du foie.

황당무계하다 荒唐無稽- 형 être absurde, extravagant(*e*), insensé(*e*); être contraire à la raison. ¶ 영화가 어찌나 황당무계한지 우리는 실소를 터뜨리고 말았다 Le film était tellement extravagant qu'on n'a pas pu s'empêcher de pouffer. ¶ 황당무계한 주장 une insistance absurde.

황당하다 荒唐- 형 être absurde, déraisonnable, insensé(*e*), extravagant(*e*); être contraire au bon sens. ¶ 그 사람의 말은 너무나 황당해서 들을 가치도 없다 Ce qu'il dit est tellement absurde qu'il ne mérite même pas d'être entendu. ¶ 황당한 이야기 une histoire à dormir debout. ¶ 일이 황당하게 되었다 L'affaire a pris une tournure étrange [imprévue].

황도[1] 黃道 명 【천문】 écliptique *m*.

◆ **_광** -光 명 lumière *f* zodiacale.

◆ **_면** -面 명 plan *m* écliptique.

황도[2] 黃桃 명 【식물】 pêche *f* jaune. ¶ ~로 통조림을 만들다 faire des conserves avec des pêches jaunes.

황량하다 荒凉- 형 être désolé(*e*), désert(*e*), dévasté(*e*). ¶ 황량한 벌판 une campagne déserte. ¶ 황량한 풍경 un paysage dévasté.

황록색 黃綠色 명 vert *m* olive; vert *m* jaune.

황망 慌忙 명 effarement *m*.

◆ **_하다** 형 être décontenancé(*e*), perturbé(*e*), déstabilisé(*e*); perdre la tête dans la précipitation. ¶ 그 사람은 ~한 중에도 사람들에게 인사하는 것을 잊지 않았다 Il n'a pas oublié de dire bonjour aux [de saluer les] gens bien que décontenancé [perturbé, déstabilisé].

◆ **_히** 부 tout effaré(*e*). ¶ 그 사람은 ~히 걸음을 재촉했다 Il a hâté le pas tout effaré.

황무지 荒蕪地 명 terre *f* en friche; région *f* [terre *f*] inculte. ¶ ~를 개척하다 défricher un terrain; mettre des terres en valeur. ¶ 땅이 대부분 ~이다 La plupart des terres sont en friche.

황사 黃砂 명 sable *m* jaune ((chargé de pollution)). ¶ ~ 바람이 분다 Il y a du sable jaune dans le vent / Le vent qui souffle contient du sable jaune.

◆ **_현상** -現象 명 phénomène *m* du sable jaune ((venant au printemps du désert de Gobi, dans le nord de la Chine, et entraînant avec lui des particules polluées)).

황산 黃酸 명 【화학】 acide *m* sulfurique.

◆ **_동** -銅 명 sulfate *m* de cuivre.

◆ **_암모늄** 명 ammonium *m* sulfate.

◆ **_염** -鹽 명 sulfate *m*.

◆ **_지** -紙 명 papier *m* sulfurisé.

황새 명 【동물】 cigogne *f*.

***뱁새가 ~ 따라가면 가랑이가 찢어진다** Il faut faire selon ses moyens / Il faut savoir garder son rang / Il ne faut pas péter plus haut que son cul {*vulg*}.

◆ **_걸음** 명 grande enjambée *f*. ¶ 그 여자는 ~걸음으로 걷는다 Elle marche à grandes enjambées.

황색 黃色 명 jaune *m*; couleur *f* jaune.

황소 黃- 명 ① taureau(*x*) *m*, bœuf *m*. ¶ ~ 세 마리를 키우다 élever trois bœufs. ② 미련하거나 기운이 센 사람 taureau(*x*) *m*. ¶ 그는 힘이 ~ 같다 Il est fort comme un bœuf.

◆ **_개구리** 명 【동물】 grenouille *f* taureau, *Rana catesbeiana* {*nsc*}.

◆ **_걸음** 명 pas *m* de tortue; pas *m* lent. ¶ 그 녀석은 아무리 급해도 ~걸음을 걷는다 Ce type est d'une lenteur désespérante.

◆ **_고집** -固執 명 entêtement *m* d'âne. ¶ ~고집을 부리다[세우다] s'obstiner; être têtu(*e*) comme un âne [comme une mule]. ¶ 그 녀석은 워낙 ~고집이라 누구의 말도 듣지 않는다 Il est entêté comme un âne et n'écoute personne.

◆ **_바람** 명 gros courant *m* d'air (froid).

***바늘구멍으로 ~바람 들어온다** Aussi petit soit-il, il ne faut pas négliger un problème.

◆ **_자리** 명 【천문】 constellation *f* du Taureau; signe *m* (zodiacal) du Taureau.

황송스럽다 惶悚- 형 être saisi(*e*) d'une crainte respectueuse; être [se sentir] confus(*e*), obligé(*e*), gêné(*e*). ¶ 나는 선생님의 편지를 받고 너무나 황송스러웠다 J'étais très confus(*e*) en recevant la lettre du professeur.

황송하다 惶悚- 형 être saisi(*e*) d'une crainte respectueuse; être [se sentir] confus(*e*), obligé(*e*), gêné(*e*). ¶ 나는 너무나 황송하여 얼굴을 들 수 없었다 Je n'ai pas pu lever la tête tellement j'étais confus(*e*). ¶ 말씀드리기 황송하오나 이번 결정은 옳지 않은 듯 합니다 Sauf votre respect, cette décision ne semble pas bonne.

황실 皇室 명 famille *f* [maison *f*] impériale. ¶ ~에서 쓰던 물건들 des objets utilisés jadis dans la famille impériale.

◆**_재산** -財產 명 biens *mpl* de la maison impériale.

황야 荒野 명 désert *m*, friche *f*; pays *m* sauvage [inculte]. ¶ 버려진 ~를 개척하다 défricher une lande désertique.

황인종 黃人種 명 race *f* jaune.

황제 皇帝 명 empereur *m*; impératrice *f*. ¶ 그는 드디어 ~의 자리에 올랐다 Enfin, il est monté sur le trône de l'empereur / Il est enfin devenu empereur. ¶ ~에게 충성을 맹세하다 jurer fidélité à l'empereur.

황족 皇族 명 famille *f* impériale. ¶ 그 남자는 ~다운 풍모를 지니고 있었다 Il avait une allure d'empereur. ¶ 그 사람이 ~이라는 사실을 아무도 몰랐다 Personne ne savait qu'il venait d'une famille impériale.

황천 黃泉 명 l'autre monde *m*; l'au-delà(~-~*s*) *m*; enfers *mpl*; enfer *m*; séjour *m* des âmes après la mort.

*~**(에) 가다** mourir, quitter ce monde, partir outre-tombe. ¶ ~에 갈 뻔했다 J'ai failli quitter ce monde.

*~**객이 되다** mourir, trépasser.

*~**길을 떠나다** mourir, quitter ce monde, partir outre-tombe.

황태자 皇太子 명 prince *m* héritier impérial.

황태후 皇太后 명 mère *f* d'un empereur.

황토 黃土 명 ((누런 흙)) terre *f* jaune; ((지질)) lœss *m*. ¶ 이 지역은 흙이 ~이다 La terre est jaune dans cette région.

◆**_색[ㅅ빛]** -色 명 couleur *f* de terre jaune.

◆**_ㅅ길** 명 chemin *f* de terre jaune.

황폐 荒廢 명 délabrement *m*, dévastation *f*, désolation *f*. ¶ 현대인의 정신적 ~ la dévastation morale des contemporains. ¶ 농촌의 ~가 극심한 지경에 이르렀다 Le délabrement des régions rurales a atteint un état lamentable.

◆**_하다** 형 être délabré(*e*), dévasté(*e*), désolé(*e*). ¶ ~해진 자연을 원래의 모습대로 되돌리기는 어렵다 Il est difficile de régénérer la nature dévastée.

◆**_화** -化 명 délabrement *m*, dévastation *f*, désolation *f*. ¶ 오랜 전쟁으로 인해 온 국토가 ~화 되었다 La longue guerre a dévasté tout le pays. ¶ 도시 사람들의 정서는 날로 ~화 되어 간다 Les sentiments des citadins deviennent de plus en plus stériles.

황해 黃海 명 【지리】 mer *f* Jaune.

황해도 黃海道 명 【지리】 province *f* du Hwanghae.

황혼 黃昏 명 ① crépuscule *m*; déclin *m*; tombée *f* du jour. ¶ 어느덧 ~이 지고 있었다 La nuit tombait sans que l'on s'en rende vraiment compte. ② ((비유적으로)) crépuscule *m* ((d'un empire, de la vie)). ¶ 그 남자는 이미 ~에 접어든 나이였다 Il était déjà au crépuscule de sa vie.

◆**_기** -期 명 crépuscule *m*; déclin *m*. ¶ 인생의 ~기를 맞다 entrer dans le crépuscule [déclin] de la vie.

황홀 恍惚 명 éblouissement *m*; extase *f*, ravissement *m*, délice *m*; transport *m* (de joie).

◆**_하다** 형 ((beauté)) être éblouissant(*e*); ((*qn*)) tomber en extase; être ravi(*e*), ébloui(*e*), fasciné(*e*); être transporté(*e*) [ivre] (de joie). ¶ 그 여자를 본 사람들은 모두 ~해졌다 Tous ceux qui l'ont vue ont été fascinés. ¶ 무대 장치가는 연극 무대를 ~하게 꾸몄다 Le décorateur du théâtre a planté de merveilleux décors.

◆**_히** 부 en extase, fasciné(*e*), ébloui(*e*).

◆**_감** -感 명 extase *f*. ¶ ~감을 느끼다 être [tomber] en extase. ¶ ~감을 자아내다 mettre (*qn*) en extase.

◆**_경** -境 명 état *m* extatique. ¶ ~경에 빠지다[도취되다] tomber en extase.

황황하다 遑遑- 형 avoir hâte de+*inf*; se précipiter; perdre contenance [la tête, *son* sang froid]; se troubler, se démonter. ¶ 여러 가지 일로 마음이 ~ Je perds contenance et me sens sous pression à cause de plusieurs affaires. ¶ 황황하게 떠나다 partir avec précipitation.

◆**황황히** 부 à la hâte, en toute hâte, précipitamment, avec précipitation. ¶ 그 사람은 부모님이 위독하다는 소식에 ~ 사무실을 나섰다 Il a précipitamment quitté le bureau lorsqu'il a entendu que ses parents se trouvaient dans un état critique.

황후 皇后 명 impératrice *f*.

홰 명 perchoir *m*. ¶ 닭이 ~에 오르는 시각 heure [moment] où le coq se pose sur un perchoir [se perche].

홰치다 자 battre des ailes. ¶ 어디선가 닭이 홰치는 소리가 들려서 잠이 깼다 Les battements d'ailes d'un coq au loin m'ont réveillé(*e*).

홱 부 ① rapidement; promptement. ¶ 그 남자는 갑자기 내 쪽으로 몸을 ~ 돌렸다 Tout d'un coup, il s'est tourné vers moi. ② ((jeter)) violemment. ¶ 그 사람은 무슨 이유로 화가 났는지 들어오자마자 가방을 ~ 내던졌다 Très fâché pour je ne sais quelle raison, il a violemment jeté son sac par terre. ③ ((repousser)) d'un geste vif. ¶ 그 여자는 내 손을 ~ 뿌리쳤다 Elle a repoussé ma main d'un geste vif.

횃대 명 tringle *f* (servant à accrocher les habits).

횃불 명 torche *f*, flambeau(*x*) *m*. ¶ ~을 밝히다[켜다] allumer une torche. ¶ ~이 타오르고 있다 La torche flambe.

횅댕그렁하다 형 être grand(*e*) mais vide; paraître vide; être vide, désert(*e*), dépeuplé(*e*), inhabité(*e*). ¶ 회의장은 (사람이 아무도 없어) 횅댕그렁했다 La salle de conférence était déserte.

횅하다 형 ① être percé(*e*) de part en part. ¶ 길이 횅하게 뚫렸다 Le chemin a été ouvert de part en part. ② 횅댕그렁하다 être [paraître] vide; être désert(*e*), dépeuplé(*e*); être grand(*e*) mais vide. ¶ 막내딸을 시집보내고 나니 집안이 횅했다 Toute la maison semblait vide après le mariage de la cadette.

회[1] 蛔 명 ascaride *m*, ascaris *m*; ver *m* intestinal. *~**가 동하다** donner faim [de l'appétit]; donner envie; mettre *qn* en appétit; creuser {*fam*}, ouvrir l'estomac; mettre [faire venir] l'eau à la bouche, faire saliver, allécher; exciter l'appétit. ¶ 국 냄새를 맡으니 ~가 동했다 L'odeur de la soupe m'a donné faim [m'a mis(e) en appétit] / Cette bonne odeur de soupe m'a fait saliver.

회[2] 膾 명 (tranches *fpl* de) poisson *m* cru, sashimi *m*; ⦅육회⦆ (tranches *fpl* de) viande *f* crue. ¶ ~를 치다[뜨다] préparer le poisson cru.

◆**생선**_ 生鮮- 명 (tranches *fpl* de) poisson *m* cru, sashimi *m*.

◆**육**_ 肉- 명 *yukhoe m* <sorte de steak tartare à la coréenne, plat de bœuf cru finement haché avec de l'huile de sésame, des pignons et du jaune d'œuf>.

회[3] 回 의명 ⦅suffixe nominal⦆ fois *f*; ⦅스포츠⦆ tour *m*; manche *f*. ¶ 제 25~ 졸업식 la vingt-cinquième remise des diplômes. ¶ 그 남자는 사법시험에 3~ 응시했다 Il s'est présenté trois fois au concours d'admission à la magistrature.

-회[4] -會 접미 ⦅suffixe nominal⦆ ① 단체 association *f*, société *f*, club *m*, cercle *m*, réunion *f*, assemblement *m*. ¶ 산악~ association [société, club] d'alpinisme. ¶ 청년~ association de la jeunesse. ② 모임 réunion *f*. ¶ 송별~ réunion [banquet] d'adieux. ¶ 환영~ banquet de bienvenue.

회갈색 灰褐色 명 gris(-)brun *m*.

회갑 回甲 명 soixantième anniversaire *m* (de *qn*). ¶ 아버지께서는 올해 ~을 맞으신다 Mon père aura soixante ans cette année / Mon père fêtera son soixantième anniversaire cette année.

◆_**연** -宴 명 banquet *m* pour fêter le soixantième anniversaire de *qn*. ¶ 누구의 ~을 열다[치르다] organiser un banquet pour célébrer [fêter] le soixantième anniversaire de *qn*.

회개 悔改 명 repentir *m*, repentance *f* {*vx*, *litt*}; pénitence *f*. ¶ ~의 눈물을 흘리다 verser des larmes de repentir. ◇_(를) **하다** faire pénitence; se repentir de *qc*.

회견 會見 명 entrevue *f*; entretien *m*; ⦅기자의⦆ interview *f*. ¶ ~ 내용을 밝히다 rapporter ce qui s'est dit en entrevue. ¶ 대통령은 기자들과 ~을 가졌다 Le président a donné une conférence de presse. ¶ ~에 응하다 accorder une entrevue [interview]; se laisser interviewer. ◇_(을) **하다** s'entretenir avec *qn*; ⦅기자가⦆ interviewer *qn*.

◆_**장** -場 명 salle *f* d'entrevue [interview].

◆**기자**_ 記者- 명 conférence *f* de presse.

회계 會計 명 ① compte *m*; paiement *m*; comptabilité *f*. ¶ 까다로운 ~ 절차 une démarche de paiement compliquée. ¶ 그 남자는 (회사에서) ~를 본다 Il travaille comme comptable. ② 회계원 comptable; agent *m* comptable. ◇_(를) **하다** payer [acquitter] une note, payer une addition; tenir [gérer] une comptabilité.

◆_**감사** -監査 명 inspection *f* des finances; contrôle *m* des comptes; vérification *f* d'un compte; examen *m* des livres de comptes.

◆_**사** -士 명 comptable, agent *m* comptable. ¶ 공인 ~사 comptable agréé; expert(*e*)-comptable(*~s~s*).

◆_**연도** -年度 명【경제】année *f* budgétaire [fiscale].

◆_**원** -員 명 comptable; agent *m* comptable.

◆_**학** -學 명 comptabilité *f*.

회고 回顧 명 souvenir *m*, rétrospection *f*, évocation *f* ⦅des souvenirs⦆. ¶ 그의 이번 작품은 어린 시절에 대한 ~이다 Sa dernière œuvre parle de son enfance. ◇_(를) **하다** jeter un coup d'œil rétrospectif sur *qc*; revenir [faire un retour] sur le passé; faire une rétrospection. ¶ 지나간 세월을 ~하다 faire une rétrospection sur le temps passé.

◆_**담** -談 명 souvenirs *mpl*.

◆_**록** -錄 명 mémoires *mpl*; souvenirs *mpl*. ¶ ~록을 출판[집필]하다 publier [écrire] des mémoires.

◆_**전** -展 명 rétrospective *f*.

회관 會館 명 maison *f* ⦅des étudiants⦆; foyer *m*; club *m*. ¶ 마을~ foyer communal, salle communale. ¶ 노인 ~ maison d'accueil du troisième âge. ¶ 학생 ~ bâtiment des étudiants. ¶ 교수 ~ bâtiment du personnel enseignant.

회교 回教 명 islam *m*.

◆_**권** -圈 명 Islam *m*.

◆_**도** -徒 명 musulman(*e*).

◆_**법** -法 명 loi *f* musulmane.

회군 回軍 명 retrait *m* [repli *m*] de troupes. ¶ ~을 결정하다 décider du retrait des troupes. ◇_(을) **하다** ramener des troupes vers l'arrière; replier *ses* troupes. ¶ 상황이 불리해지자 아군은 ~했다 Se retrouvant dans une position défavorable, notre armée s'est retirée. ◇_(을) **시키다** faire replier des troupes.

◆_**령** -令 명 ordre *m* de retrait [repli] de troupes. ¶ ~령을 내리다 ordonner de replier les troupes, donner l'ordre de retrait des troupes[l'ordre de repli].

회귀 回歸 명 retour *m*; ⦅천체의⦆ révolution *f*, récurrence *f*. ¶ 연어의 ~ retour du saumon. ◇_(를) **하다** revenir, retourner; ⦅astre⦆ accomplir une

révolution. ¶ 그는 진보진영에서 보수진영으로 ~했다 Après être déjà passé du camp conservateur au camp progressiste, il a fini par revenir au camp conservateur.

회기 會期 명 session *f*. ¶ ~ 내에 법안을 의결하다 voter un projet de loi durant une session parlementaire. ¶ 이미 국회의 ~가 끝났다 La session de l'Assemblée est déjà terminée.

회담 會談 명 entretien *m*, conversation *f*, conférence *f* (au sommet); colloque *m*; pourparlers *mpl*; négociation *f*, entrevue *f*. ¶ 내일 서울에서 남북 정상 ~이 열릴 예정이다 Demain, la conférence au sommet Nord-Sud aura lieu à Séoul. ◇_(을) 하다 avoir un entretien [une conversation] avec *qn*; s'entretenir avec *qn* de *qc*; conférer avec *qn* sur *qc*.

회답 回答 명 réponse *f*; ((응수)) réplique *f*, riposte *f*; répartie *f*. ¶ ~을 기다리다 attendre une réponse. ¶ ~이 늦어서 죄송합니다 Je suis désolé(*e*) [confus(*e*), navré(*e*)] de répondre si tard [avec du retard]. ◇_(을) 하다[주다, 보내다] répondre; rendre réponse à *qn*; donner une réponse; répliquer, riposter. ¶ 편지에 ~을 하다 répondre [donner une réponse] à une lettre. ¶ 곧 ~을 주시면 고맙겠습니다 Je vous serais reconnaissant(*e*) de me répondre rapidement [par retour du courrier]. ◇_이 있다[없다] avoir une [ne pas avoir de] réponse. ¶ 내 부탁에 대해서 그로부터 도무지 ~이 없다 Je n'ai obtenu aucune réponse à ma demande.

회당 會堂 명 ((예배당)) temple *m*; synagogue *f*, ((공회당)) salle *f* municipale.

회동 會同 명 réunion *f*, assemblée *f*. ¶ ~을 주선하다 organiser [aménager] une réunion. ◇_(을) 하다 se réunir; s'assembler. ¶ 한번 ~을 합시다 Je vous propose de nous réunir une fois / Si on se réunissait un de ces jours?

회동그래지다 자 s'agrandir. ¶ 그 여자의 두 눈은 놀란 토끼 눈처럼 회동그래졌다 Ses yeux s'agrandirent d'étonnement.

회람 回覽 명 circulation *f*, circulaire *f*. ¶ 그들은 이번 사태에 대한 자신들의 의견을 밝힌 ~을 사내에 돌렸다 Ils ont fait circuler leur avis sur cette situation dans tout le bureau. ◇_(을) 하다[시키다] faire suivre ((une lettre, du courrier)). ¶ 통지문을 ~하다 faire suivre une circulaire. ◇_(이) 되다 ((lettre, courrier)) être suivi(*e*).

회랑 回廊 명 corridor *m*; galerie *f*, cloître *m* ((d'un monastère)); déambulatoire *m*, péristyle *m*.

회로 回路 명 ① chemin *m* de retour. ¶ ~에 sur le chemin du retour, sur le trajet du retour. ② 전기회로 circuit *m*.

◆_계 -計 명 voltmètre *m* portable.

◆_도 -圖 명 diagramme *m* du circuit; schéma *m* de circuit.

◆집적_ 集積- 명 circuit *m* intégré.

회백색 灰白色 명 gris *m* clair.

회보[1] 回報 명 ① 답장 réponse *f*. ¶ ~를 기다리다 attendre la réponse. ② ((보고)) rapport *m*. ◇_(를) 하다 faire [donner] une réponse, répondre ((à une demande)); faire un rapport. ¶ 다녀왔으면 일이 어찌 되었는지 ~를 해야지 Tu y es allé, tu devrais faire un rapport sur ce qui s'est passé. ◇_(를) 받다 recevoir une réponse ((de la part de *qn*)). ¶ 나는 그들로부터 어떠한 ~도 받지 못했다 Je n'ai reçu aucune réponse de leur part.

회보[2] 會報 명 bulletin *m*, rapport *m* (d'une société). ¶ 우리는 매년 12월에 ~를 발행한다 Chaque mois de décembre, nous publions un bulletin.

회복 回復 명 retour *m* ((à la santé)); amélioration *f* ((de l'état d'un malade, du temps)); rétablissement *m* ((de l'ordre, d'une situation)); recouvrement *m* ((de droits)); reprise *f* ((des affaires)). ¶ 나는 아버지의 명예 ~을 위해 많은 노력을 했다 J'ai fait beaucoup d'efforts pour la réhabilitation de mon père. ¶ 이 약은 원기 ~에 효과가 좋습니다 Ce médicament est bon pour reprendre des forces. ◇_(을) 하다 ((건강)) se rétablir; ((명예)) se réhabiliter; ((신용)) regagner ((la confiance de *qn*)); ((평판)) recouvrer l'estime publique; ((의식)) revenir à *soi*; reprendre ((*ses* esprits, connaissance)); ((시력)) recouvrer ((la vue)); ((식욕)) retrouver ((l'appétit)); ((실지)) reconquérir ((une région envahie par l'ennemi)). ¶ 그는 끝내 건강을 ~하지 못했다 Finalement, il n'a pas réussi à se rétablir. ¶ 한번 무너진 신뢰는 ~하기 어렵다 La confiance une fois perdue est difficile à regagner. ¶ 그는 사고 후 한 달이 지나도 의식을 ~하지 못했다 Il n'avait toujours pas repris connaissance un mois après l'accident. ◇_(이) 되다 se rétablir, se réhabiliter. ¶ 경제가 작년 수준으로 ~되기는 힘들 것 같다 Il semble difficile de rétablir la situation économique au même niveau que l'an dernier.

◆_기 -期 명 convalescence *f*. ¶ 그는 이제 ~기에 접어들었다 Il est en convalescence. ¶ 경제가 ~기에 들어섰다 L'économie est entrée en convalescence.

◆_력 -力 명 pouvoir *m* de guérison; pouvoir *m* de (*se*) rétablir.

◆_세 -勢 명 voie *f* d'amélioration. ¶ 증시가 ~세를 타고 있다 La bourse est en voie d'amélioration.

◆_실 -室 명 salle *f* de convalescence. ¶ 그 환자는 수술실에서 ~실로 옮겼다 Ce patient a été transporté de la salle d'opération à celle de convalescence.

회부 回附 명 renvoi *m*, transmission *f*. ◇_(를) 하다[시키다] renvoyer ((à un autre tribunal)); transmettre; soumettre ((à une autorité)). ¶ 비리연루자들을 재판에 ~하다 renvoyer au tribunal ceux qui sont corrompus. ◇_(가) 되다 être renvoyé(*e*) ((à un autre tribunal)); être transmis(*e*); être soumis(*e*) ((à une autorité)). ¶ 그는 명령불복종으로 군사재판에 ~되었다 Il a été soumis aux tribunaux militaires pour désobéissance aux ordres.

회비 會費 명 cotisation *f*; quote-part *f*. ¶ 동창회 ~ cotisation à une association d'anciens élèves. ¶

~를 내다 verser une cotisation; cotiser; payer *sa* quote-part. ¶ 한 달에 한 번씩 ~를 걷다 recueillir des cotisations une fois par mois.

회사 會社 명 société *f*, compagnie *f*, firme *f*, maison *f*, entreprise *f*. ¶ 계열 ~ une filiale. ¶ ~를 설립하다[세우다] fonder une société, créer une entreprise. ¶ ~를 경영하다 administrer [diriger, gérer] une compagnie [entreprise]. ¶ ~를 그만두다[사직하다] quitter *son* travail; démissionner. ¶ 그는 전자 ~에 취직했다 Il a obtenu une place dans une compagnie d'électronique. ¶ ~에 다니다 travailler [être salarié(*e*), être employé(*e*)] dans une compagnie. ¶ ~로 출근하다 aller au travail; aller travailler. ¶ ~에서 퇴근하다 quitter le bureau. ¶ ~에서 야근하다 travailler de nuit. ¶ ~가 망했다 La compagnie a fait faillite. ¶ ~가 다른 사람에게 넘어갔다 La société est passée dans d'autres mains.

◆**_원** -員 명 employé(*e*) d'une compagnie.

◆**_채** -債 명 titre *m* (d'une compagnie), titre *m* (d'obligation) d'une compagnie, obligation *f*. ¶ ~채를 발행하다 émettre des titres [des obligations].

회상 回想 명 ① souvenir *m*, réminiscence *f*. ¶ ~에 잠기다 être plongé(*e*) dans *ses* souvenirs. ② 【언어】 rétrospection *f*, retour *m* en arrière, souvenir *m*. ◇_(을) **하다** se souvenir de *qc*; se rappeler *qc*; regarder en arrière. ¶ 지난 시절을~하다 se rappeler le temps passé. ◇_(이) **되다** revenir.

◆**_기** -記 명 souvenirs *mpl*.

◆**_록** -錄 명 mémoires *mpl*.

◆**_시제** -時制 명 【언어】 temps du "souvenir".

회색 灰色 명 gris *m*. ¶ ~ 옷을 입은 vêtu(*e*) de gris. ¶ 무엇을 ~으로 칠하다 peindre *qc* en gris. ¶ 그는 그 소식을 듣더니 얼굴이 ~으로 변했다 Son visage est devenu pâle à l'annonce de cette nouvelle.

◆**_분자** -分子 명 opportuniste.

회생 回生 명 retour *m* à la vie; résurrection *f*, renaissance *f*. ◇_(을) **하다**[(이) **되다**] revenir à la vie; ressusciter, renaître. ¶ 경제가 ~할 기미가 전혀 없다 Il n'y a aucun indice de la résurrection de l'économie. ◇_(을) **시키다** faire revenir à la vie; faire ressusciter. ¶ 회사를 ~시키다 ressusciter une entreprise.

회선 回線 명 circuit *m*. ¶ 전화 ~ circuit téléphonique. ¶ 인터넷 전용 ~을 설치했다 On a installé une ligne internet.

회송 回送 명 renvoi *m*, retour *m* ((du courrier)). ◇_(을) **하다**[**시키다**] renvoyer, retourner ((une lettre)). ¶ 불량품을 본사로 ~하다 renvoyer les articles défectueux au bureau central. ◇_(이) **되다** être renvoyé(*e*), retourné(*e*). ¶ 우리가 보낸 편지가 ~되었다 La lettre que nous avons envoyée nous a été retournée.

회수 回收 명 récupération *f*. ¶ 대금의 ~가 쉽지 않다 Il n'est pas facile de recouvrer une créance. ◇_(를) **하다** recouvrer, récupérer. ¶ 고객들의 미납된 대금을 ~하다 récupérer le remboursement des dettes des clients. ◇_(가) **되다** être recouvré(*e*), être récupéré(*e*). ¶ 한번 나간 돈이 ~되기란 쉽지 않다 On ne récupère pas facilement une somme prêtée.

회식 會食 명 repas *m* entre collègues de bureau, repas *m* en groupe ((souvent arrosé)); pot *m* (entre collègues de bureau). ¶ 우리는 4개월에 한번씩 ~을 갖는다 Nous dînons entre collègues une fois tous les quatre mois. ¶ 오늘은 우리 부서의 ~이 있다 Aujourd'hui, notre département organise un pot après le travail / Ce soir, on se fait une bouffe entre collègues du même département [bureau] {*fam*}. ◇_(을) **하다** dîner entre collègues (de bureau) ((après le travail)), organiser un repas [un pot] entre collègues, sortir entre collègues (de bureau), partager une soirée arrosée entre collègues ((après le travail)). ¶ 우리는 거의 ~(을) 하지 않는다 Nous ne sortons pratiquement jamais entre collègues / Au bureau, nous ne dînons pratiquement jamais ensemble après le travail.

회신 回信 명 réponse *f*. ¶ 우리는 상부로부터의 ~을 기다리고 있다 On attend la réponse de notre supérieur. ¶ 아무리 연락을 해도 그로부터 ~이 오지 않았다 J'ai eu beau essayer de le joindre, je n'ai obtenu aucune réponse de sa part. ◇_(을) **하다** répondre, donner une réponse à *qn*. ¶ 무전기의 고장으로 본부에 ~하지 못하다 ne pas répondre au quartier général à cause d'une panne du télégraphe. ¶ 우리는 작전이 계획대로 수행되고 있다고 상부에 ~하였다 Nous avons répondu à nos supérieurs que l'opération se déroulait comme prévu. ◇_(을) **받다** recevoir une réponse.

회심 會心 명 autosatisfaction *f*; contentement *m*, complaisance *f*. ¶ 그 사람은 ~의 미소를 지었다 Il a fait un sourire d'autosatisfaction / Il a souri avec complaisance.

◆**_작** -作 명 ouvrage *m* [œuvre *f*] considéré(e) comme le meilleur [comme la meilleure] d'un auteur. ¶ 이번 소설은 그 작가의 ~작이라고 할 수 있다 On peut dire que ce roman est une de ses meilleures œuvres.

회양목 -楊木 명 【식물】 buis *m*.

회오 悔悟 명 repentir *m*, regret *m*, remords *m*. ¶ ~의 눈물 des larmes de repentir. ¶ ~에 젖다[잠기다] être rongé(*e*) par le remords, être dévoré(*e*) [bourrelé(*e*)] de remords.

회오리 명 tourbillon *m* (de vent), bourrasque *f* tourbillonnante; tornade *f*. ¶ 간밤에 몰아친 ~로 인해 마을의 피해가 있었다 La nuit dernière, la tornade a causé des dégâts dans le village. ¶ 갑자기 ~가 일었다 Soudain survint un (puissant) tourbillon [une bourrasque tourbillonnante].

◆**_치다** 자 tourbillonner. ¶ 가슴속에 ~치는 격정 un sentiment violent qui tourbillonne dans le cœur.

◆**_바람** 명 tourbillon *m* de vent. ¶ 갑작스런 ~바람으로 천막이 날아갔다 Un brusque tourbillon de vent a emporté la tente. ¶ ~바람이 불어서 눈을 제대로

뜰 수가 없었다 On était obligés de fermer les yeux [On n'arrivait pas à garder les yeux ouverts] à cause du vent qui tourbillonnait.

회원 會員 명 membre *m*, adhérent(*e*). ¶ 신입 ~을 모집하다 recruter de nouveaux membres. ¶ 오늘 저녁에 부녀회 ~들의 간담회가 있다 Ce soir, les membres de l'association des femmes vont tenir une réunion amicale. ¶ 검은색 모자는 그 단체 ~들의 상징이었다 Le chapeau noir était le symbole des membres de cette association.

◆**_국** -國 명 État *m* membre. ¶ 한국은 UN의 ~국이다 La Corée du Sud est membre de l'ONU.

◆**_권** -券 명 carte *f* d'adhérent. ¶ 골프장 ~권 carte d'adhérent au club de golf. ¶ 그 여자는 이 헬스클럽의 ~권을 가지고 있다 Elle s'est inscrite à ce club [dans ce centre] de gym.

◆**_사** -社 명 société *f* membre.

◆**_증** -證 명 carte *f* d'adhérent. ¶ 그들은 나에게 ~증 제시를 요구하였다 Ils m'ont demandé(e) de montrer ma carte. ¶ 나는 잃어버린 ~증을 재발급 받았다 On m'a délivré un double [duplicata] de la carte que j'avais perdue.

회유[1] **懷柔** 명 apaisement *m*, assoupissement *m*. ¶ 그들은 사람들에게 ~ 작전을 펴기 시작했다 Ils se sont lancés dans une entreprise d'apaisement des gens. ¶ 그들은 협박과 ~를 번갈아 가면서 사람들을 설득하려고 했다 Ils tentèrent tantôt les menaces tantôt les flatteries pour convaincre les gens. ◇**_(를) 하다** apaiser, assoupir, calmer. ¶ 그들은 나를 ~하려고 별별 수단을 다 썼다 Ils ont essayé de m'apaiser par tous les moyens. ◇**_(가) 되다** être apaisé(*e*).

◆**_책** -策 명 mesure *f* d'apaisement. ¶ ~책을 쓰다 prendre des mesures d'apaisement.

회유[2] **回游** 명 migration *f* ((des saumons)). ¶ 연어의 ~ 시기 période de migration des saumons. ◇**_(를) 하다** migrer.

회의[1] **會議** 명 ((집회, 대회)) assemblée *f*, conférence *f*; ((회합)) réunion *f*; ((협의회)) conseil *m* ((des ministres, économique)); ((외교, 학술의)) congrès *m*; meeting *m*; séance *f*. ¶ 가족 ~ une réunion familiale. ¶ ~를 열다 organiser une réunion; ouvrir une séance ((du Parlement)). ¶ ~를 소집하다 convoquer une assemblée. ¶ 무엇을 ~에서 결정하다 mettre *qc* en délibération. ◇**_(를) 하다** être en réunion. ¶ 직원들과 ~하다 être en réunion avec les employés.

◆**_록** -錄 명 procès-verbal *m* d'une séance.

◆**_소** -所 명 salle *f* réservée aux réunions; salle *f* [lieu(*x*) *m*] de réunion.

◆**_실** -室 명 salle *f* de réunion [conférence].

◆**_장** -場 명 salle *f* [lieu(*x*) *m*] de réunion.

회의[2] **懷疑** 명 doute *m*; scepticisme *m*, incrédulité *f*. ¶ 삶에 ~를 느끼다 avoir des doutes sur la vie. ¶ 그의 진실성에 대해 ~를 품다 avoir un doute sur la sincérité de ses sentiments. ¶ 올바른 선택인가 하는 ~에 빠지다 être dans le doute sur un choix. ◇**_(를) 하다** douter. ¶ 지나온 삶을 ~하다 douter de la vie passée. ¶ 역사에 대해 ~하다 douter de l'histoire.

◆**_적** -的 명관 douteux(*se*); sceptique. ¶ ~적인 의견[태도] un avis [une attitude] sceptique. ¶ 그는 자신의 성공 가능성에 대해 ~적이다 Il est sceptique sur sa réussite.

◆**_감** -感 명 doute *m* sceptique. ¶ 자신의 능력에 대한 ~감을 갖다[느끼다] être sceptique sur *sa* capacité.

◆**_론** -論 명 scepticisme *m*.

◆**_주의** -主義 명 scepticisme *m*.

◆**_주의자** -主義者 명 sceptique *mf*.

회자 膾炙 명 ① 회와 구운 고기 poisson *m* cru et viande *f* grillée. ② 칭찬 popularité *f*. ◇**_(가) 되다** être dans toutes les bouches, être sur toutes les lèvres. ¶ 그 사람의 성공은 인구에 ~되었다 Son succès était dans toutes les bouches. ¶ 그 때 일이 아직도 ~되고 있다 Cette affaire-là est encore dans toutes les bouches.

회자정리 會者定離 명 Ceux qui sont unis finissent toujours par se séparer.

회장[1] **會長** 명 ① 모임 대표 président(*e*). ¶ 동창회 ~ président(*e*) de l'association des anciens élèves. ¶ 그 여자는 3년간 이 단체의 ~을 역임했다 Elle a été la présidente de cette association pendant trois ans. ¶ 청년회 ~으로 선출되다 être élu(*e*) président(*e*) de l'association des jeunes. ② ((회사의)) président(*e*), chef *m*. ¶ 그는 대기업의 ~이다 Il est président d'une grande entreprise / Il est chef d'entreprise.

◆**_단** -團 명 assemblée *f* [rassemblement *m*] au sommet de l'entreprise ((réunissant le président et le(s) vice-président(s))). ¶ 전경련 ~단 회의 une réunion des présidents de l'association nationale des entrepreneurs.

회장[2] **會場** 명 salon *m* [salle *f*, lieu(*x*) *m*] de réunion. ¶ 출판기념회 ~ lieu de la réception donnée pour la parution d'un ouvrage.

회장저고리 回裝- 명 veste *f* traditionnelle ((aux poignets colorés)). ¶ 빨간색 끝동을 댄 ~를 입은 그 여자의 모습은 단아했다 Elle était élégante vêtue d'une veste traditionnelle aux poignets rouges.

회전[1] **回轉** 명 ① ((축을 중심으로)) tour *m*. ¶ 공중 3~ triple saut. ② ((방향을 바꿈)) virage *m*. ③ 【경제】 roulement *m* des capitaux; fonds *mpl* de roulement. ¶ 자금 ~이 원활하지 못하다 Il n'y a pas assez de fonds de roulement. ④ 【수학】 rotation *f*. ⑤ 【물리】 rotation *f*. ◇**_(을) 하다** ① faire un tour, tourner; tournoyer. ¶ 헬리콥터가 공중에서 빙빙 ~하더니 추락하고 말았다 L'hélicoptère a fini par s'écraser au sol après avoir tournoyé. ② tourner, virer. ◇**_(이) 되다** circuler. ¶ 자금이 원활하게 ~되지 않는다 L'argent ne circule pas bien.

◆**_력** -力 명 【물리】 force *f* rotatrice.

◆**_율** -率 명 taux *m* de rotation.

◆_음 -音 명 son *m* rotatif.

◆_체 -體 명 corps *m* de révolution.

◆_각 -角 명 【수학】 angle *m* de rotation.

◆_목마 -木馬 명 manège *m* de chevaux de bois. ¶ ~목마를 타다 faire un tour de manège.

◆_문 -門 명 porte *f* tournante. ¶ ~문에 발을 다쳤다 Je me suis blessé le pied dans la porte tournante.

◆_의자 -椅子 명 chaise *f* tournante.

◆_축 -軸 명 axe *m* de rotation.

◆우[좌]_ 右[左]- 명 (action de) tourner [virer] à droite [à gauche]; virage *m* à droite [à gauche]. ¶ 우~ 금지 표지판 un panneau qui signale une interdiction de tourner à droite. ¶ 사거리에서 좌~ 하세요 Tournez [Virez] à gauche au carrefour.

회전² 回戰 의명 tour *m*, *round m*. ¶ 지금 3~ 경기가 진행되고 있다 Maintenant nous sommes au troisième round.

회중 會衆 명 affluence *f*, foule *f*, monde *m*. ¶ ~의 반응을 살피다 observer la réaction de la foule. ¶ ~을 둘러보다 regarder autour de la foule.

회중시계 懷中時計 명 montre *f* de gousset [poche]. ¶ ~를 몸에 지니고 다니다 porter sur lui une montre de gousset.

회중전등 懷中電燈 명 lampe *f* de poche.

회지 會誌 명 bulletin *m*, communiqué *m*; revue *f*. ¶ 불문학회 ~ revue de l'association de littérature française. ¶ ~를 발간하다 éditer une revue. ¶ 글을 ~에 싣다 faire publier un article dans une revue.

회진 回診 명 tournée *f* ((d'un médecin dans les chambres d'un hôpital)), visite *f* (du médecin). ¶ 아침 8시에 의사들의 ~이 있다 Les médecins font leur tournée des chambres à 8 heures du matin. ◇_(을) 하다[돌다] faire une tournée des chambres, visiter les malades, visiter *ses* patients (tour à tour). ¶ 의사들은 아침마다 ~을 돈다 Les médecins font leur tournée médicale tous les matins / Les médecins visitent leurs patients tous les matins.

회초리 명 verge *f*; fouet *m*, martinet *m*. ¶ 아이에게 ~를 대다 donner le fouet à un enfant. ¶ ~로 아이의 종아리를 때리다 fouetter les mollets de l'enfant.

회춘 回春 명 rajeunissement *m*. ¶ 중년남자들은 ~을 위해서라면 별별 짓을 다한다 Les hommes d'âge mûr sont prêts à tout pour rajeunir. ◇_(을) 하다 rajeunir. ¶ 그는 요즘 ~하는 기분이다 En ce moment, *il* se sent rajeunir.

회충 蛔蟲 명 【동물】 ascaride *m*, ascaris *m*. ¶ ~이 있으면 어린이들의 성장이 지연된다 L'ascaride empêche les enfants de grandir.

◆_약 -藥 명 vermifuge *m* contre l'ascaridiase [contre l'ascaridiose].

회칙 會則 명 règlement *m*, statuts *mpl*. ¶ ~을 개정하다 réviser le règlement. ¶ 이번 회의에서 ~을 정할 예정이다 On va rédiger les statuts à cette réunion.

회칠 灰漆 명 blanchiment *m* (à la chaux), échaudage *m*. ◇_(을) 하다 blanchir à la chaux, échauder.

회포 懷抱 명 cœur *m*; pensée *f*. ◇_(를) 풀다 discuter à cœur ouvert; s'épancher auprès de *qn*, s'ouvrir à *qn*, ouvrir *son* cœur [*sa* pensée] à *qn*, se confier à *qn*; donner libre cours à *ses* sentiments. ¶ 친구들과 오랜만에 만나서 ~를 풀었다 J'ai discuté à cœur ouvert avec mes amis que je n'avais pas vus depuis longtemps [depuis des lustres].

회피 回避 명 ① ((만남의)) évitement *m*, action *f* d'éviter. ¶ 정부당국자들의 계속되는 면담 ~가 비난을 받고 있다 On reproche au gouvernement d'éviter constamment les entretiens. ② ((의무의)) fuite *f*; dérobade *f*. ¶ 그러한 행동은 책임 ~라고 할 수 있다 On peut dire qu'une telle conduite revient à fuir ses responsabilités[est un véritable faux-fuyant]. ◇_(를) 하다 ① éviter; esquiver; se dérober. ¶ 나는 그 여자를 만나기를 ~하고 있다 J'évite de la rencontrer. ¶ 내가 그들을 ~하는 것은 아니다 Ce n'est pas moi qui les évite. ② éviter, esquiver, se dérober. ¶ 검찰은 이 사건에 대한 자세한 언급을 ~했다 Le ministère public a évité de raconter l'affaire en détail. ¶ 부모에 대한 부양책임을 ~해서는 안 된다 Il ne faut pas se dérober au devoir d'assurer l'entretien des parents.

◆_적 -的 명관 évasi*f*(*ve*). ¶ ~적인 태도 une attitude évasive.

회한 悔恨 명 regret *m*, remords *m*, repentir *m*. ¶ 그는 ~의 눈물을 흘렸다 Il a versé des larmes de repentir. ¶ 그 여자는 그 사건에 대해 ~을 느꼈다 Elle avait du remords pour cette affaire. ¶ 그 여자는 지난 일에 대한 ~의 감정을 우리에게 토로했다 Elle nous a exprimé franchement [ouvertement] ses regrets concernant les événements passés.

회합 會合 명 réunion *f*, assemblée *f*, rassemblement *m*. ¶ 다음 번 ~ 날짜를 정하도록 하자 Fixons la date de la prochaine réunion. ¶ 두 당의 간부들이 ~을 가지기로 하였다 Les responsables de deux partis ont décidé de tenir une réunion. ¶ 이곳이 비밀 ~ 장소이다 C'est ici que des assemblées secrètes ont lieu. ◇_(을) 하다 se réunir. ¶ 정기적으로 ~을 하다 tenir régulièrement une réunion.

회항 回航 명 ① retour *m* au point de départ. ¶ 기상 악화로 뉴욕행 여객기가 인천 공항으로 ~ 중이다 L'avion (à destination) de New York est revenu se poser à l'aéroport d'Incheon à cause du mauvais temps. ② ((여러 곳의)) navigation *f*. ◇_(을) 하다 retourner; naviguer.

회화¹ 會話 명 conversation *f*. ¶ 나는 3년 동안 프랑스어 ~를 공부했다 J'ai étudié le français oral pendant 3 ans. ¶ 그 여학생은 프랑스어 ~에 능숙하다 Cette élève parle très bien français [est très à l'aise (à l'oral) en français]. ◇_(를) 하다 causer, converser, parler. ¶ 그는 외국인과 어려움 없이 ~할 수 있다 Il peut parler sans difficulté avec un étranger. ¶ 그 남자는 영어로 ~하는 데 능숙하다 Il est très à l'aise à l'oral en anglais.

◆_체 -體 명 style *m* oral. ¶ 그 학생은 글을 ~체로 쓴다 Cet élève emploie le style oral quand il écrit.

회화² 繪畫 명 peinture *f*, tableau(*x*) *m*.

획¹ 부 ① soudain; promptement. ¶ 그 사람이 갑자기 고개를 ~ 돌려서 나는 당황했다 Il a soudainement tourné la tête, ce qui m'a surpris. ¶ 그 사람은 안색이 ~ 달라지더니 방을 나가 버렸다 Il a tout d'un coup changé de visage [de couleur] et a quitté la chambre. ② ((onomatopée qui évoque le son [le bruit] d'un coup de vent)). ¶ 바람이 ~ 불더니 촛불이 꺼졌다 Le coup de vent a éteint la bougie. ③ ((jeter)) d'un geste vif. ¶ 그 사람은 내가 준 돈을 ~ 던져 버렸다 Il a jeté d'un geste vif l'argent que je lui ai donné. ¶ 그 여자는 내 손을 ~ 뿌리치더니 나가 버렸다 Repoussant brusquement ma main, elle est sortie.

◆_ _ 부 ① vite; rapidement; promptement. ¶ 차창 밖으로 가로수가 ~~ 지나갔다 Par la fenêtre d'un train, on voit les arbres défiler rapidement. ¶ 자동차들이 위협적으로 ~~ 지나간다 Les voitures passent à une vitesse vertigineuse. ② ((onomatopée qui évoque le son [le bruit] d'un coup de vent.)) ¶ 겨울바람이 ~~ 불자 사람들은 모두 움츠리고 걸었다 Lorsque le vent d'hiver soufflait violemment, les gens ont marchaient la tête rentrée dans les épaules. ③ ((jeter)) d'un geste vif. ¶ 사람들이 도와주겠다는 제안을 ~~ 뿌리치더니 결국 그 사람은 실패하고 말았다 Après avoir rejeté les propositions d'aide de tous, il a fini par échouer. ¶ 그 남자는 돈을 ~~ 뿌리면서 다녔다 Il a gaspillé tout son argent.

획² 劃 명 trait *m*, écriture *f*. ¶ 그 남자의 글씨체는 ~이 굵고 힘이 있다 Les traits de son écriture sont gros et puissants.

*~**을 긋다** faire époque, faire date, marquer. ¶ 그 사람의 연구는 언어학사에서 한 ~을 긋는 중요한 것이다 Ses recherches font date dans l'histoire de la linguistique.

◆**_순** -順 명 ordre *m* des traits. ¶ 한자는 ~순에 따라서 써야 한다 Il faut respecter l'ordre des traits quand on écrit des caractères chinois.

획기적 劃期的 명 considérable, marquant(*e*), important(*e*), compl*et*(*ète*), tot*al*(*ale*, *aux*); ((événement)) qui fait époque [fait date]. ¶ ~인 변화가 필요한 시기이다 C'est une période qui nécessite un changement important [total]. ¶ 이 사건은 여권 신장에 있어서 ~인 사건이었다 Cet événement a fait date dans la reconnaissance des droits de la femme. ¶ 신기술의 개발은 생산성을 ~으로 높여 주었다 Les nouvelles techniques ont augmenté considérablement la productivité.

획득 獲得 명 obtention *f*, acquisition *f*. ¶ 외화 ~에 힘을 쏟다 s'efforcer de gagner des devises étrangères. ◇_(을) **하다** gagner; acquérir, obtenir. ¶ 그 직원은 상사로부터 신뢰를 ~했다 Cet employé a réussi à gagner la confiance de son supérieur. ¶ 우리나라 축구팀이 월드컵 본선 진출권을 ~했다 Notre équipe de football a atteint la phase finale de la Coupe du Monde. ◇_(이) **되다** être acquis(*e*).

◆**_물** -物 명 acquisition *f*.

획일성 劃一性 명 uniformité *f*. ¶ 사고[학교 교육]의 ~ uniformité de pensée [de l'enseignement scolaire].

획일적 劃一的 명 uniforme, monotone. ¶ 그들의 ~ 사고가 발전을 방해 한다 Leurs idées uniformes empêchent le développement. ¶ ~으로 모든 일을 처리해서는 안된다 Il ne faut pas traiter les affaires de façon uniforme.

획일화 劃一化 명 uniformisation *f*. ¶ 교육의 ~ uniformisation de l'enseignement. ◇_(를) **하다**[**시키다**] uniformiser. ¶ 국민들의 사고를 ~하다 uniformiser la pensée du peuple. ◇_(가) **되다** être uniformisé(*e*).

획정 劃定 명 démarcation *f*, délimitation *f*, limitation *f*. ¶ 개발 지구 ~ délimitation de la zone de développement. ◇_(을) **하다** délimiter, limiter. ¶ 시대를 ~하다 délimiter une époque. ◇_(이) **되다** être délimité(*e*).

획책 劃策 명 intrigue *f*, manœuvres *fpl*, menées *fpl*. ¶ 그들은 권력을 손에 쥐려는 ~을 꾸미고 있다 Ils sont en train de manœuvrer pour prendre le pouvoir. ◇_(을) **하다** cabaler {*vx*}, intriguer, manœuvrer. ¶ 그 사람이 앞장서서 이번 일을 ~하였다 Il était à la tête de ces manœuvres. ◇_(이) **되다** être manœuvré(*e*).

횟감 膾- 명 poisson *m* qui se sert cru.

횟수 回數 명 nombre *m* de fois, nombre *m*, fois *f*. ¶ 경기의 ~가 거듭될수록 우리 팀의 전력은 약해졌다 Notre équipe s'affaiblissait match après match. ¶ 부딪치는 ~가 많아질수록 그들의 사이는 더욱 나빠졌다 Leur relation empirait à mesure qu'ils se rencontraient. ¶ 우리는 점점 만나는 ~가 늘었다 Nos rendez-vous devenaient de plus en plus fréquents.

횟집 膾- 명 restaurant *m* de poisson cru.

횡 橫 명 horizontale *f*, ligne *f* horizontale; rang *m* horizontal. ¶ ~으로 열을 짓다 se disposer en lignes horizontales.

◆**_적** -的 명관 horizont*al*(*ale*, *aux*). ¶ 사람들 사이에 ~적 관계를 수립하다 établir [constituer, former] entre les gens des rapports d'égal à égal [sans notion hiérarchique].

◆**_축** -軸 명 axe *m* horizontal.

횡격막 橫膈膜 명 【의학】 diaphragme *m*.

횡단 橫斷 명 traversée *f*. ¶ 그 남자는 태평양 ~을 계획하고 있다 Il projette de faire la traversée du Pacifique. ¶ 도로의 무단 ~은 범법 행위이다 Traverser la chaussée en dehors des clous est un délit. ◇_(을) **하다** traverser, franchir, parcourir. ¶ 그 사람은 경비행기로 대서양을 ~하였다 Il a traversé l'Atlantique en avion léger.

◆**_로** -路 명 route *f* qui traverse. ¶ 대륙 ~로 route transcontinentale.

◆**_보도** -步道 명 passage *m* (pour) piétons; passage *m* clouté; ((traverser dans les)) clous *mpl*. ¶ ~보도 사고 accident sur un passage clouté. ¶ 길을 건널

때는 ~보도로 건너야 한다 Les piétons doivent emprunter le passage clouté pour traverser [doivent traverser dans les clous].

횡대 橫隊 명 rang *m* [ligne *f*] horizontal(*e*). ¶ 일렬~로 서다[정렬하다] se placer sur une ligne horizontale.

횡렬 橫列 명 rang *m* [ligne *f*] horizontal(*e*).

횡령 橫領 명 ① appropriation *f* ((du bien d'autrui)); détournement *m* ((de fonds)). ② malversation *f* ((des deniers publics)); déprédation *f*. ¶ 그 남자는 공금 ~ 혐의로 체포되었다 Il a été arrêté pour détournement de fonds publics. ◇_(을) **하다** s'approprier ((le bien d'autrui)), s'emparer de *qc*; détourner ((de l'argent, des fonds)); commettre une déprédation, faire une malversation. ¶ 그 사람은 공금을 ~한 혐의로 조사 중이다 On est en train d'enquêter sur son détournement de fonds publics. ◇_(이) **되다** être détourné(*e*). ¶ 뒤늦게서야 공금이 ~된 사실이 발견되었다 On s'est aperçu tardivement que des fonds publics avaient été détournés.

◆**_죄** -罪 명 【법률】 délit *m* de détournement de fonds, malversation *f*, déprédation *f*.

횡사 橫死 명 mort *f* violente [accidentelle]. ◇_(를) **하다** périr [mourir] de mort violente; mourir accidentellement. ¶ 객지에서 ~하다 périr de mort violente dans une région éloignée.

횡서 橫書 명 écriture *f* horizontale. ¶ 편집부는 종서를 폐지하고 ~를 쓰기로 결정하였다 Le service de rédaction a décidé de remplacer l'écriture verticale par l'écrire horizontale. ◇_(를) **하다** écrire horizontalement, écrire à l'horizontale.

횡설수설 橫說竪說 명 bafouillage *m*, ((tenir des)) propos *mpl* incohérents [insensés, absurdes, extravagants, sans queue ni tête, incompréhensibles], absurdités *fpl*, galimatias *m*, amphigouri *m* {*vx*}, ((débiter des)) inepties *fpl*; charabia *m* {*fam*}, baragouin *m* {*fam*}. ¶ 목격자들의 ~은 경찰 수사에 혼선을 빚었다 Les propos incohérents des témoins ont plongé la police dans la confusion. ◇_(을) **하다** tenir des propos incohérents [insensés, absurdes, extravagants, sans queue ni tête, incompréhensibles]; avoir un discours incohérent; bafouiller, dire n'importe quoi [des absurdités], divaguer, extravaguer, dérailler, déraisonner {*litt*}, débiter des inepties. ¶ 그는 늘상 ~한다 Il délire [divague] tout le temps. ¶ 그는 행인들 앞에서 술 취한 사람처럼 ~했다 Il a déliré devant les passants, comme s'il était ivre.

횡액 橫厄 명 malheur *m* imprévu, infortune *f*, coup *m* ((dur)), affliction *f*, fléau(*x*) *m*, catastrophe *f*, calamité *f*, désastre *m*. ¶ ~을 만나다 être victime d'un malheur, avoir [subir] un malheur; un malheur *lui* arrive, un malheur s'abat sur lui. ¶ 사람은 좋은데 어쩌다가 그런 ~을 만났을까? Comment peut-il arriver un tel malheur à une personne de cette valeur [de cette qualité, si valable]? / Comment une personne de cette qualité peut-elle être la victime d'un tel malheur?

횡재 橫財 명 aubaine *f*, profit *m* inattendu. ◇_(를) **하다** tomber sur une aubaine. ¶ 나는 뜻밖의 ~를 했다 J'ai reçu un profit inattendu.

◆**_수** -數 명 chance *f* de tomber sur une aubaine. ¶ 오늘의 나의 운세는 ~수가 있다고 했다 Ma destinée aujourd'hui était de tomber sur une aubaine.

횡포 橫暴 명 brutalité *f*, oppression *f*; despotisme *m*, tyrannie *f*. ¶ 동네 깡패들의 ~ 때문에 사람들이 마음을 졸이고 산다 Les brutalités des voyous du quartier tourmentent les gens. ¶ 공무원들의 ~로 피해를 입은 시민들이 많다 Beaucoup de gens ont souffert de la tyrannie des fonctionnaires. ◇_(를) **부리다** faire (subir) des brutalités, tyranniser, se conduire en tyran avec *qn*. ¶ 그 사람은 약한 사람들에게 ~를 부린다 Il tyrannise les plus faibles.

◆**_하다** 형 être brut*al*(*ale*, *aux*). ¶ ~한 도적의 무리 bande de voleurs brutaux [dangereux].

횡행 橫行 명 infestation *f*. ◇_(을) **하다** infester. ¶ 정치인들의 비리가 ~하고 있다 Les politiciens corrompus infestent le pays. ¶ 사회의 기강이 문란해지면서 비리공무원들이 ~하고 있다 Les fonctionnaires corrompus infestent le pays à mesure que la société est peu à peu gagnée par la zizanie.

효[1] **孝** 명 piété *f* filiale. ¶ ~는 백행의 근본이다 La piété filiale est la source de toutes les vertus. ¶ ~를 행하는 것은 유교의 근본 덕목이다 Faire ses devoirs envers ses parents est la vertu première du confucianisme.

효[2] **爻** 명 【철학】 trait *m* horizontal d'un trigramme du Livre des Changements.

효경 孝經 명 Livre *m* de la piété filiale <ouvrage renfermant l'enseignement de Confucius sur les devoirs envers les parents>.

효과 效果 명 effet *m*, résultat *m*; conséquence *f*, répercussion *f*, impact *m*, suite *f*. ¶ 약의 치료 ~ l'effet thérapeutique d'un médicament. ¶ 광고의 선전 ~ les répercussions d'une campagne publicitaire, l'impact d'une publicité. ¶ 영화의 음향 ~ le bruitage [les effets sonores] d'un film. ¶ 이 방은 음향~가 좋다[나쁘다] La salle a une bonne [mauvaise] acoustique. ¶ 일석이조의 ~를 거두다[얻다] faire d'une pierre deux coups, faire coup double. ¶ 이번 일의 파급 ~가 상상외로 크다 Cette affaire aura des répercussions plus grandes qu'on ne l'imaginait. ◇_(를) **보다** voir les effets [les fruits] de *qc*, voir *ses* efforts récompensés. ¶ 그 사람은 갖은 수단을 다 썼지만 ~를 보지 못했다 Il a employé tous les moyens en vain. ◇_(가) **나다** des effets se font sentir, ressentir les effets ((d'un médicament)); faire de l'effet [*son* effet], agir, opérer, faire effet. ¶ 한 시간은 있어야 약~가 난다 Les effets de ce médicament ne se font sentir [ne se ressentent] qu'après [qu'au bout d'une heure] une heure / On commence à ressentir les effets du médicament une heure après / Il faut (attendre) une heure pour que le médicament commence à faire son effet / Ce médicament n'agit pas avant une heure [commence à agir au bout d'une heure]. ◇_(를) **내다** produire de l'effet, avoir de l'effet, faire de l'effet [*son* effet], faire effet, être efficace, avoir de l'effet, avoir des répercussions, agir, opérer. ◇_(가) **있다** avoir de l'effet, être efficace ((pour *qc*)), être opérant(*e*), agissant(*e*), produire un effet, avoir des effets bénéfiques sur *qc*, être acti*f*(*ve*), opérer, faire effet, agir. ¶ 그 요법은 암의 치료에 상당한 ~가 있다 Ce traitement est très efficace contre le cancer. ◇_(가) **없다** être sans effet, être inefficace, rester sans effet, ne faire aucun effet, être inopérant(*e*), infructueu*x*(*se*), impuissant(*e*), inutile, stérile, vain, ((약)) rester inacti*f*(*ve*). ¶ 정부의 부동산 정책이 별 ~가 없었다 La politique immobilière [Les mesures immobilières] du gouvernement n'eut [n'eurent] que peu d'efficacité / La politique immobilière [Les mesures immobilières] du gouvernement se révéla peu efficace [se révélèrent peu efficaces].

◆**_적** -的 명관 efficace, opérant(*e*), agissant(*e*), acti*f*(*ve*). ¶ ~적인 방법을 찾다 chercher un moyen efficace. ¶ 그는 일을 ~적으로 처리하지 못한다 Il ne sait pas régler l'affaire de manière efficace. ¶ 이 약은 매우 ~적이다 Ce médicament est très efficace / Ce médicament a des effets très bénéfiques ((sur telle ou telle maladie)) / Ce médicament est très actif.

◆**_음** -音 명 【연영】 bruitage *m*.

◆**_음악** -音樂 명 【연영】 effets *mpl* (d'ambiance) produits par la musique dans un film.

효녀 孝女 명 fille *f* dévouée à *ses* parents. ¶ 그 여자는 ~라고 동네에 칭찬이 자자하다 Tout le quartier la complimente pour sa piété filiale.

효능 效能 명 effet *m*, efficacité *f*. ¶ 그 사람은 자신이 개발한 약의 ~을 입증하기 위해 노력했다 Il s'est efforcé de prouver l'efficacité de son nouveau médicament. ¶ ~이 크다[좋다] être (très) efficace, très acti*f*(*ve*) vis à vis de *qc* [avoir des effets bénéfiques]. ◇_(이) **있다**[**없다**] avoir de l'effet, être efficace ((pour *qc*)), être opérant(*e*), agissant(*e*), produire un effet, avoir des effets bénéfiques sur *qc*, être acti*f*(*ve*), opérer, faire effet, agir [être sans effet, être inefficace, rester sans effet, ne faire aucun effet, être inopérant(*e*), infructueu*x*(*se*), impuissant(*e*), inutile, stérile, vain, ((약)) rester inacti*f*(*ve*)]. ¶ 이 약은 위장병에 ~이 있다 Ce médicament est efficace sur [est actif vis à vis des, a des effets (bénéfiques) sur] les affections gastriques.

효도 孝道 명 piété *f* filiale. ¶ ~는 가장 큰 덕행이다 La piété filiale est la plus grande vertu. ◇_(를) **하다** être dévoué(*e*) à *ses* parents. ¶ 그 사람은 부모님께 ~하였다 Il a été dévoué à ses parents. ◇_(를) **받다** avoir des enfants dévoués. ¶ 그는 자식들에게 ~를 받는 것을 큰 자랑으로 여겼다 Il était très fier du dévouement de ses enfants.

효력 效力 명 ① ((약 따위의)) effet *m*. ¶ 약의 ~이 떨어졌다 Le médicament n'a plus fait effet. ¶ 이 약의 ~은 복용 후 3시간 동안 지속된다 L'effet de ce médicament dure 3 heures. ② 【법률】 effet *m*, validité *f*, vigueur *f*. ¶ ~ 정지 신청 demande de l'arrêt de l'application ((d'une loi)), demande d'annulation ((d'une loi)). ¶ 이 법은 이미 ~을 상실한 지 오래다 Ça fait déjà longtemps que cette loi n'est plus en vigueur. ¶ 이 협정이 ~을 발생하는 시기는 다음 달부터이다 C'est à partir du mois prochain que cet accord prendra effet.

효모 酵母 명 levure *f*, ferment *m*.

효모균 酵母菌 명 【식물】 saccharomyces *mpl*.

효부 孝婦 명 belle-fille *f* dévouée à *ses* beaux-parents. ¶ 그 여자는 시부모를 잘 봉양하는 ~로 소문이 자자하다 On ne parle que de son dévouement envers ses beaux-parents.

효성 孝誠 명 piété *f* filiale, dévouement *m*. ¶ 그 남자는 부모님에 대한 ~이 지극하다 Son dévouement envers ses parents est sans borne.

◆**_스럽다** 형 être dévoué(*e*) à *ses* parents. ¶ 그 아들은 부모님께 어찌나 ~스러운지 모른다 C'est un fils entièrement dévoué à ses parents. ¶ 그 딸은 부모님을 ~스럽게 봉양했다 Elle a soigné ses parents avec beaucoup de dévouement.

효소 酵素 명 【화학】 ferment *m*.

효수 梟首 명 【역사】 exposition *f* de la tête d'un criminel sur un pieu. ◇_(를) **하다**[**시키다**] exposer [faire exposer] sur un pieu la tête d'un criminel. ◇_(가) **되다** ((tête)) être exposé(*e*) sur un pieu.

효시 嚆矢 명 premi*er*(*ère*). ¶ 시몬 드 보부아르의 혁혁한 활동은 여성 해방 운동의 ~로 인정되고 있다 C'est un fait admis que le mouvement pour l'émancipation des femmes a commencé avec l'activité exceptionnelle de Simone de Beauvoir. ¶ 그 사람의 연구가 이 분야의 ~이다 Son étude a ouvert ce domaine.

효심 孝心 명 piété *f* filiale, dévouement *m* à *ses* parents. ¶ ~이 지극하다 être dévoué(*e*) à *ses* parents. ¶ 그 사람의 ~에 하늘도 감동한 듯하다 Même le ciel semble être ému par son dévouement sans borne envers ses parents.

효용 效用 명 utilité *f*, effet *m*. ¶ 모든 일을 ~만 따져서 할 수는 없다 On ne peut tenir compte que de l'utilité des choses. ◇_(이) **있다** être utile; être effecti*f*(*ve*). ¶ 도대체 그런 책이 우리에게 무슨 ~이 있단 말인가? En quoi un tel livre peut-il nous être utile?

◆**_성** -性 명 utilité *f*.

◆**_가치** -價値 명 valeur *f* utile, utilité *f*.

효율 效率 명 efficacité *f*, rendement *m*. ¶ ~이 높다[좋다, 낮다] L'efficacité est grande [bonne, mauvaise]. ¶ 수직적 상하관계는 생산 ~을 떨어뜨린다 Une hiérarchie rigide diminue le rendement de la production. ¶ 신기술은 노동의 ~을 높여 준다 Une nouvelle technique augmente l'efficacité du travail.

◆_적 -的 명관 efficace. ¶ 자원의 ~적 이용은 매우 중요하다 Il est très important d'exploiter avec efficacité les ressources. ¶ 수출을 증대할 만한 ~적인 방안을 모색 중이다 On cherche un moyen efficace pour rendre les exportations actives. ¶ 그는 매사를 ~적으로 처리한다 Il traite chaque affaire avec efficacité.

◆_성 -性 명 efficacité *f.*

◆열_ 熱- 명 rendement *m* thermodynamique.

효자 孝子 명 fils *m* dévoué à *ses* parents. ¶ 그 아들은 이름난 ~였다 C'était un fils connu pour son dévouement envers ses parents.

효행 孝行 명 acte *m* de piété filiale. ¶ 그 남자는 극진한 ~으로 표창을 받았다 Il a été récompensé pour les soins qu'il a donnés à ses parents avec beaucoup de dévouement.

◆_상 -賞 명 prix *m* pour les enfants dévoués à leurs parents.

효험 效驗 명 effet *m*. ¶ 이 약은 3일만 지나면 ~을 나타낼 것이다 Ce remède fera son effet dans trois jours. ◇_(을) **보다** faire *son* effet, agir, opérer. ¶ 나는 이 약을 쓰고 꽤 ~을 보았다 Ce remède m'a fait beaucoup d'effet. ◇_(이) **있다[없다]** faire effet [être sans effet]. ¶ 약을 오랫동안 먹었는데도 ~이 전혀 없었다 Bien que j'aie longtemps pris ce médicament, il ne m'a fait aucun effet.

후[1] 부 ((onomatopée qui évoque un son [bruit] de souffle)). ¶ 그 남자는 담배 연기를 ~하고 내뿜었다 Il a soufflé la fumée de cigarette avec bruit. ¶ 그 여자는 한숨을 ~ 내쉬었다 Elle a poussé un soupir profond.

후[2] 감 Pfiou! Ah! ((onomatopée exprimant un soupir ou un souffle)). ¶ ~, 이 많은 일을 언제 다하지? Ah, quand est-ce que je vais finir tout ça?

후[3] **後** 명 ① ((지금부터)) dans+수표현. ¶ 이틀 ~에 다시 보자 On se retrouve dans deux jours. ¶ 잠시 ~(에) dans un instant. ¶ 일주일 ~에는 드디어 방학이다 Encore une semaine et nous serons en vacances / Les vacances commencent dans une semaine. ¶ 지금부터 10년 ~에 누가 더 잘 돼 있는지 한번 보자 On verra qui aura plus de succès d'ici 10 ans. ② ((기준시점 이후)) 수표현+après, 수표현+plus tard; 수표현+après[plus tard]+N; après+N; depuis+수표현; depuis+N. ¶ 언니는 사흘 ~에 다시 오겠다고 말하고 돌아갔다 Ma soeur est partie après avoir dit qu'elle reviendrait trois jours après [plus tard]. ¶ 그로부터 1주일 ~에 모임이 있을 것이다 Il y aura une réunion une semaine plus tard. ¶ 그 ~에 après cela. ¶ 그 ~ 한 달이 지났다 Un mois est déjà passé depuis. ¶ 그는 잠시 ~(에) 돌아왔다 est revenu un instant après. ¶ 행사가 끝난 ~(에) 사석에서 그 사람과 인사를 나누었다 A la fin de la cérémonie, j'ai eu l'occasion de le saluer en privé. ¶ 그 일이 있은 ~ 그 사람은 가족들과도 등지고 살았다 Depuis cette affaire, il a vécu en coupant les ponts avec [en tournant le dos à, en ignorant] sa famille. ¶ 대통령이 암살된 ~ 집집마다 조기가 게양되었다 À la suite de l'assassinat du président de la République, le drapeau a été mis en berne partout dans la ville (devant chaque maison). ¶ 그 여자는 결혼한 ~ 더욱 고와졌다 Elle est devenue plus jolie depuis son mariage. ¶ 그 사람은 실직한 ~ 술타령만 한다 Il s'adonne à la boisson depuis qu'il a perdu son travail. ¶ 흐린 ~ 맑음 le soleil après les nuages. ¶ 그 사건 ~ 일주일이 지났다 Une semaine s'est passée depuis cet événement. ¶ 그가 떠난 ~ 사흘이 지나도록 소식이 없다 Cela fait déjà trois jours qu'il est parti mais on est toujours sans nouvelle. ¶ 태풍이 지나고 난 ~ après la tempête. ¶ 그 사람은 자기 이론을 발표한 ~ 아직 증명된 것은 아니라고 부언을 달았다 Après avoir présenté sa théorie, il a ajouté que celle-ci n'était pas encore prouvée. ¶ 해방 ~ après la Libération. ¶ 졸업 ~에 après *ses* études, après avoir terminé *ses* études. ¶ 목욕 ~에 수도꼭지 잠그는 것을 깜빡 잊었다. J'ai oublié de fermer le robinet après m'être baigné(*e*). ¶ 퇴근 ~에 만나자 Rendez-vous après le travail. ¶ 식사 ~에 군것질을 하지 마라 Ne mange pas de friandises après le repas. ¶ 그 ~부터 나는 그를 계속 만나왔다 Je continue de le voir depuis (lors). ¶ 수리 ~ 집이 많이 달라졌다 La maison a beaucoup changé après les travaux. ¶ 심의를 거친 ~에 결정하다 prendre une décision [décider *qc*] après une discussion. ¶ 법정은 1시간 휴정한 ~에 다시 개정되었다 L'audience a été rouverte après une heure de pause. ¶ 이 법은 공포한 날부터 20일 경과 ~ 시행한다 Cette loi entrera en vigueur vingt jours après le jour de sa promulgation. ¶ 그 친구가 돌아온 며칠 ~ quelques jours après son retour. ¶ 그는 사고 ~ 한 달이 지나도 의식을 회복하지 못했다 Il n'avait toujours pas repris connaissance un mois après l'accident. ③ ((추후)) après, plus tard. ¶ ~에 딴 소리나 하지 마라 Ne change pas d'avis après [plus tard].

후각 嗅覺 명 odorat *m*, flair *m*; olfaction *f*. ¶ 국 냄새가 내 ~을 자극했다 L'odeur de la soupe chatouillait mon odorat. ¶ 개는 ~이 예민하다 Les chiens ont du flair. ¶ 그 주방장은 ~이 매우 발달했다 Ce chef (cuisinier) a l'odorat très développé.

후견 後見 명 tutelle *f*, curatelle *f*. ◇_(을) **하다** avoir la tutelle ((de *qn*, d'un(*e*) enfant)); s'occuper ((d'un(*e*) enfant)).

◆_인 -人 명 tu*teur*(*trice*); cura*teur*(*trice*). ¶ 그 사람은 그 아이의 ~인으로서의 모든 권리를 행사했다 Il a exercé tous ses droits de tuteur de cet enfant.

후계 後繼 명 succession *f*. ¶ 왕의 ~ 순서가 아직 확정되지 못했다 L'ordre de succession du roi n'est pas encore bien établi. ¶ 왕의 병환이 깊어지자 ~

문제가 대두되었다 À mesure que l'état du roi s'aggravait, la succession était remise en question.

◆_자 -者 명 successeur *m*. ¶ 왕은 아직 ~자를 정하지 못했다 Le roi n'a pas encore choisi son successeur. ¶ 그 사람은 아들을 ~자로 삼았다 Il a désigné son fils pour successeur. ¶ 그 사람은 아직 ~자로 인정받지 못했다 Il n'est pas encore reconnu comme successeur.

후광 後光 명 auréole *f*, nimbe *m*; halo *m*; gloire *f*, prestige *m*. ¶ 누구의 ~을 등에 업고 auréolé du prestige de *qn*.

후궁 後宮 명 maîtresse *f* du roi. ¶ 황제는 수백 명의 ~을 거느렸다 Le roi avait des centaines de maîtresses.

후기[1] 後期 명 seconde moitié *f* (d'une époque), post-. ¶ 조선 ~에 들어서 dans la seconde moitié de la dynastie des Yi. ¶ 고흐는 ~ 인상파의 화가이다 Van Gogh est un peintre post-impressionniste.

◆_구조주의 -構造主義 명 【철학】 post- structuralisme *m*.

후기[2] 後記 명 postface *f*. ¶ 그 작가는 책의 말미에 ~를 붙였다 A la fin de son livre, il a fait une postface.

후끈 부 ① ((달아오름)) ((rougir)) brusquement; ((avoir le visage, les joues)) en feu. ¶ 그 여자는 그 남자를 보자 얼굴이 ~ 달아올랐다 Dès qu'elle l'a vu, le sang [le rouge] lui est monté au visage [elle a tout de suite rougi, elle a piqué un fard [un soleil]]. ② ((흥분, 긴장)) ((devenir)) très vi*f*(*ve*). ¶ 토론장의 열기가 ~ 달아올랐다 Les discussions sont devenues très vives / Les discussions se sont très vite enflammées.

◆_거리다 재 ressentir une sensation de brûlure; avoir ((les joues, le visage)) en feu; se mettre à rougir, rougir ((jusqu'aux oreilles; de honte, de colère)), s'empourprer ((de honte, de colère)), devenir écarlate [cramoisi(*e*)] ((de honte, de dépit)), devenir rouge ((comme une pivoine, une tomate, un coquelicot)), avoir ((le visage)) rougi [cramoisi, empourpré ((de colère))], avoir ((le visage, les joues)) en feu, ((visage)) être en feu;, piquer un fard [un soleil], être rouge ((de colère)); avoir le sang [le rouge] qui monte au visage; ((열로)) être brûlant(*e*) de fièvre, ((열로 이마가)) avoir ((le front)) brûlant de fièvre, se sentir brûlant(*e*) de fièvre. ¶ 불에 덴 자리가 아직도 ~거린다 Le siège de la brûlure est toujours enflammé [rouge, enflé, douloureux]. ¶ 아까 달아오른 얼굴이 아직도 ~거린다 J'ai encore le visage en feu.

◆_대다 재 être enthousiasmé(*e*). ¶ 콘서트장이 흥분과 열기로 ~댔다 La salle de concert déborde d'enthousiasme et de ferveur.

◆_하다 형 avoir chaud, faire chaud, ressentir la chaleur; sentir l'enthousiasme. ¶ 방안에 들어서자 열기가 ~했다 On a ressenti la chaleur en entrant dans la chambre. ¶ 뜨끈한 설렁탕을 먹고 나니 몸이 ~했다 Après avoir mangé un *seolleongtang* chaud, je me suis senti(*e*) réchauffé(*e*).

◆_ _ 부 ① ((se réchauffer)) tout d'un coup. ② ((devenir)) très vi*f*(*ve*). ¶ 기자회견장에 모인 사람들의 열기가 ~~ 했다 L'ambiance s'est échauffée à la conférence de presse. ¶ 방에 불을 많이 때서 ~~ 했다 La chambre est bien chauffée.

후년 後年 명 dans deux ans. ¶ ~에는 경기가 좋아질 것이다 L'activité économique ira mieux dans deux ans.

후다닥 부 précipitamment. ¶ 그 남자는 경찰을 보자마자 ~ 달아나 버렸다 Dès qu'il a vu la police, il s'est sauvé rapidement. ¶ 나는 한 시간 만에 일을 ~ 해 치우고는 퇴근해 버렸다 Après avoir fini mon travail en une heure à peine, j'ai quitté le bureau.

◆_ _ 부 à la hâte. ¶ 그 사람들은 뭐가 그리 급한지 일을 ~~ 해치워 버렸다 Ils ont bâclé le travail pour je ne sais quelle raison.

후닥닥 부 précipitamment, brusquement; à la hâte, avec précipitation, au plus vite; en hâte, en toute [en grande] hâte, promptement, rapidement, vite, sans tarder. ¶ ~ 도망가다 s'enfuir précipitamment. ¶ 숙제를 ~ 해치우다 en terminer rapidement avec *ses* devoirs, finir très rapidement *ses* devoirs.

◆_거리다[대다] 재타 s'agiter, agir en toute hâte. ¶ 문을 ~거리며 드나들다 faire un va-et-vient bruyant et incessant. ¶ ~거리며 밀린 숙제를 하다 se dépêcher de terminer les devoirs [le travail] en retard.

후대[1] 後代 명 postérité *f*, descendant *m*. ¶ 그의 작품은 ~에 길이 빛날 것이다 Ses œuvres resteront pour les générations suivantes [à venir]. ¶ 깨끗한 자연을 ~에 물려주는 것이 우리의 임무이다 C'est notre devoir de léguer une nature propre à la postérité.

후대[2] 厚待 명 hospitalité *f*. ¶ 예상치 못한 그의 ~에 나는 몸 둘 바를 몰랐다 Je ne savais que faire devant son hospitalité inattendue. ◇_(를) 하다 donner [offrir] l'hospitalité à *qn*. ¶ 그는 찾아오는 모든 손님에게 ~를 하였다 Il a offert l'hospitalité à tous ses invités. ◇_(를) 받다 recevoir l'hospitalité.

후덕하다 厚德- 형 être bon(*ne*), avoir de la bonté. ¶ 그 여자는 매우 ~하다 Elle est d'une grande bonté.

후덥지근하다 형 faire chaud et humide, faire lourd; ((le temps)) être lourd. ¶ 날이 어찌나 후덥지근한지 조금만 걸어도 땀이 났다 À peine me suis-je mis à marcher que je transpirai à cause du temps chaud et humide. ¶ 방안의 후덥지근한 공기가 나를 짜증나게 했다 La chaleur humide de la chambre m'a porté(*e*) sur les nerfs.

후두[1] 喉頭 명 【의학】 larynx *m*.

◆_염 -炎 명 laryngite *f*.

후두[2] 後頭 명 【의학】 occiput *m*.

◆_부 -部 명 occiput *m*.

후두두 부 plic, ploc ((onomatopée qui évoque un son [bruit] de gouttes qui tombent)). ¶ 빗방울이 ~ 떨어지자 모두들 뛰어갔다 Aux premières gouttes de pluie, les gens coururent se mettre à l'abri.

후두둑 부 (('후드득'의 잘못)) ☞ 후드득

후둘후둘 부 (('후들후들'의 잘못)) ☞ 후들후들

후드 영{hood} 명 capuche *f*, capuchon *m*. ¶ ~가 달린 외투 un manteau avec (une) capuche.

후드득 부 plic, ploc ((onomatopée qui évoque un son [un bruit] de gouttes qui tombent)). ¶ 차창으로 빗방울이 ~ 부딪치기 시작했다 Les gouttes de pluie ont commencé à crépiter sur la fenêtre du train. ¶ 나뭇잎에 맺혔던 빗방울이 ~ 떨어져 내렸다 Les gouttes de pluie accumulées sur les feuilles sont tombées bruyamment.

◆_**거리다** 자 pétiller; crépiter. ¶ ~거리며 불꽃이 튀어 오른다 Les flammes s'élèvent en crépitant. ¶ 굵은 빗방울이 ~거리며 떨어졌다 De grosses gouttes de pluie sont tombées.

◆_ 부 en crépitant.

후들거리다 자 frissonner; frémir; trembler; tressaillir ((de colère)). ¶ 나는 힘이 빠져서 온몸이 후들거린다 Je suis si épuisé(*e*) que je ne tiens plus debout. ¶ 나는 다리가 후들거려 한 발짝도 뗄 수가 없었다 Mes jambes tremblaient tellement que je ne pouvais plus avancer. ¶ 나는 선생님만 보면 다리가 후들거린다 Chaque fois que je vois mon professeur, les jambes m'en tremblent [j'ai les jambes qui tremblent]. ¶ 어찌나 몸이 후들거리는지 아무 말도 할 수가 없었다 Je tremblais tellement que je ne pouvais dire un mot.

후들대다 자 ☞ 후들거리다

후들후들 부 en tremblant; en frémissant; en frissonnant. ¶ 나는 온몸이 ~ 떨렸다 Tout mon corps frissonnait. ¶ 계약서에 이름을 써 넣으려는 순간 손이 ~ 떨렸다 Quand j'ai dû écrire [Au moment d'écrire] mon nom sur le contrat, ma main tremblait.

후딱 부 soudain, promptement, vivement, rapidement; facilement; ((se lever)) d'un bond. ¶ 그 사람은 일을 ~ 해치웠다 Il a terminé le travail rapidement. ¶ 어느 새 일주일이 ~ 가 버렸다 La semaine s'est écoulée en un clin d'œil / La semaine a passé très rapidement. ¶ 나는 아버지가 방안에 들어오시자 ~ 자리에서 일어났다 Je me suis levé(*e*) d'un bond quand j'ai vu mon père entrer dans la chambre.

◆_ _ 부 sans tarder. ¶ 그 사람은 무슨 일이든지 ~~ 해 치운다 Il termine toujours très rapidement ce *qu'il a à faire* [son travail]. ¶ 시간만 ~~ 잘 간다 Le temps passe comme une flèche [comme le vent] / Le temps passe très [si] vite.

후락 朽落 명 décrépitude *f*, délabrement *m*, dépérissement *m*, dégradation *f*, décoloration *f*.

◆_**하다** 형 tomber en décrépitude; tomber en ruine; se délabrer; se décolorer; déteindre, se défraîchir ((au soleil, au lavage)). ¶ 그곳은 낡고 ~한 집이었다 C'était une vieille maison en ruine.

후레자식 一子息 명 (enfant *m*) mal élevé(*e*), malappris(*e*); goujat *m*, malotru *m*, mufle *m* {*fam*}. ¶ 이런 ~ 같으니 Quel goujat! / Espèce de malappris!

후려갈기다 타 assener [asséner] un coup ((à *qn*)), frapper fort, battre violemment; ((뺨, 따귀를)) gifler *qn*, administrer [donner, flanquer {*fam*}] une bonne gifle [une gifle vigoureuse] ((à *qn*)). ¶ 선생은 제자의 따귀를 후려갈겼다 Le professeur a assené une (bonne) gifle [une gifle (vigoureuse)] à son élève.

후려내다 타 【구어】 draguer {*fam*}; séduire. ¶ 여자를 ~ séduire une femme.

후려치다 타 assener [asséner] un coup ((à *qn*)), frapper fort, battre violemment; ((뺨, 따귀를)) gifler ((*qn*)), administrer [donner, flanquer {*fam*}] une bonne gifle [une gifle vigoureuse] ((à *qn*)). ¶ 그 사람이 주먹으로 내 얼굴을 후려치는 바람에 나는 바닥에 나뒹굴었다 Il m'a donné un coup de poing dans la figure et j'ai roulé par terre / Il m'a donné un coup de poing dans la figure qui m'a fait rouler par terre. ¶ 그는 옆에 앉아 있던 사람의 뺨을 이유도 없이 후려쳤다 Il a assené une gifle à la personne assise à côté de lui, sans aucune raison précise.

후련하다 형 se sentir soulagé(*e*), se sentir libéré(*e*) ((d'un souci)). ¶ 일을 끝내고 나니 마음이 후련했다 Je suis très soulagé(*e*) d'avoir terminé[d'être venu(e) à bout de] ce travail. ¶ 할 말을 하고 나니 속이 다 후련했다 Je suis soulagé(*e*) [Je me sens libéré(*e*)] d'avoir dit ce que j'avais à (lui) dire.

◆**후련히** 부 avec soulagement. ¶ 나는 그 사람에게 사정을 ~ 털어놓았다 Je lui ai tout dit à mon grand soulagement.

후렴 後斂 명 【음악】 refrain *m*.

후루룩 부 ((onomatopée qui évoque le son [le bruit] que l'on fait en buvant une liquide bouillant)). ¶ 그 남자는 뜨거운 국을 ~ 마셔 버렸다 Il a bu bruyamment la soupe bouillante. ¶ 그 사람은 긴장이 되었는지 뜨거운 녹차를 국물 마시듯이 ~ 들이켰다 Très énervé [Très tendu], il a bu son thé vert bouillant d'un seul trait.

◆_**거리다** 자 boire avec bruit; boire bruyamment. ¶ 그 아이는 배가 몹시 고팠는지 국물까지 ~거리면서 다 마셨다 L'enfant avait tellement faim qu'il a bu bruyamment la totalité du bouillon des nouilles.

◆_**하다** 자 faire du bruit en buvant ((un liquide bouillant)), boire bruyamment ((une soupe bouillante)). ¶ 국을 그렇게 ~하면서 먹는 것은 예의에 어긋나는 행동이다 Il n'est pas poli de boire bruyamment la soupe.

◆_ _ 부 ((onomatopée qui évoque le son [le bruit] que l'on fait en buvant une soupe chaude)). ¶ 그 남자는 라면 국물을 ~~ 하면서 맛있게도 먹었다 Il s'est régalé en buvant bruyamment le bouillon des nouilles instantanées.

후리다 타 ① pousser, chasser; abattre. ¶ 나는 밥상 위에서 날아다니는 파리를 후려 쫓았다 J'ai chassé les mouches qui voltigeaient au-dessus de la table. ② 깎다 biseauter. ¶ 대패로 나무 모서리를 ~ biseauter les arêtes d'une pièce de bois avec un rabot. ③

치다 assener [asséner] un coup ((à *qn*)), frapper fort, battre violemment; ((뺨, 따귀를)) gifler ((*qn*)), administrer [donner, flanquer {*fam*}] une bonne gifle [une gifle vigoureuse] ((à *qn*)). ¶ 나는 그 남자의 뺨을 후렸다 Je lui ai donné [administré, flanqué {*fam*}] une bonne gifle [une gifle vigoureuse]. ¶ 매서운 칼바람이 뺨을 후린다 Un vent glacial me gifle les joues. ④ 슬쩍 가지다 s'approprier. ¶ 그는 이웃 사람들의 재물을 후려 먹으면서 산다 Il vit en s'appropriant le bien de ses voisins. ⑤ 유혹하다 charmer [ravir, séduire] *qn*. ¶ 그 남자는 친구의 여동생을 후려냈다 Il a séduit la petite sœur de son ami. ⑥ 속이다 tromper *qn*. ¶ 그 사람은 어리숙한 사람들만 골라 후리고 다닌다 Il ne trompe que les personnes naïves.

후면 後面 명 derrière *m* ((de la tête)); arrière *m*; face *f* postérieure. ¶ 그 건물의 ~에 derrière ce bâtiment

후문[1] 後門 명 porte *f* de derrière; porte *f* [entrée *f*] de service; entrée *f* secondaire. ¶ 학교 ~ 쪽에 맛있는 떡볶이집이 있다 À l'école, près de l'entrée de derrière, il y a une bonne gargote qui vend des *tteokbokki* [il y a un petit restau {*fam*} de délicieux *tteokbokki*]. ¶ 그 사람은 회사 ~에서 기다리겠다고 했다 Il a dit qu'il m'attendrait devant la porte de service de notre compagnie.

후문[2] 後聞 명 rumeur *f* postérieure ((à un événement)), rumeur *f* formée après-coup; nouvelle *f* tardive [qui vient après que tout soit terminé]. ¶ 그가 결국 떠났다는 ~이다 J'apprends maintenant qu'il est finalement parti.

후미 後尾 명 queue *f*; arrière *m*; poupe *f*; ((후위)) arrière-garde (~-~*s*) *f*. ¶ 행렬의 ~에 어린 아이들이 있었다 Il y avait de jeunes enfants en queue [en fin] du défilé. ¶ 그 사람은 반나절이 걸려서야 대열의 ~에 합류할 수 있었다 Il a mis une bonne demi-journée pour rejoindre la queue du peloton.

후미지다 형 ((baie, anse, crique)) être profond(*e*), renfoncé(*e*); ((lieu)) être désolé(*e*); être retiré(*e*), reculé(*e*). ¶ 그 집은 후미진 골짜기에 있었다 Cette maison se trouvait dans une vallée profonde. ¶ 이렇게 후미진 골목에서 무엇을 하려고 하느냐? Qu'est-ce que tu fais dans une ruelle aussi désolée [reculée]?

후박 厚薄 명 épaisseur *f* et minceur *f*; cordialité *f*[générosité *f*, libéralité *f*, largesse *f*] et froideur *f* [mesquinerie *f*].

*~**을 두다** être gentil(*le*) avec certains et mesquin(*e*) avec d'autres. ¶ 사람을 대할 때 ~을 두면 아무도 따르지 않는다 Si vous êtes généreux avec certains et avare avec d'autres, personne ne pourra vous donner du crédit.

후반 後半 명 seconde [dernière] moitié *f*; seconde [dernière] partie *f*. ¶ 우리 팀은 ~에 가서 역전을 했다 Nous avons repris l'avantage dans la deuxième mi-temps / Notre équipe a renversé le match dans la deuxième mi-temps. ¶ 그 사람은 삼십대 ~으로밖에 보이지 않는다 Il a l'air d'avoir seulement entre trente-cinq et quarante ans.

◆**_기** -期 명 deuxième semestre *m*; seconde moitié *f* de l'année. ¶ 올해 ~기부터 à partir de la moitié de l'année.

◆**_부** -部 명 seconde [deuxième] partie *f*; seconde moitié *f*. ¶ 경기는 ~부로 접어들면서 더욱 흥미로운 양상을 띠었다 La compétition [le match] est devenu(*e*) plus intéressante dans la deuxième mi-temps. ¶ 내가 도착했을 때는 공연이 벌써 ~부였다 Lorsque je suis arrivé(*e*), la pièce[le spectacle] en était déjà à la deuxième partie.

◆**_전** -戰 명 【운동】 seconde [deuxième] mi-temps *f*. ¶ ~전이 되자 선수들의 체력 약화가 눈에 띄었다 Dès le début de la deuxième mi-temps, les joueurs avaient l'air beaucoup moins dynamiques [avaient l'air affaiblis] / On a remarqué l'affaiblissement des joueurs à la deuxième mi-temps du match.

후발 後發 어근 démarrage *m* tardif. ¶ ~ 업체 une entreprise entrée tardivement sur le marché. ¶ 우리 회사는 이 분야의 ~ 주자이다 Notre compagnie est entrée tardivement dans ce secteur.

◆**_국** -國 명 pays *m* ayant démarré avec un handicap [ayant démarré très tardivement] dans tel ou tel secteur.

◆**_대** -隊 명 renforts *mpl*. ¶ 하루가 지나도 ~대는 도착하지 않았다 Les renforts ne sont toujours pas arrivés : ils ont déjà une journée de retard.

후방 後方 명 arrière *m*; qui est à l'arrière. ¶ 특수부대를 적의 ~에 침투시켜 교란 작전을 펴려고 한다 On envisage d'attaquer l'ennemi à revers en faisant intervenir une brigade spéciale. ¶ 그 사람은 심각한 부상 때문에 ~으로 이송되었다 Il a été évacué à l'arrière suite à une grave blessure.

◆**_근무** -勤務 명 【군사】 unités *fpl* [troupes *fpl*] de l'arrière.

후배 後輩 명 ① jeunes *mpl*; nouvelle [jeune] génération *f*. ② ((학교)) cadet(*te*); personne *f* qui entre dans le même lycée [dans la même université] plus tard que *soi*; nouv*eau*(*elle*, *eaux*) ((dans un lycée, dans une université)). ¶ 선배들의 ~를 아끼는 마음이 지극했다 L'affection portée par les aînés aux cadets (de l'école) était très forte. ¶ 우리는 선배와 ~ 사이가 돈독하다 Les anciens et nouveaux élèves sont proches. ¶ 나는 그 사람의 학교 ~이다 Je suis son cadet[sa cadette] / Je suis entré(*e*) à l'université plus tard que lui.

후벼파다 타 creuser. ¶ 콘크리트 바닥을 ~ creuser un sol en béton armé.

후보 候補 명 candidat(*e*) ((à un examen, à une élection)); aspirant(*e*) ((à un emploi, au brevet supérieur)); remplaçant(*e*) ((dans un sport)). ¶ 그 사람은 위원장 ~를 사퇴했다 Il a retiré sa candidature à l'élection du président de notre assemblée / Il s'est retiré à l'élection du président de notre assemblée. ¶ 그 사람은 국회의원 선거에 ~로 출마했다 Il s'est porté candidat aux élections législatives. ¶ 그 사람은 대통령 ~로 나섰다 Il s'est présenté candidat aux (élections) présidentielles. ¶ 이 영화가 국제영화제 대상 ~에 오른 작품이다 Ce film a été nommé au grand prix du festival international du film [du cinéma].

◆_생 -生 명 candidat(*e*); aspirant(*e*); postulant(*e*). ¶ 그 사람은 사관 ~생이다 C'est un aspirant officier.

◆_자 -者 명 candidat(*e*). ¶ 이번 경선에서는 마땅한 ~자가 없다 Il n'y a pas de candidats valables à cette élection.

◆_작 -作 명 œuvre *f* [film *m*] présenté(*e*) à un concours [à un festival]. ¶ 심사위원들은 1차적으로 ~작 다섯 편을 가려내었다 Le jury a sélectionné 5 films au premier tour. ¶ 이번에는 수상 ~작이 세 편이나 된다 Cette fois-ci, trois films [trois œuvres] ont été nommés[retenues] pour le prix.

◆_지 -地 명 site *m* [endroit *m*] choisi ((pour établir une usine)), endroit *m* proposé. ¶ 이 지역은 축구장 ~지로 선정되었다 Cet endroit a été sélectionné pour servir de terrain de football. ¶ 우리나라가 차기 올림픽 개최 ~지로 거론되고 있다 Il est question que la Corée organise les prochains Jeux olympiques d'hiver.

후불 後佛 명 payement *m* différé; payement *m* à la livraison. ¶ 나는 물건 대금을 반드시 ~로 처리한다 Je paye toujours mes marchandises à la livraison. ◇_(을) 하다 différer un payement; payer à la livraison. ¶ 공사대금을 ~하기로 하고 계약을 맺었다 Nous avons conclu le contrat avec un paiement différé pour les (frais de) travaux.

◆_제 -制 명 système *m* de payement différé.

후비다 타 ① ((귀, 코를)) creuser; se curer ((les oreilles, le nez)), se mettre les doigts dans le nez. ¶ 그는 자꾸만 귀를 후볐다 Il s'est récuré les oreilles à plusieurs reprises. ¶ 그 아이는 코를 후비는 버릇이 있다 Cet enfant a l'habitude [la fâcheuse habitude] de se mettre les doigts dans le nez [de se curer le nez]. ② ((구멍을)) ¶ 학생 중에 책상을 칼로 후비는 사람이 있다 Certains élèves gravent leur bureau avec un couteau. ③ 아프게 하다 blesser *qn*, faire de la peine à *qn*, faire souffrir *qn*. ¶ 그 사람의 독설은 내 가슴을 후볐다 Sa remarque méchante m'a profondément blessé(*e*). ¶ 그 날의 사건은 아직도 내 마음을 후벼 판다 L'incident de ce jour me fait toujours souffrir [me fait encore de la peine].

후사[1] 後事 명 avenir *m*; affaires *fpl* futures; affaires *fpl* après le décès de *qn*. ¶ 그 사람은 부하에게 ~를 부탁했다 Il a demandé à ses subalternes de s'occuper de tout après son décès[son retrait, sa retraite] / Il a confié ses affaires à ses subalternes. ¶ 모든 ~는 내가 책임을 지겠다 Je m'occuperai de tout ce qui arrivera par la suite.

후사[2] 後嗣 명 hériti*er*(*ère*); successeur *m*. ¶ 왕은 ~를 걱정한 나머지 잠도 오지 않았다 À cause de ses soucis de succession, le roi n'a pas trouvé le sommeil. ¶ 왕은 ~ 없이 죽었다 Le roi [Le souverain] est mort sans héritier.

후사[3] 厚謝 명 rémunération *f* conséquente ((d'un travail)); honoraires *mpl* importants ((d'un avocat)). ◇_(를) 하다 rémunérer grassement ((le travail de *qn*)); récompenser généreusement *qn*. ¶ 사건의 목격자에게는 ~하겠습니다 Je récompenserai généreusement [grassement] les témoins de cet accident. ¶ 잃어버린 돈을 찾아주시는 분께는 ~하겠습니다 Je récompenserai largement la personne qui trouvera mon argent.

후삼국 後三國 명 【역사】 ① ((post-Trois Royaumes, Trois Royaumes Goguryeo, Baekje et Silla)) postérieurs. ② Hu-Samguk ((Silla Unifié, post-Goguryeo ou Goguryeo postérieur et post-Baekje ou Baekje postérieur)).

후생 厚生 명 bien-être *m*. ¶ 정부는 국민의 ~ 복지에 힘을 쏟았다 Le gouvernement a fait beaucoup d'efforts pour (augmenter) le bien-être public. ¶ 직원들의 ~ 시설 확충이 시급하다 Il faut d'urgence augmenter le nombre d'installations pour améliorer le confort des employés.

후설모음 後舌母音 명 【언어】 voyelle *f* postérieure [d'arrière].

후세 後世 명 générations *fpl* futures, postérité *f*, l'autre monde *m*; l'au-delà (~-~*s*) *m*. ¶ 이 일은 ~에 길이 기억될 것이다 Les gens s'en souviendront / La postérité s'en souviendra. ¶ 그 사람의 덕행은 ~까지 전해질 것이다 Personne n'oubliera sa conduite vertueuse [sa bonne action] même dans[parmi] les générations futures.

후속 後續 명 succession *f*, suivant(*e*); qui vient après; qui suit. ¶ 정부관계자들은 이 사태에 대한 ~ 대책을 마련하느라 분주하다 Les personnes du gouvernement sont affairées à préparer les mesures consécutives à cet incident[qui font suite à cet incident]. ¶ 지금 방영되는 드라마의 ~ 작품이 아직 결정되지 못했다 Le feuilleton télévisé qui fera suite à la série actuelle[au feuilleton actuel] n'a pas été encore décidé.

◆_(이) 되다 succéder à *qn*; prendre la succession de *qn*; remplacer *qn*. ¶ 이 드라마에 ~될 다음 작품을 구상하다 élaborer le feuilleton qui remplacera celui-ci, élaborer le prochain feuilleton.

후손 後孫 명 descendant(*e*); descendance *f*, filiation *f*, postérité *f*. ¶ 그 사람은 ~들에게 재산을 물려주지 않기로 했다 Il a décidé de ne pas donner d'héritage à ses enfants. ¶ ~들이 잘 되어야 집안이 흥한다 Les descendants doivent réussir leur vie pour que la famille prospère. ¶ 그 집안은 ~이 없어서 대가 끊겼다 Cette famille n'a plus de descendants.

후송 後送 명 évacuation *f* ((vers l'arrière)); envoi *m*[expédition *f*] ultérieur(*e*). ¶ 환자의 ~이 시급하다 Il faut évacuer d'urgence les blessés / Il est urgent d'évacuer les blessés. ◇_(을) 하다 évacuer des blessés (vers l'arrière); transporter ((une armée)); envoyer *qc* après [plus tard]. ¶ 병력을 ~할 차량이 도착했다 Le véhicule qui doit évacuer les soldats est arrivé / Le camion qui doit transporter l'armée est arrivé. ◇_(이) **되다** être évacué(*e*); être transporté(*e*). ¶ 부상병들이 후방으로 ~되고 있다 Les soldats blessés sont évacués à l'arrière (du front).

◆_**차** -車 명 voiture *f* [véhicule *m*] qui évacue les blessés.

후술 後述 명 mention *f* [description *f*] ultérieure. ◇_(을) **하다** mentionner [décrire] ultérieurement; aborder plus tard ((un sujet)). ¶ 자세한 논의는 다른 논문에서 ~할 예정이다 Nous donnerons des détails ultérieurement dans d'autres travaux[dans des travaux ultérieurs] / Nous donnerons des explications en détail dans des travaux ultérieurs. ◇_(이) **되다** être mentionné(*e*) [décrit(*e*)] ultérieurement[plus tard].

후식 後食 명 dessert *m*. ¶ ~을 먹다 manger[prendre] un [le] dessert. ¶ ~으로 아이스크림을 먹다 manger[prendre] une glace comme[en] dessert.

후신 後身 명 succession *f*; remplacement *m*; transformation *f*; réorganisation *f*. ¶ 공산당의 ~ 정당 un parti (politique) né du parti communiste; un parti descendant du [qui succède au, remplaçant le] parti communiste.

후실 後室 명 seconde femme *f* de *qn*. ¶ 그 사람은 ~을 들였다 Il s'est remarié / Il a épousé une femme en secondes noces. ¶ 그 여자는 ~로 갔다[들어갔다] Elle est devenue sa seconde femme [sa seconde épouse].

후안무치 厚顔無恥 명 impudence *f*, effronterie *f*.

◆_**하다** 형 être impudent(e), effronté(e).

후예 後裔 명 descendant(*e*); descendance *f*, postérité *f*, lignée *f*. ¶ 우리는 단군의 ~로서 자긍심을 가지고 있다 Les Coréens sont fiers d'être des descendants de Dangun / Nous avons de la fierté en tant que descendants de Dangun.

후원[1] 後苑 명 jardin *m* de derrière. ¶ 궁궐의 ~은 참으로 단아한 멋이 있었다 Le jardin de derrière du palais royal [de la résidence royale] était vraiment raffiné / Le jardin de derrière du palais royal avait un charme raffiné.

후원[2] 後援 명 patronage *m*; protection *f*; appui *m*; aide *f*. ¶ 그 사람은 유력자의 ~ 하에 승승장구했다 Il a réussi toute sa carrière professionnelle avec l'appui d'une personne influente. ¶ 민간단체들의 ~으로 행사가 잘 진행되었다 L'événement s'est bien déroulé sous le patronage de différents groupes civils / L'événement s'est bien passé à l'aide des organisations civiles. ¶ 고아원이나 양로원은 경제적 ~이 절실하게 필요하다 Les orphelinats et les maisons de retraite ont (profondément, totalement) besoin de soutiens financiers. ◇_(을) **하다** patronner ((une entreprise)); protéger *qn*; accorder *son* patronage à ((une œuvre de bienfaisance)); prendre *qn/qc* sous *sa* protection. ¶ 제가 적극 ~해 드리겠습니다 Je vous soutiendrai du mieux que je pourrai. ◇_(을) **받다** se faire aider; recevoir du soutien; être soutenu(*e*). ¶ 방송사의 ~을 받아 공연을 하다 faire ((un spectacle)) avec le concours de la télévision.

◆_**금** -金 명 soutien *m* économique. ¶ 불우 이웃 돕기 ~금 de l'argent pour aider les pauvres.

◆_**자** -者 명 protec*teur*(*trice*); sponsor *m*; mécène *m*; financeur *m*; commanditaire *mf*. ¶ ~자를 찾다[만나다] chercher [rencontrer] un(*e*) protec*teur*(*trice*) [un sponsor]. ¶ 누구의 ~자가 되다 devenir le protecteur(la protectrice) [le sponsor] de *qn*.

◆_**회** -會 명 comité *m* de patronage; société *f* des amis ((d'une œuvre de charité)). ¶ 운동선수의 ~회 le comité de patronage des athlètes. ¶ 심장병 어린이를 돕기 위한 ~회 la société des amis pour l'aide aux enfants atteints d'une maladie cardiaque.

후위 後衛 명 ((군대)) arrière-garde *f*; ((스포츠의)) arrière *m*. ¶ 우리 부대는 ~를 공격 받아 전멸 지경에 이르렀다 Attaquée par l'arrière, notre armée a fini par périr.

후유 감 Ouf! ¶ ~, 힘들다 Ouf! C'est fatigant[dur]. ¶ 일을 끝내고 그 사람은 ~ 하고 한숨을 쉬었다 Il a dit "ouf" après avoir terminé le travail.

후유증 後遺症 명 séquelles *fpl* ((d'une maladie, d'une affaire)). ¶ ~을 앓다 souffrir des séquelles [des complications, des effets secondaires (chroniques)] de *qc*. ¶ 그 사람은 아직까지도 전쟁의 ~에 시달린다 Il souffre encore des séquelles de la guerre. ¶ 그 사람은 교통사고의 ~으로 거동이 불편하다 Il a du mal à bouger[à se déplacer] suite aux séquelles d'un accident de la route.

후음 喉音 명 【언어】 son *m* guttural; consonne *f* gutturale; gutturale *f*.

후의 厚意 명 cordialité *f*; bienveillance *f*; bonté *f*; gentillesse *f*. ¶ 누구의 ~에 보답하다 récompenser *qn* pour un service. ¶ 선생님께서 베풀어 주신 ~에 감사드립니다 Je vous remercie de votre cordialité [de votre gentillesse].

후인 後人 명 postérité *f*; générations *fpl* futures. ¶ 그 사람의 행적은 ~들에게 길이 기억될 것이다 Les générations futures se souviendront de ce qu'il a fait.

후일 後日 명 ① avenir *m*; un autre jour *m*; jours *mpl* à venir. ¶ ~을 기약하다 se faire une promesse pour le futur; prévoir un rendez-vous dans le futur. ¶ ~을 도모하다 faire des plans pour l'avenir, faire des projets pour l'avenir. ② plus tard; à l'avenir. ¶ ~에 만나기로 하다 décider de se revoir plus tard[une autre fois].

◆_**담** -談 명 réminiscences *fpl*; souvenir *m*; mémoire *f*; événements *mpl* postérieurs; ((사건의)) suite *f* [conséquences *fpl*, séquelles *fpl*] d'un événement. ¶ 그 사람들은 여행의 ~담을 책으로 내기로 했다 Ils ont décidé de sortir un livre sur leurs souvenirs de voyage[d'écrire un récit de leur voyage].

후임 後任 명 succession *f*; successeur *m*; hériti*er*(*ère*), continua*teur*(*trice*), remplaçant(*e*). ¶ ~을 선출하다 élire un successeur. ¶ 누구의 ~으로 오다 succéder à *qn*; remplacer *qn*; prendre la suite de *qn* dans une fonction. ¶ ~이 아직 정해지지 않았다 Son successeur n'a pas encore été nommé [désigné].

◆**_자** -者 명 successeur *m*; hériti*er*(*ère*), continua*teur*(*trice*), remplaçant(*e*).

후자 後者 명 ce dernier, cette dernière, ces derniers, ces dernières; le dernier, la dernière, les derniers, les dernières; celui-ci, celle-ci, ceux-ci, celles-ci. ¶ 전자든 ~든 빨리 선택을 해야 한다 Celui-ci ou celui-là, peu importe, il faut vite faire votre choix.

후작 侯爵 명 marquis *m*.

후조 候鳥 명 oiseau(*x*) *mpl* migrateur[de passage]. ¶ ~처럼 정처 없이 떠돌다 aller ici et là comme un oiseau migrateur. ☞ 철새

후주 後奏 명 【음악】 postlude *m*.

◆**_곡** -曲 명 postlude *m*.

후줄그레 부 d'une manière fripée [mal soignée, miteuse]. ¶ 그는 온 몸이 ~ 젖어 있었다 Il avait l'air pitoyable [lamentable, minable] avec son corps tout mouillé. ¶ 옷이 ~ 처져 있다 avoir des vêtements mal soignés.

◆**_하다** 형 être mal soigné(*e*). ¶ 옷이 ~하다 être débraillé(*e*), mal habillé(*e*), être ficelé(*e*) [fichu(*e*)] comme l'as de pique, être fagoté(*e*) [ficelé(*e*)] comme un sac, être mal fagoté [ficelé] {*fam*}; avoir l'air d'un bohémien; être sale.

후줄근하다 형 ① 늘어져 있다 être débraillé(*e*), mal habillé(*e*), être ficelé(*e*)[fichu(*e*)] comme l'as de pique, être fagoté(*e*)[ficelé(*e*)] comme un sac, être mal fagoté[ficelé] {*fam*}; avoir l'air d'un(e) bohémien(*ne*); être sale. ¶ 그 사람은 옷차림이 늘 ~ Il est toujours mal habillé / Il est toujours débraillé / Il est toujours habillé n'importe comment / Il a toujours l'air d'un bohémien. ② 기운이 없다 être sans énergie[sans force]; être abattu(*e*); être fatigué(*e*), exténué(*e*), à bout (de forces), être au bout du rouleau; être m*ou*(m*olle*), être raplapla, flagada, ramollo {*fam*}, être avachi(*e*), mollasse; être nase [naze] {*fam*}. ¶ 기분이 ~ avoir le cafard; ne pas avoir le moral; être pris(*e*) de découragement; être déprimé(*e*); ne pas aller fort. ¶ 오늘따라 몸이 ~ Aujourd'hui, je suis particulièrement abattu(*e*)[à bout de forces] / Aujourd'hui, je me sens particulièrement nase {*fam*}. ③ 습기가 많다 être humide. ¶ 비가 후줄근하게 내리고 있다 C'est une pluie tropicale. ④ 물기가 배어 있다 être trempé(*e*), en nage, (tout) en eau, en transpiration, en sueur[couvert(*e*) de sueur]. ¶ 온 몸이 땀으로 후줄근하게 젖어 있다 Je suis en nage[couvert de sueur].

◆**후줄근히** 부 sans soin, n'importe comment; mal; salement.

후지다 형 【속어】 être de mauvaise qualité, ringard(*e*); être de la camelote[de la pacotille]; être démodé(*e*), dépassé(*e*), obsolète, vi*eux*(*vieille*), désu*et*(*ète*). ¶ 물건이 너무 후져서 쓸 수가 없다 Cet objet est tellement de mauvaise qualité qu'il est inutilisable / C'est une telle camelote qu'on ne peut pas s'en servir. ¶ 옷이 너무 후져서 입고 나갈 수가 없다 Ces vêtements sont trop ringards, je ne peux pas sortir avec {*fam*} / Comme ces vêtements sont trop démodés, je ne peux pas les porter pour sortir.

후진 後進 명 ① 저발전 état *m* en voie de développement [sous-développé]; retard *m* ((d'un pays)). ¶ ~ 국가[사회] un pays [une société] en voie de développement, un pays [une société] sous-développé(*e*). ② 뒤로 감 marche *f* arrière. ¶ ~으로 차를 몰다 aller [conduire] en marche arrière. ③ 후배 jeunes *mpl*; nouveaux *mpl*. ¶ ~ 양성 une formation de jeunes. ¶ ~을 양성하다 former des jeunes[des nouveaux]. ◇**_(을) 하다** reculer, aller[rouler, reculer] en marche arrière; faire marche arrière. ¶ ~할 때에는 주위를 잘 살펴야 한다 Quand on recule, il faut être prudent / Quand on roule en marche arrière, il faut bien observer autour de *soi*. ◇**_(을) 시키다** faire reculer ((une voiture)), faire rouler ((une voiture)) en marche arrière; faire faire marche arrière ((à une voiture)). ¶ 차를 ~시키다 faire reculer [faire rouler] une voiture, faire faire marche arrière à une voiture.

◆**_적** -的 명관 arriéré(*e*). ¶ 한국의 ~적인 정치 관행 les usages[idées] politiques arriéré(*e*)s de la Corée.

◆**_성** -性 명 état *m* arriéré [retardé]; retard *m* ((industriel)). ¶ 정보 기술의 ~성 un retard en technologies de l'information. ¶ ~성을 벗어나다[탈피하다] rattraper[combler] *son* retard.

◆**_국** -國 명 pays *m* en voie de développement[sous-développé], pays *m* arriéré.

◆**_사회** -社會 명 société *f* en voie de développement, société *f* sous-développée, société *f* arriérée.

후처 後妻 명 seconde femme *f*. ¶ ~를 들이다 se marier une seconde fois, se remarier, épouser[devenir l'épouse de] *qn* en secondes noces. ¶ 그 여자는 돈 많은 노인의 ~로 들어갔다 Elle a épousé un vieillard fortuné qui voulait se remarier.

후천 後天 명 ① ((immunité)) acquis(*e*), postnatal(*e*), postérieur(*e*). ② 【종교】 monde *m* après la création du *cheondoïsme* ((religion Cheondogyo fondée en Corée du Sud par Choe Je-u en 1860)). ¶ ~ 개벽 création du *cheondoïsme* ((religion Cheondogyo fondée en Corée du Sud par Choi Je-u en 1860)).

◆**_적** -的 명관 acquis(*e*), postnatal(*e*), postérieur(*e*). ¶ 선천적으로 타고난 것보다 ~적 노력이 더 중요하다 Les efforts acquis sont plus importants que ce qui est inné. ¶ 지능지수는 ~적으로 향상될 수 있다고

한다 On dit que le quotient intellectuel [QI] peut augmenter avec l'apprentissage[l'expérience]. ¶ 그 사람의 장애는 ~적인 것이다 Son handicap est postnatal / Son handicap n'est pas congénital.

◆_성 -性 명 ((de)) nature acquise. ¶ ~성 면역결핍증 le syndrome d'immunodéficience acquise (le SIDA).

후추 명 poivre *m* (en grains).

◆_ㅅ가루 명 poivre *m* moulu, poivre *m* en poudre.

후치 後置 명 postposition *f*. ◇_(를) 하다 postposer *qc*.

◆_사 -詞 명 【언어】 postposition *f*.

◆_(적) 언어 -(的) 言語 명 langue *f* à postpositions.

후텁지근하다 형 faire lourd (et humide); faire[être] chaud et humide. ¶ 날씨가 ~ Il fait lourd (et humide) / Il fait chaud et humide / Le temps est chaud et humide. ¶ 후텁지근한 더위 une chaleur étouffante, une chaleur lourde.

후퇴 後退 명 ① recul *m* ((d'une armée, de la civilisation)), repli *m*. ¶ ~ 명령 un ordre de repli ((d'une armée)). ¶ 작전상[전략적] ~ un recul[un repli] stratégique. ¶ ~를 명하다 donner l'ordre de repli. ¶ ~를 모르다 ne pas connaître la régression; toujours progresser; ne pas cesser d'avancer. ¶ ~에 ~를 거듭하다 continuer de reculer. ② 퇴보 marche *f* arrière, recul *m*; régression *f*; rétrogression *f*; récession *f* ((économique)). ¶ 경기 ~ une récession économique. ¶ 개혁 의지의 ~ un report de la volonté de réforme. ◇_(를) 하다 ① reculer, aller[retourner] en arrière, faire marche arrière; battre en retraite. ② régresser (au stade de); reculer; diminuer. ◇_(를) 시키다 faire reculer.

◆_기 -期 명 période *f* de récession (économique).

후편[1] 後便 명 ① 뒤쪽 arrière *m*. ② 나중 편지 courrier *m* suivant; courrier *m* ultérieur. ③ 나중 차편 ((train *m*, autobus *m*)) suivant

후편[2] 後篇 명 suite *f* d'un roman; seconde[dernière] partie *f*; second[dernier] volume *m* [tome *m*] (d'un roman). ¶ 소설의 전편과 ~ le premier et second volume [tome] d'un roman.

후하다 厚- 형 ((인심이)) être généreux(*se*); ((많다)) être abondant(*e*); ((두껍다)) être épais(*se*). ¶ 그 고장은 인심이 ~ Cet endroit[Cette région, Ce pays, Cette contrée] est chaleureux[généreux] / Dans cette région, les gens sont sympathiques. ¶ 점수를 후하게 주다 noter généreusement [largement] ((*ses* élèves)).

◆후히 부 généreusement, abondamment; ((payer)) grassement; largement {*fam*}. ¶ 후히 사례하다 récompenser généreusement *qn*; bien rémunérer *qn*; payer généreusement[grassement] *qn*.

후학 後學 명 ① 후진 학자 disciple *m*; jeune chercheur *m*. ¶ ~들에게 모범이 되다 devenir un modèle[un exemple] pour *ses* disciples[élèves]. ¶ ~들에 의해 계승된 업적 des travaux ultérieurs, des travaux de recherche repris par les jeunes chercheurs. ② ((겸손)) moi; l'humble chercheur *m* que je suis. ③ instruction *f*.

후행 後行 명 suite *f* de la nouvelle mariée. ◇_(을) 하다 escorter la nouvelle mariée.

후환 後患 명 trouble *m* futur; complication *f* ultérieure; inquiétude *f* pour l'avenir, tourment *m* [souci *m*] ultérieur). ¶ ~을 없애다 supprimer *ses* inquiétudes pour l'avenir. ¶ ~이 두렵다 J'ai peur des complications futures / Les complications qui peuvent se produire me fait peur / Je crains d'avoir des problèmes ultérieurement / J'ai peur d'avoir des emmerdements par la suite {*fam*}.

◆_거리 명 objet *m* d'inquiétude pour l'avenir. ¶ 이 일이 나중에 ~거리가 될 것이다 Cela deviendra un objet d'inquiétude pour l'avenir.

후회 後悔 명 regret *m*, repentir *m*; mea-culpa *mpl*; repentance *f* {*litt*}; remords *mpl*. ¶ 때늦은 ~ des regrets tardifs. ¶ 그 사람은 ~라고는 모르는 사람이다 Il ne connaît pas les remords. ◇_(를) 하다 avoir[éprouver, ressentir] du regret, regretter ((d'être venu(*e*), ses péchés)); éprouver du remords; se mordre les doigts ((d'avoir fait *qc*)), s'en mordre les doigts; s'en vouloir; se repentir ((d'un acte, d'une faute, d'avoir commis une faute)); faire *son* mea-culpa; battre *sa* coulpe. ¶ 젊은 시절에 열심히 일하지 않은 것을 두고두고 ~하다 regretter[s'en vouloir] de ne pas avoir travaillé plus dans *sa* jeunesse. ¶ 공연히 쓸데없는 말을 했다고 ~하다 regretter d'avoir dit quelque chose d'inutile; se repentir (amèrement) d'avoir trop parlé; se mordre les doigts d'avoir dit des choses inutiles. ¶ 그 남자는 그날 일을 몹시 ~했다 Il a regretté énormément ce qui s'est passé ce jour-là[ce qu'il a fait ce jour-là]. ¶ ~할 일을 하지 않다 ne pas faire ce que l'on regretterait. ¶ 이제 와서 ~한들 무슨 소용이 있겠는가? Cela ne sert à rien maintenant de te faire des reproches / À quoi ça sert de regretter ça maintenant? ◇_(가) 되다 être regrettable de *inf*; regretter *qc*, se repentir de *qc*. ¶ 그날 행동이[그렇게 한 것이] 지금도 ~된다 Je regrette encore maintenant ce que j'ai fait l'autre jour. ◇_(가) 없다 être sans regret [sans remords], ne pas regretter. ¶ ~ 없는 삶을 살다 vivre une vie sans regret[sans remords].

◆_스럽다 형 être regrettable; être fâcheux(*se*), déplorable. ¶ 그 분께 잘못한 일이 지금까지도 ~스럽다 Je regrette encore maintenant ce que je lui ai fait [le mal que je lui ai fait].

◆_막급 -莫及 명 ce qui est fait est fait; à chose faite, point de remède. ¶ 진작 그렇게 하지 않은 것이 ~막급이다 Cela ne sert à rien maintenant de te faire des reproches / Ça ne sert à rien de regretter de ne pas avoir fait ça auparavant.

◆_막심 -莫甚 명 grand regret *m*; regret *m* cuisant. ¶ 그날 내가 왜 그랬는지 ~막심이다 Je ne comprends toujours pas [Je me demande encore] pourquoi j'ai agi ainsi ce jour-là. Je m'en voudrai toute ma vie.

후후 부 ((onomatopée qui évoque le son [le bruit] que l'on fait en soufflant sur *qc* de très chaud, de bouillant)). ¶ 나는 뜨거운 스프를 ~ 불면서 먹었다 J'ai mangé la soupe chaude en soufflant dessus.

훅 부 ① d'un trait. ¶ 그는 뜨거운 차를 단숨에 ~ 들이켰다 Il a bu sa boisson très chaude [bouillante] d'un (seul) trait [très rapidement]. ② ((souffler)) fort ((la fumée de cigarette)). ¶ 그는 담배 연기를 ~ 내뿜었다 Il a soufflé fort [puissamment] la fumée de cigarette par la bouche. ③ tout d'un coup. ¶ 창문을 열자 차가운 바람이 ~ 들어왔다 Un souffle [Un courant] d'air froid s'est engouffré lorsqu'on a ouvert la fenêtre. ¶ 악취가 코를 ~ 찔렀다 Une odeur répugnante m'a soudainement envahi les narines [a soudainement assailli mes narines]. ④ 동작이 날쌘 모양 ((s'en aller)) brusquement. ¶ 그 남자는 말도 끝나기 전에 ~ 일어서서 가 버렸다 Il s'en est allé tout d'un coup sans que j'aie eu le temps de finir ma phrase.

훈 訓 명 sens *m* ((d'un caractère chinois)). ¶ 한자의 음과 ~을 잘 익혀 두어야 한다 Il faut bien connaître la prononciation et le sens des caractères chinois.

훈계 訓戒 명 semonce *f*; remontrances *fpl*; admonestation *f*, admonition *f*. ¶ ~를 늘어놓다 faire une remontrance à *qn*; passer un savon à *qn* {*fam*}; sermonner *qn*; faire la leçon[la morale] à *qn*; chapitrer *qn*, morigéner *qn*; catéchiser; gourmander *qn*; tancer *qn*. ¶ 누구의 ~를 명심하다 tenir compte des remontrances de *qn*; ne pas oublier la leçon de *qn*. ◇_(를) **하다** adresser une semonce à *qn*; faire une remontrance à *qn*; admonester *qn*; passer un savon à *qn* {*fam*}; sermonner *qn*. ¶ 누구에게 행동을 조심하라고 ~하다 demander à *qn* de faire attention à *son* comportement en *le* grondant.

◆**_조** -調 명 ton *m* moralisant. ¶ ~조로 이야기하다 parler sur le ton du sermon, sermonner avec un ton moralisant.

훈고 訓詁 명 interprétation *f* ((d'une expression)); exégèse *f* ((des classiques)); recherche *f* ((pour trouver l'origine d'un texte)).

◆**_학** -學 명 exégèse *f*.

훈기 薰氣 명 chaleur *f* ((printanière)); douceur *f* ((du foyer)); *tendresse f*; atmosphère *f* tiède; atmosphère chaleureuse. ¶ 방안에 ~가 돈다 Dans cette pièce, il fait bon[chaud].

훈도[1] 薰陶 명 discipline *f*, instruction *f*, éducation *f*, formation *f*. ◇_(를) **하다** former *qn*, éduquer *qn*, instruire *qn*, enseigner *qn*. ◇_(가) **되다** être formé(*e*)[éduqué(*e*)] par *qn*. ◇_(를) **받다** être formé(*e*)[éduqué(*e*)] par *qn*. ¶ 엄격한 ~를 받다 recevoir une éducation stricte, être éduqué(*e*) sévèrement.

훈도[2] 訓導 명 【고제】 institu*teur*(*trice*). ¶ 그 사람은 일정 때 소학교의 ~를 했다 Il était instituteur (à l'école primaire) sous l'occupation japonaise.

훈독 訓讀 명 lecture *f* expliquée ((d'un texte écrit en caractères chinois)). ¶ 한자를 ~으로 읽다 lire des caractères chinois avec l'explication. ◇_(을) **하다** lire un texte écrit en caractères chinois en l'expliquant.

훈련 訓練 명 entraînement *m*; formation *f*, instruction *f*; stage *m*; exercice *m* ((de la mémoire)); dressage *m*. ¶ 기초 ~ un entraînement de base[basique]. ¶ 사격[유격] ~ un exercice de tir[d'attaque mobile]. ¶ 체력[전술] ~ un entraînement physique[une instruction stratégique, une instruction tactique]. ¶ 신병 ~ une instruction des jeunes recrues[des bleus, des conscrits]. ◇_(을) **하다** exercer *qn* à *qc*/*inf*; entraîner ((une équipe de football)), former ((les soldats)); dresser ((un chien)). ¶ 신병들을 ~하다 entraîner [former] des jeunes recrues. ¶ 열심히 ~하는 선수들 des athlètes qui s'entraînent dur. ◇_(이) **되다** être entraîné(*e*). ¶ 잘 ~된 병사[몸동작] un soldat[un mouvement] bien entraîné. ¶ 그 사람은 ~이 안 되어 있다 Il n'est pas bien entraîné. ◇_(을) **받다** suivre un entraînement. ¶ 체계적으로 ~을 받다 suivre un entraînement systématique. ◇_(을) **시키다** entraîner *qn*. ¶ 신입 사원들을 ~시키다 former les nouveaux employés. ¶ 신병들에게 사격을 ~시키다 entraîner au tir les nouveaux soldats.

◆**_교본** -教本 명 manuel *m* ((du soldat)); manuel *m* d'entraînement.

◆**_병** -兵 명 【군사】 jeune[nouvelle] recrue *f*; apprenti(*e*); stagiaire *mf*; conscrit *m*; bleu *m*, bleusaille *f*.

◆**_복** -服 명 blouse *f* bleue des conscrits.

◆**_생** -生 명 jeune recrue *f*; nouvelle recrue *f*; apprenti(*e*); stagiaire *mf*, conscrit *m*, bleu *m*, bleusaille *f*.

◆**_소** -所 명 camp *m* d'entraînement; terrain *m* d'exercice; école *f* pratique. ¶ 신병 ~소 un camp d'entraînement des jeunes recrues[des bleus, des conscrits]. ¶ ~소에 입소하다 ((jeune recrue)) entrer dans un camp d'entraînement; entrer à la caserne.

◆**_원** -院 명 【역사】 camp *m* d'entraînement.

◆**_장** -場 명 camp *m* d'entraînement. ¶ 사격 ~장 un champ de tir d'entraînement.

훈령 訓令 명 instructions *fpl*; directives *fpl*. ◇_(을) **하다[내리다]** donner des instructions[des directives]. ¶ 대사관에 대책을 마련하라고[마련할 것을] ~하다 instruire l'ambassade de préparer des mesures[des dispositions]. ◇_(을) **받다** recevoir des instructions[des directives]. ¶ 본국으로부터 철수하라는 ~을 받다 recevoir l'instruction d'évacuer [l'ordre d'évacuation] du poste central [du bureau principal].

훈민정음 訓民正音 명 【언어】 Hunmin-jeongeum. ① alphabet *m* coréen inventé [caractères *mpl* coréens inventés] en 1443 par le roi Sejong et les savants de l'Académie royale, notamment ceux

ㅎ

du Bureau spécialement chargé de créer un alphabet en 1443. Il a été promulgué en 1446 après trois années de test. A l'origine, il se composait de 17 consonnes de base et de 11 voyelles de base. Aujourd'hui, cet alphabet appelé *hangeul* se compose de 14 consonnes de base et de 10 voyelles de base. ② titre *m* du livre des principes structuraux de l'alphabet coréen.

훈방 訓放 명 libération *f* [mise *f* en liberté] avec un avertissement[une mise en garde]. ¶ ~ 조치 une mesure de libération avec une mise en garde. ◇_(을) **하다** renvoyer *qn* avec une réprimande[avec un avertissement, avec une mise en garde]; libérer[relâcher, laisser partir] *qn* avec une mise en garde[avec un avertissement]. ¶ 단순 시위 가담자들을 ~하다 laisser partir les participants d'une petite manifestation avec une mise en garde. ◇_(이) **되다** être libéré(*e*) [pouvoir partir] avec une mise en garde.

훈수 訓手 명 suggestion *f*; allusion *f*; insinuation *f* ((au jeu d'échecs coréens ou au jeu de *go*)). ◇_(를) **하다**[**두다**] souffler, suggérer une tactique à *qn*, aider *qn* ((au jeu d'échecs coréens ou au jeu de *go*)). ¶ 남의 일에 ~하다 intervenir dans le travail d'autrui; se mêler des affaires d'autrui. ¶ 누구에게 처세를 ~하다 indiquer [donner des conseils] à *qn* comment se comporter dans la vie ¶ 내기 바둑이니까 ~ 두지 말아라 Il y a de l'argent en jeu, alors ne te mêle pas de notre partie de go.

◆_**꾼** 명 personne *f* qui aide un autre joueur ((au jeu d'échecs coréens))

훈시 訓示 명 instruction *f*; discours *m*; allocution *f*; harangue *f*; admonition *f*; sermon *m*; leçon *f* de morale; prêchi-prêcha *m* {*fam*}. ¶ 대통령의 ~ une allocution du président [du chef de l'État]. ¶ 장황한 ~를 늘어놓다 faire de longues remontrances à *qn*; faire[prononcer] une harangue, adresser une harangue à ((un groupe de personnes)); haranguer; sermonner *qn*, prononcer une harangue [un sermon]. ¶ 정직한 사람이 되라는 선생님의 ~ un sermon d'un enseignant demandant à ses élèves de devenir des personnes honnêtes. ◇_(를) **하다** donner des instructions ((officielles)) à *qn*; haranguer ((des soldats)); faire des remontrances à *qn*; faire[prononcer] une harangue, adresser une harangue à ((un groupe de personnes)); haranguer *qn*; sermonner *qn*; prononcer une harangue[une allocution, un sermon]. ¶ 직원들에게 물품을 아껴 쓰라고 ~하다 haranguer les employés en leur demandant d'économiser les articles de bureau. ¶ 열심히 공부하라는 내용의 ~를 하다 adresser un discours aux étudiants leur demandant de travailler avez zèle [sérieusement].

훈육 訓育 명 enseignement *m*; éducation (morale) *f*; instruction *f*; discipline *f*. ¶ ~ 교사 un(*e*) enseignant(*e*), un(*e*) éduca*teur*(*trice*)). ¶ 자식들에 대한 ~ l'éducation des enfants. ◇_(을) **하다** enseigner *qc* à *qn*; éduquer ((un enfant)). ¶ 자녀를 엄하게 ~하다 éduquer sévèrement *ses* enfants. ◇_(이) **되다** être éduqué(*e*).

훈장[1] 訓長 명 instituteur *m* (du village) ((enseignant les caractères chinois)). ¶ 그는 예전에 서당 ~을 했다 Il a enseigné autrefois les caractères chinois (dans l'école du village). ¶ 그 사람은 어디서나 ~ 노릇을 하려고 든다 Il a tendance à apprendre toujours quelque chose aux gens comme s'il était (un) enseignant.

훈장[2] 勳章 명 décoration *f*; croix *f*; médaille *f*. ¶ ~을 받다 recevoir[obtenir] une décoration, se faire médailler, être décoré(*e*), être honoré(*e*) d'une médaille. ¶ ~을 주다[수여하다] remettre une décoration à *qn*, décerner [remettre] une médaille à *qn*, décorer *qn*.

훈제 燻製 명 fumage *m* ((des jambons)). ¶ ~ 연어 un saumon fumé. ◇_(를) **하다** fumer ((de la viande)), boucaner ((de la viande)).

훈증 燻蒸 명 stérilisation *f* à l'aide de la fumée chaude. ◇_(을) **하다** stériliser *qc* à la fumée chaude.

훈풍 薰風 명 brise *f* légère; vent *m* doux[léger]. ¶ 어디선가 ~이 불어 왔다 Une brise légère[Un vent léger] est venu(*e*) de je ne sais où.

훈화 訓話 명 discours *m* édifiant[moralisateur]. ¶ 누구의 ~를 듣다 écouter le discours moralisateur de *qn*. ◇_(를) **하다** faire un discours édifiant.

훈훈하다[1] 薰薰- 형 ① ((날씨가)) être chaud(*e*), dou*x*(*ce*), tempéré(*e*), tiède. ¶ 실내가 ~ La chambre est bien chaude. ¶ 훈훈한 봄볕[봄 날씨] le soleil doux du printemps[un doux temps printanier]. ② ((마음이)) être dou*x*(*ce*), chaleureu*x*(*se*). ¶ 그곳 사람들은 인심이 ~ Ce sont des gens chaleureux. ¶ 훈훈한 미소 un doux sourire, un sourire chaleureux. ¶ 그 사람의 선행은 사람들을 훈훈하게 만들었다 Son bon comportement a adouci les gens.

훈훈하다[2] 醺醺- 형 être un peu ivre[gai, gris, pompette {*fam*}], être éméché(*e*), être entre deux vins. ¶ 술을 한 잔 먹었더니 온 몸이 훈훈하게 달아올랐다 J'ai pris un verre, j'ai senti l'alcool monter petit à petit.

훌떡 부 ① 완전히 ((être chauve [nu(*e*)])) complètement [entièrement]. ¶ 그 남자는 젊은데도 벌써 이마가 ~ 벗어졌다 Il est déjà complètement chauve malgré son jeune âge. ¶ 그 사람은 술만 마시면 옷을 ~ 벗곤 한다 Il se déshabille (en public) chaque fois qu'il est soûl [chaque fois qu'il boit]. ② 빠르게 ((retourner)) complètement ((une poche)). ¶ 호주머니를 ~ 뒤집다 retourner *ses* poches. ③ 힘차게 ((franchir)) d'un seul bond. ¶ 이웃집 담을 ~ 뛰어 넘다 franchir le mur de *son* voisin d'un seul bond. ④ 남김없이 ((avaler)) rapidement et tout d'un coup, sans en laisser une miette ((dévorer *qc* sans en laisser une miette; engloutir, engouffrer {*fam*})). ¶ 그는 샌드위치를 ~ 먹어 버렸다 Il n'a fait qu'une bouchée de son sandwich / Il a englouti son sandwich / Il a dévoré son sandwich sans en laisser une miette.

◆_ _ 부 complètement, entièrement; ((dévorer *qc*)) sans en laisser une miette.

훌라후프 명{hula-hoop} 명 *hula-hop m*. ¶ ~를 돌리다 faire du *hula-hop*.

훌러덩 부 entièrement; complètement. ¶ 그는 옷을 남김없이 ~ 벗어 던졌다 Il s'est dévêtu entièrement / Il s'est déshabillé complètement / Il s'est dépouillé de tous ses vêtements / Il s'est mis dans le plus simple appareil / Il s'est mis complètement à poil {*fam*}. ¶ 그는 아무데서나 옷을 ~ 벗는다 Il se déshabille n'importe où.

훌렁 부 ① 완전히 ((être chauve [nu(*e*)])) complètement, entièrement. ¶ 그 젊은이는 벌써 이마가 ~ 벗어졌다 Ce jeune est déjà chauve [est déjà complètement dégarni]. ② ((재산을)) ((perdre)) totalement. ¶ 전 재산을 ~ 날려 버렸다 perdre toute *sa* fortune. ③ 헐겁게 ((glisser)) trop facilement. ¶ 반지가 너무 커서 ~ 빠지곤 한다 La bague est trop grande pour moi; elle glisse trop facilement (de mon doigt).

◆_하다 형 nager dans ((un pantalon)). ¶ ~했던 바지가 지금은 꽉 낀다 Le pantalon qui était autrefois trop large pour moi [dans lequel je nageais autrefois] est maintenant trop serré [étroit].

◆_ _ 부 ((se déshabiller)) complètement..

훌륭하다 형 ① être excellent(*e*), splendide, superbe, magnifique; remarquable. ¶ 훌륭한 지도자 un excellent directeur, un(*e*) enseignant(*e*) remarquable[excellent(*e*)]). ¶ 훌륭한 업적을 남기다 laisser de très bons travaux. ¶ 그 사람은 아주 훌륭하게 이번 일을 끝냈다 Il a réglé avec brio cette affaire / Il a terminé ce travail d'une façon vraiment remarquable. ② être remarquable, admirable; être parfait(*e*); être b*eau*(*belle*, *beaux*). ¶ 훌륭한 솜씨[옷차림] un talent remarquable [une tenue splendide]. ¶ 훌륭한 작품 une œuvre remarquable.

◆**훌륭히** 부 remarquablement, de façon remarquable; très bien, excellemment; formidablement. ¶ 자식을 훌륭히 키우다 élever remarquablement *ses* enfants. ¶ 어른도 하기 힘든 일을 어린아이가 훌륭히 해냈다 Cet enfant a parfaitement réussi ce que même les adultes ont du mal à faire.

훌쩍 부 ① d'un trait, d'un seul coup, cul sec {*fam*}. ¶ 그 남자는 받는 술마다 ~ 마셔 버렸다 Il a vidé d'un trait tous les verres d'alcool qu'on lui a proposés. ② snif(f) ((onomatopée qui évoque un reniflement)). ¶ 아이는 코를 ~ 들이마셨다 L'enfant a reniflé. ③ d'un seul bond. ¶ 그는 높은 절벽에서 ~ 뛰어내렸다 Il s'est jeté d'une falaise sans hésiter. ¶ 그는 말에 ~ 뛰어올랐다 Il s'est mis en selle d'un seul bond. ④ ((partir)) sans regrets. ¶ 그는 미련 없이 ~ 이곳을 떠나 버렸다 Il est parti d'ici sans regrets. ⑤ beaucoup ((grandir)). ¶ 내가 못 본 새 그 아이는 ~ 키가 커 버렸다 Ce garçon a beaucoup grandi depuis la dernière fois que je l'ai vu.

◆_거리다[대다], 이다 타 renifler sans arrêt. ¶ 아이가 코를 ~거린다 L'enfant renifle sans arrêt.

◆_ _ 부 ((pleurer)) en reniflant à plusieurs reprises. ¶ ~ 울다 pleurnicher.

훌쭉하다 형 ① être svelte, mince, élancé(*e*), délié(*e*). ② être long(*ue*) et pointu(*e*). ③ être maigre, décharné(*e*), émacié(*e*). ¶ 그 사람은 키만 훌쭉하게 크다 Il est très élancé[svelte, grand et mince].

훌훌 부 ① ((secouer la poussière de *ses* vêtements)) à plusieurs reprises. ¶ 그는 옷을 ~ 털고 일어섰다 Il s'est levé après avoir secoué ses vêtements / Il a brossé ses vêtements [enlevé les miettes de ses vêtements] puis s'est levé / Il enleva les miettes de ses vêtements puis se leva. ② ((idéophone qui évoque l'idée de se défaire de *ses* attaches)). ¶ 거추장스러운 것은 ~ 털고 한적한 삶을 영위하다 se débarrasser de toutes les affaires prenantes pour mener une vie paisible. ③ ((se déshabiller)) d'un geste rapide, rapidement. ¶ 그 사람은 옷을 ~ 벗어 던지고는 일광욕을 했다 Il s'est complètement déshabillé pour bronzer au soleil [pour prendre un bain de soleil, pour faire bronzette {*fam*}]. ④ ((avaler)) d'un seul trait, de bon appétit. ¶ 나는 국을 ~ 마셨다 J'ai avalé la soupe d'un seul trait. ⑤ à grand feu; ((brûler)) vivement ((en faisant de grandes flammes)). ¶ 장작불이 ~ 타오른다 Le bois brûle bien en libérant de grandes flammes / Le bois brûle bien en flamboyant.

훑다 타 ① égrener ((des épis de riz)); enlever, ôter, dépouiller. ¶ 벼를 ~ égrener des épis de riz. ¶ 참빗으로 서캐를 훑어 냈다 enlever des lentes avec un peigne fin. ② 씻어내다 nettoyer de fond en comble [à fond]. ¶ 구석구석의 먼지를 모두 훑어 내다 faire la poussière dans tous les coins et recoins. ③ 살피다 parcourir *qc* des yeux; ((책을)) feuilleter ((un livre)), survoler ((un article)), lire en diagonale. ¶ 그 여자는 책을 차근차근히 훑어 내려갔다 Elle a parcouru le livre sans hâte.

훑어보다 타 scruter [toiser, regarder] *qn* de la tête aux pieds; parcourir *qc* des yeux, feuilleter ((un livre)), lire en diagonale, survoler ((un article)). ¶ 그 남자는 내 머리끝부터 발끝까지 꼼꼼히 훑어보았다 Il m'a scruté(*e*) [toisé(*e*), regardé(*e*)] de la tête aux pieds. ¶ 그 사람은 서류를 찬찬히 훑어보았다 Il a examiné [épluché] le dossier minutieusement. ¶ 방안을 샅샅이 훑어보아라 Fouille la pièce de fond en comble [dans les moindres recoins] / Passe la pièce au peigne fin. ¶ 그 남자는 서류를 대충 훑어보고는 던져 버렸다 Il a parcouru des yeux les documents et puis il les a jetés.

훔쳐내다 타 essuyer. ¶ 손수건으로 눈물을 ~ essuyer *ses* larmes avec [dans] un mouchoir en tissu. ¶ 이마의 땀을 수건으로 ~ s'éponger le front; éponger

la sueur de *son* front.

훔쳐먹다 타 manger à la dérobée [en cachette, en douce]. ¶ 남의 빵을 ~ manger à la dérobée le pain de *qn*.

훔쳐보다 타 ① regarder en cachette; observer en cachette. ¶ 누군가 내 방을 훔쳐보고 있다 Quelqu'un observe ma chambre en cachette. ¶ 남의 일기장을 ~ lire le journal intime de *qn* en cachette. ② regarder à la dérobée. ¶ 옆 사람 얼굴을 ~ regarder à la dérobée le visage de *son*(*sa*) voisin(*e*).

훔치다[1] 타 éponger. ¶ 행주로 탁자를 ~ essuyer la table avec un torchon. ¶ 땀이 흐르는 이마를 ~ s'éponger le front, éponger la sueur de *son* front. ¶ 걸레로 먼지를 ~ ôter la poussière avec un chiffon. ¶ 어머니는 손수건으로 연신 눈물을 훔치셨다 Ma mère essuyait ses larmes avec [dans] un mouchoir en tissu. ¶ 그 사람은 걸레를 빨아 방을 훔쳤다 Il a lavé le chiffon avec lequel il a nettoyé la chambre. ¶ 그 여자는 휴지로 엎질러진 물을 훔쳤다 Il a épongé l'eau renversée avec du papier hygiénique.

훔치다[2] 타 ① voler, dérober, piquer {*fam*}. ¶ 상습적으로 물건을 ~ être cleptomane [kleptomane]. ¶ 그는 남의 돈을 훔친 죄로 경찰에게 잡혔다 Il a été arrêté par la police pour avoir volé de l'argent. ② ravir ((le cœur de *qn*)). ¶ 소년은 소녀의 마음을 훔쳤다 Le garçon a ravi le cœur de la fille. ③ 【야구】 voler ((un but, une base)) ((au baseball)). ¶ 1루 주자가 2루를 훔쳤다 Le coureur du premier but [de la première base] a volé le deuxième but [la deuxième base]. ☞ 도루[1]

훗날 後- 명 jour *m* suivant; un autre jour *m*; un de ces jours *mpl*[un de ces quatre {*fam*}]; plus tard. ¶ ~을 기약하다 prévoir un rendez-vous dans le futur; se faire une promesse pour le futur. ¶ 먼 ~에 다시 만나기로 하다 convenir de se rencontrer[se voir] une autre fois.

훗일 後- 명 affaire *f* postérieure; avenir *m*. ¶ ~은 알 수 없다 Personne ne connaît l'avenir. ¶ ~은 걱정하지 마라 Ne t'en fais pas pour ton avenir / Ne t'inquiète pas de ce qui t'arrivera.

훗훗하다 형 être un peu (trop) chaud(*e*). ¶ 난로의 열기에 뺨이 ~ Mes joues sont un peu chaudes à cause de la chaleur du chauffage. ¶ 술을 한 잔 했더니 목구멍이 ~ J'ai seulement bu un verre et ma gorge me brûle déjà.

훤칠하다 형 ((키)) être élancé(*e*), grand(*e*), svelte; ((얼굴)) avoir un beau visage *m*, avoir le visage *m* serein. ¶ 그 사람은 키가 ~ Il est très grand[élancé] / Il est svelte. ¶ 그 사람은 인물이 ~ Il est beau et bien bâti. ¶ 훤칠한 미남 un bel homme. ¶ 그 사람은 훤칠하게 잘 생겼다 Il est beau et bien bâti.

훤하다 형 ① 밝다 être éclairé(*e*) (faiblement). ¶ 달빛이 ~ La lune nous éclaire (faiblement). ¶ 사방이 ~ C'est bien éclairé de partout. ¶ 날이 훤하게 밝았다 Il fait grand jour / Il commence à faire jour. ¶ 가로등이 길을 훤하게 비추고 있었다 Les lampadaires éclairaient la route. ② 시원스럽다 être étendu(*e*), spacieux(*se*), vaste, large; s'étendre à perte de vue. ¶ 창문을 열자 훤하게 트인 바다가 보였다 Lorsque j'ai ouvert la fenêtre, la mer s'étendait à perte de vue (devant moi). ③ 유망하다 avoir un brillant avenir. ¶ 그 사람은 장래가 ~ Il a un brillant [bel] avenir / Il a un avenir prometteur. ¶ 그놈 행동을 보니 앞날이 ~ Vu son comportement, il aura sans doute un avenir incertain / D'après ce qu'il fait, je peux deviner que son avenir sera médiocre. ④ ((얼굴이)) avoir un beau visage, avoir le visage serein. ¶ 그 사람은 인물[신수]이 훤했다 Il était beau [La fortune lui souriait]. ¶ 얼굴 한 번 훤하게 잘 생겼다 Il a un beau visage / Il est beau / C'est un beau mec {*fam*}. ⑤ 정통하다 bien connaître *qc*; savoir[connaître] *qc* à fond[sur le bout des doigts]; être bien au courant des choses. ¶ 그 사람은 국제정세에 훤했다 Il est parfaitement au courant de la politique internationale. ¶ 이번 범행은 회사의 사정을 훤하게 아는 사람의 소행으로 추정된다 On suppose que ce délit a été commis par une personne qui connaissait parfaitement (la situation de) l'entreprise.

◆**훤히** 부 très clair; très bien; parfaitement ((connaître *qc*)) comme *sa* poche.

훨씬 부 beaucoup plus [moins], bien plus [moins], infiniment plus [moins], autrement plus [moins], tellement plus [moins]; autrement+Adj/Adv; bien, largement, de loin, de beaucoup, au bas mot, au moins, au minimum; ((시각, 나이)) ((sept heures, soixante ans)) bien ((sonné(*e*)s, révolus)). ¶ 6시가 ~ 넘었다 Il est six heures bien sonnées / Il est largement six heures / Il est (maintenant) six heures bien passées / Il est déjà six heures bien passées / Il est largement plus de 6 heures. ¶ 그 사람은 나보다 ~ 부자이다 Il est beaucoup plus [bien plus, infiniment plus] riche que moi. ¶ 공부하는[일하는] 것은 노는 것보다 ~ 좋다 C'est infiniment plus satisfaisant d'étudier que de ne rien faire [que de n'avoir que des loisirs] [C'est infiniment plus satisfaisant de travailler que d'être inactif [que d'être oisif, que de ne rien faire]]. ¶ 그 친구도 머리가 좋지만 그 친구 누나는 머리가 ~ 더 좋다 Il est intelligent, mais sa sœur l'est bien davantage encore [l'est autrement plus]. ¶ 그 사안은 그 어느 것보다 ~ 더 중대하다 Cette affaire judiciaire est beaucoup [autrement] plus importante que les autres.

훨훨 부 ① ((voler)) librement, tranquillement, paisiblement ((onomatopée caractérisant l'aspect d'un oiseau qui vole tranquillement)). ¶ 새가 ~ 하늘을 난다 L'oiseau vole avec de grands battements d'ailes. ② ((idéophone caractérisant l'aspect d'un feu qui brûle avec vigueur)). ¶ 불이 ~ 타올랐다 Les flammes s'élevaient avec vigueur [avec force] / Les flammes montaient en flamboyant. ③ ((se déshabiller)) sans (la moindre) gêne, sans manifester le moindre embarras. ¶ 그 사람은 옷을 ~ 벗어 던졌다 Il s'est déshabillé sans la moindre gêne [sans manifester le moindre embarras]. ④ librement. ¶ 나도 어디론가 ~ 떠나고 싶었다 Je voulais, moi aussi, partir quelque part librement. ⑤ vivement. ¶ 그 여자는 치마를 ~ 털고 일어섰다 Elle s'est levée en secouant vivement le pan de sa jupe.

훼방 毁謗 명 ① 비방 médisance *f*; diffamation *f*; calomnie *f*; commérage *m* {*fam*}, débinage *m*; dénigrement *m*. ② 방해 empêchement *m*, obstacle *m*, contrariété *f*, contretemps *m*; dérangement *m*. ◇_(을) **하다**[**놓다**, **치다**, **놀다**] ① médire de *qn*; diffamer *qn*; calomnier *qn*; détruire[porter atteinte à] la réputation d'autrui. ② empêcher ((l'action de *qn*)); mettre obstacle à ((la volonté de *qn*)); gêner ((la libre entreprise)). ¶ 남의 일을 ~하다 empêcher l'action de *qn*, empêcher *qn* de faire *qc*. ¶ 누구의 계획에 ~을 놓다 entraver [contrecarrer] les projets de *qn*. ¶ 중간에서 ~을 치다 mettre des bâtons dans les roues de *qn* {*fam*}. ◇_(을) **받다** être gêné(*e*); être dérangé(*e*). ¶ 소음으로 작업을[에] ~받다 être gêné(*e*)[dérangé(*e*)] dans *ses* travaux par le bruit.

◆_**꾼** 명 calomnia*teur*(*trice*); diffama*teur*(*trice*), empêcheu*r*(*se*); emmerdeu*r*(*se*), fâcheu*x*(*se*), gêneu*r*(*se*), importun(*e*), casse-pieds. ¶ 난데없는 ~꾼 un(*e*) diffamateur(*trice*) inattendu(*e*) [surpris(*e*)], un(*e*) importun(*e*) surpris(*e*), un(*e*) empêcheu*r*(*se*) [un(*e*) emmerdeu*r*(*se*)] (apparu de manière inattendue, imprévu).

훼손 毁損 명 ① endommagement *m*, dégât *m*, dégradation *f*, détérioration (de monuments); dommage *m*. ¶ 자연 환경 ~ l'endommagement de l'environnement, la détérioration [la dégradation] de l'environnement. ¶ 문화재 ~ l'endommagement des biens culturels, la détérioration du patrimoine. ② ((명예의)) diffamation *f*, calomnie *f*, médisance *f*. ¶ 명예 ~ la diffamation. ◇_(을) **하다**[**시키다**] ① endommager *qc*; détériorer [abîmer] ((une machine)); subir un dommage. ② diffamer *qn*; calomnier *qn*; médire de *qn*; porter atteinte à l'honneur [à la réputation] de *qn*. ¶ 자연을 ~하다 endommager la nature, détériorer [dégrader] la nature, abîmer la nature. ¶ 나라의 명예를 ~하다 médire d'un pays, porter atteinte à l'honneur de la patrie. ◇_(이) **되다**[(을) **당하다**] ① être endommagé(*e*), subir un dommage, être détérioré(*e*), dégradé(*e*), abîmé(*e*). ② être calomnié(*e*), diffamé(*e*), être atteint(*e*) dans *son* honneur. ¶ 명예를 ~당하다 ((명예가)) être diffamé(*e*), être atteint(*e*) dans *son* honneur. ¶ 무분별한 개발로 자연환경이 심각하게 ~되었다 L'environnement a été beaucoup abîmé par un développement à outrance. ¶ 그 사람의 명예가 크게 ~되었다 Il a été très atteint dans son honneur. ¶ ~된 회사 이미지 l'image souillée [ternie] d'une compagnie[d'une société]. ◇_**을 입다** ① être endommagé(*e*), subir un dommage, être détérioré(*e*), dégradé(*e*), abîmé(*e*). ② être calomnié(*e*), diffamé(*e*), être atteint(*e*) dans *son* honneur. ¶ 명예에 ~을 입다 être atteint(*e*) dans *son* honneur, être calomnié(*e*), diffamé(*e*).

훼절 毁節 명 trahison *f*; infidélité *f*; perfidie *f*; défection *f*; apostasie *f*. ◇_(을) **하다** changer de parti [d'opinion]; tourner casaque, retourner *sa* veste.

훼훼 부 d'un grand geste. ¶ 손을 ~ 내젓다 faire de grands signes de la main.

휑뎅그렁하다 형 être vide et désert(*e*). ¶ 관객이 빠져나간 객석은 휑뎅그렁했다 Les tribunes étaient vides après le spectacle / Une fois les spectateurs sortis, la salle était déserte. ¶ 운동장이 휑뎅그렁하니 비어 있다 Le stade est vide. ¶ 그 소식을 듣는 순간 머릿속이 휑뎅그렁하게 비는 느낌이었다 À cette nouvelle, j'avais l'impression d'avoir la tête complètement vide.

휑하다 형 être vide, désert(*e*), abandonné(*e*). ¶ 아무도 오지 않은 휑한 공터 un endroit désert, un endroit peu fréquenté. ¶ 모두들 떠나 가버린 마을은 휑하게 느껴졌다 On sent le vide dans le village déserté par ses habitants.

◆**휑하니** 부 sans rien dire, silencieusement. ¶ 그 녀석은 인사도 없이 휑하니 가버렸다 Il s'en est allé [Il est parti] sans rien dire et sans même saluer / Il a brûlé la politesse.

휘[1] 부 ① avec un sifflement. ¶ 공터에는 바람만 ~ 하니 불고 있었다 Dans le terrain vague, on n'entendait que le sifflement du vent. ② ((pousser un)) ouf. ¶ 그 사람은 한숨을 ~ 내쉬었다 Il a poussé un ouf [des oufs] de soulagement. ③ avec un sifflement. ¶ 휘파람을 ~ 불다 siffler. ④ en balayant ((un endroit)) de *son* regard. ¶ 그 사람은 방안을 ~ 둘러보더니 나가 버렸다 Son regard a balayé la chambre [Il a promené son regard dans la chambre, Il a balayé [parcouru] la chambre de son regard] puis il est sorti.

휘-[2] 접두 ((préfixe d'intensité placé devant les adjectifs ou les verbes)) ¶ ~둥그렇다 être rond(*e*), circulaire. ¶ ~감다 entourer, enrouler, entortiller. ¶ ~돌다 tourner, tournoyer, tourbillonner. ¶ ~달리다 filer à toute vitesse. ¶ ~갈기다 battre, frapper; ((글씨)) griffonner, gribouiller.

휘갈기다 타 ① gifler, flanquer {*fam*} ((une raclée)); donner des coups de fouet. ¶ 그 사람은 갑자기 내 뺨을 휘갈겼다 Il m'a brutalement flanqué une raclée. ¶ 그 사람은 채찍을 휘갈기며 동물을 학대했다 Il a maltraité les animaux en leur donnant des coups de fouet. ② griffonner; gribouiller. ¶ 글씨를 ~ griffonner; gribouiller. ¶ 그 사람은 자기 이름을 아무렇게나 휘갈겼다 Il a griffonné son nom. ¶ 휘갈

겨 쓴 메모 notes griffonnées. ③ tirer au hasard [aveuglément en toutes directions]. ¶ 탈영병이 닥치는 대로 총을 휘갈겼다 Le déserteur a tiré nerveusement au hasard [sans viser] sur tout ce qui bougeait.

휘감기다 자 ① être enroulé(*e*); s'enrouler ((autour de *qc*)). ¶ 소포는 끈으로 칭칭 휘감겨 있었다 Le colis [Le paquet] était bien [solidement] ficelé. ¶ 독사(의 꼬리)가 그의 다리에 휘감겼다 Un serpent s'est enroulé autour de ma jambe. ② s'accrocher ((à *qc*)); s'enrouler ((autour de *qc*)). ¶ 호박넝쿨이 담장에 휘감기며 자라났다 Les tiges des potirons grimpaient le long des murs / Les tiges grimpantes des potirons montaient le long des murs [s'accrochaient au mur]. ¶ 잡풀들이 발목에 휘감긴다 Les herbes sauvages s'enroulent autour de mes pieds. ¶ 건물 전체가 담쟁이 넝쿨에 휘감겨 있다 L'immeuble entier est recouvert de lierre. ③ ((분위기, 감정)) être pris(*e*); être envahi(*e*); être empoigné(*e*). ¶ 우리는 알 수 없는 고독에 휘감겨 있었다 Nous étions pris par une vague de solitude [par on ne sait quelle solitude]. ¶ 낯선 분위기에 휘감긴 채 우리는 정신을 차릴 수가 없었다 Prisonniers d'une atmosphère étrange [Victimes d'une ambiance étrange], nous avions du mal [nous n'arrivions pas] à retrouver nos esprits.

휘감다 타 ① enrouler; s'enrouler. ¶ 그 사람은 목도리를 몸에 휘감았다 Il a mis un foulard autour du cou / Il a enroulé un foulard autour du cou. ¶ 그 사람은 감기가 들었다며 담요를 휘감고 있었다 Il s'est enroulé dans les couvertures, en disant qu'il était grippé [qu'il avait la crève {*fam*}]. ¶ 그 사람은 붕대로 머리를 휘감고 있었다 Il avait un bandage à la tête. ¶ 그 여자는 온 몸을 보석으로 휘감았다 Elle est recouverte [parée] de bijoux de la tête aux pieds. ② ((자기 몸으로)) couvrir. ¶ 담쟁이 넝쿨이 그 집의 담장을 휘감고 있었다 Le lierre recouvrait le mur [grimpait le long du mur] de la maison. ③ ((주변을)) longer. ¶ 그 강은 산을 휘감아 돈다 La rivière longe le pied de la montagne. ④ ((분위기, 감정이)) régner. ¶ 묘한 분위기가 실내를 휘감았다 Une ambiance étrange [mystérieuse] régnait dans la salle. ¶ 정적이 집을 휘감고 있었다 Le silence régnait dans la maison.

휘갑치다 타 ourler, faire un ourlet. ¶ 천의 올이 풀리지 않도록 미리 휘갑쳐 두었다 J'ai fait un ourlet à cette pièce d'étoffe [de tissu] pour l'empêcher de s'effilocher.

휘날리다 자 ① ((바람에)) s'agiter [être agité(*e*)] ((au vent)), flotter [claquer] ((au vent, dans le vent)), ondoyer ((dans le vent)). ¶ 바람에 태극기가 휘날린다 Le drapeau coréen flotte [claque] au vent [ondoie dans le vent]. ¶ 깃발이 하늘에서 휘날리고 있었다 Le drapeau s'agitait dans le ciel. ② s'agiter; voler. ¶ 눈송이가 휘날렸다 Les flocons de neige volaient dans le ciel. ¶ 그 여자의 긴 머리카락이 휘날린다 Ses cheveux longs s'agitent au vent. ¶ 먼지바람이 휘날려 눈을 제대로 뜰 수가 없었다 J'avais du mal à ouvrir les yeux à cause de la poussière soulevée par le vent. ③ ((유명하다)) se faire un nom [une renommée], se faire connaître. ¶ 그 사람은 전 세계에 명성을 휘날렸다 Il s'est fait un nom [une renommée] dans le monde entier / Il s'est fait connaître dans le monde entier. ¶ 이번 수상으로 우리 학교의 명성이 전국에 휘날리게 되었다 Grâce à l'obtention de ce prix, notre école est devenue très célèbre dans tout le pays.
타 ① agiter; faire flotter. ¶ 그 남자가 흰 옷자락을 휘날리며 나타났다 Il est apparu, son costume blanc flottant au vent [ses vêtements blancs étant battus par le vent]. ¶ 바람이 나의 머리카락을 휘날린다 Le vent agite mes cheveux. ② agiter; faire flotter. ¶ 찬바람이 눈바람을 더욱 거세게 휘날린다 Le vent glacial rend plus pénible encore les bourrasques de neige. ③ se faire un nom [une renommée], se faire connaître; jouir d'une grande réputation. ¶ 이 분야에서 그 사람은 그의 이름을 휘날린다 Il jouit d'une grande réputation dans ce domaine.

휘늘어지다 자 pencher. ¶ 강변에 수양버들이 휘늘어져 있다 Les branches de saule pendent [sont penchées] au-dessus de la rivière.

휘다 자타 ① 구부러지다 se courber, fléchir, plier, ployer, céder; ((활모양으로)) s'arquer; ((널빤지 따위가)) gauchir, (*se*) gondoler, se déformer. ¶ 바람에 나뭇가지가 휘었다 Le vent a fait ployer les branches. ¶ 상다리가 휘도록 차려진 음식 un festin de roi [très riche], un repas pantagruélique [gargantuesque, très abondant, copieux] ((littéralement: un festin tel qu'il fait plier les pieds de la table)). ② 구부러뜨리다 plier ((une tige en arc)), courber ((une barre de fer)); ployer, arquer ((une pièce de fer)). ¶ 철사를 ~ courber un fil de fer. ¶ 아버지는 평생 등이 휘도록 일만 하셨다 Mon père a travaillé toute sa vie comme un bagnard / Mon père s'est épuisé toute sa vie au travail [avec un travail pénible]. ③ 의지를 꺾다 faire obéir [céder] *qn*; forcer *qn* à obéir; soumettre.

휘덮다 타 couvrir. ¶ 불이 산 전체를 휘덮었다 L'incendie a embrasé toute la montagne.

휘덮이다 자 être couvert(*e*). ¶ 사방이 최루탄 가스에 휘덮였다 Le gaz lacrymogène s'est répandu partout.

휘돌다 타 ① ((공중에서)) tourner autour de *qc*. ¶ 종이비행기가 하늘에서 휘돌다가 떨어졌다 L'avion en papier a tourbillonné [a fait quelques loopings, a fait quelques boucles] avant de tomber. ② ((공기가)) souffler. ¶ 계곡에 매서운 바람이 휘돈다 Un vent glacial souffle dans la vallée. ③ ((기운이)) régner. ¶ 술기운이 온몸에 휘돈다 Je commence à sentir les effets de l'alcool dans tout le corps. ¶ 그 집 주변에는 언제나 음산한 분위기가 휘돌았다 Une ambiance morne régnait autour de la maison. ④ 돌아가다 aller en tournant. ¶ 사람들은 골목을 휘돌아 가고 있었다 Les gens suivaient la ruelle puis tournaient. ⑤ ((무엇을 중심으로)) longer. ¶ 물줄기가 계곡을 휘돌아 내려온다 Le courant d'eau longe la vallée.

휘돌리다 타 faire tourner *qc* ((autour de *qc*)); faire de grands mouvements ((de hanche)). ¶ 손수건을 휘돌려 풀다 déplier [défaire] *son* mouchoir en tissu. ¶ 허리를 휘돌려 몸을 풀다 faire de grands mouvements de hanche pour s'échauffer. ¶ 그 사람은 팔을 휘돌리더니 돌을 던졌다 Il a fait de grands moulinets de bras avant de lancer la pierre.

휘두르다 타. ① ((칼 따위를)) brandir ((un sabre)); agiter *qc* en rond; faire des moulinets avec ((une canne)); imprimer un mouvement circulaire. ¶ 몽둥이를 ~ brandir un bâton. ¶ 그 사람은 칼을 휘둘렀다 Il brandissait son poignard. ¶ 팔을 ~ agiter les bras. ¶ 그 사람은 아무에게나 주먹을 휘둘렀다 Il donnait des coups de poing au hasard tout autour de lui. ② ((힘, 권력을)) abuser ((de *son* autorité)), outrepasser ((*ses* pouvoirs)); ((일을)) faire [agir] à *sa* guise [à *sa* fantaisie], n'en faire qu'à *sa* tête. ¶ 권력을 ~ abuser de *son* autorité, exercer un pouvoir arbitraire. ¶ 대통령의 측근들이 더욱 막강한 권세를 휘두르기 시작했다 L'entourage du président a commencé à abuser de son autorité [de son pouvoir]. ¶ 그 사람은 그 일을 제 맘대로 휘둘렀다 Il a réglé cette affaire à sa manière sans se préoccuper des autres ((il n'en a fait qu'à sa tête)). ③ ((사람을)) manipuler *qn*, gouverner *qn*, dominer *qn*; commander [mener] ((les gens, *ses* subordonnés)) à la baguette, faire marcher *qn* au doigt et à l'œil [à la baguette], mener *qn* par le bout du nez [à la baguette]. ¶ 집안을 ~ mener *sa* famille à la baguette. ¶ 약한 사람들을 ~ manipuler les gens faibles. ¶ 그 사람은 언제나 사람들을 휘두르고 싶어 한다 Il veut que tout le monde se plie à ses volontés.

휘둘러보다 타 promener *ses* regards sur *qc*. ¶ 주위를 휘둘러보았지만 아무도 없었다 Il a regardé autour de lui, mais il n'y avait personne. ¶ 그 사람은 집을 한 번 휘둘러보고 나서야 말을 꺼냈다 Il a commencé à parler après avoir promené ses regards sur la maison.

휘둘리다 자 ① être intimidé(*e*). ¶ 그 사람은 상대의 칼에 휘둘려 꼼짝할 수가 없었다 Intimidé par le poignard de son adversaire, il ne pouvait bouger [il était comme paralysé, il n'osait pas bouger]. ¶ 그 사람은 항상 아내에게 휘둘려 산다 C'est un homme dont la femme porte la culotte / C'est sa femme qui commande. ② ((힘, 권력에)) être envahi(*e*). ¶ 쓰라린 감정에 ~ être envahi(*e*) par des sentiments amers. ③ ((사람에게)) être tracassé(*e*), ennuyé(*e*), tourmenté(*e*), importuné(*e*) par *qn*. ¶ 나는 그 사람에게 어찌나 휘둘렸는지 그 사람이라면 진절머리가 난다 Il m'a tellement ennuyé(*e*) que j'en ai assez de lui. ¶ 그 사람은 주식투자 바람에 휘둘려 재산을 모두 잃었다 Il a perdu toute sa fortune, séduit par les gains faciles de la Bourse.

휘둥그래지다 자 ☞ 휘둥그레지다

휘둥그렇다 형 être rond(*e*). ¶ 휘둥그런 눈으로 바라보다 regarder avec des yeux ronds. ¶ 그 소식을 듣더니 그는 눈이 휘둥그렇게 되었다 À cette nouvelle, il a ouvert tout grand les yeux [il a ouvert de grands yeux].

휘둥그레 부 avec les yeux écarquillés, avec les yeux grand ouverts. ¶ 눈을 ~ 뜨고 쳐다보다 regarder avec les yeux écarquillés [avec les yeux grand ouverts].

휘둥그레지다 자 ouvrir de grands yeux, ouvrir grand les yeux, écarquiller les yeux, regarder avec les yeux écarquillés. ¶ 그 사람은 내 이야기를 듣더니 눈이 휘둥그레졌다 Après avoir écouté mon histoire, il avait les yeux tout écarquillés [il ouvrait grand les yeux]. ¶ 그 여자를 보자 사람들의 눈이 모두 휘둥그레졌다 En la voyant, les gens ont ouvert de grands yeux. ¶ 내가 받은 선물을 보더니 모두들 눈이 휘둥그레졌다 À la vue du cadeau que j'ai reçu, tout le monde a ouvert de grands yeux.

휘딱 부 ① rapidement. ¶ ~ 고개를 돌리다 tourner la tête rapidement. ¶ ~ 사라지다 disparaître en un clin d'œil. ② complètement. ¶ ~ 뒤집히다 se renverser complètement.

휘말다 타 enrouler. ¶ 천을 휘말아 거두다 enrouler l'étoffe. ¶ 세찬 바람이 종잇조각들을 휘말아 올린다 Un grand coup de vent a emporté les morceaux de papiers.

휘말리다 자 ① ((물살에)) être emporté(*e*) par. ¶ 배가 급류에 휘말려 난파당했다 Emporté par le courant rapide, le bateau a fini par faire naufrage. ② ((사건, 감정에)) être mêlé(*e*) à *qc*, impliqué(*e*) dans ((une affaire)); ((경멸적)) être trempé(*e*) dans ((une sale affaire)). ¶ 나는 추잡한 염문에 휘말렸다 J'ai été impliqué(*e*) dans un scandale odieux. ¶ 그 의원은 정치적 사건에 휘말렸다 Ce député s'est retrouvé mêlé à [impliqué dans] une affaire politique. ¶ 그들은 걷잡을 수 없는 불길한 예감에 휘말렸다 Un mauvais pressentiment les a envahis.

휘모리 명 【음악】 *hwimori m* <mesure à huit temps>. ¶ ~ 장단 rythme du *hwimori*. ¶ ~로 연주하다 jouer avec une mesure à huit temps.

휘몰다 타 ① presser ((*qn* de faire *qc*)), bousculer *qn*; chasser; pousser, chasser ((un troupeau)), faire galoper ((un cheval)); ((차 따위를)) faire rouler [marcher] à toute vitesse, conduire ((une voiture)) à toute allure [à toute vitesse, à une vitesse excessive]. ¶ 차를 ~ conduire à toute vitesse [à une vitesse excessive, avec une vitesse excessive, trop rapidement, comme un fou {*fam*}, à une vitesse de fou {*fam*}], rouler à grande [à toute, à pleine] vitesse [à toute allure], conduire plein pot {*fam*} [à fond la caisse {*fam*}], rouler à toute vapeur [à toute pompe, plein gaz, plein pot, à

fond (la caisse) {*fam*}, à toute blinde {*fam*}, à tout(*e*) berzingue {*fam*}, à tombeau ouvert]. ¶ 노동자들을 휘몰아 일을 끝내게 하다 presser les ouvriers à finir leur travail. ¶ 가축을 휘몰아 들이다 faire entrer le bétail. ¶ 청중을 휘몰고 다니는 가수 un chanteur qui attire les foules. ¶ 자동차가 먼지를 휘몰면서 내 곁을 지나갔다 Une voiture est passée à côté de moi en soulevant un nuage de poussière [des tourbillons de poussière]. ② ((한꺼번에)) ((faire *son* travail)) en une seule fois, d'un seul tenant. ¶ 일을 휘몰아서 하다 faire *son* travail en une seule fois [d'un seul tenant]. ¶ 그의 연설은 사람을 무아지경으로 휘몰아 들어가게 하는 듯했다 Son discours semblait captiver [subjuguer] l'auditoire.

휘몰리다 자 être poussé(*e*) par *qc*.

휘몰아치다 자 souffler avec force. ¶ 눈보라가 거세게 휘몰아친다 Des bourrasques de neige soufflent avec force. ¶ 휘몰아치는 비바람에 그들은 한 발짝도 내디딜 수가 없었다 Ils ne pouvaient pas avancer d'un pas à cause d'une forte pluie et d'un vent violent [fort, impétueux].

휘몰이 명 ☞ 휘모리

휘발 揮發 명 volatilisation *f*. ¶ ~ 성분 un composant volatile. ◇_(을) **하다** se volatiliser. ◇_(이) **되다** se volatiliser.

◆_**성** -性 명 volatilité *f*. ¶ ~성이 강한 물질 une matière très volatile.

◆_**유** -油 명 essence *f*.

휘보 彙報 명 bulletin *m*; revue *f*. ¶ ~를 발간하다 publier un bulletin.

휘어들다 자 ① être courbé(*e*); être fléchi(*e*). ¶ 길이 완만하게 휘어든다 La rue est en courbe douce. ¶ 중노동에 허리가 휘어든다 avoir le dos voûté par un travail très éprouvant (physiquement). ② 약해지다 s'entêter moins. ¶ 나이가 들면서 그의 쇠고집도 휘어들었다 Avec l'âge, il est devenu plus conciliant. ③ 방향을 틀다 changer de direction. ¶ 우리는 어느새 마을 어귀로 휘어들고 있었다 Nous étions déjà sur la voie d'accès au village. ④ ((남의 손아귀에)) tomber au pouvoir de *qn*. ¶ 분위기에 ~ être plongé(*e*) dans l'ambiance; être dans l'ambiance. ¶ 한번 그런 상황에 휘어들게 되면 누구나 정신을 차릴 수가 없을 것이다 Personne ne peut garder son sang-froid dans une telle situation.

휘어잡다 타 ① ((신체일부를)) serrer avec force. ¶ 그 사람은 다짜고짜 내 멱살을 휘어잡았다 Il m'a tout d'un coup agrippé au collet [le col]. ¶ 누구의 머리채를 ~ prendre *qn* par les cheveux, tirer les cheveux de *qn*. ② ((사람을)) commander [mener] ((les gens, *ses* subordonnés)) à la baguette, faire marcher *qn* au doigt et à l'œil [à la baguette], mener *qn* par le bout du nez [à la baguette, à la cravache], dominer *qn*; conquérir *qn*. ¶ 후배들을 ~ manipuler les plus jeunes. ¶ 그 친구는 여자들을 휘어잡는다 Il sait y faire avec les femmes. ¶ 그의 연설은 청중을 휘어잡았다 Son discours a conquis l'auditoire.

휘어지다 자 ① fléchir, ployer, plier, céder, se courber; ((활모양으로)) s'arquer; ((널빤지 따위가)) gauchir, (*se*) gondoler, se déformer. ¶ 이 철사는 너무 쉽게 휘어진다 Ce fil de fer se tord trop facilement. ¶ 열매가 어찌나 많이 열렸는지 가지가 휘어질 정도였다 Les branches ploient [fléchissent, plient] sous le poids des fruits. ② serpenter. ¶ 강줄기가 구불구불 휘어져 흐른다 La rivière serpente. ③ ((le dos)) courber. ¶ 등이 휘어질 정도로 무거운 짐을 지다 se courber sous le poids des bagages.

휘영청 부 très ((claire)). ¶ ~ 밝은 달 lune argentée. ¶ 보름달이 ~ 밝게 떠 있었다 La pleine lune brillait dans le ciel.

휘익 부 ☞ 휙

휘장[1] 揮帳 명 rideau(*x*) *m*. ¶ ~을 치다 fermer un rideau.

휘장[2] 徽章 명 insigne *m*, écusson *m*. ¶ 장군은 왼쪽 가슴에 ~을 달았다 Un général portait un écusson sur le pan gauche de sa veste.

휘적 어근 en balançant.

◆_**거리다**[**대다**] 재타 ① 뒤적이다 remuer. ¶ 젓가락으로 음식을 ~거리다 remuer des aliments du bout de *ses* baguettes. ¶ 물건들을 이것저것 ~대다 fouiller dans un amas d'objets. ② (손발을) 크게 흔들다 balancer. ¶ 그 분은 긴 다리를 ~거리며 걷는다 Il marche à grandes enjambées. ¶ ~거리며 문을 나서다 sortir en balançant les bras.

◆_ _ 부 en balançant. ¶ 그는 ~~ 앞으로 걸어 나갔다 Il s'est avancé en balançant les bras. ¶ 그는 항상 양팔을 ~~ 하면서 걷는다 Il marche toujours en balançant les bras.

휘젓다 타 ① bien mélanger; tourner, agiter, remuer (pour mélanger). ¶ 어머니는 팥죽을 계속 휘저으시면서 끓이셨다 Ma mère préparait la bouillie de haricots rouges en la remuant sans cesse [sans interruption]. ¶ 재료를 잘 휘저어야 맛이 좋다 Il faut bien mélanger les ingrédients pour obtenir un bon goût. ② ((어지럽게)) vexer; contrarier; déranger; troubler. ¶ 그 사람은 온 동네를 온통 휘젓고 다녔다 Il a vexé [troublé] tout le village. ③ 흔들어 젓다 balancer ((bras)); secouer ((tête)); agiter ((main)). ¶ 손을 ~ agiter la main. ¶ 군인들은 팔을 크게 휘저었다 Les soldats balançaient les bras. ¶ 그 사람은 고개를 휘저으면서 난감한 표정을 지었다 Il a secoué la tête d'un air très embarrassé.

휘지다 자 se sentir m*ou*(m*olle*); être languissant(*e*). ¶ 여름이 되니 기운이 빠져서 몸이 자꾸만 휘졌다 Je me sens épuisé(*e*) [accablé(*e*)] à cause de la chaleur estivale.

휘청 부 en titubant, d'un pas chancelant [mal assuré]. ¶ 가지가 ~ 휘었다 Les branches plient [ploient]. ¶ ~ 쓰러질 뻔하다 faillir tomber.

◆_**하다**[**거리다, 대다**] 자 chanceler, vaciller, tituber; ployer ((sous l'action du vent)), courber, fléchir, plier, céder; ((비유적)) être ébranlé(*e*) par. ¶ 나뭇가지가 바람에 ~거린다 Le vent fait ployer les branches des arbres. ¶ 술에 취해 ~대다 tituber [marcher d'un pas chancelant, marcher en titubant] à cause de l'alcool. ¶ 상대팀의 반격에 ~거리다 être ébranlé(*e*) par la contre-attaque de l'équipe adverse. ¶ 외환 파동으로 나라 경제가 ~한다 La crise financière ébranle l'économie nationale. ¶ 상다리가 ~하게 음식을 차리다 servir un festin de roi [très riche], servir un repas pantagruélique [gargantuesque, très abondant, copieux] ((littéralement: un festin tel qu'il fait plier les pieds de la table)).

◆_ _ 뷔 avec souplesse, en chancelant. ¶ 가지가 ~~ 흔들린다 Les branches se ploient sous la force du vent. ¶ 술에 취해 ~~ 걷다 marcher en chancelant à cause de l'alcool. ¶ ~~하면서도 넘어지지 않다 ne pas tomber malgré une démarche chancelante [titubante]. ¶ 자금 부족으로 회사가 ~~한다 L'entreprise souffre du manque de capitaux / L'entreprise souffre des difficultés financières de trésorerie.

휘청거리다 자 ① chanceler, vaciller, tituber; ployer ((sous l'action du vent)), courber, fléchir, plier, céder. ¶ 어지러워서 ~ chanceler en ayant le vertige [un étourdissement]; être pris(*e*) de vertige; avoir la tête qui tourne [avoir le tournis {*fam*}]. ② ((비유적)) être ébranlé(*e*) par; plier sous, souffrir. ¶ 회사가 재정 문제로 휘청거린다 La société souffre de problèmes financiers / La société plie sous les problèmes financiers.

휘파람 명 sifflement *m*; sifflet *m*. ¶ ~ 소리 sifflement. ◇_(을) **불다** siffler.

휘하 麾下 명 ((sous le)) commandement *m*. ¶ ~의 사람들 des gens commandés ((par X)). ¶ 장군의 ~에 있다 être sous le commandement du général. ¶ 그의 ~에 모여들다 se rassembler sous son commandement.

휘호 揮毫 명 calligraphie *f*, dessin *m* ¶ 벽에 대학총장의 ~가 걸려 있다 Au mur est accrochée une calligraphie exécutée par le président de l'université. ◇_(를) **하다** faire de la calligraphie [un dessin], calligraphier.

◆_**료** -料 명 récompense *f* [rémunération *f*, prix *m*] pour une calligraphie.

휘황찬란하다 형 être brillant(*e*), resplendissant(*e*), étincelant(*e*), éblouissant(*e*). ¶ 온갖 네온사인으로 휘황찬란한 도시의 야경 paysage de la ville nocturne illuminé par les néons. ¶ 휘황찬란하게 빛나는 조명 un éclairage éclatant.

휘휘 뷔 ① en ronds; en cercles. ¶ 목도리를 목에 ~ 두르다 enrouler une écharpe autour de *son* cou. ② en tourbillonnant. ¶ 눈발이 ~ 휘날렸다 De gros flocons de neige tombent en tourbillonnant. ¶ 두 팔을 ~ 내젓다 brandir les deux bras. ③ ((regarder)) autour de *soi*. ¶ 사방을 ~ 둘러보다 regarder autour de *soi*. ④ avec un sifflement. ¶ 바람이 ~ 나뭇가지를 흔든다 Le vent agite les branches des arbres. ¶ 휘파람을 ~ 불다 siffler.

휙 뷔 ① rapidement; brusquement. ¶ ~ 고개를 돌리다 tourner brusquement la tête. ¶ ~ 하고 사라지다 disparaître en un clin d'œil. ¶ 찬바람이 ~ 불었다 Un vent froid se leva brusquement. ② ((jeter)) vivement. ¶ 담배꽁초를 ~ 던져버리다 jeter un mégot d'un geste brusque [rapide]. ¶ 강물에 ~ 몸을 던지다 se jeter avec vivacité dans la rivière. ③ très rapidement. ¶ 일을 ~ 끝내버리다 terminer le travail très rapidement; terminer le travail d'un seul coup [d'un seul tenant]. ④ avec un sifflement. ¶ 휘파람을 ~ 불다 siffler.

◆_ _ 뷔 rapidement, à plusieurs reprises. ¶ ~~ 눈앞을 스쳐 가는 풍경들 paysages qui défilent rapidement devant les yeux. ¶ 장애물을 ~~ 뛰어넘다 franchir les obstacles sans difficulté. ¶ ~~ 서둘러 몇 자 적다 écrire quelques mots à la hâte. ¶ ~~ 휘파람을 불다 siffler à plusieurs reprises. ¶ ~~거리는 바람소리 le sifflement du vent.

휠 외{wheel} 명 roue *f*. ¶ 자동차의 ~을 갈다 changer une roue (de voiture).

휠체어 외{wheelchair} 명 fauteuil *m* roulant. ¶ ~를 탄 장애인 un handicapé [un infirme] dans un fauteuil roulant. ¶ ~에 의지하여 생활하다 ne se déplacer qu'en fauteuil roulant, être dépendant(*e*) de *son* fauteuil roulant.

휩싸다 타 ① ((두르다)) envelopper. ¶ 그 여자는 모피코트로 온몸을 휩싸고 있었다 Elle s'emmitoufle dans un manteau de fourrure. ¶ 개울을 건너려고 그 여자는 치마 자락을 휩싸 쥐었다 Elle a remonté sa jupe pour traverser le ruisseau. ② 뒤덮다 encercler; régner. ¶ 불길이 건물 전체를 휩싸고 있어 아무도 접근할 수가 없었다 L'immeuble étant encerclé par les flammes, personne ne pouvait s'en approcher. ¶ 어둠이 온 천지를 휩쌌다 L'obscurité régnait partout. ③ ((마음을)) envahir *qn*. ¶ 불안감이 우리 모두를 휩쌌다 Nous étions en proie à l'angoisse. ¶ 그 사람은 전신을 휩싸는 고독감에 어쩔 줄 몰라 했다 Envahi [Paralysé] par une vague de solitude, il ne savait que faire. ④ ((분위기가)) régner. ¶ 왠지 모를 설레임이 그들을 휩쌌다 Leur cœur palpitait sans qu'ils ne sussent pourquoi. ¶ 죽음과 같은 정적이 주위를 휩싸고 있었다 Un silence de mort régnait autour d'eux.

휩싸이다 자 ① être enveloppé(*e*); être enroulé(*e*) dans *qc*. ¶ 아이는 이불에 꽁꽁 휩싸여 있었다 L'enfant était emmitouflé dans une couverture. ¶ 나는 사람들에게 휩싸여 정신을 차릴 수가 없었다 Enserré(*e*) [Écrasé(*e*)] par la foule, j'avais du mal à retrouver mes esprits. ② 뒤덮이다 être entouré(*e*); être envahi(*e*), recouvert(*e*), plongé(*e*), submergé(*e*). ¶ 안개에 휩싸인 마을은 보이지도 않았다 Envahi [Recouvert, Plongé, Submergé] par le brouillard, le village était pratiquement invisible [on ne voyait pratiquement pas le village]. ¶ 그 집은 순식간에

불길에 휩싸였다 La maison a été très rapidement [subitement] encerclée par les flammes [prise dans les flammes]. ③ ((마음이)) saisir *qn*; envahir *qn*. ¶ 우리는 불길한 예감에 휩싸였다 Nous étions en proie à un mauvais pressentiment. ¶ 나는 극도의 공포감에 휩싸여 벌벌 떨고 있었다 Saisi(*e*) par une peur extrême, je tremblais comme une feuille. ④ ((분위기가)) saisir *qn*; envahir *qn*. ¶ 그 사건으로 인해 온 집이 공포로 휩싸였다 Toute la famille a été terrorisée [remplie de terreur] par cette affaire.

휩쓸다 타 ① ((물, 바람, 불 등이)) ravager. ¶ 가뭄이 전국을 휩쓸어 농작물이 타들어 간다 Les récoltes sont gravement touchées par la sécheresse. ¶ 홍수가 그 마을을 휩쓸어 심각한 재산 피해가 발생했다 Les inondations ont ravagé le village, en provoquant des pertes financières énormes [un désastre financier]. ¶ 메뚜기 떼가 농작물을 모두 휩쓸어 갔다 Une nuée de sauterelles a ravagé les cultures. ② ((질병, 전쟁 따위가)) ravager; se propager. ¶ 독감이 전국을 휩쓸어 병원마다 환자가 가득하다 Suite à l'épidémie de grippe dans tout le pays [Suite à l'épidémie de grippe généralisée], les hôpitaux sont saturés de malades [il n'y a plus de lits disponibles dans les hôpitaux]. ¶ 참혹한 전투가 휩쓸고 지나간 뒤 도시는 폐허로 변했다 Suite aux ravages de cette guerre cruelle, la ville est tombée en ruines / La ville a été ruinée suite aux ravages de cette guerre cruelle. ③ ((무리가)) infester *qp*. ¶ 그들은 동네를 휩쓸고 다니는 깡패라서 아무도 그들을 제지하지 못했다 Ce sont des voyous qui sèment le trouble dans tout le village et personne ne peut les arrêter [ne peut les en empêcher]. ④ 모두 차지하다 remporter ((tous les prix)). ¶ 이 영화는 국제영화제의 모든 상을 휩쓸다시피 했다 Ce film a raflé tous les prix des festivals internationaux. ¶ 그 사람은 전국대회의 1등을 모두 휩쓸었다 Il a remporté le premier prix de toutes les compétitions nationales.

휩쓸리다 자 ① ((물, 바람, 불 등에)) être emporté(*e*) par *qc*. ¶ 파도에 휩쓸린 배가 침몰했다 Submergé [Balayé] par les vagues, le bateau a fait naufrage. ¶ 그 사람은 급류에 휩쓸려 익사했다 Emporté par un courant rapide, il s'est noyé. ② ((질병, 전쟁 따위가)) être entraîné(*e*); se laisser emporter [entraîner]. ¶ 우리는 여론에 휩쓸려 합리적인 사고를 할 수 없는 지경에 이르렀다 Entraînés par l'opinion publique, nous sommes arrivés au point de ne plus pouvoir penser d'une façon rationnelle. ¶ 소비 열풍에 휩쓸린 사람들은 바람직한 소비 행태를 보이지 않는다 Ceux qui sont emportés [atteints, pris, contaminés] par la fièvre acheteuse ne savent plus consommer raisonnablement. ¶ 나는 유행에 휩쓸리지 않는다 Je ne suis pas la mode aveuglément / Je ne me laisse pas emporter par la mode aveuglément. ③ ((사람들 속으로)) être emporté(*e*) ((par la foule)). ¶ 나는 군중 속에 휩쓸려 길을 잃었다 Emporté(*e*) par la foule, je me suis égaré(*e*) [perdu(*e*)]. ¶ 우리는 인파 속에 휩쓸려 한참을 헤맸다 Emporté(*e*)s par la foule, nous avons erré pendant longtemps.

휭 부 avec un sifflement de vent. ¶ 바람이 ~ 하고 불었다 Il y a eu un sifflement du vent.

◆**_하니** 부 sans hésiter; d'un trait. ¶ 그 사람은 내 말이 채 끝나기도 전에 ~하니 방에서 나가버렸다 Il est sorti de la pièce sans me donner le temps de finir ma phrase.

◆**_ _** 부 avec un sifflement de vent. ¶ 바람이 ~~ 분다 Le vent hurle. ¶ ~~ 돌아가는 선풍기 소리 le bruit du ventilateur.

휴 감 ① ((안도감)) ouf! ¶ ~! 큰일 날 뻔했네 Ouf! j'ai eu chaud / Ouf! je l'ai [nous l'avons] échappé belle / Ouf! je suis passé(*e*) à côté de la catastrophe. ¶ ~ 하고 안도의 한숨을 내쉬다[내뿜다] pousser un [des] ouf [des soupirs, un soupir] de soulagement. ② ((걱정, 시름)) oh! ¶ ~! 엄청난 일감을 보니 그는 한숨이 절로 나왔다 Il a poussé des soupirs [oh!] en s'apercevant qu'il avait beaucoup de travail à faire.

휴가 休暇 명 congé *m*, vacances *fpl*, permission *f* ¶ ~ 중 en vacances. ¶ 일주일의 ~를 허가했다[주었다] Je lui ai accordé une semaine de congé [de vacances]. ¶ ~를 받다[얻다] avoir [obtenir] un congé. ¶ 바닷가에서 ~를 보냈다 J'ai passé mes vacances au bord de la mer. ¶ ~를 다녀오다 revenir de vacances. ¶ ~를 가다 partir en vacances. ¶ ~를 내서 해외에 가다 demander un congé pour aller à l'étranger. ¶ ~에 들어가다 entamer [commencer] *ses* vacances.

◆**_비** -費 명 frais *mpl* [budget *m*] des vacances.

◆**_철** 명 période *f* de vacances.

휴간 休刊 명 suspension *f* de publication ((d'un journal)). ¶ 내일은 ~입니다 Demain, il n'y a pas de parution. ◇**_(을) 하다** suspendre ((la parution d'un journal)). ¶ 이 잡지는 잡지사의 경제사정으로 인하여 ~했다 Cette revue a cessé de paraître à cause des difficultés financières de la maison d'édition. ◇**_(이) 되다** cesser de paraître. ¶ ~된 잡지라서 구하기가 어렵다 Il est difficile de se procurer cette revue parce qu'elle a cessé de paraître [parce que sa publication a été suspendue].

◆**_일** -日 명 jour *m* de suspension de publication.

휴강 休講 명 suspension *f* de cours. ¶ 오늘도 ~이다! Aujourd'hui encore les cours sont supprimés [le professeur ne fait pas cours, il n'y a pas (de) cours, on n'a pas cours]! ◇**_(을) 하다** ne pas assurer [ne pas faire] *son* cours, ne pas faire (de) cours. ¶ 어떤 일이 있어도 ~을 할 수는 없다 Dans tous les cas, je suis absolument obligé(*e*) de faire cours [je suis dans l'impossibilité de ne pas faire cours]. ◇**_(이) 되다** ((un cours)) être annulé. ¶ 학교에 가서야 ~이 된 것을 알았다 En arrivant à la fac {*fam*}, j'ai appris que le cours avait été annulé.

휴거[1] 休居 명 repos *m*. ◇_(를) **하다** se reposer.
휴거[2] 携擧 명 【기독】 montée *f* au ciel.
◆**_론자** -論者 명 adepte *mf* qui croit à l'enlèvement au ciel.
휴게 休憩 명 repos *m*, relâche *m*, pause *f*; récréation *f*; entracte *m*. ¶ ~ 시설 établissement de repos.
◆**_소** -所 명 lieu(*x*) *m* de repos; aire *f* de service. ¶ 간이 ~소 une aire de repos. ¶ 고속도로 ~소 une aire de repos sur l'autoroute.
◆**_실** -室 명 lieu(*x*) *m* de détente, salon *m* ((fumeur)), salon *m* de détente; salle *f* de repos [de détente]; foyer *m*. ¶ 공항 ~실 un salon (de détente) d'aéroport, ¶ 삼층 ~실 le lieu de détente du deuxième étage.
휴경 休耕 명 jachère *f*.
◆**_지** -地 명 jachère *f*, terre *f* en jachère.
휴관 休館 명 relâche *m*; fermeture *f*. ¶ 갑작스런 ~으로 우리는 발길을 돌릴 수밖에 없었다 Il nous a fallu [Nous avons dû] rebrousser chemin [aller ailleurs] à cause de la fermeture imprévue du musée. ¶ 금일 ~ jour de fermeture. ¶ 미술관이 시설 보수를 위해 한 달간 ~ 중이다 Le musée est fermé pendant un mois pour rénovation. ◇_(을) **하다** faire relâche. ¶ 갑자기 ~해 버리다 faire relâche [fermer] de façon imprévue [de façon inattendue, sans préavis].
휴교 休校 명 fermeture *f* d'une école. ¶ 임시 ~ fermeture temporaire de l'école. ¶ 당분간 ~다 fermer une école pour quelques temps, fermer temporairement une école. ◇_(를) **하다** fermer une école. ¶ 학생들의 극렬한 시위로 인해 학교를 ~했다 On a fermé l'université à cause d'une manifestation violente des étudiants.
◆**_령** -令 명 ordre *f* de fermer l'école. ¶ ~령을 내리다 donner l'ordre de fermer l'école.
◆**동맹_** 同盟- 명 grève *f* des étudiants.
휴대 携帶 명 port *m*. ¶ ~가 편리한 제품이 좋다 Les objets portatifs sont pratiques. ¶ 이 제품은 ~가 간편하도록 고안되었다 Ce produit a été inventé pour être facilement transportable. ¶ 총기는 ~ 금지이다 Il est interdit de porter une arme. ◇_(를) **하다** porter, emporter. ¶ 그는 항상 권총을 ~하고 있었다 Il portait toujours un pistolet [une arme de poing] sur lui.
◆**_용** -用 명 portable, portati*f*(*ve*), transportable. ¶ ~용 라디오[카메라]를 장만하다 acheter [se procurer] une radio [une caméra] portable. ¶ ~용 전화기가 필요하다 avoir besoin d'un (téléphone) portable [mobile].
◆**_품** -品 명 effet *m* personnel; bagage *m* à main. ¶ ~품 보관소 vestiaire; consigne *f*. ¶ 승객들의 ~품 검사가 있었다 On a fouillé les effets personnels des passagers. ¶ 승객 여러분, 내리실 때 ~품을 잘 확인하십시오 Appel aux passagers, vérifiez bien que vous n'avez pas oublié vos effets personnels avant de descendre.
◆**_전화** -電話 명 portable *m*, téléphone *m* portatif, cellulaire *m*. .
휴머니스트 영{humanist} 명 humaniste.
휴머니즘 영{humanism} 명 humanisme *m*.
휴면 休眠 명 ① repos *m* complet[total]. ② 【생물】 hibernation *f*.
◆**_계좌** -計座 명 【경제】 compte *m* (en banque) gelé.
휴무 休務 명 ((être)) en congés, en vacances. ¶ 지금은 ~ 중[기간]이다 Actuellement, je suis en congés [en vacances] / Actuellement, je prends mes congés.
휴식 休息 명 repos *m*, pause *f*, détente *f*, délassement *m*, vacances *fpl*; divertissement *m*. ¶ ~이 필요하다 avoir besoin de repos [de délassement, de vacances, de récupérer, de détente], avoir besoin de se reposer. ¶ 십분 간의 ~으로 피로를 풀다 retrouver la forme [récupérer, être en forme] après 10 minutes de repos. ◇_(을) **하다[취하다]** se reposer, prendre du repos, faire une pause, se délasser.
◆**_처** -處 명 lieu(*x*) *m* de repos; maison *f* de repos. ¶ 그에게는 ~처가 따로 없다 Il n'a nulle part où se reposer.
◆**_시간** -時間 명 (l'heure *f* de) la pause *f*, l'heure *f* du repos.
휴양 休養 명 repos *m*, vacances *fpl*, détente *f*, délassement *m*. ¶ ~을 권하다 conseiller un repos. ¶ 유명한 ~ 도시이다 C'est une ville connue pour les vacances / Cette ville est un lieu de villégiature célèbre. ¶ 여기는 ~ 시설이 잘 갖추어진 관광지이다 C'est une ville touristique bien équipée. ¶ 이 환자에게는 ~이 필요하다 Ce malade a besoin de repos. ◇_(을) **하다** se reposer, se délasser, se détendre, prendre du repos, villégiaturer. ¶ 온천에 ~하러 가다 aller aux eaux [aux sources thermales] pour se reposer. ¶ 의사는 그 환자에게 ~하라고 하였다 Le médecin a dit à ce(*tte*) patient(*e*) de se reposer [de prendre du repos].
◆**_객** -客 명 vacanci*er*(*ère*), villégiateur *m*.
◆**_지** -地 명 lieu(*x*) *m* de vacances, villégiature *f*, site *m* de loisirs. ¶ 여기는 최고의 ~지로 꼽혔다 Cet endroit a été élu [désigné, qualifié] comme un lieu idéal de repos [de détente].
휴업 休業 명 fermeture *f*, clôture *f*, arrêt *m* de travail, suspension *f* du travail. ¶ 임시 ~ fermeture provisoire. ¶ ~에 들어가다 déclencher un arrêt de travail. ◇_(을) **하다** fermer ((boutique)); chômer; suspendre le travail. ¶ 우리는 회사의 사정이 좋아질 때까지 한시적으로 ~하기로 하였다 Nous avons décidé de fermer provisoirement la société jusqu'à l'amélioration de sa situation financière.
휴우 감 ouf! ¶ ~, 힘들다 Ouf! C'est fatigant[dur]. ¶ ~, 이제 한 시름 놨다 Ouf! Me voilà soulagé [un poids en moins].
휴일 休日 명 jour *m* férié; jour *m* de congé. ¶ 매주 월요일이 ~이다 Ils sont fermés le lundi. ¶ ~을 맞다 prendre un jour de congé.
휴전 休戰 명 【군사】 armistice *m*; trêve *f*, cessez-le-feu *m*, suspension *f* des hostilités. ¶ ~중

이다 être sous le cessez-le-feu. ¶ 양국은 한 달간의 ~ 협정에 서명했다 Les deux pays ont signé une trêve d'un mois. ◇_(을) **하다** cesser le feu, conclure une trêve. ¶ 양국은 ~하기로 합의하였다 Les deux pays se sont mis d'accord pour conclure une armistice. ¶ ~한 지 벌써 50년이 넘었다 Cela fait déjà plus de 50 ans que l'on a conclu l'armistice. ◇_(이) **되다** ((une trêve)) être établi(*e*).

◆**_교섭** -交涉 명 négociation *f* d'armistice.

◆**_기념일** -紀念日 명 anniversaire *m* de l'armistice.

◆**_명령** -命令 명 ordre *m* de cessez-le-feu.

◆**_선** -線 명 ligne *f* de cessez-le-feu; ligne *f* de démarcation.

◆**_조약** -條約 명 traité *m* de trêve.

◆**_협정** -協定 명 【정치】 armistice *m*, trêve *f*.

◆**_회담** -會談 명 pourparlers *mpl* d'armistice.

휴정 休廷 명 【법률】 suspension *f* d'audience. ¶ ~ 중이다 L'audience est suspendue. ◇_(을) **하다** suspendre l'audience. ¶ 잠시 ~하다 suspendre un moment l'audience.

휴지[1] 休止 명 ① pause *f*, suspension *f*; arrêt *m*, cessation *f*. ¶ 조금의 ~도 없이 sans aucune pause. ② 【법률】 suspension *f*. ③ 【언어】 pause *f*.

◆**_기** -期 명 【생물】 interphase *f*.

휴지[2] 休紙 명 ① chiffon *m* de papier, vieux papiers *mpl*. ¶ ~가 널려 있다 être jonché(*e*) de papiers. ¶ 서류가 ~ 조각이 되었다 Ce document est devenu sans valeur. ¶ 이제 그 증서는 한낱 ~ 조각에 불과했다 Maintenant, ce certificat n'est plus qu'un bout de papier. ② 티슈 serviette *f* en papier; ((코)) mouchoir *m* en papier (jetable), *kleenex*; ((밑)) papier *m* hygiénique, papier toilette *m*, papier *m* cul {*fam*}, P.Q. *m* {*fam*}. ¶ ~로 탁자를 닦다 nettoyer une table avec des serviettes en papier. ¶ ~로 코를 풀다 se moucher avec un mouchoir en papier [avec un *kleenex*].

◆**_통** -桶 명 poubelle *f*, corbeille *f* à papier.

◆**_화** -化 명 action d'enlever toute efficacité à ((un traité)) [de rendre ((un traité)) sans effet]. ¶ 조약이 ~화했다[조약을 ~화하다] le traité s'est avéré inefficace [enlever toute efficacité au traité, rendre le traité nul, rendre le traité sans effet].

휴직 休職 명 ((mise en)) disponibilité *f*, ((mise en)) arrêt *m* de travail; ((officier)) ((mise en)) non-activité *f*. ¶ ~ 중이다 être en arrêt de travail. ¶ 그 사람은 상부로부터 ~ 명령을 받았다 Son supérieur l'a mis en arrêt en travail. ¶ 그는 건강 문제로 ~을 신청하였다 Il a demandé à bénéficier d'un congé de maladie. ◇_(을) **하다** se retirer provisoirement ((d'un office)), se mettre en disponibilité, arrêter de travailler quelque temps, arrêter provisoirement de travailler. ¶ 그는 당분간 ~하기로 하였다 Il a décidé d'arrêter provisoirement de travailler.

◆**_원[계]** -願[屆] 명 demande *f* de congé [de mise en disponibilité]. ¶ 그는 상사에게 ~원을 냈다[제출했다] Il a présenté [adressé] sa demande de congé à son supérieur hiérarchique.

휴진 休診 명 suspension *f* des consultations ((médicales)). ¶ 담당 의사가 ~이라서 다른 의사를 만나다 aller chez un autre médecin parce que son médecin de famille ne consulte pas (aujourd'hui). ◇_(을) **하다** ne pas donner de consultations. ¶ 연휴 기간 동안 ~합니다 Pas de consultation pendant les jours fériés.

◆**_일** -日 명 journée *f* sans consultations.

휴학 休學 명 interruption *f* des études. ¶ ~ 중이다 interrompre provisoirement *ses* études. ¶ ~ 중에 pendant l'interruption des études. ¶ 그는 등록금 마련이 어려워 ~을 결정했다 Comme c'est difficile de payer les droits d'inscription, il a décidé d'interrompre momentanément ses études. ◇_(을) **하다** interrompre *ses* études. ¶ 그는 아파서 한 학기 동안 ~했다 Il a interrompu ses études pendant un semestre pour des raisons de santé.

◆**_계** -屆 명 demande *f* d'interruption des études. ¶ ~계를 내다 soumettre une demande d'interruption des études.

◆**_생** -生 명 étudiant(*e*) qui a interrompu *ses* études.

◆**동맹_** 同盟- 명 grève *f* des étudiants.

휴화산 休火山 명 【지질】 volcan *m* éteint.

휴회 休會 명 ajournement *m*; suspension *f* (de séance, d'audience); vacances *fpl* parlementaires. ¶ 다음 주까지 ~를 선언하다 déclarer une suspension jusqu'à la semaine suivante. ¶ ~ 중이다 être en vacances parlementaires; l'audience est suspendue; la séance est suspendue. ¶ 자연 ~ une suspension [un ajournement] automatique. ◇_(를) **하다** ajourner; suspendre la séance [l'audience]; se mettre en vacances. ◇_(가) **되다** être ajourné(*e*).

흉 명 ① 상처 cicatrice *f*, marque *f*, stigmate *m*, balafre *f*. ¶ 이마에 ~이 생겼다 avoir une cicatrice au front. ¶ 상처에 자꾸 손을 대면 ~이 지기 쉽다 Si on touche [manipule, gratte] souvent une plaie, c'est le meilleur moyen pour qu'une cicatrice se forme. ② 결점 défaut *m*, imperfection *f*. ¶ ~ 없는 사람 없다 Personne [Nul] n'est parfait / Tout le monde a ses défauts / À chacun ses défauts. ¶ ~을 보다 souligner les défauts de *qn*, dire du mal du *qn*, médire de *qn*. ¶ 그 분은 항상 남을 ~본다 Il médit toujours des autres. ¶ 남을 ~보는 버릇이 있다 Il a l'habitude de médire des autres. ¶ ~을 잡다 relever les défauts de *qn*. ¶ 그 분은 ~잡을 데가 없다 Il n'a aucun défaut / Il est parfait. ¶ ~이 잡히다 être blâmé(*e*). ¶ 남에게 ~잡히지 않으려고 애쓴다 faire des efforts pour ne pas être blâmé(*e*).

◆**_터** 명 cicatrice *f*, balafre *f*. ¶ 차사고로 생긴 ~터이다 Un accident de voiture lui a laissé cette cicatrice / Cette cicatrice est consécutive à un accident de voiture. ¶ 이 ~터는 평생 갈 것이다 Il gardera cette cicatrice toute sa vie.

◆**_허물** 명 défaut *m*. ¶ ~허물이 없는 사이이다 être intime avec *qn*, être intimement lié(*e*) avec *qn*.

¶ ~허물을 터놓다 raconter des confidences intimes.

흉가 凶家 명 maison *f* hantée.

흉계 凶計 명 complot *m*, machination *f*. ¶ ~를 꾸미다[쓰다] ourdir un complot [une machination], comploter *qc*, tramer *qc*. ¶ ~에 빠지다 être victime d'un complot.

흉골 胸骨 명 【의학】 sternum *m*.

흉곽 胸廓 명 【의학】 thorax *m*.

◆**_외과** -外科 명 chirurgie *f* du thorax.

흉금 胸襟 명 cœur *m*.

*~**을 털어놓다** raconter des confidences intimes (à *qn*), s'épancher (auprès de *qn*), parler à cœur ouvert (à *qn*), se confier [se livrer] (à *qn*), ouvrir le fond de *son* cœur (à *qn*).

흉기 凶器 명 arme *f* meurtrière. ¶ ~를 소지하다[가지다] porter une arme meurtrière sur *soi*. ¶ ~를 휘두르다 brandir une arme. ¶ ~로 사람을 찌르다 poignarder *qn*.

흉내 명 imitation *f*, mimique *f*, simulation *f*, singerie *f*, simulacre *m*. ¶ ~를 내다 imiter, singer, copier, mimer. ¶ 그 분은 남의 ~를 잘 낸다 Il imite bien les autres. ¶ 남의 ~를 한 번 내 보았을 뿐이다 Je n'ai fait qu'imiter (les autres). ¶ ~낼 수가 없는 사람 un homme inimitable, un homme unique. ¶ 남의 말투를 ~내다 imiter la voix (de *qn*, d'une personnalité), imiter *qn*.

흉년 凶年 명 mauvaise année *f*, année de disette; année stérile. ¶ 올해는 쌀이 ~이다 La récolte de riz est mauvaise cette année. ¶ ~이 들다 avoir une mauvaise récolte.

흉노 匈奴 명 【역사】 Huns *mpl*.

흉몽 凶夢 명 cauchemar *m*, mauvais rêve *m*. ¶ ~을 꾸다 faire un cauchemar, faire un mauvais rêve. ¶ ~에 시달리다 faire des cauchemars, cauchemarder.

흉물 凶物 명 ① personne *f* [chose *f*] horrible. ¶ 나무가 방치되어 ~이 되었다 Ces bouts de bois abandonnés forment un spectacle peu avenant. ② rusé(*e*), sournois(*e*). ¶ 하는 짓이 ~같다 se conduire sournoisement. ¶ ~을 떨다 ruser, user de ruse, recourir à la ruse.

◆**_스럽다** 형 être sournois(*e*), rusé(*e*), scélérat(*e*). ¶ 그 사람이 ~스러워 보인다 Il semble sournois.

흉부 胸部 명 【의학】 poitrine *f*, thorax *m*.

흉상 胸像 명 【미술】 buste *m*. ¶ ~을 그리다 peindre un buste. ¶ ~을 조각하다 sculpter un buste.

흉악 凶惡 명 ① (하는 짓이) cruauté *f*, férocité *f*, atrocité *f*, barbarie *f*. ② (겉모양이) horrible.

◆**_하다** 형 être horrible, affreux(*se*), atroce; être féroce, cruel(*le*). ¶ ~하게 생긴 사람 une personne qui a l'air cruelle. ¶ 그는 매우 ~한 사람이었다 Il était quelqu'un de très cruel.

◆**_무도하다** -無道- 형 être impitoyable, implacable.

◆**_범** -犯 명 criminel *m* cruel. ¶ ~범이 잡혔다 Un criminel cruel a été arrêté.

흉작 凶作 명 ① mauvaise récolte *f*. ¶ 올해는 고추 농사가 ~이다 La récolte de piment est mauvaise cette année. ② 나쁜 성과 mauvaise moisson *f* (de médailles). ¶ 기록 ~ une mauvaise moisson de records, des performances peu glorieuses.

흉조[1] 凶兆 명 mauvais augure *m* [présage *m*]. ¶ 이번 일은 ~ 같다 Cela semble être un mauvais présage.

흉조[2] 凶鳥 명 oiseau(*x*) *m* funeste(*s*).

흉중 胸中 명 ① (가슴속) cœur *m*. ¶ ~에 간직한 뜻 intention secrète. ② 생각 confidence *f*; cœur *m*. ¶ ~을 털어놓다 parler à cœur ouvert (à *qn*), ouvrir *son* cœur (à *qn*), se livrer [se confier] (à *qn*), confier le fond de *son* cœur [de *sa* pensée] (à *qn*), s'épancher (auprès de *qn*). ¶ ~을 짐작하다[헤아리다] sonder les intentions de *qn*.

흉측 凶測 명 cruauté *f*, férocité *f*, horreur *f*.

◆**_하다** 형 être atroce, horrible; être féroce, cruel(*le*). ¶ 그렇게 ~한 짓을 하다니 Comment a-t-il pu faire une chose si horrible? / Comment a-t-il pu commettre un acte si cruel? ¶ ~하게 생겼다 avoir l'air horrible.

◆**_스럽다** 형 être atroce, affreux(*se*), féroce, cruel(*le*).

흉탄 凶彈 명 balle *f* envoyée [tirée] par un tueur.

흉터 명 cicatrice *f*, (얼굴의 칼자국) balafre *f*. couture *f*. ¶ 얼굴에 ~가 나다[생기다] avoir une cicatrice sur le visage; (얼굴의 칼자국) avoir le visage balafré.

흉포하다 凶暴- 형 être atroce, horrible, féroce, cruel(*le*). ¶ 흉포한 생각 une pensée horrible. ¶ 잔인하고 흉포하게 사람을 죽이다 tuer un homme de façon cruelle et horrible.

흉하다 형 ① être désagréable, déplaisant(*e*); être hideux(*se*), disgracieux(*se*), laid(*e*), affreux(*se*). ¶ 흉한 얼굴 생김새 un visage laid [disgracieux]. ¶ 옷차림이 (보기) ~ avoir une tenue horrible [peu avantageuse, épouvantable, hideuse, affreuse], être habillé(*e*) [accoutré(*e*)] d'une horrible façon, être horriblement accoutré(*e*) [affublé(*e*)]. ¶ 흉하게 머리를 자르다 avoir une coupe de cheveux affreuse. ② 나쁘다 être mauvais(*e*), méchant(*e*), malfaisant(*e*). ¶ 흉한 소문 une méchante rumeur, un vilain bruit. ¶ 흉한 심보 nature méchante. ¶ 자식의 죽음보다 더 흉한 일은 없다 Le pire de tout est de voir son enfant mourir. ③ 불길하다 être funeste, néfaste. ¶ 흉한 꿈 un cauchemar, un mauvais rêve.

흉허물 명 défaut *m*. ¶ ~을 터놓다 raconter des confidence intimes. ¶ ~이 없다 être intimes. ¶ 그 친구와 나는 ~없는 사이이다 Nous sommes intimement lié(*e*)s, lui(elle) et moi. ¶ 우리 사이에는 ~이 없다 Nous sommes très intimes. ¶ 누구와 ~없이 지내다 être à tu et à toi avec *qn*, avoir des relations en toute simplicité [simples, sans manières {*fam*}] avec *qn*, avoir des relations à la fois très proches et très simples avec *qn*, être des ami(*e*)s avec

des rapports simples sans manières {*fam*} [sans chichi(s)], être sans façon avec *qn*.

흉흉하다 洶洶- 형 ① être agité(*e*), houleu*x*(*se*), orageu*x*(*se*). ¶ 흉흉한 파도 des vagues furieuses, une mer houleuse. ② ((비유적)) être troublé(*e*), agité(*e*). ¶ 흉흉한 소문 une méchante rumeur, un vilain bruit. ¶ 민심이 ~ L'opinion publique est troublée. ¶ 시국이 흉흉하게 돌아간다 La situation actuelle du pays est agitée [troublée].

흐느끼다 자 sangloter, éclater en sanglots, avoir des sanglots dans la voix. ¶ 그 여자는 소리 죽여 흐느꼈다 Elle sanglotait en silence. ¶ 그 여자는 어깨를 들썩이며 흐느껴 울었다 Elle était secouée par de violents sanglots.

◆**흐느낌** 명 sanglot *m*.

흐느적거리다 자 ① remuer, se balancer. ¶ 나뭇잎들이 바람에 흐느적거렸다 Les feuilles étaient agitées par le vent. ② ((힘없이)) chanceler, trébucher, vaciller, flageoler. ¶ 그의 다리는 문어처럼 흐느적거렸다 Il avait les jambes flageolantes / Il flageolait sur ses jambes. ¶ 젊은 사람이 씩씩하게 다녀야지, 그렇게 흐느적거리면 쓰나 Les jeunes doivent avoir une démarche assurée, il n'est pas bon qu'elle soit hésitante.

흐느적대다 자 ☞ 흐느적거리다

흐느적흐느적하다 자 chanceler, trébucher, vaciller, flageoler. ¶ 그 분은 자꾸만 흐느적흐느적했다 Il chancelait de plus en plus. ¶ 흐느적흐느적하는 모습이 영 보기 좋지 않았다 Il n'était pas beau à voir marchant d'un pas chancelant.

흔들거리다 자 ① osciller; remuer. ¶ 천장에서 거미줄이 흔들거리고 있었다 Une toile d'araignée se balance au plafond. ¶ 그의 이마에는 항상 머리카락 한두 올이 흔들거렸다 Il a toujours quelques mèches qui lui tombent sur le front. ¶ 어둠 속에서 무언가 흔들거리는 것이 있었다 Quelque chose oscillait dans l'obscurité. ② 무르다 être m*ou*(m*olle*), peu énergique, sans énergie, sans réaction, veule {*litt*}. ¶ 그 사람은 뼈없는 해파리처럼 몸을 흔들거린다 C'est quelqu'un de mou [sans réaction, sans énergie] / C'est quelqu'un de peu énergique / Il manque d'énergie / Il est mou. ③ 놀고 지내다 flâner; traîner. ¶ 그 사람은 하는 일 없이 늘 흔들거리며 지낸다 Il flâne [fainéante, traîne] sans rien faire.

흔들대다 자 ☞ 흔들거리다

흔들흔들 부 qui manque de consistance. ¶ 바람에 나뭇가지가 ~ 움직인다 Les branches oscillent doucement au gré du vent. ¶ 아지랑이가 ~ 피어올랐다 La brume printanière se dissipait [se levait] doucement. ¶ 피곤을 못 이겨 ~ 주저앉다 s'effondrer de fatigue, crouler de fatigue.

◆**_하다** 형 manquer de consistance, être détendu(*e*), m*ou*(m*olle*), flasque, lâche; être peu solide; être pâteu*x*(*se*). ¶ 그 사람은 사람이 ~하다 Cet homme est un mollasson [une chiffe molle] / Cet homme n'a pas de personnalité [est un faible]. ¶ ~한 해파리 une méduse flasque.

흐드러지다 형 être splendide; être attrayant(*e*). ¶ 흐드러진 봄날 un printemps splendide. ¶ 흐드러진 웃음소리 un grand rire, un gros rire, un rire à gorge déployée. ¶ 온갖 꽃이 흐드러지게 피었다 Toutes sortes de fleurs se sont splendidement [merveilleusement] épanouies.

흐려지다 자 ① se troubler. ¶ 날아온 먼지로 인하여 물이 흐려졌다 Les poussières déposées par le vent ont troublé l'eau. ② ((날씨가)) s'obscurcir, s'assombrir, s'obscurcir; devenir couvert(*e*). ¶ 날이 [날씨가] 흐려졌다 Le temps s'est couvert / Le ciel s'est couvert [s'est assombri, s'est obscurci] / Le jour s'obscurcit. ¶ 맑았던 하늘이 갑자기 흐려지면서 비가 내리기 시작했다 Le ciel s'est obscurci tout d'un coup et il commença à pleuvoir. ③ ((색, 형체, 소리, 불빛)) se ternir; devenir moins net(*te*); perdre de *sa* clarté. ¶ 담벼락의 색이 이제 너무 흐려져서 다시 칠해야 한다 La couleur de ce mur s'est ternie [est terne, est passée, s'est délavée], il faudra [il conviendra de] le repeindre. ¶ 날이 어두워지면서 이제 가까이에 있는 물체의 윤곽도 흐려졌다 Le jour tombant [À la tombée du jour], même les contours des objets proches deviennent [paraissent, semblent] moins nets. ④ ((정신, 눈, 판단력)) s'obscurcir; être confus(*e*). ¶ 할아버지는 나이가 드시면서 정신도 흐려지셨다 Mon grand-père devient de plus en plus incohérent [confus] avec l'âge. ¶ 그 일은 너무나 오래 전의 일이라서 이제 기억도 흐려졌습니다 Cet événement est si ancien que je ne m'en souviens plus précisément. ⑤ ((기강)) manquer de discipline. ¶ 공무원 사회의 기강이 극도로 흐려져 있다 Le secteur public manque de discipline. ⑥ ((얼굴, 표정)) s'assombrir. ¶ 아버지의 건강이 악화되었다는 소식을 듣고 그의 표정은 곧 흐려졌다 Son visage s'est assombri en apprenant que la santé de son père s'était détériorée.

흐르다 자 ① ((liquide)) couler, ruisseler. ¶ 한강은 서울을 가로질러 흐른다 Le fleuve Han traverse la ville de Séoul. ¶ 비가 많이 와서 강물이 흘러 넘쳤다 La pluie a fait sortir la rivière de son lit / La pluie a été à l'origine d'une inondation [a provoqué une crue de la rivière / À cause des fortes pluies, la rivière a débordé [les eaux de la rivière ont débordé, la rivière est sortie de son lit]. ¶ 날이 더워서 온몸에 땀이 흐른다 Il fait tellement chaud que la sueur ruisselle le long de mon corps. ¶ 흐르는 피를 멈출 수가 없다 ne pas pouvoir stopper l'hémorragie. ¶ 그녀의 눈에서 눈물이 흘렀다 Les larmes coulent [ruissèlent] de ses yeux. ¶ 콧물이 ~ avoir le nez qui coule, avoir la goutte [la morve] au nez {*fam*}; être enrhumé(*e*), avoir un gros rhume. ¶ 이 계곡에 흐르는 물은 매우 깨끗하다 L'eau qui coule dans cette vallée est pure. ¶ 한강은 서해로 흘러나간다 Le fleuve Han se jette dans la mer Jaune. ¶ 공장에서 불법으로 방류한 폐유가 정수장으

로 흘러들었다 Les déchets toxiques rejetés illégalement par les usines s'écoulent vers la station d'épuration. ② ((전기, 가스 등이)) couler. ¶ 전신주는 고압 전류가 흐르기 때문에 매우 위험하다 Les pylônes électriques sont extrêmement dangereux car ils supportent des fils où passe du courant à haute tension [des fils conduisant le courant sous haute tension]. ¶ 지하에 매설된 관으로 도시가스가 흐른다 Le gaz urbain est distribué par un réseau de tuyaux souterrains [de canalisations souterraines]. ③ ((시간이)) passer, s'écouler. ¶ 시간이 흐름에 따라 세상도 변하기 마련이다 Le monde change avec le temps. ¶ 그 일이 있은 이후 오랜 세월이 흘렀다 Beaucoup de temps s'est écoulé depuis (cet incident) / Depuis (lors) beaucoup d'eau a coulé sous les ponts. ¶ 시간만 흐를 뿐 우리는 구체적인 계획조차 없었다 Le temps passe sans que l'on ait même pu établir un projet concret. ④ 한 방향으로 치우쳐 쏠리다 passer ((aux extrêmes)); ((conversation)) prendre une tournure inattendue. ¶ 그 사람은 극단에서 극단으로 흐르는 성격의 사람이다 Il passe d'un extrême à l'autre. ¶ 이야기가 자꾸만 엉뚱한 방향으로 흘렀다 La discussion a dérivé dans une mauvaise direction / La discussion a dérivé bizarrement / Nous sommes sortis [Nous nous sommes écartés] du sujet / La conversation prenait une tournure inattendue. ¶ 분위기가 좋지 않은 쪽으로 흘렀다 L'ambiance s'est dégradée. ⑤ 겉으로 드러나다 ¶ 그 여자의 두 눈에는 색기가 흘렀다 Elle avait un regard aguicheur. ¶ 그의 눈에는 살기가 흘렀다 Il avait un regard cruel. ¶ 촌티가 잔뜩 흐르는 옷차림을 한 사내가 나타났다 Un homme habillé comme un campagnard [affublé comme un paysan] est apparu. ¶ 이제는 산에도 봄기운이 완연하게 흘렀다 C'est incontestablement le printemps dans les montagnes / On sent que le printemps est incontestablement là [est bien arrivé, est solidement là, est bien installé] dans les montagnes. ¶ 어디서 그런 이야기가 흘러 나왔는지는 모르겠지만 전혀 사실무근입니다 Je ne sais pas d'où vient cette histoire, mais elle est dépourvue de tout fondement. ⑥ 부드럽게 퍼지다 ((lumière)) couler; ((son)) retenir. ¶ 거실에서는 조용한 음악이 흘렀다 On entendait un flot de musique sortir du salon. ¶ 은은히 흐르는 달빛에 우리는 할 말을 잊었다 Nous sommes restés silencieux sous un doux clair de lune. ¶ 그 집에는 언제나 조명이 은은하게 흘렀다 On gardait une lumière tamisée dans la maison. ***흐르는 물은 썩지 않는다** Celui qui n'avance pas recule / Il faut s'entretenir régulièrement ((littéralement: Une eau stagnante ne pourrit pas)).
◆**흐름** 명 ① cours *m*. ¶ 강물의 흐름 le cour de la rivière. ¶ 시간의 흐름 le cours du temps. ② ((비유적)) cours *m*; situation *f*; flux *m* ((d'argent)). ¶ 그 사람은 감정의 흐름을 억누를 수가 없었다 Il ne commandait pas à ses sentiments. ¶ 도도한 역사의 흐름을 누가 감당하랴 Qui résistera au cours majestueux de l'Histoire? ¶ 그의 말이 너무 빨라서 우리는 이야기의 흐름을 따라갈 수가 없었다 Il parlait tellement vite que nous avons perdu le fil de la conversation. ¶ 한 번의 실수로 경기의 흐름이 뒤바뀌었다 Une seule erreur a suffi pour faire basculer le match [la rencontre]. ¶ 돈의 흐름 flux de monnaie.

흐리다¹ 타 ① salir; polluer, infecter, troubler. ¶ 물을 ~ polluer l'eau; ((분위기를)) gâcher [pourrir] l'ambiance; ((이미지를)) dégrader l'image; ((수준을 낮아지게 만들다)) faire baisser [abaisser] le niveau ((d'une classe)) faire baisser le niveau ((d'une bonne classe)). ¶ 공기를 ~ polluer l'air. ¶ 그 사람은 언제나 이상한 행동으로 분위기를 흐려 놓는다 Ses comportements déplacés gâchent toujours l'ambiance. ¶ 시야를 ~ empêcher *qn* de voir *qc*, ((ce mur)) boucher [obstruer, limiter, dérober] la vue, masquer le paysage [la vue], cacher la vue, ((cette maison)) masquer la vue [le paysage], ((la fumée nous)) dérober le paysage. ¶ 이미지를 ~ dégrader l'image. ② 어렴풋하게 하다 rendre *qc* imprécis(*e*). ¶ 그 사람은 항상 말끝을 흐렸다 Il finissait toujours ses phrases d'une façon imprécise [de façon vague, sans précision]. ¶ 그의 말은 사건의 초점을 흐렸다 Son discours [Sa déclaration] a compliqué l'affaire. ③ 얼굴에 어두운 빛이 나타나다 assombrir ((visage)). ¶ 그 사람은 그 말을 듣고 낯빛을 흐렸다 À ces mots, son visage s'est assombri [s'est rembruni].

흐리다² 형 ① ((기억, 판단)) être confus(*e*), vague. ¶ 흐릿한 기억 une mémoire vague [confuse, vacillante, qui vacille, défaillante, chancelante]. ¶ 나이 들어 정신이 흐려지다 perdre la mémoire en vieillissant. ② 탁하다 être trouble, impur(*e*). ¶ 잠이 덜 깬 흐린 눈으로 쳐다보다 regarder *qn/qc* ((au réveil)) au travers d'un brouillard [avec les yeux brouillés]. ¶ 강물이 ~ L'eau de la rivière est trouble. ③ ((글씨 따위)) être peu clair(*e*). ¶ 흐린 글씨 une écriture peu claire, une écriture peu lisible [difficile à lire, difficile à déchiffrer, difficilement lisible]. ¶ 글씨를 흐리게 쓰다 écrire peu lisiblement, avoir une écriture difficile à lire. ④ 셈이 확실하지 않다 être faible en calcul. ¶ 그는 셈이 ~ Il est faible en calcul. ⑤ ((날씨)) être nuageux(*se*), couvert(*e*), brumeux(*se*), gris(*e*), chargé(*e*) (de nuages), pommelé(*e*), orageux(*se*), pluvieux(*se*) ((un ciel de plomb)). ¶ 흐린 날씨 un temps nuageux [couvert, gris, maussade, triste]; un ciel couvert [brumeux, nuageux, gris, pommelé]. ¶ 흐린 후 맑음 le soleil après les nuages. ¶ 하늘이 잔뜩 흐렸다 Le ciel était très nuageux [chargé, orageux, lourd, menaçant] / Le ciel était noir. ⑥ ((안색)) être embrumé(*e*). ¶ 걱정이 있는지 그 사람의 얼굴빛이 ~ Il a le visage sombre [rembruni, assombri], peut-être à cause de ses soucis. ⑦ ((전등불 따위))

être peu clair(*e*), ((lumière)) être faible; être mal éclairé(*e*). ¶ 흐린 불빛 une lumière faible. ¶ 형광등이 ~ Les néons éclairent mal.

흐리멍덩하다 형 ① ((정신이)) s'embrumer; être confus(*e*). ¶ 잠이 덜 깨어 ~ avoir l'esprit embrouillé parce qu'on n'est pas encore complètement réveillé(*e*) [parce qu'on est à moitié endormi(*e*)], avoir l'esprit embrouillé parce qu'on est dans les vapes {*fam*} [dans le brouillard]. ¶ 기억이 ~ avoir un vague souvenir, se souvenir de *qc* vaguement. ¶ 과음 때문에 정신이 ~ avoir l'esprit confus à cause de l'ivresse [de l'alcool, d'un abus d'alcool]. ② ((일 처리, 판단 따위)) être confus(*e*), incertain(*e*), indécis(*e*). ¶ 일 처리가 ~ mal accomplir *son* travail. ¶ 흐리멍덩하게 살다 avoir une vie désordonnée [chaotique].

◆**흐리멍덩히** 부 confusément, indistinctement, vaguement, imparfaitement, de façon ambiguë. ¶ 흐리멍덩히 행동하다 avoir une attitude ambiguë.

흐리터분하다 형 ① ((사물, 현상)) être peu clair(*e*); ((하늘, 날씨)) être nuageux(*se*), couvert(*e*), brumeux(*se*), gris(*e*), chargé(*e*) (de nuages), pommelé(*e*), orageux(*se*), pluvieux(*se*) ((un ciel de plomb)). ¶ 흐리터분한 하늘 un ciel couvert [nuageux, gris, brumeux, pluvieux]. ② ((성격, 행동)) être indécis(*e*). ¶ 흐리터분한 성격 un caractère indécis. ¶ 매사에 ~ être indécis(*e*) en toutes choses, hésiter en permanence.

흐릿하다 형 ① ((날씨)) être nuageux(*se*), couvert(*e*), brumeux(*se*), gris(*e*), chargé(*e*) (de nuages), pommelé(*e*), orageux(*se*), pluvieux(*se*) ((un ciel de plomb)). ¶ 날씨가 ~ Le temps est nuageux [couvert, gris, maussade, triste]. ② ((빛깔)) être peu clair(*e*), vague. ¶ 흐릿한 조명 un éclairage insuffisant [faible]. ¶ 가로등이 흐릿하게 골목을 비추고 있었다 Un réverbère éclairait faiblement la ruelle. ③ ((정신, 판단)) être confus(*e*), vague. ¶ 나이 들어 정신이 흐릿해지다 perdre la mémoire en vieillissant.

흐물 어근

◆**_거리다** 자 ① s'agiter. ¶ 낚시 가서 잡은 해파리가 그물 속에서 ~거리고 있다 La méduse qu'on a pêchée s'agite dans le filet. ② ((몸을)) chanceler, trébucher, tituber, vaciller. ¶ 술을 너무 많이 마셔서 몸이 ~거렸다 Il titubait parce qu'il avait trop bu.

◆**__** 부 ① mollement. ¶ 뼈가 ~~ 익을 때까지 삶아야 한다 Il faut cuire longuement un os jusqu'à ce qu'il devienne mou [se ramollisse]. ② 뭉그러지는 모양 en bouillie. ¶ 푹 삶으면 껍질이 ~~ 벗겨진다 Si on le cuit bien, il devient aisé de le peler. ¶ 그는 언제나 ~~ 다닌다 Il n'a jamais un bon équilibre / Il n'est pas stable sur ses jambes / Il vacille [Il flageole] en permanence sur ses jambes.

◆**__하다** 형 ① être m*ou*(m*ol*, m*olle*), flasque; être trop mûr(*e*); être trop cuit(*e*), en bouillie. ¶ 닭이 ~~해질 때까지 푹 삶아라 Fais cuire le poulet assez [suffisamment] longtemps jusqu'à ce qu'il soit tendre. ¶ 너무 삶았더니 ~~해져 버렸다 C'est devenu trop mou parce qu'on l'a cuit trop longtemps. ② 뭉그러지는 모양 être m*ou*(m*ol*, m*olle*). ¶ 종이가 물에 젖어 ~~해지다 Un papier mouillé perd sa rigidité.

흐뭇하다 형 être content(*e*), satisfait(*e*), heureu*x*(*se*), comblé(*e*), éprouver de la satisfaction. ¶ 흐뭇한 표정 un air heureux. ¶ 새로 장만한 오디오를 보면 나는 ~ Je suis très content(*e*) [Je suis comblé(*e*)] d'avoir une nouvelle chaîne stéréo. ¶ 무엇에 아주 흐뭇해하다 se féliciter de *qc* [d'avoir fait *qc*], être très heureu*x*(*se*) de *qc*/*inf*. ¶ 누구의 선물을 받고 흐뭇해지다 être heureu*x*(*se*) d'avoir reçu un cadeau de *qn*. ¶ 자식의 성공을 흐뭇하게 여기다 être satisfait(*e*) [heureu*x*(*se*), comblé(*e*)] de la réussite de *ses* enfants. ¶ 한량없이 ~ être infiniment [on ne peut plus, extrêmement] satisfait(*e*) [content(*e*)], être le(*la*) plus heureu*x*(*se*) des hommes(femmes).

◆**흐뭇이** 부 d'un air heureux. ¶ 누구[무엇]를 흐뭇이 바라보다[여기다] regarder *qn*/*qc* d'un air heureux [avec l'air heureux].

흐벅지다 형 être grassouill*et*(*ète*), potelé(*e*), dodu(*e*), bien en chair, empâté(*e*); être rebondi(*e*). ¶ 흐벅진 엉덩이 fesses rebondies.

흐지부지 부 ((finir)) en queue de poisson; d'une façon peu claire. ¶ 관계를 ~ 끝내다 finir une relation d'une [de] façon peu claire. ¶ 회의는 ~ 끝났다 La réunion s'est achevée sans résultat.

◆**_되다** 자 se terminer sans résultat, n'aboutir à rien, ne rien donner, tomber à l'eau, s'en aller [partir, s'évanouir] en fumée; finir en queue de poisson. ¶ 여행 계획은 ~되고 말았다 Le projet de voyage est tombé à l'eau.

◆**_하다** 타 faire *qc* d'une façon peu claire; ((일)) faire ((un travail)) sans soin, expédier ((un travail)). ¶ 일을 ~하다 faire un travail sans soin [de manière expéditive, à la va-vite {*fam*}], expédier un travail, bâcler un travail {*fam*}.

형 être peu ferme, manquer de fermeté. ¶ ~한 태도 une attitude peu ferme. ¶ 토론은 ~하게 끝나 버렸다 La discussion a pris fin sans aboutir à rien / La discussion s'est terminée sans résultat.

흐트러뜨리다 타 ① mettre *qc* en désordre; embrouiller. ¶ 바람이 불어와 나뭇잎을 흐트러뜨린다 Le vent éparpille les feuilles. ¶ 바람이 그 여자의 곱게 빗은 머리를 흐트러뜨렸다 Le vent décoiffa ses cheveux bien peignés. ② 단정하지 않게 하다 ((자세)) se tenir mal; ((옷차림)) être débraillé(*e*), mal soigné(*e*). ¶ 그 여자는 언제나 자세를 흐트러뜨리지 않았다 Elle se tenait toujours droite. ③ 산만하게 하다 se disperser, ne pas se concentrer. ¶ 그 사람은 어떠한 일에도 마음을 흐트러뜨리지 않고 집중해서 공부했다 Il a travaillé sans se disperser.

흐트러지다 재 ① être désordonné(*e*), être en désordre. ¶ 그 사람은 바람에 흐트러진 머리칼을 다듬으려고 했지만 소용이 없었다 Il voulait rajuster ses cheveux décoiffés [désordonnés] par le vent, mais en vain. ② être désordonné(*e*); ((자세)) se tenir mal. ¶ 그의 방은 누가 뒤졌던 것처럼 어지러이 흐트러져 있었다 Sa chambre était en désordre comme si quelqu'un l'avait fouillée. ¶ 어른 앞에서 흐트러진 자세로 있지 마라 Fais attention à bien te tenir devant les personnes âgées. ¶ 그 사람은 어떠한 경우에도 표정 하나 흐트러지는 법이 없었다 Il restait de marbre dans toutes les circonstances. ③ 산만해지다 ((esprit)) être troublé(*e*), dérangé(*e*). ¶ 나는 공부 외의 다른 일로 인해 마음이 흐트러지는 일이 없게 하려고 애썼다 J'ai fait de mon mieux pour ne pas être dérangé par autre chose que mes études. ¶ 흐트러진 정신 esprit troublé.

◆**흐트러짐** 명 état *m* de désordre. ¶ 그 여자의 걸음걸이는 흐트러짐 하나 없었다 Elle marchait avec élégance [avec prestance].

흐흐 부 ① ha! ha! ((onomatopée imitant des rires)). ¶ 그 사람은 언제나 ~ 웃는다 Il rit toujours d'un rire franc / Il rit toujours fort [bruyamment] / Il rit toujours aux éclats [à gorge déployée]. ② ((onomatopée imitant des rires étouffés)). ¶ 그 사람은 무슨 생각을 하는지 소리없이 ~ 웃고 있었다 Il riait intérieurement pour on ne sait quelle raison.

◆**_거리다** 재 rire aux éclats, avoir une franche rigolade {*fam*}.

◆**_대다** 재 continuer à rire aux éclats.

흑[1] 부 en sanglotant. ¶ ~ 하고 흐느껴 울다 pleurer en sanglotant, sangloter.

흑[2] 黑 명 ① noir *m*. ¶ 스탕달의 「적과 ~」 Le Rouge et le Noir de Stendhal. ② 【오락】 pion *m* noir; pierre *f* noire ((au jeu de go)). ¶ ~을 잡다 prendre les pions noirs [les noirs], avoir les noirs.

흑갈색 黑褐色 명 brun *m* foncé, marron *m* foncé.

흑막 黑幕 명 ① rideau(*x*) *m* [voile *m*] noir. ② 음흉한 내막 coulisse *f*, dessous *mpl*; secret *m*. ¶ ~에 숨어있다 se cacher dans les coulisses. ¶ ~에서 움직이다 se tenir en coulisses. ¶ ~을 캐내다[밝히다] éclaircir un secret, lever le voile sur *qc*. ¶ 그 사건에는 뭔가 ~이 있다 Il y a sans doute quelque chose de caché sous cette affaire. ¶ 이제서야 나는 그 일의 ~을 알게 되었다 Je viens de comprendre [de pénétrer] le mystère de cette affaire.

흑맥주 黑麥酒 명 bière *f* brune, épaisse et forte, d'origine britannique ou irlandaise, stout *mf*.

흑발 黑髮 명 cheveux *mpl* noirs, chevelure *f* noire. ¶ 그 여자는 ~이었다 Elle avait les cheveux noirs. ¶ 윤이 흐르는 ~ cheveux noirs brillants [luisants].

흑백 黑白 명 ① noir *m* et blanc *m*. ¶ 그 그림은 ~의 선명한 대비가 돋보인다 Le contraste entre le noir et le blanc est frappant dans ce tableau. ② 명암 noir *m* et blanc *m*. ¶ 우리 집은 아직도 ~ 텔레비전을 본다 Nous regardons encore la télévision en noir et blanc chez nous. ¶ 칼라 사진이 보여 줄 수 없는 운치가 ~ 사진에는 있다 La photo noir et blanc a un charme que la photo couleur n'a pas. ③ 옳고 그름 le bien *m* et le mal *m*, le bon *m* et le mauvais *m*, le vrai [juste] *m* et le faux. ¶ ~을 가리다 distinguer [discriminer, discerner] le bien du mal [le bon du mauvais, le vrai du faux]. ¶ 어린아이들은 ~의 판단이 잘 서지 않는다 Les enfants discernent difficilement le bien du mal. ¶ 이번 일의 ~을 분명히 가려야 한다 Il faut tirer cette affaire au clair.

◆**_사진[영화]** -寫眞[映畫] 명 photo *f* [film *m*] noir et blanc.

◆**_논리** -論理 명 manichéisme *m*.

흑사병 黑死病 명 【의학】 peste *f*.

흑색 黑色 명 noir *m*, couleur *f* noire. ¶ 그 아저씨는 늘 음침한 ~ 옷만을 입고 다녔다 Ce monsieur s'habillait toujours en noir.

◆**_선전** -宣傳 명 propagande *f* calomnieuse; fausse propagande *f*.

◆**_증** -症 명 【의학】 mélanodermie *f*, mélanisme *m*, mélanose *f*.

◆**_화약** -火藥 명 【화학】 poudre *f* noire.

흑설탕 黑雪糖 명 sucre *m* brun.

흑심 黑心 명 pensée *f* perverse; mauvaise intention *f*; noirs desseins *mpl* {*litt*}. ¶ 나는 조금도 ~이 없다 Je n'ai pas la moindre mauvaise intention. ¶ 누구에게 ~을 품다 nourrir de noirs desseins; concevoir [avoir, éprouver] de la haine pour *qn*; nourrir une haine contre *qn*; prendre *qn* en haine [en grippe]; haïr *qn*; éprouver [garder] du ressentiment; avoir de la rancœur pour [contre] *qn*; avoir de la rancune contre *qn*; garder rancune à *qn* (de *qc*); ne pas pardonner *qn*, en vouloir à (*qn*); garder à *qn* un chien de sa chienne {*fam*}; garder une dent contre *qn* {*fam*}. ¶ 지난 번 일 때문에 그 남자는 항상 나에게 ~을 먹고 있다 Il m'en veut toujours beaucoup à cause de l'histoire de l'autre jour.

흑연 黑鉛 명 【광물】 graphite *m*, plombagine *f*.

흑염소 黑- 명 chèvre *f* noire. ¶ ~를 달여 먹다 boire un bouillon médicinal à base de viande de chèvre noire.

흑요석 黑曜石 명 【광물】 obsidienne *f*.

흑인 黑人 명 Noir(*e*), ((경멸)) nègre(*sse*). ¶ ~ 매매 traite des noirs ¶ ~ 거주 지구 ghettos noirs; quartier noir. ¶ ~ 분리정책 politique de ségrégation (des noirs); ségrégationnisme, apartheid. ¶ ~ 옹호 défense *f* des Noirs. ¶ 그 사람은 평생을 ~ 인권 신장에 바쳤다 Il a consacré sa vie à améliorer les droits de l'homme pour les Noirs. ¶ 전 세계적으로 ~ 음악이 인기가 있다 La musique des noirs est très populaire dans le monde entier.

◆**_문학** -文學 명 littérature *f* noire [des pays noirs].

◆**_영가** -靈歌 명 【음악】 négro-spiritual *m*.

흑자 명 黑字 ① lettre *f* (noire) écrite à l'encre de Chine. ② 【경제】 excédent *m* (de l'actif sur le passif); bénéfice *m*. ¶ ~ 재정 bénéfice; excédent (de l'actif sur le passif). ¶ ~ 폭 différence en plus; différence du bénéfice. ¶ 올해 3/4분기를 정점으로 무역수지가 ~로 돌아섰다 À partir du troisième trimestre, le bilan commercial est devenu excédentaire. ¶ 창립 이후 최대의 ~를 내다 réaliser le plus grand bénéfice depuis la fondation (de l'entreprise).

흑점 黑點 명 ① tache *f* noire. ② 【천문】 tache *f* ((solaire)). ¶ 태양의 ~ tache solaire.

흑판 黑板 명 tableau(*x*) *m* noir ¶ ~ 지우개 chiffon, éponge.

흑흑 부 en sanglotant. ¶ 그 여자는 ~ 소리내 울었다 Elle a sangloté. ¶ 그 여자는 어깨를 들썩이며 ~ 흐느꼈다 Ses épaules sont secouées par de gros sanglots.

◆**_거리다[대다]** 자 continuer à sangloter.

흔들거리다 재타 s'agiter; se balancer. ¶ 바람에 등불이 흔들거린다 Le vent fait osciller la flamme de la bougie. ¶ 파도 때문에 배가 좌우로 흔들거린다 Le bateau est ballotté par les vagues. ¶ 꼰 다리를 ~ remuer la jambe croisée.

흔들다 타 ① agiter *qc*; remuer, secouer. ¶ 누구에게 손을 ~ saluer *qn* de la main. ¶ 몸을 흔들며 춤을 추다 remuer le corps pour danser. ¶ 누구의 어깨를 흔들어 깨우다 secouer les épaules de *qn* pour le réveiller. ¶ 손수건[깃발]을 ~ agiter un mouchoir [le drapeau]. ¶ 강아지가 꼬리를 흔든다 Le chiot remue sa queue. ② 울리게 하다 retentir; faire trembler. ¶ 경기장을 흔드는 관중들의 함성 소리 les cris retentissants des spectateurs. ¶ 천둥이 천지를 흔들 듯하다 Un coup de tonnerre fit tout trembler. ③ ((파문, 충격)) troubler; ébranler. ¶ 사람의 마음을 ~ troubler le cœur de *qn*. ¶ 누구의 결심을 흔들어 놓다 ébranler la résolution de *qn*. ¶ 온 집안을 흔들어 놓다 ébranler toute la famille. ¶ 국가 기반을 흔들어 놓은 중대한 사건 L'affaire ébranle les assises de l'État. ④ 좌지우지하다 influer; gouverner; faire la pluie et le beau temps. ¶ 정계를 흔드는 거물 une figure influente des milieux politiques.

흔들대다 재타 ☞ 흔들거리다

흔들리다 자 ① être agité(*e*); trembler; osciller; branler. ¶ 바람에 흔들리는 나뭇잎 feuilles qui tremblent dans le vent. ¶ 바람에 흔들리는 촛불 flamme de la bougie qui oscille à cause du vent. ¶ 나는 이가 하나 흔들린다 J'ai une dent qui branle [bouge]. ② ((충격으로)) osciller; trembler. ¶ 지진으로 건물이 흔들린다 L'immeuble oscilla à cause du tremblement de terre. ③ ((마음이)) être ébranlé(*e*), troublé(*e*); chanceler. ¶ 결심이 흔들렸다 Ma conviction a été ébranlée. ¶ 마음이~ être troublé(*e*) par; chanceler à cause de. ¶ 나라의 기반이 흔들리고 있다 Les assises de l'État sont ébranlées. ¶ 그의 지위가 흔들리고 있다 Sa position est menacée.

흔들의자 -椅子 명 berceuse *f*, fauteuil *m* à bascule. ¶ 할아버지는 ~에 늘 앉아 계셨다 Mon grand-père était toujours assis sur le fauteuil à bascule.

흔들흔들 부 en balançant continuellement ((idéophone imitant des secousses)). ¶ 그는 술에 취해 ~ 몸을 가누지 못한다 Soûl, il titube [il chancelle, il vacille sur ses jambes].

◆**_하다[거리다]** 재타 ① balancer continuellement; basculer. ¶ 그 사람은 어깨를 ~하면서 걸었다 Il marchait en balançant ses épaules. ¶ 책상다리 한 쪽이 짧아 ~한다 La table bascule car un des pieds est plus court que les autres. ② 망설이다 être ébranlé(*e*), troublé(*e*). ¶ 그 사람은 조그만 소문만 들어도 귀가 솔깃해서 마음이 ~한다 Il est tellement crédule qu'il se laisse influencer par toutes sortes de rumeur.

흔연하다 欣然- 형 être joyeux(*se*), gai(*e*).

◆**흔연히** 부 joyeusement, avec joie. ¶ 흔연히 승낙하다 accepter *qc* avec joie. ¶ 집 안으로 흔연히 맞아들이다 accueillir *qn* joyeusement à la maison.

흔적 痕迹 명 ① empreinte *f*, marque *f*, trace *f*. ¶ ~도 없이 사라지다 disparaître (sans trace). ¶ ~을 남기다[지우다] laisser [effacer] des traces. ¶ 고대 문명의 ~ vestiges d'une civilisation antique. ¶ 그 사람의 얼굴엔 고민한 ~이 보였다 Son visage trahissait l'angoisse. ¶ 그 학생의 논문에는 노력한 ~이 뚜렷했다 On pouvait clairement lire les efforts qu'il avait faits dans son mémoire [sa thèse] / Son mémoire [Sa thèse] portait des traces de ses efforts. ② 【언어】 trace *f*.

흔쾌하다 欣快- 형 être très joyeux(*se*); être gai(*e*).

◆**흔쾌히** 부 avec plaisir; joyeusement; avec joie. ¶ 그 친구는 나의 제안을 흔쾌히 받아들였다 Il a joyeusement accepté ma proposition.

흔하다 형 être nombreux(*se*), abondant(*e*); être riche en; être plein(*e*) [rempli(*e*)] de; foisonner. ¶ 흔해 빠진 물건 marchandise facile à trouver; choses que l'on trouve partout. ¶ 시장에는 사과가 ~ On trouve des pommes partout au marché / Les marchés sont bien approvisionnés en pommes. ¶ 요즘 가족끼리 외식하는 일은 흔한 일이다 Aujourd'hui, il est devenu très courant de manger au restaurant en famille. ¶ 저토록 건실한 청년은 흔치 않다 Il n'est pas fréquent de voir un jeune homme aussi sincère. ¶ 그런 예는 아주 ~ On peut facilement trouver ce genre d'exemple.

◆**흔히** 부 souvent, fréquemment; beaucoup, abondamment; ordinairement. ¶ 흔히 있는 일 chose qui arrive souvent. ¶ 흔히 볼 수 있는 광경 un spectacle [une scène] que l'on peut voir souvent, un spectacle [une scène] classique. ¶ 사람들은 흔히 이렇게 말한다 On le dit généralement ainsi. ¶ 흔히들 이렇게 말하지만 On dit souvent ça, mais ... ¶ 감기는 어린아이가 흔히 걸리는 병이다 Le rhume est une affection commune chez les enfants. ¶ 이곳에서는 사고가 흔히 일어난다 Il y a souvent des accidents ici / Les accidents sont fréquents à cet endroit.

흘겨보다 타 jeter un coup d'œil en biais; regarder *qc* de travers. ¶ 누구를 날카롭게[매섭게] ~ lancer un regard furieux à *qn*.

흘금 부 à la dérobée, du coin de l'œil.

◆_ _ 부 à la dérobée, du coin de l'œil. ¶ ~~ 쳐다보지 마라 Ne me regarde pas du coin de l'œil.

흘긋 부 ((entrevoir)) à peine; à la dérobée, du coin de l'œil. ¶ 누구를 ~ 쳐다보다 regarder *qn* du coin de l'œil. ¶ ~ 한 번 봤을 뿐이다 Je l'ai seulement entrevu.

◆_흘긋 부 à la dérobée, du coin de l'œil.

흘기다 타 regarder *qn* de travers. ¶ 누구에게 무섭게 눈을 ~ lancer un regard furieux à *qn*.

흘깃 부 d'un regard furtif. ¶ 그 사람은 나를 한 번 ~ 쳐다보고는 가 버렸다 Il m'a jeté un regard furtif et il s'en est allé.

◆_거리다[대다] 재 jeter un regard furtif à plusieurs reprises. ¶ 행인들은 길에 쓰러진 노파를 ~거리며 쳐다보았다 Les passants jetaient des regards furtifs sur la vieille dame tombée dans la rue.

흘끔 부 d'un regard furtif. ¶ 옆 사람을 ~ 쳐다보다 regarder *son* voisin à la dérobée. ¶ 그 사람은 지나가다가 ~ 뒤돌아보았다 Il s'est retourné pour jeter un regard furtif et discret.

◆_거리다[대다] 타 continuer à regarder à la dérobée; lancer des œillades à *qn*. ¶ 그 사람은 뭐가 불안한지 자꾸만 문 쪽을 ~거렸다 Il continuait à jeter un regard furtif sur la porte avec un air anxieux. ¶ 그 사람은 곁눈질로 나를 ~거리면서 보았다 Il me lançait des œillades.

흘끗 부 ☞ 흘긋

흘낏 부 ((entrevoir)) en un clin d'œil. ¶ 그 사람은 돌아서면서 경찰관을 ~ 훑어보았다 En se retournant, il a jeté un regard au policier.

◆_거리다[대다] 타 jeter des coups d'œil à la dérobée. ¶ 사람들이 나를 ~거리면서 쑥덕거렸다 Les gens chuchotaient entre eux en me jetant des coups d'œil à la dérobée.

◆_ _ 부 regarder à peine; entrevoir. ¶ ~~ 쳐다보다 entrevoir.

흘러가다 재 ① ((액체가)) couler, ruisseler, se jeter ((dans la mer, dans une autre rivière)). ¶ 강물은 바다로 흘러간다 Un fleuve se jette dans la mer. ¶ 흘러가는 시냇물 un ruisseau qui coule. ② ((배가)) flotter. ¶ 강을 따라 흘러가는 돛단배 voilier qui descend le long de la rivière. ③ ((이야기가)) dériver. ¶ 이야기가[토론이] 엉뚱한 방향으로 흘러갔다 La discussion a dérivé dans une mauvaise direction / La discussion a dérivé bizarrement / Nous sommes sortis[Nous nous sommes écartés] du sujet. ④ ((정보,돈 따위가)) se répandre, se généraliser; passer. ¶ 국가 기밀이 적국으로 흘러갔다 Un secret d'État est passé aux mains de l'ennemi. ⑤ ((세월, 시간이)) passer, s'écouler. ¶ 흘러가는 세월 le temps qui passe. ¶ 시간이 흘러갈수록 생각은 깊어진다 Plus le temps passe, plus les idées s'approfondissent / Avec le temps on pense plus profondément.

흘러나오다 재 ① couler (de *qc*), sortir de *qc*. ¶ 수도관에서 물이 흘러나온다 L'eau coule du robinet. ¶ 문틈으로 흘러나오는 불빛 une lumière qui filtre [passe] par la porte. ¶ 라디오에서 음악이 흘러나온다 On entend de la musique qui provient de la radio / Il y a de la musique au poste radio. ¶ 사람들의 입에서 탄식이 흘러나왔다 Des gens poussent des soupirs [gémissements, plaintes]. ② ((소문 등이)) circuler. ¶ 어디에선가 그 사람이 파산했다는 소문이 흘러나오고 있다 Une rumeur, dont on ne sait où, circulait qu'il avait fait faillite / Je ne sais pas d'où, mais une rumeur circulait à propos de sa faillite.

흘러내리다 재 ① ruisseler; perler. ¶ 땀이 비오듯 흘러내린다 ruisseler de sueur. ¶ 차창에 흘러내리는 빗물 l'eau de pluie qui ruisselle de la portière de la voiture. ② 느슨해지다 glisser; tomber. ¶ 땀 때문에 안경이 자꾸 흘러내린다 Mes lunettes glissent sans arrêt à cause de la transpiration. ¶ 바지가 자꾸 흘러내린다 Mon pantalon tombe sans arrêt. ¶ 흘러내린 앞머리 les cheveux de devant qui tombent sur le front.

흘러넘치다 재타 ① déborder, se répandre par-dessus bord. ¶ 수돗물이 욕조에서 바닥으로 흘러넘쳤다 L'eau a débordé de la baignoire / La baignoire a débordé. ¶ 강물이 둑을 흘러넘쳤다 Les eaux du fleuve ont débordé (sur la digue) / Le fleuve a quitté son lit. ② ((애교 등이)) déborder de((joie, vie, imagination)); être rempli(*e*) de ((imagination)). ¶ 그 여자는 눈에 애교가 흘러넘친다 Ses yeux sont débordants de charme [de vie] / Ses yeux débordent de vie [de charme] / Ses yeux sont absolument charmants.

흘러들다 재 ① se jeter dans ((la mer)); se déverser. ¶ 강으로 흘러드는 각종 폐수 les eaux usées qui se déversent dans la rivière. ¶ 이 강은 황해로 흘러든다 Ce fleuve se jette dans la mer Jaune. ② ((물건, 현상 따위)) s'infiltrer; pénétrer; arriver, affluer; entrer. ¶ 마약은 주로 암거래를 통해 그 지역으로 흘러든다 La drogue s'infiltre dans cette région essentiellement à travers le marché noir. ¶ 시골에까지 흘러든 사치 풍조 les mœurs de luxe qui pénètrent jusque dans la campagne[les campagnes]. ③ ((사람이)) entrer dans, arriver dans [à]. ¶ 떠돌아다니다가 우리 마을로 흘러들어 온 남자 l'homme qui est entré[arrivé] dans notre village après avoir vagabondé[erré] ici et là.

흘레 명 accouplement *m* des animaux; copulation *f*. ¶ 새들이 ~한다 Les oiseaux s'apparient. ¶ ~를 붙이다 faire couvrir; apparier.

흘려듣다 타 ① n'écouter que d'une oreille; ne pas être attentif(*ve*) à; ne pas écouter attentivement. ¶ 그 아이는 부모님의 말씀을 흘려듣는다 Cet enfant n'écoute pas attentivement ses parents. ¶ 누구의

말을 한 마디도 흘려듣지 않다 n'écouter que d'une oreille ce que dit quelqu'un. ② 우연히 듣다 entendre dire *qc*. ¶ 어디선가 흘려들은 소문에 의하면 그 여자는 이번 토요일에 결혼한다. D'après ce que j'ai entendu dire, cette femme se marie ce samedi.

흘려버리다 타 ne pas vraiment faire attention à ce qu'on dit; faire la sourde oreille. ¶ 남들의 말을 예사롭게 ~ ne pas vraiment faire attention à ce qu'on dit [qu'ils disent]. ¶ 내가 하는 말을 흘려버리지 말고 명심해라 Fais attention à ce que je dis, sans faire la sourde oreille / Fais attention à ce que je dis sans que ça entre par une oreille et que ça ressorte par l'autre.

*한 귀로 ~ entrer par une oreille et sortir par l'autre.

흘려보내다 타 ① faire passer. ¶ 전류를 ~ faire passer le courant ((dans un fil électrique)). ② ((시간을)) laisser s'écouler[passer] le temps. ¶ 아무 것도 하지 않고 세월을 그냥 ~ laisser s'écouler le temps à ne rien faire. ③ 건성으로 듣다 être sourd(*e*) aux conseils de *qn*; faire la sourde oreille. ¶ 남의 충고를 한 귀로 듣고 한 귀로 ~ ne pas prêter attention aux conseils de *qn*, faire passer des conseils par une oreille et les faire sortir par l'autre.

흘리다 타.① ((눈물 따위를)) laisser couler. ¶ 콧물[눈물]을 ~ avoir le nez qui coule[laisser couler des larmes, avoir des larmes qui coulent]. ¶ 피를 ~ saigner. ¶ 침을 ~ baver; laisser couler sa bave. ② ((물, 사물을)) renverser, laisser tomber. ¶ 바닥에 물을 ~ renverser de l'eau par terre. ¶ 음식을 흘리지 마라 Ne fais pas de miettes / Ne laisse pas tomber la nourriture. ③ 부주의로 잃다 laisser [oublier] *qc* ((dans un café)). ¶ 카페에서 지갑을 ~ oublier *son* portefeuille dans un café. ¶ 그 사람은 물건을 잘 흘리고 다닌다 Il est distrait[étourdi] / C'est un distrait / Il oublie toujours quelque chose parce qu'il a la tête en l'air. ④ 건성으로 듣다 ne pas prêter attention à *qc*. ¶ 그 학생은 선생님의 말씀을 한 마디도 흘리지 않고 듣는다 Cet(*te*) étudiant(*e*) écoute le professeur en faisant attention de n'oublier aucun mot. ⑤ 넌지시 알리다 divulguer ((un secret)). ¶ 경쟁사에 회사 기밀을 ~ divulguer le secret d'une entreprise à des concurrents. ⑥ 얼굴에 드러내다 laisser paraître, laisser entrevoir. ¶ 입가에 조소를 ~ avoir le sourire aux lèvres; laisser entrevoir [laisser paraître] un sourire. ⑦ 흘려 쓰다 mal écrire, griffonner [gribouiller]. ¶ 글씨를 흘려 쓰다 mal écrire; griffonner, gribouiller.

흘림 명 cursive *f*. ¶ ~ 글씨 écriture cursive. ¶ ~으로 쓰다 écrire en cursive.

흙 명 terre *f*, sol *m*. ¶ ~으로 덮다 couvrir *qc* de terre. ¶ ~으로 돌아가다 retourner à la terre. ¶ ~을 일구다 cultiver la terre. ¶ ~을 파다 creuser la terre. ¶ 나는 고향의 ~ 한 줌을 가지고 돌아왔다 Je suis revenu(*e*) avec une poignée de terre de mon pays natal. ¶ 손에 묻은 ~을 털다 secouer la terre de *ses* mains.

◆**_강아지** 명 chien *m* couvert de terre. ¶ 한 시간만에 애들이 ~강아지가 되었다 Les enfants sont devenus comme des chiens couverts de terre au bout d'une heure et demie.

◆**_구덩이** 명 trou *m*, cavité *f*, creux *m* dans le sol. ¶ ~구덩이를 파다 creuser la terre. ¶ ~구덩이에 흙을 메웠다 remplir un trou de terre.

◆**_냄새** 명 odeur *f* de terre. ¶ ~냄새가 나다 sentir la terre.

◆**_더미** 명 tas *m* de terre. ¶ ~더미를 헤치고 무언가를 찾다 chercher *qc* dans un tas de terre. ¶ ~더미에 깔리다 être écrasé(*e*) sous un tas de terre. ¶ 산사태로 마을이 ~더미 속에 묻혔다 L'éboulement de montagne a enseveli le village. ¶ 홍수로 ~더미가 무너져 내렸다 La terre s'est éboulée à la suite d'une inondation / L'inondation a provoqué un éboulement de terrain.

◆**_덩이** 명 motte *f* de terre.

◆**_먼지** 명 poussière *f* de terre. ¶ ~먼지를 뒤집어쓰다 être couvert(*e*) de poussière de terre. ¶ 자동차들이 ~먼지를 일으키며 지나갔다 Les voitures sont passées en soulevant des poussières de terre. ¶ 날이 건조해서 뽀얗게 ~먼지가 일었다 A cause du temps très sec, il y a beaucoup de poussières de terre.

◆**_바닥** 명 sol *m*, terre *f*. ¶ ~바닥에 주저앉다 s'asseoir par terre. ¶ 아이들이 ~바닥에 앉아서 논다 Les enfants jouent assis par terre.

◆**_바람** 명 vent *m* de terre. ¶ ~바람이 불다 Il y a du vent de terre. ¶ ~바람을 일으키다 soulever du vent de terre.

◆**_벽** -壁 명 mur *m* en pisé; mur *m* de terre.

◆**_벽돌** -壁- 명 brique *f* en pisé; brique *f* de terre.

◆**_빛** 명 couleur *f* de terre; couleur *f* terreuse. ¶ 얼굴이 ~빛으로 변하다[질리다] avoir le teint terreux.

◆**_손** 명 truelle *f*.

◆**_일** 명 trav*ail*(*aux*) *m* de plâtrerie; plâtrage *m*. ¶ ~일을 하는 사람 plâtrier.

◆**_장난** 명 jeu(*x*) *m* de terre. ¶ ~장난을 하다[치다] jouer avec de la terre.

◆**_질** 명 trav*ail*(*aux*) *m* de plâtrerie.

◆**_탕물** -湯 명 eau *f* boueuse. ¶ ~탕물을 뒤집어쓰다 être couvert(*e*) d'eau boueuse. ¶ 비가 많이 내려 강물이 ~탕물이 되었다 L'eau de la rivière est boueuse à cause des fortes pluies.

◆**_투성이** 명 personne *f* [chose *f*] couverte de terre. ¶ ~투성이 얼굴 un visage couvert de terre. ¶ 옷이 온통 ~투성이다 Le vêtement est complètement couvert de terre.

흠[1] 欠 명 ① ((얼굴 따위의)) balafre *f*, cicatrice *f*, couture *f*; meurtrissure *f*; ((물건의)) défaut *m*, défectuosité *f*, imperfection; fissure *f*; égratignures *fpl*, rayures *fpl* ((sur un meuble)); cabossage *m*; tache *f*, marque *f*. ¶ 가구에 ~이 있다 Ce meuble a des défauts [des rayures, des éraflures] / Ce meuble est abîmé. ② 결점 imperfection *f*, défaut

ㅎ

m. ¶ 너무 비싼 게 ~이다 Le seul défaut, c'est le prix (trop élevé). ③ 흉 défaut *m.* ¶ 누구나 ~이 있기 마련이다 Chacun a ses défauts. ¶ 입이 가벼운 게 ~이다 Son défaut est qu'il ne sait pas garder les secrets (qu'on lui confie). ¶ ~을 잡다[내다] relever les défauts de *qn*; avoir à redire (au sujet de *qn*); chercher les défauts de *qn* [la petite bête {*fam*}]; dénigrer [décrier] *qn.* ¶ ~ 잡을 데 없는 사람 une personne sans défaut [qui n'a aucun défaut]; une personne parfaite.

◆**_집** 명 défaut *m*, défectuosité *f*, imperfection; marque *f*; fissure *f*; égratignures *fpl*, rayures *fpl* ((sur un meuble)); cabossage *m*; tache *f.* ¶ 물건에 ~집이 생겼다 Cet objet a des défauts [imperfections] / Cet objet est abîmé. ¶ ~집을 남기다 laisser des marques.

흠[2] 감 hem; ouah, waouh; pouah. ¶ ~, 보통 솜씨가 아니군 Ouah!, quelle habileté! / Waouh!, c'est extraordinaire! ¶ ~, 어지간히 잘난 체하는군 Pouah! quel orgueilleux [vaniteux]!

흠모 欽慕 명 adoration *f*, admiration *f.* ◇**_(를) 하다** adorer *qn*, admirer *qn.* ¶ 스승의 훌륭한 인격을 ~하다 adorer la grande personnalité de *son* maître. ◇**_(를) 받다** être adoré(*e*), admiré(*e*). ¶ 그 선생님은 많은 제자들의 ~를 받는다 Ce professeur est adoré de ses étudiants.

흠뻑 부 ① en abondance; en grande quantité; à foison; à profusion; abondamment; ((manger)) copieusement; ((payer)) grassement. ¶ 아기와 정이 ~ 들었다 Je me suis énormément attaché(*e*) à cet enfant. ¶ 화초에 물을 ~ 주었다 J'ai donné beaucoup d'eau aux plantes / J'ai beaucoup arrosé les plantes. ② ((être mouillé(*e*), trempé(*e*))) entièrement, complètement, tout, ((trempé(*e*))) jusqu'aux os; (tout) en sueur[nage]. ¶ 그 사람은 비에 온몸이 ~ 젖었다 Il est trempé jusqu'aux os / Il a littéralement été saucé {*fam*} par la pluie. ¶ 그의 셔츠가 땀에 ~ 젖었다 Sa chemise est trempée de sueur.

흠씬 부 pleinement; suffisamment; complètement, à plate couture {*fam*}, totalement. ¶ 깡패한테 ~ 두들겨 맞았다 Il s'est fait tabasser {*fam*}[rouer de coups] à plate couture {*fam*} [totalement] par des voyous.

흠칫 부 sursautant de peur[surprise]; mouvement *m* de recul (sous le coup de la peur ou de la surprise); en sursaut. ¶ ~ 놀라다 sursauter de frayeur.

◆**_거리다[하다]** 자 reculer, avoir un mouvement de recul (sous le coup de la surprise ou de la peur); sursauter, faire un sursaut; courber les épaules; baisser la tête (sous le coup de la surprise ou de la peur). ¶ 그 사람은 내 말에 ~거리며 놀랐다 Il a sursauté de frayeur à mes propos / Il a sursauté étonné par mes propos. ¶ 그 사람은 갑작스런 인기척에 ~했다 Il a sursauté de frayeur lorsqu'il a entendu quelqu'un manifester soudain sa présence. ¶ 그 사람은 몸을 ~했다 Il a eu un mouvement de recul (sous le coup de la peur ou de la surprise) / Il a sursauté.

◆**_ _** 부 sursautant de frayeur; en sursaut. ¶ ~~ 놀라다 être très surpris(*e*), effaré(*e*); sursauter de peur[de surprise].

◆**_ _하다** 자타 reculer, avoir un mouvement de recul (sous le coup de la surprise ou de la peur); sursauter; faire un sursaut (sous le coup de la surprise ou de la peur).

흡기 吸氣 명 ☞ 들숨

흡반 吸盤 명 【동물】 ventouse *f.*

흡사 恰似 부 similitude *f* de deux figures; ressemblance *f* de deux objets. ¶ 그 사람은 ~ 죽은 사람 같았다 On aurait dit un mort / Il était comme un cadavre / Il était cadavérique. ¶ 행동하는 것이 ~ 미친 사람 같았다 À son comportement, on aurait pu croire qu'il(elle) était *fou*(*folle*) / En le(la) voyant on aurait dit un fou (une folle). ◇**_하다** 형 être semblable à *qn/qc*, analogue à *qn/qc*, pareil(*le*) à *qn/qc*, comparable à *qn/qc*. ¶ 두 사람은 얼굴이 형제처럼 ~하다 Ces deux personnes se ressemblent comme deux frères / Ils ont tous deux des visages qui se ressemblent comme ceux de deux frères. ¶ 그들은 성격이 ~하다 Il y a entre eux une ressemblance de caractère. ¶ 두 사건의 진행 과정이 ~해 보인다 Ces deux événements se sont déroulés à peu près pareillement / Le déroulement de ces deux affaires paraît semblable.

◆**_히** 부 comme deux gouttes d'eau. ¶ 아버지를 ~히 닮다 ressembler à *son* père comme deux gouttes d'eau; être le portrait (craché {*fam*}) de *son* père.

흡수[1] **吸收** 명 ① absorption *f.* ¶ 영양분 ~ assimilation des éléments nutritifs. ¶ 태양열 ~ absorption de l'énergie solaire. ② 동화 assimilation *f.* ¶ 외래문화 ~ assimilation d'une culture étrangère. ③ 모아들임 rassemblement *m.* ¶ ~ 통합 unification absorbante. ¶ 고급 인력 ~ rassemblement des élites. ◇**_(를) 하다** absorber, assimiler, rassembler. ¶ 열을 ~하다 absorber la chaleur. ¶ 습기를 ~하지 않다 ne pas absorber l'humidité. ¶ 작은 부서를 ~하다 rassembler et unifier une petite section. ◇**_(가) 되다** être absorbé(*e*); être rassemblé(*e*). ¶ 경쟁회사에 ~되다 être absorbé(*e*) par une entreprise concurrente. ◇**_(를) 시키다** absorber, assimiler, rassembler.

◆**_성** -性 명 absorptivité *f.*

◆**_력** -力 명 pouvoir *m* absorbant.

흡수[2] **吸水** 명 pompage *m*, aspiration *f* (de l'eau). ¶ ~가 잘 되는 종이 papier absorbant. ◇**_(를) 하다[시키다]** pomper, aspirer (de l'eau); absorber. ◇**_(가) 되다** être absorbé(*e*).

흡연 吸煙 명 (action de) fumer. ¶ ~은 몸에 해롭다 Fumer nuit à la santé. ¶ 이곳은 ~ 구역이다 Vous êtes ici en zone fumeur / C'est le coin des fumeurs. ◇**_(을) 하다** fumer.

◆_구역 -區域 명 zone *f* fumeurs.

◆_실 -室 명 fumoir *m*.

◆_자 -者 명 fumeu*r*(*se*).

흡인 吸引 명 succion *f*, aspiration *f*. ◇_(을) **하다** sucer, aspirer. ◇_(이) **되다** être sucé(*e*).

◆_력 -力 명 force *f* d'aspiration. ¶ 그에게는 사람을 모으는 ~력이 있다 Il a du talent pour rassembler les gens.

흡입 吸入 명 inhalation *f*. ¶ 담배 연기의 ~ aspirer la fumée de la cigarette. ◇_(을) **하다** inhaler (des vapeurs); faire des inhalations. ◇_(이) **되다** être inhalé(*e*).

흡족 洽足 명 suffisance *f*, satisfaction *f*.

◆_하다 형 être suffisant(*e*), satisfaisant(*e*), satisfait(*e*). ¶ ~하게 일을 끝내다 terminer le travail avec satisfaction. ¶ ~한 성과를 거두다 donner [avoir] des résultats satisfaisants. ¶ 나는 마음이 ~했다 J'étais satisfait(*e*) / J'éprouvais une satisfaction. ¶ 비가 ~하게 내렸다 Il a suffisamment plu.

◆_히 부 avec satisfaction; suffisamment, amplement, abondamment, copieusement, pleinement. ¶ 용돈을 ~히 받았다 J'ai reçu suffisamment d'argent de poche.

흡착 吸着 명 【물리】 adsorption *f*.

◆_제 -劑 명 adsorbant *m*.

흡혈 吸血 명 succion *f* du sang.

◆_귀 -鬼 명 vampire *m*, strige *m*, stryge *m*. ¶ ~귀에 관한 영화 un film de vampires. ¶ 그 배우는 입이 ~귀처럼 생겼다 Cet(*te*) acteu*r*(*trice*) a une bouche de vampire.

◆_동물 -動物 명 suceu*r*(*se*) de sang.

흥[1] 興 명 ((exciter l')) intérêt *m*, ((éprouver du)) plaisir *m*, enthousiasme *m*. ¶ ~이 나다 L'intérêt s'éveille. ¶ ~이 깨지다[식다] L'intérêt faiblit [se refroidit]. ¶ ~이 더해 가다[오르다] montrer un vif intérêt pour *qc*. ¶ ~을 돋우다 éveiller [susciter] l'intérêt. ¶ ~을 깨뜨리다 gâter [troubler] le plaisir. ¶ 그 사람은 ~에 겨워 노래를 불렀다 Il a chanté pris par son enthousiasme.

흥[2] 감 ① hum!, peuh! ¶ ~, 누가 속을 줄 알고! Peuh! Si tu crois tromper quelqu'un! {*fam*}¶ 그 사람은 ~하고 코웃음을 쳤다 Il a fait fi (de *qc*). ② hem! ¶ 기분이 좋아진 그 여자는 ~소리가 절로 났다 Elle était de si bonne humeur qu'elle n'arrêtait pas d'émettre des petits soupirs de contentement.

흥[3] 부 ((onomatopée indiquant le bruit d'un nez que l'on mouche fort)). ¶ 코를 ~ 풀다 se moucher.

◆_ _ 부 ((onomatopée indiquant le bruit d'un nez que l'on mouche fort)).

◆_ _거리다[대다] 자타 se moucher à grand bruit.

흥건하다 형 ① être stagnant(*e*), dormant(*e*). ② être plein(*e*), rempli(*e*); être couvert(*e*) de *qc*. ¶ 바닥에 물이 흥건하게 고여 있었다 L'eau stagnait sur le sol. ¶ 그 여자의 얼굴에는 눈물이 흥건했다 Son visage était tout ruisselant de larmes.

◆흥건히 부 abondamment, complètement. ¶ 온몸이 땀에 흥건히 젖다 être couvert(*e*) de sueur, être ruisselant(*e*) de sueur; être en nage [(tout) en eau]; être en transpiration.

흥겹다 興- 형 être très amusant(*e*); être divertissant(*e*). ¶ 흥겨운 노랫가락이 흘러나왔다 On entendait des airs entraînants [des mélodies entraînantes]. ¶ 그들은 참으로 흥겨워 보인다 Ils ont l'air de bien s'amuser.

흥기 興起 명 prospérité *f*. ◇_(를) **하다** ① 떨쳐 일어나다 reprendre courage; se secouer; sortir de *sa* torpeur; reprendre du poil de la bête {*fam*}; se ressaisir, reprendre le dessus. ② 의기 분발하다 avoir un moral élevé. ③ 왕성하다 devenir prospère; s'affermir. ¶ 이곳에서 우리 민족이 ~하였다 C'est ici que notre peuple s'est affermi

흥망 興亡 명 sort *m*, destinée *f*, fortune *f*, vicissitudes *fpl*; essor *m* et déclin *m*; prospérité *f* et décadence *f*, hauts *mpl* et bas *mpl*. ¶ 국가의 ~이 여기에 달렸다 C'est de là que le sort du pays dépend.

◆_성쇠 -盛衰 명 essor *m* et déclin *m*; prospérité *f* et décadence *f*; hauts *mpl* et bas *mpl*.

흥미 興味 명 ① intérêt *m*. ¶ ~ 위주의 오락물 divertissement d'un intérêt superficiel. ¶ ~를 유발하다 susciter l'intérêt. ¶ 언어학에 ~를 느끼다 s'intéresser à la linguistique. ¶ 나는 이 분야에 ~가 있다 Ce domaine m'intéresse. ② 호기심 curiosité *f*. ¶ 멋있는 사람에게 ~를 느끼다 éprouver une curiosité intéressée pour les gens chics.

◆_롭다 형 être intéressant(*e*). ¶ ~로운 이야기 une histoire intéressante. ¶ 사건이 ~롭게 진행되다 Cette affaire devient plus intéressante.

◆_ㅅ거리 명 distraction *f*, passe-temps *m inv*. ¶ 음악 감상이 그 여자의 ~ㅅ거리이다 Ecouter de la musique, c'est ce qui l'intéresse.

흥미진진하다 興味津津- 형 être très intéressant(*e*). ¶ 흥미진진한 화제 un sujet très intéressant. ¶ 그들의 싸움은 갈수록 흥미진진하게 진행되었다 Leur lutte [querelle, conflit, bataille] est devenu(*e*) de plus en plus intéressant(*e*).

흥부가 興夫歌 명 【민속】 Heungbuga <le Chant de Heungbu>.

흥부전 興夫傳 명 【문학】 Heungbujeon <roman ayant comme arrière-fond musical le *pansori* de Heungbu>.

흥분 興奮 명 ① excitation *f*, exaltation *f*, emportement *m*. ¶ ~의 도가니 état d'excitation; état d'émoi. ¶ ~을 가져다주다 apporter de l'émoi. ¶ 군중의 ~을 진정시키다[가라앉히다] apaiser [calmer] une foule. ¶ ~에 들뜨다 être en émoi; être agité(*e*). ② 자극받음 excitation *f*. ◇_(을) **하다** s'agiter, s'animer, s'emporter, s'énerver. ¶ 그 남자는 아주 ~을 잘 한다 Il s'emporte facilement. ¶ 신경 세포가 ~을 한다 Les cellules nerveuses s'agitent. ◇_(이) **되다** être agité(*e*). ¶ ~된 목소리 une voix agitée. ◇_(을) **시키다** agiter, animer, exciter, exalter,

énerver.
흥성 興盛 명 prospérité *f*, animation *f* ((du marché)); activité *f*; boom *m*. ◇_(을) **하다** ((commerce)) être prospère, florissant(*e*); ((affaires)) être en pleine prospérité; prospérer.
흥얼거리다 타 chantonner, fredonner. ¶ 그 여자는 잠시도 쉬지 않고 노랫가락을 흥얼거렸다 Elle fredonnait des airs à longueur de journée. ¶ 그 친구는 늘 유행가를 흥얼대고 다녔다 Il fredonnait toujours des airs populaires.
흥얼대다 타 ☞ 흥얼거리다
흥얼흥얼 부 en fredonnant. ¶ 우리 아빠는 항상 ~하면서 일했다 Mon père fredonnait toujours en travaillant.
흥정 명 négociation *f* commerciale; marchandage *m*, tractation *f*. ¶ ~이 벌어지다 être en train de marchander [négocier]. ¶ ~을 붙이다 faire le courtage de *qc*. ◇_(을) **하다** négocier, marchander; traiter une affaire avec *qn*. ¶ 적과 은밀히 ~하다 faire des tractations avec l'adversaire. ¶ 주인과 물건 값을 ~하다 marchander *qc* avec le vendeur.
◆_**꾼** 명 courti*er*(*ère*).
흥청거리다 자 ① s'émoustiller; exulter, être transporté(*e*) de joie; faire la fête[la noce {*fam*}, la nouba {*fam*}, la java {*fam*}, la bringue {*fam*}, la bombe {*fam*}]; faire la foire {*fam*}; faire une fête[bombe, bringue, nouba] à tout casser. ¶ 밤새도록 흥청거리며 먹고 마시다 faire la java[la bringue] toute la nuit. ¶ 축제가 시작되면 도시 전체가 흥청거린다 Lorsque la fête commence, toute la ville exulte[est transportée joie]. ¶ 그 집은 항상 손님들로 흥청거린다 Ce restaurant[Cette brasserie, Ce bar] est toujours plein. ¶ 연말의 흥청거리는 분위기 une ambiance de fête de fin d'année. ② 낭비하다 dissiper, gaspiller, dilapider, prodiguer ((*son* argent, *sa* fortune, *ses* dons)). ¶ 흥청거리며 살다 vivre en grand seigneur[dans le luxe]; mener un train de vie luxueux[une existence dispendieuse]. ¶ 돈을 흥청거리며 쓰다 gaspiller *son* argent, dilapider[dissiper] *sa* fortune, prodiguer *son* argent, dépenser follement[prodigieusement]; ne pas regarder à la dépense; jeter *son* argent par les fenêtres. ③ ((corde tendue)) se balancer, être agité(*e*) d'un mouvement régulier.
흥청대다 자 ☞ 흥청거리다
흥청망청 부 ① ((놀다)) d'un air gai; sans souci. ¶ 축제가~ 벌어지고 있다 La fête va bon train. ② ((쓰다)) ((dépenser)) sans compter. ¶ ~ 먹고 마시다 faire bombance; faire un gueuleton {*fam*}; faire un repas qui dégénère en beuverie; festoyer, gueuletonner {*fam*}; faire une orgie[la noce].
◆_**하다** 자 être gai(*e*); être *fou*(*folle*) [dingue, déjanté(*e*) {*fam*}]; exulter, être transporté(*e*) de joie, déborder de joie, jubiler, être aux anges; ne pas se faire de souci. ¶ ~하는 분위기 une ambiance folle [déjantée {*fam*}, dingue {*fam*}, maboul {*fam*}, cinglé(*e*) {*fam*}]. ¶ 젊은 날을 ~하면서 보내다 passer une jeunesse fofolle [déraisonnable].
흥취 興趣 명 intérêt *m*, charme *m*, grâce *f*. ¶ ~가 나다 devenir intéressant(*e*). ¶ 그 사람은 ~가 있는[없는] 사람이다 C'est une personne très intéressante [sans intérêt]. ¶ 노랫소리가 ~를 돋우었다 Le chant a rendu l'ambiance plus gaie / Le chant a égayé l'ambiance.
흥타령 명 【음악】 Heung-taryeong <chant de gaieté>.
*~**을 부르다** être très gai(*e*), se montrer particulièrement gai(*e*).
흥패 興敗 명 destinée *f*, sort *m*, fortune *f*, prospérité *f* et décadence *f*; essor *m* et déclin *m*; succès *m* et échec *m*. ¶ ~가 달려있는 사안 sujet important dont dépend le sort d'une affaire. ¶ ~를 결정하다 décider du sort de *qn*/*qc*. ¶ 이 일의 ~가 너에게 달렸다 C'est de toi que dépend le sort de cette affaire.
흥하다 興- 자 prospérer, se développer; être prospère, florissant(*e*); marcher bien; bien réussir; fleurir. ¶ 온 집안이 흥했다 Toute la famille a prospéré. ¶ 장사가 흥한다 Les affaires marchent bien / Les affaires prospèrent / Les affaires sont en pleine prospérité [en plein essor]. ¶ 그 회사는 한창 흥하고 있다 Cette entreprise prend un grand essor[un essor prodigieux] / Cette entreprise est en plein essor. ¶ 저래 봬도 이 상점은 한 때 흥했었다 Cette maison, elle aussi, a eu ses jours de prospérité [de gloire]. ¶ 나라가 흥하고 있다 La nation est en plein essor. ¶ 흥하든 망하든 한 번 해 보자 Risquons le tout pour le tout.
흥행 興行 명 représentation *f*, (organisation *f* d'un) spectacle *m*. ¶ 이 영화의 ~은 청소년들에 달려있다 Ce sont les adolescents qui décideront du sort de ce film. ¶ 이 영화는 ~에 성공했다 Ce film a eu du succès / Ce film a fait un tabac {*fam*}. ¶ 이 연극은 ~에 실패했다 Cette pièce de théâtre a subi un échec. ◇_(을) **하다** organiser [donner, présenter] un spectacle; donner des représentations. ¶ 이 영화는 ~했다 Ce film a été présenté (au public). ◇_(을) **시키다** faire marcher un spectacle. ¶ 체계적 홍보가 이 영화를 ~시켰다 La publicité systématique a fait marcher ce film. ◇_(이) **되다** être organisé(*e*), donné(*e*), présenté(*e*). ¶ 이번 영화는 ~이 잘 되었다 Ce film a bien marché.
◆_**물** *-物* 명 spectacle *m*, revue *f*, attraction *f*.
흥흥 부 ☞ 흥[3]
흩날리다 자 se disperser, s'éparpiller; s'envoler; ((étincelles)) jaillir. ¶ 낙엽들이 바람에 흩날린다 Les feuilles (mortes) s'envolent[se dispersent] au vent. ¶ 흩날리는 꽃잎에 마음이 설렌다 J'ai le cœur agité[troublé] par les pétales de fleurs qui s'envolent dans le vent. ¶ 조금 전부터 눈발이 흩날렸다 Depuis tout à l'heure, la neige s'envole (au

vent).
타 laisser flotter au vent. ¶ 수염을 ~ laisser flotter *sa* moustache[*sa* barbe] au vent. ¶ 머리카락을 흩날리며 달려오다 courir les cheveux dans le vent.

흩다 타 disperser *qc*, éparpiller *qc*. ¶ 아이들은 장난감을 방안에 흩어 놓고 놀았다 Les enfants se sont amusés[ont joué] avec les jouets éparpillés dans tous les coins de la pièce.

흩뜨리다 타 répandre *qc*, éparpiller *qc*, disperser *qc*; mettre *qc* en désordre. ¶ 자세를 ~ se laisser aller; se relâcher. ¶ 반 분위기를 ~ dissiper la classe.

흩뿌리다 자 s'éparpiller, se disperser, s'envoler. ¶ 눈이 흩뿌리기 시작했다 La neige a commencé à s'envoler.
타 ① éparpiller *qc*, disperser *qc*, répandre *qc*; jeter à la volée *qc*, semer à la volée *qc*. ¶ 농부는 씨앗을 밭에 흩뿌렸다 Le paysan[L'agriculteur] a semé les graines à la volée. ¶ 낙엽을 사방에 ~ éparpiller[disperser] les feuilles mortes un peu partout [dans tous les coins]. ② répandre *qc*, semer *qc*; ((nuage)) pleuvoir {*litt*}. ¶ 검은 구름이 비를 흩뿌렸다 De gros nuages noirs ont apporté la pluie / De gros nuages noirs ont crevé ((sur la colline)) / La pluie est tombée de gros nuages noirs.

흩어지다 자 ① se disperser, s'éparpiller. ② ((소문이)) se répandre, courir, circuler. ¶ 가족이 뿔뿔이 흩어졌다 La famille s'est dispersée un peu partout. ¶ 모였던 군중들이 다 흩어졌다 La foule s'est dispersée / Les gens rassemblés se sont dispersés. ¶ 바람이 불어와 서류가 온 방안에 흩어졌다 Un coup de vent [un courant d'air] a éparpillé les papiers[documents] dans toute la pièce. ¶ 해가 뜨자 안개가 흩어졌다 Le soleil aussitôt levé, le brouillard s'est dissipé.

희곡 戲曲 명 【문학】 pièce *f* (de théâtre); drame *m*; œuvre *f* dramatique. ¶ 극단에서 ~을 상연하다[공연하다, 올리다] représenter [monter, jouer] une pièce dans une troupe de théâtre.
◆_적 -的 명관 dramatique, théâtr*al*(*ale*, *aux*).
◆_화 -化 명 dramatisation *f*, théâtralisation *f*. ¶ 소설을 ~화하다 adapter un roman au théâtre.
◆_론 -論 명 dramaturgie *f*, essai *m* sur l'art dramatique. ¶ 그 선생은 ~론을 강의했다 Il a donné un cours sur la dramaturgie.
◆_집 -集 명 collection *f* d'œuvres dramatiques.

희구 希求 명 aspiration *f*, désir *m*, souhait *m*, vœu(*x*) *m*. ¶ 평화의[에 대한] ~ aspiration à la paix. ◇_(를) 하다 aspirer à *qc*/*inf*, souhaiter *qc*/*inf*/que+*sub*, faire des vœux pour *qc*. ¶ 그 사람은 자유를 ~한다 Il aspire à la liberté. ¶ 우리는 통일이 되기를 ~한다 Nous faisons des vœux pour la réunification. ¶ 인류는 모두가 평화롭게 사는 것을 ~한다 Tous les êtres humains souhaitent vivre en paix.

희귀 稀貴 어근 rareté *f*. ¶ ~ 식물[동물] plante [animal] rare.
◆_하다 형 être rare; être peu commun(*e*); être extraordinaire. ¶ ~한 일[사건, 경우] un événement [un cas] très rare. ¶ 이 보석은 매우 ~하다 Cette pierre précieuse est très rare.
◆_본 -本 명 livre *m* rare.

희극 喜劇 명 ① 【연영】 comédie *f*. ¶ 무대에는 ~이 올려졌다 Une comédie a été montée sur scène. ② 웃음거리 scène *f* comique. ¶ 거리에서 한바탕 ~이 벌어졌다 Il s'est passé une scène comique dans la rue.
◆_적 -的 명관 comique. ¶ ~적 삶 une vie comique. ¶ 그 친구는 모든 것을 ~적으로 만들어 버린다 Il rend toutes les choses comiques. ¶ 나는 모든 일들이 ~적으로 느껴졌다 J'avais l'impression que tout était comique. ¶ ~적 요소 des éléments comiques. ¶ ~적 효과 des effets comiques.
◆_배우 -俳優 명 ac*teur*(*trice*) comique; comédien(*ne*); comique.

희끄무레하다 형 être blan*c*(*che*) et be*au*(*belle*). ¶ 먼동이 희끄무레하게 트기 시작했다 Il commence à faire jour de loin / Le jour commence à s'éclaircir de loin.

희끔하다 형 être blanchâtre, clair(*e*). ¶ 하늘에 희끔한 구름이 떠있다 Il y a des nuages blanchâtres dans le ciel.

희끗 어근 avec des taches blanches.
◆_하다 형 être tacheté(*e*) de blanc; grisonner, être grisonnant(*e*), argenté(*e*). ¶ 머리가 ~한 노신사 un vieux gentilhomme aux cheveux grisonnants.
◆_거리다 자 s'éparpiller. ¶ 금방이라도 눈이 ~거릴 것 같은 날씨다 On dirait qu'il va neiger d'un moment à l'autre.
◆_ _ 부 ① tacheté(*e*) de blanc; ((cheveux)) grisonnant(*e*), argenté(*e*). ¶ 그녀한테도 흰머리가 ~~ 나타나기 시작했다 Elle aussi commence à avoir des cheveux grisonnants[blancs] ici et là. ② ((neiger)) à peine, un peu, légèrement. ¶ 오후가 되자 눈발이 ~~ 날렸다 L'après-midi, il a neigé un peu[légèrement].
◆_ _하다 형 être tacheté(*e*) de blanc; ((cheveux)) être grisonnant(*e*), argenté(*e*). ¶ 그의 머리칼도 어느새 ~~했다 Il avait maintenant lui aussi quelques cheveux grisonnants. ¶ 그도 어느새 수염이 ~~한 할아버지가 되었다 Il avait lui aussi maintenant une barbe grisonnante.

희다 형 ① être blan*c*(*che*). ¶ 흰 손 une main blanche. ¶ 그 여자는 얼굴이 ~ Elle a la peau du visage blanche. ¶ 눈이 와서 온 세상이 ~ Le monde est devenu blanc avec la neige. ② ((희떱다)) être vantard(*e*); jouer les grands seigneurs.

희대 稀代 명 rareté *f* historique. ¶ ~의 사기꾼[폭군] un escroc [un tyran, un despote] notoire [hors du commun, unique (en son genre)].

희디희다 형 être tout(*e*) blan*c*(*che*); être d'un blanc éclatant [d'une blancheur éclatante, d'une blancheur immaculée]; être blan*c*(*he*) comme neige [comme la neige, comme le lait]. ¶ 희디흰

손 une main d'une blancheur éclatante.

희떱다 형 être fanfaron(*ne*), crâneur(*euse*), vantard(*e*). ¶ 그 친구는 희떠운 소리를 자주 해 신뢰를 잃었다 Puisqu'il prend souvent un air fanfaron, on ne lui fait plus confiance.

희뜩거리다 재타 ouvrir de grands yeux ((d'étonnement)); écarquiller ((les yeux)). ¶ 그의 눈은 어둠 속에서도 싸늘하게 희뜩거렸다 Même dans l'ombre, ses yeux grand ouverts[écarquillés] faisaient peur. ¶ 그 사람은 눈알을 희뜩거리며 상대를 노려보았다 Ils avaient les yeux grand ouverts fixés sur son interlocuteur.

희뜩이다 재타 ☞ 희뜩거리다

희뜩희뜩 부 tacheté(*e*) de blanc; ((cheveux)) grisonnant(*e*), argenté(*e*). ¶ 그의 머리에도 흰 머리가 ~ 보였다 Il avait lui aussi quelques cheveux grisonnants.

◆**_하다** 형 être tacheté(*e*) de blanc; ((cheveux)) être grisonnant(*e*), argenté(*e*). ¶ 그 사람은 ~한 수염을 가진 사내였다 C'était un homme à la barbe grisonnante [argentée]. ¶ 페인트칠이 벗겨진 벽면은 군데군데 ~했다 Un mur dont la peinture s'est écaillée était tacheté de blanc ici et là[était grisâtre ici et là].

◆**_거리다** 재 avoir le vertige; voir tout tourner; avoir la tête qui tourne; perdre l'équilibre. ¶ 그 여자는 어지럼증이 있어 길에서 자주 ~거렸다 Étant sujette au vertige, elle perdait souvent l'équilibre sur le chemin.

희로애락 喜怒哀樂 명 joie *f* et colère *f*, tristesse *f* et plaisir *f*; sentiments *mpl*; émotions *fpl*. ¶ ~을 함께 한 사이 une relation intime. ¶ ~을 얼굴에 드러내지 않다 cacher [ne pas extérioriser] *ses* sentiments; cacher [ne pas montrer] *ses* émotions.

희롱 戱弄 명 ① plaisanterie *f*, moquerie *f*, raillerie *f*, taquinerie *f*; persiflage *m*. ¶ 그 사람은 사기꾼의 ~에 놀아났다 Il a été victime d'un escroc / Il s'est fait avoir[rouler {*fam*}] par un escroc. ② ((이성의)) harcèlement *m* sexuel (de la part d'un supérieur hiérarchique). ¶ 불량배들이 지나가는 여자에게 ~을 걸었다 Les voyous ont taquiné une femme qui passait. ◇_(을) **하다** ① se moquer de *qn*; ridiculiser *qn*; taquiner *qn*. ¶ 그 남자는 나를 지나치게 ~한다 Il se moque trop de moi. ¶ 그 사람의 말투는 나를 ~하는 것 같다 Il parle comme s'il se moquait de moi. ¶ 어른을 ~해도 유분수지 어떻게 그런 말을 할 수 있냐? Comment oses-tu parler ainsi [dire de choses pareilles] devant des personnes âgées? / Comment peut-on être aussi insolent [grossier] devant des personnes âgées? ② ((이성을)) ((un supérieur hiérarchique)) harceler sexuellement ((une femme)). ¶ 그는 늘 여자들을 ~한다 Il harcèle toujours sexuellement les femmes. ◇_(을) **당하다** être taquiné(*e*); subir un harcèlement sexuel. ¶ 그 여자는 직장 상사에게 ~을 당했다 Son supérieur hiérarchique l'a harcelée sexuellement / Elle a été victime d'harcèlements sexuels de la part de son supérieur hiérarchique.

◆**_조** -調 명 ton *m* persifleur [narquois]; ((sur)) le ton *m* de la plaisanterie; (par) plaisanterie; (en matière de) plaisanterie; ((sur un)) ton *m* de badinage et de raillerie. ¶ 그 사람은 늘 내게 ~조로 말한다 Il me dit toujours des choses sur un ton persifleur [narquois].

◆**성_** 性 명 caractère *m* de plaisanterie.

희망 希望 명 ① espoir *m*, espérance *f*, désir *m*, souhait *m*, vœu(*x*) *m*. ¶ 커다란 ~ un grand espoir. ¶ 일말[일루]의 ~ le reste d'espoir. ¶ 각자의 ~에 따라 selon le désir de *qn*. ¶ ~대로 대학을 선택해야 한다 Il faut choisir une université selon son vœu. ¶ 그 사람은 ~을 품고 있다 Il conçoit des espérances. ¶ 나의 ~이 이루어졌다 Mes espoirs sont réalisés. ¶ 마지막 남은 ~이 사라졌다 Le dernier reste d'espoir s'est évanoui. ¶ 그 사람은 미래에 대한 ~에 가득 차 있다 Il a beaucoup d'espoir pour l'avenir. ¶ 그 사람은 ~을 되찾았다 Il a repris espoir. ¶ 그 남자는 항상 ~을 갖는다 Il nourrit toujours ses espérances. ¶ 그 사람은 ~에 부풀어 있다 Il est rempli d'espoir. ¶ 그 사람은 이 일에 ~을 걸었다 Il a fondé son espoir sur *qn/qc* / Il a porté ses espérances sur *qn/qc* / Il a compté sur *qn* / Il a mis son espoir dans *qc*. ¶ 그 학생은 미래에 대한 ~이 없다 Cet étudiant n'a pas d'espoir pour l'avenir. ② 잘될 가능성 espoir *m*, espérance *f*, vœu(*x*) *m*, aspiration *f*, attente *f*. ¶ ~이 아직 남아있다 Il reste encore de l'espoir. ¶ 그 환자는 더 이상 ~이 없다 Ce patient n'a plus aucune chance de survivre [de s'en sortir] / Il n'y a plus aucun espoir pour ce patient [pour que ce patient s'en sorte] / Ce patient est au stade terminal. ¶ 저희 아들이 살 수 있는 ~이 있나요? Notre fils a-t-il des chances de survivre [de s'en sortir (sans séquelles), d'en réchapper]? ③ espoir *m*, espérance *f*. ¶ 너는 우리의 ~이다 Tu es notre espérance. ◇_(을) **하다** espérer *qc* (+*inf*, que+*sub*); faire des vœux pour *qc*; aspirer à *qc*; s'attendre à *qc* ¶ 그 남자는 취직을 ~했다 Il espérait obtenir un emploi. ¶ 그 여자는 의사가 되기를 ~했다 Elle espérait devenir médecin. ¶ 그 친구는 나를 만날 것을 ~했다 Il s'attendait à me voir.

◆**_적** -的 명관 plein(*e*) d'espoir, optimiste. ¶ ~적 관측 une observation pleine d'espérance; une prévision optimiste. ¶ 그 사람은 매사에 ~적이다 Il garde de l'espérance[Il est plein d'optimisme] dans tout ce qu'il fait. ¶ 그 사람은 모든 일을 ~적으로 생각한다 Il voit toutes les choses avec espérance. ¶ 이 상황은 ~적이다 Il y a de l'espoir dans cette situation.

◆**_자** -者 명 candidat(*e*).

◆**_차다** 형 être plein(*e*) d'espoir. ¶ ~찬 미래 un avenir plein d'espoir. ¶ 우리 사회는 ~차다 Notre société a beaucoup d'espoir / On peut trouver beaucoup d'espérances dans notre société.

희멀겋다 형 être blanc(*che*), clair(*e*), pâle, blafard(*e*). ¶ 희멀건 죽 une soupe claire. ¶ 얼굴이 희멀건 사내 un homme au teint blafard.

희미하다 稀微- 형 être peu clair(*e*); être vague, flou(*e*), confus(*e*). ¶ 희미한 기억 des souvenirs confus. ¶ 멀리서 희미한 물체가 보인다 De loin, on voit vaguement un objet. ¶ 그 사람은 그 일을 희미하게 기억하고 있었다 Il se souvenait vaguement de cette affaire. ¶ 그 여자의 목소리가 희미하게 들렸다 On entendait faiblement sa voix.

희박하다 稀薄- 형 ① ⦅밀도, 농도가⦆ rareté *f* (d'un gaz), dilution *f*. ¶ 고산지대에는 공기가 ~ Dans les régions de haute montagne, l'oxygène devient rare. ② ⦅감정, 정신이⦆ manque *m*. ¶ 그 남자는 군인정신이 ~ Il manque d'esprit martial. ¶ 그 사람은 살려는 의욕이 ~ Il manque de volonté de vivre. ③ ⦅가능성이⦆ manque *m* d'espoir. ¶ 날씨가 좋아질 가망이 ~ Il est peu probable que le temps s'améliore. ¶ 그 일이 성사될 가능성이 ~ Il y a peu d'espoir que cette affaire aboutisse [se concrétise]. ¶ 우리가 그 경기에서 승리할 확률이 ~ Nous avons très peu d'espoir de remporter ce match.

희번덕거리다 재타 ouvrir de grands yeux ⦅d'étonnement⦆; écarquiller ⦅les yeux⦆; rouler ⦅des yeux ronds⦆. ¶ 그의 눈은 초점을 잃고 희번덕거렸다 Il a ouvert de grands yeux avec un regard égaré / Ses yeux se sont écarquillés dans le vague. ¶ 그 사람은 눈알을 희번덕거리며 자신을 노려보는 불량배들이 무서웠다 Il avait peur de la bande de voyous qui le fixaient avec de grands yeux.

희번덕대다 재타 ☞ 희번덕거리다

희번득거리다 재타 ☞ 희번덕거리다

희번득대다 재타 ☞ 희번덕거리다

희번득이다 재타 ☞ 희번덕거리다

희부옇다 형 ☞ 희뿌옇다

희비 喜悲 명 joie *f* et tristesse *f* [amertume *f*], gaieté *f* et chagrin *m*. ¶ ~가 엇갈리는 순간 un instant où se mêlent joie et tristesse. ¶ ~가 교차하다 passer successivement de la joie à la tristesse.

희비극 喜悲劇 명 tragicomédie *f*.

희뿌옇다 형 être blanchâtre, pâle, blafard(*e*), clair(*e*). ¶ 희뿌연 달빛 un clair de lune blanchâtre. ¶ 희뿌연 아침 안개 속을 걸었다 J'ai marché dans l'intense brouillard matinal. ¶ 희뿌연 연기 une fumée intense. ¶ 포장이 안 된 도로 위를 달리니 먼지가 희뿌옇게 일었다 Le fait qu'on ait roulé sur une route non asphaltée, ça a soulevé beaucoup de poussière. ¶ 매연 때문에 희뿌연 도시의 하늘 le ciel de la ville rendu blafard par la fumée (des pots d'échappement).

희사 喜捨 명 don *m*, donation *f*, aumône *f*, offrande *f*. ¶ 모든 경비가 ~로 충당되었다 Tous les frais sont assignés par le don. ◇_(를) **하다** faire don de *qc* à *qn*; faire une donation; faire l'aumône; offrir *qc* à *qn*. ¶ 그 사람은 장학금으로 거액을 ~했다 Il a fait don d'une grosse somme d'argent comme bourse d'étude. ¶ 그 사람은 전 재산을 자선단체에 ~했다 Il a fait une donation de tous ses biens à des œuvres de charité. ◇_(를) **받다** recevoir un don. ¶ 우리는 독지가로부터 물품들을 ~받았다 Nous avons reçu des dons de la part de personnes charitables [bienfaiteurs]. ◇_(가) **되다** être donné(*e*) à *qn*.

희색 喜色 명 mine *f* joyeuse; visage *m* radieux; air *m* rayonnant. ¶ ~이 넘쳐흐르다 avoir le visage rayonnant. ¶ ~이 만면하다[가득하다] avoir le visage rayonnant (de joie). ¶ ~을 띠다 être tout(*e*) joyeux(*se*). ¶ ~이 돌다 avoir l'air bien joyeux. ¶ ~을 감추지 못하다 ne pas cacher *sa* joie.

희생 犧牲 명 ① sacrifice *m*; immolation *f*. ¶ 우리는 전쟁에서 큰 ~을 치렀다 Nous avons fait de grands sacrifices pendant la guerre. ¶ 그 분은 온갖 ~을 무릅썼다 Il a fait tous les sacrifices possibles. ¶ 그 분은 어떤 ~도 감수할 수 있다 Il est prêt à tous les sacrifices. ¶ 무고한 시민들의 ~을 줄여야 한다 Il faut réduire les pertes des citoyens innocents / On doit éviter le sacrifice des citoyens innocents. ② ⦅남을 위한⦆ sacrifice *m* ⦅volontaire⦆. ¶ 참된 ~ un sacrifice véritable. ¶ 나는 그에게 ~을 강요할 수 없다 Je ne peux pas l'obliger à faire ce sacrifice. ③ ⦅제물⦆ bouc émissaire *m*; sacrifice *m* d'animaux; offrande *f*. ¶ 그 사람들은 양을 ~으로 바쳤다 Ils ont fait offrande d'un agneau / Ils ont sacrifié un agneau. ¶ ~ 제물 une offrande, une victime expiatoire, un sacrifice. ◇_(을) **하다** ① ⦅제물로 바치다⦆ sacrifier ⦅un animal, une victime⦆ à la divinité[aux divinités], faire (une) offrande [un sacrifice] à la divinité; offrir des victimes aux dieux; immoler ⦅une victime sur l'autel⦆. ¶ 그 사람들은 제사를 위해 어린 양을 ~했다 Ils ont sacrifié un agneau [fait offrande d'un agneau] à la divinité. ② ⦅남을 위해⦆ (*se*) sacrifier ⦅pour *ses* enfants, à des idées, à de nobles causes⦆; s'immoler; se dévouer (corps et âme). ¶ 그 분은 자신의 목숨을 ~했다 Il s'est sacrifié / Il a donné sa vie / Il s'est immolé. ¶ 그 분은 자신의 이익을 ~했다 Il a sacrifié ses intérêts / Il s'est sacrifié. ◇_(이) **되다** être victime de *qn/qc*. ¶ 무고한 시민들이 ~되었다 Beaucoup de citoyens innocents se trouvaient parmi les victimes. ¶ 많은 사람들이 전쟁으로 ~되었다 Beaucoup de gens ont été victimes de la guerre. ◇_(을) **당하다** être sacrifié(*e*). ¶ 그 분은 억울하게 ~당했다 Il a injustement été sacrifié. ◇_(을) **시키다** sacrifier *qn*; martyriser *qn*; immoler *qn*. ¶ 그는 수많은 사람들을 ~시켰다 Il a sacrifié [immolé] des milliers d'hommes.

◆_**적** -的 명관 désintéressé(*e*); sacrificiel(*le*). ¶ ~적 사랑 un amour désintéressé; un amour sacrificiel ¶ ~적 봉사 un acte de bénévolat (dans un esprit de sacrifice). ¶ ~적인 삶 une vie de sacrifices. ¶ ~적인 노력 des efforts ultimes (qui représentent un sacrifice). ¶ 그 분은 ~적으로 봉사하였다 Il a fait du bénévolat dans un esprit de sacrifice.

◆_물 -物 명 victime *f* d'un sacrifice; offrande *f*; sacrifice *m*. ¶ 정치적 ~물 un sacrifice politique. ¶ 많은 사람들이 전쟁의 ~물이 되었다 Beaucoup de gens ont été victimes de la guerre. ¶ 우리는 제사에 ~물을 바쳤다 Nous avons fait des offrandes aux dieux[aux divinités].

◆_양 -羊 명 bouc *m* émissaire. ¶ 누구를 ~양으로 삼다[바치다] faire de *qn* un bouc émissaire. ¶ 그 사람이 ~양이 되었다 Il est devenu un bouc émissaire.

◆_자 -者 명 victime *f*. ¶ ~자의 유족 la famille d'une victime. ¶ 그 사고는 많은 ~자를 냈다 Cet accident a fait beaucoup de victimes.

◆_정신 -精神 명 esprit *m* de sacrifice. ¶ 그 분은 ~정신이 강하다 Il a un fort esprit de sacrifice.

◆_타 -打 명 【운동】 balle *f* sacrifice ((accordée à tout batteur qui frappe une longue balle permettant au coureur posté à la troisième base de marquer après le retrait. Selon les règlements, ce batteur est retiré)).

희석 명 稀釋 ① dilution *f*. ¶ ~ 비율 un taux de dilution. ② 완화 atténuation *f*. ¶ 약점의~ l'atténuation des défauts. ◇_(을) 하다 diluer ((une solution)); atténuer ((une critique)). ¶ 우리는 그 용액을 ~했다 Nous avons dilué cette solution. ◇_(을) 시키다 atténuer *qc*; diluer *qc*. ¶ 우리는 그 용액을 1퍼센트 정도로 ~시켰다 Nous avons dilué cette solution d'environ un pour cent. ¶ 나는 그 책의 이데올로기적 색채를 ~시켰다 J'ai atténué le caractère idéologique de ce livre. ◇_(이) 되다 être dilué(*e*); être atténué(*e*). ¶ 그 용액의 농도가 ~되었다 Cette solution a été diluée. ¶ 날이 갈수록 그에 대한 증오심이 ~되었다 Avec le temps, mon hostilité à son égard s'est estompée.

희소 稀少 어근 rareté *f*.

◆_가치 -價値 명 valeur *f* de la rareté. ¶~가치가 있다[없다] [ne pas être]être rare; [ne pas avoir] avoir la valeur de la rareté.

◆_성 -性 명 rareté *f*.

희소식 喜消息 명 bonne [heureuse] nouvelle *f*. ¶ ~이 들리다[날아들다] apprendre une bonne nouvelle. ¶ ~을 전하다 transmettre une bonne nouvelle, passer une bonne nouvelle à *qn*. ¶ ~을 듣다[접하다] entendre une bonne nouvelle.

*무소식이 ~ Pas de nouvelles, bonnes nouvelles.

희수 稀壽 명 soixante-dix ans *mpl*, son soixante-dixième anniversaire *m* ((âge coréen)). ¶ ~ 잔치 banquet donné en l'honneur de son soixante-dixième anniversaire; banquet des soixante-dix ans de *qn* ((âge coréen)).

희열 喜悅 명 ((grande)) joie *f*; allégresse *f*; gaieté *f*; réjouissance *f*; enchantement *m*; enjouement *m*; exaltation *f*, euphorie *f*, exultation *f*; liesse *f*. ¶ 그는 독서에서 ~을 느낀다 Il éprouve une grande joie quand il lit. ¶ 그는 스피드에서 ~을 맛본다 Il éprouve de l'enjouement [de l'exaltation] à faire de la vitesse. ¶ 그는 ~에 가득 차 있다 Il est plein d'allégresse / Il est d'une joie exubérante.

◆_감 -感 명 sentiment *m* de joie. ¶ 그는 독서에서 ~감을 맛본다 Il prend un grand plaisir à lire. ¶ 그는 ~감에 들떠있다 Il exulte / Il est transporté de joie. ¶ 그는 그 여자와의 만남에서 ~감을 느낀다 Il éprouve une grande joie à la rencontrer.

희원 希願 désir *m*; souhait *m*. ¶ 부모님의 ~ le souhait des parents. ◇_(을) 하다 désirer *qc*, souhaiter *qc*. ¶ 그 분은 통일을 ~한다 Il souhaite la réunification. ¶ 나는 그 분을 만나기를 ~한다 Je désire le rencontrer. ¶ 나는 그 여자를 만날 것을 ~했다 Je voulais[souhaitais] la rencontrer.

희한하다 稀罕- 형 être rare, peu commun(*e*); être exceptionnel(*le*), extraordinaire; être singuli*er*(*ère*); être curieu*x*(*se*), étrange, bizarre, drôle. ¶ 희한하게 생긴 곤충 un insecte d'apparence peu commune; un insecte bizarre. ¶ 희한한 소문이 나돌았다 Il court une étrange rumeur / Il y a une drôle de rumeur qui tourne. ¶ 세상을 살다 보니 별 희한한 일도 다 있다 On voit des choses bien curieuses dans la vie.

◆희한히 부 rarement.

희화[1] 戱畵 명 【미술】 caricature *f*, dessin *m* humoristique.

◆_적 -的 명관 caricatural(*e*). ¶ ~적인 인물 un personnage caricatural. ¶ ~적 표현 une expression caricaturale. ¶ 그 분은 소설 속의 인물을 ~적으로 그렸다 Il a caricaturé les personnages du roman.

◆_화 -化 명 caricature *f*. ¶ 그 만화는 상황을 ~화하고 있다 Ce dessin donne une image caricaturale de la situation. ¶ 이 작품에서는 현실이 ~화되었다 La réalité a été caricaturée dans cette œuvre.

희화[2] 戱化 명 caricature *f*. ◇_(를) 하다 faire la caricature de *qn*; faire ((dans un roman)) la caricature ((d'une société, d'un milieu)); caricaturer *qn/qc*. ¶ 그 분은 현 상황을 만화로 ~해 버렸다 Il a fait la caricature de la situation actuelle avec un dessin humoristique. ◇_(를) 시키다 faire la caricature de *qn*; faire ((dans un roman)) la caricature ((d'une société, d'un milieu)); caricaturer *qn/qc*. ¶ 그 만화는 현실을 ~시키고 있다 Ce dessin (humoristique) donne une image caricaturale de la réalité. ◇_(가) 되다 être caricaturé(*e*). ¶ ~된 인물 un personnage caricaturé.

희희 부 hi, hi! ((onomatopée du gloussement)) d'un air niais; de faire *qc* bêtement. ¶ 그 애는 늘 ~ 웃기만 한다 Cet enfant n'arrêtait pas de glousser / Cet enfant n'arrêtait pas de rire niaisement[bêtement].

희희낙락 喜喜樂樂 명 joie *f*, gaieté *f*, jubilation *f*; allégresse *f*; liesse *f*; exaltation *f*, euphorie *f*. ¶ 그 분은 늘 ~이다 Il est toujours très gai / Il est d'une joie exubérante.

◆_하다 자 se réjouir de *qc*; exulter; jubiler. ¶ 아이들

은 ~하고 있다 Les enfants sont transportés de joie. ◆_거리다[대다] 자 exulter; être euphorique. ¶ 거리의 젊은이들이 ~거린다 Les jeunes des rues sont euphoriques [exalté(*e*)s].

흰둥이 명 ① bête *f* [animal *m*] au pelage blanc. ② gueule *f* enfarinée {*fam*}, visage *m* trop pâle. ③ 【속어】 visage *m* pâle, blanc(*che*).

흰떡 명 *huin tteok mpl* <longs bâtonnets de pâte de riz cuite à la vapeur>. ¶ ~을 치다 faire des *huin tteok*. ¶ ~을 썰다 découper des bâtonnets de *huin tteok*.

흰머리 명 cheveu(*x*) *m* blanc(*s*). ¶ 그 사람은 ~가 많이 보인다 Cette personne a beaucoup de cheveux blancs. ¶ ~가 생기다[늘다] commencer à avoir des cheveux blancs. ¶ ~를 뽑다 s'arracher un cheveu blanc.

흰밥 명 riz *m* blanc, riz *m* nature. ¶ ~을 짓다[하다] cuire [faire] du riz blanc[nature]. ¶ ~에 고기반찬 먹는 것이 소원이다 Avec ce riz, j'aimerais manger des petits plats de viande.

흰색 –色 명 couleur *f* blanche, blanc *m*. ¶ ~ 옷 un habit blanc.

흰소리 명 vantardise *f*; fanfaronnade *f*; forfanterie *f*; hâblerie *f*; exagération *f*; bluff *m*. ¶ 그 분은 아무데서나 ~를 늘어놓는다 Partout où il va, il bluffe {*fam*} / Dans tout ce qu'il fait, il raconte des histoires {*fam*} [il brode]. ¶ 그 분은 늘 ~ 친다 Il exagère toujours. ◇_(를) 하다 fanfaronner, se vanter; exagérer; bluffer; parler avec jactance {*fam*}; dire des hâbleries [des bêtises, des âneries]; jeter des paroles en l'air; parler pour ne rien dire. ¶ 그 분은 항상 ~를 한다 Il exagère toujours / C'est un fanfaron / Il bluffe tout le temps {*fam*}. ¶ 그 분은 나에게 걱정하지 말라고 ~를 했다 Il a fanfaronné en disant que je n'avais pas à m'en faire.

흰자 명 ☞ 흰자위

흰자위 명 ① ((달걀)) blanc *m* d'œuf. ¶ ~와 노른자위를 분리하다 séparer les blancs des jaunes d'œufs. ② ((눈)) blanc *m* de l'œil. ¶ ~를 번뜩이다 avoir une lueur de colère dans les yeux.

흰죽 명 gruau *m* de riz; bouillie *f* de riz. ¶ ~을 쑤다 faire du gruau de riz [de la bouillie de riz]. ¶ 환자에게 ~을 먹이다 donner un gruau de riz [une bouillie de riz] à un malade.

히[1] 부 hi! ((onomatopée exprimant le rire, le gloussement)). ¶ ~ 웃다 rire sottement[niaisement, bêtement]; rigoler {*fam*}, glousser {*fam*}.

-히-[2] 접미 ((suffixe flexionnel passif et causatif, il s'ajouté après le radical verbal dont la consonne finale est ㄱ, ㄷ, ㅂ, ㄺ ou ㄵ)). ¶ 먹~다 être mangé(*e*), se faire manger. ¶ 생쥐가 고양이에게 먹~었어요 Une souris a été mangée par un chat. ¶ 닫~다 être fermé(*e*), se fermer, se refermer. ¶ 바람에 문이 자꾸 닫힌[닫~ㄴ]다 La porte se referme sans cesse par le (à cause du) vent. ¶ 바람에 문이 닫혔[닫~었]다 La porte a été fermée [s'est fermée] par le vent. ¶ 잡~다 être attrapé(*e*), se faire attraper. ¶ 제주 근해에서 참치가 많이 잡혔[잡~었]대요 On dit que beaucoup de thons se sont fait prendre au large de l'île de Jeju / On dit que beaucoup de thons ont été pris au large de l'île de Juju / On dit que l'on a pris beaucoup de thons au large de l'île de Jeju. ¶ 읽~다 se faire lire, être lu(*e*). ¶ 이 책은 빨리 읽~지 않는다 Ce livre ne se fait pas lire rapidement. ¶ 선생이 학생에게 책을 읽혔[읽~었]다 Le maître a fait lire à l'élève un livre. ¶ 앉~다 faire s'asseoir, faire asseoir. ¶ 사장이 젊은 사람을 판매 부장 자리에 앉혔[앉~었]어요 Le président directeur général a fait un jeune homme s'asseoir au poste de directeur commerciale / Le président directeur général a nommer un jeune homme au poste de directeur commercial.

-히[3] 접미 ((suffixe flexionnel adverbialisant, qui s'ajoute au radical de certains adjectifs en 하다)). ¶ 조용~ silencieusement, tranquillement. ¶ 가만~ doucement. ¶ 마땅~ certainement. ¶ 적당~ convenablement.

히든카드 영{hidden card} 명 ① ((카드)) carte *f* (à jouer) inconnue de l'adversaire. ② ((비유적)) carte *f* cachée [secrète], arme *f* secrète, joker *m*, botte *f* secrète. ¶ 그는 우리 팀 전력의 ~이다 Il est la carte cachée [la carte secrète, le joker, la botte secrète] de notre équipe. ◇_를 내다[보이다] ((비유적)) sortir *sa* carte [*son* arme] secrète, sortir *son* joker.

히로뽕 명 ☞ 필로폰

히브리서 –書 그 명 épître *f* aux Hébreux

히스타민 독 명 histamine *f*. ¶ ~ 제제 préparation pharmaceutique d'histamine. ◆항_ 抗 명 antihistaminique; qui combat les effets de l'histamine. ¶ 항~ 반응 action antihistaminique.

히스테리 독 명 hystérie *f*. ¶ 노처녀 ~ l'hystérie de vieille fille. ¶ ~를 부리다 faire preuve d'hystérie. ¶ ~가 심하다 être gravement hystérique.

히읗 명 *hieut m* <appellation de la 14e et la dernière lettre de l'alphabet coréen>.

히죽 부 d'un air satisfait [content]; d'un air amusé; d'un air rigolard {*fam*}; d'un air ironique [moqueur].

◆_거리다[대다] 자 avoir l'air satisfait[content]; avoir l'air amusé; avoir l'air rigolard {*fam*}. ¶ 그 사람은 ~거리면서 사라졌다 Il est parti avec un air rigolard {*fam*} [avec un air amusé]. ¶ 그 사람은 늘 ~댄다 Il a toujours l'air rigolard {*fam*}.

◆_ _ 부 d'un air satisfait[content]; d'un air amusé; d'un air rigolard {*fam*}; d'un air ironique [moqueur]. ¶ 그 사람은 늘 ~~ 웃었다 Il souriait toujours d'un air satisfait [d'un air amusé].

◆_이 부 d'un air satisfait[content], d'un air rigolard {*fam*}; d'un air amusé; d'un air ironique [moqueur]. ¶ ~이 웃다 sourire d'un air satisfait [d'un air amusé];

ㅎ

sourire d'un air ironique [moqueur].

히쭉 부 d'un air satisfait[content]; d'un air amusé; d'un air ironique [moqueur]. ¶ 그 사람은 한 번 ~ 웃고는 사라졌다 Il a souri l'air satisfait[d'un air satisfait] puis a disparu[avant de disparaître].

◆_ _ 부 d'un air satisfait[content]; d'un air amusé; d'un air ironique [moqueur]. ¶ ~~ 웃지 좀 말아라 Ne souris pas d'un air ironique [d'un air moqueur]!

히치하이크 영{hitchhike} 명 auto-stop *m*, stop *m*. ◇_(를) 하다 faire de l'autostop, faire du stop.

히치하이커 영{hitchhiker} 명 auto-stoppeu*r*(*se*).

히터 영{heater} 명 radiateur *m*; chauffe-eau *m inv*. ¶ 전기 ~ un radiateur électrique. ¶ ~를 켜다[틀다] allumer le radiateur.

히트 영{hit} 명 hit *m*; (gros) succès *m*; tube *m*. ¶~ 음반 un disque à (gros) succès. ◇_(를) 하다[치다] avoir un énorme succès; être un tube [un hit].

◆_곡 -曲 명 chanson *f* à succès, tube *m*, hit *m*.

히트송 영{hitsong} 명 hit *m*. ◇_을 내다 lancer un hit.

히피 영{hippie} 명 hippie *mf*.

◆_족 -族 명 les hippies *mpl*, les babas-cool *mpl*, les beatnick *mpl*. ¶ 그들은 ~족이다 Ce sont des hippies.

히히 부 hi, hi! ((onomatopée exprimant un gloussement, un air niais; une façon de faire *qc* niaisement, bêtement)). ¶ 그 꼬마는 ~ 하고 웃었다 Ce petit garçon gloussait[riait bêtement, niaisement].

◆_거리다[대다] 자 rire sottement, rigoler {*fam*}, glousser {*fam*}.

히히덕거리다 자 bavarder[causer {*fam*}] et rire sottement[glousser]; rigoler {*fam*}. ¶ 그 사람은 만화를 보며 혼자 히히덕거린다 Il rigole[glousse] tout seul devant une bande dessinée.

히히덕대다 자 ☞ 히히덕거리다

힌두교 -教 영{Hindu-} 명 hindouisme *m*.

힌트 명 indice *m*. ¶ 문제의[에 대한] ~ un indice pour répondre à une question. ¶ ~를 주다 donner [livrer] un indice ((pour trouver une solution)). ¶ 그 분은 나에게 중요한 ~를 주었다 Il m'a donné un indice important. ¶ ~를 얻다 obtenir un indice. ¶ 나는 거기에서 ~를 얻었다 C'est là que j'ai trouvé un indice / C'est cela qui m'a mis la puce à l'oreille {*fig*}. ¶ ~가 되다 être un indice. ¶ 그 분의 말이 나에게는 중요한 ~가 되었다 Ce qu'il a dit a été un indice précieux pour moi.

힐 영{heel} 명 talon *m* ((de chaussures, de chaussettes)). ¶ ~을 신다 mettre des chaussures à talons.

◆하이_ 영{high heeled shoes} 명 talons *mpl* hauts; ((뾰족한)) talons aiguilles.

힐끔 부 ((regarder)) de côté [de biais], ((jeter un coup d'œil)) de côté; ((regarder)) de travers. ¶ 그 사람은 늘 내 눈치를 ~ 살핀다 Il me surveille toujours du coin de l'œil / Il m'épie toujours du coin de l'œil. ¶ 그 사람은 옆 사람을 ~ 곁눈질로 보았다 Il a regardé son voisin de côté [de biais].

◆_하다[거리다] 자타 regarder de côté [de biais], jeter un coup d'œil de côté; regarder de travers. ¶ 그 사람은 사람들을 ~하면서 쳐다보았다 Il a regardé les gens de côté [de biais]. ¶ 그 사람은 지나가는 사람들을 ~거리면서 바라보았다 Il observait les passants en leur jetant des coups d'œil de côté.

◆_ _ 부 ((regarder)) de biais, de côté; ((regarder)) de travers. ¶ 그 사람은 ~~ 나를 바라보았다 Il m'a regardé(*e*) de côté. ¶ 그 사람은 ~~ 남의 눈치를 살폈다 Il a regardé furtivement les autres pour savoir ce qu'ils pensaient.

힐끗 부 ((한번 얼씬)) un bref instant; d'un coup *m* d'œil, d'un regard furtif; ((곁눈질)) ((regarder)) de biais, de travers. ¶ 그 사람은 나를 ~ 한 번 보고 가버렸다 Il a jeté un coup d'œil vers moi avant de s'en aller[avant de partir, puis est parti]. ¶ 나는 저쪽을 ~ 쳐다보았다 J'ai jeté un coup d'œil[lancé un regard] dans cette direction.

◆_거리다 자 jeter un coup d'œil (furtif) sur[à] *qn*/*qc*; lancer un regard à; entrevoir, apercevoir. ¶ 그 사람은 자꾸만 뒤를 ~거렸다 Il regardait régulièrement en arrière[derrière lui].

◆_ _ 부 ((한번 얼씬)) un bref instant; d'un coup *m* d'œil, d'un regard furtif; ((곁눈질)) ((regarder)) de biais, de travers. ¶ 그 사람은 옆집을 ~~ 훔쳐보았다 Il a jeté un coup d'œil furtif[un regard furtif] sur la maison voisine.

힐난 詰難 명 blâme *m*; reproche *m* (qu'on fait en demandant des explications). ¶ 나는 그 분의 나에 대한 ~에 놀랐다 J'ai été surpris(*e*) qu'il me fasse des reproches. ◇_(을) 하다 blâmer *qn*/*qc*; faire des reproches à *qn*, reprocher *qc* à *qn* (en demandant des explications). ¶ 그 분은 그 일에 대해서 나를 ~했다 Il me l'a reproché(*e*). ¶ 나는 그의 태도를 ~했다 J'ai blâmé [critiqué] son attitude / J'ai critiqué son comportement. ◇_(을) 당하다 se faire blâmer de *qc*; se faire reprocher *qc*; se faire critiquer sur *qc*. ¶ 나는 그 여자로부터 ~을 당했다 Elle m'a blâmé(*e*) [critiqué(*e*)] / Elle m'a fait des reproches.

◆_조 -調 명 blâme *m*; reproche *m*. ¶ 그 분은 내게 ~조로 따졌다 Il m'a fait des reproches. ¶ 나는 그 분의 ~조에 당황했다 J'ai été déconcerté par ses blâmes.

힐문 詰問 명 demande *f* sévère d'explications; contre-interrogatoire *m*. ¶ 그 일에 대한 ~ une demande insistante d'explications sur cette affaire. ◇_(을) 하다 exiger des explications; faire subir un interrogatoire à *qn*. ¶ 어머니는 나에게 그 일을[에 대해서] ~하셨다 Ma mère m'a beaucoup questionné(e) à ce sujet [sur cette affaire]. ¶ 선생님은 나에게 왜 그런 짓을 했냐고 ~하셨다 Le professeur m'a demandé avec insistance pourquoi j'avais fait une telle chose [j'avais agi ainsi, de la sorte].

힐책 詰責 명 verte réprimande *f*; semonce *f* sévère; reproche *m*. ¶ 잘못에 대한 ~ un reproche d'une faute. ¶ 선생님의 ~ une réprimande sévère de la part d'un professeur. ◇_(을) **하다** réprimander *qn* vertement, adresser une réprimande sévère à *qn*; reprocher durement *qc* à *qn*, faire des reproches sévères à *qn*; gronder [disputer {*fam*}, attraper {*fam*}, engueuler {*pop*}] ((un enfant)) sévèrement. ¶ 선생님은 나를 ~하셨다 Le professeur m'a grondé(*e*) [disputé(*e*) {*fam*}, attrapé(*e*) {*fam*}, engueulé(*e*) {*pop*}] sévèrement. ¶ 그 분은 나의 태도를[에 대해] ~했다 Il m'a fait des reproches sévères quant à mon attitude. ¶ 어머님은 내가 잘못한 것을 ~하셨다 Ma mère m'a durement reproché mes fautes. ¶ 그 분은 나에게 그런 잘못은 하지 말라고 ~했다 Il m'a adressé une réprimande sévère en m'exhortant à ne plus faire ce genre d'erreur. ¶ 아버님은 내게 왜 그런 짓을 했냐고 ~하셨다 Mon père m'a adressé une verte réprimande en me demandant pourquoi j'avais agi de la sorte. ◇_(을) **받다** se faire sermonner [se faire réprimander sévèrement]; se faire gronder [se faire réprimander, se faire disputer {*fam*}, se faire attraper {*fam*}] (vertement), se faire engueuler {*pop*}.

힘 명 ① force *f* (physique), vigueur *f*, énergie *f*. ¶ 그 분은 ~이 약하다 Il est faible [chétif]. ¶ 나는 그 분과 ~을 겨루었다 Je me suis mesuré(*e*) à lui (pour voir qui était le plus fort). ¶ 나는 휴식에서 다시 ~을 얻었다 J'ai repris des forces à la pause / J'ai récupéré à la pause. ¶ ~이 세다 être fort(*e*), être puissant(*e*), robuste, avoir beaucoup de force. ¶ ~센 사람 un homme fort, un costaud, un hercule {*fig*}. ¶ ~이 있다[없다] être fort(*e*), robuste, vigoureux(*se*); puissant(*e*) [être faible, désarmé(*e*), sans vigueur, sans énergie, amorphe, apathique, mou(*molle*), indolent(*e*); impuissant(*e*)]. ¶ 그 분은 늘 ~이 없다 Il est toujours amorphe / C'est un apathique / Il n'a jamais de force. ¶ ~없는 목소리 une voix faible. ¶ ~을 주다 procurer de la force à *qn*; donner de la force à *qn*. ¶ 그 분은 배에 ~을 주었다 Il a contracté son ventre. ¶ 그 분은 ~주어 말했다 Il a parlé avec insistance / Il a insisté. ② 도움, 의지, 용기 aide *f*; soutien *m*; apport *m*; contribution *f*. ¶ 나는 이 일에 그 분의 ~을 빌렸다 Je lui ai demandé son aide pour (faire) ce travail. ¶ 부모님의 말씀이 내게 큰 ~이 되었다 Ce que mes parents ont dit m'a beaucoup aidé(e). ¶ 그 분은 나에게 ~이 되었다 Il m'a (beaucoup) aidé(e) / Il m'a donné(e) du courage. ¶ ~(을) 입다 ((도움을)) se faire aider par *qn*; être aidé(*e*) par *qn*; ((용기를)) devoir (*son* succès) a *qn*; être aidé(*e*) par *qc*. ¶ 나는 그 분의 지원에 ~입었다 Son aide m'a donné de la force / Son aide m'a fait repartir du bon pied {*fam*}. ¶ 외부의 지원에 ~입어 일을 마쳤다 J'ai terminé le travail grâce à une aide extérieure. ¶ 나는 그 분들의 성원에 ~입었다 Leurs encouragements m'ont beaucoup aidé. ③ 신체적 능력 énergie *f*; force *f*. ¶ 우리는 ~을 합쳤다 Nous avons uni nos forces. ¶ 이 일은 내 ~에 벅차다 Ce travail est difficile[pénible, ardu] pour moi. ¶ 우리는 ~을 길러야 한다 Nous devons entretenir notre forme / Nous devons cultiver notre force. ④ 권력 pouvoir *m*; puissance *f*, force *f*, autorité *f*, poids *m*; influence *f*. ¶ 대통령은 막강한 ~을 가지고 있다 Le président a un grand pouvoir. ¶ 정치적인 ~ un pouvoir politique. ¶ 사회적으로 ~있는 사람들 des personnages influents, des personnalités qui ont le bras long. ¶ ~없고 가난한 사람 une personne impuissante et pauvre. ⑤ 정신적 능력 effort *m* intellectuel; force *f* ((de caractère)); capacités *fpl*, facultés *fpl* (intellectuelle); pouvoir *m*; puissance *f*. ¶ 이성의 ~ la force de la raison. ¶ 생각하는 ~ les facultés intellectuelles. ¶ 공부에 온 ~을 기울이다 s'appliquer à l'étude. ¶ ~을 내다 tenir bon; se donner de la force, se donner du courage [de l'énergie]. ¶ ~ 내세요! (Allez!) Courage! / Tenez bon! / Du tonus! ¶ ~을 들이다 ((마음을)) s'efforcer de+*inf*; s'évertuer à+*inf*; se donner de la peine [du mal] pour+*inf*; ((기운을)) faire des efforts; se donner de la peine [du mal] pour+*inf*; se remuer {*fig*}. ¶ 헛된 일에 ~을 들이지 마시오 Ne te donne pas tant de mal pour des choses qui n'en valent pas la peine. ¶ 나는 그 일에 ~을 들이지 않았다 Je ne me suis pas donné de mal[peine] pour ce travail. ¶ ~이[에] 부치다 être incapable de+*inf*, ne pas être assez fort(*e*); être au-dessus des [dépasser les] forces [capacités] de *qn*. ¶ 나는 그 일이 ~에 부친다 Ce travail dépasse mes capacités[mes forces] / C'est une tâche au-dessus de mes capacités [mes forces]. ¶ ~이 닿다 s'épuiser ((à un travail)); être à bout de forces; user de toutes *ses* forces. ¶ 나는 ~닿는 데까지 노력할 것이다 Je ferai de mon mieux / Je ferai tout mon possible / Je ferai le maximum / Je ferai tout ce qui est en mon pouvoir[tout ce que je peux]. ¶ ~을 쓰다 faire des efforts; ((애쓰다)) s'efforcer de+*inf*, se donner de la peine[du mal] pour+*inf*, s'appliquer à+*inf*, s'évertuer à+*inf*; faire de son mieux pour+*inf*; aider *qn*, donner un coup de main à *qn*. ¶ 불문학의 보급에 ~쓰다 faire des efforts pour promouvoir la diffusion de la littérature française. ¶ 누구의 마음에 들려고 ~쓰다 faire des efforts pour plaire a *qn*. ¶ 친구의 취직을 위해 ~을 쓰다 aider un ami à trouver du travail. ⑥ 기계의 능력 puissance *f* ((d'une machine)). ¶ 이 자동차는 엔진의 ~이 좋다 Cette voiture a un moteur très puissant / Cette voiture est très puissante. ⑦ 초자연적인 힘 force *f*, puissance *f* ((d'un phénomène)). ¶ 신의 ~ la puissance de Dieu. ⑧ 자연의 힘 force *f* ((de la nature, d'inertie, du vent)); énergie ((électrique, thermique)). ¶ 파도의 ~ la force des vagues. ¶ 바람의 ~ la force du vent. ***목[어깨]에 ~을 주다** se hausser [se pousser] du col, rouler les épaules [les mécaniques {*fam*}], se rengorger comme un paon, marcher en se rengorgeant comme un paon; prendre de grands airs, se donner un air important, se donner de grands airs, prendre un air fanfaron [important], prendre un air hautain [orgueilleux, arrogant], faire l'important [((남자)) le grand seigneur; ((여자)) la duchesse, *sa* duchesse], faire le(*la*) fi*er*(*ère*), se pavaner, parader, plastronner [poser] (pour la galerie); montrer avec fierté une belle image de *soi*; se vanter de *son* apparence; épater la galerie, faire de l'épate; le faire à l'épate; faire le fanfaron, fanfaronner, s'afficher ((dans la rue)).

***목[어깨]에 ~이 들어가다** se hausser [se pousser] du col, rouler les épaules [les mécaniques {*fam*}], se rengorger comme un paon, se pavaner, se vanter [se faire gloire, se rengorger] ((de *sa* beauté)), prendre de grands airs, se donner un air important, se donner de grands airs, prendre un air fanfaron [important], prendre un air hautain [orgueilleux, arrogant], faire l'important [((남자)) le grand seigneur; ((여자)) la duchesse, *sa* duchesse], faire le(*la*) fi*er*(*ère*), se pavaner, parader, plastronner [poser] (pour la galerie); montrer avec fierté une belle image de *soi*; se vanter de *son* apparence; épater la galerie, faire de l'épate; le faire à l'épate; faire le fanfaron, fanfaronner, s'afficher ((dans la rue)).

◆**_겨루기** 명 comparaison *f* des forces; compétition *f*. ¶ ~겨루기하다 se mesurer avec *qn*.

◆**_겹다** 형 être au-dessus des capacités[des forces] de *qn*, être trop difficile pour *qn*; ne pas être assez fort(*e*) pour faire *qc*, ne pas être à la hauteur de *qc*. ¶ 그 일은 내게 ~겹다 Ce travail est trop difficile pour moi / Ce travail dépasse mes capacités. ¶ 나는 살아가기가 너무 ~겹다 Pour moi, (la vie,) ce n'est pas tous les jours facile / Pour moi, (la vie,) ce n'est pas rose tous les jours.

◆**_껏** 부 de toutes *ses* forces, avec force[énergie, vigueur], vigoureusement, énergiquement. ¶ 그는 ~껏 줄을 당겼다 Il a tiré la corde de toutes ses forces. ¶ 그는 돌멩이를 ~껏 던졌다 Il a lancé des pierres de toutes ses forces.

◆**_들다** 형 être difficile, dur(*e*), pénible, ardu(*e*), malaisé(*e*); ((어렵다)) être difficile, dur(*e*), pénible, ardu(*e*). ¶ 아, ~들어 Ouf! C'est fatigant [dur]. ¶ 살기가 ~들다 Que c'est dur la vie! ¶ 나는 이 일이 ~들다 Ce travail est difficile pour moi / Ce travail me donne de la peine / Ce travail me prend toute mon énergie. ¶ 어렵고 ~든 일 un travail difficile et pénible; une tâche ardue et épuisante. ¶ 이 일을 제 시간에 끝내기[는 것]는 ~들겠다 Ce sera difficile de terminer ce travail dans les temps [dans les délais]. ¶ 나는 통증을 참기[는 것]가 ~들다 Cette douleur m'est très pénible / Ce mal m'épuise. ¶ 요즘 김 씨 얼굴 보기가 ~ Ces jours-ci, il n'est pas facile de voir M. Kim. ¶ 얼굴을 알아보기 ~들 정도로 어두운 실내 un intérieur sombre au point qu'il est difficile de discerner [si sombre que l'on discerne mal, où l'on discerne mal] le visage des gens.

◆**_없이** 부 sans vigueur, sans énergie, faiblement; mollement, nonchalamment. ¶ 그 여자는 ~없이 저 쪽을 가리켰다 Elle a indiqué cette direction nonchalamment.

◆**_자랑** 명 fierté *f* sur *sa* force. ¶ 그는 어디서나 ~자랑을 한다 Il se vante partout de sa force.

◆**_줄** 명 【의학】 ((해부)) tendon *m*, ((소고기의)) nerf *m*, ((혈관)) veine *f*; ((섬유)) fibre *f*.

◆**_차다** 형 être fort(*e*), puissant(*e*), plein(*e*) de force; être vi*f*(*ve*), vigoureu*x*(*se*), énergique; être dur(*e*), difficile, pénible, fatigant(*e*). ¶ 군인들의 ~찬 발걸음 une marche énergique des soldats. ¶ ~찬 격려의 박수 des applaudissements énergiques (d'encouragement); une salve[un tonnerre, une tempête] d'applaudissements. ¶ 우리는 노래를 ~차게 불렀다 Nous avons chanté à pleine voix[à pleins poumons]. ¶ 새가 ~차게 날개를 펄럭인다 L'oiseau bat des ailes de toutes ses forces.

힘들다 형 ☞ 힘

힘입다 재 ☞ 힘

힙합 영{hip-hop} 명 【음악】 hip-hop *m*, hip hop *m*. ¶ ~ 문화 la culture hip-hop.

힝¹ 부 ((onomatopée exprimant le bruit produit par l'action de se moucher; onomatopée exprimant un bruit de reniflement)). ¶ 코를 ~ 풀다 se moucher bruyamment.

◆**__** 부 en reniflant de façon répétée.

힝² 감 hi hi ((onomatopée évoquant un ricanement sardonique)). ¶ ~!, 지가 별 수 있겠어? Hi, hi! Qu'est-ce qu'il pourrait bien faire celui-là?

Règles orthographiques du *hangeul*
한글 맞춤법

Hangeul matchumbeop
(La traduction en français des textes coréens ci-dessus est extraite de Grammaire du coréen, t. 2, par Jin-Mieung LI, 1995, sur l'aimable permission de l'auteur.)

Républiquė de Corée, Notification du ministère de l'Education nationale, No 88-1, janvier 1988
(Mise en application à compter du 1er mars 1989)
대한민국 (한국) 문교부 고시 제88-1호, 1988년 1월 (1989년 3월 1일부터 시행)

Chapitre I : Règles générales
제1장 총칙

Article 1 : Les règles de l'orthographe du *hangeul* (coréen écrit) sont fondées sur les principes que les mots standard s'écrivent tels qu'ils se prononcent, conformément à la grammaire du coréen.
제1항 한글 맞춤법은 표준어를 소리대로 적되, 어법에 맞도록 함을 원칙으로 한다.

Article 2 : Les mots dans la phrase s'écrivent séparés l'un de l'autre en principe.
제2항 문장의 각 단어는 띄어 씀을 원칙으로 한다.

Article 3 : Les mots étrangers s'écrivent selon 'les règles de la transcription des mots étrangers'.
제3항 외래어는 '외래어 표기법'에 따라 적는다.

Chapitre II : Les lettres
제2장 자모

Article 4 : Les lettres du *hangeul* sont au nombre de vingt-quatre et leurs nom et ordre sont comme suit.
제4항 한글 자모의 수는 스물넉 자로 하고, 그 순서와 이름은 다음과 같이 정한다.

ㄱ(기역) ㄴ(니은) ㄷ(디귿) ㄹ(리을) ㅁ(미음) ㅂ(비읍) ㅅ(시옷)
ㅇ(이응) ㅈ(지읒) ㅊ(치읓) ㅋ(키읔) ㅌ(티읕) ㅍ(피읖) ㅎ(히읗)
ㅏ(아) ㅑ(야) ㅓ(어) ㅕ(여) ㅗ(오) ㅛ(요) ㅜ(우) ㅠ(유) ㅡ(으) ㅣ(이)

[Remarque 1] Les sons qui ne peuvent pas être écrits avec les lettres ci-dessus, peuvent s'écrire avec des lettres doubles ou composées dont le nom et l'ordre sont comme suit.

[붙임 1] 위의 자모로써 적을 수 없는 소리는 두 개 이상의 자모를 어울러서 적되, 그 순서와 이름은 다음과 같이 정한다.

ㄲ(쌍기역) ㄸ(쌍디귿) ㅃ(쌍비읍) ㅆ(쌍시옷) ㅉ(쌍지읒)
ㅐ(애) ㅒ(얘) ㅔ(에) ㅖ(예) ㅘ(와) ㅙ(왜) ㅚ(외) ㅝ(워) ㅞ(웨) ㅟ(위) ㅢ(의)

[Remarque 2] L'ordre des lettres dans les dictionnaires est comme suit.

[붙임 2] 사전에 올릴 적의 자모 순서는 다음과 같이 정한다.

자음 : ㄱ ㄲ ㄴ ㄷ ㄸ ㄹ ㅁ ㅂ ㅃ ㅅ ㅆ ㅇ ㅈ ㅉ ㅊ ㅋ ㅌ ㅍ ㅎ
모음 : ㅏ ㅐ ㅑ ㅒ ㅓ ㅔ ㅕ ㅖ ㅗ ㅘ ㅙ ㅚ ㅛ ㅜ ㅝ ㅞ ㅟ ㅠ ㅡ ㅢ ㅣ

Chapitre III : Sur les sons
제3장 소리에 관한 것

Section 1 : Sons durs
제1절 된소리

Article 5 : Si un son dur se produit dans un mot sans raison apparente, il s'écrit en son (consonne) dur dans la deuxièms syllabe.

제5항 한 단어 안에서 뚜렷한 까닭 없이 나는 된소리는 다음 음절의 첫소리를 된소리로 적는다.

1. Sons durs qui se produisent entre deux voyelles.
1. 두 모음 사이에서 나는 된소리.

소쩍새 어깨 오빠 으뜸 아끼다 기쁘다 깨끗하다
어떠하다 해쓱하다 가끔 거꾸로 부썩 어찌 이따금

2. Sons durs qui se produisent après 'ㄴ, ㄹ, ㅇ' finales (patchim).
2. 'ㄴ, ㄹ, ㅇ' 받침 뒤에서 나는 된소리.

산뜻하다 잔뜩 살짝 훨씬 담뿍 움찔 몽땅 엉뚱하다

Toutefois, les sons durs qui se produisent après 'ㄱ, ㅂ' finales, ne s'écrivent pas en consonnes dures si ce phénomène n'est pas dû à la juxtaposition de deux syllabes identiques ou semblables (du point de vue phonétique).

다만, 'ㄱ, ㅂ' 받침 뒤에서 나는 된소리는, 같은 음절이나 비슷한 음절이 겹쳐 나는 경우가 아니면 된소리로 적지 아니한다.

국수 깍두기 딱지 색시 싹둑(-싹둑) 법석 갑자기 몹시

Section 2 : Palatalisation
제2절 구개음화

Article 6 : Bien que les consonnes finales ' ㄷ, ㅌ' se prononcent comme ' ㅈ, ㅊ' lorsqu' elles sont suivies de ' -이(-)' ou de '-히-' qui sont en rapport de subordination(grammaticale) vis-à-vis du mot précédent, elles s'écrivent ' ㄷ, ㅌ'.

제6항 'ㄷ, ㅌ' 받침 뒤에 종속적 관계를 가진 '- 이(-)'나 '- 히 -'가 올 적에는, 그 'ㄷ, ㅌ'이 'ㅈ, ㅊ' 으로 소리나더라도 'ㄷ, ㅌ'으로 적는다.

correct	incorrect	correct	incorrect	correct	incorrect
맏이	마지	걷히다	거치다	묻히다	무치다
같이	가치	끝이	끄치	핥이다	할치다
굳이	구지	닫히다	다치다	해돋이	해도지

Section 3 : Les consonnes qui se prononcent comme 'ㄷ'
제3절 'ㄷ' 소리 받침

Article 7 : Les consonnes finales qui se prononcent comme ' ㄷ' , s'écrivent ' ㅅ' s'il n'y pas de raison pour qu'elles s'écrivent 'ㄷ'.

제7항 'ㄷ' 소리로 나는 받침 중에서 'ㄷ'으로 적을 근거가 없는 것은 'ㅅ'으로 적는다.

덧저고리 돗자리 엇셈 웃어른 핫옷 무릇 사뭇 얼핏 자칫하면 뭇(衆) 옛 첫 헛

Section 4 : Les voyelles
제4절 모음

Article 8 : Même si la voyelle ' ㅖ' dans '계, 례, 몌 ,폐, 혜' se prononce comme 'ㅔ' , elle s'écrit ' ㅖ'.

제8항 '계, 례, 몌, 폐, 혜'의 'ㅖ'는 'ㅔ'로 소리나는 경우가 있더라도 'ㅖ'로 적는다.

correct	incorrect	correct	incorrect	correct	incorrect
계수(桂樹)	게수	사례(謝禮)	사레	핑계	핑게
계집	게집	연몌(連袂)	연메	혜택(惠澤)	헤택
계시다	게시다	폐품(廢品)	페품		

Toutefois, les mots suivants s'écrivent tels qu'ils se prononcent.

다만, 다음 말은 본음대로 적는다.

게송(偈頌) 게시판(揭示板) 휴게실(休憩室)

Article 9 : 'ㅢ' s'écrit toujours '의', même si '의' ou 'ㅢ' dans une syllabe commençant par une consonne initiale, se prononcent 'ㅣ'.

제8항 '의'나, 자음을 첫소리로 가지고 있는 음절의'ㅢ'는'ㅣ'로 소리나는 경우가 있더라도 'ㅢ'로 적는다.

correct	incorrect	correct	incorrect	correct	incorrect
늴리리	닐리리	본의(本義)	본이	틔어	티어
닁큼	닝큼	씌어	씨어	하늬바람	하니바람
띄어쓰기	띠어쓰기	오늬	오니	희망(希望)	히망
무늬(紋)	무니	유희(遊戲)	유히	희다	히다
보늬	보니	의의(意義)	의이		

Section 5 : Règles du nom-emploi des sons 'ㄴ, ㄹ' en tête des mots
제5절 두음 법칙

Article 10 : Si les sons des caractères chinois '녀, 뇨, 뉴, 니' se trouvent en tête des mots, ils s'écrivent' 여, 요, 유, 이'.

제10항 한자음 '녀, 뇨, 뉴, 니'가 단어 첫머리에 올 적에는 두음 법칙에 따라 '여, 요, 유, 이'로 적는다.

correct	incorrect	correct	incorrect	correct	incorrect
여자(女子)	녀자	요소(尿素)	뇨소	이토(泥土)	니토
연세(年歲)	년세	유대(紐帶)	뉴대	익명(匿名)	닉명

Toutefois, les sons (orthographe) 'ㄴ, 녀' sont reconnus dans les noms dépendants comme les suivants.
다만, 다음과 같은 의존 명사에서는 'ㄴ, 녀'음을 인정한다.
냥(兩) 냥쭝(兩-) 년(年) (몇 년)

[Remarque 1] Si ces sons se trouvent ailleurs que tout au début des mots, ils s'écrivent comme sons originels.

[붙임 1] 단어의 첫머리 이외의 경우에는 본음대로 적는다.
남녀(男女) 당뇨(糖尿) 결뉴(結紐) 은닉(隱匿)

[Remarque 2] Dans les mots composés avec un caractère chinois, employé comme un préfixe, le composant principal, comme les exemples suivants, s'écrit conformément aux règles des consonnes initiales 'ㄴ, ㄹ' en tête des mots, même si la consonne initiale de ce composant se prononce 'ㄴ'.

[붙임 2] 접두사처럼 쓰이는 한자가 붙어서 된 말이나 합성어에서, 뒷말의 첫소리가 'ㄴ' 소리로 나더라도 두음 법칙에 따라 적는다.
신여성(新女性) 공염불(空念佛) 남존여비(男尊女卑)

[Remarque 3] Les dispositions de [Remarque 2] s'appliquent également à l'écriture des noms propres composés de plus de deux mots.

[붙임 3] 둘 이상의 단어로 이루어진 고유명사를 붙여 쓰는 경우에도 [붙임 2] 에 준하여 적는다.

한국여자대학 대한요소비료회사

Article 11 : Si les sons des caractères chinois '랴, 려, 례, 료, 류, 리' se trouvent en tête des mots, ils s'crivent '야, 여, 예, 요, 유,이' conformément aux règles des consonnes initiales 'ㄴ, ㄹ' en tête des mots.

제11항 한자음 '랴, 려, 례, 료, 류, 리'가 단어의 첫머리에 올 적에는 두음 법칙에 따라 '야, 여, 예, 요, 유, 이'로 적는다.

correct	incorrect	correct	incorrect	correct	incorrect
양심(良心)	량심	예의(禮儀)	례의	이발(理髮)	리발
역사(歷史)	력사	용궁(龍宮)	룡궁	역사(歷史)	력사
유행(流行)	류행				

Toutefois, les noms dépendants comme les suivant s'écrivent tels qu'ils se prononcent.

다만, 다음과 같은 의존 명사는 본음대로 적는다.

리(里): 몇 리냐? 리(理): 그럴 리가 없다.

[Remarque 1] Si ces sons se trouvent ailleurs que tout au début des mots, ils s'écrivent comme sons originels.

[붙임 1] 단어의 첫머리 이외의 경우에는 본음대로 적는다.

개량(改良) 선량(善良) 수력(水力) 협력(協力) 사례(謝禮)
혼례(婚禮) 와룡(臥龍) 쌍룡(雙龍) 하류(下流) 급류(急流)
도리(道理) 진리(眞理)

Toutefois, Si '렬, 률' se trouvent après 'ㄴ' ou une voyelle, ils s'écrivent '열, 율'.

다만, 모음이나 'ㄴ' 받침 뒤에 이어지는 '렬, 률'은 '열, 율'로 적는다.

correct	incorrect	correct	incorrect
규율(規律)	규률	비열(卑劣)	비렬
실패율(失敗率)	실패률	나열(羅列)	나렬
비율(比率)	비률	전율(戰慄)	전률
백분율(百分率)	백분률	선열(先烈)	선렬
진열(陳列)	진렬	분열(分裂)	분렬
선율(旋律)	선률	치열(齒列)	치렬

[Remarque 2] Il est possible d'écrire, après le nom patronymique, le prénom monosyllabique commençant par' ㄴ, ㄹ' comme sons originels.

[붙임 2] 외자로 된 이름을 성에 붙여 쓸 경우에도 본음대로 적을 수 있다.

신립(申砬) 최린(崔麟) 채륜(蔡倫) 하륜(河崙)

[Remarque 3] Dans les mots contractés, si les sons se prononcent ' ㄴ, ㄹ', ils s'écrivent tels quels.

[붙임 3] 준말에서 본음으로 소리나는(4) 것은 본음대로 적는다.

국련(국제연합) 대한교련(대한교육연합회)

[Remarque 4] Dans les mots composés avec un caractère chinois employé comme un préfixe, ou dans les mots composés de plus de deux mots, même si les sons(consonnes) initiaux se prononcent comme ' ㄴ, ㄹ', ils s'écrivent suivant les règles des consonnes initiales ' ㄴ, ㄹ' en tête des mots.

[붙임 4] 접두사처럼 쓰이는 한자가 붙어서 된 말이나 합성어에서 뒷말의 첫소리가 'ㄴ' 또는 'ㄹ' 소리로 나더라도 두음 법칙에 따라 적는다.

역이용(逆利用) 연이율(年利率) 열역학(熱力學) 해외여행(海外旅行)

[Remarque 5] Les dispositions de [Remarque 4] s'appliquent également à l'écriture des noms propres composés de plus de deux mots et à celle des nombres écrits en lettres selon le système décimal.

[붙임 5] 둘 이상의 단어로 이루어진 고유 명사를 붙여 쓰는 경우나 십진법에 따라 쓰는 수(數)도 [붙임 4] 에 준하여 적는다.

서울여관 신흥이발관 육천육백육십육(六千六百六十六)

Article 12 : Si les sons des caractères chinois '라, 래, 로 ,뢰, 루, 르' se trouvent tout au début des mots, ils s'écrivent ' 나, 내, 노 , 뇌, 누, 느' conformément aux règles des consonnes initiales 'ㄴ, ㄹ' en tête des mots.

제12항 한자음 '라, 래, 로, 뢰, 루, 르'가 단어의 첫머리에 올 적에는 두음 법칙에 따라 '나, 내, 노, 뇌, 누, 느'로 적는다.

correct	incorrect	correct	incorrect
낙원(樂園)	락원	노인(老人)	로인
누각(樓閣)	루각	내일(來日)	래일
뇌성(雷聲)	뢰성	능묘(陵墓)	릉묘

[Remarque 1] Si ces sons se trouvent ailleurs que tout au début des mots, ils s'écrivent comme sons originels.

[붙임 1] 단어의 첫머리 이외의 경우에는 본음대로 적는다.

쾌락(快樂) 극락(極樂) 거래(去來) 왕래(往來)
부로(父老) 연로(年老) 지뢰(地雷) 낙뢰(落雷)
고루(高樓) 광한루(廣寒樓) 동구릉(東九陵) 가정란(家庭欄)

[Remarque 2] Dans les mots composés avec un caractère chinois employé comme un préfixe, on écrit le composant principal (le deuxième) conformément aux règles des consonnes initiales ' ㄴ, ㄹ' en tête des mots.

[붙임 2] 접두사처럼 쓰이는 한자가 붙어서 된 단어는 뒷말을 두음 법칙에 따라 적는다.

내내월(來來月) 상노인(上老人) 중노동(重勞動) 비논리적(非論理的)

Section6 : Répétition des sons
제6절 겹쳐 나는 소리

Article 13 : Dans un mot, si un son ou des sons semblables se répètent, ils s'écrivent de la même façon.
제13항 한 단어 안에서 같은 음절이나 비슷한 음절이 겹쳐 나는 부분은 같은 글자로 적는다.

correct	incorrect	correct	incorrect
꼿꼿하다	꼿곳하다	밋밋하다	민밋하다
씁쓸하다	씁슬하다	놀놀하다	놀롤하다
싹싹하다	싹삭하다	씩씩	씩식
누누이(屢屢-)	누루이	쌉쌀하다	쌉살하다
연연불망(戀戀不忘)	연련불망	눅눅하다	눙눅하다
쌕쌕	쌕색	유유상종(類類相從)	유류상종
딱딱	딱닥	쌕쌕	쌕색
짭짤하다	짭잘하다	똑딱똑딱	똑닥똑닥
쓱싹쓱싹	쓱삭쓱삭		

Chaptire IV : Sur la morphologie
제4장 형태에 관한 것

Section 1 : Le substantif et le suffixe fonctionnel
제1절 체언과 조사

Article 14 : Le substantif et le suffixe fonctionnel s'écrivent de façon distincte.
제14항 체언은 조사와 구별하여 적는다.

떡이 떡을 떡에 떡도 떡만
손이 손을 손에 손도 손만
팔이 팔을 팔에 팔도 팔만
밤이 밤을 밤에 밤도 밤만
집이 집을 집에 집도 집만
옷이 옷을 옷에 옷도 옷만
콩이 콩을 콩에 콩도 콩만
낮이 낮을 낮에 낮도 낮만
꽃이 꽃을 꽃에 꽃도 꽃만
밭이 밭을 밭에 밭도 밭만
앞이 앞을 앞에 앞도 앞만
밖이 밖을 밖에 밖도 밖만
넋이 넋을 넋에 넋도 넋만
흙이 흙을 흙에 흙도 흙만
삶이 삶을 삶에 삶도 삶만

여덟이	여덟을	여덟에	여덟도	여덟만
곬이	곬을	곬에	곬도	곬만
값이	값을	값에	값도	값만

Section 2 : Le radical et la terminaison

제2절 어간과 어미

Article 15 : Le radical des verbes (prédicats) et la terminaison s'écrivent de façon distincte.

제15항 　용언의 어간과 어미는 구별하여 적는다.

먹다	먹고	먹어	먹으니	신다	신고	신어	신으니
믿다	믿고	믿어	믿으니	울다	울고	울어	(우니)
넘다	넘고	넘어	넘으니	입다	입고	입어	입으니
웃다	웃고	웃어	웃으니	찾다	찾고	찾아	찾으니
좇다	좇고	좇아	좇으니	같다	같고	같아	같으니
높다	높고	높아	높으니	좋다	좋고	좋아	좋으니
깎다	깎고	깎아	깎으니	앉다	앉고	앉아	앉으니
많다	많고	많아	많으니	늙다	늙고	늙어	늙으니
젊다	젊고	젊어	젊으니	넓다	넓고	넓어	넓으니
훑다	훑고	훑어	훑으니	읊다	읊고	읊어	읊으니
옳다	옳고	옳아	옳으니	없다	없고	없어	없으니
있다	있고	있어	있으니				

[Remarque 1] Lorsque deux verbes se lient pour former un seul verbe (composé), si le premier garde son sens originel, on distingue sa forme originelle; s'il exprime un sens éloigné de celui originel, on ne distingue pas sa forme originelle.

[붙임 1] 　두 개의 용언이 어울려 한 개의 용언이 될 적에, 앞말의 본뜻이 유지되고 있는 것은 그 원형을 밝히어 적고, 그 본뜻에서 멀어진 것은 밝히어 적지 아니한다.

Verbes (composés) dans lesquels le premier composant garde son sens originel.

(1) 앞말의 본뜻이 유지되고 있는 것

넘어지다 늘어나다 늘어지다 돌아가다 되짚어가다 들어가다

떨어지다 벌어지다 엎어지다 접어들다 틀어지다 흩어지다

Verbes (composés) dans lesquels le premier élément exprime un sens éloigné de celui originel.

(2) 본뜻에서 멀어진 것

드러나다 사라지다 쓰러지다

[Remarque 2] La terminaison (conclusive) '-오' s'écrit en sa forme originelles ' 오' même si elle se prononce ' 요'.

[붙임 2] 　종결형에서 사용되는 어미 '-오'는 '요'로 소리나는(5) 경우가 있더라도 그 원형을 밝혀 '오'로 적는다.

correct	incorrect
이것은 책이오	이것은 책이요
이리로 오시오	이리로 오시요
이것은 책이 아니오	이것은 책이 아니요

[Remarque 3] La terminaison conjonctive '이요' s'écrit toujours '이요'.
[붙임 3] 연결형에서 사용되는 '이요'는 '이요'로 적는다.

correct	incorrect
이것은 책이요, 저것은 붓이요, 또 저것은 먹이다.	이것은 책이오, 저것은 붓이오, 또 저것은 먹이다.

Article 16 : Si la voyelle de la dernière syllabe du radical est 'ㅏ' ou 'ㅗ', on emploie la terminaison commençant par '-아' ; pour les autres, on emploie la terminaison commençant par '-어'.
제16항 어간의 끝음절 모음이 'ㅏ, ㅗ'일 때에는 어미를 '- 아'로 적고, 그 밖의 모음일 때에는 '- 어'로 적는다.

1. Le cas des terminaisons commençant par '-아'.
1. '-아'로 적는 경우

나아 나아도 나아서
막아 막아도 막아서
얇아 얇아도 얇아서
돌아 돌아도 돌아서
보아 보아도 보아서

2. Le cas des terminaisons commençant par '-어'.
2. '-어'로 적는 경우

개어 개어도 개어서
겪어 겪어도 겪어서
되어 되어도 되어서
베어 베어도 베어서
쉬어 쉬어도 쉬어서
저어 저어도 저어서
주어 주어도 주어서
피어 피어도 피어서
희어 희어도 희어서

Article 17 : Le suffixe '-요' qui s'ajoute après la terminaison, s'écrit toujours '-요'.
제17항 어미 뒤에 덧붙는 조사 '요'는 '요'로 적는다.

읽어 읽어요
참으리 참으리요
좋지 좋지요

Article 18 : Pour les verbes comme les suivants dans lesquels s'il a lieu une modification sur leur radical lorsqu'on y ajoute certaines terminaisons, on écrit le radical et la terminaison tels qu'ils sont modifiés.

제18항 다음과 같은 용언들은 어미가 바뀔 경우, 그 어간이나 어미가 원칙에 벗어나면 벗어나는 대로 적는다.

1. Elision de la consonne finale 'ㄹ' de la dernière syllabe du radical.

1. 어간의 끝 'ㄹ'이 줄어질 적

갈다 : 가니 간 갑니다 가시다 가오
놀다 : 노니 논 놉니다 노시다 노오
불다 : 부니 분 붑니다 부시다 부오
둥글다 : 둥그니 둥근 둥급니다 둥그시다 둥그오
어질다 : 어지니 어진 어집니다 어지시다 어지오

[Remarque] Dans les mots comme les suivants aussi, on écrit tel que 'ㄹ' finale du radical est élidée.

[붙임] 다음과 같은 말에서도 'ㄹ'이 준 대로 적는다.

마지못하다 마지않다
(하)다마다 (하)자마자
(하)지 마라 (하)지 마(아)

2. Elision de la consonne finale 'ㅅ' de la dernière syllabe du radical.

2. 어간의 끝 'ㅅ'이 줄어질 적

긋다 : 그어 그으니 그었다
낫다 : 나아 나으니 나았다
잇다 : 이어 이으니 이었다
짓다 : 지어 지으니 지었다

3. Elision de la consonne finale 'ㅎ' de la dernière syllabe du radical.

3. 어간의 끝 'ㅎ'이 줄어질 적

그렇다 : 그러니 그럴 그러면 그럽니다 그러오
까맣다 : 까마니 까말 까마면 까맙니다 까마오
동그랗다 : 동그라니 동그랄 동그라면 동그랍니다 동그라오
퍼렇다 : 퍼러니 퍼럴 퍼러면 퍼럽니다 퍼러오
하얗다 : 하야니 하얄 하야면 하얍니다 하야오

4. Elision des voyelles 'ㅜ, ㅡ' de la dernière syllabe radical.

4. 어간의 끝 'ㅜ, ㅡ'가 줄어질 적

고프다 : 고파 고팠다 끄다 : 꺼 껐다 담그다 : 담가 담갔다
따르다 : 따라 따랐다 뜨다 : 떠 떴다 바쁘다 : 바빠 바빴다
크다 : 커 컸다 푸다 : 퍼 펐다

5. Transformation de la consonne finale 'ㄷ' de la dernière syllabe du radical en 'ㄹ'.

5. 어간의 끝 'ㄷ'이 'ㄹ'로 바뀔 적

걷다[步] : 걸어 걸으니 걸었다
듣다[聽] : 들어 들으니 들었다
묻다[問] : 물어 물으니 물었다
싣다[載] : 실어 실으니 실었다

6. Transformation de la consonne finale 'ㅂ' de la dernière syllabe du radical en 'ㅜ'.

6. 어간의 끝 'ㅂ'이 'ㅜ'로 바뀔 적

깁다 : 기워 기우니 기웠다
굽다[炙] : 구워 구우니 구웠다
가깝다 : 가까워 가까우니 가까웠다
괴롭다 : 괴로워 괴로우니 괴로웠다
맵다 : 매워 매우니 매웠다
무겁다 : 무거워 무거우니 무거웠다
밉다 : 미워 미우니 미웠다
쉽다 : 쉬워 쉬우니 쉬웠다

Toutefois, si la voyelle du radical monosyllabique comme '돕-, 곱-' se prononce ' −와' par l'ajoute de '-아', on l'écrit '와'.

다만, '돕-, 곱-'과 같은 단음절 어간에 어미 '-아'가 결합되어 '와'로 소리나는 것은 '-와'로 적는다.

돕다[助] : 도와 도와서 도와도 도왔다
곱다[麗] : 고와 고와서 고와도 고왔다

7. Transformation de la terminaison '-아' en '-여' dans le verbe '-하다'.

7. '하다'의 활용에서 어미 '-아'가 '-여'로 바뀔 적

.하다 : 하여 하여서 하여도 하여라 하였다

8. Transformation de la terminaison '-어' en '-러' après '르' qui est la dernière syllabe du radical.

8. 어간의 끝 음절 '르' 뒤에 오는 어미 '-어'가 '-러'로 바뀔 적.

이르다[至] : 이르러 이르렀다
노르다 : 노르러 노르렀다
누르다 : 누르러 누르렀다
푸르다 : 푸르러 푸르렀다

9. Elision de 'ㅡ' dans '르', dernière syllabe du radical, et transformation de la terminaison '-아/ -어' en '-라/ -러'.

9. 어간의 끝 음절(10) '르'의 'ㅡ'가 줄고, 그 뒤에 오는 어미 '-아/-어'가 '-라/-러'로 바뀔 적

.가르다 : 갈라 갈랐다 부르다 : 불러 불렀다

거르다 : 걸러 걸렀다 오르다 : 올라 올랐다
구르다 : 굴러 굴렀다 이르다 : 일러 일렀다
벼르다 : 별러 별렀다 지르다 : 질러 질렀다

Section 3 : Mots composés par l'ajout des suffixes (terminaisons et infixes)
제3절 접미사가 붙어서 된 말

Article 19 : Si les noms sont dérivés des verbes par l'ajout de '-이' ou '- ㅁ/ 음' au radical verbal, ou bien si les adverbes sont dérivés par l'ajout de '-이' ou '- 히' au radical verbal, ces noms et ces adverbes dérivés s'écrivent de sorte que leur forme originelle apparaît distinctement.

제19항 어간에 '- 이'나 '- 음/- ㅁ'이 붙어서 명사로 된 것과 '- 이'나 '- 히'가 붙어서 부사로 된 것은 그 어간의 원형을 밝히어 적는다.

1. Noms dérivés par l'ajout de '-이' au radical verbal.
1. '-이'가 붙어서 명사로 된 것

길이 깊이 높이 다듬이 땀받이 달맞이
먹이 미닫이 벌이 벼훑이 살림살이 쇠붙이

2. Noms dérivés par l'ajout de '-ㅁ/음' au radical verbal.
2. '-음/-ㅁ'이 붙어서 명사로 된 것

걸음 묶음 믿음 얼음 엮음 울음 웃음 졸음 죽음 앎 만듦

3. Adverbes dérivés par l'ajout de '-이' au radical verbal.
3. '-이'가 붙어서 부사로 된 것

같이 굳이 길이 높이 많이 실없이 좋이 짓궂이

4. Adverbes dérivés par l'ajout de '-히' au radical verbal.
4. '-히'가 붙어서 부사로 된 것

밝히 익히 작히

Toutefois, même si les noms sont dérivés des verbes par l'ajout de '-이' ou '-ㅁ/음' sur le radical verbal, on ne se réfère pas à la forme originelle de ce dernier si le sens des noms en est éloigné

다만, 어간에 '-이'나 '-음'이 붙어서 명사로 바뀐 것이라도 그 어간의 뜻과 멀어진 것은 원형을 밝히어 적지 아니한다.

굽도리 다리 목거리(목병) 무너리
코끼리 거름(비료) 고름[膿] 노름(도박)

[Remarque] Si les verbes sont transformés en d'autres parties du discours par l'ajout sur leur radical d'un suffixe (terminaison) autre que '-이' ou '-ㅁ/ -음', on ne se réfère pas à la forme originelle du radical verbal.

[붙임] 어간에 '-이'나 '-음' 이외의 모음으로 시작된 접미사가 붙어서 다른 품사로 바뀐 것은 그 어간의 원형을 밝히어 적지 아니한다.

(1) Verbes transformés en noms.

(1) 명사로 바뀐 것

귀머거리 까마귀 너머 뜨더귀 마감 마개
마중 무덤 비렁뱅이 쓰레기 올가미 주검

(2) Verbes transformés en adverbes.

(2) 부사로 바뀐 것

거뭇거뭇 너무 도로 뜨덤뜨덤 바투 불긋불긋 비로소 오긋오긋
자주 차마

(3) Verbes transformés en suffixes fonctionnels.

(3) 조사로 바뀌어 뜻이 달라진 것

나마 부터 조차

Article 20 : Pour les noms transformés en d'autres parties du discours par l'ajout de '–이', on se réfère à leur forme originelle.

제20항 명사 뒤에 '- 이'가 붙어서 된 말은 그 명사의 원형을 밝히어 적는다.

1. Noms transformés en adverbes.

1. 부사로 된 것

곳곳이 낱낱이 몫몫이 샅샅이 앞앞이 집집이

2. Noms transformés en autre noms.

2. 명사로 된 것

곰배팔이 바둑이 삼발이 애꾸눈이 육손이 절뚝발이/절름발이

[Remarque] Si les mots sont dérivés des noms par l'ajout d'un suffixe, commençant par une voyelle autre que '-이', on ne se réfère pas à la forme originelle de ces noms.

[붙임] '이' 이외의 모음으로 시작된 접미사가 붙어서 된 말은 그 명사의 원형을 밝히어 적지 아니한다.

꼬락서니 끄트머리 모가치 바가지 바깥 사타구니
싸라기 이파리 지붕 지푸라기 짜개

Article 21 : Si un mot est dérivé par l'ajout d'un suffixe, commençant par une consonne, après un nom ou un verbe, on se réfère à la forme originelle du nom ou du radical du verbe en question.

제21항 명사나 혹은 용언의 어간 뒤에 자음으로 시작된 접미사가 붙어서 된 말은 그 명사나 어간의 원형을 밝히어 적는다.

1. Mots dérivés par l'ajout d'un suffixe, commençant par une consonne, après un nom.

1. 명사 뒤에 자음으로 시작된 접미사가 붙어서 된 것

값지다 홑지다 넋두리 빛깔 옆댕이 잎사귀

2. Mots dérivés par l'ajout d'un suffixe (terminaison), commençant par une consonne, après un radical verbal.

2. 어간 뒤에 자음으로 시작된 접미사가 붙어서 된 것

낚시 늙정이 덮개 뜯게질 갉작갉작하다 갉작거리다 뜯적거리다
뜯적뜯적하다 굵다랗다 굵직하다 깊숙하다 넓적하다 높다랗다
늙수그레하다 얽죽얽죽하다

Toutefois, on écrit les mots comme les suivants tels qu'ils se prononcent.

다만, 다음과 같은 말은 소리대로 적는다.

(1) Mots dans lesquels le son des consonnes composées finales n'apparaît pas.

(1) 겹받침의 끝소리가 드러나지 아니하는 것

할짝거리다 널따랗다 널찍하다 말끔하다 말쑥하다 말짱하다
실쭉하다 실큼하다 얄따랗다 얄팍하다 짤따랗다 짤막하다
실컷

(2) Mots dont l'étymologie n'est pas claire ou dont le sens est éloigné de celui orginel.

(2) 어원이 분명하지 아니하거나 본뜻에서 멀어진 것

넙치 올무 골막하다 납작하다

Article 22 : Pour les mots formés par l'ajout des suffixes (infixes) suivants après le radical des verbes, on se réfère à la forme originelle de ces verbes.

제22항 용언의 어간에 다음과 같은 접미사들이 붙어서 이루어진 말들은 그 어간을 밝히어 적는다.

1. Mots (verbes) formés par l'ajout de '-기-, -리-, -이-, -히-, -구-, -우-, -추-, -으키-, -이키-, -애- après le radical verbal.

1. '-기-, -리-, -이-, -히, -구-, -우-, -추-, -으키-, -이키-, -애-'가 붙는 것

맡기다 옮기다 웃기다 쫓기다 뚫리다 울리다 낚이다 쌓이다
핥이다 굳히다 굽히다 넓히다 앉히다 얽히다 잡히다 돋구다
솟구다 돋우다 갖추다 곧추다 맞추다 일으키다 돌이키다 없애다

Toutefois, même si les mots (verbes) sont formés par l'ajout de '-이-, -히-, -우-' après le radical verbal, s'ils expriment un sens éloigné de celui orginel, ils s'écrivent tels qu'ils se prononcent.

다만, '-이-, -히-, -우-'가 붙어서 된 말이라도 본뜻에서 멀어진 것은 소리대로 적는다.

도리다(칼로 ~) 드리다(용돈을 ~) 고치다 바치다(세금을 ~)
부치다(편지를 ~) 거두다 미루다 이루다

2. Mots (verbes) formés par l'ajout de '-치-, -뜨리-, -트리-' après le radical verbal.

2. '-치-, -뜨리-, -트리-'가 붙는 것

놓치다 덮치다 떠받치다 받치다 밭치다 부딪치다 뻗치다 엎치다
부딪뜨리다/부딪트리다 쏟뜨리다/쏟트리다 젖뜨리다/젖트리다
찢뜨리다/찢트리다 흩뜨리다/흩트리다

[Remarque] Les mots, formés par l'ajout de '- 업- , -읍-, -브-' au radical des verbes s'écrivent tels qu'ils se prononcent.

[붙임] '-업-, -읍-, -브-'가 붙어서 된 말은 소리대로 적는다.

미덥다 우습다 미쁘다

Article 23 : On se réfère à la forme originelle, si les noms sont dérivés par l'ajout de '-이' après le radical des verbes qui lui associe, d'habitude, '-하다' ou '-거리다' (suffixes verbalisants) pour devenir verbes.

제23항 '- 하다'나 '- 거리다'가 붙는 어근에 '- 이'가 붙어서 명사가 된 것은 그 원형을 밝히어 적는다.

correct	incorrect	correct	incorrect	correct	incorrect
깔쭉이	깔쭈기	살살이	살사리	꿀꿀이	꿀꾸리
쌕쌕이	쌕쌔기	눈깜짝이	눈깜짜기	오뚝이	오뚜기
더펄이	더퍼리	코납작이	코납자기	배불뚝이	배불뚜기
푸석이	푸서기	삐죽이	삐주기	홀쭉이	홀쭈기

[Remarque] On ne se réfère pas à la forme originelle pour les noms dérivés par l'ajout de '-이' après le radical des verbes qui ne peut lui associer, '- 하다'ou '- 거리다'.

[붙임] '-하다'나 '-거리다'가 붙을 수 없는 어근에 '-이'나 또는 다른 모음으로 시작되는 접미사가 붙어서 명사가 된 것은 그 원형을 밝히어 적지 아니한다.

개구리 귀뚜라미 기러기 깍두기 꽹과리 날라리 누더기
동그라미 두드러기 딱따구리 매미 부스러기 뻐꾸기 얼루기
칼싹두기

Article 24 : On se réfère à la forme originelle du radical pour les verbes formés par l'ajout de '- 이다' après leur radical en onomatopée qui peut lui associer '- 거리다'.

제24항 '- 거리다'가 붙을 수 있는 시늉말 어근에 '- 이다'가 붙어서 된 용언은 그 어근을 밝히어 적는다.

correct	incorrect	correct	incorrect	correct	incorrect
깜짝이다	깜짜기다	속삭이다	속사기다	꾸벅이다	꾸버기다
숙덕이다	숙더기다	끄덕이다	끄더기다	울먹이다	울머기다
뒤척이다	뒤처기다	움직이다	움지기다	들먹이다	들머기다
지껄이다	지꺼리다	망설이다	망서리다	퍼덕이다	퍼더기다
번득이다	번드기다	허덕이다	허더기다	번쩍이다	번쩌기다
헐떡이다	헐떠기다				

Article 25 : On se réfère à la forme originelle pour les adverbes dérivés par l'ajout de '– 히' ou '– 이' au mot qui peut se transformer en verbe avec ' – 하다' ; pour les adverbes emphatiques, dérivés d'autres adverbes par l'ajout de '– 이'.

제25항 '- 하다'가 붙는 어근에 '- 히'나 '- 이'가 붙어서 부사가 되거나, 부사에 '- 이'가 붙어서 뜻을 더하는 경우에는, 그 어근이나 부사의 원형을 밝히어 적는다.

1. Adverbes dérivés par l'ajout de '- 히' ou '-이' après le radical des verbes en '- 하다'.
1. '-하다'가 붙는 어근에 '-히'나 '-이'가 붙는 경우

급히 꾸준히 도저히 딱히 어렴풋이 깨끗이

2. Adverbes dérivés d'autres adverbes par l'ajout de '- 이'.
2. 부사에 '-이'가 붙어서 역시 부사가 되는 경우

곰곰이 더욱이 생긋이 오뚝이 일찍이 해죽이

Article 26 : On garde '– 하다' ou '– 없다' tels quels pour les verbes formés par l'ajout de '– 하다' ou '– 없다' au radical.

제26항 '- 하다'나 '- 없다'가 붙어서 된 용언은 그 '- 하다'나 '- 없다'를 밝히어 적는다.

1. Verbes en '- 하다'.
1. '-하다'가 붙어서 용언이 된 것

딱하다 숱하다 착하다 텁텁하다 푹하다

2. Verbes en '- 없다'.
2. '-없다'가 붙어서 용언이 된 것

.부질없다 상없다 시름없다 열없다 하염없다

Section 4 : mots composés de deux mots d'um mot et d'un préfixe
제4절 합성어 및 접두사가 붙은 말

Article 27 : On se réfère à la forme originelle des composants pour les mots composés, formés par la juxtaposition de plus de deux mots ou par l'ajout d'un préfixe.

제27항 둘 이상의 단어가 어울리거나 접두사가 붙어서 이루어진 말은 각각 그 원형을 밝히어 적는다.

국말이 꺾꽂이 꽃잎 끝장 물난리 밑천
부엌일 싫증 옷안 웃옷 젖몸살 첫아들
칼날 팥알 헛웃음 홀아비 홑몸 흙내
값없다 겉늙다 굶주리다 낮잡다 맞먹다 받내다
벋놓다 빗나가다 빛나다 새파랗다 샛노랗다 시꺼멓다
싯누렇다 엇나가다 엎누르다 엿듣다 옻오르다 짓이기다
헛되다

[Remarque 1] On écrit comme ce qui se prononce si le son a changé de façon particulière bien que l'étymologie des mots composants reste claire.

[붙임] 어원은 분명하나 소리만 특이하게 변한 것은 변한 대로 적는다.

할아버지 할아범

[Remarque 2] On ne tient pas compte de la forme originelle pour les mots dont l'étymologie n'est pas claire.

[붙임] 어원이 분명하지 아니한 것은 원형을 밝히어 적지 아니한다.

골병 골탕 끌탕 며칠 아재비 오라비 업신여기다 부리나케

[Remarque 3] Si le mot '이', *dent* , se prononce '니' ou '리' dans les mots composés ou assimilés, il s'écrit '니'.

[붙임] '이[齒]'가 합성어나 이에 준하는 말에서 '니' 또는 '리'로 소리 날 때에는 '니'로 적는다.

간니 덧니 사랑니 송곳니 앞니 어금니 윗니 젖니 톱니
틀니 가랑니 머릿니

Article 28 : Si la consonne finale 'ㄹ' de la dernière syllabe d'un mot ne se prononce pas lorsque ce mot est suivi d'un autre mot, on écrit sans 'ㄹ'.

제28항 끝소리가 'ㄹ'인 말과 딴 말이 어울릴 적에 'ㄹ' 소리가 나지 아니하는 것은 아니 나는 대로 적는다.

다달이(달-달-이) 따님(딸-님) 마되(말-되) 마소(말-소)
무자위(물-자위) 바느질(바늘-질) 부나비(불-나비) 부삽(불-삽)
부손(불-손) 소나무(솔-나무) 싸전(쌀-전) 여닫이(열-닫이)
우짖다(울-짖다) 화살(활-살)

Article 29 : Si la consonne finale 'ㄹ' de la dernière syllabe d'un mot se prononce comme 'ㄷ' lorsque ce mot est suivi d'un autre mot, elle s'écrit 'ㄷ'.

제29항 끝소리가 'ㄹ'인 말과 딴 말이 어울릴 적에 'ㄹ' 소리가 'ㄷ' 소리로 나는 것은 'ㄷ'으로 적는다.

반짇고리(바느질-) 사흗날(사흘-) 삼짇날(삼질-) 섣달(설-)
숟가락(술-) 이튿날(이틀-) 잗주름(잘-) 푿소(풀-)
섣부르다(설-) 잗다듬다(잘-) 잗다랗다(잘-)

Article 30 : Dans les cas suivants, on met la consonne intercalaire 'ㅅ (=의)'.

제30항　　사이시옷은 다음과 같은 경우에 받치어 적는다.

1. On met la consonne 'ㅅ' intercalaire après le premier composant qui se termine par une consonne, dans les mots composés coréens autochtones.

1. 순 우리말로 된 합성어로서 앞말이 모음으로 끝난 경우

(1) Après le premier composant, si la première syllabe du deuxième composant se prononce comme son dur.

(1) 뒷말의 첫소리가 된소리로 나는 것

고랫재　귓밥　나룻배　나뭇가지　냇가　댓가지
뒷갈망　맷돌　머릿기름　모깃불　못자리　바닷가
뱃길　볏가리　부싯돌　선짓국　쇳조각　아랫집
우렁잇속　잇자국　잿더미　조갯살　찻집　쳇바퀴
킷값　핏대　햇볕　혓바늘

(2) Après le premier composant pour lequel le son 'ㄴ' se produit en plus devant les sons (consonnes) initiaux 'ㄴ, ㅁ' de la première syllabe du deuxième composant.

(2) 뒷말의 첫소리 'ㄴ, ㅁ' 앞에서 'ㄴ' 소리가 덧나는 것

멧나물　아랫니　텃마당　아랫마을　뒷머리
잇몸　깻묵　냇물　빗물

(3) Après le premier composant pour lequel le son 'ㄴ ㄴ' se produit en plus devant la voyelle de la première syllabe du deuxième composant.

(3) 뒷말의 첫소리 모음 앞에서 'ㄴㄴ' 소리가 덧나는 것

.도리깻열　뒷윷　두렛일　뒷일　뒷입맛　베갯잇　욧잇
깻잎　나뭇잎　댓잎

2. On met la consonne 'ㅅ' intercalaire après le premier composant qui se termine par une voyelle, dans les mots composés coréens-sino-coréens.

2. 순 우리말과 한자어로 된 합성어로서 앞말이 모음으로 끝난 경우

(1) Après le premier composant, si le son (consonne) initial du deuxième composant se pronoce comme son dur.

(1) 뒷말의 첫소리가 된소리로 나는 것

귓병　머릿방　뱃병　봇둑　사잣밥　샛강　아랫방　자릿세
전셋집　찻잔　찻종　촛국　콧병　탯줄　텃세　핏기
햇수　횟가루　횟배

(2) Après le premier composant pour lequel le son 'ㄴ' se produit en plus devant les sons (consonnes) initiaux 'ㄴ' ou 'ㅁ' de la première syllabe du deuxième composant.

(2) 뒷말의 첫소리 'ㄴ, ㅁ' 앞에서 'ㄴ' 소리가 덧나는 것

곗날 제삿날 훗날 툇마루 양칫물

(3) Après le premier composant pour lequel le son 'ㄴㄴ' se produit en plus devant la voyelle de la première syllabe du deuxième composant.

(3) 뒷말의 첫소리 모음 앞에서 'ㄴㄴ' 소리가 덧나는 것

가욋일 사삿일 예삿일 훗일

3. On met la consonne 'ㅅ' intercalaire après la première syllabe des mots sino-coréens à deux syllabes comme les suivants.

3. 두 음절로 된 다음 한자어

곳간(庫間) 셋방(貰房) 숫자(數字) 찻간(車間) 툇간(退間) 횟수(回數)

Article 31 : Si les sons 'ㅂ' ou 'ㅎ' se produisent en plus lorsque deux mots se composent, ils s'écrivent tels qu'ils se prononcent.

제31항 두 말이 어울릴 적에 'ㅂ' 소리나 'ㅎ' 소리가 덧나는 것은 소리대로 적는다.

1. Les mots dans lesquels le son 'ㅂ' se produit en plus.

1. 'ㅂ' 소리가 덧나는 것

댑싸리(대ㅂ싸리) 멥쌀(메ㅂ쌀) 볍씨(벼ㅂ씨) 입때(이ㅂ때)
입쌀(이ㅂ쌀) 접때(저ㅂ때) 좁쌀(조ㅂ쌀) 햅쌀(해ㅂ쌀)

2. Les mots dans lesquels le son 'ㅎ' se produit en plus.

2. 'ㅎ' 소리가 덧나는 것

머리카락(머리ㅎ가락) 살코기(살ㅎ고기) 수캐(수ㅎ개)
수컷(수ㅎ것) 수탉(수ㅎ닭) 안팎(안ㅎ밖)
암캐(암ㅎ개) 암컷(암ㅎ것) 암탉(암ㅎ닭)

Section V : Les mots contractés
제5절 준말

Article 32 : Lorsque la consonne finale seule reste à la suite de l'élision de la voyelle dans la dernière syllabe d'un mot, elle se met comme la consonne finale (patchim) de la syllabe précédente.

제32항 단어의 끝 모음이 줄어지고 자음만 남은 것은 그 앞의 음절에 받침으로 적는다.

forme originelle/forme contractée	forme originelle/forme contractée
기러기야/기럭아	어제그저께/엊그저께
어제저녁/엊저녁	가지고, 가지지/갖고, 갖지
디디고, 디디지/딛고, 딛지	

Article 33 : Lorsque le substantif est suivi d'un suffixe fonctionnel, ils peuvent se contracter.

제33항 체언과 조사가 어울려 줄어지는 경우에는 준 대로 적는다.

forme originelle/forme contractée	forme originelle/forme contractée
그것은/그건	그것이/그게
그것으로/그걸로	나는/난
나를/날	너는/넌
너를/널	무엇을/뭣을, 무얼, 뭘
무엇이/뭣이, 무에	

Article 34 : Lorsque le radical verbal, se terminant par ' ㅏ ' ou ' ㅓ ', est suivi de '-아/어-, -았/었-', ' ㅏ ' ou ' ㅓ ' du radical peut tomber.

제34항 모음 'ㅏ, ㅓ'로 끝난 어간에 '- 아/- 어, - 았 -/- 었 -'이 어울릴 적에는 준 대로 적는다.

forme originelle/forme contractée	forme originelle/forme contractée
가아/가	가았다/갔다
나아/나	나았다/났다
타아/타	타았다/탔다
서어/서	서었다/섰다
켜어/켜	켜었다/켰다
펴어/펴	펴었다/폈다

[Remarque 1] Lorsque les voyelle ' ㅐ'ou ' ㅔ' de la dernière syllabe du radical verbal sont suivies de '-어-, -었-', '-어-' peut tomber.

[붙임 1] 'ㅐ, ㅔ' 뒤에 '-어, -었-'이 어울려 줄 적에는 준 대로 적는다.

forme originelle/forme contractée	forme originelle/forme contractée
개어/개	개었다/갰다
내어/내	내었다/냈다
베어/베	베었다/벴다
세어/세	세었다/셌다

[Remarque 2] '하여' peut se contracter en '해'.

[붙임 2] '하여'가 한 음절로 줄어서 '해'로 될 적에는 준 대로 적는다.

forme originelle/forme contractée	forme originelle/forme contractée
하여/해	하였다/했다
더하여/더해	더하였다/더했다
흔하여/흔해	흔하였다/흔했다

Article 35 : Lorsque le radical verbal, se terminant par 'ㅗ' ou 'ㅜ', est suivi de '-아/어-, -았/었-', les deux voyelles peuvent se contracter en 'ㅘ/ㅝ, 왔/웠'.

제35항 모음 'ㅗ, ㅜ'로 끝난 어간에 '- 아/- 어, - 았 -/- 었 -'이 어울려 'ㅘ/ㅝ, ㅘㅆ/ㅝㅆ'으로 될 적 에는 준 대로 적는다.

forme originelle/forme contractée	forme originelle/forme contractée
꼬아/꽈	꼬았다/꽜다
보아/봐	보았다/봤다
쏘아/쏴	쏘았다/쐈다
두어/둬	두었다/뒀다
쑤어/쒀	쑤었다/쒔다
주어/줘	주었다/줬다

[Remarque 1] '놓아' peut se contracter en '놔'.
[붙임 1] '놓아'가 '놔'로 줄 적에는 준 대로 적는다.

[Remarque 2] Lorsque le radical verbal, se terminant par 'ㅚ', est suivi de '-어-, -었-', les deux voyelles peuvent se contracter en 'ㅙ, 됐'.
[붙임 2] 'ㅚ' 뒤에 '-어, -었-'이 어울려 '왜, 왰'으로 될 적에도 준 대로 적는다.

forme originelle/forme contractée	forme originelle/forme contractée
괴어/괘	괴었다/괬다
되어/돼	되었다/됐다
뵈어/봬	뵈었다/뵀다
쇠어/쇄	쇠었다/쇘다
쐬어/쐐	쐬었다/쐤다

Article 36 : Lorsque 'ㅣ' du radical verbal est suivi de '-어', cela peut se contracter en 'ㅕ'.
제36항 'ㅣ' 뒤에 '-어'가 와서 'ㅕ'로 줄 적에는 준 대로 적는다.

forme originelle/forme contractée	forme originelle/forme contractée
가지어/가져	가지었다/가졌다
견디어/견뎌	견디었다/견뎠다
다니어/다녀	다니었다/다녔다
막히어/막혀	막히었다/막혔다
버티어/버텨	버티었다/버텼다
치이어/치여	치이었다/치였다

Article 37 : Lorsque les voyelles 'ㅏ, ㅕ, ㅗ, ㅜ' ou 'ㅡ' du radical verbal sont suivies de '-이-', elles peuvent se contracter respectivement en 'ㅐ, ㅖ, ㅚ, ㅟ, ㅢ'.
제37항 'ㅏ, ㅕ, ㅗ, ㅜ, ㅡ'로 끝난 어간에 '-이-'가 와서 각각 'ㅐ, ㅖ, ㅚ, ㅟ, ㅢ'로 줄 적에는 준 대로 적는다.

forme originelle/forme contractée	forme originelle/forme contractée
싸이다/쌔다	누이다/뉘다
펴이다/폐다	뜨이다/띄다
보이다/뵈다	쓰이다/씌다

Article 38 : Lorsque les voyelles 'ㅏ, ㅗ, ㅜ' ou 'ㅡ' du radical verbal sont suivies de '-이어', elles peuvent se contracter comme suit.

제38항 'ㅏ, ㅗ, ㅜ, ㅡ' 뒤에 '- 이어'가 어울려 줄어질 적에는 준 대로 적는다.

forme originelle/forme contractée	forme originelle/forme contractée
싸이어/쌔어, 싸여	뜨이어/띄어
보이어/뵈어, 보여	쓰이어/씌어, 쓰여
쏘이어/쐬어, 쏘여	트이어/틔어, 트여
누이어/뉘어, 누여	

Article 39 : Lorsque la terminaison '-지' est suivie de '않-', les deux syllabes peuvent se contracter en '-잖-' ; et que '-하지' est suivi de '않-', '지' et '않' peuvent se contracter en '- 찮-'.

제39항 어미 '- 지' 뒤에 '않 -'이 어울려 '- 잖 -'이 될 적과 '- 하지' 뒤에 '않 -'이 어울려 '- 찮 -'이 될 적에는 준 대로 적는다.

forme originelle/forme contractée	forme originelle/forme contractée
그렇지 않은/그렇잖은	만만하지 않다/만만찮다
적지 않은/적잖은	변변하지 않다/변변찮다

Article 40 : A la suite de l'élision de 'ㅏ' dans '하', si 'ㅎ', en liaison avec la consonne initiale de la syllabe suivante, se prononce en son explosif, celui-ci s'écrit comme ce qui se prononce.

제40항 어간의 끝음절 (12) '하'의 'ㅏ'가 줄고 'ㅎ'이 다음 음절의 첫소리와 어울려 거센소리로 될 적에는 거센소리로 적는다.

forme originelle/forme contractée	forme originelle/forme contractée
간편하게/간편케	다정하다/다정타
연구하도록/연구토록	정결하다/정결타
가하다/가타	흔하다/흔타

[Remarque 1] Si 'ㅎ' de la dernière syllabe du radical verbal est raffermie en tant que consonne finale, on l'écrit comme consonne finale.

[붙임 1] 'ㅎ'이 어간의 끝소리로 굳어진 것은 받침으로 적는다.

않다	않고	않지	않든지
그렇다	그렇고	그렇지	그렇든지
아무렇다	아무렇고	아무렇지	아무렇든지
어떻다	어떻고	어떻지	어떻든지
이렇다	이렇고	이렇지	이렇든지
저렇다	저렇고	저렇지	저렇든지

[Remarque 2] Si '하', dernière syllabe du radical verbal, tombe complètement, on peut écrire tel qu'elle est tombée.

[붙임 2] 어간의 끝음절(13) '하'가 아주 줄 적에는 준 대로 적는다.

forme originelle/forme contractée	forme originelle/forme contractée
거북하지/거북지	생각하건대/생각건대
생각하다 못해/생각다 못해	깨끗하지 않다/깨끗지 않다
넉넉하지 않다/넉넉지 않다	못하지 않다/못지않다
섭섭하지 않다/섭섭지 않다	익숙하지 않다/익숙지 않다

[Remarque 3] Les adverbes suivants s'écrivent tels qu'ils se prononcent.
[붙임 3] 다음과 같은 부사는 소리대로 적는다.

결단코 결코 기필코 무심코 아무튼 요컨대 정녕코
필연코 하마터면 하여튼 한사코

Chapitre V : La séparation des mots dans l'écriture
제5장 띄어쓰기

Section 1 : Les suffixes fonctionnels.
제1절 조사

Article 41 : Le suffixe fonctionnel s'écrit lié au mot (substantif) qui le précède.
제41항 조사는 그 앞말에 붙여 쓴다.

꽃*이* 꽃*마저* 꽃*밖에* 꽃*에서부터* 꽃*으로만* 꽃*이나마* 꽃*이다*
꽃*입니다* 꽃*처럼* 어디*까지나* 거기*도* 멀리*는* 웃고*만*

Section 2 : Noms dépendants purs, N. Dép.–unités de measure, mots d'énumération
제 2 절 의존 명사, 단위를 나타내는 명사 및 열거하는 말 등

Article 42 : Le nom dépendant s'écrit séparé du mot qui le précède.
제42항 의존 명사는 띄어 쓴다.

아는 것이 힘이다. 나도 할 수 있다. 먹을 만큼 먹어라.
아는 이를 만났다. 네가 뜻한 바를 알겠다. 그가 떠난 지가 오래다.

Article 43 : Le nom dépendant–unité de mesure s'écrit séparé du mot (nombre) qui le précède.
제43항 단위를나타내는 명사는 띄어 쓴다.

한 개 차 한 대 금 서 돈 소 한 마리
옷 한 벌 열 살 조기 한 손 연필 한 자루
버선 한 죽 집 한 채 신 두 켤레 북어 한 쾌

Toutefois, lorsqu'il exprime l'ordre ou qu'il est utilisé avec un chiffre, il peut s'écrire collé au mot précédent.

다만, 순서를 나타내는 경우나 숫자와 어울리어 쓰이는 경우에는 붙여 쓸 수 있다.

두시 삼십분 오초　제일과　삼학년　육층

1446년 10월 9일　2대대　16동 502호　제1실습실

80원　10개　7미터

Article 44 : Lorsqu'un nombre s'écrit en *hangeol* ou en écritute mélangée de chiffres et d'unité décimale en *hangeol*, il s'écrit séparé par unité de dix-mille.

제44항　수를적을 적에는 '만(萬)' 단위로 띄어 쓴다.

십이억 삼천사백오십육만 칠천팔백구십팔

12억 3456만 7898

Article 45 : Les mots comme les suivants, servant à lier deux mots, s'écrivent séparés du mot qui les précède et qui les suit.

제45항　두 말을 이어 주거나 열거할 적에 쓰이는 말들은 띄어 쓴다.

국장 겸 과장　열 내지 스물　청군 대 백군　책상, 걸상 등이 있다

이사장 및 이사들　사과, 배, 귤 등등　사과, 배 등속　부산, 광주 등지

Article 46 : Si les mots monosyllabiques se suivent, ils peuvent s'écrire collés.

제46항　단음절로 된 단어가 연이어 나타날 적에는 붙여 쓸 수 있다.

그때 그곳　좀더 큰것　이말 저말　한잎 두잎

Section 3 : Les verbes auxiliaires
제3절　보조 용언

Article 47 : En principe, le verbe auxiliaire s'écrit séparé du verbe principal qui le précède, mais il est possible de les écrire collés selon les cas.

제47항　보조용언은 띄어 씀을 원칙으로 하되, 경우에 따라 붙여 씀도 허용한다.

en principe	autorisé	en principe	autorisé
불이 꺼져 간다.	불이 꺼져간다.	내 힘으로 막아 낸다.	내 힘으로 막아낸다.
어머니를 도와 드린다.	어머니를 도와드린다.	그릇을 깨뜨려 버렸다.	그릇을 깨뜨려버렸다.
비가 올 듯하다.	비가 올듯하다.	그 일은 할 만하다.	그 일은 할만하다.
일이 될 법하다.	일이 될법하다.	비가 올 성싶다.	비가 올성싶다.
잘 아는 척한다.	잘 아는척한다.		

Toutefois, le verbe auxiliaire s'écrit séparé du verbe principal lorsqu'un suffixe fonctionnel s'ajoute sur ce dernier ; que le verbe principal est un verbe composé ou qu'un suffixe fonctionnel s'ajoute après le nom dépendant qui aurait dû être un composant dans le verbe composé auxiliaire.

다만, 앞 말에 조사가 붙거나 앞말이 합성 동사인 경우, 그리고 중간에 조사가 들어갈 적에는 그 뒤에 오는 보조 용언은 띄어 쓴다.

잘도 놀아만 나는구나!　책을 읽어도 보고…….　네가 덤벼들어 보아라.

강물에 떠내려가 버렸다.　그가 올 듯도 하다.　잘난 체를 한다.

Section 4 : Noms propres et termes spécialisés
제 4 절 고유 명사 및 전문 용어

Article 48 : Le nom patronymique et le prénom, le nom patronymique et le pseudonyme s'écrivent collés ; le titre, la fonction, etc. qui viennent après le nom et le prénom s'écrivent séparés de ceux-ci.

제48항 성과 이름, 성과 호 등은 붙여 쓰고, 이에 덧붙는 호칭어, 관직명 등은 띄어 쓴다.

김양수(金良洙) 서화담(徐花潭) 채영신 씨
최치원 선생 박동식 박사 충무공 이순신 장군

Toutefois, s'il est nécessaire de distinguer clairement le nom patronymique et le prénom ou le pseudonyme, on peut les écrire séparés.

다만, 성과 이름, 성과 호를 분명히 구분할 필요가 있을 경우에는 띄어 쓸 수 있다.

남궁억/남궁 억 독고준/독고 준 황보지봉(皇甫芝峰)/황보 지봉

Article 49 : Les noms propres (composés) autre que les patronymes s'écrivent en principe séparés mot par mot, mais il est possible de les écrire en séparant par groupes de mots.

제49항 성명이외의 고유 명사는 단어별로 띄어 씀을 원칙으로 하되, 단위별로 띄어 쓸 수 있다.

en principe	autorisé	en principe	autorisé
대한 중학교	대한중학교	한국 대학교 사범 대학	한국대학교 사범대학

Article 50 : Les composants dans les termes spécialisés en mots composés s'écrivent séparés en principe, mais il est possible de les écrire liés par groupes de mots.

제50항 전문용어는 단어별로 띄어 씀을 원칙으로 하되, 붙여 쓸 수 있다.

en principe	autorisé	en principe	autorisé
만성 골수성 백혈병	만성골수성백혈병	중거리 탄도 유도탄	중거리탄도유도탄

Chapitre VI : D'autres mots
제6장 그 밖의 것

Article 51 : Si la dernière syllabe d'un adverbe se prononce clairement comme '이', elle s'écrit '-이' ; si elle se prononce uniquement comme '히', ou à la fois comme '이' et '히', elle s'écrit '-히'.

제51항 부사의 끝음절이 분명히 '이'로만 나는 것은 '-이'로 적고, '히'로만 나거나 '이'나 '히'로 나는 것은 '-히'로 적는다.

1. Adverbes dont la dernière syllabe se prononce uniquement comme '이'.

1. '이'로만 나는 것

가붓이 깨끗이 나붓이 느긋이 둥긋이 따뜻이 반듯이
버젓이 산뜻이 의젓이 가까이 고이 날카로이 대수로이
번거로이 많이 적이 헛되이 겹겹이 번번이 일일이
집집이 틈틈이

2. Adverbes dont la dernière syllabe se prononce uniquement comme '히'.

2. '히'로만 나는 것

극히 급히 딱히 속히 작히 족히 특히 엄격히 정확히

3. Adverbes dont la dernière syllabe se prononce à la fois comme '이' ou '히'.

3. '이, 히'로 나는 것

솔직히 가만히 간편히 나른히 무단히 각별히 소홀히
쓸쓸히 정결히 과감히 꼼꼼히 심히 열심히 급급히
답답히 섭섭히 공평히 능히 당당히 분명히 상당히
조용히 간소히 고요히 도저히

Article 52 : Certains caractères chinois, qui se prononcent à la fois comme leur son originel et comme son dérivé, s'écrivent tels qu'ils se prononcent.

제52항 한자어에서 본음으로도 나고 속음으로도 나는 것은 각각 그 소리에 따라 적는다.

son originnel	son dérivé
승낙(承諾)	수락(受諾), 쾌락(快諾), 허락(許諾)
만난(萬難)	곤란(困難), 논란(論難)
안녕(安寧)	의령(宜寧), 회령(會寧)
분노(忿怒)	대로(大怒), 희로애락(喜怒哀樂)
토론(討論)	의논(議論)
오륙십(五六十)	오뉴월, 유월(六月)
목재(木材)	모과(木瓜)
십일(十日)	시방정토(十方淨土), 시왕(十王), 시월(十月)
팔일(八日)	초파일(初八日)

Article 53 : Les terminaisons comme les suivantes s'écrivent en sons doux.

제53항 다음과 같은 어미는 예사소리로 적는다.

correct	incorrect	correct	incorrect
-(으)ㄹ거나	-(으)ㄹ꺼나	-(으)ㄹ걸	-(으)ㄹ껄
-(으)ㄹ게	-(으)ㄹ께	-(으)ㄹ세	-(으)ㄹ쎄
-(으)ㄹ세라	-(으)ㄹ쎄라	-(으)ㄹ수록	-(으)ㄹ쑤록
-(으)ㄹ시	-(으)ㄹ씨	-(으)ㄹ지	-(으)ㄹ찌
-(으)ㄹ지니라	-(으)ㄹ찌니라	-(으)ㄹ지라도	-(으)ㄹ찌라도

-(으)ㄹ지어다	-(으)ㄹ찌어다	-(으)ㄹ지언정	-(으)ㄹ찌언정
-(으)ㄹ진대	-(으)ㄹ찐대	-(으)ㄹ진저	-(으)ㄹ찐저
-올시다	-올씨다		

Article 54 : Les suffixes comme les suivants s'écrivent en sons durs.
제54항 다음과 같은 접미사는 된소리로 적는다.

correct	incorrect	correct	incorrect	correct	incorrect
심부름꾼	심부름군	귀때기	귓대기	익살꾼	익살군
볼때기	볼대기	일꾼	일군	판자때기	판잣대기
장꾼	장군	뒤꿈치	뒤굼치	장난꾼	장난군
팔꿈치	팔굼치	지게꾼	지겟군	이마빼기	이맛배기
때깔	땟갈	코빼기	콧배기	빛깔	빛갈
객쩍다	객적다	성깔	성갈	겸연쩍다	겸연적다

Article 55 : Les verbes comme les suivants, qui s'écrivaient de deux manières distinctes, s'écrivent désormais d'une seule manière.
제55항 두 가지로 구별하여 적던 다음 말들은 한 가지로 적는다.

correct	incorrect
맞추다 (입을 맞춘다. 양복을 맞춘다.)	마추다
뻗치다 (다리를 뻗친다. 멀리 뻗친다.)	뻐치다

Article 56 : '– 더라 , – 던' et '– 든지' s'écrivent conformément aux dispositions suivantes.
제56항 '- 더라, - 던'과 '- 든지'는 다음과 같이 적는다.

1. L'infixe exprimant le passé s'écrit '-더' (-더라 , - 던).
1. 지난 일을 나타내는 어미는 '- 더라, - 던'으로 적는다.

correct	incorrect
지난 겨울은 몹시 춥더라.	지난 겨울은 몹시 춥드라.
깊던 물이 얕아졌다.	깊든 물이 얕아졌다.
그렇게 좋던가?	그렇게 좋든가?
그 사람 말 잘하던데!	그 사람 말 잘하든데!
얼마나 놀랐던지 몰라.	얼마나 놀랐든지 몰라.

2. Le suffixe fonctionnel et terminaison (homographe), indiquant que le choix parmi plusieurs *choses ou êtres n'est* pas détermimé, au sens de ou/ou bien, s'écrit '-든지'.
2. 물건이나 일의 내용을 가리지 아니하는 뜻을 나타내는 조사와 어미는 '(-)든지'로 적는다.

correct	incorrect
배든지 사과든지 마음대로 먹어라.	배던지 사과던지 마음대로 먹어라.
가든지 오든지 마음대로 해라.	가던지 오던지 마음대로 해라.

Article 57 : Les mots suivants s'écrivent de façon distincte

제57항 다음 말들은 각각 구별하여 적는다.

가름	둘로 가름.
갈음	책상으로 갈음하였다.
거름	풀을 썩인 거름.
걸음	빠른 걸음.
거치다	영월을 거쳐 왔다.
걷히다	외상값이 잘 걷힌다.
걷잡다	걷잡을 수 없는 상태.
겉잡다	겉잡아서 이틀 걸릴 일.
그러므로 (그러니까)	그는 부지런하다. 그러므로 잘 산다.
그럼으로(써) (그렇게 하는 것으로)	그는 열심히 공부한다.그럼으로(써) 은혜에 보답한다.
노름	노름판이 벌어졌다.
놀음(놀이)	즐거운 놀음.
느리다	진도가 너무 느리다.
늘이다	고무줄을 늘인다.
늘리다	수출량을 더 늘린다.
다리다	양복을 다린다.
달이다	간장을 달인다.
다치다	부주의로 손을 다쳤다.
닫히다	문이 저절로 닫혔다.
닫치다	문을 힘껏 닫쳤다.
마치다	벌써 일을 마쳤다.
맞히다	여러 문제를 더 맞혔다.
목거리	목거리가 덧났다.
목걸이	금 목걸이, 은 목걸이.
바치다	나라를 위해 목숨을 바쳤다.
받치다	우산을 받치고 간다. 책받침을 받친다.
받히다	쇠뿔에 받혔다.
밭치다	술을 체에 밭친다.
반드시	약속은 반드시 지켜라.
반듯이	고개를 반듯이 들어라.
부딪치다	차와 차가 마주 부딪쳤다.
부딪히다	마차가 화물차에 부딪혔다.
부치다	힘이 부치는 일이다. 편지를 부친다. 논밭을 부친다. 식목일에 부치는 글. 회의에 부치는 안건. 인쇄에 부치는 원고. 빈대떡을 부친다. 삼촌 집에 숙식을 부친다.
붙이다	우표를 붙인다. 책상을 벽에 붙였다. 흥정을 붙인다. 감시원을
붙인다.	조건을 붙인다. 취미를 붙인다. 불을 붙인다. 별명을 붙인다.
시키다	일을 시킨다.

식히다	끓인 물을 식힌다.
아름	세 아름 되는 둘레.
알음	전부터 알음이 있는 사이.
앎	앎이 힘이다.
안치다	밥을 안친다.
앉히다	윗자리에 앉힌다.
어름	두 물건의 어름에서 일어난 현상.
얼음	얼음이 얼었다.
이따가	이따가 오너라.
있다가	돈은 있다가도 없다.
저리다	다친 다리가 저린다.
절이다	김장 배추를 절인다.
조리다	생선을 조린다. 통조림, 병조림.
졸이다	마음을 졸인다.
주리다	여러 날을 주렸다.
줄이다	비용을 줄인다.
하노라고	하노라고 한 것이 이 모양이다.
하느라고	공부하느라고 밤을 새웠다.
-느니보다(어미)	나를 찾아오느니보다 집에 있거라.
-는 이보다(의존 명사)	오는 이가 가는 이보다 많다.
-(으)리만큼 (어미)	나를 미워하리만큼 그에게 잘못한 일이 없다.
-(으)ㄹ 이만큼 (의존 명사)	찬성할 이도 반대할 이만큼이나 많을 것이다.
-(으)러 (목적)	공부하러 간다.
-(으)려(의도)	서울에 가려 한다.
-(으)로서(자격)	사람으로서 그럴 수는 없다.
-(으)로써(수단)	닭으로써 꿩을 대신했다.
-(으)므로(어미)	그가 나를 믿으므로 나도 그를 믿는다.
(-ㅁ, -음)으로(써) (조사)	그는 믿음으로(써) 산 보람을 느꼈다.

La norme du coréen standard
표준어 규정

1988년 1월 19일. 문교부 고시

Première partie : principes de la norme des mots standard
제1부 표준어 사정 원칙

Chapitre I : Règles générales
제1장 총칙

Article 1 : Le coréen standard est, en principe, la langue contemporaine, pratiquée par la plupart des gens cultivés de séoul.

제1항　표준어는 교양 있는 사람들이 두루 쓰는 현대 서울말로 정함을 원칙으로 한다.

Article 2 : Les mots étrangers sont examinés à part.

제2항　외래어는 따로 사정

Chapitre II : Définition des mots standard suivant les changements phonétiques
제2장　발음 변화에 따른 표준어 규정

Section 1 : Les consonnes
제1절 자음

Article 3 : Les mots suivants sont standard en leur forme avec le son explosif.

제3항　다음 단어들은 거센소리를 가진 형태를 표준어로 삼는다

standard	non standard	remarques
끄나풀	끄나불	
나팔-꽃	나발-꽃	
녘	녁	동~, 들~, 새벽~, 동 틀~
부엌	부억	
살-쾡이	삵-괭이	
칸	간	1. ~막이, 빈 ~, 방 한 ~ 2. '초가 삼간, 윗간'의 경우에는 '간'임.
털어-먹다	떨어-먹다	재물을 다 없애다.

Article 4 : Les mots suivants sont standard en leur forme avec son doux.
제4항 다음 단어들은 거센소리로 나지 않는 형태를 표준어로 삼는다.

standard	non standard	standard	non standard
가을-갈이	가을-카리	거시기	거시키
분침	푼침		

Article 5 : Le mot est standard, s'il est largement utilisé sous une forme fixe, bien qu'éloigné de son étymologie
제5항 어원에서 멀어진 형태로 굳어져서 널리 쓰이는 것은, 그것을 표준어로 삼는다.

standard	non standard	remarques
강낭-콩	강남-콩	
고삿	고샅	겉~, 속~.
사글-세	삭월-세	'월세'는 표준어임.
울력-성당	위력-성당	떼를 지어서 으르고 협박하는 일

Toutefois, si plusieurs formes sont utilisées pour désigner la même chose, y compris la forme la plus proche de celle originelle, celle-ci est standard.
다만, 어원적으로 원형에 더 가까운 형태가 아직 쓰이고 있는 경우에는, 그것을 표준어로 삼는다.

standard	non standard	remarques
갈비	가리	~구이, ~찜, 갈빗-대
갓모	갈모	1. 사기 만드는 물레 밑고리 2. '갈모'는 갓 위에 쓰는, 유지로 만든 우비
굴-젓	구-젓	
말-곁	말-겻	
물-수란	물-수랄	
밀-뜨리다	미-뜨리다	
적-이	저으기	적이-나, 적이나-하면
휴지	수지	

Article 6 : Une seule forme des mots suivants est standard indifféremment aux sens que leur différentes formes conféraient auparavant.
제6항 다음 단어들은 의미를 구별함이 없이, 한 가지 형태만을 표준어로 삼는다.

standard	non standard	remarques
돌	돐	생일, 주기
둘-째	두-째	'제2, 두 개째'의 뜻
셋-째	세-째	'제3, 세 개째'의 뜻
넷-째	네-째	'제4, 네 개째'의 뜻
빌리다	빌다	1. 빌려 주다, 빌려 오다. 2. '용서를 빌다'는 '빌다'임.

Toutefois, '둘째' devient '두째', s'il est employé dans les nombres supérieurs à la dizaine.
다만, '둘째'는 십 단위 이상의 서수사에 쓰일 때에 '두째'로 한다

standard	non standard	remarques
열두째		열두 개째의 뜻은 '열둘째'로.
스물두째		스물두 개째의 뜻은 '스물둘째'로.

Article 7 : Les préfixes indiquant le mâle sont uniformisés en '수'.
제7항 수컷을 이르는 접두사는 '수-'로 통일한다.

standard	non standard	remarques
수-꿩	수-퀑/숫-꿩	'장끼'도 표준어임.
수-나사	숫-나사	
수-놈	숫-놈	
수-사돈	숫-사돈	
수-소	숫-소	'황소'도 표준어임.
수-은행나무	숫-은행나무	

1. Toutefois, les sons explosifs qui se produisent après le préfixe '수' sont reconnus dans les mots suivants. Le même principe s'applique pour les mots auxquels est associé le préfixe '암' (indiquant la femelle).
다만 1. 다음 단어에서는 접두사 다음에서 나는 거센소리를 인정한다. 접두사 '암-'이 결합되는 경우에도 이에 준한다.

standard	non standard	standard	non standard
수-캉아지	숫-강아지	수-캐	숫-개
수-컷	숫-것	수-키와	숫-기와
수-탉	숫-닭	수-탕나귀	숫-당나귀
수-톨쩌귀	숫-돌쩌귀	수-퇘지	숫-돼지
수-평아리	숫-병아리		

2. Toutefois, le suffixe '숫' est employé pour les mots suivants.
다만 2. 다음 단어의 접두사는 '숫-'으로 한다.

standard	non standard	standard	non standard
숫-양	수-양	숫-염소	수-염소
숫-쥐	수-쥐		

Section 2 : Les voyelles
제2절 모음

Article 8 : Les mots suivants sont standard en leur forme stabilisée avec voyelle faible, à la suite de la transformation des voyelles fortes (ㅏ, ㅗ) en voyelles faibles.

제8항 양성 모음이 음성 모음으로 바뀌어 굳어진 다음 단어는 음성 모음 형태를 표준어로 삼는다.

standard	non standard	remarques
깡충-깡충	깡총-깡총	큰말은 '껑충껑충'임.
-둥이	-동이	←童-이. 귀-, 막-, 선-, 쌍-, 검-, 바람-, 흰-.
발가숭이	발가송이	센말은 '빨가숭이', 큰말은 '벌거숭이, 뻘거숭이'임.
보퉁이	보통이	
봉죽	봉족	←奉足. ~꾼, ~ 들다.
뻗정-다리	뻗장-다리	
아서, 아서라	앗아, 앗아라	하지 말라고 금지하는 말.
오뚝-이	오똑-이	부사도 '오뚝-이'임.
주추	주초	←柱礎. 주춧-돌.

Toutefois, les mots suivants sont standard en leur forme originelle avec voyelle forte (ㅏ,ㅗ), pour lesquels la conscience étymologique reste forte.

다만, 어원 의식이 강하게 작용하는 다음 단어에서는 양성 모음 형태를 그대로 표준어로 삼는다.

standard	non standard	remarques
부조(扶助)	부주	~금, 부좃-술
사돈(査頓)	사둔	밭~, 안~.
삼촌(三寸)	삼춘	시~, 외~, 처~.

Article 9 : La prononciation due au phénomène d'assimilation à l'inverse de ' ㅣ ' n'est pas reconnue comme standard, mais seuls les mots suivants sont standard en leur forme à la suite de l'application de telle assimilation.

제9항 'ㅣ' 역행 동화 현상에 의한 발음은 원칙적으로 표준 발음으로 인정하지 아니하되, 다만 다음 단어들은 그러한 동화가 적용된 형태를 표준어로 삼는다.

standard	non standard	remarques
-내기	-나기	서울-, 시골-, 신출-, 풋-.
냄비	남비	
동댕이-치다	동당이-치다	

[Remarque 1] Les mots suivants sont standard en leur forme sans assimilation à l'inverse de ' ㅣ '.

[붙임 1] 다음 단어는 'ㅣ' 역행 동화가 일어나지 아니한 형태를 표준어로 삼는다.

standard	non standard	remarques
아지랑이	아지랭이	

[Remarque 2] Les mots sont standard avec le suffixe '- 장이' s'ils sont destinés à désigner un technicien ; avec le suffixe '- 쟁이' pour d'autres catégories de personnes ou de choses.

[붙임 2] 기술자에게는 '-장이', 그 외에는 '-쟁이'가 붙는 형태를 표준어로 삼는다.

standard	non standard	standard	non standard
미장이	미쟁이	유기장이	유기쟁이
멋쟁이	멋장이	소금쟁이	소금장이
담쟁이-덩굴	담장이-덩굴	골목쟁이	골목장이
발목쟁이	발목장이		

Article 10 : Les mots suivants sont standard avec voyelle simplifiée.

제10항 다음 단어는 모음이 단순화한 형태를 표준어로 삼는다.

standard	non standard	remarques
괴팍-하다	괴퍅-하다/괴팩-하다	
-구먼	-구면	
미루-나무	미류-나무	←美柳~.
미륵	미력	←彌勒. ~보살, ~불, 돌~
여느	여늬	
온-달	왼-달	만 한 달
으레	으례	
케케-묵다	켸켸-묵다	
허우대	허위대	
허우적-허우적	허위적-허위적	허우적-거리다

Article 11 : Dans les mots suivants, le changement de la voyelle étant reconnu, leur forme avec voyelle transformée est standard.

제11항 다음 단어에서는 모음의 발음 변화를 인정하여, 발음이 바뀌어 굳어진 형태를 표준어로 삼는다.

standard	non standard	remarques
-구려	-구료	
깍쟁이	깍정이	1. 서울 ~, 알~, 찰~. 2. 도토리, 상수리 등의 받침은 '깍정이'임.
나무라다	나무래다	
미수	미시	미숫-가루
바라다	바래다	'바램[所望]'은 비표준어임
상추	상치	~쌈
시러베-아들	실업의-아들	
주책	주착	←主着. ~망나니, ~없다
지루-하다	지리-하다	←支離
튀기	트기	
허드레	허드래	허드렛-물, 허드렛-일.
호루라기	호루루기	

Article 12 : Les préfixes '웃' et '윗' sont uniformisés en 윗 (위 ㅅ= 위의), eu égard au mot d'origine (nom) '위'(le dessus).

제12항　'웃-' 및 '윗-'은 명사 '위'에 맞추어 '윗-'으로 통일한다.

standard	non standard	remarques	standard	non standard	remarques
윗-넓이	웃-넓이		윗-눈썹	웃-눈썹	
윗-니	웃-니		윗-당줄	웃-당줄	
윗-덧줄	웃-덧줄		윗-도리	웃-도리	
윗-동아리	웃-동아리	준말은 '윗동'임	윗-막이	웃-막이	
윗-머리	웃-머리		윗-목	웃-목	
윗-몸	웃-몸	~ 운동	윗-바람	웃-바람	
윗-배	웃-배		윗-벌	웃-벌	
윗-변	웃-변	수학 용어	윗사랑	웃-사랑	
윗-세장	웃-세장		윗-수염	웃-수염	
윗-입술	웃-입술		윗-잇몸	웃-잇몸	
윗-자리	웃-자리		윗-중방	웃-중방	

1. Toutefois, '위' est standard devant les sons durs ou explosifs.
다만 1. 된소리나 거센소리 앞에서는 '위-'로 한다.

standard	non standard	remarques	standard	non standard	remarques
위-짝	웃-짝		위-쪽	웃-쪽	
위-채	웃-채		위-층	웃-층	
위-치마	웃-치마		위-턱	웃-턱	~구름[上層雲]
위-팔	웃-팔				

2. Toutefois, pour les mots dans lesquels il n'y a pas d'idée d'opposition de '아래 (le dessous) et 위(le dessus)', leur forme en '웃' est standard.
다만 2. '아래, 위'의 대립이 없는 단어는 '웃-'으로 발음되는 형태를 표준어로 삼는다.

standard	non standard	remarques	standard	non standard	remarques
웃-국	윗-국		웃-기	윗-기	
웃-돈	윗-돈		웃-비	윗-비	~ 걷다
웃-어른	윗-어른		웃-옷	윗-옷	

Article 13 : Dans les mots formés avec le caractère chinois 句 (mot, locution), sa lecture en '구 (句)' est uniformément standard et par conséquent celle en '귀' n'est pas reconnue.

제13항　한자 '구(句)'가 붙어서 이루어진 단어는 '귀'로 읽는 것을 인정하지 아니하고, '구'로 통일한다.

standard	non standard	remarques	standard	non standard	remarques
구법(句法)	귀법		구절(句節)	귀절	
구점(句點)	귀점		결구(結句)	결귀	
경구(警句)	경귀		경인구(警人句)	경인귀	
난구(難句)	난귀		단구(短句)	단귀	
단명구(短命句)	단명귀		대구(對句)	대귀	~법(對句法)
문구(文句)	문귀		성구(成句)	성귀	~어(成句語)
시구(詩句)	시귀		어구(語句)	어귀	
연구(聯句)	연귀		인용구(引用句)	인용귀	
절구(絕句)	절귀				

Toutefois, les mots suivants sont standard en leur forme avec '귀'.
다만, 다음 단어는 '귀'로 발음되는 형태를 표준어로 삼는다.

standard	non standard	remarques	standard	non standard	remarques
귀-글	구-글		글-귀	글-구	

Scetion 3 : Les mots contractés
제3절 준말

Article 14 : Si le mot contracté est largement utilisé tandis que sa forme originelle ne l'est pas, seul le premier est standard.

제14항 준말이 널리 쓰이고 본말이 잘 쓰이지 않는 경우에는, 준말만을 표준어로 삼는다.

standard	non standard	remarques
귀찮다	귀치 않다	
김	기음	~매다
똬리	또아리	
무	무우	~강즙, ~말랭이, ~생채, 가랑~, 갓~, 왜~, 총각~.
미다	무이다	1. 털이 빠져 살이 드러나다.2. 찢어지다.
뱀	배암	
뱀-장어	배암-장어	
빔	비음	설~, 생일~.
샘	새암	~바르다, ~바리
생-쥐	새앙-쥐	
솔개	소리개	
온-갖	온-가지	
장사-치	장사-아치	

Article 15 : Même si le mot contracté est en utilisation, si sa forme originelle est largement employée, celle-ci est standard.

제15항 준말이 쓰이고 있더라도, 본말이 널리 쓰이고 있으면 본말을 표준어로 삼는다.

standard	non standard	remarques	standard	non standard	remarques
경황-없다	경-없다		궁상-떨다	궁-떨다	
귀이-개	귀-개		낌새	낌	
낙인-찍다	낙-하다/낙-치다		내왕-꾼	냉-꾼	
돗-자리	돗		뒤웅-박	뒝-박	
뒷물-대야	뒷-대야		마구-잡이	막-잡이	
맵자-하다	맵자다	모양이 제격에 어울리다.	모이	모	
벽-돌	벽		부스럼	부럼	정월 보름에 쓰는 '부럼'은 표준어임.
살얼음-판	살-판		수두룩-하다	수둑-하다	
암-죽	암		어음	엄	
일구다	일다		죽살이	죽살	
퇴박-맞다	퇴-맞다		한통-치다	통-치다	

[Remarque] Ce principe est appliqué aussi dans le cas des noms avec suffixe fonctionnels.

[붙임 1] 다음과 같이 명사에 조사가 붙은 경우에도 이 원칙을 적용한다

standard	non standard	remarques	standard	non standard	remarques
아래-로	알-로				

Article 16 : Si le mot contracté ainsi que sa forme originelle sont tous les deux utilisés largement et si l'utilité de ce premier est clairement reconnue, ils sont standard tous les deux.

제16항 준말과 본말이 다 같이 널리 쓰이면서 준말의 효용이 뚜렷이 인정되는 것은, 두 가지를 다 표준어로 삼는다.

standard	non standard	remarques
거짓-부리	거짓-불	작은말은 '가짓부리, 가짓불'임.
노을	놀	저녁~
막대기	막대	
망태기	망태	
머무르다	머물다	모음 어미가 연결될 때에는 준말의 활용형을 인정하지 않음.
서두르다	서둘다	(위와 같음)
서투르다	서툴다	(위와 같음)
석새-삼베	석새-베	
시-누이	시-뉘/시-누	
오-누이	오-뉘/오-누	
외우다	외다	외우며, 외워:외며, 외어.
이기죽-거리다	이죽-거리다	
찌꺼기	찌끼	'찌꺽지'는 비표준어임.

Section 4 : Les mots standard sous une seule forme
제4절 단수 표준어

Article 17 : Si plusieurs variantes de prononciation sont utilisées sans aucune différence dans leur sens, mais si une seule est plus largement utilisée que les autres, seule celle-là est standard.

제17항 비슷한 발음의 몇 형태가 쓰일 경우, 그 의미에 아무런 차이가 없고, 그 중 하나가 더 널리 쓰이면, 그 한 형태만을 표준어로 삼는다.

standard	non standard	remarques
거든-그리다	거둥-그리다	1. 거든하게 거두어 싸다. 2. 작은말은 '가든-그리다'임.
구어-박다	구워-박다	사람이 한 군데에서만 지내다.
귀-고리	귀엣-고리	
귀-띔	귀-틤	
귀-지	귀에-지	
까딱-하면	까땍-하면	
꼭두-각시	꼭둑-각시	
내색	나색	감정이 나타나는 얼굴빛.
내숭-스럽다	내흉-스럽다	
냠냠-거리다	얌냠-거리다	냠냠-하다.
냠냠-이	얌냠-이	
너[四]	네	~ 돈, ~ 말, ~ 발, ~ 푼
넉[四]	너/네	~ 냥, ~ 되, ~ 섬, ~ 자
다다르다	다닫다	
댑-싸리	대-싸리	
더부룩-하다	더뿌룩-하다/듬뿌룩-하다	
-던	-든	선택, 무관의 뜻을 나타내는 어미는 '-든'임. 가-든(지) 말-든(지), 보-든(가) 말-든(가).
-던가	-든가	
-던걸	-든걸	
-던고	-든고	
-던데	-든데	
-던지	-든지	
-(으)려고	-(으)ㄹ려고/-(으)ㄹ라고	
-(으)려야	-(으)ㄹ려야/-(으)ㄹ래야	
망가-뜨리다	망그-뜨리다	
멸치	며루치/메리치	
반빗-아치	반비-아치	'반빗' 노릇을 하는 사람. 찬비(饌婢). '반비'는 밥짓는 일을 맡은 계집종.
보습	보십/보섭	
본새	뽄새	
봉숭아	봉숭화	'봉선화'도 표준어임.
뺨-따귀	뺌-따귀/뺨-따구니	'뺨'의 비속어임.
뻐개다[斫]	뻐기다	두 조각으로 가르다.
뻐기다[誇]	뻐개다	뽐내다
사자-탈	사지-탈	

상-판대기	쌍-판대기	
서[三]	세/석	~ 돈, ~ 말, ~ 발, ~ 푼.
석[三]	세	~ 냥, ~ 되, ~ 섬, ~ 자.
설령(設令)	서령	
-습니다	-읍니다	먹습니다, 갔습니다, 없습니다, 있습니다, 좋습니다. 모음 뒤에는 '-ㅂ니다'임.
시름-시름	시늠-시늠	
씀벅-씀벅	썸벅-썸벅	
아궁이	아궁지	
아내	안해	
어-중간	어지-중간	
오금-팽이	오금-탱이	
오래-오래	도래-도래	돼지 부르는 소리
-올시다	-올습니다	
옹골-차다	공골-차다	
우두커니	우두머니	작은말은 '오도카니'임.
잠-투정	잠-투세/잠-주정	
재봉-틀	자봉-틀	발~, 손~
짓-무르다	짓-물다	
짚-북데기	짚-북세기	'짚북더기'도 비표준어임.
쪽	짝 편(便).	이~, 그~, 저~. 다만, '아무-짝'은 '짝'임.
천장(天障)	천정	'천정부지(天井不知)'는 '천정'임.
코-맹맹이	코-맹녕이	
흥-업다	흥-헙다	

Section 5 : Les mots standard sous deux formes.
제5절 복수 표준어

Article 18 : Pour les mots suivants, la forme de la colonne 'ㄱ standard' est standard en principe, mais celle de la colonne 'ㄴautorisé' est également autorisée

제18항 다음 단어는 ㄱ을 원칙으로 하고, ㄴ도 허용한다.

ㄱstandard	ㄴautorisé	remarques
네	예	
쇠-	소-	-가죽, -고기, -기름, -머리, -뼈
괴다	고이다	물이 ~, 밑을 ~
꾀다	꼬이다	어린애를 ~, 벌레가 ~.
쐬다	쏘이다	바람을~
죄다	조이다	나사를~
쬐다	쪼이다	볕을~

Article 19 : Si un mot est largement utilisé sous une forme (orthographique) ou sous une autre afin d'exprimer la variation dans la nuance, ou bien sous une prononciation ou sous une autre, toutes ces formes et toutes ces prononciations sont standard.

제19항 어감의 차이를 나타내는 단어 또는 발음이 비슷한 단어들이 다 같이 널리 쓰이는 경우에는, 그 모두를 표준어로 삼는다.

ㄱstandard	ㄴautorisé	remarques
거슴츠레-하다	게슴츠레-하다	
고까	꼬까	~신, ~옷
고린-내	코린-내	
교기(驕氣)	갸기	교만한 태도
구린-내	쿠린-내	
꺼림-하다	께름-하다	
나부랭이	너부렁이	

chapitre III : Les mots standard suivant le changement dans l'adoption de la forme transformée
제3장 어휘 선택의 변화에 따른 표준어 규정

Section 1 : Les mots anciens
제1절 고어

Article 20 : Les mots morts qui ne sont plus utilisés, sont classés comme mots anciens et ceux qui sont largement employés aujourd'hui sont standard.

제20항 사어(死語)가 되어 쓰이지 않게 된 단어는 고어로 처리하고, 현재 널리 사용되는 단어를 표준어로 삼는다.

standard	non standard	remarques	standard	non standard	remarques
난봉	봉		낭떠러지	낭	
설거지- 하다	설겆다		애달프다	애닯다	
오동 – 나무	머귀 – 나무		자두	오얏	

Section 2 : Les mots sino-coréens
제2절 한자어

Article 21 : *Si le mot coréen* (autochtone) est largement utilisé, tandis que son équivalent (synonyme) sino-coréen a perdu son utilité, seul le mot coréen est standard.

제21항 고유어 계열의 단어가 널리 쓰이고 그에 대응되는 한자어 계열의 단어가 용도를 잃게 된 것은, 고유어 계열의 단어만을 표준어로 삼는다.

standard	non standard	remarques	standard	non standard	remarques
가루-약	말-약		구들-장	방- 돌	
길품- 삯	보행-삯		까막-눈	맹- 눈	
꼭지-미역	총각- 미역		나뭇-갓	시장- 갓	
늙-다리	노닥다리		두껍-닫이	두껍- 창	

떡-암죽	병-암죽		마른-갈이	건- 갈이	
마른-빨래	건-빨래		메-찰떡	반- 찰떡	
박달-나무	배달-나무		밥-소라	식-소라	큰 놋그릇
사래-논	사래-답	묘지기나 마름이 부쳐 먹는 땅	사래-밭	사래-전	
삯-말	삯- 마		성냥	화곽	
솟을-무늬	솟을- 문(~紋)		외-지다	벽 -지다	
움-파	동-파		잎-담배	잎 -초	
잔-돈	잔-전		조-당수	조 -당죽	
죽데기	피-죽	'죽더기'도 비표준어임.	지겟-다리	목-발	지게 동발의 쪽 다리.
짐-꾼	부지-군(負持)		푼-돈	분-전/푼-전	
흰-말	백-말/부루-말	'백마'는 표준어임.	흰-죽	백-죽	

Article 22 : Si le mot sino-coréen est largement utilisé, tandis que son équivalent (synonyme) coréen a perdu son utilité, seul le mot sino-coréen est standard.

제22항 고유어계열의 단어가 생명력을 잃고 그에 대응되는 한자어 계열의 단어가 널리 쓰이면, 한자어 계열의 단어를 표준어로 삼는다.

standard	non standard	remarques	standard	non standard	remarques
개다리-소반	개다리-밥상		겸-상	맞-상	
고봉-밥	높은-밥		단-벌	홑-벌	
마방-집	마바리-집	馬房~	민망-스럽다/ 면구 - 스럽다	민주-스럽다	
방-고래	구들-고래		부항-단지	뜸-단지	
산-누에	멧-누에		산-줄기	멧-줄기/멧-발	
수-삼	무-삼		심-돋우개	불-돋우개	
양-파	둥근-파		어질-병	어질-머리	
윤-달	군-달		장력-세다	장성-세다	
제석	젯-돗		총각-무	알-무/알타리-무	
칫-솔	잇-솔		포수	총-댕이	

Section 3 : Les mots dialectiques
제3절 방언

Article 23 : Si un mot dialectique est utilisé plus largement que son équivalent standard, celui-là est standard. Dans ce cas, le mot standard aussi continue de le rester en principe.

제23항 방언이던 단어가 표준어보다 더 널리 쓰이게 된 것은, 그것을 표준어로 삼는다. 이 경우, 원래의 표준어는 그대로 표준어로 남겨 두는 것을 원칙으로 한다.

standard	standard	remarques	standard	standard	remarques
멍게	우렁쉥이		물-방개	선두리	
애-순	어린-순				

Article 24 : Si un mot dialectique est largement utilisé, tandis que son équivalent standard n'pas plus d'usage, celui-là est standard.

제24항 방언이던 단어가 널리 쓰이게 됨에 따라 표준어이던 단어가 안 쓰이게 된 것은, 방언이던 단어를 표준어로 삼는다.

standard	non standard	remarques	standard	non standard	remarques
귀밑-머리	귓 – 머리		까-뭉개다	까-무느다	
막상	마기		빈대-떡	빈자-떡	
생인-손	생안-손	준말은'생 - 손'임	역 – 겹다	역 - 스럽다	
코 – 주부	코 - 보				

Section 4 : Les mots standard sous une seule forme
제4절 단수 표준어

Article 25 : Pour un même sens, s'il existe plusieurs forme d'orthographe, celle qui est utilisée de façon dominante, est seule standard.

제25항 의미가 똑같은 형태가 몇 가지 있을 경우, 그 중 어느 하나가 압도적으로 널리 쓰이면, 그 단어만을 표준어로 삼는다.

standard	non standard	remarques
-게끔	-게시리	
겸사-겸사	겸지-겸지/겸두-겸두	
고구마	참-감자	
고치다	낫우다	병을 ~.
골목-쟁이	골목-자기	
광주리	광우리	
괴통	호구	자루를 박는 부분.
국-물	멀-국/말-국	
군-표	군용-어음	
길-잡이	길-앞잡이	'길라잡이'도 표준어임.
까다롭다	까닭-스럽다/까탈-스럽다	
까치-발	까치-다리	선반 따위를 받치는 물건.
꼬창-모	말뚝-모	꼬창이로 구멍을 뚫으면서 심는 모.
나룻-배	나루	'나루[津]'는 표준어임.
납-도리	민-도리	
농-지거리	기롱-지거리	다른 의미의 '기롱지거리'는 표준어임.
다사-스럽다	다사-하다	간섭을 잘 하다.
다오	다구	이리 ~.
담배-꽁초	담배-꼬투리/담배-꽁치/담배-추	

담배-설대	대-설대	
대장-일	성냥-일	
뒤져-내다	뒤어-내다	
뒤통수-치다	뒤꼭지-치다	
등-나무	등-칡	
등-때기	등-떠리	'등'의 낮은 말.
등잔-걸이	등경-걸이	
떡-보	떡-충이	
똑딱-단추	딸꼭-단추	
매-만지다	우미다	
먼-발치	먼-발치기	
며느리-발톱	뒷-발톱	
명주-붙이	주-사니	
목-메다	목-맺히다	
밀짚-모자	보릿짚-모자	
바가지	열-바가지/열-박	
바람-꼭지	바람-고다리	튜브의 바람을 넣는 구멍에 붙은, 쇠로 만든 꼭지.
반-나절	나절-가웃	
반두	독대	그물의 한 가지.
버젓-이	뉘연-히	
본-받다	법-받다	
부각	다시마-자반	
부끄러워-하다	부끄리다	
부스러기	부스럭지	
부지깽이	부지팽이	
부항-단지	부항-항아리	부스럼에서 피고름을 빨아 내기 위하여 부항을 붙이는 데 쓰는, 자그마한 단지.
붉으락-푸르락	푸르락-붉으락	
비켜-덩이	옆-사리미	김맬 때에 흙덩이를 옆으로 빼내는 일, 또는 그 흙덩이.
빙충-이	빙충-맞이	작은말은 '뱅충이'.
빠-뜨리다	빠-치다	'빠트리다'도 표준어임.
뻣뻣-하다	왜긋다	
뽐-내다	느물다	
사로-잠그다	사로-채우다	자물쇠나 빗장 따위를 반 정도만 걸어 놓다.
살-풀이	살-막이	
상투-쟁이	상투-꼬부랑이	상투 튼 이를 놀리는 말.
새앙-손이	생강-손이	
샛-별	새벽-별	
선-머슴	풋-머슴	
섭섭-하다	애운-하다	
속-말	속-소리	국악 용어 '속소리'는 표준어임.
손목-시계	팔목-계/팔뚝-시계	
손-수레	손-구루마	'구루마'는 일본어임.
쇠-고랑	고랑-쇠	

수도-꼭지	수도-고동	
숙성-하다	숙-지다	
순대	골집	
술-고래	술-꾸러기/술-부대/술-보/술-푸대	
식은-땀	찬-땀	
신기-롭다	신기-스럽다	'신기하다'도 표준어임.
쌍동-밤	쪽-밤	
쏜살-같이	쏜살-로	
아주	영판	
안-걸이	안-낚시	씨름 용어.
안다미-씌우다 안다미-시키다	제가 담당할 책임을 남에게 넘기다.	
안쓰럽다	안-슬프다	
안절부절-못하다 안절부절-하다		
앉은뱅이-저울 앉은-저울		
알-사탕	구슬-사탕	
암-내	곁땀-내	
앞-지르다	따라-먹다	
애-벌레	어린-벌레	
얕은-꾀	물탄-꾀	
언뜻	펀뜻	
언제나	노다지	
얼룩-말	워라-말	
-에는	-엘랑	
열심-히	열심-로	
입-담	말-담	
자배기	너벅지	
전봇-대	전선-대	
주책-없다	주책-이다	'주착 → 주책'은 제11항 참조.
쥐락-펴락	펴락-쥐락	
-지만	-지만서도	← -지마는.
짓고-땡	지어-땡/짓고-땡이	
짧은-작	짜른-작	
찹-쌀	이-찹쌀	
청대-콩	푸른-콩	
칡-범	갈-범	

Section 5 : les mots standard sous plusieurs formes
제5절 복수 표준어

Article 26 : Pour un même sens, s'il existe plusieurs formes d'orthographe et si celles-ci sont conformes à la norme des mots standard, elles sont toutes standard.

제26항 한 가지 의미를 나타내는 형태 몇 가지가 널리 쓰이며 표준어 규정에 맞으면,

그 모두를 표준어로 삼는다.

※ Mots standard sous plusieures formes pour un même sens

가는-허리/잔-허리

가락-엿/가래-엿

가뭄/가물,

가엾다/가엽다 (가엾어/가여워, 엾은/가여운),

감감-무소식/감감-소식,

개수-통/설거지-통 ('설겆다'는 '설거지하다'로),

개숫-물/설거지-물, 갱-/검은-,

-거리다/-대다 (가물, 출렁),

거위-배/횟-배, 것/해 (내~, 네~, 뉘~),

게을러-빠지다/게을러-터지다,

고깃-간/푸줏-간 (고깃-관, 푸줏-관, 다림-방'은 비표준어임),

곰곰/곰곰-이,

관계-없다/상관-없다,

교정-보다/준-보다,

구들-재/구재,

귀퉁-머리/귀퉁-배기 ('귀퉁이'의 비어임),

극성-떨다/극성-부리다,

기세-부리다/기세-피우다,

기승-떨다/기승-부리다,

깃-저고리/배내-옷/배냇-저고리,

꼬까/때때/고까 (~신, ~옷), 꼬리-별/살-별,

꽃-도미/붉-돔,

나귀/당-나귀,

날-걸/세-뿔 (윷판의 쨀밭 다음의 셋째 밭),

내리-글씨/세로-글씨,

넝쿨/덩굴 ('덩쿨'은 비표준어임),

녘/쪽 (동~, 서~),

눈-대중/눈-어림/눈-짐작,

느리-광이/ 느림-보/늘-보, 늦-모/마냥-모 (← 만이앙-모),

다기-지다/다기-차다, 다달-이/매-달, -다마다/-고말고,

다박-나룻/다박-수염,

닭의-장/닭-장,

댓-돌/툇-돌,

덧-창/겉-창,

독장-치다/독판-치다,

동자-기둥/쪼구미,

돼지-감자/뚱딴지,

되우/된통/되게,

두동-무니/두동-사니 (윷놀이에서, 두 동이 한데 어울려 가는 말),

뒷-갈망/뒷-감당,

뒷-말/뒷-소리,

들락-거리다/들랑-거리다,

들락-날락/들랑-날랑,

딴-전/딴-청,

땅-콩/호-콩,

땔-감/땔-거리,

-뜨리다/-트리다 (깨-, 떨어-, 쏟-),

뜬-것/뜬-귀신,

마룻-줄/용총-줄
(돛대에 매어 놓은 줄. '이어줄'은 비표준어임),

마-파람/앞-바람,

만장-판/만장-중(滿場中),

만큼/만치,

말-동무/말-벗,

매-갈이/매-조미,

매-통/목-매, 먹-새/먹음-새 ('먹음 - 먹이'는 비표준어임),

멀찌감치/멀찌가니/멀찍이,

멱통/산-멱/산-멱통,

면-치레/외면-치레, 모-내다/모-심다, 모 (-내기, 모-심기),

모쪼록/아무쪼록, 목판-되/모-되,

목화-씨/면화-씨, 무심-결/무심-중,

물-봉숭아/물-봉선화, 물-부리/빨-부리,

물-심부름/물-시중, 물추리-나무/물추리-막대,

물-타작/진-타작, 민둥-산/벌거숭이-산,

밑-층/아래-층, 바깥-벽/밭-벽, 바른/오른[右] (~손, ~쪽, ~편),

발-모가지/발-목쟁이 ('발목'의 비속어임), 버들-강아지/버들-개지,

벌레/버러지 ('벌거지, 벌러지'는 비표준어임), 변덕-스럽다/변덕-맞다,

보-조개/볼-우물, 보통-내기/여간-내기/예사-내기 ('행-내기'는 비표준어임),

볼-따구니/볼-퉁이/볼-때기 ('볼'의 비속어임), 부침개-질/부침-질/지짐 – 질 ('부치개 - 질'은 비표준어임),

불똥-앉다/등화-지다/등화-앉다, 불-사르다/사르다,

비발/비용(費用), 뾰두라지/뾰루지,

살-쾡이/삵 (삵 – 피), 삽살-개/삽사리,

상두-꾼/상여-꾼 ('상도-꾼, 향도-꾼'은 비표준어임),

상-씨름/소-걸이, 생/새앙/생강, 생-뿔/새앙-뿔/생강-뿔 ('쇠뿔'의 형용),

생-철/양-철 (1.'서양철'은 비표준어임. 2. '生鐵'은 '무쇠'임.),

서럽다/섧다 ('설다'는 비표준어임), 서방-질/화냥-질,

성글다/성기다, -(으)세요/-(으)셔요,

송이/송이-버섯, 수수-깡/수숫-대,

술-안주/안주, -스레하다/-스름하다 (거무-, 발그-),

시늉-말/흉내-말, 시새/세사(細沙),

신/신발, 신주-보/독보,

심술-꾸러기/심술-쟁이, 씁쓰레-하다/씁쓰름-하다,

아귀-세다/아귀-차다, 아래-위/위-아래,

아무튼/어떻든/어쨌든/하여튼/여하튼, 앉음-새/앉음-앉음,

알은-척/알은-체, 애-갈이/애벌-갈이,

애꾸눈-이/외눈-박이 ('외대-박이, 외눈-통이'는 비표준어임),

양념-감/양념-거리, 어금버금-하다/어금지금-하다,

어기여차/어여차, 어림-잡다/어림-치다,

어이-없다/어처구니-없다, 어저께/어제,

언덕-바지/언덕-배기, 얼렁-뚱땅/엄벙-뗑,

여왕-벌/장수-벌, 여쭈다/여쭙다,

여태/입때 ('여직'은 비표준어임), 여태-껏/이제-껏/입때-껏 ('여직 - 껏'은 비표준어임),

역성-들다/역성-하다 ('편역-들다'는 비표준어임), 연-달다/잇-달다,

엿-가락/엿-가래, 엿-기름/엿-길금,

엿-반대기/엿-자박, 오사리-잡놈/오색-잡놈 ('오합 - 잡놈'은 비표준어임),

옥수수/강냉이 (~떡, ~묵, ~밥, ~튀김), 왕골-기직/왕골-자리,

외겹-실/외올-실/홑-실 (홑겹-실, 올 - 실'은 비표준어임),

외손-잡이/한손-잡이, 욕심-꾸러기/욕심-쟁이,

우레/천둥 (우렛-소리, 천둥-소리), 우지/울-보,

을러-대다/을러-메다, 의심-스럽다/의심-쩍다,

-이에요/-이어요, 이틀-거리/당-고금 (학질의 일종임),

일일-이/하나-하나, 일찌감치/일찌거니,

입찬-말/입찬-소리, 자리-옷/잠-옷,

자물-쇠/자물-통, 장가-가다/장가-들다 (서방-가다'는 비표준어임),

재롱-떨다/재롱-부리다, 제-가끔/제-각기,

좀-처럼/좀-체 ('좀-체로, 좀-해선, 좀-해'는 비표준어임),

줄-꾼/줄-잡이, 중신/중매, 짚-단/짚-뭇, 쪽/편 (오른~, 왼~),

차차/차츰, 책-씻이/책-거리,

척/체 (모르는~, 잘난~), 천연덕-스럽다/천연-스럽다,

철-따구니/철-딱서니/철-딱지 ('철 - 때기'는 비표준어임),

추어-올리다/추어-주다 ('추켜-올리다'는 비표준어임),

축-가다/축-나다, 침-놓다/침-주다, 통-꼭지/통-젖 (통에 붙은 손잡이),

파자-쟁이/해자-쟁이 (점치는 이), 편지-투/편지-틀,

한턱-내다/한턱-하다, 해웃-값/해웃-돈 ('해우 - 차'는 비표준어임),

혼자-되다/홀로-되다, 흠-가다/흠-나다/흠-지다.

2ème partie : prononciation standard
제2부 표준 발음법

Chapitre 1er : Règle générale
제1장 총칙

Article 1 : La prononciation standard est fondée sur la phonétique effective des mots standard, mais elle est déterminée, en principe, en rapport avec la tradition et avec la rationalité de la langue coréenne.
제1항 표준 발음법은 표준어의 실제 발음을 따르되, 국어의 전통성과 합리성을 고려하여 정함을 원칙으로 한다.

Chaptire II : Les consonnes et les voyelles
제2장 자음과 모음

Article 2 : Les consonnes du coréen standard sont au nombre de dix-neuf, suivantes.
제2항 표준어의 자음은 다음 19개로 한다

ㄱ ㄲ ㄴ ㄷ ㄸ ㄹ ㅁ ㅂ ㅃ ㅅ ㅆ ㅇ ㅈ ㅉ ㅊ ㅋ ㅌ ㅍ ㅎ

Article 3 : Les voyelle du coréen standard sont au nombre de vingt-et-un, suivantes.
제3항 표준어의 모음은 다음 21개로 한다.

ㅏ ㅐ ㅑ ㅒ ㅓ ㅔ ㅕ ㅖ ㅗ ㅘ ㅙ ㅚ ㅛ ㅜ ㅝ ㅞ ㅟ ㅠ ㅡ ㅢ ㅣ

Article 4 : 'ㅏ ㅐ ㅓ ㅔ ㅗ ㅚ ㅜ ㅟ ㅡ ㅣ' se prononcent comme voyelles simples.
제4항 'ㅏ ㅐ ㅓ ㅔ ㅗ ㅚ ㅜ ㅟ ㅡ ㅣ'는 단모음(單母音)으로 발음한다.
[Remarque] 'ㅚ, ㅟ' peuvent se prononcer comme voyelles doubles.
[붙임] 'ㅚ, ㅟ'는 이중 모음으로 발음할 수 있다.

Article 5 : 'ㅑ ㅒ ㅕ ㅖ ㅘ ㅙ ㅛ ㅝ ㅞ ㅠ ㅢ' se prononcent comme voyelles doubles.
제5항 'ㅑ ㅒ ㅕ ㅖ ㅘ ㅙ ㅛ ㅝ ㅞ ㅠ ㅢ'는 이중 모음으로 발음한다.

1. Toutefois, seules les syllabes '져, 쪄, 쳐', qui apparaissent dans la conjugaison des verbes, se prononcent comme [저, 쩌 ,처].
다만 1. 용언의 활용형에 나타나는 '져, 쪄, 쳐'는 [저, 쩌, 처]로 발음한다.
가지어→가져[가저] 찌어→쪄[쩌] 다치어→다쳐[다처]

2. Toutefois, 'ㅖ', en dehors de '예, 례', peut se prononcer également comme [ㅔ].
다만 2. '예, 례' 이외의 'ㅖ'는 [ㅔ]로도 발음한다.

계집[계: 집/게: 집] 계시다[계: 시다/게: 시다] 시계[시계/시게](時計)
연계[연계/연게](連繫) 메별[메별/메별](袂別) 개폐[개폐/개페](開閉)
혜택[헤: 택/헤: 택](惠澤) 지혜[지혜/지헤](智慧)

3. Toutefois, 'ㅢ' dans une syllabe, commençant par une consonne initiale, se prononce comme [ㅣ].
다만 3. 자음을 첫소리로 가지고 있는 음절의 'ㅢ'는 [ㅣ]로 발음한다.
늴리리 큼 무늬 띄어쓰기 씌어 틔어 희어 희떱다 희망 유희

4. Toutefois, il est autorisé de prononcer '의' comme [ㅣ] dans une syllabe qui n'est pas la première du mot, et de prononcer '의', suffixe fonctionnel (possessif) comme [ㅔ].
다만 4. 단어의 첫음절 이외의 '의'는 [ㅣ]로, 조사 '의'는 [ㅔ]로 발음함도 허용한다.
주의[주의/주이] 협의[혀 /혀비] 우리의[우리의/우리에] 강의의[강: 의의/강: 이에]

Chapitre III : La longueur des voyelles
제3장 음의 길이

Article 6 : Les voyelles se prononcent en distinguant leur longueur, mais de sorte que le son long (la voyelle longue) n'apparaît en principe que dans la première syllabe du mot.

제6항 모음의장단을 구별하여 발음하되, 단어의 첫음절(6)에서만 긴소리가 나타나는 것을 원칙으로 한다.

(1) 눈보라[눈: 보라] 말씨[말: 씨] 밤나무[밤: 나무]
많다[만: 타] 멀리[멀: 리] 벌리다[벌: 리다]

(2) 첫눈[천눈] 참말[참말] 쌍동밤[쌍동밤]
수많이[수: 마니] 눈멀다[눈멀다] 떠벌리다[떠벌리다]

Toutefois, dans le cas des mots composés, le son long (la voyelle longue) est reconnu même dans la deuxième syllabe ou ainsi de suite.
다만, 합성어의 경우에는 둘째 음절 이하에서도 분명한 긴소리를 인정한다.
반신반의[반: 신 바: 늬/반: 신 바: 니] 재삼재사[재: 삼 재: 사]

[Remarque] Les terminaisons '-아/-어' se prononcent en voyelles longues, même si elles se contractent avec le radical monosyllabique des verbes.

[붙임] 용언의 단음절 어간에 어미 '-아/-어'가 결합되어 한 음절로 축약되는 경우에도 긴소리로 발음한다.
보아 → 봐[봐:] 기어 → 겨[겨:] 되어 → 돼[돼:] 두어 → 둬[둬:] 하여 → 해[해:]

Toutefois, '-아/-어' (dans les terminaisons est dans les infixes) ne se prononcent pas en voyelles longues dans les syllabes comme '오아=와, 지어=져, 찌어=쪄, 치어=쳐', etc..

다만, '오아 → 와, 지어 → 져, 찌어 → 쪄, 치어 → 쳐' 등은 긴소리로 발음하지 않는다.

Article 7 : Les syllabes se prononcent de manière brève dans les cas suivants, même si elles comportent une voyelle longue.

제7항 긴소리를 가진 음절이라도, 다음과 같은 경우에는 짧게 발음한다.

1. Lorsqu'une terminaison commençant par une voyelle s'ajoute au radical monosyllabique des verbes.

1. 단음절인 용언 어간에 모음으로 시작된 어미가 결합되는 경우

감다[감: 따] — 감으니[가므니]　　밟다[밥: 따] — 밟으면[발브면]
신다[신: 따] — 신어[시너]　　알다[알: 다] — 알아[아라]

Toutefois, les cas suivants font exception.

다만, 다음과 같은 경우에는 예외적이다.

끌다[끌: 다] — 끌어[끄: 러]　　떫다[떨: 따] — 떫은[떨: 븐]
벌다[벌: 다] — 벌어[버: 러]　　썰다[썰: 다] — 썰어[써: 러]
없다[업: 따] — 없으니[업: 쓰니]

2. Lorsque les suffixes (infixes) causatifs ou passifs s'ajoutent au radical verbal.

2. 용언 어간에 피동, 사동의 접미사가 결합되는 경우

감다[감: 따] — 감기다[감기다]　　꼬다[꼬: 다] — 꼬이다[꼬이다]
밟다[밥: 따] — 밟히다[발피다]

Toutefois, les cas suivants font exception.

다만, 다음과 같은 경우에는 예외적이다.

끌리다[끌: 리다]　　벌리다[벌: 리다]　　없애다[업: 쌔다]

[Remarque] Les voyelles se prononcent de manière brève dans les mots composés comme les suivants quel que soit leur longueu initiale.

[붙임] 다음과 같은 복합어에서는 본디의 길이에 관계없이 짧게 발음한다.

밀-물　　썰-물　　쏜살-같이　　작은-아버지

Chapitre IV : Prononciation des consonnes finales (patchim)
제4장 받침의 발음

Article 8 : Seuls les sept sons consonatiques 'ㄱ, ㄴ, ㄷ, ㄹ, ㅁ, ㅂ,ㅇ' sont reconnus comme sons finaux (consonnes finales / consonnes en finale).

제8항 받침소리로는 'ㄱ, ㄴ, ㄷ, ㄹ, ㅁ, ㅂ, ㅇ'의 7개 자음만 발음한다.

Article 9 : Si les consonnes 'ㄲ , ㅋ' ; 'ㅅ, ㅆ, ㅈ, ㅊ, ㅌ' ; 'ㅍ' sont employées en finale (patchim), à la fin des mots ou devant une consonne, elles se prononcent respectivement comme leur son représentatif respectif [ㄱ, ㄷ, ㅂ].

제9항 받침 'ㄲ, ㅋ', 'ㅅ, ㅆ, ㅈ, ㅊ, ㅌ', 'ㅍ'은 어말 또는 자음 앞에서 각각 대표음 [ㄱ, ㄷ, ㅂ]으로 발음한다.

닦다[닥따] 키읔[키윽] 키읔과[키윽꽈] 옷[옫] 웃다[욷: 따]
있다[읻따] 젖[젇] 빚다[빋따] 꽃[꼳] 쫓다[쫃따]
솥[솓] 뱉다[밷: 따] 앞[압] 덮다[덥따]

Article 10 : Les consonnes composées 'ㄳ', 'ㄵ', 'ㄼ, ㄽ, ㄾ', 'ㅄ' se prononcent respectivement [ㄱ, ㄴ, ㄹ, ㅂ] à la fin du mot ou devant une consonne.

제10항 겹받침 'ㄳ', 'ㄵ', 'ㄼ, ㄽ, ㄾ', 'ㅄ'은 어말 또는 자음 앞에서 각각 [ㄱ, ㄴ, ㄹ, ㅂ'으로 발음한다.

넋[넉] 넋과[넉꽈] 앉다[안따] 여덟[여덜] 넓다[널따]
외곬[외골] 핥다[할따] 값[갑] 없다[업: 따]

Toutefois, '밟-' se prononce [밥] devant une consonne, '넓-' [넙] dans les cas suivants.

다만, '밟-'은 자음 앞에서 [밥]으로 발음하고, '넓-'은 다음과 같은 경우에 [넙]으로 발음한다.

(1) 밟다[밥: 따] 밟소[밥: 쏘] 밟지[밥: 찌] 밟는[밥: 는→밤: 는]
밟게[밥: 께] 밟고[밥: 꼬]

(2) 넓-죽하다[넙쭈카다] 넓-둥글다[넙뚱글다]

Article 11 : Les consonnes composées 'ㄺ,ㄻ, ㄿ' se prononcent respectivement [ㄱ, ㅁ, ㅂ] à la fin du mot ou devant une consonne.

제11항 겹받침 'ㄺ, ㄻ, ㄿ'은 어말 또는 자음 앞에서 각각 [ㄱ, ㅁ, ㅂ]으로 발음한다.

닭[닥] 흙과[흑꽈] 맑다[막따] 늙지[늑찌] 삶[삼:]
젊다[점: 따] 읊고[읍꼬] 읊다[읍따]

Toutefois, 'ㄺ', son final (consonne composée finale dans la dernière syllabe) du radical verbal se prononce [ㄹ] devant 'ㄱ'.

다만, 용언의 어간 말음 'ㄺ'은 'ㄱ' 앞에서 [ㄹ]로 발음한다.

맑게[말께] 묽고[물꼬] 얽거나[얼꺼나]

Article 12 : 'ㅎ' finale (patchim) se prononce de la façon suivante.

제12항 받침 'ㅎ'의 발음은 다음과 같다.

1. Lorsque 'ㅎ (ㄶ,ㅀ)' est suivie de 'ㄱ,ㄷ,ㅈ'(en initiale) de la syllabe suivante, elle et la

consonne suivante se fusionnent pour se prononcer respectivememt comme [ㅋ, ㅌ, ㅊ].

1. 'ㅎ(ㄶ, ㅀ)' 뒤에 'ㄱ, ㄷ, ㅈ'이 결합되는 경우에는, 뒤 음절 첫소리와 합쳐서 [ㅋ, ㅌ, ㅊ]으로 발음한다.

놓고[노코] 좋던[조: 턴] 쌓지[싸치] 많고[만: 코] 않던[안턴] 닳지[달치]

[Remarque 1] Lorsque 'ㄱ(ㄺ), ㄷ, ㅂ(ㄼ), ㅈ (ㄵ)' en finale (patchim) sont suivies de 'ㅎ' (en initiale) de la syllabe suivante, elles et 'ㅎ' se fusionnent pour se prononcer respectivement comme [ㅋ, ㅌ, ㅍ, ㅊ].

[붙임 1] 받침 'ㄱ(ㄺ), ㄷ, ㅂ(ㄼ), ㅈ(ㄵ)'이 뒤 음절 첫소리 'ㅎ'과 결합되는 경우에도, 역시 두 음을 합쳐서 [ㅋ, ㅌ, ㅍ, ㅊ]으로 발음한다.

각해[가캐] 먹히다[머키다] 밝히다[발키다] 맏형[마텽]
좁히다[조피다] 넓히다[널피다] 꽂히다[꼬치다] 앉히다[안치다]

[Remarque 2] Le même principe est appliqué dans le cas de 'ㅅ, ㅈ, ㅊ, ㅌ' qui se prononcent comme 'ㄷ' conformément aux règles.

[붙임 2] 규정에 따라 'ㄷ'으로 발음되는 'ㅅ, ㅈ, ㅊ, ㅌ'의 경우에도 이에 준한다.

옷 한 벌[오탄벌] 낮 한때[나탄때] 꽃 한 송이[꼬탄송이] 숱하다[수타다]

2. Lorsque 'ㅎ(ㄶ, ㅀ)' est suivie de 'ㅅ', celle-ci se prononce [ㅆ].

2. 'ㅎ(ㄶ, ㅀ)' 뒤에 'ㅅ'이 결합되는 경우에는, 'ㅅ'을 [ㅆ]으로 발음한다.

닿소[다쏘] 많소[만: 쏘] 싫소[실쏘]

3. Lorsque 'ㅎ' est suivie de 'ㄴ', celle-là se prononce 'ㄴ'

3. 'ㅎ' 뒤에 'ㄴ'이 결합되는 경우에는, [ㄴ]으로 발음한다.

놓는[논는] 쌓네[싼네]

[Remarque] Lorsque 'ㄶ, ㅀ' sont suivies de 'ㄴ', 'ㅎ' ne se prononce pas

[붙임] 'ㄶ, ㅀ' 뒤에 'ㄴ'이 결합되는 경우에는, 'ㅎ'을 발음하지 않는다.

.않네[안네] 않는[안는] 뚫네[뚤네→뚤레] 뚫는[뚤는→뚤른]

* Voir art. 20, à propos de '뚫네 [뚤네→뚤레], 뚫는[뚤는 →뚤른]'.

* '뚫네[뚤네→뚤레], 뚫는[뚤는→뚤른]'에 대해서는 제20항 참조.

4. Lorsque la consonne 'ㅎ(ㄶ, ㅀ)' est suivie d'une terminaison ou d'un suffixe (infixe) commençant par une voyelle, elle ne se prononce pas.

4. 'ㅎ(ㄶ, ㅀ)' 뒤에 모음으로 시작된 어미나 접미사가 결합되는 경우에는, 'ㅎ'을 발음하지 않는다.

낳은[나은] 놓아[노아] 쌓이다[싸이다] 많아[마: 나]
않은[아는] 닳아[다라] 싫어도[시러도]

Article 13 : Lorsqu'une consonne simple finale ou une consonne double finale sont suivies d'un suffixe fonctionnel, d'une terminaison ou d'un suffixe (infixe), commençant par une voyelle, ces consonnes se prononcent en liaison avec la voyelle qui suit.

제13항 홑받침이나 쌍받침이 모음으로 시작된 조사나 어미, 접미사와 결합되는 경우에는, 제 음가대로 뒤 음절 첫 소리로 옮겨 발음한다.

깎아[까까] 옷이[오시] 있어[이써] 낮이[나지] 꽂아[꼬자]
꽃을[꼬츨] 쫓아[쪼차] 밭에[바테] 앞으로[아프로] 덮이다[더피다]

Article 14 : Lorsqu'une consonne composée en finale est suivie d'un suffixe fonctionnel, d'une terminaison ou d'un suffixe (infixe), commençant par une voyelle, le deuxième élément de la consonne composée se prononce en liasion avec la voyelle qui suit.

제14항 겹받침이 모음으로 시작된 조사나 어미, 접미사와 결합되는 경우에는, 뒤엣것만을 뒤 음절 첫소리로 옮겨 발음한다. (이 경우, 'ㅅ'은 된소리로 발음함.)

넋이[넉씨] 앉아[안자] 닭을[달글] 젊어[절머] 곬이[골씨]
핥아[할타] 읊어[을퍼] 값을[갑쓸] 없어[업: 써]

Article 15 : Lorsqu'une consonne finale est suivie d'un morphème réel commençant par une voyelle comme 'ㅏ, ㅓ, ㅗ, ㅜ, ㅟ', sa valeur phonétique est remplacée par celle du son représentatif du groupe consonantique auquel appartient cette consonne, et puis le son représentatif est prononcé en liaison avec la voyelle qui suit.

제15항 받침뒤에 모음'ㅏ, ㅓ, ㅗ, ㅜ, ㅟ'들로 시작되는 실질 형태소가 연결되는 경우에는, 대표음으로 바꾸어서 뒤 음절 첫소리로 옮겨 발음한다.

밭 아래[바다래] 늪 앞[느밥] 젖어미[저더미] 맛없다[마덥따]
겉옷[거돋] 헛웃음[허두슴] 꽃 위[꼬뒤]

Toutefois, '맛있다, 멋있다' peuvent se prononcer [마싣따] , [머싣따].
다만, '맛있다, 멋있다'는 [마싣따], [머싣따]로도 발음할 수 있다.

[Remarque] Pour le cas des consonnes composées, un seul des deux éléments se prononce en liaison avec la voyelle qui suit.

[붙임] 겹받침의 경우에는, 그 중 하나만을 옮겨 발음한다.

넋 없다[너겁따] 닭 앞에[다가페] 값어치[가버치] 값있는[가빈는]

Article 16 : Quant au nom des consonnes du *hangeul* , s'il est suivi d'une voyelle, on le prononce en faisant la liason, mais pour ce qui concerne 'ㄷ, ㅈ, ㅊ, ㅋ, ㅌ, ㅍ, ㅎ', on les dit, avec une voyelle qui suit, spécialement comme suit.

제16항 한글자모의 이름은 그 받침소리를 연음하되, 'ㄷ, ㅈ, ㅊ, ㅋ, ㅌ, ㅍ, ㅎ'의 경우에는 특별히 다음과 같이 발음한다.

디귿이[디그시] 디귿을[디그슬] 디귿에[디그세] 지읒이[지으시] 지읒을[지으슬]
지읒에[지으세] 치읓이[치으시] 치읓을[치으슬] 치읓에[치으세] 키읔이[키으기]
키읔을[키으글] 키읔에[키으게] 티읕이[티으시] 티읕을[티으슬] 티읕에[티으세]

피읖이[피으비] 피읖을[피으블] 피읖에[피으베] 히읗이[히으시] 히읗을[히으슬]
히읗에[히으세]

Chaitre V : Assimilation des consonnes
제5장 음의 동화

Article 17 : Lorsque les consonnes finales(patchim), 'ㄷ, ㅌ(ㄾ)', sont suivies d'un suffixe fonctionnel ou d'un suffixe (infixe et terminaison) commemçant par une voyelle ou de 'ㅣ', leur valeur phonétique se transforme en 'ㅈ, ㅊ', et puis 'ㅈ, ㅊ' se prononcent en liaison avec la voyelle qui suit.

제17항 받침 'ㄷ, ㅌ(ㄾ)'이 조사나 접미사의 모음 'ㅣ'와 결합되는 경우에는, 'ㅈ, ㅊ'으로 바꾸어서 뒤 음절 첫소리로 옮겨 발음한다.

곧이듣다[고지듣따] 굳이[구지] 미닫이[미다지] 땀받이[땀바지]
밭이[바치] 벼훑이[벼훌치]

[Remarque] Dans le cas où la consonne 'ㄷ' finale, suivie du suffixe (infixe) '히' produit le son '티', '티' se prononce comme [치].

[붙임] 'ㄷ' 뒤에 접미사 '히'가 결합되어 '티'를 이루는 것은 [치]로 발음한다.

굳히다[구치다] 닫히다[다치다] 묻히다[무치다]

Article 18 : Les consonnes finales, 'ㄱ (ㄲ, ㅋ, ㄳ, ㄺ), ㄷ(ㅅ, ㅆ, ㅈ, ㅊ, ㅌ, ㅎ), ㅂ(ㅍ, ㄼ, ㄿ, ㅄ)', suivies des consonnes initiales 'ㄴ, ㅁ', se prononcent respectivement comme [ㅇ, ㄴ, ㅁ].

제18항 받침 'ㄱ(ㄲ, ㅋ, ㄳ, ㄺ), ㄷ(ㅅ, ㅆ, ㅈ, ㅊ, ㅌ, ㅎ), ㅂ(ㅍ, ㄼ, ㄿ, ㅄ)'은 'ㄴ, ㅁ' 앞에서 [ㅇ, ㄴ, ㅁ]으로 발음한다.

먹는[멍는] 국물[궁물] 깎는[깡는] 키읔만[키응만] 몫몫이[몽목씨]
긁는[긍는] 흙만[흥만] 닫는[단는] 짓는[진: 는] 옷맵시[온맵씨]
있는[인는] 맞는[만는] 젖멍울[전멍울] 쫓는[쫀는] 꽃망울[꼰망울]
붙는[분는] 놓는[논는] 잡는[잠는] 밥물[밤물] 앞마당[암마당]
밟는[밤: 는] 읊는[음는] 없는[엄: 는] 값매다[감매다]

[Remarque] Le même principe est appliqué dans le cas où deux mots sont dits d'une seule traite.

[붙임] 두 단어를 이어서 한 마디로 발음하는 경우에도 이와 같다.

책 넣는다[챙넌는다] 흙 말리다[흥말리다] 옷 맞추다[온마추다]
밥 먹는다[밤멍는다] 값 매기다[감매기다]

Article 19 : 'ㄹ' après 'ㅁ, ㅇ' finales se prononce [ㄴ].

제19항 받침 'ㅁ, ㅇ' 뒤에 연결되는 'ㄹ'은 [ㄴ]으로 발음한다.

담력[담: 녁] 침략[침냑] 강릉[강능] 항로[항: 노] 대통령[대: 통녕]

[Remarque] 'ㄹ' après 'ㄱ,ㅂ' finales se prononce aussi [ㄴ].

[붙임] 받침 'ㄱ, ㅂ' 뒤에 연결되는 'ㄹ'도 [ㄴ]으로 발음한다.

막론[막논→망논] 백리[백니→뱅니] 협력[협녁→혐녁] 십리[십니→심니]

Article 20 : 'ㄴ', devant ou derrière 'ㄹ', se prononce 'ㄹ'.

제20항 'ㄴ'은 'ㄹ'의 앞이나 뒤에서 [ㄹ]로 발음한다.

(1) 난로[날: 로] 신라[실라] 천리[철리] 광한루[광: 할루] 대관령[대: 괄령]

(2) 칼날[칼랄] 물난리[물랄리] 줄넘기[줄럼끼] 할는지[할른지]

[Remarque] Le même principe est appliqué dans le cas où 'ㄴ' initiale se trouve après 'ㄾ', 'ㅀ' finales.

[붙임] 첫소리 'ㄴ'이 'ㅀ', 'ㄾ' 뒤에 연결되는 경우에도 이에 준한다.

닳는[달른] 뚫는[뚤른] 핥네[할레]

Toutefois, 'ㄹ' se prononce [ㄴ] dans les mots comme les suivants.

다만, 다음과 같은 단어들은 'ㄹ'을 [ㄴ]으로 발음한다.

의견란[의: 견난] 임진란[임: 진난] 생산량[생산냥] 결단력[결딴녁]

공권력[공꿘녁] 동원령[동: 원녕] 상견례[상견녜] 횡단로[횡단노]

이원론[이: 원논] 입원료[이붠뇨] 구근류[구근뉴]

Article 21 : L'assimilation des consonnes, en dehors des cas mentionnés ci-dessus, n'est pas reconnue. ('X' indique la prononciation non reconnue.)

제21항 위에서 지적한 이외의 자음동화는 인정하지 않는다.

감기[감: 기](×[강: 기]) 옷감[옫깜](×[옥깜]) 있고[읻꼬](×[익꼬])

꽃길[꼳낄](×[꼭낄]) 젖먹이[전머기](×[점머기]) 문법[문뻡](×[뭄뻡])

꽃밭[꼳빧](×[꼽빧])

Article 22 : La terminaison '어' dans les verbes comme les suivants (dont le radical se termine par '이') se prononce comme [어] en principe, mais sa prononciation comme [여] est également autorisée.

제22항 다음과 같은 용언의 어미는 [어]로 발음함을 원칙으로 하되, [여]로 발음함도 허용한다.

되어[되어/되여] 피어[피어/피여]

[Remarque] Le même principe s'applique aussi à '이오, 아니오' et par conséquent il est autorisé de les prononcer [이요, 아니요].

[붙임] '이오, 아니오'도 이에 준하여 [이요, 아니요]로 발음함을 허용한다.

Chapitre VI : Transformation en sons durs
제 6장 경음화

Article 23 : Lorsque les consonnes initiales 'ㄱ, ㄷ, ㅂ, ㅅ, ㅈ' se trouvent après les consonnes finales 'ㄱ(ㄲ, ㅋ, ㄳ, ㄺ), ㄷ(ㅅ, ㅆ, ㅈ, ㅊ, ㅌ), ㅂ(ㅍ, ㄼ, ㄿ, ㅄ)', elles se prononcent comme sons durs (forts).

제23항 받침 'ㄱ(ㄲ, ㅋ, ㄳ, ㄺ), ㄷ(ㅅ, ㅆ, ㅈ, ㅊ, ㅌ), ㅂ(ㅍ, ㄼ, ㄿ,ㅄ)' 뒤에 연결되는 'ㄱ, ㄷ, ㅂ, ㅅ, ㅈ'은 된소리로 발음한다.

국밥[국빱] 깎대[깍때] 넋받이[넉빠지] 삯돈[삭똔]
닭장[닥짱] 칡범[칙뻠] 뻗대다[뻗때다] 옷고름[옫꼬름]
있던[읻떤] 꽂고[꼳꼬] 꽃다발[꼳따발] 낯설다[낟썰다]
밭갈이[받까리] 솥전[솓쩐] 곱돌[곱똘] 덮개[덥깨]
옆집[엽찝] 넓죽하다[넙쭈카다] 읊조리다[읍쪼리다] 값지다[갑찌다]

Article24 : Lorsque les consonnes initiales 'ㄱ, ㄷ, ㅅ, ㅈ' dans la première syllabe des terminaisons se trouvent après les consonnes finales 'ㄴ(ㄵ), ㅁ(ㄻ)' du radical verbal, elles se prononcent comme sons durs.

제24항 어간 받침 'ㄴ(ㄵ), ㅁ(ㄻ)' 뒤에 결합되는 어미의 첫소리 'ㄱ, ㄷ, ㅅ, ㅈ'은 된소리로 발음한다.

신고[신: 꼬] 껴안다[껴안따] 앉고[안꼬] 닮고[담: 꼬] 삼고[삼: 꼬]
더듬지[더듬찌] 얹다[언따] 젊지[점: 찌]

Toutefois, le suffixe (infixe) passif et causatif '-기-' ne se prononce pas comme son dur
다만, 피동, 사동의 접미사 '-기-' 는 된소리로 발음하지 않는다.

Article 25 : Lorsque les consonnes initiales 'ㄱ, ㄷ, ㅅ, ㅈ' dans la première syllabe des terminaisons se trouvent après les consonnes finales 'ㄼ, ㄾ' du radical verbal, elle se prononcent comme sons durs.

제25항 어간 받침 'ㄼ, ㄾ' 뒤에 결합되는 어미의 첫소리 'ㄱ, ㄷ, ㅅ, ㅈ'은 된소리로 발음한다.

넓게[널께] 핥다[할따] 훑소[훌쏘] 떫지[떨: 찌]

Article 26 : Dans les mots sino-coréens, ' ㄱ, ㄷ, ㅅ, ㅈ' après 'ㄹ' finale se prononcent comme sons durs.

제26항 한자어에서, 'ㄹ' 받침 뒤에 연결되는 'ㄷ, ㅅ, ㅈ'은 된소리로 발음한다.

갈등[갈뜽] 발동[발똥] 절도[절또] 말살[말쌀] 불소[불쏘](弗素) 일시[일씨]
갈증[갈쯩] 물질[물찔] 발전[발쩐] 몰상식[몰쌍식] 불세출[불쎄출]

Toutefois, elles ne se prononcent pas comme sons durs dans les mots formés du son d'un caractère chinois qui se répète.

다만, 같은 한자가 겹쳐진 단어의 경우에는 된소리로 발음하지 않는다.

허허실실[허허실실](虛虛實實)　절절-하다[절절하다](切切-)

결결[결결](缺缺)　별별[별별](別別)

Article 27 : Les consonnes initiales 'ㄱ, ㄷ, ㅅ, ㅈ' après la terminaison adjective ou relative '-(으) ㄹ' se prononcent comme sons durs.

제27항　관형사형 '-(으)ㄹ' 뒤에 연결되는 'ㄱ, ㄷ, ㅂ, ㅅ, ㅈ'은 된소리로 발음한다.

할 것을[할꺼슬]　갈 데가[갈떼가]　할 바를[할빠를]　할 수는[할쑤는]

할 적에[할쩌게]　갈 곳[갈꼳]　할 도리[할또리]　만날 사람[만날싸람]

Toutefois, si ces mots sont prononcés, coupés l'un après l'autre, les consonnes en question se prononcent comme sons doux.

다만, 끊어서 말할 적에는 예사소리로 발음한다.

[Remarque] Le même principe s'applique aux terminaison commençant par '-(으) ㄹ'

[붙임]　'-(으)ㄹ'로 시작되는 어미의 경우에도 이에 준한다.

할걸[할껄]　할밖에[할빠께]　할세라[할쎄라]　할수록[할쑤록]

할지라도[할찌라도]　할지언정[할찌언정]　할진대[할찐대]

Article 28 : Dans les mots composés, formés par la juxtaposition de deux mots à la suite de l'omission de 'ㅅ' intercalaire à valeur de suffixe fonctionnel possessif (=의) qui aurait dû se trouver après le premier composant (là où une pause se produit dans la prononciation), les consonnes initiales 'ㄱ, ㄷ, ㅂ, ㅅ, ㅈ' dans la première syllabe du deuxième composant se prononcent comme sons durs.

제28항　표기상으로는 사이시옷이 없더라도, 관형격 기능을 지니는 사이시옷이 있어야 할(휴지가 성립되는) 합성어의 경우에는, 뒤 단어의 첫소리 'ㄱ, ㄷ, ㅂ, ㅅ, ㅈ'을 된소리로 발음한다.

문-고리[문꼬리]　눈-동자[눈똥자]　신-바람[신빠람]　산-새[산쌔]

손-재주[손째주]　길-가[길까]　물-동이[물똥이]　발-바닥[발빠닥]

굴-속[굴: 쏙]　술-잔[술짠]　바람-결[바람껼]　그믐-달[그믐딸]

아침-밥[아침빱]　잠-자리[잠짜리]　강-가[강까]　초승-달[초승딸]

등-불[등뿔]　창-살[창쌀]　강-줄기[강쭐기]

Chapitre VII : L'ajout des sons
제7장 음의 첨가

Article 29 : Dans les mots composés ou dans les mots dérivés, si le premier composant ou le préfixe se terminent par une consonne finale et si le deuxième composant ou le suffixe commence par les voyelles '이, 야, 여, 요, 유', celles-ci se prononcent comme [니, 냐, 녀, 뇨, 뉴], avec le son 'ㄴ', qui se produit en plus devant elles.

제29항 합성어 및 파생어에서, 앞 단어나 접두사의 끝이 자음이고 뒤 단어나 접미사의 첫음절이 '이, 야, 여, 요, 유'인 경우에는, 'ㄴ' 음을 첨가하여 [니, 냐, 녀, 뇨, 뉴]로 발음한다.

솜-이불[솜: 니불] 홑-이불[혼니불] 막-일[망닐] 삯-일[상닐]
맨-입[맨닙] 꽃-잎[꼰닙] 내복-약[내: 봉냑] 한-여름[한녀름]
남존-여비[남존녀비] 신-여성[신녀성] 색-연필[생년필] 직행-열차[지캥녈차]
늑막-염[능망념] 콩-엿[콩녇] 담-요[담: 뇨] 눈-요기[눈뇨기]
영업-용[영엄뇽] 식용-유[시굥뉴] 국민-윤리[궁민뉼리] 밤-윷[밤: 뉻]

Toutefois, les mots suivants peuvent se prononcer soit avec ajout de ‘ㄴ’, soit tels qu’ils s’écrivent.
다만, 다음과 같은 말들은 'ㄴ' 음을 첨가하여 발음하되, 표기대로 발음할 수 있다.
이죽-이죽[이중니죽/이주기죽] 야금-야금[야금냐금/야그먀금] 검열[검: 녈/거: 멸]
욜랑-욜랑[욜랑뇰랑/욜랑욜랑] 금융[금늉/그뮹]

[Remarque 1] Le son que l’on ajoute après ‘ㄹ’ se prononce comme [ㄹ]
[붙임] 'ㄹ' 받침 뒤에 첨가되는 'ㄴ' 음은 [ㄹ]로 발음한다.
들-일[들: 릴] 솔-잎[솔립] 설-익다[설릭따] 물-약[물략] 불-여우[불려우]
서울-역[서울력] 물-엿[물렫] 휘발-유[휘발류] 유들-유들[유들류들]

[Remarque 2] Le même principe s’applique au cas où deux mots se prononcent liés, d’une seule traite.
[붙임] 두 단어를 이어서 한 마디로 발음하는 경우에도 이에 준한다.
한 일[한닐] 옷 입다[온닙따] 서른여섯[서른녀섣] 3 연대[삼년대]
먹은 엿[머근녇] 할 일[할릴] 잘 입다[잘립따] 스물여섯[스물려섣]
1 연대[일련대] 먹을 엿[머글렫]

Toutefois, dans les mots comme les suivants, on ne prononce pas avec ajout de ‘ㄴ(ㄹ)’.
다만, 다음과 같은 단어에서는 'ㄴ(ㄹ)' 음을 첨가하여 발음하지 않는다.
6·25[유기오] 3·1절[사밀쩔] 송별-연[송: 벼련] 등-용문[등용문]

Article 30 : Les mots avec ‘ㅅ’ intercalaire (=의) se prononcent de la façon suivante.
제30항 사이시옷이 붙은 단어는 다음과 같이 발음한다.

1. Lorsque ‘ㅅ’ intercalaire se trouve devant les mots commençant par les consonnes ‘ㄱ,ㄷ,ㅂ,ㅅ,ㅈ’, celles-ci se prononcent comme sons durs en principe, mais la prononciation de ‘ㅅ’ intercalaire comme [ㄷ] est également autorisée.
1. 'ㄱ, ㄷ, ㅂ, ㅅ, ㅈ'으로 시작하는 단어 앞에 사이시옷이 올 때는 이들 자음만을 된소리로 발음하는 것을 원칙으로 하되, 사이시옷을 [ㄷ]으로 발음하는 것도 허용한다

냇가[내: 까/낻: 까] 샛길[새: 낄/샏: 낄] 빨랫돌[빨래똘/빨랟똘]
콧등[코뜽/콛뜽] 깃발[기빨/긷빨] 대팻밥[대: 패빱/대: 팯빱]
햇살[해쌀/핻쌀] 뱃속[배쏙/밷쏙] 뱃전[배쩐/밷쩐]

고갯짓[고개찓/고갣찓]

2. Lorsque 'ㄴ' ou 'ㅁ' viennent après 'ㅅ' intercalaire, elles se prononcent comme [ㄴ].
2. 사이시옷 뒤에 'ㄴ, ㅁ'이 결합되는 경우에는 [ㄴ]으로 발음한다.

콧날[콛날→콘날] 아랫니[아랟니→아랜니] 툇마루[퇻ː 마루→퇸ː 마루]
뱃머리[밷머리→밴머리]

3. Lorsque '이' se trouve après 'ㅅ' intercalaire, 'ㅅ' et '이' se prononcent comme [ㄴ ㄴ].
3. 사이시옷 뒤에 '이' 음이 결합되는 경우에는 [ㄴㄴ]으로 발음한다.

베갯잇[베갣닏→베갠닏] 깻잎[깯닙→깬닙] 나뭇잎[나묻닙→나문닙]
도리깻열[도리깯녈→도리깬녈] 뒷윷[뒫ː 뉻→뒨ː 뉻]

한국어 용언의 활용

한국어 용언의 활용은 규칙활용과 불규칙활용으로 구분된다. 용언이 활용할 때 어간과 어미의 형태가 변하지 않거나, 규칙적으로 변하는 경우, 즉 일반적인 음운 규칙으로 설명할 수 있는 변화를 보일 때, 그 활용을 규칙활용이라 한다. 반면에, 어간과 어미의 형태가 불규칙하게 변하는 경우, 그 활용을 불규칙활용이라 한다.

1. 규칙 활용

규칙 활용 용언에 적용되는 몇 가지 중요한 일반적인 음운 규칙들을 살펴보자.

1.1. 어간의 변화

규칙 활용 용언의 경우에는, 음운 규칙에 의해 어간이 바뀐다.

(1) '으' 탈락

- 어간의 말음 '으'가 '어'/'어'로 시작되는 어미나 '었'/'았' 앞에서 탈락된다.

보 기

쓰+어서 → 써서, 쓰+었+다 → 썼다
모으+아 → 모아, 모으+았+다 → 모았다
따르+아서 → 말라서, 따르+았+다 → 따랐다

- '쓰다, 모으다, 끄다, 뜨다, 따르다, 다다르다, 슬프다, 기쁘다, 아프다' 등의 용언이 여기에 해당한다.

(2) 'ㄹ' 탈락

- 어간의 말음 'ㄹ'이 'ㄴ', 'ㅂ', '시', '오'로 시작하는 어미 앞에서 탈락한다.

보 기

살+니 → 사니, 살+ㅂ니다 → 삽니다, 살+시오 → 사시오, 살+오 → 사오
울+니 → 우니, 울+ㅂ니다 → 웁니다, 울+시오 → 우시오, 울+오 → 우오
길+니 → 기니, 길+ㅂ니다 → 깁니다, 길+오 → 기오

- '울다, 살다, 줄다, 알다, 팔다, 물다, 알다, 돌다, 멀다, 가늘다, 길다, 달다, 잘다' 등이 여기에 해당한다.

1.2. 어미의 변화

음운 규칙에 의해 어미가 바뀐다.

(1) 모음조화

- 어간 모음이 양성 모음이면 '-아' 계열, 음성모음이면 '-어' 계열의 어미가 사용된다.

보 기

잡+아 → 잡아, 먹+어 → 먹어, 몰+아 → 몰아, 접+어 → 접어
양성모음 : ㅏ, ㅗ, ㅑ, ㅛ, ㅘ,ㅐ,ㅚ,ㅙ,ㅒ 따위
음성모음 : ㅓ, ㅜ, ㅕ, ㅠ, 'ㅔ', 'ㅝ', 'ㅟ', 'ㅖ' 따위

(2) '으' 삽입

- 'ㄹ' 이외의 받침으로 끝나는 어간이 'ㄴ, ㄹ, ㅂ, 오, 시, ㅁ'으로 시작하는 어미와 결합할 때에는 모음 '으'가 삽입된다.

보 기

잡+ㄴ → 잡은, 먹+ㄹ → 먹을, 솟+오 → 솟으오,
깎+시다 → 깎으시다, 좋+며 → 좋으며

2. 불규칙 활용

2.1. 어간이 바뀌는 불규칙 활용

(1) ㄷ 불규칙 용언

- 'ㄷ' 받침으로 끝나는 용언 중에서, 모음 '어','아', 매개모음 '으'로 시작하는 어미 앞에서 'ㄷ'이 'ㄹ'로 바뀐다

보 기

묻+어 → 물어, 묻+어서 → 물어서, 묻+어라 → 물어라,
묻+으면 → 물으면, 묻+음 → 물음

- 다른 환경에서는 규칙적이다.

보 기

묻다, 묻고, 묻게, 묻지 등

- ㄷ 불규칙 용언에는 다음과 같은 것들이 있다.

보 기

깨닫다, 긷다, 걷다, 듣다, 일컫다, 묻다(demander) 등

- ㄷ 받침으로 끝나지만 규칙 용언인 경우에는 이런 현상이 일어나지 않는다.

보 기

쏟+아 → 쏟아, 쏟+아서 → 쏟아서, 쏟+아라 → 쏟아라,
쏟+으면 → 쏟으면, 쏟+음 → 쏟음

- ㄷ 받침으로 끝나는 불규칙 용언에는 다음과 같은 동사들이 있다. 형용사에는 'ㄷ' 불규칙이 없다.

보 기

걷다(marcher), 묻다(enterrer), 닫다, 믿다, 돋다, 쏟다, 얻다 등

(2) ㅂ 불규칙 용언

- 'ㅂ' 받침으로 끝나는 용언 가운데, 'ㅂ'이 '어' 또는 매개모음 '으'로 시작되는 어미 앞에서 '오/우'로 변한다. 이때, 단음절 어간을 가진 '돕, 곱'일 때만 '오'로 되고 나머지는 '우'로 변한다.

보 기

돕+아 → 도와, 돕+으니 → 도우니, 돕+음 → 도움,
돕+아라 → 도와라, 돕+아서 → 도와서

- 다른 환경에서는 규칙적이다.

보 기

돕다, 돕고, 돕게, 돕도록, 돕지 등

- ㅂ 불규칙 용언에는 다음과 같은 것들이 있다.

보 기

동사 : 굽다, 깁다, 눕다, 줍다, 돕다 등
형용사 : '-답다, -롭다, -답다'가 붙는 복합어와 곱다, 덥다, 춥다 등

- ㅂ 받침으로 끝나지만 규칙 용언인 경우에는 이런 현상이 일어나지 않는다.

보 기

뽑+아 → 뽑아, 뽑+아서 → 뽑아서, 뽑+아라 → 뽑아라,
뽑+으면 → 뽑으면, 뽑+음 → 뽑음

- ㅂ 받침으로 끝나는 규칙 용언에는 다음과 같은 동사들이 있다.

보 기

동사 : 뽑다, 씹다, 입다, 잡다, 접다 등
형용사: 굽다, 좁다 등

(3) ㅅ 불규칙 용언

- 'ㅅ' 받침으로 끝나는 용언 가운데, 어미 '어'나 매개 모음 '으'로 시작하는 어미 앞에서 'ㅅ'이 탈락한다.

보 기

잇+어서 → 이어서, 잇+어라 → 이어라, 잇+으니 → 이으니, 잇+음→ 이음

- 다른 환경에서는 규칙적이다.

보 기

잇다, 잇고, 잇게, 잇도록, 잇지 등

- ㅅ 불규칙 용언에는 다음과 같은 것들이 있다.

보 기

동사 : 짓다, 잇다, 젓다, 긋다, 낫다(gu rir) 등
형용사 : '낫다'(valoir mieux) (=유일한 형용사)

- ㅅ 받침으로 끝나지만 규칙 용언인 경우에는 이런 현상이 일어나지 않는다.

보 기

씻+어서 → 씻어서, 씻+어라 → 씻어라, 씻+으니 → 씻으니, 씻+음→ 씻음

- ㅅ 받침으로 끝나는 규칙 용언에는 다음과 같은 동사들이 있다.

보 기

벗다, 빗다, 빼앗다, 씻다, 솟다 등

(4) 르 불규칙 용언

- 어간이 '르'로 끝나는 용언 가운데, '어'로 시작하는 어미를 만났을 때 '으'가 탈락하고 'ㄹ'이 첨가된다.

보 기

흐르+어 → 흘러, 흐르+었+다 → 흘렀다

- 다른 환경에서는 규칙적이다.

보 기

흐르다, 흐르고, 흐르게, 흐르지 등

- 르 불규칙 용언에는 다음과 같은 것들이 있다.

보 기

동사 : 가르다, 기르다, 오르다, 나르다, 흐르다 등
형용사 : 고르다, 그르다, 다르다, 무르다, 이르다, 배부르다 등

'가르다, 고르다, 다르다' 등은 구어에서 '갈르다, 길르다, 골르다, 달르다'처럼 발음하는 경우도 있다.

- '르'로 끝나지만 규칙 용언인 경우에는 이런 현상이 일어나지 않는다. 오직 규칙 용언에만 적용되는 '으' 탈락만 적용된다.

보 기

따르+아서 → 따라서, 따르+아라 → 따라라, 따르+니 → 따르니, 따르+ㅁ→ 따름

- '르'로 끝나는 규칙 용언에는 다음과 같은 동사들이 있다.

보 기

따르다, 치르다, 다다르다, 들르다 (이들이 모든 예임)

(5) 우 불규칙 용언

- 어간이 '우'로 끝나는 용언 가운데, '어'로 시작하는 어미 앞에서 'ㅜ'가 탈락된다.

보 기

푸+어 → 퍼, 푸+어라 → 퍼라, 푸+어서 → 퍼서, 푸+었+다 → 펐다

- 다른 환경에서는 규칙적이다.

보 기

푸다, 푸고, 푸게, 푸도록, 푸지 등

- 우 불규칙 용언에는 오직 '푸다'만이 관찰된다.
- 어간이 '우'로 끝나는 기타 용언의 경우에는 이런 현상이 일어나지 않는다.

보 기

주+어 → 줘, 주+어라 → 줘라, 주+어서 → 줘서, 주+었+다 → 줬다

- '우'로 끝나는 규칙 용언에는 다음과 같은 동사들이 있다.

보 기

주다, 두다, 추다, 누다 등

2.2. 어미가 바뀌는 불규칙 활용

(1) 러 불규칙 용언

- 어간이 '르'로 끝나는 용언 가운데, '어'로 시작하는 어미와 만날 경우 어미가 '러'로 바뀐다.

보 기

푸르+어 → 푸르러, 푸르+어서 → 푸르러서

- 다른 환경에서는 이것이 적용되지 않는다.

보 기

푸르고, 푸르게, 푸르지

- 이 유형에 속하는 용언에는, 동사 '이르다'와 형용사 '누르다, 푸르다'만 있다.
- 앞서 언급했듯이, '르'로 끝나는 규칙 용언에는 '따르다, 치르다, 다다르다, 들르다'같은 동사들이 있다.

(2) 여 불규칙 용언

- 어간이 '하'로 끝나는 용언에 있어, 다음에 '어'로 시작하는 어미가 오면 '어'가 '여'로 바뀌거나, '하여'가 '해'로 바뀐다.

보 기

하+어 → 하여/해, 하+어서 → 하여서/해서, 하+어도 → 하여도/해도

- '하다'와 모든 '하다' 합성어들이 여기에 속한다.

보 기

동사 : 공부하다, 구경하다, 사랑하다, 연습하다, 집중하다, 출세하다 등
형용사 : 깨끗하다, 산만하다, 조용하다, 희미하다, 희한하다 등

(3) 거라 불규칙 용언

- 어간이 '아'로 끝나는 동사에 있어, 명령형으로 '아라' 대신 '거라'를 취하는 부류를 '거라' 불규칙 용언이라 한다.

보 기

가+아라 → 가거라

- 다른 환경에서는 규칙적이다.

보 기

가다, 가고, 가게, 가지

- '가다'와 모든 '하다' 합성어들이 여기에 속한다.

보 기

가다, 까다, 나다, 따다, 사다, 일어나다, 자다, 짜다, 차다, 타다, 자라다 등
걸어가다, 나가다, 내려가다, 들어가다, 뛰어가다, 올라가다 등의 모든 '가다' 합성어

- 구어에서는 규칙 용언처럼 '아라'가 붙는 '가라, 걸어가라, 일어나라, 자라, 짜라, 자라라, 타라' 등이 쓰이고 있다. 따라서 구어를 기준으로 하면 규칙 용언이라 볼 수도 있다.

(4) 너라 불규칙 용언

- 어간이 '오'로 끝나는 동사에 있어, 명령형으로 '아라' 대신 '너라'를 취하는 부류를 '너라' 불규칙 용언이라 한다.

보 기

오+아라 → 오너라

- 다른 환경에서는 규칙적이다.

보 기

오다, 오고, 오게, 오지

- '오다'와 모든 '오다' 합성어들이 여기에 속하며, 오직 이들에서만 나타난다.

보 기

오다, 걸어오다, 나가다, 내려가다, 들어가다, 뛰어가다, 올라오다 등

- '너라'가 'ㄴ'으로 축약되는 경우도 있다.

보 기

이리 오너라 → 이리 온

- 구어에서는 규칙 용언처럼 '아라'가 붙는 '와라, 걸어와라, 들어와라, 올라와라' 등이 쓰이고 있다. 따라서 구어를 기준으로 하면 규칙 용언이라 볼 수도 있다.

2.3. 어간과 어미가 모두 바뀌는 불규칙 활용 : ㅎ 불규칙 용언

- 어간이 'ㅎ'으로 끝나는 용언에 있어, '은/을/음'으로 시작하는 어미와 만날 때 'ㅎ'이 탈락되고, '아/어'로 시작하는 어미와 만날 때 'ㅎ'이 탈락하면서 어간모음 'ㅏ'/'ㅓ'와 어미 '아'/'어'가 결합하여 'ㅐ'로 바뀐다.

보 기

파랗+은 → 파란, 파랗+음 → 파람, 파랗+을 → 파랄
그렇+은 → 그런, 그렇+음 → 그럼, 그렇+을 → 그걸
파랗+아 → 파래, 그렇+어 → 그래, 파랗+었+다 → 파랬다, 그렇+었+다 → 그랬다

- 다른 환경에서는 규칙적이다.

보 기

파랗다, 파랗고, 파랗게, 파랗지, 파랗습니다

- '좋다'를 제외하고 어간이 'ㅎ'으로 끝나는 모든 용언이 여기에 속한다.

보 기

까맣다,노랗다,빨갛다,누렇다,보얗다,뻘겋다,부옇다, 그렇다

- 즉 어간이 'ㅎ'으로 끝나는 용언 가운데에는 오직 '좋다'만이 규칙 활용을 한다.

보 기

좋은, 좋음, 좋을, 좋아, 좋았다

La conjugaison des mots fléchis en coréen

La conjugaison des mots fléchis en coréen peut être régulière ou irrégulière. Elle est dite régulière lorsque le radical et le suffixe ne subissent pas d'altération ou bien lorsque cette dernière s'effectue de façon régulière, selon des règles précises, c'est-à-dire selon les règles phonologiques générales. Dans le cas contraire, on parle de conjugaison irrégulière.

1. Conjugaison régulière

Examinons quelques règles phonologiques générales que l'on peut adapter aux mots fléchis réguliers.

1.1. Altération du radical

Pour les mots fléchis réguliers, l'altération du radical s'effectue selon des règles phonologiques.

(1) L'élision de 'ㅡ'

- Lorsque le radical se termine par le son 'ㅡ', ce dernier tombe devant les suffixes commençant par '어'/'아' ou '었'/'았'.

보 기

쓰다 (utiliser) → 쓰+어서 → 써서, 쓰+었+다 → 썼다
모으다 (rassembler) → 모으+아 → 모아, 모으+았+다 → 모았다
따르다 (suivre) → 따르+아서 → 따라서, 따르+았+다 → 따랐다

- Les mots fléchis tels que '쓰다' (utiliser), '모으다' (rassembler, réunir), '끄다' (éteindre), 뜨다 (flotter (à la surface de l'eau)), '따르다' (suivre), '다다르다' (arriver à (un lieu), atteindre (un objectif)), 슬프다 (être triste), 기쁘다 (être heureux(*se*)), '아프다' (avoir mal) appartiennent à cette classe.

(2) L'élision de 'ㄹ'

- Lorsque la fin du radical se termine par le son 'ㄹ', ce dernier tombe devant les suffixes commençant par 'ㄴ', 'ㅂ', '시' et '오'.

보 기

살다 (vivre) → 살+니 → 사니, 살+ㅂ니다 → 삽니다,
살+시오 → 사시오, 살+오 → 사오
울다 (pleurer) → 울+니 → 우니, 울+ㅂ니다 → 웁니다,
울+시오 → 우시오, 울+오 → 우오
길다 (être long(*ue*)) → 길+니 → 기니,
길+ㅂ니다 → 깁니다, 길+오 → 기오

- Les mots fléchis tels que '울다' (pleurer), '살다' (vivre), '줄다' (diminuer), '알다' (savoir), '팔다' (vendre), '물다' (mordre), '돌다' (tourner), 멀다 (être éloigné(*e*)), '가늘다' (être fin(*e*), mince), '길다' (être long(*ue*)), '달다' (être sucré(*e*), '잘다' (être petit(*e*), fin(*e*)) font partie de cette classe.

1.2. Altération du suffixe

Pour les mots fléchis réguliers, l'altération du suffixe s'effectue selon des règles phonologiques.

(1) L'harmonisation vocalique

- Lorsque la voyelle du radical est une voyelle du yang (à connotation positive; cf. liste ci-dessous), on utilise le suffixe '아', lorsque c'est une voyelle du ying (à connotation péjorative), le suffixe '어'.

보 기

잡+아 → 잡아, 먹+어 → 먹어, 몰+아 → 몰아, 접+어 → 접어
Voyelles du yang : ㅏ, ㅗ, ㅑ, ㅛ, ㅕ,ㅐ,ㅘ,ㅚ,ㅒ etc.
Voyelles du ying : ㅓ, ㅜ, ㅕ, ㅠ, 'ㅔ', 'ㅝ', 'ㅟ', 'ㅖ' etc.

(2) L'insertion de '으'

- À l'exception des radicaux terminés par la consonne finale 'ㄹ', il faut insérer 'eu' ('으') lorsque le radical du mot fléchi est suivi des suffixes commençant par 'ㄴ, ㄹ, ㅂ, 오, 시, ㅁ'.

보 기

잡+ㄴ → 잡은, 먹+ㄹ → 먹을, 솟+오 → 솟으오,
깎+시다 → 깎으시다, 좋+며 → 좋으며

2. Conjugaison irrégulière

2.1. Altération du radical

(1) Les mots fléchis irréguliers en ㄷ

- Parmi les mots fléchis se terminant par la consonne finale 'ㄷ', 'ㄷ' se transforme en 'ㄹ' devant les suffixes commençant par les voyelles '어','아' ou par la voyelle épenthétique '으'.

보 기

묻다 (demander) → 묻+어 → 물어, 묻+어서 → 물어서,
묻+어라 → 물어라, 묻+으면 → 물으면, 묻+음 → 물음

- La conjugaison est régulière dans un autre environnement phonologique :

보 기

묻다, 묻고, 묻게, 묻지 etc.

- Parmi les mots fléchis se terminant par la consonne finale ㄷ, on trouve par exemple '깨닫다' (se rendre compte de *qc*, prendre conscience de *qc*), '긷다' (puiser, tirer (de l'eau)), '걷다' (marcher), 듣다 (écouter), '일컫다' (appeler, dénommer *qn*), '묻다' (demander), etc.
- Toutefois, il existe des mots fléchis se terminant par la consonne finale ㄷ dont la conjugaison est régulière, auquel cas le radical demeure inaltéré.

보 기

쏟다 (verser) → 쏟+아 → 쏟아, 쏟+아서 → 쏟아서,
쏟+아라 → 쏟아라, 쏟+으면 → 쏟으면, 쏟+음 → 쏟음

- Parmi les mots fléchis se terminant par la consonne finale 'ㄷ' dont la conjugaison est irrégulière, on trouve des verbes tels que '걷다' (marcher), '묻다' (enterrer; adhérer à), '닫다' (fermer), '믿다' (croire), '돋다' (sortir, faire irruption), 쏟다 (verser; renverser), '얻다' (obtenir), etc. Notons qu'il y a pas de conjugaison irrégulière pour les adjectifs se terminant par la consonne finale 'ㄷ'.

(2) Les mots fléchis irréguliers en ㅂ

- Parmi les mots fléchis se terminant par la consonne finale 'ㅂ', 'ㅂ' devient '오' ou '우' devant les suffixes commençant par la voyelle '어' ou par la voyelle épenthétique '으'. 'ㅂ' devient '오' uniquement pour les radicaux à syllabe unique '돕' (aider) et '곱' (être beau) devant un suffixe commençant par '아', pour les autres radicaux, 'ㅂ' devient toujours '우'.

보 기

돕다 (aider) → 돕+아 → 도와, 돕+으니 → 도우니,
돕+음 → 도움, 돕+아라 → 도와라, 돕+아서 → 도와서

- La conjugaison est régulière dans un autre environnement phonologique :

보 기

돕다, 돕고, 돕게, 돕도록, 돕지 등

- Parmi les mots fléchis se terminant par la consonne finale 'ㅂ', on trouve par exemple les verbes '굽다' (griller), '깁다' (raccommoder), '눕다' (s'allonger), '줍다' (ramasser), '돕다' (aider), etc., les adjectifs '곱다' (être beau(*belle*)), '덥다' (avoir chaud), '춥다' (avoir froid), etc., ainsi que les adjectifs composés, formés à partir des suffixes adjectivaux '-답다' et '-롭다'.
- Toutefois, il existe des mots fléchis se terminant par la consonne finale 'ㅂ' dont la conjugaison est régulière, auquel cas le radical demeure inaltéré.

보 기

뽑다 (sélectionner) → 뽑+아 → 뽑아, 뽑+아서 → 뽑아서,
뽑+아라 → 뽑아라, 뽑+으면 → 뽑으면, 뽑+음 → 뽑음

- Parmi les mots fléchis se terminant par la consonne finale 'ㅂ' dont la conjugaison est régulière, on trouve des verbes tels que '뽑다' (sélectionner), '씹다' (mâcher), '입다' (mettre un vêtement), '잡다' (saisir), '접다' (plier), etc., ainsi que des adjectifs tels que '굽다' (être courbe, sinueu*x*(*se*)), '좁다' (être étroit(*e*)), etc.

(3) Les mots fléchis irréguliers en ㅅ

- Parmi les mots fléchis se terminant par la consonne finale 'ㅅ', 'ㅅ' tombe devant les suffixes commençant par la voyelle '어', ou par la voyelle épenthétique '으'.

보 기

잇다 (joindre) → 잇+어서 → 이어서, 잇+어라 → 이어라,
잇+으니 → 이으니, 잇+음→ 이음

- La conjugaison est régulière dans un autre environnement phonologique :

보 기

잇다, 잇고, 잇게, 잇도록, 잇지 등

- Parmi les mots fléchis se terminant par la consonne finale 'ㅅ', on trouve par exemple les verbes '짓다' (construire), '잇다' (joindre), '젓다' (remuer), '긋다' (tracer ((un ligne))), '낫다' (guérir), etc., ainsi que l'adjectif '낫다'(valoir mieux) (le seul adjectif entrant dans cette classe).
- Toutefois, il existe des mots fléchis se terminant par la consonne finale 'ㅅ' dont la conjugaison est régulière. Pour ces mots fléchis, l'élision de 'ㅅ' ne se fait pas, autrement dit ㅅ demeure :

보 기

씻다 (laver) → 씻+어서 → 씻어서, 씻+어라 → 씻어라,
씻+으니 → 씻으니, 씻+음→ 씻음

- Parmi les mots fléchis se terminant par la consonne finale 'ㅅ' dont la conjugaison est régulière, on trouve des verbes tels que '벗다' (ôter un vêtement), '빗다' (se peigner), '빼앗다' (prendre *qc* à *qn*), '씻다' (laver), '솟다' (jaillir), etc.

(4) Les mots fléchis irréguliers terminés par 르

- Lorsque les mots fléchis dont le radical se termine par '르' sont suivis d'un suffixe commençant par la voyelle '어', '으' tombe et un 'ㄹ' supplémentaire apparaît, autrement dit le 'ㄹ' est redoublé.

보 기

흐르다 (couler) → 흐르+어 → 흘러, 흐르+었+다 → 흘렀다

- La conjugaison est régulière dans un autre environnement phonologique :

보 기

흐르다, 흐르고, 흐르게, 흐르지 등

- Parmi les mots fléchis se terminant par '르', on trouve par exemple les verbes '가르다' (diviser), '기르다' (élever, cultiver), '오르다' (monter), '나르다' (transporter), '흐르다' (couler) etc., ainsi que les adjectifs '고르다' (être uniforme, ég*al*(*ale*, *aux*)), '그르다' (être fau*x*(*sse*)), '다르다' (être différent(*e*)), '무르다' (être mou(*molle*), tendre), '이르다' (être tôt, prématuré(*e*)), '배부르다' (être rassasié(*e*)), etc. À noter que les mots fléchis '가르다' (diviser), '고르다' (être uniforme), '다르다' (être différent(*e*)), etc. se prononcent parfois dans la langue parlée '갈르다, 길르다, 골르다, 달르다'.
- Toutefois, il existe des mots fléchis se terminant par '르' dont la conjugaison est régulière, auquel cas la règle susmentionnée ne s'applique pas. Seule la règle de l'élision de '으' ((pour les mots fléchis dont le radical se termine par '으')) des verbes réguliers (cf. chapitre 1.1. (1)) persiste.

보 기

따르다 (suivre) → 따르+아서 → 따라서,
따르+아라 → 따라라, 따르+니 → 따르니, 따르+ㅁ→ 따름

- Parmi les mots fléchis se terminant par '르' dont la conjugaison est régulière, on trouve uniquement les verbes '따르다' (suivre), '치르다' (faire l'expérience de; régler), '다다르다' (atteindre) et '들르다' (faire un saut *qp*, passer *qp*).

(5) Les mots fléchis irréguliers en 우

- Parmi les mots fléchis se terminant par '우', 'ㅜ' tombe devant les suffixes commençant par la voyelle '어'.

보 기

푸다 (puiser) → 푸+어 → 퍼, 푸+어라 → 퍼라, 푸+어서 → 퍼서, 푸+었+다 → 펐다

- La conjugaison est régulière dans un autre environnement phonologique :

보 기

푸다, 푸고, 푸게, 푸도록, 푸지 등

- Le seul mot fléchi irrégulier terminé par '우' est '푸다' (puiser; servir ((le riz avec une spatule, la soupe à l'aide d'une louche))).
- Dans le cas des autres mots fléchis dont le radical se termine par '우', 'ㅜ' demeure devant les suffixes commençant par la voyelle '어', autrement dit le radical reste inaltéré.

보 기

주다 (donner) → 주+어 → 줘, 주+어라 → 줘라, 주+어서 → 줘서, 주+었+다 → 줬다

- Parmi les mots fléchis se terminant par '우' dont la conjugaison est régulière, on trouve les verbes '주다' (donner), '두다' (poser), '추다' (danser), '누다' (évacuer), etc.

2.2. Altération du suffixe

(1) Les mots fléchis irréguliers en 러

- Parmi les mots fléchis dont le radical se termine par '르', lorsqu'ils sont suivis d'un suffixe commençant par '어', '어' se transforme en '러'.

보기

푸르다 (être verdoyant(*e*)) → 푸르+어 → 푸르러, 푸르+어서 → 푸르러서

- La conjugaison est régulière dans un autre environnement phonologique :

보기

푸르고, 푸르게, 푸르지

- Parmi ces mots fléchis, on ne trouve que le verbe '이르다' (atteindre) et les adjectifs '누르다' (être jauni(*e*)) et '푸르다' (être verdoyant(*e*)).
- Comme nous l'avons mentionné précédemment, parmi les mots fléchis dont la conjugaison est régulière se terminant par '르' on trouve des verbes tels que '따르다' (suivre), '치르다' (faire l'expérience de; régler), '다다르다' (atteindre), '들르다' (faire un tour *qp*, passer *qp*), etc.

(2) Les mots fléchis irréguliers en 여

- Lorsque les mots fléchis dont le radical se termine par '하' sont suivis d'un suffixe commençant par '어', '어' devient '여' et '하여' peut se transformer en '해'.

보기

하다 (faire) → 하+어 → 하여/해, 하+어서 → 하여서/해서, 하+어도 → 하여도/해도

- Le verbe '하다' (faire) et tous ses composés font partie de cette classe. À titre d'exemple, on peut citer les verbes '공부하다' (étudier), '구경하다' (regarder), '사랑하다' (aimer), '연습하다' (s'exercer, s'entraîner), '집중하다' (se concentrer), 출세하다 (réussir dans la société, faire une belle carrière), etc., ainsi que les adjectifs 깨끗하다 (être propre), '산만하다' (ne pas permettre la concentration), '조용하다' (être calme), '희미하다' (être vague, flou(*e*)), '희한하다' (être étrange), etc.

(3) Les mots fléchis irréguliers en 거라

- Pour les verbes dont le radical se termine par '아', on appelle ≪mots fléchis irréguliers en 거라≫, la classe des verbes pour lesquels on utilise la forme impérative '거라' à la place de la forme habituelle '아라'.

보기

가다 (aller) → 가+아라 → 가거라

- La conjugaison est régulière dans un autre environnement phonologique :

보 기

가다, 가고, 가게, 가지

- Le verbe '가다' (aller) et tous ses composés entrent dans cette classe ('걸어가다' (aller qp à pied), '나가다' (sortir), '내려가다' (descendre), '들어가다' (entrer), '뛰어가다' (courir), '올라가다' (monter, grimper), etc.). On y trouve également les verbes '가다' (aller), '까다' (éplucher), '나다' (naître, sortir), '따다' (cueillir; obtenir), '사다' (acheter), '일어나다' (se lever), '자다' (dormir), '짜다' (fabriquer; traire, presser), '차다' (mettre 《une ceinture》), '타다' (monter dans; prendre 《la voiture》), 자라다 (grandir, pousser), etc.
- Notons que dans la langue parlée, la forme impérative habituelle '아라' peut être employée avec les verbes de cette classe comme c'est le cas pour les mots fléchis de conjugaison régulière. Il n'est pas rare d'entendre '가라' (Vas-y! / Pars!), '걸어가라' (Vas-y à pied!), '일어나라' (Lève-toi!), '자라' (Dors!), '자라라' (Grandis!), '타라' (Monte!), etc. Pour cette raison, si l'on prend la langue parlée comme référence, on peut considérer les mots fléchis de cette classe comme réguliers.

(4) Les mots fléchis irréguliers en 너라

- Pour les verbes dont le radical se termine par '오', on appelle ≪mots fléchis irréguliers en 너라≫, la classe des verbes pour lesquels on utilise la forme impérative '너라' à la place de la forme habituelle '아라'.

보 기

오다 (venir) → 오+아라 → 오너라

- La conjugaison est régulière dans un autre environnement phonologique :

보 기

오다, 오고, 오게, 오지

- Seuls le verbe '오다' (venir) et tous ses composés appartiennent à cette classe ('오다' (venir), '걸어오다' (venir à pied), '나오다' (sortir), '내려오다' (descendre), '들어오다' (entrer), '뛰어오다 ' (venir en courant), '올라오다' (monter), etc.).
- Il arrive aussi que '너라' se contracte en 'ㄴ.

보 기

이리 오너라 (Viens (ici)!) → 이리 온

- Notons que dans la langue parlée, la forme impérative habituelle '아라' peut être employée avec les verbes de cette classe comme c'est le cas pour les mots fléchis de conjugaison régulière. Il n'est pas rare d'entendre '와라' (Viens!), '걸어와라' (Viens à pied!), '들어와라' (Entre!), '올라와라' (Monte!)', etc. Pour cette raison, si l'on se réfère à la langue parlée, on peut considérer les mots fléchis de cette classe comme réguliers.

2.3. Altérations du suffixe et du radical : les mots fléchis irréguliers en ㅎ

- Pour les mots fléchis dont le radical se termine par la consonne finale 'ㅎ', 'ㅎ' tombe devant les suffixes commençant par '은/을/음'. Par ailleurs, lorsque ces mots fléchis sont associés à des suffixes commençant par '아/어', non seulement 'ㅎ' tombe mais aussi la voyelle du radical 'ㅏ'/'ㅓ' devient 'ㅐ'.

보 기

파랗다 (être bleu(*e*)) → 파랗+은 → 파란, 파랗+음 → 파람, 파랗+을 → 파랄
그렇다 (être ainsi) → 그렇+은 → 그런, 그렇+음 → 그럼, 그렇+을 → 그걸
파랗+아 → 파래, 그렇+어 → 그래, 파랗+었+다 → 파랬다, 그렇+었+다 → 그랬다

- La conjugaison est régulière dans un autre environnement phonologique :

보 기

파랗다, 파랗고, 파랗게, 파랗지, 파랗습니다

- À l'exception de '좋다' (être bon(*ne*)), tous les mots fléchis dont le radical se termine par 'ㅎ' font partie de cette classe.

보 기

'까맣다' (être noir(*e*)),'노랗다' (être jaune),'빨갛다' (être rouge),
누렇다 (être jaunâtre),'보얗다' (être blanchâtre), '뻘겋다' (être cramoisi(*e*)),
'부옇다' (être blanchâtre), '그렇다' (être ainsi)

- Autrement dit, parmi les mots fléchis dont le radical se termine par 'ㅎ', seul '좋다' (être bon(*ne*)) présente une conjugaison régulière : 좋은, 좋음, 좋을, 좋아, 좋았다.

세계의 지명

1. 전세계의 국가와 주요 도시를 수록했으며, 수도에는 '*' 표지를 달았음.
2. 형용사형이 없는 경우에는 'de 지명'의 형태를 쓰므로 그 형태를 제시했음.

한국어지명	프랑스어지명 (forme courte)	성 genre	정식명칭 (forme longue)	형용사	코드 CODE PAYS
가나	Ghana (le)	M	la République du Ghana	ghanéen(*s*) / ghanéenne(*s*)	GH
아크라*	Accra			accréen(*s*) / accréenne(*s*)	
가봉	Gabon (le)	M	la République gabonaise	gabonais / gabonaise(*s*)	GA
리브르빌*	Libreville			librevillois / librevilloise(*s*)	
가이아나	Guyana (la)	F	la République coopérative de Guyana	guyanien(*s*) / guyanienne(*s*)	GY
조지타운*	Georgetown			de Georgetown	
감비아	Gambie (la)	F	la République de Gambie	gambien(*s*) / gambienne(*s*)	GM
반줄*	Banjul			banjulais / banjulaise(*s*)	
과테말라	Guatemala (le)	M	la République du Guatemala	guatémaltèque(*s*) / guatémaltèque(*s*)	GT
과테말라*	Ciudad de Guatemala			guatémalien(*s*) / guatémalienne(*s*)	
그레나다	Grenade (la)	F	la Grenade	grenadin(*s*) / grenadine(*s*)	GD
세인트조지*	Saint-Georges			de Saint-Georges	
그루지야	Géorgie (la)	F	la Géorgie	géorgien(*s*) / géorgienne(*s*)	GE
트빌리시*	Tbilissi			tbilissien(*s*) / tbilissienne(*s*)	
그리스	Grèce (la)	F	la République hellénique	grec(*s*) / grecque(*s*)	EL
아테네*	Athènes			athénien(*s*) / athénienne(*s*)	
기니	Guinée (la)	F	la République de Guinée	guinéen(*s*) / guinéenne(*s*)	GN
코나크리*	Conakry			conakryka(*s*) / conakryka(*s*)	
기니비사우	Guinée-Bissau (la)	F	la République de Guinée-Bissau	de Guinée-Bissau	GW
비사우*	Bissau			bissalien(*s*) / bissalienne(*s*)	

한국어지명	프랑스어지명 (forme courte)	성 genre	정식명칭 (forme longue)	형용사	코드 CODE PAYS
나미비아	Namibie (la)	F	la République de Namibie	namibien(*s*) / namibienne(*s*)	NA
빈트후크*	Windhoek			de Windhoek	
나우루	Nauru	F	la République de Nauru	nauruan(*s*) / nauruane(*s*)	NR
야렌*	Yaren			de Yaren	
나이지리아	Nigeria (le)	M	la République fédérale du Nigeria	nigérian(*s*) / nigériane(*s*)	NG
아부자*	Abuja			d'Abuja	
남아프리카 공화국	Afrique du Sud (l')	F	la République d'Afrique du Sud	sud-africain(*s*) / sud-africaine(*s*)	ZA
프리토리아*	Pretoria			de Pretoria	
케이프타운	Le Cap			capétonien(*s*) / capétonienne(*s*)	
네덜란드	Pays-Bas (les)	M	le Royaume des Pays-Bas	néerlandais / néerlandaise(*s*)	NL
암스테르담*	Amsterdam			amstellodamien(*s*) / amstellodamienne(*s*) ou amstellodamois / amstellodamoise(*s*)	
마스트리히트	Maastricht			de Maastricht	
위트레흐트	Utrecht			de Utrecht	
헤이그	La Haye			haguenois / haguenoise(*s*)	
홀란드(주)	Hollande	F		hollandais / hollandaise(*s*)	
네팔	Népal (le)	M	le Royaume du Népal	népalais / népalaise(*s*)	NP
카트만두*	Katmandou			de Katmandou	
노르웨이	Norvège (la)	F	le Royaume de Norvège	norvégien(*s*) / norvégienne(*s*)	NO
오슬로*	Oslo			d'Oslo	
뉴질랜드	Nouvelle-Zélande (la)	F	la Nouvelle-Zélande	néo-zélandais / néo-zélandaise(*s*)	NZ
웰링턴*	Wellington			de Wellington	
니우에	Niué	F	la République de Niué	de Niué, niuéan(*s*) / niuéane(*s*)	NU
알로피*	Alofi			d'Alofi	
니제르	Niger (le)	M	la République du Niger	nigérien(*s*) / nigérienne(*s*)	NE
니아메*	Niamey			niaméyen(*s*) / niaméyenne(*s*)	
니카라과	Nicaragua (le)	M	la République du Nicaragua	nicaraguayen(*s*) / nicaraguayenne(*s*)	NI
마나구아*	Managua			managuayen(*s*) / managuayenne(*s*)	

한국어지명	프랑스어지명 (forme courte)	성 genre	정식명칭 (forme longue)	형용사	코드 CODE PAYS
대한민국	Corée du Sud (la)	F	la République de Corée	coréen(*s*) / coréenne(*s*)	KR
서울*	Séoul			séoulite(*s*) / séoulite(*s*)	
덴마크	Danemark (le)	M	le Royaume de Danemark	danois / danoise(*s*)	DK
코펜하겐*	Copenhague			copenhaguois / copenhaguoise(*s*)	
도미니카 연방	Dominique (la)	F	le Commonwealth de Dominique	dominiquais / dominiquaise(*s*)	DM
로조*	Roseau			de Roseau	
도미니카 공화국	République dominicaine (la)	F	la République dominicaine	dominicain(*s*) / dominicaine(*s*)	DO
산토도밍고*	Saint-Domingue			dominguois / dominguoise(*s*)	
독일	Allemagne (l')	F	la République fédérale d'Allemagne	allemand(*s*) / allemande(*s*)	DE
베를린*	Berlin			berlinois / berlinoise(*s*)	
바이에른(주)	Bavière			bavarois / bavaroise(*s*)	
본	Bonn			bonnois / bonnoise(*s*)	
브란덴부르크	Brandebourg			brandebourgeois / brandebourgeoise(*s*)	
브레멘	Brême			brêmois / brêmoise(*s*)	
쾰른	Cologne			colonais / colonaise(*s*)	
뒤셀도르프	Düsseldorf			dusseldorfois / dusseldorfoise(*s*)	
함부르크	Hambourg			hambourgeois / hambourgeoise(*s*)	
하노버	Hanovre			hanovrien(*s*) / hanovrienne(*s*)	
라이프치히	Leipzig			leipzigois / leipzigoise(*s*)	
마인츠	Mayence			mayençais / mayençaise(*s*)	
뮌헨	Munich			munichois / munichoise(*s*)	
슈투트가르트	Stuttgart			stuttgartois / stuttgartoise(*s*)	
튀링겐	Thuringe			thuringien(*s*) / thuringienne(*s*)	
베스트팔렌	Westphalie			westphalien(*s*) / westphalienne(*s*)	
동티모르 / 티모르 레스트 민주공화국	Timor-Oriental (le)	M	la République démocratique du Timor-Oriental	est-timorais	TL
딜리*	Dili			de Dili	

한국어지명	프랑스어지명 (forme courte)	성 genre	정식명칭 (forme longue)	형용사	코드 CODE PAYS
라오스	Laos (le)	M	la République démocratique populaire lao	laotien(*s*) / laotienne(*s*) laotienne(*s*)	LA
비엔티안*	Vientiane			vientianais / vientianaise(*s*)	
라이베리아	Liberia (le)	M	la République du Liberia	libérien(*s*) / libérienne(*s*)	LR
몬로비아*	Monrovia			monrovien(*s*) / monrovienne(*s*)	
라트비아	Lettonie (la)	F	la République de Lettonie	letton(*s*) / lettone(*s*)	LV
리가*	Riga			rigois / rigoise(s)	
러시아	Russie (la)	F	la Fédération de Russie	russe(*s*) / russe(*s*)	RU
모스크바*	Moscou			moscovite(*s*) / moscovite(*s*)	
레바논	Liban (le)	M	la République libanaise	libanais / libanaise(*s*)	LB
베이루트*	Beyrouth			beyrouthin(*s*) / beyrouthine(*s*)	
레소토	Lesotho (le)	M	le Royaume du Lesotho	du Lesotho	LS
마세루*	Maseru			masérois / maséroise(*s*)	
루마니아	Roumanie (la)	F	la Roumanie	roumain(*s*) / roumaine(*s*)	RO
부쿠레슈티*	Bucarest			bucarestois / bucarestoise(*s*)	
트란실바니아	Transylvanie			transylvanien(*s*) / transylvanienne(*s*) ou transylvain(*s*) / transylvaine(*s*)	
룩셈부르크	Luxembourg (le)	M	le Grand-Duché de Luxembourg	luxembourgeois / luxembourgeoise(*s*)	LU
룩셈부르크*	Luxembourg			luxembourgeois / luxembourgeoise(*s*)	
르완다	Rwanda (le)	M	la République du Rwanda	rwandais / rwandaise(*s*)	RW
키갈리*	Kigali*			kigalois / kigaloise(*s*) ou kigalien(*s*) / kigalienne(*s*)	
리비아	Jamahiriya arabe libyenne (la), Libye (la)	F	la Jamahiriya arabe libyenne populaire et socialiste	libyen(*s*) / libyenne(*s*)	LY
트리폴리*	Tripoli			tripolitain(*s*) / tripolitaine(*s*)	
리투아니아	Lituanie (la)	F	la République de Lituanie	lituanien(*s*) / lituanienne(*s*)	LT
빌뉴스*	Vilnius			vilnois / vilnoise(*s*)	
리히텐슈타인	Liechtenstein (le)	M	la Principauté de Liechtenstein	liechtensteinois / liechtensteinoise(*s*)	LI
파두츠*	Vaduz			de Vaduz	

한국어지명	프랑스어지명 (forme courte)	성 genre	정식명칭 (forme longue)	형용사	코드 CODE PAYS
마다가스카르	Madagascar	F	la République de Madagascar	malgache(*s*) / malgache(*s*)	MG
안타나나리보*	Antananarivo			tananarivien(*s*) / tananarivienne(*s*)	
마셜 제도	Îles Marshall (les)	F	la République des Îles Marshall	marshallais / marshallaise(*s*)	MH
마유로*	Majuro			de Majuro	
마케도니아	ancienne République yougoslave de Macédoine (l')	F	l'ancienne République yougoslave de Macédoine	de l'ancienne République yougoslave de Macédoine	MK
스코페*	Skopje			skopiote(*s*) / skopiote(*s*)	
말라위	Malawi (le)	M	la République du Malawi	malawien(*s*) / malawienne(*s*)	MW
릴롱궤*	Lilongwe			lilongwais / lilongwaise(*s*)	
말레이시아	Malaisie (la)	F	la Malaisie	malaisien(*s*) / malaisienne(*s*)	MY
콸라룸푸르*	Kuala Lumpur			de Kuala Lumpur	
말리	Mali (le)	M	la République du Mali	malien(*s*) / malienne(*s*)	ML
바마코*	Bamako			bamakois / bamakoise(*s*)	
멕시코	Mexique (le)	M	les États-Unis mexicains	mexicain(*s*) / mexicaine(*s*)	MX
멕시코시티*	Mexico			de Mexico	
치아파스	Chiapas			chiapanèque(*s*) / chiapanèque(*s*)	
모나코	Monaco	M	la Principauté de Monaco	monégasque(*s*) / monégasque(*s*)	MC
모나코*	Monaco			monégasque(*s*) / monégasque(*s*)	
모로코	Maroc (le)	M	le Royaume du Maroc	marocain(*s*) / marocaine(*s*)	MA
라바트*	Rabat			rbati(*s*) / rbatie(*s*) ou rabati / rabati	
카사블랑카	Casablanca			casablancais / casablancaise(*s*)	
모리셔스	Maurice	F	la République de Maurice	mauricien(*s*) / mauricienne(*s*)	MU
포트루이스*	Port-Louis			port-louisien(*s*) / port-louisienne(*s*)	
모리타니	Mauritanie (la)	F	la République islamique de Mauritanie	mauritanien(*s*) / mauritanienne(*s*)	MR
누악쇼트*	Nouakchott			nouakchottois / nouakchottoise(*s*)	
모잠비크	Mozambique (le)	M	la République du Mozambique	mozambicain(*s*) / mozambicaine(*s*)	MZ

한국어지명	프랑스어지명 (forme courte)	성 genre	정식명칭 (forme longue)	형용사	코드 CODE PAYS
마푸토*	Maputo			maputais / maputaise(*s*)	
몰도바	Moldova (la)	F	la République de Moldova	moldove(*s*) / moldove(*s*)	MD
키시네프*	Chisinau				
몰디브	Maldives (les)	F	la République des Maldives	maldivien(*s*) / maldivienne(*s*)	MV
말레*	Malé				
몰타	Malte	F	la République de Malte	maltais / maltaise(*s*)	MT
발레타*	La Valette				
몽골	Mongolie (la)	F	la Mongolie	mongol(*s*) / mongole(*s*)	MN
울란바토르*	Oulan-Bator				
미국	États-Unis (les)	M	les États-Unis d'Amérique	des États-Unis, américain(*s*) / américaine(*s*)	US
워싱턴*	Washington			washingtonien(*s*) / washingtonienne(*s*)	
뉴올리언즈	La Nouvelle-Orléans			néo-orléanais / néo-orléanaise(*s*)	
뉴욕	New York			new-yorkais / new-yorkaise(*s*)	
덴버	Denver			denverois / denveroise(*s*)	
로스앤젤레스	Los Angeles			angeleno(*s*) / angelena(*s*)	
마이애미	Miami			miamien(*s*) / miamienne(*s*)	
보스턴	Boston			bostonien(*s*) / bostonienne(*s*)	
샌프란시스코	San Francisco			san-franciscain(*s*) / san-franciscaine(*s*)	
시카고	Chicago			chicagoain(*s*) / chicagoaine(*s*)	
미얀마	Myanmar (le)	M	l'Union du Myanmar	du Myanmar	MM
양곤*	Yangon			de Yangon	
미크로네시아	Micronésie (la)	F	les États fédérés de Micronésie	micronésien(*s*) / micronésienne(*s*)	FM
팔리키르*	Palikir			de Palikir	
바누아투	Vanuatu	F	la République de Vanuatu	vanuatuan(*s*) / vanuatuane(*s*)	VU
포트빌라*	Port-Vila			port-vilais / port-vilaise(*s*)	
바레인	Bahreïn	M	le Royaume de Bahreïn	bahreïnien(*s*) / bahreïnienne(*s*)	BH
마나마*	Manama			manaméen(*s*) / manaméenne(*s*)	

한국어지명	프랑스어지명 (forme courte)	성 genre	정식명칭 (forme longue)	형용사	코드 CODE PAYS
바베이도스	Barbade (la)	F	la Barbade	barbadien(*s*) / barbadienne(*s*)	BB
브리지타운*	Bridgetown			de Bridgetown	
바티칸	Vatican			de Vatican	
바하마	Bahamas (les)	F	le Commonwealth des Bahamas	bahamien(*s*) / bahamienne(*s*)	BS
나소*	Nassau			de Nassau	
방글라데시	Bangladesh (le)	M	la République populaire du Bangladesh	bangladais / bangladaise(*s*)	BD
다카*	Dacca			de Dacca	
베네수엘라	Venezuela (le)	M	la République bolivarienne du Venezuela	vénézuélien(*s*) / vénézuélienne(*s*)	VE
카라카스*	Caracas			caracassien(*s*) / caracassienne(*s*)	
베넹	Bénin (le)	M	la République du Bénin	béninois / béninoise(*s*)	BJ
포르토노보*	Porto-Novo			porto-novien(*s*) / porto-novienne(*s*)	
코토누	Cotonou			cotonois / cotonoise(*s*)	
베트남	Viêt Nam (le)	M	la République socialiste du Viêt Nam	vietnamien(*s*) / vietnamienne(*s*)	VN
하노이*	Hanoï			hanoïen(*s*) / hanoïenne(*s*)	
사이공	Saïgon			saïgonais / saïgonaise(*s*)	
안남	Annam			annamite(*s*) / annamite(*s*)	
벨기에	Belgique (la)	F	le Royaume de Belgique	belge(*s*) / belge(*s*)	BE
브뤼셀*	Bruxelles			bruxellois / bruxelloise(*s*)	
벨로루시	Biélorussie (la)	F	la République de Biélorussie	bélarussien(*s*) / bélarussienne(*s*)	BY
민스크*	Minsk			minskois / minskoise(*s*)	
벨리즈	Belize (le)	M	le Belize	bélizien(*s*) / bélizienne(*s*)	BZ
벨모판*	Belmopan			de Belmopan	
보스니아-헤르체고비나	Bosnie-et-Herzégovine (la)	F	la Bosnie-et-Herzégovine	de Bosnie-et-Herzégovine	BA
사라예보*	Sarajevo			sarajévien(*s*) / sarajévienne(*s*)	
보츠와나	Botswana (le)	M	la République du Botswana	botswanais / botswanaise(*s*)	BW
가보로네*	Gaborone			gaboronais / gaboronaise(*s*)	
볼리비아	Bolivie (la)	F	la République de Bolivie	bolivien(*s*) / bolivienne(*s*)	BO
수크레*	Sucre			de Sucre	

한국어지명	프랑스어지명 (forme courte)	성 genre	정식명칭 (forme longue)	형용사	코드 CODE PAYS
라파스	La Paz			pacénien(*s*) / pacénienne(*s*)	
부르키나 파소	Burkina (le)	M	le Burkina Faso	burkinabè (invariable)	BF
와가두구*	Ouagadougou			ouagalais / ouagalaise(*s*)	
부룬디	Burundi (le)	M	la République du Burundi	burundais / burundaise(*s*)	BI
부줌부라*	Bujumbura			bujumburien(*s*) / bujumburienne(*s*)	
부탄	Bhoutan (le)	M	le Royaume du Bhoutan	bhoutanais / bhoutanaise(*s*)	BT
팀부*	Thimphou			de Thimphou	
북한	Corée du Nord (la)	F	la République populaire démocratique de Corée	de la République populaire démocratique de Corée,	KP
평양*	Pyongyang			de Pyongyang	
불가리아	Bulgarie (la)	F	la République de Bulgarie	bulgare(*s*) / bulgare(*s*)	BG
소피아*	Sofia			sofiote(*s*) / sofiote(*s*)	
브라질	Brésil (le)	M	la République fédérative du Brésil	brésilien(*s*) / brésilienne(*s*)	BR
브라질리아*	Brasilia			brasilien(*s*) / brasilienne(*s*)	
리우 데 자네이루	Rio de Janeiro			carioca(*s*) / carioca(*s*)	
상파울루	Sao Paulo			pauliste(*s*) / pauliste(*s*)	
브루나이	Brunei (le)	M	le Negara Brunei Darussalam	du Brunei	BN
반 다 르 세리베가완*	Bandar Seri Begawan			de Bandar Seri Begawan	
사모아	Samoa (le)	M	l'État indépendant du Samoa	samoan(*s*) / samoane(*s*)	WS
아피아*	Apia			d'Apia	
사우디 아라비아	Arabie saoudite (l')	F	le Royaume d'Arabie saoudite	saoudien(*s*) / saoudienne(*s*)	SA
리야드*	Riyad			riyadien(*s*) / riyadienne(*s*)	
메카	Le Mecque ou La Mekke			mecquois / mecquoise(*s*)	
메디나	Médine			médinois / médinoise(*s*)	
산 마리노	Saint-Marin	M	la République de Saint-Marin	saint-marinais / saint-marinaise(*s*)	SM
산 마리노*	Saint-Marin			saint-marinais / saint-marinaise(*s*)	
상 투메 프린시페	São Tomé e Príncipe	M	la République démocratique de São Tomé e Príncipe	santoméen(*s*) / santoméenne(*s*)	ST

한국어지명	프랑스어지명 (forme courte)	성 genre	정식명칭 (forme longue)	형용사	코드 CODE PAYS
상 투메*	São Tomé			santoméen(*s*) / santoméenne(*s*)	
세네갈	Sénégal (le)	M	la République du Sénégal	sénégalais / sénégalaise(*s*)	SN
다카르*	Dakar			dakarois / dakaroise(*s*)	
세르비아-몬테네그로	Serbie-et-Monténégro (la)	F	la Serbie-et- Monténégro (18a)	de Serbie -et-Monténégro	CS
베오그라드*	Belgrade			belgradois / belgradoise(*s*)	
세이셸	Seychelles (les)	F	la République des Seychelles	seychellois / seychelloise(*s*)	SC
빅토리아*	Victoria			de Victoria	
세인트 루시아	Sainte-Lucie	F	Sainte-Lucie	saint-lucien(*s*) / saint-lucienne(*s*)	LC
캐스트리스*	Castries			de Castries	
세인트 키츠 네비스 (옛: 세인트 크리스토퍼 네비스)	Saint-Christophe-et-Nevis ou Saint-Kitts-et-Nevis	F	Saint-Christophe-et-Nevis	de Saint-Christophe-et-Nevis	KN
바스테르*	Basseterre			basseterrien(*s*) / basseterrienne(*s*)	
세인트빈센트 그레나딘	Saint-Vincent-et-les-Grenadines	F (sing.)	Saint-Vincent-et-les-Grenadines	de Saint-Vincent-et-les-Grenadines	VC
킹스타운*	Kingstown			de Kingstown	
소말리아	Somalie (la)	F	la Somalie	somalien(*s*) / somalienne(*s*)	SO
모가디슈*	Muqdisho			de Muqdisho	
솔로몬 제도	Îles Salomon (les)	F	les Îles Salomon	salomonais / salomonaise(*s*)	SB
호니아라*	Honiara			de Honiara	
수단	Soudan (le)	M	la République du Soudan	soudanais / soudanaise(*s*)	SD
카르툼*	Khartoum			khartoumais / khartoumaise(*s*)	
수리남	Suriname (le)	M	la République du Suriname	surinamais / surinamaise(*s*)	SR
파라마리보*	Paramaribo			de Paramaribo	
스리랑카	Sri Lanka	F	la République socialistedémocratique de Sri Lanka	sri-lankais / sri-lankaise(s)	LK
콜롬보*	Colombo			de Colombo	
스와질란드	Swaziland (le)	M	le Royaume du Swaziland	swazi(*s*) / swazie(*s*)	SZ
음바바네*	Mbabane			mbabanais / mbabanaise(*s*)	

한국어지명	프랑스어지명 (forme courte)	성 genre	정식명칭 (forme longue)	형용사	코드 CODE PAYS
스웨덴	Suède (la)	F	le Royaume de Suède	suédois / suédoise(*s*)	SE
스톡홀름*	Stockholm			stockholmois / stockholmoise(*s*)	
스위스	Suisse (la)	F	la Confédération suisse	suisse(*s*) / suisse(*s*)	CH
베른*	Berne			bernois / bernoise(*s*)	
제네바	Genève			genevois / genevoise(*s*)	
취리히	Zurich			zurichois / zurichoise(*s*)	
스페인	Espagne (l')	F	le Royaume d'Espagne	espagnol(*s*) / espagnole(*s*)	ES
마드리드*	Madrid			madrilène(*s*) / madrilène(*s*)	
바르셀로나	Barcelone			barcelonais / barcelonaise(*s*)	
슬로바키아	Slovaquie (la)	F	la République slovaque	slovaque(*s*) / slovaque(*s*)	SK
브라티슬라바*	Bratislava			bratislavien(*s*) / bratislavienne(*s*)	
슬로베니아	Slovénie (la)	F	la République de Slovénie	slovène(*s*) / slovène(*s*)	SI
류블랴나*	Ljubljana			ljubljanais / ljubljanaise(*s*)	
시리아	Syrie (la)	F	la République arabe syrienne	syrien(*s*) / syrienne(*s*)	SY
다마스*	Damas			damascène(*s*) / damacène(*s*)	
시에라리온	Sierra Leone (la)	F	la République de Sierra Leone	de Sierra Leone	SL
프리타운*	Freetown			de Freetown	
싱가포르	Singapour	F	la République de Singapour	singapourien(*s*) / singapourienne(*s*)	SG
싱가포르*	Singapour			singapourien(*s*) / singapourienne(*s*)	
아랍에미리트 연합국	Émirats arabes unis (les)	M	les Émirats arabes unis	des Émirats arabes unis	AE
아부다비*	Abu Dhabi			aboudhabien(*s*) / aboudhabienne(*s*)	
두바이	Dubaï			dubaïote(*s*) / dubaïote(*s*)	
아르메니아	Arménie (l')	F	la République d'Arménie	arménien(*s*) / arménienne(*s*)	AM
예레반*	Erevan			érévanais / érévanaise(*s*)	
아르헨티나	Argentine (l')	F	la République argentine	argentin(*s*) / argentine(*s*)	AR
부에노스 아이레스*	Buenos Aires			porteño(*s*) / porteña(*s*)	
아이슬란드	Islande (l')	F	la République d'Islande	islandais / islandaise(*s*)	IS

한국어지명	프랑스어지명 (forme courte)	성 genre	정식명칭 (forme longue)	형용사	코드 CODE PAYS
레이캬비크*	Reykjavik			de Reykjavik	
아이티	Haïti	M	la République d'Haïti	haïtien(*s*) / haïtienne(*s*)	HT
포르토 프랭스*	Port-au-Prince			port-au-princien(*s*) / port-au-princienne(*s*)	
아일랜드	Irlande (l')	F	l'Irlande	irlandais / irlandaise(*s*)	IE
더블린*	Dublin			dublinois / dublinoise(*s*)	
아제르바이잔	Azerbaïdjan (l')	M	la République d'Azerbaïdjan	azerbaïdjanais / azerbaïdjanaise(*s*)	AZ
바쿠*	Bakou			de Bakou	
아프가니스탄	Afghanistan (l')	M	la République islamique d'Afghanistan	afghan(*s*) / afghane(*s*)	AF
카불*	Kaboul			kabouli(*s*) / kaboulie(*s*)	
안도라	Andorre (l')	F	la Principauté d'Andorre	andorran(*s*) / andorrane(*s*)	AD
안도라 라베야*	Andorre-la-Vieille			andorran(*s*) / andorrane(*s*)	
알바니아	Albanie (l')	F	la République d'Albanie	albanais / albanaise(*s*)	AL
티라나*	Tirana			tiranais / tiranaise(*s*)	
알제리	Algérie (l')	F	la République algérienne démocratique et populaire	algérien(*s*) / algérienne(*s*)	DZ
알제*	Alger			algérois / algéroise(*s*)	
앙골라	Angola (l')	M	la République d'Angola	angolais / angolaise(*s*)	AO
루안다*	Luanda			luandais / luandaise(*s*)	
앤티가 바부다	Antigua-et-Barbuda	F	Antigua-et-Barbuda	d'Antigua-et-Barbuda	AG
세인트존스*	Saint John's			de Saint John's	
에리트레아	Érythrée (l')	F	l'État d'Érythrée	érythréen(*s*) / érythréenne(*s*)	ER
아스마라*	Asmara			d'Asmara	
에스토니아	Estonie (l')	F	la République d'Estonie	estonien(*s*) / estonienne(*s*)	EE
탈린*	Tallinn			tallinnois / tallinnoise(*s*)	
에콰도르	Équateur (l')	M	la République de l'Équateur	équatorien(*s*) / équatorienne(*s*)	EC
키토*	Quito			quiténien(*s*) / quiténienne(*s*)	
에티오피아	Éthiopie (l')	F	la République démocratique fédérale d'Éthiopie	éthiopien(*s*) / éthiopienne(*s*)	ET
아디스 아바바*	Addis-Abeba			d'Addis-Abeba	
엘살바도르	El Salvador (l')	M	la République d'El Salvador	salvadorien(*s*) / salvadorienne(*s*)	SV
산 살바도르*	San Salvador			de San Salvador	

한국어지명	프랑스어지명 (forme courte)	성 genre	정식명칭 (forme longue)	형용사	코드 CODE PAYS
영국	Royaume-Uni (le)	M	le Royaume-Uni de Grande-Bretagne et d'Irlande du Nord	du Royaume-Uni, britannique(*s*) / britannique(*s*)	UK
런던*	Londres			londonien(*s*) / londonienne(*s*)	
예멘	Yémen (le)	M	la République du Yémen	yéménite(*s*) / yéménite(*s*)	YE
사나*	Sanaa			de Sanaa	
오만	Oman	M	le Sultanat d'Oman	omanais / omanaise(*s*)	OM
무스카트*	Mascate			mascatais / mascataise(*s*)	
오스트레일리아	Australie (l')	F	le Commonwealth d'Australie	australien(*s*) / australienne(*s*)	AU
캔버라*	Canberra			de Canberra	
멜버른	Melbourne			melbournois / melbournoise(s)	
브리즈번	Brisbane			brisbanais / brisbanaise(s)	
시드니	Sydney			de Sydney	
아델라이드	Adélaïde			d'Adélaïde	
오스트리아	Autriche (l')	F	la République d'Autriche	autrichien(*s*) / autrichienne(*s*)	AT
빈*	Vienne			viennois / viennoise(*s*)	
온두라스	Honduras (le)	M	la République du Honduras	hondurien(*s*) / hondurienne(*s*)	HN
테구시갈파*	Tegucigalpa			tégucigalpais / tégucigalpaise(*s*)	
올란드 제도	Îles Åland (les)	F	les Îles Åland	ålandais / ålandaise(*s*)	AX
마리에하믄*	Mariehamn				
요르단	Jordanie (la)	F	le Royaume hachémite de Jordanie	jordanien(*s*) / jordanienne(*s*)	JO
암만*	Amman			d'Amman	
우간다	Ouganda (l')	M	la République d'Ouganda	ougandais / ougandaise(*s*)	UG
캄팔라*	Kampala			kampalais / kampalaise(*s*)	
우루과이	Uruguay (l')	M	la République orientale de l'Uruguay	uruguayen(*s*) / uruguayenne(*s*)	UY
몬테비데오*	Montevideo			montévidéen(*s*) / montévidéenne(*s*)	
우즈베키스탄	Ouzbékistan (l')	M	la République d'Ouzbékistan	ouzbek(*s*) / ouzbèke(*s*)	UZ
타슈켄트*	Tachkent			tachkentois / tachkentoise(*s*)	
우크라이나	Ukraine (l')	F	l'Ukraine	ukrainien(*s*) / ukrainienne(*s*)	UA

한국어지명	프랑스어지명 (forme courte)	성 genre	정식명칭 (forme longue)	형용사	코드 CODE PAYS
키예프*	Kiev			kiévien(*s*) / kiévienne(*s*)	
이라크	Iraq (l')	M	la République d'Iraq	iraquien(*s*) / iraquienne(*s*)	IQ
바그다드*	Bagdad			bagdadi(*s*) / bagdadie(*s*)	
이란	Iran (l')	M	la République islamique d'Iran	iranien(*s*) / iranienne(*s*)	IR
테헤란*	Téhéran			téhéranais / téhéranaise(*s*)	
이스라엘	Israël	M	l'État d'Israël	israélien(*s*) / israélienne(*s*)	IL
예루살렘*	Jérusalem			hiérosolymitain(*s*) / hiérosolymitaine(*s*) ou hyérosolymite(*s*) / hyérosolymite(*s*)	
갈릴리	Galilée			galiléen(*s*) / galiléenne(*s*)	
나사렛	Nazareth			nazaréen(*s*) / nazaréenne(*s*)	
소돔	Sodome			sodomite(*s*) / sodomite(*s*)	
텔아비브	Tel-Aviv			telavivien(*s*) / telavivienne(*s*)	
이집트	Égypte (l')	F	la République arabe d'Égypte	égyptien(*s*) / égyptienne(*s*)	EG
카이로*	Le Caire			cairote(*s*) / cairote(*s*)	
알렉산드리아	Alexandrie			alexandrin(*s*) / alexandrine(*s*)	
이탈리아	Italie (l')	F	la République italienne	italien(*s*) / italienne(*s*)	IT
로마*	Rome			romain(*s*) / romaine(*s*)	
나폴리	Naples			napolitain(*s*) / napolitaine(*s*)	
밀라노	Milan			milanais / milanaise(*s*)	
베네치아	Venise			vénitien(*s*) / vénitienne(*s*)	
토리노	Turin			turinois / turinoise(*s*)	
피렌체	Florence			florentin(*s*) / florentine(*s*)	
피사	Pise			pisan(*s*) / pisane(*s*)	
인도	Inde (l')	F	la République de l'Inde	indien(*s*) / indienne(*s*)	IN
뉴델리*	New Delhi			delhiite(*s*) / delhiite(*s*)	
봄베이	Bombay			bombayite(*s*) / bombayite(*s*)	
인도네시아	Indonésie (l')	F	la République d'Indonésie	indonésien(*s*) / indonésienne(*s*)	ID
자카르타*	Jakarta			djakartanais / djakartanaise(*s*)	

한국어지명	프랑스어지명 (forme courte)	성 genre	정식명칭 (forme longue)	형용사	코드 CODE PAYS
일본	Japon (le)	M	le Japon	japonais / japonaise(*s*)	JP
도쿄*	Tokyo			tokyote(*s*) / tokyote(*s*) ou tokyoïte(*s*) / tokyoïte(*s*)	
자메이카	Jamaïque (la)	F	la Jamaïque	jamaïquain(*s*) / jamaïquaine(*s*)	JM
킹스턴*	Kingston			de Kingston	
잠비아	Zambie (la)	F	la République de Zambie	zambien(*s*) / zambienne(*s*)	ZM
루사카*	Lusaka			lusakois / lusakoise(*s*)	
적도기니	Guinée équatoriale (la)	F	la République de Guinée équatoriale	équato-guinéen(*s*) / équato-guinéenne(*s*)	GQ
말라보*	Malabo			malabéen(*s*) / malabéenne(*s*)	
중국	Chine (la)	F	la République populaire de Chine	chinois / chinoise(*s*)	CN
북경*	Pékin			pékinois / pékinoise(*s*)	
광동	Canton			cantonais / cantonaise(*s*)	
마카오	Macao			macanais / macanaise(*s*) ou macanéen(*s*) / macanéenne(*s*)	
만주	Mandchourie			mandchou(*s*) / mandchoue(*s*)	
상하이	Shanghai			shanghaïen(*s*) / shanghaïenne(*s*)	
홍콩	Hongkong			hongkongais / hongkongais(e)	
중앙아프리카 공화국	République centrafricaine (la)	F	la République centrafricaine	centrafricain(*s*) / centrafricaine(*s*)	CF
방기*	Bangui			banguissois / banguissoise(*s*)	
지부티	Djibouti	M	la République de Djibouti	djiboutien(*s*) / djiboutienne(*s*)	DJ
지부티*	Djibouti			djiboutien(*s*) / djiboutienne(*s*)	
짐바브웨	Zimbabwe (le)	M	la République du Zimbabwe	zimbabwéen(*s*) / zimbabwéenne(*s*)	ZW
하라레*	Harare			hararais / hararaise(*s*)	
차드	Tchad (le)	M	la République du Tchad	tchadien(*s*) / tchadienne(*s*)	TD
은자메나*	N'Djamena			ndjaménais / ndjaménaise(*s*) ou ndjaménois / ndjaménoise(*s*)	
체코	République tchèque (la)	F	la République tchèque	tchèque(*s*) / tchèque(*s*)	CZ

한국어지명	프랑스어지명 (forme courte)	성 genre	정식명칭 (forme longue)	형용사	코드 CODE PAYS
프라하*	Prague*			pragois / pragoise(*s*) ou praguois / praguoise(*s*)	
칠레	Chili (le)	M	la République du Chili	chilien(*s*) / chilienne(*s*)	CL
산티아고*	Santiago			de Santiago	
카메룬	Cameroun (le)	M	la République du Cameroun	camerounais / camerounaise(*s*)	CM
야운데*	Yaoundé			yaoundéen(*s*) / yaoundéenne(*s*)	
카보베르데 공화국 / 케이프 베르데	Cap-Vert (le)	M	la République du Cap-Vert	cap-verdien(*s*) / cap-verdienne(*s*)	CV
프라이아*	Praia			praïen(*s*) / praïenne(*s*)	
카자흐스탄	Kazakhstan (le)	M	la République du Kazakhstan	kazakh(*s*) / kazakhe(*s*)	KZ
아스타나*	Astana			astanais / astanaise(*s*)	
카타르	Qatar (le)	M	l'État du Qatar	qatarien(*s*) / qatarienne(*s*)	QA
도하*	Doha			de Doha	
캄보디아	Cambodge (le)	M	le Royaume du Cambodge	cambodgien(*s*) / cambodgienne(*s*)	KH
프놈펜*	Phnom-Penh			phnompenhois / phnompenhoise(*s*)	
캐나다	Canada (le)	M	le Canada	canadien(*s*) / canadienne(*s*)	CA
오타와*	Ottawa			outaouais / outaouaise(*s*)	
몬트리얼	Montréal			montréalais / montréalaise(*s*)	
밴쿠버	Vancouver			vancouverois / vancouveroise(*s*)	
캘거리	Calgary			calgarien(*s*) / calgarienne(*s*)	
토론토	Toronto			torontois / torontoise(*s*)	
케냐	Kenya (le)	M	la République du Kenya	kényan(*s*) / kényane(*s*)	KE
나이로비*	Nairobi			nairobien(*s*) / nairobienne(*s*)	
코모로	Comores (les)	F	l'Union des Comores	comorien(*s*) / comorienne(*s*)	KM
모로니*	Moroni			moronais / moronaise(*s*)	
코스타리카	Costa Rica (le)	M	la République du Costa Rica	costaricien(*s*) / costaricienne(*s*)	CR
산호세*	San José			de San José	
코트디부아르	Côte d'Ivoire (la)	F	la République de Côte d'Ivoire	ivoirien(*s*) / ivoirienne(*s*)	CI
야무수크로*	Yamoussoukro			yamoussoukrois / yamoussoukroise(*s*)	

한국어지명	프랑스어지명 (forme courte)	성 genre	정식명칭 (forme longue)	형용사	코드 CODE PAYS
아비장	Abidjan			abidjanais / abidjanaise(*s*)	
콜롬비아	Colombie (la)	F	la République de Colombie	colombien(*s*) / colombienne(*s*)	CO
보고타*	Bogota			bogotanais / bogotanaise(*s*)	
콩고	Congo (le)	M	la République du Congo	congolais / congolaise(*s*)	CG
브라자빌*	Brazzaville			brazzavillois / brazzavilloise(*s*)	
콩고 민주공화국	République démocratique du Congo (la)	F	la République démocratique du Congo	de la République démocratique du Congo, congolais / congolaise(*s*)	CD
킨샤사*	Kinshasa			kinois / kinoise(*s*)	
쿠바	Cuba	F	la République de Cuba	cubain(*s*) / cubaine(*s*)	CU
하바나*	La Havane			havanais / havanaise(*s*)	
쿠웨이트	Koweït (le)	M	l'État du Koweït	koweïtien(*s*) / koweïtienne(*s*)	KW
쿠웨이트*	Koweït City			koweïtien(*s*) / koweïtienne(*s*)	
쿡 제도	Îles Cook (les)	F	les Îles Cook	des Îles Cook	CK
아바루아*	Avarua			d'Avarua	
크로아티아	Croatie (la)	F	la République de Croatie	croate(*s*) / croate(*s*)	HR
자그레브*	Zagreb			zagrébois / zagréboise(*s*)	
키르키스스탄	Kirghizstan (le)	M	la République kirghize	kirghize(*s*) / kirghize(*s*)	KG
비슈케크*	Bichkek			bichkékois / bichkékoise(*s*)	
키리바시	Kiribati	F	la République de Kiribati	kiribatien(*s*) / kiribatienne(*s*)	KI
타라와*	Tarawa			de Tarawa	
키프로스	Chypre	F	la République de Chypre	chypriote(*s*) / chypriote(*s*)	CY
니코시아*	Nicosie			nicosien(*s*) / nicosienne(*s*)	
타이완	Taïwan	F	la République de Chine, Taïwan	de la République de Chine, de Taïwan, taïwanais	TW
타이페이*	Taipei			de Taipei	
타지키스탄	Tadjikistan (le)	M	la République du Tadjikistan	tadjik(*s*) / tadjike(*s*)	TJ
두샨베*	Douchanbé			douchanbéen(*s*) / douchanbéenne(*s*)	
탄자니아	Tanzanie (la)	F	la République unie de Tanzanie	tanzanien(*s*) / tanzanienne(*s*)	TZ

한국어지명	프랑스어지명 (forme courte)	성 genre	정식명칭 (forme longue)	형용사	코드 CODE PAYS
도도마*	Dodoma			dodomais / dodomaise(*s*)	
다르에스살람	Dar-es-Salam			irinopolitain(*s*) / irinopolitaine(*s*)	
태국	Thaïlande (la)	F	le Royaume de Thaïlande	thaïlandais / thaïlandaise(*s*)	TH
방콕*	Bangkok			bangkokien(*s*) / bangkokienne(*s*)	
터키	Turquie (la)	F	la République de Turquie	turc(*s*) / turque(*s*)	TR
앙카라*	Ankara			ankariote(*s*) / ankariote(*s*)	
이스탄불	Istanbul			stambouliote(*s*) / stambouliote(*s*) ou istanbuliote(*s*) / istanbuliote(*s*) ou politain(*s*) / politaine(*s*)	
토고	Togo (le)	M	la République togolaise	togolais / togolaise(*s*)	TG
로메*	Lomé			loméen(*s*) / loméenne(*s*)	
통가	Tonga	F(sing.)	le Royaume de Tonga	tongan(*s*) / tongane(*s*)	TO
누쿠알로파*	Nuku'alofa			de Nuku'alofa	
투르크메니스탄	Turkménistan (le)	M	le Turkménistan	turkmène(*s*) / turkmène(*s*)	TM
아스하바트*	Achgabat			achgabatais / achgabataise(*s*)	
투발루	Tuvalu	F	Tuvalu	tuvaluan(*s*) / tuvaluane(*s*)	TV
푸나푸티*	Funafuti			de Funafuti	
튀니지	Tunisie (la)	F	la République tunisienne	tunisien(*s*) / tunisienne(*s*)	TN
튀니스*	Tunis			tunisois / tunisoise(*s*)	
트리니다드토바고	Trinidad-et-Tobago	F	la République de Trinidad-et-Tobago	trinidadien(*s*) / trinidadienne(*s*)	TT
포트오브스페인*	Port d'Espagne			de Port d'Espagne	
파나마	Panama (le)	M	la République du Panama	panaméen(*s*) / panaméenne(*s*)	PA
파나마*	Panama			de Panama	
파라과이	Paraguay (le)	M	la République du Paraguay	paraguayen(*s*) / paraguayenne(*s*)	PY
아순시온*	Asunción			d'Asunción	
파키스탄	Pakistan (le)	M	la République islamique du Pakistan	pakistanais / pakistanaise(*s*)	PK
이슬라마바드*	Islamabad			d'Islamabad	

한국어지명	프랑스어지명 (forme courte)	성 genre	정식명칭 (forme longue)	형용사	코드 CODE PAYS
파푸아뉴기니	Papouasie -Nouvelle-Guinée (la)	F	l'État indépendant de Papouasie - Nouvelle-Guinée	de Papouasie -Nouvelle-Guinée	PG
포트모르즈비*	Port Moresby			de Port Moresby	
팔라우	Palau	F(sing.)	la République de Palau	palauan(*s*) / palauane(*s*)	PW
코로르*	Koror			de Koror	
페루	Pérou (le)	M	la République du Pérou	péruvien(*s*) / péruvienne(*s*)	PE
리마*	Lima			liménien(*s*) / liménienne(*s*)	
포르투갈	Portugal (le)	M	la République portugaise	portugais / portugaise(*s*)	PT
리스본*	Lisbonne			lisbonnais / lisbonnaise(*s*)	
포르투	Porto			portuan(*s*) / portuane(*s*)	
폴란드	Pologne (la)	F	la République de Pologne	polonais / polonaise(*s*)	PL
바르샤바*	Varsovie			varsovien(*s*) / varsovienne(*s*)	
프랑스	France (la)	F	la République française	français / française(*s*)	FR
파리*	Paris			parisien(*s*) / parisienne(*s*)	
낭트	Nantes			nantais / nantaise(*s*)	
니스	Nice			niçois / niçoise(*s*)	
리용	Lyon			lyonnais / lyonnaise(*s*)	
릴	Lille			lillois / lilloise(*s*)	
마르세이유	Marseille			marseillais / marseillaise(*s*)	
보르도	Bordeaux			bordelais / bordelaise(*s*)	
스트라스부르	Strasbourg			strasbourgeois / strasbourgeoise(*s*)	
칸느	Cannes			cannois / cannoise(*s*)	
피지	Fidji (les)	F	la République des Îles Fidji	des Îles Fidji	FJ
수바*	Suva			de Suva	
핀란드	Finlande (la)	F	la République de Finlande	finlandais / finlandaise(*s*)	FI
헬싱키*	Helsinki			helsinkien(*s*) / helsinkienne(*s*)	
필리핀	Philippines (les)	F	la République des Philippines	philippin(*s*) / philippine(*s*)	PH
마닐라*	Manille			manillais / manillaise(*s*)	
헝가리	Hongrie (la)	F	la République de Hongrie	hongrois / hongroise(*s*)	HU
부다페스트*	Budapest			budapestois / budapestoise(*s*)	

대한민국 주요 기관

이 표에서 제시하는 불어표현은 해당 기관을 가리키기 위한 것이 아니라 설명하기 위한 것입니다. 한국의 기관들이 대외적으로는 영어표기로 알려져 있기 때문에 영어명을 쓰고 괄호 안에 불어대역을 넣어서 쓰시기 바랍니다.

1. 정부조직

기관명	영어	불어
감사원	Board of Audit and Inspection	Comité des Inspecteurs et Commissaires aux Comptes
건설교통부	Ministry of Construction & Transportation	Ministère de la Construction et des Transports
건설기술. 건축문화선진화위원회	Presidential Commission on Architectural Culture and Construction Technology	Commission présidentielle pour la culture architecturale et les technologies de construction
검찰청	Supreme Public Prosecutors' Office	Parquet ; ministère public
경찰청	National Police Agency	Police nationale
경호실	Presidential security Service	Service de sécurité présidentiel
공정거래위원회	Fair Trade Commission	Commission au Commerce équitable
과학기술부	Ministry of Science and Technology	Ministre des Sciences et de la Technologie
관세청	Korea Customs Service	Service des douanes coréen
교육인적자원부	Ministry of Education and Human Resources Development	Ministère de l'Education et du Développement des Ressources humaines
교육혁신위원회	Presidential Committee on Education Innovation	Comité présidentiel pour la réforme de l'Enseignement
국가과학기술자문회의	Presidential Advisory Council on Science & Technology	Comité présidentiel consultatif sur les Sciences et la Technologie
국가균형발전위원회	Presidential Committee on Balanced National Development	Comité présidentiel pour un développement équilibré du pays
국가보훈처	Ministry of Patriots and Veterans Affairs	Ministère des Anciens Combattants
국가안전보장회의	National Security Council	Conseil de Sécurité national
국가정보원	National Intelligence Service	Service des Renseignements coréen
국가청렴위원회	Korea Independent Commission Against Corruption	Commission indépendante de Lutte contre la Corruption
국무조정실	Office for Government Policy Coordination	Service de la Coordination des Politiques gouvernementales
국무총리	Prime Minister	Premier ministre
국무총리비서실	Office of the Prime Minister	Cabinet du Premier ministre

기관명	영어	불어
국민경제자문회의	National Economic Advisory Council	Comité consultatif sur les Affaires économiques
국민고충처리위원회	Ombudsman of Korea	Médiateur coréen
국방부	Ministry of National Defense	Ministère de la Défense
국세청	National Tax Service	Direction générale des Impôts
국정홍보처	Government Information Agency	Agence d'information gouvernementale
금융감독위원회	Financial Supervisory Commission	Commission de contrôle financier
기상청	Korea Meteorological Administration	Service météorologique
기획예산처	Ministry of Planning and Budget	Ministère du Plan et du Budget
노동부	Ministry of Labor	Ministère du Travail
노사정위원회	Tripartite Commission Republic of Korea	Commission nationale tripartite
농림부	Ministry of Agriculture & Forestry	Ministère de l'Agriculture et des Forêts
농어업 농어촌특별대책위원회	Presidential Commission on Agriculture, Fishery and Rural Policies	Commission présidentielle sur la politique agricole, rurale et halieutique
농촌진흥청	Rural Development Administration	Agence pour le Développement rural
대통령	President	président de la République
동북아시대위원회	Presidential Committee on Northeast Asian Cooperation Initiative	Comité présidentiel pour la Coopération du Nord-Est asiatique
문화관광부	Ministry of Culture & Tourism	Ministère de la Culture et du Tourisme
문화재청	Culture Heritage Administration	Service du Patrimoine
문화중심도시조성위원회	Presidential Committee for Culture Cities	Comité présidentiel pour les villes culturelles
민주평화통일자문회의	National Unification Advisory Council	Comité consultatif pour la Réunification
방위사업청	Defense Acquisition Program Administration	Service commercial pour la Défense nationale
법무부	Ministry of Justice	Ministère de la Justice
법제처	Ministry of Government Legislation	Ministère chargé de la Législation
특허청	Intellectual Property Office	Service des brevets et de la Propriété intellectuelle
해양경찰청	Korea Coast Guard	Gardes-côtes, police maritime.
해양수산부	Ministry of Maritime Affairs & Fisheries	Ministère des Affaires maritimes et de la Pêche
행정자치부	Ministry of Government Administration and Home Affairs	Ministère de l'Administration et des Affaires domestiques
행정중심복합도시건설청	Multifunctional Administrative City Construction Agency	Agence de construction d'une capitale administrative multifonctionnelle
환경부	Ministry of Environment	Ministère de l'Environnement
병무청	Military Manpower Administration	Service des Affaires militaires
보건복지부	Ministry of Health & Welfare	Ministère de la Santé et de la Prospérité

기관명	영어	불어
비상기획위원회	Emergency Planning Commission	Commission des Mesures d'urgence
비서실	Office of the President	Cabinet présidentiel
빈부격차. 차별시정위원회	Presidential Committee on Social Inclusion	Comité présidentiel pour l'Intégration sociale
사법제도개혁추진위원회	Presidential Committee on Justice Reform	Comité présidentiel pour la Réforme de la Justice
산림청	Forest Service	Service des Forêts
산업자원부	Ministry of Commerce, Industry and Energy	Ministère du Commerce, de l'Industire et de l'Energie
식품의약품안전청	Food and Drug Administration	Service du contrôle alimentaire et pharmaceutique
여성가족부	Ministry of Gender Equality & Family	Ministère de la Condition féminine et de la Famille
외교통상부	Ministry of Foreign Affairs and Trade	Ministère des Affaires étrangères et du Commerce extérieur
재정경제부	Ministry of Finance & Economy	Ministère des Finances et de l'Economie
저출산고령사회위원회	Presidential Committee on Ageing Society and Population Policy	Comité présidentiel sur le vieillissement de la population et la politique démographique
정보통신부	Ministry of Information & Communication	Ministère de l'Information et des Communications
정부혁신. 지방분권위원회	Presidential Committee on Government Innovation and Decentralization	Comité présidentiel pour la politique de réforme et la décentralisation
정책기획위원회	Presidential Commission on Policy Planning	Commission présidentielle du programme politique
조달청	Public Procurement Service	Service d'approvisionnement national
중소기업청	Small & Medium Business Administration	Service des Petites et Moyennes Entreprises
중소기업특별위원회	Presidential Commission on Small and Medium Enterprises	Commission présidentielle pour les PME
중앙인사위원회	Civil Service Commission	Commission centrale pour la fonction publique
지속가능발전위원회	Presidential Commission on Sustainable Development	Commission présidentielle pour le développement durable
청소년위원회	National Youth Commission	Commission de la Jeunesse
통계청	National Statistical Office	Office national de la Statistique
통일부	Ministry of Unification	Ministère de la Réunification

2. 정부출연연구기관

기관명	영어	불어
교통개발연구원	Korea Transport Institute	Institut national des Transports
기초기술연구회	Korea Research Council of Fundamental Science & Technology	Comité de Recherche des Sciences et Technologies fondamentales
대외경제정책연구원	Korea Institute for International Economic Policy	Institut national des Politiques économiques internationales
산업기술시험원	Korea Testing Laboratory	Laboratoire national
산업기술연구회	Korea Research Council for Industrial Science & Technology	Conseil scientifique des Sciences et Technologies industrielles
산업연구원	Korea Institute of Industry and Technology Information	Institut national de l'Industrie et de la Technologie de l'Information
에너지경제연구원	Korea Energy Economics Institute	Institut national d'Economie énergétique
정보통신정책연구원	Korea Information Society Development Institute	Institut de Développement de la Société de l'Information
통일연구원	Korea Institute for National Unification	Institut national pour la Réunification
한국건설기술연구원	Korea Institute of Construction Technology	Institut national des Technologies de Construction
한국과학기술기획평가원	Korea Institute of Science and Technology Evaluation and Planning	Institut national d'Evaluation et d'Orientation des Sciences et de la Technologie
한국과학기술연구원	Korea Institute of Science and Technology	Institut national des Sciences et de la Technologie
한국과학기술정보연구원	Korea Institute of Science and Technology Information	Institut national d'Information sur les Sciences et la Technologie
한국교육개발원	Korea Educational Development Institute	Institut national du Développement de l'Enseignement
한국교육과정평가원	Korea Institute of Curriculum & Evaluation	Institut national des Programmes d'Enseignement et des Systèmes d'Evaluation
한국국토연구원	Korea Research Institute for Human Settlements	Institut national de Recherche sur le Territoire
한국기계연구원	Korea Institute of Machinery & Materials	Institut national de la Machinerie et des Matériaux
한국노동연구원	Korea Labor Institute	Institut national du Travail
한국농촌경제연구원	Korea Rural Economic Institute	Institut national d'Economie rurale
한국법제연구원	Korea Legislation Research Institute	Institut national de Recherche sur la Législation
한국생명공학연구원	Korea Research Institute of Bioscience and Biotechnology	Institut national de Recherche sur la Bioscience et la Biotechnologie
한국생산기술연구원	Korea Institute of Industrial Technology	Institut national de Recherche sur la Technologie industrielle
한국에너지기술연구원	Korea Institute of Energy Research	Institut national de Recherche sur l'Energie
한국여성개발원	Korea Women's Development Institute	Institut national du Développement de la Condition féminine

기관명	영어	불어
한국원자력안전기술원	Korea Institute of Nuclear Safety	Institut national pour la Sécurité nucléaire
한국전기연구원	Korea Electrotechnology Research Institute	Institut national de Recherche sur l'Electrotechnologie
한국전자통신연구원	Electronics and Telecommunications Research Institute	Institut de Recherche en Informatique et Télécommunications
한국직업능력개발원	Korea Research Institute for Vocational Education	Institut national de Recherche sur l'Enseignement professionnel
한국철도기술연구원	Korea Railroad Research Institute	Institut national de Recherche des Chemins de fer
한국청소년개발원	Korea Institute for Youth Development	Institut national pour le Développement de la Jeunesse
한국표준과학연구원	Korea Research Institute of Standards and Science	Institut national de Recherche sur les Normes scientifiques
한국항공우주연구원	Korea Aerospace Research Institute	Institut national de Recherche en Aérospatiale
한국해양수산개발원	Korea Maritime Institute	Institut maritime national
한국행정연구원	Korea Institute of Public Administration	Institut national d'Administration publique
한국형사정책연구원	Korean Institute of Criminology	Institut national de Criminologie
한국화학연구원	Korea Research Institute of Chemical Technology	Institut national de Recherche sur les Technologies chimiques

3. 정부투자기관

기관명	영어	불어
농수산물유통공사	Korea Agro-Fisheries Trade Corporation	Compagnie coréenne du commerce agricole et halieutique
농업기반공사	Korea Rural Community & Agriculture Corporation	Compagnie coréenne d'agriculture et des communautés rurales
대한광업진흥공사	Korea Resource Corporation	Compagnie coréenne des ressources nationales
대한무역투자진흥공사	Korea Trade-Investement Promotion Agency	Agence pour la promotion du commerce et de l'investissement
대한석탄공사	Korea Coal Corporation	Compagnie coréenne du charbon
대한송유관공사	Daehan Oil Pipeline Corporation	Compagnie coréenne des oléoducs Daehan
대한주택공사	Korea National Housing Corporation	Compagnie coréenne du logement
대한주택보증(주)	Korea Housing Guarantee Co., Ltd	Compagnie coréenne de garantie au logement, SA
서울신문사	Seoul Press Agency	Agence de presse de Séoul

기관명	영어	불어
인천국제공항공사	Incheon International Airport Corporation	Compagnie coréenne de l'aéroport international d'Incheon
한국가스공사	Korea Gas Corporation	Compagnie coréenne du gaz
한국감정원	Korea Appraisal Board	Comité national d'évaluation
한국관광공사	Korea Tourism Organization	Organisation coréenne du tourisme
한국도로공사	Korea Highway Corporation	Compagnie coréenne des autoroutes
한국방송공사	KBS (Korean Broadcasting System)	Compagnie coréenne de radio-télédiffusion
한국석유공사	Korea National Oil Corporation	Compagnie coréenne du pétrole
한국수자원공사	Korea Water Resources Corporation	Compagnie coréenne des ressources en eau
한국전력공사	Korea Electric Power Corporation	Compagnie coréenne de l'électricité
한국조폐공사	Korea Minting & Security Printing Corporation	Maison coréenne de la Monnaie
한국지역난방공사	Korea District Heating Corporation	Compagnie coréenne du chauffage local
한국철도공사	Korail (Korea Railroad)	Société des chemins de fer coréens
한국토지공사	Korea Land Corporation	Compagnie coréenne du territoire

4. NGO

기관명	영어	불어
경제 정의 실천 시민 연합	Citizens' Coalition for Economic Justice	Union civile pour la Justice économique
공영방송발전을 위한 시민연대	Citizens' Coalition for Public Broadcasting	Union civile pour le développement des médias nationaux
녹색 소비자 문제 연구원	Green Consumers Network	Centre de recherche pour les consommateurs verts
녹색 연합	Green Korea	Association des verts de Corée
민족통일중앙협의회	The Central Association for National Unification of Korea	Association centrale pour la réunification nationale
민주언론운동시민연합	Citizens' Coalition for Democratic Media	Union civile pour une presse démocratique
바르게살기운동 중앙협의회	The society for a better tomorrow	Association "pour un meilleur avenir"
바른 언론을 위한 시민연합	Citizens' Coalition for Media Watch	Union civile de contrôle de la presse
사단법인 세계청년봉사단	KOPION, KOrean Pioneers In Overseas NGOs, Inc	Organisation coréenne des bénévoles à l'étranger (ONG)

기관명	영어	불어
시민 사회 단체 연대 회의	Solidarity Network	Union de solidarité civile
아름다운 가게	Beautiful Store	"Beautiful Store" (chaîne de magasins dédiés au commerce équitable)
언론 개혁 시민 연대	People's Coalition for Media Reform	Union civile pour la réforme de la presse
여성 민우회	Korean Women Link	Association de femmes
인간 교육 실현 학부모 연대		Union de parents d'élèves pour l'éducation de la dignité humaine
인권 운동 사랑방	Sarangbang Group for Human Rights	Association Sarangbang pour les Droits de l'Homme
참교육을 위한 전국 학부모회		Association nationale des parents d'élèves pour une vraie éducation
참여연대	People's Solidarity for Participatory Democracy	Solidarité du Peuple pour la Démocratie participative
한국 소비자 연맹	Consumers Union of Korea	Association coréenne des consommateurs
한국 여성 단체 연합	KWAU, Korea Women's Associations United	Union coréenne des associations féminines
한국가정법률상담소	Korea Legal Aid Center For Family Relations	Centre de consultation sur le droit familial
한국국제기아대책기구	KFHI, Korea Food for the Hungry International	Organisation coréenne d'aide pour lutter contre la famine dans le monde
한국투명성기구	Transperancy International Korea	Organisation nationale pour la transparence
한국해비타트	Habitat for Humanity Korea	Habitat pour l'Humanité Corée
한국해외원조단체협의회	Korea NGO Council for Overseas Cooperation : KCOC	Conseil pour la coopération étrangère (ONG)
환경 운동 연합	KFEM, Korea Federation for Environmental movement	Fédération écologique coréenne
흥사단 교육운동본부	Education Campaign Center	Siège du mouvement pour l'Enseignement
흥사단 민족 통일 운동 본부	Nation Unity Campaign Center	Siège de mouvement pour la réunification nationale
흥사단 투명사회운동본부	Clarity Society Campaign Center	Siège du mouvement pour une société transparente

프랑스 주요 기관

1. 프랑스 행정부

한글이름	불어명	URL
경제사회심의회	Conseil économique et social	http://www.ces.fr/index2.htm
고등교육·연구담당부	Ministère délégué à l'Enseignement supérieur et à la Recherche	http://www.recherche.gouv.fr
고용·사회연대 주거부	Ministère de l'Emploi, de la Cohésion sociale et du Logement	http://www.travail.gouv.fr
공직부	Ministère de la Fonction publique	http://www.fonction-publique.gouv.fr
관광담당부	Ministère délégué au Tourisme	
교육부(교육연구부)	Ministère de l'Éducation nationale, de l'Enseignement supérieur et de la Recherche	http://www.education.gouv.fr
교통·건설·관광·해양부	Ministère des Transports, de l'Équipement, du Tourisme et de la Mer	http://www.equipement.gouv.fr
국방부	Ministère de la Défense	http://www.defense.gouv.fr
국토개발담당부	Ministère délégué à l'Aménagement du territoire	
기회균등담당부	Ministère délégué à la Promotion de l'égalité des chances	http://www.egalitedeschances.gouv.fr
내무부(내무·국토개발 · 국무부)	Ministère de l'Intérieur et de l'Aménagement du territoire	http://www.interieur.gouv.fr
농수산부	Ministère de l'Agriculture et de la Pêche	http://www.agriculture.gouv.fr/spip
대외무역담당부	Ministère délégué au Commerce extérieur	
대통령	Présidence de la République, L'Elysée	http://www.elysee.fr
문화부	Ministère de la Culture et de la communication	http://www.culture.gouv.fr
법무부	Ministère de la Justice	http://www.justice.gouv.fr
보건부	Ministère de la Santé et des Solidarités	http://www.sante.gouv.fr
사회보장.고령.장애.가족담당부	Ministère délégué à la Sécurité aux personnes agées, personnes handicapées et à la Famille	http://www.handicap.gouv.fr
사회연대담당부	Ministère délégué à la Cohésion et à la Parité	

한글이름	불어명	URL
산업담당부	Ministère délégué à l'Industrie	
외무부	Ministère des Affaires étrangères	http://www.diplomatie.gouv.fr
유럽담당부	Ministère délégué au Affaires européennes	
의회담당부	Ministère délégué aux Relations avec le Parlement	
재경산업부 (경제·재정·산업부)	Ministère de l'Économie, des Finances et de l'Industrie	http://www.finances.gouv.fr
재정,국가개혁담당부	Ministère délégué au Budget et à la Réforme de l'Etat, Porte-Parole du Gouvernement	
재향군인담당부	Ministère délégué aux Anciens combattants	
중소기업·상업·수공업·자유업부	Ministère des Petites et Moyennes Entreprises, du Commerce, de l'Artisanat et des Professions libérales	http://www.pme.gouv.fr
지방자치담당부	Ministère délégué aux Collectivité territoriales	
청소년·체육부	Ministère de la Jeunesse, des Sports et de la Vie Associative	http://www.jeunesse-sports.gouv.fr
청소년고용,노동담당부	Ministère délégué à l'Emploi, au Travail et à l'Insertion professionnelle des jeunes	
총리	Premier Ministre	http://www.premier-ministre.gouv.fr/fr
해외영토부	Ministère de l'Outre-Mer	http://www.outre-mer.gouv.fr
협력.개발.불어권 담당부	Ministère délégué à la Coopération, au Développement et à la Francophonie	
환경·지속개발부	Ministère de l'écologie et du développement durable	http://www.ecologie.gouv.fr/sommaire.php3
회계감사원	Cour des Comptes	http://www.ccomptes.fr

2. 프랑스 정당

한글이름	불어명	URL
공화국연합	Rassemblement pour la République (RPR)	
국민운동연합	Union Pour un Mouvement Populaire (UMP)	
국민전선	Le Front National (FN)	
급진좌파운동	Mouvement des Radicaux de Gauche (MRG)	
녹색당	Les Verts, parti écologiste	
사회당	Parti Socialiste (PS)	
자유민주당	Démocratie Dibérale (DL)	
프랑스 공산당	Parti Communiste Français (PCF)	
프랑스 민주연맹	Union pour la Démocratie Française (UDF)	

3. 프랑스 입법부

한글이름	불어명	URL
상원	Sénat	
하원	Assemblée nationale	

4. 프랑스 사법부

한글이름	불어명	URL
경죄법원	Tribunal correctionnel	
경찰법원	Tribunal de police	
고등법원	Cour d'Appel	
고등사법위원회	Conseil Supérieur de la Magistrature	
국사원	Conseil d'Etat	http://www.conseil-etat.fr
권한쟁의 법원	Tribunal des Conflits	
노사조정법원	Conseil de Prud'homme	
농업 부동산 법원	Tribunal paritaire des baux ruraux	
사회보장 법원	Tribunal des affaires de la Sécurité sociale	
상사법원	Tribunal de Commerce	
소법원	Tribunal d'Instance	
중죄법원	La Cour d'assises	
지방법원	Tribunal de Grande Instance	
특별 정치 재판소	Haute Cour de Justice	
파기법원	Cour de Cassation	
행정고등법원	Cour administrative d'appel	
행정법원	Tribunal administratif	
헌법위원회	Conseil constitutionnel	http://www.conseil-constitutionnel.fr

5. 기타기관

한글이름	불어명	URL
가족수당기금	CAF (Caisse d'Allocation Familiales)	http://www.caf.fr
국가발전계획수립청	Commissariat General du Plan	http://www.plan.gouv.fr
국립과학연구재단	Centre national de la Recherche scientifique (CNRS)	http://www.cnrs.fr
국립무용센터	Centre National de la Danse	http://www.cnd.fr
국립박물관회	Réunion des Musées Nationaux	http://www.rmn.fr
국립영화센터	Centre national de la cinématographie (CNC)	http://www.cnc.fr
국립영화위원회	Commission nationale du film France	http://www.filmfrance.net
국립원격교육센터	Centre national d'Enseignement à Distance (CNED)	http://www.cned.fr
국립지리원	IGN (Institut Geographique National)	http://www.ign.fr
국립통계경제연구청	INSEE (Institut national de la statistique et des etudes economiques)	http://www.insee.fr
국립현대미술센터	Magasin - Centre National d'Art Contemporain	http://magasin-cnac.org
국제교육연구센터	Centre international d'études pédagogiques (CIEP)	http://www.ciep.fr
국제현대아트페어	FIAC (Foire Internationale d'Art Contemporain)	http://www.fiac.reed-oip.fr
대외경제관계국	Direction des Relations economiques exterieures	http://www.dree.org
라디오프랑스	Radio France internationale (RFI)	http://www.rfi.fr
루브르 박물관	Musée du Louvre	http://www.louvre.fr
리옹현대미술비엔날레	Biennale d'art contemporain de Lyon	http://www.biennale-de-lyon.org
불어심의회(문화부 산하)	Delegation generale a la langue francaise	http://www.culture.fr/culture/dglf/garde.htm
샤이오 국립극장	Théâtre National de Chaillot	http://www.theatre-chaillot.fr
생테티엔 국제 디자인 비엔날레	Biennale Internationale de Design de Saint-Etienne	http://www.institutdesign.com
알리앙스 프랑세즈	Alliance Française	http://www.alliancefr.org
앙리 데부와 지적재산권 연구소	IRPI (Institut de Recherche Propriete Intellectuelle Henri-Desbois)	http://www.ccip.fr/irpi/sommaire/index.html
오르세 박물관	Musée d'Orsay	http://www.musee-orsay.fr
의료보험기금	CPAM (Caisse primaire d'assurance maladie)	http://www.tours.ameli.fr

한글이름	불어명	URL
전략연구재단	FRS (Fondation pour la recherche strategique)	http://www.frstrategie.org
카르티에 현대미술재단	Fondation Cartier pour l'art contemporain	http://www.fondation.cartier.fr
코메디 프랑쎄즈	Comédie Française	http://www.comedie-francaise.fr
콜린국립극장	Théâtre National de la Colline	http://www.colline.fr
파리국립오페라	Opéra National de Paris	http://www.opera-de-paris.fr
평가전망국(과학기술처 소속)	Direction de l'Evaluation et de la Prospective	http://www.cri.ensmp.fr/dep
퐁피두 센터	Centre national d'Art et de Culture Georges Pompidou	http://www.centrepompidou.fr
프랑스 가스공사	GDF (Gaz de France)	http://www.gazdefrance.com
프랑스 기상청	METEO-FRANCE	http://www.meteo.fr
프랑스 기술정보홍보청	Agence pour la Diffusion de l'Information Technologique	http://www.adit.fr
프랑스 산업표준화협회	AFNOR (Association francaise de normalisation)	http://www.afnor.fr
프랑스 우정국	La Poste	http://www.laposte.fr
프랑스 자료국	La Documentation Francaise	http://www.ladocumentationfrancaise.fr
프랑스 전기공사	EDF (Electricite de France)	http://www.edf.fr
프랑스국립도서관	Bibliothèque nationale de France	http://www.bnf.fr
프랑스예술진흥협회/대외예술활동협회	AFAA (Association francaise d'action artistique)	http://www.afaa.asso.fr
프랑스은행	Banque de France	http://www.banque-france.fr
현대미술센터	Le Consortium	http://www.leconsortium.com

주요 국제 기구

1. 주요 유엔 기구 Organes principaux de l'ONU

한국어	영어	프랑스어
국제개발협회	IDA - International Development Association	Agence internationale pour le développement (AID)
국제금융공사	IFC - International Finance Corporation	Société financière internationale (SFI)
국제노동기구	ILO - International Labour Organization	Organisation internationale du travail (OIT)
국제농업개발기금	IFAD - International Fund for Agricultural Development	Fonds international de développement agricole (FIDA)
국제무역개발협의회	UNCTAD - United Nations Conference on Trade and Development	Conférence des Nations unies sur le commerce et le développement (CNUCED)
국제무역센터	ITC - International Trade Centre	Centre du commerce international (CCI)
국제민간항공기구	ICAO - International Civil Aviation Organization	Organisation de l'aviation civile internationale (OACI)
국제부흥개발은행	IBRD - International Bank for Reconstruction and Development	Banque internationale pour la reconstruction et le développement (BIRD),
국제사법재판소	International Court of Justice	Cour internationale de Justice (CIJ)
국제산업디자인단체 협의회	ICSID - International Centre for Settlement of Investment Disputes	Centre international pour le règlement des différends relatifs aux investissements (CIRDI)
국제여성연구훈련원	INSTRAW - International Research and Training Institute for the Advancement of Women	Institut international de recherche et de formation des Nationsunies pour la promotion de la femme (INSTRAW)
국제연합개발계획	UNDP - United Nations Development Programme	Programme des Nations unies pour le développement (PNUD)
국제연합 공업개발기구	UNIDO - United Nations Industrial Development Organization	Organisation des Nations unies pour le développement industriel (ONUDI)
국제연합 교육과학문화기구	UNESCO - United Nations Educational, Scientific and Cultural Organization	Organisation des Nations unies pour l'éducation, la science et la culture (UNESCO)
국제연합 난민고등판무관	UNHCR - Office of the United Nations High Commissioner for Refugees	Haut Commissariat des Nations unies pour les réfugiés (HCR)
국제연합대학	United Nations University (UNU)	Université des Nations unies (UNU)

한국어	영어	프랑스어
국제연합식량농업기구	FAO - Food and Agriculture Organization	Organisation des Nations unies pour l'alimentation et l'agriculture (FAO)
국제연합아동기구	UNICEF - United Nations Children's Fund	Fonds des Nations unies pour l'enfance (UNICEF)
국제연합인구활동기금	UNFPA - United Nations Fund for Population Activities	Fonds des Nations unies pour la population (FNUAP)
국제연합자본개발기금	UNCDF - United Nations Capital Development Fund	Fonds d'équipement des Nations Unies (FENU)
국제연합 팔레스타인난민구호기금	UNRWA - United Nations Relief and Works Agency for Palestine Refugees in the Near East	Office de secours et de travaux des Nations unies pour les réfugiés de Palestine dans le Proche-Orient (UNRWA)
국제연합환경계획	UNEP - United Nations Environment Programme	Programme des Nations unies pour l'environnement (PNUE)
국제연합훈련조사연구소	UNITAR - United Nations Institute for Training and Research	Institut des Nations unies pour la formation et la recherche (UNITAR)
국제원자력기구	International Atomic Energy Agency(IAEA)	Agence internationale de l'énergie atomique (AIEA)
국제유고전범재판소	International Criminal Tribunal for the Former Yugoslavia (ICTY)	Tribunal pénal international pour l'ex-Yougoslavie (TPIY)
국제전기통신연합	ITU - International Telecommunication Union	Union internationale des télécommunications (UIT)
국제통화기금	IMF - International Monetary Fund	Fonds monétaire international (FMI)
국제투자보증기구	MIGA - Multilateral Investment Guarantee Agency	Agence multilatérale de garantie des investissements (AMGI)
국제해사기구	IMO - International Maritime Organization	Organisation maritime internationale (OMI)
군사참모위원회	Military Staff Committee	Comité d'état-major
라틴아메리카카리브해 경제위원회	Economic Commission for Latin America and the Caribbean (ECLAC)	Commission économique pour l'Amérique latine et les Caraïbes (CEPALC)
라틴아메리카카리브해 경제위원회	Economic Commission for Latin America and the Caribbean (ECLAC)	Commission économique et sociale pour l'Asie et le Pacifique (CESAP)
르완다 국제형사재판소	International Criminal Tribunal for Rwanda (ICTR)	Tribunal pénal international pour le Rwanda (TPIR)
만국우편연합	UPU - Universal Postal Union	Union postale universelle (UPU)
서아시아 경제사회위원회	Economic and Social Commission for Western Asia (ESCWA)	Commission économique et sociale pour l'Asie occidentale (CESAO)
세계관광기구	World Tourism Organization	Organisation mondiale du tourisme (OMT)
세계기상기구	WMO - World Meteorological Organization	Organisation météorologique mondiale (OMM)
세계무역기구	World Trade Organization(WTO)	Organisation mondiale du commerce (OMC)
세계보건기구	WHO - World Health Organization	Organisation mondiale de la santé (OMS)

한국어	영어	프랑스어
세계식량계획	WFP - World Food Programme	Programme alimentaire mondial (PAM)
세계지적재산권기구	WIPO - World Intellectual Property Organization	Organisation mondiale de la propriété intellectuelle (OMPI)
신탁통치이사회	Trusteeship Council	Conseil de tutelle de l'ONU
아프리카경제위원회	Economic Commission for Africa (ECA)	Commission économique pour l'Afrique (CEA)
유니세프	United Nations International Children's Emergency Fund (UNICEF)	UNICEF (Fonds des Nations Unies pour l'Enfance)
유럽경제위원회	Economic Commission for Europe (ECE)	Commission économique pour l'Europe (CEE)
유엔감시확인사찰 위원회	UN Monitoring, Verification and Inspection Commission (Iraq) (UNMOVIC)	Commission de contrôle, de vérification et d'inspection des Nations Unies(Iraq)
유엔경제사회이사회	UN Economic and Social Council	Conseil économique et social de l'ONU
유엔나이로비사무소	UN Office at Nairobi (UNON)	Office des Nations Unies à Nairobi
유엔마약 및 범죄사무소	United Nations Office on Drugs and Crime (UNODC)	Office des Nations Unies contre la drogue et le crime
유엔마약통제프로그램	UNDCP - United Nations Drug Control Programme	Programme des Nations Unies pour le contrôle internationale des drogues
유엔보상위원회	United Nations Compensation Commission	Commission d'indemnisation des Nations Unies
유엔봉사단	UNV - United Nations Volunteers	Volontaires des Nations unies (VNU)
유엔비엔나사무소	UN Office at Vienna (UNOV)	Office des Nations Unies à Viennes
유엔사무국	UN Secretariat	Secrétariat de l'ONU
유엔사무국감사실	Office of Internal Oversight Services (OIOS)	Bureau des services de contrôle interne
유엔사무국공보실	Department of Public Information (DPI)	Département de l'information
유엔사무국관리국	Department of Management (DM)	Département de la gestion
유엔사무국군축국	Department for Disarmament Affairs (DDA)	Département des affaires de désarmement
유엔사무국법률실	Office of Legal Affairs (OLA)	Bureau des affaires juridiques
유엔사무국 인도적문제조정실	Office for the Coordination of Humanitarian Affairs (OCHA)	Bureau de coordination des affaires humanitaires
유엔사무국정무국	Department of Political Affairs (DPA)	Département des affaires politiques
유엔사무국 총회회의운영국	Department of General Assembly and Conference Management (DGACM)	Département de l'Assemblée générale et de la gestion des conférences
유엔사무국 평화유지활동국	Department of Peacekeeping Operations (DPKO)	Département des opérations de maintien de la paix
유엔사회개발연구소	UNRISD - United Nations Research Institute for Social Development	Institut de recherche des Nations unies pour le développement social (UNRISD)

한국어	영어	프랑스어
유엔사회국 경제사무국	Department of Economic and Social Affairs (DESA)	Département des affaires économiques et sociales
유엔안전보장이사회	UN Security Council	Conseil de sécurité des Nations unies
유엔에이즈계획	Joint United Nations Programme on HIV/AIDS (UNAIDS)	Programme commun des Nations unies sur le VIH/SIDA (ONUSIDA)
유엔여성개발기금	UNIFEM - United Nations Development Fund for Women	Fonds de développement des Nations unies pour la femme (UNIFEM)
유엔연구사업소	United Nations Office for Project Services (UNOPS)	Bureau des Nations Unies pour les servies d'appui aux projets (UNOPS)
유엔인간정주위원회	UN-HABITAT - United Nations Human Settlements Programme (UN-HABITAT)	Programme des Nations unies pour les établissements humains (ONU-HABITAT)
유엔인권고등판무관	Office of the United Nations High Commissioner for Human Rights (OHCHR)	Haut Commissariat des Nations unies aux droits de l'homme (HCDH)
유엔제네바사무소	UN Office at Geneva (UNOG)	Office des Nations Unies à Genève
유엔지역간 범죄처벌조사기관	UNICRI - United Nations Interregional Crime and Justice Research Institute	Institut interrégional de recherche des Nations Unies sur la criminalitéet la justice (UNICRI)
유엔참모양성학교	United Nations System Staff College (UNSSC)	Ecole des cadres du système des Nations Unies (ECSNU)
유엔총회	UN General Assembly	Assemblée générale de l'ONU
포괄적핵실험금지 조약기구	PrepCom for the Nuclear-Test-Ban-Treaty Organization (CTBTO Prep.com)	Commission préparatoire de l'Organisation du Traité d'interdiction complète des essais nucléaires (OTICE COM. PREP)
화학무기금지 조약기구	Organisation for the Prohibition of Chemical Weapons (OPCW)	Organisation internationale pour l'interdiction des armes chimiques (OIAC)

2. 기타 국제기구

한국어	영어	프랑스어
경제협력개발기구	OECD - Organisation for Economic Co-operation and Development	Organisation de coopération et de développement économiques
남미공동시장	Southern Common Market	Mercosud
남미국가공동체	South American Community of Nations (CSN)	Communauté sud-américaine de nations (CSN)
동남아시아국가연합	ASEAN - Association of South East Asian Nations	Association des nations du Sud-Est asiatique (ASEAN)
미주기구	Organization of American States(OAS)	Organisation des États Américains (OEA)
미주자유무역지대	Free Trade Area of the Americas (FTAA)	Zone de libre-échange des Amériques
북대서양조약기구	NATO-North Atlantic Treaty Organization	OTAN - Organisation du Traitéde l'Atlantique Nord

한국어	영어	프랑스어
북미자유무역협정	North American Free Trade Agreement(NAFTA)	Accord de libre-échange nord-américain
불어권국제기구		Organisation internationale de la Francophonie (OIF)
서아프리카 제국경제공동체	Economic Community of West African States (ECOWAS)	Communauté économique des États de l'Afrique de l'Ouest (CEDEAO)
서유럽연합	Western European Union (WEU)	UEO - Union de l'Europe Occidentale
아마존협력조약기구		Organisation du traité de coopération amazonienne
아시아태평양경제협력체	APEC - Asia-Pacific Economic Cooperation	Coopération économique pour l'Asie-Pacifique
아프리카경제위원회	Economic Commission for Africa (ECA)	Commission Economique pour l'Afrique (CEA)
아프리카연합	African Union(AU)	Union africaine (anciennement OUA)
유럽안보협력기구	Organization for Security and Co-operation in Europe(OSCE)	Organisation pour la sécurité et la coopération en Europe (OSCE)
유럽연합각료이사회	Council of the European Union	Conseil de l'Union européenne
유럽연합각료이사회	European Union(EU)	Union européenne (UE)
유럽우주기구	European Space Agency (ESA)	Agence spatiale européenne (ESA)
유럽자유무역연합	European Free Trade Association(EFTA)	Association européenne de libre-échange (AELE)
유럽투자은행	European Investment Bank	Banque européenne d'investissement (BEI)
유럽회의	Council of Europe	Conseil de l'Europe - Organisations non gouvernementales
카리브공동체	Caribbean Community(Caricom)	communauté caribéenne
카리브국가연합	Association of Caribbean States (ACS)	Association des États de la Caraïbe

게시 · 공고문

한국어 표현	사용영역	프랑스어 표현
((19))세 이용가	상품	Autorisé à partir de l'âge de ((19)) ans / Interdit aux moins de ((19)) ans
((19))세 이용불가	상품	Interdit aux moins de ((19)) ans
-을 찾습니다	일반	Recherchons [Cherchons, Recrutons, Demandons] ...
가격인하	상업	Réduction / Soldes / ((먹는 것)) Promotion / Prix promotionnels.
갈아타는 곳	교통	Correspondance ((pour Paris, Balle, etc.))
개봉금지	일반	Ne pas ouvrir.
개봉박두	공연	Bientôt [Prochainement] sur les écrans.
개조심	일반	Attention aux chiens !
거주자 우선주차	행정	Stationnement réservé (prioritairement) aux résidants.
검문중	교통	Contrôle d'identité.
게시물 부착금지	행정	Défense d'afficher !
견인조치 함	교통	Stationnement interdit sous peine de mise en fourrière.
견인지역	교통	Zone de stationnement gênant (risque de mise en fourrière, stationnement interdit sous peine de mise en fourrière).
경력자 우대	상업	Priorité aux personnes expérimentées.
경례	식	Saluez!
경로석	교통	Place réservée aux personnes âgées.
경로우대	일반	Priorité aux personnes âgées.
경찰서장 백	행정	Avis du commissaire de police.
경축	축하	Félicitations!
공사중	교통	En travaux / Travaux (en cours)
공사중 천천히	교통	Travaux, ralentissez ! / Ralentissez, travaux.
과속금지	교통	Interdiction de dépasser une vitesse de ((50, 90)) km/h / Vitesse limitée à ((50, 90)) km/h.
관계자 외 출입금지	행정	Défense (formelle) d'entrer [Entrée (formellement) interdite] à toute personne extérieure [étrangère] au service / Entrée (strictement) réservée au personnel / Entrée interdite aux visiteurs / (Passage) réservé au personnel de [du] service / Interdit au public / Passage interdit.
교환불가	상업	Articles ni repris ni échangés.
국기에 대하여 경례	식	Saluez le drapeau.
국기에 대한 맹세	식	Prêtez serment devant le drapeau.
권장 소비자가격	상품	Prix de vente conseillé.
금연	일반	Interdiction de fumer / Défense de fumer.

한국어 표현	사용영역	프랑스어 표현
긴급 대처분	상업	Liquidation avant fermeture (du magasin) / Liquidation des stocks (avant fermeture).
깜짝세일	상업	Pendant ((5 minutes)), on va vendre ((les oranges)) à moitié prix / Pendant ((10 minutes)), ((les brioches)) seront vendues à ((1,50€)) au lieu d'((1,20€)).
나가는 곳	일반	Sortie.
낙서금지	일반	Interdiction de faire des graffitis.
낙석주의	교통	Danger ! chute de pierres.
난방 중	일반	(Attention,) local chauffé! / Faites attention aux pertes de chaleur / Risque de déperdition de chaleur ((Veuillez fermer la porte s'il vous plaît)).
내리는 곳	교통	Sortie ((de wagon, de bus)).
내부수리 중	일반	Fermé pour (travaux de) rénovation.
냉방중	일반	(Attention,) local climatisé ((Veillez à bien refermer la porte, s'il vous plaît)).
냉장보관	상품	À conserver au frais [au réfrigérateur].
노약자 우대	일반	Priorité aux personnes âgées, handicapées et aux femmes enceintes.
단속중	행정	Contrôle ((routier, de police, d'alcoolémie)).
단체손님 환영	식당	Bienvenue aux groupes (de touristes) / Les groupes (touristiques) sont les bienvenus.
당기시오	일반	Tirez.
대출불가	도서관	À consulter sur place uniquement / Ce livre ne peut sortir de la bibliothèque.
돌격 앞으로	구령	A l'assaut / A l'attaque.
동시상영	공연	Deux films pour le prix d'un.
뒤로 돌아	구령	Demi-tour.
뒤로 돌아가	구령	Demi-tour, marche.
뛰지 마시오	일반	Ne courez pas (dans les couloirs).
라이트를 끄시오	교통	Éteignez vos phares [vos feux].
라이트를 켜시오	교통	Allumez vos phares [vos feux].
마감세일	상업	Fin des soldes / Liquidation des stocks de la saison.
마감임박	상업	Fin des soldes, derniers jours / (Tous) derniers jours des soldes.
많은 관람 바랍니다	공연	Venez nombreux.
매표소	공연	Guichet.
매진(사례)	공연	Complet !
맹견주의	일반	Attention, chien méchant ! / Chiens méchants [dangereux] !
머리조심	일반	Attention
면회금지	병원 등	Visites interdites
면회시간((…시 ~ …시))	병원 등	Visites autorisées ((de telle heure à telle heure)).
무단복제 불허	상업	Interdiction de reproduction
무단횡단 금지	교통	Interdiction de traverser en dehors du passage clouté [des clous, du passage (pour) piétons].

한국어 표현	사용영역	프랑스어 표현
묵념	식	Et maintenant une minute de silence pour ... [à la mémoire de ...] / Observons maintenant une minute de silence ((pour nous souvenir de ...)) / Je vous propose d'observer maintenant une minute de silence à la mémoire ((des victimes des attentats commis ..)) / Je vais vous demander maintenant une minute de silence en mémoire de...
문에 기대지 마시오	일반	Ne pas s'adosser à la porte / Prière de ne pas s'adosser.
문조심	일반	Attention à la porte.
물은 셀프입니다	식당	Eau potable, servez-vous ici.
미끄럼주의	일반	① Attention, sol glissant. ② Attention, verglas.
미성년자 관람불가	공연	Spectacle interdit aux mineurs.
미성년자 출입금지	상업	Entrée interdite aux mineurs.
미시오	일반	Poussez.
바로	구령	Fixe!
반납기한	도서관	Date limite de restitution.
반품불가	상업	Retour ((d'une marchandise)) à l'expéditeur impossible.
받들어 총	구령	Portez arme!
발사	구령	Feu!
발조심	일반	Attention à la marche.
방송중	방송	Enregistrement en cours.
버스 전용차로	교통	Voie réservée aux bus.
보행자 횡단금지	교통	Défense de traverser.
복용금지	일반	Danger [Poison], ne pas avaler ((Conserver hors de la portée des enfants))
불법주차	행정	Stationnement interdit / Sationnement illicite
불이야	위급	Au feu!
불조심	일반	Risque d'incendie.
비보호 좌회전	교통	Virage à gauche possible sans priorité [sans signalisation].
사고다발지역	교통	Ralentir, accidents fréquents / Attention, route dangereuse.
사고 많은 곳	교통	Ralentir, accidents fréquents / Attention, route dangereuse.
사람 살려	위급	Au secours ! / À l'aide.
사용금지	일반	Usage interdit.
사용법	일반	Mode d'emploi.
사용상 주의사항	일반	Précautions d'emploi [d'utilisation, d'usage].
산불 예방 강조기간	행정	Période à haut risque [à risque élevé] d'incendies de forêt.
상영중	공연	Séance en cours.
서행	교통	Ralentissez.
선물사양	행정	Cadeaux non acceptés.
선착순	일반	Nous offrons un lot aux ((100)) premiers arrivés.
성인 전용	상업	Réservé(*e*) aux adultes.
세워총	구령	Reposez arme !
세일	상업	Soldes / ((음식)) Promotion.
세일 중	상업	En soldes / En période de soldes / Soldes / ((음식)) Promotion.

한국어 표현	사용영역	프랑스어 표현
소변금지	일반	Défense d'uriner.
속도를 줄이시오	교통	Ralentissez.
수리중	행정	En réparation / En travaux / Travaux en cours.
수술중	병원	Bloc opératoire.
수업중	학교	((un enseignant)) Actuellement en cours.
수영금지	행정	Interdiction de nager.
숙식제공	일반	Gîte et couvert fournis.
순찰중	행정	En patrouille / En ronde.
쉬어	구령	Repos!
시청해주셔서 감사합니다	방송	Nous vous remercions d'avoir suivi notre programme.
식사중	일반	Pause déjeuner / Pause repas.
신랑신부 행진	식	À présent, les mariés vont sortir.
신랑입장	식	Voici l'entrée du marié.
신문사절	일반	Arrêtez de déposer le journal / Arrêter de nous livrer / Prière de ne plus déposer le journal.
신부입장	식	Voici l'entrée [l'arrivée] de la mariée.
신속배달	상업	Livraison rapide.
신입회원 모집	일반	Recherchons [Recrutons] employés.
신장개업	상업	((박물관)) Inauguration / Vernissage / ((가게)) Ouverture (inaugurable).
실내금연	일반	Défense de fumer à l'intérieur des bâtiments.
실내정숙	일반	Silence à l'intérieur des bâtiments!
실시	구령	Exécution!
쓰레기 무단투기 엄금	행정	Interdiction formelle de jeter vos ordures.
쓴물건은 제자리에	일반	Remettez les outils [les objets] à leur place après usage / Remettre en place les objets après usage.
아기가 타고있어요	교통	Prudence, bébé à bord.
안전거리 확보	교통	Respectez la distance de sécurité.
앉아	구령	Asseyez-vous!
알림	행정	Avis.
앞으로 가	구령	En avant marche!
앞으로 나란히	구령	Prenez vos distances.
앞지르기 금지	교통	Interdiction de resquiller.
야생동물 보호구역	환경	zone de protection des animaux sauvages.
양보	교통	Cédez le passage.
어린이 보호	교통	Ralentissez, enfants [école] / Roulez lentement, pensez à nos enfants.
어린이 보호구역	교통	Ralentissez, enfants [école].
연소자 관람불가	공연	Spectacle interdit aux enfants [aux moins de ((12 ans, 16 ans))].
연습중	일반	((musiciens)) en répétition.
연중무휴	상업	Ouvert toute l'année / Ouvert en toutes saisons.
연회석 완비	식당	Salle de banquet disponible / Salle disponible pour les banquets.

한국어 표현	사용영역	프랑스어 표현
열중 쉬어	구령	Repos!
염가 대매출	상업	Grande vente au rabais / Vente promotionnelle à prix cassés / Braderie.
염가 할인판매	상업	Vente à pris réduits.
영업중	상업	Ouvert / Nous sommes ouverts.
영업합니다	상업	Ouvert / Nous sommes ouverts.
예약석	식당	Table réservée.
예약환영	식당	Réservations encouragées.
외출중	일반	Momentanément absent(*e*).
우측통행	교통	Roulez à droite.
우향 앞으로 가	구령	À droite, droite. En avant, marche.
우향우	구령	À droite, droite.
우회전 금지	교통	Interdiction de tourner à droite.
위험물 적재차량	교통	Véhicule transportant des matières dangereuses ou inflammables.
유아동반 금지	공연	Jeunes enfants non acceptés / Entrée interdite aux enfants d'âge préscolaire
유턴금지	교통	Interdiction de faire demi-tour.
유통기한	상품	Date limite de consommation.
유효기간	상품	Durée de validité.
음식물 반입금지	일반	Nourriture interdite / Interdiction de manger / Interdiction d'introduire de la nourriture.
음주단속 중	교통	Contrôle d'alcoolémie.
이상무	구령	Rien à signaler / ((약어)) R.A.S.
일동 경례	식	(Levez-vous et) saluez ((le maître, la cour)).
일동 기립	식	Levez-vous.
일동 묵념	식	☞ 묵념
일동 박수	식	On applaudit / Applaudissez / Vous pouvez applaudir.
일방통행	교통	Rue à sens unique.
일시정지	교통	Stop.
일어서	구령	Debout!
임시휴업	상업	Fermeture provisoire.
입구	일반	Entrée.
입산금지	행정	((dans la montagne)) Accès interdit / Promenades en montagne interdites.
입수금지	행정	Baignade interdite / Défense de se baigner.
자동차 전용도로	교통	Route réservés aux véhicules à moteur sauf moto / Route interdite aux deux roues.
자연보호	환경	Respectons la nature.
자전거 전용도로	교통	Piste cyclable.
잔디밭에 들어가지 마시오	환경	Pelouse interdite / Défense de marcher sur la pelouse.
잡담금지	일반	Silence ! / Respectez la tranquillité d'autrui.

한국어 표현	사용영역	프랑스어 표현
장애자 전용	행정	((emplacement, stationnement, W.C.)) réservé(*e*) aux handicapés [aux personnes handicapées].
재고정리	상업	Liquidation de stock.
전면주차	교통	Interdiction de se garer en arrière ((pour ne pas abîmer les plantes ou pour ne pas salir un mur)).
절대감속	교통	Ralentir impérativement [de façon impérative].
점검중	행정	Actuellement en révision.
접근금지	행정	Défense de s'approcher.
접수마감	기관	Cloture de dépôt des dossiers.
정기세일	상업	Soldes périodiques [saisonniers].
정기휴진	병원	Pas de consultation (tel jour de la semaine).
정숙	도서관	Silence! / Respectez la tranquillité d'autrui.
정지	교통	Stop.
정차금지	교통	Interdiction de stationner / Sationnement interdit.
정찰판매	상업	Vente à prix fixe [à prix marqué] / Vente sans rabais possible [au prix marqué, à prix fixe] / Ici, nous vendons à prix fixe (pas de réduction possible) ((On ne peut pas marchander)) / Ici, on ne fait pas de réduction [pas de prix].
제자리에 서	구령	Halte.
제조연월일	상품	date de fabrication.
제한구역	행정	Zone d'accès limité / Accès interdit sauf personnel autorisé.
좌측통행	교통	Roulez à gauche.
좌향앞으로 가	구령	À gauche, gauche. En avant, marche.
좌향 좌	구령	À gauche, gauche.
좌회전금지	교통	Interdiction de tourner à gauche.
주목	구령	Attention!
주유시 시동정지	일반	Éteignez votre moteur ((devant la pompe à essence)).
주의사항	일반	Précautions.
주인백	행정	Avis du propriétaire ((d'un immeuble, d'un restaurant)).
주정차 위반차량	행정	véhicule en stationnement interdit.
주차금지	행정	Interdiction de stationner / Stationnement interdit
주차장완비	상업	Places disponibles (pour se garer) / Parking disponible.
준비	구령	Préparez-vous ((à l'attaque, à l'assaut)).
준비중	일반	en préparation.
줄을 섭시다	일반	Attendons notre tour / Suivre la file d'attente / Respectez la file d'attente ((Faisons la queue comme tout le monde)).
직진금지	교통	Interdiction d'aller tout droit.
진료중	병원	En (cours de) consultation.
진입금지	교통	Sens interdit.
질서를 지킵시다	일반	Respectons l'ordre public.
집합	구령	Rassemblement.
차려	구령	Garde-à-vous!
차례로 탑시다	교통	Montez (chacun) à votre tour.

한국어 표현	사용영역	프랑스어 표현
차선엄수	교통	Changement de voie interdit / Restez bien dans votre voie / Ne circulez pas à cheval sur deux voies.
차주 프로	공연	Le spectacle de la semaine prochaine.
천천히	교통	Ralentissez.
초보운전	교통	(Attention,) jeune conducteur !
초보자 환영	상업	Ici, on accepte les débutants / Les débutants sont les bienvenus ((dans les instituts privés))
초특가세일	상업	Soldes exceptionnelles / Prix exceptionnels / Supers prix / Profitez de nos méga-occasions / Faites de très bonnes affaires / Maxis affaires.
초특가판매	상업	(Vente à) prix exceptionnels / Supers prix / Profitez de nos méga-occasions / Faites de très bonnes affaires / Maxis affaires.
촉수엄금	일반	Interdiction formelle de toucher.
추월금지	교통	Interdiction de doubler.
추천 매물	상업	Affaires [Occasions] exceptionnelles / À vendre, exceptionnel ! ((dans les petites annonces))
축 결혼	축하	Félicitations pour votre mariage.
축 수연	축하	Félicitations pour votre grand âge [pour votre longévité] ((60e anniversaire, tradition ancienne qui sera revue avec l'augmentation de la longévité))
축 혼인	축하	Félicitations pour votre mariage.
축 화혼	축하	Félicitations pour vos noces.
출구	일반	Sortie.
출발	일반	Partez.
출입구	일반	Entrée et sortie.
출입금지	일반	Défense d'entrer / Entrée interdite.
출장중	행정	Actuellement en voyage d'affaires.
취급시 주의사항	일반	Précautions à respecter ((lors de la manipulation)) / Précautions ((dans un mode d'emploi)) / Instructions pour la manipulation.
취급주의	일반	À manipuler avec précaution / Attention, fragile!
칠주의	일반	Attention, peinture fraîche.
침식제공	상업	Gîte et couvert fournis.
카드환영	상업	Cartes bancaires acceptées.
카메라 작동중	일반	Vidéo surveillance.
타는 곳	교통	Entrée ((d'un wagon, d'un bus))
통행금지	교통	Interdiction de circuler.
퇴식구	식당	Prière de rapporter [de déposer] ici votre plateau en fin de repas [votre plateau-repas].
파격세일	상업	Soldes à des prix imbattables [défiant toute concurrence] / Soldes à prix cassés / Soldes exceptionnelles / Prix exceptionnels / Supers prix / Profitez de nos méga-occasions / Faites de très bonnes affaires / Maxis affaires.
파손주의	상품	Attention, fragile!
판매중	상업	En vente.
판매중지	상업	actuellement machine en panne

한국어 표현	사용영역	프랑스어 표현
표내는 곳	교통	Sortie péage.
표받는 곳	교통	Péage ((prenez votre ticket)).
품질보증	상품	Qualité garantie.
학교앞 서행	교통	Ralentissez, école.
한정판매	상업	Vente dans la limite des stocks / Vente en quantité limitée.
할인판매	상업	en vente.
헤쳐	구령	Rompez les rangs.
현장소장백	행정	Avertissement du directeur de chantier.
화기엄금	일반	Produits inflammables strictement interdits.
화기주의	일반	Attention aux produits inflammables!
확인요망	행정	Vérification souhaitée.
환불불가	상업	Articles non remboursés.
회의중	행정	En réunion.
회전금지	교통	Interdiction de tourner ((à gauche, à droite)).
횡단금지	교통	Interdiction de traverser.
휴가중	일반	Actuellement en congés.
휴식	일반	Pause.
휴지는 휴지통에	일반	Prière de jeter ici vos déchets [ordures] / Déposez ici vos déchets.
흡연구역	일반	Zone fumeur.
희망 소비자가격	상품	prix souhaité par le consommateur.

영어 약어

영어 약어	영어 원어	프랑스어 약어	프랑스어 원어
a.s.a.p.	as soon as possible		aussitôt que possible
a/c	account	C	compte *m*
ABS brakes	Anti-Lock Braking System brakes	freins *mpl* ABS	
ABS	Anti-Lock Braking System	ABS *m*	
AC	Alternating Current		courant *m* alternatif
AC/DC	Alternating Current/Direct Current		courant *m* alternatif/courant *m* continu
ad	advertisement	pub *f*	publicité *f*
AD	Anno Domini	ap. J-C	après Jésus-Christ *m*
ADSL	Asynchronous Digital Subscriber Line	ADSL *m*; R.N.A *m*	Raccordement *m* numérique asymétrique
AI	Artificial Intelligence	IA *f*	Intelligence *f* Artificielle
AIDS	Acquired Immune Deficiency Syndrome	SIDA *m*	Syndrome *m* d'Immuno Déficience *f* Acquise
am	ante meridiem		du matin
AP	Associated Press		agence *f* de presse
APEC	Asia Pacific Economic Cooperation	APEC *f*	coopération *f* économique Asie-Pacifique
apt.	apartment	appt	appartement *m*
ASEAN	Association of South-East Asian Nations	ASEAN *f*	association *f* des nations du Sud-Est asiatique
ATM	Automated Teller Machine	GAB *m*, DAB *m*	Distributeur *m* Automatique de Billets
Av.	Avenue	av.	avenue *f*
B&B	Bed and Breakfast		chambre *f* et petit déjeuner, chambre *f* hôte
BBC	British Broadcasting Corporation	BBC *f*	
BBQ	barbecue		barbecue *m*
BC	Before Christ	av. J.-C.	avant Jésus-Christ *m*
bike	bicycle		vélo *m*
BIS	Bank for International Settlements	BIS *f*	
biz	business		business *m*
bldg	building		bâtiment *m*

영어 약어	영어 원어	프랑스어 약어	프랑스어 원어
BOD	Biological Oxygen Demand	DBO *f*	Demande *f* Biochimique en Oxygène
bra	brassière		soutien-gorge *m*
CAD	Computer-Aided Design	CAO *f*	Conception *f* Assisté par Ordinateur
CAL	Computer-Aided Learning	EAO *f*	Enseignement *m* Assisté par Ordinateur
cal.	calorie	cal.	calorie *f*
Capt.	Captain		Capitaine *m*
CCTV	Closed-Circuit Television		télévision *f* en circuit fermé
CD	Compact Disc	CD *m*	
CD-I	Compact Disc Interactive	CD-I *m*	disque *m* compact interactif
CEO	Chief Executive Officer		directeur *m* général
CIA	Central Intelligence Agency	CIA *f*	
cm	centimetre(*s*)	cm	centimètre(*s*) *m*
CNN	Cable News Network	CNN *f*	
Co.	company	Cie	compagnie *f*
condo	condominium unit		appartement *m* en copropriété
Corp, corp	corporation		société *f* commerciale
CPA	Certified Public Accountant		expert-comptable *mf*, comptable-agréé(*e*)
CPU	Central Processing Unit	UC *f*	Unité *f* Centrale
CV	Curriculum Vitae	CV *m*	Curriculum Vitae *m inv*
Del	delete		effacement *m*
demo	demonstration	manif *f*	maniféstation *f*
disco	discotheque	diso *m*	discothèque *f*
DIY	Do-It-Yourself		bricolage *m*, à faire soi-même
DJ	Disc Jockey	DJ *m*	Disc-Jockey *m*, anima*teur*(*trice*)
DMZ	Demilitarized Zone		zone *f* démilitarisée
DNA	Deoxyribonucleic Acid	ADN *m*	Acide *m* Désoxyribonucléique
DOS	Disk Operating System	DOS *m*	système *m* d'exploitation à disques
Dr	Doctor	Dr *m*	docteur *m*
DRAM, D-RAM	Dynamic Random Access Memory	(mémoire *f*) DRAM *f*	
DVD	Digital Versatile Disc	DVD *m*	
EC	European Community	CE *f*	Communauté *f* Européenne
EEC	European Economic Community	CEE *f*	Communauté *f* Economique Européenne
EFL	English as a Foreign Language		l'anglais *m* langue étrangère
email, e-mail	electronic mail	e-mail *m*	courrier *m* électronique
ESL	English as a Second Language		l'anglais *m* seconde langue
EU	European Union	UE *f*	Union *f* Européenne
expo	exposition	expo *f*	exposition *f*
FAQ	Frequently Asked Questions	FAQ *f*	

영어 약어	영어 원어	프랑스어 약어	프랑스어 원어
FBI	Federal Bureau of Investigation	FBI *m*	
FC	Football Club	FC	
FIFA	Fédération Internationale de Football Association	FIFA *f*	Fédération Internationale de Football Association
FM	Frequency Modulation	FM *f*	Fréquence *f* Modulée
GDP	Gross Domestic Product	PIB *m*	Produit *m* Intérieur Brut
gm	gram(me)	g *inv*	gramme *m*
GMS	Global Messaging System	GMS *m*	
GMT	Greenwich Mean Time	GMT	heure *f* de Greenwich
GNP	Gorss National Product	PNB *m*	Produit *m* National Brut
GPS	Global Positioning System	(système *m*) GPS *m*	
HDD	Hard Disk Drive		unité *f* de disque dur
HDTV	High Definition Television	TVHD *f*	Télévision *f* Haute Définition
hi-fi	high fidelity	hi-fi *f inv*,	haute fidélité *f inv*
HIV	human immunodeficiency virus	HIV *m*, VIH *m*	Virus *m* Immunodéficience Humaine
homo	homosexual	homo *mf*	homosexuel(*el*)
HTML	Hypertext Markup Language	HTML *m*	
http	hypertext transfer protocol	http *m*	
IAEA	International Atomic Energy Agency	AIEA *f*	Agence *f* Internationale de l'Energie Atomique
IATA	International Air Transport Association	IATA *f*	
IC	Integrated Circuit	CI *m*	Circuit *m* Intégré
ID	Identification		pièce *f* d'identité
ILO	International Labour Organization	OIT *f*	Organisation *f* Internationale du Travail
IMF	International Monetary Fund	FMI *m*	Fonds *mpl* Monétaire International
Inc.	Incorporated	SA *f*	Société *f* Anonyme
info	information		renseignements *mpl*
int.	international		international(*e*) *adj*
IQ	Intelligence Quotient	QI *m*	Quotient *m* Intellectuel
ISBN	International Standard Book Number	ISBN *m*	
ISO	International Standards Organization	ISO *f*	organisation *f* internationale de normalisation
ISSN	International Standard Serial Number	ISSN *m*	
IT	Information Technology	TI *f*	Technologie *f* de l'Information
Kg	kilogram(*s*)	kg	kilogramme *m*
kHz	kilohertz	kHz	kilohertz *m*
kilo	kilogram(me)	kilo *m*	kilogramme *m*
km	kilometer(*s*)	km	kilomètre *m*
kmh	kilometers per hour	km/h	kilomètres *mpl* / heure

영어 약어	영어 원어	프랑스어 약어	프랑스어 원어
KO	knockout	K.-O. *m*	
kW	kilowatt	kW	kilowatt *m*
kWh	kilowatt-hour(*s*)	kWh	kilowattheure *m*
lab	laboratory	labo *m*	laboratoire *m*
LAN	Local Area Network		réseau *m* local
LCD	Liquid Crystal Display	LCD *m*	affichage *m* à cristaux liquides
LNG	Liquefied Natural Gas	GNL *m*	Gaz *m* Naturel Liquéfié
log	logarithm	log *m*	logarithme *m*
LP	Long-Playing (record)		33tours *m inv*
LPG	Liquified Petroleum Gas	GPL *m*	Gaz *m* de Pétrole Liquéfié
LPGA	Ladies Professional Golf Association	LPGA *f*	
MBA	Master of Business Administration		mastère *m* de gestion
MC	Master of Ceremonies		maître *m* des cérémonies, animateur
memo	memorandum	note *f* (de service)	mémorandum *m*
mike	microphone	micro *m*	microphone *m*
ml	milliliter(*s*)	ml	millilitre *m*
mm	millimeter(*s*)	mm	millimètre *m*
MOU	memorandum of understanding		protocol *m* d'entente, mémoire d'entente,
Mr	mister	M.	monsieur *m*
MSG	Monosodium Glutamate		glutamate *m* de sodium
MTV	Music Television	MTV	
MVP	Most Valuable Player		meilleur(*e*) jou*eur*(*euse*)
NAFTA	North American Free Trade Agreement	ALENA *f*	Accord *m* de Libre-Echange Nord-Américain
NASA	National Aeronautics and Space Administration	NASA *f*	agence *f* nationale de l'aéronotique et de l'espace
NATO	North Atlantic Treaty Organization	OTAN *f*	Organisation *f* du Traité de l'Atlantique Nord
NGO	Non-Governmental Organization	ONG *f*	Organisation Non Gouvernementale
Nimby	Not In My Back Yard		riverain(*e*) contestataire
OECD	Organization for Economic Cooperation and Development	OCDE *f*	Organisation *f* de Coopération et de Développement Economique
OEM	Original Equipment Manufacturer	(constructeur *m*) OEM *m*	
OHP	Overhead Projector		rétroprojecteur *m*
OPEC	Organization of Petroleum-Exporting Countries	OPEP *f*	Organisation *f* des Pays Exportateurs de Pétrole
OS	Operating System		système *m* d'exploitation
PC	Personal Computer	PC *m*	ordinateur *m* personnel

영어 약어	영어 원어	프랑스어 약어	프랑스어 원어
PD	producer		((연극/영화/음악)) produc*teur*(*trice*); ((TV/라디오)) metteur en scène, réalisa*teur*(*trice*)
PDA	Personal Digital Access		PDA *m*
PDF	Portable Document Format	pdf *m*	
PGA	Professional Golfers' Association	PGA *f*	association *f* de golfeurs professionels
phone	telephone		téléphone *m*
photo	photograph	photo *f*	photographie *f*
PIN	Personal Identification Number		code *m* confidentiel ou personnel
PLO	Palestine Liberation Organization	OLP *f*	Organisation *f* de Libération de la Palestine
pop	popular	(musique *f*) pop *m*	
pro	professional	pro *mf*	professionel *mf*
PVC	Polyvinyl Chloride	PVC *m*	Polyvinyl *m* Chloride
R&D	Research and Development	R&D *f*	Recherche *f* et Développement *m*, recherche-développement
REM	Rapid Eye Movement	REM *m*	movements *mpl* oculaire rapide
ROM	Read-Only-Memory	ROM *f*	mémoire *f* morte
sitcom	situation comedy	sitcom *f*	comédie *f* de situation
SMS	Short Message Service	SMS *m*	
stereo	stereophonic	stéréo *f*	stéréophonie *f*
SUV	Sport Utility Vehicle	SUV *m*	

정보통신 용어

한국어	영어	프랑스어
가상 메모리	virtual memory	mémoire virtuelle *f*
객체지향 프로그래밍	object-oriented programming	programmation par objets *f*
객체지향언어	object oriented language	Langage orienté objets *m* ou langage à objets *m*
게이트웨이	gateway	passerelle *f*
게임웨어	gameware	ludiciel *m* ou logiciel de jeu *m*
고해상도	high resolution	haute définition *f*
공유파일	shared file	fichier partagé *m*
광대역 (서비스)	broadband service	service *m* (à large bande)
광디스크	optical disc	Disque optique *m*
그래픽	graphics	graphiques *m*
그래픽 소프트웨어	graphic software	graphiciel *m*
그룹웨어	groupware	logiciel de groupe *m* ou synergiciel *m*
기억장치	storage	mémoire *f*
네트워크	network	réseau *m*
네트워킹	networking	mise en réseau *m* (projet d'arrêté)
네티즌	cybernaut	internaute *mf*
노트북 컴퓨터	notebook computer	ordinateur bloc-notes *m*
노트패드 컴퓨터	notepad computer	ardoise électronique *f*
뉴스그룹	newsgroup	forum *m*
뉴스아이템	news item, news article, news posting	article de forum *m*
다운로드	downloading	téléchargement *m*
다운로드하다	to download	télécharger *v*
다운사이징	downsizing	micromisation *f*
다운사이징하다	to downsize	micromiser *v*
다이렉트 액세스	direct access	accès direct *m*
대용량 기억장치	mass storage	mémoire de masse *f*
대화 모드	conversational mode	mode dialogué *m*
데스크탑 컴퓨터	desktop computer	ordinateur de table *m*
데이터	data	donnée *f*
데이터 뱅크	data bank	banque de données *f*
데이터 베이스	data base	base de données *f*

한국어	영어	프랑스어
데이터 베이스 관리체계	Data Base Management System, D.B.M.S.	système de gestion de base de données *m* Abréviation : S.G.B.D. *m*
데이터 베이스 제작자	data base producer	producteur de bases de données *m*
데이터처리(의)	data-processing *adj*	informatique *adj*
도메인	domain	domaine *m*
도메인명체계	domain name system, DNS	système d'adressage par domaines *m* (Abréviation : adressage par domaines.) ou annuaire des domaines
도트 프린터	printer (dot matrix)	imprimante matricielle *f*
드라이버	driver	pilote *m* ou gestionnaire de périphérique *m*
드래그앤드롭	drag and drop	glisser-déposer *m*
디렉토리	directory	répertoire *m*
디버거	debugger	débogueur *m*
디버그하다	to debug	déboguer *v*
디스크 드라이브	disk drive	lecteur *m* de disquettes
디스크 드라이브	disque	disque magnétique *m*
디스플레이 장치	display device	visu *f* ou visuel *m*
디스플레이하다	to display	visualiser *v*
디스플레이하다	to display	afficher *v*
디지털	digital, numerical, numeric	numérique *adj*
디지털 멀티미디어 기술	digital multimedia technology	technologie *f* multimédia *n*umérique
디지털화하다	to digitize	numériser *v*
디지털 카메라	digital camera	appareil-photo *m* numérique
디폴트(값으로)	default	par défault
라벨	label	étiquette *f*
라우터	router	routeur *m*
랜, 근거리통신망	local area network	réseau local *m*
랜덤 억세스	random access	accès direct *m*
램	RAM	mémoire RAM *f*, mémoire *f* vive
랩탑 컴퓨터	laptop computer	ordinateur portatif *m*
레이저 프린터	printer (laser)	imprimante à laser *f*
롬	ROM, read only memory	mémoire morte *f*
마우스	mouse	souris *f*
마이크로컴퓨터	microcomputer	microordinateur *m*
마이크로프로세서	microprocessor	microprocesseur *m*
매핑	map	mappe *f*
머지하다	to merge	fusionner *v*
멀티미디어	multimedia	multimédia *m*
멀티태스킹	multitasking	multitâche *f*

한국어	영어	프랑스어
멀티프로그래밍	multiprogramming	multiprogrammation *f*
멀티프로세서	multi-processor	multi-processeur *m*
멀티프로세싱	multiprocessing	multitraitement *m*
메뉴	menu	menu *m*
메모리	memory	mémoire *f*
메모리스틱	USB memory key	clé *f* (de mémoire) USB
메신저	message handling, electronic mail	messagerie électronique *f* ou messagerie *f*
메인프레임	mainframe	macroordinateur *m*
명령어	instruction, statement	instruction *f*
모니터	monitor	moniteur *m*
목록화	listing	listage *m*
무정지형	fault tolerant	tolérant aux pannes *adj*
무선	wireless	réseau *m* sans-fil
문자	character	caractère *m*
미니홈피	blog/weblog	page perso *f*
미들웨어	middleware	logiciel médiateur *m*
바이러스	virus	virus *m*
바이트	byte	octet *m*
바이프로세서	bi-processor	bi-processeur *m*
바탕화면 프로그램	desktop application	application bureautique *f*
방화벽	firewall	barrière de sécurité *f*
배경	background	arrière-plan (d') loc. *adj*
배치 프로세싱[처리]	batch processing	traitement par lots *m*
배터리	battery	batterie *f* ou pile *f*
백본	backbone	dorsale *f*
백업	back-up	secours informatique *m*
백업 디스크	disk (back-up)	disque(ette) de sauvegarde
버그	bug	bogue *f*
버스	bus	bus *m*
버전	release, version	version *f*
버퍼	buffer	mémoire tampon *f* Abréviation : tampon *m*
벤치마크	benchmark	test de performance *m*
변환	conversion	conversion *f*
보증	guarantee	garantie *f*
복구되다	recover *v*	se rétablir *v*
복구하다	reset ; restore	restaurer *v*
복구하다	recover *v*	retrouver, recouvrer *v*
볼륨	volume	volume *m*
부트	boot up *v*	mettre en route *v*

한국어	영어	프랑스어
북마크	bookmark	signet *m*
뷰어	viewer	visionneur *m*
브라우저	browser	logiciel de navigation *m* ou navigateur *m*
브라우징	browsing	survol *m*
블로그	blog/weblog	blog/bloc-notes *m*
비디오	video	vidéo *f*
비상번호	hot line	numéro d'urgence *m*
비트	bit, binary digit	bit *m*
비트맵 스크린	bit map screen	écran pixel *m* ou écran pixélisé *m*
빌트인, 통합형	built-in	intégré *adj*
사운드카드	sound card	carte *f* son
삭제하다	delete *v*	effacer, supprimer *v*
서버	server	serveur *m*
선택하다	select *v*	sélectionner *v*
설치하다	install *v*	installer *v*
셰어워어	shareware	contribuciel *m*
셰어웨어	shareware	partagiciel *m* ou Logiciel contributif *m*
소프트웨어	software	logiciel *m*
소프트웨어	software	logiciel *m*
소프트웨어공학	software engineering	génie logiciel *m*
수리하다	repair *v*	réparer *v*
순차접근	serial access	accès séquentiel *m*
스스템 디스크	system disk	disquette système *f*
스캐너	scanner	scanner *m*
스캔하다	scan *v*	scanner *v*
스크롤링	scrolling	défilement *m*
스크린	screen	écran *m*
스키마	schema	schéma *m*
스풀	spool	spoule *m*
스프레드시트 프로그램	spreadsheet program	sableur *m*
시계	clock	horloge *f*
시리얼 인터페이스	interface (serial)	interface série *f* ou sérielle *f*
시스템	system	système *m*
실시간	real time	temps réel *m*
아스키	ASCII	ASCII
아웃소싱	outsourcing	externalisation *f*
아이콘	icon	icône *m*
아이콘화하다	to iconize, to stow, to shrink	iconiser *v*
알고리즘	algorithmics	algorithmique *f*
암호	password	mot de passe *m*

한국어	영어	프랑스어
애플릿	applet	appliquette *f*
앤티바이러스	anti Virus	anti-virus *m*
앤티앨리어싱	anti-aliasing	anticrénelage *m*
앨리어싱	aliasing	crénelage *m*
지상파 DMB	T-DMB, Terrestrial Digital Multimedia Broadcasting	T-DMB (le) *m*
초고속	high speed	haut débit
초고속 인터넷	high speed internet	internet à haut débit
커서	cursor	curseur *m*
파티션	partition	partition *f*
파티션을 나누다(만들다)	create a partition	faire des partitions, partitionner
풀다운 메뉴	pull-down menu	menu *m* déroulant
허브	hub	hub *m*
DMB	Digital Multimedia Broadcasting	DMB (le) *m*
PDA	Personal Digital Access	PDA *m*
T-DMB	Terrestrial Digital Multimedia Broadcasting	T-DMB (le) *m*

NOUVEAU DICTIONNAIRE CORÉEN-FRANÇAIS

새한불사전

초 판 1쇄 발행 2007년 2월 20일
개정판 1쇄 발행 2008년 9월 20일
개정판 3쇄 발행 2016년 11월 14일

편저자 한국불어불문학회
발행인 김인철 Publisher
총괄 · 기획 가정준 Director
편집장 신선호 Editor in Chief
도서편집 김민정 Managing Editor
진수연 Managing Editor
전자책편집 최인우 Digital Publishing Manager
마케팅 곽용창 Marketing Manager
재무관리 김은혜 Finance Manager
발행처 한국외국어대학교 지식출판원
02450 서울특별시 동대문구 이문로 107
전화 02)2173-2493~7
팩스 02)2173-3363
홈페이지 http://prss.hufs.ac.kr
전자우편 press@hufs.ac.kr
출판등록 제6-6호(1969. 4. 30.)

디자인 · 편집 한국외국어대학교 지식출판원
표지디자인 (주)이환디앤비 02)2254-4301
인쇄 · 제본 네오프린텍(주) 02)718-3111

ISBN 978-89-7464-431-4 11760 정가 45,000원

* 잘못된 책은 교환하여 드립니다.
